日本国語大辞典

第二版

第1巻

小学館

第一版◉編集顧問
金田一京助／佐伯梅友／新村　出／時枝誠記／西尾　実／久松潜一／諸橋轍次／山岸徳平
第一版◉編集委員
市古貞次／金田一春彦／見坊豪紀／阪倉篤義／中村通夫／西尾光雄／林　大／松井栄一／馬淵和夫／三谷栄一／山田　巖／吉田精一
第二版◉編集委員
北原保雄／久保田　淳／谷脇理史／徳川宗賢／林　大／前田富祺／松井栄一／渡辺　実
（五十音順）

装幀
菊地信義
＊装幀に用いた文様は、尾形光琳作『八橋蒔絵螺鈿硯箱』（東京国立博物館所蔵・国宝）に施された文様に拠りました。

第二版・刊行のことば

『日本国語大辞典』の初版は、日本大辞典刊行会の編集により昭和四十七年(一九七二)から五十一年にかけて全二十巻が、続いて五十四年から五十六年にかけて縮刷版全十巻が上梓された。本辞典は、上代から現代に至る日本語の歴史を確実な文献によって跡づけた本格的な国語大辞典として、国語国文学界のみならず各界より高い評価を得て、海外においても日本語の研究には欠かせぬ基本的な資料となるに至っている。

この四半世紀の間、世界は激動し、政治・経済・社会・文化等あらゆる領域に及ぶ変貌は当初の予想をはるかに超えるものがあった。一方、科学技術の発展はめざましく、ことにコンピュータの驚異的な普及による文字情報処理の革新、通信手段の国際化は日本語の環境そのものを変えつつある。

初版刊行後、多くの読者からさまざまな意見が寄せられ、編集部ではその都度検討を重ねる傍ら、第二版を想定しつつ、大小の国語辞典や、ことわざ・方言等各種辞典を編纂することによって、新たな語彙・用例の採集と語釈の見直しを進めてきた。平成二年(一九九〇)には、新しい委員による編集委員会が開かれ、資料を再検討して語彙と用例を増補すること、出典に成立年または刊行年を示すこと、近年の研究成果を反映した「語誌」欄を設けることなどが決められて、本格的な改訂作業に入った。

各時代別に設けた部会や、記録・宗教・民俗等の部会を通じて、総数五十万におよぶ用例を新たに採集し、百科項目については最新の情報に更新すべく、各分野の専門家に逐一執筆あるいは校閲をお願いした。ほかに、古来の辞書類の漢字表記を示し、上代特殊仮名遣いにも言及するなど、第二版では、初版の方針をさらに具体的に実現するために種々の工夫を試みた。

二十世紀までの日本語を集大成し、次世代に継承するというこの一大事業には幾多の困難を伴ったが、それを克服して、ほぼ予定通りに刊行できる運びとなったのは、編集・制作にかかわった一人一人の不断の創意と努力に負うところが大きく、また、関係識者のひとかたならぬ御協力と、大勢の読者からの熱い御支援があったからこそと深く感謝する次第である。第二版が、日本語の最も信頼できる辞書として、さらに広く世に受け入れられて活用されることを念じている。

平成十二年十一月

小学館

発刊の辞（初版）

国語辞典は一国の文化を象徴する。真の国語辞典の有無、あるいはその辞典の性格に、その国の文化の水準が反映するといってよい。文化とことばとの深いかかわりを考えるとき、一国の文化を継承しこれを将来に伝達するために果たす国語辞典の役割は、きわめて大きい。

近来、外国語、あるいは外国の文化に接する人々の層が広がるにつれて、わが民族の歴史、民族のことばを振り返って考えようとする気運が高まりつつある。一方、国際社会に活躍する日本を、また日本民族を知ろうとする外国人も急速に増大した。今や、本格的な国語辞典の出現は、時代の要請するところである。

ゆれ動く表記の規範を求め、あるいは国語教育の必要に対応せんがための辞書の企ては多いが、膨大な資料に立ち返って、日本語をくまなく記録しようとする試みは見られなかった。日本文化の歴史をとらえ、日本民族のこころを伝える国語辞典の編纂は、限られた分野で進められるものでもなく、短い期間で成しうるものでもない。そして、その成果を盛り込むには、とうてい一巻や二巻で足りるものでもない。まさに十巻二十巻に及ぶ国語大辞典でなければならない。

国語大辞典の生命は、まずその引例文にある。上代から現代に至る実際の用例を集め、その上に立って意義用法を記述すべきである。そのために、国語大辞典の編纂は、さまざまな分野の資料を渉猟して、その中からことばの生きた使用例を集めることから出発する。電子計算機の発達した今日にあっても、日本語の複雑な表記を、とりわけ、文献に見られるおびただしい漢字を機械的に処理するまでには至っていない。そこで、文献からことばを拾いあげ、用例を記録し、執筆のための資料を作るという作業には、まさに膨大な頭脳と労力とが結集されなければならない。

また、国語大辞典は、今日の日本を正しく反映するものでなければならない。従来の国語辞典にとられてきた語彙の範囲を広げ、固有名詞・専門用語、あるいは、方言・俗語などをも収め、広く日本語をとらえる必要がある。そして、そのためには、ひとり国語国文学界のみならず、さまざまな学問分野からの幅広い協力を仰がなければならない。『日本国語大辞典』は、右のような判断と構想の上に立って、日本語の歴史を振り返り、一語一語の経歴を明らかにし、さらに未開拓であった現代日本語についても、その背景を明確に把握しようとするものである。

幸い、この企ての趣旨は大方の賛同を得、編集顧問・編集委員をはじめ多くの方々の参画を仰ぐことができた。小学館の堅い決意のもとに、語彙用例の収集等基礎的作業に着手した時から、それを継承して日本大辞典刊行会が編集の任に当たって今日まで十数年、『日本国語大辞典』は、あまたの協力者の熱意と努力によって創造されたものである。また、万余の文献の恩恵に浴しつつ、直接的には、「大日本国語辞典」をはじめ先行する辞典類に教えられるところの多かったことを銘記したい。そして、これら協力者や先人の労に報いる道はただ一つ、この企てを確実に全うすることであると信ずる。

この一大事業の意義を考えるとき、その責任の大きさと遂行の困難とを痛感するとともに、この事業に携わる誇りと喜びとを禁じえない。『日本国語大辞典』が読者諸賢によって十分活用され、かつ、日本における国語辞典の礎石となることを期するものである。

小学館
日本大辞典刊行会

昭和四十七年十一月

凡例

編集方針

一　この辞典は、わが国の文献に用いられた語・約五十万項目に見出しを付けて五十音順に配列し、その一々について、意味用法を解説し、極力、実際の用例を示すとともに、必要な注記を加えるものである。

二　採録した項目は、古来、国民の日常生活に用いられて、文献上に証拠を残すところの一般語彙のほか、方言、隠語、また、法律・経済・生物・医学・化学・物理等、各分野における専門用語、地名・人名・書名などの固有名詞を含んでいる。

三　項目の記述は、次に掲げる要素から成り立ち、各項目ごとに、必要な要素をこの順に示す。

見出し　歴史的仮名遣い　漢字表記　品詞
語義説明（語釈）　用例文　補助注記　語誌
方言　語源説　発音　上代特殊仮名遣い
辞書　表記　同訓異字

四　見出しのかたち、および解説文は現代仮名遣いによるなど、現代の視点に立って引きやすく読みやすいように配慮する。

五　語義説明は、ほぼ時代を追って記述し、その実際の使用例を、書名とその成立年または刊行年とともに示す。

六　用例文は、文学作品やいわゆる国語資料のみに限らず、広くさまざまな分野の歴史的な文献からも採録する。用例総数は約百万に及ぶ。

七　文献は、上代から明治・大正・昭和に及ぶ。また、漢語やことわざなどについては、中国の文献をも用いる。

八　文献は、それぞれ信頼すべき一本を選び、異本から採録する場合は、その旨を表示する。

九　用例文の出所は、できるだけ詳細にする。また、一見してその分野や時代がわかるように、分野名や作者名を付記するものもある。

十　語釈・用例文以外に、必要に応じて補助注記を施し、語誌・方言・語源説・発音・上代特殊仮名遣い・辞書・表記・同訓異字の欄を設けてそれぞれの分野の解説を収める。

見出しについて

一　見出しの種類

1　かたちの上で、親見出しと子見出しの二段階があって、およそ次のように区別する。

親見出し……自立語・付属語・接辞などの、いわゆる単語の類
子見出し……慣用句・ことわざなどの類

親見出しは、大きめのアンチック体で示し、子見出しはその該当する親見出しの項につづけて、一字下げてやや小さめのゴシック体で示す。

2　記述の内容から、本見出しとから見出しがあって、およそ次のように区別する。

本見出し……解説・用例など、すべてを記述する項目
から見出し…別に本見出しがあって、それを⇩をもって指示する項目

二　見出しの文字

1　和語・漢語はひらがなで示し、外来語はかたかなで示す。

2　和語・漢語については、古語・現代語の別なく、「現代仮名遣い」（昭和六十一年七月内閣告示）に準ずる。方言は、必ずしも現代仮名遣いには準じない。

3　外来語については、「外来語の表記」（平成三年六月内閣告示）に準ずる。本見出しに統合した見出しと異なるかたちは、見出しの下の〘 〙内に示す。また、必要に応じて別に見出しを立てて参照させる。

三　見出しの中に示すかな以外の記号

1　見出しの語の構成を考えて、最後の結合点がはっきりするものには、結合箇所に‐（ハイフン）を入れる。ただし、姓名等を除いた固有名詞・方言などには入れない場合が多い。

2　活用することばには、活用語尾の上に「・」を入れる。シク活用形容詞は、口語における語幹がそのまま終止形であるが、語尾の「し」の上に特に「。」を入れる。

四　活用語の見出し

1　動　詞

(イ)　文語形と口語形とが存在するものは、口語形を本見出しとして、文語形を文……のかたちで示し、統合する。その場合、文語形については必要に応じてから見出しを立てる。

(ロ)　原則として、終止形を見出しとする。

2　形容詞

(イ)　文語形と口語形とが存在するものは、口語形を本見出しとする。

(ロ)　原則として、終止形を見出しとするが、語幹を別項に立てるものもある。

3　形容動詞

(イ)　文語・口語ともに語幹を見出しとする。

(ロ)　形容動詞の語幹と名詞とが同じかたちで存在する語については、原則として、その名詞の項目に統合する。

4　助動詞

文語・口語ともに、原則として終止形を見出しとするが、他の活用形で語頭から終止形と一致しないものなどは、必要に応じてその活用形も別に見出しに立てる。

歴史的仮名遣いについて

1　歴史的仮名遣いが見出しの仮名遣いと異なるものについては、見出しのすぐ下に、小さい字で、その歴史的仮名遣いを示す。

2　見出しの‐および・。は、歴史的仮名遣いの中では省略する。

3　見出しに‐のはいるものは、その前後を分けて考え、見出しと歴史的仮名遣いが一致する部分は、…によって省略して示す。

4　和語はひらがな、漢語(字音語)はかたかなで示す。ただし、その区別の決めにくい語のうち、漢字の慣用的表記のあるものは、その漢字の歴史的仮名遣いに従う場合もある。

5　字音語のうち、音変化をきたして今日のかたちになっている語、「観音(クヮンオン→クヮンノン→カンノン)」の類、「天皇(テンワウ→テンノウ)」の類、および、「学校(ガクカウ→ガッコウ)」の類は、便宜上それぞれもとのかたちの「クヮンオン・テンワウ・ガクカウ」を、歴史的仮名遣いとして示す。

6　方言・固有名詞などでは、歴史的仮名遣いの注記を省略するものもある。

漢字欄について

1　見出しの語に当てられる慣用的な漢字表記のうち主なものを【　】の中に示す。

2　慣用的な漢字表記が二つ以上考えられる場合、それらを併記するが、その配列は、主として現代の慣用を優先する。その判断を下しがたいものは画数順に従う。

3　見出しの語の構成上、漢字を当てる慣用のない部分を含むものについては、原則としてその見出しを‐の前後に分けて考え、その部分に―を当てて示す。ただし、その要素が外来語である場合は、語構成にかかわらず外来語の部分に―を当てて示す。

4　いわゆる当て字の類もできるだけ示し、植物などで漢名を当てる慣用のあるものについては、その漢字をも示す。ただし、万葉集等での万葉がな書きは示さない。また、当てる漢字の読みの歴史的仮名遣いが見出し語の下に示したものと異なる場合は、適宜それを小文字で示した。

5　字体は常用漢字表に従い、構成のいちじるしく異なるものなどについては必要に応じて、いわゆる旧字体をも示す。複合語で、かたかな・ひらがな、またはローマ字で書く慣用が固定していて、漢字と熟合するものについては、それらをも含めて示す。

6　送りがなは一切省略する。

7　固有名詞の項目では、書名等の原題表記を漢字欄に示すこともある。

品詞欄について

1　見出し語について、次の品詞表示を設ける。

名詞　〘名〙

代名詞　〘代名〙

動詞　〘自カ四〙…自動詞カ行四段活用

自動詞・他動詞の区別を、自・他で示し、活用する行とともに活用の種類を次の略号で示す。

四段活用　四　(現代語は便宜上　五　と示す)

上一段活用　上一

上二段活用　上二

下一段活用　下一

下二段活用　下二
カ行変格活用　カ変
サ行変格活用　サ変
ナ行変格活用　ナ変
ラ行変格活用　ラ変

形容詞　〘形ク〙……形容詞ク活用
〘形シク〙…形容詞シク活用
〘形口〙……形容詞口語形活用

形容動詞　〘形動〙……形容動詞ナリ活用
〘形動タリ〙…形容動詞タリ活用
〘形動ナリ・タリ〙…ナリ活用・タリ活用両様あるもの

副詞　〘副〙
連体詞　〘連体〙
接続詞　〘接続〙
感動詞　〘感動〙

助詞　〘格助〙……格助詞
〘副助〙……副助詞
〘係助〙……係助詞
〘接助〙……接続助詞
〘終助〙……終助詞
〘間投助〙…間投助詞

助動詞　〘助動〙
接頭語　〘接頭〙
接尾語　〘接尾〙……助数詞を含む。
造語要素　〘語素〙……造語要素としてのはたらきのある和語・外来語
漢字語素　〘字音語素〙…右に準ずる漢字音の要素
連語　〘連語〙……親見出しに立てられても単語とみなされないもの
枕詞　枕……品詞に準じて示す。

以上のほか、方言の動詞・形容詞・形容動詞・助詞については、それぞれ、細かい分類注記を省略して、〘動〙〘形〙〘形動〙〘助〙と示す。

2 品詞欄に準ずるものとして、次の注記を、語釈の冒頭に加える。

（―する）……それに続く語釈に関して、サ変としての用法も存在することを示す。ただし、その見出しの語の語釈すべてについてサ変の用法が認められるものについては、いちいち注記しない。

（形動）（形動タリ）……その語、ないし、それに続く語釈に関して、形容動詞としての用法も存在することを示す。

3 固有名詞は、特に品詞名を示さないで、普通名詞と区別する。

見出しの配列について

一　親見出しの配列

親見出しは、1かな表記、2無活用語・活用語の別、3漢字表記、4品詞、の順にそれぞれ一定の配列法に照らして配列する。

1 かな表記による順

(イ) 五十音順
一字めが同じかなのものは二字めのかなの五十音順。二字めのかなも同じものは三字めのかなの五十音順。以下これに従う。この場合、長音符号「ー」は、直前のかなの母音と同じとして考える。

(ロ) 清音→濁音→半濁音の順

(ハ) 小文字が先、大文字が後。すなわち、拗音→直音の順、または促音→直音の順

2 活用の有無による順

(イ) 無活用語が先、活用語が後。

(ロ) 字音語素は同音語の先頭に置く。

(ハ) ひらがなで書かれた語が先、かたかなで書かれた語が後。

3 漢字表記による順

(イ) 漢字欄に、漢字が当てられるものが先、漢字が当てられないものが後。

(ロ) 漢字が当てられる場合、その漢字が一字のものが先、二字のものが後。以下これに従う。

(ハ) 同数の漢字が当てられる場合、第一字めの漢字の画数が少ないものが先、その画数が多いものが後。第一字めの画数が同じものは康煕字典の配列に準ずる。また、同一漢字の場合は、二字めの画数が少ないものが先、画数の多いものが後。以下これに従う。

4 品詞による順

(イ) 名詞→代名詞→形容動詞→副詞→連体詞→接続詞→感動詞→助詞→接頭語→接尾語(無活用)→造語要素→連語(無活用)→枕詞→動詞→形容詞→助動詞→接尾語(活用)→連語(活用)の順

(ロ) 名詞の中では、普通名詞→固有名詞の順

5 外来語で、同じかなの見出しは、その語のもとのローマ字つづりのアルファベット順による。

二　子見出しの配列

1　親見出しの語を先頭にもった慣用句・ことわざの類は、その親見出しの直後に置く。
2　子見出しが二つ以上ある場合は、その五十音順による。その場合、漢字は、それをかなに置きかえてみたときの五十音順による。

語釈について

一　語釈の記述

1　一般的な国語項目については、原則として、用例の示すところに従って時代を追ってその意味・用法を記述する。
2　基本的な用言などは、原則として根本的な語義を概括してから、細分化して記述する。
3　専門用語・事物名などは、語義の解説を主とするが、必要に応じて事柄の説明にも及ぶ。

二　語釈に用いる分類記号

語義・用法を分ける場合、説明に応じて次の分類記号を段階的に用いる。

[一][二]……品詞または動詞の自・他の別、活用の種類の別などによって分けるとき
㈠㈡…根本的な語義が大きく展開するとき、漢字の慣用がいちじるしく異なるとき、または、一項にまとめた固有名詞を区別するとき
①②…一般的に語釈を分けるとき
㋑㋺……同一語釈の中で、特に位相・用法の違いなどによってさらに分けるとき

三　語釈冒頭の注記

語釈の冒頭に、必要に応じて次のような注記を（　）内に示す。

1　和語・漢語について
(イ)　語の成り立ちの説明および故事・ことわざの由来など
(ロ)　仮名遣い・清濁・活用・漢字表記などの問題点
(ハ)　用法の説明、または品詞に準ずる注記
2　外来語について
(イ)　その原語名と、ローマ字での原つづり、または原つづりのローマ字化つづり、および必要に応じてその原義をも示す。
(ロ)　原語名は、次のような略号を用いる。
英…英語　ドイツ…ドイツ語　フランス…フランス語　など
ただし、英語のうち米国語を区別する必要のあるときは アメリカ と示す。
(ハ)　外国語に擬して日本でつくられた語には 洋語 と示し、その語の成り立ちが推測できるものについては、その該当する原語名・原つづりをも注記する。
3　固有名詞について
(イ)　書名・地名などの原表記。外国の書名はその原つづりをローマ字化したつづり
(ロ)　外国人名の原つづりをローマ字化したつづり

四　語釈の末尾に示すもの

語釈の末尾に、必要に応じて次のようなものを示す。

1　語釈のあとにつづけて同義語を示す。
2　同義語の後に反対語・対語などを↔を付して注記する。
3　参照項目は、右につづいて↓を付して注記する。
4　季語として用いられるものは、語釈の最後に《　》でくくって、新年・春・夏・秋・冬の別を示す。なお、見出し語から派生する季語は、語釈の最後に▼を付してその語と季を示すこともある。

五　語釈の文章および用字

常用漢字表、現代仮名遣い等にのっとり、できるだけ現代通用の文章で記述する。

出典・用例について

一　採用する出典・用例

1　用例を採用する文献は、上代から現代まで各時代にわたるが、選択の基準は、概略次の通り。
(イ)　その語、または語釈を分けた場合は、その意味・用法について、もっとも古いと思われるもの

(ロ) 語釈のたすけとなるわかりやすいもの
(ハ) 和文・漢文、あるいは、散文・韻文など使われる分野の異なるもの
(ニ) 用法の違うもの、文字づかいの違うもの

なお、文献からの用例が添えられなかった場合、用法を明らかにするために、新たに前後の文脈を構成して作った用例(作例)を「　」に入れて補うこともある。

2 用例の並べ方は、概略次の通りとする。
(イ) 時代の古いものから新しいものへと順次並べる。
(ロ) 漢籍および漢訳仏典の用例は、末尾へ入れる。

二 典拠の示し方

1 各出典についておのおの一本を決め、それ以外から採る必要のあるときは、異本の名を冠して示す。ただし、狂言など、すべてについて伝本の名を表示するものもある。

2 底本は、できるだけ信頼できるものを選ぶように心がけたが、検索の便などを考え、流布している活字本から採用したものもある。近・現代の作品では原本も用いたが、文庫本や全集本から採用するものもある。

3 いくつかの名称をもつ出典名は一つに統一して示す。ただし、「物語」「日記」「和歌集」等を省略したものもある。

4 出典の成立年、または刊行年をできるだけ示す。正確な年次のわからないものについては、大まかな時代区分で示したものもある。また、成立年に関して諸説あるものについては、一般に通用しているものを一つだけ示す。

5 巻数・部立・章題・説話番号・歌番号など、必要に応じてできるだけ詳しく示す。

6 作者名を、それぞれ〈　〉の中へ付記したものもある。
(イ) 和歌・連歌・俳諧のうち類纂形態のものについては、用例文の末尾に作者の姓名を付記する。
(ロ) 近・現代の作品には、その作者の姓名を付記する。

7 作品のジャンルを示したものもある。
(イ) 幸若・謡曲・狂言・御伽草子などの類。
(ロ) 近世の作品には、なるべく仮名草子・浮世草子・咄本・談義本・俳諧・雑俳・浄瑠璃・歌舞伎・随筆・洒落本・滑稽本・人情本等のジャンルを冠する。

8 以上の出典のうち、主要なものについては第一巻別冊中に掲げる「主要出典一覧」に概略を示す。

用例文について

用例文は、語釈のあとに＊印をつけて示す。

用例文は「　」でくくり、適宜句読点を加えるなど、できるだけ読みやすくする。ただし、見出しに当たる部分は、なるべく原本のかたちに従う。

1 見出しに当たる部分の扱い
(イ) 原則として原本のかたちを尊重するが、漢字の字体については次項「3 漢字の字体について」による。
(ロ) 万葉がな・ローマ字等はそのまま表記し、適宜（　）内に読みをかたかなで付記する。ただし、万葉がなのうち、訓がなの場合はひらがなで示したものもある。
(ハ) 見出し部分の漢字について、その読みが原本につけられているものは（　）内にかたかなで示す。原本の読みが不確実な場合は、その部分をひらがなで補う場合もある。訓点資料なども、この原則に従う。
(ニ) 原本の行の左右に付された訓注的なものを〈注〉のかたちで示す場合もある。
(ホ) 拗音・促音は、確実なものに限って小字とする。

2 見出しに当たる部分以外の扱い

〈表記〉
(イ) 和文は、原則として漢字ひらがな混り文とする。ただし、ローマ字資料や辞書については、かたかなを使う場合がある。
(ロ) 万葉集・古事記・日本書紀・風土記・古語拾遺・日本霊異記・祝詞・宣命、および訓点資料は、原則として読み下し文で示す。
(ハ) 漢文体、およびそれに準ずるものは、できるだけ返り点を付ける。
(ニ) 原本がかな書きでも、読みやすくするために、原文の意味をそこなわない範囲で漢字を当てるものもある。

〈仮名遣い〉
(イ) 上代から中世に至る、書写されて受け継がれた作品群は、歴史的仮名遣いで統一する。ただし、中世の和文の記録（「御湯殿上日記」など）や狂言・幸若・御伽草子の類は、拠ったテキストの仮名遣いに従う。
(ロ) 近世から現代に至る、主として印刷されて受け継がれた作品群は、テキストの仮名遣いに従う。
(ハ) 漢字の読みをたすけるふりがなも右の原則に従う。
(ニ) 拗音・促音は、拗音・促音であることが確実なものに限って小字とする。

3 漢字の字体について
(イ) 原則として常用漢字表の字体に従う。ただし、二つ以上の字体があって整理されたものや、芸＝藝・欠＝缺など別字と混乱するおそれのあるものについて

は、必要に応じて旧字体を残すこともある。

(ロ) 常用漢字表外の漢字については、原則として拠ったテキストの字体を尊重するが、極端な異体字や、成り立ちが同じで、かたちの類似しているものについては、なるべく普通のかたちを採用する。

4 その他

原本ないしテキストにおける、文字の大小の使い分け、割注のかたちなどは、一行書きとする。この場合、〈 〉（ ）〔 〕などを適宜用いて、もとのかたちに準じて区別する場合もある。

補助注記について

語釈およびそれに伴う解説では十分に述べられない記述や、諸説のある問題点、用字や用例に関する注などの補助的注記を 補注 として示す。

語誌欄について

語の由来や位相、語形の変化、語義・用法の変遷、類義語との差異などを特に説明できるものについては、それらを 語誌 として示す。

方言欄について

一　収録する方言とその収め方など

1 近代の方言集・地誌の類、千余点から、約四万五千の方言を収録する。ただし、近世の方言集をも合わせ記載する場合もある。

2 一般語で扱う見出しと語の成り立ちが同じものは、その見出しにまとめて、末尾に 方言 と示して解説する。

3 一般語に該当する見出しがないものは、単独の見出しを立てて、語釈の冒頭に 方言 と示して方言独自の解説をする。

4 方言として独立する見出しは、方言の特殊性から次の扱いをするが、それ以外は一般語の扱い方に準ずる。

(イ) 発音に近いかたちを見出しとする。

(ロ) 用言については、終止形にこだわらないで、慣用の多いかたちを見出しとする場合もあり、活用語尾を示す・は省略する。

(ハ) かたちの類似する同語源の方言のうち、一項にまとめたほうが理解しやすいものは、主たるかたちを定めて見出しとし、その見出しのもとに類似するかたちを集める。その際、類似するかたちはアンチック体で示し冒頭に◇を付す。

うざねはく　方言…◇**うざねをはく**…◇**おざねはく**…◇**うじゃねはく**…◇**うざにはく**…
◇**うんざにはく**…◇**うさねこく**

(ニ) 歴史的仮名遣いの欄は設けない。

(ホ) 意味の上から漢字を当てて漢字欄に示したものもある。

(ヘ) 品詞欄のうち、動詞・形容詞・形容動詞・助詞は、それぞれ『動』『形』『形動』『助』とし、その活用の種類や分類は示さない。

二　解　説

方言欄の解説は、語釈、例文、地域名、出典番号から成り、その順に記述する。

1 語　釈

(イ) 一般語でいいかえられるものは、それに置きかえるなど、簡潔を旨とするが、方言集などの記述をそのまま残すものもある。

(ロ) 一般語と意味が重なる場合は、一般語の解説にゆだねる。一般語の意味が多岐にわたる場合は、重複して記述する。

(ハ) 動植物については、一般的な名称をあげるにとどめる。まぎらわしいものについては、適宜、動物・鳥・魚・貝、あるいは植物などと注記する。

2 例　文

語釈をたすける意味で適宜作例を補うこともある。

3 地域名

(イ) 各方言集などに示される地域名をそのまま掲げる。従って、その地域名は現在の行政区画とは必ずしも一致しない。

(ロ) それぞれの語釈の中で複数の地域名を示す場合、その順は、おおむね北から南へ並べる。

4 出典番号

(イ) 典拠とした千余点の方言集その他の資料を番号化して、地域名の下に示す。

(ロ) 出典番号は、三桁の数字ないし記号で示す。

○近世の資料には†を付し、†001～†139の番号で示す。

○全国的な規模で収集されている資料は、001～064の番号で示す。

○その他の出典番号は065以降の数字とし、地域を大別できるようにする。

以上の出典番号と資料名は、第一巻別冊中に掲げる「方言資料および方言出典番号一覧」に示す。

語源説欄について

1 文献に記載された語源的説明を集め、語源説の欄に、その趣旨を要約して、出典名を〔 〕内に付して示す。

2 一つの見出しについて二つ以上の語源説が存在するものは、(1)(2)…と分けて示す。その順は必ずしも時代順や、その評価によらず、要旨の関連性によって整理する場合が多い。

3 およその趣旨を同じくするものは、共通の要旨でまとめて、〔 〕内にその出典名を、ほぼ時代順に併記する。

4 要約は極力原文の趣旨をそこなわないようにつとめるが、次のような処理をする。

(イ) もとになる語を示す場合や、音変化を示す記述では、その語はかたかなで示し、当てられる漢字を（ ）内に付記する。ただし、仮名遣いは原文を尊重する。

(ロ) 言い伝えや、推測によるものは「…という」とか「…か」という表現で示す。

5 出典名はなるべく略称を用いないこととし、近代のものには作者名を書名の下に＝を付して注記する。

発音欄について

発音に関する注記を、発音の欄に次のような順序で示す。

語音について

一 標準語音

ここに注記する語は、現代語を中心として、その標準語音が見出しと異なるものである。ただし、現代語でなくても、現代語として発音できるものについては、必要に応じて加える。

1 ーは引く音を表わす。

こうり【行李】 発音コーリ

こおり【氷】 発音コーリ

2 ィ・ゥのようなものは、それぞれ「イ」「ウ」のようにも、前の拍の母音をひいて、引く音「ー」のようにも、発音されることを表わす。

ていねい【丁寧】 発音テイネィ（テイネイともテーネーとも）

かなしい【悲】 発音カナシイィ（カナシイともカナシーとも）

くう【食】 発音クゥ（クウともクーとも）

3 ゥは、ウとも[m]とも発音されることを表わす。

うめ【梅】 発音ゥメ （ウメとも[mme]とも）

4 カ゚キ゚ク゚ケ゚コ゚はガ行鼻音[ŋ-]を表わす。

とげ【刺】 発音トゲ

ガ行[g-]・カ゚行[ŋ-]両様に発音されるものは両形を示す。

がが【峨峨】 発音ガガ（カ゚）

あまごぜ【尼御前】 発音アマゴ（コ゚）ゼ

5 ヂ、ヅはそれぞれジ、ズにあらためる。ただし、ヂ、ヅだけが見出しと異なるものについては、いちいち注記しない。

ちぢみあがる【縮上】 発音チジミアガル

つづみ【鼓】 発音注記なし

6 動詞終止形の文語の発音は次のように示す。

おもう【思】 発音文オモーとも

はらう【払】 発音文ハローとも

7 外来語でガ行鼻音になるものでも、見出しとそれだけが異なるものについては、いちいち注記しない。

イギリス 発音注記なし

イギリスご【―語】 発音イギリスゴ

二 語音史

1 発音の変遷を、個別的な変化をとげた語について解説する。原則として、規則的な変化をとげた語は除く。たとえば、語中語尾のハ行の音節は、同じ時期に一斉に変化したと考えられるので、いちいち発音の変遷についてはふれない。

2 現代語を除いては文献に記載された資料をもとに解説するが、文献の名をいちいち記さず、それらの推定される時代を左のように表記する。

上代　平安　中世（あるいは、鎌倉、室町のようにも）　近世　現代

資料からはっきり時代を推定できないものについては、「古くは」「後世」という表現を使うこともある。

いちじるし【著】　〈音史〉平安頃まで『いちしるし』と清音らしい。中世・近世は『いちしるし』『いちじるし』の両様か。

3　現代語については、主として東京を中心とする標準的発音について述べる。

三　なまり

1　近代諸方言において、いわゆる標準語と発音のかたちは違っていても、もとは同じものから出たと見られる語をなまりとしてとりあげ、そのなまりと地域を示す出典とを、その標準語の〈なまり〉の欄に記す。

かしこい【賢】　発音〈なまり〉カシカイ〔南伊勢・紀州・和歌山県〕カシクイ〔NHK（宮崎）〕カシケ〔千葉・鳥取・鹿児島方言〕カシケー〔岩手・福島・鳥取〕カスケ〔岩手・秋田・鳥取〕カスケェ・カッケ〔岩手〕カッコイ〔大阪・伊予〕

なお、標準語は現代標準語の場合だけでなく、過去の標準語の場合もある。また、諸方言の中に琉球諸方言までは含めない。

2　なまりは原則として個別的な変化語形を中心にして、東京方言におけるヒ→シのような音韻法則的なものは除く。ただし、音韻法則的なものでも、一般にあまり知られていないものや、行なわれている地域が狭いものは、便宜上とりあげる場合がある。

3　とりあげるなまりの資料名と略号は、第一巻別冊中に掲げる「なまりの注記に用いる資料および略号一覧」に示す。

アクセントについて

四　標準アクセント

1　現代使われる語を中心として、□の中に現代の標準的なアクセントを注記する。付属語、東京以外の方言、特殊な古語などのように一定したアクセントを考えがたいものには注記をしない。また、見出しが二つ以上の構成要素から成り立っていて、それぞれの要素のアクセントから全体が類推できるものも原則として注記をひかえる。

2　注記のしかた

(イ)　□の中のかたかなは、下の〔　〕内に示すように、その音節が高いことを表わす。

この場合、名詞については、助詞の部分まで含めて示す。

そら【空】　〈標ア〉[ソ]　〔ソラガ（高低低）〕

のはら【野原】　〈標ア〉[ノ]　〔ノハラガ（高低低低）〕

(ロ)　□内のかたかなが第二拍以後にあるものは、第一拍が低く、第二拍からそのかたかなまで高いことを表わす。

やま【山】　〈標ア〉[マ]　〔ヤマガ（低高低）〕

かきね【垣根】　〈標ア〉[キ]　〔カキネガ（低高低低）〕

おもて【表】　〈標ア〉[テ]　〔オモテガ（低高高低）〕

みずうみ【湖】　〈標ア〉[ウ]　〔ミズウミガ（低高高低低）〕

わたしぶね【渡船】　〈標ア〉[ブ]　〔ワタシブネガ（低高高高低低）〕

(ハ)　[0]は、第一拍が低く、第二拍から最後まで高いことを表わす。

かぜ【風】　〈標ア〉[0]　〔カゼガ（低高高）〕

やなぎ【柳】　〈標ア〉[0]　〔ヤナギガ（低高高高）〕

3　アクセントを注記する拍と同音の拍が別にある場合は、番号をつけて示す。

こころ【心】　〈標ア〉[コ]^{2}　〔ココロ（低高低）〕

4　□内のかたかなは標準語音で示す。ただし、見出しと異なるかたちを□内に示す場合でも標準語音を注記しないこともある。

かげえ【影絵】　発音カゲエ　〈標ア〉[ゲ]

うまうま【旨旨】　発音ウマウマ　〈標ア〉[ウ]^{1}

ゆのみぢゃわん【湯呑茶碗】　発音〈標ア〉[ジャ]

オルゴール　発音〈標ア〉[ゴ]

5　一語について、二種以上のアクセントがある場合は、標準的アクセントと思われる型を先に示す。

あかとんぼ【赤蜻蛉】　発音〈標ア〉[ト][ア]

6　一語について、二種以上のアクセントがあり、それぞれの標準語音が異なる場合は左のように示す。

おおい【多】　発音〈標ア〉オオイ[オ]^{2}　オーイ[オ]

7　アクセントによる切れ目のあるものは＝で前後をつなぐ。この場合、アクセントは＝で切ったそれぞれのアクセント単位内で数える。なお、標準語音のある場合は、その場所に＝を入れて示す。また見出しの語構成ハイフンと一致しない場合、または見出しにハイフンの注記がないなど、切れめがわかりにくい場合に限り、あらためて標準語音に＝を入れて示す。

ななころび-やおき【七転八起】　発音〈標ア〉[ナ]^{2}＝[ヤ]　[コ]＝[ヤ]

いろは-しじゅうはちもじ【以呂波四十八文字】　発音イロハ＝シジューハチモ

ジ 〈標ア〉ロ＝チ

さんじゅうさん-かいき【三十三回忌】 発音サンジュー＝サンカイキ 〈標ア〉サ＝カ （サ¹＝カとはしない）

あまのはしだて-まつり【天橋立祭】 発音アマノ＝ハシダテマツリ 〈標ア〉ア＝マ

いちのたにふたばぐんき【一谷嫩軍記】 発音イチノタニ＝フタバグンキ 〈標ア〉ノ＝グ

8　動詞文語形の発音で見出しと異なるかたちが示してある場合、アクセントを左のように（　）内に入れて示す。

はらう【払】 発音文ハローとも 〈標ア〉ラ（ロ）

9　外来語に限り、異形欄《　》のアクセントも左のように《　》内に入れて示す。

ウォーター（英 water）《ウオーター》 〈標ア〉ウォ《オ》

五　アクセント史

1　文献の記載をもとにして推定された京都アクセントにおける歴史的変化を注記する。

2　過去の文献の名をいちいち記さず、それらのアクセントから推定される時代を左のように示す。

平安　鎌倉　室町　江戸

3　注記のしかた

(イ)　アクセントは左のような記号を用いて示す。●○◓◒はそれぞれ一拍を表わす。

●　高く平らな拍

○　低く平らな拍

◓　高から低にくだる拍

◒　低から高にのぼる拍

かぜ【風】 〈ア史〉平安来●●

こと【事】 〈ア史〉平安・鎌倉○○　室町来●○

あめ【雨】 〈ア史〉平安来○◓

いぬ【往】 〈ア史〉平安●◓

にじ【虹】 〈ア史〉平安◓○と●○の両様　鎌倉●○

はぎ【脛】 〈ア史〉平安◒○　鎌倉●○か

(ロ)　一拍語はすべて二拍に発音されたと推定されるので、二個分の記号を用いて示す。この場合、語音表記を〈ア史〉の次に示す。

こ【子】 〈ア史〉コー　平安来●●

き【木】 〈ア史〉キー　平安・鎌倉○○　室町来○●

け【毛】 〈ア史〉ケー　平安・鎌倉●●か　江戸●○

4　活用形などを示す必要のあるものは左のようにする。

あかい【赤】 文『あかし』 〈ア史〉平安●●◓　鎌倉『あかき』●●◓　江戸『あかき』●●○

あける【開】 文『あく』 〈ア史〉平安●○　鎌倉・江戸『あくる』●●●

〈注意〉

いわゆる四段活用、上・下一段活用の動詞にあっては、語音の上に終止形と連体形の区別がないが、平安時代は終止形のアクセントを、鎌倉時代以後は連体形のアクセントを示す。

かく【書】 〈ア史〉平安○◓　鎌倉来○●

5　アクセント史の記述のために用いた資料の主なものは、第一巻別冊中に掲げる「アクセント史の資料」に示す。

六　現代京都アクセント

1　現在、日常生活でふつうに使われる語について、現代京都におけるアクセントを○□の中に、かたかなまたは0を入れたかたちで注記する。現代京都アクセントはアクセント史を考える上に重要な意味をもつばかりでなく、標準語と対蹠的な性格をもち、かつ、西日本の方言では今なお大きな勢力があると考えて注記するものである。

2　初版に記載されている京都アクセントが現在の京都の老年層ではあまり使われていないものである場合、または現在複数のアクセントが老年層では行なわれているにもかかわらず、初版ではその一方しか記載していない場合、初版で示したアクセントはそのまま残し、今回新たに調査を行なった京都アクセントを／の下に示す。調査は明治三〇～四〇年代から大正初年生まれの数名の話者に対して行なったものである。

いたわさ【板山葵】 〈京ア〉0／⓪

3　注記のしかた

(イ)　○の中のかたかなは、その拍だけが高いことを表わす。

たまご【卵】 〈京ア〉㋮ 〔低高低低／タマゴガ〕

ふぞくご【付属語】 〈京ア〉㋗ 〔低低高低低／フゾクゴガ〕

○の中のかたかながその語の最後の拍であるものは、例外として、その拍が高から低にくだることを表わす。

あめ【雨】 〈京ア〉㋱ 〔低高低低／アメェガ〕

マッチ 〈京ア〉㋠ 〔低低高低低／マッチィガ〕

⓪は最後の拍だけ高く、それ以外は低いことを表わす。なお、一般の助詞

がついた場合は、高い部分が助詞に移る。

そら【空】　〈京ア〉⓪　〔ソラ 低高　ソラガ 低低高〕

すずめ【雀】　〈京ア〉⓪　〔スズメ 低低高　スズメガ 低低低高〕

(ロ)　□の中のかたかなは、第一拍からその拍まで高いことを表わす。

はな【花】　〈京ア〉ハ⃞　〔ハナガ 高低低〕

ひとり【一人】　〈京ア〉ト⃞　〔ヒトリガ 高高低低〕

かいたくしゃ【開拓者】　〈京ア〉ク⃞　〔カイタクシャガ 高高高高低低〕

0⃞は、すべての拍が高いことを表わす。

はな【鼻】　〈京ア〉0⃞　〔ハナガ 高高高〕

さくら【桜】　〈京ア〉0⃞　〔サクラガ 高高高高〕

4　京都語音が見出しの語形と異なる場合には、必要に応じて〈京ア〉の下に京音を示す。

とい【樋】　〈京ア〉トユ㋴　〔トユッガ 低高低低〕

あゆ【鮎】　〈京ア〉アイ㋑　〔アイィガ 低高低低〕

しち【質】　〈京ア〉ヒチヒ⃞　〔ヒチガ 高低低〕

ろじ【露地】　〈京ア〉ロージー⃝　〔ロージガ 低高低低〕

5　京都語音では、一拍語は原則として二拍に発音されるので、〈京ア〉の下に京音を特に示す。

ひ【碑】　〈京ア〉ヒー0⃞　〔ヒーガ 高高高〕

ひ【日】　〈京ア〉ヒーヒ⃞　〔ヒーガ 高低低〕

ひ【火】　〈京ア〉ヒー⓪　〔ヒー 低高　ヒーガ 低低高〕

6　ガ行音とガ行音とは音韻的に区別がなく、同じ条件の場合にも交替しうるから、アクセントは「ガギグゲゴ」で示す。

かげ【陰】　〈京ア〉ゲ⃝　〔カゲェガ 低高低低〕

7　アクセントを注記する拍と同音の拍が語中にある場合は、番号をつけて示す。

いろいろ【色色】　〈京ア〉㋺1　〔イロイロ 低高低低〕

いよいよ【彌】　〈京ア〉イ⃞1　〔イヨイヨ 高低低低〕

ほお【頰】　〈京ア〉ホホ㋭2　〔ホホォガ 低高低低〕

上代特殊仮名遣いについて

1　いわゆる上代特殊仮名遣いに関係する仮名で、甲乙の区別のあるものは、上仮名の欄に上代語の語形をあげ、左右に傍線を付してその別を示す。仮名の右側に傍線のあるものは甲類に属することを、仮名の左側に傍線のあるものは乙類に属することを示す。

おとめ【少女・乙女】　上仮名ヲトメ

2　単独語の場合のみ示し、複合語の場合は原則として示さない。また、固有名詞の場合も示さない。

3　確実な表記例が甲乙両類にわたってある場合は両形を示す。また、甲乙の認定に問題がある場合は、そのことについて簡単に解説を加える。

辞書欄について

1　平安時代から明治中期までに編まれた辞書のなかから代表的なものを選んで、本辞典の各見出しと対照し、その辞書に記載がある場合には、辞書の欄にそれぞれの略称を示す。

2　扱った辞書およびその略称は次の通り。該当するものが二つ以上ある場合は、次にあげる順に従って示す。

新撰字鏡〔京都大学文学部国語学国文学研究室編「新撰字鏡—本文篇・索引篇」による〕……字鏡（字）

和名類聚抄〔京都大学文学部国語学国文学研究室編「諸本集成和名類聚抄—本文篇・索引篇」による〕……和名（和）

色葉字類抄〔中田祝夫・峯岸明編「色葉字類抄研究並びに索引—本文索引編」による〕……色葉（色）

類聚名義抄〔正宗敦夫編「類聚名義抄—第壹巻・第貳巻仮名索引」による〕……名義（名）

下学集〔亀井孝校「元和本下学集」森田武編「元和本下学集索引」による〕……下学（下）

和玉篇〔中田祝夫・北恭昭編「倭玉篇研究並びに索引」による〕……和玉（玉）
文明本節用集〔中田祝夫著「文明本節用集研究並びに索引—影印篇・索引篇」による〕……文明（文）
伊京集〔中田祝夫他編「改訂新版古本節用集六種研究並びに総合索引—影印篇・索引篇」による〕……伊京（伊）
明応五年本節用集〔伊京集に同じ〕……明応（明）
天正十八年本節用集〔伊京集に同じ〕……天正（天）
饅頭屋本節用集〔伊京集に同じ〕……饅頭（饅）
黒本本節用集〔伊京集に同じ〕……黒本（黒）
易林本節用集〔伊京集に同じ〕……易林（易）
日葡辞書〔イエズス会宣教師編による〕……日葡
和漢音釈書言字考合類大節用集〔中田祝夫・小林祥次郎著「書言字考節用集研究並びに索引—影引篇・索引篇」による〕……書言（書）
和英語林集成（再版）〔東洋文庫複製本による〕……〈ボン〉（へ）
言海〔大槻文彦著の明治二四年刊初版による〕……言海（言）

3 対象とした語は、それぞれの辞書に訓みが付されているものに限る。ただし、訓みが不完全でもはっきり推定できるものは対象として扱う。
4 辞書に連語の形で記載されているものは、適宜分析してそれぞれの単語の項に収めるが、この「日本国語大辞典」が親見出し及び子見出しとして立てている複合語・派生語についてはその扱いをしない。
5 活用語の場合、転成名詞と考えられるものは名詞の見出しに、それ以外はその終止形を推定して、それぞれの見出しに収める。
6 先に掲げた索引類の性格をそのまま踏襲する部分と、適宜勘案する部分とがある。その主な点は次の通り。
(イ)「新撰字鏡」は天治本と享和本とを一括して扱う。ただし、万葉がなで記されたもの、ないしそれに準ずるものを採る。
(ロ)「和名類聚抄」は、箋注本（十巻本）と元和本（二十巻本）とを一括して扱う。ただし、採否については、「新撰字鏡」の場合に同じ。
(ハ)「色葉字類抄」は、前田本と黒川本とを一括して扱う。ただし、上巻・下巻において、前田本と黒川本で掲げる語形に違いがある場合は、前田本のみを対象とする。一字漢語については単語と確定できるものは採るが、字音語素と考えられるものは採らない。
(ニ)「類聚名義抄」は観智院本名義抄によるが、高山寺本・蓮成院本等によって誤字が訂正される場合はそのかたちを採る。
(ホ)「下学集」は、元和三年版により、本文左右の訓をはじめ、注の部分にある語も訓のある限り対象とする。
(ヘ)「和玉篇」は、慶長十五年版和玉篇により、和訓のみを対象とする。
(ト)「文明本節用集」は、「下学集」の扱いに準ずる。
(チ)「伊京集」はじめ六種の節用集は、「下学集」の扱いに準ずるが、「天正十八年本節用集」にみられる後筆による書き込みは一切対象としない。
(リ)日葡辞書は、見出し語を対象とする。
(ヌ)「書言字考節用集」は、享保二年版本の見出し語について、左右の付訓すべてと、注部分の語も訓のある限り対象とする。

表記欄について

前項の「辞書」に挙げられている漢字表記を 表記 の欄に典拠の略号とともに示す。
1 略号は「辞書欄について」の2に（　）に括って示した通り。
2 典拠の数が多いものの順に並べる。
3 典拠の数が同じときは、おおむね古いものから並べる。
4 同一の典拠で表記が複数ある場合は併記するが、典拠が一つしかなく、しかも漢字表記が多種ある場合は確実なものを優先して適宜取捨選択する。
5 字体は、原則として、常用漢字表にあるものはそれを用い、必要に応じて旧字体で示す場合もある。異体字については通行の活字体で示す。

同訓異字欄について

1 主要な和語で、同じ見出しの語に異なる漢字を当てることがある場合には、末尾にそれらの漢字を集め、同訓異字 の欄に字義と用法を解説する。
2 取り上げた漢字については、見出し漢字欄に示してある順に並べ、その後に漢字欄にないものを画数順に並べる。
3 漢字の次に代表音を（　）で括って示し、字義と、必要に応じて熟語例を示す。
4 末尾に、《古…》の形で、その漢字の古訓を示す。古訓は、「類聚名義抄」「和玉篇」など、「辞書欄について」の2に挙げたものによる。

その他

見出し相互の関連について

見出しを立てても、その解説をそれぞれ別の見出しにゆだねる場合、次のようなかたちで示す。

1　解説をゆだねる項目が親見出しの場合

あずまおり【東折】「あずまからげ(東紮)」に同じ。

あいず【会津】⇩あいづ(会津)

いい(好)**事**(こと)　⇩親見出し

2　解説をゆだねる項目が子見出しの場合

いいこうい【以夷攻夷】「い(夷)を以って夷を制す」に同じ。

あか(赤)**き心**(こころ)　⇩「あかい(明)」の子見出し

字音語素について

1　漢語を構成する字音の要素について、漢字ごとに簡単にその意味を示し、その漢字が構成する熟語を掲げる。

2　とりあげる漢字は、日本の文献に用いられてきたものを中心にするが、熟語の例は、漢籍に用いられるものにも及ぶ。

3　同音の漢字を一つの親見出しのもとに集め、それぞれの漢字を【　】で括って子見出しとする。

4　欄全体に網掛を施し、一般の見出し語と区別する。

5　親見出しの『字音語素』の表示の下に、収載する同音の漢字の一覧を掲げる。

6　同音の漢字は、主として、字形構成上の表音部分によって分類し、表音部分を共通にするものを類として、表音部分の画数によって配列する。共通の表音部分をもたない漢字は、最後に一括して一類とする。

7　表音部分を共通にする漢字の類の中では、画数順に配列する。

8　共通表音部分をもたない漢字の類の中では、総画数によって配列する。

9　漢字ごとにその意味を区分して熟語をあげる。さらにその熟語の構成上の役割から、重畳、対義・類義結合、後部結合、前部結合等を／で区分けして列記する。

10　漢字欄には、常用漢字については、新字体を示し、その下に＝を付して旧字体をも示す。

11　漢字欄の下に、その見出しとした音の呉音・漢音・唐音・慣用音の別をそれぞれの略号で示す。ただし、呉音・漢音が同音のものについては省略する。

12　漢字欄の下に、歴史的仮名遣いを示す。

13　その漢字の別音を別の字音語素として掲げるときは〔↓……㊄〕のように、また、一般語に、その字音が独立して語をなすものを名詞等として掲げるものがあるときは、それぞれ、⇩を用いて参照すべきことを示す。

五十音の仮名字体表について

1　五十音のひらがな、かたかなの字体表を各音の冒頭に掲げる。

2　字源となるものの楷書を表示し、以下省略の順序をあげて、現今の字形の起源が理解できるように示す。

3　異体仮名、変体仮名を、主要な写本から選んで、その出典とともに掲げる。

4　古事記・日本書紀・万葉集に見られる主要な万葉がなを付記する。

（初版の際に中田祝夫博士の指導を得た）

図版について

1　風俗・服飾・有職・調度・図像・仏具などについて、絵巻物・図誌あるいは作品のさしえなどから模写し、その出典を明記して掲げる。

2　動物・植物・文様・紋所・構造等、語釈のみではわかりにくいものについて、それを図示する。

『日本国語大辞典』は、上代から現代に至るおびただしい数の文献を拠り所として、日本語の意味・用法を明らかにすることを目的とした辞典である。本書に用例として掲げた文の中には、過去における社会状況やひとびとの認識の実態を反映して、今日の視点からすれば差別的であると思われる語句や内容を含んだものが存在している。もとより差別は許されるべきではなく、編集部では用例の選択や解説文中において十分配慮したが、日本語の総体と日本人の思考・感情のすがたを、歴史的かつ客観的に把握するための資料としての重要性にかんがみ、原文のまま引用・掲載したものもある。

あ

あ【あ・ア】 五十音図の第一行第一段（ア行ア段）に置かれ、五十音順で第一位のかな。いろは順では第三十六位で「て」の次、「さ」の前に位置する。

現代標準語の音韻では、五母音の一つ a にあたる。ヨーロッパ語などに見られる前舌の a と後舌の ɑ との区別はなく、ほぼその中間の音である。

外来語の -ia, -ea を表わすのに、それぞれイ段、エ段のかなのあとに添えるが、その際の発音は、-ija, -eja になりやすい。「ピアノ、フレアー」が、「ピヤノ、フレヤー」となるなど。この発音の傾向は日本語の「きあい（気合）、うけあい（受合）」などの「あ」の場合にも認められ、「ぐあい（具合）、たくあん（沢庵）」などでは -u を受けて wa になることがある。また、「場合」などでは -a を受けて、ya または wa となることがある。なお、「ぜんあく（善悪）、おんあい（恩愛）」のように「ん」に続く場合、n を受けて na となることがある。

標準語の音韻にない tsa, fa, va を表わすのに、それぞれ「つ、ふ、ゔ」「ツ、フ、ヴ」のあとに「あ」「ア」を添える。その場合、小文字の「ぁ」「ァ」を用いるのが通例である。たとえば「おとっつぁん、モーツァルト、アルファ、ヴァイオリン」など。gwa のために「グァ」をあてることがあるが、実際には gua, guwa のように二音節に発音される傾きがある。たとえば、「グァム、ウルグァイ」など。

各行ア段のかなのあとに添えて、a の長音を表わすことがある。たとえば、「おかあさん」など。ただし、a の長音は、外来語などかたかなを用いる場合には、ア段のかなに長音符「ー」を添えるほうが普通である。たとえば、「カーブ、サービス」など。

歴史的かなづかいでは、「あ」に「う」がつづくとき、オの長音に読む。たとえば、「あうむ、会うて」などは「オーム、オーテ」と読む。「ふ」を伴う場合も、「あふぐ（仰）、あふひ（葵）、あふれる（溢）」などを例外としてオの長音に読むことが多い。「あふぎ（扇）、あふみ（近江）」などは「オーギ、オーミ」と読む。なお動詞の「あふ」は、口語としては「アウ」であるが、文語では「オー」と読む習慣が残っている。

音韻史上、単独の音節としては、変化はなかったものと認められる。

「あ」の字形は「安」の草体から、「ア」の字形は「阿」の偏の変化である。変体がな、異体がな、万葉がなについては、右の欄を参照。

ローマ字では a と書く。

ひらがな

【安】
【阿】
【悪】
【愛】

阿　正倉院蔵万葉仮名消息文〈天平宝字六年（七六二）ころ〉

安　阿　秋萩帖〈一〇世紀前半のころ〉

安　阿　悪　愛　高野切〈一一世紀中ごろ〉

安　阿　元暦校本万葉集〈元暦元年（一一八四）より以前〉

安　青谿書屋本土左日記〈承平五年（九三五）紀貫之自筆本を嘉禎二年（一二三六）に臨摹、さらに再臨摹したもの〉

安　阿　河内本源氏物語〈正嘉二年（一二五八）〉

安　阿　東松本大鏡〈文永二年（一二六五）より以前〉

安　阿　梅沢本古本説話集〈一二世紀中ごろ〉

かたかな

【阿】 偏より

【安】

阿　東大寺諷誦文稿〈八三〇年ころ〉

阿　安　西大寺本金光明最勝王経古点〈八三〇年ころ〉

阿　正倉院・東大寺本地蔵十輪経元慶七年点〈八八三年〉

阿　石山寺本法華経玄賛古点〈九五〇年ころ〉

阿　石山寺本法華義疏長保四年点〈一〇〇二年〉

阿　大福光寺本方丈記〈一二一六年ころ〉

阿　東山御文庫御本称光天皇宸翰論語抄〈応永二七年（一四二〇）〉

万葉がな

阿　安　婀　鞅　英・吾　足

（作成指導＝中田祝夫）

あ〔字音語素〕 1亞（亜）：亜・唖・堊　2阿：阿・婀・痾　3その他　蛙・鴉

1 亞（亜）の類

【亜=亞】漢 ①第二番目の。次の。／亜卿、亜相、亜聖、亜目、亜流、亜寒帯、亜熱帯／ ②無機酸で酸素の含まれている割合が少ないこと。／亜硝酸、亜砒酸、亜硫酸／ ③音字。／亜細亜、亜米利加、亜刺比亜／ ⇩あ（亜）

【唖】声による話ができないこと。／喑唖、聾唖、盲唖／唖然／唖子、唖鈴／ ⇩あ（唖）

【堊】慣 白い土。しっくい。／白堊／〔↓アク漢〕

2 阿の類

【阿】①すみ。まがりかど。／曲阿／山阿、水阿／ ②家屋のむね。／四阿／阿閣／ ③おもねる。／阿好、阿世、阿附、阿諛／ ④よりかかる。たよる。／阿監、阿衡、阿保／ ⑤親しみを表わす接頭語。／阿嬌、阿兄、阿母、阿父、阿Q／ ⑥（阿は阿彌陀から）出家した人の名に用いる。／由阿、頓阿／ ⑦音字。／阿字、阿伽、阿含、阿鼻、阿片、阿闍梨、阿修羅、阿彌陀、阿羅漢、阿弗利加、阿米利加、阿剌比亜／ ⇩あ（阿）

【婀】たおやか。／婀嬌、婀娜／

【痾】病気。／宿痾／ ⇩あ（痾）

3 その他

【蛙】かえる。／井蛙、青蛙、雨蛙／蛙声／蛙鳴蟬騒／

【鴉】からす。／鴉鷺／山鴉、晩鴉、暮鴉／

あ【有】（ラ変動詞「あり」の連体形「ある」（一説に終止形「あり」）が、助動詞「べし」「めり」「なり（伝聞・推定）」を伴うとき、撥音便化して「あん」となり、その撥音が表記されなかったもの。主として平安時代に行なわれた表記法）①動詞「ある」に同じ。＊伊勢物語（10C前）六五「この女は蔵にこもりながら、それにぞあなるとは聞けど」 ②補助動詞「ある」に同じ。＊伊勢物語（10C前）四六「世の中の人の心は、目かるれば忘れぬべきものにこそあめれ」＊源氏（1001-14頃）帚木「一つ二つのふしは、過ぐすべくなんあべかりける」

あ【亜】〘名〙外国の地域名、国名に用いる音がな。①「アジア（亜細亜）」の略。「東亜」「欧亜航路」 ②「アメリカ（亜米利加）」、また、「アメリカ人」の略。明治初期の用語で、現在は「米（べい）」を用いる。＊近世紀聞（1875-81）〈染崎延房〉三・一「長州赤間が関において亜（ア）仏蘭の外国艦と戦争に及べる事」 ③「アルゼンチン（亜爾然丁）」「アラビア（亜剌比亜）」などの略称。⇩あ〔字音語素〕

あ【吾・我】〘代名〙自称。私。あれ。中古以降は「わ」が使われて衰えた。＊古事記（712）上・歌謡「阿（ア）はもよ、女（め）にしあれば」＊万葉（8C後）五・八九〇「出でて行きし日を数へつつ今日今日と阿（ア）を待たすらむ父母らはも〈山上憶良〉」＊東大寺諷誦文平安初期点（830頃）「我（ア）が財は皆汝等が財ぞと宣ふ」＊源氏（1001-14頃）横笛「二宮見つけ給て、まろも大将にいだかれんとの給を、三宮、あが大将をやとてひかへ給へり」＊古本説話集（1130頃か）六「あがこひやとてしばしのぼりて、こまやかにかたらひおきて」 語誌 (1)上代でもワに比べて使用例が少ないが、中古以降はもっぱら「が」を伴って連体修飾語として用いられ、親愛感を表わすなど特殊な用法に限定された。(2)アが、助詞「が」を伴い、またアギ（吾君）、アセ（吾背）など熟語を形成するのに対し、アレは、単独で主格に立ち、連体修飾語を取り得る。(3)ア・アレとワ・ワレとの相違については諸説あるが、大別すると二つになる。一つは、上代においては、熟語を形成した例がアには多く見られるのに対して、ワにはワドリ（吾鳥）の一例しか見られないこと、ア・アレには卑称謙称的性格の認められる例が存在すること、平安時代以降はア・アレは一般には用いられなくなったこと等から、ア・アレは古く、ワ・ワレは新しいとする説。一つは、アガとワガとが限定する語に差が認められることから、ア系は私的で親愛の情を含み、個としての（単数的・孤独的）自分を示すのに対し、ワ系は公的で一般的用語であり、同質社会における複数の中の一人としての自分を示すとする説である。 方言 ❶自称。私。おれ。伊豆八丈島†080 東京都神津島323 八丈島343 滋賀県犬上郡607 和歌山県054 岡山県042 ❷対称。あなた。君。三重県志摩郡585 ❸反照。自分。和歌山県054 語源説 (1)日本祖語中に存した nan からきた語か。でなければ「私の」の意の aga（← nanga）から逆に作られたものか〔日本語の系統＝服部四郎〕。漢語のア（我）、朝鮮古語のアとも通じるか〔大言海〕。(2)呼ばれてこたえる音声から〔本朝辞源＝宇田甘冥・国語の語根とその分類＝大島正健〕。(3)叫ぶ声から。ウ（自）・オ（己）と同系〔日本語源＝賀茂百樹〕。 発音〈ア史〉アー平安・鎌倉〇〇 辞書 言海 表記 吾（言）

あを哭（ね）し泣（な）く　私を（声を立てて）泣かす。＊万葉（8C後）一四・三三六二「相模嶺（さがむね）の小峰見かくし忘れ来る妹が名呼びて吾乎禰之奈久（あヲネシナク）な〈東歌・相模〉」＊万葉（8C後）一四・三四七一「暫（しまら）くは寝つつもあらむを夢のみにもとな見えつつ安乎禰思奈久流（アヲネシナクル）〈東歌〉」 補注 第二例に示されるように「泣く」は下二段活用の動詞。第一例の「或本歌云」にも「安乎禰思奈久流（アヲネシナクル）」とある。下二段活用の「泣く」は他動詞で、「泣かせる」という使役の意味をもつものと考えられる。一説に、下二段活用の自動詞として、「を」は間投助詞とみる。

あ【足】〘名〙「あし」のこと。上代には単独形も見られるが、多くは「足ト（あうら）」「足掻（あがき）」「鐙（あぶみ）」「足結（あゆい）」などのように、熟した形で使われた。＊万葉（8C後）一四・三三八七「安（ア）の音せず行かむ駒もが葛飾（かづしか）の真間（まま）の継橋やまず通はむ〈東歌・下総〉」＊万葉（8C後）一四・三五三三「人の児のかなしけ時（しだ）は浜渚鳥（はますどり）安（ア）なゆむ駒の惜しけくもなし〈東歌〉」

あ【彼】〘代名〙他称。話し手、聞き手両者から離れた事物を指し示す（遠称）。平安時代以降用いられ、格助詞「の」を伴って連体修飾語となることが多い。あれ。か。→あの。＊竹取（9C末-10C初）「あの書き置きし文を読みて聞かせけれど」＊歌仙本人麿集（11C前か）「梢のみあはと見えつつ帚木のもとをもとより見る人ぞなき」＊源氏（1001-14頃）明石「あはとみるあはちのしまのあはれさへのこるくまなくすめるよの月」＊新古今（1205）雑上・一五一五「淡路にてあはとはるかにみし月のちかきこよひは心がらかも〈凡河内躬恒〉」 方言 他称。❶あれ。奈良県吉野郡687 香川県伊吹島829 ◇あい 和歌山県西牟婁郡・日高郡690 島根県隠岐島724 香川県小豆島836 佐賀県887 鹿児島県961 鹿児島郡968 ❷あそこ。山形県最上郡138 愛媛県846 ◇ああ 徳島県三好郡054 愛媛県周桑郡・喜多郡845 ◇あい 愛媛県049 845 ◇あん 島根県725 ❸彼。◇あい 三重県度会郡599 和歌山県日高郡690 佐賀県887 鹿児島県961 語源説 (1)アタ（当）、またはイマ、またはアタ（新）の反〔名語記〕。(2)叫ぶ声から〔国語溯源＝大矢透・日本語源＝賀茂百樹〕。(3)離れた方向を指すカ（遐）、あるいは、名を知らぬ人、事物を指すカ（何）の別音Aか〔日本語原考＝与謝野寛〕。 辞書 言海 表記 彼（言）

あ【阿】■一〘名〙①梵字の第一字母を表わす漢字。梵字𑖀の音訳。阿字。→阿吽（あうん）。②「アフリカ（阿弗利加）」の略称。「南阿連邦」など。③「あわ（阿波）」の略称。阿州。■二〘接頭〙親しみを表わして人を呼ぶとき、その姓、名前などに付けて用いる語。「阿Q」「阿兄」など。＊菅家文草（900頃）二・夢阿満「阿満亡来夜不ㇾ眠、偶眠夢遇涕漣々」⇩あ〔字音語素〕

あ【案】〘名〙（「あん」の撥音が表記されなかったもの）前もって考えていたこと。予想。あん。＊源氏（1001-14頃）若菜下「聞こしめしおきて、あのごとく桐壺の御方より伝へて聞こえさせ給ひければ」

あ【畔】〘名〙「あぜ」のこと。上代、中古に用いられた。＊古事記（712）上「天照大御神の営田（つくだ）の阿（ア）〈此の阿の字は音を以ゐよ〉を離ち、其の溝を埋め」＊岩淵本願経四分律平安初期点（810頃）「有る田の善能く事を作して、畦（くろ）、畔（ア）の斉整（ととのほ）れるを見そこなはして」＊十巻本和名抄（934頃）一「畔 陸詞云畔〈薄半反 和名久路 一云阿〉田界也」＊順集（983頃）「あらさじと打ち返すらし小山田の苗代水に濡れて作るあ」 表記 畔・塍（和・色）堘（和）壖（色） 発音〈ア史〉アー平安・鎌倉〇〇 辞書 和名・色葉

あ【唖・瘂・瘖】〘名〙発音による話のできない障害。また、その障害のある人。＊戦国策-趙策「預譲〈略〉又呑ㇾ炭為ㇾ唖、変ニ其音一」 辞書 名義・和玉 表記 唖・瘂（名・玉）⇩あ〔字音語素〕

あ【痾】〘名〙病気。特に、長引いて治りにくい病気。＊醍醐寺本元興寺伽藍縁起幷流記資財帳-天平一九年（747）二月一一日「時大臣又得ㇾ痾」＊万葉（8C後）五「沈痾自哀文」＊経国美談（1883-84）〈矢野龍渓〉後・自序「微恙の故を以て親ら社務を執らず家居して痾を養ひ」＊漢書-五行志「痾、病貌、言ニ寝深一也」⇩あ〔字音語素〕

あ【網】〘名〙「あみ」のこと。主として上代、中古に「網代（あじろ）」「網曳（あびき）」「網具（あご）」などのように、他の語と熟した形で使われた。＊万葉（8C後）三・二三八「大宮の内まで聞こゆ網引（あびき）すと網子（あご）調（ととの）ふる海人（あま）の呼び声〈長奥麻呂〉」

あ〘名〙数の九をいう、関西の紙商仲間などで用いる符丁。〔特殊語百科辞典（1931）〕

あ〘副〙（「ああ」の変化した語）あのように。あのとおりに。＊歌舞伎・百夜小町（1684）一「あいふ筈がある。ぬけ参りぢゃ」

あ〘感動〙①驚いたり感動したりした時に発する声。あっ。＊霊異記（810-824）中・二「噫（ア）乎母の甜（あま）き乳を捨てて我死なむか〈国会図書館本訓釈 噫阿〉」＊今昔（1120頃か）二六・二一「人の音（こゑ）にて『あ』と許（ばかり）云ふ音有り」＊太平記（14C後）一二・広有射怪鳥事「堂上堂下一同に『あ射たり射たり』と感ずる声」＊読本・昔話稲妻表紙（1806）一・二「うかがひすまして斬（きり）つけたれば、手ごたへして呀（ア）とさけぶ」＊多情多恨（1896）〈尾崎紅葉〉前・四・一「呀（ア）といふ間にもう回復（とりかへし）がならぬ」 ②人に呼び掛ける時の語。＊源平盛衰記（14C前）六・入道院参企事「主人あといへば、郎等さと出づべき体なり」 ③人の呼び掛けや、話に答える語。承知した場合にも、承知しないで不満に思う場合にも用いる。狂言では、多く不承知の場合に言う。→ああ（嗚呼）③。＊古本説話集（1130頃か）六七「いかがはせむとて、ただ『あ』と、ことうけをしゐたり」＊禁秘鈔（1221）上「女官申、御手水まいらせ候はん。女房あといふ」＊名語記（1275）二「女人に、物をいひふくむる返事に、あとこたふる、あ、如何」＊虎寛本狂言・末広がり（室町末-近世初）「『あちへうしよ』『ア』『アアとはおのれにくいやつの』」＊津軽の野づら（1935）〈深田久彌〉あすならう「『ほんとか』『あ、いいとも。そしていつでもこれ売るところ見つけえ』」 ④がっかりしたり、いやになったりしたときに発する語。あああ。＊薄衣（1899）〈永井荷風〉一「あ、何だか陰気臭くって為様が無い」＊斜陽（1947）〈太宰治〉一「何か、たまらない恥づかしい思ひに襲はれた時に、あの奇妙な、あ、といふ幽かな叫び声が出るものなのだ」 ⑤相手のことばに安心したり、急に思いついたことを口に出したりする際に発する語。＊火の柱（1904）〈木下尚江〉二九・二「『ア、其れで安心致しました』と、篠田は晴々と微笑を洩せり」＊古い玩具（1924）〈岸田国士〉第三場「あ、それから、あの時の写真、わざわざ。お上手ですわ、ほんとに」 補注「霊異記」の「噫乎」は、訓釈は「噫阿」とあるが、「アア」と読む可能性もあ

る。 辞書 字鏡・色葉・名義・言海 表記 噫・嗟(字・色・名) 呼・嗟呼(色・名) 嚱・吹・噎・疑噫(色) 於・咨・咍・慶・於乎・於戯・嗚呼・嗚乎・嗚雩・猗歟・嗟乎(名) ↓「ああ(嗚呼)」の表記

あとも そとも言(い)う なにかひとことぐらい言う。*義経記(室町中か)三・書写山炎上の事「悪しく候ふとも言はず、足駄踏みならし、肩をも膝をも踏みつけて通りけり。あともそともいはば、一定(いちぢゃう)事も出で来なんと思ふ」

あ-あ【啞啞】〘副〙①烏(からす)の鳴く声。*五山堂詩話(1807-16)一「暁窓夢回忽聴二啞啞一」*江戸繁昌記(1832-36)二・混堂「暁天猶昏し。早く鴉声(あせい)に和して、戸を連打し去る。喇々喇々、啞々(〈注〉カアカア)啞々」*自然と人生(1900)〈徳冨蘆花〉湘南雑筆・暮秋「烏五六羽あり〈略〉、啞啞(アア)の声満山に響く」*李白-烏衣啼「黄雲城辺烏欲レ棲、帰飛啞啞枝上啼」②小児がかたことでしゃべる声。*再北遊詩草(1825)夢内「二女子自レ傍援レ袖掣レ衣、笑言啞啞、若下慰二余心一者上然、余亦愀然涙下」③口をきかないさま。黙っているさま。*狂詩・二大家風雅(1790)群僧行乞図「鶴翼又魚鱗、啞々顔若レ怒」

ああ【嗚呼】〘感動〙①勝ち誇って笑うとき発する声。あざ笑う声。↓ああしやを・ああしやごしや。*釈日本紀(1274-1301)二三「阿々 私記曰咲声也」②ものごとに感じて、驚き、悲しみ、喜び、疑問などを表わすことば。*書紀(720)神武即位前(北野本訓)「嗟乎(アア)、吾が祖(みおや)は天神(あまつかみ)、母(いろは)は海神(わたつみ)なり」*源氏(1001-14頃)若菜上「耳もおぼおぼしかりければ、ああとかたぶきてゐたり」*名語記(1275)六「うちなげく気色にてアアといへる、如何。答、戯呼とかけり。〈略〉嗟呼、於戯も同事歟」*日葡辞書(1603-04)「Aa(アア) カナシイカナ」*古今集遠鏡(1793)一「アアよい月ぢゃ、アアつらいことぢゃ」*六如庵詩鈔-二編(1797)四・題友人所蔵相撲節会図「吁嗟建武之勲真可レ惜、若二小戯一者何足レ云」*多情多恨(1896)〈尾崎紅葉〉前・二「唉(アア)もう何を為るのも否(いや)だ」③相手に不承知・不服であることを示す返事のことば。多く、狂言で用いる。承知した場合には「あう」「はあ」などと言う。*虎寛本狂言・縄綯(室町末-近世初)「『何の役に立ぬやつの。すっこんで居おろ』『アア』『扨も扨も憎いやつで御ざる』」④相手に呼び掛けるときのことば。*光悦本謡曲・安宅(1516頃)「ああ暫く、あわてて事を為損ずな」⑤相手の話し掛けに対して同意して答えるときのことば。*寛永刊本蒙求抄(1529-34)四「徳が有るに依て、人が物を問ふにと云たれば、ああそれもようさうと、かう云たぞ」*日葡辞書(1603-04)「Aa(アア)〈訳〉人に同意したり賛成したりする時などに用いる応答の助辞」*浄瑠璃・心中天の網島(1720)上「いっそしんでくれぬか、アア死にましょとひくにひかれぬ義理づめに」*雪国(1935-47)〈川端康成〉「『一人でよく眠れた?』『ああ』」 語誌 (1)狂言では、普通、③の不承知を表わす語として、「あ」「ああ」等を、承知を示す際には、「おお」「はあ」等を使用する。(2)近世の「滑稽本・浮世風呂」には、⑤の応答の意の「ああ」が出現するが、その箇所に「註に曰アイといふ返答をアアといふはすべて少女の通り言也」、「此アアといへるは、女の返詞也。もちろん江戸詞に限れり」等の作者の注がある。 方言 ❶応答するときのことば。はい。目上に対して用いる。鹿児島県揖宿郡969 ❷相手に不承知であるときにいうことば。いいえ。青森県津軽075 沖縄県990 中頭郡975 語源説 (1)ア(噫)をのばした音〔日本語源=賀茂百樹〕。(2)慨嘆を強く表わす音〔国語本義・日本語原学=林甕臣〕。(3)感動詞アハレの略〔和句解〕。(4)イタイタ(痛々)、また、アラアラの反〔名語記〕。 発音 アー 〈標ア〉ア 〈ア史〉平安○●と○○の両様 室町・江戸●○ 〈京ア〉ア 辞書 和玉・文明・伊京・天正・饅頭・黒本・易林・日葡・書言・ヘボン・言海 表記 嗚呼(文・天・饅・黒・易・書・ヘ・言) 咨(玉・文・易) 於戯(伊・易・書) 吁(玉・書) 噫・嘻・嗚・戯・虖(玉) 嗟呼(文) 呼(黒) 悪・都・烏雩・於皇・嗚嘻(書) ↓「あ〔感動〕」の表記

ああ 噦(え)ず 近世前期、上方の遊里語。ああ嫌らしい。吐き気がする程だ。*評判記・もえくゐ(1677)「こたふるわけもなどやらん身に、にげなければ、あゐずといふべき人のみならんなれども」*浮世草子・好色二代男(1684)二・五「聞とがむれば、定まってくせあり。新屋のああしんき、木村屋の白癩、扇子のああゐず」

ああ しんど (「しんど」は形容詞「しんどい」の語幹) ああ疲れた。ああつらい。関西でいう。*浄瑠璃・仮名手本忠臣蔵(1748)三「つゐ一走りに走ってきた。アアしんどやと吐息つく」*雑俳・冠付五百題(1857)「お定り・其アアしんど置てくれ」

ああ つがもない 江戸時代の流行語。ああ馬鹿らしい、くだらない、などの意。代々の市川団十郎が、荒事の中で見得をきるときの決まり文句から流行した。*歌舞伎・助六廓夜桜(1779)「引っこ抜いてから竹割りに打放すが男達の極意。誰れだと思ふやい、アアつがもねえ」*滑稽本・風来六部集(1780)飛だ噂の評「おいらも神田の贔屓組、悪くぬかすとうへんぼくは、どいつでも相手に成。アアつがもねヱ」*咄本・鼠の笑(1780)序「此是旧年、寝言余也、焉乎無類(アアツガモナイ)」

ああ 申(もう)し 人に呼び掛けることば。ああもし。*虎寛本狂言・八句連歌(室町末-近世初)「『ああ申申』『何事でおりゃる』」*歌舞伎・新皿屋敷月雨暈(魚屋宗五郎)(1883)中幕「ああもうし、何れも様酒輿の上でござりますれば、お許しなされて下さりませ」

ああ〘副〙①あのように。あのとおりに。*滑稽本・浮世風呂(1809-13)三・下「おっつけ子小児(こども)でも出来てみな。ああはいかねへ」*怪談牡丹燈籠(1884)〈三遊亭円朝〉一六「ああも仕やうか、斯うもしやうかと漸(やっ)との事で一策を案じ出し」*坊っちゃん(1906)〈夏目漱石〉一一「ああやって喧嘩をさせて置いて」②(「ああだ、ああさ」などの形で)あのよう。あのとおり。*俳諧・誹諧三十棒(1771)「わし等がかけば、ああでは無いて」*浮雲(1887-89)〈二葉亭四迷〉二・八「アアではないか斯うでは無いかと」*家(1910-11)〈島崎藤村〉上・六「独身(ひとり)で居るものは何時迄も彼様(ああ)サ」 補注 「こう、そう、ああ、どう」など、いわゆるコソアド系指示語に属する副詞。「ああした、ああして、ああいう」などの形でよく用いられる。 発音 アー 〈標ア〉アーシテ、アーユーなど⓪ アーダ、アーサなどア 〈京ア〉⓪ 辞書 ヘボン 表記 彼(へ)

ああ 言(い)えばこう言(い)う いろいろと理屈を並べて、人の意見に素直に従おうとしないさまをいう。どう言えばこう言う。*人情本・春色雪の梅(1838-42頃か)初・二回「ああ云(イ)へばかう云(イ)ふと言ってぢれったいねえ」*今年竹(1919-27)〈里見弴〉焼土・四「ああ言へばかういふし、かう言へばあいふし、どこまでも人に逆ひたい性分なんだなア」

アー〘名〙(ドイ A) 音楽用語。ドイツ音名でハ長調音階の第六音。日本音名のイ、イタリア、フランス音名のラ(la)にあたる。↓音名。 発音 〈標ア〉ア

ああ-あ〘感動〙①あくびをするとき発する声。*東京新繁昌記(1874-76)〈服部誠一〉初・人力車「蹲踞する者有り、仮寐する者有り、欠伸又欠伸啞々(〈注〉アアア)」*吾輩は猫である(1905-06)〈夏目漱石〉一「あーあと大(だい)なる欠伸(あくび)をした」②ためいきをつくとき発する声。*父親(1920)〈里見弴〉「あああ、ええ気持や」*瀬山の話(1924)〈梶井基次郎〉「あああ。可哀そうな奴」③驚いたり感動したりしたときに発する声。*東京の三十年(1917)〈田山花袋〉KとT「『あああ』と再び感激に堪へないやうな声を出して」*子供の四季(1938)〈坪田譲治〉老会貞三「あーあ、恐(こは)かったねえ」 辞書 文明 表記 于嗟(文)

ああ-ああ〘感動〙①ひどくがっかりしたとき発することば。*浮雲(1887-89)〈二葉亭四迷〉一・五「アアアア偶(たま)に人が気を利かせれば此様な事った」*二百十日(1906)〈夏目漱石〉三「けふは湯葉に椎茸ばかりか。あああああ」②相手の話し掛けに対して気軽に同意して答えるときのことば。*門(1910)〈夏目漱石〉四「『ぢゃ此屏風は頂戴して行きませう』と云った。『ああああ、御持ちなさいとも』」

ああ-しやご-しや〘連語〙⇩ああしやごしや

ああい〘感動〙 方言 ❶応答するときのことば。はい。新潟県岩船郡038 富山県氷見市038 石川県鹿島郡038 山梨県北都留郡038 山口県美祢郡038 高知県幡多郡038 長崎県五島・壱岐島038 ❷相手に不承知であるときにいうことば。いいえ。 沖縄†139 鹿児島県奄美大島・沖永良部島975 喜界島(同等以下の者に対して)983 沖縄県宮古島975 八重山996 ◇ああいす 島根県隠岐島724 ◇ああえ 鹿児島県奄美大島975 ❸感動や驚きを表わす。東京都八丈島325 ◇ああえ 島根県八束郡724 ◇ああんえ 青森県三戸郡083 ❹訪問やものを買いに行く時の挨拶のことば。◇ああえ 山形県南置賜郡139 ◇あええん 山形県米沢市(主として子供が「あ、あえーん」「は、あえーん」の形で用いる)139

ああ-いう〔ふ〕〘連体〙(副詞「ああ」に、動詞「言う」が付いて一語化した語)あのような。あんな。ああした。非難、からかい、称賛などの感情が加わることが多い。*滑稽本・浮世風呂(1809-13)三・上「ありゃア、ああいふ癖で」*浮雲(1887-89)〈二葉亭四迷〉二・一一「そりゃアア云ふ胸の広い方だから」*この子(1896)〈樋口一葉〉「私がいくらか物の解るやうに成ったも彼(ア)あいふ中を経た故であらう」 発音 アーユー 〈標ア〉⓪ 〈京ア〉⓪

ああい-った〘連体〙(「ああいう」に、助動詞「た」が付いて一語化した語)「ああいう」に同じ。*青春(1905-06)〈小栗風葉〉春・二「丁度イブセンの書く那(アア)云った女主人公のやうに、夫の奴隷、家庭の器械で甘んずる訳に自己が許さなくなる」 発音 〈標ア〉⓪

アーガイル〘名〙(英 argyle スコットランド西部の旧州名 Argyllshire に由来) 二色または三色以上の菱形またはダイヤモンド柄(斜め格子)のこと。ニット地に多く用いられる。 発音 〈標ア〉ガ ア

アーカンソー(Arkansas) アメリカ合衆国中南部、ミシシッピ川西岸の州。州都リトルロック。一八三六年に二五番目の州として編入。 発音 〈標ア〉カ

ああききらきんけい【嗚呼奇々羅金鶏】 黄表紙。二巻。二冊。山東京伝作・喜多川歌麿画。寛政元年(一七八九)刊。実在した狂歌師畑秀龍(号金鶏)を主人公とし、淀屋辰五郎の持ち物であった金鶏の霊に助けられて、江戸狂歌壇で成功する話。翌、寛政二年「福種笑門松」と改題して刊行。 発音 アーキキラキンケイ 〈標ア〉キ3

アーキテクチャー〘名〙(英 architecture)《アーキテクチュア》①建築術。建築学。また、建造様式。構成。構造。*音引正解近代新用語辞典(1928)〈竹野長次・田中信澄〉「アーキテクチュアー Architecture 英 建築学、建築風」②コンピュータのハードウエア及びソフトウエアにおける設計思想。コンピュータを動作させるための機器やOSの構造・構成のあり方の根底となる。 発音 〈標ア〉テ

アーク〘名〙(英 arc)「アークとう(―灯)」の略。*風俗画報-二三九号(1901)船長室「紅絨の臥榻、電燈(アーク)、蒸汽暖爐、燦然ときらめき」 発音 〈標ア〉ア

アーク-とう【―灯】〘名〙(英 arc lamp の訳語)①炭素の電極二つの間に電圧をかけたとき起こる放電による光を用いた電灯。紫外線に富んだ淡紫色の強い光を出す。明治時代には街路灯に用いられ、のちには

映写機、探照灯、青写真の焼き付けなどに、現在では医療用紫外線灯、理科実験などに用いられる。初期のものはその電極の構造上、放電がアーチ型に起こったので arc（弧）の名がある。アークライト。弧光灯。弧光電灯。＊時事新報‐明治二三年(1890)一〇月二七日「五十燭のアーク燈二個を吊るし」＊三四郎(1908)〈夏目漱石〉九「此円盤の面へ弧光燈(アークトウ)の光を直角にあてると」 ②はげ頭をいう隠語。〔かくし言葉の字引(1929)〕 発音アークトー〈標ア〉0〈京ア〉0

アーク灯 ①〈明治15年東京銀座通電気燈建設之図〉

アークトゥルス（ラテン Arcturus ）《アルクトゥルス・アークチュルス》牛飼座のアルファ星。地球からの距離は三六光年。直径は太陽の二四倍。光度マイナス〇・一。春から夏、南天の夜空に橙色に輝く。ギリシア神話でアルカスが変じた星。麦星。中国名、大角(だいかく)。＊最新百科社会語辞典(1932)「アルクテュルス 拉 Arcturus〔天〕『牧羊者』座の首星。支那では大角といふ」 発音〈標ア〉ト゚ゥ

アーク-ほうでん【―放電】ハウデン『名』(「アーク」は英 arc) 気体放電の一つ。電流が両極間の気体中を大きな密度で流れ、強い発熱と発光を伴う。アーク灯、アーク溶接、アーク炉などに利用する。電弧。

アーク-ようせつ【―溶接】『名』(アークは英 arc) アーク放電による高熱を利用した溶接法。溶接する金属材料(母材)と電極間とにアーク放電を行なわせ、金属材を溶かして溶接する。電弧溶接。 発音アークヨーセッ〈標ア〉ヨ

アーク-ライト『名』(英 arc light)「アークとう(―灯)」に同じ。＊風俗画報‐一九九号(1899)市内電燈の障碍「又東京電燈会社に属するアークライトは、暴風雨の後全部点火せざりしとなり」＊夢の女(1903)〈永井荷風〉二〇「庭先に輝く白熱燈(アークライト)」＊桐の花(1913)〈北原白秋〉薄明の時・路上「空見れば円弧燈(アークライト)に雪のごと羽虫たかれり春よいづこに」 発音〈標ア〉ラ

アークライト（Sir Richard Arkwright サー＝リチャード―）イギリスの発明家、実業家。一七六九年、水力を利用した紡績機械を発明。自ら大規模な紡績工場を経営して産業革命の先駆者となる。(一七三二〜九二) 発音〈標ア〉ラ

アーク-ろ【―炉】『名』(アークは英 arc) アーク放電による高熱を利用した電気炉。空中窒素の固定、銅アルミニウム合金の溶解、電気製鋼などに用いられる。弧光炉。電弧炉。アーク式電気炉。 発音〈標ア〉ク

アーケード『名』(英 arcade) ①連続したアーチをもった構造物。大きな建築物のわきの柱に架けられたアーチの連続したものなど。また、かまぼこ形の天井をもった通路。拱廊(きょうろう)。②街路の上に屋根のように設けた、連続したおおいのある商店街。また、その屋根状のおおい。アーケードストア。＊大増補改版新らしい言葉の字引(1925)〈服部嘉香・植原路郎〉「アーケード Arcade (英) 仲店道。聯合販売商業街ともいふ」＊林檎の下の顔(1971‐73)〈真継伸彦〉一「アーケードが高くかかるにぎやかな商店街になっている」 ③ビル内の通路に沿って商店、飲食店などの並んでいるもの。＊読書放浪(1933)〈内田魯庵〉窓から眺める・銀ぶら「震災直後、道路が広くて空地があるので露店が出て、丸ビルのアーケードを中心として一時は遊歩と買物に賑はったが」 発音〈標ア〉ケ〈京ア〉ケ

アーケード-ストア『名』(洋語 arcade store)「アーケード②」に同じ。 発音〈標ア〉ト

アーゴノミックス『名』(英 ergonomics) 工業デザインで、人間にとって使いやすい機械をデザインするための研究。 発音〈標ア〉ミ

アーサ【ASA】『名』⇩アサ(ASA)

アーサー-おう【―王】ワウ（King Arthur ）五世紀から六世紀にかけてのイギリスの伝説的英雄。 発音アーサーオー〈標ア〉オ

アーサーおうのし【アーサー王の死】アーサーワウのシ（原題 仏 Le Morte d'Arthur ）英雄物語。二一巻。トマス＝マロリー作。一四八五年発表。題名は出版者キャクストンがつけたもの。武勇にたけたアーサー王の生涯と、王に仕える騎士たちの冒険を描く。当時伝わっていたアーサー王伝説の集大成。 発音アーサーオーノシ〈標ア〉オ

ああ-さん『名』方言 ⇩あんこ(兄―)

ああ-した『連体』(副詞「ああ」に、動詞「する」の連用形「し」と、助動詞「た」が付いて一語化した語) あのような。あんな。ああいう。＊洒落本・一事千金(1778)六「アアしたそぶりは、こふいふ気か」＊浮雲(1887‐89)〈二葉亭四迷〉三・一五「ああした我儘者ですから」＊火の柱(1904)〈木下尚江〉一七・五「インスピレーションと云ふのは、彼様(アア)した状態を言ふのじゃないか知ら」 発音アーシタ〈標ア〉0

ああ-して『副』(副詞「ああ」に、動詞「する」の連用形「し」と、助詞「て」が付いて一語化した語) あのように。あんなふうに。＊人情本・明烏後正夢発端(1823)下「文さんもああして来さっしゃるものを、元のやうにならねへからといって、呼ねへといふやうにもなりませず」＊二人女房(1891)〈尾崎紅葉〉下・四「自分も那(アア)して近所へ来た嫁を見に出た事もあったっけ」＊破戒(1906)〈島崎藤村〉一八・二「彼様(アア)して黙って居るところを見ると」 発音アーシテ〈標ア〉0

ああ-しやごーしや『連語』あざけりわらう気持をこめたはやしことば。ああいい気味だ。ああばかものめ。上代歌謡にだけ見られる。ああしやを。＊古事記(712)中・歌謡「ええしやごしや、此はいのごふぞ。阿阿〈音引〉志夜胡志夜(アアシヤゴシヤ)、此は嘲笑(あざわら)ふぞ」 語誌「ああ」も「しや」も、それぞれはやしことばであり、「しやご」は「しやあご(吾子)」の変化したものか、と考えられている。ただし、「ごしや」は未詳ながら、「ああ-しや-ごしや」と分ける考え方もある。また「阿阿〈音引〉」を「アアー」と長音と考える説もある。 上仮名アアシヤゴシヤ

ああ-しや-を『連語』(「を」は強意の間投助詞)「ああしやごしや」に同じ。＊書紀(720)神武即位前戊午年・歌謡「皇軍(みいくさ)大きに悦びて、天(あめ)を仰ぎて咲(わら)ふ。因りて歌ひて曰く、今はよ 今はよ 阿阿時夜塢(アアシヤヲ) 今だにも 吾子よ 今だにも 吾子よ」

アース『名』(英 earth 大地、地球の意) 電気回路を銅線などの導体によって大地に結びつけること。また、その装置。回路と大地の電位を同一に保ち、異常電圧の発生から機器を保護し、人体への危険を防止する。接地。＊アルス新語辞典(1930)〈桃井鶴夫〉「アース 英 earth〔無線〕地下引込線」＊蛍川(1977)〈宮本輝〉雪「竜夫は炬燵に足を入れ、ラジオのアースを舐めた」 語誌(1)現在、英語では、アメリカで ground、イギリスで earth を用いる。(2)日本語の技術用語としては、漢語の「接地」を使う事も多い。(3)アメリカ英語起源の「グラウンド(グランド)」、イギリス英語起源の「アース」、漢語の「接地」のどれを使うかは、各々専門によって分かれるが、一般的な語としては「アース」が有力である。(4)戦前には、ラジオ用語として「地中線」「接地」「地気」「地絡」などと訳された。 発音〈標ア〉ア〈京ア〉ア

アース-せん【―線】『名』アースに用いる銅線などのこと。＊まんだん読本(1932)日本のエヂソン〈井口静波〉「アンテナを利用してスヰッチを切り交(か)へてと、アース線(セン)に直通にしてから、銅板を掘り出して此の四斗樽へ入れて」 発音〈標ア〉0

アース-ダム『名』(英 earth dam) 土を台形に盛って造ったダム。コンクリートダムに比べて、基礎の悪い場合に用いられ、断面の中心部に不透水層を設ける。土堰堤(えんてい)。土ダム。 発音〈標ア〉ダ

ああた『代名』「あなた」のくだけた言い方。＊黒い眼と茶色の目(1914)〈徳富蘆花〉三・六「次平さんは、突然くんと一つ鼻を鳴らして、『寿代はああたに恋着しとる』と云ふた」 発音アアタ〈標ア〉ア² アータ〈標ア〉ア¹

アーチ『名』(英 arch) ①建築物などで、半円形に弧をえがいた構造。トンネル、橋、建物の入り口などに見られる。迫持(せりもち)。拱(きょう)。穹窿(きゅうりゅう)。＊露団々(1889)〈幸田露伴〉五「一柱の大理石は美しくても穹門(アアチ)には成らず」＊倫敦塔(1905)〈夏目漱石〉「洞窟の如く薄暗きアーチの下」 ②祝賀や歓迎のために設けられる、上部が半円形の門。古くは一面緑の枝で飾られた仮設のもので「緑門」ともいわれたが、のちには、木の枝などを使わないものが普通となり、常設される場合が多い。＊風俗画報‐二号(1889)人事門「憲法発布式御次第〈略〉皆大典奉祝の用意に奔走して山車に緑門(アーチ)に我劣らじと趣向を凝らせしが」＊魔風恋風(1903)〈小杉天外〉前・記念会「学校の正門前は、爰に緑色の虹の湧きしかと思はるる大緑門(アーチ)」 ③(飛球が大きな弧を描くところから) 野球で、ホームランの俗称。＊烈婦！ます女自叙伝(1971)〈井上ひさし〉一「長島連日の大アーチ」 発音〈標ア〉ア〈京ア〉ア

アーチェリー『名』(英 archery) 洋弓。西洋式の弓矢を使うスポーツ。日本には昭和一四年に菅重義が米国から持ち帰り、朝日新聞が報じたことに始まる。昭和二二年に、日本洋弓会を結成。昭和三一年、日本アーチェリー協会と改称。 発音〈標ア〉ア

アーチ-がた【―型・―形】『名』(主として建築物の構造で)半円形に弧をえがいたかたち。＊女工哀史(1925)〈細井和喜蔵〉一五・四四「鐘紡大阪支店のものはアーチ型鉄骨の実に広大な長方形建造物で」＊血と水の匂い(1970)〈丸山健二〉「斜め左手には赤ペンキを塗ったアーチ型の橋がかかっており」 発音アーチガタ〈標ア〉0

アーチ-きょう【―橋】ケウ『名』(アーチは英 arch) アーチ構造を持つ橋の総称。拱橋(きょうきょう)。＊日本の橋(1936)〈保田与重郎〉「東京に石造のアーチ橋の出来たのはたしか明治六年万世橋を始めとしてゐるときいたが」 発音アーチキョー〈標ア〉0

アーチザン『名』(英 artisan)《アーティザン》「アルチザン」に同じ。＊改訂増補や、此は便利だ(1918)〈下中芳岳〉五・二「アーチザン Artisan 技術家(単なる)」

アーチスト『名』(英 artist「術(わざ)を持った人」の意)《アーティスト》①芸術家。美術家。演奏家。また、歌手、俳優、ダンサーなどの芸能人。＊三四郎(1908)〈夏目漱石〉九「仏蘭西(フランス)の画工(アーチスト)は」＊さらばモスクワ愚連隊(1966)〈五木寛之〉一「日本のアーチストをソ連に紹介する仕事をつづけてきたという」 ②技芸、技術にすぐれた人。＊彼岸過迄(1912)〈夏目漱石〉須永の話・三二「不幸にして僕は夫(それ)程の技巧家(アーチスト)でなかった」 発音〈標ア〉チ

アーチ-ダム『名』(英 arch dam) 貯水池などのダムで、両岸から湖心に向かって円弧状に張り出した形の堤を築いたダム。水圧が両岸に伝達されるので、薄い壁で済み、工事費も安いが、両岸が狭いこと、岩盤の堅固なことが要求される。拱(きょう)ダム。 発音〈標ア〉ダ

アーチチョーク『名』(英 artichoke)《アテチョク・アーティチョーク》キク科の多年草。高さ約一・五メートル。アザミに似た葉で夏に大きな濃紫色の花をつける。花が開く直前のつぼみをもぎ、その中の肉質部分を食用にする。ちょうせんあざみ。学名は Cynara scolymus

＊古川ロッパ日記-昭和一二年(1937)六月二二日「定食だが中々凝って、アテチョクなど出た」 発音〈標ア〉チョ

アーチチョーク

アーチ-モーション〘名〙(英 arch motion) 棒高跳びで、バーを越えるとき、腹部に重心を置いて体を弓形に曲げる動作。＊現代文化百科事典(1937)「アーチ・モーション 英 arch motion〔運〕臂に力をこめて身体を押し上げ弧状にして半円を描いて横木を越す法」 発音〈標ア〉モ

ああっと〘感動〙方言 ⇨ああとうとう(鳴呼尊)

アーティクル〘名〙(英 article) ①箇条。条項。＊外来語辞典(1914)〈勝屋英造〉「アーティクル article〔英〕」 ②新聞・雑誌などの記事。 発音〈標ア〉ア

アーティフィシャル〘形動〙(英 artificial) 人工的。人為的。不自然な。技巧的。＊東京日日新聞-明治七年(1874)一月二六日「『アルチフヒシアル、フエコンデーション』(人工を以豊熟せしむるの義)と称へ」 ＊秘密(1911)〈谷崎潤一郎〉「全然旧套を擺脱(ひだつ)した、物好きな、アーティフィシャルな、made of life を見出して見たかったのである」 ＊田園の憂鬱(1919)〈佐藤春夫〉「自然の潑剌たる野蛮な力でもなく、人工のアーティフィシャルな形式でもなかった」 発音〈標ア〉ティ

アーティフィシャル-ライト〘名〙(英 artificial light) 撮影の際に用いる人工光線。たとえば、ストロボ、閃光電球、写真電球による照明。＊モダン辞典(1930)「アーティフィシアルライト〔映〕人工光線」 発音〈標ア〉ラ

あ-あと【足跡】〘名〙(「あ」は「足」の意の上代語) 足の跡。あしあと。上代には例なく、近代の和歌用語。＊赤光(1913)〈斎藤茂吉〉睦岡山中「天さかる鄙(ひな)の山路にけだものの足跡(アアト)を見ればこころよろしき」

アート〘名〙(英 art) ①術(わざ)。技巧。＊彼岸過迄(1912)〈夏目漱石〉須永の話・三一「僕は〈略〉始めて彼女の技巧(アート)を疑ひ出したのである」 ②芸術。＊青年(1910–11)〈森鷗外〉六「君、ライフとアアトが別々になってゐる奴は駄目だよ」 ③「アートし(—紙)」の略。 語誌 (1)訳語としては早くから「芸術」(「諳厄利亜語林大成」一八一四)、「技術」(「英和対訳袖珍辞書」一八六二)などが当てられていた。(2)昭和以降では単独で用いられることは少なく、モダン-アート、アート-シアターなどのように複合語の要素として用いられることが多い。またその際、芸術の中でも特に美術の意で用いられることが多い。

アート フォー アート(英 art for art)「芸術のための芸術」の意。人生や社会などに関する表現の動機を捨て去り、純粋に美のみを追究する芸術。＊若杉三郎宛夏目漱石書簡-明治三九年(1906)一〇月一〇日「アート・フォー・アート抔は是亦どうでもよい」

ああ-とうとぅ【鳴呼尊】〘名〙方言 ⇨ああとうとう(鳴呼尊)

ああ-とうとう【鳴呼尊】方言 一〘感動〙❶神仏を拝む時に唱えることば。長崎県壱岐島915 ◇ああっと 青森県三戸郡(児童語)083 ◇ああとうとぅ 沖縄県首里993 ◇ああとうどぅ 沖縄県石垣島996 ◇ああと 長崎県壱岐島915 ◇あっと 岩手県気仙郡102 ◇あっとうあっとう 島根県美濃郡・益田市(幼児語)725 ◇あっとうちゃ 東京都新島(女性語)050 ◇あっとうでぁ 岩手県上閉伊郡097 気仙郡102 ◇あっとうてやな 東京都御蔵島050 ◇あっとて 山形県飽海郡(幼児語)139 ◇あっとでぁ 青森県三戸郡083 岩手県気仙郡(幼児語)102 ◇あとうだえ 岩手県上閉伊郡078 ◇あとうでや・あとうどうざります 新潟県岩船郡366 ◇ううとうとぅ 沖縄県首里(女性語)993 ◇ううとうどぅ 沖縄県石垣島996 ◇おうとおうと 鹿児島県肝属郡(幼児語)970 ◇おうとうと 沖縄†139 ◇おうとうどぅい 沖縄県石垣島996 ◇おとと 鹿児島県肝属郡(幼児語)970 ◇とぅとぅがなし〔尊愛〕鹿児島県喜界島983 ◇とうだい 岩手県気仙郡100 ◇とうてやな 東京都大島326 ◇とうとぅとうとぅ 鹿児島県喜界島983 ◇とうとう 沖縄県首里993 ◇とうとがなし 鹿児島県奄美大島985 ◇とうととうと 沖縄†139 鹿児島県沖永良部島985 ◇とうどや 秋田県鹿角郡132 ◇とだいとだい 岩手県気仙郡100 ◇はっと・はっとうでぁ 岩手県気仙郡102 ❷幼児などが、ものをもらう時に両手を重ねて上げ、感謝の気持ちを表わして言うことば。ありがとう。また、その動作をもいう。頂戴。◇ああっと 青森県三戸郡083 ◇ああと 山形県米沢市050 新潟県西頸城郡385 ◇ああとああと・ああとと 新潟県西頸城郡385 ◇あっあ 岩手県気仙郡100 ◇あっさ 岐阜県吉城郡501 飛驒502 ◇あっち・あっつ 山形県139 ◇あってぁ 秋田県鹿角郡132 ◇あっとあっと 岩手県気仙郡427 ❸礼を表わすことば。ありがとう。◇とうでや 秋田県仙北郡136 ◇とうてやな 東京都大島326 ◇とうどや 秋田県鹿角郡132 ◇とどござる 秋田県鹿角郡130 132 133 ◇どどこんざえぁ 青森県三戸郡083 ◇どどこんじゃる 秋田県鹿角郡130 132 133 ❹ものを請う時に言うことば。下さい。◇とうでや 秋田県仙北郡136 ❺足でものに触った時や、人の前を通る時などに言う謝罪のことば。ごめんなさい。失礼。◇ああとと・あとと 福岡市877 879 ❻危険に気づいたり驚いたりした時に発することば。おっと。◇あとと 青森県上北郡082 ❼別れる時の挨拶のことば。さようなら。幼児語。◇あっあ 岩手県気仙郡100 二〘名〙❶神仏を拝むこと。幼児語。◇あってぁ 秋田県鹿角郡132 ◇あっとう 島根県鹿足郡・益田市725 ◇おうとおうと・おとと 鹿児島県肝属郡970 ❷正座すること。幼児語。◇あっとう 島根県鹿足郡・益田市725 ❸すべて敬うべきもの、崇拝の対象となるもの。◇あとさま〔—様〕新潟県岩船郡361 ❹神仏。神様。仏様。◇あってぁさま 秋田県鹿角郡(小児語)132 ◇あっとう 島根県鹿足郡(幼児語)725 ◇あっとうさま 岩手県九戸郡(幼児語)088 ◇あっとさま 岩手県気仙郡(幼児語)100 秋田県北秋田郡・南秋田郡130 福島県南会津郡185 新潟県東蒲原郡368 ◇あと 秋田県河辺郡130 ◇あとあと 秋田県仙北郡136 ◇あとうさま 山形県東田川郡139 新潟県岩船郡366 長崎県対馬(幼児語)054 ◇あとうと 山形県東田川郡139 ◇あとさま 秋田県(小児語)130 山形県138 新潟県(小児語)387 岩船郡361 長崎県佐世保市902 ◇あとさん 秋田県仙北郡130 新潟県東蒲原郡368 三重県宇治山田市(小児語)062 福岡県久留米市・八女郡(小児語)872 佐賀県887 長崎県壱岐島(小児語)914 熊本県玉名郡058 ◇あとつぁま・あとっつぁま 山形県(小児語)062 139 149 ◇あとと 秋田県由利郡130 山形県139 ◇あととさま 山形県米沢市(小児語)149 ◇とうでんさ 宮城県062 ◇とうとうがなし 鹿児島県奄美大島975 ◇とうとうさん 新潟県佐渡(小児語)352 ◇とだいさま 岩手県上閉伊郡(小児語)097 ◇とてさま 岩手県胆沢郡(小児語)105 ◇とでさま 秋田県雄勝郡130 ◇とでさん 宮城県仙台市054 ◇とどごさま 岩手県上閉伊郡(小児語)097 ❺仏壇。幼児語。◇あとさま 山形県西置賜郡・南村山郡139 ❻位牌(いはい)。◇とうとう 鹿児島県喜界島(小児語)983 ◇とうとうめえ〔尊前〕沖縄県首里993 ❼月。お月様。小児語。◇あたさん 島根県八束郡725 ◇あっとうさん 島根県鹿足郡725 ◇あっとさま 岩手県気仙郡100 秋田県北秋田郡・南秋田郡130 ◇あっとさん 和歌山県日高郡698 高知県幡多郡870 ◇あと 和歌山市062 ◇あとうさあ 山口県792 ◇あとうさま 島根県石見725 山口県793 祝島054 大島801 長崎県対馬913 ◇あとうさん 広島県江田島054 山口県豊浦郡798 ◇あとうはあ 山口県屋代島054 ◇あとさ 宮崎県児湯郡047 ◇あとさま 山形県西置賜郡・南村山郡139 新潟県東蒲原郡368 長崎市906 ◇あとさん 秋田県秋田市062 由利郡130 三重県宇治山田市062 奈良県宇陀郡683 和歌山県690 長崎県壱岐島914 大分県大分郡・大野郡938 ◇あとつぁま・あとっつぁま 山形県139 ◇あとと 秋田県由利郡130 山形県139 ◇あとはん 和歌山県日高郡698 ◇おとうとうさま 新潟県中越373 ◇とうだいさま 青森県三戸郡086 ◇とうであさま 岩手県九戸郡088 ◇とうとう 鹿児島県喜界島983 沖縄県首里993 ◇とうとうがなしいめえ〔尊愛前〕沖縄県首里993 ◇とうとうさま・とうとうさん 新潟県佐渡348 358 ◇とうとうめえ 沖縄県島尻郡975 首里993 ◇とうとさま 青森県三戸郡083 ◇とだいさま 岩手県紫波郡093 上閉伊郡097 ◇とてさま 岩手県胆沢郡105 宮城県仙台市122 ◇ととさま 青森県南部073 083 岩手県和賀郡095 秋田県北秋田郡130 鹿角郡132 ◇ととさん 秋田県鹿角郡133 ❽太陽。お日様。小児語。◇あっとさま 岩手県気仙郡100 新潟県東蒲原郡368 ◇あとさま 山形県西置賜郡・南村山郡139 ◇あとさん 長崎県壱岐島914 ◇あとつぁま・あとっつぁま 山形県139 ◇あとてさま 宮城県仙台市122 ◇あとと 山形県東置賜郡139 ◇あととさま 山形県米沢市149 ◇とだいさま 岩手県上閉伊郡097 ◇とてさま 岩手県胆沢郡105 ◇とどごさま 岩手県上閉伊郡097 ❾星。お星様。小児語。◇あとさん 三重県宇治山田市062 長崎県壱岐島914 ◇あとっつぁま 山形県米沢市050 ◇あとと 山形県東置賜郡139 ❿雷。雷様。小児語。◇とうだいさま・とうとさま・とうどっこさま 岩手県九戸郡088 ◇とどこさま 青森県南部084 岩手県上閉伊郡097 ◇ととさま 青森県三戸郡083 ⓫僧侶(そうりょ)。お坊様。和尚様。◇あとうさま 新潟県岩船郡366 ◇あとうと 長崎県対馬(幼児語)054 ◇あとさま 山形県西置賜郡・南村山郡139 新潟県岩船郡361 長崎県五島917 ◇あとさん 秋田県由利郡130 新潟県東蒲原郡368 ◇あとつぁま 山形県(幼児語)139 ◇あとと 山形県東置賜郡(幼児語)139 長崎県五島917 ⓬みこ。◇ああとぅとう 鹿児島県喜界島983 ⓭客。◇あと 秋田県由利郡130 ◇あとさん 新潟県東蒲原郡368 ⓮蚕。◇あとと 福島県会津155 ◇ととこ 出羽†020 青森県069 078 085 岩手県江刺郡096 秋田県130 ◇とどこ 青森県074 077「とどこいた(蚕板)」083 岩手県095 097 103 秋田県130 ◇どどこ 岩手県岩手郡050 ◇ととこさま 秋田県鹿角郡132 ◇とどっこ 秋田県仙北郡130 ◇とどっこさま 岩手県気仙郡100 ⓯上蔟(じょうぞく)に遅れた残りの蚕。島根県大原郡725 ⓰種痘。幼児語。◇あとさん 三重県度会郡599 長崎県壱岐島914 ⓱(⓭の意から)ままごと。◇あっとさま 新潟県東蒲原郡368 ⓲(⓯に形が似ているところから)額が高く突き出ていること。また、その人。おでこ。青森県073 ◇とどこ 青森県074 075 ◇とどこなじげ 青森県津軽075 ⓳ものをもらうこと。小児語。◇とうと 土佐†126 ⓴ものをやること。小児語。◇とうっと 長野県東筑摩郡「お客様にとーっとする」480 ㉑(仏像を背負った形に見立てて)後ろ向きに子供を背負うこと。◇あとさん 和歌山県伊都郡690

アート-し【—紙】〘名〙(英 art paper の訳語) すべすべして、つやのある厚めの印刷用紙。鉱物性の白い顔料を糊(のり)と混ぜて表面に塗ってあり、写真版の印刷などに用いる。アートペーパー。＊故郷(1933)〈伊藤信吉〉川沿ひに「アート紙の冷たい手ざはりに」 ＊わが胸の底のここには(1946–48)〈高見順〉九「綺麗なアート紙のカタログ」 発音〈標ア〉ト〈京ア〉ト

アート-シアター〘名〙(アメリカ art theater) 一般の映画館では上映されないような、芸術的、実験的映画作品を専門に上映する劇場。一九二四年フランスにはじめて誕生した。＊白く塗りたる墓(1970)〈高橋和巳〉八

「映画一つにしても、アートシアターなんかもう行きたくもなく」 発音〈標ア〉シ

アート-タイトル〘名〙(英 art title) 映画、テレビで、文字の背景を絵画、写真などで装飾した字幕。美術字幕。意匠字幕。＊アルス新語辞典(1930)〈桃井鶴夫〉「アート・タイトル　英 art-title〔映画〕美術字幕」 発音〈標ア〉タ

アート-タイプ〘名〙(英 artotype) 名画の複製などの高級美術印刷に用いる写真製版。網点がなく原画の諧調(かいちょう)そのままに再現する平版の一種。コロタイプ。＊日本-明治三八年(1905)一二月二七日「コロタイプ、アートタイプ等其他種々の写真製版の発達した事は近来の著るしい現象であって」＊舶来語便覧(1912)〈棚橋・鈴木〉「アートタイプ…写真版の一種 Artotype (英) 濃淡色沢等写真に酷似し美術印刷に適す」 発音〈標ア〉タ

アート-ディレクター〘名〙(英 art director) ①映画、演劇などで、舞台、小道具、背景、衣装、照明について、美術的効果を指揮する者。美術監督。＊現代文化百科事典(1937)「アート・ディレクター　英 art director〔映〕美術監督」 ②広告の制作を総括する専門家。デザイナー、コピーライター、イラストレーターなどを指揮して、広告を作っていく制作の責任者。 ③雑誌や本の、レイアウトなどの視覚的要素を担当する人。 発音〈標ア〉レ

ああ-とと【嗚呼尊】〘感動〙 方言 ⇩ああとうとう(嗚呼尊)

アート-フラワー〘名〙(洋語 art flower) 布地を使い、できるだけ自然の草花に近づけた造花。料理研究家である飯田深雪が開発、命名した。英語では artificial flower という。 発音〈標ア〉ラ

アート-ペーパー〘名〙(英 art paper) 「アートし(―紙)」に同じ。＊外来語辞典(1914)〈勝屋英造〉「アートペーパー(Artopaper)〔英〕写真銅版等の精巧なる絵画の印刷に用うる紙」＊星を造る人(1922)〈稲垣足穂〉「円形の芝生の上には、白い、何もかいてないアートペーパの名刺が、蒔(ま)きちらしたやうにたくさん落ちてゐました」 発音〈標ア〉ペ〈京ア〉ペ

アートマン〘名〙(サンスクリット ātman) インド哲学の用語。聖典リグベーダでは「自分」「身体」「呼吸」を意味し、次いで人間の「本性」「自我」を、さらに物一般の「本質」をさす。ウパニシャッドに至って宇宙の原理ブラフマン(梵)と同一視された。 発音〈標ア〉ア

ああとりかんじい〘名〙 方言 ⇩あいかけ(鮎掛)

アーナンダ(梵 Ānanda) ⇩あなん(阿難)

ああぬき-たあらあ【仰向―】〘名〙 方言 ❶不注意者。うっかり者。島根県美濃郡・益田市725 ◇ああぬき 静岡県520 ◇あふぬけ 新潟県佐渡351 ❷ばか者。◇ああぬき 島根県美濃郡・益田市725 ◇ああぬけたらあ 島根県石見725

ああぬき-だんべ【仰向―】〘名〙 方言 ❶あおむいてばかりいる人をののしっていうことば。児童語。岐阜県飛騨502 ❷あおむきになっているさま。◇あおぬけさんべえ 神奈川県津久井郡317 ◇ああぬきさんぼ 岐阜県恵那郡498

アーノルド (一)(Sir Edwin Arnold サー＝エドウィン―) イギリスの詩人、ジャーナリスト。インドの梵語学校長をへて「デーリー-テレグラフ」の主筆となる。釈迦の生涯を描いた長編無韻詩「アジアの光」は最も有名。(一八三二～一九〇四) (二)(Thomas Arnold トマス―) イギリスの教育者、歴史家。ラグビー校校長。(一七九五～一八四二) (三)(Matthew Arnold マシュー―) イギリスの批評家、詩人。トマス＝アーノルドの長男。文芸批評を文明批評にまで高めた。主著「批評論集」「教養と無秩序」、詩集「エトナ山上のエンペドクレスその他」など。(一八二二～八八)

アーバニズム〘名〙(英 urbanism) 都市的環境でつくり出される人間の行動様式一般をいう。農村的環境における行動様式と対比したときの程度概念で、理念型として把握(はあく)された用語。都市性。 発音〈標ア〉ノ

アーバン(英 urban) [一]〘形動〙 都会的であるさま。[二]〘語素〙「都市の」「都市的な」の意で他の語と複合して用いる。「アーバンウエア」「アーバンライフ(＝都市生活)」

アービング(Washington Irving ワシントン―) アメリカの作家。短編小説と随筆を集めた代表作「スケッチ-ブック」で知られる。(一七八三～一八五九) 発音〈標ア〉0 ア

アアフ-メス(Y'h-mś) 前一六世紀中頃のエジプトの王室書記官。イギリスのエジプト学者リンドの発見した実用数学書「リンド-パピルス」の著者。アーメス。 発音〈標ア〉ア

アーベル(Niels Henrik Abel ニールス＝ヘンリク―) ノルウェーの数学者。五次以上の代数方程式が代数的に解き得ないことを証明。また楕円関数論、アーベル関数論を発表した。(一八〇二～二九) 発音〈標ア〉フ

アーベル-ぐん【―群】〘名〙「かかんぐん(可換群)」に同じ。 発音〈標ア〉ア

アーベント〘名〙(ドイツ Abend「夕べの催し」の意) 特定のテーマで夕方から開かれる音楽会や講演会。夜の催し。「…のゆうべ」にあたる。「バッハ-アーベント」＊器楽的幻覚(1928)〈梶井基次郎〉「私が聴いたのは何週間にも亙る六回の連続音楽会であったが、〈略〉その終りに近いあるアーベントのことだった」 発音〈標ア〉ア

ああぼう〘名〙 袷(あわせ)のことを親しみをこめて擬人化して呼んだものか。＊歌舞伎・日月星享和政談(延命院)(1878)六幕「もう単物(ひとへもの)では立ちきれないから、やうやうああぼうと入替へたが」

アーマチュア〘名〙(英 armature)《アマチュア》電動機の電動子、発電機の発電子の総称。回転する電気機器の回転部分にあたり、鉄心とそれに巻きつけたコイルからなる。電動機ではこれに電流を流すと磁界中で回転し、発電機では、これを磁界中で回転させると発電する。電機子。＊外来語辞典(1914)〈勝屋英造〉「アーマチュア Armature〔英〕発電子。電動子。保磁子」 発音〈標ア〉チュ

アーミー〘名〙(英 army) 軍。軍隊。また特に、陸軍をさしていうこともある。＊記念碑(1955)〈堀田善衛〉「ローラが陸軍(アーミイ)の軍属になったという赤十字通信が来たことは」 発音〈標ア〉ア

アーミー-クロス〘名〙(英 army cloth) 軍用の紡毛織の服地、コート地、毛布など。 発音〈標ア〉ク

アーミュア〘名〙(英 armure) 畝(うね)模様などを織り出した梳毛(そもう)織物。服地、コート地、カーテンなどに用いる。補注 本来 armure はフランス語で、よろい具足のこと。織物の組織や模様がよろいの鎖帷子(くさりかたびら)に似ているところから、この名がある。

アーミン〘名〙(英 ermine) ①イタチ科の動物「おこじょ」の英語名。②おこじょの毛皮。 発音〈標ア〉ア

アーム〘名〙(英 arm) ①腕。おもに服装関係で、他の語と複合して用いられることが多い。「アームカット」「アームスリット」＊アルス新語辞典(1930)〈桃井鶴夫〉「アーム　英 arm 腕、かひな」 ②物を支える腕状のもの。＊蒼氓(1935-39)〈石川達三〉一「ウインチのアームが風を切って」＊『あひびき』から(1948)〈永井龍男〉「隣りの椅子のアームへ、充分に肱をもたせた」 発音〈標ア〉ア

ああむじょう【噫無情】(ああムジャウ) ユーゴー著「レ-ミゼラブル」の黒岩涙香による翻訳題名。明治三五年(一九〇二)から同三六年まで「万朝報」に連載。 発音アームジョー〈標ア〉ア

アームストロング [一](一)(Sir William George Armstrong サー＝ウィリアム＝ジョージ―) イギリスの発明家、企業家。水力機械工場をつくったり、アームストロング砲を発明、世界的な兵器産業をおこした。(一八一〇～一九〇〇) (二)(Edwin Howard Armstrong エドウィン＝ハワード―) アメリカの電気技術者。再生式回路、スーパー-ヘテロダイン方式、FM方式などを考案し、ラジオ技術、無線通信の発達に大きく寄与した。(一八九〇～一九五四) (三)(Louis Armstrong ルイ―) アメリカの黒人トランペット奏者、歌手。一九二〇年代から、天才的なソロ-プレーを演じて、ジャズに決定的な影響を与え、「サッチモ」の愛称で世界的人気を得た。(一九〇〇～七一) [二]〘名〙 ❶[一](一)が設立した会社。アームストロング社。また、そこで製造した大砲など。＊江湖新聞-慶応四年(1868)五月二二日「其時肥前之手にてアルムストロングといえる大砲二門を放発せしより」 発音〈標ア〉ロ

アームストロング-ほう【―砲】(ハウ)〘名〙(英 Armstrong gun の訳語)《アームスツロング砲・アームストロン氏砲》 大砲の一種。アームストロング社製の速射砲、鋼鉄砲。砲身を鋼鉄で作り、内部に螺旋条をつけてある。弾丸を後尾に装塡(そうてん)し、発射すると弾丸は進行方向を軸として回転して進む。一八五四年、イギリス人ウィリアム＝アームストロングが製作、旧日本海軍で多数購入し、亜式砲と呼ばれた。＊洋兵明鑑(1869か)〈福沢諭吉等訳〉一「アームストロン氏砲、ホアィトオース氏砲及数種の施条砲は善美なれども」＊将来之日本(1886)〈徳富蘇峰〉六「クルップ砲といひ、アームスツロング砲といひ」 発音アームストロングホー〈標ア〉0 グ

アーム-チェア〘名〙(英 armchair)《アームチェヤー・アームチェーア》ひじかけいす。安楽椅子。＊黒潮(1902-05)〈徳富蘆花〉一・五・二「大きな腕倚椅子(アアムチェア)に身を埋めて」＊其面影(1906)〈二葉亭四迷〉二五「其処の安楽椅子(アームチェヤー)に尻餅を搗(つ)き」＊青春(1905-06)〈小栗風葉〉春・一「アームチェーアの肘掛に身を靠せて暫くは辞(ことば)も無い」 発音〈標ア〉チェ

アーム-モーション〘名〙(英 arm motion) 陸上競技で、走るときの腕の動作。 発音〈標ア〉モ

アーム-レスト〘名〙(英 armrest) 座席のひじ掛けや腕のもたれ。 発音〈標ア〉レ

アームレット〘名〙(英 armlet) ①ひじから上につける輪。腕輪。腕飾り。②非常に短い袖。 発音〈標ア〉アレ

ああめ〘名〙「がざみ(蝤蛑)」の異名。＊重訂本草綱目啓蒙(1847)四一・亀鼈「蟹〈略〉蝤蛑は がざみ〈略〉ああめ 防州 海中の産なり」

アーメス(英・ドイツ Ahmes) ⇩アアフメス

アーメン [一]〘感動〙(ヘブライ āmēn「まことに」「たしかに」の意。のちに「かくあれ」「そうでありますように」の意)《アメン》キリスト教徒が祈禱、讃美歌などの終わりに唱えることば。＊どちりなきりしたん(一六〇〇年版)(1600)一一「わがためにわれらが御あるじでうすをたのみ玉へ。あめん」＊引照新約全書(1880)馬太伝福音書・六「国と権と栄は爾の窮なく有たまふ所なりアーメン」＊当世書生気質(1885-86)〈坪内逍遥〉一一「家内安全、国土太平、〈略〉政治改進、秩序整然、日新月化疑ひなし。南無亜(ア)アメン」 [二]〘名〙(❶から転じて)キリスト教やキリスト教徒をひやかしたり、さげすんだりしていう語。＊牛肉と馬鈴薯(1901)〈国木田独歩〉「矢張その頃は熱心なアーメンの仲間で」＊桜の実の熟する時(1914-18)〈島崎藤村〉二「奈何もあたしは、アーメンは嫌ひだ」 発音〈標ア〉0 メ〈京ア〉0

アーメン-くさ・い【―臭】〘形口〙 いかにもキリスト教的である。キリスト教徒らしい。ひやかしたり、さげすんだりしていう語。＊社会百面相(1902)〈内田

魯庵〉犬物語「耶蘇教の坊さんだとかいふアーメン臭い神野霜兵衛」 発音〈標ア〉サ

アーモンド 『名』(英 almond)《アーマンド》 バラ科の落葉果樹。小アジア原産で、高さ六メートルぐらいになる。果実は桃に似るが果肉が薄く水分も少ない。二系統あって、甘いもの(甘扁桃＝かんへんとう)は種子の仁をアーモンドといい、ナッツとして食用にし、苦いもの(苦扁桃)は神経や咳(せき)を鎮める効果があり、苦味成分から杏仁水(きょうにんすい)をつくる。イタリア、フランス、スペインでは紀元前から栽培されているが、日本へは明治初年に渡来した。アメンドウ。学名は Prunus amygdalus ＊日本家庭大百科事彙‐一(1927)「アーモンド Almond 扁桃の核。渋皮を去ったものをスウィート・アーモンドといふ」 ＊ロッパ食談(1955)〈古川緑波〉甘話休題Ⅰ「店の名の通り、アーモンドをうんと使った、クレセントマカロンが一」 語誌 近世初期ポルトガル語から日本語化したのがアメンドウス、アメンドウである(アメンドウスはアメンドウの複数形)が、昭和になってからは英語からのアーモンドにおされて次第に用いられなくなった。 発音〈標ア〉モ ア 〈京ア〉ア

ああや 『感動』 方言 ❶驚いたり感嘆したりした時に発することば。 宮城県栗原郡114 ❷抗議するような場合に用いることば。女性語。 新潟県東蒲原郡368 ❸「変だな」という気持ちを表わすことば。 神奈川県横浜市054

ああら 『感動』 「あら」を強めて、強い感動を表わすことば。 ＊虎寛本狂言・鬮罪人(室町末‐近世初)「ああらかなしや、是ほど参り候に、さのみな御責(せめ)候いそ」 ＊日葡辞書(1603‐04)「Aara (アアラ) カナシヤ」 ＊浮世草子・男色大鑑(1687)三・二「ああら有かたの御吊(とぶらひ)やなど諷(うたひ)出して」 辞書 日葡

アーラニャカ (サンスクリット Āraṇyaka 「森林書」の意) 古代インドの聖典ベーダの文献ブラーフマナ(梵書)のうち、最後の章の部分。祭式は神聖なので、森林(サンスクリット araṇya)の中で学習すべきものとされたための名。

アーリア-しょご【━諸語】 『名』 「インド-アーリアしょご(━諸語)」に同じ。 発音 アーリアショゴ〈標ア〉ショ

アーリア-じん【━人】 『名』(アーリアは「高貴」を意味するサンスクリット ārya に由来)《アリアじん・アリアンじん》 ①インド-ヨーロッパ語族の諸言語を用いる人種の総称。特に紀元前二千年紀に北インドに侵入して定着したインド-イラン語派に属する種族をさす場合もある。アーリアン。 ＊アリア人の孤独(1926)〈松永延造〉二「云ふ迄もなく彼の女はその深いまなざしと長い睫毛が語ってゐる通り、混り気のないアリア人であった」 ②インド-ヨーロッパ語族に属する諸言語を用いる諸人種のうちの主要人種であるコーカサス人種(コーカソイド)。元来は人種名ではないが、ナチスは、この人種は金髪、青い目、長身、やせ型という身体特徴をもち、ゲルマン民族こそがそれであるとした。 ＊国籍(1949)〈竹山道雄〉「ここではアリアン人とユダヤ人の差別については」 発音〈標ア〉ア2

アーリア-ぞく【━族】 『名』《アリアぞく》「アーリアじん(━人)①」に同じ。 ＊アリア人の孤独(1926)〈松永延造〉一「山下町××番館を陰気な住居として、印度人(アリア族)の若者、ウラスマル氏が極く孤独な生活をいとなんでゐたと云ふ事に先づ話の糸口を見出さねばならない」 発音〈標ア〉ア2

アーリアン 『名』(英 Aryan)《アリアン・アリヤン》 「アーリアじん(━人)」に同じ。 ＊外来語辞典(1914)〈勝屋英造〉「アリアン Aryan〔英〕アリア派の民。白人種三大別の一」 ＊アリア人の孤独(1926)〈松永延造〉一「建築物の大部分をシャンダーラムと呼ばるるアリヤンの一家族へ又貸しをして了ひ」 発音〈標ア〉ア1

アーリアン-じんしゅ【━人種】 『名』《アリアンじんしゅ・アリヤンじんしゅ》「アーリアじん(━人)」に同じ。 ＊国語のため(1895)〈上田万年〉本居春庭伝「翁の学風が如何にアリヤン人種の特色を帯ぶるかも、容易に解釈するを得べけんか」 ＊戦後の文学(1895)〈内田魯庵〉「国民が鋭意発憤して僅々二十余年間に此長足の大進歩を為せしは優に日本人種がアリヤン人種(ジンシュ)に比して更に譲る処なきを誇るに足べし」 発音〈標ア〉ジ

アーリー-イングリッシュ 『名』(英 early English) イギリスのゴシック初期の建築様式で、盛期は一二世紀末から一三世紀後半。肋材(ろくざい)の単純な構成、尖頭(せんとう)アーチの並列、高い尖塔などを特色とする。ソールスベリ、ウエルズ、ウースターなどの諸聖堂が好例。初英式。ランセット式。 発音〈標ア〉イ

アーリマン (Ahriman) ゾロアスター教の神。古くはアングラ＝マイニュという。暗黒、悪の神として光明、善の神アフラ＝マズダに対立するが、敗れて滅亡する。 発音〈標ア〉ア

あありゃ-あありゃ 『連語』 歌舞伎で主役の動作をかざる化粧声の一つ。

アーリントン (Arlington) アメリカ合衆国東部、バージニア州の郡名。ポトマック川をへだててワシントンに対向する。一八四六年建設の国立墓地、アメリカ国防総省(ペンタゴン)などがある。 発音〈標ア〉リ

アール 『名』(フランス are)《アーレ》 メートル法の面積の単位。おもに土地の面積をいうのに使われる。一アールは一〇〇平方メートル。約三〇・二五坪。約一畝。記号a。 ＊米欧回覧実記(1877)〈久米邦武〉例言「仏は百『メートル』平方を『アーレ』とす、『ヘクターレ』〈百『アーレ』なり〉にて、我一町に比較す」 ＊工学字彙(1886)〈野村龍太郎〉「Are アール(仏面度我一〇、八九平方尺)」 発音〈標ア〉ア 〈京ア〉ア

アール 『名』(英 R, r) アルファベットの第一八字。①(r) 数学で、半径(radius)、割合、比(ratio)の記号。 ②(r) 化学で、レントゲン(röntgen)の略。X線の強さを表わす記号の一つ。 ③(R) 化学で、基(Radical)、とくにアルキル基を表わす。 ④(R) 右(Right)を表わす記号。↔L。 ⑤(R) 英語で、川(River)の略。 発音〈標ア〉ア

アールエッチ-いんし【Rh因子】 『名』(英 Rh-factor の訳語) 一九四〇年アメリカのランドシュタイナーとウィナーがアカゲザルの血球中に発見した一種の抗原。Rhと名付けたのはアカゲザル(rhesus monkey)の頭文字に由来する。人の血球中にこの因子がある場合をRhプラス型、ない場合をRhマイナス型という。Rhマイナスの人の数は極めて少なく輸血や妊娠に際して配慮が必要となる。 ＊世界新語辞典(1950)「Rh因子 赤血球中にある抗リーサス血清を凝集させる物質」 発音〈標ア〉イ

アールエッチしき-けつえきがた【Rh式血液型】 『名』 Rh因子の有無によって、Rhプラス型とRhマイナス型とに区別される血液型。 発音 アールエッチシキケツエキガタ〈標ア〉0

アール-エヌ-エー【RNA】 『名』(英 ribonucleic acid の略)「リボかくさん(━核酸)」に同じ。

アール-デコ 『名』(フランス art déco「装飾美術」の意) 一九二〇～三〇年代に流行したデザイン様式。はなやかな幾何学的模様などが特徴。 発音〈標ア〉デ

アール-ヌーボー 『名』(フランス art nouveau「新美術」の意)《アールヌボー》 一九世紀末から二〇世紀の初めにかけて、フランスで流行した美術上の一様式。現実の動、植物を装飾化し、建築、工芸、図案などに応用。淡い色彩、自由な曲線をその特徴とする。わが国でも、日露戦争後、数年間この様式の図案が流行した。ドイツ、オーストリアではユーゲント様式と呼ばれた。ヌーボー式。 ＊風俗画報‐二四五号(1902)流行門「刺繍〈略〉模様は、細緻巧緻を欲せず、淡又白に適す、アールヌーボー式(外人、我か光琳を転化して、式となす)ならむには尤も可なり」 ＊国民新聞‐明治三六年(1903)一二月一五日「アールヌボーの西洋婦人が石鹸玉を吹き居る図を現はし」 ＊流行(1911)〈森鷗外〉「明るい壁に Art nouveau (アアルヌヲオ)の模様のある、極端に現代的な座敷」 発音〈標ア〉ヌ

アール-ブイ【RV】 『名』(アメリカ recreational vehicle の略) 家族・仲間などで行くレジャー活動、特にアウトドア活動を主目的とする旅行に使う自動車。客室空間、荷物空間が広く取ってある。 発音〈標ア〉ブ

アールベルク-スキー 『名』(洋語 ドイツ Arlberg ＋英 ski) 二〇世紀初頭、オーストリアのシュナイダーが創案したスキー術。オーストリアの地名から出た名。前かがみの低い滑降姿勢や鋭い回転などが特徴。アールベルク派。 ＊現代文化百科事典(1937)「アールベルグ・スキーじゅつ 独 Aalberg Ski 術 ハンネス・シュナイダーの創始せる独得のスキー術」 発音〈標ア〉キ

ああれ 『感動』「あれ(感動)」に同じ。 ＊滑稽本・七偏人(1857‐63)二・上「アアレ台所の戸棚をぐゎたぐゎたやって居やアがる」

ああん ■一『感動』 ①江戸時代、子供や女性が、おじぎをするときに発したことば。「さいなら、ああん」 ②目下の者などに、いばって問い掛けるときのことば。 ＊日本橋(1914)〈泉鏡花〉一八「名を憚った男の、低い声に、(ああん。)と聞えぬ振して、巡査が耳を傾けたのは、故(わざ)とらしく意地悪く見えた」 ＊故旧忘れ得べき(1935‐36)〈高見順〉六「松下は明瞭に不機嫌に成って、あーん? なんぢゃと言ひ」 ③物事が思うようにいかないとき、人に甘える気持をこめて言うことば。 ＊疑惑(1913)〈近松秋江〉「『ああん、酔っちまった！』同じことを執拗(しつこ)く繰返しながら、却々(なかなか)手にをへなかった」 ＊蠢く者(1924)〈葛西善蔵〉「『あーん…』と自分は打ちのめされた気持で、彼女の両手を取った」 ④子供などが大声で泣くときに発する声。 ＊子供の四季(1938)〈坪田譲治〉子供部隊「鯰なんか、何だい、何だい、何だい。アーン、アンアン。姉ちゃんが悪いんだ。お母さんが悪いんだ」 ■二『副』(「と」を伴う場合が多い) 口を大きく開くさま。「ああん(を)する」のように名詞的にも用いる。 ＊落語・成田小僧(1889)〈三代目三遊亭円遊〉「ヘエ若旦那からお使ひ物、サ、アアーンと口をお開き」 ＊今年竹(1919‐27)〈里見弴〉かも・四「母親らしい容子を気取って、『もっと、アーンなさい』」 方言『感動』 ❶呼ばれた時の応答のことば。また同意した時に言う。はい。 石川県金沢市(目下に対する)404 福岡県久留米市872 ❷おじぎ。またその時に発することば。 徳島県809

アーンドラ-ちょう【━朝】 ⇩アンドラおうちょう(━王朝)

アーンド-ラン 『名』(アメリカ earned run)「じせきてん(自責点)」に同じ。 ＊アルス新語辞典(1930)〈桃井鶴夫〉「アーンド・ラン 英 earned run〔野球〕盗塁でなく好打球による走塁」 発音〈標ア〉ラ

あい 『字音語素』 1矣：埃・挨・欸 2愛：愛・曖・靉 3謁：藹・靄 4その他 哀・隘・鞋・穢

1 矣の類

【埃】ほこり。／塵埃、埃塵、埃氛／砂埃、土埃、風埃／⇩あい(埃)

【挨】押す。相近づく。／挨拶／

【欸】嘆息のこえ。／欸乃／

2 愛の類

【愛】①かわいく、いとしく思う。親しく思う。／愛悪、愛憎、恩愛、慈愛、寵愛、恋愛、愛慕、愛撫／愛育、愛着、愛染、愛執、愛欲／最愛、博愛、偏愛、母性愛／愛妻、愛児、愛日、愛情、愛人／ ②このむ。好み。／愛玩、愛好／愛唱、愛読、愛用、愛飲／愛煙家／ ③大切にする。／敬愛、親愛、愛護、愛敬／愛蔵／愛郷、愛国、愛校心／ ④おしむ。／愛惜／ ⑤音字。／愛蘭(アイルランドのアイ

にあてる）／⇩あい（愛）

【曖】くらい。／曖曖／曖昧／曖然／曖日／

【靉】(漢) ①雲の盛んなさま。また、樹木の茂るさま。／靉靉／ ②雲のたなびくさま。また、暗いさま。／靉靆／

3　謁の類

【藹】さかん。茂る。おだやか。／藹藹／藹蔚／藹然／

【靄】もや。かすむ。／靄靄／烟靄／朝靄、暮靄、暁靄、夕靄、遠靄、川靄、山靄／靄然／

4　その他

【哀】①あわれ。あわれむ。／哀矜、哀憫、哀憐／哀史、哀調、哀話／ ②悲しみ。悲しむ。／哀哀／哀歓／悲哀／哀怨、哀嘆、哀愁、哀傷、哀惜、哀痛、哀悼、哀慕／哀詞、哀歌、哀情／哀咽、哀願、哀吟、哀叫、哀訴、哀鳴／ ⇩あい（哀）

【隘】(漢) せまい。／狭隘、隘狭／隘路、隘巷／

【鞋】わらじ。／青鞋、糸鞋、草鞋、芒鞋／ ⇩あい（鞋）

【穢】(慣) けがれ。よごれ。よごれる。／穢悪、穢溷、穢濁、穢慝、汚穢、塵穢／〔↓エ(呉)・ワイ(漢)〕

あい〔あひ〕【合・会・相】㊀〘名〙（動詞「あう」の連用形の名詞化）あうこと。また、動作を共にしたり、相互に関係をもったりする意を表わす。㈠あうこと。会合。対面。＊万葉（8C後）四・七四一「夢（いめ）の相（あひ）は苦しかりけり覚（おどろ）きてかきさぐれども手にも触れねば〈大伴家持〉」＊万葉（8C後）一四・三四九三「遅速（おそはや）も汝（な）をこそ待ため向（むか）つ嶺（を）の椎（しひ）の小枝（こやで）の安比（アヒ）は違（たが）はじ〈東歌〉」㈡人と行動を共にしたり、相手をしたりすること。①二人で向かい合って、互いに声をかけながら槌（つち）で物を打つこと。あいづち。＊十巻本和名抄（934頃）五「椓撃　纂文云斉人以㆓大槌㆒為㆓椓撃㆒。〈漢語抄云阿比〉」＊観智院本名義抄（1241）「椓撃　アヒ」②共謀すること。また、その仲間。同類。ぐる。＊浄瑠璃・吉野都女楠（1710頃か）四「ムム、扨（さて）はあいじゃの」③相手。また、相手をすること。＊歌舞伎・韓人漢文手管始（唐人殺し）（1789）四「ハテ、あいには愚僧が行かいでたまる物か」④あいこ。あいうち。⑤掏摸（すり）をいう隠語。あいてやし。あいちゃん。〔日本隠語集（1892）〕⑥合い鍵や鍵をいう、盗人仲間の隠語。あいす。〔特殊語百科辞典（1931）〕⑦あいくち、刃物の類をいう、盗人仲間の隠語。〔隠語輯覧（1915）〕㊁〘接頭〙㈠動詞の上に付く。①ともに関係することを表わす。㋑ともに。ともどもに。いっしょに。＊古事記（712）中・歌謡「道の後（しり）古波陀嬢子（こはだをとめ）を神の如（ごと）聞えしかども阿比（アヒ）枕まく」＊源氏（1001‐14頃）葵「人とあひ乗りて、すだれをだに上げ給はぬを」＊大慈恩寺三蔵法師伝院政期点（1080‐1110頃）九「紫殿懐ひを慰め、黔首（きむしう）胥（アヒ）悦ぶ」＊米沢本沙石集（1283）四・九「今すこし若くおはす時（とき）人をも相語らひ給へ」㋺向かい合った関係にあるさま。互いに。＊古事記（712）下・歌謡「肝（きも）向かふ　心をだにか　阿比（アヒ）思はずあらむ」＊万葉（8C後）一八・四〇九四「天地（あめつち）の　神安比（アヒ）うづなひ　皇御祖（すめろき）の　御霊助けて〈大伴家持〉」＊源氏（1001‐14頃）明石「年頃、あひ語らひ侍れど、わたくしにいささかあひ恨むること侍りて」②語調を整えたり、語勢を添えたりする。改まった言い方として、近代では手紙などに用いる。＊源氏（1001‐14頃）手習「小野に侍りつる尼どもあひ訪（と）ひ侍らんとてまかり寄りたりしに」＊兵範記‐仁平二年（1152）四月一一日「以㆓寝殿一宇㆒、南殿清涼殿相㆓兼之㆒」＊太平記（14C後）一一・越中守護自害事「越中の二塚と云ふ所に陣を取て、近国の勢共をぞ相（あヒ）催しける」＊当世書生気質（1885‐86）〈坪内逍遙〉三「前週より脚気症に相（アイ）罹（かか）り、起臥共に、頗（すこぶる）困難を覚候故」㈡名詞の上に付く。①同じ関係にある間柄。「相弟子」「相番」「相嫁」など。②互いに向かい合った関係。「相対」「相たがい」「相四つ」など。㊂〘語素〙（名詞に付いて接尾語的に）前後の事情や関連における、もののありかた。「意味合い」「義理合い」「色合い」「頃合」など。補注 接頭語として動詞に接する場合、次のように間に助詞を伴うことがある。「正月たつ春のはじめにかくしつつ安比（アヒ）し笑みてば時じけめやも」〔万葉‐一八・四一三七〕、「秋風のすゑ吹き靡く萩の花ともにかざさず安比（アヒ）か別れむ」〔万葉‐二〇・四五一五〕、「大和なる耳無山の山彦は呼べどもさらにあひも答へず」〔多武峰少将物語〕。語源説 (1)アフ（合）の義〔和訓栞・言葉の根しらべ＝鈴江潔子・大言海〕。(2)アハヒの反〔名語記〕。発音〈標ア〉㊀はア 〈ア史〉㊀は平安○●か ㊁は平安～江戸○● 〈京ア〉㊀はア 上仮名 アヒ 辞書 和名・色葉・名義・日葡・ヘボン・言海 表記 椓撃（和・色・名） 棒（色・名） 相（ヘ・言） 遇（言）

あいの槌（つち）「あいづち（相槌）①」に同じ。

あい【哀】〘名〙①悲しむこと。嘆くこと。いたましいこと。＊天草版金句集（1593）「ココロニ aiuo（アイヲ）ヲモエバ　ナンダ　サウガンニ　ウカブ」＊東京の三十年（1917）〈田山花袋〉紅葉の病死「それでも三時間位私は大勢の門下生や同人などの間にゐて哀を表した」②哀れむこと。＊嵇康‐琴賦「含レ哀懊咿、不レ能㆓自禁㆒」＊俳諧・俳諧次韻（1681）「哀余る捨子ひろひに遣（つかは）して〈芭蕉〉　外里（とさと）に鹿の裾引て入（いる）〈其角〉」③喪。喪中。⇩あい〔字音語素〕発音〈標ア〉ア 辞書 文明・日葡・ヘボン

あいを請（こ）**う** 表記 哀（文・ヘ）　哀れみをかけて欲しいと願う。＊近世紀聞（1875‐81）〈染崎延房〉八・一「一藩の衆庶甚だ疑ひ甚だ惧（おそ）る故に貴藩に依頼してもて哀（アイ）を請（コ）ふ所なり」＊巡査（1902）〈国木田独歩〉「権門昏夜（こんや）哀（アイ）を乞（コ）ふ頻りなり」

あいを求（もと）**む**「あい（哀）を請う」に同じ。＊日本の下層社会（1899）〈横山源之助〉一・一四「外に金沢を往来する巡礼六部の輩も亦来りて、時に一夜の哀を求む」

あい【埃】〘名〙①土ほこり。ちり。＊性霊集‐二（835頃）沙門勝道上補陀洛山碑「埃涓委聚、画㆓鯖神都㆒」＊了幻集（1392頃）「氷輪高掛浄当レ台、照㆓徹虚空㆒不レ著レ埃　月鏡」＊黄帝内経素問‐五常政大論「埃冒㆓雲雨㆒、胸中不レ利」②分の一〇億分の一。⇩あい〔字音語素〕

あい〔あひ〕【間・合】〘名〙㈠人、物、事柄などについて、二つのものの間をいう。①物と物との間。あわい。ま。＊宇治拾遺（1221頃）一・七「この鹿の目のあひの、例の鹿の目のあはひよりも近くて、目の色もかはりたりければ」＊史記抄（1477）一四・扁鵲倉公列伝「短小ならば指のあひもない様に可下ぞ」＊俳諧・桃の実（1693）「鶯は此次の間にいとひ啼（なく）〈洒堂〉　歳旦帳を鼻紙の間〈其角〉」＊断橋（1911）〈岩野泡鳴〉一〇「恰も間伐したかの如く、樹木がいい加減に合ひを置いて生えてゐる地上には」②人と人との間柄。関係。仲。＊日葡辞書（1603‐04）「フタリノ aiga（アイガ）ワルウ　ゴザル」③酒杯のやりとりの際、二人の間にはいって第三者が代りに杯を受けて酒席の興をたすけること。近世、遊里で発生した酒杯献酬の作法。→あいの又間（またあい）。＊評判記・秘伝書（1655頃）しょたいめんの名をしる事「おとこによりてのむもあり、もしそのときなどに、かへすもかたきとて、あひをなどとて人出る事あるべし」＊雑俳・柳多留‐八（1773）「かかあどのちょっとございと間（あイ）をさせ」＊洒落本・風流裸人形（1779か）上「『ちと素直に受けておくれいな』『おあい致しましょ』『しておくれ』」④「あいのしゅく（間宿）」の略。＊歌謡・落葉集（1704）四・馬士踊「坂は照る照る鈴鹿は曇る、さきはいと言うてははいどうし、間（アヒ）の土山雨が降る」⑤「あいのて（間手）」の略。＊雑俳・柳多留‐九（1774）「ふきがらをけしてくんなと間（あイ）をひき」＊滑稽本・東海道中膝栗毛（1802‐09）八・中「『サア三味（しゃみ）引だいてたもれ』〈略〉『トヲチテントヲチテン』『コリヨ　合　コリヨ　合　コリコリコリ』」＊鳥影（1908）〈石川啄木〉一一・四「ドドドンと、先頭の太鼓が合（アヒ）を入れた」⑥人形浄瑠璃で、太夫が語る文句と文句とのあいだを三味線だけでつなぐ演奏。短い旋律で、おもに文意を助けて印象を深める場合をいい、逆に人形の動作を助け舞台効果をあげる演奏を「めりやす」という。⑦「あいきょうげん（間狂言）」の略。⑧「あいがたり（間語）」の略。＊日葡辞書（1603‐04）「Aiuo（アイヲ）ユウ、または、ノウ aiuo（アイヲ）ユウ」＊わらんべ草（1660）一「わきより、あひをよび出すたぐひは、大方わきより云合に参る」＊随筆・難波江（19C）六「あひ、これは能の間に狂言師出て、其能の一番の大概を物語するなり。能の間とは装束など付けかふる間のこと也」⑨「あいごま（合駒）」の略。＊寒川入道筆記（1613頃）愚痴文盲者口状之事「さる程に金をあひにはるかと見れば歩兵をはる」＊浄瑠璃・山崎与次兵衛寿の門松（1718）中「又ちょっこりと歩（ふ）であひ致そ。ムムしてお手に何々」＊竹沢先生と云ふ人（1924‐25）〈長与善郎〉竹沢先生と赤い月・四「駒を打ち合はせながら先生は盤を睨んでゐた。『いや、もうとても助からんよ。合（アヒ）が利かないんだから』」⑩「あいのもの（間物）」の略。＊大上﨟御名之事（16C前か）「あひの物。あひ」＊御湯殿上日記‐天正一七年（1589）一二月二三日「三こんめにあい二つかさなりてまいりて」㈡時間について、時と時との間や、ある定まった時期、刻限をいう。①ふだん。平日。平常。＊咄本・新板一口ばなし（1839）八「とし玉に酒一升おくれ。あいは頼まぬ」②とき。折。機会。場合。＊仮名草子・都風俗鑑（1681）四「又都のわけをつとめたる女も、あひには此ところに来ぬれば、ふうぞくかはるべきにしもあらねど」＊随筆・槐記‐享保一二年（1727）二月二〇日「利休、織部と云へども、間（あひ）には、是はいやな物数奇（ものずき）なり」③客に出ている遊女が、都合をつけて他の客の座敷に出ること。＊洒落本・戯言浮世瓢箪（1797）四「『ハイ、間（アイ）で御座ります』と、恩にきせてせんしょうなおくりこみ、三更過迄遊んでも、いのふともいはぬは、さてもながい間（アイ）なり」④二か月間（六〇日間）のことをいう上方語。＊浪花聞書（1819頃）「節季より節季の間を一間（ひとあへ）と唱ふ、あいと斗も云」＊滑稽本・街能噂（1835）三「江戸では月々の勘定でありやすが、大坂は六十日の貸借でありやすゆゑ、合（アイ）に三分といひやすは、二月のことでござりやすから、一ケ月に壱分二朱に付やす」⑤寒暑の間の移り変わりの時季。主として衣服についていう。＊浅草日記（1930）〈川端康成〉「幅広のズボンの紺の服、同じ色の合（アヒ）の外套、背の低い小柄な男。三十前」⑥人のいないあいだ、留守のことをいう盗人仲間の隠語。〔隠語輯覧（1915）〕方言❶間。すき。時間的にも空間的にもいう。山形県139 新潟県佐渡358 東蒲原郡368 富山県砺波398 福井県遠敷郡445 大飯郡447 岐阜県飛騨502 三重県松阪市584 滋賀県彦根609 京都府621 大阪府泉北郡646 兵庫県但馬652 岡山県児島郡763 広島県771 徳島県809 香川県829 愛媛県松山846 沖縄県石垣島996 ◇ええ 沖縄県首里993 ❷暇。また、余裕。岐阜県飛騨502 三重県志摩郡054 松阪597 徳島県810 811 香川県829 高知県861 ❸一定の限界の中。内。◇ええ 沖縄県首里993 ❹打ち寄せる波の合間。静岡県浜名郡545 ❺不漁続きでする休漁。静岡県浜名郡545 ❻ふだん。平常。平日。岐阜県恵那郡498 飛騨502 大阪府南河内郡644 兵庫県加古郡664 奈良県吉野郡038 鹿児島県薩摩049 栃木県198 愛媛県大三島848 ❼人と人との仲。間柄。青森県津軽054 岐阜県飛騨502 ❽（多く「に」を伴って）時に。たまに。まれに。岩手県和賀郡095 宮城県玉造郡116 福井県敦賀郡443 香川県高松市・三豊郡829 高知県長岡郡864 長崎県北松浦郡038 伊

王島907　対馬909　大分県南海部郡038　語源説 (1)アフ（合）の名詞形〔大言海〕。(2)アナハミ、あるいはアハヒの反〔名語記〕。(3)アサセマ（浅迫）の反〔名言通〕。(4)アハヒの略〔和訓栞・言葉の根しらべ＝鈴江潔子〕。 発音〈標ア〉ア 〈京ア〉ア 辞書 日葡・ヘボン・言海 表記 間（へ・言）

あいが切（き）れる 遊里語。遊女らのつとめの時間が終わる。＊評判記・秘伝書（1655頃）中直りの一座の事「いはれぬふそくだてにて、あひがきれたなどと、ともの傾城に語るべし」

あいが手本（てほん） 酒席では、間に入って杯のとりもちをする人のすすめに従って、杯のやりとりをするのがよいということ。＊洒落本・甲駅新話（1775）「あゐは手本とやら、わたしも灰吹にのませやすぜへ」＊洒落本・売花新駅（1777）楼上興「あいがてほんとはいへど、おらァ一ぱいのんでさすよ」

あいの… 「あいの女」「あいの垣」「あいの狂言」「あいの曲」「あいの楔」「あいの子」「あいの格子」「あいの宿」「あいのすさび」「あいの楯」「あいの繋」「あいの手」「あいの日」「あいの間」「あいの枕」「あいの鞭」「あいの村」「あいの物」は、親見出し。

あいの杯（さかずき） 酒席のなかだちをして飲む酒。＊洒落本・風俗八色談（1756）二・愛染明王遊女に異見の事「愛染明王へ一生が間（あいだ）は鮎を給（たべ）ず。間（アイ）のさかづきを手にも取ますまい」

あいの又間（またあい） 酒杯のやりとりの際二人の間にはいり、第三者が幾度も杯を受け酒宴の興を添えること。遊里にはじまった近世初めごろの流行語。＊浮世草子・好色二代男（1684）一・五「宵（よひ）は乱酒（らんしゅ）の与左衛門、あいの又あい、大あいと申出して」＊浮世草子・好色盛衰記（1688）三・四「今は長じて間（アヒ）の又あひ、孫あひなどいひなして、酒にいたまず、呑（のめ）るやうに、仕かけぬ」

あいは愛想（あいそ）のもの 酒席の間（あい）は、その人の愛想でするものである。間に入って杯のやりとりを助けるのは、座を取り持とうとするその人自らの気持ですべきであって、他人にそれを頼んだり命じたりするのは、失礼であるという意。＊譬喩尽（1786）六「間（アヒ）は愛所（アイソ）の物（モノ）とて押へし盃の中飲をいふ間せんと思ふ人進んですることなり間を頼は失礼なり心得べし」

あいもあらせず 一瞬の猶予もなく。息も継がせず。絶え間なく。＊浄瑠璃・仮名手本忠臣蔵（1748）九「間（あイ）もあらせず突（つっ）かくる、鑓のしほ首引摑（つかみ）」

あいをする 「あいす（間）」に同じ。＊雑俳・柳多留‐四（1769）「ほうづきを口から出して間（あイ）をする」

あいを通（とお）る 中間に位置する。＊仮名草子・都風俗鑑（1681）四「風呂屋者一流、此風に上中下の品あり。茶屋女と、やす傾城の相（アヒ）をとをりたるものなり」

あい【愛】『名』①親子、兄弟などが互いにかわいがり、いつくしみあう心。いつくしみ。いとおしみ。＊万葉（8C後）五・八〇二・題詞「釈迦如来〈略〉又説、愛無㆑過㆑子、至極大聖、尚有㆓愛㆑子之心㆒」＊梁塵秘抄（1179頃）二・四句神歌「遊女（あそび）の好むもの、雑芸（ざふげい）鼓（つづみ）小端舟（こはしぶね）、簦（おほがさ）翳（かざし）艫取女（ともとりめ）、男のあい祈る百大夫」＊太平記（14C後）二九・師直師泰出家事「親にも超（こえ）てむつましきは、同気兄弟の愛（アイ）なり」＊童子問（1707）上・四五「問、仁畢竟止㆓於愛㆒歟。曰、畢竟止㆓於愛㆒。愛実徳也。非㆑愛則無㆓以見㆓其徳㆒也」＊吾輩は猫である（1905‐06）〈夏目漱石〉一「どうしても我等猫族が親子の愛（あい）を完（まった）くして美しい家族的生活をするには」＊孝経‐聖治章「聖人因㆑厳以教㆑敬、因㆑親以教㆑愛」②仏語。㋑十二因縁の一つ。ものを貪（むさぼ）り執着すること。欲愛（性欲）・有愛（生存欲）・非有愛（生存を否定する欲）の三愛その他がある。＊正法眼蔵（1231‐53）仏教「十二因縁といふは、一者無明、二者行、三者識、四者名色（みゃうしき）、五者六入、六者触、七者受、八者愛、九者取、十者有、十一者生、十二者老死」＊妙一本仮名書き法華経（鎌倉中）二・譬喩品第三「もし貪着して愛（アイ）をなさば、すなはちためにやかれなん」＊倶舎論‐九「在㆓婬愛前㆒受、貪㆓資具婬㆒愛」㋺浄・不浄の二種の愛。法愛と欲愛、善愛と不善愛などをいう。＊北本涅槃経‐一三「愛有㆓二種㆒。一者善愛。二者不善愛。不善愛者唯愚求之善法愛者諸菩薩求」＊大毘婆沙論‐二九「愛有㆓二種㆒。一染汚、謂貪。二不染汚。謂、信」③子供などをかわいがること。愛撫（あいぶ）すること。幼児をあやすこと。＊鷺伝右衛門本狂言・縄綯（室町末‐近世初）「『其上枠をようてうちゃくしたな』『てうちゃくは致しませぬ愛を致しました』」＊浄瑠璃・頼朝伊豆日記（1693頃）二「いだき上、ちぶさ参らせかきなで〈略〉なげき給へば若君は、いつものあいとおぼするにや」④（品物などに）ほれこんで大切に思うこと。秘蔵して愛玩（あいがん）すること。＊俳諧・矢橋家資料‐天和二年歌仙（1616）「三（みつ）の愛あり団（うちは）と香と尺八と〈暁雲〉　涼州竹の物干を序す〈麋塒〉」＊咄本・醒睡笑（1628）八「慈照院殿、愛に思召さるる壺あり」＊俳諧・炭俵（1694）下「とうがらし〈略〉かれが愛をうくるや、石台にのせられて、竹椽のはしのかたにあるは、上々の仕合なり」⑤顔だちや態度などがかわいらしくて人をひきつけること。あいきょう。＊浮世草子・風流曲三味線（1706）二・三「都に名高き芸子瀬川竹之丞といへる美君に、今すこし愛（アイ）の増たる生れつき」＊浄瑠璃・信州姥捨山（1730）四「扨（さて）愛（アイ）のある殿様、アノ可愛らしい顔付では、勾当の内侍が靡かぬも道理々々」＊浮世草子・当世芝居気質（1777）三・一「しぞこなひが却て愛（アイ）になりての大評判」＊椀久物語（1899）〈幸田露伴〉三「色が白うて、髪が美うて、目に何とも云へぬ愛があって、口つきが尋常で」⑥人との応対が柔らかいさま。あいそ。＊浮世草子・好色二代男（1684）三・二「まねけばうなづく、笑へばあいをなし、いつとなく消（きへ）にける」＊雑俳・若紫（1741‐44）「細工名人愛の無い顔」＊滑稽本・浮世風呂（1809‐13）四・中「向の嬶（かか）や隣の児（いと）なぞ対手（あひて）にして、あほう口をたたけば、夫（それ）が愛（アイ）に為（なっ）て」⑦キリスト教で、神が人類のすべてを無限にいつくしむこと。また、神の持っているような私情を離れた無限の慈悲。→アガペー。＊詩人ブラウニング（1890）〈植村正久〉「我は上帝を信じ真理を信じ愛を信ずるなりと」＊基督信徒の慰（1893）〈内村鑑三〉三「嗚呼真理なる神よ、願くは余をして永久の愛に於て爾（なんぢ）と一ならしめよ」＊欺かざるの記（1908‐09）〈国木田独歩〉明治二八年六月二七日「愛にみち給ふ神よ。吾が心の苦しみを取り去り給へ」⑧男女が互いにいとしいと思い合うこと。異性を慕わしく思うこと。恋愛。ラブ。また一般に、相手の人格を認識し理解して、いつくしみ慕う感情をいう。＊舞姫（1890）〈森鷗外〉「貧きが中にも楽しきは今の生活、棄て難きはエリスが愛」＊うもれ木（1892）〈樋口一葉〉六「何とせば永世不滅の愛を得て、我れも君様も完全の世の過ぐさるべきと、欲は次第に高まりて」＊吾輩は猫である（1905‐06）〈夏目漱石〉二「相互を残りなく解すると云ふが愛の第一義である」 語誌 (1)「愛」字は、ごく古い時期には、仏教語としての用法を除いて、「うるはし」「めぐし」「うつくし」などと訓読みすることが多く、もっぱら身近な人間、主として親子・夫婦などの肉親の愛情のさまを表わしたと考えられる。(2)中古以降は音読みの「愛」が漢語として定着し、「愛する」の動詞用法とともに、人に好感を与える魅力を表わす用法なども生じた。中世以降は、仏教的な、排斥され超克されるべき煩悩として取り扱われることが多く、この傾向は近世の終わり頃まで続く。明治以降、キリスト教的な西洋風の観念が取り入れられ、「愛」は再び種々の愛情の相を示すようになった。 方言 あいきょう。香川県西部829 発音〈標ア〉ア 〈ア史〉平安○◎ 〈京ア〉0 辞書 色葉・文明・ヘボン・言海 表記 愛（色・文・へ・言） ⇨あい〔字音語素〕

あいに愛（あい）持（も）つ あいきょうたっぷりでかわいらしい。若い女性などにいう。愛に愛らし。＊浄瑠璃・菅原伝授手習鑑（1746）四「『こちへおはいり遊ばせ』と、いふもしとやか『アイアイ』と、愛（アイ）に愛持つ女同士（どし）」＊浄瑠璃・義経千本桜（1747）三「娘お里が肩綿襷（かただすき）裾に、前垂ほやほやと愛（アイ）に愛持つ鮎（あゆ）の鮓（すし）」

あいに愛（あい）らし 「あい（愛）に愛持つ」に同じ。＊浄瑠璃・妹背山婦女庭訓（1771）二「仰せもあいに愛（アイ）らしく時の幸ひ才若（さいわか）の、扇開いて」

あいの結晶（けっしょう） 愛情で結ばれた男女の間にできた子供。＊ブウランジェ将軍の悲劇（1935‐36）〈大仏次郎〉太陽は地に堕ちぬ・一「その後に死んだ二人の間の愛の結晶のことも自然に思ひ浮べられるのであった」

あいの羽（はね） 「あかい（赤）」の子見出し「あかい（赤）羽根（はね）」に同じ。＊蓬壺（1959）〈水原秋桜子〉「駅頭の雨滝なせり愛の羽根」

あいは屋上（おくじょう）の＝烏（からす）［＝烏（とり）］にも及（およ）ぶ （「説苑‐貴徳篇」の「愛㆓其人㆒者、兼㆓屋上之烏㆒、憎㆓其人㆒者、悪㆓其余胥㆒」による）人やものを熱愛するあまりに、それにすこしでも関係あるものを広く愛するの意。屋烏（おくう）の愛。＊仮名草子・可笑記（1642）五「古き詞に、いかりは水中の蟹（かに）にもうつり愛（アイ）は屋上の鳥（トリ）にも及（およ）ぶと云へる事」＊冷熱（1894）〈尾崎紅葉〉五「何心無く入口の片隅を眼下に見ると、愛（アイ）は屋上（ヲクジャウ）の烏（カラス）にもおよぶといふ、我恋人の召仕お増が、〈略〉島田を峙てて端然（ちん）としてゐたのが」

あいをこぼす あいきょうをふりまく。＊雑俳・あふむ石（1839）一「幾久しう一人一人へ愛こぼし」

あいを割（さ）く 惜しいところをがまんして思い切る。割愛する。＊班彪‐王命論「高㆓四皓之名㆒、割㆓肌膚之愛㆒」＊杜甫‐寄劉峡州伯華使君「展㆑懐詩頌㆑魯、割㆑愛酒如㆑澠」

あいを＝する［＝なす］ ①（子供などを）かわいがる。愛撫（あいぶ）する。＊御伽草子・七草草紙（未刊国文資料所収）（室町末）「をのれよりおさなきをばいとふしみあいをなし」②（子供などを）あやす。あいそを言う。＊雑俳・卯の花かつら（1711）「愛をする顔をたはけと子が詠め」＊花間鶯（1887‐88）〈末広鉄腸〉下・七「乳母の抱ける赤坊に愛（アイ）を為して笑顔をなせども」

あいを取（と）る 愛想をよくし、人に好かれるようにする。かわいがられるようにする。愛されるようにする。＊浄瑠璃・弘徽殿鵜羽産家（1715）三「主人はおろか傍輩迄、とかく人に愛（アヒ）を取、気に入たいと勤（つとめ）し余り」

あいを引（ひ）く 他人に好ましい印象を与える。＊藪の鶯（1888）〈三宅花圃〉一「ほほのあたりにおのづから愛敬ありて、人の愛をひく風情。頭にかざしたるさうびの花もはぢぬべし」

あいを持（も）つ あいきょうがある。かわいらしさを備える。＊浄瑠璃・娥歌かるた（1714頃）二「むごふ言ふのもいとしさ故と目元にあいをもたせしは」＊浄瑠璃・絵本太功記（1799）三日「醞（ゑくぼ）に愛持つやり梅が、色ぞ籠りて、見えにける」

あい【鞋】『名』わらを編んで作ったはきもの。わらじ。＊正倉院文書‐天平勝宝八年（756）七月二六日・東大寺献物帳（寧楽遺文）「繡線鞋捌両」＊永平道元禅師清規(13C中)弁道法「脱レ鞋収レ足。跏趺而坐」＊帰省(1890)〈宮崎湖処子〉六「他力に縁りて車を進むるは易く、自力に由りて鞋(アイ)を行(や)るは難し」⇩あい〔字音語素〕

あい【鮎】『名』「あゆ(鮎)」の変化した語。＊文明本節用集(室町中)「鯰 アイ 或云年魚」＊伊京集(室町)「鯰 鮎 二字義同也 日本俗鮎ヲハアイト云也」＊ロドリゲス日本大文典(1604-08)「Aino(アイノ) ヲイヲ。Aino(アイノ) メイヲ」 発音〈京ア〉㋑ 辞書 和玉・文明・伊京・明応・天正・饅頭・黒本・易林・日葡・言海 表記 鯰(文・伊・天・易) 鮎(伊・明・饅・黒) 年魚(伊・明・天) 鰪(玉) 鰷(伊)

あい【藍】(ゐあ)『名』①タデ科の一年草。古くから、葉や茎はインジゴ染料に、種子は漢方で解熱、解毒に用いられる。原産地は中国南部、またはインドシナ半島とされ、日本には中国を経て飛鳥時代にはすでに伝わっていた。現在、徳島、広島などで栽培。高さ約八〇センチメートル。茎は紅紫色。葉は長楕円形で、傷つけると藍色に変わる。秋、赤または白色の多数の小花が穂になって咲く。実は長さ二、三ミリメートルぐらいの黒褐色。たであい。りょうらん(蓼藍)。学名は Persicaria tinctoria ＊新撰字鏡(898-901頃)「藍 阿井」 ②藍の葉から製する一種の染色材料。インジゴ。製造過程のちがいによって、もみあい、すくも、あいだまなどの別がある。＊延喜式(927)一四・縫殿寮「深緑綾一疋〈略〉藍十囲」＊十巻本和名抄(934頃)六「藍〈略〉唐韻云藍〈魯甘反 木 都波岐阿井 菜 多天阿井 見本草〉染草也」＊日葡辞書(1603-04)「ai(アイ) デ ソムル」＊物理学術語和英仏独対訳字書(1888)〈山口鋭之助〉「Ai Indigo〈略〉藍」 ③「あいいろ(藍色)」に同じ。＊能因本枕(10C終)七二・たとしへなきもの「あゐときはだと」＊世俗諺文鎌倉期点(1250頃)「青きこと之を藍(アヰ)に取りて、藍よりも青し」 ④「あいろう(藍蠟)」の略。 補注 語源説欄にあるように「あを(青)」との関係が考えられるが、中国でも青と藍とを区別している。「からあゐ(韓藍)」「くれなゐ(紅・呉藍)」「あぢさゐ(紫陽花)」等の植物名は色の特色から発したもの。「ふたあゐ(二藍)」は「あゐ」と「くれなゐ」との二種をあわせた染色。 方言 ❶(形態が藍と似ているところから)植物、いぬたで(犬蓼)。香川県中部037 ❷魚、あいご(藍子)。愛知県名古屋市561 知多郡570 三重県伊勢016 志摩郡865 兵庫県洲本015 和歌山県694 香川県大川郡・木田郡829 愛媛県宇和島016 高知県室戸市・安芸市865 ◇やい 愛媛県宇摩郡019 ◇あいのまり 和歌山県東牟婁郡694 ◇あいのばり 紀州†030 三重県宇治山田市600 熊野市694 和歌山県西牟婁郡・日高郡694 島根県江津市725 徳島県海部郡811 ◇あいばり 愛知県豊橋016 ◇あいごばり 香川県三豊郡829 ◇あいのばね 三重県熊野市694 ◇あいたろ 島根県益田市725 語源説 (1)アヲイロ(青色)の略〔日本釈名・滑稽雑談所引和訓義解〕。(2)アヲ(青)の転〔東雅・俚言集覧・箋注和名抄・言葉の根しらべ=鈴江潔子〕。(3)アヲヰ(青居)の義〔名言通・和訓栞〕。(4)アヰ(天居)の義〔言元梯〕。(5)アヲヰ(青藺)の義か〔日本語源=賀茂百樹〕。(6)青黒色の義の「黳」の別音 Ai か〔日本語原考=与謝野寛〕。 発音〈なまり〉アー・アユ・ヤ〔鳥取〕イェー〔埼玉方言〕ヤー〔佐賀〕エ〔鳥取・鹿児島方言〕〈標ア〉㋐〈ア史〉平安○◐〈京ア〉㋑ 辞書 字鏡・色葉・名義・下学・和玉・文明・伊京・明応・天正・饅頭・黒本・易林・日葡・書言・ヘボン・言海 表記 藍(字・色・名・下・玉・文・伊・明・天・饅・黒・易・書・ヘ・言) 藍実(字) 澱(文)

藍 ①

あい 刈(か)る 染料にするために、藍を開花以前の夏に刈る。《季・夏》＊俳諧・毛吹草(1638)二「藍苅(アヰかる) 同干 玉にする もみ藍 夏」

あいの 花(はな) 秋に咲く藍の赤または白の小さい花。《季・秋》＊俳諧・詞林金玉集(1679)一〇「など赤き藍より出て藍の花〈宗春〉」

あい 蒔(ま)く 藍の種子を蒔く作業をする。《季・春》＊俳諧・滑稽雑談(1713)二月「藍蒔 蘇頌図経云、藍、人家蔬圃作レ畦、種至二三四月一生レ苗 これらの類、皆春分に蒔也」

あい より 出(い)でて藍(あい)より=青(あお)し[=濃(こ)し] 「あお(青)は藍より出でて藍より青し」に同じ。＊筑波問答(1357-72頃)「あゐよりあをく、水より出て水より寒し」＊俳諧・鶉衣(1727-79)後・中・七七・与号説「今我が贈る藍より出て、藍よりも濃き趣を得ば、世に俳諧の名も高くあらはれて」＊小学読本(1874)〈榊原・那珂・稲垣〉四「此篇を読む者かの藍より出でて藍よりも青しと云へるが如く古人の言行を見て古人よりも一層勝りたる言行あらむやう勉めずばあるべからず」

あい よりも 濃(こ)し 「あい(藍)より出でて藍より青し」に同じ。＊聞書集(12C後)「うぐひすのふるすよりたつほととぎすあゐよりもこきこゑのいろかな」

あ-い【阿姨】『名』(「阿」は人を表わす名詞の上に付けて親愛の意を添える接頭語)母親や母親の姉妹などを親しんで呼ぶ語。＊音訓新聞字引(1876)〈萩原乙彦〉「阿姨 アイ ハハヲヤ」＊白居易-琵琶行「弟走従レ軍阿姨死、暮去朝来顔色故」

あい『名』方言 ㊀❶塩味。島根県隠岐島725 ❷かゆ。三重県度会郡599 ❸菓子、求肥(ぎゅうひ)。奈良県南大和683 ❹薪(まき)。柴(しば)。そだ。三重県度会郡599 ◇あえ 岐阜県497 三重県062 586 ◇あえぎ〔—木〕土佐†002 ❺雑木炭。広島県山県郡054 ❻泥。川や池沼などの底に沈殿している泥土。兵庫県淡路島671 ❼挨拶。幼児語。香川県丸亀市829 ❽近海の漁場。三重県志摩001 ❾北。または、北東。富山県下新川郡392 ❿積雪の上に降った新雪が落下する雪崩。表層雪崩。会津†062 山形県東置賜郡139 福島県耶麻郡・南会津郡185 新潟県北部012 ◇あいなれ 新潟県東蒲原郡054 ⓫唐箕(とうみ)から出る実のあるわら。栃木県安蘇郡208 ⓬皮だけで実の入っていない籾(もみ)。しいな。栃木県198 安蘇郡208 群馬県勢多郡236 山田郡240 ⓭できそろわないこと。また、そのもの。新潟県東蒲原郡368 ⓮ものごとの程度や状態があのようであるさま。あのよう。三重県志摩郡054 ◇ああい 岩手県気仙郡(卑しめていうのに用いる)100 香川県三豊郡038 ◇あえ 山形県庄内138 福島県東白川郡157 ◇ああえ 福島県東白川郡157 ◇あえん 三重県志摩郡054 兵庫県赤穂郡660 ◇あん 岐阜県益田郡503 三重県志摩郡585 大阪市038 沖縄県首里993 ㊁植物。❶みやまいらくさ(深山刺草)。青森県上北郡054 秋田県131 山形県964 秋田県114 秋田県131 山形県139 ◇あいこ 青森県南津軽郡079 岩手県087 宮城県栗原郡139 ◇あいのこ 秋田県南部131 ◇あいこぎ・ええこぎ 山形県酒田市・飽海郡139 ◇あいぐさ〔—草〕山形県東村山郡964 ◇あいだけ〔—筍〕山形県北部(味が竹の子に似ているところから)139 ❷いらくさ(刺草)。青森県三戸郡083 岩手県一部030 福島県一部030 ◇あいぐさ 青森県津軽076 ◇あいご 秋田県北部131 ❸こばのとねりこ(小葉梣)。徳島県海部郡808 ◇あいぎ 徳島県811 高知県安芸郡・長岡郡808 ◇あいなぎ 高知県香美郡808

あい『名』北北東の風。＊随筆・烹雑の記(1811)前・上「佐渡の方言に〈略〉北は正丑(まうし)より吹をあひ」 方言 ❶北の風。青森県青森市・東津軽郡844 新潟県蒲原347 佐渡356 ❷北北東の風。青森県東津軽郡・西津軽郡073 新潟県佐渡349 石川県金沢市062 ❸北東の風。青森県東津軽郡073 上北郡082 石川県404 422 島根県725 740 844 ❹東の風。新潟県西頸城郡347 富山県東礪波郡402 石川県鹿島郡411 島根県844 ❺東南の風。新潟県佐渡844 ❻北西の風。青森県津軽073 石川県金沢062 →あいのかぜ

あい『感動』①呼ばれたときに返事をしたり、同意をあらわしたりすることば。＊浄瑠璃・国性爺合戦(1715)四「呉三桂(ごさんけい)、呉三桂(ごさんけい)ととめさるる御声おとなしく、雪のみやまにうぐひすのはつねを聞きし思ひにて、あひ、あひ、あひ、あひ、とかうべをさげ」＊浄瑠璃・傾城阿波の鳴門(1768)八「アイ、国は阿波の徳島でござります」＊物類称呼(1775)五「他(ひと)の呼(よぶ)に答る語 関東にて、あいと云 畿内にて、はいと云」＊夜明け前(1932-35)〈島崎藤村〉第一部・上・一・三「『姉さま』『あい、おふきか』」 ②何か行動に移ろうとするときなどに、相手に注意を促したり、挨拶のことばの上に軽く添えたりして用いる語。＊洒落本・弁蒙通人講釈(1780)「アイとさし出す火入を取て」＊人情本・春色恋廼染分解(1860-65)四・一九回「アイ左様なら」 語誌 (1)「魏志倭人伝」に、「対応声曰レ噫、比如二然諾一」とある。「噫」の字音はイまたはアイである。あるいは関係があるか。(2)応答の語としては、近世の洒落本では、目上に対しては「はい」、目下に対しては「あい」と、区別して用いる傾向がある。 方言 ❶応答するときにいうことば。はい。関東†059 肥後†131 北海道美唄市038 青森県南津軽郡038 上北郡(やさしみのある返答)082 三戸郡(同等以下、または下流一般)083 岩手県気仙郡(親しい者・老人の間)102 宮城県宮城郡038 秋田県038 130 135 山形県138 福島県155 茨城県新治郡038 栃木県那須郡038 東京都大島(目上に対する最もていねいな返事)050 八王子311 新潟県358 368 (女・子供に多い)374 富山県東礪波郡402 石川県038 424 金沢(下賤な者の間)062 福井県丹生郡038 遠敷郡445 山梨県北都留郡038 長野県469 479 岐阜県502 504 静岡県安倍郡・富士郡038 愛知県知多郡549 三重県584 603 滋賀県長浜市607 高島郡614 京都市050 兵庫県城崎郡038 奈良県吉野郡038 島根県松江市724 愛媛県(児童)840 高知県幡多郡(目上に用いる女性語)870 福岡県(親しい者の間)872 佐賀県038 891 895 長崎県北松浦郡・対馬038 壱岐島(血族間または極めて親密な間柄)914 熊本県天草郡936 大分県938 宮崎県日南市・東臼杵郡038 鹿児島県枕崎市・上甑島038 ❷言いまちがえた時、急いで言い直すときのことば。青森県三戸郡083 ❸相手に不承知であるときにいうことば。いいえ。鹿児島県奄美大島975 ❹珍しいものに接した時や、まちがった時などに発する語。沖縄県首里993 ❺軽い驚きや失望を感じた時に発する語。新潟県東蒲原郡368 ❻驚いたり、怪しみ惑ったりした時に発する語。沖縄県石垣島996 語源説 (1)漢語のアイ(阿唯)からか。アはゆっくりする返事、イは速やかにする返事を表わす〔漫画随筆・俚言集覧〕。(2)アは開口音。イは発音の勢いにより生じる音〔名言通〕。 発音〈標ア〉㋐ 辞書 ヘボン・言海

あいの 返辞(へんじ)に難(なん)はなし なにごとにつけても、逆らわないで従順であれば無事である。

あいは=紺屋(こうや)の紋所(もんどころ)[=紺屋(こうや)にございやす] 「あい」は「藍(あい)」に通じるところから、戯れに人を呼んで「あい(はい)」と返事をさせてから、そのことばじりをとったことば遊び。＊雑俳・柳多留拾遺(1801)巻二〇「おちゃっぴいあいは紺やにござんやす」

あい『終助』文末について、注意をうながしたり、念を押したりするのに用いる。＊ロドリゲス日本大文典(1604-08)「タソ イルカ ai(アイ)」＊ロドリゲス日本大文典(1604-08)「イヅレモ ミナ ヨウ キケ ai(アイ)」 補注 「ロドリゲス日本大文典」「コリャード日本文典」の説明では、「よ」「や」「やい」などと同類で、身分の高いものが低い者と話すときに用いるものとする。 方言 東京都大島326 高知県幡多郡870 ◇ああいい 高知県嶺北860

アイ『名』(英 eye)目。目に似た形をしたもの。他の語と複合して用いられる。「アイバンク」「マジックアイ」

「カメラアイ」＊舶来語便覧(1912)〈棚橋一郎・鈴木誠一〉「アイ 目 Eye〔英〕五官の一なり」

アイ〖名〗(英 I, i) 英語のアルファベットの第九字。①(I) 化学で、ヨウ素を表わす記号。②(I) 電流の強さを表わす記号。③(*i*) 数学で、二乗してマイナス1になる数、すなわちマイナス1の平方根の一つのこと。$\sqrt{-1}$とも書き、虚数単位とも呼ぶ。④(I) 英語で、島(Island)の略。発音〈標ア〉ア

アイ-アール【IR】〖名〗(英 information retrieval の略) 情報検索のこと。

アイ-アール-ビー-エム【IRBM】〖名〗(英 intermediate range ballistic missile の略) 中距離弾道弾。発音〈標ア〉エ

あい-あい【哀哀】〖形動タリ〗嘆き悲しむさま。悲しく哀れなさま。＊性霊集-一(835頃)喜雨歌「哀々、末世諸元々」＊篁園全集(1844)三・歳暮書懐「哀哀父与母、鞠育窮二辛辣一」＊不如帰(1898-99)〈徳富蘆花〉下・八「『郎(ぬし)は切れても、儂(わし)ア切れエーぬ』歌ふ声哀々(アイアイ)として野づらに散りぬ」＊星座(1922)〈有島武郎〉「眼を我れに挙げ、耳と尾とを動かして訴へてやまず。その哀々の状諦視するに堪へず」＊詩経-小雅・蓼莪「哀哀父母、生レ我劬労」

あい-あい【相合・相相】〖名〗(形動)(「あいやい」とも)①ものごとを一緒にすること。二人または、それ以上で一つのものを所有すること。あるいはまた、そのようなさま。一緒。共同。共有。「相合傘(がさ)」「相合駕籠(かご)」のように他の語と複合しても用いられる。＊禅鳳雑談(1513頃)中「おさないの能、にあいたる能を、あひあひとし候てよく候」＊浮世草子・昼夜用心記(1707)二・一「ここは隣の旅籠屋と田楽茶屋と、相合(アヒヤヒ)のかり座敷にて」＊浄瑠璃・本朝二十四孝(1766)三「貴様に育てさすからは、ナウ慈悲蔵、畢竟我が身と相合(アヒアヒ)の子、とてものことに女房も相合にする合点」＊松翁道話(1814-46)三・上「仏壇の御あかしと相合で夜業(よなべ)するのぢゃ」＊歌舞伎・吹雪花小町於静(お静礼三)(1867)大切「上手より大工あらしこ勘次、かがりの音松、〈略〉安下駄を履き張替傘を相々(アヒアヒ)にさし出で来り」②転じて、互いに勝ち負けのないこと。あいこ。＊飢渇(1915)〈長田秀雄〉「これで相相ぢゃ。あなたは然しなかなか強いな。私と三目は髄にちがふやうぢゃ」発音〈標ア〉0

あい-あい【相愛】〖名〗愛し愛されること。相惚れ。そうあい。＊読本・英草紙(1749)四・六「彼が諾(うけ)がはざるは平四郎と相愛(アヒアイ〈注〉アヒボレ)するゆゑなりとて」＊読本・浅間嶽面影草紙(1808)一・一「恋に三の差別あり。一は女のかたよりかき口説(くどき)、一は男のかたよりいひより、一は互(かたみ)に思ひそむる。是を相愛(アヒアヒ)といふ」発音〈標ア〉0

あい-あい【間間】〖名〗①たくさんある物と物とのそれぞれの空間。また、所々の間。あいだあいだ。＊義経記(室町中か)一・遮那王殿鞍馬出の事「あひあひ引柿(ひきがき)したる摺尽(すりづく)しの直垂(ひたたれ)に秋毛(あきげ)の行縢(むかばき)はいて」＊俳諧・曠野(1689)二・歳旦「あいあいに松なき門もおもしろや〈柳風〉」＊俳諧・奥の細道(1693-94頃)末の松山「松のあひあひ皆墓はらにて」＊浄瑠璃・冥途の飛脚(1711頃)下「茶園畑(ちゃゑんばたけ)のあひあひをかり立ててこそ通りけれ」②(多く「に」を伴って)ときどき。ときおり。＊日葡辞書(1603-04)「Aiaini(アイアイニ)〈訳〉時々、または、あい間をおいて」＊俳諧・古今俳諧明題集(1763)秋「間(アイ)間に夜の吊桶(つるべ)や鹿の声〈東起〉」＊俳諧・類題発句集(1774)夏「間々に顔見合せて田植哉〈乙由〉」方言〖副〗(多く「に」を伴って)時に。たまに。三重県志摩郡054 辞書日葡・書言・ヘボン 表記間間(書・ヘ)

あい-あい【曖曖】〖形動タリ〗うす暗いさま。また、ぼうっとかすんでいるさま。＊本朝文粋(1060頃)三・詳春秋〈大江以言〉「西堂見レ稼、望二秋雲之曖曖一」＊蓬莱曲(1891)〈北村透谷〉三・二「陰々陽々曖々(アイアイ)憺々(たんたん)、烟となっては火に還り、火となっては再(ま)た烟となりつ」＊煙草と悪魔(1916)〈芥川龍之介〉「こののんびりした鐘の音を聞いて、この曖々たる日光に浴してゐると」＊陶潜-帰田園居詩「曖曖遠人村、依依墟里煙」

あい-あい【藹藹】〖形動タリ〗①草木の茂っているさま。＊蕉堅藁(1403)移蘭「蘭生二幽谷一独開レ花、藹々国香堪二自誇一」＊束皙-補亡詩「瞻二彼崇丘一、其林藹藹」②多くて盛んなさま。＊詩経-大雅・巻阿「藹藹王多二吉士一、維君子使、媚二于天子一」＊劉向-九歎「讒夫藹藹而漫著兮、曷其不レ舒二予情一」③穏やかなさま。もの柔らかなさま。多く、「和気藹藹」の形で用いられる。＊済北集(1346頃か)五・賀書状侍者「応対如レ流語有レ文 春空藹藹散二晴雲一」＊玉塵抄(1563)六「人にうちあうてはにっことあいあいとあるが、笑ううちにそこに人わるい心を以て人をかそこなうぞ」＊火の柱(1904)〈木下尚江〉一一・一「此の木枯吹きすさぶが如き荒涼の世界も、忽ち春霞藹々(アイアイ)たる和楽の天地に化する」④うすぐらいさま。＊菅家文草(900頃)六・九日後朝、侍宴朱雀院、同賦秋思入寒松「蕭々自被二風高簸一、藹々応レ縁二日下春一」＊南郭先生文集-初編(1727)一・詠懐一五首「名都多二第宅一、藹藹揚二紅塵一」

あい-あい【靄靄】〖形動タリ〗①雲や靄(もや)が集まり、たなびくさま。＊性霊集-一(835頃)遊山慕仙詩「飛雲幾生滅、靄々空飛揚」＊読本・近世怪談霜夜星(1808)一・下「いづこともなく雲板のこゑ幽に聞え、靄々(アイアイ)たる香煙鼻中に入りて」＊陶潜-停雲詩「靄靄停雲、濛濛時雨」②和やかな気分の満ち満ちているさま。＊翰林葫蘆集(1518頃)三・次韻少年「城裏相望一席天、朱顔靄々照レ人鮮」＊藪の鶯(1888)〈三宅花圃〉六「西施のひそみに倣(なら)へるか。靄々(アイアイ)たる眉のあたりに。すこししわをよせて」＊竹沢先生と云ふ人(1924-25)〈長与善郎〉後語「あの先生の靄々たる顔を想ふ時」発音〈標ア〉0 ア2

あい-あい【靉靉】〖形動タリ〗雲などの多くて盛んなさま。＊浮城物語(1890)〈矢野龍渓〉四「煙筒の黒煙は靉々直上して天に沖る」＊袁士元-遊東湖酔中歌「興尽帰来月猶在、盤礴解レ装春靉靉」

あい-あい〖感動〗(「あい」を重ねていったもの)①人に答えるとき、また、承知するとき発することば。はいはい。＊浮世草子・好色一代女(1686)三・四「呼もあそばさぬにあいあいと御返事申て」＊浄瑠璃・傾城反魂香(1708頃)上「局は奥にあいあいとあいそうらしき声々の」＊滑稽本・浮世風呂(1809-13)二・上「アイアイ、今帰(けへ)ります」＊二人女房(1891)〈尾崎紅葉〉下・五「其処は親子の情で、又色々世話にもなるといふ心から、唯々(アイアイ)と貸してやる」②馬を元気づけて動かそうとするとき発することば。＊聖徳太子伝暦(917頃か)下・二一年一一月一五日「鳥駒此届不レ進、太子加レ鞭、逡巡猶駐、太子自言二哀哀一用音」方言応答する時のことば。はい。青森県上北郡082 富山県東礪波郡038 下新川郡391 岡山県真庭郡038 高知県安芸郡864 長崎県五島038 大分県臼杵市038 宮崎県西臼杵郡038 ◇あいやい 新潟県347 富山県東礪波郡402

アイ-アイ〖名〗(英 aye-aye) マダガスカル島産の原猿類の一種。一族一種でアイアイ科をなす。叫び声がアイアイと聞こえるところからいう。体長約四〇センチメートル、尾長約四〇センチメートル。体は暗褐色。目、耳は大きい。手足の指は細長く、特に手の中指が著しく長い。ゆびざる。学名は Daubentonia madagascariensis

あいあい-あんどう【相合行灯】〖名〗二軒で共用する行灯(あんどん)。＊洒落本・睟毛登喜(1788)四「大あんどう掛たる家も秋風ぞふく小ろうじの奥へ追やられ、小便たごの上にこま書の家名付書たる相合あんどうにかこち」

あいあい-いど【相合井戸】〖名〗近所の者が共同で使う井戸。＊浮世草子・本朝桜陰比事(1689)三・目録「あいやい井戸は水汲ため、金はわかぬに極まれる事」＊浄瑠璃・傾城八花形(1703)三「ふかかりき、相合ゐどの水かがみ」

あいあい-うし【相合牛】〖名〗二人以上で共同使用する牛。＊俳諧・若狐(1652)下・一〇「此秋は作りたをれし小百姓 あひ合牛の痩るかはゆさ」＊俳諧・西鶴大矢数(1681)第七「女月やあい合牛をひいて行 高千石のさくら田の末」

あいあい-えぼし【相合烏帽子】狂言。丹波と丹後の百姓が、都に上って、年貢のほうびに一つの烏帽子をもらい、二人でかぶって舞を舞う。廃曲。発音〈標ア〉エ

あいあい-かご【相合駕籠】〖名〗二人が一つの駕籠に相乗りすること。また、その駕籠。多くは男女の場合にいう。あいかご。＊浄瑠璃・冥途の飛脚(1711頃)下「忠兵衛梅川 相合かご」＊洒落本・聖遊廓(1757)「かりの世といふ太夫と相合駕籠(アイヤイカゴ)にて、だいどころまでかきこませ」発音アイアイカゴ〈標ア〉ア2

あいあい-がさ【相合傘】〖名〗①一本の傘を二人でさすこと。多くは男女の場合にいう。もあいがさ。あいがさ。＊浄瑠璃・津国女夫池(1721)千畳敷「君と淀とが、相合笠の袖と袖」＊滑稽本・浮世風呂(1809-13)四・上「夫婦とおぼしき者、相合傘(アヒヤイガサ)で、しかも欣然として通る」＊千曲川のスケッチ(1912)〈島崎藤村〉三・山荘「お二人で一本だ、相合傘といふやつはナカナカ意気なものですから」②恋仲の男女の名を並べて書く。＊俳諧・俳諧通言(1807)「相合傘(アイヤイガサ) 是は落書にて女郎芸子の色男と二人りの名を仇書にして傍輩の芸子女郎色事をそやすなり」＊虞美人草(1907)〈夏目漱石〉一四「撫でて通る電信柱に白い模様が見えた。すかす眸(ひとみ)を不審と据ゑると白墨の相々傘(アヒアヒガサ)が映る」＊すみだ川(1909)〈永井荷風〉二「皆(みん)なから近所の板塀や土蔵の壁に相々傘(アヒアヒガサ)をかかれて囃(はや)された」発音アイアイガサ〈なまり〉アイヤイカサ〔東京・愛知〕〈標ア〉ガ〈京ア〉イ2 辞書言海 表記相相傘(言)

相合傘①
〈鈴木春信画　明和年間〉

あいあい-きあい【相相気合】〖名〗方言人それぞれに気の合うものがあること。奈良県宇陀郡680 広島県高田郡779

あいあい-ギセル【相合煙管】〖名〗(キセルは カンボジア khsier) 男女二人で一本のキセルを共用すること。＊浄瑠璃・丹波与作待夜の小室節(1707頃)夢路のこま「手を引あふてゆるゆると、歩みなぐさむ夕ぐれは、一わの火なはに火を付て、あひやひぎせる思ひ草、思ひしかひもなつのせみ」

あいあい-ぐし【相合櫛】〖名〗一つの櫛を二人または数人で使うこと。また、その櫛。＊浄瑠璃・十二段(1698頃)道行「有しにかはる御手水、あひあひぐしの、水かがみ、見るもあはれにおいとしや」

あいあい-こ【相合子】〖名〗夫婦でない二人が共有する子。＊子を貸し屋(1923)〈宇野浩二〉五「太一ちゃんをあたしとあんたとの相(ア)ひ合(ア)ひ子にしませう」

あいあい-ごたつ【相合炬燵】〖名〗一つの炬燵に二人であたること。また、その炬燵。＊浄瑠璃・冥途の飛脚(1711頃)下「手さへ涙に凍(こごゑ)つき、冷

ゐたる足を太股にあひやひごたつ、相輿（あひごし）の」＊おぼろ夜（1899）〈斎藤緑雨〉「相合炬燵（アヒアヒゴタツ）のどちらから寄るともなく隔てぬ訳のお前とできたを」 発音アイアイゴタツ〈標ア〉ゴ

あいあい-し・い【愛愛】〘形口〙文あいあい・し〘形シク〙①あいらしい。かわいらしい。＊源平盛衰記（14C前）一九・文覚発心「青黛の眉の渡（わたり）たんくゎの口付愛愛敷（アイアイシク）」＊慶長見聞集（1614）二「形たぐひなふいとやさしき顔ばせ、あひあひ敷もものこびをなし」＊舞正語磨（1658）下・評判「あひあひしき音色（ねいろ）にて、笛いづくより吹き出すとも知れぬやうに」＊婦系図（1907）〈泉鏡花〉前・四四「折から食卓を持って現れた、友染の其の愛々（アイアイ）しいのは、座の恰（あたか）も吹荒んだ風の跡のやうな趣に対して、散り残った帰花（かへりばな）の風情に見えた」②あいそがいい。なれなれしい。＊仮名草子・露殿物語（1624頃）「かの君の御事を、くわしくかたり申さむと、さもあいあいしう、いひければ」＊読本・南総里見八犬伝（1814–42）九・一一〇回「先（まづ）這方（こなた）へと愛々しく、軈（やが）て坐席へ請登（こひのぼ）すれば」 発音アイアイシイ〈標ア〉シ

あいあいし-さ【愛愛―】〘名〙（形容詞「あいあいしい」の語幹に、接尾語「さ」の付いた語）かわいらしいこと。あいそがいいこと。また、その度合。＊読本・南総里見八犬伝（1814–42）五・四六回「よに隔なき愛々しさに、猜平ますます心おちゐて」

あいあい-すずり【相合硯】〘名〙一つの硯を二人で用いること。また、その硯。＊浄瑠璃・曾我姿富士（1715頃）四「料紙（れうし）硯を取寄せて、燈火（ともしび）微（かすか）に掲（かか）げつつ、相合硯（アヒアヒスズリ）とくとくと」

あい-あい・する【相愛】〘自サ変〙文あひあい・す〘自サ変〙（「あい」は接頭語）互いに愛し合う。愛し愛される。＊当世書生気質（1885–86）〈坪内逍遙〉一四「意気相投じて相愛（アヒアイ）する。此等は所謂（いはゆる）上の恋にて」＊浮雲（1887–89）〈二葉亭四迷〉二・八「凡そ相愛（アヒアイ）する二つの心は、一体分身で孤立する者でもなく」 発音〈標ア〉ア＝ス

あいあい-だな【相合店】〘名〙「あいだな（相店）」に同じ。＊談義本・教訓乗合船（1771）一・六十六部の話「でも坊主も、仏の恵みにて〈略〉どふやら、こうやら、喰（くろ）ふて通り、相合店（アイアイダナ）の、貸し人（て）もあるは、天窓（あたま）の丸き、一徳なり」 発音〈標ア〉ア^{2}〇

あいあい-と〘副〙やさしく、穏やかなさまを表わす語。親切なさまを表わす語。＊連理秘抄（1349）「生得（しゃうとく）の言葉ききは、細かに云ひくだきてあいあいときこゆ」＊日葡辞書（1603–04）「Aiaito（アイアイト）シタ ヒトヂャ〈訳〉あいそのよいあたたかい人だ。また親切な人だ」＊仮名草子・長者教（1627）「人になさけをかけ、人の物をもむさぼらず、あひあひとしたるをこそ、ひんなれどもうとくの人といふべきなり」 辞書日葡

あいあい-ばかま【相合袴】㊀〘名〙二人で一つの袴をはくこと。また、その袴。＊歌舞伎・四天王産湯玉川（1818）二番目「取わけ媒人（なかうど）があいあい袴でもあるまいと」＊歌舞伎・神有月色世話事（縁結び）（1862）「猿楽師の伝之丞、相々袴（アヒアヒバカマ）の末掛けて、とっけっこうな鶏聟（にはとりむこ）」㊁狂言。聟（むこ）狂言の一つで万治三年（一六六〇）刊の「狂言記」に見られる曲目。大蔵（おおくら）・和泉（いずみ）・鷺（さぎ）三流では「二人袴（ふたりばかま）」、「天正狂言本」では「はかまさき」。三流と天正本では、袴が前後に二分されるが、「狂言記」では、袴を裂かないで一つの袴に二人が片足ずつを入れる。 発音〈標ア〉バ

あいあい-ぶとん【相合蒲団】〘名〙「あいあいよぎ（相合夜着）」に同じ。＊俳諧・七百五十韻（1681）第二「相（アヒ）あひ蒲団（ブトン）松寒うては〈常之〉正尊が堀河夜這（ばひ）波越る〈仙菴〉」 発音〈標ア〉ブ

あいあい-よぎ【相合夜着】〘名〙同じ夜具を二人で用いること。また、共寝するときの夜具。相夜着。相合蒲団。＊浮世草子・商人軍配団（1712か）四・正直の頭にやどる紙屋の仕合「女夫（めをと）過は、あいやい夜着（ギ）のあたたまりより」 発音アイアイヨギ〈標ア〉ヨ

あい-あ・う【相合・相逢】〘自ワ五（ハ四）〙（「あい」は接頭語）①（人と人とが）互いに会う。出会う。対面する。＊権記‐寛弘五年（1008）九月一〇日「向世尊寺、向実相寺、相逢明肇僧都、示二音義事一、亦参二左府一」＊徒然草（1331頃）一六四「世の人あひあふ時、暫くも黙止する事なし。必ず言葉あり」＊歌謡・松の葉（1703）二・まさみち「夫（つま）にはやがて逢ひにあひあふ、松こそ嬉しかりけれ」＊当世書生気質（1885–86）〈坪内逍遙〉五「二年（ふたとせ）あまりは両人とも相逢（アイアフ）ことのなかりしかば」②（「あう」の改まった言い方）互いに釣り合う。似合う。また、いっしょになる。一致協力する。＊源氏（1001–14頃）東屋「守（かみ）の、かく面だたしきことに思ひて、受け取り騒ぐめれば、あひあひ似たる世の人の有様を」＊愚管抄（1220）四・後三条「京極大殿と云ふ運者又殊勝の器量にて、白河院おり居の御門にて、はじめて世をおこなはせ給ふに、あいあい参らせてめでたくある也」＊文明論之概略（1875）〈福沢諭吉〉一・一「遂に敵対の勢を為して議論の相合ふことなし」③合議する。また、合意する。＊万代亀四郎氏所蔵手鑑‐建長元年（1249）一〇月三〇日・将軍藤原頼嗣袖判下文（鎌倉遺文一〇・七一二八）「以二河内国観心寺地頭職一、相二逢秋田城介義景一、所レ令レ相二博此所々一也」 発音文アイオーとも〈標ア〉ア^{1} 辞書色葉・文明・易林・書言 表記相逢（文・易・書）際会（色）相値（文）

あい-あか【間赤】〘名〙近世、大名の奥女中などが打掛（うちかけ）と下着との間に着た間着で紅色の綾（あや）の小袖（こそで）。礼服で、一〇・一一・一二月に着用した。→間黄（あいぎ）・間白（あいじろ）。＊滑稽本・浮世風呂（1809–13）三・下「お玄猪（ゐのこ）から間赤（アヒアカ）になりましたネ」 辞書言海 表記相赤（言）

あい-あきない【相商】〘名〙二人いっしょに商売すること。＊波形本狂言・酸辛（室町末‐近世初）「けふは両人云合て、此後は相（アイ）あきなひにせうとおもふがなんと有ふぞ」

あい-あく【穢悪】〘名〙（形動）けがれ。よごれ。また、けがらわしいさま。悪いさま。＊匏菴十種（1869）〈栗本鋤雲〉暁窓追録「汚布敗帛穢悪紙屑堆積して山を成し」＊西国立志編（1870–71）〈中村正直訳〉九・二「物質の穢悪なるは、人を染汚せず」

あいあけ〘名〙方言❶親類。親戚。 大阪府泉南郡010 ❷婿入り。 滋賀県高島郡606

あい-あし【藍葦】〘名〙イネ科の多年草。海岸付近の湿地に直立して群生する。高さ約一・五メートル。葉は細長く、幅二センチメートルぐらい。六月頃、紫色を帯びた花を穂のようにつけ、紫褐色の種子を結ぶ。学名はPhacelurus latifolius ＊日本植物名彙（1884）〈松村任三〉「コキ アイアシ」 発音〈標ア〉〇

アイアス（Aias）ギリシア神話の英雄。㊀サラミス王テラモンの子。トロイ戦争で活躍するが武勲が認められず、発狂して自殺。大アイアス。㊁オイレウスの子。大アイアスとともにトロイを攻めたが、帰国の途中アテナ女神の怒りを買って、溺死。小アイアス。ローマ神話ではアイアクス。 発音〈標ア〉ア^{1}

あい-あた・る【相当】〘自ラ四〙①（「あい」は接頭語。「あたる」の改まった言い方）相当する。あてはまる。釣り合う。＊愚管抄（1220）七「昔よりなりゆく世をみるに、すたれはてて又おこるべき時にあいあたりたり」＊私聚百因縁集（1257）一・一四「我こそ其の薬に相当（アヒアタル）身なりと意（こころ）得て」＊太平記（14C後）一・後醍醐天皇御治世事「理世安民の器に相当（アイアタ）り給へる」＊当世書生気質（1885–86）〈坪内逍遙〉七「供給需用相当（アイアタ）らず」②割り当てられる。担当する。また、その職にあたる。＊高野山文書‐（建長五年）（1253）七月五日・東寺長者道乗御教書案（鎌倉遺文一〇・七五七五）「相二当御寺務一之折節」＊梅津政景日記‐慶長一七年（1612）四月一四日「其時ぢねこはんあい当、米しらべいたし候」③互いにぶつかりあう。敵と戦う。当面する。＊太平記（14C後）四・備後三郎高徳事「呉王自ら相当る事三十二箇度、夜半に囲みを解いて六十七騎を随へ」＊名人伝（1942）〈中島敦〉「二人互ひに射れば、矢は其の度に中道にして相当り、共に地に墜ちた」 発音〈標ア〉ア^{1} 辞書文明・日葡 表記相当（文）

あい-あつま・る【相集】〘自ラ五（四）〙（「あい」は接頭語）多くの者が、互いに一つの場所に寄り合う。＊文明本節用集（室町中）「相聚 アイアツマリテ」＊日葡辞書（1603–04）「Aiatçumari, u, atta（アイアツマル）〈訳〉大勢がともに一か所に集まる」＊当世書生気質（1885–86）〈坪内逍遙〉二「両人争ひながら菓子代を払ひ、三人相集（アイアツマ）りて喰ふ」 辞書文明・日葡 表記相聚（文）

あい-あらそ・う【相争】〘自ワ五（ハ四）〙（「あい」は接頭語）両方が争い合う。互いに争う。互いに競い合う。＊万葉（8C後）一・一三「香具山は 畝火雄々しと 耳梨と 相諍競（あひあらそひ）き〈天智天皇〉」＊太平記（14C後）二・師賢登山事「三十六騎の者共、轡（くつばみ）を並べて懸入り、主の死骸を枕にして討死せんと相争（アラソ）ふ」＊日葡辞書（1603–04）「Aiarasoi, ô, ôta（アイアラソウ）」 辞書文明・日葡 表記相争（文）

あい-あわせ【相合】〘名〙和算で、二数以上を加え合わすこと。

アイアン〘名〙（英 iron「鉄」の意）《アイヤン》頭部が鉄製のゴルフのクラブ。木製の「ウッド」に対する。＊アルス新語辞典（1930）〈桃井鶴夫〉「アイアン 英 iron〔ゴルフ〕頭部に鉄を嵌めたクラブ。即ちボールを打つ棒」＊山中説法（1935）〈杉村楚人冠〉九「コップといふのは水飲のことで、カップといふのは賞杯である。アイロンが火のしで、アイヤンがゴルフの道具であるが如し」 発音〈標ア〉ア^{1}

アイアン-ロー〘名〙（英 iron law）変えることのできない規則。鉄則。鉄の規律。 発音〈標ア〉ロ

あい-い【愛恚】〘名〙①仏語。「貪愛（とんあい）」「瞋恚（しんい）」の二つの煩悩。自分の好むものなどにとらわれることと、気に入らないことを怒り恨むこと。＊愚迷発心集（1213頃）「愛恚の妄海は眇眇たり、浪に漂ひて船筏を見ず」＊米沢本沙石集（1283）五本・一「徒（いたづら）に人畜に向ひ、愛恚（アイイ）の心を発（おこ）さむよりは、常に仏像に向ふべし」＊大集経‐三「何以故離二愛恚一故、一切世間供養恭敬、心不レ生レ高、亦不二歓喜一」②愛情と怒り。＊六如庵詩鈔‐二編（1797）二・所養払菻狗一旦失之踰年復還感紀其事「愛恚未レ形聖先知、搐レ耳掉レ尾毫不レ差」

アイ-イー【IE】〘名〙（英 industrial engineering の略）管理方式に科学的方法を導入するための専門分野の総称。企業内部の研究、調査、標準化、統制、協同関係のあり方などを主たるテーマとする。

あい-い・う【相言】〘自ハ四〙（「あい」は接頭語）互いに語る。ことばを交す。ことばでむつみ合う。男女が恋を語り合う。＊古事記（712）下「吾は、汝命（いましみこと）の若し墨江中王と同じ心ならむかと疑ひつ。故（かれ）、相言（あひいは）じ」＊万葉（8C後）一一・二六八〇「川千鳥住む沢の上に立つ霧のいちしろけむな相言（あひいひ）そめてば〈作者未詳〉」＊伊勢物語（10C前）四二「昔、をとこ、色好みと知る知る、女をあひいへりけり」 発音アイユー〈標ア〉ア

あい-いく【愛育】〘名〙かわいがって育てること。大事に育てること。＊人情本・仮名文章娘節用(1831-34)三・九回「お雪とも中睦(むつ)ましくして、金の介を愛育し」＊花柳春話(1878-79)〈織田純一郎訳〉附録・一二「一男児を挙て蝶と呼び、花と喚んで之を愛育せり」＊抒情詩(1897)独歩吟〈国木田独歩〉序「今日まで冷評されつつも耐え忍びて此詩体を愛育したる諸君に向て感謝の意を表する者なり」＊後漢書-謝夷吾伝「所レ在愛二育人物一」 発音〈標ア〉0 〈京ア〉0

あい-いしゃ【合医者】〘名〙その患者に適するような診察や治療をする医者。病気をよく知って、適切な治療をしてくれる医者。＊浄瑠璃・源氏冷泉節(1710頃)上「生田法眼春楽は、姫があひ医者(イシャ)、ことに領内の住人内外共に心やすし」

アイーダ（原題リタ Aida）ベルディ作曲のオペラ。一八七一年カイロで初演。囚(とら)われのエチオピア王女アイーダとエジプトの将軍ラダメスとの悲恋の物語。 発音〈標ア〉イ

あい-いだ・く【相抱】〘自カ五(四)〙（「あい」は接頭語）互いに抱き合う。＊悪魔(1903)〈国木田独歩〉一〇「『見よ、彼等相抱(アヒイダ)きぬ』と鬼は私語(ささや)けり」＊土(1910)〈長塚節〉二五「自分の伴侶が一つに相倚り相抱いて」 発音〈標ア〉ア

あい-いたわ・る【相労】（「あい」は接頭語）■一〘他ラ四〙目を掛けてやる。ねぎらう。＊宇津保(970-999頃)沖つ白浪「一日おとどにとり申ししかば『あひいたはらんと思ふ心やある』と仰せられしに」■二〘自ラ四〙病気で苦しむ。病気にかかる。＊平家(13C前)七・経正都落「十三で元服仕り候までは、あひいたはる事の候はん外は、あからさまにも御前を立ち去る事も候はざりしに」＊太平記(14C後)一一・筑紫合戦事「時節(をりふし)相労(アヒイタハル)事ありとて対面に及ばず」 発音〈標ア〉ア＝ワ

あい-いち【間一】〘名〙美術工芸で、粒子の大きさによる金粉名の一つ。梨子地(なしじ)に用いる。＊新しき用語の泉(1921)〈小林花眠〉「間一(アヒイチ)梨子地に用ひる金粉の称」 発音〈標ア〉0

あい-いど【相井戸】〘名〙共同井戸。＊雑俳・雲鼓評万句合-寛延二(1749)「相井戸の千話がこふじてくらべ腰」

あい-いど・む【相挑】〘自マ四〙（「あい」は接頭語）互いに力を張り合う。両方が挑発し合う。戦いをしかけようとして臨む。＊古事記(712)中「其の建波邇安王軍を興して待ち遮(さきき)り、各(おのもおのも)河を中に挟みて、対ひ立ちて相挑(あひいど)みき。故(かれ)、其地を号(なづ)けて、伊杼美(いどみ)と謂ふ」＊太平記(14C後)一六・本間孫四郎遠矢事「新田、足利相挑(イドン)で未だ戦はざる処に、本間孫四郎重氏黄瓦毛なる馬の太く逞(たくま)しきに」

あい-いのり【相祈】〘名〙二人でいっしょに神仏に祈ること。また、その祈願や祈祷。＊虎明本狂言・禰宜山伏(室町末-近世初)「さあらば、あひいのりにせうと云て」

あい-い・る【相居】〘自ワ上一〙（「あい」は接頭語）いっしょに座る。いっしょに住む。＊弁内侍(1278頃)寛元四年一一月二二日「つぼね、ひとまを四つにへだてて二三人づつあひいたれば、せばきもわりなし」＊徒然草(1331頃)三〇「中陰のほど、山里などにうつろひて、便あしく狭(せば)き所にあまたあひゐて」

あい-い・れる【相容】〘自ラ下一〙文あひい・る〘自ラ下二〙（「あい」は接頭語。下に否定を伴って用いる）互いの立場や主張などが一致する。とけあう。両立する。＊西国立志編(1870-71)〈中村正直訳〉一・五「この両説は、互に相容(アヒイレ)ざるの仇敵なり」＊文明論之概略(1875)〈福沢諭吉〉四・八「其勢両(ふたつ)ながら相容る可らず」＊かのやうに(1912)〈森鷗外〉「こっちの思想と相容(アヒイ)れない何物かが潜んでゐるらしい」 発音〈標ア〉ア

あい-いろ【文色】〘名〙（「あやいろ」の変化した語）模様。形の区別。また、ものごとの筋道。あいろ。文目(あやめ)。＊幸若・十番斬(室町末-近世初)「東西闇(くら)ふして物のあひ色の見えぬに、続松(たいまつ)だせとよばはったり」

あい-いろ【合色】〘名〙敵味方が互いに出合って戦うきざし。戦機が熟すこと。合戦のよい機会。＊浄瑠璃・子四天王北国大合戦(1662)四「けっきのいくさすべからず、あい色をみすまし、せんぢん、ごぢん一つに也、とっとおめいてかけ合」

あい-いろ【藍色】〘名〙藍で染めた色。その色の濃淡によって名称が違い、浅い色を縹(はなだ)、濃い色を搗(かち)という。あい。＊倭語類解(17C後-18C初)布帛「藍 'a-'i-'i-ro (アイイロ)」＊うたかたの記(1890)〈森鷗外〉上「そのおもての美しさ、濃き藍いろの目には、そこひ知らぬ憂ありて」＊わかれ(1898)〈国木田独歩〉「今しも洗ふ大皿は〈略〉雪白なるに藍色(アヰイロ)の縁とりし品なり」 発音〈標ア〉0 〈京ア〉0

あい-いろ・う【相綺】〘他ハ四〙（「あい」は接頭語。「いろう」の改まった言い方）ある事に立ち入る。かかり合う。採り上げて問題にする。＊田代文書-一・建長五年(1253)一〇月一一日・諸国本新地頭所務事(中世法制史料集一・追加法二九五)「或自名知行之外者、不レ相二綺惣領地本一所多レ之云々」＊東寺百合文書-は・文永一一年(1274)六月・藤原氏女宮河乗蓮女申状幷具書案(大日本古文書一・一八)「於二彼分一、雖二一事一乗蓮不レ能二相綺一、顕然次第也」＊尺素往来(1439-64)「国衙所務者任二先規一不レ可二相綺一」

あい-いん【合印】〘名〙別の帳簿や書類と対照したしるしに押す印。合判(あいはん)。あいじるし。＊地方凡例録(1794)七「合印は都て起印有せう文鏡済、三役の印形集たる上」 発音〈標ア〉0 〈京ア〉0 辞書 言海 表記 合印(言)

あい-いん【哀韻・哀音】〘名〙ことばや楽の音のかなしげな調子。哀れなひびき。＊秘密(1911)〈谷崎潤一郎〉「遠い国の歌しらべのやうに、哀韻(アイヰン)を含んで私の胸に響いた」＊江戸から東京へ(1921)〈矢田挿雲〉一・一「日本武尊が『吾妻はや』の哀音(アイヰン)に清怨尽きやらぬ此地方の総称を止められし二千年の昔から」＊南史-柳惲伝「嘗賦レ詩未レ就、以レ筆捶レ琴、坐客過以レ筯扣レ之、惲驚二其哀韻一、乃製為二雅音一」 発音〈標ア〉0

あい-いん【愛飲】〘名〙楽しみながら飲むこと。また、特定の飲料を、好んで飲用すること。＊或る少女の死まで(1919)〈室生犀星〉「深い飲酒者が永い時間をかけて愛飲するやうに」 発音〈標ア〉0 〈京ア〉0

あいうえお〘名〙（五十音の最初の一行）ものごとの初歩。いろは。＊酒中日記(1902)〈国木田独歩〉五月三日「二十人あるなしの小供を対手に〈略〉アイウエオを教へて居るといふ事は御存知あるまい」 発音〈標ア〉ウ 〈京ア〉ウ

あいうえお-じゅん【―順】〘名〙五十音図の仮名の順序。五十音順。物の名称を配列するのに、その名称を仮名書きにしたものを適用する。本辞典の見出しの配列もその一例。 発音〈標ア〉0

あい-うえだ【藍上田】〘名〙織物の名。長野県上田地方に産する藍染めの縞織物。＊洒落本・古契三娼(1787)「あたまのうへは日日にふえ、藍上田(アイウヘダ)の光も夜夜あきらかになりて呉服屋の屋敷通ひをつけのぼせにさせ」＊洒落本・まわし枕(1789)「あいうへだの七つじぶんの小袖、下着はきじまの八丈」 発音〈標ア〉ウ

あい-うけ【相請】〘名〙保証される者が互いに請け人に立つこと。徳川幕府はこれを厳重に取り締まり、発覚した場合は、双方を処罰した。＊禁令考-前集・第五・巻四九・元禄一五年(1702)三月「十七歳以下之女之分、請下請に取申間敷候、幷相請立申間敷候」

アイウシ〘名〙アイヌ文様の一つ。アイヌ語で「棘(とげ)のある」という意。文様のかどや渦巻の終わりの部分が鋭く棘のようになっているのが特徴。

アイウシ

あい-うずな・う〘他ハ四〙（「あい」は接頭語）神がよしとする。神が承諾なさる。→うずなう。＊続日本紀-和銅元年(708)一月一一日・宣命「此の物は天に坐す神、地に坐す祇(かみ)の相于豆奈比(あひウヅナヒ)奉り」＊万葉(8C後)一八・四〇九四「御心を 明らめ給ひ 天地の 神安比宇豆奈比(アヒウヅナヒ) 皇御祖(すめろき)の 御霊助けて〈大伴家持〉」

あい-うずの・う〘他ハ四〙「あいうずなう」に同じ。＊延喜式(927)祝詞・大嘗祭「皇御孫命の大嘗聞こし食さむ為の故に、皇神等相宇豆乃比(あひウヅノヒ)奉りて、堅磐に常磐に斎ひ奉り」

あい-うち【相打・相討・相撃・合討】〘名〙①二人が同時に物を打つこと。＊虎明本狂言・鍋八撥(室町末-近世初)「さあらば今度は相うちにいたさう」②剣術などで二人が戦い、双方が同時に撃つこと。＊浄瑠璃・文武五人男(1694)名所尽し「姉が弓手の肩先、弟が右の乳(ち)をかけてあいうちに打ちこまれ」＊歌舞伎・𢅻雑石尊贐(1823)五立「両人相討ちとなり、金之助は下の方へ、半之進は上の方へ、タヂタヂとなって」③二人以上が協力して一人の敵を討つこと。＊中島紀次郎家文書-天正八年(1580)八月二四日・武田勝頼感状(新編甲州古文書二二六〇)「頸一、同名次右衛門尉与合討、神妙之至候」＊信長公記(1598)首「稲葉又右衛門を池田勝三郎・佐々内蔵佐両人としてあひ討に討ちとるなり」＊甲陽軍鑑(17C初)品五三「武士道の沙汰褒貶六ケ条之事〈略〉一、合戦せり合に、あひうちは非儀なり」＊武家名目抄(19C中か)術芸部・相打「籾井日記云(栗田口合戦条)平田源左衛門を雲五、鬼蔵相討に致し候」 発音〈標ア〉0 〈京ア〉0 辞書 言海 表記 相撃(言)

あい-う・つ【相打】〘自タ五(四)〙（「あい」は接頭語）互いに打ち合う。互いにぶつかり合う。互いに戦う。多くの者が力を競い合う。＊六物図抄(1508)「衆合地獄は合党相打(アイウツ)こと一昼夜ぞ。我とうちやうぞ」＊四河入海(17C前)八・一「此での心は、浪と舟と相打つ声を云ぞ」＊文明論之概略(1875)〈福沢諭吉〉二・四「父子相戦ひ兄弟相伐ち」＊道草(1915)〈夏目漱石〉四二「彼の弱点が御常の弱点とまともに相搏(アヒウ)つ事も少なくはなかった」 発音〈標ア〉ア

あい-うん【靄雲】〘名〙群がって立ちこめている雲。＊大観本謡曲・江島(室町末)「靄雲収まりて、海上(かいしゃう)に一つの島を成せり」＊艸山集(1674)一六・新居「靄雲鎖二幽戸一、芳艸出二疎籬一」

あい-え【藍絵】〘名〙①「あいずりえ(藍摺絵)」に同じ。②陶磁器のうわぐすりに呉須(ごす)を用いた絵模様。＊恋慕ながし(1898)〈小栗風葉〉一九「藍絵(アヰヱ)の盃に盈々(なみなみ)と湛へられた一杯を、目を瞑(つむ)って干す」

あい-えい・ずる【相映】〘自サ変〙文あひえい・ず〘自サ変〙（「あい」は接頭語）①物の影や光が他の物の表面にうつる。②いくつかの物が光を受けて光り合う。反映し合う。＊文づかひ(1891)〈森鷗外〉「年若き貴婦人いくたりか乗りたれば、さまざまの衣の色相映じて、花一叢、にしき一団、目もあやに」③物事が合う。共感を伴って目や心に受けとめられる。心などが通じ合う。＊アパアトの女たちと僕と(1928)〈龍胆寺雄〉一「この友人に、僕はいつも不快な、幾らか侮蔑的な気持

を持って居た。それがなぜか今夜は、妙に僕の心理と相映ずるところのものを持って、柔らかく喰入ったのだった」 発音アイ＝エイズル〈標ア〉ア＝0 ア＝ズ

アイ-エス-オー【ISO】〘名〙⇩イソ（ISO）

アイ-エス-ディー-エヌ【ISDN】〘名〙（英 integrated services digital network の略）電話・ファクシミリなどの各種通信サービスを一本に統合し、総合的に扱うデジタル通信網。発音〈標ア〉エ2

アイ-エス-ビー-エヌ【ISBN】〘名〙（英 international standard book number の略）国際標準図書番号。図書、資料に適用され国際的に通用する固有の番号。グループ（国別）記号・出版者記号・書名記号・チェック数字からなる一〇けたの数字。発音〈標ア〉エ2

あい-えつ【哀咽】〘名〙悲しんで声をつまらせること。むせび泣くこと。哀哽（あいこう）。＊万葉（8C後）二・一六六・左注「路上見㆓花感傷哀咽作㆒此歌㆒」＊金色夜叉（1897‐98）〈尾崎紅葉〉後・七・二「直道が哀咽（アイエツ）は渾身（こんしん）をして涙に化し」＊陸雲‐与戴季甫書「重㆓惟痛恨㆒、言増㆓哀咽㆒」

あい-えつ【愛悦】〘名〙いつくしみ喜ぶこと。＊晉書‐温嶠伝「嶠風儀秀整、美㆓於談論㆒、見者皆愛㆓悦之㆒」

アイ-エヌ-ジー【ING】〘名〙（英語で、動詞に付けて、その動作が進行中であることを表わす接尾語 -ing から）ある動作が現在行なわれつつあること。目下進行中。発音〈標ア〉ジ

アイ-エム-エフ【IMF】〘名〙（英 International Monetary Fund の略）国際通貨基金。一九四四年七月のブレトンウッズ協定に基づき、世界銀行とともに設けられた国際金融機関。第二次大戦後の世界経済における為替の安定化と制限の撤廃、比較的短期の融資による貿易の均衡化と拡大の促進を目的とする。加盟国の一定の割当てによる出資で運営。日本は一九五二年に加盟した。本部はワシントン。発音〈標ア〉エ2

アイ-エル-オー【ILO】〘名〙（英 International Labo(u)r Organization の略）国際労働機関。一九一九年ベルサイユ条約に基づきジュネーブで設立。加盟国の政府、使用者、労働者の三者で構成し、労働条件の改善と社会保障の充実を目的とする。一九四六年国連経済社会理事会の専門機関となる。日本は一九三八年に脱退したが、一九五一年復帰。発音〈標ア〉オ〈京ア〉オ

アイエルオー-じょうやく【ILO条約】〘名〙ILOの総会で採択された国際労働条約。労働条件や労使関係に関する国際的基準で、加盟国の批准によってその国を拘束する。発音アイエルオージョーヤク〈標ア〉ジョ

アイ-エル-シー【ILC】〘名〙（英 International Labo(u)r Conference の略）国際労働会議。年に一回開かれるILO加盟諸国の総会。

あい-えん【哀怨】〘名〙心から、悲しみ嘆くこと。悲しげな音楽のさまを形容することが多い。＊百詠和歌（1204）一・琵琶「馬の上にして琵琶をしらぶるに、哀怨の声みづからもあはれなり」＊読本・英草紙（1749）二・三「絃（いと）を調へ、軫（しん）を転（めぐら）して、纔（わづか）に搔き合せけるに、商（に）の絃哀怨（アイヱン）の声あり」＊夜航余話（1836）上「笛曲の哀怨なる中にも」＊恋慕ながし（1898）〈小栗風葉〉三〇「遣難（やりがた）い心の痛を訴へるが如き其哀怨（アイヱン）の音は」＊白居易‐慈烏夜啼詩「百鳥豈無㆑母、爾独哀怨深」 発音〈標ア〉0

あい-えん【哀婉】〘形動〙哀れで、優しさのあるさま。哀れで美しく、しとやかであるさま。＊三帖和讃（1248‐60頃）高僧「本師源空のをはりには 光明紫雲のごとくなり 音楽哀婉（あいゑん）雅亮（がりゃう）にて 異香（いきゃう）みぎりに暎芳す」

あい-えん【哀猿】〘名〙悲しげな声で鳴いている猿。＊撰集抄（1250頃）五・六「前は野辺、つまは山路なれば、虫の音物哀れに、哀猿の声まことに心すごし」＊謡曲・鞍馬天狗（1480頃）「松嵐花の跡訪ひて、雪と降り雨となり、哀猿雲に叫んでは、腸を断つとかや」＊浄瑠璃・嫗山姥（1712頃）五「巴峡秋深し。五夜の哀猿（アイエン）月にさけぶ。物すさまじき山路かな」＊柳宗元‐微咎賦「暮屑窣以淫雨兮、聴㆓嗷嗷之哀猿㆒」 辞書日葡

あい-えん【哀艶】〘形動〙あでやかな中に寂しさの感じられるさま。哀れに美しいさま。＊落梅集（1901）〈島崎藤村〉雅言と詩歌「あわただしき花の名残の哀艶なるかたも」＊江戸から東京へ（1921）〈矢田挿雲〉七・三五「玉菊の人気は死後も生前に劣らず玉菊燈籠の伝説が今以て哀艶（アイエン）の情を唆る」＊柳晃‐与徐給事論文書「自㆓屈宋㆒以降、為㆑文者本㆓於哀艶㆒」

あい-えん【愛淵】〘名〙愛やいつくしみの深さを淵にたとえていう。＊明六雑誌‐二〇号（1874）妻妾論・四〈森有礼〉「女子は素と情に富み愛淵深き者なり」

あい-えん【愛縁・合縁・相縁】〘名〙①仏語。恩愛の縁。＊文明本節用集（室町中）「愛縁 アイヱン」＊大宝積経‐七八「諸煩悩中、愛縁所㆑合、此最為㆑重」②親子、夫婦、師弟など互いに気心がよく合う縁。＊歌舞伎・薄雪今中将姫（1700）二「然らば枕を拵へ夫婦相縁（アヒエン）の枕と偽り、花鳥に持たせ贈らん」＊歌舞伎・韓人漢文手管始（唐人殺し）（1789）四「此の飯は、彌五衛門殿にあいゑんでかな有ふ」 発音〈標ア〉0 辞書文明・書言 表記相縁（文・書）愛縁（文）

あいえん-か【愛煙家】〘名〙タバコを好んで吸う人。タバコずき。＊明治世相百話（1936）〈山本笑月〉煙草が化して桜並木「唯フカフカやるだけの、専売局御用の愛煙家ばかり」 発音〈標ア〉0〈京ア〉0

あいえん-きえん【愛縁機縁・合縁奇縁・相縁奇縁】〘名〙人と人とが互いに和合するのもしないのも、すべて因縁によるということ。特に男女、夫婦、友人などの巡り合いについていう。＊俳諧・唐人躍（1677）三秋・七夕「幾とせかあひえんきえん女夫星〈方孝〉」＊浄瑠璃・心中宵庚申（1722）下「人にはあひゑんきゑん血を分けた親子でも中の悪いが有物」＊洒落本・廓宇久為寿（1818）前「譬へ一夜といへども、百夜の契りを結ぶは客の才不才に有か。将（はた）娼妓（けいせい）の愛縁奇縁（アイヱンキヱン）によるならん耶」＊歌舞伎・勧善懲悪孝子誉（1877）二幕「それでも人は相縁奇縁（アヒエンキエン）、割れ鍋に閉ぢ蓋だから」＊当世書生気質（1885‐86）〈坪内逍遙〉一四「合縁奇縁（アヒヱンキヱン）は見てわからず、しかるを梅屋舗の腰掛にて一寸（ちょっと）見た計（ばかり）で縁談沙汰」 方言好き嫌い。いい悪い。善悪。福岡市877 発音〈標ア〉キ〈京ア〉キ イ＝キ 辞書言海 表記合縁気縁（言）

あい-お【愛悪】〘名〙愛することと、憎むこと。いとおしく思う心と憎む心。＊色葉字類抄（1177‐81）「愛悪 アイヲ」＊日葡辞書（1603‐04）「Aiuo（アイヲ）。アイシ ニクミ」＊内地雑居未来之夢（1886）〈坪内逍遙〉一一「楽（たのしみ）おのづから其中にありて、喜怒哀楽愛悪（アイヲ）を選ばず」＊易経‐繋辞・下「是故愛悪相攻、而吉凶生」 辞書色葉・日葡 表記愛悪（色）

あい-おい【相生】□一〘名〙①二つ以上のものが、いっしょに生育すること。また、並んで生育すること。＊古今（905‐914）仮名序「高砂、住の江の松も、あひをひのやうにおぼえ」＊恵慶集（985‐987頃）「ふた葉よりあひ生してもみてし哉けふ契りつるのへの小松と」＊貞享版金槐集（1213）雑「あひおひの袖のふれにし宿の竹よよは経にけりわが友として」＊謡曲・高砂（1430頃）「高砂住吉の松は非情の物だにも、相生の名はあるぞかし」＊俳諧・炭俵（1694）上「細々と朔日ごろの宵の月〈利牛〉早稲（わせ）も晩稲（おくて）も相生に出る〈野坡〉」②一つの根元から幹が分かれて生えること。また、二本の木が途中でいっしょに付いていること。また、そのもの。＊俳諧・桃青門弟独吟廿歌仙（1680）北鯤独吟「今は更に連理の酌子枝朽ちぬ 相生の大根の様に覚えとあり」＊浄瑠璃・曾根崎心中（1703）道行「涙の糸の結び松、棕櫚（しゅろ）の一木のあひおひを、連理の契りになぞらへ」＊読本・椿説弓張月（1807‐11）残・六三回「花も実もなき老樹どち、ひとつ根による相生（アヒオヒ）の、あふは別れのはじめなりとも」③（「相老（あいおい）」と同音であるところから）「あいおい（相老）」に同じ。＊雑俳・村雀（1703）「相生の種よ宮守の焼きかげん」＊浄瑠璃・近江源氏先陣館（1769）三「笈にはあらぬ相生の祝言さへも三々九度」＊雑俳・紀玉川（1819‐25）四「相生を祝はれ晴な賀振舞」④「あいおい（相生）の松」の略。＊雑俳・芥子かのこ（1716‐36）「相生をそっと見て置く斗り也」⑤「あいおいざし（相生挿）」の略。＊浮世草子・西鶴織留（1694）一・一「立花は池の方に相生（アイオヒ）迄習ひ」□二□一謡曲「高砂」の古名。＊三道（1423）「大よそ三体の能懸り、近来押し出だして見えつる世上の風体の数々、八幡、あいをい、〈略〉如㆑此老体の数々」＊申楽談儀（1430）能書く様・その一「あひ生も、なほし鰭（ひれ）が有也」□三兵庫県南西部の地名。明治時代末の造船所創設とともに造船工業地として発展。南部の海岸は瀬戸内海国立公園に属する。昭和一七年（一九四二）市制。方言〘名〙❶同年輩。鳥取県伯耆711 島根県725 高知県861 長崎県五島054 ❷あまり差のつかないこと。鳥取県伯耆「あいおいに着いた」711 発音〈標ア〉0〈ア史〉❶は鎌倉○●●●〈京ア〉0 辞書黒本・日葡・言海 表記相生（黒・言）

あいおい の 盆（ぼん） 男島と女島を一つの盆の上に造った盆景。婚礼のときの飾り物として用いる。

あいおい の 松（まつ） 雄松と雌松の幹が途中で合わさったもの。共に年を経ることのたとえ。夫婦にもたとえ、縁結びの木といわれる。兵庫県高砂市の高砂神社や静岡県清水市三保神社の松が有名。＊謡曲・高砂（1430頃）「永き世の譬（たと）へなりける常磐木にも相生の松ぞめでたき」＊御伽草子・唐糸草子（室町末）「一千年の寿命も、あひ生（ヲヒ）のまつにしぐことはなし」＊浮世草子・俗つれづれ（1695）三・四「なを相生（アヒヲヒ）の松餝りて春のはじめの蓬萊」 発音〈標ア〉マ 辞書文明・日葡・書言 表記相生松（文・書）相逐松（書）

あい-おい【相老】〘名〙（「相生い」の変化したもの。「生い（おひ）」に「老い」の意を掛けて用いる）夫婦などが共に年久しく長らえること。偕老（かいろう）。共白髪（ともしらが）。＊謡曲・高砂（1430頃）「通ひ慣れたる尉と姥は松もろともにこの年まで、相老いの夫婦となるものを」 発音〈標ア〉0 辞書言海 表記相老（言）

あいおい-ざし【相生挿】〘名〙生花で男松と女松とを花器にさし、根締めに藪柑子を用いたもの。婚礼の飾り物などに用いることが多い。あいおい。

あいおい-じし【相生獅子】 長唄。七世杵屋喜三郎作曲。作詞者不明。本題名「風流相生獅子」。享保一九年（一七三四）江戸中村座初演。現存する石橋物（しゃっきょうもの）のうち最古の曲。発音〈標ア〉ジ

あいおい-すぎ【相生杉】〘名〙幹の途中で合体した二本の杉について、その由来を説明する伝説。また、その杉の木。発音アイオイスギ〈標ア〉オ

あいおい-ちょう【相生蝶】〘名〙折り紙の形の名。雌蝶と雄蝶とを一つにしたもの。発音アイオイチョー〈標ア〉オ

あいおい-ぼん【相生盆】〘名〙「あいおい（相生）の盆」に同じ。

あいおい-むすび【相生結】〘名〙ひもの結び方の一つ。女結びにして、その一端

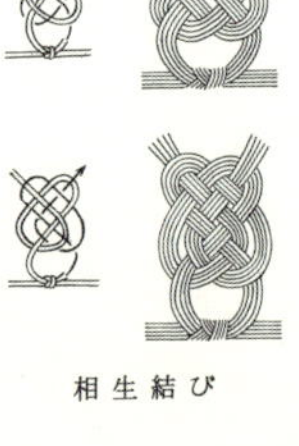
相生結び

をさらにその結び目に通したもの。装束の露結び、団扇（うちわ）の柄の飾りひもなどに用いる。 発音〈標ア〉ム

あいおい-め・く【相生—】〘自カ四〙（「めく」は、接尾語）相生のようである。一つの幹から二本が分かれ出たようである。＊俳諧・鶉衣（1727–79）続・下・一五五・七景記「路傍古松とは世に七本松とよべり。あるは相生（アヒオヒ）めきて立てるもあり」

あい-おう・ずる【相応】〘自サ変〙文あひおう・ず〘自サ変〙（「あい」は接頭語）①答える。応答する。＊四河入海（17C前）一七・三「そこで咲語すれば、千山も相応ずるが如くなるぞ」②つりあいが取れる。比べられる。並べられる。＊太平記（14C後）一二・大内裏造営事「此の大内を造られたる事、其の徳相応（アヒヲウ）ず可からず」③両方が適合する。互いに示し合わせる。互いに力を合わす。＊西国立志編（1870–71）〈中村正直訳〉一二・一〇「人は常々往来する朋友と感情相通じ、声気相（あヒ）応じ」＊坊っちゃん（1906）〈夏目漱石〉四「此野郎申し合せて、東西相応じておれを馬鹿にする気だな」 発音アイオースル〈標ア〉ア

アイ-オー-シー【IOC】〘名〙（英 International Olympic Committee の略）国際オリンピック委員会。一八九四年創立。オリンピック大会の一切を決定する機関。本部は、スイスのローザンヌ。 発音〈標ア〉シ〈京ア〉シ

アイ-オー-ジェー【IOJ】〘名〙（英 International Organization of Journalists の略）国際ジャーナリスト機構。一九四六年設立。本部はチェコのプラハにある。

あい-オーバー【間—】〘名〙（オーバーは英 overcoat の略）春、秋に着る外套（がいとう）。＊永遠なる序章（1948）〈椎名麟三〉一「豪華な合オーバーを着た五十年輩の男」＊枯葉の美しさ（1957）〈井上友一郎〉五「グレーの合いオーバーが」

あい-おぎな・う【相補】〘他ワ五（ハ四）〙（「あい」は接頭語）互いに不足をみたし合う。互いに欠けているものをつけ加え合う。＊民主主義文学論（1948）〈小田切秀雄〉小林秀雄と斎藤茂吉・二「どちらの理解の仕方に賛成するか、両方に全く賛成しないか、両方を実は相補うものとして理解（もしそれができるなら）するか」＊白く塗りたる墓（1970）〈高橋和巳〉四「三崎はドイツ語、カメラマンは英語で、長短あいおぎなえば、取材先で途方に暮れることもないだろう」 発音アイ＝オギナウ〈標ア〉ア＝ナ

あい-おく【隘屋】〘名〙狭くて、みすぼらしい家。陋屋（ろうおく）。＊済北集（1346頃か）七・無価軒記「明年夏暑孔熾。暑之為ㇾ威也酷二于隘屋一矣」

あい-おく・る【相送】〘他ラ五（四）〙（「あい」は接頭語）互いに送り物をし合う。＊寛永刊本蒙求抄（1529頃）九「修音—とは音信のよしみを修めてぞ送物をして相送て結ぞ」

あい-おさえ【相押】〘名〙酒席で杯のやりとりをする際に用いる語。相は杯のやりとりをしている二人の間に入って杯のうけさしをすること。押えは、さして来る杯を押えて、もう一杯飲ませること。＊安愚楽鍋（1871–72）〈仮名垣魯文〉三・下「つれのおとことあひおさへのさかづきあり」

あい-おと【合音】〘名〙あらかじめ打ち合わせておいて、仲間の合図に用いる音響。陣中などで、銃、笛、鐘、太鼓その他の音によって合図とするもの。合いことばに類したもの。＊浮世草子・忠義太平記大全（1717）六・大岸同意の者国分寺に会合する事「夜うちの次第はまづあひことばをさだむべし、つぎにあひをとを用ゆべし」

あい-おな・じ【相同】〘形シク〙（「あい」は接頭語。「おなじ」の改まった言い方）全く同じである。正に同一である。同等である。＊太平記（14C後）七・吉野城軍事「磐石岩を飛ばす事、春の雨に相同じ」＊浄瑠璃・平家女護島（1719）三「国民の命をたすくれ共猟師は恩をわきまへず、独角獣（うにかうる）を殺して角を取、是頼朝めに相同じ」＊露団々（1889）〈幸田露伴〉一三「試験を臨むの感情は各自相同（アヒオナ）じき者と申すべし」 発音〈標ア〉ア

あい-おなんど【藍御納戸】〘名〙染色の名。藍の濃いお納戸色。＊洒落本・二蒲団（1801）「おびは、こはくあいおなんど、但しはば二寸ぐらゐを少し左りへまげ」＊人情本・仮名文章娘節用（1831–34）前・二回「藍御納戸（アヰオナンド）の唐縮緬」 発音〈標ア〉ナ

あい-おもい【相思】〘名〙互いに慕うこと。そうし。＊御伽草子・美人くらべ（室町時代物語集所収）（室町中）「又かやうにあひ思ひなる事かなとて、いよいよあさからずおぼしめし」＊浄瑠璃・日本武尊吾妻鑑（1720）一「我もそもじに露もかはらぬ相思ひ」

あいおもい-ぐさ【相思草】〘名〙植物「タバコ（煙草）」の異名。＊浄瑠璃・曾根崎心中（1703）「空に消えては是もまた、ゆくゑも知らぬあひおもひぐさ、人忍ぶ草、道草に」

あい-おも・う【相思】〘他ハ四〙（「あい」は接頭語）互いに思う。互いに慕う。両方がともに思い合う。＊古事記（712）下・歌謡「大猪子が 腹にある 肝向ふ 心をだにか 阿比淤母波（アヒオモハ）ずあらむ」＊万葉（8C後）一五・三六九一「世の中の 人の嘆きは 安比於毛波（アヒオモハ）ぬ 君にあれやも〈葛井子老〉」＊伊勢物語（10C前）二四「あひ思はで離（か）れぬる人をとどめかね我が身は今ぞ消え果てぬめる」＊源氏（1001–14頃）空蟬「人知りたることよりも、かやうなるはあはれも添ふ事となむ昔人もいひける。あひおもひ給へよ」 辞書文明・日葡 表記相思（文）

あいおれ-くぎ【合折釘】〘名〙両端が直角に曲がって、とがっている釘。ふすま、びょうぶなどの縁を骨に取り付けるときなどに用いるかくし釘。 発音アイオレクギ〈標ア〉レ

アイオロス（Aiolos）ギリシア神話の風の神。アイオリア島の支配者。風を袋に閉じこめる力をもつ。 発音〈標ア〉オ

アイオワ（Iowa）アメリカ合衆国中央部、ミシシッピ川とミズーリ川の間の州。一八四六年二九番目の州として編入。農業州として知られる。州都はデモイン。 発音〈標ア〉0

あい-おん【哀音】〘名〙悲しそうな音。悲しげな声。＊自然と人生（1900）〈徳富蘆花〉写生帖・哀音「静なる夜に門づけの三味の音に耳傾けしことありや。余は〈略〉未だ曾て涙なしに彼の哀音（アイオン）を聞く能はざるなり」＊女難（1903）〈国木田独歩〉五「其哀音（アイオン）悲調を聴くに堪へなかった」＊白居易–慈烏夜啼詩「慈烏失二其母一、唖唖吐二哀音一」 発音〈標ア〉0

あい-おん【相音】〘名〙能楽で、横（おう）の声と竪（じゅ）の声を兼ね備えたよい声。性来の声の意にも、また横、竪の調和した音曲の意にも用いる。＊花鏡（1424）奥段「老声（らうせい）は、生声（なまごゑ）尽きて、あるひは横（わう）、あるひは主（しゅ）、又は相音などの残声にて、曲よければ、面白き感聞（かんもん）あり」＊申楽談儀（1430）曲舞の音曲「曲舞（くせまひ）には、横主（わうしゅ）と分けて謡ふと、先（まづ）心得べし。ただ謡（うたひ）は、節（ふし）を本にす。あひをんと謡ふと先心得て、節をもつくべし」

あい-か【哀歌】㊀〘名〙悲しい心情を表わした詩歌。悲歌。エレジー。＊御伽草子・李娃物語（室町時代小説集所収）（室町末）「昔は公子と成て、金殿に書学を学び、今は落魄と作て、舞台に哀歌を歌ふ」＊基督信徒の慰（1893）〈内村鑑三〉一「我は死に就ては生理学より学べり、之を詩人の哀歌（アイカ）に読めり」＊日本の下層社会（1899）〈横山源之助〉三・一・二「お鉢引き寄せ割り飯眺め米は無いかと眼に涙の哀歌を謡ふもの、亦た宜ならずや」＊荘子–天地「独弦哀歌、以売二名声於天下一」㊁（原題ラテン Lamentationes）「旧約聖書」中の一編。五章から成る。預言者エレミヤがエルサレムの荒廃を嘆いて歌ったものと伝えられるが、別人の作とされている。エレミヤ哀歌。 発音〈標ア〉ア〈京ア〉ア

あいか【秋鹿】島根県の北東部、島根半島の西部にあった郡。明治二九年（一八九六）八束（やつか）郡に統合されて消滅。＊出雲風土記（733）秋鹿郡「秋鹿の郡合せて郷は四〈里は一十二〉、神戸は一なり」＊二十巻本和名抄（934頃）五「出雲国〈略〉秋鹿〈安伊加〉」 辞書和名・色葉・書言 表記秋鹿（和・色・書）

あい-が【愛河】〘名〙仏語。人は愛欲におぼれやすいことから、それを河にたとえていったもの。＊万葉（8C後）五・七九四右詩「愛河波浪已先滅 苦海煩悩亦無ㇾ結 従来猒二離此穢土一 本願託二生彼浄刹一〈山上憶良〉」＊本朝文粋（1060頃）一三・朱雀院平賊後被修法会願文〈大江朝綱〉「又願。燕肝越胆。輪廻之郷無ㇾ期。欲海愛河。流転之輩不ㇾ定」＊地蔵菩薩霊験記（16C後）一二・一「目もくれ心も迷ひつつ、行方さらにをほへず共に愛河（アイガ）に沈みける」＊読本・南総里見八犬伝（1814–42）九・一一〇回「苦海・愛河（アイカ）の世は定めなく、弘誓（ぐぜい）の船出遠ければ」＊八十華厳経–三六「愛河漂転無二返期一、欲ㇾ求辺際不ㇾ可ㇾ得」 発音アイガ〈標ア〉ア

アイガー（Eiger）スイス中部、アルプスのベルナーオーバーラント連峰の高峰。高さ三九七〇メートル。一八五八年イギリス人バリングトンが初登頂。一九二一年（大正一〇）槇有恒（まきありつね）が東山稜からの登頂に初めて成功。 発音〈標ア〉ア

あい-かい【鮎—】〘名〙方言 ⇩あいかけ（鮎掛）

あい-かい【愛海】〘名〙仏語。愛欲の深く広いことを海にたとえていったことば。＊本朝文粋（1060頃）一四・村上天皇為母后四十九日御願文〈大江朝綱〉「乃知八正分ㇾ源、断二疑網於愛海一、三明告ㇾ暁、飛二覚月於昏衢一者也」＊六十華厳経–四「仏号二愛海功徳称王一」

あい-かい・する【相会】〘自サ変〙文あひくわい・す〘自サ変〙（「あい」は接頭語）ともに一か所に集まる。互いに出会う。＊四河入海（17C前）一一・一「病を扶て、良時に及て、相会すべきぞ」＊西国立志編（1870–71）〈中村正直訳〉第一板序「極めて、卑賤なる少年二三人、或年の冬の夜、相（あヒ）会し、互ひにその知るところを語り合ひ」＊家（1910–11）〈島崎藤村〉下・八「両雄相会して、酒でも酌（く）むやうな時には」

あい-がえし【藍返】〘名〙①染物の名。模様のある上に、さらに藍で染めかえしたもの。＊洒落本・一騎夜行（1780）三・威猛に罟る天狗「夏冬かけて藍返（アイカヘ）しの三重染」②江戸大門通り、大丸屋で売り出した木綿の単物（ひとえもの）。剣先、葵に鶴などの模様のあるもの。＊随筆・半日閑話（1823頃）一三「（安永五年）五月、この夏遊冶の少年皆木綿の単物をもて晴れ衣とす。名付て藍返しといふ」 発音アイガエシ〈標ア〉ガ

あい-がかり【相懸】〘名〙①敵味方が双方同時に寄せあって、攻めかかること。相蒐（あいがけ）。＊太平記（14C後）五・大塔宮熊野落事「寄手は楯（たて）を雌羽（めんどりば）につきしとうてかづき襄（あが）り、防ぐ兵（つはもの）は打物の鞘（さや）をはづして相懸りに近付く所に」＊日葡辞書（1603–04）「Aigacari（アイガカリ）〈訳〉双方から攻めかかること」②平手将棋の序盤の一陣形。両者居飛車（いびしゃ）で、駒組みを進め、戦うこと。 辞書日葡

あい-がか・る【藍—】〘自ラ五（四）〙藍色を帯びる。＊星座（1922）〈有島武郎〉「藍がかってさへ見える黒い瞳は」＊大阪の話（1934）〈藤沢桓夫〉三「あらい絣（かすり）模様の藍（アヰ）がかった結城御召の裾を捌（さば）いて」 発音アイガカル〈標ア〉カ

あい-かぎ【合鍵】〘名〙①一定の鍵のほかに、

その錠に合う他の鍵。または、その錠に合わせて作った鍵。かけがえの鍵。*応仁記(15C後)二・今出川殿勢州下向之事「鎰(かぎ)なしと答へければ、教親卿兼ねて用意して、相鎰を以て被ㇾ開」*日葡辞書(1603-04)「Aicagui(アイカギ)〈訳〉同じ錠前用の鍵。盗人が用いる、錠をこじあける道具。または偽造の鍵」*浮世草子・風流曲三味線(1706)五・一「相鍵(アヒカギ)を拵(こしら)へ置、藤七他行の夜を覗(ねら)ひ盗出さんと心掛しに」*錦木(1901)〈柳川春葉〉四「懐中へ手を入れ、紙入と合鍵(アヒカギ)の袋を探って見て」②錠をこじあけるときに利用できるもの。針金、こうもりがさの骨など。〔日本隠語集(1892)〕 発音アイカギ〈標ア〉[0][アイ]〈京ア〉[0] 辞書日葡・ヘボン・言海 表記印鍵(へ) 合鍵(言)

あいかぎを合(あ)わせる 男女が性交することをいう盗人仲間の隠語。〔隠語輯覧(1915)〕

あい-がき【合欠・相欠】(あひ:)『名』建築の継ぎ手の一つ。二つの木材の継ぎ部分を互いに半分ずつ欠き取り、重ね合わせて継ぐ方法、またはその部分をいう。梁(はり)、根太(ねだ)、板などを継ぎたして長くする場合に用いる。あいじゃくり。発音アイガキ〈標ア〉[0]

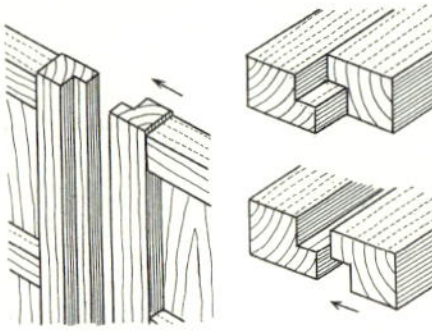

合欠

あい-がき【藍書】(あゐ:)『名』書籍の校勘のとき、藍墨を使って書くこと。*随筆・槐記-享保一一年(1726)一二月五日「御本を拝すれば、最前の頭書どもを、一々に藍書にてけされたり」

あいがき-かま【合欠鎌】(あひがき:)『名』木材継ぎ手の一つ。材と材との端部を、側面から見て鎌形に欠き取り、斜めの合欠き状に重ね合わせて継ぐもの。略鎌継。発音アイガキカマ〈標ア〉[キ]

あいがき-づくり【合欠造】(あひがき:)『名』戸、障子などの出合框(であいがまち)を合欠きにした造り。雨戸など外まわりの戸に行なわれ、外気や雨露の浸入を防ぐ。発音アイガキズクリ〈標ア〉[ズ]

あい-かく【相格】(あひ:)『名』同等の格付けであること。勲等・位階が同等であること。同格。*政談(1727頃)三「明朝・清朝にても勲一等をやはり一位と相格にする故」

あい-かく【愛客】『名』親しい客。*李白-贈范金郷詩二首・其二「浮人少二蕩析一、愛客多二逢迎一」

あい-かけ【鮎掛】『名』方言 魚の名称。❶ぎぎ。三重県南牟婁郡694 ◇あいかい 紀州1030 ❷かじか(鰍)。和歌山県西牟婁郡・日高郡694 ◇あいかけちちこ 和歌山県西牟婁郡694 ◇あいか 福井県吉田郡016 ◇あいかい 和歌山県那賀郡694 ◇あいかぎ 新潟県岩船郡366 静岡県島田016 ◇あいかけかんじい 静岡県磐田郡016 ◇あいかんじい 静岡県田方郡016 ◇ああとりかんじい 静岡県磐田郡016 田方郡526 ❸かまきり(鎌切)。静岡県磐田郡016 小笠郡523 奈良県南大和683 島根県石見725 山口県萩016 徳島県美馬郡811 鹿児島県肝属郡970

あい-がけ【相懸】(あひ:)『名』「あいがかり(相懸)①」に同じ。*播州佐用軍記(1658-61頃)下・四・城中寄手陣へ夜討出之事「爰等に待てや戦はん、相懸にや向かはんと」

あいかけ-おっそ【逢懸越訴】(あひかけヲッソ)『名』鎌倉幕府の訴訟制度で、再審理が進行中の越訴。*鎌倉年代記-永仁五年(1297)九月二九日(中世法制史料集一・追加法六七七)「逢懸越訴事、為二奉行人一、出二仕引付一、可二沙汰一之由、被ㇾ仰二出之一」

あい-かご【相駕籠】(あひ:)『名』「あいあいかご(相合駕籠)」に同じ。*浄瑠璃・夕霧阿波鳴渡(1712頃)中「あの子をせめてあひかごでいざおじゃやとだき寄するを」*浄瑠璃・山崎与次兵衛寿の門松(1718)中「いざ相かごとささやきて、袖打払ふ春の霜」発音アイカゴ〈標ア〉[0][ア]

あい-がさ【相傘】(あひ:)『名』「あいあいがさ(相合傘)①」に同じ。*雑俳・たからの市(1705)「相傘に結んだ縁の友白髪」*俳諧・古今俳諧明題集(1763)冬「併傘(アヒカサ)の六分は我にしぐれけり〈不角〉」発音アイガサ〈標ア〉[ガ] 辞書ヘボン 表記合傘(へ)

あい-がしや【相貸家・相借家】(あひ:)『名』同じ棟の下の貸家。また、同じ家主の家を借りている者同士。あいじゃくや。あいだな。*浮世草子・世間胸算用(1692)一・二「此相借(アイカシ)屋六七軒、何として年を取事ぞと思ひしに」*浄瑠璃・傾城島原蛙合戦(1719)二「則今日宿茶と申て、家主始(はじめ)、相がしや中へ酒を盛る約束」

あい-か・す【相和】(あひクワす)『自サ変』(「あい」は接頭語)「あいわす(相和)」に同じ。*文明開化(1873-74)〈加藤祐一〉二・下「楽といふものは〈略〉詰る所は上下相和(アヒクヮ)して楽しむ様なればよいので」*露団々(1889)〈幸田露伴〉一〇「御見識が高尚にすぎて夷狄に膝を屈して相和(アヒクヮ)する事の御出来なさらぬが一つ」

あい-か・す【相嫁】(あひ:)『自サ変』(「あい」は接頭語)夫婦の契りを結ぶ。結婚する。*神皇正統記(1339-43)中・村上「やがて御堂の息女に相嫁せられしかば、子孫もみな彼外孫なり」

あい-かぜ【―風】『名』方言 ⇩あいのかぜ(―風)

あい-かた【相方・合方】(あひ:)『名』①事を共にする際の相手方。相手となる者。㋑相手。仲間。相棒。*談義本・艶道通鑑(1715)四・一一「催従(もより)にまかせ好類(アイカタ)につれ東山北野に集会(つどひ)て」*雑俳・末摘花(1776-1801)初「相方の無いはかかとで骨を折」㋺(「敵娼」とも書く)遊客の相手となる遊女や若衆。*浄瑠璃・神霊矢口渡(1770)一「ハア此監物は義岑が相方、台(うてな)と申す女郎をたらし込まんと」*咄本・当世口合千里の翅(1773)「酒も余程まわった時分、相方の若衆」*江戸繁昌記(1832-36)初・吉原「意ふに敵娼(〈注〉アイカタ)来り到ると。急に衾を蒙ふて睡を粧ふ」㋩三味線の伴奏者。また、万歳などで相手役の芸人。*歌謡・松の葉(1703)五・歌音声「連弾(つれびき)のとき、歌一つのうち、二上り三下りなどの調子かはる事あるは、一しほ相手の調子取やう、あひかたに習ひある事也」*随筆・岡場遊廓考(1842頃)「男芸者を太夫といふ。二人づつくんで出る也。三絃方を相士(あひかた)といふ」②能楽で、伴奏する楽器の総称。大鼓、小鼓、太鼓、笛によるもの。囃子方(はやしかた)。また、謡(うたい)と囃子を合わせるためのきまり。*歌舞伎・心中鬼門角(1710)下「なんぼ諷がよふても、相かたに合はぬ諷は役にたたぬ物じゃ」③邦楽で、唄と唄との間をつなぐ三味線の合の手の、特に長いもの。歌舞伎の下座(げざ)音楽で、三味線を主としたものの名称。俳優の演技やせりふに合わせ、場面の雰囲気を盛り上げる効果をもつ。*浮世草子・傾城歌三味線(1732)五・二「真鳥の女勢揃の節所を語て聞さふと、三味線の相かたさへしらずに」*歌舞伎・韓人漢文手管始(唐人殺し)(1789)一「ト摺鉦入(すりがねいり)の合方に成」発音〈標ア〉[タ][カ][0]〈京ア〉[0] 辞書ヘボン・言海 表記合方(へ) 相方(言)

あいかた きっぱりとなる 歌舞伎で、俳優のしぐさ、せりふをはっきりさせ、効果を与えるために、合方を一段と高めて演奏する。*歌舞伎・天衣紛上野初花(河内山)(1881)序幕「『それは何ういふ訳あって』ト合方(アヒカタ)きっぱりとなり」*歌舞伎・島鵆月白浪(1881)五幕「『何だと』ト合方(アヒカタ)きっぱりとなり」

あい-かた【相肩】(あひ:)『名』①ふたりで駕籠(かご)などを担ぐときの相手の者。相棒。*俳諧・二葉集(1679)「向ひ駕籠泪(なみだ)をのせて行程に 観音せいし揃ふあひ肩〈林雪〉」*咄本・軽口あられ酒(1705)四・一「去所(さるとこ)に親子あひがたにて、かごかきとせいをくるものあり」②ふたりで物を担ぐ時に、ふたりの肩が左右くいちがっていること。*和訓栞(1777-1862)「あひかた 旅途の駕輿丁のいふは対人也 飛騨のあたりには左右の肩両人ちがひたるをいふ」発音〈標ア〉[タ][0]

あい-がた【間形】(あひ:)『名』婦人用の下駄(げた)、足駄(あしだ)をいう。長さ六寸七、八分(約二〇センチメートル)で男物より小さい。*随筆・守貞漫稿(1837-53)二七「江戸婦女下駄足駄今世男子用と形同製、男子は十文と云て長七寸二三分の物也、幅不ㇾ定幅、女は間形は間形(アヒガタ)と云て六寸七八分の物を専とし又角下駄を用ふる者甚稀にあるのみ」

あい-がたき【合敵・相敵】(あひ:)『名』互いに敵と思う間柄。敵同士。*読本・本朝酔菩提全伝(1809)八下・一六「今おん身の独言を聞つるに、禁野にて雉と見ちがへ我父竹斎を打れしよし、あひ敵(ガタキ)とはいひながら、おん身はもとあやまちにてせられしこと」

アイ-がたこう【I形鋼】(:がたカウ)『名』形鋼(かたこう)の一つ。棒状の圧延鋼材で、その断面がI字形のもの。構造物鋼材に用いる。I字鉄。アイビーム。発音アイガタコー〈標ア〉[タ]

あいかた-もの【相方物】(あひかた:)『名』相手のある踊りで、二人が対等に踊るもの。主として歌舞伎舞踊でいう。発音〈標ア〉[0]

あい-かたら・う【相語】(あひかたらふ)『他ハ四』(「あい」は接頭語)①互いに語る。語り合う。面談する。*古今(905-914)雑体・一〇〇一「あしひきの 山した水の こがくれて たぎつこころを たれにかも あひかたらはん〈よみ人しらず〉」*今昔(1120頃か)四・一六「仏師の許(もと)に行て相ひ語らひて、仏を令書(かかし)む」*徒然草(1331頃)二四〇「年月のつらさをも、『分けこし葉山の』などもあひかたらはんこそ、尽きせぬ言の葉にてもあらめ」②親しく交わる。心を通わす。恋愛関係になる。*伊勢物語(10C前)一六「思ひわびて、ねむごろにあひかたらひける友だちのもとに」*大和(947-957頃)六九「忠文がみちのくにの将軍になりてくだりける時、それが息子(むすこ)なりける人を、監(げむ)の命婦しのびてあひかたらひけり」*源氏(1001-14頃)明石「入道はかの国の得意にて、年ごろあひかたらひ侍れど」*米沢本沙石集(1283)七・一〇「京の者にてありける念仏者に此女相語(アヒカタラヒ)て栖けるが」③(「かたらう」の改まった言い方)味方につける。仲間に引き入れる。*太平記(14C後)一一・越前牛原地頭自害事「去る程に平泉寺の衆徒、折を得て、〈略〉自国、他国の軍勢を相語(あヒカタラ)ひ、七千余騎を率して」発音[文]アイカタロー とも〈標ア〉[ア]=[ラ][ロ] 辞書名義・書言 表記吁(名) 相偶(書)

あい-がたり【間語】(あひ:)『名』能の中で、狂言方がその能に関係する故事などを語ること。間(あい)。*新しき用語の泉(1921)〈小林花眠〉「間語(アヒガタ)り 能楽で、あひの狂言師のする物語のこと」発音アイガタリ〈標ア〉[ガ]

あい-かた・る【相語】(あひ:)『他ラ五(四)』「あいかたらう(相語)」に同じ。*海道記(1223頃)鎌倉遊覧「互に心懐を演て暫く相語る」*家(1910-11)〈島崎藤村〉上・五「胸襟を披(ひら)いて相語るの折」発音〈標ア〉[ア] 辞書文明・易林 表記相語(文・易)

あい-がっ・す【相合】(あひ:)『自サ変』(「あい」は接頭語)二つ以上のものが集まって一つになる。互いに一致する。*文明論之概略(1875)〈福沢諭吉〉一・二「譬へば、英と蘇格蘭(スコットランド)と相合して一政府を共にしたるは」*花柳春話(1878-79)〈織田純一郎訳〉四六「其意の相合せざる抑々亦故ある哉」

あい-かど :あひ【合角・間角】『名』道が他の道にぶつかるところ。また、物と物とが接する、角のところ。＊湯島詣(1899)〈泉鏡花〉二二「合角(アヒカド)の花簪を内職にする表長屋との間に露地がある」＊出産(1908)〈徳田秋声〉「六畳と茶の室(ま)の間角(アヒカド)の柱に頸筋を持せて」

あい-かな・う あひかなふ【相叶・相適】『自ハ四』(「あい」は接頭語) ①(「かなう」の改まった言い方) あるものが他のものによくあてはまる。うまく適合する。適する。＊百座法談(1110)六月五日「須達長者祇薗精舎をつくりて仏にたてまつらむとして、堂立べき所をもとむるに、其地相ひかなへる所なし」＊海道記(1223頃)萱津より矢矧「路次の便詣なりと云ふ事なかれ。此機感の相叶ふ時也」＊風姿花伝(1400-02頃)五「上手は、目利かずの心にあひかなふ事難し」＊評判記・野郎虫(1660)竹中小太夫「ふるき詩に竹葉盃中消二日月一といへるに、よくあひかなひて」 ②互いに一致している。＊古道大意(1813)上「抑(そもそも)意と事と言(ことば)とは、皆相称(アヒカナ)って居るべきもので」 発音 文 アイ=カノーとも〈標ア〉ア=ナ(ノ) 辞書 名義・文明・明応・天正・饅頭・黒本・易林・日葡 表記 相叶(文・明・天・饅・黒・易) 相応(名)

あい-か・ぬ :あひ【相兼】『他ナ下二』(「あい」は接頭語。「かぬ」の改まった言い方) 二つ以上の働きをいっしょに備える。二つ以上の物事をいっしょに行なう。＊太平記(14C後)七・千剣破城軍事「楠は元来勇気智謀相兼たる者なりければ」＊寛永刊本蒙求抄(1529-34)一〇「潭は打見は三公に成りさうな人なれども、三公の才がないぞ賤は才望相かねたぞ」 辞書 文明 表記 相兼(文)

あい-がね :あひ【間金】『名』相場の高低によって、その間に生じる差額の金銭。相場の変動を利用して、さやをかせいだ金。＊浮世草子・日本新永代蔵(1713)二・四「一とせ金子高下のくるひにも、一度も損をせず、あたる所にて、思ひ入を合せ、しゅびよく間(アヒ)金をとって、人しらぬ金銀をまうけ」

あい-かべ :あひ【合壁】『名』壁一重を隔てて隣りあうこと。また、その壁。＊看聞御記-応永二九年(1422)一二月二〇日「欲帰之時、有二焼亡一、寺近所藤井湯屋辺云々、只一宇焼失、湯屋は無為也、小家共合壁無為、不思儀也」＊俳諧・瀬とり舟(1704)「合壁はとらぬ雛子の敵(かたき)猫」＊浮世草子・忠孝永代記(1704)五「御屋敷の合壁より出火ありし夜」

あい-かまいて あひかまひて【相構】『副』 発音〈標ア〉0 「あいかまえて(相構)」の変化した語。＊天草本平家(1592)四・一四「ショウシャウドノノ ヲカタニ イテ、aicamaite aicamaite (アイカマイテ アイカマイテ) ココロニ タガワズ、ミアヅカイ マウセト」＊四河入海(17C前)一・四「相かまいて、我れとつれて、安居して、〈略〉よく洒掃して、つかはれていよと云ぞ」

あい-かまえて あひかまへて【相構】『副』(「あい」は接頭語) ①用心して。心を配って。精神を集中して。あいかまいて。＊江談抄(1111頃)三「流泉啄木と云ふ曲は此目暗のみこそ伝へけれ相構て聞レ弾欲レ伝之処」＊今昔(1120頃か)一・三四「牛の思はく、『我返らむ時に、相構て供養し奉らむと』」＊毛利家文書-(天文一九年カ)(1550か)一〇月二三日・毛利元就書状(大日本古文書二・五七六)「相かまへて相かまへて、いかやうの事候共、御かんにん候はては曲あるましく候」 ②必ず。きっと。＊高山寺所蔵釈摩訶衍論々義草裏文書-(正治元年カ)(1199か)六月一八日・隆玄書状(鎌倉遺文二・一〇五八)「又来月御影供之比は、相構て参せはやと思給候」＊平松家本平家(13C前)一・義王「相構て念仏怠り給ふなと、互に心をいましめて」＊政基公旅引付-文亀二年(1502)正月二六日「只今奉行留守也、無人也、相構相構聊爾之沙汰不レ可レ存企一、奉行一人罷下て可二仰出一之由」＊咄本・軽口御前男(1703)かはきの病「相かまへて、かたがた孫子の末まで仁王の口へ紙うちこむな」 発音〈標ア〉ア=マ〈ア史〉江戸〇●=●〇〇〇と〇〇●〇〇〇の両様〈京ア〉カ 辞書 易林・日葡・書言・ヘボン 表記 相構(易・書) 相搆(ヘ)

あい-かまど :あひ【相竈】『名』方言 ❶同一の本家から出た分家と分家との間柄。相分家。秋田県鹿角郡132 ❷一軒の家に二世帯以上居住すること。新潟県佐渡352

あい-がみ :あひ【間紙】『名』①箔(はく)と箔との間にはさむ薄い美濃紙(みのがみ)。②皿、小鉢、重箱など食器類を重ねるとき、傷をつけないように間にはさむ紙。＊俳諧・俳諧新選(1773)冬「合ひ紙は古き暦や会津椀〈泰里〉」＊雑俳・川柳評万句合-天明二(1782)信一「合(あヒ)紙をなきなきよんでかたみわけ」 ③印刷物の間にはさんで、インクの汚れを防ぐ紙。あいし。 発音 アイガミ〈標ア〉0

あい-がみ :あゐ【藍紙】『名』①露草の花の汁を和紙にしみこませたもの。友禅模様の下絵を描くのに用いたり、絵の具としたり、古くは写経写本に用いたりした。うつしばな。紺紙(こんがみ)。青紙。青花紙。藍花紙。＊雑俳・口よせ草(1736)「しぼりこそすれしぼりこそすれ・藍紙が吝い御人の手にかかり」＊御国通辞(1790)光彩「あいがみ 藍紙 つゆくさがみ」＊滑稽本・浮世床(1813-23)二・下「彩色は丹(たん)に山梔(くちなし)に藍紙(アイガミ)などを用ゐて、どうさの無い障子へ画くから」＊文芸類纂(1878)〈榊原芳野編〉八「諸顔料〈略〉紫 鴨跡草花(アヰガミ)に臙脂を和して用ゐしが近来は舶来の紫粉を用ゐる」 ②藍染めの仙花紙。婦人の髷(まげ)飾りの型を作るのに用いる。藍花紙。 発音 アイガミ〈標ア〉0 辞書 言海 表記 藍紙(言)

あい-がめ :あゐ【藍瓶】『名』藍染めの藍汁を蓄え、藍染め作業をするかめ。紺屋(こうや)で用いる。あいつぼ。＊財政経済史料-二・経済・工業・衣服・寛文八年(1668)一二月二六日「関八州幷伊豆国紺屋藍瓶改御書付〈略〉其外藍瓶壱つに付壱…つ雖レ令二収納一来レ」＊土(1910)〈長塚節〉八「其の頃…アヰガメが七日からも経たねば沸ないやうな藍瓶(アヰガメ)…られたので」 発音 アイガメ〈標ア〉0 辞書 言海 表記 藍瓶(言)

あいがめ-やく あゐがめ【藍瓶…】『名』江戸時代、紺屋(こうや)および藍瓶を所持した…を行なう者に、瓶の個数に応じて賦課した…藍役。＊正宝事録-一四一〇・正徳四年(1…)…藍瓶役之事、一つに付鳥目弐百文宛…旨被仰付候所」＊地方凡例録(1794)…「紺屋関東共藍瓶の数へ掛て役銭を出すこと出之役とも云」

あいがめ-ゆかば あゐがめ【藍瓶床場】『名』紺屋(こうや)で、屋内に藍瓶を並べ、周りを土で…した場所。＊裁許留(江戸か)武州北浅羽村甚兵衛外多人数相手紺屋頭藍瓶役出入「寒気の時分は勿論冷気の節は藍色出兼候故、藍瓶を土間に並べ、辺を土にて塗、内室に致し置、九月より末は瓶間内室え不絶火気仕懸暖候に付、右を藍瓶床場と唱」

藍瓶

アイ-カメラ『名』(英 eye camera) 人の眼球の動きを連続的に記録する特殊カメラ。

あい-がも :あひ【間鴨・合鴨】『名』 発音〈標ア〉カ ①鳥の名。マガモとアヒルの雑種で、姿や羽の色などマガモと区別しにくい。関東地方の南部などで広く飼育され、食用とするほか、カモ猟のおとりに使われる。あひるがも。なきあひる。ささやきあひる。＊語彙(1871-84)「あひがも 俗 野鴨と鴨と交(つるみ)て生める子をいふ、又夏月食用にする鴨(あひる)をもいふ」 ②(鴨のない間に代用することから) 夏季食用とするアヒル。また、その肉。＊落語・お蕎麦の殿様(1894)〈禽語楼小さん〉「鴨南蛮も必ず本鴨は用ひては合はん所から相鴨(アヒガモ)を用ひます。即ち鶩(あひる)」 ③「あいさ(秋沙)」の異名。 発音 アイガモ〈標ア〉0〈京ア〉0 辞書 言海 表記 間鴨(言)

あい-かよ・う あひかよふ【相通】『自ワ五(ハ四)』(「あい」は接頭語) 物事が互いに通じ合う。互いに共通する点を持つ。＊私小説の二律背反(1951)〈平野謙〉「一見そのような自然主義の人間観とあいかようようにみえる」 発音〈標ア〉ア=0 ア

あい-かり :あゐ【藍刈】『名』染料にする藍の葉を開花前に刈り取ること。《季・夏》＊俳諧・滑稽雑談(1713)六月「藍刈(アヰカリ)〈略〉六月或は五月に刈を一番とし、秋月又二番、三番を刈て、是を秋に至て玉とす」

あいかわ あひかは【相川】新潟県佐渡島西部の地名。佐渡金山とともに盛衰。無名異焼(むみょういやき)の陶器は有名。 発音〈標ア〉ア

あいかわ あひかは【相川】姓氏の一つ。 発音〈標ア〉ア

あい-かわ あゐかは【藍革】『名』なめし革を藍色に染めたもの。甲冑の威毛(おどしげ)や弓小手等に用いる。甲冑の威では、黒革という。あいなめし。あおなめし。＊餝抄(1238頃)下「毛車〈略〉諒闇、普通之儀无二相違一、少々用二無文藍革青簾、浅木末濃下簾一」＊増鏡(1368-76頃)一〇・老のなみ「藤大納言為氏無文のふすべ革、其外色々の錦皮、あゐかは、藍白地、をのをのけぢめわかるべし」〈訳〉鹿の革、または藍色に染めた他の革」＊日葡辞書(1603-04)「Aicaua(アイカワ)」＊小笠原入道宗賢記(1609頃)「矢結の革の事〈略〉又略義にはあひふすへかわにてもする也」 辞書 日葡・書言 表記 …

あいかわ-いちもんじ あゐかは【藍革一文字】…染めた革の一片。特に畠山重忠の旗標(は…)…す。＊浄瑠璃・石橋山(1659頃)六「なん…ひとしければ、是をしるしにおせと…を給はりけり、重忠かしこまっ…したりけり」

あ… 【藍革威】『名』鎧(よろ…)…の革で威したことによ…三)虎門「藍革縅」…「平家」…「春は白糸の武具。 補注 室…

あいか…人形】…『名』民謡。…くから作…れた土製の…郷土玩具。…彩色を施し…て、竹ぐしに刺…ね、鬼など種類…イカワ=クビニン…

あいかわ-やき …川鉱山の土を原料に…や)器など日用粗陶製…みょういやき)。佐渡焼…

あいかわら-ず あひかはら…(変わることなくの意から) 以…おり。＊虎明本狂言・昆布柿(室町末…かはらずもって上る事は一段めでたい」…世風呂(1809-13)前・上「御隠居どうでごっすナ…イ)かはらず碁でござらう」＊浮雲(1887-89)〈二葉亭四迷〉二・七「相変らず立(りう)とした服飾(こしらへ)」

(1919)〈有島武郎〉後・三四「その間着（アヒギ）のよくお似合ひになる事」＊竹沢先生と云ふ人(1924–25)〈長与善郎〉竹沢先生とその兄弟・四「合（アヒ）着のコートの下の紐を」 方言 ❶綿入れのそでなし。胴着。富山県射水郡394 香川県男木島・女木島014 ❷仕事着。三重県名張市585 ❸仕事から帰って着る着物。埼玉県秩父郡054 ❹ふだん着。兵庫県加古郡664 ◇あいまぎ〔合間着〕 静岡県磐田郡546 岡山県真庭郡747 愛媛県周桑郡844 ◇あいだぎ 高知県862 発音 アイギ〈標ア〉ギ〈京ア〉0

あい-ぎ【愛妓】『名』かわいがっている芸妓、遊女。＊随筆・蘐園雑話(1751–72頃)「江戸白山の小屋に僦住するとき、愛妓をつれ来て同居す」＊当世書生気質(1885–86)〈坪内逍遥〉五「小町田（せうちゃうでん）に愛妓（アイギ）あり」＊白居易‐燕子楼詩序「徐州故張尚書有二愛妓一曰二盼盼一」 発音 アイギ〈標ア〉ア

あい-ぎ【愛戯】『名』愛撫や性交などの性的行為。＊抱擁(1973)〈瀬戸内晴美〉序「愛戯の後で、女は男の肩の窪みに頭をすっぽりと埋めこみ」 発音 アイギ〈標ア〉ア

あい-きお・う【相競】『自ハ四』（「あい」は接頭語）互いに競争し合う。＊万葉(8C後)九・一八〇一「古（いにしへ）の ますら壮士（をのこ）の 各競（あひきほひ） 妻問ひしけむ〈福麻呂歌集〉」

あい-ぎく【相聞】『名』手紙や歌の交換。文通。また、恋の歌。＊改正増補和英語林集成(1886)「Aigiku アヒギク 相聞」

あい-ぎこえ【相聞】『名』「万葉集」の歌の分類上の名称の一つである「相聞（そうもん）」の訓読。賀茂真淵が「万葉考」で唱えた。＊万葉考(1769–1835)二「相聞（アヒギコエ）、こは相思ふ心を互に告聞ゆれば、あひぎこえといふ。後の世の歌集に恋といふにひとし」

あい-ぎし【藍岸】『名』絹織物の一つ。藍色の岸縞（きしじま）。＊洒落本・箱まくら(1822)下「藍（アイ）ぎしの内着、うそよごれたるわた入」

あいき-じゅつ【合気術】『名』「あいきどう（合気道）」に同じ。 発音〈標ア〉キ

あいぎじょ【愛妓女】 雅楽曲名「あやぎり（綾切）」に同じ。 発音 アイギジョ〈標ア〉ギ

あい-ぎ・す【相議】『他サ変』（「あい」は接頭語）共に議論し、評定する。互いに相談し合う。＊今昔(1120頃か)三一・一「此の事を本宮の僧俗の神官（じんくゎん）等皆歎て相ひ議して」＊太平記(14C後)三六・頓宮心替事「左右の大臣相議（アヒギ）して云はく」＊西国立志編(1870–71)〈中村正直訳〉第一板序「この朋輩の少年、これ等を恐れず、相（あヒ）議し」 発音〈標ア〉ア 辞書 書言 表記 胥議（書）

あい-きつ【愛喫】『名』酒やタバコを好んでのむこと。＊読書放浪(1933)〈内田魯庵〉煙本「煙草が趣味として酒以上に愛喫されべき資質を持ってるのを証すべきである」 発音〈標ア〉0

あいき-どう【合気道】『名』古流柔術の一流派大東流柔術の流れをくむ武術で、当て身技（わざ）および関節技を主としたもの。合気術。 発音 アイキドー〈標ア〉キ

あい-きゃく【相客】『名』①同時に、同じ所に来合わせた客。同席の客。＊虎明本狂言・飛越（室町末‐近世初）「山一つあなたへ、今日すきにまいるが、あいきゃくは某次第と申てまいった」＊浮世草子・好色一代女(1686)一・四「相客（アヒキャク）の見る所にして、そそけし鬢（びん）を撫（なで）付てやりさまに」＊浄瑠璃・曾我扇八景(1711頃)中「工藤祐経を客人（まらうど）ざね、相客は昵近（じっきん）の旗本卅余人」＊ヰタ・セクスアリス(1909)〈森鷗外〉「相客は原口安斎といふ詩人だけで」 ②（宿屋などで）二人以上の客が、同室に泊まり合わせること。また、その客。＊浮世草子・御前義経記(1700)二・四「相客（アヒキャク）なきを幸に」＊滑稽本・東海道中膝栗毛(1802–09)四・下「おあいきゃくはおません。おとまりなされませ」 発音〈標ア〉0〈京ア〉0

アイ-キャッチャー『名』（英 eye-catcher ）広告、宣伝の用語。広告デザインなどで、見る人の目をまず引きつけるように工夫された絵や図柄。

あい-きゅう【哀求】『名』事情をうち明け、人の同情心に訴えて切に願うこと。哀願。＊大原三位宛吉田松陰書簡‐安政五年(1858)一〇月二一日「左候はば同志之士申合政府へ号哭哀求仕」＊思出の記(1900–01)〈徳富蘆花〉四・六「『其んなら何か食物を売って呉れないか、銭はあるが―』と僕は哀求した」＊欧米印象記(1910)〈中村春雨〉大陸旅行日記・一〇月二八日「三度約婚して三度破棄さる、余は人間の哀求（アイキウ）の声を心臓に打込まれたやうに感じ、心苦を抱いて眠った」 発音〈標ア〉キャ

あい-きゅう【哀泣】『名』悲しんで泣くこと。＊西洋聞見録(1869–71)〈村田文夫〉後・一「必しも街門に哀泣の声を聞き衢途に醜汚の状を見ず」＊広益熟字典(1874)〈湯浅忠良〉「哀泣 アイキウ ナキカナシム」＊後漢書‐竇武伝「俯仰蛣屈、若二哀泣之容一」 発音 アイキュー〈標ア〉0

あい-きゅう【相給・合給】『名』①中世、一か所の所領を複数の人に与えること。紛争の原因になったので室町幕府法では、先に下文をもらって権利を得た者が知行することとした。ただし、所領を後に寺社に寄進してしまった場合は、給人と寺社とで均分した。＊内閣文庫本建武以来追加‐観応三年(1352)九月一八日（中世法制史料集二・追加法五九）「一 恩賞合給地事。不レ謂二軍忠厚薄一、不レ択二給人貴賤一、任レ例可レ被レ賞二先日御下文一焉」＊内閣文庫本建武以来追加‐文和元年(1352)一〇月一五日（中世法制史料集二・追加法六二）「一 寺社人給相給事。〈略〉至二人給以後寄附之地一者、先日給人与二後日寺社一、可レ均二分之一」 ②近世、一村が二人以上の旗本や給人（大名の家臣）によって知行されること。また、その土地。この時代の給知は多く一村を単位として行なわれたが、知行割りの関係から一村を二人以上の士に分給する場合も少なくなかった。相知行（あいちぎょう）。分郷（ぶんごう）。＊御触書宝暦集成‐二二・宝暦七年(1757)一〇月「組付幷相給有之候者も一統書付差出候事に候間」

アイ-キュー【IQ】『名』（英 Intelligence Quotient の略）知能検査で得られた知能年齢を暦年齢で割り、それに一〇〇をかけたもの。知能の程度を示すとされる。知能指数。 発音〈標ア〉キュ〈京ア〉キュ

あい-ぎゅう【愛牛】『名』かわいがっている牛。＊闘牛(1949)〈井上靖〉「遂に手塩にかけた愛牛を して田村牛を屠（はふ）らせ」 発音 アイギュー〈標ア〉0

あい-ぎょ【哀御】『名』（「御」は尊敬の意を表わす）哀れに思われること。かわいそうだとおぼしめすこと。＊矢田地蔵縁起（矢田寺蔵）(14C前か)下「地蔵菩薩、地獄趣て月詣の志を哀御して」

あい-きょう【哀叫】『名』悲しげに泣き叫ぶこと。＊蔡琰‐悲憤詩「慕二我独得一レ帰、哀叫声摧裂」

あい-きょう【哀矜】『名』悲しんで哀れに思うこと。情けをかけること。哀憐。＊聖徳太子伝暦(917頃か)下・推古天皇二六年「生二於倭国之王家一、哀二矜百姓一、棟二梁三宝一」＊本朝文粋(1060頃)四・貞信公辞摂政准三宮等表〈大江朝綱〉「短辞既窮。寸誠未レ遂。起伏慙怖。必待二哀矜一」＊釈氏往来(12C後)一二月日「若垂二推挙一、忽蒙二哀矜一、疲駿、応レ遇二呉坂之廻顧一」＊古学先生文集(17C後頃)六・書斎私祝「哀矜惻怛諷導詳欵、而勿レ生二厭悪非笑之心一」＊書経‐呂刑「哀二矜庶戮之不辜一、報レ虐以レ威」 辞書 文明 表記 哀矜（文）

あい-きょう【哀響】『名』哀調を帯びた音や泣き声。悲しげな音色。＊六如庵詩鈔‐二編(1797)四・蟬歎「庭槐一蟬託二美陰一、飲レ風哀響似二玉琴一」＊陸機‐豪士賦序「欲レ隕之葉、無レ所レ仮二烈風一、将レ墜之泣、不レ足レ繁二哀響一也」

あい-きょう【愛経】 男女の性愛についてサンスクリットで書かれた書「カーマスートラ（Kāmasūtra）」のこと。 発音 アイキョー〈標ア〉0

あい-きょう【愛郷】『名』自分の故郷を愛すること。郷土をたいせつに思うこと。＊春酒屋漫筆(1891)〈坪内逍遥〉壱円紙幣の履歴ばなし・六「そも愛国の愛郷（アイキャウ）に於けるはとこたびは実物に比較して譬ばかり七つ八つ其の比べかた巧なりしが」＊読書放浪(1933)〈内田魯庵〉読書放浪・一〇「愛郷の精神とエキゾチックの興味から市史編纂に従ふ遙か以前から、長崎に関する凡ゆる文籍を博捜してゐたやうに聞いてゐる」 発音 アイキョー〈標ア〉0〈京ア〉0

あい-きょう【愛敬・愛嬌】 ㊀『名』（古くは「あいぎょう」）→「あいぎょう」の語誌）①「あいけい（愛敬）」に同じ。＊日葡辞書(1603–04)「Aiqiŏ（アイキャウ）。イツクシミ ウヤマウ〈訳〉内に愛情をもって敬う」 ②（形動）にこやかな、親しみやすいかわいらしさ。また、そういうかわいらしさのあるさま。あい。＊御伽草子・鉢かづき（室町末）「かほどにもの弱く、あひきゃう世にすぐれ、美しき人はいまだ見ず」＊咄本・醒睡笑(1628)二「わが女房は手きいて、世帯ようて、姿いつくしく、愛敬あり」＊浄瑠璃・嫗山姥(1712頃)四「みやげもらはふ嬉しいと、手をたたいて悦びし、あいきゃう有てすさまじき」＊滑稽本・浮世風呂(1809–13)三・上「ちっと権があるよ。あれで愛敬（アイケウ）がありゃア鬼に鉄棒（かなぼう）さ」＊落語・たぬき娘(1900)〈初代三遊亭円左〉「眼もとの愛敬（アイキャウ）な、口もとの甚小（じんじゃう）な、実に見とれるやうな婦人」 ③好ましさ、こっけいさ、ほほえましさなどを人に感じさせる要素やしぐさ。愛想。＊洒落本・吉原源氏六十帖評判(1737)「酒も少々成て遊びをこのみ給ふゆへあいきゃうある事いはんかたもなし」＊俳諧・眉斧日録(1752–56)一「歯をむき出して猿の愛敬」＊人情本・春色辰巳園(1833–35)後・七回下「当世の洒落家（しゃらくか）、予が非をかぞへて、梅暦の愛敬（アイキャウ）までうしなはせたまはんかと、おそれてここにわぶるものなり」＊当世書生気質(1885–86)〈坪内逍遥〉一「毎度ありがたうお静（しづか）にいらっしゃいましの、愛敬（アイキャウ）を背（そびら）にうけて」＊吾輩は猫である(1905–06)〈夏目漱石〉一〇「此位公然と矛盾をして平気で居られれば愛嬌になる」 ④商店などで、物を売るとき、分量をいくらか多くしたり、価格を安くしたりすること。また、売り物に添えるおまけ。＊滑稽本・浮世床(1813–23)二・下「『コウ青首が一羽残った。元直（もとね）に売るが買（かは）ねへか』〈略〉『サそこらに御ざいませんかナ。たった一羽うりたい。御愛敬（ゴアイキャウ）には三芝居役者声色（こわいろ）』」 ⑤男女間のこまやかな愛情、夫婦和合の意から、近世、婚礼に用いるものに冠する語。「愛敬鏑（かぶら）」「愛敬の守（まもり）」「愛敬の餅（もち）」など。 ⑥「あいきょうまゆ（愛敬眉）」の略。＊雑俳・川傍柳(1780–83)五「愛敬を二っつおとすおしいこと」 ㊁「あいきょういなり（愛敬稲荷）㊀」の略。＊洒落本・婦美車紫鹿(1774)九蓮品定・中品下生之部「市谷愛敬 此浄土大がい音羽に類す人がらは少（すこし）よき方」＊随筆・岡場遊廓考(1842頃)「愛敬稲荷〈略〉江戸巡礼に云、あいきゃうの君がゐくぼに氷かな」 補注 「きょう」に「嬌」の字を当てるようになったのは、㊀②③の意味の普及に対応したもの。 方言 接待役。島根県725 発音 アイキョー〈音史〉古くは『あいぎゃう』と濁音、やがて濁音形は滅びて現在に至る。〈なまり〉アイキョ〔鳥取〕〈標ア〉キョ〈京ア〉0 辞書 日葡・ヘボン・言海 表記 愛敬（へ・言）

あいきょう が こぼれる 顔つきや言動などにやさしさ、愛らしさ、こびるような表情などがあふれる。＊滑稽本・東海道中膝栗毛(1802–09)四・上「こちらの比丘尼がおれを見て、アレいっそにこにこと愛

敬（アイキャウ）がこぼれるよふだ」＊巡査（1902）〈国木田独歩〉「笑ふ時は其眼元に一種の愛嬌（アイケウ）がこぼれる」

あいきょうの守（まもり） ⇩親見出し

あいきょうの餅（もち・もちい） 結婚後、三日目の祝いの餅。これを新夫婦が食べるならわしがあった。はじめは白一色の餅であったが、のち紅白の餅を使うことがふつうになった。三日（みか）のもちい。あいきょうもち。→所顕（ところあらわし）。＊御伽草子・物くさ太郎（室町末）「ある時情ある人のもとあいきゃうのもちいを五つ、いかにひだるかるらんとて得させければ」＊書言字考節用集（1717）六「愛敬餅 アイキャウノモチ」 辞書書言 表記愛敬餅（書）

あいきょうを売（う）**る** 他人の注意を引くようにあいそのよい態度をとる。＊真景累ケ淵（1869頃）〈三遊亭円朝〉五六「何卒（どうぞ）、関取なら愛敬を売るお前だから厭でもあらうが、先の機嫌を直す様に」＊たけくらべ（1895–96）〈樋口一葉〉九「帳場格子のうちに此娘（このこ）を据へて愛敬（アイケウ）を売（ウ）らすれば」

あいきょうを呉（く）**れる** 歌舞伎で、演技中の俳優が、観客を特に喜ばせ、親近感を与えるようなせりふを言ったり、しぐさを見せたりする。＊戯場訓蒙図彙（1803）三「愛敬 立役女形、共に向ふより出て花道の中ほどに立とまりて、ぐっとにらむか、一つきめるか是非落間（おちま）の方に向ふ。是をあいけうをくれると云」

あいきょうをこぼす ①（「こぼす」は、すきまから外に表わし出すの意）あいきょうをふりまく。なまめかしい態度をとる。＊歌謡・田植草紙（16C中–後）晩哥二番「暇（なわて）を見よや袖を振るを見やれ、その暇にわあいきゃうこほすな 出て見やれあいきゃうこほす姿を」＊人情本・春色梅児誉美（1832–33）三・一五齣「ねむそふな皃（かほ）に完爾（にっこり）、愛敬（アイキャウ）をこぼせし水か薄氷」＊露団々（1889）〈幸田露伴〉一五「下らない奴等のより合ひに世辞を売ったり愛敬（アイキャウ）を翻（コボ）すにも当らないが」②（「こぼす」は、漏らし流す、流し去るの意）あいきょうを捨て去る。そっけなくする。愛想づかしをする。＊歌舞伎・菊模様法の燈籠（傾城玉菊）（1857）三幕「役目故とは言ひながら、さっきにあれほど愛敬（アイキャウ）こぼし、憎まれ口を利いたのに」＊歌舞伎・勧善懲悪覗機関（村井長庵）（1862）六幕「さう又そっちが色気もなく、愛嬌をこぼして言へば、こっちも邪慳に言はにゃあならぬ」

あいきょうを取（と）**る** 人気を得る。人の好感を得る。＊歌舞伎・貞操花鳥羽恋塚（1809）三立「なんぼ顔見世で、愛嬌（アイケウ）が取りたいといって、新参者の癖に、詮議のかかった二人の奴等を庇ひ立て」＊当世商人気質（1886）〈饗庭篁村〉三・三「東京詞（ことば）の弁を振ひ諸客の愛敬を取らんこと覚えの中に在り」

あいきょうを振（ふ）**りまく** だれにでも、愛想をよくする。周囲の人みんなに、明るくにこやかな態度をとる。＊当世商人気質（1886）〈饗庭篁村〉五・二「世事と愛敬をふりまいたうへ、炭は誠に問屋卸し並にて一日に十五銭も口銭あれば」＊思出の記（1900–01）〈徳富蘆花〉三・一二「慎太郎君にも宜敷（よろしく）など今から思へば暇乞の、何時になく行き渡った愛嬌をふりまいてあった」

あい-きょう【愛興】『名』 喜び感動すること。＊将門記（940頃か）「彼の介、愛興すること余りありて、東絹一疋を恵み賜ふて語りて云く」

あい-きょう【鰀鯽】『名』（「あいぎょう」とも）①子持ち鮎の卵以外の内臓を取り去り、五、六日塩につけたのち、水洗いし、乾燥させた食品。近世初期には肥後（熊本県）の名産とされた。子を持っていないのは塩鮎という。＊壒嚢鈔（1445–46）一「鰀鯉 アイキャフ」＊御湯殿上日記-明応六年（1497）八月二四日「たけたほうゐんあいきゃうまいらする」＊俳諧・毛吹草（1638）四「あいぎゃう 鮎の子籠を塩引にしたるを云」＊本朝食鑑（1697）七「鮎〈略〉鰀鯽（アイキャウ）〈略〉用₌塩鮎₋供₌賀儀之膳₋而祝仍名₌鰀鯽₋乎」②越年した鮎。鮎の年を経たもの。 語源説 (1)アイはアユ（鮎）の転か〔大言海〕。(2)アイ（愛）は君臣父子夫婦兄弟の慈愛の意であり、キョウ（郷）はキョウエン（饗宴）の義で、古く賀儀の膳（ぜん）に供したことから〔本朝食鑑〕。 辞書文明・饅頭・易林・書言 表記鰀鯉（文・饅・書） 鰀鯽（易・書）

あい-ぎょう【愛敬】『名』（室町頃より「あいきょう」とも。→あいきょう）①「あいけい（愛敬）」に同じ。＊今昔（1120頃か）一六・八「『此の女子に愛敬・富を令得（えしめ給へ』と祈り申ける程に」＊風姿花伝（1400–02頃）五「この芸とは、衆人（しゅにん）愛敬（アイギャウ）をもて、一座建立の寿福とせり」②（仏語の「愛敬の相」から）顔かたちが、にこやかでかわいらしいこと。愛らしく、優しい感じがすること。魅力があること。＊宇津保（970–999頃）楼上上「見奉り給へば、大将の児（ちご）なりし時かくやありけむと美しげにはづかしき顔の、ゑみ給はぬにあいぎゃういとにほひやかなり」＊枕（10C終）三七・木の花は「梨の花、よにすさまじきものにして、ちかうもてなさず。〈略〉あいぎゃうおくれたる人の顔などを見ては、たとひにいふも」＊源氏（1001–14頃）野分「あぢきなく、見奉るわが顔にもうつりくるやうに、あい行は匂ひちりて、またなくめづらしき人の御さまなり」③性格、言語、動作などがにこやかで優しく魅力的なこと。思いやりがあり、つつましいこと。＊源氏（1001–14頃）浮舟「殿の御かたちを、たぐひおはしまさじと見しかど、この御ありさまはいみじかりけり。うち乱れ給へるあい行よ」＊狭衣物語（1069–77頃か）一「かばかりあたりまで匂ひみちて、向ひたる人人は、物思ひ忘るる心地するあひ敬など、おもりかになし給て、いたう静まり」＊徒然草（1331頃）一「物うちいひたる、聞きにくからず、愛敬ありて、言葉おほからぬこそ、飽かず向はまほしけれ」＊日葡辞書（1603–04）「Aiguiŏ（アイギャウ）〈訳〉温情ある、愛情にみちた応対」④男女、特に夫婦間のこまやかな愛情。夫婦の和合。→あいぎょう（愛敬）の始め。⑤なまめかしさ。色っぽいさま。媚態（びたい）。＊梁塵秘抄（1179頃）二・四句神歌「何れか法輪へ参る道、内野通りの西の京、それ過ぎて、や、常盤林の彼方なる、あい行流れ来る大堰川」 補注 (1)「敬」を「行」と書かれた例も多く、仏語「愛楽（あいぎょう）」との関連も考えられ、「愛敬」「愛行」「愛楽」の敬、行、楽は単に形の上からつけ加えたもので、意味はもっぱら「愛」にあるという見方もある（小西甚一「梁塵秘抄考」）。(2)「黒本本節用集」に「有敬 アイギャウ」とある。 語誌 (1)漢語本来の意味は「敬愛すること」であるが、中古の仮名文では主に②③のように「愛らしい魅力のあること」の意で用いられた。(2)中世になって、清音形のアイキャウも用いられるようになるが、アイギャウと同じように「敬愛」を意味するとともに（→あいきょう①）、一方で、「あいきょう②」の挙例「御伽草子・鉢かづき」のように「愛らしさ」の意味も見られるところから、清濁両形の使い分けは明確に指摘しがたい。しかし、「日葡辞書」には両形ともに掲載されており、おおよその意味分担の傾向はあったのではないかとも考えられる。(3)近世には、アイキャウの語形が優勢になり、もっぱら「愛らしさ」の意味、また、そこから派生した意味で用いられるようになる。→「あいきょう」の補注。(4)漢文系の文章では、中世以来、漢音読みのアイケイの語形が行なわれ、「敬愛」の意味で用いることが多い。→「あいけい」の補注。 発音アイギョー〈音史〉室町頃、意義により清濁別形か。やがて濁音形は滅びて現在に至る。〈標ア〉ギョ〈京ア〉0 辞書文明・明応・天正・饅頭・黒本・易林・日葡・書言・言海 表記愛敬（文・明・天・饅・易・書・言）

あいぎょうこぼる 顔つき、姿、言動などに愛らしい魅力があふれる。たいへん愛らしく慕わしい。＊宇津保（970–999頃）楼上上「いとうれしとおぼして笑み給へる、いと花やかに見まほしう、あいぎゃうこぼるばかりにておはするを、いとうつくしと見奉り給ふ」＊源氏（1001–14頃）紅葉賀「女君、ありつる花の露にぬれたる心地して、そひふし給へるさま、美しう、らうたげなり。あい行こぼるるやうにて」＊宇治拾遺（1221頃）一一・一「堀河中将、直衣（なほし）すがたにて、かたちは光るやうなる人の、香はえもいはずかうばしくて、あいぎゃうこぼれにこぼれて」

あいぎょうの相（そう） 仏語。優しく、情け深い仏や菩薩（ぼさつ）のおだやかな相。＊極楽遊意（10C後か）「無量寿仏若干量身遍ㇾ躰相好。〈略〉智恵之相在₌眼色₋。愛敬之相在₌歯光₋」＊栄花（1028–92頃）玉のうてな「丈六の彌陀如来、〈略〉愛敬の相は歯の光にあり」

あいぎょうの始（はじ）**め** 新婚の祝いのことをほのめかしていうことば。新婚の夫婦和合のこと。新枕（にいまくら）。新手枕（にいたまくら）。＊源氏（1001–14頃）葵「げに、あいぎゃうのはじめは、日えりして、聞し召すべき事にこそ。さても、ねの子は、いくつか仕うまつらすべう侍らむ」

あい-ぎょう【愛楽】『名』（「楽」は願い求める意）①（「愛慕楽欲」の略）仏語。正しい物事、真実の教えなどを心から信じ、願い求めること。あいらく。＊栂尾明恵上人遺訓（1238）「上古、仏法を愛楽しけん人の心は、此の比（ごろ）名利に貪する人の如くこそありけめ」＊雑談集（1305）三・愚老述懐事「欣慕（ごんぼ）の心をすすめ、愛楽（アイゲフ）の志し深くして習ひぬれは」＊浄業和讃（995–1335）上・日中讃「一子の慈悲平等に、他の利益そねまず、法師のとがをあらはさず、深法空を愛楽し」＊南本涅槃経-一七「諸善中王。為₌甘露味₋。一切衆生之所₌愛楽₋」②物事を愛し、好むこと。親しみ愛すること。あいらく。＊霊異記（810–824）中・一九「心経を誦する音、甚だ微妙にして、諸の道俗の為に愛楽せらる」＊徒然草（1331頃）一三四「すべて、人に愛楽せられずして衆にまじはるは恥なり」 発音アイギョー〈標ア〉0

あいきょう-あばた【愛敬痘痕】『名』 天然痘のなおったあとのあばたは、ふつう醜いものであるが、それがあるために、かえってかわいらしさが増すように見える、薄いあばた。＊滑稽本・人間万事虚誕計-後（1833）「小皺はすくなし、いも顔でも愛敬（アイキャウ）あばたで、随分思ひ付のある方だ」 発音アイキョーアバタ〈標ア〉ア2

あいきょう-いなり【愛敬稲荷】 ㊀江戸時代中期、江戸市ケ谷教蔵院門前にあった私娼地。寛政の改革（一七八七～九三）の折に廃止された。あいきょう。＊談義本・風流志道軒伝（1763）三「暗きに迷ふ藪の下、通ふ足音高いなり、愛敬稲荷の狐より化（ばけ）ぞこなひの市兵衛町」＊随筆・岡場遊廓考（1842頃）「愛敬稲荷〈略〉今はなし 昼夜四つ切、昼六夜四」㊁江戸新吉原にあった稲荷社。 発音アイキョーイナリ〈標ア〉イ2

あいきょう-いも【愛敬痘痕】『名』「あいきょうあばた（愛敬痘痕）」に同じ。＊人情本・花筐（1841）初・四回「色白ければ深阿婆太は愛敬痢痕（アイケウイモ）の類にあらねば」

あいきょう-おとこ【愛敬男】『名』 あいきょうたっぷりな男。おもしろい言動やおせじなどで人にかわいがられる男。＊歌舞伎・伊勢平氏栄花暦（1782）三立（暫）「事も愚かやわれこそは、伊曾呂平馬と名に高き愛嬌男だわ」 発音アイキョーオトコ〈標ア〉オ

あいきょう-がお【愛敬顔】『名』 あいきょうのある顔つき。人に好感を持たれるように優しくし

た表情。＊人情本・糸柳(1841か)二・九回「莞爾(にっこり)笑ふ愛敬顔(アイキャウガホ)」＊桐畑(1920)〈里見弴〉天変地異・六「妻もうって変った愛嬌顔(アイケウガホ)になって問ひ返した」発音アイキョーガオ〈標ア〉0

あいきょう-かぶら【愛敬鏑】〘名〙近世、武士の家で、小笠原流の婚礼の儀式の時に飾った鏑矢。色つきの竹に、染羽と雉子(きじ)の引尾の羽をつけ、鏑には白鹿の角を用いる。

あいぎょう-がまし・い【愛敬―】〘形口〙文あいぎゃうがま・し〘形シク〙(「がましい」は接尾語) あいくるしく魅力的である。＊御伽草子・岩屋(室町末)「十四五ばかりなる姫君の、かみのかかり、くちつき、いづくもあいぎゃうがましきていの、かかやくほどのけしきなり」

あいきょう-ぐち【愛敬口】〘名〙人に親しみや好ましさ、かわいらしさなどを感じさせる言葉づかい。＊茶話(1915-30)〈薄田泣菫〉白髪「相手の顳顬(こめかみ)に白髪でも発見(めっけ)ると、にこにこもので愛嬌口(アイケウグチ)をきくが、然もないと、急に厭な顔をする」発音アイキョーグチ〈標ア〉キョ0

あいきょう-げ【愛敬毛】〘名〙(顔に、いちだんとかわいらしさを添えるところから) 女が、髪の毛を数本左右のびんやほおのあたりに垂らしたもの。あいきょうを添える、後れ毛。＊人情本・春情花の朧夜(1860頃か)二・九回「鬢にちらばる愛敬毛、うす紅の眼元の塩梅」＊春雨文庫(1876-82)〈松村春輔〉七回「莞爾(にっこり)こぼるる愛敬毛(アイケウゲ)を指もて一寸掻上げながら」＊当世書生気質(1885-86)〈坪内逍遙〉五「新橋形の島田髷、こぼれかかりし愛嬌毛(アイキャウゲ)は」

あいきょう-げ【愛敬気】〘名〙あいきょうのある様子。＊浮雲(1887-89)〈二葉亭四迷〉一・二「愛嬌気(アイケウゲ)といったら微塵(みぢん)もなし」＊大阪の宿(1925-26)〈水上滝太郎〉一・七「むっつりと愛嬌気(ゲ)の無い三田の口から」

あいきょう-げいじゅつ【愛敬芸術】〘名〙江戸時代、香具師(やし)が薬などを売る際、客寄せのために居合抜きや独楽(こま)回しなどの演技をして、客の人気を引いた大道芸。＊香具師一件(1861)(古事類苑・産業二六)「乍恐以書付御答奉申上候〈略〉十三香具と申職業は、諸製薬居付売弘候分、并口中一切療治致候入歯師、愛敬芸術を以、売薬仕候、居合抜独楽廻し之類」

あい-きょうげん【間狂言】〘名〙①能一曲を演ずる場合、狂言方が受け持つ部分。前シテの中入りの間に、狂言師が主題について説明する「語間(かたりあい=しゃべり間)」と、一曲の中で劇を構成する人物として一つの軽い役を受け持つ「あしらい間(あい)」とに大別される。あいのきょうげん。あい。＊わらんべ草(1660)五「惣(そう)じて、間狂言によらず、一番一番に、少づつにても習(ならい)なき事はなし」②人形浄瑠璃、歌舞伎などで、一つの演目中または二つの演目の中間に演ぜられる狂言、または喜劇的な寸劇。＊評判記・野良立役舞台大鏡(1687)服部次郎右衛門「京の中嶋みやこ伝内が座にて六郎右衛門殿と申てちんさいと相狂言(アイキャウケン)」発音アイキョーゲン〈標ア〉キョ〈京ア〉キョ

あいぎょう-さん【愛敬様】〘名〙長崎県の壱岐や対馬で、旧暦一〇月の亥(い)の子の日にまつる神。ヤナギの長いはしを供えるのが特色である。

あいきょう-しゃ【愛郷者】〘名〙自分の故郷を愛する者。＊思出の記(1900-01)〈徳富蘆花〉二・二「小さな愛郷者は、負けぬ気になって、〈略〉智識の底をはたいて争って見たが」発音アイキョーシャ〈標ア〉キョ

あいきょう-じゅく【愛郷塾】橘孝三郎が茨城県茨城郡常盤村に創立した私塾。農本主義思想、産業組合運動を展開していた橘が、子弟教育のために昭和六年(一九三一)に開いた。その後右翼的国家革新運動に傾き、五・一五事件(一九三二)には塾生を参加させた。正式名は自営的農村勤労学校愛郷塾。発音アイキョージュク〈標ア〉キョ

あいきょう-しょうばい【愛敬商売】〘名〙あいきょうをよくすることが繁盛につながるような商売。芸妓、芸人、妓楼、料理屋などの類。＊渋江抽斎(1916)〈森鷗外〉一一四「今所謂愛敬商売(アイキャウシャウバイ)の師匠となって見ると、自分の物馴れぬことの甚しさに気附かずにはゐられなかった」＊春泥(1928)〈久保田万太郎〉向島・一「手めえだって芸妓をしてゐるんぢゃアねえか。―うそにも愛嬌稼業(シャウバイ)をしてゐるんぢゃアねえか」発音アイキョーショーバイ〈標ア〉ショ

あいきょう-しん【愛郷心】〘名〙故郷を愛し思慕する心。＊春酒屋漫筆(1891)〈坪内逍遙〉壱円紙幣の履歴ばなし・六「愛国心といふは蓋し愛郷心(アイキャウシン)の団体の外ならずと説きかけられし時」＊筆まかせ(1884-92)〈正岡子規〉一・愛身、愛郷「愛郷心、愛国心とは妙なものにて道理もなきことなれど、能くも此日本といふ様な結構な国に生れたと思ふこと度々あり」発音アイキョーシン〈標ア〉キョ〈京ア〉1

あいきょう-ずもう【愛敬相撲】〘名〙あいきょうのある、すもう取り。好感の持てる力士。＊真景累ケ淵(1869頃)〈三遊亭円朝〉五七「場所中関取が出るから来てゐるのだが、本当に好い関取だなア、体格(からだ)が出来て愛敬相撲(アイキャウズマフ)だ」発音アイキョーズモー〈標ア〉ズ

あいきょう-づきあい【愛敬付合】〘名〙(世間の義理としての)通りいっぺんの交際。ひととおりのつきあい。儀礼的交際。＊浄瑠璃・博多小女郎波枕(1718)長者経「人にかすなかつをぶし、すりこぎ、すり鉢〈略〉めにこそ見へねかすたびに、へらずにもどるためしはなし、扨其外はあいきゃうつき合」発音アイキョーズキアイ〈標ア〉ズ

あいきょう-づ・く【愛敬付】〘自カ五(四)〙あいきょうがあるようになる。かわいらしくなってくる。＊合巻・修紫田舎源氏(1829-42)四「愛敬(アイキャウ)づきたる吾が顔を、己もよしと思へる様に、声を放ちて打笑ひ」＊黴(1911)〈徳田秋声〉六六「次の女の子が、少しづつ愛嬌づいて来るにつれて、上の子は母親に顧みられなくなった」発音アイキョーズク〈標ア〉ズ

あいぎょう-づ・く【愛敬付】〘自カ四〙(姿、顔かたち、声、性格などに) 魅力的な優しさが備わっている。かわいげなところがある。＊延喜十三年亭子院歌合(913)「右の歌を、帝のたまはせけるやう、『眼をするする、花を見けむぞ、あい行づいたるや』」＊枕(10C終)一二〇・正月に寺にこもりたるは「七つ八つばかりなる男児の、声あいぎゃうづき、おごりたる声にて、侍の男ども呼びつき、ものなどいひたる、いとをかし」＊源氏(1001-14頃)空蟬「頭つき額つき物あざやかに、まみ、口つき、いとあいぎゃうづき、はなやかなるかたちなり」＊仮名草子・尤双紙(1632)上・九「うるはしき物のしなじな〈略〉心うちつけてあいぎゃうづけるわかしゅおんな」発音アイギョーズク〈標ア〉ズ

あいきょう-つよ・し【愛敬強】〘連語〙非常にあいきょうがある。顔つき、態度などがとてもかわいらしい。＊談義本・根無草(1763-69)後・二「薪水(しんすい)子役より愛敬(アイケウ)つよく、若衆形にて大入を取り、僧俗男女心をうごかし」

あいぎょう-てぐるま【愛敬手車】〘名〙貴人の婚礼の時に用いる、車のついた輿(こし)。＊梁塵秘抄(1179頃)二・四句神歌「楠葉の御牧(みまき)の土器造り、土器は造れど娘の貌(かほ)ぞよき、あな美しやな。あれを三車(みくるま)の四車のあい行てぐるまに打ち載せて、受領の北の方と言はせばや」

あいきょう-とり【愛敬取】〘名〙他人から、かわいがられること、また、そのような人。あいきょうもの。＊歌舞伎・色一座梅椿(1812)序幕「あのお子は内方(うちかた)の娘で、大抵愛嬌(アイケウ)とりでござんすわいな」発音アイキョートリ〈標ア〉キョ

あいぎょう-な【愛敬無】(形容詞「あいぎょうなし」の語幹) 気にくわず、いやだと感じること。かわいげがないこと。憎らしいこと。感動表現に用いる。＊落窪(10C後)一「かかるままに、『あいぎゃうなの雨や』と腹だてば」＊枕(10C終)二六二・文ことばなめき「文ことばなめき人こそ「あな、にげな、あいぎゃうな。などかう、このことばはなめき」＊大鏡(12C前)三・師輔「追従ぶかきおいぎつねかな。あな愛敬な」

あいぎょうな-げ【愛敬無―】〘形動〙(形容詞「あいぎょうなし」の語幹に接尾語「げ」の付いた語) いかにもかわいげのない様子。＊源氏(1001-14頃)総角「なにかこれは世の人のいふめるおそろしき神ぞつき奉りたらむと歯はうちすきてあい行なげにいひなす女あり」

あいぎょう-なし【愛敬無】〘名〙態度などにかわいげのない人。無愛想な人。＊落窪(10C後)二「このあいぎゃうなしの出でぬさきに、疾く帰りなんと急ぎ給へど」

あいぎょう-な・し【愛敬無】〘形ク〙態度などにかわいげがない。無愛想だ。＊落窪(10C後)一「いとあいぎゃうなかりける心もたりけるものかな」＊源氏(1001-14頃)若菜上「さしもあるまじきことに、かどかどしくくせをつけ、あい行なく人をもて離るる心あるは、いと、うち解けがたく」＊狭衣物語(1069-77頃か)一「『一日も浪に』など、すさみ臥したるを聞くも、あい敬なくゆゆしうて」

あいきょう-の-まもり【愛敬守】〘名〙近世、小笠原流による貴人の婚礼の時、新婦が襟(えり)にかけて夫婦和合の印としたお守り。愛染明王の守護札を雌雄二つに作ったもの。幸いの守り。掛け守り。あいきょうまもり。＊浮世草子・好色二代男(1684)四・二「いづれ娌(よめ)取て人の懐子(ふところご)を乗物すぐに奥座敷にかき入て、愛輿(アヒキャウ)の守取かはすなど」＊黄表紙・世上洒落見絵図(1791)「あいきゃうのまもりやうんのまもりくらゐはまだな事と」

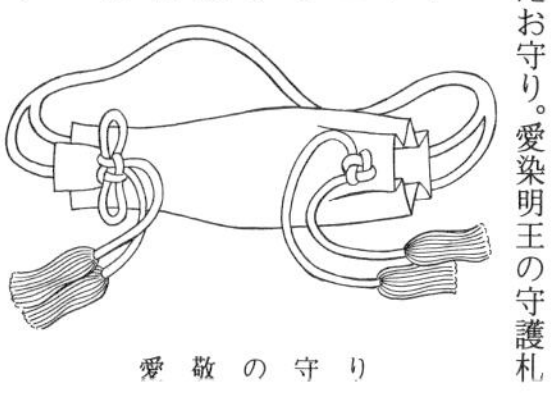

愛敬の守り

あいきょう-ば【愛敬歯】〘名〙①顔つきや表情に愛らしさを添える歯。八重歯など。＊恋慕ながし(1898)〈小栗風葉〉三〇「折節愛嬌歯(アイケウバ)も出して情らしう笑はぬでは無いが、昔のやうに媚倍(こびまさ)った片靨(かたゑくぼ)の痕は見られぬ」②特に女性がお歯黒をつけたあとで、上の二本の前歯だけお歯黒を落して白くすること。また、その歯。江戸時代、文化年間(一八〇四〜一八)頃流行した。＊滑稽本・四十八癖(1812-18)三「鉄漿(おはぐろ)をつけたあとで、上歯二枚をわざわざ磨きおとして、真白にしたるは、愛敬歯(アイキャウバ)とか号(なづ)けて、此連の流行なり」発音アイキョーバ〈標ア〉キョ

あいきょう-はんぶん【愛敬半分】〘名〙(形動) なかば人を喜ばせ、笑いを誘うようであるさま。＊竹沢先生と云ふ人(1924-25)〈長与善郎〉竹沢先生と赤い月・五「わざとこんな処で、こんな話を愛嬌半分に始める事に興味を持ってゐる彼は」発音アイキョーハンブン〈標ア〉八

あいきょう-び【愛敬日】〘名〙(英 days of grace の訳語) 手形の期限が切れた後、支払いを待っ

てやる日数。恩恵日。 *新しき用語の泉(1921)〈小林花眠〉「愛敬日(アイキョービ)」 発音アイキョービ〈標ア〉キョ

あいきょう-びな【愛敬雛】〘名〙優しい姿をした、ひな人形。 *随筆・空翠雑話(1858)上「我邦の雛祭なども昔は土雛なり、夫(それ)より愛敬雛になり、夫より今の内裏雛となる」

あいきょう-べに【愛敬紅】〘名〙(いちだんとあいきょうを添えるために)女性が、目じりや耳たぶなどにつける紅。演劇関係では、役者が耳たぶにつける紅のことをさす。 *戯場訓蒙図彙(1803)六「耳 あいけう紅(べニ)といふ」

あいぎょう-ほう【愛敬法】〘名〙仏語。敬愛、息災、増益、降伏などを求め、和合親睦を祈る秘法。その目的により本尊を異にする。愛染明王法はその一種。敬愛法。 *覚禅鈔(1213頃か)愛染明王・上「師修ニ愛敬法一。此法大日敬愛降伏相応也」

あいきょう-ぼくろ【愛敬黒子】〘名〙ほくろが顔にあるのはふつうきらうものであるが、それがあるために、かえってかわいらしさを添えるように見えるほくろ。 発音アイキョーボクロ〈標ア〉ボ

あいきょう-まもり【愛敬守】〘名〙①「あいきょうのまもり(愛敬守)」に同じ。②出世開運を招くお守り。福助の人形など。 *歌舞伎・四天王楓江戸粧(1804)三立「アイ、いま流行する深草焼の人形、この福助は身の出世と、愛敬守りのもてあそび」

あいきょう-まゆ【愛敬眉】〘名〙顔に、いちだんとあいきょうを添える眉。 発音アイキョーマユ〈標ア〉マ

あいきょう-み【愛敬味】〘名〙おかしさ、ほほえましさなどを人に感じさせるような様子。人に好かれるかわいらしさやおもしろみのあるさま。 *暗夜行路(1921-37)〈志賀直哉〉三・八「自分の場合幾分、愛嬌味(アイケウミ)のある反逆人だったが」 発音アイキョーミ〈標ア〉ミ キョ

あいきょう-むすめ【愛敬娘】〘名〙あいきょうがあって人に好かれる娘。 *雑俳・柳多留-一三(1778)「あいきゃう娘そこからも爰(ここ)からも」 発音アイキョームスメ〈標ア〉ム

あいきょう-もち【愛敬持】〘名〙あいきょうがあって人に好かれる性格を持っていること。また、その人。 *評判記・冬至梅宝暦評判記(1751-64頃)五「角力の日の出、路考どのにおとらぬひいきもち〈略〉まだ八橋どのといふ愛敬もちがある。是も二の代りに評しませふ」

あいきょう-もち【愛敬餅】〘名〙①「あいきょう(愛敬)の餅(もち)」に同じ。②砂糖餅に小さく割ったくるみを練りこみ、少量のしょうゆで味をつけた、長さ五センチメートルぐらいの拍子木の形をした生菓子。福島県飯坂の名物。 発音アイキョーモチ〈標ア〉キョ

あいきょう-もの【愛敬者】〘名〙あいきょうがあって、だれからでもかわいがられる人や動物。人をおもしろがらせるような言動によってかわいがられる者。 *諷誡京わらんべ(1886)〈坪内逍遙〉三「家令県居(あがたゐ)の一個女(ひとりむすめ)、其名をお道というふ愛嬌者(アイキャウモノ)」 *社会百面相(1902)〈内田魯庵〉電影・四「熊坂長範を気取ってつい枝を踏外して腰を抜かした愛嬌者もあった」 発音アイキョーモノ〈標ア〉0 ノ〈京ア〉0

あいきょう-らし・い【愛敬─】〘形口〙(「らしい」は接尾語)あいきょうがある。あいそがいい。かわいらしい。また、おもしろみがある。こっけいである。 *歌舞伎・幼稚子敵討(1753)三「ほんに、見れば見る程阿呆らしい、愛敬らしい野暮助様じゃわいな」 *滑稽本・東海道中膝栗毛(1802-09)五・上「『右側のむすめがうつくしいの』『かぎやの小ぢょくめらもあいきゃうらしい』」 *彼岸過迄(1912)〈夏目漱石〉松本の話・七「田口は愛嬌(アイケウ)らしく笑って」 発音アイキョーラシイ〈標ア〉シ〈京ア〉ラ

あいきょう-わらい【愛敬笑】〘名〙かわいらしさ、好ましさ、こっけいさなどを感じさせるようにちょっと浮かべる笑い。 *春酒屋漫筆(1891)〈坪内逍遙〉壱円紙幣の履歴ばなし・八「旦那も酔はれし歟わからぬ俳優の仮声(こわいろ)、女主人愛嬌笑(アイケウワラ)ひ黐(こぼ)し」 *青年(1910-11)〈森鷗外〉二三「夫人の朗かな笑声は忽ち絶えて、discret(ヂスクレエ)な愛敬笑(アイキャウワラヒ)が目に湛(たた)へられた」 発音アイキョーワライ〈標ア〉ワ

あい-ぎょく【愛玉】〘名〙他家の娘を呼ぶ敬称。令嬢。令愛。

あいぎょくし-いたび【愛玉子─】〘名〙クワ科のつる性常緑低木。台湾の高地に生える。葉は長卵形で長さ六〜一二センチメートル。果実は広楕円形で長さ五〜八センチメートルになり、黄褐色に熟す。果実の内部を乾燥したものを愛玉子と呼び、寒天状にかためて食用にする。かんてんいたび。学名は Ficus awkeotsang 発音アイギョクシイタビ〈標ア〉イ[2]

あい-きら【藍雲母】〘名〙藍地に雲母が散らしてあること。また、そのもの。 *洒落本・品川楊枝(1799)「ふすまはあいきらを引たうへえ狂哥のすりもの」

あい-ぎり【間切】〘名〙竹の節と節との間を切って作った笛。一節切(ひとよぎり)の類。 発音アイギリ〈標ア〉0

あい-きりう【間切生・間切斑】〘名〙矢羽の一種。上半部が黒く、下半部が切斑になっているもの。かえりふ。 *羽形図(1652頃か)「あひきりふ かへりふとも云」 *武家名目抄(19C中か)弓箭部・あひ切生「あひきりふ」 辞書言海 表記間切(言)

あいきりじょ【愛嗜女】「あやぎり(綾切)」に同じ。 *教訓抄(1233)五「綾切、面〈女形、白色牟子一説、鳥甲〉中曲、又愛嗜女(アイキリチョ)云〈高麗女名敷〉阿夜岐理(あやきり)云」

あいきり-のみ【間切鑿】〘名〙彫刻用ののみ。凸形の端の仕上げなどに用いる。

あい-きん【間金】〘名〙「あいぎん(合銀)①」に同じ。 *明六雑誌-二六号(1875)紙幣成行妄想録〈神田孝平〉「然れども人民の所有を強奪する訳にも至り難かる可ければ所詮多くの間金(アイキン)を与へて正金を迫(せ)り出さしむるより外あるまじ」

あい-ぎん【合銀・間銀】〘名〙①手数料。口銭(こうせん)。合銭(あいせん)。 *浮世草子・世間胸算用(1692)四・三「春のべの米を京の織物屋中間へ、毎年のくれに借入の肝煎(きもいり)して、此の間銀(アイギン)を取、定まって緩々(ゆるゆる)と節季を仕舞けるが」 *随筆・折たく柴の記(1716頃)下「此外、唐人、阿蘭陀人の置銀、つかひ銀、落銀、間金、役料などといふもの共に、惣計十一万両余の外は、ことごとく皆公に収めるべき法を定む」②二つの金額の差。時価と売価の差額。 *御触書弁承知印形帳-天保八年(1837)四月一日(大阪市史・四)「米価高直に付、間銀御下げ、直安に米屋より難渋之者え、五合以下之白米売渡相成御趣意難ν有存」

あい-ぎん【哀吟】〘名〙悲しげに鳴いたり、悲しげに詩歌を口ずさむこと。 *伊呂波字類抄(鎌倉)「哀吟」 *星巌集-丙集(1837)京甸集・秋夕書懐寄弟「蟋蟀在ν床秋已深、湧鳴ニ饑吻一学ニ哀吟一」 *魏志-管輅伝「過ニ毋丘倹墓下一、倚ν樹哀吟、精神不ν楽」 発音アイギン〈標ア〉0

あい-ぎん【愛吟】〘名〙詩歌を好んで口ずさむこと。また、その詩歌。 *黒い眼と茶色の目(1914)〈徳富蘆花〉三・二「其平生愛吟(アイギン)した讃美歌第十六番『神我城なり、我力なるぞ』」 発音アイギン〈標ア〉0〈京ア〉0

あい-きん・ず【相禁】〘他サ変〙(「あい」は接頭語)禁ずる。 *滑稽本・古朽木(1780)二「少々宛も物入に相掛申儀堅く相禁じ」

あい-ぎんみ【相吟味・合吟味】〘名〙①近世、原告と被告両者を立ち会わせて、係争の内容を詳しく調べること。 *政普集-乾(古事類苑・法律五八)「公事(くじ)合吟味取掛り候節之事」②互いに物事を正確に調べること。 *会社弁(1871)〈福地桜痴〉預り金会社取建の主意「会社の役人は支配人を初とし、下役に至る迄、人物僙(たしか)なる者を撰挙し、相吟味の法を設け」

あい-く【哀苦】〘名〙悲しみと苦しみ。 *良人の自白(1904-06)〈木下尚江〉前・一〇・四「夢の世界に暫ばし我世の哀苦を逃て居るらしい」 *呉志-華覈伝「哀苦之余民耳」

あい-く【愛狗】〘名〙かわいがっている犬。愛犬。 *西国立志編(1870-71)〈中村正直訳〉四・一七「その愛狗は、排列せる書籍の外に守候せり」

あい-く【穢衢】〘名〙汚い町。 *修養録(1899)〈松村介石〉脩養三段「宇内八億幾千人、多くは皆陋巷穢衢の住者のみ」

あい-ぐい【間食】〘名〙方言間食。富山県東礪波郡402 滋賀県湖南583 三重県583 兵庫県播磨583 加古郡664 ◇あいさぐい 栃木県安蘇郡・下都賀郡198 富山県砺波398 ◇あいまぐい〔合間食〕岩手県気仙郡101 新潟県佐渡352 中頸城郡382 福井県敦賀郡443 岐阜県郡上郡504 静岡県志太郡535 三重県伊勢583 岡山市054 広島県高田郡779 愛媛県840 845 846 ◇あいまぐち〔合間口〕広島県比婆郡774

あいく-おう【阿育王】「アショカおう(─王)」に同じ。 発音アイクオー〈標ア〉オ

あいくおう-ざん【阿育王山】中国・浙江省寧波にある山。西晉武帝のとき劉薩訶が古塔を発見して寺院を建て、禅宗五山の第五となる。育王山。 発音アイクオーザン〈標ア〉オ

あい-くぎ【間釘・合釘】〘名〙①両端がとがったくぎ。板と板を継ぎ合わせるのに用いる。 *俳諧・口真似草(1656)四・冬氷「箱樋のあい釘となるつらら哉〈昌次〉」 *浮世草子・好色五人女(1686)二・一「湧水(わきみづ)近く根輪(ねがわ)の時、むかしの合釘(アヒクギ)はなれて、つぶれければ」 *工学字彙(1886)〈野村龍太郎〉「Dowel 両尖釘(アヒクギ)」②物事のつぎ目をたとえていう。 *俳諧・小町踊(1665)夏「春夏のあひ釘となるうつ木かな〈正重〉」 発音アイクギ〈標ア〉0〈ア〉イ 辞書〈ボン・言海〉 表記合釘(へ) 間釘(言)

あい-くさび【相轄】〘名〙柱に貫(ぬき)を通す時などに、それを締めるために両方から打ちこむくさび。 *俳諧・六日飛脚(1679)「かり屋立して草のうら枯〈友雪〉 相轄(あひクサビ)鶉の声をうちあはせ〈遠舟〉」

あい-くさめ【相嚔】〘名〙人がそしるのに合わせて出るくしゃみ。 *俳諧・千代見草(1692)「気掛りを酒に忘れよ相くさめ」

あい-くす〘名〙(「あいくち」の変化したものか)あいくちその他刃物一般をいう、盗人仲間の隠語。〔隠語輯覧(1915)〕

あい-ぐ・す【相具】(「あい」は接頭語)㊀〘他サ変〙①いっしょに引き連れる。伴う。 *今昔(1120頃か)三一・九「我を倡(いざなひ)て相具て、何(いづ)くとも不思(おぼえ)ぬ所に行しに」 *増鏡(1368-76頃)一五・むら時雨「かしこへつは物どもを召して、山の衆徒をもあひぐし、君の御かためとせらるべしと定めれければ」 *日葡辞書(1603-04)「Aiguxi, suru, ita (アイグスル)〈訳〉人を伴う。または連れ立つ」 *浄瑠璃・平家女護島(1719)一「渡殿(わたどの)に足音して、能登の守教経、わっぱの菊王相具し、つっと入」②維持する。持ち伝える。 *五音(1434頃)上「当流に、亡父の一流を相具して、此道を記て以(もって)、三道をつたへ、芸能を、習道して」 ㊁〘自サ変〙夫婦になる。連れ

添う。＊今鏡(1170)四・伏見の雪のあした「その御母は贈二位讃岐守俊遠とあひぐし給へりければ」＊平家(13C前)四・若宮出家「この中納言は、女院の御めのと子、宰相殿と申す女房にあひぐして」＊浄瑠璃・平家女護島(1719)三「もと某(それがし)は源氏重恩の侍、殊に相具し候女房は、先年離別の後に相果て」 補注 ㊁の意では「平家-一・少将乞請」の「相具しさせて候ものが、此ほどなやむ事の候なるが」のように上二段の例も見られる。 発音〈標ア〉ア 辞書文明・日葡 表記相具(文)

あい-ぐすり あひ:【合薬】〘名〙飲む人の体質、病状などに適合して、よくきく薬。適薬。＊森藤左衛門本狂言・麻生(室町末-近世初)「いかにあひぐすりぢゃと言うてもちとむさいことぢゃよ」＊滑稽本・浮世風呂(1809-13)二・上「ハイ、私にも合(ア)ひ薬(グスリ)でございますが」＊多情多恨(1896)〈尾崎紅葉〉後・一「那(あ)あ云ふ病気には又別に結構な適薬(アヒグスリ)が有るのさ」 発音アイグスリ〈標ア〉グ 辞書ヘボン 表記合薬(へ)

あいぐすり-ざ あひぐすり:【合薬座】〘名〙(「合薬」は硝酸カリウムのこと)幕末に火薬類の統制を強化する目的で幕府の特設したもの。＊禁令考-前集・第三・巻二七・安政三年(1856)一二月二九日「合薬座御取建に付御書付〈略〉此度合薬座御取建、講武所附可被仰付候に付」

あい-くせ あひ:【相癖】〘名〙妻が妊娠してつわりのとき、夫も同様の状態になることを、東北地方の一部でいう。夫のつわり。

あい-くせまい あひくせまひ【相曲舞】〘名〙同じ曲舞を二人でいっしょに舞うこと。＊大観本謡曲・祇王(室町末)「仰せに随ひ立ち上り、まづ悦びの和歌の声。いで祇王御前同じくは、相曲舞に立ち給へ」 発音〈標ア〉セ

あい-くち あひ:【合口】〘名〙①話が互いによく合うこと。また、そのような間柄や、間柄の者。＊日葡辞書(1603-04)「Ai cuchi(アイクチ)〈訳〉他人の気に入ること。自分に一致すること。ペドロト ジョアンワ aicuchi(アイクチ)デ ゴザル」＊虎寛本狂言・千鳥(室町末-近世初)「又汝は、酒やの亭主と相口じゃといふに依て、おもしろをかしう云て一樽取て来い」＊俳諧・犬子集(1633)一五・雑下「あい口ばかりよりあひの中 いかにしてつばわき指のなきやらん〈一正〉」＊初すがた(1900)〈小杉天外〉一三「幼な馴染(なじみ)って云ふ訳でもないけれどもね、誠に合口(アヒクチ)でしてねえ」②物と物と相合うところ。物と物との接合部分。あわせめ。＊日葡辞書(1603-04)「Aicuchi(アイクチ)〈訳〉おけや入れ物の、合わせたとき密着するふたなどのある部分」＊随筆・耳嚢(1784-1814)五・水戸の医師異人に逢ふ事「箱はふた・みとも別条なけれど、合口の透より火気入候様子にて、箱の内の奇書は焼失けると也」＊寄合ばなし(1874)〈榊原伊祐〉初・上「一本の柱にも疵つけぬやう、しっくりとあひ口(クチ)をあはせて、ゆがみひづみのないやうにせい」③鍔(つば)のない短刀。匕首(ひしゅ)。懐刀(ふところがたな)。九寸五分(くすんごぶ)。＊三議一統大双紙(15C前)法量門「人前ならず御風呂行水などの時ならば、御帯を取、左の方にあいくちのあたる程に持」＊浄瑠璃・大経師昔暦(1715)下「見苦しいお侍。あひ口一本ささぬ町人手向ひはいたさぬ」＊随筆・常山紀談(1739)二三・番大膳二条城へ使に参る事「懐(ふところ)より九寸ばかりの匕首(アヒクチ)の氷のごとく見ゆるを抜出し」④近世、白鮫(しらざめ)などで作った、柄の縁と鞘(さや)の鯉口(こいぐち)とのところに描いた紋所などが、互いに合うように作った短刀。＊刀剣記-上(古事類苑・兵事三〇)「一、合口とて柄を巻ず、鍔無ㇾ之、縁と鯉口にて紋所等合候様拵候者、古より有ㇾ之哉。答、目貫紋幷縁と鞘口に紋を付候事、古製に候、柄は巻ず、白鮫を用ゆ宜敷候」⑤「あいば(合端)①」に同じ。 方言❶気が合うこと。話が合うこと。新潟県佐渡352 岡山県苫田郡749 香川県伊吹島829 ❷友人。香川県大川郡829 語源説(③について)(1)鞘(さや)と柄(つか)の口の部分が合う意から〔和訓栞・大言海〕。(2)貞観儀式大嘗会の用物である小阿為(こあい)刀子卅柄からか〔卯花園漫録〕。 発音〈標ア〉①②はイ0 ③④は0イ〈京ア〉①②は0 ③④はイ 辞書文明・日葡・書言・ヘボン・言海 表記相口(文)刺刀(書)匕首(へ)合口(言)

あいくち の=友(とも)[=友(とも)だち] 互いに話のよく合う友達。気の合う友達。あいくち。＊評判記・吉原こまざらい(1661-73)銀屋「ひごろのあいくちの友たちありけるをたのみとして」＊俳諧・西鶴大矢数(1681)第一二「料理鍋には相口の友 昼過てまづ夕食をとくせなん」＊浮世草子・好色産毛(1695頃)二・五「枕さびしく見し、相口の友の足をと、尋来るかなと聞居たるに」

あい-くち あひ:【齶脣】〘名〙くちびるが開いて、歯が現われること。また、そういう癖のあること。＊十巻本和名抄(934頃)二「齶脣 説文云齶〈牛善反 文選云齶脣 師説阿以久知〉口張歯見也」＊色葉字類抄(1177-81)「齶脣 アイクチ」 補注「二十巻本和名抄-三」などには「阿比久知」とあるが、「箋注和名抄」では「蓋開ㇾ口之義、作二阿比一恐非」としてアキクチの音便と考えている。 辞書和名・色葉 表記齶脣(和・色)

あいぐち〘名〙足を組み合わせて座ること。あぐら。＊物類称呼(1775)五「ゆるやかに坐する事を〈略〉加賀にて、あいぐちかくと云」 方言新潟県050 383 385 富山県砺波050

あい-くちあ・う あひくちあふ【相口会】〘自ハ四〙いっしょに口を合わせて言う。転じて、意見が一致する。＊延喜式(927)祝詞・御門祭(出雲板訓)「天(あめ)のまがつひと云ふ神の言はむ悪事(まがこと)に〈略〉相まじこり、相口会(アヒクチアヒ)賜ふ事無く」 補注「延喜式・祝詞-道饗祭(出雲板訓)」では「相口会」を「アヒカタラフ」と訓じている。

あいくち-こしらえ あひくちこしらへ【合口拵】〘名〙合口様式の短刀。日常帯用のもの。腰刀。

あいくち-つば あひくち:【合口鍔】〘名〙合口につける小さなつば。食出鍔(はみだしつば)。＊万金産業袋(1732)二「あい口鍔、同じ鍔に少し品あり。とかくまづ小鍔を用ゆ」

あい-くつろぎ あひ:【相寛】〘名〙いっしょに休息すること。＊虎寛本狂言・文山立(室町末-近世初)「『先其手を取れ』『先わ御料から取らしめ』『其儀成らば、相くつろぎに致う』」

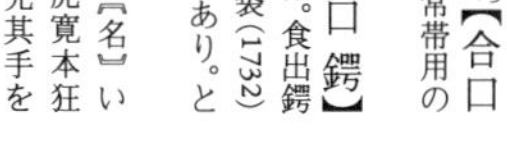
合口拵え

あい-ぐま あゐ:【藍隈】〘名〙①「あおぐま(青隈)」に同じ。＊滑稽本・浮世風呂(1809-13)四・上「額の汗を下手に拭(ふく)と、色男の面が藍隈(アイグマ)になる」＊続春夏秋冬(1906-07)〈河東碧梧桐選〉夏「藍ぐまの月の涼しき団扇かな〈師竹〉」②(その背腹の色彩が似ているところから)魚「かつお(鰹)」の異称。＊雑俳・柳多留-四四(1808)「あいぐまのしばらく受は鯛ひらめ」

あい-ぐみ あひ:【相組】〘名〙同類。仲間。＊和英語林集成(再版)(1872)「Aigumi アイグミ 同伍」 辞書ヘボン 表記同伍(へ)

あい-ぐやみ あひ:【相悔】〘名〙死者の出た家同士が会葬せず、手伝いなどにも行かぬこと。あいとむらい。

あい-くら あひ:【合鞍】〘名〙(「あいぐら」とも)一つの鞍にいっしょに乗ること。馬などにいっしょに乗ること。＊読本・南総里見八犬伝(1814-42)五・四八回「合鞍(アヒクラ)にして二がたを乗して還りし事の趣、告るに暇なかりしかば」＊西洋道中膝栗毛(1870-76)〈仮名垣魯文〉一〇・下「一匹の駱駝(らくだ)をやとひて合鞍(アヒグラ)に三人等しく打乗りて」

アイ-グラス〘名〙(アイは属名の ラテン Aira グラスは 英 grass から)植物「ぬかすすき(糠薄)」の異名。＊日本植物名彙(1884)〈松村任三〉「アイグラス コゴメススキ ヌカススキ」

あい-くるし・い【愛─】〘形口〙文あいくる・し〘形シク〙子供などがたいへんにかわいらしい。非常にあいきょうがある。あいくろしい。＊滑稽本・玉櫛笥(1826)「随分浄瑠璃も功者に語りますよ。第一誰にでもあいくるしうござりますから」＊当世書生気質(1885-86)〈坪内逍遙〉四「容顔(かほだち)といひ目鼻といひ、愛(アイ)くるしきこと限なければ」 発音アイクルシイ〈標ア〉シ〈京ア〉ル 文『あいくるし』〈標ア〉ル〈京ア〉ル

あいくるし-げ【愛─】〘形動〙(形容詞「あいくるしい」の語幹に接尾語「げ」の付いたもの)非常にかわいらしい様子。＊医師高間房一氏(1941)〈田畑修一郎〉四・二「病後の面変りも手つだって、その円っこい縮かんだ輪郭が何かしら小さく、愛くるしげに見えた」 発音アイクルシゲ〈標ア〉シ

あいくるし-さ【愛─】〘名〙(形容詞「あいくるしい」の語幹に接尾語「さ」の付いたもの)非常にかわいらしいこと。また、その度合。＊化銀杏(1896)〈泉鏡花〉九「莞爾(にっこり)と笑ふ。其また愛(アイ)くるしさっちゃあない」＊三月変(1929)〈岡田三郎〉「くるっとした眼にも愛(アイ)くるしさがあった」 発音〈標ア〉ル〈京ア〉0

あい-ぐるま あひ:【間車】〘名〙「あそびぐるま(遊車)②」に同じ。

あい-くろし・い【愛─】〘形口〙文あいくろ・し〘形シク〙(「くろしい」は接尾語)「あいくるしい」に同じ。＊雑俳・享保中折句集(1716-36)「あいくろし化粧も薄ふはでならず」＊咄本・かたいはなし(1789)国家老「コリャ、若を伴へヨ、この程は日に増して愛(アイ)くろしい。サアあやして見い」

あいくろし-げ【愛─】〘形動〙(形容詞「あいくろしい」の語幹に接尾語「げ」の付いたもの)「あいくるしげ」に同じ。＊浄瑠璃・用明天皇職人鑑(1705)二「頬む詞のひっぱなし、あいくろしげにほのめかし、ないていふさへ恋らしし」

あいくろし-さ【愛─】〘名〙(形容詞「あいくろしい」の語幹に接尾語「さ」の付いたもの)「あいくるしさ」に同じ。＊洒落本・淫女皮肉論(1778)新駅の朧月「風ぞくきりゃうたおやかに、ことば少なの愛くろしさ」

あい-くろろ あひ:【合枢】〘名〙「あいせん(合栓)」に同じ。

あいぐん-じょうやく :デウヤク【愛琿条約】一八五八年中国黒龍江岸のアイグンで、ロシアと清国との間で結ばれた条約。ロシアは清国に対して、黒龍江以北の清国領土を割譲させ、沿海州の露清共同管理を認めさせた。 発音アイグンジョーヤク〈標ア〉ジョ

あい-げ【哀雅】〘名〙(「げ」は「雅」の呉音)仏語。声が哀れでゆかしいこと。＊浄業和讃(995-1335)下・八相讃「一期(ご)の化導このときに、機縁すでにきはまりぬ。八音(はっとん)哀雅ののりのこゑ聴聞けふをかぎりとす」＊観無量寿経「其光化為二百宝色鳥一和鳴哀雅」

あい-けい【愛兄】〘名〙敬愛する男性をいう語。また、キリスト教教会で、同信の男性をいう語。改まった文章中で用いる。＊黒い眼と茶色の目(1914)〈徳富蘆花〉EPILOGUE・二「独憾むらくは愛兄(アイケイ)が此中にあらざることなり、同級全体之を惜めり」 発音アイケイ〈標ア〉0

あい-けい【愛恵】〘名〙いつくしみ恵むこと。心から、いたわりかわいがること。＊布令必用新撰字引(1869)〈松田成己〉「愛恵 アイケイ カワユガル」＊暴夜物語(1875)〈永峰秀樹訳〉後翁並二犬の伝「是迄二弟を愛恵したる事共を語りければ」＊郵便報知新聞-明治九年(1876)一一月一三日「亦斉(ひと)しく天帝の愛恵を

受くる者何の故あってか霊性を具せずと為す」＊韓非子‐姦劫弑臣「行二愛恵一而欲二覇王之功一、亦不レ可レ幾也」

あい‐けい【愛敬】『名』親しみうやまうこと。たいせつにしてうやまうこと。敬愛。＊文明本節用集（室町中）「生則事レ之以二愛敬（アイケイ）一」＊春鑑抄（1629）仁「慈愛とは、慈悲にして愛敬（アイケイ）ありて、人をあはれむを云ぞ」＊随筆・雲萍雑志（1843）四「親子に慇孝をたもち、兄弟愛敬をいだき、夫婦柔和とゝのひ」＊花柳春話（1878‐79）〈織田純一郎訳〉二四「広量大度、且つ学術の長するを以て大に之を愛敬す」＊孝経‐天子「愛敬尽二於事一レ親、而徳教加二於百姓一」 補注「愛敬」は古く、「あいきょう」あるいは「あいぎょう」と読み、漢籍から影響を受けた「あいけい」は新しいと考えられる。 発音アイケイ〈標ア〉⓪ 辞書文明 表記愛敬（文）

あい‐げだん【相下段】『名』剣道で、双方がともに下段に構えること。 発音〈標ア〉ゲ

あい‐けつ【愛結】『名』煩悩を九つに分けた九結の一つ。ものをむさぼり、ものに執着する煩悩。＊私聚百因縁集（1257）二・五「愛結（アイケツ）貪瞋（とんじん）昨日は迷ひに、苦空無常は今日の悟り」＊大集経‐三「諸見因縁増二愛結一」

あいけ‐ねずみ【藍気鼠】『名』「あいねずみ（藍鼠）」に同じ。＊染物早指南（1853）「藍気鼠 灰墨（はいずみ）少々、唐藍同断、明礬水、豆汁」＊多情多恨（1896）〈尾崎紅葉〉前・三・一「黒綾のモーニングに藍気鼠の綾の窄袴（ヅボン）」＊婦系図（1907）〈泉鏡花〉前・三八「藍気鼠（アヰケネズミ）の半襟」 辞書言海 表記藍気鼠（言）

あい‐けん【哀見】『名』感心して見ること。見て感動すること。＊拾玉得花（1428）「当道の感用は、諸人見風の哀見（アイケン）を以て道とす。〈略〉これのみ面白しと哀見（アイケン）するは、中子（ちゅうし）・下子（かし）等の目位（もくい）也」

あい‐けん【相見・合拳】『名』（互いに承知の上の意か。一説に、②の「合拳」からとも）①合意の上でのこと。㋑合意。同意。＊浄瑠璃・艶狩剣本地（1714）三「それにお主のじひ心、奥様のあひけんにて、お袖の下より金戴き、夫婦づれでお家を走」＊洒落本・箱まくら（1822）中「あとにて花車（くゎしゃ）に相（アイ）けんさすつもり」㋺なれあい。ぐる。共謀。また、共謀者。＊浄瑠璃・悦賀楽平太（1692頃）五「大事の姫君をあづかり奉り知らぬといふが本意成か、をのれあひけんにて奪はせたるにまぎれなし」＊浄瑠璃・替唱歌糸の時雨（1782）上・奥「相盗（アヒケン）があって交し居ったに極った、何方へ迯（にが）した」②（合拳）拳（けん）で両方が同じ手を出すこと。また、あらかじめ第一の手を決めておいて、それを出してから勝負にはいる、その約束の手。 方言❶じゃんけん。石拳。神奈川県高座郡・足柄下郡314 福井県427 岐阜県飛驒502 香川県香川郡830 長崎県南高来郡905 ❷病人を二人の医師が立ち会って診ること。高知県長岡郡869

あい‐けん【愛犬】『名』①かわいがっている犬。＊読本・南総里見八犬伝（1814‐42）一・八回「主君の愛犬なるをもて、等閑（なほざり）ならずとりはやしつ」＊カーライル博物館（1905）〈夏目漱石〉「五尺余の地下にはカーライルの愛犬（アイケン）ニロが葬むられて居ります」②犬をかわいがること。「愛犬家」などのように下に体言を伴って用いる。 発音〈標ア〉⓪ 〈京ア〉⓪

あい‐けん【愛見】『名』仏語。①愛と見。愛は情意的なとらわれで、愛着の心。見は理知的なとらわれで、間違った見解。＊米沢本沙石集（1283）一〇末・一一「広（ひろく）貪淫（とんいん）を行じて、善知識として、諸の衆生をして、愛見（アイケン）の坑（あな）に落し、菩提の道を失せん」②執着の心で起こすいつくしみ、いとおしむ心。＊勝鬘経義疏（611）十大受章「無愛染心者、謂不レ以二愛見悲一」＊仮名草子・夫婦宗論物語（1644‐46頃）「夫（それ）法花経の註にいはく、恩愛あひけんの涙は四大海より深しといへども」＊十善法語（1775）八「もし度すべき衆生をみば、この人愛見に属す」

あい‐げん【愛言】『名』やさしいことば。愛語。＊和泉往来（平安末）四月「声如二頻伽一、吻吐二愛言（アイケン）一」

あい‐げん【愛眼】『名』仏語。仏の慈悲の眼。＊八十華厳経‐二五「大慈大悲、愛眼等二視諸衆生一故、専意満足」

あいけん‐か【愛犬家】『名』犬をかわいがる人。犬好きの人。＊新西洋事情（1975）〈深田祐介〉植民都市歓迎の背景「氏は大変な愛犬家として編集者や友人のあいだで通っていたようですが」 発音〈標ア〉⓪

あい‐こ【相子】『名』（「こ」は接尾語。「子」は当て字）互いに勝ち負けのないこと。差がないこと。あいもち。＊滑稽本・七偏人（1857‐63）二・中「『藤八で参るべイ』〈略〉『イヤ、ヨイヨイヨイハア是はあいこドンど出しな』」＊怪談牡丹燈籠（1884）〈三遊亭円朝〉一五「飯島も面色土気色で目が血走りて居るから、あいこでせへで御坐います」＊世間知らず（1912）〈武者小路実篤〉一一「どっちがひどく好きでせう、相こにしておきませうね」 方言❶じゃんけん。兵庫県神戸市665 和歌山県那賀郡690 香川県綾歌郡829 ◇あいこんね 長野県諏訪481 伊都郡・東牟婁郡690 ◇あいこまき 奈良県吉野郡683 ◇あいこで 和歌山県 ◇あいこっぱ 高知県860 ❷互いに勝ち負けのないこと。◇えやっこんでぇ 岩手県九戸郡088 ❸物事を一緒にすること。二人または、それ以上で一つのものを所有すること。また、そのようなもの。共同。共有。神奈川県中郡314 三重県名賀郡584 阿山郡585 滋賀県栗太郡608 奈良県吉野郡688 広島県高田郡779 香川県829 ◇あいか 岡山県岡山市762 児島郡764 ❹同じ量。島根県725 ❺献杯。秋田県130 ❻酒の相手をすること。接待。秋田県南秋田郡130 ❼勧められた酒を断った人に代わって飲むこと。秋田県北秋田郡130 発音〈標ア〉⓪コ 〈京ア〉ア 辞書言海 表記相子（言）

あい‐こ【愛顧】『名』商人や芸人、あるいは目下の者をひいきにし、目をかけて、ひき立てること。かわいがってよくめんどうをみること。ひいき。ひきたて。多くひいきされる側から言い、「御愛顧」の形が使われる。＊権記‐長保三年（1001）二月四日「依彼外家之縁愛顧」＊人情本・清談松の調（1840‐41）四・序「料らず婦女子の愛顧（アイコ）を被り、今や四編の結局まで、左（と）やら右（かう）やら編み果てしは」＊花柳春話（1878‐79）〈織田純一郎訳〉三六「久しく主人の愛顧を得ず」＊春雨文庫（1876‐82）〈松村春輔〉序「婦女幼稚達（ひめとのたち）の御愛顧（アイコ）を」＊思出の記（1900‐01）〈徳富蘆花〉一〇・六「一寒書生を斯く愛顧さるるは、真に知己の感深き次第」＊楊脩‐答臨淄侯書「不レ侍数日若レ彌二年載一、豈由二愛顧之隆一、使二係仰之情深一耶」 発音〈標ア〉ア 〈京ア〉ア 辞書文明 表記愛顧（文）

あいこ『名』①鍵（かぎ）をいう、盗人仲間の隠語。〔日本隠語集（1892）〕②放火し、さわぎにまぎれて盗むことをいう、盗人仲間の隠語。〔日本隠語集（1892）〕

あいこ 方言 ⇩あい／あっこ

あい‐ご【相碁】『名』①囲碁の腕前が互いに等しいこと。技量の等しい碁。また、非常に気の合う者どうしで打つ碁。＊俳諧・新増犬筑波集（1643）油糟・雑「是非共に又も来らば打やせん 我とあひ碁（ゴ）は一度にてしる」＊俳諧・口真似草（1656）九・恋「恋ゆへにしぬる斗（ばかり）もいきのびて 君とあい碁（ゴ）はかちまけもなし〈梅盛〉」②引き分けの碁。勝負のつかない碁。＊御湯殿上日記‐天正一六年（1588）七月二八日「このゑ殿、よし田御みまにて御ごあり。あい五有」

あいご 井目（せいもく） 碁の相手には、対等の腕の者もあれば、初めに九目も置いて打つような者もある、という意味で、何事にも巧拙、上下さまざまであること。＊俚言集覧（1797頃）「相棋井目」 発音〈標ア〉⓪

あい‐ご【愛子】『名』かわいがっている子供。いとしく思っている子。あいし。＊雑俳・口よせ草（1736）「脇からもあい子に恋は尤じゃ」

あい‐ご【愛語】『名』（梵 priya-vādita-saṃgraha の意訳。愛語摂（あいごしょう）、能摂方便、愛言などとも訳す）仏語。四摂法（ししょうぼう）の一つ。菩薩が人々を導き、その心に親愛の情を抱かせるために優しい言葉をかけてやること。＊顕戒論（820）上「不レ作二悪語一不二麤鉱語一常説二愛語一説二美妙語一」＊正法眼蔵（1231‐53）菩提薩埵四摂法「愛語といふは衆生をみるにまづ慈愛の心をおこし」＊十善法語（1775）六「布施、愛語、利行、同事を以て、上、中、下根をみちびくを摂受といふ」

あい‐ご【愛護】『名』①かわいがって、たいせつに庇護すること。この上もなく、たいせつにしてまもること。＊玉塵抄（1563）一六「いきもののも、鳥にかぎらず子をば愛護する者ぞ」＊童子問（1707）中・一八「夫子之於二父母一、後二其身一而先二其父母一、捨二其身一以保二其父母一、死生患難、惟其父母之愛護」＊花柳春話（1878‐79）〈織田純一郎訳〉三二「子は才子なり、然れども子の言として余が女を愛護せざるはなし」＊露団々（1889）〈幸田露伴〉一八「生育の恩は深くっても、愛護（アイゴ）の情は厚くっても、親の威光は強くっても」＊黄庭堅‐謝張泰伯恵黄雀鮓詩「烹煎宜二老稚一、罌缶煩二愛護一」②（「愛護の若」の役に用いたことから）歌舞伎で、稚児（ちご）に扮する者がつける、かつらの一種。＊劇場新話（1804‐09頃）上「鬘の事左に記〈略〉一、あいご」

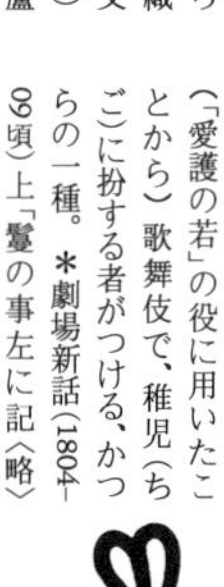

愛護②

あい‐ご【藍子】『名』アイゴ科の磯魚（いそうお）。体長約三〇センチメートル。体は楕円形で側扁。体色はふつう灰黄色で不規則な雲形の斑紋がある。背びれ、しりびれなどに毒腺を持った鋭いとげがあり、刺されるとひどく痛む。海藻を主食とし、小動物も食べる。食用になるが肉には一種の臭味がある。関西では幼魚を「ばりこ」とよぶ。本州中部以南、台湾、オーストラリアに分布。あい。えぇご。学名は Siganus fuscescens ＊生物学語彙（1884）〈岩川友太郎〉「Teuthis アヒゴ属〔魚〕」 発音アイゴ〈標ア〉ア 〈京ア〉⓪

あいご『名』方言❶融和すること。気性が合うこと。富山県砺波398 ❷粟（あわ）の落ち穂。青森県三戸郡083 ❸山中で体に付く寄生虫の一種。和歌山県日高郡054 ❹虫、かげろう（蜉蝣）の一種。福岡県浮羽郡872 発音アイゴ〈標ア〉⓪

あい‐ご『名』方言 ⇩わきご（腋―）

あい‐こう【哀公】 中国春秋末期、魯（ろ）の第二五代の王（在位紀元前四九四〜四六八年）。三桓（さんかん）と呼ばれる公族三家のため国を追われた。紀元前四六八年没。 発音アイコー〈標ア〉ア

あい‐こう【哀吼】『名』（「吼」は大声で泣く、叫ぶ意）悲しみ泣き叫ぶこと。＊暴風裏花（1926）〈幸田露伴〉「宮中の象房（ざうばう）と申します部屋に永く蓄（か）はれて居ました象の数匹は、皆涙を流して哀吼（アイコウ）しました」 発音アイコー〈標ア〉⓪

あいこう【愛甲】 神奈川県の中北部の郡。丹沢山地の東部、相模川の支流中津川の流域にある。古くは「あゆかわ」。 補注「二十巻本和名抄‐五」には「相模国〈略〉愛甲〈阿由加波〉」とある。 発音アイコー 辞書色葉・文明・易林 表記愛甲（色・文・易）

あい‐こう【愛好】『名』物事を愛し好むこと。多く、趣味的なものに親しむ場合にいう。＊読本・逢州執着譚（1812）五「遠くは平清盛白拍子を愛好（アイカウ）し、ちかくは高時法師田楽を賞翫するの類」＊或る女（1919）〈有島武郎〉後・二七「美術を愛好する人々と膝を併べても、兎に角余りぼろらしいぼろは出さなかったが」＊魏志‐高貴郷公伝「吾以二暗昧一、愛二好文雅一」

発音アイコー〈標ア〉0〈京ア〉0

あい-こう【愛幸】〘名〙愛しいつくしむこと。寵愛。＊寛永刊本蒙求抄(1529-34)五「伝昭儀も定陶共王も倶もに愛幸(アイかう)せらるるぞ」＊日本外史(1827)四・源氏後記「帰則頼家、已奪二其妾一、絶愛二幸之一」＊広益熟字典(1874)〈湯浅忠良〉「愛幸 アイコウ ヲキニイリ」＊韓非子-内儲説下「少見二愛幸一、長為二公卿一」

あい-こう【愛校】〘名〙自分の学校(母校)や自分と関連のある学校に愛着をもち、そのために尽くすこと。「愛校心」「愛校精神」 発音アイコー〈標ア〉0

あい-こう【隘巷】〘名〙狭くてきたない通り。また、そうした通りのある町。＊新編覆醤続集(1676)五・幽賤「天慵安二隘巷一、道要了二真空一」＊詩経-大雅・生民「誕寘二之隘巷一、牛羊肥二字之一」

あい-こう【鞋工】〘名〙靴作りの職人。靴屋。＊西国立志編(1870-71)〈中村正直訳〉一・一七「巴理(パリス)の鞋工〈注〉クツシの子なり」

あい-こう【穢行】〘名〙不道徳な行為。みだらな行ない。＊西国立志編(1870-71)〈中村正直訳〉一一・三四「愈々その人の穢行をして世に顕(あらはれ)しむること、その例少からず」＊暴夜物語(1875)〈永峰秀樹訳〉富商並鸚鵡の伝「富商はさもあらんと其妻の帰り来るを待構へて、其穢行を譴め」＊米欧回覧実記(1877)〈久米邦武〉二・二一「法規の存する所、全く之を政府の維持に附せは、訟廷の上には、誣罔百出し、閭閻家庭の間には、穢行万殊にて」＊晉書-石苞伝「又以三有二穢行一、徙二頓丘一」

あい-こう〘名〙(「あいこ(相子)」の変化した語)「あいこ(相子)」に同じ。＊洒落本・傾城買二筋道(1798)夏の床「手前のかほがばけものとあいかうといふ物だから、むかふでゆびをくわいて迯(にげ)るわな」＊滑稽本・浮世床(1813-23)二・下「一(いい)。六(りう)。七(ちゐい)。三(さん)。五(うう)。『ヲット あいかう四(すう)。四(すう)』『ヲット あいかう 声があはねへ三』」

あい-ごう【哀号】〘名〙(「号」は泣き叫ぶ意) ①人の死を悲しんで泣き叫ぶこと。また、その声。＊続日本紀-天応元年(781)一二月丁未「太上天皇崩、春秋七十有三、天皇哀号、擗レ咽不レ能二自止一」 ②中国、朝鮮で葬儀の儀礼として声をあげて泣くこと。また、その声やことば。死者との関係で泣き方、回数、場所などを異にし、哭婢(こくひ＝泣き女)を加えることがあった。＊新しき用語の泉(1921)〈小林花眠〉「哀号(アイゴー) かなしみさけぶことで、朝鮮では服喪期間の一儀式になってゐる」 ③嘆き悲しんで泣き叫ぶこと。哀哭(あいこく)。また、鳥などが悲しげに鳴くこと。＊市隠草堂集(1775-88)前編・秋江旅泊「微雲時点綴、孤雁哀号」＊江戸繁昌記(1832-36)初・火場「哀号の声、沸騰して路に載(み)つ」＊広益熟字典(1874)〈湯浅忠良〉「哀号 アイガウ ナゲキサケブ」＊杜甫-王閬州筵奉酬十一舅惜別之作詩「沙頭暮黄鵠、失レ侶自哀号」 発音アイゴー〈標ア〉0

あいこう-か【愛好家】〘名〙(芸術、遊芸、スポーツなどを)好んで親しむ人。＊放浪時代(1928)〈龍胆寺雄〉二・四「みんな美術の愛好家(アイカウカ)で」＊闘牛(1949)〈井上靖〉「スポーツ愛好家として知られてゐるF伯の闘牛漫談が大きく掲載されてくる」

あいこう-か【愛好歌】〘名〙好んで親しまれる歌。＊ブラリひょうたん(1950)〈高田保〉浅草歌劇「あの中の『恋はやさし』とか『ペアトリねえちゃん』とか、今の歌謡曲同様に当時の大衆諸君の愛好歌だったものだ」 発音アイコーカ〈標ア〉0〈京ア〉0

あい-こうけん【相後見】〘名〙(「あい」は接頭語)一人の被後見人に対して、二人の者が後見すること。また、その相互間での呼称。＊歌舞伎・早苗鳥伊達聞書(実録先代萩)(1876)六幕「番代の儀は不都合とやらにて、又候分家隠岐守を以て、兵部と相後見の願ひ聞き届け遣し置きしに」

あいこう-しゃ【愛好者】〘名〙「あいこうか(愛好家)」に同じ。＊余興(1915)〈森鷗外〉「畑は此時から浪花節の愛好者(アイカウシャ)となり」＊頑な今日(1963)〈島尾敏雄〉「この野外試写会は映画愛好者にとってもまたとない機会にちがいない」 発音アイコーシャ〈標ア〉コ〈京ア〉0

あいこう-しん【愛好心】〘名〙物事を愛し好む心。多くは趣味的なものにいう。＊大津順吉(1912)〈志賀直哉〉一・二「私は美術品への愛好心からでも文学的な洒落気からでもなく」 発音アイコーシン〈標ア〉コ

あいこう-しん【愛校心】〘名〙自分の学校(母校)を愛する心。＊欧米印象記(1910)〈中村春雨〉プリンストン雑記・三「愛校心(アイカウシン)の殆んど白熱的頂点に達せる発表は」＊人間失格(1948)〈太宰治〉第二の手記「自分には、小学校、中学校、高等学校を通じて、つひに愛校心といふものが理解できずに終りました」 発音アイコーシン〈標ア〉コ

あい-こう・する【相抗】〘自サ変〙文あひかう・す〘自サ変〙(「あい」は接頭語)互いに対立する。張り合う。＊新令字解(1868)〈荻田嘯〉「相抗 アヒカウスハリアフコト」＊日誌必用御布令字引(1868)〈四方茂苹〉「相抗 アイカウス タテヅクコト」 発音アイ＝コースル〈標ア〉ア＝ス ア

あい-こうみょう【相高名】〘名〙(「あい」は接頭語)ともに立てた高名。戦場で、互いに同じ手柄を立て、名を揚げること。＊見聞雑録(1468-78)「諏訪越中と原大隅、一番乗の相高名」

あい-ごうもん【相拷問】〘名〙(「あい」は接頭語)正邪を判ずるために、二人同時に拷問にかけること。＊歌舞伎・早苗鳥伊達聞書(実録先代萩)(1876)六幕「片手打ちだと思ふなら、こなたが死太く白状せぬか、わしが謀書を構へたか、御前に於て根較べ、相拷問(アヒガウモン)に掛らっせえ」

あい-こおう【相呼応】〘名〙(「あい」は接頭語)物事が互いに応じあうこと。＊渚(1907)〈国木田独歩〉二・単調「水と空と相呼応(アヒコオウ)して居るのを眺めては」＊灰燼(1911-12)〈森鷗外〉一四「彼の感情と我の感情と相呼応する処のあることを要する」 発音アイ＝コオー〈標ア〉ア＝0

あい-こく【哀哭】〘名〙悲しんで声をあげて泣くこと。＊私聚百因縁集(1257)八・二「又廬内に臨めば一(ひとり)の老嫗あり、一の童子と相共に哀哭(アイコク)す」＊山王絵詞(1310頃)六「百官たもとをしぼりて、万庶哀哭せずといふ事なし」＊音訓新聞字引(1876)〈萩原乙彦〉「哀哭 アイコク カナシミナク」＊列子-湯問「韓娥因曼声哀哭、一里老幼、悲愁垂レ涕」 辞書〈ボン〉 表記哀哭(ヘ)

あい-こく【愛国】〘名〙①自分の国を大切に思うこと。＊百学連環(1870-71頃)〈西周〉二・中「又人には万物に向て選む外に patriotism (愛国の誠)といふあり。己れが父子兄弟を思ふことにもあらず、唯だ自然に己れが生国を恋ひ思ふが如きこれを愛国の誠といふ」＊米欧回覧実記(1877)〈久米邦武〉二・二三「好古愛国のものは、男女士庶を問はず、来りて之を一見し」＊うもれ木(1892)〈樋口一葉〉三「愛国(アイコク)の志しある人あらば」＊荀悦漢紀-恵帝紀「封建諸侯、各世二其位一、欲レ使下親レ民如レ子、愛レ国如上レ家」 ②稲の品種の名。収量が多く、品質は劣る。かつて関東地方に多く栽培された。 発音〈標ア〉0〈京ア〉0 0

あいこく-か【愛国家】〘名〙「あいこくしゃ(愛国者)」に同じ。＊内地雑居未来之夢(1886)〈坪内逍遙〉緒言「治外法権撤去の大事は、夙に愛国家(アイコクカ)が思を焦して、飽くまで痛論せし事にてありしが」＊戦後の文学(1895)〈内田魯庵〉「唯渠等(かれら)は国民の偏僻に陥らず純粋愛国家(アイコクカ)としては余りに襟懐宏量にして自国の国粋と共に他国の国粋をも容るに吝(やぶさか)ならざりき」

あいこく-き【愛国機】〘名〙第二次世界大戦前、民間から献納された陸軍航空機。＊国民百科新語辞典(1934)〈新居格・木村毅〉「アイコクキ 愛国機 (軍)民間より陸軍に献納する飛行機。海軍に献納するものを報国機と云ふ」 発音〈標ア〉0

あいこく-きって【愛国切手】〘名〙「あいこくゆうびんきって(愛国郵便切手)」に同じ。＊古川ロッパ日記-昭和一二年(1937)八月七日「『ガラマサ』は、愛国切手の宣伝もたのまれてて急しかった」 発音〈標ア〉ク コ

㊁

あいこく-こうさい【愛国公債】〘名〙戦時、または有事の際、国民の国を思う気持に訴えて発行される公債。＊最新現代語辞典(1933)〈大島秀雄〉「愛国公債 国民の愛国心に訴へて起す国家に有利な公債」 発音アイコクコーサイ〈標ア〉コ2

あいこくこうしんきょく【愛国行進曲】歌謡曲の曲名。昭和一二年(一九三七)、内閣情報部が募集した愛国歌の当選作品。翌年大流行し、第二次大戦終結まで盛んに歌われた。＊古川ロッパ日記-昭和一三年(1938)一月一日「愛国行進曲を、徳山の主唱で合唱して散会」＊夢声戦争日記〈徳川夢声〉昭和一七年(1942)一〇月一三日「番組最後の『愛国行進曲』で、内田君が兵隊さんたちに向い、『さア、皆さんも御一緒に…』と言うと」 発音アイコクコーシンキョク〈標ア〉シ

あいこく-こうとう【愛国公党】㊀わが国で最初の政党。明治七年(一八七四)板垣退助、後藤象二郎、江藤新平、副島種臣らが結成。民選議院設立の建白書を左院に提出したが、三か月後党は解散。㊁明治二三年(一八九〇)板垣退助が組織した政党。同年第一回総選挙後、自由党、大同倶楽部を合わせ、立憲自由党となる。 発音アイコクコートー〈標ア〉0

あいこく-こうどう【愛国公同】〘名〙(公同は共同の意)自分の国を大切に思い、一つの目的に対して国民が心を合わせること。＊代議政体(1875-79)〈永峰秀樹訳〉六「或は愛国公同の念なきかに因りて、其欲する所の自由政を建設するに必用なる勤労努力に不同あり」

あいこく-しゃ【愛国社】日本最初の全国的な政治結社の連合体。明治八年(一八七五)高知県の立志社の呼びかけにより結成。自由民権運動を展開。一三年、国会期成同盟と改称した。 発音〈標ア〉ク コ

あいこく-しゃ【愛国者】〘名〙自分の国を大切に思い、身を投げ出して国のために働く人。＊代議政体(1875-79)〈永峰秀樹訳〉一「是の如き事を企つる愛国者に告ぐ」＊小公子(1890-92)〈若松賤子訳〉前編・五「此年若な愛国者(アイコクシャ)が」 発音〈標ア〉ク コ〈京ア〉㋗

あいこく-しゅぎ【愛国主義】〘名〙自分の国を愛し、自分の国のために力を尽くそうとする思想や立場。ナショナリズム。＊世界平和を主題に(1922)〈千葉亀雄〉「トルストイが或る論文で、愛国主義の濫用を極端に非難した」 発音アイコクシュギ〈標ア〉シュ

あいこく-しん【愛国心】〘名〙自分の国を大切に思う気持。祖国愛。＊新体詩抄(1882)抜刀隊・前文〈外山正一〉「普仏戦争の時普人の『ウォッチメン、オン、ゼ、ライン』と云へる歌を謡ひて愛国心を励ませし如き」＊経国美談(1883-84)〈矢野龍渓〉後・一三「智氏が愛国心の厚くして痛く辛苦せしを憐み」＊近時政論考(1891)〈陸羯南〉四期・六「既にして仏人の国民精神即ち愛国心は其の適度を越えて殆んど非国民精神を呼び起したり」 発音〈標ア〉ク コ〈京ア〉㋗

あい-こく・する【相剋】〘自サ変〙文あひこく・す〘自サ変〙(「あい」は接頭語)二つのものが互いに勝

とうとして争う。相剋（そうこく）する。＊思ひ出す事など（1910-11）〈夏目漱石〉一九「静かなのは相剋（アヒコク）する血と骨の、僅に平均を得た象徴である。之を互殺の和といふ」 発音〈標ア〉ア=ス ア

あいこく-てき【愛国的】『形動』自分の国を愛する気持を持っているさま。＊自由と必然との戦（1942）〈本多秋五〉「トルストイのボロヂノ史詩はきはめて愛国的なものである」 発音〈標ア〉0

あいこく-はがき【愛国葉書】『名』「あいこくゆうびんはがき（愛国郵便葉書）」に同じ。 発音 アイコクハガキ〈標ア〉ハ

あいこく-ふじんかい【愛国婦人会】 出征軍人の家族、遺族および傷痍軍人の援護を目的とした婦人団体。明治三四年（一九〇一）奥村五百子（いおこ）が近衛篤麿（あつまろ）らの援助により創設。昭和一七年（一九四二）他の婦人団体と共に大日本婦人会に統合されたが、第二次世界大戦後、解散した。 発音〈標ア〉ジ

あいこく-ゆうびんきって【愛国郵便切手】『名』昭和一二年（一九三七）、航空事業の振興、発展を目的に発行された寄付金付きの郵便切手。図案に、航空機の愛国号があしらってある。第二次世界大戦が終わるまで使用された。愛国切手。 発音 アイコクユービンキッテ〈標ア〉キ

あいこく-ゆうびんはがき【愛国郵便葉書】『名』昭和一二年（一九三七）、愛国郵便切手と同じ目的で発行された郵便はがき。愛国葉書。 発音 アイコクユービンハガキ〈標ア〉ハ

あい-こころ・う【相心得】『他ア下二』（「あい」は接頭語。室町時代頃からヤ行に活用した例も見られる）「心得る」に語勢を添えて、やや改まっていう語。＊文明本節用集（室町中）「相意得 アイココロエ」＊日葡辞書（1603-04）「Ai cocoroye, uru, eta（アイココロユル）」 辞書 文明・日葡 表記 相心得・相意得（文）

あい-ごし【相輿】『名』二人いっしょに同じ輿（こし）、駕籠（かご）、輦台（れんだい）などに乗ること。＊信長公記（1598）一二「一番、御板輿、五の宮様・若御局様、御あい輿なり」＊浄瑠璃・冥途の飛脚（1711頃）下「相合火燵（ごたつ）あひごしの駕籠の息杖（いきづえ）、生きてまだ続く命が不思議ぞと」＊歌舞伎・吾嬬下五十三駅（天日坊）（1854）六幕「然しこの女中衆がお前の傍を離れるのが、厭だと云ひなさるから大きな蓮台で相輿（アヒゴシ）に致しやせう」

あいこ-しゅぎ【愛己主義】『名』（英 egoism の訳語）自分だけの快楽、利益などを追求、主張する考え方。利己主義。エゴイズム。↔愛他主義（あいたしゅぎ）。＊現代日用新語辞典（1920）〈小林鶯里〉「あいこしゅぎ 愛己主義 利己主義、自己中心主義又は主我主義といふ」 発音 アイコシュギ〈標ア〉シュ

あい-ご・する【相伍・相互】『自サ変』図あひご・す『自サ変』（「あい」は接頭語）互いに仲間となって付き合う。同じ位置に立ち並んで競い合う。＊日本開化小史（1877-82）〈田口卯吉〉二・三「国に帰るに及んでは、百姓と相伍して自ら武勇に誇り」＊吾輩は猫である（1905-06）〈夏目漱石〉五「庸人（ようじん）と相互する以上は下って庸猫（ようべう）と化せざるべからず」

あいこ-せつ【愛己説】『名』「あいこしゅぎ（愛己主義）」に同じ。↔愛他説。 発音〈標ア〉コ

あい-こた・う【相答】『自ハ下二』（「あい」は接頭語）相手の呼びかけに答える。返事する。応対する。＊多武峰少将物語（10C中）「声高くあはれといはば山彦のあひこたへずはあらじとぞ思ふ」＊蜻蛉（974頃）上・康保四年「あゐこたへなどして、すこし人心地すれど」 辞書 文明 表記 相答（文）

あい-ごたつ【相炬燵】『名』「あいあいごたつ（相合炬燵）」に同じ。＊雑俳・よざくら（1706）「無常から仕込んで後家に相火燵」

あい-こと【相言】『名』①「あいことば（合言葉）①」に同じ。＊甲陽軍鑑（17C初）品四二「一つあひこと、夜々に替（かはる）事」②応答。返事。＊和訓栞（1777-1862）「あひことば〈略〉返答するをあひことといふも同意なるべし」＊改正増補和英語林集成（1886）「Aikoto アヒコト」＊隣の嫁（1908）〈伊藤左千夫〉三「口軽な政さんはさも面白さうに相言（アヒコト）をとる」

あい-ごと【逢言】『名』男女が逢って語り合うこと。また、男女が共寝することとする説もある。＊伊勢物語（10C前）六九「夜ひと夜酒飲みしければ、もはらあひごともえせで」

あい-こと・なる【相異】『自ラ五（四）』（「あい」は接頭語）互いに異なる。＊文明論之概略（1875）〈福沢諭吉〉三・六「畢竟世の事物に於て議論と実際と相異なる可きの理なし」 発音〈標ア〉ア=ナ

あい-ことば【合言葉】『名』①暗中で、または、入り乱れて戦うとき敵と味方とを区別するためにあらかじめ定めておく合図の言葉。暗号の言葉。＊謙信家記（1580）輝虎公越中発向「謙信公、毎日敵の合言葉、合印は能（よく）聞れければ」＊日葡辞書（1603-04）「Aicotoba（アイコトバ）〈訳〉戦いの際にだれが味方でだれが敵かを仲間うちで了解するため、あらかじめしめし合わせておいたことば」＊浄瑠璃・仮名手本忠臣蔵（1748）一〇「敵中へ入込（いりこむ）時、貴殿の家名の天河屋を直ぐに夜討の合詞、天とかけなば河と答」②特定の社会や集団に属する人々にだけ通用する特異な意味をもった言葉。隠語・狩詞・鷹詞・舟詞などをいう。＊天理本狂言・痩松（室町末-近世初）「惣じて此やせまつ、こゐまつと申はわれらごときの者の山だちのあひ言葉じゃ」＊洒落本・間似合早粋（1769）「此外せんぼう、所々のかへことば、合詞（あひコトハ）などあれ共」＊俳諧・鶉衣（1727-79）前・中・二三・旅賦「小揚のあひことばはいつの世よりの洒落ならん。やみげんことは三十五文にして、またと坂東とは二十八文なるべし」③ある主張や行動の旗印として使う言葉。標語。モットー。＊或る女（1919）〈有島武郎〉後・三六「臥薪嘗胆（ぐゎしんしゃうたん）といふやうな合ひ言葉が頻りと言論界には説かれてゐた」＊若い人（1933-37）〈石坂洋次郎〉下・一一「貴女はいま科学的といふ流行の合言葉を用ひましたが」 発音〈標ア〉コ〈京ア〉コ 辞書 日葡・ヘボン・言海 表記 合詞（ヘ・言）

アイコノクラズム『名』（英 iconoclasm icon はギリシア正教会の聖者の聖画像）①偶像破壊。特にビザンチン皇帝レオ三世（在位七一七～七四一年）の指令によるもの。②伝統的な思想や因習等の権威を打破する運動。偶像破壊主義。＊現代文明を評し、当来の新文明をトす（1915）〈中沢臨川〉四「我等の偶像破壊主義（アイコノクラズム）は之だけ高価な犠牲を払ってまで購（あがな）はるべきものであらうか」＊女房的文学論（1947）〈平野謙〉「ここからある種のアイコノクラズムがうまれ、そういう言葉をつかえば、その量的世界観が派生する」 発音〈標ア〉ラ

アイコノスコープ『名』（英 iconoscope）テレビジョンの送像装置の一部分で、像の各部を電流に変換する装置。一九三三年アメリカのツボリキンが発明し、テレビ実用化の先駆をなした。＊おはなし電気学（1939）〈佐野昌一〉四七「もう一つのものは、米国ＲＣＡのヴィクター会社のツオリキン氏発明になるアイコノスコープと名付ける新しい送影機を使用する装置であって」 発音〈標ア〉コ[2]

あいごのわか【愛護の若】 江戸時代初期の説経節や古浄瑠璃の曲。また、その主人公の名。長谷（はせ）観音の申し子である愛護の若は若い継母の恋を拒んだため盗人の汚名を着せられ、滝に身を投げて自殺する。のち、山王権現にまつられる。歌舞伎などに改作が多い。 発音 アイゴノワカ〈標ア〉ワ

あい-こば【相木場】『名』（「あい」は接頭語）きこり二人が切った木を集め、共同して木造りする場所。＊木曾山雑話（1759）「御材木作り候所を都て木場と唱〈略〉杣二人にて作り候を相木場と申候」

あい-こびちゃ【藍媚茶】『名』染色の名。藍色がかった媚茶色。藍色を帯びてくすんだ茶色。＊浄瑠璃・神霊矢口渡（1770）一「町の藍（アヰ）こび茶（チャ）物好きしたる袖裙（つま）も引かば転ばん其風情」

あい-ごま【合駒・間駒】『名』将棋で、飛車、角行、香車による王手を防ぐため、そのきき筋の途中に駒を打つこと。また、その駒。間遮（あいしゃ）。合馬（あいま）。間（あい）。 発音 アイゴマ〈標ア〉0〈京ア〉0

あい-ごろ【合頃】『名』（形動）適合すること。ころあい。手ごろ。＊曾我物語（南北朝頃）一・おなじく相撲の事「是こそあひごろの力と聞け。さもあらば入道出でて、行司にたたん」＊浮世草子・色縮緬百人後家（1718）一・一「くれないの染小袖、ゆき長にあいごろなるいしゃうをきせ」 発音 アイゴロ〈標ア〉ゴ

あい-こん【哀恨】『名』悲しむことと恨むこと。悲しみ残念がること。＊佳人之奇遇（1885-97）〈東海散士〉七「是実に妾が哀恨傷惋懐裏に往来して」＊温嶠-移告四方征鎮「哀恨自咎、五情摧隕」 発音〈標ア〉0

あい-こん【愛根】『名』執着や迷いをひきおこす原因となるもの。愛執の根源。＊浮世草子・近代艶隠者（1686）四・五「書置細々（こまごま）と調へ、自ら愛根の髻（もとゆい）を切り捨」＊童子問（1707）上・五六「然愛根断喪、適足㆔以牿㆓仁義之良心㆒」＊大乗同性経-上「世諦縁法悉非真 無明愛根世間現」

あい-こん【鞋痕】『名』わらじの足跡。転じて、人の足跡。＊伊沢蘭軒（1916-17）〈森鷗外〉一四二「二人の鞋痕（アイコン）を印した道を追尋することとする」＊女郎紫-竹詞「鞾痕印得鞋痕小」 発音〈標ア〉0

アイコン『名』（英 icon）①「イコン」に同じ。②コンピュータで、プログラムやファイルを表示するのに使われる絵文字のこと。 発音〈標ア〉ア

あい-さ【間―】『名』（「に」を伴って副詞的に用いる。「さ」は接尾語）あいま。まれ。時たま。＊雑俳・千枚分銅（1704）「あいさには余所の子共は死るのに」＊卍（1928-30）〈谷崎潤一郎〉八「あひさには夫の機嫌取っといてやれ思ひまして」 方言㊀❶時間または空間の間隔、間隙。あいだ。栃木県198 群馬県桐生市241 佐波郡242 東京都南多摩郡308 新潟県382 富山県下新川郡391 山梨県456 465 長野県484 493 岐阜県502 静岡県535 540 愛知県062 549 561 三重県588 滋賀県彦根609 和歌山県日高郡698 島根県725 岡山県054 749 763 徳島県美馬郡816 香川県829 熊本県球磨郡054 ◇あぇえさ 静岡県志太郡535 ◇あいさま 岐阜県502 ◇あいさん 静岡県磐田郡546 ◇あいさこいさ 静岡県島田市536 ◇あいさこおさ 静岡県520 ◇あいさくさ 富山県下新川郡391 ❷中間。長野県上田475 鳥取県711 ❸ひま。あいま。岩手県気仙郡100 山梨県453 463 静岡県榛原郡541 愛知県知多郡570 京都府620 奈良県南部683 徳島県811 香川県829 ◇あゃあさ 京都府竹野郡622 ◇あいさこまさ 愛知県名古屋市562 ❹ふだん。平常。栃木県198 愛媛県大三島848 ❺違い。差異。島根県大原郡725 ❻合わせ目。新潟県東蒲原郡368 ❼境界。千葉県山武郡270 ㊁（「に」を伴って副詞的に用いる）時に。おりおり。まれに。東京都大島326 神奈川県愛甲郡314 富山県砺波398 静岡県島田市536 三重県阿山郡596 滋賀県彦根609 京都市621 大阪市637 兵庫県665 奈良県678 吉野郡038 和歌山市691 広島県江田島・倉橋島771 愛媛県840 高知県861 長崎県壱岐島914 ◇あやあさ 京都府竹野郡622 ◇あいし 高知県幡多郡870 ◇あいさこいさ 和歌山県東牟婁郡702

あい-さ【秋沙】『名』（「あきさ」の変化した語）ガンカモ科の水鳥で、他のカモよりくちばしが長く、先が鉤形に曲がり縁に鋸歯（きょし）状のきざみ目がある類

の総称。一一月ごろ日本に渡来する冬鳥。日本ではウミアイサが最も普通に見られ、他にカワアイサ、ミコアイサがいる。あきさ。あいしゃ。あきさがも。あいさがも。あいがも。のこぎりばがも。学名はMergus《季・冬》＊永祿二年本節用集(1559)「秋沙(アイサ)アキサ河鳥也、哥云」＊日葡辞書(1603-04)「Aisa (アイサ)〈訳〉(小さな)水鳥の一種」＊書言字考節用集(1717)五「秋紗 アイサ〔八雲〕」＊随筆・玉勝間(1795-1812)一三「あいさといふ一くさ有、〈略〉万葉七の歌にあきさとある此物也といへり」方言鳥。❶こがも(小鴨)。岩手県盛岡市092 新潟県347 西蒲原郡371 ◇あいしゃ 宮城県仙台市123 ◇あいじゃ 山形県東置賜郡139 ❷やしゃがも(―鴨)。長崎県五島917 語源説 秋早く現われるあきさかも(秋早鴨)の音便略〔和訓栞・大言海〕。発音〈標ア〉ア 辞書 日葡・書言・ヘボン・言海 表記 秋紗(書)

あいさ〘名〙方言 あす。あした。翌日。滋賀県607 609 614 大阪府642 泉北郡646 和歌山県690 東牟婁郡705 香川県伊吹島829 ◇**ああちゃ** 岩手県東磐井郡107 沖縄県小浜島975 ◇**あいった** 奈良県中河内678 ◇**あしたあとう** 大分県939 ◇**あしたつう** 大分県北海部郡939 ◇**あして** 福岡県872 久留米市883 佐賀県887 大分県941 ◇**あしてえ** 佐賀柳川†129 ◇**あしてや** 熊本県921 ◇**あすえつ** 山梨県461 ◇**あすなった** 岩手県九戸郡088 ◇**あちゃ** 沖縄†139 鹿児島県喜界島983 沖縄県首里993 ◇**あちゃあ** 山形県139 鹿児島県974 沖縄県990 ◇**あつぁ** 沖縄県小浜島・新城島・鳩間島「あつぁーゆー(明晩)」996 ◇**あったあ** 沖縄県与那国島996 ◇**あっつぁ** 沖縄県八重山「あっつぁぬゆー(明晩)」996

あいさ〘感動〙㊀はやしことばの一種。神楽歌の小前張(こさいばり)歌謡に見える止め拍子のことば。小前張中、「殖槻(うえつき)」「総角(あげまき)」「大宮(おおみや)」「湊田(みなとだ)」の歌の終わりだけに見える特色のある語。＊神楽歌(9C後)小前張・総角「〈又末返〉何もせずして、や、春日すら、春日すら、春日すら、春日すら、〈本方〉あいさ、あいさ、〈末方〉あいさ、あいさ」㊁(返答の語「あい」に助詞「さ」の付いた語)返事、または相づちを打つときのことば。＊咄本・聞上手三篇(1773)人の噂「アイさ。わたしも心懸て、人の噂は申ませぬ様にいたします」＊滑稽本・浮世風呂(1809-13)二・上「『いつでもあの生酔さんは夜がふけるねへ』『アイサ、それでも癖がなくて能(いい)上戸さ』」＊歌舞伎・与話情浮名横櫛(切られ与三)(1853)序幕「『時にぢいさん、今鳴るかねはありゃア何だへ』『アイサ、ありゃア観音の六つでござります』」方言❶相手のことばを肯定したり、相づちを打ったりするときのことば。そうそう。そうです。秋田市135 ◇**あいさい** 佐賀県東松浦郡887 ◇**あいさいな** 岐阜県本巣郡510 ◇**あえせぁ** 青森県津軽071 ◇**ああせぁ** 秋田市130 ◇**ああえぁ** 秋田県南秋田郡・河辺郡130 ◇**あえし** 秋田県由利郡130 ◇**あいす** 秋田県中央部068 ◇**あっしえ** 秋田県南秋田郡130 ❷応答するときのことば。はい。三重県北牟婁郡588 ◇**あえまだせぁ** 秋田県山本郡130 ◇**あいさあい・あいさありい** 佐賀県東松浦郡038

あいさ さよう 手軽にうけこたえしたり、すぐに肯定のあいさつをしたりするときのことば。＊雑俳・柳多留拾遺(1801)巻八上「琴の弟子あいささやうはいはぬなり」＊滑稽本・浮世風呂(1809-13)前・下「『全体友がわるいからさ』『アイサ、さやうでござんやす』」

あい-ざ【間座】〘名〙(「あい(間)」は、間狂言の略で、間狂言役のこと)能舞台で、間狂言役のすわるところ。発音〈標ア〉0

あいさ-あいさ【間間】〘名〙時々。合い間合い間。ひまひま。＊雑俳・住吉みやげ(1708)「あいさあいさ五器もふく夫」方言 富山県390

あい-さい【愛妻】〘名〙①愛している妻。＊疑惑(1913)〈近松秋江〉「自分の愛妻にそんなことがある理由(わけ)がないと信じてゐたから」＊大道無門(1926)〈里見弴〉影法師・一「愛妻(アイサイ)を失って十年近くなるのに」②妻をだいじにすること。「愛妻家」などのように、下に体言を伴って用いられる。＊銀座解剖図(1934)〈石角春之助〉二「共に数百数千万の資産家でもあり、又共に愛妻主義者でもあり」発音〈標ア〉0〈京ア〉0

あい-ざい【愛財】〘名〙物質、特に家財を大切にすること。また、そのもの。＊明六雑誌-二〇号(1874)妻妾論・四〈森有礼〉「故に女子は先づ学術物理の大体を得、其智界を大にして能く其愛財の用法を通知せざる可らず」＊造化妙々奇談(1879-80)〈宮崎柳条〉二編・三「此乃ち造化愛財(アイザイ)の癖を以て、世人を調理する」＊国語-周語・下「聖人保ㇾ楽而愛ㇾ財、財以備ㇾ器、楽以殖ㇾ財」

あいさい-か【愛妻家】〘名〙妻を人並み以上に大切にする人。いくぶん、からかう気持を伴って用いられることが多い。＊コップ酒(1933)〈浅見淵〉「土岐は愛妻家で、さういふ約束は可成り守るはうだったのだ」＊続三等重役(1951-52)〈源氏鶏太〉二二章「何、愛妻家とは即ち、恐妻家なんだから、どっちでもよろしい。どうだね、若原君、認めるかね」発音〈標ア〉0〈京ア〉0

あい-さかずき【合杯】〘名〙婚礼の際の夫婦相互の固めの献杯(けんぱい)。三三九度。特に関東地方でいう。＊俳諧・野犴集(1650)五「千万年とちぎる祝言鶴亀をあひ盃の台に見て」

あいさ-がも【秋沙鴨】〘名〙「あいさ(秋沙)」に同じ。＊重訂本草綱目啓蒙(1847)四三・水禽「鳧〈略〉種類甚多し〈略〉あいさがも、万葉集に秋紗と云、小あいさ、みこあいさ、黄黒あいさ」方言鳥、うみあいさ(海秋沙)。香川県004 徳島県004 福岡県三井郡004 ◇**えさがも** 鹿児島県004

あい-さか・ゆ【相栄】〘自ヤ下二〙(「あい」は接頭語)たがいに繁栄する。＊万葉(8C後)一九・四二七三「天地(あめつち)と相左可延(あひサカエ)むと大宮を仕へまつれば貴くうれしき〈巨勢奈弖麻呂〉」＊落窪(10C後)四「いづれもいづれも子供あひさかゆる程にて」

あい-ざかり【愛盛】〘名〙幼児のいちばんかわいらしい時期。＊雑俳・智恵車(1716-36)「師走の手半日留まる愛盛り」＊浄瑠璃・萩大名傾城敵討(1770)四「年は六つか七里も憎盛(にくみざかり)の愛盛(アイザカリ)、幼児(をさなご)伴ひ入来り」＊滑稽本・浮世風呂(1809-13)二・上「いっそ愛盛りだ。とんだ人相よしで能(いい)お子だ」

あい-さく【哀策・哀冊】〘名〙天子や后妃の死をいたみ、生前の功徳をたたえつづった韻文。＊寛永刊本蒙求抄(1529頃)一「大なことをかく事もあらうと云た。案の如く天子の崩御あって哀冊をかいたいたみの物共ぞ。祭文の如きの物ぞ」＊後漢書-礼儀志・大喪「太史令奉㆓哀策㆒立ㇾ後」

あい-さく【間作】〘名〙①ある農作物を収穫した後、次の作物をまきつけるまでの期間に野菜などを作ること。かんさく。＊尾張検地古伝(1775)「土性、水掛之善悪を知り、裏作、間作之有無を見分」②農作物の畝間(うねま)、または株間(かぶま)に別の農作物を栽培すること。＊青春(1905-06)〈小栗風葉〉夏・八「綿や甘藷畠の間作(アヒサク)に丈の高い唐蜀黍の植った、畦の日蔭へ道を変へて」方言❶地主と小作との間に立って地代の差額を得る地上権者。◇**あいざく** 愛知県三河062 ❷主要作物の切れめに作る作物。◇**あいざく** 高知県長岡郡869 発音〈標ア〉0

あいさくて-ぶぎょう【藍作手奉行】〘名〙鎌倉幕府における職名。藍(蓼藍)の栽培をつかさどる。その具体的職権などについては未詳。＊吾妻鏡-暦仁元年(1238)五月一一日「河内国藍御作手奉行。近江国天福寺地頭等事」＊武家名目抄(19C中か)職名部・藍作手奉行「所々の地頭職を領せし故に武家の被官のごとくなりて藍作手奉行をもうけ給はり子孫永くこの職を襲ねしなるべし」

あいさ-こいさ【間―】〘名〙方言 ⇩あいさ(間―)

あいさ-こさ【間―】〘名〙合い間合い間。ときどき。＊雑俳・三国市(1709)「あいさこさにはあいさこさには・人げんがきつねにばけてかいにくる」＊雑俳・卯の花かつら(1711)「間さこさ・床でつき合ふ斗り也」

あい-ささ・う【相支】〘他ハ下二〙(「あい」は接頭語。室町頃からヤ行に転じた例も見られる)①協力して防ぎ止める。互いに防ぎ戦う。＊太平記(14C後)八・主上自令修金輪法給事「備前の国の住人薬師寺八郎中吉十郎、丹児玉が勢共七百余騎相支(ササヘ)て戦ひけるが」＊太平記(14C後)二八・慧源禅巷南方合体事「漢楚久しく相支(ササヘ)て未だ勝負を決せず」＊日葡辞書(1603-04)「Aisasaye, uru, eta (アイササユル)」②妨げる。じゃまをする。＊伺事記録-延徳二年(1490)一一月四日「近日守護押妨無ㇾ謂。既去相嘗会神人等相支雖ㇾ申ㇾ之、先相宥遂㆓無為之節㆒訖」＊政基公旅引付-文亀三年(1503)七月二六日「入山田より相支候由内々承候間、入山田百性五人召籠此趣嗳候之処」辞書 文明・日葡 表記 相支(文)

あい-さし【間差】〘名〙間隔。あいだの距離。＊浄瑠璃・安口の判官(1637)四「わが君をみまいらせ、なのめならずに喜びて、そのあいさしも遠かりしに」

あい-さじ【相匙】〘名〙同じ患者に付いた医者同士。＊俳諧・広原海(1703)五「相匕の薬に後(うしろ)向く良医」

あい-ざし【相差】〘名〙相撲の手の名。互いに相手の脇(わき)へ手を差し込み、組み合うこと。さしで。よつ。＊浄瑠璃・井筒業平河内通(1720)五「あひざし、あひ投(なげ)、とたんのわれ、勝負なしと引わくれば」発音〈標ア〉0

あい-ざしき【相座敷】〘名〙(「あい」は接頭語)「あいやど(相宿)」に同じ。＊浮世草子・御前義経記(1700)三・三「相座敷(アヒザシキ)に勧進比丘尼の美しき者が二人泊ってゐると」

あい-さだま・る【相定】〘自ラ五(四)〙(「あい」は接頭語)「さだまる」の改まった言い方。物事が決まる。＊日葡辞書(1603-04)「Aisadamari, u, atta (アイサダマル)」＊コリャード日本文典(1632)「コロサリョウズルニ aisadamàtte (アイサダマッテ) ゴザル」辞書 日葡

あい-さだ・める【相定】〘他マ下一〙文あひさだ・む〘他マ下二〙(「あい」は接頭語)①互いに相談して決める。相談し合う。＊宇津保(970-999頃)国譲下「臣下ども御あなすゑにて、やんごとなくてものせらるるを、あひさだめてともかくもせさせ給ふばかりになん」②(「さだめる」の改まった言い方)物事を決める。＊ロドリゲス日本大文典(1604-08)「マイラウニ ai sadameta (アイ サダメタ)」＊禁令考-前集・第五・巻四七・明暦三年(1657)六月「当年相改、或は京間六間に、或は五間、其外相定候道はば」発音〈標ア〉ア=メ〈京ア〉0=0 文『あひさだむ』アイ=サダム〈標ア〉ア=ダ〈京ア〉0=0 辞書 文明・日葡 表記 相定(文)

あい-さつ【挨拶】〘名〙(「挨」も「拶」も押すことで、複数で「押し合う」意から)①禅宗で、問答によって、門下の僧の悟りの深浅をためすこと。→一挨一拶。＊文明本節用集(室町中)「挨拶 アイサツ」＊禅林類聚撮要抄(1642)「挨は挨拶と云て推し詰る義也」②手紙の往復、応答のことば。＊上杉家文書-(年未詳)(室町)一二月一六日・長尾景誠書状(大日本古文書一・三四〇)「左衛門大夫進退之事、度々申籠候之処、于ㇾ今是非之挨拶者無ㇾ之候」＊元和本下学集(1617)「南去雁札、北来鯉緘、酬答富ㇾ辞、挨拶得ㇾ便」③交際を維持するための社交的儀礼。㋑人と会った時、別れる時などに

取り交わす儀礼、応対のことばや動作。＊虎明本狂言・眉目吉（室町末‐近世初）「某が子ながらも、さかしひやつじゃほどに、云におよばぬ、心得てあひさつをせひ」＊浄瑠璃・心中刃は氷の朔日（1709）上「『宿におりましたら、渋ゐお茶でも上ませうもの、お残りおほや』とあいさつす」＊尋常小学読本（1887）〈文部省〉四「其時、向ひより、忠次郎の知り人来りて、帽子を脱ぎて挨拶せしに」㋺応答。受け答え。＊寸鉄録（1606）「口ばかりにてあいさつえしゃくよく」＊遍照光院頼慶記‐慶長一三年（1608）一一月一八日「唯是自業自得也、若無二一句之挨拶一者、須レ有二脱衣之礼儀一也」＊洒落本・遊子方言（1770）発端「おかみさま。あれは何かおかしなもので御座りますぞへ。大がいにあいさつをして、おかへし被成ませぬか」＊浄瑠璃・桂川連理柵（おはん長右衛門）（1776）下「嫁女（よめぢょ）の里へもどの顔さげ、どふ挨拶の仕やうが有らふ」＊落語・無学者論（1894）〈禽語楼小さん〉「是れは何うゐふ訳だと聞かれますと何うも其挨拶（アイサツ）に困りますから」㋩社交的な応対。ふるまい。＊申楽談儀（1430）猿楽常住の心得「当道の中に礼を申しける時、『かかる尾籠（びろう）の者はなき』と仰せける也。人のあいさつ大事なるべし」＊歌舞伎・幼稚子敵討（1753）二「お客方は皆これへ来てござるに、なぜ付ていて御挨拶は申しやらぬぞ」㋥儀式、就任、解任などの時、祝意、謝意、親愛の意などを述べること。また、そのことば。＊落語・出世の鼻（1892）〈禽語楼小さん〉「源兵衛澄（すま）し込んで手札（てふだ）を認（したため）て近辺へ挨拶（アイサツ）に出掛けた」＊猫又先生（1919）〈南部修太郎〉「猫又先生は三人の最後に壇上に現れて、赤面しながら挨拶された」㋭発句または連句において、主人または客が、相手に対する儀礼、親愛の気持をこめて句を詠むこと。＊浮世草子・好色万金丹（1694）三・二「つむりつき玉のやうなぞ素露（しろきつゆ）となん挨拶（アイサツ）すれば」＊俳諧・三冊子（1702）白双紙「客発句とて、昔は必ず客より挨拶第一に発句をなす。脇も答るごとくに受けて、挨拶を付侍る也」㋬花柳界で芸妓などが、ちょっと客席に顔を出し、すぐ他の席へ行くこと。〔かくし言葉の字引（1929）〕㋣皮肉や悪意をこめた応答。→ごあいさつ（御挨拶）②。④人と人との関係が、親密になるようにはたらきかけること。㋑とりもち。仲介。紹介。世話。＊浮世草子・日本永代蔵（1688）六・三「夫婦最前の薬師（くすし）を念に思ひ、あひさつせし人に面目かへり見ず頼み」＊浄瑠璃・淀鯉出世滝徳（1709頃）下「ここの妙慶あいさつにて請出す談合きはまると、聞から胸がさわぎ出し、今に心が落ちつかぬ」㋺仲裁。調停。とりなし。＊浄瑠璃・八百屋お七（1731頃か）中「俄に不仲な様子をば聞てさりとは気の毒故、どふぞあいさつ致さうと」＊歌舞伎・幼稚子敵討（1753）三「何じゃ知らぬが半兵衛様の難儀そふな。爰はわしがあいさつして貰やんしゃう」㋩「あいさつにん（挨拶人）」の略。＊浄瑠璃・国性爺合戦（1715）唐船「仲人もない、挨拶ない、二人が胸と胸とに、起請も誓紙もおさめて有る」＊滑稽本・東海道中膝栗毛（1802‐09）八・上「何じゃあろとわしが挨拶じゃ。半分づつわけなされ」⑤人と人との間柄。両者の仲。交際。付き合い。＊日葡辞書（1603‐04）「Aisatno（アイサツノ）ヨイヒト〈訳〉客あしらいのよい人。または気の合った仲間」＊浄瑠璃・公平化生論（1664）二「爰に坊門の右大将すけかたの卿、日比頼義とあひさつもよからねば」＊浄瑠璃・世継曾我（1683）二「さて御存じの如く五郎様とわが事は、いかうわけあるあいさつ」＊浮世草子・武道伝来記（1687）四・一「兼て愛抄（アイサツ）悪敷（あしき）人もやと吟味せしに」⑥仕返しをいう不良仲間の隠語。〔隠語全集（1952）〕 語誌 中国語の原義は、葛長庚の「鶴林問道篇」の「昔者、天子登封二泰山一、其時、士庶挨拶、独召二一県尉一行レ轎而前呼曰、官人来、衆皆靡然」のように、前に在るものを推し除けて進み出る意であるが、禅家において、「碧巌録‐二十三則・垂示」の「至二於衲僧門下一、一言一句。一機一境。一出一入。一挨一拶。要レ見二深浅一、要レ見二向背一」のように、問答によって門下の僧をおしこめる、つまり、問答によってその力量を測る意の語として用いられ、更に、問答→言葉のやりとりと語義が変化して、②以下の意味の用法が派生したものと考えられる。 発音〈なまり〉イヤサツ〔栃木〕エサッ〔鹿児島方言〕〈標ア〉ア〈京ア〉ア 辞書 文明・伊京・天正・饅頭・黒本・易林・日葡・書言・〈ボン〉・言海 表記 挨拶（文・伊・天・饅・黒・易・書・言） 挨拶（へ）

あいさつが上（あ）がる 争いの仲裁、とりなしが打ち切られる。＊歌舞伎・桑名屋徳蔵入船物語（1770）口明「御挨拶が上ったら弟が敵」

あいさつ切（き）る 人との関係を絶つ。縁を切る。絶交する。＊評判記・恋慕水鏡（1682）三・若道にひけて女郎にきらはるる事「染之介があひさつきりしも、つよすぎたるりきみなり」＊浄瑠璃・心中重井筒（1707）中「徳兵衛さま共今はあいさつきったと有、ヲヲヲヲ仕合仕合めでたいこと」＊浄瑠璃・心中天の網島（1720）橋尽し「あいさつきると取かはせしそのふみをほうぐにし、大じの男をそのかしての心中は」

あいさつは時（とき）の氏神（うじがみ） 争いの際のとりなし、仲裁は、氏神が現われたように、ありがたく、好都合なものだから、その仲裁に従うのがよいということ。＊咄本・諺臍の宿替（19C中）七「あいさつは時（トキ）の氏神（ウジガミ）」＊歌舞伎・上総綿小紋単地（1865）三幕「これさ甚九郎さん、挨拶は時の氏神とやらお前も旦那もお腹立もござりませうが、わしが詞もちっとは立て」

あいさつより円札（えんさつ） ことばを尽くしての礼を受けるよりは、金銭をもらったほうがよいの意。挨拶の「拶」と円札の「札」と同音を重ねたしゃれ。

あいさつを上（あ）げる 争いの仲裁、とりなしをやめる。＊歌舞伎・桑名屋徳蔵入船物語（1770）口明「ナニ和田右衛門殿、挨拶あげた程にさう思（おも）やれ」

あいさつ-がら【挨拶柄】〘名〙人との応対にふさわしいことばやふるまい。また、挨拶をする様子。＊人情本・春色連理の梅（1852‐58）三・一八齣「御挨拶柄（アイサツガラ）恐れ入るね」＊人情本・清談若緑（19C中）初・四回「世間の事は些ともしらず、余まり子供でございますから、まア三月でも半年でも、他人の中を見せたらば、些は人への応答（アイサツ）がらも出来るであらう」 発音 アイサツガラ〈標ア〉0

あいさつ-がわり【挨拶代】〘名〙日常のあいさつのかわりに取り交わすことば。また、初対面や訪問のしるしに相手に差し出す物品。＊牛部屋の臭ひ（1916）〈正宗白鳥〉四「『菊代が毎度御厄介になります』と、人の家へ寄ると、高い声で、挨拶がはりにそれを云った」＊解体の日暮れ（1966）〈杉浦明平〉六「バス会社が挨拶がわりに贈った菓子折を」 発音 アイサツガワリ〈標ア〉ガ

あいさつ-ぎれ【挨拶切】〘名〙俳諧の用語。発句で、「に」と「を」、または「に」と「は」などの助詞を用いて、二つの物、あるいは他人と自己とを対応させ、そこで句の意味の切れる修辞となっているもの。＊俳諧・俳諧古今抄（1730）上・再撰貞享式・一「挨拶切、世を旅にしろかく小田の行もどり。人に家を買はせて我れは年忘。此切は全く新製なり。其意いかむとなれば、句情に自他の挨拶ありて、是をそれにとも、それに是はとも、物に対する差別より、挨拶をもて此名とはなせり」＊俳諧・二十五箇条（1736）切字に口伝の事「我は家を人に買はせて年忘れ。あいさつ切といふ。一句に自他の差別ある故なり」 補注 各務支考（かがみしこう）は芭蕉からの伝授とするが、芭蕉一門でこれを説いているのは支考だけであるから、支考の発案になるものか。

あいさつ-きん【挨拶金】〘名〙礼やわびなどのしるしとして相手に差し出す金。＊寄合ばなし（1874）〈榊原伊祐〉初・上「喧嘩といへばかかり合もないに飛出し、仲直りと名付けて振舞をうけたり、挨拶金（アヒサツキン）を貰ふたりして」＊歌舞伎・鏡山錦栬葉（加賀騒動）（1879）五幕「『そんなら、御勘弁なし下さるには』『おお、それは言はずと知れたことだ、挨拶金（アイサツキン）を我々へ』『並べて詫びをするがいい』」

あいさつ-ご【挨拶語】〘名〙人と会った時、別れる時などに儀礼的に取り交わすことば。「おはよう」「こんにちは」「さようなら」の類。＊第4ブラリひょうたん（1954）〈高田保〉サンドリイ・クリスマス「この場合の『クリスマス！』はつまり『おめでとう！』というのと同じで、ただの挨拶語にしかすぎまい」 発音 アイサツゴ〈標ア〉0

あいさつ-ごころ【挨拶心】〘名〙ことばやしぐさで相手に対する敬意や親愛を示し、対人関係を円滑にしようとする心。＊浅草（1931）〈サトウハチロー〉ボクの街・D「ジロリンタンは、右手をあげて敬礼をした。誰もあいさつを返さない。『あいさつ心（ゴコロ）のない奴等だ』」 発音 アイサツゴコロ〈標ア〉ゴ

あいさつ-じょう【挨拶状】〘名〙年賀状、暑中見舞いなど、時候に合わせて儀礼的に出す手紙。また、自己の身辺の状況の変化を広く通知するための手紙やはがき。＊大阪の宿（1925‐26）〈水上滝太郎〉一〇・一「寒暑の挨拶状など出さないでもいいやうな気がする」 発音 アイサツジョー〈標ア〉ツ

あいさつ-づけ【挨拶付】〘名〙連句の一座で、客が詠んだ発句に対して、亭主が応じる脇句（わきく）の付合。発句の意を迎えて、それに穏やかに応答するような付け味からいう。

あいさつ-にん【挨拶人】〘名〙人の間に立ってよいようにとり計らう人。とりなしをする人。仲介者。＊虎明本狂言・岩橋（室町末‐近世初）「又おひまはりて、おひ入にもするぞ、又あひさつ人なしにもする」＊評判記・色道大鏡（1678）二「大郭にして囲職の女郎は、上職の挨拶人（アイサツニン）、太鼓持の相手なれば」＊歌舞伎・日本月蓋長者（1694）二「今夜内へは聟を取る程に、暇で居るならば料理してくれい。俺は挨拶人（アイサツニン）の所へ行くというてお行きやった」＊雑俳・智恵車（1716‐36）「納得さし・あいさつ人の言葉数」 方言 ❶接待役。島根県隠岐島725 ❷挨拶をいつもよくする人。挨拶上手の人。◇あいさつじん 宮崎県東諸県郡954 ❸如才のないおせじ上手の人。◇あいさつじん 鹿児島県肝属郡970 発音〈標ア〉0ツ 辞書〈ボン〉 表記 挨拶人（へ）

あいさつ-ぬき【挨拶抜】〘名〙いきなり話の本題に入ろうとして、社交的な儀礼のことばを省くこと。＊三日間（1929）〈岡田三郎〉「『喧嘩して出て来ちゃったのよ。当分おいて頂戴ね』挨拶（アイサツ）ぬきに云って、マスミはすぐさま着物を脱ぎにかかった」 発音〈標ア〉ヌ

あいさつ-ぶり【挨拶振】〘名〙人とあいさつを交わすときのことばやしぐさの様子。あいさつっぷり。＊多情多恨（1896）〈尾崎紅葉〉後・五・二「お種は挨拶ぶりに少しばかり笑を含む」＊妾の半生涯（1904）〈福田英子〉一〇・三「一別以来の挨拶振（アイサツブ）りも、前年の悪感情を抱きたる様子なく」 発音〈標ア〉0

あいさつ-まわり【挨拶回】〘名〙謝意や敬意などを述べにあちこち回って歩くこと。＊続俳諧師（1909）〈高浜虚子〉四七「後片附をする、親戚へ挨拶廻（アイサツマハ）りをする、何や彼やで一日も休息無しに」＊初稿・エロ事師たち（1963）〈野坂昭如〉一「客へ無沙汰を詫びる挨拶まわりだ」 発音〈標ア〉マ

あいさつ-もの【挨拶者】〘名〙客あしらいのうまい者。あいそのよい人。＊評判記・難波物語（1655）「玉鬘 目もとよくかみうるはし。肥過て、皃（かほ）まるま

るとしたれば、聖徳太子の木ざうのやうなり。あいさつものなり」＊評判記・満散利久佐（1656）大夫「せいひきく、りきみたり、利発者也、こうざい者也、座敷つき、あいさつ者にて、あぢをやりたがる」 発音〈標ア〉[0][ノ]

あいさ-ない【愛想無】〘形〙 方言❶愛想がない。三重県尾鷲587 和歌山県690 704 ❷悪い。三重県北牟婁郡588 ❸あっけない。和歌山市691

あい-さび【藍錆】〘名〙①染色の一つ。藍色の、濃くて赤みを帯びたもの。＊洒落本・当世風俗通（1773）上之令子風「藍（アヒ）さびに赤くうつるかきつひ味噌」②あいさびの色にした織物。薩摩国（鹿児島県西部）から産出する上布絣（じょうふがすり）はこの色を用いた。＊洒落本・酔姿夢中（1779）「半ざらしのあひさびに絹の小紋のひとへ羽織を着」＊狂歌・巴人集（1784）「萩見んとむれつつ来るに藍さびのかすりの衣着ぬ人ぞなき」＊随筆・北越雪譜（1836–42）初・中「模様るゐ或は飛白（かすり）いはゆる藍錆（アヰサビ）といふは塩沢組の村々」 発音〈標ア〉[0]

あいさび-ぞめ【藍錆染】〘名〙藍錆色に染めること。また、その染物。＊洒落本・傾城買指南所（1778）「夏はさらしのあひさび染（ゾメ）などめすだらふ」 発音〈標ア〉[0]

あいさび-まがい【藍錆擬】〘名〙藍錆に似せた縞柄（しまがら）。近江国（滋賀県）高宮より織り出した春日縞の一種。＊万金産業袋（1732）四「春日嶋〈略〉島もやういろいろ、至極見分よきもの也、藍錆（アヒサビ）まがひ、いと桑じま」 発音アイサビマガイ〈標ア〉[マ]

あい-さま【兄様】〘名〙兄。にいさん。＊幡多方言（1828）「兄をあいよと云あいさまとも云」

あい-さみ【相三味】〘名〙（「あいさみせん」の略。「あいじゃみ」とも）「あいじゃみせん（相三味線）」に同じ。＊雑俳・桜多留（1820–27）二「ばち鬢といとびんと相三味」

あい-さみせん【相三味線】〘名〙「あいじゃみせん（相三味線）」に同じ。＊西洋道中膝栗毛（1870–76）〈仮名垣魯文〉三・下「合三味線（アヒサミセン）はよしはらの美佐吉だから」 発音〈標ア〉[サ]

あい-ざめ【藍鮫】〘名〙①アイザメ科の深海性サメの一種。背部は灰色または淡褐色で体長一・五メートルにもなる。日本では関東以南の深海にすむ。肉は刺身、上質のかまぼこの材料とし、肝臓はスクワレンを主体とした肝油を大量に蓄積しており、高級化粧品や健康食品として利用されている。また、皮は刀剣の柄（つか）巻きなどに使われる。近縁の数種をふくめてアイザメということもある。学名はCentrophorus atromarginatus ＊本朝食鑑（1697）九「鮫〈略〉近頃駿豆海浜出㆓阿伊鮫（アイサメ）㆒魚小皮薄不㆑及㆓蛮国産㆒是亦飾㆓刀鞘㆒也」②鮫鞘（さめざや）の一種。フカの皮による鮫皮代用で、色が藍を帯びている。＊宗五大草紙（1528）太刀打刀之作やうの事「をしざめ又あゐざめなどかけたるは、年寄たる人は差れ候し」＊浮世草子・好色一代男（1682）七・二「七所の大脇指、すこし反（そら）して、あい鮫（ザメ）を懸け、鉄の古鍔ちいさく」 方言魚、ひれざめ（鰭鮫）。たろうざめ（太郎鮫）。高知県865 発音〈標ア〉[0] 辞書言海 表記藍鮫（言）

あい-ざもと【相座本】〘名〙近世、人形浄瑠璃、歌舞伎などの演劇で、座本を二人以上で担当したときの称。＊今昔操年代記（1727）上「河内屋加兵衛といふ此道の粋方、操芝居におもひ付、是非くはだてんと豊竹・辰松相座本とし」＊歌舞妓年代記（1811–15）一・寛文四年「玉川しゅぜんと相座本（アヒザモト）にて、つづき狂言、引まく、大道具立始る」

あい-さ・る【相去】〘自ラ四〙（「あい」は接頭語）①互いに遠ざかる。別れ合う。＊書紀（720）雄略九年七月（前田本訓）「其の駿（ときうま）に乗れる者、伯孫が所欲を知りて、仍りて停めて馬を換へ、相辞（あひサリ）て取別（わかれはて）ぬ」＊花柳春話（1878–79）〈織田純一郎訳〉四「終に、別を告て東西に相去る」②互いにへだたっている。離れ合う。＊太平記（14C後）一九・新田義貞落越前府城事「両陣相去る事十余町、中に一の河を隔てつ」＊四河入海（17C前）二・一「一握と云は、天と相去ことが一こぶしほどぞ」＊西国立志編（1870–71）〈中村正直訳〉四・四「大才ある人と、通常の人と、その相（あヒ）去ること幾何もなしと云へり」 辞書文明・日葡 表記相去（文）

あい-さるごう【相猿楽】〘名〙複数の人間が、猿楽をするように掛け合いでおもしろく対話すること。→さるごう（猿楽）・さるがく（猿楽）。＊宝翁規鈔口訣（1462）上之一「釈迦の、蘓秦・張儀が合従連衡のやうに穢土はわるいぞ、あっち浄土へいけいけとて、あいさるかうをせらるるぞ」

あいざわ【相沢・会沢】姓氏の一つ。 発音〈標ア〉[0]

あいざわ-やすし【会沢安】江戸後期の水戸藩の学者。号、正志斎（せいしさい）。字は伯民、通称恒蔵。水戸に生まれ、藤田幽谷に学び、徳川斉昭（なりあき）の教育に従い、文政九年（一八二六）、彰考館（しょうこうかん）総裁、藩校弘道館教授となる。尊王攘夷論を唱え、藩主、斉昭の藩政改革を助け、水戸学の発展に尽くした。著「新論」「迪彝篇（てきいへん）」など。天明二～文久三年（一七八二～一八六三）

あいざわ-じけん【相沢事件】昭和一〇年（一九三五）八月、陸軍中佐相沢三郎が陸軍省軍務局長永田鉄山少将を刺殺した事件。軍部内の統制派に対する皇道派の抵抗で、翌年の二・二六事件への伏線となった。永田事件。 発音〈標ア〉[ジ]

あい-さん【兄様】〘名〙 方言⇩あんこ（兄―）

あい-さん【間三】〘名〙近世、淀川筋で使われた伝道船（てんとうぶね）の一種。本来は四十石船と三十石船の中間の大きさの船をいうが、過書船（かしょぶね）ではのちに小型の三十石船が出現し、これと元三十石船との間の船をいう。＊歌舞伎・三十石艠始（1759）四幕「殊に水車の樋口より抜け出でまいものでも無いとあって、天道、合（アヒ）ざんを以て取巻き、伏勢がござりまする」＊和漢船用集（1766）五・江湖川船之部「間三（アイサン）伝道船也。間三と云は、小三拾石舟と四十石舟との間、三十石舟也」

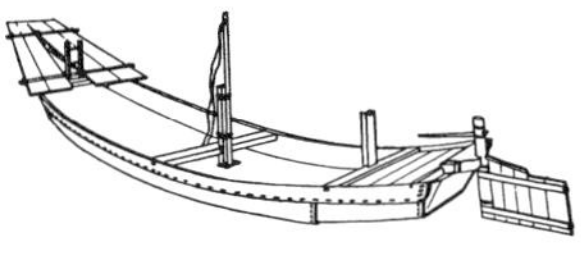

間三〈木村宗右衛門・角倉与一云々書付ほかより〉

あい-さん【愛餐】〘名〙（ギリシア agapē の訳語）キリスト教会でする会食。転じて、人間に対する神の愛、非打算的な愛、キリスト教徒の兄弟愛の意。アガペー。「新約聖書-ユダ書」の大正期の訳で用いた。＊月に吠える（1917）〈萩原朔太郎〉雲雀料理「ささげまつるゆふべの愛餐、燭に魚蠟のうれひを薫じ、いとしがりみどりの窓をひらきなむ」 発音〈標ア〉[0]

あい-さん〘名〙女、婦女子、情婦などをいう、てきや仲間の隠語。〔隠語輯覧（1915）〕

あい-ざん【合算】〘名〙一人が読みあげ、他の何人かが一斉にそろばんを入れること。＊雑俳・頭挿草（1792）「気が散って・合散に乳母しからるる」＊雑俳・腕くらべ（1826）「走り出し・合算に髭揉む丁児」＊合巻・教草女房形気（1846–68）一五・一二段「夜に入りて太郎介が帳合すれば、四人の手代算盤とりて相算（アヒザン）をなす」

あい-ざん【哀残】〘名〙（「哀」は、かなしむ。「残」は、そこなう）かなしんで心身をそこなうこと。かなしみいたむこと。

あいざんけい【愛山渓】北海道上川支庁上川町の温泉。大雪山北側登山口にある。泉質は重曹泉。胃腸病、神経痛にきく。 発音アイザンケイ〈標ア〉[ザ]

あい-し【哀子】〘名〙①父母に死なれ、その喪に服している子。＊礼記-雑記・上「祭称㆓孝子孝孫㆒、喪称㆓哀子哀孫㆒」②母が死んで父だけが残っている子。＊通典-礼・開元礼纂類・凶六・虞祭「読㆓祝日㆒、維年月朔日、子孤子哀子某、敢昭告㆓於考某㆒」

あい-し【哀史】〘名〙かなしい歴史。悲史。＊思出の記（1900–01）〈徳富蘆花〉巻外・六「従姉従妹（いとこふたり）の事は、細かに述ぶれば其れ丈（だけ）で一篇の哀史が出来申候」＊欧米印象記（1910）〈中村春雨〉伯林雑記・八「彼等の経歴は悉く哀史（アイシ）に充てゐるものらしい」 発音〈標ア〉[ア]〈京ア〉[ア]

あい-し【哀糸】〘名〙悲しげな音色の弦楽器。＊六如庵詩鈔-二編（1797）五・暮春与伴蒿蹊春蘭洲遊兎道「不㆑羨哀糸与㆓毫竹㆒、席辺自有㆓百囀鶯㆒」＊杜甫-酔為馬墜諸公携酒相看詩「酒肉如㆑山又一時、初筵哀糸動㆓豪竹㆒」

あい-し【哀思】〘名〙かなしい思い。ものがなしい気持。また、かなしみ思うこと。＊抒情詩（1897）独歩吟〈国木田独歩〉独坐「夜ふけて燈前独り坐す　哀思悠々堪ゆべからず」＊自然と人生（1900）〈徳富蘆花〉写生帖・哀音「ピアノ琵琶の類より卑き楽器に到るまで〈略〉何（いづれ）か吾哀思をばかき起さざる可き」＊史記-万石伝「哭泣哀思、扶杖乃能行」

あい-し【哀詞】〘名〙死者をいたみ、かなしみの気持を表わした文章。＊鵞峰文集（1661か）八〇・哀悼・辻達哀詞并引「悼而垂㆑涙、既葬而永思、思而不㆑止、賦㆓哀詞一篇㆒奠㆓其牌座㆒」＊哀詩序（1893）〈北村透谷〉「燈を剪りて亡友の為に哀詞を綴る」 発音〈標ア〉[ア][0]

あい-し【哀詩】〘名〙かなしいことを歌った詩。かなしみの心を表わした詩歌。＊慶応再版英和対訳辞書（1867）「Elegi-ac, -al 哀詩ノ」＊写生紀行（1922）〈寺田寅彦〉「個体の死に附随する感傷的な哀詩などは考へない方が健全でいいかも知れない」 発音〈標ア〉[ア][0]

あい-し【相支】〘名〙共同で支出すること。または資金を仲間で出し合うことか。＊浮世草子・日本新永代蔵（1713）一・一「肝ふとく最上の銅山を見立て、泉吉と相支（あひシ）にして、ひとのしのして自身に江戸にくだり」

あい-し【相衆・相仕】〘名〙①事を共にする者。仲間。相棒。手下。手伝い。あいしゅ。＊浮世草子・忠孝永代記（1704）五「相使（アヒシ）の伝蔵は、其勇血気にして正道をまもらず」＊浄瑠璃・博多小女郎波枕（1718）上「九右衛門相仕（アヒシ）等招きよせ」＊浮世草子・世間手代気質（1730）二・一「三形（みかた）の何某（なにがし）と相仕（アヒシ）にて、大分の金をもうけられし故に」＊歌舞伎・首尾四谷色大山（大山参り）（1880）「引ぱり凧のお仙坊も、相衆（アイシ）が出来て助かるだらう」②遊里で、二人ずつ組になって席に出た芸者の一方をいう語。芸妓に対して雛妓（すうぎ）をいうことが多い。特に三味線を弾く者を指すこともある。＊歌舞伎・名歌徳三舛玉垣（1801）五立「『そちらの女は』『ハイ、私は木挽丁（こびきちゃう）のおさのでござります』『私はあいしのおきのでござります』」＊滑稽本・大千世界楽屋探（1817）中「『然然（さうさう）主（ぬし）と合衆（アヒシ）の』『さやうさ。私がこじつけて三弦弾（さみせんひき）にして合奏（つるん）で出た男さ』」＊随筆・岡場遊廓考（1842頃）「太夫　男芸者を太夫といふ、二人つつくんで出る也、三絃方を相士といふ」＊随筆・守貞漫稿（1837–53）二〇「見板芸者〈略〉此芸者は二人づつを一組とす『彼と是』『是と彼』と必ず一人を売ず誰の合子に某々の相子に誰と云てあひしと云也」 方言❶相添うこと。共にすること。岐阜県飛騨「あいしで行く」502 ❷妻。連れ合い。新潟県西頸城郡385 富山県下新川郡391 ❸夜店や賭博（とばく）の顧客を装った仲間。さくら。島根県簸川郡・出雲市725

あい-し【間紙】〘名〙印刷物の間にはさんで、インクの汚れを防ぐ紙。発音〈標ア〉0

あい-し【愛士】〘名〙部下の者を愛すること。＊今昔較(1874)〈岡三慶〉上「織田氏早く愛士の徳能天下を得るに足る事を悟り」＊漢書-張良伝「今聞、太子仁孝、恭敬愛レ士」

あい-し【愛子】〘名〙①「あいじ(愛児)」に同じ。＊続日本紀-大宝三年(703)閏四月辛酉「其蓄君雖レ居二異域一、至二於覆育一、允同二愛子一」＊宇津保(970-999頃)俊蔭「父母があいしとして、一生にひとり子なり」＊保元(1220頃か)上・新院御謀叛思し召し立たるる事「入道殿の公達の御中に、ことさら愛子にてましましけり」＊浮世草子・世間子息気質(1715)一・二「愛子(アヒシ)の事なれば今までは見ぬ貌してゐられしが」＊日本読本(1887)〈新保磐次〉六「富家の僕は貧家の愛子に及ばざるなり」＊春秋左伝-昭公二二年「昔成季友桓之季也、文姜之愛子也」②子供をかわいがること。＊金刀比羅本保元(1220頃か)上・後白河院御即位の事「近衛院は第八の御おとと、当(たう)はらのみや、愛子(アイシ)の道をうけさせましますによって」辞書日葡・書言・ヘボン・言海 表記愛子(書・ヘ・言) 発音〈標ア〉ア

あい-し【愛視】〘名〙かわいいと思って見ること。いつくしんで目をかけること。＊花柳春話(1878-79)〈織田純一郎訳〉五一「子を愛視するの厚きに由る」＊新唐書-太穆竇皇后伝「后於二諸子中一愛視最篤」

あいし〘感動〙はやしことばの一種。神楽歌の小前張(こさいばり)歌謡に見える止め拍子のことば。小前張中、「薦枕(こもまくら)」「賤家(しずや)の小菅(こすげ)」「磯良崎(いそらがさき)」「細波(ささなみ)」の歌の終わりだけに見える。＊神楽歌(9C後)小前張・薦枕「〈又末返〉その贄人(にへひと)ぞ その贄人(にへひと)ぞ 鴫(しぎ)突き上る 網下し 小網(さで)さし上る〈本方〉安伊志(アイシ)安伊志(アイシ)〈末方〉安以之(アイシ)安以之(アイシ)」方言牛馬を左に方向転換または前進させる時に掛けることば。岡山県苫田郡748

あい-じ【哀辞】〘名〙死者をいたみ、その悲しみの心を述べた文章。または詩。中国では、一つの文体として、韻をふむなどの法則にしたがってつくった。＊鵞峰文集(1661か)七六・哀悼・井上幽山老人哀辞并引「聞二其訃一、不レ堪二哀痛一、裁二哀辞一章一、以供二其墓前一」＊将来之日本(1886)〈徳富蘇峰〉一「朕が後には洪水あらんとは是れ路易第十五世が死に垂んとして仏国の将来を預言したるの哀辞なり」＊文心彫龍-哀弔「漢武封禅、而霍子侯暴亡、帝傷而作レ詩、亦哀辞之類矣」発音〈標ア〉ア 0

あい-じ【相地】〘名〙①一定の共有地を耕作する同族。②一軒の家に世帯を分けて同居する血族。③「あいじひゃくしょう(相地百姓)」の略。方言近親の一族。長野県北安曇郡474

あい-じ【挨次】〘名〙(副詞的にも用いる)順繰りにすること。順次。＊米欧回覧実記(1877)〈久米邦武〉二・二九「染糸家に、一染より数十染まで、染糸を箱に挨次して示す」＊米欧回覧実記(1877)〈久米邦武〉二・三五「第三盤の末に至り、挨次に其白毛を収め、一条の大糸となす」＊醒世恒言-灌園叟晩逢仙女「請二十八姨居二於上席一、衆女挨次而坐」

あい-じ【愛字】〘名〙(「字」は「慈」に同じ)愛しいつくしむこと。かわいがって情けを掛けること。＊花柳春話(1878-79)〈織田純一郎訳〉付録五「卿請ふ、此の意を含んで吾が児を卿の児の如く愛字(アイジ)せよ」

あい-じ【愛児】〘名〙親がかわいがっている子。たいせつにしている子。いとしご。愛子。＊花柳春話(1878-79)〈織田純一郎訳〉三〇「アリスの独立して愛児を育し」＊わかれ(1898)〈国木田独歩〉「愛児(アイジ)を失ひし人は始めて死の淵の深きに驚き悲むと言ひ伝ふ」発音〈標ア〉ア〈京ア〉ア

あい-じ【藍地】〘名〙紋や縞(しま)、絣(かすり)などの模様以外の部分の色が藍である生地(きじ)。＊二人女房(1891)〈尾崎紅葉〉上・六「藍地(アヰヂ)に紺万筋(こんのまんすぢ)の嘉平治も」発音〈標ア〉0

アイ-シー【IC】〘名〙(英 integrated circuit の略)多くの電子的素子が一個の基板の内部または表面に分離不能の状態で結合されている、超小型構造の電子回路。集積回路。発音〈標ア〉シ

アイシー-カード【IC―】〘名〙(カードは英 card)ICやLSIを組み込んだカード。キャッシュカードなどに利用する。

アイ-シー-ビー-エム【ICBM】〘名〙(英 intercontinental ballistic missile の略)大陸間弾道弾。発音〈標ア〉エ

アイ-シー-ユー【ICU】■一〘名〙①(英 intensive care unit の略)重症患者に対して、医師・看護婦が医療設備を駆使して連続的な治療や処置を行なう治療室。集中治療室。②(英 interface control unit の略)コンピュータの、インターフェイス制御装置。■二(International Christian University の略)「こくさいキリストきょうだいがく(国際基督教大学)」の略称。

アイ-シェード〘名〙(英 eyeshade)上方からの光線が目に入らないようにするために、額につけるひさしのようなもの。サンバイザー。＊アルス新語辞典(1930)〈桃井鶴夫〉「アイ・シェード 英 eye-shade〔庭球〕光線を避けるために用ひる庇つきのゴムまびさし」発音〈標ア〉シェ

あい-しお【合塩】〘名〙「あえしお(韲塩)」に同じ。＊虎明本狂言・麻生(室町末-近世初)「是があいしほで、かやうにいたさでは、ごたいがつきませぬ」

あい-しお【間潮】〘名〙方言⇩わいしお(―潮)

あい-し・く【相如・相若】〘自カ四〙(「あい」は接頭語)性質や状態などが互いに匹敵する。＊春泥(1928)〈久保田万太郎〉三羽鳥・一「ぞんきな、一トすぢな料簡をもつことにおいて西巻はかれより二十幾つも若い田代と相如(アヒシ)くものがあった」＊読書放浪(1933)〈内田魯庵〉東西愛書趣味の比較・四「年代に於ても荘厳に於ても尚古の味ひに於て殆ど相若(シ)くものがある」辞書文明 表記相若(文)

あい-じ・する【相持】〘自サ変〙図あひぢ・す〘自サ変〙(「あい」は接頭語)互いに均衡を保つ。＊詩辨(1891)〈内田魯庵〉「若し詩にしてコリエルが所謂或るものなからしめば美術の一として何ぞや絵画彫刻等と相持(アヒジ)するを得んや」＊灰燼(1911-12)〈森鴎外〉一三「節蔵に対して、相持して下らない地歩を占めようとする心持が」

あい-した【藍下】〘名〙藍で下染めすること。黒を染める場合に用いる。

あい-したが・う【相従】■一〘自ハ四〙(「あい」は接頭語)①「したがう」の改まった言い方。他のものごとに伴ってあることをする。また、先例や予定に従ってものごとを行なう。＊権記-寛弘八年(1011)八月二七日「荷前之儀如レ此、可二相准一也」＊風姿花伝(1400-02頃)四「大和国春日御神事相随(アヒシタガフ)申楽四座、外山(とび)、結崎(ゆふざき)、坂戸、円満井(ゑんまんじ)」②ともに後からついて行く。随行する。＊太平記(14C後)二一・塩冶判官讒死事「郎等共が乗ったる馬疲れて、さらにはたらかざりければ、道に乗り捨て歩跣(かちはだし)にて相従ふ」＊日葡辞書(1603-04)「Aixitagai, ŏ, ŏta(アイシタガウ)」■二〘他ハ下二〙(室町時代ごろからヤ行に活用する例も見られる)供につれて行く。率いる。＊太平記(14C後)二〇・義貞自害事「纔に五十余騎の勢を相従へ、路をかへ畔を伝ひ、藤島の城へぞ向はれける」＊日葡辞書(1603-04)「Aixitagaye, yuru, eta(アイシタガユル)」発音アイ=シタガウ 図アイ=シタゴーとも〈標ア〉ア=ガ(ゴ) 辞書色葉・文明・日葡 表記尾従(色) 相随(文)

あい-したし・い【相親】〘形口〙図あひした・し〘形シク〙(「あい」は接頭語)互いに親しい。互いに仲がよい。＊足利本論語抄(16C)郷党第十「褻はなる別に無二等閑一相したしいぞ」発音アイ=シタシイ〈標ア〉ア=シ2ア

あい-したし・む【相親】〘自マ四〙(「あい」は接頭語)互いに仲よくする。＊文明本節用集(室町中)「相親 アイシタシム」＊悪魔(1903)〈国木田独歩〉八「布浦武雄と相親(アヒシタ)しむこと益々深し」辞書文明 表記相親(文)

あい-しつ【合室】〘名〙同じ室。同室。＊黄昏に(1912)〈土岐哀果〉「合室(アヒシツ)の患者のことを、をかしげに語るわが友の、頬のやつれかな」発音〈標ア〉0

あい-じつ【愛日】〘名〙①(「春秋左伝-文公七年」の「趙衰冬日之日也、趙盾夏日之日也」の注に「冬日可レ愛、夏日可レ畏」とあるところから)愛すべき日光。また、冬の日光の異称。＊本朝文粋(1060頃)一三・為左大臣供養浄妙寺願文〈大江匡衡〉「蒙霧開、愛日暖、可レ謂二天地和合、風雨不レ違」＊済北集(1346頃か)三・漫興「愛日南窓明又暖、穏乗二朝気一註二楞伽一」＊寛斎先生遺稿(1821)四・冬温「烘レ窓愛日気如レ蒸、不レ覚抄レ書至レ点レ燈」＊西国立志編(1870-71)〈中村正直訳〉一一・二八「高山の上より俯して平地を見ば狂風暴雨瞋怒を縦(ほしいまま)にすれども、已れは愛日和風の中に行歩せり」＊駱賓王-在江南贈宋五之問詩「温輝凌二愛日一、壮気驚二寒水一」②(「愛」は「おしむ」の意)日時を惜しむこと。＊大戴礼記-曾子立事「君子愛レ日以学、及レ時以行」③(「揚子法言-孝至」の「事二父母一自知レ不レ足者、其舜乎。不レ可二得而久一者、事レ親之謂也。孝子愛レ日」から)父母に孝養を尽くすために日時を惜しむこと。転じて、孝心の深いこと。発音〈標ア〉0 辞書書言 表記愛日(書)

あい-じに【相死】〘名〙互いに相手を傷つけ合って、ともに死ぬこと。＊俳諧・広原海(1703)一八「相死の喧嘩の跡に公事はなし」

あいじ-ひゃくしょう【相地百姓】〘名〙田畑を多く所持しても本百姓の身分を取得できない新興の百姓。相地。＊軒役割覚書(1762)長野県小県郡踏入村「軒役所持無之百姓、譬ば拾貫、弐拾貫文地所持仕候ても合地百姓と唱、支配米半高の貫文ならでは割遣不申候」

あい-じま【藍縞】〘名〙①藍色の縞模様。また、その織物。＊洒落本・古契三娼(1787)「近所のおさな子かりよせても人みしりして、こはく丹後の藍縞(アイジマ)に小便を置き土産にして帰れば」＊随筆・北越雪譜(1836-42)初・中「魚内郡の内にて縮をいだすこと一様ならず、村によりて出す品にさだめあり。〈略〉藍縞(アヰジマ)は六日町組の村々」＊今戸心中(1896)〈広津柳浪〉一「黒七子(くろななこ)の三紋(みつもん)の羽織に、藍縞の節糸織(ふしいとおり)と白っぽい上田縞の二枚小袖」②「あいじま(藍縞)の魚」の略。＊雑俳・柳多留-六九(1817)「藍嶋のかた身泪の辛子味噌」発音〈標ア〉0

あいじま の 魚(うお)(背の縞模様が似ているところから)カツオをいう。＊雑俳・柳多留-一二九(1800)「藍縞の魚給より直が高し」

あい-じまん【逢自慢】〘名〙その人に会うのを自慢すること。遊女がその客に会うのを誇らしげにすること。＊浮世草子・好色盛衰記(1688)一・三「はじめの程は名代を吟味せし太夫も、いつとなく首尾してもってひらきて、相自慢(あひジマン)」

あいし-め【愛目】〘名〙愛敬のある目つき。にこやかで、親しみやすくかわいらしいまなざし。＊落語・汽車の白浪(1900)〈六代目桂文治〉「愛嬌のある、俗に愛(アイ)し目(メ)と申しまして、斯う其の色気を含んで、何(ど)うも気の有りさうな按排でございます」発音

〈標ア〉0 メ

あい‐しもかぜ【―風】〘名〙方言 ⇩あいのかぜ（―風）

あい‐しゃ【秋沙】〘名〙「あいさ（秋沙）」に同じ。＊伊達家文書‐天正二年(1574)一二月二五日・伊達輝宗日記(大日本古文書一・二九二)「のへ出候。やちより川へつゐて、まかも二、あいしゃ一、たかふ一合候」

あい‐しゃ【間遮】〘名〙「あいごま（間駒）」に同じ。

あい‐しゃ【愛社】〘名〙自分の属する会社に愛着をもち、尽くすこと。「愛社精神」 発音〈標ア〉0

あい‐しゃ【愛車】〘名〙自分が大事にしている自動車や自転車。マイカー。＊虚実(1968‐69)〈中村光夫〉大の虫「政彌が旧型のトヨペットの愛車にのって、勝造と尚一を築港見物に誘ひに来た」 発音〈標ア〉0

あい‐じゃく【相酌】〘名〙給仕がなく、互いに酌をしあって酒を飲むこと。＊雑俳・玉柏(1744)「相酌に夫婦廬山の遅ざくら」＊俚言集覧(1797頃)「相酌をすると中たがふ」＊太郎坊(1900)〈幸田露伴〉「其娘と相酌(アヒジャク)でもして飲むやうな心持で」 発音〈標ア〉0

あい‐じゃく【愛惜】〘名〙①「あいせき（愛惜）」に同じ。＊正法眼蔵(1231‐53)夢中説夢「頭目、髄脳、身肉、手足を愛惜することあたはず。愛惜せられざるがゆゑに、売レ金須二是買一レ金人一なるを、玄之玄といひ」＊日誌字解(1869)〈岩崎茂実〉「愛惜 アイシヤク メデオシム」②「あいじゃく（愛着）」に同じ。＊今昔(1120頃か)一・三「此の人、世に有て五欲に貪着し、財宝を愛惜して、更に无常を不悟(さとら)ず」＊歌舞伎・傾城忍術池(1785)発端「浮世の愛惜(アイジャク)、切って捨つれば一念発起」＊当世書生気質(1885‐86)〈坪内逍遥〉七「其情に溺るるものは、所謂(いはゆる)恋情に迷ふものにて、愛惜(アイジャク)の絆(きづな)に長く繋がれ」 発音〈標ア〉0 辞書 書言 表記 哀惜(書)

あい‐じゃく【愛着・愛著】〘名〙①仏語。愛情に執着すること。人や物に心がとらわれて、どうしても思い切れないこと。愛染。＊色葉字類抄(1177‐81)「愛着 アイチャク」＊発心集(1216頃か)八・或武士母怨子頓死事「男女に愛著して命を捨て」＊徒然草(1331頃)九「まことに愛著の道、その根ふかく、源とほし」＊文明本節用集(室町中)「愛著 アイヂャク」＊日葡辞書(1603‐04)「アイシュウ。すなわち、フカク aigiacu (アイヂャク) スル」＊仮名草子・二人比丘尼(1632頃)上「火はしんゐのほむらと成りてむねをやき、水はゐんよくのたねとなりて、あいじゃくにおぼれて、くがいにしづむなり」＊浮世草子・新可笑記(1688)二・二「諸神に祈誓の七夜まちをけだいなく天子にまみゆる事を願はせ給ひぬ。是身の程を思へる愛着(アヒチャク)の道にあらず」＊六十華厳経‐二五「不レ能レ乾二竭愛著大海一」②(「あいちゃく」とも) 自分に関係があるものに心がひかれること。また、そういう気持。＊広益熟字典(1874)〈湯浅忠良〉「愛著 アイチャク キニイリキッタ」＊経国美談(1883‐84)〈矢野龍渓〉前・三「時々微笑する時は和気面に溢れ人をして愛着せしむるに足るものあり」＊蓼喰ふ虫(1928‐29)〈谷崎潤一郎〉六「彼女自身はそんなものに今では大した愛着もないのであるから」＊雪国(1935‐47)〈川端康成〉「冬ごもりの月日の手仕事だから念を入れ、製品には愛着もこもったたらう」 語誌 (1)元来は、①の意で、仏道の障害となるものとされた。読みも呉音によるアイヂャクが本来である(チャク(着)が連濁によって濁るとするのは誤り)。(2)わが国でも古くは仏教に関わる意味や仏教色の濃い文脈で用いられ、害悪の要因としてのマイナスの意味を伴う。特に男女の愛情についていう例が多い。(3)一七世紀前半の「四河入海」には、マイナスの意味を伴いながらも仏教色のうかがわれない用法や、マイナスの意味を伴わない用法が現われて来る。(4)江戸時代では西鶴の「浮世草子・新可笑記」に仏教色の無い用法が見えるが、マイナスのニュアンスを含む男女間の愛情に関わっている。(5)漢音読みのアイチャクは、明治に入ってから多くなる。 発音〈標ア〉0〈京ア〉0 辞書 色葉・文明・易林・日葡・書言・ヘボン・言海 表記 愛著(文・易・書・ヘ) 愛着(色・言)

あいじゃく‐じひしん【愛着慈悲心】〘名〙仏語。愛着の心から起こす仏道の妨げとなる慈悲心。愛見の大悲ともいう。＊大観本謡曲・熊坂(1514頃)「されば愛着慈悲心は、達多が五逆に勝れ、方便の殺生は、菩薩の六度に優れりとか」 発音〈標ア〉ヒ

あいじゃく‐しょうじ【愛着生死】〘名〙仏語。苦しみの多いこの世の無常を悟らないで、生死を繰り返すこの世に執着すること。＊十訓抄(1252)九・大江朝綱願文事「是、偏(ひとへ)に愛著生死の業なれども、木石ならぬ身の習ひにて、此の恨にしづむ類、古今数を知らず」 発音 アイジャクショージ〈標ア〉ショ

あいじゃく‐しん【愛着心】〘名〙愛情にひかされて、どうしても思い切れない心。物などに愛着を感じる気持。＊浄瑠璃・摂州合邦辻(1773)下「両眼盲(し)いたる其上に、かかるけやけき姿をば、お目にかけなば母上の、愛着心は切れもやせん」＊泥人形(1911)〈正宗白鳥〉四「いらいらした母親に対して些しも愛着心はなかったが」 発音〈標ア〉ク

あい‐じゃくや【相借家】〘名〙「あいだな（相店）」に同じ。＊浮世草子・好色床談義(1689)二・下女はしたの好色「又あい借屋の興介もかんにんしかねて、山の神を引おこして思はずよだれをながさせける」＊滑稽本・指面草(1786)中「窃(ひそか)に相借屋(アヒジャクヤ)の女見を頼み、吉原へ百両に身を売り」＊洒落本・古契三娼(1787)「おなじ川竹の末葉とて合借家(アイジャクヤ)同士の心安さ」 方言 間借り。新潟県佐渡

352 **あい‐じゃくり【合決・合抉】**〘名〙「あいがき（合欠）」に同じ。

あいじゃくり‐ばり【合決張】〘名〙板の張り方の一つ。合欠(あいがき)の方法で張ったもの。天井板張り、床板張り、腰板張りなどに用いられる。

アイ‐シャドー〘名〙(英 eye shadow)《アイシャドウ》目もとに陰影をつけるために、まぶたに塗る青色、灰色などの化粧料。＊モダン化粧室(1931)〈ハリー牛山〉「鈴を振った様に涼しい眼を大きく見せる為に、アイシャドウをつけて見るといふ所に、近代美容は進んで来ました」＊いやな感じ(1960‐63)〈高見順〉四・四「アイ・シャドーのせいかもしれないが、たしかに青い炎のような、ツンと俺の眼を刺す光を俺は見た」 発音〈標ア〉シャ〈京ア〉シャ

あい‐じゃみせん【相三味線】〘名〙三味線音楽で一人の唄い手と常にいっしょに演奏する息の合った三味線ひき。あいさみせん。 発音〈標ア〉ジャ

あい‐しゅ【相衆・合衆】〘名〙①「あいし（相衆）①」に同じ。＊人情本・柳之横櫛(1853頃)四・一九回「子分の治郎蔵が相(アヒ)しゅの八摩と顔見合せ」＊歌舞伎・夜討曾我狩場曙(1874)序幕「それに引替へ祐成さまは、昨日より廓へござってお帰りなきゆゑ、十作がお迎ひに参ったが彼にも相衆(アイシウ)がある様子」②「あいし（相衆）②」に同じ。＊安愚楽鍋(1871‐72)〈仮名垣魯文〉二・下「わちきなんざァ十三のとき北廓(なか)でひろめをしてやかましい合(アヒ)しゅにひきまはされて」

あい‐しゅ【間酒】〘名〙新酒と寒前酒との間の時期に醸造する酒。＊日本山海名産図会(1799)一・造醸「酒は新酒 秋彼岸ころよりつくり初(そめ)る 間酒(アイシュ) 新酒、寒前酒の間に作る 寒前酒、寒酒」＊日本山海名産図会(1799)一・造醸「間酒(アイシュ)はもと入(いれ)より四十余日、寒前は七十余日、寒酒は九十日にして酒をあくるなり」 発音〈標ア〉0

あい‐しゅ【愛主】〘名〙大切に思っている主君、主人。＊経国美談(1883‐84)〈矢野龍渓〉前・三「年久しく給事せし愛主の不幸に」

あい‐しゅ【愛酒】〘名〙酒を好むこと。また、その人。＊古今著聞集(1254)一八・六二四「鳥羽院御位のとき、在良朝臣御侍読にて常にまゐりけるに、時々酒をのませられけるは、かの朝臣愛酒にて侍りけるにや」＊上井覚兼日記‐天正一三年(1585)九月二三日「甲斐大和守拙宿にて寄合候、〈略〉愛酒にて候間、良久酒宴共也」＊日葡辞書(1603‐04)「Aixu (アイシュ)〈訳〉酒好きの人」＊李白‐月下独酌詩「天若不レ愛レ酒、酒星不レ在レ天」 発音〈標ア〉0 辞書 文明・易林・日葡 表記 愛酒(文・易)

あいじゅ【愛寿】 謡曲。四番目物。廃曲。作者不詳。佐藤忠信は、吉野からのがれて、都の愛寿御前のもとに忍んでいたが、討っ手に襲われ、愛寿とともに自刃する。愛寿忠信。 発音〈標ア〉ア

あい‐じゅ【愛樹】〘名〙気に入ってよく世話をしている木。＊人情本・貞操婦女八賢誌(1834‐48頃)初・五回「梢の中に青梅の、枝たはむまで実を結ぶ、是れさへ母の愛樹(アイジュ)ぞと」＊落語・春雨茶屋(1898)〈四代目橘家円蔵〉「其清涼殿の前(まい)に御愛樹(アイジュ)の梅の木が有った」 発音〈標ア〉ア

あい‐しゅう【哀愁】〘名〙なんとなく心にはいりこんでくるうら悲しい感じ。もの悲しさ。＊文明本節用集(室町中)「哀愁 アイシウ」＊日葡辞書(1603‐04)「Aixŭ (アイシュウ)。カナシミ ウリョウ」＊帰去来(1901)〈国木田独歩〉一八「秋気漸く動く頃が尤も哀愁(アイシウ)の深きを催すなるに」＊黴(1911)〈徳田秋声〉五〇「薄暗い家のなかからは、しめやかな爪弾(つまびき)の音などが、旅客の哀愁をそそった」 発音 アイシュー〈標ア〉0〈京ア〉0 辞書 文明・日葡 表記 哀愁(文)

あい‐しゅう【愛執】〘名〙仏語。愛するものに心ひかれて心が自由にならないこと。愛情、愛欲に執着すること。愛着。＊源氏(1001‐14頃)夢浮橋「もとの御契りあやまち給はで、あいしふの罪をはるかし聞え給て」＊平家(13C前)一〇・首渡「閻浮(ゑんぶ)愛執の綱つよければ、浄土をねがふも物うし」＊貞享版沙石集(1283)七・六「これも男子は愛執のうすきならひなるべし」＊謡曲・江口(1384頃)「またある時は声を聞き、愛執の心いと深し」 発音 アイシュー〈標ア〉0 辞書 易林・日葡・書言・言海 表記 愛執(易・書・言)

あい‐しゅう【愛習】〘名〙愛着の心をおこす習性。＊江都督納言願文集(平安後)五・定子天王寺舎利供養「衣起二浮花一、以断二一身之愛習一」＊私聚百因縁集(1257)六・一三「人常に生界の無常を観じて愛習(アイシフ)の心に留まること勿れ」＊貞享版沙石集(1283)八・一六「只愛習怨心のつたなき思ひをやめて、無念寂静の妙(たへ)なる道に入る」＊雑談集(1305)三・愚老述懐「心中に愛習(アイシフ)深く思ひ染みぬる事は、何(いか)に制すれども、隠れ忍びても寄合て邪行これあり」 辞書 色葉・易林 表記 愛習(色・易)

あい‐じゅう【愛獣】〘名〙かわいがっている動物。＊随筆・耳嚢(1784‐1814)四・疱瘡神狆に恐れし事「渠は主の愛獣也。主は留守なればとり除る事叶ひ難し」 発音 アイジュー〈標ア〉0

あいしゅう‐ぶか・い【哀愁深】〘形口〙文 あいしうぶか・し〘形ク〙もの悲しい感じが強く感じられるさま。＊秋立つまで(1930)〈嘉村礒多〉「カツ子の引き留める声が哀愁深く聞えた」 発音 アイシューブカイ〈標ア〉カ

あいしゅ‐か【愛酒家】〘名〙酒を飲むのを好む人。酒好きの人。＊第2ブラリひょうたん(1950)〈高田保〉内閣打倒・上「愛酒家というものは、不機嫌のとき酒を愛することによって機嫌直しをすることができる」 発音〈標ア〉0

あい-しゅく【間宿】『名』「あいのしゅく(間宿)①」に同じ。＊歌舞伎・染繰竹春駒(1814)三幕「知りなさんす通り、関と坂の下の妥(ここ)は間宿。お泊りのあらう筈がござらぬわいの」

あい-じゅつ【哀恤・愛恤】『名』(目上の者が目下の者を)慈しみあわれむこと。あわれみ、恵むこと。＊山城大徳寺文書-建久三年(1192)三月日・後白河院庁下文案(鎌倉遺文二・五八四)「代々聖上必垂二哀恤一」＊童子問(1707)中・二九「徒知駆逐使令之而無哀恤惻憫心」＊万国公法(1868)〈西周訳〉四・一「凡て此等の告訃を受る時は、典礼を修し慶賀哀恤の意を表し、以て是に答す」＊春秋左伝注-文公一三年「鴻雁、詩小雅、義取四侯伯哀二恤鰥寡有一征行之労上」

あい-じゅん【愛順】『名』他人を愛し信じること。＊雑談集(1305)四・瞋恚の重障たる事「されは愛順(アイシュン)大悲、故罪為劣と云へる此の意也」

あい-しょ【愛書】『名』①本が好きであること。また、本をだいじにすること。「愛書家」＊読書放浪(1933)〈内田魯庵〉東西愛書趣味の比較・一〇「且日本人の愛書の趣味は茶人的で、秘めて独りで楽むのであって西洋のやうに開放的で無い」②好きな本。たいせつにしている本。発音〈標ア〉0〈京ア〉0

あい-じょ【哀恕】『名』あわれんで、過ちなどを許すこと。＊或る女(1919)〈有島武郎〉後・四一「歎願するやうに哀恕(アイジョ)を乞ふやうに古藤や倉地や愛子までを見まはした」

あい-じょ【愛女】『名』「あいじょう(愛嬢)」に同じ。＊読本・近江県物語(1808)一・せいがいは「御愛女(アイジョ)をさへ給はらんこと、身にとりてかたじけなく、有がたき事にこそ存候へ」＊暴夜物語(1875)〈永峰秀樹訳〉発端「此処に其愛女を失ふて悲泣(かなしみ)に堪へざる一父あれば」

あい-じょ【藹如】『形動ナリ・タリ』(「藹」は、茂る意)草木が盛んに茂るさま。また、気分などがおだやかなさま。＊米欧回覧実記(1877)〈久米邦武〉一・一四「遙に向岸なる林丘を望めば、清嵐を籠めて藹如なり」＊韓愈-答李翊書「仁義之人、其言藹如也」

あい-しょう【合症】『名』薬などが、患者の病状にうまく合うこと。＊不言不語(1895)〈尾崎紅葉〉三「何がな御対症(アヒシャウ)の薬もと」

あい-しょう【哀唱】『名』かなしい気持で詩や歌をうたうこと。沈んだ気持で詩や歌を唱えること。＊抒情詩(1897)独歩吟〈国木田独歩〉序「暮鐘を聞いては西行を哀唱す」＊蘇軾-竹枝歌「屈原已死今千載、満船哀唱似二当年一」発音アイショー〈標ア〉0

あい-しょう【哀傷】『名』(「あいじょう」とも)①物事に感じ、悲しみいたむこと。悲しく深い物思いに沈むこと。悲哀。＊万葉(8C後)一・八・左注「天皇御二覧昔日猶存之物一、当時忽起二感愛之情一、所以因製二歌詠一為二之哀傷一也」＊色葉字類抄(1177-81)「哀傷 カナシヒイタム アイシャウ」＊日葡辞書(1603-04)「Aixŏ(アイシャウ)。カナシミ イタミ」＊経国美談(1883-84)〈矢野龍渓〉後・一八「国人が敗聞の為に実に落胆哀傷せば」②特に、人の死を悲しみいたむこと。哀悼。哀戚。＊万葉(8C後)三・四二三・題詞「石田王卒之時山前王哀傷作歌一首」＊古事談(1212-15頃)三・性信親王令蘇生伊綱女子給事「最愛女子五歳夭亡。不レ堪二哀傷一」＊愚管抄(1220)三・冷泉「昔は徳有る人のうせたるには、挙哀といひて集まれる人、声をあげて哀傷することありけれど」＊読本・椿説弓張月(1807-11)続・四五回「母親を殺され、胎内の児(こ)さへ、彼(かの)老婆が奪ひ去たりとおぼしきに、哀傷(アイジャウ)のやるかたなき、いへばさら也」＊漢書-匡衡伝「陛下秉二至孝一、哀傷思慕不レ絶二於心一」③和歌、連歌、俳諧、漢詩などで、作品を内容の面から分類する時の部門の一つ。死を悲しみいたむ心を詠んだものを収める。＊後撰(951-953頃)二〇「慶賀　哀傷」＊太平記(14C後)三三・将軍御逝去事「新千載集を撰ばれけるに、委細の事書を載せられて、哀傷(アイシャウ)の部にぞ入れられける」＊実隆公記-文明六年(1474)一〇月一五日「一昨日哀傷尺教御歌等被レ遊了」＊無言抄(1598)下・八「哀傷。霞の谷、塩干山、山の霞　句によるべし　かへらぬ道」＊俳諧・和漢文操(1723)六・記類・紙衾記〈芭蕉〉「古きまくら、古きふすまは、貴妃がかたみより伝へて、恋といひ哀傷とす」④能において、世阿彌が分類した五音曲の一つ。あわれに美しく、涙をもよおす曲趣を内容とした曲。恋慕、亡憶などを主題とした曲。＊五音曲条々(1429-41頃)「音曲に祝言、幽曲、恋慕、哀傷、蘭曲の五音曲是あり。〈略〉哀傷とは是又あはれに感涙を催す心体なるべし。無常音の曲聞なるべき也」語誌(1)③の詩歌集の部立てとしては、中国の「文選」からはじまり、勅撰漢詩集の「文華秀麗集」を経て、「古今和歌集」では巻一六に哀傷歌があり、以後の和歌集の部立てにしばしば見える。(2)「文選」では死別・生別の悲しみ、乱世の嘆き、遺跡で往時をしのんでの感慨など、広く各種の悲哀の情を歌った詩を含むが、和歌集では死の悲しみや無常観を詠んだ歌がほとんどである。「万葉集」でも題詞・左注で「哀傷」という語自体は用いられているが、部類の名称としては「挽歌」が用いられている。発音アイショー〈標ア〉0〈京ア〉0 辞書色葉・文明・日葡・書言 表記哀傷(色・文・書)

あい-しょう【相性】『名』①男女、また、主従、友人などの間において、相互の性格が合うこと。本来は、陰陽五行説で、人の生まれ年を五行にあて、木と火、火と土、土と金、金と水、水と木は、その性が合うとして、男女の縁組を定めたことから出たもの。相生(そうじょう)。↔相剋(そうこく)。＊玉塵抄(1563)六「鳳の梧、鶴の松は縁木なり。あいしゃうがあるぞ」＊日葡辞書(1603-04)「Aixŏ(アイシャウ)〈訳〉それに応じて多くの人が和合し融和する生来の性格」＊俳諧・犬子集(1633)三・蛍「水と火の相性もよき蛍かな〈望一〉」＊浄瑠璃・暦(1685)一「あひしゃうよくば入聟(いりむこ)にと言へば」＊雑俳・柳多留-六(1771)「相(あイ)しゃうは聞たし年はかくしたし」②(比喩的に)料理などの取り合わせ。方言調和すること。人にも物にもいう。◇ええしとも。新潟県佐渡352 発音アイショー〈なまり〉アイシ〔越後・新潟頸城〕〈標ア〉ショ〈京ア〉イ/ア 辞書文明・伊京・明応・天正・饅頭・黒本・易林・日葡・書言・言海 表記相生(文・伊・明・饅・黒)相性(天・書・言)相姓(易)

あい-しょう【愛妾】『名』気に入りのめかけ。愛するめかけ。＊三国伝記(1407-46頃か)一・一六「其国には夫の死時、志ざし切なる愛妾をば生きながら塚の中に埋む習ひありければ」＊読本・近世怪談霜夜星(1808)一・上「やんごとなき御方此のさまを見給ひ、軈(やが)て波木をとりあげ愛妾(アイセフ)となし」＊合巻・修紫田舎源氏(1829-42)二「現在父の愛妾(アイセフ)と、忍び逢ひたる我が越度(をちど)」＊戦国策-秦策・昭襄王「去二貴妻一、売二愛妾一、此令必行者也」発音アイショー〈標ア〉0〈京ア〉0 辞書書言・言海 表記愛妾(書・言)

あい-しょう【愛称】『名』親愛の気持をこめてよぶ、本名とは別のよび名。また、そのような名をよぶこと。＊あにいもうと(1934)〈室生犀星〉「姉はもんといひ、みんなから愛称をもんちといはれてゐたが」＊日の出前(1946)〈太宰治〉「チルチル(鶴見勝治の愛称である)もうそろそろ足を洗ったらどうだ」発音アイショー〈標ア〉0〈京ア〉0

あい-しょう【愛唱】『名』ある歌を好んで、常に歌うこと。＊ダンテについて(1927)〈正宗白鳥〉二「また一般人民も街上でその一部を愛唱したと云はれるのは、さもあるべきことと思はれる」＊故郷忘じがたく候(1968)〈司馬遼太郎〉「歌は韓国の全土で愛唱されている青年歌で」発音アイショー〈標ア〉0〈京ア〉0

あい-しょう【愛娼】『名』かわいがっている芸者、娼婦。＊東京新繁昌記(1874-76)〈服部誠一〉三・新橋鉄道「余糧途を失ふ、之を愛娼暱婦に謀る」発音アイショー〈標ア〉0

あい-しょう【愛誦】『名』特定の詩や歌、または文章などを好んで、常に朗読したり、口ずさんだりすること。＊思出の記(1900-01)〈徳富蘆花〉三・一〇「四角四面な修身談は、駒井先生の殊に愛誦して居られたプルターク英雄伝の講演になる」＊殉情詩集(1921)〈佐藤春夫〉自序「われ幼少より詩歌を愛誦し」発音アイショー〈標ア〉0〈京ア〉0

あい-しょう【愛賞】『名』風景や物などをめでて、ほめたたえること。気に入って賞美すること。＊三体詩素隠抄(1622)八「是の煙景の面白を愛賞せんに、誰れにても争ふものは、あるまじきぞ」＊東京年中行事(1911)〈若月紫蘭〉九月暦「此夜の月を殊に愛賞(アイシャウ)することは、古く李唐の頃より盛で有って」＊梅堯臣-送宋端明知成都詩「春江須二愛賞一、花鳳在二梧桐一」発音アイショー〈標ア〉0

あい-しょう【愛鍾】『名』かわいがること。＊佳人之奇遇(1885-97)〈東海散士〉四「常に相往来して頻りに妾を愛鍾す」

あい-じょう【哀情】『名』かなしく思う心。かなしみの心。また、かなしいさま。あいせい。＊私聚百因縁集(1257)三・二六「年老ぬれば心彌々弱くして哀情(アイシャウ)の念(おもひ)切なり」＊宴曲・拾菓抄(1314)管弦曲「鳳管(ほうくゎん)琴鼓(きんこ)とりどりに、曲また異なりといへども、〈略〉哀情さまざまに顕はる」＊随筆・文会雑記(1782)二・下「于鱗文は贈序至極面白し。祭文などに哀情はなくて大に面白からず」＊忘れえぬ人々(1898)〈国木田独歩〉「此生の孤立を感じて堪え難いほどの哀情を催ふして来る」＊漢武帝-秋風辞「歓楽極兮哀情多、少壮幾時兮奈レ老何」発音アイジョー〈標ア〉0 辞書〈ポン〉

あい-じょう【逢状】『名』(逢わせるための書状の意)関西の花柳界の用語。他の座敷によばれている芸者をなじみの客の座敷へよぶために、茶屋から送る手紙。＊父親(1920)〈里見弴〉「娘は、入方から受け取った逢状をちょっと灯にすかして見て」＊大阪の宿(1925-26)〈水上滝太郎〉一四・三「此処のうちの逢状(アヒジャウ)に三田様故はやはや御越しと書いてあったので」

あい-じょう【愛情】『名』①相手をいとしく思う気持。人や物に対するあたたかい心。＊貞享版沙石集(1283)八・一六「若し愛情なくは生死断絶せん」＊花柳春話(1878-79)〈織田純一郎訳〉一八「古昔の人徒らに義理に厚ふして愛情に薄し。今世は人文開発して愛情道理と共に両立す」＊引照新約全書(1880)馬太伝福音書・二四「また不法みつるに因て多(おほく)の人の愛情(アイジャウ)ひややかに為(なる)べし」②異性に対して恋い慕う心。＊万葉(8C後)四・五三五・左注「安貴王娶二因幡八上采女一。係念極甚愛情尤盛」＊談義本・艶道通鑑(1715)三・二〇「愛情に溺れて本妻を追退(おいしりぞけ)」＊計画(1912)〈平出修〉「殊に外囲からの干渉は、二人が育てた九年間の愛情をも虐殺してしまった」語誌「情愛」は中国古典に多く見られるが「愛情」の例は少なく、意味も「愛惜」に近い。しかし日本には古くから用例がみられる。それらは一般に相手をいつくしみ、いとしむ感情を表わし、対異性の場合には優位者としての男性から女性に注がれる感情を表わす傾向があった。森鷗外「舞姫」に見られる「余がエリスを愛する情」「時として愛情を圧せんとせしが」のように用いられた。やがて対等相愛の感情としての②に挙げた「計画」に見られる表現や「男女の愛情」(長谷川時雨「マダム貞奴」)というような表現が一般化していく。発音アイジョー〈標ア〉0

あい-じょう【愛嬢】〈標ア〉0〈京ア〉0⓪『名』親がかわいがっている娘。ふつう他人の娘についていう。まなむすめ。＊帰省(1890)〈宮崎湖処子〉一「吾隣村旧家の愛嬢ならんとは、渠が名のるに由りて知られぬ」＊指輪の罰(1902)〈国木田独歩〉二「母なる人は三十四五の品よき婦人なるが、愛嬢(アイヂャウ)浪子と共に縁辺(えんがは)に出でて」 発音 アイジョー 〈標ア〉⓪ 〈京ア〉⓪

あいしょう‐か【哀傷歌】(アイシヤウ:)『名』人の死をかなしみいたむ歌。哀悼の歌。特に、「古今集」以後の勅撰集の部立(ぶだて)の一つをいう。 発音 アイショーカ 〈標ア〉ショ

あいしょう‐か【愛唱歌】(アイシヤウ:)『名』好んでうたう歌。広く人々の気に入って、よく歌われる歌。＊第2ブラリひょうたん(1950)〈高田保〉自治文化「レコード会社の歌謡曲ばかりが民衆の愛誦歌などということから、幾分でも抜け出られるかもしれぬ」＊無口の妻とうたう歌(1974)〈古山高麗雄〉「父親、または母親の愛唱歌だったのかも知れない」 発音 アイショーカ 〈標ア〉ショ 〈京ア〉一

あい‐じょうだん【相上段】(あひジャウダン)『名』剣道で、双方ともに上段に構えて対すること。 発音 アイジョーダン 〈標ア〉ジョ

あいしょう‐てき【哀傷的】(アイシヤウ:)『形動』いたみ悲しむさま。うれい嘆くさま。＊雁(1911‐13)〈森鷗外〉二〇「或る痛切でない、微かな、甘い哀傷的(アイシャウテキ)情緒が生じている」 発音 アイショーテキ 〈標ア〉⓪

あいしょう‐ぼん【相性本】(あひシヤウ:)『名』相性を調べるための本。大雑書、三世相の類。＊雑俳・蘆辺の鶴(1810)「惚た文栞りに入れた相性本」

あい‐じょうもん【合証文】(あひ:)『名』協力の承諾の言葉を含んでいる文書。＊和英語林集成(再版)(1872)「Aijōmon アイジャウモン 合約」 辞書 〈ヘボン〉 表記 合約(ヘ)

あい‐しょうや【相庄屋】(あひシヤウや)『名』「あいなぬし(相名主)」に同じ。

あいしょ‐か【愛書家】『名』本が好きな人。特に、蒐集や所蔵の対象として本を愛する人。＊読書放浪(1933)〈内田魯庵〉東西愛書趣味の比較・一「所謂ビブリォファイル即ち愛書家は読書家とも蒐書家とも違っている」＊されどわれらが日々(1963)〈柴田翔〉一「ある本を、ただその本の魅力にひかれて、どうしても自分の手に入れ自分のものにしたいという、いわゆる世の愛書家たちの執念といったものは」 発音 〈標ア〉⓪

あい‐しょく【相職】(あひ:)『名』同じ役職の者同士のこと。＊日葡辞書(1603‐04)「Aixocu (アイショク)〈訳〉同じ都市の二人の統治者等のごとき、同じ任務、職務についている二人」 辞書 日葡

あい‐しょく【愛食】『名』好きな食物。＊日葡辞書(1603‐04)「Aixocu (アイショク)〈訳〉ある者が好む食物」 辞書 日葡

あい‐じょたい【相所帯】(あひ:)『名』所帯を持ち合った夫婦。＊雑俳・勝句寄(1730)「いつまでも・未来も蓮(はちす)相じょたい」

あい‐しょむ【相所務・合所務】(あひ:)『名』中世、一か所の所領を複数の者が管理・支配すること。所務を共同で行なうこと。＊経覚私要鈔‐康正三年(1457)七月一七日「就ㇾ其相所務事、縦大館雖ㇾ有申旨、不ㇾ可許容之由、同申之者也」＊大乗院寺社雑事記‐長禄二年(1458)一〇月四日「下総守も相所務事申付之間、大方不ㇾ可ㇾ有等閑者哉」

あい‐じょろう【相女郎】(あひヂヨラウ)『名』仲間の女郎。また、相手の遊女。＊浮世草子・西鶴伝授車(1716)二「身の上のつらい咄を相女郎とささやけば」

あい‐しらい(あひしらひ)『名』(動詞「あいしらう」の連用形の名詞化) ①応対すること。受け答えすること。あえしらい。㋑人に対して応対すること。待遇すること。また、もてなし。＊史記抄(1477)三・周本紀「魯武公の来朝したる時のあいしらいに、不籍と云様なかさてはないぞ」＊日葡辞書(1603‐04)「Aixirai (アイシライ)〈訳〉客人に対してなされる歓待と厚遇」＊浄瑠璃・天神記(1714)一「唐の天子の勅使をさへ、か様に麁相(そそう)のあいしらひ」㋺事物を状況に応じて加減しながら丁寧に取り扱うこと。＊日葡辞書(1603‐04)「Aixiraino (アイシライノ) イッタ ウマジャ」②取り合わせること。よそおいとして添えること。また、そのようにするもの。あしらい。とりあわせ。＊随筆・独寝(1724頃)下・二五「或は余が書し岩などのあいしらひの色、鳥などの毛色のうちにも」＊随筆・孔雀楼筆記(1768)三「たまさか風景を装点(アヒシライ)するの語あるも」＊青春(1905‐06)〈小栗風葉〉春・九「テエブルの上の合触(アヒシラヒ)に葉附のまま三四本、水の入ったコップを透かして白い茎が美しい」③能楽で、役者が互いに相手の演技に応じて動くこと。＊風姿花伝(1400‐02頃)一「脇の為手(して)に花を持たせてあひしらひのやうに少々(すくなすくな)とすべし」＊わらんべ草(1660)一「及連伊賀の、大かわらの、宮うつしに被成し時、あひしらひいたしたるは、左様にはなきと申されしかば」④能、狂言で、演技の相手となる役者。相手方。＊風姿花伝(1400‐02頃)二「あひしらひを目がけて、細かに足手を使ひて」⑤連歌で、付句と前句の取り合わせ。＊貞享版沙石集(1283)五・二二「紅葉の盛りなるを見て〈略〉かまの口こがれて見ゆる紅葉かな、やむごとなくて付けける、なべての世にはあらじとぞ思ふ、此句よろしからず。なにかあらしと聞えず。又かまにはあひしらひあり。紅葉のあひしらひなし」＊連理秘抄(1349)「又一文字、二文字にて何のあひしらひもなけれども、付くる事もある也」 方言 ❶あいきょう。愛想。島根県出雲725 ❷相手をすること。もてなし。愛想。◇あいしろい 島根県出雲725 愛媛県宇和島市054 松山846 ❸返事。挨拶。鹿児島県喜界島983 ❹料理の添え物。刺身のつまなど。島根県石見709 愛媛県松山846 ◇あいしろい 愛媛県松山846 ❺静養。養生。高知県長岡郡869 発音 〈標ア〉⓪ 〈ア史〉江戸●●●○○ 辞書 文明・天正・日葡・言海 表記 会釈(文・天) 会見・惚(文) 会是(天)

あいしらい‐げ(あひしらひ:)『形動』(動詞「あいしらう」の連用形に接尾語「げ」の付いたもの) 対等に応対しているようすだ。＊龍門文庫本中務内侍(1292頃か)正応元年一一月「行事官にもあひしらひげなり」

あいしらい‐どころ(あひしらひ:)『名』人を歓待し泊まらせるところ(日葡辞書(1603‐04))。 辞書 日葡

あいしら・う(あひしらふ)(「あえしらう」の変化した語で「あしらう」の原形か) ㊀『自ハ四』①程よく応じて調和する。＊古今連談集(1444‐48頃)上「いかに案ずる共、なき所前句にあひしらひて、そとやるを第一の耳と申すなり」②相手になる。相手をする。㋑応対する。応答する。＊源氏(1001‐14頃)末摘花「いと深からずとも、なだらかなるほどにあひしらはむ人もがな」＊高野本平家(13C前)一・祇王「今更人に対面してあそびたはぶるべきにもあらねば、文をとりいるる事もなく、まして使にあひしらふ迄もなかりけり」＊名語記(1275)一〇「他人に問答するを、あいしらふと名づく、如何。答、あひは相也。合也。対也」＊日葡辞書(1603‐04)「Aixirai, ŏ, ŏta (アイシラウ)〈訳〉客人をもてなし、談話と会話で楽しませる」㋺応戦する。＊平治(1220頃か)中・待賢門の軍の事「頼盛も甲を打ちかたぶけ打ちかたぶけ、あひしらはれければ」＊平家(13C前)四・信連「官人共しばらくあいしらいて打破て、やがてまゐり候はん」＊信長公記(1598)八「御人数一首も御出しなく、鉄砲ばかりを相加へ、足軽にて会釈(アイシライ)、ねり倒され、人数をうたせ引入るなり」 ㊁『他ハ四』①取り扱う。程よく処理する。適当にもてなす。＊寛永刊本蒙求抄(1529‐34)九「惟通――玩がことぞ。三公になったとて。身を高ぶって人をあいしらう事はないぞ。布衣のをかしげなる者をも、へりくだってあいしらうぞ」＊日葡辞書(1603‐04)「ウマノ クチヲ aixirŏ (アイシラウ)〈訳〉馬銜(はみ)を調節する。または、馬にそっと馬銜をつける」＊虎明本狂言・察化(室町末‐近世初)「そうじてあのやうな物をわるうあひしらへば後にあたをする物じゃ」＊人情本・春色梅美婦禰(1841‐42頃)三・一三回「お前はんの心ひとつで、程々に仕(し)てあいしらって、お置なはるのと」②取り合わせる。添える。＊雑俳・柳多留‐一〇(1775)「けいせいにざっと柳をあいしらい」＊洒落本・雑文穿袋(1779)「お噺申す詞をあらましお覚へなさるると〈略〉手紙などへちょぴとおあいしらひなさるがよひ」③連俳の方式で、「月の雪」「霜の花」のように、実際の月や花でないものを、詞の用い方によって、そのように扱う。 補注 下二段とみえる用例もあるが、これらは、連用形の語尾の「ひ」が「へ」に変化したものであろう。「女は憂きにこり給ひて、昔のやうにもあひしらへ聞え給はず」〔源氏‐澪標〕など。 方言 ❶接待する。応対する。相手になる。山形県139 山梨県461 北巨摩郡462 南巨摩郡465 静岡県榛原郡541 愛知県豊橋市549 愛媛県松山846 ◇あいしろう 埼玉県秩父郡251 新潟県東蒲原郡368 愛媛県840 越智郡848 ◇あいさらう 福岡市881 ❷あやす。山形県東村山郡139 静岡県庵原郡534 ❸からかう。山形県139 ❹自愛する。養生する。兵庫県淡路島050 徳島県811 香川県高松市・香川郡829 語源説 (1)シラフは互いにものごとをする意。アイは会か〔大言海〕。アイは相、合、対で対面の義〔名語記〕。(2)アイ(挨)シアフで、挨拶しあうことか〔和句解〕。 発音 文 アイシローとも 〈標ア〉⓪ ラ (ロ) 〈ア史〉江戸●●●○○ 〈京ア〉⓪ 辞書 文明・伊京・明応・饅頭・黒本・易林・日葡・書言・ヘボン・言海 表記 会釈(文・伊・饅・黒・書) 会見(伊・明) 応答(伊・書) 待(伊) 應答(易) 待遇・応接(書)

あい‐しらじ【藍白地】(あゐしらヂ)『名』「あいしらじ(藍白地)の革(かわ)」の略。＊春のみやまぢ(1280)五月一四日「けふの御まゐりにまいらむと思に、あゐしらぢをようい(用意)したるが」＊増鏡(1368‐76頃)一〇・老のなみ「其外色々の錦皮、藍皮、あゐしら地、おのおのけぢめわかるべし」＊了俊大草紙(1395頃)「足袋は、初心の人若人は、皆藍白地とて、藍染の文の皮を用也。白皮の藍にて摺をして用也」

あいしらじ の 革(かわ) 藍革の一種。白革に藍で小文を染め出した藍地白と、藍地に白で小文を染め出した藍地白とがある。＊随筆・貞丈雑記(1784頃)一四「藍白地(アイシラチ)の革と云は白き革に藍にて紋を白く出したる也」

あいしらじ を 黄(き)**に返**(かえ)**す** 鎧(よろい)などの藍白地の革の上から更に黄色をかけたもの。その場合、地は黄に、藍の部分は緑になる。＊保元(1220頃か)上・官軍方々手分けの事「大将とおぼしき者、かちんの直垂に、藍白地を黄に返したる鎧著て」＊随筆・貞丈雑記(1784頃)一四「藍白地を黄に返したると云は右の藍白地の革を黄に染たる也、紋はもえぎになる也 地は黄色也」

あいしらじ‐おどし【藍白地威】(あゐしらヂをどし)『名』鎧の威毛の一種。藍白地の革を裁って威したもの。

あい‐しる【藍汁】(あゐ:)『名』藍の葉を、乾かしてから水に浸して発酵させ、かすを除き、石灰乳を混和して青藍を沈殿させたもの。藍染めの材料。＊十巻本和名抄(934頃)六「藍澱 附〈略〉澱〈音殿阿井之流〉藍澱也。本草云木藍堪作澱」＊仮名草子・悔草(1647)中「一日種疔の類は、白礬(はくはん)を砕き藍汁(アイシル)にて付よ」 発音 〈標ア〉⓪ 〈ア史〉平安○○○● 〈京ア〉シ 辞書 和名・色葉・名義・饅頭・黒本・書言 表記 澱(和・色・名・饅・黒) 藍澱・靛・淀(書)

あい‐し・る【相知】(あひ:)『自ラ五(四)』(「あい」は接頭語) ①互いに親しく交わる。知り合う。＊源氏(1001‐14頃)夕顔「とかくの事いと尊き老僧のあひしりて侍るに、言ひ語らひつけ侍りぬる」＊今昔(1120頃か)三〇・五「相知たる人も無く、父母・類親も無くて、行宿る所も无かりければ」＊土(1910)〈長塚節〉二「勘次と

相知ったのは十六の秋である」 ②愛情関係にある。言い交わす。＊万葉(8C後)四・四九四「吾妹子を相令知(あひしらしめし)人をこそ恋のまされば恨めしみ思へ〈田部櫟子〉」＊伊勢物語(10C前)一九「御達なりける人をあひしりたりける、ほどもなくかれにけり」＊仮名草子・仁勢物語(1639–40頃)上・一九「男、都人なりける女の方に、五十ばかりなりける人をあひ知たりける」 発音〈標ア〉ア 辞書文明・日葡 表記相識(文)

あい-じるし【合印】『名』①戦場で敵味方の区別をはっきりさせるために、笠、袖その他、武装の一部につける一定の目印。＊史記抄(1477)六・項羽本紀「一軍のあいしるしにそ」＊里見九代記(1631)三「相印、相言葉、余所より才覚して出すべからず」＊浄瑠璃・仮名手本忠臣蔵(1748)一一「奥山孫七次田五郎。着たる羽織の合い印し。いろはにほへとと立ならぶ」 ②区別をするために、物につけておく目印や記号。＊上井覚兼日記-天正一四年(1586)一〇月六日「此日、相識共仕立候也」＊日葡辞書(1603–04)「Aijiruxi(アイジルシ)〈訳〉事をなすにあたってあらかじめ定めておく印」＊洒落本・禁現大福帳(1755)三「肌衣(はだぎ)相着(あいぎ)は色色を装ひ、二布(ふたの)は白きを以て相印(アイジルシ)とすべし」＊読本・椿説弓張月(1807–11)残・為朝神社幷南島地名弁略「為朝の譜一張を掲出して、童蒙の為にす。是わが杜撰にあらず。圏号(アヒジルシ)を認めて、出処をしるべし」 ③裁縫で、二枚以上の布を縫い合わせる時、間違いの起こらないように、継ぎ目につけるしるし。躾糸(しつけいと)で縫いつけたものを縫標(ぬいじるし)、へらでつけたものを合箆(あいべら)という。 ④「あいいん(合印)」に同じ。 発音〈標ア〉ジ 〈京ア〉ジ 辞書文明・日葡・ヘボン・言海 表記合印(文・ヘ・言)

あい-しろ【相城】『名』城攻めの時、攻撃軍が戦略的に敵の城に向かい合ってつくる砦。＊吉川家文書-(天正元年)(1573)一二月一二日・安国寺恵瓊書状(大日本古文書一・六一〇)「河内高屋之城、由佐と四国衆楯籠候。相城被取付候」＊四国御発向並北国御動座事(1585)「付相城驪而可引退。成忽緒推量」＊信長公記(1598)一三「天正八年庚辰八月二日、〈略〉天王寺に至て原田備中相城申付けられ候」＊日葡辞書(1603–04)「Aixiro(アイシロ)〈訳〉合戦のため、ある要塞を包囲している敵軍が作る小高い所、または要塞」 辞書日葡

あい-しろ【藍代】『名』藍役を金銭に換えて納めること。また、その金銭。

あい-じろ【間白】『名』近世、奥女中などが用いた下着と打掛(うちかけ)との間に着た白地の小袖。白いあい着。→間赤(あいあか)・間黄(あいぎ)。＊雑俳・川柳評万句合-天明二(1782)・満一「相白を着せて年始につき出し」＊滑稽本・浮世風呂(1809–13)三・下「『三月と十月は帯付が間白(アイジロ)さ』『間白とはヱ』『間白とは白倫子(しろりんず)に紅絹裏(もみうら)をつけた衣裳さ』」

あい-しん【哀心】『名』かなしい心。かなしい気持。＊礼記-楽記「其哀心感者、其声噍以殺、其楽心感者、其声嘽以緩」

あい-しん【愛心】『名』①人や物をいつくしみ愛する心。＊霊異記(810–824)上・三一「東人に愛心を発(おこ)し、終に交通(とつ)ぐ」＊正法眼蔵(1231–53)菩提薩埵四摂法「愛語は愛心よりおこる、愛心は慈心を種子とせり」＊浄瑠璃・曾我会稽山(1718)三「母の愛(アヒ)心、兄弟が身にこたへ胸にしみ」＊平民之福音(1899)〈山室軍平〉四「神様が愛に充溢(みちあふ)れて居給ふ如く、私し共も愛心(アイシン)といふものを戴いて居(を)る」＊礼記-楽記「其敬心感者、其声直以廉。其愛心感者、其声和以柔」 ②愛欲にとらわれる心。愛欲の心。＊往生拾因(1099–1104)「五戒優婆塞由愛心為鼻虫」＊貞享版沙石集(1283)七・七「此の愛心をたち、此の情欲をやめて、真実に解脱の門に入り」 辞書文明・書言 表記愛心(文・書)

あい-しん【愛臣】『名』主君が寵愛している家来。特に目をかけている家来。＊歌舞伎・名歌徳三舛玉垣(1801)三立「惟喬君のあいしんと聞き及びたる斑鳩(いかるが)太郎」＊読本・本朝酔菩提全伝(1809)一・一「彼は相公(との)の心にかなひ、小禄よりとりあげて召仕給ふ愛臣(アイシン)なれば」＊広益熟字典(1874)〈湯浅忠良〉「愛臣 アイシン テウアイノケライ」＊韓非子-愛臣「愛臣太親、必危其身、人臣太貴、必易主位」 発音〈標ア〉0

あい-しん【隘心】『名』狭い心。小さい量見。＊報徳記(1856)一「亦何ぞ独り仏を避るの隘心(アイシン)あらんや」

あい-じん【埃塵】『名』①ちり。ほこり。ごみ。砂煙。塵埃(じんあい)。＊後漢書-光武帝紀「旗幟蔽野、埃塵連天、鉦鼓之声聞数百里」 ②わずらい。けがれ。＊蔡邕-釈誨「掃六合之穢慝、清宇宙之埃塵」 発音〈標ア〉0

あい-じん【愛人】『名』①人を愛すること。＊西洋事情(1866–70)〈福沢諭吉〉外・二「世人或は愛人の美名を買はんとして慢に政府の任を責め」＊文明論之概略(1875)〈福沢諭吉〉五・九「仁徳天皇民家に炊煙の起るを見て朕既に富めりと云ひしも、必竟愛人の本心より出て、民の富むは猶我富むが如しとの趣意にて」＊礼記-檀弓上「君子之愛人也以徳、細人之愛人以姑息」 ②愛しているいとしい異性。恋人。特に、夫や妻以外の愛している異性。＊英和対訳袖珍辞書(1862)「Honey 蜂蜜、愛人」＊楚囚之詩(1889)〈北村透谷〉七「余は幾度も軽るく足を踏み、愛人の眠りを攪(さま)さんとせし」＊吾輩は猫である(1905–06)〈夏目漱石〉九「親友も汝を売るべし。父母も汝に私あるべし。愛人も汝を棄つべし」＊プールサイド小景(1954)〈庄野潤三〉「姉の方にはパトロンとか愛人らしきものは居ない様子で」 語誌(1)もともとは①の意味であったが、「英和対訳袖珍辞書」などに見られるように、江戸時代末頃から honey, lover, sweet-heart などの翻訳語として、②の意味でも使われるようになった。(2)第二次大戦後、新聞などで「情婦」「情夫」の婉曲的表現として用いられるようになってから一般化する。現代では、配偶者以外の、社会的に容認されにくい関係にある相手についていうことが多く、「恋人」とは区別して用いる。 発音〈標ア〉0 〈京ア〉0

あい-じん【愛塵】『名』仏語。執着のけがれ、煩悩。＊愚迷発心集(1213頃)「無明の愛塵は身の上に積とも梵風断て尚払ふことなし」＊破邪顕正抄(1324)下「おほくはこれ住処を在家、出家にわかたず、おなじく妄念を愛塵、欲塵におこすものなり」 発音〈標ア〉0

あいしんかくら【愛新覚羅】(満州語 Aisingioro アイシンギョロに漢字をあてたもの)もと満州族の一部族の名。のち、中国清朝王室の姓。 発音〈標ア〉カ

アイシング『名』(英 icing)①ケーキなどの表面に塗る砂糖を主成分とする衣。②(英 icing the puck の略)アイスホッケーで、相手チームと同数かそれ以上のチームのプレーヤーが、センターラインの後方からパス、またはシュートをし、そのパックが相手方のゴールラインを越えた場合をいう。ゴールに入れば得点となるが、他の場合はフェースオフとなる。③医学で、患部を冷やすこと。火傷や打撲の際の応急処置や、スポーツの後の疲労回復などのために行なう。 発音〈標ア〉ア0

アイジングラス『名』(英 isinglass) チョウザメなどのうきぶくろから造ったゼラチン。純白色、無味無臭。料理用、医薬用などにする。

あい-しんだい【相身代】『名』財産を共有すること。＊俳諧・六百番誹諧発句合(1677)二三番「神と君あひ身躰や千代のはる〈如流〉」 発音〈標ア〉シ

あい-す【合子・合巣】『名』合鍵類をいう、盗人仲間の隠語。〔日本隠語集(1892)〕

あいす『名』植物「ちょうせんあさがお(朝鮮朝顔)」の異名。＊重訂本草綱目啓蒙(1847)一三・毒草「曼陀羅花 てうせんあさがほ〈略〉きちがひなすび 石州、あゐす 備後」 方言❶(共々にする意の「あいし」の転か)相互。岩手県気仙郡101 ❷魚、めじな(目仁奈)。東京都八丈島338

アイス『名』(英 ice)①氷。他の語と複合して用いられる。「アイスコーヒー」 ②「アイスクリーム」の略。「三色アイス」＊丸善と三越(1920)〈寺田寅彦〉「此処で汁粉かアイス一杯でも振舞ふと」 ③高利貸し。アイスクリームの訳語「氷菓子」と音が相通じるところから生じたしゃれで、明治時代の学生用語。＊金色夜叉(1897–98)〈尾崎紅葉〉中・一「此奴が〈略〉我々の一世紀前に鳴した高利貸(アイス)で」＊俳諧師(1908)〈高浜虚子〉二六「アイスの方は今いくら位ある。それっきりか」 発音〈標ア〉ア 〈京ア〉ア

あい-・す【間】『自サ変』酒を飲みあっている間に入って、杯のやりとりの取り持ちをする。杯の中飲みをする。間をする。＊浮世草子・好色一代男(1682)四・一「盃のまはりも覚(おぼえ)、あいするといふ事もしるぞ」＊俳諧・横日記(1688–90頃)「献々(こんこん)に間する事の上手にて〈良品〉 扇の角をつぶす舞まひ〈風麦〉」

あい-・す【愛】■『他サ変』⇨あいする(愛)。■『他サ五(四)』(サ変から転じたもの)「あいする(愛)」に同じ。＊俳諧・奥の細道(1693–94頃)松島「負へるあり抱(いだけ)るあり、児孫愛すがごとし」＊俳諧・蕪村句集(1784)春「二もとの梅に遅速を愛す哉」＊人情本・春色梅美婦禰(1841–42頃)二・八回「梅を慈愛(かあい)がる人といふも可笑(おかし)い。梅を愛す人と言へば能(いい)のに」＊苦の世界(1918–21)〈宇野浩二〉津田沼行・二「どうして一年でも一年半でもおなじ釜の飯をたべあった者を愛すなといって、愛さないでゐられませう」 辞書言海 表記愛(言)

あいず【会津】⇨あいづ(会津)

あい-ず【合図・相図】『名』①何事かをしようとするための、あらかじめの取り決め。約束。＊平家(13C前)八・鼓判官「残り六手(むて)は、各々が居たらむ条里小路より川原へ出でて、七条河原にてひとつになれと、あひづをさだめて出で立ちけり」＊太平記(14C後)二八・錦小路殿落南方事「将軍御進発の事、已に諸国へ日を定て触遣(ふれつかは)しぬ。相図相違せば事の煩(わづらひ)多かるべし」＊元和本下学集(1617)「相図 アイヅ 約束之義也」＊浄瑠璃・金時都いり(1664)一「一手御前にかけ申さん。しかしながら、我々兄弟仕候はば、本よりあいづの事なりと、あざける方も候べし」 ②(─する)互いに約束した方法でものごとを知らせること。また、前もって約束してある、知らせるための方法や信号。＊太平記(14C後)一七・義貞軍事「阿波淡路の勢千余騎は〈略〉泉涌寺の前今熊野辺までおり下て、相図(あひヅ)の煙を上たれば」＊日葡辞書(1603–04)「Aizzuuo(アイヅヲ)スル」＊波形本狂言・磁石(室町末–近世初)「明日夜明けの太鼓をあいづに請取ませう程に壁(へい)ごしに渡して下され」＊浄瑠璃・用明天皇職人鑑(1705)二「わらはは兄がね屋に行、よくねいらせてあひづにはふすまをならさん其時に、しゃうじごしにずはとつき」＊読本・椿説弓張月(1807–11)後・二〇回「千里烽(せんりほう)もて暗号(アヒヅ)とせん」＊吾輩は猫である(1905–06)〈夏目漱石〉四「話しては行けぬ行けぬと顋(あご)と眼で主人に合図する」 語源説アヒサシヅ(相指図)の略か〔大言海〕。 発音〈なまり〉イヤズ〔栃木〕エッ〔長崎〕ヤーズ〔埼玉方言〕〈標ア〉ア〈ア史〉江戸○●○と●○○の両様〈京ア〉ア 辞書下学・文明・伊京・明応・饅頭・黒本・易林・日葡・書言・ヘボン・言海

表記 相図(下・文・伊・明・饅・黒・易・書・ヘ・言) 狼煙(文)

あいずの貝(かい) 軍中で、合図に吹く陣貝(じんがい)。＊岡本記(1544)「あいつのかいのふきやうの事は、ただ二づつも、又は一つも、又はしきりにかずもなくふくとも、心まかせ、やくそく次第也」

あいずの鼓(つづみ) 戦闘中進んだり退いたりするために小太鼓で知らせる合図(日葡辞書(1603–04))。 辞書 日葡

あいずの火(ひ) 合図に焚く火。のろし。＊伊京集(室町)「烽 アヒヅノヒ〈略〉狼煙 アヒヅノヒ」 辞書 伊京 表記 烽・狼煙(伊)

あいずの六具(ろくぐ) 軍陣で合図に用いた六種の用具。鉄砲、狼烟(のろし)、旗、螺(かい)、松明(たいまつ)、飛星(ひせい)のこと。松明、飛星の代わりに鐘、太鼓を加えることもある。

あいず兵法(ひょうほう)自身(じしん)の取(と)り合(あ)わせ (「合図兵法」は、あらかじめ決めた旗やのろしなどによって連携を取りながら敵に向かう戦い方、の意) 仲間うちでしめし合わせて、物事を自分たちに都合のよいように運ぶことのたとえ。＊集義和書(1676頃)一六「ことわざに相図兵法自身の取合といふ様に、百姓に毛見させては私曲あらんか」

あいずを指(さ)す あらかじめ、ある約束を取り決める。示し合わせる。＊太平記(14C後)二一・師賢登山事「坂本には、兼ねてより相図(あヒヅ)を指たる事なれば」＊日葡辞書(1603–04)「Aizzuuo sasu(アイヅヲ サス) または、サダムル」＊虎明本狂言・餅酒(室町末–近世初)「くだりには、かならず、今の所まで、あいづをさいておともいたさう」 辞書 日葡

あいずを取(と)る 約束を取り交わす。＊浄瑠璃・源三位頼政(扇の芝)(1714頃)四「かくて忠綱関東下向の契約延引してはいかが也。いとま申と有ければ、仰(おふせ)しごく申せしと、あひづをとりてわかれゆく心の内こそ頼もしき」

アイス-アックス 〖名〗(英 ice ax(e))「ピッケル」に同じ。＊旅–昭和五年(1930)八月号・キャムプとその注意〈井上蝶花〉「斧を、みだりに振り廻す勿れ(アイスアックスを振り廻して濫伐するなと登山者への注意である)」 発音〈標ア〉ア2

アイス-ウォーター 〖名〗(英 ice water)《アイスオーター》冷やした水。おひや。＊京阪食べある記(1930)〈松崎天民〉食べ歩く大阪あちこち「四人連れでウヰスキー三杯、南京豆、ソーダ水二杯、アイスウォーター三杯で、七円六十銭は安くなかった」＊夢声戦争日記〈徳川夢声〉昭和一七年(1942)七月三〇日「中華映画社のサービスぶりには感服した。適当な時にアイスオーターが出る」 発音〈標ア〉ウォ

あいす-かげりゅう【愛洲陰流】(かげ:リウ) 〖名〗戦国時代初期に、愛洲移香の興した剣道の流派。陰流(かげのりゅう)。 発音 アイスカゲリュー〈標ア〉0

あいずかわ・し (あいづかはし)〖形シク〗(「愛付く」を形容詞化したものか) あいきょうがある。また、情趣深く、おもしろみがある。＊今鏡(1170)二・白河の花宴「御笛の音もあいつかはしく、涼しきやうにぞおはしましける」＊今鏡(1170)六・雁「みめなどは似通ひ給へりけるが、いま少しにほひありて、あいつかはしきやうにぞおはしける」

あい-すき【間透】(あひ) 〖名〗木工用の平のみの一つ。肉の薄い弧形の刃先をもつもので、穴や溝の仕上げに用いる。

アイスキネス (Aiskhinēs) ギリシア、アテナイの弁論家。デモステネスの論敵として、親マケドニア政策を説いたが、敗れた。(BC三九〇頃〜三三〇以後)

アイス-キャンデー 〖名〗(洋語 ice candy 元来、商品名) 氷菓子の一種。果汁、砂糖水などを凍らせた棒状の菓子。《季・夏》＊アルス新語辞典(1930)〈桃井鶴夫〉「アイス・キャンデー ice-candy 円形棒状氷菓子。近来発売される子供相手の一種の氷菓子。和製英語」＊浮雲(1949–50)〈林芙美子〉三八「店先には大きい青ペンキを塗ったアイスキャンデーの箱があり」 発音〈標ア〉キャ〈京ア〉キャ

アイスキュロス (Aiskhylos) 古代ギリシアの三大悲劇詩人の一人。壮大な構想と深い宗教性をもって神や英雄の世界を描いた。「ペルシアの人々」「縛られたプロメテウス」「オレステイア」三部作など七編残存。(BC五二五〜四五六) 発音〈標ア〉キュ

アイス-クリーム 〖名〗(英 ice cream) ①牛乳、砂糖、卵の黄身に香料を加えたものを凍らせてつくった氷菓子の一種。アイスクリン。《季・夏》＊団団珍聞–五一八号(1885)「アイスクリームと云ひ日本語にて氷菓子と云ふ物の極上品なりと」＊浮雲の褒貶(1887)〈石橋忍月〉一「予は浮雲の著者よりアイスクリームの贈与を辱ふせしと云ふ訳に非ず」＊社会百面相(1902)〈内田魯庵〉新妻君・上「女中が運べる手製の氷菓子(アイスクリーム)を薦めて」 ②高利貸しのことをいう。＊演歌・ヤッツケロ節(1887–92頃)〈久田鬼石〉「それでも足らずに高利借り、アイスクリームにせめられて、首も廻らず青くなる」＊不如帰(1898–99)〈徳富蘆花〉上・六「昨夜宅(うち)にて散々(さんざん)に高利貸(アイスクリーム)を喫(くひ)玉ひし鬱憤」 語誌 (1)日本では一八六九年六月に横浜の町田房造が馬車道通りで初めて販売したのち、八八年に東京銀座の凮月堂(ふうげつどう)米津、九九年に資生堂が発売するに及び普及した。(2)明治時代、訳語としては「氷菓子」が定着していた。そのためそれと同音の「高利貸」を意味する②の用法が生まれた。(3)変化した語形「アイスクリン」もほぼ同義に使われたものの、特に牛乳の少ない粗製のものを指していうことがあった。→アイスクリン。 発音〈標ア〉リ〈京ア〉リ

アイスクリーム-コーン 〖名〗(英 ice-cream cone) ソフトアイスクリームなどを盛る、穀物の粉でつくった円錐形状の入れ物。 発音〈標ア〉コ

アイスクリーム-サンデー 〖名〗(洋語 英 ice cream + 英 sundae 英語では単に sundae という) アイスクリームの上に、果汁、ココア、チョコレートなどを載せたもの。クリームサンデー。＊モダン辞典(1930)「アイスクリーム・サンデェー (食) アイスクリームの上に果物汁をかけた飲物」＊陽のあたる坂道(1956–57)〈石坂洋次郎〉雲後晴れ「アイスクリームサンデーをつっつきながら、顔を近くよせ合って、何かヒソヒソと話し合っていた」 発音〈標ア〉サ

アイスクリーム-ソーダ 〖名〗(英 ice cream and soda から) ソーダ水にアイスクリームを浮かせたもの。クリームソーダ。＊伸子(1924–26)〈宮本百合子〉六「彼らは資生堂でアイスクリームソーダを飲んだ」 発音〈標ア〉ソ

アイスクリーム-や【―屋】 〖名〗アイスクリームや氷菓子を作ったり売ったりする店。また、その人。＊出来事(1913)〈志賀直哉〉「見渡した所では人造石の高い塀の前に出て居る大道アイスクリーム屋と、其処にしゃがんで扇を使って居る客と、それだけだった」＊ある心の風景(1926)〈梶井基次郎〉三「物音はみな、或るもののために鳴ってゐるやうに思へた。アイスクリーム屋の声も、歌をうたふ声も、なにからなにまで」 発音〈標ア〉0

アイスクリン 〖名〗(「アイスクリーム」の変化した語) ①乳脂肪分の少ない黄色い粗製のアイスクリームをもなかの皮の円錐形のカップに入れて供した菓子。縁日や街頭などで売り歩かれた。＊僕の東京地図(1936)〈サトウハチロー〉ボクのヱンコ「夏がくる、アイスクリンの(アイスクリームなんてねばっこいものぢゃない)旗は、機械をまはしてゐるオヤヂと共に、汗とほこりにまみれ」 ②「アイスクリーム①」に同じ。＊通学物語(1941)〈渋沢秀雄〉菓子の追憶「とめといふ家の料理番が『ほうら出来たてのアイスクリンアイスクリン』といって、にこにこしながら持って来るのだった。〈略〉今考へると、それはヴァニラ・アイス・クリームだったらしい」＊改正増補明治事物起源(1944)〈石井研堂〉下・一八・アイスクリームの始「邦人中、氷クリームを口にせる最初の人としてここに挙ぐ。又其名をアイスクリンと訛称す。現今内地の鉄道停車場の呼売に間々かくいふことあり」 ③「アイスクリーム②」に同じ。＊紺暖簾(1901)〈山岸荷葉〉二三「『浪ちゃんの所(とこ)へ、執達吏が遣(や)って来たんですとさあ。』〈略〉『矢張(やっぱし)、アイスクリンに懸ったんだらう。』」 発音〈標ア〉リ ク

アイス-こうちゃ【―紅茶】 〖名〗氷で冷やした紅茶。アイスティー。＊夢声戦争日記〈徳川夢声〉昭和一八年(1943)一〇月一九日「歌舞伎座の喫茶室でアイス紅茶(これしか出来ません)を待っていると」 発音 アイスコーチャ〈標ア〉コ

アイス-コーヒー 〖名〗(英 iced coffee から) 氷で冷やした、または、氷片を入れたコーヒー。関西では「コール(cold)コーヒー」とも「冷(れい)コー」ともいう。＊古川ロッパ日記–昭和一一年(1936)一〇月一八日「ニューグランドへ行き、トマトクリームスープに、チキンとヌードルのクリーム煮、それにアイスコーヒーとプディング」＊カツドウヤ紳士録(1951)〈山本嘉次郎〉銀座あの頃「窓下の柳の緑が濃くなると、ホットコーヒーからアイスコーヒーに移り」 発音〈標ア〉コ

アイス-ココア 〖名〗(洋語 ice cocoa) 氷で冷やしたココア。＊古川ロッパ日記–昭和九年(1934)四月二八日「宿酔気味で、アイスココアのんだりメロン水をガブガブ飲んだりしてみるが気分が直らず、辛し」 発音〈標ア〉コ1

アイス-ショー 〖名〗(英 ice show) アイススケートによって曲芸、軽演劇、ダンスなどを見せるショー。 発音〈標ア〉ショ〈京ア〉ショ

アイス-スケート 〖名〗(英 ice-skate) スケート靴をはいて氷上を滑走するスポーツ。競技としてはスピード、フィギュア、ホッケーの三種目がある。＊青春怪談(1954)〈獅子文六〉汗「映画でなくても、アイス・スケートでもいいわ」＊抱擁家族(1965)〈小島信夫〉一「今日妹とアイススケートに行くといってましたよ」 語誌 日本では、一八七六年に横浜の居留地で行なわれたのが最初。スケートは一九〇五、六年頃までほとんど世間一般から関心をもたれずにいたが、一九〇八年南信日日新聞社主催の諏訪湖一周スケート大会が開催され、以後急速に盛んになった。それ以前は「氷すべり」といっていたが、以後「スケート」が一般的になった。 発音〈標ア〉ケ〈京ア〉ケ

アイス-スマック 〖名〗(洋語 ice smack) チョコレートその他の衣で包んだアイスクリーム。スマック。 発音〈標ア〉マ

アイス-せんりょう【―染料】(セン:レウ) 〖名〗(アイスは 英 ice) 水に不溶性のアゾ染料。ジアゾ化して使用する際氷で冷やすことからいう。鮮明に染着され、ほとんどの色調が得られ、木綿、レーヨンの染色に重用される。冷染染料。ナフトール染料。 発音 アイスセンリョー〈標ア〉セ

アイス-ダンシング 〖名〗(英 ice dancing)「アイスダンス」に同じ。 発音〈標ア〉ダ

アイス-ダンス 〖名〗(洋語 ice dance 英語では ice dancing という) ①スケート靴をはいて、氷上で行なうダンス。＊アルス新語辞典(1930)〈桃井鶴夫〉「アイス・ダンス 英 ice-dance 氷上で行ふダンス」 ②フィギュアスケート競技の種目の一つ。男女ペアのスケーティング。一九七六年のインスブルック冬季オリン

ピックから採用。 発音〈標ア〉ダ

アイス-ティー『名』(英 iced tea から) 氷で冷やした、または氷片の入った紅茶。＊真理の春(1930)〈細田民樹〉ひるしぼむ花・一〇「容作は、アイス・テイのカップをそっと縁側におきながら、岩木氏にいった」＊千鳥の話(1946)〈井上友一郎〉「母屋でアイスティを飲んだ際」 発音〈標ア〉ティ

アイス-テクニック『名』(英 ice technic) 登山で氷壁や氷雪の上を、登降する技術の総称。 発音〈標ア〉テ

アイス-トング『名』(英 ice tongs から)「こおりばさみ(氷挟)」に同じ。 発音〈標ア〉ト

アイス-ハーケン『名』(ドイ Eishaken) 登山用具の一つで、氷雪用のくさび。氷壁を登る際にこれが必要となる。 発音〈標ア〉ハ

アイス-バーン『名』(ドイ Eisbahn「アイススケート場」の意) 雪が凍って氷の平面のように固くなっているところ。 発音〈標ア〉バ

あいず-はた【合図旗】『名』 鉄道で用いる信号旗。踏切では危険を表わす赤色、安全を表わす白色の二色を用い、駅構内や列車の車掌などは、赤色と安全を表わす緑色とを用いる。 発音〈標ア〉ズ

アイス-ピック『名』(英 ice pick) 氷を細かく割るための錐(きり)。＊初稿・エロ事師たち(1963)〈野坂昭如〉二「アイスピックで突いた傷をなめながら」 発音〈標ア〉ピ

アイス-フォール『名』(英 icefall「氷の滝」の意) 登山用語。氷河の傾斜部が滝のような絶壁になった所。 発音〈標ア〉フォ

アイス-ペール『名』(英 ice pail ペールは「手桶、バケツ」の意) 卓上で使う氷入れの容器。 発音〈標ア〉ペ

アイス-ボックス『名』(英 icebox) ①食品などを氷で冷やす手軽な冷蔵庫。＊アルス新語辞典(1930)〈桃井鶴夫〉「アイス・ボックス 英 ice-box 冷蔵函」＊明日への楽園(1969)〈丸山健二〉四「アイスボックスのジュースやコーラはほうりこまれたままだ」 ②営業用の大型冷蔵庫。 発音〈標ア〉ボ

アイス-ホッケー『名』(英 ice hockey) 氷上で、六人ずつ二組に分かれた競技者がスケートをはいて行なうホッケー。氷球。＊モダン用語辞典(1930)〈喜多壮一郎〉「アイス・ホッケー ice hockey 英 冬期氷結した氷上で氷滑りをやりながらやるホッケー。一チームは七人で、ルールは略(ほぼ)ホッケーに同じ」＊旅-昭和三二年(1957)二月号・スピードへの憧憬〈川喜多雄二〉「アイス・ホッケーのスティックを持つのは初めてだから、なかなか思うようにパックが追えず苦労したが」 語誌 一八八〇年代にカナダで発生。日本に紹介されたのは一九二一年頃で、わが国最初の試合は一九二三年の北海道大学の本科と予科との試合で、一九三〇年には、全日本選手権が開かれた。いずれも屋外のリンクで行なわれたが、正規の屋内アイスホッケーリンクが東京・芝浦に出現したのは一九三三年である。 発音〈標ア〉ホ〈京ア〉ホ

あい-ずまい【相住・相住居】『名』「あいずみ(相住)」に同じ。＊俳諧・西鶴大矢数(1681)第四「葎(むくら)茂る宿にそ鬼と相住居 草の枕に蚰蜒の鮨桶」＊咄本・軽口露がはなし(1691)三・一四「浄土宗と法華宗と相住居(アイズマヒ)の事」＊春の城(1952)〈阿川弘之〉三・一〇「塘中尉は耕二の室で相住まいを始める事になった」

あい-すま・す【相済】『他サ四』(「あい」は接頭語。「すます」の改まった言い方) 物事に結末をつける。すっかり終わりにする。＊日葡辞書(1603-04)「Aisumaxi, su, aita (アイスマス)〈訳〉物事を完了する」＊浮世草子・日本永代蔵(1688)一・一「当年壱銭あづかりて、来年弐銭にして返し、百文請取、弐百文にて相済(アヒスマ)しぬ」 辞書 日葡

あい-すみ【相済】『名』「すみ(済)」の改まった言い方。＊人情本・花筐(1841)二・一一回「もう相済(アヒス)みかえ。サア、是れから、寛(ゆっく)りと、一つお上んなせえ」 発音〈標ア〉0

あい-ずみ【相住】『名』 同じ家にいっしょに住むこと。また、その人。あいやどり。同居。同棲。あいずまい。＊源氏(1001-14頃)玉鬘「あひずみにも、忍びやかに心よくものし給ふ御方なれば、うち語らひてもありなむ」＊今鏡(1170)四・伏見の雪のあした「まだわが房も持たせ給はで、あひずみにておはしますなるに」＊浮世草子・好色一代女(1686)六・三「壁隣を聞に、合住(アヒズミ)の鼻口(かか)三人」 発音〈標ア〉0 辞書 日葡

あい-ずみ【藍墨】『名』「あいろう(藍蝋)」に同じ。＊改正増補和英語林集成(1886)「Aizumi アヰズミ」＊男五人(1908)〈真山青果〉三「海の面、藍墨(アヰズミ)でも流したやうに仄暗(ほのぐら)い中を」 辞書 言海 表記 藍墨(言)

あい-すみちゃ【藍墨茶】『名』 染色の名。茶色がかった藍色を帯びた黒色。＊手鑑模様節用(1789か)上「藍墨茶 根津権現の祭礼の節、浅草にて三右衛門助七なんど争ろんのをりから、そうはう和談とゝのひたる祝儀にとて、この色をあらたに染めさせ、著そろへたりしより、あゐすみ茶の名ここにはじまれり」

アイス-ミルク『名』 ①(英 iced milk から) 冷やした、または氷片を入れたミルク。②(英 ice milk) アイスクリーム類のうち、乳固形分一〇パーセント以上、乳脂肪分三パーセント以上のものをいう。 発音〈標ア〉ミ

あい-す・む【相住】『自マ四』(「あい」は接頭語) 同じ家にいっしょに住む。＊後拾遺(1086)雑一・八九四・詞書「叔母なりける人のあひすみける方より」＊神皇正統記(1339-43)上・彦火々出見尊「天神の御孫にめでたてまつりて、父の神につげてとどめ申つ。つひに其女とあひすみ給」

あい-す・む【相済】『自マ五(四)』(「あい」は接頭語。「すむ」の改まった言い方) ①物事が終わる。きまりがつく。＊ロドリゲス日本大文典(1604-08)「コトスデニ aisumi(アイスミ)」＊虎明本狂言・雁盗人(室町末-近世初)「誠におのおのおきもいりなされたればこそ、おぼしめすままにあひすんで御ざる程に」＊島津家文書-(慶長二〇年)(1615)五月一六日・板倉勝重書状(大日本古文書二・一〇〇七)「大坂窂人致二敗軍一候、〈略〉先以早速に相済申候条、大慶可レ被二思召一候」＊浮世草子・新可笑記(1688)一・二「此たび両人共に相済(スミ)是よりしたしく語らんとたのしみを残せしに」 ②(多く打消の形をとって、謝罪の意を表わすのに用いる) 義務や義理が果たせる。申し訳が立つ。＊近世紀聞(1875-81)〈染崎延房〉三・一「因循苟安(こうあん)の説御唱へなされ候ては何を以て父君在天の霊に御謝し遊ばされ候や。決して相済(アヒスマ)ざる義なり」＊塩原多助一代記(1885)〈三遊亭円朝〉一四「旦那様、誠に相済みません」 発音〈標ア〉ア

あい-ずもう【相相撲】『名』 力のつり合った者同士が相撲をとること。また、その力士。＊俳諧・桜川(1674)秋・一「勝まけはいかにせんとかあひすまふ〈風山〉」 発音 アイズモー〈標ア〉ズ

アイスランド(英 Iceland アイスランド語では Ísland「氷の国」の意) 大西洋北部の島国。雪と氷におおわれ、大部分は不毛の地。九世紀にノルマン人が発見し、九世紀後半ノルウェー人が移住。一二六二年ノルウェーに合併。一三八〇年デンマーク領。一九四四年アイスランド共和国が成立。首都レイキャビク。 発音〈標ア〉ラ〈京ア〉ラ

アイスランド-ご【─語】『名』 インド-ヨーロッパ語族ゲルマン語派北ゲルマン語群に属する言語。アイスランド共和国の公用語。九世紀以来アイスランドで話されている。エッダ(神話英雄伝説)、サガ(英雄物語)、スカルド詩(宮廷詩)などは中世ヨーロッパ文学の中心の一つ。 発音 アイスランドゴ〈標ア〉0

アイスランド-じん【─人】『名』 アイスランド共和国の住民。ノルウェー人とアイルランド人との混血。アイスランド島は九世紀にノルマン人により発見され、アイルランドのノルウェー植民地から、ノルウェー人とアイルランド人が渡来し、人種を構成した。 発音〈標ア〉ド

あい-ずり【相摺】『名』 共に悪事をする仲間。共犯者。共謀者。＊浮世草子・昼夜用心記(1707)三・四「法印は相盗(アイズリ)のいひわけはたちぬれども」＊浄瑠璃・淀鯉出世滝徳(1709頃)上「とが人は惣兵衛一みのあひずり十人あまり」＊歌舞伎・浮世柄比翼稲妻(鞘当)(1823)二幕「『親子相摺(アヒズ)りだ。いっその見せしめ』『ぶんのめせぶんのめせ』」＊恋慕ながし(1898)〈小栗風葉〉三一「待て、共謀(アヒヅリ)に見張らしてあるから、相談して来る間沈(ぢっ)として在(ゐ)ろ」 語源説 アヒヅリ(相吊)またはアヒヅレ(相連)の転か〔大言海〕。

あい-ずり【藍摺】『名』 ①布または紙の表面に藍で模様を摺り染めにすること。また、そのもの。花摺りに対していう。あやずり。あおずり。あおくさずり。＊儀式(872)三・践祚大嘗祭儀・中「神祇官伯已下弾琴已上十三人〈略〉各榛藍摺綿袍一領」＊兵範記-保元三年(1158)八月一七日「御厩舎人装束四具〈略〉山吹引倍木、藍摺帷、布下袴」＊平家(13C前)九・樋口被討罰「藍摺の水干、立烏帽子でわたされけり」 ②「あいずりえ(藍摺絵)」の略。 ③(①のような色模様が現われるところから) きのこ「はつたけ(初茸)」の異名。＊物類称呼(1775)三「菌茸〈略〉奥の南部及近江辺にて、あいずりと云」 方言 茸、はつたけ(初茸)。 滋賀県蒲生郡608 ◇あいすり 江州1035 ◇あやずり 江州1039 辞書 文明・饅頭・易林・日葡・書言・ヘボン 表記 藍摺(文・饅・易・書・ヘ)

あいずり-あ・う【相摺合】『自ハ四』 盗みのために一味がしめしあったり、仲間を組んだりする。＊歌舞伎・櫓太鼓鳴音吉原(1866)序幕「さてはわいらは相摺(アヒズリ)あって、疾(とく)より待伏せいたせしよな」

あいずり-あや【藍摺文】『名』 青く模様を摺りだした布。＊神道集(1358頃)六・三四「藍摺文の直垂袴に地脛巻を編して」

あいずり-え【藍摺絵】『名』 浮世絵版画の一種。藍の濃淡により画調を引き締め、場合によっては少量の紅や黄をあしらったもの。江戸末期に錦絵の彩色が禁制されたために行なわれたもの。藍絵。藍摺り。

あいずり-がさ【藍摺傘】『名』(形が「あいずり(藍摺)③」に似ているところから) 目釘が折れて、上方に反り上がった傘。＊両京俚言考(1868-70頃)「あいずり傘 あいずり茸 目釘の折れたる傘の空さまに反り上りたるをあいずり傘といふは、秋の木の子に藍摺茸とて白き衣に藍摺りたる如き色して、菌の笠の空さまに反り上りたるが形の相似たればとてしかはいふならん」

あいずり-ぼうず【相摺坊主】『名』 盗みや悪事の一味の坊主。＊歌舞伎・法懸松成田利剣(1823)五立「日蓮に頼まれて、勧めに廻る相摺(アヒズ)り坊主め」

アイス-リンク『名』(英 ice rink) アイススケートで滑るために、天然または人工の氷で固めた運動場。スケートリンク。＊アルス新語辞典(1930)〈桃井鶴夫〉「アイス・リンク 英 ice-rink 氷滑りをする天然又は人造氷の広場」 発音〈標ア〉リ

あい・する【愛】『他サ変』文あい・す『他サ変』㊀人や動物に対して心が引かれる場合。①非常に気に入って、いちずにかわいがる。寵愛する。＊大鏡(12C前)六・道長下「寛平の御孫なりとばかりは申しながら、人の御ありさま有識におはしまして、いづれをも村上

のみかど時めかし申させ給ひしに、いますこし六条殿をばあいし申させ給へりけり」＊古本説話集(1130頃か)五八「えもいはずよき馬に乗りたる人、この馬をあひしつつ、道をもゆきやらず」＊愚管抄(1220)三・称徳「此女帝、道鏡と云ふ法師を愛せさせ給て、法王の位をさづけ」＊堤中納言(11C中-13C頃)虫めづる姫君「いと白らかに笑みつつ、この虫どもを朝夕(あしたゆふべ)にあいし給ふ」＊俳諧・曠野(1689)二・初春「蘭亭の主人池に鵝を愛せられしは筆意有故也。池に鵝なし仮名書習ふ柳陰〈素堂〉」＊小学読本(1873)〈田中義廉〉二「汝は、猫を愛するや、犬を愛するや」②好意を相手への行動として示す。また、特に、なでさする。愛撫(あいぶ)する。＊今昔(1120頃か)三一・一〇「今夜正しく女の彼の許に行て、二人臥して愛しつる顔よ」＊御伽草子・酒呑童子(室町末)「夜にもなればその内にて、われらを集めあひせさせ足手をさすらせ起き臥し申すが」＊談義本・万世百物語(1751)三・長州に寵愛一子「あたまをなで口などおしつけあいするを、ちくせうといへどしたふならひ」③(男女の間で)慕わしく思う。好きだという気持になる。恋しく思う。＊人情本・春色辰巳園(1833-35)初・二回「偽と思ひながらも今さらにたがまことをか我はたのまん。これは仇なる男などの、深くも愛せずさすがに捨もやらぬを、相たのみたる女の、心をよみたるなるべし」＊浮雲(1887-89)〈二葉亭四迷〉三・一六「苟(かりそ)めにも人を愛するといふからには、必ず先づ互に天性気質を知りあはねばならぬ」＊虞美人草(1907)〈夏目漱石〉一二「愛せらるるの資格を標榜して憚からぬものは、如何なる犠牲をも相手に逼る。相手を愛するの資格を具へざるが為である」㈡物事に対して心が引かれる場合。①貴さ、美しさなどを感じて、強く好きに思う。＊今昔(1120頃か)一九・九「此の硯を取出して見るに、実に伝へ聞つるよりも云はむ方无(な)く微妙なれ、愛して、手裏(てのうち)に居(す)ゑて差上げ差下し、暫く見る程に」＊方丈記(1212)「今、さびしきすまひ、一間(ひとま)の菴(いほり)、みづからこれを愛す」＊徒然草(1331頃)三八「つらつら思へば、誉(ほまれ)を愛するは、人の聞(き)きをよろこぶなり」＊花柳春話(1878-79)〈織田純一郎訳〉五「マルツラバースは貧富貴賤を論ぜず、常に人物を愛して財産を愛せず」＊経国美談(1883-84)〈矢野龍渓〉前・一「斯くまで敵国の君王が国を愛して其の身を棄る程ならば」＊稲熱病(1939)〈岩倉政治〉一「その田舎にめづらしく充実した本棚は、彼が学問を愛することを示してゐたし」②美しさ、おいしさ、良さなどを好んでそれを楽しむ。愛好する。賞美する。＊今昔(1120頃か)二〇・三四「『故別当の肉村(ししむら)なれば、吉きなめり。此の汁飲れよ』と妻(め)に云て、愛し食(くらひ)けるに」＊徒然草(1331頃)二一四「晉の王倹、大臣として、家に蓮(はちす)をうゑて愛せし時の楽なり」＊どちりなきりしたん(一六〇〇年版)(1600)六「おんたあでとてよきと思ふ事をきらひものをあいするせい」＊日葡辞書(1603-04)「ハナヲ aisuru(アイスル)」＊俳諧・去来抄(1702-04)先師評「古人も此国に春を愛する事、おさおさ都におとらざる物を」＊羽鳥千尋(1912)〈森鷗外〉「私は彫塑(てうそ)と絵画とを音楽に次いで愛する」㈢(一説、相(あい)する)適当に扱う。子供などのきげんをとる。あやす。＊今鏡(1170)八・花のあるじ「ちちのみやみ給て、まろをおきて若宮はあしくよみ給かなどあいし申給けるとぞ人のかたり侍し」＊平家(13C前)九・二度之懸「是程の大勢の中へただ二人いったらば、何程の事をかしいだすべき。よしよししばしあひせよ」＊虎明本狂言・盗人の子(室町末-近世初)「うつくしひ子じゃと云て、いだきあげ、あひして、わらふといふて、よろこびわらふ」＊浄瑠璃・曾我七以呂波(1698頃)五「ひざに引よせなでさすり、いとしの者(もの)やとあいし給ふ、親子の中こそわりなけれ」＊雑俳・卯の花かつら(1711)「髭の無い顔が愛すりゃ泣出して」㈣(キリスト教で)神が、あらゆるものをいつくしむ。また、そのような精神で、自分以外のものをかけがえのないものと思う。＊引照新約全書(1880)馬太伝福音書・一九「爾の父と母を敬へ。又己の如く爾の隣を愛(アイ)すべし」［語誌］(1)平安初期には漢文訓読の際に用いられていたが、和文系資料では平安末期(院政期)以降に見られるようになる。(2)対象となるのは人・動植物・物事などさまざまであるが、対象への自己本位的な感情や行為を表わすことが多く、精神作用にとどまらない点が「おもふ」と大きく異なる。また、人に対して使う場合は目上から目下へ、強者から弱者へという傾向が著しかった。(3)明治中期 英 love ドイツ lieben などの翻訳語として採用され、西洋の「愛」と結びついた結果、人に対しては、対等の関係での愛情を示すようになる。また、物事に対しても、より精神性に傾いた意味で用いられる。その点で感覚的である「このむ」とは異なっている。(4)現代の用法は明治中期以降の流れに沿うものであり、口頭語としての使用も増えているが、文章語の性格を脱したとは言えない。語感に個人差・年齢差が大きいと思われる。(5)使役「せる」「せさせる(せさす)」受身「れる(る)」が付くときは、「せさせる(せさす)」「せられる(せらる)」となるが、近世以降詰まって「させる」「される」の形が現われる。樋口一葉「うもれ木-六」の「喜ばれ度し愛されたし」、夏目漱石「それから-一六」の「三千代さんの心機を一転して、君を元よりも倍以上に愛させる様にして」など。［方言］子供をあやす。岩手県上閉伊郡097 秋田県平鹿郡130 富山県砺波398 ［発音］〈標ア〉［ス］〈ア史〉鎌倉・江戸○○◎ ◎〈京ア〉⓪ ［文］『あいす』〈標ア〉［ア］〈京ア〉⓪ ［辞書］色葉・名義・和玉・文明・日葡 ［表記］愛(色・文) 嬖・嫪(名・玉) 恵・恩・楳・怟・寛・寵(名)

あいして見(み)れば鼻欠(はなかけ)もえくぼ 異性を好きになると、その人の醜いところまで美しく見えてしまうの意。あばたもえくぼ。

あい-ずる あゐづる〘名〙きのこ「はつたけ(初茸)」の異名。＊重訂本草綱目啓蒙(1847)二四・菜「香蕈〈略〉はつだけは〈略〉一名あゐだけ 備前、備中、あゐづる 勢州」

あい-せい【哀声】〘名〙悲しみのこもった声や音。いかにも悲しそうな声や音。＊性霊集-二(835頃)大唐青龍寺故三朝国師伝「天雲黲々現悲色、松風飂々含哀声」＊日葡辞書(1603-04)「Aixei(アイセイ)〈訳〉悲哀にみち、感情のこもった声」＊読本・英草紙(1749)二・三「兼秋手を停(とど)めて操(と)らず、商絃(〈注〉にのいと)哀声(アイセイ〈注〉かなしきね)深切なるは、吾弟(おと)必らず憂に逢ひて引き籠りあるなるべし」＊造化妙々奇談(1879-80)〈宮崎柳条〉一六「其哀声(アヒセイ〈注〉カナシミ)人を動かせども。妻孥其事故(わけ)を解せず」＊孔子家語-顔回「其母悲鳴而送レ之、哀声有レ似ニ於此一」［辞書］日葡

あい-せい【哀情】〘名〙「あいじょう(哀情)」に同じ。＊サントスの御作業(1591)二・第二〇「モノノフドモ ワ ナサケ モ シラヌ モノ ナレドモ、アマリニ コノ aixei (アイセイ) ヲ ミテ」＊天草版金句集(1593)「クヮンラク キワマッテ aixei (アイセイ) ヲ シ」［辞書］易林・日葡 ［表記］哀情(易)

あい-せい【哀請】〘名〙あわれっぽく頼み込むこと。哀訴。＊経国美談(1883-84)〈矢野龍渓〉後・二一「使を阿善に遣して其同盟を哀請せり」＊一年有半(1901)〈中江兆民〉附録・経済界「日本銀行に哀請せしが如き、其事の当否は兎も角も」

あい-せい【愛婿】〘名〙親が気に入っている婿。＊桐畑(1920)〈里見弴〉好敵手・七「益々羽振のよくなった実業家の、所謂『愛婿(アイセイ)』となる結婚式を」［発音］アイセイ〈標ア〉⓪

あい-せいがん あひ:【相星眼・相精眼】〘名〙剣術で、向かいあった双方が、剣の切っ先を敵の眼に向けて構えること。［発音］アイセイガン〈標ア〉［セ］

あいせい-さいみん【愛世済民】〘名〙世を愛し、民の苦しみを救うこと。＊うもれ木(1892)〈樋口一葉〉五「吉野紙の人情あさましと、孤身奮ひ起す愛世済民(アイセイサイミン)の法、我れ微力不肖の身の、仆れて止まば休まんのみ」［発音］アイセイサイミン〈標ア〉⓪

あい-せき【哀惜】〘名〙人の死などを悲しみ惜しむこと。また、過ぎ去ったことに心ひかれて惜しむこと。＊白石先生手簡(1725頃)五「同じくほねをおらせ候にも、子細有べく候事と、今更遺憾哀惜の事共に候」＊経国美談(1883-84)〈矢野龍渓〉前・七「安氏が回復の志願を達せず空しく鬼籍に入りたることを深く哀惜して止まざりけり」＊帰郷(1948)〈大仏次郎〉過去「古道具屋の多い都市は、市民が過去を哀惜し」［発音］〈標ア〉⓪〈京ア〉⓪

あい-せき【哀戚】〘名〙人の死を悲しみいたむこと。哀傷。＊足利本論語抄(16C)八佾第三「臨レ喪は父の喪なんどには、哀戚するが本ぞ」＊翁問答(1650)上・本「礼法をもって葬をなし、喪にゐて哀戚をつくし」＊読本・椿説弓張月(1807-11)続・四三回「心(むね)焦れ、腸(はらわた)腐れて、哀戚(アイセキ)の歎(なげき)、言下に尽すべからず」＊読本・南総里見八犬伝(1814-42)四・三三回「哀戚(アイセキ)の涙まだ乾かずも、待ぬ日数の立ことはやく」＊礼記-檀弓・下「喪礼、哀戚之至也」［辞書］文明・易林・書言 ［表記］哀戚(文・易・書)

あい-せき あひ:【相席・合席】〘名〙飲食店などで、知らない他の客と同じ席につくこと。［発音］〈標ア〉⓪

あい-せき【愛惜】〘名〙ある事物や人を大切にして、手放したり傷つけたりするのを惜しむこと。なごり惜しさ。あいじゃく。＊六如庵詩鈔-二編(1797)五・画馬引為福井敬斎君賦「至尊愛惜不ニ自御一、勅賜ニ将軍一試ニ其才一」＊日誌必用御布令字引(1868)〈四方茂苹〉「愛惜 アイセキ カアイガルコト」＊西国立志編(1870-71)〈中村正直訳〉九・二一「光陰を愛惜して用ふれば」＊あらたま(1921)〈斎藤茂吉〉編輯手記「自分が作った歌は自分のものである。棄てるのは痛ましく、その儘では憎くく、そこに愛惜と憎悪からくる煩悶がある」＊列子-黄帝「都無レ所ニ愛惜一、都無レ所ニ畏忌一」［発音］〈標ア〉⓪〈京ア〉⓪

あい-ぜき あひ:【相関】〘名〙古く相撲で、東西二人の大関の役があるとき、次位の大関をいう。江戸時代、元禄期より享保期に用いられた。現在の張出大関。

あい-せつ【哀切】〘名〙〘形動〙非常に哀れでもの悲しいこと。哀れさに胸がしめつけられるさま。＊小説神髄(1885-86)〈坪内逍遙〉下・脚色の法則「其結局の悲話の如きは頗る軽やかに説さりたれどもなほ哀切(アイセツ)に過るを覚えぬ」＊足袋の底(1913)〈徳田秋声〉三「爺さんは目をぱちぱちさせながら、哀切なその唄の調子に耳を澄した」＊滅亡について(1948)〈武田泰淳〉「戦国の女性の哀切をきわめた運命を、あわれともいたましとも、物語り出さしめている」＊後漢書-馬援伝「上書訴レ冤、前後六上、辞甚哀切、然後得レ葬」［発音］〈標ア〉⓪〈京ア〉⓪

あい-せつ あひ:【相節】〘名〙季節にかなう衣服や食物などを贈る時期。＊源平盛衰記(14C前)一一・有王俊寛問答事「丹波少将の相節(アヒセツ)とて、舅門脇宰相の許より、一年に二度舟を渡しし也」

あい-せつ【愛説】〘名〙ある物事を好んでいること。また、それを願っていることを、口に出して言うこと。＊仁説問答師説(1688-1710)宝永三年講「愛説は、ああああそこじゃが、あそこへなりたいものじゃと云ことぞ。味しめて思入て云ことを云」［発音］〈標ア〉⓪

あい-ぜつ【哀絶】〘名〙〘形動〙あわれこの上ないさま。＊日本風景論(1894)〈志賀重昂〉二「猿の稟性素と怯懦なるを以て、為めに恐慌し、凄絶哀絶なる啼声を放ちて」［発音］〈標ア〉⓪

あい‐ぜっき（あひ）【間節季】〘名〙（「節季」は、決算期の意）二・四・六・八・一〇・一二月の各末日の支払い日。補注 近世、上方の決算期は、享保頃（一七一六〜一七三六）から、六節季（三月二日、五月四日、七月一四日、九月八日、一〇月三〇日、一二月三〇日）となり、節季から節季までの六〇日間を一間（ひとあい）といい、略して間（あい）ともいった。

あい‐せっ・する（あひ）【相接】〘自サ変〙文 あひせっ・す〘自サ変〙（「あい」は接頭語）①互いにつながる。ひとつづきになる。また、近づいて触れ合う。＊太平記（14C後）三九・高麗人来朝事「照下得日本与二本省所轄高麗一地境水路相接（アヒセッスル）上」＊四河入海（17C前）一一・三「常州は、湖州と其地相接するぞ」＊良人の自白（1904〜06）〈木下尚江〉後・二三・一「只だ遥か彼方（あなた）波と天（そら）と相接するのあたりに於て」②互いに交わる。付き合う。交際する。＊文明論之概略（1875）〈福沢諭吉〉一・一「唯人と人と相接して其心に思ふ所を言行に発露するの機会」＊土（1910）〈長塚節〉八「青年がおつぎと相接するのは」

アイゼナハ（Eisenach）ドイツ中部、チューリンゲン山脈の北東麓にある工業都市。作曲家バッハの生地。ワルトブルク城がある。

あい‐せま・る（あひ）【相迫】〘自ラ五（四）〙（「あい」は接頭語）二つのものがともに近づき、両者の距離が狭くなる。＊文明本節用集（室町中）「相迫 アイセマル」＊良人の自白（1904〜06）〈木下尚江〉前・一三・一「突兀たる両岸の岩山は愈々相迫って、天狭く」発音〈標ア〉ア＝マ ア 辞書 文明 表記 相迫（文）

あい‐せめ・ぐ（あひ）【相鬩】〘自ガ五（四）〙互いに争う。あいあらそう。＊囀氷冷語（1899）〈内田魯庵〉「衝突して相（アヒ）せめぐものは較（や）や近似したる同士の間にして最新と最旧との間は懸隔余りに甚だしき為め殆んど路人の観を為す」＊日本の下層社会（1899）〈横山源之助〉日本の社会運動・三・一「一方より建てたる者を他方より破壊し行くの有様にて実に骨肉相鬩ぐの観あるは諸君の為め尤も惜むべきことなり」発音 アイ＝セメグ〈標ア〉ア ア＝メ

アイセル‐こ【━湖】（アイセルは 英 Ijssel）「エイセルこ（━湖）」の英語名。発音〈標ア〉ル

あい‐せん（あひ）【合栓】〘名〙雨戸の縦框（たてがまち）に設け、次の雨戸の縦框の穴に差し込んで、戸締まりにするもの。あいくろろ。＊浄瑠璃・仮名手本忠臣蔵（1748）九「障子襖は皆尻ざし。雨戸に合栓（アイセン）合枢（あいくろろ）。こぢてははづれず」＊咄本・詞葉の花（1797）山科屋「丁寧な普請、雨戸にあひせんあひくろろ、盗人の用心はよしと」

あい‐せん（あひ）【合銭・間銭】〘名〙①中世、土倉・酒屋などが人々から借り集めて貸し付け資金とした銭。＊蜷川文書‐八集・長禄元年（1457）一二月五日（中世法制史料集・二・追加法・二五七）「一、諸土倉酒屋日銭屋等合銭事。於二質物一者、既責取之上者、至二合銭一者、不レ依二借書之文章一、被レ棄二破之一了」＊親元日記‐政所賦銘引付・文明五年（1473）一一月一四日「一、松本大輿寺雑掌。〈略〉被二預置一百貫文事、号二合銭一搆二先年徳政之儀一、不レ可二返弁一之由申候」②「あいぎん（合銀）①」に同じ。＊浮世草子・好色一代女（1686）六・三「十文で五文つつの間銭めのこ算用してとってかへる」＊浮世草子・世間胸算用（1692）四・二「母親のたのまれて火桶買ふて来るにもはや間銭取て只は通さず」

あい‐せん【哀蟬】〘名〙悲しげな声で鳴く蟬。＊篁園全集（1844）二・苦熱行「満レ耳余音猶嘒嘒、緑槐庭院咽二哀蟬一」補注 漢武帝作として伝えられる「哀蟬曲」という曲がある。

あい‐せん（あひ）【相先】〘名〙①囲碁で、半目の差がある相手との勝負で、三番勝負をするときに、一回目と三回目は弱い者が先手、二回目は強い者が先手となること。②将棋で、平手と香車落ちとを交互にして勝負すること。③碁、将棋などで、双方の技量が同程度で、互いに先番（せんばん）となること。相碁。たがいせん。＊新時代用語辞典（1930）〈長岡規矩雄〉碁・将棋・聯珠用語「相先（碁）互先ともいふ。彼我の技倆が等しいので、一番黒で打てば、次は白で打つといふのがそれである」発音〈標ア〉0〈京ア〉0

あい‐ぜん【愛染】〘名〙①仏語。「あいじゃく（愛着）①」に同じ。＊今昔（1120頃か）二・二九「国の五百の群賊の中に一人有て、此の波羅門（ばらもん）の妻（め）の美麗なるを見て愛染の心を莪（おこ）して、蜜に招取て終（つひ）に其の本意を遂（とげ）つ」＊業苦（1928）〈嘉村礒多〉「故郷の肉親に対する断ち難き愛染は感じてゐるのだから」＊大智度論‐一「自法愛染故、呰二毀他人法一」②「あいぜんみょうおう（愛染明王）」の略。＊御湯殿上日記‐文明一八年（1486）六月一日「御まほりのあいせんいつものごとく御くやうあり」＊謡曲・熊坂（1514頃）「さりながら仏も、彌陀の利剣や愛染は、方便の弓に矢を矧（は）げ」＊浮世草子・真実伊勢物語（1690）二・四「ゐんとをきむすめの年かくしゐるは、よくよくあいぜんにくまれけるぞかし」③「あいぜんほう（愛染法）」の略。＊増鏡（1368〜76頃）一二・うら千鳥「さまざまの御修法、五壇、薬師、あいぜん、いろいろの秘法ども」④「あいぜんぐま（愛染隈）」の略。＊劇場新話（1804〜09頃）上「くまどりの大概、一筋ぐま、一青ぐま、〈略〉一愛染」発音〈標ア〉0〈京ア〉0 辞書 言海 表記 愛染（言）

あいぜん 様（さま）**に見限**（みかぎ）**られる**（愛染明王を信じると、美貌になるといわれたところから）容貌が非常に醜いことをいう。

あいぜん の 札（ふだ） 愛染明王の護符。小さな紙片で、飲用すれば傷がなおるという信仰があったか。＊俳諧・骨書（1787）上「瘤おとこうき世に鬼はなきやらん〈樗良〉そそいでのませ愛染の札〈青蘿〉」

あいぜん の 法（ほう）「あいぜんほう（愛染法）」に同じ。＊貞享版沙石集（1283）八・一〇「愛染の法に付て、敬愛の秘法を習ふ」

あい‐ぜん【曖然】〘形動タリ〙はっきりしないさま。ぼんやりしたさま。＊漢語字類（1869）〈庄原謙吉〉「曖然 アイゼン ボンヤリ」＊布令必用新撰字引（1869）〈松田成己〉「曖然 アイゼン ボンヤリ」＊謝霊運‐過瞿渓山飯僧詩「同遊二息レ心客一、曖然若レ可レ睹」

あい‐ぜん【靄然・藹然】〘形動タリ〙（「靄」は、もやたちこめる雲気。「藹」は、草木の穏やかに茂ること。相通じて和気の満ちたさまをいう）春の気のやわらいで、穏やかなさま。様子がやわらいで、穏やかなさま。気持、表情などが、穏やかになごんでいるさま。靄靄（あいあい）。＊懶室漫稿（1413頃）七・衡山和尚拈香「通身慈悲仁譲。満面和気藹然。唯有二一真実一耳」＊新撰類聚往来（1492〜1521頃）上「淑気靄然、風光日新也」＊玉塵抄（1563）二六「張は温和にして藹然としたぞ。温和にしてむくやきあってほつほらとしてあたたかなぞ」＊随筆・山中人饒舌（1813）下「其意蓋在二自娯一。不下必抗二衡古人一。倶争二上乗一而一片酣古之気。靄然自見矣」＊星巌集‐丁集（1841）玉池生集五・正月六日散策至墨田川得二絶句「天外靄然春已美、一双浅翠筑波山」＊月曜講演（1898）〈内村鑑三〉一「彼の家庭は厳冬風寒く、和気靄然たる温情の流露すること少く」

アイゼン〘名〙（シュタイクアイゼン ドイ Steigeisen の略）登山用具の一つ。登山靴の底につける鋼鉄製のとがった爪を持つ金具。凍った雪上を歩くときに、すべり止めにつける。クランポン。＊氷壁（1956〜57）〈井上靖〉三「靴にはもちろんオーバー・シューズ。その上にアイゼンを履く」補注 日本では一九一二年大阪のマリア運動具店がオーストリアから初めて輸入し、一九二八年山内東一郎らによって国産化され始めた。発音〈標ア〉ア〈京ア〉ア

あいぜん‐えん（アイゼンエン）【愛善苑】昭和二一年（一九四六）、大本教が再発足した時の名称。発音〈標ア〉ゼ

あいぜん‐おう（アイゼンワウ）【愛染王】〘名〙仏語。①「あいぜんみょうおう（愛染明王）」の略。＊伊呂波字類抄（鎌倉）「愛染王」＊仮名草子・恨の介（1609〜17頃）上「仏にだにもあいぜんわう、神だにも結の神と承る」＊瑜祇経‐上「世尊我今更説愛染王。一切如来共成就雑法悉地」②「あいぜんおうほう（愛染王法）」の略。＊阿娑縛抄（1242〜81頃）一一五「愛染王 極秘法也」＊増鏡（1368〜76頃）一五・むら時雨「一字金輪（きんりん）は浄経僧正、如法尊勝は桓守僧正、あいぜん王賢助僧正、六字法聖尋僧正、准胝（じゅんでい）法は達智門院の御沙汰にて信耀僧正つとむ」発音 アイゼンオー〈標ア〉オ

あいぜんおう‐く（アイゼンワウ）【愛染王供】〘名〙仏語。愛染明王を供養する修法。＊元亨釈書（1322）九・成尊「法師「釈成尊。〈略〉帰レ坊修二愛染王供一。其像冠師子噴レ血濺二爐壇一」＊建内記‐嘉吉元年（1441）一一月二四日「七ケ日参二詣吉田社一。又於二寺家一行二愛染王供一」発音 アイゼンオーク〈標ア〉オ

あいぜんおう‐ほう（アイゼンワウホフ）【愛染王法】〘名〙仏語。「あいぜんほう（愛染法）」に同じ。＊渓嵐拾葉集（1318）二一「問、就二愛染王法一幾種習在レ之。答二十重習在レ之也」＊新札往来（1367）下「孔雀経、仁王経、如法愛染王法者、小野広沢之大法。容易難レ被レ行者歟」発音 アイゼンオーホー〈標ア〉オ

あいせん‐か【愛銭家】〘名〙古銭を集めて楽しむ人。古銭家。弄（ろう）銭家。発音〈標ア〉0

あいぜん‐がら【愛染雀】〘名〙ヤマガラの赤色変種でまれに捕獲される。飼鳥家の間で古くから用いられた呼称。＊喚子鳥（1710）下「あいぜんがら ゐがひ山がら同断 大きさ山がらにて、けいろ山がらの白き所も、残らずかば色に赤し、山がらのるいなり」語源説 全身赤色で愛染明王の像に似ていることから。ガラはヤマガラのガラ〔大言海〕。発音 アイゼンガラ〈標ア〉ゼ

あいぜん‐ぐま【愛染隈】〘名〙歌舞伎の隈取（くまどり）の一種。愛染明王のように赤く顔をいろどるもの。あいぜん。＊戯場訓蒙図彙（1803）三「隈取の名大概〈略〉愛染くま」発音 アイゼングマ〈標ア〉ゼ

あい‐せんこう（あひセンカウ）【合線香】〘名〙芸娼妓の時間を計る線香を立てる係。線香番。＊雑俳・五色墨（1809）「最少っとじゃ・かりこを呵る合線香」発音 アイセンコー〈標ア〉セ

あいぜん‐こう（カウ）【愛染講】〘名〙①仏語。愛染明王の功徳を講讃（こうさん）し、息災と得福を祈願するために行なう法会。＊建内記‐嘉吉元年（1441）六月一日「今日浄蓮花院愛染講、御台御頭役也。有二管絃講一云々」②近世、大坂藍商仲間の同業組合。四天王寺愛染明王が藍染に音通するところから、染物業者の崇敬祈願するところとなったのに始まる。毎年八月、明王の前で相互誓紙するのがたてまえ。＊絵具染料商工史‐寛政一一年（1799）九月・永代愛染講連印帳「大坂表買人之者とも、甚不引合に而迷惑に相成申候、因之当朱新口より阿州行仕入問屋仲間一統相談に及、此度永代愛染講与唱、万事為なすべき様」発音 アイゼンコー〈標ア〉0

あい‐ぜんご・する（あひ）【相前後】〘自サ変〙文 あひぜんご・す〘自サ変〙（「あい」は接頭語）互いに前になったり後になったりする。順序が逆になる。また、「あいぜんごして」の形で用い、ことが続くさまにいう。＊春潮（1903）〈田山花袋〉六「高い高い足音と軽く引摺る草履の音とが相前後して聞えたと思ふと」＊家（1910〜11）〈島崎藤村〉下・四「正太は榊と相前後して、兜町の方へ通ふことに成った」発音 アイ＝ゼンゴスル〈標ア〉ア＝ゼ

あいぜん‐どう（ダウ）【愛染堂】〘名〙愛染明王をまつった建物。＊雑俳・口三味線（1702）「つがもなき・願書やあらん愛染堂」発音 アイゼンドー〈標ア〉0

アイゼンハワー（Dwight David Eisenhower ドワイト=デイビッド=） アメリカの陸軍元帥、第三四代大統領（在職一九五三～六一年。共和党）。第二次大戦中、ヨーロッパ連合軍の最高司令官。「アイク」の愛称で親しまれた。（一八九〇～一九六九） 発音〈標ア〉八〈京ア〉八

あいぜん-ほう【愛染法】（フホ）『名』仏語。真言宗で、愛染明王を本尊として、敬愛、息災、増益、降伏などを求めて修する修法。愛染明王法。愛染王法。愛染の法。＊満済准后日記-応永二〇年（1413）九月一二日「聖護院愛染法開白云々」 発音アイゼンホー〈標ア〉0

あいぜん-ほうどう【愛染宝塔】（ダフ・ホウ）『名』愛染明王の像を安置する塔。＊太平記（14C後）七・吉野城軍事「搦手の兵百五十人愛染宝塔（アイゼンホウダウ）よりおり下て」 発音アイゼンホードー〈標ア〉0

あいぜん-まいり【愛染参】（ゐりま）『名』①六月三〇日から七月二日にかけて行なわれる愛染祭の勝鬘院（しょうまんいん）会式に参詣すること。《季・夏》②正月元日、染物業者などが、愛染明王をまつる寺院に参詣すること。＊評判記・富貴地座位（1777）下「新町より元日の愛染（アイゼン）参りも、いつの比やら絶しとなん聞しに」＊俳諧・俳諧通言（1807）神釈「浪中浪南、愛染参（アイゼンマイリ）正月元日天王寺勝蔓坂へ駕にてけふをはれに参詣する」＊風俗画報-三七号（1892）漫録「朔日は新町をはじめ南北ほりへ何度もめいめい色をつれて愛染参（アイセンマイ）りする也」 発音〈標ア〉マ

あいぜん-まつり【愛染祭】『名』六月三〇日から七月二日（古くは陰暦六月一日）にかけて行なわれる大阪市天王寺区夕陽丘町にある愛染堂（勝鬘院）の祭。愛染参り。勝鬘参り。《季・夏》＊随筆・守貞漫稿（1837-53）二四「六月朔日四天王寺愛染祭」 発音〈標ア〉マ

あいぜん-まんだら【愛染曼荼羅】『名』仏語。愛染明王を本尊とする曼荼羅。愛染明王法に用いられ、一七尊建立、三七尊建立などがある。 発音〈標ア〉マ

あいぜん-みょうおう【愛染明王】（ウワウ・ミャ）『名』（梵 Rāga-rāja の訳語。愛着染色の意）①仏語。真言密教の神。愛欲を本体とする愛の神。全身赤色で、三目、六臂（ろっぴ）、頭に獅子の冠をいただき、顔には常に怒りの相を表わす。愛染王。＊車屋本謡曲・放下僧（1464頃）「さればあいぜん明王も、神通の弓に智恵の箭をもって、しまのいくさをやぶり給ふ」＊波形本狂言・鬼丸（室町末-近世初）「此世にては長く天命につき、あいぜん明王（メウヲウ）にも見はなされ」＊浮世草子・好色一代女（1686）五・一「是より外に身過はなき事かと愛染明王（アイゼンミャウワウ）をうらみ、次第にしほるる恋草なるに」＊諸国風俗問状答（19C前）三河国吉田領風俗問状答・正月・二「紺屋は愛染明王をむねとす」②（「あいぜんみょうおうほう（愛染明王法）」の略）「あいぜんほう（愛染法）」に同じ。＊太平記（14C後）三三・将軍御逝去事「愛染（アイゼン）明王、一字文殊、不動慈救（ふどうじく）延命の法、種々の懇祈（こんき）を致せども、病日に随て重くなり」 語誌（1）密教系の「瑜祇経」に説かれ、息災・増益・敬愛・降伏をつかさどる。大日如来の智恵から化現した神格で、平安朝では調伏・降魔の修法の本尊とされ、仏・菩薩と違って一般人の信仰対象にはならなかった。後三条天皇の即位祈願・白河天皇の病気平癒祈願の折の本尊で、院政期頃からこれを本尊とする堂塔も現われ一般に知られるようになった。（2）中世初頭には降魔の面から「愛染明王の弓箭」の成句が行なわれたが、また「敬愛」法が「煩悩即菩提」を説くと解され、それが男女の和合をもたらすと信じられて、後には「縁結びの神」として信仰されるに至った。（3）近世にはその面が強まって役者や遊女の参詣が流行し、守護神化した。俗に、この明王を信仰すると美貌になると信じられていた。また、藍染に通じるところから、染物屋の守り神としても信仰された。 発音アイゼンミョーオー〈標ア〉オ ミョ 辞書 書言 表記 愛染明王（書）

愛染明王 ①
〈奈良県　西大寺〉

あいぜんみょうおう-ほう【愛染明王法】（アイゼンミャウワウホフ）『名』仏語。「あいぜんほう（愛染法）」に同じ。 発音アイゼンミョウオーホー〈標ア〉オ

あいぜん-もうで【愛染詣】（うでま）『名』「あいぜんまいり（愛染参）②」に同じ。＊俳諧・新季寄（1802）正月「神釈〈略〉愛染詣 元日」＊誹諧・季引席用集（1818）「釈教〈略〉愛染詣（アイゼンモフデ） 正月元日勝曼坂、又六月あり」 発音アイゼンモーデ〈標ア〉モ

あい-そ【哀訴】『名』①（―する）嘆き悲しんで訴えること。人の同情心にうったえて頼み込むこと。哀願。＊西洋事情（1866-70）〈福沢諭吉〉外・二「固より国法を議定することを得ず唯時として国王に哀訴歎願することあるのみにて」＊暴夜物語（1875）〈永峰秀樹訳〉二「王もやがて其報いあるべきにと哀訴しけれども」＊土（1910）〈長塚節〉五「彼は地主へ哀訴（アイソ）して小作米の半分を次の秋まで貸して貰った」＊杜甫-老馬行詩「見レ人惨澹若ニ哀訴ー、失レ主錯莫無ニ晶光ー」②旧法律制度で、大審院が違法な判決をしたときなど、検事長または訴訟関係人から大審院に対して行なう訴訟手続き。＊刑事訴訟法（明治二三年）（1890）附則・二条「大審院に於て既に受理したる哀訴〈略〉は治罪法の手続に依り大審院之を裁判す可し」 発音〈標ア〉ア〈京ア〉0/ア

あい-そ【哀楚】『名』（形動）（「楚」は、いたむ意）悲しげでいたましいこと。また、人の死をいたむこと。＊随筆・秉燭譚（1729）四「みづから天竺人といへり。常に一絃の琴を弾じ、その歌声哀楚なり」＊阮籍-詠懐・三四「臨レ觴多ニ哀楚ー、思ニ我故時人ー」

あい-そ【相訴】（あひ）『名』江戸時代の訴訟法用語。訴訟当事者双方より、同時に同一事件に対し訴えが提起されること。実際にはめったに起こらなかった。＊禁令考-後集・第二・巻一五・天保一三年（1852）一〇月一日「相訴者、対決之上双方え済方申付」

あい-そ【愛想・愛相】『名』（「あいそう」を短く呼んだものか）①人当たりのよいさまをいう。㋑他人によい感じを与えるような態度。かわいらしい顔つき、やさしいもの言い、応対の仕方など。＊寛永刊本蒙求抄（1529-34）三「毅（き）はあいそもなう、しやれられぬ、はつたとした者ぞ」＊日葡辞書（1603-04）「ヒトノ aisoni（アイソニ） ユウ〈訳〉人を魅了し 引きつけるように話す」＊虎明本狂言・首引（室町末-近世初）「おのれがやうに、あひそもなくするやつはなひ」＊浄瑠璃・義経千本桜（1747）三「此内は鮓商売、宿屋ではござらぬと、あいそのないがあいそと成り」＊浮雲（1887-89）〈二葉亭四迷〉三・一八「おとなしく、愛想（アイソ）がよくて」㋺他人の機嫌をとるような、ちょっとした態度やもの言い。おせじ。あいきょう。＊油地獄（1891）〈斎藤緑雨〉八「夢に迄見た小歌に出会って、欠（かけ）半分の愛想（アイソ）も出ずに」＊多情多恨（1896）〈尾崎紅葉〉前・三・三「出てゐる方は愛相（アイソ）に出てゐるのであるから、身動もすることではない」②他人に対する親しみの気持。多く、「あいそが尽きる」「あいそを尽かす」の表現をとる。③他に対する茶菓などのもてなし。また、使いの者への心付けなど、気をきかして与える金品。「おあいそ」の形で用いることが多い。＊歌舞伎・大雑書伊勢白粉（1696）一「是はよい足駄ぢゃ〈略〉宿の娘がほしがる所で、愛想（あいそ）にする」＊諷誡京わらんべ（1886）〈坪内逍遙〉三「駄菓子五銭程買取って、それを愛素（アイソ）にして」④（「あいそづかし」の略という）飲食店などで客に請求する勘定。また、その勘定書。もと関西の語で、ふつう「おあいそ」の形で用いる。＊鱧の皮（1914）〈上司小剣〉一「二階の客にも十二組までお愛そ（勘定の事）も済ましたので」 語誌 仮名で表記されるとき、「あいそ」「あいそう」「あいさう」と揺れがある。漢字表記でも、「あい」に「愛・哀」、「そう（さう）」には「相・想・崇・増・荘」といったものがあって一定しない。キリシタン資料でも開合に混乱があり、アイサウ、アイソウの両表記が見られる。挙例の「蒙求抄」のように抄物資料でこの語が「アイソ」と仮名書きされていることなどから、本来この語は和語「あいそ」であって、後に長呼「あいそう」から、漢語と意識されるようになったものかもしれない。 方言 ❶待遇。あしらい。青森県上北郡074 長野県佐久493 ❷すし、果物などを間食としてもてなすこと。◇おあいそ〔御―〕 大阪市637 ❸ものを贈られた時、その容器に入れて返すもの。おうつり。 徳島県811 ❹贈り物を受けた時、その使いの者に持たせて返す祝儀。◇おあいそ 大阪市637 ❺つり銭。 徳島県811 ❻退屈。 香川県佐柳島829 発音〈なまり〉エソ〔鹿児島方言〕〈標ア〉ソ〈京ア〉ア 辞書 日葡

あいそ が 尽（つ）きる 好意や愛情がすっかりなくなってしまう。すっかりきらいになる。あいそうが尽きる。＊俳諧・鷹筑波（1638）四「くもれよとあひそも月の西の空 うつかひならふかつら川辺〈増重〉」＊談義本・八景聞取法問（1754）一・疱瘡の寄の跡「ぐっとあいそが尽ると俄に不機嫌に成て」＊洒落本・三人酩酊（1799か）実泪上戸の段「おれが目で見てさへあいそのつきた今のざま」＊浮雲（1887-89）〈二葉亭四迷〉一・六「二十三にも成って親を養（すご）す所か自分の居所立所（ゐどたちど）にさへ迷惑（まごつい）てるんだ、なんぼ何だって愛想が尽きらア」

あいそ も 興（きょう）も尽（つ）き果（は）てる 「あいそ（愛想）もこそも尽きる」に同じ。＊洒落本・契情買虎之巻（1778）瀬川か一念「おのれにほれて、そふいふ心はあるまいと思しに、あいそも、きゃうも、つきはてて」

あいそ も こそも=尽（つ）きる[=尽（つ）き果（は）てる] （「こそ」は、口調をよくするために添えたもの）「あいそが尽きる」を強めた言い方。＊浄瑠璃・蒲冠者藤戸合戦（1730）四「姉に生れて其卑怯、あいそもこそもつきはてた」＊人情本・春色雪の梅（1838-42頃か）初・五回「働きのねえ野郎だと、愛想もこそも尽きたから」＊歌舞伎・八幡祭小望月賑（縮屋新助）（1860）四幕「ああ薄情なと思ったら、愛想（アイソ）もこそも尽きた故」

あいそ も すげもない 「あいそがない」を強めた言い方。非常にそっけない。愛想もこそもない。＊雑俳・太箸集（1835-39）二「渡し守・愛相もすげもない手合（てあひ）」

あいそ も ない 方言 ❶寂しい。おもしろいことがない。 富山県東礪波郡038 ◇あいそんない 富山県上新川郡395 砺波397 398 ◇あいそむない 石川県河北郡414 ❷悲しい。虚脱感を伴うような悲しさにいう。 富山県390 東礪波郡402 ❸思いがけない事態に驚いた時に発することば。とんでもない。 ◇あいそがない 大阪府泉北郡646 ◇あいそむねえ 長崎県912 対馬913

あいそ を する ①人をやさしく、また手厚くもてなす。好感を与えるような態度で相手をする。あいそうをする。＊人情本・仮名文章娘節用（1831-34）三・八回「人見しりをする子供は、愛相（アイソ）をしても泣出すから」＊日ぐらし物語（1890）〈幸田露伴〉三「犬は無心で突然ぢゃれかかる、裾にまつはる、袂に飛付て愛想（アイソ）をする」②料理店などで、飲食代の勘定をする。

あいそ を 尽（つ）かす 他に対する、好意や愛情を捨てる。見限る。いやになる。あいそうを尽かす。＊評判記・色道大鏡（1678）三「此男、後にはあいそをつかしてのき切（ぎり）けり」＊浮世草子・西鶴織留（1694）四・二「かんびゃうにあぐみて、たがひにあい

そをつかし」＊浮雲(1887-89)〈二葉亭四迷〉二・八「叔母ですら愛想(アイソ)を尽かすに、親なればこそ子なればこそ、ふがひないと云って愚痴をも溢さず」

あいそ『名』方言❶魚の産卵期。栃木県安蘇郡208 ❷魚、うぐい(鯎)。栃木県日光016 ❸魚、あかはや(赤鮠)。下野†041 ❹植物、とうひ(唐檜)。静岡県駿河008

あいそ『感動』神楽歌の間拍子(まびょうし)のことば。＊神楽歌(9C後)大前張・しながとり「〈本〉しながとるや 猪名(ゐな)の湊に 安以曾(アイソ) 入る船の 楫(かぢ)よくまかせ 船傾くな 船傾くな 〈末〉若草の や 妹(いも)も乗せたり 安以曾(アイソ) 我も乗りたりや 船傾くな 船傾くな」語源説アは接頭語、イソはイソ(勤)の意か〔日本古語大辞典=松岡静雄〕。

あい-そう【愛想・愛相】『名』①「あいそ(愛想)①」に同じ。＊虎明本狂言・花子(室町末-近世初)「ならの春日のさがりまつの下で、みたるめもとは、しげんげしげんげ、あひさうしげんげの、めもとやなふ」＊三体詩素隠抄(1622)一・三「のびのびとした景こそ風情も面白けれ。更に愛そうもない景ぢゃが、されども、ちっとけうがることがあるぞ」＊洒落本・遊子方言(1770)発端「ここの女房は、あまり愛想(アイソウ)がよくないじゃござりませぬか」＊滑稽本・浮世風呂(1809-13)四・中「隣の家へ愛相(アイサウ)いふて、預けて置た鍵をうけとるは」②「あいそ(愛想)②」に同じ。③「あいそ(愛想)③」に同じ。＊花間鶯(1887-88)〈末広鉄腸〉中・一「何も御愛想(アイサウ)もいたしませんに」④「あいそ(愛想)④」に同じ。＊模範新語通語大辞典(1919)〈上田景二〉「アイソー 料理屋などにて勘定することをいふ」語源説(1)愛らしい様子の意でアイソウ(愛相)。愛想の字は正しくない〔両京俚言考・上方語源辞典=前田勇〕。(2)動詞アヘシハフ(饗為延)の略。それに「愛想」の字を当てたもの〔俗語考〕。発音アイソー〈標ア〉ソ〈京ア〉ア 辞書書言・ヘボン・言海 表記愛想(書・言) 愛相(ヘ)

あいそう が 尽(つ)きる 「あいそ(愛想)が尽きる」に同じ。＊義経記(室町中か)六・判官南都へ忍び御出ある事「明日門外に候事御覧じ候ひなば、義経があいそうもつきて思召されんずる」＊浮世草子・日本永代蔵(1688)四・四「後には下々も愛想(アヒソウ)つきて物すごく、病家にゆく人もなく」＊和英語林集成(再版)(1872)「Aisōga tsukiru (アイソウガ ツキル)」

あいそう も 小想(こそう)も=尽(つ)きる[=尽(つ)き果(は)てる] 「あいそ(愛想)もこそも尽きる」に同じ。＊雑俳・柳多留-四(1769)「ぶつに買あいそうこそうつきたどら」＊洒落本・傾城買四十八手(1790)見ぬかれた手「講釈しながら二三枚やれば、たいこはあてのつちがはづれあいそうもこそうもつきはて、無駄骨を折った事と思ひ」

あいそう を する 「あいそ(愛想)をする」に同じ。＊人情本・清談若緑(19C中)四・二二回「紫雲は茶を出し菓子を出し、安堵の思ひに気も軽く、愛相(アイサウ)すれば下女のお沢も、倶に心に歓びて、胸の痞(つかへ)も下るべし」＊和英語林集成(初版)(1867)「Aisōwo suru (アイソウヲ スル)」＊この子(1896)〈樋口一葉〉「ああ厭やな事だと捨て撥(ばち)に成りまして、逢ふほどの人に愛想(アイサウ)をしようでも無く」

あいそう を 尽(つ)かす 「あいそ(愛想)を尽かす」に同じ。＊浮世草子・好色万金丹(1694)五・二「久右衛門も愛相(アイサウ)尽かして」

あい-そ・う【相添】(「あい」は接頭語)㊀『自ハ四』共に生活する。連れ添う。＊兼輔集(933頃)「つねにあひそひたりける人の、その夜なかにて」＊大和(947-957頃)一五六「わかき時に親死にければ、をばなむ親のごとくに、若くよりあひそひてあるに」＊源氏(1001-14頃)帚木「あしくもよくもあひそひて、とあらむ折もかからんきざみをも見過ぐしたらん中こそ、契ふかくあはれならめ」＊大鏡(12C前)一・序「いで、さも侍らず。それはやうせ侍にしかば、これはそののちあひそひてはべるわらべなり」㊁『他ハ下二』(「そえる」の改まった言い方)伴う。従える。＊古今(905-914)離別・三六八「たらちねのおやのまもりとあひそふる心ばかりはせきなとどめそ〈小野千古母〉」＊太平記(14C後)二・長崎新左衛門尉意見事「力なく今まで只一人付副たる中間を相そへられて」発音〈標ア〉ア 辞書文明・日葡 表記相添(文)

あい-ぞう【愛憎】『名』愛することと憎むこと。また、その感情。＊続日本紀-和銅六年(713)五月己巳「而不善国司。情有二愛憎一。以レ非為レ是、強云二致仕一、奪レ理解却」＊三帖和讃(1248-60頃)正像末「愛憎違順することは高峰岳山にことならず」＊布令必用新撰字引(1869)〈松田成己〉「愛憎 アイゾウ カワユヒニクイ」＊小説神髄(1885-86)〈坪内逍遥〉下・脚色の法則「我従来の小説作者は最も愛憎(アイゾウ)に偏るものなり」＊史記-佞幸伝「甚哉愛憎之時、彌子瑕之行、足三以観二後人佞幸一矣」発音アイゾー〈標ア〉0〈京ア〉0 辞書文明・伊京・明応・黒本・易林・日葡・書言・言海 表記愛憎(文・伊・明・黒・易・書・言)

あい-ぞう【愛蔵】『名』物を大切にして、しっかりしまっておくこと。＊草枕(1906)〈夏目漱石〉八「『へえ、どんな硯かい』『山陽の愛蔵したと云ふ…』」＊故旧忘れ得べき(1935-36)〈高見順〉五「愛蔵の小説本」発音アイゾー〈標ア〉0〈京ア〉0

あいそう-ことば【愛想言葉】『名』相手の機嫌をとることば。好意をもたれようとして言うことば。＊人情本・風俗粋好伝(1825)後・下「力を添へる愛相言葉(アイサウコトバ)、花咲も気を取り直し」発音アイソーコトバ〈標ア〉コ

あいそう-づかし【愛想尽】『名』「あいそづかし(愛想尽)」に同じ。＊俚言集覧(1797頃)「あひさふづかし あひさふがつきるとも云 欵待の尽る也」＊人情本・恩愛二葉草(1834)二・四章「苦界の身のありうちと、綾釣った事でもあれア、愛相尽(アイサウヅカ)しの種となるぜ」発音アイソーズカシ〈標ア〉ズ

あいそう-な・い【愛想無】『形口』文あいさうな・し『形ク』①人当たりが悪い。無愛想である。あいそない。＊いろは字(1559)「無二愛崇一 アイソウナシ」②もてなしを欠く。語誌(1)本来、主述の関係にある「あいそう」と「ない」の二語であるが、現代京阪方言では一語化しており、名詞形「あいそなし」としても用いられる。(2)②は、現代京阪方言で来客の帰る際の挨拶に用いるものである。これは、「あいそう」に「もてなし」の意の用法があって出来た、とする説と、もてなしを欠けば相手に愛想がないと思われるために①から転じたとする説とがある。

あいそうな-げ【愛想無気】『形動』(形容詞「あいそうない」の語幹に接尾語「げ」の付いたもの)かわいげがない。ぶしつけである。＊幸若・屋嶋軍(室町末-近世初)「此法師においては、いさしらぬざうとあいそうなげにこたうる」＊説経節・おぐり判官(1675)三「女をやうしとは、思ひよらず。太夫殿と、あひさうなげに申ける」＊浄瑠璃・都の富士(1695頃)三「はやはや帰らせ給ふべし、人のみるめも候とあいさうなげにはたとさす」辞書ヘボン 表記無愛相気(へ)

あいそう-らし・い【愛想―】『形口』文あいさうら・し『形シク』「あいそらしい(愛想)」に同じ。＊日葡辞書(1603-04)「Aisŏraxij (アイサウラシイ) コトバヲ カクル」＊俳諧・犬子集(1633)一六・魚鳥「つもりやせましここな銭箱(ぜにばこ) はたごやのあいそふらしきをなごにて〈徳元〉」＊浄瑠璃・平家女護島(1719)四「土器(かはらけ)瓶子(へいじ)携出愛そうらしく手をついて」辞書日葡・ヘボン

あいそう-わらい【愛想笑】『名』「あいそわらい(愛想笑)」に同じ。＊道(1910)〈石川啄木〉「四十五六の男が立って、揉手をしながら愛相笑ひをしてゐた」＊金(1926)〈宮嶋資夫〉八「『ひどい相場でしたが、あなたの方は如何です』と愛想笑(アイサウワラ)ひをしながら訊ねた」発音アイソーワライ〈標ア〉ワ

あい-そく【愛息】『名』愛する子息。かわいいむすこ。ふつう、他人のむすこについていう。＊吾妻鏡-治承四年(1180)一一月二六日「彼老母 武衛御乳母也 聞レ之、為レ救二愛息之命一泣々参上申云」発音〈標ア〉0〈京ア〉0

あいそ-げ【愛想気】『名』(「あいそけ」とも)人に好感を持たせるよい感じ。あいそっけ。＊人情本・縁結娵色の糸(1839-48)三・一六回「愛相気(アイソゲ)もなく断るのは、実に気の毒だから困るよ」＊二人女房(1891)〈尾崎紅葉〉中・三「隠居は、なるほど人付(ひとづき)の悪い、愛想気(アイソケ)の無い」＊たけくらべ(1895-96)〈樋口一葉〉一四「団子屋の背高が愛想気(アイソゲ)のない汁粉やを音づれて」＊天うつ浪(1903-05)〈幸田露伴〉六五「お龍の云ひし詞は聞きしや聞かざりしや、愛想気(アイソゲ)無く後を見せて車窓近く居寄り」

あいそ-し・い【愛想】『形口』(態度、もの言いなどが)人によい感じを与えるさま。あいそがよい。＊油地獄(1891)〈斎藤緑雨〉六「お這入りお這入りと何日(いつ)になく愛素(アイソ)しいに」方言❶愛想がよい。三重県志摩郡584 ❷かわいらしい。長野県上伊那郡488 下伊那郡492

アイソスタシー『名』(英 isostasy) 地学用語で、地球内のある深さでは、地表の凹凸にかかわらず、その面から上の圧力が一定になっていて、全体として均衡が保たれているということ。深さ一〇〇キロメートル前後の層で均衡に達しているのが、重力測定によって立証されている。地殻均衡説。発音〈標ア〉タ

あいそ-づかし【愛想尽】『名』①他に対する好意や愛情が持てなくなっていやになること。また、いやになって他をつれなく扱う態度やもの言い。あいそうづかし。＊浄瑠璃・生玉心中(1715か)下「待てくれはいのちがおしうなって来たか、アア今になってあいそづかしいふてくだんす」＊人情本・春色梅児誉美(1832-33)初・六齣「はしたなひことといふたなら、愛相(アイソ)づかしも出来よふかと」＊恋慕ながし(1898)〈小栗風葉〉二八「此悲しい切ない思を、少しは察してくれても可(よ)ささうなものだのに、手切金まで取らうと云ふ酷い愛憎(アイソ)尽(ヅ)かし」②(これを見るとあいそが尽きるの意からという)料理屋などの勘定、または、勘定書。あいそ。＊落語・磯の白浪(1890)〈七代目土橋亭りう馬〉「ウン、愛想尽(アイソヅカ)しか。大分早いナ。最う勘定書(つけ)を持って来たナ」発音〈標ア〉ズ〈京ア〉ズ 辞書言海 表記愛想尽(言)

あいそっ-け【愛想気】『名』「あいそげ(愛想気)」の変化した語。＊落紅(1899)〈内田魯庵〉四「あア剣もホロロに愛想気(アイソッケ)なく加之(おまけ)に学校教師の悪語(わるくち)まで仰しゃっては人の感情を破(こは)しますからネ」＊茶話(1915-30)〈薄田泣菫〉司令官と一兵卒「愛相(アイソ)っ気(ケ)のない調子で返辞した」

アイソトープ『名』(英 isotope) 同位体(同位元素)。原子番号が等しく、質量数が異なる元素のこと。放射能を持つ同位体を、放射性同位体(ラジオアイソトープ)という。発音〈標ア〉ト〈京ア〉ト

アイソトープ-でんち【―電池】『名』(英 radioisotope battery から) 寿命の長い放射性同位元素が出す放射線のエネルギーを電気エネルギーに変える仕組みの電池。宇宙船、海洋浮標、心臓のペースメーカーなどに利用される。原子力電池。発音〈標ア〉テ

あい-ぞなえ【相備】『名』軍団がそれぞれ陣

を張るときに、隣り合わせた陣を互いに呼ぶ称。＊甲陽軍鑑(17C初)品二七「板垣信形、あひ備(ソナヘ)かけて、三千五百の人数をもって、一戦をはじめ」＊雑兵物語(1683頃)上「又他の備の人数だと見へてお侍が一疋おれがごとくにうろめく所に、相備を見付、ふみ込べいとしたれば」＊北越軍談(1698)一「吾躬は三千余兵を率て上杉憲顕の相備となり」

あいそ‐ぶり【愛想振】〘名〙人に好感を与えるような様子、挙動。また、言動がやさしくかわいらしい様子。あいそうぶり。＊俳諧・くらま畚(1799)「物の怪(け)のけろりとさめし愛相ふり〈正保〉橘匂ふ雪の居風呂(すゑふろ)〈柴居〉」＊人情本・貞操婦女八賢誌(1834-48頃)初・三回「お踏(ふみ)が内心、善か悪かは知らねども、先づ其由(そのよし)を聞かんとて、思はず膝を進めつつ、爐(ろ)に幾度か継ぐ炭も、愛想振(アイソブ)りと見えにける」発音〈標ア〉０リ

アイソポス（ギリシア Aisōpos）「イソップ」のギリシア読み。発音〈標ア〉ソ

あい‐そむ・く【相背】〘自カ四〙（「あい」は接頭語）①「そむく」の改まった言い方。反対する。言うことをきかない。＊文明本節用集(室町中)「相背 アイソムキ」＊仮名草子・竹斎(1621-23)下「堅く切腹の所を制し止めよ。もしあひそむく物ならば、其身の事は申に及ばず」＊花柳春話(1878-79)〈織田純一郎訳〉二三「能く業を遂げ才を育するに至り、未だ曾て名実相背く者はあらざるなり」②たがいに背を向ける。＊四河入海(17C前)二一・二「貴方は南行して広南に赴ぞ。さる程に、南北相背て別れ去るぞ」＊和英語林集成(再版)(1872)「Aisomuku アイソムク 背面」辞書文明・日葡・ヘボン 表記相背(文) 背面(へ)

あい‐そめ【逢初】〘名〙（「あいぞめ」とも）初めて人と会うこと。特に、恋人との場合にいう。＊日葡辞書(1603-04)「アノ ヒトニ イマ aisomegia(アイソメヂャ)」辞書日葡

あい‐ぞめ【藍染】〘名〙藍で染めること。また、その色や染めた物。藍付き。＊延喜式(927)一五・内蔵寮「藍染綾一百疋」＊書言字考節用集(1717)六「藍染 アヰソメ」＊思出の記(1900-01)〈徳富蘆花〉四・二〇「紺屋であらふ両手を藍染にして居る者もある」発音〈標ア〉０ 辞書日葡・書言・ヘボン 表記藍染(書・へ)

あいぞめ‐がわ【藍染川・逢初川・愛染川】㊀（藍染川＝染物が行なわれたために呼ばれた）東京都文京区根津と台東区谷中との境を流れていた小川。駒込あたりに発し、不忍池に注いだ谷戸川(境川)の下流を呼んだ。㊁福岡県太宰府市、太宰府天満宮の近くを流れる御笠川の上流、染川のこと。漆川。宇留志川。思川。岩踏川。＊御伽草子・文正草子(室町末)「秋は紅葉の色深き、思ふ川のあひそめがは名のみして」＊俳諧・新増犬筑波集(1643)油糟・恋「某(それがし)はかがみの神をちかふべし かはらじと愛染(アイソメ)川が末たえて かしこくも都へのぼる玉かづら」㊂謡曲。四、五番目物。観世、金春流。作者不詳。太宰府の神主を尋ねて都から下った女が、神主の妻にだまされ藍染川に身を投げるが、天満天神が蘇生させる。発音アイゾメガワ

あいそめ‐ごろも【藍染衣】〘名〙藍で染めた衣。「藍染」に「逢初(あいそめ)」をかける。＊実国集(1183頃)「七夕にあひそめ衣ぬぎかさんかへる色をば忌みもこそすれ」発音〈標ア〉メ

あい‐そめつけ【藍染付】〘名〙透明な釉(うわぐすり)の下に藍色の絵や文様のある陶磁器。また、その技法。中国では青花、青華と呼ぶ。染め付け。

アイソメトリックス〘名〙（英 isometrics）アメリカで考案された特定の筋肉を強化するためのトレーニング方法の一種。静止したまま、身体各部に力を入れたり緩めたりして行なう。静的筋肉トレーニング。発音〈標ア〉リ

あいそめ‐まくら【逢初枕】〘名〙遊里で、初めての遊女と共に寝ること。初会の共寝。＊浮世草子・好色二代男(1684)二・一「二番は江戸の勝山が、一風かはる男髪、あいそめ枕つれなくも、廿五までふられて悪(にく)からず」

あいぞめ‐や【藍染屋】〘名〙藍汁で糸や布を染めあげることを業とする者。その身分の高いものを紺屋といい、低いものを青屋という。藍屋。＊京都御役所向大概覚書(1714-18頃)二「洛中洛外藍染屋之事」＊雑俳・十八公(1729)「あいぞめやちくさはなさくつぼの内」

あい‐そ・める【逢初】〘自マ下一〙文あひそ・む〘自マ下二〙人と初めて会う。情人などと会い始めることにいうことが多い。＊詞花(1151頃)恋下・二三四「我が恋はあひそめてこそまさりけれ飾磨の褐の色ならねども〈藤原道経〉」＊山家集(12C後)下「無き名こそ飾磨(しかま)の市(いち)に立ちにけれまだあひそめぬ恋する物を」＊日葡辞書(1603-04)「Aisome, uru (アイソムル)〈訳〉ある人に初めて会う」＊談義本・遊婦多寿寄(1771)三「起請入墨子は尤同じよふ成事ながら、馴染(なじん)での上にてはなきもの也。風と逢染(アイソメ)て五度か七度に限る」辞書日葡

あいそ‐らい【愛想―】〘名〙方言快く相手になること。愛想よくすること。おあいそ。青森県津軽075 三戸郡083 岩手県胆沢郡105 ◇あいそれ 青森県上北郡082

あいそ‐らし・い【愛想―】〘形口〙（「らしい」は接尾語）言動にやさしさ、思いやりなどのあるさま。また、機嫌をとるようなさま。あいそうらしい。＊玉塵抄(1563)二二「又すがたみめようて、心がめぐみあって、あいそらしいか、なさけあるか。さて嶠がむこになったぞ」＊浄瑠璃・艶容女舞衣(三勝半七)(1772)下「いつしかあいそらしい詞もかけず、ついに一度の添臥(そひぶし)もなく候へ共」＊行人(1912-13)〈夏目漱石〉帰ってから・二「母はさも愛想(アイソ)らしく又弁疏(いひわけ)らしく口を利いて」語誌接尾語「らしい」を添えて形容詞化する語としては古いものに属する。抄物の例では、真に優しい、かわいらしい、という気持に用いられているが、近世以降では、表面上の取り繕いという、マイナスの評価の表現に偏ってくる。洒落本「百安楚飛」の「愛相(アイソウ)らしふ云ふて、内証ははやくおい出すやうなしかた」という例や、挙例の「行人」はその典型である。方言愛想がよい。兵庫県加古郡664 ◇あいそらっしい 富山県砺波398

あい‐ぞり【相反】〘名〙芝居などで二人の演技者が互いに反り身になること。＊評判記・古今役者物語(1678)「相ぞりにはもんどりぞり、うつぼぞりにはしもくぞり」＊浄瑠璃・相撲祝言はんがく女ぐんはふ(1661-80頃)五「何とかしたりけん、かもの入首、といふ物に、くみちがへて、あひぞりに、そったりけり」

あい‐ぞり【相剃】〘名〙互いに髪などを剃り合うこと。＊雑俳・柳多留‐五九(1812)「相剃も扨姦しひ松ケ岡」

あいそ‐わらい【愛想笑】〘名〙相手の機嫌をとるためにする笑い。おせじわらい。あいそうわらい。＊それから(1909)〈夏目漱石〉二「婆さんは相手にされないので、独りで愛相笑(アイソワラ)ひをして座敷を出た」＊蓼喰ふ虫(1928-29)〈谷崎潤一郎〉一「『ふふ』と彼女は、あかの他人に対するやうなあいそ笑ひを笑った」発音〈標ア〉ワ

あい‐そん【哀孫】〘名〙祖父母の喪に服している孫。＊礼記‐雑記・上「祭称二孝子孝孫一、喪称二哀子哀孫一」

あい‐そん【愛孫】〘名〙かわいい孫。ふつう、他人の孫についていう。＊妾の半生涯(1904)〈福田英子〉一三・九「両親は却て安心の体にて親(みづか)ら愛孫の世話をなし呉るる様になり」発音〈標ア〉０〈京ア〉０

あ‐いた【―痛】〘連語〙（「あ」は感動詞。「いた」は形容詞「痛い」の語幹）痛みを感じた時、思わず発することば。ああ、いたい。あいたた。＊雲形本狂言・胸突(室町末‐近世初)「いかに怪我(けが)なればとて、此様にあばら骨をつきをるといふ事が有物か。あいたあいた、やいやい、今死ぬるぞ」＊諺草(1699)安「阿痛(アイタ) 俗に、痛む事のつよきをあいたと云。此字なるべし」＊和訓栞(1777-1862)「あいた あないたしの義」方言㊀〘連語〙❶熱い時に発することば。香川県829 高松062 高知県862 鹿児島県960 肝属郡970 ❷失敗した時や困った時などに発することば。筑後柳川129 鳥取県気高郡716 福岡県883 長崎県南高来郡904 西彼杵郡907 五島917 熊本県玉名郡058 大分県大分郡057 ㊁〘名〙❶傷やはれ物など。幼児語。島根県725 山口県豊浦郡798 ❷のどに刺さった魚の小骨。島根県出雲725 ❸血。島根県出雲725 ❹刃物。小児語。◇あいだ 滋賀県坂田郡・東浅井郡606 辞書書言・ヘボン 表記阿痛(書)

あい‐た【愛他】〘名〙他人を愛すること。他人に関する事柄を大切にすること。発音〈標ア〉０

あいだ【間】〘名〙㊀二つのものにはさまれた部分。①空間的に、二つのものにはさまれた部分。物と物とのま。中間。あいま。あわい。＊万葉(8C後)一一・二四四八「白玉の間(あひだ)開(あ)けつつ貫(ぬ)ける緒も縛(くく)り寄すればまたも逢ふものを〈人麻呂歌集〉」＊平中(965頃)二五「やうやう、朱雀(すざか)のあひだに、この車につきて、なほ歌ひゆきければ」＊平家(13C前)一一・勝浦「塩の干(ひ)て候時は、陸(くが)と島の間は馬の腹もつかり候はず」＊申楽談儀(1430)勧進の舞台、翁の事「勧進の桟敷数、およそ六十二三間也。間の広き事、五尺也」②時間的に、二つの部分にはさまれた時。時間の連続の切れた部分。絶え間。間隔。＊万葉(8C後)一五・三七八五「ほととぎす安比太(アヒダ)しまし置け汝(な)が鳴けば吾が思(も)ふ心いたもすべなし〈中臣宅守〉」＊滑稽本・浮世風呂(1809-13)四・下「一つつきてあひだのあるは鐘撞(かねつき)も心あり明の月や見るらんサ」③人と人との関係。事物相互の関係。間柄。仲。＊書紀(720)神武即位前(北野本訓)「教ふるに天(きみ)人(たみ)の際(アヒタ)を以てす可からざることを見て」＊源氏(1001-14頃)賢木「宮のあひだの事、おぼつかなくなり侍りにければ、しづ心なく思給へながら」＊太平記(14C後)二六・妙吉侍者事「『是馬にあらず鹿也』と宣ひければ、趙高『さ候はば宮中の大臣共を召して鹿、馬の間(あひだ)を御尋ね候べし』とぞ申しける」＊ロドリゲス日本大文典(1604-08)「ヒトノ aidauo (アイダヲ) ワルウ イイナス」＊駅夫日記(1907)〈白柳秀湖〉一二「乃公(おれ)は日本鉄道の曾我とは非常に懇意の間だ」④人と人の間柄が悪くなった状態。紛争。＊東寺百合文書‐ハ・長禄三年(1459)八月二九日・若狭太良庄百姓申状「源権守・法一か間之少免事」⑤二つ以上のもののうちの範囲を表わす。…のうち。…の中で。＊太平記(14C後)二・長崎新左衛門尉意見事「隙(ひま)あらば彼の入道父子が間(あひだ)に一人さし殺して、腹切らんずる物を」＊労働者誘拐(1918)〈江口渙〉「労働者同志の間にはほとんど何の会話も交されないのを見ても」㊁あるひとまとまりの部分。①空間のへだたり。距離。＊万葉(8C後)一四・三五七一「己妻(おのづま)をひとの里に置きおほほしく見つつそ来ぬる此の道の安比太(アヒダ)〈防人〉」＊日葡辞書(1603-04)「イチリノ aida (アイダ)」＊狐の裁判(1884)〈井上勤訳〉六「少しく距離(アイダ)の遠かりしゆゑ」②時間的に、限られた範囲。㋑時の経過におけるある範囲。期間内。うち。ほど。＊万葉(8C後)五・七九四「年月も いまだあらねば 心ゆも 思はぬ阿比陁(アヒダ)に うち靡き 臥(こや)しぬれ〈山上憶良〉」＊万葉(8C後)五・八三二「梅の花折りてかざせる諸人は今日の阿比太(アヒダ)は楽しくあるべし〈(氏未詳)稲布〉」＊竹取(9C末‐10C初)「かたときのあひだとてかの国よりまうでこしかども」＊東大

寺本大般涅槃経平安後期点(1050頃)二一「一日一夜の中(アヒタ)にも八戒の斎を受け持つ」 ＊天草本伊曾保(1593)獅子と、馬の事「ココロ キヲ ウシナイ、カシコニ カッパト タヲレタレバ、ソノ ウマワ ハルカニ ニゲノビ」 ＊小学教授書(1873)〈文部省〉「二時の間か、又は三時の間、稽古致しますと、一時の間は、遊歩致します」 ㊁特別の時間でない、普通の時。なんでもない時。 ＊滑稽本・魂胆夢輔譚(1844-47)初・中「間(アヒダ)の洒落る時とは違ふ。用の咄しの時はまじめがいい」 ㊂形式名詞化して用いられる。①(接続助詞のように用いて) 原因、理由を示す。…によって。…が故に。…ので。 ＊御堂関白記-寛弘八年(1011)六月一三日「東宮雑事不ㇾ閑間、可ㇾ然令旨等未下」 ＊平家(13C前)二・西光被斬「昼は人目のしげう候間、夜にまぎれてまゐって候」 ＊宇治拾遺(1221頃)一・一五「道はせばくて、馬何かとひしめきけるあひだ、此の大童子走りそひて」 ＊小学読本(1884)〈若林虎三郎〉三「明日は試業も相済み候間午後より参上御礼申上べく候」 ②「この間」の形で、漠然とした時を示す。 ＊拾遺(1005-07頃か)哀傷・一三二二・詞書「このあひだ病重くなりにけり」 ＊役者論語(1776)芸鑑「殿さまの御寵愛は其元お一人とおもひしに、此間はもっぱら友彌殿に御鼻毛を延し給ふ」 語誌(1)「あいだ(間)」は、基本的には、基準となるふたつのものが存在し、それにはさまれた部分をいう(㊀の用法)。これには空間(「東京と京都の間」)・時間(「間をおかずに出発する」)どちらの場合もあり、また、そのはさまれた部分は大きなものである場合(「月と地球の間」)、すきまがない場合(「二枚の紙の間」)、抽象的なものである場合(「親子の間」)などがある。それに対し、基準となる二者を明示せずに、そのはさまれた部分を全体としてひとつのものとしてとらえる用法も存在する(㊁の用法)。例えば、「夏休みの間」「花が咲いている間」のようなものである。現代語ではこの用法は時間的なものに限られるが、古くは空間的用法も存在した(万葉-四・七〇〇「かくしてやなほやまからむ近からぬ道の間(あひだ)をなづみまゐ来て〈大伴家持〉」)。ひとつのものとしてとらえる用法では、「間」の前に用言・助動詞の連体形による連体修飾が来ることが多く、また、この連体修飾は文法的には、いわゆる付加連体(「外の関係の連体」ともいう)になる。この用法から㊂の形式名詞の用法が派生した。㊂の用法は、記録資料に多く用いられ、中世以後一般化した。また、「しかる間」の形で一語化し、接続詞となる。(2)形式名詞「あいだ(間)」が順接の接続助詞のように用いられる、いわゆる原因・理由を表わす用法は、時間的用法の中の、正に形式名詞的に「…するうちに」「…すると」の意に解される継続や継起の用法から出たものである。この用法は、敦煌変文等に認められるとの指摘もあるが、日本では「古事記-中」に「将ㇾ殺二其三弟一而謀之間、其御祖伊須気余理比売患苦而(云々)」とあるように、既に上代においてその萌芽的な用例も認められる。しかし、一般的に見られるようになるのは、変体漢文において、平安中期を境として、形式名詞「とき(時)」(ときに)の原因・理由を表わす用法と交替してからである。その後、軍記物語などの和漢混淆文の成立や候文体の確立などと相俟って、鎌倉時代以降飛躍的に増大する。文章語においては、近世以降も引き続いて使用されることは、「日葡辞書」の「文書においては、……したので、の意」の説く通りである。なお、平安中期以降の和文や、鎌倉時代以降の口頭語では、形式名詞「ほど(程)」(ほどに)の同用法が頻繁に用いられていたが、次第に減少して、近世以降動詞「よる」系の「によって」と交替した。 方言❶祭礼行事などのない期間。奈良県南大和683 ❷平時。平常。ふだん。栃木県198 群馬県佐波郡242 愛知県名古屋市562 兵庫県加古郡664 宍粟郡649 高知県862 語源説(1)アヒド(間処)の転〔名言通・和訓栞・大言海〕。(2)アキト(空処)の転〔言元梯〕。(3)アは動の義、タは手。掌の広さをいうアタの転か。または、アヒト(合処・間時)、アヒナ(間無)か〔日本語源＝賀茂百樹〕。(4)アハヒチカの反〔名語記〕。(5)アハヒヘダツの略か〔両京俚言考〕。(6)アヒノマの約転〔和訓集説〕。(7)アヒ(合)に、接尾語ダを添えたもの〔国語の語根とその分類＝大島正健〕。 発音〈なまり〉イェダ〔壱岐続〕イェーダ・ヤーダ〔埼玉方言〕エーダ〔山梨〕 ㊀は〈標ア〉0 〈ア史〉平安・鎌倉・江戸●●○ 〈京ア〉0 ㊂は〈京ア〉ア/0 上仮名アヒダ 辞書色葉・名義・和玉・文明・天正・饅頭・黒本・易林・日葡・書言・ヘボン・言海 表記間(色・名・玉・文・天・饅・黒・易・書・へ・言) 際(色・名・玉・文・黒・書) 魄・項(色・名) 頃(名・玉) 端・旬・比(色) 延・中・孔・無・消・言・之・栽・扶(名) 隙・崖(玉)

あいだで洟(はな)かむ 金銭を渡す人と受け取る人の中間にいて、金銭の若干をくすねる。間でピンはねをする。 ＊滑稽本・諺臍の宿替(19C中)二「中(アヒタ)で洟(ハナ)かむ人」

あいだ無(な)く 絶え間もなく。 ＊万葉(8C後)四・六二一「無間(あひだなく)恋ふれにかあらむ草枕旅なる君が夢(いめ)にし見ゆる〈佐伯東人の妻〉」 ＊万葉(8C後)一一・二七三六「風をいたみ甚振(いたぶ)る波の間無(あひだなく)あが思ふ君は相思ふらむか〈作者未詳〉」

あいだに立(た)つ 両方の間に入って、取り持ちをする。仲介する。 ＊悪魔(1903)〈国木田独歩〉一「母屋を借りたいと思ふが、相談して見て呉れないかとのこと、この中間(アイダ)に立つ人は年来の交際ゆゑ、母も早速承知して」 ＊入江のほとり(1915)〈正宗白鳥〉六「大谷が間に立って取做しかけた縁談は、碌に話し進まぬ中に立消えになって」

あいだに立(た)てる 両者の間に仲介人を立てる。 ＊人さまざま(1921)〈正宗白鳥〉「彼女自身もつひに愛想を尽かして、屢屢両親の注意をも受けた揚句に、人を間に立てて、離別の話をつけたのであった」

あいだ踏(ふ)む 調停役をつとめる。調停する。 ＊滑稽本・諺臍の宿替(19C中)九「合(アイ)だふむ人」

あいだ＝へ[＝に]はいる 両方の中間に立つ。対立する両者の中に入る。また、両者の取り持ちをする。 ＊落語・隅田の馴染め(1889)〈三代目三遊亭円遊〉「拾三円五拾銭でエのを直(ね)切って三円八拾銭で買ったてエのでげすが、仲間(アヒダ)へ這入(ヘエッ)た者が五拾銭儲けたてエ、大変な羽子板も有るものでげす」 ＊都会の憂鬱(1923)〈佐藤春夫〉「僕も間へ這入って困るものだから」

あいだも無(な)く 始終。ひまもなく。 ＊書紀(720)斉明四年五月・歌謡「飛鳥川漲(みなぎら)ひつつ行く水の阿比娜謨那倶(アヒダモナク)も思ほゆるかも」 ＊歌舞伎・綴合於伝仮名書(高橋お伝)(1879)四幕「イヤ、下女のお作を孕(はら)ませて五円か十円取られるのでさへ、伯父が達て出て行けと小言を云はれた間(アヒダ)も無(ナ)く、今度は聟の与兵衛さんが」

あいだを裂(さ)く 二人の関係を離す。両者を決裂させる。 ＊風流魔(1898)〈幸田露伴〉六「丁度此頃藤屋の頼みを受けて平七と鶴屋との間を割(サ)くべきやう骨折らんと心掛けたる事とて」 ＊魔風恋風(1903)〈小杉天外〉後・遺書「出来るだけ妨害して、二人の間を裂いて遣っても構やしない」 方言子供を間引く。香川県伊吹島829

あいだを塞(せ)く 二人の関係の邪魔をする。二人の関係を引き離そうとする。 ＊暗夜行路(1921-37)〈志賀直哉〉一・六「今は抱主から間(アヒダ)をせかれて居ると云ふ話をした」

あいだ【会田・相田・合田】 姓氏の一つ。 発音〈標ア〉0

あいだ-やすあき【会田安明】 江戸中期の数学者。号は自在。名は「やすあきら」とも。出羽の人。江戸に出て本田利明に学ぶ。関流と論争して二〇年に及び、最上(さいじょう)流を創始。主著「改精算法」「算法天生法指南」。延享四～文化一四年(一七四七～一八一七)

あいだ【英田】 岡山県の北東部の郡。吉井川の支流吉野川の流域にある。 ＊二十巻本和名抄(934頃)五「美作国〈略〉英多〈安伊多〉」 辞書和名・易林 表記英多(和) 英田(易)

あい-だ【藍田】『名』 藍を植える田。藍を刈り採った跡に稲を作る二毛作の田。年貢は上田より高かった。 ＊農政本論(1829)中・上「麦田・麻田・菅田・藍田(アヰダ)も亦皆両毛作りの田なり」

あいだ-あいだ【間間】『名』 たくさん物が並んでいるそれぞれの間。ところどころ。 ＊西洋道中膝栗毛(1870-76)〈仮名垣魯文〉六・上「十三連隊の強兵を前後左右に従へ、十八門の大炮を、あひだあひだに並べ備へ」 ＊落語・目黒のサンマ(1891)〈禽語楼小さん〉「其の又表立った御家御家と騒動の有ました間々(アヒダあひだ)に又世人(ひと)の知らない、チョッとした滑稽が沢山御座います」

あいた-あんくさ『名』 節分の晩にイワシの頭をヒイラギの小枝にさし、家の入口につけることを、鳥取県あたりでいう。鬼が目を突かれて痛く、魚のにおいが臭いのでそういうだろうとの想像から。

あい-たい【相対】『名』 ①向かい合っていること。また、当事者同士が、直接に向かい合って、事を行なうこと。 ＊風姿花伝(1400-02頃)七「これは筆に見え難し。あいたいしての口伝なり」 ＊政基公旅引付-永正元年(1504)七月六日「万一訴人も聊爾の子細歟、親類兄弟にも罷出て相対訴人可ㇾ申二達之処一」 ＊黄表紙・本の能見世物(1780)「その親に相対(アヒタイ)して貰って来た」 ＊和英語林集成(初版)(1867)「Aitai-ni アヒタイニ 相對」 ＊野菊の墓(1906)〈伊藤左千夫〉「相対(アヒタイ)では私がどんな我儘なことを云ふかも知れないからお増は聞人(ききて)になってくれ」 ②合意すること。相談のうえ、互いに納得して事を行なうこと。あいたいずく。 ＊東寺百合文書-る・応永九年(1403)七月一七日・最勝光院方評定引付(大日本古文書五・一九)「参差以外之間、相二尋助公一之処、於二此契約一者、為二内々儀一助公宮内卿平岡相対治定了」 ＊評判記・色道大鏡(1678)六「子細ありて離別し、相対(アイタイ)の上にて起請を返す時は」 ＊浮世草子・西鶴織留(1694)六・三「世帯やぶりの女是非なく男とあいたいにて乳母に出ける」 ＊政談(1727頃)二「近年借貸の公事(くじ)多は相対に成て、大形は捌かぬことに成たる故」 ③なれ合い。共謀。ぐる。 ＊浄瑠璃・信田森女占(1713)一「ハアたくんだり下郎めら。おのれ誠のぶしならず。是成神子めと相たいで女わらべをたぶらかし」 ＊浄瑠璃・新版歌祭文(お染久松)(1780)長町「其質の置主(おきぬし)の名を尋ねても言ぬからは、此質屋も相対(あイタイ)と思はるる」 ④対等であること。対等で事をなすこと。 ＊史記抄(1477)九・孝武本紀「斉ㇾ衡と云は抗ㇾ衡と云と同心なり。相対し長短もないぞ」 ＊星座(1922)〈有島武郎〉「婆やは〈略〉相対(アヒタイ)よりも少し自分を卑下したお辞儀をした」 ⑤「あいたいづけ(相対付)」の略。 ＊俳諧・手引種(1807)下「相対は発句に結びし物に対を取て附〈略〉水底の影や大蛇のしたもみぢ〈望一〉独吟。相対、鹿の角ふりわたる山川 発句大蛇の舌に下(した)をかけてせしなり。水底に川、大蛇の舌に鹿の角と相対せしなり」 ⑥競売や入札によらず、売り手と買い手との合意による直接取引。また、その方法。〔取引所用語字彙(1917)〕 方言❶差し向かい。差し。島根県出雲725 ❷対等で事をすること。鹿児島県喜界島983 ❸親同士で婚姻を決めること。富山県砺波398 発音〈標ア〉ア0 〈京ア〉0 辞書饅頭・書言・ヘボン・言海 表記相対(饅・

書）相對（へ・言）

あい-たい【愛戴】『名』長上として認め、大切にして尊ぶこと。特に国の首長などの場合に用いられることが多い。＊童子問（1707）中・二八「以レ子養レ民。故民亦視レ君如二其父母一。保護愛戴。効レ死而弗レ去也」＊明治月刊（大阪府編）（1868）三「国民の王室を愛戴（アイタイ）せざること固より一朝一夕の事にあらざれば」＊旧唐書-懿宗本紀「洽二三軍愛戴之情一、荷二千里折衝之寄一」

あい-たい【靉靆・靄靆】『名』①（形動タリ）雲がたなびくこと。また、雲などが厚く空をおおっているさま。＊本朝文粋（1060頃）一・祝雲知隠賦〈大江以言〉「一華触レ石之膚靉靆」＊古事談（1212-15頃）三・澄憲祈雨効験事「天気靉靆、陰雲四起、忽降二甘雨一、如二車軸一」＊読本・椿説弓張月（1807-11）後・二三回「磯にふりたる松の梢に一朶（だ）の白雲靉靆（アイタイ）とたな引つつ」＊広益熟字典（1874）〈湯浅忠良〉「靉靆 アイタイ クモナドガタナビク」＊良人の自白（1904-06）〈木下尚江〉中・五・一「真直に立ち上る香の烟、靉靆（アイタイ）と棚引き燻じて、障子白々と夜は何時しか明けはなれた」＊潘尼-逸民吟「朝雲靉靆、行露未レ晞」②（形動タリ）気持、表情などが暗いこと。曖昧ですっきりしないこと。また、その様子。＊銀座細見（1931）〈安藤更生〉八・女給の生活「このほか極めて天下晴れぬ靄靆（アイタイ）たる関係にあるものが随分あるわけだ」＊河明り（1939）〈岡本かの子〉「主人側の男たちは靉靆として笑った」③眼鏡。＊養生訓（1713）五「めがねを靉靆（アイタイ）と云。留青日札と云書に見えたり。又眼鏡と云」 辞書 色葉・易林・日葡 表記 靉靆（色） 靉靆（易）

あい-だい【欸乃・靄迺】『名』①舟の艫（ろ）のきしる音。また、船に棹（さお）さす時に掛ける声。転じて、船人のうたう歌。船頭歌。船歌。棹歌。あいない。→おうあい。＊了幻集（1392頃）春江「帰去来兮波浪嶮。数声欸乃白鷗前」＊柳湾漁唱-一集（1821）記夢寄致遠「靄迺楼東市橋暁、湖舟陸続送レ菱来」＊嵐（1906）〈寺田寅彦〉「夕日にかがやく白帆と共に、強い生生とした眺である。之れは美しいが、夜の欸乃は侘（わび）しい」＊柳宗元-漁翁詩「煙銷日出不レ見レ人、欸乃一声山水緑」②木こりのうたう歌。＊頤菴居士集「欸乃認二帰樵一」

あい-だい【間台】『名』大型和船の台の部分名称。表台と胴台、胴台と艫（ろ）台の間に入れる材のため、この名があり、前者を表間台、後者を艫間台という。千石積み以上の大船に使用される。＊改新造積り書（1838）「一、九拾目 楠弁甲、表相台、弐丁」

あいたい-あきない【相対商】『名』売り手と買い手の双方が、仲介なしで、直接当事者間だけでする売買。相対買。＊浄瑠璃・祇園祭礼信仰記（1757）三「贋も本も相対商」

あいたい-うけわたし【相対受渡】『名』取引所の手を通さないで、売り手買い手双方の合意によって直接に受け渡しをすること。また、その商習慣。＊国民百科新語辞典（1934）〈新居格・木村毅〉「アイタイウケワタシ 相対受渡」

あいたい-がい【相対買】『名』「あいたいあきない（相対商）」に同じ。＊和英語林集成（再版）（1872）「Aitai-gai アイタイガイ 和買」 辞書〈ボン〉 表記 和買（へ）

あいたい-がえ【相対替】『名』①当事者が相談し、納得したうえで、その所有の宅地、田畑を交換すること。江戸時代、田地の永代売買の禁があったが、いろいろの形で所有権の移転が行なわれた。②江戸時代、旗本が幕府から拝領した屋敷地を、その許可を得て、互いに交換すること。この交換は拝領の時から三年経過していることが必要で、かつ、敷地は分割できなかった。＊青標紙（1840-41）前・屋敷向諸的例「一、屋敷相対替之事」

あいたい-がかえ【相対抱】『名』雇主と使用人とが直接に雇用契約を結んで召し抱えられること。＊明治四年六月一七日布令（1871）「元門跡、比丘尼御所の諸寺院従者相対抱の儀被停候」

あいたい-かんげ【相対勧化】『名』江戸時代、諸国の寺社が、寺社奉行の許可を得て、その建築や修理のために一般の人々の自由意志によって金品の寄付を集めたこと。↔御免勧化。＊御触書天明集成-二七・明和三年（1766）八月「諸国寺社修復為助成、相対勧化巡行之節、自今は寺社奉行一判之印状持参、御料私領寺社領在町可致巡行候」

あいたい-ごと【相対事】『名』相対ずくですること。互いに相談のうえですること。了解事。＊浄瑠璃・忠孝大礒通（1768）二「気にくはぬ梶原平三、相対事かしらね共仁心深い我君の御了簡、ア仕合な別当御坊」 発音 アイタイゴト〈標ア〉0

あい-たいじ・する【相対峙】『自サ変』文 あひたいぢ・す『自サ変』（「あい」は接頭語）①二つの山が向かい合って、または並んでそびえる。②二つの勢力が向かい合って、または並んではりあって動かずにいる。＊読書放浪（1933）〈内田魯庵〉銀座繁昌記・四「日本の時計界を両分して殆んど使君と操とのみといふ如く相対峙する天賞堂も服部時計店も東側である」＊富嶽百景（1939）〈太宰治〉「三七七八米の富士の山と、立派に相対峙（アヒタイヂ）し、みぢんもゆるがず、なんと言ふのか、金剛力草とでも言ひたいくらゐ、けなげにすっくと立ってゐたあの月見草は、よかった」 発音〈標ア〉ア＝タ

あいたい-じだん【相対示談】『名』民事上の争い事を互いの相談のうえで解決すること。相談。＊諸品売買取引心得方定書-明治四年（1871）九月二日「売買約定の時宜に寄証人加判の有無は相対示談次第可レ致事」 発音〈標ア〉ジ

あいたい-じに【相対死】『名』江戸時代の法律用語。心中、情死のこと。心中が、近松などの戯曲により著しく美化され、元禄頃から流行する傾向にあって、風俗退廃の大きな原因となったため、八代将軍吉宗が心中に代えて使わせた語。＊禁令考-後集・第三・巻二二・享保七年（1722）男女申合相果候者之事「一、主人と下女相対死致損、主人存命に候はは、非人手下」＊談義本・当世下手談義（1752）五・都路無字大夫江の島参詣の事「絶てなかりし心中の相対死（アイタイジニ）を再興して、辻中の倒（たおれ）死」 発音〈標ア〉0 辞書 言海 表記 相對死（言）

あいたい-じょうめん【相対定免】『名』その土地の過去数年または十数年の租税額を平均し、領主と農民とが相談したうえで、租税率を定めて、一定の期間にこれにより租税を集めること。＊農政座右（1829）二・貫納「貫納〈略〉今の相対定免と云ものの如く、土人と相対代納に定めしものなるべし」

あいたい-ずく【相対尽】『名』（形動）（「ずく」は接尾語）互いに相談のうえですること。互いに承知のうえのこと。互いの相談で決めるさま。納得ずく。＊浮世草子・好色一代女（1686）六・一「当座の男は相対（アヒタイ）づくにてじだらく沙汰なしにする事ぞかし」＊浄瑠璃・嫗山姥（1712頃）二「エエさすがはながれの女じゃな。親の敵を討迄とあひたいづくの離別ならずや」＊歌舞伎・お染久松色読販（1813）序幕「そんならわしは肩を抜く程に、相対（アイタイ）づくにさっしゃるがよい」＊耽溺（1909）〈岩野泡鳴〉一一「高が五十円か百円の身受け相談ぐらゐ相対（アヒタイ）づくでも方が附くだらうぢゃアないか」 発音〈標ア〉0 ク〈京ア〉イ2 辞書 言海 表記 相對尽（言）

あいたい-すまし【相対済】『名』江戸時代、金銭上の争いを当事者相互の和談で解決させたこと。あいたいなし。＊禁令考-後集・第二・巻一五・寛政九年（1797）九月「借金銀相対済御書付并評定所一座申合〈略〉一、是迄済方申付候分、古証文は取上置候故、金主に証拠無之間、以来相対済之致方に差支候故、証文書替可申儀之処、借方にて書替申間敷段申候旨、金主願出候節は、相対済之御触有之上は、書替可申筋之旨、借方之利害申聞、其上にても致二難渋一候はば、評議之上咎可二申付一事」

あいたいすまし-れい【相対済令】『名』債権の訴えを奉行所で受理しないで、当事者の自主的解決に任せることを命じた江戸幕府の法令。主として、利子付き無担保の金公事（かねくじ）債権を対象に何回か発せられている。 補注 相対済令というのは法制史学者の用いる呼称で、江戸時代には「相対済御触」などと呼ばれた。

あい-たい・する【相対】『自サ変』文 あひたい・す『自サ変』（「あい」は接頭語）①互いに向かい合う。また、向かう。＊今昔（1120頃か）一・九「舎利弗は只一人居給へり、外道は其の数、无量（むりゃう）也。左右に相対て坐して術を現ず」＊太平記（14C後）二四・依山門嗷訴公卿僉議事「去程に清涼殿に師子の座を布（し）いて、問者講師東西に相対（タイ）す」＊日葡辞書（1603-04）「Aitaixi, suru, ita（アイタイスル）。アイムカウ〈訳〉互いに向かい合う」＊近世紀聞（1875-81）〈条野有人〉初・一「抑当時合衆国の広大なる事は其東西の辺境皆海洋まで相達し、其内西海は日本国へ相対（アヒタイ）し候」②互いに反対の立場に立つ。対立する。＊文明論之概略（1875）〈福沢諭吉〉一・一「軽重長短善悪是非等の字は相対したる考より生じたるものなり」 発音〈標ア〉ア ア＝ス〈京ア〉タ 辞書 文明・日葡 表記 相対（文）

あいたい-そうば【相対相場】『名』相対売買によって成立した相場。 発音 アイタイソーバ〈標ア〉ソ

あいたい-ちんせん【相対賃銭】『名』江戸時代、所定の人馬使用量を超過した諸侯や一般の通行者が、宿駅人馬役の者と直接相談して決めた運賃。↔御定賃銭。＊天保一三年追分宿御尋向御答書（1842）「諸家并家中人馬相対賃銭何程に候哉、可書出事、此段御定賃銭倍に請取申候」

あいたい-づけ【相対付】『名』連俳で、発句の趣向と相対し、同じ趣向で脇句を付けること。また、上の句の趣向と相対して、下の句を同じ趣向で付けること。相対。＊連歌教訓（1582）「脇に於て五つの様あり、一にはあひたい付、二には打添（そへ）付、〈略〉五には比留（とまり）也」

あいたい-なし【相対済】『名』⇩あいたいすまし（相対済）

あいたい-ばいばい【相対売買】『名』売り方と買い方とが他の仲介を入れないで、当事者だけで取引を直接にとり行なうこと。せり売買、入札売買に対していう。〔取引所用語字彙（1917）〕 発音〈標ア〉バ1〈京ア〉バ1

あいたい-ばらい【相対払】『名』売り手と買い手が直接交渉によって値段を決めて、支払いをすること。 発音〈標ア〉バ

あいたい-ふぎ【相対不義】『名』男女が合意のうえで不義をすること。密通。

あいたい-まおとこ【相対間男】『名』夫も承知していて行なう妻の浮気。また、その相手の男。＊歌舞伎・裏表柳団絵（柳沢騒動）（1875）大切「やれ相対姦通（アヒタイマヲトコ）だの、美人局（つつもたせ）で取ったのと」＊怪談牡丹燈籠（1884）〈三遊亭円朝〉一八「相対間男（アイタイマヲトコ）ではないかと僕は鑑定するが」

あいたい-むしん【相対無心】『名』相手に直接掛け合って、無理に金銭などをねだること。＊安愚楽鍋（1871-72）〈仮名垣魯文〉二・上「おまへのうちへはすまないがあひたいむしんをいって五両もらったの

を」

あいたい-やとい【相対雇】〘名〙江戸時代、諸侯や一般通行者が、所定の人馬使役量を超過したとき、宿駅人馬役の者と相談のうえ、人馬を雇用する方法。相対賃銭を支払った。＊駅肝録‐諸家先触之外差懸人馬入用有之節之事・享保一〇年(1725)「一、諸大名其外往来之者、入用之人馬は、先触之外、差掛入用之節は相対雇之事」＊五街道取締書物類寄‐上・九之帳・天保二年(1831)「適当之賃銭請取間敷段、精々申渡置候間、其心得に而相対雇可ﾚ致候」

あいだいろ-おどし【間色威】〘名〙⇩まいろおどし(間色威)

あい-だおれ【相倒】〘名〙一緒に倒れること。＊浄瑠璃・箱根山合戦(1660)初「是は是はとおめきながら、あいたをれに、たをれける」

あい-たか【鮎鷹】〘名〙鳥「こあじさし(小鯵刺)」の異名。

あい-たがい【相互】〘形動〙代わり合ってするさま。また、同じような状態、関係であるさま。お互い。＊御成敗式目(1232)一〇条「一、殺害刃傷罪科事付父子咎相互被ﾚ懸否事」＊太平記(14C後)三九・芳賀兵衛入道軍事「其の外命を軽んじ義を重んじて、爰にて勝負を決せんと相互にぞ戦ひける」＊史記抄(1477)四・秦本紀「あひたがいのことでさふほどにあたへられいではと云ぞ」＊歌舞伎・幼稚子敵討(1753)三「拙者も此廓へ参るからは、恋は相互でござる」＊寄笑新聞(1875)〈梅亭金鵞〉一一号「差引勘定をして相互(アヒタガ)ひなり」 発音 アイタガイ〈標ア〉ア0〈京ア〉イ1 辞書 文明・饅頭・日葡・ヘボン・言海 表記 相互(文・饅・ヘ・言)

あい-たが・う【相違】〘自ハ四〙(「あい」は接頭語。「たがう」の改まった言い方)ちがう。＊日葡辞書(1603-04)「Aitagai, ŏ, ŏta(アイタガウ)」＊小説神髄(1885-86)〈坪内逍遙〉下・文体論「月とすっぽんほど相違(アヒタガ)へり」 辞書 日葡

あい-たがね【合鏨】〘名〙たがねの一種。金属を彫刻するのに用い、形は一定していない。

あいだ-がら【間柄】〘名〙①親類、血族などの続き合い。＊人情本・三日月於専(1824)一回「何ぞ御本家とか御間柄(アヒダガラ)とかいふやうな方の所へ」＊和英語林集成(初版)(1867)「Aidagara アイダガラ 間柄」＊浮雲(1887-89)〈二葉亭四迷〉一・五「しかしなんぼ叔母甥の間柄だと言って」②互いの関係。付き合い。交際。＊浮雲(1887-89)〈二葉亭四迷〉二・八「知己と云ふは石田某(なにがし)といって某学校の英語の教師で、文三とは師弟の間繋(アヒダガラ)」＊硝子戸の中(1915)〈夏目漱石〉一七「顔を合(あ)はせさへすれば挨拶をし合ふ位の間柄(アヒダガラ)であったから」 方言 親戚。高知市050「あいだがらの娘」867 発音 アイダガラ〈標ア〉0〈京ア〉0 辞書 ヘボン・言海 表記 間柄(ヘ・言)

あいた-きょう【愛他教】〘名〙「あいたしゅぎ(愛他主義)」に同じ。＊倫理新説(1883)〈井上哲次郎〉「共同主楽教は又功利教(ユーチリチー)、或は愛他教(アルツルイズム)と名づく」 発音 アイタキョー〈標ア〉0

あいだ-ぐい【間食】〘名〙食事と食事との間に物を食べること。かんしょく。＊いたづら小僧日記(1909)〈佐々木邦訳〉「喰べるといへば奥さんは能く間食(アヒダグヒ)をする人だ」＊まんだん読本(1932)職業婦人〈大辻司郎〉「一人ポッチで狭い所にゐる関係上、絶へずペチャペチャ、間喰(アヒダグヒ)をしてゐる商売ですから」 方言 昼食と夕食との間の食事。島根県鹿足郡724 発音 アイダグイ〈標ア〉0〈京ア〉0

あい-たくみ【同伴巧者】〘名〙(「あい」は、一緒の、連れの、の意)仲間の工匠。連れの大工。＊書紀(720)雄略一三年九月(前田本訓)「爰に同伴巧者(アヒタクミ)有りて、真根を歎惜(なげきあたらし)びて作歌して曰はく」

あい-たく・む【相巧】〘他マ四〙(「あい」は接頭語。「巧む」の改まった言い方)計略をめぐらす。たくらむ。＊文明本節用集(室町中)「相巧 アイタクム 相工」＊天草本伊曾保(1593)蝿と、蟻の事「テノ ヲヨビ、チカラノ ヲヨブ ホドワ、チュウバツ ショウト aitacumaruru(アイタクマルル)」 辞書 文明・日葡 表記 相工・相巧(文)

あい-たけ【合竹】〘名〙①笙(しょう)の奏法。六本、時には五本の管を同時に奏すること。がっちく。合管(ごうかん)。＊謡曲・遊行柳(1516頃)「徒らに、朽ち木の柳、時を得て、今ぞみ法(のり)に、合ひ竹の、直(すぐ)に導く彌陀の教へ」＊虎明本狂言・法師が母(室町末‐近世初)「いつかまた、ほうしがははにあひたけの、みだれ心やくるふらん」②楽器の調子を合わせるために用いる笛。＊浄瑠璃・世継曾我(1683)風流の舞「あひにあひたけしのだけの、竹に成たやしの竹に」

あい-たけ【相竹】〘名〙仙台、伊達家の紋所「竹に雀」の異称。笹竹と笹竹を抱き合わせ、円形にした中に雀を配したもの。＊浄瑠璃・伽羅先代萩(1785)六「いつまでも、かはらぬ御代に、相竹の、代代は幾千代、八千代ふる」

あい-たけ【藍茸】〘名〙①ベニタケ科の食用キノコ。夏から秋に各地の広葉樹林に発生する。直径三〜一二センチメートル。笠は初め半球形、のち扁平に開き、表面は暗緑色で亀甲(きっこう)状の模様がある。柄と笠の裏のひだは純白。胞子は球形でほとんど無色。あおはつ。学名は Russula virescens ＊俳諧・俳諧二見貝(1780)秋「茸狩〈略〉松茸 藍たけ 椎たけ」＊語彙(1871-84)「あゐたけ(俗) 菌名、上野諸山中に産す。其傘藍水を澆(そそ)ぐが如し」②(傷つけると藍緑色に変わるのでいう)きのこ「はつたけ(初茸)」の異名。＊物類称呼(1775)三「初茸を〈略〉因幡にて、あいたけと云」＊重訂本草綱目啓蒙(1847)二四・菜「はつだけは〈略〉一名あゐだけ 備前、備中」 方言 きのこ、はつたけ(初茸)。備州1035 滋賀県蒲生郡608 鳥取県西伯郡719 島根県大田市・能義郡725 岡山市762 広島県比婆郡773 香川県小豆島829 発音〈標ア〉イ0 辞書 言海 表記 藍茸(言)

あいたげ-ひと【共食者】〘名〙(「あい」は、ともに、の意。「たげ」は、飲食する意の動詞「たぐ(食)」の連用形)客とともに飲食する人。陪食する人。＊書紀(720)雄略一四年四月(図書寮本訓)「天皇、呉人に設(あ)へたまはむと欲(おぼ)して、群臣に歴(とな)め問ひて曰はく、其れ共食者(アヒタケヒト)に誰か好けむ、とのたまふ」＊書紀(720)推古一八年一〇月(岩崎本訓)「河内漢直贄を以て新羅の共食者(アヒタケヒト)と為」 補注「書紀‐雄略一四年四月」の用例箇所については、「いひたげひと」「あわたげひと」という古訓も存する。「ともに」の意を採らない訓法である。

あいだ-こ【間—】〘名〙 方言 ❶間。山形県東部139 ◇あいだっこ 山形県139 群馬県館林245 香川県827 ◇あいだしゅ・あいだせ・あええだせ 山形県東田川郡139 ❷時々。◇あいだこだ 広島県賀茂郡782

あいだ-ごと【間事】〘名〙当事者間の事柄。相対事。＊梅津政景日記‐慶長一七年(1612)八月二二日「あいた事に候間、其者と談合次第たるへきよし申渡候」

あ-いたし【—痛】〘連語〙(「あ」は感動詞)「あいた(—痛)」に同じ。＊浮世草子・元禄大平記(1702)三・若衆盛は鬼もはぢ候「猿の皮の犢鼻褌(ふんどし)の下りを取て引けるに『是何をする。玉がしまる。あ、いたし』といふてふりかへり」

あいたし-こ【痛—】〘連語〙(「あいたし」に接尾語「こ」の付いたもの)「あいた(—痛)」に同じ。＊俳諧・太郎五百韻(1679)「山は霞のたちまちむくひ 佐保姫の一足あゆめばあいたしこ〈西鶴〉」＊浄瑠璃・丹波与作待夜の小室節(1707頃)中「戸を明、かた足ふみこめば、内よりあいたあいたしこ、よこばらをふみくさる何者じゃと」＊歌舞伎・貞操花鳥羽恋塚(1809)四立「とろろに辷(すべ)ってあいたしこ」

あいた-しゅぎ【愛他主義】〘名〙(フランス altruisme 英 altruism の訳語)一般に、思いやりの衝動や感情、あるいはそれに基づく行動。フランスの哲学者オーギュスト=コントが用いた言葉。利他主義。愛他説。⇔愛己主義。＊済世危言(1891)〈城泉太郎〉一「耶蘇教は即ち愛他主義の宗教にして」＊学生時代(1918)〈久米正雄〉選任・四「而して寂しい消極的な愛他主義の下に甘んじて生きてゆくであらう」 発音 アイタシュギ〈標ア〉シュ〈京ア〉シュ

あいた-しん【愛他心】〘名〙他人の利益や幸福を願う気持。＊哲学字彙(1881)「Altruism 愛他心、利他主義」＊倫理新説(1883)〈井上哲次郎〉「よく其本心を質せば、社会が愛他心を尊ぶを以て、我れに愛他心ありと言ふて社会の喝采を得んと欲するより起る」 発音〈標ア〉タ

あい-たす・ける【相助】〘他カ下一〙文 あひたす・く〘他カ下二〙①助力する。力を貸す。＊書紀(720)雄略九年三月(前田本訓)「天皇〈略〉吉備上道の采女大海を以て紀小弓宿禰に賜ひて身に随へて視養(とりみること)を為しめたまふ。遂に推轂(アヒタスケ)て遣(つかは)す」＊夜の寝覚(1045-68頃)二「道の程も、消え入るばかり弱げにてものせらるれど、左衛門督なども、ものせられなむ。さてはえ侍るまじければ、あひたすけて、明後日(あさて)ばかりなど」＊日葡辞書(1603-04)「Aitasuqe, uru, eta(アイタスクル)」②危難などを救う。＊太平記(14C後)五・大塔宮熊野落事「粟の飯(いひ)橡(とち)の粥(かゆ)など取出して其の飢を相助(タス)く」＊太平記(14C後)一四・官軍引退箱根事「手負を相助(タスケ)、さがる勢を待連れて」③がまんする。しのぶ。＊源氏(1001-14頃)若菜下「おもき病(やまひ)をあひたすけてなん参りて侍りし」④互いに助け合う。＊本学挙要(1855)「人の道、つまるところ、和言にていへば十言、漢字にては四字、あひたすく(相扶)、もとにつく(付本)これなり」＊日本の下層社会(1899)〈横山源之助〉日本の社会運動・四「各国の労働者間に強固なる団結なく万国相提携して兄弟相扶くる情を欠きしが為に」⑤(①から)ある物事に、もう一つ物事が加わってその状態を強める。＊消息(1899-1900)〈正岡子規〉「虚子君の無精と小生の発熱と相助けて保等登芸須の遅延を来し候は諸君に対して申訳無之候」 辞書 文明・日葡 表記 相助(文)

あい-たずさ・える【相携】〘自ア下一(ハ下一)〙(「あい」は接頭語)①互いに手を取り合う。連れ立つ。＊四河入海(17C前)九・三「此山へ登る人は、多こそあるらうぢゃが、今日、坡が、二三子、并美人なんどを相携て、上て楽む様なる事はよもあらじ」＊第三者(1903)〈国木田独歩〉一三「江間君もお鶴も今は相携(アヒタヅサ)へて〈略〉野辺を散歩して居るだらう」＊昭和孝子伝(1936)〈獅子文六〉二「お前はその内に立派な青年を探して、相携(アヒタヅサ)へて人生へ乗出して行くからいいが」②(比喩的に)いくつかの物事が伴って現われる。＊潮騒(1954)〈三島由紀夫〉一二「一度未知に乗組んで出帆すると、不安と絶望と混乱と悲歎とが、相携へて押し寄せて来たのである」＊往還の記(1963-64)〈竹西寛子〉二五「二人の女性の感受性を反映して成立した作品が、相携えて、伝統の上で重い役割を果している」

あい-たず・ぬ【相尋】〘他ナ下二〙(「あい」は接頭語。「たずぬ」の改まった言い方)ありかや様子のわからないものを捜す。様子を探る。調べる。詮索(せんさく)する。＊海道記(1223頃)逆川より鎌倉「此次(ついで)に相尋れば、一条宰相中将信能、美濃国遠山と云ふ所にて、露の命、風をかくしてけり」＊太平記(14C後)二七・上杉畠山流罪死刑事「何事やらんと内々相尋て候へば」＊日葡辞書(1603-04)「Aitazzune, uru, eta（アイタヅヌル）」 発音〈標ア〉ア＝ズ 辞書文明・日葡 表記相尋（文）

あいだ-ずみ【間済】〘名〙（「間」は調停、仲裁の意）仲裁によって解決すること。また、解決ずみのこと。＊結城氏新法度（1556）二九条「以ㇾ間、何たるさたにてもすみたる義、又別之六ケ敷事に間すみの義引かけに、公界へ申出へからす」

あいた-せつ【愛他説】〘名〙（フランス altruisme 英 altruism の訳語）「あいたしゅぎ（愛他主義）」に同じ。↔愛己説。発音〈標ア〉タ

あ-いたた【─痛】〘連語〙「あいた（─痛）」に同じ。＊滑稽本・浮世風呂（1809–13）前・下「盲人とあたまをかっちり『アイタタタタ』」＊当世書生気質（1885–86）〈坪内逍遙〉六「アイタタ、如何（どう）するか」

あい-たたか・う【相戦・合戦】〘自ハ四〙（「あい」は接頭語）①（「戦う」の改まった言い方）勇んで戦う。構えて争う。＊竹取（9C末–10C初）「あひたたかはんとすとも、かの国のひと来なば猛（たけ）き心つかふ人も、よもあらじ」②互いに戦う。互いに争う。合戦する。＊大唐西域記巻十二平安中期点（950頃）「兵会ひて、旗鼓相ひ望みて、旦日に合戦（アヒタタカフ）」＊権記–長徳四年（998）一一月八日「藤中納言息法師 狂悪者也、与ニ宰相中将宅牧童ー相闘」＊今昔（1120頃か）二五・一三「宗任、八百余騎の兵（つはもの）を具して、城（じゃう）の外にして合戦ふと云へども」発音〈標ア〉ア 辞書文明・日葡 表記相戦（文）

あい-だち【相太刀】〘名〙相手になって、太刀を打ち合わせること。また、その人。

あいだち-な・し〘形ク〙①味もそっけもない。おもしろみがない。無愛想だ。＊源氏（1001–14頃）蛍「にほどりにかげを並ぶる若こまはいつかあやめに引き別るべき あいだちなき御事どもなりや」＊源氏（1001–14頃）夕霧「心よからずあいだちなき物に思ひ給へる、わりなしや」②遠慮がない。ぶしつけだ。＊源氏（1001–14頃）宿木「『心にもあらぬまじらひ、いと思ひの外なるものにこそと、世を思ひ給へ乱るることなんまさりにたる』とあいだちなくぞうれへ給ふ」＊増鏡（1368–76頃）二・新島守「頼朝うちほほゑみ、『橋本の君になにをか渡すべき』と言へば、梶原平三景時といふ武士、とりあへず、『ただそま山のくれであらばや』いとあいだちなしや」語誌(1)中古には「源氏物語」に三例ある程度で、あまり例がない。(2)語源については、「愛立つことなし」の意かといわれる〔和訓栞・大言海〕。しかし、中古においては「愛」という漢語が仮名文で一般化していなかったと思われ、従いがたい。「あいだち」は「間立ち・間隔」の意とする説〔大日本国語辞典〕が妥当か。そうとすれば歴史的かなづかいは「あひたち」となる。(3)近世、用いられる「あいだてない」は、この語の変化した語か。発音〈標ア〉ナ〈京ア〉ナ 辞書言海

あい-た・つ【相立】（「あい」は接頭語。「たつ」の改まった言い方）㊀〘自タ四〙立つ。＊近世紀聞（1875–81）〈染崎延房〉七・二「大義名分相立（アヒタタ）ざるのみか」＊風流魔（1898）〈幸田露伴〉三「鶴屋方は平七評判相立たざる頃よりの馴染にて」㊁〘他タ下二〙立てる。＊禁令考–前集・第一・巻七・正徳五年（1715）「御孝心相立候儀者、御領等御相当に被ㇾ進候類被ニ仰進ー候はば」＊近世紀聞（1875–81）〈染崎延房〉七・二「微志を相立（アヒタテ）候ひしに」

あい-たっ・する【相達】（「あい」は接頭語。「達する」の改まった言い方）㊀〘自サ変〙文あひたっ・す〘自サ変〙①届く。＊捷解新語（1676）一〇「せんこくしょぢゃうもって申いれ候。あいたっし〔'a-'i-dad-si（アイタッシ）〕申候や」＊近世紀聞（1875–81）〈染崎延房〉五・二「宰相父子赤心相達（アヒタッ）し申さず候ては臣子の至情黙止（もだし）がたき儀につき」②目的、願望などがかなう。＊興津彌五右衛門の遺書（1913）〈森鷗外〉「某儀明日年来の宿望（しゅくまう）相達て首尾よく切腹いたし候事と相成候」㊁〘他サ変〙文あひたっ・す〘他サ変〙伝える。広く知らせる。＊日葡辞書（1603–04）「Aitaxxi, suru, xita（アイタッスル）」＊禁令考–前集・第一・巻四・慶応元年（1865）五月「捨文、張訴有ㇾ之節者、見附候者、其儘にて大小目付へ相達可ㇾ申事」発音〈標ア〉ア 辞書日葡・ヘボン 表記相達（へ）

あい-たで【藍蓼】〘名〙タデ科の一年草。ヤナギタデの一系統で、辛味料を採るため畑地に栽培する。茎は高さ四〇～六〇センチメートルぐらいになり、長楕円形の葉を互生する。夏、淡紅色の小花を穂状にやや密生する。学名は Persicaria hydropiper f. laetevirens《季・夏》＊本朝食鑑（1697）三「俗称ニ藍蓼（アイタテ）ー者葉長大似ニ鴨跖草葉ー倶甚辛而足ㇾ食」発音〈標ア〉0 辞書言海 表記藍蓼（言）

あい-だて【藍建】〘名〙染色技法の一つ。建染（たてぞめ）において、水に溶けない藍玉をアルカリ性水溶液で還元し可溶性の白藍にする操作。＊現代語大辞典（1932）〈藤村作・千葉勉〉「あいだて 藍建 青藍を白藍に変化する法」発音〈標ア〉0

あいだて-な・い〘形口〙（「あいたてない」とも）衝動的で抑制することのないさまにいう。①度が過ぎるさま。むやみやたらだ。途方もない。＊咄本・醒睡笑（1628）四「母の、娘にむかひ『〈略〉』と叱りけるを、隣なる家主の女房居あはせて、『それやうにあいだてなさうに物はいはぬものぢゃ』」＊狂言記・荷文（1700）「うみならばそうめいかい、山ならばしゅみせん。是をきけ。さてもさても、あいたてないことをかき入てをかれたわ」②わきまえがない。無分別だ。無思慮だ。考えがない。＊俳諧・季吟十会集（1672）「男山われもむかしは姥そだち〈季吟〉 あいたてなくもそれるさかやき〈玄三〉」＊浄瑠璃・用明天皇職人鑑（1705）二「あいだてなし共狂気共わらはば笑へいはば言へ」③遠慮がない。ぶしつけだ。＊浮世草子・沖津白波（1702）二・四「こりゃ是までがやはらかな紅（もみ）じゃといひさま、あいだてなく二幅（ふたの）まで引はづし」④わがままだ。勝手気ままだ。＊浮世草子・商人軍配団（1712か）二・金銀を蔵に詰込の酒屋後家「親のある娘は、あいたてなくそだちて世事にうとく」⑤盲目的にかわいがるさま。猫かわいがりだ。＊浮世草子・世間娘容気（1717）一「よめは父母のあいたてなくそだてられし、いとけなき時の調子今にあらためず」＊浄瑠璃・女殺油地獄（1721）下「あんまり母があいだてない、がうばりが強ふて、いよいよ心が直らぬと」＊鳩翁道話（1834）一・下「男の子一人なにが可愛さのあまりに牛が子をねぶる様に愛だてなうそだて上られました」方言非常に多い。◇**あいたてない** 和歌山県西牟婁郡699 ◇**あいたてもない** 京都府与謝郡624 ◇**あやあたてもない**・**あやあたもない** 京都府竹野郡「こんにあやーたもなげに、おくんなはって（下さいまして）」622 発音〈標ア〉ナ 辞書書言・言海 表記無ニ愛達ー（書）

あいだてない は ばば育（そだ）ち 祖母に育てられた子は、いつも甘やかされているから、わがままになって無作法であることをいう。

あいだてな-さ〘名〙（形容詞「あいだてない」の語幹に、接尾語「さ」の付いたもの）あいだてないこと。また、その度合。＊史記抄（1477）一五・汲鄭列伝「我が子を食へばあまりあいだてなさに、互に人の子に換て食ふか」

あいた-どころ【朝所】〘名〙（「あしたどころ」の変化した語）「あいたんどころ（朝所）」に同じ。＊枕（10C終）一六一・故殿の御服のころ「官のつかさのあいた所にわたらせ給へり」＊色葉字類抄（1177–81）「朝所 アイタトコロ 云官庁也」辞書色葉・言海 表記朝所（色・言）

あい-だな【相店】〘名〙同じ棟の中にともに借家すること。また、その借家人。相借家（あいじゃくや）。＊俳諧・談林十百韻（1675）上「念仏講も欠てゆく月〈雪柴〉 相店の人の世中すゑの露〈卜尺〉」＊俳諧・うたたね（1694）「相店は世過の父母よ両隣」＊浮世草子・万の文反古（1696）一・三「爰元（ここもと）にて、われらあい棚（タナ）のさし物細工いたされ候人にて御座候」＊咄本・鹿の子餅（1772）俄道心「相店（アイタナ）の八兵衛、欠落（かけおち）して行衛しれず」発音〈標ア〉0

あい-たの・む【相頼】〘他マ四〙（「あい」は接頭語）①（「頼む」の改まった言い方）たよりとする。頼みとする。＊落窪（10C後）二「医師（くすし）なり。御病もふとやめ奉りて。今宵（こよひ）よりは一向（いかう）にあひたのみ給へ」＊源氏（1001–14頃）柏木「やうやう人となり、司、位につけて、あひたのむ人々、おのづから次々に多うなりなどして」＊日葡辞書（1603–04）「Aitanomi, u, ôda（アイタノム）」＊人情本・春色辰巳園（1833–35）初・二回「深くも愛せずさすがに捨（すて）もやらぬを、相（アイ）たのみたる女の、心をよみたるなるべし」②互いに頼みとする。たより合う。＊百座法談（1110）三月二七日「われら皆兄弟として各あひたのまむとて」辞書文明・日葡 表記相頼（文）

アイ-ダブリュー-ダブリュー【IWW】〘名〙（英 Industrial Workers of the World の略）世界産業労働者組合。アメリカ合衆国の急進的な産業労働者組合連合体で、一九〇五年結成。第一次世界大戦期に弾圧を受け、戦後解散。〔新らしい言葉の字引（1918）〕

アイダホ（Idaho）アメリカ合衆国西部、ロッキー山脈西側の州。一八四六年アメリカ領、一八九〇年第四三番目の州として編入。州都ボイジー。発音〈標ア〉ダ2

あい-だま【藍玉】〘名〙藍の葉を搗（つ）いて発酵させたうえ、臼でひき乾燥し固めた染料。玉藍（たまあい）。藍靛（らんてん）。＊俳諧・滑稽雑談（1713）六月「藍刈（あゐかり）〈略〉六月或は五月に刈を一番とし、秋月又二番三番を刈て、是を秋に至て玉とす。『藍玉』と称す。故に古俳書『二番刈』并『藍玉』を秋とす」＊菱垣廻船問屋株前書–安永二年（1773）四月（大阪市史・五）「前積もの糠・藍玉・灘目素麺・酢・醤油・阿波蠟燭、右七品荷物を菱垣廻舟酒樽廻り舟両積にいたし」＊思ひ出（1911）〈北原白秋〉わが生ひたち「あの水祭はここで催され、藍玉（アヰダマ）の俵を載せ」発音〈標ア〉0〈京ア〉0 辞書言海 表記藍玉（言）

あいだま-どいや【藍玉問屋】〘名〙藍玉を取り扱う問屋。江戸時代、阿波藩が藍玉を蔵物（くらもの）として独占販売したが、江戸、大坂などでそれを扱う問屋をいう。藍屋。＊財政経済史料–一・財政・雑税・工商税・文化六年（1809）六月五日「冥加上金次第抄、〈略〉一金弐百両也、藍玉問屋三拾八人」

あいだま-や【藍玉屋】〘名〙藍玉を売る家。染物原料屋。＊雑俳・うき世笠（1703）「ぐっとみな・かべにかたおくあい玉や」＊歌舞伎・伊勢音頭恋寝刃（1796）三幕「仰下されし本国阿州の伯父御大学殿の謀反に加担の武士徳島岩次、城下の町人藍玉屋（アヰダマヤ）喜多六、この者共密に此伊勢路へ入込み」＊随筆・享和雑記（1803）四・四六「阿波の藍玉や、熊野の鯨突を始として」

あいだ・む【間】〘自マ四〙（「あいだ（間）」を動詞化したもの）間をおく。休む。＊西大寺本金光明最勝王経平安初期点（830頃）四「無漏の間（アヒタム）こと無き、無相の思惟と解脱と三昧とを遠くより修行する故に」＊蘇悉地羯羅経寛弘五年点（1008）下「一嚮に当に念誦す応し。間（アヒタミ）断すること得ず」補注「続日本紀–宝亀八年四月二二日・宣命」の「遠天皇の御世御世、年の緒落ちず間牟事無く、仕へ奉り来る業となも念ほし行（め）す」の「間牟」も、「あひだむ」と訓じた方がよい例と考え

られる。

あいだ-もの【間物】〘名〙間食いする物。間食に食べる物。 辞書 名義 表記 間（名）

あいだ-よ【間夜】〘名〙男女が会う夜と次に会う夜との間。男女が会わないでへだてられた夜。会わない夜。＊万葉（8C後）一四・三三九五「小筑波の嶺ろに月（つく）立（た）し安比太欲（アヒダヨ）は多（さはだ）なりぬをまた寝てむかも〈東歌・常陸〉」

あい-だらい【相盥】〘名〙行水のたらいにいっしょにはいること。＊雑俳・十八公（1729）「相盥てて ら夫婦が花清宮」

あい-た・る【飽足】〘自ラ四〙（「あきたる」の変化した語。じゅうぶんに飽く意）満足する。＊白氏文集天永四年点（1113）四「酔坐笑ひ看て、看るに不足（アイタラズ）」

あい-だ・る〘自ラ下二〙甘ったれる。甘えてなよなよとする。はにかんでもじもじする。＊源氏（1001-14頃）夕顔「あまの子なれば、とて、さすがにうちとけぬさま、いとあいだれたり」＊源氏（1001-14頃）柏木「かの君は、五六年のほどのこのかみなりしかど、なほいと若やかになまめき、あいだれてものし給ひし」＊海人刈藻物語（1271頃）一「なほいと若き声の、あいだれよしめきたるが」＊名語記（1275）九「あいだる、如何。舌のたりたる様に、物をいふ気色なるべし」 語誌「愛垂る」という語構成が考えられているが、未詳。用例が少なく語義もはっきりしない。「観智院本名義抄」に「嫭 アイタレ」とあり、「新撰字鏡」では、同じ文字について「嫭 好也 躭也 婳也 戯也 悦也 保志支万々 又阿佐礼和佐須」とある。挙例の「源氏物語」や「海人刈藻物語」などでは人物の風貌や態度をなよなよとしてなまめかしい王朝的美質としてとらえている。しかし、「天正本節用集」には「愛惰礼 アイダレ ウツケノコト」とあり、きりっとした所がないといったマイナス評価にも通じたか。 辞書 言海

あい-だれ〘名〙①甘えること。なよなよとすること。＊白羊宮（1906）〈薄田泣菫〉小雀と桂女「驕（あい）だれの鳴音はまたも聞かれぬ」②女に甘いこと。また、その人。＊浮世草子・傾城色三味線（1701）京・一「よい年をして〈略〉子共には古布子さへしてきせずに、太夫が所へ小袖してやるもくろみ、やくたいなしと申さふか、あいだれといはうか」 辞書 書言 表記 殫誕（書）

あいだれ-め【―女】〘名〙なよなよとした女。甘ったれ女。＊雑俳・住吉おどり（1696）「しっかりと・帯してあゆめあいだれめ」

あい-たん【哀湍】〘名〙人の泣き声のような音を立てる瀬。＊唐詩選国字解（1791）五言古「壊道哀湍瀉（くはいだうアイタンそそぐ）〈略〉今は御なり道などもあれはて、渓水が道へ溢れて、道も壊れたである」＊杜甫-玉華宮詩「陰房鬼火青、廃道哀湍瀉」 発音〈標ア〉0

あい-たん【哀嘆】〘名〙かなしみ嘆くこと。＊御伽草子・李娃物語（室町時代小説集所収）（室町末）「此由を伝聞て、哀歎して、行て中将殿を見奉るに」＊東京新繁昌記（1874-76）〈服部誠一〉三・増上寺「自由を得て反って耶須〈僧妻有るを耶須と曰ふ〉に別るるの哀歎有り」＊音訓新聞字引（1876）〈萩原乙彦〉「哀嘆 アイタン カナシミナゲク」

あいたん-どころ【朝所】〘名〙（「あしたどころ」の変化した語。「あいだんどころ」とも）太政官庁内の北東部にあった建物の名。ここで参議以上の人が会食し、また政務も行なった。あしたどころ。あいたどころ。＊延喜式（927）一一・太政官「参議以上著＝朝食所＝」＊九暦-逸文・天慶八年（945）二月一三日「上達部等於＝西廊＝着＝浅履＝着＝朝所＝」＊金刀比羅本平治（1220頃か）上・信頼、信西不快の事「大極殿、豊楽院（ぶらくいん）、諸司、八省、朝所（アイダンドコロ）」＊和訓栞（1777-1862）「あいたんどころ 東鑑に朝所をよめり。大政官にありといへり。北山鈔にも見ゆ」 辞書 言海 表記 朝所（言）

あい-ち【相地】〘名〙共有または共有の性質をもつ田地。徳川幕府の分地制限令により、農家の持ち地を一町歩（高一〇石）以下に減反することができなくなってからの非合法な分地。名義上は父のものとなっている一筆の田を兄と弟に分与する場合、父はその田に適宜な境界を設けて兄弟に農作させることをいう。＊松代藩御触留（元禄～元文）（1688-1741）「毎年極月中村方相地改可仕事」

あいち【愛知】㊀愛知県の中西部の郡。中世末、山田郡の南部を併合。矢田川と境川にはさまれた地域で、現在の名古屋市の大部分が含まれていた。＊二十巻本和名抄（934頃）五「尾張国〈略〉愛智〈阿伊知〉」㊁「あいちけん（愛知県）」の略。 発音〈標ア〉ア 辞書 和名・文明・易林 表記 愛智（和・文・易）

あいち〘名〙小間使、付添い女などをいう、てきや仲間などの隠語。〔隠語輯覧（1915）〕＊いやな感じ（1960-63）〈高見順〉三・四「ベルを鳴らすと、アイチ（女中）が扉をうすめにあけて」

あいち-いかだいがく【愛知医科大学】愛知県愛知郡長久手町にある私立の大学。昭和四七年（一九七二）発足。

あい-ぢか【間近】〘形動〙接近して間の近いさま。まぢか。＊太平記（14C後）二九・将軍上洛事「相近になれば、阿保と秋山と、にっこと打笑ふて、弓手に懸違へ馬手に開き合て」＊伊達家文書-(年未詳)七月一四日・小宰相（田村隆顕後室）消息（大日本古文書一・三八四）「そなたあひちかに御座候ほとに、たた今までもうちいられす候」＊日葡辞書（1603-04）「Aigicani（アイヂカニ）〈訳〉接近して、または、近くに」＊浮世草子・傾城色三味線（1701）鄙・一「間近（アイヂカ）なれば朝暮（あけくれ）十町めにかよひて」 辞書 文明・日葡 表記 相近（文）

あい-ちか・い【相近】〘形口〙文あひちか・し〘形ク〙①間隔が少ない。すぐ近くである。＊曾我物語（南北朝頃）一〇・五郎御前にめしいだされきこしめしとはるる事「村千鳥のひたたれに首をつつみて童に持たせ、五郎がゆんでのかたを間（あひ）ちかく、首をみせてぞ通りける」②互いに似ている状態である。ほとんど同じくらいである。＊漢書列伝景徐抄（1515）「制と折と声相近きほどにぞ」＊花柳春話（1878-79）〈織田純一郎訳〉四五「余の叔父に於るや生は全しと雖ども其酷情は殆んど相近しと」＊都会の憂鬱（1923）〈佐藤春夫〉「その情熱は正（まさ）しく互に似通うた相近（アヒチカ）いものであるかも知れない」 発音〈標ア〉ア＝カ〈京ア〉チ 文『あひちかし』アイ＝チカシ〈標ア〉ア＝カ〈京ア〉カ 辞書 文明 表記 相近（文）

あい-ちがい【会違・逢違】〘名〙方向などが多少違ったために、会えなくなること。かけ違って会えないこと。行き違い。＊葛飾砂子（1900）〈泉鏡花〉三「お前来る途で逢違（アヒチガ）ひはしないだらうね」＊婦系図（1907）〈泉鏡花〉後・三〇「又逢違（アヒチガ）ひになりませんやうに」 発音 アイチガイ〈標ア〉0

あい-ちが・う【相違】〘自ハ四〙（「あい」は接頭語）二つのものがかみあわない。互いにくい違う。＊天草本伊曾保（1593）パストルと、狼の事「ネイジンワ ココロト、コトバト aichigǒte（アイチガウテ）」 発音 アイ＝チガウ〈標ア〉ア＝0ア 辞書 日葡

あいちがくいん-だいがく【愛知学院大学】愛知県日進市にある私立の大学。明治九年（一八七六）創立の曹洞宗専門学支校を母体とし、愛知中学校、愛知学院短期大学を経て昭和二八年（一九五三）に大学として発足。 発音 アイチガクインダイガク〈標ア〉ダ

あいちがくせん-だいがく【愛知学泉大学】愛知県豊田市にある私立の大学。明治四五年（一九一二）創立の安城裁縫女学校に始まる。女子専門学校、女子短大を経て昭和四一年（一九六六）安城学園大学となり、同五七年に現校名に改称。

あい-ちかづ・く【相近付】（「あい」は接頭語）㊀〘自カ五（四）〙両方から近くにやってくる。互いに接近する。＊太平記（14C後）二六・四条縄手合戦事「此儘（まま）軅（やが）て相近付べけれ共、楠定めて難所を前に当ててぞ相待らん」＊日葡辞書（1603-04）「Aichicazzuqi, u, ita（アイチカヅク）」＊文明論之概略（1875）〈福沢諭吉〉一・一「斯の如く異説の両極相接するときは其勢必ず相衝（つき）て相近づく可からず」㊁〘他カ下二〙相手が自分の近くに来るようにする。また、それぞれを互いに接近させる。＊太平記（14C後）七・千剣破城軍事「城の兵兼（かね）て巧（たくみ）たる事なれば、矢軍（やいくさ）ちとする様にして大勢相近づけて」 発音〈標ア〉ア＝ズ 辞書 日葡

あい-ちぎょう【相知行】〘名〙「あいきゅう（相給）②」に同じ。＊慶長十五年掟書（岡崎領）（1610）「相知行之村百姓公儀役者、地頭きりに可ㇾ仕候、地頭非分を申、百姓欠落致候者、百姓へかかり候役儀其地頭可ㇾ仕候」

あいち-きょういくだいがく【愛知教育大学】愛知県刈谷市にある国立大学。昭和二四年（一九四九）に愛知第一師範、第二師範、青年師範が合併して、愛知学芸大学として発足、昭和四一年（一九六六）に現名称になる。

あいち-けん【愛知県】中部地方南西部の県。明治四年（一八七一）の廃藩置県後、名古屋県（尾張）と額田（ぬかた）県（三河）の二県となる。同五年四月名古屋県は愛知県と改称、同年一一月に額田県を合併して成立。県庁所在地、名古屋市。 発音〈標ア〉チ〈京ア〉チ

あいち-けんりつげいじゅつだいがく【愛知県立芸術大学】愛知県愛知郡長久手町にある大学。昭和四一年（一九六六）発足。

あいち-けんりつだいがく【愛知県立大学】愛知県愛知郡長久手町にある大学。昭和二二年（一九四七）創立の県立女子専門学校が母体。県立女子短大を経て、同三二年県立女子大学として発足し、四一年改称して男女共学となる。

あいち-こうぎょうだいがく【愛知工業大学】愛知県豊田市にある私立大学。大正元年（一九一二）創立の名古屋電気工学講習所を母体とし、名古屋電気短大を経て、昭和三四年（一九五九）名古屋電気大学として発足。翌年、現校名に改称。

あいちこうげん-こくていこうえん【愛知高原国定公園】愛知県北東部にある国定公園。猿投山・段戸山を中心とする山岳公園。香嵐渓、段戸裏谷、奥矢作（おくやはぎ）湖、榊野・笹戸温泉などを含む。東海自然歩道が通る。昭和四五年（一九七〇）指定。

あいち-さんぎょうだいがく【愛知産業大学】愛知県岡崎市にある私立の大学。昭和二七年（一九五二）創立の名古屋工学院専門学校を母体とし、東海産業短期大学を経て、平成四年（一九九二）大学として発足。

あいち-しゅくとくだいがく【愛知淑徳大学】愛知県愛知郡長久手町にある私立の大学。明治三八年（一九〇五）創立の愛知淑徳女学校を母体とし、短大を経て、昭和五〇年（一九七五）大学として発足。

あいち-だいがく【愛知大学】愛知県豊橋市にある私立大学。昭和二一年（一九四六）発足。 発音 アイチダイガク〈標ア〉ダ

あい-ちゃく【愛着】〘名〙「あいじゃく（愛着）②」に同じ。＊広益熟字典（1874）〈湯浅忠良〉「愛著 アイチャク キニイリキッタ」 発音〈標ア〉0〈京ア〉0

あい-ちゃや【逢茶屋】〘名〙「であいぢゃや（出合茶屋）」に同じ。＊洒落本・禁現大福帳（1755）一「男の

勝手を思ひ身揚（みあがり）して逢茶屋（アイチャヤ）で逢勘当を育（はごく）み」

あいちゃん『名』掏摸（すり）をいう、盗人仲間の隠語。〔日本隠語集（1892）〕

あい-ちゅう【相中・間中・合中】『名』①歌舞伎俳優の階級の名。近世、歌舞伎役者の階級には、名題（立役）、相中、中通り、下立役、子役、色子の六種があり、相中はやがて名題に昇進することができる地位。明治一一年（一八七八）に名題以下の階級が、名題下、上分（かみぶん=相中上分）、相中、新相中の四種に改められてからは、下級役者のこととなる。相中役者。＊絵本戯場年中鑑（1803）中・六月「間中（アイチウ）皆立者と称すれども、誠は立者と中通の間なれば間中とはいふ」＊滑稽本・戯場粋言幕の外（1806）下「立役中二階たっぷり、本中、合中（アヒチウ）、板の間、お囃子、みんながばりつく能顔（いいかほ）だ」＊滑稽本・妙々痴談返註録（1833）下「『書ぬきを人に読ませておぼゆる』などと書しが相中にはあろうも知らぬが立ものには一人もなし」＊歌舞伎・日月星享和政談（延命院）（1878）六幕「茶見世の婆にて盆を拭きゐる。床几（しゃうぎ）に相中（アヒチウ）の○△□◎着流し三尺帯、素見（ひやかし）の仕出しにて茶を呑み居る」＊腕くらべ（1916-17）〈永井荷風〉一六「一糸の父先代菊如の時分から相中（アヒチュウ）の古い弟子菊八である」②相撲の階級の一つ。本中（ほんちゅう）より以下の二段目の力士。＊随筆・相撲今昔物語（1785）七・素人相撲の臆見「また瀬切より十五枚目迄、通称本中といふとあり、此より以下を合中といふ」＊洒落本・繁千話（1790）「与四郎関取や額親方や勘五郎等が間中（アイチウ）のてやいを二三人連れて来て」③絣（かすり）柄の名。経緯絣（たてよこがすり）一二通から二四、五通前後のもので、多く久留米絣に用いられる。④絹織物の一つ。細太織（ほそぶとり）と生太織（きぶとり）との中間のもので、裏地に多く用いられる。埼玉県の産。発音アイチュー〈標ア〉チュ

あいちゅう-だん【相中段】『名』剣道で、向かい合った二人が互いに中段に構えること。発音アイチューダン〈標ア〉チュ

あいちゅう-やくしゃ【相中役者・間中役者】『名』「あいちゅう（相中・間中・合中）①」に同じ。＊小説神髄（1885-86）〈坪内逍遙〉上・文体論「相中俳優（アイチウヤクシャ）のわたり台詞もしくは侍女の言葉なんどは頗る俚俗なる言葉にして」

あい-ちょう【合帳】『名』江戸時代、宿駅の問屋の下役。帳付け、馬指し、人足指しなどをいう。＊寛政元年従公儀様被仰出候趣村中惣百姓請印帳（1789）「問屋彌右衛門（外四人）合帳忠右衛門（外三人）歩合帳忠治（外一人）」

あい-ちょう【哀弔】『名』かなしみ弔うこと。悔やみを述べること。＊周礼-秋官・小行人「若国有福事、則令慶賀之、若国有禍裁、則令哀弔之」

あい-ちょう【哀調】『名』悲哀を帯びた音調。かなしい調べ。詩歌、音楽などに表わされた、ものがなしい調子。＊女難（1903）〈国木田独歩〉一「自分は彼が吹き出づる一高一低、絶えんとして絶えざる哀調（アイテウ）を聴きながらも」＊抒情小曲集（1918）〈室生犀星〉流離「そは巡礼のうたごゑをきくごときわがきさらぎの哀調にして」発音アイチョー〈標ア〉0〈京ア〉0

あい-ちょう【愛重】『名』愛して大事にすること。たいせつにすること。＊古文真宝笑雲抄（1525）六「余り子なんどを愛重すれば、其子がそだち難して短命な物ぞ」＊和俗童子訓（1710）一「男子只一人あれば、極めて愛重すべし」＊渋江抽斎（1916）〈森鷗外〉四二「これが池田氏の偶（たまたま）獲た曼公の遺品を愛重（アイチョウ）して措かなかった所以である」＊韓非子-内儲説上「衛嗣君重如耳、愛世姫、而恐其皆因愛重以壅己也」

あい-ちょう【愛鳥】『名』鳥をかわいがること。特に野生の小鳥を愛護すること。また、かわいがっている鳥。＊東京風俗志（1899-1902）〈平出鏗二郎〉下・一一・動物の飼養「いづれも愛鳥を出品することなればば」発音アイチョー〈標ア〉0〈京ア〉0

あい-ちょう【愛腸】『名』情け深い心。いつくしむ心。愛心。＊悲哀の高調（1902）〈綱島梁川〉「これ実に、世の仁人、君子、宗教家、先覚者の慈眼愛腸に須たざるべからざる也」発音アイチョー〈標ア〉0

あい-ちょう【愛寵】『名』特別に目をかけてかわいがること。寵愛。＊日葡辞書（1603-04）「Aichô（アイチョウ）。即ち、チョウアイ」＊随筆・胆大小心録（1808）一五五「ぬかだ姫といふ夫人は、天智の太子と申せしより愛寵ありて、即位の後はかたはら去らず侍りしよ」＊花柳春話（1878-79）〈織田純一郎訳〉四八「子若し余に従順にして余が愛寵（アイチャウ）を得ば」＊漢書-杜欽伝「好憎之心生、則愛寵偏於一人」発音アイチョー〈標ア〉0 辞書日葡

あいちょう-しゅうかん【愛鳥週間】『名』野鳥など、鳥を愛護する週間。毎年五月一〇日から一週間。昭和二二年（一九四七）に四月一〇日を愛鳥の日（バードデー）としたのを、同二五年に改めたもの。バードウイーク。《季・夏》発音アイチョーシューカン〈標ア〉シュ〈京ア〉シュ

あいち-ようすい【愛知用水】木曾川から濃尾平野東部と知多半島に引いた農工業用水。昭和三六年（一九六一）完成。幹線水路の延長一一二キロメートル。支線水路の延長一一三五キロメートル。発音アイチヨースイ〈標ア〉ヨ〈京ア〉ヨ

あい-ちょく【愛陟】『名』好んで歩くこと。庭園などを好んで散歩すること。＊匏菴十種（1869）〈栗本鋤雲〉暁窓追録「昕夕愛陟の園池を棄廃するは、殆んど不平愁苦の情無き不能べし」

あいちん『名』「あいちゃん」に同じ。〔隠語輯覧（1915）〕

あ-いつ【彼奴】『代名』（「あやつ」の変化したもの。話題の人物をののしったり、遠慮なく言ったりする場合、または乱暴な話し方で事物を指す場合に用いる）他称。話し手、聞き手両者から離れた人、事物などを指し示す（遠称）。＊日葡辞書（1603-04）「Aitçu（アイツ）、または、aitçume（アイツメ）。アイツメガ。〈訳〉あの男。軽蔑や卑下を伴って言う」＊四河入海（17C前）一五・三「心にはあいつは比興なものと思へども」＊虎明本狂言・鏡男（室町末-近世初）「わらわがかほを、あいつにまぶらせうと思ふて、みよみよといふな」＊洒落本・辰巳之園（1770）「西村の船頭か。あいつも見わすれたそふな」＊何処へ（1908）〈正宗白鳥〉七「さうか、彼女（アイツ）も此頃は浮れ歩いてやがる」発音〈なまり〉アイチ〔飛騨〕アイ・アッチ〔鹿児島方言〕アイト〔島根〕アズ〔岩手・秋田〕アレッ〔津軽語彙〕〈標ア〉0〈京ア〉0 辞書日葡・ヘボン・言海 表記彼奴（ヘ）

あいづ【会津・相津】（「古事記-崇神」の、大毘古命（おおびこのみこと）がその子建沼河別命（たけぬなかわわけのみこと）と会った故事による）福島県西部の地域名。また、旧郡名。古代の会津郡から耶麻・大沼・河沼の各郡が分離成立した。明治一二年（一八七九）南会津・北会津の二郡に分かれて会津郡の名は消滅。＊古事記（712）中「爾に東方より遣さえし建沼河別、其の父大毘古と共に、相津（あひづ）に往き遇ひぬ。故、其の地を相津（あひづ）と謂ふ」＊二十巻本和名抄（934頃）五「陸奥国〈略〉会津〈阿比豆〉」＊後撰（951-953頃）離別・一三三二「君をのみしのぶのさとへゆく物をあひつの山のはるけきやなぞ〈滋幹女〉」＊浮世草子・男色大鑑（1687）一・二「間もなく御目見済て、会津に御供申してくだりぬ」発音〈標ア〉0〈京ア〉0 辞書和名・文明・易林・書言 表記会津（和・文・易・書）

あいづ の 蠟（ろう）福島県会津地方で産する蠟。イボタロウムシの分泌物から精製した上質の蠟。近世、会津藩の専売品。絵蠟燭（えろうそく）を造るほか医薬用、工業用ともする。会津蠟。また会津産の蠟燭のこと。＊浮世草子・傾城色三味線（1701）江戸・四「我が心を陸奥の会津の蠟にあらね共、ながれを立る女郎に、好の手形を書せずば、二度太鼓持せぬ法もあれ」

あいつい-で【相次―】『副』（動詞「あいつぐ」に、接続助詞「て」の付いたもの）あとからあとから続くさま。次々と。＊古活字本毛詩抄（17C前）九「我日をつくとは、さきの日もきのうもけうもあいついで辛労するぞ。いく日もくる日もするぞ」＊良人の自白（1904-06）〈木下尚江〉前・二〇・三「銀杏返もちょいちょいと俊三の方を見回りながら、相次（アヒツイ）で同じく其赤い頰辺を隠くして仕舞った」＊土（1910）〈長塚節〉一一「些細であるとはいひながら、相尋（アヒツイ）で彼等の耳に聞えるので」発音〈標ア〉ア〈京ア〉ツ

あい-つう【哀痛】『名』かなしみいたむこと。ひどくかなしむこと。＊文明本節用集（室町中）「哀痛 アイツウ」＊思出の記（1900-01）〈徳富蘆花〉巻外・六「昔し吾眼下に見た魯鈍者〈略〉の下に立つ運命に会へる者少なからざるを見て哀痛に不堪（たえず）候」＊長塚節歌集（1917）〈長塚節〉明治三六年「哀痛悲慟禁ずること能はず」＊荀子-礼論「哀痛未尽、思慕未忘」発音アイツー〈標ア〉0 辞書文明 表記哀痛（文）

あい-つう・ずる【相通】（「あい」は接頭語）㊀『自サ変』文あひつう・ず『自サ変』互いに通い合う。わかり合う。＊文明本節用集（室町中）「相通 アイツウズ」＊西国立志編（1870-71）〈中村正直訳〉一二・一〇「人は、常々往来する朋友と、感情相通じ、声気相応じ、自ら相視倣（みならふ）ものなれば」＊永日小品（1909）〈夏目漱石〉金「同じ金で代表さして、彼是（ひし）相通（アヒツウ）ずると、大変な間違になる」㊁『他サ変』文あひつう・ず『他サ変』互いにわかるようにする。互いに連絡をとる。通い合うようにする。＊小説神髄（1885-86）〈坪内逍遙〉下・脚色の法則「脈絡通徹（みゃくらくつうてつ）とは篇中の事物巨細となく互に脈絡を相通（アイツウ）じて相隔離せざることをいふなり」発音アイツーズル〈標ア〉ア 辞書文明 表記相通（文）

あいづ-えろうそく【会津絵蠟燭】『名』「あいづろうそく（会津蠟燭）」に同じ。

あい-づかい【合使】『名』刃物を用いる強盗をいう、盗人仲間の隠語。〔隠語全集（1952）〕

あい-つが・う【相番】『自ハ四』（「あい」は接頭語）①二つのものが組み合って、対になる。＊太平記（14C後）四〇・中殿御会事「左衛門の陣の四脚（よつあし）に将軍即ち参入あり。先づ帯刀（たてわき）十人左右に相番（ツガフ）て列を曳（ひ）く」＊日葡辞書（1603-04）「Aitçugai, ǒ, ǒta（アイツガウ）」②裁判において、相互に主張を応酬する。＊肥前河上宮古文書写-元徳四年（1332）正月日・肥前河上社雑掌家邦陳状写（鎌倉遺文四一・三一六六九）「於正応御下知者、或可被糺返之由、云相番訴陳之篇、或先年被経御沙汰、云彼御下知之濫觴、令言上処、円雅失為方申状也」辞書日葡

あい-つかさ【相官】『名』朝廷での勤務の部署を同じくすること。同僚。＊寛永刊本蒙求抄（1529頃）三「同舎郎とは内裏でのあい官ぞ。局を同くして居た人ぞ」

あいづ-がま【会津窯】『名』①福島県会津地方特有の陶磁器を焼く窯。美濃風の窯に肥前風の丸窯を折衷した一種の登り窯式。②「あいづやき（会津焼）」に同じ。発音アイズガマ〈標ア〉ズ

あい-つき【合付】『名』（「付き合い」をさかさまに言った語）交際、仲間の義理や仁義の意で、てきや、博徒、不良仲間の隠語。転じて、初対面、仲間入り、弟子入りのひろめや、けんか仲直りなどの際のあいさつを

いう。＊彼女とゴミ箱(1931)〈一瀬直行〉飯より喧嘩の好きな女「このアイツキといふのは、彼等仲間同志の云はば挨拶で、相方威儀を正しく、真面目くさって取交はすものだ」＊いやな感じ(1960–63)〈高見順〉三・二「丸万流だと、親分のバシタ(おかみさん)へのアイツキ(挨拶)といった感じだった」

あい-つき【藍付】〘名〙「あいぞめ(藍染)」に同じ。＊俳諧・二葉の松(1690)「藍つきを限りの伊達と身をのさず」＊俳諧・くろねき(1797)「いさやいさ作りためたる籠売に〈みち彦〉 藍つき着れば皆がうらやむ〈みち彦〉」

あい-づき【相突】〘名〙槍術で、双方が同時に相手を突くこと。

あい-つ・く【相付】(「あい」は接頭語。「付く」の改まった言い方) ㊀〘自カ四〙大勢の者が、従ってくる。味方する。＊太平記(14C後)一三・中前代蜂起事「伊豆駿河武蔵相摸甲斐信濃の勢共、不相付と云事なし」 ㊁〘他カ下二〙⇨あいつける(相付)

あい-つ・く【相衝】〘自カ四〙(「あい」は接頭語) 互いにぶつかり合う。＊文明論之概略(1875)〈福沢諭吉〉一・一「斯の如く異説の両極相接するときは其勢必ず相衝(ツキ)て相近づく可からず」

あい-つ・く【愛付】〘他カ下二〙かわいがる。目をかける。＊談義本・教訓続下手談義(1753)二・刈豆店の馬左衛門親類教訓の事「左様の奉公人を愛附(アイツケ)、料理など致給(た)べさせ候者」

あい-つ・ぐ【相次・相継】(「あい」は接頭語。「つぐ」の改まった言い方) ㊀〘自ガ五(四)〙次から次へと続く。続いて起きる。順を追う。あいつづく。＊観智院本三宝絵(984)中「其寺いまにあひつきてさかゆる事いまにたえず」＊宇津保(970–999頃)国譲下「二人は大殿大臣のむすめなり。これは下臈にこそあらめ。あいついでこそは。これをしてはいかでか」＊大唐西域記長寛元年点(1163)一「冬の末、春の初に霖雨相継(アヒツケ)り」＊西国立志編(1870–71)〈中村正直訳〉一・一九「卒伍より将領(たいしゃう)に登進すること、今日に至るまで相踵(アヒツゲ)り」 ㊁〘他ガ五(四)〙受け継ぐ。伝えていく。相続する。＊源氏(1001–14頃)松風「中務(なかつかさ)の宮と聞えけるが領じ給ける所〈略〉、はかばかしうあひつぐ人もなくて」＊風姿花伝(1400–02頃)序「其後、かの河勝の遠孫、この芸をあひつぎて、春日、日吉(ひえ)の神職たり」 発音アイツグ〈標ア〉ア〈ア史〉江戸○●●●〈京ア〉⓪=0 辞書書言 表記相続(書)

あい-つぐな・う【相償】〘他ワ五(ハ四)〙(「あい」は接頭語。「償う」の改まった言い方) 財物や行為などで、不足、損失や罪過を補う。または、罪を許してもらう。＊文明論之概略(1875)〈福沢諭吉〉一・一「或は其長短相償ふてこれがため双方の争論も和することあらん」＊当世書生気質(1885–86)〈坪内逍遙〉一七「栄辱相償(アイツグナ)ふとか何とかいふのはマアマア御道理(もっとも)との議論で」 発音文アイ=ツグノーとも〈標ア〉ア=ナ ノ

あい-づくり【相作】〘名〙① 手伝って一緒に物を作る人。＊儀式(872)四・践祚大嘗祭儀・下「大酒波女一人、粉走一人、相作二人」＊延喜式(927)七・神祇・践祚大嘗祭「造酒児一人 神語曰、佐可都古。以当郡大少領女未嫁卜食者充之。御酒波一人。篩粉(こはしり)一人。共作(あひつくり)二人。多明酒波(ためつさかなみ)一人」② 魚肉の赤身と白身とを作り合わせた刺身。マグロの赤身と、タイやヒラメの白身などとを合わせ並べるような刺身。

あい-っくるし・い【愛―】〘形口〙「あいくるしい(愛―)」の変化した語。＊落語・心の眼(1899)〈初代三遊亭金馬〉「少々年は取ってをりますが誠とに色白な愛っくるしい女」 発音アイックルシイ〈標ア〉シ

あい-つ・ける【相付】〘他カ下一〙文あひつ・く〘他カ下二〙(「あい」は接頭語。「付ける」の改まった言い方) ① 自分のほうに引き付ける。＊太平記(14C後)一七・北国下向勢凍死事「是は皆国々の勢を相付て、金崎の後攻(ごづめ)をせよとの為也」＊寛永刊本蒙求抄(1529頃)八「先づ初は、あれをばなさぬ様に面白う調法してあいつくる也」＊日葡辞書(1603–04)「Aitçuqe, ru, eta(アイツクル)〈訳〉自分に惹きつけ、馴れさせる」② 矢を引きつけて、射やすい状態にする。＊曾我物語(南北朝頃)七・勘当ゆるす事「心のはやるままに、人のあひつけたる鹿(しし)、いたまふべからず」＊義経記(室町中か)五・忠信吉野山の合戦の事「づと登り上りて見れば、左手(ゆんで)にあひつけて、矢先(やさき)に射よげにぞ見えたりける」＊浄瑠璃・四天王女大力手捕軍(1678)三「こま一ぢんにのり出し、しのざぎをゆんでにあいつけ、てうどうてば」 辞書日葡

あいづ-ごよう【会津五葉】〘名〙植物「はいまつ(這松)」の異名。

あいづ-ごよみ【会津暦】〘名〙近世の地方暦の一つ。会津若松の諏訪神社の社家三家と市内七日町の菊地庄三衛門から発行されたもの。社家の分は賦暦(くばりごよみ)で、菊地は売暦を許された。会津地方を中心に北関東から東北地方一円に広く頒布。形態は綴暦(とじごよみ)で、独特の綴方を用いている。一枚刷りの略暦も作られた。

あいづ-じま【会津縞】〘名〙「あいづもめん(会津木綿)」に同じ。 発音〈標ア〉0

あいづ-じょう【会津城】福島県会津若松市追手町にある城。至徳元年(一三八四)蘆名義広が創築。以後、伊達・蒲生氏らを経て松平氏の居城。戊辰(ぼしん)戦争では一か月の籠城後、開城。会津若松城。鶴ケ城。若松城。黒川城。 発音アイズジョー〈標ア〉ズ

あいづ-せんそう【会津戦争】戊辰(ぼしん)戦争の一部をなす戦い。明治元年(一八六八)恭順の意を示していた会津藩主松平容保(かたもり)に対し、薩長から強硬な追討命令が出され、反発した東北三十余藩が奥羽越列藩同盟を結んで抗戦したもの。白虎隊の悲話などを生み、九月、会津の降伏により終結。東北戦争。 発音アイズセンソー〈標ア〉セ

あいづ-そうどう【会津騒動】江戸時代初期、会津藩に起きたお家騒動。藩主加藤明成と老臣堀主水の争いで、堀は殺害され、のち加藤家の領地没収の原因となった。 発音アイズソードー〈標ア〉ソ

あいった【阿逸多】(梵 Ajita 無能勝と訳す) 仏弟子の一人。また、彌勒(みろく)菩薩の異称ともされる。＊妙一本仮名書き法華経(鎌倉中)六・分別功徳品第一七「阿逸多(アイッタ〈注〉ミロク)、われこの如来の寿命長遠なることをときたまふ」＊太平記(14C後)一五・三井寺合戦「鋸(のこぎり)を以て我が首を切りし間、阿逸多(アイッタ)といへども叶はず」＊阿彌陀経疏「阿逸多菩薩者、依新訳称讃浄土経、翻為無能勝、或言彌勒」 発音〈標ア〉イ 辞書書言 表記阿逸多(書)

あい-つた・える【相伝】〘他ア下一(ハ下一)〙文あひつた・ふ〘他ハ下二〙(「あい」は接頭語。「伝える」の改まった言い方) 次々と伝える。受け継いでいく。＊風姿花伝(1400–02頃)四「同じく氏安より相伝る、聖徳太子の御作の鬼面」＊西国立志編(1870–71)〈中村正直訳〉五・一〇「また特に自然の蒸気力、地中に在りて作用を生ずるに由り、相伝ふ」 発音〈標ア〉ア=エ 辞書文明 表記相伝(文)

あい-つたわ・る【相伝】〘自ラ四〙(「あい」は接頭語。「伝わる」の改まった言い方。＊咄本・軽口御前男(1703)五・二「当寺代々相つたはる貧報神」

あい-づち【相槌】〘名〙① 鍛冶(かじ)などで、師の打つ間に、弟子が槌を入れること。また、互いに槌を打ち合わすこと。＊塵袋(1264–88頃)八「鍛冶があひつちと云ふは、二人むかひてうつゆへ歟」＊東北院職人歌合(1348頃か)三番「月にねぬ宿とや人の思ふらんいつも絶えせぬあひつちの音」＊謡曲・小鍛冶(1537頃)「我に劣らぬほどの者の相槌仕りてこそ、み剣も打ち申すべけれ」② 建築で棟木などを組む際に使う大きな槌。＊兼見卿記-天正一一年(1583)一〇月二二日「玄以普請 妙見寺、為見廻罷向。アイ槌 十、縄 五百巴持参」＊日葡辞書(1603–04)「Aizzuchi(アイヅチ)」③ 問いかけに答えること。相手の話に巧みに調子を合わせること。＊俳諧・西鶴五百韻(1679)何秤「月すむ棟に棟のあい槌〈西友〉 蔦葛噺しの伽に懸たり〈西吟〉」＊雑俳・折句くら(1790)「歟(か)と問へば段かいと相槌」＊われから(1896)〈樋口一葉〉一「聞人(きくひと)なげに遠慮なき高声、福も相槌(アヒヅチ)例の調子に」 発音〈標ア〉チ 0〈京ア〉ズ 辞書日葡・書言・言海 表記椓撃(書) 相鎚(言)

相　槌 ①〈職人尽歌合絵巻〉

あいづち を 打(う)つ 他人の話に調子を合わせる。＊古活字本毛詩抄(17C前)一二「女輿の讒言する時にあいづちを打れたかりしか」＊俳諧・毛吹草追加(1647)中「木玉さへあい槌(ツチ)をうつ砧(きぬた)かな〈長治〉」＊滑稽本・和合人(1823–44)四・下「自分が間抜をして買った事をぬりかくさんと、頻に茶見蔵に相槌を打たせんと気をもむ故」＊芋粥(1916)〈芥川龍之介〉「両方に満足を与へるやうな、相槌(アヒヅチ)を打った」

あい-つづ・く【相続】(「あい」は接頭語。「つづく」の改まった言い方) ㊀〘自カ五(四)〙① 次々とあとに従う。継続する。＊太平記(14C後)三五・北野通夜物語「瞿彌(くみ)已に死して後、其の妻相続(ツヅ)いて三宝に施する事同じ」＊浮世草子・西鶴織留(1694)二・三「人の気づかぬ物入(ものいり)相(アイ)つづき、迷惑しける」＊西国立志編(1870–71)〈中村正直訳〉三・二「第四日第五日第六日と相続(ツヅ)き第七日の暁に至るまで薪を加へけるが」② 接し、つながる。長く連なる。＊良人の自白(1904–06)〈木下尚江〉前・四・一「稲田桑園相続づく何十里の松本平」 ㊁〘他カ下二〙⇨あいつづける(相続)。 発音〈標ア〉ア 辞書文明・日葡 表記相続(文)

あい-つづ・ける【相続】〘他カ下一〙文あひつづ・く〘他カ下二〙(「あい」は接頭語)「つづける」の改まった言い方。＊日葡辞書(1603–04)「Aitçuzzuqe, ru, eta(アイツヅクル)(tu は tçu の誤り)」 辞書日葡

あい-つつじ【山榴】〘名〙「さつき(皐月)」の古名。＊十巻本和名抄(934頃)一〇「山榴 兼名苑云山榴〈阿伊豆豆之〉即山石榴也。花而羊躑躅相似矣」＊和漢三才図会(1712)九五「山躑躅(さつき) 山石榴 杜鵑花 和名阿伊豆豆之今云左豆木」＊俳諧・季引席用集(1818)「浅美桜 三〈略〉藍(アヰ)つつじ 同 紅花開く」 補注「秋つつじ」の変化したものという〔和字正濫鈔・大言海〕が、「あひ(間)つつじ」の意とも考えられる。 発音〈標ア〉ツ2 辞書和名・色葉・名義 表記山榴(和・色・名)

あい-つつし・む【相慎】〘他マ四〙(「あい」は接頭語)「つつしむ」の改まった言い方。＊滑稽本・古朽木(1780)二「物見遊山等屹度相慎み」

あいづっ-ぽ【会津―】〘名〙会津の人を卑しめて呼ぶ語。また、親しみをこめて呼ぶ語。＊坊っちゃん(1906)〈夏目漱石〉九「『僕は会津だ』『会津っぽか、強情な訳だ』」 発音〈標ア〉0

あい-つど・う【相集】〘自ハ四〙(「あい」は接頭語) 皆が集まり合う。互いに集まる。次々に集まってくる。＊御湯殿上日記-長享二年(1488)正月三日「御かくもん所の御ひさしへみなみな御まいり、あひつとゐ

て御ひしひしなり」 *西国立志編(1870–71)〈中村正直訳〉自助論第一板序「北方の村落に於て有志の者、数輩相会(あヒッド)ひ」

あい-つと・める【相勤】〘自マ下一〙図あひつと・む〘自マ下二〙(「あい」は接頭語)「つとめる」の改まった言い方。*文明本節用集(室町中)「相勤 アイツトムル」 *評判記・評判鶯宿梅(1781)「元祖肥前が行跡をついで、春夏秋冬一日も休日なく相勤む」 *当世書生気質(1885–86)〈坪内逍遥〉一八「目下有志者が相(アヒ)つとめて衣裳(きるもの)其他をも改良なさんと」 発音〈標ア〉ア=メ 辞書文明 表記相勤(文)

あいづ-ぬり【会津塗】〘名〙福島県会津地方より産する漆器。渋地塗で消粉蒔絵(けしふんまきえ)を施したもので、膳、盆など日用品が多い。*桜塢漫録(18C中)〈古事類苑・産業一四〉「天正中、蒲生氏郷の会津に封ぜらるるや、南部椀に模擬したる漆器を製せしむ、これ会津塗の始にして、其椀を薄椀といひ、其盆を薄盆といふ」 *当世商人気質(1886)〈饗庭篁村〉四・二「祝言の式にも作法にも会津塗の盆の上へ口の欠けた猪口(ちょく)伊丹屋の徳利のまま酒を並べ」 発音〈標ア〉0

あいづ-ね【会津根】会津地方の山の意で、「ばんだいさん(磐梯山)」の別名。*万葉(8C後)一四・三四二六「安比豆禰(アヒヅネ)の国をさ遠み逢はなはば偲ひにせもと紐結ばさね〈東歌・陸奥〉」 *俳諧・奥の細道(1693–94頃)須賀川「左に会津根高く、右に岩城、相馬、三春の庄」

あいづ-ば【会津葉】〘名〙主として福島県で栽培されるタバコの一品種。発音〈標ア〉ズ

あいづ-ばん【会津版】〘名〙慶長年間に上杉景勝の家臣直江山城守兼続が会津米沢で銅活字を用いて刊行した書籍。慶長一二年(一六〇七)に刊行された「文選」は名高い。普通には直江板という。会津本。

あいづばんげ【会津坂下】福島県会津盆地西部の地名。越後街道の宿駅だった坂下を中心とする。塔寺八幡宮(心清水八幡神社)がある。発音アイズバンゲ〈標ア〉バ

あいづ-ばんだいさん【会津磐梯山】[一] 磐梯山のこと。[二]〘名〙福島県会津地方の盆踊り唄。明治時代の初期、越後五ケ浜方面の油搾り職人が伝えたという。昭和一〇年(一九三五)頃、レコード化によって全国的に流行。会津地方では「盆踊り唄」と呼ばれていた。「会津磐梯山は宝の山よ、笹に黄金がなりさがる」などの歌詞がある。発音〈標ア〉ダ

あいづ-ふじ【会津富士】「ばんだいさん(磐梯山)」の別名。発音〈標ア〉フ

あいづ-べん【会津弁】〘名〙福島県会津地方で話される方言。*黒い眼と茶色の目(1914)〈徳冨蘆花〉一・三「飯島先生の夫人のねちねちした会津弁(アヒヅベン)や」 発音〈標ア〉0

あい-つぼ【相壺】〘名〙①墨壺を中央から二つに仕切り、一方に墨、他方に朱を入れたもの。②(一婦で両夫に通じる意から)姦通している女をいう大工仲間の隠語。

あい-つぼ【藍壺】〘名〙「あいがめ(藍瓶)」に同じ。*雑俳・卯の花かつら(1711)「藍壺で白髪の先をふって見る」 *和泉屋染物店(1911)〈木下杢太郎〉「土間には数多くの藍壺並び埋られてあり」 辞書言海 表記藍壺(言)

あいづ-ぼん【会津本】〘名〙「あいづばん(会津版)」に同じ。発音〈標ア〉0

あいづ-ぼん【会津盆】〘名〙会津塗の盆。薄盆(はくぼん)。*俳諧・猿蓑(1691)五「形なき絵を習ひたる会津盆〈嵐蘭〉 うす雪かかる竹の割下駄〈史邦〉」

あいづ-ぼんち【会津盆地】福島県西部の盆地。南方から阿賀川(大川)、宮川、北方から大塩川、濁(にごり)川が注ぐ水稲単作地帯。会津身不知柿(みしらずがき)、薬用ニンジンが特産。中心都市は会津若松市。発音〈標ア〉ズ

あい-づま【合褄・相褄】〘名〙和服で、着物の両前の端にある半幅(はんはば)の部分。また、襟先のところではかる衽(おくみ)の幅。合褄幅。発音〈標ア〉ボ

あいづま-はば【合褄幅】〘名〙「あいづま(合褄)」に同じ。

あいづ-みしらず【会津身不知】〘名〙柿の品種の一つ。福島県会津地方に広く栽培される品質の優れた渋柿で樽(たる)柿にされる。みしらず。西念寺。発音〈標ア〉シ

あいづ-もの【会津者】〘名〙福島県会津地方の出身者。会津人。*咄本・いかのぼり(1781)まくら箱「会津ものの箱うりが来ると、うらから女房が出て呼び、まくら箱が有るかと出させ」 発音〈標ア〉0

あいづ-もめん【会津木綿】〘名〙福島県会津若松市付近で産する縞模様の木綿織物。会津縞。発音〈標ア〉モ

あいづ-や【会津屋】〘名〙(漆器が会津の特産であったことから)漆器店の屋号。江戸に多くあった。*雑俳・柳多留‐一七(1789)「会津屋で探したといふ紋所」 発音〈標ア〉0

あいづ-やいち【会津八一】歌人。美術史家。書家。新潟県出身。号は秋艸道人、渾斎など。早稲田大学教授。中国の古美術、大和の文化に造詣が深い。正岡子規に傾倒。万葉調、良寛調の独特の歌風をもつ歌集「鹿鳴集」「南京新唱」などがある。明治一四～昭和三一年(一八八一～一九五六)

あいづ-やき【会津焼】〘名〙福島県会津地方から産する磁器。正保年間(一六四四～四八)に始まり、のち白磁染付けなども産したが日用品が多く、近年、電気器具などをつくる。本郷焼。若松焼。会津窯。発音〈標ア〉0

あいづ-やま【会津山】「ばんだいさん(磐梯山)」の別名。発音〈標ア〉0

あいづ-ゆり【会津百合】〘名〙植物「ひめさゆり(姫早百合)」の異名。*俳諧・桜川(1674)夏・二「さかぬまのはるけきはなそ会津百合〈万年子〉」

あい-つらな・る【相連】〘自ラ五(四)〙(「あい」は接頭語)ともに一列に並びつづく。ともにつながる。*観智院本名義抄(1241)「啓 アヒツラナレリ」 *新浦島(1895)〈幸田露伴〉一四「汝等始と終とを知って始の始と終の終との相連(アヒツラ)なるところを知らず」 *春潮(1903)〈田山花袋〉一六「数軒の村舎の相連った彼方に」 発音〈標ア〉ア=ナ ア 辞書文明 表記相連(文)

あい-つるべ【相釣瓶】〘名〙共同で用いるつるべ。共同井戸についているつるべ。*浮世草子・好色五人女(1686)二・目録「恋に泣輪の井戸替 あい釣瓶(ツルベ)もおもひに乱るる縄有」

あいづ-ろう【会津蠟】〘名〙①「あいづ(会津)の蠟(ろう)」に同じ。*日本山海名産図会(1799)二・会津蠟「会津蠟(アイヅラウ) 本草虫白蠟といひて奥州会津に採る蠟なり。是はイボクラヒといふ虫を畜(やし)なふて、水蠟樹(いぼた)といふ木の上に放せば、自然に枝の間に蠟を生じて至て色白し」 *牧民金鑑‐一七・宝暦二年(1752)八月一一日「近年会津蠟出方少候に付、遂吟味候処、抜蠟有之由相聞候」 ②「あいづろうそく(会津蠟燭)」の略。*俳諧・広原海(1703)一四「挑灯と尋ぬ子の賀に会津蠟」 発音アイズロー〈標ア〉ズ

あいづ-ろうそく【会津蠟燭】〘名〙福島県会津地方から産出する上質の蠟燭。純白で絵模様のあるのが特徴。会津絵蠟燭。*浄瑠璃・女殺油地獄(1721)上「会津らうそくが光だてしたら、こち二人がしん切て、ふみ消してくれると」 発音アイズローソク〈標ア〉ロ 辞書言海 表記会津蠟燭(言)

あいづわかまつ【会津若松】福島県北西部の地名。天正一八年(一五九〇)蒲生(がもう)氏入城により、若松と称す。のち松平氏二三万石の城下町となる。明治三二年(一八九九)市制。昭和三〇年(一九五五)若松から現在名に改称。発音〈標ア〉カ 〈京ア〉カ

あい-づわり【相悪阻】〘名〙妻がつわりになると、夫もそれにつられて似たような状態になること。方言奈良県吉野郡688 高知県土佐郡866

あいづ-わん【会津椀】〘名〙会津塗の椀。薄椀(はくわん)。*俳諧・俳諧新選(1773)四・冬「合ひ紙は古き暦や会津椀〈泰里〉」 発音〈標ア〉ズ

あい-て【相手】〘名〙①物事を一緒にする一方の人。また、働きかけの対象。*米沢本沙石集(1283)七・一一「貧しき侍の宮仕しけるが、主の御相手(アヒテ)になりて侍ける」 *太平記(14C後)一二・安鎮国家法事「此両人兼ては其役に随ふべき由を領状申たりけるが、其期に臨んで千葉は三浦が相手に成らん事を嫌ひ」 *玉塵抄(1563)二七「薛宣か朱雲を用て四方からくる客人などして、そのあいてになれと云たれば」 *俳諧・去来抄(1702–04)故実「昔は恋一句出れば、相手の作者は恋をしかけられたりとあいさつせり」 *雑俳・柳多留‐九(1774)「初恋に下女すばらしい相(あイ)人也」 *多情多恨(1896)〈尾崎紅葉〉後・七「お種も客と云ふのでなければ、用の間を欠いて対手(アヒテ)を為るではなし、格別迷惑でもないので、何時までも居たいほど置いて措(お)くのであるが」 ②対抗して勝負を争う人。競争者。*古今著聞集(1254)一〇・三六六「競馬十番ありけるに、〈略〉久清合手をきらひて辞し申けれども」 *日葡辞書(1603–04)「Aiteuo (アイテヲ) トル」 *俳諧・曠野(1689)八・釈教「双六のあひてよびこむついり哉〈胡及〉」 *怪談牡丹燈籠(1884)〈三遊亭円朝〉九「敵手(アヒテ)の大勢の時は慌てると怪我をする」 ③ある物に取り合わせる、もう一つの物。*古文真宝笑雲抄(1525)一・上「一抄云、章甫薦履。章甫は冠ぞ。冠をば履のあいてにしきたぞ」 *俳諧・続猿蓑(1698)春「投入や梅の相手は蕗のたう〈良品〉」 *滑稽本・浮世風呂(1809–13)二・上「薄したぢで吸物じゃさかい、酒の下酒(アヒテ)になどせうものなら、いっかう能(ゑい)じゃ」 補注 働きかける対象を表わす語のすぐ下に付けて「観光客相手の商売」「受験生相手の雑誌」などと用い、また、働きかける動作を表わす語のすぐ下に付けて「遊び相手」「相談(結婚)相手」「競争(対戦)相手」などとも用いる。 語誌 (1)現代語では、「一緒に何かをしたり、働きかけの対象となる人」の意を表わす最も一般的な語であるが、歴史的に見ると、中世以降の用例しか見当たらない、比較的新しい語である。(2)平安時代以前は、その意味を表わす場合、「かたき」という語を用いていたと考えられる。平安時代でも、「かたき」は、「戦争の対象となるもの」や「憎しみや恨みの対象となる人」の意にも用いられていたが、そのような敵対感や憎しみを伴わない、単なる「一緒に競争したり、遊んだりする人」をも指し示していた。その後、「かたき」が特にマイナスのニュアンスを強く持つに至るに及び、その欠けた隙間を埋めるために「相手」が登場したものと思われる。 方言 ❶共謀。宮城県石巻120 ❷料理のつま。あしらい物。島根県那賀郡725 ◇えぁでっこ 岩手県気仙郡100 語源説 (1)テは人の意〔大言海〕。(2)アヒはアイ(相)、テは代、また直で、ことにあたる義〔俚言集覧〕。 発音〈なまり〉イェーテ・ヤーテ〔埼玉方言〕〈標ア〉テ 〈京ア〉ア 辞書伊京・饅頭・易林・日葡・書言・ヘボン・言海 表記相手(伊・饅・易・書・ヘ・言)合手(ヘ)

あいて変(か)われど主(ぬし)変(か)わらず 相手は次々に変わっても、こちらは常に同じことを繰り返していることにいう。*狂歌・吾吟我集(1649)序「はじめのあいてはかはれ共、おなじぬしはかはらぬ碁ずきなるべし」 *浮世草子・浮世親仁形気(17

20)二・二「僉儀(せんぎ)する程相手(アイテ)かはれど主(ヌシ)かはらずと、皆親父が細工なり」＊歌舞伎・助六廓夜桜(1779)「土手で切ったは助六、仲の町でぶったは誰ぢゃ、助六と、相手変れど主替らず」

あいて に する (多く、打消を伴って用いる) 相手の働きかけに応じる。＊何処へ(1908)〈正宗白鳥〉一三「健次は只厭な気がして、あまり相手にしなかった」＊妻(1920)〈田中純〉「夫人としては、張さんばかりを対手(アヒテ)にしてはゐられなかった」

あいて に とって 不足(ふそく)は ない 相手としてじゅうぶん対抗するだけの力量を持っている。互角に渡り合える相手である。＊二人女房(1891)〈尾崎紅葉〉下・二「どうだ合手(アヒテ)に取(ト)って不足(フソク)は無(ナ)からう」

あいて の さする 功名(こうみょう) 自分の力が優れているのではなく、相手が劣っていたり、失敗したりしたために意外な手柄を得ることもあるものだの意。〔俚言集覧(1797頃)〕

あいて の ない 喧嘩(けんか)**は できない** 相手になる者がいなければ、喧嘩は成り立たないものだ。喧嘩の相手になることを戒めていう。＊合巻・教草女房形気(1846-68)二三・下「まさか相手の無い喧嘩(ケンクヮ)も出来ねへから、母(おっか)アも黙って居るだらう」

あいて の 持(も)**たする 心**(こころ) こちらの心の持ちようは、皆相手の仕向け方次第である、人の心は相手の出方次第であるの意にいう。＊俳諧・毛吹草(1638)二「あひてのもたするこころ」＊浮世草子・好色敗毒散(1703)二・一「川新も相手(アヒテ)のもたする心にて、いつはりまぜぬ情を運び」

あいて 欲(ほ)**しや** 相手があればよいのにと、待ち望むこと。また、その様子。相手を求める心。＊諺苑(1797)「相手ほしや」＊真景累ケ淵(1869頃)〈三遊亭円朝〉二「余り寒いから今一人で一杯始めて相手欲しやと思って居た処」＊春泥(1928)〈久保田万太郎〉五「『折角、しかし、お一人で飲(あが)っておいでのところを』『いいえ、こちらはもう相手ほしやでをったところ』」

あいて 『代名』 方言 ⇩わたくし(私)㊁ 発音〈標ア〉ホ

アイデア 『名』 ⇩アイディア

あい-てい【哀帝】 ㊀前漢第一三代の皇帝(在位BC七~BC一年)。姓は劉(りゅう)。官制の改名、改制を多く行なう。没後、外戚の王氏が勢力を盛り返した。(BC二六~BC一) ㊁東晋第六代の皇帝(在位三六一~三六五年)。姓は司馬。戸口調査を実施し、人民の土地定着に努める。(三四一~三六五) ㊂唐の第二〇代皇帝(在位九〇四~九〇七年)。姓は李。昭宗の子。一三歳で即位したが、実権を握った朱全忠によって帝位を奪われ、唐朝は滅亡した。(八九二~九〇八) 発音アイテイ〈標ア〉0

あい-てい【哀啼】『名』 かなしげになくこと。＊星座(1922)〈有島武郎〉「一匹の狗子窓下に来って頻りに哀啼す」

あい-てい【愛弟】『名』 ①愛する弟。かわいがっている弟。＊星巌集-乙集(1837)西征集四・普賢洋遇大風「不ㇾ然巴陵之愛弟、電目而火鬢」＊愛弟通信(1894-95)〈国木田独歩〉波濤「愛弟。愛弟。郵船未だ発するに及ばずして、而も吾れ急に筆を投ぜざる可からざるに至りぬ」＊戦国策-趙策「行ㇾ遂ニ愛弟ㇾ又兼無ニ燕秦ㇾ」 ②かわいがっている弟子。＊恋慕ながし(1898)〈小栗風葉〉七「翁が第一の高弟であって、且愛弟(アイテイ)であった昔ならば」 発音アイテイ〈標ア〉0

アイディア『名』(英 idea)《アイデア・アイヂヤ》 ①物事の計画・実行などにあたっての新しい工夫や思いつき。考え。＊檸檬(1925)〈梶井基次郎〉「不意に第二のアイディアが起った」＊とむらい師たち(1966)〈野坂昭如〉「そやから、アイデアを出してもろて」 ②哲学用語。㋑観念。理念。カントやヘーゲルにおいて、理性の働きの対象となるもの。すなわち、神、意志の自由、絶対者など。イデー。＊小説総論(1886)〈二葉亭四迷〉「凡そ形(フォーム)あれば玆に意(アイデア)あり。意は形に依って見(あら)はれ、形は意に依って存す」 ㋺イデア。プラトン哲学での観念的実在。すなわち、「善」そのもの、「美」そのものなど。 ③文芸、美術用語。構想。着想。＊美術真説(1882)〈フェノロサ〉「各分子互に内面の関係を保ち終始相依て常に完全唯一の感覚を生ずるもの、之を美術の妙想(アイヂヤ)と謂ふ」 発音〈標ア〉ディア1 〈京ア〉ディ

アイディア-マン『名』(洋語 idea man)《アイデアマン》 すぐれたアイディアを考えつく人。しばしばいアイディアを出す人。＊息をひそめて(1979)〈小林信彦〉四「技術者でもなく、その方面の勉強をしたわけでもない叔父が、おのれを技術面のアイデアマンに擬そうとするのは無謀であった」 発音〈標ア〉ア2

アイディアリスト『名』(英 idealist)《アイデアリスト》 ①観念論者。 ②理想主義者。理想家。＊内部生命論(1893)〈北村透谷〉「形而上学にてアイデアリスト(唯心論者)といふものは、文芸上にてアイデアリスト(理想家)といふところの者とは全く別物なり」＊東京の三十年(1917)〈田山花袋〉丸善の二階「浅薄なるアイデアリストよ」 発音〈標ア〉リ

アイディアリズム『名』(英 idealism)《アイデアリズム・アイデヤリズム》 ①観念論。＊点頭録(1916)〈夏目漱石〉トライチケ「元来独乙のアイヂアリズムは観念の科学であって」 ②理想主義。理想論。＊生(1908)〈田山花袋〉五「センチメンタリズム、アイデアリズム、かれは勘くとも美に憧憬した」 ③非現実的な事柄を好むこと。夢想。＊当世書生気質(1885-86)〈坪内逍遙〉三「存命(ながら)へて居て、娼妓になって居やうなどとは、〈略〉アイデヤリズム(架空癖)の頂上(てっぺん)だ」 発音〈標ア〉リ

アイディアル(英 ideal)《アイデアル・アイデヤル》 ㊀『形動』 ①理想とするような。理想的。＊小説神髄(1885-86)〈坪内逍遙〉上・小説の主眼「蓋(けだ)し八犬士は曲亭馬琴が理想上(アイデヤル)の人物にて現世(げんせ)の人間の写真にあらねば」 ②非現実的。観念的。＊当世書生気質(1885-86)〈坪内逍遙〉一一「只(ただ)憾(うら)むらくは僕があんまりアイデヤル(〈原注〉アイデヤルとは世の中に行はれさうになきことを現に行なってみたく思ふ癖をいふ仏のウビクトルユウゴウ翁なども政事上の事に関しては頗るアイデヤル主義なりと云々)だもんだから」 ㊁『名』 人間が到達しようとする究極の目的。極致。理想。＊小説総論(1886)〈二葉亭四迷〉「人物の善悪を定めんには、我に極美(アイデアル)なかるべからず。小説の是非を評せんには、我に定義なかる可らず」 発音〈標ア〉ディア1

アイ-ティー【IT】『名』(英 information technology の略) 情報技術。「IT革命」「IT産業」

アイディー-カード【ID―】『名』(英 identity card または identification card の略称としての ID card の訳語) 身分証明書。

アイ-ディー-ピー-ほうしき【IDP方式】『名』(英 Integrated data processing system の略称としての IDP system の訳語) 主としてコンピュータを用いた、情報の集中管理方式。

あいていつうしん【愛弟通信】 国木田独歩作。明治二七~二八年(一八九四~九五)「国民新聞」に掲載。著者が、同新聞の従軍記者として軍艦千代田に乗り込み執筆した日清戦争の従軍記録。 発音アイテイツーシン〈標ア〉ツ

あいて-がけ【相手駆】『名』 それぞれ対等の相手を特に定めて、戦いをいどむこと。＊甲陽軍鑑(17C初)品三七「海道一番と自慢する家康と相手かけの合戦、是非に及ばぬ仕様也、と御褒美故」＊随筆・常山紀談(1739)一七・大久保忠佐に三枚橋城を賜ひし事「其余あまた鉄炮を持ちたる者七人に、汝一人立向ひて、相手がけの勝負ならば手なみの程を知らすべきに」

あいて-かた【相手方】『名』(「あいてがた」とも) ①相手に当たる人。相手のほう。相手のがわ。 ②江戸時代、訴訟の際、訴えられたほう。被告。↔訴訟方。＊禁令考-後集・第一・巻一〇・文化八年(1811)一二月「下総国窪野谷村儀左衛門外弐人相手同村天福寺外弐ケ寺離末出入〈略〉訴訟方 儀左衛門、〈略〉相手方 宥芳」＊御触書天保集成-一〇四・文政五年(1822)正月「大目付之□貸金銀売掛等之出入出訴之節、公事馴候ものを同居之親類或は召仕と申成し、差出、又は相手方え得と掛合も不遂、訴出候故」 ③法律行為、または訴訟の当事者の一方からみて、これと相対立する他の当事者。売り主と買い主、原告と被告など。＊英政如何(1868)一二「願主(〈注〉プラインチイフ)と相手方(〈注〉デフェンデント)とを呼出して刑法を用ひずして事を治むる時に用ゆる規法なり」＊民法(明治二九年)(1896)九四条「相手方と通して為したる虚偽の意思表示は無効とす」 発音〈標ア〉0 タ 〈京ア〉0

あいて-かもく【相手科目】『名』 簿記で、ある勘定科目に対応して、貸し方借り方の他方に現われる科目をいう。相手勘定。相手勘定科目。＊新しき用語の泉(1921)〈小林花眠〉「相手科目(アヒテカモク) 簿記で貸借の一方に対して、他方に現はれる科目を呼ぶ称」 発音〈標ア〉カ

あい-てき【哀笛】『名』 悲しみをそそる笛の音。＊悪魔(1903)〈国木田独歩〉八「泣く声、叫ぶ声、遠くして哀笛(アイテキ)の如きもの身を繞りて聞ゆ」＊薛道衡-出塞詩「寒夜哀笛曲、霜天断ニ雁声ニ」

あい-てき【愛笛】『名』 気に入って大切にしている笛。愛用の笛。＊恋慕ながし(1898)〈小栗風葉〉一二「余儀無くも此『真筵(さむしろ)』と銘打った無二の愛笛(アイテキ)を預けたので」 発音〈標ア〉0

あい-てき【愛敵】『名』 自分と反対の立場にある人、争うべき人などを愛すること。＊文明論之概略(1875)〈福沢諭吉〉六・一〇「今の世界に行はるる各国の戦争と貿易との情実を尋れば、宗教愛敵の極意より由て来りしものとは万々思ふ可らざるなり」

あいて-きょく【相手局】『名』 電報電話局で、電信の着信側の局、または送信側の局を互いに呼び合う語。 発音〈標ア〉テ

あいて-くさい【相手臭】『形』 方言 相手にならない。取るに足りない。わけはない。 北海道065 青森県073 岩手県気仙郡100 宮城県栗原郡114 秋田県鹿角郡132 ◇あでくせ・えでくせ 青森県上北郡「あんな弱虫あでくせ」082 ◇あでくさい 青森県津軽075

あいて-ぐみ【相手組】『名』 他の者を交えないで、二人だけで相対すること。また、その組み合わせ。相手勝負。＊史記抄(1477)六・秦始皇本紀「とれも手ましの者をあいてくみにしてやられたぞ」＊結城氏新法度(1556)八〇条「あいてくみに定候間、おや子親類ゐんしゃ成共、其場へまかるべからず」＊上井覚兼日記-天正二年(1574)八月五日「相手組之御弓之事にて候。平田平次郎殿、相手にて候」＊虎明本狂言・文蔵(室町末-近世初)「かくてひるの間、かせんごかくに有しかば、夜いくさになり、あひてぐみをさだむ」

あいて-ごのみ【相手好】『名』 自分の相手を指定して望むこと。相手を自分の好みで選ぶこと。＊浄瑠璃・聖徳太子絵伝記(1717)二「秦の川勝はあらざるか、出合やっと呼かくる。軍兵共腹を立、いはれぬ、きゃつが相手ごのみ」

あい-でし【相弟子】『名』 同じ先生や親方について、学んだり、修業したりする人同士。同門のでし。兄弟でし。＊米沢本沙石集(1283)一〇本・三「宗春坊とて慈悲深き上人有りき。〈略〉師匠の手より田を譲得たり

けるを、相弟子(アイテシ)論して取んとす」＊日葡辞書(1603-04)「Aidexi(アイデシ)〈訳〉同門の弟子」＊浄瑠璃・鑓の権三重帷子(1717)上「茶の湯の相弟子、心やすい朋友なれ共申にくいがあぢなかたぎで」 **発音**〈標ア〉0〈京ア〉0 **辞書**日葡・ボン・言海 **表記**同門(へ) 相弟子(言)

あいて-しごと【相手仕事】『名』相手があってする仕事。＊人情本・軒並娘八丈(1824)初・二套「何を言ふも相手仕事内証では未だ、何様(どん)な事を言ひ交して、親に難儀を掛けるも知れず」 **発音**アィテシゴト〈標ア〉シ

あいて-しだい【相手次第】『名』(形動) 応対や態度が、相手の人の出方で決まること。また、相手が誰であるかによって変わるさま。相手ずく。 **発音**〈標ア〉シ〈京ア〉シ

あいて-しょうぶ【相手勝負】『名』「あいてぐみ(相手組)」に同じ。＊浄瑠璃・女殺油地獄(1721)上「あつかひ手なき相手せうぶ。機根(きこん)くらべと見へにけり」

あいて-ずく【相手尽】『名』(形動)(「ずく」は接尾語)「あいてしだい(相手次第)」に同じ。＊浄瑠璃・長町女腹切(1712頃)下「心は利発にはやれども、さしあたって相手づく。思案にくれてぞ見へにける」

あいて-ずみ【相手炭】『名』茶の湯で、二度目の炭継ぎの時、胴炭(どうずみ)の相手として入れる炭。

あい-てだい【相手代】『名』同じ主人に仕える手代同士。同僚の手代。＊浄瑠璃・淀鯉出世滝徳(1709頃)上「惣兵衛といふ相手代、わかい旦那(だんな)の気をつめさせわづらはせてはならぬと」

あい-ていろ【藍鉄色】『名』藍色がかっている鉄色。藍色の強い鉄色。

あいてつ-じ【藍鉄地】『名』紋や縞などの模様以外の部分が藍鉄色である生地。＊青春(1905-06)〈小栗風葉〉春・八「着て居る紋阿召(もんおめし)の、立涌(たてわく)へ白茶の片矢羽の藍鉄地(アヰテツヂ)が少し玄(くす)んで見えるが」

あいて-どり【相手取】『名』相手として定めること。また、その相手。相手方。相手役。＊俳諧・西鶴大矢数(1681)第五「将棊の金銀こかね山吹 玉川の蛙も隙に相手とり」＊浮世草子・嵐無常物語(1688)上・二「いやしき相手(アイテ)取して一命果すべきにおもひ定めしが」＊浮世草子・傾城禁短気(1711)六・三「一人づつ相手取りに宛(あて)がはるると心得らるれば」

あいて-ど・る【相手取】『他ラ五(四)』①戦いなどの相手とする。相手として立ちむかう。敵手とする。＊浄瑠璃・国性爺合戦(1715)四「神木の松を相手取、木刀かざし」＊和英語林集成(再版)(1872)「トモダチヲ aitedotte(アイテドッテ) ケンクヮヲ スル」＊鮫(1963)〈真継伸彦〉三「あくどい足軽衆を相手どって稼ぐ、あくどい女郎どもが埋めた」②訴訟の相手とする。＊和英語林集成(再版)(1872)「オヤヲ aitedotte(アイテドッテ) クジヲ スル」＊雪中梅(1886)〈末広鉄腸〉下・五「後ろ闇(ぐら)いことがあるから、如何(どう)して僕を相手取て訴へ出る事が出来るものか」 **発音**〈標ア〉ド〈京ア〉0 **辞書**ボン・言海 **表記**相手取(へ・言)

アイテム『名』(英 item) ①(ある全体の中の)一つの品目、種目。また、一般に品物の意。現代では、必要とされるものの意で用いられることもある。「都会人のアイテム」②新聞などの記事で、短い一項目。細目。③コンピュータで、磁気テープなどに記録された一件分のデータ。 **発音**〈標ア〉ア

あいて-むかい【相手向】『名』当事者双方だけで事を行ない、他人に口をはさませないこと。相手同士だけの話し合い。＊吉川氏法度(1617)一九条「喧嘩仕初候もの、相手むかひ二人之儀当之返報仕、可相治候」＊四河入海(17C前)一一・四「此連歌の心も、数万人の中で、花を見てしたものぞ。花とあいてむかいではないぞ」＊浄瑠璃・傾城反魂香(1708頃)中「相手向ひにしてをきゃ、サアなんぞ聞ふと、口は陸路(ろくじ)を分(わけ)ながら」

あいて-やく【相手役】『名』(映画、演劇などで)役柄の上で相手となる人。＊苦笑風呂(1948)〈古川緑波〉「若き日の感激」想出「蒲田映画の、その頃のスターが、今度は僕の芝居で、相手役に廻るやうになった」＊月は東に(1970-71)〈安岡章太郎〉五「茶番劇の相手役でも無理矢理つとめさせられるような心持がする一方」 **発音**〈標ア〉0

あいて-やく【藍手役】『名』「あいやく(藍役)」に同じ。＊相州文書-一・鎌倉郡一・嘉慶二年(1388)二月二七日・安芸守氏輿譲状「譲与。上野国瀬下郷内瀬下殿□田後閑郷、藍手役得分足之事」

あいてやし『名』(「相手屋師」の意か) 掏摸(すり)をいう、盗人仲間の隠語。〔隠語輯覧(1915)〕

あい-てら・す【相照】『他サ五(四)』(「あい」は接頭語) ①互いに照らす。両方から光を与える。＊俳諧・発句題叢(1820-23)秋「相照らす夜の野川や天の河〈保吉〉」②相互に効果を与え合う。また、照らし合わせる。＊当世書生気質(1885-86)〈坪内逍遙〉一「結句双方相照(アイテラ)して趣をなす変化の妙あり」＊吾輩は猫である(1905-06)〈夏目漱石〉八「其一字一句が層々連続すると首尾相応じ前後相照(あひて)らして」

あい-でん【相殿】『名』「あいどの(相殿)」に同じ。＊談義本・世間万病回春(1771)三・疱瘡神評「勿躰(もったい)なくも年棚の相殿(アイデン)に馳走申」＊読本・椿説弓張月(1807-11)残・六八回「父為朝の像見(かたみ)の弓を、八郎明神の神体とし、三社の相殿(アヒデン)、これを安里の八幡宮と号す」＊二十五絃(1905)〈薄田泣菫〉雷神の歌「別雷(わけいかづち)の命なるわが相殿(アヒデン)の日の神の」 **辞書**言海 **表記**相殿(言)

あいてんがわり-に『副』**方言**かわるがわる。◇あいてんばいに・あいてんばんてに・あいてんばんこに・あいてんばんがいに・あいてんこんばいに・あいてんこばんに・あいてんばいてん・がってんがわりにとも。富山県390 396 398 ◇あいてばんこ 新潟県上越市382

アイデンティティ『名』(英 identity)《アイデンティティー》①他とはっきりと区別される、一人の人間の個性。また、自分がそのような独自性を持った、ほかならぬ自分であるという確信。組織、集団、民族などにも用いる。自己同一性。＊新西洋事情(1975)〈深田祐介〉日本「業者思想」欧州に死す「特に官庁、民間大企業などおおきな組織に長期間にわたって『ご用達』を許されていれば、『業者』としてのアイデンティティはまさに完璧になります」②本人にまちがいないこと。また、身分証明。 **発音**〈標ア〉デ

アイデンティファイ『名』(英 identify)《多く「アイデンティファイする」の形で》同一のものであると認めること。確かにその人またはものであると認めること。＊創作家の態度(1908)〈夏目漱石〉「一度かう云ふ風に推し立てられると、スコットは浪漫主義で浪漫主義はスコットであると云ふ風にアイデンチファイされる様になります」＊Wee(1924)〈細田源吉〉「綽名を持つ人間は愉快である。その綽名とその当人とが、うまくアイデンティファイしたら尚更である」

あいと『名』幼児の歩き始めの時に、悪霊などを追い払うために行なわれるまじないの一つ。幼児の額に「犬」の字を書くこと。また、その書いたもの。＊名語記(1275)八「小児をあるかする時、ひたひに犬といふ字を書きて、あいととなづく、如何。答、それは人には非ず。犬なりといふ銘をかきて、魔界、波旬のおそれをはらい、のぞくよしの義也。あいとにあらず、犬をいふ詞のあやつなるへし」

アイト『名』⇩アビト(hábito)

あい-ど【愛奴】『名』気に入っているしもべ。寵愛している下僕。＊断橋(1911)〈岩野泡鳴〉一一「生き物のにほひがするのは、義雄と、技手と、馬子の愛奴セカチと」＊元稹-陰山道詩「令族清班無雅操、従騎愛奴絲布衫」

あい-とう【哀倒】『名』かなしみのあまり倒れ伏すこと。また、倒れてしまうほどかなしいこと。＊春窓綺話(1884)〈高田早苗・坪内逍遙・天野為之訳〉四「父の決心動すべからざるを看て、潜然として又地に哀倒す」 **発音**〈標ア〉ア

あい-とう【哀納】『名』「あいのう(哀納)」に同じ。＊太平記(14C後)二三・就直義病悩上皇御願書事「伏して乞ふ尊神叡願を哀納(アイタウ)し」

あい-とう【哀悼】『名』人の死をかなしみいたむこと。哀傷。くやみ。＊愚管抄(1220)二・宇多「関白太政大臣基経〈略〉寛平三年正月十三日薨。五十七。天皇甚哀悼、詔賜正一位」＊四河入海(17C前)二四・二「此児を哀悼することを、放下すること、猶し一寸の鱗を棄置するが如きぞ」＊読本・椿説弓張月(1807-11)後・二三回「『彼等黄泉(よみぢ)に赴(おもむ)くといへども、なほわれを思ふ事のかくも深きや』と宣ひて、哀悼(アイトウ)気色(けしき)にあらはれしか」＊こゝろ(1914)〈夏目漱石〉下・七「父母の墓の前に跪づきました。半ば哀悼(アイタウ)の意味、半ば感謝の心持で跪いたのです」＊蔡邕-郭泰碑「永懐哀悼、靡所寘念」 **発音**アィトー〈標ア〉0〈京ア〉0 **辞書**文明・書言 **表記**哀悼(文・書)

あい-とう【相当】『名』①いっしょに当番になること。また、その人。当番相手。当番仲間。＊虎明本狂言・連歌盗人(室町末-近世初)「身共一人にてもござらぬ、あひとうが御ざる程に、あれへまいって談合いたさうと存る」②相当分。見合う分。＊菅浦文書-嘉元三年(1305)二月一二日・菅浦村人等連署借状「彼用途仁相当程可被取見合高質物者也」＊今川仮名目録(1526-60頃)定・一二条「向後所務等増するに付而ハ、すみやかに分限帳にのせ、相当之奉公すへき也」③相手になること。＊朽木文書-(天文一二年)(1543)一〇月一六日・六角定頼書状「即追其内一人搦取之処、為相当、其方領内商人田中方へ召籠段、言語道断次第候」＊御上神社文書-慶長一一年(1606)三月五日・大谷道安覚書「然者此方者共相当可仕之由申候を、〈略〉年寄役に色々申なため」**方言**❶祭礼の神事宿(＝頭屋)の仲間。高知県長岡郡869 ❷交際。岐阜県恵那郡043

あい-と・う【相訪】『他ハ四』(「あい」は接頭語)「訪う」の改まった言い方) 訪ねる。＊万葉(8C後)一九・四二八二「こと繁み相問(あひとは)なくに梅の花雪にしをれてうつろはむかも〈石上宅嗣〉」＊源氏(1001-14頃)手習「小野に侍りつる尼ども、あひとひ侍らんとて」

あい-どう【哀慟】『名』かなしんで、泣き叫ぶこと。心から、かなしみ嘆くこと。＊続日本紀-養老五年(721)二月甲午「藤原大臣奄焉薨逝、朕心哀慟」＊将門記(940頃か)「庁の衆は哀慟して館の後に留まり伴類は俳佪して道の前に迷ふ」＊太平記(14C後)一二・神泉苑事「大師、〈略〉御入滅の由を披露せられければ、緇素(しそ)悲歎の泪を流し、貴賤哀慟(アイトウ)の声を呑む」＊塵芥(1510-50頃)「哀慟 アイトウ」＊広益熟字典(1874)〈湯浅忠良〉「哀慟 アイドウ ナゲク」＊梁書-孝行伝・滕曇恭「毎至忌日、思慕不自堪、昼夜哀慟」 **辞書**易林・書言 **表記**哀慟(易・書)

あい-どう【愛童】『名』(男色の対象などとして)かわいがっている子供。また、童形の青年。寵童(ちょうどう)。＊玉葉-治承四年(1180)八月一二日「八条宮与房覚僧正、依愛童事、忽欲有闘諍事云々」＊読本・唐

錦(1780)四・三刀屋武虎知勇を顕す話「晴久の愛童（アイドウ）、三刀屋武虎（みとやたけとら）と云者、此時纔に十六歳なりしが」 発音アイドー〈標ア〉0

あい-どういろ（あゐ：）【藍銅色】『名』濃い青色がかった銅色。藍色を帯びた銅色。＊春と修羅(1924)〈宮沢賢治〉真空溶媒「藍銅（アヰドウ）いろの地平線だけ 明るくなったり陰ったり」

あい-どう・ず（あひ：）【相同】『自サ変』（「あい」は接頭語）一つになる。一致する。また、協力する。＊習道書(1430)「他数に相同じて、惣曲をもて、見聞一座の事をなす心をもつべし」

あい-とう・ずる（あひ：）【相投】『自サ変』文あひとう・ず『自サ変』互いに一致する。ぴったりする。＊文明論之概略(1875)〈福沢諭吉〉一・二「此一段までは両説相投ずるが如くなれども」＊家(1910-11)〈島崎藤村〉下・三「意気相投じた達雄は、最早拓落失路（たくらくしつろ）の人と成った」 発音アイトーズル〈標ア〉ア

あいとう-ぶん（アイタウ：）【哀悼文】『名』死者に対してかなしみの気持を表わす文。 発音アイトーブン〈標ア〉0ト

あい-どお（あひどほ）【間遠】『名』『形動』期間や距離がへだたっていること。また、そのさま。＊太平記(14C後)三二・山名右衛門佐為敵事「将軍の陣あらけ靡（なび）いて後の御方あひ遠に成りければ」＊俳諧・犬子集(1633)一・梅「をとをととなどあひどをの花の兄〈文重〉」＊俳諧・貝おほひ(1672)八番「種をまかるる花ずきの、心も優に聞ゆれど、うき世五十年、一寸もまだのびぬ。花の枝咲までのあい遠（ドヲ）なれば」 辞書文明 表記相遠（文）

アイドカ-の-ほうそく（：ハフソク）【―法則】『名』（アイドカ AIDCA は、attention「注目」、interest「関心」、desire「欲求」、conviction「確信」、action「行動」の頭文字を並べたもの）広告に接してから購買に至るまでの消費者の心理的段階を分析したもの。conviction を memory「記憶」に置き換えて「アイドマの法則」ということもある。 発音アイドカノホーソク〈標ア〉0

あいときょうどうのしょかん（アイとケウダウのショカン）【愛と教導の書簡】（原題フランス Lettres d'Abélard et d'Héloïse）書名。一二世紀フランスの哲学者ピエール＝アベラールが教え子エロイーズと恋におちいって修道院に入り、同じく修道女となったエロイーズとの間に交わした一二通のラテン語往復書簡。

あい-とく【愛徳】『名』①徳を好むこと。＊陸雲－与楊彦明書「行矣愛ﾚ徳、往来相聞」②人を愛し、いつくしむ心。＊最後の殉教者(1959)〈遠藤周作〉「組頭や総代の老人たちは〈略〉きつくその愛徳の弱さを戒めた」 発音〈標ア〉0

あい-どく【愛読】『名』ある特定の書物や、ある分野、ある作家の書物、また、特定の雑誌などを好んで読むこと。＊人情本・春色梅児誉美(1832-33)四・序「まごつきながら筆を採て、一日一夜の急案拙作、只看官（ごけんぶつ）の愛読を願ふのみ」＊思出の記(1900-01)〈徳富蘆花〉七・下「僕が平民新聞で、尤も愛読したのは、社説と漫録と其れから鉄嶺と云ふ人の巴里通信であった」＊一握の砂(1910)〈石川啄木〉煙・一「そのかみの愛読（アイドク）の書よ 大方は今は 流行（はや）らずなりにけるかな」＊王建－早秋過龍武李将軍書斎詩「就中愛読英雄伝、欲ﾚ立ﾆ功勲ﾆ恐ﾚ不ﾚ如」 発音〈標ア〉0〈京ア〉0 ⓪

あいどく-しゃ【愛読者】『名』愛読する人。熱心な読者。＊緑蔭茗話(1890-91)〈内田魯庵〉「森鷗外氏は篁村文愛読者（アイドクシャ）の一人にして」＊火の柱(1904)〈木下尚江〉七・三「虚無党首領クロパトキン自伝の愛読者」 発音〈標ア〉ク ド〈京ア〉ク ⓚ

あいどく-しょ【愛読書】『名』愛読する書物。特に、好んで読む本。＊落葉(1889-90)〈内田魯庵〉「スペクテートアが中村敬宇先生の愛読書（アイドクショ）たりし如き」＊ダンテについて(1927)〈正宗白鳥〉一「一部の新旧約全書を、一生座側に具へ置くべき愛読書の一つとしてゐる」 発音〈標ア〉0 ド〈京ア〉ク ⓚ/0 ⓪

アイドグラフ『名』（ドイツ Eidograph）製図用具の一つ。図面を縮小、または拡大するのに用いる。＊外来語辞典(1914)〈勝屋英造〉「アイドグラフ Eidograph〔英〕縮図器」 発音〈標ア〉グ

あい-どこ（あひ：）【相床・合床】『名』並べて敷く寝床。また、その寝床の人。隣合わせの床。また、一つの床に二人で寝ること。＊浮世草子・好色一代男(1682)二・四「一夜の事なれば、足のさはるも、互に御免と枕も定めず、あひ床（トコ）をきけば伊賀の上野の米屋」＊浮世草子・好色二代男(1684)一・二「寝間（ねま）はあい床（ドコ）ちかくとらせ」＊洒落本・阿蘭陀鏡(1798)五「合床（アヒドコ）をうら山しくおもひ、引手のとれたあとから、口明てのぞいて見たり」 発音〈標ア〉0

あい-どし（あひ：）【相年】『名』互いに同年であること。また、その人。おないどし。相年の者同士は互いに弔ったり祝ったりしない風習があるとされる。＊雑俳・媒口(1703)「相年の桐は娘の嫁入り櫃（びつ）」＊思出の記(1900-01)〈徳富蘆花〉二・一「此時僕と同年配（アイドシ）位の色白の小娘が出て来たのを『鈴江、鈴江』と呼んで」 方言岩手県気仙郡100 新潟県佐渡356 島根県出雲725 愛媛県北宇和郡010 長崎県北松浦郡901 ◇あいどお 香川県三豊郡829 ◇あいねん 大分県938 発音〈標ア〉0

あい-とど・く（あひ：）【相届】（「あい」は接頭語）㊀『自カ四』「届く」の改まった言い方。＊文明本節用集(室町中)「相届 アイトドク」＊ロドリゲス日本大文典(1604-08)「ゴジャウ aitodoqui（アイトドキ）」＊近世紀聞(1875-81)〈染崎延房〉七・三「是等の説論相届（アヒトド）く迄姑く御猶予下さるべき抔（など）」㊁『他カ下二』⇩あいとどける（相届）。 辞書文明・日葡 表記相届（文）

あい-とど・ける（あひ：）【相届】『他カ下一』文あひとど・く『他カ下二』（「あい」は接頭語）「届ける」の改まった言い方。＊日葡辞書(1603-04)「Aitodoqe, ru, eta（アイトドクル）。〈訳〉トドクルを見よ」＊禁令考－前集・第三・巻二七・安永九年(1780)八月「鉄座真鍮座被仰付候事、〈略〉鉄釼鉄大坂着船いたし候はは、問屋幷船方より大坂町奉行所え相届、尤鉄座えも可相届事」 辞書日葡

あい-ととの・う（あひととのふ）【相整】（「あい」は接頭語）㊀『自ハ四』「整う」の改まった言い方。＊日葡辞書(1603-04)「Aitotonoi, ô, ôta（アイトトノウ）」＊禁令考－前集・第一・巻八・嘉永六年(1853)七月一八日「右一儀夫々懸合等相整候旨阿蘭陀より申立候儀に有ﾚ之候はば」＊近世紀聞(1875-81)〈染崎延房〉五・二「人心の自然にして俄然相整（アイトトノ）ひがたきは必定の理」㊁『他ハ下二』⇩あいととのえる（相整）。 辞書日葡

あい-ととの・える（あひととのへる）【相整・相調】『他ア下一』文あひととの・ふ『他ハ下二』（「あい」は接頭語）「整える」の改まった言い方。室町時代頃からヤ行に活用した例も見られる。＊文明本節用集(室町中)「相調 アイトトノユ」＊日葡辞書(1603-04)「Aitotonoye, ru, eta（アイトトノユル）」＊四河入海(17C前)一六・四「季常酒肴を、相調て、もてなさるる程に」 辞書文明・日葡 表記相調（文）

あい-どなり（あひ：）【相隣】『名』隣り合うこと。また、その人。隣同士。＊俳諧・江戸弁慶(1680)「うの花や茶の淡みする相隣〈松嘯〉」＊俳諧・二息(1693)「幼な名を呼し古郷の相隣り」 発音〈標ア〉ド

あい-となり・する（あひ：）【相隣】『自サ変』文あひとなり・す『自サ変』（「あい」は接頭語）二つのものが隣に並ぶ。となり合わせになる。＊読書放浪(1933)〈内田魯庵〉銀座と築地の憶出・三「私の久保町の家は其の頃の権門貴戚の馬車の轍を絶やさなかった売茶亭と相隣りしてゐて」＊美学入門(1951)〈中井正一〉二・一「天才の考えかたは、危くすれば、放恣となり、狂人と、あい隣りするのである」 発音〈標ア〉ア＝リ ア

あい-とな・る（あひ：）【相隣】『自ラ四』（「あい」は接頭語）相隣になる。隣接する。＊民法(明治二九年)(1896)二二四条「界標の設置及び保存の費用は相隣者平分して之を負担す」

あいとにんしきとのしゅっぱつ【愛と認識との出発】論文集。一七編。倉田百三著。大正一〇年（一九二一）刊。青春期に直面するいろいろな問題に関する思索や感想を述べたもの。

あい-どの（あひ：）【相殿】『名』同じ社殿に二柱以上の神を合わせまつること。また、その社殿。あいでん。＊皇太神宮儀式帳(804)「相殿坐神御装束嚢二口〈員八種〉」＊神皇正統記(1339-43)上・雄略「天孫瓊瓊杵（あめみまにのみこと）の尊（みこと）此宮の相殿（アヒドノ）にまします」＊仮名草子・東海道名所記(1659-61頃)四「されば素盞烏尊（そさのをのみこと）は、津嶋の牛頭（ごづ）天王なり。稲田姫は相殿にて、麗（うつくし）の御前と申す」 発音〈標ア〉0〈京ア〉0 辞書言海 表記相殿（言）

あいどの-がみ（あひどの：）【相殿神】『名』「あいどの（相殿）」に同じ。＊延喜式(927)四・神祇・伊勢太神宮「伊勢太神宮 太神宮三座〈略〉天照太神一座 相殿神二座」

あい-とのちゃ（あゐ：）【藍礪茶】『名』染色の名。藍色を帯びた、赤黒色の強い茶色。 発音〈標ア〉ノ

あいどの-づくり（あひどの：）【相殿造】『名』神社本殿建築の形式の一種。相殿の神をまつるために、二社以上を一棟に連接した建築。二間社（にけんやしろ）。＊神道名目類聚抄(1699)一・官社「相殿造（アヒドノヅクリ）二間社とも云」

あいどの-どう（あひどのダウ）【相殿堂】『名』昔、神社で、本地仏（ほんじぶつ）の像を安置した堂。本地堂。＊新編相模風土記(1841)二八・箱根三社権現「本地堂 桁行二間五尺・梁間二間一尺 一名相殿堂」 発音〈標ア〉ズ

あいとぶらい-びと（あひとぶらひ：）【相訪人】『名』訪れる人。互いに訪問し合う親しい人。＊とりかへばや(12C後)上「あひとぶらひ人なくては、侍まじきわざとばかりを、所せく思ひ侍れど」

あい-とぶら・う（あひとぶらふ）【相訪】（「あい」は接頭語）㊀『自ハ四』互いに話し合う。求愛し合う。＊万葉(8C後)九・一七四〇「わたつみの 神の女（をとめ）にたまさかに い漕ぎ向ひ 相誂良比（あひとぶラヒ） 言（こと）成りしかば かき結び 常世（とこよ）に到り〈虫麻呂歌集〉」㊁『他ハ四』（「とぶらう」の改まった言い方）訪れる。たずねる。あいとう。＊源氏(1001-14頃)夢浮橋「かくてこもり侍る間は、夜中あかつきにも、あひとぶらはんと思ひ給へ」＊夜の寝覚(1045-68頃)四「幼き人の参り侍りにけるも、あひとぶらひ侍らん」＊日葡辞書(1603-04)「Aitoburai, ǒ, ǒta（アイトブラウ）」 補注「万葉集」の例、「あひあとらひ」「あとぶらひ」「あとらひ」などと訓じる説もある。 発音文アイ＝トブロー〈標ア〉ア＝ラ ロ 辞書日葡

アイドホール『名』（ドイツ Eidophor）テレビの映像を、大型スクリーンに投写する装置。 発音〈標ア〉ホ

アイドマ-の-ほうそく（：ハフソク）【―法則】『名』⇩アイドカのほうそく（―法則）

あい-どまり（あひ：）【相泊】『名』「あいやど（相宿）」に同じ。＊浄瑠璃・松風村雨束帯鑑(1707頃)四「女と法師の相どまり、人の悪口（わるくち）かしましし」

あい-とむらい（あひとむらひ）【相弔】『名』「あいぐやみ（相悔）」に同じ。

あい-とむら・う（あひとむらふ）【相弔】『他ハ四』（「あい」は接頭語）互いに慰め、いたわり合う。＊文明本節用集(室町中)「相弔 アイトムラウ 弔ﾆ死人ﾆ義」＊曹植－上責躬応詔表「形影相弔、五情愧赧」 辞書文明 表記相

弔〈文〉

あい-とむら・う【相訪】〔「あい」は接頭語〕㊀〔自ハ四〕「あいとぶらう（相訪）㊀」に同じ。㊁〔他ハ四〕「あいとぶらう（相訪）㊁」に同じ。＊文明本節用集（室町中）「相訪 アイトムラウ 尋義云ㇾ訪」 辞書 文明 表記 相訪〈文〉

あい-とも・な・う【相伴】〔「あい」は接頭語〕㊀〔自ハ四〕連れ立つ。いっしょに行動する。＊太平記（14C後）六・赤坂合戦事「相伴（アヒトモナ）ふ者無て、中有（ちゅう）の途（みち）に迷ふらん」＊文明論之概略（1875）〈福沢諭吉〉一・二「文明と政治と歩歩（ほぼ）相伴なはんことを欲するのみ」㊁〔他ハ四〕いっしょに連れて行く。引き連れる。相具す。＊風姿花伝（1400-02頃）四「是は、かの氏安が妹むこなり。これをもあひともなひて、申楽（さるがく）をす」 発音 文 アイ＝トモノーとも 〈標ア〉ア＝ナ ノ 辞書 文明・易林・日葡・書言 表記 相伴〈文・易・書〉

あい-ともに【相共】〔副〕〔「あい」は接頭語〕もろともに。一緒に。ともども。＊性霊集-二（835頃）大唐青龍寺故三朝国師碑「多生之中、相共誓願、弘ニ演密蔵一」＊三代実録-貞観一二年（870）六月二二日「此状を聞こしめして、相共爾 助け矜（あはれ）み賜ひて」＊太平記（14C後）一四・箱根竹下合戦事「郎等（らうどう）三騎相共に、敵の中にぞ残りける」＊玩鴎先生詠物雑体百首（1794）高野山行送沙門良深帰木師「講和唯応ㇾ推ニ至誠ニ、論胥（アイトモニ）以亡又何益、於ㇾ是計決衆心平」 発音 〈標ア〉ア 〈京ア〉0＝0 辞書 文明・日葡・書言・言海 表記 相与〈文〉 胥及〈書〉 相共〈言〉

あい-とよ・む【相響】〔自マ四〕〔「あい」は接頭語〕相応じて高く響きわたる。反響する。＊万葉（8C後）八・一六〇二「山びこの相響（あひとよむ）まで妻恋ひに鹿（か）鳴く山辺に独りのみして〈大伴家持〉」＊万葉（8C後）一〇・一九三七「山びこの 答響（あひとよむ）まで ほととぎす 妻恋ひすらし さ夜中に鳴く〈古歌集〉」

あい-どり【相取】〔名〕①事を共にすること。人の助けを借りて行なうこと。＊古今著聞集（1254）五・二〇三「いづれをも人々あひとりに誦しけり」＊日葡辞書（1603-04）「Aidori（アイドリ） スル」②共謀して詐欺など悪事を働くこと。また、その人。＊虎明本狂言・禁野（室町末-近世初）「是を一人かたらふて、あひどりをさせう」＊俳諧・桃青三百韻附両吟二百韻（1678）「手かけ者相取の様に覚えたり〈芭蕉〉 思ひのきづなしめごろしして〈信章〉」＊浮世草子・本朝二十不孝（1686）三・二「是も博奕業（ばくちわざ）にて相取（アヒドリ）を拵（こしら）へ、おろかなる人の銭を取て」③餅などをつく時、相方にまわる捏取（こねどり）。＊随筆・越の風車（1771）「臼と杵とを相はこび、其清水にて相取りして餅をつく、弁慶の力餅と名づけ」 方言 ❶餅（もち）をつく時の、こねどり。北海道065 青森県074 宮城県仙台市123 秋田県鹿角郡132 山形県139 新潟県頸城383 長野県佐久484 ◇あえんどり 青森県073 ◇あいどらえ 岩手県九戸郡088 ❷神が憑（よ）った時、これと問答すること。また、その人。岩手県気仙郡101 高知県長岡郡869 発音 〈標ア〉リ 0 辞書 日葡

あい-どり【相鳥】〔名〕一羽の鳥を捕えるのに二羽の鷹を使うこと。＊俳諧・両吟一日千句（1679）第八・露「朽木の柳こはいはなしじゃ〈友雪〉 相とりも葛城山にさえつりて〈西鶴〉」 方言 おとりによって小鳥を捕える方法。また、そのおとり。富山県390

アイドリング〔名〕（英 idling）動力、機械、自動車のエンジンなどに、本来かけるべき負荷をかけずに、動かすこと。発音 〈標ア〉ア

アイドル〔名〕（英 idol「信仰の対象としての偶像、神像」の意）《アイドール》崇拝される人、物。あこがれの的。現在では多く、熱狂的なファンを持つ若い歌手、俳優などにいう。＊浮雲（1887-89）〈二葉亭四迷〉二・七「彼（あの）娘ばかりには限らない、どんな美しいのを視たっても気移りはしない。我輩には『アイドル』（本尊）が一人有るから」＊それから（1909）〈夏目漱石〉一三「広瀬中佐は〈略〉当時の人から偶像（アイドル）視されて、とうとう軍神と迄崇められた」＊漫談集（1929）見習諸勇列伝の巻〈徳川夢声〉「前者は年増に君臨し、後者は娘のアイドルとなった」 発音 〈標ア〉ア

アイドル-コスト〔名〕（英 idle cost）工場の生産能力が十分に利用されないで、一部が遊休状態にあるために発生する損失。その発生原因によって、アイドルーキャパシティーーコスト（遊休設備費）とアイドルータイムーコスト（遊休時間費）とがある。遊休費。不働費。発音 〈標ア〉コ

あい-どん〔接続〕方言 だけれど。しかし。佐賀県887 長崎県南高来郡905 ◇あいないどん 佐賀県890 ◇あいばってん 佐賀県887

あいな〔名〕兄。長男。総領。＊物類称呼（1775）一「兄あに 嫡子也俗に摠領といふ〈略〉奥の南部にて、あいなといふ」＊御国通辞（1790）「あにゐ 兄 あいな」 方言 ❶兄。兄さん。岩手県088 093 100 秋田県鹿角郡・北秋田郡130 ◇あいなこ 岩手県気仙郡100 ◇あいなさま 岩手県九戸郡（敬称）088 上閉伊郡（中流）097 ◇あいなさん 岩手県気仙郡100 ◇あいなっこ 岩手県上閉伊郡097 ❷長男。後継ぎ。青森県南部（中流以上）073（成人してもまだ相続せぬ長男）082 084 岩手県九戸郡088 気仙郡100 秋田県鹿角郡・北秋田郡130 ◇あいなこ 岩手県気仙郡100 ◇あいなさま 岩手県九戸郡（敬称）088 ◇あいなさん 青森県南部073 岩手県気仙郡100 ❸若主人。若だんな。青森県南部073 ◇あえなさま 岩手県九戸郡（敬称）088 ❹息子。坊ちゃん。青森県南部（他人の子の尊称）085 ❺若い男。青年。岩手県上閉伊郡（親しみのある呼称）098 ◇あいなこ・あいなさん 岩手県上閉伊郡（親しみのある呼称）098 気仙郡（親愛の情ある呼称）100

あいな〔連体〕方言 あのような。山形県139 香川県829 ◇ああな 福井県遠敷郡446 ◇あやん 熊本県下益城郡930 ◇あやな・あやあな 岐阜県郡上郡504

あい-な〔感動〕藤八拳をうつ時、双方が同じ手を出した時に言う語。あいこだという意味か。方言 ❶注意を促したり、助けを求めたりする時に発することば。三重県北牟婁郡588 ❷人と別れる時に言い交わすことば。さようなら。福井県吉田郡・坂井郡427

あい-な（形容詞「あいなし」の語幹）多く感動表現に用いる。不都合、不適当なこと。＊源氏（1001-14頃）関屋「『あいなのさかしらや』などぞ、はべるめる」＊紫式部集（1012-17頃）「雨ふりて、その日は御覧とどまりにけり。あいなのおほやけごとどもや」＊夜の寝覚（1045-68頃）四「うらめしうなども思ひよらぬ事ながら、殿の推（おし）はかり思しつるにたがはず『あいなの身の有さまや。いつもただかくぞかし』」＊右京大夫集（13C前）「返し、あひなのさかしらや、さるはかやうのこともつきなき身にはこと葉もなきをとて」

あい-ない【欸乃】〔名〕「あいだい（欸乃）」に同じ。

あい-なえ【藍苗】〔名〕フジウツギ科の一年草。本州中部以南、四国、九州の原野や道端に生える。高さは五〜一五センチメートル。全株に細毛があり、葉は対生し楕円形で茎の下方にだけつく。夏、筒状で先が四つに割れている細かい白色の花をつける。学名は Mitrasacme pygmaea ＊日本植物名彙（1884）〈松村任三〉「アヰナヘ」 発音 〈標ア〉0 ナ

あいなえ-か【藍苗科】〔名〕フジウツギ科植物のうちアイナエの仲間を含む一群を独立の科とした場合の名称。発音 〈標ア〉0

あい-なか【相中・相仲】〔名〕①中間。途中。＊草枕（1906）〈夏目漱石〉三「人に死して、まだ牛にも馬にも生れ変らない途中はこんなであらう。いつ迄人と馬の相中に寝てゐたかわれは知らぬ」②気の合っている間柄。親しい間柄。親交。＊和英語林集成（再版）（1872）「Ainaka アイナカ 相中」＊怪談牡丹燈籠（1884）〈三遊亭円朝〉二〇「其お国は年は行（ゆか）ぬが意地のわるいとも性（しゃう）の悪い奴で、夫婦の相中（アイナカ）を突（つっ）ついて仕様がないから」 方言 あいだ。中間。途中。島根県美濃郡・益田市725 香川県香川郡829 愛媛県840 長崎県壱岐島038 鹿児島県鹿児島郡968 ◇いえなか 沖縄990 辞書 〈ボン〉 表記 相中〈へ〉

あい-なかば・する【相半】〔自サ変〕文 あひなかば・す〔自サ変〕（「あい」は接頭語）互いに半分ずつである。五分五分（ごぶごぶ）である。同じくらいである。＊古道大意（1813）下「又或は海と陸と、相半（アヒナカバ）してゐると云ふ説も有るで」＊花柳春話（1878-79）〈織田純一郎訳〉五一「政府に党する者と之に反対する者との数稍や相半ばし」＊思出の記（1900-01）〈徳富蘆花〉巻外・四「伯父の墓に詣でた時、心に其事を陳べて、喜悲相半ばしたのであった」 発音 〈標ア〉ア＝バ 〈京ア〉ナ

あい-ながや【相長屋】〔名〕「あいだな（相店）」に同じ。＊俳諧・信徳十百韻（1675）「相長屋非番の武士の集りに 百ものがたりいさぎよかりき」＊浄瑠璃・源頼家源実朝鎌倉三代記（1781）七「ハテ夫（そ）れが相（アイ）長屋の相互（あいたがひ）、〈略〉御病人の御不自由に、不調法ながらお手伝ひ申しましょ」＊歌舞伎・東海道四谷怪談（1825）大詰「イヤモウ合長屋（アヒナガヤ）だけ、親切な事でござります」

あい-なげ【相投】〔名〕相撲のきまり手の一つ。相手が上手（うわて）で投げようとするのをさえぎり、すり寄って背負い投げにすること。＊浄瑠璃・井筒業平河内通（1720）五「あひざし・あひ投（ナゲ）・とたんのわれ、勝負なしと引わくれば」 発音 アイナゲ 〈標ア〉0 〈京ア〉0 0

あいな-さ〔名〕（形容詞「あいなし」の語幹に、接尾語「さ」の付いたもの）不都合、不適当なこと。また、その度合。＊夜の寝覚（1045-68頃）四「えさらず見あひ給たる時、あながちにかくさんは、心しもあるやうなべきが、あいなさにこそ、見給ふも苦しからね」＊有明の別（12C後）一「かやうのほども、その人きこえぬあなづらはしさもあいなさに、今はなにかは」＊徒然草（1331頃）二四〇「しられず、しらぬ人をむかへもて来たらんあいなさよ」 発音 〈標ア〉ナ

あい-なし【間無】〔副〕方言 ❶まもなく。富山県西部（主に過去のことを話す時に用いる）398 ◇あいなく 富山県390 ◇あいもなく 北海道美唄市038 大分県941 ◇あいもない 山口県大島801 ❷常に。いつも。しきりに。◇あいなしに 愛知県知多郡570

あい-な・し〔形ク〕（「あいなし」か「あひなし」かは不明）①（するべきでないことをしたのを非難していう）あるまじきことである。けしからぬことである。不都合である。不届きである。よくない。＊蜻蛉（974頃）下・天祿四年「おとりまされりはみゆれど、さかしうことわらんもあいなくて」＊落窪（10C後）一「よべの心は、限りなくあいなく、心づきなく腹ぎたなしと見てしかば」②そのことが見当違いである。筋違いなことで当惑する。不当である。いわれのないことである。＊枕（10C終）八七・職の御曹司におはします頃、西の廂にて「一日の日の夜、雪のいと多く降りたるを、うれしうもまた積みたるかなと見るに、『これはあいなし。はじめの際をおきて、いまのはかき棄てよ』と仰せらる」＊源氏（1001-14頃）若菜上「心ひとつにしづめて、ありさまに従ふなんよき。まだきに騒ぎて、あいなきものうらみし給ふな」＊更級日記（1059頃）「まま母なりし人、下りし国の名を宮にもいはるるに、異人（ことびと）通はして後も猶その名をいはるると聞きて、親の今はあいなきよし、いひにやらむとあるに」③そんなにまでしなくともよいのにしている。度を越していて、よくない。＊蜻蛉（974頃）中・安和二年「つひにたづねいで

て、流し奉ると聞くに、あいなしと思ふまでいみじうかなしく」 ＊源氏(1001-14頃)澪標「『いかでさるかたをもてはなれて見奉らむと思う給ふる』など聞え給へば、『あひなくものたまふかな』と思せど」 ＊源氏(1001-14頃)乙女「宮に預け奉りたる、うしろやすけれど、いとさくじりおよづけたる人たちまじりて、おのづからけ近きも、あいなきほどになりにたればなん」 ④そうしても仕方がないのに、している。いまさらはじまらない。むだである。無益である。＊蜻蛉(974頃)中・天禄二年「露けさは、なごりしもあらじと思う給ふれば、よそのくもむらもあいなくなん」 ＊落窪(10C後)二「女君は、いとほしがり嘆き給へば、衛門、『さはれ、いたくなおぼしそ。あいなし。おとどのおはせばこそあらめ。典薬が打たれしは、かのしるしや』」 ＊源氏(1001-14頃)常夏「なぞ、かく、あいなきわざをして、やすからぬ物思ひをすらむ。さ思はじ」 ⑤何をする気も起こらない。興味が持てない。＊蜻蛉(974頃)中・天禄二年「さはれ、よろづに、この世のことは、あいなく思ふを」 ＊源氏(1001-14頃)賢木「通ひ給ひし所々も、かたがたに絶え給ふ事どもあり、かるがるしき御忍びありきも、あいなうおぼしなりて、ことにし給はねば、いとのどやかに、今しもあらまほしき御有様なり」 ⑥おもしろみがない。かわいげがない。情緒がない。＊枕(10C終)三七・木の花は「梨の花、〈略〉愛敬おくれたる人の顔などを見てはたとひにいふも、げに、葉の色よりはじめて、あいなく見ゆるを」 ⑦(連用形の副詞的用法) ㋑常軌を逸してそのことがなされるさまをいう。むやみに。やたらに。むしょうに。しきりに。＊落窪(10C後)一「あこぎ、あいなくいとほしけれど、さてはいり居たらねば、まゐりて見るに」 ＊枕(10C終)四九・職の御曹司の西面の「『なほ顔いとにくげならん人は心憂し』とのみのたまへば、ましておとがひ細う、愛敬(あいぎゃう)おくれたる人などは、あいなくかたきにして、御前にさへぞあしざまに啓する」 ＊源氏(1001-14頃)賢木「『いかばかりの道にてか、かかる御有様を見捨てては別れ聞えん』とあいなく涙ぐみあへり」 ㋺そうしても仕方がないのに。無意識のうちについ。なんとなく。＊源氏(1001-14頃)須磨「うたひ給へるに、人々おどろきて、めでたう覚ゆるに、忍ばれで、あいなう起き居つつ、鼻をしのびやかにかみわたす」 語誌 (1)「あひなし」の表記もあるが、ハ行転呼音後の混用から生じたか。「い」と「ひ」の表記は語源説と関わり、「愛無し」「間(あはひ)無し」「あやなし」「合無し」「あへなし」「飽い無し」などの諸説がある。源氏物語など平安中期に多く用いられ、妥当性や道理がない、不都合だという意が基本だから、「合無し」説が単純でよいが表記に難があり、語源としては「あいなし」に少し先行する「あやなし」の音便説が有力。「あやにく」→「あいにく」、「あやまち」→「あいまち」など単母音「あ」の直後の「や」が「い」に変化する例と同様か。(2)「あいなし」は文脈に沿って多義的であるが、それはわりきれない思い、いわく言い難い違和感を主体が動的に表出する語であったからだと思われる。しかし、平安末期以降、院政、鎌倉期にはその機能を失って「無愛(ぶあい)」(かわいげがない)といった意味になっていく。 発音〈標ア〉ア 辞書 言海 表記 無愛・無間(言)

あいな-だのみ【―頼】『名』(形容詞「あいなし」の語幹が「頼み」に付いた形) してもはじまらない頼み。むだな頼み。あてにならない期待。また、法外な期待。＊源氏(1001-14頃)帚木「つらき心を忍びて『思ひなほらん折を見つけん』と、年月を重ねんあいなたのみは、いと苦しくなんあるべければ」 ＊更級日記(1059頃)「時々出で立てど、過ぎにし方のやうなるあいなたのみの心おごりをだにすべきやうもなくて」 ＊栄花(1028-92頃)初花「あいなたのみにてのみ世を過さんは、いとをこがましき事など出できて、いとど生けるかひなき有様にこそあべかめれ」 方言◇**あいだのみ**とも。新潟県佐渡352 発音〈標ア〉ダ 辞書 言海

あいな-だのめ【―頼】『名』(形容詞「あいなし」の語幹が下二段動詞「頼む」の連用形の名詞化「頼め」に付いた形) むだな期待を人に抱かせること。あてにならないことを頼みにさせること。また、法外な期待。＊宇津保(970-999頃)国譲上「この三条といふ所は、又きゃうにものぼらざりける時、まうけたりけるとかや。〈略〉されば、あいなたのめにもあらじや」 ＊源氏(1001-14頃)葵「うちとけおはします事は侍ざりつれど、さりともつひにはとあいなたのめし侍つるを」

あい-なぬし【相名主】『名』一村二人以上の名主(庄屋)を置き、年番に村名主を務めるもの。相庄屋。＊禁令考‐後集・第二・巻一四・元文二年(1737)「名主置候質地は、相名主又は組頭等之役人加判無之証文之事」

あい-なまかべ【藍生壁】『名』染色の名。藍色がかったねずみ色の濃いもの。＊手鑑模様節用(1789か)上「あゐなまかべ」

あい-なめ【相嘗】『名』「あいんべ(相嘗)」に同じ。＊続日本紀‐延暦九年(790)九月甲戌「奉二伊勢皇太神宮相嘗(あひなめ)幣帛一」 ＊太平記(14C後)二四・朝儀年中行事「九月には〈略〉十五日は東寺の灌頂(くゎんぢゃう)。鎮花(はなしづめ)・三枝(さいぐさ)・相嘗(アヒナメ)・鎮魂(たましづめ)・道饗(みあい)の祭あり」 辞書 言海 表記 相嘗(言)

あい-なめ【鮎並・鮎魚女】『名』アイナメ科の海産魚。日本近海の沿岸の岩礁地帯にすみ、釣り魚として喜ばれる。全長約四〇センチメートル。体表の黄色、赤褐色、黒褐色などの斑紋はすむ場所により、その濃淡が変わる。側線は腹中線の一本を含めて体側に五本あり、近似種の側線が一本のクジメと区別できる。美味。あぶらめ。あぶらこ。あゆなめ。学名は Hexagrammos otakii《季・夏》＊本朝食鑑(1697)八「鮎魚女(アヒナメ)〈訓二阿比奈女(アヒナメ)一〉形略似二年魚一故名」 ＊物類称呼(1775)二「鮎魚女 あいなめ 奥州にて、ねうをといひ又しんじょと云 同国南部にては、あぶらめと云」 ＊随筆・百舌の草茎(1804)上「其外、ゑそ、はたじろ、あいなめ、大きす、はもなども有」 語源説 (1)アユに似て滑らかであることから〔和訓栞・日本語原学＝林甕臣〕。(2)形がアユに似ていることの意のアユナミ(鮎並)の転か〔本朝食鑑・大言海〕。 発音〈標ア〉0〈京ア〉0 辞書 書言・言海 表記 石斑魚(書)

あい-なめし【藍韋】『名』「あいかわ(藍革)」に同じ。＊世俗浅深秘抄(1211-13頃)上・五八「平緒用様、飾剣には紫淡紺地。不レ依二剣装束一。但藍奈女志の時は不レ用二紫淡一」

あい-なら・ぶ【相並】(「あい」は接頭語) 一『自バ五(四)』いっしょに並ぶ。＊米沢本沙石集(1283)五本・三「一つの調子を本として楽を奏する時は、余の四の音は助けとして、自(おのづから)調子の能無し。つかさどり互に助けてあひならはす」 ＊日葡辞書(1603-04)「Ainarabu (アイナラブ)」 ＊西国立志編(1870-71)〈中村正直訳〉一・三二「互に相ひ背反するものの如くにして、相(あヒ)並んで行かざるべからざるものあり」 ＊吾輩は猫である(1905-06)〈夏目漱石〉一一「座敷の入口には、寒月君と東風君が相(アヒ)ならんで」 二『他バ下二』いっしょに並べる。＊日葡辞書(1603-04)「Ainarabe, uru, eta (アイナラブル)」 ＊小説神髄(1885-86)〈坪内逍遙〉上・小説の変遷「奨善誡悪の意を寓して彼の奇異譚と相(アヒ)ならべて世に発行することとはなりけん」 発音〈標ア〉ア 辞書 文明・日葡 表記 相並(文)

あい-な・る【相成】『自ラ五(四)』(「あい」は接頭語) 「なる」の改まった言い方。＊海道記(1223頃)市腋より萱津「実に父兄の教へつつしまざれども至孝の志、自らあひなる者か」 ＊禁令考‐前集・第一・巻八・寛政四年(1792)一〇月「公武御差障等に可二相成一候道理に者無レ之候」 ＊志都の岩屋講本(1811)上「終には皇国の損害(そこなひ)とも相成るべき大事に至っては」 ＊滑稽本・浮世風呂(1809-13)四・上「これで発句に相(アヒ)なりませうか」 発音〈標ア〉ア 辞書 ヘボン 表記 相成(へ)

あいならぬ【＝あいなりませぬ】(「ぬ」は打消の助動詞)「ならぬ」の改まった言い方。①禁止の意を表わす。してはいけない。動詞、形容詞の連用形に助詞「ては」の付いた形を受けて用いることもある。＊歌舞伎・高麗大和皇白浪(1809)三立「それ程相成らぬ事なれば、無理にとも申すまい」 ＊花間鶯(1887-88)〈末広鉄腸〉上・四「此の風の吹くに庭で火を焚くことは相成(アヒナ)らぬぞ」 ②(上に打消の表現をとって) 当然、意志の意を表わす。する責任がある。ぜひ、しないではいられない。＊歌舞伎・高麗大和皇白浪(1809)四立「様子によっては、お役へも届けまして、御同道仕らねば相成りませぬぞ」 ＊歌舞伎・茲江戸小腕達引(腕の喜三郎)(1863)序幕「いいや、是非ともそちが手の内を見ねば相ならぬ」 ③(感情を表わす形容詞、または、自発の意の動詞の連用形に助詞「て」の付いた形を受けて) どうしてもそのような状態になってしかたがないの意を表わす。 発音〈標ア〉ア

あい-な・る【相馴】『自ラ下二』なれ親しみ合う。夫婦になる。＊伊勢物語(10C前)一六「年ごろあひなれたる妻(め)、やうやう床離れて、つひに尼になりて」 ＊落窪(10C後)四「年ごろ若うよりあひなれ奉りて、六七十(むそぢななそぢ)に成るまで見奉り」 ＊太平記(14C後)一・頼員回忠事「一樹の陰に宿り、同じ流れを汲むも、皆是多生の縁浅からず。況や相馴(ナレ)奉りて已に三年に余れり」 ＊浮世草子・好色五人女(1686)一・一「みな川といへる女郎に相馴(アイナレ)」 発音〈標ア〉ナ 辞書 文明・日葡・書言 表記 相馴(文) 相媟(書)

あい-なるべくは【相成】『連語』(「あい」は接頭語。「なるべくは」の改まった言い方) もしできるなら。なるべくは。＊歌舞伎・天衣紛上野初花(河内山)(1881)三幕「相成(アヒナ)るべくば山吹の、お茶を一服所望申すと、御重役へお伝へ下さい」 ＊園遊会(1902)〈国木田独歩〉三「相成(アヒナ)るべくは有名なるターナーよりか、有名なる倫敦(ロンドン)のビフテキを投じて貰ひたいものだ」 発音〈標ア〉ア＝ベ ア

あいなれ-えん【相馴縁】『名』なれ親しむようになった縁。夫婦の縁。＊歌舞伎・傾城三つの車(1703)一「心得たと申し相馴(アヒナ)れ縁(エン)でがなあらう、わしと殿様の間には子迄出来ましたれども」

あい-にえ【相嘗】『名』「あいんべ(相嘗)」に同じ。＊書紀(720)天武五年一〇月(北野本訓)「相新嘗(アヒニヘ)の諸の神祇に祭幣帛(いはひのみてくらたてまつ)る」 ＊台記別記‐康治元年(1142)一一月一六日・中臣寿詞「皇神等も千秋五百秋の相嘗に相ひうづひ奉りて」 ＊伊呂波字類抄(鎌倉)「相嘗祭 アヒニヘ」

あい-にく【生憎】(「あやにく」の変化した語) 一『形動』予想と違ったり、目的と合わなかったりして、都合の悪いさま。おりが悪いさま。＊玉塵抄(1563)八「崔処士どの、をわづらわしいこと、あいにくなまうしごとなれども」 ＊滑稽本・浮世風呂(1809-13)二・下「此頃はあひにくに商(あきね)へが隙でのや、小遣ひにも追(おは)れ切るはな」 ＊二老人(1908)〈国木田独歩〉上「生憎(アイニク)に二本摺り損なって三本目で漸(やっ)と火が点(つ)いた」 ＊彼岸過迄(1912)〈夏目漱石〉須永の話・二〇「生憎(アイニク)な天気なので人の好い母はみんなに気の毒がった」 二『副』(「と」を伴っても用いる) 具合の悪いことに。おりあしく。あやにく。＊洒落本・二筋道後篇廓の癖(1799)一「ひとつうたがわしくおもひなんすと、あいにくいふ程する程の事がうたがわしくおもひひすは」 ＊人情本・春色梅児誉美(18

32–33)四・二三齣・上「夕べはあいにく客人が落合(おちあひ)なんして、さぞじれったふ有いしたろうネ」＊安愚楽鍋(1871–72)〈仮名垣魯文〉初「野面(のづ)であがりこんだところがあひにくと二会(うら)までいった遊女(をんな)がおいらに出っくわせたらうじゃアねへか」＊浮雲(1887–89)〈二葉亭四迷〉二・七「生憎(アイニク)故障も無かったと見えて昇は一時頃に参った」＊運命論者(1903)〈国木田独歩〉四「一度は僕も自分の僻見(ひがみ)だらうかと思ひましたが、合憎(アヒニク)と想起(おもひおこ)すは十二の時、庭で父から問ひつめられた事で」＊選挙立会人(1924)〈佐佐木茂索〉「かうすれば直(す)ぐや。相憎(アイニク)火鉢を掃除しかけたのでな」 語誌 (1)「あいにく」は感動詞「あや」をもとにした「あやにく」の音変化した語であろうが、「あやに」が語の根幹であるとする説もある。近代には「生憎」「合憎」「相憎」と表記して、副詞の用法が多く見える。(2)㊀に挙げたように、古く抄物にも使われており、ヘボンの「和英語林集成(初版)」には口語の旨の注記があり、話しことばで多用している例の多いことなどから、口頭語として伝えられてきたと考えられる。→「あやにく」の語誌。 語源説 アヤニクのなまり〔志不可起〕。 発音 〈なまり〉アイヌグ〔千葉〕ヨニク・ヤーテ〔茨城・埼玉方言〕〈標ア〉0 〈京ア〉0 辞書 〈ボン・言海

あい-・にる あひ【相似】〘自ナ上一〙(「あい」は接頭語)互いに似ている。互いに似通っている。＊東関紀行(1242頃)帰京「故郷に帰る喜びは、朱買臣に相似たるここちす」＊太平記(14C後)四・笠置囚人死罪流刑事「今更加様に申し候へば、且(かつふ)は情を知らざるに相似て候へ共、斯(かか)る身には力無き次第にて候」＊文明論之概略(1875)〈福沢諭吉〉四・七「中古の戦争と今の戦争と相似たればとて、中古に便利なりし長柄の鎗を今世の戦に用ゆ可らず」 発音 〈標ア〉ア 辞書 文明 表記 相似(文)

アイヌ 〘名〙(アイヌ aynu「人」の意)昔、北海道・樺太(サハリン)・千島列島(クリール)・カムチャツカ半島・本州の北端部に広く先住していた民族。現在は主として樺太・北海道に居住する。人種の系統は諸説があり、明らかでない。古くはコタンと呼ばれる集落を作り、狩猟や漁を基本とする生活を営んでいた。近世以降は松前藩の支配と搾取を受け、明治以降は政府の同化政策によって混血がすすみ、固有の風俗・習慣や伝統の文化の多くが失われ、人口も激減した。現在、先住民族としての権利を確立するための運動が様々な形で行なわれている。アイノ。＊長塚節歌集(1917)〈長塚節〉明治三七年「アイヌ等がアッシの衣は麻の如見ゆ うべしこそ樹の皮裂きて布は織るちふ」＊言語学上より見たる蝦夷とアイヌ(1923)〈金田一京助〉「いったいこのごろこそアイヌと呼ぶが、以前は誰でもみなアイノとばかり呼んだ」 発音 〈標ア〉ア 〈京ア〉ア

あい-・ぬ あひ【相寝】〘自ナ下二〙(「あい」は接頭語)一緒に寝る。共寝する。特に、男女の場合にいう。＊万葉(8C後)一二・三〇〇〇「霊(たま)合へば相宿(あひぬる)ものを小山田の鹿猪田(しし だ)守(も)る如(ごと)母し守らすも〈作者未詳〉」＊白羊宮(1906)〈薄田泣菫〉笛の音「生命(いのち)の路に、雌鳥羽(めとりば)に、はた雄鳥羽(をとりば)に、唇(くち)触れあひて相寝(アヒネ)ぬる 伏葉の乱れ、魂(たま)合へる美(うま)し睦(むつ)びに」

アイヌ-けん 【―犬】〘名〙日本産の犬の一品種。中型で体毛は赤、黒ごまなどで毛皮は厚い。骨格が太く、特に胴が太い。北海道の太平洋側地域の原産で、主に狩猟に用いる。天然記念物。ほっかいどういぬ。アイヌいぬ。 発音 〈標ア〉0

アイヌ-ご 【―語】〘名〙アイヌの言語。現在、日常会話語として使われることはほとんどなく、古い祈りのことばや昔話などを覚えている人がいる程度といわれる。ユーカラに代表される口承叙事詩など、優れた口承伝承を残す。日本語と深い関係にあると思われるが、系統は不明。しかし、相互に単語の借用が行なわれていて、日本語に入ったアイヌ語の単語としては、東北、北海道の地名のほか、コンブ、シャケ、ラッコなど少数。これに対し、アイヌ語に入った日本語は非常に多い。カムイは日本の古語の kamï (神)の借用語であるとされる。アイノ語。 発音 アイヌゴ 〈標ア〉0

あい-ぬすびと あひ【相盗人】〘名〙共謀した盗賊同士。ひそかに密事を示し合わせている仲間。＊宇津保(970–999頃)内侍督「『あはれ、ならはぬ御心ちもおもほさるらん。それをなむ、ただいま聞きわづらふ』『誰にか仰せられんとすらん。あやしや、いまだおほせ人やはある』うへ『あぢきなのあいぬす人や』」

アイヌ-わさび 【―山葵】〘名〙アブラナ科の多年草。北海道の山地の湿地に生える。花茎は高さ三〇～五〇センチメートル。葉は柄があり五～九の卵形の先端が丸みを帯びた小葉に分かれて数枚互生する。夏白色の十字花を多数つける。別名エゾワサビ。学名は Cardamine yezoensis 方言 植物、わさびだいこん(山葵大根)。北海道一部030 発音 〈標ア〉ワ

アイネイアス (Aineias) ギリシア–ローマ神話の英雄。アンキセスとアフロディテの子。トロイ戦争で、ヘクトルと並ぶトロイ方の勇士。のちラティウムに至り、ローマ建国物語に結びつけられてその始祖とされた。 発音 〈標ア〉ネ

アイネーイス (Aeneis) 叙事詩。一二巻。ローマの詩人、ベルギリウス(英語名バージル)作。未完。トロイの英雄アエネアス(ギリシア名アイネイアス)が、天命により、ローマ帝国の基礎を築くまでの過程を描く。 発音 〈標ア〉ネ

あい-ねず あゐ【藍鼠】〘名〙「あいねずみ(藍鼠)」の略。＊はやり唄(1902)〈小杉天外〉一三「藍鼠色(アヰネズ)のセルの単衣(ひとへ)に黒羽二重の単羽織(ひとへばおり)を着た石丸達が」＊青春(1905–06)〈小栗風葉〉春・六「藍鼠(アヰネズ)の玉綾の吾妻(あづま)コオトを端被(はお)ると」 発音 〈標ア〉0 〈京ア〉0

あいねず-じ あゐねずぢ【藍鼠地】〘名〙藍鼠色の生地。＊青春(1905–06)〈小栗風葉〉夏・二「吉野織めいた紋格(もんがら)のセルの単衣(ひとへ)の藍鼠地(アヰネズヂ)に、トルコ模様を織出した牡丹色の帯の少し冗(くど)いのも能く映って」 発音 〈標ア〉0 ズ

あい-ねずみ あひ【間鼠】〘名〙夫のある女や妾(めかけ)が、その夫などと合意の上で売春行為をすること。相対間男。＊売春婦異名集(1921)〈宮武外骨〉「亭主ある女が、その亭主と相談の上にて淫売するのをアイネズミといふ。けだし相対づくのネズミという意か」＊あの道この道(1928)〈十一谷義三郎〉一「『ネズミ』は『ハタイ』のやうな一夜妻でもなく、『アイネズミ』と呼ばれる亭主持ちの売笑婦でもなく」

あい-ねずみ あゐ【藍鼠】〘名〙染色の名。濃い青色がかった鼠色。藍色を帯びた鼠色。あいねず。あいけねずみ。＊談義本・当世穴穿(1769–71)二・さがの釈伽もんどう「此世で、ろかう茶やあい鼠(ネズミ)をきせ、金もおるの帯に丸ぐけのこしおびさせてさへ女房は見あきる物を」＊随筆・守貞漫稿(1837–53)一七「今世流布の染色には〈略〉此鼠色亦深川鼠銀鼠藍鼠漆鼠紅掛ねずみ等種々あり」＊左千夫歌集(1920)〈伊藤左千夫〉明治四四年「藍鼠(アヰネズミ)似合へる袷(あはせ)も気乗りせず何に若葉に歎く君かも」 発音 〈標ア〉ネ 〈京ア〉ネ 辞書 言海 表記 藍鼠(言)

あい-ねま あひ【相寝間】〘名〙一室内を仕切って二つ以上の寝室を設けること。また、そこに泊まり合わせること。上方の遊里でいう。割床(わりどこ)。＊洒落本・南遊記(1800)四「此方(こち)の思案は鵙(いすか)の觜(はし)、齟(くひちが)ふた矢先に、彼女(きゃつ)と相寐間(アヒネマ)に成といふは」＊雑俳・かがみ磨(1814)「両がけに・相寝間客におく行燈」

あい-ねん 【哀念】〘名〙あわれみ思うこと。また、悲しい思い。＊類従本撰集抄(1250頃)二・迎西上人事「恩潤深き主君、或は哀念甚しき父母にても有けん」＊漢書-文帝紀「今乃幸以ニ天年一、得ニ復供ニ養于高廟一、朕之不明与嘉レ之、其奚哀念之有」

あい-ねん 【愛念】〘名〙①(―する)ものに対して強く執着すること。また、心に強くかわいいと思うこと。かわいがること。＊今昔(1120頃か)二・三一「後に小婦に娶(とつぎ)て、夫甚だ愛念する間に、一人の男子を生ぜり」＊日葡辞書(1603–04)「Ainen(アイネン)〈訳〉愛情、親愛の情」＊読本・昔話稲妻表紙(1806)二・五「いかほど孝道をつくすとも、おのれが幼少の時、父母の愛念(アヒネン)撫育の恩をば報(ほうず)ることなりがたし」＊浮雲(1887–89)〈二葉亭四迷〉三・一九「その温(あたたか)な愛念も、幸福な境界も、優しい調子も」＊春秋左伝-昭公一三年「亡無ニ愛徴一、可レ謂レ無レ徳。〈杜注〉楚人無下愛ニ念之一者上」＊十地経論-三「三者愛念邪見。如レ経堕ニ在念欲渇愛網中一故」②男女間の愛情、愛欲。＊梁塵秘抄口伝集(12C後)一〇「遊女の類、〈略〉着物を飾り、色を好みて、人のあひ念を好み、歌を謡ひても、よく聞かれんと思ふ」＊米沢本沙石集(1283)九・二「一切の万物は、一心の反するいはれ、始めて不レ可レ驚といへども、此事近き不思儀なれば、かはゆくこそ覚え侍り〈略〉執著愛念(アヒネン)ほどに恐るべき事なし」＊太平記(14C後)三七・身子声聞一角仙人志賀寺上人事「心未だ枯木死灰の如ならずは、色に耽り香に染む愛念(アイねん)などか無からんや」 辞書 易林・日葡・書言・ヘボン 表記 愛念(易・書・へ)

アイノ 〘名〙(アイヌ aynu「人」の意)「アイヌ」の古い呼び方。＊俳諧・斧の柄(1811)「辰五郎は歩行よりし、ひとりはこの倅がうまに乗ていで来るを見るにアイノをたのみて連立しなりけり」＊東巡録(1876)〈金井之恭〉二・日乗「アイノ(蝦夷人)を召し筵を庭上に布て酒を賜ふ」＊灰燼(1911–12)〈森鷗外〉一九「北海道のアイノ」

あい-のう 【哀納・愛納】〘名〙人の願いごとなどを、快く受け入れること。受納。あいとう。＊ロドリゲス日本大文典(1604–08)「ソンシン エイグヮン ヲ ainǒ(アイナウ) シテ」＊南斉書-張欣泰伝「内史子隆深相愛納、数与談宴」 発音 〈標ア〉ア 辞書 言海

あい-の-うお あゆ【鮎魚】〘名〙方言 魚、あゆ(鮎)。岐阜県飛騨502 島根県浜田市・益田市725 岡山県苫田郡748 ◇あいのいお 岐阜県飛騨502 長崎県南高来郡905 鹿児島県963 ◇あいのいぼ 富山県高岡市395 ◇あいのゆ 秋田県由利郡130 富山県390 ◇あいのよ 秋田県平鹿郡130 新潟県東蒲原郡368 刈羽郡380 富山県砺波397 ◇あいお 広島県771 ◇あえのよ 山形県飽海郡050 ◇えのよ・えの 山形県庄内138 139

あい-の-うお をう【鱁鮧】〘名〙魚「あいご(藍子)」の異名。＊大和本草(1709)一三「鱁鮧(アイノウヲ)其色黄褐なり。長さ一尺許。味よからず。三月の比とる。俗民の説に此魚多ければ民飢饉すと云。鱁鮧は俗字なり。未レ詳レ所レ出」 方言 西州1035 島根県浜田016 福岡県筑前018 ◇やあのいお 熊本県天草936 ◇やのうお 長崎県016

あいのうしょう アイナウセウ【壒嚢鈔】室町中期の辞書。七巻本と一五巻本がある。行誉(ぎょうよ)撰。文安二～三年(一四四五～四六)成立。仏教や風俗などに関する和漢の故事、国字、漢字の意味や起源など五三六項目について記した百科事典的なもの。→塵添壒嚢抄(じんてんあいのうしょう)。 発音 アイノーショー 〈標ア〉ノ

あい-の-おんつかい あひのおんつかひ【合御使】〘名〙御使のうち、正使に対して副使をいう。＊吾妻鏡-文治三年(1187)八月三〇日「有ニ疑貽一之旨、風聞之間、為レ令ニ尋沙汰一也。合御使行平先以進発訖」＊東寺百合文書-と・永仁五年(1297)一二月九日・大和平野殿庄雑掌聖賢重

申状(大日本古文書三・八五)「以ニ去十一月二日重日限召符、先令ニ催促合御使ニ之処」

あい-の-おんな【間女】『名』 茶屋女とも遊女ともつかない女。素人女の風をして客をとる女。曖昧女(あいまいおんな)。＊浮世草子・好色一代男(1682)四・五「其跡はあいの女とて、茶屋にもあらずけいせいにでもなし」

あい-の-かき【間垣】『名』 庭や路地などの仕切りに設けた垣根。

あい-の-かぜ【―風】『名』 ①東風のこと。おもに、越(こし)地方(現在の福井県から新潟県に至る)で言った。あゆのかぜ。《季・夏》＊催馬楽(7C後-8C)道の口「道の口 武生(たけふ)の国府(こふ)に 我はありと 親に申したべ 心安比乃加世(アヒノカゼ)や さきむだちや」＊俳諧・道の枝折(1774)中「あひの風 うら風也、朝はふかで昼より吹風也、南国にしらぬ風也、北国にふく風也」 ②東西と南北の二つの基本方位の間から吹いてくる風。〔日葡辞書(1603-04)〕 ③北西風。＊和訓栞(1777-1862)「あゆのかぜ〈略〉今越前にて戊亥の風をあひの風といふとぞ」 補注 この語の仮名遣いは、「あゆのかぜ」の変化したものとすれば「あいのかぜ」であるが、催馬楽の例のように、「心合ひの風」の意とかけたものとすれば「あひのかぜ」とも考えられる。 方言 ❶北の風。青森県西津軽郡073 秋田県河辺郡134 山形県139 140 新潟県蒲原347 佐渡359 富山県389 394 401 鳥取県西伯郡719 島根県那賀郡725 徳島県811 香川県829 ◇あいぬかぜ 富山県婦負郡396 ◇えのかぜ 山形県東田川郡・飽海郡139 ◇あいかぜ 青森県東津軽郡・上北郡073 福井県坂井郡433 ❷北東の風。青森県北津軽郡・下北郡073 新潟県361 中頸城郡383 富山県391 395 398 鳥取県西伯郡719 島根県725 844 徳島県811 ◇あいかぜ 青森県上北郡082 島根県隠岐島725 ◇あいしもかぜ 青森県東津軽郡・西津軽郡073 ◇あいけ 石川県江沼郡422 ❸東の風。新潟県西頸城郡347 佐渡351 富山県東礪波郡402 島根県隠岐島741 八束郡844 ◇あいかじ 沖縄県石垣島996 ◇あいざあ 静岡県520 ◇あいざめ 静岡県富士郡062 ❹北風から東風まで全部の風。富山県射水郡394 ❺南の風。島根県江津市725 ❻南西の風。新潟県382 ❼西の風 ◇あいかぜ 青森県東津軽郡073 ❽北西の風。青森県津軽071 秋田県由利郡021 山形県庄内139 新潟県387 岩船郡362 京都府竹野郡622 鳥取県気高郡717 ◇あいかぜ 青森県北津軽郡・東津軽郡073 ❾上下に雲の走る風。 ◇あいかぜとも。青森県三戸郡083 →あい。 辞書日葡

あいのがっこう【愛の学校】(原題 Cuore)デ-アミーチス作の児童文学作品。一八八六年発表。→クオレ。 発音〈標ア〉ア

あい-の-かね【愛鐘】『名』 青少年の不良化防止を呼びかけるため、区役所などに取り付け一定時刻に鳴らして帰宅時間などを告げる鐘。また、その運動。昭和三二年(一九五七)東京池袋に始まった。 発音〈標ア〉ア

あい-の-き【相退】『名』 同時に双方が退くこと。＊金刀比羅本保元(1220頃か)中・白河殿攻め落す事「まっさきにすすんだる景能が腰骨を射きり候はんと少しさしさげて押しあげたる所に、いかがしたりけん、馬あひのきにのきければ」＊日葡辞書(1603-04)「Ainoqi. (アイノキ)〈訳〉別れてそれぞれ自分の方へ退く」 辞書日葡

あいのぎじゅつ【愛の技術】(原題 Ars Amatoria)詩集。三巻。オウィディウス作。紀元前二～一年の成立。恋愛の技巧を説いたもので、三連作の一つ。アルス-アマトリア。恋のたくみ。 発音〈標ア〉ア

あい-の-きょうげん【間狂言】『名』 ①「あいきょうげん(間狂言)①」に同じ。＊竹沢先生と云ふ人(1924-25)〈長与善郎〉竹沢先生とその兄弟・四「合(アヒ)の狂言の後に更に『熊坂』と云ふのを見て」 ②「あいきょうげん(間狂言)②」に同じ。＊竹豊故事(1756)下「京大坂の芝居に野呂間鹿呂間鹿呂七麦間等と名を付道外たる詞色をなし、浄るり段物の間の狂言をなしたり」＊随筆・後はむかし物語(1803)「浄るりの間々に、間の狂言といふ有。是近来とり出たるのろまなり」 ③歌舞伎で、陰暦一一月上演の顔見世狂言と、翌年正月の二の替わりとの間に興行される狂言。 ④「あいのて(合手)③」に同じ。＊洒落本・廓宇久為寿(1818)前「一寸(ちょっと)、あひの狂言(キャウゲン)に、忠さんお盃」 発音アイノキョーゲン〈標ア〉ア〈京ア〉キョ 辞書言海 表記間狂言(言)

あい-の-きょく【間曲】『名』「あいのて(合手)①」に同じ。

あい-の-ぐ【藍具】『名』 藍を水にといて、胡粉(ごふん)を混ぜた絵の具。

あい-の-くさび【間楔】『名』 ①物と物との継ぎ目に打つくさび。 ②定まった仕事の暇に、他の事をすること。間(あい)の繫(つなぎ)。＊新しき用語の泉(1921)〈小林花眠〉「間(アヒ)の楔(クサビ) 一定の仕事の暇に、他の仕事をすること」 ③本筋の進行を助けるため、他のものを挿入して間をもたせること。また、そのもの。＊洒落本・一騎夜行(1780)人界に因る見越入道「店(たな)を追れて末は土場の夜浄瑠璃か祇薗囃子の合(アヒ)の杭(クサビ)を弾ひて渡世とするも」＊歌舞伎・鏡山錦艶葉(加賀騒動)(1879)大切「よく言ふ合の楔だから、ちょっと何ぞ短く遣って、邪魔にならねえ内引っ込まうぜ」＊坊っちゃん(1906)〈夏目漱石〉一一「夫(それ)ぢゃおれを間のくさびに一席伺はせる気なんだな」

あい-の-こ【間子・合子】『名』 ①異人種間に生まれた混血児をいう俗称。＊安愚楽鍋(1871-72)〈仮名垣魯文〉三・下「合(アヒ)の児(コ)でも懐妊(でき)てオギャアとさへいへば」＊青春(1905-06)〈小栗風葉〉夏・四「色の白い円顔(まるがほ)の、雑種児(アヒノコ)見たやうな顔を為て居て」 ②異種類の間に生まれた生物。雑種。＊生物学語彙(1884)〈岩川友太郎〉「Mule 間生(アイノコ)ノ、騾(ラバ)」＊社会百面相(1902)〈内田魯庵〉犬物語「犬の中では雑種(アヒノコ)までが西洋振りやがって威張散らす」 ③異なった種類の両方の性質をもち、どちらともつかない中間のもの。＊キタ・セクスアリス(1909)〈森鷗外〉「三人の客は、壮士と書生との間(アヒ)の子といふ風で」＊竹沢先生と云ふ人(1924-25)〈長与善郎〉竹沢先生の散歩・四「『純文学ですか。それとも哲学ですか』〈略〉『まあその合の子見たいなもんです』」 ④歌舞伎俳優で、子役としては年がいきすぎ、成人俳優としてはまだ役に立たない中途半端な者。＊歌舞伎・初霞空住吉(かっぽれ)(1886)「何だ相の子め、小僧っ子のくせに耄碌したか」 ⑤「あいのこぐるま(相子車)」の略。＊歌舞伎・東京日新聞(1873)序幕「廻りの悪い身代ゆゑ夜る昼かけて二人前、車も重い相の子に油をしぼりあくせくと貰ひ溜めたる酒手をば」 ⑥「あいのこべんとう(間子弁当)」の略。弁当に限らず、和洋折衷の食事をもいった。＊現代文化百科事典(1937)「あいのこ 混血児〈略〉転じて、和洋折衷の食事」 方言❶和洋折衷型帆船。島根県725 山口県大島801 ❷深山鍬形(みやまくわがた)の雄。北海道065 発音〈標ア〉0〈京ア〉0

あいのこ『名』 彫刻刀の一種。木口木版用の特殊刃物。ぼかしや、柔らかい感じを表現するのに用いる。 発音〈標ア〉0

アイノ-ご【―語】『名』「アイヌご(―語)」に同じ。＊断橋(1911)〈岩野泡鳴〉一一「アイノ語を習得し、将に滅亡せんとするアイノ人種の古来有してゐた文学を収集したくなった」 発音アイノゴ〈標ア〉0

あい-の-こうし【間格子】『名』 近世、妓楼で見世(みせ)の表通りに面した格子窓。見世と街路との間の格子。＊歌舞伎・助六廓夜桜(1779)「見世すががきも籬(まがき)から、相の格子も其の花に、歩みながらや小盃」

あいのこ-ぐるま【相子車】『名』 人と荷物を載せる車。＊落語・姫かたり(1890)〈三代目三遊亭円遊〉「二人乗が六七挺有りまして、相(アヒ)の子車(コぐるま)が二三挺に」 発音アイノコグルマ〈標ア〉グ

あいのこ-ぶし【合子節】『名』 浪曲で、関西節と関東節を混合した曲風。名古屋節。 発音〈標ア〉0

あいのこ-ぶね【間子船】『名』 明治後半から大正期にかけ用いられた和洋折衷型帆船。明治二〇年(一八八七)から和船の五百石積み以上の製造が禁止されたため、和船の船大工が西洋型帆船の長所を採り入れて造ったもので、沿岸航路用荷船として、多数使われた。＊帰去来(1901)〈国木田独歩〉一三「小川家は先代からの船主で〈略〉可也(かなり)の合子船(アヒノコブネ)七艘を持って居て」

間子船〈淡路島 草香神社　船絵馬より〉

あいのこ-べんとう【間子弁当・合子弁当】『名』 日本風の米飯に西洋風の副食物を添えた弁当。明治末から流行した大衆料理。あいのこ。＊新しき用語の泉(1921)〈小林花眠〉「合(アヒ)の子(コ)弁当(ベントー)」＊古川ロッパ日記-昭和一四年(1939)四月一七日「下谷の新梶へ寄り、飲み、合の子弁当食って帰る」 発音アイノコベントー〈標ア〉ベ〈京ア〉ベ

あい-の-こ・る【相残】『自ラ四』(「あい」は接頭語)「残る」の改まった言い方。＊太平記(14C後)一八・高野与根来不和事「其の時の宿意相残て、高野、根来(ねごろ)の両寺、動(やや)もすれば確執の心を挿(さしはさ)めり」＊天草本伊曾保(1593)獅子と、犬と、狼と、豹との事「ainocoru(アイノコル) マ ヒトツノ エダニモ テヲ カキョウズル モノワ スナワチ ワガ テキデ アラウズルト ユウニ ヨッテ」＊文明本節用集(室町中)「相残 アイノコル」＊日葡辞書(1603-04)「Ainocori, u, otta(アイノコル)」 辞書文明・日葡 表記相残(文)

あい-の-しゅく【間宿】『名』 ①江戸時代、宿場と宿場との間にあって、旅人を休息させた村。のちに旅人を宿泊させるようになり、宿場の盛衰に影響することから幕府はしばしば禁令を出した。あい。間村(あいのむら)。あいしゅく。＊浄瑠璃・心中宵庚申(1722)上「花のお江戸へ六十里、梅の難波へ六十里、百廿里の相のしゅく、都離れて遠江」＊雑俳・柳多留-初(1765)「なげ入の干からびて居る間(あイ)の宿」＊語彙(1871-84)「あひのしゅく俗 駅と駅との間に休息する家などある里をいふ」 ②時刻、時期、場所などが中途半端なこと。また、その時や場所。東京の下町語。 ③物事の進行の間にさしはさまれる別の事をしゃれていう。あいのて。＊末枯(1917)〈久保田万太郎〉「番茶でいい。―合の宿に熱い奴を一杯呉れないか」 方言❶にぎやかな町と町との中間に位置する寂しい場所。 ◇あいのしく 東京旧市内040 309 ❷時期が中途半端なこと。 ◇あいのしく 東京旧市内040 ❸あることの進行の合間にする別のこと。合いの手。 ◇あいのしく 東京旧市内309 発音〈標ア〉ノ 辞書言海 表記間宿(言)

アイノ-じん【―人】『名』「アイヌ」の古い呼び方。＊断橋(1911)〈岩野泡鳴〉一〇「また、アイノ人の本場平取村が近いだけに、髯武者のアイノや口のあたりに入れ墨したメノコを見ることが多く」 発音〈標ア〉ノ

あい-の-す【愛巣】『名』 愛し合っている男女が、二人だけで住んでいる家。＊いろは引現代語大辞典(1931)「愛(アイ)の巣(ス) 男女が相愛して構へた家庭のこと」＊濹東綺譚(1937)〈永井荷風〉六「そのころには男を『彼氏』といひ、女を『彼女』とよび、二人の佗住居

を『愛の巣』など云ふ言葉はまだ作り出されてゐなかった」 発音〈標ア〉ア

あい-の-すさび（あひ）【間荒】『名』きまった仕事の合間にする慰みごと。暇つぶし。 発音〈京ア〉⓪=⓪

あい-の-た（あひ）【相田】『名』河川の跡を水田としたもの。他の田畑に比べて地勢が一段と低い。

あい-の-たけ（あひ）【間ノ岳】（「あいのだけ」とも）㊀長野、静岡、山梨の三県境にある赤石山脈北部の山。北岳、農鳥（のうとり）岳とともに白根山（白根三山）を形成する日本第四位の高峰。標高三一八九㍍。㊁静岡、長野の県境にある塩見岳の別名。赤石間ノ岳。 発音〈標ア〉ノ

あい-の-たて（あひ）【間楯】『名』争いの中に入ってなだめること。＊日葡辞書（1603-04）「Ainotateni（アイノタテニ）ナル」 辞書日葡

あい-の-ちょう（あひのチャウ）【合野帳】『名』検地の際の野帳の下書。加除訂正用の野帳をいう。→野帳（のちょう）。＊財政経済史料－二・経済・検地・条例及検地扱方・享保二〇年（1735）五月日「合野帳は小休にても、下役烟草呑ながら朱間を付置、旅宿へ帰り清算〆入」

あい-の-つち（あひ）【相槌】『名』「あいづち（相槌）」に同じ。

あい-の-つちやま（あひ）【間土山】鈴鹿越えの旧駅だった滋賀県南部土山町をいう。＊歌謡・落葉集（1704）四・馬士踊「坂は照る照る鈴鹿は曇る、さきはいと言うてはいどうし、間（アヒ）の土山（ツチヤマ）雨が降る」＊浄瑠璃・丹波与作待夜の小室節（1707頃）道中双六「坂はてるてるすずかはくもる、土山あひの、あひの土山雨がふる」

あい-の-つなぎ（あひ）【間繫】『名』①物と物とが離れないように結びとめるもの。②定まった仕事の合間に、他の事をすること。あいのくさび。 発音〈標ア〉ア

あい-の-て（あひ）【合手・間手】『名』①邦楽で、歌と歌との間に楽器だけで演奏する部分。特に長いものは長唄では合方（あいかた）、地唄や箏曲（そうきょく）では手事（てごと）と呼ぶ。琵琶楽では弾法（だんぽう）ともいう。間の曲。＊仮名草子・恨の介（1609-17頃）上「今様の三味線を転手（てんじゅ）きりりと押し廻し、糸を調べて甲（かん）を取り、あいのてを弾かせらる」＊浮世草子・世間胸算用（1692）四・三「おやま茶屋でうたひならひしなげぶしを、息の根のつづくほどはりあげて、あいの手を口三味線の無拍子に」＊雑俳・柳多留－一一（1776）「あなどってげい子合（あイ）の手なしに弾」②歌や音曲の間にはさむ手拍子や掛声。＊滑稽本・浮世風呂（1809-13）前・上「黄色なそそり節はサイネヱモシの合（アヒ）の手（テ）あり」③会話や物事の進行の間にさしはさまれる別のことばや物事。＊滑稽本・大千世界楽屋探（1817）中「だらにとなへておほぢをさまよふそのあひのてにきこゆるは」＊人情本・梅之春（1838-39）初「直に三味線をとって爪弾をする。口舌の中に色気の合（アヒ）の手（テ）を交へ」＊多情多恨（1896）〈尾崎紅葉〉後・九・一「但取着も無く時々風が出ては梢を鳴（なら）して、此佗しい単調に騒しい合手（アヒノテ）を入れて」④あいだ。あい。＊浄瑠璃・冥途の飛脚（1711頃）上「里は三筋に、町の名も佐渡と越後のあひの手を、通ふ千鳥の淡路町」 語源説（1）テ（手）はメロディーの意〔続日本古典語典＝金田一春彦〕。（2）アヒノテゴト（間手事）の略〔大言海〕。 発音〈標ア〉ノ〈京ア〉ノ

あい-の-ばり【藍―】『名』 方言 ⇨あい（藍）

あい-の-ひ（あひ）【間日】『名』「あいび（間日）①」に同じ。＊人情本・春色梅児誉美（1832-33）序「諸君遊行（ゆぎゃう）の間（アヒ）の日（ヒ）には、かならず此冊子（しょ）をもて遊びて」

あい-の・ぶ（あひ）【相述】『他バ下二』（「あい」は接頭語）「述べる」の改まった言い方。＊浄瑠璃・源平布引滝（1749）三「御機嫌能御下向恐悦至極と相述（ノブ）る」＊人情本・明烏後正夢（1821-24）五・二三回「追従（ついしゃう）たらだら相演（アイノブ）れば、重忠急に、馬より下りて礼を返し」

あい-の-ま（あひ）【相間・合間】『名』①主要な部屋の間にあってつなぎの役目などをする部屋。②社寺建築で拝殿と本殿、礼堂と祠堂（しどう）との間の部屋。権現造りなどに見られる。③柱間寸法が京間（きょうま）と田舎間（いなかま）との中間の広さの間。中京間。④物事と物事との間。また、仕事がなく暇な時。間（あい）。＊ブルジョア（1930）〈芹沢光治良〉三「私達は不幸にも隣合ひ、ブーブー風琴をやり出し、其の合間には、此処から飛んだら愛して呉れるかと繰り返すもの」 方言❶南の間と座敷との間の一間。香川県香川郡829 ❷家の前の方を向いている神仏の棚のある部屋。島根県隠岐島025

あい-の-まくら（あひ）【相枕】『名』①夫婦が共寝に用いる長い枕。また、その共寝。＊御伽草子・和泉式部（室町末）「あひのまくらの睦言（むつごと）に、はづかしとや思ひけん、五条の橋に捨にけり」＊浄瑠璃・本朝用文章（1698頃）四「わらはがここへ来るときはの、唐（から）のかがみが七おもて、あひのまくらやよぎふとん、みながれもって来たはいの」②夫（あるいは妻）、または情人をいう。＊浄瑠璃・卯月の紅葉（1706頃）上「なふなつかしのあひのまくらや」＊浄瑠璃・卯月の潤色（1707頃）中「あひのまくらの与兵衛さま」 補注②の用例中「卯月の紅葉」「卯月の潤色」のものは、梓巫子（あずさみこ）の口寄せの文句。 発音〈標ア〉⓪

あい-の-み（あひ）【相飲】『名』二人でいっしょに飲むこと。＊雑俳・若とくさ（1790）「濡れたてて・相飲の膝引かぬ張り」

あい-の・む（あひ）【相飲】『他マ四』（「あい」は接頭語）共に酒を飲む。互いにくみ交わす。＊万葉（8C後）六・九七三「うち撫でそ ねぎたまふ かへり来む日に 相飲（あひのま）む酒（き）そ この豊御酒（とよみき）は」〈聖武天皇〉」

あい-の-むち（あひ）【間鞭】『名』①馬上で弓を射る前に馬にむちをあてること。また、敵が斬りかかる間隙に乗馬にむちうつ意にもいう。＊太平記（14C後）二三・義助朝臣病死事「打物に成て一騎合に懸らば、あひの鞭を打て推もぢりて射て落せ」＊太平記（14C後）三三・新田左兵衛佐義興自害事「白栗毛なる馬の額に角の生たるに乗り、あひの鞭をしとと打て」②馬の両耳の間にうつむち。＊小笠原流手綱之秘書（1450）「おもひてはね入馬には、あひのむちをうつへし。あひのむちとは、さうのみみのあひのことなり」

あい-の-むら（あひ）【間村】『名』「あいのしゅく（間宿）①」に同じ。＊駅肝録－松平安芸守間之村方止宿之儀に付江川太郎左衛門伺書へ下知之事・文政六年（1823）五月「岩淵村止宿之儀は、間之村方之儀に付、兼而御触之趣心得も有レ之候得共」

あい-の-もの（あひ）【間物】『名』㊀空間的に、大きさの中間のもの。①土器の杯で、三度入り（普通の大きさ）と五度入り（大型）との中間の容量のもの。四度入り。あいもの。＊海人藻芥（1420）「鐘はへいかう二度入、三度入是也。然近代間の物五度入、七度入〈略〉種々土器令ニ出来一酒興盛故也」＊虎明本狂言・地蔵舞（室町末-近世初）「此おざしきへまいりて、あひの物で十はい、三ど入で十四はい」②箱提灯（はこぢょうちん）で、長さ一尺一寸（約三三センチ㍍）のもの。＊万金産業袋（1732）一「箱てうちん〈略〉壱ばん、壱尺壱寸五ぶ、あいの物、壱尺壱寸、弐ばん壱尺五分」㊁時間的に、事が行なわれる時の中間のもの。①近世の芸能の用語。能・狂言、歌舞伎、浄瑠璃などの上演の間に挿入された別ジャンルの芸能をいう。＊俳諧・西鶴大句数（1677）六「罷出て天鞁があとのあいのもの よい男ぶりならのみやこ衆」＊外題年鑑（1757）当流竹本筑後掾「此節迄は浄るり短かき故、間の物にのろま人形のどうけ或はからくり有、こくせんやよりはかかる事もなし」②平曲で、曲を章と段に区別し、どちらに入れるか判然としないもの。鵜川合戦、大塔建立、競、新都、文覚荒行、五節沙汰、入道逝去、木曾願書、維盛都落、宇佐御幸、藤戸、先帝入水、副将被斬など。③間食。おやつ。＊追増平語偶談（1834）「間物十齣、揃物五齣」③間食。おやつ。＊黄表紙・十四傾城腹之内（1793）「あひの物には薩摩芋が二本に大ころはしが三本」 方言間食。おやつ。京都市621 大阪市637 奈良県678 ◇あいのもん 丹波583 発音〈標ア〉ア 辞書日葡

あい-の-やま（あひ）【間山】㊀㊀三重県伊勢市の地域名。伊勢神宮の内宮と外宮との間にあった旧街道間（あい）の道の、牛谷坂と尾部坂の間の丘陵。近世には、参拝客相手の物もらいや大道芸人が集まり、間の山節や松原踊りなどの興行でにぎわった。＊俳諧・鴉鷺俳諧（1646）「まづききき給へこきう尺八 参宮の日はまだ高きあひの山〈満直〉」＊浮世草子・日本永代蔵（1688）四・三「相（アヒ）の山の袖乞迄も、心ながく道者の機嫌をとりて、うへず寒からず、身に絹布をかざり」＊雑俳・柳多留－二八（1799）「相の山神道流でぜにをうけ」㊂「あいのやまぶし（間山節）㊀」の略。＊浄瑠璃・傾城反魂香（1708頃）中「只の時さへあひの山、聞ば哀れで涙がこぼれる」＊浄瑠璃・壇浦兜軍記（1732）三「あいと答へて気は張弓、歌は哀れを催せる。時の調子も相の山」㊁『名』①「あいのやまぶし（間山節）㊀」をうたって歩く物乞い。＊歌舞伎・三人吉三廓初買（1860）五幕「これこれ相（アヒ）の山（ヤマ）どの、ちっと内に取込があるから、早く隣へ行って下せえ」②「あいのやまぶし（間山節）㊁」の略。〔東京語辞典（1917）〕 発音〈標ア〉ア 辞書書言 表記間山・阿比山（書）

あいのやま-ぞうり（あひのやまザウリ）【間山草履】『名』近世初期より伊勢の間の山（三重県伊勢市）で売られていた名物の草履。＊国花万葉記（1697）九「阿比（アヒ）の山草履」

あいのやま-ぶし（あひのやま）【間山節】㊀三重県伊勢市の間（あい）の山で、近世初期より明治まで代々、お杉、お玉と名のる女性が簓（ささら）をすり、三味線を弾いて歌った俗謡。人生の無常を歌ったものが多い。間の山念仏。夕霧間の山。伊勢節。＊浮世草子・好色一代女（1686）六・二「所がらとて間の山節（ブシ）あさましや往来（ゆきき）の人に名をながすと、いづれがうたふも同音にしておかしかりき」㊁『名』歌舞伎の下座音楽の一つ。「伊勢音頭」の物語の場などに用いる胡弓入りの合方（あいかた）。 発音〈標ア〉⓪

あいのようせい（アイのヨウセイ）【愛の妖精】（原題（フラ）La Petite Fadette）小説。ジョルジュ＝サンド作。一八四九年発表。みんなに誤解されている少女ファデットと、双生児の兄弟との愛情を描く。 発音アイノヨーセイ〈標ア〉ア

あい-のり（あひ）【相乗・合乗】『名』①（―する）一つの乗り物に二人以上がいっしょに乗ること。同乗すること。＊安愚楽鍋（1871-72）〈仮名垣魯文〉二・上「河岸（かし）へひいてきた大八車へ『フランケット』をしきまうけて是へあひのりをきめ」＊当世書生気質（1885-86）〈坪内逍遙〉一四「生（いき）ては人力車に相乗（アヒノリ）なし、死しては蓮台にて一所にすみ」＊即興詩人（1892-1901）〈森鷗外訳〉謝肉祭の終る日「心に懸かるはアヌンチャタが同乗（アヒノリ）したる男の上なり」②「あいのりぐるま（相乗車）」の略。＊多情多恨（1896）〈尾崎紅葉〉後・五・二「もうお帰りかい、ぢゃ合乗でも申付けやう」③馬術で、二人が馬を並べて乗って行くこと。＊武家名目抄（19C中か）術芸部・相乗「大坪流馬書云相

相乗り①〈東京開化繁昌誌〉

乗事。師と弟子と乗て馬二疋をもって稽古するに、じねんとふしぎなる事いできたる」 ④お互いの便利のために、共同で物事を行なうこと。「相乗り番組」 発音〈標ア〉0 〈京ア〉0 辞書言海 表記相乗(言)

あいのり-ぐるま あひのり：【相乗車】〘名〙二人で乗ることのできる人力車。二人乗り。相乗り。＊当世商人気質(1886)〈饗庭篁村〉四・三「毎日合乗車(アヒノリグルマ)で物見遊山と洒落こめば」＊新梅ごよみ(1901)〈永井荷風〉二〇「角町の角から出て来た一台の奇麗な相乗車(アヒノリグルマ)が、水溜りでもあったか為て斜に桜の下を潜って、両人が身の傍を近く過(よ)ぎった」 発音アイノリグルマ〈標ア〉グ

あいのり-ばしゃ あひのり：【相乗馬車】〘名〙二人の人間が一台の馬車に乗ること。また、その馬車。＊落語・湯屋番(1893)〈三代目三遊亭円遊〉「私が女と合乗馬車(アヒノリばしゃ)で出掛けるってへのを聞いて、大方口惜がって私を打(ぶっ)たんでゲせう」

あいのり-ばんぐみ あひのり：【相乗番組】〘名〙民間放送で、二つ以上のスポンサーが共同して提供する番組。 発音アイノリバングミ〈標ア〉バ

あい-の・る あひ：【相乗】〘自ラ四〙一つの乗り物にいっしょに乗る。同乗する。＊伊勢物語(10C前)三九「その宮の隣なりけるをとこ、御葬(はぶり)見むとて女車にあひのりて出でたりけり」＊源氏(1001-14頃)帚木「ある上人来あひて、この車にあひのりて侍れば」＊日葡辞書(1603-04)「Ainori, u, otta (アイノル)」 辞書日葡

あい-は あひ：【間歯】〘名〙櫛(くし)の目の粗いものと細かいものとの中間の歯。＊滑稽本・浮世床(1813-23)二・下「先刻櫛八が来たが誰(だっれ)のも買ねへ。まだいらねへ。しかし何はねへか。間歯(アヒハ)はねへか」

あい-は あひ：〘名〙人々の間。仲。＊日葡辞書(1603-04)「フタリノ aifaga(アイハガ) ワルイ。〈訳〉二人は互いに仲が悪い」 方言❶相手。仲間。山形県西置賜郡・南置賜郡139 新潟県東蒲原郡368 西蒲原郡371 ❷人と人との仲。鳥取県711 ◇あやあは 京都府竹野郡622 ❸手伝い。新潟県岩船郡366 西蒲原郡370 ◇あいほお 新潟県347 中魚沼郡379 辞書日葡

あい-ば あひ：【合端】〘名〙①石積み工事で、石を積み上げる場合の石と石との接合部分。合い口。②レールを敷設する時、温度変化による伸縮を予想して、継ぎ目に設定する適当なすき間。

あい-ば あひ：【相場】〘名〙諸物の日価、時価。そうば。＊随筆・嬉遊笑覧(1830)一・一「今物の相場と云もすあいの底なるべし」

あいば あひば【相場】姓氏の一つ。 発音〈標ア〉0

あい-ば あひ：【逢場】〘名〙出会う場面。巡り合う場面。＊三道(1423)「親子、兄弟などのあいばならば、少し泣き能の意風を気色にて結びて入るべし」

あい-ば【愛馬】〘名〙①かわいがっている馬。＊玉山先生詩集(1754)四・春日鸞嘯閣集呈大川上人「偏憐愛馬迎レ師坐、況復啼鶯求レ友声」＊花柳春話(1878-79)〈織田純一郎訳〉四一「侯の愛馬突然虎烈刺(コレラ)病に感して、殆んど将さに死せんとするが故なり」＊梁簡文帝-蒙預懺悔詩「三脩祛二愛馬一、六念静二心猿一」 ②馬をかわいがること。＊軍隊内務令(1943)四九「特に保育に対する関心を昂揚し愛馬心及兵器其の他の諸物品に対する尊重心を涵養し」＊荘子-人間世「夫愛馬者、以レ筐盛レ矢、以レ蜄盛レ溺」 発音〈標ア〉ア〈京ア〉ア

あい-ばかま〘名〙植物「ぎょうじゃにんにく(行者忍辱)」の異名。＊大和本草批正(1810頃)五「天台蒜 茖葱に充つべし。救荒の山葱も是なり。北国にてあいばかまと云。京師にて、行者にんにくと云」 方言佐州1034

あい-はから・う あひはからふ【相計】〘他ハ四〙(「あい」は接頭語) 相談する。＊文明本節用集(室町中)「相計 アイハカラウ」＊日葡辞書(1603-04)「Aifacarai, ŏ, ŏta (アイハカラウ)」＊シベリヤ物語(1950-54)〈長谷川四郎〉勲章・六「終に深夜、当番と相はからって」 辞書文明・明応・天正・饅頭・黒本・日葡 表記相計(文・明・天・饅・黒)

あい-はか・る あひ：【相計】〘他ラ四〙(「あい」は接頭語) ①相談する。共に企てる。＊古事記(712)上(兼永本訓)「故、其の木の上に坐さば、其の海神の女(むすめ)、見て相議(あひはか)るべきものぞ」＊江談抄(1111頃)四「共不二相議一献二此四韻一云々」＊太平記(14C後)二五・自伊勢進宝剣事「公卿大臣皆相計(ハカッ)て、楚国の王に成し奉る」＊新体詩抄(1882)序〈矢田部良吉〉「同志一二名と相謀り」 ②(「はかる」の改まった言い方) 適当に処置する。＊満済准后日記-永享三年(1431)三月二四日「就小倉宮東山辺御在所事。管領伺申入処、相二談此門跡一、管領可二相計一云々」 辞書日葡

あい-ばく【愛縛】〘名〙①仏語。愛欲、または執着による煩悩。＊性霊集-一(835頃)遊山慕仙詩「人皆美二蘇合一、愛縛似二蜣蜋一」＊仁王護国経-下「無明愛縛」 ②愛情による束縛。＊厭世詩家と女性(1892)〈北村透谷〉「忌はしき愛縛となりて我身を制抑するが如く感ずるなり」

あい-ばこ あひ：【相箱】〘名〙「あいのりぐるま(相乗車)」に同じ。＊恋慕ながし(1898)〈小栗風葉〉一五「背に腹は替へられなくて、忍んで合箱(アヒバコ)の広い間へ力無い体を託した」＊初すがた(1900)〈小杉天外〉三「おい姉さん、其の腕車(くるま)はな、合乗(アヒバコ)にしてお呉れ」＊祝盃(1909)〈永井荷風〉二「賃銭をきめて二人乗りの合箱(アヒバコ)に乗った」

あい-ばさみ あひ：【相挟】〘名〙一つの物を、数人が同時に、箸(はし)ではさむこと。また、一つの物を箸から直接に箸で受け取ること。火葬の骨(こつ)上げのときにするところから、平常は忌む。＊俚言集覧(1797頃)「相はさみはせぬもの」 方言❶二人で一つの物をはさみあうこと。奈良県南大和683 ❷火葬の人骨などを、箸から箸へ順ぐりにはさみ移すこと。岐阜県飛驒502 ◇あいばし〈相箸〉 新潟県佐渡356 ◇ええふぁし 鹿児島県喜界島983 発音〈標ア〉バ

あい-ばし あひ：【相箸】〘名〙方言 ⇩あいばさみ(相挟)

あい-ばしら あひ：【間柱】〘名〙茶室で、下地窓がある壁面の真ん中に立てる竹の柱。壁の補強と野趣を出すためで、千利休が考案したもの。力竹(ちからだけ)。

あいば-そう ‥サウ【―草】〘名〙アブラガヤの一品種。北日本に分布し、小穂が単生する点がアブラガヤと異なる。学名は Scirpus wichurai ＊重訂本草綱目啓蒙(1847)九・山草「黄茅は あぶらがや あぶらしば めがや あいばさう 勢州」 方言勢州1028 発音アイバソー〈標ア〉0

あい-ばたけ あゐ：【藍畑】〘名〙藍を植えてある畑。＊新撰六帖(1244頃)六「播磨(はりま)なる飾磨(しかま)に作るあゐはたけいつあながちの濃染(こぞめ)をか見ん〈藤原信実〉」

あい-はたら・く あひ：【相働】〘自カ四〙(「あい」は接頭語)「働く」の改まった言い方。＊政基公旅引付-文亀三年(1503)五月八日「近日下方より一途相働べきの由度々此方へ被レ申候」＊日葡辞書(1603-04)「Aifataraqi, qu, aita (アイハタラク)」＊隣語大方(18C後)四「到来致ましたらば早速お知らせ申ませふが、秋参を相働ましてこそ御代官中にも御規模に成ませふによ り」 辞書日葡

あい-は・つ あひ：【相果】〘自タ下二〙(「あい」は接頭語。「果つ」の改まった言い方) 終わる。死ぬ。＊日葡辞書(1603-04)「Aifate, tçuru, eta (アイハツル)」＊浮世草子・好色五人女(1686)四・二「米屋の八左衛門長病なりしが、今宵相果(アヒハテ)申されしに」＊浄瑠璃・女殺油地獄(1721)下「いつでも相はてし時の葬礼(そうれい)には」＊読本・昔話稲妻表紙(1806)二・八「御二方の安否を聞(きか)で相果(アイハツ)るかなしさよ」 辞書日葡

あい-ばってん〘接続〙方言 ⇩あいどん

あい-ばな あゐ：【藍花】〘名〙①植物「つゆくさ(露草)」の異名。＊浄瑠璃・聖徳太子絵伝記(1717)二「もくらん地に藍花(アイハナ)摺たる陣ばをり」＊重訂本草綱目啓蒙(1847)一二・隰草「鴨跖草 おもひぐさ つゆぐさ〈略〉あゐばな 阿州・播州」 ②染料の藍を藍瓶(がめ)に入れ発酵させたとき、表面に浮かぶ泡のこと。 方言❶植物、つゆくさ(露草)。播磨1025 阿波1025 大分県大分郡941 ❷(藍色(あいいろ)であるところから) あざ。 ◇あいぬぱな 沖縄県石垣島996 発音〈標ア〉イ 0 辞書書言・言海 表記靛花(書) 藍花(言)

あいばな-がみ あゐばな：【藍花紙】〘名〙「あいがみ(藍紙)」に同じ。

あい-はな・つ あひ：【相放】〘他タ四〙①(「あい」は接頭語) 互いに矢などを射かける。放ち合う。＊文明本節用集(室町中)「相放 アイハナツ」 ②中世、主人が下人(げにん)を解放することをいう。主人との契約により有償で行なわれたこともあり、無償で行なわれたこともある。 辞書文明 表記相放(文)

あい-は・む あひ：【相食】〘他マ五(四)〙互いに食い合う。転じて、互いに害する。互いにそこなう。＊真面目なれ(1908)〈後藤宙外〉新人物と旧人物「如斯(かくのごと)きは人と人と相食(アヒハ)む修羅場を現ずるものであって」＊縮図(1941)〈徳田秋声〉郷愁・五「親子は親子で、夫婦は夫婦で相喰み」 発音〈標ア〉ア

あい-ばやし あひ：【間囃子】〘名〙(「あい」は、「あいだの」の意。転じて「つなぎ」の意) 寄席芸人用語。一つの演芸が終わり、次の演芸が始まるまでの間に下座で奏する音楽。 発音〈標ア〉バ

あいはら あひはら【相原】姓氏の一つ。 発音〈標ア〉ア

あいはら あひはら【粟飯原】姓氏の一つ。武蔵七党の一つ横山党の流れをくむ武士で、横山時重の弟孝遠が粟飯原(藍原)に住したことにより、その地名を冠したとされ、その故地は現在の東京都町田市相原町の周辺にあたる。孝遠の男有遠(時遠)が、保元の乱に源義朝に従い、功をたてたことで知られるが、鎌倉幕府成立後の動向は明らかではなく、北条氏の被官として、その名がみられる程度。ほかに、鎌倉期の六波羅の奉行人、室町期の幕府奉行人として、粟飯原氏を称するものが知られるが、これらの系譜については不明。 発音〈標ア〉ア

あい-ばらみ あひ：【相孕】〘名〙一家のうちに二人以上の妊婦のあること。勝ち負けを生ずるといって忌む。人と家畜との場合にもいう。＊俳諧・崑山集(1651)八・秋「あひはらみくるしからぬや荻薄〈貞徳〉」＊歌舞伎・好色伝受(1693)上「両方相孕みぢゃが、一処に置いて怪我はあるまいか」＊雑俳・末摘花(1776-1801)四「おかしさは芋でんがくで相ばらみ」 方言徳島県那賀郡812 発音〈標ア〉バ

あい-ばり あひ：【間鍼】〘名〙子供の病気に打つ鍼(はり)。＊名語記(1275)九「小児の病の療治にあいはりさす如何。これは、あいはあはひの義。はりは針の心地也。血脈をただして、はい染といへる草にてさす也」＊雑俳・勝句寄(1730)「子のできて・合針うったふうふ中」

あい-はん あひ：【相判・合判】〘名〙①二人以上の人が一緒に責任をとることを証するために連帯で押す判。連判。＊十輪院内府記-文明一四年(1482)九月二一日「相判事、加州固辞。後日入二御耳一、遂以加判。祝著之至也」＊実隆公記-享祿二年(1529)七月一四日「松井相判之折紙持二来之一」＊浮世草子・本朝二十不孝(1686)一・一「相判に家屋敷のある人頼みしに、此の二人に判代として、利なしに二百両かられ」 ②二重売買などのため、同一物件につき二通以上の契約書が作成され、二人以上の権利主張者が存在すること。＊長宗我部氏掟書(1596)九一条「一 田畠相判事、年号日付可レ任二前後一事」 ③(「あいばん」とも)「あいいん(合印)」に同じ。

＊歌舞伎・天衣紛上野初花（河内山）（1881）序幕「こりゃこりゃ長松、合判（アヒバン）を押した分は、蔵へ持って行って来い」 発音〈標ア〉0 〈京ア〉0 辞書言海 表記合判〈言〉

あい-はん【相板】『名』二軒以上の書肆（しょし）が共同で出版すること。近世の木板本にその例が多い。＊評判記・役者金化粧（1719）序「去春よりいひあふして、いつ迄もかはらぬ中の相板（アイハン）」

あい-はん【愛藩】『名』自分の属する藩を愛すること。自藩を大事に思うこと。＊日本開化小史（1877-82）〈田口卯吉〉六・一三「封建制度の盛んなるや人民愛藩の念ありて愛国の心なし」 発音〈標ア〉0

あい-ばん【相判・間判】『名』①浮世絵板画の大きさの一つ。縦一尺一寸（約三三・三センチメートル）、横七寸五分（約二二・七センチメートル）。②仕上がり寸法縦七寸（約二一・二センチメートル）、横五寸（約一五・二センチメートル）の紙。ノートに多く用いた。＊新らしい言葉の字引（1918）〈服部嘉香・植原路郎〉「あい版 七寸に五寸の洋罫紙の版、小版と大版との中間に当るので間版と書く」③写真乾板で小判と中判との間の大きさのもの。縦一二・七センチメートル、横一〇センチメートル余。二枚掛判。 発音〈標ア〉0

あい-ばん【相番・合番】『名』①共に番を勤めること。また、その人。＊親長卿記-文明三年（1471）正月五日「早旦参二御寺一。当番也。自二昨日一被二結番一、予三番。左大辨宰相〈広光〉合番也」＊御湯殿上日記-長享三年（1489）七月四日「もり光ばんにしこうにて、あいはんにまいらする御たるとて、御かわらけの物二色、一かまいる」＊言継卿記-大永七年（1527）正月五日「禁裏外様番祗候、相番実宣卿」＊歌舞伎・傾城王昭君（1701）二「浅賀山蔵人小姓衣笠三木之丞二人倉の相番（アヒバン）勤めけり」＊浄瑠璃・娥歌かるた（1714頃）三「今日は、滝口と相番の当日」②「あいやく（相役）」に同じ。＊大館常興日記-天文九年（1540）七月七日「二番衆以二中状一言上。相番中島千世知行分、土御門野畠事、小田小五郎申給候由」＊集義和書（1676頃）三「親類・知音・相番のかたがたと交りをかかず、屋作をかろくし、衣服をつくろはず、諸道具をはぶき、飲食をうすくし」＊浄瑠璃・鑓の権三重帷子（1717）下「相番（アヒバン）を頼し迄にて、番頭（ばんがしら）へも断（ことは）らず」＊ぢいさんばあさん（1915）〈森鷗外〉「伊織が金を借りた人は相番（アヒバン）の下島甚右衛門と云ふものである」③大工・左官などの手伝い人夫をいう、関西職人仲間の隠語。＊現代術語辞典（1931）「合番 手伝人夫の手伝人」 発音〈標ア〉0 辞書日葡・ヘボン・言海 表記相番（へ・言）

アイ-バンク『名』（英 eye bank）角膜を移植するため、眼球提供者の登録、斡旋などを行なう機関。一九三〇年アメリカに始まり、日本でも昭和三八年（一九六三）に発足。目の銀行。

あい-ばんじょう【相番匠・合番匠】『名』茶番狂言などの相手役。＊滑稽本・八笑人（1820-49）三・下「なにさとても独りではつまらねへが、今度の合番匠（アヒバンジャウ）は、れん中でなくっても、外に仕打（しうち）がねへから」 発音〈標ア〉バ

あい-はん・する【相反】『自サ変』文あひはん・す『自サ変』（「あい」は接頭語）互いに一致しない。矛盾する。＊西国立志編（1870-71）〈中村正直訳〉八・二六「上に言しごとく曼氏（マンスフィールド）の説は、沙伯（シャープ）と全く相（あヒ）反すれども」＊当世書生気質（1885-86）〈坪内逍遙〉一九「蓋し体操と研学とは、まるで相反（アイハン）する性質の者に候へば」＊民法（明治二九年）（1896）五七条「法人と理事との利益相反する事項に付ては」 発音〈標ア〉ア=ス

アイバンホー（原題英 Ivanhoe）長編歴史小説。スコット作。騎士アイバンホーと獅子王リチャードやロビン=フッドが登場する、恋と武勇の物語。一八二〇年作。 発音〈標ア〉バ

あい-ひ【愛妃】『名』たいへんかわいがっているきさき。＊読本・英草紙（1749）一・一「主上よく愛妃を馬に換ふることを得るや」＊人情本・英対暖語（1838）二・八回「唐朝玄宗の愛妃（アイヒ）大真を右になし、毛延寿にへつらはざりし西施を左に置」＊堕落（1965）〈高橋和巳〉一・四「その馬車には彼の愛妃とその幼い子供、そして一人の老臣とが同乗していた」 発音〈標ア〉ア

あい-ひ【愛庇】『名』（庇でおおい隠すように）女性や子供などをかわいがり、かばうこと。愛護。＊花柳春話（1878-79）〈織田純一郎訳〉五「女若し慎んで言行を正ふせば、必ず上帝の愛庇（アイヒ）保護を受ん事、疑ふべからざるを以てせり」 発音〈標ア〉ア

あい-び【合火】『名』おなじ火で煮炊きをすること。また、その煮炊きしたもの。特に死、出産、肉食といった忌み、けがれに関していい、「合火を食う」といって忌む。＊多聞院日記-天正一六年（1588）正月一六日「物にくるゐ腹切既死了。卅四才。鹿のあゐ火歟云々」＊咄本・私可多咄（1671）一・三「むかしさる者、鹿をくはふかと思ふといへり。友だち聞て、鹿などは、あひ火もむざとくはぬもの也」＊浮世草子・国姓爺明朝太平記（1717）三「あひ火をくふも穢（けが）れにたつと、同じ宿の者共別火をたきて」 発音〈標ア〉0

あい-び【間日】『名』①前後に仕事などがあるその間の日。ひまのある日。まび。あいのひ。＊俳諧・広原海（1703）一八「蚊とんぼや垢離の間日の茶せん髪」②⇩まび（間日）③

あい-び【愛美】『名』美しいものを愛すること。＊福翁百話（1897）〈福沢諭吉〉一二「我れは唯花を見て愛美（アイビ）の情を満足せしむるのみ」 発音〈標ア〉ア

あい-び【愛媚】『名』寵愛すること。かわいがること。＊慶応再版英和対訳辞書（1867）「caress 愛媚」＊造化妙々奇談（1879-80）〈宮崎柳条〉一一「毎に人に親近して其意を示し、愛媚（アイビ〈注〉カワイガラルル）を求む」＊阮籍-鳩賦「聊俛仰以逍遙、求二愛媚於今日一」

あいび-あ・う【歩合】『自ハ四』「あゆみあう（歩合）」の変化した語。＊和英語林集成（初版）（1867）「Aibiai, au, atta アイビアフ 歩合」 辞書ヘボン 表記歩合（へ）

アイビー『名』（英 ivy）①木蔦（きづた）。②「アイビースタイル」の略。 発音〈標ア〉ア

アイ-ビー-エム【IBM】（英 International Business Machines Corporation の略）アメリカ合衆国に本社のある世界最大のコンピュータメーカー。 発音〈標ア〉エ

アイビー-カレッジ『名』（アメリカ ivy college）アメリカ東部にあるハーバードやイェールなどアイビーリーグと称される私立の名門大学をいう。アイビーとは蔦（つた）の意で、古い伝統や学問の象徴とされる。 発音〈標ア〉カ

アイビー-スタイル『名』（洋語 ivy style）アメリカ東部の名門大学（アイビーカレッジ）の男子学生風の服装スタイル。上衣は、なで肩、三つボタン、せまい折り返し襟。ズボンは細め。アイビールック。 発音〈標ア〉タ

アイ-ビーム『名』（英 I-beam）「アイがたこう（I形鋼）」に同じ。＊外来語辞典（1914）〈勝屋英造〉「アイ・ビーム I beam〔英〕『アイジ・テツ』の原語」 発音〈標ア〉ビ

アイビー-リーグ『名』（アメリカ Ivy League）アメリカ合衆国北東部の名門八大学の一群。構成大学はブラウン、コロンビア、コーネル、ダートマス、ハーバード、プリンストン、ペンシルベニア、イェールで、これらの大学の校舎が、古くから蔦（つた）でおおわれているところからの名。 発音〈標ア〉リ

アイヒェンドルフ（Joseph Freiherr von Eichendorff ヨーゼフ=フライヘル=フォン—）後期ロマン派を代表するドイツの詩人。自然の美しさや旅情をうたった詩は、シューマンの作曲で親しまれている。（一七八八〜一八五七） 発音〈標ア〉ド

あい-びき【合引】『名』「あいす（合子）」に同じ。〔日本隠語集（1892）〕

あい-びき【合挽】『名』牛肉、豚肉を混ぜて挽き肉にしたもの。＊薔薇くひ姫（1976）〈森茉莉〉「合ひ挽（ビキ）なら合ひ挽（ビキ）、豚コマなら豚コマを何瓦（グラム）、買ひに来てゐるのだ、といふ買物精神といふか」 発音〈標ア〉0 〈京ア〉0／⓪

あい-びき【相引・合引】『名』①（—する）戦っている双方が互いにその場から退くこと。㋑戦場で敵味方ともに軍をひくこと。＊太平記（14C後）三一・笛吹峠軍事「信濃勢二百余騎討れければ、寄手も三百余騎討れて、相引きに左右へ颯（さっ）と引く」＊謡曲・八島（1430頃）「舟は沖へ、陸（くが）は陣へ、相退きに引く潮の、あとは鬨（とき）の声絶えて」＊玉塵抄（1563）九「交綏は両方あいびきにしたことぞ」＊浄瑠璃・義経千本桜（1747）一「射かへす矢先に敵味方、互に不便の武士（もののふ）を討せし供養と相引に、其日の軍はさっとひく」㋺勝負の決着がつかないときに、それぞれ自分側から引き下がること。＊日葡辞書（1603-04）「ニワトリノ aibiqi（アイビキ）スル」②（—する）互いに弓を引き合うこと。敵が矢を射かけてくるのに応戦して弓を引くこと。＊平家（13C前）四・橋合戦「馬には弱う、水には強うあたるべし。河なかで弓ひくな。かたきゐるともあひびきすな」③（—する）干潮満潮時以外に、短い間、潮の満ちひきがあること。＊日葡辞書（1603-04）「シヲガ aibiqi（アイビキ）スル」④（—する）互いに引き合うこと。同時に引っ張ること。＊浄瑠璃・唐船噺今国性爺（1722）中「足首つかんで兄弟が、大の男を相引に」＊随筆・孔雀楼筆記（1768）四「雫もよよとしただる養（もち）を、手にて持ち向ふの方ゑをしやり、相引に牽（ひき）てたたんとす」⑤（—する）互いに語り合って事をたくらむこと。なれあい。⑥「あいびき（相引）の緒（お）」の略。＊幸若・高たち（室町末-近世初）「たかのの四郎か駒ひっそばめてひかへたるよろいの袖の三のいた、〈略〉きものたはねするりととをし、あひひきかけて、うらをかけ」⑦袴（はかま）の両脇の下部の前後を縫い合わせた部分。ここをつまみ上げて、ももだちをとる。＊浄瑠璃・雪女五枚羽子板（1708）もんさく系図「袴（はかま）の相引（アヒビキ）しっかと取」⑧四幅袴（よのばかま）という名の、下の方があいている袴の紐（日葡辞書（1603-04））。⑨歌舞伎小道具の一つ。俳優が演技中用いる方形の腰掛け。桐製方形の小箱のような合引と踏み台のような中合引、高合引の三種がある。＊戯場楽屋図会（1800）下「早替り、〈略〉化粧道具は相引（アヒビキ）を鏡台として下に棚をこしらへ」⑩歌舞伎俳優の鬘（かつら）が抜けたり、はえぎわにしわがよったりしないように台金の左右につける紐。後頭部で結ぶ。＊滑稽本・八笑人（1820-49）三・下「あんまりけなしなさんナ。これでも合引（アヒビキ）で、ぐっと目をつりあげて、かづらをかけて見せたら、びっくりするだらう」⑪歌舞伎の仕掛け物に用いる糸。㋑小道具の仕掛け物を動かす時に用いる糸。＊歌舞伎・善悪両面児手柏（妲妃のお百）（1867）五幕「双方一時（とき）に木のかしら、此時水鳥を大分あひ引（ビキ）にて日覆へ引上げる」㋺襦袢（じゅばん）の襟や、引き抜きなど、仕掛け物に用いる細い紐。あいびきの糸。⑫茶道で、左右の手が茶器から離れる時の呼吸、または様子。 発音〈標ア〉0 〈京ア〉0⓪ 辞書日葡・ヘボン・言海 表記相引（へ・言）

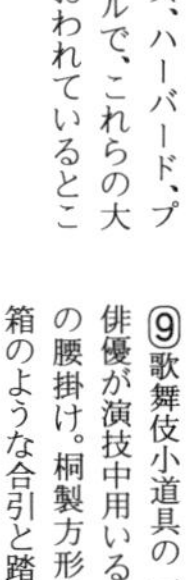

相 引 ⑨

あいびき の 糸（いと）「あいびき（相引）⑪㋺」に同

じ。＊滑稽本・浮世床(1813-23)初・中「欲庵(よくあん)が能(いい)のを云ったよ。巨燵(こたつ)から出て相引(アヒビキ)の糸(イト)を引くと、鳥の羽の縫ひになるっ」

あいびき の 緒(お) 二か所に付け、引き合わせて結ぶ紐の総称。鎧では、中世には「ひきあわせのお(引合緒)」の異名であり、近世には「たかひも(高紐)」の異名となった。あいびき。

あい-びき【逢引】㊀〘名〙①愛し合っている男女が示し合わせて会うこと。特に男女が人目をしのんで会うこと。＊人情本・英対暖語(1838)三・一五章「惚た男と会合(アヒビキ)をさせねへなんぞと」＊真景累ケ淵(1869頃)〈三遊亭円朝〉三九「作蔵に少し銭を遣れば自由に媾曳(アヒビキ)が出来まするが」＊安愚楽鍋(1871-72)〈仮名垣魯文〉二・上「あの人とながくあひびきをしなんしちゃァおいらんの身がつまるばかりですから」＊遠方の人(補筆)(1946)〈森山啓〉八「しかるに父の歿後、母は噂の主の若い牧夫と逢曳(アヒビキ)をしたので、これを見た伝八は子供心にも駭然(がいぜん)としたとある」②合鍵をいう。盗人仲間の隠語。〔隠語輯覧(1915)〕㊁(あひゞき)二葉亭四迷が言文一致体によって翻訳したツルゲーネフ作の「猟人日記」中の一節。明治二一年(一八八八)発表。のち、加筆、訂正のうえ翻訳集「片恋」におさめられた。口語文の模範として小説の文体に大きな影響を与えた。[補注]人目を忍ぶ意がより強い語として「忍び会い」「密会」があるが、前者は雅語的。後者は男女のことに限らない。「逢引き」には古い語感があり、それに代わって「ランデブー」が使われてきたが、その後より明るく公然とした語感の「デート」がとって代わった。[発音]〈標ア〉[0]〈京ア〉⓪

あい-びきゃく【間飛脚】〘名〙江戸時代、延享二年(一七四五)江戸、大坂の飛脚仲間が協定して設けた早飛脚。五日限、六日限、七日限の三種がある。差込幸便。＊駅逓志稿考証(1881)九〇二「十月江戸、大坂、飛脚問屋等相議して両地発着を改正し〈略〉且其逓送の期日を八日限及九日限の二と為し、又其種類を区別して仕立飛脚及間飛脚(アヒびきゃく)の二と為し、予め荷物紛失濡損等の弁償を約して、其賃銭を定む」

あいびき-やど【逢引宿】〘名〙男女があいびきに利用する宿屋。待合、連れ込み宿など。＊大阪の宿(1925-26)〈水上滝太郎〉四・五「へえ、あてとこは宿屋だす。宿屋は宿屋に違ひおまへんが、逢引宿とは違ひまっせ」[発音]〈標ア〉[ヤ]

あい-ひ・す【相比】〘他サ変〙(「あい」は接頭語)比べる。また、両者を比べて、力や価値などが同じ程度であると考える。＊太平記(14C後)一七・山門攻事「三千の衆徒悉仏法と王法と相比すべき理を存じて、弐(ふたごころ)なく忠戦を致す処に」＊文明論之概略(1875)〈福沢諭吉〉緒言「二生相比し両身相較し」＊焼跡のイエス(1946)〈石川淳〉「けだしナザレのイエスの言行に相比すべきものである」[発音]〈標ア〉[ア]

あい-ひとし・い【相等】〘形口〙[文]あひひと・し〘形シク〙(「あい」は接頭語)両者の性質、数量、程度などに相違がない。互いに同じである。＊経国美談(1883-84)〈矢野龍渓〉後・一四「其の実力相ひ均しからざる以上は」[発音]アイ＝ヒトシイ〈標ア〉[ア]＝[シ]〈京ア〉⓪＝[ト]

あい-ひょう【愛瓢】〘名〙気に入りのひょうたん。大事にしているひょうたん。＊清兵衛と瓢箪(1913)〈志賀直哉〉「十あまりの愛瓢を玄能で割って了った父を怨む心もなくなって居た」[発音]アイヒョー〈標ア〉[0]

あいひょう〘名〙[方言]行き違い。群馬県勢多郡236 埼玉県秩父郡251 ◇あいひょい 群馬県佐波郡242

あい-びょう【愛猫】〘名〙かわいがっている猫。あいみょう。＊街の物語(1934)〈榊山潤〉「奥さんは不幸な愛猫を、犬猫だけを葬る近くの寺に、持って行かうとする処だった」[発音]アイビョー〈標ア〉[0]〈京ア〉[0]

あいびょう-か【愛猫家】〘名〙猫を大変かわいがって飼っている人。あいみょうか。＊茶話(1915-30)〈薄田泣菫〉栗鼠「政治家のリセリウもまた愛猫家(アイベウカ)として聞えてゐるが、死ぬる時には遺言で、莫大の遺産金まで猫に呉れてやった」[発音]アイビョーカ〈標ア〉[0]

あい-びょうし【相拍子】〘名〙互いに拍子の合うこと。＊俳諧・笈日記(1695)上・湖南「さざ波や風の薫の相拍子〈芭蕉〉」＊雑俳・村雀(1703)「太夫待鼓二つの相拍子」

あい-ひる〘名〙[方言]⇨あひる(家鴨)

あい-ビロード【藍―】〘名〙(ビロードは 葡 veludo)①藍色のビロード。＊滑稽本・東海道中膝栗毛(1802-09)二・上「たてじまのぬのこに、これもおびはふとりのあいびろうど」②黒みがかった緑色の染色。＊黄表紙・三筋緯客気植田(1787)「こっちのはしのあいびろうどは、とんだうはきなそうでござります」＊随筆・守貞漫稿(1837-53)一七「京坂にて文政頃歟、女用紬の定紋付に藍天鵞絨と云染色あり、緑の黒き色也」[発音]〈標ア〉[ビ]

あいひろ-の-うまば【相広馬場】〘名〙四方ともに同じほどの広さの馬場(武器考証(1779))。一説に的を立てる垜(あずち)と馬を走らせる疏(さくり)との間の広い馬場ともいう(武家名目抄(19C中か))。＊吾妻鏡-寿永元年(1182)六月七日「積此杖数可定相広之馬場之由、被仰出」

あい-ひん【愛品】〘名〙大事にしている品物、器物。＊東京新繁昌記(1874-76)〈服部誠一〉四・博覧会「縫針匣(〈注〉はりばこ)、粧鏡台是れ中将姫の愛品に非ざれば必ず阿軽の道具に属す」[発音]〈標ア〉[0]

あい-びん【哀愍・哀憫】〘名〙「あいみん(哀愍)」に同じ。

あい-びん【愛憫】〘名〙いつくしみあわれむこと。愛憐。あいみん。＊蘇轍-宣宗謚議「愛憫生育。則禁三月五月之採捕」

あい-ふ【合符】〘名〙手荷物などの預かり証として交付する符票。これと引き換えにその荷物を渡す。合鑑(あいかん)。[発音]〈標ア〉[0]〈京ア〉[0]

あい-ふ【愛婦】〘名〙愛する女性。恋人。愛人。＊東京新繁昌記(1874-76)〈服部誠一〉初・人力車「情男(〈注〉いろおとこ)愛婦を抱ひて而して車を同ふするは人の羨む所也」＊断橋(1911)〈岩野泡鳴〉一一「長くまたは近く会はない愛婦(アイフ)どもの上に馳せてゐると」＊虚実(1968-69)〈中村光夫〉出会「結婚するつもりの愛婦に長い手紙をかく間も」[発音]〈標ア〉[ア]

あい-ふ〘名〙晩春の頃のウズラの雌。雄のウズラをとるためのおとり。《季・春》＊俳諧・誹諧初学抄(1641)末春「あひふ うづらとるおとり也」＊俳諧・滑稽雑談(1713)三月「夏鴽(なつうづら)〈略〉又一名あひふ、此者秋にいたりては住と。鳴といへる類ひ共伝ふ、不審也」

あい-ぶ【愛撫】〘名〙子供や異性を、なでさすってかわいがること。また、そのようにいつくしみかわいがること。＊神霊を鎮祭し給へる詔-明治三年(1870)一月三日「朕、恭惟、大祖創業、崇敬神明、愛撫蒼生。祭政一致、所由来遠矣」＊彼日氏教授論(1879)〈ファン＝カステール訳〉八・三「其親族朋友の為めに愛撫祝頌(しゅくしょう)せらる」＊運命論者(1903)〈国木田独歩〉四「僕を外に置くこと三年、其実子なる秀輔のみを傍に愛撫(アイブ)すること三年」＊宋史-范仲淹伝「号令明白、愛撫士卒、諸羌来者、推心接之不疑」[発音]〈標ア〉[ア]〈京ア〉⓪

あい・ぶ【歩】〘自バ四〙(「あゆぶ(歩)」の変化した語。江戸時代、安永、天明年間(一七七二～八九)頃の流行語)歩く。出かける。また、いっしょに行く。＊雑俳・柳多留-一一(1776)「江戸へあいばんかとつばなうりにいひ」＊洒落本・呼子鳥(1779)品川八景「そんな事をいわずとおれといっしょにあいびなよ」＊洒落本・通言総籬(1787)一「もふ昼みせのおみきどっくりも、ひけたらう。喜のぼう、あいばっせへ。こんやは一町目のつもりだ」＊滑稽本・浮世風呂(1809-13)四・中「うさアねへ。一寸おらが内へ歩(アイ)びねへ。直(ぢき)に此横町だ」[方言]岩手県107 宮城県121 山形県147 福島県155 群馬県勢多郡224 東京都大島326 富山県下新川郡391 石川県鳳至郡409 山梨県463 長野県東筑摩郡・西筑摩郡491 岐阜県497 静岡県537 三重県度会郡599 奈良県吉野郡687 和歌山県東牟婁郡・西牟婁郡690

あい-ふう【相封】〘名〙同じ一つの事物に二人がめいめい自分自身で加える封印。＊日葡辞書(1603-04)「Aifŭ(アイフウ)」＊御造宮杉の落葉(1682)「奉行所家来と三方相封、三方へ預り置」

あい-ぶぎょう【合奉行】〘名〙[辞書]日葡 鎌倉、室町幕府の職名。鎌倉幕府の訴訟制度で、主任奉行として事件の審理を担当した本奉行を補佐し、訴訟手続きに違反がないかどうかを監査した奉行。本奉行は事件発生ごとに引付(ひきつけ)構成員より選ばれたが、合奉行は常置の官職であった。室町幕府の訴訟制度でも本奉行の補佐役であったが、本奉行が訴人側の訴訟事務を主に担当したのに対し、合奉行は論人側のそれを担当した。相奉行。閧奉行。＊高野山文書-正安三年(1301)六月二一日・太田貞宗所務和与引付頭人以下注文(大日本古文書八・一九七二)「頭人、越後守 久時 奉行安当大蔵丞 長嗣 合奉行秋元太郎左衛門尉」＊金沢文庫古文書-元徳二年(1330)三月二四日・金沢貞顕書状(一・四二四)「大和右近大夫嫡子佐渡大郎左衛門合奉行に加候つる」

あい-ぶぎょう【相奉行】〘名〙①「あいぶぎょう(合奉行)」に同じ。＊蔭凉軒日録-寛正三年(1462)八月五日「有牧軒領堺論之事、斎藤四郎衛門為相奉行、被加于治部河内守之事伺之。即命于治部弁斉藤四郎衛門也」②江戸時代、同職の奉行が二人以上いる場合、互いに相手を呼ぶ称。たとえば、南町奉行から北町奉行を呼ぶ類。＊武家名目抄(19C中か)職名部・郡奉行「相奉行相代官相年寄其外諸役人二三人一対に召仕候者中能思ひ合たるは主人の為にならずせり合たるは徳有と被仰候」

あい-ふく【間服・合服】〘名〙春と秋に着る服。あいぎ。＊足袋の底(1913)〈徳田秋声〉二「もう今年の中折(なかをれ)などを冠った間服(アイフク)に赭靴(あかぐつ)の男が通ったり」[補注]「合着」は和洋共にいうが、「合服」は洋服に用いる。[発音]〈標ア〉[0]〈京ア〉[0]

あい-ふく【愛服】〘名〙①(「服」は、薬や茶を飲む意)好んで飲むこと。愛飲。愛用。＊性に眼覚める頃(1919)〈室生犀星〉「私はそのころ、習慣になったせゐもあったが、その濃い重い液体を静かに愛服するといふまでではなかったが」②(「服」は、つき従うの意)心から喜んで従うこと。＊陶弘景-与武帝論書啓「臣心本自敬重、今者彌増愛服」[発音]〈標ア〉[0]

あい-ふくちゅう【相腹中】〘名〙同じ腹。同意見。＊俳諧・千代見草(1692)「蚊も君と相腹中よ名残泣」

あい-ふさい【相相応】〘名〙ものにより、ふさわしいものとそうでないもののあること。合う合わないがあること。＊談義本・教訓乗合船(1771)二・神道者田舎学者の弁「願ひ望み、吉凶縁結び、墨色善悪、手の筋、住所居村(いむら)のあいふさひ、待人はしり人」[方言]⇨あいぶしょお(合―)

あい-ぶしょお【合―】〘名〙[方言]ものにより、合う合わない、適不適のあること。新潟県佐渡352 ◇あいぶさい 三重県鳥羽585 高知県長岡郡869 ◇えぶしょお・えぶせ・えぶせもん 新潟県佐渡352

あい-ふ・す【相付】〘他サ変〙(「あい」は接頭語。

「付す」の改まった言い方）添える。＊近世紀聞（1875–81）〈条野有人〉初・二「閣老佐倉侍従に三四名の官吏を相附（アイフ）し」

あい-ふだ〔あひ：〕【合札】『名』金品を預かったとき、その証拠として引き換えに渡す札。預かり札。引き換え札。また、のちの証拠として、一枚の札を二枚に切って渡す一方の札。割符。＊英和商業新辞彙（1904）〈田中・中川・伊丹〉「Check〈略〉合符（アイフダ）チェッキ 小貨物の運送を依頼するとき鉄道会社が出す割符であって二枚ある」＊青年（1910–11）〈森鷗外〉一七「純一は合札（アヒフダ）を出して、帽と外套とを受け取って、寒い玄関に出た」 発音〈標ア〉0イ〈京ア〉イ/0

あい-ぶつ【愛物】『名』愛し好むもの、また、生き物。気に入りの人。あいもつ。＊帥記-永保元年（1081）六月四日「江州相二具愛物子族二人一来向」＊金沢文庫古文書-正中二年（1325）一一月二二日・金沢貞顕書状（一・三六八）「太守御愛物 常葉前、今暁 寅刻、御産無為之上、男子御誕生之際」＊爛（1913）〈徳田秋声〉一九「くんくん鼻を鳴らしながら、なつかしい主の膝や胸へ取りついて来る愛物の頭を撫でながら」＊張祜-将至衡陽道中作詩「長年無二愛物一、深話少二情人一」

あい-ふま・ゆ〔あひ：〕【相踏】『他ヤ下二』（「あい」は接頭語）物事を踏み台とする。＊日葡辞書（1603–04）「ヲヤノ アトシキヲ aifumayuru（アイフマユル）」 辞書日葡

あい-ふ・む〔あひ：〕【相踏】『他マ四』（「あい」は接頭語）踏む。＊大和本善寺文書-（天正八年）（1580）四月二一日・本願寺印書「大坂可レ被二相踏一之御造意」＊日葡辞書（1603–04）「Aifumi, u, unda（アイフム）」 辞書日葡

あい-ふ・れる〔あひ：〕【相触】（「あい」は接頭語）■一『他ラ下一』文あひふ・る『他ラ下二』広く告げ知らせる。通知する。言いふらす。＊名語記（1275）二「あひふるるよし也」＊神皇正統記（1339–43）下・高倉院「国々にある源氏の武士等にあひふれて平氏をうしなはんとはかりけり」＊太平記（14C後）三一・新田起義兵事「三人の人々に逢うて事の子細を相触（フレ）ける間」＊謡曲・西行桜（1430頃）「存ずる子細のある間、当年は庵室において花見禁制とあひ触れ候へ」■二『自ラ下一』文あひふ・る『自ラ下二』互いに触れ合う。接触する。＊西国立志編（1870–71）〈中村正直訳〉一二・一一「彼の人に遇ひ、その貴き性格と相触るときは」＊土（1910）〈長塚節〉二〇「草木の葉が相触れ相打って」 発音〈標ア〉ア 辞書易林・日葡 表記相触（易）

アイブロー-ペンシル『名』（英 eyebrow pencil 正しくはアイブラウペンシル）美容用具。眉毛の形を整えるために使う鉛筆状のまゆずみ。 発音〈標ア〉ペ

あい-へだた・る〔あひ：〕【相隔・相距】『自ラ五（四）』（「あい」は接頭語。「へだたる」の改まった言い方）両者の質や等級に差異がある。両者の間に違いがある。＊「遊蕩文学」の撲滅（1916）〈赤木桁平〉五「氏一流の織軟柔麗なる筆致の如きも、これまた近松氏の慣用する俗悪下凡の鵺（ぬえ）的技巧と相距（アヒヘダタ）ること五十歩百歩の代物（しろもの）であるのを見ると」＊道元（1955）〈唐木順三〉「この相見底、相逢底のリアリズムが、主観客観のリアリズム、いはば科学的、感覚的リアリズムと相距（アヒヘダタ）るものであることはいふまでもない」 発音〈標ア〉ア＝タ

あい-へだ・つ〔あひ：〕【相隔】『他タ下二』（「あい」は接頭語）互いに間を離す。間をさえぎる。＊四河入海（17C前）二一・二「一生同居せずして、相別てをる事は、辰星、参星との、別々に相隔て、あるが如きぞ」＊悪魔（1903）〈国木田独歩〉五「先には並び歩いた二人が、今は前後して相隔（アヒヘダ）つる二歩三歩」 辞書文明 表記相隔（文）

あい-べち【愛別】『名』「あいべつ（愛別）」に同じ。＊とはずがたり（14C前）五「こぞの御あはればかりは、なげかれさせおはしまさざりしぞ、うたてきあいへちなるや」

あい-べつ【哀別】『名』別れをかなしむこと。また、かなしい別れ。＊読本・椿説弓張月（1807–11）続・四三回「限なき哀別（アイベツ）、夜鶴笳（かご）に悲鳴し、捨がたき情愛、生亀筒（から）を脱落す」＊和英語林集成（初版）（1867）「Ai-betsz アイベツ 哀別」＊あの時分（1906）〈国木田独歩〉「断念（あきら）め得ない哀別（アイベツ）の情に沈むのは」 発音〈標ア〉0 辞書〈ボン〉 表記哀別（へ）

あい-べつ【愛別】『名』親しみ、愛している人と心ならずも別れること。あいべち。→愛別離苦。＊日葡辞書（1603–04）「Aibet（アイベツ）」＊雑俳・高天鶯（1696）「愛別の恨あづかる鶏の声」 発音〈標ア〉0 辞書日葡

あい-べつ【鞋韈】『名』くつと、たび。また、それらに類した物。＊正法眼蔵（1231–53）陀羅尼「坐具をもち、鞋韈（アイベツ）を整理して」＊軍制綱領（1875）〈陸軍省編〉三・一「其三、被服、陣営具は被服、諸具、麻布、鞋韈の諸品等」＊唐書-儀衛志「黄麾杖左右廂各十二部十二行、〈略〉皆有二行縢鞋韈一」

アイベックス『名』（英 Ibex）偶蹄目ウシ科ヤギ亜科の哺乳類。体長一五〇センチメートル前後、角は前面によく目立つ横筋状のうねが並び、後方に大きく湾曲して雄では長さ一メートル以上に達する。雌の角は二〇センチメートル程度と短い。体色は褐色だが、地方により濃淡の変異が大きい。ヨーロッパのアルプス山脈とピレネー山脈のほか、西アジアや北アフリカの山岳地帯にも分布する。高山の岩場に生息し、雌と子どもからなる五～二〇頭の群で生活する。雄は単独性で、繁殖期にのみ雌の群に加わる。家畜のヤギと容易に雑種ができるが、家畜ヤギの原種は本種ではなく近縁のパサン（ノヤギ）とされている。学名は Capra ibex

あいべつり-く【愛別離苦】『名』仏語。八苦の一つ。愛別する苦しみ。＊往生要集（984–985）大文二「心事相応、無二愛別離苦一」＊栄花（1028–92頃）鶴の林「不生不滅の仏そら、猶愛別離苦、无去无来を離れ給はず」＊今昔（1120頃か）一・四「恩愛は必ず別離有り。唯し願（ねがはく）は我が出家・学道を聴（ゆる）し給へ。一切衆生の愛別離苦を皆解脱（げだつ）せしめむや」＊平家（13C前）一二・平大納言被流「昨日は西海の波の上に〈略〉、けふは北国の雪の下に埋れて、愛別離苦のかなしみを故郷の雲にかさねたり」＊ぎやどぺかどる（1599）上・一・六「愛別離苦の悲みとなりて 其に別るる心尚悲しき者也」＊法華経-譬喩品「若生二天上一及在二人間一、貧窮困苦愛別離苦怨憎会苦、如レ是等種種諸苦」＊南本涅槃経-一一「云何菩薩住二於大乗大涅槃経一観二愛別離苦一。愛別離苦能為二一切衆苦根本一」 語誌仏語としての性格上、仏典や仏典に基づく文脈での使用が多く、挙例の「栄花物語」も道長の葬送の際の導師の言葉である。中世以後にも仏教思想と関連する形で使われることが多いが、キリシタン資料の「ぎやどぺかどる」でキリスト教の文脈の中で使われ、近世の歌謡集「松の葉」の「こひ草」で恋する男女の間に関して使われるなど、仏教思想との直接的な関連が稀薄な例も見られる。 発音〈標ア〉リ〈京ア〉リ 辞書黒本・日葡・言海 表記愛別離苦（黒・言）

あい-べや〔あひ：〕【相部屋・合部屋】『名』①宿屋などで同じ部屋に泊まること。部屋を同じくすること。相宿（あいやど）。＊俳諧・千代見草（1692）「相部屋の友譲りあふ一つ夜着」＊西洋道中膝栗毛（1874–76）〈総生寛〉一二・下「部屋の広さが四畳半、寝床の棚を三段に、三人相部屋（アイベヤ）」＊足摺岬（1949）〈田宮虎彦〉「私がこの二人と相部屋するようになったのは幾日目のことであったろう」②俳優が二、三人で共用する部屋。また、その部屋を用いる中位の俳優。＊多情仏心（1922–23）〈里見弴〉都を離れて・七「合部屋（アヒベヤ）の三人のうち、一人はもう帰ったあととみえて」 発音〈標ア〉0

あい-べら〔あひ：〕【合篦】『名』裁縫の時、布などにあいじるしとして、へらのあとをつけること。

あい-べんけい〔あゐ：〕【藍弁慶】『名』紺と浅葱（あさぎ）の二色の糸で織った弁慶縞（べんけいじま）。＊洒落本・金郷春夕栄（1850）一「一個（ひとり）はキイタうへだ嶋、藍弁慶（アヰベンケイ）に黒繻子（くろしゅす）の襟にかかりしあらひ髪（がみ）」＊随筆・守貞漫稿（1837–53）一七「弁慶島。〈略〉紺浅木を藍弁慶と云」 発音アイベンケイ〈標ア〉ベ

あい-へんどう〔あひへんダフ〕【相返答】『名』（「あいへんとう」とも）相手の話に相づちをうつこと。適当に調子を合わせた受け答え。多く「あいへんどうをうつ」の形で用いる。あへんどう。あへんど。＊日葡辞書（1603–04）「Aifendŏuo（アイヘンダウヲ）ウツ〈訳〉会話の中途で適当に返事をする」＊浄瑠璃・応神天皇八白旗（1734）三「兎や角相返答（アヒヘンタフ）うったるは、儕（おのれ）が心を見届けん為」＊仙台方言（1817頃）態芸「あいへんとう。人に挨拶することを云。挨拶返答の略ならん。泛くうけこたへのことに用ゆ」 語誌「アド打つ」の「あど」と「返答」が結びついた語で、「あへんどう」が古く、「相返答（あいへんどう）」は当て字として生まれた語かともいわれるが、「あいへんどう」が変化して「あへんどう」、さらに「あへんど」となったと考えるべきであろう。ただ、「あいへんどうをうつ」の形は「あどうつ」の連想で用いられたものと思われる。 方言❶人に対する受け答え。返答。応答。挨拶。和歌山県西牟婁郡699 島根県那賀郡725 ◇あいへんとう 島根県隠岐島725 香川県高松832 ◇あいへんど 青森県074 岩手県上閉伊郡097 東磐井郡106 岐阜県飛驒502 島根県725 ◇あいへんと 島根県隠岐島725 ◇あへんと 香川県829 ◇あいへど 岩手県気仙郡100 東磐井郡107 ◇あいけんど 山口県豊浦郡798 ◇えぁへんど 岩手県気仙郡100 ◇えへんど 青森県上北郡082 ◇あごへんと 富山県砺波398 ❷逆らって言うこと。抗言。◇あいへんとう 香川県高松832 ❸待遇。◇あいへんど 岩手県東磐井郡106 発音アイヘンドー〈なまり〉アエフド〔津軽語彙〕アヘンド〔津軽ことば〕〈標ア〉ヘ 辞書日葡

あい-ぼ【哀慕】『名』尊敬する人、愛する人の死をかなしみ慕うこと。＊色葉字類抄（1177–81）「哀慕」＊不二遺稿（1424頃）下・祭天岩禅門文「後五十日聞レ訃而来。無レ任二哀慕之至一」＊舞姫（1906）〈与謝野晶子〉「わが哀慕（アイボ）雨とふる日に蜱（いとど）死ぬ蟬死ぬとしも暦を作れ」＊南史-范元琰伝「元琰時童孺、哀慕尽レ礼」

あい-ぼ【愛母】『名』愛情の深い母親。慈母。＊聖徳太子伝暦（917頃か）上・推古天皇元年「天下之人民、聞而大悦。如レ遭二慈父愛母一」 発音〈標ア〉ア

あい-ぼ【愛慕】『名』深く愛して、それを慕うこと。＊文明本節用集（室町中）「愛慕 アイボ」＊読本・忠臣水滸伝（1799–1801）後・一〇回「偶（ふと）女児（むすめ）を見てふかく愛慕（アイボ）し、しひてめとらんことをもとむ」＊花柳春話（1878–79）〈織田純一郎訳〉二四「英国の風を愛慕し」＊後漢書-卓茂「郷党故旧雖二行能与レ茂不一レ同、而皆愛慕欣欣焉」 発音〈標ア〉ア〈京ア〉0 辞書文明 表記愛慕（文）

あいぼ『名』（「あいぼう（相棒）」の変化した語か）賭博をする者、およびその仲間をいう隠語。〔隠語輯覧（1915）〕

あい-ぽ・い〔あゐ：〕【藍―】『形口』（「ぽい」は接尾語）藍色がかっている。濃い青色の感じが強い。＊多情多恨（1896）〈尾崎紅葉〉前・三・一「秩父銘撰（めいせん）の藍ぽい羽織を着て」

あい-ほう【愛宝】『名』だいじにしている宝物。また、宝物のように心から珍重しているもの。＊新札往来（1367）上「書院眠床之置物等、御所持之愛宝等、皆々恩借有るべく候」

あい-ぼう あひ【相棒】『名』①駕籠(かご)や、もっこなどの前後をかつぐ相手の人。相肩。棒組。＊咄本・都鄙談語(1773)辻駕「草鞋(わらんぢ)引しめ、合棒(アヒボウ)とつれだち出しが、間もなく帰り、門口から畳の上へ、銭八百なげ出す」＊雑俳・千里の道(1803)「相棒の立身そしる丸はだか」＊滑稽本・続膝栗毛(1810-22)二・下「あひ棒がなくちゃアはじまらねへ」②いっしょに物事をする相手。また、仲間。相手役。＊黒潮(1902-05)〈徳富蘆花〉六・一「閣僚の中でも、世間で乃公(おれ)の相棒ときめて居る木下は」＊放浪記(1928-29)〈林芙美子〉「この頃私には、かうして親しく言葉をかける相棒が二人ばかりあった」方言同輩。同伴者。友達。栃木県塩谷郡200 新潟県347 富山県390 発音アイボー〈標ア〉⓪ボ〈京ア〉⓪ 辞書ボン・言海 表記相棒(へ・言)

あい-ぼう あゐ【藍棒】『名』①「あいろう(藍蠟)」に同じ。②「あいぼうネル(藍棒―)」の略。発音アイボー〈標ア〉⓪イ

あいぼう-ネル あゐボウ【藍棒―】『名』(ネルは「フランネル」の略)白地に藍色糸で棒縞を配した綿のネル。藍棒。紺棒。発音アイボーネル〈標ア〉ネ

あい-ぼし あひ【相星】『名』相撲で勝ち負けの数が同じであること。転じて、一般のスポーツでもいう。発音〈標ア〉⓪

アイボリー『名』(英 ivory)《アイボレー》①象牙(ぞうげ)。また、象牙色。＊舶来語便覧(1912)〈棚橋一郎・鈴木誠一〉「アイボリー　象牙の義 Ivory(英)〈略〉象牙を材料として作りたる細工物の材料を称する時に用ふ」＊森谷延雄遺稿(1928)〈森谷延雄〉おもちゃを並べたマントルピースを得て「天井だけをアプソンボードのアイボリー色の水ペンキを塗って三尺の格に落しました」②「アイボリーペーパー」の略。＊南小泉村(1907-09)〈真山青果〉七「金縁の舶来象牙紙(アイボレイ)に活字も気取ってゴジック新型である」発音〈標ア〉ア

アイボリー-ブラック『名』(英 ivory black)顔料の一つ。黒色。象牙(ぞうげ)を焼いてつくった粉末で、油絵の具に多く用いられる。＊現代語大辞典(1932)〈藤村作・千葉勉〉「アイヴォリー・ブラック ivory black 英 油絵用の光沢ある黒色絵具」

アイボリー-ペーパー『名』(英 ivory paper)両面に白土を塗布して光沢をつけた最上質の板紙。名刺、私製はがき、招待状、メニュー、高級なカードなどに用いられる。象牙(ぞうげ)紙。アイボリー。発音〈標ア〉ペ

アイ-ボルト『名』(英 eyebolt)頭部にロープなどを通すことができる穴をつけたボルト。輪つきボルト。発音〈標ア〉ボ

あい-ぼれ あひ【相惚】『名』①互いに愛し合うこと。また、愛し合う恋人同士。相思相愛。＊仮名草子・犬枕(1606頃)「したたるき物、あひぼれの目元」＊俳諧・若狐(1652)上・六「おもひいるる心もふかき数寄の道、いつともなしにあひほれの中」＊浄瑠璃・津戸三郎(1689)一「行春が娘幾世と申ものなるが、御舎弟忠信様と、忍びてあひに相ぼれの、神ぞいとしさ可愛(かはい)さは」＊都新聞-明治二六年(1893)一月一八日「彼方で思へば此方でも思ふ所謂相惚なるものを形造ったのは」②刺身をいう花柳界の語。身を刺すに通じるのを忌んでいう。〔特殊語百科辞典(1931)〕発音〈標ア〉⓪

あい-ま あひ【合馬・間馬】『名』「あいごま(合駒)」に同じ。＊洒落本・娼妓絹籭(1791)自序「煙花(いろざと)を将棊の局面に設、娼妓の駒下踏の往来を観(みる)に、茶店に客を待碁子(まちごま)あり、籬で私夫(まぶ)に間棊(アヒマ)子あり」＊滑稽本・浮世風呂(1809-13)前・下「『ソレ、王手』『そこで合馬(アヒマ)サ、ヲット、待たり』」発音〈標ア〉⓪〈京ア〉⓪

あい-ま あひ【合間】『名』①物事と物事との間。いとま。すきま。多く時間的な意に用いる。＊申楽談儀(1430)神事奉仕の事「神事を本(ほん)にして、そのあひまの身上助からんための、上下なり」＊史記抄(1477)一六・儒林列伝「あいますきまに、傭作して賃を取てすくるぞ」＊滑稽本・浮世風呂(1809-13)二・上「その合間(アイマ)には子どもらが目を痞(さま)して」＊脱出(1935)〈福田清人〉二「かの女はよく食事と食事との合間をうかがひ」②(多く「に」を伴って副詞的に用いる)ときたま。たま。まま。＊滑稽本・浮世風呂(1809-13)三・下「『江戸の女までが、此頃はちらほら真似やす』『さういへば間(アイマ)に見かけるネ』」＊都会(1908)〈生田葵山〉不安「居眠りして居て、合間に吃驚(びっくり)したやうに眼を開いて」方言❶平常。常の日。ふだん。栃木県198 静岡県磐田郡546 愛媛県喜多郡・周桑郡845 ❷まれであること。たま。時々。岩手県上閉伊郡097 気仙郡100 新潟県西蒲原郡371 石川県能美郡420 岐阜県498 502 静岡県志太郡535 愛知県額田郡549 577 三重県阿山郡584 三重郡594 滋賀県彦根609 京都府京都市621 加佐郡628 香川県仲多度郡829 ◇やあま 静岡県安倍郡540 語源説(1)アヒ(間)とマ(間)との合語〔大言海〕。(2)アヒダのヒマの意のアハヒヒマの約か〔両京俚言考〕。発音〈なまり〉アマヤ〔岩手〕〈標ア〉⓪マ〈京ア〉⓪⓪

あい-まい あひまひ【相舞・合舞】『名』①二人、またはそれ以上の者が、いっしょに舞うこと。連舞(つれまい)。＊史記抄(1477)六・項羽本紀「大をとこが二人あいまいをして、あぶない事があったほどに」＊玉塵抄(1563)一一「項伯かたってあいまいして高祖を護して荘にうたせぬぞ」②能楽で、一つの舞を、二人またはそれ以上の者が、同時に同じように舞うこと。連舞。↔立合(たちあい)。＊車屋本謡曲・満仲(1552頃)「あはれ我子の幸寿があらば、美女御前とあひ舞せさせ」＊虎明本狂言・引敷聟(室町末-近世初)「今度はあひ舞にいたさう」

あい-まい【曖昧】『名』(「曖」も「昧」も「暗い」の意)①(形動)暗いこと。また、そのさま。＊何晏-景福殿賦「其奥秘則翳蔽曖昧、髣髴退概若二幽星之纚連一也」②(形動)物事がはっきりしないこと。物事が確かでないさま。あやふや。不明瞭。＊本朝文粋(1060頃)一・翫鶯花詩序〈小野篁〉「況在二曖昧之中一、思二瑩払之道一」＊東海一漚集(1375頃)一・送恵侍者往防之永興「上人恵然来、玉質破二曖昧一」＊文明論之概略(1875)〈福沢諭吉〉緒言「既往を論ずるに臆測推量の曖昧(アイマイ)に陥ること少なくして」＊自由艶舌女文章(1884)〈小室案外堂〉四四「こんな曖昧したことで証拠よばはりは真平だ」＊後漢書-蔡邕伝「若二公子一所謂覩二曖昧之利一而忘二昭晢之害一」③(形動)うしろ暗いこと。いかがわしいこと。怪しげな、疑わしいさま。＊西国立志編(1870-71)〈中村正直訳〉一三・二五「隠匿(いんとく)曖昧〈注〉ウスグラキ)の事を為(なさ)ず」＊歌舞伎・島鵆月白浪(1881)序幕「其曖昧をすると思っておっかさんの頼みを聞き、娼妓になってくんなせえ」＊最暗黒之東京(1893)〈松原岩五郎〉二〇「若し一人にても曖昧(アイマイ)する事あれば直ちに是を桎梏して鉄鞭を加ふ」④検番の帳簿に記入された一人のなじみ客のほかに、他の客となじんだ芸妓を卑しんでいう。＊鴨東新誌(1877)〈成島柳北〉「其の既に客を獲る者、絶えて其の他に狎昵するを許さざる也。而して猶ほ狎るる者有り焉、俗之を呼んで曖昧と曰ふ」語誌(1)原義である「暗いこと」の意の日本語の用例は、現在、確認されていない。(2)「曖昧」は、「はっきりしないさま」の意を持つという点で、「うやむや」と意味が近い関係にあるが、元来、「うやむや」は「有耶無耶」であり、存在するかどうか自体がはっきりしないという点に中心があるのに対して、「曖昧」は、存在はするのだが、そのあり方がどっちつかずではっきりしないという点に中心がおかれていた。現代語でも、「もうけ話がうやむやになってしまった」の「うやむや」を「曖昧」には換えがたく、「曖昧な返事をする」の「曖昧」を「うやむや」に換えがたいのは、その基本的な区別が残っているからであろう。(3)また、現代語では、「曖昧」は、どちらかといえば受け止める側の認識の仕方であるのに対して、「うやむや」は、なにかしら、そのようにする行為者が存在することを含意する点で異なっている。方言密売春婦。長野県諏訪468 発音〈標ア〉⓪〈京ア〉⓪ 辞書ボン・言海 表記曖昧(へ)曖昧(言)

あいまい-おんな をんな【曖昧女】『名』素人女をよそおって、ひそかに売春する女。また、曖昧屋に出入りする女。＊歌舞伎・島鵆月白浪(1881)三幕「私などの生業(しゃうばい)も田舎行の曖昧女か」＊紐育(1914)〈原田棟一郎〉紐育の公園「現にあのロイド・ヂョージの紐育(ニューヨーク)に持って居る宅地が、例の曖昧女(アイマイヲンナ)の巣窟となって居るのに」発音〈標ア〉オ

あいまい-ご【曖昧語】『名』文章や談話などに使用された語で、その意味が幾通りにもとれてはっきりしないもの。発音アイマイゴ〈標ア〉⓪

あいまい-ぢゃや【曖昧茶屋】『名』売春婦などを置いてひそかに客をとるいかがわしい料理茶屋。曖昧屋。＊当世書生気質(1885-86)〈坪内逍遙〉四「曖昧茶屋(アイマイチャヤ)へ遣(やら)るるのは、今から知れたる彼児の行末」発音〈標ア〉ジャ

あいまい-は【曖昧派】『名』フランスの退廃派・象徴派をいう。人間の内部的なものは従来の言語構成によっては、きわめて曖昧にしか捕えられないという曖昧説を唱えたところからいう。＊内部生命論(1893)〈北村透谷〉「凡そ生命を教ふる者は、既に功利派にあらざるなり。凡そ生命を伝ふる者は、既に曖昧派にあらざるなり。凡そ生命を知るものは既に高踏派にあらざるなり」発音〈標ア〉⓪

あいまい-ぼいん【曖昧母音】『名』中舌母音[ə]のこと。印欧諸語の研究では曖昧母音は音交替の説明のための一連の仮説上の音として考えられる。発音〈標ア〉ボ

あいまい-もこ【曖昧模糊】『名』(形動タリ)物事がはっきりしないで、ぼんやりしていること。また、そのさま。＊当世書生気質(1885-86)〈坪内逍遙〉一七「幸ひ新聞にも載せられないで、曖昧模糊(アイマイモコ)の間に風評が消えたは」＊社会百面相(1902)〈内田魯庵〉鉄道国有・四「曖昧模糊とした国有案では急に相場が上るといふわけには行くまい」＊山吹(1944)〈室生犀星〉一三「実に分らない曖昧模糊たる問題であった」発音〈標ア〉モ

あいまい-もりょう【曖昧模稜】『形動』(「模稜」は、事を明白にしないこと)はっきりせず、あいまいなさま。曖昧模糊。＊江戸から東京へ(1921)〈矢田挿雲〉七・二六「文相が昇格問題に対する如く、曖昧模稜(アイマイモリョウ)な顔をして居た」発音アイマイモリョー

あいまい-や【曖昧屋】『名』表向きは料理屋や商家、旅館などに見せかけながら、売春婦などをかかえておき、ひそかに客をとる家。曖昧茶屋。曖昧宿。＊歌舞伎・木間星箱根鹿笛(1880)四幕「座敷も暗い曖昧屋でちっと稼げば出来る金」＊生まざりしならば(1923)〈正宗白鳥〉「三子から聞いてゐる曖昧屋(アイマイヤ)なるものは」発音〈標ア〉⓪〈京ア〉⓪

あいまい-やど【曖昧宿】『名』「あいまいや(曖昧屋)」に同じ。＊異端者の悲しみ(1917)〈谷崎潤一郎〉五「三日にあげず蠣殻町の曖昧宿を訪れた」＊温泉宿(1929-30)〈川端康成〉夏逝き・一「川上から曖昧宿の女が二人」発音〈標ア〉ヤ

あいま-ぎ【間着】『名』方言 ⇩あいぎ(間着)

あいま-ぎり あひま【相間剪】『名』林木の生長を助けるためのすかし切り。多く造林地において行なうが、天然林にあっては雑木や枯損木を切り除くことにもいう。疎伐(そばつ)。間伐(かんばつ)。＊盛岡藩・雑書-文

化三年(1806)「年々百本位、幷栗、松、雑木之類、真留り、枯木之類相間剪被仰付」

あい-まく〔あひ〕【相幕】『名』同じ幕の中に、いっしょに居ること。幔幕(まんまく)の中に居合わせること。＊浮世草子・庭訓染匂車(1716)三・二「春は花見の相幕に名の木をくゆらせ」

あい-ま・く〔あひ〕【相纏】『他カ四』(「あい」は接頭語) いっしょに枕する。共に枕して寝る。＊万葉(8C後)七・一四一四「薦枕(こもまくら)相巻(あひまき)し児もあらばこそ夜の更(ふ)くらくも我が惜しみせめ〈作者未詳〉」

あいま-ぐい【間食】『名』[方言] ⇨あいぐい(間食)

あいま-ぐち【間口】『名』[方言] ⇨あいぐい(間食)

あい-まくら〔あひ〕【相枕】『名』夫婦用の長枕。転じて、共寝の相手。あいのまくら。＊俳諧・広原海(1703)一九「聞迄の契梓の相妻(マクラ)」

あい-まくらま・く〔あひ〕【相枕纏】『自カ四』(「まくらまく」は枕にして寝るの意) 共寝をする。＊古事記(712)中・歌謡「道の後(しり) 古波陀嬢子(こはだをとめ)を 神の如(ごと) 聞えしかども 阿比麻久良麻久(アヒマクラマク)」

あい-まご〔あひ〕【相孫】『名』同じ祖父母を持つ者同士。＊虎寛本狂言・枕物狂(室町末‐近世初)「爰に相孫が御座る程に、是をも誘ふて参うと存る」

あいま-こま〔あひま〕【合間小間】『名』(多く「に」を伴って副詞的に用いる。「小間」は語勢を強めるために添えた語) ひまのおりごと。ひまひま。＊滑稽本・浮世風呂(1809‐13)二・上「親子喧嘩の合間(アイマ)こまには、夫婦喧嘩さ」＊雑俳・太箸集(1835‐39)三「壱人仕事・下女相間小間来て覗く」[方言]丹波†115 新潟県佐渡352 岩船郡366 岐阜県恵那498 島根県邑智郡・美濃郡725 岡山市762 ◇あいまこうま 群馬県吾妻郡219 岐阜県郡上郡504 静岡県安倍郡540 ◇あいまっこま 埼玉県入間郡257 ◇あいまこいま 神奈川県314

あい-まさ〔あひ〕【間政・間正】『名』(奉書紙と正目紙との中間の物の意) 奉書に使用する和紙の一種。中奉書の別称。

あい-まじこ・る〔あひ〕【相蠱】『自ラ四』(「あい」は接頭語) 呪力(じゅりょく)にひき入れられる。＊延喜式(927)祝詞・御門祭「天のまがつひと云ふ神の言はむ悪事(まがこと)に〈古語にまがことといふ〉相麻自許利(あひマジコリ)、あひ口会(くちあ)ひ賜ふ事無く」

あい-まじ・る〔あひ〕【相混】『自ラ五(四)』(「あい」は接頭語) 互いに混じる。混じり合う。＊愚管抄(1220)三・桓武「この人の中に因果善悪あひまじりて」

あい-まじわ・る〔あひまじはる〕【相交】『自ラ五(四)』(「あい」は接頭語) ①多くのものが、互いに入り乱れる。混ざり合う。＊御成敗式目(1232)三条「若背二此式目一相二交自余事一者」＊太平記(14C後)七・吉野城軍事「大手の合戦急也と覚えて、敵御方(みかた)の時の声相交(アヒマジハ)りて聞えけるが」＊六物図抄(1508)「多聚相渉は多聚あひまじわる也」②互いに交際する。つきあう。仲よくする。＊太平記(14C後)七・赤松蜂起事「赤松是を討せずして、情深く相交(マジハ)りける間、伊東大和の二郎其の恩を感じて」＊寛永刊本蒙求抄(1529頃)八「神意不接とは真実の心が、あいまじはらぬぞ」＊文明論之概略(1875)〈福沢諭吉〉一・三「世間相交り人民相触れ、其交際愈(いよいよ)広く」③互いに入り違う。交差する。[辞書]文明・日葡 [表記]相交(文)

あい-ま・す〔あひ〕【相摩】『自サ変』(「あい」は接頭語) 互いにこすり合う。また、互いに近づく。触れ合う。＊当世書生気質(1885‐86)〈坪内逍遙〉一一「一山二銭の翫物(おもちゃ)店には、さとり顔の達磨(だるま)、今戸焼のおいらんと膝相摩(アヒマ)し」＊東京年中行事(1911)〈若月紫蘭〉一月暦「往さ来るさの種々雑多の傘々(さんさん)互に相摩(アヒマ)しつつ」＊鼠と猫(1921)〈寺田寅彦〉三「海の中にもぐった時に聞える波打際の砂利の相摩する音や」

あい-まぜ『名』[方言] ❶無関係の者が人の仕事に手出しをすること。高知県香美郡861 高知市867 ❷互いに仕事を手伝い合うこと。高知県862

あいまち『名』「あやまち(過)」の変化した語。＊史記抄(1477)一五・司馬相如「自然、堂からあいまちに、落たりなんとかせうずらうぢゃほどにぞ」＊かた言(1650)三「けがあやまちを、けがあいまち」

あい-ま・つ〔あひ〕【相待】『他タ四』(「あい」は接頭語)「待つ」の改まった言い方。＊将門記(940頃か)「扶等陣を張り、将門を相待」＊愚管抄(1220)四・後白河「今は参るらん。しばしあいまて」＊仮名草子・竹斎(1621‐23)上「御通り候はば、道にて直(じき)に上げ候はんと、御宿に人を付けあひまちし所に」[辞書]文明・日葡 [表記]相待・相須(文)

あい-まって〔あひ〕【相俟】『副』(「あい」は互いにの意、「まつ」は期待するの意。二つ以上の事柄がいっしょになって、ある結果をひき起こす場合などに使われる) 互いに作用し合って。互いの力によって。＊彼岸過迄(1912)〈夏目漱石〉報告・一〇「其畑が彼の顔の傍で何時の間にか消えて行く具合が、何処にも締りを設ける必要を認めてゐないらしい彼の眼鼻と相待(アヒマ)って」＊光と風と夢(1942)〈中島敦〉七「父に対する甘えが未だ自分に残ってをり、〈略〉それが、『父が自分をまだ子供と視てゐること』と相俟(アヒマ)って、かうした結果を齎すのだらうか?」[発音]〈標ア〉[ア]〈京ア〉(イ)

あい-まみ・える〔あひ〕【相見】『自ア下一』図あひまみ・ゆ『自ヤ下二』(「あい」は接頭語。「まみえる」は、対面する相手を敬う「会う」の意の謙譲語) お会いする。お目にかかる。(敬意がほとんどなく)顔を合わせる。＊書紀(720)神代上(水戸本訓)「吾(やつかれ)元(もと)より悪(きたな)き心無し。唯(ただ)、姉(なねのみこと)と相見(アヒマミエ)んと欲(おも)ふ」＊太平記(14C後)二八・慧源禅巷南方合体事「其の間相去る事三十里、沛公項羽に未だ相見(あひマミエ)ず」＊源おぢ(1897)〈国木田独歩〉中「夢の世界にて故人相まみえ泣きつ笑(わらひ)つす」[辞書]文明 [表記]相見(文)

アイマラ-ご【―語】『名』(アイマラは Aymara) 南米の中央アンデス高原を中心に、ペルーとボリビアにまたがる地域で話される言語。現在の南米先住民族諸語の中では、もっとも活力のある言語の一つ。アイマラは、この言語を話す人々が自らの民族をさす呼称。ペルー北西部のハカル語、カウキ語とともに、ハケ語族(アイマラ語族とも)を構成する。[発音]アイマラゴ〈標ア〉[0]

あい-まん〔あゐ〕【藍万】『名』経(たていと)二本ごとに、藍の濃淡二色を交互に配列して織った万筋(まんすじ)。＊東京開化繁昌誌(1874)〈萩原乙彦〉初・下・牛店繁昌「結城紬の藍万は、些洒落過たる僧衣なれど」

あいみ〔あひみ〕【会見】鳥取県の西端にあった郡。明治二九年(一八九六)汗入(あせり)郡と合併して西伯(さいはく)郡となる。昭和三〇年(一九五五)、旧郡名を町名として町制を施行。[補注]「二十巻本和名抄‐五」には「伯耆国〈略〉會見〈安不美〉」とある。

あい-み〔あひ〕【合身】『名』(「合う身」の意から) 染帷子(そめかたびら)や模様物などの反物の見本として、片身、片袖のものを左右別々に仕立てておくこと。＊俳諧・雑談集(1692)「帷子の相身やおもふ女むき〈岩翁〉」＊万金産業袋(1732)四「染かたびら類、もやう物は、片身片袖片身片袖と、右左にわけて、一反を二つにして、二所へも見するやうにこしらへ置く。〈略〉是を合身(アイミ)といふ」

あい-み〔あひ〕【逢見】『名』人と会うこと。＊評判記・色道大鏡(1678)四「遣手(やりて)猶同心せざれば、あひ見も不自由にて、文の伝(つて)さへ絶々なり」

あい-み・える〔あひ〕【相見】『自ア下一』図あひみ・ゆ『自ヤ下二』(「あい」は接頭語)「見える」の改まった言い方。＊日葡辞書(1603‐04)「Aimiye, uru, eta (アイミユル)」＊露団々(1889)〈幸田露伴〉八「貴嬢がしんじあ様に向っての感情冀望は、明に相見(アヒミ)え候に付」＊良人の自白(1904‐06)〈木下尚江〉後・一〇・一「御様子少々変に相見へ候へば旦那様へ申上る間暫く御待ち下だされ候よう」[発音]〈標ア〉[ア]=[エ] [ア] [辞書]日葡

あい-みじん〔あゐみヂン〕【藍微塵】『名』①縞(しま)柄の一種。経(たていと)、緯(よこいと)ともに藍染糸二本ずつに濃淡の藍を用いた格子縞。また、その布。＊洒落本・仕懸文庫(1791)四「あいみぢんのめんちりのゆかた」＊安愚楽鍋(1871‐72)〈仮名垣魯文〉初「おめしのあゐみぢんの小そで」＊蓼喰ふ虫(1928‐29)〈谷崎潤一郎〉九「老人は宿の浴衣の上へ、五月と云ふのに藍微塵(アヰミジン)の葛織りの袷羽織を引っかけて」②「わすれなぐさ(勿忘草)」の俗称。＊花筐(1944)〈三好達治〉水のほとりに「水のほとりに来てみれば み空のいろの艸の花 藍微塵とて名もはかな ひとのこころのにがき日を」＊断腸花(1978)〈石原八束〉「藍微塵遠き師の恋歌の恋」[発音]〈標ア〉[ミ]

あい-み・す〔あひ〕【相見】『他サ下二』(「あい」は接頭語) 顔を見せる。会わせる。＊万葉(8C後)一〇・一九三二「春雨のやまず零(ふ)る零る吾が恋ふる人の目すらを令相見(あひみせ)なくに〈作者未詳〉」＊更級日記(1059頃)「こと、からうじて離れて、たひらかにあひ見せ給へと申すは、仏もあはれと聞き入れさせ給ひけむかし」＊夜の寝覚(1045‐68頃)五「されば、ただ宮をむかへとり奉りて、又二たびあひ見せ奉り給はじ」

あい-みずたま〔あゐみづたま〕【藍水玉】『名』①藍色の鳥の子紙に水滴を落としたような模様のあるもの。藍色の水玉紙。＊洒落本・一向不通替善運(1788)「左右の壁は藍水玉と松葉紙ではりまぜにして」②藍色の水玉模様。

あいみ-たがい〔あひみたがひ〕【相身互・相見互】『名』同じ悪い境遇や身分の人が、互いに同情し合い、また助け合うこと。また、そのような間柄の者。あいみたがいみ。＊浮世草子・けいせい伝受紙子(1710)二・五「牢人はあい身たがい、此人の妻にあひて渡世のたよりの物を送りたく思ひ」＊浄瑠璃・心中天の網島(1720)中「こな様がうかうかと死ぬるけしきも見へしゆへ、あまりかなしさ女はあいみたがひと、切られぬ所を思ひ切」＊俳諧・おらが春(1819)「喧嘩すなあひみたがひの渡り鳥」[発音]アイミタガイ〈標ア〉[ア]〈京ア〉(イ)[1](ミ) [辞書]言海 [表記]相身互(言)

あいみたがい-み〔あひみたがひみ〕【相身互身】『名』「あいみたがい(相身互)」に同じ。＊苦心の学友(1930)〈佐々木邦〉家からお屋敷へ「子持は相身互見(アヒミタガヒミ)です。このお子さんを手放すお心持は私もお察し申上げて居りますから、決して悪いやうには計らひません」

あい-みつ【靉光】洋画家。本名石村日郎。広島県出身。シュールレアリスムの影響を受けた。代表作「眼のある風景」「自画像」など。明治四〇～昭和二一年(一九〇七～四六)

あい-みどろ〔あゐ〕【藍美泥】『名』藍藻(らんそう)類の一つ。淡水、湿地などに浮遊するほか、他の植物の葉や根の中にも見いだされる。微小な糸状体で、一列に連なる数個から数十個の細胞が寒天状の袋に包まれている。この連鎖体で栄養増殖し、多数繁殖して養魚池などに害を与え、また臭気を発する。ゆれも。学名は Oscillatoria [発音]〈標ア〉[ミ]

あいみ-やき〔あひみ〕【会見焼】『名』伯耆(ほうき)国会見郡(鳥取県西伯郡会見地方)産の陶器。[発音]〈標ア〉[0]

あい-みょう〔メウ〕【愛猫】『名』(「みょう」は「猫」の呉音)「あいびょう(愛猫)」に同じ。＊社会百面相(1902)〈内田魯庵〉矮人巨人・一「愛猫(アイメウ)に跨がり

て戯るるを何よりの快楽としてゐた」 発音アイミョー〈標ア〉0

あいみょう-か アイメウ：【愛猫家】〘名〙「あいびょうか（愛猫家）」に同じ。＊奇想凡想（1920）〈宮武外骨〉恋猫の牝牡と春秋「愛猫家（アイメウカ）に此説の虚実を質せしに」 発音アイミョーカ〈標ア〉0

あい-みる あひ：【相見・逢見】 一〘自マ上一〙（「あい」は接頭語、あるいは「逢い」の意）①互いに相手を見る。顔を合わせる。対面する。また、であう。＊書紀（720）神代上（水戸本訓）「汝（いまし）猶黒（きたな）き心有り。汝と相見（アヒミ）じ」＊万葉（8C後）五・八三五「春さらば会はむと思ひし梅の花今日の遊びに阿比美（アヒミ）つるかも〈氏未詳（義通）〉」＊源氏（1001－14頃）明石「父母にもあひみず、かなしき妻子（めこ）の顔をもみで」 ②（特に、男女が互いに見る、の意で）男女が肉体関係を結ぶ。男女が深い契りを結ぶ。結婚する。＊書紀（720）応神二二年四月・歌謡「淡路島 いや二並（ふたなら）び 小豆島 いや二並び〈略〉吉備なる妹を阿比彌（アヒミ）つるもの」＊平中（965頃）九「あひみてののちぞくやしさまさりけるつれなかりける心と思へば」＊金葉（1124－27）恋上・三九八「辛（つら）かりし心ならひに逢見てもなほ夢かとぞ疑はれける〈源行宗〉」 二〘他マ上一〙（「あい」は接頭語）いっしょに、ある物を見る。＊万葉（8C後）二・二一一「去年（こぞ）見てし秋の月夜（つくよ）は照らせども相見し妹はいや年さかる〈柿本人麻呂〉」＊万葉（8C後）八・一五五八「鶉（うづら）鳴く古りにし里の秋萩を思ふ人どち相見つるかも〈沙彌尼〉」＊太平記（14C後）一三・龍馬進奏事「昔漢の文帝の時、一日に千里を行く馬を献ずる者あり。公卿、大臣皆相見て是を賀す」 語誌（一について）(1)上代では動詞と接頭語を書き分ける「古事記」でも「相」と接頭語表記されていて、「互いに眼を見る」の意味が強力だったが、平安時代になると「相手に会ってその眼を見る」意味が優勢となり、アヒが接頭語の用法から動詞の用法に変わっている。それは貴族女性が簾中で暮らすようになった習俗の変化に伴ったとも考えられ、以後恋歌ではもっぱら契りを結ぶ意味で用いられるようになった。(2)「あひみる」表現は大切な人と離れているか、今まさに別れようとする時の悲しさから発し、再会を求めるもので、特に和歌では「あひ見て後」に端的に表わされるように、逢瀬を持って後にいやまさる恋情を歌うのを特徴とする。「源氏物語」では再会の喜びを語る例がなく、政権獲得に係わる一家離散や男君のあやにくな恋情を語る独自な用法がめだつ。 発音〈標ア〉ア 辞書色葉・和玉・文明 表記覯・関・昵・親（色） 矗・面（玉） 相見（文）

あい-みるちゃ あゐ：【藍海松茶】〘名〙 染色の一つ。茶色の濃く黒ずんで藍色がかったもの。＊浮世草子・好色万金丹（1694）一・三「白縮緬にぬい紋の小袖を浅黄にそめなをし、其次を空色、其跡をあゐみるちゃにやきかへす事おさだまり也」＊万金産業袋（1732）五「染色の字類には〈略〉あいみるちゃ 藍豆青（アイミルチャ）、すみるちゃ 素豆青」＊随筆・嬉遊笑覧（1830）二・上「男女衣服流行の染色〈略〉元文の頃丈長く袖少し大く御服袖口とて針かず少く縫ゆき長く黒袖べり色は檳榔子くり梅藍みる茶木賊色」＊俗語考（1841）あゐみるちゃ「藍見茶（アヰミルチャ）也、或書云、藍見茶と云染色は、其はじめすみる茶といへり、そは、松羅（すみる）国の産の絹の色、皆此色に染て舶来せし故の名也。是を京師の染屋に擬摸（うつし）染出し後、海松（みる）の色とおもひ混へて、藍海松といひ出（いで）し歟、又、常の茶に少し藍を見せたる様なる故に、藍見茶と心得たる歟」 発音〈標ア〉ル 辞書言海 表記藍海松茶（言）

あい-みん【哀愍】〘名〙（「みん」は呉音）神仏などが人々をあわれんで情けをかけること。あいびん。＊今昔（1120頃か）五・八「十方の仏菩薩、我を哀愍し給て」＊色葉字類抄（1177－81）「哀愍 アイミン」＊太平記（14C後）一八・比叡山開闢事「一乗読誦（どくじゅ）の窓の前には、影向（やうごう）を垂れて哀愍（アイミン）を納受（なふじゅ）し給ふ」＊日葡辞書（1603－04）「Aimin（アイミン） またはアイレンヲ タルルまたはクワユル」＊法華経－授記品「哀㆓愍我等㆒故、而賜㆓仏音声㆒」＊勝鬘経－真実義功徳章「哀愍覆㆓護我㆒」＊漢書－蕭望之伝「陛下哀㆓愍百姓㆒。恐㆓徳化之不㆒㆑究」 発音〈標ア〉0 辞書色葉・文明・易林・日葡・ヘボン 表記哀愍（色・文・易・ヘ）

あいみん 自謹（じきん）の砌（みぎん）（「みぎん」は「みぎり」の変化した語）あわれみを受けて、自らつつしむおり。＊車屋本謡曲・道成寺（1516頃）「一代三千大せん世界の、恒沙（がうじゃ）の龍王哀愍納受、あいみん自謹のみぎんなれば、いづくに大蛇は有るべきぞと」＊浄瑠璃・用明天皇職人鑑（1705）鐘入「あいみんしきんのみぎんなれば、いづくに恨みの有べきぞと」 補注一説に、「あいみん（哀愍）頻（しきん）の砌（みぎん）」として、あわれみをしきりに催す時の意。

あい-みん【愛民】〘名〙人民をいつくしみ愛すること。＊歌舞伎・勧進帳（1840）「悪獣毒蛇を退治して、現世愛民（アイミン）の慈愍（じみん）を垂れ」＊火の柱（1904）〈木下尚江〉二・二「彼の燃ゆるが如き憂国愛民の情熱を抱て」＊春秋左伝注－昭公一〇年「（視㆑民不㆑佻）詩小雅、佻偸也、言㆓明徳君子必愛㆒㆑民」 発音〈標ア〉0

あい-みん【愛愍】〘名〙目上の者が目下の者をいとおしくふびんに思うこと。あいびん。＊権記－長徳四年（998）一〇月一八日「母氏雍樹〈漢書註、師古曰、雍樹猶抱也〉以居、愛愍之甚也」＊読本・英草紙（1749）四・七「愛愍（アイミン〈注〉ジヒ）の志を以て祈禱は施せども」＊報徳記（1856）二「愀然（しうぜん）として愛愍（アイミン）の心面貌（めんばう）に溢る」 発音〈標ア〉0

あいみん-のうじゅ ‥ナフジュ【哀愍納受】〘名〙神仏が人々をあわれとおぼしめしてその祈りを聴き届けること。山伏などの祈禱のことば。＊四座講法則（鎌倉末）遺跡和讃「三千法王世を去りぬ。涅槃の跡に留まれる、我等をすてず孚（はごく）みて、哀愍納受垂たまへ」＊雑俳・川傍柳（1780－83）初「あいみんのふじゅでやっと二人に成」 発音アイミンノージュ〈標ア〉ノ 辞書書言 表記哀愍納受（書）

あい-む【埃霧】〘名〙①霧のように空中に舞い上がったほこり。霧のように空中に立ちこめているほこり。＊浮城物語（1890）〈矢野龍渓〉五二「此時埃霧稍く霽れ」＊唐書－李密伝「既両軍接、埃霧囂塞」②俗世間。また、世俗のよごれ。＊後漢書－陳蕃伝論「彼非㆑不㆑能㆘絜㆓清志㆒、違㆗埃霧㆖也」

あい-むかい あひむかひ【相向】〘名〙（形動）互いに向かい合っていること。また、そのさま。＊日葡辞書（1603－04）「Aimucaino（アイムカイノ） イエ」＊二人女房（1891）〈尾崎紅葉〉中・四「額（がく）は大小二面を相対（アヒムカイ）に懸けて」 方言正面。真向かい。 栃木県198 群馬県多野郡246 新潟県佐渡352 東蒲原郡368 広島県高田郡779 辞書日葡・ヘボン 表記相向（ヘ）

あい-むか・う あひむかふ【相向】〘自ハ四〙（「あい」は接頭語）互いに向かい合っている。向かい合う。＊宇津保（970－999頃）俊蔭「汝不孝の子ならば、親にながき嘆きあらせよ。孝の子ならば、浅き思ひの浅きにあひむかへ」＊太平記（14C後）二九・小清水合戦事「東には錦小路禅門、石堂、畠山、上杉民部の大輔、千余騎にて相向ふ」＊断橋（1911）〈岩野泡鳴〉九「その店は義雄のベンチと相向った側にある」 発音文アィムコーとも〈標ア〉ア 辞書文明・日葡・ヘボン 表記相向（文・ヘ）

あい-むこ あひ：【相婿・相聟・合聟】〘名〙①妻が姉妹関係にある夫同士を、妻の親の立場、また夫同士の立場からいう称。互いに婿同士である人。＊十巻本和名抄（934頃）一「婭 釈名云両婿相謂為婭〈音亜和名阿比无古〉言一人取姉一人取妹相亜次也 又曰友婿言相親友也」＊色葉字類抄（1177－81）「婭 アヒムコ 両聟相曰也」＊宇治拾遺（1221頃）二・八「この少将のあひ聟にて、蔵人の五位のありけるも、おなじ家に、あなたこなたに据ゑたりけるが」＊浄瑠璃・仮名手本忠臣蔵（1748）一〇「何をいふても相聟（アイムコ）同士（どし）、是も涙の種ぞかし」②姑（しゅうとめ）と密通している婿。芋田楽（いもでんがく）。＊雑俳・川傍柳（1780－83）四「姑のものと相聟で娵出る気」 発音〈標ア〉ム〈ア史〉平安〇〇〇●〈京ア〉ム 辞書和名・色葉・名義・和玉・文明・伊京・天正・饅頭・易林・日葡・書言・ヘボン・言海 表記婭（和・色・名・玉・文・伊・天・饅・書） 私（名） 姻（易） 友婿（書・ヘ） 相聟（言）

あい-むしろ あひ：【相莚・合莚】〘名〙一枚のむしろにいっしょにすわること、または、寝ること。また、そのむしろ。男女の共寝。＊俳諧・独吟一日千句（1675）追善発句「相莚なくしてなくやよたた鳥〈宗信〉」＊浄瑠璃・心中二つ腹帯（1722）三「死出の門出の相莚（アヒムシロ）、未来は蓮の台（うてな）とも変じて浮むよすがぞと」

あいむしろ を 踏（ふ）む 男女が共寝する。＊俳諧・二葉集（1679）「其あひ莚ふんだりこいだり あら麦のふどし計（ばかり）や残るらん〈遠舟〉」＊浄瑠璃・三浦大助紅梅靮（1730）二「嫁（よめ）ってうせた晩から今日の今まで、相莚（アヒムシロ）ふまぬぞよ」

あい-むなぐら あひ：【相胸倉】〘名〙互いに胸倉をつかみ合う姿。

あい-むべ あひ：【相嘗】〘名〙⇨あいんべ（相嘗）

あい-め あひ：【合目】〘名〙物と物とが交わっている所。合う所。＊自然と人生（1900）〈徳富蘆花〉自然に対する五分時・四つ手網「四つ手に打ちがへたる竹の交叉点（アイメ）に藁縄を結びて」 方言❶境界。境。 三重県南牟婁郡603 ❷相互によく合うこと。相応すること。 岐阜県飛騨502 発音〈標ア〉メ〈京ア〉0

あい-めい【哀鳴】〘名〙鳥や獣が悲しそうな声で鳴くこと。また、その鳴き声。＊日葡辞書（1603－04）「Aimei（アイメイ）。すなわち、アワレミナク」＊集義和書（1676頃）六「鳥は、獣よりも知覚うすし。いたみて哀鳴すれども、死を恐るる心はなし」＊十善法語（1775）五「百花のひらく、衆鳥の哀鳴する、みなその興あり」＊詩経－小雅・鴻鴈「鴻鴈于飛、哀鳴嗷嗷」 辞書日葡

アイ-メイト〘名〙（洋語 eye mate）盲導犬。英語ではガイドドッグ（guide dog）といい、米語では商標名のシーイングアイドッグ（Seeing Eye dog）も使われる。 発音アイメイト〈標ア〉メ

あい-めかけ あひ：【相妾】〘名〙同じ人の持つ妾同士。

あいめ-ひき あゐめ：【藍目引】〘名〙すでにある縞や模様などが消えないようにして、さらに藍色に染めること。また、その染めたもの。＊滑稽本・早変胸機関（1810）「おひえの表をあいめひきにおっぴてお銭（あし）が二筋と」

アイモ（英 Eyemo）アメリカのベル-アンド-ハウエル社製の小型三五ミリ撮影機の商標名。ニュース映画の撮影などによく用いられた。＊モダン辞典（1930）「アイモ 〔映〕無声式撮影機の名称の一つ」＊春の城（1952）〈阿川弘之〉一・三「木の脚を取りつけたアイモを持った外人」 発音〈標ア〉ア

あい-もう ‥マウ【愛網】〘名〙（「網」は、貪愛（とんあい）の念からのがれがたいことから、網にからまれたようだというたとえ）貪愛というのがれがたい網。＊霊異記（810－824）下・三八「等流果に引かるるが故に、愛網の業を結び」＊撰集抄（1250頃）一・三「後際かならず妄想の宅に帰りて、互にあひもうをいでず」

あい-も-かわら-ず あひもかはら：【相不変】〘連語〙少しも前と変わらない。＊人情本・恩愛二葉草（1834）二・六章「相（アヒ）も変（カハ）らず口先でお欺しならば、却って思の種で御座ります」＊東京年中行事（1911）〈若月紫蘭〉一〇月暦「秋になって見ると矢張菊人形も造って、相（アヒ）も変（カハ）らず景気よく開園した」

あい-もく・す【相目】〘自サ変〙たがいに眼を見合わす。＊鹿苑日録‐長享三年(1489)七月二八日「六衆相目、不ㇾ能ㇾ言也」

あい-もち【相持】〘名〙①一つのものを共有すること。共有。＊大乗院寺社雑事記‐康正二年(1456)一一月三〇日「御給分者檜垣庄半分、森屋一党与相持也」＊日葡辞書(1603‐04)「カノシロワ aimochino(アイモチノ) シロヂャ」＊俳諧・斧の柄(1811)「雨石太胆か相もちの牛若丸と名つけたる舟のいはひに招かれて」②費用などを等分に負担すること。わりかん。③両方、優劣のないこと。あいこ。ひきわけ。もち。④互いに助け合う関係にあること。持ち合い。＊仮名草子・祇園物語(1644頃)下「衆生は互にたすけたすけられて、あひもちに世をわたる恩なり」＊雑俳・前句付議草(1714)「相持の所帯うら屋のひとつ鍋」＊雪たゝき(1939)〈幸田露伴〉中「納屋衆と人民とは相持(アヒモチ)に持合って、堺の町は月に日に栄を増して行ったものであらう」方言共有。島根県隠岐島725 発音〈標ア〉0 〈京ア〉0 辞書日葡

あい-もつ【愛物】〘名〙「あいぶつ(愛物)」に同じ。＊私聚百因縁集(1257)三・六「煎餅(せんひゃう)を作て愛物(アイモツ)と為(す)」

あい-もとお・る〘自ラ四〙山が高く、なだらかでない。＊色葉字類抄(1177‐81)「嶛峢 アヒモトホル」辞書色葉 表記嶛峢(色)

あい-もと・める【相求】〘他マ下一〙文あひもと・む〘他マ下二〙(「あい」は接頭語)①互いに求め合う。＊花柳春話(1878‐79)〈織田純一郎訳〉五〇「同気相求め同議相応するの類にして」②「求める」を改まっていう語。＊日葡辞書(1603‐04)「Aimotome, uru, eta(アイモトムル)」辞書文明・日葡 表記相求・相覓(文)

あい-もどり【逢戻】〘名〙一度離婚した者が再び結ばれること。＊雑俳・五色墨(1809)「抱付て・涙が詫びの逢戻り」＊今年竹(1919‐27)〈里見弴〉夏霜枯・一「いくら頭さげて来たかてもう今までのやうに逢戻(アヒモドリ)はしてやらんさかい…」方言大阪市638

あい-もど・る【逢戻】〘自ラ四〙一度離別していた男女が再び元の仲にもどる。＊雑俳・青木賊(1784)「みれんなり・つい逢もどる若い同士」

あい-も-なく【間―無】〘連語〙方言⇩あいなし(間無)

あい-もの【和物】〘名〙「あえもの(和物)」の変化した語。

あい-もの【相物・間物】〘名〙①干魚、塩魚類の称。＊太平記(14C後)七・先帝船上臨幸事「主上と忠顕朝臣とを、船底にやどし進(まゐら)せて、其の上にあひ物とて、乾たる魚の入たる俵を取積で」＊康富記‐文安六年(1449)三月一日「ひうほをうり候物を、あい物と申候、此字不審云々、予云、あい物とは、あきない物と云事かと存候、あきない物をば、あい物と申候」＊随筆・東牖子(1803)四「相物と云は塩魚の総名なり。小あひ雑喉と云も小相物と云を略して小相といへり」②「あいのもの(間物)㊀①」に同じ。＊見聞雑記(1468‐78)文明五年正月五日「菓子盞両度〈三と入あい物〉」方言❶乾物、塩物類。新潟県352 373 377 岡山県児島郡764 徳島県811 ❷鮮魚、干魚、塩魚など、すべて魚の類をいう。長崎県対馬913 語源説(1)アキナヒモノ(商物)の略か〔康富記〕。(2)生物と乾物との間の物の意か〔嬉遊笑覧・碩鼠漫筆〕。

あいもの-うり【相物売】〘名〙干魚や塩魚を売ること。また、そのあきんど。＊天正本狂言・連歌の十徳(室町末‐近世初)「よく聞やあひ物うりよ。今は帰るぞ米うりよと、なごりを斗(ばかり)につきすまじと」

あいもの-ざ【相物座】〘名〙鎌倉七座の一つ。干魚や塩魚を商う商人の座店。補注「庭訓往来抄‐中」には「座と云事は、物を売座也。〈略〉六に相物の座とて魚塩うるざなり。此座不審なり」とある。

あいもの-し【相物師】〘名〙方言❶干魚、塩魚など海産物を加工し、また売る店。乾物屋。佐渡†085 新潟県347 348 383 ❷鮮魚を遠方に送る業者。島根県邇摩郡725

あいもの-や【相物屋】〘名〙乾物や塩魚を売る店。また、その人。＊美濃加納宿魚屋町書上‐宝暦七年(1757)「内四軒は生魚商ひ、五軒は相物屋にて候」＊妙好人伝(1842‐52)三・上・越前於銀「御影堂前の四十物屋(アヒモノヤ)彦七の妻」方言新潟県中蒲原郡050 島根県浜田市725

あい-もやい【合舫】〘名〙船と船とをつなぐことをいう船方言葉。＊駿国雑志(1843)一四「船を繋(つなぐ)を舫と云、船と船とを繋ぐを合舫と云」

あい-もよお・す【相催】〘他サ四〙(「あい」は接頭語)せきたてて集める。＊吾妻鏡‐貞応二年(1223)一〇月四日「駿河守相二催人々一、候二若君御方一」＊平家(13C前)一一・鶏合壇浦合戦「一門の物どもあひもよをし、都合其勢二千余人、二百余艘の舟にのりつれて」＊結城文書‐元弘三年(1333)四月一七日・後醍醐天皇綸旨案(鎌倉遺文四一・三二〇九四)「為ㇾ却二彼凶徒一、所ㇾ被ㇾ挙二義兵一也。早相二催出羽・陸奥両国軍勢一、可ㇾ企二征伐一」辞書文明・日葡 表記相催(文)

あい-もん【合紋・合文】〘名〙①そろって同一の紋所をつけること。また、その紋所。＊狂歌・千紅万紫(1817)「聞二沢村宗十郎改名一 観世水流溢二沢村一 宗徒贔屓若ㇾ雲屯 十千万両金箱勢 郎党合(あヒ)紋(もン)い字繁」②後の証拠や手がかりとするためのしるしや品物。＊多聞院日記‐永祿一〇年(1567)八月二九日「長賢房のこそて一・つむき一入て柳屋へ預け、札のあゐもん✡」＊浄瑠璃・義経千本桜(1747)三「其羽織は頼朝公のお召しがへ、何(なん)時でも鎌倉へ持ち来らば金銀と釣がへ、属託(そくたく)の合紋(アイモン)」＊歌舞伎・高麗大和皇白浪(1809)二番目「『まだ新参(しんざん)のこの彌九郎、面を知らぬ上からは』『それぞ割符(わりふ)のこの合(ア)ひ文(モン)』ト袱紗(ふくさ)に包みし印札を渡す」③物事がぴったり一致すること。符合すること。＊浄瑠璃・伊賀越道中双六(1783)六「何心なき話の合紋(アヒモン)、一々胸にこたゆる十兵衛」＊歌舞伎・敵討浦朝霧(1815)四「『一昨日の夜八鬼山峠の籠り堂にて』『いかさま。思ひ合する合(ア)ひ紋(モン)に』」④特定の者の間だけに通用することば。また、ある特定の物を示す符号。隠語、符牒の類。＊浮世草子・好色一代男(1682)五・六「仲間であいもんの言葉をつかひ、大形(かた)ならずなぶる折ふし」＊俳諧・鶉衣(1727‐79)拾遺上・一八八・旅論「出女の上は、〈略〉吉田、浜松は地味にして艶(うつ)くし。足袋鼻紙の商ひは、訳の相紋(アイモン)としるべし」＊洒落本・南極駅路雀(1789)「モウ佐渡だ。よろずさいなかれといふ合もんだ〈十匁と七匁五分〉」⑤寄席で合札(あいふだ)をいう。発音〈標ア〉イ 0

あいや【足】〘名〙あし、また、歩くことの意の幼児語。あいよ。あんや。あんよ。ああいや。＊俳諧・懐子(1660)八「あなおさなや、敷島の直なる道にはあいやをもせず、筑波の正しき事にはがてんがてんをもせで」方言❶足。また、歩くこと。あんよ。幼児語。福井県遠敷郡445 岐阜県飛騨502 滋賀県蒲生郡612 京都市621 大阪市638 兵庫県淡路島671 奈良県南大和683 和歌山市691 岡山県753 広島県高田郡779 徳島県810 香川県香川郡830 大分県938 ❷人形。幼児語。兵庫県淡路島671

あいや の=ほろほろ[=ほほら・ほほろ・ぼらぼら・ぼろぼろ]（「ほろほろ」はぶらぶら漫歩するさまをいう語とも、調子をとるために添えた語ともいう）幼児の手を引いて歩かせるときに言うことば。「あんよは上手」の類。あいやぼろぼろ。＊俳諧・崑山集(1651)三・春「子をつるる雉はあいやのほろほろ盆〈季吟〉」＊俳諧・ゆめみ草(1656)冬「小春たつあいやのほろほろ時雨哉〈信元〉」＊浄瑠璃・三井寺開帳(1712)上「取だちをなさるれば、何卒(どうぞ)あるかしましたうて、ざうりわらんづ作りつつ、手を引きあいやのぼらぼらや」＊譬喩尽(1786)六「あいやのぼろぼろ 皇太子幼くおはせし時の御伽詞也 太子伝に見ゆ」

あいや=ぼろぼろ[=ほうほう]「あいや(足)のほろほろ」に同じ。＊俳諧・佐夜中山集(1664)一「春立てあいやぼろぼろ雨の足〈宗隆〉」＊俳諧・西鶴大矢数(1681)第三「道を道に道を通ずる町送り 伯母さままてばあいやほうほう」

あい-や【藍屋】〘名〙「あいぞめや(藍染屋)」に同じ。＊雍州府志(1684)八「悲田寺〈略〉凡所ㇾ在二洛内外一之紺屋以二藍汁一染二衣服一者、号二青屋一、又称二藍屋一、如二今紺屋一為二染家之通称一」＊妻木(1904‐06)〈松瀬青々〉新年「なつかしき藍屋が妻や着衣始」

あ-いや〘感動〙①相手の動作をおさえて、否定の意を表わす時のことば。＊狂言記・富士松(1660)「『ふん、して、供をせまいといふ事か』『あいや、まいりまする』」②人を呼びとめたり、軽くおさえて制したりする時のことば。＊歌舞伎・樟紀流花見幕張(慶安太平記)(1870)大詰「あいや、忠彌殿」方言❶軽い驚きや失望を感じた時に発することば。新潟県東蒲原郡368 和歌山県東牟婁郡702 香川県高見島・佐柳島829 長崎県長崎市906 壱岐島915 鹿児島県鹿児島郡968 ◇あいいや 三重県志摩郡054 ◇あいやい 東京都八丈島343 ◇あいやいや・あいちゃいちゃ 鹿児島県鹿児島郡968 ◇あいやした 栃木県河内郡198 ◇あいやも 長崎県053 ❷相手の感謝のことばを軽く否定することば。どういたしまして。愛媛県喜多郡844

あい-やい【相合】〘名〙(形動)「あいあい(相合)」の変化した語。「あいやいかご」「あいやいがさ」のように、他の語と複合しても用いる。→あいあい(相合)。方言ものごとを一緒にすること。二人または、それ以上で一つのものを所有すること。また、そのようなもの。共同。共有。兵庫県赤穂郡054 徳島県809 ◇あいや 兵庫県赤穂郡054 ◇あいやこ 大阪市638 兵庫県淡路島050 奈良県北葛城郡678 宇陀郡683 香川県827 829 ◇あいやいこ 兵庫県赤穂郡054 徳島県809 ◇あやこ 三重県阿山郡585 奈良県北葛城郡678 ◇あいしゃこ 香川県三豊郡829 ◇あいしょこ 香川県829

あい-やく【相厄】〘名〙厄年の人同士は、互いに祝わないこと。勝ち負けができるといって贈答もしない。

あい-やく【相役・合役】〘名〙自分と同じ役目。また、それを務める人。相番。同役。相役人。＊わらんべ草(1660)三「又はあひやくのもの、其外にても、上手、名人は、ゆだんあるべからず」＊浄瑠璃・曾我五人兄弟(1699頃)一「天下の大老たる御方と、相役に仰付らるるを」＊歌舞伎・松梅鶯曾我(1822)五立「そんなら貴様達は、合(ア)ひ役(ヤク)に頼んだ、新左衛門を尋ねて来たのか」発音〈標ア〉0 〈京ア〉0 辞書ヘボン 表記同僚(ヘ)

あい-やく【隘阨】〘名〙(「隘」「阨」とも狭い、険しいの意)狭く険しいこと。また、地形が狭く険しくなっているところ。＊米欧回覧実記(1877)〈久米邦武〉一・一四「寮中に米国の地図をそなへ、具さに国の隘阨要害を示し」

あい-やく【藍役】〘名〙鎌倉時代以降、藍(蓼藍)の生産者に幕府や大名が課した所役。藍役を銭納するようになってからは藍代(あいしろ)ともいった。江戸時代には、藍瓶役(あいがめやく)の略称としても用いられた。

あいやく-にん【相役人・合役人】〘名〙相役を務める人。同役。＊浄瑠璃・堀川波鼓(1706頃か)上「同じ家中のあい役人、磯辺床右衛門は病気とて」

あい-やぐら【相櫓】〘名〙将棋で、対局者が互いに「やぐら囲い」の戦法をとること。発音アイヤグ

ラ〈標ア〉[ヤ]

あい-やけ【相舅・相親家】〘名〙嫁と婿双方の親同士が互いに相手を呼ぶことば。あいおや。しゅうと同士。また、配偶者を介して義理の兄弟になる者同士の関係。あいむこ。あいよめ。＊吾妻鏡‐仁治元年（1240）四月二五日「被㆑定㆓評定吃之退座分限㆒所謂祖父母、養父母、養子孫、相舅、伯叔父、甥、従父兄弟、小舅夫妻、烏帽子子、聟等」＊浄瑠璃・山崎与次兵衛寿の門松（1718）中「梶田治部右衛門は相親家（アヒヤケ）のむこを思ふも娘のため」＊御国通辞（1790）「あいやけ〈夫婦之父母互称〉もりや」＊歌舞伎・高麗大和皇白浪（1809）三立「一人の妹を遣はし置きます貴殿の事、申さば婭（アヒヤケ）同士の義理もござれば」[方言]❶嫁と婿双方の親同士の関係。岐阜県498 大阪市638 ❷配偶者を介して義理の兄弟になる者同士の関係。仙台†058 山形県東置賜郡139 岐阜県大垣市512 ❸結婚の祝儀がすんで数日中に嫁の実家でする婿取りの宴会。または、婚姻後に双方の親類が顔つなぎにする宴。福井県三方郡430 滋賀県坂田郡040 高島郡614 [語源説]アヒヤケ（相宅）の意〔俚言集覧・俗語考・和訓栞・大言海〕。[辞書]易林・日葡・書言・ヘボン [表記]婚姻（書・ヘ）婭（易）相舅（書）

あいやこ【相―】〘名〙[方言]⇩あいやい（相合）

あい-やど【相宿】〘名〙同じ宿、または同じ部屋に泊まり合わせること。また、その人。同宿。相部屋。相やどり。相どまり。相ざしき。＊仮名草子・東海道名所記（1659‐61頃）四「座しきもきれいな、相宿（アイヤド）も御ざらぬ」＊浄瑠璃・丹波与作待夜の小室節（1707頃）夢路のこま「夫婦（ふうふ）の外はあひやどもなむあみだ仏みだ仏と」＊蓼喰ふ虫（1928‐29）〈谷崎潤一郎〉一四「全く合ひ宿の旅客のやうに平気で枕を並べながら」

あい-やどり【相宿】〘名〙①「あいずみ（相住）」に同じ。＊後撰（951‐953頃）雑四・一二五〇「わが宿にあひやどりして住む蛙よるになればや物は悲しき〈よみ人しらず〉」＊頼政集（1178‐80頃）上「秋の野の尾花刈り葺く庵には月ばかりこそあひやどりすれ」＊謡曲・放下僧（1464頃）「雪消の水の泡沫（うたかた）に、相宿（アイヤド）りする蛙の声」②「あいやど（相宿）」に同じ。＊俳諧・若狐（1652）上・二「しるもしらぬも参宮の道　不思議にも取あはせたる相宿り」＊俳諧・江戸八百韻（1678）「相宿り天狗も婀娜（やさし）ほととぎす〈青雲〉鬼心せよ五月雨の闇〈来雪〉」③物陰などにいっしょにとどまること。＊光悦本謡曲・右近（1430頃）「見もせぬ人や花のともども、しるもしらぬも花の陰に相やどりして」[発音]〈標ア〉[0][ヤ]〈京ア〉[0]

あい-やど・る【相宿】〘自ラ四〙（「あい」は接頭語）同じ家にいっしょに住む。また、同じ宿、部屋にいっしょに泊まる〈日葡辞書（1603‐04）〉。[発音]〈標ア〉[ヤ] [辞書]日葡

あい-やり【相槍】〘名〙槍を持つ一人の敵に対して、複数の者が槍を持って対戦すること。＊甲陽軍鑑（17C初）品五三「合戦せり合に、あひうちは非儀なり。〈略〉鑓（やり）をあはするに、あひ鑓と云事はなく候」

あい-ゆう【愛友】〘名〙愛する友。よしみの深い友。＊漱石・鷗外・竜之介（1954）〈荒正人〉「漱石は集う客と一対一の関係で相対していた。愛友という関係であった」[発音]アィユー〈標ア〉[0]

あい-ゆう【隘勇】〘名〙日本が台湾領有時代に、漢族に同化しなかった先住民に対する警戒、防御のため、台湾の住民の壮丁から召集した兵士。台湾総督府の警察官の管下に属していた。＊台湾総督府令第四三号‐明治二九年（1896）一〇月一日「巡査巡査補及隘勇の配置を請願する者あるときは」[発音]アィユー〈標ア〉[0]

アイユーブ-ちょう【―朝】（アイユーブは Ayyūb）サラディンの建設したスンニー派のイスラム王朝。一一六九年、エジプトのファーティマに代わって成立。次第に版図を広げてシリア、パレスチナ、イエメンなども支配し、一二五〇年マムルーク朝が成立するまで続いた。[発音]アィユーブチョー〈標ア〉[0]

あい-ゆかた【藍浴衣】〘名〙染め浴衣の中で、特に藍で染めたもの。《季・夏》＊紅糸（1951）〈橋本多佳子〉「生き堪へて身に沁むばかり藍浴衣」[発音]〈標ア〉[ユ]

あい-ゆず・る【相譲】〘他ラ四〙（「あい」は接頭語）「譲る」の改まった言い方。＊文明本節用集（室町中）「相譲　アイユヅル」＊滑稽本・古朽木（1780）二「当春中右金子蔵の儘にて伜へ相譲り隠居仕候」[発音]〈標ア〉[ア] [辞書]文明・日葡 [表記]相譲（文）

あい-ゆぶろ【相湯風呂】〘名〙いっしょに風呂に入ること。＊歌謡・松の落葉（1710）二・一一・石山寺契情大州道行「あだし男の五つ紋、付けし袂のうちとけて、そばで身じまひ相湯風呂（アヒユブロ）」

あいよ〘名〙兄。＊幡多方言（1828）「兄をあいよと云」

あいよ〘名〙「あんよ」の変化した語。＊雑俳・幸々評万句合‐安永二（1773）「あいよは上手（じょうず）するやうな中風やみ」

あい-よ〘感動〙相手のことばに承諾したり、気軽に返事をしたりする時に用いることば。＊滑稽本・浮世風呂（1809‐13）二・上「『ホンニおばさん、此頃はお遠々しいの』『アイヨ。おめへあんばいがわるかったじゃアねへか』」＊浮雲（1887‐89）〈二葉亭四迷〉一・四「『母親（おっか）さん、咽（のど）が涸いていけないから、お茶を一杯入れて下さいナ』『アイヨ』」

あい-よう【哀容】〘名〙悲しそうな顔つき。＊経国美談（1883‐84）〈矢野龍渓〉後・三「黙して愁然たるの哀容は特に傷ましく」

あい-よう【愛用】〘名〙物を好んでいつも使用すること。楽しんで使用すること。＊彼岸過迄（1912）〈夏目漱石〉風呂の後・一二「僕の愛用したものだから、紀念のため是非貴方に進上したいと思ひます」＊パリ物語（1956）〈河盛好蔵〉カフェの話「どうして人はカフェを愛用するのであろうか」[発音]アィヨー〈なまり〉アィヨ〔鹿児島方言〕〈標ア〉[0]〈京ア〉[0]

あい-よう【愛養】〘名〙いつくしみ養うこと。大切にして育てること。＊権記‐長保三年（1001）八月三日「漢明帝令㆔馬皇后愛㆓養粛宗㆒之故事」＊読本・垣根草（1770）三「古仏は足下（そこ）の毒手に死し、旧碑は某が愛養に生きたり」＊公議所日誌‐一六・上・明治二年（1869）五月「国家育材の意あらば、天下の義概を愛養すべし」＊老子‐三四「愛㆓養万物㆒而不㆑為㆑主」

あい-よう〘感動〙「あいよ（感動）」に同じ。＊滑稽本・浮世風呂（1809‐13）二・上「『お三味（さみ）さんお三味さん〈略〉』『アイヨウ、お撥（ばち）さんか。お早いの』」＊二人女房（1891）〈尾崎紅葉〉上・五「『姉さんてば』と力を入れて呼ぶと、『あいよう』と（よう）を長く引張る」[方言]軽い驚きや失望を感じた時に発することば。鹿児島県与論島057

あいよう-しゃ【愛用者】〘名〙ある物を気に入っていつも用いる人。＊浅草（1931）〈サトウハチロー〉金網模様の青空「牧爺さんは、この自分の手がけた洋服の愛用者（アイヨウシャ）がすっかり気に入ったらしい」[発音]アィヨーシャ〈標ア〉[ヨ]

あい-よう・する【相擁】〘自サ変〙[文]あひよう・す〘自サ変〙（「あい」は接頭語）互いに抱き合う。抱擁し合う。＊鎌倉夫人（1902）〈国木田独歩〉中「或時は歌ひ、或時は月光流水の如き下に相擁（アヒヨウ）して泣いたことなどを思ひ出した」＊虞美人草（1907）〈夏目漱石〉二「妖姫クレオパトラの安図尼（アントニイ）と相擁（アヒヨウ）して」

あいよう-めん【艾葉麺】〘名〙（アイは「艾」の中国音）よもぎの葉を材料として作っためん類の一種。＊易林本節用集（1597）「艾葉麪　アイヨフメン」[辞書]易林 [表記]艾葉麪（易）

あい-よぎ【相夜着】〘名〙「あいあいよぎ（相合夜着）」に同じ。＊俳諧・千代見草（1692）「孀（やもめ）同士抱け相夜着の両の褄」

あい-よく【愛欲・愛慾】㊀〘名〙①仏語。ものをむさぼり愛すること。欲望に執着すること。＊教行信証（1224）三「沈㆓没於愛欲広海㆒、迷㆓惑於名利太山㆒」＊妙一本仮名書き法華経（鎌倉中）二・譬喩品第三「もしひと、小智にして、ふかく、愛欲（アイヨク）に、着せる、これらが、ためのゆへに、苦諦をとく」＊無難禅師仮名法語（1670‐76頃）下「過去にて愛欲重く善根かろきは、畜生の類と生を請ける」＊邢劭‐景明寺碑「遷㆓延愛欲㆒、馳㆓逐生死㆒」②性の行為を伴った異性への強い愛。性欲。＊霊異記（810‐824）中・一三「天女の像に睇（めかりう）ちて愛欲を生じ、心に繋（か）けて恋ふ」＊十善法語（1775）三「五欲のなかに触欲尤おもし、情欲のなかに愛欲尤ふかし」＊読本・雨月物語（1776）青頭巾「一たび愛慾（アイヨク）の迷路（めいろ）に入りて」＊家（1910‐11）〈島崎藤村〉下・八「愛慾の為に衰耄（すゐまう）したやうな甥の姿が」㊁（愛欲）戯曲。四幕。武者小路実篤作。大正一五年（一九二六）発表。同年築地小劇場で初演。佝僂（くる）病の天才的画家を主人公に深刻な三角関係をリアリスティックに追求したもの。[発音]〈標ア〉[0][ア]〈京ア〉[0] [辞書]文明・易林・日葡・書言 [表記]愛欲（文・易・書）

あいよく 貪恚痴痛患道場（とんいちつうげんどうじょう）この世は愛欲、貪欲（とんよく）、瞋恚（しんい）、愚痴などの煩悩のために苦痛を受ける道場であるという意か。＊謡曲・清経（1430頃）「邪見（じゃけん）の眼（まなこ）の光、愛欲貪恚痴通玄道場（あいよくとんいちつうげんどうぢゃう）、無明も法性も乱るる敵（かたき）」

あいよく の=海（うみ）［=河（かわ）］愛欲の深いことを、海（または河）にたとえていうことば。＊栄花（1028‐92頃）鶴の林「是生滅法は愛欲の河を渡る般若の船なり」＊八十華厳経‐一三「衆生流㆓転愛欲海㆒」

あい-よし〘名〙酒席での飲酒の作法。相手から三度杯をうけて、最初の一杯は軽く口をつけ、あとの二杯を飲みほす作法か。＊随筆・嬉遊笑覧（1830）一〇・上「貞順故実集〈略〉あひよしと申事、先一つうけてそと飲て、扨献数を合せて其上を呑、又一つのみ申候へば、献の数三つにて酒をば二つ呑なりと見えたり」

あい-よつ【相四】〘名〙相撲で四つに組むときに、双方の力士の得意の差し手が、右差しと右差し、または、左差しと左差しのように同じであること。↔喧嘩（けんか）四つ。[発音]〈標ア〉[0]〈京ア〉[ヨ](ヨ)

あい-よばい【相婚】〘名〙（「よばい」は求婚すること）二人以上が互いに競って求婚すること。＊万葉（8C後）九・一八〇九「廬屋（ふせや）たき　すすし競ひ　相結婚（あひよばひ）　しける時には〈虫麻呂歌集〉」

あい-よば・う【相呼】〘他ハ四〙（「あい」は接頭語）互いに呼びあう。＊妙一本仮名書き法華経（鎌倉中）六・法師功徳品第一九「十方世界の、なかの、禽獣のなきて、あひよはふをも、その説法のひとは、ここにして、ことごとく、これをきかん」

あい-よ・ぶ【相呼】〘他バ四〙（「あい」は接頭語）互いに呼び合う。互いに声をかけ合う。＊毛詩抄（1539）「嚶々然と鳴て相よぶを紛（まぎれ）て行と同ぞ」＊四河入海（17C前）九・一「舟人が鼓をうって、人を聚て、帆をあげんとて相呼ぞ」[発音]〈標ア〉[ア]

あい-よみ【相読】〘名〙①（―する）いっしょに読むこと。＊狂言記・文山賊（1660）「いざ、是へよらせませ。相読（アイヨミ）せふ」②（―する）（「よむ」は数えるの意）銭などを、いっしょに数えること。＊日葡辞書（1603‐04）「Aiyomi（アイヨミ）〈訳〉同じ物を他の者といっしょに数える」＊仮名草子・仁勢物語（1639‐40頃）上・三七「札立ちて極めし銭を一人してあひよ

みばかり撰(ゑ)らじとぞ思ふ」 ③(算用のとき、金高の読み合わせをする人の意から) 証人。＊日葡辞書(1603-04)「Aiyomiga(アイヨミガ) ナイ〈訳〉比喩。証人がない」 ＊浄瑠璃・五十年忌歌念仏(1707)中「我親騙(かた)って一札させ。人を損ふ工面(ぐめん)とは鏡にかけて知ったれ共、あひよみなければ是非もなし」 発音〈標ア〉[0] 辞書日葡

あい‐よめ[あひ:]【相嫁】『名』 互いに同じ兄弟の嫁である人。兄弟の妻同士。＊十巻本和名抄(934頃)一「妯娌 爾雅注云関西兄弟之相呼為二妯娌一〈逐理二音和名阿比与女〉」 ＊日葡辞書(1603-04)「Aiyome(アイヨメ)〈訳〉兄弟の妻」 ＊仮名草子・都風俗鑑(1681)三「いつしかにそろそろと行儀みだれて、相娌(アヒヨメ)やいもうとたちとつれだち、ちらちら川原にゆかるるが」 ＊雑俳・苔翁評万句合(1751-64)明和元「うちとけて相嫁同士か内咄(ばなし)」 方言結婚式の時に嫁に連れ添っている娘。大分県北海部郡025 発音〈標ア〉[0][イ] 〈ア史〉平安○○●● 〈京ア〉[0] 辞書和名・色葉・名義・和玉・文明・伊京・饅頭・易林・日葡・書言・ヘボン・言海 表記妯娌(和・色・名・伊・易・書・ヘ) 妯(玉・文・伊・饅) 娌(玉) 相娵(言)

あい‐よ・る[あひ:]【相寄】『自ラ五(四)』(「あい」は接頭語) ①添う。従う。心を寄せる。＊万葉(8C後)一一・二五〇六「言霊の八十のちまたに夕占(ゆふけ)問ふ占正(うらまさ)に告(の)る妹は相依(あひよらむ)〈人麻呂歌集〉」 ＊万葉(8C後)一四・三四八三「昼解けば解けなへ紐のわが背なに阿比与流(アヒヨル)とかも夜解けやすけ〈東歌〉」 ②互いに近寄る。近づき合う。あつまる。＊落語・鉄拐(1890)〈禽語楼小さん〉「其時には知己親類朋友に至るまで近国他国を問はずして残らず上海屋の新年宴会には相集(アヒヨッ)て各々顔を合せる事に致し」 ＊土(1910)〈長塚節〉一三「五六本屹立(きつりつ)した樅の木は引っ扱(こ)いた様な梢が相倚(アヒヨって」 ＊つゆのあとさき(1931)〈永井荷風〉二「西洋文字を裸体の女が相寄って捧げてゐる漆喰細工」 発音〈標ア〉[ア] 辞書文明 表記相依(文)

あいら【吾平・姶良・始羅】 ㊀(吾平) 鹿児島県肝属(きもつき)郡の地名。旧姶良(あいら)村。神代三山陵の一つである吾平山上陵は鸕鷀草葺不合尊(うがやふきあえずのみこと)の墓と伝えられる。 ㊁(姶良) 鹿児島県北部にある郡。鹿児島湾奥、北岸一帯を占める。古代の桑原郡から分かれた始羅(しら)郡が、古代の始羅郡と郡名を混用されていたのを、明治四年(一八七一)姶良郡に改称統一。同三〇年、桑原郡・西噌唹郡を編入した。 ㊂(始羅) 大隅国(鹿児島県)の旧郡名。古代、大隅半島の中央部にあったが、中世以降、荘園の増大に伴って郡域を縮小し消滅。＊二十巻本和名抄(934頃)五「大隅国〈略〉始羅〈阿比良〉」 辞書和名 表記始羅(和)

あい‐ら【彼等】『代名』 他称。話し手、聞き手両者から離れた複数の人を指し示す(遠称)。ののしったり、遠慮なく言ったりする場合に用いる。あいつら。＊浄瑠璃・用明天皇職人鑑(1705)道行「エエここな者あいら風情を相手にして、言うて埒のあくことか」 ＊滑稽本・浮世床(1813-23)初・上「あいらはおめへ、孔子の道ばかりしても脇道へ切れるとぬかるみへ踏込(ふんごむ)のさ」 ＊落語・星野屋(1893)〈三代目春風亭柳枝〉「当期半期の奉公人だ、彼等(アイラ)の云ふ事を採用(とりあげ)てグスグス云っちァ不可(いけ)ないヨ」 方言他称。彼ら。三重県志摩郡585 ◇わいら 三重県宇治山田市600 ◇わあら 徳島県海部郡823

アイ‐ライナー『名』(英 eyeliner) まつげの根元にそってアイラインを入れるための化粧品。液状または固形ペンシル型で、黒、茶、グレーなどがある。＊三匹の蟹(1968)〈大庭みな子〉「洗面所の鏡に向ってアイ・ライナーをひいていると」

アイ‐ライン『名』(洋語 eye line) 目を大きく、美しく見せるために、目をふちどること。アイライナーで描く。また、その線。目ばり。＊贅沢貧乏(1960)〈森茉莉〉「愛されたいと思ったら、ブリーチより、アイラインより、人を羨んだり憎んだりすることを止めた方がよさそうである」 発音〈標ア〉[ラ]

あい‐らく【哀楽】『名』 悲しみと楽しみ。哀歓。＊本朝文粋(1060頃)九・詩者志之所之詩序〈菅原文時〉「雪月花草助二其哀楽之音一」 ＊太平記(14C後)二九・将軍親子御退失事「吉凶は糾(あざなへ)る縄の如く、哀楽(アイラク)時を易(かへ)たり」 ＊日葡辞書(1603-04)「Airacu(アイラク)」 ＊内地雑居未来之夢(1886)〈坪内逍遙〉一二「情欲あればこそ哀楽(アイラク)あり」 ＊春秋左伝‐荘公二〇年「哀楽失レ時、殃咎必至」 発音〈標ア〉[ア][0] 〈京ア〉[0] 辞書色葉・文明・日葡 表記哀楽(色・文)

あい‐らく【愛楽】『名』 ①「あいぎょう(愛楽)①」に同じ。＊雑談集(1305)一・三・学事「見性悟道、亦其の分空しと云へども、又大乗の聖教を翫(もてあそび)て、法門の愛楽(ラク)隔生(きゃくせい)にも忘るべからざるか」 ②「あいぎょう(愛楽)②」に同じ。＊宝玲文庫旧蔵第二本徒然草(1331頃)一三四「すべて人にあいらくせられずして、衆にまじはるは恥なり」 ＊万民徳用(1661)四民・武士日用「何ぞ夢幻の此身を愛楽(アイラク)して、泥犂(ないり)に沈はてんや」 ＊浮世草子・当世乙女織(1706)序「悉(ことごとく)男女愛楽(アイラク)をなす。君何故に徒然(つれづれ)と独暮し給ふ」 ＊春秋左伝注‐昭公一六年「(子旗賦二有女同車一)有女同車、取二其洵美且都、愛二楽宣子之志一」

あい‐らし・い【愛―】『形口』文あいら・し『形シク』(「らしい」は接尾語) 愛すべき状態にある。可憐(かれん)で情を寄せたいようなさまである。小さくて可憐である。かわいらしい。＊米沢本沙石集(1283)一・一〇「わらはが養ひ姫は、御みめのうつくしくおはして、御目は細々として、あいらしくおはするぞや」 ＊日葡辞書(1603-04)「ココロノ airaxij(アイラシイ) ヒト」 ＊虎寛本狂言・素襖落(室町末‐近世初)「おく様へはいせおしろい、稚子様がたへは愛らしう笙のふえを上ませう」 ＊小学読本(1873)〈田中義廉〉一「此女子は、愛らしき人形と、輪を持てり」 ＊君山先生(1948)〈桑原武夫〉「肉の上を印で叩くようにされると、ぴちゃぴちゃという愛らしい音がする」 発音アイラシイ〈なまり〉アレェシ〔津軽ことば〕ヤーラシカ〔佐賀〕〈標ア〉[シ] 〈京ア〉[ラ] 文『あいらし』〈標ア〉[ラ] 〈京ア〉[ラ] 辞書文明・日葡・書言・ヘボン・言海 表記愛良敷(文) 恵心(書) 愛敷(ヘ) 愛(言)

あいらし‐げ【愛―】『形動』(形容詞「あいらしい」の語幹に接尾語「げ」の付いたもの) 愛らしいさま。かわいらしい様子。 発音アイラシゲ〈標ア〉[シ]

あいらし‐さ【愛―】『名』(形容詞「あいらしい」の語幹に接尾語「さ」の付いたもの) 愛らしい状態。また、その度合。＊雑俳・柳多留‐七六(1823)「愛らしさ春待指をやっとおり」 ＊人情本・英対暖語(1838)二・八回「はづかしいのを思ひ切っていふその皃(かほ)の愛らしさ」 発音〈標ア〉[ラ] 〈京ア〉[0]

あいらし‐ざかり【愛盛】『名』 幼児などの最もかわいらしい年頃、または、その子。かわいい真っ盛り。＊雑俳・大和のかまど(1716-36)「あいらしざかり鏡見てバァ」

あい‐らっし・い【愛―】『形口』「あいらしい(愛―)」の変化した語。＊社会百面相(1902)〈内田魯庵〉温泉場日記「中の色白の十人並が一番愛らっしくて可憐であるが」

アイ‐ラッシュ『名』(英 eyelash) まつげ。つけまつげをいう場合もある。 発音〈標ア〉[ラ]

アイラッシュ‐カーラー『名』(英 eyelash curler) 目を美しく見せるために、まつげを上向きにカールさせる美容器具。 発音〈標ア〉[カ]

アイ‐ラブ‐ユー『連語』(英 I love you 「わたしは、あなたを愛しています」の意) 異性に対する愛情を表現することば。＊俳諧師(1908)〈高浜虚子〉二四「五十嵐と私はラヴァーの間柄ぢゃありませんか。アイ、ラヴ、ユーになるとね、さういふあと程余計に仲がいいものよ」

アイランド‐キッチン『名』(洋語 island kitchen アイランドは「島」の意) 部屋の中央に、流し、レンジ、調理台などを置く形式の台所。 発音〈標ア〉[キ]

あい‐り【愛利】『名』 物質的な利益をむさぼり求めること。＊正法眼蔵(1231-53)自証三昧「貪名愛利によりて、仏祖の堂奥ををかさんとす」

アイリス『名』(英 iris) ①眼球の虹彩(こうさい)。②写真機の虹彩絞り。二重撮影、ぼかし、トリック撮影などの際、レンズにとりつける絞り。＊モダン辞典(1930)「アイリス〔映〕紅彩紋 映像を大きくしたり、小さくしたりする機械」 ③アヤメ科アヤメ属の植物。一般には、主に園芸種として栽培する同属中の種類を総称していう。俗にアイリスと呼ばれているものにドイツアヤメ、オランダアヤメ、イギリスアヤメなどがある。学名は Iris《季・夏》 ＊外来語辞典(1914)〈勝屋英造〉「アイリス Iris 英〈略〉花菖蒲」 発音〈標ア〉[ア]

アイリス‐アウト『名』(英 iris-out) 映画で、画面が周囲から中央の一点に向かって絞られてくる技法。ニュースや漫画映画などでよく用いる。絞り閉じ。↔アイリスイン。＊モダン用語辞典(1930)〈喜多壮一郎〉「アイリス・アウト Iris-out 英 映画用語。絞閉。映画で画面を丸く絞りながら次第に閉づること」 発音〈標ア〉[ア][2]

アイリス‐イン『名』(英 iris-in) 映画で、画面が中央の一点から円形に開いていく技法。絞り開き。↔アイリスアウト。＊モダン用語辞典(1930)〈喜多壮一郎〉「アイリス・イン Iris-in 英 映画用語。絞開。アイリス・アウトの反対」 発音〈標ア〉[イ][2]

アイリッシュ‐シチュー『名』(英 Irish stew アイリッシュは「アイルランド風の」の意) 羊肉または牛肉に、ジャガイモ、ニンジン、タマネギなどを加え、白ソースで煮こんだシチュー。＊ロッパ食談(1955)〈古川緑波〉洋食衰へずⅤ「ホワイト・シチュウとは、すなはちアイリッシュ・シチュウのこと」

あい‐りょう[:リャウ]【哀亮】『名』『形動タリ』 音があわれな響きをたてて響きわたること。また、あわれな情趣があたりに広がること。＊桐の花(1913)〈北原白秋〉桐の花とカステラ「而してしみじみと桐の花の哀亮をそへカステラの粉っぽい触感を加へてみたいのである」 ＊無量寿経‐上「清暢哀亮、微妙和雅」 発音〈標ア〉[シ]

あい‐りょうり[あひレウリ]【相料理】『名』 二つ以上のものを一緒に調理すること。また、同じ食膳に供すること。＊咄本・当世口まね笑(1681)四・一〇「きのふもづくと海月(くらげ)とあいりゃうりにしてたべたといふ」

あい‐りょく【愛力】『名』 愛情の力。＊明六雑誌‐二〇号(1874)妻妾論・四〈森有礼〉「然るに少時学ばず既に母と成り子を育するに方りて其愛力を利用するの法を知らず屢子を其淵に溺らす者あり」

アイル『名』(英 aisle) ①キリスト教の教会堂建築で、内部の中央部にあるネイブ(身廊)に対して、その両側に平行に走る細長い部分をいう。列柱でへだてられ、通常は通路に用いる。側廊。②劇場や乗り物などの座席間の細長い通路。 発音〈標ア〉[ア]

あい‐るい【哀涙】『名』 悲しみの涙。＊江都督納言願文集(平安後)五・大江氏為母五七日「哀涙難レ乾。何時復答二撫養之徳一」 ＊東京新繁昌記(1874-76)〈服部誠一〉二・新劇場「自ら哀涙を催ふす」

あい‐るい【哀誄】『名』 人の死をかなしみ、生前の功徳をたたえる文章。＊晉書‐潘岳伝「辞藻絶麗、尤善為二哀誄之文一」

あい‐るい・す[あひ:]【相類】『自サ変』(「あい」は接頭

語）互いに似通う。＊四河入海（17C前）一七・一「常父は、孔子の子孫なれば、文章も、よく相類してあるが、又容皃もよく似処が有るぞ」＊小説神髄（1885‐86）〈坪内逍遙〉下・脚色の法則「重複とは、前の趣向に相類（アヒルヰ）する趣向をふたたびいだすことなり」

アイルランド【愛蘭】（Ireland）イギリス本土の西にある島。イギリス領の北アイルランドとアイルランド共和国とから成る。＊将来之日本（1886）〈徳富蘇峰〉四「近くは又愛蘭土の如き多年英人の為に占領せられたる自由の権をも土地所有権をも快復せんとするの機会を得たるにあらずや」 発音〈標ア〉ラ〈京ア〉ラ

アイルランド-きょうわこく【―共和国】アイルランド島の大部分を占める国。一九二二年イギリスの自治領（アイルランド自由国）となり、三七年共和国となる。四九年イギリス連邦から離脱して、独立国となる。首都ダブリン。 発音アイルランドキョーワコク〈標ア〉ワ

アイルランド-ご【―語】『名』インド-ヨーロッパ語族ケルト語派の言語。アイルランド共和国の国語であるが、近代以降英語に圧迫されている。五世紀にオガム文字（Ogham）で書かれた碑文を始め豊富な資料がある。八世紀以降はラテン文字が使用されている。 発音アイルランドゴ〈標ア〉〇

アイルランド-じゆうこく【―自由国】一九二二年、アイルランドに成立したイギリスの自治領の称。

アイレ（Eire）《エール》アイルランド共和国の旧称。 発音〈標ア〉ア

あい-れい【愛礼】『名』礼儀をよく守ること。＊浮世草子・本朝藤陰比事（1709）三・明て悔しき家の重宝「親子むつまじく愛礼を致し、跡職（あとしき）相続仕れと仰渡されければ」＊沈約‐上建闕表「詔二匠人一建二玆象闕一、俯籍二愛礼之心一、以申二子来之願一」

アイレット『名』（英 eyelet ひも穴、はと目、かがり穴の意）穴の縁をかがる刺繡（ししゅう）の一種。アイレットステッチ。アイレットワーク。 発音〈標ア〉ア

あい-れん【哀恋】『名』①恋い慕い、かなしむこと。哀慕。＊醍醐寺文書‐（応永三三年）（1426）二月二六日・大僧正義賢書状（大日本古文書・別集一・二九五‐二九八）「彼御一周忌誠無レ程廻来候条、哀恋之至候」②遂げられない恋。悲恋。 発音〈標ア〉〇

あい-れん【哀憐】『名』かなしみ、あわれむこと。神仏の衆生に対する、君主の人民に対する、または人間の他の動物に対するあわれみの気持をいう場合が多いが、「愛憐」とほぼ同義にも用いられる。＊将門記（940頃か）「堺外の士女は声を挙げて哀憐す」＊今昔（1120頃か）二六・一二「国に返り住むと云ければ、守、『糸よき事也』と云て、物など取（とら）せて哀憐しければ」＊平家（13C前）二・教訓状「民のためにはますます撫育の哀憐をいたさせ給はば」＊上司家文書‐建治三年（1277）七月・賀陽資成申状案（鎌倉遺文一七・一二七八九）「書生職無足之条、何不レ浴二御哀憐一哉」＊日葡辞書（1603‐04）「Airenuo（アイレンヲ）タルル」＊布令必用新撰字引（1869）〈松田成己〉「哀憐 アイレン フビンガル」＊史記‐刺客伝「丹終不丙以レ迫二於強秦一、而棄下所二哀憐一之交上置乙之匈奴甲」 発音〈標ア〉〇 辞書色葉・文明・明応・天正・饅頭・黒本・易林・日葡・書言・ヘボン 表記哀憐（色・文・明・天・饅・黒・易・書・へ）

あい-れん【愛恋】『名』いつくしみ、恋い慕うこと。恋愛。恋慕。＊花柳春話（1878‐79）〈織田純一郎訳〉二七「女は一個特別の男を愛恋す」＊当世文学の潮摸様（1890）〈北村透谷〉「いでや彼等に吾が大智嚢より人情の道を教へん、愛恋（アイレン）の哲理を授ん」＊曹植‐聖皇篇「沈吟有二愛恋一、不レ忍レ聴二可之一」 発音〈標ア〉〇

あい-れん【愛憐】『名』いつくしみ、あわれむこと。かわいがること。また、他をあわれみ愛する、情け深い心のさま。→哀憐（あいれん）。＊中華若木詩抄（1520頃）中「摠じて可憐と、詩につくるに、心二つあり。一には愛憐とて、可愛と云心にも用る也。一には哀憐の心もあり」＊寸鉄録（1606）「是は主人のこころねには愛憐（アイレム）のめぐみのふかきゆへなれば、はなはだしゅせうなり」＊読本・本朝酔菩提全伝（1809）五・八「日来（ひごろ）正き行も乱れ、鉄石の心忽（たちまち）鑠（とろけ）て、愛憐の情しきりに起り」＊小説神髄（1885‐86）〈坪内逍遙〉上・小説の裨益「情欲多けれども、愛憐（アイレン）といふ情合ほど重なるものはあらざればなり」＊銀の匙（1913‐15）〈中勘助〉後・三「とかく己と段ちがひの劣弱者のみを愛憐するといふ人間一般のさもしい利己的な同情のもとにあって」＊戦国策‐趙策「老臣賤息舒祺、最少不肖而臣衰、窃愛二憐之一」 発音〈標ア〉〇 辞書言海 表記愛憐（言）

あ-いろ【文色】『名』（「あやいろ」の変化した語）模様。また、ものの様子。多く、下に「見えない」「わからない」の意のことばを伴い、「（ものの）見分けがつかない、区別がわからない」などの意に用いる。文目（あやめ）。＊虎寛本狂言・空腕（室町末‐近世初）「何を申も、余りくらうて物のあいろが見へぬ」＊歌舞伎・小栗十二段（1703）二「高提灯差上げ見れども、物のあいろ見えざれば」＊人情本・明烏後正夢（1821‐24）三・一六回「あかしは消て鵜羽玉の間路（アイロ）もしれぬ闇とはなりぬ」＊多情多恨（1896）〈尾崎紅葉〉前・四・二「華美（はで）な縮緬の文色（アイロ）に薄暗い座敷も急に明くなって」 方言ものの見分けのつかない時。あやめもわかぬ夜間。奈良県宇智郡683 発音〈標ア〉〇 辞書ヘボン・言海 表記文色（へ）

あい-ろ【相櫓】『名』船の主たる櫓に対して、もう一方の櫓。＊説経節・をくり（御物絵巻）（17C中）九「それ、やうしごなんどと申するは、山へゆきては、きをこり、はまへゆきては、たゆふどのの、あひろもをすやうなる、十七八な、わっぱこそ、よきすゐのようしなれと申せ」 方言船の右舷（うげん）に立てる櫓。三重県北牟婁郡054 和歌山市695

あい-ろ【隘路】『名』①狭くて、通行困難な道。＊五国対照兵語字書（1881）「Défilé 隘路」＊大日本兵語辞典（1921）〈原田政右衛門〉「あいろ〔隘路〕 道路による外両側の地形が軍隊の通過を許さざるところを云ふ」＊作戦要務令（1939）一・三〇二「行李、輜重（しちょう）長時間停止する場合に於ては勉めて隘路、道路の分岐点等を避け」＊六韜‐虎韜臨境「要二隘路一、撃二我便処一」②物事を進めて行く上に妨げとなる点。支障。難点。ネック。特に、経済上、生産の過程で障害となる条件をいうことがある。 発音〈標ア〉ア〈京ア〉ア

あいろ【藍色】『名』（「あいいろ」の変化した語か）藍色。また、藍色の染料。あるいは、藍蠟（あいろう）のことか。＊日葡辞書（1603‐04）「Airo（アイロ）〈訳〉着色するための藍色の染料」 辞書日葡

あいろ『感動』方言人にことを頼まれて、軽べつの意を含んで拒絶する時に言う語。小児語。青森県南部085 宮城県石巻120 福島県155 新潟県西蒲原郡371 ◇**あいろかす** 新潟県西蒲原郡371

あい-ろう【相牢】『名』牢屋で二人以上の囚人が一つの部屋に同居すること。また、その囚人。＊禁令考‐後集・第一・巻二・明和五年（1768）一一月一二日「牢内法度書之事〈略〉一牢内御詮議に付、引分けもの者勿論、平生相牢囚人共と近敷雑談為致間敷事」＊歌舞伎・夢物語盧生容画（1886）六幕「始終は其許も道に欠けた吝嗇で入牢いたすに違ひない。さすれば一つ揚り屋で相牢いたす近付きがてら、此の盃を受けるがよい」＊風俗画報‐五五号（1893）人事門「夫れより相牢（アイラウ）の役付二人罪囚を牢名主の前に連行けば」

あい-ろう【愛弄】『名』めで楽しみ、もてあそぶこと。かわいがり楽しむこと。＊天変地異（1868）〈小幡篤次郎〉陰火の事「蛍火は王公貴人より婦人小児に至るまで誰も愛弄せざるはなし」＊呉融‐閑居有作詩「愛二弄緑苔一魚自躍、慣二偸紅果一鳥無レ声」

あい-ろう【隘牢】『名』せまい牢。＊想断々（1892）〈北村透谷〉彼は迫らず「猛虎も遂に幾間（いくけん）の隘牢に甘んぜざるを得ざるの時なしとせんや」

あい-ろう【隘陋】『名』（形動）（「隘」も「陋」も、「狭い」の意）非常に狭苦しいこと。また、そのようなさま。＊童子問（1707）下・三六「其智亦膚浅隘陋、動失二措置一」＊雑話筆記（1719‐61）上「一場の話説やなどのちょこすかしたことを言質に取て弁別するは、大に隘陋なことにて候」＊花柳春話（1878‐79）〈織田純一郎訳〉附録・一〇「都下の交際に飽き、又は田舎の隘陋（アイロウ）に倦み」＊張衡‐賦玄賦「逼区中之隘陋兮、将二北度一而宣遊」 発音アイロー〈標ア〉〇

あい-ろう【穢陋】『形動』（「あい」は「穢」の慣用音）せまくるしくきたないさま。＊最暗黒之東京（1893）〈松原岩五郎〉二〇「彼等盲人が蟄居的生活は極めて穢陋（アイラウ）なるものにして」 発音アイロー〈標ア〉〇

あい-ろう【藍蠟】『名』藍汁をつくる時に生じた藍のあわを乾かして、棒状にしたもの。蠟のような形状であるところからいい、絵の具として用いる。また、現在では古い藍布をカセイソーダ、あめ、石灰などを加えた液中に入れ、煮出し、その藍分を棒状にして作ることが多い。藍棒。藍蠟墨。＊高野山文書‐寛永元年（1624）一一月一四日・天野社遷宮入用注文案（大日本古文書六・一二三五）「二升九合四夕、あいろうの代」＊俳諧・玉海集（1656）付句・下・雑「わるこんしゃうとみゆるばかりぞ 絵の具にはあいろうを引水の色〈正式〉」＊書言字考節用集（1717）二「靛花 アヰハナ アヰロウ［本草］藍澱浮沫也。又謂二之青黛一」＊万金産業袋（1732）一「絵方に用ゆる筆は、漆・にかわ・泥（でい）・ゑのぐ・べに・あいろう等にあふやうに製する」 発音アイロー〈標ア〉イ〇 辞書書言・ヘボン・言海 表記藍緑・靛花（書）藍蠟（へ・言）

あいろう-ずみ【藍蠟墨】『名』「あいろう（藍蠟）」に同じ。 発音アイローズミ〈標ア〉ロ

あいろう-にく【藍蠟肉】『名』印肉の一つ。藍蠟一〇匁（一匁は三・七五グラム）、艾（もぐさ）七匁、オランダ蠟五分（一分は一〇匁）、白しぼり一合でつくったもの。〔万金産業袋（1732）〕 発音アイローニク〈標ア〉ロ

アイ-ローション『名』（英 eye lotion）目の洗浄剤。洗眼化粧液。 発音〈標ア〉ロ

あいろ-こいろ『代名』あちらこちら。あちこち。あなたこなた。＊和歌呉竹集（1795）八「あいろこいろ。あなたこなたといふ詞也」 補注「匠材集‐三」（一五九七）には「あひろかひろ あちこちの事なり。鹿のなくによむ也」とある。 発音〈標ア〉ロ

アイロニー『名』（英 irony）①軽い皮肉を含んだ逆説的な表現。皮肉。風刺。反語。イロニー。＊落葉（1889‐90）〈内田魯庵〉「スヰフトの反語（アイロニイ）を用ゆる伎倆の真に古来稀なるは」＊こゝろ（1914）〈夏目漱石〉上・五「先生は〈略〉私程に滑稽もアイロニーも認めてないらしかった」＊二閑人交游図（1941）〈上林暁〉はしがき「彼等自身閑人振るのは、彼等の苦しい生活のさせるアイロニイなのである」②ソクラテスの問答法における無知のよそおい。＊考へるヒント（1959‐64）〈小林秀雄〉哲学「彼等の学問の本質には〈略〉ソクラテスの『アイロニイ』に通ずる要素があったが為であらう」 発音〈標ア〉ア〈京ア〉イ/ロ

アイロニカル『形動』（英 ironical）皮肉な。皮肉っぽい。いやみたっぷりな。＊西郷隆盛（1918）〈芥川龍之介〉「不相変（あひかはらず）小さな眼が、〈略〉アイロニカルな微笑を浮べてゐる」＊古典と現代文学（1955）〈山本健吉〉談笑の世界・七「ただ俳諧特有のアイロニカルな精神を」 発音〈標ア〉ロ

アイロン『名』（英 iron「鉄」の意）①衣類などの、しわを伸ばしたり、形を直したりするのに用いる鉄製の

道具。今ではほとんど電気で熱するようになったが、昔は炭火で熱して使い、「西洋ひのし」「洋ごて」などといった。＊舶来語便覧（1912）〈棚橋一郎・鈴木誠一〉「アイロン　火熨斗又は鉄　Iron（英）洋服裁縫等に用ゐる鏝即火熨斗のことを云ひ」＊明暗（1916）〈夏目漱石〉八七「アイロンの注意でもして遣るべき所を」②調髪用のこて。［語誌］(1)英語の smoothing iron の省略形である iron（原音［áiən］）を綴字発音した日本語形で、明治期には「（ひ）のし」「やきごて」などと併用されていたが、道具そのものの発達とともに、名称が固定化したもの。(2)ゴルフ用語で、ウッドクラブに対するアイアンクラブの省略形である「アイアン」は、「アイロン」とその原語を同じくするが、杉村楚人冠の「山中説法」の「アイロンが火のしで、アイヤンがゴルフの道具である」という記述などを見ると、ゴルフの専門用語としては、早くからこの形が定着していたものと考えられる。［発音］〈標ア〉0〈京ア〉ア

アイロン-かけ【―掛】『名』衣服などにアイロンをかけること。＊夜光時計（1969）〈津村節子〉「アイロンかけは、夕食後千佳子の相手をしながらする」［発音］〈標ア〉ロ

アイロン-だい【―台】『名』衣類をその上に置いてアイロンをかけるための台。＊山の音（1949–54）〈川端康成〉蚊の群・一「姿見のそばに大きいアイロン台がおいてあった」［発音］〈標ア〉0

あい-わ【哀話】『名』悲しい、哀れな物語。悲話。＊開化の殺人（1918）〈芥川龍之介〉「以て酒間その口より一場の哀話を語らしめたり」＊秋声の描く女（1946）〈中野好夫〉「哀話を残して自決した小菊にせよ」［発音］〈標ア〉0〈京ア〉0/ア

あい-わか・る【相分・相判】（あひ：）『自ラ四』（「あい」は接頭語）「わかる」の改まった言い方。＊近世紀聞（1875–81）〈染崎延房〉七・二「朝廷の御動静振の相分（アヒワカ）りし後、奈何（いか）様とも御指図の在せらるべし」＊落語・将棋の殿様（1889）〈禽語楼小さん〉「お仰せの趣き相解（アヒワカ）りました」

あい-わか・る【相別】（あひ：）『自ラ下二』（「あい」は接頭語）互いに別れる。離れ離れになる。別のものになる。＊万葉（8C後）八・一四五四「波の上ゆ見ゆる小島の雲隠（がく）りあな気衝（いきづ）かし相別（あひわかれ）なば〈笠金村〉」＊観智院本三宝絵（984）上「或野は母と子と生ながら相ひ別るる事深く悲し」＊太平記（14C後）二四・依山門嗷訴公卿僉議事「此の両義相分れて是非何れにかあると、諸卿心を傾け旨を弁じかねたれば」［発音］〈標ア〉ア=カ［辞書］文明［表記］相別（文）

あい-わきま・う【相弁・相辨】（あひわきまふ）『他ハ下二』（「あい」は接頭語）「わきまえる」の改まった言い方。＊近世紀聞（1875–81）〈染崎延房〉五・二「長防二国においては愚婦小児の輩までも相弁（アヒワキマ）へ居り候儀に御座候」

あいわけ-ちょう【相分帳】（あひわけチャウ）『名』鎌倉時代、所領に関して訴訟で争った両当事者が、係争の所領を中分（ちゅうぶん）、あるいは三分する際に作られた文書。おのおのの分け前が詳細に記入された。分文（わけぶみ）。分帳。→下地中分（したじちゅうぶん）。＊東寺百合文書‐ト・徳治二年（1307）六月一九日・弓削島沙汰之次第事書「相分状、自二雑掌方一可レ被二調渡一之由分明也。仍同七月廿八日下地相分帳書出之畢」

あい-わ・す【相和】（あひ：）『自サ変』（「あい」は接頭語）①互いに親しむ。仲よくしあう。＊教育に関する勅語‐明治二三年（1890）一〇月三〇日「爾（なんぢ）臣民、父母に孝に、兄弟に友に、夫婦相和し、朋友相信じ」②互いに交じりあう。また、互いに調和する。＊吾輩は猫である（1905–06）〈夏目漱石〉一〇「打ち洩（も）らされた米粒は黄色な汁と相和して」＊入郷記（1906）〈国木田独歩〉「磯打つ波の音は此家に住む人の生活の変化なき調べと相和（アヒワ）するものの如し」③互いに呼応する。互いに声を合わせる。特に、詩歌などを、互いに相手の詩歌に応じて作る。＊雲は天才である（1906）〈石川啄木〉一「『鰻っ。』『蒲焼にするぞっ。』最後に『チェースト』と極めて陳腐な奇声を放って相和した奴もあった」［発音］〈標ア〉ア

あい-わずら・う【相煩】（あひわづらふ）『自ハ四』（「あい」は接頭語。「煩う」の改まった言い方）病気になる。病気で苦しむ。＊天草本伊曾保（1593）獅子と、狐の事「シシモッテノホカニ aivazzurôte（アイワヅラウテ）サンザンノ テイデ アッタレバ」［辞書］文明・日葡［表記］相煩（文）

あい-わた・す【相渡】（あひ：）『他サ四』（「あい」は接頭語）「渡す」の改まった言い方。＊文明本節用集（室町中）「相渡　アイワタス」＊浮世草子・西鶴織留（1694）一・二「毎月六百めづつ晦日（つごもり）に相渡し」＊近世紀聞（1875–81）〈染崎延房〉四・二「書面は件（くだん）の雑掌へ相渡（アヒワタ）すべしとありしかども」［発音］〈標ア〉ア［辞書］文明・日葡［表記］相渡（文）

あい-わた・る【相渡・相渉】（あひ：）『自ラ五（四）』（「あい」は接頭語）①互いに通じる。通い合う。かかわり合う。＊梵舜本沙石集（1283）二・八「念仏・真言は大概風情あひわたり、義門互に相資して」＊四河入海（17C前）五・一「其の道士の行年は我と同甲子で、六十六で有と云はにやわぬぞ。さる程に不相渉と云ぞ」②「わたる」の改まった言い方。関係を持つ。つながる。＊頼襄を論ず（1893）〈山路愛山〉「華麗の辞、美妙の文、幾百巻を遺して天地間に止るも、人生に相渉らずんば是も亦空の空なるのみ」［発音］〈標ア〉ア=0 ア

あい-わた・る【逢渡】（あひ：）『自ラ四』男女が互いに情を通じながら、長い月日を経る。長いこと会い続ける。＊後撰（951–953頃）秋中・二七六「をみなへし花の心のあだなれば秋にのみこそあひわたりけれ〈よみ人しらず〉」＊大和（947–957頃）六「朝忠の中将、人の妻（め）にてありける人にしのびてあひわたりけるを、女も思ひかはして、かよひすみけるほどに」［辞書］言海［表記］逢渡（言）

あ-いん【唖院】（：ヰン）『名』言葉を話せない人のための養育施設。＊航米日録（1860）五「今日或人唖院へ行く、其談を聞くに」＊西洋聞見録（1869–71）〈村田文夫〉前・中「西洋に於て行はるる所の唖院、聾院、瞽院に於て唖人、聾人の指号（ゆびまね）を以て速に談論し」

アインシュタイン ［一］（Albert Einstein アルベルトー）理論物理学者。ユダヤ系ドイツ人でアメリカに帰化。一九〇五年「特殊相対性理論」、一九一五年「一般相対性理論」を発表。ほかに「光量子仮説」「ブラウン運動に関する気体論的研究」「統一場理論」など。一九二一年ノーベル物理学賞を受賞。平和主義者としても知られる。（一八七九〜一九五五）［二］（Alfred Einstein アルフレートー）音楽学者。ドイツに生まれ、一九四五年アメリカに帰化。音楽史学に業績を上げ、リーマンの「音楽辞典」の校訂、マドリガルの研究、モーツァルトのケッヘル番号の改訂などを行なう。主著「音楽史」。（一八八〇〜一九五二）［発音］〈標ア〉タ〈京ア〉タ

アインシュタイン の 法則（ほうそく）アインシュタイン㊀の業績の一つである比熱法則をいう。固体の常温ないし低温における比熱の温度変化を表わす理論法則で一九〇七年に導かれた。

アインシュタイン-うちゅう【―宇宙】（：チウ）『名』アインシュタイン㊀が、相対性理論によって考えた宇宙のモデル。半径が変わらず星雲の分布密度も一定な宇宙。半径は約一〇億光年、質量は太陽の一〇の二二乗倍とされる。［発音］アインシュタインウチュー〈標ア〉ウ

アインスタイニウム『名』（英 einsteinium）《アインシュタイニューム》超ウラン元素の一つ。記号 Es 原子番号九九。原子量二五二。半減期一、二九年。一九五二年、アメリカで発見。理論物理学者アインシュタインを記念して命名。［発音］〈標ア〉ニ《ニュ》

アイントーフェン（Willem Einthoven ウィレムー）オランダの生理学者。一九一一年弦電流計を発明、これを用いて生物の電気発生、特に心臓の電気的現象を詳しく研究し、心電図を作った。一九二四年ノーベル生理・医学賞を受賞。（一八六〇〜一九二七）

アイン-パール『名』（ドイ ein Paar）一対。一組。特に、一組の夫婦または男女、カップルをいう。＊アルス新語辞典（1930）〈桃井鶴夫〉「アイン・パール　独 Ein Paar 一対、夫婦」

アインフュールング『名』（ドイ Einfühlung）感情移入のこと。＊芸術と実生活の界に横はる一線（1908）〈島村抱月〉七「またドイツのアインフュールングの論者も言ふ如く」＊学生と教養（1936）〈鈴木利貞編〉教養と論理学〈倉田百三〉五「リップスの感情移入（アインフュールング）の説はそのよき弾機であらう」

あい-んべ【相嘗】（あひ：）『名』（「あひむべ」と表記）古代、一一月の卯（う）の日に、その年の新穀を諸神に供え、諸神と天皇とが共に饗宴を行なう形の祭。山城、大和、河内、摂津、紀伊の諸社に、幣帛（へいはく）を奉る祭儀。あいなめ。あいにえ。＊延喜式（927）一・神祇・四時祭「大忌、風神、鎮花、三枝、相嘗（あひむへ）、〈略〉大原野等祭為二小祀一」＊狭衣物語（1069–77頃か）三「十一月（しもつき）にもなりぬれば、斎院のあひむへの程、いと見捨てがたくて、御神楽の夜にもなりぬ」＊観智院本名義抄（1241）「相嘗　アヒムベ」［語誌］「あひにへ」の転という。「日本書紀」に「相新嘗」を「あひにへ」と訓むが、多く「相嘗」と表記し、「あひむへ」「あひんへ」「あひなめ」などと付訓されている。読みは「あいんべ」（「観智院本名義抄」「名目鈔」は「あひむべ」）。「伊呂波字類抄」「狭衣物語古活字本」には「あゑへ」「あやへ」とあるから、「あえんべ」「あやんべ」ともいったようである。現行の「あいなめ」の訓は漢字表記に引かれたもので、「新嘗（にひなめ）」「大嘗（おほなめ）」などの類推によるか。［辞書］名義・言海［表記］相嘗（名）相嘗（言）

あいんべ の 祭（まつり）「あいんべ」に同じ。あいなめのまつり。あいにえのまつり。《季・冬》＊令義解（718）神祇・仲冬条「仲冬　上卯（かみのう）相嘗（あひんへ）祭〈謂。大倭。住吉。大神。穴師。恩智。意富。葛木鴨。紀伊国日前神〉」＊延喜式（927）二・神祇・四時祭「相嘗祭　神七十一座」＊中右記‐天永三年（1112）一一月一日「相嘗祭供二当年新穀一事也、仍斎院相嘗随二本社祭一可レ被レ行之故」＊公事根源（1422頃）一〇・一一月・相嘗祭「相嘗祭〈略〉相嘗と書て、あひむべの祭とよむ也」

あう『感動』⇩おお〈感動〉

あ・う【合・会・逢・遭】（ふあ）［一］『自ワ五（ハ四）』㊀（合）物と物とが一つに重なる。また、物と物とがつり合う。①物と物とが寄りついて一つになる。㋑一方が他方にうまく重なる。また、すきまなく寄りつく。合する。＊万葉（8C後）一四・三四八二「からころも裾のうち交（か）へ安波（アハ）ねども異（け）しき心をあが思はなくに〈東歌〉」＊蜻蛉（974頃）上・康保元年「よる、目もあはぬままに、なげきあかしつつ」＊大鏡（12C前）二・時平「つくるともまたも焼けなんすがはらやむねの板間のあはぬかぎりは」＊日葡辞書（1603–04）「カイノクチガ vŏta（ワウタ）」＊俳諧・猿蓑（1691）五「そのままにころび落たる升落（ますおとし）〈去来〉ゆがみて蓋のあはぬ半櫃〈凡兆〉」㋺ある物事に他の物事が加わる。いっしょになる。＊枕（10C終）一四二・なほめでたきこと「声あはせて舞ふほどもいとをかしきに、水の流るる音、笛の声などあひたるは」＊源氏（1001–14頃）紅葉賀「いひしらず吹き立てたる物のねどもにあひたる松風、まことのみ山おろしときこえて」＊浜松中納言（11C中）四「このころの嵐のはげしさ、松のひびきさへあひて、木の葉のきほひ散り」㋩夢・占い・主張などが

事実と一致する。＊源氏（1001-14頃）若紫「この夢あふまで又人にまねぶなとの給ひて」＊浮世草子・好色三代男（1686）四・一「去人の占し思へば、あふもふしぎ、あはぬもふしぎぞかし」＊花間鶯（1887-88）〈末広鉄腸〉下・八「輿論も一時の風潮に支配されて社会の利益に合はぬことがありませう」㋥両者の心・性質・数量・運動などがうまく一致する。＊日葡辞書（1603-04）「シュビガ vŏ（ワウ）〈訳〉初めと終わりとが符合する。ワリフガ vŏta（ワウタ）」＊人情本・英対暖語（1838）五・三〇回「一粒金丹とやらネ、性に合（アフ）か合（アハ）なひか知れないから、服薬（のむ）などお言だが」＊母の思い出（1957）〈河盛好蔵〉外出好き「趣味、性格の点でまず母は父とは全く合わなかった」＊私的生活（1968）〈後藤明生〉三「起しかけた上体とのタイミングが合わなかったらしく」②状態や程度が互いによくつり合う。似合う。㋑ある状態や時期、程度などにふさわしくなる。適合する。＊土左（935頃）承平五年一月二一日「人のほどにあはねば、とがむるなり」＊蜻蛉（974頃）下・天祿三年「さうのこと、びはなど、折にあひたるこゑにしらべなどして」＊枕（10C終）一〇六・二月つごもり頃に「すこし春あるここちこそすれとあるは、げにけふのけしきにいとようあひたるも」＊源氏（1001-14頃）行幸「たけだちそぞろかにものし給ふに、太さもあひて」＊徒然草（1331頃）九八「一言芳談とかや名づけたる草子を見侍りしに、心にあひて覚えし事ども」㋺二つ以上の音や色、味覚などがうまく調和する。＊蜻蛉（974頃）上・安和元年「薄色なるうすものの裳（も）をひきかくれば、腰などちりゐて、こがれたる朽葉にあひたる心ちもいとをかしうおぼゆ」＊青表紙一本源氏（1001-14頃）朝顔「月さしいでてうすらかに積れる雪の光にあひて、なかなかいとおもしろき夜のさまなり」＊俳諧・続猿蓑（1698）春「咄さへ調子合けり春のあめ〈乃龍〉」＊笹まくら（1966）〈丸谷才一〉二「ビールと日本料理とは合うものだろうか、とか考えた」㋩力などが互いに同程度である。張り合う。＊今昔（1120頃か）二九・一九「兵具を調へ馬に乗せて、郎等二三十人具したる者にてぞ下（くだり）ければ、会ふ敵无き者にてぞ有ける」＊今鏡（1170）三・男山「時にあへる七人、御衣ばこ取りて立つほどなど、おぼろけの上達部なんどもあふべくもなかりけり」＊平家（13C前）四・大衆揃「これらは力のつよさ、打物もっては鬼にも神にもあはうどいふ、一人当千のつはもの也」＊平家（13C前）八・名虎「せい小さう妙（たへ）にして、片手にあふべしとも見えぬ人」㋥道理にかなう。＊曾我物語（南北朝頃）三・臣下ちゃうしが事「さあらんにとりては、あはざる訴訟なりとも、一度は、などや御免なからん」＊御伽草子・鉢かづき（室町末）「兄御たちきこしめし、あはぬ事とは思へども、貴命なれば力なし」㋭費やしたものと、その結果得たものとがつり合う。割に合う。＊俳諧・炭俵（1694）下「よいやうに我手に占（さん）を置てみる〈利牛〉しゃうじんたればあはぬ商ひ〈桃隣〉」＊浄瑠璃・心中刃は氷の朔日（1709）上「是れはあはぬ細工わしが聞（きけ）ば請取（うけとる）まいに」＊滑稽本・浮世床（1813-23）初・中「おまへの天窓（あたま）はよっぽど大あたまだから三割ましをかけねへきゃア合（アヒ）ません」＊多情多恨（1896）〈尾崎紅葉〉前・七・二「少し酷いけれど言って遣る。それくらゐの事を言はなくて償（ア）ふものぢゃない」③（刃と石とが適合する意か）研いだ刃物などが鋭くなる。よく切れる。＊七十一番職人歌合（1500頃か）三番「いつまでか蛤になる小刀のあふべきことのかなはざるらむ」＊日葡辞書（1603-04）「カミソリガ vŏ（ワウ）〈訳〉かみそりの、きれあじが鋭くなる」＊和訓栞（1777-1862）「あふ〈略〉職人歌合に小刀にあふといふ詞あり。今も剃刀などをとぐにあふともあはすともいへり」[二]（会・逢・遭）顔が合う。男女が合う。また、力と力とがぶつかる。①顔を互いに向かい合わせる。㋑対面する。会見する。＊古事記（712）下・歌謡「吾が愛（は）し妻に い及（し）き阿波（アハ）むかも」＊古事記（712）下・歌謡「大坂に 阿布（アフ）やをとめを 道問へば」＊竹取（9C末-10C初）「竹取の家にかしこまりて請（しゃう）じ入れてあへり」＊源氏（1001-14頃）帚木「心やましき物越しにてなんあひて侍る」㋺（相手を主語にして）やって来て偶然出会う。来合わせる。＊万葉（8C後）一三・三三〇三「汝（な）が恋ふる 愛（うつく）し夫（づま）は〈略〉黒馬に乗りて 川の瀬を 七瀬渡りて うらぶれて 夫（つま）は会（あひき）と 人そ告げつる〈作者未詳〉」＊伊勢物語（10C前）九「物心ぼそく、すずろなる目を見ることと思ふに、修行者あひたり」＊枕（10C終）四五・にげなきもの「月のあかきに、屋形なき車のあひたる」＊徒然草（1331頃）九四「常磐井相国、出仕し給ひけるに、勅書を持たる北面あひ奉りて、馬より下りたりけるを」㋩（そちらに）顔を向ける。対する。＊大鏡（12C前）一・後一条院「あきらけき鏡にあへば過ぎにしもいまゆくすゑの事も見えけり」＊平家（13C前）七・実盛「斎藤別当、兼光にあふて、つねは物語に仕り候ひし」＊徒然草（1331頃）一四二「ある荒夷（あらえびす）の恐ろしげなるが、かたへにあひて、御子（おこ）はおはすやと問ひしに」②ある物事や時期に偶然ぶつかる。㋑ある現象や事件などに出合う。＊万葉（8C後）一四・三四一三「利根川の川瀬も知らずただ渡り波に安布（アフ）のす逢へる君かも〈東歌・上野〉」＊源氏（1001-14頃）野分「まだかくさわがしき野わきにこそあはざりつれ」＊大鏡（12C前）三・師輔「この九条殿は百鬼夜行にあはせ給へるは」＊徒然草（1331頃）一七五「かくからき目にあひたらん人」＊天草本伊曾保（1593）漁人の事「ヲモイモ ヨラヌ サイワイニ vŏcotono（ワウコトノ） ナイデモ ナイ」＊小学読本（1873）〈田中義廉〉三「もし、父母の仰せに、逆ふことあれば、神の責を受けて、禍に遭ふゆゑに」＊歴史のかたちについて（1954）〈埴谷雄高〉「自身が審問に遭ってみると」㋺ある時に巡り合う。また、よい時機にぶつかって栄える。＊万葉（8C後）一五・三六七五「沖つ波高く立つ日に安敝（アヘ）りきと都の人は聞きてけむかも〈壬生宇太麻呂〉」＊古今（905-914）仮名序「つらゆきが、この世におなじく生まれて、この事の時にあへるをなむよろこびぬる」＊大鏡（12C前）四・道隆「まことに世にあひてはなやぎ給へりし折」＊徒然草（1331頃）三八「いみじかりし賢人、聖人、みづからいやしき位にをり、時にあはずしてやみぬる、また多し」③男女が関係を結ぶ。結婚する。＊万葉（8C後）一二・二九三八「人言を繁みこちたみわが背子を目には見れども相（あふ）よしもなし〈作者未詳〉」＊竹取（9C末-10C初）「此世の人は男は女にあふ事をす。女は男にあふことをす」＊浮世草子・好色万金丹（1694）一・一「あふたびごとに壱歩壱つ宛銭箱に入て、是を揚銭の心もちとのけてをき」＊滑稽本・東海道中膝栗毛-発端（1814）「きた八さまに口説（くどか）れまして、ツイ逢（アヒ）まして、かうした身になりましたゆへ」④相手に立ち向かう。戦い争う。＊書紀（720）神功摂政元年・歌謡「槻弓（つくゆみ）に まり矢をたぐへ 貴人（うまひと）は 貴人どちや 親友（いとこ）はも 親友どち いざ阿波（アハ）なわれは」＊宇治拾遺（1221頃）三・七「いみじき剣刀をぬきてあふとも、かばかり力つよく、はやからんには、何わざをすべきと思ふに」[三]（合）（動詞の連用形に付けて、補助動詞として用いる）二つ以上のものが同じ動作をすることを表わす。㋑ともに…する。一同が…する。＊万葉（8C後）一八・四一〇六「紐の緒の いつがり安比（アヒ）て にほ鳥の ふたりならびゐ〈大伴家持〉」＊竹取（9C末-10C初）「ことゆかぬ物ゆゑ大納言をそしりあひたり」＊平家（13C前）灌頂・大原御幸「庭の若草しげりあひ」＊徒然草（1331頃）一六二「大雁どもふためきあへる中に」㋺互いに…する。＊徒然草（1331頃）一一五「二人河原へ出であひて、心行くばかりつらぬきあひて、共に死ににけり」＊俳諧・猿蓑（1691）二「つかみ合（あふ）子共のたけや麦畠〈游刀〉」

[二]〔他ハ下二〕⇩あえる（合・和・韲）。

語誌 (1)二つ（以上）の物・人・物事・事態などの間の関係を示すが、その一つに対する、もう一つ（相手）が「に」格で明示化される場合とされない場合とがある。前者の場合、多様な関係に広がって、この動詞が広く用いられることになった。(2)甲が乙に出あう場合、「乙、あふ」という、相手が主格で示される構文（[二]①㋺）が中世までみられるが、これについては偶然の出あいであるのを強調するという説と、活用が異なるという説がある。近・現代語では、「に」格を「と」格で示すようになるが、「…目にあう」「性にあう」「時にあう」など慣用句化したものには、「と」格に置きかわらないものもある。人と人との出会いの場合には、「あい見る」「対面する」「出会う」が併用されて、「あう」との間に、ニュアンスの差が生じたり、さらに、用法上の異なりにまで発展したりすることがあった。

方言 太刀打ちできる。かなう。秋田県河辺郡・平鹿郡130

語源説 (1)上下のくちびるが自然に相寄る時の音から〔国語溯源＝大矢透・日本語源＝賀茂百樹〕。(2)フタアエフ（二肖経）の上略〔日本語原学＝林甕臣〕。(3)アナハムの反〔名語記〕。(4)アアフツの略。フツはフタツ（二）の意〔本朝辞源＝宇田甘冥〕。(5)アイ（間）からアフ（逢）が生じたか、あるいはアフ（逢）からアイ（間）となったか〔和句解〕。

発音 文オーとも〈なまり〉アー〔埼玉方言〕アォ〔岩手〕アブ〔富山県〕〈標ア〉ア オ〈ア史〉平安○◓ 鎌倉来○◉〈京ア〉⓪

辞書 色葉・名義・和玉・文明・易林・日葡・書言・ヘボン・言海 表記 遇（色・名・玉・文・易・書・言）会（色・名・玉・文・書・へ・言）逢（色・名・玉・文・書・言）値（色・名・玉・文・書）遘（色・名・玉・易・書）遭・偶（色・名・玉・文）相（色・名・文・書）期・姤・離（色・名・玉）合（名・文・へ・言）胥（色・玉）沓（名・玉）遝（玉・易）侑・遘・遻・逑・聳・妻・胥・貴・栝・猷・阻・属・羅・罹・翕・盍・萕・勘・晤・宿（色・名）

同訓異字 **あう【合・会・逢・遭・遇】**

【合】（ゴウ・ガッ）集まって一つになる。ぴったりあわさる。「合併」「合同」「和合」《古 あふ・あつまる・かなふ》

【会】（カイ・エ）ある所に寄り集まる。集まってあう。顔をあわせる。「会談」「会釈」「集会」《古 あふ・みる》

【逢】（ホウ）行って人にあう。行く途中であう。行きあう。「逢着」「逢瀬」《古 あふ・むかふ》

【遭】（ソウ）逢・遇に似るが、特に災害などに用いる。「遭遇」「遭難」《古 あふ》

【遇】（グウ）たまたまどこかであう。ひょっこり行きあう。「奇遇」「遭遇」《古 あふ・たまたま・たまさかに》

あいがたき法（のり） 仏の教えのこと。生きものは行為のきずなにひかれて流転輪廻（りんね）をくり返すが、人間に生まれることはむずかしく、人間に生まれても仏法に逢（あ）うことはさらにむずかしいところからいう。＊金葉（1124-27）雑下・六二九「あひがたき法をひろめし聖（ひじり）こそうち見し人もみちびかれけれ〈永縁〉」＊宇治拾遺（1221頃）四・五「菩提講（ぼだいかう）の庭に参り給ひければ、その御ともに参りたるによりて、あひがたき法をうけたまはる事たるによりて、おほくの罪をさへほろぼして」

あいても会（あ）わず 恋人同士で会っていても男女の交わりをしない。思いを遂げないで夜を明かすことをいう。＊源氏（1001-14頃）東屋「宮もあひてもあはぬやうなる心ばへにこそうちそぶきくちすさび給ひしか」＊和泉式部日記（11C前）「いさやまたかかる道をば知らぬかなあひてもあはで明かすものとは」

あいにあう （「あう」を強めた言い方）①（合）すっかり一致する。そろいもそろう。＊古今（905-914）恋五・七五六「あひにあひて物思ふころの我が袖（そで）に宿る月さへぬるる顔なる〈伊勢〉」②（会）いちずの思いで会う。会いたい一心で会う。＊右京大夫集(13C前)「あひにあひてまだむつごとも尽きじよにうたて明け行くあまのとぞうき」 補注「観智院本名義抄」には「遭遇 アフニアヘリ」、「文明本節用集」には「遭」逢 アウニアウ」とある。

あう 恋(こい) 思いがかない、男女が逢うことのできた恋。＊至宝抄(1585)「恋には聞恋、見恋、待恋、忍恋、逢恋、別恋、恨恋、その外さまざま御入り候」

あうた 時(とき)**に 笠**(かさ)**脱**(ぬ)**げ** 知人に出会ったらすぐ笠をとってあいさつせよ。転じて、あいさつの機会を逃がすな、よい機会に出会ったら逃がさず利用せよということ。門に入らば笠を脱げ。＊俳諧・犬子集(1633)五・名月「月も名にあふた所で笠をぬげ〈慶友〉」＊俳諧・鷹筑波(1638)三「逢(アフ)た時笠をぬげかしもち月夜〈正則〉」＊咄本・軽口露がはなし(1691)一・一八「野郎も逢(あふ)た時かさをぬげとかや、人目も恥もかまはず、したたかに食いけり」＊浄瑠璃・悦賀楽平太(1692頃)一「あふた時にかさをぬげ、むまい物は宵(よひ)にくへ」

あう たり 叶(かな)**うたり** 物事が自分の望むところと全く一致するさま。願ったり叶ったり。＊狂言記・宗論(1660)「身どももつれほしいとぞんずる所にあふたりかなふたる事でござる」＊浮世草子・懐硯(1687)四・三「相性八卦残るところなく吟味して、逢(アフ)たり叶(カナフ)たりと悦びてつかはし祝言(ことぶき)目出度とりおこなひ」＊歌舞伎・東海道四谷怪談(1825)二幕「重ね重ねの不埒千万。併(しか)し、その間違ひも此方が為には、誠にあうたり叶(カナ)うたり」

あう はかり無(な)**し** (「はかり」は、あて、めどの意) 会うあてがない。＊新撰万葉(893–913)上・恋「かけつれば千々の金(こがね)も数知りぬなぞわが恋の逢量無杵(あふはかりなき)」＊後撰(951–953頃)恋六・一〇一八「あふはかりなくてのみふるわが恋を人めにかくる事のわびしさ〈よみ人しらず〉」＊後拾遺(1086)雑四・一〇八五「いにしへのちぢの黄金(こがね)はかぎりあるをあふはかりなき君が玉章(たまづさ)〈紀時文〉」

あうは 別(わか)**れ** 「あうは別れの始め」に同じ。＊洞院百首(1232)後朝恋「はじめよりあふはわかれと聞きながら暁知らで人を恋ひける〈藤原定家〉」＊謡曲・班女(1435頃)「よしや思へばこれもげに、逢ふは別かれなるべき」＊仮名草子・恨の介(1609–17頃)下「素(もと)よりあふは別れ、生は死の習(ならひ)なり」

あうは 別(わか)**れの 始**(はじ)**め** (「法華経–譬喩品」の「愛別離苦、是故会者定離」、また「白氏文集–巻一四」の「合者離之始、楽兮憂所」伏」から出たもの) 会った後には別れの時が来る、会ったものとは必ずいつか別れるものだの意。人生の無常を説いたことわざ。＊虎寛本狂言・墨塗(室町末–近世初)「逢ふは別れの始とは申せども、加様にはか無い御別に成(な)らうと存じたらば、御馴染申まい物を」＊仮名草子・竹斎(1621–23)上「会者定離(ゑしゃでうり)と聞く時はあふはわかれのはじめぞとかねては思ひ」

あうは 別(わか)**れの 基**(もとい) 「あうは別れの始め」に同じ。＊咄本・昨日は今日の物語(1614–24頃)上「御なげきはもっともなれ共、会ふは別れのもとゐにて候。思召しきり給ひて」＊浮世草子・和国小姓気質(1746)四・二「何事も前世の業、逢(アフ)は別(ワカ)れのもとゐを悟り」

あうも=不思議(ふしぎ)**[=夢**(ゆめ)**]合**(あ)**わぬも=不思議**(ふしぎ)**[=夢**(ゆめ)**]** もともと占いや夢に根拠はないのだから、当たってもそれはむしろ不思議というべきであるということ。「合わぬも不思議(夢)」は口調を整えるために添えたもの。＊虎寛本狂言・花子(室町末–近世初)「夢と申物ははかない物で、合ふも不思議合ぬもふしぎ、唯何事も墓無い夢の浮世で御座るに依て」＊波形本狂言・花子(室町末–近世初)「夢を心にかくると云事が有物でござるか。あうも夢(ユメ)あわぬも夢、はかなひ物でござる」＊浮世草子・好色三代男(1686)四・一「何事も前世(さきのよ)によいたねをうへてと、去(さる)人の占(うらなひ)し、思へば、あふもふしぎあはぬもふしぎぞかし」

あうや 柳因(りゅういん)**別**(わか)**るるや 絮果** (柳因絮果で柳絮のごとき因果の意) 人(じょか)に巡り合うのも別れるのも、そうなる因果の定めなさは、風のまにまに乱れ飛ぶ綿毛を持った柳の種子(柳絮)に似ているとの意。＊滝口入道(1894)〈高山樗牛〉二三「遇(ア)ふや柳因(リウイン)、別(ワカ)るるや絮果(ヂョクヮ)、いづれ迷は同じ流転の世事」

あう 夜(よ) たなばたの夜。星逢う夜。＊俳諧・西鶴大矢数(1681)第三三「此野辺に十日余も雨がない 逢夜の星は仕合の空」＊俳諧・樗良発句集(1784)「逢夜とてめでたき星の光り哉」

あわぬ 縁(えん) 夫婦が和合しないように前世から定められた縁。＊浄瑠璃・蟬丸(1693頃)一「お主さまとみづからは、夫婦と成て二とせの、幾夜を重ね候へども、あはぬゑんかや但(ただし)はお気にいらざるか、つゐに一夜も肌ふれて、枕かはせし事もなし」

あわぬ 敵(かたき) 対等でない、相手としては不足な敵。とるに足りない相手。＊保元(1220頃か)中・白河殿へ義朝夜討ちに寄せらるる事「汝が主の清盛をだにあはぬ敵と思ふなり」＊太平記(14C後)一六・正成兄弟討死事「よき敵とみるをば馳双(はせならべ)て、組で落ては首をとり、合はぬ敵と思ふをば、一太刀打て懸ちらす」

あ・う ふあ【敢】〘自ハ下二〙 ①ことを全うする。こらえきる。耐える。抵抗する。がまんする。↓あえず・あえて・あえなむ。②(他の動詞の下に付いて、補助動詞的に用いる) 十分にそうする。完全にそうする。押し切ってそうする。↓あえず。＊万葉(8C後)一八・四〇八三「常の恋いまだやまぬにみやこより馬にこひ来ばに荷ひ安倍(アヘ)むかも〈大伴家持〉」＊源氏(1001–14頃)桐壺「源氏の君は、御あたり去り給はぬを、ましてしげく渡らせ給ふ御方は、え恥ぢあへ給はず」＊源氏(1001–14頃)真木柱「火取(ひとり)を取りよせて、殿のうしろに寄りて、さといかけ給ふほど、人のやや見あふる程もなう、あさましきにあきれて物し給ふ」 語源説 アフ(合)の義で、能力のあること。力で合わせる義か〔万葉集辞典=折口信夫・国語の語根とその分類=大島正健〕。 発音 文 オーとも 〈標ア〉ア オ 〈ア史〉鎌倉『あふる』〇〇◎ 江戸『あふる』◎〇〇 〈京ア〉⓪ 辞書 言海 表記 敢(言)

あえ ず (「敢う」の未然形に、打消の助動詞「ず」の付いたもの) ①(「敢う」が独立した動詞の形で) 耐えられない。がまんできない。＊続日本紀–天平神護二年(766)一〇月二〇日・宣命「今は身も不敢(あへず)あるらむものを、夜昼退(まか)らずして護り助け仕へ奉るを見れば」＊万葉(8C後)一五・三六九九「秋されば置く露霜に安倍受(アヘズ)して都の山は色づきぬらむ〈遣新羅使人〉」＊西大寺本金光明最勝王経平安初期点(830頃)一〇「悲び泣くこと不堪忍(アヘズ)して、哀の声をもちて王に向ひて説かく」＊源氏(1001–14頃)東屋「たとひあへずしてつかうまつりさしつとも」＊新古今(1205)秋上・三九一「ことはりの秋にはあへぬ涙哉月のかつらもかはるばかりに〈俊成女〉」 ②(動詞の連用形に付いて補助的に用いる。ただし係助詞「も」などが間に入ることもある) ㋑…しきれない。…しおおせない。＊万葉(8C後)一一・二六五七「神南備(かむなび)に神籬(ひもろき)立てて斎(いは)へども人の心はまもり不敢(あへぬ)もの〈作者未詳〉」＊平家(13C前)四・鼬之沙汰「此よし申されたりければ、ききもあへず、やがて宮こへはせのぼり」＊徒然草(1331頃)五六「今日ありつる事とて、息もつぎあへず語り興ずるぞかし」 ㋺…できない。＊万葉(8C後)一一・二八二二「栲領布(たくひれ)の白浜波の寄りも不肯(あへず)荒ぶる妹に恋ひつつそ居(を)る〈作者未詳〉」＊古今(905–914)春下・八三「桜花とくちりぬとも思ほえず人の心ぞ風も吹きあへぬ〈紀貫之〉」 ㋩(動詞の連用形に係助詞「も」を添えた形に付く。「あへねば」の形をとることもある) …するや否や。…も終わらぬうちに。中世以後この用法だけに固定化して使用された。＊太平記(14C後)一一・金剛山寄手等被誅事「妻室聞きもあへず、只涙の床(ゆか)に臥し沈みて」＊謡曲・江口(1384頃)「江口の君の旧跡にて、おん経を読み弔はんと言ひもあへねば不思議やな、言ひもあへねば不思議やな、月澄み渡る川水に、遊女の歌ふ舟遊び」＊浮世草子・好色一代男(1682)二・五「草臥(くたびれ)をたすくる水風呂(すいふろ)に入もあへず、さて此(この)宿に口きくやさ者はと品定ける」＊小学読本(1884)〈若林虎三郎〉四「母聞きも敢へず刀を持ち来りて其の機を断ち切り」 発音 〈標ア〉ア 辞書 文明・日葡・〈ボン〉 表記 不敢(文・へ)

あえ て ⇩親見出し

あえ なむ (動詞「あう(敢)」の連用形に、完了の助動詞「ぬ」の未然形「な」と、推量の助動詞「む」の付いた語) がまんできるだろう。差しつかえないだろう。＊宇津保(970–999頃)蔵開下「あしかるべくは、よかれと思ふともまどひなん。よかるべくは、おそろしき物の中にすてたりともあへなむ。ただ神ほとけにまかせたてまつる」＊源氏(1001–14頃)末摘花「平仲がやうに色どりそへ給ふな。赤からむはあへなむ」＊大鏡(12C前)二・時平「小さきはあえなんと、おほやけも許させ給ひしぞかし」

あ・う ふあ【饗】〘他ハ下二〙 美味のものを調えてもてなす。饗応(きょうおう)する。ごちそうする。あえす。＊書紀(720)推古一八年一〇月(岩崎本訓)「使人等に朝(みかど)に饗(アヘ)たまふ。河内漢直贄を以て新羅の共食者と為」＊大唐西域記長寛元年点(1163)五「初めの一日従り、珍味を以て諸の沙門、婆羅門に饌(アフル)こと廿一日に至る」＊観智院本名義抄(1241)「饗 アフ」 語源説 (1)アフ(遇)の他動詞。待遇の意〔和訓栞・大言海〕。(2)アハセ(合)の義〔和訓栞〕。アハセは客の多少に合わせて設ける意〔名言通〕。(3)アはアラハス(顕)、フはススム(進)の意。賓客のために、珍器珍物を顕し進めること〔国語本義〕。(4)アヘ(合)の他動詞。合の意が転じ、加入、供応等の意となる〔日本古語大辞典=松岡静雄〕。 発音 文 オーとも 〈標ア〉ア オ 〈京ア〉⓪ 辞書 色葉・名義・言海 表記 饗(色・名・言)

アウェー-ゲーム 〘名〙(英 away game) サッカーなどで、相手チームの本拠地で行なう試合。

アウエルバッハ (Berthold Auerbach ベルトホルトー) ドイツのユダヤ系小説家。通俗的田園小説によって名声を博する。代表作「シュバルツバルトの村落物語」。(一八一二〜八二) 発音 〈標ア〉パ

アウグスティヌス (Aurelius Augustinus アウレリウスー) キリスト教会の古代教父中最大の人物。北アフリカに生まれ、ヒッポの司教として終生活躍。内的経験の省察から出発して神の絶対的恩寵(おんちょう)と教会の至上権とを認めたその理論は、アウグスティニズムとして中世思想界に決定的な影響を与えた。聖オーガスチン。著「神の国」「告白録」「三位一体論」「創世記逐語解(ちくごかい)」「ペラギウス論題」など。(三五四〜四三〇) 発音 〈標ア〉ティ

アウグストス (Augustus) 紀元前二七年オクタビアヌスがローマ元老院から受けた称号。「尊厳者」の意で、これより実質上の帝政が行なわれた。↓オクタビアヌス。 発音 〈標ア〉グ

アウグスブルク（Augsburg）《アウグスブルヒ》ドイツ南部、バイエルン州の都市。ローマ時代に建設され、中世から近世にかけて商業の中心地。発音〈標ア〉ブ

アウグスブルク-の-しゅうきょうわぎ【—宗教和議】一五五五年、ドイツのアウグスブルクで、新旧キリスト教派間に結ばれた和約。一時的な妥協に過ぎず、のちの三十年戦争の遠因となる。

あうさ-きるさ【逢離】〘名〙⇩おうさきるさ（逢離）

あうさわに〘副〙すぐに。たやすく。お手軽に。＊万葉(8C後)八・一五四七「さ男鹿の萩に貫(ぬ)き置ける露の白珠相佐和仁(あふサワニ)誰の人かも手に纏(ま)かむちふ〈藤原八束〉」＊万葉(8C後)一一・二三六二「山城の久世の若子が欲しといふわれ相狭丸(あふさわに)われを欲しといふ山城の久世〈人麻呂歌集〉」補注「逢ふさきるさ」の「あふさ」と「あわつ・あわたたし」などの「あわ」を語幹とする「あわに」との複合語で、本来は会うとすぐにの意であるとの説がある。

アウサンガテ-さん【—山】（アウサンガテはAuzangate）南アメリカ、ペルー南東部の山。インカ帝国の古都クスコの東南東に位置し、ビルカノタ山群にある。クスコの守護神アオキが住むといわれる。最高峰六三八四メートル。発音〈標ア〉テ

アウシュビッツ（ドイツ Auschwitz）ポーランド南部、クラクフ地方の化学工業都市。第二次大戦中、ナチスの強制収容所が置かれ、四〇〇万人以上のユダヤ人、ポーランド人が虐殺された。ポーランド名、オシュウェンツィム。発音〈標ア〉ビ

アウステルリッツ（ドイツ Austerlitz）チェコ東部モラビア地方の町。正称スラブコフ-ウ-ブルナ。発音〈標ア〉リ

アウステルリッツ-の-たたかい【—戦】一八〇五年一二月、アウステルリッツで、ナポレオン一世指揮下のフランス軍がオーストリア、ロシアの連合軍を大破した戦い。これで第三回対仏大同盟は崩壊した。ナポレオン一世のほかオーストリアのフランツ一世、ロシアのアレクサンドル一世が陣頭に立ったので三帝会戦ともいう。発音〈標ア〉リ

アウストラロピテクス〘名〙（ラテン Australopithecus 南の猿の意）猿人の一種で、世界最古の化石人類。A-アフリカヌス、A-プロメテウスおよびプレシアントロプス、トランスバーレンシスの三種が区別される。脳容量はゴリラに近く、歯列の形状は人間に近い。また、骨盤を形成する骨から、直立歩行をしていたと考えられている。一九二四年ベチュアナランド（現ボツワナ共和国）で発見され、生存年代は約三〇〇万年以上前〜一〇〇万年前と推定されている。発音〈標ア〉テ

アウストロアジア-ごぞく【—語族】〘名〙⇩オーストロアジアごぞく（—語族）

アウストロネシア-ごぞく【—語族】〘名〙⇩オーストロネシアごぞく（—語族）

あう-せ【逢瀬】〘名〙⇩おうせ（逢瀬）

あうだ〘名〙方言⇩あおだ（傍輿）

アウター〘名〙（英 outerwear から）「アウトウエア」に同じ。↕インナー

アウター-ライフ〘名〙（洋語 outer life）（自己の内部で営む精神生活に対し）外界とのかかわりをもつ物質的な生活活動。社会生活。＊青春(1905-06)〈小栗風葉〉秋・九「僕の苦悶は内部生活よりも、寧ろ外部生活（アウタアライフ）にあるので」発音〈標ア〉ラ

アウタルキー〘名〙（ドイツ Autarkie もとギリシア語で、「自足」の意）①自分の内面生活そのものに満ち足りて、外に求めることのない境地。賢者の理想的状態とされる。自足。②一国または一経済圏が外国貿易に依存しないで、自給自足できる経済状態。また、その経済政策。自給自足経済。＊ダイヴィング(1934)〈舟橋聖一〉三「ドイツ、ナチスの樹立する国民主義は、〈略〉自給自足の国民経済の構成を主張するアウタルキーの主張を持った」発音〈標ア〉タ〈京ア〉タ

あうち【棟】〘名〙⇩おうち（棟）

あうち【煽】〘名〙⇩あおち（煽）

あう・つ【煽】〘他タ四〙⇩あおつ（煽）

あう-て〘名〙「あいて（相手）」に同じ。＊宇津保(970-999頃)内侍督「いで、なにかは、あふてにしなし給はば」

アウト（英 out）㊀〘名〙《アウツ》①スポーツ用語。㋑（—する）庭球、卓球などの球技で、球が規定の線外に出ること。↕イン。＊テニス(1923)〈熊谷一彌〉五・一五「上方に打って相手のコートに入れるのであるから、之に速力を与へるとアウトする虞があり」㋺野球で、打者や走者が攻撃資格を失うこと。刺殺。↕セーフ。＊松蘿玉液(1896)〈正岡子規〉七月二三日「走者(通過しつつある者)或る事情のもとに通過の権利を失ふを除外(アウト)といふ」＊日本野球史(1929)〈国民新聞社運動部〉両軍いよいよ開戦「青木の打球其体に当りたるの故を以て、アウトを宣せられ」㋩ゴルフコースで、前半の九ホールをいう。アウトコース。↕イン。②困ったこと。だめになること。また、具合が悪いこと。＊夢声半代記(1929)〈徳川夢声〉江戸ッ児になる迄「まかり間違へば、アウトだからな」＊鉛筆ぐらし(1951)〈扇谷正造〉新語散見「アウト 女の子にふられる時など、逆に意気投合した場合は『セーフ』」㊁〘語素〙外側の意を表わす。「アウトコース」など。発音〈標ア〉ア〈京ア〉ア

アウト-ウエア〘名〙（英 outerwear から）上に着るもの。アウター。↕アンダーウエア。発音〈標ア〉エ

アウト-オブ-デート〘名〙〘形動〙（英 out-of-date）時代遅れ。流行遅れ。また、そのようなさま。↕アップツーデート。＊外来語辞典(1914)〈勝屋英造〉「アウト・オヴ・デート Out-of-date〔英〕時世おくれの。陳腐の。時節はづれの」発音〈標ア〉デ

アウト-オブ-バウンズ〘名〙（英 out-of-bounds「境界線外」の意）《アウトーオブーバウンド》①バレーボール、バスケットボールなどで、ボールまたはボールを持つ競技者がコート外へ出ること。アウト。＊モダン用語辞典(1930)〈喜多壮一郎〉「アウト・オブ・バウンド Out of bound 英 排球用語。ボールがラインの外に出た時、又はライン外のグランドその他に触れた場合を云ふ」②ゴルフでプレーの禁止区域、およびそこへボールが入ること。O・B。③アメリカン-フットボールで、ボールがコート外へ出て、試合が一時中止されること。発音〈標ア〉バ

アウト-オブ-ファッション〘名〙（英 out-of-fashion）流行遅れ。すたれた流行。特に服装の流行についていう。＊大増補改版新らしい言葉の字引(1925)〈服部嘉香・植原路郎〉「アウト・オヴ・ファッション Out of fashion 流行後れの。陳腐の」発音〈標ア〉ファ

アウト-オブ-プレー〘名〙（英 out-of-play）サッカーで、球が競技場のラインを越えて場外に出ることをいう。↕インプレー。発音〈標ア〉レ

アウト-カーブ〘名〙（英 outcurve）野球で、カーブのうち、打者の外側へ曲がる球。外曲球。＊松蘿玉液(1896)〈正岡子規〉七月二七日「投者は打者に向って球を投ずるを要務と為す。其の正投(ピッチ)の方、外曲(アウトカーブ)、内曲(インカーブ)、墜落(ドロップ)等種々あり」＊外来語辞典(1914)〈勝屋英造〉「アウト・カーヴ Out curve〔英〕野球語。魔球の一称にして、打手より遠き方に曲がるものをいふ」発音〈標ア〉カ〈京ア〉カ

アウト-グループ〘名〙（英 outgroup）「がいしゅうだん（外集団）」に同じ。発音〈標ア〉ル

アウト-コース〘名〙（洋語 out course）①野球で、ピッチャーがバッターに投げた球がバッターの前方の遠い所を通ったときの、その球の通り道。↕インコース。②「アウト①㋩」に同じ。③陸上競技でトラックの中央より外側のコース。↕インコース。発音〈標ア〉コ

アウト-コーナー〘名〙（洋語 out corner）野球で、打者から見て、ホームベースの中央から外側の部分。外角。アウトパート。↕インコーナー。＊日本野球史(1929)〈国民新聞社運動部〉早大歓喜、三田を練り回る「河野はアウトドロップで低いアウトコーナーを常に覗ってゐた」発音〈標ア〉コ〈京ア〉コ

アウト-サイズ〘名〙（英 outsize）特大。特大の衣服。発音〈標ア〉サ

アウトサイダー〘名〙（英 outsider）①局外者。部外者。特に、社会の枠からはみ出している者。↕インサイダー。＊煤煙(1909)〈森田草平〉三〇「何だか自分だけは社会の傍観者（アウトサイダア）のやうな気がして」②競馬で、勝てる見込みのない不人気馬。＊現代語大辞典(1932)〈藤村作・千葉勉〉「アウトサイダー out sider 英〈略〉競馬用語。不人気馬」③「アウトサイダーくみあい（—組合）」の略。④企業の結合組織であるカルテル、トラスト、同業組合に参加していない企業。無所属企業。発音〈標ア〉サ

アウトサイダー-くみあい【—組合】〘名〙（英 outsider union の訳語）法律上、労働組合とは認められず、法の保護を受けられない組合。アウトサイダー。法外組合。発音〈標ア〉ク

アウト-サイド〘名〙（英 outside）①外側。外面。外部。＊外来語辞典(1914)〈勝屋英造〉「アウトサイド Outside〔英〕㊀外側の。外部の。外面の。㊁外部。外面。外側」＊世界の流行(1931)「総丈〔アウト・サイド〕四十吋1/2」②野球で、アウトコーナー。外角。↕インサイド。③庭球などで、ボールがコートの外に落ちること。④競馬で勝つ見込みのない人気のない馬。⑤社会の枠からはみ出している状態。＊軽口浮世ばなし(1977)〈藤本義一〉一八・二「スリ、ポン引、ヒモ、売春婦、こういったアウトサイドの人間たちが、なにを目的にして必死に生きていくのかということを知ったのだった」発音〈標ア〉サ

アウト-シュート〘名〙（英 outshoot）野球で、打者から見て外側へ曲がるシュートボール。↕インシュート。＊モダン新用語辞典(1931)〈小島徳彌〉スポーツ「アウト・シュート〔Out shute〕英 野球用語。打者の前で軽く外角にながれる球」発音〈標ア〉シュ〈京ア〉シュ

アウト-ドア〘名〙（英 outdoor）室外。屋外。他の語と複合しても用いる。↕インドア。「アウトドアライフ」＊現代語大辞典(1932)〈藤村作・千葉勉〉「アウト・ドア out-door 英 戸外の。屋外の」発音〈標ア〉ド

アウトドア-スケート〘名〙（洋語 outdoor skate）川や湖など自然環境の中で行なうスケート。＊旅-昭和三二年(1957)二月号・観光地今昔(山中湖)「インドアスケートの隆盛はアウトドアスケートの魅力に直結する」発音〈標ア〉ケ

アウトドア-スポーツ〘名〙（英 outdoor sports）屋外で行なう運動。野外スポーツ。↕インドアスポーツ。発音〈標ア〉ポ

アウトドア-ライフ〘名〙（英 outdoor life）屋外での生活。野外での活動。山小屋やキャンプなどでの、自然に親しんだ生活。発音〈標ア〉ラ

アウト-ドロップ〘名〙（アメリカ out drop）野球で、カーブのうち、打者の外側へ曲がりながら下に落ちる球。アウドロ。↕インドロップ。＊学生時代(1918)〈久米正雄〉選任・一「黙々と得意なアウト・ドロップを捻出した」発音〈標ア〉ロ〈京ア〉ロ

アウトバーン（ドイツ Autobahn）ドイツの自動車専用高速道路。正しくはライヒス-アウトバーン。一九三三年ヒトラーが起工。＊新西洋事情(1975)〈深田祐介〉植民都市歓迎の背景「最近では皆ベンツを連ね、アウトバーンを二時間ばかり走ってベルギー領スパのゴル

フ・リンクへ出かけているようですけれども」 発音〈標ア〉バ

アウト-フィールド〔名〕(英 outfield) ①野球やクリケットなどの外野。野球では、ライト、センター、レフトの守備位置をいうこともある。クリケットでは打者から最も離れた部分。⇔インフィールド。＊新式ベースボール術(1898)〈高橋雄次郎〉一・内野及外野「内野の外の処は、外野、即ち『アウトフォールト』(Out-field)と云ひます」＊外来語辞典(1914)〈勝屋英造〉「アウト・フィールド Out-field〔英〕野球語。外野」 ②(集団としての)外野手。 発音〈標ア〉フィ

アウト-フォーカス〔名〕(洋語 out-focus) 映画の撮影技法の一つ。特殊の効果を生むように、わざとピントをぼかして撮影すること。＊モダン辞典(1930)「アウト・フォーカス〔映〕焦点を故意に外した撮影技巧」 発音〈標ア〉フォ

アウト-プット〔名〕(英 output) ①ある産業部門が、原材料、労働力などの生産要素を投入してつくりだした財貨やサービス。また、その総量。産出量。⇔インプット。 ②(電気回路の)出力。特に、コンピュータから情報を印字などの方法で出すこと。⇔インプット。＊現代語大辞典(1932)〈藤村作・千葉勉〉「アウト・プット out-put 英 電気用語。電気の勢力の出る方」 発音〈標ア〉プ

アウト-プレーヤー〔名〕(洋語 out-player) 庭球で、球を受けるほうの競技者。守備。レシーバー。⇔インプレーヤー。＊外来語辞典(1914)〈勝屋英造〉「アウト・プレーヤー Out-player〔英〕庭球語。ストライカー・アウト(Striker-out)或はレシーヴァー(Receiver)とも云ひ、此の競技に於て受手たる方を称す」 発音〈標ア〉レ

アウト-ボクシング〔名〕(洋語 out-boxing) ボクシングで足を使い、絶えず相手と一定の距離を保ちながら戦うこと。＊ユーモア・モダン語辞典(1932)スポーツ語「アウト・ボキシング〔拳〕敵に接近せず遠くから力よりも業で加撃する戦法をいふ」＊新語新知識(1934)「アウト・ボクシング」 発音〈標ア〉ボ

アウト-ポケット〔名〕(英 outside pocket から) 上着の表側についているポケット。 発音〈標ア〉ポケ

アウト-ライン〔名〕(英 outline) ①輪郭。外囲線。＊外来語辞典(1914)〈勝屋英造〉「アウトライン Outline〔英〕外廓。輪廓」 ②あらすじ。要点。大要。＊名張少女(1905)〈田山花袋〉五「夫の語った少女の性情、それはほんのアウトライン丈けで御座いますけれど」 ③庭球で、コートの外側の線。 発音〈標ア〉ラ〈京ア〉ラ

アウトライン-ステッチ〔名〕(英 outline stitch) 刺繡(ししゅう)で、輪郭やデザインの一部を線状に縫いかがること。 発音〈標ア〉テ

アウト-リガー〔名〕(英 outrigger) ①カヌーやボートで、舷(げん)の外に張り出して取りつけられた安定用の浮材。 ②レース用のボートで舷から外へつきだし、先端にオール受けをつけた金属製の支柱。また、それをつけたボート。リッガー。 発音〈標ア〉ト

アウ-ドロ〔名〕「アウトドロップ」の略。＊現代語大辞典(1932)〈藤村作・千葉勉〉「アウドロ アウト・ドロップ(out-drop)の略」 発音〈標ア〉0

アウト-ロー〔名〕(英 outlaw) 無法者。無頼漢。社会ののけもの。＊善良な罪人(1951)〈山本健吉〉「世の良識からはみ出した、いわばアウト・ロウの文学の極端な場合とも思えるのである」＊方丈私記(1970-71)〈堀田善衛〉二「社会から斥けられた法外者(アウトロウ)か」 発音〈標ア〉ロ

あうなじ〔名〕方言 ⇩あおのろし(青―)

あうび【鮑(あふび)】〔名〕⇩おうび(鮑)

あうび-しお【鮑塩(あふびしほ)】〔名〕⇩おうびしお(鮑塩)

アウフタクト〔名〕(ドイツ Auftakt) 楽句が弱拍で開始すること。上拍。弱起。 発音〈標ア〉タ

アウフヘーベン〔名〕(ドイツ aufheben 元来、「拾い上げる」「保存する」「中止する」「破棄する」の意) 弁証法の基本概念の一つ。「否定する」「たかめる」「保存する」という三つの意味あいを含めて物事についての矛盾や対立をより高次の段階で統一すること。止揚(しよう)。揚棄(ようき)。＊一九二八・三・一五(1928)〈小林多喜二〉二「その差別自身が一定の高度にまで強調された時、必然にアウフヘーベンされる」＊オリンポスの果実(1940)〈田中英光〉一〇「恋なぞ、といふ個人的な感情は、揚棄(アウフヘエベン)せよ」 発音〈標ア〉ヘ

あ-うら【足占】〔名〕「あしうら(足占)」に同じ。＊改正増補和英語林集成(1886)「Aura アウラ〈訳〉アシウラに同じ」 辞書言海 表記足占(言)

アウラ〔名〕(ラテン aura)「オーラ」に同じ。

アウラングゼーブ(Aurangzeb) インドのムガール帝国第六代皇帝(在位一六五九～一七〇七)。ムガール朝最大の版図を実現したが、その専制と宗教的狂信性のため各地で反乱を招き、帝国は衰退した。(一六一八～一七〇七) 発音〈標ア〉ゼ

あうりん〔名〕親分の意の賭博仲間の隠語。〔隠語輯覧(1915)〕

あうる〔動〕来る。来たる。＊混効験集(1711)上「あうれ 来れと云事」

アウレリウス(Aurelius) ⇩マルクス＝アウレリウス

アウロラ〔名〕(ラテン aurora)「オーロラ」に同じ。

あ-うん【阿吽・阿呍】〔名〕(梵 a-hūṃ の音訳) 仏語。①密教の言語観で、阿は悉曇(しったん)一二母音の初音で開口音。吽は終わりで閉口音。密教ではこの二字をもって法界万有を摂し、阿は一切が発生する理体、吽は一切の終結する智徳を表わすとし、また菩提心と涅槃などを表わすとする。＊謡曲・安宅(1516頃)「出で入る息に阿吽の二字を唱へ、即身即仏の山伏を」＊御伽草子・御曹子島渡(室町末)「大日の一の巻に、ぬれての法と申すを行ひ給ひて、建盞(けんざん)に水を入れ、あふむといふ文字を書きて見給はば、その水に、血、うかび申すべし」＊悉曇三密鈔(1682)下・上「阿吽二字、出入息風、即是一切衆生性徳、本具自証〈阿字又吽字〉化他〈吽字又阿字〉也、恒沙万徳、莫﹅不﹅包﹅括斯二音両字﹅也」 ②吐く息と吸う息。呼吸の出入り。あうんの呼吸。＊浄瑠璃・心中万年草(1710)下「あうんの息もきへきへと、のっつ返しつ苦しむ声(こゑ)」＊雑俳・一夜泊(1743)「水入の穴は阿吽の息遣ひ」 ③寺院山門の仁王、狛犬(こまいぬ)などの一対。一は口を開き、一は口を閉じる。→阿吽の二王。 ④相対、対比、対立など相対する二つのものにいう語。＊浄瑠璃・卯月の紅葉(1706頃)上「物にはあうん有故に、道具中間(なかま)のあきなひに、そんもする又とくも取」 ⑤息をつめたり、掛け声をかけたりして、全身の力をこめる形容。＊河東節・帯曳おとこ結(1723)「やってはひかへ、引てはゆるめ、げに鉄(くろがね)のくさりにて、大象をひくちから声、両方あうんの力わざ、いきをもつがず、もみあひしが」 語誌(1)「阿吽」は日本密教教義上の用語であり、空海は「声字実相義」「吽字義」において阿・吽それぞれについて別個に説いているが、平安朝末期に至って阿吽が熟合して一語になったと思われる。覚鑁は「愛染王講式」に「開口閉唇之時、阿吽二字自生」と記している。(2)室町時代になって、教義上の意味から転じて、その発声における開口閉唇や息の出入の、阿・吽両字への配当から、「阿吽」が一般に「開閉」「出入」などの対概念を表わすに用いられるに至った。その対概念の種類・適用範囲は時代・文脈に応じて多様である。その転用は更に拡大し、陀羅尼や呪文の機能を帯びたもの(「御伽草子・御曹子島渡」の例)や仏の名号に相当させた「念仏」と等しい機能の例もある。(3)「阿吽の呼吸」は一方で息の出入をいうが、一方で他人とことをなす時の気構え・気合いや、物事の間合いを巧みにつかむ意を表わす。現代語に残るのは後者である。 方言危険なこと。高知県860 発音〈標ア〉ア0〈京ア〉ア 辞書言海 表記阿吽(言)

阿　吽 ③〈滋賀県 大宝神社〉

あうん の 呼吸(こきゅう) ①「あうん(阿吽)②」に同じ。＊読本・桜姫全伝曙草紙(1805)二・七「阿吽(アウン)の呼吸(コキフ)につれて、忽ち一人を左袈裟に斬りおとし」＊読本・本朝酔菩提全伝(1809)二・三「二人が鎧の東方(あげまき)に左右の手をかけ、阿吽(アウン)の呼吸(コキフ)を拍手として、大地に撞的(どうと)投付たり」 ②相撲の仕切りなど、二人以上がいっしょにある物事をするときの、相互の微妙な調子、気持。また、それがぴったり一致すること。＊光明真言観誦要門(1683)上「相撲の仕切に、阿吽の呼吸を合はす」＊潮騒(1954)〈三島由紀夫〉五「鳥の羽毛をつけたしなりのよい竹竿を使って行はれるこの漁は、阿吽(アウン)の呼吸を要した」

あうん の 二王(におう) 寺門の両側に配する、怒りの相を表わした仏教護持の二つの金剛神の像。左方の口を開いたのが金剛または密迹金剛、右方の口を結んだのが力士または那羅延金剛などとする説があるが、実は同じものを開口、閉口の二つで表わしたもの。＊浄瑠璃・傾城酒呑童子(1718)一「綱はさやを持ながら、へいの上につっ立て、にらみあふたるつらだましひ、あうんの二王にことならず」＊浄瑠璃・蘆屋道満大内鑑(1734)四「一息つきしはあうんの二王(ワウ)げんぶくしたるごとく也」

あうん の 二天(にてん) (「二天」は天部の神である金剛神をいう)「あうん(阿吽)の二王(におう)」に同じ。＊浄瑠璃・信州川中島合戦(1721)道行「サアこいやっとふんだる足はあうんの二天、とぶがごとくにかけて行」

あえ【和・韲(あへ)】〔名〕(動詞「あえる(和)」の連用形の名詞化) 魚介類や野菜などを、酢、みそ、ごまなどに混ぜあわせて調理すること。また、そのもの。あえもの。「みそあえ」「ごまあえ」など。＊浄瑠璃・平仮名盛衰記(1739)三「海鹿(ひじき)のおあへ此たんぽぽ、扨もむまし舌鼓」 発音〈標ア〉エ 辞書言海 表記韲(言)

あえ【饗(あへ)】〔名〕(動詞「あう(饗)」の連用形の名詞化) 飲食のもてなしをすること。饗応。馳走(ちそう)。→あえす(饗)。＊播磨風土記(715頃)賀古「阿閇津に到りて、御食(あへ)を供進(たてまつ)りき。故(かれ)、号(な)づけて阿閇(アヘ)村といふ」 発音〈標ア〉エ 上仮名ァへ 辞書言海 表記饗(言)

あえ〔名〕方言 ⇩あい

あえ【(あゑ)】〔名〕物ができそろわないこと。＊新編常陸国誌(1818-30頃か)方言「物のできそろはぬなり、あるある、あゑができたなど云ふなり」 方言屑(くず)。埼玉県秩父郡「籾のあえ」「人間のあえ」251

あえ〔名〕「あゆ(鮎)」に同じ。＊改正増補和英語林集成(1886)「Ae アエ〈訳〉ますの一種。アイ・アユに同じ」

あえ-か〔形動〕①触れれば落ちるようなさま。危なっかしい様子。＊源氏(1001-14頃)若菜上「めづらしきさまの御心地にぞありける。まだいとあえかなる御ほどに、いとゆゆしくぞ、誰も誰もおぼすらむかし」 ②容姿や気持などが弱々しいさま。かよわく、なよなよとしたさま。はかなげであるさま。きゃしゃであるさま。ふつう若い女性に関して用いられる。また、上品で美しいという感じを伴って用いられることが多い。＊源氏(1001-14頃)夕顔「はなやかならぬ姿、いとらうたげに

あえかなる心ちして」＊夜の寝覚(1045–68頃)三「人がらささやかにそびえて、あえかに身もなく衣(きぬ)がちに、あてにらうたげに」＊栄花(1028–92頃)根合「上は小一条院の姫宮におはします。あてにあえかにめでたくおはします」＊増鏡(1368–76頃)九・草枕「いと心憂しと思せど、あへかに消えまどひなどはし給はず」③自然の景物や夢、希望などのはかなげで美しいさま。＊晶子新集(1917)〈与謝野晶子〉「冬枯の木立あえかになまめかし後(うしろ)に朝の歩み寄る時」＊戈壁の匈奴(1957)〈司馬遼太郎〉「若年の頃から、あえかな夢と恨みをこめたこの城へ、いま部下の馬蹄が先んじて蹂躙することは、彼の感情が許すまい」 語誌 (1)こぼれ落ちる意のアユから派生した語か。「源氏物語」とその影響を受けた平安後期物語の散文中では、結婚や出産に耐え切れない幼さ、性格的な頼りなさ子供っぽさ、身体の小柄なさま、病でやつれた細さなどを形容し、心身が成熟した女性の標準から欠けた状態にある不安定さを表わしている。(2)中近世では古語という意識が強くなったが、明治三〇年代になって与謝野晶子などによって甦り、美文的な雅語として韻文などに用いられ、さらに現代では女性の描写よりは光や音、声などのかすかなことの形容として用いられている。古代ではあやうげではかない様子を上品で美しいというニュアンスでとらえているが、現代では美しさの方に中心が移っている。 語源説 物の正当でないことを意味する語アヤ(過)の転じてできたアエには、こぼれ落ちるの意があり、そこから、風にも堪えぬ風情をいう〔日本古語大辞典=松岡静雄〕。 発音〈標ア〉ア 辞書 言海

あえ-かえ・す（あへかへす）【和返】〔自サ四〕(そのこと、その場を、まぜかえすの意から) ごったがえす。大騒ぎをする。＊歌舞伎・七月二八曙(1773)「二人共にけふは幾日じゃと思ふぞ。盆の十五日じゃぞよ。仲間の算用は有り、仏祭りで内はあへかへすのに、行先もいわずにどこへは入ていたのじゃ」＊浮世草子・当世芝居気質(1777)三・一「頭取が聞付見舞に来るか、銀主が医者を引合すやら、あへかへして介抱」＊浄瑠璃・伽羅先代萩(1785)三「狐やら、狸やら、狼やらであへかへす」

あえかた-ぶぎょう（あへかたブギャウ）【饗方奉行】〔名〕室町幕府の職名。饗宴の膳部のことをつかさどった。御祝(おいわい)奉行。＊武家名目抄(19C中か)職名部・御祝奉行「按饗方奉行は即御祝奉行なり」

あえぎ（あへぎ）【喘】〔名〕(動詞「あえぐ」の連用形の名詞化) ①激しく呼吸すること。また、その声。＊珊瑚集(1913)〈永井荷風訳〉暗黒「臨終の喘咽(アヘギ)聞ゆる」＊十六歳の日記(1925)〈川端康成〉五月一五日「『ううん、ううん』と、返辞か喘ぎか分からないものを繰り返して」 ②喘息(ぜんそく)のこと。＊十巻本和名抄(934頃)二「喘息 唐韻云歔〈昌苑反 字亦作喘 阿倍岐〉口気引息也」＊医心方天養二年点(1145)九・二「治喘息(アヘキ)方」＊名語記(1275)八「あへぎといへる病如何。答喘息」 発音アエギ〈標ア〉ギ〈ア史〉②は平安●●●〈京ア〉0 辞書 和名・色葉・名義・和玉・書言 表記 喘(和・色・玉・書) 喘息(色・名) 歔(和) 晄洋・歔息・噎・嚇・唻(色) 嘁・晄(名) 咳(玉)

あえぎ-あえぎ（あへぎあへぎ）【喘喘】〔副〕(動詞「あえぐ」の連用形を重ねたもの) 息づかい激しく。息を継ぎ継ぎ。息を切らせながら。また、比喩的に、今にも絶えてしまいそうなさまにも用いる。あえぐあえぐ。＊読本・椿説弓張月(1807–11)拾遺・五四回「左手(ゆんで)に王子を抱きそえて、喘々(アヘギアヘギ)迯走れば」＊田園の憂鬱(1919)〈佐藤春夫〉「男帯よりももっと細く水はちょろちょろ喘ぎ喘ぎ通うてゐた」 発音アエギアエギ〈標ア〉ア2〈京ア〉0=0

あえぎ-くるし・む（あへぎ:）【喘苦】〔自マ五(四)〕せわしく呼吸しながら苦しむ。＊妄想(1911)〈森鷗外〉「依然として雰囲気の無い処で、高圧の下に働く潜水夫のやうに喘(アヘ)ぎ苦(クルシ)んでゐる」 発音アエギクルシム〈標ア〉シ

あえぎ-ごえ（あへぎごゑ）【喘声】〔名〕苦しそうに息をする声。＊天国の記録(1930)〈下村千秋〉一「木枯らしの後の海鳴りのやうな都会の喘(アヘ)ぎ声をきいた」 発音アエギゴエ〈標ア〉ゴ

あえ・ぐ（あへぐ）【喘】〔自ガ五(四)〕(古くは「あえく」) ①息が切れる。せわしく呼吸する。苦しそうに息をつく。あえずく。＊万葉(8C後)三・三六六「いさなとり海路に出でて 阿倍寸(アヘキ)つつ わが漕ぎ行けば〈笠金村〉」＊漢書楊雄伝天暦二年点(948)「沈沈容容として遙かに紭の中に噱(アヘク)」＊観智院本名義抄(1241)「嘘 スフ ハク イキス アヘク」＊太平記(14C後)二四・依山門嗷訴公卿僉議事「水牛一頭水中より游(およ)ぎ出て車の前にぞ喘(アヘ)ぎける」＊黒本本節用集(室町)「喘 アエグ」＊日葡辞書(1603–04)「Ayegui, u, eida(アエグ)〈訳〉急な息で、または、苦しそうに呼吸する。または、ぜんそくにかかっている」＊五国対照兵語字書(1881)〈西周〉「Battre du flanc〈略〉喘ク」 ②(比喩的に) 生活や経営などがうまくはかどらないで苦しむ。困難を抱えて苦悩する。＊東京の三十年(1917)〈田山花袋〉KとT「みな僕等と同じやうな人生の重荷にあえいで、もだえて来たんだ」＊自然主義文学における「家」(1948)〈瀬沼茂樹〉一「経済生活はその低劣な生活条件から人間を孤立化し、毎日の生活に喘(アエ)いでいなければならない」 語誌 「新撰字鏡」に「喘 気急也 阿波支」、「十巻本和名抄」に「喘息 阿倍岐」とあるところから、アハクとの関係が考えられるが、その先後は明らかでない。また、「金刀比羅本保元物語」にアヘヅクの例があり、中世前期にはアヘグのほかアヘヅクも行なわれたようであるが、一般には、古代から現代に至るまで、アヘク(グ)がおもに用いられてきた。中世後期には、サワク→サワグ、ソソク→ソソグなどと同様に、アヘクもガ行に活用するようになった。なお、近代では生活苦や困難、重圧に耐えるという比喩表現の例が多くなる。 語源説 (1)アハク(喘)に通じる〔大言海〕。(2)アは息を引く声。ヘグは引くの義〔和訓栞〕。(3)アヘ(敢)の活用か〔俗語考〕。(4)アヘイキ(彌重息)から〔言元梯〕。(5)アキフク(開吹)の意〔名言通〕。(6)アヘはアフ(合)の活用。息のその身、その時に合い難いのを見て、息アヘグといったものからイキが略されたもの〔国語本義〕。(7)アヘ(令・合)に活用語尾グを添えたもの。調子を合わせる意〔日本古語大辞典=松岡静雄〕。(8)息がアハアハという音を移して活用した語〔日本語源=賀茂百樹〕。(9)アラハセイキの反〔名語記〕。(10)「Ai(嗌)」の変化音 Ae に語尾Gを添えたもの〔日本語原考=与謝野寛〕。 発音アエグ〈音史〉院政頃までは『あへく』と清音。〈標ア〉エ〈ア史〉平安●●○ 室町●○○〈京ア〉0 上仮名 アヘク 辞書 色葉・名義・和玉・文明・天正・饅頭・黒本・易林・日葡・ヘボン・言海 表記 喘(色・名・玉・文・天・饅・黒・易・へ・言) 噱(色・名・玉) 噎・唻(色) 嘶・嗽・慂・嘘(名) 彫(玉)

あえぐ-あえぐ（あへぐあへぐ）【喘喘】〔副〕(動詞「あえぐ」の終止形を重ねたもの)「あえぎあえぎ(喘喘)」に同じ。＊今昔(1120頃か)二七・一三「男は喘々ぐ我にも非(あら)で、彼は誰(た)そ時に舘に馳着(はせつき)たれば」

あえくに-じんじゃ（あへくに:）【敢国神社】三重県上野市一之宮にある神社。旧国幣中社。伊賀国阿拝(あえ)郡開拓の祖神、敢国津命(あえのくにつのみこと=大彦命)ほか二柱をまつる。延喜式内大社。伊賀国一の宮。 発音〈標ア〉ジ

あえくらべ-ふ・す（あへくらべ:）【敢競伏】〔他サ下二〕(「あう」は対抗する、「くらべる」は争うの意) 負けずに争って押えつける。＊宇治拾遺(1221頃)一一・八「盗人なめりと思ひ給へて、あへくらべふせて候なり」

あえ-く・る（あへ:）【和—】〔他ラ四〕(「くる」は接尾語) 嘲弄する。愚弄する。ばかにする。＊浄瑠璃・箱根霊験躄仇討(1801)一〇「わいらは〈略〉人をあへくるのかい」 方言 ❶嘲弄する。愚弄する。からかう。鳥取県因幡711 島根県隠岐島725 徳島県811 福岡県872 大分県大分市・大分郡941 ◇あやくる 愛知県豊橋市549 東加茂郡565 兵庫県淡路島671 和歌山県691 岡山県苫田郡748 徳島県811 美馬郡816 ❷ごまかす。福岡市877 ◇あやくる 神奈川県津久井郡317 ❸混乱する。島根県隠岐島725 ◇あやくる 島根県簸川郡・出雲市725 ❹混ぜ返す。兵庫県神戸市665

あえこ（あへこ）〔名〕青豆をゆでてすりつぶし、塩、砂糖、みりんなどで味加減をして、ゆでて下味をつけた熬海鼠(いりこ)をあえた料理。あおあえ。

あえこ〔名〕 方言 ❶松の落ち葉。大分県北海部郡941 ◇あえまつば〔—松葉〕 鹿児島県肝属郡054 ❷黒松の葉。 ◇あえ 鹿児島県日置郡964 ❸粟(あわ)の落ち穂。青森県三戸郡083

あえ-ごと（あへ:）【和言】〔名〕(まぜっかえす言葉の意から) 愚弄する言葉。また、あてこすり。＊浄瑠璃・本朝檀特山(1730)二「なう、先刻(さっき)にから強(きつ)いあへごと」

あえ-ごろも（あへ:）【和衣】〔名〕料理で、あえ物の材料をまぜ合わせる調味料。

あえ-さが・す（あへ:）【和—】〔他サ四〕(「さがす」は、度を越える意) ①差し出口などをして人の話を混乱させる。まぜっかえす。邪魔をする。＊浄瑠璃・夏祭浪花鑑(1745)一「何じゃ異類異形な者が来てあへさがす。きりきり往(い)ねと腹立声」 ②ばかにする。愚弄する。＊咄本・新選臍の宿替(1812)一・世は逆さま「いかに私がもちやのからうすで、あんつくじゃてて、能いかげんにあへさがしておくれなされと言へば」

あえ-しお（あへしほ）【韲塩】〔名〕食物に程よく加える、塩、酒、しょうゆ、酢、たで、しょうが、わさび、こしょう、からし、さんしょうなどの合わせ物。主に野菜料理に用いられるところから転じて、そまつな食物。＊文明本節用集(室町中)「韲 アエシホ」＊養生訓(1713)三「聖人其醬(アヱシホ)を得ざればくひ給はず。是養生の道也。醬とはひしほにあらず、其物にくはふべきあはせ物なり」 辞書 文明 表記 韲(文)

あえ-しらい（あへしらひ）〔名〕(動詞「あえしらう」の連用形の名詞化) ①相手をすること。応答。あいさつ。また、取り扱うこと、もてなすこと。待遇。接待。あしらい。＊源氏(1001–14頃)若菜下「いでや、なぞかくことなる事なきあへしらひばかりをなぐさめにては、いかが過ぐさむ」＊源氏(1001–14頃)柏木「この御あへしらひきこゆる少将の君といふ人して〈略〉ときこゆれば」＊随筆・戴恩記(1644頃)上「人のあしきふるまひあれども、打あてては御いましめもなく、をのづから其者思ひしりて、われと心をなをすやうに、万事御あへしらひ侍りき」 ②取り合わせ。付け合わせ。配合。あしらい。 発音〈なまり〉アエソラェ〔津軽ことば〕〈標ア〉0 辞書 言海

あえ-しら・う（あへしらふ）㊀〔自ハ四〕(相手の話が引き立つように) 相手をする。調子を合わせる。あいづちを打つ。応答する。＊紫式部日記(1010頃か)寛弘五年一〇月一六日「筑前の命婦は〈略〉など思ひいでていふを、ゆゆしきこともありぬべかめれば、わづらはしとて、ことにあへしらはず、几帳へだててあるなめり」＊源氏(1001–14頃)帚木「中将はこのことわり聞き果てむと心にいれてあへしらひゐ給へり」＊醍醐寺本遊仙窟康永三年点(1344)「故(ここに)張郎に誇るに、復、能く応答(アヘシラフ)」 ㊁〔他ハ四〕①(他人の相手をして) 適当にもてなす。あしらう。程よく処理する。接待する。＊蜻蛉(974頃)上・天暦八年「目も見あはせず、思ひいりてあれば、などか、世の常のことにこそあれ。いとかうしもあるは、われをたのまぬなめりなどもあへしらい」＊紫式部日記(1010頃か)寛弘五年一一月「おなじ心なるは、あはれに書きかはし、すこしけどほきたよりどもを、たづねてもいひけるを、ただこれをさまざまにあへしらひ、そぞろごとにつれづれをばなぐさめつつ」＊源氏(1001–14頃)若紫「さぶらふ人々も思ひ乱れて

と、ことずくなに言ひて、をさをさあへしらはず」②(味などを引き立たせたりするために)取り合わせる。付け合わせる。配合する。＊蜻蛉(974頃)上・安和元年「旅籠所(はたごところ)と思しきかたより、きりおほね、物のしるして、あへしらひてまづいだしたり」語誌(1)「あえ(あへ)」は下二段動詞「あう(あふ)」→あえる(合・和・韲)」の連用形、「しらう(しらふ)」は「たがいに物事をし合う」の意で、たがいの調和をはかることを原義とする。(2)「蜻蛉日記」など中古の仮名作品では「あへしらふ」の形が優勢であるが、「徒然草」や「平治物語」など鎌倉期以後の作品では「あひしらふ」の形に変化する。なお「醍醐寺本遊仙窟康永三年点」には「会 アヘシラヘ(別訓 シラヒ)」とあり、下二段と思える例もあるが、語尾の「ひ」が「へ」に変化したものであろう。発音 文 アエシローとも 〈標ア〉ラロ 〈京ア〉0 辞書 言海

あえ・す【落・零】〘他サ四〙(「あやす(零)」の変化した語か) したたらす。血、汗などをたらす。＊義経記(室町中か)二・義経鬼一法眼が所へ御出の事「未だ所作も果てざらんに切りて社壇に血をあへさんも、神慮の恐(おそれ)あり」＊御伽草子・福富長者物語(室町末)「うちやられし頭(かしら)より、御かはくだりに血をあへして、立田川の秋にことならずかし」＊浄瑠璃・伽羅先代萩(1785)道行「浮御堂の近辺で、血をあへした其咎(とがめ)か」

あえ・す あへ【饗】〘自サ変〙「あう(饗)」に同じ。＊書紀(720)舒明即位前(北野本訓)「群臣を聚(つど)へて、大臣の家に饗(アヘ)す」＊新撰字鏡(898-901頃)「佐客 過往也又饗於他人爾阿戸須」辞書 字鏡・色葉・名義 表記 佐客(字・名) 饗(色・名) 餉(名)

あえ・ず あへ【不敢】〘連語〙⇨「あう(敢)」の子見出し

あえ-ず・く あへづく〘自カ四〙「あえぐ(喘)」に同じ。＊金刀比羅本保元(1220頃か)中・白河殿攻め落す事「鎌田希有の命たすかりて逃げのび、京極をのぼりにうち廻して、下野殿のまへに馳せ来って、あへづきあへづき申しけるは」

あえ-ずらえ あへづらへ〘名〙応対すること、相手をすること、の意か。＊落窪(10C後)一「御あへづらへ仕うまつり侍らんと思ひ侍りつるを、とみの事とて、人まうで来たればなん」補注 用例は他に見当たらず、疑問。「あへづらひ」とする他本もあり、あるいは「あへしらひ」の誤写か。

あえ-た・く あへ〘自カ四〙息が切れる。せわしく呼吸する。＊今昔(1120頃か)二八・三二「指貫の喬(そば)取て喘たきて、七八町と走けむは。大路の者、此を見て、何かに咲(わら)ひけむ」＊和学講談所本弁内侍(1278頃)宝治三年二月一日「おはしつとぞあへたきて声のかはるほどたづねおはします」＊名語記(1275)九「あへたく如何。又、あらいきつく也」語源説 アライキタカケク(荒息高)の反〔名語記〕。

あえ-たちばな あへ【阿倍橘】〘名〙(「あべたちばな」とも) 果実の名。柚(ゆず)に似た柑橘類の一種か。植物「くねんぼ(九年母)」のこととする説もある。＊万葉(8C後)一一・二七五〇「吾妹子に逢はず久しもうましもの阿倍橘(アヘたちばな)の蘿(こけ)生(む)すまでに〈作者未詳〉」＊本草和名(918頃)「橙、櫞子、和名阿倍多知波奈」＊現存六帖(1249-50頃)「ときはにてあへたちばなのかはらねどゆく年しるく苔生ひにけり〈藤原知家〉」補注「あへたちばな」か「あべたちばな」か不明。「観智院本名義抄」には「あべたちはな」とあるが、語釈、用例は一応「あえたちばな」に寄せた。語源説(1)アへは韲。皮をつき砕いてあへて食べることから〔東雅・大言海・中華名物考=青木正児〕。(2)アベタチバナの義。アへは饗の意か。観賞用のハナタチバナに対する新種を呼んだもの〔日本古語大辞典=松岡静雄〕。発音〈ア史〉平安●●●●●○ 〈京ア〉チ 上仮名 ア|ヘタチバナ 辞書 和名・色葉・名義・書言・言海 表記 橙(和・色・名・書)

あ-えつ〘代名〙(「あやつ(彼奴)」の変化した語) 他称。あいつ。＊洒落本・両国栞(1771)「どこヱいかふねあヱつが所(とけ)ヱいかふか」

あえ-づき あへ【韲坏】〘名〙(「あえつき」とも) あえものを盛る器。＊延喜式(927)一二・中務省「薬司 九月九日裏呉茱萸料。〈略〉韲坏(あへつき)廿口」発音〈標ア〉エ 〈ア史〉平安○○○● 〈京ア〉0 辞書 名義 表記 韲坏(名)

あえ-づくり あへ【韲作・鱐】〘名〙魚や鳥などの肉を他の物に混ぜ合わせて作った料理。ぬたあえなどの類。＊十巻本和名抄(934頃)四「鱐 唐韻云鱐〈蘇弔反与嘯同今案鹿鱐俗云阿閇豆久利是也〉切完合糅也」＊随筆・松屋筆記(1818-45頃)一〇三・三二「鱐(アヘツクリ)のたあへ、和名抄十六魚鳥類に〈略〉俗云阿閇豆久利云々、此あへつくりは料理の書にのたあへといふ物にあたれり」辞書 和名・色葉・名義 表記 鹿鱐(和・名) 鱐(色) 鱐(名)

あぇっこ〘名〙方言 ⇩あっこ

あえ-て あへ【敢—・肯—】〘副〙(動詞「あう(敢)」の連用形に助詞「て」が付いて一語化した語) ①(肯定にも否定にも用いる) 困難な状況をおして。積極的に、力いっぱいに。＊万葉(8C後)三・三八八「いざ児等(こども) 安倍而(アヘテ)漕ぎ出む にはも静けし〈作者未詳〉」＊西大寺本金光明最勝王経平安初期点(830頃)三「皆悉く発露す。敢(アヘテ)覆蔵せず」＊雁(1911-13)〈森鷗外〉二一「どうかすると男の敢(アヘ)てせぬ事を敢(アヘ)てして、おもひの外に成功することもある」②(否定辞と呼応して用いる) ㋑(強めていう) いっこうに。さっぱり。決して。＊栄花(1028-92頃)かがやく藤壺「成出で清げならぬをばあへて仕うまつらせ給ふべきにもあらず」＊今昔(1120頃か)三・一〇「阿修羅王来て、山を動すに敢て不動(うごか)ず」＊宇治拾遺(1221頃)六・九「あへてわれらがしわざにあらず」＊俳諧・笈日記(1695)下・雲水追善「金革を衽(しきね)にして、あへてたゆまざるは士の志也〈芭蕉〉」＊小説神髄(1885-86)〈坪内逍遙〉上・小説の変遷「尋常世界に見(あら)はれたる事物の道理に矛盾するを敢(アヘ)て顧みざるもの」＊日本橋(1914)〈泉鏡花〉一九「敢て然うで無いです」㋺(ふつうは、そうでないのではないかと思われることでも、取り立てて異をさしはさまない態度を、積極的に示す) 別に、取り立てて。わざわざ…するというのではない。＊俳諧・おらが春(1819)「手ぶりはおのれが手ぶりにして、あが翁の細みをたどり、敢て世塵を厭ず、人情またやるかたなし」＊浮雲(1887-89)〈二葉亭四迷〉三・一六「何事につけても、己一人をのみ責めて敢て叨(みだ)りにお勢を尤(とが)めなかった」＊油地獄(1891)〈斎藤緑雨〉一「同意不同意を表白するだけで、敢(アヘ)て太だしく論議したことはない」語誌(1)平安時代には、漢文訓読系の資料に多く、仮名文系の資料には、あまり見られない。漢文訓読の場合、否定を伴った「不敢」「不肯」等の訓読に用いられ、「アヘテ…ズ」などとなる。仮名文でも、「敢ふ」は用いられるが、この場合も否定語を伴う例が多く、「…あへず」「え…あへず」が、漢文訓読文の「アヘテ…ズ」と、ほぼ同じ意味内容を持つ表現として使用されている。(2)現代語では、意志的な行為をすることによる結果で、なんらかの不利益を得ることが動作主にわかっているにもかかわらず、最終的にはその行為はよいことであると考えてそれをするさまを指し、肯定にも否定にも用いる(①の用法)。「しいて」や「無理に」も類義であるが、「あえて」はその行為の結果についての不利益が合理的に説明できるのに対し、「しいて」は心理的な抵抗感が中心となり、「無理に」は、その行為自体が困難な場合が多い。自発的・無意志的な行為では、否定のみに用いる。「別に」と近い(②㋺の用法)。語源説(1)アエはイナヤメ(否止)の反〔名語記〕。(2)アハセテ(合)から。間に合わせての意〔名言通〕。(3)アヒエテ(相得手)からか〔和句解〕。(4)差し加えるという意のアへから転じて敢行の意に用いられたものか〔日本古語大辞典=松岡静雄〕。発音〈標ア〉ア 〈ア史〉鎌倉・室町○●● 〈京ア〉エ 上仮名 ア|ヘテ 辞書 色葉・名義・和玉・文明・饅頭・易林・日葡・書言・ヘボン・言海 表記 敢(色・名・玉・文・饅・易・書・へ・言) 肯(色・名・玉・文) 能・更・歴・拾・遂・均・普・総・辨・傍・毳(色) 可・堪・甞(名)

同訓異字 **あえて**【敢・肯】

【敢】(カン) はばかることも多いが思い切って。ことさらに(…する)。「敢然」「勇敢」《古 あへて》

【肯】(コウ) 自分自身納得して、承知の上、進んで(…する)。「肯定」「首肯」《古 あへて・うけがふ・がへんず》

あえて 以(もっ)て 「あえて」を強調していう語。＊文明本節用集(室町中)「敢以 アエテモッテ」辞書 文明・明応・天正・黒本 表記 敢以(文・明・天・黒)

あえ-て・る あへ【—照】〘自ラ四〙照り映える。相映じて光る。＊万葉(8C後)二〇・四四七一「消残(けのこ)りの雪に安倍弖流(アヘテル)あしひきの山たちばなを苞(つと)に摘み来な〈大伴家持〉」

あえ-な あへ【敢無】(形容詞「あえない」の語幹。多くは感動表現に用いる) 哀れではかないさま。かわいそうなこと。＊浄瑠璃・田村麿鈴鹿合戦(1741)四「ソレ縄かけよと下知の内、あへなや宇内を三寸縄」

あえ-な・い あへ【敢無】〘形口〙文 あへな・し〘形ク〙(「あえ」は動詞「あう(敢)」の連用形の名詞化。こらえられないの意から) ①どうにも抵抗できないさま、押し切って止められないさまである。しかたがない。＊源氏(1001-14頃)東屋「かき抱きて乗せ給ひつ。誰も誰もあやしうあえなきことを思ひ騒ぎて」＊苔の衣(1271頃)四「女御はあやにくにいちじるき御かほつきを、いとところうくおぼされて、あへなく見奉り給ふたびに、わが御かほあかむ心ちし給ふ」②張り合いがなくてがっかりするさま。㋑意気込んだり予期していたことがそういかなくてあっけない。＊竹取(9C末-10C初)「これを聞きてぞ、とげなき物をばあへなしと言ひける」＊枕(10C終)一八四・宮にはじめてまゐりたるころ「あへなきまで御前許されたるは、さ思しめすやうこそあらめ」＊源氏(1001-14頃)桐壺「夜中うち過ぐる程になむ絶え果て給ひぬるとて泣き騒げば、御使もいとあえなくて帰り参りぬ」＊海道記(1223頃)西帰「永しと思ひつる夏の日も今日はあへなく暮れぬ」㋺はたで見ていて、いかにももろくはかないと感じられる。また、見るも無惨だ。＊曾我物語(南北朝頃)一・おなじく相撲の事「いきほひし滝口、あゑなくまけしかば、しばらく相撲ぞなかりける」＊吉野拾遺(14C後)下「御身をしづめ給ひけるに、御跡をたづねもとめけるものあまたつどひて、松どもともして見けるに、あへなき御かたちの岩のはざまにかからせ給へるをとりあげたてまつるに、わづかに御いきのかよはせ給ひけれども」＊大観本謡曲・望月(1586頃)「さても夫(つま)の友治は、同国の住人望月の秋長に、あへなく討たれ給ひし後は」＊日葡辞書(1603-04)「Ayenai(アエナイ)〈訳〉いたましい、同情の気持を起こさせること」＊浄瑠璃・夏祭浪花鑑(1745)八「妻のおかちは父(てて)親の、あへなき最期常からの、心故とは云ながら悲しさ余り」＊浄瑠璃・弓勢智勇湊(1771)道行恋の道草「跡産のもつれにて我妻はあへなき最期」発音〈なまり〉アヤナ〔NHK(鳥取)〕〈標ア〉ナエ 〈京ア〉エ 文『あへなし』アエナシ〈標ア〉エ ナ 〈京ア〉ナ 辞書 日葡・書言・ヘボン・言海 表記 敢無・無㆓安倍㆒(書) 無敢(へ)

あえなく なす 「死なせる」を間接的にいう。はかなくさせる。＊浄瑠璃・卯月の潤色(1707頃)中「ひとり子をあゑなくなせし其くやみ」

あえなく なる 「死ぬ」を間接的にいう。はかなくなる。＊浄瑠璃・国性爺合戦(1715)一「后をおほひかこへ共、運の極(きはめ)や胸いたに、はっしと当り玉の緒もきれてあへなく成給ふ」＊山吹(1944)〈室生

犀星〉五「我らがもとにも尋ねて見えないところから見て、若しやあへなくなったのではないかと、思ひ惑（まど）うてゐます」

あえな-さ あへなさ【敢無─】〘名〙（形容詞「あえない」の語幹に接尾語「さ」の付いた語）張り合いのないこと。たよりなくあっけないこと。また、その度合。＊夜の寝覚(1045-68頃)二「まち聞く心地のあへなさ、いふかぎりぞなきや」＊延慶本平家(1309-10)一本・義王義女之事「其義も無くて打捨て奉りし事のあへなさ申しはかり無かりき」

あえ-な-む あへ【敢─】〘連語〙⇨「あう(敢)」の子見出し

あえ-ぬ-がに〘連語〙⇨「あえる(零)」の子見出し

あえ-ぬ・く あへ【─貫】〘他カ四〙合わせて貫き通す。いっしょにして通す。＊万葉(8C後)八・一四六五「霍公鳥(ほととぎす)いたくな鳴きそ汝が声を五月の玉に相貫(あへぬく)までに〈藤原夫人(大原大刀自)〉」＊万葉(8C後)一七・四〇〇六「そこ思(も)へば 心し痛し 霍公鳥 声に安倍奴久(アヘヌク) 珠にもが〈大伴家持〉」

アエネアス ⇨アイネイアス

アエネーイス ⇨アイネーイス

あえ-の-かぜ あへ【─風】〘名〙東日本沿海に、四月から八月にかけて吹く、夏のそよ風のことをいう。あいの風。《季・夏》

あえ-の-こと あへ【饗事】〘名〙石川県の奥能登地方で、霜月五日（現在は新暦一二月五日）に家々で行なう田の神迎えの行事。田の神を出迎え、風呂に入れ食事をすすめるなど、実在の神をもてなすような古式を伝えている。

あえば あへば【饗庭】姓氏の一つ。発音〈標ア〉⓪

あえば-こうそん【饗庭篁村】小説家。劇評家。号は竹の屋主人。江戸に生まれる。ユーモアと風刺をたたえた軽妙な筆致で、明治二〇年代の新旧文学交替期に特色を発揮した。著作「人の噂」「むら竹」「竹の屋劇評集」など。安政二〜大正一一年（一八五五〜一九二二）

あえば-とうあん【饗庭東庵】江戸前期の医者。京都の人。曲直瀬玄朔(まなせげんさく)に学び、金の劉完素(りゅうかんそ)の説を取り入れて陰陽五行説による医説を唱え、後世方(こうせいほう=李朱医学)が大成される基礎を築いた。元和元〜延宝元年（一六一五〜七三）

あえ-ばち あへ【瓮鉢】〘名〙あえものを作って入れる鉢(はち)か。＊延喜式(927)五・神祇・斎宮寮「造備雑物〈略〉洗盤二口、瓮鉢二口」

あえ-びと【肖人】〘名〙（「あえ」は似る意の動詞「あゆ(肖)」の連用形から）似たい、あやかりたいような立派な人。すぐれた人。肖物(あえもの)。＊名語記(1275)六「これも、あえ人、あえものの義同じ」

あえ・ぶ【歩】〘自バ四〙（「あゆぶ」の変化した語）足を運ぶ。あるく。あいぶ。＊洒落本・両国栞(1771)「わっちと一っ所に二三度あゑんでみなさゑ」方言宮城県栗原郡113 福島県相馬郡156 新潟県中頸城郡383 西頸城郡385 長野県佐久493

あえ-ま・く あへ【─纏】〘他カ四〙あわせまく。いっしょにしてまきこむ。＊万葉(8C後)二〇・四三七七「母刀自(あもとじ)も玉にもがもや頂きて角髪(みづら)のなかに阿敝麻可(アヘマカ)まくも〈津守小黒栖〉」上仮名 アヘマク 東国語形。アヘが「合へ」の意であれば、そのへはへであるべきだが、「阿敝」の「敝」はへの仮名。

あえ-まぜ あへ【和交・韲交】〘名〙①幾種類かの材料を混ぜ合わせて、あえ衣であえた料理。あえ物。＊大草殿より相伝之聞書(16C中か)「あへまぜ之事。いかとかつをけづりまぜて、酒をひたし候なり」＊多聞院日記-天正七年(1579)三月九日「あゐまぜ〈うと はしかみ とつさか みやうか いわたけ くり〉」＊俳諧・西鶴大矢数(1681)第三七「木海月(きくらげ)を其暁に摑(つかみ)とり 俄の儀なればあえませの山」②混ぜ合わせること。異質のものをごちゃ混ぜにすること。＊談義本・当世下手談義(1752)五・都路無字大夫江の島参詣の事「うれひとさし合とあへまぜにした悪浄留理はふつふつやめにせよ」＊洒落本・色深狭睡夢(1826)上「挨拶追従あへまぜにみなみな立っておりる」発音〈標ア〉⓪

あえ-ま・ぜる あへ【和交・韲交】〘他ザ下一〙文あへま・ず〘他ザ下二〙①魚介類や野菜などを、酢やみそに混ぜ合わせて調理する。あえものをつくる。②異質のものを混ぜ合わせる。ごちゃ混ぜにする。＊滑稽本・和荘兵衛(1774)一・不死国「常に唐人紅毛のつき合和漢をあへまぜ、ちんぷんかんにくらしけるが」＊滑稽本・七偏人(1857-63)三・中「おいらは成駒やと坂彦を成田屋で茹雑(アヘマゼ)た様な男に生れ」

あえ-まつば【─松葉】〘名〙方言 ⇨あえこ

あえ-まわ・す あへまはす【和回】〘他サ四〙①かき混ぜる。ごちゃ混ぜにする。②他人の事に口をはさんでじゃまをする。＊浄瑠璃・道中亀山噺(1778)四「ヤイ、大事の俄をあへ廻(マワ)しくさる獅子舞奴、彼方へ亡(うせ)あがれ」

あえ-もの【─者】〘名〙ばか者。＊日葡辞書(1603-04)「Ayemononi (アエモノニ) ナル〈訳〉愚かなために人から悪口を言われ嘲弄される」辞書日葡

あえ-もの【肖物】〘名〙（「あえ」は似る意の動詞「あゆ(肖)」の連用形から）似るべき目あて、標準となるもの。似せたいと思う対象。また、似ているもの。あやかりもの。＊貫之集(945頃)七「天慶六年〈略〉わが昔よりうずるを、あえものに、けふばかりつけよと、おほせられてたまへりしかば」＊宇津保(970-999頃)あて宮「いとうらやましげなる人々にあへものにせさせん」＊源氏(1001-14頃)夕霧「親、はらからよりはじめたてまつり、めやすきあへ物にし給へるを」辞書色葉 表記肖与(色)

あえ-もの あへ【和物】〘名〙（「あえ」は動詞「あえる(和)」の連用形から）魚介類や野菜などを、酢、みそ、ごまなどに混ぜ合わせて作った料理。まぜもの。＊二十巻本和名抄(934頃)一六「韲 四声字苑云韲〈即嵆反 訓安不一云阿倍毛乃〉擣薑蒜以醋和之」＊宇津保(970-999頃)あて宮「よきくだ物、酒殿の大御酒など召して、〈略〉あへものにとてなどのたまはせたり」＊虎明本狂言・鈍根草(室町末-近世初)「是はみゃうがのあへ物でござある」＊俳諧・本朝文選(1706)五・記類・五老井記〈許六〉「蕨は韲(アヘモノ)をたすけ、栗は茗粥(めいしゅく)を炊く」方言❶野菜をゆでて、しょうゆや酢などを掛けた食べ物。浸し物。島根県725 ❷豆腐の白あえ。島根県那賀郡・飯石郡725 発音〈なまり〉アイモン〔鳥取・徳島・島原方言〕アエモン〔鳥取〕〈標ア〉エ〈ア史〉平安○○○〈京ア〉⓪ 辞書字鏡・和名・色葉・名義・和玉・文明・伊京・天正・饅頭・易林・日葡・書言・言海 表記和(色・名・文・天・饅・易) 韲(字・和・色・名・伊) 酟・齏(名・色) 醬(玉・天) 齏(色) 臡・糅(名) 盃(玉) 虀・韲(天) 和物(書) 韲物(言)

あえ-も・む あへ〘他マ四〙大勢の人がいる時などに、人を押したり、突いたり、倒したりする。＊日葡辞書(1603-04)「Ayemomi, u, ôda (アエモム)」辞書日葡

あ・える あへる【合・和・韲】㊀〘他ア下一(ハ下一)〙文あ・ふ〘他ハ下二〙①重ね合わせる。うちかわす。＊古事記(712)下・歌謡「ももしきの 大宮人は 鶉鳥(うづら) 領巾(ひれ)取り掛けて 鶺鴒(まなばしら) 尾行き阿閇(アヘ) 庭雀(にはすずめ) 踞集(うずすま)りゐて」②他のものに合わせまじえる。まぜる。→あえぬく(─貫)・あえまく(─纏)。③（和・韲）菜や魚などを塩、酢、みそ、ごまなどと混ぜ合わせる。＊今昔(1120頃か)三一・三二「谷(いそぎ)て手を以て其の突懸たる物を、鮨鮎にこそ韲(あへ)たりけれ」＊がらくた博物館(1975)〈大庭みな子〉犬屋敷の女「海藻に関してはアヤがよく知っており、鰊の酸漬けなどと和(ア)えたりして珍味をつくった」④（③から）まぜかえす。じゃまをする。ごたごたする。＊咄本・軽口機嫌嚢(1728)一・出るまかせ「かりそめのこともおめでたいおめでたいであへる婚礼のさかづきごと、三々九度のこころもち」＊歌舞伎・宿無団七時雨傘(1768)二「それで此間から、折檻(せっかん)やら異見やらであへるわいなう」＊歌舞伎・隅田春妓女容性(1796)二幕「これは情ない。長五郎さんの力持ちで、大事の帳合(ちゃうあひ)をあへられた」⑤（④から）ばかにする。なぶりものにする。＊洒落本・辰巳婦言(1798)昼遊の部「ぶたれたたかれあゐられもまれ、よごしにされて又つきだされては何処で立ちましょわしが身は」＊浜荻(久留米)(1840-52頃)「あへる〈略〉又人をあへるといふこと有、あえられたなどいふ謾の字也、謾(あえる)也」＊浮雲(1887-89)〈二葉亭四迷〉一・二「人を泣かせたり笑はせたり、人をあへたり揉だりして玩弄する」㊁〘自ア下一(ハ下一)〙文あ・ふ〘自ハ下二〙食べ物の味がなくなったり変わったりする。＊後撰(951-953頃)雑一・一〇九五「塩なき年たたみあへてと侍りければ 塩といへば無くても辛(から)き世の中にいかであへたるたたみなるらん〈壬生忠見〉」＊名語記(1275)六「たたみなどをあえしたためたるが程を経てあぢはひのたがへるをあへたりといふあふ如何。これはあまいづの反、甘出也。あまさのいでてうする義也。さればこれもあゆなるべし」補注室町時代ごろからヤ行にも活用するようになるが、未然形、連用形ではア行(ハ行)の場合と区別しにくいので、便宜上この項に入れ、「あゆ」の項にははっきり区別できる例だけをあげた。→あゆ(和)。方言❶嘲弄(ちょうろう)する。愚弄する。ばかにする。鳥取県719 岡山県苫田郡749 ❷子供や犬猫などをもてあそぶ。からかう。高知県867 ❸じゃまをする。大阪†117 ❹野菜などを煮る。島根県益田市・美濃郡725 発音〈標ア〉エ〈京ア〉⓪ 文『あふ』アウ、オーとも〈標ア〉ア オ〈ア史〉平安○◓〈京ア〉⓪ 辞書字鏡・色葉・名義・日葡・ヘボン・言海 表記韲(和・色・名) 和(へ) 合(言) →「あう(合)」の表記。

あ・える【肖】〘自ア下一(ヤ下一)〙⇨あゆ(肖)

あ・える【零】〘自ア下一(ヤ下一)〙文あ・ゆ〘自ヤ下二〙①機が熟して実や花が自然に落ちる。こぼれ落ちる。→あえぬがに。＊万葉(8C後)一八・四一一一「かぐはしみ 置きて枯らしみ 安由流(アユル)実は 玉に貫きつつ 手に纏(ま)きて 見れども飽かず〈大伴家持〉」＊日葡辞書(1603-04)「Aye, uru, eta (アユル)〈訳〉シモの地方では、果実、穀粒、麦などが自然に落ちたり、その他何でも高い所から物が落ちたりすること」②汗、血、乳などがしたたり落ちる。流れる。＊落窪(10C後)一「まだしくは、血あゆばかり、いみじくのむらむとおぼして」＊枕(10C終)二二二・祭のかへさ「ひさしく待つもくるしく、汗などもあえしを」＊名語記(1275)二「あゆるは、たる義也」＊幸若・信太(室町末-近世初)「頂上より、あへける血をば不動のりけんにをしぬって」＊浜荻(久留米)(1840-52頃)「あへる 落(おちる)也、おとしたといふことをあへぃたといふ、清少納言枕草紙に、すずろにあせあゆる心地ぞしけると有、汗の流るることなれば昔よりかくいへるなり」方言❶落ちる。岡山県042 山口県阿武郡795 豊浦郡(空から小粒のものが落ちる)798 徳島県810 香川県827 福岡県糸島郡・鞍手郡872 長崎県053 南高来郡038 西彼杵郡907 熊本県918 大分県939 宮崎県063 鹿児島県屋久島981 ◇あゆる 福岡県872 長崎県五島054 北松浦郡899 長崎市906 熊本県921 宮崎県東諸県郡954 鹿児島県963 種子島979 屋久島981 ◇あゆ 佐賀県887 鹿児島県961 ◇あゆい 鹿児島県963 ◇あるる 鹿児島県961 ❷木の実、果物、または穂などが熟して落ちる。兵庫県664 鳥取県気高郡717 岡山県苫田郡793 山口県阿武郡795 徳島県054 香川県829 長崎県対馬911 熊本県918 大分県941 鹿児島県肝属郡970 ◇あゆる 山口県793 熊本県菊池郡054 天草郡936 大分県941 鹿児島県

種子島054　肝属郡970　◇あいるん　沖縄県石垣島・波照間島・与那国島975　◇あいん　沖縄県石垣島996　❸汁物が垂れる。　◇あゆるとも。　鹿児島県肝属郡970　◇あいん　沖縄県石垣島996　◇あるる　鹿児島県961　◇ええゆい　鹿児島県喜界島983　◇ええゆん　沖縄県首里993　❹雨が降る。長崎県対馬913　◇あゆる　長崎市906　❺鼻血などが流れ出る。徳島県美馬郡810　高知県安芸郡864　◇あいるん　沖縄県石垣島・波照間島・与那国島975　❻膿(うみ)などが出る。島根県725　岡山県苫田郡749　◇あいるん　沖縄県石垣島・波照間島・与那国島975　◇あいん　沖縄県石垣島996　❼涙を流す。泣く。高知県高岡郡862　❽弱る。困る。苦しむ。山形県東置賜郡139　鳥取県716　島根県隠岐島725　香川県伊吹島829　❾味などが抜ける。長崎市906　→あやす(零)。　[辞書]名義・言海　[表記]出(名)

あえぬがに　(動詞「あえる(零)」の連用形に、完了の助動詞「ぬ」と助詞「がに」の付いた語) 花などが今にも散ってしまいそうに。こぼれ落ちそうに。＊万葉(8C後)八・一五〇七「百枝さし 生ふる橘 玉に貫(ぬ)く 五月を近み 安要奴我爾(アエヌガニ) 花咲きにけり〈大伴家持〉」＊万葉(8C後)一〇・二二七二「秋づけば水草(みくさ)の花の阿要奴蟹(アエヌガニ)思へど知らじ直(ただ)に逢はざれば〈作者未詳〉」

あ-えん【亜鉛】〘名〙(オランダ Zink の訳語) 亜鉛族元素の一つ。記号 Zn　原子番号三〇。原子量六五・三九。青みがかった銀白色の金属で、摂氏一一〇度ほどになると延性・展性が著しくなる。トタン板、真ちゅう、洋銀など合金材料として用いられる。＊舎密開宗(1837-47)内・一・四〇「鋅或は亜鉛に稀硫酸或は稀塩酸を注げば稀酸の水分離し其酸素は鋅或は亜鉛に親和し其水素は瓦斯と為て分るるなり」＊龍舌蘭(1905)〈寺田寅彦〉「五月雨の軒の玉水が亜鉛のとゆに咽んで居る」[語誌](1)わが国では近世の蘭学書にオランダ語 Zink の訳語として見られる。一方中国では、ロプシャイトの「英華字典」では「白鉛」と訳され、「化学材料中西名目表」では「鋅」という字が新造されている。一九世紀末から二〇世紀初期の中国の文献に見られる「亜鉛」「亜鉛華」などは日本からの逆輸入による借用で、現代中国語では化学用語として「锌(鋅)」が一般的である。(2)明治初期の学術用語集(「鉱物字彙」など)での読みは「あえん」だが、「和漢三才図会‐五九」に「亜鉛(とたん)止多牟　番語也」とあるように、近代の小説詩歌でも「亜鉛」を「トタン」と読ませている例が多い。[辞書]ヘボン・言海　[表記]亜鉛(ヘ・言)　[発音]〈標ア〉[ア][0]〈京ア〉[ア]

あえん-いた【亜鉛板】〘名〙亜鉛の薄膜でおおった鉄板。トタン板。[発音]〈標ア〉[イ]

あえん-か【亜鉛華】〘名〙酸化亜鉛の工業薬品、医薬品、顔料としての別称。亜鉛白。＊薬品名彙(1873)〈伊藤謙〉「Flowers of zinc 亜鉛花」[発音]〈標ア〉[0]〈京ア〉[0]

あえんか-でんぷん【亜鉛華澱粉】〘名〙酸化亜鉛とでんぷんとを混合、調製した白色粉末。防腐剤、収斂剤(しゅうれんざい)、乾燥剤として、あせも、ただれ、湿疹などの治療に用いる。＊どなたにもわかる洋髪の結び方と四季のお化粧(1928)〈早見君子〉「秋の日焼と其の手入〈略〉手当　第一程度　亜鉛華澱粉を塗布をすること」[発音]〈標ア〉[テ]

あえんか-なんこう【亜鉛華軟膏】〘名〙皮膚や粘膜の保護剤、乾燥剤、収斂(しゅうれん)剤の一つ。白色の軟膏で、湿疹その他の皮膚病に用いる。＊薬品名彙(1873)〈伊藤謙〉「Unguentum zinci oxidi 亜鉛花軟膏」＊プレオー8の夜明け(1970)〈古山高麗雄〉「顔は、亜鉛化軟膏を下塗りに、歯みがき粉を真っ白にはたき」[発音]アエンカナンコー〈標ア〉[ナ]〈京ア〉[ナ]

あえんざし-いちぶぎん【亜鉛差一分銀】〘名〙維新後、新政府の支配下に鋳造された一分銀の一種。当初は安政一分銀の様式を継いでいたが、後に品質を落としたものが作られ、外観上亜鉛のような鈍い銀色を呈しているところからの称。

あえん-ぞく【亜鉛族】〘名〙亜鉛、カドミウム、水銀の三元素をいう。銀白色の柔らかい金属で、融点、沸点が低い。元素の周期律表で12族に属する。[発音]〈標ア〉[エ]

あえん-てっこう【亜鉛鉄鉱】〘名〙亜鉛と鉄の酸化鉱物。フランクリナイト。＊鉱物字彙(1890)〈小藤・神保・松島〉「Franklinite Aen-tekkō〈略〉亜鉛鉄鉱」[発音]アエンテッコー〈標ア〉[テ]

あえん-てっぱん【亜鉛鉄板】〘名〙トタン板。[発音]〈標ア〉[テ]

あえん-どい【亜鉛樋】〘名〙トタン板でこしらえた樋。＊多情多恨(1896)〈尾崎紅葉〉後・九・一「頭の上の谷川の流と亜鉛樋の貧しい独語(つぶやき)は絶間無く響いて」

あえん-とっぱん【亜鉛凸版】〘名〙版材が亜鉛版材でつくられた凸版。亜鉛板に感光液を塗布し、ネガを焼き付けして硝酸などで腐食させたもの。＊新らしい言葉の字引(1918)〈服部嘉香・植原路郎〉「亜鉛凸版単に『凸版』で通じてゐる」

あえん-ぱく【亜鉛白】〘名〙「あえんか(亜鉛華)」に同じ。[発音]〈標ア〉[エ]

あえん-ばん【亜鉛版】〘名〙版材が亜鉛でつくられた印刷版。一般にはオフセット(平版)用のものをさす。ジンク版。＊気海観瀾広義(1851-58)一一・瓦爾発尼斯繆斯「一片の銀銭と同大なる亜鉛版を取り」＊電気訳語集(1893)〈伊藤潔〉「Zinc Plate 亜鉛板」[発音]〈標ア〉[0]

あえん-まつ【亜鉛末】〘名〙蒸留法による亜鉛の製造過程で、副産物として得られる粉末状の亜鉛。沈殿剤、還元剤などに用いる。ブルー・パウダー。粉状亜鉛。＊稿本化学語彙(1900)〈桜井錠二・高松豊吉〉「Zinc-dust Zinkstaub, m. 亜鉛末」[発音]〈標ア〉[エ]

あえん-めっき【亜鉛鍍金】〘名〙鉄鋼製品の腐食を防ぐため、表面に亜鉛の薄膜をつけること。また、その方法。溶融亜鉛めっきと、電気亜鉛めっきとがある。トタン、丸棒、針金、くぎなどに応用される。[発音]〈標ア〉[メ]

あえん-やね【亜鉛屋根】〘名〙トタン板でふいた屋根。＊桐の花(1913)〈北原白秋〉白猫「亜鉛屋根から忍びがへしに飛び下り」

あえん-ろう【亜鉛鑞】〘名〙亜鉛金属のつけあわせに用いる鑞。黄銅鑞。

あお【仰】〘名〙上向きのさま。おもにあおむきの寝姿をいう。＊浜荻(庄内)(1767)「あをになるを　あをのけだま」＊滑稽本・七偏人(1857-63)四・中「跂助仰向(アヲ)になり口を明て『グウグウゴウゴウシュウウシュウ』」＊アパアトの女たちと僕と(1928)〈龍胆寺雄〉三「彼女はからだを椅子の背へぶっつけて、仰(アヲ)に頭を凭(もた)らして、―おかっぱの中へ指を突っ込んで、ムシャムシャと髪を掻いた」[方言]宮城県仙台市123　秋田県秋田市130　鹿角郡132

あお【青】[一]〘名〙①色の名。五色の一つ。七色の一つ。三原色の一つ。本来は、黒と白との中間の範囲を示す広い色名で、主に青、緑、藍をさし、時には、黒、白をもさした。「青空」「青海」「青葉」などと他の語と複合して用いることが多い。＊東大寺諷誦文平安初期点(830頃)「青(アヲ)珠赤珻(あかたま)をば沙土(いさごつち)と斉しくせり」②植物の葉の青々とした様子。＊Wee(1924)〈細田源吉〉「五月の末らしく鮮(あざや)かな青が、庭園中を充(み)たしきって、息詰まるくらゐだ」＊仕立屋マリ子の半生(1928)〈十一谷義三郎〉二「お屋敷の通用門を忍び足に出て、立ち樹の青を吹いた柳の枝を潜って」③馬の毛色が青みがかった黒色であること。また、その馬。青毛。青毛の馬。＊日葡辞書(1603-04)「Auo(アヲ)〈訳〉耳の内側の毛がすこし白い、青馬の色。この毛が、他の部分の毛のようにすべて黒いときはクロという」＊草枕(1906)〈夏目漱石〉二「嬢様を青馬(アヲ)に乗せて源兵衛が覊絏(はづな)を牽いて通りました」＊思ひ出(1911)〈北原白秋〉わが生ひたち・六「黒馬(アヲ)にもよく乗った」④青本のこと。草双紙の類をさす。＊黄表紙・玉磨青砥銭(1790)序「油町のつたやからまいりました。青(アヲ)のたね本は出来ましたか」＊洒落本・青楼娭言解(1802)一「『青とはなんの事ざんすへ』『青とは草双紙(くさざうし)のことさ』」＊合巻・修紫田舎源氏(1829-42)四・序「黄(アヲ)とはかかる草双紙(くさざうし)を今おしなべて如此(しか)呼べり」⑤青銭のこと。寛永銭をさす。＊歌舞伎・吉様参由縁音信(小堀政談)(1869)五幕「すくなずくなも文久銭(ぶんきう)か青銭(アオ)位はくれてもいいに、素(す)一文(いちもん)とはあんまり酷(ひど)い」⑥野呂松(のろま)人形の中で、主要な役に使われる人形。頭は平らで、顔の色が青く、一座の中の主要な人形遣いがつかう。よろく。＊滑稽本・八笑人(1820-49)四・追加上・序「チョイとおまけの御愛敬、縦(たと)はば江戸節の会へ雇(やとは)れし能呂間人形(のろまにんぎょう)、それさへ青はつかはねば」

青 ⑥

⑦うなぎの一形態。背色の少し青みがかったものをいう。うなぎ食いの通(つう)の言葉。＊洒落本・通言総籬(1787)一「あを、白、すじみなうなぎの名なり。うなぎくひのつう言也」⑧カルタ用語。(イ)天正ガルタ四八枚のうち、ハウ(棍棒)の札一二枚をいう。その図の棍棒に青色の彩色が施してあることからいう。青札。＊浄瑠璃・大職冠(1711頃)道行「火をくはっくはっとかきたて、加番見れども青もなくあがりもしらぬひらよみに」(ロ)「あおたん(青短)」の略。＊花間鶯(1887-88)〈末広鉄腸〉上・六「三十間堀辺の奥二階にての骨牌(かるた)遊び〈略〉『なんだ其の青を占めたか』と思はず高声になれば」＊黴(1911)〈徳田秋声〉三二「お銀の手で青が出来かかった時、じらしてゐた友人が牡丹を一枚すんなりした其掌に載せて」⑨「あおしんごう(青信号)」「あおでんしゃ(青電車)」などの略。＊波(1928)〈山本有三〉妻・一・一〇「まだ赤か、うまく行けば青が来るだらうと思って」＊傾いた街(1967)〈加賀乙彦〉「青になるやアクセルを踏み」⑩やお屋をいう、露店商人などの隠語。〔隠語全集(1952)〕⑪たくあんや大根の漬物をいう、てきや、盗人仲間などの隠語。〔隠語輯覧(1915)〕[二]〘接頭〙①木の実などが、十分に熟していないことを表わす。「青びょうたん」「青ほおずき」など。②年が若く十分に成長していないこと、人柄、技能などが未熟であることを表わす。「青二才」「青侍(あおざむらい)」「青女房(あおにょうぼう)」「青道心」など。[語誌](1)アカ・クロ・シロと並び、日本語の基本的な色彩語であり、上代から色名として用いられた。アヲの示す色相は広く、青・緑・紫、さらに黒・白・灰色も含んだ。古くは、シロ(顕)↔アヲ(漠)と対立し、ほのかな光の感覚を示し、「白雲・青雲」の対など無彩色(灰色)を表現するのは、そのためである。また、アカ(熟)↔アヲ(未熟)と対立し、未成熟状態を示す。名詞の上に付けて未熟・幼少を示すことがあるのは、若葉などの「色」を指すことからの転義ではなく、その状態自体をアヲで表現したものとも考えられる。(2)色名としてのアヲは、ミドリ(これも若やいだ状態を表わす意が早い)が緑色(グリーン)の色名として定着するにつれ、狭く青色(ブルー)を示すようになるが、なお、ブルー以外の色にも使われ続けている。(3)アヲがさししめす色の範囲は広いが、特にミドリとは重なる部分が多く、「観智院本名義抄」の「碧・緑・翠」には「アヲシ」「ミドリ」などの訓が見える。五行説にあてはめると、木・春・東に対応し、「書紀‐神代上」の「下枝には青和幣(あをにぎて)〈和幣、此をば尼枳底(にき

て〉と云ふ〉白和幣を懸でて」などは、対角の白と対に用いられた例。また、「東大寺諷誦文平安初期点」の「赤珠・青瑊」のように、赤と対に用いられることも多い。方言❶緑色。栃木県198 石川県鳳至郡409 羽咋郡412 三重県南牟婁郡603 徳島県810 ❷黄色。新潟県062 富山市386 岐阜県飛驒502 大阪府南河内郡644 福岡県872 ❸紫色。富山県390 ❹馬の黒い毛色。秋田県南秋田郡012 福島県南会津郡012 静岡県駿東郡012 大分県大分市・大分郡941 ❺黄疸（おうだん）。新潟県361 ❻魚、ぶり（鰤）。青森県上北郡・三戸郡082 宮城県113 秋田県132 山形県139 福島県062 愛知県日間賀島579 山口県阿武郡797 ❼魚、さば（鯖）。山形県139 ❽魚、あおざめ（青鮫）。高知県016 ❾魚、ぎんめ（銀目）。高知県吾川郡865 ❿鳥、まがも（真鴨）。あおくびまがも（青首真鴨）。栃木県日光市198 香川県829 ⓫動物、かもしか（羚羊）。新潟県岩船郡020 ⓬動物、あおだいしょう（青大将）。長野県北安曇郡467 熊本県天草郡936 ⓭青色の螽蟖（きりぎりす）。岐阜県飛驒502 語源説(1)アフグ（仰）から。空の色をみることと関連させる〔日本釈名・和語私臆鈔・紫門和語類集・国語の語根とその分類=大島正健〕。(2)アヲ（天居）の義〔言元梯〕。(3)アヰイロ（藍色）の義〔日本語原学=林甕臣〕。(4)アハ（淡）、アハ（泡）など説があるが、アヲカ（明）の義〔日本語源=賀茂百樹〕。(5)アサイロ（浅色）の反〔名語記〕。(6)アカヲチ（明遠）の反〔名言通〕。発音㊀は〈今まり〉アウ〔壱岐〕〈標ア〉ア〈京ア〉⓪／オ 辞書和玉・天正・易林・日葡・ヘボン・言海 表記鵠（玉）青鵠（天）青毛（易）青（へ・言）

あお の＝馬（うま・ま）〔＝駒（こま）〕 ①「あおうま（青馬）①」に同じ。＊催馬楽（7C後-8C）青馬「安乎乃末（アヲノマ）放れば 取り繋げ 取り繋（つな）げ さ青（を）の馬（ま）放れば 取り繋げ」＊浄瑠璃・雪女五枚羽子板（1708）下「夏はこずへもあをのこま、祭に賀茂の川原毛（かはらげ）や」 ②白馬（あおうま）の節会（せちえ）に使われる馬。白馬（あおうま）。＊経信集（1097頃）「あをのむまをまづ引くものと思ふまに忘れやすらむ今日の子（ね）の日は」 ③「あおのま（青馬）」に同じ。辞書書言 表記駽・騏・騄（書）

あお の 坊様（ぼんさま） （札に僧形を描くことから）天正ガルタの一〇の札の名。釈迦十（しゃかじゅう）。＊浄瑠璃・吉野都女楠（1710頃か）四「こなたは加番の青のぼん様、かるたには太この二盃には太この一」

あお の 文字（もじ） 「青のり」をいう女房詞。＊御湯殿上日記-文明一八年（1486）四月一〇日「あんせん寺殿よりあをのもしまいる」

あお は 藍（あい）**より出**（い）**でて藍**（あい）**より青**（あお）**し** （「荀子-勧学」の「学不レ可二以已一、青取二之於藍一、而青二於藍一、氷水為レ之而寒二於水一」から出た語。青色の染料は藍から取るが、原料の藍よりも青いの意から）教えを受けた人が教えた人より優れること。弟子が師よりまさっていることにいう。藍より出でて藍より青し。出藍（しゅつらん）の誉。氷は水より出でて水より寒し。語誌(1)この語は、師弟間に用いるものとは限られておらず、「日蓮遺文-弘安二年正月三日上野殿御返事」の「あいよりもあをく、水よりもつめたき氷かな」や「十訓抄-一〇・序」の「藍よりも青からんことはまことに希也といへども」は、父子間に用いられた例である。また「応永本論語抄-雍也第六」では、「千騎を二千騎としるし、五千騎を一万騎と書て、藍出て藍よりも青云なす」と、数量を過大にいうのに用いられている。江戸時代に、林道春が「童観抄」に「荀子云」と明記して師弟間の意味を説いており、次第に典拠とその意味が定着していく。(2)「妙貞問答-中」に「藍は藍より出て藍よりも青く、神は吉田より出て吉田よりもたふとくさふらふぞ」とあるように、「藍は藍より」という言い方が室町末期頃から見られる。

あお ヲア【襖】〘名〙（「襖」の字音「あう」の変化した語）①令制の武官の制服。襴（らん）がなく、両方の腋（わき）を縫い合わせないで、あけ広げたままのもの。地質に位階相当の色の制があるので、位襖（いあお）ともいう。わきあけの衣（ころも）。闕腋（けってき）の袍（ほう）。＊令義解（718）衣服・武官礼服条「衛府督佐〈兵衛佐不レ在二此限一。以下准レ此〉並皂羅冠。皂緌。牙笏。位襖。〈謂。無レ襴之衣也〉加二繡裲襠一」＊続日本紀-宝亀一一年（780）七月甲申「征東使請二襖四千領一、仰二東海東山諸国一、便造二送之一」＊儀式（872）六・元正受朝賀儀「大少輔並着二浅紫襖一、金銀装腰帯横刀靴、策二着レ幟殳一丞并内舎人皂緌緋襖挂甲白布帯横刀弓箭麻鞋鉦鼓師礼冠皂緌緋大袖袍緑襖大帯白練袴布襪礼舄」＊今昔（1120頃か）二四・一「冠（かむり）にて襖着する人の、長（たけ）は上の垂木（たるき）近く有るが」 ②（狩襖（かりあお）ともいったため、「狩」が省略されて）狩衣（かりぎぬ）のこと。＊宇津保（970-999頃）国譲下「中納言は赤色の織物のあを、にびのさしぬき〈略〉頭の中将は青色のあを」＊枕（10C終）一一九・あはれなるもの「三月、むらさきのいと濃き指貫（さしぬき）しろきあを、山吹（やまぶき）のいみじうおどろおどろしきなど着て」＊源氏（1001-14頃）関屋「関屋よりさとくづれ出でたる旅姿ども、色々のあをのつきづきしき縫物、くくり染のさまもさるかたにをかしう見ゆ」 ③上に着る袷（あわせ）の衣。綿を入れたものもあり、男女共に用いる。襖子（あおし）。＊塗籠本伊勢物語（10C前）五八「長き髪をきぬの袋に入れて遠山ずりの長きあををぞ着たりける」＊宇津保（970-999頃）国譲下「山籠りの御料（みれう）に、〈略〉乾飯（ほしひ）、馬廿ばかりにおほせて、布のあを、綿あつく入れて、いと多うもたせ」＊堤中納言（11C中-13C頃）よしなしごと「それならでは、ただの袙（あこめ）、衾（ふすま）、せめてはならば、布の破（やれ）あおにても」＊観智院本名義抄（1241）「襖 アヲ」＊米沢本沙石集（1283）五末・二「時雨しければせむ方なくて、田刈ける童の、あをと云ものをかりて、うちかつきてまゐりにけり」 語源説(1)アウシ（襖子）を日本風にした語〔字音仮字用格・和訓栞〕。(2)アマオホヒ（雨掩）の略〔本朝辞源=宇田甘冥〕。発音〈標ア〉ア〈京ア〉ア 辞書色葉・名義・和玉・伊京・明応・天正・饅頭・黒本・言海 表記襖（色・名・玉・伊・明・天・饅・黒・言）

あお に 衣（ころも） （襖の上に衣を重ねて着るという意から）物事が重なることのたとえ。＊曾我物語（南北朝頃）八・屋形まはりの事「日ごろは親の敵、ただ今は日の敵、あをにころもをかさねても、のがすべきにあらず」＊謡曲・草子洗（1570頃）「小町はさやうに申せども、もしまたさなきものならば、襖に衣の風情たるべし」

あお の 袴（はかま） 「あおばかま（襖袴）」に同じ。

あお-あえ あへあを【青韲】〘名〙料理「あえこ」に同じ。＊料理物語（1643）一〇「青あへ いりこをよくゆにしてだし、たまりにてよく煮候て、あをまめをすり、塩かげんしてあへ申事也」

あお-あお あをあを【青青・蒼蒼・碧碧】㊀〘形動〙いかにも青いさま。＊前田本枕（10C終）二九二・硯きたなげに「水うち流してあをあをなる硯がめの、口はかけてくびのかぎりあるが」 ㊁〘副〙（多く「と」を伴って用いる）いかにも青いさま。また、一面に青いさま。＊風につれなき物語（13C頃）「御ぐしはあをあをとつゆくさをぬりたるとかや〈略〉世に知らずうつくしう」＊中華若木詩抄（1520頃）下「近来は、宮中の玉砌にも、草が生じて、あをあをとあるぞ」＊玉塵抄（1563）四七「晉の阮籍吾が心にあうた者をば、あをあをとした目でげんようして見ぞ」＊俳諧・父の終焉日記（1801）五月二〇日「昼比より御良のけしきの青々と、目は半ふさぎ給ひ」＊黴（1911）〈徳田秋声〉五二「お銀が枇杷の葉影の蒼々した部屋で呻吟（うめ）き苦んでゐると」 発音〈標ア〉ア2〈京ア〉ア1 辞書言海 表記青青（言）

あおあお-し・い あをあを：【青青】〘形口〙図あをあを・し〘形シク〙①いちじるしく青い。いかにも青い様子である。また、一面に青い。＊東京風俗志（1899-1902）〈平出鏗二郎〉下・一一・新樹「桜の若葉の茂れる頃には、人も静かに、青々しき色の、いかばかり見る人の眼を養はんと思はる」＊宿命（1939）〈萩原朔太郎〉初夏の歌「今は初夏！ 人の認識の目を新しくせよ。我我もまた自然と共に青々しくならうとしてゐる」 ②（まだ熟していない果実などが青いところから）未熟である。また、新鮮である。＊冬の宿（1936）〈阿部知二〉四「『君、海の水の匂ひは何か生物の匂ひのやうだね』〈略〉『不吉なことをいふ。僕は生命がまだ形をなさないで生れかけようとしてゐる青々しい匂ひだと思ふよ』」 発音アオアオシイ〈標ア〉シ

あおあおし-さ あをあをし：【青青―】〘名〙（形容詞「あおあおしい（青青）」の語幹に接尾語「さ」の付いたもの）いちじるしく青いこと。いかにも青いこと。また、一面に青いこと。＊湖畔手記（1924）〈葛西善蔵〉「濃い髯の剃り跡の青々しさにも、何やら悲しい思ひを誘はれた」 発音〈標ア〉オ2

あおあか-ごめ あをあか：【青赤米】〘名〙葉緑素の残っている青い色を帯びた米と、成熟不良などで赤みを帯びた米。＊牧民金鑑-一・御代官心得方・宝暦四年（1754）七月一九日「御勘定所へ被差出候米令一覧候処、青赤米又は不熟之米多く相交り、一体米怔不宜候儀」

あお-あかざ あを：【青藜】〘名〙アカザの一品種。＊重訂本草綱目啓蒙（1847）一二・菜「灰藋 あをあかざ しろあかざ ぎんざ 阿州」 方言長崎県南高来郡964 発音〈標ア〉ア2 辞書言海 表記青藜（言）

あお-あざ あを：【青痣】〘名〙青いあざ。また、児斑のこと。黒い色素をもつ細胞が皮膚の深部に存在するために、青く見えるあざのこと。＊母（1930）〈岡田三郎〉一四「二の腕には青痣（アヲアザ）のやうな傷痕があった」＊故旧忘れ得べき（1935-36）〈高見順〉九「背中に青痣をもった例の女などは、実家が熱海のなかなか大きい温泉旅館をしてゐて」 発音〈標ア〉⓪

あお-あし あを：【青葦・青蘆】〘名〙四、五月ごろ、若葉が伸びて青々としているアシ。《季・夏》＊舞姫（1906）〈与謝野晶子〉「夕ぐれのさびしき池をわかやかに青葦（アヲアシ）ふきぬ初夏の風」＊虚子句集（1915）〈高浜虚子〉昭和五年六月「青蘆や向岸にも鮎の宿」 発音〈標ア〉⓪ア2

あお-あじ【青鰺】〘名〙方言魚。❶まるあじ（丸鰺）。静岡県016 京都府016 大阪府016 愛媛県016 高知市865 ❷むろあじ（室鰺）。香川県木田郡・三豊郡829

あおあし-しぎ あをあし：【青足鴫】〘名〙シギ科の鳥。全長約三五センチメートル。足が灰青色。背面は灰色に黒褐色の黒斑（こくはん）があり、腹面は白い。ユーラシア大陸の北部で繁殖し、冬は南へ移動する。日本では旅鳥として四～五月ごろと八～一〇月ごろ、干潟（ひがた）や池沼に見られる。学名は Tringa nebularia 発音アオアシシギ〈標ア〉シ2

あおあし-はら あをあし：【青蘆原】〘名〙アシが繁茂した原。水辺に多い。《季・夏》＊谷間の旗（1955）〈鈴木六林男〉「次子胎（みごも）ることにかかわる青蘆原」

あお-あずき あをあづき【青小豆】〘名〙植物「やえなり（八重生）②」の異名。＊重訂本草綱目啓蒙（1847）二〇・穀「緑豆 ぶんどう やゑなり 東国 とうろく 同上 まさめ 筑前 あをあづき 河州 ふたなり 薩州」 方言河州1028 福島県一部030 群馬県一部030 山梨県一部030 宮崎県一部030 辞書言海 表記青小豆（言）

あお-あたま あを：【青頭】〘名〙頭髪をそった後の、青みがかって見える頭。＊雑俳・三尺の鞭（1753）「いそいそとやぶ入みやげ青あたま」＊歌舞伎・お染久松色読販（1813）中幕「調市（でっち）の久太郎を青あたまに剃りこぼちたる死骸に、破れた半天を着せたるを見世（みせ）へ寝かし」 発音〈標ア〉ア2

あお-あぶ あを【青虻】〘名〙アブのうち、色が青く、針のあるもの。《季・春》〔語彙(1871-84)〕 発音〈標ア〉0

あお-あみ あを【青網】〘名〙近世、重罪人を乗せて送るかご、唐丸駕(とうまるかご)に掛けた青い網をいう。網乗物。＊雑俳・柳多留-六(1771)「青網でいったがみんなてかけ方」＊歌舞伎・吉様参由縁音信(小堀政談)(1869)四幕「『どうで始終は青網か』『唐丸駕で通し駕籠』」

あお-あみがさ あを【青編笠】〘名〙藺草(いぐさ)で編んだ、まだ新しくて青い編み笠。＊浄瑠璃・冥途の飛脚(1711頃)中「あをあみがさのもみぢして、すみ火ほのめく夕べ迄思ひ思ひの恋風や」 発音アオアミガサ〈標ア〉ガ ア2

あお-あら あを【青鯇】〘名〙魚「あおはた(青羽太)」の異名。

あお-あらし あを【青嵐】〘名〙(「青嵐(せいらん)」を訓読した語) 初夏の青葉を吹き渡る風。《季・夏》＊梵燈庵主袖下集(1384か)「青嵐、六月に吹嵐を申也。発句によし」＊俳諧・其便(1694)「青嵐定まる時や苗の色〈嵐雪〉」 補注 麁文(そぶん)「俳諧・年浪草-夏・四」には「青嵐も夏木立の梢の緑を吹あらすをいふにや。一説、六月土用中の空に一点の雲なく青みたる天気に東風(こち)のくはゝりたるを、青東風(あをこち)といふ。無類の天気也。是を青嵐といふと云々」とある。 発音〈標ア〉ア2〈京ア〉ア2

あお-あわ あをあは【青粟】〘名〙「あわのよね(秫粟)」に同じ。〔語彙(1871-84)〕 発音〈標ア〉オ ア2

あお-あん あを【青餡】〘名〙白あんに青粉を入れて作ったもの。また、青豆を用いても作る。青色のあん。＊料理早指南(1801-04)四「餅の部〈略〉青(アヲ)あん 青まめゆでて、かはとあまかはをさり、すりて白さとうをまぜる也」 発音〈標ア〉0

あおい あふひ【葵】■一〘名〙①アオイ科の植物、タチアオイ、フユアオイ、ゼニアオイ、トロロアオイ、モミジアオイなどの俗称。②「ふゆあおい(冬葵)」の古名。平安初期に、種子を食用、薬用とするために栽培した。＊万葉(8C後)一六・三八三四「梨棗(なしなつめ)黍(きみ)に粟嗣ぎ延(は)ふ田葛(くず)の後も逢はむと葵(あふひ)花咲く〈作者未詳〉」＊拾遺(1005-07頃か)恋一・六六五「我こそや見ぬ人こふるやまひすれあふ日ならではやむくすりなし〈よみ人しらず〉」③ウマノスズクサ科の多年草「ふたばあおい(二葉葵)」の俗称。平安時代から賀茂神社の葵祭の神事に用いられ、また、徳川家の家紋ともなっている。＊後撰(951-953頃)夏・一六一「ゆきかへるやそうぢ人の玉かづらかけてぞたのむ葵てふ名を〈よみ人しらず〉」＊枕(10C終)六六・草は「草は 菖蒲。菰。あふひ、いとをかし」＊式子内親王集(12C末-13C初)「忘れめやあふひを草に引きむすびかりねの野べの露の明ぼの」＊名語記(1275)八「あふゐ如何、葵也、藿也」＊無言抄(1598)下・三「あふひ 葵と桂とをもろかづらといふなり。もろはぐさ共いへり。神山のまつりにある事なり。下賀茂は御祖、上は別雷神なり」④「たちあおい(立葵)」の俗称。近世から盛んに栽培され、現在「あおい」といえば、観賞用のこの植物をさす。《季・夏》＊文明本節用集(室町中)「葵 アヲイ〈又云二丈紅一此花畏レ日以レ葉衛二其足一也〉」＊俳諧・猿蓑(1691)二「日の道や葵傾くさ月あめ〈芭蕉〉」＊大和本草(1709)七「蜀葵(アフヒ)五月に花さく」⑤ウマノスズクサ科の多年草「かんあおい(寒葵)」の俗称。⑥フウロソウ科の多年草「てんじくあおい(天竺葵)」の俗称。⑦襲(かさね)の色目の名。表は薄青、裏は薄紫。陰暦四月に着用する。＊桃花蘂葉(1480)束帯色目「袙 春冬はこれを着すべし。然るを近代一向略之、若着用せば、小葵の文の綾をうす色に染て、平絹の同裏を付て可レ着之」＊歴世服飾考(1893)八「葵 衣の色にあり、諸装束抄に依れば表薄青裏薄紫なり」⑧葵の葉を図案化した模様。＊能因本枕(10C終)三〇二・もんは「もんは、あふひ、かたばみ」⑨(「青いもの」の略か) 蕎麦(そば)をいう女房詞。＊大上臈御名之事(16C前か)「そば、あをい」＊随筆・貞丈雑記(1784頃)六「上臈名之記にそばを女の詞にはあふひと云由みえたり〈そばの葉はあふひの葉に似たる故也〉」⑩紋所の名。㋑フタバアオイの葉を図案化したもの。賀茂神社の神紋に由来し、種々変形がある。＊武徳大成記(1686)二四(古事類苑-姓名・七)「家伝の葵の紋を用て、某に相応也と奏せらる」㋺徳川家の紋所の葵巴(あおいどもえ)。転じて江戸幕府。⑪「あおいまつり(葵祭)」の略。＊随筆・槐記-享保九年(1724)九月七日「春の御儀式、節会等の事すめば、早葵の御神事の事に付て、人の尋来らんほどの事は、例を引て返答せんと思て」＊雑俳・柳多留-三二(1805)「葵には雷も敬して遠ざかり」⑫金銭をいう、遊女のことば。＊随筆・武野俗談(1757)六・松葉屋瀬川ト笠に名高き事「松葉屋の符牒言葉は源氏六十帖なりといふ。〈略〉葵とは、ぜにの事」■二「源氏物語」の第九帖の名。光源氏二二歳から二三歳まで。源氏の正妻葵上(あおいのうえ)は、嫉妬に狂う源氏の愛人六条御息所(ろくじょうのみやすどころ)の生霊(いきりょう)にとりつかれて、夕霧を産んだのち命を落とす。謡曲、浄瑠璃の題材とされる。＊無名草子(1198-1202頃)源氏物語「あふひ、いとあはれに面白き巻なり」＊雑俳・柳多留-五三(1811)「葵から先づ書きそうなものがたり」 語誌 (1)「万葉集」に唯一見える②の挙例は食物名を連ねた戯笑歌で、「薬てふあふひも過ぎぬ今はただこひわすれじと独りともがな」〔和泉式部集-上〕と同様、薬用のフユアオイである。(2)賀茂祭で用いられるのは「もろかづら二葉ながらも君にかくあふひや神のしるしなるらん〈藤原道長〉」〔後拾遺-雑五・一一〇八〕と歌われるフタバアオイで、葵祭の開放的な雰囲気のなかで、日ごろ思いをかけていた相手に「葵(あふひ)」の音から「逢ふ日」を連想させ、「逢ふ」と掛けて詠みかけることが多く行なわれた。(3)近代短歌のアオイは近世以降の園芸植物のタチアオイである。 語源説 (1)日を仰ぐ意のアフヒ(仰日)からか〔和字正濫鈔・東雅・名言通・和訓栞・大言海〕。(2)アフヒ(押日)の義〔滑稽雑談所引和訓義解〕。(3)アフヒ(逢日)の義〔日本古語大辞典=松岡静雄〕。(4)アシフムハキの反〔名語記〕。 発音〈なまり〉アオエン〔山形〕〈標ア〉0〈ア史〉平安・鎌倉●●●〈京ア〉0 上仮名 アフヒ 確実な仮名書き例はない。「万葉-一六・三八三四」のアフヒは「葵」に「逢ふ日」が掛けてあり、これが同音による掛け詞であるとすればそのヒはヒとなる。 辞書 字鏡・和名・色葉・名義・下学・和玉・文明・伊京・明応・天正・饅頭・黒本・易林・日葡・ヘボン・言海 表記 葵(字・和・色・下・玉・文・伊・明・天・饅・黒・易・ヘ・言) 藿(色・名・饅) 莜(色・名) 蒲葵(名)

立葵菱

葵巴

本多立葵

葵花桐

あおい の 衣(ころも) 表は薄青色、裏は薄紫色の襲(かさね)の衣。《季・夏》＊梵燈庵主袖下集(1384か)「十二月衣名事〈略〉四月、上、卯の花衣、あふひの衣」＊俳諧・滑稽雑談(1713)四月「葵の衣、表薄青、裏薄紫」

あおい の 台(だい) 婚礼などの祝儀に、肴(さかな)を盛る台。三方(さんぼう)に葵の花、または葵の造花を立て、肴を盛り、箸(はし)を添えて出す。

あおい の 祭(まつり) 「あおいまつり(葵祭)」に同じ。＊仮名草子・浮世物語(1665頃)一・一〇「鴨の宮居に詣でつつ、葵(アフヒ)のまつり、競馬(きそひむま)見しは昔に成にけり」＊雑俳・たから舟(1703)「にぎやかな葵のまつりかもの艶(つや)」

あおい ゐあを【青井】 姓氏の一つ。 発音〈標ア〉0

あお-い ゐあを【青藺】〘名〙植物「ふとい(太藺)」の異名。《季・夏》 方言 ❶植物、い(藺)。秋田県030 ❷薄(すすき)の若い茎葉の時の称。鹿児島県964 発音〈標ア〉0 辞書 言海 表記 青藺(言)

あお・い いあを【青】〘形口〙文あを・し〘形ク〙①(本来は、黒と白との中間の広い色で、おもに青、緑、藍をさす) 青の色をしている。青の色である。↓青(あお)。＊古事記(712)上・歌謡「そに鳥の 阿遠岐(アヲキ)御衣(みけし)を まつぶさに 取り装ひ」＊万葉(8C後)一・一六「秋山の 木の葉を見ては 黄葉(もみち)をば 取りてそしのふ 青(あをき)をば 置きてそ歎く〈額田王〉」＊彌勒上生経賛平安初期点(850頃)「瑠璃といふは、碧(アヲキ)色なり」＊宇津保(970-999頃)俊蔭「鳥、けだものだに見えぬ渚に鞍おきたるあをきむま出できて、をどりありきていななく」＊冥報記長治二年点(1105)中「緑(アヲキ)袈裟を被て、甚だ新しく浄し」＊大唐西域記長寛元年点(1163)四「水の色は滄浪(アヲク)して波流浩汗(なみこころかなり)」＊色葉字類抄(1177-81)「青、蒼、碧 アヲシ」＊真理の春(1930)〈細田民樹〉島の噴煙・八「緑井は点火器(ライター)の火花を散らし、青い煙を吹き上げることで」②顔色が青ざめている。血の気がない。＊宇津保(970-999頃)国譲下「宮、いと御けしきあしくて、あをくなり赤くなり、物もきこえ給はず」＊大鏡(12C前)二・師尹「くやしくおぼすに御いろも、あおくなりてぞおはしける」＊怪談牡丹燈籠(1884)〈三遊亭円朝〉七「是が御主人様の顔の見納めと思へば顔色(ぐゎんしょく)も青くなり」③(未熟な果実などは青色をしているところから) 人格、技能、学問などが未熟である。また、遊芸の道でやぼである。＊日葡辞書(1603-04)「Auoi (アヲイ) コトヲユウ〈訳〉重要性の少ないことや経験の少ないことを言う」＊浮世草子・傾城禁短気(1711)五・一「お前のやうな粋(すい)さまを、わしがやうな青(アヲ)い者が」＊葉隠(1716頃)一「それがつらに似合ぬ云分也。曲者といわれ度(たき)迄也。卑(ひく)ひ位也。青き所が有る人と見へたり」＊談義本・風流志道軒伝(1763)三「されば女郎買と灰吹(はいふき)は青い内が賞翫(しゃうくゎん)とは、近松が名言なりと」＊桐一葉(1894-95)〈坪内逍遙〉三・一「嘴(くちばし)黄(アヲ)い我々共が生れぬ先きの功名とて」＊社会百面相(1902)〈内田魯庵〉新高等官「私どもは猶(ま)だ考が青いからでせうが」 語誌 (1)②について、顔色を失う場合と、「大鏡」の例のように顔色について用いられるのは、「宇津保」の例などのように、体調がすぐれず痩せ衰えた状態を表わす場合とがある。(2)「未熟」の意味で用いられるのは室町時代後期くらいの例しか見あたらないが、複合語構成要素の「あを～」という形では、「あをびれ男」〔狭衣〕、「青侍」〔今昔〕など平安時代にまでさかのぼる例が認められる。↓「あお(青)」の語誌。 方言 ❶黄色い。うこん色だ。江戸†054 秋田県鹿角郡132 栃木県河内郡204 新潟県中頸城郡382 岐阜県飛騨502 ❷稲穂が実らない様子だ。飛騨502 ❸未熟である。下手(へた)である。 語源説 (1)アヲカ(明)の意〔日本語源=賀茂百樹〕。(2)アサイロシミの反〔名語記〕。(3)アカヲチシキ(明遠如)の反〔名言通〕。(4)アヲノキテシロ(白)か〔和句解〕。(5)アヰイロシ(藍色如)の義〔日本語原学=林甕臣〕。 発音〈なまり〉アーオイ〔南伊勢・和歌山県・土佐〕アィ〔鹿児島方言〕アィー〔大分〕アウィ〔岩手〕アウェ〔岩手・秋田・島根〕アウカ〔壱岐〕アエ〔島根・鹿児島方言〕アエー〔埼玉方言・鹿児島方言〕アボイ〔富山県〕アヱ〔秋田〕アンオイ〔静岡〕〈標ア〉オ〈京ア〉ア 文『あをし』アオシ〈標ア〉ア〈ア史〉平安○○● 鎌倉『あをき』○○●〈京ア〉オ 辞書 字鏡・色葉・名義・和玉・文明・明応・天正・黒本・易林・日葡・書言・ヘボン・言海 表記 青(色・名・玉・文・明・天・黒・書・ヘ・言) 蒼(色・名・玉・文・明・天・黒・書) 碧(色・名・玉・文・明・天) 翠(名・文・明・天・易) 蕊・尤(色) 縹・菁・葱(名) 硲(玉)

同訓異字 **あおい【青・蒼・碧・翠・縹】**

【青】（セイ・ショウ） あお系の色。「青空」「紺青」 また、みどり系の色。「青黛」「青菜」 転じて、若い。若くて未熟な。「青年」「青春」「青二才」《古 あをし》

【蒼】（ソウ） 茂った草のような深いみどり。植物の青々と茂るさま。また、深いあおいろ。「蒼天」「蒼海」 転じて、薄暗いさま。かげりを帯びたさま。「蒼然」「蒼白」《古 あをし・しろし》

【碧】（ヘキ） あおく美しい玉。転じて、青色。また、あおみどり。緑色。「碧玉」「紺碧」《古 あをし・たま・あをたま・みどり》

【翠】（スイ） カワセミ。転じて、カワセミの羽の色のような光沢のあるみどり。みどりいろ。「翠黛」「翠嵐」《古 あをし・みどり》

【縹】（ヒョウ） 明るい藍色。白みを帯びたあお。《古 はなだ》

あおい 息(いき)を=吐(つ)く[=ふく] 青白い顔色をして、ため息をつく。心配、困却の時の表情。＊洒落本・風俗八色談(1756)二・愛染明王遊女に異見の事「懸乞(かけこひ)の鬼にせめ立られて、青(アヲ)い息(イキ)も突(ツキ)あえず」 ＊落語・玉の輿(1894)〈禽語楼小さん〉「青い息を噴(フ)いて馬に乗って居りましたが、宜いあんばいに馬の上から落ちませんでした」

あおい 顔(かお) 青白い色をした顔。多く衰弱、恐怖、心配の時のさま。

あおい 嘴(くちばし・はし) まだ幼い状態。転じて、未熟なさまにいう。＊洒落本・一事千金(1778)序「青き口ばし嗽いなし〈略〉、傾城買の印可をうけなば」 ＊春迺屋漫筆(1891)〈坪内逍遙〉梓神子・九「上野の八百が理料(れうり)喰ってオホン思ったほどにもげいせんぱくな皮膚の鑑定此あたり今少しく論じてこそ黄(アヲ)い嘴(ハシ)むぐつかせずと聴てゐやれさ」

あおい 子(こ)を産(う)む 尻に青あざのある子を産む。妊娠中に交わると産児の尻に青あざ(蒙古斑)が出るという俗説があった。＊雑俳・智慧くらべ(1868)「ヱヱ儘よ、青い子産むと思や済む」

あおい 酒(さけ) 緑色をした洋酒。ペパーミントやアブサンをいう。＊新らしい言葉の字引(1918)〈服部嘉香・植原路郎〉「青い酒 Peppermint (英) 薄荷を主成分とした洋酒の一種で緑色を呈し芳香がある。〈略〉日本では所謂『五色の酒』の一に加へて新しい女が愛飲してゐる」 ＊銀座細見(1931)〈安藤更生〉二・銀ブラの民衆化「赤い酒、青い酒、新らしい女、などといふことが合言葉のやうに話された」

あおい 眼(まなこ) ⇨あおき(青)眼(まなこ)

あおい 目(め) (目の虹彩(こうさい)の青いものが多いところから) 白色人種(西洋人)の目。または、白色人種。＊橋(1927)〈池谷信三郎〉一・二「明るい街を、碧い眼をした三人の尼さんが、真白の帽子、黒の法衣の裾をつまみ、黒い洋傘(かうもり)を日傘の代りにさして」 ＊唐人お吉(1928)〈十一谷義三郎〉四「つまり当所の女は、とりも直さず日本中の女の代表として、碧い眼に写るわけですからな」

あおき=御物(おもの・おぼの)[=物(もの)] 魚肉類を使わない精進料理。ひじきおぼの。＊書紀(720)持統元年八月(北野本訓)「殯の宮に嘗(なふら)ひたてまつる。此の日青飯(アヲキオホノ)を御(たてまつ)る」

あおき 衣(きぬ) (位色として緑色の朝服を着ることから) 六位の異名。あおきころも。みどりのそで。

あおき 衣(ころも) ① 冥土(めいど)の使者が着るといわれる着物。青衣(しょうえ)。＊今昔(1120頃か)一七・一七「其の時に、青き衣を着せる官人両三人来て、大きに嗔(いかり)を成して、蔵満を捕ふ」 ② 「あおき(青)衣(きぬ)」に同じ。＊八雲御抄(1242頃)三「三位 みつのくらゐ。まつの位。四位 しるしば。むらさきの袖。五位 あけのころも。あけごろもとも。六位 みどりのそで。あをき衣」

あおき 鞦(しりがい) 「あおしりがい(青鞦)」に同じ。

あおき 谷(たに) 太上天皇の御所をほめ、また、たとえていう。緑洞(みどりのほら)。＊千載(1187)序「はこやの山のしづかなるすみかをば、あをきたにに、菊の水、よろづよすむべきさかひとしめさだめ給ふ」 ＊八代集抄(1682)千載・序「あをきたにには、みどりの洞のたぐひにや」

あおき 蓮(はちす) (「青蓮(しょうれん)」「青蓮華(しょうれんげ)」の訓読) 蓮(はす)の一種。仏の目にたとえる。＊観智院本三宝絵(984)上「眼は青き蓮に喩へ、脣は赤き菓(み)に等し」

あおき 踏(ふ)む 春先の野原で、青草を踏んで遊ぶこと。踏青(とうせい)。《季・春》＊俳諧・増山の井(1663)三月「青きをふむ」 ＊寒山落木〈正岡子規〉明治三一年(1898)春「幼子や青きを踏みし足の裏」

あおき 眼(まなこ) (「晉書‐阮籍伝」の、阮籍(げんせき)が、気に入らない客は白眼で見、気に入った客は青眼で迎えたという故事の「青眼(せいがん)」の訓読) 気に入った客を喜んで迎える、すずしい気持のよい目つき。＊徒然草(1331頃)一七〇「阮籍が青き眼、誰もあるべきことなり」 ＊洒落本・聖遊廓(1757)「忠右衛門には竹林の阮籍でござるげな。阮籍が青(アヲ)い眼(マナコ)、海老蔵が目よりすさましいと申す評判」

あおき 宮(みや) (「青宮(せいぐう)」の訓読) 皇太子の異称。東宮。春宮。＊八雲御抄(1242頃)三「春宮 はるのみや あをきみや みこのみや」

あおき 紅葉(もみじ) 紅葉する以前の、青い葉のモミジ。《季・夏》＊俳諧・年浪草(1783)夏・二「若葉の楓〈略〉又青き紅葉と云ことあり。もみぢする木は春より秋の色の覚るなり。歌に、茂りあふ青きもみちの下涼みあつさは蟬の声にゆつりて」

あおく なる 顔色が青ざめ血の気がなくなる。驚いたり恐れたりする時の様子にいう。＊滑稽本・浮世床(1813‐23)初・上「又つき出されて青くならうと思って」 ＊海に生くる人々(1926)〈葉山嘉樹〉二九「本船の出帆が後れ、チーフメーツは青くならなければならない」

あおい-うり【葵瓜】〘名〙 甲州(山梨県)産のマクワウリの栽培品種。葵の紋所のような模様があるのでいう。《季・夏》＊俳諧・桜川(1674)夏・二「葵瓜や御代さかへんとこかね花〈塵言〉」 ＊浮世草子・古今堪忍記(1708)六・五「暑気の見まひとて、去方より葵瓜三かしら送りたる人あり」 ＊浮世草子・猿源氏色芝居(1718)二「甲州のあふひ瓜、御もんありありとすはりたるが、年ごとの献上になれて」 発音〈標ア〉イ

あおい-か【葵科】〘名〙 双子葉植物の一科。世界に約七五属一〇〇〇種あり、広く熱帯から温帯に分布し、日本には四属八種が自生する。草本または木本で、葉は互生し托葉を持つ。集散花序をなす花は両性で放射相称、五個ずつのがく片と花弁を持つ。子房は上位で、二室ないし多室。中軸胎座の卵子が各室に一ないし多数ある。雄ずいは多数あり、まれに五個。普通花糸は筒状に合着して単体雄ずいとなる。この科にはワタのほかにも繊維を取るための有用植物が多数ある。タチアオイ、フヨウ、ムクゲなど、観賞用に植えられるものも多い。また、オクラの実は食用とされる。ゼニアオイ科。ワタ科。フヨウ科。

あおい-がい【葵貝】〘名〙 ① アオイガイ科のタコ。雌は体長約二五センチメートルで、分泌物で作ったアオイの葉に似た貝殻をつけて表層に浮遊し、殻内に産卵する。雄はきわめて小さく、約一・五センチメートル。温帯、熱帯の海に広く分布する。近似種にタコブネがある。カイダコ。学名は Argonauta argo 〔語彙(1871‐84)〕 ② ①の雌の貝殻。本来は卵を保持する容器としての役目をもつ。白色半透明で同縁の巻き込んでいる部分は黒い。観賞用。 発音〈標ア〉0

あおい-がさね【葵襲】〘名〙 「あおい(葵)㊀⑦」に同じ。＊狭衣物語(1069‐77頃か)三「あふひがさねの薄様の、色、下絵など、なべてならんやは」 発音 アオイガサネ〈標ア〉イ[1]

あおい-かつら【葵鬘・葵桂】〘名〙 (「あおいかづら」とも) ① 賀茂祭参列の役人をはじめ、見物人が頭や冠、烏帽子(えぼし)にさし、また、牛車(ぎっしゃ)のすだれや禁中の諸処にもかけて飾りとした鬘。葵と桂の葉を組み合わせたのを諸鬘(もろかつら)、葵だけのものを片鬘(かたかつら)という。葵が二葉なので、諸葉草ともいう。雷の災いを免れるまじないともした〔日次紀事(1685)〕。《季・夏》＊宇津保(970‐999頃)楼上下「四月まつりの日、あふひかつらいといつくしう、うるはしきさまにて」 ＊枕(10C終)二二二・祭のかへさ「祭のかへさ、いとをかし。〈略〉汗などもあえしを、今日はいととくいそぎいでて、雲林院、知足院などのもとにたてる車ども、あふひかつらどももうちなびきて見ゆる」 ＊年中行事秘抄(12C末)四月「賀茂大神 旧記云〈略〉令彼神祭用走馬幷葵蘰楓蘰此之縁」 ＊俳諧・増山の井(1663)四月「葵(あふひ)草 二葉草 葵かづら」 ② 近世、奥女中が四月の中の酉(とり)の日に、賀茂祭にちなんで頭にさしたフタバアオイの鬘。 ③ 植物。「はまひるがお(浜昼顔)」の異名。〔語彙(1871‐84)〕

葵鬘①
〈年中行事絵巻〉

方言 植物。❶はまひるがお(浜昼顔)。 ◇あおいかづら 江戸025 ❷はなひるがお(花昼顔)。 ◇あおいかづら 東京都002 ❸あおつづらふじ(青葛藤)。 ◇あおいかづら 伊予039 高知県高岡郡808 発音〈標ア〉カ

あお-いき【青息】〘名〙 苦しみ嘆いた時につくため息。＊明治浮世風呂(1887)〈浮世粋史〉七「相場うまくは問屋で許さぬとんとん評子(ひょうし)で青息(アヲイキ)ふくやら」 ＊伽羅枕(1890)〈尾崎紅葉〉四九「青呼吸(アヲイキ)を吐(つ)きながら主宰(うはやく)の沙汰を待ちけるに」 方言 ため息。香川県829 語源説 (1)顔を青ざめて息を吐くということからか〔大言海〕。(2)オホイキ(大息)の転か〔両京俚言考〕。 発音〈標ア〉オ〈京ア〉オ

あおいき つく 激しく走ったりして息が切れそうになる。＊浜荻(久留米)(1840‐52頃)「あをいきつくつお(よ)くはしりなどして、息つぎあえぬ事。いきをきって」 方言 福岡市879

あおいき-といき【青息吐息】〘名〙 (「吐息」はため息を吐くこと。語調を整え、意を強めるために重ねて用いたもの) 苦しみ困った時に吐くため息。また、それが出るような様子。＊浄瑠璃・菅原伝授手習鑑(1746)四「物も得いはず青息吐息(アヲイキトイキ)、五色の息を一時(いっとき)に、ほっと吹出す計也」 ＊落紅(1899)〈内田魯庵〉一「有繫(さすが)の五十幡亮太郎も青息吐息(アヲイキトイキ)五色の息を吹きにけるといふ次第だ」 発音〈標ア〉ト〈京ア〉オ=ト

あおい-きり【青切】〘名〙 「あおきり(青切)」に同じ。＊洒落本・寸南破良意(1775)髪結「中直りに青(アヲ)いきりといふ所を、ついでくんな」

あおい-ぐさ【葵草】〘名〙 ① 「ふたばあおい(二葉葵)」の異名。《季・夏》＊道綱母集(1008頃か)「たのみすなみかきをせばみあふひぐさしめのほかにもありといふなり」 ＊源氏(1001‐14頃)若菜下「くやしくぞつみをかしけるあふひ草神のゆるせるかざしならぬ

に」＊俳諧・増山の井(1663)四月「葵(アフヒ)草 二葉草 葵かづら」②「ふゆあおい(冬葵)」の異名。方言 植物、ぜにあおい(銭葵)。島根県美濃郡964 発音 アオイグサ〈標ア〉イ 辞書 言海 表記 葵草(言)

あおい-ぐるま【葵車】『名』葵祭に出る、葵のかつらをかけた牛車。《季・夏》＊俳諧・俳諧新式(1698)「葵車とは、大内より小八葉の御車を出ださせたまふなり」＊俳諧・俳諧新選(1773)二・夏「葵車さながら銭も投げられず〈孤桐〉」発音 アオイグルマ〈標ア〉グ

あおい-ごけ【葵苔】『名』ヒルガオ科の多年草。本州南部、四国、九州以南の山野に生える。茎は細く地をはい、節から根が生えて殖える。葉は円形で基部は心臓形。春から夏にかけて黄緑色の小花をつける。学名はDichondra repens〔語彙(1871–84)〕＊日本植物名彙(1884)〈松村任三〉「アフヒゴケ」発音 アオイゴケ〈標ア〉イ

あおい-ごろも【葵衣】『名』「あおい(葵)の衣(ころも)」に同じ。＊俳諧・俳諧四季部類(1780)四月「卯の花衣 橘衣 あふひ衣」

あおい-ざ【葵座】『名』兜の部分の名。八幡座(はちまんざ)の古い形式。兜の鉢の頂にある穴の外縁を覆う玉縁(たまぶち)の座の一種。周囲を葵の葉の形に飾る。後世は菊をかたどった菊重(きくかさね)に替わる。葵葉(あおいば)。

あお-いし【青石】『名』①青色、または緑色の岩石の総称。緑泥片岩、蟬石(せみいし)等の結晶片岩など。特に庭石に用いる。秩父青石、紀州青石、伊予青石などをいう。＊仮名草子・尤双紙(1632)上・七「きれいなる物の品々〈略〉庭に青石(アヲイシ)しきたる」＊俳諧・江戸新八百韻(1756)「根岸あたりの閑をうらやむ〈存義〉 青石に辞世おかしく残されて〈亀成〉」＊宝の山(1891)〈川上眉山〉四「艶色たぐひなき美人一人、傍の青石(アヲイシ)に腰打掛けて」②建築用、または室内装飾用にする青色の凝灰岩、または凝灰質砂岩。発音〈標ア〉0

あおい-しもさか【葵下坂】『名』越前国(福井県)福井の刀工、下坂市之丞康継及びその一門の鍛えた刀剣。康継が、慶長八年、徳川家康よりその作った刀に葵の紋を切ることを許され、康の一字を拝領したのでこの名がある。わが国の刀剣に南蛮鉄を用いたのは、この康継を最初とするという。＊浄瑠璃・義経新含状(1744)三「これは是、重代の腰の物、あをい下坂、百三十二文で買たけれど」＊落語・端物講釈(1891)〈三代目春風亭柳枝〉「刀は名に負ふ青井下坂(シモサカ)何かは以て耐(た)まるべき、アット云って斃れたる」

あおい-しゅす【葵朱子】『名』先染めの絹綿交ぜ織物の一種。経(たていと)は絹糸、緯(よこいと)には綿糸を使い、織り上げ後、裏のりをつける。襟地、袖口に用いる。

あおい-すみれ【葵菫】『名』スミレ科の多年草。各地の山地や路傍などの湿った土地に生える。高さ一〇〜二〇センチメートル。葉は直径二〜八センチメートルほどのフタバアオイに似た心臓状円形で縁に浅い鋸歯(きょし)があり、根元から束生する。早春、淡紫色の左右相称の花が横向きに咲く。唇弁(しんべん)に紫色の筋がある。ひなぶき。学名はViola hondoensis ＊日本植物名彙(1884)〈松村任三〉「アフヒスミレ」発音〈標ア〉ス

あおい-せんべい【葵煎餅】『名』和歌山市の名物。旧藩主徳川家の葵の紋を表わした、円形の卵入りせんべい。

あお-いた【青板】『名』①緑藻(りょくそう)の一種のアオサでつくった海苔。②コンブを緑色に着色し干したもの。青板こんぶ。方言 ❶昆布。長野県佐久(だし昆布。また、青い昆布の総称)493 静岡県062 ❷幅の広い昆布。長野県南佐久郡487 下伊那郡492 発音〈標ア〉0

あおいた-こんぶ【青板昆布】『名』コンブを細長くそろえて切り、丹礬(たんばん)、緑礬(りょくばん)、青竹などを用いて着色したもの。昆布巻などの料理に用いる。青昆布。発音〈標ア〉コ

あおい-たぼ【葵髱】『名』京女中から流行した女の髱(たぼ)の形の名。張り出した髱の形がアオイに似ていることからいう。あおいづと。椎茸髱(しいたけたぼ)。＊随筆・歴世女装考(1847)四「椎茸たぼの権輿〈略〉寝覚草といふ随筆三の巻に『ある老女の物語に御奉公せし比(ころ)京都より下(くだら)れし女中方の髪を葵たぼとて名もおもしろく見つきもよきゆゑ朋輩しゅうつしゆひけるが今はいづかたにてもゆはるるやうになりしは名もめでたきゆゑなるべしと語りき此老女貞享二年の生れなり〈略〉』とあり」

あおい-づき【葵月】『名』陰暦六月の異称。発音〈標ア〉イ

あおい-づくり【葵作】『名』①葵の文様を装飾とした太刀。一説に葵鍔(つば)をかけた太刀。＊浄瑠璃・高館(1625)二「三尺八寸候ひし、あをひつくりのたちはいて」②「あおいしもさか(葵下坂)」に同じ。＊日葡辞書(1603–04)「Auoi zzucuri (アヲイ ヅクリ)〈訳〉アヲイという有名な刀工の作った刀」辞書 日葡

あおい-づと【葵髱】『名』「あおいたぼ(葵髱)」に同じ。

あおい-つば【葵鍔・葵鐔】『名』刀の鍔(つば)の一種。帽額鍔(もこうつば)の四辺中央をとがらせた形が、アオイの葉に似ているもの。＊次将装束抄(1213–19)「しときつば、あをひつばの太刀不可憚」＊新撰六帖(1244頃)五「かつはまたさす鞘口にあふひつは心ありけるかなづくりかな〈藤原信実〉」＊軍用記(1761)四「鍔は葵鍔(葵の葉を四つ合せたる形なり)なり金覆りんあるべし赤銅なり」

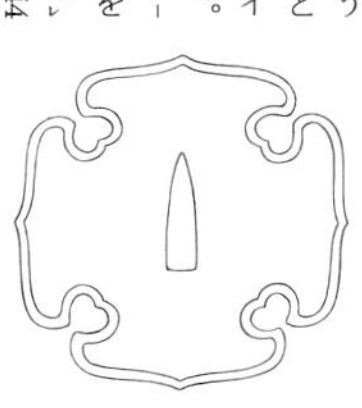

葵鍔

あおい-づる【葵蔓】『名』植物「ひるがお(昼顔)」の異名。

あお-いで【青茹】『名』「あおゆで」の変化した語。＊日葡辞書(1603–04)「Auoideni(アヲイデニ) スル」＊浮世草子・昼夜用心記(1707)一・五「盤(はんぎり)に青茹(アヲイデ)を山のやうに和(あへ)」辞書 日葡

あお-いど【青井戸】『名』井戸茶碗の一つ。釉(うわぐすり)の色が青めに焼き上がり、厚めで光沢はなく柔らかい。素地は褐色で厚手。朝鮮李朝時代(一三九二〜一九一〇)中期の産。また、それを模したもの。

あおいと-おどし【青糸威】『名』鎧の威毛(おどしげ)の一種。青色の糸で威したもの。＊武家節用集(1681)中「青絲威(あをいとをとし)」発音〈標ア〉オ[2]

あお-いとげ【青糸毛】『名』糸毛車の一つ。屋形の上を青色の絹糸で葺いて全体を覆い、先端を垂らして装飾としたもの。皇后、中宮、東宮、准后、摂政、関白の乗用とされた。＊台記-久寿二年(1155)一〇月五日「伝聞、東宮自鳥羽南殿行啓同田中殿、先例召在禅閤之貞信公青糸毛今度被用在院之青糸毛云々」＊増補本増鏡(1368–76頃)五・内野の雪「宮は御輿、御子はあおいとけの御車」補注 青糸は檳榔(びんろう)の葉を細かくさいて、糸のようにし、青く染めたものともいわれ、中世になると檳榔毛との混同を生じている。

あおいと-とんぼ【青糸蜻蛉】『名』アオイトトンボ科のトンボ。体長約四センチメートル、うしろばねの長さ約二センチメートル。背面は金属光沢をもった緑色。北海道から九州に分布し、八、九月ころ成虫が見られる。学名はLestes sponsa 発音〈標ア〉ト[2]

あおい-どもえ【葵巴・葵鞆絵】『名』紋所の名。葵の葉三枚を巴形に組み合わせた形で、徳川家の紋所として有名。三葉葵。＊随筆・塩尻(1698–1733頃)二九「親氏公〈略〉御家の鞆絵の御紋を、葵に書なし給ひて、御一統の御旗幕に付させたまふ、これ、葵鞆絵の御紋なり」発音〈標ア〉ト

あおい-とり【青い鳥】㊀(原題 フランス L'Oiseau Bleu) 童話劇。六幕一二場。ベルギーの作家、メーテルリンク作。一九〇八年初演。チルチルとミチルが、幸福の象徴、青い鳥を探し求めて旅をし、最後に、わが家の炉辺で見つけるという筋。本邦初演は大正九年(一九二〇)。㊁『名』(㊀から転じて) 幸福。幸福は身近にあること。また、希望などの意。＊妄想(1911)〈森鷗外〉「どうしても灰色の鳥を青(アヲ)い鳥(トリ)に見ることが出来ないのである。道に迷ってゐるのである。夢を見てゐるのである。夢を見てゐて、青(アヲ)い鳥(トリ)を夢の中に尋ねてゐるのである」＊第4ブラリひょうたん(1954)〈高田保〉青い鳥「媾和会議は日本にとって青い鳥である。十月説を夢だけに終らせたくない」発音〈標ア〉オ〈京ア〉ア=0

あお-いね【青稲】『名』まだ実らない青い稲。《季・夏》＊蜻蛉(974頃)下・天延元年「あをいね刈らせて馬に飼ひ」＊俳諧・我春集(1811)「青稲や薙倒されて花の咲」発音〈標ア〉0

あおい-の-うえ【葵上】㊀「源氏物語」に出てくる女性。主人公光源氏の正妻。左大臣の娘、母は大宮。源氏の愛人六条御息所(ろくじょうのみやすどころ)の生霊のために苦しめられ、夕霧を産んだ後、急死する。㊁謡曲。四番目物。各流。近江系の古作を世阿彌が改作したものか。「源氏物語」による。六条御息所の生霊が、葵上を責めさいなむが、横川(よかわ)の小聖(こひじり)に祈り伏せられる。㊂浄瑠璃。宇治加賀掾正本。天和〜元祿三年(一六八一〜九〇)ごろ刊か。五段。時代物。近松門左衛門作と推定。謡曲「葵の上」による。㊃箏曲。山田流の奥許物。文化年間(一八〇四〜一八)、流祖山田検校の作曲。山田流第一の大曲。謡曲の一節による。生田流にもある。地唄、長唄、河東節、一中節にも同名の作品がある。

あおい-ば【葵葉】『名』「あおいざ(葵座)」に同じ。発音〈標ア〉0ノ

あおい-はな【青い花】(原題 ドイツ Heinrich von Ofterdingen) 長編小説。ドイツのロマン派詩人ノバーリス作。一八〇二年刊行。一三世紀初頭の伝説的な騎士詩人を題材として主人公ハインリッヒが、夢に見た青い花を求める遍歴を描いたもの。以後「青い花」ということばはロマン主義の象徴としても用いられた。発音〈標ア〉オ

あおい-はなぎり【葵花桐】『名』紋所の名。葵の葉を三枚組み合わせ、その上に花を配して、花桐の形にしたもの。発音 アオイハナギリ〈標ア〉ナ

あおい-ぼん【葵盆】『名』漆器の一つ。鉋目(かんなめ)を生かし、淡い黄色の漆を塗った盆。秋田県能代地方、茨城県粟野地方などで造られる。発音〈標ア〉イ

あおい-まつり【葵祭】『名』①京都の上賀茂、下賀茂両神社の祭。古くは陰暦四月の中の酉(とり)の日、現在は五月一五日に行なわれる。当日、フタバアオイの葉を社前や桟敷(さじき)・牛車(ぎっしゃ)のすだれなどに懸け、また参列の諸役の衣冠につけたことからいう。中古、単に祭といえば、この祭を意味した。賀茂の祭。北祭。みあれ。《季・夏》＊俳諧・毛吹草(1638)二「四月〈略〉葵祭 中酉」＊仮名草子・東海道名所記(1659–61頃)六「此神のまつりはまことに数おほき中に、葵(アフヒ)まつり、競(きそひむま)なんどは、名にふれて大なる神事也」＊雍州府志(1684)二「社家氏人、各懸葵桂於衣領〈略〉故此神事称葵祭」＊俳諧・暁台句集(1809)夏「下々の下のかざしもあふひ祭かな」②京都、嵐山(あらしやま)の松尾(まつのお)大社の神幸祭。

松尾祭の別称。③京都府宮津市籠(こもり)神社の祭礼。籠神社葵大祭の別称。④江戸の山王祭、神田祭の別称。ともに葵を家紋とする徳川将軍家の上覧があったところからいう。発音〈標ア〉マ〈京ア〉マ 辞書書言・言海 表記葵祭(書・言)

あおい-まめ【葵豆】『名』マメ科の二年草。熱帯アメリカの原産で、食用として栽培される。茎はつるとなり、葉は複葉で小葉は卵形。花は緑白色で夏に開く。さやは長さ六センチメートル、幅三センチメートルぐらいで、普通二ないし四個の白、茶、まだらなどの種子をもつ。リマまめ。リマビーン。いちこくまめ。ごもんまめ。学名はPhaseolus lunatus〔語彙(1871-84)〕発音〈標ア〉イ

あおい-むすび【葵結】『名』ひもの結び方の一つ。発音〈標ア〉ム

葵結び

あおい-もじ【葵文字】『名』紋所の名。文字紋の一種。漢字の「葵」を図案化したもので、松平(まつだいら)家や、紀州徳川家で用いられた。

あおい-もみじ【葵紅葉】『名』紋所の名。もみじの紋の一種。もみじを立葵(たちあおい)の形に図案化したもの。たちもみじ。

あおいやつはながた-の-かがみ【葵八花形鏡】『名』銅鏡の一種。周囲に葵の花のような形が八弁あるもの。＊大鏡(12C前)一・後一条院「今様のあふひやつはなかたの鏡、螺鈿(らでん)の筥にいれたるにむかひたる心地したまふや」

あお-いろ【青色】『名』①本来は黒と白との中間の範囲を示す広い色名で、おもに青、緑、藍をいう。＊枕(10C終)一七・淵は「あを色の淵こそをかしけれ。蔵人などの具にしつべくて」＊名語記(1275)二「そらも青色也」＊行人(1912-13)〈夏目漱石〉兄・一〇「松の緑と海の藍とで、煙に疲れた眼に爽かな青色(アヲイロ)を射返した」②染色や襲(かさね)の色目の名。刈安(かりやす)と紫とで染めた萌葱(もえぎ)色の黄がちの色。今日の緑色に相当する。麹塵(きくじん)。山鳩色。＊多武峰少将物語(10C中)「いともきよげなる紬(つむぎ)をあをいろに染めて」③「あおいろ(青色)の上(うえ)の衣(きぬ)」「あおいろ(青色)の袍(ほう)」の略。＊西宮記(969頃)一七・袍「青色、帝王及公卿已下侍臣、随﹂便服﹂之〈非蔵人用無文〉」＊枕(10C終)七六・内裏の局、細殿いみじうをかし「六位の蔵人のあを色など着て〈略〉袖うちあはせて立ちたるこそをかしけれ」＊源氏(1001-14頃)澪標「六位の中にも蔵人はあをいろしるくみえて」＊禁秘鈔(1221)上「青色〈文は同﹂黄櫨﹂〉臨時祭庭座、賭弓、弓場始等被﹂用﹂之」発音〈標ア〉⓪〈京ア〉⓪

あおいろ の 上(うえ)の衣(きぬ)「あおいろ(青色)の袍(ほう)」に同じ。＊宇津保(970-999頃)菊の宴「わらは四人あをいろのうへのきぬ、やなぎがさねきたり」＊源氏(1001-14頃)行幸「あを色のうへのきぬ、葡萄染(ゑびぞめ)の下襲を殿上人五位、六位まで着たり」

あおいろ の 袍(ほう) 袍の一つ。黄に青みを帯びた色で、もとは染色であったが、近世には経(たていと)で青、緯(よこいと)で黄を織り出した。多くは文様がある。古くは上下を通じて広く用いられたが、中古には主として天皇が臨時祭、賭弓(のりゆみ)等で着用した。また、六位の蔵人(くろうど)は天皇の近くに奉仕するため、拝領して着用するということが許され、蔵人の面目としてもてはやされた。あおいろ。あおいろの上の衣。麹塵(きくじん)の袍。青白橡(あおしらつるばみ)の袍。＊江家次第(1111頃)三・賭射「主上出﹂御〈青色御袍〉於昼御座﹂」＊装束雑事抄(1399頃)「青色袍〈練浮織物、文牡丹に尾長鳥、たて青、緯黄、裏蘇芳、夏は裏をとりて著す、夏冬同物なり、麹塵ともいふなり〉」発音アオイロノホー〈標ア〉ホ

あおいろ-じ【青色地】『名』青色の織物地。＊たまきはる(1219)「新大夫、はじめうらやまぶき。中の日、まひの装束。三日、みなにしき、あおいろぢの同じ文のにしき」発音〈標ア〉ロ

あおいろ-しんこく【青色申告】『名』所得税、法人税についての申告納税制度の一つで、青色の申告用紙を用いるもの。一定の帳簿書類に所定の記帳が必要であるが、専従者控除、各種の引当金、準備金の損金算入など特典が与えられる。発音〈標ア〉シ〈京ア〉シ

あおいろ-すがた【青色姿】『名』青色の袍(ほう)をつけた姿。＊枕(10C終)八八・めでたきもの「めでたきもの〈略〉六位の蔵人。いみじき君達なれど、えしも着給はぬ綾織物を、心にまかせて着たる、あを色すがたなどめでたきなり」

あお-インク【青―】『名』(インクは英 ink)青色のインク。＊休憩時間(1930)〈井伏鱒二〉「傍らからその製作を手伝って、青インクで着色してゐるものがある」

あお-いんべ【青伊部】『名』伊部焼(備前焼)で青灰色に焼き上がったもの。青備前。

あ-おう【亜欧】亜細亜(アジア)および欧羅巴(ヨーロッパ)の略称。欧亜。発音アオー〈標ア〉ア

あ-おう【阿翁】『名』(「阿」は接頭語)①しゅうと(舅)。妻が夫の父をさしていう語。＊十巻本和名抄(934頃)一「舅 爾雅云夫之父曰﹂舅〈弁色立成云阿翁之字斗〉」＊随筆・秉燭譚(1729)五「姑公と云は即阿家阿翁なり。主婦主人をいふ。公姑と云はずして、姑公と云は韻に便するなり」②祖父をさしていう語。＊造化妙々奇談(1879-80)〈宮崎柳条〉二編・九「阿は大なり。翁は父也。阿翁(アオウ)は猶大父と言がごとし。蓋し大父は即ち祖父の称なり」＊世説新語﹣排調「張蒼梧是張憑之祖、嘗語﹂憑父﹂曰、我不﹂如﹂汝、〈略〉汝有﹂佳児﹂、時憑年数歳、斂﹂手曰、阿翁詎宜﹂以﹂子戯﹂父」

あお-うきくさ【青浮草・青萍】『名』ウキクサ科の多年草。水田、沼沢、池などの水面にただよい、しばしば大量に群生する。長さ二～四ミリメートルの緑色扁平な葉状のものが茎で、葉はない。裏面の中央から一本の根が垂れている。体の左右にある袋から幼体を生じてふえる。花はきわめて小さく、白または淡い緑色で、夏から秋にかけて咲く。学名はLemna aoukikusa《季・夏》＊重訂本草綱目啓蒙(1847)一五・水草「水萍〈略〉米粒の大さにして面背共に緑色なる者は青萍なり、あをうきくさと呼」発音〈標ア〉キ 辞書言海 表記青浮草(言)

あおう-こうみょうじ【粟生光明寺】京都府長岡京市粟生にある西山浄土宗の総本山、光明寺の通称。発音アオーコーミョージ〈標ア〉コ

あおうどう-でんぜん【亜欧堂田善】江戸中期の銅版画家。本名、永田善吉。岩代(福島県)の人。僧月僊(げっせん)、谷文晁(ぶんちょう)に学び、のち洋画、銅版画の技法を修得。江戸風景などを描いて傑作を残す。寛延元～文政六年(一七四八～一八二三)

あお-うなばら【青海原】『名』(古くは「あおうなはら」)青々として広い海。＊万葉(8C後)二〇・四五一四「阿乎宇奈波良(アヲウナハラ)かぜなみなびき往(ゆ)くさ来(く)さつつむこと無く舟ははやけむ〈大伴家持〉」＊土左(935頃)承平五年一月二〇日「あをうなはらふりさけ見れば春日なる三笠の山にいでし月かも」＊私用抄(1471)「滄溟原(アヲウナハラ)には不苦歟。海字にはさのみ不可嫌」＊書言字考節用集(1717)二「滄海 アヲウナバラ」発音〈標ア〉ナ〈京ア〉ウ〈音史〉平安頃まで『あをうなはら』と清音。辞書和名・名義・書言・〈ボン〉・言海 表記滄溟(和・名・へ)滄海・蒼溟海(書)青海原(言)

あお-うま【青馬・白馬】『名』①青毛の馬。毛の色が黒く、青みを帯びた馬。＊書紀(720)天武元年七月(北野本訓)「鯨、白馬(アヲうま)に乗りて逃ぐ。馬、涅田(ふかた)に堕ち、進み行くこと能はず」＊続日本紀﹣天平一一年(739)三月癸丑「詔曰〈略〉謹撿﹂符瑞図﹂曰、青馬白髦尾者神馬也」②白馬。また、葦毛の馬。③「あおうま(白馬)の節会(せちえ)」の略。また、白馬の節会に引き出された馬。＊万葉(8C後)二〇・四四九四「水鳥の鴨の羽色の青馬を今日見る人は限り無しといふ〈大伴家持〉」＊土左(935頃)承平五年一月七日「七日になりぬ。同じみなとにあり。けふはあをむまを思へど、かひなし」＊枕(10C終)三・正月一日は「七日は白馬見にとて、里人は車きよげにしたてて見に行く」＊至宝抄(1585)「あを馬 白馬と書てあを馬とよみ申候、正月七日にはくばの節会とて、内裏にあを馬御覧ずる事也」④(描かれている棍棒と騎士の乗った馬が青色であることから)めくりカルタの一一の札の一つ。＊浄瑠璃・嵯峨天皇甘露雨(1714)二「生き世の時はばくちずき〈略〉此世の手みそのむくひで、もし青馬(アヲムマ)のはらへなど、生れては行れぬか」＊博奕仕方風聞書(1839頃か)「十一の数にて、一、馬 青馬と唱、金泥等にて彩色、数五十に相成申候、四枚の内、上の札に御座候」語誌(1)古代においてアヲは、黒と白との中間的性格を持つ範囲の広い色名で、灰色をもその範囲に含めていた。「十巻本和名抄﹣七」に「驄馬 説文云驄〈音聡 漢語抄云驄青馬也黄驄馬葦花毛馬也 日本紀私記云騘馬美多良乎乃宇末〉青白雑毛馬也」とあるのがそれである。(2)一〇世紀中頃より漢字文献において「青馬」から「白馬」へと文字表記が統一される理由については、本居宣長、伴信友は馬自体が白馬に換えられたからであるというが、室町時代の「江次第鈔﹣一・正月」に「七日節会〈略〉今貢﹂葦毛馬﹂也」、「康富記﹣嘉吉四年正月六日」の白馬奏毛付にも「貢﹂葦毛﹂」とあり、後世においても葦毛馬が使用されていたことが分かる。したがって毛色自体の変化というよりも、平安初期の「田氏家集﹣下・感喜勅賜白馬因上呈諸侍中」にも「驄毛」の馬を「白馬」というように、灰色系統の色名範囲が青から白に移行したことと、平安末期の「年中行事秘抄﹣正月七日」所引「十節」などに見える白馬に対する神聖視などから意識的に「白馬」の文字表記を選択したものと考えられる。→あおうま(白馬)の節会(せちえ)。語源説白馬を青馬と呼んだのは、純白の色は青ざめて見えることがあることからか〔世諺問答・白馬の節会に就て＝南方熊楠〕。発音アオウマ〈標ア〉⓪ 辞書色葉・伊京・〈ボン〉・言海 表記白馬(色・伊)青馬(へ・言)

あおうま の 陣(じん) 白馬(あおうま)の節会(せちえ)の折、馬寮(めりょう)の官人の居場所と定められているところ。＊拾芥抄(13-14C)中・宮城部「建礼門〈五間戸三間、云﹂青馬陣﹂、謂﹂之南西僻仗中門﹂〉」辞書書言 表記白馬陣(書)

あおうま の 神事(しんじ) 大阪市住吉区にある住吉大社で、毎年正月七日に行なわれる神事。二人の奉行が神馬に付き添い、第一本殿より第四本殿まで、順次に拝礼ののち、その周囲を駆けめぐるもの。白馬(あおうま)の節会(せちえ)を移したものといわれる。

あおうま の 節会(せちえ) 奈良時代から朝廷での年中行事の一つ。正月七日、左右馬寮(めりょう)から白馬を庭に引き出して、天皇が紫宸(ししん)殿で御覧になり、その後で群臣に宴を賜わった。この日、青馬を見れば年中の邪気を除くという中国の故事によったもので、葦毛の馬あるいは灰色系統の馬を引いたと思われる。文字は「白馬」と書くが習慣により「あおうま」という。あおうま。あおばのせちえ。《季・新年》＊古今著聞集(1254)三・九三「いづれの年にか、白馬節会に、進士判官藤原経仲まゐりたりけるに」＊弁内侍(1278頃)寛元五年正月七日「七日、白馬

節会也。春の日かげもうららかなるに」 補注「年中行事秘抄-正月七日」には「十節云馬性以レ白為レ本。天有二白龍一、地有二白馬一、是日見二白馬一、則年中邪気遠去不レ来」とある。語誌 (1)正月七日の節会に青馬を天皇が観る行事は、大伴家持の歌（万葉-二〇・四四九四）によって、天平宝字二年（七五八）にはすでに行なわれていたことが分かる。ただし、国史では「続日本後紀」承和元年（八三四）の記事が初出であり、以降「文徳実録」「三代実録」にわたって、毎年のように記述されるようになる。しかし「白馬節会」の語形は見えず、「観二青馬一」「覧二青馬一」と記され、その行事は七日の節会の一要素だという認識が存するようである。(2)「白馬節会」の語形の初出は「日本紀略」天暦二年（九四八）で、折しも「青馬」から「白馬」への文字表記変更の時期とも一致しており、この村上朝から七日の節会は「白馬節会」としてはっきりと確立したものと考えられる。→「あおうま（青馬・白馬）」の語誌。 発音 アオヴマノセチエ 〈標ア〉チセ 〈京ア〉セ 辞書 下学・日葡・書言・言海 表記 白馬節会（下・書・言）

あおうま の 奏（そう） 白馬（あおうま）の節会（せちえ）の当日、白馬の御覧に先だって、馬寮（めりょう）の御監（ごげん）より、馬数、毛附（けづけ）および貢人の氏名を記して奏聞すること。＊九暦-九暦記・天慶二年（939）正月七日「節会如レ常、是日大閤下坐桂芳坊、仍参入、仰曰、今日白馬奏左右大将共参時取二奏文一」 ＊西宮記（969頃）二・七日節会「左右御監奏二白馬奏一」 ＊北山抄（1012-21頃）一・正月七日節会「左右御監、進二白馬奏一」

あおうま の 祭（まつり） 茨城県鹿嶋市にある鹿島神宮の神事。正月七日の夜行なわれるもので、宮中の白馬（あおうま）の節会（せちえ）を移したものといわれる。神殿で神事を終えたのち、神馬を神門から入れ、この神馬を神職が笏（しゃく）で拝殿を叩く音と、鼓の響きとで走らせるもの。《季・新年》

あお-うみ【青海】『名』 青々としている海。＊色葉字類抄（1177-81）「滄溟 アヲウミ アヲウミノハラ」 ＊世俗諺文鎌倉期点（1250頃）「日本紀云〈略〉天之瓊〈略〉弐矛を以て指し下して採るに、是（ここ）に滄溟（アヲウミ）を獲つ」 ＊光悦本謡曲・白楽天（1464頃）「老の波のうへにたって、青海に浮びつつ、海青楽をまふべしや」 ＊日葡辞書（1603-04）「Auovmi（アヲウミ）〈訳〉大海」 ＊俳諧・曠野（1689）五・仲冬「青海や羽白黒鴨赤がしら〈忠知〉」 発音〈標ア〉ウ 辞書 色葉・饅頭・易林・日葡・書言・言海 表記 滄溟（色・饅・易） 蒼海・碧海（書） 青海（言）

あお-うみ【青膿】『名』 青っぽい膿。＊小鳥の巣（1910）〈鈴木三重吉〉下・二「青膿のやうな色をした体に、悶え握った儘に切取られた、夥しい人間の手を」

あお-うみうし【青海牛】『名』 ドーリス科のウミウシ。日本全国の海岸にふつうに見られる。体長三センチメートルくらいの細長いナメクジ状。地色は藍青色で、背の中央に黄色の縦帯があり、体の周縁も黄色。触角と鰓（えら）は朱色。卵塊は白い渦巻形をしている。学名は Hypselodoris festiva 発音〈標ア〉ミウ

あお-うみがめ【青海亀】『名』 ウミガメ科のカメ。背面は暗緑色で暗黄色の斑点があり、腹面は黄色のものが多い。甲らの長さは一メートル以上にもなる。小笠原、沖縄などから熱帯の海に分布する。海草を好んで食べる。甲らはべっこうの代用とされていた。しょうがくぼう。あさひがめ。学名は Cheloania mydas 発音 アオウミガメ 〈標ア〉ウミ

青海亀

あお-うめ【青梅】『名』 ①まだよく熟していない、青色の梅の実。《季・夏》 ＊御湯殿上日記-文明一〇年（1478）六月一八日「きたのの御し。あをむめまいらする」 ＊仮名草子・竹斎（1621-23）下「御悪阻（つはり）の癖としてあをうめをぞ好かれけり」 ＊俳諧・新花摘（1784）「青梅や微雨の中行飯煙」 ＊日本読本（1887）〈新保磐次〉五「その時又来て遊び給はば大なる牡丹の花と愛らしき青梅を進ずべし」 ＊妻木（1904-06）〈松瀬青々〉夏「青梅や誰か盗みて鏡篋」 ②香木の名。分類は伽羅（きゃら）。香味は苦酸。六十一種名香の一つ。せいばい。〔名香聞之事（伝天正元年）〕 発音 アオヴメ 〈標ア〉オ0 〈京ア〉オオ 辞書 日葡・言海 表記 青梅（言）

あおうめ-うり【青梅売】『名』 青梅を売り歩くこと。また、その人。＊家（1910-11）〈島崎藤村〉下・八「一月あまり経つと、最早町では青梅売の声がする」 発音 アオヴメウリ 〈標ア〉メ

あおうめ-づけ【青梅漬】『名』 青梅をその青色を失わないように塩またはみりんで漬けたもの。 発音 アオヴメズケ 〈標ア〉0 〈京ア〉0

あおうめ-びしお【青梅醤】『名』 青梅の皮をはいですりつぶしたものに、シソの葉を刻んで加え、塩と砂糖を混ぜて作ったなめみそ様の食べ物。 発音 アオヴメビシオ 〈標ア〉ビ

あお-うら【青裏】『名』 ①青い裏。裏地などが青いこと。＊たまきはる（1219）「黄なる綺にあをうらなどにて、めづらしからざりしくちをしさにや」 ＊太平記（14C後）二四・天龍寺供養事「紫苑唐草を織りたる生（すずし）の青裏（アヲウラ）」 ②花札で、青すなわち青短と、裏すなわち赤短との併称。〔特殊語百科辞典（1931）〕 ③（腰に帯びた剣の紐裏が青色だったことから）刑務所の上級官をいう、盗人仲間の隠語。〔隠語構成様式并其語集（1935）〕

あお-うり【青瓜】『名』 植物「しろうり（白瓜）」の古名。＊延喜式（927）三三・大膳「七寺盂蘭盆供養料〈略〉熟瓜三十六顆。青瓜一百十顆」 ＊十巻本和名抄（934頃）九「青瓜 兼名苑云龍蹄一名青登〈阿乎宇利〉青瓞瓜也」 ＊塵芥（1510-50頃）「青瓜 アヲウリ」 ＊仮名草子・仁勢物語（1639-40頃）上・一二二「山城の狛（こま）の青ふり手に握り契りし甲斐も無き世なりけり」 ＊俳諧・許六句集（1715頃か）夏「青瓜の真桑にならぬ尊さよ」 ＊物類称呼（1775）三「菜瓜 なうり、京にて、あをうり、大坂にて、なうり、江戸にて、まるづけ〈略〉東国にあを瓜と称する有、別種也」 ＊日本植物名彙（1884）〈松村任三〉「ツケウリ アヲウリ 菜瓜」 方言 植物。❶なうり（菜瓜）。京都†122 ❷きゅうり（胡瓜）。京都†122 京都府030 ❸しろうり（白瓜）。京都†008 福島県一部030 栃木県一部030 福井県一部030 岐阜県一部030 愛知県一部030 ❹まくわうり（真桑瓜）。山形県酒田市・飽海郡139 ❺しらはしのき（白箸木）。足尾銅山†063 発音〈標ア〉オ 〈ア史〉平安●●●○と○○○●の両様 〈京ア〉オ 辞書 和名・色葉・名義・言海 表記 青瓜（和・色・名・言） 龍蹄（色）

あお-うるし【青漆】『名』 青緑色の漆。せいしつ。＊歌舞伎・戻橋脊御摂（1813）序幕「揚幕より喜之助、青漆（アヲウルシ）の合羽」 ＊近世紀聞（1875-81）〈条野有人〉初・一「書翰を入たる箱を見るに〈略〉青漆（アヲウルシ）にて総地を塗り」 発音〈標ア〉ウ

あお-え【青絵】『名』 磁器で碧（へき）色の釉（うわぐすり）を主とした上絵付け。また、その磁器。呉須（ごす）青絵。↔赤絵。＊新しき用語の泉（1921）〈小林花眠〉「青絵（アヲヱ）」 発音〈標ア〉0 辞書 言海 表記 青絵（言）

あおえ-しもさか【青江下坂】『名』 ①「あおいしもさか（葵下坂）」を誤った語。＊常磐津・神路山色捧（油屋）（1855）上「身が差料の此新刀と、此青江下坂（アヲエシモサカ）と、心（なかご）をすっぱり、ちょいと程よく柄釘を抜いたり、取替ても見たり」 ②備中国（岡山県西部）青江およびその付近でつくられた刀。 発音〈標ア〉モ 辞書 言海 表記 青江下坂（言）

あおえ-は【青江派】『名』 刀工の一派。平安後期、備中国（岡山県西部）青江の地に、安次を祖としておこる。室町時代まで続き、多くの名工を出す。この派が作った刀を青江物という。 発音〈標ア〉0

あお-えり【青衿】『名』（「せいきん（青衿）」の訓読）青いえり。あおくび。学生の衣服のことから粗末な衣服をたとえていう。＊読本・雨月物語（1776）浅茅が宿「家貧しければ身には麻衣に青衿（アヲエリ）つけて、髪だも梳らず」 発音〈標ア〉0

あお-えんどう【青豌豆】『名』 エンドウの一品種。欧米から輸入されたもの。グリンピース。学名は Pisum sativum ＊彼岸過迄（1912）〈夏目漱石〉停留所・二三「敬太郎の前に新らしい肉と青豌豆（アヲエンドウ）が運ばれる時分には」 発音 アオエンドー 〈標ア〉エ 〈京ア〉0

あお-えんぴつ【青鉛筆】『名』 芯の色が青い鉛筆。＊続俳諧師（1909）〈高浜虚子〉九四「心を取り静めて脈搏の方の青鉛筆（アヲエンピツ）の線を見ると」 発音〈標ア〉エ

あお-お【青苧】『名』「あおそ（青麻）」に同じ。＊地方凡例録（1794）一「桑、漆、楮（かぞ）、茶、青苧、苦参（くご）、真菰（まこも）などの品」

あお-おさむし【青筬虫】『名』 オサムシ科の甲虫。体長二二～三三ミリメートル。背面は金属光沢をもつ緑色で、千葉県南部では赤色となる。本州の北端から中部地方に分布する。学名は Carabus insulicola 発音〈標ア〉サ

あお-おとこ【青男】『名』 年が若く、なにごとにも未熟な男。青二才。＊浮世草子・武道伝来記（1687）六・三「あの青男（アヲオトコ）、つねづねの有様から生ぬるく」 発音〈標ア〉オ2 〈京ア〉オ2

あお-おに【青鬼】『名』 ①地獄で罪人を責めるという鬼の一種。全身青色をした鬼。＊源平盛衰記（14C前）二六・入道得病「青鬼（アヲヲニ）と赤鬼と先に立って、彼の車を福原の入道の宿所の東の門へ引き入れたり」 ＊滑稽本・浮世名所図会（1829）下「地獄の質店へ赤鬼青鬼の若ものども四五人にて浄玻璃の鏡をもち来り」 ②青みがかった色の鬼簾（おにすだれ）。＊雑俳・柳多留-四二（1808）「青鬼のつらへ忌中の札をさげ」 ③キュウリをいう盗人仲間の隠語。とげのある細長い形を鬼の腕に見立てたもの。〔日本隠語集（1892）〕 発音〈標ア〉0 〈京ア〉0

あお-おり【青織】『名』「あおおりべ（青織部）」の略。 発音〈標ア〉0

あお-おりべ【青織部】『名』 織部焼で青緑色の釉（うわぐすり）をかけたもの。片身替（がわり）にかける意匠のものが多く、全体にかかったものを特に総織部ともいう。青織。 発音〈標ア〉オ2

あお-おんな【青女】『名』 ①年が若く、世なれない女。また、宮仕えをしない普通の女。＊吾妻鏡-治承四年（1180）一一月一〇日「以二武蔵国丸子荘一、賜二葛西三郎清重一、今夜御二止宿彼宅一、清重令二妻女備二御膳一、但不レ申二其実一、為二入御結構一自二他所一招二青女一之由言上云々」 ＊実隆公記-文明一一年（1479）九月九日「古今歌集十余首宛青女可二諳誦一之由命レ之了」 ＊俳諧・文化句帖-補遺（1806-11）「いとゆうに志もやさしげなる青女の、麻といふもの髱にまき添へ」 ②「あおにょうぼう（青女房）①」に同じ。＊改正増補和英語林集成（1886）「Aoonna アヲヲンナ 青女」 発音〈標ア〉オ2

あお-がい【青貝】『名』 ①螺鈿（らでん）の材料に用いるヤコウガイ、オウムガイ、アワビなどの総称。また、それらを用いた細工。青貝塗り。＊文明本節用集（室町中）「青螺 アホガイ 又蜜石又細螺（アホガイ）穀梁伝曰天子宮室加二青螺一」 ＊言継卿記-天文二年（1533）一一月四日「予鑓之さや袋、さかわに口、塩頸、青貝等之事、沢路へ申付候了」 ＊日葡辞書（1603-04）「Auogai（アヲガイ）〈訳〉ウルシではりつけられた牡蠣（かき）の小片でなされた細工物」 ＊浮世草子・日本

永代蔵(1688)三・二「京作りの普請美を尽(つ)くして〈略〉青貝(アヲカイ)の椽鼻(たるきはな)」＊雑俳・笠付類題集(1834)「ひかります・青貝の間のつり燈籠」②真珠貝。＊日葡辞書(1603-04)「Auogai(アヲガイ)〈訳〉真珠貝」③ユキノカサガイ科の巻き貝。房総以南の沿岸から朝鮮半島に分布し、転石の裏に付着する。殻は楕円形の傘状で、殻長約二センチメートル。外面は暗緑色で弱い筋があり、内面は美しい淡青色をしている。学名はNipponoacmea schrenckii ④アワビの殻の裏の青色の部分をみがいたもの。ボタンなどに用いる。⑤アワビのうち、肉が青色を帯びたもの。方言 貝。❶あさがおがい(朝顔貝)。和歌山県西牟婁郡690 ❷からすがい(烏貝)。岐阜県飛驒502 発音 アオガイ〈標ア〉オ 0〈京ア〉オ 辞書 文明・天正・饅頭・黒本・易林・日葡・書言・言海 表記 細螺(文・饅・黒・書) 青螺(文・書) 青貝(易・言) 密石(天)

あおがい の 鞍(くら) 螺鈿(らでん)として、青貝を塗りこんだ鞍。＊御供古実(1482頃)「青貝の鞍の事。若き人々はめし候まじく候」

あおがい-え あをがひ：【青貝柄】〘名〙螺鈿(らでん)として、青貝を一面に漆で塗りこめて研ぎ出した槍などの柄。＊浄瑠璃・薩摩歌(1711頃)鑓じるし「あをがいゑの切立鞘(きったてざや)」

あおがい-かべ あをがひ：【青貝壁】〘名〙青貝が埋め込んである壁。＊俳諧・北国曲(1722)三「末座から諫言申す野菊かな〈居士〉 青貝壁に秋しらぬ家〈倚彦〉」発音 アオガイカベ〈標ア〉カ

あおがい-ざいく あをがひ：【青貝細工】〘名〙「あおがいぬり(青貝塗)」に同じ。＊浮世草子・日本新永代蔵(1713)四・二「寺町の青貝細工(アヲガヒザイク)を長崎へ廻して」

あおがい-し あをがひ：【青貝師】〘名〙(「師」はあて字。それを専門にする者の意) 青貝細工を職業とする人。かいずり。螺鈿工(らでんこう)。＊人倫訓蒙図彙(1690)五「青貝師(アヲガイシ) 青貝は二条川原町をはじめて、其外所々にてこれをするなり。これをかいとりて諸々のゑやうをつくり器(うつはもの)につくるなり、塗師外にあって、これをえて地をぬるなり」発音 アオガイシ〈標ア〉カ

青貝師〈人倫訓蒙図彙〉

あおがい-ずり あをがひ：【青貝摺】〘名〙「あおがいぬり(青貝塗)」に同じ。＊みだれ髪(1901)〈与謝野晶子〉はたち妻「柳ぬれし今朝門(かど)すぐる文づかひ青貝(アヲガヒ)ずりのその箱ほそき」

あおがい-ぬり あをがひ：【青貝塗】〘名〙漆工芸の一つ。漆器や木地に青貝で模様をはめこみ、漆をかけてみがいたもの。一般に薄手の貝を用いたものにいう。青貝細工。青貝ずり。螺鈿(らでん)。発音 アオガイヌリ〈標ア〉0

あおがい-はく あをがひ：【青貝箔】〘名〙銀箔に燻(いぶし)をかけて青貝の色としたもの。紙に張って帯地の金襴(きんらん)などの、緯(よこいと)に用いる。発音 アオガイハク〈標ア〉カ

あお-がいる あを：【青蛙】〘名〙「あおがえる(青蛙)」の変化した語。＊日葡辞書(1603-04)「Auogairu(アヲガイル) アヲヒキに同じ」辞書 日葡

あお-かえで あをかへで【青楓】〘名〙初夏、浅緑になった楓の若葉。若楓。《季・夏》＊梵燈庵主袖下集(1384か)「青楓 四五両月の発句によし」＊俳諧・椎の葉(1692)「室見ぬもたのみありけり青楓」発音〈標ア〉カ

あお-がえる あをがへる【青蛙】〘名〙①アマガエル、トノサマガエルなど体色の緑色のカエルの俗称。《季・夏》＊新撰字鏡(898-901頃)「鼁 蛙子始也 青加戸留」＊十巻本和名抄(934頃)八「青蝦蟇 陶隠居曰蝦蟇大而青脊謂之土鴨〈阿乎加閇流〉」＊俳諧・八番日記-文政四年(1821)五月「梢から立小便や青かへる」②アオガエル科のカエル。特に体色が緑色で樹上棲の種をいう。③本州に産するシュレーゲルアオガエル(学名 Rhacophorus schlegelii)またはモリアオガエル(R. arborens)のことで、特に前種をさす。体長四～八センチメートルで雌のほうが大きい。背面は緑色で、腹面は淡黄色。あしは長く、指先がふくらみ、樹上にすむ。あおがいる。あおかわず。発音 アオガエル〈標ア〉カ〈京ア〉カ 辞書 字鏡・和名・色葉・名義・日葡・言海 表記 青蝦蟇(和・色) 土鴨(色・名) 蟼・鼁(字) 蛙蟆・蛙(名) 青蛙(言)

あお-がか・る あを【青掛】〘自ラ五(四)〙「あおみがかる(青味掛)」に同じ。＊光と風と夢(1942)〈中島敦〉八「顔の肉に当る部分は絶妙の桃色で、帽子(大きなカラマク人の帽子)、髭、眉毛は青がかった灰色」発音 アオガカル〈標ア〉カ

あお-かき あを【青垣】〘名〙(後世は「あおがき」) 青々と茂っている垣の意で、特に、青々とした山が、垣のように周囲を取り囲んでいるさまをいう。国ぼめに用いる慣用語。青垣山。＊古事記(712)中・歌謡「大和(やまと)は 国のまほろば たたなづく 阿袁加岐(アヲカキ) 山隠(ごも)れる 大和しうるはし」＊播磨風土記(715頃)美嚢・歌謡「淡海(あふみ)は 水渟(たま)る国 倭は 青垣 青垣の 山投(やまと)に坐しし」＊万葉(8C後)六・九二三「やすみしし わご大君の 高知らす 吉野の宮は たたなづく 青垣隠(ごも)り 川波の 清き河内そ〈山部赤人〉」発音〈音史〉上代は『あをかき』だが、後世は『あをがき』と連濁するようになった。〈標ア〉オ 0〈京ア〉0

あお-がき あを【青柿】〘名〙まだ熟さない、色の青い柿の実。《季・夏》＊日葡辞書(1603-04)「Auogaqi(アヲガキ)」＊日本歳時記(1688)五・七月「此月青柿を買て柿漆(しぶ)を取〈略〉まづ柿の蔕を去、臼にて擣」＊俳諧・半化坊発句集(1787)下・秋「青柿の落尽しけり谷の坊」発音 アオガキ〈標ア〉オ 辞書 日葡

あおがき が 熟柿(じゅくし)**弔**(とむら)**う** 弔う者も弔われる者も、格別の差はないの意にいう。五十歩百歩。＊随筆・それぞれ草(1715)中「いつしか人知ず果行くは、あはれなる青柿(アヲガキ)の熟柿(ジュクシ)弔(トブラ)ふ世の中なり」＊浄瑠璃・傾城恋飛脚(1773)飛脚「青柿(アヲガキ)が熟柿(ジュクシ)弔(トフラ)ふと、身持の悪いおれが口から、斯いふはいな物なれど」

あおかき-やま あをかき：【青垣山】〘名〙(後世は「あおがきやま」) 垣のように、周囲をとりまいている、木の青々と茂った山。＊出雲風土記(733)意宇「但(ただ)、八雲立つ出雲の国のみは、我が静まり坐す国と、青垣山廻らし賜ひて、玉珍(たま)置き賜ひて守(も)らむ」＊万葉(8C後)一・三八「登り立ち 国見をせせば 畳(たたな)はる 青垣山 山神(やまつみ)の 奉(まつ)る御調(みつき)と〈柿本人麻呂〉」＊延喜式(927)祝詞・出雲国造神賀詞「出雲国の青垣山の内に、下つ石根に宮柱太知り立てて」発音〈音史〉上代は『あをかきやま』と清音だが、後世は『あをがきやま』と連濁するようになった。〈標ア〉0〈京ア〉0 辞書 文明 表記 青垣山(文)

あお-かげ あを：【青鹿毛】〘名〙馬の毛色の名。鹿毛の黒く青みを帯びたもの。＊書言字考節用集(1717)五「騧 アヲカゲ 青鹿毛[爾雅註]」発音 アオカゲ〈標ア〉カ 辞書 書言 表記 騧(書)

あお-がさ あを：【青傘】〘名〙藍色の紙で張った日傘。紙は青土佐(あおどさ)を用いた。青紙傘。青紙張。青張傘。＊雑俳・川柳評万句合-安永六(1777)宮一「青傘で村中あるく宿下り」＊随筆・賤のをだ巻(1802)「宝暦の始めより、誰か青き紙にて張たる日傘をさし始めて後は女の菅笠はすたりて、今は女の笠をかぶると云ことは絶てなし。〈略〉青傘は其比ことの外流行て、今はすたりたれど猶残れり」＊俳諧・俳諧歳時記(1803)上・四月「日傘 青傘」

青　傘〈絵本駿河舞〉

あお-がし あを：【青樫】〘名〙①クスノキ科の常緑高木。本州以西の暖帯の山地に生える。高さ六～一三メートルに達する。葉は細長く、長さ一二～二〇センチメートルでやや厚く、先端はとがっている。五月頃、薄黄緑色の小花を円錐形につける。実は直径一センチメートルぐらいの球形で八月頃熟し、黒緑色となる。ほそばたぶ。ほとうがし。あさがら。しろたぶ。たまがし。学名はMachilus japonica ＊日本植物名彙(1884)〈松村任三〉「アヲカシ」②植物「ばりばりのき」の異名。方言 植物。❶あらかし(粗樫)。◇あおかし 熊野†106 ❷あかがし(赤樫)。◇あおかし 愛媛県上浮穴郡808 高知県土佐郡808 発音 アオガシ〈標ア〉オ

あお-が-しま あを：【青ケ島】東京都、伊豆諸島最南端にある島。二重式円錐火山島。天明五年(一七八五)の大噴火の際にできた中央火口丘と外輪山から成る。男島(おのじま)。小鬼(てが)島。＊伊豆海島風土記(1781)青ケ島「此嶋は往古鬼が嶋といひしを、その名を忌みてや、いつの頃よりか青が嶋と唱ふ」＊読本・椿説弓張月(1807-11)後・一八回「後世青(アヲ)が嶋(シマ)とよべるは、この芦が嶋なりとかや」発音 アオガシマ〈標ア〉カ

あお-がしわ あをがしは【青柏】〘名〙①若葉の青々とした柏の木。＊俳諧・蓼太句集(1769-93)二・夏「夏陰や茶にみどりくむ青柏」②なまの青い柏の葉。＊延喜式(927)三九・内膳司「山城国所レ進二供御料一青槲毎日一荷〈五十把〉」発音 アオガシワ〈標ア〉カ

あおがしわ-まつり あをがしは：【青柏祭】〘名〙①石川県七尾市山王町にある大地主神社で毎年五月一三日から三日間行なわれる祭。巨大な山車(だし)を引き回すので有名。青柏の葉に神饌を盛るのでこの名がある。《季・夏》②京都市上京区の北野神社で毎年六月一〇日に行なわれる祭。発音 アオガシワマツリ〈標ア〉マ

あお-かすげ あを：【青粕毛】〘名〙馬の毛色の名。黒色の青毛に白色の差し毛のあるもの。＊親俊日記-天文八年(1539)一一月一九日「一、若公様御礼御太刀一腰〈真守〉御馬一疋〈青糟毛印雀目結〉」＊本朝食鑑(1697)一一「馬〈略〉青雲雀(あをひばり)毛、青糟毛(あをカスげ) 葦毛」発音 アオカスゲ〈標ア〉カ

あお-かずら あをかづら【青葛】〘名〙①アワブキ科の落葉つる性低木。中国、四国、九州の山野に生える。葉は革質の深緑色で、先がとがった楕円形。春、葉の出る前に黄色の五弁の小花をつける。実はえんどう豆大で、黒ずんだ緑色。つるが青いのでこの名がある。漢名、清風藤。あおきづる。学名はSabia japonica ＊百品考(1839)上「青藤 和名アヲカヅラ」＊日本植物名彙(1884)〈松村任三〉「アヲカヅラ 清風藤」②植物「あおつづらふじ①」の異名。《季・夏》＊本草和名(918頃)「防已 和名阿乎迦都良」方言 植物。❶あおつづらふじ(青葛藤)。高知県高岡郡808 ❷へくそかずら(屁糞葛)。長門†122 ❸さるなし(猿梨)。高知県香美郡808 発音〈標ア〉カ〈ア史〉平安●●●○〈京ア〉カ 辞書 和名・色葉・饅頭・言海 表記 防已(和・色・饅) 解離色青葛(言)

あおかずら-か あをかづらクヮ【青葛科】〘名〙アワブキ科の旧称。発音〈標ア〉0

あおかた あをかた【青方】姓氏の一つ。長崎県の五島列島の中通島を本拠とした平安期以来の豪族。藤原姓を称す。文献上では、藤原尋覚(じんかく)なる人物が母方の清原是包(これかね)から小値賀(おじか)・浦部の両

島を譲与され、尋覚二男の家高が青方を名のったことに始まるという。鎌倉幕府成立後、尋覚は小値賀島の地頭職に補任され、御家人に連なる。鎌倉期には一族内外において所職所領をめぐって相論を繰り返すが、南北朝期になると、肥前国松浦地方の松浦一族の宇久・有河氏らと一揆を結び、いわゆる松浦党の一翼を担う。江戸時代には、福江藩家老職をつとめる。 発音〈標ア〉0 オ

あお‐かち ：あを【青褐】〘名〙青みの強い褐色(かちいろ)。褐色は藍と墨を用いて染めた濃紺色。＊延喜式(927)四一・弾正台「凡親王以下車馬、従二服色一、通二著皁及躑躅染、青褐一」

あお‐がち ：あを【青搗】〘名〙「あおがちじる(青搗汁)」の略。＊料理物語(1643)九「あをかちは 雉子のわたをたたき、みそを少し入、なべに入、きつね色ほどになるまでいり、なべをすすぎ、さてだしを入、にえ立次第鳥を入、しほかげんすいあはせ出候也、いりかげん大事也、霜雪正月の事なり」

あおがち‐じる ：あをがち【青搗汁】〘名〙鳥(おもにキジ)のはらわたを入れてつくった汁。あおがち。＊庖丁聞書(室町末か)「青かち汁の事、鳥の肉を細に作り、すりひしほをして、鳥の腸を能ときて鍋に入いり付、酒を少しずつ指、能時分に水を入もみ鰹を入煮立、鳥を入心見て、胡椒の粉をはなし、柚を入奉る也。大事の汁也」＊日葡辞書(1603‐04)「Auogachijiru(アヲガチジル)〈訳〉雉でつくった肉汁」 辞書日葡

あお‐ガッパ ：あを【青合羽】〘名〙(カッパは ポルトガル capa) 青い色の合羽。身分の低い者が着用した。＊浄瑠璃・曾我会稽山(1718)四「黒ざやまきの太刀をはき、竹の子笠の紐(ひぼ)強く、上に下部(しもべ)の青合羽」 発音〈標ア〉ガ

あお‐かなぶん ：あを【青金蚉】〘名〙コガネムシ科の甲虫。体長二五〜三〇ミリメートル。光沢のある緑色でカナブンよりも美しい。各地の山地などに分布。七、八月に現われ樹液に集まる。学名は Rhomborrhina unicolor 発音〈標ア〉カ

あお‐がに ：あを【青蟹】〘名〙ワタリガニ科の大形のカニ。北大西洋沿岸をはじめ世界に広く分布。脱皮直後の甲羅のやわらかいものを食用とする。ブルークラブ。＊上海(1928‐31)〈横光利一〉一〇「林檎の揚げ物に龍眼の吸物、青蟹や帆立貝」 発音アオガニ〈標ア〉0

あお‐がね ：あを【青金】〘名〙①鉛をいう。＊随筆・凌雨漫録(1804‐30頃か)「銅は赤がね、鉄は黒がね、鉛は青がね也」②金合金の一つ。金に鉄を添加したもので、貴金属の細工物や化学機器などに用いられる。 発音アオガネ〈標ア〉0

あお‐かび ：あを【青黴】〘名〙子嚢菌(しのうきん)類真正子嚢菌目の菌。かびの一つで、糸状をなし、胞子(ほうし)は球形または長形の青緑色か灰褐色。餅、飯、パン、ミカンなどの表面に寄生する。腐敗作用または毒性のあるものも多いが、溶菌作用をもつものからは抗生物質が作られ、これを属名にちなんでペニシリンという。属名は Talaromyces 発音〈標ア〉0〈京ア〉0

あお‐がみ ：あを【青紙】〘名〙①薄青に染めた紙。＊宇津保(970‐999頃)あて宮「あをきすきばこにみちのく紙、あをがみなどつみていだし給へり」＊内局柱礎抄(1496‐98)上「調料紙様、〈略〉先緑紙者、檀紙萠黄に染る也。〈略〉但青紙、黄紙、宿紙等、叙位以前御蔵致二沙汰一也」②「あいがみ(藍紙)」に同じ。 発音アオガミ〈標ア〉0〈京ア〉0 辞書言海 表記青紙(言)

あおがみ‐がさ ：あをがみ【青紙傘】〘名〙「あおがさ(青傘)」に同じ。＊随筆・飛鳥川(1810)「昔女中菅笠杯かぶり、其後つづら笠杯出、又青紙傘になる」

あおがみ‐ばり ：あをがみ【青紙張】〘名〙「あおがさ(青傘)」に同じ。＊談義本・教訓続下手談義(1753)五・総廻向「青紙張(アヲカミハリ)のかさ無用との御触の下から小い紋付てさしたがる」＊随筆・守貞漫稿(1837‐53)二七「日傘は〈略〉古来青紙張り也。或云寛保以来必ず青紙ばり也云々」

あお‐かめむし ：あを【青椿象・青亀虫】〘名〙カメムシ科の昆虫。アオクサカメムシによく似る。紀伊半島、四国南部、南九州などの暖地に分布。イネの害虫で籾(もみ)に黒褐色の点を生じる黒変米の原因となる。 発音〈標ア〉メ

あお‐がも ：あを【青鴨】〘名〙浅葱色(あさぎいろ)の半纏(はんてん)を着る下男。黒色の半纏を着る武家などの仲間に対していい、一段低いものとされた。あさぎがも。＊雑俳・柳多留拾遺(1801)巻二〇「青鴨をつれて医者の安くなり」

あお‐がや ：あを【青茅・青萱】〘名〙茅が青々と繁茂しているさまをいう。《季・夏》＊宗湛日記‐天正一五年(1587)六月一四日「ふか三でう、かやふき、かべにも青かや」＊青芝(1932)〈日野草城〉「青萱の雨のはげしくなりにけり」

あお‐がや ：あを【青蚊帳】〘名〙青く染めてある蚊帳。＊思出の記(1900‐01)〈徳富蘆花〉一・八「夏の頃は昼も八畳に青蚊帳を釣らして、其中に臥て居た」＊長塚節歌集(1917)〈長塚節〉大正三年「垂乳根の母が釣りたる青蚊帳をすがしといねつたるみたれども」 発音アオガヤ〈標ア〉オ

あお‐がやつり ：あを【青蚊帳釣】〘名〙カヤツリグサ科の一年草。本州、四国、九州の田野に生える。高さ四〇センチメートルぐらい。葉は幅狭い線形で柔らかく、根元から生じる。夏、葉の間から三角柱状の茎を出し、その頂に長い葉のような苞(ほう)が数枚生じる。花は淡緑褐色の球形の穂となって、苞の間につく。おおたまがやつり。学名は Cyperus nipponicus 発音アオガヤツリ〈標ア〉ガ

あおから‐いも【青幹芋】〘名〙方言植物、さといも(里芋)。宮城県栗原郡114 秋田県131 132 ◇あおから 江戸†034 秋田県一部030 ◇あおいも 長崎県一部030

あお‐からかみ ：あを【青唐紙】〘名〙(「あおがらかみ」とも)①織り色の名称。経(たていと)を薄青、緯(よこいと)を黄として、唐紙色の青みあるもの。＊満佐須計装束抄(1184)三「からかみは、やうやうなり、きがらかみ、あおがらかみつねのことなり」②襲(かさね)の色目。①を表として裏を青としたもの。 発音〈標ア〉ラ

あお‐がらし ：あを【青芥】〘名〙カラシナのうち葉が深緑のもの。《季・春》＊俳諧・毛吹草(1638)二「二月〈略〉青からし」＊俳諧・桜川(1674)春・二「茶はたけやみとりをわくる青からし〈富長〉」 発音アオガラシ〈標ア〉ガ

あお‐がらす ：あを【青烏】〘名〙ナスをいう、盗人仲間の隠語。〔日本隠語集(1892)〕

あお‐がり ：あを【青刈】〘名〙飼料用、肥料用に穀類を葉の青いうちに刈り取ること。 発音アオガリ〈標ア〉0

あお‐かりぎぬ ：あを【青狩衣】〘名〙青い色の狩衣。＊弁内侍(1278頃)宝治元年三月一日「あをかりぎぬきたる人ぞ御ともにはありし」＊浄瑠璃・富士の巻狩(1655‐58頃)初「あをかりぎぬに立ゑぼし」 発音アオカリギヌ〈標ア〉カ

あおがり‐さくもつ ：あをがり【青刈作物】〘名〙実をとらずに、茎葉を青いまま刈り取って飼料や肥料として用いる作物の総称。↔実取(みとり)作物。 発音アオガリサクモツ〈標ア〉0

あおがり‐しりょう ：あをがりシレウ【青刈飼料】〘名〙穀類を青刈りして家畜の飼料とするもの。トウモロコシ、エンバク、ライムギ、アワ、ヒエ、クローバーなどが利用される。 発音アオガリシリョー〈標ア〉シ

あおがり‐だいず ：あをがりダイヅ【青刈大豆】〘名〙子実の熟する前に刈り取る大豆。家畜の飼料や田畑の肥料としてそのまま、あるいは乾燥して用いる。 発音アオガリダイズ〈標ア〉ダ

あお‐がれ ：あを【青枯】〘名〙青々としていた植物が、青い色のままで急に枯れしおれること。 発音アオガレ〈標ア〉0

あおがれ‐いろ ：あをがれ【青枯色】〘名〙襲(かさね)の色目。表は黄、裏は浅葱(あさぎ)。

あおがれ‐びょう ：あをがれビャウ【青枯病】〘名〙発育中の植物が急にしおれ、数日で枯死する病気。土中の病原菌が導管を侵し、養分の通導を妨げるためにおこる。トマト・ナス・タバコ・キュウリ・ジャガイモなどに多い。＊生活の探求(1937‐38)〈島木健作〉一・一「胡瓜は〈略〉青枯病に罹って立ち枯れてゐるものもあった」 発音アオガレビョー〈標ア〉0

あお‐かわ ：あをかは【青皮】〘名〙青色の皮。＊滑稽本・七偏人(1857‐63)四・叙「腹の布袋竹に、およばぬ余(われ)は青皮(アヲカハ)の、むけぬ愚才の竹奴(やっこ)」＊銀杏の実(1930)〈岡田三郎〉「大銀杏の樹に石を投げあげては落し落し、それを下駄で踏みにじっては青皮(アヲカハ)を破り、中の実を割っては眼瞼にさげたりして遊んだところの、そんな実などのならう筈もない」 方言植物。❶うりはだかえで(瓜膚楓)。岩手県陸前003 上閉伊郡008 ❷あおはだ(青膚)。宮城県008

あお‐がわ ：あをがは【青革】〘名〙青く染めたなめし革。

あお‐かわず ：あをかはづ【青蛙】〘名〙「あおがえる(青蛙)」の異名。＊重訂本草綱目啓蒙(1847)三八・湿生「鼃 あをがへる〈略〉あをかはず 越前」 辞書言海

あお‐がわり ：あをがはり【青変】〘名〙陶磁器の窯変の一つ。紅色や銅を含む釉(うわぐすり)が加熱具合によって青緑色に変わるもの。 発音アオガワリ〈標ア〉ガ

あお‐かん ：あを【青羹】〘名〙青野菜や木の若芽などをすりつぶして入れ、青い色につくりあげた水ようかん。

あお‐かん ：あを〘名〙(「あお」は「青天井」の略、「かん」は「邯鄲(かんたん)」の略という)①屋外で寝ることをいう不良仲間の隠語。野宿。＊自由学校(1950)〈獅子文六〉自由を求めて「てめえは、大方、青かん野郎だな」②屋外での売春、または性交をいう不良仲間の隠語。＊安吾巷談(1950)〈坂口安吾〉東京ジャングル探検「駅のあっち側でアオカンやってたけど、悪いと思ってね、よしたんです」 発音〈標ア〉0

あお‐がんぴ ：あを【青雁皮】〘名〙ジンチョウゲ科の低木。奄美大島以南の琉球諸島、台湾などに自生する。ガンピの一種で葉は対生し、果実は赤く熟す。学名は Wikstroemia retusa 発音〈標ア〉ガ

あお‐き ：あを【青木】〘名〙①青々とした木。青い木。なま木。↔枯れ木。＊虎明本狂言・鱸庖丁(室町末‐近世初)「きりめじんじゃうなるまないたにあをきのまなばし」②秋に落葉しない、一年中緑色をしている木。常緑樹。③桑の一品種。茎が緑色を帯び、葉の柔らかなもの。二齢から四齢までの蚕の飼料に適する。芽がもろく落ちやすい。あおきこぼれ。＊俳諧・俳諧四季部類(1780)四月「植物類〈略〉青木の花」④ミズキ科の常緑低木。各地の山林に自生するが、庭木としても栽培され、園芸品種が多い。高さ二〜三メートル。葉は長さ一〇〜一五センチメートルの長楕円形で、縁に粗い鋸歯(きょし)がある。雌雄異株で、春、緑色か紫褐色の小さな四弁の花が円錐形に集まって咲く。実は楕円形で冬に赤く熟す。葉を火にあぶったものはやけど、切り傷に効くという。桃葉珊瑚(とうようさんご)。あおきば。▼あおきの花《季・春》▼あおきの実《季・冬》＊日葡辞書(1603‐04)「Auoqi(アヲキ)〈訳〉木の一種で、その葉が傷を癒すのに用いられる」＊俳諧・洗朱(1698)「檀(アオキ)は花をしらぬ赤き実」＊日本植物名彙(1884)〈松村任三〉「アヲキ アヲキバ 桃葉珊瑚」⑤植物

青　木④

「まさき(柾)」の異名。＊重訂本草綱目啓蒙(1847)三一・喬木「杜仲〈略〉国によりて まさきをも まゆみと呼即方言なり〈略〉あをき 予州松山」 方言 (一) ❶常緑樹。群馬県勢多郡236 山梨県南巨摩郡463 静岡県磐田郡546 ◇**あおっき** 山梨県456 ❷針葉樹。秋田県由利郡012 福島県耶麻郡012 新潟県東蒲原郡368 長野県上水内郡・上伊那郡012 (三)植物。❶まさき(柾)。伊予松山†028 長野県佐久485 静岡県524 ❷ひのき(檜)。長野県東筑摩郡480 上伊那郡488 ❸くすのき(樟)。周防†034 ❹たぶのき(椨)。千葉県安房郡008 新潟県西頸城郡385 静岡県南部008 ❺あすなろ(翌檜)。岩手県紫波郡008 ❻いちい(一位)。長野県上伊那郡469 ❼しきみ(樒)。山形県139 ❽うりはだかえで(瓜膚楓)。青森県036 岩手県036 京都府北桑田郡036 長崎県平戸036 ❾あおはだ(青膚)。新潟県北蒲原郡003 静岡県遠江008 岐阜県揖斐郡036 三重県多気郡036 長崎県東彼杵郡008 ❿くろがねもち(黒鉄黐)。和歌山県003 692 山口県003 厚狭郡799 愛媛県003 高知県008 ⓫なめのき(滑木)。和歌山県003 岡山県003 ⓬やぶにっけい(藪肉桂)。和歌山県003 西牟婁郡008 島根県西部003 山口県003 ⓭はないかだ(花筏)。香川県香川郡829 ⓮しゃしゃんぼ(南燭)。香川県綾歌郡・仲多度郡829 ⓯やどりぎ(宿木)。山形県東田川郡・西田川郡139 ⓰みつあおい(三葵)。駿河†070 発音 〈標ア〉0 〈京ア〉0 辞書 和玉・日葡・言海 表記 青木(玉・言)

あおき【青木】 姓氏の一つ。(一)武蔵七党の一つ、丹(治)党の秩父氏の流れをくむ。系図上では、秩父基房の孫にあたる実直(新里綱房の子)、あるいは基房の曾孫にあたる直時(勅旨河原直兼の子)が青木を称しているが、そのどちらを祖とするか、明らかではない。武蔵国高麗郡青木郷に住し、それを名字にしたとされる。源頼朝の挙兵に従い、御家人となっており、その後、鎌倉末期から南北朝期に、新田義貞に属した青木氏を、その一族とする説がある。(二)近世の摂津国麻田藩主。初代の重直は美濃に住し、土岐氏・斎藤道三・織田信長、ついで豊臣秀吉に仕え、摂津国豊島郡に千四百石の地を宛行なわれたという。その子一重は、最初は今川氏真に属した後、秀吉に仕えている。その後、徳川家康より、摂津国豊島郡のほか、あわせて一万石を与えられ、豊島郡の麻田に住し、藩主となり、代を重ねて幕末にいたった。なお丹党の末裔と称しており、(一)に連なる一族の可能性もあるが、その関係は明らかではない。 発音 〈標ア〉0

あおき-げっと【青木月斗】 俳人。本名新護。正岡子規に師事。俳誌「車百合」「カラタチ」「同人」などを創刊し、大阪俳壇の雄として活躍。句集に「時雨」がある。明治一二〜昭和二四年(一八七九〜一九四九)

あおき-こんよう【青木昆陽】 江戸中期の儒者、蘭学者。名は敦書(あつのり)、字は厚甫、通称文蔵。江戸日本橋小田原町の魚問屋に生まれる。京都の伊藤東涯に学ぶ。江戸に戻って古学を講じていたが、「蕃薯考(ばんしょこう)」を著わして救荒作物としての甘藷の栽培、普及に努め、甘藷先生と呼ばれた。徳川吉宗の意を受けて蘭学を研究し、「和蘭話訳」などの多数の著書がある。書物奉行ともなり、文献の収集に努めた。元祿一一〜明和六年(一六九八〜一七六九)

あおき-しげる【青木繁】 洋画家。久留米生まれ。東京美術学校卒業。古代神話、伝説に取材した浪漫的作品を白馬会などに発表。北九州で若くして病死。「海の幸」「わだつみのいろこの宮」などの作がある。明治一五〜四四年(一八八二〜一九一一)

あおき-しゅうぞう【青木周蔵】 外交官。子爵。長州藩の人。山県内閣と、松方内閣の外務大臣。明治二七年(一八九四)駐英公使として日英通商航海条約の調印に成功した。弘化元〜大正三年(一八四四〜一九一四)

あおき-しゅうひつ【青木周弼】 江戸後期の医者、蘭学者。周防大島の人。長州藩に仕え、医学校好生館を創立させる。弟研蔵に種痘術を研究させ藩内に施行した。享和三〜文久三年(一八〇三〜六三)

あおき-ながひろ【青木永弘】 江戸前期の吉田流神道家。姓藤原。名は長弘とも。長崎の人。はじめ長崎諏訪神社の神官。京都の吉田家に学んでその学頭となり、のち各地を遊説する。著に「中臣祓松風鈔」「諏訪伝記」など。明暦二〜享保九年(一六五六〜一七二四)

あおき-もくべい【青木木米】 江戸後期の陶芸家。京都の人。奥田頴川に陶工を学び、青磁、煎茶具などに名品を残す。学識が深く、書画詩文にすぐれ、明の朱笠亭の「陶説」を翻刻。のち耳を患い、聾米(ろうべい)といった。明和四〜天保四年(一七六七〜一八三三)

あおき-ろすい【青木鷺水】 江戸前期の俳人。浮世草子作者。代表作「俳諧新式」「お伽百物語」「近代因果物語」。万治元〜享保一八年(一六五八〜一七三三)

あおぎ-あ・げる【扇上】〘他ガ下一〙因あふぎあ・ぐ〘他ガ下二〙風をおこして舞いあがらせる。転じて、はたから盛んにそそのかす。あおりたてる。扇動する。＊明治大正見聞史(1926)〈生方敏郎〉憲法配布と日清戦争・三「前から在った保守的風潮が益々煽ぎ上げられて排外的感情を強めると同時に」 発音 アオギアゲル 〈標ア〉0 ゲ

あお-きいと【青黄糸】〘名〙鎧の威毛(おどしげ)の一種。青糸と黄糸とを混ぜて威したものか。＊嘉吉物語(1492頃)「五番には安積、青黄糸の腹巻に」

あおき-いろ【青黄色・蒼黄色】〘名〙青みがかった黄色。＊無明長夜(1970)〈吉田知子〉二「私の蒼黄色の皮膚は蚕の皮膚と同じ色でしょう」

あお-ぎいろ・い【青黄色】〘形口〙青みがかった黄色である。＊夢声半代記(1929)〈徳川夢声〉祖母の死「青黄(アヲギイ)ろくブヨブヨ浮腫み」＊暗夜行路(1921-37)〈志賀直哉〉四・二〇「顔色も青黄色くなった」 発音 アオギイロイ 〈標ア〉0 ロ

あおぎ-うやま・う【仰敬】〘他ハ四〙尊敬する。あがめる。崇拝する。＊あひゞき(1888)〈二葉亭四迷訳〉「やさしい誠心を込め、吾仏とあふぎ敬ふ気ざしを現はしてゐた」 発音 アオギウヤマウ 文 アオギウヤモーとも 〈標ア〉マ モ

あおぎ-おが・む【仰拝】〘他マ四〙敬って拝礼する。＊古本説話集(1130頃か)四七「まいて目に見えぬ御功徳、いかばかりならんと、世の人もあふぎをがみたてまつるなりけり」 発音 アオギオガム 〈標ア〉ガ

あおき-か【青木科】〘名〙ミズキ科の旧称。 発音 〈標ア〉0

あおき-が-はら【檍原】「あわきはら(檍原)」に同じ。＊続古今(1265)神祇・七二七「西の海やあをきがはらの塩ぢよりあらはれ出し住吉の神〈卜部兼直〉」＊俳諧・誹枕(1680)下「祝言はすみ吉屋殿秋更て あをきがはらの姫は十六 ちはやぶる伊勢や日向の恋の道〈梅花翁〉」 発音 アオキガハラ 〈標ア〉ガ 辞書 文明 表記 檍(文)

あおき-が-はら【青木ケ原】 山梨県、富士山北西麓に広がる原始林。貞観六年(八六四)に大噴火した溶岩流上にある。青木ケ原樹海。

あおぎ-け・す【扇消】〘他サ五(四)〙扇などであおいで火などを消すこと。＊御伽草子・業平夢物語(1528頃)(岩波文庫所収)「ともし火をあふぎ消してみすおろしければ」＊仮名草子・恨の介(1609-17頃)下「詰(つま)り詰りの燈火(ともしび)を、紅(くれなゐ)に月出したる扇にて、さっさっとあふぎけし」

あおぎ-け・つ【扇消】〘他タ四〙「あおぎけす(扇消)」に同じ。＊落窪(10C後)一「火をあふぎけちつ」

あおき-こ【青木湖】 長野県北西部の湖。中綱湖、木崎湖と並び仁科(にしな)三湖と呼ばれる。湖面標高八二二メートル。面積一・一八平方キロメートル。 発音 〈標ア〉キ

あおき-こぼれ【青木黐】〘名〙「あおき(青木)③」に同じ。

あおきざみ-こんぶ【青刻昆布】〘名〙昆布を、丹礬(たんばん)、緑礬、青竹などの溶液につけて青く着色し、これを積み重ね、横面よりかんなで削って日干しにしたもの。

あお-ぎざめ【青—】〘名〙方言 魚、きゅうせん(求仙)。周防岩国†030 兵庫県家島(雄)016

あお-きし【青騎士】(ドイツ Der Blaue Reiter の訳語) ドイツの美術団体。一九一一年、マルク、カンディンスキー、マッケらによって結成され、表現主義芸術運動を推進した。一九一二、一三年、ミュンヘンにおいて展覧会を開催、当時の前衛芸術に大きな影響を与えた。一九一四年解散。 発音 〈標ア〉キ

あお-ぎす【青鱚】〘名〙キス科の海魚。普通のキス(シロギス)より大きく、全長約四〇センチメートルに達し、背部は淡青色、腹部は白色。水のきれいな河口干潟に生息し、幼魚は川をさかのぼる。東京湾、伊勢湾、吉野川河口では絶滅し、九州北東部沿岸などにわずかに生息している。小形のものを東京湾沿岸では「やぎす」といった。学名は Sillago parvisquamis《季・夏》 発音 アオギス 〈標ア〉0

あお-ぎた【青北】〘名〙北風。主として西日本でいう。初秋から仲秋にかけて涼気を送ってくる風。これが吹くと夏が去り、海も空も青むとされる。《季・秋》＊物類称呼(1775)一「風 かぜ 畿内及中国の船人のことばに〈略〉七月末の風を、おくりまぜと云、八月の風を、あをぎたといふ」 方言 ❶北風。 ◇**あおきた** 三重県北牟婁郡588 島根県八束郡729 山口県屋代島054 愛媛県温泉郡054 大分県大分郡941 宮崎県東臼杵郡844 ❷陰暦八月ごろに吹く晴天の北風。 ◇**あおきた** 伊豆†020 伊勢国鳥羽(初め雨とともに吹き、後、晴天に吹く)†020 高知県土佐郡866 長崎県壱岐島916 ❸九月、あるいは秋に吹く北風。 ◇**あおきた** 島根県729 高知県安芸郡・越智郡844 長崎県西彼杵郡054 五島917 鹿児島県肝属郡970 ◇**あお** 島根県隠岐島725 ❹秋晴れの日に連日吹く北風。 ◇**あおげたならい** 東京都利島322 大島326 静岡県榛原郡521 ❺冬の北風。陰暦八、九月ごろからの称。 ◇**あおきた** 宮崎県児湯郡054 ❻秋に吹く小雨を伴う北西の軟風。 ◇**あおきた** 三重県鳥羽市584 志摩郡585 ❼秋風。 ◇**あおきた** 長崎県南高来郡905

あおぎ-た・つ【仰立】〘自タ四〙我を忘れて立つ。茫然(ぼうぜん)として立つ。＊今昔(1120頃か)三〇・五「男思ひも不懸(かけね)ば、奇異(あさまし)くて仰ぎ立てるを」

あおぎ-た・てる【扇立】〘他タ下一〙因あふぎた・つ〘他タ下二〙①つづけざまにあおぐ。むやみにあおぐ。＊寛永刊本蒙求抄(1529頃)一「更相動—とは扇で物をあをきたつるやうに動すぞ」＊浮世草子・日本永代蔵(1688)三・二「美女を左右に分けて其身は真中に座して汗しらぬ姿を両方より金地の風に扇(アフ)ぎ立(タテ)られ、風つよきかたの女になびき」＊怪談牡丹燈籠(1884)〈三遊亭円朝〉五「渋団扇を持て、あふぎ立(タテ)て涼(すずん)で居て」 ②おだてる。そそのかす。＊浄瑠璃・十二段(1698頃)一「老翁(らうおう)馬よりをり給ひ、うし若をあふぎたて、『さるにても汝善きかな』」＊夜明け前(1932-35)〈島崎藤村〉第二部・下・一二・三「一般の異国趣味をあふぎ立てるものもある」 補注 近世江戸語では、連用形に音便を用い、四段活用のような「あふぎたったる」の例が見られる。「人情本・明烏後正夢-四・一七回」の「ぬかさにゃ誠の焼火箸。火鉢に打くべ烈々とあふぎ立(タッ)たる我慢のふるまひ」など。 発音 アオギタテル 〈標ア〉0 テ 辞書 ヘボン 表記 扇立(へ)

あおぎ-ちら・す【扇散】〘他サ五(四)〙あおいで物を散乱させる。扇をやたらにあおぐ。＊枕(10C

終)二八・にくきもの「まづ扇してこなたかなたあふぎちらして」 ＊源氏(1001-14頃)鈴虫「火取どもあまたして、けぶたきまであふぎちらせば」

あお-ぎつね【青狐】〘名〙ホッキョクギツネの一変色型。夏毛は灰褐色で、冬毛は青灰色。冬毛の青みを帯びた毛皮は、光沢があり珍重される。発音アオギツネ〈標ア〉ギ

あお-ぎっぷ【青切符】〘名〙(切符が薄青色であったことから)もと、汽車賃が三段階に分かれていたときの、二等(古くは中等)の切符の俗称。＊春潮(1903)〈田山花袋〉三「貧しき学生の身なるにも係らず、常に青切符を買ふのを常として居るが」 ＊いやな感じ(1960-63)〈高見順〉二・二「青切符(二等)を買える金は持っていたけど」 発音アオギップ〈標ア〉ギ

あおき-づる【青木蔓】〘名〙植物「あおかずら(青葛)①」の異名。

あお-ぎとう【青祈禱】〘名〙青稲の生育を祈禱する田祭の一種。和歌山県東牟婁(むろ)郡で、七月一五日(もとは陰暦六月丑の日)に、神社からお札を受けてきて田の上を振り歩く行事。丑の日祭。

あおぎ-とうと・ぶ【仰尊】〘他バ四〙尊敬する。＊続古今(1265)序「朝夕にあふぎたふとび奉るあまり」 発音アオギトートブ〈標ア〉ト2

あお-ぎなこ【青黄粉】〘名〙①青大豆をいって粉末にした食品。きなこに抹茶を混ぜたものもある。＊落語・素人茶道(1893)〈三代目春風亭柳枝〉「軈(やが)て小僧は乾物屋へ往(いっ)て、青黄粉(アヲキナコ)を少々求めて参りました」 ②碾茶(ひきちゃ)をたわむれていう。＊歌舞伎・忠臣蔵年中行事(1877)一〇月「大方晩には青黄粉(アヲギナコ)の又喫(の)みっくらをするだらうが、あんな真似(まね)をして娯(たのし)むとは」 発音アオギナコ〈標ア〉ギナ〈京ア〉ギ 辞書言海 表記青黄粉(言)

あおき-なずな〘名〙植物「つばき(椿)」の異名。＊八雲御抄(1242頃)三「椿〈略〉あをきなづなと云り。長安遠樹はなづなに似也」

あお-ぎぬ【青絹】〘名〙青色に染めた絹織物。＊露団々(1889)〈幸田露伴〉八「水また水、誰が女の染なせる碧絹(アヲギヌ)の川もおもしろからず」 ＊幻影の盾(1905)〈夏目漱石〉「青絹を敷いた様な海の面(おもて)を」 発音アオギヌ〈標ア〉〇ギ

あおぎ-ねがわく-は【仰願―】〘連語〙(お願い申し上げますことには、の意)神仏、天皇など高貴のものに願いごとをする時用いることば。＊書紀(720)推古三二年四月(北野本訓)「仰願(アフキネカハクハ)其(そ)の悪逆者(あしきもの)を除きて以外(こと)の僧をば悉くに赦(ゆる)して勿罪(なつみしたまひそ)」 ＊百座法談(1110)六月一九日「仰ぎ願は、一代教主尺迦牟如来、平等大会、法花経御願、一々に哀愍内受し給て」 ＊平家(13C前)五・富士川「仰願くは大明神、伏乞(ふしてこふ)らくは一乗経、新に丹祈をてらして唯一の玄応を垂給へ」 ＊天草本伊曾保(1593)燕と諸鳥の事「Auogui negauacuua(アヲギ　ネガワクワ)シュジンヲ　クダサレヨカシト　マウセバ」 辞書易林・ヘボン 表記仰願(易・ヘ)

あおぎ-のぞ・む【仰望】〘他マ五(四)〙より高いものを願い求める。＊書言字考節用集(1717)九「仰望　アフキノゾム」 ＊西国立志編(1870-71)〈中村正直訳〉一一・二一「故に身を汚濁より抜き出ださんと思はば、自ら高処を仰ぎ望まざるを得ず」 発音アオギノゾム〈標ア〉〇ゾ 辞書書言 表記仰望(書)

あおぎ-の・む【仰飲】〘他マ五(四)〙顔をあおむけて飲む。＊化銀杏(1896)〈泉鏡花〉一「底の方に残りたるを、薬のやうに仰(アフ)ぎ飲(ノ)みつ」 発音アオギノム〈標ア〉ノ

あおき-ば【青木葉】〘名〙①青々とした木の葉。青葉。＊俳諧・毛吹草(1638)五「夏山はあをきばならぬ木々もなし〈正章〉」 ②常緑樹の葉。 ③植物「あおき(青木)④」の異名。また、その葉。＊日葡辞書(1603-04)「Auoqiba(アヲキバ)〈訳〉その木(アオキのこと)の葉」 ＊和漢三才図会(1712)八四「青木(あをき)、俗云阿乎木波」 方言❶常緑樹。長野県上伊那郡488 ❷植物、あおき(青木)。青森県036 岩手県036 宮城県036 秋田県036 山形県139 富山県036 長野県上伊那郡469 岐阜県036 三重県036 591 奈良県036 和歌山県036 692 鳥取県気高郡964 岡山県036 高知県香美郡・安芸郡808 大分県036 宮崎県964 ❸植物、みやましきみ(深山樒)。青森県西津軽郡036 発音〈標ア〉キ 辞書日葡

あおぎ-・みる【仰見】〘他マ上一〙①上のほうを向いて見る。＊万葉(8C後)二・一六八「ひさかたの天(あめ)見るごとく仰見し皇子(みこ)の御門の荒れまく惜しも〈柿本人麻呂〉」 ＊今昔(1120頃か)二・六「老母、此を見て起居て仰ぎ見る」 ②(心理的に高いものを見る意から)尊敬する。うやまう。あがめる。＊大鏡(12C前)五・道長上「ただ人とはみえさせ給はざめり。なほ権者にこそおはしますべかめれとなん、あふぎみたてまつる」 ＊人間嫌ひ(1949)〈正宗白鳥〉「この校舎の学者先生は、世界の秘密も宇宙の真相も看破し尽してゐるのであらうと、遙かに仰ぎ見てゐたのであった」 発音アオギミル〈標ア〉〇ミ〈京ア〉ギ 辞書書言 表記仰見(書)

あおき-やま【青木山】〘名〙方言❶杉や檜(ひのき)など、常緑樹の生えている山。新潟県東蒲原郡368 長野県飯田市012 愛知県東加茂郡・西加茂郡052 ❷針葉樹。

あお-きゅうべえ【青久兵衛】〘名〙(「きゅうべえ」は魚一般をさす)イナダをいう、盗人仲間の隠語。〔日本隠語集(1892)〕

あお-きり【青―】〘名〙めくりカルタの四八枚のうちの一枚。一二枚ずつ四種類ある紋票のうち、青札の一二の札。「きり」は、一二の札につけられた特別の名称。「あおきり」は四枚のうち、最も価値があり数五〇になる札。＊博奕仕方風聞書(1839頃か)「十二の数にて、一きり〈青きりと唱、金泥等にて彩色、数五十に相成申候、四枚之内上の札に御座候〉」

あお-きり【青切】〘名〙①筒茶碗の口に引いた青い筋。また、そのような茶碗。＊洒落本・真女意題(1781)「片々にはしゅんけいぬりの丸ぼんに青きりのちゃわん」 ＊随筆・松屋筆記(1818-45頃)五・一一「今俗に青切といふがごとし、青切は筒茶碗の口に青き筋ある所をいふ也」 ②「あおっきり(青切)」に同じ。＊洒落本・金枕遊女相談(1772-81頃)「なにやら気のもめることありて、あをきりのぐいのみ」 ＊洒落本・二筋道後篇廓の癖(1799)一「ありおふ茶碗引よせ手酌に青切(アヲキリ)つぎ呑」

あお-ぎり【青桐】〘名〙アオギリ科の落葉高木。中国南部原産といわれ、庭木や街路樹として植えられる。高さ約一五㍍に達する。樹皮は緑色でなめらか。葉は大きな掌状で三～五か所浅く裂け、各片はとがり、長い葉柄をもつ。夏、黄白色の小さな花が枝先に円錐状に集まって咲く。実はさや状で熟す前に四～七片に裂開し、裂片は舟形で縁に球形の種子をつける。材は柔らかく淡黄褐色で、家具、楽器、下駄などを作る。漢名、梧桐。学名は Firmiana simplex 《季・夏》 ＊大和本草(1709)一一「梧桐(アヲキリ)　其皮青し。故又青桐と云。古人詩歌に詠ぜしはこれなり。佳木なり。園庭に多く植べし」 ＊日本植物名彙(1884)〈松村任三〉「アヲギリ　梧桐」 ＊暗夜行路(1921-37)〈志賀直哉〉一・七「隣の梧桐(アヲギリ)の天辺から百舌が啼きながら逃げて行った」 発音アオギリ〈標ア〉〇オ〈京ア〉オ 辞書書言・言海 表記梧桐(書) 青桐(言)

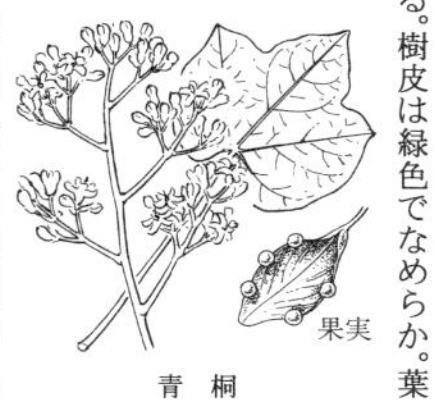

青　桐

あおぎり-か【青桐科】〘名〙双子葉植物の一科。世界に約六〇属七〇〇種あり、主に熱帯に分布する。高木、低木、草本、まれにつる植物で、葉は互生し托葉を持つ。複合集散花序をなす花は両性、または単性で放射相称、五数性。花弁は五個またはこれを欠く。発音アオギリカ〈標ア〉〇

あお-ぎ・る【青―】〘自ラ五(四)〙深い青色になる。いちめんに青色となる。＊野菊の墓(1906)〈伊藤左千夫〉「青ぎった空に翠の松林」

あお-きん【青金】〘名〙銀が混じって産出される自然金の称。また、金に銀を混ぜて作った金銀合金をいう。青みを帯びた合金で、主に工芸品や装身具の製作に用いられた。＊洒落本・通言総籬(1787)一「住よしやがはった、青きんとやきがねの、ぬのめぞうがんの、のべのきせるで、むねをたたいて見せる」 ＊青春(1905-06)〈小栗風葉〉秋・六「西明(にしあかり)にキラキラキラ青金(アヲキン)を散らしたやうに寂しく光る」 発音〈標ア〉〇

あおきん-でい【青金泥】〘名〙「あおでい(青泥)」に同じ。

あお-きんぷん【青金粉】〘名〙銀分の多く混じった金で作った金粉。蒔絵(まきえ)に用いる金粉。こばんふん。発音〈標ア〉キ

あお-く【青九】〘名〙めくりカルタの九の組の札四枚の中の青札。点数は五〇に当たる。＊博奕仕方風聞書(1839頃か)「九の四枚の内　青九と唱、数五十に相成申候、四枚之内、上の札に御座候」

あお-く〘名〙野菜、特に大根、カブなどをいう、盗人仲間の隠語。〔隠語輯覧(1915)〕

あお・ぐ【仰】㊀〘自ガ四〙上のほうを向く。あおむく。＊万葉(8C後)一八・四一二二「みどりこの乳(ち)乞ふが如く　天つ水　安布芸(アフギ)てそ待つ〈大伴家持〉」 ＊大鏡(12C前)三・兼通「いとくるしげにて御むしおしやりて、あうがれさせ給ける御すがたつき」 ＊梵舜本沙石集(1283)六・七「次日又説法しけるが、中間にあをぎて、『ああいかに仕候べき』と云」 ＊日葡辞書(1603-04)「テンニ　auogui(アヲギ)、チニ　フス」 ㊁〘他ガ五(四)〙①上のほうを向いて、高い所を見る。高所を望み見る。＊万葉(8C後)九・一八〇九「菟原壮士(うなひをとこ)い　天(あめ)仰(あふぎ)　叫びおらび〈虫麻呂歌集〉」 ＊あの道この道(1928)〈十一谷義三郎〉二「空を見るのか高台を仰ぐのか、『はるばる』と詠歎的な眼差しを挙げて溜息をつく」 ②(心理的に高い所のものを見る意から)尊敬する。うやまう。＊大唐三蔵玄奘法師表啓平安初期点(850頃)「況や仏教の幽(はる)かに微(くは)しきをば、豈に能く仰(アフキ)測(はか)らむや」 ＊古今(905-914)仮名序「いにしへをあふぎていまを恋ひざらめかも」 ＊源氏(1001-14頃)若菜上「いとかしこき末の世のまうけの君と天の下のたのみ所にあふぎ聞えさするを」 ＊徒然草(1331頃)一五七「しひて不信を云ふべからず、あふぎてこれをたふとむべし」 ＊日葡辞書(1603-04)「キミヲ　auogui(アヲギ)タテマツル」 ＊浄瑠璃・平家女護島(1719)三「いにしへのごとく源氏を主人とあふぐならば、世間に恥辱をかかん物」 ③(目上の人、尊敬する人などの)教えや命令、援助などを求めたり、受けたりする。請う。＊愚管抄(1220)四・後三条「長者の身面目をうしなふ上に神慮又はかりがたし。ただ聖断をあをぐべし。ふして神の告をまつとて、すなはち座をたたれにけり」 ＊平家(13C前)五・富士川「孤嶋の幽祠に詣で、瑞籬の下に明恩を仰ぎ」 ＊仮名草子・伊曾保物語(1639頃)中・一五「されば人間天道に仰ぎ申けるは、日輪妻を持たぬやうに計らひ給へといふ」 ＊故旧忘れ得べき(1935-36)〈高見順〉七「その学資を退役将校の伯父に仰いでゐたが」

④〈上を向いて飲むところから〉一気に飲み干す。＊五重塔（1891–92）〈幸田露伴〉一二「ぐいと仰飲（アフ）ぎ〈略〉真に罪無き雑話を下物（さかな）に酒も過ぎぬほど心よく飲んで」＊江戸から東京へ（1921）〈矢田挿雲〉六・一七「慶応三年十月の或る日向両国の俗称百軒長屋に毒を仰（アフ）いで死んだ」㊁〘他ガ下二〙上を向かせる。あおむける。＊百法幽顕抄平安中期点（900頃）「申し、鶏足を仰（アフケ）たるが如し」＊守護国界主陀羅尼経平安中期点（1000頃）一〇「十には、面を仰（アフケ）笑みを含むて」[語誌]鎌倉時代頃から「あふぐ」と表記したり「あをぐ」と表記したりするというゆれが見える。前者はハ行転呼音によって生じた連母音au（>ao）が長母音化するという音韻変化に従った語形オーグ[ɔːgu]であり、後者はアオグ[aogu]であると想像される。前者は、頻度の高い連用音便形がオーイデ、オーイダ[ɔːide, ɔːida]となり、音韻として確立したばかりの長母音がさらに母音単独音節[i]に続くためにきらわれ、次第に使われなくなった。連母音aoを保持した後者の語形は、前者との並存を経て優位となり、現在に至っているが、「日葡辞書」には「auogui, u, uoida」とあり、既に「アオグ」が定着していたことがうかがわれる。[語源説](1)ウハムク（上向）の転〔大言海〕。アアウヘムク（鳴上向）・ウヘムキク（上向来）の転〔日本語原学＝林甕臣〕。(2)アメムク（天向）の約転〔和訓集説〕。アムク（天向）の約転〔言元梯〕。アマムク（天向）の約転〔名言通〕。(3)アムク（上向）・アフグ（上振）の義〔日本語源＝賀茂百樹〕。(4)アフ（逢）から敬う意が引き出されたもの〔国語本義〕。(5)アマホスカス（天欲）の反〔名語記〕。[発音]アオグ〈なまり〉オーグ〔讃岐〕〈標ア〉[オ]〈ア史〉平安◍◍○ 鎌倉◍◍◍ 室町・江戸◍◍◍と◍○○の両様〈京ア〉[0] [辞書]色葉・名義・和玉・文明・天正・饅頭・日葡・易林・ヘボン・言海 [表記]仰（色・名・玉・文・天・饅・へ・言）偃（色・玉）隥・忙・顒（明・玉）御・次・宣（色）観・跨・望・祟（名）广・卬・郤（玉）印（易）

あおいで唾（つば・つばき）吐（は）く　〈上を向いて唾を吐けば、他人にはかからないで自分にかかることから〉他人をおとしいれようとして、かえって自分に災いを招くこと。天を仰いで唾する。＊文明本節用集（室町中）「仰而唾 アホイデツワキハク 四十二章経云、悪人欲害賢者、猶仰天而唾天還汚己面」[辞書]文明・易林 [表記]仰而唾（文・易）

あおいで天（てん）に愧（は）じず　〈「孟子‐尽心上」の「仰不愧於天、俯不怍於人」による〉心に少しもやましい点のないことをいう。

あお・ぐ【扇・煽】　㊀〘自ガ四〙風が起こる。風が吹く。＊大唐西域記巻十二平安中期点（950頃）「風軌の鼓ち扇（アフク）所は寿城に載せ駆す」＊玉葉‐仁安元年（1166）一二月五日「即将軍起座了、此間寒風頻扇、殿上燈消了」＊吾妻鏡‐嘉禄三年（1227）五月一日「自土御門室町失火、南至勘解由小路、東風頻扇」＊名語記（1275）六「暖風のまづあふぐ処」㊁〘他ガ五（四）〙①扇などで風を起こす。あおる。＊新訳華厳経音義私記（794）「扇払 上安布伎 下波閉良比」＊古語拾遺（807）「天押草を以て押し、烏扇（からすあふぎ）を以て阿不気（アフケ）」＊貫之集（945頃）七「住の江の松の風をしこめたればあふぐあふぎのいつかたえせん」＊落語・手向の酒（1893）〈三代目三遊亭円遊〉「此方（こちら）は聞かれた事は少しも知らないから、七輪の下を煽（アフ）いで待ってたが」②人の気持をあおりたてる。そそのかす。扇動する。＊帰省（1890）〈宮崎湖処子〉二「此淡月の光の奥に隠れあるを思ひては、亦探勝漫遊の心腸を扇（アフ）ぎ」[語源説](1)ウハアフ（上合）の約アフをガ行に活用した語〔大言海〕。(2)空に風の吹く意で、アマフクケク（天吹）の反〔名語記〕。[発音]アオグ〈なまり〉アオッ〔鹿児島方言〕〈標ア〉[オ]〈ア史〉平安○○◓ 鎌倉○○◍〈京ア〉[0] [辞書]色葉・名義・和玉・文明・黒本・書言・日葡・ヘボン・言海 [表記]扇（色・名・玉・文・黒・書・へ・言）吹・翔（色・名）簸（色・玉）颺（名）鼓（玉）

あお・ぐ【搏】　〘自ガ四〙高く上がる。たちのぼる。＊書紀（720）神代上（水戸本訓）「精（くは）しく妙（たへ）なるが合へるは搏（アフキ）易く、重り濁れるが凝りたるは場（かたまり）難し」＊御巫本日本紀私記（1428）神代上「精妙之合〈久波志久太倍奈留加安倍留〉搏易〈安不岐耶寸久〉重濁之凝〈遠毛久爾古礼留加古利太留〉場難〈加太万利加太之〉」

あお-ぐき【青茎】　〘名〙植物「するがらん（駿河蘭）」の異名。[方言]植物、ふき（蕗）。京都府一部030

あおくき-わさび【青茎山葵】　〘名〙山葵（わさび）の中で、茎が青いものの総称。

あお-ぐくし【青括】　〘名〙（「くくし」は動詞「くくす」の連用形の名詞化）生地のままに残したい部分を固く糸でくくり、染料がしみこまないようにした上で、青く染める方法。また、その染め物。＊日葡辞書（1603–04）「Auogucuxi（アヲグクシ）」

あお-くげ【青公卿・青公家】　〘名〙[辞書]日葡 ①官位の低い公卿。また、公卿をいやしめていう語。＊歌舞伎・天満宮菜種御供（1777）二「われに敵する青公家（アヲクゲ）ばら、一々に蹴殺し、大望成就の血祭り」＊歌舞伎・傾城浜真砂（1839）序幕「うぬ、青公家（アヲクゲ）め、取次ぎせずば無事には帰さぬ」②歌舞伎で、顔に青く隈取（くまどり）をして出る悪役の公卿。→青隈（あおぐま）。[発音]アオクゲ〈標ア〉[0][オ]

あお-くさ【青草】　〘名〙①青々とした草。《季・夏》＊書紀（720）神代上（丹鶴本訓）「素戔嗚尊、青草（アヲクサ）を結（ゆ）ひ束（つか）ねて、笠（かさ）蓑（みの）と為て」＊宇津保（970–999頃）国譲下「北方は、あをくさの色になりて、〈略〉涙を流して伏しまろび給ふ」＊能因本枕（10C終）六七・草は「雪間のあを草」＊俳諧・炭俵（1694）下「此島の餓鬼も手を摺（する）月と花〈芭蕉〉砂に暖（ぬくみ）のうつる青草〈野坡〉」＊童謡・朝（1922）〈北原白秋〉「牝牛も青草（アヲクサ）食べ出した」②特に「よもぎ（蓬）」をいう。[発音]〈標ア〉[0]〈ア史〉鎌倉○○◍○〈京ア〉[0] [辞書]書言・日葡・言海 [表記]青葙（書）青草（言）

あお-くさ・い【青臭】　〘形口〙[文]あをくさ・し〘形ク〙①青草のような匂いがする。なまなましい、いやな匂いにいう。＊御伽草子・酒茶論（古典文庫所収）（室町末）「いかに色めきあへる茶なりとも、酒をきらふものならば、あをくさし、水くさしなんどといわれん事、目のまへなれども」＊俳諧・猿蓑（1691）二「青くさき匂もゆかしけしの花〈嵐蘭〉」＊洒落本・華里通商考（異本）（1770頃）「人倫類にあらず色ドス色にして、甚青臭（アヲクサ）し」＊三重襷（1899）〈永井荷風〉下「半兵衛は長煙管を取上げ、ふーっと、青臭い秦野煙草の煙を吹きながら」＊坑夫（1908）〈夏目漱石〉「親指の爪で圧し潰したら、云ふに云はれぬ青臭い虫であった」②未熟である。経験が足りない。＊洒落本・禁現大福帳（1755）一「新ござは青嗅（アヲクサ）きなどとは罪（ばち）の当ることぞや」＊彼岸過迄（1912）〈夏目漱石〉報告・一四「何で学校を出た許（ばかり）の青臭（アヲクサ）い自分が、夫程苦になるのか」③淫水の匂いがする。＊断橋（1911）〈岩野泡鳴〉四「一日のうちに、必らず一度づつは青臭い妓楼と薬臭い病院とのにほひを嗅ぐわけだ」[発音]〈標ア〉[サ][ク]〈京ア〉[ク] [文]『あをくさし』アオクサシ〈標ア〉[サ][ク]〈京ア〉[サ] [辞書]言海 [表記]青臭（言）

あおくさ-かめむし【青草椿象・青臭亀虫】　〘名〙カメムシ科の昆虫。体長一二～一六ミリメートルで、全体が緑色。各地に最も普通の雑食性カメムシで、年二、三回発生し、種々の農作物に害を与える。学名は Nezara antennata [発音]〈標ア〉[メ]

あおくさ-さ【青臭―】　〘名〙（形容詞「あおくさい」の語幹に接尾語「さ」の付いた語）①青くさい匂いのすること。また、その度合。②未熟なこと。また、その度合。[発音]〈標ア〉[サ]1

あおくさ-ずり【青草摺】　〘名〙「あいずり（藍摺）」に同じ。

あおくさ-や【青草屋】　〘名〙[方言]八百屋。青物屋。富山県上新川郡395 砺波398 石川県062 418

あお-ぐすり【青薬】　〘名〙①青い色の釉薬。＊宗湛日記‐文禄二年（1593）正月一六日「水指は、平戸道可より参候と也。唐也。青薬かかるなりは芋頭也」②植物「おとぎりそう（弟切草）」の異名。＊俳諧・年浪草（1783）秋・一「弟切草〈略〉青薬とは薬師草をいふ」

あお-くたに【青九谷】　〘名〙九谷焼で、赤えのぐを使わない色絵磁器。文久年間（一八六一～六四）頃から製作。

あお-くちなわ【青蛇】　〘名〙[方言]動物、あおだいしょう（青大将）。熊本県球磨郡054 ◇あおくち 熊本県八代郡919

あお-くちば【青朽葉】　〘名〙襲（かさね）の色目の名。表は青、裏は黄または朽葉色（赤みのある茶色）（雑事抄）。また、表は黄みのある薄萌葱（うすもえぎ）、裏は黒みのある青丹（あおに）ともいう（雁衣抄）。＊宇津保（970–999頃）祭の使「あなたの北の方よりはじめてまつりて、廿の人はあをくちば、あをくちば、二藍（ふたあゐ）の物どもおしまきて、紙などにけしきばかりおしつつみて」＊枕（10C終）五・四月、祭の頃「祭ちかくなりて、あをくちば、二藍の物どもおしまきて、紙などにけしきばかりおしつつみて」＊源氏（1001–14頃）夕霧「人々も、鮮やかならぬ色の、山吹、掻練、濃き衣、青鈍などを著かへさせ、薄色のも、あをくちばなどを、とかく紛らはして、御台はまゐる」[発音]〈標ア〉[チ][ク]

あお-くび【青衿】　〘名〙青色の布で作った着物の襟。粗末な服装にいう。＊万葉（8C後）九・一八〇七「葛飾の 真間の手児奈が 麻衣に 青衿（あをくび）着け 直（ひた）さ麻（を）を 裳には織り着て〈虫麻呂歌集〉」

あお-くび【青首・青頸】　〘名〙（首の羽が暗緑色であるところから）①「あおくびあひる（青首家鴨）①」に同じ。②「あおくびあひる（青首家鴨）②」に同じ。《季・冬》＊塵袋（1264–88頃）四「あをくひと云ふかものくびのあをきに似たればかもとかけり」＊武家調味故実（1535）「鴨の男鳥をば惣名に青くひといふ。但女鳥をばただかもの鳥と云也」＊俳諧・東日記（1681）乾・夏「青首の蠅の浮巣や黐（もち）ながし〈才丸〉」＊滑稽本・浮世床（1813–23）二・下「青首（アヲクビ）が一羽残った。元直（もとね）に売るが買ねへか」③剃った頭。＊雑俳・川柳評万句合‐宝暦一三（1763）義五「かんきんてさげた青首生て見へ」④（くみしやすい相手を「かも」というところから）事情を知らぬ素人。素人客。田舎者。＊洒落本・一騎夜行（1780）二「家職を大切に勤らるる息子をそそなかしてはよい青首（アヲクヒ）が有の雄鳥が懸ったとなぐさんで引たくる」[方言]❶鳥、まがも（真鴨）。青森県073 栃木県198 長崎県壱岐島（雄）915 ❷鳥、かも（鴨）類の総称。北海道（雄）004 青森県004 岩手県盛岡市004 宮城県004 福島県（雄）004 茨城県004 栃木県日光004 埼玉県本庄市・入間郡004 東京都004 神奈川県中郡004 石川県004 山梨県004 長野県004 岐阜県004 愛知県004 京都府004 大阪府004 兵庫県004 奈良県高市郡004 山口県004 徳島県004 香川県004 愛媛県004 高知県（雄）004 佐賀県004 熊本県004 宮崎県004 鹿児島県（雄）004 ❸鳥、きじ（雉）。富山県390 ❹植物、だいこん（大根）。青森県津軽073 [発音]〈標ア〉[オ][0] [辞書]饅頭・日葡・言海 [表記]青頸（饅・言）

あおくび-あひる【青首家鴨】　〘名〙①ガンカモ科の家禽（かきん）。日本におけるアヒルの在来種で、マガモに似ている。雄の頭と首は黒みを帯びた緑色で、その下に白い輪模様がある。肉は美味だが、産卵数は少ない。千葉、埼玉などで多く飼育される。あおくび。②「まがも（真鴨）」の雄の俗称。[発音]〈標ア〉[ア]2

あおくび-だいこん【青首大根】　〘名〙大根の地ぎわの首の部分が緑色となる大根の総称。[発音]〈標ア〉[ダ]

あお-ぐま【青隈】『名』①歌舞伎の隈取(くまどり)の一つ。幽霊や悪公卿などに扮するとき、藍で青く顔を隈どること。あいぐま。あおくまどり。＊劇場新話(1804-09頃)上「くまどりの大概 一筋ぐま 一青ぐま」②顔に出る青筋をたとえていう。＊雑俳・柳多留-一二九(1834)「天竺徳兵衛を青隈の子に喰せ」

あお-くまどり【青隈取】『名』「あおぐま(青隈)」に同じ。＊歌舞伎年代記(1811-15)五・宝暦八年「青隈取(アヲクマドリ)ゑんでん鬘盗人の形(なり)にて切懸(かけ)る」

あお-くむ【青雲】『名』「あおくも(青雲)」の上代東国方言。＊万葉(8C後)二〇・四四〇三「大君のみことかしこみ阿乎久牟(アヲクム)のとの引く山を越よて来ぬかむ〈小長谷部笠麻呂〉」

あお-くも【青雲】『名』(後世は「あおぐも」とも)青みを帯びた灰色の雲。一説に、晴れて雲もなく、青々とした空。青空。→青雲の。＊万葉(8C後)二・一六一「北山にたなびく雲の青雲(あをくも)の星離れゆき月を離れて〈持統天皇〉」＊万葉(8C後)一六・三八八三「いや彦おのれ神さび青雲(あをくも)のたなびく日すら小雨そほ降る〈作者未詳〉」＊延喜式(927)祝詞・祈年祭(出雲板訓)「青雲(アヲクモ)の靄(たなひ)く極(きは)み」語誌(1)「三代実録-仁和元年七月三〇日」に「天有二青雲一、自二東北一竟二西南一」と見え、「万葉集」で歌われた青雲も空ではなく雲と見るべきであろう。(2)「漢書」や「文選」などの漢籍において、青雲は瑞祥と見られたり五行思想や仙界と結びつけられたりしているところから、漢語「青雲」の訓読から出たと見る説もある。しかし、東歌や防人歌にも歌われており、また、次項のように「白」にかかる枕詞の用法もあって問題が残る。方言❶青空。◇あおぐも 岐阜県飛驒502 島根県725 岡山市761 764 791 長崎県南高来郡905 ❷晴天。◇あおぐも 岐阜県飛驒502 発音〈音史〉上代は『あをくも』と清音だが、後世は『あをぐも』とも。〈標ア〉0 辞書易林・〈ボン〉 表記青雲(易・へ)

あおくも-の【青雲─】枕 雲の色から「白」にかかり、また、雲が出るの意で「出(い)づ」、あるいは、青空を待ち望む意で「出でこ」にかかる。＊古事記(712)中「浪速(なみはや)の渡りを経て、青雲之(あをくもの)白肩(しらかた)の津に泊(は)てたまひき」＊万葉(8C後)一四・三五一九「汝(な)が母に叱(こ)られ我(あ)は行く安乎久毛能(アヲクモノ)出で来(こ)我妹子(わぎもこ)逢ひ見て行かむ〈東歌〉」語誌「白」にかかる点について、「いと晴れたる蒼空にある白雲は青く見ゆるものなれば」〔冠辞考〕などと説かれる。青雲は青空であり、青空の鮮やかな意から続くとする説〔古事記伝〕もあるが、「青雲のたなびく」のような例があるから、やはり雲の形容と見るべきであろう。発音〈標ア〉0

あお-ぐら・い【蒼暗】『形口』文あをぐら・し『形ク』青みを帯びた暗さである。＊虞美人草(1907)〈夏目漱石〉七「蒼暗(アヲグラ)き裾野から、藍、紫の深きを稲妻に縫ひつつ」＊多情仏心(1922-23)〈里見弴〉序詩・よる「蒼暗い空に、凍てついた星の数はたんとでもなかった」発音アオグライ〈標ア〉0 ラ

あお-ぐるみ【青胡桃】『名』まだ熟しきっていないクルミの果実。《季・夏》＊万緑(1941)〈中村草田男〉「青胡桃雲にちかぢか学ぶ子等」発音アオグルミ〈標ア〉グ

あお-ぐろ【青黒】『名』①青みを帯びた黒い色。＊観智院本名義抄(1241)「黤 アヲクロ〈略〉黝 アヲクロ クラシ」＊文明本節用集(室町中)「青黒 アホクロ」＊日本山海名産図会(1799)三・鮪「此魚〈略〉背に刺鬣あり。鱗なし。蒼黒(アヲクロ)にして肚(はら)白く」②染色の名。黒い虫青(むしあお)色。＊今昔(1120頃か)二九・三六「浅黄の打衣に青黒の打狩袴を着て」③襲(かさね)の色目の名。表は濃い虫青、裏は青。＊満佐須計装束抄(1184)三「あをぐろといひしものは、虫の青が今すこし濃きに青裏つけて武者(むさ)などの着る物なり」④馬の毛色の名。黒に赤みを帯びたもの。＊色葉字類抄(1177-81)「青驪 アヲクロナリ」＊吾妻鏡-寿永元年(1182)正月二八日「神馬十疋引二立庭上一、俊兼候二簀子一、勒二毛付一〈略〉一疋青黒〈高場次郎進〉」＊異制庭訓往来(14C中)「馬百疋進候〈略〉連銭。宿鴾毛。黒駮。青黒等也」発音アオグロ〈標ア〉0 辞書色葉・名義・和玉・文明・饅頭・黒本・易林 表記青黒(文・饅・黒)青驪(色・名)黤(名・玉)黝(名)驪・騄(易)

あお-ぐろ・い【青黒】『形口』文あをぐろ・し『形ク』青みを帯びた黒色である。＊玉塵抄(1563)一一「馬の青驪色、あをくろいを云なり」＊羅葡日辞書(1595)「Liuor Auoguroqi (アヲグロキ)イロ」＊多情多恨(1896)〈尾崎紅葉〉後・三・一「『然(さ)うですなあ』と柳之助は蒼黒い頰の辺を撫でて見る」＊思出の記(1900-01)〈徳富蘆花〉五・七「昼は眼をあげさへすると青黒い樅の梢を見越し」発音アオグロイ〈標ア〉0 ロ〈京ア〉グ 文『あをぐろし』アオグロシ〈標ア〉グ〈京ア〉ロ

あおぐろ-さ【青黒─】『名』(形容詞「あおぐろい」の語幹に接尾語「さ」の付いたもの)青みを帯びた黒い色をしていること。＊城外(1936)〈小田嶽夫〉「南画そのままの透き通るやうな蒼黒さに、突兀と聳え立った会稽山の風姿を」発音アオグロサ〈標ア〉グ

あお-ぐろ・む【青黒】『自マ五(四)』青黒い色を帯びる。青黒い色になる。＊蛍(1944)〈織田作之助〉「いつか眼のふちは黝(アヲグロ)み、古綿を千切って捨てたやうにクタクタになった」＊忘却の河(1963)〈福永武彦〉七「浪が打寄せるたびに蒼黒んだ岩肌を白い飛沫が数メートルも跳ね上った」発音アオグロム〈標ア〉ロ

あお-ぐわい【青慈姑】『名』日本種の慈姑(くわい)で、中国種の白慈姑に比べて丈が低く、色、味ともによいとされている。《季・春》発音アオグワイ〈標ア〉グ

あお-げ【青毛】『名』馬や獣の毛色の名。つやのある黒色で、青みを帯びて見えるためにいう。また、特に「青毛の馬」をいう場合もある。＊明月記-建永元年(1206)一〇月二六日「童二人、〈青ケ馬、狩衣、紺葛袴、山吹衣〉」＊古今著聞集(1254)二〇・七一一「件(くだん)の民部丞、あを毛なる犬の小さきを飼ひけり」＊玉塵抄(1563)二四「翠驎はあをけの馬か」発音アオゲ〈標ア〉0〈京ア〉0

あおげ-いとう【青鶏頭】『名』ヒユ科の一年草。熱帯アメリカ原産で、各地の道端や荒地に帰化している。茎は高さ一～二メートルになり、太く、多数枝分かれする。葉は長さ五～一二センチメートルの菱状(ひしじょう)長卵形で長い柄を持ち、先がとがり互生する。秋、枝先や葉腋(ようえき)に緑色の小さな花が密集した穂状花序を出す。あおびゆ。学名は Amaranthus retroflexus 発音アオゲイトー〈標ア〉ゲ

あおげた-ならい【青─】『名』方言⇨あおぎた(青北)

あお-げら【青啄木鳥】『名』(「あおけら」とも)キツツキ科の鳥。全長約三〇センチメートル。背は緑色で腹部には暗茶色のV字形の斑点がある。雄は頭頂部全体、雌は後頭部が赤い。日本の特産種で、北海道を除く各地の森林にすむ。あおきつつき。学名は Picus awokera《季・秋》＊博物図教授法(1876-77)〈安倍為任〉二「啄木鳥(きつつき)は山林に棲み諸樹の蠹虫を啄む嘴に力あり品類多し此に画く所は『アヲケラ』なり」発音アオゲラ〈標ア〉0 辞書言海

あおこ【朸】『名』物をになう棒。てんびん棒。おうご。＊新撰字鏡(898-901頃)「朸 阿保己也」辞書字鏡 表記朸(字)

あお-こ【青粉】『名』①アオノリの粉末。＊武家調味故実(1535)「青粉といふは、青のりを粉にして餅の勢は、椋子(むくのみ)程にしてその上にころばするなり」②金魚鉢、池、養魚池、堀などの水を緑色にする淡水産の単細胞藻類で、種類は一定しない。クロレラ、セネデスムスなどの緑藻植物やミクロミスチス、アナベナ、アナベノップシスなどの藍藻類がある。動物プランクトンや魚類などの天然の飼料となる。発音〈標ア〉0 コ〈京ア〉0 辞書言海 表記青粉(言)

あお-こ【青籠】『名』青い黒葛(くろつづら)で組みあげたかご。＊随筆・松屋筆記(1818-45頃)七一・三三「青つづらこは青き黒葛して組たる籠にて今世の青籠(アヲコ)の類なるべし」

あお-こ『名』方言魚。❶まるあじ(丸鰺)。和歌山県日高郡694 山口県大島019 ❷まあじ(真鰺)。愛媛県宇摩郡019 ❸まぐろ(鮪)。福井県敦賀郡443 ❹いわし(鰯)類。和歌山県690 693

あお-ご【青五】『名』めくりカルタの五の組の札四枚の中の青札。点数は五〇に当たる。＊博奕仕方風聞書(1839頃か)「五の四枚の内 青五と唱、青く画、数五十に相成四枚の内、上の札に御座候」

あお-ご【青仔】『名』金魚、鯉などの生後二〇～四〇日ぐらいの幼魚。皮膚の色素の発達で、青灰色に見えることからいう。発音アオゴ〈標ア〉オ

あお-こう【青香】『名』色彩の名。未詳。＊栄花(1028-92頃)衣の珠「御帳などもあをかうにて、紫檀地なるにせさせ給へり」

あお-こうせん【青香煎】『名』「まっちゃ(抹茶)」の異称。＊俳諧・やつこはいかい(1667)「草花やいけて血目玉なぐさまん〈略〉あをかうせんの会をする比」

あお-ごうやく【青膏薬】『名』はれものにつける青い色の膏薬。＊俳諧・崑山集(1651)六・夏・下「夏の野は青かうやくやねり鶬鶊(ひばり)〈勝之〉」＊俳諧・西鶴大矢数(1681)第二七「青膏薬や観音の慈悲 ちりけもと今此娑婆に腫上り」発音アオゴーヤク〈標ア〉ゴ

あお-こうらい【青高麗】『名』朝鮮産の青磁。象眼や浮彫り、波彫りの模様がはいっている。発音アオコーライ〈標ア〉コ

あお-ごけ【青苔】『名』青い色をしたこけ。《季・夏》＊草枕(1906)〈夏目漱石〉四「五六枚の飛石を一面の青苔が埋めて」発音アオゴケ〈標ア〉0〈京ア〉0 辞書言海 表記青苔(言)

あお-こしょう【青胡椒】『名』トウガラシの葉。＊俳諧・季寄新題集(1848)秋「青胡椒 木胡桝 唐がらしの葉をいふものなり」発音アオコショー〈標ア〉コ

あお-こだち【青木立】『名』青々と葉の茂った木立。《季・夏》＊為尹千首(1415)夏「これや見し桜の山の青木立おもかげうとく茂りあひぬる」＊薄花桜(1492)「夏木立、青こたち、青楓、蓮花、すずみとる、麦の秋、已上不庶幾候」＊俳諧・季引席用集(1818)「青木立(コダチ) 四」発音〈標ア〉コ

あお-こち【青東風】『名』初夏のころ、青葉を吹いて渡る東からの風。また、夏の土用の青空に吹き渡る東風の意ともいう。《季・夏》＊俳諧・清鉋(1745頃)一「四月〈略〉青東風(アヲコチ)」＊俳諧・年浪草(1783)夏・四「青嵐〈略〉一説、六月土用中の空に一点の雲なく青みたる天気に東風のくははりたるを青東風(アヲコチ)といふ」

あお-こま【青駒】『名』「あおうま(青馬)」に同じ。＊万葉(8C後)二・一三六「青駒が足掻(あがき)を早み雲居にそ妹があたりを過ぎて来にける〈柿本人麻呂〉」

あお-ごみむし【青塵芥虫】『名』オサムシ科の甲虫。体長約一五ミリメートル。背面が光沢のある緑色で、脚は赤褐色。夜行性で湿った石の下などでよく見られ、日本、朝鮮、中国、シベリアに分布する。小昆虫を捕虫する。学名は Chlaenius pallipes 発音〈標ア〉ミ

あお-ごめ【青米】『名』紺色を帯びた米粒。成熟

度により葉緑素の残留する米をいう。年貢納入のときは砕米などと共に選別することを要求された。＊地方凡例録(1794)七「御年貢の儀、随分米症撰、荒砕籾、青米等の分撰出」 方言 未熟な米。また、くず米。島根県725

あお-こんぶ あを:【青昆布】〘名〙「あおいたこんぶ(青板昆布)」に同じ。＊滑稽本・古朽木(1780)四「三密の月をすましの吸物、くゐまんだらに青昆布(アヲコンブ)の匂ひを慕ひ」 発音〈標ア〉コ

あお-さ あを:【青―】〘名〙(形容詞「あおい」の語幹に接尾語「さ」の付いた語) 青いこと。また、その度合。＊日葡辞書(1603–04)「Auosa (アヲサ)」 ＊初恋(1889)〈嵯峨之屋御室〉「其水の青さ、如何にも深さうだ」 ＊桑の実(1913)〈鈴木三重吉〉二四「蚊帳の色のすがすがしい青さにイみながら」 発音〈標ア〉ア〈京ア〉⓪ 辞書 ヘボン 表記 青(へ)

あお-さ あを:【青―】〘名〙「あおさぎ(青鷺)②」の略。＊洒落本・遊僊窟烟之花(1802か)一「そういっても、あをさに、はぢ、まさはの餡かけなざア、まんざらでねへやつさ」

あお-さ あを:【石蓴】〘名〙緑藻類の海藻。各地の海岸で干潮線付近の岩石に付着し生育する。長さ五～二五センチメートル。形状はアオノリに似て、へりに波形のひだがある扁平な葉状体だが、二層の細胞から成り、大小の穴が多数あいている。鮮緑色または黄緑色。乾海苔(ほしのり)やつくだ煮として食用にもするが、硬くてまずいため、多くは家畜の飼料に用いられる。あなあおさ。学名は Ulva pertusa 《季・春》 ＊日葡辞書(1603–04)「Auosa (アヲサ)〈訳〉海岸の岩に付着している緑色の海草」 ＊重訂本草綱目啓蒙(1847)二四・菜「石蓴 あをさ」 方言 ❶淡水藻。愛媛県840 ❷藻、あおみどろ(青味泥)。香川県037 ❸藻、あおのり(青海苔)。◇あわさ 新潟県南蒲原郡・佐渡037 紀伊†028 三重県度会郡586 山口県厚狭郡799 香川県三豊郡・仲多度郡829 ◇ああさ・うみああさ〔海―〕 沖縄県首里993 ❹春先、海岸近くの石に生える海草。新潟県佐渡351 上越市382 島根県725 ❺池の水が腐って青くなったもの。新潟県佐渡352 ❻苔(こけ)。千葉県山武郡・君津郡270 島根県隠岐島725 ❼植物、うきくさ(浮草)。香川県037 ❽植物、あおだいず(青大豆)。島根県725 ❾植物。または一般に青いまま立っているもの。群馬県佐波郡242 ❿魚、きゅうせん(求仙)。新潟県佐渡352 発音〈なまり〉アオソ〔紀州〕オーサ〔長崎〕〈標ア〉⓪〈京ア〉⓪ 辞書 日葡・ヘボン・言海 表記 陟釐(へ)

石蓴

あおさ あをさ〘名〙「あおそ」に同じ。

あお-ざい あを-【青―】〘名〙 方言 ❶池や溝などに厚く張った青く見える氷。新潟県西蒲原郡371 ❷沢や岩に氷結した氷。また、霧氷。新潟県北魚沼郡012

アオザイ〘名〙(ベトナム aosâi, aodai「長服」の意) ベトナム女性の民族衣装。中国服風のスリット付きで立て襟の長衣とズボンを組み合わせたもの。 発音〈標ア〉⓪

あお-さいろく あを:【青才六】〘名〙(「才六」は丁稚(でっち)の意) 人をののしっていう語。青二才。＊浄瑠璃・艶狩剣本地(1714)一「其嶋台打砕き、青才六めら、それ踏み殺せ」

あお-ざかな あを:【青魚】〘名〙イワシ、サバ、サンマなど、背の青い魚の総称。＊青年(1910–11)〈森鷗外〉二二「徳利一本、猪口一つに、腥(なまぐさ)さうな青肴(アヲザカナ)の切身が一皿添へてある」 方言 うろこのない魚の総称。◇あおさかな 長崎県南高来郡904 発音〈標ア〉ザ

あお-さかぶ あを:【青―】〘名〙「あおだいしょう(青大将)」の異名。＊浜荻(庄内)(1767)「あをさかぶ、おほのろしか、おろちの転か、長門にてはやむし。(江戸)あをだいしゃう」 方言 仙台†058 ◇あおさか 福島県相馬161 ◇おさかぶへび〔―蛇〕 福島県北部・浜通155 ◇おさかぶ 福島県062 茨城県多賀郡060 久慈郡188 ◇おおさかぼお 茨城県久慈郡188 ◇おおさまぼお 栃木県芳賀郡203

あお-さぎ あを:【青鷺】〘名〙①サギ科の鳥。日本で見られるサギ類中最大で、全長約九〇センチメートル、翼を開くと一五〇センチメートルを超えるものもある。くちばしは黄色で長い。体は白く、背は青灰色。後頭部に青黒色の長毛があり、首の下の毛は長く、房状となる。ユーラシア大陸、北アフリカに広く分布。日本では北海道、本州中部で、樹上に他のサギ類と共に、または一種のみの集団で巣を作る。主食は魚で、水田や沼地などで採食する。みとさぎ。学名は Ardea cinerea 《季・夏》 ＊小右記–天元五年(982)六月二七日「蒼鷺為レ鷹被レ進入二寝屋中一」 ＊仮名草子・尤双紙(1632)上・二九「あをき物のしなじな〈略〉青鷺(サギ)の汁に、あをひばり、青じととまでやきそへて」 ＊俳諧・猿蓑(1691)五「雨のやどりの無常迅速〈野水〉 昼ねぶる青鷺の身のたふとさよ〈芭蕉〉」 ②小形鯨の一種。＊勇魚取絵詞(1829)下「児鯨をこくぢらと呼也〈略〉これに青さぎ、しゃれ、の二種あり〈略〉青さぎの油尤燃る事久しく、一盞の油にて冬夜を通す。又味も佳也」 ③馬の毛色の名。青毛の色の薄いもの。薄青毛。みずあお。＊散木奇歌集(1128頃)恋下「隙(ひま)もあらばをぐろに立てる青鷺のこまごまとこそいはまほしけれ」 方言 ❶鳥、ごいさぎ(五位鷺)。岩手県胆沢郡004 神奈川県中郡004 滋賀県伊香郡004 ❷心配事か驚きで、まっさおになった顔色。岩手県気仙郡102 ❸鈍い人。静岡県小笠郡062 発音 アオサギ〈標ア〉⓪ 辞書 名義・和玉・文明・饅頭・黒本・易林・書言・日葡・言海 表記 鸛(文・饅・黒) 青鷺(易・言) 鵁(名) 鴰(玉) 蒼鷺・鶬鴰(書)

あおさぎ の 羽(は) 矢羽(やばね)の一種。青鷺の羽で、狩猟用の鏑矢(かぶらや)に用い、箙(えびら)のうわざしにする。＊吾妻鏡–建久元年(1190)九月一八日「以二青鷺羽一為二表箭一」

あおさぎ-かすげ あをさぎ:【青鷺糟毛】〘名〙馬の毛色の名。水青(みずあお)の毛並みに白い巻き毛のあるもの。＊吾妻鏡–建久二年(1191)一一月二二日「公文所送文云、〈略〉一疋、あをさきかすけ」

あお-ざくら あを:【青桜】〘名〙花が散って若葉が出はじめた桜。葉桜。＊雑俳・住吉みやげ(1708)「しんかんと此方の気までも青桜」 発音〈標ア〉ザ

あお-ささげ あを:【青豇豆】〘名〙ササゲの莢(さや)のまだ若く青いもの。はつささげ。《季・夏》 ＊俳諧・五元集(1747)貞「海松和布をや蜑の腰簑青角豆」 発音 アオササゲ〈標ア〉サ1

あおささげ-めし あをささげ:【青豇豆飯】〘名〙未熟なササゲを、莢(さや)ごと刻んで炊き込んだ飯。

あお-ざし あを:【青―】〘名〙青麦をいり、臼でひいて糸状にひねった菓子。後には、青茶をいって糸状にひねったものもある。《季・夏》 ＊枕(10C終)二二三九・三条の宮におはしますころ「いとをかしきくす玉ども、ほかよりまゐらせたるに、あをざしといふ物をもてきたるを」 ＊俳諧・虚栗(1683)改夏「青ざしや草餅の穂に出つらん〈芭蕉〉」 ＊随筆・半日閑話(1823頃)一二「浅草名物。〈略〉松井源水、こまを廻しはみがき売る。いなか名物青ざし」 方言 ❶まだ熟さない大麦。神奈川県津久井郡316 ❷熟さない麦をいったもの。徳島県810 語源説 (1)サシはサス(映)の名詞形。青みがあるの意か〔大言海〕。(2)青差と形状が似ているからか。青麦をいって臼でひいて作るのでよった糸のような形をしている〔和訓栞所引大和故事〕。(3)香川、徳島県の一部で、麦の青い穂を軒にさした習慣からか〔綜合日本民俗語彙〕。 発音〈標ア〉⓪ 辞書 日葡・書言 表記 初熟麦(書)

あお-ざし あを:【青差・青緡】〘名〙(「あおさし」とも) 紺色に染めた麻縄の銭さし。また、それに通した銭。普通の銭ざしはわら縄であるが、江戸時代、公儀からの賞賜の場合に、特に用いられたもの。＊咄本・戯言養気集(1615–24頃)上「さてはあをざしによからふ、おかさに五つ六つ物したひ事ぢゃ」 ＊俳諧・太郎五百韻(1679)「口のほどけぬ鴈わたる也〈如見〉 青さしの数さへ見ゆるよはの月〈幾音〉」 ＊和訓栞(1777–1862)「あをざし〈略〉俗に銭緡を青く染たるを礼とす よて青ざしといひて銭の事になれる也」 ＊歌舞伎・身光於竹功(1864)序幕「親孝行の御褒美で、青緡(アヲザシ)でも貰ひませう」 発音〈標ア〉⓪ 辞書 言海 表記 青緡(言)

あお-さしば あを:【青刺羽】〘名〙鳥「さしば(刺羽)」の異名。＊小鷹部(16C中か)「春の野の草にとり入あをさしば鷹のしるしに鈴やなるらん」 ＊龍山公鷹百首(1589)「かり衣すそごのさし羽青差羽みどりをそふる野べの春草 すそごのさしばとて、尾のすそごなるあり。あをさしば青き荷なり。又赤きさしばも有」 辞書 言海

あお-さば あを:【青鯖】〘名〙(色が青いところから) 鯖をいう。＊十巻本和名抄(934頃)八「鯖 崔禹食経云鯖〈音青 阿乎佐波〉味鹹無毒口光肖蒼者也」 ＊日葡辞書(1603–04)「Auosaba (アヲサバ)」 発音〈標ア〉オ⓪〈ア史〉平安●●○○ 辞書 和名・色葉・名義・和玉・易林・日葡・言海 表記 鯖(和・色・名・玉・言) 鰓(名・易)

あお-さび・れる あを:【青寂】〘自ラ下一〙文 あをさび・る〘自ラ下二〙青白くやつれる。＊恋慕ながし(1898)〈小栗風葉〉一二「蒼寂(アヲサビ)れた顔をして、小鼻の辺に怪き腫出(ふきで)の沃度保爾母(ヨードホルム)臭い大年増」 発音〈標ア〉レ

あお-さぶらい あをさぶらひ【青侍】〘名〙①(青い袍(ほう)を着たところから) 公家の家に仕えた六位の侍。あおざむらい。②(「青」は未熟の意か) 身分の低い若侍。あおざむらい。＊中右記–永久三年(1115)八月一二日「一夜肥後守国資倉中窃盗入。嫌疑者彼家青侍也。則搦取也」 ＊古本説話集(1130頃か)五八「いまはむかし、父も、母も、主(しう)も、妻(め)も、子もなくて、ただひとりあるあをさぶらひ有りけり」 ＊太平記(14C後)二・天下怪異事「七大寺詣(まう)でする京家の青侍(アヲサブラヒ)なんどの、女性を具足したる体に見せて」 ＊浮世草子・好色一代女(1686)一・一「去(さる)御方の青侍(アオサフラヒ)其身はしたなくて、いやらしき事なるに」 ＊書言字考節用集(1717)四「青侍 アヲサフラヒ 堂上家斥二布衣以下侍一曰二青侍一」 発音〈標ア〉サ 辞書 書言 表記 青侍(書)

あお-ざむらい あをざむらひ【青侍】〘名〙(「あおさむらい」とも)「あおさぶらい(青侍)」に同じ。＊日葡辞書(1603–04)「Auosamurai (アヲサムライ)〈訳〉公家に仕える高貴な人々の一種」 ＊浄瑠璃・彦山権現誓助剣(1786)七「一重に薄き青侍(アヲザムラヒ)、通りかかるを走り寄り」 発音〈標ア〉ザ〈京ア〉ザ 辞書 日葡・言海 表記 青侍(言)

あお-さめ あを:【青白眼・青鮫】〘名〙馬の毛色の名。全体の毛並みが青く、目の部分だけが白いもの。

あお-ざめ あを:【青鮫】〘名〙ネズミザメ科のサメ。全長は、約五メートルにも達する。背は暗青色、腹部は白い。全世界の暖海に分布し、日本では南日本の沖合いに多い。歯がナイフ状に鋭くとがり、人を襲った記録もある。肉はかまぼこ、はんぺん、干物の材料、ひれは乾燥して中華料理に使う。あおやぎ。かつおざめ。いらぎ。ひとくいざめ。学名は Isurus oxyrinchus 方言 おながざめ(尾長鮫)。和歌山県有田郡・日高郡690 発音〈標ア〉オ⓪

あお-ざ・める あを:【青褪】〘自マ下一〙文 あをざ・む〘自マ下二〙①青くなる。青ばむ。＊太平記(14C後)三五・北野通夜物語事「体(てい)綢(なびやか)に色青醒(アヲザメ)たる雲客也」 ＊京大十冊本毛詩抄(1535頃)一四「酒にようた色を云ぞ。青さむるも赤うなるも同ぞ」 ＊談義本・風流志道軒伝(1763)三「四十過ぎての振袖、頬髭の跡青ざめたるも見ゆ」 ＊島の果て(1948)〈島尾敏雄〉「眼の下には海の色が月光で青冷めて輝いてい

ました」 ②特に、体の衰弱や恐怖などのため、顔色が青白くなる。顔色に血の気がなくなる。＊古今著聞集(1254)一六・五一六「この男、あをざめて出できたりけり」＊鳴門中将物語(13C後)「蔵人あをざめてまかりいでぬ」＊三体詩素隠抄(1622)五「蒼々は、あをざめたる貌を云ぞ」＊人情本・春色梅美婦禰(1841-42頃)四・二四回「色青ざめて身を振はし」＊多情多恨(1896)〈尾崎紅葉〉前・三・二「羸(やつ)れてゐる、色も蒼白(アヲザ)めてゐる」 発音〈なまり〉オーザメル〔山梨奈良田〕オザメル〔飛驒〕〈標ア〉メ〈京ア〉0 文『あをざむ』アオザム〈標ア〉ザ〈京ア〉0 辞書ヘボン・言海 表記青醒(へ)

あおざめ たる 馬(うま) 「ヨハネの黙示録」で、神のもつ巻物の封印を解くごとにあらわれた四頭の馬の一つ。死を乗せ、陰府(よみ)を従えていたことから、死の象徴とされる。＊引照新約全書(1880)約翰黙示録・六「一匹の灰色(アホザメ)たる馬(ムマ)を見たり」

あお-さん あを：【青三】〔名〕めくりカルタの三の組の札、四枚の中の青札。点数は五〇に当たる。＊博奕仕方風聞書(1839頃か)「三の四枚の内 青三と唱、青く彩色、数五十に相成申候、四枚之内、上の札に御座候」

あお-さんご あを：【青珊瑚】〔名〕トウダイグサ科の小高木。アフリカ原産で、インド、台湾南部の砂地にも生える。茎は高さ六メートルに達し、緑色で平滑な円柱状の枝を多数分かつ。葉は小形の線形。花は小さな単性花で、多数の総苞片(そうほうへん)に包まれる。れだまきりん。緑珊瑚。学名は Euphorbia tirucalli 発音アオサンゴ〈標ア〉サ

あお-ざんしょう あをザンセウ【青山椒】〔名〕まだ成熟しない色の青い山椒の実。塩漬けにしたり、または生のままで香辛料とする。《季・夏》＊俳諧・犬子集(1633)三・雑「朝倉や木丸つふそ青山椒〈慶友〉」 発音アオザンショー〈標ア〉ザ

あお-し あを：【青四】〔名〕めくりカルタの四の組の札、四枚の中の青札。点数は五〇に当たる。＊博奕仕方風聞書(1839頃か)「四の四枚の内 青四と唱、青く彩色、数五十に相成申候、四枚之内、上の札に御座候」

あお-し アヲ：【襖子】〔名〕①「あお(襖)③」に同じ。＊西大寺資財流記帳-宝亀一一年(780)(寧楽遺文)「襖子四領」＊続日本後紀-嘉祥二年(849)一〇月庚寅「薬師寺僧等繕ニ写薬師経卌巻一〈略〉施ニ僧等御被及襖子一」＊十巻本和名抄(934頃)四「襖子 唐令云諸給時服冬則白襖子一領〈襖烏老毛襖子阿乎之〉」 ②童女の着る汗衫(かざみ)に似た服。狩襖(かりあお)より転じたものであろう。＊宇津保(970-999頃)春日詣「よき童四人、あをし、あはせの袴、濃き衵(あこめ)など著て出で入り」 語源説(1)アヲに衣の意のシを添えた語。シは子の字音ではない〔筆の御霊〕。(2)アヲ(襖)は、字音アウがアヲに転じたもの〔東雅・字音仮字用格・大言海〕。 発音〈標ア〉0 辞書和名・色葉・名義・言海 表記襖子(和・色・名・言)

あお・し あをし【青】〔形ク〕⇩あおい(青)

あお-じ あを：【青ー】〔名〕伊勢神宮で潔斎に用いる海藻。むくしお。＊和訓栞(1777-1862)「むくしほ〈略〉志摩の国にてはあをじといふ」 方言❶未熟な青い果物。◇あおっしゃとも。高知市867 ◇あおしんぼ・あおせんぼ 岐阜県郡上郡504 ◇あおじっくそ 長野県松本062 ◇あおしっとお 島根県益田市725 ◇あおしっぱ 島根県出雲725 ◇あおしっぽう 島根県石見725 ◇あおすっぱあ 島根県725 ❷紺木綿。滋賀県蒲生郡606 ❸あざ。内出血による青あざ。愛媛県840「こけて此処へあおじがはいった」846 ◇あおじに 愛媛県840 ◇あおじん 山口県豊浦郡798 愛媛県周桑郡054 ❹幼児の肛門(こうもん)の上方の青い斑点(はんてん)。蒙古斑(もうこはん)。高知県土佐郡866 ❺青く広々しているもの。またはその所。◇あおせんぼ 岐阜県飛驒502 ❻鳥、せきれい(鶺鴒)。島根県那賀郡736 ❼魚、あおざめ(青鮫)。熊本県016 ❽山女(やまめ)の雌。福井県大野郡016 ❾植物、あまも(甘藻)。伊勢志摩†035

あお-じ あをヂ【青地】〔名〕織物の地色の青いもの。青い地の織物。＊源氏(1001-14頃)若菜下「高麗(こま)のあをぢの錦の、はしさしたるしとねに」＊たまきはる(1219)「黄地のにしきの上着、あをぢの唐衣(からぎぬ)にや、いと覚えず」＊源平盛衰記(14C前)二〇・石橋合戦「与一、其の日の装束には、青地(アヲヂ)の錦の直垂(ひたたれ)に、赤威(あかをどし)の肩白の冑(よろひ)の、裾金物打ったるを著て」＊説経節・さんせう太夫(与七郎正本)(1640頃)下「はだにはあをちのにしきをめされ、からまきのひたたれに、かりやすいろのすいかんに、たまのかふりをめされ」 発音〈標ア〉0〈京ア〉0 辞書書言・言海 表記青地(書・言)

あお-じ あを：【青瓷】〔名〕①銅を呈色剤とした緑色の釉(うわぐすり)を表面にかけた陶器。緑釉陶器。＊宇津保(970-999頃)楼上上「檜皮(ひはだ)をばふかで、あをじの濃き薄き、黄ばみたるを、〈略〉ふかせ給へり」＊能因本枕(10C終)二一九・硯きたなげにちりばみ「あをじのかめの口落ちて」＊今昔(1120頃か)二八・二一「青く綵(いろへ)たる折敷(をしき)に、青瓷の盤(さら)に」＊三内口決(1579頃)「青甆〈或白茶碗〉。大臣朝夕之器也。〈一切塗物不ㇾ用ㇾ之〉」 ②染色の名。①のような色。＊源氏(1001-14頃)若菜下「紅梅二人、桜二人、あをじのかぎりにて、衵(あこめ)濃く薄く、うち目などえならで着せ給へり」＊花鳥余情(1472)二〇「紅梅、桜は上着なり。あをじは汗衫(かざみ)をいふべし」 発音〈標ア〉0〈ア史〉鎌倉・室町 ●●● 辞書色葉・言海 表記青瓷(色)

あお-じ あを：【蒿雀・青鵐】〔名〕ホオジロ科の鳥。大きさはスズメぐらいで、全長約一六センチメートル。上面は暗緑色を主色とし、腹面は淡黄色に暗黒色の斑点がある。鳴き声はホオジロに似ている。本州中部の高原から北海道の低地にかけて繁殖し、冬は本州中部以南の低地に渡る。あおしとど。学名は Emberiza spodocephala《季・夏》＊本朝食鑑(1697)九「鵐〈訓ニ之止止(しとど)一或今訓ニ阿於之(アヲシ)一〉」＊和漢三才図会(1712)四二「蒿雀(アオジ) 青鵐〈俗称〉俗云阿乎之」＊俳諧・俳諧四季部類(1780)八月「連雀 豆鳥〈略〉あをぢ」＊田舎教師(1909)〈田山花袋〉四一「あをじやつぐみの鳴声が垣に近く聞える」 語源説アヲはその色から、ジはシトド(鵐)の略〔名言通〕。 発音〈標ア〉0 辞書書言・ヘボン・言海 表記鶪(書) 草雀(へ)

あお-じお あをじほ【青潮】〔名〕「あおばじお(青葉潮)」に同じ。《季・夏》＊一路(1924)〈木下利玄〉岬「蒼潮(アヲジホ)へつたはりきたる波のうねりふくらみの腹崖(がけ)の根をうつ」

あお-しか【青鹿】〔名〕方言⇩あおしし(青鹿)

あお-しぎ あを：【青鴫】〔名〕シギ科の鳥。ヤマシギに似るがやや小さく、全長は三〇センチメートル内外。アジア大陸の山地で繁殖し、日本へは冬鳥として渡来するが数は少ない。山間部の渓流付近の林などにすむ。さわしぎ。学名は Gallinago solitaria《季・秋》 発音アオシギ〈標ア〉0 シ

あお-じく あをヂク【青軸】〔名〕梅の一品種。若枝および萼(がく)が緑色。花は一重または八重で、純白。あおじくばい。＊重訂本草綱目啓蒙(1847)二五・五果「梅〈略〉緑萼梅はあをじく 花戸には誤て玉萼梅とよぶ その花萼緑色、嫩枝も緑色〈略〉一名平楽香」＊歌舞伎・朝日影三組杯觴(憲法発布)(1889)「まだ色気さへ白梅に、気も青(アヲ)じくの生娘と、人になぶられ言はれしも」 方言葉柄が緑の蕗(ふき)。長野県佐久485 発音〈標ア〉0 辞書言海 表記青軸(言)

あおじく-ばい あをヂク：【青軸梅】〔名〕「あおじく(青軸)」に同じ。

あお-しぐれ あを：【青時雨】〔名〕雨とは関係なく、青葉の木立から落ちる水滴。濃霧のあとや、朝に多いとされる。《季・夏》 発音アオシグレ〈標ア〉シ

あお-しし あを：【青鹿】〔名〕「かもしか(羚羊)」の異名。＊重訂本草綱目啓蒙(1847)四七・獣「麢羊〈略〉あをしし 南部 かもしか かもしし〈大和本草〉」 方言青森県上北郡082 岩手県上閉伊郡097 秋田県雄勝郡012 山形県139 福島県耶麻郡012 南会津郡185 埼玉県秩父郡251 新潟県361 368 山梨県南巨摩郡465 ◇あおじ 新潟県東蒲原郡368 ◇あおし 岐阜県飛驒502 ◇あおしか 伊豆†073 新潟県東蒲原郡368 山梨県南巨摩郡463 辞書言海 表記青鹿(言)

あお-じそ あを：【青紫蘇】〔名〕シソの一品種。茎、葉ともに緑色で、花は白色。若葉および若い穂は香料や薬味にし、実は塩漬けにする。学名は Perilla frutescens var. crispa f. viridis《季・夏》＊博物図教授法(1876-77)〈安倍為任〉一「アヲシソは葉茎類にして唯葉茎の青色を以て名を異にするなり」＊にごりえ(1895)〈樋口一葉〉四「青紫蘇(アヲヂソ)、ゑぞ菊」＊夜明け前(1932-35)〈島崎藤村〉第一部・上・一・一「酒のさかな。胡瓜(きうり)もみに青紫蘇(アヲジソ)」 方言植物。❶あかざ(藜)。島根県石見725 ❷えごま(荏胡麻)。島根県美濃郡964 発音〈標ア〉0〈京ア〉0 ⓪

あお-した あを：【青舌】〔名〕魚「くろうしのした(黒牛舌)」の異名。＊重訂本草綱目啓蒙(1847)四〇・魚「比目魚 したびらめ 江戸 うしのした 東国〈略〉一片は青く一片は白きものをあをした 摂州」 方言紀伊(縞牛の舌)†030 兵庫県明石郡015

あお-しだ あを：【青歯朶】〔名〕シダ類の青々と繁茂しているさまをいう。歯朶若葉。《季・夏》 発音〈標ア〉0 シ

あお-しだ あほ：〔連語〕(「あう(逢)」の東国方言「あお」に、時の意の「しだ」が付いた語) 逢う時。＊万葉(8C後)一四・三四七八「遠しとふ故奈の白嶺に阿抱思太(アホシダ)も逢はのへ時(しだ)も汝にこそ寄され〈東歌〉」

あお-しち あを：【青七】〔名〕めくりカルタの七の組の札、四枚の中の青札。点数は二〇に当たる。＊博奕仕方風聞書(1839頃か)「七の四枚の内 青七と唱へ、数二十に相成申候」

あお-じっくそ【青ー】〔名〕方言⇩あおじ(青ー)

あお-しで【青四手】〔名〕方言植物。❶くましで(熊四手)。静岡県003 兵庫県003 福岡県003 ❷あかしで(赤四手)。長野県松本市003 三重県多気郡・北牟婁郡036 高知県幡多郡036 ❸いぬしで(犬四手)。長野県036 岐阜県036 静岡県008 愛知県036 和歌山県008 鳥取県003 島根県003 広島県008 徳島県811 高知県808

あお-しとど あを：【青鵐】〔名〕(「あおしとと」「あおじとと」とも) 鳥「あおじ(蒿雀)」の異名。＊饅頭屋本節用集(室町末)「青鵐 アヲジトト」＊日葡辞書(1603-04)「Auojitoto(アヲジトト)〈訳〉よく囀る小鳥の一種」＊書言字考節用集(1717)五「鵐 アヲシトト」＊物類称呼(1775)二「蒿雀 あをしとと 遠江にて青ちちんと云 東国及四国にてあをじと云」 方言秋田県004 富山県004 鹿児島県004 ◇あおしとと 周防†122 岩手県西磐井郡004 山形県西置賜郡004 発音〈音史〉『しとと』は平安頃まで清音であり、室町頃は連濁して『あをじとと』となる。のちに『しとと』が『しとど』に変化し、『あをしとど』になったものか。 辞書饅頭・書言・日葡・言海 表記青鵐(書・言) 青鵐(饅) 鶪(書)

あお-じに【青ー】〔名〕方言⇩あおじ(青ー)

あおじ-にしき あをヂ：【青地錦】〔名〕地色の青い錦。＊今年竹(1919-27)〈里見弴〉二夫婦・四「床の間に、青地(アヲヂ)錦の袋に入れて立てかけてある琴を見ても」 発音〈標ア〉ニ

あお-しば あを：【青芝】〔名〕色が青々としている夏の芝。夏芝。《季・夏》＊真理の春(1930)〈細田民樹〉島の噴煙・一六「建物に遮ぎられたゴルフ・リンクの青芝(アヲシバ)を歩いた」＊寒雷(1939)〈加藤楸邨〉「臥して見る青芝海がもりあがる」 発音〈標ア〉0

あお‐しば ：あを【青柴】〘名〙色の青い柴。生木（なまき）の柴とも青葉のついた柴ともいう。＊赤染衛門集（1041‐53頃）「あをしばにまぜておりたるもみぢ葉は燃えぬばかりに色もかひなし」 発音〈標ア〉[0]

あお‐しべ ：あを〘名〙植物「するがらん（駿河蘭）」の異名。

あお‐しま ：あを【青島】宮崎市南部の小島。干潮時には陸続きとなり、「鬼の洗濯板」と呼ばれる砂岩と泥岩の互層が現われる。ビロウ樹など特別天然記念物の亜熱帯性植物群落がある。淡島。歯朶（しだ）の浮島。

あおしま あをしま【青島】姓氏の一つ。発音〈標ア〉[オ]

あお‐じま ：あを【青縞】〘名〙（「あおしま」とも）経（たて）、緯（よこ）ともに紺色の糸で織った綿布。めくらじま。＊妻（1908‐09）〈田山花袋〉三〇「青縞が土地の名産で、機杼（はた）の音が到る処に聞える」 発音〈標ア〉[0]

あおしま‐びな あをしま：【青島雛】〘名〙泥製の首に、粗雑な縞模様の紙を着せた雛人形。宮崎県宮崎郡青島の青島神社の祭神、彦火々出見命（ひこほほでみのみこと）、豊玉比売命（とよたまひめのみこと）にかたどったといわれる。夫婦和合、安産を祈願して、奉納する習慣がある。

あお‐しもんせん ：あを【青四文銭】〘名〙「あおせん（青銭）」に同じ。

あおじゃ 〘名〙方言❶消えかかった雪。石川県金沢市062 ❷道路の雪解けの所。富山県040 ❸雪が水に混じったもの。滋賀県坂田郡・東浅井郡608

あお‐じゃしん ：あを【青写真】〘名〙（英 blue print の訳語）①鉄塩の感光性を利用した写真の一種。また、その写真。一八四二年、イギリスのハーシェルが発明。感光剤を塗布した感光紙の上に、トレーシングペーパーなどに描いた図面（原図）を載せ、水銀灯などの光で焼き付けて得られる青地に白の図面。設計、工作図面の複写に用いる。シアノタイプ。鉄写真法。ブループリント。《季・冬》＊新しき用語の泉（1921）〈小林花眠〉「青写真（アヲジャシン）青地に白色、或は白地に青色の線をあらはす写真」＊我が心は石にあらず（1964‐66）〈高橋和巳〉三・二「青写真の上では遺漏のないはずのものが、実際に（試作品ヲ）作ってみると全然動かなかったり」②（青写真が多く設計図に用いられるところから）未来の抱負、計画。＊「山びこ学校」訪問記（1951）〈臼井吉見〉中野好夫氏に「六年生の子が戦争中に理想社会の青写真の夢を、こんなにいきいきとうたったことは歴史的な事件といっていい」＊日本人のへそ（1969）〈井上ひさし〉二幕「ただ、先生に逢ってからすこし、理想の青写真が変りましてな」 発音〈標ア〉[ジャ]〈京ア〉(ジャ)

あお‐しゃび・れる ：あを【青―】〘自ラ下一〙色が青く、しなびている。〘俚言集覧（1797頃）〙方言やつれて顔色が蒼白（そうはく）になる。青ざめる。◇あおしゃぶれる 愛知県愛知郡563 碧海郡564 和歌山市「あおしゃぶれた顔して立ってる」691 ◇あおしゃんぶれる 長野県上伊那郡488 ◇あおっちぶれる・あおっちゃぶれる 栃木県198 ◇あおっちぼれる 栃木県塩谷郡198 埼玉県北葛飾郡054 ◇あおしょじける 島根県邑智郡・邇摩郡725

あお‐じゅく ：あを【青熟】〘名〙①穀物の実がまだ十分に熟さないこと。乳熟（にゅうじゅく）。②成熟した蚕の体が青みを帯びる性質。また、そのような性質を持つ蚕の品種の名。青引き。発音〈標ア〉[0]

あお‐じょう あをじやう【青―】〘名〙鳥「あおじ（蒿雀）」の異名。＊物類称呼（1775）二「蒿雀 あをしとと〈略〉美作にて、青じゃうと云」 方言❶鳥、あおじ（青鵐）。◇あおじょろ 島根県益田市725 ◇あおじろ 香川県829 ◇あおんちょ 香川県829 ❷鳥、さんこうちょう（三光鳥）。◇あおしょうと 周防†122 岡山県004 広島県004 ◇あおじょうとお 岡山県苫田郡748 ❸鳥、くろじ（黒鵐）。埼玉県入間郡004 ❹顔色が蒼白（そうはく）で血の気のない者。◇あおんじょろとも。島根県益田市725 ❺体の虚弱な者。◇あおんじょろ 島根県益田市725

あお‐しょせい ：あを【青書生】〘名〙（「青」は未熟の意）年が若く、学問などが未熟な学生。転じて、学生をばかにしていう語。＊花間鶯（1887‐88）〈末広鉄腸〉下・三「御互に青書生（アヲショセイ）で飛込んでぴしぴしやり付けて仕舞ったじゃないか」＊社会百面相（1902）〈内田魯庵〉老俗吏「まだまだ汝（おまい）のやうな青書生が手の届く咄ぢゃない」＊野分（1907）〈夏目漱石〉八「堕落した青書生と見えるだらう」 発音アォショセイ〈標ア〉[ショ]

あお‐しらつるばみ ：あを【青白橡】〘名〙①「あおいろ（青色）②」に同じ。②襲（かさね）の色目の名。表は青、裏は黄。＊延喜式（927）一四・縫殿寮「青白橡綾一疋」

あお‐じら・む ：あを【青白】〘自マ五（四）〙青白くなる。あおじろむ。＊浅草紅団（1929‐30）〈川端康成〉一三「紅丸の艫で、船頭の顔はひどく青白（アヲジラ）んでゐたのだ」 発音〈標ア〉[ラ]

あお‐しりがい ：あを【青鞦】〘名〙（しりがいは馬具の名）青色のしりがい。本来は、弾正台、検非違使などの官人の所用したもの。

あお‐じる ：あを【青汁】〘名〙①青色の汁。生の緑葉野菜のしぼり汁。②料理の一種。ホウレンソウをゆでて、すりつぶし、白みそを混ぜてこし、すまし汁でといて魚菜などを入れた料理。

あお‐じろ ：あを【青白】㊀〘形動〙青白いさま。＊大慈恩寺三蔵法師伝永久四年点（1116）四「餔多の輩は灰を以て体に塗りて、用て道を脩すと為（す）。遍身艾白（アヲシロナリ）」＊今昔（1120頃か）二八・二二「色は露草の花を塗たる様に青白にて」＊物質の弾道（1929）〈岡田三郎〉「顔が蒼白（アヲジロ）なために、唇の紅はきはだって、妖婦型女性を思はせた」㊁〘名〙背部が青く、他の部分の羽毛が白い鷹。＊後京極殿鷹三百首（15C後‐16C後）冬「常盤なる梢に降るうす雪の色を移すや鷹の青しろ」＊禰津松鷗軒記（室町末か）「真白一。青白一。黒白一」 辞書色葉・伊京 表記𨋹・倫（色）青鷹・蒼鷹（伊）

あお‐じろ・い ：あを【青白・蒼白】〘形口〙文あをじろ・し〘形ク〙（「あおしろい」とも）①青みを帯びて白い。＊古活字本毛詩抄（17C前）四「雛の鳥のようなぞ。青白の間にありて青白いぞ。かう此草が有ぞ」＊別れ霜（1892）〈樋口一葉〉六「半面を射る瓦斯燈の光り青白（アヲジロ）し」＊思出の記（1900‐01）〈徳富蘆花〉二・四「春に青白い霞がかけた様に」②顔色が青ざめて、血の気がない。＊羅葡日辞書（1595）「Expalleo〈略〉Aoxiroqu（アヲジロク）ナル」＊当世書生気質（1885‐86）〈坪内逍遙〉一「色は白けれども、麗（つや）やかならねば、まづ青白（アヲジロ）いといふ皃色（かほいろ）なるべし」＊改正増補和英語林集成（1886）「Aoshiroi, ki, ku, shi アヲシロシ 青白」＊虞美人草（1907）〈夏目漱石〉二「蒼白（アヲシロ）き頬」 発音〈標ア〉[0][ロ]〈京ア〉[ロ] 辞書ジ 文「あをじろし」アォジロシ〈標ア〉[ジ]〈京ア〉[ロ] 辞書ボン 表記青白（へ）

あおじろき インテリ （屋内にこもりがちで、顔色の青白いところから）知識人の実践力に乏しいのをあざけっていう語。昭和一〇年（一九三五）ごろから言われはじめた。

あおじろ‐さ あをじろ：【青白―】〘名〙（形容詞「あおじろい」の語幹に接尾語「さ」の付いたもの）青白いこと。＊休憩時間（1930）〈井伏鱒二〉「われ等は今悲しみにみちる。このしのびやかな蒼白さと真紅とのうちに、蒼白さは悩みであり真紅は希望であるが」＊駈込み訴へ（1940）〈太宰治〉「骨も細く、皮膚は透きとほる程の青白さで、手足もふっくらして小さく」 発音〈標ア〉[ジ]

あお‐じろ・む ：あを【青白】〘自マ五（四）〙青白くなる。とくに、顔色が青ざめて、血の気がなくなる。＊不言不語（1895）〈尾崎紅葉〉三「良（やや）有りて奥様は夕月の如く蒼白みたる面を擡（あ）げ給ひて」＊多情仏心（1922‐23）〈里見弴〉都を離れて・二二「三好は、興奮のために少しく青白みながら」 発音〈標ア〉[口]

あお‐しんごう あをシンガウ【青信号】〘名〙①交通機関で、進行、安全を意味する青緑色の信号。灯火または旗を用いる。↔赤信号。＊初稿・エロ事師たち（1963）〈野坂昭如〉二「青信号になってもすぐとは足ふみ出さんほど注意ぶかいのに」②（比喩的に）行先が安全であること。幸先（さいさき）のよいこと。↔赤信号。発音アォシンゴー〈標ア〉[シ]〈京ア〉(シ)

あおしん‐ぼ 【青―】〘名〙方言⇩あおじ（青―）

あおしん‐ぼう あをしんバウ【青坊】〘名〙顔色が青く不健康そうな様子の人。＊判任官の子（1936）〈十和田操〉一「県病院長の子のくせに青しん坊の背のひょろ高い」 発音アォシンボー〈標ア〉[0][シ]

あお‐す ：あを【青酢】〘名〙（「あおず」とも）ホウレンソウをゆでて、すりつぶし、酢、みりん、砂糖、塩などを混ぜて、裏ごしにしたもの。＊四条流庖丁書（1489）「差味可ㇾ盛事〈略〉酢はわさびず成べし。但蓼出来の時分は青酢吉。いかなる魚鳥にても青醋は苦間敷なり」＊評判記・赤烏帽子（1663）山本万之助「人皆興さめて、色は青酢に異ならずとぞ」＊俳諧・大坂檀林桜千句（1678）第一〇「酒すきはみたるる雲の春雨に〈本秋〉野辺のみとりや青酢なるらん〈友雪〉」 発音〈標ア〉[0]

あお‐す ：あを【青簾】〘名〙「あおすだれ（青簾）①」に同じ。＊良人の自白（1904‐06）〈木下尚江〉後・八・二「俊三の白洋服が青簾（アヲス）の影に映（さ）したので」

あお‐すがやま ：あを【青菅山】〘名〙青々と菅（すげ）の茂っている山。一説に、「菅」は「清」のあて字で「樹木の茂ったすがすがしい山」の意ともいう。＊万葉（8C後）一・五二「耳成（みみなし）の 青菅山（あをすがやま）は 背面（そとも）の 大（おほき）御門（みかど）に 宜（よろ）しなへ 神さび立てり〈作者未詳〉」

あお‐ずきん あをヅキン【青頭巾】〘名〙青色の頭巾。紺染めの頭巾。＊読本・雨月物語（1776）青頭巾「かの青頭巾と骨のみぞ草葉にとどまりける」 発音〈標ア〉[ズ]

あお‐すげ ：あを【青菅】〘名〙カヤツリグサ科の多年草。各地の丘陵や低地の草地に生える。高さ九～三〇センチメートル。茎は細い三角柱状で叢生（そうせい）して大きな株となる。葉は長さ一〇～一五センチメートル、幅二ミリメートルぐらい。四月から五月頃、茎の頂に淡黄白色の雄花穂と、その少し下に緑色の雌花穂をつける。学名は Carex breviculmis ＊日本植物名彙（1884）〈松村任三〉「アヲスゲ」 発音アォスゲ〈標ア〉[オ]

あお‐すげがさ ：あを【青菅笠】〘名〙青色の菅笠。＊歌舞伎・貞操花鳥羽恋塚（1809）三立「油坊主の形をしたる男、青菅笠（アヲスゲガサ）、黒衣（こくえ）の形にて」

あお‐すじ あをすぢ【青筋】〘名〙①青色の筋。＊増鏡（1368‐76頃）一〇・老のなみ「院の御かた、葡萄染めに白筋、樺（かば）桜のあをすぢ、〈略〉さまざまに目もあやなる清らをつくされたり」＊滑稽本・浮世風呂（1809‐13）四・下「蟠風は疳癪隈といって、青筋（スヂ）をチリチリと縮らかして入たものさ」②皮膚を透かして、青く見える静脈。＊松翁道話（1814‐46）四・下「青筋のひたひに角があらはるる内にねたみのとがり有る故」＊いさなとり（1891）〈幸田露伴〉四四「眉間の青筋が気に食はぬとか」 発音〈標ア〉[0]〈京ア〉(オ) 辞書ボン 表記青筋（へ）

あおすじ を=立（た）てる［=張（は）る］ 顔に静脈を浮き出させる。はげしく怒ったり、興奮したりしているさまをいう。＊滑稽本・風来六部集（1780）放屁論「青筋（アヲスヂ）をはってのいひぶん」＊滑稽本・古朽木（1780）二「早く相止め然るべしと、青筋張ってぞ申しける」＊花ごもり(1894)〈樋口一葉〉六「さりとて青筋(アヲスヂ)たてて怒りもせば」

あおすじ-あげは【青条揚羽蝶】〘名〙アゲハチョウ科のチョウ。体は黒く、はねは黒地に空色の方形紋が縦に並ぶ。他のアゲハ類と異なり、はねの尾状突起がない。幼虫はクスノキ、タブノキなどの葉を食べ、蛹(さなぎ)で越冬する。本州・四国・九州の暖地や、沖縄に分布。くろたいまい。学名は Graphium sarpedon 発音アオスジアゲハ〈標ア〉ア2

あお-すすき【青薄】〘名〙四、五月ごろ、若葉が大きくなって、青々と茂ったススキ。《季・夏》＊俳諧・浅草はうご(1799)「淋しさのほだしや月の青芒〈長斎〉」＊俳諧・草津道の記(1808)「貌(かほ)ぬらすひたひた水や青芒」発音〈標ア〉ス1

あお-すずめ【青雀】〘名〙方言鳥、あおじ(蒿雀)。岩手県九戸郡004 鳥取県西伯郡004 ◇あおひばり〔青雲雀〕香川県西部829

あお-すずらん【青鈴蘭】〘名〙ラン科の多年草。本州中部以北の山地に生える。高さ三〇〜五〇センチメートル。茎には縦ひだがあり、全体に細毛があるので、さわるとざらつく。葉は互生し、広楕円または卵状広楕円形で、先はとがり、基部は茎を包む。夏に茎の先に総状花序が出て、緑色のスズランに似た花をつける。えぞすずらん。学名は Epipactis papillosa 発音〈標ア〉ズ

あお-すそご【青裾濃】〘名〙青色で上のほうを薄く、裾のほうになるほど濃く染めたもの。裳、下簾(したすだれ)などに多く用いる。＊枕(10C終)一〇四・淑景舎、東宮に「御手水は、番の釆女のあをすそごの裳、唐衣」＊玉葉‐治承二年(1178)一〇月二九日「手振十二人。〈略〉紫褐、青末濃袴、青単張半臂下襲」発音アオスソゴ〈標ア〉ズ

あお-すだれ【青簾】〘名〙①青竹を編んで作ったすだれ。《季・夏》＊俳諧・毛吹草(1638)二「初夏〈略〉青簾」＊大和耕作絵抄(1688‐1704頃)更衣「四月一日衣更(ころもかへ)、宮中、〈略〉御畳しきかへ青簾(アヲスタレ)かかる」＊四時交加(1799)上・夏「しばし染にし華の衣更(ころもかゆる)ころとなれば、人の家も青簾(アヲスダレ)かかげ」＊団団珍聞‐五五七号(1886)「青簾(アヲスダレ)より這入りこむ風に暑(あつさ)を追ひはらひ」②牛車(ぎっしゃ)に掛ける、青糸で編んだすだれ。＊餝抄(1238頃)下「毛車〈略〉諒闇、普通之儀无二相違一、少々用二無文藍革青簾、浅木末濃下簾一」③「あおば(青葉)の簾(すだれ)」に同じ。＊俳諧・其袋(1690)夏「五位六位色こきまぜよ青簾〈嵐雪〉」＊俳諧・けふの昔(1699)「青簾いづれの御所の賀茂詣〈其角〉」方言(樹皮が青く枝がすだれのように下がっているところから)植物、ちりめんかえで(縮緬楓)。長野県北佐久郡485 発音〈標ア〉ス〈京ア〉ス/ス

あお-ずっぱ・い【青酸】〘形口〙文あをずっぱ・し〘形ク〙青くささとすっぱさとが混じったにおいである。＊野火(1951)〈大岡昇平〉二三「雨に濡れた草の、青酸(アヲズ)っぱい臭ひに混って、私のよく知ってゐる、あのつんと鼻をつく臭気が、緑の間に漂ってゐた」発音〈標ア〉パ0

あお-ずべ【青─】〘名〙「あおにさい(青二才)」に同じ。＊滑稽本・旧観帖(1805‐09)初・一「『やれ下の青ずべたら湯(よ)をふとつもらいませうよ』〈くるしい事はてきない、二才やらうを青ずべなどいふ国詞なり〉」方言◇あおすべ 富山県下新川郡391

あお-ずみ【青墨】〘名〙①「あいろうずみ(藍蝋墨)」に同じ。②青色が入った墨色。発音〈標ア〉オ 辞書言海 表記青墨(言)

あお-ず・む【青─】〘自マ五(四)〙青みを帯びている。青くなる。＊武蔵野(1898)〈国木田独歩〉三「蒼(アヲ)ずんだ冬の空が高く此上に垂れ」＊玄武朱雀(1898)〈泉鏡花〉二「一輪の寒月は、恰(ちゃう)ど其上に蒼ずんだ色で冴えて居るので」＊水の葬列(1967)〈吉村昭〉三「その顔は青ずみ、唇は白けていた」発音〈標ア〉ズ

あおず-むかで【青頭百足】〘名〙オオムカデ科のオオムカデの一変種。体長一〇センチメートルに達し、頭部、背板が青緑色のもの。発音〈標ア〉ム

あお-すもも【青李】〘名〙①スモモの栽培品種。熟しても実が緑色のもの。＊重訂本草綱目啓蒙(1847)二五・五果「李 すもも〈略〉青李あり 俗名あをすもも 実色に因て名づく」＊小学読本(1874)〈榊原・那珂・稲垣〉三「熟すれども、白く青きをば、青李といふ」②スモモの未熟な実。＊新撰六帖(1244頃)六「数ならぬ片山かげのあをすももも身はあるかひもなくなりにけり〈藤原信実〉」発音〈標ア〉ス 辞書言海 表記青李(言)

あお-ずり【青摺】〘名〙①「あいずり(藍摺)①」に同じ。＊続日本紀‐宝亀元年(770)三月二八日「供二奉歌垣一、其服並著二青摺細布衣一、垂二紅長紐一」＊枕(10C終)九〇・宮の五節いださせ給ふに「辰の日の夜、あをずりの唐衣、汗衫(かざみ)をみな着せさせ給へり」＊源氏(1001‐14頃)幻「頭中将、蔵人少将など、小忌(をみ)にて、あをずりのすがたども清げにめやすくて」②「あおずり(青摺)の衣(きぬ)」の略。＊延喜式(927)七・神祇・践祚大嘗祭「小斎親王以下皆青摺袍。五位以上紅垂紐〈浅深相副〉」＊枕(10C終)二二〇・賀茂の臨時の祭「雪すこしうち散りて挿頭(かざし)の花、あをずりなどにかかりたる、えもいはずをかし」＊中務内侍(1292頃か)弘安一〇年一二月五日「あをすりのそでぐちをかし」＊装束集成(1754頃か)九・舞人青摺「御即位大嘗仮名記曰、臨時祭の舞人の着するをば、青摺と名付、大嘗会の時は小忌といふ、小忌青摺は同じ事なれど、裁縫のやう替れり」③きのこ「はつたけ(初茸)」の異名。＊和訓栞(1777‐1862)「はつたけ〈略〉江州にてはあをすり又あゐすり」発音〈標ア〉0 辞書言海 表記青摺(言)

あおずり の 紙(かみ) 藍で模様を摺りつけて染めた紙。＊源氏(1001‐14頃)乙女「あをすりのかみ、よく取りあへてまぎらはし書いたる濃墨、薄墨、草がちにうちまぜ乱れたるも人の程につけてはをかしと御覧ず」＊河海抄(1362頃)九「青摺の紙とは青き蠟紙歟 唐紙の文は印にあてて蠟にてすりたれば云歟」

あおずり の 衣(きぬ) 山藍(やまあい)の葉などで模様を青く摺り出した衣。後世は、賀茂の臨時の祭会に奉仕する舞人が着用する、白い闕腋(けってき)の袍(ほう)の青摺にしたものをいい、神事または節会(せちえ)の時着用するのは小忌衣(おみごろも)といって区別した。＊古事記(712)下「百官人等悉に紅き紐著ける青摺衣(あをすりのきぬ)を服(き)てありき」＊筆の御霊(1827)前・八「青ずりの衣にほやを用ふる事」

あおぜ〘名〙西北の風。船人の語。＊改正増補和英語林集成(1886)「Aoze アオゼ〈訳〉北西の風」方言畿内†035 中国†035

あお-せん【青銭】〘名〙明和五年(一七六八)から発行の寛永通宝四文銭の俗称。材質が真鍮なので、当時通用の一文銭にくらべて青白く見えたところからいう。青四文銭。↔赤銭。＊安愚楽鍋(1871‐72)〈仮名垣魯文〉二・下「文久銭と鐚(びた)がまじればもとの十文でございますから、二文たかい勘定、青銭(アヲセン)ならばいぜんとどうやう」

あお-せん【青線】〘名〙①青い色の線。＊春潮(1903)〈田山花袋〉一六「青線の入った軍服を着た獣医官らしい若い軍人が」＊好奇心(1948)〈荒正人〉「鉄道は赤線で、河川は青線で書かれ」②「あおせんくいき(青線区域)」の略。発音〈標ア〉0

あおせん-くいき【青線区域】〘名〙特殊飲食店の営業許可により公認の売春行為をしていた赤線地帯の周辺で、営業許可なしの売春を行なっていた飲食店街のこと。警察などの地図に青線で示したところからいう。＊火の山(1955)〈井上友一郎〉一・三「この娘が、ゆうべ山へ入り込んだI市の周旋屋から現ナマを受け取って、青線区域に身を売ったと言うんですタイ」

あおせん-ちたい【青線地帯】〘名〙「あおせんくいき(青線区域)」に同じ。発音〈標ア〉タチ

あお-そ【青麻・青苧】〘名〙麻の粗皮(あらかわ)をはいで、水によくさらし、細かくさいたもの。奈良晒布(ならざらし)や越後上布の原料になる苧麻(ちょま)。古くは中部以北の諸国に産したが、中世以降の産地としては越後国(新潟県)が最もよく知られた。真苧(まお)。＊上杉家文書‐大永七年(1527)六月一〇日・三条西聴雪(実隆)自筆書状(大日本古文書一・三四六)「抑青苧公銭知行之処、此三ケ年一向無沙汰」＊浮世草子・日本永代蔵(1688)二・五「『当年の紅(べに)の花の出来は』『青苧(アヲソ)は何程』と、入事(いること)ばかりを尋ね」＊国花万葉記(1697)一一「青苧(アヲソ)なら布に用し真苧なり」＊俚言集覧(増補)(1899)「青そ 麻の粗皮。麻縄などに搓(こしらふ)べきものをいふ」方言❶蒸して芯(しん)を抜き、まだ皮のついたままの麻の青い繊維の部分。岐阜県飛驒502 ❷植物、からむし(苧麻)。山形県030 ◇あおぞり 山形県東村山郡964 ❸植物、ういま(茴麻)。上州北甘楽郡†065 ❹植物、あおつづらふじ(青葛藤)。高知県幡多郡808 ❺藻、あおのり(青海苔)。和歌山県日高郡692 発音〈標ア〉0 辞書言海 表記青麻(言)

あおそ〘名〙①柿の栽培品種。＊重訂本草綱目啓蒙(1847)二六・山果「椑柿〈略〉集解の説はきざわしなり〈略〉釈名の説はしぶがきなり、これを漆柿といふ、俗名あをさ、一名あをそ、これに品類多し、いまだ熟せざる時搗て汁を取を柿漆(しぶ)と云」②植物「かわもずく(川水雲)」の異名。＊語彙(1871‐84)「あをさ(俗) かはもづく、かはあをのり〈略〉あをそ」方言❶未熟な柿。奈良県南部683 ❷渋柿。栃木県198 奈良県宇智郡(先のとがっているもの)683 ❸大蛇。近江†020 発音〈標ア〉0

あお-ぞう【青僧】〘名〙年が若く、未熟な者をののしっていうことば。青二才。＊続あにいもうと(1934)〈室生犀星〉「てめえのやうな青僧のどの指がさされるんだ」発音アオゾー〈標ア〉0

あお-ぞう【青蔵】〘名〙①「あおんぞう(青蔵)①」に同じ。②めくりカルタで、あざ(青一)・青二・釈迦十(青十)の三枚を揃えた時に付く役。団十郎。

あお-そこひ【青底翳】〘名〙そこひの一種で、瞳孔が青く見えるもの。緑内障の俗称。発音〈標ア〉ソ

あお-ぞの【青─】〘名〙方言植物。❶いぬしで(犬四手)。静岡県524 ❷くましで(熊四手)。◇あおそや 福岡県豊前003 964 大分県003

あお-そば【青蕎麦】〘名〙①まだ熟さないで、色の青いそばの実。先祖の霊をとむらう魂祭(たままつり)の供物に用いられる。＊俳諧・増山の井(1663)七月「玉まつり〈略〉青そば」＊雑俳・住吉御田植(1700)「をとたかき・青蕎麦売に覚す夢」②鉄質ケイ酸塩の結晶作用から生ずる、渋い緑黄色の釉(うわぐすり)の色。

あお-ぞめ【青染】〘名〙青く染めた衣服。＊殿暦‐康和四年(1102)六月一日「各々皆着競馬装束、〈略〉又錦袴同打懸、あをぞめをきる」発音〈標ア〉0 ソ

あお-ぞら【青空】〘名〙(「あおそら」とも)晴れ渡って、青く見える空。碧空(へきくう)。蒼天(そうてん)。＊和漢三才図会(1712)三「霄(アヲソラ)〈略〉天無二雲気一而青碧者為レ霄」＊書言字考節用集(1717)二「蒼天 アヲソラ アマツソラ」＊俳諧・玄峰集(1750)秋「青空に松を書たりけふの月」＊和英語林集成(初版)(1867)「Aosora アヲソラ 青空」＊おとづれ(1897)〈国木田独歩〉上「少しく雲ほころび蒼空(アヲゾラ)の一線(ひとすぢ)」発音〈標ア〉ゾ〈京ア〉0 辞書書言・〈ボン〉・言海 表記青空(へ・言) 蒼天・穹蒼(書)

あおぞら-いち【青空市】〘名〙「あおぞらいちば(青空市場)」に同じ。発音〈標ア〉ラ

あおぞら-いちば【青空市場】〘名〙露天に設けられた市場。青空市。＊苦笑風呂(1948)〈古川緑波〉ロッパ小咄「おなじみの青空市場で、一個五円の卵を、売ってゐる商人が、うまいことをいって客を集めてゐた」発音〈標ア〉イ

あおぞら-きょうしつ【青空教室】〘名〙通常屋内でする授業を、特に屋外で行なうことをいう。発音アオゾラキョーシツ〈標ア〉キョ

あお-た【青―】〘名〙方言❶青白い、または青膨れした顔の人を軽べつしていう語。秋田県鹿角郡132 ◇あおんだ 青森県054 ◇あおたふくれ〔―膨〕青森県073 ◇あおたふくべ〔―瓢〕青森県三戸郡083 岩手県二戸郡040 ◇あおたふぇ 青森県津軽075 ◇あおたんぼ 栃木県198 ◇あおたんびょう 山梨県南巨摩郡465 ◇あおべったん 兵庫県加古郡664 ◇あおたんころ 山形県西置賜郡139 ❷乾燥不十分や未成熟などで青い部分のある米。兵庫県加古郡664 ❸植物、からむし(苧麻)。山形県964 ❹魚、よしきりざめ(葦切鮫)。高知県016 ❺魚、あおざめ(青鮫)。熊本県天草郡936

あお-た【青田】〘名〙①(「あおだ」とも)稲が茂って青々と見える田。通常、七月下旬、土用前後のころの田をいう。《季・夏》＊平家(13C前)八・鼓判官「賀茂、八幡の御領ともいはず、青田を苅りてま草にす」＊俳諧・毛吹草(1638)二「連歌四季之詞〈略〉中夏早苗取、青田、水鳥巣」＊俳諧・夜半叟句集(1783頃か)「山々を低く覚ゆる青田かな」＊黒い眼と茶色の目(1914)〈徳富蘆花〉五・一「敬二の眼は松並木の絶間にそよぐ青田(アヲダ)の緑から、薔薇色に禿げた遠い山の山腹に走った」②京阪地方で、芝居、見世物などの興行物を、料金を払わないで見ること。また、その人。ただ見。＊滑稽本・客者評判記(1811)上「二度目の下りには、青田(アヲタ)にいたる迄、上手な事を、はじめて知った。ヤナニ青田かい。御当地ででんぼうたらいふ者を、上(かみ)では青田といふわいの」＊浪花聞書(1819頃)「青田。芝居抔(など)え無銭にて見るものを云。江戸で云油虫のことなり」＊雑俳・柳多留‐八八(1825)「イヨ大根など青田がわるくしゃれ」③(②から転じて、一般に)代金を払わないこと。＊大坂繁花風土記(1814)今世はやる詞遣ひ「青田。銭出さぬ事」＊随筆・守貞漫稿(1837‐53)九「京坂観場に銭を与へず看ㇾ之等を、方言にて青田と云。今は諸事に銭を与ざるを、(あをだ)と云」④出産後の女性の性器をいう俗語。青田八反(あおたはったん)。＊浄瑠璃・釜淵双級巴(1737)中「去年生んだる子のあひが、青田に変る夫婦中」⑤野菜、果物などをいう、盗人仲間の隠語。〔日本隠語集(1892)・特殊語百科辞典(1931)〕方言観劇などの無銭入場者。福井県敦賀郡443 大阪市637 奈良県生駒郡678 香川県829 熊本県918 語源説(②③について)⑴「青田に実入り無し」のしゃれか〔大言海〕。⑵タは人や物を軽んじて呼ぶ時の接尾語。アヲは未熟の意〔両京俚言考〕。発音〈標ア〉0〈京ア〉0 辞書日葡・ヘボン・言海 表記青田(へ・言)

あおた 切(き)る (「切る」は、強行するの意)関西の興行界の語。劇場をはじめとして、すべて興行物に入場料を払わずにはいる。〔隠語全集(1952)〕

あおた の 見物(けんぶつ) 「あおた(青田)②」に同じ。＊随筆・及瓜漫筆(1859)中・南北の戯場「また称呼のたがへるもあり。江戸にて、〈略〉客留といふを大入といひ、でんぼうを青田の見物といひ」

あおた の 田螺(たにし)嫁(よめ)に食(く)わすな 稲が青いうちのタニシは、嫁には食わせたくはないほど、特別にうまいということ。秋なすび嫁に食わすな。

あおた の 波(なみ) 見渡す限り、青々とした稲田が風にそよぐさまを、波にたとえていうことば。あおたなみ。《季・夏》＊俳諧・麦林集(1716‐36頃)二・夏「ほととぎす青田の浪を湖水とも」

あおた を 売(う)る まだ稲が実らないうちに、収穫の見込みをつけて売る。＊不在地主(1929)〈小林多喜二〉六「秋田には『青田を売る』といふことがある。それは新しい小作戦術で〈略〉夏頃に、出穂を予想して、青田のうちに商人に売ってしまふのだった」

あおた を 買(か)う まだ稲が実らないうちに、収穫の見込みをつけて買う。また、見込み買いの投機にもいう。＊雑俳・軽口頓作(1709)「めっそうに・青田をかふは一か六」

あおた【青田】姓氏の一つ。発音〈標ア〉ア

あお-だ【青朶】〘名〙方言❶青葉の茂った枝。岩手県気仙郡100 ❷葉の茂っている一メートルぐらいの小枝を七、八本束ねたもの。海に沈め、魚がついたころ、たも網を使って上げる。岩手県気仙郡101

あお-だ【箯輿】〘名〙(「あみいた(編板)」が「あうた」を経て変化した語か。「あおた」とも)竹や木などを用いて編んだ粗末な釣り輿(ごし)。進物の釣り台のように、日覆いがない。編み板。あんだ。あんぽつ。おうた。＊長門本平家(13C前)一三・北国所所合戦事「我等、今は生きても何かはせん。死なんまで防ぎ矢は射んずるぞ。あをだに舁(か)いて行け」＊太平記(14C後)一〇・亀寿殿令落信濃事「四郎入道を箯(アヲダ)に乗せて、血の付たる帷(かたびら)を上に引き覆(おお)ひ」＊日葡辞書(1603‐04)「Auoda(アヲダ)〈訳〉担架のような一種の寝台で、ついで病人などを運ぶもの」＊咄本・醒睡笑(1628)七「岩の懸路(かけぢ)を手輿(たごし)とやらん、またあをたとやらんいふに、乗せて舁(か)かれたるが」方言❶病人やけが人などを乗せて運ぶ、粗末な手輿(たごし)、または、釣り輿。信濃1090 島根県725 ◇あおざ 島根県出雲市725 ◇あんらが〔―駕〕・あんらく 徳島県三好郡(戸板を四人で担ぐようにしたもの)814 ❷行き倒れの病人。島根県725 ◇あおざ 島根県出雲市725 ❸もっこ。◇あうだ 沖縄県石垣島・鳩間島996 ◇おおだ 鹿児島県南西諸島975 ◇おおだあ 鹿児島県喜界島・徳之島975 沖縄県首里993 ◇おんだ 沖縄県波照間島996 ❹棕櫚(しゅろ)やわらで作った、肩に背負う運搬具。◇おおだ 鹿児島県沖永良部島985 辞書饅頭・黒本・日葡・書言・言海 表記箯(饅・黒・書)箯輿(書・言)籃輿(書)

箯　輿〈和漢三才図会〉

あお-た-あかもの【青田赤物】〘名〙(「あおた」に生ずる「あかいもの」の意か)果物をいう、てきや仲間の隠語。〔隠語構成様式幷其語集(1935)〕

あお-だいしょう【青大将】〘名〙①ナミヘビ科に属する日本本土では最大の無毒のヘビ。体長約一・二〜二メートル。背は褐色を帯びた暗緑色で不明瞭な縦縞、または薄い色の斑点がある。性質は温順。山野や人家付近にすみ、鳥の卵、ネズミなどを食べる。鶏卵のように大きい卵を飲み込むと、食道にある突起で殻をこわす。日本の特産種で、全国に分布。ねずみとり。さとめぐり。やじらめ。なぶさ。黄頷蛇(こうかんだ)。学名はElaphe climacophora《季・夏》＊本朝食鑑(1697)一二「小者俗号二青大将一、長者三四尺、能捕二鳥鼠一、或逐二児女一」②(「青」は人柄や技術の未熟な意)未熟な人物を①に擬して蔑称することば。＊滑稽本・大千世界楽屋探(1817)上「平家の青大将(アヲダイシャウ)が為にやァ、己(うら)ァ蛞蝓(なめくぢり)だと思へさ」③男性性器の俗称。方言❶大蛇。東国1020 静岡県田方郡526 ❷魚、ぎんめ(銀目)。高知県長岡郡865 語源説アヲダイジャ(青大蛇)の延か〔言元梯・大言海・西は何方＝柳田国男〕。発音アオダイショー〈標ア〉ダ 0 ショ〈京ア〉0 辞書言海 表記青大将(言)

あお-だいず【青大豆】〘名〙大豆の栽培品種で、外皮が緑色で内部が黄色、または緑色となる。学名はGlycine max. cv. ＊重訂本草綱目啓蒙(1847)二〇・穀「大豆〈略〉青は青大豆なり。〈略〉俗名あをまめ一名あをはだ 勢州 あおにぶ 播州」発音〈標ア〉ダ

あお-だいつう【青大通】〘名〙(ヘビの青大将をもじった語)よく知らないくせに、知ったかぶりをする人。半可通。＊洒落本・蛇蛻青大通(1782)「差徒(さと)に千年、似た山に千年、すっとの皮に千年、ぬらりくらりの功を歴(へ)て、青大通の殻を脱(ぬけ)」

あお-だいみょう【青大名】〘名〙(「大名」は「大名縞(だいみょうじま)」の略)青地にこまかい縦じま模様のある布。＊地唄(1956)〈有吉佐和子〉「若い頃、粋を衒って青大名の目の粗いのを喜んだのは分るが」発音アオダイミョー〈標ア〉ダ

あおた-うり【青田売】〘名〙水稲の成熟前に、その田の収穫量を見越して先売りすること。転じて、学校の卒業見込みがまだ立たないうちに、卒業後の就職先などを決めること。↔青田買い。発音〈標ア〉0 タ〈京ア〉ウ

あお-たか【青鷹・蒼鷹】〘名〙「おおたか(大鷹)」の古名。古来、鷹狩り用として、最も珍重された種類。もろがえり。＊万葉(8C後)一七・四〇一一「鷹はしも 数多(あまた)あれども 矢形尾(やかたを)の 吾が大黒に〈大黒は蒼鷹の名なり〉白塗の 鈴取り付けて〈大伴家持〉」＊十巻本和名抄(934頃)七「鷹〈略〉三歳名之青鷹白鷹」発音〈標ア〉0

あおた-がい【青田買】〘名〙水稲の成熟前に、その田の収穫量を見越して先買いすること。転じて、学校の卒業見込みがまだ立たないうちに、会社、事業所などが、卒業後の採用を決めること。青田刈り。↔青田売り。＊袖珍新聞語辞典(1919)〈竹内猷郎〉「青田買ひ 見越し買ひの一種なり」発音アオタガイ〈標ア〉0〈京ア〉ガ

あお-たかがら【青高幹】〘名〙緑色のたけの高いキビ、トウモロコシなどの幹。＊太虚集(1924)〈島木赤彦〉柿蔭山房「きその夜の風に傾ける玉蜀黍の青高稈(アヲタカガラ)を伐りてたばねつ」

あおだかす〘動〙方言❶おだてる。あおって騒がす。富山県上新川郡395 砺波397 石川県金沢市415 ❷取り扱う。富山市近在392

あおた-かぜ【青田風】〘名〙青田の上を吹き渡る風。《季・夏》＊誹諧・誹諧古今句鑑(1777)夏「草の戸の昼寝このまし青田風〈素外〉」

あおた-がり【青田刈】〘名〙①収穫を急ぐあまり、稲をまだ穂の出ないうちに刈り取ること。②「あおたがい(青田買)」に同じ。＊時間(1969)〈黒井千次〉一〇「青田刈りが常識となり、ひやかし半分に受験要領を受け取りにいった会社に」発音アオタガリ〈標ア〉0〈京ア〉ガ

あおた-きゃく【青田客】〘名〙ただで見物する客。無料入場者。→青田②。＊雑俳・かがみ磨(1814)「やはらかに・青田客つく能の木戸」

あおたく〘動〙方言❶上を向く。仰向く。ぼんやりする。長野県上伊那郡488 下伊那郡492 静岡県榛原郡541 ❷あわてる。うろたえる。静岡県520

あお-たけ【青茸】〘名〙(笠が藍緑色なところから)きのこ「はつたけ(初茸)」の異名。＊和訓栞後編(1887)「あをたけ。青茸の義。五六月の頃に出て、味よろし、かさのうら白し。青はつともいふ」方言きのこ、あいたけ(藍茸)。栃木県198

あお-だけ【青竹】〘名〙(「あおたけ」とも)発音〈標ア〉オ 0 ①幹の青い、なまの竹。＊中右記‐大治四年(1129)六月一二日「今年天下青竹自然子成皆枯了。挙ㇾ世為ㇾ怪」＊海道記(1223頃)蒲原より木瀬川「是よりして青竹のよの中に黄金出来して」＊太平記(14C後)一一・筑紫合戦事「遠侍を見るに、蟬本(せみもと)白くしたる青(アヲ)

竹の旗竿あり」 ＊寛永刊本蒙求抄(1529頃)九「吾は仙になりたけれども、女房が泣こがれんが不便なぞ青竹をきって身にくらべて舎にかけてをけと云たぞ」 ＊日葡辞書(1603-04)「Auotaqe(アヲタケ)」 ②笛の異名。 ＊永久百首(1116)雑「青竹を雲の上人吹き立てて春の鶯さへづらすなり〈源俊頼〉」 ③染料の一つ。鮮やかな緑色をした、塩基性の染め粉。 ④竹の形を作り、節の姿まで細工して、青竹色に塗った漆器。青竹色の工芸品。 ⑤「あおだけいろ(青竹色)」の略。 ⑥「あおだけ(青竹)の手摺(てすり)」の略。 発音〈標ア〉オ 0 〈京ア〉ア 辞書文明・日葡・書言・言海 表記蒼筤・翠竹(書) 青竹(言)

あおだけ の 手摺(てすり) ①人形芝居で、舞台の三の手(黒板の手摺)を、幹の青い竹に代えて用いた場合の呼び名。古く追善物を演じる場合に使用されていたが、現在では、所作物に多く用いられる。青竹。 ②(「青竹」は若い人、「手摺」は、すれている、の意から) 若いのに似合わず、世事に悪ずれしている者、おもに女性をさす俗語。すれっからし。〔東京語辞典(1917)〕 ③危険なこと、また前科のある凶悪犯をいう、盗人仲間の隠語。〔日本隠語集(1892)〕

あおだけ-いろ【青竹色】〘名〙(「あおたけいろ」とも) 青竹に似た色。青みを帯びた緑色。青竹。 ＊宮沢賢治歌稿-明治四二年(1909)四月「ホーゲーと焼かれたるまま岩山は青竹いろの夏となりけり」 発音〈標ア〉0 〈京ア〉0

あおた-ご〘名〙植物「こばのとねりこ(小葉梣)」の異名。 ＊重訂本草綱目啓蒙(1847)三一・喬木「秦皮 とねりこ とねりこのき〈和名鈔〉、たむのき〈同上〉、だごのき 加州、あをたご 木曾」 ＊日本植物名彙(1884)〈松村任三〉「アヲダコ コバノトネリコ」 方言木曾†091 発音アオタゴ 〈標ア〉0

あおた-ざかり【青田盛】〘名〙(実り間近の意) 臨月近い妊婦をいうしゃれことば。 ＊雑俳・伊勢冠付(1772-1817)「悋気せぬ女房・青田ざかりに成て居」

あおた-さしおさえ【青田差押】〘名〙小作料滞納のとき、成熟前の稲を差し押えること。立ち毛差し押え。

あお-だたみ【青畳】〘名〙①まだ新しくて草の青さを保っている畳。新しい畳。 ＊俳諧・文政句帖-五年(1822)六月「青畳音して蠅のとびにけり」 ＊虞美人草(1907)〈夏目漱石〉二「青畳(アヲダタミ)の上に、八反(はったん)の座布団をさらりと滑(す)べらせる」 ②(青畳を敷いたように見えるところから) 波の立たない青々とした海面、また、一面に青々とした野原や田畑などを、たとえていう。 ＊雑俳・菊丈評万句合(1757)「苗代や種子敷分る青畳」 ＊自然と人生(1900)〈徳富蘆花〉湘南雑筆・夏「青畳(アヲダタミ)敷く相模灘の上を習々(しうしう)として渡り来る風の涼しきを聞かずや」 ③裁判所をいう、盗人仲間の隠語。〔隠語輯覧(1915)〕 発音〈標ア〉ダ 〈京ア〉ダ

あお-だち【青立】〘名〙田の稲が熟さず、青々としたままで終わる状態。 ＊地方凡例録(1794)六「是は田方の内冷水わき出、土地ひえ稲作仕付ても青立に成」 方言京都府竹野郡622 発音〈標ア〉0 〈京ア〉0

あおた-づら【青田面】〘名〙まだ稲の葉が青々としている時の、田の表面。青田のおもて。 ＊落語・雁風呂(1892)〈初代談洲楼燕枝〉「此家(このや)から見渡しの附きません程の青田面(ヅラ)を御覧遊ばして誠に興有る事に御思召(おぼしめし)て」

あお-たで【青蓼】〘名〙植物「あいたで(藍蓼)」の異名。

あおた-どき【青田時】〘名〙稲の苗が生長して、葉が青々と見える時期。青田の頃。陰暦六月頃をさす。 ＊俳諧・七車(1728)夏「たのもしや何も加納の青田時」 ＊俳諧・桃の首途(1728)「青鷺の青みや風も青田時〈十知〉」 発音〈標ア〉0

あおた-なみ【青田波】〘名〙「あおた(青田)の波」に同じ。《季・夏》

あおた-ばいばい【青田売買】〘名〙まだ稲が実りもしない青田のうちに、収穫高を予想して、その田の米を売り買いすること。また、米以外の農産物や漁獲高を予想して売買する場合や、学校の卒業予定者などの就職の場合などにも使われる。〔取引所用語字彙(1917)〕 発音〈標ア〉バ1 〈京ア〉バ1

あおた-はったん【青田八反】〘名〙出産後の女性の性器。青田。ひろ八丁。また、「青田八反に替える」の形で、出産後の、夫婦の交わりの意に用いる。 ＊歌舞伎・七月二八日曙(1773)中「申、久様、産でしもふたら、青田八反の初物を上ふぞへ」 ＊譬喩尽(1786)六「青田八反(あをタハッタン)に替(かへ)る〈産後之房事也〉」 ＊歌舞伎・敵討安栄録(1796)五幕「ムウ。すりゃ、もう子悴(こせがれ)までへり出したか。大事ない。例(たと)へ何足へり出しても、青田(アヲタ)八反(はっタン)に替へると云へば、大事ないわい」

あおた-はら【青田原】〘名〙稲の苗が生長して水面をおおうようになった、一面の田。《季・夏》 ＊俳諧・父の終焉日記(1801)五月二八日「父ありて明ぼの見たし青田原」 ＊俳諧・七番日記-文化一三年(1816)六月「りんりんと凧上りけり青田原」 発音〈標ア〉タ

あおた-ひろい【青田拾】〘名〙田畑から農作物を盗むこと、また、その人をいう、盗人仲間の隠語。〔隠語輯覧(1915)〕

あおた-ふくべ【青瓢】〘名〙方言⇩あおた(青―)

あおた-ぼめ【青田褒】〘名〙稲の苗を植えつけたあと、青田の発育状態のいいのを見て、ほめること。これによって、秋の豊作が予想され、米相場が下落する原因となる。〔取引所用語字彙(1917)〕

あお-だま【青玉】〘名〙①青い色の玉。 ＊延喜式(927)祝詞・出雲国造神賀詞「白玉の大御白髪(おほみしらが)坐(まし)赤玉の御あからび坐し、青玉の水江(みづえ)の玉の行相(ゆきあひ)に」 ＊和訓栞後編(1887)「あをだま 九代実録云大中臣輔親朝臣〈略〉参二著太神宮一祈請之間、庭松実中得二青玉一。〈略〉本草にも、古玉以二青玉一為レ上といひ、芸文類聚にも、青玉出二倭国一といへり」 ②細かい穴が多数ある、緒締めなどに用いる虫巣玉(むしのすだま)の一種。からふとだま。 ＊滑稽本・古朽木(1780)三「又取出したは青玉(アヲダマ)の対の緒〆」 ③植物、ウニサボテンの一品種。茎は単生で、のちに分かれ、直径は一五センチメートルぐらい。花は赤く、直径約六センチメートル。学名は Lobivia pentlandii 方言熟していない米。島根県那賀郡725 発音〈標ア〉0 辞書和玉・書言・言海 表記碧(玉) 琅玕(書) 青玉(言)

あおだま-の-き【青玉木】〘名〙①植物「りんぼく(橉木)」の異名。 ②植物「さわふたぎ(沢蓋木)」の異名。

あお-だも〘名〙植物「こばのとねりこ(小葉梣)」の異名。 方言秋田県131

あお-た・れる【青垂】〘自ラ下一〙元気なく、やせ衰える。〔両京俚言考(1868-70頃)〕

あおた-ろうぜき【青田狼藉】〘名〙戦国時代、青田の頃を見計らって、敵の領地に攻め込み、田を踏み荒らして、米や麦の収穫を妨げる戦法。こねた。

あお-たん【青疸】〘名〙方言❶黄疸(おうだん)。また、黄疸の病人。岩手県二戸郡040 山形県139 ◇あおと 熊本県玉名郡928 ❷⇩あおたんぼうず(青坊主)

あお-たん【青短・青丹】〘名〙花札で、役札の一つ。青色の短冊を描いた牡丹、菊、紅葉の五点札のこと。また、その三枚がそろってできた役。あお。→赤短。 ＊落語・三百餅(1898)〈三代目春風亭小柳枝〉「紅葉に牡丹に菊、青丹(アヲタン)を並べたが、上に四光が出来ました然(さ)うで御座います」 ＊婦系図(1907)〈泉鏡花〉前・一三「首尾よく学位を得たと聞いて、親たちは先づ占めた、びきで、あをたんの摑みだと思ふと」 発音〈標ア〉0

あお-たん【青緂】〘名〙白、青、白、青の順の配色。儀仗(ぎじょう)の太刀の平緒、几帳などに用いる壁代(かべしろ)の紐、馬の手綱などに用いる。 ＊権記-正暦四年(993)正月一日「装束〈無文冠、綾袍、柳色下襲、白表袴、烏犀巡方、塵蒔剣、青緂平緒〉依故東院御服也」 ＊餝抄(1238頃)中「青緂〈或称二樗緂一。剣装束藍革〉四五月比用レ之」

あお-たん【青簞】〘名〙「あおびょうたん(青瓢簞)②」の略。

あおたん-ぼうず【青坊主】〘名〙方言そりたての青い頭。栃木県198 201 ◇あおてんぼうず 長野県上田475 下伊那郡492 ◇あおたん 栃木県198

あおち【煽】〘名〙(動詞「あおつ(煽)」の連用形の名詞化) ①物が動いて風を起こすこと。また、その風。 ＊浄瑠璃・女殺油地獄(1721)下「はためく門の幟(のぼり)の音、あおちに売場の火もきへて」 ＊浄瑠璃・狭夜衣鴛鴦剣翅(1739)二「さすがぬき身のどうぶるひ、むさ共よらずともしびの、あをちかないしも、ふるふがごとく」 ②「あおちまゆ(煽眉)」の略。 ③羽織。もと、露店商人や犯罪者間の隠語。文政・天保(一八一八～四四)頃、粋人用語として流行した。 ＊当世花詞粋仙人(1832)「はおりを、あおち」 ＊いやな感じ(1960-63)〈高見順〉一・七「デパートにリャクに行った帰りだという砂馬は、アオチ(羽織)を着てマハカ(袴)をつけていた」 ④扇子をいう、寄席芸人の隠語。 ⑤(羽ばたきから) 鶏をいう、てきや仲間の隠語。〔隠語輯覧(1915)〕 方言❶ものの動きによって起こる風。兵庫県淡路島671 ❷あおぐこと。岐阜県飛驒502 ❸すすめ唆すこと。扇動。富山県砺波398 岐阜県飛驒502 ❹余波。影響。おかげ。岐阜県飛驒502 ❺炎のいきり。 ◇あおて 山口県豊浦郡798 ❻病人の死期が近づいて苦しがること。富山県砺波398 ❼団扇(うちわ)。 岐阜県郡上郡498 島根県725 ◇あうち 岐阜県502 504 奈良県北葛城郡679 島根県石見725 ◇あぶち 岐阜県飛驒502 愛知県中島郡549 奈良県680 681 683 島根県石見725 ❽米、麦などのほこりを取るのに用いる大きな団扇。島根県725 発音〈標ア〉0

あおち【青地】姓氏の一つ。 発音〈標ア〉ア

あおち-りんそう【青地林宗】江戸後期の医者、物理学者。松山藩医の子。蘭学を杉田玄白に学んだといわれる。物理学、地誌を研究し、「輿地誌(よちし)」「気海観瀾(きかいかんらん)」などを訳述。安永四～天保四年(一七七五～一八三三)

あおち-がい【煽買】〘名〙うちわの風で火が盛んに燃え立つように、のぼせ上がって派手な女郎買いをすること。 ＊評判記・色道大鏡(1678)五「其身無上のおごりをきはめ、ばたばたとあをちがひにして身上つぶしたる者は」

あおち-かぜ【煽風】〘名〙吹き起こる風。物がばたばたして起こす風。 ＊俳諧・玉海集(1656)一・春「飛梅があをち風まで匂ひとり〈元知〉」 ＊浄瑠璃・薩摩歌(1711頃)鑓じるし「蚊屋うちあくるあをちかぜ、有明消えて」 ＊咄本・軽口福おかし(1740)五・百物がたり「今一すじのあかりとなれるを、あおち風(カセ)にてきゑければ」 方言❶座布団を畳の上に投げたり、書物を乱暴に閉じたりする時に起こる風。岡山市054 ❷影響。とばっちり。京都府竹野郡622 発音〈標ア〉チ

あお-ちからしば【青力芝】〘名〙植物、チカラシバで、花穂、芒(ぼう)、苞(ほう)が緑色の個体をいう。

あおち-こぼ・つ【煽毀】〘他タ四〙物などがばたばた揺れて、その風で、打ちこわす。あおってこわす。 ＊俳諧・ありそ海(1695)春「竹簀戸のあほちこぼつや梅の花〈丈草〉」

あおち-じに【煽死】〘名〙手足をばたばたさせ、身をもがいて死ぬこと。もだえじに。 ＊浄瑠璃・日本武尊吾妻鑑(1720)五「火炎(くゎゑん)は却って葉隠

れたる、かたきの上に燃へかかり、一騎ものがれぬあおちじに」 ＊浄瑠璃・源平布引滝(1749)二「無念無念のあをち死」 ＊歌舞伎・天満宮菜種御供(1777)八「これからうぬらが煽死(アフチジニ)を見物せうわい」

あお‐ちちん あを:〘名〙鳥「あおじ(蒿雀)」の異名。 ＊物類称呼(1775)二「蒿雀 あをしとと 遠江にて 青ちちんと云」 方言◇あおんちんち 千葉県上総062

あお‐ちどり あを:【青千鳥】〘名〙ラン科の多年草。本州中部以北の亜高山の湿地に生える。高さ二〇～四〇センチメートル。茎には稜(りょう)があり、根は掌状の白い多肉質。葉は長さ一〇センチメートルぐらいの長楕円形で、基部はさやとなる。初夏、淡緑色に暗紫色のぼかしのある花が咲く。ねむろちどり。このびねちどり。学名は Coeloglossum viride var. bracteatum 発音〈標ア〉チ

あおち‐びんぼう あふちビンバフ【煽貧乏】〘名〙(「あおち」は「あおつ(煽)」の連用形から。ばたばたすること、じたばたすることの意) いつもばたばた働くのに、貧乏していること。いくら稼いでも抜け切れない貧乏。一説に、扇であおぎ立てられるように、いつも貧乏に追われていることともいう。もがき貧乏。 ＊浮世草子・世間胸算用(1692)五・二「我も昼は旦那といはれて見世にゐて、夜は門の戸をしめ置て、〈略〉足も大かたは汲たての水で洗ふほどに気を付けれ共、これかやあをちひんぼうといふなるべし」 ＊浮世草子・日本新永代蔵(1713)五・一「かならずあふち貧乏(ビンバフ)といふ事にて、中々立身は成がたしと心得ぬ」 ＊譬喩尽(1786)六「蹀貧乏(アヲチビンボフ)緩貧乏(ゆるりびんぼふ)の二(ふたつ)あり」 発音アオチビンボー〈標ア〉ビ

あおち‐まゆ あふち:【煽眉】〘名〙(「あおち」は「あおつ(煽)」の連用形から) 上下に、自由に動かすことのできるように作られた、操り人形の眉。 ＊楽屋図会拾遺(1802)下「開闔眉(アヲチマユ) 眉毛金(かね)しん同じ。中に穴ありて、せんのかねを通す」

あお‐ちゃ あを:【青茶】〘名〙①灰汁(あく)に一夜漬けて、蒸して作った下等な茶。濃い緑色をしている。上揃(うわぞろえ)。 ＊日葡辞書(1603-04)「Auocha (アヲチャ)〈訳〉甚しく緑色をした茶」 ＊仮名草子・尤双紙(1632)上・二九「あをき物のしなじな〈略〉色々のくゎしを取出て、長井が青茶むくむくと、たてていだすをのみながら」 ＊俳諧・犬子集(1633)六・時雨「口切(くちきり)に時雨をしらぬ青茶哉〈徳元〉」 ＊随筆・嬉遊笑覧(1830)一〇・下「灰汁に一宿して蒸あげたるを青茶といふ上揃ともいふ下品なり」 ②青みを帯びた茶色。 ＊日葡辞書(1603-04)「Auocha (アヲチャ)〈訳〉緑と黄の中間の色」 ＊浮世草子・男色大鑑(1687)八・三「黄なる肌著に青茶(アヲチャ)椛茶(かばちゃ)の嶋揃へ」 ＊洒落本・通言総籬(1787)一「あをちゃのはげた布子に」 ③(青葉の茶のかゆということからいう) 近世、山村などで、朝食にした食事の一種。茶の木の枝を青葉のついたまま折って大鍋に入れ、すり鉢でよくすりつぶした米といっしょに煮たもの。 発音〈標ア〉オ 辞書日葡・〈ボン〉 表記青茶(へ)

あおちゃ‐ぞめ あをチャ:【青茶染】〘名〙染色の名。青みを帯びた茶色に染めること。また、その色に染めたもの。 ＊俳諧・阿波手集(1664)「紅葉せぬ木の葉衣や青茶染〈重昌〉」 発音〈標ア〉0

あおちゃ‐ばばあ あをチャ:【青茶婆】〘名〙高利で金を貸した老女をののしっていう語。青茶の布子を着ていたことからの名。 ＊洒落本・通気粋語伝(1789)五「いまはくらまへのおばァおばァとよばれ、青(アヲ)ちゃばばァに色あげしたるわる者とききしにちがはず」 ＊随筆・過眼録(19C中頃か)二九「此ばば風雨のいとひなく、根津辺より浅草処処借金取に立廻る、常に青茶の布子に上高縞の帯して、矢立を腰にさしありけり、青茶ばばと聞へしは是なるべし」

あお‐ちょうば あをチャウば【青帳場】〘名〙(「帳場」は、店先などの帳付け、勘定などをする場所。事務所の意に用い、机に多く青いテーブルクロスを張ってあったところから) 事務所、事務室、会議室、裁判所などをいう、盗人仲間の隠語。〔隠語輯覧(1915)〕

あお・つ あふ:【煽】㊀〘他タ四〙①あおいで風を起こす。 ＊名語記(1275)八「あほつ如何 あなひろち(た)るの反」 ＊日葡辞書(1603-04)「Auochi, tçu, otta (アヲツ)〈訳〉むしろや板などであおぐ」 ＊狂言記・粟田口(1660)「大うちわにてあをちのけるがごとくでおぢゃるによって」 ②火などをあおいで、その勢いを盛んにする。 ＊浮世草子・新御伽婢子(1683)二・古屋剛「ふすべよと言こそ遅けれ青松葉をたきて穴の中へあをち入るる」 ③転じて、燃える気持などをあおり立てて、一層盛んにさせる。扇動する。 ＊虎明本狂言・鼻取相撲(室町末-近世初)「きゃつはぢゃうごうがあおつ」 ＊浄瑠璃・那須与市西海硯(1734)道行「旅寐(たびね)の床の楽みは去(さら)れた女房の叶はぬ事、憎しと通して給はれと、燃えるをあふつ返答に」 ④両足で馬を蹴る。 ＊日葡辞書(1603-04)「Auochi, tçu, otta (アヲツ)〈訳〉両足で馬(の腹)を蹴る」 ＊幸若・和田宴(室町末-近世初)「かきあをってしととうち、しととうってはかきあをち、駒にしらあはかませ、ただひとうちにいそひだる」 ㊁〘自タ四〙①風が吹き起こる。吹き舞う。また、風によって、物などが舞い上がる。 ＊浄瑠璃・本朝三国志(1719)四「あをつ火燵の灰煙、目口もくらみ気もくらみ」 ＊浄瑠璃・心中二つ腹帯(1722)二「宿の行燈しんしんと、浜風あをつ上り場に」 ②風で、薄い物がばたばたと揺れ動く。また、風を起こすかのように、物がばたばたする。 ＊雑俳・銀土器(1716-36)「風にゆらゆらあふつ暖簾」 ＊浄瑠璃・源頼家源実朝鎌倉三代記(1781)九「百間に余る高塀、屏風をたたむがごとくにて、二三度四五度あをつと見へしが、塀は残らずばたばたばた」 ＊五百句(1937)〈高浜虚子〉大正一二年「今日の日も衰へあほつ日除かな」 ③手足などをばたばた動かしてもだえる。また、じたばたする。 ＊日葡辞書(1603-04)「Auochi, tçu, otta (アヲツ)〈訳〉両手などで、あおぐような動作をする」 ＊浄瑠璃・夏祭浪花鑑(1745)五「七転八倒目を見出し、手足を煽ち身をもがき、狂ひ死に死たるは」 ④あるものに熱中して、心がいらいらする。 ＊評判記・色道大鏡(1678)一四「郭中にかよふ内より、彼を我物にせんとあをちて貨財を費し」 ＊浄瑠璃・双蝶蝶曲輪日記(1749)一「最早今日から山崎の奥様、彼のお侍(さむ)があをちやっても指さす事もなりませぬ」 ⑤鳥が翼で飛翔(ひしょう)する、羽ばたく(日葡辞書(1603-04))。 方言❶あおぐ。あおる。岐阜県武儀郡498 三重県阿山郡585 京都府620 兵庫県但馬652 島根県石見725 ◇あほつ 和歌山県海草郡690 ◇あうつ 滋賀県彦根609 島根県石見725 ◇あぶつ 岐阜県497 愛知県知多郡571 奈良県南大和683 島根県石見725 ❷風で動く。和歌山市691 ❸相手を圧倒する。押しまくる。◇あぶつ 愛知県名古屋市562 ❹急ぐ。石川県鳳至郡・鹿島郡404 ❺働く。石川県鳳至郡・鹿島郡409 ❻あぶる。◇あぶつ 奈良県宇智郡683 ❼危なくなる。◇あぶつ 愛知県062 発音〈標ア〉オ 辞書日葡

あお‐つか あを:【青塚】〘名〙青い草の生い茂っている塚。 ＊太平記(14C後)三・主上御没落笠置事「仮にも未(いまだ)習はせ玉はぬ御歩行なれば、〈略〉昼は道の傍(そば)なる青塚(アヲツカ)の陰に御身を隠させ給て」

あお‐つが あを:【青栂】〘名〙植物「しらびそ(白檜曽)」の異名。

あお‐づかい あをづかひ【青遣】〘名〙野呂松(のろま)人形で、「青」と呼ばれる主要な役の人形を遣うこと。また、遣う人。 ＊雑俳・柳多留-一〇一(1828)「野呂間(のろま)では出来ぬ人形の青遣ひ」

あおっ‐きり あをっ:【青切】〘名〙(「あおきり(青切)」の変化した語) 酒をなみなみとつぐこと。また、それを、ぐいぐいとあおるように威勢よく飲むこと。 ＊洒落本・仕懸文庫(1791)四「ゐんきなをしにあをっきりをついでくんなせへし」 ＊黄表紙・天道浮世出星操(1794)「あつがんであをっきりはまんざらでねへやつさ」 ＊雑俳・柳多留-三五(1806)「青っきりぐっとひんのみついとにげ」 ＊狂文・あづまなまり(1813)下・賛酒の詞「なじみのつけざし、ゐつづけのむかへ酒、口舌(くぜつ)の宵の青っきりまで、下戸ならぬこそをのこはよけれ」 ＊人情本・春色梅児誉美(1832-33)後・八齣「側にありあふ湯呑にて手酌のぐいのみあをっきり」

あおっ‐き・る あふっ:【―切】〘他ラ五(四)〙なみなみと注いだ酒をあおぐようにして一気に飲み干す。↓あおっきり・あおりきり。 ＊歌舞伎・四天王櫓礎(1810)四立「『お礼なら、一杯気を付けようか』『煽(アフ)っ切(キ)らっしゃいな』」 ＊日本橋(1914)〈泉鏡花〉三八「清葉が何にも言はずに、耶様(あんな)に煽切(アフッキ)るのも道理だ、と断念(あきら)めたらしく見えて、黙って酌ぐんだよ」 発音〈標ア〉キ

あお‐づけ あを:【青漬】〘名〙漬物の一種。野菜などを、なまの青みを失わないように漬けたもの。《季・冬》 ＊改正増補和英語林集成(1886)「Ao-zuke アヲヅケ 青漬」 ＊黒潮(1902-05)〈徳富蘆花〉七・二「支那梅の青漬を噛りながら」 方言❶一夜漬け。浅漬け。岩手県気仙郡100 新潟県東蒲原郡368 富山県砺波397 長野県上伊那郡488 下伊那郡492 静岡県磐田郡546 ❷新鮮な漬け菜。岐阜県郡上郡504 ❸菜、大根の葉などの当座に食べるための塩漬け。山形県139 ❹山菜を冬まで保存するための塩漬け。岩手県気仙郡100 山形県139 発音〈標ア〉0 辞書易林・〈ボン〉 表記青漬(易・へ)

あおっ‐しゃ【青―】〘名〙方言 ⇩あおじ(青―)

あお‐つた あを:【青蔦】〘名〙葉の青々と茂っている蔦。夏蔦。《季・夏》 方言植物、つるまさき(蔓柾)。秋田県鹿角郡131

あお‐づち【―槌】〘名〙方言 ⇩おお

あおっ‐ちぼれる【青―】〘連語〙方言 ⇩あおしゃびれる(青―)

あおっちろ・い あをっ:【青白】〘形口〙文あをっちろ・し〘形ク〙「あおじろい(青白)」の変化した語。 ＊解剖室(1907)〈三島霜川〉「顔は蒼っ白い方で、鼻は尋常だが、少し反っ歯である」 発音〈標ア〉ロ 0

あお‐つづら あを:【青葛】㊀〘名〙①植物「あおつづらふじ」の異名。 ＊枕(10C終)六六・草は「山菅。日かげ。山藍。浜木綿。葛。笹。あをつづら。〈略〉いとをかし」 ＊重訂本草綱目啓蒙(1847)一四・下・蔓草「防已 あをかづら〈和名鈔〉予州、あをつづら つづらかづら つづらふぢ」 ②植物「つづらふじ(葛藤)」の異名。 ＊宇津保(970-999頃)俊蔭「あおつづらを大なる籠にくみて、いかめしき栗、橡を入れて」 ＊平家(13C前)灌頂・大原御幸「峯に木づたふ猿のこゑ、しづがつま木のおのの音、これらが音信(をとづれ)ならでは、まさ木のかづら青つづら、くる人まれなる所なり」 ＊仮名草子・尤双紙(1632)上・一「ながき物のしなじな〈略〉正木のかづら、青(アヲ)つづら、青柳の糸、藤の花ぶさ」 ㊁枕(青葛は糸のように繰ることができるので)「くる」「くるし」「くるる」などにかかる。 ＊後拾遺(1086)恋二・六九二「人めのみしげき深山の青つづら苦しき世をも思ひ侘びぬる〈章行女〉」 発音〈標ア〉ツ〈ア史〉鎌倉●●●●●〈京ア〉ツ 辞書日葡・書言 表記防已・青葛藟(書)

あおつづら‐か あをつづらクヮ【青葛科】〘名〙ツヅラフジ科の旧称。 発音〈標ア〉0

あおつづら‐こ あをつづら:【青葛籠】〘名〙アオツヅラフジの蔓で編んだ、かご。 ＊拾遺(1005-07頃か)物名・三九九「野を見れば春めきにけりあをつづらこにやくまし若菜つむべく〈藤原輔相〉」 ＊新撰六帖(1244頃)六「結びおくあをつづらこのかほこりはさぞなめならぶたぐひのみして〈藤原知家〉」 ＊随筆・松屋筆記(1818-45頃)七一・三三「青つづらこは青き黒葛(つづら)して組たる籠(こ)にて今世の青籠(あをこ)の類なるべし青

つづらは防己也」

あお-つづらふじ【青葛藤】〘名〙①ツヅラフジ科のつる性落葉低木。各地の山野、道ばたなどに生える。茎は細く、巻き付いて長く伸び、葉とともに細毛がある。葉は広卵形または心臓形。夏、葉の付け根に黄白色の小花が咲く。実は直径六～七ミリメートルの球形で、青黒く熟し白粉を帯びる。茎と根はアルカロイドを含み、煎じて利尿薬などに用いる。あおつづら。かみえび。ぴんぴんかずら。学名は Cocculus trilobus ＊日本植物名彙〈1884〉〈松村任三〉「アヲツヅラフヂ」②植物「つづらふじ(葛藤)①」の異名。

あお-つばき【青椿】〘名〙（葉の色につやがあり、青々としていることからいう）椿のこと。＊新撰六帖〈1244頃〉六「いやましの八峰に茂るあを椿つらつら物をおもふころ哉〈藤原信実〉」発音〈標ア〉ラ

あおっ-ぱな【青洟】〘名〙「あおばな(青洟)」の変化した語。＊滑稽本・浮世風呂〈1809-13〉二・上「あをっぱなをよこなでして、その手をひざのあたりへこすりつけながら」＊西洋道中膝栗毛〈1870-76〉〈仮名垣魯文〉一〇・上「耳だれと青(アヲッ)ぱなはしっきりなしだものを」発音〈標ア〉ツ

あおっ-ぷくれ【青膨】〘名〙「あおぶくれ(青膨)」の変化した語。＊防雪林〈1928〉〈小林多喜二〉九「すっかりやつれてよ。青っぷくれになってな。ヒョロヒョロしてるんだど」発音〈標ア〉オ〈京ア〉オ

あおっ-ぽ・い【青─】〘形口〙（「ぽい」は接尾語）①青みを帯びているさま。青みがかっている。＊黴〈1911〉〈徳田秋声〉一六「青っぽい双子の著物を著たお銀であった」＊矢島柳堂〈1925-26〉〈志賀直哉〉赤い帯「浴衣に青っぽい単衣羽織」②（「青」は、未熟の意）若くて、世間になれていないさま。世間のことをよくは知らない。未熟である。＊銀座八丁〈1934〉〈武田麟太郎〉「お見かけ通りの青っぽい浪人です」＊故旧忘れ得べき〈1935-36〉〈高見順〉五「ブルジョア階級に属するおのれへの青っぽい自己嫌悪」発音〈標ア〉プ0

あお-つゆ【青梅雨】〘名〙新緑に降りそそぐ梅雨。《季・夏》＊雲に鳥〈1977〉〈永井龍男〉「青梅雨の朝戸けなげに繰られけり」発音〈標ア〉ポ

あお-つゆくさ【青露草】〘名〙露草のこと。＊宇津保〈970-999頃〉国譲下「雑色六人、装束、白きろうのさしぬき、あを露くさしてらうずりに摺りて、白きあやの袿(うちき)」

あお-づら【青面】〘名〙青白い顔。＊椀久物語〈1899〉〈幸田露伴〉一「一人は面長の青顔(アヲヅラ)、一人は丸顔の金壺眼、いづれも人体相応の古布子着たるが」発音〈標ア〉0

あお-て【青手】〘名〙桟留縞(さんとめじま)の一つ。紺地に浅葱(あさぎ)色の縞。

あお-でい【青泥】〘名〙青金の粉を膠(にかわ)で溶いたもの。青金泥。

あお-テーブル【青─】〘名〙（テーブルは英 table）課長、部長クラスの上級官吏。役所で、青いラシャを張った机を使っていたところからいう。〔特殊語百科辞典〈1931〉〕

あお-てる【青照】〘名〙演劇で、怪談物や、滝などの場面を青白く見せるために燃やす薬品。また、その青白い火。幽霊火。

あお-てん【青天】〘名〙方言❶青空。愛知県北設楽郡553 島根県725 香川県豊島829 ❷かぶり物を用いないこと。帽子や雨具などを用いないこと。新潟県中頸城郡383 ❸紺色の紙で張った日傘。高知県長岡郡869

あお-でん【青電】〘名〙「あおでんしゃ(青電車)」の略。＊現代語大辞典〈1932〉〈藤村作・千葉勉〉「あおでん 青電 青い電燈をつけた終電車の前の電車」＊故旧忘れ得べき〈1935-36〉〈高見順〉五「小関は中位の成績、篠原は『青電』―終りから二番目の意、最後は『赤電車』でその前が『青電車』である―で二年に進級した」発音〈標ア〉0〈京ア〉0

あお-でんしゃ【青電車】〘名〙（前後部の、行先を表示する部分を青色の光で照明するところから）市街電車などで、最終電車である赤電車の一つ前の電車。また、一般的に最後から二番目のものについても用いる。青電。青。＊訂正増補新らしい言葉の字引〈1919〉〈服部嘉香・植原路郎〉「青電車 深夜終電即ち赤電車の一台前に発する電車」＊業苦〈1928〉〈嘉村礒多〉「青電車の時刻も迫って」＊三とせの春は過ぎやすし〈1973〉〈杉浦明平〉一「一学期は青電車つまりビリから二番目」

あお-てんじょう【青天井】〘名〙①青空を、天井に見立てていうことば。青空。また、屋外。野天。露天。＊洒落本・田舎芝居〈1787〉三立「舞台の上と桟敷の上ばかり、杉皮にて屋根を葺(ふき)、落間の上は青天井(アホテンゼウ)」＊松翁道話〈1814-46〉三・中「我宅(いへ)は青天井に地のむしろ月日をあかり風の手ぼうき」＊雑俳・太箸集〈1835-39〉四「菊の花・青天井で椀洗ふ」＊今年竹〈1919-27〉〈里見弴〉伸び行く・七「そとに七厘を持ち出して、青天井で料理をした」②転じて、天上界、または世界を支配するという天道様などを寓していう。＊談義本・銭湯新話〈1754〉五・男舛女舛の談「拾れぬは金銀とかく青天井(アヲテンジャウ)から指図次第がよさそふなり」③相場が果てしなく上がる状態や、金額などに上限のない様子のたとえ。④傘の地紙が青土佐であることにいう。＊歌舞伎・謎帯一寸徳兵衛〈1811〉中幕「青天井の日傘の濡れたるを、相合ひにさして出て来る」発音アオテンジョー〈標ア〉テ0 ジョ〈京ア〉0

あおてん-ぼうず【青坊主】〘名〙方言⇩あおたんぼうず(青坊主)

あお-でんわ【青電話】〘名〙公衆電話の一つで、普通公衆電話の通称。街頭などの電話ボックスに設置する電話機。電話ボックス外に設置する赤電話に対していった。現在は青い色の公衆電話は使われていない。発音〈標ア〉テ

あ-おと【足音】〘名〙あしおと。↓あのと。＊改正増補和英語林集成〈1886〉「Aoto アオト」＊独り歌へる〈1910〉〈若山牧水〉上「あめつちにわが跫音(アオト)のみ満ちわたる夕さまよひに月見草摘む」

あお-と【青砥】〘名〙砥石(といし)の一種。石質の細かい粘板岩から作られ、青みを帯びている。はじめにとぐ粗砥(あらと)と、仕上げ用の真砥(まと)との中間に用いられる。＊新撰字鏡〈898-901頃〉「磪 平青砥也」＊延喜式〈927〉一五・内蔵寮「諸国年料供進。〈略〉青砥二百顆」＊十巻本和名抄〈934頃〉五「青礪 唐韻云磪〈監諸二音阿乎度〉青礪石也」＊日葡辞書〈1603-04〉「Auoto〈アヲト〉」＊雑俳・柳多留-一三〈1778〉「なまくらな武士に青砥はあはぬ也」発音〈標ア〉0〈ア史〉平安〇〇◓か〈京ア〉0 辞書和名・色葉・名義・和玉・伊京・日葡・書言・ヘボン・言海 表記青礪(和・色・伊・書)磪磪(名・伊・書)磪(名・玉)青砥(書・へ・言)磪(名)

あおと【青砥】姓氏の一つ。発音〈標ア〉0

あおと-ふじつな【青砥藤綱】鎌倉中期の家人。上総(かずさ)の人。北条時頼に仕え、評定頭となる。清廉潔白な性格で、公平な裁判を行なったことや、鎌倉滑川(なめりがわ)に落とした銭一〇文を捜すのに五〇文を投じた逸話は有名。生没年不詳。

あおとうい【青当意】〘名〙主君などに対する一揆。すなわち、イッキ」＊日葡辞書〈1603-04〉「Auotŏi〈アヲタウイ〉。辞書日葡

あお-とうがらし【青唐辛子】〘名〙①夏のころの、まだ熟していない、青い色のトウガラシの実。煮て食用にする。《季・夏》＊浮世草子・けいせい伝受紙子〈1710〉五・二「木枕にて青唐辛子(アヲタウガラシ)を刻み、茶碗酒をはやらかし」＊俳諧・誹諧通俗志〈1716〉時令・六月「青番椒(タウカラシ)」＊滑稽本・浮世風呂〈1809-13〉四・中「柚(ゆず)茗荷(みょうが)青蕃椒(アヲトウガラシ)、その外見なさる通りだ。たんと買てくんなせへ」＊続春夏秋冬〈1906-07〉〈河東碧梧桐選〉夏「水飯に青蕃椒焙りけけり〈一蓑〉」②男の子供の性器をさす俗語。方言植物、ピーマン。岐阜県一部030 滋賀県一部030 兵庫県一部030 ◇あおどうがらし 岐阜県一部030 滋賀県一部030 兵庫県一部030 ◇あおとんがらし 和歌山県一部030 岡山県030 大分県一部030 ◇あおとん 岐阜県一部030 愛知県一部030 ◇あおとう 岐阜県一部030 静岡県一部030 発音アオトーガラシ〈標ア〉ガ

あお-どうしん【青道心】〘名〙（「青」は未熟の意、「道心」は菩提心の意で、「同心」と書くのはあて字）①ちょっとした思いつきで起こした信仰心、また、慈悲心。生(なま)道心。にわか道心。＊愚管抄〈1220〉三・花山「たがひにわかき心に青道心とて、その頃よりこの頃までも、人の心ばへはただ同じことにや」＊源平盛衰記〈14C前〉一三・熊野新宮軍事「入道宣ひけるは、大方発(おこ)すまじきは、弓取の青(アヲ)道心にて有りけり」＊仮名草子・東海道名所記〈1659-61頃〉一「青道心(アヲダウシン)をおこして、楽阿彌陀仏とかや名をつきて、国々をめぐり」②出家したばかりで、まだ仏道修行が浅いこと。また、その人。今道心。新発意(しんぼち)。＊俳諧・鷹筑波〈1638〉四「をのがいろあを道心(タウシン)かあまがへる〈玉次〉」＊浄瑠璃・心中天の網島〈1720〉上「炮烙頭巾(ほうろくづきん)の青道心、墨(すみ)の衣の玉襷(たまだすき)見物ぞめきに取まかれ」＊歌舞伎・法懸松成田利剣〈1823〉大詰「世を見限って青同心(アヲドウシン)、名も日蓮と改めて、法華経を拡めんとは片腹痛い」③剃りたての坊主頭。また、できたての坊主の姿。＊随筆・耳嚢〈1784-1814〉一・悪しき戯れいたす間敷事「彼者酔中に出家させば能慰ならんと〈略〉髪を剃こぼち青同心となして」＊春〈1908〉〈島崎藤村〉三七「酷(はなは)だ生臭な青道心が、到頭そこへ出来上った」発音アオドーシン〈標ア〉ド〈京ア〉ド

あお-どかき【青蜥蜴】〘名〙「あおとかげ(青蜥蜴)」の変化した語。＊評判記・けしずみ〈1677〉「さしあひのおとこにあふもあり。これもあをどかきなるべけれど」

あお-とかげ【青蜥蜴】〘名〙ニホントカゲの子の俗称。背に数本の淡黄色の細い筋があり、胴の後半から尾の先にかけて光沢のある青緑色をしている。生後二年ぐらいで成体の体色(褐色)になる。古来有毒で食べると死ぬといわれていたが毒はない。《季・夏》＊浮世草子・好色五人女〈1686〉三・四「それがしは、好みて青(アヲ)どかけを喰ふてさへ死なぬ命」＊和漢三才図会〈1712〉四五「蛤蚧(アヲトカケ)〈略〉按蛤蚧〈俗云青蜥蜴〉小者三四寸大者七八寸背青緑色而光有二縦斑文一」＊博物図教授法〈1876-77〉〈安倍為任〉二「石龍子(とかげ)は提防石垦等の間に棲みて小虫を捕り食ふ。碧条あるによりシマトカゲ又アヲトカゲと云ふ」＊七曜〈1942〉〈山口誓子〉「青蜥蜴唾をごくりとわれ愛す」発音アオトカゲ〈標ア〉ト 辞書言海 表記青蜥蜴(言)

あお-とくさ【青木賊】〘名〙①染色の名。とくさ色の青みを帯びたもの。②襲(かさね)の色目の名。表は薄青、裏は白。＊装束抄〈1577頃〉「衣色〈略〉青木賊。黄木賊。黒木賊」③植物「とくさ(木賊)」の異名。＊雑俳・田みの笠〈1700〉「いる物じゃ・鞘師が植る青木賊」発音〈標ア〉ト

あお-どさ【青土佐】〘名〙①土佐国(高知県)から産する薄い藍色の和紙。紙質が厚く、本の表紙や箱の目張りなどに用いられた。色のやや濃いものを「紺土佐」という。＊俳諧・東日記〈1681〉乾・秋「白鴈や青土佐渡る胡粉筆〈□楽〉」＊狂歌・徳和歌後万載集〈1785〉一「春来ては野も青土佐の初霞ひと刷毛ひくや山の腰ばり」＊譬喩尽〈1786〉三「空は青土佐(アヲドサ)に金砂

子蒔(まき)し如きの星月夜」②青土佐の紙を張った、女物の日傘。あおがさ。＊雑俳・柳筥(1783-86)二「青土佐へほちりほちりでいそぐ也」 発音〈標ア〉⓪ 辞書言海 表記青土佐(言)

あお-とさか【青鶏冠】〘名〙トサカノリで、青い色のもの。《季・春》

あおとぞうしはなのにしきえ【青砥稿花紅彩画】 歌舞伎「しらなみごにんおとこ(白浪五人男)」の本名題。

あお-とど【青椴】〘名〙植物「おおしらびそ(大白檜曾)」の異名。方言青森県東津軽郡036

あおとふじつなもりょうあん【青砥藤綱摸稜案】 江戸後期の読本。二編、各五巻。曲亭馬琴作。葛飾北斎画。文化九年(一八一二)、江戸、平林庄五郎等刊。「本朝藤陰比事」「拍案驚奇」「酔菩提全伝」、実録「越後屋伝吉之伝」から素材を取り、前集六話、後集一話のそれぞれが青砥藤綱の名裁判によって事件が解決される形式をとる。知的な推理の興味が眼目となっている。歌舞伎の「青砥稿花紅彩画(あおとぞうしはなのにしきえ)」はこれに基づく。

あお-とり【青鳥】〘名〙未熟な者をいう、てきや、盗人仲間の隠語。青二才。〔隠語構成様式幷其語集(1935)〕

あお-どり〘名〙「あほうどり(信天翁)」の別名。＊改正増補和英語林集成(1886)「Aodori アヲドリ」

あお-どんびき【青蟇】〘名〙方言⇨あおびき(青蟇)

あお-どんぶち【青淵】〘名〙方言⇨あおぶち(青淵)

あお-とんぼ【青蜻蛉】〘名〙「あおやんま(青蜻蜓)」に同じ。《季・秋》方言❶大形の蜻蛉(とんぼ)。やんま。奈良県吉野郡683 ❷植物、みずとんぼ(水蜻蛉)。和歌山県690 発音〈標ア〉ト 辞書言海 表記青蜻蜓(言)

あお-な【青菜】〘名〙①色が青々として勢いのよい草。また、新鮮な蔬菜(そさい)。＊東雅(1717)一三「蔓菁(アヲナ)〈略〉アヲナとは、アヲは青也。ナとは我国之俗、凡菜蔬類を呼びし総名也」②「かぶ(蕪)」の古名。＊古事記(712)下・歌謡「山がたに 蒔(ま)ける阿袁那(アヲナ)も 吉備人(きびひと)と 共にし摘(つ)めば 楽しくもあるか」＊書紀(720)持統七年三月(北野本訓)「詔して、天下をして、桑、紵(からむし)、梨・栗、蕪菁(アヲナ)等の草木を勧め殖ゑ令む」＊新撰字鏡(898-901頃)「葑〈略〉菁也 菰根也 阿乎奈」＊今昔(1120頃か)二六・二「大路辺に有ける垣の内に、青菜と云物、糸高く盛に生滋(おひしげり)たり」＊俳諧・増山の井(1663)正月「若菜〈略〉菁(アヲナ)かふらな也」③(「あおな(青菜)に塩」のことわざから)病弱な者をいう、てきや仲間の隠語。〔特殊語百科辞典(1931)〕方言❶植物、なたね(菜種)。秋田県一部030 ❷植物、こまつな(小松菜)。秋田県一部030 埼玉県一部030 ❸結球していない白菜。福島県一部030 千葉県一部030 大分県一部030 発音〈標ア〉⓪オ〈ア史〉平安○○○〈京ア〉⓪/ア 辞書字鏡・和名・色葉・名義・和玉・文明・饅頭・易林・日葡・書言・ヘボン・言海 表記蔓菁(和・色・名・書) 蕪菁(色・名・饅・易) 葑(字・色・名) 蔓(字・名・文) 菁(名・玉・ヘ) 聰明草(字) 生菜(色) 蕪・菜(玉) 蔓草(易) 青菜(言)

あおな に 塩(しお) (青菜に塩をふりかけると、しおれてしまうところから)元気を失って、しおれていることのたとえ。すっかり生気をなくして、ぐったりしているさま。＊俳諧・世話尽(1656)曳言之話「青菜(アヲナ)にしほ」＊滑稽本・八笑人(1820-49)五・上「七兵衛のだりむくれで、青菜に塩(シホ)々陣を引てからは」＊西洋道中膝栗毛(1870-76)〈仮名垣魯文〉初・下「大きによはりていままでのげんきはたちまち青なにしほ」

あお-な【青魚】〘名〙方言❶魚、きはっそく(木八束)。紀伊†030 ◇あおいお 伊勢†030 ❷飛魚や鰤(ぶり)などの総称。山口県阿武郡797

あお-ナイル【青―】(英 the Blue Nile の訳語)㊀スーダン中東部の州。白ナイル・青ナイル川の流域。両者にはさまれたゲジラ地区は綿花の大生産地。州都ワドメダニ。㊁ナイル川の一大支流。エチオピア高原のタナ湖に発し、スーダンの首都ハルツームで白ナイル川と合流する。流量の季節的変動が大きい。発音〈標ア〉ナ

あおな-うり【青菜売】〘名〙青菜を売り歩く人。特に、漬物用の野菜を売り歩く人。＊雑俳・表若葉(1732)「雑書には袴で居れど青菜売」＊談義本・風流志道軒伝(1763)五「家業にうときのら者ども、青菜売(アヲナウリ)は浅漬宅庵(あさづけたくあん)となり」発音〈標ア〉ナ

あおなぎ〘名〙方言魚。❶ふか(鱶)。岩手県上閉伊郡097 ❷よしきりざめ(葦切鮫)。宮城県112 福島県石城郡016

あおなき-およぎ【仰泳】〘名〙方言❶背泳。福岡市879 ◇あおぬけおえぎ 島根県石見725 ◇あおのこずり 島根県隠岐島725 ◇おなっげんこ 鹿児島県鹿児島郡968 ❷すっかり困ること。◇あおなけおよぎとも。福岡市877 879

あお-なし【青梨】〘名〙①果皮色によってわけた梨の一群。果皮色は未熟果のうちは緑色、熟すにつれて淡緑から淡黄となる。品種二十世紀は好例。②梨の一種。落葉高木。葉は広卵形で先は鋭尖形となる。果実はふつうの梨よりやや細長く、直径二～四センチメートル。果皮の色が熟しても緑色で、皮目も少ない。早く熟す。主に本州中部地方、関東地方北部に産する。学名は Pyrus ussuriensis var. hondoensis ＊延喜式(927)三一・宮内省「諸国所ㇾ進御贄〈略〉甲斐。青梨子」＊仮名草子・尤双紙(1632)上・二九「あをき物のしなじな〈略〉あをな、青のり、青なしや、色々のくゎしを取出て」＊浮世草子・男色十寸鏡(1687)上「磨薬はあを梨のかげぼしを寒の水にひたして、きざみて粉にしたるがよし」＊俳諧・類題発句集(1774)秋「青梨や薄刃わたせば秋の水〈旧国〉」③未熟なため果皮の青い梨の実。＊雑俳・柳多留-八(1773)「勝った馬士青なしなどをかぢる也」発音〈標ア〉⓪ 辞書言海 表記青梨(言)

あおな-ばたけ【青菜畑】〘名〙青い野菜が植えてある畑。＊桐の花(1913)〈北原白秋〉哀傷篇・哀傷終篇「煤烟(すすけむり)たなびくもとに葛飾(かつしか)の青菜畑ははるばると見ゆ」発音〈標ア〉バ

あお-なぶさ【青―】〘名〙方言⇨あおのろし(青―)

あお-なます【青鱠】〘名〙カラシナの葉をすりこんだ酢みそであえた、なます。＊大草殿より相伝之聞書(16C中か)「青鱠の事。先(まづ)葉がらしを能すりて〈略〉酒にてぬたをとき、魚はすにて白めたるが能候」＊庖丁聞書(室町末か)「青鱠は青ぬたにて和(あへ)たるをいふ也。春三月のうちは賞翫也」発音〈標ア〉ナ

あお-なまず【青―】〘名〙方言⇨あおのろし(青―)

あお-なみ【青波】〘名〙青々と見える波。＊常陸風土記(717-724頃)行方「海は即ち青波(あをなみ)浩行(ただよ)ひ、陸は是丹霞空朦(たなび)けり」＊万葉(8C後)二〇・四三一三「安乎奈美(アヲナミ)に袖さへ濡れて漕ぐ船のかし振るほどにさ夜ふけなむか〈大伴家持〉」発音〈標ア〉⓪

あお-なみせん【青波銭】〘名〙(裏面に波紋があり、一文銭とくらべて青白く見えることによる俗称)「あおせん(青銭)」に同じ。

あお-なめし【青韋】〘名〙青く染めた、なめしがわ。あいなめし。あいがわ。＊助無智秘抄(1166頃か)「小朝拝〈略〉あをなめしの装束には、だんのひらをば用ゐず」

あおな-もち【青菜餅】〘名〙ゆでた青菜をつきまぜた餅。

あお-なわ【青縄】〘名〙(青い色であったところから)近世、罪人をつかまえる時に用いた縄。取り縄。あおほそびき。＊指月宛一茶書簡-文政七年(1824)一月六日「御地は青縄さわぎのおそろしさに延引仕候」＊歌舞伎・善悪両面児手柏(妲妃のお百)(1867)七幕「おれが体へ青縄が、かかりゃ繋がる親父やおぬしに、難儀をかけるが不便(ふびん)ゆゑ」

あお-なんばん【青南蛮】〘名〙方言❶ピーマン。青森県一部030 福井県一部030 ❷なし(梨)の一種。鹿児島県薩摩062

あお-に【青二】〘名〙読みカルタ、めくりカルタの青札の二をいう。五〇点札。青一(あざ)、青十(釈迦十)とともに重要な役札(やくふだ)。＊咄本・軽口あられ酒(1705)一・三「なんじ五十にねきる事、三国一の此釈伽を、あをににするかといわれたり」＊談義本・世間万病回春(1771)三・疱瘡神評「かのよみかるたうつ人の釈迦と青二を握ながら絵上(ゑかみ)のピンの残念ならん」

あおに 引(ひ)く めくりカルタの青二の札を引く。転じて、カルタをすることにもいう。＊浄瑠璃・傾城阿波の鳴門(1768)八「今の世界に青二引かぬ者と、お染久松語らぬ者は、疫病を受取るといの」

あお-に【青丹】〘名〙①(「に」は、土の意)青黒色の土。＊常陸風土記(717-724頃)久慈「有らゆる土は、色、青き紺(はなだ)の如く、画に用ゐて麗し。俗(くにひと)、阿乎爾(アヲニ)といひ、或(また)、加支川爾(かきつに)といふ」＊名語記(1275)八「あをによしならとつづけたるあをに如何。答、あをにとは、昔ならさかに、めでたき紺青、緑青ありけり。それにつきて、あをによしならとはつづけをけりと、きこゆ」②青色顔料の土。染料や絵の具に用いられる。岩緑青(いわろくしょう)。＊医心方(984)一・一〇「緑青。和名安乎仁 出長門国」③染色の名。濃い青色に、黄の加わった色。緑青色。④襲(かさね)の色目。表裏ともに、濃い青に黄を加えた色のもの。または、表は赤みの多い茶色で、裏は薄い青色のもの。＊宇津保(970-999頃)春日詣「装束は、大人は青色の唐衣、〈略〉下づかへはあをににやなぎがさね着たり」＊源氏(1001-14頃)若菜下「童べの姿ばかりは、ことにつくろはせ給へり。あをにに、柳の汗衫(かざみ)、葡萄染(えびぞめ)の袙(あこめ)など」＊花鳥余情(1472)二〇「あをには、うはき也。青丹は、濃青に黄をさしたるなり」発音〈標ア〉⓪ 辞書色葉・言海 表記緑青(色) 青土(言)

あお-に【青煮】〘名〙ゼンマイ、ワラビなど、野菜の青みを失わないように、煮たり、ゆでたりすること。また、そのようにした野菜。

あおに-うち【青丹打】〘名〙青黒い色に染めて、つやを出すこと。また、そのような布、織物。発音〈標ア〉⓪二

あお-におい【青匂】〘名〙青くつやつやと輝くこと。青く光ること。＊たまきはる(1219)「あをいろぢ、上のあをにほひのからぎぬ、おなじかねのもんを、うはぎの定(ぢゃう)につく」

あおに-がわら【青丹瓦】〘名〙青黒い色の屋根がわら。青黒い色の屋根。＊太虚集(1924)〈島木赤彦〉満州「みたまやの青丹瓦(アヲニガハラ)にふりおける霜とけがたし森深くして」

あお-にぎて【青和幣】〘名〙(「あおにきて」「あおにきで」とも)麻布で作ったにぎて。楮(こうぞ)や木綿で作られた「しろにぎて」にくらべて、やや青みを帯びているところからいう。＊古事記(712)上「下枝には白丹寸手(しろにきて)、青丹寸手(あをニキテ)を取り垂(し)でて」＊書紀(720)神代上「下枝には青和幣(あをニキテ)〈和幣、此をば尼枳底(にきて)と云ふ〉」＊日葡辞書(1603-04)「Auoniqide (アヲニキデ)。すなわち、ヘイ」＊浄瑠璃・平家女護島(1719)四「皆神明の擁

護(おうご)ぞと。をのをの法施(ほっせ)を奉り、波の白木綿(しらゆふ)あをにぎて」 発音アオニギテ〈音史〉平安頃まで『あをにきて』と清音。後世は『あをにぎて』となるが、室町ごろには『あをにきで』とも発音される。〈標ア〉二 辞書下学・文明・伊京・饅頭・黒本・易林・日葡・書言 表記青幣(下・文・伊・饅・黒・易) 青帛(易) 青和幣(書)

あおに-ごろも あをに【青丹衣】『名』表も裏も、濃い青に黄色の混じった色の衣服。発音アオニゴロモ〈標ア〉ゴ

あお-にさい あを【青二才】『名』(「青」は未熟の意、「二才」は若者の意の「新背(にいせ)」の変化した語)年が若く、経験に乏しい人を卑しめていうことば。＊雑俳・西国船(1702)「あとがある三ケ月形りに青二才」＊洒落本・風俗八色談(1756)一・野夫医神農の教を受る事「弓手(ゆんで)に青二才(アヲニサイ)の刀指。馬手(めて)の草履取が真鍮にて張くるみたる」＊滑稽本・客者評判記(1811)下「青二才め、火がほしくばこちらへ廻れ」＊雁(1911-13)〈森鷗外〉一五「乳臭い青二才(アヲニサイ)にも」 語源説(1)ニサイは稚魚の称〔俗語考・和訓栞〕。(2)アヲ(青)は前髪を剃り落した跡が青いことから〔両京俚言考〕。(3)ニサイはニヒセ(新背)から〔国語研究=金田一京助〕。 発音〈なまり〉アオニス〔信州上田〕〈標ア〉二〈京ア〉二

あお-にび あを【青鈍】『名』①染色の名。濃い、はなだ色。浅葱(あさぎ)色に、青みが混じった色。尼などが用いる色で、凶事や仏教関係の服飾に多く用いられる。＊源氏(1001-14頃)初音「経、仏の飾り、はかなくしたる閼伽(あか)の具などもをかしげに〈略〉あをにびの几帳、心ばへをかしきに」＊浜松中納言(11C中)四「御返、あをにびの紙に、経るままに悲しさまさる吉野山うき世いとふと誰たづねけん」＊装束抄(1577頃)「衣色〈略〉青鈍、〈花田濃色也。尼など用色と云〉」②襲(かさね)の色目の名。表裏ともに、濃いはなだ色。＊宇津保(970-999頃)蔵開上「四の宮、赤らかなる綾掻練(あやかいねり)一襲(ひとかさね)、あをにびの指貫(さしぬき)、同じ直衣、唐綾の柳襲奉りて」＊源氏(1001-14頃)行幸「あをにびの細長一襲、落栗とかや、何とかや、昔の人のめでたうしける袷の袴一具」 発音〈標ア〉0 辞書言海 表記青鈍(言)

あおにび-いろ あをにび【青鈍色】『名』「あおにび(青鈍)①」に同じ。＊更級日記(1059頃)「それもおり物のあをにびいろの指貫(さしぬき)、狩衣きて、廊のほどにて馬にのりぬ」 発音〈標ア〉0〈京ア〉0

あお-にぶ あを【青―】『名』「あおだいず(青大豆)」の異名。＊重訂本草綱目啓蒙(1847)二〇・穀「大豆〈略〉俗名あをまめ 一名あをはだ 勢州 あをにぶ 播州」 方言播磨1028

あお-にぶ あを【青鈍】『名』「あおにび(青鈍)」の変化した語。＊前田本枕(10C終)一九八・正月に寺こもりたるは「人々しき人のおとなびたるが、あをにふの指貫(さしぬき)、綿入りたる白ききぬどもあまた着て」

あお-にゅうどう あをニフダウ【青入道】『名』剃ったばかりで、青々と見える坊主頭。また、その人。＊浮世草子・傾城禁短気(1711)一・二「すりたての青入道(アヲニウダウ)」＊俳諧・俳諧世説(1785)四・二川句を残家を出説「俄に鬢髪(びんぱつ)をそりこぼち、青入道となりて其国を立去とて」 発音アオニュードー〈標ア〉ニュ ド

あお-にょうぼう あをニョウバウ【青女房】『名』①宮中や貴族の家に仕えるまだ年若の未熟な女性、また、身分の低い女性。＊明月記-元久元年(1204)一二月二日「押小路女房家云、二条殿青女房又有二御子之名一」＊古事談(1212-15頃)三・北山奥聖人事「或所の青女房を相語て洗濯など誂侍るが不慮懐妊事候」＊太平記(14C後)二・長崎新左衛門尉意見事「近習の人々青女房(アヲにょうばう)に至るまで悦びあへる処に」＊謡曲・葵上(1435頃)「破れ車に召されたるに、青女房と思しき人の」②六位の侍の妻。＊随筆・夏山雑談(1741)四「青侍と云は六位の侍の事也。〈略〉青女房とは六位侍の妻室女子等を云由也」③若い女性。＊雑俳・天神花(1753)「わっさりと・前でむすんだ青女房」＊雑俳・末摘花(1776-1801)二「板ねぶとおぼしき人の青女房」 発音アオニョーボー〈標ア〉ニョ 辞書日葡

あおに-よし あをに【青丹―】㊀枕①地名「奈良」にかかる。奈良坂のあたりから、顔料や塗料として用いる青土(あおに)を産出したからという。「よし」は間投助詞。＊古事記(712)下・歌謡「阿袁邇余志(アヲニヨシ) 奈良を過ぎ 小楯(をだて) 大和を過ぎ」＊万葉(8C後)三・三二八「青丹吉(あをによし)寧楽(なら)のみやこは咲く花の薫(にほ)ふが如く今盛りなり〈小野老〉」②「国内(くぬち)」にかかる。＊万葉(8C後)五・七九七「悔しかもかく知らませば阿乎爾与斯(アヲニヨシ)国内(くぬち)ことごと見せましものを〈山上憶良〉」③奈良と同音を含む「ならふ」にかかる。＊散木奇歌集(1128頃)雑「此世をば仮ともいはんあをによしならはぬ身にはそれもそふなど」㊁『名』菓子の名。片栗と砂糖を原料として、短冊形に押し固め、表面に斜めに白いかすり引きの模様をつけたもの。奈良の名物。 語誌(1)㊀①に記したような由来からとされるが、証拠はない。「万葉集」では「青丹吉」「緑青吉」などと書かれ、その字面からすれば当時、都の建物の青や丹の美しさが連想されていたことは確かである。他に、「彌百土(いやほに)」の変化したもので、「なら」は「平(なら)す」〔冠辞考〕、「黏(ねや)す」〔万葉枕詞解・万葉集古義〕の意で続くなどの説もある。(2)㊀②の「国内」との関係については、「あをによし」自体が奈良の意を含んだものとする説がある。また原文「阿乎爾与斯」を「阿奈爾与斯(あなによし)」の誤写とする説もある。(3)「万葉集」では単なる枕詞ではなく、「奈良」の地が詠み手にとって特に親しいものとして扱われる傾向が強い。㊀①の挙例の「万葉-三・三二八」や「松が根の絶ゆる事無く青丹余志(あをによし)奈良の都に万代に国知らさむと〈大伴家持〉」〔万葉-一九・四二六六〕のように都の繁栄をことほぐ歌で用いられるのも、奈良を特立させるためと考えられる。 発音〈標ア〉ア ヨ 上仮名アヲニヨシ 辞書易林・書言・言海 表記青丹吉(易・書・言) 緑丹吉(書)

あお-にょろり あを【青―】『名』(「にょろり」は、まっすぐ立っている意か)「あおぎり(青桐)」の異名。＊俳諧・杜撰集(1701)下・一夜歌仙「蔵の二階に昼鼠なく〈仙化〉 日と日の影ぼしも又青葉(にょ)ろり〈氷花〉」＊俳諧・夜半亭発句帖(1755)「花咲樹ならびし中に青にょろり」 方言植物。❶あおぎり(青桐)。三重県伊勢市036 ❷あおき(青木)。◇あおにょろ 熊本県玉名郡929

あお-ぬき あふ【仰―】『名』(形動)「あおむき(仰向)」に同じ。＊足利本論語抄(16C)里仁第四「顚はあをぬきに臥すを云。沛はうつふきに臥すを云ぞ」

あお-ぬ・く あふ【仰―】『自カ四』(「あおのく」の変化した語)「あおむく(仰向)㊀」に同じ。＊十訓抄(1252)七・嵯峨天皇試小野篁学才給事「わらはべの打つ無木籰(むきざい)といふものに、一つ伏して三あふぬけるを、月夜と云ふなり」＊天理本狂言・伯母が酒(室町末-近世初)「おんな、あおぬいて、おしゆる時、いや、あたまをあげずに、口でおしゑいと云」＊浮世草子・好色一代男(1682)四・五「男は板の下にあふぬきて寝やうに」＊雑俳・鳥おどし(1701)「あふぬいて咄し仕かくる小人嶋」 辞書言海 表記仰(言)

あお-ぬけ あふ【仰―】『名』(「あおのけ(仰―)」の変化した語)「あおむけ(仰向)」に同じ。＊箱根行(1915)〈里見弴〉下「風呂敷包を枕にノウノウと仰(アフ)ぬけに寝ころんでゐた」

あお-ぬた あを【青饅】『名』カラシナなどの青い野菜をすりこんだ酢みそで、魚、野菜などをあえた料理。あらぬた。《季・春》＊庖丁聞書(室町末か)「青鱠は青ぬたにて和(あへ)たるをいふ也。春三月のうちは賞翫也」＊俳諧・桜川(1674)秋・二「青ぬたやみどりをくくるもみちふな〈矢吹嘉品〉」＊雨覆(1948)〈石田波郷〉「月うるむ青饅これを忘るまじ」

あお-ぬのこ あを【青布子】『名』青色の綿入れ。転じて、粗末な衣服をもいう。また、それを着た人。＊雑俳・卯の花かつら(1711)「ちりちりと・太夫を廻す青布子」＊浄瑠璃・娥歌かるた(1714頃)四「四十斗(ばかり)のみそかす坊主、糸鬢の跡、髭の跡、青ぬのこ着て垣越に」＊浄瑠璃・心中宵庚申(1722)下「青布子(あをヌノコ)の西念坊案内なしにずっと通り」 発音〈標ア〉ヌ

あお-ぬり あを【青塗】『名』青い塗料、漆などで塗ること。また、その塗られた器物。＊仰臥漫録(1901-02)〈正岡子規〉一「九月六日〈略〉肋骨より托せし荷物、近衛公の内より陸へ来り更に陸より届ける来る、三尺程の青塗の箱なり」＊悲しき玩具(1912)〈石川啄木〉「青塗(アヲヌリ)の瀬戸の火鉢によりかかり、眼(め)閉ぢ、眼を開け、時を惜めり」 発音〈標ア〉0

あお-ね あを【青嶺】㊀『名』青々と、木が生い茂っている山。緑の山。青山。《季・夏》＊馬鈴薯の花(1913)〈島木赤彦〉明治四二年「久方の朝あけの底に白雲の青嶺(アヲネ)の眠り未だこもれり」＊凍港(1932)〈山口誓子〉「七月の青嶺(アヲネ)まぢかく熔鉱炉」㊁奈良県吉野郡吉野町の金峰(きんぶ)神社東南の峰。吉野八景の一つ。青根が峰。＊千載(1187)春上・六五「吉野川水(み)かさはさしもまさらじを青根をこすや花のしらなみ〈顕昭〉」 発音〈標ア〉オ 0

あお-ね あを『名』植物「はこねしだ(箱根羊歯)」の異名。〔語彙(1871-84)〕

あおね-おんせん あをねヲンセン【青根温泉】宮城県柴田郡川崎町にある温泉。数か所の源泉のうち、大湯は天文年間(一五三二〜五五)の発見。江戸時代に発見された新湯は仙台藩主が保養に訪れた。泉質は弱食塩泉。 発音〈標ア〉オ2

あおね-かずら あをねかづら【青根蔓】『名』シダ類ウラボシ科の常緑多年草。本州中部以西の暖地の岩石、崖、樹上に着生する。根茎は青緑色で長く伸び、互いにもつれ合う。葉は長さ一〇〜四〇センチメートルぐらいの長楕円形で、羽状に深く裂ける。葉質は薄く、淡黄緑色で両面に柔らかい細毛が密生する。漢名、水龍骨。さるしょうが。いわしぼね。学名は Polypodium niponicum ＊日本植物名彙(1884)〈松村任三〉「アヲネカヅラ サルノセウガ 水龍骨」 発音〈標ア〉カ

あおね-が-みね あをね【青根が峰】㊀(青根嶺)「あおね(青嶺)㊁」に同じ。＊万葉(8C後)七・一一二〇「み吉野の青根(あをネ)が峰の蘿蓆(こけむしろ)誰か織りけむ経緯(たてぬき)無しに〈作者未詳〉」＊文明本節用集(室町中)「青根嶺 アヲネガミネ」㊁(青根が峯) 俳論書。五冊。去来・許六著。芳麿編。天明五年(一七八五)刊。元祿一〇年(一六九七)から翌一一年にかけての不易流行論など去来と許六の間でかわされた俳論を集めたもの。「俳諧問答」は寛政一二年(一八〇〇)刊の改題本。 辞書文明・書言 表記青根嶺(文・書)

あおねこ あをねこ【青猫】詩集。萩原朔太郎作。五五編。散文一編を含む。大正一二年(一九二三)刊。 発音〈標ア〉0

あお-ねずみ あを【青鼠】『名』青みがかったねずみ色か。＊歌舞伎・独道中五十三駅(1827)四幕「お松の亡魂、青鼠(アヲネズミ)の着附け、浅黄の帯、洗ひ髪に象牙の簪(かんざし)、女郎の姿にて、ツイと出る」

あお-ねり あを【青練】『名』生糸または絹布の精練で、固有の黄色を消すために青みをつけること。 発音〈標ア〉0

あお-ねりぬき あを【青練貫】『名』(練貫(練緯)は、経(たていと)を生糸とし、緯(よこいと)を練糸で織った絹織物) 青色の練貫。＊中楽談儀(1430)能の色どり「常盛の能、船をあをねりぬきなどにて、ちと飾るべし」

あおね-ろ あをね【青嶺―】『名』(「ろ」は接尾語)「あおね(青嶺)」に同じ。＊万葉(8C後)一四・三五一一

「安乎禰呂(アヲネロ)にたなびく雲のいさよひに物をそ思ふ年のこのころ〈東歌〉」 上仮名 アオネロ

あお-の あを【青野】『名』青々とした野原。《季・夏》 ＊あこがれ(1905)〈石川啄木〉めしひの少女「丘をこえ、青野をこえて、ひむがしの海の上までまろらかに溢れわたりぬ」

あおの あをの【青野】 姓氏の一つ。 発音〈標ア〉⓪

あおの-すえきち【青野季吉】 評論家。新潟県出身。「種蒔く人」「文芸戦線」などの同人として初期プロレタリア文学の理論的基礎を築く。戦後はペンクラブや日本文芸家協会などの活動に貢献。著作「解放の芸術」「転換期の文学」「文芸と社会」など。明治二三～昭和三六年(一八九〇～一九六一) 発音〈標ア〉ア

あお-の あを【青篦】『名』(「篦」は、矢竹、矢幹(やがら)のこと) 篦竹(のだけ)の一種。矢幹を作るのに用いられる。 ＊岡本記(1544)「あをのと申候事は、ほんぎにあらず、ただしさいくのいけうなり」

あお-のうれん あを【青暖簾】『名』紺色に染めたのれん。近世、端女郎(はしじょろう)のいる部屋の入り口に掛けた。あおのれん。 ＊俳諧・正章千句(1648)七・秋蛍「霞むつぼねのうちはお床し あたたかな青暖簾のかいまみに」 ＊仮名草子・東海道名所記(1659‐61頃)六「はし傾城は蜂の巣のごとくに、めんめんにちいさきつぼね、ひとつひとつをかかへて、門口には、なめし革にてとぢたる青のうれんをかけ」 ＊浮世草子・傾城禁短気(1711)四・一「憂い辛い目に青暖簾(アヲノウレン)の住居せられし女郎限りなし」 発音 アオノーレン〈標ア〉ノ

あおの-が-はら あをの【青野原】 ㊀岐阜県大垣市西方の野原。古来しばしば戦場となった。 ＊太平記(14C後)一九・青野原軍事「武蔵、上野の勢一万余騎を率(そっ)して、青野原(アヲノガハラ)に打出たり」 ㊁兵庫県、播州平野の中央部、加西台地の東端にある台地。享保八年(一七二三)江戸幕府により本格的に開発される。明治二四年(一八九一)に陸軍の演習地ができ、青野原廠舎が設けられた。 発音 アオノガハラ〈標ア〉ガ 辞書 書言 表記 青野原(書)

あお-のき あふ【仰━】『名』「あおむき(仰向)」に同じ。 ＊宇治拾遺(1221頃)一二・二三「起きむも心もとなくて、あふのきに寝ながら、よく引きて射たりければ」 ＊太平記(14C後)三五・北野通夜物語事「仰(アヲノキ)に倒れ笑ひ軽謾(きゃうまん)す」 ＊俳諧・曠野(1689)二・仲春「あふのきに寐てみむ野辺の雲雀哉〈除風〉」 辞書 日葡

あおのき-ざま あふのき【仰様】『名』(「あおのきさま」とも)「あおむけざま(仰向様)」に同じ。 ＊曾我物語(南北朝頃)一・おなじく相模の事「兄の彌六、つつといで、三郎をはたとけて、あふのきさまにうちにける」 発音〈標ア〉⓪

あおのき-ふ-す あふのき【仰伏】『自サ四』 仰向けになって横たわる。仰向けに寝る。 ＊古今著聞集(1254)二〇・六九七「一つの猿、岩の上にあふのきふして動かず」 ＊にごりえ(1895)〈樋口一葉〉七「吐息(といき)折々に太く身動きもせず仰向(アフノキ)ふしたる心根の愁(つら)さ」 発音〈標ア〉フ

あお-の-く あふ【仰━】 ㊀『自カ五(四)』「あおむく(仰向)❶」に同じ。 ＊史記抄(1477)一七・滑稽列伝「淳于髠が仰天とて、あをのいて大笑をして」 ＊虎明本狂言・腰祈(室町末‐近世初)「今のはまへからいのったによって、うしろへあをのきすぎた」 ＊俳諧・本朝文選(1706)五・紀行類・南行記〈李由・許六〉「田楽やあふのく口になく雲雀」 ㊁『他カ下二』⇨あおのける(仰━)。 発音〈標ア〉⓪〈京ア〉⓪ 辞書 文明・天正・饅頭・日葡・書言・ヘボン・言海 表記 仰(文・天・書・言) 翻(天) 偃(饅)

あおのいで唾(つばき)吐(は)く 「あお(仰)いで唾吐く」に同じ。 ＊元和本下学集(1617)「仰而唾 アヲノイテツハキバキス」 辞書 下学・伊京・饅頭・黒本 表記 仰而唾(下・伊・饅・黒)

あお-のけ あふ【仰━】『名』「あおむけ(仰向)」に同じ。 ＊太平記(14C後)二〇・結城入道堕地獄事「其の上に此の罪人を取てあをのけにふせ」 ＊寛永刊本蒙求抄(1529頃)四「されども玠が一言物を云へば、あっと云て、あをのけにそったぞ。絶倒(ぜっとう)はのけぞるぞ」 ＊咄本・八行整版本昨日は今日の物語(1614‐34頃)「ある時、又鍼(はり)を立てんとて、女房をあふのけに寝させて」 ＊西洋道中膝栗毛(1870‐76)〈仮名垣魯文〉二・上「あほのけにうしろのかたへひっくりかへれば」 発音〈標ア〉⓪〈京ア〉⓪

あおのけ-ぎみ あふのけ【仰気味】 辞書 言海 『形動』(「ぎみ」は接尾語) 物などの前面をいくらか上に向けたさま。 ＊巷談本牧亭(1964)〈安藤鶴夫〉生きる「そこからもうひとつ落ちて、車をやや仰のけ気味に、だらしなく引きずりながら」 発音 アオノケギミ〈標ア〉⓪

あおのけ-ざま あふのけ【仰様】『名』(「あおのけさま」とも)「あおむけざま(仰向様)」に同じ。 ＊団団珍聞‐一号(1877)「如何(どう)いふはづみか車を引繰反し客の女は仰向様(アフノケサマ)にボヂャクリンと泥溝(どぶ)の中へ溺れたり」 ＊当世書生気質(1885‐86)〈坪内逍遙〉二「ヘコヘコになりたる麦藁帽子を、あふのけざまに戴き」 ＊千曲川のスケッチ(1912)〈島崎藤村〉三・一三日の祇園「あふのけさまに倒れた大の男」 発音〈標ア〉⓪〈京ア〉⓪

あおのけ-だま あふのけ【仰━】『名』寝転んで仰向きになっているさま。 ＊浜荻(庄内)(1767)「あをになるを、あをのけだま」 辞書 言海 表記 仰(言)

あお-の-ける あふ【仰━】『他カ下一』図あふの・く『他カ下二』「あおむける(仰向)」に同じ。 ＊平家(13C前)九・敦盛最期「頸をかかんと、甲(かぶと)をおしあふのけて見ければ」 ＊源平盛衰記(14C前)二一・衣笠合戦事「家忠、甲(かぶと)振り仰(アヲノケ)、弓杖(ゆんづゑ)突き」 ＊説経節・さんせう太夫(与七郎正本)(1640頃)「まつのきゆふねをあをのけてみてあれは、あらいたはしやな、きやうたいの人々は、つちいろになつてをはします」 ＊浮世草子・好色万金丹(1694)四・一「塗笠をわざとあふのけて被(かづ)き」 発音〈標ア〉⓪ケ 辞書 日葡

あお-の-たれ あを【青斃】『名』蚕の病気の一つ。蚕のからだが急に長く伸び、青白くなって活気を失う。のち、黒色に変わり、柔らかくなって、最後にはとけ去ってしまうもの。桑酔(くわえい)。

あお-の-つがざくら あを【青栂桜】『名』ツツジ科の常緑小低木。北海道、本州中北部の高山帯に生える。高さ一五～六〇センチメートル。茎は横に這(は)い、枝は斜めに伸びる。葉は緑色の線形で長さ約一センチメートル。七～八月頃、枝から数本の花柄を伸ばし、その先に長さ七～八ミリメートルの緑白色の卵状壺形の花を斜め下向きに開く。学名は Phyllodoce aleutica ＊日本植物名彙(1884)〈松村任三〉「オホツガマツ オホツガザクラ アヲノツガザクラ ハクサンガヤ」 発音 アオノ=ツガザクラ〈標ア〉ア=ザ

あお-の-どうもん あを【青ノ洞門】 大分県北部、本耶馬渓(ほんやばけい)町の山国川右岸にある洞穴道。一八世紀中頃、僧禅海が三十余年かかって掘削したと伝えられ、菊池寛の小説「恩讐の彼方に」の題材ともなった。

あおのま あをのま【青馬】 催馬楽(さいばら)の一首。歌は一段で拍子一二とする。「拾芥抄(しゅうがいしょう)催馬楽部」に名がみえ、「楽家録」に歌い出し「あおのま、はなれば、とりつなげ…」が収められている。

あお-のめそ【青━】『名』方言 ⇨あおのろし(青━)

あお-のり あを【青海苔】 ㊀『名』緑藻類アオサ科アオノリ属の海藻の総称。各地の浅海や川口付近の岩石に着生する。主にボウアオノリ、スジアオノリ、ヒラアオノリ、ウスバアオノリなどが含まれる。黄緑色か鮮緑色で、管状または扁平。食用とするほか、ふすま紙などにすき入れる。あおば。苔菜。緑苔(りょくたい)。学名は Enteromorpha 《季・春》 ＊新撰字鏡(898‐901頃)「陟釐 青乃利」 ＊十巻本和名抄(934頃)九「陟釐 本草云陟釐〈音縄 一本作齹 阿乎乃利俗用青苔〉」 ＊多聞院日記‐天文一九年(1550)正月一九日「向井殿へ一瓶・両種〈柿一わ、あをのり〉、御内へ雑帋一束持了」 ＊俳諧・曠野(1689)八・祝「青苔は何ほどもとれ沖の石〈傘下〉」 ＊博物図教授法(1876‐77)〈安倍為任〉一「乾苔(アヲノリ)は海藻類にして諸州の海中に産す香味共に美なり」 ㊁狂言の曲名。「天正狂言本」所収。現在の「薩摩守」の原形。 発音〈標ア〉オ〈ア史〉平安○○●○ 江戸来●○○○〈京ア〉ア 辞書 字鏡・和名・色葉・名義・下学・文明・伊京・天正・饅頭・易林・日葡・書言・言海 表記 青海苔(下・文・伊・饅・書・言) 陟釐(字・色・伊・天・書) 青苔(和・色・易) 陟厘(和・名) 苔菜(字) 青渉厘(文)

あおのり 貰(もろ)うた=礼(れい)に[=代(か)わりに]太々神楽(だいだいかぐら)を打(う)つ (「青海苔」は、伊勢の名産で、伊勢参宮の土産物。「太々神楽」は、伊勢神宮に奉納する神楽のこと) ほんのわずかなものに対して、過大な返礼をすることのたとえ。 ＊浄瑠璃・仮名手本忠臣蔵(1748)七「はっち坊主の報謝米程取って居て、命を捨て敵討ちしやうとは、そりゃ青海苔(アヲノリ)貰(モラ)ふた礼に、太々神楽(カグラ)を打つやうなもの」 ＊諺苑(1797)「青苔(アヲノリ)もらふた代(カハリ)に大々神楽をうつ 青苔は伊勢の産物」

あおのり やった代(か)わりに太々神楽(だいだいかぐら)打(う)ってもらう わずかなものとひきかえに、それ以上のものを得ることのたとえ。 ＊浮世草子・略縁起出家形気(1769)四「それより西陣のよい島やへ養子聟の仕合は、誠に青海苔やったかはりに太々神楽打てもらふたといふべき歟」

あお-のれん あを【青暖簾】『名』「あおのうれん(青暖簾)」に同じ。 発音〈標ア〉ノ

あお-のろし【青━】『名』方言 ❶動物、あおだいしょう(青大将)。青森県青森市・下北郡054 岩手県098 宮城県115 116 (男性への、ののしりのことばとしても用いる)120 秋田県134 山形県144 新潟県岩船郡366 ◇**あうなざ** 沖縄県新城島(青い長物の意)996 ◇**あうなじ・あうなじぱぶ** 沖縄県黒島・鳩間島996 ◇**あうなじぱん** 沖縄県黒島996 ◇**あうなんつぃ** 沖縄県小浜島996 ◇**あおだち** 長野県西筑摩郡491 ◇**あおどし** 新潟県佐渡356 ◇**あおな** 長野県南部062 ◇**あおなぶさ** 青森県下北郡054 ◇**あおなまず** 岐阜県514 ◇**あおなむさ** 岡山県真庭郡747 ◇**あおなめすおお** 奈良県吉野郡688 ◇**あおぬる** 山形県東置賜郡139 ◇**あおぬるし** 宮城県栗原郡114 山形県139 ◇**あおのし** 山形県西田川郡139 ◇**あおのめそ** 奈良県吉野郡688 ◇**あおらじ** 山形県西置賜郡139 新潟県東蒲原郡368 ◇**あおらち** 新潟県東蒲原郡368 富山県390 ◇**あおろし** 佐渡1085 新潟県佐渡356 ◇**あおろじ** 新潟県361 368 長野県476 ◇**あおろち** 新潟県上越市382 ◇**おおなざ** 沖縄県石垣島996 ◇**おおなざぱく** 沖縄県波照間島996 ◇**おおなじ** 沖縄県竹富島996 ◇**おおなじり** 鹿児島県奄美大島974 ◇**おおなんじゃあ** 鹿児島県喜界島983 ◇**おおらあじ** 沖縄県竹富島996 ◇**おおんなじゃあ** 沖縄県首里(青鰻の意)993 974 ◇**おなぐそ** 兵庫県神崎郡648 赤穂郡660 ◇**おのろし** 山形県139 ◇**ぼなち** 沖縄県西表島996 ❷魚、ふか(鱶)の一種。美味でないことから転じて、怠け者、役に立たない者をもいう。鹿児島県喜界島983

あお-ば あを【白歯】『名』お歯黒を付けない、白いままの歯。 ＊随筆・胆大小心録(1808)一五〇「男子の歯黒そめ、粉紅つき、ひたひつくりしは見よからず。後鳥羽院の男色をこのませしより、わがきん達によそほせし

なるを、やがてよにあを歯なるは見苦しとさへ云ひしなり」

あお-ば【青羽・青翅】〘名〙鳥や昆虫の、青い色の羽。＊源氏（1001-14頃）若菜上「水鳥のあをばは色もかはらぬを萩のしたこそ気色ことなれ」発音〈標ア〉オ 0

あお-ば【青場】〘名〙近世の歌舞伎劇場で、立ち見の観客席。鳥屋（とや）の西と、舞台の前とにあった。＊戯場楽屋図会（1800）下「此（立見の）むかふと舞台の前を青場といふ」方言 劇場などの観覧席で最上等の所。徳島県809

あお-ば【青葉】㊀〘名〙①青い木の葉。青々とした葉。＊常陸風土記（717-724頃）久慈「青葉は自ら景を蔭（かく）す蓋を飄し」＊新古今（1205）冬・六二六「冬深く成りにけらしな難波江のあを葉まじらぬあしの群立〈藤原成通〉」②その年になって芽を出した若々しい葉。若葉。また、青々と茂った若葉。新緑。《季・夏》＊枕（10C終）四〇・花の木ならぬは「こきもみぢのつやめきて、思ひもかけぬ青葉の中よりさし出でたる、めづらし」＊金葉（1124-27）夏・九九「夏山の青葉まじりのおそ桜初花よりもめづらしきかな〈藤原盛房〉」＊平家（13C前）灌頂・大原御幸「遠山にかかる白雲は、散りにし花のかたみなり。青葉に見ゆる梢には、春の名残ぞ惜しまるる」＊俳諧・曠野（1689）一・杜宇「目には青葉山ほととぎす初がつほ〈素堂〉」③未熟、未完成なことのたとえ。＊歌舞伎・筑紫巷談浪白縫（黒田騒動）（1875）二幕「まだ其頃は十三才、女子といへど青葉（アヲバ）ゆゑ、憚る事もなかりしが、早や年頃となりしゆゑ」④カエデの一品種。春から秋まで、葉が緑色を保つもの。㊁横笛の名。朱雀門の鬼笛、平敦盛の所持のものなどがとくに名高い。青葉の笛。＊幸若・烏帽子折（室町末-近世初）「それ笛の名はかむちくこちくやうちく、あを葉ふたば」＊日葡辞書（1603-04）「Auoba（アヲバ）〈訳〉昔のある笛の名」＊雑俳・柳多留-一〇六（1829）「花は散り青葉はのこる一の谷」㊂宮城県仙台市の行政区の一つ。平成元年（一九八九）成立。市西部から市街中央部を占める。青葉城址、宮城県庁がある。㊃神奈川県横浜市の行政区の一つ。平成六年（一九九四）緑区・港北区より分区成立。語誌(1)「日葡辞書」に「Auoba」とあり、濁音であったことが確認されるが、中世までの清濁は未詳である。(2)㊀①が上代以来の意であるが、平安頃から和歌を中心に㊀②の意での用例が見られ、近世には挙例の「目には青葉」〔曠野〕のような印象鮮明な句も生まれた。(3)近世の歳時記では、青葉は非季の詞となっている。夏とするのは、明治三六年刊の高浜虚子編「袖珍俳句季寄せ」あたりからかと思われる。大正六年刊「鬼城句集」の夏之部には青葉の題の下に四句載っている。一方、歌などでは他季で常緑樹などの葉をいうことがあるが、やはり夏の景物としていることが多い。方言❶植物、まつ（松）や、すぎ（杉）の総称。富山県砺波398 ❷植物、いたどり（虎杖）。岩手県上閉伊郡097 ❸植物、あおはだ（青膚）。熊本県008 ❹青菜。野菜。◇おおふぁ 沖縄†139 鹿児島県喜界島983 沖縄県首里993 ◇あうぱ・あうぱぁ 沖縄県石垣島975 996 発音〈標ア〉ア オ〈ア史〉鎌倉○○◐ 江戸来●○○〈京ア〉ア 辞書 日葡・書言・ヘボン・言海 表記 緑葉（書）青葉（ヘ・言）

あおばの簾（すだれ） 中古、陰暦四月一日に、宮中で更衣（ころもがえ）の儀式を行なった時、御殿の南のすみにある二本の柳にかけたすだれ。《季・夏》＊梵燈庵主袖下集（1384か）「青葉のすだれと云句あらは扇給可付也。大内に四月一日に青葉のすだれをかけらるるがために植おかる。柳の青木立の躰寄合也」＊六華和歌集（14C後）夏「今朝は又青葉のすだれ誰かまきて花の外山に春を恋ふらん〈藤原基家〉」＊藻塩草（1513頃）六・簾「青葉のすたれ 翡翠のすたれとて四月一日新き御すたれをかくる也と云々」＊和訓栞（1777-1862）「あをはのすだれ。青葉の簾也。卯月朔日に、大内南のかどにて、もろ柳とて、相向て二株生たるにかけ、其日の暮にとり入たまふといへり」

あおばの花（はな） 咲く時期に遅れて、青葉の中に混じって咲く桜の花。余花（よか）。《季・夏》補注「俳諧・誹諧通俗志」には「花曇 藤花の分 青葉の花 残る花 桜」とあるが、三月のこととしている。

あおばの麦（むぎ） 「あおむぎ（青麦）」に同じ。

あおばの山（やま） 青々とした山。青葉が生い茂っている山。青山。＊古事記（712）中「爾に出雲国造の祖（おや）、名は岐比佐都美、青葉山（あをばのやま）を餝りて、其の河下に立ちて大御食献らむとする時に」＊万葉（8C後）八・一五四三「秋の露は移（うつ）しにありけり水鳥の青羽乃山（あをばのやま）の色づく見れば〈三原王〉」＊源氏（1001-14頃）若菜上「身にちかく秋やきぬらんみるままにあを葉の山もうつろひにけり」＊匠材集（1597）三「あをはの山〈小野に有、但非名所。夏山の事なり〉」辞書 文明 表記 青葉山（文）

あおば-あらため【青葉改】〘名〙肥後の熊本藩で行なわれた青毛見の一種。大豆や小豆の収穫予想を立てるため、毎年夏季にその作柄を見定めて青葉改帳に登録すること。＊肥後藩官職制度考（1811）「此青葉改と云は五六月にかけ見図帳より糺したる所の小前帳を以五ケ村の内竈当り一ケ村にて総庄屋を初五ケ村庄屋共立合見分いたし帳面に付立る」

あおばありがた-はねかくし【青翅蟻形隠翅虫】〘名〙ハネカクシ科の甲虫。夏、灯火によく飛来し、触れると体液に含まれたペデリンにより線状皮膚炎を起こし赤くはれる。日本各地の平地の水辺にすみ、体長約六ミリメートルで、頭は黒、胸と腹の大部分が赤褐色、青緑色の短いはねを持ち、一見アリに似ている。学名は Paederus fuscipes 発音 アオバアリガタハネカクシ〈標ア〉カ

青翅蟻形隠翅虫

あお-ばい【青蠅】〘名〙（「あおばえ」の変化した語）①「あおばえ（青蠅）①」に同じ。＊羅葡日辞書（1593）「Bucentes〈略〉auobai（アヲバイ）」②「あおばえ（青蠅）②」に同じ。＊浄瑠璃・信州川中島合戦（1721）一「『こりゃさせぬ、あおばいめ』と横になぐれば」＊浄瑠璃・神霊矢口渡（1770）三「アア面倒なる青蠅（アヲバイ）めら、此世の暇を取らせん」発音〈標ア〉オ〈京ア〉オ 辞書 日葡・ヘボン 表記 青蠅（ヘ）

あお-ばいじゅう【青陪従】〘名〙身分の低い従者。＊太平記（14C後）二三・土岐頼遠参合御幸致狼籍事「本鳥放ちなる青陪従（アヲバイジウ）片手にては髻（もとどり）をとらへ、片手にては笏を取直し」

あお-ばえ【青蠅】〘名〙①クロバエ科のハエのうちで、からだが青黒く、腹に光沢のある大形のものの総称。あおばい。くろばえ。くろるりばえ。《季・夏》＊宇津保（970-999頃）国譲下「恋ひ悲しび、待ち居て、あをばへのあらんやうに立ち去りもせでおはすれば」＊大乗本生心地観経治承四年点（1180）「心は青蠅（アヲハヘ）のごとし。穢悪を好むが故に」＊俳諧・新類題発句集（1793）夏「蒼蠅や庖丁研ば何所からか〈風後〉」＊合巻・教草女房形気（1846-68）二一・序「驥（ときうま）の尾に附ときは蒼蠅（アヲバヘ）も千里を行く」②うるさくつきまとってくる者を、ののしっていうことば。＊新しき用語の泉（1921）〈小林花眠〉「青蠅（アヲバヘ）うるさく附きまとふ者などを、罵っていふ語」発音〈標ア〉オ〈京ア〉オ 辞書 色葉・言海 表記 蒼蠅（色）青蠅（言）

あおはか【青墓】岐阜県大垣市の地名。古くは東山道の宿駅で、遊女が多かったことで有名。源義朝が平治の乱後逃げ着いた。また源頼朝が平宗清に捕えられた地でもある。遊塚古墳、小糠山古墳等がある。大墓。青波賀。＊海道記（1223頃）竹の下より逆川「青墓の宿の君女」発音〈標ア〉0 辞書 書言 表記 青墓（書）

あおば-がくれ【青葉隠】〘名〙青葉にさえぎられて、ものがはっきり見えないこと。＊片われ月（1901）〈金子薫園〉「ふるやしろ青葉がくれにほの見えて森のひがしを水流れゆく」発音 アオバガクレ〈標ア〉ガ

あお-ばかま【襖袴】〘名〙狩襖（かりあお）を着る時にはく、括袴（くくりばかま）。指貫（さしぬき）に似るが、幅の狭いもの。狩袴（かりばかま）。＊殿暦-康和四年（1102）六月一日「各々皆着二競馬装束一、或又かちにさしぬき、着二打懸一、同かちにあをはかまに着二打懸一」＊古今著聞集（1254）六・二五五「近江の国鏡の宿につく日、花田のひとへかり衣に、あをばかまきて、引入烏帽子したる男、おくれじと馳きたるあり」＊布衣記（1295頃か）「六位之時の青袴事。面は上品の宇治さらし也。〈略〉裏は練貫にのりふのりをよく付て、いかにもさやめきは、張るべし」＊物具装束鈔（1412頃か）「一、随身袴色事。〈略〉白襖袴、左右衛門兵衛督随身着之。〈略〉一、車副事。〈略〉襖袴。葈脛巾（いちびはばき）」発音〈標ア〉バ

あおば-がれい【青葉鰈】〘名〙ヒラメの幼魚の異名。発音 アオバガレイ〈標ア〉ガ

あお-はぎ【青萩】〘名〙秋に咲く萩にさきがけて咲く、夏の萩。夏萩。さみだれ萩。《季・夏》発音 アオハギ〈標ア〉0

あおば-ごえ【青葉肥】〘名〙田植えに先立って、草や若芽を田に敷いて肥料とすること。刈敷（かりしき）。草肥（くさごえ）。緑肥（りょくひ）。方言 植物の葉を肥料としたもの。香川県仲多度郡829 発音 アオバゴエ〈標ア〉バ

あお-はこべ【青蘩蔞】〘名〙ナデシコ科の多年草。本州中部以西の山地に生える。茎は傾いて長さ三〇センチメートル以上に伸び、節から根を出す。葉は長さ一センチメートルぐらいの卵円形で両面に毛がある。春、がく片が五枚で花弁のない小さな花が咲く。学名は Stellaria uchiyamana f. apetala ＊日本植物名彙（1884）〈松村任三〉「アヲハコベ」発音〈標ア〉ハ

あお-はし【青嘴】〘名〙鷹のくちばしのつけあたりの青いところ。＊禰津松鷗軒記（室町末か）「まなりのたかとてつかはれぬ鷹有。〈略〉青箸のねふとく、はなのすひろく」

あお-ばし【青箸】〘名〙萱（かや）の茎でつくり、赤飯に添えて神棚に供える箸。旧暦六月または七月二七日頃、中部地方から関東にかけて行なわれる。あおやばし。新箸（にいばし）。新箸の祝い。これを用いて食事をすれば災いをよけ福を招くという俗信がある。＊俳諧・七番日記-文化一二年（1815）七月「青箸としとりといふもけふなりけり、〈略〉青ばしのちぐなるも祭り哉」

あおば-じ【青葉路】〘名〙青葉につつまれた、野山の道。＊馬鈴薯の花（1913）〈中村憲吉〉明治四四年「雨のいろに冴えひかりたる青葉路（ヂ）をつばめの腹のひるがへり見ゆ」発音〈標ア〉0 バ

あおば-じお【青葉潮】〘名〙初夏、青葉の頃にプランクトンの繁殖で濁った海水を押しのけて本州沖に近づく黒潮。青山潮（あおやまじお）。青潮（あおじお）。《季・夏》発音〈標ア〉バ

あおば-じょう【青葉城】仙台城の別称。発音 アオバジョー〈標ア〉バ〈京ア〉バ

あお-ばしら【青柱】〘名〙相撲の土俵に立てた四本の柱の一つ。青は東をかたどり、東方に位置し、青色の布で巻いてあった。現在の大相撲では廃止され、天井からつり下げられた青ぶさに変わった。発音〈標ア〉バ

あおば-じんじゃ【青葉神社】仙台市青葉区青葉町にある神社。旧県社。祭神は武振彦命（たけふ

るひこのみこと=伊達政宗)。明治七年(一八七四)の創立。 発音〈標ア〉ジ

あお-バス【青―】『名』(バスは英 bus)①第二次世界大戦前、東京乗合自動車会社のバスの通称。車体を青色に塗っていたのでいう。*放浪記(1928-29)〈林芙美子〉「あんた、青バスの車掌さんにならないかね」*真理の春(1930)〈細田民樹〉面会・八「容作は青(アホ)バスで、青山のアパートに帰って来たが」②終車である赤バスの一つ前のバス。行先を表示する部分を青色の光で照明するところからいう。 発音〈標ア〉0

あおば-ずく【青葉木菟】『名』フクロウ科の鳥。全長約三〇センチメートル。背面は黒褐色、腹面は白地に褐色の縦斑がある。羽角はなく頭が比較的小さい。目は金色。主食は大形昆虫。日本には青葉の茂る五月頃渡ってきて一〇月頃に去る。平地の森のほか市街地にも見られ、夜、ホッホーと鳴く。学名は Ninox scutulata《季・夏》*生物学語彙(1884)〈岩川友太郎〉「Ninox アヲハヅク属(鳥)」*白羊宮(1906)〈薄田泣菫〉月見草の歌へる「青羽木菟(アヲバヅク)、叉枝(またぶり)低(ひく)に、片眠り」 発音〈標ア〉バ

あおば-せせり【青翅挵蝶】『名』セセリチョウ科のうち日本最大のチョウ。はねを開くと約五センチメートルとなる。日本産の他のセセリチョウがほとんど褐色の地味な色彩であるのに、本種は暗緑色で、後ろばねのふちだけは橙色。幼虫はアワブキ科の葉を食べる。日本では、北海道を除く各地に分布。学名は Choaspes benjaminii 発音〈標ア〉セ1

あおば-ぞら【青葉空】『名』青葉の頃の空。*赤光(1913)〈斎藤茂吉〉うめの雨「青葉空雨になりたれ吾はいまこころ細ほそと別れゆくかも」 発音〈標ア〉ゾ

あお-はた【青畑】『名』作物が青々と色づいている畑。*あらたま(1921)〈斎藤茂吉〉遊光「空をかぎりまろくひろごれる青畑(アヲハタ)をいそぎてのぼる人ひとり見ゆ」

あお-はた【青旗】『名』青い色の旗。→あおはたの。 発音〈標ア〉0

あお-はた【青羽太】『名』ハタ科の海魚。全長約四五センチメートルになる。体は黄褐色で全体に黄色の小斑点が散在し、明瞭な五本の暗色横帯がある。南日本から南シナ海にかけて沿岸の岩礁域や砂底に生息する。美味。あおあら。学名は Epinephelus awoara

あお-はだ【青膚】『名』①毛をそったあとの青々と見えるはだ。すはだ。②モチノキ科の落葉高木。各地の山野に生える。高さ一〇メートルぐらいになり、樹皮は灰白色だが、一皮むくと緑色。葉は長さ約五センチメートルの卵形で先はとがる。初夏に小さな緑白色の花を生じる。雌雄異株で雌花は数個、雄花は数十個ずつかたまって咲く。果実は球形で、熟せば赤色となる。材質は硬く、目は細かであるが、土中にうずめておくと青くなる。若葉を食用にするほか、細工物や、薪炭用の材料にも用いる。まるばうめもどき。こうしゅうぶな。学名は Ilex macropoda ③竹の青皮。〔書言字考節用集(1717)〕④「あおだいず(青大豆)」「あおまめ(青豆)」の異名。*重訂本草綱目啓蒙(1847)二〇・豆「青は青大豆なり〈略〉俗名あをまめ 一名あをはだ 勢州」 方言植物。❶やにぎ(樹脂木)。下野足尾銅山†063 ❷やぶいばら(藪茨)。香川県綾歌郡808 高知県幡多郡808 ❸つくばねがし(衝羽根樫)。徳島県那賀郡811 ❹うりはだかえで(瓜膚楓)。茨城県036 ❺とねりこ(梣)。栃木県利根郡008 ❻みみずばい(蚯蚓灰)。鹿児島県肝属郡965 ❼あおまめ(青豆)。伊豆†073 ◇あおばつ 山形県西村山郡139 ◇あおばだまめ〔―豆〕山形県139 長野県佐久484 発音〈標ア〉0 辞書書言・言海 表記鈎(書) 青肌(言)

あおはた-の【青旗―】枕 ①青々と葉の茂る木々を青い旗に見立てて、地名「木幡(こはた)」にかかる。*万葉(8C後)二・一四八「青旗乃(あをはたノ)木旗(こはた)の上をかよふとは目には見れども直(ただ)に逢はぬかも〈倭太后〉」②山の青々と木の茂ったさまから「葛城(かづらき)山」「忍坂(おさか)の山」にかかる。*万葉(8C後)四・五〇九「青旗乃(あをはたノ)葛城(かづらき)山に たなびける 白雲隠る 天さがる 夷(ひな)の国辺に〈丹比笠麻呂〉」*万葉(8C後)一三・三三三一「こもりくの 長谷(はつせ)の山 青幡之(あをはたの) 忍坂(おさか)の山は 走り出の よろしき山の 出で立ちの 妙(くは)しき山ぞ〈作者未詳〉」 語誌(1)①の「木幡(こはた)」にかかる場合は、同音ハタの繰り返しが意識されているとみられる。また、「木旗」は文字通り木の上につけた旗で、祭祀(さいし)の道具であるとして、「青旗」はその形容と見る説もある。(2)②については、旗を押し立てる意で「おさか」につづくとする説、綾旗(あやはた)の襲(おそぎ)の意で「おさか」につづく〔万葉枕詞解〕、青畠の栄える意で「おさか」につづく、綾で鬘(かつら)を作ったので「かづらき」につづく〔万葉集古義〕など諸説がある。

あお-はち【青八】『名』めくりカルタの八の組の札、四枚の中の青札。点数は、二〇にあたる。*博奕仕方風聞書(1839頃か)「八の四枚の内、〈青八と唱、数二十に相成申候〉」

あお-はち【青初】『名』きのこ「はつたけ(初茸)」の異名。*俳諧・雑談集(1692)下「初茸の名もかはる青初〈探泉〉 笠寺(かさでら)に十八日の月を見る〈其角〉」*尾張方言(1749)「あをはち〈紫蕈 京云はつたけ〉」*物類称呼(1775)三「初茸を美濃三河尾張にてあをはちと云」 方言愛知県名古屋市561 知多郡570 語源説アヲハツタケ(青初茸)の下略。アオハツが音転したもの〔塩尻〕。

あお-ばち【青蜂】『名』昆虫「じがばち(似我蜂)」の一種。体色の青黒いもの。*重訂本草綱目啓蒙(1847)三五・卵生「蠮螉 すがる〈日本紀〉さそり〈和名鈔〉じがばち〈略〉一種長さ一寸許の青黒色細腰なる蜂あり梁柱上の蛀孔(むしあな)中に入て窠を作ること上に云が如し外を白土にてぬり塞く 此も似我の声あり俗にあをばちと呼」 方言虫、ふたもんあしながばち(二紋足長蜂)。山形県西置賜郡・最上郡139 発音〈標ア〉オ 辞書言海 表記青蜂(言)

あお-はつ【青初】『名』きのこ「はつたけ(初茸)」の異名。〔和訓栞後編(1887)〕*随筆・塩尻(1698-1733頃)三二「尾州の俗に初茸をあをはちとよぶは此くさびらに赤きと青きと二種あり。夫をあかはつたけ青はつたけといひて又たけの詞を略し青はつ赤はつといふを転じ青はち赤はちといふなる」 方言山形県東置賜郡139 広島県比婆郡773 発音〈標ア〉0

あお-ばと【青鳩】『名』ハト科の鳥。全長約三三センチメートル。体は美しい緑色で、頭の上部と、くびの部分は黄緑色。雄の肩には紫紅色の斑紋がある。各地の原生林で繁殖し、冬は北日本のものは南へ渡る。木の実を常食とし、アオーアオーと鳴く。しゃくはちばと。やまばと。学名は Sphenurus sieboldii《季・夏》*書言字考節用集(1717)五「青鶴 アヲバト 黄褐侯 同〔本草〕状如レ鳩而緑褐色声如二小児吹一レ竿」*日本風景論(1894)〈志賀重昂〉二「華表柱頭、暮煙方さに合し、林梢微茫、青鶴(アヲバト)還へり去る」 発音〈標ア〉0 辞書書言・言海 表記青鶴・黄褐侯(書) 青鳩(言)

あおば-どり【青羽鳥】『名』鳥「かも(鴨)」の異名。*蔵玉集(室町)「〈堀川院異名〉橘鳥 時鳥。〈同〉青羽鳥 鴨」*重訂本草綱目啓蒙(1847)四三・水禽「鳧 あをはどり(古歌)、かも まがも」 発音〈標ア〉バ

あお-ばな【青花】『名』①植物「つゆくさ(露草)」の異名。*大和本草(1709)九「鴨跖草(アヲバナ)。葉は竹葉に似たり。花の形は鳳仙花に似て碧(るり)色なり。和名、月草とも、露草とも云」*俳諧・発句題叢(1820-23)秋・上「青花に鼻紙濡らす藪入哉〈袁丁〉」②ツユクサの花から取った、藍色の液汁。またこれを和紙に吸収させたもの。友禅模様の下絵などを描くに用いる。あいがみ。あおばながみ。*名語記(1275)三「そめたるをあをばな、あかばなといへる、如何。あを花は鴨頭草。つきくさの花を紙にそめたり」*日葡辞書(1603-04)「Auobana(アヲバナ)。シモではハナダと言う。〈訳〉青色に染めた紙の一種」*俳諧・増山の井(1663)八月「月草 露草 青花」 方言植物。❶つゆくさ(露草)。畿内†122 長門†122 山口県佐波郡794 香川県東部037 ❷うりはだかえで(瓜膚楓)。紀伊†110 ❸おおぼうしばな(大帽子花)。滋賀県005 発音〈標ア〉0 辞書日葡・書言・言海 表記鴨跖草(書) 青花(言)

あお-ばな【青洟】『名』子供などが垂らす、青いはなじる。あおっぱな。*咄本・大御世話(1780)茶の湯「上座の客が、あをばなをたらしながら挨拶して」*読本・南総里見八犬伝(1814-42)一・一回「揉断(ねぢき)るごとき青洟(アヲハナ)を、啜(すす)り籠(こめ)つつすすみ出」*平凡(1907)〈二葉亭四迷〉三三「八つばかりの男の児が、青洟を啜り啜り」 発音〈標ア〉0オ 〈京ア〉オ 辞書ボン・言海 表記青涕(言)

あおばな-いん【青花印】『名』青花の花弁から採取した染料を印肉に用いたもの。また、それを用いて押した印判。*評判記・色道大鏡(1678)九「常の印肉墨もよし、又青花印(アヲハナキン)やさしくしてよろし」

あおばな-がみ【青花紙】『名』ツユクサの花の絞り汁をしみこませた紙。近江国(滋賀県)から産出。水に浸して色をしみ出させた汁はさめやすいので、友禅、描更紗(かきザラサ)、絞り染めなどの下絵かきに用いた。青花。藍紙。*尋常小学読本(1887)〈文部省〉四「土用前、其花びらを摘み、之をしめ桶にて絞り、其汁を紙に浸して、此青花紙を作るなり」

あおば-の-き【青葉木】『名』 方言植物。❶ゆずりは(譲葉)。高知県高岡郡808 ❷かんざぶろうのき(勘三郎木)。鹿児島県薩摩郡965

あおば-の-せちえ【白馬節会】『名』「あおうま(白馬)の節会」に同じ。《季・新年》*虎寛本狂言・牛馬(室町末-近世初)「駒むかへせし逢坂の、小坂の駒も心して、ひくや白馬(アヲバ)の節会にも、牛のねり入ためしなし」*浄瑠璃・芳野の内裡(1708)一「あほばのせちへ、あがためし、きょくすいのゑん、花しづめ」

あおば-の-ふえ【青葉笛】『名』㊀平敦盛が秘蔵したと伝えられる笛。弘法大師が在唐の頃、青龍寺で造ったところ不思議にも青葉が生え、帰国後、嵯峨天皇に献上したのが、のち平家に伝わり、敦盛のものとなった。神戸の須磨寺に伝わるのがそれという。小枝(さえだ)の笛。㊁高倉天皇秘蔵の横笛。

あおば-はごろも【青翅羽衣】『名』アオバハゴロモ科の昆虫。体長五～七ミリメートル。幅広い美しい淡緑色のはねを縦にたたむ。捕えようとすると、くるりと枝の反対側にまわる。本州以南の広葉樹に多く、茶などの果樹の液汁を吸って害を与えることがある。学名は Geisha distinctissima 発音アオバハゴロモ〈標ア〉ゴ

あお-はぶ【青波布】『名』クサリヘビ科で樹上棲のハブ数種の総称。毒ヘビ。体長約五〇～一〇〇センチメートル。鮮緑色または黄緑色で、頭は三角形で大きく、上あごの毒腺につながる管牙(かんが)は細く小さい。台湾から東南アジア、南アジアにかけて分布。人畜に害を与える。代表種はタケアオハブ(学名 Trimeresurus stejnegeri)。あおへび。青竹糸蛇。 発音〈標ア〉0

あおば-ぶな【青葉鮒】『名』初夏の青葉のころのフナ。《季・夏》*俳諧・俳諧発句千葉集(1841)夏「青葉鮒売や入江のささ濁り〈二鹿〉」*俳諧・季寄新題集(1848)夏「四月〈略〉青葉鮒」 発音〈標ア〉フ

あお-ば・む【青―】『自マ五(四)』青みを帯びる。青みがかる。青ざめる。*今昔(1120頃か)二七・二〇「大路に青ばみたる衣着たる女房の裾取たるが、只独

り立たりければ」 発音〈標ア〉バ 〈京ア〉0

あおば-むしゃ あをば:【青葉武者】『名』「あおばもの(青葉者)」に同じ。

あお-ばも あを:【青鱧】『名』魚「だつ(駄津)」の異名。方言和歌山市690

あおば-もの あをば:【青葉者・白歯者】『名』(「青葉」は未熟なことのたとえ) 雑兵(ぞうひょう)。歩卒。こっぱ武者。青葉武者。また、一度も具足を着けたことのない中間、小者などの軽卒。素肌武者。*甲陽軍鑑(17C初)品二四「せりあひ合戦なんどに、追頸(おいくび)のしかもあを葉(バ)者を一人討ては、鑓(やり)さきに血を付、五人も十人もつきたる様に損ざし」*北越軍談(1698)一七「左は有ながら、白歯者、子郷、夫嵐子百七八十人、或は漂流し、或は溺死す」*和訓栞(1777-1862)「あをばもの。〈略〉又、甲冑をきざるすはだ者を、青葉者といふともいへり」語誌「雑兵」の意の「端武者」は「葉武者」とも表記され、未熟の意の「青」を冠して「青葉武者」「青葉者」が現われたとも考えられる。語源説(1)アヲ(青)は未熟の意。ハモノは、ハモノ(半者)、ハシタモノ(半下者)の意〔大言海〕。(2)アヲハモノ(青歯者)の義。青は白に通じて用いた故、アヲハモノ(青歯者)は白歯者、すなわち下人をさす〔草廬漫筆・嬉遊笑覧・和訓栞・日本語源=賀茂百樹〕。(3)大樹の末々の意から〔和訓栞〕。辞書書言 表記白歯者(書)

あおば-やま あをば:【青葉山】㊀京都府舞鶴市と福井県の境にある円錐火山。南山腹に西国二九番札所松尾(まつのお)寺がある。標高六九三メートル。あおばさん。あおばの山。丹後富士。若狭富士。《季・夏》*俳諧・誹枕(1680)中「若狭 喰つみや八百比丘(びく)の青羽山〈幽山〉」㊁宮城県仙台市にある小丘。伊達氏の仙台城(青葉城)址がある。*俳諧・陸奥衛(1697)二「気を濯ぐ清水や影は青葉山〈桃鄰〉 郭公づれほととぎす来る〈流和〉」発音〈標ア〉0

あお-ばらいぎ あを:【青茨棘】『名』方言植物、のいばら(野茨)。周防†122 ◇あおいぎ 島根県鹿足郡・益田市725

あお-はりば あを:【青針葉】『名』枯れていない青緑色の針葉樹の葉。青松葉をさすことが多い。*断橋(1911)〈岩野泡鳴〉一一「蝦夷松または椴松(とどまつ)の霜にめげない青針り葉の姿が」

あお-ばれ あを:【―晴】『名』(「すいばれ」の反対語としてできた語) 晴天をいう、てきや仲間の隠語。〔日本隠語集(1892)〕

あおばん-まぶ あをバン:【青盤間府】『名』大きな青い岩盤の穴。佐渡の金鉱での称。*随筆・北窓瑣談(1829)後・二「金を掘る穴を佐渡にてマブと云、穴中の働く場所をシキと云。其マブに色色の名あり。当今盛に掘る穴を青盤マブと云。〈略〉佐渡の方言に青石の大なるを盤と云。青盤マブとは、青岩の穴なる故なり。その青盤マブ甚深し」

あお-はんみょう あをハンメウ【青斑猫】『名』ツチハンミョウ科の甲虫。体長一五～三〇ミリメートル。体は細長く、頭部が大きい。背は光沢のある金緑色で、縁に緑色の線がある。ヨーロッパに分布し、日本には産しない。乾燥したものをカンタリスと呼び、薬用とする。芫青(げんせい)。*生物学語彙(1884)〈岩川友太郎〉「Lytta 芫菁(アヲハンメウ)属」辞書言海 表記青斑猫(言)

あお-ひ あを:【青檜】『名』植物「しらびそ(白檜曾)」の異名。方言植物、ひのき(檜)。また、あすなろ(翌檜)。◇あおび 徳島県那賀郡808

あおび あをび【鮑】『名』「あわび(鮑)」の変化した語。*日葡辞書(1603-04)「Auobi(アヲビ)〈訳〉鮑。シモの語」辞書日葡

あお-び あを:【青火】『名』夜、墓地などに燃え出て空中を飛びまわる、青白い火の玉。鬼火(おにび)。幽霊火(ゆうれいび)。燐火(りんか)。*随筆・嘉良喜随筆(1750頃)三「二階町に柳原家の家あり。毎夜青火光る。此所昔寺也。其時金銀を埋をきたか、金銀の気、青火出と申伝る也」*あこがれ(1905)〈石川啄木〉錦木塚・梭の音の巻「夫(せ)が胸をい捲かむとや、罪深くも。―青火する死の吐息ぞここに通ふ」方言❶鬼火。墓場で燃えるりん火。群馬県勢多郡236 新潟県東蒲原郡368 山梨県南巨摩郡463 長野県佐久493 静岡県磐田郡546 ◇あうぴい 沖縄県石垣島996 ◇おおるうび〔青色火〕 沖縄県首里993 ❷人魂(ひとだま)。◇あおのひ 香川県高見島829 発音〈標ア〉オ

あお-ひえ あを:【竹刀】『名』(「あおびえ」とも) 青竹で作った、小さな刀。*書紀(720)神代下(鴨脚本訓)「時に竹刀(アヲヒヘ)を以て、其の児の臍(ほそのを)を截る」*十巻本和名抄(934頃)五「竹刀 日本紀私記云竹刀〈阿乎比衣〉言以竹刀剪金銀薄也」*南海寄帰内法伝平安後期点(1050頃)一「或いは竹木の薄(アヲヒエ)を取りて、片つかたは小指の面(おも)許りの如くせよ」*観智院本名義抄(1241)「竹刀 アヲビヱ 以竹刀前刀薄」語誌(1)竹の刀で、へその緒を切ることは、「山槐記」の治承二年(一一七八)一一月一二日の条や、「塵添壒嚢抄‐一二」にあり、江戸時代まで、一般的な習慣であったらしい。(2)「ひえ」はワ行下二段活用動詞「ひう(聶)」の連用形転成名詞という説があり、それなら歴史的仮名遣いは「あをひゑ」となるが、不明。語源説(1)礼記に見える聶(ひえて)と同義か〔松屋筆記〕。(2)竹は青く、刀は冷ややかなものであることから〔和訓栞・紫門和語類集〕。(3)アヲヒエ(青刃枝)の義〔日本古語大辞典=松岡静雄〕。発音〈標ア〉0 辞書和名・色葉・名義 表記竹刀(和・色・名)

あお-ひがさ あを:【青日傘】『名』「あおがさ(青傘)」に同じ。*歌舞伎・法懸松成田利剣(1823)序幕「梢の雨やさめやらぬ、夢の浮世とゆき悩む、男に丁度青日傘(アヲヒガサ)、骨になるとも何のその」*歌舞伎・樟紀流花見幕張(慶安太平記)(1870)序幕「腰元の装(なり)にて、袱紗包みを持ち、青日傘をさし掛け附添ひ出で」発音アオヒガサ〈標ア〉ガ

あお-びかり あを:【青光】『名』青色を帯びた光。青色の光沢。また、青く光ること。*天草版金句集(1593)「ツキモ ムシンナ モノ ヂヤガ、タレカ auo ficariuo(アヲ ヒカリヲ) アタエ ツクッタゾ」*めぐりあひ(1888-89)〈二葉亭四迷訳〉一「菩醍樹が青びかりに光るしんめりとした月の光をあびて」*ふゆくさ(1925)〈土屋文明〉新湯「馬の腹にひたひたとつく湯の湛(たた)へ底の石みな青光りせり」*城(1965)〈水上勉〉二「領主の居館はそり棟の甍を蒼光りに輝かせて」発音〈標ア〉ビ 〈京ア〉0

あお-びか・る あを:【青光】『自ラ五(四)』青く光る。青っぽくかがやく。*初年兵江木の死(1920)〈細田民樹〉五「青光る勝色(かついろ)の田舎流行の、縮緬の紋付を着てゐた」*白い壁(1934)〈本庄陸男〉一「床の上に長くなってゐる父親は、いつか学校で見た磔(はりつけ)されるキリストみたいなひげ面で、眼ばかり異様に蒼光らせてゐた」発音〈標ア〉カ0

あお-ひき あを:【青引】『名』「あおじゅく(青熟)②」に同じ。方言牛馬の飼料にするため大豆を青いうちに刈ること。また、その大豆。青刈り大豆。◇あおびき 青森県南部085 岩手県一部030 秋田県一部030

あお-びき あを:【青蟇】『名』(「あおひき」とも) ①小さな緑色のカエル。あおがえる。*日葡辞書(1603-04)「Auofiqi(アヲヒキ)〈訳〉緑色の蛙」*重訂本草綱目啓蒙(1847)三八・隰生「竈 あをがへる ひき 土州 あをひき 同上」②「あまがえる(雨蛙)」の異名。*物類称呼(1775)二「蝦 かはづ かへる〈略〉又一種小さく青色にして木竹の枝に棲ものを 関東及畿内にて、土鴫(あまがえる)と云 九州にて、ほとけびき 又 あまびきといふ 唐津にては、あをびきと云」方言❶動物、あおがえる(青蛙)。奈良県吉野郡688 岡山県岡山市762 御津郡764 広島県安芸郡771 山口県玖珂郡800 徳島県811 愛媛県松山市846 福岡県八女郡872 長崎県南高来郡905 熊本県玉名郡926 ◇あおひき 熊本県下益城郡931 鹿児島県種子島054 ◇おおびき 鹿児島県奄美大島975 ◇あおびっき 仙台†058 岩手県九戸郡088 上閉伊郡097 宮城県栗原郡114 仙台市121 秋田県130 山形県139 ◇あおべっき 山形市139 ◇あおんびき 高知県862 ◇あおっしょびっき 佐賀県藤津郡895 ◇あおどんびぎ 岐阜県飛騨502 ◇あおひきどんく 長崎†130 長崎県南高来郡905 長崎市906 ◇あおひきどんくう 長崎†130 ◇あおどんく 長崎県南高来郡905 ◇あおふぐだ 岩手県九戸郡088 ❷動物、とのさまがえる(殿様蛙)。熊本県919 ◇あおひき 熊本県919 ◇あおびっき 宮城県登米郡115 玉造郡116 ◇あおびっかんじょ 熊本県葦北郡919 ◇あおびきわくど 熊本県阿蘇郡919 ◇あおどんく 熊本県天草郡919 ❸動物、ひきがえる(蟇蛙)。熊本県919 ❹未熟者をいう卑語。しんまい。◇あおどんびき 岐阜県飛騨502 辞書日葡・ヘボン 表記青蟇(へ)

あお-びきた あを:【青―】『名』「あおがえる(青蛙)」の異名。*筑紫方言(1830頃)「青蛙 青びきた 長崎にて、青ひきどんくう」方言動物、とのさまがえる(殿様蛙)。熊本県葦北郡919

あお-ひげ あを:【青髭】㊀『名』①もみあげから顎にかけて髭を剃った跡が青いこと。また、青くなっているところ。*滑稽本・大千世界楽屋探(1817)標目「鼻毛と白髭と青髭(アヲヒゲ)と身上話」*滑稽本・寒紅丑日待(1816-26)おもしろい事「女形の青髭(アヲヒゲ)、ぬれ事師の沙面(いも)の穴までかぞえるには、前土間のちかいがよいと」②芝居の隈取(くまどり)の一種。もみあげの辺から顎にかけて青黛(せいたい)を塗って、髯(ほおひげ)を剃った跡のように見せるもの。色敵、敵役に用いる。*洒落本・後編風俗通(1775)属淫風四相「青髭へ紅粉(べに)を付ようはづはなし」*滑稽本・八笑人(1820-49)初・二「御面相は編笠で見えず、下から覗て見た所が鬼髭だが、まあ是も青髭と見るさ」*二人女房(1891)〈尾崎紅葉〉中・七「中将姫に青髭(アヲヒゲ)があったりする殺風景は」③濃く生やしたひげ。*談義本・教訓乗合船(1771)五・武術者の惣論「耳を皷(そばだて)て居たる、惣髪の青髭(アヲヒゲ)、きょろきょろ眼(まなこ)、四十余りの侍」*落語・巌流島(1890)〈四代目三遊亭円生〉「青髯をお生(はや)し遊ばし」㊁一七世紀フランスの作家シャルル=ペローの童話「青ひげ(原題 Barbe-Bleue)」の主人公。六人の妻を殺し、死体を密室に隠しておくが、七人目の妻にみつけられ、その兄弟によって殺される。転じて、保険金などを目当てに何人もの妻を殺す男の意に用いられる。発音アオヒゲ〈標ア〉0 〈京ア〉0

あお-ひさご あを:【青瓢】『名』「あおびょうたん(青瓢箪)①」に同じ。《季・秋‐夏》*俳諧・東華集(1700)中「誰やらが横顔に似て青瓢〈円解〉」*俳諧・類題発句集(1774)秋「秋立つや昨日の花の青瓢〈吾仲〉」

あお-びぜん あを:【青備前】『名』「あおいんべ(青伊部)」に同じ。

あお-ひと あを:【蒼生】『名』人民。民草(たみくさ)。そうせい。あおひとぐさ。*談義本・世間万病回春(1771)一・論流行学文病「かけまく天照太神の神勅にも我国の蒼生(アヲヒト)は祈禱(のみいのる)事を先にすべしとぞ」

あお-ひとぐさ あを:【青人草】『名』(古くは「あおひとくさ」) 人民。庶民。蒼生(そうせい)。*古事記(712)上「汝、吾を助けしが如く、葦原中国に有らゆるうつしき青人草(あをひとくさ)の、苦き瀬に落ちて患ひ惚(くるし)む時に、助くべし」*書紀(720)神代上「是の物は、則ち顕見(うつしき)蒼生(アヲヒトクサ)の食ひて活く可きものなり〈略〉〈顕見蒼生、此をば宇都志枳阿烏比等久佐(うつしきアヲヒトクサ)と云ふ〉」*読本・椿説弓張月(1807-11)後・二三回「天照皇太神は、万 発音〈標ア〉0

の民（アヲヒトクサ）を慈（いつくし）みたまふ事ふかく」＊夜明け前（1932-35）〈島崎藤村〉第一部・下・一二・四「この国の青人草（アヲヒトグサ）の心までもその意（こころ）に移ったと歎き悲しんである」語源説 (1)人口の増加することを、草が生い茂りはびこることにたとえたもの〔古事記伝〕。(2)上古は貴人を木に、賤人を草にたとえたことから〔古史通・和訓栞〕。発音 アオヒトグサ〈標ア〉ト〈京ア〉ト 辞書 言海 表記 青人草（言）

あお-ひば【青檜葉】『名』植物「しらびそ（白檜曽）」の異名。＊仮名草子・尤双紙（1632）上・七「きれいなる物の品々〈略〉青ひばのかり屋」

あお-ひばり【青雲雀】『名』①馬の毛色の名。被毛は雲雀（ひばり）毛で、たてがみより尾まで背筋の黒いもの。＊日葡辞書（1603-04）「Auofibari（アヲヒバリ）」②ひばりの一種。＊仮名草子・尤双紙（1632）上・二九「あをき物のしなじな〈略〉青鷺の汁に、あをひばり、青じととまでやきそへて」発音〈標ア〉ヒ 辞書 日葡

あお-びゆ【青莧】『名』「あおげいとう（青鶏頭）」に同じ。

あお-ひょう【青票】『名』国会で議案などの表決を行なう場合、議員が反対投票に使用する青色のふだ。明治二三年（一八九〇）の第一回帝国議会以来使用されている。せいひょう。↔白票。発音 アオヒョー〈標ア〉0〈京ア〉0

あお-びょうし【青表紙】『名』①青い色の表紙。＊多聞院日記-天正九年（1581）八月二五日「青表帋の金剛経一巻巻本、専識房へ遣ㇾ之」＊永日小品（1909）〈夏目漱石〉クレイグ先生「長さ一尺五寸幅一尺程な青表紙（アヲベウシ）の手帳を」＊青年（1910-11）〈森鷗外〉二一「仮綴の青表紙（アヲベウシ）である」②①を持つ書物の総称。(イ)（近世、多く濃紺の表紙を用いていたところから）儒学関係の書物。経書（けいしょ）。＊俳諧・談林十百韻（1675）上「あはれ今年の内に病功〈一鉄〉青表紙かさなる山を枕もと〈卜尺〉」＊黄表紙・天下一面鏡梅鉢（1789）「学問はやりければ、傾城まで青表紙（アヲベウシ）を一冊づつかかへ、子曰はくで見知らせる」＊読本・夢想兵衛胡蝶物語（1810）前・発端「暇（いとま）あるをりをりは、青表紙（アヲベウシ）の端を開き、昔の人の風流（ふり）を見て、今わが態（ふり）を直さんには」＊海保青陵談（1804-17頃）万屋談「儒者は青表紙にくらまされて、眼一向に見へぬ也。あほうばかり云て居る也」(ロ)源氏物語諸本のうち、藤原定家が書写所持していた本。また、その系統に属する諸本。青表紙本。＊延慶両卿訴陳状（1310）「定家卿自筆古今集一部〈略〉青表紙源氏物語一部」＊河海抄（1362頃）一「京極中納言定家本〈号青表紙〉」＊壒嚢鈔（1445-46）一「されば定家卿の青表紙、河内の守親行が本など云事に成ぬ」＊談義本・教訓乗合船（1771）序「年々教訓新話、風流才人達の書置れし、言葉の林の青表紙、しげき松の葉のちり失ず」(ハ)近世、浅葱色の表紙をつけた半紙型の絵本。延享から安永頃にかけて流行した。青本。＊人でなしの恋（1927）〈江戸川乱歩〉七「その上には、本箱に入り切らぬ黄表紙、青表紙（アヲベウシ）が、虫の食った背中を見せて、ほこりまみれに積み重ねてあります」(ニ)浄瑠璃の稽古本。＊最新百科社会語辞典（1932）「あおびょうし 青表紙〔書〕青い表紙の冊子、主として浄瑠璃の稽古本のこと」(ホ)「きびょうし（黄表紙）②」に同じ。＊黄表紙・鳴呼奇々羅金鶏（1789）叙「ちょっと捻（ひねっ）た床花は、わづかに二部の青表紙（アヲヒャウシ）」(ヘ)御仕置例類集の第二集の別称。三一冊。享和三〜文化一一年（一八〇三〜一四）の幕府評定所の刑事判決録。③（②(イ)から転じて）儒学者。律儀者。また、物知り。＊滑稽本・当世真々乃川（1785）二「人に対する言葉を、みなまでは言（いう）て居ず、〈略〉物知りの事を青表紙（アヲベウシ）となぐり」＊雑俳・三国力こぶ（1819）「むつかしい村で異名は青表紙」④（形動）堅苦しく、融通のきかないこと。また、そのようなやり方。＊随筆・独寝（1724頃）上・二二「何事によらず、それほどに情を入ずして、青表紙にて行ものにあらず」＊談義本・蛙の物真似（1729）三「今いふ理口は誠の青表紙、畠水練なるべし」補注 ②(イ)の「談林十百韻」の例は、後句が「一っふしかたる松の夜あらし〈在色〉」となっており、「青表紙」を②(ニ)の浄瑠璃の稽古本の意に取りなしている。発音 アオビョーシ

あおびょうし【青標紙】江戸後期の故実書。大野広城編著。前編天保一一年（一八四〇）、後編同一二年刊。武家諸法度、御定書をはじめ、衣服、武器、行列、屋敷など武家生活一般に関する規則を収める。発音 アオビョーシ〈標ア〉ビョ

あお-びょうたん【青瓢簞】『名』①まだ熟していない青いヒョウタン。あおひさご。あおふくべ。《季・秋-夏》＊俳諧・清鉋（1745頃）二「七月〈略〉青瓢簞夏より生るもの也。前句夏ならば夏に用ん。発句には秋也」＊世話詞渡世雀（1753）下「うまれ立から病身で、青瓢簞を見るやうで」＊田舎教師（1909）〈田山花袋〉二九「青瓢簞（アヲベウタン）のやうな顔をして居る青年ばかり揃へちゃ」②やせて顔色が青く、生気のない人を、あざけっていうことば。あおたん。うらなり。＊雑俳・柳多留-二（1767）「赤がしら青ひゃうたんを抱あるき」＊大塩平八郎（1914）〈森鷗外〉五「一度喀血したことがあって、口の悪い男には青瓢簞（アヲベウタン）と云はれたと云ふが、現（げ）にもと頷かれる」方言 何も知らない者。分からず屋。青二才。栃木県198 発音 アオビョータン〈標ア〉ビョ〈京ア〉0

あお-びれ【青―】『名』（動詞「あおびれる」の連用形の名詞化）青くなること。生気のなくなること。＊白羊宮（1906）〈薄田泣菫〉望郷の歌「鐘の響の青びれに、札所めぐりの旅人は、すずろ家族（うから）や忍ぶらむ」

あおびれ-おとこ【青男】『名』（「あおひれおとこ」と清音か）生気のない男。男らしくない男をののしっていう語。＊狭衣物語（1069-77頃か）一「我君をこそ、命にも換へて、恋ひかなしまめ。そのあをびれおとこによりて、命も絶えぬべく見え給ふこそ、かへりては心づきなけれ」＊俳諧・口真似草（1656）「色もなき松はあをびれ男かな〈元叔〉」＊語林類葉（19C前）「あをひれをとこ。青侍と云ふに同じ。罵りて云ふなり」語源説 ヒレは髭か。髭面男と罵る意〔大言海〕。

あお-び・れる【青―】『自ラ下一』文 あをび・る『自ラ下二』青くなる。顔の色などが青ざめる。生気を失う。＊栄花（1028-92頃）つぼみ花「古子持（ふるこもち）などは、髪のすそ細う、色あをびれなどしたればこそ、心苦しけれ。いと物狂ほしき御有様かな」＊宇治拾遺（1221頃）一三・一〇「のぞきて見れば、色あさましう青びれたる者どもの、やせ損じたる、あまた臥せり」＊鳥影（1908）〈石川啄木〉一一・二「弱々しい星影が七八つ、青びれて瞬いてゐた」

あお-ふ【青斑】『名』青い斑点。＊あらたま（1921）〈斎藤茂吉〉三崎行「こんにゃくの茎の青斑（アヲフ）の太茎をすぽりと抜きて声もたてなく」

あおぶ【鮑】『名』方言 貝、あわび（鮑）。福井県坂井郡428 長崎県南高来郡905 ◇おび 山形県飛島140 三重県志摩郡054 鹿児島県沖永良部島・与論島975 ◇おんび 三重県志摩郡586 ◇あび 岩手県九戸郡088 ◇あびい 島根県邑智郡725 ◇あおば 和歌山県日高郡690 ◇あおん 鹿児島県961 ◇あおっ 長崎県五島917 鹿児島県963 揖宿郡969

あお-ぶか【青鱶】『名』「あおざめ（青鮫）」に同じ。発音〈標ア〉0

あお-ふく【青服】『名』①青色のもめんで作った、工員の作業服。菜っ葉服。＊艦底（1912）〈荒畑寒村〉三「青服に手を通しながら外に出た」＊不良児（1922）〈葛西善蔵〉「向うへ行くと青服か何かに着替へるんで」②（①を着ているところから）工員、労働者をいう。＊模範新語通語大辞典（1919）〈上田景二〉「アオフク 青服。労働者の仕事着の色より、労働者の代名詞となる」＊新種族ノラ（1930）〈吉行エイスケ〉断髪女を連れて航空港をご出発「和光は礼子の腕をつかむと、青服（アヲフク）の街を歩いた」

あおふ-くさ【青生草】『名』青々と生えている春の草。＊莫伝抄（室町前）「青生草 春草の生出るを云。又は春草の惣名なり 松かとよ野辺のあたりのあをふ草林の玉の月に見てだに」

あお-ふぐだ【青―】『名』方言 ⇨あおびき（青蟇）

あお-ふくべ【青瓢】『名』「あおびょうたん（青瓢簞）」に同じ。《季・秋-夏》＊俳諧・玄峰集（1750）秋「青ふくべひとり廻って一周忌。世のうつり行し観想なり」＊俳諧・河衝（1817）夏「七十はおろか千生の青ふくへ〈文葉〉」方言 病気で青白くふくれた顔。岩手県気仙郡100 山形県139 発音〈標ア〉クフ

あお-ぶくれ【青膨】『名』（形動）顔や、はれものなどが、青みを帯びてふくれていること。また、そのような人。＊和英語林集成（再版）（1872）「Aobukure アヲブクレ」＊白羊宮（1906）〈薄田泣菫〉日ざかり「青ぶくれなる水銹沼（みさびぬ）は」＊小鳥の巣（1910）〈鈴木三重吉〉下・二「さうしてあの青膨れの子供の傅（もり）をして、綱村の器械になるがいい」発音〈なまり〉アオップクレ〔東京〕〈標ア〉0フ〈京ア〉0 辞書 ボン

あお-ぶく・れる【青膨】『自ラ下一』顔や、はれものなどが、青みを帯びてふくれる。また、失望や怒りなどのため、顔色が青ざめ、不平らしい様子をする。＊細君（1889）〈坪内逍遥〉三「さて母は落胆し、蒼膨れて家に帰れば」＊赤痢（1909）〈石川啄木〉「鼻の低い、眼の濁った、青脹（アヲブク）れた女」発音〈なまり〉アオップクレル〔千葉〕〈標ア〉レ

あお-ぶさ【青房・青総】『名』①青色のふさ。牛馬の尻にかける青ひものふさなど。＊太平記（14C後）九・六波羅攻事「黒糸の鎧に、五枚甲（かぶと）の緒を縮めて、白栗毛の馬に青総懸て乗たるが、馬をしづしづと歩ませて」＊四河入海（17C前）一八・一「青糸の青ふさかけたる馬を得て、其馬にうちのりて」②大相撲で、土俵上のつり屋根の北東のすみに垂らす青色のふさ。春と青龍を表わす。青柱に代えて昭和二七年（一九五二）秋場所から採用された。発音〈標ア〉0

あお-ふじ【青藤】『名』植物「あおつづらふじ（青葛藤）」の別称。《季・夏》方言 あおつづら（青葛）。木曽†091

あお-ふしがき【青柴垣】『名』（「ふし」は、柴（しば）の意）青葉のついた柴の垣。神籬（ひもろき）の類で、神の宿る所とされた。＊古事記（712）上（上巻抄訓）「即ち其の船を蹈傾（ふみかた）して、天の逆手（さかて）を青柴垣〈阿於布之加岐〉に打成（うちな）して、隠（かく）れましぬ〈柴を訓みて布斯と云ふ〉」＊日本紀竟宴和歌-延喜六年（906）「すめみまにやしまを去りて波の上の阿遠布事加幾（アヲフシカキ）に旅居するかな〈藤原佐高〉」

あおふしがき の 神事（しんじ）島根県八束郡美保関町にある美保神社で、「古事記-上」の「国ゆずり」神話に基づいて、毎年、四月七日の前後十余日にわたって行なわれる神事。神船につくられた青柴の小枝を、人々が奪い合って、豊漁と航海安全のお守りとする。御船の神事。

あお-ふだ【青札】『名』①青い色の札。特に、鉄道の青切符（中等、二等）をいった。＊福翁自伝（1899）〈福沢諭吉〉一身一家経済の由来「青い切符を以て一寸（ちょい）と上等に乗込む人もあるやうだ。過日も横浜から例の青札（アヲフダ）を以て上等に飛込み神奈川に上（あがっ）た奴がある」②めくりカルタで、四種類の札のうち、青色の一二枚。青。〔特殊語百科辞典（19

31)」 ③美術展などで、再審査や再調査を要する場合に貼るしるしの札。＊訂正増補新らしい言葉の字引(1919)〈服部嘉香・植原路郎〉追加「青札 文展では入選・落選を決定する時に〈略〉再審査を要すといふ意味で、青札(アヲフダ)が貼られる」 発音〈標ア〉0 〈京ア〉⓪

あお-ぶたい【青舞台】『名』(青い色ですべてを飾った舞台という意から) 青緑色の草木で一面おおわれた、まとまりのある風景。＊武蔵野(1887)〈山田美妙〉上「北は荒川から南は玉川まで、嘘も無い一面の青舞台で、草の楽屋に虫の下方(したかた)」

あお-ぶだい【青不鯛】『名』ブダイ科の海水魚。体はタイ形で青色。体長は約八〇センチメートルに達する。相模湾以南の太平洋に分布。成魚では額がこぶ状に突出し、くちばし状の歯で甲殻類、サンゴなどをかみくだいて食べる。＊博物図教授法(1876-77)〈安倍為任〉二「鸚哥魚(アヲフダイ)は嘴は鸚哥(いんこ)(鳥の名)の如く甚異形の魚なり故に鸚哥魚(アヲブダイ)の名あり摂津にてはウミカラスともいふ」

あお-ぶち【青淵】『名』①水を青々とたたえた深い淵。＊万葉(8C後)一六・三八三三「虎に乗り古屋を越えて青淵(あをぶち)に鮫龍(みづち)とり来む剣太刀もが〈境部王〉」＊枕(10C終)一五三・名おそろしきもの「名おそろしきもの。あをふち。たにのほら。はたいた」＊書陵部本名義抄(1081頃)「碧潭 アヲブチ」＊醍醐寺本遊仙窟康永三年点(1344)「直下(ちょくか)とみをろせば則、碧潭(へきたんのアヲフチ)千仭なる有り」 ②「あおぶちじる(青淵汁)」の略。＊新撰類聚往来(室町中期)上「其調菜方者附海草野菜〈略〉青淵(アヲフチ)」＊易林本節用集(1597)「食服〈略〉青淵(アヲブチ)」 方言 深い淵。長野県469 岐阜県飛驒502 兵庫県家島054 広島県771 愛媛県大三島054 ◇あおんぶち 群馬県吾妻郡012 新潟県北魚沼郡012 長野県469 飯田市012 上伊那郡488 静岡県田方郡054 島根県725 ◇あおんばち 島根県出雲・益田市725 ◇あおどんぶち 神奈川県津久井郡317 長野県諏訪481 岐阜県飛驒502 静岡県田方郡520 和歌山県西牟婁郡699 ◇あおどろぶち 岐阜県飛驒502 ◇あおらぶち 新潟県北魚沼郡012 発音〈標ア〉0 〈ア史〉平安◍◍○○ 〈京ア〉⓪ 辞書 名義・易林・書言 表記 碧潭(名・書) 青淵(易)

あおぶち 張(は)る 方言 ❶淵が深く水をたたえている。愛知県知多郡570 ❷(池や堀の深い所に水が青くよどんでいるさまにたとえて) 歴々の人などが大勢集まっているさまにいう。愛知県名古屋市「今日はお歴々のお揃いで青淵はっとりますなあ」562

あお-ぶち【青駮】『名』馬の毛色の名。白の地に黒の斑(ぶち)のあるもの。＊吾妻鏡-建久二年(1191)八月一八日「一疋 青駮 武田五郎進」 発音〈標ア〉0ブ

あおぶち-じる【青淵汁】『名』(青のりを焼いて混ぜてあるのを、青淵に見立てていう) とろろ汁。青淵。＊運歩色葉(1548)「青淵汁 アヲフチシル」＊随筆・貞丈雑記(1784頃)六「青淵(アヲフチ)汁とは、とろろの事なり」＊和訓栞後編(1887)「とろろ〈略〉青淵汁といふは、青のりを雑ふるをもて也」

あお-ふどう【青不動】■一■『名』青色の彩色をした不動明王。■二■京都の青蓮院(しょうれんいん)にある不動明王画像の通称。作者不詳。藤原時代の作。全身が群青で塗られている。「赤不動」「黄不動」とともに日本三大不動の一つ。国宝。 発音 アオフドー 〈標ア〉フ

あお-ぶどう【青葡萄】『名』①まだ果皮に色づきのおきる前の未熟のブドウ。《季・夏》＊虞美人草(1907)〈夏目漱石〉一八「呑み掛けの烟草を、青葡萄(アヲブダウ)の灰皿に放り込む」＊童謡・こんこん小山の(1921)〈北原白秋〉「こんこん小藪の青葡萄(アヲブダウ)一つぶ、二つぶ、まだ小さい」＊晩刻(1947)〈山口誓子〉「濁流に日のあたりたり青葡萄」 ②熟すにつれ、果皮が緑色からあめ色にかわるブドウの種類。ナイヤガラ、マスカットオブアレキサンドリアなど。 発音 アオブドー 〈標ア〉ブ

あお-ふどし【青褌】『名』(「ふどし」はふんどし(褌)の意) 下位の力士が使用する青い色のまわし。また、それをつけた下位の力士。＊雑俳・田みの笠(1700)「でかしたり・どんすをなげた青下帯」

あお-ぶとり【青太】『名』血色が悪くて太っていること。＊黒い眼と茶色の目(1914)〈徳富蘆花〉三・三「おくらさんはもう六十近い会津訛りの京都言葉を使ふ蒼太(アヲブト)りした中婆さんであった」＊人さまざま(1921)〈正宗白鳥〉「古いトンビを着た髯は荒いが、眉の薄い、青肥(アヲブト)りのした田舎くさい老人とが入って来た」 発音〈標ア〉ブ0

あお-へど【青反吐】『名』苦しんで吐く、なまなましいへど。激しく吐き散らしたへど。＊竹取(9C末-10C初)「『船に乗りては、楫取(かぢとり)の申すことをこそ、高き山と頼め。〈略〉』と、あをへどをつきての給ふ」 発音〈標ア〉0

あお-べら【青倍良・青遍羅】『名』 方言 ❶魚、きゅうせん(求仙)の雄。神奈川県三浦郡016 石川県鹿島郡016 和歌山県694 兵庫県明石015 淡路島016 ❷魚、にしきうお(錦魚)。◇あおべろとも。和歌山県694

あお-ぺら【青―】『名』(形動) 青くて薄っぺらなこと。青色でぺらぺらしていること。また、そのさま。＊日本橋(1914)〈泉鏡花〉三〇「釜底帽、一名(のっぺらぽう)とも云はるる、青ぺらの鍔を捩り上げて」 発音〈標ア〉0

あお-べり【青縁】『名』青色のへり。畳やむしろの縁につけられた青色の縁飾り。＊満佐須計装束抄(1184)一「あをべりのたたみをしく。みどりべりといふ」＊寛永刊本蒙求抄(1529-34)五「臥内とは、御しんある処ぞ。青蒲と云は、異説あり。服処云青縁(あをべり)蒲也。あをへりのかま席也」＊日葡辞書(1603-04)「Auoberi(アヲベリ)〈訳〉タタミやござの端にくっついている、青いふち、または、細長い布きれ」 発音〈標ア〉0 辞書 日葡

あお-ぼう【青帽】『名』①青色の帽子。②(青い帽子をかぶっていたことから) 鉄道の駅構内で旅客の手荷物を運ぶことを職業とした人。現在の赤帽。 発音 アオボー 〈標ア〉0

あお-ぼうき【青帚】『名』茶道で、口切、または名残の茶事の時に用いる、ほうき。 発音 アオボーキ 〈標ア〉ボ

あお-ぼうし【青法師】『名』(「あおほうし」とも) 昔、剃髪(ていはつ)して、輿(こし)をかついだり、長刀(なぎなた)を持ったり、馬の口を取ったりした者。高位の僧侶に仕えた。青服を着ていたところからいう、との説もある。力者(りきしゃ)。＊花営三代記-応永二九年(1422)一二月二一日「自レ其直有二御社参一御輿(はりごし)御力者十二人〈青法師〉自二三宝院一被レ進二折烏帽子御直垂一」＊随筆・貞丈雑記(1784頃)四「力者は実の出家にては無之剃髪して力わざをして門跡に奉公する者なる故力者と云也。実の出家にはあらざる也。青法師と云は其装束の色青きを云也」＊筆の御霊(1827)後・一二「青法師と云て、賤き者の青色の衣きるより、〈略〉賤き僧を青法師と云事とおもはる。実に青き衣着るにはあらず」 発音〈標ア〉ボ

あおぼうし-いんこ【青帽子鸚哥】『名』インコ科の一種。南アメリカ産の大形種。全長三〇～四〇センチメートル。全身緑色で、頭は黄色、額は青く、帽子をかぶったように見える。物真似が特にうまい。あさぎぼうしいんこ。学名は *Amazona aestiva* 発音 アオボーシインコ 〈標ア〉イ

あお-ぼうず【青坊主】『名』①髪の毛をそったばかりの青々としたあたま。また、その人。＊浄瑠璃・伊達娘恋緋鹿子(1773)六「ツイごそごそ。青坊主(アヲボウズ)に剃毀(そりこぼ)っても、わりゃやっぱり女夫(めおと)に成るか」＊歌舞伎・桜姫東文章(1817)発端「花道より長谷寺の自休、青坊主(アヲバウズ)、着流し、所化の形にて」 ②髪を短く刈ったあたま。また、その人。＊吾輩は猫である(1905-06)〈夏目漱石〉一〇「青坊主に刈ってさへ、ああ大きく見えるのだから」 方言 ❶そりたての青々としたあたま。◇あおばあじ・あおばじ・あおんばあじ 島根県出雲725 ❷動物、あおだいしょう(青大将)。長野県上伊那郡488 ❸植物、うりはだかえで(瓜膚楓)。宮城県003 発音 アオボーズ 〈標ア〉ボ 〈京ア〉⓪

あお-ほおずき【青酸漿】『名』未熟で、まだ果皮の青いほおずき。四万六千日(しまんろくせんにち)に参詣人がこれを買い求めて服すれば、癪(しゃく)または小児の虫の根を切るという迷信がある。あおほずき。《季・夏》＊俳諧・毛吹草(1638)二「八月〈略〉鬼灯 青ほうつきは夏」＊俳諧・類船集(1676)保「丹波より来るあほほうづき吹ちらされぬべし」 発音 アオホーズキ 〈標ア〉ホ

あお-ぼし【青星】『名』(冬空に最も強い青白光を放つことから) 大犬座の主星シリウスのこと。中国名は狼星(ろうせい)、または天狼星。《季・冬》 方言 富山県下新川郡026 石川県鳳至郡031 発音〈標ア〉オ

あお-ぼしな【青干菜】『名』青々としている干し菜。＊俳諧・誹諧通俗志(1716)時令・一一月「新干蕪 青干菜」 発音〈標ア〉シ ホ

あお-ほずき【青酸漿】『名』「あおほおずき(青酸漿)」に同じ。＊俳諧・其袋(1690)春「我恋や口もすはれぬ青鬼灯(あをホヅキ)〈嵐雪〉」

あお-ほそびき【青細引】『名』「あおなわ(青縄)」に同じ。＊浄瑠璃・平仮名盛衰記(1739)二「かくまると楊枝の様な其腕が、せなかへ廻って青細引」＊浄瑠璃・染模様妹背門松(1767)下・質店の段「主の娘を密夫(まおとこ)と、青細(アヲホソ)引きでもかかったら、何ンと身も世もあられませうぞいの」

あお-ほろ【青保呂】『名』矢羽根の名。青鷺(あおさぎ)の翼の下端に連なる保呂羽(ほろば)を用いたもの。＊義経記(室町中か)五・忠信吉野山の合戦の事「上矢にはあをほろ・鏑(かぶら)の目より下六寸ばかりあるに、大の雁股すげて」 辞書 文明・黒本 表記 青保呂(文・黒)

あお-ほん【青本】『名』(「あおぼん」とも) 近世に行なわれた草双紙の名。赤本と黄表紙との中間にあたり、黒本にやや遅れて、延享頃から安永頃にかけて流行した。萌葱(もえぎ)色の表紙であったところからいう。多くは、歌舞伎、浄瑠璃や歴史、伝記ものなどのあらすじを材料とした絵とき本。五丁を一冊とし、数冊から数十冊を一部とした中本型のものであった。また、黄表紙を「青本」と呼んだこともある。＊黄表紙・御存商売物(1782)上「近年あをぼんはやり、ことに洒落本なぞといふたわひもなきもののために」＊随筆・嬉遊笑覧(1830)三・上「南畝老人語りけるは昔の絵双紙は唐かみ表紙にて土佐浄るり本文は金平などの本にてありしを享保の頃より鱗形屋にて萌黄の表紙を付鳥居流の絵本を出す是青本の始なり」 発音〈標ア〉0

あお-ま【白馬】『名』(「あおうま」の変化した語) 白く青みがかった馬(改正増補和英語林集成(1886))。

あお-まい【青米】『名』①実りが十分でなく、青みを帯びている米。あおごめ。＊最新現代語辞典(1933)〈大島秀雄〉「アオマイ 青米 期米市場で新米に未熟の粗悪米を混入せる米」 ②収穫期に光沢のある緑色を示す玄米。搗(つ)くことによって緑色は除かれ、味は完全米と変わらない。活青(いきあお)。

あお-まつかさ【青松毬】『名』その年に生じたばかりの、青色のまつかさ。秋になっても、なお青いままのまつかさ。しんちぢり。《季・秋》

あお-まつば【青松葉】『名』①青々とした、松

の葉。＊宗湛日記‐天正一五年(1587)六月一四日「二でう半、青松葉にてかべをしとみ、上とまふき也」＊俳諧・芭蕉翁追善之日記(1694)「清滝や波に散込青松葉〈芭蕉〉」＊千曲川のスケッチ(1912)〈島崎藤村〉五・山中生活「青松葉の枝を下したり」②(青い松葉をいぶすと、不快な煙が立ちのぼるところから) 特に、狐つきや、悪い病気などをいぶし立てて追い払うまじないに用いる青い松葉。また、そのまじない。＊俳諧・飛梅千句(1679)賦鬼何誹諧「狸の穴も無常のあらし〈西里〉 青松葉終に薪になる筈じゃ〈西波〉」＊浄瑠璃・相模入道千疋犬(1714)四「山伏殿のいらたか数珠、青松葉もなん共せず、手に余ってせうことなく」 発音〈標ア〉マ

あお-まつむし【青松虫】〘名〙 マツムシ科の昆虫。体長約二四ミリメートルでマツムシに似るが、美しい緑色で、樹上で生活し、八月下旬ごろからリューリューと高い声で鳴く。大正六年(一九一七)東京で発生してから関西、九州に広がり、都市部で多く見られる。外来種で原産地は中国浙江省の杭州と推定されている。学名は Calyptotrypus hibinonis 発音〈標ア〉ツ

あお-まめ【青豆】〘名〙 ①大豆のうち、種子が緑色で大粒のもの。《季・秋》＊東寺百合文書‐を・応永二六年(1419)七月二日・食器食物等料足注文(大日本古文書六・一二八)「十文 あをまめ」＊日葡辞書(1603‐04)「Auomame (アヲマメ)」＊俳諧・はなひ草(寛永二〇年本)(1643)四季之詞・九月「青(アヲ)まめ」＊俳諧・崑山集(1651)八・秋「青大豆や豆腐のうはの若盛」＊博物図教授法(1876‐77)〈安倍為任〉一「緑大豆(アヲマメ)は莢豆類にして五月頃種を下し六月頃蛾形の小花を開く九月頃実熟す其色緑色なり皆煮て食するなり」②アオエンドウ。また、これを甘く煮たもの。うぐいす豆。グリンピース。＊冷笑(1909‐10)〈永井荷風〉一〇「青豆を浮かしたコンソンメヱの暖かいのを啜って」 方言❶植物、そらまめ(空豆)。新潟県東蒲原郡368 奈良県675 和歌山県一部030 ◇あえまめ 岡山県児島郡763 ❷植物、だいず(大豆)。新潟県東蒲原郡368 ❸植物、なたまめ(鉈豆)。青森県一部030 ❹植物、りょくず(緑豆)。三重県一部030 ❺植物、やえなり(八重生)。◇おおまあみい 沖縄県首里993 ❻青い色の豆の総称。新潟県東蒲原郡368 発音〈標ア〉0〈京ア〉0 辞書日葡・言海 表記青豆(言)

あおまめ-うり【青豆売】〘名〙 ①朝早く青豆の煮たものを売り歩くこと。また、それを売る人。＊俳諧・雑巾(1681)秋「あさがほは青豆売の出花よな〈土候〉」＊俳諧・五元集(1747)亨・秋「物かはと青豆うりか袖の月」②朝早くから来るものにたとえていう語。特に上方遊里で、朝早くから遊女屋に遊びに来る客をあざけっていう。＊随筆・嬉遊笑覧(1830)一一「むかし京師にて青豆売といふもの有て早きものにたとへたり」

あおまめ-ごけ【青豆苔】〘名〙 植物「まめづた(豆蔦)」の異名。＊重訂本草綱目啓蒙(1847)一六・石草「螺靨草 まめごけ あをまめごけ まめづた 筑前・予州」

あおまめ-どうふ【青豆豆腐】〘名〙 青豆をゆでて、すりつぶし、くず粉を混ぜて豆腐の形に練り固めたもの。枝豆豆腐。＊俚言集覧(増補)(1899)「あをまめどうふ 生豆粒を擂り豆腐の形に作り凝めたるものなり」

あおまめ-どき【青豆時】〘名〙 (青豆売りは朝早く行商するところから) 朝早い時。早朝。また、早い時分から、遊里に遊びに来る客をあざけっていう、上方の遊郭でのことば。→青豆売り②。＊評判記・色道大鏡(1678)一「青豆時(アヲマメドキ)。青まめをあきなふ者、京の町を黎明の比(ころ)のみうりまはりて、日たけてよりは通らず、これによりて此名目あり、是は時分はやく来る客をあざけりていふ時の名目なり」＊評判記・難波鉦(1680)一「ここらはまだあをまめ時でござんす」

あおまめ-めし【青豆飯】〘名〙 枝豆をゆでて、表皮を取り、米に混ぜ塩を加えて炊いた飯。＊名飯部類(1802)諸菽飯「青大豆飯(アヲマメメシ) 炊法、黄大豆飯に同じ」

あお-まゆ【青眉】〘名〙 浄瑠璃人形の眉の一つ。人形のかしらに青くえがいたもの。昔、結婚した女性は眉毛をそり落としていて、そのさまを表わすためのもの。また、そのようにした眉。＊閨秀(1972)〈秦恒平〉一「その母親は、瑞々しい青眉(アオマユ)だった」 発音〈標ア〉0 マ

あお-まるもち【青丸餅】〘名〙 青く着色した丸い餅で、中につぶしあんがはいっている。仏事などに用いられる。

あお-み【青身】〘名〙 (サバやイワシなどの魚の身の)青い部分。発音〈標ア〉0 オ

あお-み【青味】〘名〙 (「み」は接尾語、「味」はあて字) ①ある色に加わる青色の要素や度合。青の加わった色合。＊為相本曾丹集(11C初か)「道芝もけふははるばるあをみ映え下り居る雲雀かくろへぬべみ」＊寛永刊本蒙求抄(1529‐34)二「簡編は昔紙がなかったほどに、竹の青みをとって刀でほりつけて」＊浮雲(1887‐89)〈二葉亭四迷〉一・二「一人は年齢(ねんぱい)二十二、三の男、顔色は蒼味(アヲミ)七分に土気三分」＊油地獄(1891)〈斎藤緑雨〉七「上着は青味(アヲミ)の勝った鉄色の地に」＊多情多恨(1896)〈尾崎紅葉〉後・八「一面に蒼味(アヲミ)を失って」②吸い物、刺身、焼き魚などのあしらえとして添える青い野菜。＊日葡辞書(1603‐04)「Auomiuo (アヲミヲ) イルル〈訳〉シルの中に野菜を入れる」＊人情本・契情肝粒志(1825‐27)初・下「長芋に蒲鉾、車海老に青(アヲ)みが芹、黒みが椎茸。まア、此様(こん)な物の澄水(すまし)だらう」＊落語・位牌屋(1896)〈三代目柳家小さん〉「山椒の御汁の実は恐れ入りますな。九牛一毛(せめて)青実(アヲミ)でも少し」 発音〈標ア〉①はミ ②はミオ〈京ア〉①は0/0 ②は0 辞書日葡・ヘボン・言海 表記青(へ・言)

あおみ【碧海】 愛知県西部にあった碧海(へきかい)郡の古称。＊二十巻本和名抄(934頃)五「参河国〈略〉碧海〈阿乎美〉」 辞書和名・文明 表記碧海(和・文)

あおみ-い・ず【青出】〘自ダ下二〙 草木などが、青々と生い出る。＊源氏(1001‐14頃)柏木「庭も、ややうやうあおみいづる若草、見えわたり」＊御伽草子・鳥部山物語(類従所収)(室町末)「空のけしきなごりなくうららかに、雪まの草もあをみいでて」 辞書言海 表記青出(言)

あおみ-い・る【青入】〘自ラ四〙 (「入る」は、すっかり…するの意) 青々として、深く澄んでいる。めだって青くなる。＊謡曲・丹後物狂(1430頃)「とかくあの海の青み入ったるを見れば、身の毛がよだつ」＊浮世草子・好色一代男(1682)六・七「枕はいつとなく外に成て、目付かすかに青み入、左右の脇の下うるをひ」

あおみ-おとろ・う【青衰】〘自ハ下二〙 顔色が青ざめて、やせ衰える。顔色が悪くなって、衰弱する。憔悴する。あおみやす。＊源氏(1001‐14頃)若菜下「あをみおとろへ給へるしも、色は真青(さを)に白くうつくしげに、透きたるやうに見ゆる御肌つきなど」

あおみ-がか・る【青味掛】〘自ラ五(四)〙 全体に青みが少し加わる。＊当世少年気質(1892)〈巌谷小波〉四「元来白い顔、少し青味(アヲミ)がかり」＊永日小品(1909)〈夏目漱石〉猫の墓「青味(アヲミ)がかった黄色い瞳子(ひとみ)を」 発音アオミガカル〈標ア〉カ

あおみ-がち【青味勝】〘形動〙 (「がち」は接尾語) 青さが目だつさま。＊龍潭譚(1896)〈泉鏡花〉躑躅か丘「つくづく見れば羽蟻の形して、それよりもやや大(おほい)なる、身はただ五彩の色を帯びて青みがちにかがやきたる、うつくしさいはむ方なし」＊世相(1946)〈織田作之助〉三「睫毛の長い眼は青味勝ちに澄んで底光り、無口な女であった」 発音アオミガチ〈標ア〉0

あお-みかん【青蜜柑】〘名〙 蜜柑のうち、果実の色の青い頃から食べられるものをいう。《季・秋》＊俳諧・猿丸宮集(1693)「行もまた末たのもしや青密柑〈芭蕉〉」＊俳諧・五車反古(1783)秋「撰出して淋しき色や青樒柑〈鼓舌〉」＊紅葉の賀(1962)〈阿波野青畝〉「汝(な)鋏まばあまくなるらし青蜜柑」 発音〈標ア〉ミ 辞書言海 表記青密柑(言)

あおみ-き・る【青切】〘自ラ五(四)〙 ある物全体がすっかり青くなる。青一色を呈する。＊浄瑠璃・源平布引滝(1749)三「ソリャ赦すなと大勢が一度にかかれば叶はじと、青(アヲミ)切たる湖へざんぶとこそは、飛込だり」

あおみ-ざ・す【青味差】〘自サ四〙 青みが加わる。＊いさなとり(1891)〈幸田露伴〉三一「瑠璃色の黒眼青みざしたる白目の光り流るるごとく」

あおみ-じょうご【青味上戸】〘名〙 酒を飲むほどに顔色が青白くなる酒飲み。＊四河入海(17C前)一八・四「さる程に諺にも、比丘尼の不レ生と律僧の青(アヲミ)上戸は、売買をせば、百貫すべきと云ぞ」＊俳諧・世話尽(1656)酒宴之話「青上戸(アヲミジャウゴ)」

あお-みず【青瑞】〘名〙 イラクサ科の一年草。各地の原野の湿った所に生える。高さ四〇センチメートル内外。茎は液質で緑色。葉は長い葉柄があって対生し、長さ三〜八センチメートルの卵形で、先は尾状にとがり縁に鋸歯(きょし)がある。夏から秋、葉腋(ようえき)に淡緑色の細かい花が集散花序に集まって咲く。茎がみずみずしく、全体が緑色なのでこの名がある。学名は Pilea pumila 方言植物、やまときほこり(山時誇)。山形県139 発音〈標ア〉0

あお-みずひき【青水引】〘名〙 半分を白く、他の半分を紺色、または青黒色に染めた水引。凶事の場合(多くは神葬)黒白の水引の代わりに用いる。＊新しき用語の泉(1921)〈小林花眠〉「青水引(アヲミヅヒキ) 半分を白く、半分を紺色に染めた水引」 発音〈標ア〉ミ

あお-みずら【青角髪】枕 「依網(よさみ)」にかかる。かかり方未詳。＊万葉(8C後)七・一二八七「青角髪(あをみづら)依網の原に人も逢はぬかも石走る淡海県の物語りせむ〈人麻呂歌集〉」 語誌掛かり方に諸説ある。㋑青い(美しい)角髪はよいので、「よし」と類音の地名「よさ(み)」にかかる。㋺「青み葛(ずら)」の意で、「あまのよさづら」〔書紀‐神代上〕のこととする。㋩若草を青角髪にするため「依(よ)せ編(あむ)」意でかけた。㋥「青海面(みづら)」に「依せ網」の意で、地名碧海(三河国)であるとする説など。

あお-みずら〘名〙 植物「あおつづらふじ(青葛藤)」の異名。

あおみ-ずり【青味摺】〘名〙 衣服の染色の一種。山藍(やまあい)で模様を摺って染めたもの。青く摺り染めにした衣料にもいう。＊宇津保(970‐999頃)菊の宴「御供の人、青丹に柳がさねのひら衣、あをみずりの裳、上下わかず着たる」

あおみ-そこな・う【青損】〘自ハ四〙 顔色などが青ざめて、健康をそこなう。青ざめ、やつれる。＊源氏(1001‐14頃)若菜下「立ちぬる月より物きこし召さで、いたくあをみそこなはれ給ふ」 発音〈標ア〉0

あおみ-だ・つ【青味立】〘自タ四〙 (「だつ」は接尾語) 青色になる。青みが増す。青くなる。＊和英語林集成(初版)(1867)「Aomidachi, tsz, tta アヲミダツ 青立」

あおみ-つけ【青味付】〘名〙 織物および糸を、いっそう白く感じさせるために、青や緑の色素を付着させること。発音〈標ア〉ミ

あおみ-つし・む【青―】〘自マ四〙 (「つしむ」は血が染むこと) 鬱血などで肌の色が青黒く染まる。

顔や肌に青黒く斑点がつく。＊大乗阿毗達磨雑集論平安初期点(800頃)一五「想に二十種有り。謂はく、無常想〈略〉青瘀〈阿乎未ツ志米流頭〉想」＊新撰字鏡(898–901頃)「⿰青色⿰兒色 阿乎彌豆志牟」＊父子相迎(1321–24)上「仙方のゆき、粉をほどこすとも、このあおみつしみたるいろをば、うづみがたし」辞書字鏡 表記⿰青色⿰兒色(字)

あお-みどり【青緑】〔名〕①青みを帯びた緑色。藍に黄蘗(きはだ)をかけて染める。濃い緑色。＊延喜式(927)一四・縫殿寮「雑染用度〈略〉青緑帛一疋。藍四囲。黄蘗二斤」＊拾遺愚草(1216–33頃)中「仰げどもこたへぬ空のあおみどりむなしく果てぬ行く末も哉」＊広本拾玉集(1346)二「住吉の春の柳の青みとり松なき庭のけしき也けり」②植物「あおみどろ(青味泥)」の古名。＊新撰六帖(1244頃)五「片淵の水に浮きたる青みどり何を種ともなき世なりけり〈藤原光俊〉」＊虎明本狂言・清水(室町末–近世初)「上のあをみどりをのけて」＊日葡辞書(1603–04)「Auomidori(アヲミドリ)〈訳〉川の藻」③雨や湿気によって、中庭などに生える、こけや草(日葡辞書(1603–04))。④青みがかった毛色の馬。＊伊京集(室町)「青驪馬 アヲミドリ」発音〈標ア〉ミ〈京ア〉ミ 辞書伊京・日葡・言海 表記青驪馬(伊) 青緑(言)

あおみどり立(た)つ 春になって新芽が出る。緑立つ。＊スピリツアル修行(1607)御パッションの観念「Auomidori tatçu(アヲミドリ タツ) キサエカク アレバ、カレキワ イカガト」

あお-みどろ【青味泥】〔名〕ホシミドロ科の接合藻類。ごく普通に見られる淡水藻で、各地の水田、養魚池に繁茂する。髪の毛のように細長い緑色の糸状で、細胞が一列に並び、長さ一メートル以上にも達する。細胞内には緑色のリボン状の色素体があり、らせん形にねじれ曲がっている。個々の細胞は生活上互いに独立である。繁殖は分裂によるほか、平行に並ぶ二本の糸状体の細胞同士の間を連結する管ができて、双方の細胞の内容が合一して合接子を作り、繁殖する。手すきの和紙にすき込んで、苔紙(たいし)を作ることもある。あおみどり。学名は Spirogyra ＊語彙(1871–84)「あをみどろ(俗)」＊博物図教授法(1876–77)〈安倍為任〉二「緑毛亀(みのがめ)と称するものは甲に水綿(アヲミドロ)を生じたる者なり」＊春のことぶれ(1930)〈釈迢空〉東京詠物集「深川の 冬木の池に、青みどろ 浮きてひそけきこのゆふべなり」方言青々としている大きな淵(ふち)。山梨県南巨摩郡463 静岡県磐田郡546 発音〈なまり〉アオミドリ・アミドロ・アワミドロ・アンドロ〔鳥取〕アメンドロ〔岡山〕オミドロ〔山形小国〕〈標ア〉ミ〈京ア〉ミ

あお-みなづき【青水無月】〔名〕(青葉の茂る時期であるところから) 陰暦六月の異名。《季・夏》＊夫木(1310頃)九「あかねさすあをみな月の日をいたみ扇の手風ぬるくもあるかな〈恵慶〉」＊大観本謡曲・富士山(1430頃)「三保の松原田子の海、いづれもあをみなづきなるに、高嶺は白き富士の雪を」＊凍港(1932)〈山口誓子〉「走馬燈青水無月(アヲミナヅキ)のとある夜の」発音〈標ア〉ナ

あお-みなわ【青水泡】〔名〕青い水の泡。＊延喜式(927)祝詞・出雲国造神賀詞(出雲板訓)「豊葦原の水穂国は、昼は如五月蠅(さばゑなす)水沸き、夜は如火瓮(ほべなす)光(かがや)く神在り。石根、木立、青水沫(アヲミナワ)も事問ひて荒き国在り」

あおみ-の-はら【青海原】〔名〕(「あおみ」は「あおうみ」の変化した語) 青々とした広い海。青い大海原(おおうなばら)。＊延喜式(927)祝詞・祈年祭(九条家本訓)「青海原(アヲミノはら)に住む物は、鰭の広き物、鰭の狭(さ)き物」＊談義本・根無草(1763–69)後・跋「古人のいへる、狂言綺語も法の声と、空海師の蒼海(アヲミノハラ)よりひろき真言秘密のをしへ」

あおみ-ばし・る【青走】〔自ラ五(四)〕(「ばしる」は、全体にそれが及んでいるの意) 全体に青みを帯びる。青く色づく。気味の悪い青さが現われる。＊恋人たちの森(1961)〈森茉莉〉「パウロの眼が白くなり、顔が青み走った」発音〈標ア〉シ

あおみ-は・る【青腫】〔自ラ下二〕顔や皮膚などが青くなって、ふくれ上がる。青くなって、むくんだようになる。＊冥報記長治二年点(1105)下「呪神に打たれて甚だ困しむ。祖(かたぬ)いで背を示す。背、青(アヲミ)腫(はレ)たり」

あお-みみず【青蚯蚓】〔名〕ミミズの一種か。＊新撰字鏡(898–901頃)「蚯 青彌彌受」辞書字鏡 表記蚯(字)

あおみ-や・す【青瘦】〔自サ下二〕顔色などが青くなって、やせ衰える。憔悴(しょうすい)する。青みおとろう。＊宇津保(970–999頃)祭の使「尻切れの尻の破(や)れたる穿きて、けもなくあおみやせて、ゆるぎ出で来て」＊源氏(1001–14頃)柏木「いといたうあおみやせて、あさましうはかなげにて打ちふし給へる御さま」＊苔の衣(1271頃)一「いたくあをみやせ給へれど、若くらうたげにて、何心もなく臥し給へるを」

あお-みょうばん【青明礬】〔名〕鉄の含水硫酸塩鉱物。発音アオミョーバン〈標ア〉ミョ 辞書言海 表記青明礬(言)

あおみ-わた・る【青渡】〔自ラ四〕一面に青くなる。全体が青々となる。＊蜻蛉(974頃)下・天祿三年「朽葉ところどころあをみわたりにけり」＊源氏(1001–14頃)紅葉賀「御前の前栽の何となくあをみわたれる中に、常夏(とこなつ)の花やかに咲きいでたるを」＊徒然草(1331頃)一〇四「珍しく青みわたりたる卯月ばかりの曙」＊日葡辞書(1603–04)「ウミガ auomiuataru(アヲミワタル)」発音〈標ア〉0 タ 辞書日葡・書言・言海 表記蒼然(書) 青亙(言)

あお・む【青】一〔自マ五(四)〕①青くなる。青みを呈する。草木などが青く茂る。また、植物が病的に青くなる。＊新撰字鏡(898–901頃)「⿰青色⿰兒色 上无色貞 伊太久阿乎美奴」＊白氏文集天永四年点(1113)四「禾(あは)穂熟(みの)らずして皆青(アヲミ)乾れぬ」＊風雅(1346–49頃)冬・八九一「おのづから垣根の草もあをむなり霜の下にも春や近づく〈伏見院〉」＊日葡辞書(1603–04)「Auomi, u, ŏda(アヲム)〈訳〉草や木が緑色である」＊春泥集(1911)〈与謝野晶子〉「蜂蜜の青(アヲ)める玻璃のうつはより初秋きたりきりぎりす鳴く」②顔色が青ざめる。血の気が引く。＊宇津保(970–999頃)蔵開上「すこしあをみ給へれど、いとあてにけだかく、さすがにほひやかにおはします」＊源氏(1001–14頃)若菜下「げに、いといたく痩せ痩せにあをみて」＊古本説話集(1130頃か)二八「若き人の痩せさらぼひたる、色あをみて、影のやうにて」③(未熟の意の「あお(青)」の動詞化。江戸の通語) こなれていない言動をする。素人のように不粋な態度をとる。＊洒落本・取組手鑑(1793)「なんぼわたくしがよふなものだとってたいがいにしておくんなんしへ とあをむ」二〔他マ下二〕青くする。青く染める。＊日葡辞書(1603–04)「Auome, uru, eta(アヲムル)。すなわち、アヲイデニスル〈訳〉野菜などをざっとゆでる。青色に染める。シモ(九州方言)」＊帰省(1890)〈宮崎湖処子〉二「辺(あたり)を青めし其緑色は、直下の樹陰の涼味を加へ」方言野菜などを軽く湯に通す。湯がく。◇あおむる 熊本県葦北郡・八代郡933 ◇あうむる 長崎県壱岐島(海藻類にいう)915 発音〈標ア〉オ〈京ア〉0 辞書字鏡・日葡・〈ボン〉・言海 表記青(へ・言)

あお-むき【仰向】〔名〕顔や物などの表面や前面が上に向くこと。また、向いていること。あおぬき。あおのき。あおむけ。↔うつぶせ。＊西洋道中膝栗毛(1870–76)〈仮名垣魯文〉二・下「仰向(アホムキ)に倒れたる姿を見るより立どまり」＊苦の世界(1918–21)〈宇野浩二〉一・二「その湯屋(ゆうや)の高い天井をあほむきに寝ながらながめた」発音〈標ア〉0〈京ア〉0 辞書言海 表記仰(言)

あお-むぎ【青麦】〔名〕穂が出ようとする頃の葉の青い麦。青葉の麦。《季・春》＊太平記(14C後)一六・小山田太郎高家刈青麦事「敵陣の近隣に行て青麦(アヲムギ)を打ち刈らせて、乗鞍に負ふせてぞ帰りける」＊後京極殿鷹三百首(15C後–16C後)雑「青麦に羽はりの雲雀かりかねて舞ひ上がる鷹をいかがとどめん」＊俳諧・炭俵(1694)上「法印の湯治を送る花ざかり〈芭蕉〉 なは手を下りて青麦の出来〈野坡〉」発音アオムギ〈標ア〉ム0 辞書日葡

あおむき-およぎ【仰向泳】〔名〕泳法の一つ。仰向きになり、手足は平泳ぎのように行なうもの。

あおむき-さま【仰向様】〔名〕「あおむけざま(仰向様)」に同じ。＊最暗黒之東京(1893)〈松原岩五郎〉二「杉の丸太を五寸許に切落したるを枕となして仰向様(アフムキサマ)に臥したるもあれば」発音〈標ア〉0

あお-む・く【仰向】一〔自カ五(四)〕顔や物などの表面または前面が上をむく。あおぐ。あおのく。↔うつむく・うつぶす。＊俳諧・古今俳諧明題集(1763)秋「あふむいて寝るほど多し蟋蟀(きりぎりす)〈一鼠〉」＊滑稽本・浮世風呂(1809–13)二・下「どうりで人並とはチット違ふのさ。鼻が仰向(アヲムイ)て二階がきなっ臭いといふ」＊雑俳・柳多留–五三(1811)「あをむくは父うつむくは母の恩」＊浮雲(1887–89)〈二葉亭四迷〉三・一七「昇は天井を仰向(アホム)いて、『はっ、はっ、はっ』」二〔他カ下二〕⇨あおむける(仰向)。語誌一般化したのは近世中期以後か。古くは「あふのく」であり、「あふ」は「仰ぐ」の語根、「のく」も仰ぐ意。「あふぬく」に転じ、さらに「仰向く」と意識されて音変化を起こしたものか。語源説(1)アフはアフグ(仰)の語根。アヲムク(仰向)の義〔大言海〕。(2)アヲムク(上向)の転〔国語の語根とその分類=大島正健〕。(3)アヲゾラ(蒼天)を向ク意で、アヲムク(蒼向)の約〔菊池俗言考〕。発音〈なまり〉アーヌク〔埼玉方言・東京・飛驒・静岡・愛知・和歌山県・広島県・石川・讃岐・愛媛周桑〕アームク〔岐阜・和歌山県〕アイノク〔富山県〕アオナク〔福岡・島原方言・対馬〕アオヌク〔東京・福井大飯・京言葉・神戸・播磨・和歌山県・鳥取・島根・広島県・讃岐・大分〕アオヌグ〔紀州〕アオノク〔富山県・石川・播磨・徳島・讃岐〕アオンク〔播磨〕アゴノク〔石川〕アヌク〔岐阜・飛驒・愛知・淡路・周防大島・讃岐・伊予・愛媛周桑〕アヌグク・アノオク・アノブク・アノムク・アブク〔讃岐〕アノク〔富山県・飛驒〕アホヌク〔大和〕アワヌク・マヌク〔愛媛周桑〕アワムク〔広島県・讃岐〕アンヌク〔岐阜・飛驒〕アンノク〔土佐〕オーナク〔島原方言・壱岐〕オナク〔島原方言・熊本南部〕オナッ・オネッ〔鹿児島方言〕〈標ア〉0〈京ア〉0 辞書〈ボン〉・言海 表記仰向(へ) 仰(言)

あお-むく・れる【青―】〔自ラ下一〕皮膚が青くむくむ。皮膚などが鬱血(うっけつ)のため青くはれあがる。＊蟹工船(1929)〈小林多喜二〉四「どの鉄道の枕木もそれはそのまま一本一本労働者の青むくれた『死骸』だった」＊鶯(1938)〈伊藤永之介〉「この大騒ぎを持ち上らせたことなどは、忘れてしまったやうなぽかんとした青むくれた顔つきで」

あお-むけ【仰向】〔名〕顔や物などの表面や前面を上に向けること。あおのけ。↔うつむけ。＊滑稽本・浮世風呂(1809–13)前・下「かるいしへ足をふみかけて、あふむけにどっさりころぶ」＊雑俳・柳多留–一四九(1838–40)「仰向けにすると不様なひき蟇」＊浮雲(1887–89)〈二葉亭四迷〉三・一九「両手を頭に敷き仰向(アフム)けに臥しながら」発音〈なまり〉アーヌケ・オーヌケ・オーノケ〔島根〕アワヌケ〔徳島・瀬戸内〕アオヌカイ〔茨城〕アオヌキ〔志摩・鳥取〕アオヌギ〔千葉〕アオヌケ〔京言葉・大阪・和歌山県・島根・徳島・伊予〕アオノケ〔北海道・新潟頸城〕アオノゲ〔津軽語彙・岩手・山形・福島〕

アオルゲ〔栃木〕アオンケ〔千葉・島根〕アドゲ〔津軽語彙〕アヌケ〔飛騨・鳥取・周防大島・愛媛周桑〕アノヌケ・アムケ〔鳥取〕アママヌケー〔広島県〕アムキ〔岐阜〕アワムケ〔徳島〕アンノケ〔土佐〕オーナキ・オーナケ〔島原方言〕オームケ〔徳島〕オナケ・オナッ〔鹿児島方言〕オノゲ〔秋田〕〈標ア〉0〈京ア〉0 辞書言海 表記仰(言)

あおむけ-ざま あふむけ：【仰向様】〔名〕（「あおむけさま」とも）上を向けたさま。仰向けになった状態。あおのきざま。あおむきさま。＊人情本・明烏後正夢(1821-24)三・一六回「押かへさんとするはづみに、もんどり打てわれながら、あをむけさまに田の中へまっさかさまに落たりけり」＊滑稽本・七偏人(1857-63)四・上「仰向(アヲムケ)さまにどっさりと転へば」＊浮雲(1887-89)〈二葉亭四迷〉二・七「金鍍金(きんめっき)の徽章を附けた大黒帽子を仰向けざまに被(かぶ)った」 発音〈なまり〉アーヌキサンボ・アーヌクサ・アヌゲダマ〔岐阜〕アーノケダマ〔東京〕アドゲサマ〔津軽語彙〕アヌケザマ〔岐阜・飛騨〕アンネケダマ二〔飛騨〕オーノギザマ〔岩手〕〈標ア〉0〈京ア〉0

あお-む・ける あふ：【仰向】〔他カ下一〕図あふむ・く〔他カ下二〕顔や物などの表面または前面を上に向ける。上へ向かせる。あおむかせる。あおのける。＊太平記(14C後)一・無礼講事「前に置たる瑠璃の盆を打覆て、軈て又引仰向(アフム)けたるを見れば」＊俳諧・古今俳諧明題集(1763)春「あふむけて漆笠(ぬりがさ)着せるよめなかな〈涼帒〉」＊露団々(1889)〈幸田露伴〉一二「それと皆々歩(ほ)を移し、首仰向(アフム)けて見上るに」 発音〈標ア〉0ケ〈京ア〉0

あお-むし あを：【青虫】〔名〕チョウ、ガの幼虫の中で、長毛やとげがなく緑色をした幼虫の総称。一般にはキャベツなどの野菜を食害するモンシロチョウ、スジグロシロチョウの幼虫をさす。螟蛉(めいれい)。《季・秋》＊十巻本和名抄(934頃)八「螟蛉 毛詩注云螟蛉〈冥霊二音和名、阿乎牟之〉蒼虫也」＊法華義疏長保四年点(1002)二「螟蛉(メイレイ 別訓 アヲムシ)」 方言虫、ばった(蝗虫)。大分県大野郡・大分市941 発音〈ア史〉平安●●●○〈京ア〉オ 辞書和名・色葉・名義・和玉・書言・言海 表記螟蛉(和・色・名・書) 蛣蠖(色) 蝤蛉(名) 螟(玉) 蠋(書) 青蟲(言)

あお-むしろ あを：【青筵】〔名〕①七島藺(しちとうい)で織った畳表。《季・冬》＊俳諧・新類題発句集(1793)冬「敷換へて正月遅し青筵〈秋毛〉」＊近世紀聞(1875-81)〈染崎延房〉一一・一「門外には降旗をおし立、土上(どじゃう)に畳且青莚(アヲムシロ)など夫々に敷設け」②青みの残った新藁(しんわら)で作ったむしろ。つき上げた餅を並べて載せておく。餅筵。＊俳諧・類題発句集(1774)冬「草庵の一の宝や青むしろ」 発音〈標ア〉ム

あお-むらご あを：【青斑濃】〔名〕染色の名。青色で全体に濃い所と薄い所のあるもの。紫村濃(むらさきむらご)。＊たまきはる(1219)「雑仕(ざふし)、はしたもの、紫むらご、青むらご、などぞ聞きし」 発音アオムラゴ〈標ア〉ム

あお-むらさき あを：【青紫】〔名〕①青みがかった紫色。＊栄花(1028-92頃)若水「寝殿を見れば御簾いと青やかなるに、朽木形のあをむらさきににほへるより、女房の衣のつま袖口重なり」②江戸紫の俗称。 発音〈標ア〉ラ〈京ア〉ム

あお-むろ あを：【青鯥】〔名〕アジ科ムロアジ属の「もろ」の異名。 発音〈標ア〉0

あお-め あを：【青目】〔名〕①（形動）（形容詞の語幹「あお」に接尾語「め」の付いたもの）青い色あい。青い色調。あおいめ。＊日葡辞書(1603-04)「Auomena（アヲメナ）。または、Auomeno（アヲメノ）〈訳〉青色のもの。Auomena（アヲメナ） イシ」＊幸若・夜討曽我(室町末-近世初)「爰に座敷中に、青めな石のたけ、五尺ばかりに見えたるを」②㋑「あおめだま(青目玉)①」に同じ。＊蓼喰ふ虫(1928-29)〈谷崎潤一郎〉一一「此処の人形は眼玉が盛んに活躍する〈略〉上下にも動き、赤眼を出したり青眼を吊ったりする」㋺青竹で編んだ籠や垣根などの、青い編み目。＊浮世草子・風流曲三味線(1706)四・二「魚鳥入し青目(アヲメ)の組籠杉重にさまざまの菓子を入」 発音〈標ア〉①はメ0 ②はオ 辞書日葡

あお-め あを：【青芽】〔名〕①草木の生え出たばかりの緑色の芽。また、比喩的に、未熟なもの、あるいはこれから成長しようという状態にあるものをもいう。＊木下杢太郎詩集-緑金暮春調(1908)〈木下杢太郎〉暮れゆく庭「はた悩む生の青芽(アヲメ)の蕭(しめや)げる牧場の中に」＊母(1930)〈岡田三郎〉七「ところどころに麦の青芽(アヲメ)の見える残雪の小丘を、母と三吉は、足駄の歯にはさまる雪でよろめきながら登って行った」②刈り取ったままで皮をはがないコリヤナギの枝。 方言苗代に入れるための緑葉。広島県比婆郡773

あおめ-あぶ あをめ：【青眼虻】〔名〕ムシヒキアブ科の昆虫。体長二〇～三〇ミリメートル。黄褐色または赤褐色で、複眼は青緑色。草原にいて他の虫を捕え、体液を吸う。日本各地に分布。学名は Cophinopoda chinensis 発音〈標ア〉ア2

あおめ-だ・つ あをめ：【青芽立】〔自タ五(四)〕草や木が青々と芽ぶく。草木の若葉が出る。＊日葡辞書(1603-04)「Auomedachi, tçu, atta（アヲメダツ）」 辞書日葡

あお-めだま あを：【青目玉】〔名〕①青色の眼球。瞳の色の青い目。②（眼球の青い人が多いところから）西洋人。＊うもれ木(1892)〈樋口一葉〉一「万里海外の青眼玉(アヲメダマ)に日本固有の技芸の妙、見せつけくれんの腸(はらわた)もつものなく」＊津軽の野づら(1935)〈深田久彌〉志乃の手紙「バスケットの仲間に飛入り、青目玉に叱られたェ」 発音〈標ア〉メ

あお-もぐさ あを：【青藻草】〔名〕緑藻類の海藻。千葉県以南の太平洋岸の潮間帯の岩上に着生。緑色の半球形、または球形の海綿状で、細胞が糸状に連なり細かく分岐している。学名は Boodlea coacta 発音アオモグサ〈標ア〉モ

あお-もじ あを：【青文字】〔名〕クスノキ科の落葉小高木。九州、沖縄などの山林中に生える。高さ約三メートル。樹皮は濃緑色で葉とともに香気がある。若枝は緑色。葉は狭長楕円形で先は長くとがり、下面に白い粉状の毛が密生する。春、淡黄色の花がまばらな総状に咲く。実は球形で黒く熟す。おおむらごしょう。しょうがのき。学名は Litsea citriodora ＊日本植物名彙(1884)〈松村任三〉「アヲモジ」 発音〈標ア〉0

あお-もち あを：【青持】〔名〕落語や小咄(こばなし)で、時代のかけ離れたことがらを無理にこじつけて笑いをさそうやり方。青持の号をもつ亀成という俳諧宗匠が始めたところからいう(随筆・俗耳鼓吹(1788))。

あお-もち あを：【青餅】〔名〕①ヨモギなどを入れて作った草色の餅。草餅。②なじみ女。一部では私娼をいう。＊売春婦異名集(1921)〈宮武外骨〉「青餅(アヲモチ) 肥前の長崎、佐賀等にて私娼の異名なり。東北各地にての同異名たる『草餅』に同じく、昔時、私娼が青き草餅を行商せしに起因する名称ならん」 方言❶（青餅の外皮がねばねばしてよく手に付着して離れないところから）情人。愛人。長崎県062 熊本県天草郡(情婦)936 ❷情交を通じること。長崎県南松浦郡(男と)054 長崎市906 辞書言海 表記青餅(言)

あお-もの あを：【青物】〔名〕①蔬菜(そさい)類中、緑色をしたもの。転じて、野菜の総称。もと、女房詞で菜っ葉をいう。＊御湯殿上日記-文明一二年(1480)一月一二日「こかよりあをものまいる」＊大上﨟御名之事(16C前か)「な。あを物」＊滑稽本・東海道中膝栗毛(1802-09)八・上「青ものの売買ながら商人(あきんど)に尾ひれの見ゆる市のかはまち」②体色の青い魚の総称。カツオ、サバなど。 方言❶青苗。沖縄†139 ❷山菜の総称。岩手県気仙郡100 山形県139 茨城県多賀郡010 新潟県中頸城郡382 長野県佐久493 ❸青色をした魚類の総称。鯖(さば)、鯵(あじ)など。徳島県811 鹿児島県肝属郡970 ❹熟していない果実。◇おおむん 沖縄県首里993 発音〈なまり〉アオモン〔新潟頸城・鳥取〕〈標ア〉オ〈京ア〉オ 辞書言海 表記青物(言)

あおもの-いち あをもの：【青物市】〔名〕野菜、果実を大量に売買する卸市場。農民が立ち売りする市場も都市近郊に早くからできたが、大都市では、商人だけが集まり、卸売りをする市場が成立した。江戸の駒込、神田、千住、大阪の天満青物市などが有名。＊俳諧・風やらい(1801)「陽炎や青もの市の四さかり〈輝明〉」＊随筆・守貞漫稿(1837-53)四「神田青物市 神田須田町及び連雀町辺にあり大行也」＊最暗黒之東京(1893)〈松原岩五郎〉一七「是れが一般に多町の青物市と呼ばれたる大市場なり」 発音〈標ア〉ノ〈京ア〉ノ

あおもの-いちば あをもの：【青物市場】〔名〕「あおものいち(青物市)」に同じ。＊財政経済史料-七・経済・商業・商業雑規・天保二年(1831)七月「青物市場之儀往来に出張候場所も有レ之候へども、右は近来仕始候儀には無レ之」＊大塩平八郎(1914)〈森鷗外〉一「天満の青物市場(アヲモノイチバ)」 発音〈標ア〉イ〈京ア〉イ

あおもの-うり あをもの：【青物売】〔名〕野菜類の行商人。また、青物を売る店。＊滑稽本・浮世風呂(1809-13)四・中「又一人青物うり来る」＊随筆・守貞漫稿(1837-53)五「三都ともに菜蔬を俗に青物と云、因レ之売レ之賈を青物売とも云」＊風俗画報-一三四号(1897)人事門「婦人行商 婦人の行商は殊に多し魚売、青物売(アヲモノウリ)、菓子売、花売など婦人なるがいと多し」 発音〈標ア〉ノ

青物売り〈守貞漫稿〉

あおもの-ぐるま あをもの：【青物車】〔名〕野菜類を積んだ車。＊たけくらべ(1895-96)〈樋口一葉〉八「坂本へ出ては用心し給へ千住がへりの青物車(アヲモノグルマ)にお足元あぶなし」 発音アオモノグルマ〈標ア〉グ

あおもの-しょう あをものシャウ：【青物商】〔名〕「あおものや(青物屋)」に同じ。 発音アオモノショー〈標ア〉ノ

あおもの-みせ あをもの：【青物店・青物見世】〔名〕「あおものや(青物屋)」に同じ。＊梅津政景日記-慶長一七年(1612)三月二八日「あをもの見せ、彌右衛門居上町へひけ候て、さび申」＊浄瑠璃・心中宵庚申(1722)下「夏も来て、青物見世に水かわく、莚庇(むしろびさし)に避(よ)けられし」＊随筆・守貞漫稿(1837-53)五「菜蔬店青物見世とも八百屋とも云」

あおもの-や あをもの：【青物屋】〔名〕野菜などを販売する人。また、その商店。八百屋。青物商。青物店。＊浮世草子・日本永代蔵(1688)三・一「雨の降日は、此木屑より箸を削て、須田町、瀬戸物町の青物屋(アヲものや)におろし売」＊雑俳・十八公(1729)「白瓜は目白をし也青物屋」 発音〈なまり〉アオムン・アオモン〔鹿児島方言〕アオモンヤ〔千葉〕〈標ア〉モノ〈京ア〉0

あおもの-やくしょ あをもの：【青物役所】〔名〕江戸の本丸、西丸をはじめ、幕府御用の野菜類を一手に取り扱った役所。神田大工町に置かれ、町方の肝煎(きもいり)名主二、三人が取締役となり、納屋方役人が毎日詰めて御用青物の集荷、納入事務の処理に当たった。＊財政経済史料-七・経済・商業・雑商・文化一三年(1816)八月「御青物役所の儀、以前は御八百屋御納屋と唱へ〈略〉両御丸様御膳御次共諸品」 発音〈標ア〉ヤ

あお-もみ あを：【青籾】〔名〕収穫時、籾の一部が青米のまま不熟のもの。年貢量を決めるための検査の時に実のはいっていない籾とともに特に注意が払われた。

＊地方凡例録(1794)三「つぼかり合毛見立の儀立札読合させ、〈略〉稲一株引立見、粃青籾等の有無、穂の長短、もみの肥痩等を見」 発音〈標ア〉〇

あお-もみじ【青紅葉】〘名〙①カエデのまだ紅葉しないもの。＊春雨抄「あをもみぢ。しげりあふ青きもみぢのした涼み、暑さは蟬の声にゆづりぬ」②襲(かさね)の色目の名。表は青、裏は朽ち葉。女房の五つ衣の青紅葉は、青の濃淡、黄、山吹、紅、下の単衣(ひとえ)は蘇芳(すおう)とする。秋、用いる。＊満佐須計装束抄(1184)三「あをもみぢ、あをきこきうすきをなるをまぶき、くれなゐすはうのひとへ」＊右京大夫集(13C前)「三位中将維盛のうへのもとより、紅葉につけて、あをもみぢの薄様に」＊増鏡(1368-76頃)八・あすか川「大宮女院は白菊の御衣、東二条院は青紅葉の八、菊の御小袿たてまつる」＊藻塩草(1513頃)一八・年中衣品々「青紅葉〈面黄也裏くれなゐ〉」③植物「うりはだかえで(瓜膚楓)」の異名。方言植物。❶葉も幹も青いところから〉いたやかえで(板屋楓)。和歌山県東牟婁郡692 ❷うりはだかえで(瓜膚楓)。島根県簸川郡964 発音〈標ア〉モ

あお-もも【碧桃】〘名〙桃の園芸品種。実の緑色のもの。また、その花。＊俳諧・手挑灯(1745)中「七月〈略〉霊祭(たままつり)〈略〉青柿。青梨。青桃。鼡尾草(みつはぎ)」 発音〈標ア〉オ〇

あおもり【青森】㊀青森県中央部の地名。県庁所在地。青森湾に臨み、青森平野の中心部を占める。寛永二年(一六二五)東廻海運の起点となり、港町、市場町として発達。青函航路や青函トンネルにより、北海道と本州との結節点として機能。八月に行なわれるねぶた祭は有名。明治三一年(一八九八)市制。㊁「あおもりけん(青森県)」の略。語源説アイヌ語でアは受け方の存在を示し、オは持つという意。すなわちアオで持たされたの意。モリはモロイの略で、穴居時代の土穴の家や塚のある所の意〔アイヌ研究より見たる日本の言語・神話及地名＝チャンブレン〕。発音〈標ア〉オ〈京ア〉ア

あおもり-けん【青森県】東北地方、本州最北端の県。陸奥国の大部分にあたり、明治四年(一八七一)成立。県庁所在地は青森市。発音〈標ア〉リ〈京ア〉リ

あおもり-こうりつだいがく【青森公立大学】青森市にある公立の大学。平成五年(一九九三)設立。

あおもり-だいがく【青森大学】青森市にある私立の大学。昭和三七年(一九六二)創立の青森短期大学を母体とし、同四三年に大学として発足。

あおもり-とど【青森椴】〘名〙植物「おおしらびそ(大白檜曽)」の異名。発音〈標ア〉ト

あおもり-とどまつ【青森椴松】〘名〙植物「おおしらびそ(大白檜曽)」の異名。発音〈標ア〉ド

あお-や【青屋】〘名〙①染色業者。藍染めを職業とする家。また、その人。＊多聞院日記-天正四年(1576)一二月一日「こんのそめちん、あをやにて一文目二文つつの通にて」＊日葡辞書(1603-04)「Auoya (アヲヤ)〈訳〉藍染めをする人。同語。その染物をする家」②中、近世、京都周辺における藍染め業者の称。賤民視され、京都町奉行所に所属して刑の執行、牢屋の掃除などを行なった。＊信長公記(1598)一二「役人・触口・雑色・青屋、河原の者数百人、具足・甲を着、太刀・長刀抜き持ち」＊ロドリゲス日本大文典(1604-08)「サルガク、デンガク、ササラセッキャウ、Auoya (アヲヤ)、カワラノモノ、カワヤ、ハチコクリ」＊雍州府志(1684)八「凡所ㇾ在二洛内外一之紺屋、以二藍汁一染二衣服一者号二青屋(アヲヤ)一、又称二藍屋一、如ㇾ今紺屋為二染屋之通称一、其中青屋元穢多之種類也」③「あおものや(青物屋)」の略。方言八百屋。山形県東置賜郡・西置賜郡139 福島県会津若松市170 辞書日葡

あお-やか【青━】〘形動〙(「やか」は接尾語)青々としているさま。青く鮮やかなさま。＊枕(10C終)三・正月一日は「七日、雪間の若菜つみあをやかに、例はさしもさるもの目ちかからぬ所に、もてさわぎたるこそをかしけれ」＊源氏(1001-14頃)夕顔「切懸だつものに、いとあをやかなるかづらの、心地よげにはひかかれるに」＊狭衣物語(1069-77頃か)二「宮司ゐりて、御祓つかうまつりて、榊(さかき)、あをやかにさしつれば、いと煩はしげなるを、見るも、心惑ひのみして、うち休む事思えず」＊四河入海(17C前)七・四「此巫山は仙境なれば、冥濛として草樹も密にして、其色葱倩とあをやかにして」発音〈標ア〉オ 辞書色葉・名義・和玉・書言 表記碧(色・名)青熒(名)紺(玉)葱青(書)

あお-やき【青焼】〘名〙①「あおじゃしん(青写真)①」に同じ。＊時間(1969)〈黒井千次〉三「赤で書かれると、資料を青焼きする時に、そのまま出てしまうのです」②特に、グラビアやオフセット印刷などの校正に使用する青写真。または、凸版写真版の本校正刷りの前に便宜的に出す試験焼きのこと。藍焼き。発音〈標ア〉〇

あお-やぎ【青柳】㊀〘名〙①春の芽吹きから新緑にかけての青々とした柳。→青柳の。《季・春》＊万葉(8C後)五・八一七「梅の花咲きたる園(その)の阿遠也疑(アヲヤギ)は蘰(かづら)にすべく成りにけらずや〈粟田大夫(名未詳)〉」＊源氏(1001-14頃)若菜下「二月の中の十日許(ばかり)のあをやぎの、僅にしだり始めたらむ心地して」＊俳諧・炭俵(1694)上「青柳の泥にしだるる塩干かな〈芭蕉〉」＊唱歌・花(1900)〈武島羽衣〉「見ずや夕ぐれ手をのべて、われさしまねく青柳(アヲヤギ)を」②襲(かさね)の色目の名。表裏とも濃い青色。両面萌葱(もえぎ)ともいう。一説に、表は濃い青、裏は紫色。春、着用する。青色柳。あおやなぎ。＊浄瑠璃・加増曾我(1706頃)五「水の緑もあをやぎの五衣のそば取って、源氏の船を打まねく」③「青い麦」をいう女房詞。④「ばかがい(馬鹿貝)」のむきみの異称。＊兎(1972)〈金井美恵子〉「レモン汁をかけて食べる生の平貝やアオヤギやミル貝」⑤大豆の一品種。種子が豊かでまるく、大粒で黄色のもの。埼玉県が主産地。⑥実の中まで青い青大豆の異称。＊重訂本草綱目啓蒙(1847)二〇・穀「青大豆〈略〉裏(うち)まで青きものあり〈略〉あをやぎ　佐州」⑦「あおやぎずし(青柳鮨)」の略。㊁㊀曲名。催馬楽(さいばら)。律の歌。歌詞は、「青柳を片糸によりてや、おけや、鶯の、おけや、鶯の、縫ふといふ笠は、おけや、梅の花笠や」＊源氏(1001-14頃)若菜上「夜の更け行くままに、物の調べどもなつかしくかはりて、あをやぎ遊び給ふほどに」＊古今著聞集(1254)三・九八「律、伊勢の海、万歳楽、青柳、五常楽、更衣、それらをぞ奏せられける」㊁箏曲(そうきょく)。八重崎検校作曲。三味線や尺八でも流行した。㊂滋賀県高島郡安曇川(あどがわ)町の地名。中江藤樹が生まれ、住んだ所。藤樹書院跡がある。＊俳諧・誹枕(1680)下「鵜(う)の羽屋根鳥養の花うるほして〈言水〉風土記をとづる青柳の村〈才丸〉」㊃北海道函館市の地名。石川啄木が北海道流浪時代の一時期居住した地。＊一握の砂(1910)〈石川啄木〉忘れがたき人々「函館の青柳町こそかなしけれ友の恋歌矢ぐるまの花」㊄料理茶屋の名。近世、文化の頃から明治初年まで、江戸両国の駒留橋付近にあった。＊洒落本・青楼松之裡(1802)三「尚左堂の会をしまって、それから青柳(アヲヤギ)でのんで、こけへくるまで」＊歌舞伎・船打込橋間白浪(鋳掛松)(1866)序幕「赤川長か青柳へでもお供を仰せ附けられますなら、随分芸当をいたしてお目にかけませう」語誌(1)㊀①は、「能因歌枕」が二月の景物とし、また、春の季語でもあるように、「万葉集」以来、春の芽吹きから新緑にかけての、みずみずしいイメージのシダレヤナギの枝を指す。(2)「万葉集」ではアオヤナギが一首に対して、アオヤギは十一首である。これはカワヤギと同様に、助詞を添えて詠み込むために四音に略されたとも考えられるが、「垣つ楊(ヤギ)」(一四・三四五五)という単独の例があるところから、当初からヤナギとヤギは併用されていたとも考えられる。但しng韻尾を持つ「楊」の字音のあとにイ音を加えてヤギとしたという語源説があり、「川楊・河楊(カワヤギ)」の場合それが当てはまるが、アオヤギについては「青柳」六首のほかは「阿遠也疑・阿乎夜疑・安乎夜宜・安乎楊木・安乎楊疑」各一首で、「楊」は一音仮名としてのみ用いられているので当てはまらない。方言〘名〙❶中まで青い大豆。佐渡1028 ❷魚、あおざめ(青鮫)。大阪府016 発音アオヤギ〈標ア〉〇〈京ア〉〇 上代仮名アヲヤギ 辞書文明・伊京・明応・天正・饅頭・黒本・易林・日葡・書言・ヘボン・言海 表記青柳(文・伊・明・天・饅・黒・易・書・ヘ・言)

あおやぎ の 糸(いと) ①青柳のしだれた枝を糸に見立てていう語。＊万葉(8C後)一〇・一八五一「青柳之糸(あをやぎのいと)の細(くは)しさ春風に乱れぬい間に見せむ子もがも〈作者未詳〉」＊躬恒集(924頃)「春雨の降りそめしよりあをやぎのいとのはなだに色まさりゆく」＊山家集(12C後)上「なかなかに風のほすにぞ乱れける雨に濡れたる青柳のいと」＊仮名草子・尤双紙(1632)上・一「ながき物のしなじな〈略〉正木のかづら、青つづら、青柳(アヲヤギ)の糸(イト)、藤の花ぶさ」②転じて、乱れやすい心をたとえていう。＊浮世草子・小夜衣(1683)四・恋詞の抄「あをやぎの糸(イト)みだれやすき心をいふ」

あおやぎ の 眉(まゆ) 女性の眉を青柳の細い葉に見立てた表現。柳眉(りゅうび)。＊俳諧・誹諧之連歌(飛梅千句)(1540)猿何第二「青柳のまゆかくきしのひたいかな　こほりうちとけようするたしなみ」

あおやぎ【青柳】姓氏の一つ。発音アオヤギ〈標ア〉〇

あおやき-がみ【青焼紙】〘名〙青写真用の紙。＊見知らぬ家路(1970)〈黒井千次〉「色青ざめたA4判の厚手の青焼紙」発音アオヤキガミ〈標ア〉〇キ

あおやき-こうせい【青焼校正】〘名〙オフセット印刷などで、青焼きにした印画で行なう校正。発音アオヤキコーセイ〈標ア〉コ

あおやぎ-ごろも【青柳衣】〘名〙柳襲(やなぎがさね)の衣のうち、表裏ともに濃い青のもの。《季・春》＊藻塩草(1513頃)一八・年中衣品々「青柳衣〈うらおもてこくあをし〉」発音アオヤギゴロモ〈標ア〉ゴ

あおやぎ-ずし【青柳鮨】〘名〙近世、享和から文化の頃にかけて、新吉原の郭内を売り歩いた鮨売り。また、その鮨。＊洒落本・遊僊窟烟之花(1802か)二「『うで玉子ゑゑだ豆ゑゑだ豆』『青柳(アヲヤギ)ずぅし、青柳よろしう』」＊洒落本・滑稽吉原談語(1802)一「青柳(アヲヤギ)すぅし、たいのすぅし」発音アオヤギズシ〈標ア〉ギ

あおやぎ-そう【青柳草】〘名〙ユリ科の多年草。本州中部以北の山地に生える。高さ五〇～九〇センチメートル。根茎は短く褐色で、シュロの毛に似た毛をかぶっており、有毒。葉は長さ三〇センチメートルほどのせまい長楕円形で先がとがり、基部はさや状で茎を包む。夏、直径一センチメートルぐらいの緑色または淡紫色の花が大きな円錐花序につく。学名は Veratrum maackii var. reymondianum ＊日本植物名彙(1884)〈松村任三〉「アヲヤギサウ」方言植物、しゅろそう(棕櫚草)。やまうばら。尾張1034 発音アオヤギソー〈標ア〉〇

あおやぎ-ちゃ【青柳茶】〘名〙緑茶の一種。普通の茶のように、蒸したり焙炉(ほいろ)にかけたりしないで、熬釜(いりがま)で熬りながらもみ、球状に丸めたもの。中国茶に似た香気がある。熊本県上益城(かみましき)郡、球磨(くま)郡などの山地より産出する。発音アオヤギチャ〈標ア〉ギ

あおやぎ-なべ【青柳鍋】〘名〙鍋料理の一種。青柳(バカガイのむきみ)にネギ、ミツバ、ウド、豆腐などを配し、みそ、みりん、しょうゆで煮る。ばかなべ。

＊現代用語辞典(1925)〈小山内・秋山・太田〉「アオヤギナベ 青柳鍋 バカ鍋の通語」 発音アオヤギナベ〈標ア〉ナ

あおやぎ-の あをやぎ:【青柳─】枕 ①柳の葉の形が細くて、眉毛に似ているところから、「細き眉根」にかかる。＊万葉(8C後)一九・四一九二「青柳乃(あをやぎノ) 細き眉根(まよね)を 笑(ゑ)みまがり〈大伴家持〉」 ②柳の枝が細いのを糸に見立てるところから、糸と同音の副詞「いと」および「いとど」にかかる。＊後撰(951-953頃)春中・六七「あをやぎのいとつれなくもなりゆくかいかなる筋に思ひ寄らまし〈藤原師尹〉」＊拾遺(1005-07頃か)恋三・八一五「いづ方に寄るとかは見むあをやぎのいと定めなき人の心を〈よみ人しらず〉」＊新古今(1205)哀傷・八四七「君なくて寄るかたもなき青柳のいとどうき世ぞ思ひ乱るる〈源国信〉」 ③葉の出た柳の枝を折り取って「かづら(鬘)」にするところから、同音を含む地名「葛城山(かづらきやま)」にかかる。＊新古今(1205)春上・七四「白雲の絶え間になびく青柳の葛城山に春風ぞ吹く〈藤原雅経〉」 発音アオヤギノ〈標ア〉0

あお-や・ぐ あを:【青─】〘自ガ四〙(「やぐ」は接尾語)草木が青々と色づく。茂った葉の色が鮮やかに見える。＊俳諧・猿蓑(1691)五「堤より田の青やぎていさぎよき〈凡兆〉 加茂のやしろは能き社なり〈芭蕉〉」＊歌謡・新曲糸の節(1757)長歌・新ねのび「枝垂柳(しだれやなぎ)の糸青(アヲ)やぎて、風にたよたよ波寄る蔭に」 発音アオヤグ〈標ア〉ヤ

あおや-さま あをや:【青屋様】〘名〙七月二一日に、青いススキの茎でうどんを食う行事。茨城県でいう。鹿島神宮では青屋箸(ばし)の神事といって、この日にススキの箸を祭神に供える。

あおや-だいく あをや:【青屋大工】〘名〙近世、京都周辺で、処刑道具や牢屋の建築工作などを行なった者。

あお-やなぎ あを:【青柳】㊀〘名〙①「あおやぎ(青柳)㊀①」に同じ。＊万葉(8C後)五・八二一「阿乎夜奈義(アヲヤナギ)梅との花を折りかざし飲みての後は散りぬともよし〈満誓〉」＊梁塵秘抄(1179頃)一・古柳「や、うち靡きよな、あをやなぎのや、や、いとぞめでたきや、なにな、そよな」＊全九集(1566頃)七「もし灸瘡のくろぶたをちばば、桃の東南の枝と青柳の若枝を煎じて温に灸瘡をあらへ」 ②「あおやぎ(青柳)㊀②」に同じ。 ③切りこんぶをいう、盗人仲間の隠語。〔隠語輯覧(1915)〕 ㊁「あおやぎ(青柳)㊁①」に同じ。＊とはずがたり(14C前)三「呂(りょ)の歌〈略〉律 あをやなき」 語誌確例は「万葉集」に一例で、八代集にはみえない。この語は、平安後期には歌学書(「類聚証」「隆源口伝」「和歌一字抄-下」「袋草紙」など)に取り上げられるが、和歌の実作では、もっぱら「あをやぎ」が用いられた。→「あおやぎ(青柳)」の語誌

あおやなぎ-ごし あをやなぎ:【青柳腰】〘名〙美人の腰をいう。柳腰。＊甚九節・おなつ清十郎(江戸)「色は三月小桜色で、歩む取りなり青柳腰」

あお-やま あを:【青山】〘名〙①草木が青々と茂っている山。＊古事記(712)上・歌謡「引(ひ)こづらひ 我が立たせれば 阿遠夜麻(アヲヤマ)に 鵼(ぬえ)は鳴きぬ さ野つ鳥 雉(きぎし)は響(とよ)む」＊万葉(8C後)一三・三三〇九「青山(あをやま)を ふり放(さ)け見れば つつじ花 香(にほえ)少女 桜花 栄(さかえ)少女〈柿本人麻呂〉」＊夫木(1310頃)二〇「道遠み急がざりせば青山の木蔭はいかにたち憂からまし〈よみ人しらず〉」＊若菜集(1897)〈島崎藤村〉秋風の歌「ふりさけ見れば青山(アヲヤマ)も 色はもみぢに染めかへて」 ②祝儀などで用いる細工蒲鉾(かまぼこ)の一種。 方言雪の消えた山。新潟県東蒲原郡368 岐阜県揖斐郡507 発音〈標ア〉0〈ア史〉平安・鎌倉○○◎○ 辞書〈ポン・言海〉 表記青山(へ・言)

あおやま あをやま【青山】東京都港区北部の山手台地上の地名。中世から大山街道が通り、青山の宿があって発展。江戸初期、青山忠成がこの地帯を徳川家康から拝領したため呼ばれた。明治時代になり、住宅地域として発展する一方、広大な空地は青山墓地となり、旧陸軍の敷地としても利用された。東宮御所、明治神宮外苑がある。 発音〈標ア〉オ

あおやま あをやま【青山】姓氏の一つ。 発音〈標ア〉オ

あおやま-かげみち【青山景通】幕末・明治の復古神道家。美濃苗木藩士。通称稲吉。平田篤胤(あつたね)に学ぶ。維新後、官に登用され、神祇少佑となる。藩主以下を神道に帰属させ、廃仏毀釈(きしゃく)運動を起こした。文政二～明治二四年(一八一九～九一)

あおやま-すぎさく【青山杉作】演出家。俳優。新劇界にはいり、築地小劇場、松竹少女歌劇団で活躍し、千田是也らと俳優座を結成した。チェーホフ劇を得意とした。明治二二～昭和三一年(一八八九～一九五六)

あおやま-ただとし【青山忠俊】江戸初期の老中。武蔵岩槻藩主。忠成の子。徳川家光の補佐役として、酒井忠世、土井利勝と共に「寛永の三輔」と呼ばれた。天正六～寛永二〇年(一五七八～一六四三)

あおやま-たねみち【青山胤通】医学者。男爵。東京帝国大学教授、伝染病研究所長。内科学の大家として重きをなした。帝国学士院会員。安政六～大正六年(一八五九～一九一七)

あおやま-のぶみつ【青山延光】江戸後期の水戸学派の儒者。水戸藩士。延于(のぶゆき)の長子。字は伯卿。通称量太郎。号佩弦(はいげん)、晩翠(ばんすい)。家学を承けて、詩文・史学に長じ、彰考館の編修、藩校弘道館の教授頭取となり、徳川斉昭の信任が厚く、「大日本史」の校刊と藩政に携わる。著「国史記事本末」「野史纂略(さんりゃく)」「六雄八将論」など。文化四～明治四年(一八〇七～七一)

あおやま-のぶゆき【青山延于】江戸後期の水戸学派の儒者。水戸藩士。字は子世、通称量太郎。号拙斎(せっさい)、雲龍。祖父興道、父延彜は朱舜水の祠を掌っていた。立原翠軒(すいけん)に師事し、彰考館総裁、藩校弘道館の教授頭取となって「大日本史」の編纂(へんさん)に従う。著「皇朝史略」「文苑遺談」「明徴録」など。安永五～天保一四年(一七七六～一八四三)

あおやまがくいん-だいがく あをやまガクヰン:【青山学院大学】東京都渋谷区にある私立の大学。明治一一年(一八七八)創立のメソジスト派の耕教学舎にはじまり、東京英学校、東京英和学校などを経て同二七年青山学院となる。同三七年青山学院専門部に発展。昭和二四年(一九四九)大学として発足。 発音アオヤマガクインダイガク〈標ア〉ダ

あおやま-ぎく あをやま:【青山菊】〘名〙紋所の名。中央の菊の左右に、茂った木を配したもの。 発音アオヤマギク〈標ア〉マ

あおやま-ぐみ あをやま:【青山組】〘名〙江戸幕府の職名の一つ。鉄砲百人組(甲賀組、根来組、伊賀組、二十五騎組の四組)のうちの伊賀組の前身。創設の際、青山忠成が頭となったための称。＊柳営年表秘録(江戸後か)上・東照宮「慶長六辛丑、今年百人組二組〈新規〉。青山組、青山播磨守忠成」＊吏徴(1845)別録・上・布衣以上「百人組之頭〈略〉青山組、慶長六年辛丑始置、青山常陸介一万千石」 発音アオヤマグミ〈標ア〉0

あおやま-こうげん あをやまカウゲン【青山高原】三重県中央部布引(ぬのびき)山地中部の高原。大草原で有名。布引高原。

あおやま-ごしょ あをやま:【青山御所】東京都港区元赤坂にあった御所。旧和歌山藩主徳川氏の中屋敷跡。明治五年(一八七二)朝廷に献上され、英照皇太后の御所となり、青山御所と称した。以後、昭憲皇太后、貞明皇太后の御所(大宮御所)となり、戦災で焼失後は東宮御所が建てられ、今日に及んでいる。 発音〈標ア〉ゴ

あおやま-さいじょう あをやまサイヂャウ【青山斎場】東京都港区南青山にある青山葬儀所の通称。大正一四年(一九二五)東京市に移管され、以後東京都の公営葬儀所となる。 発音アオヤマサイジョー〈標ア〉オ

あおやま-じお あをやまじほ【青山潮】〘名〙「あおばじお(青葉潮)」に同じ。

あお-やまぶき あを:【青山吹】〘名〙襲(かさね)の色目の名。表は青、裏は黄。春、用いる。《季・春》＊藻塩草(1513頃)一八・年中衣品々「あを山ぶき〈面青うらき〉此衣二月にも用事有〉」＊俳諧・年浪草(1783)春・四「裏山吹〈略〉逍遙院殿御抄同春冬多著也 又青山吹」

あおやま-ぼち あをやま:【青山墓地】東京都港区南青山にある都営の共同墓地の通称。旧郡上藩主青山氏の屋敷跡。明治五年(一八七二)公営墓地として開設。桜の名所。正式名は青山霊園。 発音〈標ア〉ボ

あおやま-まつり あをやま:【青山祭】〘名〙①京都の石清水(いわしみず)八幡宮で正月一八日の夕方から行なわれる祭事。道饗祭(みちあえまつり)。 ②福井県地方で四月二五日に行なわれる行事。仕事を休み、変わりものを作って食べたり、野山に遊んだりする。 発音〈標ア〉マ²

あおやま-れんぺいじょう あをやまレンペイヂャウ【青山練兵場】東京青山にあった旧陸軍連隊の教練・演習場。港・渋谷・新宿の三区にまたがる。明治九年(一八七六)に置かれ、大正一五年(一九二六)明治神宮外苑となった。 発音アオヤマレンペイジョー〈標ア〉オ

あおや-やく あをや:【青屋役】〘名〙近世、京都周辺の民、青屋が行なった仕事。刑の執行、さらし、牢屋敷掃除など。→あおや(青屋)②

あお-やろう あをヤラウ【青野郎】〘名〙年若く、経験に乏しい男を卑しめていう語。青二才。＊人情本・恋の若竹(1833-39)中・一〇套「エエ、邪魔をして怪我でもするな。此の青野郎(アヲヤラウ)を殺すのだわ」 発音アオヤロー〈標ア〉ヤ

あお-やんま あを:【青蜻蜓】〘名〙ヤンマ科のトンボ。大きさはギンヤンマよりやや小さい。体は黄緑色または青緑色で、腹部の背面に黒い二本のすじがある。はねは透明。北海道から九州の沼池などにすむが、激減しつつある。おおとんぼ。学名は Aeschnophlebia longistigma

あお-ゆ あを:【青柚】〘名〙まだ黄色に熟さないで、果皮が青い柚(ゆず)の実。皮を薄く切って吸い物などに用い、また、おろして香味とする。あおゆず。《季・夏》＊俳諧・末若葉(1697)下「研たての小刀添て青柚哉〈翠袖〉」＊雑俳・江戸すずめ(1704)「楽みや青柚上戸の袖かうろ」＊俳諧・滑稽雑談(1713)四月「柚花、〈略〉和産のもの、四五月に花あり。五六月に結ㇾ実、是を『青柚』と称して夏月に賞す。此二物を盃酒に加へて甚佳也」 発音〈標ア〉0

あお-ゆず あを:【青柚子】〘名〙「あおゆ(青柚)」に同じ。《季・夏》

あお-ゆで あを:【青茹】〘名〙なまの野菜を、その色を失わぬようにさっとゆであげること。また、その野菜。青煮。あおいで。＊北野社家日記-明応二年(1493)正月七日「当年梅香院一番也。可ㇾ為二御汁一処、あをゆてと在ㇾ之。相違由以二番承仁一申遣処、越度由返答在ㇾ之」＊易林本節用集(1597)「青茹 アヲユテ」＊雑俳・軽口頓作(1709)「取付て・いやあぶらげの青ゆでの」 発音〈標ア〉0 辞書易林 表記青茹(易)

あお-ようかん あをヤウカン【青羊羹】〘名〙ツクネイモとくず粉を混ぜて作ったとろろ羹を青粉で染めた羊羹。＊菓子話船橋(1841)「薯蕷羹の種に、火をおろしてから能程に紅を入て、岡交にして煉時は、紅羊羹とも成れり、〈略〉其外ずみ青粉を加へて青羊羹ともよべり」

発音アオヨーカン〈標ア〉ヨ

あお-よもぎ【青蓬・青艾】『名』植物「かわらよもぎ（河原艾）」の異名。〔語彙（1871–84）〕 発音アオ ヨモギ〈標ア〉ヨ

あお-らか【青―】『形動』（「らか」は接尾語）青々としているさま。＊韻字集（1104–10）「陽 アヲラカナリ」＊和玉篇（15C後）「昇 カウ アヲラカナリ 昊 同上、俗」 辞書和玉 表記昇・昊（玉）

あお-らく【青楽】『名』楽焼に使う青緑色の釉（うわぐすり）。また、それをかけた楽焼の器物。 発音〈標ア〉0

あお-らち【青―】『名』 方言 ⇨あおのろし（青―）

あおり【煽】『名』（動詞「あおる（煽）」の連用形の名詞化）①強い風による動揺、衝撃。また、それによって受ける余勢、影響。→煽を食う。＊やみ夜（1895）〈樋口一葉〉七「不運の一煽（アフ）りに炎あらぬ方へと燃へあがりては」＊日本橋（1914）〈泉鏡花〉六七「膝で這廻って雛芥子の散った花片の、煽（アフリ）で動くのを」＊鷹（1953）〈石川淳〉四「掃きつけるあふりを避けて、国助はいそぎ足でその場から離れた」②ある状況の変化や現象の余勢。または、それによって受ける影響。→煽を食う。③他人を自分の思うように行動させようと、おだてたり、そそのかしたり、またはおどしたりすること。→煽を食う。＊歌舞伎・東海道四谷怪談（1825）序幕「うまく頼んだ、あほりが肝腎だよ」＊人情本・春色辰巳園（1833–35）初・二回「また付人（つきびと）のあをりから、元木を捨る心にもあらで、〈略〉恩と義理わすれて横に行くも有」＊落語・雨やどり（1899）〈六代目桂文治〉「夫（そ）れはお前二三日此方（こちら）心配して居るからお鍋が焚附（たきつ）けると云ふものだ。お鍋の煽（アフ）りにお前が乗っては不可（いかん）」④歌舞伎劇場などで、木戸番が「読み立て」のあと、扇を開いて「アリャ、アリャ、アリャ」と客を呼び込むこと。「人気をあおる」意。招き。＊滑稽本・戯場粋言幕の外（1806）上「木戸が大勢立あがって、扇をひれへて、引よせるやうにしてアリャアリャアリャアリャとまねく。なづけて、あをりと申すなりさ」⑤（「障泥」とも書く）「あおりかえし（煽返）」の略。＊歌舞伎・月出村廿六夜諷（1821）序幕「両人傘を持ち、東の歩みより中の間を通り、花道へ来る。清元連中は、あほりにて返す」⑥獅子舞などの頭に続く胴の部分。布でできていて、舞う時にここをあおり立てる。＊歌舞伎・三題噺高座新作（髪結藤次）（1863）五幕「若い者大勢にて虎頭あほり付のを担ぎ出来たり」＊歌舞伎・鏡山錦栬葉（加賀騒動）（1879）大切「誂への獅子頭を吉五郎、米吉かつぎ、作太郎、眼八、加七獅子のあほりを持ち、紅蔵獅子の尾を持ち出来り」⑦穀粒を重さによってもみ殻やごみなどの夾雑物から選別するのに用いた道具。U字形に曲げた割り竹に二枚のうちわをつけたもので、これを動かして風を起こして、その前で穀粒を徐々に落とし、夾雑物を吹き飛ばして選別する。＊和英語林集成（初版）（1867）「Aori アフリ、障泥〈訳〉穀粒をあおぎ分ける送風装置」⑧写真で、遠近感の調節などのためにレンズの光軸を焦点面に対し垂直以上の角度に変えること。また、その装置。⑨雑誌や新聞などで記事内容を引き立たせ、読者の興味をあおるために、本文記事の前につける短文。⑩取引相場で、大手筋が相場を大幅に変動させるために急激かつ大量に売買すること。売りあおり。買いあおり。⑪貨物自動車の荷台周囲の開閉できる囲い。両側のものを側あおり、後部のものを後あおりという。⑫素人を扇動して、賭場へ案内する役目の者をいう詐欺師仲間の隠語。〔特殊語百科辞典（1931）〕⑬万引きをいう、盗人仲間の隠語。また、特に、羽織などで品物をおおって盗む万引き。〔隠語輯覧（1915）〕⑭暴風をいう、てきや、盗人仲間の隠語。〔隠語輯覧（1915）〕 方言❶穀粒を選別する道具。唐箕（とうみ）。新潟県中魚沼郡062 ❷落ち穂。落ちた籾（もみ）。島根県石見725 語源説（1）アフル（煽・翻）の名詞形〔箋注和名抄・和訓栞・本朝辞源＝宇田甘冥・日本語源＝賀茂百樹〕。（2）アフギ（扇）の転〔名言通〕。 発音〈標ア〉リ〈京ア〉0 辞書ヘボン・言海 表記障泥（ヘ） 翻（言）

あおり の 張物（はりもの） 歌舞伎の大道具の一つ。上手、下手に立て掛ける書き割りで、二種以上の図を用意しておき、返しの時、それぞれの半面を張り物の軸を中心に折り返し、別の場面、図柄にするもの。あおりかえし。＊歌舞伎・褄重噂菊月（白木屋お駒とお三茂兵衛）（1816）四幕「上下ともあふりの張物にて、一面に返す」

あおり を 受（う）**ける** 「あおり（煽）を食う」に同じ。＊菜の花ざかり（1956）〈井上友一郎〉「その時分の大阪では、烈しい戦争のあふりを受けて、もうそろそろ食糧難が差迫ってゐた」

あおり を 食（く）**う** ①強い風や動きの衝撃を受ける。＊和英語林集成（初版）（1867）「Aori wo kū（アオリ ヲ クウ）」＊焼跡のイエス（1946）〈石川淳〉「女の張りきった腰のあふりを食って跳ねとばされ」②相手の態度や威勢に影響される。＊歌舞伎・天衣紛上野初花（河内山）（1881）序幕「何だといふと大小を捻（ひねく）り廻して脅しやがるが、そんな煽（アフ）りを喰（ク）ったってびくともする丑松ちゃあねえ」③状況の変化や現象の影響を受ける。＊洒落本・船頭部屋（19C初）「もしもなげい年季のうち、どふ風がかわって、あをりをくふめいもんでもなし」＊煤煙（1909）〈森田草平〉七「或年世間一帯の不景気から煽りを喰って到頭店を閉めて」

あおり【淡落】『名』和船の構造名称。船体の加敷（かじき）、中棚（なかだな）、上棚（うわだな）の下べり通りのこと。また、それらに打ちつけるあおり板の略称。＊和漢船用集（1766）一〇・船処名「加鋪中棚上棚下通り、惣てあほりと云」

あおり【障泥・泥障】『名』①馬具の一種。下鞍（したぐら）の小型の大和鞍、水干鞍を使うとき、泥が飛びはね、衣服を汚すのを防ぐため、下鞍の間に垂らす大型の皮革。晴天、軍陣、騎射の際にはじゃまになるので用いなかったが、のちに装飾用として、晴天の時にも用い、漆塗りの革を張るようになった。＊令集解（738）職員・漆部司条「古記及釈云。別記云。漆部廿人之中、伴造七人〈略〉泥障二戸。革張一戸」＊十巻本和名抄（934頃）五「障泥 唐韻云韓 音章 障泥〈阿布利〉鞍飾也」＊大和（947–957頃）一五四「草のなかにあふりをときしきて、女を抱きて臥せり」＊枕（10C終）二二〇・賀茂の臨時の祭「あふりいとたかううち鳴らして」＊信長公記（1598）一四「御くらかさね唐織物、同あをり同前」＊俳諧・新五子稿（1793）「泥障しけ爰ぞひばりの聞所」②「あおりいか（障泥烏賊）」の略。＊洒落本・通言総籬（1787）二「『此いかはあをりじゃあねへか』『なに真いかさ、かな川だァみなさへ、此あついことを。あをりやするめいかだと安ひはな』」 語源説（1）アブミスリの中略であろう〔類聚名物考〕。（2）アブル（足触）の名詞形〔名語記・東雅・大言海〕。（3）アハリ（足張）、またはアヲリ（足折）の義〔日本釈名〕。（4）馬に乗る時に足を折りかがめる意のアヲリ（足折）からか〔和句解〕。 発音〈標ア〉リ〈ア史〉平安○○○〈京ア〉0 辞書字鏡・和名・色葉・名義・下学・和玉・文明・伊京・天正・饅頭・黒本・易林・日葡・書言・ヘボン・言海 表記障泥（和・色・名・易・書・ヘ・言） 泥障（下・文・伊・饅・黒） 韓（色・名・玉） 蔽泥（色・書） 障涅韈（字） 韂（玉） 韓泥（天）

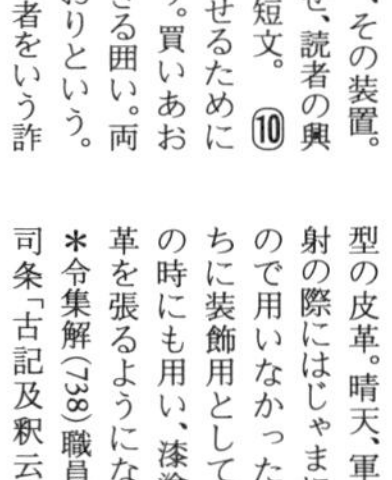
障泥①〈奈良県 手向山神社蔵〉

あおり を 打（う）**つ** 馬を速く走らせるため、鐙（あぶみ）で、障泥を打つ。＊浄瑠璃・聖徳太子絵伝記（1717）四「一鞭くれ、あをりをうてば、飛ぶ駒の数千丈（すせんぢゃう）の谷を越へ」

あおり『名』海藻「あおのり（青海苔）」の異名。

あおり-あし【煽足】『名』横泳ぎで用いられる足の動作。 発音〈標ア〉リ〈京ア〉0

あおり-いか【障泥烏賊】『名』ヤリイカ科のイカ。本州中部以南の沿岸、特に九州沿岸、相模湾で多くとれる。肉は柔らかく上質の刺身、すし種になり、するめにも加工される。胴は長さが約五〇センチメートルで、中央部が広がった円錐形。体色は黒褐色で、雄には多数の横縞がある。名称は肉ひれの動きを馬具の障泥に見立てたもの。みずいか。もいか。ばしょういか。学名 Sepioteuthis lessoniana ＊俳諧・類船集（1676）知「あふり烏賊（イカ）は色もかはる」＊日本料理通（1929）〈楽満斎太郎〉料理法の巻・一「障泥烏賊（アフリイカ） アオリイカ 皮をむきたる後、熱湯の中へ二呼吸の間ほど浸し〈略〉生姜のおろし汁を加へた醤油をつけて食ふ」 発音〈標ア〉リ 辞書言海 表記障泥烏賊（言）

あおり-いた【淡落板】『名』和船の淡落（あおり）に沿わせて打ちつける細長い薄板。＊和漢船用集（1766）一〇・船処名「淡落板（アホリイタ）」

あおり-いた【障泥板】『名』屋根の大棟の両脇下に取り付けた雨仕舞（あまじまい）のための覆い板。＊内宮文永遷宮記（13C後）（古事類苑・神祇五四）「自御子殿参入、相共見知、其後甍覆泥障板、左右喬金、同令打之処」

あおり-うま【煽馬】『名』気性の荒々しい馬。暴れ馬。＊説経節・おぐり判官（1675）二「馬やのだし口しとと打てかけ、あをり馬にしらあはませ、とくとくとのり出し給ふ」

あおり-がい【煽買】『名』取引相場で、相場を騰貴させるために、盛んに買いまくること。 発音アオリガイ〈標ア〉0

あおり-かえし【煽返】『名』舞台の背景を、上下または左右に二分できるように作り、これを折り返して、別の場面または変わった様相に転換させること。

あおり-かえ・す【煽返】『他サ四』芝居で、煽返しを用いる。＊歌舞伎・与話情浮名横櫛（切られ与三）（1853）七幕「以前の道具より付いて上がりし土堤づら、あふり返し、闇ぼかしの霞へ、榎の枝をとりつけ」

あおり-か・く【煽駆】『自カ下二』馬をあおって速く走る。＊浄瑠璃・百日曾我（1700頃）傾城請状「駒をひた地に歩ませ寄せ既に矢頃と見えし所へ、工藤左衛門祐経一散にあをりかけ」

あおり-がけ【障泥掛】『名』相撲の技の一つ。四つに組んで寄りながら掛ける外掛け。＊狂言記・見物左衛門（1700）「あをりがけ、かはずがけ、此やうな手をしってゐる」 発音アオリガケ〈標ア〉0

あおり-か・ける【呷掛】『他カ下一』文あふりか・く『他カ下二』酒などを一気に飲む。激しい勢いで飲む。＊油地獄（1891）〈斎藤緑雨〉二「右隣の席へ就いたうすら髯のある男は、来る早々促し促しあほりかけて、気斗牛（きとぎう）を貫くといふ勢ひ」 発音〈標ア〉ケ

あおり-きり【―切】『名』（動詞「あおる（呷）」と名詞「あおっきり（青切）」との混同によって生じた語か）なみなみと注いだ酒をぐいぐいと飲むこと。＊咄本・万の宝（1780）猫のよめ入「その晩も盃などがすむと、茶碗酒のあをり切といふものだ」＊歌舞伎・霊験曾我籬（1809）六幕「御亭主、あふりきりにやるから、茶碗を貸して下せえ」

あおり-ぐるま【簸揚車】『名』穀物から秕（しいな）や塵芥（じんかい）などを取り除く木製送風器。中央に取り付けられた、四枚の扇板から成る翼車を手回しで回転させて風をおこし、上部の受け入れ口から落下する穀粒を、その風圧で選別する。唐箕（とうみ）。＊経国本義（1866）中「簸揚車（アホリクルマ） 今云千穀車」 発音アオリグルマ〈標ア〉グ

あおり-け・す あふり:【煽消】〘他サ四〙火をあおいで消す。*浮雲(1887–89)〈二葉亭四迷〉一・六「『よろしいヨ、解ったヨ』と昇は憤然(やっき)と成って饒舌(しゃべり)懸けたお勢の火の手を手頸で煽り消して」

あおり-じに あふり:【煽死】〘名〙「あおちじに(煽死)」に同じ。*歌舞伎・天満宮菜種御供(1777)九「神罰は目の前に虚空を摑んで煽死(アフリジニ)、心地よくこそ見えにけり」

あおり-た・てる あふり:【煽立】〘他タ下一〙文あふりた・つ〘他タ下二〙①風などの勢いで、物を激しく動かす。*読本・椿説弓張月(1807–11)拾遺・五一回「その膂力(ちから)鴻門に、沛公(はいこう)を救ひたる、樊噲(はんくゎい)にいやましたれば、ほとり近き兵士(つわもの)等は、ひらく扉にあふり立(タテ)られ、或は頭をうち砕れ」②はたから、盛んにそそのかす。ある感情を盛んにさせる。扇動する。*御伽草子・鴉鷺合戦物語(続類従所収)(室町中)「われさきにとひくほとに、臆病神にあをりたてられて、太刀長刀をすてて迯ければ」*赤痢(1909)〈石川啄木〉「狐を信ずる住民(ひとびと)の迷信を煽(アフ)り立てた」*或る女(1919)〈有島武郎〉前・一〇「菓子の心に好奇心なり軽い嫉妬なりを煽(アフ)り立てようとする、あまり手許の見え透いたからくりだと思ふと」発音〈標ア〉0テ〈京ア〉0

あおり-つ・ける あふり:【煽付】〘他カ下一〙文あふりつ・く〘他カ下二〙①盛んにおだてる。おだてあげる。*滑稽本・八笑人(1820–49)二・下「思入れあふり付(ツケ)て、おごらせてやらうではねへか」*金(1926)〈宮嶋資夫〉二四「『先づ第一に、あの粟田をたたき倒しても、奴を追ひ越さなければ承知しない』瞋恚と貪らんとが彼の心をたえず煽(アフ)りつけてゐた」②酒を勢いよく続けざまに飲む。ぐいぐい盛んに飲む。*西洋道中膝栗毛(1874–76)〈総生寛〉一四・下「フラスコの口から洋酒をあふり附(ツケ)て」*多情多恨(1896)〈尾崎紅葉〉前・一「柳之助はコップに半分ばかりを一息に嚼了(アフリツ)けて」*春泥(1928)〈久保田万太郎〉冬至・一「ほんたうに俺といふ奴は酒が好きなのかしら〈略〉そんなキザな、ろくでもないうたがひを晴らすため無理からなほ呷(アフ)りつけることも出来た」③取引相場で、相場を狂わせる。また、転じて、倒産させる。*洒落本・玉之帳(1789–1801頃)三「よき商人屋かぶしきをあをりつけたお仲ゆへ」

あおり-ど あふり:【煽戸】〘名〙①風にあおられて、ばたばたする戸をいう。*神楽歌(9C後)早歌「〈本〉安不利止(アフリド)や檜張戸(ひはりど)〈末〉檜張戸や安不利止(アフリド)」②戸の上部と鴨居とを結び、外側に押し上げて開くようにした戸。*改正増補和英語林集成(1886)「Aorido アヲリド」発音〈標ア〉0ケ

あおり-どめ あふり:【煽止】〘名〙戸、扉などを開いたままに留めておくとき、風であおられないように壁や柱などに固定するための金具。さるつなぎ。さるしばり。発音〈標ア〉0

あおり-はふ あふり:【障泥破風】〘名〙屋根の斜面に取り付けた三角形の破風。千鳥破風。*家屋雑考(1842)三「榑風(はふ)　韓榑風　千鳥榑風　障泥(アフリ)榑風」

障泥破風

あおり-ひらおよぎ あふり:【煽平泳】〘名〙平泳ぎの一種。腰をひねり、あおり足を使う泳法。多くは遠泳に用いられる。

あおり-まど あふり:【煽窓】〘名〙窓枠と障子の上框(うわかまち)、または下框とを蝶番(ちょうつがい)で結びつけ、障子を外部に押し上げ、または押し下げて開くようにした窓。

あおり-もの あふり:【煽物】〘名〙フライパンなどに入れた材料をときどき放り上げ、交ぜ合わせながら炒(いた)める料理。*無口の妻とうたう歌(1974)〈古山高麗雄〉「揚げ物、煽り物が一通りやれりゃ、まあまあといったもんだ」発音〈標ア〉0

あお-りゅうきゅう あをりうきう【青琉球】〘名〙豊後国(大分県)より産する畳表。琉球表に似て薄く、薄青色のもの。発音アオリューキュー〈標ア〉リュ

あお-りんご あを:【青林檎】〘名〙リンゴの栽培品種。果皮は青白色で、果肉は硬く、やや酸味と渋味とを帯びるものが多い。貯蔵に適する。《季・夏》*仰臥漫録(1901–02)〈正岡子規〉一「高浜より使、茶一かん、青林檎二三十、金一円持来る。茶は故政夫氏のくやみかへし」*真理の春(1930)〈細田民樹〉ひるしぼむ花・一五「田甫の静かな水溜りに映った月は、何か青林檎(アホリンゴ)のにほひを漂はせた」*激浪(1946)〈山口誓子〉「青林檎しんじつ青し刀(たう)を入る」方言植物、わりんご(和林檎)。大和†034　宮城県一部030　石川県一部030　発音アオリンゴ〈標ア〉リ

あお・る あふる【煽・呷】㊀〘他ラ五(四)〙①風などが吹いたり、風を起こしたりして物を動かす。翻す。吹き動かす。*玉塵抄(1563)一二「皷」翅して翬々然たりとは、はをあをって飛たことぞ」*尋常小学読本(明治三六年)(1903)六・三「とーみといふもので、あふったり、うすでついたりします」②火気を盛んにするため、うちわなどを動かして風を起こす。また、そのような動作で板などを動かす。*日葡辞書(1603–04)「Auori, ru, otta(アヲル)〈訳〉シモで、すだれや板で激しくあおぐ。また、あおぐように手を動かす」*歌舞伎・白縫譚(1853)序幕「大きなる畚(ふご)へあわび貝にて目鼻を附け引網をあふり」*地に頬つけて(1915)〈谷崎精二〉一「風が忽ち火を煽(アフ)って」③ものごとを激しい勢いで動かす。ものごとに勢いをつける。*微温(1909)〈水野葉舟〉五「おさよはぢっとして居られないやうに、心が煽(アフ)られた」*抱擁家族(1965)〈小島信夫〉二「そういわれたことがよけい腹立たしさをあおったのか」④自分の思うようにさせるためにおだててそそのかす。扇動する。また、相手を圧倒して自分の思いどおりにさせる。*人情本・花の志満台(1836–38)二・一二回「船公、其様(そんな)に煽(アフ)ってくれめえよ、いとどせえ浮気者をよ」*落語・玉の輿(1894)〈禽語楼小さん〉「手綱を持って扇動(アヲ)ると馬がひょこひょこ歩行(あるく)から、正可(まさか)強く扇動(アヲ)ってもさう駆出しも仕舞ひと」*夢声半代記(1929)〈徳川夢声〉月給十円時代余録「何によらず器用にて、旧劇のセリフなんどは、余忽(たちま)ちにしてアオられてけり」⑤(呷)酒などを一気に飲む。仰向いてぐっと飲む。*洒落本・辰巳婦言(1798)宵立の部「夫だからおらアぐい呑はしねへ。てめへこそ時々疳積(かんしゃく)で青(アヲ)るじゃアねェか」*田舎教師(1909)〈田山花袋〉三六「清三は出してくれたビールをグングンと呷(アフ)って飲んだ」*よじょう(1952)〈山本周五郎〉三「武平は湯呑のものをすっかりあおった」⑥気がもめる。*滑稽本・魂胆夢輔譚(1844–47)四・上「そりゃア肝心のねたア痛めちゃア、此天蓋の張(はっ)て居るにあをられるぜ」⑦取引相場で、相場を思惑通りに変動させるため、大量に売り、または買いを行なう。〔取引所用語字彙(1917)〕⑧カメラに「あおり(煽)⑧」をつける。また、低い位置から上向きにして写す。㊁〘自ラ五(四)〙風などのために物が動く。*多情多恨(1896)〈尾崎紅葉〉後・五・三「階子口(はしごぐち)への通路の扉(ひらき)が翻(アフ)ってゐるので」方言❶あおぐ。◇あぶる　岐阜県飛驒497　三重県名賀郡584　奈良県南大和683　❷凌駕(りょうが)する。堂々と向こうを張る。岐阜県飛驒502　❸打つ。殴る。山形県米沢市050　新潟県佐渡358　東蒲原郡368　静岡県520　❹走る。仙台†056　❺唐箕(とうみ)で穀類から砂やごみを選別する。福島県石城郡178　東京都八王子311　新潟県佐渡352　長野県469 493　岐阜県飛驒502　❻臨終の病人が呼吸を荒くしてあえぎ苦しむ。富山県砺波398　語源説(1)アフグ(扇)の自動〔大言海〕。(2)物をアフル時の擬音を動詞に働かす〔日本語源=賀茂百樹〕。発音〈標ア〉オ〈京ア〉0　辞書日葡・ヘボン・言海　表記翻(言)

あお・る あふる〘他ラ四〙あぶみで馬の障泥(あおり)をけって急がせる。*新撰字鏡(898–901頃)「策　謀也討也籌也打也馬撾也　阿布留又夫知」*躬恒集(924頃)「遅き馬はあしふちなくてあふれども、心のみこそさきにたちけれ」*梵舜本沙石集(1283)八・七「『此馬は尻から渡むと思よ』と心得て、尻を迎てあをるに彌(いよいよ)渡ず」*謡曲・鉢木(1545頃)「痩せ馬なれば打てども煽れども先へは進まぬ足弱車の」語源説(1)アシフル(足振)か〔名語記〕。(2)アシフル(足触)の略〔大言海〕。辞書字鏡・ヘボン　表記策(字)

あおれ〘名〙方言❶崖の上が木の根などで崩れ残って突き出ている所。岩手県九戸郡088　❷動物、いのしし(猪)。福島市158

あおれ・る〘動〙方言❶あふれる。愛媛県840　❷熟した種がこぼれ落ちる。◇あわれるとも。愛媛県840　松山846　❸野菜が腐敗する。柿の渋が抜ける。◇あわれる　山口県豊浦郡798

あお-ろく あを:【青六】〘名〙めくりカルタで、六の組の札、四枚の中の青札。点数は六〇に当たる。*博奕仕方風聞書(1839頃か)「六の四枚の内　青六と唱、金泥等にて彩色、数六十に相成、四枚之内、上の札に御座候」

あお-ろじ【青—】〘名〙方言⇩あおのろし(青—)

あお-わかめ あを:【青若布】〘名〙褐藻類の海草。千葉県以南和歌山県までの太平洋沿岸、および福井県より長崎県に至る日本海沿岸に生える。緑褐色で体は扁平で幅二〇センチメートル内外、長さはときに三メートルに達する。乾燥すると褐色。葉質は柔らかく、中央の脈は上になるとはっきりしなくなる。ワカメよりやや品質は落ちるが、食用になる。学名は Undaria peterseniana　発音〈標ア〉カワ

あお-わさび あを:【青山葵】〘名〙新鮮なワサビ。*俳諧・常盤屋の句合(1680)五番「青わさび蟹(かに)が爪木(つまき)の斧の音〈杉風〉」発音〈標ア〉ワ

あお-わらわ あをわらは【青童】〘名〙未熟で世なれていない少年、少女。特に、召使いの子供。*源平盛衰記(14C前)一六・仁寛流罪事「御宿願を遂げさせ給はんが為めに、或ひは青童(アヲワラハ)の貌(かほ)、或ひは内侍の形にて、日夜に便宜を伺ひ奉りき」

あおん-じょう あをんじゃう【青蛇】〘名〙蛇の一種という。*和漢三才図会(1712)四五「青蛇(アヲンジャウ)〈略〉按在山中石岩間青黄色而有小点頭大而如龍其大者一丈許老者生耳本草所謂与竹根蛇同色非一物」方言❶鳥、あおじ(青鵐)。島根県鹿足郡・益田市725　❷魚、めばる(目張)。和歌山県日高郡694　❸動物、あおだいしょう(青大将)。◇あおんじょ　近江†017　奈良県大和675　◇あおん　京都府620　❹鳥、こかわらひわ(小河原鶸)。◇あおんじょ　奈良県南大和683

あおん-ぞ【青蔵】〘名〙方言(「あおんぞう(青蔵)」の変化した語)❶青白い顔。血色の優れない人。栃木県198 201　◇あおんべ　栃木県足利市・佐野市198　◇あおそんじょ　青森県三戸郡083　❷野菜、果物の未熟なもの。◇あおんず　長野県佐久484　◇あおんぼ　島根県出雲・隠岐島725　◇あおんだら　島根県出雲725　❸渋柿(しぶがき)。千葉県夷隅郡288

あおん-ぞう あをんザウ【青蔵】〘名〙(「あおぞう(青蔵)」の変化した語)①青い顔をした者をいやしめていうことば。「ぞう」は、若蔵など、擬人名化したもの。青びょうたん。青二才。*雑俳・俳諧觿‐二五(1821)「もちこしにお歯黒はげし青んざう」*落語・三都三人絵師(1891)〈禽語楼小さん〉「宜(い)いから黙って引っ込んでろ。ヤイ青ん相(ザフ)、出ろ」*縮図(1941)〈徳田秋声〉

郷愁・一四「あの青ん造は一体お前の何だい」②「あおぞう（青蔵）②」に同じ。方言❶顔色のすぐれない者。長野県484 488 492 島根県石見725 ❷まだ熟していない果実。長野県上伊那郡488 ◇あおんじゅ 宮崎県東諸県郡954 ❸植物、ごしゅゆ（呉茱萸）。◇あおぞうとも。駿州†040

あ-おんそく【亜音速】〘名〙高速気流の速力について、音速より遅い、すなわち、マッハ数が一未満の場合をいう。

あおん-ぶくれ（あをん：）**【青膨】**〘名〙「あおぶくれ（青膨）」の変化した語。＊永日小品(1909)〈夏目漱石〉柿「与吉が何んだ蒼（アヲ）ん膨（ブク）れと下から云ふと」＊大阪の宿(1925-26)〈水上滝太郎〉三・三「爛目（ただれめ）のおやぢの仏頂面（ぶっちょうづら）と、お河童の子の青んぶくれの顔を思ひ出して」

あか【赤・紅・朱・緋】㊀〘名〙（「あか（明）」と同語源という）㈠①五色の一つ。七色の一つ。三原色の一つ。色の名。古くは青に対する色として、朱、橙、桃色などを含めて用いられた。「赤貝」「赤衣」「赤土」など他の語と複合して用いることが多い。㋑血のような色。赤色。＊蘇悉地羯羅経寛弘五年点(1008)中「復、緋線（アカのよりいと）を以て之を纏ひ」＊銀の匙(1913-15)〈中勘助〉前・二三「青と赤に染めわけた籠から一羽の鸚鵡（あうむ）をだして」㋺赤みを帯びた茶色。靴、犬、毛などにいう。②「あかあずき（赤小豆）」をいう女房詞。＊大上臈御名之事(16C前か)「あづき。あかとも。あかあか共」＊御湯殿上日記-天正九年(1581)五月一五日「上らふよりきんとんにあかの入たるまいる」③赤子。赤ん坊。子供。＊物類称呼(1775)一「小児〈略〉信州にてあかといふ」＊家(1910-11)〈島崎藤村〉上・七「赤もふくれてるし、子守もふくれてるし」④「あかごめ（赤米）」の略。＊浄瑠璃・心中宵庚申(1722)上「食（めし）は赤まじりのひねくさいをすっくりとたかせ」⑤「あかがね（銅）」の略。＊蘇悉地羯羅経寛弘五年点(1008)下「牛蘇と銅（アカ）の瓶と銅の椀ともて」＊竹の木戸(1908)〈国木田独歩〉上「買立の銅（アカ）の金盥を」⑥一分金のことをいうか。＊歌舞伎・月欠皿恋路宵闇(1865)五幕「『モシ旦那、こりゃ赤でござりやすね』『五百文の極めなれど〈略〉残りは酒手に遣はすわえ』」⑦「あから㊁②」の略。＊滑稽本・七癖上戸(1810)大意「儒に竹葉といひ、仏は般若湯といひ〈略〉護摩酢、狂薬、あか、清三」＊狂文・四方の留粕(1819)序「此あかは吾酒（アカ）ならず。四方に知る赤良のうしの醸（かみ）し酒（アカ）ぞ」＊歌舞伎・柳風吹矢の糸条(1864)「逢ひたかったと縋りつき、笹よあかよと持てなして」⑧「あかみそ（赤味噌）」の略。＊雑俳・柳多留-五八(1811)「紫を赤で煮るのは江戸のみそ」⑨「あかじ（赤字）」の略。⑩「あかでんしゃ（赤電車）」「あかバス（赤―）」の略。＊波(1928)〈山本有三〉妻・一・一一「やっと電車が来た。赤だった」⑪「あかしんごう（赤信号）」の略。＊傾いた街(1967)〈加賀乙彦〉「次の信号が赤だと速度を落し」⑫白組に対する赤組の称。＊唱歌・かけっこ（文部省唱歌）(1932)「まけるな、まけるな、赤勝て、白勝て」⑬（革命旗が赤色であることから）共産主義、社会主義、およびその主義者をさしていう。＊若い人(1933-37)〈石坂洋次郎〉下・二四「橋本先生が今日の夕方『赤』の嫌疑で捕まっちゃったの」＊生活の探求(1937-38)〈島木健作〉一・一五「何か思想関係―赤の事件といふやうなことではないのですか」⑭めくりカルタの用語。→赤札①㋺。⑮「あかたん（赤短）」の略。⑯「あかぎっぷ（赤切符）」の略。⑰マッチ、火、火事などをいう、盗人仲間の隠語。〔隠語輯覧(1915)〕⑱錠の部分を焼き切って入る強盗をいう、盗人仲間の隠語。あかきり。〔隠語輯覧(1915)〕⑲血、月経をいう花柳界の隠語。〔特殊語百科辞典(1931)〕⑳銅など金属類専門の窃盗をいう、盗人仲間の隠語。〔隠語構成様式并其語集(1935)〕㉑新聞用語。無料広告、無料紙のこと。㈡「の」を伴って連体修飾語として用い、「全くの」「はっきりした」の意を表わす。＊日葡辞書(1603-04)「Acano（アカノ）ハダカニ ナル」＊雑俳・ぎんかなめ(1729)「波風を立てさり荷をあかの昼」＊竹沢先生と云ふ人(1924-25)〈長与善郎〉竹沢先生の散歩・二「『素より赤の嘘である』」㊁〘接頭〙名詞の上について、それを強調し、「全くの」「はっきりした」の意を表わす。「赤はだか」「赤恥」など。＊松翁道話(1814-46)二・下「仏経にも、どのやうな赤凡夫でも、善男子、善女子人というてある」語誌(1)アヲ・クロ・シロと並び、日本語の基本的な色彩語であり、古くは、光の感覚を示し「赤・明かし・明く・明け」と同根の類をなし、「黒・暗し・暮る・暮れ」の類と対立している。ただし、クラシ（暗）―クロシ（黒）の対に比べると、明るさと色彩とは未分化であったか。(2)色彩語としては、上代では複合語の形で現われるだけで、単独ではアケを用いた。アカとアケの対は、サカ―サケ（酒）などと同じ対応であると考えられる。(3)五行説にあてはめると、火・夏・南に対応し、青と対に用いられることが多いが、「阿加陀麻（アカダマ）は緒さへ光れど白玉の君が装し貴くありけり」〔古事記-上・歌謡〕、「赤駒を厩に立て 黒駒を厩に立てて」〔万葉-一三・三二七八〕など、白や黒と対に用いられることもある。(4)赤色を表わす漢字には「赤」のほか、「朱・丹・緋・紅」などがあり、古代語としては「くれなゐ・に・あかね」が確認できる。方言㊀〘名〙❶乳児。赤ちゃん。庄内†060 越後†081 信州†035 北海道小樽062 青森県津軽075 三戸郡（男）083 岩手県上閉伊郡（卑語）098 山形県139 栃木県安蘇郡197 群馬県多野郡246 埼玉県秩父郡251 千葉県千葉郡275 神奈川県054 新潟県358 379 石川県404 福井県大飯郡447 山梨県456 長野県475 484 492 静岡県530 534 535 愛知県563 564 570 三重県三重郡594 京都府竹野郡622 山口県豊浦郡798 熊本県天草郡919 ◇あかさ 石川県石川郡404 ◇あかちゃ 山形県西田川郡139 ◇あかこおぼこ 宮城県仙台市054 ◇あかんこ 石川県能美郡419 ◇あっかこ 新潟県東蒲原郡368 ◇あかんぐぁ 沖縄県首里993 ◇あかじょう 熊本県八代郡919 ◇あかに 秋田県河辺郡134 ◇あかま 岩手県上閉伊郡097 ◇あかめ 新潟県東蒲原郡368 ◇あかべ 岩手県上閉伊郡097 ◇あかぺ 秋田県仙南054 ❷小児。幼児。会津†062 信州†020 山形県139 新潟県348 366 380 ❸生まれてまだ名前もない子。新潟県岩船郡362 ❹女の子。山形県庄内（一三、四歳まで）062 飛島140 新潟県佐渡352 長野県下伊那郡492 愛知県碧海郡564 滋賀県606 608 ◇あかめ 福井県（一四、五歳まで）431 ◇あかちいよ 滋賀県高島郡608 ❺青年。男女ともにいう。新潟県佐渡348 ❻雀（すずめ）などの雛（ひな）で、羽の生えそろわないもの。◇あかんこ 長野県上伊那郡469 ◇あかぴ・あかぴこ 山形県北村山郡144 ◇あかぴっぴ 山形県139 ❼赤目魚（めなだ）の子。予州†039 ❽塩鮭（しおざけ）や塩鱒（しおます）などの身の赤い魚。幼児語。山形県北村山郡144 福島県安達郡062 ❾虫、あぶらぜみ（油蟬）。山口県大島801 ❿酒。多く、幼児語。鳥取県711 島根県725 岡山県阿哲郡751 小田郡767 広島県771 山県郡054 山口県豊浦郡798 大島801 大分県938 ◇あかか 滋賀県愛知郡（幼児語ではない）608 ◇あかぶ（「ぶ」は湯水の意）福岡県久留米市872 ◇あっけ 山形県西置賜郡139 ◇あけ 新潟県佐渡359 ⓫小豆。山口県大島801 ⓬餡（あん）。山口県大島801 ⓭血。幼児語。◇あかか 富山県砺波398 ⓮熊（くま）、氈鹿（かもしか）、兎（うさぎ）などの血。山形県西置賜郡139 ⓯火。大阪市062 ⓰灯火。明かり。幼児語。◇あかか 山形県139 長崎県壱岐島914 ⓱全く。愛知県名古屋市562 ⓲魚、あかむろ（赤鯥）。◇おあか 和歌山県日高郡・西牟婁郡690 ㊁〘接頭〙強意。全くの。はっきりした。多く、ののしって言う気持ちを含む。岩手県上閉伊郡097 気仙郡102 福井県大飯郡447 愛知県名古屋市562 三重県北牟婁郡588 島根県石見725 語源説(1)アケ（赤）の転〔雅言考〕。(2)動詞アク（開）から分かれた語で、明と同源〔国語の語根とその分類=大島正健・猫も杓子も=楳垣実〕。(イ)アカ（明）の義〔言元梯・日本語源=賀茂百樹〕。(ロ)アキラカ（明）の義〔日本釈名〕。(ハ)アカルキ（明）の義〔南留別志・言葉の根しらべ=鈴江潔子〕。(ニ)アケイロ（明色）の義〔日本語原学=林甕臣〕。(ホ)夜が明けて明らかな意のアケの転〔和訓考〕。(3)梵語のアコに通じ、日の意〔和語私臆鈔〕。(4)「赤」の別音AkがAkaに転じたもの〔日本語原考=与謝野寛〕。発音㊀は〈なまり〉アッカー〔愛知〕〈標ア〉ア〈京ア〉⓪/㋕ 辞書日葡・ヘボン・言海 表記赤（へ・言）

あか の 御飯（おばん）（天皇に差し上げる小豆飯を「赤の御膳（ごぜん）」というのに対して）臣下の小豆飯をいう女房詞。

あか の 餅（かちん）小豆餅をいう女房詞。赤きかちん。＊御湯殿上日記-天正一四年(1586)六月四日「上らふよりあかのかちんまいる」＊女重宝記（元禄五年）(1692)一・五「あずきもちは、あかのかちん」

あか の 粥（かゆ）小豆のはいったかゆ。赤きかゆ。あずきがゆ。＊石山本願寺日記-証如上人日記・天文六年(1537)正月一五日「嘉例之あかのかゆ御うへにてあり」＊御湯殿上日記-天正一四年(1586)四月二七日「なかはしよりあかの御かゆまいる」

あか の 供御（くご）「あかくご（赤供御）」に同じ。＊御湯殿上日記-元亀元年(1570)六月一八日「大すけよりあかのく御まいる」

あか の 御膳（ごぜん）①天皇に差し上げる小豆飯をいう女房詞。②「あずきめし（小豆飯）」に同じ。＊歌舞伎・小袖曾我薊色縫（十六夜清心）(1859)五立「何はなく共明日の朝、赤の御膳を焚（た）かふから、祝ふて出立して下され」

あか の 御飯（ごはん）「あずきめし（小豆飯）」に同じ。＊黒い御飯(1923)〈永井龍男〉「綺麗好きの母が、あれ程よく洗った釜で炊いた、その御飯はうす黒かった。〈略〉『赤の御飯のかはりだね』誰かがそんな事を云ふ」＊父―その死(1949)〈幸田文〉菅野の記「いつまでたっても赤の御飯もおこはも、ただの御飯さへ出て来ない」発音〈標ア〉ゴ

あか の 他人（たにん）全く縁のない他人。何のかかわりもない他人。＊浄瑠璃・道中評判敵討(1702)「わらはがなさけの道をすて夫婦のえんをきるからは、あかのたにんになったぞゑ」＊談義本・世間万病回春(1771)三・疱瘡神評「妻といふ物は元来あかの他人なり」＊俳諧・おらが春(1819)「花の陰あかの他人はなかりけり」＊人情本・仮名文章娘節用(1831-34)後・六回「その養子となりし金五郎、あかの他人といふではなけれど」＊浮雲(1887-89)〈二葉亭四迷〉一・五「縁を断（き）ッて仕舞へば赤の他人、他人に遠慮も糸瓜（へちま）も入らぬ事だ」語源説(1)アカは乾浄の義で、親密でないことを表わす〔俚言集覧（増補）〕。(2)アカは梵語で水の意。水のように冷たいことから〔ことばの事典=日置昌一〕。(3)アカは「全くの」意の接頭語であったのが、ノをはさむようになったものか。(2)の説は誤りとする〔鈴木棠三説〕。発音〈標ア〉ア 辞書言海

あか の 飯（まんま・まま）①（もと小児語で、のちに一般にも使われた）「あずきめし（小豆飯）」に同じ。＊雑俳・川傍柳(1780-83)一「恥しさあかのまんまにとと添へて」＊滑稽本・浮世風呂(1809-13)二・上「これは赤の飯（マンマ）でございますが、わざっとお祝ひ申ます」②植物「いぬたで（犬蓼）」の異名。赤まんま。花が赤飯に似ているところからいう。《季・秋》＊俚言集覧（増補）(1899)「あかのまんま あかのめし。蓼の花をもしか云へり」＊銀の匙(1913-15)〈中勘助〉前・二九「玄関のまへで赤のまんまを茶碗にもり」発音〈標ア〉マ¹ 辞書言海 表記赤飯（言）

あか の 飯（めし）「あずきめし（小豆飯）」に同じ。＊浮世草子・傾城禁短気(1711)五・四「節句の赤（ア

カ)の食〈メシ〉を食わさふと、わなこしらへていひませば」＊二人女房(1891)〈尾崎紅葉〉下・一「赤豆飯〈アカノメシ〉を炊いたが、馬鹿に目出度いのだからと赤豆沢山にて」

あか【明】〘名〙①太陽、ちょうちん、ランプ、電灯、金銀など、光るものをいう、盗人仲間の隠語。〔隠語輯覧(1915)〕②凶器を持った強盗、また、凶器そのものをいう、盗人仲間の隠語。〔隠語輯覧(1915)〕＊いやな感じ(1960-63)〈高見順〉二・六「アカはアカでも、アカ(兇器)を持ったアカデ(強盗)もいる」③憲兵、警察署、裁判所などが黒か白かを明らかにするものをいう、盗人仲間の隠語。〔日本隠語集(1892)〕④被告を戒護する者をいう、犯罪者仲間の隠語。〔隠語輯覧(1915)〕

あかがはいる　犯行がばれるのをいう、盗人仲間の隠語。〔隠語輯覧(1915)〕

あか【垢】〘名〙㊀体や物についたよごれ。①汗、脂(あぶら)などの皮膚からの分泌物と、ほこりや、ごみなどが入り混じったよごれ。＊書紀(720)崇峻即位前(図書寮本訓)「万(よろづ)の衣裳(きもの)弊(や)れ垢(アカツキタリ)」＊万葉(8C後)二〇・四三八八「旅と言(へ)ど真旅になりぬ家の母(も)が着せし衣に阿加(アカ)つきにかり〈占部虫麻呂〉」＊饅頭屋本節用集(室町末)「垢 アカ」＊日葡辞書(1603-04)「Acauo (アカヲ) ヲトス」＊滑稽本・浮世風呂(1809-13)二・上「大概(てへげへ)で能(いい)ことさ、垢(アカ)だっても毎日(めへにち)出る者(もん)でねへ」＊日本読本(1887)〈新保磐次〉四「衣服は暖なりとも、垢付き汚るれば養生に害あり」②水中の不純物が底に沈み、固まりついたもの。水垢。湯垢。＊守護国界主陀羅尼経平安中期点(1000頃)三「水の垢(アカ)を灘いで浄くして余り無きがごとく」＊雑俳・大和のかまど(1716-36)「あか替へた釜で食焼く湊入り」＊生れ出づる悩み(1918)〈有島武郎〉六「雪と浸水(アカ)とで糊よりも滑る船板の上を」③㊀①を流すこと。風呂などで体を洗うこと。＊平治(1220頃か)中・義朝野間下向の事「金王丸御剣を持ちて、御あかに参りければ、すべてうつべきやうぞなき」＊咄本・醒睡笑(1628)八「大閤御所、風呂に御入りありつるを、蜂屋伯耆守、『御垢(アカ)にまゐらん』とて」㊁比喩的に用いる。①よごれ、けがれ。特に仏教で用い、煩悩とほぼ同意で、身体に宿る種々の俗念や欲望などをさしていう。＊梁塵秘抄(1179頃)二・法文歌「常の心の蓮(はちす)には、三身仏性おはします、あかつき穢(きたな)き身なれども、仏に成るとぞ説いたまふ」＊新続古今(1439)釈教・八七九「かき流す法(のり)の水こそうれしけれ心のあかをすすぐと思へば〈藤原季経〉」＊滑稽本・浮世風呂(1809-13)前・上「今日煤湯(すすゆ)を沐(あび)て五塵の垢(アカ)を落し、明日貰湯に入て六欲の皮を磨(すりむ)き」＊泥人形(1911)〈正宗白鳥〉二「矢沢君なんかの知らん事も出来たけれど、その代りに垢がついてしまった」②(一般的に)欠点。洗練されていないところ、整っていないものをいう。↓垢が抜ける。＊風姿花伝(1400-02頃)六「さる程に、終(つゐ)には、能に嵩(かさ)も出で来、あかも落ちて、いよいよ名望も一座も繁昌する時は、定めて、年行くまで花は残るべし」③少ない、または、小さいもののたとえにいう。ほんの少し。＊千鳥(1906)〈鈴木三重吉〉「今に藤さんの話は垢程も書いては来ない」方言❶ごみ。塵芥(じんかい)。三重県名賀郡585 ❷水中の苔(こけ)。静岡県磐田郡546 ❸頭髪や衣服などについた汚れ。沖縄県首里993 ❹ふけ。◇あが 沖縄県与那国島996 ◇あかき 沖縄県小浜島975 ◇あかぎ 沖縄県石垣島975 ◇ああかき 沖縄県西表島996 語源説(1)アセカ(汗気)の義〔和訓栞・言葉の根しらべ=鈴江潔子〕。(2)アは接頭語、カはケ(褻)の転〔日本古語大辞典=松岡静雄〕。(3)アカキ(赤)の転〔名言通〕。(4)ケガシ(汚)の反語アカ(清)〔古言類韻=堀秀成・日本語源=賀茂百樹〕。(5)アカ(悪所)の義〔言元梯〕。(6)アブラカス(油糟)の義〔日本語原学=林甕臣〕。(7)アクタ(芥)の約か〔万葉考〕。発音〈標ア〉カ 〈京ア〉ア 辞書色葉・名義・和玉・文明・天正・饅頭・黒本・易林・日葡・書言・〈ボン・言海 表記垢(色・名・玉・文・饅・黒・易・書・ヘ・言) 糠・穢垢(色) 埃・圿・姤(玉) 垢(天)

あかが抜(ぬ)ける　①容姿や態度、技芸などが洗練される。さっぱりした感じになる。垢抜ける。＊日葡辞書(1603-04)「Acano nuqeta (アカノ ヌケタ) テ〈訳〉美しく洗練されて形の整った手跡」＊浮世草子・傾城禁短気(1711)四・四「近い比迄色道一通りには恐らく垢(アカ)のぬけた、風呂屋の関の万作といひし大臣の成れの果」＊雑俳・柳多留‐八(1773)「わらわれる度に田舎のあかがぬけ」②汚名、恥辱などがすすがれる。疑いが晴れる。＊浄瑠璃・心中万年草(1710)中「ぜひに祝言させねば、むすめのあかがぬけぬ」＊浄瑠璃・八百屋お七(1731頃か)上「いつまでも吉三が垢(アカ)は脱(ヌ)けられまい」＊歌舞伎・幼稚子敵討(1753)口明「何卒其儀をお願ひ申せば、此方の垢(アカ)は抜けまする」

あか＝で死(し)んだ者(もの)はない〔＝に食(く)われても死(し)にはせず〕　入浴をきらう者の言うことば。また、その者を皮肉って言うことば。垢はいかに多くたまっても死ぬまでには至らない。＊雑俳・万人講(1705)「扇でいはばかなめ也けり・やあらやら垢にて死んだ者はない」

あかも身(み)の内(うち)　垢も、もとは身体の一部分だから、むやみに落とすものではない。長湯する人をひやかして言うことば。＊滑稽本・浮世風呂(1809-13)二・上「おめへまだ這入(へゑっ)て居るかな、あきれが湯気(いけ)にあがらァ。コウ、いい加減に磨(みがき)な、垢(アカ)も身(ミ)の内(ウチ)だよ」

あかを洗(あら)うて痕(あと)を求(もと)む　しいて人の欠点を捜し、小さな過失まで暴き出すことのたとえ。毛を吹いてきずを求む。＊劉子新論‐傷讒「洗ㇾ垢求ㇾ痕、吹ㇾ毛覓ㇾ瑕」

あかを掻(か)く　垢を落とす。体のよごれを落とす。＊日葡辞書(1603-04)「Acauo caqu (アカヲ カク)」＊談義本・当世下手談義(1752)二・八王子の臍王座敷談義の事「風呂の入口に腰懸て垢(アカ)かくものじゃ、たしなめよ」＊雑俳・重ね扇(1773)「おかしいぞ・垢かく下女が爪じまん」

あかを被(かぶ)る　着る物や身の回りが清潔でなくなる。うすよごれる。また、俗っぽくなる。上品さがうすれる。＊黒い眼と茶色の目(1914)〈徳富蘆花〉八・一「片貝君は此頃洒落を廃(よ)して垢(アカ)をかぶった敬二に忠告した」

あかを抜(ぬ)く　①垢を落とす。＊詞葉新雅(1792)「アカヲヌク きよむる」②汚名、恥辱をすすぐ。疑いを晴らす。＊浄瑠璃・曾我七以呂波(1698頃)一「是々梶原殿、某とは一門なれば一味と覚さんも迷惑也、急度せんぎ有て拙者があかをぬいてたべ」＊浄瑠璃・心中万年草(1710)中「そのぶんではうろんなこちの人、むすめがあかをぬかっしゃれ」

あかを含(ふく)む　恥を忍ぶ。＊平家雑感(1901)〈高山樗牛〉九「かくして滅びんは、垢を含みて存(なが)らへんよりも如何ばかり美(うる)はしかるべき」

あか【淦・洽・垢】〘名〙(梵語の「閼伽(あか)」より出たという) 船の外板の合わせ目などからしみ込んで船底にたまる水。あか水。また、荒天で船体にあかの道ができて浸入する水や、打ち込む波でたまった水をも称し、今日では機関や積み荷などから自然に流れ出して船底にたまった汚水の意にもいう。ふなゆ。ゆ。客水。＊船法度条々事(室町末か)「みなとのうちにて、あめ・あかなとにぬれたるものは、せんとうわきまふへき事」＊日葡辞書(1603-04)「Acauo (アカヲ) トル。Acaga (アカガ) イル」＊俳諧・鷹筑波(1638)四「つきせぬものはあかとぼんなう。古船に乗(のる)舟頭は犬ににて〈俊安〉」＊舟楫元始(1831-40頃)「この洽(あか)を古名ゆと云、漢語抄にふなゆと云、和歌にもゆとよめり」＊思出の記(1900-01)〈徳富蘆花〉九・七「裸体(はだか)の漁師が頻りに小舟のあかを汲み出して居ると」方言❶水。薩摩1020 新潟県東蒲原郡368 ◇わか 青森県南津軽郡050 ❷たまり水。石川県鹿島郡411 ❸小便をいう隠語。岩手県気仙郡102 ❹死人の体から出る汚水。新潟県佐渡356 ❺膿(うみ)。膿汁(のうじゅう)。群馬県勢多郡236 多野郡246 語源説水の入るのを忌んで、ユまたは梵語でアカ(閼伽)と言いかえたもの〔和訓栞・言葉の根しらべ=鈴江潔子・日本語源=賀茂百樹〕。発音〈標ア〉カ 辞書日葡・書言・〈ボン・言海 表記淦(書・ヘ) 閼伽(言)

あかの間(ま)　「あかま(淦間)」に同じ。＊和訓栞(1777-1862)「船中にて、水の事をあかと云ふは洽也〈略〉洽の集る処を、あかの間と云へり」

あ‐か【亜科】〘名〙生物の分類学上、必要に応じて、科の下に設けられる分類単位。ネコ科の「ネコ亜科」「ヒョウ亜科」など。＊植物学語鈔(1886)〈松村任三〉「Suborder Aka 亜科」

あ‐か【阿家】〘名〙「あこ(阿家)」に同じ。発音〈標ア〉ア

あか【阿賀】(「あが」とも) 岡山県の北西部にあった郡。明治三三年(一九〇〇)哲多郡と合併して阿哲郡となり、一部は上房郡に編入。古くは英賀と書かれた。＊二十巻本和名抄(934頃)五「備中国〈略〉英賀〈阿加〉」辞書和名・色葉・文明 表記英賀(和・色・文)

あ‐か【啞科】〘名〙小児を治療すること。小児科。＊談義本・世間万病回春(1771)三・疱瘡神評「もとより啞科(アクヮ)と名付て推量療治にて至て医師の手とり物なるに」＊遠西観象図説(1823)上・題言「大方(〈注〉ほんどう)啞科(〈注〉シャウニ)蓐医(〈注〉さん)〈略〉の類、各々訳定の書ありて」

あか【閼伽】〘名〙(梵 argha, arghya「価値」の意で、敬意を表わす贈り物のこと。功徳水と訳す) ①仏に供える清水、香水など。仏教では本尊、聖衆に供養する六種の物の一つに数える。＊十巻本和名抄(934頃)五「閼伽 内典云、閼伽〈略〉梵語也漢言醻勃烝㆓煮雑香㆒以㆓其汁㆒供㆓養仏㆒也」＊源氏(1001-14頃)若紫「あか奉り花折りなどするも、あらはに見ゆ」＊日葡辞書(1603-04)「Aca (アカ) ムスブ」＊翻訳名義集‐三「阿伽、此云ㇾ水」②仏前に供える水を入れる器。あかの具。＊観智院本三宝絵(984)中「行基閼伽一具をそなへてそのむかへにいだしやる」＊本朝無題詩(1162-64頃)八・春日遊長楽寺〈藤原明衡〉「鐘磬暁和虚洞水、閼伽春惜禅庭花」③酒をいう、僧侶仲間の隠語。はんにゃとう。〔最新百科社会語辞典(1932)〕④「あか(淦)」に同じ。語誌「遏伽」「遏迦」「阿伽」などと書かれることもある。梵語の原義は、冒頭に示したように価値あるもの、客人表敬の贈り物であった。後、「閼伽水。此即香花之水」〔大毘盧遮那成仏経疏(大日経疏)‐一一〕のように仏に供える功徳水(香花を入れた水)をさし、さらに「阿伽此云ㇾ器。凡供養之器皆称曰㆓阿伽㆒」〔仏祖統記‐四三〕のように、神仏に捧げる物、供養の物を入れる容器をさすことにもなった。発音〈標ア〉カ ア 〈京ア〉ア 辞書日葡・書言・〈ボン・言海 表記閼伽(書・言) 阿伽(ヘ)

あかの折敷(おしき)　仏に手向けるものを載せるおしき。＊山家集(12C後)下「樒(しきみ)おくあかのをしきの縁なくは何にあられの玉と散らまし」＊俳諧・続虚栗(1687)冬「あられなし閼伽の折敷(ヲシキ)に冬菜かな〈其角〉」

あかの具(ぐ)　仏に手向ける水を入れておく容器。転じて、仏に供養する器具一般の称。＊源氏(1001-14頃)鈴虫「あかのぐは例の、きはやかに小さくて」

あかの棚(たな)　「あかだな(閼伽棚)」に同じ。＊源氏(1001-14頃)鈴虫「あかのたななどして、その方にしなさせ給へる御しつらひなど、いとなまめきたり」

あかの花(はな)　仏に供える閼伽の水に浮かべた

花。仏を供養する時に供える花。*源氏(1001-14頃)幻「あかの花の、夕ばえして、いとおもしろく見ゆれば」*東関紀行(1242頃)橋本より今の浦「その御堂へ参りたれば、不断香の煙、風に誘はれ打ちかをり、あかの花も露あざやかなり」

あか の 水(みず) 仏に供える水。あかみず。*平家(13C前)二・大納言死去「をさなき人々も花を手折、閼伽の水を結むで、父の後世をとぶらひ給ふぞ哀なる」*新撰六帖(1244頃)二「朝な朝なあかの水くみ樒(しきみ)つみ苔のたもとは岩にふれつつ〈藤原光俊〉」*浄瑠璃・義経千本桜(1747)一「阿伽(アカ)の水も備へん為、手づから水を汲ました」 辞書 易林・日葡・書言 表記 閼伽水(易) 阿伽水(書)

あか〘名〙植物「あかざ(藜)」の異名。*重訂本草綱目啓蒙(1847)二三・菜「藜 あかあかざ あか〈梅花無尽蔵〉」

あか〘名〙耕地。田畑。水田。*新編常陸国誌(1818-30頃か)方言「あか 水戸辺にてのらと云ふことを、鹿島辺にてはあかと云ふ」 方言 ❶田畑。耕地。房総†068 福島県石城郡178 茨城県188 千葉県東部285 ❷田と野原。田野。茨城県稲敷郡193 千葉県匝瑳郡062 ❸野原。千葉県山武郡270 語源説 アガタ(県)の意か〔常陸方言-補〕。

あか〘名〙 方言 ❶波のある海で、大波がしばらく続いたあとの静かになる時。伊豆大島326 ❷海で、大きい波の次に来る小さい波。静岡県田方郡529 ❸好色家。淫乱(いんらん)。三重県上野市001 和歌山市691 ❹もうけ。役得。岐阜県不破郡513 ❺草履。岐阜県飛騨502 ❻魚。福島県伊達郡162 ❼頭。沖縄県八重山974

あ-が【我―・吾―】〘連語〙(代名詞「あ」に助詞「が」の付いたもの) ①(主格) 私が。自分が。*万葉(8C後)五・八九一「一世には二遍(ふたたび)見えぬ父母を置きてや長く阿我(アガ)別れなむ〈山上憶良〉」*万葉(8C後)一四・三五二四「まを薦(ごも)の節(ふ)の間近くて逢はなへば沖つ真鴨の嘆きそ安我(アガ)する〈東歌〉」 ②(連体格) 私の。自分の。特に中古以後、相手の名まえなどの上に付けて、親しみの気持を表わす場合が多い。「あがきみ」「あが仏」など。*古事記(712)上・歌謡「八千矛の 神の命や 阿賀(アガ)大国主」*万葉(8C後)五・八九二「天地(あめつち)は 広しといへど 安我(アガ)ためは 狭(さ)くやなりぬる〈山上憶良〉」*源氏(1001-14頃)玉鬘「あがおもと、はやく導ききこえ給へ」 語誌 (1)上代では、「あ」は「わ、あれ、われ」とともに一人称の体言としての用法を保っており、「あが」はこれに助詞の「が」の付いたものとして考えることができる。(2)上代において、②の連体格の場合、下に来る体言は「主(ぬし)、君、皇神(すめかみ)、愛者(はしもの)、児(こ)、身、胸、面(おも)、下心(したばへ)、恋、床(とこ)、馬、為」などであり、一方「わが」の下には、「夫(せ)、妹(いも)、母、名、命、盛(さかり)、世、畳、家、宿、門(かど)、園(その)、里、国、旅、船」などがきて、両者に使い分けが見られる。これを「あが」は単数的、孤独的、「わが」は複数的、一般的なものという相違として説く説がある。ただし、「衣手」のように両方に付く体言もあり、意味の違いについてはまだ定説がない。中古以降は、「あが君」「あが仏」など、定まった形で、呼びかけの語としての用法に固定していく。→あれ(我・吾)。 方言 ㊀〘代名〙❶自称。私。沖縄†139 東京都神津島322 三重県南牟婁郡603 奈良県吉野郡683 和歌山県690 新宮703 ◇あか 沖縄†139 ❷対称。お前。君。長崎県五島038 917 鹿児島県肝属郡(敬称)054 ◇あか 高知県室戸860 安芸郡(目下に対して用いる)864 ❸反照。自分。三重県北牟婁郡588 和歌山県054 東牟婁郡702 ㊁〘連体〙私の。和歌山県690 ◇あがあ 沖縄県与那国島996 発音 〈ア史〉平安・鎌倉○◍ 〈京ア〉⓪

あ-が【阿呀】〘感動〙(中国の近世語から) 驚いた時にさけぶ声。ああ。*江戸繁昌記(1832-36)四・仮宅「阿呀。這箇は真に是れ生活離様(〈注〉いきたひなさま)」*水滸伝-楔子「洪太尉喫ニ了一驚一、叫ㇾ声阿呀」

あがあ〘形動〙 方言 ⇩あない/あんげ(彼―)

あか-あえ【赤和】〘名〙塩漬けの梅の肉に、砂糖、白みそを混ぜてすり、魚類、野菜をあえたもの。

あか-あか【赤赤】㊀〘名〙赤小豆をいう女房詞。あか。*大上臈御名之事(16C前か)「あづき あかとも、あかあか共」*随筆・貞丈雑記(1784頃)六「禁中女房の詞食物異名品々〈略〉あか〈赤小豆の事〉又あかあかともいふ〈略〉上臈名之記に見たり」 ㊁〘副〙(多く「と」を伴って用いる) 物が真っ赤に見えるさま。非常に赤いさま。*俳諧・奥の細道(1693-94頃)金沢「あかあかと日は難面(つれなく)もあきの風」*破戒(1906)〈島崎藤村〉七・二「其色の赤々としてさも甘さうに熟したやつを」*田舎医師の子(1914)〈相馬泰三〉四「赤々した肌が柔かくて暖かった」 方言 ㊀〘名〙❶赤いもの。幼児語。栃木県198 ❷着物。幼児語。富山県西礪波郡400 ❸太陽や月など明るいもの。栃木県198 ❹灯火。明かり。山形県北村山郡139 ㊁〘副〙(顔が赤くなるところから) 心の内にひやひやするさま。新潟県佐渡348 ◇あっかあっか 栃木県198 201 発音 ㊁は〈標ア〉ア2 〈京ア〉ア1

あか-あか【明明】〘副〙(多く「と」を伴って用いられる) 物が非常に明るく見えるさま。たいそう明るく。*讃岐典侍(1108頃)上「御枕がみに大殿油ちかく参らせてあかあかとあり」*明恵上人詩集(1248)「あかあかやあかあかあかやあかあかやあかあかあかやあかあかや月」*不言不語(1895)〈尾崎紅葉〉一四「燈火のみぞ耿耿(アカアカ)と」*海やまのあひだ(1925)〈釈迢空〉大正七年「戻り来て、あかあか照れる電燈のもと。寝てゐる顔に、もの言ひにけり」 発音 〈標ア〉ア2 〈京ア〉ア1 辞書 言海

あか-あかざ【赤藜】〘名〙植物「あかざ(藜)」の異名。*重訂本草綱目啓蒙(1847)二三・菜「藜〈略〉あかあかざ」 発音 〈標ア〉ア2

あか-あきつ【赤蜻蛉】〘名〙(「あきつ」はトンボの古名) アカトンボ。*赤光(1913)〈斎藤茂吉〉蔵王山「赤蜻蛉(アカアキツ)むらがり飛べどこのみづに卵うまねばかなしかりけり」 発音 〈標ア〉ア2

あか-あざ【赤痣】〘名〙赤みを帯びたあざ。毛細血管の病気で、固まった血管が赤色あるいは赤紫色に、皮膚を通して見えるもの。皮膚面から盛り上がっていないものは単純性血管腫(しゅ)、こぶ状に高くなっているものはイチゴ状血管腫といわれる。*和訓栞(1777-1862)「あざ、和名抄に疵をよめり痣と同しきにや〈略〉あかあざは赤誌也」*偸盗(1917)〈芥川龍之介〉七「赤痣のある侍が」 発音 〈なまり〉アカザ〔大和〕〈標ア〉0 〈京ア〉⓪

あか-あさだ〘名〙植物「しろだも」の異名。〔語彙(1871-84)〕 方言 高知県808

あか-あし【赤足】〘名〙 方言 ❶動物、くまえび(熊蝦)。愛知県尾張016 香川県829 ◇あかあしえび〔―蝦〕 香川県丸亀829 ❷鳥、けいまふり。青森県上北郡082

あかあし-くわがた【赤脚鍬形】〘名〙クワガタムシ科の甲虫。体長二・五～四センチメートルで体は黒く、後胸板と脚の腿節(たいせつ)は赤褐色。日本各地に分布。学名は Nipponodorcus rubrofemoratus 発音 アカアシクワガタ〈標ア〉ク

あか-あしげ【赤葦毛】〘名〙馬の毛色の名。赤みを帯びた葦毛。*吾妻鏡-建保元年(1213)九月一二日「於ニ幕府ニ有ニ駒御覧ニ〈略〉一疋 赤葦毛」 辞書 言海 表記 赤葦毛(言)

あかあし-しぎ【赤脚鴫・赤足鷸】〘名〙シギ科の鳥。全長約二八センチメートル。くちばしと脚は赤色。背面は褐色で黒斑がある。冬羽は白みを帯び淡くなる。ユーラシア大陸北部で繁殖し、日本では北海道東部でごく少数が繁殖する。旅鳥として春と秋に日本を通過するがその数は少ない。あかがねしぎ。かね。学名は Tringa totanus 《季・秋》 発音 アカアシシギ〈標ア〉シ2

あか-あずき【赤小豆】〘名〙小豆の種子の赤い系統。あずき。*本草和名(918頃)「赤小豆 和名阿加阿都岐」*色葉字類抄(1177-81)「赤小豆 アカアツキ」 語源説 アカイロツケ(赤赤色附)の意〔名言通〕。 発音 〈標ア〉ア2 〈ア史〉平安◍◍◍◍○ 〈京ア〉ア2 辞書 和名・色葉・名義 表記 赤小豆(和・色・名)

あかあずき-がゆ【赤小豆粥】〘名〙煮た赤小豆とその煮汁を混ぜて炊いた粥。餅(もち)を入れることもある。あずきがゆ。*蔭凉軒日録-文明一七年(1485)一一月二八日「夜来請客頭恵ニ赤小豆粥ニ、羞ニ之寮衆ニ」*諸国風俗問状答(19C前)阿波国風俗問状答・御問の外・一二二「わたましの事 家移り粥とて、赤小豆粥をして神棚へ備へ、家内も是を祝ひ申候」*風俗画報-一五七号(1898)一月「十五日 むかしは上元と称し佳節とす。比朝赤小豆粥を煮て祝ひ食する」 発音 アカアズキガユ〈標ア〉キ

あか-あせ【赤汗】〘名〙血をいう忌み詞。*兵範記-仁安三年(1168)九月七日「応ㇾ忌事陸ケ条〈略〉一、言語〈略〉血称ニ赤汗ニ」*拾芥抄(13C-14C)下・触穢部「忌ㇾ血事、右大嘗会云、其言語称ニ赤汗ニ者、可ㇾ忌之状、与ニ僧条ニ同」

あか-あまだい【赤甘鯛】〘名〙アマダイ科の海魚。日本には五種のアマダイを産するが、そのうちで最も普通に見られるもの。全長約四五センチメートル。体はやや長く側扁する。体色の赤みが強く、大きな目の後ろに逆三角形の銀白色をした斑紋がある。やや水っぽいのでみそ漬け、塩干しとする。本州中部以南に分布。ぐじ。くずな。すなご。あかあま。学名は Branchiostegus japonicus 発音 〈標ア〉ア2

あかあら〘名〙 方言 ❶魚、きじはた(雉羽太)。富山県390 長崎県016 ❷大形の蜻蛉(とんぼ)。やんま。沖縄県小浜島996

あか-あり【赤蟻】〘名〙赤褐色、または黄赤色のアリの総称。アカヤマアリ、ヒメアリなど。黄あり。*書言字考節用集(1717)五「螘 アカアリ 時珍云蟻赤者」*重訂本草綱目啓蒙(1847)三六・卵生「黄蟻はあかありなり庭上に多し」*不在地主(1929)〈小林多喜二〉五「赤蟻、露助。黒蟻、日本。―この野郎、日本蟻ばやっつける積りだな。こん畜生。こん畜生!」 発音 〈なまり〉アガー二・アガ二・アガリ〔岩手〕〈標ア〉0 〈京ア〉カ 辞書 書言・言海 表記 螘(書) 赤蟻(言)

あか-あわ【赤粟】〘名〙穂が赤みを帯びたモチアワ。*語彙(1871-84)「あかあは㊑ もちあはの赤みを帯たるものをいふ」 方言 植物、おおあわ(大粟)の一種。伊勢†034 辞書 言海 表記 赤粟(言)

あか-あんどん【赤行灯】〘名〙赤い紙を張った行灯。*談義本・艶道通鑑(1715)四・一一「夕日まばゆきに腹病やみもしばしはつやよく見へし此里のたばこ売が赤あんどんは是よりぞ本づきぬらん」

あ-かい【亜槐】〘名〙(「三槐」に亜(つ)ぐ意。「槐」は大臣の地位。太政大臣または内大臣、左大臣、右大臣を古代中国の三公の呼称にならって、「三槐」というところから)「大納言」の唐名。亜相。大納言飛鳥井雅親(あすかいまさちか)(一四一七～九〇)の家集を「亜槐集」というのもこれによる。*金沢文庫古文書-栄花物語若水巻断簡尾識語(室町)(一〇・一四七)「為家卿真筆分明者也 亜槐藤(花押)」*羅山先生詩集(1662)三九・奉悼尾陽亜相「亜槐美誉冠ニ榑桑ニ 家国懐ㇾ恩永不ㇾ忘」*故実拾要(1720頃)一二「大納言 相当〈正従三位或従二位〉唐名〈亜相亜槐献納〉」 発音 〈標ア〉ア 辞書 言海 表記 亜槐(言)

あかい【赤井】姓氏の一つ。 発音 〈標ア〉0

あか-い【赤藺】〘名〙畳表に用いられる藺の一種。やや褐色を帯びた七島藺(しちとうい)で、中等品とされる。 発音 〈標ア〉0 カ

あか‐い ゐ【閼伽井】『名』（「井」は、用水をくみ取る所。時に井戸のこと）仏前に供える閼伽の水をくみ取るための井。転じて、寺院や墓地にある井戸の意にも用いられる。＊観心寺文書‐承和四年(837)三月三日・観心寺縁起実録帳案(平安遺文一・六一)「一於二社頭東南一有二一阿伽井一、是号二独古玉井一」＊山家集(12C後)下「岩に堰(せ)くあか井の水のわりなきは心澄めとも宿る月哉」＊元亨釈書(1322)九・東大寺実忠「忠甃二石為二閼伽井一」

あかい『名』（形容詞から転じた語）星月夜、また、明月をいう、盗人仲間の隠語。〔隠語輯覧(1915)〕

あか・い【赤】〘形口〙図あか・し〘形ク〙（「明(あか)い」と同語源）①赤い色をしている。朱、橙、桃色などを含めてもいう。＊大智度論平安初期点(850頃か)一六「赭(アカキ)色の衣を着て」＊伊勢物語(10C前)九「さるをりしも、白き鳥の嘴と脚とあかき、鴨の大きさなる、水のうへに遊びつつ魚をくふ」＊古本説話集(1130頃か)四八「嬉しくて、よろこびにとらすべきもののなかりければ、小(ちひ)さやかなるあかき小袴を持たりけるを、とらせてけり」＊名語記(1275)二「火もあかし。日もあかし。血もあかし」＊はやり唄(1902)〈小杉天外〉二「二人とも顔を赧(アカ)くしてるのに気が着くと」②赤みを帯びた茶色である。＊宇津保(970‐999頃)吹上上「少将にくろかげのむま、たけなきばかりなるあかきむま四」＊安愚楽鍋(1871‐72)〈仮名垣魯文〉三・下「かみの毛がちぢれて、赤(アカ)いとはいへ、日本ことばもよくわかる」＊いさなとり(1891)〈幸田露伴〉五「畳の赤い我家に居て」＊行人(1912‐13)〈夏目漱石〉兄・二七「赤(アカ)い靴を砂の中に埋めながら」③美しい。きれいである。＊浄瑠璃・百合若大臣野守鏡(1711頃)三「あかいべべをりて着せふの、今をるは、まだ父のとのごのはれぎぬ」④急進的な思想をもっている。共産主義者である。＊三月変(1929)〈岡田三郎〉「五作の奴、すっかり赤(アカ)くなっちまやがったよ。まるで余市林檎かトマトーさ」＊故旧忘れ得べき(1935‐36)〈高見順〉七「Nマネキンの奴は亭主は勿論、御本尊も赤いさうだ」語誌(1)「明(あか)い(明し)」と同源で、もと、光の感覚を示したと考えられる(→「あか(赤)」の語誌)。上代では赤色の意の例は見られない。平安時代には色にも用いるが光の場合と用法の別がない。これは今日でも関西方面の「あかい」が「明るい」の意を持つのにつながる。(2)「桂宮本忠岑集」に「伊衡とふ しろたへに 白き月をもくれなゐの色をもなどかあかしといふらん 忠岑こたふ くれなゐをてる日の色にくらぶれは月の心もいかがはなれん」とあり、紅の「赤」と月の「明」の間に日の光を置いている。また、鏡山や小倉山の紅葉を「あかし」と詠むのも、全山紅葉すると明るく照り輝いて見えるということであろう。(3)和歌においては、地名「明石」との掛詞もよく用いられ、月を「明し」と詠むことも多い。方言❶美しい。きれいな。青森県三戸郡(幼児語)083 山形県東部139 福島県岩瀬郡(幼児語)176 長野県上田475 上伊那郡488 岐阜県飛驒502 ❷新しい。岐阜県飛驒502 語源説(1)アケシ(明)の義〔和訓栞〕。(2)アケシキ(明色)の義〔日本語原学=林甕臣〕。(3)アケイロシ(明色如)の約〔名言通〕。(4)アカヒ(阿香日)の転〔紫門和語類集〕。(5)アは発端の詞。カシはヲカシで、赤色を賞美した語〔和句解〕。発音〈なまり〉アーカイ〔和歌山県・鳥取・愛媛周桑〕アカー〔伊予・伊予大三島〕アケ〔鹿児島方言〕アケー〔栃木・埼玉方言・鹿児島方言〕アチェア〔秋田〕アッカ〔南知多・佐賀・島原方言・鹿児島・鹿児島方言〕アッカイ〔静岡・南知多・志摩・南伊勢・和歌山県〕アッキャイ〔愛知〕〈標ア〉0〈京ア〉ア 文『あかし』〈標ア〉カ〈ア史〉平安●●◐ 鎌倉『あかき』●●◐ 江戸『あかき』●●○〈京ア〉カ 辞書色葉・名義・和玉・文明・伊京・明応・天正・黒本・易林・日葡・書言・ヘボン・言海 表記赤(色・名・玉・文・伊・明・天・黒・易・書・ヘ・言) 丹(色・名・玉・文・伊・明・天・易・書) 絳(色・文・伊・明・天・黒・書) 緋(名・玉・文・伊・明・天・黒) 朱(色・名・玉・文・明・書) 赭(色・名・玉・文) 彤(色・名・玉・書) 赫(色・名・玉) 頳(色・名・書) 絶・緹・窺・酡(色・名) 赬(名・玉) 酡(玉・書) 烱(色) 㬥(名) 赧(玉)

あかい 紙(かみ)「あかがみ(赤紙)①」に同じ。＊咄本・楽牽頭(1772)按摩の出来心「ホヤ、此おぼうは赤(アカ)ひ紙でさ」

あかい=着物(きもの)[=**仕着**(しきせ)]**を着**(き)**る**（もと受刑者は赤い衣服を着せられたことから）刑務所にはいって、服役することをいう。＊歌舞伎・綴合於伝仮名書(高橋お伝)(1879)六幕「十二の年から盛り場で袂銭(たもとぜに)を取習ひ、一年増しに功を積み赤い着物も二度迄着て」＊歌舞伎・島衛月白浪(1881)序幕「子供の折から手癖が悪く、十五の年に懲役に行ってから猶悪くなり、〈略〉再び赤(アカ)い仕着(シキ)せを着たが」＊家(1910‐11)〈島崎藤村〉下・九「達雄さんだっても、まかり間違へば赤い着物を着なくちゃ成らなかったんでせう」

あかい 国(くに) 昭和初年代に、ソ連をさしていった語。〔超モダン用語辞典(1931)〕

あかい 毛(け) ①色の赤っぽい髪の毛。西洋人の赤い頭髪などをいう。また、赤く染めた頭髪。＊門(1910)〈夏目漱石〉一三「男は砂埃でざらつきさうな赤(アカ)い毛(ケ)と、日に焼けて生涯褪(さ)めっこない強い色を有ってゐた」②手入れをしないで垢(あか)でよごれた毛髪。発音〈標ア〉0

あかい 酒(さけ) 苺酒、ストロベリー・リキュールをさしていった昭和初年代の語。〔新時代用語辞典(1930)〕

あかい 紙燭(しそく) 赤色のこよりを油に浸し、灯火に用いるもの。子供が疱瘡(ほうそう)にかかると、疱瘡神は赤色を好むということより、病人の枕頭に祭壇を設け、赤い幣束、紅だんご、赤鯛、緋(ひ)の衣(ころも)の達磨(だるま)、赤い面の猿などとともに壇上に供えた。＊雑俳・柳多留‐六(1771)「小児いしゃ赤い紙燭でおくられる」

あかい 信女(しんにょ)（「信女」は女性の戒名につける称号）未亡人の異称。古く、夫に死なれた妻は他家へ嫁がないとして、戒名を受け、夫婦連名で石塔などに戒名を彫りつけ、妻のほうは朱を塗りこめておいた風習による語。赤い名。＊雑俳・折句式大成(1753)「石塔の赤ひ信女がまた孕み」＊雑俳・柳多留拾遺(1801)巻八・上「石塔の赤ひ信女をそそのかし」

あかい 信女(しんにょ)**の木魚講**(もくぎょこう) 未亡人が妊娠したこと。夫の死後、殊勝げに菩提をとむらいながら木魚腹になっている様子を皮肉って木魚講にかけていった。

あかい 頭巾(ずきん) ①疱瘡(ほうそう)にかかった際、軽く済むように願って、病人がかぶる赤い頭巾。→あかい紙燭。＊談義本・世間万病回春(1771)三・疱瘡神評「何をいふにも疱瘡前の子をかかへて赤い頭巾のはやる最中」②小鳥を捕えるため、囮(おとり)の鳥にかぶせる赤頭巾。＊俳諧・大坂独吟集(1675)上「野の色もあかい頭巾やそよぐらん 木やりで出す山のはの月〈西鶴〉」

あかい 手絡(てがら) ①結婚した女の、結い初めの丸髷(まるまげ)の根元などにかける赤色のきれ地。＊都々逸(1833‐34頃)「赤い手柄(テガラ)と、まぶしい顔が、噂残して帰る里」②転じて、新夫人の異称。＊草枕(1906)〈夏目漱石〉七「もう赤(アカ)い手絡(テガラ)の時代さへ通り越して、大分と世帯じみた顔を」

あかい 鳥居(とりい) 赤く塗られた鳥居。特に稲荷神社の鳥居をいう。＊雑俳・青木賊(1784)「にぎやかな・赤い鳥井の建つ堤」

あかい 名(な) 墓石に彫った名に朱を塗りこめたもの。赤い信女。＊雑俳・柳多留拾遺(1801)巻一〇「赤ひ名を黒くしたがる里の母」

あかい 箱(はこ) 奉行所からの出頭命令を入れて持ってくる赤色の箱。＊雑俳・川傍柳(1780‐83)五「下女が耳なめると赤い箱が来る」

あかい 羽根(はね) 毎年一〇月に行なわれる共同募金に、寄付したしるしに付ける、赤く染めた小さな羽根。《季・秋》＊自由学校(1950)〈獅子文六〉自由を求めて「往来を歩けば、赤い羽根だの、白い羽根だのが、寄ってくる」発音〈標ア〉0〈京ア〉ア

あかい 腹(はら)「あかき腹」に同じ。＊日葡辞書(1603‐04)「Acai fara(アカイ ハラ)〈訳〉血の下痢」辞書日葡

あかい ぴらぴら（ぴらぴらのついた赤い花かんざしをしているところから）遊里の新造をいう。＊洒落本・浮世の四時(1784)「わたくしはやっぱり赤(アカ)いぴらぴらにいたしやせふ」

あかい 広場(ひろば)（ロシア Krasnaja Ploščad' の訳語）ロシア連邦の首都モスクワのクレムリン宮殿前広場。赤の広場。

あかい べべ ①（「べべ」は衣服をいう幼児語）赤い色の着物。赤みがちの着物。＊童謡・金魚の昼寝(1919)〈鹿島鳴秋〉「赤いべべきた可愛い金魚」②（赤みがちの振り袖を着ていたところから）遊里の新造の異称。＊黄表紙・啌多雁取帳(1783)「ここのうちにもあかいべべがいけゐことある、もふ一ぼんかねだぜへ、こんよはなぜかひけがみへねへの」③受刑者が着せられた赤い衣服。＊当世書生気質(1885‐86)〈坪内逍遥〉一八・下「イヤハヤ一生の心得違ひで、赤(アカ)いべべまでも被(き)ましたがネ」方言❶美しい着物。祭などの晴れ着。多く、幼児語。福島県東白川郡183 香川県829 ◇あかいべえ 岐阜県郡上郡504 ◇あかいべ 岐阜県岐阜市498 飛驒502 ◇あかべべ・あかべえ 新潟県佐渡352 ◇あかべ 新潟県佐渡351 福井県東部433 435 440 ◇あかいば 富山県390 394 397 ◇あかば 富山県射水郡394 石川県江沼郡424 ◇あげあぽぽ 青森県三戸郡083 ◇あかいいしょう〔―衣装〕岩手県気仙郡100 宮城県石巻120 仙台市125 山形県139 ◇あかいしょ 宮城県仙台市121 ◇あげぁいしょっこ・あげぁいそ 岩手県気仙郡100 ❷魚、たなご(鱮)。◇あかべべ 常陸新治郡1041 ❸動物、いもり(井守)。◇あかべべ 山形県東置賜郡139 ❹檀(まゆみ)の実。香川県高松市829

あかい 枕(まくら) 疱瘡(ほうそう)の子に使用する枕。赤色は疱瘡よけのまじない。＊雑俳・智慧くらべ(1868)「やれやれやれ・赤い枕の傍を退き」

あかい 飯(めし)「あずきめし(小豆飯)」に同じ。＊雑俳・千枚分銅(1704)「帳面の白さに赤い食の色」＊こゝろ(1914)〈夏目漱石〉中・三「私のために赤(アカ)い飯(メシ)を炊(た)いて客をするといふ相談が父と母との間に起った」

あかき 瓜(うり)「すいか(西瓜)」をいう女房詞。＊御湯殿上日記‐文明一九年(1487)七月二日「ししうの中納言よりあかき御うりおりに入てとしとしのとくまいる」

あかき 御強供御(おこわくご)（「供御」は飯をいう女房詞）小豆の強飯(こわめし=せいろうで蒸したもち米)をいう女房詞。赤飯。＊御湯殿上日記‐永禄七年(1564)三月一〇日「すけ殿よりあかき御こわく御まいる」

あかき 御物(おもの)（「おもの」は飲食物の敬称）「あか(赤)の粥(かゆ)」に同じ。＊四季物語(14C中頃か)正月「山のべの憶良といふ人の奉れる歌に『春くればあかきおものあつものも、めぐみにもれぬ御代に逢らし』とよめり。あかきをものは小豆のおかゆなるべし」

あかき 瘡(かさ)「あかもがさ(赤疱瘡)」に同じ。＊栄花(1028‐92頃)浦々の別「今年例の裳瘡(もがさ)

にはあらず、いとあかきかさの細かなる出来て、老いたる、若き、上下わかず是を病みののしりて」

あかき餅(かちん)「あか(赤)の餅(かちん)」に同じ。＊御湯殿上日記‐天正一八年(1590)七月二五日「なかはしよりあかきかちんこしらへてまいる」

あかき粥(かゆ)「あか(赤)の粥(かゆ)」に同じ。＊宇津保(970〜999頃)蔵開上「白き御粥一桶、あかき御かゆ一桶」＊御湯殿上日記‐天正九年(1581)一一月一八日「なかはしよりあかき御かゆまいる」

あかき黍(きび・きみ)「あかきび(丹黍)」に同じ。＊本草和名(918頃)「丹黍米 一名赤黍米粔〈黒黍也〉黄黍〈即赤黍也〉和名阿加岐美」＊十巻本和名抄(934頃)九「丹黍 本草云丹黍 音鼠 一名赤黍 一名黄黍〈式与反和名阿賀岐岐比〉」[辞書]和名・色葉・名義 [表記]丹黍(和・色) 黄黍(色・名)

あかき供御(くご)「あかくご(赤供御)」に同じ。＊御湯殿上日記‐天文一二年(1543)四月七日「いよ殿あかきく御しん上申さるる」

あかき心(こころ) ⇨「あかい(明)」の子見出し

あかき白橡(しらつるばみ) ①「あかいろ(赤色)②」に同じ。＊源氏(1001〜14頃)若菜下「かの御賀の日は、あかきしらつるばみに、葡萄染(えびぞめ)の下襲(したがさね)を着るべし」②襲(かさね)の色目の名。「あかいろ(赤色)④」に同じ。

あかき雀(すずみ) 赤い色の雀。縁起のよいしるしとされた。あかみとり。＊書紀(720)天武九年七月(北野本訓)「朱雀(アカキスズミ)、南の門(みかど)に有り」＊続日本紀‐延暦四年(785)五月癸丑「有㆓赤雀一隻㆒集㆓于皇后宮㆒。〈略〉孫氏瑞応図曰。赤雀者瑞鳥也」＊釈日本紀(1274〜1301)二一「朱雀(アカキスズミ)」

あかきは酒(さけ)**の咎**(とが) 顔色の赤いのは酒のせいで、飲んだ私のせいではないの意。転じて、過ちを自分のせいにしないで、責任のがれをすることにいう。＊大観本謡曲・大江山(室町末)「赤きは酒の科(とが)ぞ、鬼とな思しそよ。恐れ給はでわれに馴れなれ給はば、興がる友とおぼしめせ」＊浮世草子・世間母親容気(1752)五・一「赤きは酒の科(トガ)ぞかし、お赦しあれや旦那殿」

あかき腹(はら) 赤痢の俗称。＊日蓮遺文‐種々御振舞御書(1275)「五蔵の損ぜし時あかき腹をやみしなり」

あかき菱(ひし)**の餅**(かちん) 小豆入りの菱餅(ひしもち)をいう女房詞。＊御湯殿上日記‐天正八年(1580)一一月六日「しん大すけとのよりあかきひしのかちん一ふたまいる」

あかき人(ひと) 束帯姿の五位の官人。五位の官人は束帯に緋色(ひいろ)の袍(ほう)を着たのでいう。＊蜻蛉(974頃)下・天延二年「かれがいできつる車のもとには、あかき人、くろき人、おしこりて、かずも知らぬほどにたてりけり」

あかくなった味噌(みそ)**を上**(あ)**げる** (「赤くなった味噌」は、古くなって味の落ちた味噌。自慢する意の「味噌を上げる」とかけて) つまらない自慢をする。＊咄本・無事志有意(1798)三人男「こいつらは五年の三年のと赤くなった味噌(ミソ)をあげやアがるが、おれはあの女を女房に十年して居る」

あかくなる 顔を赤らめる。赤面する。＊破戒(1906)〈島崎藤村〉三・四「楽しい笑声は座敷の内に溢れた。お志保は紅くなった」

あか・い【明】〘形口〙図あか・し〘形ク〙 ①光などが強くはっきりしている状態である。明るい。＊万葉(8C後)五・八九二「天地は 広しといへど 吾(あ)がためは 狭(さ)くやなりぬる 日月は 安可之(アカシ)といへど 吾がためは 照りや給はぬ〈山上憶良〉」＊蜻蛉(974頃)中・天禄元年「月いとあかければ、格子などもおろさで」＊浜松中納言(11C中)一「昼は法華経を読みたてまつり、月のあかき夜は、琴(きん)を弾きつつあかしくらしたまふ」＊蓼喰ふ虫(1928〜29)〈谷崎潤一郎〉一四「もうちょっと明(アカ)い球持って来まひょか」②夜が明けて明るい。また、まだ日が暮れないで明るい。＊枕(10C終)三六・七月ばかりいみじうあつければ「うちすめ、うらみなどするにあかうなりて人の声々し、日もさしいでぬべし」＊古本説話集(1130頃か)六七「見あげたれば、夜も明けにけり。あかくなりにけりとて、厨子の戸を押し開けたれば」＊天草本平家(1592)一・一「ソコヲ タッテ ヲナジ サングヮツ ノ ジュウクニチ ニ ショウシャウ ワ トバ エ acǒ(アカウ) ウチカレタ」＊日葡辞書(1603〜04)「Acai(アカイ)」＊浄瑠璃・夏祭浪花鑑(1745)四「イヤイヤまだ明い内に其形(なり)で往(い)なしては、此孫右エ門も名が出る」③心が清い。まことの心である。偽りがない。まじりけがない。↓明(あか)き心。＊続日本紀‐文武元年(697)八月一七日・宣命「国の法を過(あやま)ち犯す事無く、明支(あかキ)浄(きよ)き直き誠の心を以て」＊続日本紀‐天平宝字四年(760)正月四日・宣命「又祖父(おほぢ)大臣(おほおみ)の明久(あかク)浄き心を以て」[語誌] ↓「あかい(赤)」。[方言]❶明るい。大阪†116 薩摩†136 山形県西置賜郡139 東京都八丈島336 新潟県糸魚川市038 福井県三方郡444 遠敷郡445 滋賀県神崎郡038 京都府北部629 大阪府大阪市638 東成郡642 兵庫県南部664 665 奈良県678 683 和歌山県690 698 島根県725 岡山県苫田郡749 津山市753 広島県比婆郡774 山口県793 徳島県那賀郡813 海部郡823 香川県829 愛媛県840 高知県864 佐賀県佐賀郡038 長崎県福江市038 佐世保市902 熊本県933 大分県南海部郡・直入郡939 宮崎県947 鹿児島県揖宿郡969 沖縄県990 ◇あかあ 広島県西部771 779 ◇あっか 愛知県知多郡570 長崎県902 906 915 熊本県玉名郡058 ◇あっかい 愛知県知多郡570 ◇あきゃあ 兵庫県但馬652 熊本県玉名郡058 ◇あけ 宮崎県南部954 956 鹿児島県姶良郡967 揖宿郡969 ◇あかない 高知県室戸市864 ◇あかさあん 沖縄県石垣島996 ❷光っている。輝いている。島根県能義郡・隠岐島725 [語源説](1)アはアレ(現)のア、カはカガヤク(輝)のカ。光明に向かって感嘆する声で、赤と同源〔日本語源=賀茂百樹〕。(2)夜がアケル意で、アク(開)から〔国語の語根とその分類=大島正健〕。[発音]〈標ア〉[0]〈京ア〉[ア] 文『あかし』〈標ア〉[カ]〈ア史〉江戸『あかき』●●○〈京ア〉(カ) [辞書]字鏡・色葉・和玉・文明・日葡・言海 [表記]曠(色・玉) 圛(字) 明(色) 日・焯(玉) 暁(文) 赤(言)

あかい所(ところ)**に回**(まわ)**る** (「明(あか)い所」は、黒白(こくびゃく)が明らかになる所の意) 犯行が露顕したり、捕まったりすることをいう、盗人仲間の隠語。〔隠語輯覧(1915)〕

あかき心(こころ) (「赤心」を訓読した語か) 誠実な、偽りのない心。まごころ。清き心。＊万葉(8C後)二〇・四四六五「かくさはぬ 安加吉許己呂(アカキココロ)を すめらへに 極め尽して 仕へ来る 祖(おや)のつかさと〈大伴家持〉」＊人情本・春色辰巳園(1833〜35)四・序「漉返紙(わるがみ)に書紅筆は、赤心(アカキココロ)の矢文に似たれど」[辞書]〈ボン〉

あかき所(ところ)**には王法**(おうほう)**有**(あ)**り、暗**(くら)**き方**(かた)**には神明**(しんめい)**有**(あ)**り** 悪いことは、明るい所でしても、暗い所でしても、必ず人の知るところとなり、罰せられるということ。＊人情本・梓物語‐前編(1826)中・二回「明(アカ)き所(トコロ)には王法(ワウハフ)あり。暗(クラ)き方(カタ)には神明(シンメイ)ありと云へば、何時かは悪の報いなかる可き」

あかけりゃ盆(ぼん) いつものんきに考えて、うかうかと遊び暮らしていることをいう。＊世話詞渡世雀(1753)上「あかけりゃ盆と心得て、いつでも同じ身代と、うつらうつらと暮しなば」

あがい【贖】〘名〙(動詞「あがう」の連用形の名詞化。古くは「あかい」) 罰として償いをすること。賠償。あがない。＊宇治拾遺(1221頃)一一・一「『酒、くだ物など取りいださせて、あがひせん』といひかためて」[発音]〈音史〉中世頃まで『あかひ』と清音か。

あ-がい〘形動〙(「あがいな」の形で連体詞的に、「あがいに」の形、また、単独で副詞的に用いられる) あのよう。あのように。↓あない〔形動〕。＊物類称呼(1775)五「あのやうに、このやうにといふを、勢州長嶋及出雲辺、又は播磨などにて、あがい、こがいと云」＊牛部屋の臭ひ(1916)〈正宗白鳥〉六「うちはあがいな獄道奴に食ふや食はずの目に会はされると思ふと、細引の一本は用意しとかにゃならん」[方言]山形県062 138 139 長野県下伊那郡054 三重県度会郡599 和歌山県690 島根県邇摩郡725 岡山県749 754 756 広島県777 778 783 山口県792 大島801 愛媛県840 845 高知県862 福岡県京都郡872 企救郡875

あ-が-い〘連語〙[方言] ⇨わが(我)家(え)

アカイア-じん【―人】〘名〙(アカイアはギリシア Akhaia) 紀元前二千年ごろギリシアに南下して、テッサリアからペロポネソス地方に定住したギリシア人。ミケーネ文明を発達させた。[発音]〈標ア〉[ア]2

あか-いい【赤飯】〘名〙「あずきめし(小豆飯)」に同じ。＊酒食論(室町)「桃李の宴のあか飯は、花の色もやうつるらん。夏はすずしくおぼえける」＊俳諧・類船集(1676)安「小児はあかいひといへば、よろこべるぞかし」

あか-いえか【赤家蚊】〘名〙カ科の昆虫。日本に広く分布し、人家付近に最も普通に見られる中形の蚊。淡赤褐色で目立つ斑紋はない。夜間に吸血し、人、鳥を好み、バンクロフト糸状虫、日本脳炎を媒介する。あかまだらか。うすか。学名は Culex pipiens《季・夏》[発音]〈標ア〉[エ]

あかい-がわら【赤井河原・赤日河原】京都市伏見区羽束師(はづかし)古川町、桂川沿いにあった河原の古名。保元元年(一一五六)源為義の妻が夫のあとを追って死んだ所。赤江河原。赤日の崎。赤江の崎。＊平家(13C前)一二・泊瀬六代「北条平六其勢百騎ばかり旗ささせて下る程に、淀のあかゐ河原でゆき逢たり」＊保元(1220頃か)下・為義の北の方身を投げ給ふ事「八幡の方へ馳せ行くに、赤井河原の辺にてまゐあひたり」[発音]アカイガワラ〈標ア〉[ガ]

あかいけ【赤池】姓氏の一つ。[発音]〈標ア〉[0]

あかいこ【赤猪子】「古事記」に見える女性。大和の三輪川で雄略天皇の目をひき、以後八〇年お召しを待ち続け、その心を哀れんだ天皇に歌と祿を与えられたという。引田部(ひけたべ)の赤猪子。

あかい-こ〘名〙糸ミミズをいう。＊墨汁一滴(1901)〈正岡子規〉五月二二日「臭い泥溝をつついてアカイコ(東京でボーフラ)を取っては金魚の餌に売るといふ商売に至っては実に一点の風流気もない」[方言]❶動物、いとみみず(糸蚯蚓)。愛媛県松山市840 ❷赤い蟹(かに)。愛媛県周桑郡845 高知県幡多郡860

あか-いさき【赤伊佐幾・赤鶏魚】〘名〙ハタ科の海魚。形はタイに似てやや細長く全長四〇センチメートルに達する。体色は赤色で、やや黄色みを帯び、雄は背びれに黒い斑紋がある。本州中部以南の沿岸にすみ、食用となる。あかさぎ。学名は Caprodon schlegelii [発音]〈標ア〉[イ]

あかい-さびみつ【赤井錆光】〘名〙赤くさびついた刀を、刀剣の銘のようにいったもの。＊滑稽本・浮世床(1813〜23)二・上「御佩刀(おんばかせ)をするりとぬいて、赤井錆光(アカヰサビミツ)それから御覧(ごらう)じろといひながら」

あか-いし【赤石】〘名〙色の赤い石。＊雲根志(1773〜1801)後・一・文字石「文字石。〈略〉其石長さ三寸、円(まどか)にして赤石なり」＊草枕(1906)〈夏目漱石〉七「松の下に黒くさびた鉄燈籠が名の知れぬ赤石の上に」[発音]〈標ア〉[0]

あかいし【赤石】 姓氏の一つ。発音〈標ア〉カ

あかいし-さんみゃく【赤石山脈】 山梨、長野、静岡の三県境に沿う山脈。仙丈ケ岳、北岳、塩見岳、赤石岳など海抜三千メートル以上の高峰が南北に連なる。南アルプス。発音〈標ア〉サ〈京ア〉サ

あかいし-だけ【赤石岳】 長野、静岡県境にある赤石山脈の高峰の一つ。標高三一二〇メートル。発音〈標ア〉シ

あか-いそぎんちゃく【赤磯巾着】〘名〙「うめぼしいそぎんちゃく(梅干磯巾着)」の異名。発音アカイソギンチャク〈標ア〉ギ

あか-いっき【赤一揆】〘名〙「あかじるしいっき(赤印一揆)」に同じ。＊太平記(14C後)三五・尾張小河東池田事「赤一揆を旗頭にて」

あか-いでたち【赤出立】〘名〙 衣装、または甲冑などをすべて赤色に統一すること。＊藤葉栄衰記(1625頃)下・竹貫岩城佐竹より加勢之事「竹貫中務大輔、人数五六百人手に付て、皆赤出立にて」

あか-いと【赤糸】〘名〙 ①赤色に染めた糸。＊古活字本毛詩抄(17C前)二〇「朱公徒は赤糸を以て毛を引たよろいぞ」＊置炬燵(1890)〈斎藤緑雨〉中「御召縮緬、鼠がかりたる地に、赤糸(アカイト)ちらつく」＊暁月夜(1893)〈樋口一葉〉二「態(わざ)と質素(ぢみ)なる黒ちりめんに赤糸(アカイト)のこぼれ梅など品(ひん)一層も二層もよし」 ②「あかいとおどし(赤糸威)」の略。＊梅松論(1349頃)下「赤糸の鎧の、菱の板より切捨てたるに」＊太平記(14C後)一〇・長崎次郎高重最後合戦事「精好(せいがう)の大口(おほくち)の上に、赤糸(アカイト)の腹巻著て」発音〈標ア〉0

あかいと-おどし【赤糸威】〘名〙 鎧の威の一種。茜(あかね)または蘇芳(すおう)で赤く染めた組糸を使ったもの。＊源平盛衰記(14C前)三七・平家開城戸口「越中次郎兵衛尉盛嗣、好(よき)装束なれば、紺村紺の直垂に、赤糸威(アカイトオドシ)の鎧著て」＊太平記(14C後)一八・春宮還御事「赤糸威(アカイトヲトシ)の鎧、同じ毛の五枚甲の緒を縮め」発音〈標ア〉オ〈京ア〉オ

あかいと-かたしろ【赤糸肩白】〘名〙 鎧の威毛(おどしげ)の一種。肩や胸に当たる部分だけ白糸、他の部分を赤糸で威したもの。

あか-いとげ【赤糸毛】〘名〙「あかいとげのくるま(赤糸毛車)」に同じ。＊物具装束鈔(1412頃か)「車事〈略〉赤絲毛〈賀茂祭女使乗レ之〉」

あかいとげ-の-くるま【赤糸毛車】〘名〙 赤い色の糸をつらねて車の箱をおおい、先端を垂らして飾った牛車。賀茂祭の女使いのためのもの。

あかいと-しらふくりん【赤糸白覆輪】〘名〙 赤糸威(おどし)の鎧で、金具回りの周縁をおおう覆輪に銀を用いたもの。＊相国寺供養記(1392)「土岐美濃守源頼益〈赤糸白覆輪〉」

あかいと-だいみょう【赤糸大名】〘名〙(「大名」は「大名縞」のこと) 赤糸の縦縞の織物。＊土(1910)〈長塚節〉一二「おつぎは赤糸大名(アカイトダイミャウ)の半纏で」発音アカイトダイミョー〈標ア〉ダ

あかい-とり【赤い鳥】 児童文芸雑誌。大正七年(一九一八)創刊、昭和四年(一九二九)休刊、同六年復刊、同一一年終刊。全一九六冊。鈴木三重吉主宰。お伽噺から脱皮し、童話を文芸として高め、創作童謡や児童の作文、自由詩、自由画などに大きな影響を与えた。発音〈標ア〉0

あか-いぬ【赤犬】〘名〙 ①毛が黄色で赤みを帯びた犬。＊狂言記・膏薬煉(1700)「身どもが薬味もいろいろ大切な物が入。白がらす、赤犬(アカイヌ)の生ぎも、三足のかいる、此様な物がいるは」＊随筆・一話一言(1779-1820頃)補遺「薩摩にて狗を食する事。〈略〉高貴の人食するのみならず、薩摩侯へも進む。但、侯の食に充るは、赤犬斗を用る事といへり」 ②回し者。間者(かんじゃ)。いぬ。＊浄瑠璃・夏祭浪花鑑(1745)九「最前の様な赤犬めがうせると、飛出て骨がひしぎと成る」 ③苦労して手に入れた物を他人にうまくだまし取られる人をあざけっていう。＊浄瑠璃・頼政追善芝(1724)三「ほね折って人でない者に食はるるといふ心で、宗盛を西国ではあか犬といひます」 ④放火をいう犯罪者仲間の隠語。〔隠語輯覧(1915)〕＊いやな感じ(1960-63)〈高見順〉二・六「悪かったな。こっちがクロなら、そっちはアカイヌ(放火)」発音〈標ア〉0〈京ア〉0 辞書言海 表記赤犬(言)

あかい-はね【赤羽根】 ⇨「あかい(赤)」の子見出し

あかい-ひろば【赤広場】 ⇨「あかい(赤)」の子見出し

あか-いも【赤芋】〘名〙 ①「とうのいも(唐芋)」の別名。＊大和本草(1709)五「赤芋も茎長大なり。煮て酢豆油(しゃうゆ)に和して食す。味よし」＊重訂本草綱目啓蒙(1847)二三・菜「紫芋は とうのいも一名をんないも 遠州、あかいも 筑前」 ②「さつまいも(薩摩芋)」に同じ。＊和爾雅(1688)七「蕃薯 アカイモ」＊大和本草(1709)六「蕃薯 りうきういも あかいも〈略〉今案に、此物長崎に多し。菓として食す。味甚甘し」方言植物。❶さつまいも(薩摩芋)。長崎†005 大阪府一部030 和歌山県一部030 山口県大島794 徳島県一部030 ◇あっこん 沖縄県石垣島975 ◇あこおん 沖縄県小浜島975 ◇あがん 沖縄県波照間島975 ◇あんがん 沖縄県石垣島975 波照間島996 ❷ジャガいも(―芋)。大和吉野郡†118 宮城県一部030 山形県一部030 139 福島県030 長野県佐久493 岐阜県揖斐郡498 恵那郡514 京都府620 奈良県675 ❸さといも(里芋)。山口県玖珂郡794 長崎県北松浦郡899 ❹とうのいも(唐芋)。筑前†039 富山県砺波398 発音〈標ア〉0〈京ア〉0 辞書書言・言海 表記蕃薯(書) 赤薯(言)

あがい-もの【贖物】〘名〙(古くは「あかいもの」) 罪のつぐないとして出すもの。過料。＊三代格一二〇・天長元年(824)五月五日・太政官符「仍須下其贖物者銅代収レ稲、国司撿納便充中修二営溝池一料上」＊延喜式(927)一一・太政官「依レ法科処、其所レ輸贖物、収二刑部省一」発音〈会史〉中古頃まで『あかひもの』と清音か。

あがいもの-の-つかさ【贖物司】〘名〙 ⇨あがもののつかさ(贖物司)

あか-いれ【赤入】〘名〙(「あか」は、火の意) 火鉢をいう、てきや、盗人仲間の隠語。〔隠語輯覧(1915)〕

あか-いろ【赤色】〘名〙 ①赤い色。緋(ひ)色、紅(べに・くれない)色、蘇芳(すおう)色・朱(しゅ)色等の総称。＊古事記(712)中「又宇陀の墨坂神に赤色の楯矛を祭り、又大坂神に墨色の楯矛を祭り」＊蜻蛉(974頃)下・天延二年「あかいろの扇」＊前田本枕(10C終)一〇六・火桶は「火桶は、あかいろ。青色。白まき、作り絵もよし」＊伊呂波字類抄(鎌倉)「赦 アカイロ 赬而面赦」 ②中古の染色の名。黄櫨(はじ)の下染めに、茜(あかね)を灰汁媒染(あくばいせん)により混ぜた、黄色に赤みの加わった、一種の暗調を帯びた色。禁色の一つとして、臣下は使用することが許されなかった。赤白橡(あかしらつるばみ)。→赤色の袍(ほう)。＊源氏(1001-14頃)乙女「帝はあかいろの御衣たてまつれり。召ありて太政(おほき)おとど参り給ふ。同じあかいろを着給へれば」 ③中古の織り色の名。諸説がある。経(たていと)、緯(よこいと)ともに赤〔西宮記等〕。経は蘇芳(すおう)、緯は紫〔服飾管見等〕。経は紫、緯は赤〔胡曹抄・装束抄等〕。＊宇津保(970-999頃)国譲下「中納言は、あかいろの織物の襖(あを)、鈍(にび)の指貫(さしぬき)」＊紫式部日記(1010頃か)寛弘五年一〇月一六日「御簾(みす)の中を見渡せば、色ゆるされたる人々は、例のあを色あか色の唐衣に、地ずりの裳、表着(うはぎ)はおしわたして蘇芳(すはう)の織物なり」 ④襲(かさね)の色目の名。諸説がある。表赤、裏二藍(ふたあい)〔物具装束鈔等〕。表赤色、裏赤色〔装束雑事抄等〕。表赤色、裏薄色〔満佐須計装束抄等〕。表蘇芳、裏紫〔有職故実辞典等〕。表蘇芳、裏赤白橡〔装束抄等〕。表蘇芳、裏縹(はなだ)〔狩衣至要抄等〕。表蘇芳、裏濃縹〔雁衣抄等〕。＊枕(10C終)二八二・狩衣は「狩衣(かりぎぬ)は 香染の薄き。白き。ふくさ。あかいろ。松の葉色。青葉」＊増補本増鏡(1368-76頃)六・烟の末々「前の兵衛の佐朝経、赤色の狩衣」 ⑤中古、女や童の赤色系統の装束、唐衣、表着、汗衫(かざみ)などに用いられる色。また、その色の衣服。＊宇津保(970-999頃)嵯峨院「大人廿人は、あかいろに蘇芳襲、いま廿人はあか色にえびぞめがさね」＊源氏(1001-14頃)絵合「童(わらわ)六人、赤色に桜襲(さくらがさね)の汗衫(かざみ)」 ⑥中古の②以外の赤色系統の袍、下襲(したがさね)、狩衣、法衣などの色。また、その衣服。＊枕(10C終)二七八・関白殿二月廿一日に「僧都の君、あか色の薄物の御こころも、紫の御袈裟(けさ)」発音〈標ア〉0〈京ア〉0 辞書名義・日葡 表記絳(名)

あかいろ の 御衣(おんぞ) 「あかいろ(赤色)の袍(ほう)」に同じ。＊源氏(1001-14頃)乙女「人々皆青色に桜がさねを着給ふ。帝はあかいろの御ぞ奉れり」

あかいろ の 巾(ちきり) 赤色の頭巾(ずきん)。中国で、周代に宮中を護衛し、暁を報じた役人のかぶった絳幘(こうさく)にならって、時刻を知らせる鐘鼓を打つ役人の服装とされた。＊書紀(720)大化三年是歳(北野本訓)「其の鍾を撃かむ吏(つかさ)は、赤巾(あかいろノチキリ)を前に垂れよ」

あかいろ の 袍(ほう) 赤く染めた袍。太上(だいじょう)天皇が束帯を着用するときに用いた。地は綾、模様は八重菊・菊唐草が普通。中世には天皇も用いたことがあり、臣下でも時に摂政、関白などが着用した。赤色の御衣(おんぞ)。＊小右記-正暦四年(993)正月二二日「今日有二内宴一、〈略〉此日摂政着二赤色袍一、尋二先例一、第一之人着レ之、若依二臈次一左府可レ着也、而着レ之、依二摂録之尊一歟」＊河海抄(1362頃)一一「晴儀諸臣青衣の袍を着たる時は主上赤色御袍を着せしめ給也」＊胡曹抄(1480頃)「天皇袍〈略〉赤色袍(あかいろノはう)〈内宴著御唐生綾〉」＊胡曹抄(1480頃)「太上皇赤色御袍〈尋常服レ之〉」

あかいろうそくとにんぎょ【赤い蝋燭と人魚】 童話。小川未明作。大正一〇年(一九二一)発表。人間に対する人魚の信頼と善意を裏切ったため、町が滅ぼされる物語。ロマンティシズムとヒューマニズムの香り高い、作者の代表作。

あかいろ-じ【赤色地】〘名〙 衣服の地色が朱、または緋色、紅色であるもの。織物の地色が赤いもの。＊たまきはる(1219)「あかいろちのにしきの唐衣、玉のひもとかや」

あかいろ-すだれ【赤色簾】〘名〙 檳榔毛(びんろうげ)の車にかける簾。蘇芳(すおう)で濃色(こきいろ)に染めた竹の簾。蘇芳簾。＊桃花蘂葉(1480)車事「檳榔毛〈略〉赤色簾」

あかいわ【赤磐】 岡山県の中東部の郡。吉井川と旭川にはさまれた地域。明治三三年(一九〇〇)赤坂郡と磐梨(いわなし)郡が合併して成立。

あか-いわし【赤鰯】〘名〙 ①塩漬けにして赤みがかったイワシ。また、干したものもいう。節分にこの頭を柊(ひいらぎ)とともに戸口にさす。＊俳諧・桃青門弟独吟廿歌仙(1680)嵐蘭独吟「赤鰯鬼の草茎なるべしや 雪に雪ふる山姥の里」＊浮世草子・好色一代男(1682)八・一「鴈(がん)の板焼に赤鰯(アカイワシ)を置合」＊浮世草子・好色一代女(1686)二・三「小僧等迄も赤鰯(アカイワシ)袖にかくして」＊諸国風俗問状答(19C前)阿波国高河原村風俗問状答・一〇月・八七「柚・赤いわし・葉付大根・御酒供其外、神棚・仏前へも、家内も祝ひ申義にて」 ②赤くさびた鈍刀をあざけっていう語。また、そのような刀を持った浪人。→亭主(ていしゅ)の好きな赤鰯。＊俳諧・桃青門弟独吟廿歌仙(1680)

巌翁独吟「赤鰯月の劒を引そばめ 藁二筋でからめとる露」＊浄瑠璃・博多小女郎波枕(1718)上「行ちがひに長か赤いわしの小じりがくさの」＊滑稽本・東海道中膝栗毛(1802-09)四・上「きさまたちの赤鰯でナニきれるものか」＊雑俳・智慧くらべ(1868)「時々は御越しで・呑屋困る赤いわし」 方言 祭礼の時のてんぐ。◇あかとも。兵庫県加古郡664 発音〈標ア〉イ〈京ア〉イ 辞書 言海 表記 赤鰯(言)

あかいわし-うり【赤鰯売】〘名〙赤鰯①を売り歩くこと。また、その人。

あかいわらい【赤い笑い】(あかいわらひ)(原題 ﾛｼｱ Krasnyj smjeh) ロシアの作家アンドレーエフの短編小説。一九〇四年発表。日露戦争に題材をとり、戦争の残虐性、非人間性をえぐり出し、戦争に対するはげしい憎悪に貫かれている。日本では二葉亭四迷の名訳「血笑記」(一九〇八)で早くから紹介された。

あか-インク【赤―】〘名〙(インクは英 ink)《あかインキ》①赤色のインク。＊われから(1896)〈樋口一葉〉二「赤墨汁(あかインキ)の瓶」＊一本の花(1927)〈宮本百合子〉一「赤インクの瓶やゴム糊、硯箱、そんなものが置いてある机の上へ」＊銀座八丁(1934)〈武田麟太郎〉「切抜きする部分を赤インクで印をつけてゐるうちに」②火事をいう、盗人仲間の隠語。〔特殊語百科辞典(1931)〕 発音〈標ア〉イ〈京ア〉0

あかう【明】〘副〙⇩あこう(明)

あが・う【贖・購】(あがふ)〘他ハ四〙(古くは「あかう」) ①(贖) 物を代償として出して、罪などのつぐないをする。また、物を神に捧げて、罪を払い、命の長久を求める。あがなう。＊書紀(720)雄略即位前(前田本訓)「韓(から)媛と葛城(かつらき)の宅七区(ななところ)とを奉献りて、罪(しぬつみ)を贖(アカハ)むことを請(う)けたまはらむ」＊万葉(8C後)一七・四〇三一「中臣の太祝詞(ふとのりとごと)言ひ祓(はら)へ安賀布(アカフ)命も誰(た)がために汝(なれ)〈大伴家持〉」＊新訳華厳経音義私記(794)「救贖 曰出ﾚ金而贖ﾚ罪也、倭云阿可布」＊大智度論天安二年点(858)一〇〇「衆の罪を償(アカヒ)已りて、久しくあって後に、亦必ず当に仏を得べし」＊新撰字鏡(898-901頃)「賕 贖也 阿加不」＊宇治拾遺(1221頃)八・四「此の科(とが)は四巻経書き、供養してあかはむといふ願」＊観智院本名義抄(1241)「償 ツクノフ アカフ」②(購) 代償を払って、そのものを自分の自由にする。買う。あがなう。＊霊異記(810-824)上・七「亀の命を贖(アカヒテ)放生し〈興福寺本訓釈 贖 阿可比天〉」＊白氏文集天永四年点(1113)三「飢人の子を売れるをば、金を分ちて贖(アカフ)」＊大唐西域記長寛元年点(1163)一「財宝を以て此の群牛を贖(アカフ)」＊観智院本名義抄(1241)「贖 アカフ」＊観智院本名義抄(1241)「購 アカフ」 語誌 (1)室町後期頃に「あがなふ」が用いられるようになり、近世になると「あがふ」を使う例は稀になる。(2)「あがふ」「あかふ」の清濁について、挙例の「万葉‐一七・四〇三一」は大伴家持の作であるが、家持は「賀」字を清音に使用する傾向があった。「観智院本名義抄」では「贖」字の訓「アカフ」に付された声点が一つなので、平安末頃まで第二音節は清音と考えられる。「倭玉篇」諸本また「字鏡抄」「字鏡集」や抄物でも第二音節に濁点の施された例を見ず、中世も清音であった可能性が高い。 語源説 (①について) アはアヒ(相)の下略。カはカフル(交)の語根で、アヒガヘ(相交)を動詞として、罪と交換する意〔大言海〕。(②について) アはアキ(商)の下略。カはカフ(買)の語根で、アキガヒ(商買)を活用した語〔大言海〕。 発音 アガウ 文 アゴーとも〈音史〉中世頃まで『あかふ』と清音か。〈標ア〉ガ(ゴ)〈ア史〉平安○○◐ 鎌倉○○◍〈京ア〉0 辞書 字鏡・色葉・名義・和玉・言海 表記 贖(色・名・言) 賄(字・名) 償(色・名) 賕(色・玉) 謝・昉・貨・果・保(色) 貿・購・購・贖・襘・族(名) 賧(玉)

あか-うお【赤魚】(を)〘名〙①ハゼ科の魚。体は細長く一五センチメートルを超える。体色は赤色。目は著しく退化している。新潟県および愛知県から長崎県、宮崎県、さらに西太平洋からインド洋の内湾の軟泥中に生息する。食用としない。学名は Ctenotrypauchen microcephalus ②魚「あこう(赤魚)」の異名。＊十輪院内府記‐文明一一年(1479)六月二日「仍御土器物〈五〉、之内一種〈赤魚〉、有ﾚ之。今二種魚類於ﾆ彼第ﾆ可ﾆ沙汰給ﾆ云々」③魚「うぐい(鯎)」の異名。産卵期には雄雌とも体側に赤色の婚姻色が現われるのでいう。＊大和本草(1709)一三「うぐひ〈略〉色赤し。諏訪にては赤魚と云」＊俳諧・蹇驢輪(1753)「三月〈略〉桜うぐひ〈略〉信州諏訪の湖水にて赤魚と云い筥根にて赤腹と云ふ」④魚「あかはた(赤羽太)」の異名。⑤魚「あかむつ(赤鯥)①」の異名。⑥魚「かさご(笠子)」の異名。＊御国通辞(1790)「かさご 赤魚」 方言 魚。❶うぐい(鯎)。紀伊熊野†110 長野県南部016 岐阜県加茂郡016 ❷あかむつ(赤鯥)。高知市865 ◇あかいお 高知市865 ❸ひめじ(比売知)。石川県輪島市・加賀市016 福井県福井市・坂井郡016 ❹おきあまだい(沖甘鯛)。高知県865 ❺かさご(笠子)。江戸†054 静岡県浜松市016 愛知県名古屋市016 三重県宇治山田市591 ◇あかいお 三重県志摩郡585 ❻かさご(笠子)に似た魚。伊豆八丈島†076 ❼かんぱち(間八)。新潟県西頸城郡016 ❽きんぎょ(金魚)。◇あかいゆう 沖縄県首里993 発音〈なまり〉アガヨ〔岩手〕〈標ア〉0

あか-うきくさ【赤浮草】〘名〙シダ類サンショウモ科の多年草。近畿地方以西で水田や池沼などの水面に浮かんで生育する。全長約一～一・五センチメートル。茎は三角形の羽状に分かれ、ここに細かいうろこ状の葉が密に重なる。表面が紅緑色で粒状の突起をもち、冬には紅色が濃くなる。根は糸状で長い根毛があり、茎の下面から多数垂れ下がる。ひのきも。学名は Azolla imbricata ＊重訂本草綱目啓蒙(1847)一五・水草「あかうきくさは浅溝及止水面に多し」＊日本植物名彙(1884)〈松村任三〉「アカウキクサ 満江紅」 発音〈標ア〉キ

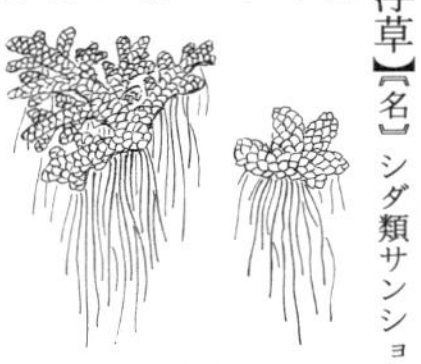
赤浮草

あか-うし【赤丑】〘名〙真冬の寒中の丑の日に口紅を買うこと。また、その口紅。→寒紅(かんべに)・丑紅(うしべに)

あか-うし【赤牛】〘名〙(古くは「あかうじ」とも) 赤みのかかった茶色の牛。＊日葡辞書(1603-04)「アメウジ、または、Acauji(アカウジ)〈訳〉明るい黄色、または赤みがかった牛」＊千曲川のスケッチ(1912)〈島崎藤村〉一・烏帽子山麓の牧場「額の広い、目付の愛らしい赤牛や、首の長い斑(ぶち)などが」 発音〈標ア〉0 辞書 日葡・書言 表記 騂犅・牸(書)

あか-うしあぶ【赤牛虻】〘名〙アブ科の大形の昆虫。体長二四ミリメートル内外。体は黒く、腹部に黄色の横縞がある。日本各地および中国東北部などの森林に多く見られる。学名は Tabanus chrysurus《季・春》 発音〈標ア〉ア²

あか-うそ【赤嘘】〘名〙(「あか」は全くの意の接頭語) 全くのうそ。まっかなうそ。＊俳諧・毛吹草(1638)六「赤うそといいはん木葉(このは)の時雨哉〈由氏〉」＊浄瑠璃・嫗山姥(1712頃)二「親の敵をねらふとは、跡かたもないあかうそ」＊俳諧・蘿葉集(1767)三・賛物「赤うその雪白々と芭蕉かな」 方言 奈良県吉野郡683 島根県石見725 広島県高田郡779 香川県佐柳島829 発音〈標ア〉ウ 0

あか-うつぎ【赤空木】〘名〙植物「たにうつぎ(谷空木)」の異名。＊重訂本草綱目啓蒙(1847)三二・灌木「楊櫨 たにうつぎ〈略〉あかうつぎ 播州」 方言 ❶たにうつぎ(谷空木)。紀伊牟婁郡†110 ❷うつぎ(空木)。駿河吉原†070 ❸こあかそ(小赤麻)。高知県安芸郡808 大分県佐伯964 ❹きぶし(木五倍子)。秋田県北秋田郡131 ❺ねじき(捩木)。静岡県524

あか-うなぎ【赤鰻】〘名〙魚「ぬたうなぎ(沼田鰻)」の異名。 発音 アカウナギ〈標ア〉ウ 辞書 言海 表記 赤鰻(言)

あか-うに【赤海胆】〘名〙ラッパウニ科のウニ。房総半島から九州に分布する日本特産種。潮間帯付近の岩礁にすむ。殻の直径約六センチメートル、高さ二～三センチメートル。体表、とげ共に赤く、とげの先端はとがらない。食用とする。学名は Pseudocentrotus depressus 発音〈標ア〉0 ウ

あか-うま【赤馬】〘名〙①毛が赤っぽい馬。赤毛の馬。＊書紀(720)雄略九年七月(前田本訓)「赤駿(アカウマ)に騎(の)れる者(ひと)に逢ふ」＊御堂関白記‐長和二年(1013)八月五日「件奉幣使可ﾚ止ﾚ雨使也。被ﾚ献ﾆ赤馬ﾆ」＊左経記‐寛仁元年(1017)七月一日「以ﾆ蔵人等ﾆ為ﾆ敕使ﾆ、丹生貴布禰可ﾚ奉ﾆ幣幷赤馬等ﾆ」＊俳諧・冬の日(1685)「有明の主水に酒屋つくらせて〈荷兮〉 かしらの露をふるふあかむま〈重五〉」②地獄の畜生道で亡者を責めるという、赤毛の馬の姿をした獄卒。＊歌舞伎・三人吉三廓初買(1860)六幕「畜生道の赤馬に修羅餓鬼道を引廻され」③(比喩的に) 平和を乱すもの。＊引照新約全書(1880)約翰黙示録・六「一匹の赤馬(アカムマ)いで来れり。之に乗るもの地の平和を奪ひ且人々をして彼此に相殺しむる権(ちから)を予(あたへ)られたり」④酒をいう、浄瑠璃社会の隠語。＊楽屋図会拾遺(1802)下「酒を赤むま、又せいざ」＊三人妻(1892)〈尾崎紅葉〉前・一〇「山本(ふもと)の五郎兵衛が宿で売る赤馬(アカウマ)を、茶椀で五杯牛飲(あほる)を此上なしと心得たる」⑤月経をいう、花柳界の語。うま。あかだま。⑥火事、または、放火をいう、犯罪者仲間の隠語。多く「走らす」「飛ばす」「けしかける」「放つ」などとともに用いる。あかいぬ。〔日本隠語集(1892)・特殊語百科辞典(1931)〕＊多甚古村(1939)〈井伏鱒二〉松原の捕物の件「『いまに村全体に赤馬を放つぞ』とおどかした」⑦銅貨をいう、てきや、盗人仲間の隠語。〔隠語構成様式幷其語集(1935)〕⑧(よくはねるところから) 蚤(のみ)をいう、不良仲間の隠語。↔白馬(しろうま)。 方言 ❶大きくて赤黒い鍬形虫(くわがたむし)。◇あかんま 群馬県勢多郡236 ❷(赤色で馬のようにはねるところから) 虫、のみ(蚤)。神奈川県中郡320 新潟県佐渡352 中頸城郡384 奈良県678 大分市941 ◇あかんま 神奈川県中郡320 新潟県中頸城郡384 富山県砺波397 岐阜県飛騨502 香川県大川郡829 ❸月経。生理。愛知県東春日井郡559 奈良県吉野郡683 和歌山県日高郡054 ◇あかんま 三重県伊賀001 和歌山県日高郡698 ❹植物、あざみ(薊)。岐阜県恵那郡514 ◇あかんま 岐阜県恵那郡498 ❺艾(もぐさ)。◇あかんま 高知県吾川郡864 ❻火。火事。香川県大川郡829 ◇あかんま 香川県大川郡829 高知県長岡郡869 発音 アカウマ〈標ア〉0 辞書 和玉 表記 騂(玉)

あか-うみがめ【赤海亀】〘名〙ウミガメ科のカメ。甲らの長さが約一・二メートルにもなり、肋甲板が五対。体色は背面が褐色、腹面は白色または黄色で、幼体は全体に黒ずんでいる。世界の海洋に広く分布。日本では関東から九州にかけて多く、夏に海岸の砂地に一二〇個以上の卵を産む。さざえわり。学名は Caretta caretta 発音 アカウミガメ〈標ア〉ウ ミ

あか-うめ【赤梅】〘名〙染色の名の一つ。梅染めで、色の比較的濃くないもの。→黒梅

あか-うら【赤裏】〘名〙①衣服などの裏地の赤いもの。紅裏(もみうら)。＊太平記(14C後)一三・藤房卿遁世事「其後大理は巻纓の老懸(おいかけ)に赤裏の表の袴、靴(くゎ)の沓はいて」＊仮名草子・仁勢物語(1639-40頃)下・六一「男、頭巾まで、あかうらを著て、数寄に行きたりけるに」＊雑俳・たからの市(1705)「赤裏で

思ひ出しけり紅葉川」 *輿津彌五右衛門の遺書(1913)〈森鷗外〉「九曜の紋、赤裏(アカウラ)の小袖二襲を賜はり候」 ②(古く、帯剣の紐裏が赤かったところから)典獄、刑務所長をいう、盗人仲間の隠語。〔隠語輯覧(1915)〕 発音〈標ア〉0

あかうら-ずきん【赤裏頭巾】〘名〙裏地の赤い頭巾。*俳諧・当世男(1676)付句「見渡せば山も霞の酔ひ紛れ　あかうら頭巾ひくり返して」

あか-うるし【赤漆】〘名〙赤色の漆。彩漆(いろうるし)の一種で、朱や弁柄(べんがら)を混ぜた漆。朱漆(しゅうるし)。*尺素往来(1439-64)「節巻。繁藤。赤漆。黒漆。白木」 *文明本節用集(室町中)「糅 アカウルシ 赤漆也」 *咄本・醒睡笑(1628)二「赤漆(アカウルシ)にて塗りたる物ありと見付け」 *俳諧・類船集(1676)安「まき絵の下はあかうるしにてかくなり」 発音〈標ア〉ウ 辞書文明 表記糅(文)

アカウント〘名〙(英 account)(貸借の)勘定。また、勘定書、請求書。*外来語辞典(1914)〈勝屋英造〉「アカウント Account〔英〕勘定。勘定書」 発音〈標ア〉カ

あか-え【赤絵】〘名〙①赤色をおもに使った陶磁器の上絵付け。また、その陶磁器。宋(そう)赤絵、明(みん)赤絵、万暦(ばんれき)赤絵、古赤絵、九谷赤絵の類。錦手(にしきで)。色絵。*浄瑠璃・心中刃は氷の朔日(1709)上「あかゑのちゃはん手にすへて」 *浮世草子・傾城禁短気(1711)六・三「此赤絵の皿を今朝程藪の下で買ふて来たが」 ②赤一色で刷った版画。江戸時代、赤色は疱瘡を軽くする力があるとされ、赤色の版画や絵本を病児に持たせたもの。赤摺絵(あかすりえ)。疱瘡絵。*雑俳・柳多留-一一〇(1830)「筋のいいお疱瘡(やい)赤絵がたんと付」 ③江戸末期から明治初年にかけて流行した、赤色を多く用いてあるどぎつい錦絵。 ④ギリシア陶器の彩画法の一つ。背景を黒色で塗りつぶし、赤褐色の画像を浮かび上がらせる手法。赤絵式。 ⑤「あかえふだ(赤絵札)」の略。*雑俳・削かけ(1713)「まだるいの・五六八いたそ赤絵出しや」 *雑俳・柳多留-三(1768)「じゃまをする子には赤絵を遣って置」 発音〈標ア〉0 辞書言海 表記赤絵(言)

あか-え【赤鱝】〘名〙「あかえい」の変化した語。関西では「え」とばかりもいう。*随筆・年々随筆(1801-05)三「赤えといふ物、いづれも片面はくちば色したり」 *人情本・仮名文章娘節用(1831-34)後・四回「ヘンとんだ所でりきむやつよ。あかゑが芝居をするやうに」

あかえ〘名〙植物「ごんずい(権萃)」の異名。

あかえ〘名〙方言植物。❶かんぼく(肝木)。木曽†091 ❷さるなし(猿梨)。静岡県524

あかえ-あんなん【赤絵安南】〘名〙染付けの代わりに、赤と緑だけで温和な筆致の唐草模様などを描いた安南焼の陶器。紅(べに)安南と呼ばれ、江戸初期すでに伝来したらしい。

あか-えい【赤鱝・赤海鷂魚】〘名〙アカエイ科の海魚。全長一メートルに達する。体は平たく菱形(ひしがた)で、細長い尾がある。背面は緑褐色、腹面は縁辺部が黄色で、中央部が淡黄色。尾の中央部に有毒の鋭いとげがあり、刺されるとひどく痛む。日本では本州中部以南の沿岸から内湾に分布。卵胎生で六～八月ごろ幼魚を産む。エイ類中最も美味で、特に夏がよい。学名は Dasyatis akajei《季・夏》 *物類称呼(1775)二「海鷂魚　えい　上方にて、えぎれと云、江戸にて、あかえいと云」 *滑稽本・浮世風呂(1809-13)二・上「五ツ月過れば何をたべてもあたりは致さぬけれど、鱝(あかゑい)などは決しておあげなさいますな」 *造化妙々奇談(1879-80)〈宮崎柳条〉一五「故に俗呼(よん)で電魚と云。〈吾邦にて『シビレヱヒ』と呼ぶ〉海鷂魚(アカエイ)の種属(なかま)なり」 語源説黒い鱝もあったので、これに対していった〔年々随筆〕。 発音アカエイ〈なまり〉アカエ〔富山県・鳥取・島根・伊予・長崎・鹿児島方言〕〈標ア〉カ〈京ア〉0 辞書言海 表記赤鱝(言)

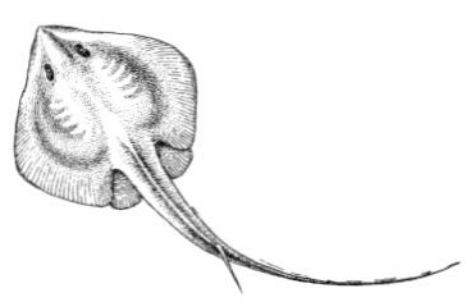
赤　鱝

あかえ-ごす【赤絵呉須】〘名〙中国の明末清初(一七世紀後半)の頃、中国南部の広東省石湾地方で焼かれた磁器。赤緑色を主調とした奔放な絵付けで粗荒な作調のもの。呉須赤絵。

あかえ-ざら【赤絵皿】〘名〙赤色をおもに使って上絵付けした焼き物の皿。→赤絵①。*普賢(1936)〈石川淳〉三「意外にもみごとな支那皿赤絵皿の二三枚が壁に懸ってゐるばかり」 発音〈標ア〉エ0

あかえ-しき【赤絵式】〘名〙ギリシア陶器の彩画法の一つ。背景を黒色で塗りつぶし、赤褐色の画像を浮かび上がらせる手法。 発音〈標ア〉0

あかえ-すみれ【―菫】〘名〙植物「あかねすみれ(茜菫)」の異名。

あか-えそ【赤狗母魚・赤鱛】〘名〙エソ科の海魚。体長約二五センチメートルで、背面は灰赤色をしている。本州中部以南の浅海に分布。食品としてほとんど利用されない。いせえそ。とらえそ。ひらくちえそ。学名は Synodus ulae 発音〈標ア〉0エ

あか-えぞ【赤蝦夷】〘名〙「あかえぞまつ(赤蝦夷松)」に同じ。

あかえぞふうせつこう【赤蝦夷風説考】江戸時代後期の著作。二巻。工藤平助著。天明三年(一七八三)成立。上巻はロシア貿易の開始と蝦夷地の開拓を説いたもの。下巻はオランダの地理書によるロシアの地誌で、幕府に差し出された。 発音アカエゾフーセッコー〈標ア〉ツ

あか-えぞまつ【赤蝦夷松】〘名〙マツ科の常緑高木。北海道に多く、特に北部および東部に多い。高さ四〇メートル、直径一メートルにも達する。樹皮は丸くまだらにはげ落ちる。葉は両面に白色の気孔列があり、球果のある枝では厚く短く湾曲し、無果枝では細く長い。球果は長さ一〇センチメートルぐらいの円柱形、初め紫紅色でのちに明るい褐色になる。鱗片(りんぺん)は厚く、縁は円形でうねりがない。赤褐色を帯びることからいう。パルプ、建築、器具材に用いる。あかまつ。てしおまつ。やちえぞ。しんこまつ。学名は Picea glehnii 発音〈標ア〉ゾ

あかえ-のき【赤榎木・赤榎】〘名〙植物「あかめがしわ(赤芽柏)」の異名。 発音〈標ア〉エ

あか-えび【赤海老】〘名〙クルマエビ科のエビの一種。体長は普通四～八センチメートルで薄い赤褐色に紫褐色の斑点があり、全面に短い毛が密生している。温帯から熱帯域の浅海に分布。特に瀬戸内海で多くとれる。むきえび、干しえびなどに加工される。あかしやえび。さるえび。こもんえび。学名は Metapenaeopsis barbata 方言動物。❶あみ(醬蝦)。周防†122 ❷えび(海老)の一種。香川県小豆島829 発音〈標ア〉0カ

あかえ-ふだ【赤絵札】〘名〙めくりカルタ四八枚のうち、よみガルタをするときに不要となる一二枚をいう。*博奕仕方風聞書(1839頃か)「一、よみ仕方。かるた三拾七枚、めくりかるた四十八枚の内赤絵札十弐枚を除」

あか-えぼし【赤烏帽子】〘名〙①赤塗りの烏帽子。烏帽子は普通黒塗りであるところから、変わったものを好む性質、または、そのような人のたとえにいう。好(すき)に赤烏帽子。→亭主の好きな赤烏帽子。*俳諧・犬子集(1633)一五・雑下「折々かはるすきの道々　赤ゑぼしきて世間やわたるらん〈一正〉」 *俳諧・正徳乙未歳旦帖(1715)「初鶏や亭主に礼の赤烏帽子〈機石〉」 ②(「亭主の好きな赤烏帽子」から)亭主をいう、てきや、盗人仲間の隠語。〔特殊語百科辞典(1931)〕 語源説足利義教の臣松浦肥前守源義が、赤塗りの烏帽子をつけて殿中に出入したという故事から〔塩尻拾遺・翁草〕。 発音〈標ア〉エ〈京ア〉エ

あか-えみし【紅夷】〘名〙欧米人を軽蔑していう語。紅毛人。主として江戸時代に用いられた。*志都の岩屋講本(1811)上「彼の紅夷(アカエミシ)ら世には真(まこと)の神あることを知らず」 *夜明け前(1932-35)〈島崎藤村〉第二部・上・二・五「昨日の紅夷(アカエミシ)は、実に今日の国賓である」 発音〈標ア〉エ

あか-えり【赤襟】〘名〙①赤い色の襟。また、赤色の半襟。*当世書生気質(1885-86)〈坪内逍遙〉一「若きは殊更曲者にて、尚赤襟(アカエリ)の色さめぬ、新妓(しんこ)なりとは見えながらも」 *思出の記(1900-01)〈徳富蘆花〉六・一八「紫のシャツ、赤襟、黄八丈の綿入に黒奉書の羽織」 ②(赤色の半襟をかけたことから)少女。特に年若い芸妓、半玉の俗称。大阪新町では舞妓と芸妓の間ぐらいの年配の妓をいった。*滑稽本・穴さがし心の内そと(1863-65頃)初「此親父、折り折り寺参りの戻りには生涯(かたくひ)の昼交(ひるつう)と出かける、尤も合方は図のごとき赤衿に馴染ありと知るべし」 *三人妻(1892)〈尾崎紅葉〉前・三「相手は流声(なうて)の葛城様、紅襟(アカエリ)の慾気少なき子達でも、此方から押売する気になるほどのお方を」 *社会百面相(1902)〈内田魯庵〉宗教家・上「新橋の侠子(きゃんこ)といふ赤襟(アカエリ)上りを」

あかえり-ざかり【赤襟盛】〘名〙赤い半襟を好んで用いる少女時代。娘盛り。*新続金色夜叉(1903)〈尾崎紅葉〉二「十五六の赤襟盛(ザカリ)に在る事で」 発音〈標ア〉0

あかえり-ねこ【赤襟猫】〘名〙(「猫」は芸妓の意)まだ一人前でない芸娼妓。*歌舞伎・月梅薫朧夜(花井お梅)(1888)二幕「これさ半玉で出た駈け出しの、赤襟猫(アカエリネコ)ぢゃアあるめえし」

あか-えんどう【赤豌豆】〘名〙エンドウの栽培品種のうち、赤花の系統を総称していう。白花のエンドウに対して赤紫色の花が咲くもの。〔語彙(1871-84)〕 発音アカエンドー〈標ア〉エ

あか-えんば【赤卒】〘名〙「あかとんぼ(赤蜻蛉)」の古名。*十巻本和名抄(934頃)八「赤卒　崔豹古今注云赤卒一名絳騮〈阿加恵无波〉蜻蛉之小而赤也」 *観智院本名義抄(1241)「赤卒　アカヱムバ」 *俳諧・俳諧歳時記(1803)下・九月「赤胡黎(アカヱンバ)〈注〉あかとんぼ」 発音〈ア史〉平安●●●○○ 辞書和名・色葉・名義・書言・言海 表記赤卒(和・色・名・書) 絳騮(名) 蜻騮(色)

あか-えんぴつ【赤鉛筆】〘名〙芯(しん)の赤い鉛筆。*続俳諧師(1909)〈高浜虚子〉九四「四十度二分から六度二分に急転直下した赤鉛筆(アカエンピツ)の破格に長い線は」 *銀の匙(1913-15)〈中勘助〉前・三六「岩橋の本は赤鉛筆でめちゃめちゃに塗ってある」 発音〈標ア〉エ

あかお【赤尾】姓氏の一つ。 発音〈標ア〉0

あか-お【赤魚】〘名〙①「あこう(赤魚)」に同じ。*実隆公記-文明一六年(1484)一〇月二六日「天晴、親元送赤魚一尺」 *本朝食鑑(1697)八「赤魚(アカヲ)　訓阿加乎　釈名　色赤如火故俗曰赤魚」 ②魚「うぐい(鯎)」の異名。《季・春》 発音〈標ア〉0

あか-おおかみ【赤狼】〘名〙①オオカミのうち、毛色の赤いものをいう。②イヌ科の哺乳類。オオカミより小形。アメリカアカオオカミ。アメリカ合衆国の南東部に生息する。絶滅が危惧されている。学名は Canis rufus ③「ドール」の別称。 発音アカオーカミ〈標ア〉オ

あか-おおくち【赤大口】〘名〙緋色の大口袴(おおぐちばかま)。赤袴(あかばかま)。*風俗画報-一五四号(1897)服飾門「装束要領抄云赤大口(アカオホクチ)公卿殿上人其外地下といへどもおしなべて夏冬のわかちもなく紅生平絹(くれなゐすずしのへいけん)或は紅のはりきぬを用らる」

あか-おおね【赤大根】『名』植物「あかだいこん（赤大根）」の異名。＊語彙（1871-84）「あかおほね　あかだいこん　葉根の形常の菜菔の如くして紅紫、其花も亦紅色　紅蘿蔔」

あか-おけ【閼伽桶】『名』仏に供える閼伽水をくみ入れて持ち運ぶための手桶。普通銅製で、径、高さとも一〇センチメートルぐらいの円筒形で弦（つる）をつける。＊吾妻鏡‐治承四年（1180）一二月二五日「小像正観音、専光房弟子僧、奉レ安二閼伽桶之中一、捧二持之一」＊花伝髄脳記（1584頃）「あかをけ、珠数を持て出る也」＊俳諧・御桜（1797）下「あか桶に蝶も聞かよ一大事」辞書 下学・伊京・饅頭・黒本・易林・書言 表記 閼伽桶（下・伊・饅・黒・易・書）

閼伽桶〈奈良県 西大寺蔵〉

あか-おけら【赤朮】『名』植物「おけら（朮）」の異名。＊和爾雅（1688）二二「朮　有二二種一。蒼朮一名赤朮。白朮一名抱薊」＊重訂本草綱目啓蒙（1847）八・山草「朮〈略〉蒼朮　をけら　さきくさ　えやみぐさ　あかをけら」

あか-おこぜ【赤虎魚】『名』方言 魚。❶ひめおこぜ（姫虎魚）。香川県大川郡829 ❷みのかさご（蓑笠子）。讃岐高松†030 ❸いずかさご（伊豆笠子）。和歌山県西牟婁郡690

あか-おしき【閼伽折敷】『名』「あか（閼伽）の折敷」に同じ。＊延慶本平家（1309-10）一本・得長寿院供養事「宝瓶に花をたて閼伽をしきに居ゑて」

あか-おち【赤落】『名』（赤い着物を着る所へ落ちる意）未決から既決にはいること、入監することをいう、盗人仲間の隠語。〔警察隠語類集（1956）〕＊いやな感じ（1960-63）〈高見順〉二・六「そいでアカ落ち（刑務所入り）」

あかお-つば【赤尾鐔】『名』越前の鍛冶匠（かじしょう）赤尾派の製作したつば。越前鐔。

あか-おとし【垢落】『名』「あかすり（垢擦）」に同じ。＊日葡辞書（1603-04）「Acauotoxi（アカヲトシ）〈訳〉せっけんなど、あかや汚れを落とすためのもの」発音〈標ア〉オ 辞書 日葡・ヘボン 表記 垢落（ヘ）

あか-おどし【赤威】『名』鎧の威の一種。赤色の糸または革でつづった威で、緋威（ひおどし）に比べて、やや黒みがかっている。特に、糸でつづったものを「赤糸威」、革でつづったものを「赤革威」と呼ぶ。＊古事談（1212-15頃）四・法住寺合戦安藤八馬允事「于レ吃赤をどしの冑（かぶと）きて、乗二蘆毛馬一之者」＊平家（13C前）四・宮御最期「萌黄（もえぎ）、火威（ひをどし）、赤威、いろいろの鎧のうきぬしづみぬゆられけるは」＊高野山文書‐年月未詳、氏名未詳書状（室町）（大日本古文書五・一〇二六）「くらにあかをとしのよろいのもとから候は、わたくしのにて候ふ」語誌 緋威・紅（くれない）威・赤威は、中世にはそれぞれ区別されていた。緋威は茜草に米・灰を、または紫草を加えて染めたもの、紅威は紅花が原料で、純臙脂染（すべにぞめ）、赤威は茜草と櫨（はじ）に灰汁を加えたものと、それぞれ染色材料が異なり、色の違いがはっきりしていた〔甲組類鑑（18C後か）〕。発音〈標ア〉オ〈京ア〉オ

あかおどし-かたじろ【赤威肩白】『名』鎧の威の一種。鎧の袖の肩先の部分を白く、他の部分を赤く威したもの。肩白赤威。＊源平盛衰記（14C前）二〇・石橋合戦事「与一其の日の装束には、青地錦の直垂（ひたたれ）に赤威肩白（アカヲドシノカタジロ）の冑（よろひ）の、裾金物（かなもの）打ったるを著て」

あか-おに【赤鬼】『名』①地獄で罪人を責め苦しめるという赤い鬼。＊類従本撰集抄（1250頃）八・都良香竹生島弁朱雀門詩作事「赤鬼の白たうさきして、物おそろしげなるが大なる声して」＊源平盛衰記（14C前）二六・入道得病「青鬼と赤鬼（アカヲニ）と先に立て彼車を福原の入道の宿所の東の門へ引入たり」②検事をいう、盗人仲間の隠語。〔隠語輯覧（1915）〕＊いやな感じ（1960-63）〈高見順〉二・六「アカガイでなくて、アカ鬼（検事）にもうじきお目にかかれらあ」発音〈標ア〉0〈京ア〉0

あかお-は【赤尾派】『名』鐔工（たんこう）の一流派。江戸初期、赤尾吉次が埋忠（うめただ）派から分かれたもの。円鐔（まるつば）で赤銅（あかがね）の地に透かし彫りが多く、赤尾鐔、越前鐔と呼ばれた。発音〈標ア〉0

あか-おび【赤帯】『名』①赤い布で作った帯。＊随筆・摂陽奇観（1833）四五「世上流行〈略〉少女の赤帯」＊浅草紅団（1929-30）〈川端康成〉四一「赤帯（アカオビ）は天下の流行だった。これは娘達に恐るべき魅力だ」②柔道着につける、九段、十段を示す赤色の帯。嘉納治五郎（一八六〇〜一九三八）が還暦以後用いたことに始まる。発音〈標ア〉0

あか-おまな【赤御真魚】『名』サケ、マスの類をいう女房詞。あかまな。＊御湯殿上日記‐明応四年（1495）九月一〇日「むろまちとのよりあか御まなはしめてまいる」＊大上臈御名之事（16C前か）「さけ、魚の名　あかおまな」＊日葡辞書（1603-04）「Acauomana（アカヲマナ）〈訳〉鮭、婦人語」＊女重宝記（元禄五年）（1692）一・五「一さけのうをはあかおまな　一ますのうをはあかおまな」語源説 肉の色が赤いことから〔俚言集覧（増補）〕。辞書 日葡

あ-が-おもと【吾御許】『名』（「あが」は、自分の、の意から、親しみの気持を表わす。「おもと」は、婦人、特に女房にいう敬称）婦人、特に宮中や貴人に仕える女房を親しんで呼ぶ語。＊源氏（1001-14頃）玉鬘「あがおもとにこそおはしましけれ。あな嬉しとも嬉し」発音 アガオモト〈標ア〉ア

あか-おり【赤織】『名』赤色の織物。＊書紀（720）垂仁二年是歳（北野本訓）「仍りて赤織（アカオリ）の絹を以て阿羅斯等に給ひて本つ土（くに）に返（かへしつかは）す」発音〈標ア〉0

あか-おりべ【赤織部】『名』桃山末期から江戸初期に盛んだった織部焼の一種。鉄分の多い赤褐色の胎土で形をつくり、鉄釉（てつゆう）で線描した中を白泥土で埋めたもの。茶碗、向こう付け、鉢、香合に多い。発音〈標ア〉オ

あかか【赤】『名』方言 ⇨あか（赤）

あか-がい【赤貝・蚶】『名』①フネガイ科の二枚貝。北海道南部以南に分布し、内湾の水深四〇メートル内外の泥中にすむ。殻長約一二センチメートルと大きく、殻頂がふくらみ、表面は白地に褐色の殻皮でおおわれ、四二本内外の放射状の肋（ろく）がある。近似種にサルボウガイ、サトウガイなどがある。肉は橙赤色で甘味があり、酢の物、鮨種、赤貝飯などにされる。肉が赤いところからいう。きさがい。学名は Scapharca broughtonii《季・春》＊朝倉亭御成記（1568）「九献、あかがゐ」＊日葡辞書（1603-04）「Acagaiuo toru（アカガイヲ　トル）」＊京阪食べある記（1930）〈松崎天民〉安くて美味い関東煮屋「赤貝や、バカ貝や、まぐろなどの小串を肴に、一杯二杯と傾ける気分は」②貝「いがい（貽貝）」の異名。＊重訂本草綱目啓蒙（1847）四二・蚌蛤「黒貝〈旧事紀〉貽貝（いかひ）〈延喜式〉いのがひ　勢州、よしはらがひ　江戸、あかがひ　予州」③「あかがいうま（赤貝馬）」の略。＊俳諧・曠野（1689）員外「次第々々にあたたかになる〈冬文〉春の朝赤貝はきてありく児〈舟泉〉」＊荻江節・面かぶり（1765頃）「賀茂の競馬も膝栗毛、赤がいの赤いの、真紅の手綱に煽（あふり）を打ってかけ、ぞんぞん乗りかけぞん」④成人女性の外陰部をいう隠語。＊浮世草子・好色旅日記（1687）五「まんまと生た赤貝（アカガイ）におちそめて、さんざん取みだし」＊雑俳・末摘花（1776-1801）一「蛤（はまぐり）は初手赤貝は夜中なり」＊いやな感じ（1960-63）〈高見順〉二・六「ウメ印でもいいや、俺はアカガイ（女陰）が食いてえなあ」発音 アカガイ〈標ア〉カ〈京ア〉カ 辞書 文明・伊京・明応・天正・饅頭・日葡・書言・言海 表記 蚶（文・伊・明・天・饅・書）魁蛤（書）赤貝（言）

あかがい の 血文（ちぶみ）　偽の起請文（きしょうもん）。＊雑俳・住吉おどり（1696）「赤貝の血文やらして猫が引」＊雑俳・大黒柱（1713）「赤貝の血ぶみを猫のかぎ出して」

あかがい『名』方言 ❶日光の輝くこと。また、夜明け時分。沖縄†139 ❷明かり。灯火。沖縄県中頭郡・首里975 ◇がい 新潟県佐渡347 ❸光。光明。沖縄県島尻郡975 ◇ああがい 鹿児島県沖永良部島975 ❹明るい所。明るみ。沖縄県首里993

あかがい-いり【赤貝煎】『名』茶屋で遊ばないで、傾城の抱え主の二階で遊興すること。衆道でいう壺入（つぼいり）をもじった語。＊浮世草子・傾城禁短気（1711）二・四「壺煎の替りに赤貝煎（アカガイイリ）と名づけて、くつわがたにてもひそかに客をし」

あかがい-うま【赤貝馬】『名』玩具の一つ。二個の赤貝の殻に穴をあけて長い紐を通し、足をその貝殻に乗せ、紐を両手に持ちながら馬の手綱をとるような身振りをして乗り歩くもの。また、その遊び。馬貝。＊常磐津・蜘蛛糸梓弦（仙台浄瑠璃）（1765）「真紅手綱のこぶさ小綱をこがらまいた。サア赤貝馬のしゃんしゃんしゃん、しゃんと乗っては手綱かいぐり、しっしいどうどう」＊随筆・飛鳥川（1810）「子供遊びも昔は赤貝馬に乗る」

あかがい-じま【赤貝島】『名』赤貝（女陰）のある島。女護が島の意。転じて、遊里をさす。＊雑俳・雪の笠（1704）「我がおれた・赤貝島が方一り」

あか-がいる【赤蛙】『名』「あかがえる」の変化した語。子供の疳（かん）の薬として、焼いて用いた。＊雑俳・削かけ（1713）「薬ぢゃは・かんけ此度はあかがいる」＊浄瑠璃・奥州安達原（1762）二「何ぢゃ小癇（せうかん）ぢゃ、そりゃ薬より赤蛙（アカガイル）喰はさっしゃれ」＊俳諧・俳諧歳時記（1803）上・二月「蛙（かひる）蝌斗（おたまじゃくし）山蛤（アカカヒル）」

あか-かえで【赤楓】『名』紅葉した楓のこと。＊俳諧・鷹筑波（1638）五「ふかづめをとるや卯月のあか楓（カヘテ）〈不染〉」発音〈標ア〉カ2

あかがえ-ひしゃく【淦替柄杓】『名』「あかとりしゃく（淦取杓）」に同じ。＊歌舞伎・色一座梅椿（1812）大切「前の船頭形（せんどうなり）にて淦替（アカガ）へ柄杓（ヒシャク）を担ぎ」

あか-がえる【赤蛙】『名』①両生類、無尾目に属する科の名、およびそれに属するカエルのうち、アカガエル類の総称。ニホンアカガエル、ヤマアカガエル、エゾアカガエルなどの種類がいる。普通、背面が赤褐色で、水田や草原、森林にすむ。体長三〜八センチメートル。左右の目の後方から縦にしわ状の突起が走る。体側および四肢（しし）に暗色の横帯があり、後ろあしにだけ水かきがある。肉は小児の疳（かん）の薬になるという俗信があり、皮と腸を取り去り、しょうゆで付け焼きにして食べさせる。やまがえる。《季・春》＊仮名草子・浮世物語（1665頃）一・二「疳の虫、癖の病ありとて、痩疲れたるを赤蝦（アカガヘル）、八目鰻色々与へて、養性いたしければ」＊俳諧・季引席用集（1818）「生類〈略〉青蛙（あをがへる）赤蛙」＊重訂本草綱目啓蒙（1847）三八・湿生「山蛤　やまがへる　あかがへる〈略〉山谷に多し」②相手を卑しめ、ののしっていう語。＊歌舞伎・伊勢平氏梅英幣（1820）五立「ナニ、かみさんの首を切る。イヤ、とっけもない赤蛙だ」＊歌舞伎・御国入曾我中村（1825）三立「黙りゃアがれ、赤蛙め」方言 ❶孵化（ふか）後まだ羽毛が薄いひな鳥。京都府加佐郡629 ❷鼠（ねずみ）などのまだ毛の生えない赤ん坊。◇あかんがえる 岡山市054 ❸動物、ひきがえる（蟇蛙）。熊本県天草郡936

発音 アカガエル〈なまり〉アカガイル〔神戸・和歌山県〕アカンガェル〔岡山〕アカンギャール〔島根〕アカンゲール・アカンゲロ〔栃木〕アカンゲーロ〔埼玉方言〕〈標ア〉ガ〈京ア〉ガ 辞書 ボン・言海 表記 赤蛙(へ・言)

あかがえる-うり【赤蛙売】あかがへる:『名』小児の疳の薬とする赤蛙を売り歩くこと。また、その人。*随筆・守貞漫稿(1837-53)五「赤蛙売。あかがひる柳虫を売る。小筥(こばこ)等に納(い)れ、風呂敷裹(ふろしきづつみ)にて負来る」 発音 アカガエルウリ〈標ア〉ル

あか-がお【赤顔】ほ:が『名』赤みを帯びた顔色。また、その人。赤ら顔。*日葡辞書(1603-04)「Acagauono(アカガヲノ) ヒト」 *仮名草子・仁勢物語(1639-40頃)下・四九「をかし、男、妹のいとあかがをなりけるを見をりて」 *俳諧・筆のしみづ(1804-30頃)「赤顔に西施が父の髭むさき〈芭蕉〉 山茶花長し恋の里道〈鏡鶏〉」 *うたかたの記(1890)〈森鷗外〉上「赤がほにて、腹突きいだしたる男」 発音 アカガオ〈標ア〉0 辞書 日葡・ボン 表記 赤顔(へ)

あか-かがち【赤酸醤】『名』「ほおずき(酸漿)」の古名。その赤い実だけをさしていう場合が多い。あかがち。*古事記(712)上「彼の目は赤加賀智(あかカガチ)の如くして、身一つに八頭、八尾有り。〈略〉此に赤加賀知と謂へるは、今の 酸醤ぞ〉」 *書紀(720)神代上「期(とき)に至りて果して大蛇(をろち)有り。頭尾(かしらを)各八岐(やまた)有り。眼(まなこ)は赤酸醤〈赤酸醤、此をば阿箇箇鵝知(アカカガチ)と云ふ〉の如し」 *観智院本名義抄(1241)「赤酸醤 アカカガチ」 *談義本・風流志道軒伝(1763)跋「さしもの大神七咫(ななあた)の鼻をひこつかせ、赤酸醤(アカカガチ)の眼を細めて」 語源説 (1)アカカガツミ(赤赫都実)の約〔古事記伝・雅言考・菊池俗言考・大言海〕。(2)アカカガヤクチ(赤輝血)の約〔名言通〕。(3)カガチは燭血の意〔和訓栞〕。(4)蛇苺(いちご)は実の色によって小鳥を誘い、蛇はその小鳥をねらって付近に潜む。酸漿(ほおずき)と蛇との関係も同じで、古代人はこの両方にカガチの名をつけたものか〔信州随筆=柳田国男〕。 発音 〈ア史〉平安●●●○○ 鎌倉●●●●○ 辞書 名義・言海 表記 赤酸醤(名)

あか-かき【垢掻】『名』江戸時代、風呂屋で客の垢を落とすことを業とした女。私娼を兼ねる場合が多かった。垢掻女(あかかきおんな)。湯女(ゆな)。ふろ女。*浮世草子・好色一代男(1682)一・目録「ぼんのうの垢かき 兵庫風呂屋者の事」 *随筆・青楼年暦考(1787)「九年改元辛酉天和元年〈略〉一、江戸御府内に二百軒余の風呂屋共方に、あかかきこがしはこびと申、実は遊女を為ㇾ致、昼夜遊女商売為ㇾ致大分繁昌仕」 発音 〈標ア〉キ カ² 〈京ア〉カ²

垢掻き〈好色一代男〉

あかがき-いろ【赤柿色】『名』赤く熟した柿の色。*林檎の下の顔(1971-73)〈真継伸彦〉一「床の間の違い棚に置いてある赤柿色の達磨の立像を」 発音 アカガキイロ〈標ア〉0

あかかき-おんな【垢掻女】:をんな『名』「あかかき(垢掻)」に同じ。*評判記・色道大鏡(1678)一四「さすが都の風呂には、やうやう垢(アカ)かき女とて僅(わづか)の数(かず)さだまり、是をゆるさしむ」 *京都御役所向大概覚書(1697)二・洛中洛外湯屋数・風呂屋数并御定書之事「風呂屋あかかき女之事 前々相定之通、三人に過べからざる事」 *洒落本・烟華漫筆(1750頃)浴室「垢掻(アカカキ)女茶立女といふを抱置。又水茶屋といふもあるが皆此類也」 発音 〈標ア〉オ

あかがき-げんぞう【赤垣源蔵】㊀赤穂義士の一人、赤埴重賢(あかばねしげかた)の歌舞伎、講談、浪曲などにおける通称名。変名、高畑源野右衛門。㊁歌舞伎脚本「仮名手本硯高島(かなでほんすずりのたかしま)」の通称。時代物。一幕。河竹黙阿彌作。安政五年(一八五八)江戸市村座初演。「忠臣蔵」の義士銘々伝の一つ。

あか-かげ【赤鹿毛・赤驃】『名』馬の毛色の名。赤みがかった茶褐色のもの。*二十巻本和名抄(934頃)一一「驃馬 赤驃附説文 云驃〈毘召反、漢語抄云驃馬白鹿毛也、赤驃馬、赤鹿毛也、黄馬、同上〉黄白色馬也」 *吾妻鏡-建久元年(1190)三月一四日「赤鹿毛馬事。只事次所ㇾ被ㇾ仰也。強不ㇾ能二尋求一」 発音 アカカゲ〈標ア〉カ¹ 辞書 言海 表記 赤鹿毛(言)

あか-がさ【赤瘡】『名』「はしか(麻疹)」の古名。あかもがさ。いなめがさ。*栄花(1028-92頃)浦々の別「二位もこのころあかがさにていと不覚(ふかく)にて」 *栄花(1028-92頃)楚王の夢「中納言のあかがさののち、名残病(なごりやみ)こそいとほしう聞け」 方言 はしか。沖縄県宮古島974 辞書 言海 表記 赤瘡(言)

あか-かさご【赤笠子】『名』主として南日本の沖合いの深海の砂泥底にすむ、体色の赤黒いカサゴ。底引網漁に多く捕獲されるが、味がよくないため、時に練り製品として加工される程度である。学名はSetarches longimanus

あか-がし【赤樫】『名』ブナ科の常緑高木。東北地方南部以西の暖地に生える。幹の高さ約二〇メートル、直径約六〇センチメートル。若い枝と葉には褐色の毛が密生する。葉は長さ六〜一五センチメートルぐらいの長楕円形または長卵形。初夏、黄褐色の尾状の穂となる雄花と、褐色で、直立する雌花の穂をつける。果実は年を越して熟し、ドングリ状の堅果となる。材は赤みを帯びて堅く、船具、農具など利用度が高い。おおばがし。おおがし。学名はQuercus acuta *慶長見聞集(1614)一「すりこばちに赤かしの大きなるすりこぎを取そへ」 *大和本草(1709)一二「赤櫧(カシ)は白かしより葉大なり」 *日本植物名彙(1884)〈松村任三〉「アカガシ オホバガシ 血櫧」 発音 アカガシ〈標ア〉カ0〈京ア〉カ0 辞書 ボン・言海 表記 赤樫(へ) 赤樫(言)

赤 樫

あか-がしら【赤頭】『名』①手入れをしていない、赤茶けた頭髪。また、そういう頭髪の人。*発心集(1216頃か)五・不動持者生牛事「かの牛物をおひてのぼるありつるに赤(アカ)がしらの童は見えず」 *日葡辞書(1603-04)「Acagaxira(アカガシラ)〈訳〉赤、または赤褐色の頭髪」 *俳諧・犬子集(1633)一〇・冬「海士人やうしほにぬれて赤頭 浮藻かくれの鴨をとらばや〈重頼〉」 *浮世草子・男色大鑑(1687)八・五「江北(かうほく)の赤頭(アカカシラ)の子共を」 *雑俳・柳多留-二(1767)「赤がしら青ひゃうたんを抱あるき」 *風俗画報-一五八号(1898)人事門「其外漆刷毛(うるしはけ)は、人の毛髪(かみのけ)にて結ひ、上ねりは赤かしらとて、山家人(やまがびと)の髪にて油気なきを上品とす」 ②獣のヤクなどの毛を赤く染めた鬘(かつら)。能楽や歌舞伎で獅子(しし)や猩猩(しょうじょう)の頭として用いる。能では「猩猩」「石橋」など、歌舞伎では「連獅子」などに用いられている。*仮名草子・尤双紙(1632)下・三「物のかしらの品々〈略〉ゑぼしの頭、あか頭、くろ頭、地謡頭」 *三好記(1663)下・六「芝居の騒ぎを静めんためにや、赤頭(アカカシラ)をかつき棒を持、其身軽げに出立たる者」 *随筆・耳嚢(1784-1814)五・閻魔頓死狂言の事「其身は鎮守祭りの赤頭亦は修験などの装束を着し閻魔の体になり」 *歌舞伎・連獅子(1861)「親獅子の精白頭を冠り〈略〉子獅子の精赤頭(アカガシラ)を冠り」 ③近世の兜の鉢の周囲につけた兜蓑(かぶとみの)の一種。*運歩色葉(1548)「甲 カブト〈略〉赤頭 アカガシラ」 *日葡辞書(1603-04)「Acagaxira(アカガシラ)〈訳〉兜の頂に付ける赤色の牝牛の尻毛でcomballasと呼ばれるもの」 ④鳥「ひどりがも(緋鳥鴨)」の異名。*日葡辞書(1603-04)「Acagaxira(アカガシラ)〈訳〉水鳥の一種」 *俳諧・鷹筑波(1638)四「山頭(さんとう)の躑躅(つつじ)やかもの赤がしら〈直之〉」 *俳諧・曠野(1689)五・仲冬「青海や羽白黒鴨赤がしら〈忠知〉」 ⑤植物「あかざ(藜)」の異名。*和訓栞(1777-1862)「あかがしら〈略〉荒田に生する小草をもいふ 葉赤して灌生する者也」 ⑥植物「あかそ(赤麻)」の異名。 方言 ❶鳥、ひどりがも(緋鳥鴨)。新潟県長岡市004 石川県004 高知県004 宮崎県004 ❷魚、まがれい(真鰈)。青森県弘前市016 ❸植物、からむし(苧麻)。予州†039 発音 アカガシラ〈標ア〉ガ 辞書 日葡

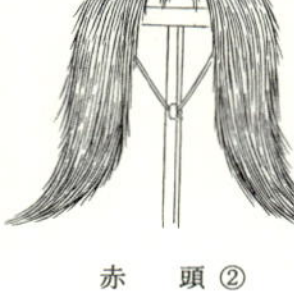
赤 頭②

あか-がしわ【赤柏】しはが『名』①植物「あかめがしわ(赤芽柏)」の異名。*重訂本草綱目啓蒙(1847)三二・喬木「梓 あづさ〈和名鈔〉あかめがしは 京、あかがしは」 ②(飯を柏の葉に盛ったことから、柏が飯の異称となって)赤飯。小豆飯。*俳諧・猿蓑(1691)一「膳まはり外に物なし赤柏〈良品〉」 方言 植物、あかめがしわ(赤芽柏)。和歌山県日高郡692 ◇あかかじ 山城加茂†034 ◇あかかし 山形県酒田市008 静岡県駿河008 発音 アカガシワ〈標ア〉ガ 辞書 言海 表記 赤柏(言)

あか-かすげ【赤糟毛】『名』馬の毛色の名。赤みがかった灰色に、白い毛の混じったもの。*本朝食鑑(1697)一一「馬〈略〉赤糟毛」 *随筆・一話一言(1779-1820頃)八「百馬図名〈略〉騂油馬(アカカスゲ)」 発音 アカカスゲ〈標ア〉カ² 辞書 言海 表記 赤糟毛(言)

あか-かたばみ【赤酢漿草】『名』カタバミの一品種。葉が紫紅色を帯びるもの。学名はOxalis corniculata f. rubrifolia *重訂本草綱目啓蒙(1847)一六・石草「酢漿草 かたばみ〈略〉一種葉色紅紫なる者は赤孫施なり花中に紅色あり あかかたばみと云」 発音 〈標ア〉カ² 辞書 言海 表記 赤酢漿(言)

あか-かち『名』植物「あかめがしわ(赤芽柏)」の異名。*重訂本草綱目啓蒙(1847)三二・喬木「梓 あづさ〈和名鈔〉あかめがしは 京、〈略〉ごしゃば 城州白川、あかかぢ 同上加茂」

あか-がち【赤―】『名』「あかかがち(赤酸醤)」に同じ。*大観本謡曲・大蛇(1516頃)「現れ出づる大蛇の勢〈略〉眼(まなこ)はさながらあかがちの、光を放ち角を振り立てさも恐ろしき勢ひなれども」 *菅江真澄遊覧記(1784-1809)楚堵賀濱風「朝たち来る野良山路の、薄、たかがやに生まじりて、あかかちの実紅に、いと多く見へたるはめづらし」

あか-ガッパ【赤合羽】『名』(カッパはポルトガル capa)①柿渋(かきしぶ)で染めた桐油紙(とうゆがみ)で作ったカッパ。江戸時代に下級の武士などが雨や雪の時に用いた。*談義本・迷処邪正案内(1756)三「身には寒中にも赤合羽(あかカッハ)を着す」 *雑俳・柳多留-一(1776)「赤合羽ぬれるよりはとむりに着せ」 *歌舞伎・彩入御伽草(1808)辻堂の場「向うより赤合羽(あかガッパ)の中間(ちうげん)箱提灯持ち」 ②武家の中間(ちゅうげん)の俗称。*随筆・守貞漫稿(1837-53)一三「武家は上輩奴僕ともに袖合羽。士は黒を専とし、奴僕は赤を用ふ。故に中間を赤合羽と異名するに似たり。丹ぬり也」 方言 虫、うりばえ(瓜蠅)。三重県阿山郡596 発音 〈標ア〉ガ 辞書 言海 表記 赤合羽(言)

あか-がに【赤蟹】『名』「べんけいがに(弁慶蟹)」の異名。*仮名草子・尤双紙(1632)上・三一「あかき物のしなじな〈略〉いりゐび、赤がひ、赤がに、赤にしに、がざみのあしをかうにもり」 *大和本草(1709)一四「蟹〈略〉鬼蟹あり。赤蟹あり。不ㇾ可ㇾ食」 方言 ❶べんけいがに(弁慶蟹)。熊本県玉名郡926 ❷あさひがに(旭蟹)。

和歌山県西牟婁郡690 ❸あかてがに(赤手蟹)。岡山県邑久郡761 香川県大川郡・香川郡829 発音アカガニ〈標ア〉0 辞書言海

あがか-に【足掻―】〖副〗(「足掻(あが)く」という状態で」の意) いらだって足をばたつかせるほど。地団駄踏むほど。*古事記(712)下「足も阿賀迦邇(アガカニ)嫉妬(ねた)みたまひき」

あか-がね【銅】〖名〗①銅。あか。*書紀(720)推古一三年四月(北野本訓)「始めて銅(アカカネ)、繡(ぬひもの)の丈六の仏像(ほとけのみかた)、各一軀(はら)を造る」*十巻本和名抄(934頃)三「銅 説文云銅〈音同 和名阿加々禰〉赤金也」*枕(10C終)一二三・暑げなるもの「七月の修法の阿闍梨。〈略〉また、おなじ頃のあかがねの鍛冶」*今鏡(1170)一・序「ももたびねりたるあかがねなり」*寛永刊本蒙求抄(1529-34)三「目出と云ふ瑞相で懐中へ入たれば、あかかねの袈裟の環のやうな物に成たぞ」*咄本・百物語(1659)下・四「山椒にむせてはあかがねにかぶりつきてなをるとや」②「あかがねいろ(銅色)」の略。*邪宗門(1909)〈北原白秋〉朱の伴奏・地平「あな哀れ、今日もまた銅(アカガネ)の雲をぞ生める」 語誌(1)「説文解字」などに見られる「銅 赤金也」を直訳した、いわゆる字訓注としてできた語か。(2)「観智院本名義抄」の「銅」字の訓アカカネに付された声点によって、第三音節は濁音であることが確認できる。(3)明治以降は訓読みの「あかがね」と音読みの「どう」が共存するが、次第に「どう」の方が優勢になっていく。ただし、詩歌には「あかがね」の用例が見られる。別に、「赤銅(しゃくどう)」がある。 発音〈なまり〉アカカネ〔秋田〕〈標ア〉0〈ア史〉平安・室町●●●●〈京ア〉0 辞書和名・色葉・名義・下学・和玉・文明・明応・天正・饅頭・黒本・易林・日葡・書言・ヘボン・言海 表記銅(和・色・名・下・玉・文・明・天・饅・黒・易・書・へ・言) 鎚(名) 鈆(玉) 紅銅(書)

あかがね-あみ【銅網】〖名〗銅の針金で、網のように編んだもの。*浮世草子・日本永代蔵(1688)五・二「鏡台の金物、銅網(アカガネアミ)の鼠取」

あかがね-いろ【銅色】〖名〗銅のような、赤黒く光沢のある色。赤銅色(しゃくどういろ)。どうしょく。*たけくらべ(1895-96)〈樋口一葉〉九「剃(そ)りたてたる頭より顔より首筋にいたるまで銅色(アカガネイロ)の照りに一点のにごりも無く」*欧米印象記(1910)〈中村春雨〉伯林雑記・一二「僕の見た処では赤銅色(アカガネイロ)の髪は、米国辺へ出稼に来る愛蘭(あいるらんど)の婦人に最も多い」 発音アカガネイロ〈標ア〉0〈京ア〉0

あかがね-うり【銅器売】〖名〗江戸時代の、銅や真鍮製の諸道具を売り歩く商売。また、その商人。*随筆・守貞漫稿(1837-53)五「銅器売三都ともに銅及び真鍮製の鍋茶瓶薬くゎん等其他諸銅器を売り又新器と古器を交易す」 発音アカガネウリ〈標ア〉ネ

銅器売り〈守貞漫稿〉

あかがね-おさむし【銅歩行虫】(むしをさ)〖名〗オサムシ科の甲虫。体長二～三センチメートル。背色は鈍い金銅色から緑色の光沢を帯びる。北海道、本州に分布。学名はCarabus granulatus 発音アカガネオサムシ〈標ア〉サ

あかがね-かがみ【銅鏡】〖名〗銅製の鏡。*波形本狂言・吃(室町末-近世初)「赤(アカ)がねかがみ 只一つ中にとふとおさめて」

あかがね-くさ・い【銅臭】〖形口〗文あかがねくさ・し〖形ク〗(「銅臭(どうしゅう)」の訓読み) 金銭に汚い。金に執着する。→どうしゅう(銅臭)。*寛永刊本蒙求抄(1529頃)三「鈞曰―天下の批判する者があかがねくさい三公ぢゃと申さうと云ぞ」

あかがね-こしらえ【銅拵】(こしらへ)〖名〗目貫(めぬき)など、刀剣の装飾品を銅で作ること。また、そのもの。*浮世草子・好色五人女(1686)三・三「さし馴し壱尺七寸の大脇差、関和泉守、銅(アカガネ)こしらへに巻龍の鉄鍔(てっつば)」

あかがね-こばん【銅小判】〖名〗偽造の小判。銅脈。*合巻・蛙歌春土手節(1826)「先刻渡した二百両。家へ往って開けて見たれば悉皆銅(アカガネ)小判」

あかがね-ざいく【銅細工】〖名〗銅で細工をすること。また、その物。その職人。*愚管抄(1220)六・土御門「あか金ざいく何かと申候ともがらの」*日葡辞書(1603-04)「Acaganezaicu(アカガネザイク)〈訳〉銅で細工をする職人」*浮世草子・西鶴織留(1694)一・二「銅細工(アカガネサイク)する人をかたらひ、はじめて懐炉といふ物を仕出し」 発音アカガネザイク〈標ア〉ザ 辞書日葡

あかがね-さかやき【銅月代】〖名〗月代を剃った跡が赤銅のようにつやつやと光ること。*浄瑠璃・鑓の権三重帷子(1717)上「六十八でも生得(しゃうとく)かたき赤(アカ)がねさかやき剃たてて」

あかがね-しぎ【銅鴫】〖名〗鳥「あかあししぎ(赤脚鴫)」の異名。*語彙(1871-84)「あかがねしぎ㊙ 鳥名、形大抵ばんに似たり、頸背淡灰紫色黒斑あり鷸(しぎ)の類」 辞書言海 表記銅鷸(言)

あかがね-たが【銅箍】〖名〗銅製のたが。*初すがた(1900)〈小杉天外〉一六「壁の片隅には銅箍(アカガネタガ)の盥」

あかがね-だらい【銅盥】(だらひ)〖名〗銅製のたらい。*歌舞伎・東海道四谷怪談(1825)二幕「あかがねだらひにて、小ばんをあらひ」 発音アカガネダライ〈標ア〉ダ

あかがね-づめ【銅爪】〖名〗あかがね色をした爪。爪の色が、銅に似て、赤く光沢があること。*譬喩尽(1786)三「爪は椎爪(しゐづめ)が吉。銅爪(アカガネヅメ)は半吉なり」

あかがね-どい【銅樋】(どひ)〖名〗銅製の樋。*俳諧・天満千句(1676)「淀川は赤かね土樋のながれにて〈宗恭〉 緑と青と見る真蒋(まこも)みたるる〈未学〉」*浮世草子・世間胸算用(1692)三・四「柱も朽ぬ時より石で根つぎをして、軒の銅樋(アカガネドイ)数年心がけて、徳を見すましていたせし」

あかがね-とうろう【銅灯籠】〖名〗銅製の灯籠。

あかがね-びかり【銅光】〖名〗あかがね色に光ること。*社会百面相(1902)〈内田魯庵〉投機・四「禿頭といふ奴は銅光(アカガネビカ)りだから同じ光でも有がたくない」 発音アカガネビカリ〈標ア〉ビ

あかがね-ぶき【銅葺】〖名〗銅瓦で屋根をふくこと。また、その屋根。*随筆・守貞漫稿(1837-53)二「京坂銅ぶき無レ之 往往市民の廂等に用レ之あるのみ」 発音アカガネブキ〈標ア〉0

あかがね-や【銅屋】〖名〗銅などの金物を商う者。また、その家。*俳諧・西鶴大矢数(1681)第二八「戸樋を仕懸て二筋の縄 銅や若この細工取得たらば」*人倫訓蒙図彙(1690)四「銅屋(アカガネヤ) 銅(あかがね)、諸国より出す。真鍮も同所に商(あきなふ)。一切の金物師これをつかふなり」*浄瑠璃・用明天皇職人鑑(1705)職人尽し「親王も又御心ぬるみてとくるあかがねや」 発音アカガネヤ〈標ア〉0〈京ア〉0

あかがね-やね【銅屋根】〖名〗銅瓦でふいた屋根。江戸時代、江戸城内、上野の親王家、社寺、豪商などで用いた。*雑俳・柳多留-八(1773)「棒組やあかがね屋根の旦那だぞ」 発音アカガネヤネ〈標ア〉ヤ

あかがね-やま【銅山】〖名〗銅を掘り出す山。どうざん。*浮世草子・日本永代蔵(1688)六・五「又銅(アカガネ)山にかかりて、俄(にはか)ぶけんになるも有」

あかかのこ-ゆり【赤鹿子百合】〖名〗カノコユリの栽培品種。葉は楕円形。花弁の端は白く、中央に至るに従って鮮紅色となり、紅褐色の斑点が、鹿の子斑(まだら)のように散在するもの。 発音〈標ア〉コ

あか-かび【赤黴】〖名〗不完全菌類モニリア目フザリウム属のかびの総称。赤紫色や黄赤色を呈する。腐生性と寄生性のものがあり、麦類に寄生しておこる赤黴病は有名で、家畜中毒の原因となる。*ブラリひょうたん(1950)〈高田保〉片手落ち「近代の科学は赤色の細菌を発見している。奇跡の正体はつまり赤カビだったのに違いない」 発音アカカビ

あかかび-びょう【赤黴病】(ビャウ)〖名〗菌による麦類の病気。開花後の穂や茎を侵し、紅色のかびを発生する。品種によって発病程度に差がある。 発音アカカビビョー〈標ア〉0

あか-かぶ【赤蕪】〖名〗①カブの諸品種のうち、根(かぶ)の表皮が赤紫色を帯びているものの総称。日野菜、赤長蕪、伊予緋蕪などで、ラディッシュとは違う。あかかぶら。《季・冬》*大和本草(1709)五「赤かぶあり、其根紅なり」*夜明け前(1932-35)〈島崎藤村〉第一部・上・六・五「赤蕪(アカカブ)を漬(つ)けたりすることは、半蔵の家でも年中行事の一つのやうになってゐた」②赤色のラディッシュの俗称。 発音〈標ア〉0

あか-かぶら【赤蕪】〖名〗「あかかぶ(赤蕪)」に同じ。*俳諧・夜半叟句集(1783頃か)「ふゆ河や誰引すてて赤蕪」

あか-かべ【赤壁】〖名〗赤色に塗った壁。または、赤色の材料で作った壁。*俳諧・続三寄誌(1782)「朝きよめ迚冬ぼたむ咲〈宗瑞〉 白壁にまた赤壁の取合て〈馬光〉」*歌舞伎・霊験曾我籬(1809)六幕「本舞台、三間の間、二重舞台、茅葺き屋根、向う赤壁、納戸に」 発音〈標ア〉0

あか-がま【赤釜】〖名〗赤土製の軟陶に透明な釉(うわぐすり)をかけて焼いた釜。 発音アカガマ〈標ア〉0

あか-がみ【赤紙】〖名〗①赤色の紙。疱瘡(ほうそう)のまじないとして行灯(あんどん)・仁王像などに貼ったりした。*詞葉の花(1797)水瓜「行燈の用意があるまい。赤紙を買って来たがよい」*雑俳・四季の花(1851)「鼻息すう・赤紙の屑散って来る」*新年雑記(1900)〈正岡子規〉「ふと支那の家に貼ってある赤紙の事を思ひ出して、その紙へ、めでたい縁喜の善い欲ばったやうな言葉を選んで書きつけた」②急を要する書状に貼りつけた赤い紙。*読本・川童一代噺(1794)五「簞笥の引出しからつかみ出す日文の数々、店走りと赤紙付の文どもを次第にならべて」*蘭学事始(1921)〈菊池寛〉三「小者が赤紙の附いた文箱を持って、駈け付けて来た。淳庵は、その至急を示した文箱を」③「あかしんぶん(赤新聞)」に同じ。*火の柱(1904)〈木下尚江〉一二「梅子の視線は、いつしか机上に開展されたる赤紙の第三面に落ちて」④(赤色の紙を用いたことから)もと、軍の召集令状の俗称。*夢声戦争日記〈徳川夢声〉昭和一八年(1943)一〇月二二日「今日、突如吉村公三郎監督に赤紙が来て、撮影所は騒いでいる」*ひさとその女友達(1949)〈広津和郎〉一「そのまま終戦まで再び赤紙に見舞はれなかった好運児であった」⑤差押えの貼り紙の俗称。 方言馬ふん紙。島根県浜田市・鹿足郡725 発音アカガミ〈標ア〉0〈京ア〉0

あか-がみ【赤髪】〖名〗赤みがかった頭髪。赤がしら。赤毛。*今昔(1120頃か)二三・一五「見れば、頰(ほほ)がちにて頤(おとがひ)反(そり)たり、鼻下(さがり)て赤髪也」*浮世草子・好色訓蒙図彙(1686)中「にらがみ、馬髪、あかがみ」*文づかひ(1891)〈森鷗外〉「おどろなす赤髪ふり乱して、手に持たる鞭面白げに鳴らしぬ」 発音アカガミ〈標ア〉0

あか-かみきり【赤天牛】〖名〗昆虫「べにかみきり(紅天牛)」の異名。

あか-がゆ【赤粥】〖名〗小豆を混ぜたかゆ。小豆がゆ。*三箇院家抄(1469頃)「一 御所渡一献、菓子一合・

肴一合・羹一・赤粥一鉢、毎度如レ此」＊蔭凉軒日録‐延徳三年(1491)一一月七日「季材来。勧以二赤粥・緑醅一」＊言継卿記‐天文二年(1533)正月二三日「治部大輔被レ来、赤粥にて一盞候了」

あかから-いも【赤茎芋】〘名〙 方言 ❶(茎が赤いところから)茎の部分を食用とする里芋。宮城県栗原郡114 秋田県鹿角郡132 ◇**あがらいも** 岐阜県一部030 ◇**あかから** 江戸†034 ❷黒紫色の茎をもち、茎が食用になる里芋。◇**あかがら** 熊本県八代郡964

あか-がらし【赤芥子】〘名〙 カラシナの栽培品種。茎と葉が紫色を帯びるもの。むらさきがらし。＊重訂本草綱目啓蒙(1847)二二・菜「芥 からし〈略〉紫芥は むらさきがらし 一名あかがらし」 発音 アカガラシ 〈標ア〉カ

あか-がらす【赤烏】〘名〙 赤色の鳥。珍奇であり、赤色には魔除けの力があると信じられていたので、上瑞(じょうずい)とされた。〔延喜式(927)二一・治部〕＊書紀(720)天武六年一一月「筑紫の大宰、赤烏を献れり」＊続日本紀‐文武二年(698)七月乙亥「下野備前二国献二赤烏一 伊予国献二白鑞一」 〈標ア〉カ

あか-がり【皹・皸】 ■一〘名〙 あかぎれ。《季・冬》＊神楽歌(9C後)早歌「〈本〉安加加利(アカカリ)踏むな後(しり)なる子」＊十巻本和名抄(934頃)二「皹 漢書注云皹〈音軍 阿加加利〉手足拆裂也」＊平家(13C前)八・緒環「夏も冬も手足におほきなるあかがりひまなくわれければ」＊玉塵抄(1563)二「和匂のつかいする侍者の僧は、足にひびあかがりが、でこうずと作たぞ」＊日葡辞書(1603-04)「Acagariga(アカガリガ)キルル」＊俳諧・犬子集(1633)六・雑冬「あかがりは日々にましたるいたさ哉〈春可〉」＊浮世草子・新竹斎(1687)一・三「はやい御帰りやわづらひは何にて候やといへば、さればかごかきはあたまに胼(アカガリ)がきれ、今壱人はかいながつけて尻がいたむほどに、皆かうやくをつけて帰りぬと」 ■二狂言。各流。主が、太郎冠者に自分を背負って川を渡るように命じるが、冠者はあかぎれを理由に断わるので、主は、逆に冠者を背負って渡り、川の中で振り落とす。 語誌 アカガリのアは足で、カガリは動詞「カカル」の連用形名詞。「カカル」は、ひびがきれる意の上代語。アカガリは、江戸時代まで命脈を保つ。虎明本狂言「皸」に、「あかがりは恋の心にあらね共、ひびにまさりてかなしかりけり」とあり、「ひび」よりも傷の大きく深いものと認められていたらしい。 方言 仙台†058 福島県相馬161 群馬県勢多郡222 神奈川県足柄上郡054 山梨県南巨摩郡463 京都府竹野郡622 島根県石見725 高知県幡多郡870 長崎県899 902 917 ◇**あかがい** 鹿児島県肝属郡970 ◇**あっかり** 東京都八丈島334 ◇**あっがい** 鹿児島県961 ◇**あかがれ** 長崎県伊王島907 対馬913 ◇**あかが** 島根県出雲725 ◇**あっがれ** 熊本県926 931 932 ◇**あかがね** 鹿児島県種子島979 ◇**あかぎり** 宮城県登米郡115 玉造郡116 秋田県雄勝郡130 山形県139 群馬県佐波郡243 千葉県270 275 301 新潟県347 368 374 福井県大飯郡447 愛知県碧海郡564 三重県三重郡594 滋賀県彦根609 兵庫県神戸市670 和歌山県西牟婁郡690 ◇**あいがれ** 島根県石見725 ◇**あくがれ** 長崎県壱岐島914 語源説 (1)アカカガリ(赤皹)の約。カガリはカカルル(掻)の転カカルの名詞化〔大言海〕。(2)アカギレ(赤切)の音通〔日本釈名〕。(3)アカ(垢)ニーキラル(切)の義〔和訓栞〕。(4)赤く切れカガル(耀)意〔日本語源=賀茂百樹〕。(5)アカ(赤)ヒロガリの義〔和句解〕。 発音 アカガリ 〈標ア〉0 〈ア史〉■一は平安●●●● 〈京ア〉0 辞書 和名・色葉・名義・和玉・文明・天正・饅頭・易林・日葡・書言・ボン・言海 表記 皹(和・色・文・天・饅) 皸(色・名・玉・書) 胝(玉・文・饅・書) 胼(名・易) 皸胝(名)

あか-がり【赤狩】〘名〙 ①国家権力が共産主義者や社会主義者を弾圧したり検挙したりすることをいう俗語。代表的なものに、日本の「レッドパージ」、アメリカの「マッカーシー旋風」がある。＊音引正解近代新用語辞典(1928)〈田中信澄〉「あかがり(赤狩り Red hunting)一九一九年米国の検事総長パーマーが『赤狩り』と称して政府に反対する者を片端しから投獄し、或は放逐して極端なる高圧手段を為した事がある」＊党生活者(1933)〈小林多喜二〉五「彼奴等はえてそんな事件を口実にして、『赤狩り』をやったのだ」 ②二階で窃盗を働くことをいう、盗人仲間の隠語。〔隠語全集(1952)〕 発音 アカガリ 〈標ア〉0 〈京ア〉カ

あか-かりぎぬ【赤狩衣】〘名〙 検非違使(けびいし)の看督長(かどのおさ)や火丁(かちょう)が着用した赤色の狩衣。あかぎぬ。＊山槐記‐仁安二年(1167)二月一四日「火長二人〈赤狩衣 白羽矢〉雑色六人〈白張 平礼〉」

あかがり-ぐさ【皹草】〘名〙 植物「しゅんらん(春蘭)」の異名。＊語彙(1871-84)「あかがりぐさ 伊勢㊗ ほくり くさらん 春蘭の一種下品なる者花香気なし其根柢(あかがり)を治す故に名づく」 発音 アカガリグサ 〈標ア〉リ

あか-がれ【赤枯】〘名〙 赤茶色になって枯れること。また、その草木。 発音 アカガレ 〈標ア〉0

あか-が・れる【赤枯】〘自ラ下一〙文あかが・る〘自ラ下二〙 草木などが赤茶色になって枯れる。生気を失い、赤茶色を呈する。＊俳諧・冬の日(1685)「まどに手づから薄様(うすやう)をすき〈野水〉 月にたてる唐輪(からわ)の髪の赤枯て〈荷兮〉」 発音 アカガレル 〈標ア〉0 レ

あかかわ【赤川】(「あかがわ」とも)姓氏の一つ。 発音 〈標ア〉アカカワ カ[1] アカガワ 0

あか-がわ【赤革】〘名〙 ①赤い色、または、茶色系統の色に染めてある、なめしがわ。＊富士野往来(室町初)下「紺二入紺手綱、竹根鞭、鞭二締赤革一」＊随筆・貞丈雑記(1784頃)一四「赤革と云は赤きなめし革の事也」＊暗夜行路(1921-37)〈志賀直哉〉一・三「大い赤皮(アカガハ)のポオトフオリオを抱へた、会社の帰途(カヘリ)らしい信行が立って居た」 ②「あかがわおどし(赤革威)」の略。＊桂川地蔵記(1416頃)上「鎧者、緋威、小桜綴〈略〉赤糸、赤皮、白綴」＊天草本平家(1592)二・六「アシカガ ワ カチン ノ ヒタタレ ニ、acagaua(アカガワ) ノ ヨロイ ヲ キテ」 発音 アカガワ 〈標ア〉0 〈京ア〉0

あかがわ-おどし【赤革威】〘名〙 鎧の威の一種。茜(あかね)または蘇芳(すおう)で染めた鹿の革による威。あかおどし。革火威。＊平家(13C前)四・宮御最期「朽葉(くちば)の綾の直垂(ひたたれ)に、赤皮威の鎧きて、たか角うったる甲(かぶと)のをしめ」＊源平盛衰記(14C前)二一・小坪合戦「木蘭地(もくらんぢ)の直垂に、赤革縅(アカカワヲドシ)の鎧に、白星の兜(かぶと)を着」＊日葡辞書(1603-04)「Acagauaodoxi(アカガワヲドシ)」 発音 アカガワオドシ 〈標ア〉オ 辞書 日葡

あかがわ-かたじろ【赤革肩白】〘名〙 鎧の威毛(おどしげ)の一種。肩や胸に当たる部分だけ白糸、他の部分を赤色の革で威したもの。＊梅松論(1349頃)下「少弐が宗徒の家人饗庭の弾正左衛門尉、赤皮のかた白の鎧に月毛なる馬にのりたりしが」

あか-がわら【赤瓦】〘名〙 ①釉(うわぐすり)をかけて堅焼きにした赤茶色の土製の瓦。＊航米日録(1860)七「蘭館高さ二層より三層に至る。〈略〉屋は赤瓦を以て覆ふ」＊虞美人草(1907)〈夏目漱石〉「赤瓦(アカガハラ)の屋根が少し見える栞(しをり)があらはれる」 ②セメント製の赤色の瓦。食い合わせ式で、簡便な和洋折衷建築などに多く用いられる。転じて、安価な文化生活の称。＊大道無門(1926)〈里見弴〉隠家・二「近郊らしい赤瓦(アカガハラ)の文化住宅や、亜鉛(とたん)の光る真新しい貸家建を」 発音 アカガワラ 〈標ア〉カ 〈京ア〉カ

あか-かわらけ【赤土器】〘名〙(「あかがわらけ」とも)色の赤い素焼きの器。＊虎明本狂言・吃(室町末-近世初)「あかがわらけのやうなる、まつ是程のなかがみを、中にとうどおしいれて」

あか-かんじょう【閼伽灌頂】〘名〙 仏語。真言密教で、修行者の頭上に香水を注いで修道の完成を証明する儀式。甘露灌頂。香水灌頂。＊読本・南総里見八犬伝(1814-42)三・二七回「君が手づから閼伽灌頂(アカクヮンチャウ)贈膊(たむけ)の水の一霤(ひとしづく)」 発音 アカカンジョー 〈標ア〉カ

あか-かんば【赤樺】〘名〙 方言 植物、だけかんば(岳樺)。富山県東礪波郡399 静岡県遠江012 ◇**あかかば** 福島県耶麻郡012

あか-き【閼伽器】〘名〙「あかつき(閼伽坏)」に同じ。＊参天台五台山記(1072-73)四「閼伽器八具」＊京童跡追(1667)五・勝尾寺「閼伽器(アカキ)、金鼓、金鐘等也」

あか-ぎ【赤木】〘名〙(「あかき」とも) ①トウダイグサ科の半落葉高木。熱帯アジアの山野に生え、沖縄には普通に見られる。高さ二〇メートル以上に達する。葉は三つの小葉からなる複葉で、赤く長い柄があり互生する。小葉は長さ一〇～二〇センチメートルの卵形、または楕円形で先がとがり、縁に鈍い鋸歯(きょし)がある。春、黄緑色の小花を円錐状につける。雌雄異株。材は暗赤色で堅く、湿気にも強いので、紫檀(したん)の代わりに細工物などに用いられる。あたん。かたんのき。学名は Bischofia javanica ②花櫚(かりん)、紫檀、梅、蘇芳(すおう)、姫沙羅(ひめしゃら)、赤樫(あかがし)など材質の赤い木。＊延喜式(927)二三・民部「太宰府〈略〉〈青砥二百顆、赤木南嶋所レ進、其数随レ得〉」＊九暦‐九条殿記・大臣大饗・天慶八年(945)正月五日「尊者座二寝殿母屋一西面、立二赤木机四面一」＊梁塵秘抄(1179頃)二・四句神歌「小磯の浜にこそ、紫檀あかぎは寄らずして、流れ来で」＊謡曲・葵上(1435頃)「赤木の数珠の苛高(いらたか)を」＊義経記(室町中か)七・判官北国落の事「あかぎの柄(つか)の刀にだみたる扇差添へ」 ③「あかぎづくり(赤木作)」の略。＊歌舞伎・船打込橋間白浪(鋳掛松)(1866)序幕「お家の重宝赤木の短刀を失し故」 ④皮をはいだ木。↔黒木。＊源氏(1001-14頃)野分「中宮の御まへに、秋の花を植ゑさせ給へること、常の年よりも、見どころ多く、色くさをつくして、よしある黒木、あかきのませをゆひまぜつつ」＊細流抄(1525-34)八「皮ながらなる木を黒木とは云なり 皮もなきは赤木なり」 ⑤桑の一品種。葉は大形で、発育のよい中生、または晩生で各地に栽培。 ⑥植物「かつら(桂)」の異名。＊和漢三才図会(1712)八二「桂〈略〉按本朝有二単字桂者一其葉円小似二萩葉一而木心赤堅而易レ斫用作二碁枰一〈名二赤木一〉」 ⑦植物「ねじき(捩木)」の異名。 ⑧植物「もっこく(木斛)」の異名。 方言 植物。❶いちい(一位)。山形県東置賜郡・西置賜郡139 熊本市003 鹿児島県垂水市965 ◇**あかき** 福岡県八女郡964 熊本県008 大分県008 宮崎県008 鹿児島県大隅郡003 ◇**あか** 鹿児島県垂水市965 ❷いぬがや(犬榧)。◇**あかき** 福岡県八女郡964 ❸あかめがしわ(赤芽柏)。和歌山県日高郡692 ❹ひめしゃら(姫沙羅)。静岡県伊豆003 524 高知県長岡郡003 ❺ばくちのき(博打木)。◇**あかき** 鹿児島県甑島965 ❻むらさきくわ(紫桑)。◇**あかき** 奥羽伊達†034 ❼ありどおし(蟻通)。◇**あかのき** 伊豆八丈島†072 ❽もっこく(木斛)。◇**あかのき** 鹿児島県出水郡964 ❾あこう(雀榕)。◇**あかのき** 鹿児島県桜島964 ❿なつはぜ(夏黄櫨)。◇**あかんのき** 山形県飽海郡139 ⓫(若枝が赤いところから)みずき(水木)。◇**あかいき** 長野県佐久485 発音 アカギ 〈標ア〉0 〈京ア〉0 ②はカ/0 辞書 色葉・易林・日葡・書言・言海 表記 赤木(色・易・書・言)

あかぎ【赤木・赤城】(「あかき」とも)姓氏の一つ。信濃国筑摩郡赤木郷を本貫地とした中世の武士。武蔵七党の秩父氏の流れをくみ、はじめ筑摩郡白川郷に

居を構えた忠兼は、白川氏を称したが、その三男親忠が同郡内の赤木郷に住して、赤木を名のったとされる。鎌倉期には、その親忠の子忠長が承久の乱での功によって、備中国川上郡穴田郷の地頭職を得て、同地に遷り、地頭としての支配を固めた。戦国末には、豊臣秀吉そして毛利氏に属し、関が原で毛利氏が敗退してのちは、おおむね帰農したといわれる。[発音]アカギ〈標ア〉[0]

あかぎ【赤城】 東京都新宿区にある地名。江戸時代の岡場所の一つ。＊談義本・風流志道軒伝(1763)三「かたり明して夜を根津の、東の空も赤城より、暗(くらき)に迷ふ藪の下」[発音]アカギ〈標ア〉[0][ア]

あ-がき【足掻】『名』(動詞「あがく(足掻)」の連用形の名詞化) ①馬、牛などが足で地面を蹴ること。転じて、馬の歩みの意に用いられることが多い。＊万葉(8C後)一一・二五一〇「赤駒が足我枳(アガキ)速けば雲居にも隠り行かむぞ袖枕(ま)け吾妹(わぎも)〈人麻呂歌集〉」＊読本・椿説弓張月(1807-11)前・七回「馬の足掻(アガキ)をはやめてかへり給へば」＊即興詩人(1901)〈森鷗外訳〉一故人「馬の足掻の早きときは、窓より首を出すべからず」 ②手足の動き。手足を屈伸させること。動作。＊滑稽本・寒紅丑日待(1816-26)めでたい事「むぐったところのあがきがいいのサ」＊平凡(1907)〈二葉亭四迷〉一一「久(しば)らく藻掻(もが)いて居る中に、ふと足掻(アガキ)が自由になる」＊今年竹(1919-27)〈里見弴〉出来心・九「人と人との間に挟まれて、どうにもあがきの悪い須田は」 ③(子供などが)いたずらをしてあばれること。悪騒ぎ。＊浄瑠璃・艶狩剣本地(1714)三「昼の跑(アガキ)に草臥(くたびれ)て、たはい性念(しゃうね)も長欠(あくび)」＊浄瑠璃・鑓の権三重帷子(1717)上「あの馬鹿を相手にして、日がな一日悪あがき」 ④生活上の苦しみなどで、もがくこと。＊歌舞伎・松梅鶯曾我(1822)五立「切りも叩かせ稼(かせ)がせたは、おれがあがきにやったのだ」＊思ひ出(1933)〈太宰治〉二「私は、すべてに就いて満足し切れなかったから、いつも空虚なあがきをしてゐた」[発音]アガキ〈標ア〉[ア][キ]〈京ア〉[0] [上仮名]アガキ [辞書]ポン・言海 [表記]足掻(ヘ・言)

あがき が=取(と)れない[=つかない] 動作が自由にならない。気をもんでもどうしようもない。取るべき手段、方法がない。＊満韓ところどころ(1909)〈夏目漱石〉一一「胃がしくしく痛んで〈略〉一寸も足掻(アガ)きが取(ト)れなかったのである」＊大寺学校(1927)〈久保田万太郎〉三「さうしなければ足掻(アガキ)のつかないものが出来ます」

あがき の 水(みず) 馬、牛などが地面を蹴立てる時に、飛び散る水。＊万葉(8C後)一七・四〇二二「うさか河渡る瀬多みこの吾が馬(ま)の安我枳乃美豆(アガキノミヅ)にきぬぬれにけり〈大伴家持〉」＊徒然草(1331頃)一一四「賽王丸御牛を追ひたりければ、あがきの水、前板まで、ささとかかりけるを」

あがき を 打(う)つ 「あがく(足掻)①」に同じ。＊浄瑠璃・釈迦如来誕生会(1714)一「さされて馬ははねあがり、跑(アガキ)をうって立つ程に」

あかぎ-いちべい【赤木市平】『名』植物「いちび(莔麻)」の俗称。

あか-きいろ【赤黄色】『名』赤みがかった黄色。＊記念碑(1955)〈堀田善衛〉「その赤黄色に照り映えた銀色のものが、邦子の記憶に灼きついた」[発音]〈標ア〉[0]

あか-きいろ・い【赤黄色】『形口』赤みを帯びた黄色である。＊暗夜行路(1921-37)〈志賀直哉〉二・二「そしてその赤黄色い灯(ひ)の美しく水に映(うつ)るのが、如何にも賑やかで」[発音]アカキイロイ〈標ア〉[0][ロ]

あかぎ-こ【赤城湖】 群馬県中東部、赤城山・地蔵岳の北側にある火口原湖、大沼(おの)の異称。[発音]アカギコ〈標ア〉[ギ]

あかぎ-さん【赤城山】 群馬県中東部にある円錐状二重式火山。最高峰の黒檜(くろび)山(一八二八メートル)、および駒ヶ岳等の外輪山に囲まれ、地蔵岳、長七郎山等の中央火口丘がある。妙義山、榛名山とともに上毛三山と呼ばれる。あかぎやま。[発音]アカギサン〈標ア〉[ギ]〈京ア〉[ギ]

あか-きじ【赤雉】『名』鳥「きんけい(錦鶏)」の異名。＊語彙(1871-84)「あかきじ、にしきとり、きんけい、状雉(きじ)に似て冠毛及頸項(くびうなじ)の長毛金黄色黒き斑あり、腹朱色尾長し」[辞書]言海 [表記]赤雉(言)

あか-ぎしぎし『名』植物「すいば(酸葉)」の異名。＊重訂本草綱目啓蒙(1847)一五・水草「酸模 すいば〈略〉あかぎしぎし 筑前」[方言]鹿児島市965

あがき-じに【足掻死】『名』手足を動かし、もがき苦しんで死ぬこと。＊太平記(14C後)二六・楠正行最期事「怨霊五体を責めしかば、軍(いくさ)散じて七日と申すに、湯浅、あがき死にぞ死にける」[発音]アガキジニ〈標ア〉[0]

あかぎ-づか【赤木柄】『名』あかぎづくりの柄。腰刀の柄を赤木で作ったもの。〔愚得随筆附考(1770)〕＊日葡辞書(1603-04)「Acaguizzuca(アカギヅカ)〈訳〉赤色の木で作ったカタナの柄」[辞書]日葡

あかぎ-づくり【赤木作】『名』刀剣の柄を、漆を塗らないで赤地のままの花櫚(かりん)の材で作ること。また、その刀剣。特に、工藤祐経が曾我五郎時致に与えたという赤木の柄の短刀をさしていうことが多い。＊雑俳・柳多留-三(1768)「ゆもどりに赤木作りを百でぬき」＊洒落本・仕懸文庫(1791)自叙「双切丸とともに魂を紛失し、赤木作とともに家(しんだい)を鞘ばしる」＊歌舞伎・三賀荘曾我島台(1821)二幕「赤木作(アカギヅクリ)は夫の形見、それがかりは、渡さぬ渡さぬ」[発音]アカギズクリ〈標ア〉[ズ]

あかぎ-つつじ『名』植物「あかやしお(赤八入)」の異名。

あか-ぎつね【赤狐】『名』①狐の別称。②キツネのうち、毛色の特に赤いものをいう。日本、アジア、ヨーロッパに分布する狐に多い。全身赤橙色で、耳の背面が黒く、尾の先は白色。[発音]アカギツネ〈標ア〉[ギ]

あか-ぎっぷ【赤切符】『名』(切符が薄赤色であったところから)もと、汽車賃が三段階に分かれていた頃の、三等(古くは下等)の切符の俗称。転じて、三等乗客。また、人や物の下等なことのたとえにいう。＊風俗画報-三〇〇号号外(1904)戦争四十八癖「的と云ふ癖〈略〉田舎的にして赤切符(アカキップ)的が宜しい」＊鳥影(1908)〈石川啄木〉六・二「急いで盛岡行の赤切符を買って改札口へ出ると」＊暗夜行路(1921-37)〈志賀直哉〉三・一五「芸者も赤切符なら、茶屋も赤切符なんだよ」[発音]アカギップ〈標ア〉[ギ]

あかきな-の-き【赤規那木】『名』アカネ科の高木。南アメリカのアンデス山地原産で、かつてはキナ皮用に熱帯各地で栽培された。高さは二五メートルにも達する。枝の皮は赤みがある。葉は楕円形で長さ三〇センチメートルになる。学名はCinchona succirubra

あか-ぎぬ【赤衣・赤絹】『名』(古くは「あかきぬ」とも) ①赤色に染めた絹織物。＊書紀(720)垂仁二年「是歳赤絹一百疋(ひとももまき)を賚(も)たせて、任那の王(こきし)に賜(たうびつか)はす」＊万葉(8C後)一二・二九七二「赤帛(あかきぬ)の純裏(ひたうら)の衣長く欲(ほ)りあが思ふ君が見えぬころかも〈作者未詳〉」 ②緋色の袍(ほう)。五位の人が着る朝服。＊源氏(1001-14頃)澪標「良清も同じすけにて、人よりことに物思ひなき気色(けしき)にて、おどろおどろしきあかきぬすがたいと清げなり」 ③検非違使などの下役人や貴族の下部が着る赤色、桃色の狩衣(かりぎぬ)。＊枕(10C終)二二五・五月四日の夕つかた「青き草おほくいとうるはしく切りて、左右になひて、あかぎぬ着たる男の行くこそをかしけれ」＊栄花(1028-92頃)浦々の別「此検非違使共の具のあかぎぬなど著たる物共、ただ寄りに寄りて」 ④軍荼利夜叉明王(ぐんだりやしゃみょうおう)を本尊として行なう修法に、法師が着る赤色の法衣。この修法は調伏の法なので、全て炎の色として赤を用いる。＊栄花(1028-92頃)初花「心誉阿闍梨(あざり)は、軍陀利(ぐんだり)の法なるべし、あかぎぬ著たり」[発音]アカギヌ〈標ア〉[0][ギ]〈京ア〉[0] [辞書]言海

あか-きび【丹黍】『名』キビの一系統で、熟すると穂の色が赤みを帯びるもの。あかききび。あかききみ。＊伊呂波字類抄(鎌倉)「丹黍 アカキヒ」[補注]「十巻本和名抄-九」に「丹黍 アカキヒ」、「色葉字類抄」に「丹黍・黄黍 アカキヒ」とある。[方言]もろこし(蜀黍)。京都府一部030 [辞書]和玉 [表記]糠(玉)

あ-が-きみ【吾君】『連語』①私の主君。御主人様。主人に対して親しんで呼ぶ語。＊万葉(8C後)一九・四一六九「松柏(まつかへ)の 栄えいまさね 尊き安我吉美(アガキミ)〈大伴家持〉」＊宇津保(970-999頃)菊の宴「あなゆゆしや。あが君はなどかの給ふ」 ②相手を親しんでいう呼び掛けの語。男女いずれにも対称の代名詞のように用いる。中古になると、「あ」が特定の語形にだけ残った結果、呼び掛けの意が強くなった。ねえあなた。＊落窪(10C後)二「あが君あが君、夜さりだにうれしき目見せ給へ」＊源氏(1001-14頃)紅葉賀「女『あがきみ、あがきみ』と向ひて手をするに、ほとほと笑ひぬべし」[語誌]平安時代以降、和歌ではワガキミは見えるが、アガキミは見えず、散文で用いられる場合は②のようにもっぱら呼び掛けの語として使われた。[発音]アガキミ〈標ア〉[ア]〈京ア〉[0]

あがき-めぐり【足掻巡】『名』手足を動かし、もがき苦しんで駆けまわること。＊増補江戸咄(1694)六・四「北や南やとあがきめぐりをしあふ内に、ほのほ五躰にもえつきうちたをれければ」

あか-ぎも【赤肝】『名』[方言]❶獣の肝臓。静岡県磐田郡546 徳島県三好郡(猪)059 ❷獣の肺臓。富山県中新川郡(熊・麑鹿)012 愛知県北設楽郡054 奈良県吉野郡685

あか-きゅうべえ【赤久兵衛】〔:キウベヱ〕『名』(「きゅうべえ」は、魚一般をさす)サワラをいう、盗人仲間の隠語。〔日本隠語集(1892)〕

あか-ぎょう〔:ギャウ〕『名』植物「やぶこうじ(藪柑子)」の異名。

あか-きり【赤切】『名』錠をかけた所を焼き切って入ること、また、その人をいう、盗人仲間の隠語。＊いなや感じ(1960-63)〈高見順〉二・六「『あんたのことか?アカキリ(錠前切り)…?』『俺のことじゃねえ。俺は梅毒じゃねえ』」

あか-ぎり【赤桐】『名』植物「ひぎり(緋桐)」の異名。＊出雲風土記(733)意宇「赤桐(あかぎり)」＊随筆・本朝世事談綺(1733)二・生植門「頳桐(アカギリ)、ひきりと云。延宝年中、薩摩国屋玖島より来。甚だ寒を畏る」

あか-ぎれ【皹・皸】『名』(古くは「あかがり」)冬期に手足に発生する一種の皮膚病。寒さに当たって、手足の皮膚が乾燥して荒れ、弾力がなくなってしわに沿って割れ目ができる。《季・冬》＊狂言記・皸(1660)「あかぎれがござりまする所で、そっとも水の中へはゐはいりませぬ」＊俳諧・韻塞(1697)一〇月「あかぎれの膏薬つつむ落葉哉〈木導〉」＊雑俳・柳多留拾遺(1801)巻三「あかぎれが切れると茄子(なす)もしまひ也」＊思出の記(1900-01)〈徳富蘆花〉二・四「母や伯母や鈴江君が僕の手足の赤ぎれ、霜やけを見て、顔をしかめた」＊夜明け前(1929-35)〈島崎藤村〉第二部・下・一二・六「勝手の水仕事をする皹(アカギレ)の切れた手を出しては家のものの飯を盛ると」[語誌]アカギレは一七世紀のころ、アカガリに代わって現われる。アカガリに、アーカガリの語源意識が消失して、アカを垢・赤とするアカーガリの異分析を生じ、さらにガリの意味の不明な

のをアカ(垢・赤)ギレ(切)という変形で安定させたものと考えられる。→「あかがり」の語誌。 語源説 アカギレ(赤切)の意〔名言通〕。 発音 アカギレ〈なまり〉アカガリ〔神奈川〕アカガレ〔長崎・対馬〕アカギリ〔千葉・福井大飯・神戸・紀州・鳥取〕アカギリ〔秋田〕アガギリ・アガギリ・アカゲレ〔千葉〕アガギリ〔仙台音韻・秋田〕アギリ〔新潟頸城〕アキレ〔鳥取〕アギレ〔津軽ことば・鳥取〕アクガレ〔壱岐〕アッガレ〔鹿児島方言〕アッガネ〔鹿児島〕〈標ア〉⓪〈京ア〉⓪ 辞書〈ボン〉・言海 表記 胝(へ)

あかぎれ-こう【皹膏】〖名〗あかぎれを治すために塗るあぶら薬。あかぎれの膏薬。 発音 アカギレコー〈標ア〉⓪

あかぎ・れる【皹】〖自ラ下一〗あかぎれができる。＊夫婦善哉(1940)〈織田作之助〉「店先を掃除してゐる蝶子の手が赤ぎれて血がにじんでゐるのを見て」 発音 アカギレル〈標ア〉⓪レ

あか-きん【赤金】〖名〗金に銅を二五～五〇パーセント含ませた合金。赤色を帯び、硬い。装飾品などに用いられる。 発音〈標ア〉⓪

あかく【明】〖副〗(形容詞「あかい(明)」の連用形の副詞化)まだ日の明るいうちに。日中に。あこう。＊大鏡(12C前)三・伊尹「あかく大路などわたるがよかるべきにやと思ふに」

あ-かく【丫角】〖名〗(「丫」は子供の結髪の形)「あげまき(総角)」に同じ。＊中華若木詩抄(1520頃)上「丫角(アカク)群児未ㇾ解ㇾ愁〈略〉丫角とは、唐児の髪を両方へ分けて結た者ぞ」 辞書下学

あか-く【赤九】〖名〗めくりカルタで、九の組の札、四枚の中の赤札。点数は一〇に当たる。＊博奕仕方風聞書(1839頃か)「九の四枚の内、〈略〉内一枚、赤九と唱、数十に相成申候」

あ-がく【蛙楽】〖名〗蛙の鳴くのを音楽にたとえていう。蛙の音楽。＊筑波問答(1357-72頃)「旧池の乱草をはらひて、蛙楽を愛することありき」

あ-が・く【足掻】〖自カ五(四)〗①馬、牛などが地面を掻くように足を動かす。そのようにして歩き、走り、また、地を踏む。＊万葉(8C後)七・一一四一「むこ川の水脈(みを)をはやみか赤駒の足何久(あガク)たぎちに濡れにけるかも〈作者未詳〉」＊新撰字鏡(898-901頃)「踠 阿加久」＊書陵部本名義抄(1081頃)「躪 アガク〈略〉蹀躞 アガク」＊古文孝経建久六年点(1195)序「胡笳(こか)吟動するときには馬、蹀(アカイ)て悲しふ」＊平家(13C前)八・猫間「車をやれといふと心得て、五六町こそあがかせたれ」②手足をじたばたする。また、手足を動かしてもがく。＊宇津保(970-999頃)国譲上「思すやうに、平かにてと、手をあがきて祈り」＊宇治拾遺(1221頃)一二・一九「虎、さかさまにふして、倒れてあがくを」＊太平記(14C後)一四・将軍御進発大渡山崎等合戦事「御方は手をあがいて、如何かせんと騒ぎ悲め共叶はず」＊鷹(1953)〈石川淳〉四「国助のふところでは、小犬が泳ぐやうな恰好で身をあがいた」③いたずらをしてあばれる。遊びまわる。また、騒ぎ立てる。主として子供のことにいう。＊浄瑠璃・鑓の権三重帷子(1717)上「早くねせて、とく起し、昼あがかせたが万病円」＊洒落本・無頼通説法(1779)「次には乱舞、琴、三味線、河東、長うた、半太夫あらゆる芸にあがきくたびれ」＊和訓栞(1777-1862)「あがく〈略〉童はへの躁妄なるを、俗にあがくといふも、馬より出たる詞成へし」④目的に向かってじたばたする。もがき苦しむ。気をもむ。＊玉塵抄(1563)一〇「利欲、名聞、財宝、所知、所領に奔走しさわぎあがきふためけば身を失ぞ祿を求、財宝をほしがってあがけば、わざわい恥辱なことが来ぞ」＊浄瑠璃・愛護若塒箱(1715頃)二「去られた男の門内へ入らんとあがくは推参なり」＊浄瑠璃・道成寺現在蛇鱗(1742)二「人雇へば銭が出る、それ出すまいとあがいた代に、肩も腕もめりめりむくむく」＊解剖室(1907)〈三島霜川〉「自ら意志を強くして其のバチルスを殲滅(せんめつ)しようと勤めて而して踠(アガ)いてゐた」⑤まめに動いて一所懸命に励む。また、気をもんで働く。あくせくする。＊日葡辞書(1603-04)「Agaqi, u, aita(アガク)〈訳〉〈略〉また、比喩。何かの仕事や労働で、まめに手足を働かす。または、何かの仕事や目標に向かって熱心に励む」＊浄瑠璃・淀鯉出世滝徳(1709頃)上「わし等は夜昼あがいて、三百は儲けかねるに」＊浮雲(1887-89)〈二葉亭四迷〉一・二「坐して食へば山も空しの諺に漏れず、次第次第に貯蓄(たくはへ)の手薄になる所から足掻(あが)き出したが」＊死者生者(1916)〈正宗白鳥〉七「私なんかもうお婆さんだわよ。身体一つを資本(もとで)であがいてゐるんだもの」⑥口をきく、隠語などを使うことをいう、人形浄瑠璃社会の隠語。＊洒落本・浪花色八卦(1757)桔梗卦「古るけれど折にはせんぼうもあがき」＊滑稽本・小野篶譃字尽(1806)まくらことば「ものいふ あがく」⑦会合、密談することをいう、てきや、盗人仲間の隠語。〔隠語輯覧(1915)〕 方言❶暴れる。立ち騒ぐ。新潟県東蒲原郡368 福井県431 島根県石見725 岡山県児島郡763 ❷寝ている時に、よく動き回る。兵庫県淡路島671 岡山県児島郡763 ❸焦る。焦慮する。いらいらする。福井県坂井郡433 岐阜県飛驒502 ◇あがふ 東京都大島326 ◇あがやく 山梨県456 岐阜県山県郡498 ❹慌てる。長野県上伊那郡「あがくもんでやりそくなった」488 下伊那郡492 ◇あがふ 東京都大島326 ❺急ぐ。新潟県東蒲原郡368 石川県能美郡419 福井県427 長野県下伊那郡492 岡山県児島郡763 ❻あくせくする。しきりに求める。石川県金沢市「月給にあがく」404 静岡県榛原郡541 ❼働く。精出す。新潟県東蒲原郡368 岐阜県飛驒502 ❽動く。新潟県347 広島県比婆郡774 語源説 アガク(足掻)の意。馬の動作をいうアガク(蹀)からか〔類聚名物考・俗語考・本朝辞源=宇田甘冥〕。 発音 アガク〈標ア〉ガ〈ア史〉平安○○◐〈京ア〉⓪ 辞書字鏡・色葉・名義・和玉・文明・伊京・天正・饅頭・易林・日葡・書言・〈ボン〉・言海 表記 蹀(字・色・名・文・天・饅・易・書・へ) 踠(字・色・名・書) 蹉(名・伊) 跳(字) 駛(字) 跙・跪(色) 揮(名) 躅(玉) 踢(天) 足掻(言)

あかき-わさび【赤茎山葵】〖名〗ワサビのうち、茎がいちじるしく紅紫色を帯びた個体をいう。《季・春》 発音〈標ア〉ワ

あか-くご【赤供御】〖名〗小豆飯(あずきめし)をいう女房詞。＊御湯殿上日記-天文一九年(1550)一一月三日「すけ殿よりあかく御まいる」

あか-くさ【赤草】〖名〗①植物「にしきそう(錦草)」の異名。《季・夏》＊俳諧・毛吹草(1638)二「赤草 水草也」＊和漢三才図会(1712)九八「地錦(あかくさ)〈略〉俗云赤草」＊俳諧・類題発句集(1774)夏「赤草や夕日に重き水の色〈重厚〉」②植物「いぬたで(犬蓼)」の異名。＊語彙(1871-84)「あかくさ俗 あかのまんま 野辺道旁に生ずる小き蓼 紅花 穂をなすものなり 野蓼」＊続春夏秋冬(1906-07)〈河東碧梧桐選〉夏「薏苡(はとむぎ)に赤草暑き野道かな〈薫風郎〉」③植物「ほうきぎ(箒木)」の異名。＊新撰字鏡(898-901頃)「地膚子 八十月採実陰干阿可久作」④植物「やまほおずき(山酸漿)」の異名。＊俳諧・年浪草(1783)夏・四「赤草 一名山酸漿(やまほほつき)高七八寸許一茎一葉如ニ藁吾一而薄小。夏日其茎葉為ニ真紅一其苗有ニ山沢一故名ニ山酸漿一」⑤植物「あかぢさ(赤萵苣)」の異名。 方言植物。❶にしきそう(錦草)。摂津住吉1039 ❷こにしきそう(小錦草)。◇あかぐさ 熊本県菊池郡964 ❸げんげ(紫雲英)。石川県一部030 福井県一部030 発音〈標ア〉⓪ 辞書字鏡・言海 表記 地膚子(字) 赤草(言)

あか-くさ【赤瘡】〖名〗皮膚病の一種で皮膚が赤くはれあがるもの。腫物(しゅもつ)。できもの。＊日葡辞書(1603-04)「Acacusa(アカクサ)〈訳〉腫物の一種」 辞書日葡

あか-くさ・い【垢臭】〖形口〗文あかくさ・し〖形ク〗垢が付いて悪臭がするさま。＊文明本節用集(室町中)「垢臭 アカクサシ」＊恋慕ながし(1898)〈小栗風葉〉一三「白粉に汚れた天鵞絨襟(ビロードえり)の番夜具の膩臭(あぶらくさ)いと、木賃宿の垢臭(アカクサ)いのとは」＊銀の匙(1913-15)〈中勘助〉前・一五「その垢臭いのを気にして」 発音〈標ア〉サ〈京ア〉ク 文『あかくさし』〈標ア〉サク〈京ア〉サ 辞書文明 表記 垢臭(文)

あかくさ-げ【垢臭―】〖形動〗(形容詞「あかくさい」の語幹に接尾語「げ」の付いたもの)垢臭いさま。＊弁内侍(1278頃)寛元五年「かしらけづらずといふ木の、小さくていたいけしたるを、岩のはざまに植ゑられたるを権大納言見給て『かしらけづらずとこそ、あかくさげなれ』と聞えしを」 発音 アカクサゲ〈標ア〉サ

あか-ぐされ【赤腐】〖名〗木材が茶褐色、赤褐色、暗褐色などに変色し、ぼろぼろに腐朽すること。 発音 アカグサレ〈標ア〉グ

あかぐされ-びょう【赤腐病】〖名〗養殖中のノリの病気の一つ。病原菌によって細胞が死ぬもので、青白い病患部の周縁が淡桃色に変色することからいう。晩秋から初冬にかけて発生し、暖冬のときなどに被害が多い。 発音 アカグサレビョー〈標ア〉⓪

あかぐさ・れる【赤腐】〖自ラ下一〗赤くなって腐る。＊小鳥の巣(1910)〈鈴木三重吉〉下・一一「目の赤腐れたやうな中年増と」 発音 アカグサレル〈標ア〉レ

あか-ぐすり【赤薬】〖名〗近世、ニンジンと辰砂(しんさ=硫化第二水銀)とでつくった赤色の丸薬。腹痛など、急病に用いた。＊甲陽軍鑑(17C初)品四〇下「駿河今川氏真公、馬のあか薬(クスリ)、元来は公方光源院殿御秘蔵の御馬わづらひて〈略〉此薬一服にて御馬平愈の条〈略〉氏真公薬数奇をあそばすをもって、随巴が訓(をしへ)まいらせて、諸人に下さるる故、氏真公のあか薬と申習(ならはす)なり」＊渡辺幸庵対話(1711)「今川家に伝り申候赤薬と申候。是は妙丹にて〈略〉馬の息合、其外色色、能御座候」＊随筆・塩尻(1698-1733頃)一五「今川の赤薬とて世に急病に用ひてしるしある薬あり」 補注「書言字考節用集-六下」に「赤龍丹 シャクリウタン〈俗云赤薬〉」とある。 発音 アカグスリ〈標ア〉グ

あか-ぐそく【赤具足】〖名〗全体を赤漆で塗り、赤糸または赤革で威(おど)した具足。＊北条記(1655-73頃)四・白井城合戦「孫太郎其日の装束(しょうぞく)、〈略〉朱具足に、金を以獅子(しし)を付たる鎧(よろい)着て」 発音〈標ア〉グ

あか-くたに【赤九谷】〖名〗九谷焼の一派で赤色の釉(うわぐすり)のみで細密な描画を表わす。画風は「方氏墨譜」によったという。幕末から飯田屋八郎右衛門が始めたので八郎手とも呼ぶ。 発音〈標ア〉タク

あか-くち〖名〗昆虫「くびきりぎす(首切螽蟖)」の異名。＊重訂本草綱目啓蒙(1847)三七・化生「草螽はつゆむし 京、くびきりばった 江戸、あかくち 土州」 方言❶虫、くびきりばった(首切蝗虫)。土佐1039 高知県土佐郡866 ❷植物、うらじろさるなし(裏白猿梨)。鹿児島県垂水市965

あか-くちなし【赤梔子】〖名〗染色の名。赤みを帯びたくちなし色。くちなしに紅を上染めしたもの。〔源語装束抄(1441)〕 発音〈標ア〉クチ

あか-くちば【赤朽葉】〖名〗①染色の名。朽ち葉色(茶色)の赤みを帯びたもの。みかん色のような色。装束の、季節に用いる色としては秋に相当する。＊延喜廿一年京極御息所褒子歌合(921)「員刺(かずさし)の童、あかくちはの汗衫(かざみ)」＊蜻蛉(974頃)上・康保二年「車よせさせてのるほどに、行く人は二藍の小袿(こうちぎ)なり。とまるはただ薄物のあかくちばをきたるを脱ぎかへて別れぬ」＊源氏(1001-14頃)乙女「大きやかなる童の、濃き袙(あこめ)、紫苑(しをん)の織物重ねて、あかくちばのうすものの汗衫(かざみ)いといたうなれて」②襲(かさね)の色目の名。表は紅、中重(なかえ)は赤みがかった黄、裏は青色で、狩衣(かりぎ

ぬ)、下襲(したがさね)などに用い、秋に着るもの。*弄花抄(1510頃)乙女「あかくちはよのつねの朽葉の赤きかたによりたる也」 発音〈標ア〉クチ

あか-ぐつ【赤靴・赤沓】〘名〙①赤革でつくった靴で、喪服の時に用いる。普通、諒闇(りょうあん)に、天皇だけが使用した。あかぬりの靴。*西宮記(969頃)一七・袍「赤沓、王公黒革」*深窓秘抄(室町中頃か)「華旋。有服沓。赤沓。鈍色裏也。諒闇沓。无文革縁。靴毯浅黄平絹也」②赤や茶系統の色の靴。*足袋の底(1913)〈徳田秋声〉二「間服に赭靴(アカグツ)の男が通ったり」*明暗(1916)〈夏目漱石〉二二「藤井が子供の赤靴(アカグツ)を黒く染めたといふ事柄が、何だか彼には可笑(をか)しかった」 発音アカグツ〈標ア〉0〈京ア〉0

あか-ぐつ【赤苦津】〘名〙アカグツ科の海魚。アンコウに似た魚で体長約三〇センチ㍍。頭部は強く縦扁し、ほぼ円形。尾部は細い。体色は赤く、背面には鋭いとげがあり、体表に細かい突起が密生する。肉が少なく食用にはしない。岩手県以南の沿岸の深海底にすむ。あかあんこう。はりあんこう。学名は Halieutaea stellata 発音〈標ア〉0グ

あか-くび【赤首】〘名〙感情がたかぶったりして、赤くなった顔。また、そういう人。*安愚楽鍋(1871-72)〈仮名垣魯文〉三・上「燕枝(えんし)と私(わっち)が一(ひと)ばん代りに中入前(なかいりめへ)と切(きり)をつとめるのでごぜえすからまづ有がたいことに赤首(アカクビ)で前(めへ)ぢらアうまりやす」

あか-ぐま【赤熊】〘名〙「ひぐま(羆)」の異名。《季・冬》*延喜式(927)二一・治部省「赤羆〈神獣也〉赤熊」*蝦夷国風俗記-二(古事類苑・動物六)「蝦夷村々乙名家に飼置く赤熊盛長し、大赤熊となりたるをゑらび」*重訂本草綱目啓蒙(1847)四七・獣「羆は あかぐま 一名人熊」 発音アカグマ〈標ア〉0〈京ア〉0 辞書言海 表記 赤熊(言)

あか-くみ【淦汲】〘名〙船中にたまった水をくみ出すこと。また、その道具。手おけ、ひしゃく、あき缶などありあわせのものを用いる。あかとり。ゆとり。*銀の匙(1913-15)〈中勘助〉後・六「舟をすべらすための枠、鳥の巣みたいな生けす、あか汲み〈略〉なぞころがって」 発音〈標ア〉ミ0ク

あかくみ-しゃく【淦汲杓】〘名〙「あかとりしゃく(淦取杓)」に同じ。*和漢船用集(1766)一一・用具之部「川舟にては小すくひと云あり。淦汲杓あり。みなゆとり也」

あか-ぐも【赤雲】〘名〙赤い色を帯びた雲。日や月の光に映えて赤く見える雲。*栄花(1028-92頃)楚王の夢「時時、この御あたり近う、あか雲の立ち出づるは、我君の御有様と見ゆるに、せんかたなく悲しかりける」 発音アカグモ〈標ア〉0グ

あか-くら【明暗】〘名〙方言 夕方。たそがれ。日没後。島根県出雲725 ◇あこくろ 熊本県933 934 宮崎県東諸県郡947 ◇あこぐろ 宮崎県宮崎郡947 ◇あこくれ 熊本県919 ◇あこうくろ 熊本県球磨郡054 ◇あこうくろう 沖縄県首里993 ◇あこくろんもと 鹿児島県揖宿郡969 ◇あこくろもと 鹿児島県肝属郡970 ◇あかくろもと 宮崎県東諸県郡954

あかくら-おんせん【赤倉温泉】(一)新潟県南西部、妙高山東側中腹にある温泉。江戸末期から開けた。泉質は炭酸単純泉。皮膚病、神経痛などに効く。冬期はスキー場として有名。妙高湯。(二)山形県北東部、最上町にある温泉。泉質は石膏(せっこう)性苦味泉。 発音〈標ア〉オ

あか-くらかけまめ【赤鞍掛豆】〘名〙大豆の一品種。淡黄褐色で茶褐色の斑点があるもの。*重訂本草綱目啓蒙(1847)二〇・菽豆「大豆〈略〉白色にして赤き鞍斑あるをあかくらかけまめと云」 発音〈標ア〉ケ

あか-くらげ【赤水母】〘名〙オキクラゲ科の腔腸(こうちょう)動物。本州、沖縄の沿岸に早春から初夏にかけて出現する。全体に赤褐色を帯び、かさは直径九~一二センチ㍍の半球状で、表面には一六本の濃褐色の太い筋が放射状に並ぶ。口腕(こうわん)は四個で長く、かさの縁には四〇~五六本の長い糸状の触手がある。触手には劇毒をもった刺細胞があり、これで獲物を麻痺させる。昔、真田幸村が、この刺毒を用いて徳川勢を悩ませたということからサナダクラゲと呼ばれ、また、触手の刺細胞が乾いて粉になり、それが鼻に入るとくしゃみが出るのでハクションクラゲ、表面の模様が旧陸軍の軍旗に似ていることからレンタイキクラゲ、口腕が長いのでアシナガクラゲとも呼ばれる。また、瀬戸内海ではアカンコと称し、釣りの餌に用いる。学名は Chrysaora helvola 発音アカクラゲ〈標ア〉ク

あか-くりげ【赤栗毛】〘名〙馬の毛色の名。赤みがかった褐色。*新撰字鏡(898-901頃)「驃 黄馬発白 赤久利介」*十巻本和名抄(934頃)七「騮馬 紫馬附 毛詩注云 騮〈音留漢語抄云騮馬麻毛也〈略〉黒麻毛馬也 黄騮赤栗毛也 紫騮黒栗毛也〉赤身黒鬣馬也」 発音アカクリゲ〈標ア〉ク 辞書字鏡・饅頭・易林・言海 表記 騮(饅・易) 驃(字) 赤栗色(言)

あか-ぐろ【赤黒】〘形動〙赤黒いさま。*色葉字類抄(1177-81)「殷 アカクロナリ」 辞書色葉・名義 表記 殷(色・名)

あか-ぐろ・い【赤黒】〘形口〙文あかぐろ・し〘形ク〙赤みを帯びて黒い。*大日経広大儀軌延久六年点(1074)「朱頭(アカクロイコト)」*二人比丘尼色懺悔(1889)〈尾崎紅葉〉怨言「二ケ所の疵(きず)の赤黒(アカクロ)き、面影(おもかげ)かはりて其人とも思はれず」*千曲川のスケッチ(1923)〈島崎藤村〉九・雪国のクリスマス「ところどころ赤黝(アカグロ)い土のあらはれた場所もある」 発音アカグロイ〈なまり〉アカグレ〔鳥取〕〈標ア〉0ロ〈京ア〉ググ 文『あかぐろし』アカグロシ〈標ア〉グ〈京ア〉ロ

あかくろ-もと【明暗―】〘名〙方言 ⇨あかくら(明暗)

あか-け【赤気】〘名〙ある色に加わる赤色の要素や度合。赤色の加わった色具合。赤み。*青春(1905-06)〈小栗風葉〉夏・八「紺絽の単衣に着更へて、目立たぬほどに赤気(アカケ)の交ったメリンスの帯、髪も撫付けて」 発音〈標ア〉0ケ

あか-げ【赤毛】〘名〙①赤みを帯びている髪の毛。*和英語林集成(再版)(1872)「Akage アカゲ 赤髪」*田園の憂鬱(1919)〈佐藤春夫〉「彼等の案内者である赭毛の太っちょの女が」②馬や犬の毛色の名。褐色を帯びた赤い毛。*富家語(1151-61)「赤毛と物に書くは栗毛也」*伊京集(室町)「赤毛 アカゲ 鷹色也」*札幌(1908)〈石川啄木〉「赤毛の犬を伴(つ)れた男が行く」③稲の一品種。北海道で栽培される晩稲(おくて)。 発音アカゲ〈標ア〉0〈京ア〉0 辞書伊京・ヘボン・言海 表記 赤毛(伊・言) 赤髪(へ)

あ-がけ【網掛・網懸】〘名〙(「あ」は、網の意)その年生まれの若鷹(わかたか)を、網にかけて捕えて飼いならすこと。また、その鷹。七月から冬までの間に捕えるという。《季・秋》*新撰六帖(1244頃)二「山かへるあがけの鷹の手なれても心おかるる君にもあるかな〈藤原為家〉」*和漢三才図会(1712)四四「離巣自求食時、捕来者曰網掛〈阿加計〉」*重訂本草綱目啓蒙(1847)四五・林禽「鷹の雛(ひな)已に長じて、食を求て飛翔するを見て、樹間に網を張、死鳥を其旁に置は、雛鷹来り、死鳥をとらんとする者を羅し捉を、あがけと云」 辞書伊京・天正・易林・日葡・書言 表記 網懸(伊・易・書) 羅(伊) 安懸(天)

あか-げいこ【赤芸子】〘名〙(「あか」は、赤えりの意か)年若い芸妓。*狂歌・古今馬歌集(1805)下「あかげいこをくどくとてよめる 思ひきや我恋ふ君に敷妙の枕がけてふ事の有とは」

あか-けいとう【赤鶏頭】〘名〙赤い鶏頭の花。《季・秋》*俳諧・続猿蓑(1698)上「酒よりも肴のやすき月見して〈支考〉 赤鶏頭を庭の正面〈惟然〉」 発音アカケイトー〈標ア〉ケ

あかげ-うま【赤毛馬】〘名〙栗毛の類で、赤色に褐色を帯びた毛色の馬。赤馬。赤駒。*続日本紀-宝亀元年(770)八月庚寅「奉幣帛及赤毛馬二疋於伊勢太神宮」*十巻本和名抄(934頃)七「騂馬 赤騂附 唐韵云騂〈音征漢語抄云騂赤毛馬也 赤騂山鳥赤毛馬也 騂音華〉馬赤色也」 発音アカゲウマ〈標ア〉ゲ

あか-げさ【赤袈裟】〘名〙赤地の布帛(ふはく)で仕立てた袈裟。奈良、平安時代、勅許を得た威儀師が着用した。*枕(10C終)一五六・えせものの所得るをり「季の御読経の威儀師、あかげさ着て、僧の名どもよみあげたる、いときらきらし」*釈家官班記(1355)上「延暦寺供養記曰、奉行僧二人〈威儀師、従儀師〉始贈赤袈裟」*醍醐寺新要録(1620)「延暦十三年九月三日、延暦寺供養記曰、奉行僧二人〈威儀師、従儀師〉始賜赤袈裟。此時威儀師円也〈年七十五云々〉、綱所着赤袈裟濫觴也」 発音アカゲサ〈標ア〉0

あかげ-ざる【赤毛猿】〘名〙オナガザル科の哺乳類。体長約六〇センチ㍍、尾長約三〇センチ㍍。体毛は灰褐色、後半身は橙色を帯びる。インド各地、およびその周辺に分布。生態はニホンザルによく似ている。医学の実験に用いられる。ベンガルザル。インドザル。シナザル。学名は Macaca mulatta 発音アカゲザル〈標ア〉ザ

あか-ゲット【赤―】〘名〙(ゲットはケット、英 blanket から)《あかケット・あかゲットー》①赤い毛布。*雪中梅(1886)〈末広鉄腸〉上・三「一枚の赤毛氈(あかケット)を四つ折にして敷物となしたるは」*思出の記(1900-01)〈徳富蘆花〉六・一三「寒いから見苦しくもとかけて呉れた古い赤毛布(あかケットウ)を頭から引被いで」②(①を外套のように羽織っていたところから)田舎から都会に出て来た人をさげすんでいう語。田舎者。おのぼりさん。*漫才読本(1936)〈横山エンタツ〉自序伝「僕達赤毛布(アカゲットウ)は大晦日の晩だといふのに見物に出掛けたのです」③(②から転じて)不慣れな外国旅行者。*大英游記(1908)〈杉村楚人冠〉前記・巴里日記「夜オペラ通りを歩けば、人を赤毛布(アカゲット)と見てか、云々(しかじか)の所に案内せんといふもの、頻りにうるさく附纏ひ来る」*ふらんす物語(1909)〈永井荷風〉船と車「後から旅の赤毛布(あかゲット)を突飛ばして行く様な無慈悲な男は一人も居ない」 語誌 明治初年、赤ゲットが流行し、それを東北地方の角巻きのように用いたのが、東京見物の人々の服装の特色と見られ、そこから、②や③のように「おのぼりさん」を意味するようになった。 方言 ❶雪の降る時頭からかぶる赤い毛布。◇あかげっとお 岡山県真庭郡747 ❷年末に借金逃れのために伊勢参宮をすること。◇あかけっと 奈良県大和683 発音〈標ア〉ゲ〈京ア〉0

あかゲット-だん【赤―談】〘名〙(ゲットは英 blanket から)不慣れな外国旅行者の旅先での失敗談やエピソード。*欧米印象記(1910)〈中村春雨〉大陸横断日誌・四「給仕を呼びて主人へ談判を試みんとせしも、怪しい発音で事情通ぜず、大にマゴつきたる赤毛布談(アカゲットダン)も有之候」 発音〈標ア〉ト

あかげ-ひばり【赤毛雲雀】〘名〙馬の毛色の名。赤みがかった雲雀毛。*随筆・一話一言(1779-1820頃)八「百馬図名〈略〉騂鶊(アカゲヒバリ)」

あか-げら【赤啄木鳥】〘名〙キツツキ科の鳥。アオゲラよりやや小さく全長約二四センチ㍍で、翼は黒地に白の斑点があり、下腹部は赤い。雄は後頭部が赤い。ユーラシア大陸に広く分布し、日本では本州中部以北に普通に見られる。樹皮下にいるキクイムシなどを餌とし、五~六月、木に穴をあけて産卵する。あかふん

どし。学名は Dendrocopos major《季・秋》＊重訂本草綱目啓蒙(1847)四五・林禽「おほげら〈略〉其稍小さく頂深紅色にして喉胸腹並に黄赤色なる者を あかげらと云」発音アカゲラ〈標ア〉⓪

あかげ-わしゅ【赤毛和種・褐毛和種】〘名〙ウシの品種。熊本県と高知県で、わが国の在来牛をそれぞれシンメンタールと韓牛で改良して作出したもの。戦前は役肉兼用種であったが、現在は肉用種。毛色は黄褐色。発音アカゲワシュ〈標ア〉ワ

あか-ご【赤子・赤児】〘名〙①（「あかこ」とも）「あかんぼう(赤坊)①」に同じ。＊承応版狭衣物語(1069-77頃)一・下「君は、ただ、赤児(あかご)のむつきに包まれたる心地して」＊今鏡(1170)六・志賀のみそぎ「この宮、あかごにおはしましける時、絶え入り給へりければ」＊読本・椿説弓張月(1807-11)続・四三回「懐(ふところ)に、しばなく赤子(アカコ)を揺蹠(ゆりすかし)し」＊邪宗門(1909)〈北原白秋〉魔睡・麦の香「嬰児(アカゴ)泣く…麦の香の湿るあなたに」②（あかこ）イトミミズ科のユリミミズの別名。またはイトミミズ科に属する種類の俗称。体長五～一〇センチメートルの糸状で赤く、泥底などに普通に見られる。飼育魚の餌にする。いとみみず。ももほおずき。たみみず。《季・夏》方言❶乳児。赤ん坊。◇あかこ 宮城県仙台市121 山形県米沢市062 西置賜郡152 ❷動物の生まれたてで、まだ毛の生えないもの。新潟県東蒲原郡368 ❸雀などのひな。◇あかこ 青森県津軽054 ❹動物、いとみみず(糸蚯蚓)。岡山県児島郡764 ◇あかこ 三重県宇治山田市591 和歌山県691 岡山市054 香川県829 高知市867 ❺動物、みじんこ(微塵子)。香川県仲多度郡829 ◇あかこ 奈良県大和郡山市678 香川県仲多度郡829 ❻虫、ぼうふら(孑孑)。◇あかこ 岐阜県飛驒502 滋賀県蒲生郡062 ◇あかか 岐阜県飛驒502 ❼汚水中に生じる小虫。◇あかこ 奈良県南大和683 ❽水中にすむ赤い小虫。長崎市906 ❾魚、きんときだい(金時鯛)。ちかめきんとき(近目金時)。◇あかこ 讃岐高松1030 ❿谷川や清水にすむ赤い小蟹(こがに)。◇あかごがに 鳥取県西伯郡719 ⓫植物、みずひき(水引)。◇あかこ 東京都三宅島333 語源説(1)体の色が赤みを帯びていることから〔大言海〕。(2)Ang-ko(嬰孩)または、Ak-ko(孲孫)の転か〔日本語原考＝与謝野寛〕。発音アカゴ〈なまり〉アガコ〔仙台方言〕アカッコ〔神奈川〕アカンコ〔信州風物〕アガンコ〔鹿児島方言〕アカンゴ〔伊予〕アンゴ〔和歌山県〕〈標ア〉⓪〈京ア〉カ 辞書色葉・文明・易林・日葡・書言・言海 表記赤子(色・易・書・言) 孩(文)

あかご の 腕(うで)を[＝手(て)を]捻(ねじ)る[＝ひねる] 抵抗力のないものに暴力をふるう。また、力を用いないでやすやすとできることのたとえ。＊歌舞伎・鶴千歳曾我門松(野晒悟助)(1865)中幕「彼奴等(あいつら)五人七人は、赤子の腕を捻ぢるも同然」＊明治大正見聞史(1926)〈生方敏郎〉政府の恐露病と日露戦争・一〇「さういふ愛国的志士はまだ学生でこそあれ私にとって赤子の手を捩る様なものであるから」＊他人の顔(1964)〈安部公房〉灰色のノート「ほんの一と握りにしかすぎない、不平分子の口を封ずるくらい、赤子の手をひねる程度のことであるはずだ」

あかご の 行水(ぎょうずい) 金銭などが足りないで困っているという意のしゃれ言葉。「盥(たらい)で」に「足らいで(＝足らずに)」をかけて、下に「たらいで泣く」と続ける。＊すい言葉廓流行(1830-44頃)「赤子の行水で、たらいでなく」

あかご の 頬髭(ほおひげ) ありえないもののたとえ。＊虎寛本狂言・膏薬煉(室町末-近世初)「薬種右の外に赤子のほう髭、天狗の影干、海の底の白鳥、空をかくるひきがへる」

あかご の 餅(もち)焙(あぶ)るよう 待ち兼ねているさまにいう。＊読本・操草紙(1771)四「嬰児の餅あぶるやうに、今やおそしと待ちたれど、その験さらになかりけり」

あかご を 裸(はだか)にしたよう ひよわで抵抗力がなく、頼るところのないたとえ。

あか-ご【赤五】〘名〙めくりカルタで、五の組の札、四枚の中の赤札。点数は一〇に当たる。＊博奕仕方風聞書(1839頃か)「五の四枚の内〈略〉内一枚は赤五と唱、数十に相成申候」

あか-ごい【赤鯉】〘名〙方言魚、ひごい(緋鯉)。富山県390 香川県826 愛媛県周桑郡844

あかご-いわ【赤子岩】〘名〙赤子の足跡のようなくぼみのある岩に関して、その由来を説明する伝説。また、その岩。全国に広く分布し、祈ると赤子の夜泣きを治すのに効があるなどという。発音アカゴイワ〈標ア〉ゴ

あか-こう【赤香】〘名〙染色の名。赤みの勝った香色。＊宇治拾遺(1221頃)八・二「武正、あかかうのかみしもに蓑笠を着て」発音アカコー〈標ア〉⓪

あか-こう【赤膏】〘名〙「あかこうやく(赤膏薬)」の略。＊歌舞伎・鬼若根元台(1825)「柱に白膏(しろかう)赤膏(アカカウ)の看板を掛け」＊歌舞伎・芽出柳緑翠松前(1883)五幕「入りもいたさぬ赤膏(アカカウ)を」

あか-こうじ【赤麹】〘名〙色の赤いこうじ。料理の時、ゆで卵などの色づけに用いる。

あか-こうじ【赤柑子】〘名〙植物「べにこうじ(紅柑子)」の異名。＊重訂本草綱目啓蒙(1847)二六・山果「橘〈略〉朱橘小而色赤云云はあかかうじ柑の大さにして皮の色赤く美し」辞書言海 表記赤柑子(言)

あか-こうのう【赤行嚢】〘名〙①「あかゆうたい(赤郵袋)」の旧称。＊改訂増補や、此は便利だ(1918)〈下中芳岳〉五・三「赤行嚢(アカカウナウ) 貨幣その他貴重なる郵便物を収めたる嚢」②貴重品をいう、盗人仲間の隠語。〔特殊語百科辞典(1931)〕発音アカコーノー〈標ア〉コ〈京ア〉コ

あか-こうばい【赤紅梅】〘名〙染色の名。赤みの強い、桃色に似たもの。発音アカコーバイ〈標ア〉コ

あか-こうやく【赤膏薬】〘名〙（「あかごうやく」とも）龍血樹(りゅうけつじゅ)の果実から採れる脂(やに)を加えて作った赤色の膏薬。傷口の血止めに用いた。＊雑俳・卯の花かつら(1711)「埒もはや赤膏薬に引っぱられ」＊浄瑠璃・仮名手本忠臣蔵(1748)七「三間づつまたげても赤かうやくもいらぬ年(とし)ばゐ」＊滑稽本・七偏人(1857-63)五・上「火鉢の引出に、赤膏薬と即功紙が有たぢゃアねへか」発音アカコーヤク〈標ア〉コ

あかこ-おぼこ【赤子―】〘名〙方言⇨あか(赤)

あか-ごけ【赤苔】〘名〙地衣類の一種。各地の湿地に生える。扁平部分と枝状部分とから成り、大きさ三センチメートルぐらい。うぐいすごけ。学名は Cladonia gracilis ＊重訂本草綱目啓蒙(1847)一七・苔「紫衣 むらさきごけ あかごけ 湿地上及古木に生す その状泥土の如くして紫色なり 久雨の後陰地上に多し」方言茸、あかだけ(赤茸)。岐阜県飛驒502 発音アカゴケ〈標ア〉⓪ 辞書言海 表記赤苔(言)

あか-こげちゃ【赤焦茶】〘名〙赤みがかった焦げ茶色。

あか-こごめ【赤秔米】〘名〙「あかごめ(赤米)①」に同じ。大唐米(だいとうまい)。＊読本・椿説弓張月(1807-11)続・三二回「先東の方に四の島あり。第一を久高(くだか)と名(なづ)く。琉球国、中山の東、十四里半に当れり〈略〉穀物(たなつもの)に赤秔米(アカコゴメ)、黄小米あり」

あ-が-こころ【我心】枕 ①(真心を赤心というところから)「我が心赤(明)し」の「赤(明)し」と同音の地名、明石にかかる。＊万葉(8C後)一五・三六二七「安我己許呂(アガココロ) 明石の浦に 船泊めて〈遣新羅使人〉」②(真心は心を尽くすということから)「我が心を尽くし」の「尽くし」と同音の地名、筑紫にかかる。＊万葉(8C後)一三・三三三三「我心(あがこころ) 筑紫の山の 黄葉の 散り過ぎにきと〈作者未詳〉」③(汚れのない、よこしまでない心の意で)「我が心清澄む」の「清澄」と同音の地名、清隅(きよすみ)にかかる。＊万葉(8C後)一三・三二八九「吾情(あがこころ) 清隅の池の 池の底〈作者未詳〉」

あか-ごさいば【赤御菜葉】〘名〙植物「あかめがしわ(赤芽柏)」の異名。＊重訂本草綱目啓蒙(1847)三一・喬木「梓 あづさ〈和名鈔〉 あかめがしは 京、〈略〉あかごさいば 筑前」

あか-こしまき【赤腰巻】〘名〙方言鳥、あかげら(赤啄木鳥)。秋田県仙北郡007 兵庫県007

あかご-づか【赤子塚】〘名〙夜中に中から赤子の泣き声が聞こえるという伝承をもつ塚。また、その伝説。その塚を掘って赤子を助け出し、その子が後に高僧になったという話が多い。発音アカゴヅカ〈標ア〉ゴ

あか-こっこ【赤―】〘名〙ヒタキ科の鳥。全長約二〇センチメートル。大島を除く伊豆諸島にのみ繁殖。頭部は黒く、胸とわきは栗色。目の周囲の黄色い輪が目立つ。天然記念物。発音〈標ア〉コ

あか-ごと【赤事】〘名〙火事をいう女房詞。＊御湯殿上日記‐文明九年(1477)正月二九日「せうぢやうゐんより火いつる。あか事御ちかぢかとて」

あかこ-なすび【赤子茄子】〘名〙植物「はだかほおずき(裸酸漿)」の異名。

あかご-ねんぶつ【赤子念仏】〘名〙赤ん坊のような無垢な気持でとなえる念仏。＊一言芳談(1297-1350頃)上「あか子念仏がよきなり」

あかこ-の-かに【赤子蟹】〘名〙「いしがに(石蟹)①」の異名。＊重訂本草綱目啓蒙(1847)四一・亀鼈「石蟹はやまがに たにがに〈大和本草〉、〈略〉あかこのかに 土州」

あか-ごはん【赤御飯】〘名〙赤飯のこと。

あがこひすなむ（「あかこひすなむ」とも）語義未詳。「贖(あが)ひすなむ(神に供え物をして祈っているであろうの意、「なむ」は助動詞「らむ」の上代東国方言)」とする説、また「我(あ)が恋ひすなむ(私が恋しく思っているの意、「なむ」は助動詞「なり」の意)」とする説などがある。＊万葉(8C後)二〇・四三九一「国々の社の神に幣帛(ぬさ)奉り阿加古比須奈牟(アガコヒスナム)妹がかなしさ〈忍海部五百麻呂〉」上仮名アガコヒスナム

あかご-ぶえ【赤子笛】〘名〙演劇で赤子の泣き声の擬音に用いる笛。＊歌舞伎・阿国御前化粧鏡(1809)序幕「トこの時、赤子の守り袋落ちる。赤子笛」＊歌舞伎・墨画龍湖水乗切(明智左馬之助)(1870)「ト寺鐘(てらがね)にて両人愁ひの思入。赤子笛(アカゴブエ)になる」発音アカゴブエ〈標ア〉ブ

あか-こほん【赤小本】〘名〙延宝(一六七三～八一)頃に行なわれた初期の赤本の称。半紙半截(はんせつ)の小型本であったところからいう。のち、享保(一七一六～三六)頃から大型化し、大半紙半截の中本形式となり、五丁で一冊とするのが赤本の定形となった。発音〈標ア〉コ

あか-ごま【赤駒】〘名〙赤毛の馬。赤毛馬。赤馬。＊書紀(720)天智一〇年一二月・歌謡「阿箇悟馬(アカゴマ)の い行き憚(はばか)る 真葛(まくず)原 何の伝言(つてこと) ただにしえけむ」＊万葉(8C後)四・五三〇「赤駒の越ゆる馬柵(うませ)のしめ結ひし妹が情(こころ)は疑ひも無し〈聖武天皇〉」発音アカゴマ〈標ア〉⓪〈ア史〉平安・鎌倉●●●●

あか-ごま【赤胡麻】〘名〙植物「あま(亜麻)」の異名。＊重訂本草綱目啓蒙(1847)一八・穀「亜麻 ぬめごま あかごま」

あか-ごめ【赤米】〘名〙①(米粒に薄赤い斑点があ

るところから）外来の水稲の一品種。粘りが少なく味は悪いが、熟期が早く、また炊くと倍にふえるので、近世、西国地方で多く作られた。大唐米（だいとうまい・だいとうごめ）。唐法師（とうぼし）。＊日葡辞書（1603-04）「Acagome（アカゴメ）〈訳〉赤色の米」＊俳諧・俳諧抜書（1650）雑「国はただ大唐迄もかたふきて　赤米をしも草づとにせり」＊浮世草子・好色一代女（1686）四・四「朝夕も余所（よそ）は皆赤米（アカゴメ）なれども、此方（こち）は播州の天守米」＊和漢三才図会（1712）一〇三「秈（タイトウコメ）〈略〉按〈略〉凡粳米亦有二赤白二種一。特此米赤者多。白者少。故通称レ糯（アカゴメ）音催赤米」②ひねて赤みを帯びた下等米。＊滑稽本・魂胆夢輔譚（1844-47）初・上「赤米（アカゴメ）は鼠米でぼんぽち米ヨ」 発音 アカゴメ〈標ア〉⓪ 辞書 日葡・書言・言海 表記 紅粒・粇（書） 赤米（言）

あか-こめつき【赤叩頭虫】〘名〙コメツキムシ科の甲虫。体長約一センチ㍍。体は紡錘形で、頭・胸部が黒く、前ばねは赤褐色。北海道から九州に分布。学名は Ampedus orientalis 発音〈標ア〉メ

あか-ごや〘名〙ニンジンをいう、盗人仲間の隠語。〔日本隠語集（1892）〕

あかごよういく-しほう【赤子養育仕法（あかごヤウイクシハフ）】〘名〙江戸中期以降、農村人口の減少に対して諸藩が行なった政策。禁令や手引き書を配布して間引きを防ぐとともに、赤子の養育料を与えるなどした。特に九州、東北諸藩が力を入れた。 発音 アカゴヨーイクシホー〈標ア〉シ

あか-ごろ【赤―】〘名〙方言 魚。❶あやめかさご（文目笠子）。和歌山県東牟婁郡694 ❷あかはた（赤羽太）。紀伊熊野ⅰ030 ◇**あかごろお** 三重県南牟婁郡694

あか-こわい【赤強飯（はこひ）】〘名〙（「あかごわい」とも）「あかこわいい（赤強飯）」に同じ。＊東京風俗志（1899-1902）〈平出鏗二郎〉下・九・出産「この日、赤強飯（アカゴハイ）を蒸し、或は紅白の鳥子餅〈卵形をなしたる餅一重〉を搗きて祝ひ、産衣など贈りくれたる家々に配りて謝す」

あか-こわいい【赤強飯（こはいひ）】〘名〙赤飯をいう女房詞。おこわ。＊石山本願寺日記‐証如上人日記・天文六年（1537）三月三日「内儀にて朝飯有之。汁菜同一日。又昼赤強飯にて酒出候」 発音 アカコワイ〈標ア〉ワ

あかご-ん-こ【赤子子】〘名〙方言 赤子。赤ん坊。熊本県天草郡937 鹿児島県968

あか-さ【赤―】〘名〙（形容詞「あかい」の語幹に接尾語「さ」の付いたもの）赤いこと。また、その度合。＊枕（10C終）二七八・関白殿、二月廿一日に「色の黒さあかささへ見えわかれぬべきほどなるが、いとわびしければ」＊児を盗む話（1914）〈志賀直哉〉「其乱れた髪の間から気味の悪い赤さをした下唇が」 発音〈標ア〉⓪〈京ア〉⓪ 辞書 ボン

あか-さ【明―】〘名〙（形容詞「あかい」の語幹に接尾語「さ」の付いたもの）明るいこと。また、その度合。明るさ。＊竹取（9C末-10C初）「家のあたり、昼のあかさにもすぎて光りたり。もち月のあかさを十合はせたるばかりにて」＊平家（13C前）六・小督「此の月のあかさに君の御事おもひいでまゐらせて琴ひき給はぬ事はよもあらじ」＊春迺屋漫筆（1891）〈坪内逍遙〉壱円紙幣の履歴ばなし・三「只夫の電気燈の明（アカ）さを知らせんために月蝕を喜ぶやうのこと無かれかしと望むのみ」 発音〈標ア〉⓪ 辞書 日葡

あかざ【藜】〘名〙アカザ科の一年草。中国原産。古くから栽培され、今では路傍や空地に生える。茎は高さ一㍍以上に達し、直径約三センチ㍍。葉は卵形で、縁に切れ込みがある。若芽は紅色で、後に緑色となる。夏、穂状に黄緑色の粒状の花をつけ、後に黒いつやのある種子ができる。若葉は食用に供し、葉のしぼり汁は虫の毒を消し、乾燥した葉を煎じた汁は、虫歯を防ぐうがい薬とし、また油のしみを除くのに用いる。生長した茎は干して老人用の杖（つえ）に用い、焼いた灰は染め物に用いる。学名は Chenopodium album var. centrorubrum 《季・花は夏・実は秋》＊新撰字鏡（898-901頃）「藜　落嵇反　草霍　阿加佐」＊色葉字類抄（1177-81）「藜　レイ　アカサ」＊寛永刊本蒙求抄（1529頃）二「藜はあかさ藋はあをいぞ。米を背に負て、百里の外にをうぞ」＊俳諧・続明烏（1776）夏「うれしさは我丈過しあかざ哉〈家足〉」＊日本植物名彙（1884）〈松村任三〉「アカザ　藜」方言 植物、あさだ。東京都036 神奈川県036 山梨県036 ◇**あかぞお** 千葉県夷隅郡008 ◇**あかだ** 山梨県008 岡山県008 広島県008 語源説 (1)アカアサ（赤麻）の約〔古言類韻＝堀秀成・大言海〕。(2)アカナ（赤菜）の音通〔日本釈名・滑稽雑談所引和訓義解〕。(3)アカクサ（赤草）、またはアカナ（赤菜）の意〔日本語源＝賀茂百樹〕。(4)アカアザ（赤痣）の略〔関秘録〕。(5)アカザ（赤座）の義〔紫門和語類集〕。(6)アカサシ（赤刺）の義〔名言通〕。(7)アカサキ（赤先）の義〔言元梯〕。(8)アカネハ（茜葉）の義〔日本語原学＝林甕臣〕。(9)その色が赤いことからか〔東雅〕。 発音〈なまり〉アカジャ〔津軽語彙〕アカゾ〔新潟頸城〕アカダ〔豊後〕〈標ア〉⓪〈京ア〉カ／⓪ 辞書 字鏡・和名・色葉・名義・下学・和玉・文明・伊京・天正・饅頭・黒本・易林・日葡・言海 表記 藜（字・和・色・名・下・玉・文・伊・天・饅・黒・易・言） 藋（色・文） 黄草・灰藋（名） 蔬・蒸（玉）

藜

あかざ の 羹（あつもの） アカザを汁の実にした吸い物。非常に粗末な食物をたとえていう。＊徒然草（1331頃）五八「紙の衾（ふすま）、麻の衣、一鉢のまうけ、あかざのあつ物、いくばくか人の費えをなさむ」

あかざ の 杖（つえ） アカザの茎で作った杖。軽くて堅く、老人の持ち物とされている。《季・夏》＊散木奇歌集（1128頃）雑「いかでかはこの世の闇も照らさまし光あかざのつえなかりせば」＊俳諧・笈日記（1695）中・岐阜「やどりせむあかざの杖になる日まで〈芭蕉〉」＊談義本・当世下手談義（1752）四・鵜殿退卜徒然草講談之事「あかざの杖（ツヘ）引ずりて、新道通りをうそうそ歩行（あるけ）ば」 辞書 書言 表記 藜杖（書）

あかざ の 灰（はい） アオアカザを焼いて灰にしたもの。衣類を洗ったり、また染色の媒染に用いたという。＊本草和名（918頃）「冬灰　一名藜灰、〈略〉一名地粉、一名黄灰、和名阿加佐乃波比」 辞書 和名・色葉・名義 表記 黄灰（和・色） 藜灰・冬灰（色・名）

あか-ざ【赤佐】〘名〙アカザ科の淡水魚。全長約一〇センチ㍍のナマズの一種。体色は赤褐色、頭は扁平で四対の口ひげをもつ。胸びれ、背びれにとげがあり、刺されると痛む。東北北部を除く本州、四国、九州の河川の上・中流域の石の下にすむ。あかなまず。ひなまず。学名は Liobagrus reini 方言 魚。❶あかはた（赤羽太）。伊勢阿曾浦ⅰ030 ◇**あかざます** 伊勢礁柄浦ⅰ030 ❷ぎぎ。島根県鹿足郡725 発音〈標ア〉⓪

あかざ-えび【藜海老】〘名〙アカザエビ科のエビ。銚子以南の水深二〇〇～四〇〇㍍の海底にすむ。体長二五センチ㍍に達し、はさみ脚は大きい。体色は全体に黄赤色。食用とする。あかしゃこ。学名は Metanephros japonicus 発音〈標ア〉ザ

あかさか【赤坂】㊀東京都港区北部の地名。もと紀州徳川家上屋敷があり、その跡に赤坂離宮（現在の迎賓館）ができた。＊俳諧・文政句帖‐五年（1822）一二月「赤坂や奴が尻に寒が入」㊁愛知県南東部、音羽町の地名。東海道五十三次の宿駅の一つ。御油（ごゆ）との区間距離は東海道中最も短かった。＊俳諧・向之岡（1680）「夏の月ごゆより出（いで）て赤坂や〈芭蕉〉」＊滑稽本・東海道中膝栗毛（1802-09）四・上「『〈略〉爰はどこだ』『ハイ赤坂（アカサカ）宿でおざります』」㊂岐阜県大垣市の地名。かつて中山道の美江寺と垂井間の宿駅として栄えた。牛若丸が奥州に下るとき、盗賊熊坂長範を討った所と伝えられる。＊謡曲・烏帽子折（1480頃）「商人と伴なひ、憂き旅に窶（やつ）れ果てたる美濃の国、赤坂の宿に着きにけり」＊浄瑠璃・嫗山姥（1712頃）四「たるゐ、あかさか、あふはかもそれぞとばかり夕まぐれ」㊃大阪府南河内郡千早赤阪村の地名。奈良県境に近く金剛山西麓にあり、楠木正成の千早・赤坂城址で知られる。㊄岡山県の中央部にあった郡。旭川中流左岸一帯を占めていた。明治三三年（一九〇〇）磐梨（いわなし）郡と合併して赤磐（あかいわ）郡となる。＊二十巻本和名抄（934頃）五「備前国〈略〉赤坂〈安加佐加〉」語源説 いずれも、赤土の土地であることから〔南向茶話〕。 発音〈標ア〉カ[1]〈京ア〉⓪ 辞書 文明・易林 表記 赤坂（文・易）

あかさか【赤坂】姓氏の一つ。 発音〈標ア〉カ[1]

あかざ-か【藜科（クヮ）】〘名〙双子葉植物の一科。約一〇〇属一四〇〇種あり、世界中に広く分布する。主に草本であるが、少数の低木があり、葉は対生、または互生し托葉（たくよう）がない。花序ははじめ総状で、のちに集散花序をなし、花は両性または単性で放射相称。花被片は一ないし五で同数の雄ずいがこれと対生する。子房は上位で一室、種子は一ないし多数。この科の植物は特に乾燥地に集中して分布する。根の汁から砂糖を作るサトウジシャや、ホウレンソウ、フダンソウ、ホウキギなどが栽培されている。また、アカザ、ケアリタソウはよく見られる雑草である。＊生物学語彙（1884）〈岩川友太郎〉「Chenopodiaceœ　藜（アカザ）科」 発音〈標ア〉⓪

あかさか-いし【赤坂石】〘名〙「あかさかだいりせき（赤坂大理石）」に同じ。 発音〈標ア〉カ[2]

あかさか-かじ【赤坂鍛冶（ぢ）】〘名〙美濃国不破郡赤坂（岐阜県大垣市）の刀鍛冶。この地での刀作りは鎌倉前期に始まるが、戦国時代にことに盛んで、孫六兼元が有名。 発音〈標ア〉カ[2]

あかさか-じょう【赤坂城（ジャウ）】大阪府南河内郡千早赤阪村にあった楠木正成の山城。元弘元年（一三三一）正成が、はじめて挙兵した下赤坂城と、翌年千早城で再挙の際、平野将監に守らせた上赤坂城（楠木城）とがある。国史跡。 発音〈標ア〉カ[3]

あかさか-だいりせき【赤坂大理石】〘名〙岐阜県大垣市金生山産出の大理石。紡錘虫、サンゴ、藻、貝類などの化石を含む。色彩斑紋により、赤縞、黒、霞、豆斑、更紗などと呼ばれ、建築、装飾、美術に用いる。赤坂石。 発音 アカサカジョー〈標ア〉カ[2]

あかさか-つば【赤坂鐔】〘名〙江戸の鐔工（たんこう）の一派、赤坂派の作品。＊俳諧・名物かのこ（1733）中「赤坂鍔　一つとろにさせさ躍の後すかし〈旦調〉」 発音〈標ア〉リ

あかさか-は【赤坂派】〘名〙鐔工（たんこう）の流派の一つ。江戸初期、赤坂忠正が開創。透かし彫りの鐔（つば）が多く、良品だけを世に出し、赤坂鐔として知られた。 発音〈標ア〉ツ

あかさか-みつけ【赤坂見附】江戸城外堀に置かれた見附門の一つ。東京都港区と千代田区の境あたりで、付近一帯の地名として残る。赤坂御門。北斗郭。赤坂口。 発音〈標ア〉⓪

あかさか-やっこ【赤坂奴】〘名〙江戸時代、江戸の大名や旗本に仕え、槍持ち、はさみ箱持ちなどを務めた若党、中間（ちゅうげん）の称。鎌髭（かまひげ）を生やしたり、特異な風俗をして人目をひいた。江戸赤坂（東京都港区）辺に住んでいたからの称とも、三河国（愛知県）赤坂の出身者であったからの称で、江戸赤坂の地名は彼らが住んでいたからともいう。山の手奴。＊浄瑠璃・双生隅田川（1720）四「こりゃ大名のお通りだ、先のけろ、ふりこむさ、あか坂やっこひげやっこ、年中ふっ 発音〈標ア〉ミ

てもふりやまぬ」＊談義本・華鳥百談(1748)五・藪医師荒木太内が事「糸びんのそりさげあたま、赤坂奴(ヤッコ)のやうなれど」＊狂歌・徳和歌後万載集(1785)序「ぬば玉の夜蕎麦うり、手枕の赤坂奴」＊風俗画報-三九号(1892)人事門「踊の一連は第一に赤坂奴(アカサカヤッコ)の行列に扮す」 発音 〈標ア〉ヤ 〈京ア〉ッ

あかさか-りきゅう【赤坂離宮】 明治五年(一八七二)東京赤坂の紀州徳川家上屋敷跡に設けられた離宮。のちに東宮御所。明治四二年、ネオ-バロック様式をとどめる石造建築として築造された。昭和二三年(一九四八)、国会図書館がおかれ、昭和四二年迎賓館赤坂離宮と改称。 発音 アカサカリキュー 〈標ア〉リ

あか-さぎ【赤―】〘名〙魚「あかいさき(赤伊佐幾)」の異名。 発音 アカサギ 〈標ア〉0

あか-さぎ【朱鷺】〘名〙(羽毛が淡紅色で、形が鷺に似ているところから)「とき(鴇)」の異名。《季・秋》＊俳諧・風やらい(1801)「雪のふらねど師走にはなる〈秋峨〉朱鷺の羽にうつらふうすあかり〈林枝〉」 発音 アカサギ 〈標ア〉0

あかさ-くらさ【明暗】〘名〙明るさと暗さ。転じて、物事の是非善悪。＊浄瑠璃・聖徳太子絵伝記(1717)真の立花「お馬について、道すがら、あかさくらさを問(とい)とはれば」＊歌舞伎・幼稚子敵討(1753)六「よいよい。将軍家へ何もかも申上たら、あかさくらさが蛇の目を灰汁(あく)で洗ふた様に成るで有ふ」 方言 明るいことと暗いこと。沖縄県首里993 ◇**あかさっふぁさ・あかさふふぁさ** 沖縄県石垣島996

あか-ざけ【赤酒】〘名〙赤色で、みりんに似た甘味の強い酒。腐敗を防ぐために、生石灰などを加えて醸造する。熊本県特産の酒。灰汁持酒(あくもちしゅ)。＊三四郎(1908)〈夏目漱石〉六「赤酒といふのは、所で出来る下等な酒である。熊本の学生はみんな赤酒を呑む」 方言 とそ。熊本県飽託郡919

あか-ささぎ【赤豇豆】〘名〙「あかささげ(赤豇豆)」に同じ。〔語彙(1871-84)〕

あか-ささげ【赤豇豆】〘名〙ササゲの栽培品種。蔓(つる)性で、夏、黄色い蝶形の花が咲く。さやは先がくちばし状に曲がり、表面に褐色の毛が生じる。長崎県対馬に産する。ふじささげ。あかささぎ。＊書言字考節用集(1717)六「紫豇 アカササゲ」＊重訂本草綱目啓蒙(1847)二〇・穀「豇豆〈略〉一種皮紅紫色になるは救荒本草の紫豇豆(アカササゲ)なり」 発音 アカササゲ 〈標ア〉サ 辞書 書言 表記 紫豇(書)

あか-ざし〘名〙ナマズに似た川魚。毒針があって人を刺す。＊和訓栞後編(1887)「あかびち なまづに似て小き河魚也、美濃にてあかざしといふ、人を螫ものなり」 方言 魚、あかざ(赤佐)。岐阜県郡上郡504 京都府何鹿郡630

あか-ざとう ‥ザタウ**【赤砂糖】**〘名〙精製してない薄い赤茶色の砂糖。＊物類品隲(1763)六「黒糖、一名紫砂糖、一名紅砂糖、一名赤砂糖」＊青い月曜日(1965-67)〈開高健〉二・奇妙な春「新聞紙をひろげると赤砂糖の小さな山のなかに顔をつっこみ、ぺろぺろと舐めはじめた」 発音 アカザトー 〈標ア〉ザ 〈京ア〉0 サ

あかざ-どう ‥ダウ**【藜堂】**〘名〙アカザの茎を柱にして造った堂。現在、浅草寺境内、一(いち)の権現社となっている。あかん堂。＊雑俳・柳多留-七一(1819)「二寸にはたらで大きなあかざ堂」＊雑俳・柳多留-一一二(1831)「其頃は蘆間に目立つあかざ堂」 発音 アカザドー 〈標ア〉0

あか-ざね【赤札】〘名〙当世具足の札(さね)の塗りの一種。表面を赤く塗りこめた札。

あか-さび【赤錆】〘名〙①鉄などの金属の表面に生じる赤茶色のひどいさび。また、その色。＊障子の落書(1908)〈寺田寅彦〉「鉄骨のペンキも剥げて赤鏽が吹き」＊銀の匙(1913-15)〈中勘助〉後・四「赤錆の浮いた隅っこのをどみには」＊帰郷(1948)〈大仏次郎〉花「門を出てから、改めて赤錆びしたトタン屋根を振り返って見て」＊近代の寓話(1953)〈西脇順三郎〉フェト・シャンペエトル・北東から「赤さびの夕陽に打たれた茄子の畑にのびる桑の木の枝」②「あかしぶびょう(赤渋病)」に同じ。

あかさび-いろ【赤錆色】〘名〙赤さびのような色。＊雪国(1935-47)〈川端康成〉「国境の山々は赤錆色が深まって」＊試みの岸(1969-72)〈小川国夫〉黒馬に新しい日を「灌木の向うの赤銹色(アカサビイロ)の暗がりに」 発音 〈標ア〉0

あかさび-みず ‥ミヅ**【赤錆水】**〘名〙赤さびのような色に濁った水。＊馬鈴薯の花(1913)〈島木赤彦〉明治四四年「草の中の赤錆び水におきてある夕日の舟は死にてあるかも」

あか-さ・びる【赤錆】〘自バ上一〙鉄などの金属の表面に、赤茶色のさびが生じる。＊温泉宿(1929-30)〈川端康成〉秋深き・一「鉄瓶の手のやうな鐶がもう赤錆びてゐる」＊暗夜行路(1921-37)〈志賀直哉〉一・一二「そして太い方は赤さびて」 発音 〈標ア〉ビ

あか-さま【赤様】〘名〙(「さま」は接尾語)「あかさん」よりやや改まった言い方。＊乳母(1896)〈北田薄氷〉八「やがて一年か二年経つ内には、可愛らしいお人形様のやうな赤児様(アカサマ)お生み遊ばして」＊火の柱(1904)〈木下尚江〉三「其の時此の婆のお抱き申した赤児様(アカサマ)が、今の立派な梅子さんです」

あか-さま〘形動〙「あからさま㊀①」に同じ。＊書紀(720)雄略九年七月(前田本訓)「其の馬、時に濩略(もこよか)にして、龍のごとく翥(と)ぶ。欻(アカサマニ〈別訓〉あかしまに)聳(たか)く擢(ぬけい)でて鴻(かり)のごとくに驚く」

あか-ざめ【赤佐目】〘名〙毛が赤と白とからなる馬。＊新札往来(1367)上「鹿毛駮・黄鴾毛・柑子栗毛・赤佐目・雲雀毛〈略〉自二奥州一到来」＊易林本節用集(1597)「赤佐目 アカザメ」 補注 「さめ」を「白眼」として、眼の白い馬というが、「新札往来」に並べられた馬が、いずれもまだら毛のものであるところから、これも同種の馬と考えられる。 辞書 饅頭・易林 表記 赤佐目(饅・易)

あかざ-めし【藜飯】〘名〙しょうゆ、砂糖などで味をつけた、アカザの新芽を炊き混ぜた飯。

あかざ-やね【藜屋根】〘名〙アカザで作った粗末な屋根。特に、あかざ堂の屋根。＊雑俳・柳多留-四八(1809)「あかざ家根やっとようじやほどにたて」

あか-さやまき【赤鞘巻】〘名〙腰刀の一種。赤塗りの鞘巻。海老鞘巻(えびざやまき)。

あか-ざら【閼伽皿】〘名〙閼伽碗(あかわん)を受ける皿。＊草根集(1473頃)七「秋の花を軒端の棚に折りちらしあかさら鳴らす瓦屋の奥」

あか-サルビア【赤―】〘名〙(サルビアは英 salvia)植物「べにばなサルビア(紅花―)」の俗称。 発音 〈標ア〉サ

あかざわ あかざは**【赤沢】**(「あかさわ」とも)姓氏の一つ。 発音 〈標ア〉0

あかざわ-やま あかさは‥**【赤沢山】** 静岡県伊東市南端の海沿いの山。河津三郎祐泰が工藤祐経の家臣に殺された所。曾我物の素材となる。＊謡曲・調伏曾我(1480頃)「おん身の父河津殿は、赤沢山の狩りくらにて、尾越しの矢に当たりて空しくなり給ひたるを」 発音 〈標ア〉0

あか-さん【赤三】〘名〙めくりカルタで三の組の札、四枚の中の赤札。点数は一〇に当たる。＊博奕仕方風聞書(1839頃か)「三の四枚の内〈略〉内一枚は赤三と唱、赤く画、数十に相成申候」

あか-さん【赤様】〘名〙(「さん」は接尾語)他人の赤ん坊を呼ぶ語。親しみをこめる場合、幼いことを強調する場合にも用いる。＊人情本・花筐(1841)三・一四回「誠に世話やけた、浮薄な爺父さんで困りますネエ、しかし赤子(アカ)さんでも出来たら、些(ちっ)とは大人しくお成んなさるだらうか」＊金毘羅(1909)〈森鷗外〉「赤さんの咳がどうも痙攣性の咳のやうだから」＊桑の実(1913)〈鈴木三重吉〉一「下の坊ちゃんはほんの赤さんであった」 方言 乳児。赤ちゃん。熊本県天草郡919 発音 〈標ア〉ア

あか-ざん【赤残】〘名〙(英 red remainder の訳語。会計の帳簿に、普通、赤字で記入するところから)赤字の残高。収入より支出が多くなって、差し引きマイナスになった差額。〔新しき用語の泉(1921)〕 発音 〈標ア〉0

あか-さんご【赤珊瑚】〘名〙サンゴ科の深海性サンゴ。四国、九州、小笠原諸島付近の数十〜数百メートルの海底の岩礁上に着生する。群体は赤褐色の樹枝状で、高さ約三〇センチメートル、重さ二キログラム以上になるものがある。シロサンゴ、モモイロサンゴとともに代表的なサンゴで、産額も多い。骨軸は細工物や指輪などの装飾品に用いられる。学名は Corallium japonicum ＊英和和英地学字彙(1914)「Akasango Corallium 紅珊瑚」 発音 アカサンゴ 〈標ア〉サ 〈京ア〉サ

あかさんご-じゅ【赤珊瑚珠】〘名〙アカサンゴで作った珠(たま)。

あかし【明・灯・燈・証】〘名〙(動詞「あかす」の連用形の名詞化)①ともしび。あかり。特に、神仏に供える灯明。ろうそく。＊今昔(1120頃か)一五・二八「一間なる持仏堂造置て、其に入、火を打て仏前に明し・香を置」＊浄瑠璃・伽羅先代萩(1785)六「人音は縁の下、油断ならざる若君の御身の上も気遣ひ、妼中(こしもとぢゅう)明し明し」＊浜荻(仙台)(1813頃)「あかし 燈火、明しなるべし。江戸 あかり」＊田舎教師(1909)〈田山花袋〉一二「町の病院の二階の灯(アカシ)が窓から洩れた」②(灯火が暗黒を照らすところから。①から転じたもの)確かなよりどころを明らかにすること。また、確かなしるし。証拠。証明。＊人情本・貞操婦女八賢誌(1834-48頃)五・四四回「爾(さ)すれば髻の短きとて、證拠(アカシ)にこそなれなかなかに、疑はるべきものならず」＊邪宗門(1918)〈芥川龍之介〉一四「予でない事だけは、しかとした証(アカシ)もある」＊抒情歌(1932)〈川端康成〉「これも私達の愛のあかしの一つでありました」③(夜を明かすことの意から)夜中から朝六時までの芸娼妓の花代をいう花柳界の語。あかしばな。＊父親(1920)〈里見弴〉「今夜はわてがあかし一杯買ふたげるよってん、ここにゐてお酌してえな」 方言 ❶明かり。灯火。また、ろうそくやランプなど。盛岡†054 仙台†057 青森県073 岩手県050 092 096 宮城県114 116 125 秋田県130 山形県村山138 西置賜郡152 福島県158 166 175 茨城県新治郡038 稲敷郡193 栃木県197 201 204 群馬県東部225 243 244 埼玉県秩父郡251 千葉県印旛郡274 東葛飾郡276 東京都八丈島038 神奈川県足柄上郡314 津久井郡317 新潟県347 382 山梨県南巨摩郡463 静岡県浜松市062 愛知県北設楽郡054 熊本県球磨郡054 ◇**あかせ** 熊本県球磨郡054 ◇**あかしこ** 岩手県和賀郡095 ◇**あかしっこ** 岩手県気仙郡100 ◇**あかこ** 青森県三戸郡(幼児語)083 ◇**あかぶ** 沖縄県宮古島974 ❷神仏に供える明かり。灯明。青森県津軽075 山形県139 大阪市638 和歌山県693 海草郡690 熊本県天草郡936 ❸たいまつ。また、その材料とする松の根や松の割り木など。秋田県仙北郡021 新潟県東蒲原郡368 山梨県南巨摩郡465 長野県下伊那郡492 岐阜県益田郡498 飛驒502 静岡県磐田郡546 愛知県北設楽郡011 東加茂郡565 鹿児島県肝属郡970 沖縄県小浜島975 石垣島996 ◇**ああし** 鹿児島県喜界島983 ❹薪。割り木。新潟県上越市382 富山県390 394 397 石川県河北郡404 福井県丹生郡432 岐阜県飛驒502 静岡県520 三重県志摩郡062 度会郡599 滋賀県高島郡608 京都府竹野郡622 ❺松の幹を薄くそいだたきつけ。沖縄県首里993 ❻燃料にする立ち木の枯れ枝。長崎県壱岐島914 ❼(「明かし知らせる」の意から)訃報(ふほう)をもたらす人。長野

県佐久493 発音〈標ア〉0 〈京ア〉0 辞書色葉・和玉・ヘボン・言海 表記暘(色) 炬(玉) 證(へ) 明(言)

あかしが立(た)つ 証拠がはっきり認められる。＊解体の日暮れ(1966)〈杉浦明平〉五「ともかく中井兄弟の説を受講しさえすれば、一応陽明学から転向したあかしが立つのであった」

あかしを立(た)てる 証拠をはっきり示す。＊末枯(1917)〈久保田万太郎〉「鈴むらさんと全く切れたといふ証拠(アカシ)を立てるために」＊抒情歌(1932)〈川端康成〉「魂が不滅でありますことのあかしを立て」

あかし【騂】『名』毛色の赤い馬、または牛。＊易林本節用集(1597)「騂 アカシ 牛毛」 辞書名義・和玉・易林 表記騂(名・玉・易) 驊(名)

あか‐し【赤四】『名』めくりカルタで四の組の札、四枚の中の赤札。点数は一〇に当たる。＊博奕仕方風聞書(1839頃か)「四の四枚の内〈略〉内一枚赤四と唱、赤く画、数十に相成申候」

あかし【明石】 ㊀〔一〕兵庫県南部、播磨海岸の東端の地名。古くから山陽、南海両道の宿駅、淡路島への港として知られる。天和二年(一六八二)以降は松平八万石の城下町。古来、かわら、清酒、明石縮、明石焼などの産がある。柿本人麻呂をまつる人丸神社境内に、東経一三五度の日本標準時子午線の通過標柱がある。大正八年(一九一九)市制。＊竹取(9C末‐10C初)「浜をみればはりまのあかしのはまなりけり」＊俳諧・本朝文選(1706)三・譜類・山水譜〈許六〉「須磨明石はあはれにさびしく、吉野龍田は花やかにさびし」〔二〕「源氏物語」第一三帖の名。源氏二七歳の三月から二八歳の八月まで。都を追われた源氏は明石入道の邸に身を寄せ、入道の娘明石上と結ばれるが、朱雀帝の召還により単身都に戻る。〔三〕兵庫県南東部にあった郡。古くは赤石とも書いた。大正八年以降、明石市・神戸市に併合され、昭和二六年(一九五一)消滅。＊二十巻本和名抄(934頃)五「播磨国〈略〉明石〈安加志〉」㊁『名』①「あかしちぢみ(明石縮)」の略。＊そめちがへ(1897)〈森鷗外〉「浴衣脱ぎ棄てて引っ掛くる衣(きもの)は紺にあめ入りの明石(アカシ)」＊行人(1912‐13)〈夏目漱石〉兄・二二「欄干に縞絽だか明石(アカシ)だか他処行の着物を掛けて」②香木の名。分類は真南蛮。香味は酸鹹苦。六十一種名香の一つ。語誌(1)人麻呂が「天離る夷の長道ゆ恋ひ来れば明門(あかしのと)より大和島見ゆ」〔万葉‐三・二五五〕と詠んだように、水路はもとより陸路においても㊀〔一〕は古来重要な地点。畿内に最も近接する地で境界性を帯びている。(2)㊀〔一〕が風光美、なかでも月の名所として歌や句に見えるようになるのは、「源氏物語」の、光源氏が明石君を尋ねる八月十三夜の月の描写による影響も考えられる。語源説アカシ(赤磯)の意〔日本古語大辞典＝松岡静雄〕。発音〈標ア〉ア 〈ア史〉㊀は鎌倉来◎○○ 〈京ア〉ア 辞書和名・色葉・文明・伊京・明応・天正・黒本・易林 表記明石(和・色・文・伊・明・天・黒・易)

あかしの駅(うまや) 兵庫県明石市大蔵谷に置かれた宿駅。「延喜式」にその名がみえる。＊大鏡(12C前)二・時平「播磨(はりま)の国におはしましつきて、あかしのむまやといふところに御やどりせしめ給て」

あかしの浦(うら) 兵庫県神戸市垂水(たるみ)から明石市までの海岸。南に淡路島を望み、古くから風光明媚なことで名高い。明石潟。明石の浜。＊万葉(8C後)三・二二六「見渡せば明石之浦(あかしのうら)にともす火のほにそ出でぬる妹に恋ふらく〈門部王〉」＊古今(905‐914)羇旅・四〇九「ほのぼのとあかしのうらの朝霧に嶋がくれゆく舟をしぞ思ふ〈よみ人しらず〉」 発音〈標ア〉ア 辞書書言 表記明石浦(書)

あかしの門(と) 明石海峡のこと。歌枕。＊万葉(8C後)一五・三六〇八「天離(あまざか)る鄙(ひな)の長道(ながち)を恋ひ来れば安可思能門(アカシノと)より家のあたり見ゆ〈作者未詳〉」 発音〈標ア〉ア

あかしの幟立(のぼりたて) 兵庫県明石市で、近世、陰暦四月一日に幟を立てた行事。端午の節句の前に取りこみ、五月にまた改めて立てた。＊俳諧・新季寄(1802)四月「明石幟立 一日 今日幟をたて初て端午まへにとり置又五月改てたてる也」

あかし【明石】 姓氏の一つ。発音〈標ア〉ア

あかし‐しがのすけ【明石志賀之助】 江戸初期の力士。寛永年間(一六二四〜四四)に活躍し、京都四条河原の天覧相撲では仁王太夫を倒して、朝廷から日下開山と名乗ることを許されたという。身長七尺五寸、横綱の始祖とされる。生没年不詳。

あかし‐じろう【明石次郎】 明石縮の創始者、堀将俊の通称。播磨国(兵庫県)明石の人。越後国(新潟県)小千谷に移り、越後縮を改良して明石縮を創製。元和六〜延宝七年(一六二〇〜七九)

あかし『名』犯行に行く途中で警官に出会うことをいう、盗人仲間の隠語。〔日本隠語集(1892)〕

あか・し【赤】『形ク』⇩あかい(赤)

あか・し【明】『形ク』⇩あかい(明)

あか‐じ【赤地】『名』地色に赤を用いた織物、工芸品。転じて、赤い色の下地。＊栄花(1028‐92頃)歌合「単(ひとへ)は打ちて、それも赤地の唐菱なる錦の表著(うはぎ)なり」＊名語記(1275)二「錦のあかぢ」＊浮世草子・傾城色三味線(1701)京・一「然も髻を巻立て、神主かと思へば赤地の裏を羽織につけたり」＊坊っちゃん(1906)〈夏目漱石〉一〇「陸海軍万歳と赤地(アカヂ)に白く染め抜いた奴が風に揺られて」 方言やせ地。沖縄県石垣島996 発音〈標ア〉0 〈京ア〉0 辞書日葡

あかじの錦(にしき) ①赤い織り地の錦。赤い色の厚手の絹の織り地に、金糸銀糸で模様を織り出したもの。＊千載(1187)秋下・三六〇「もみぢ葉に月の光をさしそへてこれやあかぢの錦なるらん〈後白河院〉」＊名語記(1275)三「その色の紅にして、赤地の錦の様なれば也」②もみじの品種。葉は春から紅色を帯び、その色の長くあせないもの。辞書日葡

あかじの直垂(ひたたれ) 赤地の錦で作った鎧直垂(よろいひたたれ)。中古末期以後、大将級の武士が鎧の下に着用した。＊保元(1220頃か)上・主上三条殿に御幸の事「赤地の錦の直垂に折烏帽子引立て」＊平治(1220頃か)中・待賢門の軍の事「今日の軍(いくさ)の大将なれば、赤地のにしきの直垂に、櫨(はじ)の匂ひの鎧に」

あか‐じ【赤字】『名』①赤色で書かれたり刷られたりした文字。＊夢声半代記(1929)〈徳川夢声〉江戸ッ児になる迄「一度『落』と書かれた所へ、赤字(アカジ)で『及』としてある」＊裲襠(1955)〈壺井栄〉一・四「やがてできた石塔にも戒名を刻んでもらい、朱字(アカジ)をいれた」②(収支決算で、不足額を表わす数字を赤色を使って記入するところから)収支決算の結果、支出が収入より多いこと。欠損。↔黒字。＊家族会議(1935)〈横光利一〉「新設備で赤字を出して」＊北東の風(1937)〈久板栄二郎〉一幕「ここ二三期は会社も赤字つづきで」③(一般に赤インクや赤鉛筆を用いるところから)校正や文章の推敲にあたって、書き入れる文字や記号。また、校正刷のこと。朱。④近世、天保・弘化(一八三〇〜四八)頃、伊勢国(三重県)桑名で下等な私娼のことをいった。＊随筆・いそ山千鳥(1866)飯盛「桑名は黒字といひ赤字といふ、黒字は上の品、赤字は下の品也」 語誌(1)江戸語としては④の意であったが、使用範囲や時期が限られていたため一般的ではなかった。(2)現在一般的に使われる意は、明治以後に新たに出現したものと思われる。現代中国語の「赤字」は、日本語の「収入より支出が多い」「欠損」という意味だけ伝わったものと見られる。方言下等な私娼。三重県伊勢001 発音〈標ア〉0 〈京ア〉0

あかじ『名』植物「すいば(酸葉)」の異名。＊重訂本草綱目啓蒙(1847)一五・水草「酸模 すいば〈略〉あかじ 摂州」

あかじ『名』①穀類、日本酒をいう、盗人仲間の隠語。〔隠語輯覧(1915)〕②羽織をいう、盗人仲間の隠語。〔日本隠語集(1892)〕

あかじ『名』方言❶魚、きちじ(喜知次)。福島県石城郡016 茨城県日立市・那珂郡016 ❷魚、おいかわ(追河)。奈良県五條市(雄のみ)016 宇智郡683 ◇あかんじ 和歌山県伊都郡690 ◇あかじい 岡山県川上郡745 ❸魚、まがれい(真鰈)。宮城県112 仙台市016 ❹鰈(かれい)の一級品。越前1041 ❺川鮭(かわむつ)の雄。和歌山県伊都郡694 ❻鳥、ほおじろ(頬白)。福島県相馬郡004 茨城県新治郡004 ❼虫、あぶらぜみ(油蟬)。栃木市198 ❽甘藷(かんしょ)の蔓の発芽する部分。和歌山県日高郡698 ◇ああじ 千葉県君津郡301

アカシア『名』(英 acacia)《アカシヤ》①マメ科アカシア属の樹木の総称。オーストラリアを中心に熱帯に分布し、アラビアゴムノキなど数百種ある。日本には自生せず、近くでは台湾にソウシジュという常緑樹がある。狭義には、園芸関係者の間で誤ってミモザと呼ばれるハナアカシアをさす。学名は Acacia ＊薬品名彙(1873)〈伊藤謙〉「Acacia 亜加矢亜」＊外来語辞典(1914)〈勝屋英造〉「アカシア Acacia〔英〕熱帯及亜熱帯地方に産する荳科の一常緑樹」②植物「はりえんじゅ(針槐)」の俗称。《季・花は夏》＊札幌(1908)〈石川啄木〉「停車場通りの両側のアカシヤの街樹(なみき)は」＊美しい村(1933‐34)〈堀辰雄〉美しい村「それらがアカシアの花であることを知った私は」 発音〈標ア〉0 〈京ア〉0

あかし‐あ・う【明合】『他ワ五(ハ四)』互いに秘密、心の中を打ち明ける。＊虎寛本狂言・膏薬煉(室町末‐近世初)「迚(とても)の事に薬種を明し合ふでは無いか」 発音文アカシオーとも〈標ア〉ア² オ 〈京ア〉0

アカシア‐ゴム『名』(英 gum acacia から)「アラビアゴムのき(—樹)」に同じ。＊外来語辞典(1914)〈勝屋英造〉「アカシア・ゴム Gum acacia〔英〕アラビア・ゴム(Gum arabic)の異名」 発音〈標ア〉ゴ

あか‐しお【赤潮】『名』プランクトンの異常繁殖によって海水が赤褐色や桃色に変色する現象。また、その海面。内湾などで多く発生し、魚介類に大きな被害を与える。三陸沖の厄水(やくみず)、東京湾の青潮、大阪湾の苦潮(にがしお)なども同様の現象。＊新しき用語の泉(1921)〈小林花眠〉「赤潮(アカシホ)」＊幻談(1938)〈幸田露伴〉「ああこの雨を孕んでやがったんで二三日漁がまづかったんだな。それとも赤潮(アカシホ)でもさしてゐたのかナ」 発音〈標ア〉0 〈京ア〉0 ⓪

あか‐しか【赤鹿】『名』シカ科の哺乳類。体長一・六五〜二・六五メートル、肩高〇・七五〜一・五メートル。角は比較的大きい。夏毛は光沢のある赤褐色で、冬毛はくすんだ色となり、白い斑点はない。ヨーロッパ、北アフリカ、アジア中北部、北アメリカ西北部に分布し、沼地などのある大きな森林に群れをなしてすむ。肉や毛皮用に養鹿場で飼育される。学名は Cervus elaphus 方言のみ(蚤)。静岡県磐田郡546 発音〈標ア〉0

あかし‐かいきょう【明石海峡】 大阪湾の西口、明石市と淡路島との間にある海峡。古くから海上交通の要所であり、明石鯛(だい)、明石蛸(だこ)の漁場。平成一〇年(一九九八)海峡をまたいで、神戸市と淡路町を結ぶ明石海峡大橋が開通。幅四キロメートル。明石の瀬戸。明石の門(と)。 発音アカシカイキョー〈標ア〉カ²

あかし‐がお【明顔】『名』いかにも夜を寝ないで過ごしてしまったというような顔つき。＊和泉式部日記(11C前)「まどろまで一夜ながめし月見るとおきながらしもあかしがほなる」

あかし‐か・ねる【明兼】『他ナ下一』文あかしか・

ぬ〘他ナ下二〙一夜を過ごすことができない。＊万葉（8C後）一〇・一九八一「霍公鳥（ほととぎす）来鳴く五月の短夜もひとりしぬれば明不得（あかしかねつ）も〈作者未詳〉」＊宇津保（970〜999頃）蔵開下「ちかくてもみぬまもおほくありしかどなど春の夜をあかしかねつる」＊拾遺（1005〜07頃か）夏・一二五「郭公（ほととぎす）なくや五月のみじか夜もひとりしぬればあかしかねつも〈よみ人しらず〉」＊苔の衣（1271頃）四「此のごろは御ぞのかわくまもなくほしわびつつ、あかしかね給ひつるよなよなも」 発音〈標ア〉0ネ 辞書日葡

あかし-ぎり【明石桐】〘名〙紋所の名。桐紋の一種。＊歌舞伎・敵討浦朝霧（1815）口明「欄間の所、明石桐（アカシギリ）の紋附き晒し幕、東西落間」 発音アカシギリ〈標ア〉シ

あかじ-きんゆう【赤字金融】〘名〙「あかじゆうし（赤字融資）」に同じ。

あかし-くら・す【明暮】〘他サ五（四）〙夜を過ごし、日を暮らす。月日を送る。毎日生活していく。＊竹取（9C末〜10C初）「もとのめどもは、かぐや姫を必ずあはんまうけして、ひとりあかし暮し給ふ」＊源氏（1001〜14頃）桐壺「ただなみだにひぢてあかしくらさせたまへば」＊徒然草（1331頃）五「不幸に愁に沈める人の〈略〉あるかなきかに門さしこめて、待つこともなく明し暮したる」 発音〈標ア〉0ラ〈京ア〉0

あかし-ぐろ【明石黒】〘名〙明石（兵庫県明石市）でとれる黒の碁石（ごいし）。＊俳諧・水馴棹（1705）「夜の浪が打がへにする明石黒」

あ-かじけな・い〘形口〙（「ああかたじけない」の変化した語）ありがとうございます。＊雑俳・旅すずり（1744）「したたるい・あかじけないと朝日さす」

あかし-げんじん【明石原人】日本で最初に発見された化石人類。昭和六年（一九三一）直良信夫によって兵庫県明石市西八木の海岸で、左腰骨が採集された。洪積世中期更新世に属するものとされてきたが、現在では旧人に属するとされる。戦災で焼失。明石人骨。 発音〈標ア〉ゲ

あが-しこ〘連語〙あれ程。あれだけ。あんなに。＊浜荻（久留米）（1840〜52頃）「あがしこ　あれほど、あらほど彼程也」 方言福岡県粕屋郡876 福岡市879 佐賀県佐賀郡038 熊本県玉名郡926

あかじ-こうさい【赤字公債】〘名〙国家が一般会計の赤字、つまり、歳出が歳入を超えた分を補うために発行する公債。歳入補塡（ほてん）公債。＊最新現代語辞典（1933）〈大島秀雄〉「アカジコウサイ　赤字公債〈略〉日本も昭和七年以来赤字公債を発行して一時を糊塗してゐる」 発音アカジコーサイ〈標ア〉コ〈京ア〉コ

あかじ-こくさい【赤字国債】〘名〙国が一般会計の赤字補塡のために発行する国債。

あかじ-ざいせい【赤字財政】〘名〙国や公共団体で歳入額が歳出額を下回っている財政。＊国民百科新語辞典（1934）〈新居格・木村毅〉「アカジ・アカジザイセイ　赤字・赤字財政」 発音アカジザイセイ〈標ア〉ザ〈京ア〉ザ

あか-しじみ【赤小灰蝶】〘名〙シジミチョウ科のチョウ。はねの開張四二ミリメートル内外。地色は橙黄赤色で、前ばねの外縁が黒く、裏面には白で縁どられた淡褐色の太い縦縞がある。初夏から夏の夕暮れによく飛ぶ。各地のクヌギ、ナラ、カシワなどの林に見られる。学名は Japonica lutea 発音〈標ア〉シ

あか-じしゃ〘名〙植物「しろもじ（白文字）」の異名。

あかし-じょう【明石城】兵庫県明石市にあった平山城。元和三年（一六一七）、小笠原忠真が一〇万石を封ぜられ築城。のち戸田・大久保氏らを経て松平氏一〇代が襲封。石塁、内濠、櫓が現存。人丸城。喜春城。錦江城。鶴城。 発音アカシジョー〈標ア〉シ

あかし-ずく【明尽】〘名〙（形動）隠し立てしないですべて物事を明らかにすること。＊洒落本・後編姫意忸思（1802）羅甑紋「外に客があるならあるやうにあかしづくでいけば、なんぼたまたま女郎かいにきたおれだとて」

あかじ-せん【赤字線】〘名〙営業したときの収支決算で、収入よりも支出の方が多い鉄道やバスの路線および航路、航空路のこと。 発音〈標ア〉0

あかし-せんこう【明線香】〘名〙「あかしばな（明花）」に同じ。＊最新百科社会語辞典（1932）「あかしせんこう　明し線香　〔俗〕明し花ともいふ、夜の遊興時間がすんで翌朝まで芸娼妓の玉代をつける事」

あか-じそ【赤紫蘇】〘名〙シソの品種のうち茎、葉が紫色を帯びたもの。梅漬けなどに用いる。《季・夏》 発音〈標ア〉0

あかし-だい【明石鯛】〘名〙瀬戸内海の明石海峡付近でとれる真鯛。古来より、美味とされ、珍重される。＊雑俳・ぬり笠（1697）「きみのよさ・真那箸を嚙む明石鯛」＊雑俳・うしろひも（1737）「がりがりと・打鑰を嚙むあかし鯛」 発音〈標ア〉シ

あかし-だ・てる【明立】〘他タ下一〙文あかしだ・つ〘他タ下二〙「あかし（明）を立てる」に同じ。＊歌の条件（1946）〈小田切秀雄〉四「吾々は吾々なりの仕方で内容づけ証（アカ）し立てようではないか」 発音〈標ア〉テ

あかし-だま【明石玉】〘名〙人造サンゴの玉の一つ。天保年間（一八三〇〜四四）頃、播磨国（兵庫県）の明石で作られた紅色の玉で、婦人の簪（かんざし）や装飾品に用いられた。白、紫、藍色もある。＊西洋道中膝栗毛（1870〜76）〈仮名垣魯文〉一一・下「明石玉（アカシダマ）や煉物（ねりもの）がはやるのも」＊花間鶯（1887〜88）〈末広鉄腸〉下・一〇「頭には細き明石玉（アカシダマ）の付きたる真鍮の簪を差し」 辞書言海 表記明石玉（言）

あか-しだれまつ【赤枝垂松・赤垂松】〘名〙アカマツの一品種。枝が細長くたれ下がり、葉も細いもの。さがりまつ。しだれまつ。 発音〈標ア〉マ

あか-しち【赤七】〘名〙めくりカルタで、七の組の札、四枚の中の赤札。点数は一〇に当たる。＊博奕仕方風聞書（1839頃か）「七の四枚の内〈略〉内一枚赤七と唱、数十に相成申候」

あかし-ちぢみ【明石縮】〘名〙経（たていと）に生糸、緯（よこいと）に右撚（よ）りの強い練り糸を用いて平織りとし、織り縮ませた高級な薄織物。無地、縞、絣（かすり）などがあり、さらさらしている。女性の夏の高級着尺地。寛文年間（一六六一〜七三）、明石の人、堀将俊（明石次郎）が創製したという。現在は、京都市西陣、新潟県十日町市の特産だが、旧名をそのまま用いている。あかし。＊俳諧・雑巾（1681）夏「明石縮夏をしぞ思ふ櫃がくれ〈口楽〉」＊浮世草子・日本永代蔵（1688）一・四「中将姫の手織の蚊屋、人丸の明石縮（アカシチヂミ）」 発音〈標ア〉チ〈京ア〉チ 辞書言海 表記明石縮（言）

あかし-つ・る【明釣】〘他ラ四〙一晩中、魚を釣る。＊万葉（8C後）一五・三六五三「志賀の浦に漁（いざり）する海人（あま）家人の待ち恋ふらむに安可思都流（アカシツル）魚〈遣新羅使人〉」

あか-しで【赤四手】〘名〙カバノキ科の落葉高木。各地の山野に生える。高さ一五メートルに達する。樹皮は灰白色で滑らか。葉は卵形、または長楕円形で、へりに鋸歯（きょし）をもつ。新芽は紅色で、秋、紅葉する。材は淡黄白色で堅く、建築、器具などの材料とする。しでのき。そろのき。こそね。こしで。学名は Carpinus laxiflora 〔語彙（1871〜84）〕 発音〈標ア〉0

赤　四　手

あか-しの【赤志野】〘名〙志野焼で、薄くかけた白色の釉（うわぐすり）の下から鉄釉が発色して褐色となっているもの。

あかし-の-うえ【明石上】「源氏物語」に出てくる女性。明石入道の娘。須磨に流寓の身となった光源氏と結ばれ、明石の中宮を産む。のち大堰（おおい）の別邸、次いで六条院に移り住む。 発音〈標ア〉ア

あかし-の-ちゅうぐう【明石中宮】「源氏物語」に出てくる女性。光源氏と明石の上の間に生まれる。今上（きんじょう）帝の中宮となり、春宮（とうぐう）、匂宮らを産む。明石の姫君。明石の女御。 発音アカシノチューグー〈標ア〉ア

あかし-の-にゅうどう【明石入道】「源氏物語」の登場人物。前播磨守。須磨に流寓する源氏を明石の自邸に迎え、娘の明石の上と結婚させる。

あかし-は・つ【明果】〘他タ下二〙夜をすっかり過ごしきる。夜がすっかり明けるまで過ごす。＊大和（947〜957頃）御巫本附載「ことならばあかしはててよ衣手にふれる涙の色も見すべく」＊源氏（1001〜14頃）藤裏葉「おとど、したりがほなる朝寝（あさい）かなと、とがめ給ふ。されど、あかしはてでぞいで給ふ」＊あさぢが露（13C後）「こともおろかにをかしうおぼえて夜をもあかしはてぬにかく申すことなどよきほどにいひて」

あかし-ばな【明花】〘名〙芸娼妓を一晩買い切ること。＊わが新開地（1922）〈村島帰之〉一三「時の兵庫県警察部長県忍氏は〈略〉所謂明し花を売る芸妓が全数の三割を越えると聞いて風俗取締上大英断を以て夜間十二時以後の芸妓営業を禁止した」＊新時代用語辞典（1930）〈長岡規矩雄〉花柳界用語「明し花」

あかし-びと【証人・明人】〘名〙ある物事の疑点などを明らかにする人。証言に立つ人。しょうにん。＊書紀（720）大化二年三月（北野本訓）「仮使（たとひ）、明かなる三（み）たりの証（アカシヒト　別訓 あかすひと）を得とも」＊改正増補和英語林集成（1886）「Akashibito アカシビト」＊火の柱（1904）〈木下尚江〉一四・二「其を救ふ為の一個（ひとり）の証人（アカシビト）にならねばならぬ」

あかし-びや【明石火矢】〘名〙火矢の一種。周防国（山口県）の赤石内蔵助高基の伝えたものとも、播磨国（兵庫県）の三木茂大夫の創製したものとも伝える（武用弁略（1856））。

あかし-ふだ【明石札】〘名〙播州明石藩が発行し、藩内のみに通用した紙幣（銀札）。＊洒落本・粋好伝夢枕（1829）「壱朱が三つと明石札が拾匁斗りとあるゆへ」

あかし-ぶね【明石船】〘名〙近世、大坂、明石間一五里の海路に就航していた乗合船。五、六反帆、五、六〇石積み小型渡海船。＊和漢船用集（1761）四・海舶之部「明石（アカシ）舟　播州名所を呼者、小船也。旅客を装ひ載す乗合舟有、毎に摂州浪花に往来す。夕べに浪華にのりて朝に明石にいたる」

明　石　船〈和漢船用集ほかより〉

あかしぶ-びょう【赤渋病】〘名〙桑や野菜などの葉、新芽につく病気。病斑から黄色みを帯びた橙色の粉末を飛散し被害部が湾曲する。あかさび。

あかし-ぶみ【明文】〘名〙神仏の前で述べる誓いの文。願文（がんもん）。＊源氏（1001〜14頃）玉鬘「御あかし文など書きたる心ばへなど」

あか-しま 一〘形動〙「あからさま一①」に同じ。＊書紀（720）雄略七年八月（図書寮本訓）「官者（とねり）吉備弓削部虚空、取急（アカシマ　別訓 あからさま）に家に帰（まかりかへ）る」＊天理本金剛般若経集験記平

安初期点(850頃)「龍朔二年の冬十月に野火有り。暴(アカシマ)に起り、非常(はなはだ)熾盛なり」 二『名』「あかしまかぜ(暴風)」の略。＊読本・椿説弓張月(1807-11)続・三一回「それ大風烈しきを颶(はやて)といふ。又甚しきを颱(アカシマ)と称(となふ)」＊落語・佃島(1900)〈初代三遊亭金馬〉「五、六、七、八と、此れは颱(アカシマ)が多いと申します」

あか-じま【赤縞】『名』赤い縞模様を特徴として織った麻織物。夏の衣服などに用いる。＊油地獄(1891)〈斎藤緑雨〉六「赤縞(アカジマ)の二子の前垂を」＊社会百面相(1902)〈内田魯庵〉投機・四「赤縞(アカジマ)の郡内の座蒲団」 発音〈標ア〉0

あかし-まい【明石米】『名』播州(兵庫県)内でとれる米。播州米の一つで、上等米であった。＊歌舞伎・三千世界商往来(1772)四「米は明石米をふりぬきにして持って来るか」 発音〈標ア〉0

あかしま-かぜ【暴風】『名』「あからしまかぜ(暴風)」に同じ。＊書紀(720)景行四〇年是歳(寛文版訓)「乃ち海中に至て暴風(アカシマカゼ)忽に起る」＊内地雑居未来之夢(1886)〈坪内逍遥〉一三「折しも雨は降り歇(や)みたれど、あかしま風(カゼ)はますます荒れて」

あかし-まつ【明松】『名』松の油の多い部分などを束ね、火をともして照明に用いるもの。たいまつ。＊鎌倉物語(1659)二「たわ水をわたり、明し松をとぼして行ば、六七町まではゆかるる也」＊俚言集覧(1797頃)「あかし松 今はたいまつといふ」

あか-じみ【垢染】『名』あかがしみついて、よごれること。また、衣服についた体のあかや、よごれ。＊日葡辞書(1603-04)「Acajimiga (アカジミガ)シタ。〈訳〉衣服等にこのようなよごれができる、つく」＊金色夜叉(1897-98)〈尾崎紅葉〉続・一「フラネルの浴衣の洗曬(あらひさら)して垢染にしたるに」 発音〈標ア〉0 辞書 日葡・言海 表記 垢染(言)

あか-じ・みる【垢染】『自マ上一』あかがしみついて、よごれる。あかじむ。＊洒落本・二筋道後篇廓の癖(1799)三「なんぼ綴(つぎ)々の垢じみたを着たって、そふ心迄おちぶれる物かへ」＊和英語林集成(初版)(1867)「Akajimita 垢染」＊社会百面相(1902)〈内田魯庵〉貧書生「垢染みて膩光(あぶらびか)りのする綿の喰出(はみだ)した褞袍(どてら)に纏(くる)まって」＊雪国(1935-47)〈川端康成〉「顔は小皺で垢じみてゐたが」 発音〈標ア〉ミ〈京ア〉0 辞書 ヘボン 表記 垢染(へ)

あか-じ・む【垢染】『自マ四』「あかじみる(垢染)」に同じ。＊日葡辞書(1603-04)「Acajimi, u, jŭda (アカジム)」＊茶話(1915-30)〈薄田泣菫〉煙草屋の小僧「煙草屋の小僧の垢染(アカジ)んだ掌面(てのひら)に握られてゐる次第なのだ」 辞書 日葡・言海 表記 垢染(言)

あかし-もん【明物】『名』方言(明らかにするものという意から)謎(なぞ)。なぞなぞ。富山県390 福井県427 ◇**わかしもの** 石川県加賀418 ◇**あかしむぬ** 沖縄県宮古島975 ◇**あかしむん** 沖縄県首里993 ◇**あはしむぬ** 沖縄県伊江島975 ◇**あはしむん** 沖縄県伊江島・国頭郡975 ◇**ああしむん** 鹿児島県徳之島975 ◇**あがしむぬがったあ** 沖縄県与那国島975

アカシヤ『名』⇨アカシア

あかしゃ-かべい『名』名古屋市中区門前町にある清寿院前で売った、細目で舌の出入りする厚紙製の面。あかすかべい。あかんべい。＊雑俳・玉柏(1744)「いつとてもおっしゃることが百一つ・アカシャカベイの留守の小桜」

あかし-やき【明石焼】『名』播州(兵庫県)明石地方産の陶器。 発音〈標ア〉0

あか-しゃぐま【赤赭熊】『名』頭の飾りに用いる赤ぶさ。＊日葡辞書(1603-04)「Acaxaguma (アカシャグマ)」 辞書 日葡

あか-しゃこ【赤蝦蛄】『名』「あかざえび(藜海老)」の異名。 発音〈標ア〉0 シャ

あか-じゃこ【赤雑魚】『名』方言 赤みを帯びた魚。❶魚、ほたるじゃこ(蛍雑魚)。紀州和歌山†030 ❷魚、ねんぶつだい(念仏鯛)。和歌山県田辺市694 ❸魚、おおすじいしもち(大筋石持)。高知県香美郡865 ❹鯎(うぐい)の雄。◇**あかざこ** 福島県東白川郡016

あか-シャツ【赤―】『名』(シャツは 英 shirt) ①赤い色のシャツ。＊坊っちゃん(1906)〈夏目漱石〉二「文学士丈に御苦労千万な服装(なり)をしたもんだ。しかも夫が赤シャツだから人を馬鹿にしてゐる」 ②革命家をいった俗称。＊現代語大辞典(1932)〈藤村作・千葉勉〉「あかシャツ 赤 shirt 革命家。伊太利の革命家ガリバルヂ(Garibaldi)とその一党が赤いシャツを着たことから起る」 発音〈標ア〉0

あか-シャベ【赤―】『名』(「シャベ」は「シャベル」の略) 銅製のシャベル、または銅の十能をいう、盗人仲間の隠語。〔隠語輯覧(1915)〕

あか-じゃ・れる【赤曝】『自ラ下一』衣服などが日に焼けて赤っぽくなる。＊洒落本・婦美車紫鹿(1774)高輪茶屋の段「黒郡内の少々あかじゃれたる小袖」＊雑俳・柳多留-一〇(1775)「赤じゃれた黒ちりめんがおびき出し」

あかじ-ゆうし【赤字融資】『名』金融機関が企業の欠損を補充するために短期的な資金を融通すること。赤字金融。 発音 アカジューシ〈標ア〉ユ

あか-じゅく【赤熟】『名』成熟した蚕は体が半透明になるが、その際に赤みを帯びる性質、また、その性質をもつ蚕の品種の名。上蔟(じょうぞく)のころに見られ、淡黄色を帯びる性質をいう青熟に対していう。赤引き。

あか-ジュバン【赤襦袢】『名』(ジュバンは ポルトガル gibão) 赤い色の襦袢。＊太政官(1915)〈上司小剣〉八「村の若い衆が総出で、揃ひの赤襦袢をそよそよと吹く東風に翻へしつつ」 方言 習字を朱で直されること。◇**あかじばん** 奈良県南大和683

あか-しゅんけい【赤春慶】『名』木地をべにがらで赤く塗った春慶塗の器。

あか-しょうぞく【赤装束】『名』赤色の装束。＊俳諧・天満千句(1676)九「豆腐豆腐赤爨束をめされたり〈直成〉 小見世かざりて住よしおどり〈利方〉」＊浄瑠璃・国性爺後日合戦(1717)二「阿克将が出立(いでたち)は、雲絹の赤装束、べつかつの冠着たり」

あか-しょうびん【赤翡翠】『名』カワセミ科の鳥。カワセミよりかなり大きく全長約二八センチメートルで、赤色の長大なくちばしをもつ。全身赤褐色で腹部は黄褐色を帯びる。南アジアに分布。日本には五月頃渡来し、八月頃南方へ帰る。渓流の近くの森林にすみ、蛙、小魚などを食べ、キョロロキョロロと鳴く。「みやましょうびん」とか「やましょうびん」とかいう方言もあるが、どちらも他のカワセミの一種をさす名なので紛らわしい。みずこいどり。あまこいどり。あかひすい。なんばんちょう。きょうろう。しょうじょうしょうびん。学名は Halcyon coromanda《季・夏》 発音 アカショービン〈標ア〉ショ

あか-しょうま【赤升麻】『名』ユキノシタ科の多年草。各地の山地に生える。高さ四〇～八〇センチメートル。葉は三回三出複葉。小葉は長さ五～一〇センチメートル、卵形で先端が鋭くとがり、縁には重複した鋸歯(きょし)がある。夏、茎の先に長さ一〇～二五センチメートルぐらいの細い円錐状の花序を出し、白い小花をつける。地下茎が赤色を帯びる。学名は Astilbe thunbergii ＊重訂本草綱目啓蒙(1847)九・山草「升麻〈略〉とりあし升麻は根皮赤黄色又赤色なり。故にあか升麻と云。古は薬肆に此を売」 発音 アカショーマ〈標ア〉ショ

あか-しらが【赤白髪】『名』赤みがかった白髪。＊能因本枕(10C終)三五・牛飼は「牛飼は大きにて、髪あかしらかにて顔赤みてかどかどしげなる」

あか-しらつるばみ【赤白橡】『名』①「あかいろ(赤色)②」に同じ。＊延喜式(927)一四・縫殿寮「赤白橡(あかしらつるばみ)綾一疋」＊西宮記(969頃)一九・内宴「天皇御服赤白橡」 ②「あかいろ(赤色)④」に同じ。

あかしり-ざや【赤尻鞘】『名』刀の鞘を赤い革で包んだもの。＊俳諧・新撰犬筑波集(1532頃)雑「しまがくれゆくひとをこそきれ ほのほのとあかしりさやの太刀抜て」

あか-じるし【赤印】『名』赤色のしるし。鎧の袖や兜の背後に、味方の目印としてつけた赤い布。＊平家(13C前)七・一門都落「わすれたる事ありとて、赤じるし切捨て、其勢三百余騎、都へとってかへされけり」＊平治(1220頃か)中・待賢門の軍の事「平家は赤旗・赤じるし日に映じてかがやけり」＊虎明本狂言・青海苔(室町末-近世初)「主を打捨て、赤じるしをかなぐりすて、西をさして落行けり」 発音〈標ア〉ジ

あかじるし-いっき【赤印一揆】『名』武具などに、一様に赤い目印をつけた武士の同族集団。赤一揆。→一揆③。＊太平記(14C後)三一・武蔵野合戦事「一方の大将には、新田武蔵守義宗五万余騎、白旗、中黒、頭黒、打輪の旗は児玉党、坂東八平氏、赤印(アカジルシ)一揆(いっキ)を五手に引分け」 発音〈標ア〉イ

あか-しろうと【赤素人】『名』(「あか」は接頭語)全くのしろうと。ずぶのしろうと。＊浄瑠璃・菖蒲前操弦(1754)四「ハハア、妹はあか素人(シロウト)」＊浄瑠璃・いろは蔵三組盃(1773)六「こいつは一向赤素人(アカシロウト)じゃ」

あかしろ-けいせき【赤白珪石】『名』チャート(角岩)の赤い部分と石英粒の白い部分とがまだらになっているケイ石。耐火煉瓦(れんが)の材料。わが国独特のもので、とくに京都地方に多い。 発音 アカシロケイセキ〈標ア〉ケ

あかし-わ・ぶ【明侘】『他バ上二』あれこれと思いわずらって、夜を過ごしかねる。＊赤染衛門集(1041-53頃)「ひと夜だにあかしわびぬる秋の夜になくなくすぐす虫ぞ悲しき」＊有明の別(12C後)二「いとすさまじきあきのよをあかしわびてこの中将をぞいとはつかにひきなやまし給ふ」

あか-しん【赤芯】『名』鉛筆などの芯の赤いもの。＊星座(1922)〈有島武郎〉「赤芯(アカシン)の鉛筆で細かに記してあった」 発音〈標ア〉0

あか-しんごう【赤信号】『名』①(赤旗、赤ランプ、赤いシグナルなどで示すところから)交通機関の停止、危険を意味する赤色の信号、合図。停止信号。危険信号。⇔青信号。＊受胎(1947)〈井上友一郎〉「新宿へ向ふ車が突然、御苑の薄暗い樹の蔭を左手にしてストップの赤信号にかかった際」 ②危険や物の不足などを知らせる警告や注意。また、憂慮すべき事態が迫っているというしるし。⇔青信号。「会の運営に赤信号がともる」 発音 アカシンゴー〈標ア〉シ〈京ア〉シ

あが-じんじゃ【英賀神社】兵庫県姫路市飾磨区英賀宮町にある神社。旧県社。主祭神は、英賀彦神、英賀姫神。「播磨風土記」にみえる古社。 発音 アガジンジャ〈標ア〉ジ

あが-じんじゃ【阿賀神社】滋賀県八日市市小脇町の赤神山(太郎坊山)にある神社。祭神は正哉吾勝勝速日天忍穂耳尊(まさやあかかつかちはやひあめのおしほみみのみこと)。商売繁盛の神として知られる。太郎坊阿賀神社。太郎坊宮。 発音 アガジンジャ〈標ア〉ジ

あか-しんた【銅晉太】『名』(「あか」は銅のこと、「しんた」は金銭の意) 銅貨をいう、てきや、盗人仲間の隠語。〔日本隠語集(1892)〕

あか-しんちゅう【赤真鍮】『名』真鍮の一

種で、銅に亜鉛一五〜二〇パーセントを含ませた合金。展延性にすぐれ、絞り加工、建築、家具、装身具などに用いられる。たんばか。丹銅。レッドブラス。発音アカシンチュー〈標ア〉シ

あか-しんぶん【赤新聞】〘名〙興味本位の暴露記事やセックス記事を売り物にしたり、会社の内情や個人の私行をあばいて、ゆすり、たかりをしたりする新聞。明治中期の大衆紙「万朝報」が淡紅色の用紙を使ったところから呼ばれるようになった。*社会百面相(1902)〈内田魯庵〉精神家・上「我輩の許(ところ)へ頼ったのは赤新聞に堕落書生の標本として書立てられる稽古をする為ぢゃあるまい」*帰郷(1948)〈大仏次郎〉霧夜「これが二流、三流の煽情的な赤新聞の方だったら」発音〈標ア〉シ〈京ア〉シ

あか-しんれい【閼伽振鈴】〘名〙真言宗で行なう朝夕の勤行のときに振る鈴。また、その勤行。閼伽の水を入れた器(閼伽坏=あかつき)の糸底で、受け台の縁をたたき、壇上の鈴を数度振る。*広本拾玉集(1346)二「これやさは高野の山に住む心閼伽振鈴の夕ぐれのこゑ」

あか・す【明】〘他サ五(四)〙①明るくする。*万葉(8C後)一五・三六四八「海原の沖辺にともし漁(いざ)る火は安可之(アカシ)てともせ大和島見む〈遣新羅使人〉」②火をつける。ともす。*日葡辞書(1603-04)「ヒヲ acasu (アカス)」*御国通辞(1790)「とぼす 灯あかす」③夜が明けるのを待ち過ごす。眠らないで夜を過ごす。*万葉(8C後)四・四八五「思ひつつい も寝かてにと 阿可思(アカシ)つらくも 長きこの夜を〈斉明天皇(舒明天皇説あり)〉」*竹取(9C末-10C初)「あたりをはなれぬ君だち夜をあかし日を暮らす多かり」*平家(13C前)灌頂・女院出家「月は夜な夜なさし入れども、ながめてあかすぬしもなし」*日葡辞書(1603-04)「ヨヲ acasu (アカス)」*尋常小学読本(1887)〈文部省〉四「日もくれたれば、帰ることもかなはで、そこに一夜をあかさんとせり」④(「証す」とも書く)証明する。疑いをただして明らかにする。*法華義疏長保四年点(1002)二「彼の経には、一切衆生は〈略〉種種道に成ると明(アカス)」*浜松中納言(11C中)三「くはしき事あかし申し侍らんも」*大鏡(12C前)一・後一条「まづ帝王の御つづきをおぼえて、つぎに大臣のつづきはあかさんと也」*日葡辞書(1603-04)「フシンヲ acasu (アカス)」*咄本・八行整版本昨日は今日の物語(1614-34頃)「物識をよせて御読ませ候へども、さらにこれをあかすものなし」*王城の護衛者(1965)〈司馬遼太郎〉「この秘儀の実否を証(アカ)すようすがはない」⑤(秘密などを)打ち明けていう。表わす。*源氏(1001-14頃)手習「此の人にもさなむありしなど、あかし給はん事はなほ口重き心地して」*人情本・春色梅美婦禰(1841-42頃)三・一八回「妹の方を斯々なりとは明していはれず」*まぼろし(1898)〈国木田独歩〉渠「自分はここに其姓名を明(ア)かしたくない」語誌「あく(明)」に対する他動詞形で、①の「明るくする」意が原義。名詞は「あかし」。③の意の「明かす」は「暮らす」と対義の関係にあり、「明かし暮らす」で「夜を明かし日を暮らす=日々を過ごす」意を表わす。ただし、この場合の「明かす」は、単なる夜の経過(終了)ではなく、ある状態や行為を伴った夜の経過(終了)を表わしている。したがって、「明かしかねぬ」とは、物思いなどのために眠れないで、夜明けまでの時間を過ごすのが苦痛に感じられることをいう。なお、④の意の早い例は、和文よりもむしろ漢文訓読文(訓点資料)に見られるところから、漢文の訓読によって生じた用法と推定される。ただし、⑤の意との先後関係については速断できない。方言❶火をともす。明かりをつける。岩手県紫波郡093 上閉伊郡097 山形県飽海郡139 新潟県佐渡352 岐阜県498 岡山県真庭郡746 長崎県対馬038 ◇あからす 愛媛県840 ❷教える。告げ知らせる。茨城県真壁郡191 稲敷郡193 千葉県上総268 273 神奈川県中部317 320 新潟県東蒲原郡368 山梨県461 南巨摩郡463 長野県484 492 493 静岡県520 535 541 ◇あかせる 神奈川県054 316 静岡県520 535 540 ◇あかせえる 神奈川県津久井郡317 静岡県520 536 ◇あかそ 東京都利島323 ❸事実をぶちまける。◇あからかす 岐阜県飛騨502 ❹こぼす。◇あからかす 岐阜県498 502 ◇わかす ❺謎(なぞ)などを解く。当てる。富山県390 394 398 ◇あかしゅん 沖縄県首里993 ❻見つける。捜し当てる。富山県砺波398 ❼得心させる。納得させる。◇あがす 広島県771 776 779 ❽灯油などを使い果たす。山形県南村山郡・西置賜郡139 発音〈なまり〉ワカス〔石川〕〈標ア〉0 カ〈ア史〉鎌倉来●●●〈京ア〉0 辞書名義・和玉・日葡・ヘボン・言海 表記明(名・玉・へ・言) 佼(名・玉)

あか・す【開―】〘連語〙(動詞「あく(開)」の未然形に上代の尊敬の助動詞「す」の付いたもの)おあけになる。お開きになる。*古事記(712)下・歌謡「夏草のあひねの浜のかき貝に足踏ますな阿加斯(アカシ)てとほれ」補注「古事記」の例は、夜を過ごす意の「明かす」と解する説もある。

あか・す【飽―】㊀〘連語〙⇨あかせる(飽)㊀。㊁〘自サ五(四)〙(「あかせる(飽)㊁」が四段活用化した語)あるにまかせて十分に使う。*咄本・くだ巻(1777)庭「黒かね丁三丁めへ町屋敷を買(かい)、普請は金にあかし風流尽し」*当世書生気質(1885-86)〈坪内逍遙〉三「金があるまま金にあかして」発音〈標ア〉カ〈京ア〉0

あか-ず【赤酢】〘名〙梅酢の一種。梅の実に赤紫蘇を加えて塩漬けにしたときにできる赤い汁。食用その他に用いる。↔白酢(しろず)①

あか・ず【不開】〘連語〙(動詞「あく(開)」の未然形に打消の助動詞「ず」のついたもの)⇨あけず(不開)。発音〈標ア〉0

あかずの間(ま)「あけず(不開)の間」に同じ。*妖怪年代記(1895)〈泉鏡花〉一「先住の室が自ら其身を封じたる一室は、不開室(アカズノマ)と称へて、開くことを許さず、はた覗くことをも禁じたりけり」*架空邂逅記(1950)〈渡辺一夫〉「『開かずの間(カヴォ・デ・スウブリエット)』で有名なサン・ジュリヤン・ル・ポーヴル寺院が」

あかずの門(もん)「あけず(不開)の門」に同じ。

あか・ず【不飽】〘連語〙(動詞「あく(飽)」の未然形に打消の助動詞「ず」の連用形が付いたもの)⇨「あく(飽)」の子見出し

あか-すおう【赤蘇芳】〘名〙染色の名。濃い赤色。蘇芳で明礬(みょうばん)を媒剤として染める。上代、五色の赤として緋(ひ)に代用された。発音アカスオー〈標ア〉ス

あかすか-べい〘名〙(「あかすかべえ」とも)「あかんべい」に同じ。*滑稽本・東海道中膝栗毛(1802-09)二・上「『ヱヱひっぱるな。ここをはなしたら泊るべい』『すんならサアおとまり』『あかすかベイ』」*滑稽本・旧観帖(1805-09)二・下「大鉢、小鉢みなそばに置ならべ、のみしふりしてあけさせしは、こっちのそんだ、あかすかべい」*滑稽本・浮世風呂(1809-13)前・下「『ずいぶん縫ふのさ。サア、出しなせへ』『なんの口功者(くちごうしゃう)な。其時にゃア、あかすかべヱだらう』」

あか-すぎ【赤杉】〘名〙①植物「あぶらすぎ(油杉)」の異名。*大和本草(1709)一一「杉 木直なり。故すぎと云。すぎは、すぐ也。種類頗多し。赤白あり。赤杉を為ㇾ良」*重訂本草綱目啓蒙(1847)三〇・香木「杉〈略〉赤杉はあかすぎ一名あぶらすぎ色紫を帯て香気多し器物となすに良なり」②植物「アメリカすぎ(―杉)①」の異名。発音アカスギ〈標ア〉0

あか-ずきん【赤頭巾】〘名〙赤い布で作った頭巾。①防寒などの目的でかぶる頭巾の、赤い色の物。女性・子供用。②還暦の祝いにかぶる赤い頭巾。赤子に還(かえ)るという意味で、赤い衣装と共に用いる。*俳諧・糸屑(重安編)(1675)「赤頭巾人などがめそはげあたま〈成林〉」③疱瘡を病む子供に着せた赤いかぶり物。赤色の物は疱瘡を軽くするとの俗説による。*雑俳・柳多留-九五(1827)「おかるは風に吹れてる赤頭巾」④村の掟(おきて)を破った制裁としてかぶらせる赤い頭巾。発音〈標ア〉ズ〈京ア〉ズ

あかずきんを着(き)せたる梟(ふくろう) 小鳥を捕えるための囮(おとり)の梟。赤頭巾をかぶせ、目が見えないようにして鳥を寄せつけ、とりもち、かすみあみなどで捕える。*浮世草子・好色一代男(1682)一・四「梢の小鳥をさはがし、天の網小笹にもちなどをなびかせ、茅が軒端の物淋しくも、赤頭巾(アカズキン)を着せたる梟(フクロウ)松桂草がくれ」

あか-ずくめ【赤尽】〘名〙(形動)服装、装飾品などが、赤色のものばかりであること。赤色のもので統一されていること。また、そのさま。*浅草紅団(1929-30)〈川端康成〉一六「濃い白粉に日本髪のかつら、赤(アカ)づくめに女装した男が男をつれて、観音裏の暗がり道をちょろちょろ消えて行く」発音〈標ア〉ズ

あか-すぐり【赤酸塊】〘名〙ユキノシタ科の落葉小低木。ヨーロッパ原産で明治時代に渡来した栽培種。高さ一メートル。葉は掌状で五つに裂け、縁に鋸歯(きょし)があって、裏に柔毛をもつ。春、緑か紫色を帯びた白い五弁の花が総状に垂れ下がる。実は球形で赤く熟し食べられる。ふさすぐり。あかふさすぐり。あかりべす。学名は Ribes rubrum *日本植物名彙(1884)〈松村任三〉「アカスグリ」発音アカスグリ〈標ア〉ス

あか-すこ〘名〙(「あか」は金、「すこ」は首位にあるもの、頭の意)金側(きんがわ)の懐中時計をいう、すり仲間の隠語。〔隠語輯覧(1915)〕

あか-すじ【赤筋】〘名〙①赤い色の線。*たけくらべ(1895-96)〈樋口一葉〉四「赤筋(アカスヂ)入りの印半天」②血管。多く体の表面に浮き出たものの場合にいう。また、とくに動脈をさす場合もある。*評判記・秘伝書(1655頃)なみだのひしょの事「めのいろをかへたときは、いけめば、めのうちに、あかすぢはるなり」*浮世草子・好色五人女(1686)三・四「其様すさまじや〈略〉髭は熊のまぎれて、眼(まなこ)、赤筋(アカスヂ)立て光つよく」*改正増補和英語林集成(1886)「Akasuji アカスヂ 赤筋」③(古く官服の袖に赤い筋がはいっていたところから)検事のことをいう、盗人仲間の隠語。あかおに。〔隠語輯覧(1915)〕発音〈標ア〉0 辞書書言・ヘボン 表記赤脈(書) 赤筋(へ)

あかすじ-かめむし【赤条椿象】〘名〙カメムシ科の昆虫。体長一センチメートル内外。体は黒色で赤色の縦縞がある。ニンジンの種子を食べるので、ニンジンカメムシの名がある。各地に分布。学名は Graphosoma rubrolineatum 発音〈標ア〉メ

あかすじ-つちばち【赤条土蜂】〘名〙ツチバチ科のハチ。体長二〜二・五センチメートル。黒色で光沢があり、羽は暗褐色。ふつう頭部および腹部第三節に黄赤色の斑紋がある。日本各地に分布。学名は Carinoscolia melanosoma 発音〈標ア〉チ

あかすじ-ば・る【赤筋張】〘自ラ五(四)〙体のある部分の表面に、血管が一面に浮き上がる状態になる。*咄本・気のくすり(1779)居続「鏡にむかひ、手まへのむなぐらをとって、赤(アカ)すぢはっての独言」*歌舞伎・心謎解色糸(1810)大切「眼病上りの十兵衛が、赤筋ばったこの目にさへ、只事ならぬこなたの素振り」*南小泉村(1907-09)〈真山青果〉四「赤筋張って小作人の女子どもを叱り付けて歩いた」

あか-ずな【赤砂】〘名〙ざくろ石を粉末にしたもので研磨剤とする。金剛砂(こんごうしゃ)。発音〈標ア〉0 辞書言海 表記赤砂(言)

あか-ずね【赤臑】〘名〙衣類でおおわないでむき出

しになっている足のすね。＊福沢先生浮世談(1898)〈福沢諭吉〉「往来する日本人が赤臑(アカズネ)を出して路傍を徘徊して居ると云へば是れはモウ醜体を現す事だから」 方言❶何もまとわないで露出している足のすね。岐阜県飛驒502 ❷素足。富山県390

あか-ずね〖名〗植物「ねじき(綟木)」の異名。＊重訂本草綱目啓蒙(1847)三一・喬木「綟木 ねぢぎ ねぢのき 丹後、あかねぢ 若州、あかづね 泉州」 発音〈標ア〉0

あか-すばり【赤窄】〖名〗(「赤」は全くの意。「すばり」はすぼまって狭い意)男色で、未経験のため、肛門が狭いことをののしっていう語。〔日本性語大辞典(1928)〕＊咄本・醒睡笑(1628)六「久松に寄添ふ老僧も若きも、『すばりすばり』といふもあり、『あかすばり』といふ人もあり」

あか-ずみ【赤墨】〖名〗朱の粉末を膠(にかわ)でかためた赤い墨。朱墨(しゅずみ)。 辞書言海 表記赤墨(言)

あか-ず・む【赤―】〖自マ五(四)〗赤みを帯びる。赤ばむ。赤みがかる。＊恋とアフリカ(1930)〈阿部知二〉美しい跛足の女・二「病院の玄関には赤(アカ)ずんだ光が霧を含んでただよってゐた」 発音〈標ア〉ズ

あか-ず・む【垢―】〖自マ五(四)〗垢がついて汚くなる。垢じみる。＊唐人お吉(1928)〈十一谷義三郎〉一「お吉が、垢ずんだ顔をあふむけて」 発音〈標ア〉ズ

あかず-むかで【赤頭百足】(あかヅ:)〖名〗オオムカデ科のオオムカデのうち、全身赤さび色のものの俗称。体長約一二～一三センチメートルに達する。 発音〈標ア〉ム

あか-すり【垢擦】〖名〗あかをこすり落とすこと。また、そのための道具。絹や呉絽(ごろ)などの布類、軽石、ヘチマの実の繊維などを用いる。＊前田本枕(10C終)二六八・思はむ子を「火ろをばちろと言ひ、湯浴むるをばあかすりせんといふに」＊俳諧・江戸十歌仙(1678)追加「こぬかへんじて蒼海奇也〈自悦〉 垢摺の爰に虚空をあらふかと〈春澄〉」＊滑稽本・浮世風呂(1809-13)二・下「うぬが垢摺(アカスリ)で、おれが背中を引っこすりゃアがれ」＊吾輩は猫である(1905-06)〈夏目漱石〉七「三介も居る。〈略〉親指の股に呉絽(ごろ)の垢擦りを挟んで居る」 発音〈標ア〉リ ス〈京ア〉0 ス

あか-ずり【赤刷】〖名〗新聞、雑誌などで、読者の注意をひくために、赤色に印刷すること。また、そのもの。多く広告に用いられる。 発音〈標ア〉0

あかすり-え【赤摺絵】(エ:)〖名〗「あかえ(赤絵)②」に同じ。

あかすり-おんな【垢擦女】(をんな:)〖名〗「あかかき(垢掻)」に同じ。＊随筆・筆拍子(1827頃)六「延宝の頃、市中にあかすり女の有たる風呂屋十四軒、湯屋二二軒と『難波雀』『なには鶴』に見えたり」＊随筆・兎園小説拾遺(1829-32)二「垢すり女と唱候売女は不二申及一」

あか-ずるむけ【赤擦剝】〖名〗こすって皮をすっかりむかれてしまった状態。まる裸にされた状態。＊女房的文学論(1947)〈平野謙〉「著者が、その『思想史』的側面を捨象されて、このような赤づるむけのすがたにまで単一化された点に、自然主義文学の獲(か)ち得たいわゆる人間真実の保証がある」 発音〈標ア〉0

あか-ぜみ【赤蟬】〖名〗昆虫「あぶらぜみ(油蟬)」の異名。＊重訂本草綱目啓蒙(1847)三七・化生「蚱蟬 あかぜみ」 方言❶虫、あぶらぜみ(油蟬)。栃木県佐野市・安蘇郡198 岡山県苫田郡748 ◇あかせみ 兵庫県神戸市670 和歌山県那賀郡696 香川県826 ◇あかぜやあ 埼玉県入間郡054 ❷蟬(せみ)の幼虫。山形県北村山郡144 辞書言海 表記赤蟬(言)

あか-せる【明】〖動〗 方言⇩あかす(明)

あか-・せる【飽―】㊀〖連語〗文あか・す〖連語〗(「せる」は使役の助動詞)飽きさせる。満足させる。飽きるほどに十分にさせる。＊今昔(1120頃か)二六・一七「『暑預粥(いもがゆ)に未(いまだ)不飽(あかず)』と被仰(おほせらる)れば、飽せ奉らむとて将(ゐて)奉たる也」＊日葡辞書(1603-04)「Acaxe, suru, eta (アカスル)〈訳〉ある事を他人の自由にさせておく」＊浄瑠璃・平仮名盛衰記(1739)三「結構なべべ着せて、翫(もちあそび)にあかしゃうぞ」 ㊁〖自サ下一〗文あか・す〖自サ下二〗「あかす(飽)㊁」に同じ。＊浄瑠璃・丹波与作待夜の小室節(1707頃)上「声のよいのをすぐられしも、金にあかせし吟味なり」＊茶話(1915-30)〈薄田泣菫〉歌の師匠「金に飽(ア)かせて古い由緒のある芸術品を購(か)ひ込むと同時に」＊助左衛門四代記(1963)〈有吉佐和子〉終・一「顕微鏡が来てからというもの、信吾は暇にあかせて、味噌、醬油、漬物から煮物の類まで拡大してはその都度緊張した顔をあげた」 発音〈標ア〉セ 辞書日葡

あか-せん【赤銭】〖名〗文政四年(一八二一)から通用した寛永通宝四文銭の俗称。鉛分が一〇パーセント混入されたため、外観が赤みを呈していることからいい、同時に従前のものを「青銭」と呼ぶようになった。→青銭

あか-せん【赤線】〖名〗①赤い色の線。＊歩兵操典(1928)第五四五「表尺の指針を分画鈑の赤線に、横尺の矢標を十五分画の位置に在らしむ」②「あかせんくいき(赤線区域)」の略。→青線②。＊問答有用(1951-61)〈徳川夢声〉菅原通済「それから、性病の問題ですけれども、赤線がなくなると、性病がマンエンするという意見は、なりたたないと思うんです」 発音〈標ア〉0〈京ア〉0

あか-せん【銅銭】〖名〗 方言銅銭。兵庫県神戸市670 和歌山県海草郡・日高郡690 島根県725 ◇あかじなあ 沖縄県首里993 ◇あかじん 沖縄県石垣島996

あかせん-くいき【赤線区域】(くヰキ:)〖名〗特殊飲食店として営業を許可された私娼街のあった地区。公娼制度が廃止された昭和二一年(一九四六)から、同三二年(一九五七)「売春防止法」が実施されるまで続いた。警察などの地図にこの地区を赤線で示したところからいう。赤線。赤線地帯。＊しろうと農村見学(1954)〈桑原武夫〉「女工になれるのは職安などと連絡のある中農層だけで、それ以下で都会へ出ようとすれば赤線区域以外はない、という」 発音〈標ア〉ク

あか-せんだん【赤栴檀】〖名〗インドの牛頭(ごず)山で産するという赤い栴檀。麝香(じゃこう)のような上品なにおいがするので、仏像の材料として多く用いられる。ごずせんだん。しゃくせんだん。＊俳諧・風やらい(1801)「回向院にて赤栴檀の御ほとけ開帳ありしころ、草花の嵯峨には似ざる念仏哉〈其堂〉」 発音〈標ア〉セ

あかせん-ちいき【赤線地域】(チヰキ:)〖名〗「あかせんくいき(赤線区域)」に同じ。＊旅-昭和三二年(1957)二月号・伊香保「伊香保の女も他地と同様にいわゆる芸妓と、赤線地域とに分れるが」 発音〈標ア〉チ

あかせん-ちたい【赤線地帯】〖名〗「あかせんくいき(赤線区域)」に同じ。＊旅-昭和三二年(1957)二月号・招待旅行で賑う熱海・伊東〈近藤東〉「熱海でも伊東でも名物の赤線地帯がどうなるかが大分問題であるようだ」 発音〈標ア〉タ チ

あか-そ【赤麻・紫苧】〖名〗イラクサ科の多年草。本州中部以北の山地に生える。高さ六〇～八〇センチメートル。茎は束生し、ほぼ角柱形で、葉柄とともに紅色を帯びる。葉はへりに粗い鋸歯(きょし)がある卵円形で、先が三つに裂け、中央の片は長く伸びて先がとがる。夏、葉腋(ようえき)から花軸が出て淡黄白色の雄花の穂と、淡紅色の雌花の穂がつく。茎の皮から繊維をとり、糸を作る。あかがしら。あかだ。あかわた。ささやきぐさ。学名は Boehmeria sylvestris ＊重訂本草綱目啓蒙(1847)一一・隰草「苧麻〈略〉一種あかそと呼者あり」＊日本植物名彙(1884)〈松村任三〉「アカソ」 方言❶こうぞ(楮)。和歌山県伊都郡・那賀郡692 ❷ちょま(苧麻)。新潟県一部030 ❸すべりひゆ(滑莧)。また、こあかそ(小赤麻)。長野県佐久485 発音〈標ア〉0 辞書言海 表記赤麻(言)

あか-ぞう【赤蔵】(ザウ:)〖名〗①めくりカルタの出来役の一種。赤七・赤八・赤九をそろえること。また、それらがそろった一組。赤花。＊洒落本・傾情知恵鑑(1783)「手は赤蔵になりけれども、血(ち)心も仲蔵と見へて、家内はばたりばたり」＊黄表紙・孔子縞于時藍染(1789)上「拙者がひょっと八をめくると赤蔵ができますから、ひらに八をおふみなされ」＊博奕仕方風聞書(1839頃か)「赤七、同八、同九、〈此三枚取候得ば赤蔵と唱申候〉」②「あかたん(赤短)」に同じ。

あかそ-がすり【赤麻絣】〖名〗赤麻の繊維で織った絣。紡績亜麻、または綿と麻の交織で、赤みを帯びた平織りの白地絣をもいう。滋賀地方から多く産出する。

あか-ぞなえ【赤備】(ぞなへ:)〖名〗具足、指物(さしもの)、馬具などの武具をすべて赤い色に統一した軍勢。また、武士も足軽も一様に赤い具足を着用した部隊。武田信玄の家臣の飯富兵部、徳川家康の家臣の井伊直政の軍が名高い。＊甲陽軍鑑(17C初)品五九「此比は上野先方小幡赤備なり。少も余(よ)の色無レ之、具足、指物の事は申に及ばず、鞍、鐙、馬の鞭迄、赤(あかく)有つると聞(きく)」＊随筆・常山紀談(1739)二二・長曾我部盛親生捕らるる事「朝の軍に打勝ちたれども、後の軍に赤備(アカゾナヘ)の軍兵に打ち合ひて、味方あまた討死し」＊雑俳・柳多留-五八(1811)「吉原の伏勢どれも赤備へ」

あか-その【赤―】〖名〗 方言⇩あかぞの(赤―)

あか-ぞの【赤―】〖名〗 方言植物。❶あかしで(赤四手)。埼玉県秩父郡251 静岡県036 ◇あかその 群馬県多野郡003 埼玉県008 ◇あかぞろ 埼玉県秩父郡251 ◇あかそろ 摂津008 丹波008 ❷いぬしで(犬四手)。◇あかぞろお 神奈川県津久井郡316

あか-そぶ【赤渋】〖名〗水に出ている赤い錆(さび)。赤い地渋。＊俳諧・猿蓑(1691)五「夕月夜岡の萱ねの御廟守る〈芭蕉〉 人もわすれしあかそぶの水〈凡兆〉」＊俳諧・七柏集(1781)貞徳の頃「身は投られぬ借銭の淵赤そぶの水かとばかり古畳〈蓼太〉」 方言赤さび。富山県東礪波郡402

あか-ぞめ【赤染】〖名〗赤い色に染めること。また、その物。＊浮世草子・好色一代男(1682)三・五「帯は今織の短きを無理にうしろにむすび、二布(ふたの)は越後晒(ゑちごさらし)赤染(アカソメ)にして」＊雑俳・柳多留-一四〇(1835)「赤染の夜具やすらはで浅黄まち」 発音〈標ア〉0

あかぞめ-えもん【赤染衛門】(ヱモン:) 平安中期の女流歌人。中古三十六歌仙の一人。父は赤染時用(ときもち)、実は平兼盛という。大江匡衡(まさひら)に嫁し、藤原道長の妻倫子に仕える。「後拾遺和歌集」などに多く歌が見え、和泉式部と並び称される。家集に「赤染衛門集」があり、「栄花物語」前編の作者ともいわれる。生没年未詳。 発音〈標ア〉エ

あか-そろ【赤―】〖名〗 方言⇩あかぞの(赤―)

あか-た【赤太】〖名〗 方言❶木材の芯(しん)の赤い部分。宮城県113 115 116 新潟県東蒲原郡368 宮崎県東諸県郡954 ❷赤みを帯びた木片。奈良県吉野郡683

あかだ【閼伽陀・阿伽陀】〖名〗(梵 agada の音訳)①薬の名。一切の病気に効くという霊薬。浄土教では阿彌陀の誓願にたとえる。＊俳諧・誹諧之連歌(飛梅千句)(1540)追加「すみだ川らはくすりなりけり 都どりはしとあしとが赤たにて」＊多聞院日記-天正一五年(1587)七月二七日「腹下気あがり大汗をかく間、あかた五粒のむ」②(①を百薬の長という意にかよわせて)酒の異名。 語誌(1)「阿竭陀・阿揭陀」とも書く。漢訳では「薬・丸薬・円薬」と意訳する。「不空羂索神変真言経-二一」に真言加持の霊薬としてその薬法・効能を説いている。これによれば、万病の薬であるのみならず、諸難

を避け、諍論に勝ち、長寿の薬にもなるという。多くの経論で、仏・菩薩やその誓願の不可思議の力をこの薬の治癒力に譬えている。(2)この薬は平安朝には密教寺院の内部に留まったようで、一般には例が見られない。室町時代になると広く用いられるようになり、阿伽陀円（あかだえん）ともいわれ、実際に製薬・売買された。もと丸薬であるが、近世には散薬の例も見られる。

あかだ『名』植物「あかそ（赤麻）」の古名。＊重訂本草綱目啓蒙（1847）一一・隰草「苧麻〈略〉あかそと呼者あり 一名ささやきぐさ ききしぐさ ししやきぐさ 皆同名あり。あかがしら 予州、あかだ 仙台」

あか-だ『名』（「あかだんご」の変化した語とも、「阿伽陀（あかだ）」による語ともいう）米の粉をこね、直径一・五センチ㍍ほどの球状にして油で揚げた菓子。尾張国（愛知県）津島の名産で、津島神社の県祭（あがたまつり）に神前に供えた米で作る。これを食べると暑中の厄病、年中の邪気をはらうと信じられている。＊日葡辞書（1603-04）「Acada（アカダ）〈訳〉油で揚げた小さな米の団子」＊随筆・於路加於比（1859-60頃）一「尾張国津島にまします、牛頭天王の神詞に詣づる者、御夢想とかいひて、必家苞に買菓子あり。粳米を粗く挽き粉となし、堅く丸め油熬にしたるものにて、是をあかだと称へ鬻ぐ家多し。就中近江屋彌三郎をもて根本とす。砂糖を加へず、味極めて淡薄にて、歯のつよき人は賞味して喰へり。其色赤ければあかだと云と思ふもあれど、こはもと丸薬にて菓子の類にあらざりしが、いつの頃よりか実と名と相乖（そむ）き、あらぬものになりぬるなり」 辞書 日葡

あがた【県】『名』①大化前代の地方行政単位。国造（くにのみやつこ）の国制に先行して、畿内や西日本、大和政権の料地に施行された。後には国の下級組織となる。その首長は県主（あがたぬし）または稲置（いなぎ）と称された。倭の六御県が有名で、薪炭、酒、氷、蔬菜の貢上がおこなわれた。あかた。＊古事記（712）中「大国小国の国造を定め賜ひ、亦国々の堺と大県、小県の県主を定め賜ふ」＊書紀（720）崇神七年八月（北野本訓）「即（すなは）ち茅渟（ちぬ）の県（アカタ）の陶（みか）の邑（さと）にして大田田根子（をほたたねこ）を得て貢（たてまつ）る」＊書紀（720）成務五年九月（北野本訓）「諸（もろもろ）の国（くにぐに）に令（のりこと）して国（くに）に郡（さと）を以（も）て造（みやつこ）長（をさ）を立（を）き県（アカタ）邑（さと）に稲置（いなき）を置（た）つ。並（ならび）に盾矛（ほこ）を賜（たぶ）、以（も）て表（しるし）と為（す）。則ち山河（やまかは）を隔（さか）ひて国（くに）県（アカタ）を分（わか）つ」＊書陵部本名義抄（1081頃）「県 阿賀多」②地方。田舎。国。＊万葉（8C後）五・八五三序文「余以暫往二松浦之県一逍遙、聊臨二玉嶋之潭一遊覧〈大伴旅人〉」＊万葉（8C後）七・一二八七「青みづら依網（よさみ）の原に人も逢はぬかも石ばしる淡海（あふみ）県（あがた）の物語せむ〈人麻呂歌集〉」＊弘長百首（1261）雑「たつらなるわら屋の軒のこも簾これやあがたのしるしなるらん〈藤原実氏〉」＊公事根源（1422頃）三・正月・県召除目「ゐ中をあかたとは申也」＊日葡辞書（1603-04）「Agata（アガタ）〈訳〉村落、またはミヤコや宮廷の外」③国司の任国。赴任先の国。また国司その人。＊伊勢物語（10C前）四四「あがたへゆく人に、むまのはなむけせむとて」＊土左（935頃）承平四年一二月二一日「あるひと、あがたのよとせいつとせはてて、〈略〉解由（げゆ）などとりて、すむ館（たち）よりいでて、ふねにのるべきところへわたる」＊百寮訓要抄（1368-88頃）「諸国の司をば、外官（げくゎん）とも、あがたとも申也」 語誌 (1)「県」は中国では州（郡）の下の下級地方行政単位であるが、日本ではアガタ・コホリの両訓があり、文献中の県がそれぞれの箇処でどう訓まれていたかを確定することは難しい。(2)アガタは県主（アガタヌシ）を管掌者とし、古い時期から置かれていた大和政権の直轄領とするのが通説で、五・六世紀に国造制が成立して以降は国県制として下級地方行政単位となるとする説（かかる県は稲置（イナギ）を管掌者とし、コホリと訓まれ、後の評・郡に発展するとする説もある）と、アガタは一部に遺制として残存しただけとする説とがある。 語源説 (1)アガチダ（頒田）〔大言海〕・アカチダ（班田）の略〔和訓栞・国語の語根とその分類＝大島正健〕。ワカツの義〔日本釈名・東雅〕。(2)アガタ（吾田）の意〔塩尻・孝経楼漫筆・日本古語大辞典＝松岡静雄〕。(3)アガリタ（上田）〔古事記伝・和訓考〕。アゲタ（上田）の義〔雅言考・名言通・古今要覧稿〕。(4)穀物が生り出でることから、ナリカタ（生方）の転訛〔碩鼠漫筆〕。(5)アリカタ（在方）の転〔日本語源＝賀茂百樹〕。(6)アカト（班所）。分かち与えられる所の義〔言元梯〕。(7)アカタ（屋堅立）の義〔紫門和語類集〕。(8)オホヤケタ（公田）の義〔日本語原学＝林甕臣〕。(9)アイヌ、満州、朝鮮などの語から出て、城砦（じょうさい）、または市邑（しゅう）の義〔話の大事典＝日置昌一〕。 発音 アガタ〈標ア〉ア〈ア史〉平安・鎌倉○○○〈京ア〉ア 辞書 名義・和玉・文明・易林・日葡・書言・〈ボン〉・言海 表記 県（名・玉・易・書・へ・言） 縣・縣（名） 邪（玉） 邑（文）

あがた旧（ふ）る 田舎に長く住んでいる。その地方では古くから名の知られている。＊俳諧・冬の日（1685）「県ふるはな見次郎と仰がれて〈重五〉」五形（げんげ）菫の畠六反〈杜国〉」

あがた【彼方】『代名』 方言 あちら。あっちの方。 沖縄県首里993 ◇うがた 伊豆八丈島†071

あがた-ありき【県歩】『名』主に平安時代、地方官が、任国から任国へと地方を転々と勤務して回ること。＊蜻蛉（974頃）上・康保三年「たのもし人は、この十よ年のほど、あがたありきにのみあり」

あか-だい【赤鯛】『名』①色の赤い鯛の総称。真鯛、黄鯛などの類。＊書紀（720）神代下（水戸本訓）「赤女（あかめ）久しく口の疾（うれへ）有り。或ひは云はく赤鯛（アカタヒ）と云ふ。疑（けだ）し是が呑めるか」＊書紀（720）神代下（丹鶴本訓）「海神、赤女、口女を召して問ふ時に、口女鉤を出して奉（たてまつ）る。赤女は即ち赤鯛（アカタヒ）なり。口女は即ち鯔魚（なよし）なり」＊玉篋両浦嶼（1902）〈森鷗外〉上・一「赤女（あかめ）。十五六歳の女の童。赤鯛の冠」＊童謡・初夏（1921）〈三木露風〉「赤鯛、真鯛がよく漁（と）れて、遠い町にも売れるころ」②カボチャをいう、盗人仲間の隠語。〔特殊語百科辞典（1931）〕 発音〈標ア〉0 辞書 言海 表記 赤鯛（言）

あがた-い ゐ【県居】『名』①田舎住まい。田舎暮らし。＊妻木（1904-06）〈松瀬青々〉秋「県居の淋しさ守る添水哉」②賀茂真淵の家号。 発音 アガタイ〈標ア〉タ

あか-だいこん【赤大根】『名』①ダイコンの一品種。根の表皮が赤色を帯びるもの。むらさきだいこん。あかおおね。＊日葡辞書（1603-04）「Acadaicon（アカダイコン）〈訳〉赤い大根。ムラサキダイコンというほうがまさる」＊重訂本草綱目啓蒙（1847）二二・菜「萊菔〈略〉あかだいこんあり時珍の説の紅蘿蔔なり」②（赤大根は、皮が赤く、中身が白いところから）表面だけ左翼的な人、口だけで急進的なことをいう人を左翼間でいう。＊増補改版や、此は便利だ＝追増補（1923）〈下中芳岳〉「赤大根（アカダイコン）〈略〉ブルヂョア文芸の作家達が形勢非なりと見てとって、俄にプロレタリア作家に豹変することを嘲笑して皮肉った言葉である」 発音〈なまり〉アカダイコ〔和歌山県〕〈標ア〉ダ〈京ア〉ダ 0 辞書 日葡・〈ボン〉・言海 表記 赤太根（へ） 赤大根（言）

あか-だいじん【赤大臣】『名』能楽で、赤地の狩衣（かりぎぬ）を着たワキ、ワキツレをいう。＊新しき用語の泉（1921）〈小林花眠〉「赤大臣（アカダイジン）」 発音〈標ア〉ダ

あがたい-じんじゃ ゐ **【県居神社】** 静岡県浜松市東伊場にある神社。祭神、賀茂真淵。天保一〇年（一八三九）県居翁霊社として、真淵の出生地である賀茂神社境内にまつったのに始まる。大正一三年（一九二四）現在地に社殿を造営。 発音 アガタイジンジャ〈標ア〉ジ

あがたい-ぬかい【県犬養】 姓氏の一つ。県（あがた）①に住み、供御の鳥獣を捕らえる猟犬を飼う部民を総轄した氏族。 発音 アガタイヌカイ〈標ア〉ヌ

あがたいぬかい-の-みちよ【県犬養三千代】 大和、奈良時代の女官。初め美努王（みぬおう）に嫁して橘諸兄（たちばなのもろえ）を産み、のちに藤原不比等（ふひと）と再婚して光明皇后を産む。文武、聖武両天皇の養育にあたり、橘姓を賜わって、権勢をふるった。天平五年（七三三）没。

あがたい-は ゐ **【県居派】**『名』（県居は賀茂真淵の号）賀茂真淵門下の歌人や国学者。田安宗武、楫取魚彦（かとりなひこ）、加藤千蔭、村田春海、本居宣長、加藤宇万伎（うまき）、荒木田久老（ひさおゆ）など。県居門。県門。 発音 アガタイハ〈標ア〉0

あかだ-うり【阿伽陀瓜】『名』植物「きんとうが（金冬瓜）」の古名。〔語彙（1871-84）〕 発音〈標ア〉ダ

あかだ-えん ヱン **【阿伽陀円】**『名』万病に効く霊薬といわれる「阿伽陀」の名によって作られた丸薬。近世、大坂では安堂寺町通の紐屋などで売薬として売られた。＊日葡辞書（1603-04）「Acadayen（アカダエン）〈訳〉薬の一つ」＊元和本下学集（1617）「阿伽陀円 アカダエン〈略〉以上皆薬銘也」＊雍州府志（1684）六「阿加陀円 治二一切食毒霍乱腹痛一」＊随筆・浪華百事談（1892-95）四「安堂寺町通り壱丁目に紐屋といへる薬店ありて、阿迦陀円といふ散薬を古く商ふ」 辞書 下学・日葡 表記 阿伽陀円（下）

あがた-かいづか ‥かひ‥ **【阿方貝塚】** 愛媛県今治市阿方にある遺跡。その出土する阿方式土器は県下の彌生前期後葉の様式を代表する。 発音 アガタカイズカ〈標ア〉カ

あか-たくれ【赤―】『名』 方言 ❶皮膚が破れ、肉が赤くむき出しになること。 青森県津軽075 岩手県気仙郡100 秋田県鹿角郡132 ❷山の表面がはげ、赤土が露出していること。 秋田県鹿角郡132 ❸山崩れ。 秋田県雄勝郡012

あか-だけ【赤茸】『名』植物「べにたけ（紅茸）」の異名。＊重訂本草綱目啓蒙（1847）二四・菜「葛花菜〈略〉べにたけに二品あり。春生する者は毒なし。うぐいすだけと云一名ちしゃだけ じてうだけ 和州、ひがんだけ 同上、ささなば 豊前、ささだけ あかだけ 丹波、秋生する者は毒あり」 発音〈標ア〉0

あか-だし【赤出汁】『名』大阪風の名物料理。赤い桜味噌をすり、魚骨の煮出し汁で溶かし、少量のしょうゆ、みりんを加え、魚肉を入れてつくった味噌汁。転じて、赤味噌を用いた汁。＊夫婦善哉（1940）〈織田作之助〉「二ツ井戸の市場の中にある屋台店でかやく飯とおこぜの赤出しを食ひ」 語誌 大阪風の料理では、通常味噌汁には白味噌を用いるので、特に「赤」といい、煮出し汁で仕立てるから、「だし」という。 発音〈標ア〉0〈京ア〉0

あか-だすき【赤襷】『名』①赤い色のたすき。特に、若い女などが斜め十文字に掛けるたすき。＊たけくらべ（1895-96）〈樋口一葉〉八「六つ五つなる女の子に赤襷（アカダスキ）させて、あれは紀の国おどらするも見ゆ」＊青春（1905-06）〈小栗風葉〉春・八「人の散方（ちりかた）も早く、赤襷の真新しい茶屋女は、赤毛布（ゲット）の新しい縁台を最う片付け懸って居て」②召集令状を受けて軍隊に行く者が、肩から斜めに掛けた赤く太いたすき。＊軍歌・出征（1905）〈真下飛泉〉「昨日とどいた赤だすき かけて勇んで行きまする」＊とむらい師たち（1966）〈野坂昭如〉「それは出征の赤だすきをかけたものや」 発音〈標ア〉ダ

あか-たち【赤太刀】『名』アカタチ科の海魚。体長

四〇センチメートルに達し、体は側扁して細長い紐状。体色は赤く、背側に淡黄色の円い点が一列に並ぶ。雑魚とされるが美味。南日本に分布する。あかたちうお。ちがたな。学名は Acanthocepola krusensterni 方言魚、すみつきあかたち(墨付赤太刀)。香川県大川郡・三豊郡829 発音〈標ア〉0

あか-たちばな【赤橘】〘名〙植物「からたちばな(唐橘)」の異名。発音〈標ア〉チ

あがた-つかさ【県司】〘名〙地方の役人。律令制の国司になぞらえていう。＊読本・本朝酔菩提全伝(1809)六・一一「爰に白炭兵衛忠知は、前(さき)に摂州の県司(アガタツカサ)となり、京鴨河より摂州平野郷に移住(うつりすみ)けるが」＊良寛歌(1835頃)「遠ち近ちのあがたつかさにもの申すもとの心を忘るるなゆめ」

あか-たづな【赤手綱】〘名〙赤染めの手綱。組み手綱と布手綱とあり、組は唐鞍(からくら)に、布は検非違使(けびいし)の鞍に用い、凶事には布をあてて用いる。＊餝抄(1238頃)下「諒闇鞍事、〈略〉藻壁門院諒闇中日中法勝寺御八講御幸、面々人々所為不ㇾ同、成借㆓用大夫尉騎馬鞍㆒赤手綱、壺鐙云々」

あか-たて【赤盾】〘名〙赤い色の盾。盾の表を赤く塗ったものか。一説に、赤色が厄除けになるという信仰に基づくとも。＊書紀(720)崇神九年三月(北野本訓)「赤盾(アカタテ)八枚(やつ)、赤矛(あかほこ)八竿(やさを)を以て、墨坂神(すみさかのかむ)を祠(まつ)る」＊水戸本丙日本紀私記(1678)崇神「赤盾 安加太天」

あか-たては【赤蛺蝶】〘名〙タテハチョウ科のチョウ。はねの開張は、六〜七センチメートル。前ばねは黒色に橙色の紋と小さな白斑とがあり、後ばねは暗褐色で外ぶちに橙赤色の紋が並ぶ。東アジアに広く分布。成虫で越冬する。学名は Vanessa indica 発音〈標ア〉タ

あか-だな【閼伽棚】〘名〙仏に供える水や花などを置き、また仏具などを載せる棚。あかのたな。＊今昔(1120頃か)二〇・三九「閼伽棚の下に、花柄多く積たり」＊方丈記(1212)「南、竹の簀子(すのこ)を敷き、その西にあかだなをつくり、北によせて障子をへだてて阿彌陀の絵像を安置し」＊俳諧・蘿葉集(1767)三・前書賛「閼加棚に菊の残りや初しぐれ」発音〈標ア〉0〈京ア〉カ 辞書日葡

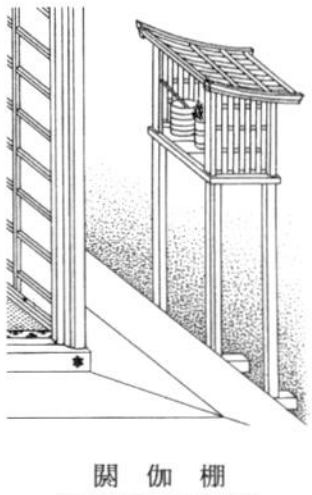

閼伽棚
〈春日権現験記絵〉

あか-だに【赤蜱・赤壁蝨】〘名〙蛛形(しゅけい)類ダニ目ハダニ科の総称。体長一ミリメートル以下。卵形。ナス、ミカンなど農作物に寄生する害虫。体色は赤、黄、橙色など。ハダニ。学名は Tetranychidae 発音〈標ア〉0

あがた-ぬし【県主】〘名〙①大化前代、県(あがた)と呼ばれた地方行政単位の首長。国造(くにのみやつこ)の配下にあったとも大和政権直轄領の長官であったともいわれる。＊古事記(712)中「大国小国の国造を定め賜ひ、亦国々の堺と大県小県の県主を定め賜ひき」＊書紀(720)神武二年二月「弟磯城、名は黒速を、磯城の県主と為」②(①から転じて)大化改新後は氏の地位を示す姓(かばね)の一つ。＊続日本紀-天平神護元年(765)二月甲子「大和国添下郡人左大舎人大初位下県主石前賜㆓姓添県主㆒」＊新撰姓氏録(815)山城国神別「賀茂県主、神魂命孫、武津之身命之後也」発音アガタヌシ〈標ア〉タ 辞書色葉・言海 表記県主(色・言)

あがた-の-いど【県の井戸】(ど…ゐ) 京都市上京区、大内裏(だいだいり)跡の西のすみにある県宮(あがたのみや)の井戸。京都三名水の一つ。蛙、山吹の名所。歌枕。県の井。＊後撰(951-953頃)春下・一〇四「都人きても折らなんかはづなくあがたのゐどの山吹の花〈公平女〉」＊大和(947-957頃)一一一「大膳の大夫(かみ)公平のむすめども、あがたのゐどといふ所に住みにけり」

あがた-の-みやつこ【県造】〘名〙大化前代、県を管理する伊勢地域の豪族に与えられた在地首長の姓(かばね)。→県主。＊続日本紀-天平一四年(742)四月甲申「伊勢国飯高郡采女正八位下飯高君笠目之親族県造等、皆賜㆓飯高君姓㆒」

あか-たび【赤足袋】〘名〙婦人、子供などのはく赤い色のたび。＊妻木(1904-06)〈松瀬青々〉冬「赤足袋やつなぎ合せて梅に干す」発音〈標ア〉0

あか-たぶ【赤―】〘名〙方言植物、いぬぐす(犬樟)。山口県厚狭郡799 福岡県003 佐賀県003 長崎県003 大分県003

あか-だま【赤玉・赤珠・明珠】〘名〙①赤い色の玉。また、明るく輝く玉。＊古事記(712)上・歌謡「阿加陀麻(アカダマ)は 緒(を)さへ光れど 白玉の 君が装(よそひ)し 貴くありけり」＊左千夫歌集(1920)〈伊藤左千夫〉明治三四年「赤珠とひかり匂へる瑞花のはちすの花は見れどあかぬかも」②琥珀(こはく)。あまたま。くはく。＊本草和名(918頃)「虎魄 瑿 一名江珠 一名明玉神珠 和名阿加多末 一名阿末多末」③佐渡から産する、碧玉(へきぎょく)の赤いもの。水にぬれるといっそう赤く美しくなるので、庭石、水石(すいせき)、飾り石として珍重される。④真珠。＊重訂本草綱目啓蒙(1847)四二・蚌蛤「真珠〈略〉微紅色を帯る者あり 勢州にて あかだまと云。皆上品なり」⑤売薬の名。赤い色の丸薬で、癪(しゃく)、胃けいれんなどに効きめがあるという。赤玉神教丸の類。＊歌謡・ゑびや節(1688-1736頃)浪花名物揃へ「引けや跛足の赤玉薬、ほほん、ほんほんほうずがないと、しゃべる彦八ふぢまきかしん」＊洒落本・意妓口(1789-1801頃)二「気をくさらして癪でもおこしなさんな、赤玉でものみなんねへか」＊和英語林集成(初版)(1867)「Akadama アカダマ 赤玉〈訳〉秘薬の名、赤い丸薬で、胃の病気に用いられる」＊歌舞伎・木間星箱根鹿笛(1880)二幕「矢張山椒の魚とか赤玉とか、有来りの薬の方が利目がよいかと思はれまする」⑥月経。また、芸者、娼婦の生理休業をいう、花柳界、てきや仲間の隠語。〔特殊語百科辞典(1931)〕⑦遊技用の赤い球。玉突きに用いる象牙(ぞうげ)製の赤いたま。また、玉入れの競技に用いる布製の赤いたま。⑧(「あかだまのき」の略)植物「やぶこうじ(藪柑子)」の俗称。〔語彙(1871-84)〕⑨「やかん」をいう隠語。〔隠語輯覧(1915)〕方言大唐米(たいとうまい)。赤米。島根県石見725 発音〈標ア〉0〈ア史〉平安◎◎◎◎ 辞書〈ボン〉・言海 表記赤玉(へ・言)

あかだま-しんきょうがん【赤玉神教丸】(:シンケウグヮン)〘名〙近世末期、近江国鳥居本(滋賀県彦根市)より売り出された薬。＊西洋道中膝栗毛(1870-76)〈仮名垣魯文〉一一・下「さんごじゅは我国の赤玉神教丸(アカタマシンキャウグヮン)より、もっと手軽いものだぜ」＊大阪商業史資料(浪速叢書所収)(1900-12頃)商業工業諸職沿革「天保年間の売薬〈略〉、〈近江鳥居本〉赤玉神教丸」

あかだま-つち【赤玉土】〘名〙園芸用土の一つ。黒土の下の層から出る有機物を含まない粘質の土をふるいわけたとき、上に残るごろ土のこと。さらに大、小二通りに分けられ、大粒は鉢底のごろ土とし、小粒は他の用土類と混合し培養土とする。発音〈標ア〉マ

あがた-まつり【県祭】〘名〙六月五、六日に京都府宇治市の、木花開耶姫(このはなさくやひめ)を祭神とする神社で行なわれる祭。神輿(みこし)の渡御の間、沿道の家々があかりを消すため、「くらやみ祭」として知られる。《季・夏》＊鳥の巣(1938)〈松瀬青々〉「針さしに県祭の案内札」発音アガタマツリ〈標ア〉マ

あかだま-の【赤玉―】枕 赤い玉のようにの意で、「赤らぶ」にかかる。＊延喜式(927)祝詞・出雲国造神賀詞(出雲板訓)「白玉(しらたま)の大御白髪(おほみしらが)坐(ま)し、赤玉(アカタマ)の御(み)あからび坐(ま)し」

あかだま-の-き【赤玉木・赤玉樹】〘名〙植物「やぶこうじ(藪柑子)」の古名。＊重訂本草綱目啓蒙(1847)九・山草「紫金牛 やぶかうじ やぶたちばな さるのめ あかだまのき 江戸」発音〈標ア〉キ

あがた-み【県見】〘名〙見物、巡視などのために田舎を見回ること。田舎見物。＊古今(905-914)雑下・九三八・詞書「文屋のやすひでが三河のぞうになりて、あがたみにはえいでたたじやと、いひやれりける返事によめる」

あがた-みこ【県御子・県巫】〘名〙民間巫女(みこ)の一種。田舎を回り歩く巫女。神託を告げたり、仏の口寄せをしたり、竈祓(かまばらい)を行なったりする。あずさみこ。いちこ。＊日葡辞書(1603-04)「Agatamico (アガタ ミコ)〈訳〉巫女のようにあちこち遍歴する女」＊浮世草子・好色一代男(1682)三・七「あらおもしろの竈神(かまかみ)や、おかまの前に松うえてと、すずしめの鈴をならして県御子(アガタミコ)来たれり」＊読本・昔話稲妻表紙(1806)四・一四「藤浪が祥月命日にあたれる日〈略〉県神子(アガタミコ)をやとひ、藤浪が口をよせて、冥途のおとづれをききぬ」辞書日葡・書言 表記県神子(書)

あがた-め【県女】〘名〙田舎の女。農村の女。田舎娘。＊俳諧・此ほとり(1773)一夜四唫の巻「さかづきさせば逃る県女〈嵐山〉 若き身の常陸介に補せられて〈蕪村〉」

あがた-め〘名〙故意に他のほうを見ること。なにかに対し、他のほうへ目を向けて、見ないようにふるまうこと。＊日葡辞書(1603-04)「Agatameuo (アガタメヲ) スル」辞書日葡

あがた-めぐり【県巡】〘名〙地方を歩き回ること。国司として赴任すること。＊俳諧・廿日月(1801)「びはの実もりてしのぶ盆の絵〈龍丸〉 雲深し県めぐりの門出に〈月居〉 おひおひ来るも白馬也けり〈五桂〉」

あがた-めし【県召】〘名〙「あがためし(県召)の除目」の略。↔司召(つかさめし)。＊栄花(1028-92頃)駒競の行幸「新玉の年立ちかへる春のあがためしに」＊公事根源(1422頃)正月・県召除目「県召、外官をむねと任ぜらるる也」＊御伽草子・七草草紙(室町末)「正月に筋もなき者を位になし給ふを、あがためしといふことあり」＊浄瑠璃・用明天皇職人鑑(1705)職人尽し「是ぞ此大内のあがためしかや諸人に、つかさを給びて」発音アガタメシ〈標ア〉0 辞書下学・文明・伊京・易林・日葡・書言・言海 表記県召(下・文・伊・易・書・言)

あがためし の 除目(じもく) (天皇御料地、すなわち県の官人を任(め)す意)地方官を任命する年中恒例の行事。毎年正月一一日から三日間行なわれた。春季に行なわれるので、春の除目ともいう。また、もっぱら、中央官以外の官を任じるから、外官(げかん)の除目ともいう。県召。↔司召(つかさめし)の除目。＊古今著聞集(1254)三・一〇一「中山太政入道殿、大納言右大将にて、県召除目に三ケ夜出仕せさせ給ひて」＊建武年中行事(1334-38頃)正月「十一日よりあがためしの除目おこなはる。その日に成りぬれば、頭已下五位蔵人、おのおの申し文そうす」

あかだも〘名〙植物「はるにれ(春楡)」の異名。＊断橋(1911)〈岩野泡鳴〉「向ふ岸に立ってゐる一と本太いアカダモの高木を」方言❶はるにれ(春楡)。松前†034 北海道003 青森県003 岩手県盛岡市003 秋田県鹿角郡・仙北郡131 ❷おひょう。滋賀県008 ❸あきにれ(秋楡)。滋賀県008

あがた-もり【県守】〘名〙諸国に赴任させた地方官。国司。受領。＊俳諧・犬古今(1808)「松に雀の扇持けり県もり〈すすみ〉」

あかだ-やく【阿伽陀薬】〘名〙①「あかだ(閼伽陀)①」に同じ。＊今昔(1120頃か)四・三二「国王の薬の

名を問ひ給ふ時に、大臣、〈略〉只何にとも无(な)く、『此なむ阿竭陁薬と申す』と」＊選択本願念仏集(1198頃)「念仏不レ然。軽重兼滅、一切徧治。譬如ニ阿伽陀薬徧治ニ一切病ニ」 ②「あかだ(閼伽陀)②」に同じ。＊幸若・張良(室町末-近世初)「薬師の浄土で不老山、この浄土にてあかだやく、人間にあたふれば、其名を和らげて即酒と申也」

あか-だるま【赤達磨】『名』小豆をいう、てきや仲間の隠語。〔隠語輯覧(1915)〕

あか-たれ【赤垂】『名』(「あかだれ」とも) 男女の情交が深いこと。また、その男女をいう。あかや。＊両京俚言考(1868-70頃)「男女の赤情深き人をあかたれといふは、赤心の顕はれたるをやいふならむ」 方言❶深い情交関係にある男女。京都†069 ❷好色家。三重県伊賀001 語源説(1)アカは赤心があらわれる意〔両京俚言考〕。(2)アコガルの語根の変化形アカに、コダル(傾頽)の変化形タレを添えたもの〔大言海〕。(3)アカ(赤)は色情、ダレルはゆるむ意〔隠語辞典=楳垣実〕。(4)赤くなまめかしい物、すなわちアカ(赤)タレタ物を身につける若い女に色情を抱く男をいやしめていう語〔上方語源辞典=前田勇〕。

あか-た・れる【赤垂】『自ラ下一』なまめかしい様子をする。＊浄瑠璃・義経千本桜(1747)一「年寄尼めが赤(アカ)たれたはき物はきはせまい」

あか-た・れる【垢垂】『自ラ下一』垢がついてよごれる。垢じみる。＊咄本・鹿の巻筆(1686)二・夢中の浪人「あかたれたるくろはぶたひのうへに、時ならぬ綟(もじ)のかたぎぬなど」

あか-たん【赤短・赤丹】『名』花札で、赤い短冊がついた松、梅、桜の五点札のこと。また、その三枚がそろった役。赤蔵(あかぞう)。あか。あかふだ。菅原。＊モダン語漫画辞典(1931)〈中山由五郎〉尖端人心得帳「花を習って置かねとモダン・マダムやモダン未亡人のお話相手になれぬ。大した役は知らなくても、赤(アカ)たん、青たん、ピカ一、四光ぐらゐ弁(わきま)へて置くべし」 発音〈標ア〉⓪

あか-だんご【赤団子】『名』(団子を作るヨモギを灸(きゅう)のもぐさに使い、また、もぐさを丸めて火をつけるところから) 灸を子供に対していう。やいと。＊俳諧・広原海(1703)三「灸団子丸める手をば喰はぬ孫」＊洒落本・傾城諺種(1791)「小児の泣むしには赤だんごを喰せてそだて」＊俚言集覧(1797頃)「赤団子 灸を小児に向ひていふかくし詞なり」

あか-だんぶり【赤―】『名』方言虫、あかとんぼ(赤蜻蛉)。青森県津軽075 新潟県佐渡351 ◇あかたんぱ 茨城県久慈郡188

あか-たんぽ『名』金魚をいう、てきや仲間の隠語。〔警察隠語類集(1956)〕

あか-ち【赤血】『名』方言❶血。幼児語。長野県481 488 492 岐阜県郡上郡504 愛媛県宇和島054 ◇あかんじ 栃木県安蘇郡・上都賀郡198 ◇あかんじい 群馬県多野郡246 埼玉県秩父郡251 ❷出産。東京都八王子311 神津島322

あか-ち『名』昆虫「あかとんぼ(赤蜻蛉)」の異名。＊重訂本草綱目啓蒙(1847)三六・卵生「赤卒 あかゑむま〈和名鈔〉〈略〉あかとんぼ〈略〉あかち 土州」 方言高知県(小形のもの)860

あが-ちご【贖児】『名』(罪を贖(あがな)う稚児(ちご)の意。古くは「あかちご」か) 陰暦六月と一二月との大祓(おおはらえ)に用いた人形(ひとがた)。人間に代わって罪を償うものとされた。あかちこ。あからこ。＊公事根源(1422頃)七・六月・御贖物「一日より八日まであかちこもちてまいる。朝餉にて主上にまいらす」＊実隆公記-長享二年(1488)八月二一日「乱以前までも、御贖物〈月次祭歟〉まいらするとて、贖児(アカチコ)といふ、物鬼間にて、をしをしと終日呼事、聞及し事也」 発音〈音史〉平安頃まで『あかちご』と清音らしい。

あか-ぢさ【赤萵苣】『名』「ふだんそう(不断草)」の栽培品種。葉柄、葉脈に沿った筋や根が紫赤色のもの。さんごじゅな。うずまきだいこん。＊重訂本草綱目啓蒙(1847)二三・菜「菾菜〈略〉一種蛮産ロートベートと云は菾菜の形にして茎及葉脈紅紫色なる者なり花実も菾菜に異ならず即救荒本草の火焰菜なり俗名さんごじゅな一名朝鮮な 朝鮮だいこん しゃくな とうだいこん 播州 あかぢさ うずまきだいこん 倶に同上」 方言❶さんごじゅな(珊瑚樹菜)。播磨†015 和歌山県有田郡・日高郡690 大分県一部030 ❷かきちしゃ(掻萵苣)。滋賀県一部030 ❸あぶらチャン(油瀝青)。信州木曾†091 辞書言海 表記赤苣(言)

あか-ちしおだけ【赤血汐茸】『名』担子菌類シメジ科の無毒のキノコ。秋、ブナの朽ち木や落葉上に群生する。茎は細く、長さ約一〇センチ㍍。かさは鐘形で、直径一～二・五センチ㍍。色は灰黄色ないし汚褐色。傷口から橙色か朱色の汁を出す。学名は Mycena crocata 発音〈標ア〉⓪

あかち-だ【班田】『名』(「班田」の訓読語) 律令制で、人民に分かち与えた口分田(くぶんでん)。また、分かち与えること。男、女、奴婢(ぬひ)におのおの面積を定めて与え、六年ごとに収授した。＊書紀(720)大化二年正月(寛文版訓)「其の三に曰はく、初めて戸籍、計帳(かずのふむた)、班田(アカチタ)収め授くる法を造れ」＊書紀(720)白雉三年正月(北野本訓)「正月より是の月に至るまでに、班田(アカチタ)すること既に訖(をは)りぬ」＊釈日本紀(1274-1301)二〇「班田(アカチタすること)」

あかちだ-の-ふみひと【班田史生】『名』班田収授をつかさどる班田使の下級職員。班田関係の文書を取り扱う。主にその国の国司が従事した。はんでんのししょう。＊万葉(8C後)三・四四三・題詞「天平元年己巳摂津国班田史生丈部龍麻呂自経死之時判官大伴宿禰三中作歌一首」

あか-ちちん【赤―】『名』(体に赤斑があり、ちんちんと鳴くところから) 鳥「ほおじろ(頬白)」の異名。＊物類称呼(1775)二「昼眉鳥 ほおじろ 遠州にて、赤ちちんと云」 方言◇あかちん 三重県004 585 599 和歌山県日高郡698

あかち-つかわ・す【頒遣】『他サ四』人員をあちこちに御派遣になる。手分けをして方々に行かせなさる。＊万葉(8C後)六・九七一「山の極(そき)野の極見よと 伴の部(へ)を 班遣之(あかちつかはシ)〈高橋虫麻呂〉」

あかち-の・ぶ【頒宣】『他バ下二』方々に広くゆきわたらす。＊書陵部本名義抄(1081頃)「班宣 アカチノブ」＊漢官典職儀「刺史班ニ宣周ニ行郡国ニ省ニ察治状ニ」 辞書名義 表記班宣(名)

あかち-まだ・す【頒―】『他サ四』(「まだす」は「参出(まだ)す」で、差し上げるの意) あちこちに分けて差し上げる。＊書紀(720)天武一〇年正月(北野本訓)「幣帛(いはひのみてぐら)を諸の神祇に頒(アカチマタス)」

あか-ちゃ【赤茶】『名』赤みを帯びた茶色。赤茶色。＊アメリカひじき(1967)〈野坂昭如〉「どんどん水が赤茶にかわり」 発音〈標ア〉⓪

あかちゃ-いろ【赤茶色】『名』「あかちゃ(赤茶)」に同じ。 発音〈標ア〉⓪〈京ア〉⓪

あかちゃ・ける【赤茶】『自カ下一』赤みがかった茶色になる。また、日に焼けたり、染料がはげたりして赤茶色になる。＊はやり唄(1902)〈小杉天外〉一三「赤茶色(アカチャケ)た土を塗って」＊新世帯(1908)〈徳田秋声〉三七「赭(アカ)ちゃけた髪毛」＊赤痢(1909)〈石川啄木〉「赤焦(アカチャ)けた黒繻子の袋袴を穿いた役場の助役」 発音〈標ア〉ケ〈京ア〉⓪

あか-ちゃん【赤―】『名』人間や動物の赤ん坊を、親しみをこめていう語。赤子。あかんぼう。＊人情本・春色玉襷(1856-57頃)初・六回「ヲヤ、赤ちゃんは寝んねだネ」＊良人の自白(1904-06)〈木下尚江〉前・一二・四「こんな美くしいお乳を吸ふ赤ちゃんは如何(どんな)に綺麗でせうねェ」＊竹沢先生と云ふ人(1924-25)〈長与善郎〉竹沢先生の散歩・六「先生の処に赤ちゃんがお産れんなすった相だよ」 発音〈標ア〉ア〈京ア〉ア

あか-ちゃん『名』(「明かす人」の意から) 密告者をいう、盗人仲間の隠語。〔隠語輯覧(1915)〕

あか-ちょうじ【赤丁字】『名』植物「たにうつぎ(谷空木)」の古名。＊物類称呼(1775)三「海仙花 さつきばな〈略〉駿州にてあかてうじといふ」＊重訂本草綱目啓蒙(1847)二二・灌木「楊櫨 たにうつぎ〈略〉あかてうじ 駿州」 方言駿州†015 紀伊牟婁郡†110 発音アカチョージ〈標ア〉チョ

あか-ちょうしょく【赤調色】『名』紙または乾板に焼き付けた陽画を赤色画に変えること。

あか-ちょうちん【赤提灯】『名』(「あかぢょうちん」とも) ①赤い紙を張った提灯。＊歌舞伎・日月星享和政談(延命院)(1878)三幕「此左右に家根のある提灯をかけ、是へ七面大菩薩と記せし赤提灯(アカチャウチン)を掛け」＊東京年中行事(1911)〈若月紫蘭〉八月暦「住吉神社の三巴の赤提灯(アカヂャウチン)を軒に吊し」 ②赤い提灯を看板に出した店。一杯飲み屋。＊崖(1947)〈梅崎春生〉「何処で遊んで来た。温泉宿の赤提灯(アカヂョウチン)か」＊絵合せ(1970)〈庄野潤三〉一二「よく行くのは縄のれんや赤提燈(アカヂョウチン)の店である」 発音アカチョーチン〈標ア〉チョ

あか-ちょこべえ【赤―】『名』方言⇩あかめ(赤目)

あか-ちりめん『名』植物「からたちばな(唐橘)」の古名。 発音〈標ア〉⓪チ

あか-チン【赤―】『名』(「チン」は「チンキ」の略) マーキュロクロム(有機水銀化合物)の水溶液の俗称。外用の殺菌、消毒剤として用いられる。マーキュロ。＊青春と泥濘(1947-49)〈火野葦平〉一「絆創膏をはったり、アカチンをつけたりしている兵隊もあった」＊女中ッ子(1954)〈由起しげ子〉三「裸の脚には前日の激闘を物語る赤チンが生々しい」 語誌チンキとはアルコール溶液を意味するものであり、赤チンは水溶液であるから厳密には正しい言い方でないが、ヨーチン(ヨードチンキ)、すなわちヨードのアルコール溶液と同じ目的に用いられる赤い液体なのでこの名で呼ばれ広まった。 発音〈標ア〉⓪〈京ア〉⓪

あかつ【赤津】(「あかづ」とも) 姓氏の一つ。 発音〈標ア〉⓪

あか・つ【散・頒】『他タ四』①あちこちに配る。分与・分配する。また、方々に分散させて派遣する。＊天理本金剛般若経集験記平安初期点(850頃)「一切の道俗に散与(アカチ)、波若を読誦せば」＊大和(947-957頃)一四八「この車より『なほこの男たづねて率て来』といひければ、供の人手をあかちてもとめさわぎけり」＊蜻蛉(974頃)上・天祿元年「わりごもてきぬれば、さまざまあかちなどして」＊大鏡(12C前)五・道長上「女房、侍、家司、下人まで別にあかちあてさせ給て」＊玉塵抄(1563)二「頒はあかつとよむぞ。分の心ぞ」 ②まき散らす。＊書紀(720)神代上(丹鶴本訓)「乃ち鬚髯(ひげ)を抜き、散(アカツ)に、即ち杉(すぎのき)と成る」＊大唐西域記長寛元年点(1163)七「土地膏腴(あぶらづ)き、稼穡(なりは)ひ時に播(アカツ)」 語誌類義語に「わかつ」(四段)があるが、「あかつ」「わかつ」とも上代の確例は見られない。中古和文資料における「あかつ」は複数のものを複数に分け、しかも単に分けるだけ(分離)でなく、ほかに与えたりどこかへ遣わしたりすることまでも含んでおり(移動分与)、格助詞は「に」「へ」を伴うことが多い。「わかつ」の方は、複数のものを(木・身という単一体もあるがまれ)複数に分けること

を表わすことが多いという点では類似するが、与えたり遣わしたりする意味を含まない例の方が多い。どこかへの移動や分与という意味の差は、「に」「へ」の現われ方の相違として確認され、ことに中古訓点資料ではその差がより顕著である。↓「あかる(散・別)」の語誌。

語源説 (1)ワカツの音通〔類聚名物考〕。(2)アカルル(離散)の他動詞〔大言海〕。(3)班田の義に基づき、分けて渡す義。班の訓〔俚言集覧・日本語源＝賀茂百樹〕。 発音〈ア史〉平安○○◐ 〈京ア〉0 辞書 色葉・名義・文明・天正・書言・言海 表記 班(色・名・文・書) 頒(色・名・天・書) 散・辨・糜(色・名) 播(色) 折(名)

あかつか【赤塚】(「あかづか」とも) 姓氏の一つ。 発音〈標ア〉0

あかつか『名』 植物「くろゆり(黒百合)」の古名。

あか-づか【赤柄】『名』「あかぎづか(赤木柄)」に同じ。＊古事談(1212-15頃)二・二条長実着水干装束問于遊女事「赤つかの刀のまぶたきに、貝摺たる差て」

あかつか-こふん【赤塚古墳】 大分県宇佐市高森にある前方後円墳。全長約五一メートル。大正一〇年(一九二一)発掘され、三角縁神獣鏡、盤龍鏡などを出土。四世紀前半の築成。 発音〈標ア〉コ

あかっ-かぜ【赤風】『名』 赤っぽい砂塵(さじん)をふくんだ風。＊街の物語(1934)〈榊山潤〉「赤っ風が朝から吹き、空に舞ひあがる埃で、太陽の色が濁って見える一日であった」 発音〈標ア〉0 カ1

あかつ-がま【赤津竈】『名』 赤津焼の竈所の名。 発音 アカツガマ〈標ア〉ツ

あか-つき【暁】『名』(「あかとき」の変化した語) ①夜半過ぎから夜明け近くのまだ暗いころまで。未明。また、夜明けに近い時分。現在では、明け方のやや明るくなった時分をいう。＊書紀(720)仁徳三八年七月(前田本訓)「時に二の鹿、傍に臥せり。鶏鳴(アカツキ)に及ばむとして牡鹿(しか)牝鹿(めか)に謂ひて曰く」＊天理本金剛般若経集験記平安初期点(850頃)「明発(アカツキ)に迄りて遂に東北に向ひ」＊古今(905-914)恋三・六二五「晨朝(ありあけ)のつれなくみえし別れよりあか月ばかりうき物はなし〈壬生忠岑〉」＊源氏(1001-14頃)葵「あか月深くかへり給ふ」＊玉葉(1312)雑二・二一三一「里々の鳥の初音は聞ゆれどまだ月たかきあかつきの空〈永福門院〉」 ②「あかつきおき(暁起)」の略。＊枕(10C終)一一九・あはれなるもの「たてへだてゐて、うち行ひたるあかつきの額(ぬか)など、いみじうあはれなり」 ③香木の名。分類は伽羅(きゃら)。 ④ある物事が実現したその時。また、物事の解決、処理。始末。＊歌舞伎・与話情浮名横櫛(切られ与三)(1853)五幕「金か香ろふか二つに一つ、コウ伴頭さん、いいかげんに往生しなせへ。此暁(アカツキ)はどうしてくれるよ」＊歌舞伎・染分千鳥江戸褄(傾城重の井)(1868)大切「サア忍んでそっと鶯さんへ、身のあかつきの談合も」＊内地雑居未来之夢(1886)〈坪内逍遥〉一二「全国総雑居となった暁(アカツキ)にそらと騒いだとて」＊大つごもり(1894)〈樋口一葉〉下「あるほどの悪戯を尽して瓦解の暁(アカツキ)に落こむは此淵」＊吾輩は猫である(1905-06)〈夏目漱石〉九「もし主人の様な人間が教師として存在しなくなった暁には」

語誌 (1)上代には「あかとき」で、中古以後「あかつき」となって今日に及ぶ。もともとは、夜を三つに分けたうちの「宵」「夜中」に続く部分をいったが、明ける一歩手前の頃をいう「しののめ」、空が薄明るくなる頃をいう「あけぼの」が、中古にできたために、次第にそれらと混同されるようになった。(2)中古では「あかつき」は歌・散文の双方に用いられるが、「あけぼの」は基本的には文章語(中世和歌には多い)、「しののめ」は歌語である。通い婚の習俗では、「あかつき」は男が女と別れて帰る刻限であり、「あかつきの別れ」などの表現もある。一方、男が訪れるのは「よい」であり、「よいあかつき」と熟した例も見られる。

語源説 (1)アカトキの転〔桑家漢語抄・東雅・言元梯〕。(2)夜のあけ方のある時の意〔日本釈名〕。(3)アケウツリドキ(明移時)の義〔日本語原学＝林甕臣〕。(4)アケチカヅキ(明近附)の義〔紫門和語類集・日本語原学＝林甕臣〕。(5)アカツキ(明着)の義〔言元梯〕。(6)「晤時」の別音 Ak-Tok の転音〔日本語原考＝与謝野寛〕。 発音〈標ア〉0 〈ア史〉鎌倉来◍◍◍◍ 〈京ア〉0 辞書 色葉・名義・下学・和玉・文明・明応・天正・饅頭・黒本・易林・日葡・書言・ヘボン・言海 表記 暁(色・名・下・玉・文・明・天・饅・黒・易・書・ヘ・言) 曙(色・名・玉・文・明・易) 睹・旰(名・玉) 鶏鳴(色) 旦・夓(名) 頡(玉) 質明・五更・厥明・旭時(書)

あかつき の 会(え)「あかつき(暁)の茶の湯」に同じ。

あかつき の 鐘(かね) 夜明けを告げる鐘。明け六つ(午前六時頃)に鳴らす鐘。明けの鐘。＊浮世草子・好色貝合(1687)上「別れ路にうるさいは、暁の鐘也」＊狂歌・徳和歌後万載集(1785)一二「夢にのみひろひし嘘の皮財布うき世にかへす暁のかね」＊人情本・春色梅児誉美(1832-33)後・九齣「思ひ過して、くよくよと、寝られぬ耳に暁(アカツキ)の、鐘(カネ)もかぞへて待あかす」

あかつき の=茶(ちゃ)の湯(ゆ)〔=茶事(ちゃじ)〕 茶事七式の一つ。明け方七つ半(午前五時頃)に行なう茶事。冬季に行なう。前夜から用意して、灯籠などに点火し、夜半にこれを消し、暁の七つ(午前四時)に改めて点火する。残灯の風趣を観賞するのを主旨とする。あかつきの会。

あかつき の 明星(みょうじょう)「あけ(明)の明星」に同じ。＊狂言歌謡・暁の明星(鷺小舞)(室町末-近世初)「あかつきの明星は、西へちろり東へちろりちろりちろりとする時は」

あかつき の 別(わか)れ 女と夜を共にした男が、暁に別れて女の家から帰ること。＊類従本信明集(970頃)「暁のわかれをしのかがみかもおもかげにのみ人の見ゆらん」＊源氏(1001-14頃)須磨「あか月のわかれはかうのみや心づくしなる。思ひしり給へる人もあらむかし」

あか-つき【赤月】『名』「あかつきげ(赤月毛)」の略。＊虎明本狂言・牛馬(室町末-近世初)「あかつき、なんりゃう、このしたや、よめなしつきげ、おにあしげ」

あか-つき【赤付】『名』(「赤」はあずき餡をさす) しん粉にあんをつけた餅。「赤付き」を同音の語「暁」ととり、さらに関連語「深更」を連想してしゃれた語。＊俳諧・本朝文選(1706)三・賦類・楊揮豆賦〈毛紈〉「深更とは、理屈人の名づけたる名にしてあかつきと解(とく)謎なるべし」＊随筆・嬉遊笑覧(1830)一〇・上「しんこをあかつきといふことは安井了忠が狂歌にやき餅のつめたきよりもやはらかなあかつきばかりよき物はなし。是亦小豆の付たるはあかつきなり。そを深更となぞなぞのやうに解たるは附合なり」

あか-つき【垢付】『名』 ①垢のついていること。また、そのもの。転じて、着古した衣服。形見に分けるときにいう。特に、故人が生前使用していた衣服。＊古道大意(1813)下「熟(つらつら)それを見るに、著ふるした垢付(アカツキ)の様子と云」＊歌舞伎・人間万事金世中(1879)序幕「身寄り縁者の方へ垢附(アカツキ)の形見にても差送り度候へ共、里数隔てし此の地の儀ゆゑ所有の金円為替手形にて差送り候間」＊よじょう(1952)〈山本周五郎〉一〇「垢付きのことも聞いてまいった。さすがは二天殿、予譲の故事とはゆき届いた志」 ②近世、高貴の人が臣下、またはその他に下賜した衣服の称。普通、紋付である。 発音〈標ア〉キ 0

あか-つき【閼伽坏】『名』(「あかづき」とも) 仏前に供える水を入れる器。生け花などを散らして入れておく。土器製もあるが、多く銅製。閼伽碗と閼伽皿の二つからなる。閼伽器。＊源氏(1001-14頃)鈴虫「わかき尼君たち二三人、花たてまつるとて、ならすあかつきのおと、水のけはひなど聞ゆる」＊義経記(室町中か)七・判官北国落の事「一挺の笈には鈴(れい)、独鈷(どっこ)、花皿、火舎、あかつき、金剛童子の本尊を入れたりけり」

閼伽坏〈奈良県　室生寺蔵〉

あかつき-いで【暁出】『名』 夜明け前に家を出て、よそへ行くこと(日葡辞書(1603-04))。 辞書 日葡

あかつき-おき【暁起】『名』 ①暁のころに起きること。＊後撰(951-953頃)恋五・九一四「おく霜の暁おきをおもはずば君がよどのによがれせましや〈よみ人しらず〉」＊和泉式部日記(11C前)「いみじう霧りたる空をながめつつ明かくなりぬれば、このあかつきおきのほどのことどもを」＊咄本・鹿の子餅(1772)鵜「私もきつい鵜好きと申入れて、暁起(アカツキヲキ)し行た所」 ②暁の頃に起きて勤行すること。＊平家(13C前)灌頂・大原御幸「よひよひごとのあかの水、結ぶたもともしをるるに、暁おきの袖の上、山路の露もしげくして」＊吾妻問答(1467頃)「釈教は、御法、をしへ、仏〈略〉あかつきをき、彼の岸など云ふ事は常の事に候」

あかつき-がさ【暁傘】『名』 江戸新吉原の衣紋坂で売った番傘。遊客が雨天の朝帰りに買ってさした。＊俳諧・類柑子(1707)上・あかつき傘「ほととぎす暁傘を買せけり」＊歌舞伎・勧善懲悪孝子誉(1877)序幕「其夜は雨にしっぽりと暁傘(アカツキガサ)のきぬぎぬも、しらで契りし二世三世」

あかつき-がた【暁方】『名』 暁のころ。＊古今(905-914)夏・一六六・詞書「月のおもしろかりける夜あかつきがたによめる」＊枕(10C終)九七・あさましきもの「夜一夜起きあかし待ちて、暁がたにうち忘れて寝入りにけるに」＊源氏(1001-14頃)若紫「あかつきがたになりにければ、法花三昧行ふ堂の、懺法の声、山おろしにつきて聞えくる、いと尊く」＊説経節・さんせう太夫(与七郎正本)(1640頃)上「よなよなあふてちぎりをこめ、さてあかつきかたになりぬれば、あふてわかるるによって」 発音 アカツキガタ〈標ア〉0 辞書 日葡

あかつき-ぐさ【暁草】『名』「かね(鐘)」の異称。＊和歌呉竹集(1795)八「舟人のあかつき草に、馴ぬれば、夢みて明すなにはづの松」＊和訓栞(1777-1862)「あかつきぐさ、暁種の義、鐘をいふとぞ」

あか-つきげ【赤月毛】『名』 馬の毛色の名。赤みを帯びた月毛。赤月(あかつき)。＊十巻本和名抄(934頃)七「赭白馬 毛詩注云騢〈音遐漢語抄云赭白馬 鴾毛也 赭黄馬 赤鴾毛也 今案鴾字未詳〉彤白雑毛馬也」＊親元日記-文明一〇年(1478)七月一六日「御馬二匹〈赤鴾毛印両目結黒印雀目結〉」 発音 アカツキゲ〈標ア〉キ 辞書 言海 表記 赤鴾毛(言)

あかつき-ごえ【暁声】『名』 寝ぼけたようなはっきりしない声。また、そのような声の調子。＊評判記・難波物語(1655)「おもくれたる女房なり、ものごしは、朱阿彌が酔(えひ)ざめのあかつき声に似たり」

あかつき-ざくら【暁桜】『名』 里桜の園芸品種。花は白色でわずかに淡紅色を帯び、大形で径六・五センチメートルぐらい。花弁は一〇～一二枚で丸みがある。 発音〈標ア〉ザ

あかつき-せんぼう【暁懺法】『名』 仏語。天台宗で朝行なう法華懺法のこと。↓朝懺法夕例時(あさせんぼうゆうれいじ)。＊梁塵秘抄(1179頃)二・僧歌「山寺行なふ聖こそ、あはれに尊きものはあれ、行道引声阿彌陀経、あかつきせんぼう釈迦牟尼仏(せいきゃうぼうぢふ)」＊古今著聞集(1254)二・五七「暁懺法をよみて、罪障を消除するは」

あかつき-づき【暁月】『名』 暁に空に見える月。明け方の月。有明月。残月。あかときづき。＊続撰吟(1540-41頃か)「雲にあふあかつき月にもれいでてひとりくまなき鐘の音かな」＊日葡辞書(1603-04)「Acatçuqizzuqi（アカツキヅキ）〈訳〉明け方に出る月」 方言 ◇あかつぃちじちゅう 沖縄県首里993 辞書 日葡

あかつき-づきよ【暁月夜】〘名〙「あかつきづくよ（暁月夜）」に同じ。＊源氏（1001‒14頃）初音「影すさまじきあか月つき夜に雪はやうやう降り積む」

あかつき-づくよ【暁月夜】〘名〙暁に月の残っている空のさま。また、その月。有明の月。あかつきづきよ。あかときづくよ。↕夕月夜。＊土左（935頃）承平五年一月一七日「くもれるくもなくなりて、あかつきづくよいとおもしろければ」＊源氏（1001‒14頃）賢木「夜深きあかつき月夜の、えもいはず霧りわたれるに」 語源説 ツクヨは単に月の意で、ヨには意味がない〔大言海〕。

あかつき-つゆ【暁露】〘名〙暁の頃に置く露。あかときつゆ。＊拾遺（1005‒07頃か）雑秋・一一一八「この頃のあか月つゆにわが宿の萩の下葉は色づきにけり〈柿本人麻呂〉」＊狭衣物語（1069‒77頃か）三「まだ知らぬあかつき露におき別れ八重（やへ）たつ霧にまどひぬるかな」 発音〈標ア〉ツ2

あかつき-もうで〔うでまう〕**【暁詣】**〘名〙朝早く社寺などに参拝すること。朝参り。＊古今著聞集（1254）一五・五〇〇「同じき十四日のあか月まうでのていにて、よに入りてかしらおろしけるに」

あかつき-やみ【暁闇】〘名〙明け方、月がなく、あたりが暗いこと。また、そのころ。陰暦で、一日から一四日ごろまでの夜明け方をいう。あかときやみ。＊続後撰（1251）恋一・七〇三「夕月夜あかつきやみのほのかにも見し人ゆゑに恋ひやわたらむ〈よみ人しらず〉」＊俳諧・袖草紙所引鄙懐紙（1811）元禄六年歌仙「十三夜あかつき闇のはじめかな〈濁子〉小袖の糊のこはき薄霧〈曾良〉」 発音〈標ア〉0キ〈京ア〉キ

あか-つ・く【垢付】〘自カ五（四）〙（「あかづく」とも）垢がついてよごれる。垢じみる。＊万葉（8C後）一五・三六六七「わが旅は久しくあらしこの吾が着（け）る妹が衣の阿可都久（アカヅク）見れば〈遣新羅使人〉」＊観智院本名義抄（1241）「垢 アカツク」＊玉塵抄（1563）一八「老枕はわるいあかづいて、しわらくさい枕ぞ」＊仮名草子・竹斎（1621‒23）上「この小袖はあかつきてはづかしくは候へども」＊病院の窓（1908）〈石川啄木〉「垢づいた首巻を巻いて居たが」 発音〈標ア〉ツ 辞書 色葉・名義・和玉・天正・易林・日葡・言海 表記 垢（色・名・玉・天）膩（玉）骸垢（易）垢付（言）

あかっ-け【赤毛】〘名〙「あかげ（赤毛）」の変化した語。＊多情多恨（1896）〈尾崎紅葉〉後・六回「赤毛（アカッケ）ながら結立の銀杏返を大事さうに頸を長く」＊女工哀史（1925）〈細井和喜蔵〉七・二一「赤っ毛を大きな束髪にゆって、白粉を濃く塗った若づくりの大年増である」

あか-つげ【赤黄楊】〘名〙①植物「たにうつぎ（谷空木）」の古名。＊重訂本草綱目啓蒙（1847）三二・灌木「楊櫨 たにうつぎ〈略〉あかつげ 土州」②植物「あかみのいぬつげ（赤実犬黄楊）」の異名。方言 うつぎ（空木）。香川県香川郡808

あかづけ-しょうが〔ーシャウガ〕**【赤漬生薑】**〘名〙梅酢に漬けて紅色に染めたショウガ。べにしょうが。＊東京の三十年（1917）〈田山花袋〉明治二十年頃「大抵は沢庵の漬物か赤漬薑（アカヅケシャウガ）かで、さらさらと飯を食った」 発音 アカヅケショーガ〈標ア〉ショ

あかっ-こ【赤子】〘名〙（「あかご」の変化した語）①「あかんぼう（赤坊）①」に同じ。＊歌舞伎・戻橋脊御摂（1813）六立「それこそ、そちが姉たる七綾が、出産したる赤（アカ）っ子（コ）だ」②「あかんぼう（赤坊）②」に同じ。＊歌舞伎・廓の花見時（助六）（1764）「俺を知らぬとは、ムウ聞いた。この吉原は今日が宮参りか。こりゃ赤っ子」 方言 赤子。赤ん坊。新潟県東蒲原郡368

あがっ-たり【上―】〘名〙〘形動〙（動詞「あがる（上）」の連用形に完了の助動詞「たり」が付いて一語化した語）商売や仕事などが全くふるわないで、どうしようもないこと。また、そのさま。また、一般に物事がだめになることやそのさまにもいう。あがったりや。＊黄表紙・見徳一炊夢（1781）下「まづ今日ぎりで番頭役も上ったりだ」＊滑稽本・浮世風呂（1809‒13）二・上「大酒食だから、五日も三日もなまけ出すと細工はあがったりさ」＊花間鶯（1887‒88）〈末広鉄腸〉上・四「まだ一人も客がない。此の節では已れ達は上（アガ）ったりだ」 発音 アガッタリ〈標ア〉タリ〈京ア〉0

あがったり-さがったり【上下】〘名〙①子供のおもちゃの名。＊荻江節・面かぶり（1765頃）「不倒翁犬（おきあがりこぼし）、犬張子、猿の相撲に上ったり下ったり、ええええええ」＊風俗画報‐二四五号（1902）遊芸門「是れ自動滑車の如きものなるが、俗に『上ったり下ったり』と唱えて、土瓶の蓋など持ち来り」②遊戯の一種。シーソーのこと。 発音 アガッタリ＝サガッタリ〈標ア〉タ＝ガ

あがったり-だいみょうじん〔ーダイミャウジン〕**【上大明神】**〘名〙商売や事業に失敗したりして、他人から相手にされなくなることをいう語。多くは、職人などが失職したときに用いることば。あがったり。お手上げ。＊雑俳・川傍柳（1780‒83）三「あがったり大明神豊国（ほうこく）也」＊滑稽本・浮世風呂（1809‒13）前・上「仲間の取遣（とりやり）はあがったり大明神（ダイミャウジン）」＊歌舞伎・名誉仁政録（1852）三幕「おいらのやうな博奕場の歩きをして居る者は、あがったり大明神だ」

あがったり-や【上屋】〘名〙（「あがったり」を商売に見立てて「屋」を付けたもの）「あがったり」に同じ。＊浮世草子・傾城歌三味線（1732）二・二「わけもない揚屋がすでに上（アガ）ったりやにならふと致した」＊浄瑠璃・三日太平記（1767）八「彼岸に成ても麦はよふ蒔かず、大根蕪もよふおろさず、百姓は上ったりや」

あ-かったん【亜褐炭】〘名〙「あたん（亜炭）」に同じ。

あか-つち【赤土】〘名〙①火山灰が分解してできた赤褐色、または赤黄色の土で、関東ローム層の赤土が有名。鉄分を含み、粘りけがある。壁土または、れんがの材料とする。はに。あかはに。あかばね。黄色土。赭（しゃ）土。＊正倉院文書‐天平一〇年（738）周防国正税帳〈寧楽遺文〉「赤土弐升価稲参束」＊中右記‐保安元年（1120）三月二八日「最勝寺作事時、所召諸国之赤土用残、于今在彼御寺」＊地方凡例録（1794）二「湿気洩安き南向きのあかつち赭によし」＊幼学読本（1887）〈西邨貞〉一「これはぢめんをほってこしらへましたのです。この地めんは赤土です」②代赭（たいしゃ）石の別名。赤鉄鉱の赤色土状を呈したもの。＊本草和名（918頃）「代赭、一名須丸、一名血師、〈略〉一名赤土、阿加都知」＊観智院本名義抄（1241）「代赭 アカツチ」③「あかつちタバコ（赤土煙草）」の略。＊浮世草子・好色盛衰記（1688）四・五「やうやう名所莨菪（たばこ）のきざみ売。あかつちは水戸の名物」④赤黒色の絵の具。⑤土でできた安物の碁石で、白または黒の塗りがはげて、赤い地膚が露出したもの。方言 粘土。三重県志摩郡585 京都市054 奈良県吉野郡687 大分県941 発音〈なまり〉アカチチ〔八丈島〕アカッツ〔鹿児島方言〕バッカッチ〔栃木〕〈標ア〉0〈京ア〉⓪ 辞書 名義・和玉・文明・明応・日葡・書言・言海 表記 赭（文・書）赤土（明・言）代赭（名）埣（玉）赬壌（書）

あかつち-いろ【赤土色】〘名〙赤土のような色。赤褐色。赤黄色。＊鳥物語（1908）〈鈴木三重吉〉「両溝に流れる赤土色の水に」 発音〈標ア〉0

あかつち-タバコ【赤土煙草】〘名〙タバコの一種。江戸時代、常州久慈郡赤土村（現在の茨城県金砂郷町）でとれたタバコ。赤舞（あかまい）とも称した上等品。あかつち。＊随筆・独寝（1724頃）上・六九「莨（たばこ）はよしのたばこ、たて烟草、服部たばこ、赤土烟草〈略〉かもじたばこなどいと見事なるより」＊随筆・目さまし草（1815）「『千種（ちくさ）日記』〈略〉ひたちの国にあかつちたばこ」

あかつち-みち【赤土道】〘名〙赤土の道。＊たけくらべ（1895‒96）〈樋口一葉〉七「池のほとりの松が根につまづきて赤土道（アカツチミチ）に手をつきたれば」＊悪戯（1926）〈岡田三郎〉「日光に輝く枯野に、一筋の赭土道（アカツチミチ）がはしってゐた」 発音〈標ア〉チ1

あかつち-や【赤土屋】〘名〙壁土を売る商家。＊雑俳・うき世笠（1703）「引ひろげ・わざとふまする赤土屋」

あかっちゃ・ける【赤茶】〘自カ下一〙「あかちゃける」の変化した語。＊改正増補和英語林集成（1886）「Akatchaketa アカッチャケタ」＊落語・姫かたり（1890）〈三代目三遊亭円遊〉「櫛抔（など）も随分色の好い処で、アノ赤ッチャケた唐鼈甲ぢゃア有りません」＊大鳥圭介南柯の夢（1955）〈河上徹太郎〉八「左の窓には赤っちゃけた磐梯の山塊がある」 発音〈標ア〉ケ〈京ア〉⓪

あかっ-ちょ【赤―】〘名〙方言 ❶鳥、ほおじろ（頬白）。三重県584 585 586 奈良県675 680 ❷虫、あぶらぜみ（油蟬）。静岡県周智郡521 磐田郡546

あか-つつじ【紅躑躅】〘名〙植物「やまつつじ（山躑躅）」の古名。＊重訂本草綱目啓蒙（1847）一三・毒草「山躑躅 やまつつじ〈古歌〉あかつつじ」 方言 和歌山県西牟婁郡690 発音〈標ア〉ツ2

あかっ-つら【赤面・赭面】〘名〙①「あかづら（赤面）①」に同じ。＊銀の匙（1913‒15）〈中勘助〉前・三六「同じ級の古参の者で赤っ面の穢い子が『いいものやらう』といって」＊生まざりしならば（1923）〈正宗白鳥〉「鼻の下の長い赭（アカ）っ面（ツラ）の、口の中の臭さうな男にねだって」②「あかづら（赤面）②」に同じ。＊雑俳・柳筥（1783‒86）二「所作の内まじいりまじいり赤っつら」＊滑稽本・浮世風呂（1809‒13）四・下「扨また、立役の荒事師は赤い筋隈（すぢぐま）又は赤（アカ）っつら」＊歌舞伎・戻橋脊御摂（1813）三立「向うより有信、赤っ面、上下衣裳にて出て来り、花道に留り」＊読書放浪（1933）〈内田魯庵〉銀座繁昌記・一一・三「赤っ顔（ツラ）の敵役然たるパークスの女房役としてのサトーは幕末外交劇の重要なる登場者の一人であったが」 方言 ❶動物、さる（猿）。福島県西会津郡165 ❷恥をかくこと。赤面（せきめん）。 ◇あかっつぃらあ 沖縄県石垣島996 ❸植物、みぞそば（溝蕎麦）。群馬県利根郡215 発音〈標ア〉0

あかっ-ぱ【赤葉】〘名〙枯れて赤くなっている葉。あかば。＊歌舞伎・お染久松色読販（1813）序幕「こいつは大分赤っ葉が多いね。こんな嫁菜は裏のどぶっ端に有るね」 発音〈標ア〉0

あか-つばき【赤椿】〘名〙赤い色の花が咲く椿。＊俳諧・薦獅子集（1693）「一筵ちるや日かげの赤椿〈去来〉」＊俳諧・炭俵（1694）上「鋸にからきめみせて花つばき〈嵐雪〉鳥のねも絶ず家陰の赤椿〈支考〉」 発音〈標ア〉ツ

あかっ-ぱ・げる【赤禿】〘自ガ下一〙「あかはげる（赤禿）」の変化した語。＊黒い眼と茶色の目（1914）〈徳富蘆花〉二・一「集配人の郵便袋の様な赭（アカ）っ剝（パ）げた革嚢（かばん）を左肩につるして」 発音 アカッパゲル〈標ア〉ゲ

あかっ-ぱじ〔ぢぱ〕**【赤恥】**〘名〙「あかはじ（赤恥）」の変化した語。＊人情本・花の志満台（1836‒38）四・序「廻らぬ筆に赤（アカ）っ恥（パヂ）、かきの素袍を仮に着て」＊西洋道中膝栗毛（1870‒76）〈仮名垣魯文〉初・上「よくも亭主に、赤（アカ）っ恥（パヂ）をかかせたな」＊ゆく年（1928‒29）〈久保田万太郎〉四「俺ァあんな赤っ恥をかいたこたアねえ」 発音〈標ア〉0

あかっ-ぱね【赤埴】〘名〙方言 ⇨あかばね（赤埴）

あかっ-ぱら【赤腹】〘名〙コイ科の魚ウグイの雄が、春の繁殖期に腹部が赤色を呈することをいう。花うぐい。桜うぐい。《季・春》

あかっ-ぴ【―日】〘名〙 方言 ⇩あかてんき(―天気)

あかっ-ぺた【赤下手】〘名〙〘形動〙(「あかべた(赤下手)」の変化した語) まったく下手。*俳諧・やつこはいかい(1667)「あかっぺたとぞ」*滑稽本・客者評判記(1811)中「おれがやうな赤下手(アカッペタ)を能(よ)うまアお目かけられて下さる」

あかっ-ぺら【赤片】〘名〙(「ぺら」は接尾語) 江戸時代天保三年(一八三二)から鋳造された二朱金の別名。その粗悪なところからいう。*歌舞伎・夢結蝶鳥追(雪駄直)(1857)三幕「『はい、七百廿四文でござります』ト半次二朱を出し『それ、赤っぺらだよ』」

あか-つぼ〘名〙 刻みタバコの一品名。*洒落本・短華蘂葉(1786)「『モシおじゃまながらたばこちっと』〈略〉『ハイ八こくかへ申』『イヤあかつぼに、しておくれ』」

あかっ-ぽ・い【赤―】〘形口〙(「ぽい」は接尾語) 赤みがかっている。赤みを帯びている。*初恋(1889)〈嵯峨之屋御室〉「花は白い方が綺麗ですねエ、赤っぽいのよりか」*土(1910)〈長塚節〉六「白っぽいのや赤っぽいのや、黄色っぽいのや種々に茂って」*地を潤すもの(1976)〈曽野綾子〉三「時々、白髪染めを赤っぽく染めているひとがいるが」 発音〈標ア〉0 ポ

あかっ-ぽ・い【垢―】〘形口〙(「ぽい」は接尾語) 垢がついているようである。*アパアトの女たちと僕と(1928)〈龍胆寺雄〉八「病的な眼のくまや、垢っぽい細い頸すぢなどが、変に彼女を年には荒(すさ)ませて見せた」 発音〈標ア〉ポ 0

あかっ-ぽおろく【赤―】〘名〙 方言 ❶赤土の畑。茨城県188 191 195 ❷赤土で肥料分の少ない開墾地。◇**あかぼっくらあ・あかぼっこお** 鹿児島県種子島978

あがつま【吾妻】 群馬県北西部、吾妻川流域にある郡。四万(しま)、草津など、数多くの温泉群がある。古くは「あかつま」とも。*二十巻本和名抄(934頃)五「上野国〈略〉吾妻〈阿加豆末〉」*色葉字類抄(1177-81)「上野〈略〉吾妻 アカツマ」 発音 アガツマ〈標ア〉0 辞書 和名・色葉 表記 吾妻(和・色)

あがつま-きょう【吾妻峡】 群馬県吾妻川上流の渓谷。長野原町川原湯(かわらゆ)付近約四キロメートル。断崖の間を急流が流れ、関東耶馬渓(やばけい)ともいわれる。吾妻渓谷。 発音 アガツマキョー〈標ア〉0

あかづま-こふん【赤妻古墳】 山口市赤妻町にあった五世紀前半の円墳。明治三〇年(一八九七)組み合わせ式箱形石棺、同四一年、刳抜式舟形石棺を発見。また甲冑、刀、鏡、ガラス玉、針なども出土。現在はほぼ壊滅し、出土品は県立博物館に所蔵。 発音〈標ア〉コ

あか-つめくさ【赤詰草】〘名〙 マメ科の多年草。ヨーロッパ原産で、明治初期に牧草や緑肥用として日本に渡来し、今では野生化して各地に見られる。高さ三〇～六〇センチメートルに達する。葉は卵形または長楕円形。夏、紅紫色の小さい蝶形の花が咲く。梱包の詰め物として使われたのでこの名があり、赤爪草と書くのは誤り。学名は Trifolium pratense *日本植物名彙(1884)〈松村任三〉「アカツメクサ」*春と修羅(1924)〈宮沢賢治〉オホーツク挽歌「やなぎらんやあかつめくさの群落」 発音〈標ア〉メ

あかつ-やき【赤津焼】〘名〙 愛知県瀬戸市東端の古くからある窯業地赤津で産する焼き物。茶器、茶碗を主とする。*風俗画報-一一六号(1896)人事門「陶器に瀬戸焼品野焼赤津焼等の名あり皆これ本業物」 発音〈標ア〉0

あか-づら【赤面・赭面】〘名〙(「あかつら」とも) ①赤い顔。赤銅色をした顔。多くは人をののしっていう。あからがお。あかっつら。*日葡辞書(1603-04)「Acazzura(アカヅラ)〈訳〉赤い顔」*浄瑠璃・吉野都女楠(1710頃か)五「をのれこそあかづらのじゅくし坊主、ふみつぶしてのけん」*滑稽本・八笑人(1820-49)二・上「のろ松は少し赤面(アカヅラ)して卒をにらめる」*多情多恨(1896)〈尾崎紅葉〉後・二「お若とかいふ彼(あの)赭面(アカツラ)の婢(をんな)」②歌舞伎の化粧法の一つ。強烈な性格表現のため顔を赤く塗ること。近世初期、江戸歌舞伎では立役、京坂歌舞伎では敵役を意味したが、中期以降は、敵役に統一された。あかっつら。あかぬり。*俳諧・うたたね(1694)「赤面に楽屋の奉行あがき舞」*歌舞伎・名歌徳三舛玉垣(1801)三立「上(かみ)の方に荒巻耳四郎国景、赤面(ツラ)、上下(かみしも)衣装にて」③銅貨をいう、盗人仲間の隠語。〔隠語輯覧(1915)〕 方言 ❶動物、さる(猿)。◇**あかつら** 新潟県北魚沼郡012 長野県上水内郡012 ❷やむなく悪口を言うこと。福岡市877 ❸恥をかくこと。赤面(せきめん)。◇**あかづぃら** 沖縄県首里993 ❹植物、えごのき。◇**あかつら** 秋田県008 山形県008 信州木曽†091 ◇**あかづた** 山形県最上郡008 ◇**あかちゃ** 青森県003 岩手県003 ◇**あかんちゃ** 青森県北津軽郡008 秋田県003 ❺植物、ひさかき(柃)。◇**あかつら** 長門†122 ❻円葉の榛木(はんのき)。◇**あかつら** 駿河浅間社†070 発音〈標ア〉0 辞書 日葡

あか-づら〘名〙 植物「たにそば(谷蕎麦)」の古名。*日本植物名彙(1884)〈松村任三〉「タニソバ ソバタデ アカヅラ」 発音〈標ア〉0

あか-づる【赤蔓】〘名〙 方言 ❶植物、とうのいも(唐芋)。和歌山県海草郡692 ❷植物、くろづる(黒蔓)。山形県東田川郡139 ❸動脈。◇**あかつぃる** 沖縄県石垣島996

あか-で【飽―】(動詞「あく(飽)」の未然形に、打消の意の接続助詞「で」の付いたもの) ⇩「あく(飽)」の子見出し

あか-で【赤手】〘名〙 ①赤い色をした手。②手に何も持っていないこと。また、その手。素手。徒手。赤手(せきしゅ)。*咄本・一休咄(1668)三「さても有がたやと、見る人きく人、あか手のかわをすりておがまぬものはなかりけるとなり」③たくましくがんじょうな手。*歌謡・松の葉(1703)四・寛闊一休「猶も奇特を見せ給へと、あかでの骨法摺り剝(む)き摺り剝き、責めにへめてぞへめたりける」

あかで を 擦(す)る 武器を捨て、抵抗しない意志を表わす。もみ手をしてあやまる。*信長記(1622)六・室町殿重て御謀反の事「人質をさし出し、赤手(アカテ)をすって降参せらるるあひだ、さらばとて免し玉ひけり」

あか-で【明手】〘名〙 強盗をいう、盗人仲間の隠語。〔隠語輯覧(1915)〕*いやな感じ(1960-63)〈高見順〉二・六「アカはアカでも、アカ(兇器)を持ったアカデ(強盗)もいる」

あか-ておけ【閼伽手桶】〘名〙「あかおけ(閼伽桶)」に同じ。*常磐津・八犬士誉の勇猛(八犬伝)(1889)「手許(てもと)やさしく閼伽手桶(アカテヲケ)、御法(みのり)も菊の露雫(しづく)」

あかて-がに【赤手蟹】〘名〙 イワガニ科のカニ。東北地方以南の海岸の河口近くの小川や湿地や水田などにふつうに見られる。甲は幅約三センチメートル、四角形で色は暗青色、額と甲肩が黄色または、赤色。 発音 アカテガニ〈標ア〉テ

あか-てつ【赤鉄】〘名〙 アカテツ科の常緑高木。小笠原、沖縄、台湾などの海岸に生える。高さ五～一〇メートル。葉は互生し、長楕円形。表面は平滑で裏面には茶褐色の毛が密生する。花は白色で小さい。材は堅く淡赤褐色を帯び、建築、船、器具などの材とする。くろてつ。学名は Planchonella obovata *日本植物名彙(1884)〈松村任三〉「アカテツ」 発音〈標ア〉0

あかてつ-か【赤鉄科】〘名〙 双子葉植物の一科。世界に七〇余属、八〇〇種あり、熱帯地方を中心に分布し、日本では小笠原に分布している。主に木本。花は単生、または集散花序をなし、両性。通常放射相称。ゴム状の樹脂を分泌するものが多い。くろてつ科。 発音〈標ア〉0

あがで-に【我―】〘副〙 方言 ⇩わがでに(我―)

あか-てぬぐい【赤手拭】㊀〘名〙 赤い色の手拭。多く、女性が頭にかぶったり、踊りのときにかぶったりする。*慶長見聞集(1614)五「楽阿彌は常に赤手拭にて頭をつつみそふじてけうある姿也」*京童跡追(1667)六・興聖寺「もみぢ葉は赤手拭か山の腰」*随筆・異本洞房語園(1720)一「甲斐甲斐しき遊女八人を撰びて、赤手拭を頂せ」*歌舞伎・容賀扇曽我(1816)大詰「一つ眼に一本足、ちんちんもぐらとや赤手拭で、狐の嫁入りぢゃな」㊁「あかてぬぐいいなり(赤手拭稲荷)」の略。*随筆・浪華百事談(1892-95)八「難波村の内、西北の田圃地の中に稲荷社ありて、世に赤手ぬぐひと呼べり。其名義は詳ならず。祭る所の神は、豊受大神、猿田彦大神、宇受売神なり」 発音 アカテヌグイ〈標ア〉テ

あかてぬぐい-いなり【赤手拭稲荷】 大阪市浪速区稲荷町にある稲荷神社。祭神は豊受大神、猿田彦大神、宇受売神(うずめのかみ)。赤手拭。*随筆・摂陽奇観(1833)四九「難波西松の堤赤手拭稲荷社の近辺榎木のもとより壺に入たる判金百三十両弐朱判四両弐歩二朱埋め有レ之」 発音 アカテヌグイイナリ〈標ア〉イ[2]

あか-てのごい【赤手拭】㊀〘名〙「あかてぬぐい(赤手拭)㊀」に同じ。*談義本・風流志道軒伝(1763)四「日本にてはやると聞く、姫路におさかべ赤手のごひ、狸のきん玉八畳敷」*俳諧・鶉衣(1727-79)前・中・二六・猫自画讃「我が袋戸の猫は、たとへすすけて千とせをふるとも、赤手のごひの踊もしらず」㊁「あかてぬぐいいなり(赤手拭稲荷)」の略。

アカデミー〘名〙(英 academy フランス académie)《アカデミ・アカデミア》①紀元前三八七年頃、古代アテネのアカデメイアの森にプラトンがつくった学園。また、プラトンの後継者の学派。プラトン学派。②西洋諸国での学問・芸術に関する特定の研究団体、および施設。翰林院(かんりんいん)。学士院。アカデミー-フランセーズ(フランス翰林院)、ロイヤル-アカデミー(王立美術院=イギリス)、アカデミア-ナウーク(科学アカデミー=旧ソ連)など。*西国立志編(1870-71)〈中村正直訳〉五・三一「然れども日納爾(ジェンネル)アカデミース(学士集会院)の門戸を二十度空しく叩きたりき」*ふらんす物語(1909)〈永井荷風〉再会「若手の劇詩人が新(あらた)にアカデミーの会員に選ばれる」③大学、研究所、学会、学院など、広く学芸に関する研究教育団体、および施設の総称。*スバル-明治四二年(1909)五月号・莫復問〈石川啄木〉「友は皆アカデミ出でて八方に散れり」*歴史の思想序説(1965)〈桑原武夫〉三「やがて科学的と称せられる実証主義が導入されアカデミの主流となった」*三木清―その生涯と遺産(1966)〈久野収〉一「彼は三木と同様、アカデミーにいれられず」④「アカデミー賞」の略。*随筆寄席(1954)〈辰野・林・徳川〉六「ところがベニスでグランプリになって、今度アメリカでアカデミーをもらったでしょう」 発音〈標ア〉カ デ〈京ア〉カ

アカデミー-しょう【―賞】〘名〙(アメリカ Academy Award の訳語) アメリカの映画賞。一九二七年創始。アメリカ映画芸術科学アカデミーが、毎年一回、最も優秀な作品、俳優、監督などに対して授与する。オスカーと呼ばれる男子の立像を与えるところから、オスカー賞とも呼ばれる。 発音 アカデミーショー〈標ア〉ミ〈京ア〉①[1]

アカデミー-フランセーズ〘名〙(フランス Académie Française) フランスの学士院の部門の一つ。一六三五年、宰相リシュリューが創立。フランス語の純化、統一を図り、文学・語学の向上を目的とする。一六九四年より「アカデミー-フランセーズ国語辞典」の編集・改訂

を行なっている。フランス翰林院（かんりんいん）。↓アカデミー② 発音〈標ア〉セ

アカデミシャン〘名〙（英 academician フランス académicien）《アカデミシアン》①アカデミーの会員。フランスでは、アカデミー‐フランセーズの会員をさし、イギリスではロイヤル‐アカデミーの正会員をさす。アカデミーに属する文学者、科学者、美術家。学士院会員。翰林院（かんりんいん）会員。＊外来語辞典（1914）〈勝屋英造〉「アカデミシャン Academician〔英〕学士院会員」②学者。学究の徒。＊二つの庭（1947）〈宮本百合子〉二五「イギリスでも一流のアカデミシャンとして暮すやうになるまでにへた苦心が」＊雲のゆき来（1965）〈中村真一郎〉三「一斎を連想させるアカデミシアンの鈴木信太郎」 発音〈標ア〉ミ

アカデミズム〘名〙（英 academism フランス académisme）《アカデミスム》①古代アテネの哲学者プラトンの唱えた学説。また、プラトン学派の教義。＊外来語辞典（1914）〈勝屋英造〉「アカデミズム Academism〔英〕プラトン学派の説。プラトン派哲学」②大学など、最高度の研究・教育機関を支配する学問至上主義。純粋に真理や美を追究しようとする態度や精神。転じて、非実践的、衒学（げんがく）的、官僚的など、学問・芸術上の権威主義。また、それらに権威づけられた学問・芸術の世界をいう。＊学生と読書（1938）〈河合栄治郎編〉如何に読書すべきか〈三木清〉三「アカデミズムに対してジャーナリズムには独自の意義があるやうに新刊書を読むといふことにもそれ自身の意義があるのである」＊帰郷（1948）〈大仏次郎〉ダイヤモンド「結局、日本に健康なアカデミズムを確立するのが最初の仕事だ」＊歴史の思想序説（1965）〈桑原武夫〉三「日本のアカデミズムは、理論研究が弱かったため」③アカデミー‐フランセーズ流のやり方。基礎を重んじる伝統的・保守的傾向。＊炎の人（1951）〈三好十郎〉二「アカデミスムはごめんだと言って」＊この神のへど（1953）〈高見順〉四「アカデミズムに反抗して結成されたある洋画団体が」 発音〈標ア〉ミ〈京ア〉ミ

アカデミック〘形動〙（英 academic フランス académique「アカデミー風」の意）①学究的。学問至上主義的。学問や芸術の世界で、正統的で堅実なさま。↓アカデミズム②。＊青年（1910‐11）〈森鷗外〉一三「驚くのは新聞をアカデミックにして其弊を除かうとした事である」＊案内者（1922）〈寺田寅彦〉「かういふやり方は云はばアカデミックなオーソドックスなやり方であると云はれる」②絵画、彫刻などの美術において、伝統的な形式にのっとっているさま。格式ばったさま。また、物事のしかたが古風で実際的でないさま。＊紐育（1914）〈原田棟一郎〉米国大統領就任式「言ふ所頗（すこぶ）る可（よし）、さて実行は如何にや、要するにアカデミックである」＊放浪時代（1928）〈龍胆寺雄〉二・二「これはアカデミックだの、これは印象派だの、これは表現派だのと」＊炎の人（1951）〈三好十郎〉一「君も知っているように私自身アカデミックな絵は描いていない」 発音〈標ア〉ミ〈京ア〉テ/ミ

あか‐てる【赤照】〘名〙歌舞伎などで、火事場や日の出、または神仏の出現などの場面で、舞台を赤く見せるために、火薬、花火などを燃やすこと。また、その火薬や花火。↔青照。＊万朝報‐明治三八年（1905）六月二七日「市街の建築物をば芝居で普通に用ふる赤テルや煙硝にてブシブシもやせしが即ち大火災」 発音〈標ア〉0

あか‐テロ【赤―】〘名〙（テロは 英 terrorism または ドイ Terror から）左翼の革命派による組織的な暴力行為。赤色テロ。＊現代語辞典（1923）〈生田長江〉「赤テロ 赤色テロリストの略」

あか‐てん【赤点】〘名〙（成績簿に落第点を赤字で記入するところから）学校の成績で落第点。欠点。 発音〈標ア〉0

あか‐でん【赤電】〘名〙①「あかでんしゃ（赤電車）①」の略。＊まんだん読本（1932）彼氏と運転手〈松浦翠波〉「赤電（アカデン）も過ぎた天現寺の夜更けを、〈略〉彼氏は悠然と酔っ払って、ふらついてゐたので有る」＊青電車（1950）〈永井龍男〉「やがてはるかに赤電の灯が見えて来るまでの間は妙に心細い東京風景であった」②「あかでんわ（赤電話）」の略。③（受信紙が赤いところから）外国電報をいう新聞社用語。＊模範新語通語大辞典（1919）〈上田景二〉「アカデン 赤電。新聞社内にて外国電報をいふ。赤き用紙に書かれるを以ってなり」 発音〈標ア〉0〈京ア〉0

あか‐てんき【―天気】〘名〙 方言 上天気。天気のよい日。奈良県南大和683 686 ◇あかっぴ【―日】静岡県榛原郡541

あか‐でんしゃ【赤電車】〘名〙①（前後部の行先を表示する部分を赤色の光で照明するところから）最終電車。赤電。↓青電車。＊赤光（1913）〈斎藤茂吉〉さんげの心「赤電車にまなこ閉づれば遠国（をんごく）へ流れて去（い）なむこころ湧きたり」＊多情仏心（1922‐23）〈里見弴〉序詩・よる「まだひょっとすれア、赤電車に間に合ふかも知れないし、なけれア俥（くるま）を探すよ」②（①に乗って帰る意から）いつも夜おそく帰る人。 発音〈標ア〉テ〈京ア〉0

あか‐でんわ【赤電話】〘名〙公衆電話の一つ。委託公衆電話の通称。主に店舗などに設置し、その保管や取り扱いを委託して、利用者の便をはかったもの。電話機の色が赤いところからこう呼ばれたが、平成七年（一九九五）四月以降は使用されていない。また一般に、公衆電話の通称。＊セルロイドの塔（1959）〈三浦朱門〉四「駅構内に赤電話がずらりと並んでいる」 発音〈標ア〉テ〈京ア〉0

あか‐とう ‥タウ**【赤糖】**〘名〙「あかざとう（赤砂糖）」の略。＊朝野新聞‐明治二四年（1891）八月一日「今日より製法の改良を図らざれば赤糖は白糖の為めに打滅さるるは必定ならんと云へり」

あか‐どうじ【赤童子】〘名〙赤色で童子形の像。金剛童子の一つで、一般に右手には剣、左手には輪宝を捧げる。仏画の画題の一つ。

赤童子
〈仏像図彙〉

あか‐とうもろこし ‥タウもろこし**【赤玉蜀黍】**〘名〙赤く熟したトウモロコシ。俗に、これをすり砕いて服用すると、雷鳴恐怖症が治るといわれ、江戸の浅草観音の四万六千日に参詣する人がこれを買い求めて、雷除けのお守りとした。＊随筆・蜘蛛の糸巻（燕石十種本）（1846）「一と年中の郷前栽場にて赤たうもろこしを多く作り出せしが買ふ人少かりし故浅草の四万六千日に持出て雷除の守りといふて売しかば夥しく売たり」＊歌舞伎・処女評判善悪鏡（白浪五人女）（1865）四幕「爰に以前のおやま線香を入れし箱と、赤玉蜀黍（アカタウモロコシ）を盆へ載せ、羽箒にて火鉢の辺を掃いて」

あか‐とき【暁】〘名〙（「あかつき」の古形）「あかつき（暁）①」に同じ。＊万葉（8C後）一五・三六六五「妹を思ひ眠（い）の寝らえぬに安可等吉（アカトキ）の朝霧ごもり雁がねそ鳴く〈遣新羅使人〉」＊万葉（8C後）二〇・四三八四「阿加等伎（アカトキ）のかはたれ時に島蔭（しまかぎ）を漕ぎにし船のたづき知らずも〈他田日奉得大理〉」＊東大寺諷誦文平安初期点（830頃）「霜（しも）の暁（アカトキ）、雪の夕には、父公し坐せば物も念はず」＊新撰字鏡（898‐901頃）「昕 晨也 於保阿加止支又阿志太」 語誌 (1)中古以降「あかつき」に転じる。上代の文献で「五更」「鶏鳴」等の表記がなされるとおり、夜明け前の未だ暗い頃をさすと見られ、上代語の「あさけ」や中古以降の「あけぼの」よりも一段早い時間帯であった。(2)「五更」（現在の午前三時から五時）、「鶏鳴」が「あかとき」とよまれる例として、「五更露爾（あかときつゆに）」〔万葉‐一〇・二二一三〕、「五更闇之（あかときやみの）」〔万葉‐一一・三〇〇三〕、「鶏鳴露爾（あかときつゆに）」〔万葉‐二・一〇五〕等がある。 方言 高知県862 ◇あかとぅんち 沖縄県中頭郡・国頭郡992 ◇はあとぅき 鹿児島県奄美大島・徳之島975 語源説 (1)天が開いて明るくなると考えたことから、アカトキ（開時）の義〔東雅〕。(2)アケトキ（明時）の義〔万葉代匠記〕。アカトキ（明時）の義〔名言通・和訓栞・語簏・大言海〕。(3)アクル‐トキ（時）の義〔万葉考〕。(4)アカツキと同じく「晤時」の別音 Ak-Tok の転音〔日本語原考＝与謝野寛〕。 上仮名 アカトキ 辞書 字鏡・言海 表記 昕・旭・晷（字） 暁（言）

あかとき‐くたち【暁降】〘名〙（「くたち」は、動詞「くたつ（降）」の連用形の名詞化）夜がその盛りを過ぎて、明け方近くなること。また、その時分。＊万葉（8C後）一〇・二二六九「今夜（こよひ）の暁降鳴く鶴（たづ）の思ひは過ぎず恋こそまされ〈作者未詳〉」

あかとき‐づき【暁月】〘名〙「あかつきづき」の古形。＊万葉（8C後）一九・四一八一「さ夜更けて暁月に影見えて鳴くほととぎす聞けばなつかし〈大伴家持〉」

あかとき‐づくよ【暁月夜】〘名〙「あかつきづくよ」の古形。＊万葉（8C後）一〇・二三〇六「しぐれ零（ふ）る暁月夜紐解かず恋ふらむ君と居らましものを〈作者未詳〉」

あかとき‐つゆ【暁露】〘名〙「あかつきつゆ」の古形。＊万葉（8C後）二・一〇五「わが背子を大和へ遣（や）るとさ夜更けて鶏鳴露（あかときつゆ）にわが立ち濡れし〈大伯皇女〉」＊万葉（8C後）八・一六〇五「高円（たかまと）の野辺の秋萩この頃の暁露（あかときつゆ）に咲きにけむかも〈大伴家持〉」

あかとき‐やみ【暁闇】〘名〙「あかつきやみ」の古形。＊万葉（8C後）一一・二六六四「夕月夜（ゆふづくよ）暁闇（あかときやみ）の朝影にあが身はなりぬ汝（な）を思ひかねて〈作者未詳〉」

あかとくろ【赤と黒】（原題 フランス Le Rouge et le Noir）長編小説。一八三〇年刊。スタンダールの代表作。青年ジュリアン＝ソレルの野望と、レナール夫人や侯爵令嬢マチルドとの愛を描いた心理小説で、近代小説のさきがけとされる。 発音〈標ア〉ア＝ク

あか‐どじ〘名〙「あかどじぼ」に同じ。〔隠語輯覧（1915）〕

あか‐どじぼ〘名〙（「どじぼ」は、芋のこと）ニンジンをいう、盗人仲間の隠語。あかどじ。〔特殊語百科辞典（1931）〕

あか‐とび【赤鳶】〘名〙染色の名。赤みがかったとび色。＊洒落本・傾城買四十八手（1790）見ぬかれた手「あか鳶の田中八丈、うらゑりなしの、かたのあたりすこし油でよごれた下着ばかりになり」

あか‐どめ【淦留】〘名〙船板の合わせ目などから淦（船底にたまる水）が入らないように、槇肌（まいはだ）などの詰め物をする新造ないし修理時における作業。また、荒天や戦闘で船体が損傷して淦入りの激しいとき、緊急対策として布、綿、板などをもってその浸入を防ぐことをいう。＊無人島漂流記（1798）「あか水入出し候に付、おもてよりかんはかすかひをぬき、右中棚傷所へかけ、あか留めいたし」＊箱館丸御船出来形仕様書（1857）「艦板並舵楼共〈略〉丸釘にて壱尺六寸間に打堅め張立、淦留いたし」

あか‐とり【赤鶏】〘名〙羽毛の赤い鶏。＊弁内侍（1278頃）建長元年三月三日「あかとりの、いしとさかあるが毛色も美しきをたまはりて」

あか‐とり【垢取・赤鳥】〘名〙①櫛（くし）の歯にたまった垢を取り去る道具。また、それにかたどった

紋。＊日葡辞書(1603-04)「Acatori（アカトリ）〈訳〉櫛などの掃除に使う小さな刷毛」＊随筆・貞丈雑記(1784頃)三「光大云赤鳥とは仮字にて垢取(アカトリ)本字也。垢取とは櫛の垢を取るべき為の具也」②馬の垢をとる道具。馬櫛。③武家の婦人が馬に乗るとき、女鞍の鞦(しりがい)のところにかけた布。馬の汗で衣服のすそなどが汚れるのを防ぐためのもの。＊日葡辞書(1603-04)「Acatori（アカトリ）〈訳〉女性が馬に乗るときに鞍と馬の臀部をおおう、布の一つ」＊随筆・安斎随筆(1783頃)一二「予が家に伝来の旧記婚入の記に云く女儀のアカトリの長さ八尺二寸」④馬標(うまじるし)の一つ。③にかたどったもの。今川範国(のりくに)が美濃国(岐阜県)青野原の合戦に用いて以来、子孫吉例としてこれを用いた。＊難太平記(1402)「故殿笠じるしを思案し給ひけるに、あか鳥を馬に付けばやとて、其の夜俄に付けられき」語誌③について「貞丈雑記-三」に、「按赤鳥は借り字にて、実は赤垂(あかたれ)なるべし。赤き絹を鞍の上より垂れおほふ也」とあり、「海録-一二・六〇」には、「赤鳥はもとより仮字にて、本字は明衣(あかとり)なり〈略〉あかとりはあかはとりの中略語也」とある。なお「垢取」の字は、「古今要覧稿」で、垢よけの布の意と説明されている。方言❶肌着。新潟県東蒲原郡368 ❷麻製で目が粗く、網のような肌ジュバン。秋田県仙北郡021 新潟県東蒲原郡368 ❸掛け布団の襟に当てる布。岩手県気仙郡100 宮城県栗原郡114 ❹襟に垢が付かないようにつける布。山形県139 ❺敷き布団の上に敷く布。敷布。北海道065 青森県075 082 083 岩手県九戸郡088 気仙郡100 宮城県栗原郡114 秋田県鹿角郡132 山形県139 新潟県352 366 368 ❻桜紙。熊本県918 下益城郡930 発音〈標ア〉リ ト 辞書日葡

垢取り③
〈信貴山縁起〉

あか-とり【淦取】〔名〕淦(船底にたまった水)を取り去るための排水具。古語では「ゆとり」。近世以降は大別して、大型船用の吸い上げポンプ式の「すっぽん」と、小船、川船用の手軽に淦をすくうひしゃく式の淦取り杓(しゃく)とがあり、ふつうは、後者をさす。淦汲み杓。水かい。＊日葡辞書(1603-04)「Acatori（アカトリ）〈訳〉淦の水を汲み出す手桶」＊天理本狂言・舟渡聟(室町末-近世初)「盃はない、此あかとりでのまふと云」＊語彙(1871-84)「あかとり㊎ 船の中の水をかい出す器にてあかは水の梵語なり 戽斗」方言❶淦を取り去るためのひしゃくやおけ。青森県上北郡082 千葉県夷隅郡054 東京都大島326 島根県725 ❷船の乗り手の中で、使い走りなどをする若い未熟な者。鹿児島県甑島976 発音〈標ア〉リ ト 辞書日葡・書言・ヘボン・言海 表記戽斗(書) 淦取(へ)

あかとり-さじ【垢取匙】〔名〕鋳造において金属を溶解するとき、るつぼの表面に浮かぶ垢をすくい取る工具。鉄製のひしゃく形のもので、底部中央に小孔がある。

あかとり-しゃく【淦取杓】〔名〕船底にたまった水をくみ出す、ひしゃく。淦汲み杓。あかとり。

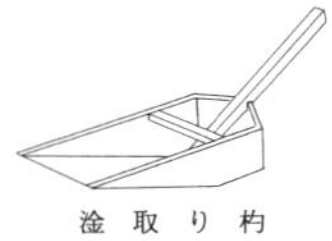
淦取り杓

あか-とりぞめ【赤取染】〔名〕染物の名。赤色で細い横縞を絞り染めにしたもの。＊古今著聞集(1254)一二・四二四「かの冠者、あかとりぞめの水干に、夏毛のむかばきをはきて、重籐の弓に、野矢負ひて」＊随筆・貞丈雑記(1784頃)三「あかとり染の事〈略〉赤色に細筋をおしよせてしぼり染にしたるを云なるべし」

あか-どろ【赤泥】〔名〕方言❶赤土。備後†124 香川県綾歌郡829 熊本県天草郡936 ❷粘土。富山県射水郡394

あか-とんぼ【赤蜻蛉】〔名〕①トンボの種類のうち、腹部が赤色、橙色、橙褐色、黄色などのものの俗称。種名ではない。代表的なものはアキアカネ、ナツアカネ、ミヤマアカネ、ショウジョウトンボ。夏から秋に群れ飛ぶものが多い。あかとんぼう。あかえんば。あかねとんぼ。《季・秋》＊雑俳・住吉みやげ(1708)「赤とんぼ鼻へ来おるとぴんとはね」＊寒山落木〈正岡子規〉明治二八年(1895)秋「赤蜻蜓飛ぶや平家のちりぢりに」＊童謡・赤蜻蛉(1921)〈三木露風〉「夕焼、小焼のあかとんぼ」②(①は北に飛ぶという俗説から) 北国(ほっこく)と呼ばれた江戸新吉原に行く人をいう。＊雑俳・柳多留-一二四別下(1833)「野暮からぬほうへ飛んでく赤とんぼ」③関東・奥州の巡礼・道者を上方の人があざけっていう語。＊浄瑠璃・行平磯馴松(1738)形見忍夫摺「いやけ二さいのけ順礼、日本唐(にっぽんたう)の赤蜻蛉(アカトンボ)」＊歌舞伎・近江源氏鞍講釈(1772)二段「あれが仙台の赤とんぼと云ふのぢゃ」④人をののしっていう語。＊浄瑠璃・後三年奥州軍記(1729)四「シャ小癖(こしゃく)なる赤とんぼ」⑤トウガラシをいう、盗人仲間の隠語。〔隠語輯覧(1915)〕⑥飛行機、特に複葉の練習機をいう俗語。＊剥製(1969)〈三浦哲郎〉一「飛び越えるといっても、こっちは九三式中間練習機ですからね、例の赤トンボに、迷彩を施した奴ですが」方言魚。❶ひめだい(姫鯛)。静岡県伊豆016 ❷あかのどくさり(赤喉腐)。高知市865 発音〈なまり〉アカタンパ〔茨城〕アカトンバ〔島根〕アキャトンブ〔埼玉方言〕〈標ア〉ト ア 〈京ア〉ト 辞書言海 表記赤蜻蛉(言)

あか-とんぼう【赤蜻蛉】〔名〕①「あかとんぼ(赤蜻蛉)①」に同じ。＊俳諧・誹諧初学抄(1641)末夏「しそ摘(つむ) 赤とんはう うちわ」＊和漢三才図会(1712)五二「赤卒(アカトンハウ)一名絳縐又名赤衣使者又名赤弁丈人小而赤者也〈和名阿加恵无波〉今有深赤浅赤二種」＊書言字考節用集(1717)五「赤卒 アカトンボウ〈略〉蜻蛉小而赤者」＊たけくらべ(1895-96)〈樋口一葉〉一〇「赤蜻蛉(アカトンボウ)田圃に乱るれば横堀に鶉なく頃も近づきぬ」②「あかとんぼ(赤蜻蛉)②」に同じ。＊雑俳・柳多留-三(1768)「帰るちょき赤とんぼうと行違ひ」辞書書言 表記赤卒・絳縐(書)

あか-な【明―】〔連語〕方言⇨あかん(明―)

あか-な【赤菜】〔名〕カブの栽培品種で、主に根を食用にする。京都府および滋賀県に多く栽培される。高さ六〇センチメートル内外。カブに近い。根は円柱形で約二〇センチメートル、上部は紅紫色で、中部以下は白色。葉は倒卵形。葉柄は紫紅色を帯びる。春、枝先に黄色の四弁花を多数つけ、下から順に開く。ひのな。むらさきな。おうみな。＊重訂本草綱目啓蒙(1847)二二・菜「菘〈略〉紫菘むらさきな一名あかな」方言植物、しそ(紫蘇)。沖縄県本島・宮古島975 ◇あかなば〔―葉〕沖縄県本島964 国頭郡975 ◇あかなばあ 沖縄県本島964 発音〈標ア〉0 辞書言海 表記赤菜(言)

あか-な【赤魚】〔名〕方言❶鯛(たい)などのような色の赤い魚。鹿児島県963 ❷魚、かさご(笠子)。鳥取県016 ❸有毒な魚の一種。これにあたると全身が赤くなる。沖縄県石垣島996

あがない【贖】〔名〕(古くは「あかない」) 罪や過ちのつぐないをすること。埋め合わせ。罪滅ぼし。つぐない。＊引照新約全書(1880)馬可伝福音書・一一「おほくの人に代(かはり)その命を予(あたへ)て贖(アガナヒ)とならん為なり」＊改正増補和英語林集成(1886)「Aganai（アガナイ）ヲ ナス」＊矢島柳堂(1925-26)〈志賀直哉〉赤い帯「神の摂理とか、罪のあがなひとか、救ひの道とかいふ言葉が」発音アガナイ〈音史〉平安頃まで『あかなひ』と清音らしい。〈標ア〉0 ナ 〈京ア〉0 辞書言海 表記贖(言)

あがない の 日(ひ) ユダヤ教の大祭日。「旧約聖書-レビ記」にもとづく祭日で、旧約時代には、毎年チスリの月(第七月、太陽暦九～一〇月)の一〇日にすべての人が仕事を休み断食して、大祭司は、自分とその家族と全国民の罪を清めるために贖罪(しょくざい)の儀式を行なった。

あがない-いだ・す【贖出】〔他サ四〕代価を支払ってうけ出す。身請けをする。＊読本・雨月物語(1776)吉備津の釜「いつの比より鞆(とも)の津の袖といふ妓女(あそびもの)にふかくなじみて、遂に贖(アガナ)ひ出だし、ちかき里に別荘(べつや)をしつらひ、かしこに日をかさねて家にかへらず」

あがない-きん【贖金】〔名〕罪やあやまちのつぐないとしての金銭。＊近世紀聞(1875-81)〈染崎延房〉三・一「残害せられし者の妻子を養ふ其為に〈略〉贖金(アガナヒキン)三万元(どる)を受取るべし」

あがない-ぬし【贖主】〔名〕「あがなうもの(贖者)」に同じ。＊旧約全書(1888)詩篇・一九「ヱホバわが磐わが贖主(アガナヒヌシ)よ、わがくちの言(ことば)わがこころの思念(おもひ)なんぢのまへに悦ばるることを得しめたまへ」発音アガナイヌシ〈標ア〉ナ イ

あがない-もと・める【購求】〔他マ下一〕文あがなひもと・む〔他マ下二〕金を出して手に入れる。買い求める。＊近世紀聞(1875-81)〈染崎延房〉二・二「俄に市屋を購(アガナ)ひ求(モト)めて」＊小説神髄(1885-86)〈坪内逍遙〉緒言「秀逸なる著作をのみあがなひもとめて」

あがない-もの【贖物】〔名〕「あがもの(贖物)」に同じ。

あがないもの-の-つかさ【贓贖司】〔名〕「あがもののつかさ(贓贖司)」に同じ。

あがな・う【贖・購】〔他ワ五(ハ四)〕(古くは「あかなう」。動詞「あがう」の語幹に接尾語「なう」のついた語) ①(贖) 罪のつぐないをする。罪滅ぼしのために金、物品などを出す。埋め合わせをする。あがう。＊和玉篇(15C後)「贖 アカナフ」＊いろは字(1559)「贖 アカナフ」＊読本・春雨物語(1808)宮木が塚「御罪の事は、五佰くゎんの馬買ひてあがなひたまへば」＊小学読本(1874)〈榊原・那珂・稲垣〉四「よし初は不孝に似たる事有りとも非を悔い過を改めて速に善に遷らば前罪を贖ひ不孝の名をも雪ぐべきを」②(購) 何かを代償として別のあるものを手に入れる。また、買い求める意の、改まった言い方。あがう。＊東西南北(1896)〈与謝野鉄幹〉「世の中の黄金のかぎり身につけて、まだ見ぬ山を皆あがなはむ」＊珊瑚集(1913)〈永井荷風〉序「邦人伊太利亜珊瑚珠の美と印度更紗の奇に驚き、争ひて此れを購ふもの多きに過ぎしかば」＊足摺岬(1949)〈田宮虎彦〉「私には休息が必要だったけれども、休息をあがなう金は一銭もなかったのだ」語誌(1)「あかう」から派生した語で、「うらう」↔「うらなう」、「あざう」↔「あざなう」などの動詞がこの派生に影響を与えたと推測される。(2)中古の使用例は見当たらない。和玉篇諸本においても古写本及び古活字版には「あかなう」が見えず、夢梅本、慶長一五年版本及びそれ以降出版の諸本には見えるが、派生の時期は特定できない。ただし、派生後は「あかう」を凌いだと考えられる。方言❶償う。島根県出雲062 ❷ものを倹約して大事にする。◇あがねえゆん 沖縄県首里993 語源説(1)アガはアガフの語根、ナフは行なうの意〔大言海〕。(2)アガは班で、返す意。ナフは活用言〔俚言集覧(1797頃)〕。(3)アガチネガフの約。アガチはワカチ(分)から〔和訓集説〕。(4)アキラメアフ(明合)の意〔名言通〕。(5)アラカジメ(予)カヘ-ニナフ(担)の意〔日本語原学＝林甕臣〕。発音アガナウ 文アガノーとも〈音史〉中世頃まで『あかなふ』と清音らしい。〈標ア〉ナ ノ 〈京ア〉0 辞書和玉・書言・ヘボン・言海 表記贖(玉・書・へ・言) 購(玉) 貲(書)

あがなう-もの【贖者】〔名〕(英語ではthe re-deemer ヤハウェおよびキリストの意で用いる場合

は the Redeemer）イスラエルの古い律法で、体や不動産を売った者の近親者はそれを買い主から買い戻すことができ、その権利を行使する者をいう。後代、神ヤハウェがイスラエルの民の保護者であり解放者であるという思想となったことから、ヤハウェを贖う者とした。キリスト教においては、イエスが全人類を罪から解放する贖い主（贖う者）であるという信仰により、イエス＝キリストを意味する。

あか-なか【赤仲】『名』①人に好かれない者、憎まれ者。江戸の俳優中村仲蔵が実悪の名人であったのにちなみ、赤面（あかづら）の仲蔵を略したことからいう。＊洒落本・深川手習草紙（1785）上「左が過れば赤仲さ。どふで人にはいやがられるのさ」②めくりカルタで、役の赤蔵と仲蔵との併称。＊洒落本・富賀川拝見（1782）辰見山楽内之段「赤仲でもつきぬきでもそんな事にはくらからぬ丸ひ頭が多く有中でも」

あか-なく-に【飽—】（「なく」は打消の助動詞「ず」のク語法、「に」は感動を表わす助詞）⇩「あく（飽）」の子見出し

あか-なす【赤茄子】『名』トマトの異名。《季・夏》＊改正増補和英語林集成（1886）「Akanasu アカナス」＊三風料理（1887）「赤茄子を細かに切て蒸なべにいれ其上へ食塩と胡椒粉をちらし」＊赤光（1913）〈斎藤茂吉〉木の実「赤茄子の腐れてゐたるところより幾程もなき歩みなりけり」方言 青森県一部030 山形県東置賜郡139 福島県一部030 茨城県030 栃木県198 群馬県一部030 埼玉県一部030 千葉県一部030 東京都一部030 神奈川県一部030 新潟県一部030 富山県一部030 福井県一部030 山梨県一部030 長野県一部030 岐阜県一部030 静岡県一部030 愛知県030 三重県一部030 滋賀県030 京都府一部030 大阪府一部030 和歌山県一部030 鳥取県一部030 島根県一部030 隠岐島725 岡山県一部030 香川県一部030 愛媛県一部030 福岡県一部030 佐賀県一部030 長崎県一部030 大分県一部030 宮崎県一部030 発音〈標ア〉0ナ

あか-なすび【赤茄子】『名』「あかなす（赤茄子）」に同じ。＊改正増補和訳英辞書（1869）「Tomato 蕃茄 アカナスビ」方言 東京都一部030 京都府一部030 和歌山県日高郡692 福岡県築上郡964 佐賀県一部030 大分県一部030 ◇あかなしび 島根県簸川郡725 発音〈標ア〉ナ

あか-なば【赤—】『名』方言 ❶笠の赤い食用きのこ。島根県那賀郡736 広島県比婆郡773 ❷きのこ、どくべにたけ（毒紅茸）。広島県比婆郡773 ❸きのこ、うぐいすたけ（鶯茸）。鹿児島県062

あか-なべ【銅鍋】『名』①銅製の鍋。②（銅鍋は早く熱することから）多情な女、若い女、女陰などをいう、花柳界、てきや仲間の隠語。〔特殊語百科辞典（1931）〕＊いやな感じ（1960-63）〈高見順〉二・六「若紫のヤチは如来なんてものじゃなくて、アカナベでいい。アカ（銅）の鍋は早く熱くなる」方言 ❶怒りやすい人。千葉県夷隅郡288 ❷没頭すること。長野県更級郡054 佐久486 493 ❸多情な女。多淫（たいん）な女。新潟県361

あか-なま『名』銅貨をいう、てきや、盗人仲間の隠語。〔隠語輯覧（1915）〕

あか-なまず【赤鯰】『名』①赤みを帯びたナマズ。＊重訂本草綱目啓蒙（1847）四〇・魚「鯫魚 なまず〈略〉その品色赤きものを あかなまずと云」②魚「あかざ（赤佐）」の異名。③魚「ぎぎ」の異名。＊語彙（1871-84）「あかなまづ(俗) あかねい かはまむし 黄顙魚（ぎぎ）の類長さ二三寸鰭に刺（はり）ありて人を螫（さ）す」方言 魚、あかざ（赤佐）。富山県砺波398 和歌山県那賀郡694 ◇あかなんばち 山形県西置賜郡139 辞書 言海 表記 赤鯰（言）

あか-な・る【垢馴】『自ラ下二』垢でよごれる。垢じみる。＊幸若・小袖乞（室町末-近世初）「是なる小袖あかなれて見ぐるしく候へども」＊浮世草子・好色一代男（1682）一・二「京の水ではあらはいでと、ののしるを聞て、あか馴（ナレ）しを手に懸さすも、たびは人の情といふ事ありと」

あか-なわ【赤縄】『名』（「晉書」に見える）月下老人が袋に入れて持ち歩き、夫婦の足を結んで婚姻をさせるという赤いなわ。縁結びのなわ。せきじょう。＊雑俳・紀玉川（1819-25）一「神の曳く赤縄も有り御忌の場（には）」＊雑俳・柳多留-一一九（1832）「赤縄は出雲で神のこま結び」

あか-に【飽—】（動詞「飽く」の未然形に、打消の助動詞の古い連用形「に」の付いたもの）⇩「あく（飽）」の子見出し

あか-に【赤丹】『名』赤い土。赤色の顔料。また、その赤色。＊播磨風土記逸文（釈日本紀所載）（1274-1301）「此に赤土を出し賜ふ。其の土を天之逆桙に塗り、神舟の艫舳に建つ」

あか-にかご『名』方言 生まれたばかりの赤ん坊。岐阜県498 飛騨497 ◇あがにんがこ 秋田県河辺郡130

あかにこ『名』魚「ぎぎ」の異名。＊物類称呼（1775）二「黄顙魚 ぎぎ〈略〉越前にて、あかにこ」

あか-にごり【赤濁】『名』赤茶色に濁ること。また、その状態。＊隣の嫁（1908）〈伊藤左千夫〉四「煤けて赤くなった障子へ火影が映って油紙を透（すか）したやうに赤濁りに明るい」＊足袋の底（1913）〈徳田秋声〉一「居酒屋の後家の赧濁（アカニゴ）りのした剣相な目」発音 アカニゴリ〈標ア〉二

あか-にし【赤螺】『名』①アクキガイ科の巻き貝。殻高約一〇センチメートル。殻の口は大きく、内面は美しい赤色。本州・四国・九州沿岸の砂底にすみ、カキその他の二枚貝を食べるので養殖貝の害敵となることもある。卵嚢をナギナタホオズキ、カマホオズキなどと呼ぶ。殻は貝細工に、肉は食用にする。学名は Rapana venosa ＊色葉字類抄（1177-81）「大辛螺 アカニシ」＊仮名草子・尤双紙（1632）上・三一「あかき物のしなじな〈略〉いりゐび、赤がひ、赤がに、赤にしに、がざみのあしをかうにもり」＊俳諧・桜川（1674）春・二「赤にしや入日をあらふ春の海〈忠知〉」＊洒落本・傾城買四十八手（1790）やすひ手「此鮹のあしはくさって居るぜ。栄螺（さざゐ）のつぼへ赤辛螺（アカニシ）を入てだすからおそれらア。こんだの料理ばんは、どふもけちするぜ」②（①の蓋（ふた）を堅く閉じたさまが、金銀を握って放さない様子に似ているところから）けちな人をあざけっていう語。＊雑俳・柳多留-一〇七（1829）「赤にしの客雨落でしゃれてゐる」＊歌舞伎・天衣紛上野初花（河内山）（1881）五幕「わたしへ割がたった一両、旦那も随分赤螺（アカニシ）だねえ」方言 ❶貝、てんぐにし（天狗螺）。富山県390 ❷貝、いとまきぼら（糸巻法螺）。東京都三宅島333 ❸貝、れいし（茘枝）。新潟県佐渡352 ❹財布の口をなかなかあけない者。けちんぼ。石川県404 ❺炭火を覆って消すための土器。石川県金沢市404 発音〈標ア〉カ 辞書 色葉・言海 表記 大辛螺・赤口類（色）（黒川）赤螺（言）

あかにし の 壺焼（つぼやき）（サザエの壺焼と称して、サザエの肉に似ている赤螺の肉を入れて売ることがあるところから）にせもの。まがいもの。石投（いしなぎ）の味噌吸（みそず）。＊人情本・契情肝粒志（1825-27）初・下「石投の味噌吸、赤螺（アカニシ）の壺焼（ツボヤキ）、鯛と栄螺のおっ冠せも」

あかにし-こばん【赤西小判】『名』室町末期に出羽国で鋳造したものと伝えられるが、実在しなかったと見られる小判。＊随筆・摂陽奇観（1833）二四「赤西小判、出羽国にて吹」

あかに-しょうけん【赤荷証券】『名』「あかふなにしょうけん（赤船荷証券）」に同じ。＊英和商業新辞彙（1904）〈田中・中川・伊丹〉「Red Bill of Lading 赤荷証券」

あか-に-・す【飽—】（「あか」は動詞「あく（飽）」の未然形、「に」は打消の助動詞の古い連用形、「す」はサ変動詞）⇩「あく（飽）」の子見出し

あか-にせ【赤似・赤贋】『名』①全くのにせものであること。また、そのもの。＊雑俳・三番続（1705）「渡辺が伯母の赤似せついかづく」②鉛でつくった、にせ銀貨。赤銀（あかがね）。＊雑俳・住吉みやげ（1708）「あかにせが今日の売場に二（ふた）しづく」＊浮世草子・世間手代気質（1730）四・一「坊主銀、ねんじゃ板（はん）、白似せ、赤似せ、万（よろづ）いきにくい金を」

あか-にのほ【赤丹秀】『名』赤く色に出ること。特に、顔色などがほんのりと赤く美しいさま。にのほ。＊続日本紀-天平神護元年（765）一一月二三日・宣命「由紀、須伎二国の献れる黒酒（くろき）、白酒（しろき）の御酒を赤丹乃保（アカニノホ）にたまへゑらき」＊延喜式（927）祝詞・龍田風神祭（九条家本訓）「遠御膳の長御膳と赤丹乃穂（アカニノほ）に聞こし食す五の穀物を」語誌 類義語「に（丹）のほ（秀）」に「あか（赤ないし明）」を冠した語。「に」は赤土・赤色の顔料から転じて赤色を表わし、「ほ」は秀でたもの、目立つ部分をいう。「にのほ」が、女性の顔色や紅葉など、比較的広く紅が目にあざやかな様子をいうのに対し、これは酒食で顔が赤くなるさまをいう例に偏っている。語源説 (1)赤い余光をホ（穂）と呼んだもの〔大言海〕。(2)アカニ（赭土）ノホの義。ホは初の意〔日本古語大辞典＝松岡静雄〕。

あか-にょろう【赤—】『名』赤い色のウミヘビの類。＊歌舞伎・法懸松成田利剣（1823）大詰「船の噂はせぬものなれど、底抜け柄杓を借りにくる、平の知盛、船幽霊、その外、鰐鮫、赤（アカ）にょらう、大蛤から蜃気楼、龍宮城の乙姫に、清玄もどきの海坊主」

あか-ぬ【明—】（動詞「あく（明）」の未然形に打消の助動詞「ず」の連体形が付いたもの）⇩「あく（明）」の子見出し

あか-ぬけ【垢抜】『名』容姿、態度、技芸などが洗練されて素人離れしていること。また、都会風に洗練されてすっきりと粋（いき）なこと。＊洒落本・蛇蛻青大通（1782）「男ほしい待女（じょちうしゅ）の郤含切（はづみきっ）た浮気より、垢抜（アカヌケ）のしたいろごとなるべし」＊雑俳・卯花衣（1834）「垢抜の仕た子に垢のぬけぬ沙汰」＊浄瑠璃・契情小倉の色紙（1840）隼人住家「弁舌水のよどみなく、実にも小松屋宗右衛門、垢ぬけのした親仁也」＊浮雲（1887-89）〈二葉亭四迷〉一・四「小股の切上（きりあが）った、垢抜けのした、何処ともでんぽふ肌の、萎（すが）れてもまだ見所のある花」語誌 技芸の拙劣未熟な状態を「垢」にたとえる記述は「風姿花伝」に見える。のち、芸能以外にも容姿、態度、趣味などの洗練された状態を「垢の抜けた」という句で表現したことが、すでに「日葡辞書」に載せられている。「垢抜け」という一語の表現は近世になってからである。語源説 アクヌケ（灰汁抜）の転〔両京俚言考〕。発音〈標ア〉ケ 0 ヌ〈京ア〉0

あか-ぬ・ける【垢抜】『自カ下一』①垢やよごれなどが落ちてさっぱりとしている。垢が抜ける。＊語彙（1871-84）「あかぬける(俗) 垢のぬけて清潔なる義なり。人の顔色などにいふ」②容姿、態度、技芸などが洗練されて素人離れしている。都会風にすっきりと洗練されている。洒脱でさっぱりした感じである。垢が抜ける。＊雑俳・柳多留-一二九（1834）「垢ぬけた浅黄行水聞きわける」＊英国孝子之伝（1885）〈三遊亭円朝〉四「利口相（そう）で脱俗（アカヌケ）た小意気な男」＊帰郷（1948）〈大仏次郎〉再会「この電車の中では際立ってあかぬけて整って見える服装」発音〈標ア〉ケ〈京ア〉0 辞書 言海 表記 垢抜（言）

あか-ぬさ【赤幣】『名』「あかへいそく（赤幣束）」に同じ。

あ-が-ぬし【吾主】『代名』（敬愛の意を含んだ対称の代名詞。「私の主」の意から）あなた。あがきみ。わぬし。＊万葉（8C後）五・八八二「阿我農斯（アガヌシ）の御霊（みたま）賜ひて春さらば奈良のみやこにめさげ

給はね〈山上憶良〉」

あかぬ-なか【不飽仲】 ⇩「あく(飽)」の子見出し

あかぬま-あやめ【—菖蒲】『名』植物「あやめ(菖蒲)」の異名。＊語彙(1871-84)「あかぬまあやめ㊗ 草名、下野赤沼に産す、葉狭きもの渓蓀(あやめ)の一種」 発音〈標ア〉ア2

あかぬま-しもつけ【赤沼下野】『名』植物「ほざきしもつけ(穂咲下野)」の異名。＊日本植物名彙(1884)〈松村任三〉「ホザキシモツケ アカヌマシモツケ」 発音〈標ア〉モ

あかぬま-そう【赤沼草】『名』サワトウガラシの栄養不良個体に対して、変種とみなして与えた名。日光戦場ケ原など、高原の沼や沢などに近いやせた湿地に見られる。高さ一二〜一五センチメートル。＊日本植物名彙(1884)〈松村任三〉「アカヌマサウ」 発音アカヌマソー〈標ア〉0

あかぬま-ふうろ【赤沼風露】『名』フウロソウ科の多年草。本州中部から北部の山地に生える。茎は高さ約五〇センチメートルに達し、葉は対生し、直径三〜七センチメートルほどの掌状。夏、紅紫色の五弁の花が一〜三個ずつ咲く。本州北部の高山に分布する。学名は Geranium yesoense var. nipponicum ＊日本植物名彙(1884)〈松村任三〉「ハクサンフウロ アカヌマフウロ」 発音アカヌマフーロ〈標ア〉フ

あか-ぬり【赤塗】『名』①赤色に塗ること。また、赤色に塗ったもの。朱塗り。＊政談(1727頃)二「家居には床・違棚・書院作り・長押造り・切目縁・唐紙障子・張附・赤塗・白土・腰障子・舞羅戸・杉戸・欄間の類」＊随筆・我衣(1825)「下駄足駄を赤塗にしてはくは、世上をはばからず無礼なり」＊それから(1909)〈夏目漱石〉八「手紙は古風な状箱の中にあった。其赤塗(アカヌリ)の表には」②「あかづら(赤面)②」に同じ。＊歌舞伎・暫(1714)「下手に御厨(みくりや)の三郎将頼、赤塗(アカヌリ)、上下(かみしも)、大小、股立(ももだち)にて」

あかぬり の 沓(くつ) ①礼服の際に履く「烏皮舄(くりかわのくつ)」の異名。②服喪装束に付属するはきもの。あかぐつ。＊禁中方名目鈔校註(1741-60頃)下・喪服「赤塗沓〈重喪之時著レ之諒闇之時天子之外不レ用レ之〉古注天子之外これを用ずと見へたれども、今は臣下も用レ之」 補注①について、「満佐須計装束抄-二」に「くりかはのくつ、おもてにあかく、すをぬりて、うらに、にしきのうらをしたり」とある。

あかぬり-げた【赤塗下駄】『名』ベンガラで塗った上に漆を塗った下駄。近世、花柳界や芸人の間で用いられた。＊随筆・守貞漫稿(1837-53)二七「寛保以来赤塗下駄。弁柄の上に漆にてのごひぬりにす。浄瑠理太夫、三絃弾、舞妓、俳諧師等遊民用レ之」

あか-ぬりたて【赤塗立】『名』「あかづら(赤面)②」に同じ。＊歌舞伎・景清(1842)「東の揚幕より岩永赤塗立(あかヌリタテ)、梶原白髪かつら、両人上下衣裳ももだちをとりし」

あかぬ-わかれ【不飽別】 ⇩「あく(飽)」の子見出し

あか-ね【茜】『名』①アカネ科の多年草。本州以西の山野に生える。茎はつる性の角柱形で、とげが逆向きについている。根は太く、黄赤色で乾くと暗紫色。葉は長さ三〜七センチメートル、幅一〜三センチメートルぐらい。長い葉柄をもち、同形の托葉(たくよう)一対と四枚で輪生状につく。夏から秋に淡黄緑色の小花が円錐形に集まって咲く。実は球形で黒く熟す。根はアリザリンやプルプリンなどの色素を含み、赤黄色の染料とするほか、漢方では茜根(せんこん)といい、利尿、止血、解熱、強壮剤として用いられる。根が赤黄色をしているのでこの名がある。あかねかずら。べにかずら。学名は Rubia argyi《季・秋》＊本草和名(918頃)「茜根、一名地血一名茹藘、〈略〉和名阿加禰」＊延喜式(927)一・神祇・四時祭「大神社一座〈略〉黄蘗三斤五両。茜十両。黒葛廿斤」＊俳諧・新季寄(1802)八月「茜の花」＊日本植物名彙(1884)〈松村任三〉「アカネ 茜草 金線草」②色名の一つ。茜の根から採った染料およびその染色の名で、紫色を帯びた赤黄色。茜染め。＊十巻本和名抄(934頃)六「茜 兼名苑注云茜〈蘇見反阿加禰〉可以染緋者也」＊落窪(10C後)二「よき帛、糸、綾、あかね、蘇枋、くれなゐなど、おほく奉り給へれば」＊梁塵秘抄(1179頃)二・四句神歌「武者の好むもの、紺よ紅山吹濃き蘇芳、あかね寄生樹(ほや)の摺り」＊仮名草子・仁勢物語(1639-40頃)下・七八「あかねともべにともかつていろみへぬこころざしてふよしのなければ」③茜色に照り映えた雲。あかねぐも。＊書言字考節用集(1717)一「霞 カスミ アカネ 日旁彤雲也」④暗赤色に染めた安物の木綿布。よく田舎女の腰巻に用いられ、そこから転じて田舎娘をいう。＊雑俳・柳多留-八(1773)「田舎いろあかねと浅黄まくり合」 語源説(1)アカネ(赤根)の義〔名語記・東雅・松屋筆記・日本古語大辞典=松岡静雄〕。(2)アカニ(赤丹)の転か〔日本語源=賀茂百樹〕。 発音〈標ア〉0〈ア史〉平安◍◍◍〈京ア〉0/0 辞書 和名・色葉・名義・下学・和玉・文明・伊京・明応・天正・黒本・易林・日葡・書言・ヘボン・言海 表記 茜(和・色・名・下・玉・文・伊・天・黒・易・書・へ) 蒨(易・書) 替(玉) 茜根(明) 茹藘・茅蒐・朱沙根(書) 赤根(言)

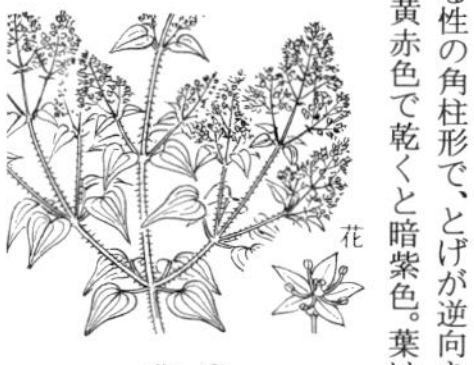

茜 ①

あかね 掘(ほ)る 野山の茜を掘る。《季・秋》＊俳諧・毛吹草(1638)二「薬ほる あかね堀」

あかね【アカネ】 短歌雑誌。明治四一年(一九〇八)創刊。大正一四年(一九二五)まで断続して刊行。正岡子規没後の根岸短歌会の機関誌。三井甲之を主宰として「馬酔木(あしび)」に続いて刊行されたもの。 発音〈標ア〉0

あかね『名』昆虫「あかとんぼ(赤蜻蛉)」の異名。 発音〈標ア〉0

あかね-いろ【茜色】『名』茜草の根で染めた色。やや黄みを帯び、沈んだ赤色。あかね。＊詠歌大概(13C前)「桜さく遠山鳥のしだり尾のながながし日もあかね色哉」＊武蔵野(1887)〈山田美妙〉上「日は函根の山端(やまのは)に近寄って儀式どほり茜色の光線を吐始めると」 発音〈標ア〉0〈京ア〉0/0

あかね-うら【茜裏】『名』①茜木綿の裏地。また、その裏地を用いた衣服。＊浮世草子・好色一代男(1682)三・二「木綿かのこのちらしがたに茜裏(アカネウラ)をふきかへさせ」＊雑俳・柳多留-七(1772)「あかねうら着る内下女もりちぎ也」＊洒落本・真女意題(1781)「お長といふが、おかなく、いつくしないじゃ。あかねうらの七寸ふきイ着かけて」②(よく①の衣服を着ていることから)田舎者の女性。＊雑俳・天神花(1753)「きっぱりとはいでの知れる茜うら」

あがねえゆん『動』方言 ⇩あがなう(贖)

あかね-か【茜科】『名』双子葉植物の一科。世界に五〇〇属、六〇〇〇種あり、熱帯地方を中心に広く分布する。木本または草本。葉は対生し、時に輪生。花は両性、放射相称で、集散花序をなすか、単生する。日本には染料を採るアカネをはじめ、雑草のヤエムグラやヘクソカズラ等、草本のものが多い。また、クチナシやハクチョウゲは庭木として用いられている。 発音〈標ア〉0

あかね-かずら【茜葛】『名』①「あかね(茜)①」の異名。《季・秋》＊重訂本草綱目啓蒙(1847)一四・下・蔓草「茜草 あかね〈略〉あかねかづら 予州」②「くろづる(黒蔓)」の異名。＊日本植物名彙(1884)〈松村任三〉「クロヅル アカネカヅラ 昆明山海棠」 発音〈標ア〉カ2

あかね-ぐさ【茜草】『名』「あかね(茜)①」に同じ。 方言 植物、かたばみ(酢漿草)。宮崎県西諸県郡947 発音アカネグサ〈標ア〉ネ

あかね-ぐも【茜雲】『名』朝日や夕日に茜色に照り映えている雲。＊今年竹(1919-27)〈里見弴〉茜雲・一〇「夕陽をあびた茜雲(アカネグモ)が、一抹淡く流れてゐる」 発音アカネグモ〈標ア〉グ

あか-ねこ【赤猫】『名』①毛が赤じみた黄色をしている猫。＊浮世草子・諸道聴耳世間猿(1766)二・二「十年の余飼た赤猫が井戸へはまって死だまで」②火事、放火をいう、盗人仲間の隠語。＊歌舞伎・夢物語盧生容画(1886)六幕「思ひがけねえ此の火事も〈略〉幸蔵が、出る時赤猫を頼んでやったが、あの恩返しに苦心をして今夜附けたに違ひねえ」③寄席の囃子(はやし)の一種。 発音〈標ア〉0〈京ア〉0

あかねこ を=負(お)わせる[=這(は)わせる] 放火することをいう、盗人仲間の隠語。〔日本隠語集(1892)・特殊語百科辞典(1931)〕

あかね-こそで【茜小袖】『名』茜色の小袖。老人の着用したもの。＊日葡辞書(1603-04)「Acane cosode(アカネ コソデ)」 辞書 日葡

あかね-さし【茜—】 枕 (「あかねさす」と同意であるが、動詞に続くので、連用形をとる) 茜色に輝いて、の意で、「照る」にかかる。＊万葉(8C後)四・五六五「大伴の見つとは云はじ赤根指(あかねさし)照れる月夜に直(ただ)に逢へりとも〈賀茂女王〉」＊万葉(8C後)一一・二三五三「長谷(はつせ)の斎槻(ゆつき)が下に我が隠せる妻赤根刺(あかねさし)照れる月夜に人見てむかも〈人麻呂歌集〉」＊続日本後紀-嘉祥二年(849)三月庚辰「其長歌詞曰〈略〉茜刺志天照国の日宮の聖の御子そ」

あかね-さ・す【茜—】 ■一『連語』茜色がさす。赤く照り映える。＊金葉(1124-27)連歌・六四四「日の入るは紅(くれなゐ)にこそ似たりけれ〈観暹〉 あかねさすとも思ひけるかな〈平為成〉」＊月清集(1204頃)下「あかねさす峰の入日の影をへてちしほ染めたる岩つつじかな」＊人情本・春色梅児誉美(1832-33)後・七齣「登る梅次と米八にぎょっと後を振向ば、かわゆき顔に茜(アカネ)さすりんきの眼元」 ■二 枕 ①赤い色がさして光り輝く意から、「日」「昼」「光」「朝日」等にかかる。＊万葉(8C後)二・一六九「茜刺(あかねさす)日は照らせれどぬばたまの夜渡る月の隠らく惜しも〈柿本人麻呂〉」＊源氏(1001-14頃)行幸「あかねさす光は空にくもらぬをなどてみ雪に目をきらしけむ」＊新古今(1205)賀・七四八「あかねさす朝日の里の日影草とよのあかりの光なるべし〈大中臣輔親〉」＊浮世草子・好色一代男(1682)二・六「あかねさす日のうつりを見て夜があけたと思ひ」＊尋常小学読本(1887)〈文部省〉二「きしのやなぎのかげきよく、うつる川せに舟うかべ、あかねさす日のはた立てて、かいなみそろへ乗り出でよ」②紫色、蘇芳(すおう)色との色彩としての類似から、それぞれ同音の「紫草(むらさき)」および地名「周防(すおう)」にかかる。＊万葉(8C後)一・二〇「茜草指(あかねさす)紫野行き標野(しめの)行き野守は見ずや君が袖振る〈額田王〉」＊浄瑠璃・平家女護島(1719)四「しほの満干(みちひ)の玉島に、つづく光やあかねさす周防灘(すわうなだ)とは是かとよ」③顔が赤く照り輝いている意で、「君」にかかる。紅顔、紅頬(こうきょう)の意のほめことば。一説に、赤心、すなわち真心のある意でかかるという。＊万葉(8C後)一六・三八五七「飯(いひ)喫(は)めどうまくもあらず行き行けど安くもあらず赤根佐須(あかねサス)君が情し忘れかねつも〈佐為王の近習婢〉」 ■三『名』日の出をいう女房詞。＊女中言葉(1712)「あかねさす、日の出の事」 語誌 (1)茜(あかね=赤根)は赤色の染料に用いたことから色名となり、そのような色になることから「日」「昼」にかかる枕詞になったものと思われる。(2)■二③に挙げた「万葉-一

六・三八五七」の例は光り輝く意から、美しい君にかけたものといわれ、㊁②に挙げた「万葉一一・二〇」の例は、普通紫が赤みを帯びている、などの意で、「紫」の枕詞とされているが、あるいは、これも日に照って光り輝いている意から、「紫野」にかけたのではないかとも考えられる。(3)「色葉和難集」などの歌学書は、「万葉集」に基づいて説を立てており、後世の和歌などでは万葉語の意識をもって詠まれている。上代には多用されていたが、枕詞としては中古以降あまり用いられなくなった。そのかわり赤く照り映えるという㊀の意で用いられることが多くなる。 辞書日葡・書言・言海 表記 茜刺(書)赤根刺(言)

あか-ねじ【赤綟】〘名〙 植物。①「ねじき(綟木)」の異名。＊重訂本草綱目啓蒙(1847)三一・喬木「綟木 ねぢぎ ねぢのき 丹後、あかねぢ 若州」 ②「ざいふりぼく(采振木)」の異名。＊重訂本草綱目啓蒙(1847)三一・喬木「杕杉〈略〉ざいふり〈略〉あかねぢ 丹後」 ③「しらき(白木)」の異名。＊重訂本草綱目啓蒙(1847)三一・喬木「婆羅得〈略〉しらき 江州〈略〉あかねぢ」 方言 植物、ねじき(捩木)。 若州†034 兵庫県有馬856 発音〈標ア〉⓪

あかね-すじ【茜筋】〘名〙 白地の皮革に、茜で赤い筋を染め出したもの。

あか-ねずみ【赤鼠】〘名〙 ①ネズミ科の哺乳類。体長約一〇センチメートル、尾は体長よりもやや短い。背は赤褐色で、四肢と腹部は白い。山野、林、畑などにすみ、木の実などを食べる。北海道、本州、四国、九州に分布する。なお、北海道には亜種エゾアカネズミと別種ハントウアカネズミが分布する。ちねずみ。学名は Apodemus speciosus ②アカネズミ属のネズミの総称。日本産のアカネズミをはじめ、ヨーロッパ、アジアに約一二種がいる。 発音〈標ア〉ネ

あかね-すみれ【茜菫】〘名〙 スミレ科の多年草。各地の山野で日当たりのよい場所に生える。茎はなく、多数の葉が根元から束生する。葉は薄紫を帯びた白っぽい淡緑色。春、高さ一〇センチメートルほどの花茎を出し、その先に花弁に紫色の筋のある紅紫色の花を横向きにつける。学名は Viola phalacrocarpa《季・春》 発音〈標ア〉ス

あかね-ぞめ【茜染】〘名〙 茜草の根の煎汁(せんじゆう)と灰汁(あく)で布を赤黄色に染めること。また、その染めた布。＊俳諧・崑山集(1651)七・秋「山科の草木や露のあかね染」 ＊浮世草子・西鶴織留(1694)一・四「面々(めんめん)の身しのぐためなれば、近江布の蚊屋に赤根染(アカネソメ)の乳縁(ちへり)付しを鈞(つりて)も」 ＊浄瑠璃・艶容女舞衣(三勝半七)(1772)下「大和五条の茜(アカネ)染、今色あげし艶容(はですがた)」 発音〈標ア〉⓪ 〈京ア〉⓪/⓪

あかね-そめくさ【茜染草】〘名〙 茜色に物を染めるのに用いる茜草。染料用の茜草。＊落窪(10C後)三「紅絹、あかね染くさども出し給へれば」 発音〈標ア〉メ

あかねぞめのなかのこもりいど【茜染野中の隠井】 浄瑠璃義太夫節「長吉殺し」の本名題。

あかね-だすき【茜襷】〘名〙 茜色に染めた、たすき。＊唱歌・茶摘(1912)〈文部省唱歌〉「あれに見えるは茶摘みじゃないか あかねだすきに菅(すげ)の笠」 発音〈標ア〉ダ

あかね-とんぼ【茜蜻蛉】〘名〙 「あかとんぼ(赤蜻蛉)①」に同じ。

あか-ねなしぐさ【赤根無草】〘名〙 植物「めのまんねんぐさ(雌万年草)」の異名。

あかね-の-き【茜木】〘名〙 植物「あかね(茜)」の異名。

あか-ねば【赤粘】〘名〙 みそをいう、盗人仲間の隠語。〔日本隠語集(1892)〕 発音〈標ア〉キ

あかね-ぶとん【茜蒲団】〘名〙 茜木綿を用いた蒲団。＊雑俳・柳多留‐三一(1805)「麦秋にあかねぶとんをねだるなり」

あか-ねぶり【垢舐】〘名〙 ①浴室などに生じ、人の垢をなめて生きているという小さい虫。＊易林本節用集(1597)「垢舐 アカネブリ 温室之虫」 ＊仮名草子・百物語評判(1686)二・六「垢(アカ)ねぶりと云ふ物は、古き風呂屋に住む化物の由申せり。〈略〉されば垢舐(アカネブリ)も其の塵垢の気のつもれる所より化生し出づるものなる故に」 ②「いもり(井守)」の異名。 辞書易林・書言・言海 表記 垢舐(易・書・言) 蠑(書)

あか-ねぶ・る【赤舐】〘自ラ四〙 (「ねぶる」は、舐(な)める意) 火事で焼けることをいう、盗人仲間の隠語。〔隠語輯覧(1915)〕

あかね-べり【茜縁】〘名〙 茜染めの木綿のへり。また、そのへりでふちどったもの。＊浮世草子・好色五人女(1686)二・四「奥様着おろしの小袖二つ、夜着ふとん、赤ね縁(ベリ)の蚊屋、むかし染のかづき取あつめて」

あかね-まく【茜幕】〘名〙 茜色に染めた幕。＊雑俳・削かけ(1713)「はんなりと・かこいを取ってあかねまく」 ＊楽屋図会拾遺(1802)上「舞台の右あかね幕(マク)のところをさして橋がかりといふなり」

あかね-もめん【茜木綿】〘名〙 茜染めにした木綿地。紅木綿(べにもめん)。＊日葡辞書(1603‐04)「Acane momen (アカネモメン)」 ＊随筆・翁草(1791)六「大神君駿府に御隠居の時分、浅野弾正参上被致、土産として、茜木綿百反被献に」 ＊滑稽本・浮世風呂(1809‐13)二・上「帯を前へまはしてあかねもめんで拵た枕のさるをせおひ」 発音〈標ア〉モ 〈京ア〉モ/モ 辞書日葡・言海 表記 茜木綿(言)

あかね-や【茜屋】〘名〙 赤色染料や薬に用いる茜をあつかう業者。＊俳諧・西鶴大矢数(1681)第一〇「まことに䳄鴂は赤根屋かはて 涙露つい石灰となられたり」

あか-ねり【赤練】〘名〙 ①赤色に染めた練り絹。＊延喜式(927)四一・弾正台「凡親王以下車馬従服色〈略〉其女従衣者、通二著黄赤練蒲萄退紅〈略〉墨染等色一」 ②赤色の練りようかんのことか。＊滑稽本・七偏人(1857‐63)初・上「この羊羹も新製だといふから、一つあがって御らんなせへ〈略〉この赤煉(アカネリ)で御座へやすか」 発音〈標ア〉⓪

あがの【吾野】 埼玉県飯能市西部の地名。 発音アガノ 〈標ア〉ノ⓪

あがの-がわ【阿賀野川】 新潟県中央部を流れる川。尾瀬沼から発する只見川と猪苗代湖から発する日橋川が合流し、阿賀野ラインの峡谷美を作って日本海に注ぐ。大型の水力発電所が多い。江戸時代、会津への水運の要路。全長二一〇キロメートル。 発音アガノガワ 〈標ア〉ノ

あか-の-き【—木】〘名〙 植物「りんぼく(橉木)」の異名。

あか-の-っぽ【赤—】〘名〙 方言❶赤土。 栃木県198 ❷赤土のやせ地。 ◇あかのっぽお 茨城県多賀郡190 ◇あかのっぺ 長野県南佐久郡054

あか-の-ひろば【赤の広場】 (ロシア Krasnaja Ploščad' の訳語) モスクワのクレムリン宮殿前広場。赤い広場。 発音〈標ア〉ア 〈ア〉=ヒ

あかのへ-の-かぶと【頸鎧】〘名〙 「あかのへのよろい(頸鎧)」に同じ。＊書紀(720)欽明一四年一〇月(寛文版訓)「頸鎧(アカノヘノカフト 別訓 あかへのよろい)着ける者(ひと)一騎(ひとむま)」

あかのへ-の-よろい【頸鎧】〘名〙 (「あか」は語義未詳であるが、「しころ(錏)①」の意である漢語「錏鍜」の音読により生じた語か、とする説がある。それによれば、「へ」は、辺の意とされる) 頸部を守る防具。あかのへのかぶと。あかへのよろい。＊釈日本紀(1274‐1301)一八「着頸鎧者一騎(アカノヘノヨロヒつけるひとひとむま)」

あかのへの鎧

あか-のぼり【赤幟】〘名〙 赤い色ののぼり。＊春夏秋冬‐春(1901)〈正岡子規編〉「初午や屋敷屋敷の赤幟〈獅子〉」 発音〈標ア〉ノ

あがの-やき【上野焼】〘名〙 豊前国上野(あがの、福岡県田川郡赤池町)で作られた陶器。慶長五年(一六〇〇)、細川三斎に従って渡来した朝鮮人、尊楷(日本名、上野喜蔵)が創始。主に茶器、皿など。遠州好み七窯の一つ。 発音アガノヤキ 〈標ア〉⓪

あか-のれん【赤暖簾】〘名〙 ①赤色に染めたのれん。＊洒落本・当世気どり草(1773)「絳帳(アカノレン)の百女には、供部屋の僕(やっこ)腰を軽くす」 ②(店の入り口に赤染めののれんを掛けていた安飲食店が多かったところから) 安価な飲食店をいう俗語。〔特殊語百科辞典(1931)〕 ＊夫婦善哉(1940)〈織田作之助〉「近所にある赤暖簾(アカノレン)の五銭喫茶店で」

あか-は【明衣】〘名〙 「あかはとり(明衣)」に同じ。＊御代始鈔(1461頃)大嘗会事「あかはといふは、明衣とかく。御湯帷子をいふ也」 発音〈標ア〉ノ

あか-ば【赤羽】〘名〙 魚「あかはた(赤羽太)」の異名。 方言❶赤毛の牛。 島根県724 735 741 広島県山県郡054 愛媛県840 848 ◇あかべ 島根県724 高知県長岡郡869 ◇あかばうし〔—牛〕 島根県石見725 愛媛県840 845 ◇あかばうじ 島根県724 岡山県児島764 広島県高田郡779 香川県香川郡829 愛媛県越智郡848 ◇あかべうし 愛媛県喜多郡845 ❷黒衣の色がさめて赤っぽくなること。◇あかばうし 高知県長岡郡869 ❸魚、あかはた(赤羽太)。 東京都八丈島338 静岡県伊豆南部054 高知県幡多郡870 ❹魚、かさご(笠子)。 東京都八丈島338 高知県吾川郡865 ❺魚、あかめばる(赤目張)。 東京都八丈島338

あか-ば【赤葉】〘名〙 枯れて赤っぽく黄ばんだ木の葉。＊俳諧・春鴻句集(1803頃)春「一片の赤葉も交ぬわか菜哉」 方言❶野菜類のうら枯れになった葉。 香川県丸亀市829 ◇あかべ 香川県高見島829 ❷大根の下葉。 富山県砺波398 西礪波郡400 ❸植物、あかざ(藜)。 愛媛県喜多郡845

あか-ば【明端】〘名〙 明け方をいう、犯罪者仲間の隠語。あけば。〔隠語全集(1952)〕 発音〈標ア〉⓪

あかば〘名〙 幇間(ほうかん)。たいこもち。＊評判記・色道大鏡(1678)一「あかば 同、むかしの大鼓持の名なり」

あか-はい【赤灰】〘名〙 桜島火山の黒茶色で酸性の強い火山灰の通称。 発音〈標ア〉⓪

あか-ばい【赤蝿】〘名〙 方言 ⇨あかばえ(赤蝿)

あか-バイ【赤—】〘名〙 (バイは「オートバイ」の略) 第二次世界大戦前、警視庁で用いた赤色のオートバイのこと。今の白バイに当たる。＊訂正増補新らしい言葉の字引(1919)〈服部嘉香・植原路郎〉追加「赤バイ 赤いオートバイの意味。警視庁の大臣警護、その他追跡用のオート・バイ。赤く塗られてゐる処から此の称がある」 発音〈標ア〉⓪

あかば-うし【赤羽牛】〘名〙 方言 ⇨あかば(赤羽)

あか-はえ【赤鮠】〘名〙 コイ科の淡水魚、「おいかわ(追河)」の異名。《季・夏》 ＊俳諧・滑稽雑談(1713)四月「和に云をひかは又赤ばえなどいへるは、石鮅魚の事といへり、夏日におほし」 ＊書言字考節用集(1717)五「鯶鱗 ヲイカハ アカハヘ」 ＊物類称呼(1775)二「石鮅魚 おいかは 筑紫にて、あさぢといひ 又、あかばゑ 又、山ぶちばゑなど呼」 方言❶魚、おいかわ(追河)。特に産卵期で腹の赤くなったものをいうことが多い。 筑紫†005

和歌山県那賀郡（雄）694 ◇あかんばえ 島根県725 ◇あかんばよ 群馬県安中郡016 ◇あかんばや 群馬県邑楽郡240 ◇あかばや 静岡県016 ◇あかまつばえ 石州†028 防州†028 島根県石見725 山口県吉敷郡016 ◇あかもちばい 島根県邇摩郡723 ❷川鮭（かわむつ）の雄。和歌山県694 鳥取県016 高知県016 865 ❸魚、ちびき（血引）。香川県大川郡829 発音〈標ア〉0 辞書書言 表記鰱鱗（書）

あか-ばえ【赤蠅】《名》「べっこうばえ（鼈甲蠅）」に同じ。＊土（1910）〈長塚節〉九「それは羽が赤いので赤蠅と土地ではいって居る」 方言虫、うりばえ（瓜蠅）。◇あかびゃ 熊本県玉名郡929 ◇あかべ 宮崎市947 ◇あかべむし〔─虫〕 島根県出雲725 発音〈標ア〉0

あか-ばかま【赤袴】《名》「あかおおくち（赤大口）」に同じ。

あか-はげ【赤禿】《名》①頭髪、山などがすっかりはげて、赤みがかった地肌の見えていること。また、そのもの。＊四河入海（17C前）七・一「山に無草木、而あかはけなる歟」＊二人女房（1891）〈尾崎紅葉〉上・四「唯老年の悲しさには、天辺が焼原のごとく円く赤兀（アカハ）げに兀げてゐる」＊大阪の宿（1925-26）〈水上滝太郎〉三・三「赤禿の、まばら髯の、爛目のおやぢ」②太平紙（たいへいがみ）の粗製品。方言❶不毛の地。三重県志摩郡585 ❷はげ山。和歌山県伊都郡690 ❸植物、あかめがしわ（赤芽柏）。新潟県東蒲原郡003 ❹魚、べにかわむき（紅皮剝）。高知県865 発音アカハゲ〈標ア〉0

あか-はげ-あたま【赤禿頭】《名》頭髪がはげて、赤みがかった地肌が見えている頭。＊椀久物語（1899）〈幸田露伴〉五「向ふより来る細髷の赤禿頭（アカハゲアタマ）」 発音アカハゲアタマ〈標ア〉ア2

あかはげ-やま【赤禿山】《名》草木が枯死したり風雨に浸食されたりして、赤い地肌を見せた山。＊俳諧・青蘿発句集（1797）春「はる雨の赤兀山に降くれぬ」

あか-は・げる【赤禿】《自ガ下一》図あかは・ぐ《自ガ下二》頭髪、山などがすっかりはげて、地が赤く現われる。また、表面をおおっていたものがすっかりはがれる。＊随筆・癇癖談（1791か）下「生駒やまを見れば、冬がれのところどころ赤はげて」

あか-はし【赤橋】《名》神社の前などにある赤い反り橋。＊増鏡（1368-76頃）一一・さしぐし「あかはしといふ所に、将軍御車とどめて降りたまふ」

あか-はじ【赤恥】《名》恥を強めた言い方。多くの人の前で受ける恥。まるはじ。あかっぱじ。＊俳諧・望一千句（1649）一「をしよする源氏の勢に驚て まくりしはたの色も赤はぢ」＊仮名草子・浮世物語（1665頃）三・三「うろたへては逃疵をしたたかに蒙り、あか恥（ハヂ）をかく者は、皆道（だう）忘れの謡手なり」＊俳諧・三千風笈さがし（1701）下「罪科を笈のはらわたさがし出し血で血をあらふ赤恥なれど」＊浄瑠璃・嫗山姥（1712頃）二「男ぢく生人でなし、あか恥かかせてのけふかと」 方言傲慢（ごうまん）。空元気。◇あがぱず 山形県東村山郡139 語源説アカハヂ（明恥）の義〔大日本国語辞典・大言海〕。アカは露（あら）われた意〔俚言集覧（増補）〕。 発音〈標ア〉0 〈京ア〉0 辞書ボン・言海 表記赤耻（ヘ） 赤恥（言）

あか-はじ【赤櫨】《名》装束の下着の衣の染色名。赤みを帯びた茶色。

あかばし【赤橋】姓氏の一つ。 発音〈標ア〉カ

あかばし-もりとき【赤橋守時】鎌倉幕府最後の執権。北条氏の一族。新田義貞に鎌倉を攻められ自刃。元弘三年（一三三三）没。

あか-ばしゃ【赤馬車】《名》①赤く塗った乗合馬車。明治一四、五年頃、九段下と本所菊川町間を往復した赤塗りの馬車。＊落語・船徳（1889）〈三代目三遊亭円遊〉「和郎は鉄道馬車や赤馬車が贔負で車が便利だてエので」＊恋慕ながし（1898）〈小栗風葉〉一二「客を満載した両国行の赤馬車（アカバシャ）が、打毀れさうな轟をさせて通り過ぎた後から」②郵便局の、赤く塗った一頭立て一人乗りの馬車。明治三五年以後あまり使われなくなった。＊不思議な鏡（1912）〈森鷗外〉四「新年の賀状を梱包（こんぽう）にして、山のやうに積んだ郵便局の赤馬車が、隙間もなく通ってゐる上へ来る」 発音〈標ア〉0

あか-はし・る【赤走】《自ラ四》①「あかねぶる（赤舐）」に同じ。〔隠語輯覧（1915）〕②出血することをいう、盗人仲間の隠語。〔特殊語百科辞典（1931）〕

あか-ばし・る【赤走】《自ラ四》赤みがかる。＊俳諧・続五論（1699）新古論「夕立の姿は水のあかばしりて、たったとながれたれば」

あか-ばし・れる【赤走】《自ラ下一》赤みがかる。＊小鳥の巣（1910）〈鈴木三重吉〉上・四「短かく出た芽が赤走れて萎（しな）びてゐる」 方言草木が黄変する。山口県大島801

あか-バス【赤─】《名》（バスは英 bus）その日の終車に当たるバス。行先を表示する部分を赤色の光で照明するところからいう。 発音〈標ア〉0

あか-はた【赤旗】㊀《名》①（「赤幡」とも）赤地の旗。赤い布ぎれのしるし。＊古事記（712）下・歌謡「物部（もののふ）の 我が夫子が 取り佩ける 大刀の手上に 丹（に）画き著（つ）け 其の緒をば 赤幡を 載す 赤幡を 立てて見れば」＊続日本紀-天平一三年（741）一一月庚午「始以赤幡班給大蔵、内蔵、大膳、大炊、造酒、主醤等司」＊随筆・只今御笑草（1812）赤坂亀附源坊「四谷の乞食源坊といへるもの死せし時も〈略〉棺の前後にも赤旗二本を立つ」②平氏の旗。⇔白旗。＊保元（1220頃か）下・新院讃州に御遷幸の事「源平両家の郎等、白旗・赤旗をさして、東西南北へはせちがふ」＊源平盛衰記（14C前）二三・平氏清見関下事「西の耳（はた）には、平家赤旗（アカハタ）を捧げて固め、東の河原には、源氏白旗を捧げたり」＊雑俳・柳多留-七二（1820）「赤旗を立った見せにも源氏ぶし」③革命派の旗。共産党、労働者の旗。＊風俗画報-三二一号（1905）兵家の錦嚢「彼等は屡々赤旗（革命の旗）を艦上に揚せり」＊渦巻ける烏の群（1928）〈黒島伝治〉五「赤旗は流行感冒のやうに、到るところに伝播してゐた」④危険信号の旗。＊新しき用語の泉（1921）〈小林花眠〉「赤旗 赤色の旗は、赤電燈と共に、交通上の危険を報ずる信号である」⑤射撃演習や競技などで、だめ、失敗、無効を示す旗。㊁日本共産党機関紙の名。「アカハタ」と表記した時期もある。昭和三年（一九二八）創刊した「赤旗」（せっき）の復刊の形で同二〇年（一九四五）発刊。 語誌(1)古代においては天皇やそれに関連する物を示す標識として赤旗が用いられた。㊀①に挙げた「古事記」「続日本紀」はその例である。赤は邪霊を祓う呪色とされており、この他に、呪術や祭儀などに赤い旗が用いられた例も見出される。(2)平安末期以降、武士団の標識として旗が盛んに用いられるようになるが、㊀②の挙例にもあるように源氏の白旗に対し、平氏が赤旗を用いたことは有名である。(3)現在では、赤旗は、危険信号として、また、革命派・労働者のシンボルとして定着している。各種スポーツでは、判定や合図の印として白旗と組にして用いられる。 発音〈標ア〉0 〈ア史〉㊀は江戸●●●○ 〈京ア〉0 辞書黒本・日葡 表記赤旗（黒）

あか-はた【赤羽太】《名》ハタ科の海魚。体長約三〇センチメートル。体は朱赤色で、体側に不定形の白い斑紋があり、南日本に広く分布する。ハタ類では最も普通に見られる。釣り魚。あまり美味でないといわれるが、地方によっては賞味される。学名は Epinephelus fasciatus 発音〈標ア〉0

あか-はだ【赤肌・赤膚】《名》㊀（形動）①皮がむけて赤くなった肌。またそのさま。＊書紀（720）雄略七年八月（寛文版訓）「禿（アカハタ）なる鶏の勝を見て、赤刀を抜て殺す」＊狐の裁判（1884）〈井上勤訳〉三「爪は取れ皮は剝（むか）れ、赤肌となりたるを」②草木がなく、赤みを帯びた地肌。またそのさま。＊古今六帖（976-987頃）二・山「世を憂しと思ひ入れどもあかはだの山は身をこそ隠さざりけれ」＊俳諧・野犴集（1650）三「雲のころもを誰かはくらむ あかはだの山は秋よりさむさうに」③「あかはだか（赤裸）㊀①③」に同じ。＊書紀（720）垂仁三九年一〇月「因りて其の剣を名けて川上部（かはかみのとも）と謂ふ。亦の名は裸伴（アカハダ）と曰ふ〈裸伴、此をば阿箇播娜（アカハダ）がともと云ふ〉」＊暗夜行路（1921-37）〈志賀直哉〉二・六「其古傷を再び赤肌（アカハダ）にする、これは考えても堪らない事だ」㊁「あかはだやき（赤膚焼）」の略。 方言魚、たら（鱈）。兵庫県但馬015 語源説(1)アカハダ（明肌）の義〔大言海〕。(2)アカハダ（顕膚）の義〔雅言考・大日本国語辞典＝松岡静雄〕。 発音〈標ア〉0 〈ア史〉鎌倉●●●● 〈京ア〉0 辞書言海 表記赤肌（言）

あか-はだか【赤裸】《名》㊀（形動）①何も身につけていない状態。全くの裸。まる裸。まっぱだか。すっぱだか。また、比喩的に、幼時をいう。《季・夏》＊南海寄帰内法伝平安後期点（1050頃）二「裸国は則ち迥く衣服無し。男女咸く皆赤体（アカハタカ）なり」＊書陵部本名義抄（1081頃）「裸形 アカハダカナリ」＊今昔（1120頃か）一・三二「尊者、目を暫く塞（ふさ）ぎ給へ、我赤裸に成りなむとす」＊太平記（14C後）三六・秀詮兄弟討死事「赤裸（アカハダカ）なる者には小袖を著せ、手負たる者には薬を与へて」＊御伽草子・猫の草紙（江戸初）「あかはだか、つけ紐の時よりも申きかせ候へ共」＊日葡辞書（1603-04）「Acafadaca（アカハダカ）。すなわち、マッパダカ」＊或る女（1919）〈有島武郎〉前・一一「赤裸（アカハダカ）な少年の群が赤々とした印象を眼に与へた」②（比喩的に用いて）家財を取られなどして、何もない状態。何も所有していない様子。＊玉塵抄（1563）二〇「赤窮と云もあかはだかな貧窮人のことぞ」＊日葡辞書（1603-04）「Acafadacani（アカハダカニ）ナサレタ〈訳〉相手にすべての物を取られ、裸にされた」＊咄本・軽口御前男（1703）五・四「あかはだかにうちなされ、袖ごひのかしまだち」＊読本・春雨物語（1808）死首のゑがほ「只今思ひたえよかし。さらずは、赤裸にて何処（いづこ）へもゆけ」③つつみかくしがなく、すべてさらけ出しているさま。＊仁説問答師説（1688-1710）宝永三年講「仁は聖門教誨の標的大切の文字じゃを、かやうにあかはだかにしてみせるは」＊晩い初恋（1915）〈里見弴〉一「その一念に焔のやうになって有（あら）ゆる不純を灼き尽して赤裸（アカハダカ）になってゐる二人を、彼は甚らないほど親しい者に思った」④皮や毛、草木などがなくなって、下地が現われているさま。＊書紀（720）雄略七年八月（熱田本訓）「禿（アカハタカ）なる鶏の勝つを見て、赤刀を抜きて殺つ」＊七十一番職人歌合（1500頃か）一〇番「いけはぎの皮かはふ時ながむればあかはだかにも澄める月哉」＊読本・春雨物語（1808）捨石丸「此御園の何がしの山は、いはほ赤はだかにて、今の道を廻りて、八里ばかりと聞く」＊唱歌・大こくさま（1905）〈石原和三郎〉「かはをむかれて、あかはだか」㊁植物「はだかむぎ（裸麦）」の異名。 語誌上代では「あかはだ（赤肌）㊀③」の「書紀」の例からわかるようにアカハダともいった。アカは肌が剝き出しの状態をいうところからアカハダは裸をいう。一方、平安時代以降ハダカという語も生じ、アカハダカもハダカも形容動詞のようにも用いられたが、語としてはアカハダカの方が優勢であった。しかし、「日葡辞書」では両語のほかマルハダカ、マッパダカもみられ、この頃からアカハダカに代わって用いられるようになっていく。近世にはこれらハダカ、マルハダカに加え、後期になってスッパダカも加わった。 語源説(1)アカハダカ（明裸・顕裸）の義。ハダカはハダアカ（肌明・肌顕）の転〔雅言考・大言海〕。(2)ハダアカ（膚赤）の倒語ア

カハダ(赤膚)にカを添えたもの〔俚言集覧〕。 発音〈標ア〉八 〈ア史〉平安●●●●と●●●●○の両様 〈京ア〉㊇ 辞書 色葉・名義・和玉・文明・伊京・天正・饅頭・黒本・易林・日葡・書言・ヘボン・言海 表記 裸(色・名・玉・文・伊・天・饅・黒・易) 剔(色・名) 倮(名・玉) 裎(文・黒) 赤裸(へ・言) 倮・羸(玉) 躶(易) 赤體・礚磚・赭(書)

あかはた-じけん【赤旗事件】 明治四一年(一九〇八)六月二二日、東京神田錦輝館での社会主義者山口義三出獄歓迎会に際し、大杉栄らが「無政府共産」と書いた赤旗をひるがえし、逮捕された事件。錦輝館事件。 発音〈標ア〉ジ

あかはだ-もくはく【赤膚木白】〘名〙 赤膚焼の陶工、木白(もくはく)が焼いた彩色の陶器。赤膚木白の印がある。

あかはだ-やき【赤膚焼】〘名〙 大和国五条村(奈良県大和郡山市)で作られた陶器。京焼風の茶器などが多い。遠州七窯の一つ。 *本朝陶器攷証(1857)一「和州赤膚焼」 発音〈標ア〉0

あかはだ-やま【赤膚山】 奈良市西ノ京西方の五条山のこと。唐招提寺の西にある不毛の山で、赤土は赤膚焼の原料となる。波哆岳岬(はだのおか)。 発音〈標ア〉0

あか-はち【赤八】〘名〙 めくりカルタで八の組の札、四枚の中の赤札。点数は一〇に当たる。 *博奕仕方風聞書(1839頃か)「八の四枚の内〈略〉内一枚赤八と唱、数十に相成申候」

あか-ばち【赤蜂】〘名〙 赤みを帯びたスズメバチ類の総称。 *重訂本草綱目啓蒙(1847)三五・卵生「赤翅蜂〈略〉あかばちはこれと異なり、その翅黄赤色身は細腰にして黒と黄赤と斑をなす」 発音〈標ア〉0 カ 辞書 言海 表記 赤蜂(言)

あかばち-かえ・る【赤―】〘自ラ五(四)〙 赤みを帯びる。すっかり赤くなる。 *竹沢先生と云ふ人(1924-25)〈長与善郎〉竹沢先生とその兄弟・一「中学の制服を着て、見るからに人の好い正直さうな赧ばち返へった顔のその一人がちょこんと真四角に坐り」 発音〈標ア〉カ

あかばち-くう【赤―】〘連語〙 方言 赤みを帯びる。 奈良県宇智郡683 和歌山県691 696 698

あかばちり〘名〙 植物「さつまいも(薩摩芋)」の古名。 *重訂本草綱目啓蒙(1847)二三・菜「甘藷〈略〉一名あかばちり 肥前」

あか-はつ【赤初】〘名〙 きのこ「あかはつたけ(赤初茸)」の異名。〔語彙(1871-84)〕 方言 きのこ。❶あかはつたけ(赤初茸)。 千葉県印旛郡054 ❷おうぎだけ(扇茸)。 栃木県198

あか-はつたけ【赤初茸】〘名〙(「あかはつだけ」とも) 担子菌類の食用きのこ。かさは直径一〇センチメートル以上に達する。上面は橙黄色でのち白くなり、傷つくと朱色の乳液を出す。初秋に各地の松林の地上に発生する。あかはつ。学名は Lactaris akahatsu *語彙(1871-84)「あかはつだけ 俗 あかはつ 青頭菌(はつたけ)の赤色をおぶるもの常品に先立て出るものなり」 発音〈標ア〉八

あか-パテ【赤―】〘名〙(パテは英 putty) 少量の鉛丹を加えた赤色のパテ。板ガラスの固定に用いるものや、鉄管の継ぎ目の充塡(じゅうてん)に用いるものがある。 発音〈標ア〉0

あか-ばと【赤鳩】〘名〙(「はと」は豆の意) ウズラマメ、またはアズキをいう、てきや仲間の隠語。〔隠語輯覧(1915)〕 *いやな感じ(1960-63)〈高見順〉二・六「ヤナギマメは、キザミ昆布(これがヤナギ)と豆の煮つけ。アカバトがウズラ豆」

あか-はとり【明衣】〘名〙 浄衣。もと沐浴の後に用いた湯帷子(ゆかたびら)をさしたが、神事、儀式に用いる浄衣をも意味した。あかは。あかるたえ。あけのころも。きよぎぬ。 *延喜式(927)七・神祇・践祚大嘗祭「明衣(あかはとりの)料、絁二疋、調布二端、綿八屯」 語源説 漢語「明衣」の訓読〔大神宮儀式解・和訓栞〕。

あか-はな【赤花】〘名〙 めくりカルタの赤札の七、八、九の三枚をいう。

あか-はな【赤鼻】〘名〙 色の赤い鼻。特に飲酒、病気などのため、赤くなった鼻。ざくろばな。 *医心方(984)四・一六「病源論云、此由飲酒熱勢衝面而遇風冷之気相搏所生也。故令鼻面間生皶、赤皰迊迊然者是也、和名、安加波奈」 *源氏(1001-14頃)末摘花「いと清らなるを見給ひて、手づから、此のあかはなをかきつけ、にほはして見給ふに」 *芋粥(1916)〈芥川龍之介〉「生れた時から、あの通り寒むさうな赤鼻(アカハナ)と、形ばかりの口髭とを、朱雀大路の衢風に、吹かせてゐたと云ふ気がする」 発音〈標ア〉0 〈京ア〉0 辞書 言海 表記 赤鼻(言)

あか-ばな【赤花】〘名〙 ①アカバナ科の多年草。山野のやや湿った所に生える。高さ二〇～五〇センチメートル。葉には鋸歯(きょし)がある。夏、紫紅色の小さな四弁花をつける。果実は細長く、種子には多数の白く長い毛があり風に飛ぶ。漢名、柳葉菜は誤用。学名は Epilobium pyrricholophum *語彙(1871-84)「あかばな 俗 苗高さ尺許、葉うつぼぐさに似て狭長く、鋸歯ありて対生す」 *日本植物名彙(1884)〈松村任三〉「アカバナ 柳葉菜」 ②染色の名。赤花の色。やや紫を帯びた淡紅色。 *名語記(1275)三「そめたるをあをばな、あかばなとへる如何。あか花は唐紫を布にそめたり」 ③襲(かさね)の色目の名。表が赤、裏が青みがかった紫。 方言 植物。❶ひがんばな(彼岸花)。 兵庫県氷上郡052 熊本県天草郡936 ❷げんげ(紫雲英)。 福井県一部030 ❸しもつけそう(下野草)。 長野県佐久485 ❹まつよいぐさ(待宵草)。 岡山県上房郡745 ❺ぶっそうげ(仏桑花)。 ◇あかばなあ 沖縄県首里993 発音〈標ア〉0 辞書 言海 表記 赤花(言)

あか-ばな〘名〙 魚「かんぱち(間八)」の異名。 *日葡辞書(1603-04)「Acabana (アカバナ)〈訳〉味のよい海魚の一種」 方言 ❶魚、かんぱち(間八)。 愛知県名古屋市016 大阪府016 徳島県811 高知県016 福岡県016 熊本県天草郡936 ◇あかはな 和歌山県694 高知県865 ◇あかばね 香川県高松市016 ◇あかばめ 香川県829 ❷魚、たまがしら(玉頭)。 ◇あかはな 筑前†030 ❸鰤(ぶり)の小さく赤色をしている時の称。 ◇あかはな 周防†122 辞書 日葡・言海 表記 赤鼻(言)

あかばな-か【赤花科】〘名〙 双子葉植物の科名。世界に約二一属六四〇種あり、温帯および熱帯に分布し、日本には四属二二種が自生する。草本、まれに低木。葉は対生、互生および輪生し、托葉がない。花は主軸に単生するか、または穂状花序や円錐花序となり、両性。放射相称。ヒシ科をこの科に入れる学者もある。この科に属する帰化植物のマツヨイグサには数種あり、時に観賞用として栽培される。また、園芸品としてホクシャがある。マツヨイグサ科。学名は Onagraceae *生物学語彙(1884)〈岩川友太郎〉「Onagraceæ 抑葉菜(アカバナ)科」 発音〈標ア〉0

あかはな-こだい【赤鼻小鯛】〘名〙 魚「はなおれだい(鼻折鯛)」の異名。 *語彙(1871-84)「あかはなこだひ 対馬 俗 あかめ きかすご はなをれだい 長三四寸より一尺に至る身、扁く短し、頭大、鱗あらく、全身赤色淡青の筋数条あり。黄檣魚」 方言 魚、はなおれだい(鼻折鯛)。転じて、赤鼻の人をののしっていう語。 ◇あかばなこだい 長崎県対馬911 913

あかばな-じょちゅうぎく【赤花除虫菊】〘名〙「あかばなむしよけぎく(赤花虫除菊)」に同じ。 発音 アカバナジョチューギク〈標ア〉チュ

あかはな-ふじ【赤花藤】〘名〙 フジの園芸品種。薄紫の花をつける普通の藤に対して、薄紅の花をつけ、芳香のあるもの。《季・春》 発音〈標ア〉ナ

あかばな-ふじまめ【赤花藤豆】〘名〙 植物「いんげんまめ(隠元豆)」の異名。 発音〈標ア〉フ

あかばな-まんさく【赤花万作】〘名〙 マンサクの一品種。花弁が紅色を帯びる。 発音〈標ア〉ク

あかばな-むしよけぎく【赤花虫除菊】〘名〙 キク科の多年草。イラン、コーカサス地方原産。ジョチュウギクに近縁で、高さ六〇～九〇センチメートル。葉は羽状に深く裂けた長楕円形。茎、葉に毛がない。六月頃、淡紅色、または鮮紅色の花が咲く。観賞用として植えられる。学名は Chrysanthemum coccineum 発音 アカバナムシヨケギク〈標ア〉ケ

あかばな-もくしゅく【赤花苜蓿】〘名〙 植物「あかつめくさ(赤詰草)」の異名。 発音〈標ア〉モ

あか-はに【赤埴】〘名〙「あかつち(赤土)①」に同じ。 発音〈標ア〉0

あかばね【赤羽】 姓氏の一つ。 発音〈標ア〉0

あか-ばね【赤埴】〘名〙(「あかはに」の変化した語) 「あかつち(赤土)①」に同じ。 *歌謡・ゑびや節(1668-1736頃)伊勢抜け参り下り「雨は降らねど赤ばねあがる。桃の股じゃが乗りとはないか」 方言 ❶赤土。粘土質の固い土。 群馬県館林062 ◇あかはね 香川県829 ◇あかっぱね・あかはっぺ 長野県南佐久郡054 ◇あかほや 宮崎県東諸県郡954 ❷はげ山。 ◇あかっぱね 長野県諏訪468 佐久493 辞書 書言 表記 赤埴(書)

あかばね〘名〙 植物「やまぶきしょうま(山吹升麻)」の異名。 *日本植物名彙(1884)〈松村任三〉「ヤマブキショウマ アカバネ」

あか-ば・む【赤―】〘自マ五(四)〙 赤みを帯びる。赤らむ。 *宇津保(970-999頃)蔵開中「柑子を見給へば、あかばみたる色紙に、書きて入れたり」 *西洋道中膝栗毛(1870-76)〈仮名垣魯文〉一〇・下「かほのうちにひっかきたるきづみみづばれにあかばみて」 *桑の実(1913)〈鈴木三重吉〉一三「赤ばんだ日影の色に目をとめた」 発音〈標ア〉バ 辞書 言海 表記 赤(言)

あか-はら【赤腹】〘名〙 ①赤い色をした腹。 *春の城(1952)〈阿川弘之〉四・一「湾内に、汚れた赤腹を出した貨物船の幾隻かも眺められる」 ②赤痢の古称。 *書言字考節用集(1717)五「赤痢 アカハラ」 *譬喩尽(1786)六「赤腹(アカハラ)とは痢病の事伝(うつ)りたがるもの〈依之他取にて用事調時先藁乎艸平紙平下へ捨其上へ可便也〉」 *唐人お吉(1928)〈十一谷義三郎〉三「しばらく、町は、ちぢかみ(虎列剌)や、あかはら(赤痢)や、厄病(腸窒扶斯)に蝕まれてゆくやうに」 ③ヒタキ科ツグミ亜科の鳥。全長約二四センチメートル。頭部、背面は一様に茶褐色、胸と腹の両側は橙赤色。五～八月頃の繁殖期に雄は美しい声でさえずる。本州中部以北の森林で繁殖し、冬には本州中部以南の暖地に渡る。保護鳥。学名は Turdus chrysolaus *本朝食鑑(1697)六「鶫〈訓志那比〉釈名赤腹〈俚俗拠色名之〉」 *俚言集覧〔増補〕(1899)「あかはら あかっぱら 鳥名状つぐみに似たり」 ④(生殖期に腹部が赤くなるところから)「うぐい(鯎)」の別称。《季・夏》 *本朝食鑑(1697)七「鱵〈音貴訓宇久比〉〈略〉小者曰山女〈或称赤腹〉」 *雑俳・柳多留-四(1769)「あかはらを釣て箱王しかられる」 *物類称呼(1775)二「鯎 うぐゐ〈略〉相州箱根にて、あかはらといふ」 ⑤「いもり(井守)」の俗称。 *博物図教授法(1876-77)〈安倍為任〉二「蠑螈(ゐもり)は池沼小流等に多し長さ五寸許り性至て鈍なり其腹赤色なるを以て又アカハラと名くる」 ⑥イワシの稚魚の呼称。 ⑦無毒の蛇の一種。中国東南部、台湾の沼や池、川などにすむ。腹部が赤く、背は灰褐色に暗い横縞がある。和名アカハラミズヘビ。 ⑧いつわり。うそ。 *雑俳・柳多留-三四(1806)「赤腹を手つよくたれる江戸家老」 *仙台方言(1817頃)「はらた。あかはら。あかはらた〈略〉皆虚偽のことなり」 *新編常陸国誌(1818-30頃か)方言「あかはらをつく 虚言を云ふことなり」 *歌舞伎・関原神葵葉(1887)序幕「私等(わし

ら)は腹から土百姓ゆゑ、あか腹(ハラ)言はぬ明(あか)りが立ち、やうやう爰までめえりました」方言❶(血便を下すところから)赤痢。青森県津軽054 南部084 岩手県098 宮城県栗原郡114 秋田県130 山形県139 千葉県長生郡286 新潟県373 富山県射水郡394 砺波397 石川県江沼郡422 長野県470 493 岐阜県飛驒502 郡上郡504 京都府629 島根県隠岐島725 広島県771 佐賀県唐津市893 藤津郡895 長崎県902 熊本県926 宮崎県西臼杵郡063 鹿児島県962 **◇あかばら** 新潟県佐渡357 鹿児島県963 **◇あがはら** 新潟県岩船郡366 **◇あかっぱら** 山形県西置賜郡・南置賜郡139 静岡県伊豆062 **◇あけえはら** 長野県上田475 ❷チフス。山形県村山139 ❸魚、うぐい(鯎)。上州†038 相州箱根†020 京都†010 青森県青森市・弘前市016 福島県棚倉(雄)016 栃木県塩谷郡・日光016 千葉県流山016 神奈川県中郡320 **◇あかばら** 栃木県198 **◇あかっぱら** 神奈川県中郡320 **◇あがはら** 新潟県東蒲原郡368 **◇あかはらおがい** 岩手県気仙郡101 ❹春ごろ産卵のため腹が赤くなっている鯎(うぐい)。福島県磐城054 ❺魚、おいかわ(追河)。栃木県198 鹿児島県薩摩062 **◇あかばら・あかんばら** 群馬県佐波郡016 **◇あかっぱら** 群馬県邑楽郡016 埼玉県北葛飾郡054 **◇あかんはら・あかんぴら** 栃木県198 ❻公魚(わかさぎ)の大きいもの。**◇あかんばら** 群馬県佐波郡242 ❼鮠(はや)の腹の赤いもの。**◇あかっぱら** 群馬県邑楽郡245 ❽雑魚。新潟県東蒲原郡368 ❾鳥、はちじょうこっこ(八丈―)。東京都八丈島338 ❿動物、さんしょううお(山椒魚)。箱根†019 ⓫動物、いもり(井守)。青森県上北郡050 南部085 岩手県九戸郡088 秋田県鹿角郡132 山形県西村山郡139 福島県155 栃木県198 新潟県佐渡353 長野県西筑摩郡491 岐阜県郡上郡498 静岡県富士郡523 三重県名賀郡・志摩郡585 滋賀県蒲生郡512 京都市521 兵庫県神戸市670 奈良県678 山口県玖珂郡800 徳島県809 愛媛県840 佐賀県藤津郡892 宮崎県延岡947 鹿児島県肝属郡970 **◇あかっぱら** 山形市139 静岡県湯ヶ島044 **◇あかばら** 新潟県佐渡352 **◇あけえはら** 岩手県九戸郡088 **◇あかべら** 富山県390 東礪波郡402 岐阜県益田郡498 飛驒502 **◇あかんべら** 岐阜県飛驒502 **◇あかべろ** 岐阜県北部050 **◇あかんべろ** 岐阜県吉城郡498 **◇あかわた**〔赤腸〕沖縄県島尻郡975 ⓬虚偽。うそ。陸奥†025 **◇あかはらた・あかはなた** 仙台†057 **◇あかっぱら** 茨城県188 発音〈標ア〉0 〈京ア〉0 辞書 書言・ポン・言海 表記 赤痢(書・ヘ) 赤腹(言)

あか-ばら『名』(銅のばら銭の意)銅貨をいう、盗人仲間の隠語。〔隠語輯覧(1915)〕

あかはら-いもり【赤腹井守】(もりゐ)『名』「いもり(井守)」の別名。

あか-はらまき【赤腹巻】『名』鎧の一種。赤色の糸、または革で威(おど)した腹巻。

あか-ばり【赤張】『名』(動詞「あかばる」の連用形の名詞化)汚れや日焼けなどで赤茶けること。赤く変色して見えること。*浄瑠璃・大職冠(1711頃)三「油に髪のあかばりも、今は翡翠(ひすい)のぐるぐる島田」*評判記・役者翁叟鏡(1751)京・序「中二かいの赤ばりのきた畳がへをさっぱりとする事じゃ」

あか-ば・る【赤張】『自ラ四』汚れや日焼けなどで赤く変色する。赤茶ける。*俳諧・芭蕉庵小文庫(1696)夏「そぞろに草のはゆる竹椽〈芭蕉〉羽二重の赤ばるまでに物おもひ〈山店〉」*浄瑠璃・夕霧阿波鳴渡(1712頃)上「冬あみ笠もあかばりて、紙子の火うちひざの皿」*随筆・槐記‐享保一二年(1727)二月二〇日「今世間に用るやうに、あかばりたる竹の、是は宗旦也」

アカバ-わん【―湾】(アカバは Aqaba)紅海の北東端シナイ半島とアラビア半島に囲まれた湾。北端にヨルダンのアカバ港と、イスラエルのエイラート港がある。

あか-はん【赤半】『名』経(たていと)に二〇番綿糸、緯(よこいと)に水車紡糸を用いた地厚の綿織物。足袋底用とする。発音〈標ア〉バ

あか-ばん【赤盤】『名』(英 Red Seal の訳語)クラシック音楽の一流演奏家による録音を収録した、SPレコードのシリーズ名。中央に赤いレーベルが張ってあったところからの俗称で、一九〇一年にビクターよりはじめて発売された。*名曲決定盤(1939)〈あらえびす〉ヴァイオリン「その時ブルメスターは、『日本といふ国は、ビクターの赤盤(アカバン)アーティストでなければ歓迎しない国らしい。自分もビクターの赤盤(アカバン)に吹込んで、又出直して来るとしよう』と言ったと伝へられて居る」*私の詩と真実(1953)〈河上徹太郎〉わが楽歴「ヴィクターの赤盤でカルーソーやガリクルチばかり買って聴いた」発音〈標ア〉0

あか-パンかび【赤―黴】『名』(英 red bread mold の訳語)子嚢菌(しのうきん)類のカビ。パンや飯などに発生する。橙色で熱に強い。

アガパンサス『名』(英 agapanthus)ユリ科の多年草。南アフリカ原産で、観賞用に温室で栽培される。夏、先端に長柄のある花を三〇個内外散形につける。花は青紫色または白色。むらさきくんしらん。アフリカンリリー。学名は Agapanthus 発音〈標ア〉パ

あか-ばんだいしょう【赤万代松】『名』アカマツの園芸品種。矮性(わいせい)で枝は分岐し、全体の形が傘(かさ)状となる。発音 アカバンダイショー〈標ア〉ダ

あか-ひ【赤檜】『名』植物「くろべ(黒檜)」の異名。方言**◇あかび** 秋田県003 山形県最上郡008

あか-び【赤火】『名』出血のけがれ。とくに月経や出産についていう。方言 出産のけがれ。忌みことば。香川県三豊郡054 高知県土佐郡866

あか-ひいな『名』植物「いぬびゆ(犬莧)」の古名。*重訂本草綱目啓蒙(1847)一三・菜「いぬびゆ一名野びゆ あかひいな 阿州」

あか-びかり【赤光】『名』皮膚や物の表面などが、赤く光っていること。赤くてつやのあること。*両京俚言考(1868-70頃)「アカヒカリ 赤くて光あるものをいふはいふまでもなくて明らかなり。されども電光雷火などにアカヒカリとは聞かず」*思出の記(1900-01)〈徳富蘆花〉二・八「銅壺は磨いて赤光りに光り」*火の柱(1904)〈木下尚江〉九・三「赤光(アカビカリ)の脳天ぽんと叩いて」発音〈標ア〉ビ

あか-びかり【垢光】『名』あかがついて、衣服などが光ること。*浮雲(1887-89)〈二葉亭四迷〉二・九「手摺(てずれ)て垢光りに光った洋服、加之(しか)も二三ケ所手疵(てきず)を負うた奴を着た壮年の男が」*野分(1907)〈夏目漱石〉一「垢光(アカビカ)りのする背広の上へ」発音〈標ア〉ビ 〈京ア〉ビ

あか-ひき【赤引】『名』①「あからひき(赤引)」に同じ。②「あかじゅく(赤熟)」に同じ。*皇太神宮儀式帳(804)「赤引生糸四十斤」

あかひき の 糸(いと)「あからひき(赤引)の糸」に同じ。*釈日本紀(1274-1301)一二「赤引糸 アカヒキノイト」

あか-ひき【赤蟇】『名』(「あかびき」とも)①ヒキガエル。体色が赤みを帯びたもの。*語彙(1871-84)「あかひき(俗) 蟾蜍(ひき)の赤みを帯びたるもの」②動物「あかがえる(赤蛙)」の異名。*重訂本草綱目啓蒙(1847)三八・湿生「あかがへる〈略〉あかひき 土州・隅州」*病牀六尺(1902)〈正岡子規〉二九「赤蛙(アカビキ)を用ゐるものは鯰釣」③動物「とのさまがえる(殿様蛙)」の異名。方言❶動物、あかがえる(赤蛙)。愛媛県喜多郡845 **◇あかびき** 奈良県吉野郡688 岡山県御津郡764 宮崎県東諸県郡040 ❷動物、ひきがえる(蟇蛙)。**◇あかびき** 熊本県菊池郡・熊本市919 ❸動物、とのさまがえる(殿様蛙)。愛媛県840 ❹赤ん坊。嬰児(えいじ)。**◇あかびき** 青森県津軽054 宮城県栗原郡(卑語)114 秋田県鹿角郡(やや卑しめていう)132 発音〈標ア〉0 辞書 言海 表記 赤蟇(言)

あか-びき【赤蟇】『名』方言 ⇩あかひき(赤蟇)

あか-びき【淦引】『名』船のあか水をとる道具の一つ。近世に使われた吸い上げポンプ式の排水具。*今西氏家船縄墨私記(1813)「淦引 スッポント云」方言 船の底にたまった水をくみ出すこと。鹿児島県沖永良部島985

あか-ひげ【赤髭】『名』①赤い色のひげ。また、ひげの色の赤いこと。*今昔(1120頃か)二九・三「長(たけ)すはやかにて、少し赤鬚なる有けり」*日葡辞書(1603-04)「Acafigue(アカヒゲ)」*思出の記(1900-01)〈徳富蘆花〉六・二一「彼赤髯を引っこ抜いて」②(赤いひげのある人の意から)欧米人をいう俗語。*歌舞伎・昔噺額面戯(額抜け)(1879)「わしが娘を附けつ廻しつするさうだが、赤髭なら金になるが、赤頭のこなたなどは」*内地雑居未来之夢(1886)〈坪内逍遙〉八「『私あなた、夫婦になるよろしい』とは気障(きざ)にもうぬぼれた赤髯(アカヒゲ)の片言」*満韓ところどころ(1909)〈夏目漱石〉七「御前は平生此処に出入して赤髯(アカヒゲ)と交際するのか」③ヒタキ科ツグミ亜科の鳥。全長約一四センチ㍍。雄は上面が橙赤色、のど、胸が黒く、腹部は白色。雌は上面が赤褐色で下面は白い。薩南諸島、沖縄列島にのみ分布し、体形、鳴き声、習性などはコマドリに似ている。りゅうきゅうごま。学名は Erithacus komadori《季・春》*風俗画報‐二一六号(1900)動植門「アカヒゲ同断 一名琉球駒和俗『カラコマ』と呼ふ 姿勢『コマドリ』の如くにして大なり」*俊寛(1921)〈菊池寛〉三「此島に住んで居る里鳩、唐鳩、赤髭、青鷺などは、俊寛の近づくのを少しも恐れなかった」*禽獣(1933)〈川端康成〉「これまで手がけたことのない赤鬚(アカヒゲ)を、その空籠に入れたのだった」④憲兵をいう、盗人仲間の隠語。〔隠語輯覧(1915)〕方言❶動物、しばえび(芝蝦)。愛知県016 ❷醤蝦(あみ)に似た小蝦(こえび)。新潟県361 発音 アカヒゲ〈標ア〉0 〈京ア〉0 辞書 日葡・言海 表記 赤髭(言)

あか-ひすい【赤翡翠】『名』鳥「あかしょうびん(赤翡翠)」の異名。*重訂本草綱目啓蒙(1847)四三・水禽「翡翠 かほどり〈呉竹集〉やましゃうびん〈略〉あかひすい」*俚言集覧(増補)(1899)「あかひすゐ 鳥名みづこひどりをいふ」

あか-びそ『名』植物「むらさきびゆ(紫莧)」の異名。*重訂本草綱目啓蒙(1847)一三・菜「紫莧は むらさきひゆ一名あかびそ 南部、茎葉紫色にして紫蘇の如し」*語彙(1871-84)「あかびそ(俗) むらさきひゆ」

あか-ひつ【明櫃】『名』(「明き浄き櫃」の意)祭りに用いる白木の櫃。*延喜式(927)一・神祇・四時祭「鳴雷神祭一座 明櫃二合」*延喜式(927)二四・主計「調〈略〉明櫃十合、大明櫃二百卅五合、小明櫃一百八十四合」

あか-びっき【赤―】『名』赤子。赤ん坊。*防雪林(1928)〈小林多喜二〉五「又、表さ出ねえで。なんぼ癖悪いんだか。―あどから臭せくって!―赤びっき(赤子)でもあるまいし」方言❶赤ん坊。嬰児(えいじ)。青森県073 (卑語)083 岩手県二戸郡040 上閉伊郡(卑語)098 ❷動物、あかがえる(赤蛙)。青森県073 宮城県登米郡115 玉造郡116 山形県139

アカビット『名』(デンマーク・スウェーデン akvavit 命の水、の意)スカンジナビア産の蒸留酒。ジャガイモなどが原料。アクアビット。発音〈標ア〉ビア

あか-ひと【赤人】『名』(あから顔の人の意、また、赤色の服を着ていたところからとも)近世、西洋人、とくに、蝦夷(えぞ)地の千島に来たロシア人をさして呼んだ語。

あか-ひとつばまつ【赤一葉松】『名』アカマツの園芸品種。二本の葉が先端を残して合着する。あかひとはのまつ。いちようしょう。いっぽんまつ。発音〈標ア〉バ

あか-ひとで【赤海星・赤人手】〘名〙ホウキボシ科のヒトデ。通常、五腕。本州中部以南からインドネシアにかけて広く分布し、水深一〇メートルぐらいまでの岩礁にすむ。表面は滑らかで背面は朱紅色。貝類を食べる。学名は Certonardoa semiregularis〔語彙(1871–84)〕 発音〈標ア〉ヒ

あか-ひばりげ【赤雲雀毛】〘名〙馬の毛色の名。雲雀毛(ひばりげ)の赤みを帯びたもの。＊和漢三才図会(1712)三七「馬〈略〉馬之毛色。〈略〉赤騢毛(アカヒバリケ) 赭黄馬」

あか-ひめ【赤姫】〘名〙植物「ひめゆり(姫百合)」の異名。

あか-ひも【赤紐】〘名〙①赤色のひも一般をいう。＊途上(1932)〈嘉村礒多〉「赤紐で白い腮をくくって葦の編笠を深目にかぶった雪子の」②大嘗祭などの時、小忌衣(おみごろも)の右肩につけて前後に垂れ下げた紅色のひも。濃紫色と赤色の二条に、鳥や蝶を描いたひもを用いる。たれひも。＊枕(10C終)八九・なまめかしきもの「あかひもの色にはあらぬを、領巾(ひれ)、裙帯(くたい)などして」＊栄花(1028–92頃)著るはわびしと嘆く女房「大嘗会、例の月日の山引き、あやしの物まで青摺(あをずり)にあかひもなまめかしうて」③舞人が青摺(あおずり)の小忌衣(おみごろも)の左の肩につけたひも。ひもの色、付け様は②に同じ。＊讃岐典侍(1108頃)下「小忌(をみ)のすがたにて、あかひもかけ、日蔭の糸などなまめかしく見ゆるに」＊満佐須計装束抄(1184)二「あかひもはひろさ五分ばかりにて、なからのほどに、あげまきむすびて」 発音〈標ア〉0

あかひも-の【赤紐―】枕 青摺(あおずり)の衣についている赤いひもが長いところから、「長し」にかかる。＊新勅撰(1235)神祇・五五〇「山藍(やまあゐ)もて摺(す)れる衣のあかひもの長くぞ我は神に仕ふる〈紀貫之〉」

あか-ひゆ【赤莧】〘名〙ヒユの一品種。茎、葉ともに紅色を帯びる。古くは赤色染料に用いた。＊十巻本和名抄(934頃)六「赤莧 本草注云莧又有赤莧〈阿加比由〉茎葉純紫不堪食之」＊色葉字類抄(1177–81)「赤莧 アカヒユ」 辞書 和名・色葉・名義・文明・明応・黒本・言海 表記 赤莧(和・色・名・文・明・黒・言) 莧(色)

あか-ひょう【赤莧】〘名〙「あかひゆ(赤莧)」の変化した語。＊語彙(1871–84)「あかひゆ。あかひゃう。しゃうえんじ。茎葉紫赤色の莧なり。古へ染色の具に用ゐしもの、今も生臙脂(しゃうえんじ)の名あり」

あか-びょうし【赤表紙】〘名〙①赤い色の表紙。＊東京新繁昌記(1874–76)〈服部誠一〉三・書肆「朱皮屏立〈注〉アカヒョウシ〉〈洋書は必ず之を立つ〉烏装櫛比〈注〉くろひょうし〉、表題皆の金字を鏤ばめ晃々眼を射る」②「あかほん(赤本)①」に同じ。＊洒落本・無量談(1771)序「よしや桃太郎が赤表紙狐の良嫁入の次ならんとも赤恥べきにも非ずや」 発音アカビョーシ〈標ア〉ビョ

あかびょうし の 小双紙(こぞうし) 「あかほん(赤本)①」に同じ。＊俳諧・鶉衣(1727–79)前・中・三一・妖物論「ただ赤表紙の小双紙に、はづかしき姿はとどめられける」

あか-びら【赤片】〘名〙(「ひら」は着る物。囚人服が赤色であったことから)囚人服や囚人をいう、盗人仲間の隠語。〔日本隠語集(1892)〕

あかびら【赤平】 北海道中部、空知支庁北部の地名。明治二四年(一八九一)熊本県人の入植にはじまり、鉄道開通後、石狩炭田北部の炭鉱都市として栄えた。昭和二九年(一九五四)市制。 発音〈標ア〉0

あか-ひる【明昼・白昼】〘名〙まひる。ひるなか。＊落窪(10C後)二「何ばかりの物なれば、かく我が家をあかひる入りたちて、かくして出でぬらん」

あか-ふ【赤斑】〘名〙赤い色のまだら。あかぶち。＊定家鷹三百首(1539)恋「わが恋は赤符のたかのかたがへり取りくるしきは君が心ね」 方言 動物、まむし(蝮)の一種。赤褐色の斑紋がある。千葉県上総001

あか-ぶか・い【垢深】〘形口〙垢がたくさんたまってからだがよごれている。＊日葡辞書(1603–04)「Acabucai(アカブカイ)ヒト〈訳〉何度も体を洗ったり髪をくしけずったりしてもよごれている人」 辞書 日葡

あか-ふく【赤肺】〘名〙方言 熊など狩猟対象になる獣類の肺臓。山形県西置賜郡(熊)・東田川郡139 群馬県吾妻郡219 熊本県球磨郡054 下益城郡(兎など)930 ◇あかふき 秋田県雄勝郡(熊・かもしかなど)012 山形県南置賜郡・西置賜郡(兎)139 ◇あかぶこ 新潟県北魚沼郡(熊)012 ◇あかぶき 山梨県南巨摩郡463

あか-ふく【赤福】〘名〙「あかふくもち(赤福餅)」に同じ。＊風俗画報-二二二号(1900)飲食門「大廟内宮前にて、浅熊岳に至る岐路の角に、赤福と称するあんころ餅をひさぐ家唯一軒あり」 発音〈標ア〉カ0

あかふく-もち【赤福餅】〘名〙三重県伊勢市で享保(一七一六～三六)頃から売られている、名物のあんころもち。形は平たく上部に二つの指形がある。 発音〈標ア〉ク

あか-ぶくれ【赤膨】〘名〙赤い色をしてふくれていること。また、そのさま。＊裸に虱なし(1920)〈宮武外骨〉蚤は切支丹バテレン虫か「切支丹の毒虫に咬まれる時は忽ち人体は赤脹(アカブク)れに脹れ上って」＊母(1930)〈岡田三郎〉一四「縫目縫目に、大虱小虱の列だった。どれも赤(アカ)ぶくれにふとってゐた」 発音〈標ア〉ブ

あか-ぶくろ【赤袋】〘名〙香具を入れる袋。＊年中恒例記(1544頃)一二月晦日「一、此御あか袋、正月の御服参候時、伊勢守調:進之:由也」＊沢巽阿彌覚書(1612頃か)「一、天文九 十二 卅 御ふくのもくろく〈略〉一、御あかふくろ 以上 私に云 御あかふくろと申は、きぬのはばの広きを、四かくに四はうに一重にて御坐候ひつる。おもしろく、ねりぐりにて打たる物にて候」

あか-ぶさ【赤房・赤総】〘名〙①色の赤いふさ。②大相撲で、土俵上のつり屋根の南東のすみに垂らす赤色のふさ。赤柱に代えて昭和二七年(一九五二)の秋場所から採用された。「赤房下(した)」 発音〈標ア〉0

あかぶさ の 十手(じって) 赤ぶさのついている十手。近世、盗賊などを捕えるのに使用したもの。＊煙管(1953)〈阿川弘之〉「万一焼松茸の匂いでも立てている家があったら、忽ち赤総の十手が入った」

あかぶさ-ごよう【赤総御用】〘名〙近世、盗賊取締役人などの下働きとして使われた者。おもに、博徒などがこれにあてられ、赤総の十手をあずかっているところからいう。＊足民論(1790)「博奕打を赤房御用と云て手下になさる故、盗人の隠家もなきやうなれども、死刑も先年より多くなり」

あかふさ-すぐり【赤房須具利】〘名〙植物「あかすぐり(赤酸塊)」の異名。

あか-ふじ【赤富士】〘名〙晩夏から初秋にかけての早朝、ほんの二、三〇分の間、裏富士が真っ赤に見える現象。雲や霧の濃淡と朝日の微妙な兼ね合いによるものといわれる。《季・夏》＊古稀春風(1957)〈富安風生〉「赤富士に露滂沱たる四辺かな」 発音〈標ア〉0

あか-ぶし【赤―】〘名〙植物「がんぴ(岩菲)」の古名。＊大和本草(1709)七「ふし(和品) 剪春羅(かんひ)、剪秋羅(せんをう)の別種なり。葉剪秋羅に似たり。葉は欠刻なし。毎節より小枝出て花さく。剪春羅にまされり。赤ふし白ふしあり。葉は同じ」

あか-ふじょう【赤不浄】〘名〙方言 出産や月経によるけがれ。神事を避けたり出漁しなかったりする。長崎県五島054 宮崎県児湯郡054 西臼杵郡948 鹿児島県屋久島981 ◇あかふじょ 鹿児島県肝属郡970

あか-ふだ【赤札】〘名〙①赤色の札。㋑芝居などの入場券。割引、無料などの特別の券をいうか。＊雑俳・表若葉(1732)「赤札は芝居の笊の紅葉狩」㋺めくりカルタの四種中の赤い札一二枚。〔特殊語百科辞典(1931)〕㋩特価品、売約済みなど、ある特別の事項を示すための赤い札。また、そのような品物、作品。＊あそび(1910)〈森鷗外〉「赤札の張ってある一綴の書類がある。これが今朝課長に出さなくてはならない、急ぎの事件である」＊青年(1910–11)〈森鷗外〉一八「その車には満員の赤札(アカフダ)が下がってゐたが」㋥(帝展鑑査に落選した作品に赤い札を貼るところから)落選。〔現代用語辞典(1925)〕②(①㋩から)婚約のきまった娘、きまった旦那を持つ芸妓などをいう俗語。〔通人語辞典(1922)〕 発音〈標ア〉0〈京ア〉0

あかふだ-つき【赤札付】〘名〙(「あかふだ①㋩」から)娘の婚約がきまっていること。また、その娘。あるいは芸妓などがきまった旦那を持っていること、また、その芸妓。赤札。〔通人語辞典(1922)〕 発音〈標ア〉ダ0

あか-ぶち【赤斑】〘名〙赤色のまだら。主として獣の毛皮などにいう。また、その獣。＊社会百面相(1902)〈内田魯庵〉電影・三「荒物屋の飼犬が一味の黒斑赤斑(アカブチ)を呼集めて一斉に吠立てたのだが」 発音〈標ア〉0

あか-ぶと【赤―】〘名〙方言 ❶魚、ひめじ(比売知)。愛知県北設楽郡553 和歌山県田辺市・御坊市694 熊本県阿蘇郡016 ❷川鯥(かわむつ)の雄。愛知県蒲郡市016

あか-ふどう【赤不動】 和歌山県の、高野山明王院にある不動明王画像の通称。作者、制作年代不詳。不動の姿が深紅色で表わされている。「青不動」「黄不動」とともに日本三大不動の一つ。重要文化財。 発音アカフドー〈標ア〉フ

あか-ぶどうしゅ【赤葡萄酒】〘名〙白葡萄酒に対して、黒葡萄を果皮・種子ごとつぶして発酵させて作った酒。＊内科撰要(1792)三「或は右の剤を用て清涼に過ることあらば方中に赤葡萄酒少許を加ふべし」＊輿地誌略(1826)二「亜里甘玷(アリカン)に澳あり。他邦商賈輻湊す。赤葡萄酒に名あり」 発音アカブドーシュ〈標ア〉ド

あか-ふどし【赤褌】〘名〙「あかふんどし(赤褌)①」に同じ。＊俳諧・毛吹草(1638)一「ひかりぬる蛍の尻や赤ふとし」＊浮世草子・西鶴諸国はなし(1685)二・七「黒雲まいさがって、赤(アカ)ふとしをかきたる火神鳴(ひかみなり)の来て」

あか-ぶとり【赤太】〘名〙(形動) 血色がよく太っていること。また、そのさま。＊人さまざま(1921)〈正宗白鳥〉「赭肥(アカブト)りのした中老の田舎紳士が、さう云って大笑ひをすると、あたりの人もどっと笑った」 発音〈標ア〉ブ

あか-ぶとり【垢太】〘名〙ふとった人をあざけっていう語。＊吾輩は猫である(1905–06)〈夏目漱石〉七「膨(ふく)れ返った男である。是は多分垢肥(アカブトリ)だらう」

あか-ふなにしょうけん【赤船荷証券】〘名〙(はじめ赤色文字で印刷されていたところからいう)船積み貨物に保険のつけられた船荷証券。船荷証券と保険証券とを兼ねたもの。赤荷証券。 発音アカフナニショーケン〈標ア〉ショ

あか-ふね【赤船】〘名〙(船体の一部を赤く塗ってあったところから)①装飾と防食のため、船体全体を赤色の漆で塗った船。近世では幕府諸大名の御座船に多く用いられた。②江戸時代、幕府が蝦夷(えぞ)との貿易に使用した官営の貿易船。蝦夷貿易は寛政一一年(一七九九)から文化九年(一八一二)まで一四年間続いた。＊旅-昭和五年(1930)八月号・北海道の横顔〈吉田団輔〉「江戸時代における加賀商人の北前船や、官船の赤船(アカブネ)などが日本海の荒波を蹴って、南蝦夷の沿岸に活躍した和船交通時代の当時を振返って見ると」

あか-フランケ【赤―】〘名〙(フランケは 英 blanket から)「あかゲット(赤―)」に同じ。方言❶赤色の毛布。青森県075 082 ❷田舎者の卑称。青森県津軽075

ア-カプリッチョ〘名〙(イタリア a capriccio)音楽で、発想標語の一つ。形式や拍子にとらわれず、自在に、の意。

アカプルコ(Acapulco)メキシコ南部、太平洋岸にある観光・保養地。発音〈標ア〉プ

あか-ふん【赤褌】〘名〙「あかふんどし(赤褌)①」の略。*坊っちゃん(1906)〈夏目漱石〉二「外に大きな箱を四つ許積み込んで赤ふんは岸へ漕ぎ戻して来た」

発音〈標ア〉0

あか-ふんどし【赤褌】〘名〙①赤色の布で作ったふんどし。また、それを締めた人。あかふどし。*浮世草子・西鶴織留(1694)六・四「細布の赤(アカ)ふんどし一筋ほしや」*洒落本・蕩子筌枉解(1770)孟城坳「古城非疇昔〈略〉ひぢりめんのじゅばんやあかふんどしの手合のそのふうりうをしる事にあらず」②鳥「あかげら(赤啄木鳥)」の異名。*俳諧・文化句帖-元年(1804)九月一九日「ちる木実赤ふんどしがうれしいか」方言鳥、あかげら(赤啄木鳥)。栃木県塩谷郡007 静岡県007 愛知県名古屋市007 発音〈標ア〉フ

あか-べ【赤目】〘名〙「あかんべい」に同じ。*蟹工船(1929)〈小林多喜二〉一「眼のふちがあかべをしたやうにただれてゐるのが」方言❶あかんべい。愛知県知多郡570 和歌山県690 鳥取県西伯郡712 島根県725 広島県高田郡779 ❷舌を出して相手をばかにしたり拒否したりすること。また、その時に言うことば。香川県大川郡(幼児語)829 ❸嫌だ、まっぴら御免の意で言うことば。新潟県西頸城郡382 滋賀県彦根609 京都市621 鳥取県西伯郡718

あかべ〘名〙植物「あかめがしわ(赤芽柏)」の古名。*重訂本草綱目啓蒙(1847)三一・喬木「あかめがしは〈略〉てうしのき 江州、あかべ 同上」方言❶あかめがしわ(赤芽柏)。江州†028 福井県036 三重県036 滋賀県036 奈良県036 愛媛県036 ❷ねじき(捩木)。三重県度会郡591

あか-へい【赤幣】〘名〙(幣は「幣束(へいそく)」の略)赤い四手(しで)を篠竹などの細長い木にはさんだもの。赤色の御幣(ごへい)。あかぬさ。*貞享版沙石集(1283)一〇・一「年たけたる御子(みこ)、赤幣(あかへい)を立て並べたるめぐりを様々に作法して」

あか-べいら〘名〙「あかんべい」に同じ。*雑俳・玉の光(1844-45)二「待ったなし・いやいな誰があかべいら」

あか-べえ【赤―】〘名〙方言❶赤土。群馬県多野郡246 ◇あかべっこ 栃木県安蘇郡・下都賀郡198 ❷血。幼児語。岡山県苫田郡749

アガペー〘名〙(ギリシア agapē)①新約聖書における神の人間に対する愛。また、人間の、神や隣人に対する無私なる愛。神が、罪人である人間のために与える自己犠牲的な愛で、イエス=キリストの受苦と死とにおいて実現する。→エロス。②初期キリスト教徒の会食。信徒が互いの結合を強めるために行なった。愛餐(あいさん)。発音〈標ア〉ア

あか-べこ【赤―】〘名〙(「べこ」は東北地方の方言で牛の意)福島県会津若松市で作られる郷土玩具。赤く塗られた張り子の首振り牛。疱瘡除けや子育ての縁起物とされる。方言❶赤ふんどし。福岡市877 熊本県下益城郡930 ❷羊蹄(ぎしぎし)の若芽。◇あかびこ とも。山形県飽海郡139 ❸(「べこ」は「牛」の意)火や山火事、野火などの忌みことば。青森県073 083 岩手県気仙郡「あかべこになめられた(全焼してしまった)」100

あか-べそ〘名〙植物「ぬるで(白膠木)」の古名。*重訂本草綱目啓蒙(1847)二八・果味「ぬるで〈略〉あかべそ 城州醍醐」

発音〈標ア〉0

あか-べた【赤下手】〘名〙(形動)(「あか」は接頭語。「あかへた」とも)まったくのへた。まるでへたなこと。あかっぺた。*俳諧・鷹筑波(1638)五「あかへたの月ぞまうゐのかき団(うちは)〈為氏〉」*浄瑠璃・大塔宮曦鎧(1723)三「踊りも音頭も見るが上手口で申すは赤下手(アカベタ)」*浮世草子・当世芝居気質(1777)三・一「どいつもこいつも赤下手であると云はんばかり頤(おとがひ)と目づかひであいさつし」

あかべっ-と-せい〘連語〙(「あかべ」は、「あかめ(赤目)」の変化した語。「せい」は、「…せよ」の意)自分で自分に命令する語。拒否する時にいう語。あかんべ。べかこ。*浄瑠璃・和田合戦女舞鶴(1736)二「あかべっとせい、ならぬわ」

あかへ-の-かぶと【頸鎧】〘名〙「あかのへのよろい(頸鎧)」に同じ。

あかへ-の-よろい【頸鎧】〘名〙「あかのへのよろい(頸鎧)」に同じ。*書紀(720)欽明一四年一〇月(寛文版訓)「頸鎧(アカヘノヨロイ 別訓 あかのへのかふと)着ける者(ひと)一騎(ひとむま)」

あか-べら【赤倍良・赤遍羅】〘名〙ベラ科の海魚「きゅうせん(求仙)」の雌の別名。*生物学語彙(1884)〈岩川友太郎〉「Platyglossus アカベラ属(魚)」方言❶求仙(きゅうせん)の雌。泉州†030 石川県七尾市016 兵庫県明石市015 ❷魚、ささのはべら(笹葉遍羅)。神奈川県三浦市016

ア-カペラ〘名〙(イタリア a cappella)(「礼拝堂風に」「聖堂風に」の意)独立した器楽声部をもたない多声部楽曲。または、その様式。各声部の演奏には、必要に応じて声楽、器楽を用いる。今日一般には無伴奏合唱の意でも用いられる。発音〈標ア〉0

あか-へん【明―】〘連語〙方言⇩あかん(明―)

あか-べんけい【赤弁慶】〘名〙酒ずきでいつも顔を赤くしている坊主などを戯れにいうあだな。*浮世草子・万の文反古(1696)三・一「貴坊御事は、つねづね赤弁慶(アカベンケイ)とある名をよばざるは、道心堅固の御身目出度存候」方言(「べんけ(紅気)」を「弁慶」に掛けた語という)人前で赤面したり、酒に弱い者が酔って真っ赤な顔になったりすることを形容する語。長崎市906 ◇あかべんちょうらい・べんちょうらい 長崎県壱岐島915

あかほ【赤穂】㈠長野県駒ケ根市の地名。天台宗光前寺がある。㈡(兵庫県の赤穂)⇩あこう

あか-ぼい【赤追】〘名〙(昔、囚人が柿色の獄衣を着ていて、それを追う意から)看守をいう、盗人仲間の隠語。〔隠語輯覧(1915)〕方言下級の獄吏。愛知県名古屋市562

あか-ぼう【赤帽】〘名〙①赤い帽子。*朝野新聞-明治二六年(1893)三月二五日「赤帽は平民の赤心を顕す〈略〉昨春の大懇親会にも万余の会員皆此の帽を冠せり」*思出の記(1900-01)〈徳富蘆花〉巻外・四「大一郎大次郎の両童(ふたり)は一様に東京土産の赤帽をかぶって」*旅日記から(1920-21)〈寺田寅彦〉五「土人の巡査が、赤帽を着て足にはサンダルを履き」②駅構内で旅客の荷物を運ぶのを職業とする人。明治三〇年、目立ちやすい赤い鳥打帽(ハンチング)をかぶって以来、赤い帽子をかぶるところからいう。手荷物運搬人。また一般に、軽運送業の通称や会社名。*風俗画報-一二三九号(1901)投錨「No.3 など番号を白く抜きたる赤帽(アカボウ)は、税関構内の担夫なれや、紺の法被に porter の文字をなむ染めにき」*尋常小学読本(明治三六年)(1903)七・一四「手荷物かついで、運ぶは赤帽(アカボー)」*青年(1910-11)〈森鷗外〉一二「洋服の男が、赤帽(アカバウ)に革包(かばん)を持たせて走って来た」

発音アカボー〈標ア〉0〈京ア〉0

あかぼう-くじら【赤坊鯨(あかバウくぢら)】〘名〙アカボウクジラ科の哺乳類。体長は六メートル前後。体形は紡錘形で、体色は褐色、灰黒色など種々ある。口がアヒルのくちばしのように突き出る。寒海を除いて世界に広く分布するが、生息数は多くない。学名は Ziphius cavirostris 発音アカボークジラ〈標ア〉ク

あか-ぼうし【赤法師(ボ:フシ)】〘名〙「あかぼうず(赤坊主)」に同じ。*重訂本草綱目啓蒙(1847)一八・穀「小麦〈略〉芒(のぎ)なき者を火焼麦〈略〉佐渡にては しろほうし あかほうしと云」方言◇あかほうし 佐渡†028

辞書言海 表記赤法師(言)

あか-ぼうし【赤帽子】〘名〙①「あかぼう(赤帽)①」に同じ。②「あかぼう(赤帽)②」に同じ。*良人の自白(1904-06)〈木下尚江〉二・一「六七人の男と四五人の女とが、各々赤帽子にしたたか鞄担がせて」

あか-ぼうず【赤坊主(バ:ウズ)】〘名〙①小麦の一系統で、穂先に赤みがあり、芒(のぎ)のないもの。坊主の頭にたとえた。あかぼうし。*重訂本草綱目啓蒙(1847)一八・穀「小麦〈略〉芒なき者を火焼麦〈青蒲県志〉と云。和名ぼうずむぎ しろぼうず あかぼうずの品あり」②赤くて丸いもののたとえ。*鬼(1931-32)〈江戸川乱歩〉顔のない死体「如何にも、頭部はあるけれど、顔と名づけるものは跡方もない赤坊主(アカバウズ)であった」

辞書言海 表記赤坊主(言)

あか-ぼうそう【赤疱瘡(バ:ウサウ)】〘名〙「あかもがさ(赤疱瘡)」に同じ。*日本紀略-長徳四年(998)七月「今月。天下衆庶煩二疱瘡一。世号二之稲目瘡一。又号二赤疱瘡一。天下無下免二此病一之者上」*中右記-寛治七年(1093)一二月四日「近日世間有二赤疱瘡聞一、十余歳以下小児一人不レ残云々」*台記-康治二年(1143)六月二九日「大将云、二歳令レ疾二赤疱瘡一給事有レ之、如何」

あか-ぼうふら【赤孑孒・赤棒振】〘名〙セスジユスリカの幼虫。濃赤色のボウフラ状で、成熟すると約一センチメートルに達する。川や池沼や下水溝などの底の土中にすむ。淡水魚の釣り餌のほか金魚、熱帯魚のえさに使われる。イトミミズと混同されやすい。あかぼうふり。発音アカボーフラ〈標ア〉ボ

あかぼう-よこもじ〘名〙繻子(しゅす)の丸帯のはしに朱などで文字の書いてあるもの。*当世書生気質(1885-86)〈坪内逍遙〉一八「丹線梵字(アカボウヨコモジ)の丸帯をお太鼓に結んで」

あか-ほこ【赤矛】〘名〙赤く塗った矛。赤色には魔除けの力があると信じられていた。*書紀(720)崇神九年三月(北野本訓)「赤盾(あかたて)八枚(やつ)・赤矛(アカホコ)八竿(やさを)を以て墨坂神(すみさかのかむ)を祠(まつ)る」

あか-ぼし【明星・赤星】㈠〘名〙(「あかほし」とも)①明るく、または赤く輝く星。流れ星。*万葉緯(1717頃)一七「尾張国風土記〈略〉玉置山〈略〉亦有二一小石一、昔人云赤星之所レ落也」②夜明け頃、東の空に輝く金星。明けの明星(みょうじょう)。*神楽歌(9C後)明星「〈本〉安加保之(アカホシ)は 明星は くはやここなりや 何しかも 今夜の月の 只だここに坐すや」*色葉字類抄(1177-81)「明星 ミャウシャウ、アカホシ、〈略〉太白 同」*山家集(12C後)下「めづらしな朝倉山の雲ゐより慕ひ出たるあかぼしの影」*書言字考節用集(1717)二「啓明 アカボシ 一名太白星。俗云暁明星」㈡㈠木星。*十巻本和名抄(934頃)一「明星 兼名苑云歳星一名明星〈世間云一名阿加保之〉」*観智院本名義抄(1241)「歳星 アカホシ」㈡さそり座の中心に輝く星。豊年星。大火(たいか)。アンタレス。《季・夏》㈢神楽歌の曲名。*狭衣物語(1069-77頃か)三「大将殿、『あかぼし』謡ひ給へる」*弁内侍(1278頃)寛元四年一二月一二日「あかぼしのころもさこそはすみぬらめ庭火に月の影ぞうつろふ」*無言抄(1598)下・三「冬〈略〉かぐらのうたひものみな冬也。〈略〉明星、きりきりす、からかみ〈略〉など、その外うたひものみな冬なり」方言❶金星。明けの明星。新潟県佐渡026 ◇あかぷし 沖縄県石垣島996 ❷蠍座(さそりざ)の主星、アンタレス。長野県諏訪郡031 静岡県榛原郡031 愛媛県新居郡031 ◇みなみのあかぼし〔南―〕 群馬県利根郡031 ❸牡牛

座(おうしざ)の主星、アルデバラン。北海道江差036 石川県珠洲郡031 発音〈音史〉古くは「あかほし」と清音か。〈標ア〉力 〈ア史〉平安●●●● 〈京ア〉力 辞書和名・色葉・名義・書言・言海 表記明星(和・色・名) 歳星(色・名) 太白(色) 啓明(書) 赤星(言)

あかほし-てんとう【赤星瓢虫】〔名〕テントウムシ科の昆虫。体長七ミリメートル内外。頭は小形で、ほぼ半球形。光沢のある黒色の地に楕円形の赤色斑紋が左右に一対ある。成幼虫ともにカイガラムシを捕食する。日本各地に分布する。学名は Chilocorus rubidus 発音アカホシテントー〈標ア〉テ

あかぼし-の【明星―】枕 明け方に輝く星の意で、「明く」にかかり、また、同音の「飽く」にもかかる。同じ音を繰り返すという効果も兼ねた表現。*万葉(8C後)五・九〇四「明星之(あかぼしの) 明くる朝(あした)は〈作者未詳〉」*古今六帖(976-987頃)一・天「月影にはがくれにけりあかほしの飽かぬ心に出でてくやしく」発音〈標ア〉〇力

あかぼし-びょう【赤星病】〔名〕梨、りんごなどの葉・果実の表面に、赤褐色の斑点をつくる病気。病原菌は夏・冬の間で寄生をかえ、冬はビャクシン類に、夏は梨やりんごに寄生し、病気をおこす。発音アカボシビョー〈標ア〉〇

あか-ぼっこお【赤―】〔名〕方言 ⇩あかっぽおろく(赤―)

あ-が-ほとけ【吾仏・我仏】〔名〕①自分の信仰する仏。自分の守り仏。持仏。他の仏と比べてとくに霊験のあるものとして帰依する気持をこめていう。*読本・椿説弓張月(1807-11)前・一回「あが仏を尊むに似たれど、愚父にて候為義は、十四才の時勅(みことのり)を承りて美濃前司義綱を攻め亡ぼし」②自分が大切に思う人。頼りとする大事な人。対称の代名詞のように用いることがある。㋑僧を尊敬していう。*仲文集(992頃)「あが仏顔くらべせば極楽のおもておこしは我のみぞせむ」*源氏(1001-14頃)手習「僧都の御許に『〈略〉あが仏、京にいで給はばこそはあらめ、ここまではあへなん』など」㋺(男女ともに)親しみをこめて相手をよぶ。あが君。*新井本竹取(9C末-10C初)「あがほとけは何事を思はせ給ふぞ」*狭衣物語(1069-77頃か)三「帝の君の、御心通ひて見給ふべきあがほとけを、いかなる痴者(しれもの)の奴の、いかにしつるぞや」*徒然草(1331頃)一九〇「よき女ならば、らうたくしてあが仏と守りゐたらめ」③自分が大切に思う品物。大事な宝物。*仮名草子・都風俗鑑(1681)二「彼女(かのむすめ)にかからん事をねがひて、ひたすら吾仏(アガホトケ)とそだてなし、よみ物、てかく事をおしゆるもあり」*俳諧・寛政三年帰郷日記(1791)「莚(むしろ)一つあが仏とたのみて一夜を明す」*俳諧・一茶真蹟(1810)「柱ともたれしなぬし嘉左衛門といふ人に、あが仏の書一紙いつはりとられしものから」語誌中古以降、あが仏は頼りとする人に対して敬愛の意をこめ、あるいは持仏のように大切に思う人に対して親愛の意をこめて用いられるが、「俚言集覧」に引く「随筆・夏山雑談」には「あがほとけと云ことは俗に我等の仏たふとしといふに同じ」とあり、江戸時代の俗語では、「あがほとけ尊し」と同様にやや非難の意味がこめられることもあったようである。①の「読本・椿説弓張月」の例は、それを踏まえ、へりくだった言い方とみられる。発音アガホトケ〈標ア〉ア

あがほとけ 尊(とうと)し 自分の尊敬する者だけを尊び、他を顧みない。*小津桂窓宛馬琴書簡-天保六年(1835)七月一日「右之書出来候はば、壱部進上可仕候〈略〉但し、吾仏尊しにて、他人に見せ可申ものにあらず」*雁(1911-13)〈森鷗外〉一二「へん。あが仏(ホトケ)尊(タフト)しと云ふ奴だ」

あがほとけのき【吾仏乃記】江戸後期の伝記。五巻五冊。滝沢解(曲亭馬琴)著。未刊。巻一「家譜」は文政五年(一八二二)成立。巻二～四「家説」および巻六「滝沢家譜補遺改正編」は天保一三年(一八四二)成立。晩年の馬琴が、滝沢家の歴史を子孫に伝えるために、家族・縁類の伝記行実を順不同に述べたもの。発音アガホトケノキ〈標ア〉ア

あか-ほや【赤―】〔名〕方言 ⇩あかばね(赤埴)

あか-ほや【赤海鞘】〔名〕原索動物、側性ホヤ類の赤いホヤ。日本では北海道岸に分布。体長約一二センチメートルに達する。体形は直立楕円体で、体の前端に二本の短い水管があり、前方のものに入水孔が、背側のものに出水孔が開く。皮の下の黄色い柔らかな筋肉の袋を、酢の物などにして食べる。学名は Halocynthia aurantium 《季・夏》発音〈標ア〉〇

あか-ほり【赤―】〔名〕植物「すいか(西瓜)」の古名。*重訂本草綱目啓蒙(1847)二九・蓏「西瓜 すいくは〈略〉北伊勢赤堀村の産は皮瓤黄にして子赤し。上品とす。赤ほりと名く」

あかぼり【赤堀】姓氏の一つ。発音〈標ア〉力

あかぼり-しろう【赤堀四郎】化学者。蛋白質、アミノ酸、酵素に関する研究でタカアミラーゼの結晶化、ヒドラジン分解法の発見などに貢献。文化勲章受章。明治三三～平成四年(一九〇〇～一九九二)。

あか-ポリ【赤―】〔名〕(ポリは英 police から)婦人警官をいう、盗人仲間の隠語。〔隠語全集(1952)〕

あか-ほん【赤本】〔名〕(「あかぼん」とも)①近世に行なわれた草双紙の一種。延宝(一六七三～一六八一)頃から享保(一七一六～一七三六)頃にかけて流行した赤い表紙の子供向けの絵本。内容は桃太郎、鼠の嫁入りなどのおとぎばなしや、浄瑠璃、歌舞伎に取材した祝い物が多い。黄表紙や合巻を導き出した歴史的意義をもつ。また、広く黄表紙以前の草双紙一般をさすこともある。赤表紙。*雑俳・童の的(1754-75)一「赤本も足しに成もの鳴子引」*洒落本・禁現大福帳(1755)三「懐紙摺もの赤本(アカボン)の類其外児らしき品を得たるときは悦ぶ躰をあらはすへき事」*黄表紙・桃太郎発端話説(1792)序「それ赤本(アカホン)は、一つ趣向を種として、万の笑ひとぞなれりける」*滑稽本・浮世風呂(1809-13)二・上「私どもの幼少な時分は鼠の嫁入りや、むかし咄の赤本(アカボン)が此上なしでございました」②明治期に行なわれた少年向きの落語や講談本。表紙が赤など極彩色に印刷されていた。*落語・昔の詐偽(1897)〈三代目春風亭柳枝〉「大入道はお子様方が赤本(アカホン)で御覧になりましたらうが、片方(かたかた)へ鉄の棒を持ちまして片方へ縄を持って居りまするのです」③低級粗悪な本。俗受けをねらった内容、体裁ともに低俗な本。*嚼氷冷語(1899)〈内田魯庵〉「七八年前初めて赤本(アカホン)が流行し出した時眉を顰める識者が沢山あったが」*都会の憂鬱(1923)〈佐藤春夫〉「気位の高い渚山が、赤本の原稿のことを聞くと、見てゐてもいぢらしいほど喜んだ」④縁日などで売る、いかがわしい内容の本。また、それを売る人をいう隠語。〔隠語輯覧(1915)〕発音〈標ア〉〇〈京ア〉〇/〇 辞書言海 表記赤本(言)

あか-ぼんし【赤―】〔名〕方言 虫、あかとんぼ(赤蜻蛉)。◇あかぼん・あかべっつぉとも。東京都八丈島335 338

あか-ぼんぶ【赤凡夫】〔名〕(「あか」は接頭語)煩悩だらけの人間。まったくの俗人。*雑俳・ぎんかなめ(1729)「六道をまい日まわるあかぼんぶ」*松翁道話(1814-46)二・下「仏経にも、どのやうな赤凡夫でも、善男子、善女人というてある」

あかほん-や【赤本屋】〔名〕赤本③を出版、または販売する書店、また、その人。〔秘密辞典(1920)〕*ブウランジェ将軍の悲劇(1935-36)〈大仏次郎〉シュネブレ事件・五「ポオリュスの唄が寄席のアルカザールから仏蘭西全国に拡がったのを何で赤本屋が看過さうか」

あか-ま【赤間】㊀「あかまがせき(赤間関)」に同じ。*平家(13C前)一一・鶏合壇浦合戦「門司・赤間・壇の浦はたぎておつる塩なれば」㊁〔名〕「あかまいし(赤間石)」の略。*浮雲(1887-89)〈二葉亭四迷〉一・一「歯磨の函と肩を比べた赤間の硯が一面載せてある」発音〈標ア〉〇

あかま【赤間】姓氏の一つ。発音〈標ア〉〇

あか-ま【淦間】〔名〕和船で、船体中央部の、胴の間の一つ前の間。通常、ふなべりの最も浅い所で、その船底に淦(あか)がたまることからいう。*日葡辞書(1603-04)「Acama(アカマ)」*和漢船用集(1766)一〇・船処名之部「淦間 淦(あか)のあつまる処也。故に淦の間と云」方言❶漁船の船べりの最も浅い所。千葉県勝浦市054 香川県佐柳島・高見島829 ❷船底の魚を入れる所。新潟県西頸城郡382 辞書日葡

あかま〔名〕植物「がま(蒲)」の異名。

アガマ〔名〕(英 agama)爬虫綱有鱗目アガマ科のトカゲの総称。外見はイグアナ類に似ているものが多い。エリマキトカゲやわが国のキノボリトカゲなど。

あか-まい【赤米】〔名〕⇩あかごめ(赤米)

あか-まい【赤舞】〔名〕(「まい」は「まいば(舞葉)」の略)タバコの一種。赤土タバコが有名。*歌舞伎・盲長屋梅加賀鳶(1886)四幕「倦かぬ別れの赤舞(アカマヒ)や煙りならねど女房は、涙にむせて戸口にすがり」辞書言海 表記赤舞(言)

あかま-いし【赤間石】〔名〕山口県厚狭郡産出の輝緑凝灰岩。あずき色だが、部分により紫を帯びる。石質は緻密で、硯石、建築に用いる。赤間。発音〈標ア〉マ〈京ア〉マ 辞書言海 表記赤間石(言)

あがま・う【崇】〔他ハ下二〕⇩あがまえる(崇)

あか-まえだれ【赤前垂】〔名〕①赤い色の前垂れ。また、それを掛けた女。近世では、宿屋の女、茶屋女、遊女屋の遣手(やりて)などの風俗。柿前垂。*俳諧・犬子集(1633)五・紅葉「山姫の赤まへだれか下紅葉」*浮世草子・好色一代男(1682)五・一「吉野は浅黄の布子に赤前(アカマヘ)だれ」*浄瑠璃・丹波与作待夜の小室節(1707頃)上「とまりどまりのあか前だれにじゃらくらいたさないやうに」*風俗画報-一〇二号(1895)服飾門「我国にて前垂をつけしは中ごろよりのことなり其内にても京の赤前垂(アカマヘダレ)などは先づ古きものと覚ゆ」②(赤紙の札に値段を書いて店頭に飾る習慣から。また、鮭の身は赤いからとも)塩鮭(しおざけ)をいう、てきや仲間などの隠語。〔隠語輯覧(1915)〕*現代語大辞典(1932)〈藤村作・千葉勉〉「あかまえだれ 赤前垂 塩鮭のこと」方言(腹部が赤いことから)❶鳥、あかげら(赤啄木鳥)。兵庫県007 ◇**あかまえだり** 奈良県山辺郡007 ◇**あかめだり** 秋田県仙北郡007 ❷動物、いもり(井守)。三重県名賀郡584 発音〈標ア〉マ 辞書書言 表記朱紱(書)

あがま・える【崇】〔他ハ下一〕文あがま・ふ〔他ハ下二〕「あがめる(崇)」に同じ。*説経節・説経さんせう太夫(佐渡七太夫正本)(1656)下「それかしをみしったか、なかなか都のこくしとあかまへ申と申ける」*狂言記・富士松(1660)「猿は山王の使者でござり、まづあがまへてござる」*浄瑠璃・曾根崎心中(1703)「今迄様にさまを付、あがまへた娘ごに、銀(かね)をつけて申うけ」*絅斎先生敬斎箴講義(17C末-18C初)「どこともなふ下に置れぬ、あがまへらるる処のあるやうな家の主や吾君を尊ぶ気味ぞ」

あかま-が-せき【赤間関・赤馬関】山口県下関の古名。関。馬関(ばかん)。*太平記(14C後)一一・長門探題降参事「鳴渡より舟を漕(こぎ)もどして、赤間が関に着(つい)て、九州の様(よう)を伺ひ聞給へば」*読本・椿説弓張月(1807-11)前・一二回「長門の赤間関は、富人(とむひと)も多くて、世をわたるに便(たつき)よき湊(みなと)也」発音アカマガセキ〈標ア〉ガ 辞書書言 表記赤間関(書)

あかまがせき-すずり【赤間関硯】〘名〙「あかますずり(赤間硯)」に同じ。

あかま-ぐさ【沢蘭】〘名〙植物「さわひよどり(沢鵯)」の古名。＊本草和名(918頃)「沢蘭〈略〉和名佐波阿良々岐一名阿加末久佐」＊十巻本和名抄(934頃)一〇「沢蘭 陶隠居云沢蘭〈佐波阿良々岐 一云阿加末久佐〉生沢傍故以名之」 発音 アカマグサ 〈標ア〉マ 〈ア史〉平安◎◎◎◎○ 〈京ア〉マ 辞書 和名・色葉・名義・書言 表記 沢蘭(和・色・名・書) 都梁穣(名)

あかま-しゃたつ【淦間車立】〘名〙大型関船の淦間に立てるための車立のこと。＊和漢船用集(1766)一〇・船処名之部「車立 大船は四ケ処にあり。艫(おもて)車立、淦間車立、筒挟、舳(とも)車立なり。中船以下は淦間車立なし」

あかま-じんぐう【赤間神宮】山口県下関市阿彌陀寺町にある神社。旧官幣大社。安徳天皇をまつる。阿彌陀寺境内の陵の上に建てられた御影堂を、明治維新の際、神社に改めたもの。昭和一五年(一九四〇)赤間宮を現名に改称。四月に先帝祭が行なわれる。 発音 アカマジングー 〈標ア〉ゾジ

あか-ます【赤鱒】〘名〙魚。①「べにます(紅鱒)」の異名。＊語彙(1871-84)「あかます㊖ さくらますべにます 魚名、うみますの一種にして、肉紅鮮なるものをいふ」②「あこう(赤魚)」の異名。＊本朝食鑑(1697)八「赤魚〈訓阿加乎〉〈略〉種有赤鱒(アカマス)者、或号赤松(あかまつ)状全類赤魚色深紅味亦同矣」 方言 魚。❶ひめだい(姫鯛)。東京都八丈島338 ❷きじはた(雉羽太)。三重県三重郡585 ❸あかいさき(赤伊佐木)。徳島県板野郡1030 ❹おきかさご(沖笠子)。和歌山県東牟婁郡690 発音 〈標ア〉〇 辞書 言海 表記 赤鱒(言)

あかま-すずり【赤間硯】〘名〙赤間石で作った硯。きめ細かく、あずき色で青色の混じるものを上等とする。あかまがせきすずり。＊梵舜日記(古事類苑・文学四九)慶長一七年(1612)二月二五日「漣首座へ赤間硯一面令音信」

あかまたあ〘名〙 方言 ❶動物、やまかがし(赤楝蛇)。沖縄県974 975 ◇ああまたあ 鹿児島県沖永良部島975 ◇ああまったふ(―波布) 鹿児島県喜界島975 ◇はあまったぶ・まったふ 鹿児島県奄美大島975 ◇まったぶ 鹿児島県奄美大島・与論島975 ◇まってぃふ 鹿児島県徳之島975 ◇あかまたひいばあ 沖縄県島尻郡975 ◇あかとぅから 沖縄県石垣島・宮古島975 ❷有毒な蛇の一種。錦色をしている。沖縄県首里993

あかま-だい【淦間台】〘名〙和船で、表台に続く淦間付近の台の呼称。大船の場合に使うことが多い。＊和漢船用集(1766)一〇・船処名之部「台 船の左右にあり。〈略〉胴台、淦間台、表台、舳台、反台」

あか-まだら【赤斑】〘名〙(形動)赤色が所々に混じっていること。また、そのもの。＊不言不語(1895)〈尾崎紅葉〉一二「御児の寝顔の紅斑斑(アカマダラ)なる幻影(まぼろし)も、悲歎の数を添へて」＊硝子戸の中(1915)〈夏目漱石〉五「色といふ字の下へ赤斑(アカマダラ)と書いた」

あかまだら-か【赤斑蚊】〘名〙昆虫「あかいえか(赤家蚊)」の異名。 発音 〈標ア〉ラ

あか-まつ【赤松】〘名〙①マツ科の常緑高木。北海道南部から九州までの山野に生え、庭木、盆栽にもする。高さ四〇㍍、直径一・五㍍に達する。樹皮は赤褐色で亀甲(きっこう)形の裂け目がある。葉は横断面が半円形の針形で、二本ずつ基部が褐色のさやにつつまれて小枝につく。四月頃、新枝の先端に一ないし数個の紫色の雌花をつけ、また新枝の基部に数十個の淡黄色の雄花をつける。球果は翌年秋に熟し、木質で、長さ五センチ㍍、直径三センチ㍍ほどの卵形、この中に翼をもった種子をつける。材は黄色を帯びた淡褐色で堅く、パルプ、建築、船、橋、枕木、器具などの材料とし、樹皮と根からはテレビン油(松根油)をとる。めまつ。学名は Pinus densiflora ＊重訂本草綱目啓蒙(1847)三〇・香木「松〈略〉雌なる者は皮の色赤し。故にあかまつと呼」＊日本植物名彙(1884)〈松村任三〉「メマツ アカマツ 赤松」②植物「あかえぞまつ(赤蝦夷松)」の異名。③植物「からまつ(唐松)」の異名。 方言 植物、からまつ(唐松)。栃木県日光市003 埼玉県秩父郡251 発音 〈標ア〉〇カ 〈京ア〉カ 辞書 ポ・言海 表記 赤松(ヘ・言)

あかまつ=打割(ぶちわ)ったよう[=走(はし)らかしたよう] 体格ががっちりしているさま。また、気性がさっぱりとしているさまをいう。＊浄瑠璃・傾城反魂香(1708頃)上「庄屋の名は松兵衛。若い時にはすまふ取。あか松ぶちわった様に御座有しが、今老松になられて力ももとよぢさがり松」＊浄瑠璃・平仮名盛衰記(1739)三「年よりせいも大柄に、病(やまひ)気なふてほんの赤松走らかしたやうに」

あかまつ【赤松】姓氏の一つ。

あかまつ-うじのり【赤松氏範】南北朝時代の武将。則村の子。南朝につき、京都を攻略。後に播磨の清水に兵を起こしたが敗れ、討死。法名本光道成。元徳二～至徳三＝元中三年(一三三〇～八六)

あかまつ-そうしゅう【赤松滄州】江戸中期の儒者。播磨赤穂藩の家老。名は鴻、字は国鸞。別号静思翁。通称は大川良平。古医法の香川修庵・折衷学派の宇野明霞(めいか)に師事。寛政異学の禁に際し、異論を述べた書を柴野栗山(りつざん)に送る。主著「静思亭文集」「赤穂四十六士論評」など。享保六～寛政一三年(一七二一～一八〇一)

あかまつ-のりすけ【赤松則祐】南北朝中期の武将。則村の子。播磨、備前の守護。出家して、帥律師妙善といった。元弘の乱(一三三一年)で護良親王に従ったが、のち、そむいて足利尊氏につく。法名宝林寺自天妙善。正和三～応安四＝建徳二年(一三一四～七一)

あかまつ-のりむら【赤松則村】南北朝前期の武将。円心と号す。播磨の守護。元弘の乱(一三三一年)で反幕軍として挙兵、功績をあげたが、のち建武政権に飽き足らず、足利尊氏を助けて活躍。建治三～観応元＝正平五年(一二七七～一三五〇)

あかまつ-みつすけ【赤松満祐】室町前期の武将。則村の曾孫。播磨、備前、美作の守護。侍所所司。嘉吉元年(一四四一)将軍足利義教を暗殺。同年追討軍に攻められ、自刃した。法名性具。永徳元＝弘和元～嘉吉元年(一三八一～一四四一)

あかまつ〘名〙魚「おいかわ(追河)」の異名。＊重訂本草綱目啓蒙(1847)四〇・魚「鱲魚〈略〉一種おひかはあり一名あかばゑ(大和本草)〈略〉あかまつ 勢州・桑名」 方言 勢州桑名1028 岡山県吉備郡745 小田郡767 香川県062 829 ◇あかまち 島根県石見725

あか-まっか【赤真赤】〘名〙 方言 赤色を強調した言い方。まっか。まっかっか。神奈川県三浦郡054 岐阜県飛騨502 島根県隠岐島725 熊本県下益城郡930

あか-まつかさ【赤松笠】〘名〙イットウダイ科の海魚。全長約三〇センチ㍍に達し、イットウダイに似ているが、体色は一様に鮮やかな赤色をしている。奄美大島以南の熱帯海域に広く分布する。かねひら、かげきよ、ぐそく、はりめなどの呼称はアカマツカサ類の混称。学名は Myripristis berndti 発音 〈標ア〉カ²

あか-まつげ【赤睫】〘名〙薄茶色のまつ毛。＊浮世草子・好色産毛(1695頃)一・二「目もと下(ひく)き鼻にひっそうて、赤まつ毛(ゲ)まばらに、一代歯がすみとらぬとみゆる歯黒ところはげて」

あかまつ-こばん【赤松小判】〘名〙室町時代に、播磨国(兵庫県)で赤松氏が鋳造したものと一部伝えられていた小判。実際は江戸中期以後、好事家を目あてに民間の飾り職が作ったもの。

あか-まつち【赤真土】〘名〙赤色を帯びた真土。砂真土、黒真土などとともに、耕作に適した良質の土をいう。＊地方凡例録(1794)二「赤真土、砂土麦、菜によし」

あか-まつり【赤祭】〘名〙二月一五日(陰暦正月一四日)に愛知県豊橋市の安久美神戸(あぐみかんべ)神明社で行なわれる祭。吉田の鬼祭。豊橋鬼祭。《季・新年》＊風俗画報-二二四号(1901)諸国正月行事「参河国豊橋にて旧暦正月十三日の神明祭に行う儀式あり。俗に赤祭と云う」 発音 〈標ア〉マ

あか-まな【赤真魚】〘名〙「あかおまな(赤御真魚)」に同じ。＊御湯殿上日記-明応二年(1493)八月二五日「たけ田まいらするとて、すへよりあかまなまいる」＊ロドリゲス日本大文典(1604-08)「Acamana(アカマナ)、すなわち、サケ」

あか-まなこ【赤眼】〘名〙赤みを帯びた目。＊浮世草子・新可笑記(1688)二・四「ちぢみかしらの赤眼(アカマナコ)、其出立今もわすれずと」

あかま-ふなばり【淦間船梁・淦間船張】〘名〙和船の部材名称。淦間に渡した船梁のこと。通常の弁才船や関船では、上、中、下(かじき)の三本を渡すが、北前型弁才船では中、下を兼用した肋骨(ろっこつ)風の一材で代用する。

あか-まぶれ【垢塗】〘名〙(形動)垢によごれているさま。あかまみれ。＊小鳥の巣(1910)〈鈴木三重吉〉上・九「一人の子は、時々垢まぶれになった膝頭の上をがしりがしりと掻く」

あか-まみれ【垢塗】〘名〙(形動)垢にまみれること。垢だらけになること。また、そのさま。あかまぶれ。＊茶話(1915-30)〈薄田泣菫〉牧師の杖「乞食は垢塗(アカマミ)れの手で、其の杖(ステッキ)に触らうとした」 発音 〈標ア〉マ

あか-まめ【赤豆】〘名〙大豆の一品種。粒は丸く小さく、赤あずきのように暗褐色を帯びたものをいう。＊色葉字類抄(1177-81)「満豆 アカマメ」＊俳諧・六百番誹諧発句合(1677)一二番「赤豆にそこあめつらしきはりつつみ〈宗旦〉」＊改正増補和英語林集成(1886)「Akamame アカマメ〈訳〉赤褐色の豆」 方言 植物。❶うしころし(牛殺)。山口県厚狭郡799 ❷(熟するとさやが赤くなるところから)ふたばはぎ(二葉萩)。長野県北佐久郡485 ❸やぶこうじ(藪柑子)。小児語。山口県厚狭郡799 ❹あずき(小豆)。大分県一部030 ◇あかまあみい 沖縄県首里「あかまーみーうぶん(小豆入りの赤飯)」993 ◇あがまみ・あかまあみ・あかまみ 沖縄県石垣島996 ◇あがまみ 沖縄県鳩間島996 ◇ああまみ 鹿児島県与論島965 ◇はあまみ 沖縄県竹富島996 発音 〈標ア〉〇 辞書 色葉 表記 満豆(色)

あかま-る【赤丸】〘名〙①赤い色を使って描いた丸。②火事をいう、盗人仲間の隠語。〔日本隠語集(1892)〕 方言 林業ことば。杉材の中心に近い赤みのある部分。奈良県吉野郡683

あか-ま・る【赤―】〘自ラ四〙物が赤くなる。赤みを帯びる。 方言 赤面する。恥じらう。また、困る。新潟県佐渡352 辞書 言海

あか-まんすい【赤―】〘名〙ニンジンをいう隠語。てりまんすい。〔日本隠語集(1892)〕

あか-まんぼう【赤翻車魚】〘名〙アカマンボウ科の海魚。全長二㍍に達する。体は著しく側扁した楕円形で、背びれの先は長く伸びる。体色は背が赤紫色で、腹に向かうにつれて赤みを増す。肉は淡赤色。マグロ延縄(はえなわ)漁で漁獲され、食用にする。世界中の暖海域の外洋に広く分布する。まんだい。学名は Lampris guttatus 発音 アカマンボー 〈標ア〉マ

あか-まんま【赤―】〘名〙 方言 血。幼児語。茨城県188 195 栃木県198 千葉県201 267 ◇あかまま 茨城県062 ◇あかめんめ 富山県西礪波郡400 ◇あかま・あかも 山形県139

あか-まんま【赤飯】〘名〙(「あかまま」とも)植物「いぬたで(犬蓼)」の異名。＊中野重治詩集(1935)〈中野重治〉二・歌「お前は赤ままの花やとんぼの羽根を歌ふな」方言❶赤飯。小豆飯。おこわ。千葉県270 287 ◇**あかまま** 新潟県佐渡(幼児語)352 福井県敦賀郡443 大飯郡447 岡山県苫田郡749 熊本県阿蘇郡・八代郡919 ◇**あかいまんま** 山形県南部139 長野県下伊那郡492 ◇**あかいまま** 山形県139 ◇**あげまま** 山形県庄内139 ◇**あかまい** 沖縄県宮古島975 ◇**あかめえ** 沖縄県島尻郡975 ◇**あかんぼん** 沖縄県石垣島975 ◇**ああうばん** 鹿児島県徳之島975 ◇**はあまいぬいい** 沖縄県竹富島996 ◇**はあまみみし** 鹿児島県奄美大島974 ❷小豆の煮汁とうるちを混ぜて煮た飯。◇**あかまま** 奈良県678 ❸食紅や赤こうじなどで赤く色をつけて炊いた御飯。◇**あかうぶん** 沖縄県首里993 ❹米飯。◇**あげえみし** 岩手県九戸郡088 ❺植物、いぬたで(犬蓼)。◇**あげまま** 山形県庄内139 ◇**あかのまま** 新潟市964 鹿児島県始良郡965 ◇**あかままぐさ**〔―草〕富山県390 ❻植物、おおたで(大蓼)。◇**あかのまんま** 神奈川県横浜市054 ❼植物、ままこのしりぬぐい(継子尻拭)。◇**あかのまま** 山口県厚狭郡799 ❽植物、みずひき(水引)。◇**あかのごはん**〔赤御飯〕神奈川県横浜市054

あか-み【赤見】〘名〙方言 ⇩あかみまい(赤見舞) 発音〈標ア〉マ1

あか-み【赤身】〘名〙①動物の肉の赤い部分。赤い身。↔白身。＊小鳥の巣(1910)〈鈴木三重吉〉上・一五「毛がすっかり剝げ抜けて、赤身の出たよぼよぼの雌犬がゐたのを」＊朝の悲しみ(1969)〈清岡卓行〉四「魚は、白身が好きで、赤身が嫌い」②木材の中心の赤みを帯びた部分。心材。↔しらた。＊小学読本(1874)〈榊原・那珂・稲垣〉三「杉は材赤きを、赤みと称へてこれを重ず」③果実の肉の赤い部分(日葡辞書(1603-04))。方言❶けがをして切り傷をしたところ。新潟県佐渡351 ◇**あかみどこ**〔―所〕新潟県上越市382 ❷杉などの中心部分の赤みを帯びた部分。◇**あかび** 秋田県鹿角郡132 発音〈なまり〉アカービ〔秋田鹿角〕〈標ア〉0〈京ア〉0/0 辞書 日葡・〈ボン〉・言海 表記 赤(へ) 赤身(言)

あか-み【赤味】〘名〙(「み」は接尾語。「味」はあて字)ある色に加わる赤色の要素や度合。赤色の加わった色の具合。＊日葡辞書(1603-04)「ハレモノ ナドニ acamiga(アカミガ) サス」＊暴風(1907)〈国木田独歩〉一・六「礼子は少し上気(のぼ)せてぽっと紅味(アカミ)を帯びた美しい顔を暫時傾(かしげ)て居たが」＊兵隊の宿(1915)〈上司小剣〉一「赤味の勝った細い比翼指輪」＊西方の国(1973)〈高橋たか子〉「傾いていた陽が、ふいに赤みを増したように思われた」方言❶小魚の大群で海面が赤く見えるもの。東京都新島322 大島326 静岡県520 521 愛知県知多郡570 三重県054 585 599 和歌山県693 島根県益田市725 愛媛県温泉郡054 大分県北海部郡054 宮崎県児湯郡054 ❷鮪(まぐろ)の群れ。宮城県亘理郡054 ❸鰹(かつお)の群れ。◇**あかみむれ**〔―群〕静岡県榛原郡521 発音〈標ア〉0〈京ア〉0 辞書 日葡・〈ボン〉 表記 赤(へ)

あか-み【赤実】〘名〙方言植物。❶もっこく(木斛)。伊豆八丈島†072 東京都八丈島008 339 ❷いちい(一位)。長野県469 ❸がまずみ(莢蒾)。山口県厚狭郡799

あ-が-み【吾身】〘代名〙対称。女性が下位の者に対して用いる。おまえ。あなた。そなた。＊浮世草子・好色床談義(1689)一・密夫の好色「みづからはあまりあつうて何とやらん心わるし。あがみたちはたまたまの事なるあいだ、すむまで見ておじゃ」＊男重宝記(元祿六年)(1693)五・二「京(きゃう)の詞(ことば)にそなたといふ事をあがみといふ。吾身(アガミ)と書なり。人をしたしみたる詞(ことば)なり」＊物類称呼(1775)五「他(ひと)をさしていふ詞に、畿内にて、吾身(アガミ)といふ」方言❶自称。私。おれ。◇**あがめ** 奈良県吉野郡683 ❷対称。あなた。君。お前。三重県志摩郡(尊敬の意を含む)584 度会郡(年長者に対して用いる)599 ◇**あがめ** 三重県度会郡599 ◇**あがん** 三重県志摩郡586

あかみ-がか・る【赤味掛】〘自ラ五(四)〙全体に赤い色が少し加わる。赤色、または赤茶色を帯びる。＊真景累ケ淵(1869頃)〈三遊亭円朝〉一六「其の腫物(できもの)が段段腫上(はれあが)って来ると、紫色に少し赤味がかって、爛(ただ)れて膿(うみ)がジクジク出ます」＊青年(1910-11)〈森鷗外〉七「少し赤(アカ)み掛(が)かった、たっぷりある八字髭が、油気なしに上向に捩ぢ上げてある」発音アカミガカル〈標ア〉カ2

あかみ-ざい【赤身材・赤味材】〘名〙樹心に近い部分から製材した、赤色を帯びた木材。杉など針葉樹に見られ、木質の細胞が枯死状態になったもので、虫害・菌害に対する抵抗力がある。

あかみ-じょうご【赤上戸】〘名〙酒を飲むと、すぐに酔って顔が赤くなる人。色上戸。色み上戸。＊酒食論(室町)「あかみ上戸のかほつきは、酒のみとこそ覚えたれ」＊虎明本狂言・富士松(室町末-近世初)「身共があかみじゃうごをしりながら、かほのあかひがおかしひか」＊雲形本狂言・酒講式(室町末-近世初)「隠(かくし)ても、かくし甲斐なき赤(アカ)み上戸(ジャウゴ)は笑止の物なり」

あか-みず【赤―】〘名〙方言❶ただれて赤くなった口の端。島根県石見・隠岐島725 ❷魚、きじはた(雉羽太)。兵庫県016 ❸植物、うわばみそう(蟒草)。山形県139 鹿児島県964

あか-みず【淦水】〘名〙船体の結合部や損傷部などから浸入して船底にたまった水。あか。＊無人島漂流記(1798)「昼八ツ時分に、とも中棚戸立涯(きわ)より三尺斗も打さけ、あか水入出し候に付」

あか-みず【閼伽水】〘名〙仏前に供える水。あか。＊小右記-長和三年(1014)三月九日「赤令ㇾ汲ニ南泉水ㇾ給、先日証空闍梨云、御閼伽水料者」＊散木奇歌集(1128頃)釈教「時となく花のあか水むすぶての乾かぬまでもそなへつるかな」＊古今連談集(1444-48頃)中「其池の水にてほうひゃうの一てきを請させ給てあか水となして」＊仮名草子・尤双紙(1632)上・一四「しづかなる物のしなじな〈略〉あかつきあか水をむすぶをこなひ、下樋の水のをと苔に聞えて閑也」辞書 日葡

あか-みずき【赤水木】〘名〙①植物「たまみずき(玉水木)」の異名。②植物「あかみみずき(赤身水木)」の異名。方言植物、たまみずき(玉水木)。和歌山県690 発音〈標ア〉ミ

あか-みそ【赤味噌】〘名〙白豆に、麦こうじを混ぜてつくった赤茶色のみそ。味は辛口。からみそ。仙台みそ、江戸みそ、いなかみその類。↔しろみそ。＊俳諧・炭俵(1694)上「赤みその口を明(あけ)けりむめの花〈游刀〉」＊松翁道話(1814-46)一・上「汁は赤味噌の真黒なりの赤味噌のにほひが」＊破戒(1906)〈島崎藤村〉二一・一「煮立ったばか汁に」方言頭の鈍い人。和歌山県東牟婁郡690 発音〈標ア〉0〈京ア〉0 辞書 言海 表記 赤味噌(言)

あかみそ-じる【赤味噌汁】〘名〙赤みそに白みそをすり混ぜ、または、赤みそだけでつくったみそ汁。＊料理談合集-汁の部・加減の事(古事類苑・飲食三)「赤み曾汁。上あかみそ八分に、上白みそ二分にして」

あかみ-だ・つ【赤味立】〘自タ四〙赤い色が現われる。赤みが出る。葉や果物などが赤くなる。＊日葡辞書(1603-04)「Acamidachi, tçu(アカミダツ)〈訳〉赤くなる。多くは使われない」＊和英語林集成(初版)(1867)「Akamidachi, tsz, tta アカミダツ 立赤」辞書 日葡・〈ボン〉 表記 立赤(へ)

あか-みち【淦道】〘名〙和船の船体結合部がゆるみ、淦(船底にたまる水)がはいるようになったすき間のこと。あかのみち。＊廻船差配人へ披仰渡書「聊之風波にても痛船等に成、淦道出来致」

あかみとり【朱鳥】〘名〙(朱鳥を訓読したもの、または赤御鳥の意といわれる)飛鳥時代、天武天皇の代の年号。天武一五年(六八六)赤雉(あかきじ)の献上があって七月二〇日改元。同年九月九日、天皇の死去によって「持統」に代わる。しゅちょう。すちょう。発音〈標ア〉0

あかみ-の-いぬつげ【赤実犬黄楊】〘名〙モチノキ科の常緑低木。北海道・本州中北部の深山に生える。高さ一・五～三メートル。葉は長さ二～三センチメートルの長楕円形の革質で光沢があり、小枝に密に互生する。初夏、白い四弁花が咲く。果実は球形で赤く熟す。みやまくろそよご。あかつげ。学名は Ilex sugerokii var. brevipedunculata 発音アカミノイヌツゲ〈標ア〉ヌ

あかみ-の-き【赤実木】〘名〙植物「もっこく(木斛)」の異名。《季・夏》方言伊豆八丈島†072 東京都八丈島008 339

あかみ-ばし・る【赤味走】〘自ラ五(四)〙全体に赤みを帯びる。気味の悪いような赤さが現われる。＊浮世草子・好色一代女(1686)六・四「又上髭(うはひげ)ありて赤みはしり」＊婦系図(1907)〈泉鏡花〉後・一一「頬肉(ほほじし)ががっくりと落ち、小鼻が出て、窪んだ目が赤味走って」

あか-みまい【赤見舞】〘名〙方言お産見舞。群馬県多野郡246 ◇**あかみ** 新潟県岩船郡362 辞書 言海

あかみ-みずき【赤身水木】〘名〙アカネ科の常緑小高木。奄美大島以南の亜熱帯の山野に生える。葉は長楕円形で、長さ一〇～一五センチメートル、柄をもち対生する。夏、枝先に黄白色の小花を円錐形にたくさんつける。あかみずき。あかんば。あかみみず。あかぶらき。学名は Wendlandia formosana 発音〈標ア〉ミ2

あか-みりん【赤味醂】〘名〙白みりんに対して、赤みを帯びた普通のみりん。

あかみ-わた・る【赤渡】〘自ラ五(四)〙ある物全体が、赤くなる。あたり一面赤くなる。＊日葡辞書(1603-04)「Acamiuatari, ru, atta(アカミワタル)〈訳〉たとえば山や、一〇月の頃の林や、全体が赤い服を着た人など、あるものが全体に赤くなる、または赤い」＊あひゞき(1888)〈二葉亭四迷訳〉「或はそこに在りとある物総て一時に微笑したやうに、隈なくあかみわたって」辞書 日葡・〈ボン〉・言海 表記 赤渡(へ) 赤亘(言)

あか・む【赤】㊀〘自マ四〙赤くなる。赤みを帯びる。赤らむ。また、赤茶ける。＊書紀(720)皇極元年五月(図書寮本訓)「熟(アカメル)稲始めて見ゆ」＊宇津保(970-999頃)嵯峨院「九の君、おもてはあかみて、うちほほゑみ給て」＊枕(10C終)二四一・清水にこもりたりしに「清水にこもりたりしに、わざと御使して賜はせたりし、唐の紙のあかみたるに、草(さう)にて」＊源氏(1001-14頃)宿木「折り給へる花を扇にうち置きて、見居給へるやうやうあかみもて行くも」＊日葡辞書(1603-04)「Acami, u(アカム)」㊁〘他マ下二〙⇩あかめる(赤)。方言❶金や石が赤熱する。◇**あこむ**とも。和歌山県東牟婁郡690 ❷熟す。熟れる。愛知県知多郡570 704 発音〈なまり〉ヤカム〔南知多〕辞書 色葉・名義・文明・日葡・言海 表記 皾(色・名) 赭(文) 赤(言)

あが・む【崇】〘他マ下二〙⇩あがめる(崇)

あか-むき【赤剝】〘名〙〘形動〙皮膚などがすりむけて、赤はだになっていること。また、転じて、ものごとを隠さず、はっきり見せるさま。あからさま。あかむけ。＊夜航余話(1836)下「ひらたく赤むきに打出して、放逸無慙を憚らず」発音〈標ア〉0

あか-むけ【赤剝】〘名〙皮膚などがすりむけて、赤はだになること。また、そうなった部分。転じて、ものごとを隠さず、はっきり見せるさま。あかむき。＊竹沢先生と云ふ人(1924-25)〈長与善郎〉竹沢先生東京を去る・三「自然はその赤むけになったなまの膚を草や苔をもって蔽ひ隠さうとする」＊百鬼園随筆(1933)〈内田百閒〉蜻蛉玉「私は、ぞっとするような気持で、赤剝けになった球を摘むのもいやだった」方言❶皮膚などがすり

むけて、赤肌になること。また、その部分。 ◇あかむげ 岡山県児島郡763 ◇あかむくれ 岩手県気仙郡100 宮城県石巻120 山形県139 ❷雀(すずめ)などの雛(ひな)で、羽毛のまだ生えそろわないもの。 ◇あかむくれとも。 長野県上伊那郡469 発音〈標ア〉0 〈京ア〉⓪

あか-むし【赤虫】〘名〙①多毛類ビクイソメ科の海産環形動物。体は濃い橙紅色で長さ約八〇センチメートル。本州中部、瀬戸内海の砂泥地にすみ、マダイの釣り餌として珍重される。日本固有種。学名は Halla okudai ②ハエ(双翅)目に属するオオユスリカ、アカムシユスリカの幼虫の俗称。淡水の泥中にすみ、釣り餌、金魚の餌とされる。体液中にヘモグロビンがあるので赤い。*さい果て(1964-71)〈津村節子〉四「ミジンコか赤虫がいいんだがね」 ③ツツガムシ科に属するダニ類の俗称。成虫は赤色で一～二ミリメートル、胴が真ん中でくびれて数字「8」の字形になっている。*神道集(1358頃)二一・六「九百九十九人の后達は、追て来り給へとも無ㇾ曲赤虫と云へる虫に成り、払ひ捨てられ」 *流人島にて(1953)〈武田泰淳〉「赤虫(知らぬまに皮膚に喰ひ込む、目に見えぬほど微小な虫)よけに、メンソレタームを首すぢや掌の甲へ塗る」 ④火、または火事をいう、不良仲間の隠語。〔隠語全集(1952)〕 方言❶虫、あぶらむし(油虫)。 愛媛県840 高知県863 ❷火事をいう隠語。 山形県139 ❸卵からかえったばかりの雛(ひな)。 山形県北村山郡139 発音〈標ア〉カ

あかむし 這(は)う 火事が起こることをいう、盗人仲間の隠語。〔隠語輯覧(1915)〕

あか-むし【赤蒸】〘名〙小豆を煮汁と一緒にもち米に混ぜて蒸した飯。赤飯(せきはん)。*随筆・癇癖談(1791か)下「唐きびもち、あかむしの切目だかなるにも、おま路のつちかぜやかづくうむ」

あか-むしゃ【赤武者・朱武者】〘名〙赤色の装束をつけている武者。*信長公記(1598)首「大刀朱ざやをささせられ、悉く朱武者に仰付けられ」 *信長公記(1598)八「五月廿一日〈略〉三番に西上野小幡一党、赤武者にて入替り懸り来る」

あか-むしよけぎく【赤除虫菊】〘名〙「あかばなむしよけぎく(紅花除虫菊)」に同じ。

あか-むつ【赤鯥】〘名〙①スズキ科の海魚。赤橙色で、全長約三〇センチメートルになる。目が大きく、口の中が黒い。本州中部以南の沖合いにすむ。食用。あかもつ。のどぐろ。学名は Doederleinia berycoides ②コイ科の淡水魚カワムツの俗称。繁殖期に体色が赤くなることからいう。雌雄とも赤くなるが雄の方が特に著しい。*重訂本草綱目啓蒙(1847)四〇・魚「石鮅魚〈略〉上下の鰭色赤くなれるを てりむつと呼又あかむつ 江州、こけむつ 同上、と云」 方言魚。❶おいかわ(追河)。 勢州土師†030 ❷川鯥(かわむつ)の雄。 岐阜県加茂郡016 滋賀県016 岡山県真庭郡016 発音〈標ア〉0

あがむもの-の-つかさ【贓贖司】〘名〙「あがものつかさ(贓贖司)」に同じ。

あか-むらさき【赤紫】〘名〙赤みを帯びた紫色。明るい紫色。あさむらさき。律令制時代に定められた朝服の色では、ふかむらさき(深紫、黒紫)に次ぐ色とされた。*続日本紀-大宝元年(701)三月甲午「又服制。親王四品已上、諸王諸臣一位者皆黒紫。諸王二位以下、諸臣三位以上者皆赤紫」 *書紀(720)持統四年四月「其の朝服(みかどころも)は〈略〉広肆より已上には赤紫、正の八級には赤紫」 *源氏(1001-14頃)絵合「かむ屋紙に唐の綺を陪して、あかむらさきの表紙、紫檀の軸、世の常のよそひなり」 発音〈標ア〉ラ 〈京ア〉ム

あか-むろ【赤鰘】〘名〙方言魚、はなむろ(花鰘)。 熊野†030 三重県熊野市016 和歌山県694 高知県865

あか-め【赤女】〘名〙「たい(鯛)」の古称。*書紀(720)神代下(水戸本訓)「唯、赤女(アカメ)〈赤女は鯛魚(たひ)の名なり〉、比(このごろ)口の疾(やまひ)有りて来(まうこ)ず」 方言魚、れんこだい(連子鯛)。 京都府舞鶴市016 語源説(1)アカミ(赤肉)の転〔日本古語大辞典=松岡静雄〕。(2)目が赤いことから〔日本語源=賀茂百樹〕。(3)メはムレの反。アカメ(丹群)の義〔言元梯〕。 辞書言海 表記赤女(言)

あか-め【赤目】〘名〙㊀赤い目。①疲れや病気などのため、結膜が充血して赤くなった目。ただれ目。*ガトフ・フセグダア(1928)〈岩藤雪夫〉四「塩からリンチで赤目にされた磯野はコック部屋から鰹節を五六本くすね損ってシチャードに殴られたりした」 ②眼球の虹彩(こうさい)および脈絡膜(みゃくらくまく)の色素の欠乏や欠損によって眼底の血液が透けて赤くみえる目。白うさぎ、白ねずみ等、またアルビノの動物の目に見られる。*東京風俗志(1899-1902)〈平出鏗二郎〉下・二・動物の飼養「兎の如きは赤眼(アカメ)の雄を賞し、一疋五十円より百円を価するに至りしことあり」 ③「あかんべい」に同じ。 ④両眼に血筋を現わすこと。また、その血走った目。怒ってにらみつけた目にいう。→赤目釣る・赤目引っぱる。*蓼喰ふ虫(1928-29)〈谷崎潤一郎〉一一「此処の人形は眼玉が盛んに活躍する、立役のなぞは左右に動くばかりでなく、上下にも動き、赤眼を出したり青眼を吊ったりする」 ㊁魚。①アカメ科の海魚。体長約一メートル。体は青黒色で下方が淡く、眼の瞳孔が赤いのでこの名がある。頭部と体側に黒斑がある。体高が高く強く側扁する。吻(ふん)はとがり、口は大きい。日本特産種で和歌山県、高知県、宮崎県の汽水域を中心とした沿岸にすみ、幼魚は高知県四万十川、宮崎県大淀川に入る。肉食魚。釣魚で若魚は美味だが、生息数が非常に少ない。学名は Lates japonicus ②魚「めなだ(目奈陀)」の異名。眼の虹彩の部分が黄赤色を呈しているので、白色を呈するボラに対していう。*読本・椿説弓張月(1807-11)残・六七回「わが浦人は、世々の国王へ、供御(くご)の赤目魚(アカメ)を献(まゐ)らしたるに」 *重訂本草綱目啓蒙(1847)四〇・魚「鯔〈略〉一種しくちぼらあり〈略〉あかめ 加州、めなだ 江戸」 ③魚「ひがい(鰉)」の異名。産卵期の雄は特に虹彩の部分が赤くなる。 ④漢名「鱒」に当て、マスの異名とするが誤訳か。漢名の鱒は日本のマスではなく、眼球の虹彩の部分がやや赤みを帯びるコイ科の魚カワアカメをさす。《季・春》*重訂本草綱目啓蒙(1847)四〇・魚「鱒魚 あかうを〈略〉あかめ〈略〉これ かはますなり」 方言❶結膜炎。 青森県三戸郡083 ❷ただれ目。また、その病気の人。 ◇あかめたんだえとも。 鹿児島県鹿児島郡968 ❸あかんべい。また、そうしながら言う語。 岩手県南部097 098 102 秋田県鹿角郡132 山形県北村山郡144 西置賜郡152 福島県相馬郡161 新潟県361 382 福井県431 岐阜県飛驒502 高知県860 ◇あかあめ 岩手県気仙郡100 宮城県仙台市121 ◇あかあめん 島根県鹿足郡・江津市725 ◇あかしゃこべえ 大分県南海部郡938 ◇あかすかべ 島根県大原郡・能義郡725 ◇あかすこべ 島根県石見725 ◇あかちゃかめえ 新潟県361 ◇あかちゃこべっちゃこ 熊本県下益城郡930 ◇あかちょかべえ 長崎県南高来郡904 ◇あかちょこべ 島根県石見725 宮崎県東諸県郡954 ◇あかちょこべえ 広島県高田郡779 山口県大島052 大分県中部938 ◇あかひこべ 宮崎県都城956 ◇あかひこべっとこしゃあれ 島根県邑智郡725 ◇あかびゃあろ 鳥取県西伯郡712 ◇あかべえ 島根県石見・隠岐島725 岡山県苫田郡749 高知県860 ◇あがべえ 和歌山県691 ◇あかべえちょこべえ 山口県大島052 ◇あかべえっちょ 長崎県南高来郡904 ◇あかべえろ 鳥取県西伯郡712 ◇あかべこ 和歌山県有田郡・伊都郡690 ◇あかべのちゃこ 和歌山県日高郡690 ◇あかべのちゃのこ 三重県北牟婁郡588 ◇あかべろん 長野県上伊那郡488 ◇あかめえ 岩手県上閉伊郡098 新潟県佐渡352 岐阜県飛驒502 ◇あかめえん 長野県上伊那郡488 ◇あかめこちゃんり 新潟県361 ◇あかめったい 青森県南部085 岩手県二戸郡040 ◇あかめて 青森県上北郡082 ◇あかめてぁ 宮城県石巻120 秋田県仙北郡136 ◇あかめのちょん 新潟県佐渡352 ◇あかめろん 長野県上伊那郡488 ◇あかめん 島根県鹿足郡・那賀郡725 ◇あかんぺ 山形県置賜139 島根県隠岐島725 ◇あかんべくしょ 埼玉県北葛飾郡258 ◇あかんべっとう 千葉県香取郡267 ◇あかんべろ 新潟県373 東蒲原郡368 ◇あかんめろん・めろんかん 長野県南佐久郡054 ❹舌を出して相手をばかにしたり拒否したりすること。また、その時に言う語。 ◇あかべえ 香川県大川郡(幼児語)829 ❺嫌だ、まっぴら御免の意で言う語。 岩手県気仙郡100 福島県北部・浜通155 福井市428 ◇あかしゃこにろべえ・あかしゃこべえ 大分県南海部郡939 ◇あかちゃかべえろ 愛媛県松山846 ◇あかちょこべえ 福岡市879 ◇あかべえ 三重県北牟婁郡588 ◇あかべっとしょいのみ 高知県長岡郡869 ◇あかめしょっぱい 山形県139 ◇あかめたえ 宮城県石巻120 山形県東置賜郡・村山139 福島県相馬郡161 ◇あかめたえたえ 山形県北村山郡139 ◇あかめたぐれ 青森県三戸郡083 ◇あかめったい 青森県南部085 福島県北部・浜通155 ◇あかめて 宮城県仙台市121 ◇あかんべろ 石川県江沼郡424 岐阜県吉城郡498 ❻嫌な男を断る時に女性がする口唇の動作。 ◇あかちゃかべえろ 熊本県918 ❼あかんべいをして脅しかる時に言う語。 ◇あかめえ 島根県美濃郡・益田市725 ❽魚、めなだ(目奈陀)。 尾張†099 西国†035 岡山県763 764 香川県木田郡・三豊郡829 熊本県玉名郡926 ❾魚、ひがい(鰉)。 愛知県豊橋市・犬山市016 ❿魚、おいかわ(追河)。 栃木県下都賀郡198 発音〈なまり〉→あかんべい。〈標ア〉0 〈京ア〉⓪ 辞書和玉・言海 表記瞸(玉) 赤目(言)

あかめ 釣(つ)る ①(血走った目をつりあげる意から)怒って相手をにらみつける。*浄瑠璃・大内裏大友真鳥(1725)三「言ひ込められて、しかなの獅子丸、あか眼釣(つっ)てぞ尻込みす」 ②顔を赤らめる。赤面する。あかめをはる。*日葡辞書(1603-04)「ヲモテヲ アカムル 又は acameuo tçuru (アカメヲ ツル)〈訳〉はずかしい、またははずかしさで赤くなる」 方言目をつり上げていがみ合う。 京都†112 大阪市638 ◇あかめつりやう〔─合〕 和歌山市691 辞書日葡

あかめ 引(ひ)っぱる (目を血走らせることから)ひどく興奮する。やっきになる。*滑稽本・風来六部集(1780)天狗髑髏鑒定縁起「腹へはいる薬は、人命の存亡(いきしに)にあづかれば、聞かぬまでも赤目引っぱり」

あかめ を 張(は)る 顔を赤らめる。赤面する。*日葡辞書(1603-04)「シモでは(顔を赤らめることを)同様に acameuo faru (アカメヲ ハル)と言う」 方言❶血眼になる。物事に熱中して一所懸命になる。 山梨県南巨摩郡463 ❷あかんべいをする。 ◇あかめはる 岩手県気仙郡100 ❸虚勢を張る。 ◇あかめはる 青森県三戸郡083 辞書日葡

あか-め【赤芽】〘名〙①植物の赤色を帯びた新芽。 ②サトイモの栽培品種。早生種で、葉柄は緑紫色を帯び、親芋、子芋ともに大形。甘味に富み、収量も多く、広く栽培されている。芽が赤いので、この名がある。あかめいも。*多聞院日記-元亀二年(1571)六月二一日「あかめ二升ヲ買ニ遣之ニ」 ③植物「ねじき(綟木)」の異名。*重訂本草綱目啓蒙(1847)三一・喬木「綟木 ねぢき〈略〉あかめ」 ④植物「かなめもち(要黐)」の異名。 ⑤植物「あかめがしわ(赤芽柏)」の異名。 ⑥植物「あかがし(赤樫)」の異名。 ⑦植物「あかね(茜)」の異名。 方言植物。❶のいばら(野茨)。また、やぶいばら(藪茨)。 ◇あかめばら〔─荊棘〕とも。 徳島県美馬郡808 高知県808 ❷もっこく(木斛)。 東京都八丈島339 ❸あかめがしわ(赤芽柏)。 ◇あかめのき〔─木〕 千葉県036 新潟県佐渡358 石川県能登036 福井県敦賀036 静岡県伊豆036 和歌山県036 ◇あかめんぼお 山梨県南巨摩郡036 ❹かなめもち(要黐)。 和歌山県692 ◇あかめがしわ

〔ー柏〕・あかめがし・あかめもち〔ー黐〕 静岡県524

あかめ-あ・う【赤合】〘他ワ五（ハ四）〙①双方が互いに顔を赤らめる。＊雑俳・柳多留-五（1770）「一生の顔を目出たくあかめ合」②怒りのために互いに顔を赤くして向かいあう。＊和英語林集成（再版）（1872）「Akameatte（アカメアッテ）アラソウ」＊能因法師（1915）〈岡本綺堂〉「まあ、両方でさう赤め合っても仕方があるまい」 辞書〈ボン〉 発音〈標ア〉0

あがめ-あお・ぐ【崇仰】〘他ガ四〙尊び敬う。＊大唐西域記巻十二平安中期点（950頃）「遠近宗仰（アカメアフキ）、上下祇しみ懼る」

あかめ-いも【赤芽芋】〘名〙「あかめ（赤芽）②」に同じ。方言植物、さといも（里芋）の一品種。山口県厚狭郡799 高知県一部030 発音〈標ア〉0〈京ア〉0/メ

あかめ-うお【赤目魚】〘名〙魚「めなだ（目奈陀）」の異名。目が赤みを帯びているのでいう。＊箋注和名抄（1827）八「鯔〈略〉漁人或呼二赤目一、神代紀赤目魚即是」

あがめ-うやま・う【崇敬】〘他ワ五（ハ四）〙相手を高いものと認め敬意を表わす。崇敬する。＊コンテムツスムンヂ（捨世録）（1596）四・一七「ヲンミノ agame uyamaitamaixi（アガメ ウヤマイタマイシ）ゴヲンヲ ヲモンジタマイタル ヲン ココロノ カリダアデ」

あかめ-がし【赤芽—】〘名〙方言⇨あかめ（赤芽）

あがめ-かしず・く【崇傅】〘他カ四〙たいせつに世話をする。かしずきあがむ。＊源氏（1001-14頃）夕霧「なほ人のあがめかしづき給へらんに助けられてこそ、深き御心のかしこき御掟も、それにかかるべきものなり」＊百座法談（1110）六月一九日「太子はるかなる国にあがめかしづかれてゐたまへるをみつけて」

あかめ-がしわ【赤芽柏】〘名〙トウダイグサ科の落葉高木。本州・四国・九州の山野に生える。高さ約一〇メートルに達する。葉は卵形または円形で、先は二または三に浅裂し、枝とともに星状毛をもつ。新芽は紅赤色で若葉にも同色の毛が密生している。雌雄異株で、夏、黄色い小さな花が多く集まり咲く。材は淡紅色で器具の材料、床柱などに利用され、種子は赤色染料、樹皮は健胃薬、葉はれ物の外用薬とする。また、古代、葉を食物を盛るのに用いたという。あかがしわ。あかべ。あかめぎり。ごさいば。わからかしわ。しょうぐんぼく。学名は Mallotus japonicus《季・秋》＊俳諧・糸切歯（1762）七月「楸〈略〉樟は山州にてアカメ柏」＊物類称呼（1775）三「樟 あづさ、山城にてあかめがしはと云」＊重訂本草綱目啓蒙（1847）三一・喬木「梓 あづさ〈和名鈔〉あかめがしは 京〈略〉茎赤く互生す。其嫩芽甚赤して藜芽の如し。〈略〉故にあかめがしはと呼」 発音アカメガシワ〈標ア〉カ 辞書饅頭・言海 表記草麻（饅）赤芽柏（言）

あかめ-ぎり【赤芽桐】〘名〙植物「あかめがしわ（赤芽柏）」の異名。＊書言字考節用集（1717）六「頳桐 アカメキリ俗云唐桐」 辞書書言 表記頳桐（書）

あか-めし【赤飯】〘名〙「あずきめし（小豆飯）」に同じ。＊俳諧・類船集（1676）安「赤飯（アカメシ）〈略〉在郷には氏の祭に先赤飯をし、客人にもすすめ申」＊二人女房（1891）〈尾崎紅葉〉中・一「例規（さだめ）の立振舞として、一升炊（だき）の赤飯（アカメシ）に家奇（うちうち）の盃事」方言❶赤飯。小豆飯。◇あかみし 沖縄県宮古島975 ❷植物、いぬたで（犬蓼）。奈良県宇智郡683 発音〈標ア〉0

あかめ-だい【赤目鯛】〘名〙キントキダイ、グソクダイなど、体色の赤い魚の総称。＊御巫本日本紀私記（1428）神代下「赤女〈鯛 安加女太比〉」＊饅頭屋本節用集（室町末）「赤女鯛 アカメダイ」＊日葡辞書（1603-04）「Acamedai（アカメダイ）」＊語彙（1871-84）「あかめだひ 俗 えびすだひ うまぬすびと おきめばる 魚名、めばるに似て、目口大なり、小魚、全身紅色緑色の点あり」 発音〈標ア〉メ 辞書饅頭・日葡・言海 表記赤女鯛（饅）赤目鯛（言）

あがめ-たっと・む【崇尊】〘他マ四〙敬い重んずる。敬い大切にする。＊コンテムツスムンヂ（捨世録）（1596）四・一〇「デウス agame tattomare（アガメタットマレ）タマウベキタメニ ウケ タテマツルト コロザスコト モッパラナリ」＊滑稽本・浮世床（1813-23）初・下「知恵もねへ人が、金を持て大勢の人に崇（アガ）め尊（タット）まれてゐる」

あかめ-の-き【赤芽木】〘名〙植物「ねじき（綟木）」の異名。〔語彙（1871-84）〕

あか-めばる【赤眼張】〘名〙フサカサゴ科の海魚の一種メバルで、特に体色の赤みの強いものをいう。《季・春》＊俳諧・二葉集（1679）「やく匂ひ明石の浦の赤めばる 神鳴殿も落る精進〈道寸〉」方言魚。❶めばる（目張）。香川県直島829 ❷かさご（笠子）。兵庫県016 香川県大川郡・三豊郡829 発音〈標ア〉メ

あかめ-ふぐ【赤目河豚】〘名〙フグ科の海魚。体の背部は赤みがあり、小黒点が散在。眼球の虹彩（こうさい）は赤黄色。体表に小棘がなく円滑である。体長約三〇センチメートルに達する。本州中部の太平洋沿岸だけに知られる。卵巣、肝臓、皮膚に強い毒があるほか、腸にも毒性がある。精巣と肉は無毒だが、ほとんど食用にしない。学名は Takifugu chrysops《季・冬》＊重訂本草綱目啓蒙（1847）四〇・魚「河豚〈略〉一種あかめふぐは一名どくふぐ 筑前」方言魚、しょうさいふぐ（潮際河豚）。香川県大川郡・三豊郡829 発音アカメフグ〈標ア〉フ

あかめ-まつ【赤芽松】〘名〙植物「あかまつ（赤松）①」の異名。方言長野県003 ◇あかほまつ 山梨県003

あかめ-まわ・る【赤廻】〘他ラ四〙まわり一帯を、赤い色に塗ったり染めたりする。＊寛永刊本蒙求抄（1638）七「赤眉（きひ）は漢の時、盗人が眉を赤めまはることあり」

アガメムノン（Agamemnōn）ギリシア神話の英雄。ミケーネの王で、トロイ戦争におけるギリシア軍の総大将。 発音〈標ア〉メ

あかめ-もち【赤芽黐】〘名〙植物「かなめもち（要黐）」の異名。《季・夏》

あかめ-やなぎ【赤芽柳】〘名〙植物「ふりそでやなぎ（振袖柳）」の俗称。

あか・める【赤】〘他マ下一〙文あか・む〘他マ下二〙①血流が増えたり充血することによって、顔や目を赤くする。赤らめる。＊落窪（10C後）一「いかに成りぬらんと思ひて、かほあかめてゐたり」＊今昔（1120頃か）四・一八「大象、目を赤め大口を開て走り懸（かかり）て犯人を踏敏（ふみころ）す」②金属を赤くなるまで加熱する。赤熱する。＊信長公記（1598）首「何程にかねをあかめてとらせたるぞ。元のごとくかねを焼き候へ」＊ガトフ・フセグダア（1928）〈岩藤雪夫〉二「赤焼（アカ）めたデレッキで撲らうとは何たるタクランゲ（馬鹿野郎）ぢゃ」 表記赤（へ・言） 発音〈標ア〉メ0〈京ア〉0 辞書日葡・ヘボン・言海

あが・める【崇】〘他マ下一〙文あが・む〘他マ下二〙①尊いものとして扱う。尊敬する。敬う。＊書紀（720）皇極三年正月（岩崎本訓）「敬（ゐや）び重（アカメ）たまふこと、特（こと）に異（け）なり」＊法華義疏長保四年点（1002）四「根縁に就て言（い）はば、必ず小を捨てて大を崇（アガムル）理有り」＊大鏡（12C前）三・師輔「この宮には仏法をさへあがめ給て」＊寛永刊本蒙求抄（1529頃）九「一定して中山王の孫とよく知ほどに漢皇とあがめて、正統にして中興せんとするぞ」＊尋常小学読本（1887）〈文部省〉五「かやうに、多くの人にあがめらるる天満宮は、如何なる神を祭れるぞ」＊がらくた博物館（1975）〈大庭みな子〉よろず修繕屋の妻「アヤは初めのうちこそ東大出の夫をあがめていたが」②寵愛する。だいじに扱う。大切にする。＊書紀（720）舒明即位前（北野本訓）「故に、汝（いまし）本より朕が心腹（こころ）為（た）り。愛寵（めぐみアガムル）情、比（たぐひ）を為（す）べからず」＊源氏（1001-14頃）総角「家にあがめきこゆる人こそなけれ、かく山ふかき御あたりなれば人に遠く物深くてならひ給へる心ちに」③言葉を、目上の人に対して用いるのにふさわしい、ていねいな言い方にする。＊天草本伊曾保（1593）山と杣人の事「『ヲノノエヲ イッポンクダサレバ イチゴノゴヲントゾンジョウズル』ト コトバヲ agame（アガメ）」方言もったいをつける。島根県隠岐島725 語源説(1)アは尊敬を示す語〔俚言集覧〕。(2)アガ（上）の活用語〔大言海〕。アゲ（上）の活用語〔言元梯・日本語源＝賀茂百樹〕。(3)アゲオガム（上拝）の約〔和句解・両京俚言考〕。(4)アゲミル（上見）の義〔名言通〕。(5)アカ（明神）・キラ（和光）・マス（増益）の反〔名語記〕。(6)アガはアゲア（上顕）の約〔国語本義〕。(7)アマガミ（天神）の転声か〔和語私臆鈔〕。 発音アガメル〈標ア〉メ〈京ア〉0 文『あがむ』アガム〈標ア〉ガ0〈ア史〉平安○○◓ 鎌倉『あがむる』○○○● 江戸『あがむる』●●○○〈京ア〉0 辞書色葉・名義・和玉・文明・伊京・饅頭・易林・日葡・書言・ヘボン・言海 表記崇（色・名・玉・文・饅・易・書・へ・言）宗・奉（色・名・玉）御（名・玉・伊）欽（色・名）寵（名・玉）祠・赦（色）廟（文）尊・上（書）

あか-も【赤裳】〘名〙赤い色の裳。＊万葉（8C後）一五・三六一〇「阿胡の浦に船乗りすらむ娘子（をとめ）らが安可毛（アカモ）の裾に潮満つらむか〈作者未詳〉」＊源氏（1001-14頃）真木柱「あかも垂れひきいにし姿を、と、憎げなる古言（ふること）なれど」＊梵舜本沙石集（1283）五末・七「饍所（ぜそ）の雑仕も赤裳をぞきると云句に大海老のからむきおける中にゐてとつけたりければ」

あか-も【赤藻】〘名〙「あかくさ（赤草）」に同じ。＊俳諧・糸切歯（1762）六月「凡池の面に浮たるものに俗赤藻（アカモ）赤草と云、六月に小白花を開く」

あか-もうせん【赤毛氈】〘名〙赤色の毛氈。緋毛氈。＊入江のほとり（1915）〈正宗白鳥〉五「子供の時分から見馴れてゐた赤毛氈（アカマウセン）を掛けた机が、以前の通りに壁際に据ゑられてあった」 発音アカモーセン〈標ア〉モセ

あか-もがさ【赤疱瘡】〘名〙はしかの古称。麻疹（ましん）。あかがさ。いなめがさ。＊扶桑略記（12C初）万寿二年「自レ夏及二秋季一、有二赤疱瘡一」＊栄花（1028-92頃）布引の滝「四五月ばかりよりあかもがさといふ事出で来て、世の人病むなど聞ゆるに」＊随筆・燕石雑志（1811）三・八「安永五年の夏、麻疹（アカモガサ）流行りて」 発音アカモガサ〈標ア〉モ 辞書言海 表記赤疱瘡（言）

あか-もく【赤藻屑】〘名〙褐藻類ホンダワラ科の海草。各地の干潮線より深い所で海底の岩などに付着する。褐色または黄褐色で長さ約四メートルに達し、多くの枝を分ける。茎は円柱状だが上部では稜（りょう）が四、五本ある。葉は長楕円形または、へら形、線形などで、へりに規則的な羽状の鋸歯（きょし）がある。ぎば。つぶなか。ほそめも。なかもく。学名は Sargassum horneri 発音〈標ア〉0

あか-もず【赤百舌・赤鵙】〘名〙モズ科の鳥。全長約二〇センチメートル。モズによく似ているが、背の色が赤茶色で美しい。アジア北部で繁殖し、南アジアで越冬する。日本では夏鳥として北海道・本州の中部以北で繁殖する。九州では、亜種シマアカモズが繁殖する。学名は Lanius cristatus 発音〈標ア〉0

あか-もつ【赤—】〘名〙「あかむつ（赤鯥）①」に同じ。〔語彙（1871-84）〕方言魚。❶おいかわ（追河）。岡山県御津郡764 ◇あかもち 広島県賀茂郡016 ❷川鯥（かわむつ）の雄。福井県足羽郡016 奈良県678 岡山市762

あ-が-もて【吾面】〘連語〙（「あがおもて」の変化した語）私の顔。＊万葉（8C後）二〇・四三六七「阿我

母弖(アガモテ)の忘れも時(しだ)は筑波嶺をふりさけ見つつ妹はしぬはね〈占部小龍〉」

あかもと『名』魚「かわむつ(川鯥)」の異名。＊物類称呼(1775)二「石鮅魚 おいかは〈略〉摂津にて、あかもとと云〈略〉赤もとと云は赤斑(あかまだら)の略なり」 方言 魚。❶おいかわ(追河)。摂津†020 紀州†030 兵庫県加古郡664 ❷川鯥(かわむつ)の雄。岐阜県郡上郡016 京都府016 兵庫県加西郡016 加古郡664

あか‐もとゆい【赤元結】『名』少女用の赤い結髪用のもとゆい。細くよった紙縒(こより)で作ったもの。他に少女用のもとゆいには白、黒のものがある。＊俳諧・八番日記‐文政二年(1819)二月「掃溜の赤元結や春の雨」

あか‐もの【赤物】『名』①ツツジ科の常緑小低木。日本各地の山地に生える。高さ一五～三〇センチメートル。葉は革質で、長さ一・五～三センチメートル、幅一～二センチメートルぐらいの広卵形で先がとがり、へりには細かい鋸歯(きょし)がある。夏、白いつりがね形の花が下向きに咲く。実は食用となる。紅色の実が桃の味に似ているため、「赤桃」といわれ、それが変化したものという。いわはぜ。学名は Gaultheria adenothrix ＊日本植物名彙(1884)〈松村任三〉「アカモノ」 ②タイ類やホウボウなど、外皮が赤く、肉が白みの魚。 方言 ❶おもちゃ。岩手県気仙郡102 ❷色の赤い魚の総称。和歌山県038 691 徳島県811 823 高知県土佐郡866 鹿児島県肝属郡970 発音〈標ア〉0

あが‐もの【贖物】『名』(「あが」は、動詞「あがう(贖)」の語幹。「あかもの」とも) ①祓(はら)いの具。身のけがれや、身にふりかかる災難などを、代わりに負わせて川などに流してやる装身具や調度。人形(ひとがた)。形代(かたしろ)。《季・夏》＊権記‐長保二年(1000)一二月二九日「除却之後。入二御簾中一、東廂南第三間設二御座一、供二御贖物一」＊建武年中行事(1334‐38頃)六月「けふより八日御あが物まゐる」＊言継卿記‐大永七年(1527)四月二〇日「次頭弁責子に候、束帯、御贖物を供、陪膳頭弁」 ②祓いの道具をいう女房詞。 ③罪過のつぐないとして出す物。特に、律令時代、犯罪人に対して、銅銭、稲、布などの物件を納付させて罪をあがなわせたこと。また、その物件。＊令義解(833)職員・贓贖司条「贓贖司。正一人。掌二〈略〉贓贖。〈謂、非理取レ財曰レ贓。倍贓亦同也。出レ金当レ罪曰レ贖。入レ公入レ私並同也。其諸国贖物。即入二当司一。以充レ修二理獄舎等一也〉闌遺雑物〈略〉事一」 語源説 (1)アガナヒモノの略〔日本語源＝賀茂百樹〕。(2)宮事、祭事に用いる灯明をいうアカモノ(明物)の義〔卯花園漫録〕。 発音 アガモノ〈音史〉古くは『あかもの』と清音らしい。〈標ア〉0 〈京ア〉0 辞書 色葉・言海 表記 贖(色・言)

あがもの‐の‐つかさ【贓贖司】『名』令制で、刑部省に属する官司の一つ。罪人の資財を没収し、罰金を収納し、遺失物などを保管して官物にすることなどをつかさどる。職員は正、佑、大少令史各一人、使部、直丁など。大同三年正月、刑部省に併合された。あかむもののつかさ。あがいもののつかさ。あがないもののつかさ。＊令義解(718)職員・贓贖司条「贓贖司 正一人。〈掌二簿斂。配没。贓贖。闌遺雑物事一〉」＊三代格‐四・大同三年(808)正月二〇日・詔「贓贖司併二刑部省一」

あがもの‐やく【贖物役】『名』鎌倉、室町幕府の職名の一つ。将軍家などで、病気平癒や安産の祈禱をするおり、刀剣、鏡、衣服、人形など、その人の身のまわりの品(撫物)を、人に代えて祈禱の場所まで送る、その使いをする者。撫物使(なでものづかい)。撫物役(なでものやく)。室町幕府においては、おおむね千秋氏がこの任にあたった。＊吾妻鏡‐安貞元年(1227)六月三〇日「於二御所寝殿南面一、被レ行二六月祓一之。晴賢奉二仕之一、石山侍従贖物役勤レ之、周防前司親実為二奉行一云々」

あか‐もも【赤桃】『名』①植物「つるこけもも(蔓苔桃)」の異名。〔改正増補和英語林集成(1886)〕 ②植物「もっこく(木斛)」の異名。 発音〈標ア〉0

あか‐もろこし【赤蜀黍】『名』 方言 植物、もろこし(蜀黍)。埼玉県一部030 神奈川県一部030 山梨県030 長野県一部030 静岡県一部030

あか‐もん【赤門】■一『名』①朱塗りの門。近世では将軍家から奥方を迎えた大名が建てた御守殿門(ごしゅでんもん)。＊銀の匙(1913‐15)〈中勘助〉前・二一「二三段石段をあがって千社ふだのべたべた貼りついた赤門をくぐれば右てに小さな閻魔堂があって」 ②光沢があってやや黄色みを帯びた印刷用の洋紙。はじめ輸入したイギリスの製品に赤い門の商標があったからという。また、はじめ神戸から輸入されたので神戸ともいう。＊新らしい言葉の字引(1918)〈服部嘉香・植原路郎〉「あかもん 米国製の上質西洋紙」 ③女性の陰部をいう隠語。＊いやな感じ(1960‐63)〈高見順〉二・六「誰だってアカ門(女陰)出だ」 ④裁判所をいう、不良仲間の隠語。〔隠語全集(1952)〕 ⑤(赤い鳥居があることから)稲荷をいう、盗人仲間の隠語。〔隠語構成様式幷其語集(1935)〕 ■二㊀東京大学本部の朱塗りの通用門。もと加賀藩前田家の御守殿門(ごしゅでんもん)。＊思出の記(1900‐01)〈徳富蘆花〉七・二「吾夢の赤門を潜ったのは、恐らく一朝夕の事ではあるまいと思ふ」＊雁(1911‐13)〈森鷗外〉一「或る時は大学の中を抜けて赤門(アカモン)に出る」 ㊁東京大学の俗称。＊社会百面相(1902)〈内田魯庵〉犬物語「何ぞといふと赤門の学士会のと同類の力を頼りにして威張たがる」＊火の柱(1904)〈木下尚江〉七・三「赤門にせよ、早稲田にせよ」 発音〈標ア〉0 〈京ア〉0

赤　門　■二㊀〈旧前田藩邸表門〉

あかもん‐で【赤門出】『名』東京大学の卒業者。東大出。＊久本氏(1907)〈真山青果〉一「『先生先生』とよろめきながら入って来たのは、木内と言う某新聞の二面記者で、赤門出の法学士である」 発音〈標ア〉0

あかもん‐は【赤門派】『名』①東京大学の出身者。また、その関係者。 ②明治文壇の一派。明治二八年(一八九五)創刊の東京帝国大学文科関係者による文学雑誌「帝国文学」誌上で活躍した、高山樗牛、大町桂月、姉崎嘲風、土井晩翠、上田敏ら赤門出の詩人や評論家たちを世人が呼んだもの。 発音〈標ア〉0

あかもん‐や【赤物屋・果物屋】『名』(「あかもん」は果物の意。俗に、野菜を青物と呼ぶのに対していう) 果物を売る店。＊夫婦善哉(1940)〈織田作之助〉「果物屋は良え商売やとふと思ふと、もう居ても立っても居られず、柳吉が浄瑠璃の稽古から帰って来ると、早速『果物(アカモン)屋をやれへんか』柳吉は乗気にならなかった」

あか‐や【赤児—】『名』(「や」は接尾語) 赤子。赤ん坊。＊少年行(1907)〈中村星湖〉六「一寸赤児(あか)やを見せておくれな」 方言 宮城県仙台市(下層社会)121

あか‐や【赤屋】『名』 方言 色好みの人。滋賀県蒲生郡612 京都市002

あかや『名』植物「じおう(地黄)」の古名。＊重訂本草綱目啓蒙(1847)一二・隰草「地黄〈略〉地黄に白矢赤矢の二品あり〈略〉赤矢は根肥大にして皮厚く、皺紋密ならずして疙瘩(いぼ)あり。下品とす」 発音〈標ア〉0

あか‐やいん『名』血や月経をいう、盗人仲間の隠語。〔日本隠語集(1892)〕

あか‐やか【赤—】『形動』(「やか」は接尾語) 赤色、または赤茶色を帯びているさま。＊諷誡京わらんべ(1886)〈坪内逍遙〉五「其人種の異なる為に、髪の毛赤(アカ)やかに縮れてるのみか、額広く面貌(かほ)円く」＊いさなとり(1891)〈幸田露伴〉三一「ほらほらと燃ゆる火の暎(うつ)りて顔赤やかに」

あかやか・す【陟】『他サ四』進め用いる、功ある者の官を進める、の意か。＊大唐西域記長寛元年点(1163)五「淑(よ)き匿(あ)しきを褒(あ)げ貶(くた)し、幽明なるは黜(しりぞ)け陟(アカヤカ)す」

あか‐やがら【赤矢柄・赤簳魚】『名』ヤガラ科の海魚。体は細長く体長約一・五メートル。長い管状の吻(ふん)をもち、その先端に口があり、小動物を吸い込むようにして食べる。尾びれの中央部の鰭条(きじょう)が長く糸状に伸びる。乾燥したものは漢方薬として用いられ、腎臓病の薬とする。本州中部以南の沖合いのやや深みにすむ。不味で食用にしない。太平洋、インド洋、大西洋に広く分布する。学名は Fistularia commersonii

あかやき『名』 方言 ❶はしか。沖縄県小浜島975 ❷虫、あぶらぜみ(油蟬)。埼玉県秩父郡251 ◇あかやし 兵庫県赤穂郡660

あか‐やけ【垢焼】『名』川底の石についているケイ藻が枯死して白茶けた色になったもの。

あか‐や・ける【赤焼】『自カ下一』日に焼けて赤茶色に変色する。＊南小泉村(1907‐09)〈真山青果〉三「茶飲仲間と言ふ今の婆様(ばあさん)は、渋紙のやうに顔の赤焦(アカヤ)けた、目のショボショボした」

あかや‐こ【赤谷湖】群馬県利根郡新治村にある人造湖。利根川支流の赤谷川中流に、相俣ダム建設後できた。北岸に猿ケ京温泉がある。 発音〈標ア〉ヤ

あか‐やしお【赤八入】『名』ツツジ科の落葉小高木。本州の福島県以南、四国及び九州の山地に生える。幹は高さ三メートルぐらいで、細かく枝分かれする。葉は枝先に五個、輪生状につき、楕円形で両端がとがり、縁毛があって長さ約二・五センチメートル。花は淡紅色で枝先に一個開き、腺毛の生えた柄がある。花冠は幅広い鐘形で五裂し、径約五センチメートルになる。アケボノツツジによく似ている。あかぎつつじ。けあけぼの。あかのききょうつつじ。学名は Rhododendron pentaphyllum var. nikoense 発音〈標ア〉ヤ

あか‐やすで【赤馬陸】『名』ヤケヤスデ科の節足動物。体長約二・五センチメートル、幅約二～二・五ミリメートル。体色は暗褐色ないし黒色。足と体側は黄色。関東地方以西および四国の森林原野の落葉の下などにすむ。学名は Nedyopus tambanus 発音〈標ア〉ヤ

あか‐やっこ【赤奴】『名』赤面(あかづら)で赤い着物を着た伊達奴(だてやっこ)。＊常磐津・紅葉傘糸錦色木(善知鳥)(1778)上「さしもゆゆしき御大将、〈略〉後に附添ふ赤奴(アカヤッコ)、染むる梢に色添へて」＊歌舞伎・四天王産湯玉川(1818)四立「『エエコレ、折角頼光に、けちを付けようとした仕事を、赤奴(アカヤッコ)め』『言ひ分があるか』」

あか‐やまたけ【赤山茸】『名』担子菌類アカヤマタケ科の食用キノコ。夏から秋に各地の林に群生する。かさは一・五～三・五センチメートルの円錐形で先がとがり、赤または橙黄色。肉は赤または橙黄色を帯び、傷口は黒変する。学名は Hygrocybe conica 発音〈標ア〉マ

あか‐ゆ【赤湯】『名』地下の諸種の鉱物成分を含んだ赤褐色の温水。＊梅津政景日記‐慶長一七年(1612)五月二日「鉛山より出候あかゆは、鉛のたまりに罷成候」

あか‐ゆ【淦湯】『名』船底にたまった水。あか。ふなゆ。ゆ。＊幸若・笈さかし(室町末‐近世初)「ふなそこにおりたって、あかゆをなりともかへ給へ」

あが‐ゆい【上】『動』 方言 ⇩あがる(上)

あか‐ゆうたい【赤郵袋】『名』書留、価格表記郵便物など貴重な郵便物を局から局へ送る際に用いる赤色の袋。もと赤行嚢(あかこうのう)といった。 発音 アカユータイ〈標ア〉ユ

あか‐ゆき【赤雪】『名』クラミドモナスなどの藻類が繁殖して赤色になった雪。高山や極地でしばしば見

られる。

あか-ゆみ【赤弓】〘名〙赤漆で塗った弓。赤漆の弓。＊清獬眼抄(12C末か)「宗金記云、寛徳三年十二月廿三日。〈略〉火長随身白羽胡籙并赤弓」＊御禊行幸服飾部類(14C中-後か)「仁治三年十月廿一日庚午公光卿記云。予為㆓御後次第司長官㆒。仍未明勤㆓行粧㆒。装束〈略〉白羽胡籙〈如㆑常。当日朝給也。如㆓先々㆒〉赤弓」

あか-ゆり【赤百合】〘名〙花弁の赤いユリ。＊自然と人生(1900)〈徳富蘆花〉写生帖・夏の興「松の下草には赤百合、撫子(なでしこ)、日あふぎなど咲き」方言植物。❶おにゆり(鬼百合)。山形県139 鹿児島県甑島964 ❷こおにゆり(小鬼百合)。鹿児島県硫黄島964 奄美大島965 発音〈標ア〉0

あがゆん【上】〘動〙方言⇩あがる(上)

あか-よご・れる【垢汚】〘自ラ下一〙文あかよご・る〘自ラ下二〙垢がついてきたなくなる。＊オキナワの少年(1971)〈東峰夫〉七「いなかの炊煙でまっくろになった蠅帳やたんすや、垢よごれた布団蚊帳をトラックにつんで」発音アカヨゴレル〈標ア〉0レ

あか-よろい【赤鎧】〘名〙赤色の糸や革で威(おど)した鎧。赤具足。＊会津四家合考(1662)七・九月一五日三成敗北の事「井伊兵部少輔は、手の者一様に赤鎧着せ、赤母衣懸たる武者共、其の様きらきらしく出立ち」

あか-ら【赤―】㊀〘語素〙(「ら」は接尾語)①赤みを帯びて美しいさまにいう上代語。つやつやと赤みを帯びて照り輝くものを表わす。「赤らおとめ」「赤らたちばな」「赤ら引く」など。②赤みを帯びているさまにいう語。①のような美感は伴わない。「赤ら顔」など。㊁〘名〙①(形動)赤みを帯びて美しいさま。＊西大寺本金光明最勝王経平安初期点(830頃)一〇「脣口は赤(あカラ)に好きこと頻黎の色の如し」②(酒を飲むと顔が赤くなるところから)近世、酒の異名。あか。＊浮世草子・本朝二十不孝(1686)五・二「先祖より酒の家に生れ、あから呑(のめ)といはれて此かた終に上戸に出あはず」＊浄瑠璃・伊賀越道中双六(1783)五「三々九献まだ済まぬ。殿御の盃戴くものぢゃ。イヤあからはいや乳母あれほしい」方言〘名〙酒。新潟県新井市382 語源説アキラと同源で、元来はアカ(赤)の名詞形〔日本古語大辞典=松岡静雄〕。辞書言海

あが-ら【我等】〘代名〙方言⇩わがら(我等)

あから-おとめ【赤少女】〘名〙血色の良い美少女。バラ色の肌をした美しい少女。＊古事記(712)中・歌謡「三栗の 中つ枝の ほつもり 阿迦良袁登売(アカラヲトメ)を 誘(いざ)ささば 良らしな」語源説アカラヲトメ(明少女)の意。アカラは、明るい、清い意〔日本古語大辞典=松岡静雄・日本語源=賀茂百樹〕。

あから-おぶね【赤小舟】〘名〙上代、赤く色を塗った舟。＊万葉(8C後)一六・三八六八「沖ゆくや赤羅小舟(あからをぶね)につとやらばけだし人見てひらき見むかも〈志賀白水郎妻子(或云山上憶良)〉」＊永久百首(1116)雑「なこがれよみすりもすまにかき積みてあからを舟の灘通る日ぞ〈源俊頼〉」＊舞姫(1906)〈与謝野晶子〉「燭さして赤良小船(アカラヲブネ)の九つに散り葉のもみぢ積みこそ参れ」語誌(1)「播磨国風土記逸文(釈日本紀所載)」で、神功皇后が新羅遠征成功を祈って、航海に赤色を用いたことからも、魔除け、厄除けの呪術的意味があったと考えられる。(2)「万葉集」では、赤く塗った舟を表わす類似の語に「さ丹塗りの小舟」、「赤のそほ舟」がある。

あから-か【赤―】〘形動〙(「か」は接尾語)赤みを帯びているさま。赤く色づいて鮮やかなさま。赤みを帯びて美しいさま。＊書紀(720)雄略七年是歳(前田本訓)「天下の麗人(かほよきひと)は吾が婦に若くは莫し。〈略〉曄(アカラカ)に温(にこやか)に種(くさくさ)の相(かたち)足れり」＊彌勒上生経賛平安初期点(850頃)「世尊の唇の色は、光り潤ひ丹(アカラカ)に暉れること頻婆菓の如し」＊宇津保(970-999頃)国譲下「あからかなる綾かいねりのひとかさね、織物の直衣(なほし)、たすきがけの御はかま」＊源氏(1001-14頃)常夏「べにといふものいとあからかにかい付けて」＊色葉字類抄(1177-81)「酡 飲酒朱顔皃 又アカラカナリ」辞書色葉・名義・言海 表記酡(色)酡(名)赤(言)

あから-か【明―】〘形動〙(「か」は接尾語)はっきりしているさま。明白なさま。あきらか。＊妙一本仮名書き法華経(鎌倉中)三・化城喩品第七「諸根通利にして、智恵明了(ミャウレウ〈注〉アカラカ)なり」

あから-がお【赤顔・赭顔】〘名〙赤みを帯びた顔。日焼けや酒やけなどで赤らんだ顔。＊俳諧・玉海集(1656)一・春「霞をもくめはや花のあからかほ〈長之〉」＊浄瑠璃・傾城酒呑童子(1718)三「しらがあたまに赤ら顔らう人らしき親父めが」＊細君(1889)〈坪内逍遙〉一「お園は女部屋に退り、赤ら顔の女中と枕を並べぬ」発音アカラガオ〈標ア〉0ラ〈京ア〉ラ 辞書ボン・言海 表記赤顔(へ・言)

あから-がしわ【赤柏】〘名〙①赤みを帯びている柏。新葉の赤さについていうか。上代では供御(くご)を盛る具として神事に用いられた。＊万葉(8C後)二〇・四三〇一「印南野(いなみの)の安可良我之波(アカラガシハ)は時はあれど君を我(あ)が思(も)ふ時はさねなし〈作者未詳〉」＊顕輔集(1155頃)「すべらぎを守り益田の森なれやあから柏のあからめもせず」＊夫木(1310頃)二九「白雪の降りつもりぬる奥山はあからがしはも埋(うづ)もれにけり〈よみ人しらず〉」②京都北野神社の、一一月一日の祭のこと。供物を「あからがしわ(赤柏)」に盛るからという。③植物「あかめがしわ(赤芽柏)」の異名。

あからがしわ の 祝(いわい) 一一月朔日(ついたち)が冬至に当たると、朔旦冬至(さくたんとうじ)といい、豊作が続く吉兆として、小豆飯(あずきめし)を炊いて祝うこと。＊俳諧・山の井(1648)年中日々之発句・一一月「あからがしはのいはひし侍て ならざけはあからがしはのいはひかな」

あから-ぎ【―木】〘名〙植物「ひめしゃら(姫沙羅)」の異名。《季・夏》方言◇あからき 四国003 語源説稚木(わかぎ)が赤みを帯びていることからか。また、燃して光をとるからか〔日本語源=賀茂百樹〕。

あか-らく【赤楽】〘名〙楽焼の一種で、赤褐色の釉(うわぐすり)をかけたもの。＊多情多恨(1896)〈尾崎紅葉〉前・二「変に歪むだ、踏潰したやうな赤楽の気障さ加減の耐らない猪口を出してくれたっけ」

あから-け・し【赤―】〘形ク〙赤みを帯びている。→あからけみ

あからけ-み【赤―】(形容詞「あからけし」の語幹に「み」の付いたもの)赤みを帯びているので。＊古事記(712)中・歌謡「櫟井(いちひゐ)の 丸邇(わに)さの土を 端土(はつに)は 膚阿可良気美(アカラケミ) 底土(しはに)は に黒きゆゑ」

あから-さま〘形動〙㊀①物事の急に起こるさま。卒爾(そつじ)。にわか。たちまち。あからしま。あかさま。あかしま。＊書紀(720)雄略五年二月(前田本訓)「俄にして、逐はれたる嗔猪(いかりゐ)草の中より暴(アカラサマ 別訓 ニハカニ)出でて人を逐ふ」＊書紀(720)皇極四年六月(岩崎本訓)「努力々々(ゆめゆめ)急須(アカラサマ)に斬るべし」＊栄花(1028-92頃)衣の珠「『昔恋しければ、見奉らむ。渡し給へ』とあからさまにありければ」＊高山寺本名義抄(鎌倉初)「倏忽 アカラサマ」＊俳諧・本朝文選(1706)三・譜類・百鳥譜〈支考〉「人の手にかはれて、追はみたる魚をも、白地(アカラサマ)に吐せて、それをめでたしとささめかし」②一時的であるさま。ついちょっと。かりそめ。「あからさまにも」の下に打消の語を伴って、「かりそめにも…しない。全く…しない」の意となることもある。＊宇津保(970-999頃)俊蔭「あからさまの御ともにもはづし給はず」＊源氏(1001-14頃)葵「大将の君は、二条の院にだに、あからさまにも渡り給はず」＊色葉字類抄(1177-81)「白地 アカラサマ、偸閑 同」＊方丈記(1212)「おほかた、この所に住みはじめし時は、あからさまと思ひしかども」＊名語記(1275)一〇「あからさま、如何。白地とかけり。その故は、人のひさしくすめる所は地のくろむ也。あからさまにすむ所は、いまだ地のくろまずしてしろければ、白地とかきて、あからさまとはよませたる也」＊建内記-正長元年(1428)正月一四日「三条中納言・益長等参之後予白地退出、則帰参」＊謡曲・道成寺(1516頃)「藻に埋もるる玉柏、あからさまなる結縁か」＊仮名草子・都風俗鑑(1681)一「何やかやの茶屋に申いれ、あからさまながらも是千年(ちとせ)の御えんなりと」㊁(明様)ありのままで、あらわなさま。明白なさま。＊浮世草子・好色一代男(1682)一・三「亭(ちん)の遠眼鏡を取持て、かの女を偸間(アカラサマ)に見やりて、わけなき事どもを見とがめゐるこそおかし」＊人情本・明烏後正夢(1821-24)三・一六回「盗跖同前なる時次郎が行衛(ゆくゑ)、あからさまにぬかすまでは〈略〉火水の責に拷問いたす」＊小説神髄(1885-86)〈坪内逍遙〉上・小説の裨益「公然(アカラサマ)に世に知れなばかならず嘲哢(あざけり)の種ともなるべし」＊暗夜行路(1921-37)〈志賀直哉〉序詞「私は余りに明ら様な悪意を持った事が羞かしくなった」語誌(1)「あから」は元来「物事の急におこるさま」「物事のはげしいさま」を表わすが、次第に「にわか・急」「ついちょっと・かりそめ」などの意に転じていった。しかし、「にわか・急」の意には「すみやか」「にはか」「たちまち」などの語が用いられるため、「あからさま」は「ついちょっと・かりそめ」の意に固定していったと考えられる。(2)時代が下ってから㊁の「明白・あらわ」の用法が出て来るが、これは「明から様」と意識したことによると考えられる。古辞書では「白地」をアカラサマと訓じているが、これは「白々地」に同じく、「地」は助字で、本来明らかなさまを表わし、平安時代以降、記録体を中心に多用されている。語源説(㊀について)(1)目が外へうつるアカラメ(傍視)から〔俚言集覧・大言海〕。(2)上がる刹那の意の、アガルサマ(上頃間)から〔日本古語大辞典=松岡静雄〕。(3)光または電光の輝く刹那の意のアカルサマ(明狭間)〔和訓栞・名言通〕。(4)光る様子のアカルサマ(明様)〔槇のいた屋・紫門和語類集・日本語源=賀茂百樹〕。(5)アアカラサマ(嘆辛様)から、夭折の意〔紫門和語類集〕。(6)アカラスミ(彌空進)の転〔言元梯〕。(㊁について)(1)アカラサマ(明状)の義〔名言通・和訓栞・大言海〕。(2)白地の意〔名語記〕。(3)アケ(明)アルサマの義〔国語本義〕。発音〈標ア〉0ラ〈ア史〉平安・鎌倉・江戸●●●●〈京ア〉ラ/0 辞書色葉・名義・下学・和玉・伊京・天正・饅頭・黒本・易林・日葡・書言・ボン・言海 表記白地(色・名・下・伊・天・饅・黒・書)偸閑(色・名・伊・黒)暫(名・天・易)偸間(名・易)蹔(名・書)怱・偸・閑・欻・卒尓(色)倏・仮・魆・閃(名)襲(玉)苟旦・只暫(書)赤地(へ)

あから・し〘形シク〙(「あから」は、「あからさま」「あからめ」などの「あから」と同根か)思いが切実なさま。痛切な気持である。ひどい。＊霊異記(810-824)中・二二「哀しきかな、懇(アカラシキ)かな、我が大師聊かに何か過失有りて、此の賊難を蒙る〈国会図書館本訓釈 懇 アカラシキ〉」＊宇津保(970-999頃)吹上下「おもひいづるなん、あからしくかなしく侍」＊蜻蛉(974頃)下・天祿三年「などか来ぬ、とはぬ、憎し、あからしとて、打ちもつみもし給へかし」＊色葉字類抄(1177-81)「懇 アカラシ」語誌(1)「日本霊異記」や「観智院本名義抄」などで、「懇」字の訓として例が見え、一見して漢文訓読的文章に偏るようであるが、現存の他の訓点資料には見出し難い。(2)「日本霊異記」、また、「蜻蛉日記」や「宇津保物語」の例は、いずれも男性の会話の中に認められる。従って、漢文訓読といった文章語の性格は希薄で、

むしろ、会話語、口頭語の性格の強いものであろう。「かなし」「にくし」などと並び用いられ、強い不快の感情を示すと解されるのも、このことと関係があろう。(3)「懇」字は、心をこめてつとめる意を持つものであるが、ここの例では、痛切な思いで嘆き訴える意味を表わすものと考えられる。語源説 アは発語。カラシはカナシ(哀)の転。または、カラシ(辛)の活用の変化か〔大言海・日本語源=賀茂百樹〕。辞書 色葉・名義 表記 慭・可憎(色) 懇・辭(名)

あから-し・ぶ 〘自バ上二〙(形容詞「あからし」の動詞化) 切実に感じる。痛切に嘆く。＊霊異記(810-824)上・九「父母懇(アカラシビ)て、惻(ねた)み哭き悲しび、追ひ求むれども、〈興福寺本訓釈 懇 阿可良之比天〉」 補注 活用は四段とも考えられているが、シク活用より派生した動詞は一般に上二段であるので、この語もそう考えられる。

あから-しま 〘形動〙「あからさま㊀①」に同じ。＊書紀(720)雄略一三年八月(前田本訓)「時に火炎(ほのほ)の中より、白き狗暴(アカラシマ)に出でて、大樹臣を逐(お)ふ」＊観智院本名義抄(1241)「倏忽 アカラシマニ」 辞書 名義 表記 倏忽(名)

あからしま-かぜ【暴風】〘名〙 暴風。はやて。はやち。あかしまかぜ。あらしまかぜ。＊水戸本丙日本紀私記(1678)「暴風 安加良之末加世」

あから-たちばな【赤橘】〘名〙 赤みを帯びてつやつやしている橘の実。＊万葉(8C後)一八・四〇六〇「月待ちて家には行かむわがさせる安加良多知婆奈(アカラタチバナ)影に見えつつ〈粟田女王〉」 補注 花が白く、清く、明らかなものとする説もある。

あから-ひき【赤引】〘名〙 赤い色を帯びること。

あからひき の 糸(いと) 赤い色を帯びて輝いている糸。あかひきのいと。＊書紀(720)持統六年閏五月(北野本訓)「然れども其の二の神郡より輸す応き赤引糸(あからヒキノイト)参拾伍斤は、来年より折(へ)ぐ当(べ)し」

あからひき の 神調(かんつき) の 糸(いと) 「あからひき(赤引)の御調(みつき)の糸」に同じ。＊令義解(833)神祇・孟夏条「神衣祭(かんみそのまつり)〈謂。伊勢神宮祭也。此神服部等。斎戒潔清。以二参河赤引神調糸一。織二作神衣一〉」

あからひき の 荷前(のさき) の 御調(みつき) の 糸(いと) 「あからひき(赤引)の御調(みつき)の糸」に同じ。＊皇太神宮年中行事(1192)六月「赤良曳荷前御調糸」

あからひき の 御調(みつき) の 糸(いと) 伊勢神宮の神衣(かんみそ)の祭に供えるあからひきの糸。毎年五月三〇日に、伊勢神宮の調倉に収納し、翌年四月に「神服織(かんはとり)」「神麻績(かんおみ)」の織女八人ずつが神衣につくって、孟夏四月の、神衣の祭の料にする。あからひきのかんつきのいと。＊皇太神宮儀式帳(804)「赤引御調糸卅絇〈依例度会郡所レ進卜食太神宮司〉」

あから-ひく【赤引】 枕 (「ひく」は「引く」で、帯びる意を表わし、「あからひく」は赤くなるの意。実景の描写を兼ねて用いる) ①夜が明けていく意で、「日」「朝」「昼」にかかる。＊万葉(8C後)四・六一九「ぬばたまの夜はすがらに 赤羅引(あからひく) 日も暮るるまで嘆けども〈大伴坂上郎女〉」＊万葉(8C後)一一・二三八九「ぬばたまの此の夜な明けそ朱引(あからひく)朝行く君を待たば苦しも〈人麻呂歌集〉」＊良寛歌(1835頃)「あからひく 昼はしみらに 水鳥の 息つき暮らし」 ②赤みを帯びた美しい肌の意で、「肌」や「子」にかかる。＊万葉(8C後)一〇・一九九九「朱羅引(あかラひく)色妙(しきたへ)の子をしば見れば人妻ゆゑに我(あれ)恋ひぬべし〈人麻呂歌集〉」＊若菜集(1897)〈島崎藤村〉母を葬るのうた「紅羅(アカラ)ひく子もますらをもみなちりひぢとなるものを」

あから-ひ・く【赤引】〘連語〙(前項の枕詞「あからひく(赤引)」を、後世、動詞的に用いたもの) ①赤い薄絹の着物を見せながら通る。＊読本・南総里見八犬伝(1814-42)四・三五回「吾儕(わなみ)に跟(つき)てとく来ねと、窃(ひそか)にこころを得さしつつ、轎子(かご)を扛(つら)して赤羅引(アカラヒク)」 ②赤い色をつらねる。＊続春夏秋冬(1906-07)〈河東碧梧桐選〉夏「赤ら引く柿の狂ひや秋隣〈幾句拙〉」 補注 (1)「あからひき」の子見出しの用例を、「アカラヒキノ」ではなく、「アカラヒク」とよめば、動詞としての古い例となる。(2)女の衣の裾をひく意の、アカリヒク(明引)の意からであるともいう〔和訓栞〕。 発音〈標ア〉0

あから・びる【赤】〘自バ上一〙文あから・ぶ〘自バ上二〙 赤みを帯びる。赤くなる。＊延喜式(927)祝詞・出雲国造神賀詞「白玉の大御白髪(おほみしらか)坐し、赤玉の御阿加良毗(アカラビ)坐し、青玉の水江の玉の行相(ゆきあひ)に」＊泥人形(1911)〈正宗白鳥〉一「その赭らびた顔と冴えた音色がありありと浮んだ」 辞書 言海 表記 赤(言)

あから・ぶ 〘他バ下二〙 明らかにする。心を晴らす。＊続日本紀(771)宝亀二年二月二二日・宣命「山川の浄き所をば孰(たれ)と倶にかも見そなはし阿加良閇(アカラベ)賜はむと、歎き賜ひ憂ひ賜ひ大坐し坐す」

あから-ほ【赤頰】〘名〙 赤みを帯びた頰。赤い頰。＊春のことぶれ(1930)〈釈迢空〉門中瑣事「わが家のくりや処女は 赤ら頰(ホ)のすこやかにして 汝(な)に思はれし」

あからみ【赤】〘名〙(動詞「あからむ(赤)」の連用形の名詞化) 赤くなること。赤みを帯びること。＊虹(1910)〈青木健作〉三「湯上りの未だ冷めぬ土色の頰の上にはほんのりと紅らみを帯びて、唇には珍らしくも紅をさして居るらしい」＊潮騒(1954)〈三島由紀夫〉一〇「酒焼けのした胸の赤らみと、この白髪がいかにも魁偉な対照をなしてゐる」 発音〈標ア〉0

あから・む【赤】 ㊀〘自マ五(四)〙 赤くなる。赤みを帯びる。また、赤茶ける。赤む。＊書紀(720)皇極元年八月(図書寮本訓)「或本云、五日連雨、九穀登熟(ナリアカラム)」＊落窪(10C後)三「恥づかしげにのたまへるに、おもてあからむ心地してなん有りつる」＊玉塵抄(1563)四二「早うえたは早うあからうて刈(かり)をさむるぞ」＊日葡辞書(1603-04)「キノミガ acaramu(アカラム)」＊俳諧・炭俵(1694)上「日のあたる方はあからむ竹の色〈孤屋〉」＊赤痢(1909)〈石川啄木〉「蚤(のみ)に攻められて一面に紅らんだ横腹を」 ㊁〘他マ下二〙⇨あからめる(赤)。 方言 果物などが熟す。山形県(栗の実が成熟して皮が褐色になる)139 南村山郡(麦が色づく)139 栃木県198 埼玉県入間郡257 神奈川県中郡320 新潟県佐渡(稲が実って穂が黄色になる)351 富山県390 静岡県志太郡535 愛知県豊橋市556 額田郡577 兵庫県但馬652 ◇あころむ 三重県鈴鹿郡040 度会郡599 和歌山県東部702 ◇あころぶ 京都府629 兵庫県加古郡(稲や麦などが熟す)664 発音〈なまり〉アコロブ〔播磨・紀州〕〈標ア〉ラ0〈京ア〉0 辞書 日葡・書言・ヘボン・言海 表記 赤(ヘ・言) 熟(書)

あから・む【明】〘自マ五(四)〙 夜が明けて、空が明るくなる。

あから-め 〘名〙(「あから」は、「あかる(散・離)」また「あからさま」の「あから」などと同根、「め」は「目」の意) ①(「あからめもせず」の形で用いることが多い) ふと目をほかへそらすこと。わき見をすること。＊宇津保(970-999頃)蔵開中「宮の御うしろにさぶらふほどに、御文読むさかりに、上あからめし給へるまに」＊古今六帖(976-987頃)三・水「津の国の難波の浦の一つ橋君をし思へばあからめもせず」＊前田本枕(10C終)二六八・思はむ子を「若きほどは遊びたはぶれもせまほしからんものを、あからめせさすべくもあらず」＊浄瑠璃・初庚申楽遊(1679)三「扨々きたいのでき物と、あからめもせずながめしは」＊恋慕ながし(1898)〈小栗風葉〉二四「文無(あやな)き一間の闇の中に、次第に痩せ行く火入の炭団(たどん)を傍目(アカラメ)もせず瞶(みつ)めてゐたが」 ②(目が他の異性に移るということで)男または女が、ほかの相手に心を移すこと。＊大和(947-957頃)一五七「物かきふるひ去(い)にし男なむ、しかながら運びかへして、もとの如くあからめもせで添ひゐにける」＊宇津保(970-999頃)俊蔭「いみじき色好みを、かくあからめせさせたてまつらぬ事」＊観智院本名義抄(1241)「売眼 アカラメ」 ③(ふと、目がそれているという状態であるというところから)にわかに、姿が見えなくなること。＊栄花(1028-92頃)花山たづぬる中納言「我が宝の君は、いづくにあからめせさせ給へるぞや」 語誌 語源については、「あから(離)-め(目)」と考えて目を他にそらす意とし、そこから、急に姿を見失うなどの意が出てきたとするのが有力であるが、「離る」が下二段活用であるところからその関わりを疑問とし、卒然・一瞬などを原義と考えて、そこから、一時的に目をそらすなどの意に用いられるようになったとする説もある。いずれにせよ、「あからさま」などと同根であろう。 語源説 (1)アカレメ(離目)の転。目が外へ離れるの意〔言元梯・大言海・日本語源=賀茂百樹〕。(2)アカはワキ、ラは助詞、側等目の意〔和訓栞〕。(3)アカズメ(不厭目)と同じ。目にあかぬ意から〔類聚名物考〕。(4)ちょっと目を動かす意のアカラ目から〔隣女晤言〕。(5)急に脇目する意のアカラメ(急目)から〔古言類韻=堀秀成〕。 辞書 色葉・名義・書言 表記 売眼(色・名) 尉眼(色) 瞚・瞥(名) 外見(書)

あからめ さす (「さす」は、語源、語義未詳。本居宣長は「為(す)」というのに同じで、「目をさす」は「物を見やること也」という。また、「映(さ)す」と当てる説もある) にわかに、他へ目を移す。また、ふと他へ目が移ったかのように、あるものの姿を急に見失う。→あからめ③。＊書紀(720)景行四〇年一〇月(寛文版訓)「何の禍(わさはい)ぞも、何の罪ぞも、不意之間(ゆくりもな)く、我が子を倏亡(アカラメサス)こと」＊続日本紀-天応元年(781)二月一七日・宣命「今日か有らむ、明日か有らむと念ほし食しつつ待たひ賜ふ間に、安加良米佐須(アカラメサス)事の如く」

あから・める【赤】〘他マ下一〙文あから・む〘他マ下二〙 顔などを赤くする。赤める。＊人情本・春色梅児誉美(1832-33)初・六齣「お長(てう)は嬉しくも、また恥かしくも赤(アカ)らめし、皃(かほ)におほひし懐紙の包み」＊浮雲(1887-89)〈二葉亭四迷〉一・二「覚えずも顔を赧(アカ)らめた」＊たけくらべ(1895-96)〈樋口一葉〉一「子心にも顔あからめるしほらしさ」 発音〈標ア〉メ0 文『あからむ』〈ア史〉平安●●●○〈京ア〉0 辞書 言海 表記 赤(言)

あから-も【赤裳】〘名〙 赤い色の裳。あかも。＊新撰六帖(1244頃)五「ひきかけて思ひなよりそあからものあからさまにも人知りぬべし〈藤原為家〉」

あか-ランプ【赤―】〘名〙(ランプは蘭・英 lamp) 赤色のあかり、電球。また、危険を知らせる信号。危険信号。＊さらばモスクワ愚連隊(1966)〈五木寛之〉一「間もなくモスクワ上空へ到着。禁煙の赤ランプがつく」

あかり【明】〘名〙 発音〈標ア〉ラ (動詞「あかる(明)」の連用形の名詞化) ①物を明らかに見せる光。光線。＊大唐西域記長寛元年点(1163)五「燈火忽(たちまち)に空の中に翳(かく)れて大なる明りあり」＊新撰六帖(1244頃)六「影くらきまきのしげ山つれづれといつを月日のあかりとも見ず〈藤原信実〉」 ②ともしび。灯火。＊滑稽本・浮世風呂(1809-13)二・下「行燈がひっくる返(けへ)るとおべそがわアわアと吼(ほえ)る。コレヱ明(アカ)りをつけやアがれといひながら」＊安愚楽鍋(1871-

72)〈仮名垣魯文〉三・下「あかりがかんかんついてゐてまがわるくってはいられなかったはネ」＊めぐりあひ(1888–89)〈二葉亭四迷訳〉「彼の時のやうに燈火(アカリ)の射した見知ぬ小坐舗(こざしき)から不意に声が響わたった」 ③明るい所。また、比喩的に、おもてだった場所。＊日葡辞書(1603–04)「Acariye (アカリエ) ヅル〈訳〉公の所へ出る」＊浮世草子・好色産毛(1695頃)二・二「馴染(なじみ)なきちぎりに、日向(アカリ)にはだへをみせて、頓而(やがて)うとまるるもあり」 ④逆境の中で見いだす、希望や解決の糸口。光明。＊浮世草子・傾城色三味線(1701)江戸・五「猿丸太夫の顔して、何共明(アカ)りの見へぬ談合」＊良人の自白(1904–06)〈木下尚江〉中・二〇・二「折角の御尽力で始めて光明(アカリ)が見えて来たんだから」 ⑤疑いを晴らす証拠。あかし。→明(あかり)が立つ・明(あかり)を立てる。＊浄瑠璃・新版歌祭文(お染久松)(1780)油屋「結構なお家様の御了簡で久松様の明りも忽(たちまち)」 ⑥その事が終わること。特に、暗い気分・状態の期間がすむこと。あけ。あき。＊言継卿記‐永祿九年(1566)四月二七日「一女官むめ断抹魔念仏昨日迄、今朝念仏あかりの振舞、餅にて一盞有之」 ⑦目をいう大工仲間の隠語。〔新ぱん普請方おどけ替詞(1818–30頃か)〕 語誌 現代語で灯火・光源の総称として使われているが、もともとは日・月を中心とする自然の光を意味し、灯火のことはいわなかった。灯火の意味で使われるようになったのは江戸時代からで、明治時代になると、上代・中古の「ひ」、中近世の「ともしび」にとってかわり、灯火の総称となった。 方言 ❶証拠。徳島県810 811 ❷明かり障子。しょうじ。沖縄県石垣島975 ◇あかい 沖縄県975 991 993 ◇あっかい 沖縄県伊江島975 ◇はあり 沖縄県新城島996 ❸竹骨の襖(ふすま)。◇あがり 沖縄県波照間島996 ◇あかる 沖縄県竹富島・鳩間島996 ◇あかり 沖縄県小浜島996 ◇ありやどぅ〔─屋戸〕 沖縄県黒島996 発音 〈なまり〉アカー〔鳥取〕アカリー〔埼玉方言〕アカル〔岐阜・志摩・南伊勢〕〈標ア〉0 〈京ア〉0 辞書 日葡・ヘボン・言海 表記 明(へ・言)

あかりが立(た)つ 疑いが晴れる。無実であることが明らかになる。＊人情本・春色梅児誉美(1832–33)三・一七齣「藤兵衛さんでも、マア明白(アカリ)の立(タツ)までは、闇い所へ行ざアなるめへ」＊歌舞伎・勧善懲悪覗機関(村井長庵)(1862)三幕「其所から調べていったなら、愚老が明(アカリ)は立つだらう」＊其面影(1906)〈二葉亭四迷〉三四「さうすりゃお前は出世するばかしぢゃない、身の明(アカ)りも立ってさ、姉様も安心するし」

あかりが入(はい・い)る 犯罪事実が発覚することをいう、盗人仲間の隠語。〔隠語輯覧(1915)〕

あかりの恋(こい) 相手を見てから恋心を起こすことの意か。一説に「あからめの恋」の意で、傍観して恋するようになることという。＊浄瑠璃・八百屋お七(1731頃か)上「あたふたと取急ぎこんな尊い首尾へ来て、あかりの恋が始でも何が恥かしござんすと」

あかりを立(た)てる 疑いを晴らす。事の無実であることを証明する。＊人情本・春色梅美婦禰(1841–42頃)三・一四回「其様な事を言れちゃア明証(アカリ)を立(タテ)ねへぢゃア合点ならねへ」＊西国立志編(1870–71)〈中村正直訳〉一一・一三「この機器に通暁して、然る後に力を尽して、子の訟案を伸理(〈注〉アカリヲタテル)すべしとて」＊いさなとり(1891)〈幸田露伴〉三六「潔白な明りをたてまする」

あかりを走(はし)る 物事が明らかである。隠れた所がなく明白なさまである。＊俳諧・西鶴大矢数(1681)第六一「ゐんか取てあかりを走る空の月〈浮水〉 上座の亀風をめずおくせず〈西傾〉」＊浮世草子・好色一代男(1682)八・三「台所に大らうそく明(アカ)りを走る。八百屋肴屋いさみをなして」＊浄瑠璃・甲陽軍鑑今様姿(1715頃)一「錦がことはみづからが、直に其方(そなた)へ遣るからは、あかりをはしる女夫中(めをとなか)」

あかり【赤蟻】〘名〙 方言 虫、あり(蟻)。岩手県下閉伊郡091 釜石097 長野県佐久493 ◇あかりこ 山形県東村山郡・西村山郡139

あがり【上】 一〘名〙(動詞「あがる(上)」の連用形の名詞化) ①低い所から高い所へ移ること。「蹴(け)上がり」「上がり降り」など、他の語と熟して用いられることが多い。＊歌舞伎・蝶鸚山崎踊(1819)四幕「さうサ、お日和が好くってお仕合せだ。わっちらは拝まうと思っても、お上がりの時分は、眠ったい盛りだよ」 ②風呂などから出ること。＊滑稽本・浮世風呂(1809–13)前・下「ヤア、義遊さん、もうお上(アガ)りかナ」 ③体や、体の一部が高まること。「起き上がり」「立ち上がり」「伸び上がり」など、他の語と熟して用いられる。 ④物の値段や株価などが高くなること。「値上がり」→あがり(上)を請ける。＊浮世草子・傾城色三味線(1701)大坂・四「米事にかかりしが、仕合のよい時は吹付る風空に、思ひの外のあがりを得つゐにねがいのごとく、一石両の身躰となって」 ⑤身分や位が上であること。＊寛永刊本蒙求抄(1529頃)一〇「漢は右が貴く有ほどに、西があがりぢゃに、いるは存外な顔ぞ」＊玉塵抄(1563)一七「相は天子をたすくる官ぞ。左右にあり。左があかりぞ」＊歌舞伎・傾城浅間嶽(1698)上「『やい、禿(かぶろ)より駕籠舁は上(あが)りぢゃ』『いや禿が上りぢゃ』」 ⑥技芸などが進歩すること。上達。「手の上がりが早い」 ⑦家賃、地代などの収入や田畑からの収穫。また、商売や興行による収益。＊社会百面相(1902)〈内田魯庵〉投機・五「家ぢゃアお前さん、家賃の上りや公債の利子で活動(くらし)を立ててるンだよ」＊日本橋(1914)〈泉鏡花〉一二「世間一体不景気なり、稲葉家などは揚(アガ)りのいい方」＊末枯(1917)〈久保田万太郎〉「扇朝のために上野の鈴本で演芸会を開いた。さうして上(アガ)りを扇朝に養老金としておくった」 ⑧物事の終わり。また、使い終わること。＊御湯殿上日記‐永祿元年(1558)九月二七日「称名院よりりやうあん御あかりめてたきよし、文にて申さるる」＊日葡辞書(1603–04)「クヮレズマノ agari (アガリ)」＊日葡辞書(1603–04)「ゼジュンノ agari (アガリ)」＊滑稽本・大千世界楽屋探(1817)中「今度から古(ふる)を用(つかふ)がいい。二度三度も上(アガ)りをつかふさ」＊思出の記(1900–01)〈徳富蘆花〉四・八「閑暇(ひま)な時寝酒のあがりには〈略〉今は此近在に『旦那旦那』と立てらる身になったことを自慢するのが常である」 ⑨仕事などが完成すること。また、そのできぐあい。特に、染め色のぐあい。＊黄表紙・作者根元江戸錦(1799)「此の雲を七つ彫って、此の岩を五つほると上(アガ)りだ」＊滑稽本・浮世風呂(1809–13)三・下「鼠色縮緬(ねづみちりめん)だっけが伊予染に黒裏さ。とんだ能(いい)上(アガ)りだった」＊たけくらべ(1895–96)〈樋口一葉〉四「しごいて締めし帯の水浅黄も、見よや縮緬の上染(じゃうぞめ)、襟の印のあがりも際立(きわだち)て」 ⑩ある状態からなりかわること。→二。＊咄本・無事志有意(1798)化物「『其芝居はどこだ』と猫股(ねこまた)にきく。『〈略〉』と、さすが飼猫のあがり程あって、詳しくおしゑる」＊安愚楽鍋(1871–72)〈仮名垣魯文〉三・下「それしゃのあがりと見へてとしはとってもいやみたっぷり」＊断橋(1911)〈岩野泡鳴〉七「自分が兵隊のあがりであるを誇りに、乱暴や無銭飲食をやるものをおどしつけるつもりで」 ⑪飲食した後に支払う勘定。 ⑫勤務を終わること。鉄道職員などが用いる。 ⑬すごろくやゲームで、札が最終の場所にはいること。また、競馬でゴールまでの最後の三ハロン(六〇〇メートル)のこと。＊雑俳・住吉御田植(1700)「立もどりあがりの遠き絵双六」 ⑭カルタ遊びやトランプなどで、手札を場に出し尽くしたり、場札を取り尽くしたりすること。また、トランプ、マージャンなどで、役ができて勝つこと。＊浄瑠璃・大職冠(1711頃)道行「加番見れ共青もなくあがりも知らぬひらよみに」＊風と死者(1969)〈加賀乙彦〉「ゲームというやつはあがりが難しければ難しいほど面白い」 ⑮雨、病気など、ある状態が去った後もいくらかその名残があること。「雨上がりの道」「病み上がりのからだ」＊人情本・明烏後正夢(1821–24)三・一六回「そりゃア、大病やんだあがりに、あんまり気をもむからじゃ」 ⑯貴人の前から取り下げられること。また、一般に、用ずみになったもの。廃品。＊浄瑠璃・東海道七里艇梁(1775)三「お伽に召れた遊女なれども、最早お鼻に着せられし御様子、何卒拙者に御膳の上りを、拝領仰せ付られなば、有難からん」＊恋慕ながし(1898)〈小栗風葉〉一一「総じて社会の級に交へられぬ一種の営業者の、有所(あらゆる)持物の廃品(アガリ)が埃に埋れてゐる下に」 ⑰商売などがうまくいかなくなること。生活が立ちゆかなくなること。＊歌舞伎・善悪両面児手柏(妲妃のお百)(1867)七幕「これも日章、おのれの仕業、わしを此儘生かしておいて、訴人をされては身の上(アガリ)ゆゑ、それでわしを殺すのぢゃ」 ⑱魚、虫などが死ぬこと。 ⑲蚕が成長して、繭を作らせるためのわらの床に乗せるべき状態になること。上蔟(じょうぞく)。 ⑳田舎から京阪地方へ行くこと。＊浄瑠璃・百合若大臣野守鏡(1711頃)二「あがりの衆ならば、みやげめせめせ竹ざいく」 ㉑「あがりばな(上花)」の略。＊新西洋事情(1975)〈深田祐介〉日本「業界思想」欧州に死す「突然寿司屋の熱いあがりをするときみたいな、西欧人としてはまことに破廉恥、言語道断のすさまじい音を立てて、コーヒーをすすったんです」＊にんげん動物園(1981)〈中島梓〉五四「こっちへ大トロね。それとアガリ、それからそろそろおアイソして下さい」 ㉒「あがりふみ(上踏)」の略。 ㉓鋳造において、湯が鋳型を満たし、鋳型の上面よりさらに上昇する部分。鋳型内の空気、不純物などを吐き出し、湯の自重によって鋳物に圧力をかけ、巣(す)を除き、緻密にするためのもの。 ㉔隠語。㋑家人不在または睡眠中などに二階で盗むことをいう、盗人仲間の隠語。〔日本隠語集(1892)〕 ㋺玄関の衣類、履物などを盗むことをいう、盗人仲間の隠語。〔隠語構成様式幷其語集(1935)〕 ㋩商店の店先にある品物を盗むことをいう、盗人仲間の隠語。〔模範新語通語大辞典(1919)〕 ㊁目的通りに犯行に成功したことをいう、すり仲間の隠語。〔日本隠語集(1892)〕 ㋭朝方をいう、盗人仲間の隠語。〔隠語輯覧(1915)〕 二〘接尾〙(⑩が接尾語化したもの) 名詞に付いて、以前にそういう身分、職業であったことを表わす。＊浄瑠璃・曾根崎心中(1703)「ヤアしゃらな丁稚(でっち)あがりめ、投げてくれん」＊滑稽本・浮世床(1813–23)初・中「友達の女房は、小意気で婀娜(あだ)で、夫者(それしゃ)あがりか鯨舎(げいしゃ)あがりで」＊当世書生気質(1885–86)〈坪内逍遙〉八「尚(まだ)かたくるしき口気(くちぐせ)の失ぬは、たしかに維新後の士族あがり」 方言〘名〙 ❶何かことのあった後。岩手県気仙郡100 福島県石城郡054 埼玉県北葛飾郡258 熊本県天草島038 ❷あげくの果て。熊本県上益城郡038 ❸仕事を終わって家に帰ったり休息したりすること。山形県139 新潟県東蒲原郡368 福岡県朝倉郡882 ❹田植えの終わり。三重県志摩郡585 ❺田植えの時、小昼と夕食との間に食べる食事。岐阜県飛驒502 ❻漁を切り上げること。福井県丹生郡025 和歌山県693 ❼彼岸の終わりの日。新潟県東蒲原郡368 長崎県南松浦郡054 ❽忌み明け。新潟県東蒲原郡368 ❾神仏に供えて下げてきたもの。兵庫県加古郡664 ❿目上の人などからもらったお古。お下がり。香川県伊吹島829 ⓫不要になること。また、そのもの。三重県志摩郡054 広島県高田郡779 ⓬水はけのよい田。岡山県川上郡765 広島県比婆郡(高い所の田)774 ◇あがりだ〔─田〕 島根県隠岐島(水の少ない耕作しやすい田)725 岡山県川上郡765 愛媛県840 ⓭地面の高い所。沖縄県首里993 ⓮（「太陽の昇る方」の意から）東。東方。鹿児島県沖永良部島985 沖縄県975 993 ◇**あがりい・あがれえ** 鹿児島県喜界島983 沖縄県与那国島996 ◇**ああり** 沖縄県八重山996 ◇**あある** 沖縄県石垣島・鳩間島996 ◇**ああい** 沖縄県石垣島996 ◇**あり** 沖縄県波照間島「ありかじ（東風）」996 ⓯慌てること。◇**ああり** 沖縄県石垣島996 発音❶はアガリ〈標ア〉⓪〈京ア〉⓪ 辞書和玉・日葡・言海 表記昂（玉）上（言）

あがり の 天神（てんじん）「なまり（鉛）の天神」をもじっていったことば。＊人情本・仮名文章娘節用（1831-34）後・五回「ろじ四つ限（ギリ）も目にかけず、たたきおこして上（アガ）りの天神（テンジン）、サアそれからが口舌（くぜつ）のこんたん、おもしろ狸の腹つづみ」

あがり を＝請（う）ける［＝得（え）る］ 安値の時に商品を買っておき、相場が上がった時に売ってもうける。↔さがり（下）を請ける。＊俳諧・天満千句（1676）一「国方の実定めなき相場物〈武仙〉 あかりを得たる時雨ふり行〈西花〉」＊浮世草子・好色二代男（1684）六・四「金持といふは近代の仕合、米のあがりを請（ウケ）、万（よろず）の買置、又は銀借（かねかし）」＊浮世草子・商人軍配団（1712か）一・貧福二つ車廻り持の金銀「仕合（しあはせ）は吹きつける風空（かざぞら）にあがりを得（ヱ）」＊雑俳・神酒の口（1775）「そろそろと上がりを請けたる相庭見る」

あがり【殯】〘名〙人が死んで、体から魂が遊離すること。また、その状態にあること。＊書紀（720）仲哀九年二月「豊浦宮（とゆらのみや）に殯（もがり）して、无火殯斂（无火殯斂、此をば褒那之阿餓利（ほなしアガリ）と謂ふ）を為」 語源説 黄泉に赴くことを、忌み詞でカムアガリ（神上）、天にアガリマス（上坐）というところから〔古事記伝〕。

あがり-あしば【揚足場】〘名〙芝居で、上がったり降りたりするのに必要な足掛かり。舞台上に設けられた土手などへ上がり降りするための足場。＊歌舞伎・弁天娘女男白浪（白浪五人男）（1862）稲瀬川堤の場「上下（かみしも）に揚（アガ）り足場（アシバ）、総て鎌倉稲瀬川堤の体」

あかり-あぶら【明油】〘名〙灯火用の油。灯油。＊人情本・貞操婦女八賢誌（1834-48頃）初・一「世に蛍雪の勤学とか、貧しき者が書（ふみ）読むに、灯油（アカリアブラ）の価（あたひ）無きは、雪や蛍を灯火（ともしび）にかりて、学問せし由を、功名らしく云ふめれど」 発音〈標ア〉ア2

あかり-あわせ【明合】〘名〙劇の舞台稽古で、場面ごとに照明を決めてゆく作業。 発音〈標ア〉ア2

あがり-いる【上居】〘自ワ上一〙官位が昇進してその地位につく。＊大鏡（12C前）一・文徳「斉衡元年甲戌のとし、皇后宮にあがりゐ給」＊今鏡（1170）一・望月「寛弘九年二月に、皇太后宮にあがりゐさせ給ひき」

あがり-いわい【上祝】〘名〙方言❶出産後三三日目の祝い。新潟県佐渡356 静岡県周智郡054 ❷子供が生まれて七日目の名を付ける時の祝い。島根県隠岐島740

あかり-うけ【明受】〘名〙灯などの光を受けること。また、そのぐあい。＊洒落本・大門雛形（1789-1801）二「こいつアあかりうけがわりい」

あがり-うち【上撃】〘名〙空に飛び上がりぎわの鳥をねらって銃を撃つこと。

あがり-うなぎ【上鰻】〘名〙①死んだウナギ。②転じて、遊蕩のために、金銭を使いはたすことをいう。〔現代用語辞典（1925）〕

あがり-うま【騰馬・上馬】〘名〙①跳びはねる馬。前脚を上げて跳びはねる癖のある馬。騂馬（かんば）。跳ね馬。沛艾（はいがい）。＊今鏡（1170）七・うたた寝「行利といひし随身（ずいじん）の、陣にて仕うまつりしを、あがり馬に乗せて、先に具せさせ給へりければ」＊梁塵秘抄（1179頃）二・四句神歌「婆婆にゆゆしく憎きもの、法師のあせる上馬に乗りて、風吹けば口開きて、頭白かる翁どもの若女（わかめ）好（ごの）み姑の尼君の物妬（ものねた）み」＊日葡辞書（1603-04）「Agari vma（アガリウマ）〈訳〉後ろ脚で立った馬」＊雑俳・柳多留-六（1771）「上り馬すてばひろうの気でつける」②香木の名。分類は伽羅（きゃら）。香味は辛甘苦。六十一種名香の一つ。のぼりうま。 辞書日葡

あがり-おり【上下】〘名〙上がることと下りること。上がったり下りたりすること。＊浮世草子・好色一代男（1682）七・六「二階には、久都（ひさいち）はしのごの上（アガ）り下（オリ）まで吟味しをるこそ憎し」＊思出の記（1900-01）〈徳富蘆花〉巻外・二「甲板に立って客の上下（アガリオリ）を見て居ると」 発音アガリオリ〈標ア〉リ1〈京ア〉リ1

あがり-かいこ【上蚕】〘名〙蚕の死んだもの。あがりこ。＊語彙（1871-84）「あがりかひこ㊗ あがりこ、かひこの死たるをいふ」 方言❶繭を作ろうとするころの透き通った蚕。◇**あがりかいご** 長崎県対馬913 ❷人が病み疲れたさまにいう。◇**あがりかいご** 長崎県対馬913

あがり-かき【上柿】〘名〙熟した柿の実。木になったままで熟して、甘味のある柿の実。きざわし。 方言 千葉県長生郡286 和歌山県691 692 徳島県809 810 ◇**あがりがき** 千葉県印旛郡054 ◇**あがりっかぎ** ◇**あがり** 和歌山県那賀郡692

あがり-がけ【上掛】〘名〙外から家の中に入る時。また、入るついで。＊それから（1909）〈夏目漱石〉一一「何か事が起ったのかと思って、上（アガ）り掛（ガ）けに、書生部屋を覗いて見たら」 発音アガリガケ〈標ア〉⓪

あがり-かた【上方】〘名〙上がる方法、仕方。特に、トランプ、マージャンなどで、役をつくって勝つ方法。＊解体の日暮れ（1966）〈杉浦明平〉一四「わたくしは麻雀はやりません〈略〉おれは上りかたくらい知っとる」 発音アガリカタ〈標ア〉⓪

あがり-かぶ【上株】〘名〙江戸時代、駆け落ちや犯罪不正営業などの理由によって、官に取り上げられた株仲間の株。

あがり-かぶと【上兜】〘名〙①儀式に用いる兜。②五月の節句に飾る紙製の兜。見かけだけで実質的に役立たないもののたとえともする。＊咄本・鹿の子餅（1772）上り兜「五月の節句前に出て来て『〈略〉これ売て小遣ひ銭にでもなされませ』と、うつくしいきれではりぬいた上（アガ）りかぶと」＊黄表紙・三筋緯客気植田（1787）上「れきれきのおいらんが手をとるといった所が、やっぱりあがりかぶとだよ」＊黄表紙・忠臣蔵前世幕無（1794）「人形屋を兼ね五月のあがり甲（カブト）なども商ひけるが」＊四時交加（1799）上・夏「端午にいたれば、〈略〉上（アガ）り冑（カブト）をかざる」

あがり-がまち【上框】〘名〙（「あがりかまち」とも）玄関など家の上がり口の縁にわたしてある、化粧横木。＊浄瑠璃・蘆屋道満大内鑑（1734）三「家になふてならぬものは、上（アガ）り框（ガマチ）と女房と世話にもいふじゃないかいのふ」＊今戸心中（1896）〈広津柳浪〉五「吉里は足が縮んだ様で、上框（アガリカマチ）までは行かれなかった」＊破戒（1906）〈島崎藤村〉二三・一「ただ上（アガ）り框（ガマチ）のところへ腰掛けた儘で」 発音アガリガマチ〈標ア〉ガ2〈京ア〉ガ2

あがり-かみなり【上雷】〘名〙雨の上がりぎわに鳴る雷。＊浮世草子・好色五人女（1686）四・二「後はふたりながら涙をこぼし不埒（ふらち）なりしに、又雨のあがり神鳴（カミナリ）あらけなくひびきしに」

あがり-がんな【上鉋】〘名〙仕上げ用のかんな。＊雑俳・歌羅衣（1834-44）三「ハテ心得ぬ・上り鉋を和尚がほしがり」

あがり-き【上木】〘名〙江戸時代、河川運材の過程で生じた流木のうち、出材者不明の材木は没収されて領主のものになることをいう。＊濃州徇行記（1826頃）可児郡錦織村万治三年高札「飛騨川落合より川下は、無木口印の分は上り木（尾張藩）になるべし」

あがり-ぎわ【上際】〘名〙①上がりはじめるとき。＊苦の世界（1918-21）〈宇野浩二〉二・四「その中の一人があがりぎはに『〈略〉』と奥の方に声をかけた」＊竹沢先生と云ふ人（1924-25）〈長与善郎〉竹沢先生富士を観る・一「芝居は幕のあがりぎはから見るもんだ」②雨などがやみそうになるとき。＊思出の記（1900-01）〈徳富蘆花〉一・一「歇（や）むだ様だと出す顔へ霽（アガリ）ぎわの白雨二条（ふたすぢ）三条」 発音アガリギワ〈標ア〉⓪

あがり-ぐち【上口】〘名〙（「あがりくち」とも）①土間から座敷などに上がる所。また、上がったばかりの場所。家の入り口。＊天理本狂言・胸突（室町末-近世初）「いまのあがり口でわたいて、しかも書物があるは」＊日葡辞書（1603-04）「Agari cuchi（アガリクチ）〈訳〉上がる始め、または入り口」＊浄瑠璃・曾根崎心中（1703）「縁の下屋にそっと入れ、あがり口に腰うちかけ、たばこ引寄せすひ付て」＊それから（1909）〈夏目漱石〉八「其時上（アガ）り口（グチ）の二畳は殆んど暗かった」②階段、山などの登り口。＊改正増補和英語林集成（1886）「ニカイノ agariguchi（アガリグチ）」＊花間鶯（1887-88）〈末広鉄腸〉中・五「中等の升登口（アガリクチ）より舫内に入れば」＊今戸心中（1896）〈広津柳浪〉五「築山の上口（アガリクチ）の鳥居の上にも、山の上の小さな弁天の社の屋根にも」③風呂場の出口。＊二百十日（1906）〈夏目漱石〉二「風呂場を出ると、ひやりと吹く秋風が〈略〉上がり口に白芙蓉が五六輪、夕暮の秋を淋しく咲いて居る」④事業などがうまくいかないで落ち目になること。〔東京語辞典（1917）〕 方言❶家や階段などの登り口。◇**あがりこぐち**〔上小口〕島根県石見・隠岐島725 ◇**あがりかど**〔上門〕富山県射水郡394 ◇**あがりだし** 三重県585 ❷客の座る座。◇**あがりくち** 熊本県天草郡937 発音アガリグチ〈標ア〉⓪〈京ア〉⓪リ 辞書日葡・ヘボン・言海 表記上口（ヘ・言）

あがりぐち が 高（たか）い 家の中へはいりにくい。不義理などのために、その家を訪問するのが気がひける。敷居が高い。＊洒落本・婦美車紫鹿（1774）高輪茶屋の段「どふか久しぶりできたせいか、上り口が高い」

あがり-くる・う【騰狂】〘自ハ四〙馬などが激しく跳びはねる。前脚をあげて狂ったように跳び上がる。＊前田本枕（10C終）一九七・正月一日は「馬のあがりくるふもいとおそろしくおぼゆれば」

あかりこ〘名〙①動物「さわがに（沢蟹）」の異名。＊重訂本草綱目啓蒙（1847）四一・亀鼈「石蟹はやまがに〈略〉へびがに 備前、くちなはがに あかりこ 共に同上」②魚「ぎぎ」の赤色のものをいう。＊重訂本草綱目啓蒙（1847）四〇・魚「黄顙魚 ぎぎ〈略〉又一種河中に赤色のぎぎあり 俗名みこうを 城州・嵯峨、一名〈略〉あかりこ 丹波」 方言❶谷川にいる小さな蟹（かに）。沢蟹（さわがに）。岡山県028 766 ◇**あかりご** 岡山県752 764 767 ◇**あかりこがに**〔―蟹〕熊本県下益城郡930 ◇**あかにご** 鳥取県気高郡717 ❷魚、ぎぎの一種のこと。丹波†039 ◇**あがりこ** 越前†036 ❸卵の黄身。熊本県下益城郡930

あがり-こ【上蚕】〘名〙「あがりかいこ（上蚕）」に同じ。〔語彙（1871-84）〕 方言繭を作ろうとするころの透き通った蚕。新潟県岩船郡366 静岡県志太郡535 岡山県川上郡765 香川県三豊郡829 ◇**あっご** 鹿児島県肝属郡970

あがり-ごい【上鯉】〘名〙死んだ鯉。＊雑俳・

青簾(1716–36)「傾城の年の寄ったは揚り鯉」＊雑俳・柳多留－一九(1784)「聖人の身にもかなわぬあがり鯉」

あがり-こころ【上心】〘名〙増長するこころ。慢心。＊毛利家文書－(永禄元年(1558)月日)・毛利隆元自筆書状(大日本古文書二・六四四)「家中之者心持之事は、幾度申ふり被レ仰旧候ことく、ふとくあかり心の候事、中中不レ及二沙汰一候」

あがり-こ・む【上込】〘自マ五(四)〙①上がってすわる。強引に家の中などにはいる。＊人情本・糸柳(1841か)三・一六回「『先づ御免なさいまし』と上(アガ)り込(コ)む故」＊安愚楽鍋(1871–72)〈仮名垣魯文〉初「野面(のづ)であがりこんだところがあひにくと二会(うら)までいった遊女(をんな)がおいらに出っくわせたらうじゃアねへか」＊化銀杏(1896)〈泉鏡花〉一二「猫がまた五六疋〈略〉のそのそ入って、づうづうしく上(アガ)り込(コ)むで」＊思出の記(1900–01)〈徳富蘆花〉八・一一「思はずゆっくり上り込むで」②昼間に強盗に入ることをいう、盗人仲間の隠語。発音アガリコム〈標ア〉コ〈京ア〉0

あがり-さか【上坂】〘名〙(「あがりざか」とも)登りになった坂。＊日葡辞書(1603–04)「Agarisaca(アガリサカ)〈訳〉上りの斜面、または頂上へ向かう上り坂」辞書日葡

あがり-さがり【上下】〘名〙①(場所、地位などが)上がることと下がること。また、上がったり下がったりすること。＊評判記・色道大鏡(1678)三「いらざる太夫になりしよとはぢしめられ、程なくもとの天神となりき。まもなくあがりさがりする女郎を、寉上河ともいひ、又やねふき傾城といふも」②(音、値段、価値などが)高いことと低いこと。また、高くなったり低くなったりすること。＊徒然草(1331頃)二二〇「いはゆる六時堂の前の鐘なり。その声、黄鐘調のもなかなり。寒暑に随ひてあがりさがりあるべき故に」＊仮名草子・長者教(1627)「さんぎんを、もたざれば、しゃうばいのあがりさかりに付きづかひなし」＊古道大意(1813)上「言(ことば)の清濁(すみにごり)、上下(アガリサガ)りまでを熟したる上にて」＊苦の世界(1918–21)〈宇野浩二〉二・一「どちらにしても君の値うちにあがりさがりはないはずだ」③京都、または近畿地方への行き帰り。＊浮世草子・元禄大平記(1702)四・難波の色は埒もないもの「御腹が段々かさ高になり、揚(アガ)り下(サガ)りの道中に、人目の関守つつましく」④(気分、調子などが)よくなることと悪くなること。また、よくなったり悪くなったりすること。＊道草(1915)〈夏目漱石〉五四「健三の気分にも上(アガ)り下(サガ)りがあった」方言❶虫、かげろう(蜉蝣)。秋田県雄勝郡・平鹿郡130 岐阜県飛騨502 ❷陽炎(かげろう)。愛媛県840 ❸シーソー。奈良県磯城郡678 発音アガリサガリ〈標ア〉リ1 サ〈京ア〉リ1 辞書文明・書言・ヘボン 表記上下(文)印氏(書)下上(へ)

あかり-さき【明先】〘名〙あかりの前方。明るい、前の方。また、光のさしてくる方。＊日葡辞書(1603–04)「Acari saqini(アカリサキニ)タツ〈訳〉照明の前、または、じゃまになる所に立つ」＊爛(1913)〈徳田秋声〉五六「寒い風が陽気な店の明先(アカリサキ)に白い砂を吹立ててゐた」方言❶明かりのさして来る辺り。窓や障子の付近。青森県津軽075 愛媛県840 ❷付け書院にはめた明かり障子。岡山県津山759 香川県木田郡829 発音〈標ア〉0〈京ア〉0 辞書日葡・ヘボン・言海 表記明前(へ)明先(言)

あがり-ざけ【上酒】〘名〙方言一日の仕事が終わってから飲む酒。晩酌。山形県139 新潟県岩船郡362 東蒲原郡368

あがり-ざしき【揚座敷】〘名〙江戸幕府の獄舎の一つ。京都では六角、江戸では小伝馬町牢屋敷の内に置かれた。五百石以下御目見(おめみえ)以上の旗本の未決囚を入れた独房。女でも御目見以上の家のもの、また僧、神主も官位により収容された。↓揚屋(あがりや)。＊諸例類纂－五・牢屋秘事録(古事類苑・法律五一)「揚り座しきは、湯殿雪隠別段に付有レ之候。〈略〉是は御目見以上之入牢、〈略〉給仕人は咎人之内より見出し、番三人附置申候」発音アガリザシキ〈標ア〉ザ 辞書言海 表記揚座敷(言)

あがりざしき-もの【揚座敷者】〘名〙揚がり座敷に収容された未決囚。

あがり-ざま【上様】〘名〙力量、技術などが他よりすぐれていること。また、そのさま。↔劣りざま。＊無名抄(1211頃)「劣りの人の文字はまねびやすく、我よりあがりざまの人の手跡は習ひ似する事難し」発音アガリザマ〈音史〉古くは『あがりさま』と清音か。〈標ア〉0

あがり-さわ・ぐ【騰騒】〘自ガ四〙狂ったようにはねあがる。勢いよくはねまわる。＊枕(10C終)三・正月一日は「馬のあがりさわぐなどもいとおそろしう見ゆれば」

あがり-しな【上―】〘名〙(「しな」は接尾語)上がる時。上がる時のついで。上がりがけ。＊人情本・春色梅児誉美(1832–33)後・七齣「上(アガ)りしなにモウあつらへたはねへ」＊続百鬼園随筆(1934)〈内田百閒〉私塾「上がりしなに見たら、玄関の右手の隅に、漬物樽の様なものが、二つ重ねてあった」発音アガリシナ〈標ア〉0

あかり-しょいん【明書院】〘名〙床の間の手前の脇を縁側に向かって突き出した所。窓と棚板を設け、棚板を机として用いる。付書院(つけしょいん)。明床(あかりどこ)。↓書院。＊家屋雑考(1842)五「附書院 是を書院床、また明床、明書院などもいふ」

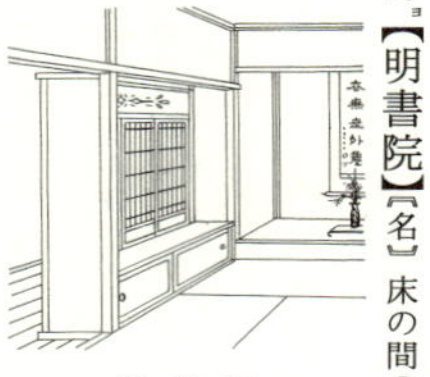
明書院

あかり-しょうじ【明障子】〘名〙明かりを取り入れやすいように、片面だけに白紙を張った障子。現在の紙障子のこと。あかりそうじ。《季・冬》＊江談抄(1111頃)二「先考以二明障子一立二四面一、其中曝二涼家文書一」＊山槐記－治承四年(1180)二月二一日「北面西二ケ間為褻御所、〈所謂夜御殿北庇也〈略〉北孫庇二間敷大文高麗四枚、立明障子〉」＊宇治拾遺(1221頃)五・九「広びさし一間あり、妻戸にあかりしゃうじたてたり」＊井蛙抄(1362–64頃)六「あかり障子をあけて入らむとせられけるを」＊浮世草子・西鶴諸国はなし(1685)四・三「あかりしゃうじ二枚」語誌「障子」は本来室内に立てて仕切りとする家具の総称で、「襖障子」「蔀障子」「衝立障子」などと区別する。片面薄紙張りの採光機能から「明かり」が添えられた。平安後期ごろから現われ、室町時代、書院造の流行にともなって普及していった。発音アカリショージ〈標ア〉ショ〈京ア〉ショ 辞書文明・明応・天正・饅頭・黒本・易林・日葡・書言・言海 表記明障子(文・明・天・饅・黒・易・書・言)

あがり-じょろう【揚女郎】〘名〙揚げ屋に呼ばれて客の相手をする太夫や格子女郎などの高級な遊女。揚げ女郎。揚げ屋女郎。＊評判記・色道大鏡(1678)三「すいふろ・行水ともに、先輩、後輩によらず、兼日(けんじつ)よりきはまりたる其日のあがり女郎(ヂョラウ)先へ入るべし」

あがり-じろ【上城】〘名〙城を取り上げること。＊上井覚兼日記－天正一二年(1584)九月一五日「彼方御陣所之由候へども難渋申候、其故者、三里四方之事者あがり城仕、女童取乱罷居候間、城内に御人数は成まじく候」

あがり-すご・す【上過】〘自サ五(四)〙高くあがりすぎる。＊土井本周易抄(1477)六「あまり上へむけてあかりすごいた程に弗レ過して亢ると云ぞ」

あがり-ぜん【上膳】〘名〙①客などが食べ終わって下げた食膳。また、神仏に供えたあとの膳。お下がりの食膳。＊仮名草子・尤双紙(1632)上・八「むさき物之しなじな〈略〉くひこぼしたるあがりぜん」＊浮世草子・傾城色三味線(1701)鄙・一「あげやの座敷迄推参いたし、女郎のあがり膳(ゼン)を頂て、尾をふって悦び」＊歌舞伎・韓人漢文手管始(唐人殺し)(1789)四「仏の上り膳、せめて未来を助けてやらふ為」②他人が使用した後のもの。おさがり。遊女、他人の妻などについて比喩的にいうことが多い。↓あがりぜん(上膳)を食う。＊歌舞伎・傾城仏の原(1699)二「おのれ新兵衛と物しをって其の上膳(アガリゼン)が何の嬉しからう」＊雑俳・軽口頓作(1709)「有事じゃ、得ては兄ごのあがりぜん」＊洒落本・風俗七遊談(1756)一・妾の譚「常盤は初め九条の雑色にて、義朝の喰ちらしの上り膳(ゼン)で手入らずにはあらず」発音アガリゼン〈標ア〉リ

あがりぜん を 食(く)う 人の揚げた遊女などと密会すること。＊浮世草子・御前義経記(1700)一・凡例「あげ屋入の上まへをはね、明がたのわかれ、門の片角はし女郎のあき局にて、あがりぜんをくひそめてより、密夫(まぶ)といふ事をはじめぬ」

あかり-そうじ【明障子】〘名〙「あかりしょうじ(明障子)」に同じ。＊満佐須計装束抄(1184)一「ぬりごのあかりさうじを、間ごとにおほふ」＊徒然草(1331頃)一八四「すすけたるあかりさうじの破ればかりを、禅尼手づから、小刀して切り廻しつつ張られければ」発音アカリソージ〈標ア〉ソ

あがり-だか【上高】〘名〙①田から刈り入れた稲の高。収穫量。＊不在地主(1929)〈小林多喜二〉六「田に修繕を加へて、少しでも上り高を多くしようとすれば」②商品などの売れた金銭の高。収益の額。また、そのかね。＊夢の女(1903)〈永井荷風〉一三「営業の上り高は、皆お浪が所得である」＊蓼喰ふ虫(1928–29)〈谷崎潤一郎〉一二「コックやママは酒の上り高をくすねる」③催し物、興行などで得た収益の額。＊落語・三軒長屋(1894)〈四代目橘家円喬〉「門弟の勧めに依って千本試合と云ふのを三日間催ほして、其上がり高(ダカ)を以て一つ転宅をしやうと思ふので御坐るが」＊茶話(1915–30)〈薄田泣菫〉バルザック「本さへ出来上ったら、請合って四五十回位は舞台に上せてみせるさ。一回の揚(アガ)り高(ダカ)がざっと五千法(フラン)として」④製品などのできあがった量。発音アガリダカ〈標ア〉0〈京ア〉リ

あがり-だち【上太刀】〘名〙儀式に用いて実用にならない太刀。儀刀。遣太刀。＊随筆・守貞漫稿(1837–53)四「上り太刀と名付て木太刀を黒漆ぬり真鍮具の物唯太刀の形のみなる物、太刀献上の例には用レ之」

あがり-たて【上立】〘名〙方言❶上がり口。奈良県吉野郡683 島根県725 愛媛県840 鹿児島県揖宿郡969 種子島979 ◇**あがるたて** 富山県射水郡394 ◇**あがったて・あがりだち** 島根県隠岐島725 ❷家の上がり口。玄関先。上がりかまち。岐阜県北飛騨499 三重県北牟婁郡054 島根県石見725 広島県771 774 鹿児島県種子島979 ◇**あがあたて** 島根県出雲725 ◇**あがりたち** 三重県度会郡586 ◇**あがりだち** 島根県隠岐島725 ❸土間から座敷へ上がる所のかまち。島根県725 香川県高松市・綾歌郡829 ◇**あがあたて** 鳥取県西伯郡719 ❹玄関先に設けられた板敷き。式台。◇**あがあたて**とも。島根県出雲724 ❺階段などの登り口。徳島県809 ❻道路から「かど(家の前方)」に登る道。兵庫県赤穂郡061 ❼病気全快の直後。◇**あがりたち・あがあたち** 島根県出雲725 ◇**あがたち** 島根県725 ◇**あがだち** 島根県石見725 ❽稲などの病気が回復すること。◇**あがだち** 島根県那賀郡725 ❾田植え後の苗植え痛みが治ること。◇**あがたち** 島根県出雲市725 ↓あがりと(上処)/あがりばな(上端)

あがり-だん【上段】〘名〙高い所へ登るために設

けられた段。階段。のぼりだん。＊洒落本・婦美車紫鹿(1774)高輪茶屋の段「どの女郎やでもあがりだんにおれが顔がみへると」＊雑俳・柳多留‐二三(1789)「上り段があぶないと治部気をつけ」＊坑夫(1908)〈夏目漱石〉「上がり段の方を眺めてゐると」方言❶玄関。千葉県東葛飾郡063 ❷上がり口。熊本県天草郡936 ❸土間から座敷へ上がるかまち。香川県大川郡829 発音アガリダン〈なまり〉アガッダン〔千葉〕〈標ア〉0〈京ア〉ダ 辞書〈ボン・言海 表記上段（へ・言）

あがり-だんご【上蔟団子】〘名〙蚕が繭をつくるために上蔟(じょうぞく)した時、祝って神に供えたり近所に配ったりするだんご。《季・夏》

あがり-ち【上地】〘名〙近世、上級の領主によって召し上げられた土地。あげち。＊文明本節用集(室町中)「上地 アガリチ」＊歌舞伎・曾我中村穐取込(1826)一・四「諸領屋敷を召上げられ、〈略〉三箇の荘も上(ア)がり地(チ)にて、仏事供養も心に任せず」＊武家名目抄(19C中か)公事部・上り地「続武家閑談云。松倉豊後守は大胆大志の将なり。肥前有馬の地を拝領す。是は高橋右近上り地なり」辞書文明 表記上地（文）

あがり-つ・く【上付】〘他カ四〙（「あがる」は「飲む」「食う」の尊敬語）召し上がる習慣がつく。＊浄瑠璃・松風村雨束帯鑑(1707頃)一「人の性によって乳の合はざることも有。あがり付迄いつ迄も御乳をかへて見んと存」

あがり-つま・る【上詰】〘自ラ五(四)〙極限まで上がる。あがりつめる。＊土井本周易抄(1477)一「此は君位で九五をへあがって、末に成てあがりつまった時の心ぞ」

あがり-つ・める【上詰】〘自マ下一〙極限まで上がる。あがりつまる。＊一夜(1905)〈夏目漱石〉「上がり詰めた上には獲物もなくて」

あかり-て・る【明耀】〘自ラ四〙光り輝く。＊書紀(720)神代・下(水戸本訓)「一の神有りて天の八達之衢(やちまた)に居り。その鼻の長さ七咫(あた)、〈略〉且口尻明耀(アカリテレ)り」

あがり-でんじ【上田地】〘名〙江戸時代、逃亡または失踪(しっそう)した農民の田地の公収されたもの。その村全体、または総代が耕作し、年貢を納めるのを通例としたが、後には入札処分されることが多くなった。＊地方凡例録(1794)四「上り田地と云は、欠落逐電の百姓田地、古来は科(とが)有無に不ㇾ拘、都て取上に致し、村惣作になる法成しに、近年来は借金等相嵩み、身上続き難、無ニ是非一故致ニ欠落一科なければ田畠とり上に不ニ相成一子孫の者致ニ相続一」辞書〈ボン

あがり-と【上処】〘名〙方言❶上がり口。福井県敦賀郡443 愛知県知多郡570 鳥取県気高郡717 愛媛県840 ◇あがりっと 静岡県志太郡535 磐田郡543 ◇あがっと 三重県伊賀585 ◇あがっとばな〔―端〕神奈川県津久井郡317 ❷家の上がり口。玄関先。秋田県鹿角郡132 福井市428 岐阜県飛騨502 兵庫県神戸市665 奈良県南大和683 和歌山県690 島根県鹿足郡739 山口市791 愛媛県松山846 高知県幡多郡870 ◇あがりっと 埼玉県北葛飾郡258 長野県諏訪481 上伊那郡488 静岡県安倍郡521 ◇あがんど 島根県鹿足郡739 ◇あがっと 千葉県270 288 301 静岡県520 安倍郡521 滋賀県神崎郡648 ◇あがと 岩手県気仙郡100 秋田県鹿角郡132 千葉県海上郡268 ◇あがりとばな 岐阜県飛騨502 ❸土間から座敷へ上がる所のかまち。三重県一志郡589 大阪府泉北郡646 鳥取県西伯郡718 島根県石見・大原郡725 山口県長門798 高知県860 ◇あがあと 鳥取県西伯郡719 ◇あがど 秋田県鹿角郡132 ❹台所へ上がる所。◇あがっと 三重県伊賀585 ❺台所。◇あがっと 三重県名賀郡585 ❻家の上がり口にある広間。静岡県520 ◇あがりっと 静岡県田方郡530 ❼坂道や階段などの登り口。◇あがりっと 栃木県198 ↓あがりたて(上立)／あがりばな(上端)

あかり-どこ【明床】〘名〙「あかりしょいん(明書院)」に同じ。

あかり-とり【明取】〘名〙①「あかりまど(明窓)」に同じ。＊日葡辞書(1603‐04)「Acaritori (アカリトリ)〈訳〉そこから明かりがはいる、土間や屋根の窓」＊浮世草子・好色一代女(1686)二・三「居間のかた隅をふかくほりて、明取(アカリトリ)の隠し窓ほそく」＊吾輩は猫である(1905‐06)〈夏目漱石〉七「仰向けに寝て、高い明かり取を眺めて居るのと」②外の光の採り入れぐあい。＊二人女房(1891)〈尾崎紅葉〉下・二「明取(アカリトリ)の好い、風通の好ささうな二階よ」③目をいう、大工仲間の隠語。辞書日葡・〈ボン・言海 表記明取（へ・言）発音〈標ア〉リ〈京ア〉ト

あがり-なまず【上鯰】〘名〙①（死ぬと浮き上がるところから）死にそうになったナマズ。また、死んだナマズ。＊浄瑠璃・四天王最後(1661)四「あまりにをのれがどうよくしんゆへ、あがりなまずのみづのむごとく口へもいらざるみづをのみ」②転じて、何の役にも立たない人をいう遊里語。＊評判記・色道大鏡(1678)一「あがり鯰(ナマズ)〈略〉鯰といふ魚(いを)は、生(いき)ながらも人さして食せず、ましてあがりたる鯰(ナマズ)は、人もてはやさざるによりて、何の用なき者にたとへていふ」③（「ぬめり」を失う意から）遊興で金銭を使い果たした者をいう遊里語。＊仮名草子・浮世物語(1665頃)一・六「三味線を引寄せ、でつるてんと引(ひく)撥音(ばちをと)、頓(やが)て買手をあがり鯰(ナマズ)にせんといへる響あるぞゆゆしき」＊仮名草子・都風俗鑑(1681)一「たいこなどにそそのかされて、〈略〉めったとつかひすてて、程なくあがり鯰(ナマズ)と成なり」＊随筆・柳亭記(1826頃か)下「あがり鯰も金銀を遣ひうしなひしをいふ、昔は衣裳なんどだてを尽し、遊所にたちいる者の類をぬめりのなくなるゆゑ、その如くぬめる事のならざる意なり〈略〉京にも江戸にも此詞あり」

あがり-の-みや【殯宮】〘名〙「あらきのみや(殯宮)」に同じ。

あがり-ば【上場】〘名〙①川や海などで舟から岸に上がる所、また、舟に乗る所。船着き場。＊太平記(14C後)一七・江州軍事「舟より下(おり)ける処へ、三千余騎にて推し寄せ、襄(あげ)も立てず戦ひける程に、或ひは遠浅に舟を乗りすゑ、襄場(アガリバ)に馬を下し兼て」＊玉塵抄(1563)二〇「べうべうとした大河をわたれば、どこがあがりはのきわともないぞ」＊日葡辞書(1603‐04)「Agariba (アガリバ)〈訳〉下船する所」＊浮世草子・新吉原常々草(1689)下「ふねいそがせあがりばは 坂本庄左衛門かたにて風情つくろひ行 坂本悪所の舟宿也」②浴室の一部で、脱衣をする所。あがりま。あがりや。＊太平記(14C後)一三・北山殿謀叛事「俄に温殿(ゆどの)をぞ作られける。其の襄場(アガリバ)に板を一間(ひとま)蹈めば落つる様に構へて」＊親元日記‐寛正六年(1465)四月二九日「御会所御風呂不ㇾ置ニ御火鉢一御あかり場に御団扇置ㇾ之」＊日葡辞書(1603‐04)「Agariba (アガリバ)〈訳〉浴室の、着物を置く場所」＊浮世草子・好色一代女(1686)五・二「座をとって風呂敷のうへになをれば、分(わけ)のあるかたへもなき人にも、揚場(アガリバ)の女ちかよりて」＊談義本・銭湯新話(1754)一・舟の足を見て福を得たる話「風呂へも入らず揚(アガ)り場(バ)に悠然と烟草(たばこ)呑ながらの物語」発音アガリバ〈なまり〉アガリッパ・アガリパ・アガリーバ〔秋田鹿角〕アガリッパ・アガリパ・アンガリパ〔秋田〕〈標ア〉0〈京ア〉0 辞書文明・日葡・〈ボン・言海 表記上場（文・言）上場（へ）

あがり-はか〘名〙（「に」を伴って副詞的に用いる）そればかりか。そのうえに。＊仙台方言(1817頃)通用「あがりはかに。事の終に。又その始を継ぎかさぬるを云。剰へと云が如き所に用ゆ。又た終にはと云ことにも用ゆ。よいほと酒をのんだ上に、あがりはかに、だだをする、など云類」方言❶田植えの時の苗一株分の最後の幅。宮城県仙台市125 ❷物事の最後の部分。宮城県仙台市125

あがり-ばた【上端】〘名〙家の上がり口。入り口。あがりはな。＊滑稽本・八笑人(1820‐49)初・一「そんなら爰へもってきて下っし、ト上(アガ)り端(バタ)へ出(い)でわらぢをはく」＊あの道この道(1928)〈十一谷義三郎〉二「やがて血の気の無い唇を噛みしめて立ち上り、あがりばたへ出て来て血走った眼を据ゑて何か云はうとした」発音アガリバタ〈標ア〉0

あがり-ばな【上花】〘名〙（もと、遊里、料理屋などの用語）入れたての煎茶(せんちゃ)。また、一般に、茶をいう。でばな。あがり。＊俳諧師(1908)〈高浜虚子〉二二「上(アガ)り花(バナ)を入れ更へてそれから三人で桜餅を食べたっけ」語源説「茶を引く」の茶を忌み、客が「あがる」(登楼する)ようにと縁起を祝って言いはじめた語。「はな」は出端(でばな)、或は花(線香)の意ともいう〔上方語源辞典＝前田勇〕。発音アガリバナ〈標ア〉0〈京ア〉0

あがり-ばな【上端】〘名〙（「あがりはな」とも）①家や階段などの上がり口。あがりばた。＊雑俳・蘐姑柳(1785)正月二五日「上(アガ)りはなおし分けて娵(よめ)逃げるなり」＊洒落本・青楼昼之世界錦之裏(1791)「大黒ばしらのきは上りはなにはていしゅ(喜左衛門)きせるのさきでさしづしてゐる」＊俳諧・鶉衣(1727‐79)拾遺上・一八八・旅論「案のごとくあゆみつかれては泊を待かね、わらぢの緒はときたれど揚りばなに両手をつき」＊抱擁家族(1965)〈小島信夫〉四「良一は階段のあがりはなのところで、ぼんやりつっ立っていた」②物価などが上がりかけの時。上がりはじめ。方言❶土間や庭などから座敷へ上がる所。◇あがりぱ 秋田県河辺郡・北秋田郡130 ◇あがりっぱ 岩手県紫波郡093 秋田県山本郡・鹿角郡130 ◇あがりぶち〔上縁〕新潟県上越市382 ❷家や階段などの上がり口。◇あがりがけ 愛媛県周桑郡054 ◇あがりさき〔上先〕愛媛県840 ❸台所への上がり口。◇あがりぶち 山形県村山・新庄市139 ❹台所に面した板敷きの床。◇あがりはな 群馬県勢多郡236 ◇あがりばん 山形県西村山郡・北村山郡139 ❺日の出の時刻。早朝。◇ありばな 沖縄県黒島996 ↓あがりたて(上立)／あがりと(上処)。発音アガリバナ〈標ア〉0〈京ア〉0

あがり-ばん【上番】〘名〙近世、銭湯で上がり湯の湯船のそばにいて、客のために上がり湯をくむ仕事。また、その男。湯汲(ゆくみ)。＊滑稽本・浮世風呂(1809‐13)四・上「湯汲の若者(わかいしゅ)のことを、上(アガ)り番(バン)と云って、大概何所(どこ)の湯やでも、あがり番(バン)と焚番(たきばん)は毎日代り合ふ」

アカリファ〘名〙（ラテン Acalypha）タカトウダイ科エノキグサ属の属名。熱帯、亜熱帯産。園芸では、温室栽培する観葉植物数種の総称。学名は Acalypha

あがり-ふじ【上藤】〘名〙紋所または、模様の名。二房(ふたふさ)の藤の花を上向きに左右から輪にした形。↕下藤(さがりふじ)。＊雑俳・柳多留‐一二三別(1833)「義に死て猟犬の名も上り藤」＊二人女房(1891)〈尾崎紅葉〉中・二「いかなる紋かと聞くに、藤は藤なれど上り藤に大字(だいのじ)とはいかさま持余し物」発音アガリフジ〈標ア〉リ〈京ア〉リ

あがり-ふだ【上札】〘名〙（札を用いる勝負事で）それが手にはいれば勝になるという札。＊大道無門(1926)〈里見弴〉白緑紅・三「ひとの上(アガ)り札(フダ)を抑へるやうな油断のならないところもあって」発音アガリフダ〈標ア〉リ

あがり-ふみ【上踏】〘名〙家人の不在中に屋根などから忍び入って盗むこと、また、万引き、窃盗をいう、盗人仲間の隠語。〔日本隠語集(1892)・隠語輯覧(1915)〕＊現代術語辞典(1931)「上り踏　玄関、店先等に来客が脱ぎおきたるトンビ帽子などを窃取する賊」

あかりべす『名』植物「あかすぐり（赤酸塊）」の異名。

あがり-ま【揚間】『名』「あがりば（上場）②」に同じ。＊浮世草子・好色二代男（1684）六・五「揚間（アガリマ）は弐間つづきの亟（せん）にてふさぎ、〈略〉板の間には敷捨（しきすて）の円座、湯桶其外新しく」

あがり-まい【上米】『名』売買などの仲介者が、代金や品物の一部を取ること。うわまい。うわまえ。＊歌舞伎・傾城黄金鱐（1782）序幕「さすが宇治の名物じゃ、どふやら花香がする様な、一ぱい上りまいをはねたい物じゃが」

あがり-まち【上一】『形動』増長して高慢なさま。うぬぼれて偉ぶるさま。＊御伽草子・鴉鷺合戦物語（室町中）「さしもなきものの分際をしらず、諸事にあがりまちなる所を申ばかりにて候」＊俳諧・犬筑波集（1532頃）春「空にのみあがりまちなる雲雀哉　野はつくつくしはかまきにけり」＊玉塵抄（1563）一八「手かけがおごって本夫人のやうに上（アカ）りまちになったぞ」＊仁説問答師説（1688〜1710）宝永三年講「常住なりやいに心のそこぬ様に、かりそめにもあがりまちにならぬ様に、事を執れば」

あがり-まつ【上松】『名』正月の飾り松。長野県北安曇（あずみ）郡でいう。日の出松。

あかり-まど【明窓】『名』採光を目的とした窓。あかりとり。＊俳諧・若狐（1652）上・一「ひらき置たる篝木の巻　はれやかに月もさし入あかり窓〈友直〉」＊浮世草子・好色五人女（1686）五・三「南のかたに明り窓有て」＊破戒（1906）〈島崎藤村〉三・三「明窓（アカリマド）の障子を開けて見ると」 発音〈標ア〉[マ]〈京ア〉[マ] 辞書〈ボン〉 表記 天窓（ヘ）

あがり-まゆ【揚繭】『名』製糸工程中、繭の解舒（かいじょ）が不良になり、緒口（いとぐち）が出ないため繰糸（そうし）不能になった繭。絹紡糸、真綿の原料とする。

あがり-め【上目】『名』①目じりのつり上がった目。⇔下がり目。＊日本橋（1914）〈泉鏡花〉四「猿眼（さるまなこ）に、猫の目、上り目、下り目、団栗目」＊雪たゝき（1939）〈幸田露伴〉上「主人が観た男は、額広く鼻高く、上（アガ）り目の、朶（たぶ）少き耳」②物事の上がりはじめの時。また、上がる兆候。＊俳諧・犬子集（1633）一〇・冬「のめや宇治茶は良薬ぞかし　あかりめになる網代木のつなぎ鯉」＊黄表紙・莫切自根金生木（1785）中「これはまたとんだ事だ。あがりめが見へたなら、売らずにおけばヱヱに」＊滑稽本・客者評判記（1811）下「夜夜稽古してあるくにも、屋敷町の往来たえた所をあるき、少し上（アガ）りめの見えた所で」③坂道を上がった所。＊ロドリゲス日本大文典（1604〜08）「A-garime（アガリメ）〈訳〉上り坂の終わり」 方言 大病後に起こる視神経症。熊本県玉名郡058 発音 アガリメ〈標ア〉①は[リ][メ] ②③は[0]〈京ア〉[0]／①は⓪

あがりめ下（さ）がり目（め）「あがり目さがり目ぐるっと回って猫の目」などと言いながら両方の人差指で両方の目じりを押して回す、子供の遊戯。＊俚言集覧（1797頃）「あがり目さがり目ぐるぐる環の猫の目」＊滑稽本・小野𥶡譃字尽（1806）人相小かがみ幷図論「あァがりめ、さァがりめ、ぐるりとまはってねへこのめ」＊銀の匙（1913〜15）〈中勘助〉前・四八「あんがりめさんがりめなんといって両手で眼玉をごむみたいに伸び縮みさせたりする」

あがり-めん【上免】『名』近世、年柄や検地の結果などにより、年貢の免（租率）の上がること。

あかり-も【明藻】『名』植物「い（藺）」の異名。＊浄瑠璃・用明天皇職人鑑（1705）四「則其薬といっぱ、ごしつあかりも廿日草、ねずみの尾花末つむ花」＊浄瑠璃・用明天皇職人鑑（1705）道行「あかりもとは、とうしん草」

あがり-もの【上物・揚物】『名』①神仏に供える品。社寺に寄進する品物。＊浮世草子・万の文反古（1696）二・一「さる御かたの御息女御死去なされ其あがり物を調（ととの）へ遣はし申候」＊雑俳・柳多留-二一（1786）「若後家は上りものたと和尚しめ」②官、公に没収されたもの。＊浄瑠璃・長町女腹切（1712頃）下「伯母さへしぬれば科（とが）はひとりに極って、脇指は上り物、外に御せんぎは残るまい」＊歌舞伎・上総綿小紋単地（上総市兵衛）（1865）二幕「扨気の毒千万な、次郎兵衛どのの家財は残らず上へ上（アガ）り物（モノ）」③（②の意から）役に立たなくなったもの。また、使い古して不用になった物。すたりもの。お古。＊浄瑠璃・弘徽殿鵜羽産家（1715）三「召人伊賀の介が家財闕所、女房はあがり物此方へ召取たり」＊社会百方面（1897）〈松原岩五郎〉晩商「兵服の廃（アガリ）物は多く足袋に用ゆ」④宮仕えする下男、下女。⑤飲食する人を敬って、その飲食物をいう語。めしあがりもの。＊椀久物語（1899）〈幸田露伴〉六「万般が其様では食物（アガリモノ）其他、御気にそまぬことも一つ二つではござりますまい」⑥田畑などから収穫したもの。農産物。⑦家賃、地代などの収入。＊大つごもり（1894）〈樋口一葉〉上「貸長屋の百軒も持ちてあがり物（モノ）ばかりに常綺羅（しゃうきら）美々しく」 方言❶使い古して要らなくなったもの。お古。廃物。島根県隠岐島725 邑智郡735 ◇あがいもん 鹿児島県961 963 968 ❷葬式の後、寺に納める死者の着物、帯など。愛知県北設楽郡054 島根県邇摩郡725 発音 アガリモノ〈標ア〉[0]〈京ア〉[0] 辞書 文明 表記 上物（文）

あかり-もり【灯守】『名』灯台の火を守る人。灯台守。＊鮫（1937）〈金子光晴〉燈台「それこそは天の燈守（アカリモリ）」

あがり-や【揚屋】『名』①江戸時代の牢屋の一つ。江戸小伝馬町の牢屋敷に置かれ、御目見（おめみえ）以下の御家人、陪臣（ばいしん）、僧侶、医師などの未決囚を収容した雑居房。西口の揚屋は女牢（おんなろう）といって、揚座敷（あがりざしき）に入れる者を除き、武家、町人の別なく、女囚を収容した。→揚座敷。＊咄本・私可多咄（1671）一「中中にくい事じゃ。らうとはきこへぬ、せめてあかりや共なふてと、ののしる」＊浄瑠璃・北条時頼記（1726）一「いささかの科により、上りやに押込られ、姿もかはり身もやせて」＊御触書天明集成-四八・明和四年（1767）一一月「三奉行え　御家人押込に相成候科之者、数日揚屋え入置候に付」②「あがりば（上場）②」に同じ。＊川角太閤記（1621〜25頃か）一「風呂御入被成候て、あかりやに御腰を被掛」＊雑俳・千枚分銅（1704）「揚り屋へそなたを呼に来たかった」 発音 アガリヤ〈標ア〉[0] 辞書〈ボン・言海〉 表記 監倉（へ） 揚屋（言）

あがりや-いり【揚屋入】『名』揚屋に入牢させること。また、入牢させられること。 発音 アガリヤイリ〈標ア〉[0]

あがりや-おんなろう【揚屋女牢】（…をんなラウ）『名』江戸小伝馬町の牢屋敷で揚屋の内を仕切って、御目見（おめみえ）以下の武家、町人等の婦女を入れた牢。＊諸例類纂-五・牢屋秘事録（古事類苑・法律五一）「女は侍、町人によらず、揚屋女牢別段に仕切有」之候」

あがり-やしき【上屋敷】『名』江戸時代、犯罪人から没収して官有とした屋敷。＊浄瑠璃・最明寺殿百人上臈（1699頃）上「建暦以来御かんきむほんの輩（ともがら）の、あがりやしきの明地多し」＊財政経済史料-八・土木・邸宅・享保一三年（1728）二月「町々に有」之上り屋敷、幷年久敷明地等」 辞書〈ボン〉

あがりやった-か『連語』 方言 ⇨おあがり（御上）

あがりや-なわ【揚屋縄】（…はな）『名』揚屋入りの未決囚に縄を掛けること。また、その掛け方。左右両方の小手をゆるく縛る。＊牢獄秘録（17C中）牢内縄之事「揚り屋縄といふは、両方の小手をゆるく縛る也」

あがりや-もの【揚屋者】『名』江戸小伝馬町の未決牢、揚屋に収容された者。＊市中取締類集-取締筋雑之部二冊之内・二・天保一三年（1842）七月「揚屋ものは町人足に而非人足遣ひ不申候」

あがり-ゆ【上湯】『名』①風呂から上がるとき、からだを流すために用いるきれいな湯。かかり湯。＊談義本・銭湯新話（1754）二・武蔵国谷保天神の由来「湯は幾盃汲（くみ）をるやら、板の間半分己が揚湯（アカリユ）で仕廻」＊滑稽本・旧観帖（1805〜09）初・一「上りゆの口へゆき『ヤレハア少（ちちとべい）な風呂だア』」②風呂から上がる時、からだを清めるためにはいる浴槽。＊浮世草子・好色一代男（1682）一・六「うす約束するよりはや、あがり湯（ユ）のくれやう、ちらしをのませ」＊随筆・守貞漫稿（1837〜53）二二「京師浴戸〈俗に風呂屋と云〉〈略〉湯は笘風呂と云て湯槽也。桶風呂には非ず、蓋湯槽大小二つを設け初め大槽に入り垢を磨て後、小槽にて再浴し体を浄め上る。是を上り湯と云」 発音 アガリユ〈標ア〉[0]〈京ア〉[0]

あがり-ようかん【上羊羹】（…ヤウカン）『名』（藩主の召し上がる羊羹の意）赤小豆、白砂糖、小麦粉を主な原料として製した一種の柔らかい蒸し羊羹。

あがり-よぎ【上夜着】『名』寺へ寄進された夜着。多くは故人が愛用していたもの。＊雑俳・ももの日（1704）「寝心のさびしき寺の上り夜着」＊雑俳・丹舟評万句合（1704〜11）「いやらしや・ね心寺のあがりよぎ」

あか-りんご【赤林檎】『名』和林檎の一系統。果実が成熟するにつれて紅色を呈するリンゴの呼称。べにりんご。＊重訂本草綱目啓蒙（1847）二六・山果「あかりんご〈略〉形状林檎に似て葉細長し花は林檎に同じ。熟して内外ともに深紅にして柔軟なり」

あかる『名』剣のことをいう、盗人仲間の隠語。〔日本隠語集（1892）〕

あか・る【赤】『自ラ四』①赤らむ。赤くなる。赤く映える。＊万葉（8C後）一九・四二六六「もののふの　八十（やそ）伴の男の　島山に　安可流（アカル）橘　髻華（うず）にさし〈大伴家持〉」②酒に酔って顔などが赤くなる。＊延喜式（927）祝詞・大嘗祭（九条家本訓）「豊明（とよのあかり）に明（アカリ）坐さむ皇御孫の命のうづの幣帛（みてぐら）を」③顔色のつやがよくなる。血色がよくなる。＊書紀（720）応神一三年九月・歌謡「三栗の　中つ枝の　ふほごもり　阿伽例（アカレ）るをとめ　いざささかばえな」 発音〈標ア〉[0] 辞書 言海 表記 赤（言）

あか・る【明】『自ラ四』①明るくなる。また、灯火がよく光を出す。＊枕（10C終）一・春はあけぼの「やうやうしろくなり行く山ぎは少しあかりて」＊日葡辞書（1603〜04）「Acari, u, atta（アカル）〈訳〉光りを与える、または、輝く。さらにまた、カンテラに十分な燈火を与える」＊邪宗門（1909）〈北原白秋〉朱の伴奏・序楽「廃れたる夢の古墟（ふるつか）、さとあかる我室（わがむろ）の内」②清くうるわしくなる。→あかるたえ（明妙）・あかるにきて（明和幣）。＊書紀（720）神代上（水戸本訓）「素戔鳴尊、天（あめ）に昇（のぼ）りせむとする時に一の神有り。号（な）は羽明（はアカル）玉」③雨が晴れる。雨があがる。＊日葡辞書（1603〜04）「Acatta（アカッタ）〈訳〉曇っていたり雨がちであったりの天気が晴れる」＊尾張方言（1749）「あがる　霽　京にあかるといふ赤あかうなるといふ」＊大坂繁花風土記（1814）京大坂言葉違ひ「雨のあかるを、あがる。是はただ清むと濁るとの違なれど、少しの事にて大に違ふ」 語誌 上代には、「照る」や「にほふ」からも類推できるように、光と色とがまだ分化しきっていなかった（→あか・あかい）。中古には「枕草子」の例以外には用例を見出し難く、色に重点をおく場合は「赤む」を用いるのが普通だったようである。なお、この「枕草子」の例については「赤る」とする説もあるが、曙の日の光と色の未分化のまさにその一瞬を描くために選ばれた語と考えられる。方言 ❶明るくなる。愛知県名古屋市561 兵庫県加古郡664 大分県臼杵市038 ❷雨がやむ。晴れる。滋賀県彦根609 京都府北部629 大阪市638 兵庫県但馬654 福岡県872 長崎県佐世保市902 伊王島907 熊本県玉名郡058 ❸灯がともる。三重県585 広島県比婆郡774 ❹火が燃える。新潟県東蒲原郡368 長崎県福江市038 発音〈標ア〉⓪ 辞書 日葡・言海 表記 明(言)

あか・る【散・別】〘自ラ下二〙(「あかつ」に対する自動詞で、集まっている複数のものが、いくつかに分かれてどこか別々の場所に分散するの意) 分散して方々へ向かう。ちりぢりになる。＊西大寺本金光明最勝王経平安初期点(830頃)一〇「外にして諸の人散(アカレ)て王子を覓るに、遍く求むれども」＊地蔵十輪経元慶七年点(883)六「諸の阿素洛驚き怖き退(そ)き散(アカレ)ぬ」＊延喜十三年亭子院歌合(913)「上達部、階(はし)の左右にみなあかれてさぶらひ給ふ」＊蜻蛉(974頃)下・天禄三年「『火しめりぬめり』とてあかれぬれば、いりてうちふすほどに」＊宇津保(970-999頃)俊蔭「いとまたびて、みな十、二十人とあかれて、夜べの道を求め奉る」＊源氏(1001-14頃)若菜下「内裏(うち)の御猫の、あまたひき連れたりけるはらからどもの、所々にあかれて、この宮にも参れるが」 語誌 (1)上代での確例は見られない。類義の語に「わかる(分)」(下二段)があるが、中古和文資料・訓点資料における「あかる」と「わかる」とを比較すると、両語とも複数のものが複数にわかれることを表わす点では共通するが、「あかる」は単に複数にわかれるだけでなく、わかれたもの(主に人、ほかに琴、猫など)が、どこかある場所に向かって行ったり、家に帰ったり、あるいは貰われていって散り散りになったりすること(移動・帰着)をも表わして使われる。それに対して、「わかる」は単なる別離・分化のみを表わし、特に移動・帰着の意味を持たず、その場所・方向を表わす格助詞「に」「へ」などを伴う例はまれである。(2)中世後期以降特に用例が少なくなるが、「日葡辞書」の補遺で「詩歌語」とされ、文語化しているのがうかがえる。↓「あかつ(散・頒)」の語誌。 語源説 アはアル(散)、カルはカル(離)の意〔日本語源=賀茂百樹〕。 発音〈標ア〉カ 辞書 名義・日葡・言海 表記 分(名) 別(言)

あか・る【開】〘自ラ五(四)〙閉まっていたものが開く。また、へだて、おおいなどが除かれる。あく。＊落語・臆病源兵衛(1897)〈三代目柳家小さん〉「早桶ぢゃア無い、葛籠(つづら)に這入って居るのだ…開かる開かる。開か無かった日には地獄へ落ちるのだからな」＊三四郎(1908)〈夏目漱石〉四「馬尻(ばけつ)を暗い縁側へ置いて戸を開ける。成程桟の具合が善く分らない。〈略〉『まだ開(ア)からなくって』」 発音〈標ア〉⓪ 辞書 言海 表記 明(言)

あかる〘動〙方言 ❶容器から水などがこぼれ出る。青森県津軽075 岐阜県040 静岡県志太郎535 ❷大雨が降る。青森県津軽075 ❸血や膿(うみ)などがたくさん流れ出る。青森県津軽075

あが・る【上・揚・挙・騰】㊀〘自ラ五(四)〙㊀下の方から上の方へ移る。①低い所から高い所へ移る。上のほうに移動する。また、物の上に乗る。＊万葉(8C後)一九・四二九二「うらうらに照れる春日にひばり安我里(アガリ)心悲しもひとりし思へば〈大伴家持〉」＊枕(10C終)三六・七月ばかりいみじうあつければ「格子のあがりたれば、御簾(みす)のそばをいささかひきあげて見るに」＊虎明本狂言・右流左止(室町末-近世初)「たかき山にあがり、てんにむかひ」＊浮世草子・傾城色三味線(1701)鄙・四「すぐに二かいざしきに上らせらるれば」＊城のある町にて(1925)〈梶井基次郎〉手品と花火「やがて幕があがった」②空中に浮かぶ。また、雲が空に広がる。＊平家(13C前)一一・那須与一「鏑(かぶら)は海へ入りければ、扇は空へぞあがりける」＊歌舞伎・好色芝紀島物語(1869)四幕「『曇ったせゐか暗くなった』『北からずんずん上(アガ)るから、後にゃあ一降り掛るだらう』」＊破戒(1906)〈島崎藤村〉四・一「黄に揚(アガ)る塵埃を満身に浴びながら」＊鶏(1909)〈森鷗外〉「旭町で花火が上がる」③水上、水中から陸上へ移る。上陸する。下船する。また、魚などが水揚げされる。＊平家(13C前)灌頂・女院出家「魚の陸(くが)にあがれるがごとく、鳥の巣をはなれたるがごとし」＊虎明本狂言・蛸(室町末-近世初)「是ほどなる大だこのあがりたる事のなきと申て」＊日葡辞書(1603-04)「フネ ヨリ agaru (アガル)〈訳〉下船する」＊俳諧・奥の細道(1693-94頃)旅立「千じゅと云所にて船をあがれば」④地中から地上へ出る。草などが生える。＊虎明本狂言・宗論(室町末-近世初)「あをあをとした物が四五十あがるを」＊虎寛本狂言・竹の子(室町末-近世初)「隣の藪から根をさいて見事な筝(たけのこ)が上った」⑤風呂から出る。＊夜の寝覚(1045-68頃)一「ただいま御湯よりあがらせ給ひて、けふは御心地いかがおはしますらむ」＊平家(13C前)一〇・千手前「女房、介錯(かいしゃく)して、やや久しう浴(あ)み、髪洗ひなんどしてあがり給ひぬ」＊日葡辞書(1603-04)「フロまたはユヨリ agaru (アガル)〈訳〉浴場から出る」＊咄本・鯛の味噌津(1779)居風呂「やや久しくして、海老(ゑび)のごとく赤くなりて風呂よりあがる」⑥外から家の中へはいる。＊咄本・昨日は今日の物語(1614-24頃)下「あがらふとしても、縁が高さにあがりかねて」＊俳諧・炭俵(1694)上「不届な隣と中のわるうなり〈岱水〉はっち坊主を上へあがらす〈利牛〉」＊当世書生気質(1885-86)〈坪内逍遙〉六「是より両人池の端の蓮玉〈ごぞんじのそばやなり〉へあがりしばらく盃のやりとりあり」＊二少女(1898)〈国木田独歩〉上「上(アガ)ると長座(ながく)なるから…」⑦遊女屋にはいって遊ぶ。妓楼に登楼する。＊洒落本・交代盤栄記(1754)「巻しの〈略〉此御かた道中の粧ひよく器量もよし。一体発明にして気しつにつよき所有故に九こんもつよくあかれどもみだるる事なく、心ただしく、客衆のとり廻し能、遊びに好味ありてよし」＊洒落本・通言総籬(1787)二「八つを打てあがるきゃくは、みんなあのくらいなもんだ」＊当世書生気質(1885-86)〈坪内逍遙〉七「酔ったあまりに車に乗じて、一も二もなく須河を引張ってリイブ(住吉屋の事敷)へ登楼(アガッ)たと仮定せよ」⑧学校にはいる。おもに小学校についていう。＊日の出(1903)〈国木田独歩〉「僕が大島学校に上(アガ)ってから四五日目で御座いました」＊二筋の血(1908)〈石川啄木〉「末児はまだ学校に上らなかったが」⑨(血が頭に上る意)のぼせてぼうっとなる。ふだんの落ち着きを失う。㋑「気があがる」の表現の場合。＊蜻蛉(974頃)中・天禄二年「気(け)やあがりぬらん、心ちいと悪しうおぼえて、わざといと苦しければ」＊源氏(1001-14頃)賢木「御けあがりて猶なやましうせさせ給ふ」＊日葡辞書(1603-04)「キガ agaru (アガル)〈訳〉頭に血が上る。または、顔が燃えるようになる」㋺「あがる」の主語が表わされない場合。＊滑稽本・浮世風呂(1809-13)前・上「湯気(ゆけ)に上(アガ)ったさうだ。ヲイ、番頭、目を回した人があるぜヱ」＊吾輩は猫である(1905-06)〈夏目漱石〉七「早く上がらんと湯気にあがるが」＊桐畑(1920)〈里見弴〉好敵手・三「試験場に出ると、すっかりあがって了(しま)って」⑩流れのもとの方へ行く。特に、昔へさかのぼる。↓上がりたる世・上がりての人・上がりての世。＊栄花(1028-92頃)鶴の林「人々多かる中に、あがりてもかばかり幸あり、すべき事の限り仕うまつりたる人候(さぶら)はず侍り」＊大鏡(12C前)一・後一条「大織冠よりはじめ奉りて申すべけれど、それはあまりあがりて、この聞かせ給はん人々も〈略〉何事ともおぼさざらんものから」⑪巫女(みこ)などに乗り移っていた神が天に帰る。＊平家(13C前)一・願立「『それを不足におぼしめさば力及ばず』とて、山王あがらせ給ひけり」＊太平記(14C後)三三・八幡御託宣事「一首の神歌をくり返しくり返し二三反詠じて、其の後御神はあがらせ給ひにけり」⑫死体などが、水中より水面に出る。＊夢声半代記(1929)〈徳川夢声〉Z枝嬢投身事件「今、水道橋の処へ、死骸が上(アガ)りました」㊁上に立つ者に物などが収められる。①年貢(ねんぐ)などが領主の手にはいる。転じて、家賃、地代、収益などが、その受け取り手や上の者に収められる。＊暴風(1907)〈国木田独歩〉二・一「郷国(くに)の田地から上(アガ)る小作米が今村一家の生活費の基礎を成して居るが」＊虞美人草(1907)〈夏目漱石〉一四「些額(さがく)の恩給と僅かな貯蓄から上(ア)がる利子とで生活して行かねばならぬ」②領地、役目などを取り上げられる。＊日葡辞書(1603-04)「チギャウ、ヤク agatta (アガッタ)〈訳〉高貴な人の手に差し出される、または、その所有となる」＊浄瑠璃・双蝶蝶曲輪日記(1749)八「連合(つれあひ)がお果てなされてから与兵衛が放埒、郷代官の役目も揚(アガ)り、内証も仕縺(しもつ)れ」③犯人が召し取られる。検挙される。＊女工哀史(1925)〈細井和喜蔵〉一三・三六「ところが一方不図した証拠から真犯人はあがったのであった」＊鉛筆ぐらし(1951)〈扇谷正造〉特オチ物語「何故なら、いつ、どこで、どんな偶然から、ホシがアがる—つまりヌカれるか判らぬからだ」㊂地位、体勢、価値、程度などが高まる。①ある場所が周囲より高くなる。また、からだやからだの一部が高まる。「立つ、起きる」など動詞の連用形に付く場合も多い。＊書紀(720)雄略九年五月(前田本訓)「大将軍紀小弓宿禰、龍のごとく驤(アカリ)虎のごとく視て」＊竹取(9C末-10C初)「大空より人雲に乗ておりきて、つちより五尺ばかりあがりたる程にたちつらねたり」＊枕(10C終)一二〇・正月に寺にこもりたるは「『そこもとは、落ちたる所侍り。あがりたり』など教へゆく」＊源氏(1001-14頃)夕霧「おましの奥の少しあがりたるところを、心みにひきあけ給へれば」＊太平記(14C後)一三・龍馬進奏事「其の相形(さうぎゃう)げにも尋常(よのつね)の馬に異也(ことなり)。骨挙(アガ)り筋太くして、脂肉(しじく)短し」②馬が跳ねる。＊古今著聞集(1254)一六・五一五「臆して手綱をつよくひかへたりけるに、やがてあがりて投げけるに、てんさかさまに落ちて」＊源平盛衰記(14C前)二八・宗盛補大臣并拝賀事「馬沛艾(はいがい)して春日大宮にて高くあがりて走り廻(めぐ)りければ」③地位が進む。昇進する。また、進学・進級する。＊源氏(1001-14頃)乙女「大臣(おとど)、太政大臣にあがり給て、大将内大臣になり給ひぬ」＊大鏡(12C前)一・陽成「皇太后宮にあがり給ふ」＊平家(13C前)三・少将都帰「少将はもとのごとく院にめしつかはれて、宰相中将にあがり給ふ」＊日葡辞書(1603-04)「クライニ agaru (アガル)」④物の値段が高くなる。騰貴する。＊天理本金剛般若経集験記平安初期点(850頃)「米麦踊貴(アガリ)、車馬通はず」＊浮世草子・西鶴織留(1694)一・一「米大分買こみけるに、はや昼よりあがりて、只一時のうちに三拾八貫目丁銀にてもうけ込＊俳諧・炭俵(1694)上「家普請を春のてすきにとり付て〈野坡〉 上(かみ)のたよりにあがる米の直(ね)〈芭蕉〉」⑤精神や気分などが高まる。＊俳諧師(1908)〈高浜虚子〉七一「『決して月並むわけでは無いのです。小説を書くのにはどうしても…』などと弁護して見るのが我乍ら甚だ気勢が揚(ア)がらぬ」⑥能力、勢力、速力、数量、価値などが加わる。＊浮世草子・傾城禁短気(1711)一・三「是は旦那昔よりはお智恵があがって、見事成(なる)遊ばされ方」＊内地雑居未来之夢(1886)〈坪内逍遙〉八「諸人に嫌はれたる此娘の値価(ねうち)がいつの間にか大にあがり」＊にごりえ(1895)〈樋口一葉〉四「蟬表(せみおもて)の内職〈略〉数のあがるを楽しみに」＊故旧忘れ得べき(1935-36)〈高見順〉一「大変能率の上った事実とは反対に」⑦技能などがうまくなる。上達する。一段上の域に達する。＊筑波問答(1357-72頃)

「万の道の事も、難をよく人に言はれてこそあがる事なれ」＊風姿花伝(1400-02頃)一「児(ちご)の申楽に、さのみ細かなる物まねなどは、せさすべからず。当座も似合はず、能もあがらぬ相(さう)なり」＊日葡辞書(1603-04)「テ、ダンギ、ツヅミ、ガクモン、クチガ agaru (アガル)〈訳〉書くこと、説教すること、鼓を打つこと、学問、言語が改善される、または進歩する」＊滑稽本・浮世風呂(1809-13)二・下「はじめは料理茶屋で、それから一つあがるとお船かお駕籠さ」＊いさなとり(1891)〈幸田露伴〉二七「芸も上達(アガ)り智慧も回りて来るとかや」⑧(色が)より鮮やかに染まる。より美しくなる。＊清輔集(1177頃)「紫のはつしほそめのにひ衣ほどなく色のあかれとぞおもふ」＊日葡辞書(1603-04)「イロガ agaru (アガル)〈訳〉染められた色が良くなる」⑨様子がよくなる。また、人間として立派になる。＊滑稽本・浮世風呂(1809-13)二・下「道理だ。別に女ぶりが上(アガ)った」＊露団々(1889)〈幸田露伴〉一〇「然し頃日(このごろ)は私も大分人物があがったと友達が申ます」＊ゆく雲(1895)〈樋口一葉〉中「容貌(きりゃう)も十人なみ少しあがりて」⑩あたりによく聞こえるような声が出る。高く発せられる。「歓声が上がる」＊妾の半生涯(1904)〈福田英子〉一一・二「それと同時に大雨篠を乱しかけ、鳴神おどろおどろしく、はため渡りたる其刹那に、児の初声は挙(アガ)りて、左(さ)しも盆を覆さんばかりの大雨も忽ちにして霽(は)れ上りぬ」＊死刑囚と其裁判長(1922)〈中西伊之助〉二「検事は夫人の殺人容疑十分なりとして公判が開廷されたのです。世間もたいへん夫人を憎む声があがってゐたのですが」四人によく見えるようになる。広く知られるようになる。①高く揚げられる。また、掲載される。「額が揚がる」「旗が揚がる」＊大鏡(12C前)三・伊尹「人のなべて知らぬ歌や詩や、又六十余国のうたまくらに名あがりたるところどころなどを書きつつ」＊女工哀史(1925)〈細井和喜蔵〉三・一〇「『紡績、織布部工女募集、前借金シマス。申込所コノヨコニテ。』といふ看板があがって居り」②(名前などが)人によく知られるようになる。＊大鏡(12C前)二・頼忠「さてかばかりの詩をつくりたらましかば、名のあがらむこともまさりなまし」＊風流魔(1898)〈幸田露伴〉四「平七に於ては勿論自己が名の揚(ア)がりたればとて、自ら思ひあがりして鶴屋の手を離れ自立して高く標置せんなどいふ考へは更に無く候が」＊邪宗門(1918)〈芥川龍之介〉四「されば父上の御名誉も、一段と挙(ア)がらうものを」③(事実、証拠、たくらみなどが)はっきり表に現われる。＊歌舞伎・韓人漢文手管始(唐人殺し)(1789)一「はて、じたばたせまひ。工(たく)みの手目(てめ)は上ってある」＊酒中日記(1902)〈国木田独歩〉五月八日「経費がかかり過ぎるなんて理窟を並べたが、斯(かう)いふ実例が上(アガ)って見ると文句はあるまい」＊彼岸過迄(1912)〈夏目漱石〉報告・二「田口の役に立ちさうな種は丸で上(ア)がってゐない」④(効果、実績などが)目立って出てくる。＊学問のすすめ(1872-76)〈福沢諭吉〉四・学者の職分を論ず「今日に至るまで未だ実効の挙るを見ず」＊社会百面相(1902)〈内田魯庵〉失意政治家・上「従来冗費を濫(みだ)りにして却て政務の挙(ア)がらなかったを国民に赦罪して」＊子を貸し屋(1923)〈宇野浩二〉七「商売の成績はだんだんあがって行った」五物事が終わりになる。①できあがる。役目が終わる。習い終わる。すむ。＊日葡辞書(1603-04)「フシンガ agaru (アガル)〈訳〉工事が完成する」＊銀の匙(1913-15)〈中勘助〉前・四六「読本が一冊あがったときに先生は復習のためだといって『とりよみ』をさせた」＊春泥(1928)〈久保田万太郎〉三羽烏・一〇「役があがるとすぐかれは芝居を出」②すごろくやゲームで、札が最終の場所にはいって勝つ。＊東京年中行事(1911)〈若月紫蘭〉一月暦「賽を投げて進行の数を占い、二とか三とか相当の記号ある処へ飛んで行く所謂飛双六で有って、早く上(アガ)ったものが勝を占(し)むるので有る」③カルタ遊びやトランプなどで手札を場に出し尽くしたり場札を取り尽くしたりして勝つ。また、トランプ、マージャンなどで、役を作って勝つ。＊咄本・鹿の巻筆(1686)一・一「読(よみ)のかるたは壱枚のこり、あがられぬ事八つの善ありながら、壱つの悪にひかさるる心なり」＊咄本・露新軽口ばなし(1698)三・九「きりときったれば、つんとあがられぬ」④雨などがやむ。天気がよくなる。また、雨期が終わる。＊日葡辞書(1603-04)「ツユ、または、ナガシガ agaru (アガル)〈訳〉夏の習慣的な雨が終わる」＊俳諧・鷹筑波(1638)一「かみなりのなるに天気の上る空 いかのぼりこそ風にふかるれ〈良次〉」＊浮世草子・好色万金丹(1694)一・三「待て居る間に、雨は大方あがれども」＊尋常小学読本(明治三六年)(1903)五・九「ふりつづいた雨が、もう、ふらんよーになると『つゆがあがった』といふ」⑤ある費用で、無事にすむ。ある金額で片がつく。＊滑稽本・続膝栗毛(1810-22)初・上「こちの檀方(だんぱう)に死かかってをる病人があるさかい、それと一所に割合でさしゃると、いかう下直(げぢき)にあがります」＊滑稽本・浮世床(1813-23)初・中「『壱分(いちぶ)。ヱ。それで上(あげ)るつもりかヱ』『マアあがらんにもせいマアきかんせ』」＊花間鶯(1887-88)〈末広鉄腸〉中・九「手間代や用材なども安くあがるから」⑥(貴人の膳が)取り下げられる。＊日葡辞書(1603-04)「ゴゼンガ agaru (アガル)、ゴゼンガ スベル、または、クダル〈訳〉高貴な人の食卓が片づけられる」＊咄本・昨日は今日の物語(1614-24頃)下「山より帰りて見るに、御ちごさまの御ぜんもあがり、わがめしもなし」⑦商売、仕事などがうまくゆかなくなる。生活が立ちゆかなくなる。＊評判記・難波物語(1655)「されば其人ぜんせいのじぶん、あがるべしとは人も思はず、みづからもしらざるべし」＊歌舞伎・入間詞大名賢儀(1792)四「近年博奕(ばくち)が払底で、とんとあがったに依って」＊歌舞伎・敵討安栄録(1796)三「大名のさし馬、一疋でも不足すると、商売が上(ア)がりますわいの」＊海に生くる人々(1926)〈葉山嘉樹〉二三「こんな野郎に『踏み止まれちゃ』商売は上ってしまふのだった」⑧(脈、乳、月経などが)止まる。絶える。＊浮世草子・本朝桜陰比事(1689)四・八「手足びりびりとふるひ其まま脉(みゃく)あがりぬ」＊人情本・春色梅児誉美(1832-33)四・二一齣「心づかひの期(うへ)なれば、忽ち乳の上(アガ)りしゆゑ」＊苦の世界(1918-21)〈宇野浩二〉一・四「たいていもっと不順であったり、二日か三日であがるといふ人がおほかった」⑨魚、貝、虫などが死ぬ。また、草木が枯れる。＊評判記・色道大鏡(1678)一「惣じてあがるといふ詞は、魚の死してはたらかざる皃(かたち)をいふ」＊歌舞伎・有松染相撲浴衣(有馬猫騒動)(1880)序幕「いくらどなっても手前(てめえ)の蜆(しじみ)は、口を明いてみんな死(アガ)って居るから売れるものか」＊語彙(1871-84)「あがる(俗) 魚の死するをいふなり」⑩蚕が成長して繭を作らせるための、わらの床に乗せるべき状態になる。＊田舎教師(1909)〈田山花袋〉一五「蚕の上簇(アガ)りかける頃になると、町は俄に活気を帯びて来る」⑪熱い油であげて、食物が食べられる状態になる。⑫犯行中に発見されて逃げることをいう、盗人仲間の隠語。〔隠語輯覧(1915)〕 六敬意を払うべき人に物が渡される。また、そういう人のいる場所へ向かって行く、訪問する。①神仏に物が供えられる。＊北野社家日記-慶長六年(1601)正月朔日「当坊へあかり申御供数」＊花冷え(1938)〈久保田万太郎〉一「お燈明のまだあがらない神棚」②貴人に献上される。＊日葡辞書(1603-04)「ウエサマエ シンモツガ agatta (アガッタ)、カタナガ agatta (アガッタ)〈訳〉領主に贈り物、かたなが献ぜられた」＊大聖寺日記-万治三年(1660)一月二日「御としだまにくゎしこんぶ五わあがる」③(内裏が北にあったので)京都で、北へ行く。＊雑俳・口よせ草(1736)「九重は上る下るでむづかしい」＊咄本・軽口五色紙(1774)中「東の洞院上る町に、きつい唐好(からずき)な人ありけるが」＊近世紀聞(1875-81)〈染崎延房〉二・二「木屋町二条上(アガ)る町に別宅を構へさせ」④田舎から京阪地方へ行く。→上がり一⑳。⑤大阪で、城の方へ行く。＊浮世草子・好色万金丹(1694)四・四「阿波座を上(かみ)へあがり新町を西へ下がる所に」＊大阪の宿(1925-26)〈水上滝太郎〉一・一「天満橋を南へ上(アガ)る、御城の近くの下宿」⑥屋敷などに奉公に行く。＊滑稽本・浮世風呂(1809-13)二・上「此子が上(アガ)りましたお屋敷さまは」＊浮雲(1887-89)〈二葉亭四迷〉一・一「此家(こちら)へ上ってからお正月ばかりにして不断は施(つ)けないの」⑦他人の家を訪問する意の謙譲語。参上する。＊滑稽本・浮世風呂(1809-13)二・上「藤間さんがお屋敷へお上(アガ)んなさいますから」＊人情本・春色江戸紫(1864-68頃)三・一三回「近日参上(アガッ)て伺ひませう」＊野分(1907)〈夏目漱石〉六「少し御話を承りたいと思って上(ア)がったんですが…」七補助動詞として用いる。動詞の連用形に付く。①その動作が終わる意を表わす。「染め上がる」「刷り上がる」②その動作が激しくなる意を表わす。＊落窪(10C後)二「ただ言ひに言ひあがりて、車のとこしばりをなん切りて侍りける」＊看聞日記-応永二三年(1416)七月一六日「散々に云合程に、いさかひあがりて刀を抜て阿波男を突んとす」③いやしめ、ののしる気持を添える。くさる。やがる。＊浄瑠璃・女殺油地獄(1721)中「ヤイかしましい。あたり隣も有ぞかし、よっぽどにほたへあがれ」＊浮世草子・鬼一法眼虎の巻(1733)一・一「ホホあたたかな事をぬかし上(アガ)る」＊浄瑠璃・新版歌祭文(お染久松)(1780)油屋「ヤイヤイヤイ勘六がこと譏り上がったは長八めじゃな」＊滑稽本・東海道中膝栗毛(1802-09)五・下「ヲヲイまちあがれ」二〘他ラ五(四)〙「食う」「飲む」の尊敬語。＊虎明本狂言・饅頭(室町末-近世初)「中々ことの外むまうござる。一つあがりまらせひ」＊浄瑠璃・傾城酒呑童子(1718)四「朝晩王様のあがる様な二の膳三の膳」＊歌舞伎・幼稚子敵討(1753)二「サア、奥で御酒一つあがりませい」＊人情本・仮名文章娘節用(1831-34)三・七回「今度のお医者のお薬は、まことにあがりにくいそうで」＊安愚楽鍋(1871-72)〈仮名垣魯文〉三・上「あなたもとうとう西洋に巻こまれて牛をあがるやうにおなんなすったのはふしぎでげすネ」＊キタ・セクスアリス(1909)〈森鴎外〉「お父様は巻烟草は上(アガ)らない」

語誌 (1)アガルとノボルは、共に上への移動を表わすという点で共通する類義語であるが、アガルが到達点に焦点があり、そこに達することを表わすのに対して、ノボルは経過・過程・経路に焦点があるという点が異なる。「川を(船で)ノボル」「×川を(船で)アガル」「川から(岸に)アガル」「川から(谷づたいに山へ)ノボル」 (2)アガルは、ある到達点に達することを表わすところから、一(一)のように基本的には初めの状態を離れること、ある段階から抜け出すことを表わし、その経過・過程は問題にしない非連続的な移動である。そのため、アガルの場合、アガルものが物全体か一部かにかかわらず、視点の向けられているものの移動ということが問題になる。それに対して、ノボルの場合は、少しずつ移動する過程が明らかになるような、それ自体の全体的移動を表わし、しかも自力で移動が可能な事物に限定される。「生徒の手がアガル(×ノボル)」「ダムの水面がアガル(×ノボル)」「湯からアガル」「いつのまにか血圧がアガッていた」「湯から(煙が)ノボル」「興奮して頭に血がノボッていくのがわかった」 (3)到達点という結果に焦点があるアガルは、「ている」を付けてアガッテイルとすると動作・作用の結果を表わす。過程に焦点があるノボルはノボッテイルとすると現在進行中の動作を表わす。「のろしが（森の上に）アガッテイル」「煙が（空へ）ノボッテイル」(4)また、アガルは、到達点に達するというところから、❶㊄①②③のように最終的にある段階に達して完了すること、終了することをも表わすことになる。(5)いずれにしても、アガルの方が多義語化する可能性が大きい。ただ、古代語ではそれほど多義的に用いられておらず、多義語化するのは中世以降のようで、特に敬語表現と関わる用法は近世以降に目立って多くなる。この流れの中で「食う」「飲む」の尊敬語である❷のような他動詞型のアガルが成立した。なお、「女重宝記(1692)一・五」に「女のやはらかなる詞つかい」としてこの用法があげられているが、実際の用例からすると一概に女性語とはいえないようである。方言❶足で踏む。青森県津軽075 岩手県気仙郡100 宮城県仙台市121 124 秋田市135 ❷新聞雑誌などに掲載される。岩手県気仙郡100 宮城県仙台市121 ❸当選する。奈良県南大和683 ❹作物ができる。収穫する。秋田県南秋田郡038 ❺渋柿（しぶがき）の渋が抜けて甘くなる。新潟県佐渡352 和歌山県691 ❻胡瓜（きゅうり）や茄子（なす）などの時期が終わる。富山県砺波398 ❼稲が干し上がる。富山県砺波398 ❽仕事や行事などが終わる。また、仕事などが終わって家へ帰る。北海道美唄市038 青森県津軽075 山形県庄内062 新潟県352 368 387 富山県氷見市038 砺波398 福井県丹生郡038 静岡県志太郡535 愛知県海部郡038 徳島県海部郡038 熊本県玉名郡058 ◇あがゆい・あがうい 鹿児島県喜界島983 ◇あがゆん 沖縄県首里993 ❾学校から帰る。青森県津軽075 山形県庄内062 新潟県佐渡352 東蒲原郡368 岐阜県大垣市498 不破郡513 大阪府638 和歌山県691 徳島県811 佐賀県佐賀郡038 ❿学校を修了する。卒業する。尾張宮†111 山形県139 新潟県佐渡352 東蒲原郡368 滋賀県神崎郡038 大阪市638 香川県829 ⓫身体の器官が機能を失う。福井県遠敷郡038 島根県石見725 高知県861 ⓬野菜などが枯れる。兵庫県加古郡664 島根県石見725 香川県829 ⓭魚が死ぬ。茨城県稲敷郡193 奈良県678 和歌山県691 島根県出雲・隠岐島725 徳島県809 美馬郡816 香川県三豊郡・木田郡829 高知県高岡郡864 ⓮ものが古くなり使えなくなる。◇あがゆい・あがうい 鹿児島県喜界島983 ⓯さらに悪い。かえって悪い。◇あがゆん 沖縄県首里993 ⓰畑に働きに出る。島根県隠岐島057 語源説(1)アゲアル（上在）の義。又はウハムケアル（上向在）の義〔日本語原学＝林甕臣〕。(2)ウハキアル（上来有）から〔名言通〕。(3)アカル（天放）から〔言元梯〕。（❶㊄について）死を忌んでアガルといったものが、終了、完成の意に転じたもの〔万葉考・日本語源＝賀茂百樹〕。発音アガル〈標ア〉0〈ア史〉平安●●○ 鎌倉●●●〈京ア〉0 辞書色葉・名義・和玉・文明・易林・日葡・ヘボン・言海 表記騰（色・名・玉・文）上（玉・文・ヘ・言）軒（色・名・玉）揚・騫（名・玉・文）昂・褰・播・驤（名・玉）颺（名）抗（玉）挙（文）超驤（易）

あがりたる［＝あがれる］世（よ）　遠い昔。上代。上世。あがりての世。↓上がる❶㊀⑩。＊源氏(1001-14頃)若菜下「時ならぬ霜雪（しもゆき）をふらせ、雲いかづちを騒がしたるためし、あがりたる世にはありけり」＊今鏡(1170)一〇・奈良の御代「さきの事と聞ゆる上に、人丸はあがりたる世の人と見えたれば、えなんあるまじき」＊滑稽本・玉櫛笥(1826)「上古（アガレルヨ）には夫をもたざるほど髪をとりあぐるといふ事なく」

あがりての人（ひと）　遠い昔の人。上代の人。↓上がる❶㊀⑩。＊源氏(1001-14頃)若菜下「のちのちは師とすべき人もなくてなむこのみならひしかど、猶あがりての人にはあたるべくもあらじを」

あがりての世（よ）　「あがり（上）たる世（よ）」に同じ。＊浜松中納言(11C中)三「楊貴妃、王昭君、李夫人などいひて、あがりてのよにもあまたありけり」＊大鏡(12C前)五・道長上「あがりてのよに、かく大臣、公卿七八人二三月の中にかきはらひ給ふこと」

あかる・い【明】〘形口〙図あかる・し〘形ク〙①光が強い。また、光線が十分にさして、物がよく見える状態である。↔暗い。＊俳諧・曠野(1689)員外「木ばさみにあかるうなりし松の枝〈長虹〉」＊雑俳・柳多留-一四(1779)「あかるい所へ持って出るひきならい」＊俳諧・文政句帖-五年(1822)二月「難波江のよしのあげくはあしもとの　明いうちと雁のいぬらん」＊油地獄(1891)〈斎藤緑雨〉一二「今日は居ないねと云へば、爾（さう）ですか明（アカ）るい内は儂（わたし）と一所でしたが、それぢゃア送って行たのでせうと」②澄んで、はなやかな色をしている。明度、彩度が高い。↔暗い。＊流行(1911)〈森鷗外〉「涼しげな、明（アカ）るい色の背広を着てゐる」③ものごとが、はればれとしているさま。多く「明るい…」の形で連体修飾語となる。↔暗い。㋑（性格、表情、雰囲気、表現内容などが）朗らかで楽しそうである。陽気である。＊行人(1912-13)〈夏目漱石〉兄・七「些細な事から兄は能く機嫌を悪くした。さうして明（アカ）るい家の中に陰気な空気を漲（みな）ぎらした」＊蘭学事始(1921)〈菊池寛〉三「自分自身、救はれたやうな明るい気持になった」㋺（集団、組織などが）争い、不正などがなく、明朗、公明である。「明るい政治」「明るい選挙」＊おぼろ夜(1899)〈斎藤緑雨〉「輙（やや）ともすればやくざ男に有勝ちの不料簡どかりと遣る気の相場にでもかかったもの歟（か）、勤務の上にも大分（だいぶ）明（アカ）るからぬ仕末の出来て居たさうなに」㋩将来のことについて、希望が持てるさまである。＊ガトフ・フセグダア(1928)〈岩藤雪夫〉二「自分一個人のみならず労働者の明るい未来が見え出して来た」＊佐渡流人行(1957)〈松本清張〉四「前途は明るい」④疑わしい点がない。身のあかしがたった。また、やましいところやさしさわりになるものがない。＊和英語林集成（初版）(1867)「ミノウエ akaruku（アカルク）スル」＊乳母(1896)〈北田薄氷〉八「も一つ嬉しいは、枠（せがれ）もやうやう明るい処へ出させて遣られまする」＊続末枯(1918)〈久保田万太郎〉「さうなると、連中、もともとあかるい体でないから、何ともいへませんし」⑤（多く「…に明るい」の形で）その方面に通じていて、よく知っている。精通している。↔暗い。＊洒落本・南客先生文集(1779-80)「しらきちょうめんの、取（とっ）てあるの明（アカル）いお客様だ」＊滑稽本・浮世風呂(1809-13)四・中「段々目前（さき）が見えて、少し明（アカル）く為（なっ）て参ると、斯（かう）しちゃアお客のお為にならねへとか云て、客人をいとふ気になりますから」＊西洋道中膝栗毛(1874-76)〈総生寛〉一二・上「西洋の事情が、余（よっ）ぽどあかるくなりやした」＊社会百面相(1902)〈内田魯庵〉老俗吏「俺（わし）が省内第一等の事務に明るいので中中辞職を聞届けられない」＊門(1910)〈夏目漱石〉四「此男は書画骨董の道に明（アカ）るいとかいふので」発音〈なまり〉アカイ〔鹿児島方言〕アカリ〔秋田・千葉・鳥取・鹿児島方言〕アガリ〔青森・津軽語彙・秋田〕アカリー〔栃木〕アッカ〔壱岐続〕アッカリー〔和歌山県〕〈標ア〉0〈京ア〉アカイ ア 文『あかるし』〈標ア〉ル〈京ア〉ル 辞書ヘボン・言海 表記明（へ・言）

あかるい街（まち）　①（夜もなお昼のように明るくはなやかな街の意）遊里など遊興の場所。＊現代用語辞典(1925)〈小山内・秋山・太田〉「アカルイマチ　明るい街　花柳街をいふ。最近の流行語」②暴力事件や犯罪のない街。

あかるき所（ところ）**に王法**（おうほう）**あり、暗**（くら）**き所**（ところ）**に神霊**（しんれい）**あり**　明るい所にも暗い所にも、自分を守護してくれるものがある。＊工夫痴会話(1823)「明るき所に王法あり、暗き所に神霊ありといふ譬へはあれども、昔よりくらやみ明るく見たるためしを聞かず」

あかるけりゃ月夜（つきよ）　（外が明るくさえあればいつも月夜だと思うの意から）考えが浅く、推測の軽率なのをあざけっていう語。＊浄瑠璃・神霊矢口渡(1770)四「ハテ扨お前はとんだ事。明るけりゃ月夜だと思ふて、起きてゐながら寐言（ねごと）いはしゃる」

あかるきい【明】〘形〙方言明るい。佐渡†1085 新潟県佐渡353

あかる-さ【明―】〘名〙（形容詞「あかるい」の語幹に接尾語「さ」の付いた語）明るいさま。また、その度合。＊俳諧・望一千句(1649)五「朝霧にやもめ鴉のそぼぬれて　木の葉ちったる森のあかるさ」＊硝子戸の中(1915)〈夏目漱石〉一四「今目前に見た不思議な明（アカ）るさを其所に立ちながら考へたのである」発音〈標ア〉0 ル〈京ア〉0 辞書ヘボン 表記明（へ）

あかるさ-くらさ【明暗】〘名〙「あかさくらさ（明暗）」に同じ。＊歌舞伎・謎帯一寸徳兵衛(1811)大切「疑はしくば、三吉さん、わたしが隠して置きやんした。ここへ呼んで、明（アカ）るさ、暗（クラ）さ」

あかる・し【明】〘形ク〙⇨あかるい（明）

あかる-たえ〔‥たへ〕**【明妙】**〘名〙光沢があって美しい織物。祭祀（さいし）の幣物に用いる布帛（ふはく）。＊延喜式(927)祝詞・春日祭「御服は、明多閉（あかるタへ）、照たへ、和たへ、荒たへに仕へ奉りて」

あかる-にきて【明和幣】〘名〙（「あかるにぎて」とも。「にきて」は「にきたへ」の変化した語）光沢のある柔らかい織物。幣（みてぐら）として用いる。＊延喜式(927)祝詞・大殿祭「瑞（みつ）の八尺瓊（やさかに）の御吹（ほ）きの五百（ゆ）つ御統（みすまる）の玉に明和幣（あかるニキテ）〈古語に爾伎弖と云ふ〉曜（て）る和幣を付（つ）けて」発音〈音史〉中世頃まで『あかるにきて』と清音。後世は『あかるにぎて』とも。

あかる-ひめ【阿加流姫】　新羅（しらぎ）国王の子天之日矛（あめのひぼこ）の妻。「古事記」によれば、新羅の女が日の光を受けて懐妊し、産み落とした赤玉が天之日矛の手に渡って美女に化したという。のち天之日矛から逃れて難波に行き、比売碁曾（ひめごそ）神社に祭られる。比売碁曾神。

あかる-み【明―】〘名〙（形容詞「あかるい」の語幹に接尾語「み」の付いたもの）①明るい所。明るいほう。＊雑俳・柳多留-五(1770)「あかるみへ引ずって出る仕立もの」＊俳諧・蔦本集(1813)春「あかるみへ出過てさびしはつ桜」＊土(1910)〈長塚節〉二一「医者は縁側の明るみへ座蒲団を敷いて出た」②おおやけの場所。表立った所。世間。＊雑俳・柳多留-二三(1789)「あかるみへ出されぬものを呼びたがり」＊一兵卒の銃殺(1917)〈田山花袋〉一六「自分のやった罪悪を明るみに出すばかりではなく」＊暗夜行路(1921-37)〈志賀直哉〉三・二「総ては明（アカ）るみへ持ち出される」③明るい感じ。陽気で楽しい雰囲気。＊入江のほとり(1915)〈正宗白鳥〉七「栄一の帰省は勝代が予期したやうな明るみを家の中へ齎（もたら）さなかった」＊兄の立場(1926)〈川崎長太郎〉四「私は今迄どっちかと云へば日陰ばかりを歩るいて来た身の、嘗て味った事のないやうな人生の明るみを感じた」語源説ミはムキ（向）の反。アカルムキ（明向）の義〔俚言集覧〕。発音〈標ア〉0〈京ア〉0 辞書ヘボン・言海 表記明（へ・言）

あかる・む【赤】〘自マ四〙「あからむ（赤）」の変化した語。＊咄本・正直咄大鑑(1687)黒・九「おほきなる桃のいとうつくしうあかるみて、ゑだもたゆむ斗になりさがりたるを」＊雑俳・柳多留-二一(1786)四「あかるんだうんさいで出るやす大屋」＊宝の蔵(1892)〈幸田露伴〉四「甘柿や君をまつらむ紅（アカ）るみて南の海の岸の林に」補注アカウルム（赤瘀）の意で、瘀はうち傷〔言元梯〕という語源説もある。方言果物などが熟す。山形県最上郡139 栃木県198 千葉県268 270 274 東京都八王子311 神奈川県津久井郡317 新潟県中頸城郡（稲が実って穂が黄色になる）382

あかる・む【明】〘自マ五（四）〙（「あからむ（明）」の

変化した語）明るくなる。＊不如帰（1898–99）〈徳富蘆花〉下・九・三「真黒き木立の背ほのかに明（アカル）みたるは、月出でむとするなる可し」＊雪国（1935–47）〈川端康成〉「紅葉は〈略〉玄関がぱっと明るむやうに色あざやかなくれなゐで」 発音〈標ア〉ル〇〈京ア〉〇

あかれ【散・別】〘名〙（動詞「あかる（散）」の連用形の名詞化） ①別々になること。分岐。＊土左（935頃）承平五年二月九日「わだのとまりのあかれのところといふところあり」 ②集まっていた人々が、分かれ散ること。散会。一説に、退出することとも。＊源氏（1001–14頃）花宴「御かたがたの里人侍るなかに、四位の少将、右中弁など急ぎ出でて送りし侍るや、弘徽殿の御あかれならんと見給へつる」 ③別々になっている、あるグループ。分（ぶん）。流れ。＊源氏（1001–14頃）若菜下「かたがたの人だまひ、上の御方の五つ、女御殿の五つ、明石の御あかれの三つ、目もあやに飾りたる装束（さうぞく）、ありさま、いへば更なり」＊増鏡（1368–76頃）一〇・老のなみ「御かたがたの女房、色々の衣、昨日にはひきかへて〈略〉紫のにほひ、山吹、青鈍（あをにび）、かうじ、紅梅、桜萠黄（さくらもえぎ）などは、女院の御あかれ」 ④別れること。別れ。＊浮世草子・西鶴諸国はなし（1685）五・四「此別（アカ）れをかなしみ、何国迄もと、袖にすがれば」 補注②の用例は、一説に③の意とする。 発音〈標ア〉レ

あかれ‐あかれ【別別】〘副〙（動詞「あかる（散）」の連用形を重ねたもの。「に」を伴って用いることもある） 分散しているさま。別々に。ちりぢりに。＊栄花（1028–92頃）岩蔭「年頃の女房達、内に参るは少うて、東宮、中宮、一品の宮、帥の宮にぞ、皆あかれあかれ参りける」＊大鏡（12C前）三・為光「御男子七人、女君五人おはしき。〈略〉男君達の御母、みなあかれあかれにおはしましき」＊増鏡（1368–76頃）八・あすか川「あかれあかれにわかちつかはす」

あかれ‐ち・る【別散】〘自ラ四〙 あちこちにちりぢりになる。別れ別れになる。＊源氏（1001–14頃）宿木「人々もみな所々あかれちりつつ、おのおの思ひ離るるすまひをし給ふめりしに」

あか‐れんが【赤煉瓦】（：レングヮ）〘名〙 ①赤褐色に焼いた普通の煉瓦。⇔白煉瓦。＊初すがた（1900）〈小杉天外〉四「本当に立派なお邸でげすぜ、先づ、塀は赤煉瓦で、御門は総欅（そうけやき）」＊一握の砂（1910）〈石川啄木〉手套を脱ぐ時「赤煉瓦（アカレングヮ）遠くつづける高塀の むらさきに見えて 春の日ながし」 ②刑務所をいう、盗人仲間の隠語。〔隠語全集（1952）〕 ③鮭をいう、囚人仲間の隠語。〔隠語全集（1952）〕＊いやな感じ（1960–63）〈高見順〉二・六「アカレンガはシャケで、シロレンガは豆腐のことだ」 発音アカレンガ〈標ア〉レ〈京ア〉〇

あか‐ろく【赤六】〘名〙 めくりカルタの六の組の札、四枚の中の赤札。点数は一〇に当たる。＊博奕仕方風聞書（1839頃か）「六の四枚の内〈略〉内一枚は赤六と唱、数十に相成申候」

あ‐かわ【阿膠】（はか：）〘名〙（「阿膠」の字音「あかう」と和訓「にかわ」とを混同したもの） 中国山東省阿県から産出する膠（にかわ）。止血剤、淋病の出血の妙薬とされた。＊洒落本・青楼昼之世界錦之裏（1791）「りんびゃうのくすりを手製（しゅせい）にする事はどこの二かいでもよくすることなり〈略〉梅干黒焼 阿膠（アカハ） 松子（まつのみ）〈略〉以上十味等分に分煎じ用ゆ」

あがわ【吾川】（はあが） 高知県の中央部の郡。仁淀（によど）川の流域にあり、北は愛媛県に接する。吾河とも書いた。＊二十巻本和名抄（934頃）五「土佐国〈略〉吾川〈安加波〉」 発音アガワ〈標ア〉ア 辞書和名・色葉・文明・易林 表記吾川（和・色・文・易）

あか‐わた〘名〙 植物「あかそ（赤麻）」の古名。＊重訂本草綱目啓蒙（1847）一一・隰草「一種あかそと呼者あり〈略〉あかわた 越後」＊語彙（1871–84）「あかそ㊗ あかだ、あかわた、あかがしら 野苧麻（のをま）に似て小し、葉の大さ二三寸、茎赤くして、葉両対す、苧麻（からむし）の一種」 方言越後†028 長野県下水内郡470 ◇あかわたぼうし〔―帽子〕 白河†028

あか‐わりきん【銅割金】〘名〙 銅を混ぜて適当に硬くした金。＊付焼刃（1905）〈幸田露伴〉一「オトシはお蔭様で、銅割金（アカワリキン）のように光り輝やく」

あか‐わん【赤椀】〘名〙 朱塗りの木製のわん。＊甲陽軍鑑（17C初）品二六「上の手柄には、膳、三膳或は二膳、赤椀（アカワン）にて振舞（ふるまい）」＊俳諧・新類題発句集（1793）春「赤椀や独活（うど）に飽きたる木曾の宿〈為笑〉」

あかわん〘名〙 方言 ❶農民を軽べつしていう語。栃木県河内郡204 ❷不毛の土地。静岡県榛原郡521 ❸植物、うすのき（臼木）。山形県西置賜郡・飽海郡139

あか‐わん〘名〙 ①植物「はなひりのき（嚏木）」の古名。 ②秋に紅葉する各種のツツジ科の低木をさす。 方言植物、はなひりのき（嚏木）。山形県米沢市005 神奈川県箱根005

あか‐ん【明―】〘連語〙（「らち（埒）があかぬ」の上を略した表現「あかぬ」の変化した語） 物事がうまくいかない。かたがつかない。効果がない。むだである。だめである。あかぬ。＊浄瑠璃・祇園祭礼信仰記（1757）四「扨あかんあかん、何ぼいうても次風呂はならぬとおっしゃる」＊歌舞伎・和布苅神事（1773）五「貴様がなんぼ踠（もが）いても、もうもう、あかん事ぢゃ」＊滑稽本・東海道中膝栗毛（1802–09）八・中「イヤもふ、そないにいわんしてもあかんわいな」＊浪花聞書（1819頃）「あかん つまらぬ也。江戸で云いかん也。埒あかんなり」＊太政官（1915）〈上司小剣〉五「今年や松茸あかんやろで」 方言新潟県上越382 富山県395 396 397 福井県427 432 445 長野県下伊那郡040 岐阜県498 504 514 静岡県520 愛知県549 556 562 三重県585 588 592 滋賀県南部609 615 京都府621 622 大阪府637 643 645 兵庫県062 667 670 奈良県038 054 678 和歌山県690 岡山県苫田郡748 徳島県809 香川県829 愛媛県今治市842 周桑郡845 高知県861 ◇あっかん 大阪府泉北郡646 ◇あかな 兵庫県神戸市670 和歌山県690 691 ◇あかへん 岐阜県養老郡498 三重県伊賀585 滋賀県南部606 609 612 大阪市638 兵庫県神戸市665 奈良県678 683 長崎県南高来郡904 ◇あかせん 岐阜県養老郡498 ◇あかひん 奈良県678 683 ◇あきゃへん 大阪府泉北郡645 ◇あきゃせん 岐阜県稲葉郡498 愛知県東春日井郡552 滋賀県彦根609 兵庫県神戸市670 和歌山県有田郡・牟婁690 ◇あきゃひん 京都府竹野郡622 ◇あけへん 大阪市637 兵庫県赤穂郡660 神戸市665 和歌山県北部690 徳島県809 ◇あけせん 福井県足羽郡440 愛知県東春日井郡559 ◇あけへな 和歌山県北部690 ◇あきまへん 滋賀県蒲生郡612 京都府054 兵庫県佐用郡047 神戸市665 愛媛県周桑郡844 ◇あきません 愛知県中島郡549 東春日井郡552 三重県伊勢001 兵庫県神戸市061 和歌山県691 発音〈京ア〉〇

あ‐かん【丫鬟】（ワン：クワン）〘名〙（「丫」はあげまきの意） ①あげまきに結んだ髪。＊李商隠‐柳枝詩序「柳枝丫鬟畢妝、抱立扇子、風障一袖」 ②転じて、頭をあげまきにした幼女。また、年少の侍女、腰元、婢。＊通俗酔菩提全伝（1759）一・静中動羅漢投胎「茂春喜て則ち王氏に旨を伝て、孩児を丫鬟（アクハン〈注〉コシモト）に抱（いだか）せて出来らしむ」＊江戸繁昌記（1832–36）初・吉原「酔歩浪々、丫鬟（〈注〉カムロ）前を擁し、幇間後を押し、謳ひで過ぐる者は大客の楼に上るなり」＊小倉日記〈森鷗外〉明治三三年（1900）一月五日「右方に黒染の衣を纏ひ、杖を把れる老僧あり。僧の側には丫鬟あり」＊夷堅三志己‐徐五秀才「一青衣丫鬟、音韻楚々」 補注「名物六帖」に「丫鬟 コメラウ」とある。

あかん【阿寒】 北海道東部、釧路支庁の郡。阿寒川・久著呂（くちょろ）川の流域にある。郡域の南部は釧路湿原国立公園の、北部は阿寒国立公園の一部。丹頂鶴の生息地がある。明治二年（一八六九）釧路国の一郡として成立。 発音〈標ア〉ア

あ‐かん【阿監】〘名〙 宮中の女官の長で、他の女官たちを監督する立場にあるもの。宮女の長。＊浄瑠璃・国性爺合戦（1715）一「御乳付けの役人其外、めのと、侍女、阿監（アカン）、役々の官女つきそひて、たな心の上のさんごの玉とぞ嘉祝（かしづき）ける」＊白居易‐長恨歌「梨園弟子白髪新、椒房阿監青娥老」

あかん〘名〙 臆病。＊俚言集覧（増補）（1899）「あかん 紀伊和歌山にて臆病をいふ」

あかん〘副〙 方言 ❶ぼんやりしているさま。ぽかんとしたさま。唖然（あぜん）とするさま。福岡市877 熊本県天草郡936 ◇あかあん 福岡市878 ◇あがあん 熊本市915 ❷とぼけたさま。山形県最上郡139 ❸着物の襟などをだらしなくしているさま。◇あがん 長崎市906

あ‐が‐ん【吾身】〘代名〙「あがみ（吾身）」の変化した語。

あかん‐おんせん【阿寒温泉】（：ヲン セン） 「あかんこはんおんせん（阿寒湖畔温泉）」に同じ。 発音〈標ア〉オ

あかん‐がえる【赤蛙】〘名〙 方言 ⇩あかがえる（赤蛙）

あかん‐ぐゎ【赤―】〘名〙 方言 ⇩あか（赤）

あかん‐こ【阿寒湖】 北海道東部にある淡水湖。雄阿寒岳の火山せき止め湖で、阿寒国立公園の一部をなす。ヒメマス、アメマス、ウグイがとれる。マリモは特別天然記念物。面積一三・〇平方キロメートル。水面標高四二〇メートル。 発音〈標ア〉カ〈京ア〉ン

あかん‐こくりつこうえん【阿寒国立公園】（：コクリツ コウエン） 北海道東部釧路支庁にある国立公園。雌阿寒岳、雄阿寒岳、阿寒湖を中心とする西部地域と屈斜路湖、摩周湖などを含む東部地域から成る。昭和九年（一九三四）指定。 発音アカン＝コクリッコーエン〈標ア〉ア＝コ2

あかんこはん‐おんせん【阿寒湖畔温泉】（：ヲン セン） 北海道東部、阿寒湖畔にある温泉。泉質単純泉。 発音〈標ア〉オ

アカンサス〘名〙（英 Acanthus） ①キツネノマゴ科アカンサス属の属名で、同属の種の総称としても用いる。熱帯などに約二〇種がある。多年草または小低木。日本では普通ハアザミをさす。観賞用として栽培される。高さ一メートル内外。葉は大形で長さ約五〇センチメートル。夏、紫紅色または白色の唇（くちびる）形の花が穂状に咲く。学名は Acanthus《季・夏》 ②アカンサスの葉を様式化した装飾モチーフ。ギリシア、ローマで特に愛好された。コリント式柱頭はその一例。＊外来語辞典（1914）〈勝屋英造〉「アカンサス Acanthus〔英〕〈略〉『アカンサス』の葉を建築上に応用したる模様。又『アカントス』」 発音〈標ア〉カ

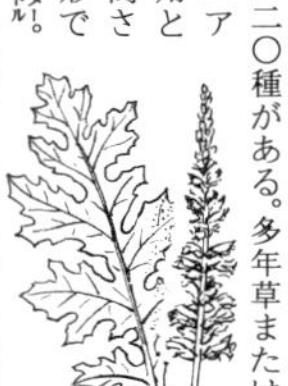

アカンサス ①

あかん‐そう【鴉銜草】（ウ：サ）〘名〙 植物「むらさき（紫）」の異名。ムラサキ科の多年草で日本全土に分布しているが数は少ない。六、七月ごろ小さな花が集まり咲く。《季・夏》 発音アカンソー〈標ア〉〇

あ‐かんたい【亜寒帯】〘名〙 温帯と寒帯の中間にある地域。大体、緯度五〇度から七〇度の範囲。カナダ、スカンジナビア、ロシアの一部などがこれに属する。⇔亜熱帯。＊英和和英地学字彙（1914）「Akantai Sub-arctic 亜寒帯」 発音〈標ア〉〇カ〈京ア〉カ

あかんたい‐きこう【亜寒帯気候】〘名〙 亜寒帯に一般的な気候。冬は長く、継続的に積雪があり、夏は短いがかなり高温に達する。北半球のみに分布する。 発音アカンタイキコー〈標ア〉コキ

あかんたい‐く【亜寒帯区】〘名〙 植物の水平分布の一つ。亜寒帯に位置し、わが国では北海道の東北部がこれに属する。シラビソ、エゾマツなど針葉樹林が多

い。発音〈標ア〉タ

あかんたい-りん【亜寒帯林】『名』亜寒帯に特徴的な森林。エゾマツ、カラマツ、トドマツなどの針葉樹を主とした森林。発音〈標ア〉タ

あかんたれ『名』だめな奴。弱虫。意気地無し。＊女工哀史(1925)〈細井和喜蔵〉一六・五四「あかんたれー駄目な人間(あんたはーや)」＊軽口浮世ばなし(1977)〈藤本義一〉九・一「一人、この傍役を見ると、それまで好きであった主役級がみんな嫌いになってしまうのだ。たとえば、ジャン・ギャバン、カーク・ダグラス、〈略〉みんなアカンタレに思えてくる」方言大阪市637 兵庫県047 664 665 岡山県児島郡763 ◇あかんつ 和歌山県690 698 704 ◇あかんちょ 兵庫県加古郡664

あかん-ちゃ『名』植物「えごのき」の異名。

あかん-どう【藜堂】(「あかざどう(藜堂)」の変化した語) 東京都台東区の浅草寺境内にある一の権現社の別称。＊江戸名所図会(1834-36)六「金龍山浅草寺〈略〉一権現社〈略〉土俗あかむ堂と云ふ」

あかん-どう【阿観堂】『名』阿彌陀如来と観世音菩薩とを安置した堂。東京都港区の増上寺などにあった。

あかんべ【赤―】『名』方言❶爪(つめ)の赤い蟹(かに)。香川県小豆島829 ❷魚、きんときだい(金時鯛)。高知県須崎市865 ❸魚、おいかわ(追河)。栃木県那須郡016

あかん-べ『名』「あかんべい」が変化した語。＊黄昏に(1912)〈土岐哀果〉街と家と「わが前に、いたいけな顔を、突き出して、あかんべをする、秋のこころか」＊鶯(1938)〈伊藤永之介〉「くるりとふり向いて、まるで喧嘩に負けた子供が遠くから赤んべをして毒づくやうな恰好でやり返した」発音〈標ア〉アベ〈京ア〉ベ/0

あかん-べい『名』(「あかめ(赤目)」の変化した語。「あかんべえ」とも) 指先で下まぶたを下方に押えてまぶたの裏の赤い部分を出して見せること。また、そのしぐさ。主として子供が軽蔑(けいべつ)や拒否の気持を表わすしぐさ。あかんべ。あかんめ。あかんべん。あかべい。めあこう。めかこう。＊雑俳・柳多留-二(1767)「うばどのをかしなといへばあかんべい」＊改正増補和英語林集成(1886)「Akambei(アカンベイ)ヲスル」＊田舎教師(1909)〈田山花袋〉二〇「後を振返って赤目(アカンベイ)をして見せて居る男生徒もある」方言❶舌を出して相手をばかにしたり拒否したりすること。また、その時に言う語。栃木県河内郡204 新潟県佐渡351 ❷嫌だ、まっぴら御免の意で言う語。発音アカンベイ〈なまり〉アカーメン・アカメン・アカンペ〔島根〕アカスベー〔土佐〕アカベ〔埼玉方言・南知多・大阪・和歌山県〕アカベー〔愛知・瀬戸内〕アガメ〔津軽語彙・岩手・米沢〕アガンベ〔津軽ことば〕アカンペン〔東京・神奈川〕アッバエ〔岩手〕〈標ア〉アベ〈京ア〉ベ/0 辞書ボン・言海

あかん-べん『名』①「あかんべい」に同じ。＊落語・小夜千鳥(1892)〈禽語楼小さん〉「『誠に何(ど)うも行届きませんで。〈略〉直(ぢき)でゲスから暫く御勘弁を願ひます』『御勘弁も赤(アカ)ん弁(ベン)も無へ』」②「あかめ(赤目)㊀②」に同じ。＊坑夫(1908)〈夏目漱石〉「其片眼は生れ附きの赤(アカ)んべんで」方言あかんべい。千葉県君津郡301 神奈川県津久井郡317

あかんぼ【赤―】『名』方言❶(赤色の服を着ていたところから) 囚人。富山県389 ❷魚、あかはた(赤羽太)。和歌山県690 ❸魚、おいかわ(追河)。◇あかぼ 栃木県下都賀郡198 ❹鮠(はや)の大きいもの。広島県771 ❺植物、ねじき(捩木)。長野県036 和歌山県036 岡山県036 ❻植物、あかめがしわ(赤芽柏)。和歌山県692 ❼植物、もろこし(蜀黍)。山梨県030 ❽茸、くりたけ(栗茸)。栃木県198

あかん-ぼ【赤坊】『名』(「あかんぼう(赤坊)」の変化した語) ①「あかんぼう(赤坊)①」に同じ。＊雑俳・柳多留-一四三(1836)「赤(あかン)ぼが吼るとだたあがまを呼び」＊造化妙々奇談(1879-80)〈宮崎柳条〉一「試みに都下の女子と、田舎の女子を、其初生(アカンボ)の時に於て互に交換(とりか)へ」＊思ひ出(1911)〈北原白秋〉生の芽生・あかんぼ「昨日うまれたあかんぼを、その眼を、指を、ちんぽこを」②「あかんぼう(赤坊)②」に同じ。③「あかんぼう(赤坊)③」に同じ。〔隠語全集(1952)〕発音〈標ア〉0〈京ア〉0

あかん-ぼう【赤坊】『名』(「あかぼう(赤坊)」の変化した語。「ぼう」は接尾語) ①(体が赤みがかっていることから) 生まれてまもない子供。乳児期の子供。赤子(あかご)。あかっこ。あかんぼ。＊人情本・春の若草(1830-44)四・二三回「お清さんが子のねへので東兵衛さんに赤子(アカンバウ)の出来る様にとお前(めへ)を妾に抱え込(こ)んだところが」＊真景累ケ淵(1869頃)〈三遊亭円朝〉三四「お前(めえ)嫁に子供(アカンバウ)が出来たてえが、男か女か」②(比喩的に) 幼稚なもの、未熟なもの。あかんぼ。青二才。＊内地雑居未来之夢(1886)〈坪内逍遥〉八「此赤(アカ)ん坊(バウ)をして彼剛の者に当らしむ」＊雁(1911-13)〈森鷗外〉一一「わたくしこれでもあの人の思ふ程赤(アカ)ん坊ではない積なの」③青果市場などでニンジンをいう隠語。あかんぼ。語源説アカボウ(赤坊)の訛〔俗語考〕。発音アカンボー〈なまり〉アカッペー〔神奈川〕アカベ〔岩手〕〈標ア〉0〈京ア〉0 辞書ボン・言海 表記赤子(へ) 赤坊(言)

あ-かんぼく【亜灌木】『名』灌木と草本との中間の形状をした植物。茎、枝は木質で、枝の先などが草質のもの。ハマギク、ハギ、フヨウの類。半灌木。＊博物学階梯(1877)〈中川重麗訳〉「灌木の更に矮短細小なるもの之れを亜灌木と名づく。然りと雖も此区別は其限界画然ならず」発音〈標ア〉カ〈京ア〉カ 辞書言海 表記亜灌木(言)

あかんぼ-ならい『名』方言土砂を巻き上げて吹く北風。武蔵001 神奈川県三浦郡(北北東風)054

あかん-め【赤目】『名』(「あかめ(赤目)」の変化した語)「あかんべい」に同じ。＊俳諧・一茶発句集(1829)上・春「鳴猫に赤ン目をして手まり哉」＊黒い眼と茶色の目(1914)〈徳富蘆花〉二・二「敬二の同国で下瞼のやや引つれた為に赤(アカ)ン眼(メ)をした様な顔をしてそれで真面目な色白の大楽君が」

あき【明・空】『名』(動詞「あく(明)」の連用形の名詞化) ①物がつまっていないで、空間のできているところ。あいた所。すきま。空白。＊思出の記(1900-01)〈徳富蘆花〉三・一六「僕は実に大一郎君の死去が伯父の心(むね)にあけた其欠陥(アキ)を満すことは出来ない」＊菊池君(1908)〈石川啄木〉二「四頁の新聞だけれど、広告が少くて第四面に空所(アキ)が多く」＊学生と読書(1938)〈河合栄治郎編〉読書の生理〈杉田直樹〉「少なくも一般の書籍が明治時代のやうに四号か五号で、しかも四分一アキにカラリと組まれてゐたならば、いくら漢字を使っても眼は疲れまい」②(中にはいっていたものがなくなることから) 使っていないこと。からであること。また、そのもの。多く容器や家、部屋、席などについていう。＊滑稽本・浮世風呂(1809-13)前・上「御用は能(い)、徳利(とっくり)のお明(アキ)はござりませんかな」＊黴(1911)〈徳田秋声〉七〇「入院当時には満員であった病室が、退院する頃にはぼつぼつ空(アキ)ができて来た」③官職、地位などに欠員ができること。④使う予定のない時間。ひま。＊親元日記-文明一三年(1481)二月二五日「貴殿御進上、彼岸のあきに昨日可レ有二御進上一之処、為二御精進一之間、彼是今朝有二御進上一也」＊坊っちゃん(1906)〈夏目漱石〉一一「君と僕を同時に追ひ出しちゃ、生徒の時間に明きが出来て、授業にさし支へるからな」＊灰燼(1911-12)〈森鷗外〉一二「学校の朝の一時間が阪谷と云ふ漢学の先生の受持で、その次に一時間明きがあることを考へて」＊春の城(1952)〈阿川弘之〉三・八「木原が空(ア)きの日、耕二は元より、最近では小泉もいやがって一緒に出なかった」⑤「あきのかた(明方)」に同じ。⑥空巣ねらいをいう、盗人仲間の隠語。〔隠語輯覧(1915)〕発音〈標ア〉0〈京ア〉0 辞書言海 表記明(言)

あき【秋】『名』①四季の一つ。現在では九月から十一月、旧暦では七月から九月までをいう。天文学的には秋分から冬至の前日まで、二十四節気では立秋から立冬の前日までをいう。太陽が次第に南下するため、昼は短く夜は長くなる。前半、台風の襲来、霖雨(りんう)などをみるが、後半は快晴に恵まれる。五穀がみのり、大気の澄んだ季節であり、また、草木が紅葉、落葉し、冬を前に、物の哀れの身にしむ季節であるとされる。《季・秋》＊万葉(8C後)一七・三九四五「安吉(アキ)の夜は暁寒し白栲(しろたへ)の妹が衣手着む縁(よし)もがも〈大伴池主〉」＊土左(935頃)承平五年一月二一日「春の海にあきの木のはしも散れるやうにぞありける」＊色葉字類抄(1177-81)「秋 アキ」＊宣胤卿記-文明一三年(1481)二月二日「又以二元長一被レ仰下二云、なぞなぞ当座各令二新作一可レ申入一云々。〈略〉一、あふきやふれてふたつになる。あきと余申レ之」＊俳諧・野ざらし紀行(1685-86頃)「秋十年却って江戸を指す故郷」②秋にみのる穀物。秋作(あきさく)。＊浄瑠璃・烏帽子折(1690頃)道行「諸国のあきをつみのせて、御世の貢(みつぎ)の牛車」③穀物の収穫時期。転じて、忙しい時期。＊浮世草子・好色一代男(1682)二・一「折しも、麦も秋のなかば」④特に重要なことのある時期をいう。ただし、「秋」と書いて「とき」と読むのが普通。＊安井夫人(1914)〈森鷗外〉「浦賀へ米艦が来て、天下多事の秋(アキ)となったのは、仲平が四十八、お佐代さんが三十五の時である」⑤和歌などの修辞法で、「秋」に「飽き」をかけていう。古今和歌集以後に多くみられる。→秋風②。＊古今(905-914)恋五・七六三「わが袖にまだき時雨(しぐれ)のふりぬるは君がこころに秋やきぬらむ〈よみ人しらず〉」＊山家集(12C後)下「かりそめにおく露とこそ思ひしか秋にあひぬる我袂(たもと)かな」＊歌舞伎・傾情吾嬬鑑(1788)序幕「すかんらしいと神がられ、秋が来よとは気も附かず、色に絡まる蔦かつら」補注「万葉集」には、五行説の影響から「金」字を秋にあてているものがみられる。「金野(あきの)の み草刈り葺き 宿れりし 宇治のみやこの 仮廬し思ほゆ〈額田王〉」〔一・七〕、「金風(あきかぜ)に山吹の瀬の鳴るなへに天雲翔る雁にあへるかも〈人麻呂歌集〉」〔九・一七〇〇〕など。方言❶秋の収穫。取り入れ作業。群馬県勢多郡236 富山県西礪波郡400 長野県諏訪481 上伊那郡488 岐阜県飛驒498 静岡県志太郡535 愛知県564 566 570 京都府竹野郡622 大阪府泉北郡646 高知県867 ◇あち 沖縄県首里993 石垣島・竹富島・鳩間島996 ◇あし 沖縄県波照間島996 ◇はき 沖縄県石垣島996 ❷収穫時。徳島県811 高知県862 語源説(1)食物が豊かにとれる季節であることから、アキ(飽)の義〔東雅・南留別志・和訓集説・百草露・名言通・古今要覧稿・嚶々筆語・和訓栞・紫門和語類集・言葉の根しらべ=鈴江潔子〕。(2)アキグヒ(飽食)の祭の行なわれる時節の意から〔祭祀概論=西角井正慶・文学以前=高崎正秀〕。(3)草木が赤くなり、稲がアカラム(熟)ことから〔和句解・日本釈名・古事記伝・言元梯・菊池俗言考・大言海・日本語源=賀茂百樹〕。(4)天候の明らかから〔日本釈名・滑稽雑談所引和訓義解・古今要覧稿・本朝辞源=宇田甘冥・神代史の新研究=白鳥庫吉〕。(5)草木の葉のアキマ(空間)が多いの意〔類聚名物考・俚言集覧〕。(6)アク(開)の義か。またはオキ(大)の転。穀物のみのりが大であるの意〔東雅〕。(7)春の有に対し、ナキ(無)の義〔日本釈名〕。(8)イタケミの反〔名語記〕。(9)アツユキ(暑往)の義〔日本語原学=林甕臣〕。(10)アはあざやか、キはきよらかな空の様子から〔槇のいた屋〕。(11)アは接頭語、キはケ(食)の転。米の収穫季の意から〔日本古語大辞典=松岡静雄〕。(12)「穫」の別音Akの転音。

アキの日、アキの頃などの語の略称〔日本語原考＝与謝野寛〕。[発音]〈なまり〉アーキ・アク〔島原方言〕アケ〔石川〕アッ〔鹿児島方言〕〈標ア〉[ア]〈ア史〉平安来○◓〈京ア〉㊀ [上仮名]アキ [辞書]色葉・名義・下学・和玉・文明・明応・天正・饅頭・黒本・易林・日葡・書言・〈ボン〉・言海 [表記]秋（色・名・下・玉・文・明・天・饅・黒・易・書・へ・言）商（色・文・明・天）菊（玉）穐・烁（文）

あき 浅（あさ）し 秋になってからあまり日数を経ていない。《季・秋》

あき 暑（あつ）し 立秋を過ぎても、なお暑さを感じる。残暑をいう。《季・秋》＊俳諧・暁台句集（1809）秋「秋暑し水札鳴方の潮ひかり」

あき 麗（うらら） 秋晴れのうららかさをいう。単に「うらら」といえば春の季語。《季・秋》

あき 惜（お）しむ 去り行く秋を惜しむ。《季・秋》＊新古今（1205）秋下・五四九「身にかへていざさは秋をおしみみむさらでももろき露の命を〈守覚法親王〉」＊俳諧・増山の井（1663）九月「秋を惜む」＊俳諧・平安二十歌仙（1769）追加「秋おしむ戸に音づるる狸哉〈蕪村〉」

あき かたまけて 秋が近づいて。また、秋になるのを待ち受けて。＊万葉（8C後）一五・三六一九「磯の間ゆたぎつ山川絶えずあらばまたもあひ見む秋加多麻気弖（カタマケテ）〈遣新羅使人〉」

あき 北（きた）春南（はるみなみ） 秋は北の空、春は南の空を見ることによってその日の天候が予知できるということ。

あき 暮（く）る 秋の季節も終わりに近づく。《季・秋》＊古今（905-914）秋下・三一二「夕月夜をぐらの山に鳴く鹿の声のうちにや秋はくるらむ〈紀貫之〉」＊新古今（1205）秋下・五二二「鵲（かささぎ）の雲の梯（かけはし）秋暮て夜はには霜やさえ渡るらん〈寂蓮〉」＊俳諧・笈日記（1695）上・難波「松風や軒をめぐって秋暮ぬ」

あき さる（「さる」は移動、経過する意）秋が来る。秋になる。秋立つ。《季・秋》＊万葉（8C後）一五・三六二九「安伎左良（アキサラ）ばわが船泊（は）てむ忘れ貝寄せ来て置けれ沖つ白波〈遣新羅使人〉」＊万葉（8C後）二〇・四三一〇「安吉佐礼（アキサレ）ば霧立ちわたる天の河石並（な）み置かば継ぎて見むかも〈大伴家持〉」＊新古今（1205）雑上・一五六二「雲かかるとほ山ばたの秋されば思ひやるだにかなしきものを〈西行〉」

あき しまれ（「秋しもあれ」の変化したもの）折も折、秋の季節ではあるが。＊栄花（1028-92頃）御裳着「あきしまれさしそふ色のことなるは紅葉やすらん月のかつらも」

あき 過（す）ぐ 秋の季節も終わろうとする。＊千里集（894）「秋すぎばちりなむものをなく鳥のなど紅葉葉の枝にしもすむ」＊俳諧・御傘（1651）七「明過る〈略〉又問云、しからば春過て秋過てと云ても春に成烁になるは如何」

あき 涼（すず）し 秋になって涼しさが快い。《季・秋》＊至宝抄（1585）「秋すずし」＊俳諧・奥の細道（1693-94頃）金沢「秋涼し手毎にむけや瓜茄子（うりなすび）」＊俳諧・麦林集（1716-36頃）三・秋「秋涼し早稲の匂ひの右ひだり」

あき 澄（す）む 秋になって、太平洋の高気圧が弱まり、乾燥した大陸の新鮮な空気が流れこむため、空気が澄み、冷気を伴って見通しがよい状態になる。《季・秋》＊俳諧・蓼太句集（1769-93）秋「水涼し秋澄関のかざり鎗」

あき 迫（せま）る 夏の盛りも過ぎ、秋の気配が感じられる。《季・夏》

あきぞ 隔（へだ）たる 秋が終わろうとする感じをいうが、過ぎゆく秋を惜しむ気持が込められている。《季・秋》＊俳諧・誹諧通俗志（1716）時令・九月「秋そ隔（ヘダ）つる」

あき 高（たか）く馬（うま）肥（こ）ゆ 秋、大気が澄んで空が高く感じられるころ、馬もよく食べてたくましく太る。秋は、心身ともにさわやかで気持の良い季節であることの意。本来は、中国で、北方騎馬民族の侵入の時期が到来したことの意。天高く馬肥ゆ。＊園遊会（1902）〈国木田独歩〉一「無類の好天気、例の秋高く馬肥ゆとかいふので」

あき 高（たか）し 秋、大気が澄んで空が高く感じられる。天高し。《季・秋》＊俳諧・伊丹発句合（1714）秋「秋高し燕をほとく山かつら〈仙鶴〉」

あき 闌（た）く 秋も半ばを過ぎて、秋らしい情趣が最も深くなる。秋ふく。秋深し。《季・秋》＊金槐集（1213）秋「塩がまの浦吹く風にあきたけてまがきの島に月かたぶきぬ」＊拾遺愚草（1216-33頃）中「秋たけぬいかなる色とふく風にやがてうつろふもとあらのはぎ」

あき 立（た）つ [辞書]日葡 秋の季節が来る。秋になる。立秋。《季・秋》＊万葉（8C後）二〇・四四八五「時の花いやめづらしもかくしこそ見（め）し明（あきら）めめ阿伎多都（アキタツ）ごとに〈大伴家持〉」＊古今（905-914）秋上・一六九・詞書「秋立日よめる」＊俳諧・曠野（1689）七・名所「みよしのはいかに秋立（たつ）貝の音〈破笠〉」

あき 近（ちか）し [辞書]日葡 夏が終わりに近づき、もう秋は間近である。秋も近いと感じたり、残暑の厳しいころ、秋冷の来るのが待たれる意にいう。《季・夏》＊古今（905-914）物名・四四〇「あきちかう野はなりにけり白露のおける草葉も色かはりゆく〈紀友則〉」＊連珠合璧集（1476頃）上「六月とあらば、なごしのはらへ〈略〉てる日、秋近き」＊俳諧・鳥のみち（1697）下「秋ちかき心の寄や四畳半〈芭蕉〉 しとろにふせる撫子の露〈木節〉」

あき 尽（つ）く 秋の終わり。陰暦九月の末日をいう。現在では一一月三日前後である。秋を惜しむ気持をこめていう。《季・秋》＊俳諧・をだまき（元禄四年本）（1691）四季之詞・九月「暮秋〈略〉秋尽」

あき 隣（とな）る 秋がすぐ隣まで来ている。秋近し。《季・夏》＊俳諧・誹諧通俗志（1716）時令・六月「秋を隣」＊俳諧・年浪草（1783）夏・四「秋隣（アキヲトナル）秋近（あきちかき）〈略〉此言葉は皆末夏のことをいへり」

あきに 秋（あき）添（そ）う それでなくても秋はさびしいものなのに、更に秋のさびしさをさそうものが加わる。和歌では「飽き」をかけることが多い。＊後撰（951-953頃）雑四・一二九三「世の中はいさともいさや風の音は秋に秋そふ心地こそすれ〈伊勢〉」

あきに 入（い）る 立秋になる。立秋は二十四節気の一つで八月七日か八日にあたる。《季・秋》＊霊芝（1937）〈飯田蛇笏〉昭和一〇年「洪水の林の星斗秋に入る」＊月光抄（1949）〈桂信子〉「愛憎を母に放ちて秋に入る」

あきに 後（おく）るる 秋が過ぎゆく。秋の終わろうとするころをいう。暮秋。《季・秋》＊散木奇歌集（1128頃）秋「鳴きかへせ秋にをくるるきりぎりすくれなは声のよはる物かは」＊大観本謡曲・雷電（室町末）「秋に後るる老葉は風なきに散り易く、愁ひを弔ふ涙は問はざるにまづ落つ」＊俳諧・誹諧通俗志（1716）時令・九月「秋に後（オク）るる」

あきの 曙（あけぼの） 秋の夜のほのぼのと明けるころ。秋の明け方。＊広本拾玉集（1346）二「いざ命思ひは夜はに尽きはてぬ夕べもまたじ秋の明ほの」

あきの 朝明（あさけ・あさあけ） 秋の夜明け方。とりわけさわやかなものとされる。＊万葉（8C後）一〇・二一四一「この頃の秋朝開（あきのあさけ）に霧隠（ごも）り妻呼ぶ雄鹿（しか）の声のさやけさ〈作者未詳〉」＊建仁三年六月影供歌合（1203）「露分けむ秋のあさけは遠からで都やいくか真野のかや原〈藤原定家〉」＊玉葉（1312）秋上・五八八「むらむらの雲の空には鴈なきて草葉露なる秋の朝あけ〈従三位親子〉」

あきの 暑（あつ）さ 秋になってもなお残っている暑さ。残暑。《季・秋》＊俳諧・俳諧無言抄（1672）六「秋涼（すず）し 秋のあつさ、連俳ともに同し面きらふ也」＊俳諧・此ほとり（1773）一夜四唫の巻「能（よき）住居秋の暑さのゆかしくて〈蕪村〉 月を情の旅の宿かる〈樗良〉」

あきの 雨（あめ） 秋に降る雨。しみじみと身にしみるような冷たい雨とされる。あきさめ。《季・秋》＊万葉（8C後）八・一五七三「秋之雨（あきのあめ）に濡れつつをれば賤（いや）しけど吾妹（わぎも）が屋戸（やど）し思ほゆるかも〈大伴利上〉」＊続古今（1265）秋上・三三一「萩の花ちらばおしけん秋の雨しばしなふりそ色のつくまで〈柿本人麻呂〉」＊俳諧・続猿蓑（1698）秋「残る蚊や忘れ時出る秋の雨〈口友〉」

あきの 鮎（あゆ） 産卵期が近づいた九、一〇月頃の鮎。落ち鮎。下り鮎。さび鮎。《季・秋》＊俳諧・井華集（1789）「今は身を水に任すや秋の鰷（あゆ）」

あきの 嵐（あらし） 野分より弱い程度の風をいう。《季・秋》＊俳諧・とくとくの句合（1711頃）上「塔高し梢の秋のあらしより」

あきの 袷（あわせ） 「あきあわせ（秋袷）」に同じ。《季・秋》

あきの 衣類（いるい） 衣名として陰暦七、八、九月に着る衣類を示したもので、梶（かじ）の葉衣、桔梗（ききょう）の衣、萩（はぎ）の葉衣、雁（かり）の衣、刈り田の衣など多数。《季・秋》

あきの 色（いろ） 秋らしい気色、趣。清澄な大気や草木の色づきなどによって感じる秋の気配。《季・秋》＊宇津保（970-999頃）藤原の君「秋の色も露をもいさやをみなへし木がくれにのみおくとこそ見れ」＊拾遺愚草（1216-33頃）上「さえのぼる月の光にことそひて秋のいろなる星合の空」＊俳諧・柞原集（1692）「秋（あき）のいろぬかみそつぼもなかりけり〈芭蕉〉」

あきの 鵜（う） 秋に行なわれる鵜飼い。また、その鵜。秋鵜。《季・秋》＊俳諧・さきつる（1800）「秋の鵜の濡て吹るる入日かな〈祇来〉」

あきの 海（うみ） 秋の季節の海。《季・秋》＊筑紫道記（1480）「海の上も凪ぎ渡りて心澄めり。取あへず月にみつ夕しほ寒し秋の海」＊寒山落木〈正岡子規〉明治二六年（1893）秋「夕陽に馬洗ひけり秋の海」

あきの 愁（うれ）え 秋のさびしい気配にさそわれて起こる、もの悲しい気分。《季・秋》＊玉葉（1312）秋上・四八五「風に聞き雲にながむる夕ぐれの秋のうれへぞたへずなり行く〈永福門院〉」

あきの 扇（おうぎ） ①秋になり、不用となった扇。捨て扇。忘れ扇。秋扇。《季・秋》＊拾遺愚草員外（1240頃）「敏鷹（はしだか）を手馴（たな）らす頃の風立ちて秋のあふぎぞ遠ざかりゆく」＊壬二集（1237-45）「夏果てて誰（た）が山の端（は）に置き捨つるあきのあふきと見ゆる月影」＊萱草（15C後）三「風を手におさむる秋のあふぎ哉」＊俳諧・改正月令博物筌（1808）七月「秋扇（アキノアフギ） 扇置 扇すてる」②（漢の成帝の宮女、班婕妤（はんしょうよ）が、君寵の衰えたわが身を秋の扇にたとえて詩を作った故事「文選‐怨歌行」による）男の愛を失った女のたとえ。＊謡曲・班女（1435頃）「古言までも思ひぞ出づる、班女が閨（ねや）の中には秋の扇の色、楚王の台（うてな）の上には夜の琴の声」＊人情本・貞操婦女八賢誌（1834-48頃）四・三七回「秋（アキ）の扇（アフギ）と捨てられし、美濃の小山の一つ松」

あきの 大掃除（おおそうじ） 秋、大規模に行なう掃除。俳句では単に大掃除というと春の季語。《季・

秋》＊梨葉句集(1930)〈上川井梨葉〉「初冬を待たばや秋も大掃除」

あきの収(おさ)め 秋の稲のとり入れ。また、その時期。秋おさめ。＊神皇正統記(1339–43)中・後三条「四月より位にゐ給しかば、いまだ秋のおさめにもおよばぬに、世の中のなほりにける、有徳の君におましけるとぞ申伝はべる」

あきの終(お)わり 「あき(秋)の果て」に同じ。《季・秋》＊藻塩草(1513頃)二・秋「秋のおはり」＊俳諧・芭蕉庵小文庫(1696)秋「梧(きり)うごく秋の終りやつたの霜〈芭蕉〉」

あきの香(か) ⇩親見出し

あきの蚊(か) 秋まで生き残っている蚊。別れ蚊。残る蚊。あふれ蚊。八月蚊。秋蚊。《季・秋》＊俳諧・をだまき(元禄四年本)(1691)四季之詞・七月「秋の蚊」＊俳諧・萩の露(1693)「秋の蚊やしかとはらはで老の伽(とぎ)〈秋色〉」＊寒山落木〈正岡子規〉明治二六年(1893)秋「秋の蚊や死ぬる覚悟でわれを刺す」

あきの蛾(が) 秋になってからも飛び回っている蛾。《季・秋》

あきの限(かぎ)り 秋の季節の最後。陰暦九月の末日。秋の果て。《季・秋》＊新古今(1205)秋下・五五〇「なべて世の惜しさにそへて惜しむかな秋より後のあきのかぎりを〈藤原頼実〉」＊俳諧・誹諧通俗志(1716)時令・九月「秋の限り」

あきの影(かげ) ①秋の景色。秋の風景。＊貫之集(945頃)一「もみぢ葉のまなく散りぬる木(こ)のもとはあきのかげこそ残らざりけれ」②秋の月のひかりに照らし出された光景。＊衆妙集(1671)秋「みちもせぬこよひの秋の影よなども中の月にかはらざるらん」③(人の一生を四季にたとえて)年齢的に衰え始めた容姿。＊続後拾遺(1326)雑下・一一六六「見るもうしむかふ鏡の秋の影おとろへまさる霜のよもぎは〈藤原家経〉」

あきの霞(かすみ) 秋の夕方にたなびく煙ややもやを霞に見立てていう語。秋霞。《季・秋》＊広本拾玉集(1346)四「心から大津の里の夕けぶり秋のかすみにながめわびつつ」＊俳諧・改正月令博物筌(1808)秋「秋霞(アキノカスミ) 朝毎に東のかた灼々とすこしくやければ陽気のさかんなるなり。つづいて日和よし」

あきの風(かぜ) ①秋に吹くつめたい風。《季・秋》＊万葉(8C後)四・四八八「君待つとあが恋ひをればわが屋戸のすだれ動かし秋風(あきのかぜ)吹く〈額田王〉」＊謡曲・砧(1430頃)「蘇武(そぶ)が旅寝は北の国、これは東の空なれば、西より来る秋の風の、咲き送れと」＊俳諧・奥の細道(1693–94頃)金沢「あかあかと日は難面(つれなく)もあきの風」＊俳諧・をだまき(1698)上・五一「七月 秋風〈律の風 りちに吹とも あきの風〉」②(「秋」に「飽き」をかけて)物事がいやになること。心変わりがすること。特に男女の仲が遠のいたことにいう場合が多い。＊光悦本謡曲・女郎花(1505頃)「なつかしや、きけば昔の秋の風、うら紫か葛(くず)の葉の、かへらばつれよ妹背(いもせ)の浪」＊黄表紙・高漫斉行脚日記(1776)中「おのおの花もすこしくあきの風ふくゆふぐれに、鞠とおもひつきしより」＊歌謡・新大成糸の調(1801)二三九・菊の露「夜々毎に置くつゆの、つゆのいのちのつれなやにくや、いまはこの身にあきのかぜ」＊恋衣(1905)白百合〈山川登美子〉「われゆゑに泣かせまつりぬゆるしませよわき少女にいま秋のかぜ」

あきの帷子(かたびら) 秋になって着る帷子。帷子は生絹(すずし)や麻布で仕立てた単衣(ひとえ)で、本来は盛夏の衣服。帷子だけでは夏の季語。《季・秋》＊俳諧・成美家集(1816)下・秋「数珠のすく袂も秋のかたびらや」

あきの形見(かたみ) そのしるしとして秋が残していくもの。秋のなごりのしるし。＊拾遺(1005–07頃か)秋・二一四「暮れてゆく秋のかたみに置くものは我がもとゆひの霜にぞありける〈平兼盛〉」＊新古今(1205)冬・五六六「から錦秋のかたみや立田山散りあへぬ枝に嵐吹くなり〈後鳥羽院宮内卿〉」＊狂言記・箕被(1700)「秋のかたみにくれてこそゆけとしました」

あきの蚊帳(かや) 秋になってもまだつっている蚊帳。《季・秋》＊俳諧・椎の葉(1692)「一寝入りして釣せけり秋の蚊帳〈未雪〉」＊雑俳・柳多留‐八二(1825)「厂金を付ずとも飛秋の蚊屋」

あきの狩場(かりば) 秋に鷹狩をするために猟場と定めた原野。《季・秋》＊妻木(1904–06)〈松瀬青々〉秋「宿屋出て秋の狩場を通りけり」

あきの川(かわ) 秋季の川。《季・秋》＊俳諧・発句題叢(1820–23)秋・下「水防ぐ焚火に明けし秋の川〈一馬〉」

あきの渇(かわき・かつ) 「あきがわき(秋渇)」に同じ。＊譬喩尽(1786)六「秋(アキ)の渇(カツ)とて糊気不レ立もの 又食事の事も早く減物と云り」＊雑俳・玉柳(1787)六月二五日「天の川秋のかはきのはじめ也」

あきの蛙(かわず) 秋になって、まだ冬眠しないでいる蛙。秋になって、動作のにぶくなった蛙。《季・秋》＊俳諧・改正月令博物筌(1808)七月「秋蛙(アキノカハヅ) 秋も鳴く蛙なり」

あきの雲(くも) 「あきぐも(秋雲)」に同じ。《季・秋》＊御伽草子・桜の中将(室町時代物語大成所収)(室町末)上「花のすがたもいたづらにはる風にしほれ、月のかほばせもさながらあきのくもにかくれ」＊俳諧・はな野の枕(1726)秋「吉野気の離れて白し秋の雲〈鬼貫〉」＊俳諧・七番日記‐文化七年(1810)七月「夕暮や鬼の出さうな秋の雲」

あきの来(く)る方(かた) 西を意味し、さらに、陣屋が西側にあるところから右衛門府の異名。＊古今(905–914)雑体・一〇〇三「てるひかり 近き衛(まも)りの身なりしを たれかは あきのくるかたに あざむきいでて 御垣より とのへ守る身の 御垣守〈壬生忠岑〉」＊顕昭古今註(1191)一九「忠峰はもとは左近番長也。後に右衛門府生に移れり。右は西也。されば、秋のくるかたに、あざむきいづとはよめり」＊八雲御抄(1242頃)三「あきのくるかた、忠岑短歌 右衛門也」

あきの暮(く)れ ①秋の季節の終わり。暮れの秋。暮秋。晩秋。《季・秋》＊千載(1187)秋下・三三三「さりともとおもふ心も虫のねもよわりはてぬる秋のくれかな〈藤原俊成〉」＊無名抄(1211頃)「雲居寺の聖(ひじり)の許(もと)にて、あきのくれの心を、俊頼朝臣、明けぬとも猶秋風の訪(おとづ)れて野辺の気色よ面(おも)変りすな」＊謡曲・砧(1430頃)「鄙の住まひに秋の暮れ、人目も草もかれがれの、契りも絶え果てぬ」＊俳諧・山の井(1648)秋「九月尽 秋の暮、ゆく秋、かへる秋」＊俳諧・野ざらし紀行(1685–86頃)「しにもせぬ旅寝の果よ秋の暮」②秋の日の夕暮れ。秋の夕べ。《季・秋》＊源氏(1001–14頃)夕顔「すぎにしもけふわかるるも二みちにゆくかたしらぬ秋のくれかな」＊禅鳳雑談(1513頃)中「松かぜは秋の暮などのやうなる事にて候」＊俳諧・曠野(1689)四・仲秋「かれ朶に烏のとまりけり秋の暮〈芭蕉〉」＊俳諧・青根が峯(1697–98)俳諧自讃之論「古来秋の暮、暮秋にあらずと定まれり。只秋の夕間ぐれと云事のよし。〈略〉春の暮といふに対して、秋のくれを暮秋と心得たる人、稀々あり」＊六百句(1947)〈高浜虚子〉昭和二〇年「日のくれと子供が言ひて秋の暮」＊変身(1962)〈西東三鬼〉「秋の暮大魚の骨を魚が引く」

あきの毛(け) 語義未詳。＊米沢本沙石集(1283)三・三「父の跡よりも大なる所也けるを、秋の毛の上の給て下べきにてありけるに、馬鞍用途なむど沙汰したびけり」[語誌]稲をいうとするのが旧説だが、おそらく地名か。「秋月」が「秋つき」と表記され、「つ」が格助詞と誤解されて、その同義語「の」に改められ、「き」がなまって「け」になり、「毛」字が当てられたか。または、「秋」は「安岐郷」(豊後および筑前の地名)で「毛の上」が地名に当たるのかもしれない。

あきの恋猫(こいねこ) 猫には交尾期が春秋二度あり、秋の交尾期の猫をいう。秋の猫。秋猫。《季・秋》

あきの声(こえ) 砧(きぬた)や風の音など、ものさびしい秋の情趣を感じさせる物音。俳諧季語としては、何の物音というのではないが、どこからともなく響いて来るように感じられる、秋のあわれを深くおぼえさせる幽玄な音の意にも用いられる。《季・秋》＊新古今(1205)雑下・一九九二「みづぐきの中にのこれるたきの声いとしも寒き秋の声かな〈大中臣能宣〉」＊拾遺愚草(1216–33頃)下「さえわたる霜にむかひてうつ衣いくとせ秋のこゑをつぐらん」＊俳諧・ありそ海(1695)秋「とりかごの曙はやし秋の声〈平水〉」＊俳諧・葎亭句集(1801)四・秋「さざ浪やあやしき迄に秋の声」[語誌](1)秋という季節に自然のもたらすさまざまな音、風、葉の揺落、虫や鳥の声などを表現する「秋声」の語は、中国では六朝時代から見られ、唐詩にもしばしば用いられているが、さらに宋代の欧陽脩の「秋声賦」(「古文真宝」後集所収)に集大成される。(2)わが国では「菅家後集」の「和下紀処士題二新泉一之二絶上詩」の「触レ石秋声如二読誦一」など漢詩文を経て、新古今時代の和歌に「秋の声」としてとりこまれ、さらに俳諧の季語として定着した。

あきの心(こころ) ①秋という季節に人々が感じる、万事につけてものさびしい感じ。秋の本質的な情感。秋の本質。＊和漢朗詠(1018頃)上・秋興「物の色は自ら客の意を傷ましむるに堪へたり、宜なり愁の字をもて秋の心に作れること〈小野篁〉」＊千載(1187)秋下・三五一「ことごとに悲しかりけりむべしこそ秋の心を愁(うれへ)といひけれ〈藤原季通〉」＊菟玖波集(1356)秋・下「馴れてだに秋の心はうきものをやまは里にも鹿やなくらん〈二条良基〉」②秋を擬人化して、その心。＊後撰(951–953頃)秋中・三三三「吹く風に深きたのみの空しくは秋の心を浅しと思はむ〈よみ人しらず〉」

あきの胡蝶(こちょう) 「あき(秋)の蝶(ちょう)」に同じ。＊俳諧・毛吹草(1638)二「初秋〈略〉秋の胡蝶(コテフ)」

あきの御灯(ごとう) 秋に行なわれた御灯。御灯は王朝時代三月三日に大々的に行なわれた宮中の行事だが、今日ではすたれてしまっている。《季・秋》

あきの駒牽(こまひ)き 陰暦八月に、甲斐(山梨県)、武蔵(埼玉県)、信濃(長野県)、上野(群馬県)の四か国にあった朝廷の御牧(みまき)から、四歳以上の官用に適した馬を選んで、京都へ引いて来ること。また、その馬を、天皇出御のもとに、御所の紫宸殿(ししんでん)の南庭で、左右の近衛の将監が引きまわし、乗りまわして、馬をお目にかける儀式。貢上される馬の数は、甲斐国六〇匹、武蔵国五〇匹、信濃国八〇匹、上野国五〇匹と定められ、また儀式を行なう日は、平安初期には、七日甲斐国御馬、一三日秩父御馬、一五日信濃御馬、一七日甲斐穂坂御馬、二三日信濃望月御馬、二五日武蔵立野御馬、二八日上野勅旨御馬と定められていたが、のちに信濃のものが中心となり、一五日は朱雀天皇の忌日に当たるため、一六日に行なわれるようになった。《季・秋》

あきの境(さかい) 秋と夏、または冬との境。秋の初め、または終わりのとき。＊元真集(966頃か)「六月十よ日秋の節(せち)に入る こよひより荻の葉風の音すらしあきのさかゐに入りやたつらん」

あきの潮(しお) 秋季の潮。春の潮と同様、干満の差がいちじるしいが、秋の場合にはさびしさも含まれる。《季・秋》

あきの鹿(しか) ①秋の季節の鹿。《季・秋》＊広本拾玉集(1346)二「秋の鹿われもわれもと妻恋ひてその涙をばよその袂に」＊俳諧・小柑子(1703)地「尻斗(ばかり)てられて立や秋の鹿〈野坡〉」②(秋季、牡鹿は牝鹿を求めて鳴くことから) 片思い。また、恋わずらい。＊雑俳・旅すずり(1744)「秋の鹿じゃと見立たる医者」

あきの鹿(しか)**は笛**(ふえ)**に寄**(よ)**る**[=心(こころ)**を乱**(みだ)**す**] 秋季、牝鹿は、鹿笛の音を牡鹿の鳴き声と思って思い悩む。転じて、みずから危険な状態に身を投じる意にも用いられる。「とんで火に入る夏の虫」と共に用いられることが多い。笛に寄る秋の鹿ははかない契りに命を失う。＊曾我物語(南北朝頃)六・仏性国の雨の事「夏の虫、とんで火に入、秋の鹿の、ふゑに心をみだし、身をいたづらになす事、たかきも、いやしきも、力およばぬは、此道なり」＊浮世草子・好色訓蒙図彙(1686)序「秋の鹿、笛により、氷れる池に霜うちはらふ鴛鴦の浮寝さへあれば、いとかしこし」

あきの時雨(しぐれ) 秋の末に降る時雨。秋時雨。＊是貞親王歌合(893)「ひとしれぬ涙や空にくもりつつあきのしぐれとふりまさるらむ」＊古今(905-914)離別・三九八「をしむらん人の心をしらぬまに秋のしぐれと身ぞふりにける〈兼覧王〉」＊俳諧・鷹風呂(1794)秋「したしめばともしに秋の時雨かな〈菱湖〉」

あきの霜(しも) ①秋の末に降りる霜。《季・秋》＊新古今(1205)雑上・一五六四「浅ぢふや袖にふりにし秋の霜忘れぬ夢に吹く嵐かな〈源通光〉」②(多く実際の霜をかけていう) 白髪。霜鬢(そうびん)。＊続拾遺(1278)雑秋・六一七「かぞふれは四十あまりの秋の霜身のふりゆかむはてをしらばや〈源家長〉」＊俳諧・野ざらし紀行(1685-86頃)「手にとらば消んなみだぞあつき秋の霜」＊俳諧・蕪村遺稿(1801)「秋の霜うちひらめなる石のうへ」③(漢語「秋霜」の訓読) 刀剣の異名。特に、よく切れる刀。その冷たく鋭い姿が秋季の霜のようであるところからいう。＊和漢朗詠(1018頃)下・将軍「雄剣腰に在り、抜けばすなはち秋の霜三尺〈源順〉」＊名語記(1275)六「秋の霜のきらめけるも、見るより身もひえ、おそろしきに、さやにさしつれば」＊続千載(1320)雑中・一八六〇「近衛大将にて侍ける時はきて侍ける剣をみて これをだにあだにはおかじ秋の霜ちかきまもりのかたみと思へば〈藤原公守〉」[辞書]ヘボン [表記]秋霜(ヘ)

あきの除目(じもく) 秋に行なわれる司召除目(つかさめしのじもく)。春の県召除目(あがためしのじもく)が地方官の任命式であるのに対し、京官を任命する儀式。秋の司召。＊江家次第(1111頃)四・秋除目摂政儀「秋除目」

あきの社日(しゃにち) 秋分の前と後との、最も近い戊(つちのえ)の日。秋社。↔春の社日。《季・秋》＊俳諧・改正月令博物筌(1808)八月「秋社日(アキノシャニチ) 秋社(しうしゃ)といふ。秋分前後にある戊(つちのえ)の日也」

あきの調(しら)**べ** [一]秋に適した楽の調子。律の調子。平調(ひょうじょう)。必ずしも「時の調子」の中の秋の調子をさすとは限らない。「時の調子」とは、春は双調(そうじょう)、夏は黄鐘調(おうしきちょう)、秋は平調(ひょうじょう)、冬は、盤渉調(ばんしきちょう)とされる。＊宇津保(970-999頃)楼上下「まづ習ひ初めのりうかく風(ふ)を、秋のしらべに弾きならし給ふ」＊拾遺(1005-07頃か)物名・三七二「松の音は秋のしらべにきこゆなり高くせめあげて風ぞひくらし〈紀貫之〉」＊光悦本謡曲・猩猩(1466頃)「こゑすみ渡る浦風の、秋のしらべやのこるらむ」[二]⇩親見出し

あきの白雪(しらゆき) 秋の月の明るく白い光を雪にたとえた言い方。＊月清集(1204頃)百首「雲きゆる千里の外に空さえて月よりうづむ秋のしらゆき」

あきの巣兄鶴(すこのり) 秋に狩りに使うために夏の間に育てた鷹の子。＊西園寺鷹百首(14C後-15C前か)「雲雀たつ野べの真萩のかり衣花にすりとる秋のすこのり 夏鷹の子をそだてけれども、秋つかふゆへに秋の巣兄鶴(このり)と申すなり」＊無言抄(1598)下・三「狩場の雉〈略〉又とやこめは夏也。秋のすこのりともよめり」＊俳諧・御傘(1651)三「鷹〈略〉とや出しは秋なり。姝のすこのり共よめり。小鷹の事也」

あきの釈奠(せきてん) 奈良、平安時代または江戸時代に行なわれた年二回の釈奠のうち、八月の上の丁(ひのと)の日のもの。春のものとほぼ同じだが、秋には内論義(うちろんぎ)が行なわれる。《季・秋》

あきの蟬(せみ) ①秋にあらわれ、鳴いている蟬。秋蟬(しゅうせん)。残る蟬。《季・秋》＊謡曲・蟻通(1430頃)「花のうちのうぐひす、また秋の蟬の吟の声、いづれか和歌の数ならぬ」＊連歌大発句帳(1614頃)秋「ことのはにをく露ちらせあきの蟬〈賢盛〉」＊俳諧・曠野(1689)七・旅「なきなきて袂にすがる秋の蟬〈一井〉」②割海老(わりえび)料理をいう女房詞。＊雑俳・雨の落葉(1733)「割海老を・女中方へは秋の蟬」

あきのセル 秋に着るセル。単にセルといえば夏の季語。《季・秋》

あきの袖(そで) 「あき(秋)の袂(たもと)」に同じ。＊新古今(1205)秋上・四〇一「松島や潮くむあまの秋の袖月は物思ふならひのみかは〈鴨長明〉」＊八幡若宮撰歌合(1203)「草結ぶかりほの床の秋の袖露やはぬらす夕暮の空〈藤原忠良〉」

あきの空(そら) ①秋、晴れわたって高く見える空。秋晴れの空。《季・秋》＊後撰(951-953頃)秋下・四二三「おほかたの秋のそらだにわびしきに物思ひそふる君にもある哉〈右近〉」＊平家(13C前)一一・内侍所都入「播磨国明石浦にぞつきにける。名をえたる浦なれば、ふけゆくままに月さえのぼり、秋の空にもおとらず」＊俳諧・炭俵(1694)下「秋の空尾の上の杉に離れたり〈其角〉」②(秋は天候が変わりやすいところから) 気持の変わりやすいことをたとえていう。特に男女の間についていう場合が多い。＊雑俳・磯の波(1747)「下手の碁は七度替る秋の空」＊洒落本・一事千金(1778)六「地女さへ秋のそら、ましてきのふの淵は瀬とかはりやすき川竹の」＊歌謡・新大成糸の調(1801)一六・あだまくら「はまり易きはすゐのふち、沈むものぞと思へば、さいな、ほんにぶすゐがましぢゃもの、心知らずやあきのそら」[発音]〈標ア〉[ア]〈京ア〉㋖ [辞書]易林 [表記]秋空(易)

あきの空(そら)**は七度半**(ななたびはん)**変**(か)**わる** 秋の天候は変わりやすいの意。秋の習いの空。

あきの田(た) 秋、稲が実っている田。《季・秋》＊万葉(8C後)二・一一四「秋田(あきのた)の穂向(ほむき)の寄れる異(かた)寄りに君に寄りななこちたくありとも〈但馬皇女〉」＊古今(905-914)恋五・八〇三「秋の田のいねてふ事もかけなくに何をうしとか人のかるらん〈兼芸〉」＊連珠合璧集(1476頃)下「秋の田とあらは、守、かる、いなは、かりほ、はつほ」＊俳諧・曠野(1689)員外「砧も遠く鞍にいねぶり〈芭蕉〉秋の田をからせぬ公事の長びきて〈越人〉」[語誌](1)日本が葦原瑞穂の国と美称されるだけに「万葉」以来、和歌に数多く詠まれ、「古今六帖」では分類項目となり、屏風絵等によく用いられた。歌合の歌題としては「長暦二年(一〇三八)九月十三日権大納言師房歌合」が確認される最古のもの。(2)「万葉」では実った稲穂の刈入れを主意としてそれに恋情を寄せる歌が多い。「古今」以降になると挙例のように、「秋」に「飽き」を掛詞とする恋歌の表現技巧が見られる。

あきの種(たね) 秋に実る稲の種子。＊応和三年伊尹君達春秋歌合(963)「雁啼きてうち積みわたるいなむらの秋のたねこそ春にまくらめ〈よみ人しらず〉」

あきの田(た)**の実**(み) 秋の田ですっかり熟している稲の実。＊源氏(1001-14頃)明石「此の世の設(まう)けに、秋のたのみを刈りをさめ、残りの齢(よはひ)積むべき稲の倉町(くらまち)どもなど」

あきの袂(たもと) 物思いの季節である秋の、涙に濡れている衣の袖をいう。秋の袖。＊是貞親王歌合(893)「かりの身とうはの空なる涙こそあきのたもとの露とおくらめ」＊新古今(1205)恋四・一三一四「物思はでただおほかたの露にだにぬるればぬるる秋の袂を〈藤原有家〉」

あきの垂穂(たりほ) 秋によく実って垂れ下がっている稲の穂。秋穂。＊書紀(720)神代上(水戸本訓)「即ち、其の稲種(いなたね)を以て始めて天狭田(あまのさた)、及び長田(ながた)に殖う。其の秋垂穎(アキノタリホ)、八握(やつかほ)に莫莫然(しなひ)て甚だ快(こころよ)し」

あきの契(ちぎ)**り** ①秋に会うという男女の約束。多く牽牛星と織女星の間をいう。＊続後拾遺(1326)秋上・二五一「天の川秋の契の深ければ夜半にぞ渡す鵲(かささぎ)の橋〈大中臣輔親〉」②(「秋」に「飽き」をかけて) 疎遠になった男女の仲。＊光悦本謡曲・夕顔(1423頃)「閨(ねや)の扇の色ことに、互ひに秋のちぎりとは、なさざりし篠目(しののめ)の」③(「千秋の契り」の意で、男女に限らず一般的に) 秋ごとの約束。長く続く約束。＊千五百番歌合(1202-03頃)六五三番「ひと時の花と見れども女郎花秋のちぎりを世々に結ばん〈二条院讃岐〉」＊建長三年九月十三夜影供歌合(1251)「数ならで庵もるしづも月や見る逢ふたのみある秋の契りに〈小宰相〉」

あきの蝶(ちょう) 秋に現われる蝶。秋の胡蝶。《季・秋》＊俳諧・俳諧四季部類(1780)七月「生類〈略〉秋の蝶」＊俳諧・暁台句集(1809)秋「秋の蝶日の有うちに消えうせる」＊俳諧・七番日記-文化一一年(1814)八月「秋のてふかがしの袖にすがりけり」

あきの司召(つかさめし) 「あき(秋)の除目(じもく)」に同じ。＊源氏(1001-14頃)薄雲「秋のつかさめしに太政大臣になり給ふべき事、うちうちにさだめ申し給ふついでになむ」

あきの月(つき) ①秋、澄んだ夜空に輝き冴えている月。俳諧では、単に「月」ともいう。秋の月夜。《季・秋》＊古今(905-914)秋下・二八九「秋の月山辺さやかにてらせるは落つるもみぢの数を見よとか〈よみ人しらず〉」＊拾遺(1005-07頃か)秋・一七七「よもすがら見てをあかさむ秋の月こよひの空に雲なからなん〈平兼盛〉」＊俳諧・猿蓑(1691)五「さる引の猿と世を経る秋(アキ)の月〈芭蕉〉」②(満月のように円満無欠なところから) 釈迦如来の徳。＊謡曲・安宅(1516頃)「大恩教主の秋の月は涅槃(ねはん)の雲に隠れ」③女性の性器。＊浄瑠璃・仮名手本忠臣蔵(1748)七「『船にのった様でこはいわいな』『道理で船玉様が見へる』『ヲヲのぞかんすないな』『洞庭の秋の月様をおがみ奉るじゃ』」＊雑俳・柳多留-五〇(1811)「秋の月梯子(はしご)の下で由良拝み」④(その祭礼が八月一五日であったことから) 「はちまんじん(八幡神)」の異称。＊雑俳・柳多留-一二一(1833)「天照らす左右春の日秋の月」[発音]〈標ア〉[ア]〈京ア〉㋖

あきの月夜（つくよ） （「月夜（つくよ）」は「月」の意）「あき（秋）の月①」に同じ。＊万葉(8C後)二・二一一「去年（こぞ）見てし秋乃月夜（あきノつくよ）は照らせども相見し妹はいや年さかる〈柿本人麻呂〉」

あきの土（つち） 秋の土。露を含んでしっとりと豊かな感じである。《季・秋》＊母郷行(1956)〈中村草田男〉「秋の土張り代へし縁に乗りみる人」

あきの燕（つばめ） 秋分のころ、南方に帰っていく燕。《季・秋》＊白嶽(1943)〈飯田蛇笏〉「高浪にかくるる秋のつばめかな」

あきの出替（でが）**わり** 江戸時代、雇用期間を半年間とする、いわゆる出替わり奉公人が、契約を更新する陰暦九月五日、または九月一〇日。半年季の奉公人の出替わり日は、はじめ三月五日と九月五日、元祿八年（一六九五）に三月五日と九月一〇日に定められた。秋替わり。＊浮世草子・好色一代女(1686)四・四「我ひさびさ江戸、京、大坂の勤めも、秋の出替りより泉州堺に行て」

あきの出穂（でほ） 秋の田の、きれいに出そろった稲の穂。

あきの隣（となり） ①夏から秋に移る、変わりめの時期。秋隣。《季・夏》＊古今六帖(976-987頃)一・春「こよひしもいなばの露のおきしくは秋のとなりになればなりけり」＊拾遺愚草(1216-33頃)下「かりねせし玉江のあしにみかくれて秋のとなりの風ぞすずしき」＊俳諧・毛吹草(1638)二「末夏〈略〉秋の隣（トナリ）〈来ぬ秋 秋まつ〉」＊俳諧・滑稽雑談(1713)六月「秋（アキ）の鄰（トナリ）〈略〉春秋の鄰といふ事は、ちかしと云心なり、夏の鄰共云也」②秋から冬に移る変わりめの時期。晩秋から初冬にかかる季節の変わりめ。＊宝治百首(1248)冬「垣根なる草も人目も霜かれぬ秋のとなりや遠ざかるらん〈後嵯峨院〉」

あきの止（と）**まり** 秋の季節がそこで終わり、とどまっている所。＊古今(905-914)秋下・三一一「年ごとにもみぢばながす龍田川みなとや秋のとまりなるらん〈紀貫之〉」＊公任集(1044頃)「いづことも定めで過ぎし道なれど秋のとまりに我は来にけり」

あきの半（なか）**ば** ①秋の季節の半ば。陰暦八月ごろ。＊家持集(11C前か)秋「啼く鹿の声にてふりぬ時は今は秋のなかばになりぬべらなり」＊公任集(1044頃)「山里の紅葉は時はわかぬかな秋の半に色深くみゆ」＊玉葉(1312)雑四・二三二八「八月の頃はらからに後れて侍りける〈略〉思ひしれ秋のなかばの露けさを時雨に濡るる袖の上にて〈静賢〉」②中秋八月一五日のこと。＊大弐集(1113-21)「八月十五夜月影は同じ山より出づれども秋のなかばは照りまさりけり」＊山家集(12C後)上「数へねど今宵（こよひ）の月のけしきにて秋のなかばを空にしるかな」＊菟玖波集(1356)発句「月の色に秋の半ばぞ知られける〈藤原為氏〉」

あきの名残（なごり） 秋の趣を感じさせる最後のもの。冬になっても残っている秋の趣。《季・秋》＊堀河百首(1105-06頃)冬「いかばかり秋の名残をながめまし今朝は木葉に嵐吹かずは〈源俊頼〉」＊俳諧・をだまき(1698)上・五一「九月〈略〉暮秋〈秋過て、くれの秋、〈略〉秋の名残〉」＊俳諧・我菴(1767)下・秋「朔日のあかつきぞ秋のなごりなる〈銅馬〉」＊闌位(1970)〈永田耕衣〉「骸骨が舐め合う秋も名残かな」

あきの七草（ななくさ） 秋に咲く草花の中で、秋を代表するものとされる七種の草花。萩（はぎ）、尾花（おばな）、葛（くず）、撫子（なでしこ）、女郎花（おみなえし）、藤袴（ふじばかま）、桔梗（ききょう）の称。秋の七草。↔春の七草。《季・秋》＊俳諧・滑稽雑談(1713)七月「秋七草 八雲御抄云、秋七種、萩の花、尾花、葛花、藤袴、朝貌、女倍之、撫子花。これを秋の七草と称す」＊雑俳・柳多留-一一二(1831)「秋の七草長命寺近所なり」＊小学読本(1873)〈榊原芳野〉一「秋の七草は萩、尾花、葛花、撫子、女郎花、蘭、朝顔をいふ」〔語誌〕七草の一つ桔梗は、「八雲御抄-三」、江戸期の滝沢馬琴「読本・松染情史秋七草」、享保頃の歌謡「秋の七草」では朝顔である。しかし、今日いう朝顔、古名「牽牛子（けにごし）」は中古に入って輸入されたもので上代にはなかったとする説があり、「万葉集」の朝顔は木槿（むくげ）、旋花（ひるがお）、桔梗などと説かれている。「新撰字鏡」では「桔梗」を「阿佐加保」と訓んでおり、また他の六つが野に咲く草花であることから現在では桔梗が有力とされる。〔発音〕〈標ア〉〔ア〕＝〔ナ〕$_2$〈京ア〉（キ）＝（ナ）$_1$

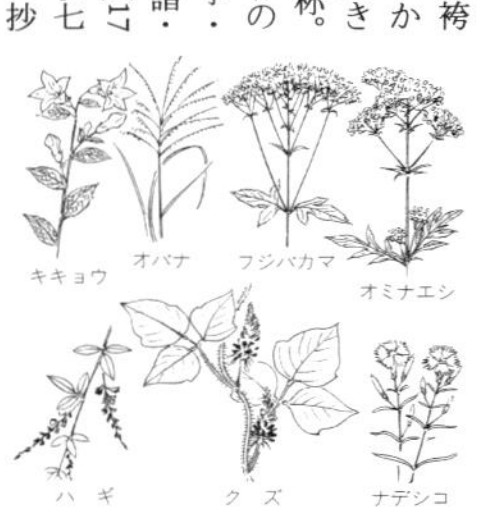

秋の七草

あきの七日（なぬか） 七月七日。七夕（たなばた）の日。秋の初めの七日。＊後撰(951-953頃)秋上・二四〇「天の河いはこす浪のたちゐつつ秋のなぬかの今日をしぞ待つ〈よみ人しらず〉」＊衆妙集(1671)秋「七夕七首会興行しけるに、待七夕 灯もなを九重の雲のうへに秋の七日のほしまつる也」

あきの七日（なぬか）**の衣**（ころも） 七月七日の夜、年に一度だけ相会う牽牛、織女二星の衣。別離の涙に濡れているものとされる。＊車屋本謡曲・草子洗小町(1570頃か)「天の河瀬にあらひしは、秋の七日の衣なり」＊歌舞伎・名歌徳三舛玉垣(1801)五立「『天の川瀬に洗ひしは』『秋の七日の衣なり』」

あきの波（なみ） ①秋の、穏やかな海に急に高く打ち寄せる波。秋濤（しゅうとう）。《季・秋》＊俳諧・暁台句集(1809)秋「秋のなみ星うち返す折もあり」②（「秋波（しゅうは）」の訓読）なまめかしく感じさせる目つき。

あきの習（なら）**いの空**（そら） 秋の空の常として、変わりやすい天候。↓秋の空は七度半変わる。＊歌舞伎・勧善懲悪覗機関（村井長庵）(1862)六幕「入る月や秋の習ひの空よりも、身の雲晴れぬ久八が替りし姿見るに付け」

あきの虹（にじ） 秋に見られる虹。虹は四季いつでも見られるが、単に虹といえば夏の季語。秋の虹は淡く哀感が漂う。《季・秋》

あきの錦（にしき） 秋の紅葉の美しさを錦に見立てていう語。野山の錦。《季・秋》＊源氏(1001-14頃)松風「その駒など乱れ遊びてぬきかけ給ふ色々、秋のにしきを風の吹きおほふかと見ゆ」＊歌謡・松の葉(1703)三・舟橋「秋の色よき錦を、あきのにしきを誰が織りて、染めも色よくそめたよ、染めもそめたよ小夜時雨（さよしぐれ）」

あきの庭（にわ） 草花が咲き、木々が紅葉する秋の庭園。《季・秋》＊花氷(1927)〈日野草城〉「植込を移る日影や秋の庭」

あきの沼（ぬま） 水鳥などが渡ってくるような秋の沼。特に澄んだ感じがする。《季・秋》

あきの野（の） 秋のころの野原。秋の野ら。《季・秋》＊万葉(8C後)一・七「金野（あきのの）のみ草刈り葺（ふ）き宿れりし宇治のみやこの仮廬（かりいほ）し思ほゆ〈額田王、左注では皇極天皇〉」＊大鏡(12C前)五・道長上「萩の織物の三重（みへ）がさねの御唐衣（からごろも）に、あきののをぬひものにし、ゑにもかかれたるにやとぞ」＊曾我物語(南北朝頃)七・千草の花見し事「よくはなけれ共、紋柄おもしろければとて、秋の野にすりつくしぬひたる練貫の小袖一つとりいだしてたびにけり」＊俳諧・暁台句集(1809)秋「あきののやはや荒駒のかけやぶり」〔辞書〕日葡

あきの野遊（のあそ）**び** 紅葉狩り、ブドウ狩り、キノコ狩り、栗拾い、ハイキングなど、秋の自然の中で行なわれる遊びの総称。秋遊び。《季・秋》

あきの野守（のもり） 秋の田の稲を守る番人。＊壬二集(1237-45)「忍びわび秋の野守に言とはむ露にも朽つる袖はありやと」

あきの野（の）**ら** （「ら」は接尾語）「あき（秋）の野」に同じ。＊古今(905-914)秋上・二四八「里はあれて人はふりにしやどなれや庭もまがきも秋の野らなる〈遍昭〉」＊徒然草(1331頃)四四「心のままに茂れる秋ののらは、置きあまる露に埋（うづ）もれて」＊藻塩草(1513頃)三・野「野ら 秋の野らなどいへり。只野か。但いささかかはるべきか。うつくしき心はなきか」

あきの葉（は） ①秋の紅葉した木の葉。＊万葉(8C後)一七・三九八五「春花の 咲ける盛りに 安吉能葉（アキノは）の にほへる時に 出で立ちて 振り放（さ）け見れば〈大伴家持〉」＊広本拾玉集(1346)二「神無月いく田の杜の秋のはに松風過ぐる夕ぐれの空」②（秋の木の葉が散ってやがて朽ち果てるところから）人の身のはかなさをたとえていう。＊謡曲・玉葛(1470頃)「露も涙も散りぢりに、秋の葉の身も朽ち果てね、恨めしや」

あきの蠅（はえ） 秋まで生き残っている蠅。秋蠅。《季・秋》＊俳諧・蓼太句集(1769-93)秋「飯もれば這て来るなり秋の蠅」＊山廬集(1932)〈飯田蛇笏〉「水門や木目にすがる秋の蠅」

あきの初（はじ）**めの七日**（なぬか） 「あき（秋）の七日」に同じ。＊浮世草子・好色五人女(1686)二・一「折ふしは秋（アキ）のはじめの七日、織女（たなばた）に借小袖とて、いまだ仕立てより一度もめしもせぬを」

あきの蜂（はち） 冬を間近にして、いそがしく飛びまわっている蜂。《季・秋》＊俳諧・百曲(1717)「静さや梅の苔吸ふ秋の蜂〈樗子〉」＊遠星(1947)〈山口誓子〉「秋の蜂梳（くしけず）らざるわれにとぶ」

あきの初風（はつかぜ） 秋のおとずれを初めて感じさせる風。初秋風。《季・秋》＊古今(905-914)秋上・一七一「わがせこが衣のすそを吹き返しうらめづらしき秋のはつかぜ〈よみ人しらず〉」＊新撰菟玖波集(1495)雑・一「まだこぬ暮の秋の初かぜ 下葉ちる柳や鴈をさそふらん〈心敬〉」＊白髪集(1563)「七月の物〈略〉秋の初風」＊俳諧・三冊子(1702)黒双紙「春は少の風も、花をいとひて嵐と和にもいふ也。秋のはつ風、はつ嵐と云」

あきの初月（はづき） （「はづき」は「はつづき」の変化した語）秋の最初の月、すなわち陰暦七月の異称。＊莫伝抄(室町前)「風なくば何をかいはむ松かげの秋のは月を音にこそ知れ」

あきの果（は）**て** 秋の季節の終わりのころ。秋の末。＊大和(947-957頃)九「おほかたの秋のはてだにかなしきにけふはいかでか君くらすらむ」＊枕(10C終)六七・草の花は「秋のはてぞ、いと見どころなき」

あきの花（はな） ①秋に咲く草花。＊万葉(8C後)一九・四二五四「やすみしし わが大君 秋花（あきはな）の 其（し）が色色に 見（め）し給ひ 明（あきら）め給ひ〈大伴家持〉」＊山家集(12C後)下「あきの花如何におもしろかるらんと床しうと申遣はしたりける返事に」＊新撰菟玖波集(1495)発句・下「四方（よも）にちるひかりや月の秋の花〈宗伊〉」②植物「きく（菊）」の異名。＊金槐集(1213)恋「消えかへりあるかなきかに物ぞ思ふうつろふ秋のはなの上の霜」＊藻塩草(1513頃)八・菊「秋の花 これきくの事也とふるき物にあり。いかかふしん。哥のていによるべき歟」

あきの浜（はま）　秋のころの、人影少なくものさびしい海浜。《季・秋》

あきの春（はる）　秋を春に見たてていう語。＊月清集(1204頃)上「みよし野を秋のはるにてながむればあけぼのよりも夕ぐれの空」

あきの日（ひ）　㊀①秋の太陽。また、その光。《季・秋》＊大鏡(12C前)六・道長下「秋の日のあやしきほどの夕ぐれに荻吹く風の音ぞきこゆる」＊萱草(15C後)秋「秋の日の西にうつればかげよはしゆふべにさかんあさがほもがな」＊仮名草子・二人比丘尼(1632頃)上「げにあきの日のならひなれば、ほどなうくれかかり、たそがれ時にもなりぬ」＊俳諧・三歌仙(1775)「秋の日やちらちら動く水の上〈荷兮〉」②秋の一日。《季・秋》＊輔親集(1038頃)「秋のひにしづけき雨の慰めは我宿に咲くいろいろの花」＊俳諧・野ざらし紀行(1685-86頃)「秋の日の雨江戸に指おらん大井川〈千里〉」　㊁⇩親見出し

あきの灯（ひ）　秋の夜にともす灯火。秋灯。秋ともし。《季・秋》＊俳諧・蕪村句集(1784)秋「秋の燈やゆかしき奈良の道具市」＊五百句(1937)〈高浜虚子〉大正六年「秋の灯に照らし出す仏皆観世音」

あきの光（ひかり）　①秋の澄んだ空に冴え輝く月の光。＊栄花(1028-92頃)御裳着「月影はいつともわかぬものなれどあきのひかりぞ心ことなる」＊新千載(1359)秋上・四〇八「吹くからに秋の光のあらはれてむべ山風にすめる月哉〈二条為明〉」②秋の日の光。日の短いのをいうのに用いる。＊光悦本謡曲・源氏供養(1464頃)「実(げに)や朝は秋のひかり、夕には影もなし」

あきの彼岸（ひがん）　秋分の日を中日(ちゅうにち)とする彼岸。後(のち)の彼岸。秋彼岸。↕春の彼岸。《季・秋》＊俳諧・韻塞(1697)閏月「きらきらと炑(あき)の彼岸の椿(つばき)かな〈木導〉」＊俳諧・鬼貫句選(1769)上・秋「風もなき秋のひがんの綿帽子」＊風俗画報-一五九号(1898)九月「十八日　此頃を秋の彼岸(ヒガン)とす。寺院仏堂何れも賑ふ」

あきの彼岸会（ひがんえ）　秋の彼岸に、先祖を供養するために行なう法会(ほうえ)。後(のち)の彼岸会。《季・秋》

あきの彼岸（ひがん）**は農家**（のうか）**の厄日**（やくび）　秋の彼岸頃は、天候異変の多いところから、農家の厄日とされるということ。

あきの雛（ひな）　三月三日の雛祭に対し、九月九日に雛を祭る風俗。また、その日に祭られる雛人形。後(のち)の雛。《季・秋》＊俳諧・物見塚記(1811)「色も香も桃のうへ越せ秋の雛〈八風〉」

あきの日（ひ）**は釣瓶**（つるべ）**落**（お）**とし**　秋の日は沈み始めると、たちまち落ちることのたとえ。秋の日の鉈(なた)落とし。＊歌舞伎・勧善懲悪覗機関(村井長庵)(1862)六幕「もう入相でござりますれば、秋(アキ)の日(ヒ)の釣瓶落(ツルベオト)し。日が暮れるに間もござりませねば、今日はお暇致しませう」＊歌舞伎・牡丹平家譚(重盛諫言)(1876)「一時(とき)あれど秋の日の釣瓶落しに暮れ易し」

あきの響（ひび）**き**　いかにも秋らしさを感じさせるものの音色。＊拾遺愚草(1216-33頃)下「鳴くせみも秋のひびきの声たてて色にみやまの宿のもみぢ葉」

あきの昼（ひる）　秋の昼間のこと。《季・秋》＊山廬集(1932)〈飯田蛇笏〉「秋の昼一基の墓のかすみたる」

あきの二夜（ふたよ）　（八月十五夜の月に対し）九月十三夜の月をいう。十三夜。

あきの二日灸（ふつかきゅう・ふつかやいと）　陰暦八月二日にすえる灸。二月二日の春の二日灸に対していう。この日の灸は普通の日の倍の効験があるといわれた。後(のち)の二日灸。《季・秋》

あきの蛇（へび）　冬眠のため穴に入る蛇のこと。《季・秋》＊山廬集(1932)〈飯田蛇笏〉「うごく枝に腹つよき力秋の蛇」

あきの穂（ほ）　秋に実った稲の穂。＊万葉(8C後)一〇・二二五六「秋穂(あきのほ)をしのに押し靡(な)べ置く露の消(け)かも死なまし恋ひつつあらずは〈作者未詳〉」

あきの星（ほし）　秋の夜空に見える星。《季・秋》＊山廬集(1932)〈飯田蛇笏〉「秋の星遠くしづみぬ桑畑」

あきの蛍（ほたる）　①秋まで生き残っている蛍。衰えていくものをたとえていうことが多い。秋蛍。《季・秋》＊是貞親王歌合(893)「おく露に朽ち行く野辺の草の葉や秋の蛍となりわたるらむ〈壬生忠岑〉」＊歌謡・閑吟集(1518)序「命にまかせ、時しも秋の蛍にかたらひて、月をしるべにしるす事しかり」＊俳諧・類題発句集(1774)秋「露ほどは光らぬ秋の蛍かな〈作者不知〉」＊山廬集(1932)〈飯田蛇笏〉「たましひのたとへば秋のほたるかな」②蛍の一種。夏に産んだ卵から初秋に生まれてくるもの。形も小さく、発光も弱い。京都では、病蛍(やみぼたる)と称して捕えないという。

あきの水（みず）　①秋の出水。また、水かさの増した秋の川水。秋水(しゅうすい)。《季・秋》＊和漢朗詠(1018頃)上・月「秋の水漲(みなぎ)り来って船の去ること速(すみや)かなり、夜の雲収まり尽きて月の行くこと遅し〈郢展〉」＊俳諧・炭俵(1694)下「粟をかられてひろき畠地〈利牛〉　熊谷の堤きれたる秋の水〈岱水〉」＊読本・椿説弓張月(1807-11)拾遺・五五回「秋の水の決(おす)ごとく、亀山をうち踰(こえ)つつ、末吉に攻かかれば」②秋の、清らかに澄みきった水。秋水(しゅうすい)。《季・秋》＊菟玖波集(1356)発句「呉竹の千代ぞすむべき秋の水〈後宇多院〉」＊俳諧・新類題発句集(1793)秋「秋の水草の中行く光かな〈彩石〉」＊汀女句集(1944)〈中村汀女〉「身かはせば色変る鯉や秋の水」

あきの湊（みなと）　秋の季節が終わり尽きることを、川の流れが終わる「みなと」にたとえていう。秋の果て。秋の止まり。《季・秋》＊俳諧・誹諧通俗志(1716)時令・九月「秋の湊」＊俳諧・俳諧歳時記栞草(1851)秋・九月「秋の湊(ミナト)注に不及」

あきの峰（みね）　秋になって澄んだ空にくっきりと見える峰。秋峰。秋嶺。《季・秋》＊俳諧・蕪村句集(1784)秋「立去る事一里眉毛に秋の峰寒し」

あきの峰入（みねい）**り**　修験道の行者が大和国(奈良県)吉野郡の大峰山にはいる場合に、秋、吉野側からはいるもの。春、熊野側からはいるのを「春の峰入り」「順の峰入り」というのに対する。逆の峰入り。《季・秋》

あきの宮（みや）　⇩親見出し

あきのみやま　「秋のみ山」に、皇后また皇后御所の意の「秋の宮」を言いかけたもの。＊金葉(1124-27)雑上・五三五「うれしくも秋のみ山の松風に初琴の音のかよひぬるかな〈美濃〉」

あきの虫送（むしおく）**り**　秋に行なわれる虫送りの行事。《季・秋》

あきの芽（め）　秋、植物が芽を出すこと。《季・秋》

あきの百夜（ももよ）　長いといわれる秋の夜を百夜も重ねたほどの長い夜。＊万葉(8C後)四・五四八「今夜(こよひ)の早く明けなばすべを無み秋百夜(あきのももよ)を願ひつるかも〈笠金村〉」

あきの宿（やど）　秋季の静かな旅宿、また、家。《季・秋》＊妻木(1904-06)〈松瀬青々〉秋「秋の宿淋しきながら柱有」＊国原(1942)〈阿波野青畝〉「老人のヘルンを語る秋の宿」

あきの山（やま）　紅葉した木々に彩られた山。また、秋の澄んだ大気の中にくっきりと眺められる山。《季・秋》＊万葉(8C後)一〇・二一七七「春は萌(も)え夏は緑に紅(くれなゐ)の綵色(まだら)に見ゆる秋山(あきのやま)かも〈作者未詳〉」＊俳諧・文化句帖-二年(1805)八月「秋の山人顕れて寒げ也」

あきの夕（ゆう）　「あき(秋)の夕べ」に同じ。《季・秋》＊俳諧・七番日記-文化一一年(1814)八月「さぼてんやのっぺらぼうの秋の夕」＊俳諧・俳諧歳時記栞草(1851)秋・八月「秋の暮(くれ)〈略〉近ごろ下五文字に秋の夕といへる句ままあり。秋のゆふべといはねばことば足(たら)ず、作者心得(う)べし」

あきの夕暮（ゆうぐ）**れ**　秋の日暮れ時。秋のもの悲しい情趣がとりわけ深く感じられる時として、詩歌などに用いられることが多い。《季・秋》＊源氏(1001-14頃)蜻蛉「芹川(せりかは)の大将のとほ君の、女一の宮、思ひかけたる、秋のゆふ暮に思ひわびて」＊山家集(12C後)上「心なき身にもあはれは知られけり鴫(しぎ)立つ沢(さは)の秋の夕ぐれ」＊俳諧・袖草紙所引鄙懐紙(1811)元禄六年歌仙「落着(おちつき)に風呂云ひ付る伊勢の御師〈岱水〉　先づ日和よき秋の夕暮〈曾良〉」

あきの夕（ゆう）**べ**　秋の日の夕方。秋のもの悲しい情趣がとりわけ深く感じられる時。《季・秋》＊万葉(8C後)二〇・四四四四「わが背子が屋戸(やど)なる萩の花咲かむ安伎能由布敝(アキノユフヘ)はわれを偲(しの)はせ〈大原今城〉」＊更級日記(1059頃)「いかにいひ何にたとへて語らまし秋のゆふべの住吉の浦」＊光悦本謡曲・殺生石(1503頃)「物すさましき秋風の梟松桂の枝になきつれ、狐蘭菊の草にかくれすむ、此の原の時しも物すごき秋の夕かな」＊俳諧・猿蓑(1691)三・秋「立出る秋の夕や風(かざ)ほろし〈凡兆〉」

あきの夕焼（ゆうや）**け**　秋に見られる夕焼け。単に夕焼けと言えば夏の季語。《季・秋》

あきの夕焼（ゆうや）**けは鎌**（かま）**を研**（と）**いで待**（ま）**て**　秋に夕焼けが見られるのは翌日の晴天の前兆であるから、野良仕事の準備をしておけの意。

あきの雪（ゆき）　①秋に降る雪。おもに山地や北国で立冬以前に降る雪。秋雪(しゅうせつ)。平安時代では、多くは見立てとして用いられている。《季・秋》＊後撰(951-953頃)秋中・三二八「衣手は寒くもあらねど月影をたまらぬ秋の雪とこそ見れ〈紀貫之〉」＊正治初度百首(1200)秋「白菊は秋の雪とも見ゆるかなうつろふ色を冬の花にて〈慈円〉」＊春夢草(1515-16)発句・秋「紅葉ばにこしの白ねや秋の雪」＊家郷の霧(1956)〈飯田蛇笏〉「秋の雪北岳たかくなりにけり」②江戸時代、吉原の紋日(もんび)である八朔(はっさく＝八月一日)に遊女がそろって着た白無垢(しろむく)の小袖(こそで)。八朔の雪。里の雪。＊雑俳・柳多留-二五(1794)「丈(たけ)四尺くらいにつもる秋の雪」＊雑俳・柳多留-四一(1808)「秋の雪ふけてゆかうに消残り」

あきの行方（ゆくえ）　秋が過ぎ去って行く先の意で、行く秋を惜しむ気持をこめる。《季・秋》

あきの夜（よ）　㊀秋の夜、特に、秋の空気の澄んだ夜。長い夜の気持をこめて用いることが多く、「長し」の序とすることがある。秋夜(しゅうや)。《季・秋》＊万葉(8C後)三・三二四「春の日は山し見がほし秋夜(あきのよ)は河し清(さや)けし〈山部赤人〉」＊古今(905-914)仮名序「春の花にほひすくなくして、むなしき名のみ、秋のよのながきをかこてれば」＊和泉式部日記(11C前)「見るや君さ夜うちふけて山のはにくまなくすめる秋の夜の月」＊俳諧・笈日記(1695)上・難波「秋の夜を打崩したる咄かな〈芭蕉〉」　㊁⇩親見出し。

あきの宵（よい）　秋の夜のまだ更けわたらない時　発音〈標ア〉ア　〈京ア〉キ

分。宵の秋。《季・秋》＊俳諧・梟日記(1698)七月二七日「夜着の香もうれしき秌の宵寐哉」

あきの夜(よ)と男(おとこ)の心(こころ)は七度(ななたび)変(か)わる 男の愛情の変わりやすいことをいう。男心と秋の空。

あきの雷(らい) 秋季に発生する雷鳴や雷光。秋の雷は夏の熱雷でなく界雷(かいらい)。《季・秋》＊遠星(1947)〈山口誓子〉「木鋏の縁にひびきて秋の雷」

あきの炉(ろ) 秋にたく炉。《季・秋》＊初鴉(1947)〈高野素十〉「秋の爐に裸の父と裸の子」＊雪稜線(1964)〈石原八束〉「秋の炉をすこしさがりて子をあやす」

あきの別(わか)れ 秋という季節との別れ。また、それを惜しむ、しみじみとした情趣。歌語として使われ、人と別れる情を裏に匂わせることがある。《季・秋》＊古今(905-914)離別・三八五「もろともに鳴きてとどめよきりぎりす秋のわかれは惜しくやはあらぬ〈藤原兼茂〉」＊新古今(1205)冬・五五一「おきあかす秋のわかれの袖の露霜こそ結べ冬やきぬらん〈藤原俊成〉」＊連珠合璧集(1476頃)下「秋の末の心ならば、なか月、有明、秋暮て、秋の別」＊俳諧・蘿葉集(1767)三・秋「秋の別れ取つく木の葉みなもろし」

あき果(は)つ 秋の季節が終わる。秋暮る。「飽き果つ」の意を掛けて用いる場合が多い。＊古今(905-914)秋下・三〇八「かれる田に生ふるひづちの穂(ほ)にいでぬは世を今更に秋はてぬとか〈よみ人しらず〉」＊源氏(1001-14頃)総角「たそがれ時の、いみじく心細げなるに、雨は、冷やかにうちそそぎて秋はつる気色(けしき)のすごきに」＊吾妻問答(1467頃)「秋はてぬ今は山田のいねとてや」＊俳諧・手挑灯(1745)中「九月〈略〉秋果る」

あき深(ふか)し 秋も半ばを過ぎてたけなわである。《季・秋》＊後撰(951-953頃)離別・一三三七「秋ふかく旅ゆく人のたむけには紅葉(もみぢ)にまさるぬさなかりけり〈よみ人しらず〉」＊式子内親王集(12C末-13C初)「佐保山の柞(ははそ)の紅葉色に出でて秋ふかしとや霧にもるらん」＊俳諧・毛吹草(1638)二「暮秋〈略〉秋ふかき」＊俳諧・笈日記(1695)上・難波「秋深き隣は何をする人ぞ〈芭蕉〉」

あき更(ふ)く 秋の半ばを過ぎ、たけなわとなる。秋たく。《季・秋》＊六百番歌合(1193頃)秋「柞原雫も色や変るらん森の下草秋ふけにけり〈藤原良経〉」＊新古今(1205)秋下・五一七「秋深ぬなけや霜夜のきりぎりすやや影さむしよもぎふの月〈後鳥羽院〉」＊挙白集(1649)雑「秋ふけぬささこそみゆきをてらすらめかへる家路もおなじ月影」 辞書 日葡

あき待(ま)つ 秋になるのを待っている。《季・夏》＊万葉(8C後)一〇・二〇〇五「天地と別れし時ゆ己(おの)が妻然(しか)ぞ年にある金待(あきまつ)われは〈人麻呂歌集〉」＊俳諧・増山の井(1663)六月「秋の隣　来ぬ秋　秋まつ」＊俳諧・新類題発句集(1793)夏「柿の木に秋まち顔の烏哉〈北虎〉」

あきも無(な)し 秋も終わりとなり、秋らしい情趣がまったくない。＊連歌大発句帳(1614頃)秋「朝かほはうつつある花の秋もなし〈宗碩〉」＊連歌大発句帳(1614頃)秋「滝なみにくれなひおちて秋もなし〈宗砌〉」

あきもろもろ 秋のさまざまな情緒。秋を感じさせるいろいろなもの。＊俳諧・江戸新八百韻(1756)「月もつゆつゆ鳥の足占〈龍眠〉　秌もろもろ穴とはいかにたるる虫〈米仲〉」

あき行(ゆ)く ①秋が来る。秋になる。＊万葉(8C後)一三・三二二七「三諸の山は　春されば　春霞立ち　秋往(あきゆけ)ば　紅(くれなゐ)にほふ〈作者未詳〉」②秋が過ぎ去って行く。秋果つ。＊俳諧・俳諧新選(1773)三・秋「驚きし風をかたみに秋ぞ行く〈巾糸〉」＊俳諧・心一(1791)窗之巻「明の月雲と別れて秋行ぬ〈春人〉」

あきより後(のち) 秋の終わり。暮秋。《季・秋》＊無言抄(1598)下・三「秋より後もたへ佗る山」＊俳諧・毛吹草(1638)二「暮秋〈略〉秋より後」＊俳諧・増山の井(1663)九月「秋よりのち」

あきより後(のち)の秋(あき) 陰暦の閏(うるう)九月のこと。＊新古今(1205)秋下・五五〇「なべて世のをしさにそへてをしむかな秋より後のあきのかぎりを〈藤原頼実〉」

あきより外(ほか)の秋(あき) 秋ではない季節に見られる、秋のような景色。＊清輔集(1177頃)「神無月紅葉(もみぢ)の山にたづねきて秋よりほかの秋を見る哉」

あきを込(こ)む 秋らしい雰囲気を漂わせる。＊新古今(1205)夏・二七八「雲まよふ夕べに秋をこめながら風もほに出でぬ荻のうへかな〈慈円〉」

あきを吹(ふ)かす いやになる。秋風が立つ。飽きてくる。「秋」を「飽(あき)」にかけていう。＊二人比丘尼色懺悔(1889)〈尾崎紅葉〉怨言「芳野が怨言に、許婚の我に秋(アキ)を吹(フ)かして、萠え出る草の若葉に見替しとは」

あきを焼(や)く 秋の紅葉した草木が色鮮やかなのを、火を燃やすのにたとえていう。＊洞院百首(1232)紅葉「もみぢする富士の柴山こがれてや秋をやく火の煙たつらむ〈源家長〉」

あき【商】〘名〙 物と物とを交換すること。また、後世、物を売買すること。あきない。多く「あきひと」「あきじこり」など他の語と複合して用いられる。＊和玉篇(15C後)「賓 アキンド ホン アキ」 語源説 (1)アキ(秋)の義。稲の熟する秋に交易することから起こった語〔東雅・大言海・日本語源=賀茂百樹〕。(2)ワキ(分)の音便。分配の意〔日本古語大辞典=松岡静雄〕。 辞書 和玉・言海 表記 賓(玉) 商(言)

あき【飽・厭】〘名〙(動詞「あく(飽)」の連用形の名詞化) 和歌などでは、「秋」にかけていうことが多い。①いやになること。＊古今(905-914)恋五・七六三「我が袖にまだき時雨のふりぬるは君が心に秋やきぬらむ〈よみ人しらず〉」＊蜻蛉(974頃)上・天徳元年「身のあきを思ひみだるる花の上に内の心はいへばさらなり」＊浮世草子・傾城禁短気(1711)一・三「疑ひの強い男は必ずあきが早い物なれば、末の遂げぬ事に廓を出るは厭じゃ」＊尋常小学読本(1887)〈文部省〉六「お清は、何かむづかしきことを為して、あきの来る毎に、あまだれの、石を穿てることを思ひ出で」②十分みちたりること。また、興味を失うこと。＊浄瑠璃・源頼家源実朝鎌倉三代記(1781)七「長々お世話になった御近所のお衆、何ぼ御馳走(ちそう)申ても飽(アキ)がない」 発音 〈標ア〉キ 〈京ア〉ア 辞書 ボン・言海 表記 厭(へ・言)

あきが来(く)る はじめ満足していた事がだんだんいやになる。興味がなくなってくる。＊古道大意(1813)上「とかく何の道、何の学び事でも、始めのうちは倦(アキ)のくるが、世の常の人情ぢゃに依て」＊当世書生気質(1885-86)〈坪内逍遙〉三「年をとって実着(じみ)な了簡が浮ぶまでは、決して厭倦(アキ)がくるものではない」

あき【安芸・安藝】 ㊀山陽道八か国の一つ。大化改新後、一国となり、平家の厳島経営後重視され、荘園が各地に置かれた。中世、武田氏の支配が続いたが、戦国時代末に毛利氏に滅ぼされ、中心も広島に移る。近世、福島氏ついで浅野氏の領国となり、明治四年(一八七一)の廃藩置県後、広島県となる。現在の広島県の西半部にあたる。芸州。㊁広島県の中南部の郡。広島湾に面し、倉橋島・江田島などの島々を含む。古代の安芸郡は平安後期に、安北・安南の二郡に分かれた。寛文四年(一六六四)安北郡は高宮郡と改称し、安南郡は安芸郡の古名に復した。＊二十巻本和名抄(934頃)五「安芸国〈略〉安芸郡〈略〉安芸」㊂広島市の行政区の一つ。市の南西部を占める。JR山陽本線、国道二号線が通じ、宅地開発が進む。昭和五五年(一九八〇)成立。㊃(豪族、安芸氏にちなんで呼ばれた) 高知県南東部の地名。太平洋に面した商業都市。安芸瓦・内原野焼の産地。昭和二九年(一九五四)市制。㊄高知県の東端の郡。かつては室戸市・安芸市もこの郡に含まれていた。＊二十巻本和名抄(934頃)五「土佐国〈略〉安芸郡」 語源説 (1)穀物のアキ(飽)足る国の意〔和訓栞・言葉の根しらべ=鈴江潔子〕。(2)アは接頭語。キは部族の名。キ族の名から転じたもの〔日本古語大辞典=松岡静雄〕。(3)アギ(我君)か〔古事記伝〕。(4)キはケイ(芸)の反〔名語記〕。 発音 〈標ア〉ア 〈京ア〉ア 辞書 和名・色葉・文明・伊京・明応・天正・饅頭・黒本・易林 表記 安藝(和・色・文・伊・明・天・饅・黒・易)

あきの月山(がっさん) 錠をいう、盗人仲間の隠語。〔特殊語百科辞典(1931)〕

あきの宮島(みやじま) ⇩親見出し

あき【阿騎・安騎】 奈良県宇陀郡大宇陀町、阿紀神社のあたりの古地名。上代の狩場。吾城。＊万葉(8C後)一・四六「阿騎の野に宿る旅人うち靡き眠(い)も寝(ね)らめやもいにしへ思ふに〈柿本人麻呂〉」

あき〘名〙「あかにし(赤螺)」の古名。＊本草和名(918頃)「大辛螺肉〈出七巻食経〉和名阿岐」 語源説 (1)殻の内面、また、肉が赤いことから、アカ(赤)の転〔大言海・日本語源=賀茂百樹〕。(2)アは大の意、キは殻の意〔東雅〕。 辞書 和名・言海 表記 大辛螺(和)

あぎ【腭・顎】〘名〙①上あご。あぎと。一般に「あご」の古名。↔頤(おとがい)。＊十巻本和名抄(934頃)二「腭 唐韻云腭〈音萼字亦作咢阿岐〉口中上腭也」＊金剛頂瑜伽修習毗盧遮那三摩地法寛弘九年点(1012)「舌をもて上の顎(アキ)に拄けて」＊塵芥(1510-54)「舌を腭(アキ)の間に近づけよ」＊享和本新撰字鏡(898-901頃)「齶 アキ」②魚のえら。あぎと。＊幼学読本(1887)〈西邨貞〉六「元来魚は皆あぎにて呼吸す」 語誌 古くは口の内側から見たときの顎を表わす名称で、特に上顎、すなわち口蓋部分を指した。中世では挙例のほか、謡曲の伝書類に発声法を示すために、このアギが用いられている。中世後期には顔の外側から見た顎を表わす用法も生じたが、近世にはアギ自体が一般的な語でなくなったらしい。語形的には近世初期のアゲにつながり、さらにアゴへと変化した。→あぎと・あご・おとがい。 方言 ❶あご。久留米†127 新潟県361 366 368 島根県725 広島県771 山口県阿武郡798 愛媛県840 高知県幡多郡870 福岡県久留米市・八女郡872 長崎県904 906 熊本県918 930 934 大分県941 鹿児島県054 975 沖縄県島尻郡975 ◇あお 新潟県西蒲原郡371 ◇あぎた 青森県上北郡054 岩手県062 下閉伊郡091 埼玉県秩父郡251 広島県佐伯郡771 長崎県対馬910 913 ◇あぎたん 熊本県下益城郡930 宮崎県西臼杵郡947 ◇あぐ 仙台†058 常陸†064 岩手県紫波郡093 宮城県115 116 120 福島県157 163 170 栃木県197 203 204 群馬県241 243 埼玉県秩父郡251 入間郡257 静岡県520 島田市536 ◇あげ 京都†112 秋田県鹿角郡132 新潟県371 ◇あげた 青森県073 074 085 広島県倉橋島771 ◇あげたあ 岩手県九戸郡088 ◇あげと 兵庫県赤穂郡661 和歌山県日高郡698 広島県倉橋島・大崎上島771 徳島県811 香川県830 愛媛県062 842 845 ◇あごき 山形県最上郡139 福井県431 ◇あごと 香川県綾歌郡829 ◇あごとお 福岡市877 ❷歯茎。島根県大原郡・邑智郡725 ◇あごき 三重県度会郡599 ❸魚のえら。山形県西置賜郡139 新潟県東蒲原郡368 三重県北牟婁郡054 南牟婁郡603 島根県725 ◇あぎた 埼玉県秩父郡251 ❹筌(うけ)の中の魚が出られないようにした所。笯(ど)。山形県西置賜郡139 栃木県198 208 新潟県東蒲原郡368 ❺釣り針の先の逆のひっかかり。戻り。岩手県気仙郡100 山形県139 栃木県198 208 新潟県東蒲原郡368 ◇あぎっこ 岩手県気仙郡100 ◇あ

げ 秋田県鹿角郡132 ❻菫(すみれ)の花の距。新潟県東蒲原郡368 ❼かぎの手になっているような所。新潟県中蒲原郡361 ❽がけ。◇あぐ 熊本県球磨郡919 ❾鍬(くわ)の台木。◇あげ 秋田県鹿角郡132 語源説(1)ウハギ(上牙)の転〔大言海〕。(2)ウハクチ(上口)の反〔名語記〕。(3)アガリ(上)の義〔和句解・名言通・和訓栞〕。(4)アフギ(翻)の急呼。または、赤子が言おうとして口を動かすのをアギアギスルというところから〔日本語源=賀茂百樹〕。(5)「下頬」の別音Aki〔日本語原考=与謝野寛〕。発音〈ア史〉平安●○ 〈京ア〉ア 辞書字鏡・和名・色葉・名義・伊京・易林・日葡・ヘボン・言海 表記腭(和・色・名・言) 咢(和・色・名) 齗(名・伊・易) 齶(名) 顋(へ)

あぎを放(はな)す 首を切り落とす。*サントスの御作業(1591)二・サンタエウゼニア「イソギ ヲットノ モトヘ ユクベシ。サ ナキニ ヲイテワ スナワチ aguiuo fanasareyo (アギヲ ハナサレヨ) トノ チョクジャウ ナリ」*日葡辞書(1603-04)「Aguiuo (アギヲ) ハナス〈訳〉女性の首をはねる」

あ-ぎ【吾君・我君】『代名』上代語。対称。下位の男性に対して親しんで用いる。*古事記(712)中・歌謡「いざ阿芸(アギ) 振熊(ふるくま)が 痛手(いたで)負はずは 鳰鳥(にほどり)の 淡海の海に 潜(かづ)きせなわ」*古事記(712)中「佐邪岐(さざき)、阿芸(アギ)の言(こと)ぞ、我が思ほすが如くなる」語源説(1)アガキミ(吾君)の略アギミの下略〔大言海〕。(2)アキは朝鮮語で幼児の意〔日鮮同祖論=金沢庄三郎〕。(3)アは接頭語、ギはコ(子)の転〔日本古語大辞典=松岡静雄〕。上仮名 アギ

アギ【阿魏】『名』(イラン語から) セリ科の多年草。イラン、アフガニスタン地方原産。高さ約一メートル。初めは葉が根元から束生し、五年ほど経つと主幹を生じる。葉は巨大で形はニンジンの葉に似る。花は黄色で小さく、多数つける。液汁を固めたものを阿魏といい、駆虫、去痰(きょたん=喀痰を除去すること)、通経剤とする。そらし。学名は Ferula assa-foetida *和名集幷異名製剤記(1623)「阿魏 あぎ 雷公が論に、先づ浄鉢の中にをいて研て熱酒にて製し薬中に入れ用と。又云、こむぎの粉にすり合せ麪にし、大さ銭ほどにして能く炙り、麪も共に其まま使ふ。鳥もちの如にしてしるく臭き物也」*大和本草(1709)一一「阿魏 本草を案に、草木二種あり。草は煎じて膏とす。木は其汁自出て、やにとなる」*俚言集覧(増補)(1899)「あぎ 古書に云は樹(き)の脂(やに)なり方今舶来する者は巴斯(ペルシャ)に産する白芷(びゃくし)に似たる草の脂なり」発音〈標ア〉ア 辞書ヘボン・言海 表記阿魏(へ・言)

あき-あ・う ふ:あ **【開合】**『自ハ四』いくつかの戸や障子などがすべてともに開く。*源氏(1001-14頃)常夏「なほ、妻戸(つまど)の細目なるより障子(さうじ)のあきあひたるをみいれ給ふ」

あき-あかね【秋茜】『名』トンボ科のトンボ。夏は高山にいて、秋に平地に下りてくる代表的なアカトンボの一種。日本各地に分布。学名は Sympetrum frequens《季・秋》発音〈標ア〉ア2

あき-あがり【秋上】『名』「あきあげ(秋上)②」に同じ。

あき-あき【飽飽】『名』物事にすっかり飽きてしまうこと。*人情本・明烏後正夢発端(1823)上「マアおめへがたはなま酔にやァ、あきあきして居るといふもんだらう」*思出の記(1900-01)〈徳富蘆花〉一〇・八「彼方(あっち)も縁談、此方(こっち)も縁談、縁談は最早(もう)あきあきだ」発音〈標ア〉ア2 〈京ア〉ア1

あき-あげ【秋上・秋揚】『名』①収穫祝い。稲の取り入れの終わった後に、農民が農事を休んで祝う日をいう。秋収め。《季・秋》②稲作の不良、または、その予想があるところから、秋になって米の相場が上がること。秋高。↔秋落ち。*新時代用語辞典(1930)〈長岡規矩雄〉取引所用語「秋上げ 米の凶作を見越して相場が高騰すること」③秋の収穫期の天候をいう市場用語。方言❶秋の収穫。山形県139 福島県155 岐阜県北飛騨499 島根県725 ❷秋の農作物の野天での乾燥具合。山形県139 ❸秋の収穫期の天候。新潟県361 366 383 ❹収穫後の休み。岐阜県不破郡498 大分県941 ❺収穫後の祝い。豊年祝い。群馬県勢多郡236 三重県伊賀585 ❻漁期の終わりの祝い。東京都八丈島337 ◇あきあがり 千葉県印旛郡059 発音〈なまり〉アッキャゲ〔福島〕

あきあげ 半作(はんさく) 秋の収穫時に雨が続くと、仕事がはかどらず収穫が半減すること。また、秋上げの時期の天候が、米作りの全期間の半分ほどの影響力をもつという意。

あき-あじ ぢ:あ **【秋味】**『名』①秋、産卵のために河川をのぼって来る鮭(さけ)を東北、北海道地方でいう。*俚言集覧(1797頃)「秋味 鮭を云」*改正増補和英語林集成(1886)「Akiaji アキアジ〈訳〉(アイヌ語)鮭」*オロッコの娘(1930)〈深田久彌〉「秋味(アキアジ)の大群が産卵のために川を上ってくる頃だ」②「あきあじぶね(秋味船)」の略。*菅江真澄遊覧記(1784-1809)「かすべとは王余魚のたぐひにて、かすゐひといふいをの乾肉なり、夏の頃蝦夷人とりて秋味(アキアヂ)につみくるもの也」方言❶魚、さけ(鮭)。北海道函館市050 小樽市062 青森県津軽075 岩手県気仙郡101 秋田県鹿角郡132 島根県邇摩郡725 ❷塩鮭(しおざけ)。青森県074 075 岩手県上閉伊郡097 宮城県115 116 120 秋田県130 山形県139 144 福島県相馬郡156 茨城県177 188 新潟県348 356 368 富山県上新川郡395 語源説(1)アイヌ語アキアンチ(秋の魚)の転〔大言海〕。(2)アキ(秋)にアジ(味)が加わる意から〔飲食事典=本山荻舟〕。発音〈なまり〉アキャジ〔山形小国〕アキヤズ〔岩手〕アギラジ〔津軽ことば・津軽語彙〕〈標ア〉キ

あき-あじ ぢ:あ **【秋鯵】**『名』秋にとれるアジ。最も美味な時という。《季・秋》*俚言集覧(1797頃)「秋味 鮭を云。又伊勢にてあぢの秋になりて味の美なるをいふ」発音〈標ア〉キ

あきあじ-ぶね ぢ:あきあ **【秋味船】**『名』江戸時代、東北、北海道産の鮭(さけ)、つまり「あきあじ」を運ぶ回船をとくに呼んだもの。*三航蝦夷日誌(1850)三「秋味船、穀役船役取立候儀は、松前、箱館両湊え出船之節取立可レ申候事」

あき-あずき づき:あ **【秋小豆】**『名』小豆の品種中、夏に種をまき秋に収穫されるものの総称。西日本の暖地に分布する。*重訂本草綱目啓蒙(1847)二〇・菽豆「赤小豆〈略〉秋に至て熟するを 秋あづきと云粒大なり」発音〈標ア〉ア2

あき-あそび【秋遊】『名』「あき(秋)の野遊び」に同じ。《季・秋》方言 収穫期の終わった一二月初めごろに、嫁が実家に帰ってしばらく休養すること。群馬県吾妻郡219 ◇あきあすび 京都府竹野郡622

あき-あと【空跡】『名』近世、武士の転進、解任、追放、または病死、断絶などによって無住となった役宅。*財政経済史料-六・財政・領地及知行・旗下臣僚の知行・寛政元年(1789)六月二日「御抱場諸国与力同心立身、弁出奔、御咎、断絶等之明跡へ、是迄は部屋住之者より仮抱入被レ仰付レ候得共」

あき-あみ【秋醤蝦】『名』サクラエビ科のエビ。瀬戸内海、有明海、富山湾などの沿岸の浅海で、春にたくさんとれる。体長一〜四センチメートルでサクラエビに似ているが小さい。額角は鋭くとがり、つくだ煮、塩辛などにする。

あき-あらし【秋嵐】『名』初秋のころから仲秋にかけて吹く強い風。初嵐。《季・秋》発音〈標ア〉キ

あき-あわせ はせ:あ **【秋袷】**『名』秋になって着るあわせの着物。秋の袷。後(のち)の袷。《季・秋》*新撰六帖(1244頃)五「賤(しづ)の女が着なれ衣のあきあはせはやくもいそぐ槌(つち)の音かな〈藤原知家〉」*俳諧・篇突(1698)「相撲取のもみ裏染し秋あはせ〈許六〉」

あき-い ゐ: **【空居】**『名』住人のいないこと。*歌舞伎・四天王楓江戸粧(1804)六立「花山の院様お行くへなく、暫く空(ア)き居(ヰ)のこの御所も」

あき-いえ へ:い **【空家】**『名』「あきや(空家)①」に同じ。*寛永刊本蒙求抄(1529頃)三「空舎(しゃ)はあきいへぞ」*日葡辞書(1603-04)「アキヤ、または、aqiiye(アキイエ)〈訳〉空家」*俳諧・鷹筑波(1638)五「五条あたりに多きあき家 夕皃(ゆふかほ)の地子(ぢし)に催促つけられて〈紹巴〉」*書言字考節用集(1717)二「空宅 アキイエ 又云虚(から)家」辞書日葡・書言・ヘボン 表記空宅(書) 空家(へ)

あき-いおり ほり:い **【空庵】**『名』人の住んでいない粗末な家。*読本・椿説弓張月(1807-11)残・六五回「為朝親子は、闘鏤樹谷(たらのきたに)なる空廬(アキイホリ)に入り給へば」

あき-いちじく【秋無花果】『名』八、九月以後、その年に伸びた新しい枝で熟するイチジクの果実。秋果。発音〈標ア〉チ

あき-いも【秋芋】『名』方言 植物、ジャガいも(―芋)の一種。山形県西置賜郡139 新潟県佐渡356 長野県469

あき-いり【秋入】『名』秋になること。立秋。*雑俳・三番続(1705)「世界の色をなをす秋入」方言❶秋の稲刈りに頼む雇い人。新潟県佐渡356 ❷案外に稲の収穫が少ないこと。島根県邑智郡734

あき-いれ【秋入】『名』(「秋」は、収穫の意)①秋の稲の刈り入れ。秋の収穫。秋収め。*集成本狂言・狐塚(室町末-近世初)「これに秋入に日和さへよければ何も思ふ事はない」*浮世草子・古今堪忍記(1708)一・二「猪のために荒されなどして、終に心よく秋入を見ず」*雑俳・群乙鳥(1851-58)「秋いれに男女身いれて腹へらし」②大黒神に供えるため特に刈り残した六株の稲を主人が刈り取る行事。発音〈標ア〉0

あき-いわい【秋祝】『名』方言 秋の収穫祝い。福井県大野郡438 岐阜県郡上郡504 三重県名賀郡585

あき-いわし【秋鰯】『名』秋にとれるイワシ。イワシは秋がしゅんなので、脂がのり最も美味。《季・秋》*俳諧・宗因高野詣(1674)秋「きくに声の西南よりや秋鰯」発音〈標ア〉イ

あき-う【秋鵜】『名』「あき(秋)の鵜」に同じ。

あきう-いし【秋保石】『名』仙台市太白区秋保町で採石される凝灰岩。耐火性に富み、土木用、壁用に使用。青葉石。発音〈標ア〉0

あき-うえ ゑ:う **【秋植】**『名』秋に種子や苗を植えること。発音〈標ア〉0

あきうえ-きゅうこん あきうゑキウコン **【秋植球根】**『名』秋に植え付けて、翌春に花の咲く球根植物。チューリップ、スイセン、ヒヤシンス、アネモネなど。発音 アキウエキューコン〈標ア〉キュ

あきう-おんせん ヲン セン **【秋保温泉】** 仙台市太白区秋保町、名取川の中流に位置する弱食塩泉。「名取の御湯」の名で知られ、奥州三名湯の一つ。発音〈標ア〉オ

あき-うちわ ちは:う **【秋団扇】**『名』秋になって不用になった団扇。《季・秋》*青芝(1932)〈日野草城〉「秋団扇四五本ありて用ふなし」発音〈標ア〉チ ウ

あき-うど【商人】『名』⇨あきゅうど(商人)

あきうど-づかさ【商人司】『名』⇨あきんどづかさ(商人司)

あき-うめばち【秋梅鉢】『名』植物「うめばちそう(梅鉢草)」の異名。

あき-うんか【秋白蠟虫】『名』秋に発生するウンカ。時に大発生して、稲に害を与えることがある。

あき-え へ: **【空家】**『名』(「あきいえ」の変化した語)「あきや(空家)①」に同じ。*日葡辞書(1603-04)「Aqiye(アキエ)〈訳〉空家」発音〈標ア〉ウ 辞書日葡

あき-おうぎ ふぎ:あ **【秋扇】**『名』「あき(秋)の扇①」に

同じ。《季・秋》＊続春夏秋冬(1906〜07)〈河東碧梧桐選〉秋「筆筒に背高きものや秋扇〈梧月〉」＊六百五十句(1955)〈高浜虚子〉昭和二一年「紺紙なる金泥の蘭秋扇」

あき-おうて【空王手】『名』将棋で、飛車、角行、香車が間接に相手の王将に利いている場合、その利き筋をさえぎっている味方の駒を移動させて王手をかけること。

あき-おけ【空桶】『名』からの桶。物のはいっていない桶。＊浄瑠璃・義経千本桜(1747)三「仕込の桶が足るまいと、明(あき)桶取りにいかれました」

あき-おこし【秋起】『名』秋に耕土をすき起こすこと。秋耕。《季・秋》

あき-おさ【商長】『名』①古代の氏名(うじな)の一つ。崇峻天皇の時、呉国から帰朝した久比が呉の権(はかり)を献上したので、その子宗麿は舒明天皇の時「商長」の姓を受けたという。＊新撰姓氏録(815)左京皇別・下「商長首〈略〉久比奏曰、呉国以ニ懸定万物一、令ニ為交易一。其名云ニ波賀理一。天皇勅之。勿ニ令他人同一。久比男宗麿、舒明天皇御代、負ニ商長姓一也」②古代、商品の定価を監督した職。価長(かちょう)。＊令義解(718)職員・内蔵寮条「価長二人。〈掌ニ平ニ物価一市易上〉」＊金剛般若経集験記平安初期点(850頃)「その僧東門より入りて一の橋に至るに、一りの捉鋪人(アキヲサ)を見る」

あき-おさめ【秋収】『名』秋の取り入れ。脱穀などの庭仕事。また、その終了祝い。そのあとの収納。地方により、秋じまい、秋上げ、土洗い、などという。《季・秋》＊色葉字類抄(1177〜81)「西収 アキヲサメ」＊観智院本名義抄(1241)「穡 アキヲサメ」＊夫木(1310頃)三一「時雨せぬよしたの村のあきおさめ刈りほす稲のはかりなきかな〈大江匡房〉」＊浄瑠璃・丹波与作待夜の小室節(1707頃)中「をなごの身で代官所を秋納迄請合て、ろうを出しは出したれ共何をあだてに何とせふ」 発音〈標ア〉オ 辞書色葉・名義・伊京 表記穡(色・名)西収(色)穡(名)西成(伊)

あきおそ-ぐさ【秋遅草】『名』植物「はぎ(萩)」の異名。《季・秋》＊藻塩草(1513頃)八・草「萩〈略〉月見草〈略〉野守草同 庭見草〈略〉秋遅草」

あき-おち【秋落】『名』①秋になって収穫が予想より少ないこと。秋劣り。②予想よりも豊作になる見通しのため秋の米相場がさがること。秋下げ。⇔秋上げ。＊新時代用語辞典(1930)〈長岡規矩雄〉取引所用語「秋落ち 秋の豊作を見越して相場が低下すること」③生育の初期に順調であった水稲の生育が盛夏のころから根の障害によって衰えをみせる現象。→秋優(まさ)り。 発音〈標ア〉0〈京ア〉(十)0

あき-おんな【秋女】『名』秋の農繁期に、稲刈りなどのために雇われる女。「長門風土記」に、「五月女(さおとめ)といふは田植の頃五十日を限り、秋女といふは秋の頃百日雇ひ入るる也」とある。

あき-か【秋蚊】『名』「あき(秋)の蚊」に同じ。《季・秋》＊俳諧・滑稽雑談(1713)八月「是和俗に云ふ『八月のあぶれ蚊、割肉』と云世話により、近来秋に許用す。和漢の先哲秋蚊の作、猶可考」＊俳諧・八番日記‐文政四年(1821)七月「物を書く手の邪魔したる秋蚊哉」 発音〈標ア〉0

あき-がい【秋買】『名』冬の商売の準備のために、秋に品物を仕入れておくこと。＊浄瑠璃・心中万年草(1710)中「先も見へぬ秋がひに十五貫目のさきがね取」

あき-がえし【商変】『名』「あきがわり(商変)」に同じ。

あき-がき【明書】『名』上方の花柳界で、その店に属している遊女や芸妓の名全部を記入した一覧表。座敷に出ている者の名は、赤線で消して、あいているかどうかを知ることができるところからいう。繰り出し。

あき-かげり【秋陰】『名』秋の曇った天気。しゅういん。秋曇り。⇔春陰(しゅんいん)。《季・秋》

あき-かしわ【秋柏】枕 秋のかしわの葉が露や霜に濡れてうるおう意から、地名「潤和川(うるわがわ)」にかかる。＊万葉(8C後)一一・二四七八「秋柏(あきかしは)潤和川辺のしののめの人には忍び君にあへなく〈人麻呂歌集〉」 語誌かかり方については他に、秋の柏の葉が紅葉してうるわしい意で続く、「あきかしわ」は「商柏」で、あきないで売る意から続くなどの説がある。なお、「あきかしわ」については他に、「明柏」で、清浄、神聖な柏とする説もある。

あき-がすみ【秋霞】『名』「あき(秋)の霞」に同じ。《季・秋》＊旅ゆく諷詠(1941)〈飯田蛇笏〉西国羇旅「門前にそびゆる嶽や秋霞」 発音アキガスミ〈標ア〉カ

あき-かぜ【秋風】『名』①秋に吹く風。→秋風の。《季・秋》＊万葉(8C後)一〇・二三〇一「よしゑやし恋ひじとすれど金風(あきかぜ)の寒く吹く夜は君をしそ思ふ〈作者未詳〉」＊万葉(8C後)一五・三六五九「安伎可是(アキカゼ)は日に異(け)に吹きぬ吾妹子はいつとか吾を斎ひ待つらむ〈阿倍継麻呂の第二男〉」＊新古今(1205)秋上・四一三「秋風にたなびく雲の絶え間より洩れ出づる月の影のさやけさ〈藤原顕輔〉」＊俳諧・野ざらし紀行(1685〜86頃)「秋風や藪も畠も不破の関」②(「秋」を「飽き」にかけて)男女の愛情がさめること。＊古今(905〜914)恋五・七八七「秋風は身をわけてしも吹かなくに人の心のそらになるらむ〈紀友則〉」＊浮世草子・浮世栄花一代男(1693)三・二「そなたも我も奥様に秋風と身ふるひして語るうちに」＊洒落本・見通三世相(1796)序幕「しゃれじゃァねへよ。実おそのも秋風さ」 語誌秋に西南、もしくは西から吹く風で、「万葉集」では萩の開花や黄葉、帰雁を促すもの、あるいはその肌寒さから恋人を恋しく思わせるものと捉えられており、自然界や人心への作用が歌われている。しかし、「古今集」では季節の訪れを告げる風そのものに重点が置かれており、恋歌でも「飽き」と掛けてさめた愛のたとえとする例がめだつ。中世の「新古今集」では寂寥感や悲愴感を象徴するようになっていく。 発音〈標ア〉カ〈京ア〉(十) 辞書易林・日葡・書言・言海 表記秋風(易・書・言)冷風(書)

あきかぜ 立(た)つ ①秋風が吹き始める。秋のおとずれにいう。＊万葉(8C後)一一・二六二六「古衣(ふるころも)打棄(うつつ)る人は秋風之立来(あきかぜのたちく)る時にもの思ふものそ〈作者未詳〉」＊新古今(1205)秋上・三〇〇「あはれいかに草葉の露のこぼるらん秋風たちぬ宮城野の原〈西行〉」②(「秋」を「飽き」に通わして)男女間の愛情が薄らぐ。いやけがさす。＊評判記・秘伝書(1655頃)又かへりいけんの事「かならず、さやうの秋風たつときは、いろいろのむりを、いひかくるものなり」＊評判記・色道大鏡(1678)四「又は秋風たちて、のきたくてものかれざる時、口舌(くぜつ)をしかけてのく事あり」＊仮名草子・好色袖鑑(1682)上「いままでならびなかりし二人のもの、花のすがたに秋風たちて、中々つらくあたらせ給へば」

あきかぜ に 薄(すすき)の穂(ほ) (秋風にそよぐ薄の状態から)よくなびくさまや、なびきやすいことのたとえにいう。＊浄瑠璃・鑓の権三重帷子(1717)上「お国中の男は、秋風にすすきのほ、なびけてやろとぞざざめきける」

あきかぜ の 月(つき) 「あきかぜづき(秋風月)」に同じ。＊蔵玉集(室町)「荻の葉に露ふきみだす音よりや身にしみそめし秋かせの月〈藤原定家〉」

あきかぜ-づき【秋風月】『名』陰暦八月の異称。《季・秋》＊藻塩草(1513頃)二・八月「はづき 秋風月〈荻の葉も露吹みだす音よりや身にしみそめし秋風の月。定家蔵玉にあり〉」＊俳諧・増山の井(1663)八月「はづき 秋風月 蔵玉」

あきかぜ-の【秋風―】枕 秋風が吹くの意から「山吹」「吹上」にかかる。また、「東風(こち)」など風を「ち」と読むことから「千江」にかかるとする。＊万葉(8C後)一一・二七二四「冷風之(あきかぜの)千江の浦廻(うらみ)の木積(こつみ)なす心は寄りぬ後(のち)は知らねど〈作者未詳〉」 語誌「千江」については、秋風の吹く千江の浦という実景とみて、枕詞と解さない説もある。なお、「金風(あきかぜの)山吹の瀬の鳴るなへに天雲翔(かけ)る雁(かり)にあへるかも」(万葉集・九・一七〇〇)の歌も、「金風」を「あきかぜの」と訓んで、実景をこめて秋風の吹く山吹の瀬とつづく枕詞とする説もあるが、「あきかぜに」と訓んで「鳴る」につづくと解する説の方が有力。

あきかぜ-の-きょく【秋風の曲】箏曲(そうきょく)。生田流純箏曲(山田流でも演奏)。光崎検校作曲。蒔田雲所作詞。天保年間(一八三〇〜四四)に成る。白楽天の「長恨歌」による組唄。

あき-かた【明方・開方】『名』 発音〈標ア〉カ ①物の開き具合。②物事の始まるとき。ひらきはじめのとき。＊良寛歌(1835頃)「み仏の あれます国の あきかたの そのいにしへの 事なりし」 発音〈標ア〉0

あき-がた【飽方】『名』いやになる傾向にあること。飽き気味。＊伊勢物語(10C前)一二三「深草に住みける女を、やうやうあきがたにや思ひけん」

あき-がつお【秋鰹】『名』秋にとれる鰹。夏の鰹に比較して味が劣るとされていた。《季・秋》＊咄本・鹿野武左衛門口伝はなし(1683)下・初「よくゆへにたべしりゃうりやあきがつほさけにはよはでうをによひけり」＊俳諧・雑談集(1692)上・秋「内井戸の水にあひけり秋鰹〈普船〉」＊俳諧・椎の葉(1692)「はねる程哀れ也けり秋鰹」

あき-がって【倦勝手】『名』(形動) 発音アキガッテ〈標ア〉カ ある事がみたされると、それがいやになり他の事にひかれるといった勝手な考えや態度。＊人情本・娘太平記操早引(1837〜39)二・七回「嫁も〈略〉毎日食べると鼻について〈略〉どうしても倦(ア)き勝手(ガッテ)で御座いますのさ」

あき-かぶ【空株】『名』江戸時代、株仲間の株数が限定されている場合、いろいろの事情で明きとなった株。一時店を閉じて休業した場合の株を「休み株」、また業務継承者の不明な株を「捨て株」という。＊歌舞伎・戻橋脊御摂(1813)三立「どこからそんな空株(アキカブ)を、買はしゃったかは知らないが」

あき-かます【秋魳】『名』初秋にとれるカマス。味は最も美味。 発音〈標ア〉カ

あき-がら【空殻】『名』①中身のない貝殻。肉のない貝殻。②からになっていて、中に何もないこと。また、その入れ物。からっぽ。＊俳諧・西鶴大句数(1677)二「月も花も昔になした質の種 あきから匂ふ藤つづらかも」＊浄瑠璃・心中天の網島(1720)中「着類(きるい)を質にまを渡し、わたしがたんすは皆あきがら」＊歌舞伎・浮世柄比翼稲妻(鞘当)(1823)序幕「『一巻は受取ったが、跡の始末は』『空殻(アキガラ)は元の神前へ私しが』」 発音アキガラ〈標ア〉0〈京ア〉0

あき-がらす【秋烏】『名』秋の烏。とくに、ひなが成長して、親から離れるころの烏。《季・秋》＊俳諧・萍窓集(1812)秋「田の縁や追崩さるる秋鴉」 発音アキガラス〈標ア〉カ

あき-からまつ【秋唐松】『名』キンポウゲ科の多年草。日本各地の山野に生える。高さ一〜一・五メートル。葉は先が三または五に浅く裂けた多数の楕円形や卵形などの小葉からなる複葉で、裏は白っぽい。夏から秋に、黄白色の小さい花が円錐状の穂となって咲く。学名は Thalictrum minus var. hypoleucum ＊日本植物名彙(1884)〈松村任三〉「アキカラマツ」 発音〈標ア〉ラ

あき-からまつ-そう【秋唐松草】『名』「あきからまつ(秋唐松)」に同じ。 発音アキカラマッソー〈標ア〉0

あき-がれ【秋枯】『名』秋になって、多くの草木が

枯れること。転じて、秋のさびしい情景もいう。＊浄瑠璃・源氏花鳥大全(1708)三「秋かれに見しわれもかう、時しもをとる粧ひを、思ひ出ればかきくもる」 発音アキガレ〈標ア〉0

あき-がわ【明川】〘名〙川止めが解かれた川。通行を許されるようになった川。＊雑俳・柳多留-一四一(1835)「明き川の封切を越す御状箱」

あき-がわ【秋川】〘名〙秋の季節の川。＊思出の記(1900-01)〈徳富蘆花〉七・五「秋川を下る木の葉の如く夥(おびただ)しい人が流れて来る」

あきがわ【秋川】東京都中西部の旧地名。関東山地東麓、平井川と秋川の流域にある。古くから養蚕と織物が盛んで、特に黒八丈の産地として知られた。第二次大戦後、都心への通勤圏として急速に宅地化が進む。昭和四七年(一九七二)秋多町が市制施行し名称変更。さらに、平成七年(一九九五)に五日市町と合併してあきる野市となった。 発音アキガワ〈標ア〉0

あき-がわき【秋渇】〘名〙①秋冷の時期になって食欲の増進すること。《季・秋》＊俳諧・江のしま詣(1805)「汲こぼす茶や人々の秋がはき〈松欣〉」②転じて、秋になって情欲のたかまること。＊雑俳・柳多留-初(1765)「秋がわき先七夕にかわきそめ」＊雑俳・末摘花(1776-1801)二「秋がわきぬくより早く出合いしい」 方言秋になって食欲が増進すること。東京都059 長野県佐久484 福岡市879 熊本県玉名郡058 ◇あきがき 長野県佐久493 ◇あっがわき

あき-がわり【秋替】〘名〙「あき(秋)の出替(でがわり)」に同じ。＊俳諧・俳諧発句千葉集(1841)秋「女郎花くねりくねりて秋代〈碓井〉」＊俳諧・季寄新題集(1848)秋「秋代り 男女とも奉公するもの秋の出かわりをいふ也」

あき-がわり【商変】〘名〙いったん取引の済んだ売買を解約して、品物を返したり、代価を取り返したりすること。あきがえし。＊万葉(8C後)一六・三八〇九「商変(あきかはり)領(を)すとの御法(みのり)あらばこそわが下衣返し賜はめ〈作者未詳〉」

あき-かん【空缶】〘名〙何も入っていない缶。からの缶。＊吾輩は猫である(1905-06)〈夏目漱石〉五「擂鉢(すりばち)の中の小桶とジャムの空缶が」＊蟹(1959)〈庄野潤三〉「宿屋のおばさんに貰った空(ア)き鑵(カン)と穴へ逃げ込んだ蟹を押える細い棒片を」 発音〈標ア〉0〈京ア〉0

あき-き【秋葱】〘名〙(「き」はネギの古名) ネギは一つの皮に二本の茎が並んで包まれていることから、「ふたごもり」につなげて用いる。＊書紀(720)仁賢六年是秋(寛文版訓)「秋葱(アキキ)の転双(いやふた)〈双は重なり〉納(こも)りを思惟(おも)ふべし」＊水戸本甲日本紀私記(1678)仁賢「秋葱之転双納可思惟矣(アキキのいやふたこもりをもふへし)」

あき-ぎく【秋菊】〘名〙秋咲く菊。近世、夏菊、寒菊などの品種が現われたところから、それらに対していう。＊俳諧・続猿蓑(1698)冬「菊花ひらく時則重陽といへるこころにより、かつは展重陽のためしなきにしもあらねば、なを秋菊を詠じて人々をすすめられける事になりぬ」 方言食用菊。青森県一部030 秋田県一部030 山形県一部030 新潟県一部030 発音アキギク〈標ア〉キ

あき-ぎみ【飽気味】〘名〙①いやになった様子。いやになり気味。＊人情本・花筐(1841)三・一六回「松さんも此のごろ倦気味(アキギミ)に成ったけれど、まさか只止(よ)しにせうとはいひ憎いから」②取引で、売り飽きること。売り人気が長く続いているその割りには相場が下がらないので、売ることに食傷した気分になること。＊東京日日新聞-明治一九年(1886)二月一三日「東京商況〈略〉定期米は頃日永らくの持合にて強弱とも少しあき気味に哉」 発音アキギミ〈標ア〉0 ギ〈京ア〉キ

あき-きょうげん【秋狂言】〘名〙近世、陰暦九月から一〇月の半ば頃まで興行した狂言。また、その上演目録。一一月の顔見世狂言を正月興行としたため、この狂言はその年の最終興行にあたる。また、俳優の契約期限が切れる時期なので、「お名残り狂言」ともいう。《季・秋》＊談義本・根無草(1763-69)後・四「程なく正月二の替り、嘉例の曾我に種々の持込、春狂言、曾我祭り、土用休、秋狂言、又顔見世の入替り」＊黄表紙・江戸生艶気樺焼(1785)下「此あききゃうげんには、艶二郎が無利息にて金元をする約束にて、座元をたのみ」

あき-ぎり【秋切】〘名〙陰暦八月から一〇月にかけて切った竹。虫食いが少なく、腐りにくいという。＊雍州府志(1684)六「凡伐竹自秋八月至冬十月、是謂秋切冬切、他月伐之、則速朽腐而不堪用」 方言陰暦八月から九月の間の伐木。群馬県多野郡246 埼玉県秩父郡054

あき-ぎり【秋桐】〘名〙シソ科の多年草。本州中部・近畿地方の山間湿地に生える。茎は高さ一五～五〇センチメートルぐらいの角柱形。葉は長さ六～一〇センチメートルぐらいのほこ形で、へりに鋸歯(きょし)をもち、柄があって対生する。花は黄色で、まれに紫色の斑紋があり、秋に咲く。学名は Salvia glabrescens ＊日本植物名彙(1884)〈松村任三〉「アキギリ コトヂサウ」 発音アキギリ〈標ア〉キ

あき-ぎり【秋霧】〘名〙秋に立つ霧。霖雨(りんう)のころに起こる霧。《季・秋》→秋霧の。＊古今(905-914)秋上・二一〇「春霞かすみていにしかりがねは今ぞなくなる秋ぎりのうへに〈よみ人しらず〉」＊源氏(1001-14頃)橋姫「雲のゐる嶺のかけぢを秋ぎりのいとど隔つる頃にもあるかな」 発音アキギリ〈標ア〉キ

あきぎり-の【秋霧─】枕①秋霧が立つの意で、「立つ」にかかり、同音を含む地名「たち野」「立田山」にかかる。＊後撰(951-953頃)恋四・八四三「鏡山あけて来つれば秋ぎりのけさや立つらん」あふみてふ名は〈坂上常景〉」＊和泉式部集(11C中)上「秋ぎりの立田の山にゆきや過ぐらむ」＊続千載(1320)秋上・四一二「花すすきほのかに聞けば秋霧のたち野の末に男鹿鳴くなり〈藤原実兼〉」②霧が晴れる意で「(心が)晴れる」に、霧がたちこめてあたりが見えない意で「おぼつかなし」に、また、垣のように視界をさえぎる意で「まがき」にかかる。＊古今(905-914)恋二・五八〇「秋霧のはるる時なき心には立ち居のそらも思ほえなくに〈凡河内躬恒〉」＊風雅(1346-49頃)旅・九〇一「旅衣はるかにたてば秋霧のおぼつかなさをいかにながめん〈康資王母〉」＊新続古今(1439)秋下・五五二「秋ぎりの籬(まがき)の島の隔てゆゑそことも見えぬちかの塩がま〈藤原実量〉」

あき-くさ【秋草】〘名〙①秋に花の咲く草の総称。クズ、ススキ、キキョウ、オミナエシなど。《季・秋》＊万葉(8C後)二〇・四三一二「秋草に置く白露の飽かずのみ相見るものを月をし待たむ〈大伴家持〉」＊玉葉(1312)秋上・五二〇「村雨のはるる日影に秋草の花野の露やそめてほすらん〈大江貞重〉」②植物「きく(菊)」の異名。＊書言字考節用集(1717)六「菊 アキシベ アキクサ」③「あきくさもよう(秋草模様)」の略。＊橋づくし(1956)〈三島由紀夫〉「白地に黒の秋草のちぢみの浴衣を着た」 発音〈標ア〉キ〈京ア〉0 辞書書言・言海 表記菊(書) 秋草(言)

あきくさ-の【秋草─】枕 草の葉を結び合わせてしあわせを祈る習慣があったところから「結ぶ」にかかる。＊万葉(8C後)八・一六一二「神さぶと否(いな)にはあらず秋草乃結びし紐を解くは悲しも〈石川賀係女郎〉」

あきくさ-の-はな【秋草花】〘名〙植物「きく(菊)」をいう。＊壒嚢鈔(1445-46)一「菊とよむは訓歟菊の訓をば、あきくさのはなとよむ」 発音〈標ア〉キ

あきくさ-もよう【秋草模様】〘名〙秋に花の咲く草花を模様にしたもの。＊青春(1905-06)〈小栗風葉〉夏・一五「真岡の浴衣の膝が崩れて、中形の秋草模様にポトリポトリと搾り落すやうに、涙の露を浸染ませて居るのを見ては」＊家(1910-11)〈島崎藤村〉下・四「お俊は自分の筆で画いた秋草模様の帯を〆て居た」

あき-くち【開口】〘名〙物を入れることができるように開いている所。 発音〈標ア〉0

あき-ぐち【秋口】〘名〙秋になったばかりの頃。秋のはじめ。＊浄瑠璃・夏祭浪花鑑(1745)四「秋口から段々に名の変るが江鮒(えぶな)の出世」＊塩原多助一代記(1885)〈三遊亭円朝〉六「アノ御苦労だが、追々秋ぐちは用が多いから」＊道草(1915)〈夏目漱石〉六六「秋口(アキグチ)から又風邪を引いて」 発音アキグチ〈標ア〉キ〈京ア〉キ

あき-ぐみ【秋胡頽子】〘名〙グミ科の落葉低木。北海道西部以南の山野に生える。高さ約三メートル。小枝は灰白色。葉は長さ五センチメートル前後の長楕円形で互生し、灰褐色の鱗毛(りんもう)が密生する。初夏、初めは白くのち黄変する花が数個集まって咲く。実は球形で秋に赤く熟し、食用となる。学名は Elaeagnus umbellata 《季・秋》＊重訂本草綱目啓蒙(1847)三二・灌木「一種あきぐみあり〈略〉秋に至て熟す。大さ南燭子の如し。赤くして白星あり」＊日本植物名彙(1884)〈松村任三〉「アキグミ」＊湖畔手記(1924)〈葛西善蔵〉「秋ぐみの、紅きを噛めば、酸く渋く」 発音〈標ア〉キ グ 辞書言海 表記秋茱萸(言)

あき-ぐも【秋雲】〘名〙澄んだ秋の空に浮かぶ雲。秋の雲。《季・秋》＊赤光(1913)〈斎藤茂吉〉折に触れて「火の山を回る秋雲の八百雲をゆらに吹きまく天つ風かも」 発音アキグモ〈標ア〉グ

あき-ぐもり【秋曇】〘名〙秋の曇った天気。秋の日の曇った様子。《季・秋》＊山廬集(1932)〈飯田蛇笏〉「滝上や大瀬のよどむ秋曇り」 発音アキグモリ〈標ア〉グ

あき-ぐも・る【秋曇】〘自ラ五(四)〙秋曇りになる。＊渓谷集(1918)〈若山牧水〉秋の曇冬の晴「さりげなく起居はすなれ秋曇る家に籠れば悔ゆること多し」

あき-ぐら【空倉】〘名〙何も入っていない倉庫。からになった蔵。＊正倉院文書-天平一〇年(738)駿河国正税帳(寧楽遺文)「空倉十二間」＊四河入海(17C前)二一・三「さる程に子建用にも、何もなきあき倉(クラ)をゆづるぞ」＊浮世草子・西鶴織留(1694)二・二「『〈略〉こんな事まで気を付けてをかれし所を、別るる事のかなしや』と、明蔵(アキクラ)を詠(なが)め、しゃくし掛を引きはなち」 発音アキグラ〈標ア〉0

あき-ぐるま【空車】〘名〙荷物や乗客を乗せていない車。からぐるま。くうしゃ。＊洒落本・傾城買二筋道(1798)夏の床「とんだ内は火の車だけれど、手前が水車のよふな口車にまよって、あき車が坂(サカ)をおりるよふに了簡(りゃうけん)もなく来る気だが」＊彼女とゴミ箱(1931)〈一瀬直行〉焼鳥屋「この時、運転手が空車(アキグルマ)を止めて入ってきた」 発音アキグルマ〈標ア〉グ

あき-くわ【秋桑】〘名〙秋蚕(あきご)を飼うための桑。《季・秋》＊一塊(1941)〈土田耕平〉「秋桑はうら葉ばかりに吹きさやる日中の風はいづこともなし」

あき-け【飽気】〘名〙ものに飽きた気持。何となくいやになった気分。＊仮名草子・色音論(1643)上「いやしきものの子なれども、みめのよきをば小性にしのちにあきけのつくときは」 発音〈標ア〉ケ

あき-げ【秋毛】〘名〙秋取った獣の毛皮。特に、秋になって、夏毛よりも色が濃く美しくなった鹿の毛。毛は細く短い。

あきげ の 行縢(むかばき) 鹿の皮の行縢の一種。毛皮が寒さに向かって濃さが増し、斑点が明白になった秋毛で老人が多く用いる(了俊大草紙(1395頃))。＊義経記(室町中か)一・遮那王殿鞍馬出の事

「あひあひ引柿(ひきがき)したる摺尽(すりづくし)の直垂(ひたたれ)にあきげの行縢(むかばき)はいて」＊曽我物語(南北朝頃)八・富士野の狩場への事「紺小袴(こんこはかま)、秋げの行縢(むかばき)、たぶやかにはきくだし」

あき-げ【解夏】『名』安居(あんご=四月から七月の夏季九〇日間にわたって行なわれる仏道修行)の修行が終わること。

あき-げしき【秋景色】『名』秋の景色。いかにも秋らしい風景。《季・秋》＊浮雲(1887-89)〈二葉亭四迷〉二・七「上野公園の秋景色、彼方此方(かなたこなた)にむらむらと立駢(たちなら)ぶ老松奇檜(らうしゃうきくゎい)は」 発音アキゲシキ〈標ア〉ゲ

あき-けんち【秋検地】『名』近世、秋に行なった検地。稲を刈り取った後に行なうのを通例とする。↔春検地。＊勧農固本録(1725)下・検地仕様之事「秋検地。土を見ることおろかなる故、土を握りて考べし」＊地方凡例録(1794)二「秋検地なれば其年計一ケ年見取に致しおき、取箇は検地通に申つけ、翌年よりたか入にいたす定法也」

あき-ご【秋子・秋蚕】『名』(「あきこ」とも) ①秋に実のなるもの。＊改正増補和英語林集成(1886)「Akigo アキゴ 秋子」 ②特に七月下旬から晩秋にかけて飼う蚕。しゅうさん。↔はるご・なつご。《季・秋》＊ゆく雲(1895)〈樋口一葉〉下「秋蚕(アキゴ)のはきたてとかいへるに懸りしより」＊思出の記(1900-01)〈徳富蘆花〉三・四「秋蚕(アキコ)の桑(くわ)を摘むで居た」 発音アキゴ〈標ア〉0キ〈京ア〉キ/コ

あき-ごえ【秋肥】『名』八月から一〇月までに施す肥料。 発音アキゴエ〈標ア〉0キ〈京ア〉コ

あき-こさむ【秋小寒】『名』秋の半ばを過ぎてから感じる寒さ。忍び寄る冬の寒さを予測させる。《季・秋》

あき-こさめ【秋小雨】『名』九月中旬から一〇月半ばにかけて降る一種の長雨。《季・秋》

あき-ごし【空輿】『名』(「あきこし」とも) 人の乗っていない輿(こし)。＊太平記(14C後)二二・佐々木信胤成宮方事「尼をば勢多(せた)の橋爪に打ち捨て、空輿(アキコシ)を舁き返して、又京へぞ上りける」＊日葡辞書(1603-04)「Aqigoxi (アキゴシ)」 辞書日葡

あき-ことり【秋小鳥】『名』秋の小鳥の総称。いろいろの小鳥が来るので色鳥ともいう。《季・秋》

あきこのむ-ちゅうぐう【秋好中宮】「源氏物語」に出てくる女性。前東宮と六条御息所(みやすどころ)との間に生まれる。源氏の後見によって、冷泉(れいぜい)帝の中宮となる。秋を好み、六条院秋の御殿に住んだ。さきに、伊勢の斎宮であったため、前斎宮ともよばれる。梅壺の女御。

あき-ごや【秋小屋】『名』取り入れた稲を脱穀するための小屋。こなし屋。こなしべや。 方言岐阜県飛騨502

あき-ごり【秋樵】『名』秋、たきぎ用に木を切り取ること。また、そのたきぎ。

あき-ごろ【秋頃】『名』秋の季節のころ。秋場。＊源氏(1001-14頃)鈴虫「秋ころ、西の渡殿のまへ、中の塀のひんかしのきはを」＊更級日記(1059頃)「秋ころ、そこをたちて、ほかへうつろひて」＊身上話(1910)〈森鷗外〉「それからおと年の秋頃でございました」 発音アキゴロ〈標ア〉ゴキ

あき-ごろも【秋衣】『名』「あきさりごろも(秋去衣)」に同じ。＊車屋本謡曲・元服曽我(室町中)「うつを限の秋ごろも、恨みをいつか晴らさむ」

あき-さ【秋沙】『名』鳥「あいさ(秋沙)」に同じ。＊万葉(8C後)七・一一二二「山のまに渡る秋沙(あきさ)の行きてゐむ其の河の瀬に浪立つなゆめ〈作者未詳〉」＊散木奇歌集(1128頃)雑上「するしまを渡るあきさの音なれやささめかれても世をすぐす哉」＊頼政集(1178-80頃)春「あきさゐる海上潟を見渡せば霞にまがふ信太の浮島」 語源説(1)アキサガモ(秋早鴨)の略。秋早く出る意〔和訓栞・大言海・日本語源=賀茂百樹〕。(2)アキサ(秋頃)の意。サは間の意〔日本古語大辞典=松岡静雄〕。 発音〈標ア〉0 辞書言海 表記秋沙(言)

あき-ざ【空座】『名』空いた場所。空いた座席。＊日葡辞書(1603-04)「Aqiza (アキザ)」 辞書日葡

あき-ざいふ【秋財布】『名』秋に縫って作る財布。

あきざいふに春袋(はるぶくろ) (秋は空(あき)に通ずるので縁起がよくない、春は「張る」に通ずるので縁起がよい、ということから) 秋には財布を縫うな、春には袋を縫え、ということわざ。＊俚言集覧(1797頃)「秋財布に春袋 秋は財布をぬはぬもの、春は袋をぬふべしと也。秋はあきらかを忌み、春は張、ふくるるをいはふなり」 補注秋には財布を縫い、春には袋を縫えの意、つまり、秋は実の入る時、春は張るに通ずることによる、ともいう〔諺語大辞典(1910)〕。

あき-さか【秋—】『名』方言秋の初め頃。初秋。秋口。岩手県気仙郡100 宮城県115 116 121 山形県139 ◇あきさごろ〔—頃〕山形県139

あきさ-がも【秋沙鴨】『名』「あいさ(秋沙)」に同じ。

あき-さく【秋作】『名』①秋に栽培すること。また、その作物。②秋に成熟し収穫する作物。特に稲をいう。 発音〈標ア〉0〈京ア〉0

あきさく-がし【—樫】『名』「いちいがし(—樫)」の異名。カシの一種で暖地の山に産する大高木。《季・夏》 発音アキサクガシ〈標ア〉ガ

あきさく-やさい【秋作野菜】『名』秋、栽培する野菜。白菜、大根などのように夏の終わり頃から秋にかけて栽培し収穫される野菜のこと。 発音〈標ア〉ヤ

あき-ざくら【秋桜】『名』(花が桜の形と似ていることから) 植物「コスモス」の異名。《季・秋》＊山廬集(1932)〈飯田蛇笏〉昭和二年・秋「垣間見し機たつ賤や秋桜」 方言❶コスモス。青森県津軽073 秋田県131 千葉県長生郡286 富山県砺波398 岡山県762 764 767 広島県比婆郡774 熊本県929 930 大分県941 鹿児島市965 ◇あきさくら 長崎県南松浦郡917 ❷おしろいばな(白粉花)。仙台†015 ❸くさきょうちくとう(草夾竹桃)。山形県西置賜郡139 発音〈標ア〉ザ

あき-ざし【秋志】『名』陰暦九月二三日に京都府天田郡三和町大原の大原神社に参詣すること。大原志(おはらざし)。《季・秋》＊俳諧・滑稽雑談(1713)五月「志と云は、此日此神へ詣て祭儀にあふを申也、又秋九月廿八日にも祭奠侍りて、詣ぬるを秋志といへり」＊俳諧・年浪草(1783)夏・五「三月廿三日は春ざしとて参詣し、この時社内の小石を申し請けて持ち帰り、飼屋の棚に置くときは鼠の害なしとて、この石を猫と称す。九月廿三日秋ざしとて参詣の時、右の石を返し納むと云々」

あきざし『名』越後国地蔵堂(新潟県西蒲原郡分水町)で、淫売婦をいった語。＊売春婦異名集(1921)〈宮武外骨〉「あきざし 明治三十五年に越後柏崎町の人が発行せし『越後の婦人』に、売淫婦の異名として『あきざしとは地蔵堂』とあり」

あき-ざしき【明座敷】『名』空いている座敷。使用していない座敷。＊俳諧・独吟一日千句(1675)第一〇「逗留の客たつ跡の明座敷 朝日をうけよ畳しくつく」＊随筆・吉原雑話(1781-89頃)「委しく申聞すべしとて、二階の明座敷へつれだち」＊滑稽本・八笑人(1820-49)四・追加下「だんだんと奥深くゆく程に明座敷(アキザシキ)ばかりゆゑ、人にたづねんにもせんかたなく」 発音〈標ア〉ザ

あき-さ・す【贖・賖】『自サ四』物を買うとき、手付け金を渡す。前金を出す。＊新撰字鏡(898-901頃)「贖〈徒感反、去、買物逆付銭也、市買先曰賖、阿支佐須〉」＊和訓栞(1777-1862)「あきさす〈略〉今さきがねといひ入銀といふが如し」 語源説アキサス(商指)の義〔日本語源=賀茂百樹〕。 辞書字鏡 表記贖(字)

あき-さとう【赤砂糖】『名』方言植物、さとうきび(砂糖黍)。愛知県一部030 岡山県一部030 香川県一部030

あき-さば【秋鯖】『名』仲秋から晩秋にかけてとれるサバ。特に一〇月頃とれる本鯖。あぶらがのって、最も美味とされる。《季・秋》 発音〈標ア〉キ0〈京ア〉キ

あきさば嫁(よめ)に食(く)わすな 秋鯖は味がよいから、嫁には食わせるな、ということ。↓秋茄子(あきなすび)嫁に食わすな

あき-さび【秋寂】『名』晩秋のものさびしい感じ。《季・秋》＊俳諧・松窓句集続編(1835)秋「秋さびや谷の筧(かけひ)の北下り」

あき-さ・びる【秋—】『自バ上一』文あきさ・ぶ『自バ上二』秋らしくなる。秋めいている。＊風雅(1346-49頃)秋中・五六九「夕日さす外山(とやま)の梢(こずゑ)秋さびてふもとの小田も色づきにけり〈藤原公蔭〉」＊青春(1905-06)〈小栗風葉〉秋・一一「人無き神前の深(しん)として何所か有繋(さすが)に秋閑(アキサ)びて居る」＊左千夫歌集(1920)〈伊藤左千夫〉明治三四年「秋さぶる粟もろこしの畑並に蕎麦(そば)のはたけは花さかりなり」

あき-ざま【秋様】『名』(「あきさま」とも) 秋になる頃。＊右京大夫集(13C前)「見し人びとの都別ると聞きし秋さまのこと、とかく言ひても思ひても心もことばもおよばれず」＊玉葉(1312)雑一・二〇二一・詞書「亀山院かくれさせ給ひて次の年の秋ざまより」

あきさま-ぞうり【安芸様草履】『名』「あきぞうり(安芸草履)」に同じ。＊洒落本・真女意題(1781)「花色太織に浅黄うら、あき様ざうりを引かけて、大小貫抜ざし」

あき-さむ【秋寒】『名』秋の朝夕の空気が冷え冷えしていること。秋の冷ややかさ。秋冷。《季・秋》＊連歌新式追加並新式今案等(1501)「秋寒 ややさむき、夜寒などいづれにてもただ一也」＊俳諧・享和句帖(1803)三年一〇月一六日「秋寒むや行先々は人の家」＊片われ月(1901)〈金子薫園〉「秋寒(アキサム)の書院寂としてふるびたるだるまの絵像ともほしげなり」 発音〈標ア〉0

あき-さめ【秋雨】『名』秋に降る長雨。八月末から一〇月初めごろの間に陰鬱な天気が続き、それにつれて降る弱い長雨。《季・秋》＊八雲御抄(1242頃)三「光忠が、あきさめなどいへるたぐひは、をかしきことなり」＊俳諧・蕪村句集(1784)秋「秋雨や水底の草を踏わたる」＊しがらみ(1924)〈中村憲吉〉大正七年「秋さめのかなしき夜に灯(ひ)を振りてこの世には帰らぬ弟(おとと)をうづむ」 語誌「はるさめ」の連想から生じた語。「はるさめ」が季節感を表わす語として和歌に多用されたのに対して、「八雲御抄」で禁じているように歌ことばとは考えられなかったらしい。もっとも「秋の雨」も上代や中古ではほとんどみえず、中世になって「続古今集」以降の十三代集にみえる程度であった。「あきさめ」が韻文にみえるのは近世中期の蕪村らの俳諧で、そこでは「秋の雨」と共用されている。 発音〈標ア〉0〈京ア〉0 辞書書言 表記淋漓(書)

あきさめ-ぜんせん【秋雨前線】『名』九～一〇月の秋雨をもたらす前線。日本付近に東西に延びて停滞し、長雨をもたらす。 発音〈標ア〉ゼ

あき-ざや【明鞘】『名』中身のはいっていない鞘。からの鞘。転じて、後家をいう。あきや。＊雑俳・紀玉川(1819-25)「身の行末は知らぬ明鞘」

あき-ざら【空皿】『名』食べ終わったあとの皿。からっぽの皿。＊人情本・明烏後正夢(1821-24)二・一二

回「通ひ樽と岡持を提て来て、以前の明皿（アキサラ）や徳利を捜しながら」 発音〈標ア〉⓪

あき-さり【秋―】〘名〙（「さり」は、移動する意の動詞「さる」の連用形の名詞化）①「あきされ（秋―）①」に同じ。《季・秋》＊俳諧・俳諧歳時記栞草（1851）秋・七月「秋さり 秋の来し叓也」 ②「あきされ（秋―）②」に同じ。《季・秋》＊俳諧・三冊子（1702）わすれ水「夕去りの事、さりさりて夕の間をいふ。冬さり、（秋さり）みな初の秋冬にはいひがたき言也といへり」

あきさり-ごろも【秋去衣】〘名〙秋になって着る着物。連歌、俳諧では、牽牛（けんぎゅう）、織女二星が七夕の夜着る衣の意として用いる。あきごろも。《季・秋》＊万葉（8C後）一〇・二〇三四「たなばたの五百機（いほはた）立てて織る布の秋去衣（あきさりごろも）誰か取り見む〈作者未詳〉」＊続後撰（1251）羇旅・一三二六「旅にして秋さり衣寒けきにいたくな吹きそ武庫（むこ）の浦風〈待賢門院堀河〉」＊至宝抄（1585）「七夕 天河〈略〉秋去衣 願ひの糸」

あきさり-ひめ【秋去姫】〘名〙（秋去衣を織る女の意）棚機つ女（たなばたつめ）。織女星。《季・秋》＊匠材集（1597）三「秋さり姫 七夕の事也」＊俳諧・誹諧通俗志（1716）時令・七月「秋去姫 天の川 銀河」 補注「藻塩草」や同書を引く「年浪草」などには「秋さし姫」とある。「し」は「り」の誤りか。

あき-さる【秋―】〘連語〙⇩「あき（秋）」の子見出し

あき-され【秋―】〘名〙（「あきざれ」とも）①秋になること。秋さり。《季・秋》＊砌塵抄（1455頃）「冬され、夕ざれの事〈略〉春され、秋され、冬され面白言葉也」＊浄瑠璃・傾城八花形（1703）五「比しも今は秋されや、いなばそよぎて露こぼす」＊俳諧・蕪村遺草（1783頃）「秋されや我身ひとつの鳴子引」 ②秋が深まること。また、その時節。秋さり。《季・秋》＊俳諧・一息（1693か）「秋栄（サレ）に訪ひ来る京の琴爪屋」 語誌上代に多くみられる「秋さる」の「さる」は四段活用であるから、その名詞形は「秋さり」となるが、近世には「秋され」または「秋ざれ」がしばしば用いられている。

あき-ざ・れる【秋―】〘自ラ下一〙図あきざ・る〘自ラ下二〙（「あきされ」を活用させたものか）秋が来る。秋になる。また、秋が深まる。＊ふゆくさ（1925）〈土屋文明〉野分「丘の上のまばら榛の木秋ざれて騒ぐ夕べをゆく人もなし」＊わたしの崋山（1965）〈杉浦明平〉一「このあいだまではうちの畑だけが雑草で青々としていたけれど、秋ざれて草の色がすこし灰色をおびてきたなくなった」

あき-さんかく【空三角】〘名〙囲碁で、盤上で一つのますをつくる四点のうち、三つを同じ石が占めて残る一つに石がない形をいう。通常、能率の悪い打ち方とされる。

あき-さんご【秋珊瑚】〘名〙（秋に熟する実が赤くて、珊瑚に似ているところから）山茱萸（さんしゅゆ）の実をいう。《季・秋》

あき-し【空師】〘名〙（「師」はあて字）空巣ねらいをいう、盗人仲間の隠語。〔隠語輯覧（1915）〕

あき-し【秋仕】〘名〙方言❶秋の取り入れ作業。また、それをする人。京都府竹野郡622 鹿児島県奄美大島975 ◇あす 沖縄県波照間島975 ❷秋の取り入れ作業に雇われる人。三重県志摩郡585 和歌山県日高郡698 高知県（雇われ女）864 866

あき-じ【明盲】〘名〙方言⇩あきじい（明盲）

あき-じ（ぢ）【秋路】〘名〙秋の旅路。秋の旅。《季・秋》＊俳諧・七車（1728）秋「馬はゆけど今朝の富士見る秋路哉」

あき-じい（ひ・じ）【明盲・清盲】〘名〙（「あきしい」とも。「しい」は身体のある器官が機能を失う意の動詞「しう」の連用形の名詞化）「あきめくら（明盲）①」に同じ。＊霊異記（810〜824）下・一一「奈良の京の薬師寺の東の辺の里に、盲ひたる人有り。二つの眼精盲（アキシヒ）なり。〈真福寺本訓釈 精盲 安支之比〉」＊新撰字鏡（898〜901頃）「矇〈亡紅反、平、有珠子而无所見也。阿支自比〉」＊十巻本和名抄（934頃）二「清盲 七巻食経云凡麋弁梅李食之任身使子清盲〈俗云阿岐之比〉」＊蒙求和歌（1204）一・襄勝不屈「たすけんとせば、我いつはりのあきしひあらはれなむずと思て、みずかほにてやみぬ」 語誌(1)古辞書では、古くからアキシイとアキジイの形がある。シイは、メ（目）シイ・ミミ（耳）シイなど機能を喪失した部位を示す語を上接するのが普通だが、アキシイではそれが略されている。(2)室町時代の口語的資料などでは、聴覚上の印象を強めるためかアキシリ、アキジリの形も現われる。近世初期の安原貞室「かた言」のようにこれを正しい言い方としないものもあるが、当時の辞書類にも載せられているところからすれば、ある程度広まっていた語形であろう。→あきじり。 方言❶目が明いていながらものの見えない眼病。江戸†114 ◇あきじ 青森県南部071 073 宮城県仙台市121 ◇あきしり 丹波†115 ◇あきずえ 新潟県佐渡359 富山市392 ◇あきすえ 新潟県佐渡348 ❷文字を知らない人。◇あきじ 青森県南部071 宮城県仙台市123 発音アキジー〈標ア〉⓪〈ア史〉平安●●●●〈京ア〉⓪ 辞書字鏡・和名・色葉・名義・文明・易林・日葡・書言・言海 表記清盲（和・色・文・易）矇（字・書）白翳（易・書）眚（名）青盲・瞍（書）明盲（言）

あき-しお（ほ・し）【秋潮】〘名〙秋季の潮。春の潮とともに干満の差がはなはだしい。↕春潮。《季・秋》＊俳諧・七柏集（1781）朱紘亭興行「立待の影まつ程のざんざ降〈群人〉橋入かねる秋汐のふね〈蓼太〉五三十施餓鬼の施主の打こぞり〈白花〉」

あき-じかん【空時間】〘名〙用事と用事の間の何もすることのない時間。自由な時間。＊若い人（1933〜37）〈石坂洋次郎〉上・五「武田先生は〈略〉空時間には自分の座席で、古典文学を読んだり時には居眠りなどする無口な中年のミスだ」 発音〈標ア〉ジ

あきしく-の-はな【秋花】〘名〙植物「きく（菊）」をいう。《季・秋》＊藻塩草（1513頃）八・菊「秋しくの花 あさぢふもまじる草葉も枯るるまで野に残りけり秋しくの花 これ古き物にあり。ある説、菊の字を秋しくとよむ」

あき-しぐれ【秋時雨】〘名〙「あき（秋）の時雨」に同じ。《季・秋》＊俳諧・継尾集（1692）「降やめど傘はすぼめぬ秋しぐれ〈不玉〉八朔ちかきふところの帳〈己百〉」＊俳諧・梟日記（1698）九月七日「薄墨のやつれや松の姝時雨」 発音アキシグレ〈標ア〉シ

あき-じこり〘名〙（「あき」は商い、「じこり」は、しそこないの意で、動詞「しこる」の連用形の名詞化）商売上の失敗。買いそこない。＊万葉（8C後）七・一二六四「西の市にただ独り出でて目ならべず買ひてし絹の商自許里（あきジコリ）かも〈古歌集〉」 補注「しこる」を「為凝る、繁凝る」として、熱中して買うの意とする説、「しこる」を「しきおり（及居）」からの強大となるの意として、商人が暴利をむさぼる意とする説などがある。

あき-じし（シ・ヂ）【秋地子】〘名〙中世、秋に徴収した地子、地代。↕夏地子・春地子

あきしの【秋篠】奈良市北西部の地名。きぬた、霧の名所として知られ、秋篠寺がある。外山の里。秋篠の里。歌枕。＊新古今（1205）冬・五八五「あきしのやと山の里や時雨るらんいこまのたけに雲のかかれる〈西行〉」＊浮世草子・西鶴置土産（1693）三・三「二人ともに発心して秋志野の里の片陰に住り」 発音〈標ア〉⓪

あきしのげっせいしゅう（あきしのゲッセイシフ）【秋篠月清集】鎌倉前期の私家集。二巻または四巻。歌数は一六一五首。藤原良経自撰。題名は良経の筆名、式部史生秋篠月清に由来する。六家集の一つ。式部史生秋篠月清集。月清集。 発音アキシノゲッセイシュー〈標ア〉セ

あきしの-でら【秋篠寺】奈良市秋篠町にある寺。初め法相宗、次いで真言宗、浄土宗西山派に属した。現在は単立宗教法人。宝亀一一年（七八〇）善珠が開創。光仁、桓武天皇の勅願所。国宝の本堂を残すのみだが、伎芸天、帝釈天の立像をはじめ古い仏像が多い。 発音〈標ア〉⓪

あきしの-の-みや【秋篠宮】宮家の一つ。平成二年（一九九〇）、今上天皇の第二皇子文仁親王が創立。

あき-しべ【秋蕊】〘名〙植物「きく（菊）」をいう。＊匠材集（1597）三「秋しへ 冬の菊なり」＊日葡辞書（1603〜04）「Aqixibe（アキシベ）〈訳〉ひな菊、または、秋の花」＊書言字考節用集（1717）六「菊 アキシベ」 発音〈標ア〉⓪ 辞書日葡・書言 表記菊（書）

あきしべ-の-はな【秋蕊花】〘名〙植物「きく（菊）」をいう。＊俳諧・誹諧初学抄（1641）末秋「野菊弁（ならびに）菊の異名〈略〉秋しべの花」 語源説秋の後（しり）に咲く花の意〔関秘録〕。 発音〈標ア〉ナ

あきしま【昭島】東京都西部の地名。第二次大戦中、隣接の立川市の軍需工業地化とともに急速に発展。昭和二九年（一九五四）昭和町と拝島村が合併して市制。 発音〈標ア〉⓪

あき-じまい（まひ・じ）【秋仕舞】〘名〙「あきおさめ（秋収）」に同じ。《季・秋》 方言❶秋の収穫の取り入れの終わり。盛岡†054 岩手県紫波郡093 気仙郡100 秋田県鹿角郡132 栃木県198 岐阜県飛騨502 兵庫県加古郡664 島根県725 広島県高田郡779 ❷収穫の終わりの祝い。青森県三戸郡083 新潟県佐渡351 長野県上伊那郡488

あき-じ・みる【秋染】〘自マ上一〙風物、気候が秋らしくなる。秋めく。《季・秋》 発音〈標ア〉ミ

あき-じめり【秋湿】〘名〙梅雨のように降りつづく秋の雨。秋の長雨。また、そのため空気が湿っていること。《季・秋》

あき-じめん（メン・ヂ）【空地面】〘名〙「あきち（空地）①」に同じ。＊寒山落木〈正岡子規〉明治二六年（1893）新年「遣羽子や根岸の奥の明地面」

あき-しも【秋霜】〘名〙「あき（秋）の霜①」に同じ。＊俳諧・季引席用集（1818）「秋に後るる 九月末〈略〉秋霜 九」

あき-じゅうばこ（ウばこ・ヂュ）【明重箱】〘名〙①内に何も入っていない重箱。②（「重箱」は女陰の隠語）夫を持っていない女性をいう。＊滑稽本・風来六部集（1780）飛だ噂の評「中にも後家の明重箱、借り人の仕合、貸人の歓び」

あき-しょ【空所・明所】〘名〙人や物などに占められていないところ。あいている場所。＊毛利家文書―（年月日未詳）（室町）毛利隆元自筆書状（大日本古文書二・七一〇）「少なれ共明所出来候事幸にて候間、人にも一かう遣ましく候」＊浮世草子・武道伝来記（1687）二・三「町打の鉄炮を申立に三百石くだし給り、明所（アキショ）ありて屋敷迄仰付させられ首尾残所なく相済事武芸のあつきゆへなり」＊咄本・軽口露がはなし（1691）二・一一「草臥ものでひえ者で、どうもならぬが、あき所（ショ）はいかが」 発音〈標ア〉ショ

あき-しょう（ヤウ・シ）【飽性】〘名〙物事に飽きやすい性質。三日坊主。＊百鬼園随筆（1933）〈内田百閒〉阿呆の鳥飼「本来厭き性ですから、次第次第に世話をするのが面倒臭くなって来て」 発音アキショー〈標ア〉ショ〈京ア〉キ

あき-しょく【秋職】〘名〙秋に行なう漁業。春職、夏職、冬職に対するもの。

あき-じり【明盲】〘名〙「あきじい（明盲）」の変化した語。＊和玉篇（15C後）「眚 シャウ〈注〉セイ アキジリ」＊史記抄（1477）三・周本紀「矇誦すとは有眸子而無見曰矇とてあきしりと云ものぞ」＊仮名草子・可笑記（1642）序「蒙（もう）窃に愚性を念じ、妄体（まうたい）をくゎんずれば、あきじりめくら、おっし文盲の如し」＊かた言（1650）四「清盲（あきじゐ）を、あきじり」 辞書和玉・天正 表記眚（玉）清盲（天）

あきしり-ぐさ【秋知草】『名』植物「はぎ(萩)」の古名か。＊蔵玉集(室町)秋「秋知草。萩。〈萩不審なり其謂哥心更非」萩 萩敷〉。寝覚めして秋知草の風よりや老の袂(たもと)のまづしぼるらん」 発音アキシリグサ〈標ア〉リ

あき-じるし【飽印】『名』飽きることを遠回しにいう。＊黄表紙・見徳一炊夢(1781)中「おれもはや、女郎買にあき印」

あき-しろ【明白・明代】『名』書類などで、紙の上下、左右の端の、文字を書かずに空白にしておく部分。余白。

あき-じろ【空城・明城】『名』守備する兵のいない城。主なき城。＊藤葉栄衰記(1625頃)上・尾張守親迹所帯相論事「俄に田村へ引退給ければ、新田明城に成」＊里見九代記(1631)五「国府の台の合戦には、此城の者共、残らず、下総へ行て、明城にて置きければ」＊浄瑠璃・源頼家源実朝鎌倉三代記(1781)二「我々東国へ向ひし跡此坂本は明(あき)城」 発音〈標ア〉0

あき-す【空巣】『名』①使わなくなった鳥などの巣。＊破戒(1906)〈島崎藤村〉一七・二「高いところに鶏の塒(ねぐら)も作り付けてあったが、其は空巣(アキス)も同然で、鳥らしいものが飼はれて居るとは見えなかったのである」②人の住んでいない、または、外出して留守の家。また、外出していて家にいないこと。〔日本隠語集(1892)〕＊人情本・処女七種(1836-44頃か)六・三二章「葭簀張(よしずっぱり)の茶屋の明巣(アキス)へ引摺り込んで」＊たけくらべ(1895-96)〈樋口一葉〉一〇「誰れもお前正太が明巣(アキス)とは知るまいでは無いか」③「あきすねらい(空巣狙)①」の略。〔隠語輯覧(1915)〕＊不良青少年少女の実相(1930)〈和田信義〉「この派のやることは即ち空巣、かっぱらい、すり〈略〉と云ったやうなことで、殆んど全くニソ泥と云った観がある」＊赤い自転車(1952)〈阿川弘之〉「当人が空巣を捕えそこなったか」 発音〈標ア〉0〈京ア〉0

あきす-かい【空巣買】『名』(「かい」は盗む意)「あきすねらい(空巣狙)①」をいう、盗人仲間の隠語。〔特殊語百科辞典(1931)〕

あき-すだれ【秋簾】『名』(「あきす」とも)秋になっても取り外さないで使われているすだれ。《季・秋》

あきす-ねらい【空巣狙】『名』①人のいない家に忍び入り、盗みを働くこと。また、その人。あきす。〔日本隠語集(1892)〕＊落語・出来心(1896)〈三代目柳家小さん〉「『明巣(アキス)狙ひだが、是(こ)れは出来るだらう』『明巣狙ひ……』『留守を目掛けて這入(はい)るのだ』」＊お富の貞操(1922)〈芥川龍之介〉「つい、御留守へはひこみましたがね―何、格別明(ア)き巣狙(スネラ)ひに宗旨を変へた訣(わけ)でもないんです」②転じて、ずるい人。〔東京語辞典(1917)〕 発音〈標ア〉ネ〈京ア〉ネ

あきす-ふみ【空巣踏】『名』「あきすねらい(空巣狙)①」に同じ。〔日本隠語集(1892)〕

あぎ-すみれ【顎菫】『名』ツボスミレの一変種。本州中部以北の山地で、樹陰や谷川のほとりなどに生える。葉は三日月形で、葉の基部の両側が大きく耳状に出ている。学名は Viola verecunda var. semilunaris ＊日本植物名彙(1884)〈松村任三〉「アギスミレ」

あき-ぜみ【秋蟬】『名』夏から秋にかけて鳴く蟬で、おもにヒグラシ、アブラゼミなどをいう。《季・秋》＊俳諧・冬の日(1685)「秋蟬の虚(から)に声きくしづかさは〈野水〉藤の実つたふ雫ほっちり〈重五〉」＊思出の記(1900-01)〈徳富蘆花〉三・一五「僕は一葉散り初めた桜の下に秋蟬の音を浴びながら本を読むで居た」 発音〈標ア〉0キ 辞書言海 表記秋蟬(言)

あき-そうば【秋相場】『名』九、一〇、一一月の結実期から新米が出回るまでの期間の米相場。＊雑俳・かざし草(1792)「かたまって水打ちに出る秋相場」 発音アキソーバ〈標ア〉ソ

あき-そうび【秋薔薇】『名』「あきばら(秋薔薇)」に同じ。

あき-ぞうり【安芸草履】『名』江戸中期、安芸国(広島県西部)の人、吉助のつくりはじめた草履という。安芸様草履。＊随筆・江戸塵拾(1767)四「芸州の中間吉助といへるは草りを作る名人なり。かれが作る草りにて遠路を行に草臥る事なし。芸州の家来此草りを吉助草履といふ。其後世にひろまりて安芸草履といふは此所をよぶもの歟」

あき-そば【秋蕎麦】『名』七月下旬から九月上旬にかけて種をまき、九月下旬から一一月上旬にかけて収穫するそば。また、それを用いて製したそば。↔夏そば。＊土(1910)〈長塚節〉一〇「処々ぽつりぽつりと秋蕎麦(アキソバ)の花が白く見えて居る」＊蕎麦通(1930)〈村瀬忠太郎〉三「千葉県中山附近では、夏蕎麦は七月下旬、秋蕎麦は九月には走りが出る」

あき-ぞら【秋空】『名』①「あき(秋)の空①」に同じ。《季・秋》＊俳諧・続猿蓑(1698)秋「秋空や日和くるはず柿のいろ〈洒堂〉」＊思出の記(1900-01)〈徳富蘆花〉二・五「最早朝日が晃々と秋空に上って居る」＊虚子句集(1915)〈高浜虚子〉明治三九年一〇月「秋空を二つに断てり椎大樹」②「あき(秋)の空②」に同じ。 発音〈標ア〉ゾ〈京ア〉0

あき-た【飽―】『名』野菜の煮つけをいう囚人仲間の隠語。＊いやな感じ(1960-63)〈高見順〉二・六「野菜の煮つけはアキタ。食いあきたのアキタなのだ」

あき-た【秋田】『名』(「あきだ」とも)秋の田。稲の実った田。↓「あき(秋)の田」の語誌。＊万葉(8C後)八・一五五六「秋田刈る仮廬(かりほ)もいまだこほたねば雁が音(ね)寒し霜も置きぬがに〈忌部黒麻呂〉」＊古今(905-914)恋五・七七六「植ゑていにし秋田刈るまで見え来ねばけさはつかりのねにぞ泣きぬる〈よみ人しらず〉」＊金槐集(1213)秋「秋たもる庵(いほ)に片しくわが袖に消えあへぬ露のいくへ置きけむ」 補注「古今訓点抄」ではアキダと連濁する。

あきた【秋田】㊀秋田県中西部、雄物川河口の地名。古くは齶田(あぎだ)、飽田(あくだ)といい、天平五年(七三三)、出羽柵(いではのき)が高清水岡に置かれた。室町時代は安東氏が支配、江戸時代は久保田と呼ばれ、佐竹氏二〇万石の城下町として繁栄。明治二二年(一八八九)市制。県庁所在地。＊俳諧・奥の細道(1693-94頃)象潟「西はむやむやの関、路をかぎり、東に堤を築て、秋田にかよふ道遙に、海北にかまえて、浪打入る所を汐ごしと云」＊俳諧・新花摘(1784)「此人武府在勤の事卒(おへ)て、本国秋田に帰らんとす」㊁秋田県の北部に置かれていた郡。明治一一年(一八七八)北秋田・南秋田の二郡に分割された。「和名抄」では「あいた」。㊂「あきたけん(秋田県)」の略。 発音〈標ア〉ア〈京ア〉キ 辞書易林 表記秋田(易)

あきた【秋田】姓氏の一つ。 発音〈標ア〉ア

あきた-うじゃく【秋田雨雀】劇作家、童話作家。島村抱月に師事して演劇革新運動に参加。のち、社会主義思想に傾いてプロレタリア演劇運動を行なった。戯曲「埋れた春」「国境の夜」など。明治一六～昭和三七年(一八八三～一九六二)

あきた【飽田】熊本県の北西部にあった郡。明治二九年(一八九六)託麻郡と合併して飽託(ほうたく)郡となる。＊二十巻本和名抄(934頃)五「肥後国〈略〉飽田〈安岐多〉」 辞書和名・色葉 表記飽田(和・色)

あぎた【腭―】『名』方言 ⇩あぎ(腭)

あき-だいこん【秋大根】『名』八～九月頃種をまき、一〇～一二月頃収穫する大根。最も普通の大根で品質、収量ともにすぐれ、宮重、方領、練馬、聖護院など品種も多い。＊古今要覧稿(1821-42)五七九「すずしろ〈略〉秋生ずるものを秋大根、漢名を蘿蔔といひ」 発音〈標ア〉ダ〈京ア〉ダ

あき-だいず【秋大豆】『名』初夏に種をまき、晩秋に収穫する大豆。夏大豆に対していう。＊大乗院寺社雑事記‐文明一二年(1480)六月六日「秋大豆四石」＊俳諧・俳諧歳時記(1803)上・五月「萩植る〈略〉秋大豆は樗の芽出る頃種を下し立秋に収め刈なり」 方言岡山市762 発音〈標ア〉ダ

あきた-いちぶぎん【秋田一分銀】『名』秋田藩内の太良鉱山で、明治二年(一八六九)八月から翌三年一月まで鋳造した地方銀貨幣。表面は上部に笹龍胆(ささりんどう)の紋章、その下に一分銀の文字、裏面の上部に秋の字、その下に銅山通宝の文字が打刻されている。安政一分銀を模したもの。

あきた-いぬ【秋田犬】『名』日本犬の一品種。原産地は秋田県大館市付近。大形で肩高は雄で約六五センチメートル、雌で約六〇センチメートル。耳は立ち、尾は巻いて、頸(くび)が太い。がんじょうな体格をもつので、闘犬、番犬に用いられる。昭和一一年(一九三六)天然記念物に指定された。大館犬。あきたけん。＊犬喧嘩(1923)〈金子洋文〉二「金持連は力があるが鈍重な秋田犬を嫌って、五百円、千円と出して土佐犬を買込んだ」＊舗道雑記帖(1933)ガール時代〈高田保〉「今のうちに秋田犬みたいに天然保存物の指定でもしてをかんと」 発音〈標ア〉タ〈京ア〉0

秋田犬

あきた-うま【秋田馬】『名』秋田地方産の馬。力が強く、車を引くのに適していたが、現在では、頭数が少なくなっている。 発音アキタウマ〈標ア〉タ

あきた-おうぎ【秋田扇】『名』紋所の一つ。開いた絵扇の左右に房を垂らし、中央に鷹羽、または鷲羽を二枚交差させた図柄のもの。 発音アキタオーギ〈標ア〉オ

あきた-おばこ【秋田―】『名』①秋田の娘。＊安吾新日本地理(1951)〈坂口安吾〉秋田犬訪問記「よろしい。秋田犬はコンリンザイもらってこないが、秋田オバコを仕入れてくるぜ」②秋田の娘をうたった民謡。秋田県仙北地方に起こる。山形県の「庄内おばこ」が、南部盛岡へ往来する庄内の馬喰(ばくろう)たちによって伝えられたのに始まる。 発音〈標ア〉オ

あきた-おり【秋田織】『名』秋田地方から産する織物。秋田畝織(うねおり)、秋田八丈などがある。 発音〈標ア〉0

あきた-おんど【秋田音頭】秋田地方の民謡。はやしは軽快で、歌詞は地口式のユーモラスなもの。江戸時代初期の藩主上覧の手踊りが起源という。地口音頭。御国音頭。仙北音頭。 発音〈標ア〉オ

あき-だか【明高】『名』上がり田地となり耕作者が不在の田畑の高をいう。南九州地方の地方(じかた)用語。＊土貢管見録(近世農政語彙集所収)(1831)下「明高と申は、地味不相応に御年貢諸懸り物太く、御百姓及難渋〈略〉上地仕たる田畑の高を申候」

あき-だか【空高・明高】『名』建築、土木で、床面と天井、または梁(はり)の最下端との間の、人が出入りできる空間。道路や水路などの場合には、構造物の最下端と、道路面、水路面との間の、車や船などが自由に往来できる空間。 発音〈標ア〉0

あき-だか【秋高】『名』米相場などで、秋相場の高いこと。 発音〈標ア〉0

あきた-がい【秋田貝】『名』「ほたてがい(帆立貝)」の異名。 方言高知県長岡郡869

あきた-ぎん【秋田銀】『名』江戸時代、秋田藩で鋳造された各種銀貨の総称。一七世紀初頭、大量の灰吹銀、銀小判、銀銭などが鋳造されたが、元禄年間(一六八八～一七〇四)廃止。しかし、その後、文久年間(一八六一～六四)には再び秋田小判銀が新造された。

あきた-ぎんばん【秋田銀判】『名』秋田藩内通

用の銀貨幣。文久二年（一八六二）加護山吹分所（精錬所）で鋳造されたもので、一両、二分、二朱の三種がある。一両判は表面に「九匁二分」の文字が、二分判は表面に「四匁六分」の文字が、二朱判は表面に「一匁一分五厘」の文字が打刻され、いずれも楕円形である。

秋田銀判

あきた-ぐわ【秋田鍬】〘名〙秋田地方で古くから使用される鍬。柄が短く一メートル内外で刃先は長く五〇センチメートルぐらいのもの。

あき-たけ【秋竹】〘名〙植物「めだけ（女竹）」の異名。＊古今要覧稿（1821-42）三七六「川竹〈略〉又筆管竹秋竹あり、ともに竹譜詳録にみえたり、蓋し女竹の類なるべし」

あきた-げ【飽―】〘形動〙（形容詞「あきたし」の語幹に、接尾語「げ」のついたもの）飽き飽きして、いやになるさま。うんざりするさま。＊たまきはる（1219）「御乳をまゐらせんと、御乳の人の、あきたげに思ひたるまで言ひそそき」

あきた-けいざいほうかだいがく【秋田経済法科大学】秋田市にある私立の大学。前身は昭和二八年（一九五三）創立の秋田短期大学。同三九年に秋田経済大学として発足し、同五八年現校名に改称。

あきた-けん【秋田犬】〘名〙「あきたいぬ（秋田犬）」に同じ。発音〈標ア〉0〈京ア〉タ

あきた-けん【秋田県】東北地方北西部の県。明治四年（一八七一）羽後国の大部分と陸中の一部を合わせた現在の地域が定まる。県庁所在地は秋田市。発音〈標ア〉タ〈京ア〉タ

あきた-さ【飽―】〘名〙（形容詞「あきたし」の語幹に、接尾語「さ」のついたもの）飽き飽きしている心のさま。うんざりさせられているさま。＊夜の寝覚（1045-68頃）二「いとあまりにかく言ひなしつるあきたさを思ふにも、あととどむべくもあらずあさましくなりて」

あきた・し【飽】〘形ク〙（「あきいたし」の変化した語。「いたし」は「はなはだし」で、その程度がはなはだしいさま）飽き飽きして、いやだ。うんざりするほどである。御免こうむりたい。＊源氏（1001-14頃）帚木「かのさがな者も、思ひいである方に、忘れ難けれど、さしあたりて見んには、わづらはしく、よくせずは、あきたき事もありなんや」＊夜の寝覚（1045-68頃）二「『これさへ目やすきかな。弁、中将などが物言ひ、気色の、ものはやく、あきたかめるを』と思ひくらべ給ふに」＊狭衣物語（1069-77頃か）一「女君の有様の、いとあきたうあやにくなるを、いかに思ひ給ふらん」発音〈標ア〉タ

あきた-じけん【秋田事件】明治一四年（一八八一）、秋田に起きた反乱未遂事件。秋田県の士族、農民が組織する自由党系の秋田立志社が、秋田県庁、郡役所、警察などの襲撃を企てたが、事前に発覚して首謀者は処刑された。発音〈標ア〉ジ

あきた-しゅんけい【秋田春慶】〘名〙秋田県能代（のしろ）地方で産する漆塗り。能代春慶。

あきた-じょう【秋田城】㈠奈良、平安時代、東北経営のため出羽国に置かれた城。城跡は秋田市寺内高清水岡。指定史跡。最上川河口付近にあった出羽柵（いではのき）を、天平五年（七三三）、北進させたことに始まる。土塁の一部が残る。㈡秋田市千秋公園にあった平城（ひらじろ）。慶長九年（一六〇四）佐竹義宣が神明山に築城。佐竹氏二〇万石の居城。明治一三年（一八八〇）焼失。久保田城。矢留城。発音アキタジョー〈標ア〉タ

あきた-しょうあみ【秋田正阿彌】〘名〙鐔工（たんこう）の一派。また、その作品。慶長年間（一五九六～一六一五）秋田に伝播した正阿彌派で、作風に野趣がある。その鐔（つば）を秋田鐔という。

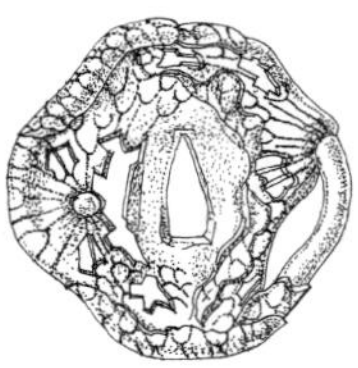
秋田正阿彌
（蕗図鐔）

あきたじょう-じょうし【秋田城城司】〘名〙「あきたじょうのすけ（秋田城介）」に同じ。＊三代実録-元慶三年（879）六月二六日「秋田城城司正六位上行左衛門少尉兼権掾清原真人令望」

あきたじょう-の-すけ【秋田城介】〘名〙平安時代以来の職制の一つ。出羽の蝦夷（えぞ）を経略するために置かれた秋田城の責任者。はじめ秋田城司（じょうし）があったが、平安中期頃に出羽介が兼任するようになって、秋田城介とよばれた。平安後期以後は空職化したが、長く織豊時代まで名誉の称号として武士の間で重んじられた。出羽城介（でわじょうのすけ）。＊吾妻鏡-建保六年（1218）六月二七日「秋田城介景盛」＊職原鈔（1340）下「秋田城〈在出羽〉介、為出羽介者兼之。除目不任之。被下宣旨」＊太平記（14C後）一・資朝俊基関東下向事「相摸入道、秋田城介を以て告文を請取て、則披見（ひけん）せんとしけるを」発音アキタジョーノスケ〈標ア〉ジョ 辞書言海 表記秋田城介（言）

あきた-しんかんせん【秋田新幹線】盛岡と秋田との間を結ぶＪＲ幹線。平成九年（一九九七）三月に開通。列車は東京まで直通。全長一二七・三キロメートル。発音カ

あきた-じんく【秋田甚句】民謡。秋田県仙北地方の盆踊り唄、酒盛り唄。起源は南部の神供踊りで、大正時代から呼ばれ始めた名称。甚句は地元では「神供」と書く。発音〈標ア〉ジ

あきた-すぎ【秋田杉】〘名〙秋田県米代川流域を主産地とする杉材。木曾檜、吉野杉と並び称される優良建築材。発音アキタスギ〈標ア〉タ〈京ア〉タ

あきた-すみきりせん【秋田角切銭】〘名〙文久二年（一八六二）秋田領内で鋳造の「銅山至宝（どうざんしほう）」の異称。長方形であるが、四すみが角張らず丸く切りとられているところからいう。

あきた-せん【秋田銭】〘名〙江戸時代通用の寛永通宝銭のうち、秋田方面で鋳造したもの。元文三年（一七三八）五月から秋田藩領内川尻村川口で年額一〇万貫、一〇か年の予定で鋳造したものと、江戸末期に秋田阿仁銅山で山内通用のために鋳造したものとがある。

あきた-だいがく【秋田大学】秋田市にある国立の大学。昭和二四年（一九四九）、秋田鉱山専門学校、秋田師範、同青年師範が合併して発足。発音アキタダイガク〈標ア〉ダ

あき-だ・つ【秋―】〘自タ四〙（「だつ」は接尾語）いかにも秋らしい様子、気配になる。秋めく。秋さる。＊桐一葉（1894-95）〈坪内逍遥〉二・二「人沙汰も、いつかとぎれてしんしんと隙間漏る風秋だてり」発音〈標ア〉ダ

あきた-つば【秋田鐔】〘名〙秋田正阿彌（あきたしょうあみ）一派の作った鐔。

あきた-つばせん【秋田鐔銭】〘名〙秋田藩領内の加護山吹分所で文久三～慶応三年（一八六三～六七）に鋳造された地方貨幣。楕円形で、中央に長方形の孔がある。表面には、二羽の鳳凰（ほうおう）（一説には秋田の比内鶏（ひないどり）ともいわれる）、裏面には八卦を配する。

あきた-てんぽうせん【秋田天保銭】〘名〙江戸末期、秋田藩内で幕府の許可を得ず、ひそかに鋳造した天保通宝銭。鉛分の多い材質で、やや赤みを帯びている。

あきた-どう【秋田銅】〘名〙古くから日本固有の精錬法によって生産された銅。鮮やかな赤色で純銅に近い品位をもつ。火色銅。発音アキタドー〈標ア〉タ

あき-だな【空店・明店】〘名〙人の住んでいない家。あきや。＊俳諧・桃青門弟独吟廿歌仙（1680）楊水之独吟「仙人の明店あれて月ばかり 霧にほえたる犬の足あと」＊洒落本・風俗八色談（1756）四・出家の喧嘩の事「此頃は極楽に明店（アキタナ）はあるまい」＊滑稽本・続々膝栗毛（1831-36）初「此頃その隣の明店（アキダナ）となりしを幸ひ、〈略〉そこを借請（かりうけ）ひき移りて」＊人情本・英対暖語（1838）初・一回「人の居ねへ家なら明店（アキダナ）がいい」発音〈標ア〉0〈京ア〉0 辞書ボン 表記空店（へ）

あきだな の=恵比須（えびす）[=恵比須様（えびすさま）] 相手もいないのに、一人で悦に入っている人。だれもいない所に一人でがんばっている人。＊自叙伝（1947-48）〈河上肇〉自画像・四・一六事件前後「無産者新聞社などに立て籠り、自ら進んで明店（アキダナ）の恵比須となり」

あきた-なみせん【秋田波銭】〘名〙秋田藩領内の阿仁銅山および加護山吹分所付近で、文久三～慶応二年（一八六三～六六）にかけて鋳造した地方貨幣。円形で孔のない銅銭。表面は、七個の波形を組み合わせたのみの単純な図様で、裏面には「秋」の字が陰文で打刻されている。一〇パーセントの鉛を含んでいるため赤みが強い。当初、百文通用と規定されたが、実際は八〇文で流通した。

あきたに【秋谷】姓氏の一つ。発音〈標ア〉タ キ

あきた-にんじん【秋田人参】〘名〙植物「はまぜり（浜芹）」の異名。＊重訂本草綱目啓蒙（1847）八・山草「佐州の やまにんじん一名しまにんじん はまにんじん、羽州にて あきたにんじんと云、是真の蛇床子なり」発音〈標ア〉ニ

あきた-の-き【秋田城】「あきたじょう（秋田城）㈠」の古称。

あきた-は【秋田派】〘名〙秋田地方で生まれた洋風画派。安永二年（一七七三）秋田藩主、佐竹義敦（曙山）に招かれた平賀源内が、秋田藩士小田野直武に洋画技法を伝えたことに始まる。中国の写生派の作風に西欧技法を混入したもの。日本の洋画の先駆的画法であるが、江戸末期に滅びた。発音〈標ア〉0

あきた-はちじょう【秋田八丈】〘名〙秋田地方で産する黄八丈。ハマナスの根の煎汁（せんじゅう）で染色した糸で黄色、または茶色の縞柄を織り出した平織りの絹織物。発音アキタハチジョー〈標ア〉チ ハ

あきた-ふうぎん【秋田封銀】〘名〙文久二年（一八六二）発行の秋田藩領内通用の銀貨幣。八匁、六匁、四匁、二匁の四種があり、品質は純良に近い。表面には重量表示の極印、裏面には篆体（てんたい）で「改」の字が陰文で打刻されている。

あきた-ぶき【秋田蕗】〘名〙フキの変種。関東北部以北に生え、葉柄を食用とするため栽培もされる。大形で、葉は直径一・五メートル、葉柄の長さ二メートルほどになる。砂糖漬けなどにする。学名は Petasites japonicus var. giganteus《季・夏》＊彼岸過迄（1912）〈夏目漱石〉停留所・一〇「シキとかいふ白い絹へ秋田蕗（アキタブキ）を一面に大きく摺った襖の模様」発音〈標ア〉タ 辞書言海 表記秋田蕗（言）

あきた-ぶし【秋田節】〘名〙近世初期、諸国で歌われた流行唄。＊狂歌・卜養狂歌集（1681頃）秋「その夜世にはやりし秋田ぶしといふ小うたうたふ」発音〈標ア〉0

あきた-ぶろ【秋田風炉】〘名〙茶道で使う風炉（ふろ）の一種。＊歌舞伎・三賀荘曾我島台（1821）三立「秋田風呂（アキタブロ）にきびしょをかけ、茶を拵（こしら）へてゐる」

あきた-へいや【秋田平野】秋田県中部、日本海

岸に広がる平野。秋田市南端下浜から八郎潟干拓地東部までの雄物川を中心とした地域。秋田米の主要産地。秋田市付近には有名な油田地帯がある。発音アキタヘイヤ〈標ア〉ヘ

あきだみ『名』植物「なつぐみ（夏胡頽子）」の異名。

あきた-もち【秋田餅】『名』（秋田地方でつくったところからいう）砂糖を混ぜてついた餅。

あき-だり【飽足】『名』（動詞「あきたる（飽足）」の古形「あきだる」の連用形の名詞化）十分に満足すること。＊万葉（8C後）一〇・二〇〇九「汝（な）が恋ふる妹（いも）の命（みこと）は飽足（あきだり）に袖振る見えつ雲隠るまで〈人麻呂歌集〉」＊仮名草子・浮世物語（1665頃）四・三「上戸の酒に飽足（アキダリ）のなきをかしがれども」＊評判記・吉原すずめ（1667）上・うき世くるひ思ひそむる事「此身はししてもくたばりても、あきだりの有事ではなしとて」補注万葉例は「あきだらに」とよみ「あきたりないので」の意とする説もある。方言十分だと思うこと。下に打消の語を伴って、飽き足りないの意に用いる。長崎県対馬913

あきたり-・ない【飽足無】『連語』⇩あきたりる（飽足）

あきたりな-さ【飽足無―】『名』（「さ」は接尾語）十分満たされたという気持にならないこと。満足しないこと。＊猫又先生（1919）〈南部修太郎〉「もっと現実的な飽き足りなさが、先生に対して感じられて来た」発音〈標ア〉ナ0

あき-た・りる【飽足】『自ラ上一』（四段活用の「あきたる」から転じて、近世後期頃から江戸で使われるようになったもの。多く下に打消を伴う）「あきたる（飽足）」に同じ。＊滑稽本・浮世床（1813-23）二・上「とり殺しても倦足（アキタリ）ねへとはおそろしやおそろしや」＊露団々（1889）〈幸田露伴〉七「不愉快の感をもたずに愉快の生活計（ばか）りする者を得たいなんぞといふも、人生の欲にあき足（タ）りるより起った迷ひだ」＊爛（1913）〈徳田秋声〉九「時々時間を気にしてゐる浅井の態度が飽足りなかった」発音〈標ア〉0リ〈京ア〉0

あき-た・る【飽足】『自ラ四』（古くは「あきだる」。多く下に打消を伴う）十分満たされたという気持になる。満足する。あきたりる。＊万葉（8C後）五・八三六「梅の花手折（たを）りかざして遊べども阿岐太良（アキダラ）ぬ日は今日にしありけり〈礒部法麻呂か〉」＊書陵部本名義抄（1081頃）「未足 イマタアキダラス」＊大唐西域記長寛元年点（1163）三「一旦改変して此の徳を報ぜむと欲するに、軀を糜（くだ）きても謝（アキタル）まじ」＊閑居友（1222頃）上・あやしの僧の宮づかへのひまに不浄観をこらす事「ゆきかふところの事をあきたらずおもひて」＊日葡辞書（1603-04）「タカラニ aqidaranu（アキダラヌ）〈訳〉富に満足しない」＊仮名草子・伊曾保物語（1639頃）下・二五「つゐにあきだる事なふて、あまつさへに宝をおとして、其身をもほろぼすもの也」＊人情本・明烏後正夢（1821-24）初・三回「其女郎こそ身の敵にくひやつ、斬さいなんても厭（アキ）たらぬ、と思召も有ましゃうが」＊田舎教師（1909）〈田山花袋〉二九「しかし何となく慊（アキタ）らないやうな気がする」補注不満に思うの意の「あきたらない」は、「慊い」と書くこともある。発音〈音史〉近世中頃まで『あきだる』らしい。〈標ア〉0タ 辞書字鏡・名義・和玉・文明・伊京・天正・日葡・書言・〈ボン〉・言海 表記悃（字・名・玉）慊（玉・文・天）足（玉・天）飽足（へ・言）嗛・饜・飫・飽（名）鳴叫（伊）厭足（書）

あき-だる【空樽】『名』中に何も入っていない樽。からだる。＊四河入海（17C前）一七・一「我が才尽て、ある事は何もない。あき罍を傾たが如きぞ」＊浄瑠璃・鑓の権三重帷子（1717）上「四斗入の明樽（アキダル）下人に持せ」＊福翁百話（1897）〈福沢諭吉〉五四「西洋の諺（ことわざ）に空樽（アキダル）の音は高しと云ふことあり」発音〈標ア〉0〈京ア〉0

あきだる-かい【空樽買・明樽買】『名』（再使用のために）あきだるを買い集める職業。また、その人。＊塩原多助一代記（1885）〈三遊亭円朝〉一五「明き樽買ひの岩田屋久八と申し」

あきだる-どいや【空樽問屋・明樽問屋】『名』あきだるを、専門に売買する問屋。あきだる買いが買い集めたあきだるを一手に引き受け、これを、酒やしょうゆなどの製造元に売りさばく。＊御触書宝暦集成-二八・宝暦元年（1751）一二月「今度明樽商売之儀、古来より致来候者共相願候に付、吟味之上、弐拾人之者、明樽問屋申付候間」

あき-だれ【飽足】『名』方言十分だと思うこと。下に打消の語を伴って、飽き足りないの意に用いる。岩手県気仙郡102 島根県石見725 ◇あくだれくち 長崎県北松浦郡901 ◇あきだれくち 長崎県南松浦郡054

あき-たろう【秋太郎】『名』方言高く盛り上がって見える夏の雲。入道雲。島根県那賀郡・邑智郡（南の山に出る入道雲）725 広島県上蒲刈島054 山県郡771 補注「安芸太郎」の意か。

あき-だわら【空俵・明俵】『名』中身がからになった俵。何も入っていない俵。＊歌謡・新編歌祭文集（1688-1736頃）二三・二条川原心中祭文「内証（ないしょ）を聞けば空俵（アキダハラ）、親の為にはなるまじに」＊財政経済史料-五・財政・諸費・文武費（幕末頃か）「明俵代銭並俵数仕上帳明俵三拾六万弐千百四拾九俵代銭九千八百弐拾四貫九百七文」発音〈標ア〉ダ

あき-ち【空地・明地】『名』（古くは「あきぢ」か）①建物のない、空いている土地。使っていない地所。くうち。＊東寺百合文書-へ・貞治元年（1362）一一月二一日・八条院町地子并荒不作注進状（大日本古文書二・九八）「あきち并逃失跡」＊日葡辞書（1603-04）「Aqigi（アキヂ）〈訳〉家もなく、耕作もしていない土地や場所」＊浮世草子・日本永代蔵（1688）二・一「屋敷の空地（アキチ）に柳、柊〈略〉など取まぜて植置しは」②権利者のない地所。だれが所有権をもっているのか、わからない土地。＊財政経済史料-四・官制・地方職制・事務章程・貞享四年（1687）一一月「上り田畑屋敷其外明地等有レ之ば、其村にて田畑不レ持百姓之内、御代官吟味仕、人を撰み、御勘定所へ相達可レ割二渡之一」＊盲目物語（1931）〈谷崎潤一郎〉「亡君のおん跡目相続のこと、明地（アキチ）闕国（けっこく）の始末についての御だんがふらしうござりました」発音〈標ア〉0〈京ア〉0 辞書伊京・明応・天正・饅頭・日葡・書言・〈ボン〉・言海 表記空間地（伊・明・天・饅）空地（書・へ）畾地（饅）明地（言）

あきち-あずかり【明地預】『名』近世、町内の明地をあずかり管理したこと。御預り明地。＊財政経済史料-四・土木・道路・道路規定・宝暦三年（1753）七月朔日「御目付稲生下野守より明地預之衆へ達」

あきち-ぐさ【秋遅草】『名』植物「はぎ（萩）」の異名。《季・秋》＊蔵玉集（室町）「秋遅草。萩。秋ち草はや花さける此の野にはともしの鹿をからぬばかりは」発音アキチグサ〈標ア〉チ

あき-ちゃ『名』「あきし（空師）」に同じ。〔隠語輯覧（1915）〕

あき-ちょうじ【秋丁子】『名』シソ科の多年草。本州中部以西の山地の木陰に生える。高さ六〇～九〇センチ㍍。茎は角柱形で、葉は長さ七～一五、幅二・五～五センチ㍍ぐらいの長楕円形で、対生する。秋、青紫色の唇形の花が円錐状の穂となって咲く。葉と茎は駆虫剤、香料となる。漢名、香茶菜は誤用。きりつぼ。学名はIsodon longitubus ＊日本植物名彙（1884）〈松村任三〉「アキチャウジ キリツボ 香茶菜」発音アキチョージ〈標ア〉チョ

あ-きつ【丫髻】『名』（「丫（あ）」は、髪を中央から左右に分けた「あげまき」）あげまき髪の少女。召使いの少女。禿（かむろ）。＊洒落本・通俗子（1800）花扇おふひに粧を飾て中の街に酒宴をひらく「丫髻（アキツ〈注〉カムロ）が言（こと）を聞（きく）に、五明（ごめい）ろうへ通来すと」＊布令字弁（1868-72）〈知足蹄原子〉「丫髻 アキツ カブロノコト」

あきつ【秋津・蜻蛉】『名』（古くは「あきづ」）トンボの古名。あきつ虫。《季・秋》＊古事記（712）下「爾に蝈（あむ）御腕（ただむき）を咋（く）ふ。即ち、蜻蛉来て其の蝈を咋ひて飛びいにき。〈蜻蛉を訓みて阿岐豆と云ふ〉」＊琴歌譜（9C前）継根振「つぎねふ 山城川に 安支川（アキヅ）嚔（はな）ふく 嚔（はな）ふとも 我が愛者（はしもの）に 逢はずは止まじ」＊新撰字鏡（898-901頃）「蛚 阿支豆」＊御国通辞（1790）「とんぼ 蜻蜓 あきづ」＊重訂本草綱目啓蒙（1847）三六・卵生「蜻蛉〈略〉あきつ 南部」＊改正増補和英語林集成（1886）「Akizu アキヅ〈訳〉Akitsu（アキツ）に同じ」語誌(1)字音仮名表記から、上代ではアキヅであったと推定されるが、後に清音になりアキツとなった。(2)現代でも、方言でアケズと第三音節に濁音をもつ形が東北や南九州などに見られ、中央語における清濁の変遷を反映したものと考えられる。→あけず（蜻蛉）。(3)上代では「蜻蛉」の文字に「あきづ」の訓が付けられているが、平安時代以降、同じ「蜻蛉」に「かげろふ」の訓が付いた。方言❶虫、とんぼ（蜻蛉）。南部†028 大分県大分郡941 ◇ああけ 宮城県054 ◇ああげっちぃ 沖縄県竹富島996 ◇あいじ 沖縄県波照間島996 ◇あけ 宮城県062 山形県139 ◇あけえ 鹿児島県種子島978 ◇あけえこ 鹿児島県屋久島981 ◇あけえず 鹿児島県種子島978 ◇あけえんつぃ 沖縄県小浜島996 ◇あけご 山形県最上郡139 ◇あげちょ 山形県南村山郡139 ◇あけっぽお 宮城県栗原郡114 ◇あげとぼ 山形県西村山郡139 ◇あけどり 大分県南海部郡939 北海部郡941 ◇あけどろ 大分県北海部郡941 ◇あげとんぼ 山形県東置賜郡・東村山郡139 ◇あけべろ 鹿児島県961 ◇あけぼぼ 宮城県玉造郡116 ◇あげやんま 山形県南村山郡139 ◇あげん 山形県西置賜郡・東村山郡139 ◇あっき 新潟県東蒲原郡368 ◇あっけ 山形県中部139 ◇あんけ 山形県139 ◇かけえじ 沖縄県石垣島・新城島996 ❷蜻蛉（とんぼ）の幼虫。山形県139 ◇あっけかか 山形県北村山郡139 語源説(1)アキツムシ（秋之虫）の下略〔東雅・物類称呼・和訓栞・大言海〕。ツには集まり群がる意がある〔草盧漫筆〕。アキツドヒムシ（秋集虫）の略〔名言通〕。(2)アキチ（秋霊）あるいはアキチ（稲霊）の転呼〔日本古語大辞典＝松岡静雄〕。(3)アキツバサ（明翅）の略〔古言類韻＝堀秀成〕。(4)カカキツ（陽炎）の義。飛ぶ様子から〔言元梯〕。発音〈音史〉上代は『あきづ』と濁音。平安以後『あきつ』とも。〈標ア〉0〈ア史〉平安・鎌倉○○◐か〈京ア〉0 上仮名アキツ 辞書字鏡・下学・言海 表記秋津（下・言）蛚（字）

あきづ【秋津・蜻蛉】奈良県吉野郡吉野町宮滝付近一帯の地といわれる。上代、吉野離宮のあったところ。＊万葉（8C後）一・三六「吉野の国の 花散らふ 秋津の野辺に〈柿本人麻呂〉」＊万葉（8C後）六・九一一「み吉野の秋津の川の万世に絶ゆることなくまたかへり見む〈笠金村〉」

あき-ついり【秋梅雨入・秋黴雨】『名』（「ついり」は「つゆ入り」の変化した語）秋の頃、梅雨のように、いつまでも雨が降り続くこと。また、その雨。《季・秋》＊俳諧・伊勢躍音頭集（1674）「民の飢やあはれことしの秋つゐり〈三信〉」＊俳諧・猿蓑（1691）三・秋「はてもなく瀬の鳴る音や秋黴雨（あきついり）〈史邦〉」＊俳諧・ありそ海（1695）秋「米になる早稲の祝や秋露入〈其継〉」

あき-つ-かた【秋方】『名』秋の頃。＊蜻蛉（974頃）上・天暦八年「まめなることにて月日はすぐしつ。あきつかたになりにけり」＊宇津保（970-999頃）俊蔭「かかるほどに、この子五になる年、秋つかた嫗（おうな）死ぬ」＊源氏（1001-14頃）柏木「秋つかたになれば、この君はゐざりなど」

あき‐つ‐かみ【現神・明神】〘名〙（「あきつ」は「現実の」の意）現世にその姿を現わしている神。天皇を敬っていう場合に用いる。あきつみかみ。あらひとがみ。＊万葉（8C後）六・一〇五〇「明津神（あきツかみ）わが大君の 天の下 八嶋（やしま）の中に 国はしも 多くあれども〈福麻呂歌集〉」＊八雲御抄（1242頃）三「帝王〈略〉あきつ神（君を申也）。わがすべらぎとつづけたり」 発音〈標ア〉ツ〈京ア〉ツ 上仮名 アキッカミ

あきづき【秋月】 ㊀〘名〙（秋月長門守の屋敷から作り出されたことから）牛の革に黒漆を塗った印籠。長門印籠の異称。＊万金産業袋（1732）三「本長門印籠をば、なべて秋月といふ。江戸にては取わき、世人もてはやし賞翫す」 ㊁福岡県甘木市の地名。山に囲まれた要害の地で、秋月藩黒田氏五万石の城下町として栄えた。秋月の乱の発生地。 発音〈標ア〉キ1

あきづき【秋月】（「あきつき」とも）姓氏の一つ。 発音〈標ア〉キ1

あきづき‐の‐らん【秋月の乱】 明治九年（一八七六）福岡県秋月で起こった不平士族の反乱。旧秋月藩士磯淳、宮崎車之助、今村百八郎らが、神風連、萩の乱に呼応して挙兵したが、小倉鎮台により八日目に平定された。 発音〈標ア〉キ1

あきつ‐きみ【明津君・秋津君】〘名〙（秋津島の君の意）天皇の敬称。＊浄瑠璃・葵上（1681〜90頃か）一「ゆづりのあとの秋津君、うけつぎましまず御世（みよ）のかず」＊浄瑠璃・傾城酒呑童子（1718）二「王位にをされ身もふるはれかほにもみぢのあきつ君」

あき‐づ・く【秋付】〘自カ四〙秋の季節になる。秋らしくなる。秋めく。《季・秋》＊万葉（8C後）一五・三六五五「今よりは安伎豆吉（アキヅキ）ぬらしあしひきの山松かげにひぐらし鳴きぬ〈遣新羅使人〉」＊万葉（8C後）一九・四一六一「言問はぬ木すら春咲き秋都気（あきヅケ）ば黄葉（もみち）散らくは常を無みこそ〈大伴家持〉」

あきつ‐くに【秋津国】〘名〙「あきつしま（秋津島）㊀」に同じ。＊夫木（1310頃）三〇「島のほかも波をさまれるあきつくにに道ある君の恵みをぞ知る〈藤原為相〉」＊浄瑠璃・源頼家源実朝鎌倉三代記（1781）九「踏（ふみ）塊（かため）たる秋津（アキツ）国揺（ゆるが）ぬ御代こそたのしけれ」

あき‐つ‐こと【現事・顕事】〘名〙（「あきつ」は「現実の」の意）現実のこと。表面に現われる事柄。＊延喜式（927）祝詞・出雲国造神賀詞（出雲板訓）「荒ぶる神等を撥（はら）ひ平（む）け、国作らしし大神をも媚び鎮めて、大八島国の現事、顕事（アキツコト）事避（ことさ）ら令めき」

あきつ‐しま【秋津島・秋津洲・蜻蛉洲】 ㊀〘名〙（古くは「あきづしま」）日本の国の古称。あきつしまね。あきつくに。やしま。記紀によれば、孝安天皇は「葛城の室の秋津島宮」で天下を治めたと伝承されるので、「あきづ」は古くは大和国葛上郡室村（奈良県御所市室）あたりの地名と推定される。後世、大和国にかかる枕詞となり、さらには国号ともなった。蜻蛉（トンボ）は「あきづ」とも称し、豊穣の季節を象徴する昆虫であったことから、五穀豊穣な土地柄を示す地名となったらしい。＊古事記（712）下・歌謡「その虻を 蜻蛉（あきづ）早咋（ぐ）ひ かくの如 名に負はむと そらみつ 大和の国を 阿岐豆志麻（アキヅシマ）とふ」＊古今（905〜914）真名序「陛下御宇。于今九載。仁流秋津洲之外、恵茂筑波山之陰」＊米沢本沙石集（1283）一〇末・一一「是の故に王のいみじき徳を讃には、仁秋津嶋（アキツシマ）の外に流（つたは）る、恵みつくば山のかげよりもしげしと云へり」＊神皇正統記（1339〜43）上・序論「又此の国をば秋津洲といふ。神武天皇国のかたちをめぐらしのぞみ給て、〈略〉此名ありきとぞ」＊日葡辞書（1603〜04）「Aqitçuxima（アキツシマ）〈訳〉日本。歌語」 ㊁枕「大和（やまと）」にかかる。＊万葉（8C後）一・二「うまし国そ 蜻嶋（あきづしま） 大和の国は〈舒明天皇〉」＊万葉（8C後）二〇・四四六五「安吉豆之万（アキヅシマ） 大和の国の 橿原の 畝傍（うねび）の宮に〈大伴家持〉」 語誌 字音仮名表記から、上代ではアキヅシマという語形であったと思われる。「書紀‐仁徳五〇年三月・歌謡」に、「阿企菟辞摩」とある例が見え、第三音節に清音仮名「菟」を用いてあるのが唯一の例外である。後には「蜻蛉（あきづ）」とともに、第三音節が清音になった。 語源説 (1)稲のよく熟する国の意〔和訓栞・大言海・日本語源＝賀茂百樹〕。(2)神仙の住む島というオキツシマ（瀛津島）の転〔和語私臆鈔〕。(3)上古、アキ族が占拠した地の聚落の称〔日本古語大辞典＝松岡静雄〕。 発音〈音史〉上代は『あきづしま』と濁音。〈標ア〉ツ〈京ア〉ツ 辞書 下学・文明・伊京・明応・天正・黒本・易林・日葡・書言・ヘボン 表記 秋津島（下・文・伊・明・天・黒・易） 秋津洲（下・黒・書・ヘ）

あきつしま の 文字（もじ） 日本の文字。かな文字。＊嵯峨のかよひ（1629）「伊勢物がたりも、あきつしまのもじにてぞあるべしなどいふ」

あきつ‐しまね【秋津島根】〘名〙（「ね」は接尾語）「あきつしま（秋津島）㊀」に同じ。＊壬二集（1237〜45）「もろこしの人もやこよひ月をみてあきつしまねを思ひやるらん」＊続古今（1265）賀・一八七九「世を照らす蓬がほらの月影は秋つしまねのほかもくもらじ〈源雅具〉」＊謡曲・養老（1430頃）「国富み民も豊かにて、四方に道ある関の戸の、秋津島根や」

あきづしま‐の‐みや【秋津島宮】 孝安天皇の皇居。「古事記」によれば、「葛城の室」の地にあったという。大和国葛上郡室村（奈良県御所市室）にあたると推定される。あきづのみや。むろのあきづしまのみや。

あきつ‐す【秋津洲】〘名〙 ㊀（「秋津洲（あきつしま）」の「洲（しま）」を誤読したもの）「あきつしま（秋津島）㊀」に同じ。＊新拾遺（1364）賀・七二九「君が世は豊あし原のあきつすに満ち干る潮の尽きじとぞ思ふ〈源有長〉」＊浄瑠璃・平家女護島（1719）三「重盛むなしく成ならば、見よ見よ源氏の白旗を秋津洲（アキツス）に颺（ひるがへ）さん」 ㊁「あきづの（秋津野）」に同じ。＊匠材集（1597）三「秋津野 よし野之あきつすの宮同」 辞書 文明・書言 表記 秋津洲（文・書）

あきつ‐たみ【秋津民】〘名〙（秋津島の民の意）日本の国民。＊浄瑠璃・日本振袖始（1718）一「神代の遺風末の世に恵（めぐみ）をおほふ秋津民（アキツタミ）」

あき‐つつじ【秋躑躅】〘名〙植物「やまつつじ（山躑躅）」の異名。＊易林本節用集（1597）「山榴 アキツツジ 躑躅相似」 発音〈標ア〉ツ2 辞書 易林・書言 表記 山榴（易） 山石榴（書）

あきづ‐の【秋津野・蜻蛉野】 地名「あきづ（秋津）」の野。＊古事記（712）下「即ち阿岐豆野（アキヅノ）に幸（い）でまして」 発音〈標ア〉0 辞書 書言 表記 秋津野・蜻蛉野（書）

あきづ‐の‐さと【秋津里】 和歌山県田辺市の北方、日高郡印南町切目付近の野という。歌枕。＊続詞花（1165頃）物名「見わたせばきりべの山も霞みつつあきつの里も春めきにけり〈平忠盛〉」 発音〈標ア〉0

あきづ‐の‐みや【秋津宮】「あきづしまのみや（秋津島宮）」に同じ。＊文明本節用集（室町中）「秋津宮 アキツノミヤ 倭州」 発音〈標ア〉0 辞書 文明 表記 秋津宮（文）

あき‐つ‐は【秋葉】〘名〙秋の木の葉。特に、秋の紅葉した木の葉。＊万葉（8C後）一〇・二三〇四「秋都葉（あきツは）ににほへる衣われは着じ君に奉（まつ）らば夜も着るがね〈作者未詳〉」 語誌 挙例の歌が「万葉集」中の唯一の例である。万葉仮名「都」は清濁両用であり、「あきづは（蜻蛉羽）」と解する説もあるが、「匂へる」に続くことから、秋の葉（紅葉）の意ととるのが妥当であろう。同じく紅葉の意の「秋の葉」も「万葉集」に三例見られるが、すべて大伴家持の長歌の中の例で、「春花」と対を成して登場しており、漢籍の影響が考えられる。平安時代以降、「秋つ葉」の用例は稀で、「秋の葉」も「広本拾玉集」などに散見するのみである。→あき（秋）の葉

あきつ‐は【蜻蛉羽】〘名〙（古くは「あきづは」）①トンボの羽。薄く透きとおって美しいので、羅（うすもの）などのたとえや形容に用いる。＊万葉（8C後）三・三七六「秋津羽（あきづは）の袖振る妹を玉くしげ奥に思ふを見給へあが君〈湯原王〉」②「あきつ（秋津）」に同じ。 発音〈音史〉上代は『あきづは』と濁音。

あきつは の 姿（すがた）の 国（くに）（トンボの形をした国の意）日本国。あきつしま。＊続後撰（1251）神祇・五三一「あきつはのすがたのくにに跡たれし神のまもりやわが君のため〈藤原実氏〉」＊新続古今（1439）雑下・二〇四四「あきつはの すがたの国と 定めおきし やまとしまねの そのかみを〈後小松院〉」＊東野州聞書（1455頃）一「あきつはのすがたの国とは、日本総名なり」

あき‐つばめ【秋燕】〘名〙①「ほうじゃく（蜂雀蛾）」に同じ。②秋になって、南国へ渡って行く燕。《季・秋》＊秋燕（1966）〈角川源義〉「篁に一水まぎる秋燕」 発音〈標ア〉ツ

あきつ‐ひれ【蜻蛉領巾】〘名〙（「あきづひれ」とも）トンボのはねのように、薄く織った布で作った美しい領巾（ひれ）。上代、婦人装飾具の一つ。＊万葉（8C後）一三・三三一四「たらちねの 母が形見と わが持てる 真澄鏡（まそみかがみ）に 蜻領巾（あきづひれ） 負ひ並め持ちて 馬買へわが背〈作者未詳〉」 発音〈音史〉上代は『あきづひれ』と濁音。

あきっ‐ぽ・い【飽―】〘形口〙（「ぽい」は接尾語）根気が続かないで、物事に飽きがちである。飽きやすい。＊俚言集覧（1797頃）「厭っぽい」＊滑稽本・浮世風呂（1809〜13）二・下「そして好男（いいをとこ）ほど浮虚（うはき）で飽（アキ）っぽい物さ」＊思出の記（1900〜01）〈徳富蘆花〉六・一二「其様（そん）な飽きっぽい事で、何事（なに）が出来やうぞ」 発音〈なまり〉アギバェ〔岩手〕アキッペー・アキッポエ〔埼玉方言〕〈標ア〉ポ〈京ア〉ッ 辞書 ヘボン

あきっぽ‐さ【飽―】〘名〙（形容詞「あきっぽい（飽）」の語幹に接尾語「さ」の付いたもの）物事に飽きがちであること。飽きやすいこと。＊医師高間房一氏（1941）〈田畑修一郎〉三・四「その倦きっぽさが正文を不安がらせた」 発音〈標ア〉ポ

あき‐つぼね【空局】〘名〙①あいているつぼね。人の住んでいないつぼね。＊弁内侍（1278頃）宝治三年三月三日「あかとりの、いしとさかあるが毛色も美しきを賜はりて、あきつぼねにほこらかして置きたるを」②客のない、下級の遊女の部屋。＊浮世草子・御前義経記（1700）一・凡例「はし女郎（ぢょらう）のあき局（ツボネ）にて、あがりぜんをくひそめてより、密夫（まぶ）といふ事をはじめぬ」

あき‐つ‐みかみ【現御神】〘名〙「あきつかみ（現神）」に同じ。あらみかみ。＊延喜式（927）祝詞・出雲国造神賀詞（出雲板訓）「挂けまくも畏き明御神（アキツミカミ）と、大八島国知ろし食す天皇命の手長の大御世と」 発音〈標ア〉ミ1〈京ア〉ミ1

あきつ‐みち【秋津道】〘名〙（秋津島の道の意）古来日本に伝わる正しい教え、道理。また、日本の伝統。＊浄瑠璃・用明天皇職人鑑（1705）一「仏のをしへ、神の法（のり）、皆一すぢの秋津道、つたはるたねや和歌（わか）の文字」

あきつ‐みよ【秋津御世】〘名〙（秋津島の御世の意）わが日本の御世。＊浄瑠璃・津国女夫池（1721）一「君おだやかに民やすく、国伝へます秋津御代正親町（おおぎまち）の院の御宇」

あきつ‐むし【蜻蛉虫】〘名〙「あきつ（秋津）」に同じ。＊俳諧・俳諧新式（1698）秋の詞よせ「秋津むし とんばう」＊書言字考節用集（1717）五「蜻蛉 アキツムシ

エンバ」 *雑俳・三また竹(1730–36頃)「かるいこと・こくういもせのあきつ虫」 発音〈標ア〉ツ 辞書書言 表記蜻蛉・蜻蜓(書)

あき-て【空手・明手】『名』①(盲人が杖を持つ右手に対し、あいているほうの手の意から) 左の手。または、左方。 *雑俳・柳多留-二三(1789)「おもしろし明き手の方へ松が見へ」 *雑俳・柳多留-四一(1808)「本望さ明キ手のかたへ人をつれ」 ②(「手」は働く人の意) 一定の仕事がなく、ひまなこと。また、そういう境遇の人。手あき。 *滑稽本・八笑人(1820–49)四・追加下「明手のものは大道具を錺付(かざりつけ)、小道具諸色(しょしき)をもって舞台へ廻る」 *西洋道中膝栗毛(1870–76)〈仮名垣魯文〉八・上「しかし明手(アキテ)だからおいらたちの衣服(きもの)の番兵を頼みやせう」 *春雨文庫(1876–82)〈松村春輔〉一三回「剣、槍に闌(たけ)たる士は所々の護衛に遣はれ明手(アキテ)の者少し」 ③(「手」は、組、隊、集団などの意) 直接に敵対する目標が決められていないで、必要に応じて味方の援助をする役目をもった軍隊。また、一定の任務がなく、必要に応じてどんな任務にもつくように、控えている人々。遊軍。 発音〈標ア〉0

あき-ていれ【秋手入】『名』夏のうちに伸びた庭の木々を秋に手入れすること。《季・秋》

あき-でみず【秋出水】『名』毎年、秋の季節、ことに初秋に最も多い洪水。秋の大水。《季・秋》 *虚子俳句集(1935)〈高浜虚子〉明治三八年九月「柵の上に腰かけ居るや秋出水」 *幸木(1948)〈半田良平〉昭和一八年「秋出水(アキデミヅ)荒れに荒れたる稔(みの)り田の跡を見て佇(た)つ吾にやはあらぬ」

あき-でら【空寺】『名』住む人がいない寺。無住の寺。 *洒落本・南江駅話(1770)「『コリャ奥方は』『明き寺の堂守に雇れた』」 *歌舞伎・三人吉三廓初買(1860)六幕「明寺(アキデラ)で寒いから、爰(ここ)へ来て当んなせえ」 *暗夜行路(1921–37)〈志賀直哉〉四・一七「久しい空寺(アキデラ)らしく、閉めた雨戸の所々、板が剝(はぎ)取られてあった」 発音〈標ア〉0

あき-でんじ【空田地・明田地】『名』何も耕作していない田。

あき-ど【明所・空所】『名』あいている場所。あき地。あきどころ。空間。 *玉塵抄(1563)三六「漫は天一盃とこもあきともなうふつたぞ」 *日葡辞書(1603–04)「Aqido(アキド)。または、アキドコロ〈訳〉空いた場所」 *浮世草子・懐硯(1687)三・五「四十四の骨々に明(アキ)どもなく針を立並(たてならべ)、さもすさまじき調伏(てうぶく)の形」 *浮世草子・日本永代蔵(1688)六・五「明地(あきち)野原まですこしの明所(アキド)もなく人家に立つづき」 辞書日葡

あぎ-と【腭門・顎・顋・鰓】『名』①上あごと下あごとの間。また、あご。あぎ。 *白氏文集天永四年点(1113)四「両朶なる紅の顋(アキト)花綻びむと欲(す)」 *観智院本名義抄(1241)「腮 ツラ アギト」 *太平記(14C後)二九・師直以下被誅事「落れば首を掻切て、あぎとを喉(のんど)へ貫き」 *日葡辞書(1603–04)「アギ、Aguito(アギト)〈訳〉下腭」 *読本・昔話稲妻表紙(1806)五・一九「陸離(ばらり)ずんど斬はなし、腮(アギト)を以て下知すれば」 *高野聖(1900)〈泉鏡花〉一九「頤(アギト)の下へ手をかけて」 ②(鰓)魚のえら。あぎ。 *十巻本和名抄(934頃)八「鰓 唐韻云鰓〈蘇来反 阿岐度〉魚頬也」 *宇治拾遺(1221頃)一三・八「魚大にしてうちとられねば、草苅鎌といふものをもちて、あぎとをかききりて」 *観智院本名義抄(1241)「鰓 アギト」 *読本・雨月物語(1776)夢応の鯉魚「文四はやく糸を収めて我を捕ふ。〈略〉縄をもて我が腮(アギト)を貫ぬき」 *虞美人草(1907)〈夏目漱石〉一一「鯉と鮒が、闇を忍んで緩やかに腭(アギト)を働かしてゐる」 ③「あぐ(鐖)」に同じ。 語誌(1)人間の顎も表わすが、むしろ動物の顎や魚のえらを意味するところに特徴がある。②に挙げた「十巻本和名抄」には「魚頬」すなわち、えらと説明されており、この用法は後世まで見られる。(2)人間の顎を指す例では、顎全体を動物的・即物的にとらえた表現が目立ち、近世になると文章語としての性格を帯びていったと思われる。語形的にはアゲタのような形を経て近世前期にアゴタを生じさせたと推定される。→あぎ・あご・おとがい。 方言❶顎(あご)。長野県南安曇郡469 三重県南牟婁郡603 和歌山県690 広島県比婆郡774 徳島県811 愛媛県840 846 高知県861 土佐郡866 福岡県粕屋郡872 大分市941 ◇あぎとお 福岡県粕屋郡876 ❷魚のえら。島根県益田市・美濃郡725 ◇あぎっとお 島根県鹿足郡725 語源説(1)アギト(齶戸)の意〔名語記〕。(2)アガルト(上戸)の意。物を食べる時上へ上がるから〔和句解・俚言集覧〕。またはア・ギ・ト(齶門)〔日本語源=賀茂百樹〕。(3)アキト(開所)の意〔言元梯〕。(4)アヒカミモト(相嚙基)の義〔日本語原学=林甕臣〕。(5)アギに「底」の別音Toを添えたもの。「底」の義は下部。シタアゴと同義〔日本語原考=与謝野寛〕。 発音アギト〈標ア〉0〈京ア〉0〈ア史〉平安・鎌倉●●● 室町●●●と●●○の両様 辞書和名・色葉・名義・下学・和玉・文明・伊京・明応・天正・饅頭・黒本・易林・日葡・書言・ヘボン・言海 表記腮(名・下・玉・文・伊・明・天・饅・黒・易・書) 鰓(和・色・名・玉・易・書) 顋(名・玉・文・書・ヘ) 齶(玉・易) 腭(天・言) 咢(易)

あぎと に かかる 食われる。えじきになる。 *日葡辞書(1603–04)「シシワウノ aguitoni cacaru(アギトニ カカル)〈訳〉ライオンに食われる」 *浄瑠璃・妹背山婦女庭訓(1771)道行「何か恐れん夫のため、腮(アギト)にかかり死ぬるともいとはぬいとはぬ」 辞書日葡

あぎと の 掛金(かけがね)を脱(だっ)す 口を大きくあけて笑うのにいう。 *滑稽本・七偏人(1857–63)二・序「滑稽笑話を一回開けば〈略〉固蔵も思はず腮(アギト)の掛鑰(カケガネ)を脱(ダッ)して」

あぎと の 滴(したたり) (あごのしずくは、手近にあっても口に入らないというところから) すぐ手近にあっても、なかなか手に入れることができないことをいうたとえ。あごのしずく。おとがいのしずく。

あぎと を 抱(かか)える 大いに笑う。腹をかかえる。 *滑稽本・和合人(1823–44)初・序「是を閲(けみ)して後、あぎとを抱へる事半時計り」

あぎと を 鳴(な)らす 相手が口をきくことをののしっていうことば。あごたを鳴らす。おとがいを鳴らす。 *洒落本・古契三娼(1787)序「もしあぎとをならすぼんくらあらば、腕づくをもて是をふせがん」 *洒落本・松登妓話(1800)二「小坊主のわるくあぎとをならしゃアがると、かぼちゃ頭をはりまげるぞ」

あぎとい【あぎとひ】『名』(動詞「あぎとう」の連用形の名詞化) 顎(あご)をぱくぱくと動かして片言を言うこと。また、魚が水面で鰓(えら)をぱくぱくと動かして呼吸すること。 *古事記(712)中「故、今高往く鵠の音を聞かして、始めて阿芸登比(アギトヒ)為たまひき」 *白羊宮(1906)〈薄田泣菫〉零余子「せつなさの喚喁(アギトヒ)ゆるに、葉こそ喘(あへ)げ」 上仮名アギトヒ

あぎと・う【あぎとふ】『自ハ四』(「顎(あぎと)」を活用させたものとも、「顎(あぎ)問う」からともいう) ①顎(あご)をぱくぱくと動かして片言を言う。 *書紀(720)垂仁二三年一〇月(北野本訓)「天皇、則ち皇子の鵠を見て言(アキトフこと)を得たりと知りて喜びたまふ」 *十巻本和名抄(934頃)一「嬰児〈略〉顔氏家訓云嬰孩〈師説阿岐度布〉」 *観智院本名義抄(1241)「咳 小児笑 シハフキ、アキトフ」 ②魚が水面で、えらをぱくぱくと動かして呼吸する。 *書紀(720)仲哀二年六月(熱田本訓)「其処の魚六月に至て常に傾浮(アキトフ)こと、酔ゑるが如し」 *蜻蛉(974頃)中・天禄二年「そこらの人のあぎとうやうにすれば」 *白氏文集天永四年点(1113)三「亀は尾を泥(ひぢ)に曳(ひ)き、魚は沫(アハ)に呴(アキトフ)」 語源説(1)アギトフ(仰問)の意〔かしのしづ枝〕。(2)アギは吾君、トヒは言問のトフ〔古事記伝〕。(3)アギト(顎)の動詞化〔大言海〕。(4)赤子の口を仰向けるさまが、魚のアギトヒに似るところから〔俚言集覧・和訓栞(増補)・大日本国語辞典〕。 発音アギトウ 文アギトーとも 上仮名アギトフ〈標ア〉ト〈ア史〉平安●●●○ 鎌倉●●●●〈京ア〉0 辞書和名・色葉・名義・和玉・言海 表記嬰孩(和・色・名) 呴(色・名) 咳(名・玉) 噞喁・吹喣(色) 殇・喣(名) 喂(玉)

あき-とお・る【明通】『自ラ四』戸などがあいていて通り抜けになる。 *源氏(1001–14頃)葵「障子(さうじ)のあなたなどの、あきとおりたるなどに、女房卅人ばかりおしこりて」

あき-どこ【空床】『名』①掛け物の掛かっていない床の間。何も掛けたり置いたりしていない床の間。②だれも寝ていない、あいている寝床。 *心中(1911)〈森鷗外〉「それはお花の空床(アキドコ)の隣が矢張空床になってゐることであった」 発音〈標ア〉0

あき-どころ【明所・空所】『名』「あきど(明所)」に同じ。 *中華若木詩抄(1520頃)上「船首と船尾と、相連て大船があき処もなく相連た也」 *日葡辞書(1603–04)「アキド。または、aqidocoro(アキドコロ)〈訳〉空いた場所」 辞書日葡

あき-とだな【空戸棚】『名』物などを入れていない、あいている戸棚。

あき-どなり【秋隣】『名』夏から秋へ移る季節の変わり目。秋の近づく晩夏。《季・夏》 *俳諧・俳諧二見貝(1780)夏「秋隣 秋ちかし」

あき-どまり【秋泊】『名』秋の収穫や後始末の作業が終わって、農家の嫁が生家へ泊まりがけで里帰りすること。 方言青森県三戸郡083

あき-どり【秋鳥】『名』秋の鳥。 *生物学語彙(1884)〈岩川友太郎〉「Migratory bird 候鳥又ハ秋鳥」 *若菜集(1897)〈島崎藤村〉知るや君「こころもあらぬ秋鳥の 声にもれくる一ふしを」

あき-な【秋菜】『名』秋季の菜。食用となる。 *馬鈴薯の花(1913)〈島木赤彦〉明治四五年大正元年「大根も秋菜も漬けぬ村の女は庭べの土に栗をうづめぬ」 発音〈標ア〉キ

あき-ない【商】『名』(動詞「あきなう(商)」の連用形の名詞化) ①(─する) 売り買いをすること。商売。 *竹取(9C末–10C初)「世にある物ならば、この国にもてまうで来なまし。いと難きあきなひなり」 *大唐西域記長寛元年点(1163)四「少し芸を学び、多く利を逐ふ(逐利 別訓 アキナヒす)」 *観智院本名義抄(1241)「交易 アキナヒ」 *寛永刊本蒙求抄(1529–34)四「市の傍に居てあきないするまねをしたぞ」 ②商人。 *色葉字類抄(1177–81)「商賈 アキナヒ」 ③売り上げ。売り上げ高。 *名語記(1275)九「あきなひ、如何。商価也」 ④(商内) 売買取引。 ⑤盗むことをいう、盗人仲間の隠語。〔特殊語百科辞典(1931)〕 方言❶商家。熊本県919 ◇あきにゃんかた〔─方〕 熊本県菊池郡919 ❷行商人。山形県139 千葉県東葛飾郡300 新潟県東蒲原郡368 熊本県919 ◇あきないどん・あきねどん 熊本県天草郡936 ◇あきにゃどん 熊本県菊池郡919 ◇あきないにん〔─人〕 新潟県佐渡352 佐賀県唐津市893 熊本県阿蘇郡919 天草郡936 ◇あぎねしょ 山形県飽海郡・東田川郡139 ❸行商。千葉県夷隅郡291 新潟県東蒲原郡368 香川県829 →あきんど(商人)。 発音〈なまり〉アキナー〔鳥取〕アキニャー〔佐賀〕アキネ・アッネ〔鹿児島方言〕アキネー〔埼玉方言〕〈標ア〉キ ナ〈京ア〉0/キ 辞書色葉・名義・下学・文明・伊京・饅頭・易林・日葡・書言・ヘボン・言海 表記商(下・文・易・ヘ・言) 商賈(色・書) 交易(名・伊) 賓(饅)

あきない 三年(さんねん) 商売を始めてから三年くらいたたなければ、利益を見るまでには至らない、三年は辛抱せよということ。

あきないは牛(うし)の涎(よだれ) 商売は牛のよだれが細く長く垂れるように、気長に辛抱せよ、利得を急ぐなということ。＊浮世草子・日本新永代蔵(1713)二・三「商は牛の涎(ヨダレ)、万事せかぬが大器なりと」

あきないは数(かず)でこなせ 商売は利益を少なめにして、多く売ることがこつである。薄利多売をいう。

あきないは門門(かどかど) 商売は相手をみて、それに応じた品物を売るのが、そのこつである。

あきないは強(きつ)う言(い)うて売(う)れぬもの 商売は相手より下手(したて)に出て、へりくだらなければいけないものだ。＊虎明本狂言・河原太郎(室町末-近世初)「そうじてあきなひはきつふ云て、うれぬ物じゃ程に」

あきないは吉相(きっそう) 商売は、愛想のよい態度が第一に大切である。また、商売は縁起をかつぐことがたいせつである。＊虎寛本狂言・河原太郎(室町末-近世初)「惣てあきなひは吉相と云が、そなたの様にきつい事を云た成らば、得売れはすまいぞ」

あきないは草(くさ)の種(たね) 商売には種類が多いという意。＊浮世草子・昼夜用心記(1707)六・三「商(アキナ)ひは草(クサ)の種(タネ)といへり。伊勢の浜荻、難波の蘆、京、大坂、江戸の風俗、売買の声まで、所によりてかはる事勿論なり」

あきない-うち【商内】〘名〙商売上のこと。＊浄瑠璃・女殺油地獄(1721)下「いふより心の一分別、そんなら此樽に油二升取かへて下さりませ、それは互のあきなひ内、かしかりせいでは世が立たぬ」

あきない-かたぎ【商気質】〘名〙商売をする者特有の気質。あきんどかたぎ。＊浮世草子・諸道聴耳世間猿(1766)五・三「古郷へは錦の小路の掛屋敷をもらひ、綿服に仕替ての商ひ形気(カタギ)」 発音アキナイカタギ〈標ア〉カ

あきない-がたき【商敵】〘名〙商売上の競争相手。商売がたき。

あきない-がみ【商神】〘名〙商人のまつる神。恵比須神(えびすがみ)をいう。＊浄瑠璃・国性爺後日合戦(1717)参宮「商神(アキナヒガミ)は戎三郎」 発音アキナイガミ〈標ア〉ナ

あきない-ぎ【商気】〘名〙自分の職業や商売に有利なようにとばかり物事を行なおうとする気持。＊雑俳・銀かわらけ(1716-36頃)「女房のはでを呵(しか)らぬあきない気」＊雑俳・笠袋(1751-64頃)「引っぱって・そこらがらする商内気」

あきない-ぐち【商口】〘名〙①商人が商品の効能を並べたてる口調。商品を売るためのじょうずな口のきき方。売り口上。＊俳諧・物種集(1678)「旅つら高野聖のときほとき 商口ののりのことはり〈宗因〉」＊浮世草子・日本永代蔵(1688)一・五「小男なり共、はげあたまなり共、商口(アキナヒクチ)利(きき)て、親のゆづり銀をへらさぬ人ならば縁組すべし」＊浄瑠璃・艶狩剣本地(1714)三「伊吹(いぶき)もぐさの功能を、商ひ口にぞのべにける」②商品を売り込むところ。売買をする相手。得意先。贔屓先(ひいきさき)。＊金(1926)〈宮嶋資夫〉二五「定期にかけられてゐると云ふのは名計りで商口(アキナイグチ)は皆目なく〈略〉十円内外に落ちてゐた西田金山株が」 発音アキナイグチ〈標ア〉ナ0

あきない-こうしゃ【商巧者】〘名〙「あきないじょうず(商上手)①」に同じ。＊俳諧・飛梅千句(1679)賦何麦俳諧「はや上下正に七度と覚たり〈仁交〉古本屋には商ひ功者〈西里〉」＊浄瑠璃・冥途の飛脚(1711頃)上「しき銀(がね)もって養子ぶん後家妙閑のかいほう故、あきなひ巧者(コウシャ)駄荷づもり江戸へも上下三度がさ」

あきない-ごと【商事】〘名〙あきないのわざ。商売。取引。＊日葡辞書(1603-04)「Aqinaigoto(アキナイゴト)〈訳〉商売」＊浮世草子・日本永代蔵(1688)四・五「商(アキナヒ)事せぬ日は少しにても銭銀出す事なかれ」＊浄瑠璃・心中天の網島(1720)中「此気になればかたまる、あきなひごともはんじゃうしよ」 発音アキナイゴト〈標ア〉0ト 辞書日葡

あきない-し【商師】〘名〙常習的に盗みをする者をいう、盗人仲間の隠語。〔隠語輯覧(1915)〕 方言商家。山口県防府791 香川県高見島829

あきない-しゃ【商者】〘名〙商人。＊日葡辞書(1603-04)「Aqinaixa(アキナイシャ)〈訳〉商人」 辞書日葡

あきない-じょうず【商上手】〘名〙(形動)①商売がうまいこと。また、その人。商い巧者。＊俳諧・飛梅千句(1679)賦何公誹諧「春日のまはる商ひ上手〈賀子〉秤目も律義にかへる棹の厂〈西里〉」＊浮世草子・日本永代蔵(1688)四・四「商(アキナヒ)上手(じゃうズ)の者は世をわたりかねず」＊雑俳・天神花(1753)「うそじゃない・あきない上手泣上手」②犯罪の方法が巧みで、なかなかつかまらないこと、また、その人をいう、盗人仲間の隠語。〔隠語輯覧(1915)〕 発音アキナイジョーズ〈標ア〉ジョ

あきない-ぞめ【商初】〘名〙新年になってはじめて商売をすること。また、その商売。ふつう正月二日に行なう。あきないはじめ。《季・新年》＊日本歳時記(1688)一・正月「二日〈略〉商家にはあきない初(ソメ)をし、舟人は船乗初をす」

あきない-だか【商高】〘名〙品物などを売って得た金銭の総額。売り上げ高。＊開化問答(1874-75)〈小川為治〉初・上「さればこの末は職人の仕事に付ても商人の商高(アキナヒダカ)に付ても運上を御取立なさるだろふと思ひ升」 発音〈標ア〉ナイ

あきない-だな【商棚・商店】〘名〙①商店で商品などを並べておく棚。＊俳諧・類船集(1676)太「竹の筒〈略〉商棚(アキナヒダナ)に銭を入てをく也」②商売をする店。＊浮世草子・好色万金丹(1694)五・一「東西の入口に商店(アキナヒダナ)のにぎやかさ」 発音〈標ア〉ナ

あきない-だんな【商旦那】〘名〙よく物を買ってくれるお客様。商人が客を敬っていう語。お得意。＊浄瑠璃・烏帽子折(1690頃)三「年の始の商旦那、ずいぶん御ちそう申せやと」＊浄瑠璃・夏祭浪花鑑(1745)四「埃叩で揚口叩き立るも商(アキナイ)旦那へ馳走ぶりとぞ見へにける」 発音〈標ア〉ダ

あきない-てだい【商手代】〘名〙店に出て、商取引に従事する手代。⇔内証手代。＊浮世草子・日本永代蔵(1688)二・五「商(アキナヒ)手代内証手代金銀の渡し役、入帳の付手」

あきない-てふだ【商手札】〘名〙近世、商売をする上で必要とする鑑札。これによって商う地域、品目などについて制限を加えた。

あきない-とうじん【商唐人】〘名〙商取引のために日本に来た中国人、または、その他の外国人。＊滑稽本・客者評判記(1811)上「寛延年中諸葛白岩といふ商唐人(アキナイタウジン)と、姑蘇の沈草亭といふ者が」＊歌舞伎・四天王産湯玉川(1818)大詰「異国の船が入津したとの噂。大方商ひ唐人であらう」

あきない-はじめ【商始・商初】〘名〙「あきないぞめ(商初)」に同じ。《季・新年》＊浄瑠璃・初庚申楽遊(1679)二「当年のあきなひはじめの事なれば、たがひに手を打、いわふへし」

あきない-ばなし【商話・商売咄】〘名〙商売に関する話。＊浮世草子・好色二代男(1684)三・三「けふ出雲加賀の入札に行て、それから是へまいったと、よせいなる商売咄(アキナイバナ)し」

あきない-ばんや【商番屋】〘名〙江戸時代、江戸市中で、町内の夜番その他の雑務に従う番人(番太、番太郎という)の住んだ番小屋。ぞうり、はな紙、ろうそく、駄菓子、焼き芋などを内職に売った。＊市中取締類集-天保一三年(1842)正月南町奉行同心上申書「近来、町々商ひ番屋に而、娘子供義琴を調へ、又は三味線等絃居候向き有之」

あきない-びと【商人】〘名〙物を売る職業の人。あきんど。しょうにん。＊南海寄帰内法伝平安後期点(1050頃)一「或る時には、賈客(アキナヒヒト)将(も)て西方に至る」＊名語記(1275)九「あきひと如何。商人とかけり。あきなひ人也」＊私用抄(1471)「一、商(あきひと) 商客(アキナヒヒト) 人字には二三句計歟」 発音〈なまり〉アギナト〔岩手〕

あきない-びょうし【商拍子】〘名〙商売が調子に乗ってうまく行くこと。＊浄瑠璃・山崎与次兵衛寿の門松(1718)上「二百両から五百両、段々もうけのあきなひ拍子」

あきない-ぶね【商船】〘名〙①商業用の回船。回船には大別して運賃積みと、買い積みの二つの経営形態があり、近世では後者のように、船主または船頭が荷を積んで各地を商売して回る船をいう場合が多い。あきんどぶね。＊今昔(1120頃か)五・一「他の商船(あきなひふね)寄ぬれば、古き夫をば如此(かく)籠め置て胭筋(よほろすぢ)を断て日の食(じき)に充る也」＊子孫鑑(1667か)中「此川筋、ゆさんぶねや諸国の商舟(アキナイブネ)、出る舟入舟、其外大小舟数いく千万といふ数をしらず」＊歌舞伎年代記(1811-15)二・享保一五年「中華(もろこし)にて商船(アキナイブネ)来往に、真画を伝来りて見侍りと」②港湾などで飲食物を売る煮売り船。＊滑稽本・続膝栗毛(1810-22)二・上「田口をさして出たりし船ども残らずこの湊にかかりければ、所の商舟(アキナヒブネ)何艘となく漕よせ」 辞書日葡・書言・ヘボン 表記商船(書) 商舩(へ)

あきない-べた【商下手】〘名〙商売のやり方がまずいこと。また、そのような人。＊商人夜話草(1727)上「商人の芸は商事なり。商人の恥は商べたなり」 発音〈標ア〉0

あきない-ぼし【商星】 方言⇩あきんどぼし(商人星)

あきない-みせ【商店】〘名〙商売をする店。しょうてん。＊浮世草子・傾城禁短気(1711)三・二「とかく商(アキナイ)見せは所を替ず古きがよし」＊浮世草子・商人軍配団(1712か)四「卅年以来(このかた)苔の生し商みせ元手へらさふなら天晴見事な所じゃ」

あきない-みょうが【商冥加】〘名〙商売に励むことによって、神仏の加護を受けること。商売が繁盛すること。あきないみょうり。＊虎明本狂言・昆布売(室町末-近世初)「某があきなひみゃうがのあるやうに、行衛はんじゃうとうったらは太刀をかへさう」＊虎寛本狂言・夷毘沙門(室町末-近世初)「商ひ冥加作りめうが」

あきない-みょうり【商冥利】〘名〙①「あきないみょうが(商冥加)」に同じ。②(副詞的に用いる。①をかけて物事を約束するところから)商人が誓いに言う語。必ず。(下に打消を伴って)決して。＊浄瑠璃・五十年忌歌念仏(1707)中「商ひみゃうりをんみつなり、偽りならば各より私が先さきに、清十郎がわきざしにてとどめをささるる法もあれと」＊浄瑠璃・心中天の網島(1720)上「今は粉屋の孫右衛門あきないめうり、女房かぎって此ふみ見せず」＊洒落本・妓者呼子鳥(1777)三「だますとはあきないめうり。夷大黒かけ奉り、わしゃとふから先生を、大ていたのんだこっちゃないわい」 発音アキナイミョーリ〈標ア〉ミョ

あきない-むき【商向】〘名〙①商売に関係のあること。商売上。＊人情本・清談峯初花(1819-21)後・発会「捨五郎が見世の事万端、実体につとめ、商向(アキナヒムキ)にも巧者にて」＊人情本・貞操園の朝

顔(19C中)初・三回「商(アキナ)ひ向(ム)きの掛合にて、何れへも出ることなく」 ②商品として適していること。また、そのもの。*歌舞伎・蝶々孖梅菊(1828)序幕「商(アキナ)ひむきといふ代物を、居所も知れぬお前様に、なんでこれが貸されるものだ」 発音〈標ア〉[0]

あきない-もの【商物】〖名〗売買する品物。商品。あきもの。*為頼集(10C後か)「市姫の神のいがきのいかなれやあきなひものに千代をつむらん」*虎明本狂言・饅頭(室町末-近世初)「惣じてあきなひものあまた御ざれども」*読本・本朝酔菩提全伝(1809)五・八「薄き本銭(もとで)を打入たる商物(アキナヒモノ)を失ひ、翌日(あす)よりはいかにして活計すべき」 発音〈標ア〉[0][ノ] 〈京ア〉[0] 辞書日葡・ヘボン 表記商物(ヘ)

あきない-や【商屋】〖名〗商売をする家。商店。また、商人。*浄瑠璃・生玉心中(1715か)上「姉はもとより商屋の妻と成身の目も早く」*化銀杏(1896)〈泉鏡花〉一「商売家(アキナヒヤ)にあらざれば、昼も一枚蔀(しとみ)をおろして」 方言❶商家。静岡県川根534 山口市791 熊本県919 ❷行商人。三重県阿山郡585

あきない-りっしん【商立身】〖名〗巧妙に自分を売り込んで出世すること。*翁問答(1650)下・本「よき贔屓(ひいき)をかさにきて衒(てくろ)を上手にもてなし、主かずをかぞへて身上(しんしょう)をしあぐるをば商立身(アキナヒリッシン)と云て」

あき-な・う【商】[一]〖他ワ五(ハ四)〗(「なう」は接尾語) ①売り買いする。商売する。損得を考えて売買する。*書紀(720)欽明即位前(寛文版訓)「但臣(やつこ)伊勢に向(まか)りて商価(アキナヒ)て来還(まうく)るとき」*西大寺本金光明最勝王経平安初期点(830頃)八「有ら所(れ)む供食をば、之を貿(アキナヒ)て直を取れ」*宇津保(970-999頃)藤原の君「その物をたくはへて市し、あきなはばこそかしこからめ」*仮名草子・身の鏡(1659)下「一人の者は、君天下を取せ給ん事疑ひなし、さあらば我も立身せんと身をあきなふて奉公申たり」 ②盗むことをいう、盗人仲間の隠語。〔隠語輯覧(1915)〕 [二]〖他ハ下二〗[一]に同じ。*日蓮遺文-窪尼御前御返事(1281)「この長者もと魚(いを)を殺してあきなへて長者となりしゆゑ」 語誌「罪(つみ)なふ」「時(とき)なふ」「伴(とも)なふ」と同じく、「アキ」に接尾語「ナフ」が接続した動詞。「アキ」は、秋に産物の交易が行なわれたからとする説もあるが未詳。 語源説(1)秋に産物の交易が行なわれたから〔東雅・和語私臆鈔・箋注和名抄・紫門和語類集〕。(2)漢字「商」に秋の意があるとする説は疑わしい〔日本の言葉=新村出〕。(3)動詞アクから出た語幹。アは間で、アキは間に立つ義。ナフは語尾〔国語の語根とその分類=大島正健〕。(4)アキナヒのナヒはイトナミ(営)のナミの転か。また、一筋の縄をナフ(綯)ようにの意からか〔両京俚言考〕。(5)アキは飽く意。互いに利を得ることから〔和句解・名言通〕。(6)アキニアフの約。アキは商。アフは顕れ進む意〔国語本義〕。(7)アリキイトナミ(歩行営)の意〔言元梯〕。(8)アヒコヒツグナヒニナフ(相乞償担)の義〔日本語原学=林甕臣〕。 発音[文]アキノーとも〈標ア〉[ナ][ノ] 〈ア史〉平安○○●○ 〈京ア〉[0] 辞書字鏡・色葉・名義・和玉・文明・易林・日葡・ヘボン・言海 表記商(色・名・玉・易・ヘ・言) 估(字・色・名・玉) 賨(色・名・文) 市(色・名) 収(色・名) 易・傭・貿(名・玉) 售(玉・文) 貨(色) 賓・適・靖・沽・交関(名) 衒・沾・販(玉) 買(易)

あき-なえ【秋苗】〖名〗藺(い)草の栽培法。八月に畑の苗を掘りとって田に植えつけ、肥料を与えて増殖させたあとで本田に移植するもの。岡山、広島などで行なわれる。八月苗。

あき-なかば【秋半】〖名〗秋たけなわの頃。現在では九月下旬から一〇月上旬にかけてをいう。《季・秋》

あきなき-はな【秋無花】〖名〗(「古今集-秋下」文屋康秀の「草も木も色かはれどもわたつうみの浪の花にぞ秋なかりける」の歌から) 波をたとえていう。*拾遺愚草員外(1240頃)「淡路島秋なき花をかざしもて出づるもおそしいざよひの月」 発音〈標ア〉[ナ]

あきな-ぐさ【秋無草】〖名〗「ざんぎく(残菊)」また「かんぎく(寒菊)」の異名。《季・冬》*蔵玉集(室町)「花ちりてその名ばかりに秋無草かたみにおける今の露玉」 発音アキナグサ〈標ア〉[ナ]

あき-なし【秋成】〖名〗江戸時代、秋季に納める田の年貢をいう。*地方凡例録(1794)四「上古中華にても両税と云て、秋糧夏税とて、田畑の租税夏秋と分け、秋糧は田の年貢にて秋成、夏税は畑の年貢にて夏成金也」 発音〈標ア〉[0]

あき-な・し【飽無】〖形ク〗(「飽きがない」の意) 満足できない。あきたりない。*浄瑠璃・惟喬惟仁位諍(1681頃)三「扨々見るも腹立や、引き裂きくひてもあきなしと」

あぎ-なし【顎無】〖名〗①オモダカ科の多年草。各地の水湿地に生える。高さ約三〇~八〇センチメートル。葉は長さ一五~三五センチメートルぐらい。夏から秋にかけて白い三弁の花がまばらな円錐花序に咲く。こぐわい。学名は Sagittaria aginashi *大和本草(1709)八「あぎなし をもだかの葉によく似たり。小草也。あぎなし、七月白花をひらく。花三出なり」*日本植物名彙(1884)〈松村任三〉「クワヰ〈略〉アギナシ」 ②植物「さわぎきょう(沢桔梗)」の異名。*物類称呼(1775)三「浮薔 なぎ 畿内にて、さはぎきゃう〈略〉中国及九州にて、あぎなしといふ」 方言[一]植物。❶さわぎきょう(沢桔梗)。鹿児島県垂水市964 ◇あんなし 鹿児島県加世田市964 ❷おもだか(沢瀉)の一種。筑前1039 [二]魚。つばめこのしろ(燕鰶)。高知県865 語源説オモダカ(沢瀉)にちなんでいう〔和訓栞後編〕。

あきなし-ぐさ【秋無草】〖名〗①「あきなぐさ(秋無草)」に同じ。②冬、枯れて残っている草の総称。*譬喩尽(1786)六「秋無(ナシ)草 冬草の惣名也」 発音アキナシグサ〈標ア〉[シ]

あきなし-まい【秋成米】〖名〗中世、秋に荘園・公領から納められる年貢米のこと。*大乗院寺社雑事記-文正元年(1466)一一月二六日「秋成米五斗」

あき-なす【秋茄子】〖名〗ナスの栽培品種。秋の末に結実して、種子が少なく、美味。あきなすび。《季・秋》*咄本・笑長者(1780)秋茄子「秋なすで匂ひがあって、大ぶうまいとて、まい日まい日にてくふ」*雑俳・柳多留-三二(1805)「秋茄子はしうとの留守にばかり喰」 発音〈標ア〉[0][ナ] 〈京ア〉(キ)[ナ]/[0]

あきなす は 嫁(よめ)に食(く)わすな 「秋茄子(あきなすび)嫁に食わすな」に同じ。

あき-なすび【秋茄子】〖名〗①秋の末に結実したナス。②「あきなす(秋茄子)」に同じ。《季・秋》*随筆・独寝(1724頃)上・二九「あすの夜はたが嫁ならん秋なすび」*俳諧・七柏集(1781)「秋茄子わさしの粕に貯て〈麦車〉寄麗に管の簾からつく〈水長〉」 発音〈標ア〉[ナ]

あきなすび 嫁(よめ)に食(く)わすな 嫁を、しゅうとめに対する嫁と解し、「秋なすは味がよいから嫁には食べさせるな」ということ。つまり、しゅうとめの嫁いびりの意に解するのが最も普通。逆に「秋なすはからだを冷やして毒だから(随筆・安斎随筆(1783頃)一六)」、「秋なすは種子が少ないから子種が少なくなるのをきらって(諺草(1699))」などという理由で、嫁に食わすなと解する説もある。さらに一説には、「仮名草子・似我蜂物語(1661)中」にみえる「秋なすびあささのかすにかきそへてよめにくはすなたなにをくとも」のように、嫁を「嫁が君」、すなわちネズミの意とし、誤って解釈されたものともいう。あきさば嫁に食わすな。*俳諧・毛吹草(1638)二「あきなすびよめにくはすな、よめしうとの中よきはもっけのふしぎ」

あき-なだ【安芸灘】 瀬戸内海西部の海域。芸予諸島と防予諸島の間の水域。東は燧灘(ひうちなだ)、南は伊予灘、西は広島湾で区切られる。 発音〈標ア〉[キ]

あき-なぬか【秋七日】〖名〗陰暦七月七日、また、その日の行事。太陽暦になってからは七夕は夏の行事となったため、あまり使われなくなった。七夕祭。《季・秋》

あきな-の-やま【安伎奈の山】 足柄山の別称といわれるが未詳。*万葉(8C後)一四・三四三二「足柄の安伎奈乃夜麻(アキナノヤマ)に引こ船の後引(しりひ)かしもよここば来がたに〈東歌・相模〉」

あき-なり【秋成】〖名〗⇨あきなし(秋成)

あぎに【阿耆尼】「アグニ(阿耆尼)」に同じ。

あきに-つづら【明荷葛籠】〖名〗「あけにつづら(明荷葛籠)」に同じ。*夜明け前(1932-35)〈島崎藤村〉第二部・下・九・三「明荷葛籠(アキニツヅラ)の蒲団の上なぞよりも」

あき-にもつ【空荷物】〖名〗中身のからになった荷物。*浮世草子・懐硯(1687)一・二「又身拵して明荷物(アキニモツ)を小者にもたせ」 発音〈標ア〉[ニ]

あき-にれ【秋楡】〖名〗ニレ科の落葉高木。本州中部以西の山野に自生するほか、盆栽、街路樹などにする。高さ一〇メートル、直径六〇センチメートルぐらいになる。葉は長さ一~五センチメートルぐらい。材は堅く挽物(ひきもの)細工、車輪などの用材となる。漢名、榔楡。いしげやき。かわらげやき。学名は Ulmus parvifolia *重訂本草綱目啓蒙(1847)三二・喬木「榔楡 あきにれ〈略〉水辺に多く生ず。大木なり」*日本植物名彙(1884)〈松村任三〉「アキニレ 榔楡」 発音〈標ア〉[キ][0]

あき-ぬ【秋野】〖名〗(現在、「の」の甲類の万葉仮名とされている「怒・努・弩」などを「ぬ」と読んだことからできた語)「あきの(秋野)」に同じ。

あき-ぬた【秋饅】〖名〗魚肉や野菜などを酢みそであえた食物で、秋に作ったもの。《季・秋》*俳諧・桜川(1674)秋・二「秋ぬたのかつほのいをのなます哉〈季利〉」 発音〈標ア〉[0][キ]

あき-ねつ【秋熱】〖名〗秋に流行する熱病。七日熱。あきやみ。

あき-の【秋野】〖名〗秋の野原。*万葉(8C後)八・一六一〇「高円(たかまと)の秋野(あきの)の上のなでしこが花うら若み人のかざししなでしこが花〈丹生女王〉」*大和(947-957頃)一〇六「忘らるるときはの山もねをぞなく秋のの虫の声にみだれて」*歌舞伎・小袖曾我薊色縫(十六夜清心)(1859)大詰「秋野の摺たる狩衣に、千段藤の弓携へ」 発音〈標ア〉[0]

あきの いろくさ【秋色種】 長唄。南部侯利済(としなり)が十世杵屋六左衛門を困らせようと、麻布の新御殿の秋景色を漢文まじりの作曲しにくい歌詞にして与えたが、巧みに大薩摩節(おおざつまぶし)で節付けしたもの。弘化二年(一八四五)初演。 発音アキノ=イロクサ〈標ア〉[ア]=[ロ]

あき-の-うなぎつかみ【秋鰻攫】〖名〗タデ科の一年草。各地の湿地、水辺にふつうに見られる。多く枝分かれして、半ばつる状に伸び、長さ一メートル前後。秋、枝先にまばらな穂を出して淡紅色の小さな花をつける。あきのうなぎづる。学名は Persicaria sagittata var. sibirica 発音アキノ=ウナギツカミ〈標ア〉[ア]=[ツ]

あき-の-うなぎづる【秋鰻蔓】〖名〗植物「あきのうなぎつかみ(秋鰻攫)」の異名。

あき-の-うめ【秋梅】〖名〗植物「かんこうばい(寒紅梅)」の異名。

あき-の-か【秋香】〖名〗①松茸(まつたけ)のかおり。松茸のかおりの良さを秋のかおりの代表的なものとしていう。一説に、松茸そのものをいう。*万葉(8C後)一〇・二二三三「高松のこの峰も狭(せ)に笠立てて盈(み)ち盛りたる秋香(あきのか)のよさ〈作者未詳〉」②松茸料理の一種。松茸にハモのすり身をつけて油で揚げたもの。

あき-のがけ【秋野駆】〘名〙秋の野での遊びの総称。秋の野遊び。秋遊び。《季・秋》＊俳諧・季寄新題集(1848)秋「八月〈略〉秋野駈 その花見もいふ」

あき-の-かた【明方】〘名〙陰陽道(おんみょうどう)で歳徳神(としとくじん)のつかさどる方角。十干(じっかん)を陰陽に分け、甲丙戊庚壬を陽、乙丁己辛癸を陰とし、陽の干にあたる年はその干にあたる方位を明きの方として、万事につけて大吉の方位とする。あきのほう。恵方(えほう)。《季・新年》＊俳諧・犬子集(1633)一・元日「鶯も初音に口やあきの方〈望一〉」＊雑俳・柳多留‐一六(1781)「仲人のあきの方とはでぞこない」＊俳諧・七番日記‐文化一五年(1818)一二月「大雪や出入の穴も明の方」 発音〈標ア〉タ 辞書言海 表記明方(言)

あきのきょく【秋の曲】箏曲。生田流(山田流でも演奏)。吉沢検校作曲。安政年間(一八五四～六〇)に成る。歌詞は「古今集」の秋の歌六首。古今組のうち、「春の曲」とともに有名。発音〈標ア〉ア

あき-の-きりんそう:キリンサウ**【秋麒麟草】**〘名〙キク科の多年草。各地の山野で日当たりのよい所に生える。高さ三〇～六〇センチメートル。秋、黄色い花が円錐状の穂となって咲く。あわだちそう。きんか。学名はSolidago virga-aurea subsp. asiatica ＊重訂本草綱目啓蒙(1847)一一・隰草「劉寄奴草〈略〉一名あきのきりんさうなり。山野に極て多し」＊日本植物名彙(1884)〈松村任三〉「アキノキリンサウ アハダチサウ 一枝黄花」 発音アキノキリンソー〈標ア〉ア

あき-の-くれ【安芸榑】〘名〙安芸国(広島県の一部)に産出する檜(ひのき)、あるいは杉を一尺(約三〇センチメートル)あまりの長さに切り割って作った屋根ぶきの材料。＊雍州府志(1684)六「是謂二葺板一又称二曾木一或号レ榑(くれ)、古多出レ自二安芸国一、故庭訓称二安芸榑一、然京師所二専用一、信濃国木曾山之産、佐和羅木為レ良」

あきのことのは【秋の言の葉】箏曲。生田流。西山徳茂都(とくもいち)作曲。明治一〇年(一八七七)頃成る。秋の風情を歌い、砧(きぬた)と月に虫の声を配した手事物(てごともの)。発音〈標ア〉ア

あきのしらべ【秋の調】箏、尺八合奏つき歌曲。大正七年(一九一八)、宮城道雄作曲。小林愛雄作詞。洋楽風の新しい手法を取り入れ、秋のさびしさと女性へのあこがれを歌う。発音〈標ア〉ア

あきのた-の【秋田―】枕 ①秋の田の「穂」と同音であるところから、「ほ」にかかる。＊古今(905-914)恋一・五四七「秋の田のほにこそ人を恋ひざらめなどか心に忘れしもせむ〈よみ人しらず〉」②秋の田の「稲」と同音であるところから、「去(い)ね」にかかる。＊古今(905-914)恋五・八〇三「秋の田のいねてふこともかけなくになにをうしとか人のかるらん〈素性〉」③秋の田を刈り取るところから、同音を含む「かりそめ」にかかる。＊後撰(951-953頃)恋四・八四五「秋の田のかりそめぶしもしてけるかいたづらいねをなににつままし〈藤原成国〉」

あき-の-たむらそう:たむらサウ**【秋田村草】**〘名〙シソ科の多年草。本州以西の山野に生える。高さ二〇～八〇センチメートル。夏から秋に淡紫色または白色のくちびる形の花を幾段も輪状につける。漢名、紫参、鼠尾草は誤用。こまとどめ。学名はSalvia japonica ＊重訂本草綱目啓蒙(1847)一二・隰草「鼠尾草〈略〉秋のたむらさうは山野に多く生す」 発音アキノタムラソー〈標ア〉ア

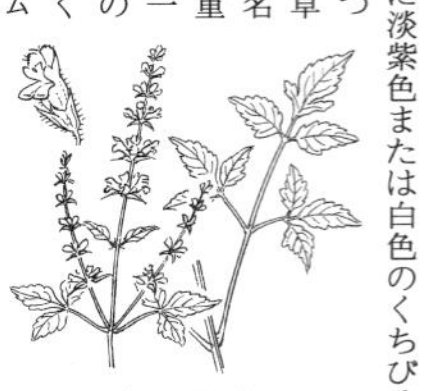
秋田村草

あきのた-を【秋田―】枕 秋の田の稲を刈る意から、同音を含む「かりほ(仮廬)」にかかる。＊万葉(8C後)一〇・二二四八「秋田叫(あきのたを)仮廬を作りいほりしてあるらむ君を見むよしもがも〈作者未詳〉」 語誌「叫」は「叫」の字とみるべきで、「叫」はさけぶ意であるから、応答詞の「を」に通ずる。「叫」の文字は諸本に異同がないが、「苅」の誤りとしてアキタカルとよむ説も真淵の「万葉考」以来有力。また、「田」の字を「山」としている古写本があるが、誤写とみるべきであろう。

あき-の-のげし【秋野芥子】〘名〙キク科の一年草、または越年草。各地の山野に生える。茎の高さは一メートル以上になり、直立し、葉は長楕円または披針形で深く羽状に裂け、茎、葉ともに白い乳状の液を含む。秋、茎の上部で多く分枝し、直径約二センチメートルの淡黄色の頭状花をつける。漢名、山萵苣。学名はLactuca indica ＊語彙(1871-84)「あきののげし㊗ 葉苦菜(のげし)の如く、茎長大四五尺に至る、秋黄花を開く、山萵苣」＊生物学語彙(1884)〈岩川友太郎〉「Lettuce 山萵苣(アキノノゲシ)属」 方言植物、くこ(枸杞)。京都†034 発音アキノ＝ノゲシ〈標ア〉ア＝ノ

あきのは-の【秋葉―】枕 秋の木の葉が紅葉して照り輝く意で「におい(匂)」にかかる。＊万葉(8C後)一九・四二一一「春花の にほえ栄えて 秋葉之(あきのはの)にほひに照れる 惜(あたら)しき 身の盛りすら〈大伴家持〉」

あき-の-ははこぐさ【秋母子草】〘名〙キク科の一年草。東アジアの暖帯、熱帯に広く分布し、日本では本州以南の山地でやや乾いた所に生える。高さ六〇センチメートル内外。葉は細長く先がとがり、下面は茎とともに白い綿毛が密生する。秋、黄色の小さな頭状花が多数集まって咲く。漢名、秋鼠麴草。学名はGnaphalium hypoleucum ＊語彙(1871-84)「あきのははこぐさ㊗ 鼠麴(ははこぐさ)の一種」＊日本植物名彙(1884)〈松村任三〉「アキノハハコグサ」 発音アキノ＝ハハコグサ〈標ア〉ア

あきのひ【秋の日】近世後期の俳諧集。一冊。安永元年(一七七二)刊。加藤暁台門編。卑俗な美濃風をしりぞけて、蕉風に戻り、「冬の日」の尾張五歌仙を継ごうとしたもの。発音〈標ア〉ア

あき-の-ふた【甲香】〘名〙(「あき」は「あかにし」の古名)香合に用いた辛螺(あかにし)のふた。甲香(こうこう)。＊本草和名(918頃)「甲香 一名流螺〈最美且香出七巻食経〉和名阿岐乃布多」＊伊呂波字類抄(鎌倉)「流螺 アキノフタ」

あき-の-ほう:ハウ**【明方】**〘名〙「あきのかた(明方)」に同じ。《季・新年》

あき-のぼり【秋登】〘名〙近世、江戸の出店に奉公しているものが、秋に都(京都)にのぼること。中登り。＊雑俳・長ふくべ(1731)「一江戸で男実の入る秋登り」

あき-の-みや【秋宮】〘名〙(「長秋宮(ちょうしゅうきゅう)」を略した「秋宮」の訓読)皇后の住んでいる宮殿。また、皇后の異称。《季・秋》＊栄花(1028-92頃)御裳着「秋の夜にあきの宮にてながむればつきの光をそへてこそ見れ」＊清輔集(1177頃)「中宮のおほむ方へ、夏も涼しきはあきの宮の近きしるしにやと」＊俳諧・滑稽雑談(1713)八月「秋宮〈略〉中宮を秋の宮といふ。〈略〉又説云、天子を日にたとへ奉れば、中宮を月になぞらへ奉るにて、秋の宮と申也」 発音〈標ア〉ア

あきのみや-いゐ:**【秋宮居】**〘名〙皇后の御殿。＊新千載(1359)秋上・四〇一「いかならん世にも忘れじ九重(ここのへ)の秋の宮井に馴(な)るる月かげ〈藤原為道〉」

あきのみや-おんせんきょう:ヲンセンキャウ**【秋ノ宮温泉郷】**秋田県南部、役内(やくない)川の上流の温泉地帯。湯ノ岱(たい)、稲住(いなずみ)、鷹ノ湯、湯ノ又、荒湯の温泉がある。発音アキノミヤオンセンキョー〈標ア〉ア

あき-の-みやじま【安芸宮島】㊀「いつくしま(厳島)」の別称。＊浮世草子・好色一代男(1682)五・目録「あきのみや嶋の事」㊁「いつくしまじんじゃ(厳島神社)」の別称。発音〈標ア〉ア

あきのみや-びと【秋宮人】〘名〙皇后の御殿に仕えている人々。＊栄花(1028-92頃)暮待つ星「霧はれぬあきの宮人あはれいかに時雨に袂(たもと)濡れまさるらん」

あき-の-やま【秋の山】京都市伏見区竹田真幡木(まはたぎ)町あたりの古地名。鳥羽離宮内にあったといわれる名所。＊続後拾遺(1326)秋下・三六九「衣うつ鳥羽田の里のいなむしろ夜寒になりぬ秋の山風〈藤原俊光〉」＊謡曲・卒都婆小町(1384頃)「鳥羽の恋塚、秋の山、月の桂の川瀬舟、漕ぎ行人はたれやらん」 発音〈標ア〉ア

あきのよ【秋の夜】端唄、歌沢、小唄などの曲名。本調子。作詞、作曲者未詳。安政年間(一八五四～六〇)成立と伝えられる。恋人を待つ女心を、秋の月に寄せてうたったもの。上方唄、めりやすにも同名の曲がある。発音〈標ア〉ア

あきのよのながものがたり【秋夜長物語】南北朝時代の男色稚児(ちご)物語。一巻。作者未詳。比叡山の僧桂海と、三井寺の稚児梅若との悲恋と、それをめぐって起きた三井寺と比叡山の争いを描く。桂海は後に東山雲居寺を建立して瞻西(せんさい)上人と仰がれる。発音アキノヨノ＝ナガモノガタリ〈標ア〉ア＝ガ2

あき-のり【秋海苔】〘名〙九月下旬から一〇月初旬ころまでに立てた篊(ひび)から初めて生えた海苔でつくった浅草海苔。寒海苔に対するもので、光沢がよく、柔らかく、味も良い。新海苔。＊風俗画報‐一三四号(1897)飲食門「斯く期節に依りて採摘したる海苔を名けて秋海苔(アキノリ)、冬至海苔、寒海苔、バカ海苔(終期即ち四月頃に採りたるもの)と称す」 発音〈標ア〉キ

あき-のりもの【空乗物・明乗物】〘名〙人の乗っていない乗り物。＊浮世草子・日本永代蔵(1688)四・四「明乗物(アキノリモノ)ばかり残りて眼前に火宅のくるしみ、をのをのにげ帰りて皆菩提心にぞ成にける」＊浄瑠璃・娥歌かるた(1714頃)五「明き乗物を幸に、せんごわかずに此の通」

あき-は〘名〙植物「とべら」の異名か。＊左千夫歌集(1920)〈伊藤左千夫〉明治三五年「朱(あけ)の実のあきはの玉をうちかざし磯辺もとほりゆきし旅かも」

あき-ば【空場】〘名〙「あきしょ(空所)」に同じ。＊物質の弾道(1929)〈岡田三郎〉「スタンド前の空場(アキバ)で、彼等は喧噪なダンスをはじめた」 発音〈標ア〉0

あき-ば【秋場】〘名〙(「場」は時の意)秋のころ。秋の時節。

あきば 半作(はんさく) 「あきびより(秋日和)半作(はんさく)」に同じ。

あきば【秋葉】姓氏の一つ。発音〈標ア〉0

あきば〘名〙被害者をいう、詐欺師仲間の隠語。〔警察隠語類集(1956)〕

あき-ばえ:ばへ**【秋蠅】**〘名〙秋になって活動がにぶった蠅。秋の蠅。《季・秋》＊落梅集(1901)〈島崎藤村〉悪夢「秋蠅の窓に残りて日の影に飛びかふごとく」 発音〈標ア〉キ

あきはかり・す【賷】〘他サ変〙商いをする。＊新撰字鏡(898-901頃)「賷 以財相当 阿支波可利須」 辞書字鏡 表記賷(字)

あき-はぎ【秋萩】〘名〙萩。萩の花。秋に花が咲くのでいう。《季・秋》＊万葉(8C後)一五・三六五六「安伎波疑(アキハギ)ににほへる我が裳濡れぬとも君が御舟の綱し取りてば〈阿部継麻呂〉」＊和泉式部集(11C中)上「風をいたみしたはのうへに成しよりうらみて物を思ふ秋はぎ」＊俳諧・続明烏(1776)秋「秋萩のうつろひて風人を吹〈樗良〉」 発音アキハギ〈標ア〉0キ〈ア史〉

鎌倉○○◍○

あきはぎ の 妻(つま) (鹿が、萩の花の咲く秋の野に来てなじむところから、萩を鹿の妻とみなしていう) 鹿の妻としての秋萩。初萩の花妻。＊万葉(8C後)九・一七六一「三諸(みもろ)の 神名備山に 立ち向ふ み垣の山に 秋芽子之(あきはぎの) 妻(つま)をまかむと〈作者未詳〉」 補注「万葉集古義」では、「の」を「のように」の意とし、「秋萩のように愛らしい妻」と解釈している。

あきはぎじょう【秋萩帖(あきはぎデフ)】 小野道風筆と伝える平安中期の書跡。「万葉集」などの歌四八首と王羲之の手紙五七行を万葉仮名の草体で書き写したもの。書名は巻頭の歌「あきはぎの…」に由来する。国宝。発音アキハギジョー〈標ア〉0

あきはぎ-の【秋萩—】枕 ①萩の花の茎、枝がしなやかに美しいところから、「しなふ」にかかる。＊万葉(8C後)一〇・二二八四「ゆくりなく今も見がほし秋芽子之(あきはぎの)しなひにあるらむ妹が姿を〈作者未詳〉」 ②萩の花の、色が変わりやすく散りやすいところから、「うつる」にかかる。＊古今(905-914)恋五・七八一「吹きまよふ野風をさむみ秋はぎのうつりもゆくか人の心の〈常康親王〉」 補注「万葉—一〇・二二八五」の「秋芽子之(あきはぎの)花野のすすき穂には出でず吾が恋ひわたるこもり妻はも〈作者未詳〉」の「あきはぎの」を、萩が秋の野の花としてことに好まれたところから「花野」にかかる枕詞とする説もある。

あき-ばこ【空箱】『名』 中に物のはいっていない箱。からばこ。＊浮世草子・傾城色三味線(1701)京・一「内蔵へ入て見わたせば、銀も小判もなかりけり。浦の苫やの明箱(アキバコ)斗(ばかり)二三百」 ＊歌舞伎・月武蔵野穐狂言(1797)二幕「宝の空き箱へ、〈略〉彼の小柄(こづか)を入れ置いたれば」 ＊田楽豆腐(1912)〈森鷗外〉「竹の皮やマッチの明箱(アキバコ)が散らばってゐる」 発音〈標ア〉0 〈京ア〉0 辞書〈ボン〉 表記空函(へ)

あきばさん-ごんげん【秋葉山権現】 「あきばじんじゃ(秋葉神社)」に同じ。

あき-ばしょ【秋場所】『名』 秋に行なわれる大相撲の本場所。九月に、東京両国の国技館で、一五日間興行される。《季・秋》 発音〈標ア〉0

あきば-じんじゃ【秋葉神社】 静岡県周智郡春野町領家秋葉山にある神社。旧県社。祭神は火之迦具土神(ほのかぐつちのかみ)。防火(火伏せ)の神で一二月一五、一六日の例祭は秋葉の火祭として名高い。秋葉山本宮秋葉神社。秋葉山権現。 発音〈標ア〉ジ

あきば-ダム【秋葉—】 静岡県中西部、天龍川中流の重力式多目的ダム。昭和三三年(一九五八)完成。有効貯水量七五五万立方㍍。堤高八九㍍。 発音〈標ア〉ダ

あき-はづき【秋初月】『名』 陰暦七月の異称。文月。《季・秋》 現在では八月上旬から九月上旬にあたる。 発音〈標ア〉八

あきば-でら【秋葉寺】 静岡県周智郡春野町にある曹洞宗の寺。山号は秋葉(あきは)山。養老二年(七一八)行基の草創。鎮火・防火の霊験で知られる。明治初年の神仏分離により廃寺となったが、明治一三年(一八八〇)復興された。しゅうようじ。秋葉三尺坊。 発音〈標ア〉0

あき-は・てる【飽果】『自タ下一』文あきは・つ『自タ下二』 飽きてしまう。すっかりいやになる。＊古今(905-914)秋下・三〇八「刈れる田におふるひづちのほにいでぬは世を今更に秋はてぬとか〈よみ人しらず〉」 ＊源氏(1001-14頃)葵「もし世の中にあきはてて、くだり給ひなば、さうざうしくもあるべきかな」 ＊寛永刊本蒙求抄(1529-34)七「妻(め)がろさいをしげうするほどに、あきはてたぞ」 ＊歌舞伎・傾城金秤目(1792)三番目・切幕「こなさんの病ひには、あきはてたわいなア」 発音〈標ア〉0 テ 辞書文明・〈ボン〉・言海 表記厭果(へ・言) 飽果(文)

あきは-とう【秋葉灯】『名』 (「秋葉常夜灯」の略) 江戸の吉原にあった常明灯。吉原仲の町の突き当たり、水道尻(水戸尻ともいう)に防火の神、秋葉山権現をまつる小社があり、その社前にあった高い銅灯籠。＊洒落本・傾城買談客物語(1799)跋「引過ならぬ暗闇(くらやみ)の恥を秋葉燈(アキハトウ)の明輝(あかるみ)へ出し」 ＊雑俳・柳多留-一三二(1834)「吉原の正面を張る秋葉燈」

あきはばら【秋葉原】 東京都千代田区北東部の地名。京浜東北線・山手線・総武線の交差するJR秋葉原駅を中心に電気製品商店街として発展。地名は、明治時代にまつった秋葉(あきば)神社に由来し、もとは「あきばはら」。

あきば-まつり【秋葉祭】『名』 秋葉神社で行なわれる火祭。→秋葉神社

あき-ばや【飽早】『形動』 すぐ飽きてしまうさま。＊人情本・縁結娯色の糸(1839-48)五・二六回「アノ常さんと云ふ男が、凝性(こりしゃう)の飽早(アキバヤ)で、五年と心の変らずに、居る人ぢゃアねえ」

あき-ばら【空腹・明腹】『名』 子を産んで、からになった腹。＊浄瑠璃・孕常盤(1710頃)三「産み落としてあきばらの、常盤(ときは)は死んでもかまはぬ事」

あき-ばら【秋薔薇】『名』 秋季に咲く薔薇。薔薇は本来夏の花だが、放置しておくと秋までつぼみがつき花が咲く。花は色も大きさも初夏の頃より劣る。単に薔薇といえば夏の季語。あきそうび。《季・秋》 ＊東洋城全句集-中(1959)〈松根東洋城〉「秋薔薇や彩を尽して艶ならず」 発音〈標ア〉キ

あき-ばれ【秋晴】『名』 秋の空が青々と澄んで晴れわたっていること。秋の快晴。あきびより。《季・秋》 ＊永日小品(1909)〈夏目漱石〉声「机に頬杖を突いて、何気なく、梧桐の上を高く離れた秋晴を眺めてゐた」 ＊路上(1911)〈若山牧水〉「秋晴のふもとをしろき雲ゆけり風の浅間の寂しくあるかな」 ＊虚子句集(1915)〈高浜虚子〉秋「秋晴や前山に糸の如き道」 発音〈標ア〉0 〈京ア〉0 0

あき-ひ【秋日】『名』 秋の穏やかな日ざし。

あき-び【空日・明日】『名』 手、体のあいている日。特に、遊女の、客がつかなくてひまな日。＊浮世草子・好色一代男(1682)六・六「此利発を感じ、あき日をあらそひ此人しのぶ事」 ＊浮世草子・傾城禁短気(1711)五・一「お敵の方からあき日を頼み、慕ふて来るは知れた事」 ＊歌謡・新曲糸の節(1757)端歌・かけあんどう「文日(もんび)あき日は無けれども」 発音〈標ア〉0

あきび『名』 植物「あけび(通草)」の異名。

あき-びえ【秋稗】『名』 植物「みずびえ(水稗)」の異名。＊大和本草附録(1715)一「秋稗(アキヒヱ)は毛多し。猪鹿不ﾚ食。故に農是を好で種う」 ＊重訂本草綱目啓蒙(1847)一九・穀「穇子 ひゑ〈略〉秋びゑは生熟共に最遅し」 発音〈標ア〉キ 0

あき-ひかげ【秋日影】『名』 秋の陽光がさえぎられてできた影。《季・秋》

あき-ひがん【秋彼岸】『名』 「あき(秋)の彼岸」に同じ。

あき-ひざし【秋日差】『名』 空気が乾燥しているため、かなり強い、秋の陽光。《季・秋》

あき-ひでり【秋日照・秋旱】『名』 立秋を過ぎてからも高温で晴天がつづくこと。秋季の旱魃(かんばつ)。秋の水枯れ。《季・秋》 ＊俳諧・蓼太句集(1769-93)二・秋「川川や君が為にも秋日照」 発音〈標ア〉ヒ

あき-びと【商人】『名』 「あきんど(商人)」に同じ。＊書紀(720)雄略一三年八月(前田本訓)「又商客(アキヒト)の艖艒(ふね)を断へて、悉に以て奪ひ取る」 ＊古今(905-914)仮名序「文屋の康秀は、ことばたくみにて、そのさま身におはず。いはば、あき人のよききぬきたらんがごとし」 ＊十巻本和名抄(934頃)一「商賈 文選西京賦云商賈〈賈音古、師説阿岐比斗〉」 ＊源氏(1001-14頃)玉鬘「あやしき市女(いちめ)あき人のなかにて、いぶせく世の中を思ひつつ」 ＊観智院本名義抄(1241)「賓賨 二正、音商、アキナフ〈略〉アキビト」 ＊天草本平家(1592)四・一〇「キタノカタ aqibitono (アキビトノ) タヨリニ フミ ナドノ ヲノヅカラ カヨウニモ」 ＊読本・雨月物語(1776)貧福論「百姓(よたから)は勤て穀(たなつもの)を出し、〈略〉商賈(アキビト)務めて此を通はし」 語誌⑴「あき(商)＋ひと(人)」の複合語で、挙例の「観智院本名義抄」により平安時代では「アキビト」と連濁していたとみられる。⑵バ行四段動詞の連用形、たとえば、「飛びて」が音便により、撥音便形「飛んで」、ウ音便形「飛うで」となるように、アキビトのビが音便を起こすようになる。まず、平安時代の訓点資料に撥言便形アキンドが現われ、ウ音便形アキウドは、遅れて室町時代に現われ、江戸前期の上方語にも用いられたが、アキンドを凌駕するほどではなかった。⑶江戸後期の江戸語では、撥音便形アキンドがさかんに使われたが、一方、この江戸語の中で、アキウドは、改まった言い方、文章語的な表現、上方語らしさを示す場合などに用いられている。→あきんど・あきゅうど。 発音〈標ア〉キ0 〈ア史〉平安○○○◍ 〈京ア〉0 辞書和名・色葉・名義・易林・日葡・〈ボン〉・言海 表記商人(色・名・易・へ・言) 商賈(和・色) 商客(色) 商・賓・賨(名)

あきびと-うま【商人馬】『名』 商人が用いる馬。＊源平盛衰記(14C前)一九・佐佐木取馬下向事「商人(アキビト)馬の癖なれば、肢、爪堅くしてなづまざりけり」

あきびと-かたぎ【商人気質】『名』 「あきんどかたぎ(商人気質)」に同じ。

あきびと-ぶね【商人船】『名』 「あきんどぶね(商人船)」に同じ。＊読本・椿説弓張月(1807-11)残・六三回「商船(アキビトフネ)に便船して、やがてぞ帰る琉球国」

あきびと-やど【商人宿】『名』 「あきんどやど(商人宿)」に同じ。

あき-ひめ【秋姫】『名』 (古くは「あきびめ」) 秋の季節を人格化したもの。秋をつかさどる女神。龍田姫(たつたひめ)。＊古事記(712)上「羽山戸神、大気都比売神に娶して生める子は、〈略〉次に夏高津日神、亦の名は夏之売神、次に秋毘売(あきビメ)の神」 ＊舞姫(1906)〈与謝野晶子〉「清滝(きよたき)の水ゆく里は水晶の舟に棹して秋姫の来る」

あき-びより【秋日和】『名』 秋の空が澄みわたって晴れた穏やかな天気。秋晴れ。《季・秋》 ＊俳諧・蘆陰句選(1779)秋「朝東風やほのかに見ゆる秋日和」 ＊俳諧・享和句帖(1803)三年九月一七日「刈株のうしろの水や秋日和」 ＊硝子戸の中(1915)〈夏目漱石〉九「空の澄み切った秋日和(アキビヨリ)などには、能く二人連立って、〈略〉歩いて行った」 発音〈標ア〉ビ 〈京ア〉ビ 0

あきびより 半作(はんさく) 秋の天候の具合が、その年の稲の収穫の半ばを決定する意のことわざ。秋場半作。〔現代術語辞典(1931)〕

あき-びん【空瓶・空壜】『名』 中に物のはいっていないびん。からびん。＊にごりえ(1895)〈樋口一葉〉一「空壜か何か知らず、銘酒あまた棚の上にならべて」 ＊一年有半(1901)〈中江兆民〉附録・国民党生ぜざる可からず「信用箇条無き政党は空瓶と一般なり、今日の所謂政綱は茫漠として風を捉ふるに似て相似たり」 ＊茗荷畠(1907)〈真山青果〉六「角な食塩の明壜(アキビン)に」 発音〈標ア〉0 〈京ア〉0

あき-ふう【明封】『名』 印刷物などを入れて封の内部が見えるようにした郵便物。ひらき封。開封。 発音アキフー〈標ア〉0

あき-ぶか・い【秋深】『形口』文あきぶか・し『形ク』 秋がなかばを過ぎてたけなわである。＊学校の花(1933)〈川端康成〉七「もう秋深い夕暮時の寂しさなのです

が」 発音〈標ア〉カ

あき-ぶくろ【空袋・明袋】『名』中に何もはいっていない袋。＊浮世草子・日本永代蔵(1688)一・二「斎米(ときまい)入し明袋(アキブクロ)持し片手に」＊続百鬼園随筆(1934)〈内田百閒〉西大寺駅「蜜柑皮や、巻莨の空袋が、線路に散らばって居る」 発音〈標ア〉ブ

あき-ぶし【秋節】『名』秋に漁獲した鰹(かつお)で作った鰹節。脂肪分が多く、春季のものより品質が劣る。↕春節

あき-ふたげ【秋二毛】『名』鹿の毛皮の名。夏毛と秋毛との替わり目で、夏毛の茶色と秋毛の栗色の入り交じった毛並み。＊御伽草子・鴉鷺合戦物語(室町中)「赤うるしの弓に秋二毛のうつぼ、すかるやかにおひなして」 辞書言海 表記秋二毛(言)

あき-ふつか【秋二日】『名』秋季、名月の日として月が観賞される八月一五日(中秋の名月)と、九月一三日(後の月)の二日。

あき-ふところ【空懐】『名』女がふところに抱くべき子を失うこと。また、そのふところ。あきほところ。

あき-ふね【秋船】『名』近世、貿易港長崎に秋に入港した外国の貿易船。中国、オランダの商船は、毎年四月から一一月までの間に、季節風に乗じて来航した。＊浮世草子・好色二代男(1684)五・四「日数をふりて、秋舟(アキフネ)も入れば、此津糸にしきの山をなし」＊浮世草子・日本永代蔵(1688)五・一「秋舟(アキフネ)入ての有さま」

あき-ぶるまい【秋振舞】『名』方言 秋の取り入れが終わって、親族や世話になった者などを招くふるまい。青森県上北郡054 山形県139 長崎県壱岐島915

あき-べや【空部屋・明部屋】『名』人の住んでいない部屋。使っていない部屋。あきま。＊小説奇言(1753)二「我家の空房(アキベヤ)、牀舗儘有」＊雑俳・柳多留拾遺(1801)巻一四・中「袖とめがすむと明部やさづけられ」＊随筆・耳嚢(1784-1814)五・狐婚媒を為す事「今宵は裏の明部屋に成共彼の女をさし置べき間」 発音〈標ア〉0 〈京ア〉0

あき-へんろ【秋遍路】『名』秋にする、四国八八か所などの札所めぐり。普通は春に行なわれ、単に遍路といえば春の季語。《季・秋》＊国原(1942)〈阿波野青畝〉「ついと出づうしろ姿の秋遍路」

あき-ほ【秋穂】『名』秋の、実った稲穂。＊班子女王歌合(893頃)「いつのまにあきほ垂るらむ草と見し程いくかとも隔たらなくに〈藤原興風〉」

あき-ほくと【秋北斗】『名』西北に柄杓(ひしゃく)の柄を直立させたように見える、秋の夜の北斗七星。《季・秋》

あき-ぼこり『名』植物。①「めなもみ(豨薟)」の異名。＊日葡辞書(1603-04)「Aqibocori(アキボコリ)」＊重訂本草綱目啓蒙(1847)一一・隰草「豨薟 めなもみ 秋ぼこり 石州」②「めひしば(雌日芝)」の異名。＊重訂本草綱目啓蒙(1847)一二・隰草「鴉 詳ならず 馬唐〈略〉集解説ところの馬唐はめひしば〈略〉あきぼこり」 方言植物。❶めなもみ(豨薟)。島根県石見371 ❷めひしば(雌日芝)。青森県津軽073 秋田県北秋田郡131 奈良県683 ❸きかしぐさ(節節菜)。香川県東讃岐037 ❹いたちささげ(鼬豇豆)。長門†122 ❺くさねむ(草合歓)。◇あきほこり 新潟県西蒲原郡037 辞書日葡

あき-ぼたん【秋牡丹】『名』植物「しゅうめいぎく(秋冥菊)」の異名。《季・秋》＊大和本草(1709)六「秋牡丹〈略〉花は紫菊に似たり。初深紅にして後浅紅也。つぼみも菊に似たり。近世異国よりも来れるにや、和名たうぎく、又はかうらいぎくと云」 方言相州†028 周防†122

あきぼとくり『名』植物「かわらけつめい(河原決明)」の異名。＊大和本草批正(1810頃)地・九「決明〈略〉此に形状を論ずる秋ぼとくりと云は山扁豆(かはらけつめい〈注〉をはりけつめい)の事なり。茳芒決明に非ず」＊重訂本草綱目啓蒙(1847)一二・隰草「山扁豆はをはり決明也、一名かはら決明、あきぼとくり 筑前」 方言植物。❶かわらけつめい(河原決明)。筑前†028 ❷あぶのめ(虻目)。◇あきぼとこり 山口県厚狭郡799

あき-ほところ【空懐】『名』「あきふところ(空懐)」に同じ。＊浮世草子・好色二代男(1684)一・一「きのふまでは子を抱(いだき)し姥(うば)の、あき懐(ホトコロ)になりて」

あき-ま【空間・明間】『名』①物と物との間のすきま。間隙。＊半井本保元(1220頃か)中・白河殿へ義朝夜討に寄せらるる事「多くの矢員を請けたれども、一も裏をかかず、あき間を射られて死するは自業自得果、弓矢取る身の存る所也」＊平家(13C前)九・木曾最期「雨のふる様に射けれども、鎧よければうらかかず、あき間を射ねば手もおはず」＊四河入海(17C前)二二・四「ちがやを編て豬を苴で、さて泥を以てあきまをふさぎて蒸やきにして食ぞ」＊慶長見聞集(1614)七「三里四方は野も山も家を作り、寸土のあきまなし」②あいている部屋。人の使用していない部屋。また、まだ借り手のはいっていない貸間や旅館の部屋。＊湯ケ原ゆき(1907)〈国木田独歩〉一「部屋数(へやかず)も三十近くあって湯ケ原温泉では第一といはれて居ながら而も空室(アキマ)はいくらもない程の繁盛であった」＊あめりか物語(1908)〈永井荷風〉夜の女・一「下宿人を捜す明室(アキマ)の広告と共に相交り」 発音〈標ア〉0 〈京ア〉0

あき-まき【秋蒔】『名』秋季に植物の種子を蒔くこと。 発音〈標ア〉0 〈京ア〉0

あきまき-おおむぎ【秋蒔大麦】『名』秋に種子を蒔く大麦。春蒔き大麦に対してふつうの大麦をいう。 発音アキマキオームギ〈標ア〉オ

あきまき-こむぎ【秋蒔小麦】『名』秋に種子をまく小麦。春蒔き小麦に対してふつうの小麦をいう。 発音アキマキコムギ〈標ア〉ム

あきまき-せい【秋蒔性】『名』麦類の特性。秋に種をまき、冬の低温、短日にあわせることによって開花結実する性質。品種によって程度に差がある。 発音アキマキセイ〈標ア〉0

あきまき-やさい【秋蒔野菜】『名』秋季に種子を蒔く野菜。カブ、ゴボウ、エンドウ、ソラマメなど。《季・秋》 発音〈標ア〉ヤ

あき-まさり【秋優】『名』生育の初期にあまりよくなかった水稲の生育が、天候の回復や適当な管理によって、盛夏のころから順調となる現象。↓秋落ち。 方言植物。❶いたちささげ(鼬豇豆)。長門†122 ❷こみかんそう(小蜜柑草)。鹿児島県種子島965 発音〈標ア〉マ 0

あき-ません【明—】『連語』方言 ⇩あかん(明—)

あき-またい【秋—】『名』方言 秋の収穫。栃木県那須郡198 ◇あきまて 福島県石城郡178 ◇あきまで 栃木県198

あきまつ-ぐさ【秋待草】『名』夏の田や稲のこと。＊蔵玉集(室町)「秋待草。夏田。水かけて秋待草のよなよなに露と見ゆるはもしほたるかも」

あき-まつり【秋祭】『名』秋の収穫祭。陰暦九月ごろ、各地の鎮守の社などで行なう祭礼。その年の新穀を神に供えて収穫を感謝する祭。秋社(しゅうしゃ)。在祭(ざいまつり)。あきのまつり。↕春祭。《季・秋》＊多聞院日記-天正一三年(1585)二月六日「薪能如レ形在レ之。金春太夫一座敷。近年は田舎の秋祭風情也」＊俳諧・独吟一日千句(1675)第七「秋祭り神の力は外なれやたのみをかけるかねの緒につく」＊俳諧・新題林発句集(1801)秋「次郎吉か元腹祝へ秋まつり〈浣素〉」＊五百五十句(1943)〈高浜虚子〉昭和一二年「老人と子供と多し秋祭」 発音〈標ア〉マ 〈京ア〉マ

あき-まて【秋—】『名』方言 ⇩あきまたい(秋—)

あき-まめ【秋豆】『名』植物「だいず(大豆)」の異名。＊大和本草(1709)四「大豆〈略〉黄大豆秋熟す。豆の類にて第一民用に利あり。近江州の産最佳し。夏豆は六月下旬みのる。早く熟して民食利用を助く。故に農夫多く種る事秋豆につげり」＊重訂本草綱目啓蒙(1847)二〇・穀「黄大豆〈略〉秋に至て熟する者をあきまめと云。粒大にして上品なり、味醬を製するに用ゆ、故にみそまめと呼」 方言静岡県一部030 三重県030 京都府620 629 兵庫県030 652 664 岡山県030 広島県一部030 香川県030 826 829 ◇あきず 香川県仲多度郡829

あき-まゆ【秋繭】『名』秋蚕のつくった繭。これからとった生糸は春蚕に次いで品質良好で糸量が多い。《季・秋》 発音〈標ア〉0

あ-ぎみ【吾君】『名』「あがきみ(吾君)」に同じ。＊書紀(720)崇神一〇年九月(熱田本訓)「乃ち甲(よろい)を脱(ぬ)いで逃ぐ。不得免(えまぬかれまじ)きことを知りて、叩頭て『我君(アキミ)』と曰ふ」

あき-みず【秋水】『名』「あき(秋)の水」に同じ。

あき-みせ【空店】『名』商品をおいていない店。また、人の住んでいない店。あきだな。＊茗荷畠(1907)〈真山青果〉五「夜は焼鳥とおでんやの出る角端(かどっぱ)の明店(アキミセ)の前へ棚を据えて」 発音〈標ア〉0 〈京ア〉0

あきみち 御伽草子。敵討物語。二巻。作者不明。室町時代末の成立。盗賊に父を殺されたあきみちが、妻の貞操を犠牲にして敵討をする物語。

あき-み・つ【飽満】 ㊀〔自タ四〕十分に満足する。満腹する。＊土左(935頃)承平五年正月七日「この長櫃(ながびつ)のものは、みなひと、わらはまでにくれたれば、あきみちて、船子どもは腹鼓をうちて」＊古本説話集(1130頃か)六一「ただ少しを食ひたるが、あきみちたる心ちして」 ㊁〔自タ上二〕(中世以降現われた形) ㊀に同じ。＊御伽草子・鉢かづき(室町末)「数のたからを持ち給ふ。あきみちて乏(とも)しきこともましまさず」＊日葡辞書(1603-04)「Aqimichi, tçuru, ita(アキミツル)〈訳〉有り余るほど豊かにある」 辞書和玉・日葡 表記飽・饒(玉)

あき-みね【秋峰】『名』秋の峰。澄みわたった空の下の秋の山。秋山。秋岳。《季・秋》＊三山雅集(1710)上「秋峰や合掌はじめ手むけ山〈薫堂〉」

あき-みょうが【秋茗荷】『名』秋に花の咲いた茗荷。《季・秋》 発音アキミョーガ〈標ア〉ミョ

あき-むし【秋虫】『名』秋に鳴く虫。秋、鳴いている虫。マツムシ、スズムシの類。＊元禄版本新撰万葉(893-913)下・秋「秋の野に玉と懸れる白露は鳴く秋虫(アキムシ)の涙なりけり」＊温泉宿(1929-30)〈川端康成〉夏逝き・一「向う岸の杉林の秋虫の声」 発音〈標ア〉ム 0 辞書名義 表記蜻蛉(名)

あき-め【空目・明目】『名』①双六(すごろく)で、むだ目のこと。むだな賽(さい)の目。＊浄瑠璃・祇園女御九重錦(1760)二「夜も昼も筒を握り五二五三(ぐにぐさん)に放さずば、本妻様はむしむしで、明目(アキメ)ばかりふってがな」②賭け事で、だれも賭け物を張らないところ。だれも金銭をかけていない賽の目。＊黄表紙・莫切自根金生木(1785)中「因果と張りがかたつつりになって、あきめへあきめへと出でければ」＊落語・狸(1895)〈四代目橘家円喬〉「『此処等に明目(アキメ)は無へかねえ』『能く明目を探しゃアがるなア』」 発音〈標ア〉0

あき-め【秋芽】『名』①夏季に芽の伸びが止まり、秋季に入って発芽した芽。②アサクサノリで秋にできた胞子からの発芽。 発音〈標ア〉キ

あき-め【倦目】『名』相手がいやになるような気分、状況。＊浮世草子・世間娘容気(1717)四「ふ断一所にゐては互に窮屈にて、あきめも見ゆればいかがなり」＊咄本・軽口耳過宝(1742)一・貸取船「女房を持けれど、もはやあきめが来て、明すけに申出し」

あき-めか・す【秋—】〔他サ五(四)〕秋の気配を感じさせる。＊あらくれ(1915)〈徳田秋声〉三五「朝晩に

もう秋めかした風が吹きはじめてゐた」

あき‐め・く【秋―】〘自カ五(四)〙(「めく」は接尾語) 秋らしくなる。秋づく。《季・秋》＊清輔集(1177頃)「山里は庭のむら草うら枯れて蟬の鳴くねも秋めきにけり」＊山家集(12C後)上「禊(みそぎ)して幣(ぬさ)きり流す河の瀬にやがてあきめく風ぞ涼しき」＊俳諧・たねだはら(1786)「帷子(かたびら)に袷羽織も秋めきて〈筆執〉 食(めし)早稲(わせ)くさき田舎なりけり〈芭蕉〉」＊夜明け前(1929‐35)〈島崎藤村〉第二部・下・九・七「風の音までが何となく秋めいて」 発音〈標ア〉メ〈京ア〉0

あき‐めくら【明盲】〘名〙①外見は物が見えるようでいて、実は見えない目。また、その人。＊咄本・笑長者(1780)日まち「いろいろさまざまの事をすれども、いつもてまへばかりわらひ、さきの男は少しもわらはぬゆへ、よくよくかほをみれば、あきめくらさ」＊随筆・皇都午睡(1850)三・中「明盲を明じい」②文字の読めない人。学問、教養のない人。＊俳諧・鷹筑波(1638)二「文月を詠(なが)めぬ人やあきめくら〈重次〉」＊随筆・松屋筆記(1818‐45頃)七八・七二「俗に、眼あれども文字よむ事あたはざる者を、明目盲(アキメクラ)といへり」③見えていても物の存在や本質に気づかない人。転じて、ぼんやり者。＊滑稽本・浮世風呂(1809‐13)前・下「ヲヲ、いたい。盲人に鉢合せをするとは明盲(アキメクラ)め」＊うもれ木(1892)〈樋口一葉〉五「不満々々の塊(かた)まりは、何の世の中あき盲目(メクラ)ども」 辞書〈ボン・言海〉 表記 青盲(へ) 明盲(言) 発音〈なまり〉アケメクラ〔福井大飯〕〈標ア〉メ〈京ア〉メ

アキメネス〘名〙(〈ラテン〉Achimenes) イワタバコ科ハナギリソウ属の属名、および同属植物の総称名。中南米原産。春植え球根草として植えられる。ふつう、高さは三〇～六〇センチメートル。開花期は夏。学名は Achimenes 発音〈標ア〉メ

あき‐めひしば【秋雌日芝】〘名〙イネ科の一年草。各地の路傍などに生える。高さ三〇～五〇センチメートル。根ぎわで多く分枝し、基節は横に伸びてしばしば節部から不定根をおろす。葉は狭披針形。秋、抜き出た茎の先に五～一〇条の糸状の枝穂をつける。枝穂は長さ五～七センチメートルで緑色または帯紫色。学名は Digitaria violascens 発音〈標ア〉ヒ

あき‐めん【秋免】〘名〙江戸時代、租率算定の用語。定免に対して、秋の収穫期に農作物の出来、不出来を検査して租率を決定する検見(けみ)のこと。＊肥後藩官職制度考(1811)「秋免と申は、秋に至り作毛登の時候に相成り候へば、何も出在にて村々毛上の次第を見分いたし」

あきもと【秋元・秋本】姓氏の一つ。 発音〈標ア〉キ

あきもと‐しょういちろう【秋元正一郎】幕末の国学者。姫路藩士。名は安民。伴信友らに国学を学び、藩学教授となる。蘭学もおさめ、洋型帆船建造を手がけた。著「宇宙起源」。文政六～文久二年(一八二三～六二)

あき‐もの【明物】〘名〙さしあたり不用の品物。あいているもの。

あき‐もの【商物】〘名〙①(―する) 商売すること。また、相手との交換・交渉などの際に取引の材料とすること。＊漢書列伝景徐抄(1477‐1515)「趙亦不㆑殺㆓角間㆒以市㆓(アキモノス)於斉㆒、猿のもちかゆるやうなことをしたぞ。斉から兵をたてたらば角間をころさうでこそあれと云ぞ」＊随筆・折たく柴の記(1716頃)下「信濃国松城の庄の人、ここに来りとどまりてあきものするあり」②商売する品物。あきないもの。商品。＊読本・雨月物語(1776)菊花の約「けふは誰某(たれがし)がよき京入なる。此度の商物(アキモノ)によき徳とるべき祥(さが)になん」＊狂歌・徳和歌後万載集(1785)一・詞書「小手鞠といへる花をいけし見せにてあきものの帳くりかへし算用し侍るとて」 発音〈標ア〉キ 辞書〈ボン・言海〉 表記 買物(へ) 商物(言)

あきもの‐ふね【商物船】〘名〙商品を積んで運ぶ船。商船。貨物船。＊読本・南総里見八犬伝(1814‐42)九・一三三回「是は伊勢の鳥羽よりして鎌倉へ積送る商舟(アキモノフネ)にて候也」

あき‐もも【秋桃】〘名〙秋に熟する桃の実。よくうれて美味なのでいう。 発音〈標ア〉キ 辞書 言海 表記 秋桃(言)

あき‐や【空家・空屋・明家】〘名〙①人の住んでいない家。あきいえ。＊文明本節用集(室町中)「明屋 アキヤ」＊日葡辞書(1603‐04)「Aqiya (アキヤ)。また、アキイエ〈訳〉空家」＊浮世草子・武家義理物語(1688)四・一「爰ひ近所に、此程迄針立の住わし明家(アキヤ)、南うけに菱垣のきれいに、詫人に似合たる宿なれば」＊俳諧・曠野(1689)二・初春「立臼に若草見たる明屋哉〈亀助〉」＊浄瑠璃・源頼家源実朝鎌倉三代記(1781)九「明家同然の坂本の城。責(せめ)なりとも崩しなりとも、勝手次第に遊ばせ」＊福翁自伝(1899)〈福沢諭吉〉老余の半生「生徒散じ教員去て塾が空屋(アキヤ)になれば」＊一握の砂(1910)〈石川啄木〉我を愛する歌「空家(アキヤ)に入り 煙草のみたることありき あはれただ一人居たきばかりに」②近世、夫をなくした後家をいう隠語。あきざや。＊雑俳・笠付類題集(1834)「久しぶり明家の前のたまり水」③情夫のない女をいう、不良仲間の隠語。 発音〈標ア〉0〈京ア〉0 辞書 文明・日葡・〈ボン・言海〉 表記 明屋(文) 空屋(へ) 明家(言)

あきや で 声(こえ)嗄(か)らす (人の住んでいない家で、繰り返し案内を求めても返事がないというところから) 骨を折っても人に認められないこと。無駄骨を折ること。労して功のないこと。空家で棒を振る。空家を叩(たた)く。

あきや で 棒(ぼう)を振(ふ)る 「あきや(空家)で声嗄(か)らす」に同じ。＊滑稽本・風来六部集(1780)飛だ噂の評「いはば河豚(ふぐ)もどきを食っての食傷、明家(アキヤ)で棒(ボウ)を振た計(ばかり)」＊浮雲(1887‐89)〈二葉亭四迷〉二・九「己(うぬ)と己が愚を披露してゐる分の事なら、空家で棒を振った計り」

あきや の 雪隠(せっちん) 「肥(こえ)」に「声」をかけて、「こえがない」「こえなしじゃ」と続けるしゃれことば。ものが言えない、返答がないの意。

あきや を 叩(たた)く 「あきや(空家)で声嗄(か)らす」に同じ。＊雑俳・大福寿覚帳(1711‐16頃)「人参もあきやをたたくごとくにて」

あきや【秋谷】姓氏の一つ。 発音〈標ア〉ア

あぎや〘名〙糸満漁業で行なわれた、独特の追い込み漁業。

あ‐きゃく【啞却】〘名〙(「却」は強調を表わす助字) 黙らせること。口をきけなくさせること。＊狂雲集(15C後)無諍「世尊良久維摩黙、啞㆓却舌頭㆒声若㆑雷」

あきや‐さがし【空家探】〘名〙自分が住むために、人の住んでいない家をさがすこと。＊人さまざま(1921)〈正宗白鳥〉「彼等はつまりは、東京へ出て空家捜しをしなければならぬと思ってゐたが」 発音 アキヤサガシ〈標ア〉サ

あき‐やしき【空屋敷・明屋敷】〘名〙①人の住んでいない屋敷。また、建物のない宅地。＊羅葡日辞書(1595)「Superficies〈略〉イエノナキ ヤシキ aqiyaxiqi (アキヤシキ)」＊俳諧・猿蓑(1691)五「町内の秋も更行(ふけゆく)明やしき〈去来〉 何を見るにも露ばかり也〈野水〉」＊歌舞伎・月武蔵野穐狂言(1797)大詰「イヤイヤ、明(ア)き屋敷(ヤシキ)ではあるまい。二軒ながら、キッと表札が打ってある」＊地獄の花(1902)〈永井荷風〉一四「大方東京の空邸(アキヤシキ)に道ならぬ楽みに耽って居るのでは無いかと思ふと」②「あきやしきばん(明屋敷番)」の略。＊洒落本・伊賀越増補合羽之龍(1779)仲町梅音の段「『おいらがうつな客は、おめへなんぞも、てうしが弾(ひき)にくかろふ』〈略〉『明(ア)キ)やしきといふ、女郎の買よふさ』」

あきやしき‐あずかり【明屋敷預】〘名〙「あきやしきばん(明屋敷番)」に同じ。 発音〈標ア〉ヤ

あきやしき‐ばん【明屋敷番】〘名〙江戸幕府の職名。普請奉行の支配下で、江戸にあった幕府および諸大名の明屋敷などを、預かり管理した職。明屋敷預かり。明屋敷。

あき‐やま【明山】〘名〙江戸時代、藩の管理する山のうち、住民の利用、伐採を許した山林。林材資源の減退の著しくなる一八世紀後半から領主の規制が加わり、ヒノキを初め有用樹の伐採は禁制されるようになる。↔留山(とめやま)・立山(たてやま)。＊木曾山雑話(1759)「木曾惣山、三ケ村山共、御留山、御巣山之外は都て明山と相唱、御停止木、遠慮木之外は其村方より屋作木、薪木に伐取」

あき‐やま【秋山】〘名〙秋季の山。秋の峰。秋岳。《季・秋》＊万葉(8C後)一五・三七〇七「安伎也麻(アキヤマ)のもみちをかざしわが居れば浦潮満ち来(く)いまだ飽かなくに〈大伴三中〉」＊後撰(951‐953頃)秋下・三八七「いく木ともえこそ見わかね秋山のもみぢの錦よそにたてれば〈壬生忠岑〉」＊俳諧・続虚栗(1687)秋「秋山や駒もゆるがぬ鞍の上〈其角〉」＊左千夫歌集(1920)〈伊藤左千夫〉明治三八年「釜〈略〉秋山に西吹き起り空晴るる見の胸ひらく形よけき釜」 発音〈標ア〉0〈京ア〉0

あきやま【秋山】姓氏の一つ。 辞書 書言 表記 秋山(書) 発音〈標ア〉キ

あきやま‐ぎょくざん【秋山玉山】江戸中期の儒者、詩人。豊後の人。名は儀、定政。字は子羽。通称儀右衛門。別号青柯(せいか)。早く水足屏山に学び、熊本藩士となってからは江戸の林鳳岡(ほうこう)に学び、熊本藩主細川重賢に信任され、藩校時習館を創立し、その提学(ていがく)となる。盛唐詩・明の古文辞派詩の影響を受け、詩文にすぐれた。著「校正墨子全書」「玉山詩集」「玉山遺稿」など。元祿一五～宝暦一三年(一七〇二～六三)

あきやま‐ていすけ【秋山定輔】政治家。名は「さだすけ」とも。備中(岡山県)の人。明治二六年(一八九三)新聞「二六新報」を創刊。もっぱら政治の裏面で活動し、中国の孫文らを支援した。明治元～昭和二五年(一八六八～一九五〇)

あきやまきこう【秋山記行(あきやまキカウ)】江戸後期の紀行文。二巻二冊。鈴木牧之著。文政一一年(一八二八)自序。牧之が十返舎一九の依頼で、平家の落人伝説で知られる秘境秋山郷(新潟県中魚沼郡津南町と長野県下水内郡栄村にまたがる地域)を探訪した記録。天保二年(一八三一)成稿。一九の死により未刊に終わった。稿本は実録と戯作の二編があったが、後者は散逸。 発音 アキヤマキコー〈標ア〉キ2コ

あきやま‐の【秋山―】枕 秋の山の木々が紅葉して美しく照り映える意で「したふ」にかかり、また、「色なつかし」にかかる。＊古事記(712)中「是に二はしらの神有りき、兄は秋山之(あきやまの)下氷壮夫(したひをとこ)と号(なづ)け、弟は春山之霞壮夫(かすみをとこ)と名づけき」＊万葉(8C後)二・二一七「秋山(あきやまの) したへる妹 なよ竹の とをよる子らは〈柿本人麻呂〉」＊万葉(8C後)一三・三二三四「春山の しなひ栄えて 秋山之(あきやまの) 色なつかしき ももしきの 大宮人は〈作者未詳〉」 発音〈標ア〉0

あぎゃん〘連体〙あのような。そのような。また、あんなに。＊黒い眼と茶色の目(1914)〈徳富蘆花〉一・五「彼様(アギャン)お転婆は何ばするか分かりまッせんばい」 方言 島根県出雲724 佐賀県887 891 895 長崎県899 903 904 熊本県918 924 936 宮崎県西臼杵郡951

アギ‐ゆ【阿魏油】〘名〙アギの蒸留によって得られ

る精油。淡黄色液体でニンニクに似た強臭をもつ。去痰(きょたん)剤などの医薬品のほか香料にも用いられる。

あきゅう-いせき【阿久遺跡】 長野県諏訪郡原村柏木の標高九〇五メートルの尾根状丘陵上にある、縄文時代前・中期と平安時代の集落址。縄文時代前期の方形配列竪穴・環状集石群・竪穴群・立石・配石などは特異である。 発音アキューイセキ〈標ア〉イ

あき-ゆうぐさ【秋夕草】《名》「あき(秋)の七草」の異称。《季・秋》 発音アキューグサ〈標ア〉ユ

アキュウせいでん【阿Q正伝】 小説。魯迅(ろじん)作。一九二一年発表。正確な自分の名前さえわからない無知な日雇い農民阿Qを通して、辛亥(しんがい)革命当時の中国旧社会の病根を鋭く描破した、中国現代文学の代表作。 発音アキューセイデン〈標ア〉ア

あきゅうど【商人】《名》(「あきびと」の変化した語)「あきんど(商人)」に同じ。*法華経音訓(1386)「商、アキウト」*玉塵抄(1563)「商買はあきうどのことに六衢のことあるやら」*日葡辞書(1603-04)「ビャウブト、aqiŭdotoua (アキュウドトワ) スグナレバ ミガ タタヌ」*仮名草子・尤双紙(1632)上・一九「重き物之しなじな〈略〉尤重きは父母の恩。ためしの甲、具足。鍍(くさり)袴。古布子。年具俵。商人(アキウド)のかひ道荷」*思ひ出(1911)〈北原白秋〉骨牌の女王・みなし児「ひとりあやつる商人(アキウド)のほそい指さき、舌のさき、糸に吊られて、譜につれて」 方言❶家々を回り歩いてものを売る人。行商人。 熊本県919 ◇あきうど 大分県大分郡941 ❷ものを仕入れに来る人。仲買人。 熊本県球磨郡919 ◇あちょおどぅ 沖縄県首里993 発音アキュード〈標ア〉キュ〈京ア〉キュ 辞書和玉・天正・黒本・日葡 表記商人(天・黒) 商(玉) 賈人(天)

あきゅうど の 空誓文(そらせいもん) 「あきんど(商人)の空誓文」に同じ。*仮名草子・曾呂利狂歌咄(1672)四「商人(アキウド)の空(ソラ)せいもんやいつわりのかうべに宿る神も有りけり」

あきゅうど-かたぎ【商人気質】《名》「あきんどかたぎ(商人気質)」に同じ。

あきゅうど-づかさ【商人司】《名》「あきんどづかさ(商人司)」に同じ。

あきゅうど-ぶね【商人船】《名》「あきんどぶね(商人船)」に同じ。*天草本平家(1592)一・一二「サテ aqiŭdobune (アキュウドブネ)ニ ノッテ、クダンノ シマエ ワタッテ ミレバ」

あきゅうど-まち【商人町】《名》商家が多く立ちならんでいる町。*蓼喰ふ虫(1928-29)〈谷崎潤一郎〉三「格子の外の宵闇に蝙蝠の飛ぶ町のありさまを、—昔の大阪の商人(アキウド)町を胸にゑがいた」 発音アキュードマチ〈標ア〉ド

あきゅうど-や【商人屋】《名》「あきんどや(商人屋)」に同じ。

あきゅうど-やど【商人宿】《名》「あきんどやど(商人宿)」に同じ。

あき-ゆうべ【秋夕】《名》秋のゆうべ。秋の夕暮れ。秋の暮れ。《季・秋》*俳諧・井華集(1789)秋・冬「老そめて恋も切なれ秋夕」

あき-ゆうやけ【秋夕焼】《名》「あき(秋)の夕焼け」に同じ。《季・秋》

アキュムレーター《名》(英 accumulator)《アキュミュレーター》①エネルギーなどを蓄えておく装置。水圧機のための水力だめ(蓄圧機)、ボイラーの蒸気だめ、蓄電池など。②コンピュータのレジスターの一種。四則演算などの結果を一時的に記憶するもの。累算器。 発音〈標ア〉レ

あ-ぎょ【下語】《名》仏語。①公案や古則などの法語に対して与える短評。*正法眼蔵(1231-53)仏性「おのづから下語する僧侶も、おほく都不是なり」*空華日用工夫略集-応安四年(1371)二月一〇日「諸道者各下語。仏国独擡二一脚一云」②禅宗で師家が弟子に下す教訓のことば。 発音アギョ〈標ア〉ア

あ-きょう【阿香】《名》「あこう(阿香)」に同じ。*御伽草子・二十四孝(室町末)「王裒 慈母怕レ聞レ雷〈略〉阿香(アキャウ)時一震 到レ墓遶千廻」

あ-きょう【阿嬌】《名》(「阿」は親しみを表わす語。「嬌」は漢の武帝の蕭皇后の幼名。武帝がやはり幼いころ、「阿嬌」を嫁にできたら、金の家をつくってあげると言ったという「漢武故事」中の話から、転じて) 美しい女。美人。美形。*黒潮(1902-05)〈徳富蘆花〉七・二「五人の阿嬌が手早く杯盤を片寄す所に」*江戸から東京へ(1921)〈矢田挿雲〉三・五「京の六条、駿府等から輸入せる阿嬌(アケウ)を集め」*蕭子顕-日出東南隅行「光照窗中婦、絶世同二阿嬌一」

あ-きょう【阿膠】《名》(「あこう(阿膠)」の変化した語) 中国山東省阿県から産出する上質の膠(にかわ)。接合用のほか止血剤、下痢止め、産前産後の薬として特に珍重された。*綾小路俊量卿記(1514)「びんたらをあゆがせばこそ、あきゃうついたれ、やれこ、とうとう」*日葡辞書(1603-04)「Aqeô (アキョウ)。ニカワ」*和漢三才図会(1712)三七「阿膠 アキャウ にかわ 伝致膠 和名薊加波」 辞書日葡・書言・言海 表記阿膠(書・言)

あ-ぎょう【あ行】《名》五十音図の第一行、すなわち、「あ・い・う・え・お」の行。「い」「え」は、や行の「い」「え」、「う」は、わ行の「う」とそれぞれ異ならない。「お」は、わ行の「を」と平安末期以来、発音上同じになって、かなづかいの混乱が起こり、鎌倉、室町時代を通じて五十音図は一般にあ行を「あ・い・う・え・を」のように書いたが、江戸時代に入り、富士谷成章、本居宣長らによって「お」「を」の位置が正された。 発音アギョー〈標ア〉ア〈京ア〉ア 辞書言海 表記阿行(言)

あ-きょうぼく【亜喬木】《名》「あこうぼく(亜高木)」に同じ。 発音アキョーボク〈標ア〉キョ〈京ア〉キョ

あ-きょく【阿曲】《名》おもねりまがること。不正をなすこと。*文徳実録-仁寿二年(852)一二月癸未「私罪条疏云、私罪謂下不レ縁二公事一私自犯者上。雖レ縁二公事一、意渉二阿曲一、亦同二私罪一者、由レ此案レ之」

あきよしだい【秋吉台】 山口県美祢(みね)郡秋芳(しゅうほう)町を中心とする石灰岩台地。一部は国定公園。日本最大のカルスト地域で、秋芳洞などの主要部は特別天然記念物。 発音〈標ア〉シ〇

あきよしだい-こくていこうえん【秋吉台国定公園】 山口県中西部にある石灰岩台地秋吉台の東部を占める国定公園。日本最大の標式的カルスト地域で、秋芳洞などの主要部は特別天然記念物。昭和三〇年(一九五五)指定。 発音アキヨシダイ=コクテイコーエン〈標ア〉シ=コ2

あきよし-どう【秋芳洞】 山口県美祢(みね)郡秋芳(しゅうほう)町にある大鍾乳洞。しゅうほうどう。滝穴。 発音アキヨシドー〈標ア〉シ

あきら-か【明—】《形動》(「あく」「あける」などと同語源。さえぎるものがなく、開け、通じているさまにいう) ①光が満ちて、すみずみまで照らしているさま。かげや暗いところのないさま。明るいさま。㋑外界の事象や心情に、曇りや暗いところがなく、はっきりと明るいさま。*書紀(720)神代上(水戸本訓)「其(そ)れ清(す)み陽(アキラカナル)ものは薄靡(たなび)きて天(あめ)と為(な)れり」*新撰字鏡(898-901頃)「昱 明也 暁也 阿支良加爾」*源氏(1001-14頃)若菜下「むつかしく物おぼし乱れず、あきらかにもてなし給ひて、このいたく面やせ給へる、つくろひ給へ」*平家(13C前)一〇・請文「夫(それ)日月は一物の為にそのあきらかなることを暗うせず」㋺景観が明るく、広く開けているさま。*源氏(1001-14頃)明石「月ごろの御すまひよりは、こよなくあきらかに、なつかしき」*今昔(1120頃か)五・三二「其の穴に入る。此の人、亦、牛の尻に立ちて入る。四、五里ばかり入りて明(あきらか)なる野有り」②物事や道理がはっきりとして、疑いを入れる余地がないさま。㋑物事が他と紛れなく明白であるさま。また、事柄がはっきりしており、疑いなく確かなさま。*書紀(720)允恭五年七月(図書寮本訓)「天皇分明(アキラカニ)其の状を知(しろしめ)せ欲(むとし)て」*源氏(1001-14頃)若菜下「仏神も聞き入れ給ふべき言の葉はあきらかなり」*大唐西域記長寛元年点(1163)序「遠きは之を国典にかむがへ、近きは之を故老に詳(アキラカニ)せり」*天草本伊曾保(1593)イソポの生涯の事「カミサマエ ツカワサルル ナラバ、aqiracani (アキラカニ) カミサマエト ヲウセラレイデ」*魔風恋風(1903)〈小杉天外〉後・質屋の門・一「容易ならぬ苦労をして居るのは明白(アキラカ)で」㋺物事の道理に明るいさま。聡明。賢明。*大唐西域記長寛元年点(1163)五「闊達、多智にして明敏(アキラカナリ)」*今鏡(1170)二・釣せぬ浦々「殊にあきらかにおはしまして、はかなき事をもはえばえしく感ぜさせ給ふ」*観智院本名義抄(1241)「聰 アキラカナリ」*徒然草(1331頃)一九四「あきらかならん人の、まどへる我等を見んこと、掌(たなごころ)の上の物を見んが如し」③目がよく見えるさま。*今昔(1120頃か)四・四「願くは此の衆(もろもろ)の涙を以て彼の盲したる眼を洗はむに、明(あきらか)なる事を得て、見る事、本の如(ごとく)ならむと」*サントスの御作業(1591)一・サンパウロ「Anima ノ マナコ ワ aqiraca (アキラカ)ヲ エ タマウ ナリ」④心が純粋なさま。邪心のないさま。正直なさま。*古文真宝笑雲抄(1525)一〇「赤心と云は明なる心ぞ。少も無他心ぞ」*滑稽本・大わらい臍の西国(1861-64頃)「正直なをあきらかなといふ」 語誌「あく(明)」の派生語で、「あかる」「あかるし」「あきらけし」「あきらむ」などと類をなす。本来明暗にかかわる語の「あか・あかし(赤)」とも関係があり、閉ざされていたり暗くて見えない状態の反対で、すみずみまで明るく、よく見える状態をいい、そこから物事が明白な状態②㋑、さらに精神的にも暗い部分のない、潔白な状態①㋑や道理に明るい状態(②㋺)をも表わすようになった。 語源説(1)アキ(明)の語根に、助辞ラのついた語〔大言海・日本語源=賀茂百樹〕。(2)アメキヨラカ(天清)の中略〔紫門和語類集〕。(3)アキイリアカ(明入赤)の義。リアの約ラ。アは顕わす、キは限りを極むる意。夜明けに入り四海かくれたる物なしという義〔国語本義〕。 発音〈標ア〉キ〈ア史〉平安〇〇●〇 室町●〇〇〇〈京ア〉ラ 辞書字鏡・色葉・名義・和玉・文明・伊京・饅頭・黒本・易林・日葡・書言・ヘボン・言海 表記明(色・名・玉・文・饅・黒) 察(色・名・玉・文・黒) 炳・章・昭(色・名・玉・文) 詮(色・名・玉・伊) 昱(字・名・玉) 朗・陽・暁・曙・皓・詳・皎・呈・在・信・坦・目・宣・杲・爽・発・顕(色・名・玉) 甄(名・玉・書) 灼・著・照・暸・判・時・晰・赫・了・玄・肆・霰・静・惁・蔚・孱・触・研・拱・招・揚・靡・愧(色・名) 験・叡・奮(色・玉) 彰・晶・鏡・昌・晳・睹・暐・曤・晞・皓・旦・晣・明・徹・敞・呥(名・玉) 諒(名・文) 皛(名・書) 晟(玉・書) 炳然(易・書) 禼・哲利(色) 聰・分明・爛然(名) 鑑・帝・白(玉) 精(文) 平章(易) 冏(書)

同訓異字 **あきらか【明・昭・晃・朗・章・晶・彰・瞭・顕】**

【明】(メイ・ミョウ) 光ってあかるい。隠す物がなくあかるい。きよい。「明暗」「明星」「失明」また、心などにくもりがない。「明朗」「公明」 転じて、よく分かるようにする。あきらかにする。「明確」「明快」「解明」《古 あきらかなり・あかす・あく・あらはす・きよし》

【昭】(ショウ) 日がひかりかがやく。はっきりとあらわれる。「昭和」《古 あきらかなり・ひかり・てらす》

【晃】(コウ) 日の光がかがやく。ひかっていて曇りがない。《古 あきらか・てる・ひかり》

【朗】(ロウ) ほがらか。澄んで明るい。高らか。「朗詠」

「朗報」「明朗」《古 あきらかなり・ほがらかなり》
【章】（ショウ）はっきりした形で示されている。表にくっきりとあらわれている。《古 あきらかなり》
【晶】（ショウ）よく澄んで、ひかりかがやいている。「結晶」「水晶」《古 あきらか・あらはす》
【彰】（ショウ）程度がはなはだしくてまぎれがない。はっきりとあらわす。あらわれる。「彰義」「表彰」《古 あきらかなり・あらはす・あらはる》
【瞭】（リョウ）瞳が澄んでいる。転じて、はっきりとしてまぎれがない。「瞭然」「明瞭」
【顕】（ケン）表にはっきりあらわれている。あらわす。「顕彰」「顕在」「顕著」また、よく知られている。著名である。「貴顕」《古 あきらかなり・あらはす》

あきらかなる所（ところ） 極楽浄土。＊源氏（1001〜14頃）若菜上「そこには猶、思ひしやうなる御世を待ちいで給へ。あきらかなる所にて、また、対面はありなむ」

あきらか-さ【明―】〘名〙（「さ」は接尾語）はっきりしていること。＊信心録（ヒイデスの導師）（1592）二・一二「ソノ アマキ アヂワイト フンベツ ノ aqiracasa（アキラカサ）」 発音〈標ア〉カ

あきらか-・す【明】〘他サ変〙あきらかにする。証明する。＊書紀（720）舒明即位前（北野本訓）「近く侍ふ諸の女王及び采女等悉（ふつく）に知れり。且大王察（アキラカスル）所なりといひつとまうす」

あきらか-・る【明―】〘自ラ四〙あきらかになる。はっきりする。＊韻字集（1104〜10）「明 アキラカル」

あきら-け・し【明―】〘形ク〙①事柄がはっきりしていて疑う余地がない。明白である。＊万葉（8C後）一六・三八八六「何せむに 吾（わ）を召すらめや 明久（あきらけく） 吾が知ることを 歌人と 吾を召すらめや（乞食者）」＊享和本新撰字鏡（898〜901頃）「爌 怳 分明也、寛明也、佐也介之、明介志」＊拾遺（1005〜07頃か）神楽歌・六一三「万代をあきらけく見む鏡山千年のほどはちりもくもらじ〈中務〉」＊平家（13C前）三・医師問答「定業又治するに堪（たへ）ざる旨あきらけし」＊信長記（1622）一五上・武田四郎御退治のために信濃の国へ発向の事「心は一身の主宰なる事明（アキ）らけし」②けがれ、よごれ、曇り、濁りなどがなくてきれいである。清らかである。＊書紀（720）白雉元年二月（北野本訓）「清白（アキラケキ）意を以て、神祇に敬奉りて」＊万葉（8C後）二〇・四四六六「しきしまの大和の国に安伎良気伎（アキラケキ）名に負ふ伴（とも）の緒心つとめよ〈大伴家持〉」＊大鏡（12C前）一・後一条院「あきらけき鏡にあへば過ぎにしも今ゆく末のことも見えけり」＊謡曲・布留（1428頃）「月もろともに明らけき、みひの光も照り添ふや」③（物事に明るい意）かしこくすぐれている。賢明である。＊源氏（1001〜14頃）若菜上「かく末の世のあきらけき君として、来し方の御面をもおこし給ふほいのこと」＊増鏡（1368〜76頃）一・おどろの下「よろづの道々にあきらけくおはしませば」 発音〈標ア〉ケ〈京ア〉ラ 〈上仮名〉アキラケシ 辞書 字鏡・名義・言海 表記 昧・灼然（名）明（言）

あきら-の-みや【明らの宮】 応神天皇の皇居。奈良県橿原市大軽町の春日神社付近にあったと伝えられる。軽島宮。軽島明宮。豊明宮。 発音〈標ア〉〇

あきら・む【明】 ■〘他マ下二〙⇨あきらめる（明）。■〘自マ四〙物事が明らかになる。晴れやかになる。→「あきらめる（明）」の語誌。＊たまきはる（1219）「ならはぬ御たびゐの心ぐるしさを、むすめのもとに、ひまなく言ひやれど、おぼつかなさの、あきらむかたなし」＊サントスの御作業（1591）サンバルランとサンジョサハツ「クモリシ チエ モ aqiramite（アキラミテ）」＊日葡辞書（1603〜04）「Aqirami, u, ŏda（アキラム）〈訳〉ある事が明らかになる、確かめられる」 発音〈標ア〉ラ 辞書 日葡

あきら・む【諦】〘自マ下二〙⇨あきらめる（諦）

あきらめ【明】〘名〙（動詞「あきらめる（明）」の連用形の名詞化）物事を明らかにすること。はっきり知ること。＊石清水文書-天文二三年（1554）一〇月二〇日・中坊孝海田地売券（大日本古文書四・一四一五）「違乱煩申輩出来候者、何時成共、売主其明可申者也」＊日葡辞書（1603〜04）「Aqirame（アキラメ）〈訳〉ある事を明白にすること。調査すること」 辞書 日葡・ヘボン 表記 諦（へ）

あきらめ【諦】〘名〙（動詞「あきらめる（諦）」の連用形の名詞化）仕方がないと思い切ること。断念。＊雑俳・柳多留-九（1774）「あきらめがよすぎて後家のにくらしさ」＊当世書生気質（1885〜86）〈坪内逍遥〉三「親父（おやぢ）は、我輩よりも断念（アキラメ）がよくって」＊青年（1910〜11）〈森鴎外〉一四「すぐに諦（アキラ）めの感じが起る」 発音〈標ア〉〇〈ア〉ラ〈京ア〉〇 辞書 ヘボン・言海 表記 諦（へ）

あきらめ が 付（つ）く あきらめるという気持になる。あきらめることができる。＊うつせみ（1895）〈樋口一葉〉三「誠の親馬鹿といふので有らうが平癒（なほら）ぬほどならば死ねとまでも諦（アキラメ）がつきかねるもので」＊椀久物語（1899）〈幸田露伴〉六「酷いことといふ人嬲（なぶ）りな、為や不為に諦（アキラ）めの付くは真実（まこと）の恋ならず」

あきらめ は 心（こころ）の 養生（ようじょう） あきらめることは心の健康によい。失敗や不運をいつまでもくやまずに思い切るのがよいということ。

あきらめ を 付（つ）ける きっぱりとあきらめる。あきらめる決心をする。＊坑夫（1908）〈夏目漱石〉「是で自分も四つん這ひにならなくっちゃ仕方がないと諦（アキラ）めを附けた」＊安土の春（1926）〈正宗白鳥〉一「その男は信玄公御在世の頃の御威勢が影も形もなくなったのに諦めをつけて、御奉公先から出奔して」

あきらめ-き・る【諦切】〘他ラ五（四）〙すっかりあきらめる。きっぱり断念する。＊オリンポスの果実（1940）〈田中英光〉二「ひとから侮辱されて抵抗の手段がないと諦め切る時ほど、悲しい事はありません」 発音〈標ア〉キ〇

あきらめ-さた【明沙汰】〘名〙①中世、不動産の売買で、必要に応じて売り主が買い主のために売買契約が正当であることを証言すること。＊東寺百合文書-メ・文永五年（1268）三月一一日・比丘尼妙阿彌陀仏私領田沽却状「雖ニ後々将来一、更不レ可レ有ニ他異論妨一者也、兼又万壱仁煩出来之時者、此連署人等令ニ相懸之一、可レ致ニ明沙汰一也」＊東寺百合文書-メ・正安三年（1301）一一月二七日・平氏女私領沽却状「若又万か一もわつらひいてきたらむ時は、此連署の人々あいかかりて、三十ケ日内にあきらめさたをいたすべき物也」②中世、訴訟時に当事者が自身の立場が正当であることを弁明すること。＊保坂潤治氏所蔵文書-二・正応四年（1291）一〇月五日・鎌倉幕府問状「法金剛院領甲斐国稲積庄年貢事、御室御消息遣之、無ニ殊子細一者、早可レ令レ致ニ明沙汰一状」

あきらめ-どき【諦時】〘名〙決心してあきらめる時機。あきらめなければならないとき。あきらめどころ。＊佐渡流人行（1957）〈松本清張〉一三「もうよい。これが諦めどきだ」 発音〈標ア〉〇

あきらめ-どころ【諦所】〘名〙「あきらめどき（諦時）」に同じ。＊ありのすさび（1895）〈後藤宙外〉二「表沙汰にしては、いよいよ恥の上塗と、流石（さすが）に此所が諦めどころと、気がつき」 発音〈標ア〉〇

あきらめ-もう・す【明申】〘他サ四〙①中世の訴訟法で、訴人（原告）の提出した訴状具書に対して、論人（被告）が陳状を提出するなど、その件について弁明をする。＊出光佐三蔵宗像文書-延慶三年（1310）一二月六日・鎮西下知状（鎌倉遺文三一・二四一三〇）「重加ニ催促一之処、如ニ宗経等執進去年三月十八日注進請文一者、早速以ニ代官一可ニ明申一之由、雖レ載レ之」＊三宝院文書-文明一〇年（1478）一〇月四日・幕府奉行連署奉書「湯河新庄司政春申、山城国山科郷内大塚遠江入道弁一族等跡事、不日可レ被ニ明申一之由候也」②中世の売券のいわゆる担保文言の中にみえる語。主として、法廷で、売り主または請け人が買い主に代わって売買された物件の権利関係の正当性を説明する。＊東寺百合文書-ト・応安四年（1371）五月一四日・僧行誉田地売券「若万之一於ニ此田地違乱煩出来一者、為ニ請人沙汰一可ニ明申一候、且又相ニ懸本人請人一可レ被ニ譴責一候也」＊勧修寺文書-九・永享三年（1431）一一月城了田地売券「万一不慮之煩出来候者、不日可ニ明申一、猶以不ニ事行一者、為ニ請人一可ニ償申一」

あきらめ-もの【諦物】〘名〙あきらめることを、ひとごとのように、ややおどけていう表現。＊にごりえ（1895）〈樋口一葉〉一「どうで諦（アキラ）め物（モノ）で別口へかかるのだが」

あきら・める【明】〘他マ下一〙図あきら・む〘他マ下二〙①（心を）明るくする。晴れやかにする。さわやかにする。＊万葉（8C後）一八・四〇九四「陸奥（みちのく）の 小田なる山に 金（くがね）ありと 申し給へれ 御心を 安吉良米（アキラメ）給ひ〈大伴家持〉」＊源氏（1001〜14頃）早蕨「なげかしき心のうちもあきらむばかり、かつは慰め、またあはれをもさまし、さまざまに語らひ給ふ御さま」②明らかにする。はっきり見定める。事情などを明白に知る。判別する。＊書紀（720）皇極四年六月（岩崎本訓）「臣（やつこ）罪を知らず。乞ふ、垂審察（アキラメ）たまへ」＊石山寺本金剛般若経集験記平安初期点（850頃）「堤の為に設計して豪人と客戸とを糺（ただ）し察（アキラメ）しむ」＊徒然草（1331頃）一三五「ここもとのあさき事は、何事成りともあきらめ申さん」＊日葡辞書（1603〜04）「マヨイヲ aqiramuru（アキラムル）〈略〉リヒヲ aqiramuru（アキラムル）〈略〉ダウリヲ aqiramuru（アキラムル）」＊読本・雨月物語（1776）貧福論「往古（いにしへ）に富る人は、天の時をはかり、地の利を察（アキ）らめて、おのづからなる富貴を得るなり」＊小学読本（1874）〈榊原・那珂・稲垣〉三「其詳なるは動物学に従事して晰らむべし」＊浮雲（1887〜89）〈二葉亭四迷〉三・一六「自ら真相を看破（アキラ）めるといふには至らずして、動（やや）もすれば浅膚の見に陥いる」 語誌 (1)上代では①のように、花や景色を「見」て心を曇りない状態にし、晴れ晴れさせることをさす。中古には自動詞となって心が晴れ晴れしくなることにも使った（→あきらむ■）。(2)中古には「言ふ」「聞く」などと複合する例が多く、事情を明らかにする意味になる。この明らかにする意味が中世・近世へと続き、複合語にも「問ひあきらむ」「あきらめ知る」などが生まれる。(3)この意は文語的表現の中で現代まで続き、抽象的な意味の語を目的語とする。口頭語の世界では、近世になると「…と、あきらむ」の形をとって心にはっきり決める、迷いを断ち切るという意を表わすようになり、さらに目的語を明示しない形で「断念する」ことをいう現代の「諦（あきら）める」につながっていく。→あきらめる（諦）。 発音〈標ア〉ラ〈京ア〉ラ 〈上仮名〉アキラム 辞書 名義・和玉・文明・易林・日葡・書言・ヘボン・言海 表記 察（名・文・易・書）明（玉・文・易・言）審（文・書）諭・鏡・昭・関・霊・覈（名）確・沃・體・忻・慧・訂・覈・監・侃・曤（玉）暁（文）朗・晃・皎・晶・晧・明審（易）詮（書）諦（へ）

あきら・める【諦】〘他マ下一〙図あきら・む〘自マ下二〙仕方がないと思い切る。断念する。→「あきらめる（明）」の語誌。＊浄瑠璃・蝉丸（1693頃）一「ぜひなき事とあきらめ給へ」＊人情本・春色梅児誉美（1832〜33）後・一一齣「悪人ではなくっても身のためにわるいといって、あきらめられるくらゐなら」＊狐の裁判（1884）〈井上勤訳〉六「俺が思ひの足らざる罪と私に断念（アキラ）め得べけれど」＊暗夜行路（1921〜37）〈志賀直哉〉

一・五「然し、『世の中とはこんなものだ』かう簡単に諦(アキラ)めて断念する事も出来なかった」 語源説 (1)道理をアキ(明)らめて断念すること〔日本語源=賀茂百樹〕。(2)うっとうしい胸の中が晴れあけゆくこと〔大言海〕。 発音 〈標ア〉メ 〈京ア〉0 文『あきらむ』〈標ア〉ラ 〈京ア〉0 辞書 易林・書言・ヘボン・言海 表記 諦(易・書・ヘ)

あき-らん【秋蘭】〘名〙植物「ふじばかま(藤袴)」の異名。＊当世書生気質(1885-86)〈坪内逍遙〉一一「同じさまにて趣なき、秋蘭(アキラン)、蘇鉄(そてつ)など鉢植にして」＊楚辞-離騒「扈二江離与辟芷一兮、紉二秋蘭一以為レ佩」

あき-りょう【空寮】〘名〙小さな空き家。また、空いている郊外の小別邸。＊人情本・閑情末摘花(1839-41)四・二一回「いと閑清に住なしたる、明寮(アキリャウ)のありければ、直にこれを借うけて、浜崎町より引うつらし」 発音 アキリョー 〈標ア〉0

あき・る【呆・惘】〘自ラ下二〙⇨あきれる(呆)

あ・きる【飽・厭・倦】〘自カ上一〙(四段活用の「あく(飽)」から転じて、近世後期ごろから江戸で使われるようになった語) ①十分になってもうたくさんだと思う。物事が長く続いたりして、いやになる。興味がなくなる。＊洒落本・契情買言告鳥(1800)上「ばかのろいがあきられるまではそんなゐよふなことではつきださされねへ」＊滑稽本・素人狂言紋切形(1814)下「斯(かう)おそくてはあきるはな」＊浮雲(1887-89)〈二葉亭四迷〉三・一六「感染(かぶ)れる事の早い代りに、飽きる事も早く」＊雁(1911-13)〈森鷗外〉二一「肘の上二三寸の所まで見えるふっくりした臂(ひぢ)が、末造のためにはいつまでも厭(ア)きない見ものである」 ②(動詞の連用形に付けて補助動詞的に用いる) 十分に…する。…することにあきあきする。＊幼学読本(1887)〈西邨貞〉七「蚕が已に食ひ飽きて最早少しも食はざる頃は」＊にごりえ(1895)〈樋口一葉〉七「つくづく聞き飽(ア)きてもう厭やに成った」＊或る女(1919)〈有島武郎〉後・二八「倉地も葉子に譲らない程の執着を以て葉子が捧げる杯から歓楽を飲み飽きようとするらしかった」 発音 〈なまり〉アエル〔淡路〕アグ〔島根・周防大島・伊予大三島〕エク〔豊後〕〈標ア〉キ 〈京ア〉0 辞書 言海

同訓異字 **あきる【飽・厭・倦】**
【飽】(ホウ) 腹が一杯になって、食べ物にあきる。「飽食」転じて、気持や物などが、必要以上に満ち足りる。満ち足りすぎてあきる。「飽満」「飽和」《古 あく・すぐる・あきみつ》
【厭】(エン) いやになるほど満ち足りる。あきていやになる。「厭世」「厭戦」《古 あく・いとふ・うみたり》
【倦】(ケン) 疲れていやになる。あきて気力が起こらない。「倦怠」「倦惰」《古 うむ・つかる・ものうし・いたむ》

あきるの【あきる野】 東京都西部の地名。秋川市と五日市町が合併して、平成七年(一九九五)市制。秋川が市域を貫流する。

あきれ【呆・惘】〘名〙(動詞「あきれる」の連用形の名詞化) あまりのことにひどいと思うこと。あっけにとられること。＊滑稽本・浮世風呂(1809-13)二・下「おめへまだ這入て居るかな。あきれが湯気に上らア」 発音 〈標ア〉0 辞書 言海 表記 呆(言)

あきれ が=宙返(ちゅうがえ)りをする[=とんぼ返(がえ)りをする] 「あきれかえる」をしゃれていう。ひどくあきれる。＊洒落本・辰巳婦言(1798)四つ明の部「あきれが中返(チウがへ)りをして、葺屋町(ふきやてう)川岸へかるわざを出さア、ばかばかしひ」＊洒落本・松登妓話(1800)二「きなんすなもすさまじい。あきれがとんぼけへりをしそくなって、かっぱそうてんのかうやくをはりそうだ」

あきれ が舞(ま)う ひどくあきれる。あきれかえる。

あきれ が=礼(れい)に来(く)る[=お礼(れい)] あまりあきれて、かえってあきれの方から礼に来る。あきれかえって、その上おつりがくる。ひどくあきれる。＊雑俳・口よせ草(1736)「来る人は来いであきれが礼に来る」＊洒落本・無陀物語(1781)「死んだ人に道を教へて遣るとはあきれが股引で礼に来る」＊諺苑(1797)「あきれが礼に来(クル)」＊滑稽本・古今百馬鹿(1814)上「『おれほど老実(まじめ)な者はねえぜ』『ヘンあきれがお礼だ』」

あきれ も=しない[=せぬ] (「あきれる」に打消の語をつけて意味を強めた表現) ひどくあきれていいようもない。＊雲形本狂言・鐘の音(室町末-近世初)「あきれもせぬ事ぢゃ」＊咄本・昨日は今日の物語(1614-24頃)下「『さてさて、よき算用や』とて、あきれもせなんだ」＊咄本・無事志有意(1798)稽古所「此里風さんは、あきれもしない、何をしなさる」＊滑稽本・浮世風呂(1809-13)二・上「手手(てんでん)の好で子を拵(こせへ)て自慢らしい。あきれもしねへといふことさ」＊土(1910)〈長塚節〉一四「黄色に熟する梅の小枝を苦めて居る蚜蟲(あぶらむし)も滅亡して畢ふ程の霖雨が惘(アキ)れもしないで降り続く」 方言 あまりのことに呆然(ぼうぜん)とする。◇あきれもされない・あきれもさんない 埼玉県川越255

あ-ぎれ【足切】〘名〙足の指の切り傷。いぎれ。＊俚言集覧(1797頃)「あぎれ 足の指にきれたる疵のできたるを云又いきれとも云足切の義なるべし」 方言 ❶寒さのため皮膚に生じる亀裂。ひび、あかぎれの類。青森県069 072 076 山形県139 ◇あぎり 岩手県気仙郡100 山形県139 ◇あいぎれ 青森県上北郡074 ❷足の指の屈伸部分の裂傷。茨城県062 群馬県勢多郡236 埼玉県北足立郡062 東京都八王子311 神奈川県津久井郡317 新潟県361 371 ◇あぎり 新潟県中頸城郡383 ❸足の裏が鋭く切れること。長野県佐久493

アキレア〘名〙(ラテン Achillea) キク科ノコギリソウ属の植物の属名。一般には、ノコギリソウ、セイヨウノコギリソウなど、花を観賞するための園芸種をいう。学名は Achillea 発音 〈標ア〉キ

あきれ-いた・し【呆痛】〘形ク〙意外で、まったくどうしてよいかわからない。まったく途方にくれている。＊浜松中納言(11C中)四「いと思ひかけぬさまに、なごりなくあくがれ出でぬるに、語りたまひし夢の心ちして、あきれいたくおぼゆれど」＊夜の寝覚(1045-68頃)一「よにしらず乱り心地あきれいたきになにごとも思ひ給へわかれず」＊増鏡(1368-76頃)一五・むら時雨「よろづうきうきと、我も人もあきれいたくて」

あきれ-い・る【呆入】〘自ラ四〙「あきれかえる(呆返)」に同じ。 発音 〈標ア〉イ

アキレウス (Akhilleus) ギリシア神話の英雄。ペレウスとテティスの子。ホメロスの「イーリアス」の主人公。トロイ戦争中、トロイ一の英雄ヘクトルを一騎討ちで破る。幼時母が冥界のステュックス河に浸して不死身としたが、かかとだけ浸さなかったのでアポロン(一説にパリス)にそこを矢で射られて死ぬ。ラテン名はアキレス。 発音 〈標ア〉レ

あきれ-かえ・る【呆返】〘自ラ五(四)〙あまりのことにまったくひどいと思う。非常にあきれる。あきれ果てる。＊洒落本・傾城買二筋道(1798)冬の床「おめへはあきれけへるよ」＊滑稽本・浮世床(1813-23)初・下「なる程いたづらな調市(でっち)だのう慌帰(アキレケヘ)るぜ」＊当世書生気質(1885-86)〈坪内逍遙〉三「実にあきれかへった。粗忽(そそっか)しい男だ」＊月は東に(1970-71)〈安岡章太郎〉三「自分で自分にアキれ返らざるを得なかった」 発音 〈標ア〉カ 〈京ア〉0

あきれ-がお【呆顔】〘名〙あきれた顔つき。あっけにとられた顔つき。＊二人むく助(1891)〈尾崎紅葉〉五「これ此に足がござるぞと、毛臑(けずね)をたたけば大椋助(むくすけ)呆顔(アキレガホ)にて」＊大つごもり(1894)〈樋口一葉〉下「驚きたるやうの惘(アキ)れ顔(ガホ)して」 方言 とぼけたような不器量な顔。新潟県佐渡352 発音 アキレガオ 〈標ア〉0

あきれ-ぎみ【呆気味】〘形動〙(「ぎみ」は接尾語) あっけにとられるさま。物事の程度のはなはだしさに驚くさま。＊薄衣(1899)〈永井荷風〉一「顔を背向けた御新造の様子に、老婢は少しく呆気味(アキレギミ)で、何か云出さうとして其儘口を噤んで了ったが」 発音 アキレギミ 〈標ア〉0

あきれ-き・る【呆切】〘自ラ五(四)〙すっかりあきれる。あきれかえる。＊滑稽本・八笑人(1820-49)二・上「イヤハヤあきれきったもんだ」 発音 〈標ア〉キ2

あきれ-ぐさ【呆種】〘名〙人をあきれさせる材料。＊浮世草子・新色五巻書(1698)序「文字かんなのあやまりも見ん人の笑草・あきれ草の種にまき散しける」

あきれ-ごえ【呆声】〘名〙あきれて発する声。あきれたような声。＊鶯(1938)〈伊藤永之介〉「うわあ、これぁ本当に男だべか、と三好巡査はあきれ声を出したが」 発音 アキレゴエ 〈標ア〉ゴ 0

あきれ-ごこち【呆心地】〘名〙意外でどうしてよいかわからないような心持。茫然自失の気持。＊たまきはる(1219)「ねたるままのあきれ心地に、御前のおぼつかなくて、東(ひんがし)の台盤所へ入りて」

あきれ-ざま【呆様】〘名〙あきれている様子。＊平家(13C前)三・公卿揃「をかしかりしは入道相国(しゃうこく)のあきれざま」

あきれ-さわ・ぐ【呆騒】〘自ガ四〙どうしてよいかわからず、うろたえる。＊天草本平家(1592)二・七「コレ ワ ナント ショウ ゾト アッテ、ゴショヂュウ ノ ニョウボウ タチ aqire sauagareta (アキレ サワガレタ)」

アキレス (ラテン Achilles) 「アキレウス」のラテン名。

アキレス の 踵(かかと) (ギリシア神話の英雄アキレウスはかかとを矢で射られて死んだところから) 弱点。ウイーク-ポイント。アキレス腱(けん)。＊蒼ざめた馬を見よ(1966)〈五木寛之〉一「それは彼の少年時代からの逆らうことのできない性癖だった。アキレスの踵みたいなものだ」

アキレス-けん【—腱】〘名〙(アキレスは Achilles) ①ふくらはぎの下部にある腓腹(ひふく)筋とひらめ筋と、かかとの骨の隆起部とを結びつけている腱。人体中最大の腱で歩行に重要な働きをする。ギリシア神話の英雄アキレウスに由来する名。踵骨腱(しょうこつけん)。→アキレウス。＊重訂解体新書(1798)一・名義解・下「窒吉力斯(アッキリス)腱は一箇の大腱にして」＊青春と泥濘(1947-49)〈火野葦平〉一二「豆が痛み、アキレス腱がひきつって歩けないとき」 ②(アキレウスの故事から) 強力な者が持っているただ一か所の弱点。 発音 〈標ア〉スレ 〈京ア〉ス

あきれ-は・てる【呆果】〘自タ下一〙 文 あきれは・つ〘自タ下二〙 ①どうしたらよいかわからないで、まったく茫然とする。すっかり途方にくれる。＊謡曲・敦盛(1430頃)「せん方波に駒を控へ、呆れ果てたる有様なり」＊日葡辞書(1603-04)「Aqire fate, tçuru, eta (アキレハツル)〈訳〉すっかり、そして常軌を逸したようにあっけにとられる」＊浄瑠璃・神霊矢口渡(1770)二「跡に兵庫は鞆(アキ)れ果、〈略〉ヱヱ是非もなき次第やと、どっかと座して男泣」 ②あまりのことに、まったくひどいと思う。ひどくてすっかりあいそをつかす。＊咄本・喜美賀楽寿(1777)計策「先生あきれはて、ほっとためいきをつきながら、今は世が悪がしこくなって、蚊さへ大躰(たいてい)なはかりことではいかぬ」＊怪談牡丹燈籠(1884)〈三遊亭円朝〉二一「御主人様を殺し、金を盗みしといふは呆れ果てて物が云われぬ」 発音 〈標ア〉テ 〈京ア〉0 辞書 日葡

あきれ-まど・う【呆惑】〘自ハ四〙驚いてどうしてよいかわからなくなる。意外な事に出あっておろ

おろする。＊落窪(10C後)三「人々あきれまどひて、殿に走り来て」＊源氏(1001-14頃)総角「あさましげにあきれまどひ給へるを」＊読本・雨月物語(1776)蛇性の婬「聞くにあさましう、身の毛もたちて恐しく、只あきれまどふを」

あきれ-まよ・う【呆迷】〘自ハ四〙「あきれまどう(呆惑)」に同じ。＊太平記(14C後)二〇・義助重集敗軍事「いつしか兵皆あきれ迷(マヨフ)て、只忙然(ばうぜん)たる外は指たる儀勢もなかりけり」

あき・れる【呆・惘】〘自ラ下一〙図あき・る〘自ラ下二〙①意外なことにあってどうしてよいかわからなくなる。途方にくれる。あっけにとられる。茫然とする。＊蜻蛉(974頃)中・天禄元年「かうしもとりあつめて、肝をくだくことおほからんと思ふに、はてはあきれてぞゐたる」＊源氏(1001-14頃)夕顔「いとあわただしきに、あきれたる心地し給ふ」＊平家(13C前)三・御産「入道相国、二位殿、胸に手をおいて、『こはいかにせん、いかにせむ』とぞあきれ給ふ」＊幸若・大臣(室町末-近世初)「ちからをよばず大臣は、うかりし嶋に又もどりそなた計を、見送りてあきれてたたせ給ひけり」②物事の程度のはなはだしさに茫然とする。㋑(軽蔑・あざけりの気持を含んで用いる)あまりにひどく、あいそをつかす。＊捷解新語(1676)四「さてさてあきれたおしらるやうかな」＊人情本・春色梅児誉美(1832-33)三・一八齣「アレマアあきれるヨ。サアソレよく眼をあいてごらんナ」＊安愚楽鍋(1871-72)〈仮名垣魯文〉三・下「イヤおころさんの口のわるいのにゃアあきれるヨ」＊かし間の女(1927)〈永井荷風〉「あきれて物が言へない」㋺(感嘆の気持を含んで用いる)すばらしさに驚く。＊御伽草子・文正草子(室町末)「くゎんげんの音、みみにあきれたるふぜいなり。おもしろさたっとさ、心もをよばず」＊黄表紙・化物太平記(1804)上「自然とたいゆうの器量そなはり、そのうへさいちすぐれて、化物仲間あきれるくらひ」方言❶嫌になる。飽きる。栃木県198 岐阜県益田郡502 島根県石見725 熊本県玉名郡058 ❷感服する。島根県725 熊本県玉名郡058 ❸閉口する。熊本県玉名郡058 ❹目が覚める。香川県塩飽諸島829 語源説(1)目も口もあきひろげた形容から〔俗語考〕。(2)口をアキアレル(開有)の意〔名言通〕。(3)アキレル(文断)の義〔紫門和語類集〕。(4)アアキレ(嗟切)の意〔日本語源＝賀茂百樹〕。(5)アアキエアルル(噫消荒)の義〔日本語原学＝林甕臣〕。(6)アギキルル(顎切)の約〔言元梯〕。(7)アサ、ケミ、ラルの反〔名語記〕。発音〈なまり〉アギエル〔秋田〕アギネル〔津軽ことば・津軽語彙〕アクネル〔岩手〕アグネル〔山形〕アケッナッ〔鹿児島方言〕〈標ア〉[0]〈ア史〉江戸『あきるる』●●●●〈京ア〉[0] 文『あきる』〈標ア〉[0]〈京ア〉[0] 辞書文明・日葡・ヘボン・言海 表記忙然(文) 呆(言)

あき-わすれ【秋忘】〘名〙(収穫の労苦を忘れる意)刈り上げの祝い。各地の農村で行なわれる稲の収穫祝い。方言鳥取県西伯郡064

あきんど【商人】〘名〙(「あきびと」の変化した語)商売を業とする人。しょうにん。あきゅうど。あきうど。＊大慈恩寺三蔵法師伝院政期点(1080-1110頃)一「私に商人(アキムト)と与(とも)に侶(ともがら)を結びて舟を三峡に汎べ」＊虎明本狂言・鍋八撥(室町末-近世初)「そちがしゃうばい人ならは、身共はあきんどじゃ」＊ロドリゲス日本大文典(1604-08)「Aquindo(アキンド)。アキュウド、シャウバイニン〈訳〉商人」＊浮世草子・世間胸算用(1692)二・二「商人(アキント)何として身躰(しんだい)つづくべし」＊門(1910)〈夏目漱石〉二三「三十代の商人(アキンド)らしい男が、漸く春らしくなったと云って」方言❶家々を回り歩いて、ものを売る人。行商人。北海道064 青森県073 岩手県気仙郡100 千葉県房州054 新潟県佐渡351 東蒲原郡368 山梨県南巨摩郡463 長野県佐久493 静岡県534 三重県伊賀585 兵庫県赤穂郡661 鳥取県716 717 島根県724 岡山県真庭郡747 広島県高田郡779 香川県829 愛媛県周桑郡054 高知県幡多郡860 熊本県919 924 大分県941 ◇あきんぞ 鳥取県西伯郡054 ❷魚商人。岩手県上閉伊郡097 宮崎県児湯郡054 ❸商家。◇あきうっど 熊本県上益城郡919 ❹ものを仕入れに来る人。仲買人。群馬県勢多郡236 新潟県西頸城郡382 三重県志摩郡585 ❺素人が品物の売買の仲介をすること。新潟県佐渡352 ❻虫、てんとうむし(天道虫)。山口県大島801 →あきない(商)。発音〈なまり〉アキウッド・アキュッド〔熊本分布相〕アギド〔岩手〕アキュード〔和歌山・長崎・熊本分布相〕アキョンド〔信州上田〕アキュンド〔長崎〕〈標ア〉[キ]〈ア史〉江戸●●○○と●○○○の両様〈京ア〉㊀/[キ] 辞書和玉・文明・明応・饅頭・黒本・書言・ヘボン・言海 表記商人(文・明・饅・黒・書・へ・言) 賈人(文・黒) 商・賓(玉)

あきんどと屏風(びょうぶ)は＝曲(ま)がらねば世(よ)に立(た)たず[＝直(すぐ)に立(た)たぬ]　屏風は折り曲げないと倒れてしまうように、商人も自分の感情を抑えて客の意を迎えなければ成功しないということ。＊俳諧・鷹筑波(1638)三「すぐてはたたぬ世の中そかし　商(アキ)人の屏風(ひゃうふ)にしのをしつらいて〈定之〉」＊町人嚢(1692)一「去商人常の口くせに、商人と屏風は曲(ユガ)まねばたたずといひて、手わろきわざもありしに」＊浮世草子・諸商人世帯気質(1736)四・三「商人(アキンド)と屏風は直にたたぬといふ諺は、邪(よこしま)の心を持てといふ世話にはあらず」

あきんどに系図(けいず)なし　商人の出世は、家柄によらず、商売の手腕によるということ。

あきんどの空誓文(からせいもん・そらせいもん)　商人の言動には駆け引きが多くて信用しがたいことをいう。あきゅうどの空誓文。＊狂歌・吾吟我集(1649)六「あき人のそらせいもんのたぐひ哉まだねもせざる君がかねごと」＊諺苑(1797)「商人(アキント)のそら誓文。〈略〉からせいもんとも云」

あきんどの空値(そらね)　商人のつける値段には駆け引きが多い。また、信用しがたいということ。

あきんどの元値(もとね)　(商人は口癖のように、これでは元値がきれると言って売ることから)商人のいう元値には駆け引きが多い。また、信用しがたいということ。

あきんどは牛(うし)の涎(よだれ)　商人は利益は細くても、牛のよだれのように、永続きすることをはかるべきだ。

あきんどは損(そん)していつか倉(くら)が建(た)つ　商人はいつも損をしたと口癖に言いながら、いつのまにか金持になる例が多い。

あきんどは損(そん)と元値(もとね)で暮(く)らす　商人は、損をして売る、元値で売ると言いながら、それによって毎日のもうけを得て暮らしている。

あきんどは損(そん)をして得(とく)をとれ　商人は多少の損を覚悟で商いをしないと、多くの利益は得られないものだ。＊落語・位牌屋(1896)〈三代目柳家小さん〉「商人(アキンド)は損を為(シ)て徳を取れと云ふ様な事がある」

あきんどは腹(はら)を売(う)り客(きゃく)は下(した)より這(は)う　商人は、まず掛け値を言って次第に値引きして売り、客は初め安い値を言って段々に値を上げられて買うのがならわしである。

あきんどは矢(や)の下(した)くぐれ　商人は危険を冒さないと大利を得ないものだ。危険な所に大利あり。

あきんど-かいしょ【商人会所】〘名〙 近世の長崎貿易に関連して、京・江戸・大坂・堺・長崎の商人間に作られた組合。しょうにん会所。＊改正増補和訳英辞書(1869)「Bourse 商人会所(アキンドクヮイショ)」

あきんど-かたぎ【商人気質】〘名〙 商人特有の、損得に敏感な気性。勘定高い商人の気質、習慣。＊浮世草子・日本永代蔵(1688)二・五「此の問屋に数(す)年あまた商(アキ)人形(カタ)気を見及びけるに」発音アキンドカタギ〈標ア〉[カ]

あきんど-ごころ【商人心】〘名〙「あきんどかたぎ(商人気質)」に同じ。＊浮世草子・世間胸算用(1692)四・四「それはみな、商人(アキンド)心といふものなり」

あきんど-だな【商人店】〘名〙 商いをしている店。商店。＊落語・出来心(1896)〈三代目柳家小さん〉「商人店(アキンドダナ)だな。燈火を点けて置くのは無駄だと明りを消して居るから、店が暗くて分らんのだ」発音〈標ア〉[0][ド]

あきんど-づかさ【商人司】〘名〙 商人を取り締まる役か。＊雲形本狂言・酸薑(室町末-近世初)「忝(かたじけなく)もはじかみ売は参内して商人司(アキンドヅカサ)を頂戴した程に、いかにいふ共、某に断(ことわり)なくばうらせまいぞ」

あきんど-はたご【商人旅籠】〘名〙「あきんどやど(商人宿)」に同じ。

あきんど-ぶね【商人船】〘名〙 商取引のために商人が利用する船。あきないぶね。＊平家(13C前)三・有王「商人船(あきんどぶね)に乗って、件の島へ渡って見るに」＊太平記(14C後)二・長崎新左衛門尉意見事「是より商人船(アキンドぶね)に乗て、程なく佐渡国へぞ著きにける」辞書ヘボン 表記商舩(へ)

あきんど-ぼし【商人星】方言蠍座(さそりざ)の三つ星。千葉県印旛郡054 静岡県026 安倍郡521 広島県031 山口県031 愛媛県031 高知県031 ◇あきないぼし〔商星〕静岡県031 広島県031 山口県031 愛媛県031 香川県014 829

あきんど-や【商人屋】〘名〙 商売を営む家。商店。商家。あきゅうどや。＊洒落本・水月ものはなし(1758)中・下粋「手廻しに向の商人(アキンド)屋を頼めば、二階に畳が二でう敷たばかりで」＊滑稽本・浮世風呂(1809-13)上・三「茶屋子屋の女中衆ではなし、商人家(アキンドヤ)のお飯焚(まんまたき)が、それでは済(すみ)ません」＊人情本・春色恵の花(1836)二・一二回「しのんで来る商人家(アキンドヤ)の、路次をはひれば裏屋の二階」＊置土産(1900)〈国木田独歩〉「それを渡れば商家(アキンドヤ)でもなく百姓家でもない藁葺屋根の左右両側に建並ぶこと一丁ばかり」方言長野県諏訪481

あきんど-やど【商人宿】〘名〙 主として行商人を泊める宿。あきゅうどやど。あきんどはたご。＊随筆・守貞漫稿(1837-53)四「先斗(ぽんとと訓ず)又三条以下にも銭二百文或は二百五十文計の宿もあり。〈略〉是は多く商人宿と云て毎時京に来り得意の者にて遊参の人に非ず」＊落語・昔の詐偽(1897)〈三代目春風亭柳枝〉「一人泊るも三人泊るも同じ事、賑かな事で御坐います、商人宿(アキンドヤド)で御坐いますから」発音〈標ア〉[ヤ]〈京ア〉㊥/[ヤ] 辞書言海 表記商人宿(言)

あく〘字音語素〙 1亞(亜)：堊・悪　2屋：幄・握・渥・齷

1 亞(亜)の類

【堊】㊥漢 白い土。かべ。／赭堊・素堊、丹堊(「たんあ」とも)、黝堊／堊室、堊筆／堊慢(「おまん」とも)／〔↓ア慣〕⇩あく(堊)

【悪＝惡】①よくない。不道徳。／善悪、穢悪、害悪、凶悪、悪辣／悪用／極悪、旧悪、社会悪／悪意、悪運、悪縁、悪気、悪事、悪臭、悪政、悪税、悪評、悪妻、悪僧、悪党、悪徒、悪童、悪人、悪友／②うつくしくない。都合がわるい。ぐあいがよくない。／醜悪、粗悪、俗悪／最悪／改悪／悪化、悪性／③強い、無道の意を表わす接頭辞。／悪源太、悪太郎／〔↓オ呉〕⇩あく(悪)

2 屋の類

【幄】とばり。／帷幄、幄帷、幄帳、幄幕／⇩あく(幄)

【握】にぎる。にぎること。／掌握、把握／一握／握手／握力／⇩あく(握)

【渥】①あつい。てあつい。／渥厚、渥洽／優渥、殊渥／渥恩、渥恵、渥沢／②つやのあること。／渥美／渥然／

③濃い。/渥味、渥丹/
【齷】こせこせする。/齷齪/

あく【堊】〘名〙白い土。しっくい。かべ。＊色葉字類抄（1177‐81）「堊　アク　シラツチ」＊山海経‐西山経「大次之山、其陽多㆑堊。郭注、堊、似㆑土色甚白」⇩あく〔字音語素〕

あく【悪】㊀〘名〙①（道徳、正義、法などに反することをいう）わるいこと。よこしまなこと。また、そういう行為、ふるまいをさす。↔善。＊観智院本三宝絵（984）上「この人内には悪の心を含めりけれど、外にはなお僧の姿なり」＊宇津保（970‐999頃）祭の使「つはものを業として、あくをむねとして、くま、たかがり、すなどりにすすめるもの」＊太平記（14C後）二七・雲景未来記事「君を遠島へ配し奉り、悪を天下に行し義時を」＊天草本伊曾保（1593）イソポ養子に教訓の条々「ソウベツ　ヲンナワ　ヨワイニ　ヨッテ　acuniua（アクニワ）イリヤスウ、ゼンニワ　イタリガタイゾ」＊随筆・胆大小心録（1808）一四二「金の性は悪なり。よくかくれては居ず、夜昼走りまどひて、人をよろこばせ、人をいたましむ」＊野分（1907）〈夏目漱石〉一一「社会の悪（アク）を自ら醸造して平気で居る事がある」②邪気。悪気（あっき）。＊宇津保（970‐999頃）俊蔭「あくをふくめる毒蛇に向かひて」③悪口。悪態。＊洒落本・妓娼精子（1818‐30）下「よくあくをいひなんす。ちっとだまりなんし」④歌舞伎など芝居で、悪人の役を演ずる者。かたきやく。悪役。＊滑稽本・浮世風呂（1809‐13）四・下「今は敵（かたき）も立役も白い面（かほ）や薄肉とやらでするゆゑ、孰（どれ）が実か悪（アク）かわかりませぬ」㊁〘接頭〙①道徳、正義、法などにそむくことを表わす。＊梵舜本沙石集（1283）七「善天狗、悪天狗と云て二類あり」＊随筆・戴恩記（1644頃）上「この光源院殿は悪御所にて」②望ましくない、好ましくない、快くないなどの意を表わす。「悪条件」「悪平等」「悪送球」「悪趣味」「悪感情」など。＊妾の半生涯（1904）〈福田英子〉一三・三「さりながら、這（ここ）は独り男子のみに非ず、婦人の卑屈なる依頼心、亦た最も与（あづか）りて悪風習の因となれるなるべし」＊明治世相百話（1936）〈山本笑月〉悩まされた悪道路「復興後の市中の道路は、全く旧観を改めて、東京名物の悪道路を一掃したが」③（人名あるいはそれに準ずる語について）その人が抜群の能力、気力、体力を持っていて恐るべきであることを表わす。「悪源太」「悪左府」など。＊保元（1220頃か）上・新院謀叛思し召し立たるる事「善悪を糺（ただ）されければ時の人、悪左大臣とぞ申しける」＊史記抄（1477）一六・酷吏列伝「つよくあらう、つべらしい者を云ふぞ。悪五郎・悪源太なんどと日本に云ふ様にぞ」方言〘名〙悪事。沖縄県首里993 発音〈なまり〉アッ〔鹿児島方言〕㊀は〈標ア〉ア〈京ア〉ア 辞書 文明・日葡・ヘボン・言海 表記 悪（文・へ・言）⇩あく〔字音語素〕

あく小（しょう）なりとて為（な）す勿（なか）れ 悪事はどんな小さな事であっても行なうべきではない。＊蜀志‐先主伝注「勿㆘以㆓悪小㆒而為㆖之、勿㆘以㆓善小㆒而不㆖為」

あくに強（つよ）きは善（ぜん）にも強（つよ）し [=善（ぜん）の種（たね）] 大悪を犯すほどの者は、いったん悔い改めればかえって非常な善人となる。＊山本東本狂言・悪太郎（室町末‐近世初）「ハハア、『悪に強いは善にも強い』というが、すなわちそなたのことじゃ」＊幸若・景清（室町末‐近世初）下「悪に強ければ、善にも強し。文武二道の名人に、漢家はしらで本朝に、かかる兵あらじ」＊俳諧・毛吹草（1638）二「あくにつよければぜんにもつよし」＊浄瑠璃・用明天皇職人鑑（1705）二「悪につよきはぜんのたねと、ことはり過て哀也」＊歌舞伎・幼稚子敵討（1753）二「悪に強（ツヨ）いは善にも強ひと、あの様にも心が直る物か」

あくには染（そ）まり易（やす）し 善事はなかなかできないが、悪の世界には簡単に陥りやすい。

あくの裏（うら）は善（ぜん） 悪も一転すればたちまち善となる。＊北条氏直時代諺留（1599頃）「あくのうらはぜん」

あくの道（みち） ①（「悪道（あくどう）」の訓読）仏語。現世で悪事をした者が、死後におちて苦しみを受ける所。＊梵舜本沙石集（1283）一〇本・六「悪業あれば悪の道に入り、善業あれば善処にこそ行くなれ」②悪の方向。悪の世界。

あくの報（むく）いは針（はり）の先（さき） 悪事を犯すと、その報いはあたかも針の先のまわりをまわるように、たちまちに来る。因果は皿のふち。＊浄瑠璃・呼子鳥小栗実記（1773）下「悪の報いは針の先、舅君の行末を案じ煩ふ自が心を思ひやってたべ」＊浄瑠璃・荒御霊新田神徳（1779）九「さしも名高き名将の義興様を害したる悪（アク）の報（ムク）ひは針（ハリ）の先（サキ）」＊滑稽本・風来六部集（1780）放屁論「悪（アク）の報（ムク）ひは針（ハリ）の先、必ず人々油断するなとの教なるに」

あくは一旦（いったん）の事（こと）なり 悪事が通用するのは一時的なものであって、結局は正義にかなわない。＊曾我物語（南北朝頃）二・奈良の勤操僧正の事「されば悪は一旦の事なり、小利ありといへども、終には正に帰して道理道を行くとかや」

あくは延（の）べよ 悪いと思う事は、一事延期せよ、そうすれば事情がやがて変化して、行なわないで済むようになることもある。↔善は急げ。＊俳諧・毛吹草（1638）二「ぜんはいそげ　あくはのべよ」＊歌舞伎・加賀見山再岩藤（骨寄せの岩藤）（1860）大詰「急（せ）いては事の破れがち、悪（アク）は延（ノ）べろといふからは、まあゆるゆると思案をめされ」＊歌舞伎・浮世清玄廓夜桜（1884）中幕「悪（アク）は延（ノ）べろといふからは、明日のことに仕ようかい」

あくを好（この）めば禍（わざわい）を招（まね）く 悪事を好んで行なえば必ずその報いがある。＊実語教（12C後か）「好㆑悪者招㆑禍、譬如㆓響応㆑音、修㆑善者蒙㆑福、宛如㆑随㆓身影㆒」

あくをすれば淵（ふち）に入（い）る 悪事を行なえば浮かぶ瀬がない。＊法苑珠林‐一七「為㆑善生㆑天、為㆑悪入㆑淵」

あく【幄】〘名〙四方に柱をたて、棟（むね）、檐（のき）を渡して作った屋形にかぶせ、四方を囲う幕。また、その小屋。神事、または、朝廷の儀式などのおりに、参列の人を入れるため、臨時に庭に設ける仮屋。あげばり。幄の屋。幄舎。幄屋。＊延喜式（927）三〇・大蔵「凡臨時大祓所、立㆓五丈幄二宇、七丈幄一宇㆒」＊宇津保（970‐999頃）国譲中「榊の蔭に時蔭、松方、近正ら、〈略〉参りてあくうちて居たり」＊殿暦‐康和四年（1102）一一月二二日「経㆓月華門㆒着㆓大忌㆒〈アクノまへに立〉」＊打聞集（1134頃）二二・慶等聖弘仏法事「東の方には二色のあくを長く立て」＊兼顕卿記‐文明一〇年（1478）八月一六日「五位以上諸大夫達の中より四人〈両方のあくより二人つつなり〉、可㆑然者を撰出て外記注㆓進之㆒」発音〈標ア〉ア ⇩あく〔字音語素〕

幄〈年中行事絵巻〉

あくの座（ざ） とばりを引きまわした座席。また、そこにすわること。あくざ。＊内裏式（833）元正受群臣朝賀式「四刻、大臣入㆑自㆓昭訓門㆒、就㆓幄座㆒」＊御代始鈔（1461頃）御禊の行幸の事「長官次官以下おのおの幄の座につきて事を行ふ」＊書言字考節用集（1717）「幄座　アクノザ」辞書 書言 表記 幄座（書）

あくの屋（や）「あく（幄）」に同じ。

あく【握】〘名〙握っていること。手中。＊蕉堅藁（1403）題玉畹外史扇「此物在㆑握、爽㆓人襟宇㆒」⇩あく〔字音語素〕

あく【灰汁】〘名〙①灰を水につけてできた上澄みの水。布を洗ったり、染色するのに用いる。＊古今（905‐914）雑体・一〇四四「紅に染めし心もたのまれず人をあくにはうつる蝶なり〈よみ人しらず〉」＊十巻本和名抄（934頃）六「灰汁　弁色立成云灰汁〈阿久〉」＊日葡辞書（1603‐04）「Acu（アク）〈訳〉灰を入れて煮立たせた水で、衣服の汚れを落としたり漂白したりするのに用いるもの」＊松翁道話（1814‐46）四・中「其灰汁で垢を洗ふのぢゃ」＊雪国（1935‐47）〈川端康成〉「布にしろ糸にしろ、夜通し灰汁（アク）に浸しておいたのを」②植物のなかにふくまれる、渋味・えぐみのもとになる成分。→灰汁が強い。＊雑俳・田みの笠（1700）「そまりけり・芋は牛房のあくに負け」③肉などを煮たとき煮汁の表面に浮く白い泡状のもの。④「あくおけ（灰汁桶）」の略。＊雑俳・天神花（1753）「しんしんと古郷ゆかしきあくの音」⑤灰（はい）の別名。＊浜荻（庄内）（1767）「はいを　あく」＊方言達用抄（1827）「あく　灰也」⑥人の性質や文章などに感じられる、一種のしぶとさやしつこさ、嫌味。＊それから（1909）〈夏目漱石〉五「斯う云ふ兄と差し向ひで話をしてゐると〈略〉灰汁（アク）がなくって、気楽で好い」＊竹沢先生と云ふ人（1924‐25）〈長与善郎〉竹沢先生の散歩・五「家康と云ふ人間は随分嫌な灰汁（アク）の多い男だが」＊髑髏と酒場（1931）〈正宗白鳥〉「案内の僧侶は、目も霞んでゐる総入歯の、浮世の灰汁（アク）の取れた老人であって、その説明の言葉は、殆んど聞取れなかったが」語誌 ⑤の「灰」の意味では、東北・北海道の他、八丈島や西日本各地で用いられる。この周圏的分布状況から一見、「灰」の意味のアクはハイに先立って中央から広がった語形であるように見える。しかし中央の文献にはアクを「灰」の意味で用いた例は見られない。おそらく、「灰汁」の意味で用いられていたアクという語形が、隣接の「灰」の意味に移行するという変化が各地で生じたものであろう。その背景には、ハイ（蠅）との同音衝突を避けようとした、などの事情が考えられる。方言 ❶灰。北海道函館050 小樽062 青森県054 082 084 岩手県091 096 103 宮城県116 117 118 秋田県鹿角郡132 山形県139 福島県155 157 177 栃木県198 東京都八丈島324 新潟県347 361 372 山梨県南巨摩郡463 長野県佐久493 三重県南牟婁郡603 高知県864 宮崎県延岡947 ◇あこ 山形県庄内・西田川郡139 ❷炉灰。青森県津軽071 ❸火の燠（おき）。窯業語。島根県江津市725 ❹石灰。群馬県佐波郡243 長野県佐久493 語源説 (1)アクドシのアクか〔大言海〕。(2)アク（飽）の義〔言葉の根しらべ=鈴江潔子〕。(3)アク（合加）の義〔言元梯〕。(4)容器をからにする意のアク（開）から出た語〔日本語源=賀茂百樹〕。発音〈なまり〉アッ〔鹿児島方言〕〈標ア〉0〈ア史〉平安・鎌倉●●〈京ア〉0 辞書 和名・色葉・文明・伊京・饅頭・易林・日葡・書言・ヘボン・言海 表記 灰汁（和・色・名・文・伊・饅・易・へ・言）況水・況灰汁（書）

あくが強（つよ）い ①灰汁②が多くふくまれている。＊日本料理通（1929）〈楽満斎太郎〉料理法の巻・二「ただ余りにあくの強い野菜に限り、一度茹でて水に晒しあく抜きして用ひるのです」＊夜明け前（1932‐35）〈島崎藤村〉第二部・上・四・六「時節柄の新茶は香（かをり）は高くとも、年老いた人のためには灰汁（アク）が強過ぎる」②（反感を買うような）強い個性がある。ひどく個性的である。＊負け犬（1953）〈井上友一郎〉「銀座の『月世界』を知るほどの人のなかでも、あの五六十人からゐるアクの強い女たちのなかに混って、晴美のやうなダンサァがゐる事実は、多分考へも付かぬことかも知れない」

あくが抜（ぬ）ける 人の性質が洗練されていやみがなくなる。さっぱりとしている。＊浮世草子・諸道聴耳世間猿（1766）四・二「女房おりさも加茂川の水に灰汁(アク)のぬけた粋の果」 ＊滑稽本・浮世風呂(1809-13)三・上「よっぽど灰汁(アク)のぬけた人だから気めへが能(いい)よ」 ＊末枯(1917)〈久保田万太郎〉「上方風の下らない、灰汁(アク)のぬけない白痴(こけ)おどかしの芸の高座に」

あく垂(た)る 灰汁が垂れる。染色の時、灰汁がそそがれる。＊十巻本和名抄(934頃)六「灰汁 弁色立成云灰汁〈阿久〉淋灰〈阿久太流 上音林〉」 辞書 和名・色葉・名義・伊京 表記 淋灰(和・色・名・伊) 淋(名)

あくの垂滓(たれかす) ①灰汁①を取った後の灰のかす。②利用しつくした後の廃物。また、無価値なもののたとえにいう。＊雑俳・孔雀丸(1722)「やみはあやなし灰汁のたれかす」 ＊歌舞伎・和布刈神事(1773)五段「主の手かけになるよな女子、灰汁(アク)のたれ粕(カス)あと捨てると唄にさへ諷ふぢゃないか」

あくを去(さ)る ①灰汁を抜き取る。②性格的ないやらしさ・どぎつさを捨てる。

あくを垂(た)る 灰汁をしたたらす。＊日葡辞書(1603-04)「Acuuo taruru (アクヲ タルル)」 ＊滑稽本・当世阿多福仮面(1780)「朝は星のある内から湯をわかし、あくをたれ」

あく【釃酒】(カ行下二段動詞か) 酒をしたむこと。濁酒を漉(こ)すことか。＊十巻本和名抄(934頃)四「釃字附〈略〉唐韻云釃〈所宜反又上声、釃酒佐計之多无、俗云阿久〉下」酒也」 ＊塵袋(1264-88頃)九「酒をあくるといふ事あり、釃の字をあくとよむなり」 辞書 和名・名義 表記 釃(和・名)

あ・く【明・開・空】 ■一〘自カ五(四)〙①隔てや覆いなどが、とり除かれる。閉じていたものが開く。＊竹取(9C末-10C初)「たてこめたるところの戸、すなはちただあきにあきぬ」 ＊源氏(1001-14頃)野分「かの妻戸のあきたりけるよ」 ＊古本説話集(1130頃か)五一「ひる見候ひつれば、神泉(しせん)の北の方の御かど、あきて候ひつ」 ＊日葡辞書(1603-04)「マナコガ acanu(アカヌ)」 ②そこを占めていたものがなくなる。㋑詰まっているものが除かれたり間が広がったりして、空間ができる。＊竹取(9C末-10C初)「あける隙もなくまもらす」 ＊枕(10C終)二四四・蟻通の明神「七曲(なわた)にわだかまりたる玉の、中通りて左右に口あきたるがちひさきを奉りて」 ＊更級日記(1059頃)「穴のあきたる中より出づる水の」 ＊日葡辞書(1603-04)「ミチガ aita(アイタ)」 ＊滑稽本・浮世風呂(1809-13)四・上「息のつまりさうな時は彼長竿を動かすと、上へ息出しの穴が明(アキ)やす」 ＊道草(1915)〈夏目漱石〉八「老人の歯のやうに所々が空(ア)いてゐた」 ㋺中にはいっているものがなくなる。からになる。＊天草本伊曾保(1593)蜜作りの事「ソノノチ アルジワ カエッテ ウツワモノノ コトゴトク aitauo(アイタヲ) ミテ」 ＊日葡辞書(1603-04)「イエ、イレモノ ナドガ aqu(アク)」 ＊日葡辞書(1603-04)「トコロガ aita(アイタ)」 ㋩官職、地位などに欠員ができる。＊源氏(1001-14頃)行幸「ないしのかみあかば、なにがしこそ望まんと思ふを」 ＊更級日記(1059頃)「この国来年あくべきにも、守(かみ)なして、また添へて二人をなしたり」 ＊平家(13C前)一・殿上闇討「境節(をりふし)但馬国のあきたりけるを給(たび)にけり」 ㊁収入より支出が多くなる。欠損になる。＊浮世草子・懐硯(1687)二・一「二度の節季の帳まへたび毎に三五の十八はらりと違て次第まし不足、積れば大きに虚(アク)ところありて」 ③差し止められていたことが、してよいことになる。解禁になる。→方(かた)あく。＊蜻蛉(974頃)中・天祿二年「方あきなばこそは、まゐりくべかなれと思ふに」 ＊勝山記-享祿二年(1529)「霜月十五日に路次あき候」 ＊滑稽本・東海道中膝栗毛(1802-09)三・上「ハイ今朝(けさ)がけに、あいた川だんで、かたくまじゃアあぶんない」 ④ある一定の期間が終わりになる。＊蜻蛉(974頃)中・天祿二年「ものいみも、けふぞあくらんと思ふ日なれば」 ＊天草本平家(1592)二・一〇「ヲヤ ガ ウタルレバ キョウヤウ ヲ シテ イミ ガ aite(アイテ)ノチニ ヨセ」 ＊浮世草子・好色敗毒散(1703)二・一「此女郎勤めの年(ねん)もあきて、廓を出る時」 ＊うつせみ(1895)〈樋口一葉〉二「今日は私の年季(ねん)が明(アキ)まするか」 ⑤(時間、場所、品物などについて用いる)㋑仕事をしないでいられる時間ができる。＊日葡辞書(1603-04)「ヒマガ aqu(アク)〈訳〉時間を持つ。または、場所があく」 ＊浮世草子・世間胸算用(1692)五・三「子孫に世を渡し隙(ひま)の明(アキ)たるお祖母(ばば)たちは、けふとても何の用あるまじ」 ㋺使われていない状態になる。必要でなくなる。＊洒落本・仕懸文庫(1791)二「うつくしゐのが二三人、あいてけへりやしたが、すぐにでやした」 ＊歌舞伎・梅雨小袖昔八丈(髪結新三)(1873)序幕「もし新三さん、まだ頭は明(ア)きませぬか」 ＊当世書生気質(1885-86)〈坪内逍遙〉二「無用(アイ)ちょるなら、一寸(ちょっと)君の、アンダルウード(英文大家文章)を借(か)して呉(くれ)イといふから」 ＊舞姫(1890)〈森鷗外〉「明きたる新聞の細長き板ぎれに挿みたるを」 ＊弔花(1935)〈豊田三郎〉「そして翌朝十時からまた稽古。身体の空(ア)く暇なんぞ一刻もない」 ⑥(入り口が開く意から)人が出入りできるようになる。多く、商店などが営業を始める、また、営業していることにいう。→口があく。＊滑稽本・浮世風呂(1809-13)前・上「ヲヤままだ明(アカ)ね、明ね、明ねか。あ、あひやね(朝寝)なべやぼ(べらぼう)だぜ」 ＊青年(1910-11)〈森鷗外〉二二「宿屋はまだ皆開(ア)いてゐて、燈火の影に女中の立ち働いてゐるのが見える」 ⑦壁や建物などにさえぎられないで、外が見える。また、見通しのいい状態になる。＊行人(1912-13)〈夏目漱石〉兄・一一「其処(そこ)は南と西の開(ア)いた広い座敷だったが」 ⑧(「らちがあく」の意) 物事がうまくいく。かたがつく。→あかぬ・あかん。＊浮世草子・好色二代男(1684)二・五「大かたは八つの鐘がなれども、あかずすぐにはかへらず」 ＊滑稽本・針の供養(1774)四「嚢中自(おのづか)ら銭なければ、一日貸の座敷もあかず」 ■二〘他カ五(四)〙①ふさいでいるものや閉じているものなどを開く。＊ロドリゲス日本大文典(1604-08)「メヲ aqumo(アクモ) フサグモ コチノ ママデ アル」 ＊浮世草子・日本永代蔵(1688)二・一「手代、我を折て、喰(くひ)もせぬ餅に口をあきける」 ②白状することをいう、盗人仲間の隠語。〔隠語輯覧(1915)〕 ■三〘自カ下二〙⇨あける(明)■一。 ■四〘他カ下二〙⇨あける(明)■二。 語誌 この語は、下二段自動詞「あく(明)(→下一段「あける」)」と同源と考えられているので一項で扱ったが、「明く」は明るくなる、「開(空)く」は閉じているものが開いてすきまができる、が原義であること、また、前者は四段他動詞「あかす」と対になるのに対し、後者は下二段他動詞「あく(→下一段「あける」)」と対になる点などによってこれを疑問視するむきもある。確かに「あく(明)」は「くる(暮)」と対義語であり、これは「あか(赤)」と「くろ(黒)」との対に対応しており、さらに明度にかかわる「あかる」「あかるし」「あきらか」「あきらけし」「あきらむ」などと関係する点でも、「開(空)く」とは差があるようである。 方言 ❶うまくいく。らちが明く。間に合う。富山市近在392 滋賀県彦根609 兵庫県神戸市054 加古郡664 和歌山県東牟婁郡690 岡山県児島郡763 ❷夜が明ける。石川県鹿島郡038 →あかん(明―)/あくかえ(明―)。 語源説 (「明」について)(1)アカ(明)を動詞に転用した語〔言葉の根しらべ=鈴江潔子・大言海〕。(2)ワク(分)の転〔名言通〕。(3)アは顕れ出る意で、日が天に現われること。クは付上る辞〔国語本義〕。(4)アカク(赤来)の義〔日本語原学=林甕臣〕。(「開」について)(1)発音する際の口の形が物の開くのに似ることから〔国語溯源=大矢透〕。(2)アク(欠)の意〔言元梯〕。(3)ア(散)のカ行活用〔日本語源=賀茂百樹〕。(4)アマク(天来)の義〔紫門和語類集〕。 発音 〈標ア〉0 〈ア史〉平安●○ 鎌倉・江戸●● 〈京ア〉0 辞書 色葉・名義・文明・日葡・ヘボン・言海 表記 明(色・名・文・言) 開(色・ヘ) 晞(色) 閑暇(名) 空(ヘ)

同訓異字 **あく【明・開・空】**
【明】(メイ・ミョウ) 夜や闇が終わる。光がなかったり少なかったりした状態が終了する。「夜明け」「未明」 転じて、次の、きたるの意。「明日」「明春」《古 あかす・あく》
【開】(カイ) 閉じていたものがひらく。外に向かってあく。「開門」「開封」「満開」《古 ひらく・とく・さく》
【空】(クウ) 中に何も入っていない。からになる。「空疎」「空腹」「真空」「空き時間」《古 むなし・そら・うつほ》

あいた口(くち)が塞(ふさ)がらぬ ①あきれ返った状態。あきれてものも言えないさま。＊浮世草子・御前義経記(1700)五・二「茶くれし女は、現(うつつ)かふしぎと、あいた口のふさがらず」 ＊譬喩尽(1786)六「開た口も閉(ふさ)がれぬ」 ②うっとりしている状態。我を忘れたさま。＊浄瑠璃・仮名手本忠臣蔵(1748)三「師直は明いた口ふさがれもせずうっとりと」

あいた口(くち)へ=餅(もち)[=牡丹餅(ぼたもち)] 思いがけない幸運がやってくることのたとえ。棚からぼたもち。＊黄表紙・金々先生栄花夢(1775)「これさいわい福徳の三年目、あいた口へもち、天へもあがるここちして」 ＊洒落本・通言総籬(1787)一「喜のは一町目ときいてあいた口へもちなり」 ＊西洋道中膝栗毛(1870-76)〈仮名垣魯文〉初・下「あいたくちへぼたもちのうまいはなしにいままでふさいだ気をとりなほし」

あかぬ (「らち(埒)があかぬ」の上を略した表現)「あかん(明―)」に同じ。＊浄瑠璃・役行者大峯桜(1751)二「愚図愚図と明かぬ事云ふ手間で、板お神酒でも出せ出せ」 ＊浄瑠璃・源頼家源実朝鎌倉三代記(1781)二「まだまだと明かぬ評定聞て居る気はござらぬと」 ＊洒落本・南遊記(1800)四「是では明(アカ)ぬと直々(ぢきぢき)に口説(くどけ)ば」 方言 三重県伊勢001 辞書 ヘボン 表記 不明(ヘ)

あかん ⇨親見出し「あかん(明―)」

あ・く【飽・厭・倦】〘自カ四〙①みたされた気持になる。満足する。たんのうする。＊万葉(8C後)一五・三六一六「沖つ風いたく吹きせば吾妹子(わぎもこ)が嘆きの霧に安可(アカ)ましものを〈遣新羅使人〉」 ＊万葉(8C後)一九・四二〇六「渋渓(しぶたに)を指して吾が行くこの浜に月夜安伎(アキ)てむ馬しまし停(とど)め〈大伴家持〉」 ＊地蔵十輪経元慶七年点(883)一「諸の衣服宝飾珍財少きひとは、光明に照らさるるが故に、念に随ひて皆足(アキ)ぬ」 ＊源氏(1001-14頃)葵「うちそばみて、わらひ給へる御さま、あかぬ所なし」 ＊宇治拾遺(1221頃)一・一八「『大夫殿、いまだ芋粥(いもがゆ)にあかせ給はずや』と問ふ。五位『いまだあき侍らず』といへば」 ＊勝山記-文亀三年(1503)「八月卅日夜しもふりて、十分の世の中なにも無くあいたり」 ②十分になってもうたくさんだと思う。いやになる。飽きる。＊万葉(8C後)一・五六「河のへのつらつら椿つらつらに見れども安可(アカ)ず巨勢(こせ)の春野は〈弁基〉」 ＊古今(905-914)雑下・九五四「世中のうけくにあきぬ奥山のこの葉にふれる雪や消(け)なまし〈よみ人しらず〉」 ＊源氏(1001-14頃)胡蝶「すこし心にくせありては、人にあかれぬべき事なむおのづからいできぬべきを」 ＊方丈記(1212)「魚は水にあかず。いをにあらざれば、その心を知らず」 ＊浮世草子・好色一代男(1682)六・六「はじめよりあかるるまでとの御つたへ、成程けふ切にあきました」 ＊読書入門(1886)〈文部省〉「てふてふてふてふ、なのはにとまれ。なのはにあいたら、さくらにとまれ」 ③(動詞の連用形に付けて補助動詞的に用いる) 十分に…する。みちたりるほど…する。また、…することにあきあきする。 *土左(935頃)承平四年一二月二二日「かみなかしも、ゑひあきて、いとあやしく、しほうみのほとりにて、あざれあへり」 *源氏(1001-14頃)夕霧「何事も、いまはと見あき給ひにける身なれば」 *日葡辞書(1603-04)「Qiqi aita(キキ アイタ)」 *平凡(1907)〈二葉亭四迷〉四六「何遍か繰返して読むでも読むでも読飽(ア)かなかった」 語誌 (1)①の程度が進むと②になるわけだから、①と②の違いは微妙ではっきりとは分けにくい実例も多い。→子見出し「あかず」。(2)現在の共通語では、普通、上一段化した「あきる」を用いる。 方言 (「桑の葉を食い飽きる」の意から) 蚕がすっかり成熟して蔟(まぶし)=蔟を作らせる所)に移せるようになる。 鹿児島県肝属郡970 語源説 (1)アキ(秋)に通じる〔言葉の根しらべ=鈴江潔子〕。(2)アマリク(余来)の転〔名言通〕。(3)アク(彌喰)の義〔言元梯〕。(4)アヂハヒコキ(味濃)の転略〔紫門和語類集〕。(5)イナク(否来)の義。好くの反対〔日本語原学=林甕臣〕。(6)アは飽食の意を示す形声。語尾のクは動作する義〔国語溯源=大矢透・日本語源=賀茂百樹〕。(7)アク(明)と同義〔国語本義〕。(8)古代語では、水の動作を現わし、ワク(湧)、アス(浅)と同根か〔万葉集辞典=折口信夫〕。 発音〈標ア〉ア〈ア史〉平安○◓ 鎌倉・江戸○◍ 〈京ア〉⓪ 辞書 字鏡・色葉・名義・和玉・文明・明応・天正・饅頭・黒本・易林・日葡・書言・ヘボン・言海 表記 飽(色・名・玉・文・明・天・饅・黒・易・書・へ・言) 厭(色・名・玉・文・易・書・へ・言) 饇(字・色・名・玉) 饜(色・玉・文) 懕・足(色・名) 餾・予・余(色) 饕・餓(名) 饐(玉)

あかず 〔動詞「飽く」の未然形に打消の助動詞「ず」の連用形が付いたもの。副詞的に用いられる〕 ①不満足な気持で。もの足りなく。 *万葉(8C後)一五・三七〇六「玉敷ける清き渚(なぎさ)を潮満てば安可受(アカズ)われ行く帰るさに見む〈阿倍継麻呂〉」 *竹取(9C末-10C初)「御門、かぐや姫をとどめて帰り給はん事を、あかず口惜(くちをしく)おぼしけれど」 *枕(10C終)一〇四・淑景舎、東宮に「へだてたりつる御屏風もおしあけつれば、かいまみの人、隠れ蓑取られたる心地して、あかずわびしければ」 *更級日記(1059頃)「人々あかず思ひてみな泣くを、をさなき心地には、ましてこのやどりを立たむことさへあかずおぼゆ」 *曾我物語(南北朝頃)四・三浦の片貝が事「十郎は、ちぢに腹をきり、うちちがへても、あかず思ひけれども」 ②いつまでもいやにならないで。あきあきしないで。 *貫之集(945頃)七「信濃へゆく人に贈る 月影はあかず見るともさらしなの山の麓に長居すな君」 *源氏(1001-14頃)御法「大殿油を近くかかげて見奉り給ふに、あかずうつくしげに、めでたうきよらに見ゆる御顔のあたらしさに」 *徒然草(1331頃)一「物うちいひたる聞きにくからず、愛敬ありて言葉おほからぬこそ、あかず向かはまほしけれ」 *清兵衛と瓢箪(1913)〈志賀直哉〉「彼は厭(ア)かずそれを眺めた」 発音〈標ア〉ア〈京ア〉カ 辞書 文明 表記 不レ飽(文)

あかで 〔動詞「飽く」の未然形に打消の意の接続助詞「で」の付いたもの〕 ①満足しないで。不満足な状態で。 *古今(905-914)離別・四〇四「むすぶ手のしづくに濁る山の井のあかでも人に別れぬるかな〈紀貫之〉」 *増鏡(1368-76頃)二・新島守「中院は、あかで位をすべり給ひしより、言にいでてこそ物し給はねど、世のいと心やましきままに」 ②飽きないで。いやにならないで。 *古今(905-914)恋四・七一七「あかでこそ思はんなかは離れなめそをだに後のわすれがたみに〈よみ人しらず〉」 *金槐集(1213)秋「さよふけてなかばたけ行く月かげにあかでや人の衣うつらむ」

あかなくに 〔「なく」は打消の助動詞「ず」のク語法。「に」は感動を表わす古い助詞〕 ①(「に」が感動の意を表わしている場合) あきたりないことだなあ。満足しないのだからなあ。 *万葉(8C後)七・一二二一「わが舟の楫(かぢ)はな引きそ大和より恋ひ来(こ)し心いまだ飽九二(あかなクニ)〈藤原卿〉」 *万葉(8C後)一五・三七〇七「秋山のもみちをかざし吾が居れば浦潮満ち来いまだ安可奈久二(アカナクニ)〈大伴三中〉」 ②(接続の上から「なくに」に逆接の意が生じ、それが強く現われている場合) あきたりない状態なのに。満足しないのに。まだ残り惜しいのに。 *伊勢物語(10C前)八二「あかなくにまだきも月のかくるるか山の端(は)にげて入れずもあらなん」 *源氏(1001-14頃)須磨「あかなくにかりの常世を立ち別れ花の都に道や惑はむ」 語誌 万葉歌では末尾に置かれ、飽きたらぬ心情を強く表わしていたが、平安時代になると、上に述べられた事態に倒置的に逆接関係で結びつくものと解釈され、論理的関係を明示することを好む当時の歌風とあいまって、初句に「あかなくに」と置き、その下に期待に反して起こった事態を述べる型の歌が生まれた。これは歌人の意識の上では万葉歌の倒置表現をもとに戻したものということであろうが、歴史的には後から生じた表現である。

あかに 〔動詞「飽く」の未然形に、打消の助動詞の古い連用形「に」の付いたもの〕 飽き足りないで。満足しないから。 *万葉(8C後)一七・三九九一「宇奈比川(うなひがは) 清き瀬ごとに 鵜川(うかは)立ち か行きかく行き 見つれども そこも安加爾(アカニ)と 布勢(ふせ)の海に 船浮け据ゑて〈大伴家持〉」

あかにす 〔「に」は打消の助動詞の古い連用形、「す」はサ変動詞で、この「にす」が変化して打消の助動詞「ず」になったといわれる〕 飽きない。 *万葉(8C後)一七・三九〇二「梅の花み山と繁(しみ)にありともやかくのみ君は見れど安可爾勢(アカニセ)む〈大伴書持〉」

あかぬ仲(なか) いやにならない間柄。親密ないい仲。 *天理本狂言・貰聟(室町末-近世初)「あかぬ中で御ざるほどに、あれもいつものすいきゃうじゃとぞんぜう事じゃが、ふしんな」 *日葡辞書(1603-04)「Acanu naca(アカヌ ナカ)〈訳〉夫婦、親友のあいだの友情、心のつながりのことで、親しみの心が失せて別かれる原因もないほどのもの」 *歌謡・松の葉(1703)一・賤「立ち寄りむすぶ山の井の、あかれずあかぬなかはな、松の二葉よ、千とせ経るまで」 *和英語林集成(初版)(1867)「Akanu naka(アカヌ ナカ)」 辞書 日葡

あかぬ=別(わか)れ[=暇(いとま)] いやになったわけではないのに別れること。別れたくもないのに別れる不本意な別れ。なごり尽きない別れ。 *後撰(951-953頃)恋一・五六八「今ぞ知るあかぬ別の暁は君をこひちにぬるる物とは〈作者不明〉」 *新古今(1205)恋三・一一九一「待つ宵にふけ行く鐘の声きけばあかぬ別の鳥は物かは〈小侍従〉」 *説経節・説経さんせう太夫(佐渡七太夫正本)(1656)「女ばうきいて、あの上らうにおやどをお申あらば、みづからには、あかぬいとまとおこい有」 *浮世草子・好色盛衰記(1688)四・二「さらばといふ声もなく立行ば是ぞあかぬわかれとながめしに」 辞書 日葡

あき飽(あ)かる 男女が互いに慕う気持を失う。 *咄本・昨日は今日の物語(1614-24頃)下「あきあかれたる中でも候はねば」 *狂言記・箕被(1700)「此ごとくに、きぬぎぬに成とても、互にあきあかれぬ中じゃ程に」

あきとも飽(あ)く いやな上にもいやになる。あきあきする。 *散木奇歌集(1128頃)雑上「春ならで桜だにをば見にゆかじあきともあきぬ道の遠さに」

あきも飽(あ)かれもせず 男女の間で、互いに恋い慕う気持を少しも失っていない。 *浄瑠璃・心中天の網島(1720)中「あきもあかれもせぬ中を、何の恨に昼(ひる)日中、女夫(めをと)の恥はさらさぬと」 *洒落本・契情買言告鳥(1800)中「根があきもあかれもせぬ中を野分がはかりてさきたることなれば」

あくこともない あきる時がない。いつまでたってもいやにならない。 *土井本周易抄(1477)四「あくこともない益の道をするぞ」

あく期(ご)も無(な)し 十分だと思う時もない。 *寛永刊本蒙求抄(1529-31頃)五「此の水を飲めば、あくごもない欲がでくるで候ぞ」 *日葡辞書(1603-04)「Aqugomo nai(アクゴモ ナイ) ヒト」

あくまで食(く)らい暖(あたた)かに着(き)る 〔「飽食(ほうしょく)」と「暖衣」との訓読〕 衣食など生活に不自由のないこと。 *浮世草子・元禄大平記(1702)序「此上に言分はあらじと、飽(アクマデ)食(クラヒ)暖(アタタカ)に着(キ)、ゆるり寛(くゎん)と高枕して」 *小学読本(1874)〈榊原・那珂・稲垣〉五「飽まで食ひ暖に衣て学問の志もなく徒に遊戯にのみ耽るもの多きは果して何の心ぞや」

あく世(よ)無(な)し あきる時がない。いつまでたってもいやにならない。 *とりかへばや(12C後)上「この君をひとめも見きこえては、あくよなくいみじきものに思ふべかめり」

あくを知(し)らぬ鷹(たか)は爪(つめ)を裂(さ)く 満足することを知らないで、むさぼってばかりいると、わざわいを招くの意。

あく 『動』 方言 歩く。 青森県津軽075 秋田県038 130 132 新潟県347 383 ◇あえく 新潟県西頸城郡385 ◇やあく 静岡県527 530 540 ◇やく 兵庫県淡路島671 ◇やいく 千葉県海上郡268

あぐ【鐖】『名』 釣り針の先端の近くに内側を向いている小さな鉤(かぎ)。さかばり。魚が釣り針にかかった時に抜けないようにするための部分。あご。あぎと。かえし。 語源説 人のアゴ(腮)に似ていることから〔志不可起・和句解〕。

あぐ 『名』 方言 ❶あし。また、あゆみ。歩幅。 岩手県江刺郡096 気仙郡100 宮城県121 福島県相馬161 ❷友達。幼友達。 鹿児島県沖永良部975 ◇あぐう 鹿児島県与論島975

あぐをつる 歩く。 *仙台言葉以呂波寄(1720)「あぐをつる、あゆむと云事」 方言 ◇あぐつる 岩手県気仙郡100 宮城県石巻120 仙台市121 122

あ・ぐ【上・揚・挙】『他ガ下二』 ⇨あげる(上)

あく-あい【渥注】 ㊀中国甘粛省安西県に流れる川の名。 *史記-楽書「嘗得二神馬渥洼水中一、復次以為太一之歌、歌曲曰、太一貢兮天馬下、霑赤汗兮沫流赭、騁容与兮跇二萬里一、今安匹兮龍為レ友」 ㊁『名』 (漢の武帝の時、㊀から神馬が出現したという故事から) 名馬の異称。 *宝覚真空禅師録(1346)坤・杲姪丐語遊方、故信筆以餞云「渥注不レ受黄金羈、千里万里如レ電掃」 *韓琮-公子行「別殿承二恩沢一、飛竜賜二渥注一」 補注 「文明本節用集」には「渥注 アクア」とある。

あく-あく【啞啞】『形動タリ』 ①笑う声のさま。 *土井本周易抄(1477)五「後にはよい吏がある程に、咲言啞啞たるぞ。よい吏があれば、咲いどめくぞ」 *易経-震卦「笑言啞啞」 ②雁などの鳴く声のさま。 *焦氏易林-巻七「鳧雁啞啞、以レ水為レ宅」

あく-あく【喔喔】『形動タリ』 鳥の鳴く声のさま。啞啞(ああ)。 *東京新繁昌記(1874-76)〈服部誠一〉二・浄瑠璃温習「寺鐘已に四時を伝ひ、隣雞膈膊(〈注〉はばたき)喔々又喔々衆驚ひて而して散じ去る」 *佳人之奇遇(1885-97)〈東海散士〉四「壁に葺々の蔦を掛けて、屋に喔喔の鳥を見る」 *白居易-新秋暁興詩「喔喔鶏下レ樹、輝輝日上レ梁」

あく-あく『副』 しきりに口を開閉するさまを表わす語。ぱくぱく。 *医師高間房一氏(1941)〈田畑修一郎〉

四・二「そして、彼が物を云はうとして口をあくあくさせるところは、その自由のきかない退屈さの表面に浮び出ようとしてゐるかのやうな印象を与へた」方言❶大きな口をあけてたくさん食べるさまを表わす語。青森県上北郡082 新潟県佐渡348 島根県益田市725 ◇あくりあくり 島根県鹿足郡725 ❷かむこと。かじること。新潟県佐渡352 ❸眠くてあくびを連発するさまを表わす語。◇あくりあくり 島根県石見725 ❹おぼれて手足をもがくさまを表わす語。◇あくりあくりとも。島根県美濃郡・益田市725 ❺穴によくはまらず、または継ぎ目が離れてがくがくと動くさまを表わす語。◇あくりあくりとも。島根県美濃郡・益田市725 ❻魚が浮かんで時々呼吸するさまを表わす語。島根県美濃郡・益田市725

あくあく-し【悪悪】〘形シク〙にくにくしい。おそろしげである。

アクアチント〘名〙(英 aquatint)《アクァティント》銅版画で平らな面に濃淡をつける技法。版面に松やになどの粉末を付着させ、腐食止めのニスで模様を描いてから酸につける。これをくりかえして濃淡の調子を得るが、線を主体とするエッチングの技法と併用されることが多い。発音〈標ア〉ア2

アクアトロン〘名〙(洋語 aquatron) 水生生物用の大規模な人工環境調節装置。発音〈標ア〉ト

アクアポリス〘名〙(洋語 ラテン aqua(水)+ギリシア polis(都市)) 人工の水上都市。発音〈標ア〉ポ

アクアマリン〘名〙(英 aquamarine ラテン語で「水(aqua)、海の(marinus)」の意から) ①宝石の一つ。緑柱石の一種で、三月の誕生石。「勇気」を意味する。②青緑色。発音〈標ア〉マ

あく-あらい【灰汁洗】〘名〙(古くなった家屋や衣服などの)よごれを灰汁で洗うこと。＊落語・茗荷屋(1897)〈三代目柳家小さん〉「何しろ久し振りで銭が這入ったから、屋根の漏を最初(いきなり)止めて、天井は灰汁(アク)洗ひをするとかして」発音〈標ア〉ア2〈京ア〉ア2

アクアラング(Aqualung「水中の肺」の意の造語) 潜水用の呼吸器具の商標名。圧縮空気のタンクを背負い、これと顔につけるマスクを管で結んだもの。＊肌色の月(1957)〈久生十蘭〉「ご苦労さん…夕方までに揚らなかったら、明日からアクア・ラングでやる」発音〈標ア〉ラ

アクアリウム〘名〙(英 aquarium)《アクアリューム・アクワリュム》①観賞用などに水生動物を飼育する水槽。②水族館。＊東京日日新聞‐明治一八年(1885)一〇月一四日「其の趣向は都て西洋のアクワリュムに倣ひて、新奇の意匠をも加へたるものなりと云へり」＊舶来語便覧(1912)〈棚橋一郎・鈴木誠一〉「アクアリウム 水族館 Aquarium (英) 養魚玻璃器、水族器等の義なり。〔アクエーリアム〕」発音〈標ア〉リ

あく-あんじ【悪案】〘名〙よくない思案。よくない計略。悪だくみ。わるあんじ。＊黄表紙・花東頼朝公御入(1789)「岩永があくあんじにて、まきがみでふじをつくり、たいこもちにもんづくしのそろいをきせ」

あく-い【悪衣】〘名〙よごれた衣服。また、粗末な衣服。粗衣。あくえ。＊文明本節用集(室町中)「耻二悪衣(アクイ)悪食一」＊慶長見聞集(1614)五「悪衣、悪食をはづる事なかれと聖人のたまへり」＊明六雑誌‐三五号(1875)支那不可侮論〈中村正直〉「今我もし欧米の一分を得たる心持になりて支那を卑視せば、恰かも人の美服を借り着て悪衣の人を卑しむが如し」＊論語‐里仁「恥二悪衣悪食一者、未レ足二与議一也」辞書文明 表記悪衣(文)

あく-い【悪意】〘名〙①悪い心、気持。悪心。↔善意。＊文明本節用集(室町中)「悪意 アクイ」＊うもれ木(1892)〈樋口一葉〉五「人生れながらに悪意なけれど、迫(せ)まりては徳不徳取捨の猶予なく」＊後漢書‐劉焉伝「今日之走以避二鋭鋒一、非レ有二悪意一也」②他人をいやがらせ、害を与えようとする気持。いじわるな気持。また、そのような見方。わるぎ。↔善意・好意。＊西洋事情(1866‐70)〈福沢諭吉〉外・三「抑抑富有の人は唯国法に従ふのみを以て其処置を尽せりとす可らず、法の禁ずると否とに拘はらず都て其私財を処置するには宜しく躬から悪意を除き他人を害することなきを以て先務と為す可し」＊哲学字彙(1881)「Malevolence 悪意」＊破戒(1906)〈島崎藤村〉二一・三「何も自分は悪意あって異分子を排斥するといふ訳では無い」＊彼岸過迄(1912)〈夏目漱石〉雨の降る日・一「ただ悪意でした訳でないから、怒(おこ)っては不可(いけ)ないと断って」③悪い意味。受け手が悪くとった意味。「悪意に解釈する」「悪意にとられては困る」など。↔善意。④道徳的善悪にかかわらず、法律上の効力に影響を及ぼすある事実を知っていること。↔善意。＊仏和法律字彙(1886)〈藤林忠良・加太邦憲〉「Foi (bonne ou mauvaise) Zen-i ou Akui 善意又ハ悪意」＊民法(明治二九年)(1896)七〇四条「悪意の受益者は其受けたる利益に利息を附して之を返還することを要す」発音〈標ア〉アク〈京ア〉ア 辞書文明・言海 表記悪意(文・言)

あく-い【喔咿】〘名〙無理に笑うさま。心にもないつくり笑い。＊音訓新聞字引(1876)〈萩原乙彦〉「喔咿 アクイ ソラハラヒ」

あぐい【距】〘名〙「あごえ(距)」に同じ。＊名語記(1275)八「鶏の足なるあくひ、如何。距とつくれり。あしくゐ歟。足杭、足株 同」

あぐい【安居院】京都市上京区前之町付近にあった比叡山東塔竹林院の里坊。鎌倉時代に説話の名人聖覚が居住し、安居院流の本拠として栄えた。また、その里坊のあった地。＊徒然草(1331頃)五〇「東山より安居院辺へ罷侍しに、四条よりかみさまの人、皆北をさして走る」辞書書言 表記安居院(書)

あくい-せんゆう【悪意占有】〘名〙物を占有すべき権利がないことを知り、または、その権利の有無について疑いながらする占有。→悪意④

アクイレジア〘名〙(英 Aquilegia)《アキレジア》キンポウゲ科オダマキ属の属名。園芸ではセイヨウオダマキをさす。学名は Aquilegia

あく-いろ【灰汁色】〘名〙灰汁の色。黒みの多い淡橙色。方言灰色。岩手県上閉伊郡097 気仙郡100

あく-いろごとし【悪色事師】〘名〙歌舞伎で、外見は色男で、実際は悪人である役柄を得意とする役者。また、その役柄。色悪(いろあく)。＊歌舞伎・宿無団七時雨傘(1768)二「彼奴(あいつ)を大抵憎う仕込んで置いた事じゃ無い、アリャ悪色事師(アクイロゴトシ)をやったのじゃなア」

あく-いん【悪因】〘名〙仏語。悪い結果を招く原因。↔善因。＊霊異記(810‐824)中・序「爰に万苦、悪因轡(くつばみ)を連ねて苦しき処に 善業縁に攀ぢて安き堺に引く」＊日葡辞書(1603‐04)「Acuin(アクイン)。アクノ チナミ〈訳〉異教徒たちが考えるところでは、この生涯(今生)や、別の一生や誕生(他生)にあらわれる、悪い考えや行ない」＊浄瑠璃・傾城島原蛙合戦(1719)三「頼をかけし御本尊、只今土足にかけん事いか成悪業(あくごう)、悪因(あくイン)と」＊読本・雨月物語(1776)青頭巾「あさましとも哀しとも、ためしさへ希なる悪因(アクイン)なり」＊梁簡文帝‐迦葉仏像銘「悪因有レ滅、善燈無レ変」発音〈標ア〉0〈京ア〉0 辞書日葡

あくいん-あっか【悪因悪果】〘名〙悪因は必ず悪果をもたらすこと。悪い行為をすれば、それが原因となって、必ず悪い結果が生ずること。発音〈標ア〉ア2〈京ア〉ア2

あく-いんねん【悪因縁】〘名〙「あくえん(悪縁)①」に同じ。＊空華集(1359‐68頃)七・次韻追悼智舟居士慰令父典薬悟峰「為レ報二蘇州一児不レ哭、悪因縁是好因縁」＊浄瑠璃・傾城島原蛙合戦(1719)旅の素足「かく迄邪法にしみ込みし、悪因縁ぞ恐しき」＊桐の花(1913)〈北原白秋〉ふさぎの虫「『悪因縁だ』—もう逃れっこはありゃしない」発音〈標ア〉イ〈京ア〉イ

あく-うち【灰汁打】〘名〙灰汁に浸し、乾かした紙を重ねて打った紙。あくうちがみ。＊俚言集覧(1797頃)「あくうち 灰汁をひきて搗たる紙をいふ」辞書言海 表記灰汁打(言)

あくうち-がみ【灰汁打紙】〘名〙「あくうち(灰汁打)」に同じ。＊俳諧・新花摘(1784)「みつから精選して、さて灰(アク)うち紙のつややかなるにみつから浄書し」

あく-うん【悪運】〘名〙①悪い運命。まわりあわせの悪いこと。＊運命論者(1903)〈国木田独歩〉四「僕の心は自由を恢復し、悪運の手より脱れ、身の上の疑惑を懐くこと次第に薄くなり」＊生まざりしならば(1923)〈正宗白鳥〉「この頃自分の心の内や外に微見(ほのみ)えかかってゐた悪運のおとづれが、この盗難を最初として続々起って来るのではないかと恐ろしく感じた」＊漢書‐昌邑哀王髆賛「銷二悪運一、遏二乱原一」②悪事をなしても、その報いがなくて、なお栄えること。また、そのようなことをもたらす強い運。＊真景累ケ淵(1869頃)〈三遊亭円朝〉六八「悪運の強い奴で、表へ遁げれば弟子が頑張ってゐるから」＊こがね丸(1891)〈巌谷小波〉一三回「かく吾曹(われら)が計略に落ちしからは、爾(なんぢ)が悪運(アクウン)もはや是までとあきらめよ」発音〈標ア〉0ク〈京ア〉ア0

あく-え【悪衣】〘名〙「あくい(悪衣)」に同じ。＊文明本節用集(室町中)「悪衣 アクヱ」＊日葡辞書(1603‐04)「Acuye(アクエ)〈訳〉よごれた、または粗末な僧衣、衣服」辞書文明・日葡 表記悪衣(文)

あく-え【悪絵】〘名〙①江戸時代、各人に絵を描かせ、判者がその善悪を選び、それによって勝負をする遊戯。絵はへたであっても、筆数少なく、判じ物のような絵をよしとする(嬉遊笑覧(1830))。②めくりカルタで、勝負に都合の悪い絵札をいう。＊洒落本・咲分論(1772‐81)「悪絵(アクヱ)をかづき出し三つにされ全く負るは知れたれども寝ぬは義なり」＊雑俳・柳多留‐一六(1781)「あさのある斗(ばかり)平家は悪絵なり」

あく-え【悪穢】〘名〙けがれ、または、きたないもの。＊日葡辞書(1603‐04)「Acuye(アクエ)。アシイケガレ〈訳〉けがれ、または不浄」辞書日葡

あく-えいきょう【悪影響】〘名〙よくない影響。好ましくない影響。＊ヰタ・セクスアリス(1909)〈森鴎外〉「それが江戸の町に育ったものだから、都会の悪影響を受けてゐる」＊一兵卒の銃殺(1917)〈田山花袋〉三二「人心にある悪影響を与へることを恐れて」発音アクエイキョー〈標ア〉エ〈京ア〉エ

あく-えき【悪疫】〘名〙悪性の流行病。天然痘、コレラ、ペストの類。＊西洋事情(1866‐70)〈福沢諭吉〉初・三「千三百四十九年悪疫大に流行して国内の人口過半を亡ひ」＊遙拝隊長(1950)〈井伏鱒二〉「衛生兵は赤ヨジュウムの塗布療法によって、この得体のしれぬ悪疫を一掃しようとしたが、一時はこれが猖獗(しょうけつ)をきはめた」発音〈標ア〉0〈京ア〉0

あくえき-しつ【悪液質】〘名〙(ラテン cachexia の訳語) 結核や癌(がん)などの末期にみられる、全身の消耗の著しい状態をいう。やせ衰え、皮膚は生気がなく、特有な黄灰色を帯びた青白色となり、まぶたや足は多少むくむなど、全身に衰弱を生じた末期状態。＊医語類聚(1872)〈奥山虎章〉「Cashexia 悪液質」

あく-えびす【悪夷】〘名〙獰猛(どうもう)な野蛮人。＊浄瑠璃・国性爺後日合戦(1717)三「たんたんの悪夷(アクヱビス)、五百も千も首捻切」

あく-えん【悪縁】〘名〙①仏語。悪い縁。外的な悪い条件。＊往生要集(984‐985)大文二「煩悩内催、悪縁外牽、或発二乗心、或還三悪道」＊今昔(1120頃か)三・

二〇「汝(なんぢ)善く聴け、功徳を造て地獄に堕る者は、死る時に臨て悪縁に値(あひ)て瞋恚(しんい)を裁(おこ)せる者ぞ」＊平家(13C前)一一・先帝身投「今万乗のあるじと生れさせ給へども、悪縁にひかれて、御運既につきさせ給ひぬ」＊咄本・醒睡笑(1628)一「上京に誓願寺のありし時、事の悪縁(アクエン)によりて炎上せらる」②思うままにならない男女の関係。特に、離れたくとも離れにくい間柄となった男女の縁。＊浄瑠璃・生玉心中(1715か)下「神にも世にも捨られて、しゃうぶ刀のきっさきに、かかるちぎりの悪縁と、返らぬ道をたどり行」＊浄瑠璃・新版歌祭文(お染久松)(1780)油屋「美しい若衆形をふっと見てから、思ひ切るにも切られぬ悪縁(あクヱン)」＊洒落本・傾城買四十八手(1790)真の手「ホンニぬしとわっちは、悪縁(アクヱン)と云のでござんしゃうよ」③結んではいけない縁。好ましくない結び付き。＊日葡辞書(1603-04)「Acuyen(アクエン)〈訳〉意志の、悪い組み合わせや結合」＊浄瑠璃・凱陣八島(1685頃)一「いかにじゅんのたがへばとて、あくゑんはむすばれまじ」＊浄瑠璃・神霊矢口渡(1770)四「何をいふても身一つに思ひ詰めたる義岑様。此世で添はれぬ悪縁と、聞けば聞く程猶恋しく」＊滑稽本・浮世風呂(1809-13)四・中「『愛であふも他生の縁だ』『悪縁ぢゃアごぜへませんかっ』」発音〈標ア〉0ク〈京ア〉0 辞書文明・日葡・言海 表記悪縁(文・言)

あくえん 契(ちぎ)り深(ふか)し よくない縁に限って、結びつきが強い。くされ縁離れず。＊歌舞伎・富岡恋山開(1798)三幕「ああ悪縁契深(アクエンチギリフカ)しじゃなア」＊歌舞伎・綴合於伝仮名書(高橋お伝)(1879)六幕「悪縁契(アクエンチギ)り深(フカ)しとやらで、お前とかうして一緒になり」

あく‐おう【悪王】〘名〙悪い政治を行なう王。無道の君。＊将門記(940頃か)「地類呵嘖して、悪王の便(やす)からざる念を憎(そね)む」＊愚管抄(1220)一・武烈「限りなき悪王なり。人をころすを御遊にせられけり」＊信心録(ヒイデスの導師)(1592)二・二〇「コノ Beato ヲバ Juliano acuvǒyori(アクワウヨリ) カタテヲ キリタテマツリ」＊浄瑠璃・松風村雨束帯鑑(1707頃)一「此宮位につき給はば、日本悪王の国と成のみならず」発音アクオー〈標ア〉オ 辞書易林・日葡 表記悪王(易)

あく‐おうじ【悪王子】〘名〙①強く荒々しい王子。＊浄瑠璃・用明天皇職人鑑(1705)職人尽し「『なふもったいなや、鬼の様なる悪王子。〈略〉まっぴら御免』と逃げ出るを」②歌舞伎芝居で、乱暴で悪い王子の役。また、その役に用いる鬘(かつら)。＊楽屋図会拾遺(1802)下「鬘品目(かつらひんもく)、〈略〉悪王子(アクワウジ)」

悪王子②

〈時平、もりやのたぐひにて登友十丸など用るなり〉」

あく‐おおい【幄覆】〘名〙幄の上をおおう布。＊吾妻鏡‐文治三年(1187)八月二八日「閑院遷幸新楽屋幄覆幷御誦経幄覆以下」

あく‐おけ【灰汁桶】〘名〙水を満たした中に灰を投じ、底の栓(せん)口から灰汁がしたたるように仕掛けた桶。せんたくや染色に用いる灰汁を取るためのもの。＊俳諧・猿蓑(1691)五「灰汁桶の雫(しづく)やみけりきりぎりす〈凡兆〉あぶらかすりて宵寝する秋〈芭蕉〉」＊松翁道話(1814-46)四・中「一切衆生の迷ひの垢を洗うて遣りたいばっかりで、大きな灰汁(アク)桶をこしらへて灰汁をたらし」発音〈標ア〉オ0

あく‐おん【悪怨】〘名〙⇩おおん(悪怨)

あく‐おん【悪音】〘名〙悪い声や音。＊日葡辞書(1603-04)「Acuvon(アクヲン)。アシイ ヲト」辞書日葡

あく‐おん【渥恩】〘名〙あつい恩恵。厚恩。＊布令字弁(1872)〈知足蹄原子〉六「渥恩 アクヲン ヲンヲウケル」＊揚雄‐劇秦美新「数蒙渥恩、抜擢倫比」

あく‐か【悪化】〘名〙⇩あっか(悪化)

あく‐か【悪果】〘名〙⇩あっか(悪果)

あく‐か【悪貨】〘名〙⇩あっか(悪貨)

あく‐か【悪過】〘名〙⇩あっか(悪過)

あく‐が【悪画】〘名〙へたな絵。＊西国立志編(1870-71)〈中村正直訳〉一二・一〇「画家比達(ピーター)、立里(リリー)は、決して悪画を目に触ずと規則を立てたり。これ悪画の、その筆に伝染するを恐るるが故なり」＊多情多恨(1896)〈尾崎紅葉〉後・五・二「お類をだに画いた図であれば、彼には世間に一人の名匠も無いかはりに、又一面の悪画も無いのである」

あく‐かい【悪戒】〘名〙悪事のいましめ。悪事をさせないための禁戒。＊神道集(1358頃)一・一「人倫罪根深重の輩は、利益し難く、尚、悪人の為には悪戒を成す」

あく‐がい【悪害】〘名〙他にわざわいをすること。害になる悪事。悪徳。＊玉塵抄(1563)三九「此も西人をそれて高う飛び、ふかい淵にをどるぞ。悪害をのがれさくる為なり」＊明六雑誌‐一八号(1874)人間公共の説・二〈杉亨二〉「天の普く悪害を禁戒するの道に由り」発音アクガイ〈標ア〉0

あく‐がい【灰汁支】〘名〙染め物の発色をよくしたり、せんたく物の汚れを落としたりするために、灰汁の中に衣類などを浸すこと。＊日葡辞書(1603-04)「Acugaiuo(アクガイヲ)スル。または、アクヲ カウ〈訳〉灰汁の中に入れる」辞書日葡

あくかえ【明—】〘連語〙方言(反語表現)だめだ。いけない。大阪府泉北郡646 和歌山県690 ◇**あっかえ** 大阪府泉北郡646 和歌山県690 ◇**あくかよ** 奈良県南葛城郡683 ◇**あくかいよ・あくかあ** 和歌山県690 ◇**あこかあ** 長崎県南高来郡(困った時に発する語)904 ◇**あこかい** 滋賀県彦根609 ◇**あこおに・あこおちい** 奈良県吉野郡683 ◇**あくきゃあな** 京都府竹野郡622 ◇**あくもんで** 和歌山県690 702 ◇**あかすか** 岐阜県可児郡498 愛知県一宮市549 東春日井郡559 ◇**あすけん・あっけん** 愛知県東春日井郡559 ↓あかん(明—)/あく(明)〔動〕

あく‐かく【悪客】〘名〙⇩あっかく(悪客)

あく‐かく【握攫】〘名〙⇩あっかく(握攫)

あく‐がし【悪河岸】江戸新吉原町一丁目、角町、江戸町二丁目(東京都台東区千束)あたりの横町の異称。下等な店が並び、客に遊興を無理じいした。

あく‐がた【悪形・悪方】〘名〙歌舞伎で悪人の役。また、それを演ずる俳優。悪役。敵役。＊雑俳・柳多留‐三(1768)「悪方は油見世など思ひきり」＊黄表紙・全交法師常々草(1794)「しばゐといふにあくがたといふがあるときいたが」＊随筆・賤のをだ巻(1802)「中島三甫右衛門は、古今悪方の上手」＊人生恐怖図(1956)〈正宗白鳥〉「悪形(アクガタ)の方に、〈略〉興味が惹かれるから面白い」発音アクガタ〈標ア〉0〈京ア〉0

あく‐がたき【悪敵】〘名〙憎々しい敵。敵対する悪人。＊浄瑠璃・四天王最後(1661)一「又重ねていか成あくかたき起る共もはや我々年はよっつ、力はうすく成」

あく‐がめ【灰汁瓶】〘名〙灰汁おけから採った灰汁をたくわえておく陶器の入れ物。

あくがら・す【憧・憬】〘他サ四〙(「あくがれる」の他動詞形)①居所を離れてさまようようにさせる。流浪させる。さすらわせる。＊蜻蛉(974頃)中・天禄二年「かくのみあくがらしはつるはいとあしきわざなり」＊源氏(1001-14頃)帚木「あはれと思ひしほどに、煩はしげに思ひまつはすけしき見えましかば、かくもあくがらさざらまし」②美しいものなどが、人の心をひきつける。人の心をとりこにする。心の落ち着きをなくさせる。そわそわさせる。＊和泉式部集(11C中)上「梅が香におどろかれつつ春の夜はやみこそ人はあくがらしけれ」＊栄花(1028-92頃)ゆふしで「若やかなる殿上人、申しあくがらすならんとて、いみじう召し仰せなどせさせ給ふ」＊類従本伊勢集(11C後)下「月影の軒のあまりにさし入てなほあが心あくがらしつる」発音アクガラス〈標ア〉0 辞書言海

あくが・る【憧】〘自ラ下二〙⇩あくがれる(憧)

あくがれ【憧・憬】〘名〙(動詞「あくがれる」の連用形の名詞化)「あこがれ(憧)」に同じ。＊有明集(1908)〈蒲原有明〉孤寂「信(しん)の涙か、憧憬(アクガレ)の孤寂の闇を樱櫚(しゅろ)の花 幹を伝ひて」＊春寒(1921)〈寺田寅彦〉「異国の遠い昔に対するあくがれの心持」発音アクガレ〈標ア〉0

あくがれ‐あり・く【憧歩】〘自カ四〙(「ありく」は、歩きまわる意)なにかに心ひかれて、家を出てあちこち歩きまわる。ふらふらと浮かれまわる。＊源氏(1001-14頃)野分「今日かかる空のけしきにより、風のさきにあくがれありき給ふも、あはれに見ゆ」＊栄花(1028-92頃)見はてぬ夢「花山院ところどころあくがれありかせ給て、熊野の道に御心地悩しう思されけるに」＊堤中納言(11C中-13C頃)思はぬ方にとまりする少将「あくがれありき給ふ君なれば、御文などねんごろに聞え給ひけれど、露あるべき事とも思したらぬを」発音アクガレアリク〈標ア〉リ

あくがれ‐ある・く【憧歩】〘自カ四〙「あくがれありく(憧歩)」に同じ。＊当世書生気質(1885-86)〈坪内逍遥〉七「屡々(しばしば)花柳(くるわ)を遊蕩(アクガ)れあるきて、放蕩家といふ名は高かり」

あくがれ‐い・ず【憧出】〘自ダ下二〙本来あるはずの所を離れてさまよい出る。何となく心ひかれて出かける。あてもなくさまよい出る。＊浜松中納言(11C中)四「けはしき山のふところにて、松風の音をのみ聞きわたしならひ給へる、いと思ひかけぬさまに、なごりなくあくがれいでぬるに」＊後拾遺(1086)雑六・一一六二「物思へば沢の蛍もわが身よりあくがれ出るたまかとぞみる〈和泉式部〉」＊有明の別(12C後)二「れいの思ひあまり、又なぐさむかたしなければ、なにとなくあくがれいでて院へまゐり給ひぬ」

あくがれ‐ごころ【憧心】〘名〙ふらふらとさまよい出ようとする心。また、理想とするものにひかれ、こがれる心。あこがれごころ。＊二十五絃(1905)〈薄田泣菫〉二月の一夜「仇し世空華(くげ)のながめに、路惑(まどは)しを据うるも、あくがれ心の踴躍(ゆやく)いかに、その誘(いざな)ひに落ちめや」

あくがれ‐すぐ・す【憧過】〘他サ四〙心ひかれ、居所を離れ隔たって、月日を過ごす。浮かれさすらって時を送る。＊とりかへばや(12C後)中「行方(ゆくへ)しらぬ野山のすゑに、あくがれすぐすも、またいとうつし心にもあらず」

あくがれ‐すご・す【憧過】〘他サ四〙「あくがれすぐす(憧過)」に同じ。＊浜松中納言(11C中)四「すずろに、山深くあくがれすごさましや」

あくがれ‐そ・む【憧初】〘自マ下二〙心が落ち着かないでそわそわしはじめる。思いこがれはじめる。＊宇津保(970-999頃)国譲中「そぞろ心のつきて、あくがれそめにしを」＊輔親集(1038頃)「君こひてあくがれ染し玉の緒をとまれとしてや手に結びつる」

あくがれ‐ただよ・う【憧漂】〘自ハ四〙気もそぞろになって落ち着かなくなる。思いこがれてぼんやりする。心ひかれてふわふわする。＊夜の寝覚(1045-68頃)四「なかなかなる思ひまさり、わりなくしづ心なくのみあくがれただよひ給へる御けしきを」

あくがれ‐た・つ【憧立】〘自タ四〙(「立つ」は、特にその状態になる意)魂が、何かにひかれて落ち着かなくなる。＊源氏(1001-14頃)夕霧「殿におはしても、月を見つつ、心は空にあくがれ給へり。〈略〉うへは、まめやかに心憂く、あくがれたちぬる御心なめり」＊有明の別(12C後)一「やうやう、おとなびゆくまでに、思ひさだめたるかたもなう、あくがれたちたるを」＊と

りかへばや(12C後)下「いとど御らんじてしかば、あくがれたたせ給ひにしを」

あくがれ‐は・つ【憧果】〘自タ下二〙①居所から、すっかり離れ遠ざかる。その所へ全く寄りつかなくなってしまう。＊源氏(1001‐14頃)葵「いふかひなき御事は、ただかきくらす心地し侍れば、さるものにて、名残(なごり)なきさまに、あくがれはてさせ給はむほどに思ひ給ふるこそ」②心が、何かにひかれてすっかり身に添わなくなる。全く、気もそぞろになってしまう。＊源氏(1001‐14頃)夕霧「聞えなむ方なき御心のつらさを思ひそふるに、心たましひもあくがれはてて、見る人ごとにとがめられ侍れば」＊有明の別(12C後)二「いづくをはかとなくまかで給ふも、さまざまたましひはあくがれはてぬる心地して、とばかりやすらひ給ふ」

あくがれ‐まさ・る【憧勝】〘自ラ四〙魂が身につかないで、ますます思いこがれる。いっそう心ひかれて、気もそぞろになる。＊狭衣物語(1069‐77頃か)三「心の中ばかりは、ありしより、けに、あくがれまさりて、行ひに心入れ給ひつれど」＊苔の衣(1271頃)四「めやすくふるまひ給ひし式部卿の宮のわたりにも、えつくろひあへ給はず、あくがれまさりつつ、常にはきさいの宮にのみさぶらひ給ふ」

あくがれ‐まど・う〔‥まどふ〕【憧惑】〘自ハ四〙本心を失うまでに心がひきつけられる。すっかり心を奪われて夢中になる。＊源氏(1001‐14頃)若紫「かかる折だにと、心もあくがれまどひて、いづくにもいづくにも、まうで給はず」＊源氏(1001‐14頃)夕霧「いとどしく心よからぬ御けしき、あくがれまどひ給ふほど、大殿の君は、日頃経るままにおぼし嘆くことしげし」

あくがれ‐ゆ・く【憧行】〘自カ四〙ある対象に心がひかれてそちらの方へ行く。＊都のつと(1367)「かくのみあくがれゆく程に、日数も積りて」発音アクガレユク〈標ア〉0ユ

あくがれ‐よ・る【憧寄】〘自ラ四〙心が、身を離れて想(おも)う人のところにひかれ寄る。＊夜の寝覚(1045‐68頃)四「この人のほのめい給ふたびごとに、みだるる心いまやいまやあくがれよるらんとこそ我ながらゆゆしけれど」

あく‐が・れる【憧・憬】〘自ラ下一〙文あくが・る〘自ラ下二〙(「かる」は離る。中世頃から「あこがれる」と併用) 本来あるはずの場所から離れる意。①居所を離れてさまよう。また、あるものに心をひかれて、出かける。＊貫之集(945頃)六「思ひあまり恋しき時は宿かれてあくがれぬべき心地こそすれ」＊源氏(1001‐14頃)夕顔「いさよふ月に、ゆくりなくあくがれんことを女は思ひやすらひ」＊平家(13C前)一〇・横笛「あるくれがたに宮こをいでて、嵯峨の方へぞあくがれゆく」②ある対象に、何となく心がひかれる。心が、からだから離れる。うわのそらになる。＊古今(905‐914)春下・九六「いつまでか野辺に心のあくがれむ花し散らずは千世もへぬべし〈素性〉」＊枕(10C終)四一・鳥は「夜ふかくうちいでたる声の、らうらうじう愛敬(あいぎゃう)づきたる、いみじう心あくがれ、せんかたなし」＊源氏(1001‐14頃)葵「物おもふ人のたましひはげにあくがるる物になむありける」＊山家集(12C後)上・春「あくがるる心はさても山桜ちりなん後や身にかへるべき」③いとわしく思うようになって離れる。男女の仲がうとくなる、世を避けようとする、などにいう。＊源氏(1001‐14頃)真木柱「このとしごろ人にも似給はず、うつし心なき折々多く物し給ひて、御中もあくがれてほど経にけれど」＊栄花(1028‐92頃)様々のよろこび「世の中いとはかなきものにおぼして、ともすればあくがれ給、いとうしろめたき事におぼされけり」④(心がひかれるところから) 気をもむ。気が気でなくなる。＊読本・南総里見八犬伝(1814‐42)三・二五回「離れかたきは女子(をなご)の誠、分つ袂にふり棄られて、あくがれて死(しな)んより、おん身刃(やいば)にかけてたべ」⑤理想とするもの、また、目ざすものなどに心が奪われて落ち着かなくなる。また、それを求めて思いこがれる。＊延慶本平家(1309‐10)六本・判官為平家追討西国へ下事「花にあくかるる昔を思出して」＊茗荷畠(1907)〈真山青果〉三「慥かに小説になる。無信仰の現代に産れて、信仰に憧(アクガ)れる主人公は面白い、屹度(きっと)書ける」＊焼跡の審問官(1948)〈竹山道雄〉三「かれらはこれほどにも権威にあくがれる人間である」語誌アクとカルとの複合語で、カルが離れる意であることは確かなものの、アクの語源は諸説あり不明であるが、あるいは場所に関わる語か。上代に用例は見えず一〇世紀半ば以降に一般化した語で、人間の身や心また魂が、本来あるべき場所から離れてさまよいあるくことをいう。夢や物のけなどの遊離魂という民俗信仰による発想が平安朝の特徴で、中世になると、特定の対象に心をひかれるという意味合いが強くなり、アコガルという語形も生じる。語源説(1)アは在、クは処、カルは離の意〔槻の落葉信濃漫録・雅言考・比古婆衣・大言海〕。(2)アクは事、所などの意の古語。カルは離れて遠く去るの意〔日本語の年輪＝大野晋〕。(3)ウカルルと同意。ウの延アク〔名言通・和訓栞・槇のいた屋〕。(4)アクは空の義。これを語根として動詞のアクグル、アクガルが生まれた〔国語の語根とその分類＝大島正健〕。発音アクガレル〈標ア〉0〈京ア〉0 文『あくがる』アクガル〈標ア〉0〈ア史〉鎌倉『あくがる』●●●●〈京ア〉0 辞書色葉・名義・伊京・ヘボン・言海 表記虚・浮宕(色) 憧(名) 寃(伊)

あくがれ‐わた・る【憧渡】〘自ラ五(四)〙すっかり心を奪われる。限りなく心をひかれる。＊田舎教師(1909)〈田山花袋〉七「体裁から、組み方から、表紙の絵から、総て新しい匂ひに満されたその雑誌に憧(アクガ)れ渡った」

あく‐かん【悪感】〘名〙不快な感じ。いやな心持。悪感情。＊思出の記(1900‐01)〈徳富蘆花〉三・八「育英学舎の教師株は多く『生意気な飛入奴(とびいりめ)が』と云ふ悪感を抱き」＊第三者(1903)〈国木田独歩〉六「母も姉妹もお鶴さんには何等の尊敬を払って居ない寧ろ少なからぬ悪感(アクカン)を持って居るといふものは」発音〈標ア〉0〈京ア〉0/0

あく‐かん【悪漢】〘名〙⇨あっかん(悪漢)

あく‐かん〔‥クヮン〕【握管】〘名〙⇨あっかん(握管)

あく‐がん【悪眼】〘名〙憎しみの眼。険しい眼。あくげん。＊本朝文粋(1060頃)一四・宇多院為河原左大臣没後修諷誦文〈紀在昌〉「揔為二侍臣一。不レ挙二悪眼一」＊太平記(14C後)二三・大森彦七事「我等大勢忿怒の悪眼を開て、刹那に大千界を見るに」＊和俗童子訓(1710)二「父母に対して、悪眼をあらはすべきや、はづべし」

あく‐がん【悪顔】〘名〙みにくい顔。容貌の悪いこと。＊花柳春話(1878‐79)〈織田純一郎訳〉二六「其悪顔曙光を帯びて亦人間(じんかん)の物と認め得ず」

あく‐がん〔‥グヮン〕【悪願】〘名〙悪事を行なう目的でする、悪い祈願。また、悪い願望。⇔善願。＊今昔(1120頃か)三・八「龍、本の悪願を遂る故に、其の国を亡(ほろぼ)し、亦、国王を害せむと思ふ」＊仮名草子・片仮名本因果物語(1661)中・二五「去(さる)百性の女房、日比(ひごろ)悪願(アクグヮン)を発(をこ)して子共を喰殺(くひころし)」＊十善法語(1775)九「善願も悪願も、誠心決定すればその感応ある」

あく‐がん〔‥グヮン〕【握翫・握玩】〘名〙(詩文、絵などを)大切にしながら味わい楽しむこと。＊明月記‐治承四年(1180)五月二九日「只見二仁王会咒願、握二翫其文章一」＊詠歌大概(13C前)「白氏文集第一第二帙常可二握翫一」＊看聞御記‐永享一〇年(1438)六月八日「室町殿被レ進絵也、殊更殊勝握翫無レ極」＊裴子野‐答張貞成皐詩「感レ子盈編贈、握玩以為レ栄」

あく‐かんか〔‥クヮン‥〕【悪感化】〘名〙悪い影響を与えて、心を変えさせること。また、他から悪い影響を受けて心が変わること。＊日本風景論(1894)〈志賀重昂〉四「火山力有形上の功蹟、我れ謹みて命を聴く、独り其の無形上なる悪感化を如何」＊良人の自白(1904‐06)〈木下尚江〉中・七・三「貴様達の方が『人間』の悪感化を受けて仕舞っては困まるじゃ無いか」＊或る女(1919)〈有島武郎〉前・四「愛児を父の悪感化から救はうとする母らしい努力に基くものだ」発音〈標ア〉カ1

あく‐かんしゅう〔‥クヮンシフ〕【悪慣習】〘名〙よくない習慣。悪いしきたり。＊当世書生気質(1885‐86)〈坪内逍遙〉一九「僅に二十余年の昔に於ては、かかる悪慣習(アククヮンシウ)ありしかと思へば」＊青春(1905‐06)〈小栗風葉〉春・一六「因(もと)を云へば、皆許嫁なんと云ふ不条理な悪慣習の犠牲になったので」発音アクカンシュー〈標ア〉カ

あく‐かんじょう〔‥カンジャウ〕【悪感情】〘名〙人や物に対して持つ不快な感じ。＊日蓮上人(1894)〈幸田露伴〉二〇「読者をして無言の間に日蓮に対して悪感情(アクカンジャウ)を懐かしむるやう記したり」＊堺事件(1914)〈森鷗外〉「土佐の士卒は初からフランス人に対して悪感情を懐(いだ)いてゐた」発音アクカンジョー〈標ア〉カ〈京ア〉カ

あく‐ぎ【悪戯】〘名〙悪いいたずら。わるふざけ。＊日蓮上人(1894)〈幸田露伴〉三「悪太郎と相伍して悪戯(アクギ)をすること更に無く」＊あめりか物語(1908)〈永井荷風〉長髪「私は繰返して運命の悪戯(アクギ)と云ひませう」＊北史‐斉文宣帝紀「崔季舒託二俳言一曰、老小公子悪戯」発音アクギ〈標ア〉ア

あくき‐がい〔‥がひ〕【悪鬼貝】〘名〙アクキガイ科の巻貝。殻は卵円錐形で下方に管状の長い水管があり、殻長約一七センチメートルに達する。ホネガイに似るが、棘がまばらで褐色の螺肋(らろく)をもつ。千葉県以南の暖海に分布し、水深一〇～五〇メートルの砂底にすむ。肉は食用にすることもあり、殻は観賞用にする。あっきがい。学名は Murex troscheli 発音アクキガイ〈標ア〉キ

あく‐きじん【悪鬼神】〘名〙わざわいをなす荒々しく恐ろしい神。＊大宝積経‐五五「或劓二耳鼻一、及刖二手足一、斫二截其頭一、不レ為二諸天之所守護一、即令レ非レ人、諸悪鬼神又羅刹而得二其便一」

あく‐ぎゃく【悪逆・悪虐】〘名〙①道にそむいた、はなはだしい悪事。主君や父にあだするような罪悪。また、そのようなことを行なうさま。＊続日本紀‐天平宝字元年(757)七月庚戌「何敢違レ天発二悪逆事一」＊太平記(14C後)一七・山門攻事「されば悪逆(アクギャク)忽に顕て、手引しつる同宿ども、或は討たれ、或は生虜(いけとら)れぬ」＊文明本節用集(室町中)「悪虐 アクギャク 又作悪逆」＊彝倫抄(1640)「丹朱はまさしく堯の御子なりしかども、一心悪虐(アクギャク)にありしかば、位をもつぎたまはず。今に悪人の名をとりて」＊浄瑠璃・平仮名盛衰記(1739)一「井上次郎と申(まうす)木曾の郎等、主の悪逆(アクギャク)を疎(うとみ)」＊漢書‐師丹伝「悪逆暴著、雖レ有二赦令一不レ宜レ有二爵邑一」②いたずら。乱暴。＊虎明本狂言・悪太郎(室町末‐近世初)「あく太郎と申て、さけにようては、あくぎゃく仕たるが」＊御伽草子・猫の草紙(江戸初)「人の枕もと、菰、天井、古屋根などをすみかとして、悪逆ばかりを仕り候事」③古代の律に定められた罪名。八虐の一つ。祖父母、父母を殴打し、殺そうと謀ったり、また伯叔父姑、兄姉、外祖父母、夫、夫の父母を殺した際の罪。＊律(718)八虐・悪逆「四曰悪逆、〈謂、殴及謀レ殺二祖父母父母一殺二伯叔父姑、兄姉、外祖父母、夫、夫之父母一〉」発音アクギャク〈標ア〉0〈京ア〉0 辞書下学・文明・伊京・明応・天正・饅頭・黒本・日葡・書言・ヘボン・言海 表記悪逆(文・饅・書・へ・言) 悪虐(下・文・伊・明) 悪瘧(天・黒)

あく‐ぎゃく【悪謔】〘名〙わるふざけをすること。悪くたわむれること。＊社会百面相(1902)〈内田魯庵〉天下太平なる哉「知らざる為(まね)して悪謔(アクギャ

ク)を弄するも咎められず」＊道程(1914)〈高村光太郎〉万物と共に踊る「最も忠実であってしかも背叛する最も真摯であってしかも悪譃する」

あくぎゃく-づか【悪逆塚】 京都市中京区石屋町瑞泉寺にある塚。豊臣秀次とその妻子を葬ったもの。「秀次悪逆塚」の銘がある。＊読本・雨月物語(1776)仏法僧「一日(あるひ)夢然三条の橋を過ぐる時、悪(アク)ぎゃく塚(ヅカ)の事思ひ出づるより」 発音アクギャクズカ〈標ア〉ク

あくぎゃく-ひどう【悪逆非道】『名』(形動) はなはだしい罪悪を行ない、人情や常識をはずれること。また、そのさま。＊安土セミナリオ(1953-54)〈井伏鱒二〉「犬は事の善悪にも弁へなく、悪逆非道の飼主にも仕へるものぢゃ」 発音アクギャクヒドー〈標ア〉ヒ0

あくぎゃく-ぶとう【悪逆無道】『名』(形動)(「あくぎゃくぶどう」「あくぎゃくむどう」とも。現代は「あくぎゃくむどう」) 悪逆を強めていう語。悪逆で道理にはずれたこと。また、そのさま。＊平家(13C前)三・医師問答「入道相国の躰を見るに悪逆無道にして、ややもすれば君を悩まし奉る」＊謡曲・舟弁慶(1516頃)「悪逆無道のその積もり、神明仏陀の冥感に背き、天命に沈みし平氏の一類」＊天草本伊曾保(1593)ネテナボ帝王イソポに御不審の条々「コノシマノヒト acuguiacu butŏni(アクギャク ブタウニ)シテ リヒゼンアクヲ キキイレナンダレバ」＊仮名草子・身の鏡(1659)中「源の義経公を古今無双の名将とし、梶原を悪逆無道(アクギャクブタウ)の者と、今の世まで云つたへたる事」＊浄瑠璃・凱陣八島(1685頃)五「天命をもをそれずあくぎゃくぶたうのかたがたを兄共人共思はねば」 発音アクギャクブトー〈標ア〉0 辞書日葡

あくぎゃく-むどう【悪逆無道】『名』(形動)「あくぎゃくぶとう(悪逆無道)」に同じ。 発音アクギャクムドー〈標ア〉0

あく-ぎょ【悪魚】『名』①人畜に害を与える魚。猛魚。＊謡曲・海人(1430頃)「そのほか悪魚、鰐(わに)の口、逃(のが)れがたしや我が命」＊浮世草子・椀久二世(1691)下・指は切目に塩よりむごし「千尋のなる岩根をさがしてあはびなど取しに、かならず悪魚(アクキョ)有て五つの指をくひきらし」＊浄瑠璃・平家女護島(1719)三「是龍宮のつつもたせ、三百目の玉塔に、其外悪魚(アクギョ)しかけ物」②とくに「さめ(鮫)」の異称。＊雑俳・柳多留-一五(1780)「すりばちへ悪魚を入れるかまぼこ屋」 発音アクギョ〈標ア〉ア 辞書日葡・書言 表記悪魚(書)

あく-ぎょう【悪行】『名』悪い行為。みだらなふるまい。不品行。＊正倉院文書-宝亀五年(774)一二月五日・高向清成等解(寧楽遺文)「多犯二乱行一。因レ玆従二廃省一大諾。自今以後、非レ為二悪行一、恪仕奉二公事一」＊今昔(1120頃か)一七・四「今日は此、地蔵幷(ぼさつ)の利生方便の日也。其の故に、永く悪行を可被止(とどめらるべ)き也」＊玉葉-承安三年(1173)七月二一日「両寺之悪行、沙汰甚緩怠」＊平家(13C前)三・大塔建立「但悪行あらば、子孫まではかなふまじきぞ」＊徒然草(1331頃)一〇六「優婆夷(うばい)などの身にて、比丘(びく)を堀へ蹴入れさする、未曾有(みぞう)の悪行なり」＊文明本節用集(室町中)「悪行 アクギャウ」＊集義和書(1676頃)一〇「悪人の地位に入きりて、みづからも恥ざる者は、大方の悪行ありても人しらず」＊南本涅槃経-三二「一切悪行邪見為レ因」＊詩経毛伝-鄘風・桑中「世族在レ位、有二是悪行一」 語誌「悪行」は、類義の仏語「悪業(あくごう)」と混同されることがあるが、当初は挙例の「正倉院文書」をはじめとして、たとえば「根来要書-康治元年一〇月一一日・紀伊国大伝法院三綱解案(平安遺文六・二四八一)」の題書「放火殺害却奪等條々濫行子細状」の本文に「乱入官省符内、恣致種々悪行〈略〉早禁制彼等悪行」とあるように、「乱行」「濫行」などと同じく「不善の行ない」を指しており、領所侵害などの他人の行為を非難する、訴訟用語としての意味合いが強かった。 発音アクギョー〈標ア〉0ク〈ア史〉江戸●●●○〈京ア〉0 辞書文明・饅頭・日葡・書言・言海 表記悪行(文・饅・書・言)

あく-ぎょう【悪業】『名』悪いしわざ、仕事。よくない職業。＊西洋事情(1866-70)〈福沢諭吉〉外・二「国に是等の場所あれば自から人心を導て放僻邪侈の風を除き悪業に陥入る者少し」＊日本開化小史(1877-82)〈田口卯吉〉二・三「商人を以て善人とは云ふまじ、農業を以て悪業とは評すまじ」＊青年(1910-11)〈森鷗外〉一二「富人が金を得れば、悪業(アクゲフ)が増長する」＊史記-貨殖伝「博戯悪業也、而桓発用レ之富」 発音アクギョー〈標ア〉0ク〈京ア〉0

あくぎょう-にん【悪行人】『名』悪行をはたらいた罪人。＊大乗院寺社雑事記-文正二年(1467)正月一〇日「就二徳政事一山城国悪行人両人、自二旧冬一召二籠之一」 発音アクギョーニン〈標ア〉0

あくぎょう-ぶとう【悪行無道】『名』(形動) 悪行を強めた語。けたはずれの悪行。あくぎょうむどう。＊義経記(室町中か)六・判官南都へ忍び御出である事「我等南都にてあくぎゃう無道なる名を取りたれども、別に為出したる事もなし」

あくぎょう-むじょう【悪行無状】『名』(形動) 悪行があって無礼なこと。＊浄瑠璃・日本武尊吾妻鑑(1720)三「悪行無状の大碓のわうじ、へんしうがまんをさしはさみ、同じく参内(さんだい)せられしが」

あく-きりゅう【悪気流】『名』①険悪な気流。危険でおそろしい、高空の大気の流れ。航空機などが悩まされる。②酒癖の悪い男をいう俗語。〔特殊語百科辞典(1931)〕＊訂正増補新らしい言葉の字引(1919)〈服部嘉香・植原路郎〉追加「悪気流〈略〉又第二義として『酒の上の悪い男』の意味に用ひられてゐる」 発音アクキリュー〈標ア〉キ

あく-ぎん【悪銀】『名』品質の粗悪な銀貨。銅を多量に混ぜたもの、量目不足のもの、変形のものなどがある。また、にせがねのことをもいう。わるがね。＊浮世草子・日本永代蔵(1688)五・五「先程の利銀の内三匁五分の豆板悪銀(アクギン)と出しける」＊浮世草子・御前義経記(1700)四・一「此様な悪銀(アクギン)つかひぬる心からは、世わたり暮しかぬるは尤(もっとも)なりと」＊浄瑠璃・心中二つ腹帯(1722)二「麁相者(そそう)もの)と悪銀(アクギン)は、いかさま世間に多いもの」 発音アクギ(ギ)ン〈標ア〉0

あく-ぐ【悪愚】『名』悪くて愚かなこと。＊浮世草子・風流曲三味線(1706)五・二「正道ならぬ事に人を掠めて物をとらんとする巧、悪賢き迄にも及ばず悪愚(アクグ)といふもの」

あく-ぐち【悪口】『名』人を悪くいうこと。わるくち。＊人情本・梅之春(1838-39)二・三回「『とんだ鞠唄ぢゃアねえか』と悪口(アクグチ)をいふ其の中に」

あく-け【灰汁気】『名』灰汁のけ。灰汁を含んでいるさま。＊浮世草子・傾城歌三味線(1732)四・三「拙者が此事は根ほりて僉儀(せんぎ)致し蛇のめ灰(アク)けで洗たやうにさっぱりと致さねば」

あく-げき【悪劇】『名』(形動) 悪くはげしいさま。非常にはげしいさま。＊黄葉夕陽邨舎詩-前編(1812)二・雑詩三首・三「痘神知何意、此行特悪劇」

あく-げつ【悪月】『名』①陰陽道でいう凶の月。②運の悪い月。めぐりあわせのよくない月。③(中国で、五月を、忌むことの多い月とし、また、五月五日を出生の凶日として忌むところから) 中国で陰暦五月の異称。＊史記抄(1477)一二・孟嘗「五月をば悪月と云て、五月五日に生た子は忌ぞ」＊荊楚歳時記「五月俗称二悪月一、多レ禁、忌レ暴二牀薦席一、及忌レ蓋レ屋」 発音アクゲツ〈標ア〉ク0

あく-けっか【悪結果】『名』あることが元になって生み出された、好ましくない状態。悪い結果。＊日本風景論(1894)〈志賀重昂〉四「吾が日本亦た火山岩国の天職として東洋将来文明の淵源たらざるべからず、復た無形上の悪結果を云ふ勿れ」＊それから(1909)〈夏目漱石〉三「自分の教育が代助に及ぼした悪結果(アクケッククヮ)に至っては、今に至って全く気が付かずにゐる」＊ながし(1913)〈森鷗外〉「却って悪結果(アクケッククヮ)を見るだらうと言ふ予測を」 発音〈標ア〉ケ

あくげつ-たんぷう【握月担風】『名』風月の情趣を楽しむこと。＊雲仙雑記-五・呑花臥酒「虞松方レ春以謂、握月担風、且留二後日一、呑レ花臥レ酒、不レ可レ過レ時」

あくけ-な・し【飽気無】『形ク』もの足りない。あきたりない。満足しない。＊散木奇歌集(1128頃)恋下「ふりはてていひそめつれば紅のあくけなくてもかへりぬる哉」＊人情本・恩愛二葉草(1834)初・三「飽気(アクケ)なき、果敢なき別れに泣き沈み」

あく-けん【悪犬】『名』⇩あっけん(悪犬)

あく-けん【悪見】『名』⇩あっけん(悪見)

あく-げん【悪言】『名』①悪いことば。聞いていて不愉快なことば。特に、人をののしることば。悪罵。悪口。あくごん。＊日葡辞書(1603-04)「Acuguen(アクゲン)。アシイ コトバ〈訳〉悪い言葉」＊西国立志編(1870-71)〈中村正直訳〉一二・四「善言善行は〈略〉死せざるべし、独り此(これ)のみならず、悪言悪行も亦然り」＊歌舞伎・牡丹平家譚(重盛諫言)(1876)二「我に向って其の悪言(アクゲン)返す返すも憎(にっく)き奴」＊大智度論-一三「夫士之生、斧在二口中一、所三以斬レ身、由二其悪言一」＊礼記-祭義「悪言不レ出二於口一、忿言不レ及二於身一」②(―する) 他を悪く言うこと。悪口を言うこと。＊足利本論語抄(16C)泰伯第八「人々依レ死、謂二善言一者あり。悪言するもあらん也」＊花柳春話(1878-79)〈織田純一郎訳〉五五「彼れ前日書を君に送てフロレンスを悪言す」＊戦後の文学(1895)〈内田魯庵〉「我等は殊更に日本の過去を悪言(アクゲン)せんとするものにあらず」 発音アクゲン〈標ア〉0ク 辞書日葡

あくげん の 玉(たま)は磨(みが)き難(がた)し 悪口を言うことは、徳を損うことが甚しく、その上、その傷は簡単にみがいて取り去ることができない。

あく-げん【悪眼】『名』「あくがん(悪眼)」に同じ。＊私聚百因縁集(1257)四・八「是の諸悪鬼尚悪眼(あくゲン)を以て之を視ること能はず」

あく-げん【悪源】『名』罪やわざわいのみなもと。悪いことのおこる原因。＊開化本論(1879)〈吉岡徳明〉下「且つ夫れ智識は善源なれとも、反て悪源と成る事あり」 発音アクゲン〈標ア〉0

あく-げんた【悪源太】 一「みなもとのよしひら(源義平)」の通称。＊平治(1220頃か)上・信西の子息闕官の事「義朝が嫡子、鎌倉悪源太義平、母方の祖父三浦介がもとにありけるが」 二悪源太の生涯に取材した戯曲。松居松翁作。明治三二年(一八九九)上演。座付作者によらない歌舞伎作品として、新歌舞伎運動に大きな影響を与えた。 発音〈標ア〉ゲ

あく-こ【悪虎】『名』⇩あっこ(悪虎)

あく-ご【悪語】『名』聞いて害になることば。邪意のこもったことば。悪口。悪言。＊私聚百因縁集(1257)六・九「即ち悪語(アクコ)を以て之を告げて曰く」＊囀氷冷語(1899)〈内田魯庵〉「文章の奔るままに悪語(アクゴ)するを批評の能事とする傾向がある」＊紫(1901)〈与謝野鉄幹〉日本を去る歌「不道徳や無頼や風俗壊乱や悪語(アクゴ)頻りに父祖の国に誤らる」＊蘇軾-劉貢父見余歌詞数首以詩見戯聊次其韻詩「門前悪語誰伝去、酔後狂歌自不レ知」 辞書文明 表記悪語(文)

あく-こう【悪口】『名』⇩あっこう(悪口)

あく-こう【悪行】『名』⇩あっこう(悪行)

あく-こう【悪候】『名』⇩あっこう(悪候)

あく-ごう【悪業】『名』仏語。苦果を招く原因となる、身、口(く)、意による悪い行為。また、前世の悪事。

↕善業。＊狭衣物語(1069-77頃か)三「憂し、つらしと思ひ入り給ひけん人の御あくごうの、離れ給ひぬべきしるべと、なりなんかし」＊真如観(鎌倉初)「悪業(アクゴフ)を作る者も〈略〉南無阿彌陀仏と唱れば、必ず生る」＊信心録(ヒイデスの導師)(1592)三・七「acugô(アクゴウ)ニ ヲボレタル ワレラ ワ イカリ ノ コト ナリシ ユエニ」＊小学読本(1873)〈田中義廉〉二「悪念、悪業は、雑草の如く、甚だ、生じ易し」＊大智度論-六「此人大瞋為二悪業一所レ覆当レ堕二大罪一」 発音 アクゴー〈標ア〉0 ク〈ア史〉江戸●●●●〈京ア〉0 辞書 文明・饅頭・日葡・書言・ヘボン 表記 悪業(文・饅・書・ヘ)

あくごう の 猛火(みょうか) 悪業の害が激しいことを、火の燃えさかるのにたとえたもの。＊太平記(14C後)二〇・結城入道堕地獄事「八寒八熱の底までも悪業(あくゴウ)の猛(ミャウ)火忽に消て」

あく-こうい（カウヰ）【悪行為】〘名〙(道徳・正義・法などに反する)悪い行ない。悪行。＊奇想凡想(1920)〈宮武外骨〉我輩が公に有する財産「多くの貧乏人を困らすのは、国家といふ団体の目的に反した悪行為(アクカウヰ)である」 発音 アクコーイ〈標ア〉コ

あくごう-ぼんのう（アクゴフボンナウ）【悪業煩悩】〘名〙悪果を招く一切の迷いの所行。心身を悩ます一切の妄念(もうねん)。＊百座法談(1110)三月八日「慈悲忍辱の衣にはむかれなむ人は悪業煩悩の病もすなはちのぞかり」＊曾我物語(南北朝頃)一一・鬼の子とらるる事「我らは、悪ごうぼんなうにて、身をまろめたり」＊盲安杖(1619)「愚者は己を楽で人を忘るる故に、貪嗔邪見の心を専として、悪業煩悩をはなれず」 発音 アクゴーボンノー〈標ア〉ノ

あくごう-むじん（アクゴフ）【悪業無尽】〘名〙悪事のあるかぎりをしつくすこと。＊浄瑠璃・孕常盤(1710頃)露のくつわ虫「犯人(ぼんにん)をそしといふならく牛頭馬頭(ごづめづ)の阿方羅刹(あはうらせつ)悪業無尽(アクゴウムジン)の罪人を待もかくやと恐ろしく」

あく-こん【悪棍】〘名〙⇨あっこん(悪棍)

あく-こん【悪魂】〘名〙⇨あっこん(悪魂)

あく-ごん【悪言】〘名〙①「あくげん(悪言)」に同じ。＊今昔(1120頃か)二・三七「我(われ)昔人と生れて沙門と成れりと云へども、房舎を執着して慳貪(けんどん)を不捨(すてざ)りき。豪族を侍(たの)むで悪言の事を出し」＊日葡辞書(1603-04)「Acugon(アクゴン)。アシイ コトバ〈訳〉悪いことば」＊浄瑠璃・源氏の由来(1659)三「いつぞや御しょにてのあくごん、わすれたるか、じんじゃうにはらをきれ」＊浄瑠璃・頼光跡目論(1661-73頃)五「推参なるあくごんかな」②聞くには快くないが、身には益になることば。苦言。＊浄瑠璃・嫗山姥(1712頃)二「おことが今の悪言(アクゴン)は、伍子胥が呉王を諌めたる金言よりなほ重し」 発音 アクゴン〈標ア〉0 ク 辞書 文明・日葡 表記 悪言(文)

あく-さ【悪作】〘名〙仏語。①(梵 duṣ-kṛta の意訳。突吉羅と音訳する) 五篇七聚の一つ。悪い行為。身体によるものをいい、口による「悪説」とともに、最も軽い罪とされる。＊日葡辞書(1603-04)「Acusa(アクサ)〈訳〉悪事」＊補忘記(貞享版)(1687)「悪作 アクサ(南山) ヲサ(慈恩)」＊四分律行事鈔-中・一「七聚之中分二此一部一以為二二聚一、身名二悪作一口名二悪説一。或云二突吉羅一。〈略〉薩婆多云、突瑟几理多。用二身口二業一翻二悪作一也」 ②かつて行なった行為に対する後悔。悔(け)。おさ。＊倶舎論-四「悪作者何。悪所作体名為二悪作一。応レ知此中縁二悪作法一説名二悪作一。謂縁二悪作一心追悔性。〈略〉又見二世間約二所依処一説二能依事一。如レ言二一切村邑国土皆来集会一。悪作即是追悔所依。故約二所依一説為二悪作一」

あく-ざ【幄座】〘名〙「あく(幄)の座」に同じ。＊東大寺続要録(1281-1300頃)「歴二幄座一後著座〈南面〉」＊漢書-王莽伝・上「定陶太后、不レ宜レ在二乗輿一、幄坐以明二国体一」 発音 〈標ア〉ア 辞書 日葡

アクサーコフ(Sjergjej Timofjejevič Aksakov セルゲイ＝ティモフエービチー) ロシアの小説家。作風は写実的で平明。代表作「家族の記録」「孫パグロフの少年時代」など。(一七九一～一八五九)

あく-さい【悪才】〘名〙悪事をする才能。悪知恵。＊随筆・胆大小心録(1808)一三八「上手の上に悪才ありて、すまふを下にゐて、まったりと云ふことの始じゃ」＊塩原多助一代記(1885)〈三遊亭円朝〉一四「只今では強談(ゆすり)杜騙(かたり)をする者も悪才に長(たけ)て居りまして」 発音 〈標ア〉0

あく-さい【悪妻】〘名〙夫や家庭にとって悪い妻。↕良妻。＊名語記(1275)六「悪妻をばされ」＊日葡辞書(1603-04)「Acusai(アクサイ)。アシイ ツマ〈訳〉悪い妻」＊再発(1960)〈遠藤周作〉「文句のつけようがほとんどないほどつとめてきた妻ですから決して悪妻ではない筈です」 発音 〈標ア〉0〈京ア〉0 辞書 日葡

あくさい は 六十年(ろくじゅうねん)[＝**百年**(ひゃくねん)]**の不作**(ふさく) 心情の悪い妻を得ることは、終身の不幸であるということ。

あく-さい【悪歳】〘名〙陰陽の不調和のために、さまざまの災厄のおこる年。五穀の実りの悪い年。飢饉(ききん)年。凶年。＊越絶書-越絶外伝枕中「夫陰陽錯繆、即為二悪歳一」

あく-さい【悪賽・悪采】〘名〙(「あくざい」とも)それ自体にいろいろ細工を加え、いかさまばくちに使用したもの。道具ざい。いかさまざい。にせざい。＊禁令考-後集・第三・巻二四・享保一三年(1728)二月「悪賽拵候而博奕打候者は、先年大方獄門に罷成候」＊公裁随筆(1849か)礼「悪賽を拵候ものは、入墨重敲位之見込に而可レ然候」

あくさい〘名〙方言❶陰でとやかく言うこと。陰口。悪口。新潟県東蒲原郡368 西頸城郡385 徳島県811 ❷飽き飽きして嫌になること。三重県志摩郡062 ◇あくせえ 長野県佐久486 487 493 ❸手に負えず持て余すこと。あきれかえること。埼玉県川越255 入間郡257 熊本県918 ❹迷惑なさま。困ったさま。◇あくしゃあ 熊本県054 918 930 ◇あくしゃ 長崎県五島054 熊本県玉名郡928 ❺風雨のある嫌な天気の形容に言う。◇あくせえ 長野県上田475

あく-ざい【悪罪】〘名〙倫理、宗教に反する罪。また、その行為。＊私聚百因縁集(1257)四・六「悪罪の者を地獄に下堕す」

あくさい-うつ〘連語〙方言❶飽き飽きして嫌になる。筑前†128 福岡市877 長崎県対馬913 ◇あくさいつく 愛媛県松山846 ❷持て余す。困り果てる。久留米†127 福岡市879 大分県939 ◇あくしゃうつ 長崎県054 899 905 熊本県南部928 933 ◇あくせうつ 長崎市906 ◇あくさいがつく 島根県出雲725 ◇あくさいつく 愛媛県840 ◇あくせつく 三重県北牟婁郡588 ◇あくさいが尽(つ)きる 新潟県東蒲原郡368 ❸嫌な気になる。長崎県北松浦郡899

あく-ざいりょう（ザイレウ）【悪材料】〘名〙相場を上げるのをさまたげ、下げる原因となる悪い条件。下げ材料。売り材料。弱材料(よわざいりょう)。転じて、単なる悪条件の意としても用いる。↕好材料。〔取引所用語字彙(1917)〕 発音 アクザイリョー〈標ア〉ザ〈京ア〉ザ

あく-さく【悪作】〘名〙①農作物の出来が非常に悪いこと。凶作。＊日本読本(1887)〈新保磐次〉六「仁徳天皇の御代に悪作打ち続きたることありしが」②へたな作品。＊春迺屋漫筆(1891)〈坪内逍遙〉をかし・三五「詩人としては中流よりも下にありし仏の騎士爵ヅープレッシスは『ピザロー』といふ悪作(アクサク)をもて名を知られたるのみ」＊あの頃の自分の事(1919)〈芥川龍之介〉二「だから自分は言下に悪作だとけなしつけた」 発音 〈標ア〉0

あく-さく【悪策】〘名〙①邪悪なはかりごと。悪計。奸策(かんさく)。＊江戸から東京へ(1921)〈矢田挿雲〉六・一八「日潤和尚は柳全と金銭上の悪策(アクサク)には同意したが、女犯は夢にも想像しなかったから」②へたなはかりごと。うまくないはかりごと。下策。愚策。＊文明論之概略(1875)〈福沢諭吉〉六・一〇「固(もと)より悪策なりと雖ども、聊(いささ)か不平を慰るの方便たりしことあれども」 発音 〈標ア〉0

あく-さく【齷齪】㊀〘副〙「あくせく(齷齪)」に同じ。＊壒嚢鈔(1445-46)一「訴訟なんどの落居の遅々するをちぢくると云は何ぞ。〔文選〕に 齷齪(アクサクト)ちぢけたりとよめり。是を注するに小節と云。論へば線(いとすぢ)を以て物を縫(ぬふ)に、ふしに至り達(とほり)かぬるが如し」＊如是放語(1898)〈内田魯庵〉「宗教を冷嘲し聖賢を侮蔑し道徳を愚弄し哲学を玩弄し人生を藐視(ばうし)して唯だ生活の術を磨くに齷齪(アクサク)す」＊東京年中行事(1911)〈若月紫蘭〉附録・井の頭の紅葉「せめて一瞬！で宜いから、絶えず都の塵に齷齪(アクサク)として居る人を此境に立たせてやりたい」 ㊁〘形動ナリ〙(中国の近世語から) きたないさま。みにくいさま。＊通俗赤縄奇縁(1761)二・三回「朱重原来老実の者にて、又蘭花が貌齷齪(アクサク)〈注〉キタナイ)なれば、終に他(かれ)を眼にとどめず」

あく-ざけ【悪酒】〘名〙「あくしゅ(悪酒)」に同じ。＊浄瑠璃・通俗傾城三国志(1708)四「す六ほうめがでほうだい、本性か但は又、あくさけに呑酔たか、誤ったらば赦べしと」

あく-ざけ【灰汁酒】〘名〙「あかざけ(赤酒)」に同じ。

あく-さつ【悪札】〘名〙まずい書き物。自分の手紙をへりくだっていう。＊海岳題跋-跋顔平原帖「為二後世醜怪悪札之祖一」

あく-さつ【悪刷】〘名〙粗悪な印刷。＊読書放浪(1933)〈内田魯庵〉読書放浪・六「且旧来の書肆目録の多くは悪紙悪刷の実用一点張りなるに反して此の頃のは印刷も用紙も精選し、中には図版を加へて全く面目を一新した」 発音 〈標ア〉0

あく-さつ【握冊】〘名〙(「握」はにぎり持つ意) 小型の冊子。小型本。小冊子。＊随筆・山中人饒舌(1813)下「竹田居士誦二読詩画一之暇、逍二遙著書一、其著率小言而巻皆巾箱、頃又著レ此。客笑曰沿レ例握冊矣」

あく-さふ【悪左府】「ふじわらのよりなが(藤原頼長)」の異称。＊洒落本・卯地臭意(1783)序「此書の標題(げだい)は卯地臭意とあれば、悪左府(アクサフ)のむかし物語よと見れば」

あくざ-もくざ〘名〙(「あくぞもくぞ」の変化した語)「あくぞもくぞ」に同じ。＊新世帯(1908)〈徳田秋声〉一四「長湯をしたと云って怒ったのが因(もと)で、アクザモクザ罵った果に」 方言❶人の欠点や失敗などの限り。また、それを挙げたてててのしるさま。新潟県西頸城郡385 静岡県榛原郡541 ❷あることないこと全部。また、思ぅ存分にするさま。長野県下伊那郡492 ❸種々雑多のもの。静岡県志太郡532 島根県邇摩郡・隠岐島725 ◇あざもくざ 島根県隠岐島725 ❹良品と不良品とを一緒に交えたさま。山形県東置賜郡139 ❺条理の立たない事柄。島根県隠岐島725

アクサン〘名〙(フランス accent)①語学の用語。㋑アクセント。＊舞踏会(1920)〈芥川龍之介〉一「その仏蘭西(フランス)の海軍将校は〈略〉異様なアクサンを帯びた日本語で、はっきりと彼女にかう云った」＊ブルジョア(1930)〈芹沢光治良〉一「夫人は其のアクサンで、彼がフランス人であることが解ったが、その眼にフランス人独特の温良さが読めた」㋺フランス語の正書法で、音価の正確を期するために、また他の類似の語と区別するために母音の上に置かれる記号。「´」(アクサン-テギュ accent aigu)、「`」(アクサン-グラーブ accent grave)、「^」(アクサン-シルコンフレックス accent circonflexe)の三種がある。②美術の用語。色彩、デザインなどの調子・抑揚。強調。アクセント。＊ブ

ラリひょうたん(1950)〈高田保〉ふたたび母の話「小さなつぼみだったものが枝頭一点の光彩となったときにそれが全体へのアクサンとなり、ぐっと引緊って成程と合点せられたことが多い」 発音〈標ア〉ア

あく-し【悪子】『名』①性質のよくない子。＊米沢本沙石集(1283)九・二五「阿闍世王の悪子にあひて此を縁として裟婆世界をうとみ」＊或阿呆の一生(1927)〈芥川龍之介〉前書「唯僕の如き悪夫、悪子、悪親を持ったものたちを如何にも気の毒に感じてゐる」②親不孝な子。親のいいつけをきかぬ子。＊小説神髄(1885-86)〈坪内逍遙〉下・主人公の設置「妙々車に悪子(アクシ)魔土六に対する孝子志士六あるも」＊漢書-尹賞伝「雑二挙長安中軽薄少年悪子一。〈顔氏古注、悪子、不レ承二父母教命一者〉」 発音〈標ア〉ア

あく-し【悪死】『名』見苦しい死にざまをみせて死ぬこと。＊私聚百因縁集(1257)八・四「次朝十日問二衆僧一云。今日正臨終日。我若有二十五種悪死相一乎、衆僧答云。更悪死相不レ在」

あく-し【悪師】『名』ためにならぬ拙い先生。悪い先生。＊童子問(1707)中・四一「師而喜二弟子之勝一己者、真師也。忌レ勝レ己者、悪師也」 発音〈標ア〉ア

あく-し【悪紙】『名』粗末で質の悪い紙。＊読書放浪(1933)〈内田魯庵〉読書放浪・六「且旧来の書肆目録の多くは悪紙悪刷の実用一点張りなるに反して此の頃のは印刷も用紙も精選し、中には図版を加へて全く面目を一新した」 発音〈標ア〉ア0

あく-し【悪視】『名』悪く予想、解釈すること。＊教育学(1882)〈伊沢修二〉三・五「恐懼は其反対にして、或る物を悪視し、将来に発生すべき苦艱等を期する所のものなり」

あく-し【悪詩】『名』まずい詩。へたな詩。＊文明本節用集(室町中)「悪詩 アクシ」＊中華若木詩抄(1520頃)下「悪詩 なりとも、吾れも一首作て」＊蛻巖先生答問書(1751-64か)下「秋閨怨の貴稿、大切なる題を微塵にしたる悪詩なり」＊ホトトギス第四巻第一号のはじめに(1900)〈正岡子規〉「斯うなると時には間に合せの悪詩悪文を載せて置かねばならぬ事もあるであらう」＊蘇軾-戯作一絶詩「飛流濺沫知多少、不下与二徐凝一洗中悪詩上」 辞書文明 表記悪詩(文)

あく-じ【悪事】『名』①悪い行ない。法や道徳にそむいた行ない。＊今昔(1120頃か)三一・二四「汝等監(みだり)に箭を放て悪事を至さば、後の為に悪かりなむ」＊平家(13C前)二・教訓状「人の運命の傾かんとては、必悪事を思ひ立候也」＊蔭凉軒日録-文正元年(1466)五月一二日「怡雲庵竺峰和尚就二寿陽蔵主悪事一、以レ状窃被レ申。仍披二露之一」＊浮世草子・新可笑記(1688)一・五「天理をそむき形も悪(アク)事をたくみ」＊小学読本(1873)〈田中義廉〉三「汝は、虚言の、悪事たるを、知れりや」②不吉なこと。わざわい。不幸。災難。＊左経記-寛仁元年(1017)七月一四日「依二中将喪一奉二仮文一也、而最前奉悪事仮文、於事有憚、仍先奉産仮文也」＊今昔(1120頃か)一・一三「天より悪事の物降り、様々の悪相を現ず」＊浮世草子・日本永代蔵(1688)三・二「其身に悪(アク)事かさなり一命迄ほろび」＊素書-安礼章「務二善策一者無二悪事一、無二遠慮一者有二近憂一」 発音〈標ア〉ア〈京ア〉ア 辞書文明・饅頭・日葡・ヘボン・言海 表記悪事(文・饅・ヘ・言)

あくじ 千里(せんり) 「悪事千里を行く」「悪事千里を走る」の略。＊多聞院日記-天正一三年(1585)五月一九日「東金堂の鰐 盗人高札に打置処、和束よりひた十六貫にて揚出、則今日来了云々。悪事千里の諺眼前々々」＊俳諧・鷹筑波(1638)四「悪事千里へもれんおそろし ぬすみてもあらはれやせん虎の皮〈賀屋〉」＊俳諧・世話尽(1656)曳言之話「悪事(アクジ)千里(リ)」＊浮世草子・本朝二十不孝(1686)四・三「まことに悪事千里(アクシセンリ)万太郎が仕業誰いふ共なく所にさたして」＊歌舞伎・小袖曾我薊色縫(十六夜清心)(1859)二幕「悪事千里と頭の噂」 発音〈標ア〉ア=セ 辞書書言 表記悪事千里(書)

あくじ 千里(せんり)を=行(ゆ)く[=走(はし)る] （「北夢瑣言」の「好事不レ出レ門、悪事行二千里一」による）悪い行ないや悪い評判はたちまち世間に知れ渡るということ。悪事千里。＊曾我物語(南北朝頃)一〇・伊豆二郎が流されし事「扨も悪事千里をはしるならひにて、伊豆二郎未練なりと鎌倉中に披露有ければ」＊光悦本謡曲・藤戸(1514頃)「深くかくすと思へども、好事門をいでず、悪事千里をゆけ共、子をば忘れぬ親なるに」＊浮世草子・新可笑記(1688)五・五「されば悪(アク)事千里をはしる。虎林といへる掃除坊主前後の小柄をぬすみとる事自然とあらはれ」

あくじ 身(み)に=とまる[=かえる] 自分で犯した悪事は自分に戻って来る。＊俳諧・毛吹草(1638)二「悪事(アクジ)身(ミ)にとまる ゐんぐは車のわのことし」

あく-じ【悪時】『名』仏語。悪い時。悪行の盛んな時。＊正法眼蔵(1231-53)嗣書「かなしむべし、末法悪時かくのごとくの邪風あることを」＊日葡辞書(1603-04)「Acuji (アクジ)。すなわち、アシイ トキ〈訳〉悪い時間」 辞書日葡

あく-じ【握持】『名』握り持つこと。つかんで固定すること。＊欧米最新美容法(1908)「陽極に把手器(ハンドル)を結付けて握持し、陰極に導子を結付けて顔面を摩擦すること」 発音〈標ア〉ア

あぐし【安弓子】『名』「あんきゅうし(安弓子)」に同じ。＊楽家録(1690)二八「安弓子〈阿牟気宇志又阿具志〉一本按弓士」

あぐし『名』足を組んですわること。あぐら。＊物類称呼(1775)五「ゆるやかに坐する事を 京大坂にて、じゃうらくむといふ 関東にて、あぐらかくと云〈略〉越前にて、あぐしと云」 方言山形県139 新潟県347 361 376

あくじおい-の-びくに【悪事負比丘尼】『名』良家の婦女子の補導役として仕え、万一の際には主人の身代わりとなって過失を一身に引き受ける女のこと。科負比丘尼(とがおいのびくに)。屁負比丘尼(へおいのびくに)。＊浮世草子・色里三所世帯(1688)中・二「いつはりの談義参り殊にあひとりに悪事負(アクシヲヒ)のびくにをつれ」

あく-じき【悪食】『名』①粗末な食物。粗食。あくしょく。＊社会百面相(1902)〈内田魯庵〉代議士・下「斯ういふ悪食(アクジキ)を食って臭きを知らざる豚の寄合ぢゃから」＊根本説一切有部毘奈耶-二〇「長者稟性暴悪、打二其婢使一、常与二弊衣悪食一」②普通の人がいやがって食用としない物を食べること。いかもの食い。転じて、普通の人がいやがってしないようなことをしたり、趣味とすること。＊洒落本・新吾左出放題盲牛(1781)折助冷飯「契りみじかき一寸の間に、かたみの瘡(かさ)の身にしみじみと、命しらずの悪食(あくシキ)者と」＊真理の春(1930)〈細田民樹〉手形の手品師・九「この『悪食(アクジキ)の饗応』を、風流くらゐに心得た軟骨記者も多いといふから」＊大孔雀呪王経-上「呼召鬼神造二諸悪業、悪食、変吐、悪影悪視一」③仏門で、特に禁じられた動物を食べること。 発音〈標ア〉0〈京ア〉0

あく-じぐち【悪地口】『名』たちの悪い地口。また、まずいしゃれ。だじゃれ。＊滑稽本・八笑人(1820-49)四・追加上「斯(かく)て八人は〈略〉相かはらぬ悪地口(アクヂグチ)。雑談に時をうつしける」

アクシス『名』(英 axis)《アキシス》軸。機軸。また、変化・進展・運動などの軸となる主要な方向。＊アルス新語辞典(1930)〈桃井鶴夫〉「アキシス 英 axis〔ダンス〕廻転軸」＊転向論(1958)〈吉本隆明〉「日本的転向の外的条件のうち、権力の強制、圧迫というものが、とびぬけて大きな要因であったとは、かんがえない。むしろ、大衆からの孤立(感)が最大の条件であったとするのが、わたしの転向論のアクシスである」

あく-しちびょうえ【悪七兵衛】 発音〈標ア〉ア 「たいらのかげきよ(平景清)」の異名。＊太平記(14C後)二三・大森彦七事「平家壇の浦にて亡し時、悪七兵衛景清が海へ落したりしを江豚(いるか)と云魚が吞て、讃岐の宇多津の澳(をき)にて死ぬ」 発音アクシチビョーエ〈標ア〉ビョ

あく-しつ【悪疾】『名』たちの悪い病気。治りにくい病気。古くは、ハンセン病のことをいうことが多い。＊万葉(8C後)一八・四一〇六・題詞「雖レ犯二七出一不レ合レ弃、違者杖一百、唯犯姧悪疾得レ弃レ之」＊令義解(718)戸・目盲条「悪疾〈謂。白癩也。此病。有レ虫食二人五蔵一。或眉睫堕落。或鼻柱崩壊。或語声嘶変〉」＊江戸繁昌記(1832-36)五・本所「且つ其の下の下為るを以ての故に、老妓の流落、悪疾を担ふ者、猶を故轍を守て、以て余生を送る」＊漢書-楚王囂「今廼遭レ命、離二于悪疾一」 発音〈標ア〉0〈京ア〉0

あく-しつ【悪質】『名』(形動)①悪い性質。人間や物事の性質が悪いこと。また、そのさま。＊故旧忘れ得べき(1935-36)〈高見順〉三「凋落となるとさっさと別れて行く悪質な女性」＊実朝(1943)〈小林秀雄〉「世相の紛糾と分裂とは、いよいよ悪質な複雑なものとなり」＊われ深きふちより(1955)〈島尾敏雄〉「何か知らぬが病棟内に悪質の病菌が発生して」②質の悪いこと。品物などの質が良くないこと。また、そのさま。粗悪。⇔良質。＊人間嫌ひ(1949)〈正宗白鳥〉「東海山陽の汽車は、信越線の悪質な交通機関とは異なって、殆んど戦前のやうに改良されてゐた」 発音〈標ア〉0〈京ア〉0

あく-じつ【悪実】『名』ゴボウの種子。漢方で、消炎剤や解毒剤として用いる。＊新撰字鏡(898-901頃)「悪実 支太支須乃美」＊十巻本和名抄(934頃)九「牛蒡 本草云、悪実、一名牛蒡〈博郎反。和名岐太岐須〉」＊日葡辞書(1603-04)「Acujit (アクジツ)〈訳〉ゴバウの種子」 辞書日葡・ヘボン 表記悪実(ヘ)

アクシデント『名』(英 accident)不慮のできごと。事故。事件。椿事(ちんじ)。＊小説神髄(1885-86)〈坪内逍遙〉上・小説の変遷「偶然の事(亜クシデント)をして其団円(おほづめ)とはなすべからず」＊怪貞操(1927)〈北村兼子〉「こんな女の一個や二個をほり出しても堂々たるA新聞社に取ては、象の背中から蠅が飛び出したほどの小さなアクシデントだし」＊秋のめざめ(1957-58)〈円地文子〉みだれて今朝は「あなたの方に人の生命にかかわるアクシデントがおありになった由」 発音〈標ア〉ア〈京ア〉ア

あく-しば【灰汁柴】『名』①ツツジ科の落葉低木。各地の山地に生える。高さ三〇～九〇センチメートル。多く小枝を分かち、茎は緑色。葉は長さ二～六センチメートル、幅一～三センチメートルぐらい。初夏に、淡紅白色の鐘形の花が咲く。実は球形で赤く熟す。あかわんのき。はなしきび。学名は Vaccinium japonicum ＊重訂本草綱目啓蒙(1847)三二・灌木「あくしば はなもち 城州、宇治〈略〉山中に生ず〈略〉形、柃(ひさかき)葉に似て濶く深緑色にして光あり」＊日本植物名彙(1884)〈松村任三〉「アクシバ」②植物「ひさかき(柃)」の異名。＊和訓栞(1777-1862)「ひさかき〈略〉九州にてあくしばといふ灰汁柴の義也」 方言植物、ひさかき(柃)。静岡県036 523 524 三重県036 和歌山県036 高知県吾川郡808 福岡県872 鹿児島県036 964 965 発音〈標ア〉0

あく-しゃ【悪者】『名』性質や行ないの悪い人。悪人。＊妙一本仮名書き法華経(鎌倉中)八・普賢菩薩勧発品第二八「かくのごときのひとは〈略〉もろもろの悪者(アクシャ〈注〉アシキモノ)、もしは屠児(とに〈注〉ししむらをほうる)〈略〉もしは女色を衒売(くゑんまい)するものに親近(しんこん)せじ」＊源平盛衰記(14C前)九・堂衆軍事「末代の作法にや、悪者(アクシャ)は強く、善人は弱くなりて」＊史記-平準書「式曰、非二独羊一

也、治レ民亦猶レ是也、以レ時起居、悪者輒斥去、毋レ令レ敗レ羣」 発音〈標ア〉ア 辞書 文明 表記 悪者(文)

あく-しゃ【幄舎】『名』「あく(幄)」に同じ。＊後二条師通記‐応徳元年(1084)四月一日「依無拠所設庭中幄舎」＊朱を奪うもの(1956)〈円地文子〉二「桜の咲き満ちた芝生の幄舎からは」

あく-じゃ【悪洒】『名』「あくじゃれ(悪洒落)」の変化した語。＊滑稽本・大千世界楽屋探(1817)中「『やもし旦那、おめさんのおっしゃる通り一言も梨の木、皀莢(さいかち)、紫薇木(さるすべり)』とまづ古き悪洒(アクジャ)を申奉るか」

あく-じゃ【悪蛇】『名』人畜を害する蛇。おそろしい蛇。＊大観本謡曲・綾鼓(室町末)「鯉魚が躍る悪蛇となって」＊人情本・風俗粋好伝(1825)後・上「継母の悪計を深く恨み、此の上は密かに鎌倉の土地を立退きて、暫し悪蛇(アクジャ)の毒気を避けなば、夫婦となって寝覚も好し」

あくしゃあ『名』方言 ⇩あくさい

あく-じゃれ【悪洒落】『名』つまらない洒落。へたな洒落。駄洒落。＊洒落本・通客一盃記言(1807)「豊はどうもならの都の八桜だそんなあく洒落ははやらねへぜ」

あく-しゅ【悪手】『名』①悪辣(あくらつ)な手段。＊人情本・貞操婦女八賢誌(1834‐48頃)三・二二回「実(げ)にや、天道は善に与(くみ)し、悪を懲らすと。那(か)の青柳が義心なる、一回(ひとたび)悪手(アクシュ)に囚(とら)はるれども、又計らざる助けあり」②囲碁、将棋などで、その場面で打つべきでないまずい手。その性質・程度によって、落手、緩手、疑問手などとも呼ぶ。＊碁の手直り表(1934)〈菊池寛〉「将棋などは、一寸気の利いた手を指すかと思ふと、とんでもない悪手をさした」 発音〈標ア〉ア

あく-しゅ【悪主】『名』家来や部下にとって悪い主人。＊日葡辞書(1603‐04)「Acuxu(アクシュ)。ワルイアルジ〈訳〉悪い領主」＊信長記(1622)六・信長卿せめ上らるる事「惣軍勢一度に渡海し、かの悪主(アクシュ)を追出し、たてまつり」 辞書 日葡

あく-しゅ【悪取】『名』まちがって理解すること。→悪取空(あくしゅくう)。＊貞享版沙石集(1283)三・一「悪取の空にあらず。偏少の空にあらず。住相の空にあらず。これ第一義諦の真空也」

あく-しゅ【悪酒】『名』味が悪い酒。質の悪い酒。＊書言字考節用集(1717)六「悪酒 アクシュ 浮蟻。浮蛆。茆菜。並仝」＊一握の砂(1910)〈石川啄木〉忘れがたき人人「舞へといへば立ちて舞ひにき おのづから 悪酒(アクシュ)の酔ひにたふるるまでも」＊蘇軾‐金山寺与柳子玉飲詩「悪酒如二悪人一、相攻劇二刀箭一」 発音〈標ア〉0 辞書 書言 表記 悪酒(書)

あく-しゅ【悪腫】『名』たちのよくないはれもの。＊大乗院寺社雑事記‐文明一四年(1482)八月一一日「十市北は悪腫出レ之。白妙湯に罷入」＊俳諧・本朝文選(1706)一〇・頌類・酒徳頌〈朱廸〉「酒毒悪腫の痛を生じ、身をやぶり、徳を失ひ」

あく-しゅ【悪趣】『名』①仏語。この世で悪いことをした者が、死後におもむく世界。また、その世界での生存の状態。地獄・餓鬼・畜生の三を三悪趣といい、阿修羅を加えて四悪趣といい、別に人・天を加えて五悪趣という。↔善趣。＊法華義疏(7C前)序品「衆生従来迷レ塵、神根不レ利、若卒聞二深理一、非二但不レ能二受行一、更生二謗心一、恐堕二悪趣一」＊撰集抄(1250頃)一・伊勢が長歌の事「三途のちまた、中有の旅には妻子珍宝身にそはざるのみならず却て悪趣にただよふ物なり」＊尊号真像銘文(1255)本「悪趣自然閉といふは、願力に帰命すれば五道生死をとづるゆへに自然閉といふ、閉はとづといふ也、本願の業因にひかれて自然にむまるる也」＊謡曲・善知鳥(1465頃)「山路に分かつ巷の数、多くは悪趣(あくしゅ)の嶮路ぞと、涙もさらに留め得ぬ」＊ぎやどぺかどる(1599)上・二・五「人の自由は、悪趣に落て次第に其精弱くなるといへども、全く滅する事なし」＊読本・昔話稲妻表紙(1806)四・一四「とくとく仏果(ぶっくゎ)を得て悪趣(アクシュ)をまぬかれよ」②悪い道楽。遊蕩(ゆうとう)。 発音〈標ア〉ア 辞書 文明・日葡 表記 悪趣(文)

あく-しゅ【握手】『名』①互いに手と手を握り合うこと。挨拶として行なう場合や、親愛の情を示すのに行なう場合が多い。＊随筆・文会雑記(1782)附録・一「丙寅の春東帰するとて来りたり。握手して鎮西の事を談ずるに、さまざまの事をきく」＊航米日録(1860)三「然るに花旗人我等を一見せんと道路雑遝、各相親んと握手す」＊花柳春話(1878‐79)〈織田純一郎訳〉四「早く已に一揖握手の礼を行ふ」＊鎌倉夫人(1902)〈国木田独歩〉下「手を伸して握手した」＊後漢書‐李通伝「及二相見一、共語移レ日、握レ手極レ歓」②(比喩的に用いて)仲直りすること。また、仲良くし、協力すること。＊それから(1909)〈夏目漱石〉一五「再び半身を埒外に挺(ぬきん)でて、余人と握手するのは既に遅かった」＊大ロマンの可能性(1958)〈十返肇〉三「十九世紀のリアリズムの成功は『ロマン』と『文学』の握手にあったが」 発音〈標ア〉ア

あく-しゅ【握取】『名』にぎり取ること。とらえて自分のものとすること。把握(はあく)。＊基督教皇張論(1883頃)〈新島襄〉「直に矢を放て古今未曾有の面目を握取せり」＊日本文学史骨(1893)〈北村透谷〉三「公共的の自由を経験と学理とによりて確認し、且つ握取せる共和思想なり」 発音〈標ア〉ア〈京ア〉0/0

あく-じゅ【悪樹】『名』役に立たない木。雑木。悪木。＊明治大正見聞史(1926)〈生方敏郎〉憲法発布と日清戦争・一「凡て善樹は善果を結び悪樹は悪果を結べり」 発音〈標ア〉ア

あく-じゅ【悪獣】『名』「あくじゅう(悪獣)」に同じ。＊妙一本仮名書き法華経(鎌倉中)二・譬喩品第三「悪獣(アクシュ〈注〉アシキケダモノ)・毒虫、孔穴(くゑつ〈注〉あな)にかくれかくる」＊日葡辞書(1603‐04)「Acuju(アクジュ)。アシイ ケダモノ〈訳〉有害なまたは猛悪な獣」 辞書 日葡

あく-しゅう【悪臭】『名』いやなにおい。不快なにおい。＊落葉集(1598)「悪臭 あくしう」＊日葡辞書(1603‐04)「Acuxǔ(アクシュウ)。アシイ クササ〈訳〉悪いにおい」＊新聞雑誌‐三号・明治四年(1871)六月「焰気甚しく悪臭(アクシウ)ありて上用の品に供し難ければ」＊思出の記(1900‐01)〈徳富蘆花〉六・五「悪臭を穿ち、汚穢を潜り」＊大学「如レ悪二悪臭一、如レ好二好色一」 発音 アクシュー〈標ア〉0〈京ア〉0 辞書 日葡

あく-しゅう【悪執】『名』物事に心をとらわれすぎること。また、悪事に執着すること。＊歌舞伎・和国五翠殿(1700)四「誰と其名は知らねども、悪執の魅入ある官女一人候ゆゑ、御殿汚れて地を去れとは則ち地神の御咎め」

あく-しゅう【悪習】『名』悪いならわし。悪い習慣。悪習慣。＊太平記(14C後)二七・御所囲事「讒者の張本を給ひて後人の悪習(アクシウ)をこらさん為に候」＊地蔵菩薩霊験記(16C後)七・五「仮令(たとひ)一旦悪習(アクシウ)厚くして懈怠(けだい)の念を起し」＊西洋事情(1866‐70)〈福沢諭吉〉二・二「此時に至るまでペイトルは嘗て教育を被りしことなく性情猛劇にして沈湎冒色の悪習を成せり」＊清会典事例‐兵部・儀式「在レ外遊蕩、潜赴二茶園戯館一、飲酒滋レ事、実為二悪習一」 発音 アクシュー〈標ア〉0〈京ア〉0

あく-しゅう【握収】『名』自分の手におさめてしまうこと。＊日本開化小史(1877‐82)〈田口卯吉〉三・六「彼の豪族貴人が此財産を握収し之を驕奢の具に濫用して」

あく-じゅう【悪獣】『名』人畜に有害なけもの。また、猛獣。＊太平記(14C後)一三・龍馬進奏事「敢て虎狼悪獣(アクシュウ)の恐れ無くして」＊三国伝記(1407‐46頃か)五・一「諸の悪獣の鉄の身なる有りて、海上を飛び走れり」 発音 アクジュー〈標ア〉0 辞書 言海 表記 悪獣(言)

あくじゅうもなおその類(るい)を思(おも)う
猛獣でさえも自分たちの仲間を愛する情がある。まして人間にはその情は当然あるはずだの意を含む。

あく-しゅうかん【悪習慣】『名』「あくしゅう(悪習)」に同じ。＊日本の下層社会(1899)〈横山源之助〉三・一・三「我地方賃業者の悪習慣は驚くの外なし」＊青年(1910‐11)〈森鷗外〉一〇「この媚が無形の悪習慣(アクシフクヮン)といふよりは、寧ろ有形の畸形のやうに己の体に付いてゐる」＊暗夜行路(1921‐37)〈志賀直哉〉四・八「だらしない悪習慣(アクシフクヮン)からは」 発音 アクシューカン〈標ア〉シュ

あくしゅう-ぼうしほう【悪臭防止法】 悪臭から生活を守るための法律。昭和四六年(一九七一)六月公布。工場その他の事業場における事業活動にともなって発生する悪臭物質の排出を規制することにより、生活環境を保全し、国民の健康の保護に資することを目的とする。 発音 アクシューボーシホー〈標ア〉0シ

あくしゅ-くう【悪取空】『名』仏語。因果の道理を否定し、まちがった空の理解にとらわれること。＊往生要集(984‐985)大文四「問。煩悩菩提。若一体者。唯応三任レ意。起二惑業一耶。答。生二如レ是解一。名レ之為二悪取空者一」 発音 アクシュクー〈標ア〉シュ

あくしゅ-だん【悪手段】『名』まずい方法。また、たちの悪いやりかた。＊金色夜叉(1897‐98)〈尾崎紅葉〉後・六「彼等の用ゐる悪手段の中に、人の借るを求めて連帯者を得るに窮するあれば」＊面白半分(1917)〈宮武外骨〉活字の大小と新聞「事実に於ては第三者即ち悪新聞の悪手段(アクシュダン)に使用されて居る大活字が多数である」 発音〈標ア〉シュ

あく-しゅみ【悪趣味】『名』(形動) 品の悪い趣味や、そのような趣味を持っている状態。また、人のいやがることや道徳に反したことを平気でやること。また、そのさま。＊話の屑籠〈菊池寛〉昭和七年(1932)一二月「ああ云ふ写真を出すことは、現代の新聞紙の悪趣味と残忍性を、露骨に現してゐると思ふ」＊暗夜行路(1921‐37)〈志賀直哉〉二・一四「飾窓には埃及(エヂプト)模様をつけた悪趣味の書棚が飾ってあった」 発音〈標ア〉シュ〈京ア〉シュ

あく-じゅん【渥潤】『名』うるおい。めぐみ。また、うるおいがあること。＊菅家文草(900頃)二・早春、侍内宴、同賦雨中花「五出莫レ誇承二渥潤一、一天下喜有二滂沱一」

あく-じゅんかん【悪循環】『名』ある事柄が他に悪い影響をおよぼし、また、そのことがもとの事柄に反射的に悪影響を与えて相互に影響し合い、際限なく悪化すること。＊炎の人(1951)〈三好十郎〉一「キリの無い、絶望的な悪循環だ」＊助左衛門四代記(1963)〈有吉佐和子〉序「怖れをなして手を出さないという悪循環が起っていたのだ」 発音〈標ア〉ジュ〈京ア〉ジュ

あく-しょ【悪性】『名』「あくしょう(悪性)」の変化した語。

あく-しょ【悪所・悪処】『名』①山道や坂など、進むのに困難な所。けわしい場所。難所。＊平家(13C前)五・富士川「悪所を馳すれど、馬を倒さず」＊日葡辞書(1603‐04)「Acuxouo(アクショヲ) ヲトス〈訳〉けわしい山などで、でこぼこで困難な場所へ馬を導く、または放つ」＊歌舞伎・小袖曾我薊色縫(十六夜清心)(1859)大詰「絶所悪所の嫌ひなく、しんづしんづと歩ませたり」②江戸時代、遊里や芝居町をさしていう。悪所場の略ともいう。＊俳諧・江戸十歌仙(1678)三「大屋形漕ゆく人は朧月〈春澄〉 悪所にわかる友声の鴈〈言

水〉」 ＊浮世草子・好色一代男(1682)五・七「又悪所(アクショ)へか。颯(ざっ)と見て帰らう」 ＊雑俳・柳多留‐五(1770)「悪所とは罰の当った言葉也」 ＊洒落本・田舎芝居(1787)三立目「遊所で席論なア入申さない。先へ這ったものが先に居べき筈でござらアよ。こかア悪所でござります」 ③生あるものが現世の悪業のむくいによって、死後行くというところ。「悪道」「悪趣」に通ずる。 ＊往生要集(984‐985)大文一「在二悪処闇中一、入二大火炎聚一」 ＊仮名草子・竹斎(1621‐23)上「皆々御心の向けやうによりて、善所へも行き、あくしょへも生るる也」 ＊さし藻草(1760)「果ては焼熱無間の悪処に堕して、無量劫数の苦患を受く」 ④祟(たた)りなどがある不吉な住宅。縁起の悪い家。 ＊塵袋(1264‐88頃)二「居所に悪所と云ふ事あるは実証なきにあらず。〈略〉悪所となづくるに二の別あり。一には鬼神等その家に住して」 ⑤悪い点。短所。欠点。 ＊明六雑誌‐三五号(1875)支那不可侮論〈中村正直〉「且つ隣国の悪処のみを見て、その好処を知らず、妄りに之を譏るは」 発音〈標ア〉ア ショ〈京ア〉ア 辞書文明・日葡・言海 表記悪所(文・言)

あくしょ は 誓文(せいもん) 遊里には絶対通わないと誓っていうことば。 ＊浄瑠璃・八百屋お七(1731頃か)江戸桜「ほかに悪しょはせいもんと、あだし男のあだ事や」

あく‐しょ【悪書】〔名〕①内容の俗悪な書物。読者や社会に有害な本。⇔善書・良書。 ＊浮世草子・好色破邪顕正(1687)中「諸法実相ならば、うたふも法(のり)の声。悪書といふべき物もなく、善書といふべきもなし」 ＊人権新説(1882)〈加藤弘之〉三・三七条「此書を以て妄に人民を不正不義に誘導するに足るの悪書となすの徒ありと聞く」 ②特に、遊里・好色について書いた本。悪性本(あくしょうぼん)。 ＊浮世草子・好色二代男(1684)一・一「太夫(たいふ)前巾着といふ悪書(アクショ)も、見分斗(けんぶんばか)りにておかしからず」 ＊浮世草子・好色破邪顕正(1687)上「濁世(ぢょくよ)々の人心、下地は好(すき)の雪上に、御意はかたじけなき霜を加ふるごとく、悪書の中に出る詞をおぼへ」 ③へたな文字。文字を書くのがへたなこと。悪筆。⇔善書。 ＊随筆・胆大小心録(1808)八九「商戸なれば、ただ帳面にむかいて日記の用だにつとむればとて、書に心なし。故に悪書なる事人のみるところなり」 発音〈標ア〉ア

あく‐しょ ㊀〔感動〕くしゃみのとき出る声。はくしょ。はくしょん。㊁〔名〕くしゃみ。くさめ。奥羽地方の語。 ＊滑稽本・旧観帖(1805‐09)初「おらア今夢にくさめ〈あくしょのう〉したくおもったアが、ゆめかアな、ただしゃアたれぞ噂(かげごと)でもいったかもし」 方言〔名〕❶くしゃみ。 岩手県気仙郡100 宮城県115 116 121 秋田県雄勝郡130 山形県139 福島県157 164 170 茨城県多賀郡188 栃木県198 新潟県東蒲原郡368 ◇あくしょん 長崎県佐世保市902 ◇あっくしょう 福島県南会津郡185 ◇あくっしゃん 熊本県鹿本郡919 ◇あくしゃん 熊本県球磨郡919 ◇あきしょ 山形県139 ◇ひゃくしょ 岐阜県本巣郡510 ◇はくしゃみ 神奈川県中郡320 長野県諏訪481 香川県827 ◇はくしゃん 新潟県347 岡山県児島郡763 香川県826 熊本県天草郡919 大分県北海部郡・大分市941 ◇はくしゃい 富山市近在392 静岡県川根534 ◇はくしゃ 富山市389 石川県418 福井県433 440 442 高知県860 ◇はくしん 奈良県南大和683 ◇あくしん 宮崎県東諸県郡954 ◇はくせん 岩手県上閉伊郡097 静岡県安倍郡540 奈良県675 和歌山県伊都郡054 福岡市877 鹿児島県揖宿郡969 ◇はくせ 静岡県志太郡532 ◇あくせん 青森県073 083 088 岩手県気仙郡100 秋田県130 山形県139 佐賀県890 長崎県053 905 907 鹿児島県肝属郡970 ◇あくへん 山形県飽海郡139 ❷犬などのけんかに加勢して、けしかけること。また、人のけんかを応援して言う語。 岐阜県飛騨502 ❸しゃっくり。 岩手県東磐井郡107

あく‐じょ【悪女】〔名〕①容貌の醜い女。醜女。⇔美女。 ＊曾我物語(南北朝頃)二・橘の事「当腹二人は、ことの外あく女なり」 ＊虎清本狂言・鏡男(室町末‐近世初)「かしらをいひたつれば、いかなるあく女も、よき女に、みゆるによってのてうほうですは」 ＊浮世草子・日本永代蔵(1688)三・五「霊照女は悪女(アクヂョ)なるべし。美形ならばよもや籠は売せてはおかじ」 ＊史記‐外戚世家「諺曰、美女入レ室、悪女之仇」 ②心の悪い女。性質のよくない女。毒婦。 ＊大乗院寺社雑事記‐文明一四年(1482)一一月一八日「新将軍御台〈日野姉也〉、被レ出二御所中一。自レ兼不快之故也。悪女也云々」 ＊日葡辞書(1603‐04)「Acugio(アクヂョ)。アシイ ヲンナ〈訳〉容姿の悪い女性。また、身持ちの悪い女」 ＊人情本・貞操婦女八賢誌(1834‐48頃)三・二六回「時しも片辺(かたへ)に仆(たふ)れたる、痍負(ておひ)の悪女(アクヂョ)が窺ひ寄り、吾儕(わたし)の所持なす御旗をば、取るを遣らじと争ふうち」 ③男を魅了し、堕落させるような小悪魔的な女性。男を手玉に取る女。 ＊にんげん動物園(1981)〈中島梓〉四〇「雑誌で、あなたも悪女になれるか、とか、悪女の魅力解剖、みたいな特集やっとったが」 発音〈標ア〉ア〈京ア〉ア 辞書文明・日葡・書言・言海 表記悪女(文・書・言)

あくじょ の 賢者(けんじゃ)**ぶり** 心の悪い女が賢人のふりをして外見を装うこと。餓鬼(がき)の断食。乞食(こじき)の断食。 ＊仮名草子・長者教(1627)「それはあく女のけんしゃふり、または、こつじきのだんじきと云物なりとぞ申ける」 ＊仮名草子・東海道名所記(1659‐61頃)六「今の仰せは、乞食の断食、悪女の賢者ぶりぞや」 ＊仮名草子・為愚痴物語(1662)七・一四「ただみな餓鬼(がき)のだんじき、悪女の賢者ぶりならんと思はるる」

あくじょ の 深情(ふかなさけ) 美人は多くは情が薄く、醜い女は情の深いこと。転じて、ありがた迷惑なことのたとえ。 ＊洒落本・傾城諺種(1791)「悪女の深情ともいへば其深き情に染て奥行を味ふべし」 ＊諺苑(1797)「悪女(アクジョ)のふかなさけ」 ＊人情本・春色辰巳園(1833‐35)一〇・七「悪女(アクヂョ)の深情(フカナサケ)とやらで、こんな執念深いお岩のやうなものに、ほれられたが」 ＊歌舞伎・時翫雛浅草八景(和歌三神)(1847)「ええ其面(つら)でと悪たいかかれば、へへへへへべっかっこと減らず口、爰(ここ)が悪女(アクヂョ)の深情(フカナサケ)」

あくじょ は 鏡(かがみ)**を=疎**(うと)**む[=恐**(おそ)**る]** 醜い女は自分の醜さを見るのをきらう。だれも自分の弱点にふれることは好まないことのたとえ。 ＊諺苑(1797)「悪女(アクヂョ)は鏡をうとむ〈本朝俚諺二程全書云明鏡為醜婦寃〉」

あく‐しょう【悪少】〔名〕「あくしょうねん(悪少年)」の略。 ＊読本・英草紙(1749)四・六「不慮に三四人の悪少(アクセウ〈注〉ワルモノ)に出逢ひ、言葉いさかひ、雑言を聞き兼ねて」 ＊韓愈‐寄盧仝詩「昨晩長鬚来下レ状、隔レ牆悪少悪難レ似」

あく‐しょう【悪性】〔名〕①仏語。人の性の三つの種類、三性(さんしょう=善性・悪性・無記性)の一つ。貪(むさぼ)りなど、悪心、および悪心がおこした一切の悪の行為。 ＊三帖和讃(1248‐60頃)正像末「悪性さらにやめがたし。こころは蛇蝎(じゃかち)のごとくなり」 ＊古活字本毛詩抄(17C前)一八「たとへば貪人は本性の悪性からするぞ。悪行をしてよい道をば破てのくるぞ」 ＊八十華厳経‐五八「捨二悪性一人、遠二懈怠一者」 ②(形動)(―する) 悪い性質。特に、身持ちの悪いこと。酒色にふけったり浮気をしたりすることや、そのような性質・ありさま。また、その人などをいう。 ＊評判記・役者評判蚰蜒(1674)藤田皆之丞「むねのあくせうの血をくるはせ、人のかねをばすい膏薬(かうやく)」 ＊評判記・色道大鏡(1678)一「悪性(アクシャウ)悪人のみをさしていふ詞にあらず、当道にても、いたづらなる者をいふ。悪性(アクセウ)を題する歌。風呂すまふ芝居兵法おとこだてしゃみそばきりにばくち大酒、此歌にて、此心をしるべし」 ＊浮世草子・新色五巻書(1698)四・五「かかる悪性する身は天道の利を背くなれば、晩かれ夙(と)かれ此事露はれ」 ＊浄瑠璃・心中刃は氷の朔日(1709)上「たたきなをいていけんしてやきなをひても悪性(アクシャウ)の、さけと色とのかすがひや」 ＊浮世草子・傾城禁短気(1711)四・三「とかくさふした悪性(アクシャウ)な男を、此内には一日もならぬ」 ＊人情本・春色梅美婦禰(1841‐42頃)四・二〇回「淫蕩(いたづら)ものよ悪性(アクセウ)な、姉と妹で一個の男を、恋争ひは何事ぞ」 補注 近代にはアクセイの形が用いられるようになる。→「あくせい(悪性)」の語誌。 方言❶悪い因縁による不幸なさま。 島根県石見725 ❷残酷なこと。 滋賀県蒲生郡612 ❸失敗したときに言う語。 滋賀県栗太郡・野洲郡606 発音アクショー〈標ア〉ショ0〈京ア〉ク 辞書言海 表記悪性(言)

あくしょう の 気(き)**よし** 道楽者、浮気者などには気のよい者が多いの意。 ＊譬喩尽(1786)六「悪性(アクシャウ)の気能(キヨシ)とて気立の能物なり」

あく‐しょう【悪症】〔名〕なかなか治りにくい、たちの悪い病気。また、悪い病状。悪疾(あくしつ)。 ＊仮名草子・伽婢子(1666)三「伝尸癆瘵の悪症を受け〈略〉俄に黄泉(よみぢ)の客となり」 ＊洒落本・契情買虎之巻(1778)一「おも湯もとらず、直視(そらめづかい)模床(とこなでる)、悪症あらわれ」 ＊福翁自伝(1899)〈福沢諭吉〉大阪修業「凡そ三週間も手を尽したけれども、如何(どう)しても悪症(アクシャウ)でとうとう助からぬ」 発音アクショー〈標ア〉0

あく‐しょう【悪称】〔名〕蔑(さげす)んだ呼び名。蔑称。 ＊肉情細敍の傾向(1908)〈白柳秀湖〉「玆(ここ)に於て旧来の夢幻小説に慣れたる読者と、頑陋(ぐゎんろう)なる道学者とは相和して淫靡文学の悪称の下に所謂実写小説を批難するに至れり」 発音アクショー〈標ア〉0

あく‐しょう【悪障】〔名〕さまたげになるもの。仏道を修行する者や、精神の安定を得ようとしたり、心の迷いをぬぐい去ろうとする者を邪魔するもの。 ＊海道記(1223頃)手越より蒲原「雲船の石神は山の腰に護りて悪障を防ぎ」 ＊読本・椿説弓張月(1807‐11)拾遺・附言「是の時外道(げどう)波旬(はじゅん)、諸(もろもろ)の悪障(アクセウ)を起して、諸衆生をして、大苦悩を受(うけ)しむ」 ＊続々金色夜叉(1899‐1902)〈尾崎紅葉〉一・二「彼は実に此の昏迷乱擾せる一根の悪障を抉(くじり)去りて」

あく‐じょう【悪尉】〔名〕能面の一つ。強く恐ろしげな表情の老人の面で植毛がある。多くは、老神、偉人、怨霊などのノチジテに用いる。大悪尉、鷲鼻(わしばな)悪尉、鼻瘤(はなこぶ)悪尉、茗荷(みょうが)悪尉、生薑(しょうが)悪尉、癋見(べしみ)などの種類がある。「難波(なにわ)」「白鬚(しらひげ)」「玉井」「綾鼓(あやのつづみ)」などに用いる。 ＊申楽談儀(1430)観阿「住吉(すみよし)のせんぐうの能などにあくせうに立烏帽子(たてゑぼし)着、鹿杖(かせづえ)にすがり」 ＊花伝髄脳記(1584頃)「一夜天神。シテ〈略〉後は白き垂れ髪、あくせうの面、指貫(さしぬき)、太刀をはく」

悪　尉

あくしょう‐おとこ【悪性男】〔名〕酒色にふけったり浮気をしたりする、たちのわるい男。 ＊浮世草子・好色産毛(1695頃)四・五「人の心をうかかし、まんまと恋しり悪性(アクシャウ)男にしたて、金銀つかはせ」 ＊良人の自白(1904‐06)〈木下尚江〉続・二一・二「『悪性男(アクシャウヲトコ)』と呼び掛けなが

ら、女も同じ路を後れじと飛んで行った」 発音アクショーオトコ〈標ア〉[オ]

あくしょう-おんな アクシャウをんな【悪性女】〘名〙性質の悪い女。特に、浮気などをして身持ちの悪い女。発音アクショーオンナ〈標ア〉[オ]

あくしょう-がね アクシャウ:【悪性金】〘名〙「あくしょがね(悪所金)」に同じ。*浄瑠璃・淀鯉出世滝徳(1709頃)上「あいつが此前親だんなの悪性がねを、十四くはんめよこ取して」*浄瑠璃・心中刃は氷の朔日(1709)上「つかふてもつかふてもとまりのしれぬあく性がね」

あくしょう-がよい アクシャウがよひ【悪性通】〘名〙「あくしょがよい(悪所通)」に同じ。*歌舞伎・傾城仏の原(1699)傾城奥州嫉妬の歌「何時の間にかは秋風の、吹くや越路の山越えて、浪の三国の分ある里へ、悪性通ひの面憎や」 発音アクショーガヨイ〈標ア〉[ガ]

あくしょう-ぎ アクシャウ:【悪性気】〘名〙遊蕩にふける性質・気分。また、浮気心。*浮世草子・御前義経記(1700)七・三「悪性気(アクシャウキ)のつかぬうち、妻に定おかば、身持くづす事有まじ」

あくしょう-ぎん アクシャウ:【悪性銀】〘名〙「あくしょぎん(悪所銀)」に同じ。*町人考見録(1726-33)利・柴田宮内「彼ものをたのみ、世に云、死に一倍と哉覧(やらん)悪性銀(アクシャウギン)を借り請」

あくしょう-ぐるい アクシャウぐるひ【悪性狂】〘名〙「あくしょぐるい(悪所狂)」に同じ。*歌舞伎・明星茶屋(1697)「びんにきゃらの油をつけ、たしなみて行は、皆明星が茶やの女と、あくしゃうぐるひじゃ」*浄瑠璃・冥途の飛脚(1711頃)上「母ごぜはお死にやって継母がかりのわざくれに、悪性(アクシャウ)狂ひも出来るぞと」*歌舞伎・韓人漢文手管始(唐人殺し)(1789)一「お前の悪性狂ひに厭いたぞへ」 発音アクショーグルイ〈標ア〉[グ]

あく-しょうぐん :シャウグン【悪将軍】〘名〙失政の将軍。暴君。*看聞御記-永享九年(1437)一一月六日「千本殿比丘尼伊勢参宮下向。為二狂気一御所へ参。種々事共詫宣。所詮悪将軍之由申云々。不可思儀事風聞。莫言莫言」 発音アクショーグン〈標ア〉[ショ]

あくしょう-ごと アクシャウ:【悪性事】〘名〙遊蕩にふけること。また、たちのよくない行為。*浮世草子・本朝浜千鳥(1707)四・一「しかるに新八、重々の悪性事、町の思はく世間のとなへ、親の身にさへ堪忍ならず」

あくしょう-じょ アクシャウ:【悪性所】〘名〙「あくしょうどころ(悪性所)」に同じ。

あくしょう-どころ アクシャウ:【悪性所】〘名〙遊里など遊蕩する場所。悪所。*浄瑠璃・女殺油地獄(1721)下「世間のぎりをかいても、かねかって悪しゃう所のはらひして」*浄瑠璃・三荘太夫五人嬢(1727)粟の段夢物狂「若い時の後先知らず、悪性所(アクシャウドコロ)へ片足踏込み」 発音アクショードコロ〈標ア〉[ド]

あくしょう-ともだち アクシャウ:【悪性友達】〘名〙遊蕩の仲間。また、たちのよくない遊びの仲間。*浮世草子・本朝浜千鳥(1707)四・一「東の方へ箱根ふぶきを茶碗に侘びつつ、江戸石町に悪性友だち、是に奉公の身を頼み」

あく-しょうねん :セウネン【悪少年】〘名〙性質、行動などのよくない少年。乱暴な若者。不良少年。悪少。*三代格-七・養老三年(719)七月一九日・格「嗜二酒沈湎一敢遊無レ度〈略〉招二携悪少年一少劣犯二暴田苗一之類」*寛永刊本蒙求抄(1529-34)一〇「悪少年は謂無二行ふレ義を者一武師将軍となって、武師城へ行て善馬を取也」*読本・椿説弓張月(1807-11)続・四〇回「又一人の悪少年(アクセウネン)、縡切(こときれ)てもなほ放さざる」*漢書-昭帝紀「発二三輔及郡国悪少年、吏有二告劾亡者一屯二遼東一」 発音アクショーネン〈標ア〉[ショ]

あくしょう-ばなし アクシャウ:【悪性話】〘名〙「あくしょばなし(悪所話)」に同じ。*浄瑠璃・艶狩剣本地(1714)二「世継御ぜん玉ゆら姫、男ほしいも、床しいも、同じ思ひの同じ身を〈略〉悪性(アクシャウ)咄とりどりに」

あくしょう-びと アクシャウ:【悪性人】〘名〙「あくしょうもの(悪性者)」に同じ。*浄瑠璃・凱陣八島(1685頃)一「扨も扨もあくしゃう人かな」*浮世草子・傾城色三味線(1701)京・四「おやぢとても人間のたねにあらずや。本悪性人(アクシャウびと)が、年のよりたるのが皆おやぢといふ」

あくしょう-ぼん アクシャウ:【悪性本】〘名〙「あくしょ(悪書)②」に同じ。*浮世草子・好色破邪顕正(1687)上「さてこそ悪性本は悪性本にして、さらに仏法の書にも、また儒のことはざにはなをあらず」

あくしょう-まち アクシャウ:【悪性町】〘名〙遊郭や芝居町など遊蕩の町。悪所場。悪所。*浮世草子・忠孝永代記(1704)五「此事御僉議ありしに、悪性町に其夜はとまりしに相究り」

あくしょう-もの アクシャウ:【悪性者】〘名〙酒色にふけったり浮気をしたりして、身持ちの悪い者。*評判記・色道大鏡(1678)五「とかくわぬしも悪性(アクシャウ)ものぞと町所にもしりたれば〈略〉身はもつまじき汝ぞかし」*歌舞伎・明星茶屋(1697)「そんなら此状をやって下さんせと云ておがんだ。おがますからは、まじなふておいたであらふ。あくしゃう物め」 方言意地悪者。 ◇あくしょうもん 島根県益田市・邇摩郡725 発音アクショーモノ〈標ア〉[0][ノ]

あくしょう-やど アクシャウ:【悪性宿】〘名〙遊蕩するための金を融通することなどを職業とした家。*俳諧・西鶴大矢数(1681)第七「降るは涙の雨の夜の伽げに思ふ草の菴の悪性宿」*浮世草子・本朝浜千鳥(1707)一・三「京中の悪性宿とて、たとへば色里東西にかよふおとこ、人手代はいふに及ばず、未親がかりのむすこなどに、悪性銀の小質をとり、其首尾を調はせしに」

あくしょう-やまい アクシャウやまひ【悪性病】〘名〙たちのよくない病気。とくに、浮気、遊蕩にふけることにいう。*俳諧・二つ盃(1680)「まちん粉してのますれど悪性(アクシャウ)やまひでおやじが泪か」

あくしょ-おち【悪所落】〘名〙精進落としなどと称して、遊里などの悪所へ入り込むこと。*浮世草子・好色一代女(1686)三・一「礼場(れいば)よりすぐに悪所落(アクショオチ)の内談」

あくしょ-おとし【悪所落】〘名〙馬に乗ってけわしい坂道を走り降りること。また、それに巧みなこと。*平家(13C前)九・木曾最期「ともゑは〈略〉究竟(くっきゃう)の荒馬のり、悪所おとし」

あくしょ-かご【悪所駕籠】〘名〙遊里などの悪所へ行くときに乗る駕籠。*浮世草子・椀久一世(1685)上・一「浮世しゃうぢの悪所駕籠(アクショカゴ)」*浮世草子・傾城色三味線(1701)京・三「江戸に二挺立の小舟、大坂に浮世小路の悪所駕籠(アクショカゴ)、かくのごとく道のいそがるる物をこしらへ置ぬ」

あくしょ-がね【悪所金】〘名〙遊里などで使う金。遊蕩費。あくしょうがね。*浮世草子・好色二代男(1684)七・目録「悪所銀(アクショカネ)かす人絶て京も淋しき事」*浮世草子・本朝二十不孝(1686)一・一「長崎屋伝九郎とて京中の悪所銀(アクショガネ)を借出す男なり」*都鄙問答(1739)二・或人親へ仕之事を問「小者悪所(アクショ)金のつかひやうを見覚へ」 発音アクショガネ〈標ア〉[0][ショ]

あくしょ-がよい :がよひ【悪所通】〘名〙遊里などへ通うこと。あくしょうがよい。*随筆・むかしむかし物語(1732頃)「昔は若き衆悪所通ひするに、今とは大に違ひ、先男の器量あしき人は行事稀也」*談義本・当風辻談義(1753)五・開帳の本尊住寺の言訳し給ふ事「戒律を保つものを小乗といやしめ、肴喰ふて悪所通ひするを大乗とは」 発音アクショガヨイ〈標ア〉[ガ]

あくしょ-ぎ【―木】〘名〙方言(「あくしょ」は、くしゃみ。この木の成分が鼻を刺激するところから)植物、はなひりのき(嚔木)。北国†039 加州†063 山形県南置賜郡・北村山郡139 ◇あくしょのき 山形県036 ◇はくしょぎ 秋田県036 ◇はくしょのき 山形県飽海郡139

あくしょ-ぎん【悪所銀】〘名〙「あくしょがね(悪所金)」に同じ。*浮世草子・好色二代男(1684)七・二「京中に悪所銀(アクショギン)の借手(かして)絶て」

あく-しょく【悪色】〘名〙素行のよくない美人。*此ぬし(1890)〈尾崎紅葉〉四「脂粉の悪臭、羅綾の悪色(アクショク)、嬌語軟言の悪声耳目に毒気を注げば」*思出の記(1900-01)〈徳富蘆花〉八・二「僕は伯夷(はくい)主義を執(と)って、眼に悪色を見ず、耳に悪声を聞かず、手に酒盃を把らず」*孟子-万章下「伯夷、目不レ視二悪色一耳不レ聴二悪声一」

あく-しょく【悪食】〘名〙「あくじき(悪食)①②」に同じ。↔美食。*文明本節用集(室町中)「悪食 アクショク」*日葡辞書(1603-04)「Acuxocu (アクショク)。アシイ クイモノ〈訳〉悪い食事」*論語-里仁「士志二於道一而恥二悪衣悪食一者、未レ足二与議一也」 辞書文明・日葡 表記悪食(文)

あくしょ-ぐるい :ぐるひ【悪所狂】〘名〙遊里に入りびたって、遊興に心を奪われること。あくしょうぐるい。*浮世草子・西鶴置土産(1693)三・二「迚(とて)も悪所(アクショ)ぐるひの異見きき給はねば勘当を切とは前代ためしなき事」*浄瑠璃・心中天の網島(1720)橋尽し「あくしょぐるひの身のはては、かく成行と定まりし、しゃかのおしへも有ことか」*談義本・教訓続下手談義(1753)四・三囲通夜物語「主親の目をぬき悪所狂(アクショクル)ひの後先しらずに」 発音アクショグルイ〈標ア〉[グ]

あくしょ-ごと【悪所事】〘名〙「あくしょうごと(悪性事)」に同じ。

あくしょ-ことば【悪所言葉】〘名〙遊里でつかう特殊なことば。くるわことば。*浮世草子・新吉原常々草(1689)上「此座敷かりてゆふけうせしに一日金子一歩に定めける。是(これ)より一歩を長徳寺と悪所(アクショ)言葉也」 発音〈標ア〉[コ]

あくしょ-しょうもん【悪所証文】〘名〙遊興のための資金貸付の証文。*談義本・遊婦多数寄(1771)「家借と言事をして悪処証文に月に二度ほどおどり礼金から利金から拾両借(かし)て」

あくしょ-たおし :たふし【悪所倒】〘名〙遊興費を払わなかったり滞らせたりして、遊女屋や茶屋などに損失をかけること。また、その人。*歌謡・若みどり(1706)三・一五・さかひ「ここは都の島原口よさ、悪所倒(アクショタフ)しのヲヲたれたれも、あれはせうし」

あくしょ-づかい :づかひ【悪所遣】〘名〙遊里などで金銭を浪費すること。*浮世草子・日本永代蔵(1688)二・五「若ひ手代は、悪所つかひ仕過し、とかく親かたに徳をつけず」*浮世草子・傾城色三味線(1701)大坂・三「悪所(アクショ)づかひは、思ひの外はかのゆく物と語れば」 発音〈標ア〉[ズ]

あくしょ-づれ【悪所連】〘名〙「あくしょなかま(悪所仲間)」に同じ。*雑俳・万歳烏帽子付合大全(1703)「うなづくは・さそひに来たる悪所連れ」

あくしょ-ともだち【悪所友達】〘名〙遊里での遊び仲間。遊里で知りあった人。*浮世草子・傾城色三味線(1701)湊・三「旧離切られて行末は、あづまのあく所友達(しょともダチ)に身躰(しんだい)よしのあるをたのみに」 発音〈標ア〉[ト]

あくしょ-なかま【悪所仲間】〘名〙遊里などの悪所での遊興を共にする者。悪性友達。悪所連れ。*浄瑠璃・双蝶蝶曲輪日記(1749)二「さすが曲輪の手なれども、悪所仲間ぞ頼もしき」 発音〈標ア〉[ナ]

あくしょ-ば【悪所場】〘名〙「あくしょ(悪所)②」に同じ。*歌舞伎・初冠曾我皐月富士根(1825)四立口「モシ、無性に承知さしっても、悪所場(アクショバ)の駕籠でございますぞえ」 ＊随筆・寛天見聞記(1789-1844)「前に図する芝居町と後に顕はす処の深川其外の料理茶屋、水茶屋、また宿場の飯盛女と吉原町とをさして、世に悪所場とす」 ＊西洋道中膝栗毛(1870-76)〈仮名垣魯文〉九・下「遊女場(アクショバ)の弊を一洗するにゃア、是非廃廓論が建(たつ)のだから」

あくしょ-ばなし【悪所話】『名』遊女や揚げ屋、また、遊蕩などの話。あくしょうばなし。＊浮世草子・好色二代男(1684)一・五「とし月此かたの悪所咄(アクショハナ)し、気さんじなる人のつき合(あい)」

あくしょ-ぶね【悪所船】『名』遊里通いの船。江戸の新吉原通いには猪牙船(ちょきぶね)を用い、大坂では屋形船、御座船を用いた。＊浮世草子・好色二代男(1684)三・二「浅草川の悪所船(アクショフネ)の乗場に、札書て置しは」

あくしょ-やど【悪所宿】『名』遊女、陰間などを呼んで遊興する家。揚げ屋、野郎宿など。あくしょうやど。＊浮世草子・好色盛衰記(1688)一・三「昼の月見夜の花見世のつねをはなれ、人のせぬ事をするこそ悪所宿(アクショヤト)の自由なれ」 ＊浮世草子・西鶴置土産(1693)四・三「今程悪所宿(アクショヤト)の迷惑なる事はなし」 発音〈標ア〉ヤ

アクション『名』(英 action) ①人の動き。㋑(思索や観念などに対して) はっきりと形に現われた行為。直接的な行動。＊虞美人草(1907)〈夏目漱石〉一四「『さう云はれると学者も気の毒だ。何をしたら好(い)いか分らなくなる』『行為(アクション)さ。本を読むばかりで何にも出来ないのは〈略〉』」 ＊三月変(1929)〈岡田三郎〉「俺は俺一人で自由勝手な行動をとれるのだったら、それゃ、どんなアクションに出るか解らないさ」 ㋺俳優の動作・演技。＊モダン辞典(1930)「アクション（劇・映）演技、アクティングと同意語だが、使ふ場合により細別される」 ＊俘虜記(1948)〈大岡昇平〉演芸大会「進藤は歌と扮装は巧みであったがアクションは下手であった」 ㋩映画などにおける、激しい乱闘。これを見せ場とする現代劇を「アクションもの」「アクション映画」などという。②鍵盤楽器の鍵盤の動きを発音機構に伝える装置。＊備忘録(1927)〈寺田寅彦〉調律師「鍵盤のアクションの工合の悪いのを一つ一つ丹念に検査して行く」 発音〈標ア〉ア 〈京ア〉ア

アクション-ドラマ『名』(洋語 action drama) 格闘や立ち回りなどの動きを中心とした劇や映画など。西部劇、剣劇、活劇などをさす。発音〈標ア〉ド

アクション-ペインティング『名』(アメリカ action painting) 抽象表現主義の傾向にある絵画の技法。また、その主潮。制作行為そのものを重視し、それを作品に反映させようとするもの。アメリカの画家ポロックによってはじめられ、一九五〇年代に流行した。タシスム。発音〈標ア〉イ ペ

アクション-リサーチ『名』(英 action research) 実践家と研究者が協力して、社会生活の改善の理論や方法を具体的に推し進めながら開発するやり方。人間関係の調節や改善、集団活動の効果、技術導入による有効性を対象とする。発音〈標ア〉サ

あく-じる【灰汁】『名』「あく(灰汁)①」に同じ。＊俳諧・七番日記-文化一一年(1814)四月「灰汁の水が澄きるわか葉哉」 ＊南小泉村(1907-09)〈真山青果〉一「町から流れ出る、湯の垢(あか)、染料の紺汁、洗水、灰汁(アクジル)、塵埃(ぢんあい)に灌漑(くゎんがい)されるやうなものだ」

あく-しん【悪心】『名』①悪事をしようとする心。他人に害を与えようとする心。また、人をのろう心。悪念。↔善心①。＊大鏡(12C前)三・為光「悪心おこしてうせ給ひにしありさまは、いとあさましかりしことぞかし」 ＊太平記(14C後)三六・清氏叛逆事「上にはさりげなき体(てい)なれども、下には悪心を挿(さしはさ)めり」 ＊日葡辞書(1603-04)「Acuxinuo(アクシンヲ) ヲコス」 ＊読本・椿説弓張月(1807-11)拾遺・五六回「その悪心(アクシン)虎狼(こらう)に勝(まさ)れり」 ＊小学読本(1873)〈田中義廉〉二「もし、悪心あるときは、其顔色を見て、これを覚り知るべし、故に、人の顔は、心の善悪を、徴したる、書物の一種なり」 ＊国語-魯語・下「夫民労則思、思則善心生、逸則淫、淫則忘ㇾ善、忘ㇾ善則悪心生」 ②仏道に進むのをさまたげる心。↔善心②。＊平家(13C前)一〇・戒文「身をたすからんと思ふ悪心のみ遮(さへぎり)て、善心はかって発(おこ)らず」 ＊妙一本仮名書き法華経(鎌倉中)五・勧持品第一三「このひと、悪心(アクシン)をいだきて、つねに世俗の事(じ〈注〉こと)をおもひ」 ＊謡曲・鵺(1435頃)「さてもわれ悪心外道の変化(へんげ)となって、仏法王法の障りとならんと」 ＊浮世草子・好色五人女(1686)三・四「二人別々(わかれわかれ)に住(すみ)て、悪心(アクシン)さって菩提(ぼだい)の道に入ば、人も命をたすくべし」 ③胸が気持わるくなること。＊病論俗解集(1639)「悪心(アクシン) 心中兀々然、無ㇾ奈。欲ㇾ吐不ㇾ吐、欲ㇾ嘔不ㇾ嘔。此為二悪心一。むねあしく」 ＊医案類語(1774)一・遇変生疾「蝎螫ㇾ手〈略〉寒熱拘急(〈注〉ひきつけ)頭痛悪心(〈注〉ムネガワルイ)」 発音〈標ア〉0 シ 〈ア史〉室町・江戸●●○○ 〈京ア〉0 辞書 文明・易林・日葡・書言・言海 表記 悪心(文・易・書・言)

あく-しん【悪臣】『名』悪い家来。悪事をする家来。↔良臣。＊古活字本毛詩抄(17C前)一〇「さて彤弓彤矢を下されたれば、命を受ねども、悪臣をば退治するぞ」 ＊随筆・胆大小心録(1808)一五七「西土にても智者と云ふは必ず悪臣なり」 ＊春秋左伝-襄公二三年「将ㇾ盟二臧氏一、季孫召二外史掌二悪臣一、而問二盟首一焉」 発音〈標ア〉0

あく-しん【悪身】『名』(「あくじん」とも) 悪業のむくいである苦難にみちた身。＊太平記(14C後)一九・金崎東宮「一念悪を発(おこ)せば一生の悪身を得、十念悪を発せば十生悪身を受く」 ＊大集経-四四「何縁故得二此悪身一、於二過去世一曾為二何業一」 ＊安楽集-下「凡経二一日一夜一、有二八億四千万念一。一念起ㇾ悪。受二一悪身一。十念念ㇾ悪。得二十生悪身一」

あく-しん【悪親】『名』悪い親。＊或阿呆の一生(1927)〈芥川龍之介〉前書「唯僕の如き悪夫、悪子、悪親を持ったものたちを如何(いか)にも気の毒に感じてゐる」

あく-じん【悪人】『名』「あくにん(悪人)①」に同じ。＊文明本節用集(室町中)「悪人(アクジン) 従遊則日生二邪情一」 辞書 文明 表記 悪人(文)

あく-じん【悪神】『名』①人にわざわいをなし、世を乱す神。↔善神。→荒ぶる神。＊平家(13C前)八・鼓判官「むかしは宣旨をむかってよみければ、枯れたる草木も花さき実なり、悪鬼悪神も随ひけり」 ＊徒然草(1331頃)一九六「悪鬼、悪神をおそるる故に、神社にて、ことにさきをおふべき理あり」 ＊玉くしげ(1789)「人のため世のために悪(あし)きわざを、はかり行ふ者などもあるは、これ又悪神(アクジン)の所為(しょゐ)にして」 ②(「あく」は接頭語) 荒々しく乱暴な神。＊神道集(1358頃)一・一「抑伊弉諾伊弉冊尊の御子、一女三男者、一者素盞鳥尊、悪神なれば」 発音〈標ア〉0 〈京ア〉0 辞書 日葡

あくしん-もの【悪心者】『名』邪悪な心を持つ人。悪者。＊人情本・風俗粋好伝(1825)前・下「一体私が今の母といふは、三つの歳から養育(そだ)てられた義理ある中の継母にて、世間の人の並に外れた悪心者(アクシンモノ)」 発音〈標ア〉0 ノ

あく-すい【悪水】『名』①悪い水。飲めない水。汚水。また、人畜に害となる水。＊狂雲集(15C後)華叟老師掩光而後〈略〉呈寄大用養叟和尚。且陳賀忱云「大用現前真衲僧、先師頭面潑二悪水一」 ＊日葡辞書(1603-04)「Acusui(アクスイ)。アシイ ミズ〈訳〉悪い水、汚水」 ＊歌舞伎・早苗鳥伊達聞書(実録先代萩)(1876)四「只今呑ませし其の水は、いつぞやおのれら綱宗を毒殺なさんとあの井筒へ、仕込みし毒の大悪水(アクスヰ)」 ＊北史-長孫晟伝「達頭人畜飲ㇾ之多死。大驚曰、天雨二悪水一、其亡ㇾ我乎」 ②近世、水はけの悪い水田のたまり水など、作物の成育に害になる水をいったことば。↔用水。＊地方凡例録(1794)六「悪水堀敷引 是は田地たまり水深く、水落兼作毛水腐になるか、又は城下其外町場等水いかり、水冠り等に成儀有之時、水吐きの為江堀を立、悪水落し水難を遁る堀敷也」 ＊俗語考(1841)「東国の田舎にて、水田の水を落す小川を、『あくと』とも、『あく水』とも、『あくと川』とも云り、いはゆる用水は、用ある水、是は、用なき時に、切て落す水なりければ、言の意は、則、明落(あけおとし)の謂なり」 発音〈標ア〉0 辞書 日葡

あくすい-はき【悪水吐】『名』水田の汚水を排出する溝、または川。＊地方凡例録(1794)七「悪水吐用水堀小溝浚堀浚、年々正月の内より隣郷申合無ㇾ滞様可ㇾ仕事」

あくすい-ぼり【悪水堀】『名』不用な水を流す水路。下水道。＊随筆・耳嚢(1784-1814)四・田鼠を逐ふ呪の事「田鼠を追ふ呪には、糠にて鼠の形を拵へ、板などに乗せて悪水堀などへ流すに」

あくすい-みぞ【悪水溝】『名』汚水の流れる溝。どぶ。＊文明開化(1873-74)〈加藤祐一〉初・上「住居の近辺に、悪水溝(アクスヰミゾ)や、溜り水などのあるは、病気の為に悪い地相といふものじゃ」 発音〈標ア〉0

あくすい-ろ【悪水路】『名』「あくすいぼり(悪水堀)」に同じ。

あく-ずり【悪摺】『名』天保頃(一八三〇年代)から明治初年にかけて、文人・通客の間で、友人の失敗や情事などを風刺して版にすり、友人間に配付して嘲笑の材料にしたもの。＊評判記・鳴久者評判記(1865)「東西東西、此所がこれまで有ふれた、かはら板あく摺の世話場をすて、だんまりで門並配る定例の悪摺とちがひ」

あく-せ【悪世】『名』(「世」は時間的・空間的双方の意に用いる) ①悪い世。悪事の行なわれる世の中。仏法の衰えた時代。特に、末法の世についていう。末世。悪世界。＊聖徳太子伝暦(917頃か)上・推古天皇二五年「末劫衆生。化二登浄土一。五濁悪世。還為二儴佉一」 ＊狭衣物語(1069-77頃か)一「さここそ、おぼし離れたれど、なほ、このあくせに生れ給にければにや」 ＊今昔(1120頃か)一一・一五「末代悪世に及ぶまで、此の仏を一称一礼せむ人は」 ＊三帖和讃(1248-60頃)浄土「安楽浄土にいたるひと、五濁悪世にかへりては、釈迦牟尼仏のごとくにて、利益衆生はきはもなし」 ＊阿彌陀経「釈迦牟尼仏、能為二甚難希有之事一、能於二娑婆国土五濁悪世。劫濁。見濁。煩悩濁。衆生濁。命濁中一。得二阿耨多羅三藐三菩提一」 ②悪い宿世(すくせ)。前世からの悪い巡り合わせ。発音〈標ア〉ア 辞書 文明・日葡 表記 悪世(文)

あくせ の=縁(えん)[=契(ちぎ)り] 前世からもって生まれた悪い因縁。＊浄瑠璃・鑓の権三重帷子(1717)上「時のざけうのふかざれも、過去のあくせの縁ならめ」

あく-せい【悪世】『名』「あくせ(悪世)①」に同じ。＊読本・椿説弓張月(1807-11)拾遺・附言「外道諸魔を調伏し、悪世(アクセイ)の中に於て、衆生を饒益(ねうえき)し給へり」

あく-せい【悪声】『名』①声が悪いこと。また、その声。↔美声。②人を悪く言うこと。また、その言葉。悪口。悪評。＊文明本節用集(室町中)「悪声 アクセイ 孔子曰自三吾得二子路一而悪声不ㇾ入二於耳一〈答二張藉一書〉」 ＊十善法語(1775)六「華厳経のなかに〈略〉一常聞二悪声一、二言多二諍訟一とある」 ＊花柳春話(1878-79)〈織田純一郎訳〉二六「今父子の間にして此くの如き悪声を聞くは」 ＊青春物語(1932-33)〈谷崎潤一郎〉小山内氏とのいきさつのこと「近頃小山内氏が蔭へ廻って

しきりに君のために悪声を放ってゐる」 *幸木(1948)〈平田良平〉昭和一二年「悪声(アクセイ)は耳に入らずとよそほへる内閣もつひに倒るる日来(き)ぬ」 *史記-楽毅伝「臣聞、古之君子、交絶不レ出二悪声一」 ③よこしまな声。野卑な、または、聞き苦しい声。みだらな声や音。 *地蔵菩薩霊験記(16C後)四「元より不善の人なければ耳悪声(アクセイ)を聴くことなし」 *江戸繁昌記(1832-36)三・祇園会「都人縦遊、皆此の夕を以てす。傍観竚聞、竹を品し、糸を評し、下俚巴人に遇はば、調謔之を攪し、次に悪声を以てす」 *思出の記(1900-01)〈徳富蘆花〉八・二「眼に悪色を見ず、耳に悪声を聞かず、手に酒盃を把らず」 *孟子-万章下「伯夷、目不レ視二悪色一、耳不レ聴二悪声一」 ④不吉な声や音。 *晉書-祖逖伝「夜聞二荒雞鳴一、蹴レ琨覚曰、此非二悪声一也」 発音アクセイ〈標ア〉0 〈京ア〉0 辞書文明 表記悪声(文)

あく-せい【悪性】〔名〕(形動) ①生まれつきの悪いこと。性質の悪いこと。 *世説新語-忿狷「殺二悪性者一」 ②(事物の)質の悪いこと。価値の低いこと。 *公議所日誌-九・明治二年(1869)四月「新旧政府にて造り出せし悪性の貨幣而已ならず」 ③病気などのたちの悪いこと。↔良性。 *病学通論(1849)三「各性の病、善性、頑性、悪性」 *医語類聚(1872)「Malignant 悪性ノ」 *花柳春話(1878-79)〈織田純一郎訳〉八「頗る悪性の痙攣病にして、恐らくは治し難からん」 *思出の記(1900-01)〈徳富蘆花〉七・九「病は重症の腸窒扶斯、無理押して居た丈頗る悪性(アクセイ)のものであった」 語誌(1)「悪性」は「性」を呉音で読むアクショウが仏語由来の語として主に使われていたが、蘭学医書の訳語として漢音読みのアクセイが用いられてから、「良性」の対義語として一般に使われるようになった。(2)当初は、アクショウの従来の意味が強すぎたためか、既に「良性」という語も見られる「遠西医方名物考」でも「内臓の壅塞を疏解し血液の悪質を浄除し」のように、「悪性」ではなく「悪質」が使われている。しかし、「…性(せい)」が訳語の造語要素としてよく使われていたことによる影響などから、挙例のように「病学通論」には「善性」「頑性」などとともに「悪性」の語が見え、その後一般に用いられるようになり今日に及ぶ。(3)中国では、「西医略論」で悪性の腫瘍を「毒疽」といったように、初めは「毒」という語を用いたが、二〇世紀初頭日本の翻訳書を通じて「悪性」が一般に使われるようになった。 発音アクセイ〈標ア〉0 〈京ア〉0

あく-せい【悪政】〔名〕悪い政治。民衆の意志を無視し、その苦しみを顧みない政治。↔善政。 *家伝(760頃)下(寧楽遺文)「敬二訪父老一、躅二百姓之所一レ苦、改二国内之悪政一、勧二催農桑一」 *文明本節用集(室町中)「悪政(アクセイ)生二悪気一、悪気生二災異一ず」 *読本・椿説弓張月(1807-11)拾遺・四六回「尚寧王が暗愚を疎み、曚雲、利勇が悪政(アクセイ)に疲て」 *変形譚(1946)〈花田清輝〉「皇帝の寵臣となり、悪政を施しているものが多い」 *法言-先知「禽獣食二人之食一、土木衣二人之帛一、穀人不レ足二於昼一、糸人不レ足二於夜一、之謂二悪政一」 発音アクセイ〈標ア〉0 〈京ア〉0/0 辞書文明 表記悪政(文)

あく-せい【悪星】〔名〕不吉な星。災厄をもたらすと信じられた星。 *太平記(14C後)五・相模入道弄田楽「天下将に乱れんとする時、妖霊星と云ふ悪星下て災を成すといへり」 *三国伝記(1407-46頃か)一・二三「悪星一つ落て、忽に方廿丈の石となる」 *日葡辞書(1603-04)「Acuxei (アクセイ)。アシイ ホシ〈訳〉有害な星」 辞書日葡

あく-せい【悪製】〔名〕できぐあいの悪いこと。製法が粗悪なこと。粗製。 *新聞雑誌-五号・明治四年(1871)六月「火薬も極て悪製なり」

あく-せい【悪誓】〔名〕悪い誓い。道理に反する誓約。 *暴夜物語(1875)〈永峰秀樹訳〉発端「弟王既に帰国したる日より、帝其悪誓を遵奉し、毎夜群臣百姓の一女を娶りて皇后となし」

あくせい〔副〕閉口するさま、困るさまを表わす語。あくせえ。 *滑稽本・浮世風呂(1809-13)二・上「さまざまのねだりことであくせい仕果(しはて)ます」 *滑稽本・古今百馬鹿(1814)下「毎晩夜あそび、どうも伯母御(おばご)もあくせい仕果て、又候相談に及ぶと」

あく-ぜい【悪税】〔名〕不当な課税。無理な税金。 *感情旅行(1955)〈中村真一郎〉七「花の御所の造営は、強制労働と悪税と徳政(借用契約の破棄)とによって、僅かにつぐのわれた」 発音アクゼイ〈標ア〉0 〈京ア〉0

あくせい-インフレ【悪性―】〔名〕「あくせいインフレーション(悪性―)」の略。 発音アクセイインフレ〈標ア〉イ

あくせい-インフレーション【悪性―】〔名〕(インフレーションは英 inflation) 物価上昇が急激で、経済・社会秩序を混乱させるインフレーション。典型的な例は、第一次大戦後のドイツのマルク インフレ。悪性インフレ。 発音アクセイインフレーション〈標ア〉レ

あくせい-こくしょくしゅ【悪性黒色腫】〔名〕人体を被覆するメラニン色素形成細胞や、母斑(ぼはん)を形成する細胞の悪性変化による、増殖破壊性の強い悪性腫瘍。治療は、原則として、早期の広範囲切除による。メラノーマの一つ。 発音アクセイコクショクシュ〈標ア〉ク3

あくせい-しゅよう【悪性腫瘍】〔名〕腫瘍の細胞そのものの増殖力が強く、周囲の組織へ蔓延(まんえん)浸潤し、または他の臓器へ転移するもの。ガンはその代表例。 *カズイスチカ(1911)〈森鷗外〉「栄養は中等です。悪性腫瘍(アクセイシュヤウ)らしい処は少しもありません」 発音アクセイシュヨー〈標ア〉シュ

あくせい-びょう【悪性病】〔名〕たちの悪い病気。 *和英語林集成(再版)(1872)「Akuseibyō アクセイビャウ 悪性病」 辞書〈ボン〉 表記悪性病(へ)

あくせい-ひんけつ【悪性貧血】〔名〕ビタミンB_{12}欠乏による慢性の重症貧血。梅毒・妊娠・裂頭条虫の寄生、胃腸管手術後遺症のために、ビタミンB_{12}や葉酸が欠乏して起こる続発性のものと、原因不明のビタミンB_1欠乏による真性のものとがある。いずれも皮膚は黄色みを帯びて蒼白、全身の疲労感・心悸亢進(しんきこうしん)・呼吸困難を呈する。 発音アクセイヒンケツ〈標ア〉ヒ

あくせい-リンパしゅ【悪性―腫】〔名〕リンパ組織を構成する細胞による悪性腫瘍の総称。頸部、縦隔、後腹膜などのリンパ節に初発することが多いが、やがて全身の組織に病変が波及する。組織学的に、リンパ肉腫、細胞肉腫、ホジキン病、濾胞(ろほう)性リンパ腫とに分ける。 発音アクセイリンパシュ〈標ア〉パ

あくせえ(あくせへ)〔副〕「あくせい〔副〕」に同じ。 *滑稽本・浮世風呂(1809-13)三・下「わたしもどうも居たたまらねへから〈略〉留場(とめば)へ出る伝坊(でんぼう)が所まで探しあるいたが、友達はみんな内に居るのさ。あくせへ仕果(しはて)て内に居るとの」

あく-せかい【悪世界】〔名〕「あくせ(悪世)①」に同じ。 *唯信鈔文意(1257)「釈迦如来よろづの善のなかより名号をえらびとりて、五濁悪時、悪世界、悪衆生邪見无信のものにあたへたまへるなりとしるべし」 *日葡辞書(1603-04)「Acuxecai (アクセカイ)〈訳〉アクセに同じ」 辞書日葡

あく-せき【齷齪】〔副〕(「と」を伴う場合が多い)「あくせく(齷齪)」の変化した語。 *歌謡・色里迦陵頻(1704-11頃か)五二・三勝自然居士「ひろいかねたるうたてさよ夜のふけぬるをたのしみに、道はかどらず、あくせきと」 *歌舞伎・小袖曾我薊色縫(十六夜清心)(1859)三立「宗助あくせきと気をもめども、年寄にて心に叶わぬ思入宜しく」

あく-せく【齷齪】〔副〕(「あくさく」の変化した語。「と」を伴ったり「あくせくする」の形になったりする場合が多い)心にゆとりがなく、目先にだけ心をうばわれたようにせわしく事を行なうさまを表わす語。 *雑俳・筑丈評万句合(1746-48)「あくせくでかせいだ暮の餅の重」 *滑稽本・古朽木(1780)五「常々あくせくと忙(いそがし)からぬ商売」 *歌舞伎・与話情浮名横櫛(切られ与三)(1853)三幕「アアコレ、此のやうに齷齪(アクセク)するも恋ゆゑ」 *和英語林集成(再版)(1872)「Akuseku (アクセク) シテ ハタラク」 *落梅集(1901)〈島崎藤村〉千曲川旅情のうた「この命なにを齷齪(アクセク) 明日をのみ思ひわづらふ」 発音〈標ア〉ア 〈京ア〉ア 辞書〈ボン・言海〉 表記齷齪(へ)

アクセサリー〔名〕(英 accessory)《アクセサリ・アクセッサリー・アクセッソリー》①装身具。イヤリング、ブローチ、スカーフなど、実用品としてよりも飾りとして用いられるものについていう。 *自由学校(1950)〈獅子文六〉彼女がそう叫ぶには「編物でも、アクセサリの製作でも、洋裁でも」 *「無思想人」宣言(1955)〈大宅壮一〉「帽子の用途は、〈略〉今では完全にアクセサリーの一種となっている」 *耳瓔珞(1957)〈円地文子〉「アクセッサリーの意匠や製造に頭を使い」 ②機械類の付属品。カメラにおけるフィルター、レンズフード、自動車におけるクーラーなど。 *落紅(1899)〈内田魯庵〉一「一台売って二割から三割、附属品(アクセッソリー)や部分(コンチネンツ)を一つ一つ離して売ると五割位儲かります」 発音〈標ア〉セ ア 〈京ア〉セ

アクセス〔名〕(英 access「接近する」の意)①ある所に入る手段。ある場所へ行く足の便。②(―する)ある場所や分野に外から入り込むこと。また、情報やデータなどに接近し、利用・入手すること。③(―する)コンピュータ用語で、メモリーや外部記憶装置に対してデータの書き込み、読み出しを行なうこと。 発音〈標ア〉ア

アクセス-けん【―権】〔名〕①公文書の閲覧・謄写など、公の情報を入手し、利用する権利。「情報アクセス権」②特に、マスメディアに受け手の側の市民が反論したり、意見広告を載せるなど、送り手として参加する権利。 発音〈標ア〉ス

アクセス-タイム〔名〕(英 access time) コンピュータの記憶装置に読み出し指令が与えられてから情報が得られるまでの呼び出し時間をいう。呼び出し時間。

アクセス-どうろ【―道路】〔名〕空港や港と都心や内陸部の物資流通基地を結ぶ幹線道路。 発音アクセスドーロ〈標ア〉ド

あく-せつ【悪説】〔名〕①仏語。突吉羅(ときら)罪のうち、口によるまちがった行為で、最も軽い罪。→悪作(あくさ)。 *四分律行事鈔-中・一「身名二悪作一口名二悪説一」 ②悪いうわさ。悪い風評。 *落葉集(1598)「悪説 あくせつ」 *浄瑠璃・近江源氏先陣館(1769)一「人の悪説を重ぬるも、もとは好色の御誤り」 ③悪い便り(日葡辞書(1603-04))。 発音〈標ア〉0 辞書日葡

あく-ぜつ【悪舌】〔名〕他人のことを、悪く言いのしること。悪口。 *浄瑠璃・伽羅先代萩(1785)四「よし悪(あく)ぜつも忠義故。ささゐな事はかへり見ず」 *話の屑籠〈菊池寛〉昭和九年(1934)七月「新聞は、あらゆる懲罰的筆致を用ゐてもいいと思ふのであるが、文士賭博などには、悪舌を弄しながら、かうした事件には、むしろ同情的な筆致を弄してゐる」 *孟遅-寄漸右旧幕僚詩「由来悪舌駟難レ追、自レ古無レ媒謗所レ帰」

あく-ぜに【悪銭】〔名〕「あくせん(悪銭)」に同じ。

あくぜに-ざ【悪銭座】〔名〕一六世紀末、天正年間(一五七三〜九二)ごろ京都にできた悪銭専門の両替商の座。室町中期以降に激増した悪銭を、撰銭令(えりぜにれい)に従って精銭(良銭)と一定率で交換した。あくせんざ。

アクセプタ〔名〕(英 acceptor「受諾者」の意)《アクセプター》ゲルマニウムなどの半導体の結晶に混ぜら

れる、アルミニウムなど原子価のより低い不純物をいう。そのイオンが結晶の価電子帯から電子をとるので、価電子帯にホール（正孔）が残り、半導体の電気伝導率を増加させる。 発音〈標ア〉セ

アクセプタンス-レート〘名〙（英 acceptance rate ）為替相場の一つ。輸入業者が代金決済のため、輸入地の銀行から呈示される荷付き為替手形を引き受けるとき適用される。輸入手形決済相場。

アクセラレーター〘名〙（英 accelerator ）《アクセレーター》加速装置。特に、パソコンに装着して処理速度を向上させる周辺機器。

アクセル〘名〙（英 accelerator から）自動車の加速装置。この装置のペダルを踏むと、気化器の絞り弁が開き、エンジンの回転数が増し、出力があがる。加速ペダル。＊舗道雑記帖（1933）〈高田保〉人釣り道楽業「そこで始めて運転手君も、ああさうかと安心した形でアクセルを踏むのだが」＊草のつるぎ（1973）〈野呂邦暢〉一「彼はぼくがのぞきこむより早く地図を畳んだ。アクセルを踏んだ」 発音〈標ア〉ア〈京ア〉ア

あく-せん【悪戦】〘名〙不利な状況の中で戦うこと。苦しい戦い。苦戦。＊良人の自白（1904-06）〈木下尚江〉中・五・三「人は皆な其の愚な家庭の犠牲となって是非なく社会に悪戦するのじゃ無いか」＊鳥影（1908）〈石川啄木〉一・四「黒溝台の悪戦に壮烈な戦死を遂げた」 発音〈標ア〉0

あく-せん【悪銭】〘名〙①悪質であったり、きずなどがついていたりする粗悪な銭（ぜに）。あくぜに。↔精銭（せいせん）。＊三代実録-貞観七年（865）六月一〇日「禁三京畿及近江国売買之輩、択二弃悪銭一」＊蜷川文書-三集・永正五年（1508）八月五日（中世法制史料集二・追加法三四六）「あく銭売買儀、一切可二停止一事」＊俳諧・犬子集（1633）一五・雑下「つかひにくくは縄かけてをけ、悪銭も尋る人ぞ有ぬべき〈貞徳〉」＊咄本・私可多咄（1671）一・五「かなたこなた見まはせは、一文の悪銭（アクセン）もなし」＊西国立志編（1870-71）〈中村正直訳〉六・一四「抑もこの銀銭は、その光燦然たるが故に残し置たりしものにて、その悪銭なりとは、毫も知ざりしなり」②不正な手段によって得た金銭。あぶくぜに。＊咄本・狂歌咄（1672）三「布施とりて今えいらくと思へとも後の世をみよあく銭ぞかし」＊俳諧・大坂独吟集（1675）上「地ごくのさたも悪銭かする 博奕打子は三界のくびかせよ〈素玄〉」＊江戸から東京へ（1921）〈矢田挿雲〉六・一三「斯うして集めた悪銭（アクセン）を彼は乾児（こぶん）の為に惜気も無く散じ」③つまらないことに使う金銭。＊竹沢先生と云ふ人（1924-25）〈長与善郎〉竹沢先生の散歩・八「見す見す下らぬ悪銭として消えて行く処に迄金を貢がなければならない先生の運命が」 補注 中世から近世初頭にかけて中国をはじめ朝鮮、安南などから移入された、いわゆる海外渡来銭を本邦で模鋳したものの中には粗悪な銭が多く、流通市場で選銭の風習が発生し、種々混乱を生じた。 発音〈標ア〉セ0〈京ア〉ア/0 辞書 文明・言海 表記 悪銭（文・言）

あくせん 身（み）に付（つ）かず 不正な手段によって得た金銭は、むだなことにつかわれがちなので、すぐになくなってしまうものである。＊歌舞伎・三人吉三廓初買（1860）序幕「もし悪銭（アクセン）は身（ミ）に附（ツ）かずとはよく申したもの、僅二月たつかたたぬにみんな耗（す）ってしまひました」＊歌舞伎・浮世清玄廓夜桜（1884）大詰「五両や十両金があっても、見る間に取られてしまふのが、よく言ふ悪銭（アクセン）身（ミ）に附（ツ）かず」＊ゆく年（1928-29）〈久保田万太郎〉一「といふのも悪銭身につかずだ。―もち逃げなんぞした、しゃうろでねえ金の、いつまで身につくわけがねえ」

あくせん-くとう【悪戦苦闘】〘名〙①強敵相手に苦しい戦いをすること。＊徳山道助の帰郷（1967）〈柏原兵三〉一「廬山の戦いは文字通りの悪戦苦闘であった」②転じて、困難な状況の中で、苦しみながら努力すること。＊私の批評家的生ひ立ち（1939）〈河上徹太郎〉「もっと泥まみれの、感性と自己限定との悪戦苦闘である」＊ボロ家の春秋（1954）〈梅崎春生〉「昨年春から現在にいたる悪戦苦闘のかずかずは、以上の如くほんとに涙なくしては語れません」 発音 アクセンクトー〈標ア〉0〈京ア〉ア=0/0

あくせん-ざ【悪銭座】〘名〙「あくぜにざ（悪銭座）」に同じ。

あく-ぜんじ【悪禅師】〘名〙勇猛な僧侶。武芸をこととする僧。悪僧。＊源平盛衰記（14C前）二七・墨俣川合戦「行家が子息に悪禅師（アクゼンシ）と云ふ者あり」＊太平記（14C後）一・後醍醐天皇御治世事「実朝は頼家の子、悪禅師（アクゼンジ）公暁の為に討れて」

あくぜんじ の 風（かぜ） 突風をいった駿河（静岡県の一部）地方のことば。＊俳諧・風俗文選犬註解（1848）二下・富士賦「其吹や木をぬき巖を仆し屋を崩し、破裂せすといふものなし。〈略〉相州これを鎌風といふ、駿州これを悪禅師の風といふ」

あく-せんでん【悪宣伝】〘名〙悪く言い触らすこと。他人を中傷するために、悪いうわさをまき散らすこと。＊権といふ男（1933）〈張赫宙〉「権と叔父とが立候補したんだ。ところが、権のやつがすべったんだ。それ以来といふもの、何だかんだと、叔父の悪宣伝を郡守や面民にやるし」

アクセント〘名〙（英 accent ） 発音〈標ア〉セ〈京ア〉セ ①発音される個々の語がその言語連結の上でもつ強弱、または高低の配置。社会的習慣によって決まる相対的なもので、言語体系によって強さのアクセントと高さのアクセントとがある。ヨーロッパの諸言語は多く前者に属し、日本語は後者に属す。一般的にはイントネーションにもかかわる語調や抑揚、また強調の置き方についていう場合がある。また、話し手が、特に重要な意味をもつ部分を強く発音すること（以下の用例中の「或る女」のような場合）をもいうことがあるが、これは厳密にはプロミネンスという。→アクサン①㋑。＊風俗画報-一六八号（1898）言語門「是より更に進んで各声音の特質及びアクセント等をも研究せば、斯学に貢献するところ蓋し尠少にあらざるべし」＊彼岸過迄（1912）〈夏目漱石〉五「滑（すべ）っこいくせにアクセントの強い言葉で」＊蒼氓（1935-39）〈石川達三〉一「かくし切れない大阪訛（なま）りのアクセントで」②強調して表現する点。話などの重点。また、全体のめりはりとなる点。＊闘牛（1949）〈井上靖〉「その横顔にも人と面接したり指図したりする動作にもぴちぴちした常の津上らしいアクセントがあった」＊森鷗外（1954）〈高橋義孝〉八「更にエゴに置かれるアクセントが強くなると」③美術、服飾などのデザインで、全体の調子を特定の箇所や物で強調するもの。また、強調に使う材料。絵画・写真のハイライト。＊反動期に於ける文学と哲学（1934）〈戸坂潤〉「元来戯画といふものはアクセントだけを抽象して強調したものに他ならないのだから」＊綾の鼓（1951）〈三島由紀夫〉「ウェイストの両わきに単純な襞（ひだ）をつけましたでせう、〈略〉あれがまたアクセントを出すのに効果がございましたは」

アクセント を 置（お）く （ある部分を他と区別して）強調する。重点を置く。＊青い月曜日（1965-67）〈開高健〉二・小さな旅行「社長は一つアクセントをおいて、はっきりと、〝組立部〟、〝製品部〟、〝本工場〟などと呼んだ」 発音〈標ア〉ア〈京ア〉ア

アクセント を 付（つ）ける 特定の箇所を際立たせるための手段、方法をとる。＊或る女（1919）〈有島武郎〉後・三四「『よう御座いますとも』（葉子はそのようにアクセントを附けた）」＊死霊-二章（1946-48）〈埴谷雄高〉「それが彼女のお喋りへ一種のアクセントをつけるかのようであった」＊ザルツブルクの小枝（1954-55）〈大岡昇平〉アメリカ退散「ベートーヴェン、ブラームスの複雑な構成と転調を、複雑なアクセントをつけて弾く」＊雲のゆき来（1965）〈中村真一郎〉八「化粧も落して僅かに口紅だけで顔にアクセントを付けており」

あく-そ【悪阻】〘名〙つわり。＊全九集（1566頃）六「人参橘皮湯、悪阻の病、痰水を嘔吐するを治す」＊病論俗解集（1639）「悪阻（アクソ） つわり、をとみづはりとも云」

あく-そう【悪相】〘名〙①恐ろしい人相。醜い顔つき。凶悪な顔。また、性質や運勢の悪さが表われている人相。＊太平記（14C後）二〇・結城入道堕地獄事「罪障深重の人多しといへ共、終焉に是程の悪相（アクサウ）を現ずる事は、古今未だ聞かざるの所也」＊日葡辞書（1603-04）「Acusǒ（アクサウ）。アシイ カタチ〈訳〉悪い像、外形」＊読本・椿説弓張月（1807-11）後・二七回「生ながら魔界に入て、悪相（アクサウ）を現し給ひしが」②不吉なきざし。縁起の悪い有様。非難すべき点。＊今昔（1120頃か）一・一三「大地震動し〈略〉天より悪事の物降り、様々の悪相を現ず」＊私聚百因縁集（1257）八・一「初め行者を尊み、後行者を妬む。公家讒言す。是れ世の乱るべき悪相（アクサウ）也」＊日葡辞書（1603-04）「Acusǒga（アクサウガ） ミユル〈訳〉悪い前兆が見える」＊評判記・色道大鏡（1678）四「ひたすらの下戸は傾城三つの悪相（アクサウ）の其ひとつにして、殊更にきらふ事なり」 方言 人相の悪いこと。◇あくそ 新潟県佐渡352 発音 アクソー〈標ア〉0ソ〈京ア〉ク 辞書 日葡・ヘボン 表記 悪相（へ）

あく-そう【悪草】〘名〙人畜に害となる草。毒草。＊寛永刊本蒙求抄（1529-34）四「大牢の膳を取をいて、悪草でもてなせ。項羽は敵ぢゃほどに」＊日葡辞書（1603-04）「Acusǒ（アクサウ）。アシイ クサ〈訳〉有毒な草」＊廃園（1909）〈三木露風〉廃園序詩「はびこれる悪草のあいだより美なるものはほろび去れり」＊李商隠-述徳抒情詩「悪草雖レ当レ路、寒松実挺生」 辞書 日葡

あく-そう【悪僧】〘名〙①仏道、戒律にそむいて、悪事をなす僧侶。破戒僧。＊台記-康治元年（1142）八月三日「南京衆徒、乱逆最甚、因レ之、自二五月之比一召二集悪僧於勧学院一、付二各師一召レ之」＊蔭凉軒日録-長享二年（1488）七月朔日「等持衆僧龍蔵主云者有レ之。平生寺中第一之悪僧也」＊日葡辞書（1603-04）「Acusǒ（アクソウ）。アシイ バウズ〈訳〉悪い宗教家」②勇猛な僧侶。武芸などにすぐれた僧。荒法師。僧兵のことをいうこともある。悪法師。悪禅師。＊平家（13C前）二・一行阿闍梨之沙汰「戒浄房の阿闍梨祐慶といふ悪僧（あくそう）あり。たけ七尺ばかり有りけるが」＊太平記（14C後）一七・江州軍事「三塔の衆徒の中より、五百房の悪僧を勝（すぐっ）て」＊浮世草子・西鶴諸国はなし（1685）一・一「それも手ぬるし。飛火野にて焼（やけ）と、あまたの若僧、悪僧（アクソウ）いさみて」 発音 アクソー〈標ア〉0ソ〈ア史〉江戸●○○○〈京ア〉0ア 辞書 文明・易林・日葡・書言・言海 表記 悪僧（文・易・書・言）

あく-そう【悪瘡】〘名〙たちの悪いはれもの。＊正倉院文書-天平宝字五年（761）正月一九日・写経生等請暇并不参解（寧楽遺文）「諸立之脣出二悪瘡一、不レ能レ作レ療、依レ此請暇如レ件」＊今昔（1120頃か）二・一三「悪瘡膿血流れて」＊太平記（14C後）一・資朝俊基関東下向事「其日より喉（のんど）の下に悪瘡（サウ）出て、七日の中に血を吐いて死にけり」＊天草本平家（1592）四・一四「ヲナジ ゴグヮツ ニジュウ ハチニチカラ acusǒuo（アクサウヲ）ワヅラワセラレテ」＊酉陽雑俎「土檳榔〈略〉主治二悪瘡一」 辞書 易林・日葡 表記 悪瘡（易）

あく-そう【悪左右】〘名〙悪い便り。悪いしらせ。↔吉左右（きっそう）。＊日葡辞書（1603-04）「Acusǒ（アクサウ）。アシイ サウ〈訳〉悪い便り」 辞書 日葡

あくぞう-もくぞう〘名〙「あくぞもくぞ」に同じ。方言 ❶あらんかぎりの悪口。福岡市877 ❷人の欠点や

失敗などの限り。また、それを挙げたててののしるさま。山口県長門798 長崎県対馬911 ❸なんの役にも立たないもの。香川県829

あく-そく【握捉】〘名〙しっかりつかんで捕えること。＊牙氏初学須知(1875)〈田中耕造訳〉五中・二三「先つ其獣の居る所の上を環状に翔舞し、急に落下して之を握捉す」 発音〈標ア〉0

あく-そく【齷齪】〘副〙「あくせく(齷齪)」に同じ。＊音訓新聞字引(1876)〈萩原乙彦〉「齷齪 アクソク チヂカマル」＊社会百面相(1902)〈内田魯庵〉温泉場日記「文学士は売文に齷齪(アクソク)する」＊別天地(1903)〈国木田独歩〉下・一「気を養ひ、心を伸べ、齷齪(アクソク)の念より脱して」

あく-ぞく【悪俗】〘名〙①世間の好ましくない習わしや、しきたり。悪習。↔美俗。＊古活字本毛詩抄(17C前)一六「紂がときの悪俗を変じて、よくないたに近いぞ」＊明六雑誌-三二号(1875)妄説の疑〈阪谷素〉「而して人心の是とせざる而已ならず又且罵り嘲り之を非するの説を得れば皆争て伝誦悪俗を正さんと欲す」＊荀子-王覇「無二国而不一レ有二美俗一、無二国而不一レ有二悪俗一」②仏道にそむく悪い俗人。＊私聚百因縁集(1257)五・一六「唐土に殺獲鹿(せっこうろく)とて悪俗(アクゾク)あり。一生以二殺生一為レ業」

あく-ぞく【悪賊】〘名〙道に反したひどい悪事をはたらく盗賊。極悪人。＊元禄版古今著聞集(1254)一二・強盗棟梁大殿小殿事「この小殿平六はすべてさる悪賊とも覚えず」＊日葡辞書(1603-04)「Acuzocu(アクゾク)。アシイ ヌスビト〈訳〉悪くて非道な盗人」 辞書 日葡

あくぞ-もくぞ〘名〙①何の役にも立たないつまらないもの。がらくた。あくたもくた。②(副詞的にも用いられる)欠点。短所。また、人の欠点や短所をあげて、くそみそにいうさま。悪口雑言。あくたもくた。あくざもくざ。＊浄瑠璃・忠義墳盟約大石(1797)八「是(これ)から直ぐに隠居へも、あくぞもくぞ焚付て」＊滑稽本・浮世風呂(1809-13)三・上「べっちゃくちゃ、べっちゃくちゃと、あくぞもくぞを算立(かぞへたって)」＊歌舞伎・曾我梅菊念力弦(1818)三立「我れ我れ親子、あくそもくそ、書いてあるに違ひない」＊其面影(1906)〈二葉亭四迷〉五九「哲也のあくぞもくぞを並べて、彼様(あん)な人に死水を取って貰ふ気はないと言って泣く」 方言❶人の欠点や失敗などの限り。また、それを挙げたててののしるさま。大阪市637 ❷あることないこと全部。また、思う存分にするさま。岐阜県飛驒502 奈良県678 ◇あっぞもっぞ 鹿児島県揖宿郡057 ◇あくそもくそ 青森県上北郡082 ↓あくたもくた。 語源説 アクタモクヅ(芥藻屑)の義。モクヅが転じてモクゾとなり、下のモクゾにつれて、アクゾとなったものか〔大日本国語辞典〕。芥藻屑を有象無象に寄せて、アクゾウモクゾウとなる〔大言海〕。

あくた【芥】〘名〙腐ったりなどして打ち捨てられているもの。ごみ。くず。廃物。また、比喩(ひゆ)的に、役に立たないもの・無益なものをいう。＊万葉(8C後)七・一二七七「天なる姫菅原の草な刈りそねみなのわたか黒き髪に飽田(あくた)し著くも〈人麻呂歌集〉」＊古今(905-914)物名・四三五「ちりぬればのちはあくたになる花を思ひ知らずもまどふてふかな〈遍昭〉」＊雑談集(1305)下「糞土(アクタ)などさらへば」＊玉塵抄(1563)三〇「本のまことの人は、物をさうさうにあくたなことはいわぬぞ」 語誌 (1)乾燥した粉末状のものを指す「ちり」に対し、「あくた」は水気をもった廃物をいう。「ほこり」と「ごみ」にもこれと類似の対応が認められるが、水気をもつものの方が廃物の意味全体の代表となる点で、「あくた」は「ごみ」と共通している。(2)現代共通語では「あくた」は古語化しているが、方言では、四国・九州を中心として、特に河川に引っ掛かったごみを指すことで「ごみ」との役割分担をなしている例が見られる。 方言❶塵芥(じんかい)。ちり。ごみ。島根県725 徳島県三好郡054 熊本県919 大分県941 沖縄県首里993 ◇あった 鹿児島県喜界島983 ◇あくたほこり〔—埃〕 佐賀県藤津郡895 ❷わらくず。兵庫県652 ◇あぐた 岐阜県飛驒502 愛知県知多郡570 京都府竹野郡622 ❸稲わらのはかま。島根県725 山口県大島801 愛媛県840 語源説 (1)アは接頭語。クタはクタル(腐)の語根〔東雅・語簏・大言海〕。(2)アメ(雨)にクタス(腐)物という義か〔和訓栞〕。(3)あくに焚く意〔和句解〕。(4)アキタリル(飽足)意〔本朝辞源=宇田甘冥〕。(5)アマリクタレ(余腐)の意〔名言通〕。(6)アラクヅワラ(荒屑藁)の約〔菊池俗言考〕。(7)アクタフ(糞堆)の転〔言元梯〕。(8)アラ、カル、ツラの反〔名語記〕。 発音〈標ア〉0ア〈ア史〉平安・鎌倉●●●〈京ア〉0 辞書 色葉・名義・和玉・文明・伊京・天正・饅頭・易林・日葡・書言・ヘボン・言海 表記 芥(色・名・玉・文・伊・天・饅・書・ヘ・言) 糞(色・名・玉・易・書) 坌(易・書) 糞堆・堆(色) 糞・莽(名)

あくた【芥田】姓氏の一つ。戦国時代、播磨国野里地方の鋳物師の棟梁。源姓新田氏の一流である世良田氏の裔と称し、宝徳年間(一四四九~五二)に同地に定住したといわれる。近隣市場の鋳物(金物)の売場(営業権)を買得・集積し、独占的な営業を行なった。同時に、領主赤松氏・小寺氏の被官となり、播磨国の鋳物師の統括者(惣管職)の地位を認められ、国中の寺社の梵鐘鋳造などを独占した。秀吉の治下では、蔵入地の代官も務めた。また、方広寺大仏殿の鐘鋳造に参加したことでも知られる。 発音〈標ア〉0ア

あくた【蚘虫】〘名〙人の腹の中に寄生する虫。腹の虫。回虫。＊十巻本和名抄(934頃)二「蚘虫 唐韻云蚘虫〈音与二廻同一〉人腹中長虫也 病源論云蚘虫〈今案一名寸白 俗云 加以 又云 阿久太〉飲白酒食生栗等所成也」＊色葉字類抄(1177-81)「蚘虫カイ又アクタ寸白也」 語源説 腹中の芥の意か〔大言海〕。 辞書 和名・色葉・名義 表記 蚘虫(和・色・名)

アクダ【阿骨打】中国、金の初代皇帝(在位一一一五~一一二三年)。女真人の完顔(ワンヤン)部の部長。女真の諸部を統合し、遼の軍を撃破して金朝を創始。太祖。(一〇六八~一一二三) 発音〈標ア〉ア

アクター〘名〙(英 actor)①映画や演劇などで、役を演じる者。俳優。男優。役者。＊外来語辞典(1914)〈勝屋英造〉「アクター Actor〔英〕俳優」＊自然といふこと(1965)〈唐木順三〉「すべてを機械といふ舞台の上で働く俳優、アクターにしてしまふ」②ある事件や事柄の関係者。 発音〈標ア〉ア

あく-たい【悪体】〘名〙みっともないさま。＊古活字本毛詩抄(17C前)一四「鄭玄は或は匿也ぢゃ程に、酔た物の悪体を人にな云そ」

あく-たい【悪態】〘名〙悪口を言いののしること。また、その悪口。にくまれぐち。あくたれぐち。あくたいぐち。＊談義本・当世下手談義(1752)一・工藤祐経が霊芝居へ言伝せし事「かの悪対(アクタイ)とやらは少もいわで寔(まこと)の男達(だて)なりし」＊滑稽本・浮世風呂(1809-13)四・下「むかしは男達(だて)などの出端にはつらねといふものが有て、悪態をながながと云たものさ」＊人情本・春色梅児誉美(1832-33)四・八齣「愛相づかしの有たけをならべたてたる覚悟の悪態」 方言❶子供の遊びでよくないもの。悪戯。石川県062 能美郡419 ❷乱暴なさま。主に子供にいう。富山県390 砺波398 ❸こ憎らしい態度。山形市139 ❹猥談(わいだん)。秋田県鹿角郡132 発音〈標ア〉タ〈京ア〉ア 辞書 ヘボン・言海 表記 悪體(ヘ) 悪對(言)

あくたい の 音締(ねじ)め (「音締め」は琴や三味線などの弦を締めて調子を整えること)悪口に調子を合わせること。＊洒落本・辰巳婦言(1798)四つ明の部「面白くもねへなどとたばこを吞ながら小音であくたいのねじめをして居る」

あくたい を 吐(つ)く〔=かく〕 悪口を言う。憎まれ口をたたく。＊咄本・喜美賀楽寿(1777)ふたつ文字「馬かたは思ひ思ひにうたをうたひ、あくたいをつきちらして、かへる道すがら」＊狂詩・二大家風雅(1790)茶「一服薄茶夜咄時、共衝二悪態一譏二人奇一」＊浮雲(1887-89)〈二葉亭四迷〉三・一四「『ばか。』顔に似合はぬ悪体を吐(つ)きながら、起上って邪慳に障子を〆切り」＊不思議な鏡(1912)〈森鷗外〉四「酔っぱらひが〈略〉往来の人に片っ端から悪態(アクタイ)を衝(ツ)いてゐる」

あくたい-がき【悪態書】〘名〙悪口を並べて書いたもの。＊人情本・春色辰巳園(1833-35)四・七条「わざわざおくる一筆は悪態書(アクタイガキ)の前後(あとさき)なく、腹立(はらたつ)恋のはたし状」

あくたい-ぐち【悪態口】〘名〙「あくたい(悪態)」に同じ。＊歌舞伎・助六廓夜桜(1779)「助六さんに逢ふからは、客さん方の真中で悪態口(アクタイグチ)はまだな事」＊真景累ケ淵(1869頃)〈三遊亭円朝〉七〇「彼処(あすこ)に立って悪態口をきいてゐやアがる」

あくたい-まじり【悪態交】〘名〙〘形動〙「あっこうまじり(悪口交)」に同じ。＊歌舞伎・轜雑石尊贐(1823)序幕「銭を遣らねえから、悪態交りに通りを云ふのか」＊滑稽本・八笑人(1820-49)三・下「あくたいまじりに誉(ほめ)て、今にけんくゎになるだらうト、ひやひやさせるうちが山だ」

あくたい-まつり【悪態祭】〘名〙祭の参詣人が互いに悪口を言い合い、言い勝った者が福運を得るとされる祭。悪口祭。京都市祇園の白朮祭(おけらまつり)、岩手県水沢市の裸祭など類例が多い。

あくたい-もくたい〘名〙「あくたもくた」に同じ。＊滑稽本・七癖上戸(1810)上・末「あくてへもくてへばっかり並たって」＊門三味線(1895)〈斎藤緑雨〉二一「自分から撞突(つきあた)って置きながら、居るが悪いとあくたいもくたい、つけつけと言った揚句」 方言❶悪口雑言。また、さんざんに暴言を吐くさま。青森県津軽075 岩手県100 108 宮城県登米郡115 山形県東置賜郡・西置賜郡139 埼玉県秩父郡251 島根県出雲728 長崎県対馬913 ◇あくだいもっこ 山形県北村山郡139 ❷いたずら者。埼玉県秩父郡251 発音〈なまり〉アクテモクテ〔栃木〕

あくた-がみ【芥紙】〘名〙(「伊勢物語」の芥川に通わせた造語)不用になった紙。また、ちり紙。＊仮名草子・仁勢物語(1639-40頃)上・五「いと暗きに、あくたがみの破れなど敷きて、草の上に置きたりける子を」

あくた-がわ【芥川】(あくたがは) ㊀大阪府高槻市の中央部を流れる淀川の支流。また、その近辺の地名。明神ケ岳付近に源を発する。「伊勢物語」で男が女(二条の后をモデルとする)を誘い出し、鬼にさらわれた話で知られる。全長二五キロメートル。歌枕。＊伊勢物語(10C前)六「あくたがはといふ河をゐていきければ」＊散木奇歌集(1128頃)雑上「あくた河みくづと成し昔より流れもやらぬ物をこそおもへ」㊁狂言。大蔵流・和泉流。道連れになった片足の不自由な男と、指が曲がった男が、互いにそれを隠そうとするが、結局は露見してしまう。脛薑(すねはじかみ)。 発音アクタガワ〈標ア〉タ 辞書 文明・書言 表記 阿久多川(文) 芥川(書)

あくたがわ【芥川】(あくたがは) 姓氏の一つ。 発音アクタガワ〈標ア〉タ

あくたがわ-りゅうのすけ【芥川龍之介】小説家。東京生まれ。別号澄江堂主人、我鬼。第三次、第四次の「新思潮」同人。「鼻」が夏目漱石に認められ、文壇出世作となる。歴史に材を取った理知的・技巧的作品で、抜群の才能を開花させた。致死量の睡眠薬を飲み自殺。著作「羅生門」「地獄変」「歯車」「或阿呆の一生」「西方の人」など。明治二五~昭和二年(一八九二~一九二七)

あくたがわ-しょう【芥川賞】(あくたがはシャウ) 昭和一〇年(一九三五)芥川龍之介を記念し、文芸春秋社が設けた文学賞。年二回、新進・無名作家の小説を対象に選考、

授与される。昭和二〇～二三年まで中断し、二四年復活。発音アクタガワショー〈標ア〉ワ〈京ア〉ワ/ワ

あく-たく【渥沢】〘名〙ゆたかな恩恵。豊潤な恩恵。＊本朝文粋(1060頃)一一・寒菊戴霜抽詩序〈大江朝綱〉「如ㇾ雨如ㇾ雲、海内蒙二其渥沢一」＊後漢書‐鄧騭伝「託二日月之末光、被二雲雨之渥沢一」

あくた-ぐち【悪態口】〘名〙(「あくたいぐち」の変化した語)「あくたい(悪態)」に同じ。＊浄瑠璃・摂津国長柄人柱(1727)三「上(かみ)を知らぬ我々が、入鹿公は悪王ぢゃと、譏(そし)り捨てたる悪口(アクタグチ)」＊浄瑠璃・源平布引滝(1749)四「譏(そし)るかげ口あくた口、さらへ箒を取々に」

あくた-ぐるま【芥車】〘名〙塵芥(じんかい)を集めて運ぶ車。＊牧羊神(1920)〈上田敏訳〉都会「川岸(かし)は荷車の轣轆(れきろく)に震ひ、芥車(アクタグルマ)、蝶番(てふつがひ)の如く軋り」

あくたすて-ぶね【芥捨船】〘名〙河底の泥土や塵芥(じんかい)をさらって捨てるために使用する船。河村瑞軒が新河川開発の際に案出して使用したもの。＊浮世草子・好色一代女(1686)三・三「是かや今度の芥捨舟(アクタステブネ)、よき事を仕出し人の心の深く川も埋(むま)らず」

あくた-だま【芥玉】〘名〙下等の遊女。＊洒落本・玉之帳(1789‐1801頃)二「あくた玉出ゐしゅをかせぐ女郎にて、耳のねから枕だこのはげた大どしま也」

あくた-だめ【芥溜】〘名〙ごみなどの廃物を捨てる所。＊文明開化(1873‐74)〈加藤祐一〉初・上「雪隠や芥溜(アクタダメ)は、臭気の座敷へこぬ様な所へ遠ざけ」＊開化自慢(1874)〈山口又市郎〉初・下「鴻の池のあくた溜を探したら、拾ふても来らるる」発音〈標ア〉0

あくた-とり【芥取】〘名〙ごみや、ちりを捨てるために用いる道具。ごみとり。ちりとり。

あくた-ば【芥場】〘名〙ごみや、ちりを捨てる場所。ごみすて場。はきだめ。＊廃園(1909)〈三木露風〉廃園・闇「にごり川、水音にぶし、芥場(アクタバ)に動くを見れば そは餌ゑし路次の瘠犬」

あくた-び【芥火】〘名〙ごみや、ちりを焼く火。特に、漁夫が、流れついた藻芥(もあくた)を集めてたく火。＊拾遺(1005‐07頃か)恋五・九七六「ほのかにも我をみしまのあくた火の飽くとや人のおとづれもせぬ〈よみ人しらず〉」＊続春夏秋冬(1906‐07)〈河東碧梧桐選〉春「虻鳴くや芥火消ゆる灰の上〈八重桜〉」辞書伊京 表記曀(伊)

あくた-ふ【芥生】〘名〙ごみや、ちりを捨てておく所。ごみため。塵塚。＊十巻本和名抄(934頃)一「糞堆 弁色立成云糞堆〈阿久太布〉」辞書和名 表記糞堆(和)

あくた-ぶね【芥船】〘名〙和船の用途による呼称の一つ。塵芥(じんかい)や糞尿などを運ぶ農業用の小船。特定の船型はない。〔和漢船用集(1761)〕＊咄本・落嘶生鯖船(1820)序「浮世の塵の芥船(アクタブネ)、ついには土にかへる身と」

あく-だま【悪玉・悪魂】〘名〙①(「玉」はもと江戸の遊里で、女の意。転じて広く人をいう)性質のよくない人。悪人。また、いやな奴。女性の場合、醜女をいう。＊洒落本・青楼五雁金(1788)二「あんなやぼやあく玉(ダマ)に気がねはしんせん」＊西洋道中膝栗毛(1870‐76)〈仮名垣魯文〉一〇・下「どんな悪玉(アクダマ)でも、とっておせへる気になるから」②近世、人間の心に善悪の二つがあるとする心学の説により、その人物画の顔に「悪」の字を円で囲んだものを描き、悪人であることを表わしたもの。寛政二年(一七九〇)刊行の山東京伝作の黄表紙「心学早染艸」(善玉悪玉心学早染艸)がその最初であるという。また、その図柄を意匠にしたもの。＊黄表紙・堪忍袋緒〆善玉(1793)上「みなさま御ぞんじのあく玉〈略〉なにとぞして今一たびあく玉の道をひろめんと」＊洒落本・孔雀そめき(1789‐1801)草庵晒落「さんどたばこ入、悪玉のかなぐなり」③悪い魂。悪心。また、それによって行なわれる悪事。＊洒落本・大通契語(1800)「それといふもはっちが悪玉(アクダマ)から主もそふいふ身にしんしたよ」＊人情本・春色玉襷(1856‐57頃)二・七回「悪玉がかぶれて、おいらんの遺言などは守っちゃア、居られやアしねへ」④映画や芝居などで、悪人の役。悪役。語誌京伝の「心学早染艸」では善悪の魂を擬人化し、「よきたましひ、ぜんだましひ」「わるきたましひ、わるたましひ」として用いている。これがすでにあった「悪玉」と結びつけられて、挙例の「堪忍袋緒〆善玉」で、悪にみちびく魂の意味での「悪玉」が使用された。発音〈標ア〉0〈京ア〉0

悪　　玉 ②〈心学早染艸〉

あく-たましい【悪魂】(あくたましひ)〘名〙「あくだま(悪玉)②」に同じ。＊黄表紙・心学早染艸(1790)中「このたびふりょにあくたましいがためにいましめられ」＊黄表紙・世上洒落見絵図(1791)「あくたましゐは大ぶんうけがよかった」

あくた-まじり【芥混】〘形動〙ごみが混ざっているように、不必要なものが入っているさま。＊玉塵抄(1563)四「しんしゃくして、あくたまじりにものをいわぬぞ」＊玉塵抄(1563)二九「吾が物を云を思えば、あくたましりに多すぎたぞ」発音〈標ア〉マ

あくた-むし【芥虫】〘名〙「ごきぶり(蜚蠊)」の古名。＊本草和名(918頃)「蜚蠊〈略〉和名阿久多牟之 一名都乃牟之」＊伊呂波字類抄(鎌倉)「蜚蠊 アクタムシ アキムシ 立秋」

あくた-もくた〘名〙①何の役にもたたないつまらないもの。ごみ。がらくた。あくぞもくぞ。＊随筆・戴恩記(1644頃)上「ただあくたもくたをかきながせ。あとにはかならず水すむ物なり」＊俳諧・おらが春(1819)「ただ自力他力、何のかのいふ芥(アクタ)もくたを、さらりとちくらが沖へ流して」②とるにたりない者。つまらない者。＊雑俳・柳多留‐二七(1798)「あくたもくたも后だのばばぁだの」③欠点。短所。また、人の欠点・短所をあげて悪口雑言すること。あくぞもくぞ。＊狂歌・後撰夷曲集(1672)七「賤の女の悋気に男ふすふるはあくたもくたに何やかやりび」＊雑俳・川傍柳(1780‐83)五「落し文あくたもくたを書ならべ」＊洒落本・船頭部屋(19C初)鳥居町舟宿の套「充満坪(じうまんつぼ)の煤(すす)はきするよふに、あくたもくたをまけ出して」＊俚言集覧(増補)(1899)「あくぞもくぞ、あくたもくた、人のアラをいふ。芥藻屑の義なるを上のあくたにつれて、もくたになり、又、もくぞハ、もくづの転、もくずなるを、又転して、もくぞとなれるなり」語誌取るに足りないもの、つまらないもののニュアンスで使われていた「あくた(芥)」と「もくず(藻屑)」とを合わせた「あくたもくず」が、「俚言集覧(増補)」にあるように、「あくた」の音に引かれて「もくた」に変化して「あくたもくた」になったと考えられる。ほかに、「あくそもくず」「あくぞもくぞ」が見られるが、これらも同様に「あくたもくず」が語調の関係で変化したものと考えられる。方言❶ちりあくた。いろいろのくず物。山形県139 新潟県岩船郡366 ❷種々さまざま。山形県西置賜郡139 静岡県520 ❸悪口雑言。また、さんざんに暴言を吐くさま。栃木県東部198 東京都八王子311 神奈川県津久井郡316 奈良県宇陀郡680 島根県725 香川県829

あく-だら【灰汁楤】〘名〙植物「はりぎり(針桐)」の異名。＊重訂本草綱目啓蒙(1847)三一・喬木「はりぎりは救荒本草の刺楸なり〈略〉あくだら 常州」＊和訓栞(1777‐1862)「はりぎり、海桐なり。又ぼうだらといふ。信州にてあくだらといふ」方言常州†028 栃木県198 群馬県242 埼玉県秩父郡251 長野県005 新潟県036 富山県036 ◇あきだら 宮崎市964

あく-だる【悪樽】〘名〙婚礼の風習の一つで、結婚の翌年正月に親戚・友人が婿の家に集まって婿に水をあびせて祝う水あびせの儀のとき、若者たちが粗末な水掛けの具などを贈り、もてなしにあずかろうとすること。また、その水掛けの具。＊歌舞伎・伊勢平氏梅英幣(1820)大詰「当時は景清、身の有りつき致したゆゑに御祝儀に、一升提げた悪樽(アクダル)に、借り申した番傘は返済」

あく-たれ【悪─】〘名〙(形動)(動詞「あくたれる(悪─)」の連用形の名詞化)①わるさをしたり、悪口を言ったりすること。また、その人。＊滑稽本・浮世風呂(1809‐13)二・下「あくたれとよばれたる、おしゃべりのかみさま、お舌」＊人情本・恩愛二葉草(1834)三・八章「小松婆アと、人に綽号(いは)れた悪たれな叔母さんが」＊雑俳・柳多留‐一四三(1836)「悪たれは守屋仏は慈悲をたれ」＊都繁昌記(1837)劇場弁優人「無頼〈注〉アクタレノ)の賤卒、斯養、頑奴、漫りに来って白観する者多く此間に在云」②あくたれ口。憎まれ口。＊森と湖のまつり(1955‐58)〈武田泰淳〉二〇「ピリカメノコがみんな一太郎にほれるから、それで一太郎に悪たれをつくんだよ」方言❶悪口。山形県東田川郡139 長野県481 484 493 島根県725 ❷悪人。岩手県九戸二戸郡界062 山形県139 栃木県198 新潟県佐渡352 山梨県456 島根県邑智郡725 ❸乱暴者。◇あくだれ 茨城県稲敷郡193 ❹不平からの乱暴。新潟県西頸城郡385 ❺淫猥(いんわい)な言動。新潟県西頸城郡385 ◇あくされ 長野県下水内郡470 ❻わざと乱暴すること。◇あくされ 新潟県上越市382 語源説(1)アクタロウ(悪太郎)から〔大言海〕。(2)アクタレ(灰汁垂)の意〔和訓栞・日本語源＝賀茂百樹〕。(3)アクトラ(悪徒等)の義〔名言通〕。(4)アクタアレ(糞堆荒)の義か〔語簏〕。

あくたれ-あま【悪尼】〘名〙乱暴な女をののしっていう語。＊滑稽本・浮世風呂(1809‐13)二・上「ほんにほんにあきれた子だのう、〈略〉あくたれあまとはおめへの事だ」発音〈標ア〉0レ〈京ア〉0

あくたれ-ぐち【悪口】〘名〙わざわざ無理なことや反抗的なことを言う、乱暴な物言い。人を怒らせるような物言い。にくまれ口。＊浮雲(1887‐89)〈二葉亭四迷〉一・六「此頃ぢゃ一口いふ二口目にゃ速(す)ぐ悪たれ口だ」＊湯島詣(1899)〈泉鏡花〉一一「『やい、七面鳥の文学士』と悪たれ口を吐き棄てて」発音アクタレグチ〈標ア〉0レ

あくたれ-こぞう【悪小僧】〘名〙いたずらや乱暴をする子供。また、悪たれ口を言う子供。発音アクタレコゾー〈標ア〉ゾ〈京ア〉コ

あくたれ-ざけ【悪酒】〘名〙酒に酔って悪たれること。また、そのような酒の飲みっぷり。＊歌舞伎・勝相撲浮名花触(1810)序幕「あの下座敷(したざしき)で、例の悪たれ酒でござんすわいな」

あくたれ-ね【悪寝】〘名〙ふてぶてしい態度で寝転がっていること。＊椀久物語(1899)〈幸田露伴〉三「世に無作法にも悪たれ寐(ネ)に寐転けたる面を覗き込んで頼むやうに云ふを見向きもせず」発音〈標ア〉0レ

あくたれ-ばば【悪婆】〘名〙憎まれ口をきく老女。悪たいをつく老婆。＊あたらよ(1899)〈内田魯庵〉「渠奴(きゃつ)を打(ぶ)んなぐるは今日で二度目ぢゃが、有繋(さすが)の悪(アク)たれ婆(ババ)も我輩には閉口ししちょるぢゃらう」発音〈標ア〉パ1

あくたれ-もの【悪者】〘名〙乱暴者。悪たれ口をきく者。＊狂歌・吾吟我集(1649)六「布ならぬわか名をしろくいひさらすあくたれものの口のさがなさ」＊随筆・一話一言(1779‐1820頃)四四「あくたれ者此時分皆相口に大刀はやり候」辞書言海

あく-た・れる【悪―】〘自ラ下一〙①無理なこと、反抗的なこと、いやがらせなどを言う。すねた態度をとる。＊人情本・春秋二季種(1844-61頃)二・六段の後談「花街(あっち)にゐた時分はおもふさまあくたれてやったは」＊浮雲(1887-89)〈二葉亭四迷〉三・一七「お勢(せい)のあくたれた時、お政は娘の部屋で、凡そ二時間計りも、何か諄諄(くどくど)と教誨(いひきか)せてゐたが」＊女難(1903)〈国木田独歩〉五「お古ならまだ可(い)いが、新しいのだ、今でも月に二三度はお手が附くのだと悪(アク)たれたのでム(ござ)います」＊あめりか物語(1908)〈永井荷風〉ちゃいなたうんの記「又は悪(アク)たれて其の場に行倒れたまま鼾(いびき)をかいたりする」②あくたれ口をきく。憎まれ口をたたく。方言❶悪いことをする。秋田県鹿角郡132 埼玉県北足立郡061 ❷悪意ある態度に出る。長崎県壱岐島914 ❸悪口を言う。ののしる。千葉県山武郡270 長野県諏訪481 静岡県志太郡535 ❹不平を言って人を困らせる。宮城県栗原郡113 ❺ふざける。島根県簸川郡723 発音〈標ア〉⓪ レ ◇あくされる 長野県松本市062 東筑摩郡480 〈京ア〉⓪ 辞書言海

あく-たろう【悪太郎】〘ラウ:タ〙〓〘名〙①あらあらしい男。乱暴者。＊虎明本狂言・悪太郎(室町末-近世初)「いにしへの名は悪太郎と申て、さけにようては、あくぎゃく仕たるが」＊歌舞伎・源平雷伝記(1698)一「扨(さて)三番目は悪太郎公時が悴(せがれ)公宗と下さる」②いたずらをする男の子をののしっていう語。悪童。＊俳諧・瀬とり舟(1704)「折檻に梯子引かるる悪太郎」＊十三夜(1895)〈樋口一葉〉上「誰れだと大きく父親の声、道ゆく悪太郎(アクタラウ)の悪戯(いたづら)とまがへてなるべし」＊思出の記(1900-01)〈徳富蘆花〉八・七「八字髯の主人すら七八歳の悪太郎同様に叱り飛ばす位で」〓狂言。各流。乱暴者の悪太郎が、酔って寝ているうちに伯父(おじ)に坊主にされ、出家の覚悟をきめて、来あわせた僧と念仏をとなえる。類曲に「悪坊」がある。発音アクタロー〈標ア〉タ

あく-たん【渥丹】〘名〙つややかな丹朱。多く、顔色がつややつやとして赤いことの形容に用いる。＊玩鷗先生詠物雑体百首(1794)祇園祭優行「摸倣秦王破陣看、男粧抹レ顔如二渥丹一」＊詩経-秦風・終南「顔如二渥丹一、其君也哉」

あく-だん【悪男】〘名〙性悪の男。悪党。＊玉葉-寿永元年(1182)七月二五日「件助廉、天下第一之悪男也」

あく-ち【悪地】〘名〙(「あくぢ」とも)地質の劣悪な土壌。軟弱な地層から成る緩傾斜地。また、そのような土地柄。＊日葡辞書(1603-04)「Acugi(アクヂ)。アシイ ツチ」＊地方凡例録(1794)二「見付畠砂畑は見付田、砂田同意にて、下々の位も難レ付悪地なれば」＊英和和英地学字彙(1914)「Akuchi Bad land 悪地」＊史記-陳余伝「項羽為二天下宰一不レ平、尽王二諸将善地一、徙二故王一王二悪地一」辞書日葡

あく-ち【悪血】〘名〙病毒を含んだ血。悪い血。＊日葡辞書(1603-04)「Acuchi(アクチ)」辞書日葡・〈ボン〉・言海 表記悪血(へ・言)

あく-ち【悪智】〘名〙悪い物事を考え出す知恵。わるぢえ。＊塩原多助一代記(1885)〈三遊亭円朝〉六「多助を追ひ出すには如何したら宜らうと考へますと、又悪智の出るもので」

あ-くち〘名〙①まだ巣立ちのできない小鳥のくちばしのつけ根のところにある、黄色の小隆起部。＊名語記(1275)八「鳥のこのくちわきのあくち如何、あはくちなり、粟の色に似たれは也」＊日葡辞書(1603-04)「Acuchi(アクチ)」②子どもの口のあたりにできる小さなおでき。＊日葡辞書(1603-04)「Acuchi(アクチ)〈訳〉男児のくちびるにできるある種の疥癬」＊俳諧・鷹筑波(1638)一「山口のあくちか白きはだれ雪〈良次〉」方言❶口角の辺りにできるはれ物。口角炎。新潟県中蒲原郡361 大阪府大阪市638 泉北郡646 兵庫県加古郡664 奈良県675 和歌山県691 岡山市054 762 徳島県811 香川県827 ◇あいくち 岡山県苫田郡749 ❷足指の根元が切れること。◇あぐち 岡山県川上郡765 ❸水虫。島根県出雲725 ◇あぐち 島根県石見725 ❹口。◇あぐち 静岡県榛原郡541 長崎県壱岐島915 熊本県八代郡・下益城郡931 鹿児島県963 ❺継ぎ目。◇あぐち 島根県簸川郡・出雲市725 語源説(1)アハクチ(粟口)の転〔名語記〕。(2)アカクチ(赤口)の義〔和訓栞〕。(3)アキクチ(開口)の約〔大言海・上方語源辞典=前田勇〕。辞書日葡

あくち も 切(き)れぬ (あくち②もまだなくならないの意から)まだ、一人前でない少年、若輩、青二才を形容していう。＊浄瑠璃・嫗山姥(1712頃)一「主従共にあくちもきれぬ小せがれ共、もとのごとくに札立なをせ」＊譬喩尽(1786)六「吻吽(アクチ)も不レ切(キレヌ)形(なり)をして」＊歌舞伎・四天王産湯玉川(1818)三立「隠し目付の雲早(くもはや)を、あぐちもきれぬ分際(ぶんざい)で、なんで縄を打(ぶ)ったのだ」

あ-ぐち【開口】〘名〙(「あきくち(開口)」の変化した語)①足袋、襪(しとうず)などの足をはき入れる口。②上くちびるが縦に裂けている、発達障害による奇形。兎唇(としん)。＊温故知新書(1484)「緊唇 アクチ」

あぐち〘名〙方言 ⇨あずくみ

アクチーフ〘名〙(ロシア aktiv)「アクチブ〓②」に同じ。＊学生事件の見聞と感想(1963)〈竹山道雄〉「アクチーフたちがさかんな煽動演説をやっている」

アクチウム-の-かいせん【―海戦】(アクチウムは Actium)《アクティウム―》紀元前三一年、ギリシア北西部のアクチウム岬沖で、オクタビアヌスがアントニウスとクレオパトラの連合艦隊を破った戦い。オクタビアヌスのローマ帝政への足がかりとなった。

あく-ちしき【悪知識】〘名〙仏語。悪法、邪法を説いて人を悪に誘い入れる邪悪な人、また、悪い師友。↔善知識。＊顕戒論(820)上「与二新学菩薩一、於二無上菩提一、為二悪知識一」＊日蓮遺文-三三蔵祈雨事(1275)「末代悪世には悪知識は大地微塵よりもおほく、善知識は爪上の土よりもすくなし」＊日葡辞書(1603-04)「Acuchi-xiqi(アクチシキ)〈訳〉徳と救世のことがらに関する悪い師」＊八十華厳経-五八「遠二善知識一、近二悪知識一」発音〈標ア〉チ 辞書日葡

あぐち-だか【開口高】〘形動〙あぐちを高く引きあげてはくさま。足袋、くつなどを、足首が隠れるように深くはくさま。＊幸若-高たち(室町末-近世初)「熊の皮のもみたび、しろかねにてへりかねやって、あくちたかにふむごうたり」＊御伽草子・草木太平記(有朋堂文庫所収)(江戸初)「犬山椒のもみたびにはりがねやって、あぐち高にはいたるは」

アクチニウム〘名〙(英 actinium)《アクチニューム》放射性元素の一つ。記号 Ac 原子番号八九。原子量二二七。最長寿命核種の半減期は二一・七七年。ランタンに似た銀白色の金属。一八九九年、フランスのドビエルヌが発見。発音〈標ア〉ニ《ニュ》

アクチニウム-けいれつ【―系列】〘名〙天然放射性元素の壊変系列の一つ。七回のα崩壊、四回のβ崩壊により、ウラン二三五から、アクチニウムを経て、鉛の安定同位元素アクチニウムDになって、放射能を失う。アクチノウラン系列。

アクチニド-げんそ【―元素】〘名〙(アクチニドは英 actinide)九〇番元素トリウムにはじまり一〇三番元素ローレンシウムにいたる、一四の放射性元素の総称。八九番のアクチニウムを含めた一五元素をさすこともある。周期表の第七周期第3族に位置する。九三番元素ネプツニウム以後の元素は人工的につくられたもので超ウラン元素という。アクチノン。

アクチノマイシン〘名〙(英 actinomycin)抗生物質の一つ。制癌(がん)剤などに用いられる。発音〈標ア〉マ

アクチノメーター〘名〙(英 actinometer)日射計。

アクチノン〘名〙(英 actinon)①アクチニウム系列に属する気体の放射性核種。記号 An 質量数二一九・〇一。八六番元素ラドンの同位体で ^{219}Rn とも書く。②「アクチニドげんそ(―元素)」に同じ。

アクチブ(英 active)《アクティ(ー)ブ・アクチーブ・アクチ(ー)ヴ》〓〘形動〙①活動的。積極的。＊当世書生気質(1885-86)〈坪内逍遙〉一〇「中々彼奴(あいつ)はアクチイブ〔活潑〕な奴(やつ)じゃ」＊藪の鶯(1888)〈三宅花圃〉一「ここにまゐりますと、急に気がアクチブになりますよ」②(受け身に対して)能動的。＊竹沢先生と云ふ人(1924-25)〈長与善郎〉竹沢先生と虚空・五「人間の方からアクティーヴに神に働きかけ」＊母子叙情(1937)〈岡本かの子〉「自分からアクチーヴに出た行為の当然な結果として」〓〘名〙①文法用語。能動態。↔パッシブ。＊猟銃(1949)〈井上靖〉彩子の手紙「英文法の試験の時、動詞の能動態(アクティブ)と受動態(パッシブ)の問題が出たことがあります」②左翼政党、団体などの組織の成員のうちで、先頭に立って積極的に活動する者。活動分子。活動家。アクチーフ。＊来宮心中(1950)〈大岡昇平〉一「収容所でアクティブをやってゐたとかで」＊シベリヤ物語(1950-54)〈長谷川四郎〉勲章「そして積極分子(アクチーブ)指導のもとに、次々と列を区切られて会場へ入って行ったが」

あく-ちゃり【悪茶利】〘名〙(「あくぢゃり」とも)度をすごしておどける言動。悪ふざけや悪い冗談。悪じゃれ。あくちゃれ。＊歌舞伎・けいせい花絵合(1773)口明「ヱヱ何ゐぢのわるい事ばかりこちや川作へ行のも勤じやわへそんなあくちゃりいわずとかしておくれいな」＊洒落本・辰巳婦言(1798)四つ明の部「半八が声色を遣ひ、『皆さんさよじゃ見ておくれ』などとさまざまのあくちゃりあれど」＊洒落本・南遊記(1800)一「夫は珍説(めつらしい)趣向じゃが悪言(アクチャリ)といふものじゃ」＊滑稽本・浮世床(1813-23)初・中「悪(アク)ぢゃりすなの、あばずれぢゃのとぼやきぼやき」発音〈標ア〉ア 〈京ア〉ア

あくちゃり-ぼん【悪戯本】〘名〙(「あくぢゃりぼん」とも)悪ふざけや悪い冗談などを専らにした本。＊滑稽本・戯場粋言幕の外(1806)序「頃日(このごろ)専ら悪(アク)ヂャリ本行はれて世に盛(さかん)也」

あく-ちゃれ【悪―】〘名〙「あくちゃり(悪茶利)」に同じ。＊洒落本・風流裸人形(1779か)上「あくちゃれかいておこししゃあろ初午の事わいな」

あくちゃれ-もの【悪者】〘名〙悪ふざけの過ぎる人。＊談義本・つれづれ睟か川(1783)三「客にも又さまざまの癖あって、あくちゃれ者、むりいひ、太平楽、男自慢」

あく-ちゃ・れる【悪―】〘自ラ下一〙度をすごしておどける。悪ふざけをする。

アクチュアリティー〘名〙(英 actuality)現実性。現実。実在。＊日本イデオロギー論(1935)〈戸坂潤〉一・二「世界の現下のアクチュアリティーは決して文献学の対象ではない」＊徳田秋声(1953)〈平野謙〉「『仮装人物』の無双のリアリティがいかに猥雑なアクチュアリティをあらい浄めることによって成立しているか」

アクチュアル〘形動〙(英 actual)現実であるさま。実際のこと。事実上。また、現在の。今当面している。＊アルス新語辞典(1930)〈桃井鶴夫〉「アクチュアル 英 actual 現実の、実際の」＊徳田秋声(1953)〈平野謙〉「『仮装人物』に描かれた恋愛のリアリティ以外のアクチュアルなものは」＊白く塗りたる墓(1970)〈高橋和巳〉一「課題はむしろアクチュアルな言論の自由と報道機関の使命ということにあったのだが」

あく‐ちゅう【悪虫】〘名〙人畜に害を加える虫。また、人の憎み嫌う虫。害虫。*饅頭屋本節用集(室町末)「悪虫 アクチウ」*日葡辞書(1603-04)「Acuchŭ(アクチュウ)。アシイ ムシ〈訳〉有害な虫」*浄瑠璃・公平入道山めぐり(1681-88頃)二「づんときっておとせば、二疋(ひき)と也跡さきにあゆみ行、公平いかって、ゑゑしゃうのつよきあくちうかな」*西国立志編(1870-71)〈中村正直訳〉一一・二四「恰も水を臭壊する悪虫の、飲む者を病ましむるに似たりと云へり」 辞書 日葡

あく‐ちゅう【握中】〘名〙握った手の中。転じて、その人の勢力、支配などのおよぶ範囲。掌中。*読史余論(1712)二・源頼朝父子三代の事「広元が策を用ひて守護地頭職を望みて天下を併せて握中にせしなるべし」*一年有半(1901)〈中江兆民〉附録・善忘国民に告ぐ「都て是れ公等の握中に在る所ろの一片の票箋に繫れり」*劉琨‐重贈盧諶詩「握中有二懸璧一、本自荊山璆」 発音 アクチュー〈標ア〉[0][チュ]

アクチュエータ〘名〙(英 actuator)機械、装置などで、エネルギーの供給を受けて、最終的な機械的仕事に変換する機械要素。サーボモーター、油・空圧シリンダー、油圧モーターなどが代表的。

あく‐ちょう‥テウ**【悪兆】**〘名〙悪いきざし。悪いことの起こるしるし。*野村和作宛吉田松陰書簡‐安政六年(1859)四月四日「唯今の勢は、和漢古今歴史にて見及ぬ悪兆にて、治世から乱世なしに直に亡国になるべし」 発音〈標ア〉[エ]

あく‐ちょう‥テウ**【悪鳥】**〘名〙人畜に害をなす鳥。*玉塵抄(1563)一三「鴞はふくろのことぞ。悪鳥なり」*読本・椿説弓張月(1807-11)拾遺・四七回「弁岳に大鷲あり。動(ややも)すれば里に求食(あさり)て、人民を残害す。御辺只ひとり彼山に入りて、件の悪鳥(アクチャウ)を射殺し給へ」*曹植「令禽悪鳥論」 発音 アクチョー〈標ア〉[0]

アクチン〘名〙(英 actin)主として筋肉細胞に含まれる分子量約四万のタンパク質。重合して線状タンパク質を形成し、筋肉運動に重要な働きをする。 発音〈標ア〉[ア]

アクチング〘名〙(英 acting)《アクティング・アクテング》演技。所作(しょさ)。*アルス新語辞典(1930)〈桃井鶴夫〉「アクティング 英 acting〔演芸〕科、演技。『大河内の立廻りのアクティングは素敵だ』」*浅草(1931)〈サトウハチロー〉カジノフォーリー裸史・C「残党は、奇妙キテレツな顔とアクティングと声を持ってゐる榎本健一と中村是好と間野玉三郎と堀井英一を頭にして」

あくつ【踵】〘名〙①「あくと(踵)」に同じ。②馬のひづめの裏の中央のくぼんだ所。*日葡辞書(1603-04)「Acutçu(アクツ)〈訳〉馬の足の裏のくぼんだ所」*物類称呼(1775)一「跟〈略〉遠江にて、あぐつと云、信州にて、あくつと云」 方言 かかと。三陸越後†025 東北地方002 群馬県226 埼玉県秩父郡251 長野県南佐久054 静岡県062 愛知県062 ◇あぐつ 静岡県小笠郡521 磐田郡543 辞書 日葡

あくつ【阿久津】姓氏の一つ。

あくつ〘名〙多くは川沿いで低い平地をいう。 発音〈標ア〉[0] *新編常陸国誌(1818-30頃か)「あくつ、圷なり、一面に平なる低き地を云へり、所謂塙と云ふ所の下の地を云へり、大かた川そひにて、水入の地にかぎりて云へるが如し〈略〉上野下野辺にてはあくととも云ふ」 方言 茨城県188 ◇あくと 栃木県河内郡・佐野市198 ◇あくそ 千葉県安房001

あく‐づけ【灰汁漬】〘名〙絹布を紅染めする前に、少量の酢か酢酸を加えた灰汁の中に浸しケイ酸灰を付着させること。*京染の秘訣(1925)〈佐々成吉・高橋新六〉「灰汁つけは是非しなくては紅は染まらないものであるかと云ひますと」

あくっ‐ぽ・い【悪─】〘形口〙(「ぽい」は接尾語)いかにも悪者のように見える。*かくれんぼ(1891)〈斎藤緑雨〉「おれはおれだと小春お夏を跳飛(はねと)ばし泣(なけ)るなら泣けと悪(アク)っぽく出たのが値打となり」

あく‐てい【悪弟】〘名〙よくない教え子。悪い弟子。*慶長見聞集(1614)二「却て悪弟は恥を師にゆつるとなれは、師弟共に恥辱にあらすや」 発音 アクテイ〈標ア〉[0]

あく‐てい【悪態】〘名〙「あくたい(悪態)」に同じ。*滑稽本・浮世風呂(1809-13)四・上「今うたふ盆唄といふものは悪態(アクテイ)を衝くのだネ」

あく‐てい【握定】〘名〙つよく握りしめること。*西国立志編(1870-71)〈中村正直訳〉一一・三三「もし緊くこれを握定すれば、その柔なること、絹糸の如を覚べし」

アクティウム‐の‐かいせん【─海戦】⇨アクチウムのかいせん(─海戦)

あく‐てき【悪敵】〘名〙凶悪な敵。憎い敵。*日葡辞書(1603-04)「Acuteqi(アクテキ)〈訳〉害を与える敵」*浄瑠璃・綱金時最後(1661頃)二「やす村が子に、やすもといきのこるよし承る、かれがゆき方おぼつかなし。あくてきのすゑなれば、ねったいうらみをふくむべし」 辞書 日葡

あくて‐ぐち【悪態口】〘名〙(「あくたいぐち(悪態口)」の変化した語)「あくたいぐち(悪態口)」に同じ。*浄瑠璃・蘆屋道満大内鑑(1734)三「腹だつままのあくて口聞くにあやまる身のせつなさ」

あく‐てん【悪天】〘名〙「あくてんこう(悪天候)」の略。 発音〈標ア〉[0]

あく‐てん【悪点】〘名〙①和歌、俳諧または試験の答案などに、悪い点や評価を与えること。また、その評価。②転じて、非難すること。悪評すること。憎まれ口。*洒落本・自惚鏡(1789)きをい「こぢきにとりまかれて、羽織をだいなしにしたなどと、あくてんをいいぬき」*洒落本・辰巳婦言(1798)四つ明の部「唯通人の口まねをして、悪点をのみ楽しみとなし」③(形動)たちが悪いこと。がらがよくないこと。また、そのさま。*人情本・藪の鶯(1827)中「欲徳尽で色事をしようと云ふ悪転(アクテン)な女(こ)でもあるめえ」 発音〈標ア〉[0][テ]

あくてん‐きゃく【悪点客】〘名〙たちのわるい客。*洒落本・船頭深話(1802)一「古市場はあくてん客を一切いましむ」

あく‐てんこう【悪天候】〘名〙よくない天候。気象状況が悪いこと。悪天。⇔好天気。*読書放浪(1933)〈内田魯庵〉モダーンを語る・四「殊に最終の日は四十年来の酷暑であった上に払暁からの豪雨であったが、此の悪天候に毫も萎まず勇敢に踊続けた」*往還の記(1963-64)〈竹西寛子〉一九「一行が、悪天候に悩まされながら」 発音 アクテンコー〈標ア〉[テ]〈京ア〉[テ]

あくてんこう を 売(う)る 悪天候のため豊作が危ぶまれ、一般に買い注文が多い際、逆に売ることをいう米相場の語。〔取引所用語字彙(1917)〕

あくてんこう を 買(か)う 悪天候によって凶作を予想し、将来における物価の騰貴を見越して買うことをいう米相場の語。〔取引所用語字彙(1917)〕

あくと【踵】〘名〙(「あぐと」とも)かかと。くびす。あくつ。*名語記(1275)八「馬の足のあくと如何、答あしくほとろあしくほたるの反歟」*日葡辞書(1603-04)「Aguto(アグト)〈訳〉馬の足のくびれた部分」*仙台言葉以呂波寄(1720)「あくと、きびすの事」*滑稽本・東海道中膝栗毛(1802-09)四・上「うらア、あくとのあかぎれさアへ、石ころがつっぱいって、歩かれ申さぬ」 方言 盛岡†054 庄内†060 会津†062 青森県078 岩手県062 宮城県062 秋田県062 山形県062 福島県062 群馬県221 新潟県347 山梨県452 長野県050 岐阜県羽島郡498 恵那郡514 静岡県062 愛知県062 ◇あく 上野†035 ◇あぐ 陸奥†020 越後†020 新潟県347 ◇あくい 岐阜県武儀郡498 ◇あくいと 岐阜県497 ◇あくこ 秋田県由利郡130 ◇あくど 神奈川県054 新潟県380 ◇あぐと 新潟県佐渡359 長岡市376 山梨県中巨摩郡458 長野県上田475 岐阜県恵那郡514 静岡県520 愛知県577 ◇あくひ 愛知県海部郡・中島郡549 ◇あくび 長野県上田475 佐久484 ◇あくびと 愛知県東春日井郡559 ◇あけえ 山梨県453 ◇あこ 静岡県富士郡062 ◇あこい 東京都利島323 山梨県452 ◇あこつ 静岡県521 ◇あごつ 静岡県引佐郡・浜名郡521 ◇あごて 静岡県浜名郡521 ◇あごと 静岡県西部062 愛知県551 ◇あこび 山梨県中巨摩郡458 ◇あっく 長野県佐久493 ◇あっくい 信濃†035 飛驒†035 山梨県452 長野県476 岐阜県062 静岡県520 愛知県557 ◇あっくつ 群馬県碓氷郡222 ◇あっくび 岐阜県飛驒502 ◇あっけ 長野県476 ◇あっけえ 伊豆八丈島†071 ◇あっこ 長野県476 佐久(幼児語)493 岐阜県飛驒502 ◇あっこい 長野県480 ◇あっこぎ 長野県東筑摩郡480 諏訪481 語源説 (1)アユグ(歩)所、アガク(足掻)所の義〔大言海〕。(2)アシクボタルの反〔名語記〕。 発音〈標ア〉[0] 辞書 日葡・言海

あく‐と【悪徒】〘名〙悪事をなす者。また、その仲間。悪党。*三代格‐三・天平神護二年(766)八月一八日・太政官符「国分二寺田者、〈略〉彼田或悪徒費二佃功一得レ実甚少」*海道記(1223頃)東国は仏法の初道「十方土の浄刹に捨てられたる此界の悪徒は、大雄超世の翅にかかりて西天に飛ばむ」*サントスの御作業(1591)一・サンエウスタキオ「タヤスク acuto(アクト)ヲ ホロボシテ チョウカ ヲサマリ」*浄瑠璃・平家女護島(1719)一「悪徒(アクト)の帳本大仏の首をも取たるとは手がら手がら」*史通‐申左「公羊釈義、反以二衛輒一為レ賢〈略〉奨二進悪徒一、疑二誤後学一」 発音〈標ア〉[ア] 辞書 文明・言海 表記 悪徒(文・言)

アクト〘名〙(英 act)①行為。動作。②法令。条令。③劇の一幕。*外来語辞典(1914)〈勝屋英造〉「アクト Act(英)〈略〉洋劇上の語。『幕』『齣』等に当る」

あく‐ど【悪奴】〘名〙無頼の徒。また、色街の遊客。*花柳春話(1878-79)〈織田純一郎訳〉三〇「皇天此悪奴と婚姻するを禁ず。僕愚なれども少女の幸福を図らん」

あくと‐あせ【踵合】〘名〙方言 ❶かかとを合わせた座り方。普通のあぐらより一層ひざを広げて両方のかかととともに足の裏全部を合わせた座り方。不作法とされる。秋田県鹿角郡132 ❷行儀の悪いこと。青森県津軽075 ◇あくどあえ 青森県073

あくと‐あて【踵当】〘名〙方言 雨や雪を防ぐため、わらぐつのかかとの周囲にまわす布またはわら製のもの。秋田県由利郡011 山形県最上郡009

あくど・い〘形口〙文あくど・し〘形ク〙ものごとが度を超えていていやな感じを受ける場合に用いる。①色、味、やり方などがしつこい。くどい。どぎつい。*俳諧・炭俵(1694)下「同じ事老の咄しのあくどくて〈野坡〉だまされて又薪部屋(まきべや)に待(まつ)〈桃隣〉」*人情本・春色梅児誉美(1832-33)初・五齣「精進もののこんだてはまあ儘にして、ちっと悪毒(アクドク)天麩羅か、黒漫魚(まぐろ)のさしみで油の乗たあいさつが聞てへの」*桑の実(1913)〈鈴木三重吉〉一「少しもあくどい飾りなどのない、さっぱりした店である」*暗夜行路(1921-37)〈志賀直哉〉一・二「あくどい色の着物を着た女たちが往来を通る男に叫びかけて居る」②やり方や性格などがどぎつくて、たちが悪い。悪辣(あくらつ)なさま。*若い人(1933-37)〈石坂洋次郎〉上・一九「でもね、先生、あくどいんぢゃないんですよ。ただチョイト、へへへ……この方達を叱らないで下さい」*堕落論(1946)〈坂口安吾〉「人前で平気で女と戯れる悪どい男であった」③程度がはなはだしい。*洒落本・文選臥坐(1790)北廓の奇説「なんとお手前、そこを一つあくどくも働いてやらしゃったら、あはれめへか」 方言 ❶くどい。青森県三戸郡083 ❷濃厚である。島根

県邇摩郡725 ❸食物が濃味に過ぎる。茨城県久慈郡・水戸市188 ❹脂っこいものを食べたときの後口の感じである。島根県725 ❺あく気がある。新潟県中魚沼郡062 ❻執念深い。島根県飯石郡725 語源説 (1)クドイに接頭語アのついた語〔大言海〕。(2)アクツヨイ（灰強）の略〔菊池俗言考〕。(3)アクドイ（灰汁鋭）の意〔国語拾遺語原考＝久門正雄〕。(4)アク（灰汁）クドイの約〔両京俚言考〕。 発音〈標ア〉ド 〈京ア〉ク 文『あくどし』〈標ア〉クド 〈京ア〉ド 辞書 ボン・言海

あく-とう【悪投】〘名〙野球で、相手が取れないようなまずい球を投げること。悪送球。＊熱球三十年（1934）〈飛田穂洲〉大投手五郎の出現「二塁手之（これ）を誤まり、田中三塁を遠く離れて牽制するや、二塁手周章三塁に悪投（アクトウ）した」 発音アクトー〈標ア〉0 〈京ア〉0

あく-とう〔タウ〕【悪党】〘名〙①悪事をはたらく者の集団。また、後には一人の場合にもいう。＊続日本紀-霊亀二年（716）五月丙申「然不遵奉、隠蔵売買、是以、鋳銭悪党、多肆奸詐」 ＊平家（13C前）二・烽火之沙汰「これまでは思もよりさうず。悪党共が申事につかせ給ひて」 ＊伊京集（室町）「悪党 アクタウ 或作悪盗」 ＊咄本・醒睡笑（1628）八「京の立売へ悪党来り、巻物どもを見、〈略〉女房蔵へ行く間に、巻物一つぬすみ」 ＊禁令考-前集・第五・四三・寛永一四年（1637）一〇月「関東中悪党御制禁 在々所所盗賊之者、并悪党有之は、急度可申出候」 ＊浄瑠璃・新うすゆき物語（1741）下「此度に限らず常々から知れて有悪徒（アクトウ）な兄様」 ＊怪談牡丹燈籠（1884）〈三遊亭円朝〉一一「何の因果で此様（こんな）悪婦（アクトフ）が出来たらう」 ＊鼠坂（1912）〈森鷗外〉「本当に小川さんは、優しい顔はしてゐても悪党（アクタウ）だわねえ」 ＊東観奏記-上「誅鋤悪党無漏網者」 ②鎌倉末から室町時代前期に活発な動きを示した、荘園の反領主的な武士・荘民とその集団。＊園太暦-貞和三年（1347）七月三日「注進 法勝寺御八講停止、〈略〉正安三年 依悪党沙汰事南都僧徒抑留公請云々」 ＊峰相記（1348か）「悪党五十一人注進せられ上洛、国中地頭御家人等に仰て厳密に可召捕由御教書を成され」 ＊太平記（14C後）九・越後守仲時已下自害事「思ふに当国、他国の悪党（アクタウ）共が、落人（おちうと）の物具剝（はがん）とてぞ集りたるらん」 ③人をののしって呼ぶ言葉。＊渚（1907）〈国木田独歩〉三「畜生！ 恩知らず、悪党（アクタウ）、馬鹿親爺！」 発音アクトー〈標ア〉ト 0 〈ア史〉江戸●○○○ 〈京ア〉0 辞書文明・伊京・明応・天正・饅頭・黒本・易林・日葡・書言・ボン・言海 表記悪党（文・伊・明・天・饅・黒・易・書・へ・言）

あくとう を 言(い)う 相手を傷つけるようなひどいことを言う。残酷な悪口を言う。＊野菊の墓（1906）〈伊藤左千夫〉「私はもう自分の悪党にあきれて了った。〈略〉全く私が悪党を云うた為に民子は死んだ」

あく-とう〔タウ〕【悪盗】〘名〙①悪質な盗み。また、それをする人。盗人。＊実隆公記-大永七年（1525）五月二九日「抑新見子今日被誅、父逐電、其家財等闕所云々、悪盗事露顕之故也」 ②「あくとう（悪党）①」に同じ。＊文明本節用集（室町中）「悪党 アクタウ 又作悪盗」 発音アクトー〈標ア〉0 辞書文明・伊京・饅頭・黒本 表記悪盗（文・伊・饅・黒）

あく-とう【悪闘】〘名〙困難な闘い。苦しい闘い。苦闘。＊それから（1909）〈夏目漱石〉六「現実と悪闘（アクトウ）してゐるものは」 ＊冷笑（1909-10）〈永井荷風〉一「将棋のお対手（あひて）をしても初めの二度は勝って、最後の一度は殿様に大分苦戦悪闘させた後、いかにも無念らしく敗北するやうでなければならぬ」 発音アクトー〈標ア〉0

あく-どう【悪童】〘名〙いたずらっ子。悪い子。悪太郎。＊和蘭字彙（1855-58）「guitje,〈略〉悪童」 ＊西国立志編（1870-71）〈中村正直訳〉四・二一「他人の園に入り、果実を盗むときは、常に悪童の魁首（かしら）となれり」 ＊潮騒（1954）〈三島由紀夫〉六「灯台長は、その頑固な風貌と、こっそり灯台の中へ探検に入る村の悪童どもを怒鳴りつけるすばらしい大声とで、子供たちから怖れられてゐたが」 発音アクドー〈標ア〉0 〈京ア〉0

あく-どう〔ダウ〕【悪道】〘名〙①現世で悪事を行なった者が、死んでからおちていく所。地獄・餓鬼・畜生の三悪道、または阿修羅を加え、四悪道という。悪趣。＊観智院本三宝絵（984）上「若戒むことを持ずば常に悪道に可堕し」 ＊栄花（1028-92頃）鶴の林「己（おのれ）をば悪道に落ちよとこそはあらめ。ただ念仏をのみぞ聞くべき」 ＊平松家本平家（13C前）一・義王「今生にこそあらめ、後生にだに悪道におもむかんこそ悲しけれと」 ＊日葡辞書（1603-04）「Acudŏni（アクダウニ）ヲツル〈訳〉罪におちいる。地獄に落ちる」 ②（形動）悪い行ない。酒色にふけったり遊蕩したりすること。また、好ましくないふざけたふるまいをするさま。＊日葡辞書（1603-04）「Acudŏni（アクダウニ）ワシル〈訳〉放縦に罪悪にふける」 ＊咄本・学習院本昨日は今日の物語（1614-24頃）上「悪どうなる新発意（しんぼち）、師匠の気をとり失ふときに」 ＊浄瑠璃・生玉心中（1715か）上「茶屋のつとめする者は人の小むすこそそのかし、悪道に引入れるの不孝者にしてのけると」 ＊都鄙問答（1739）一「子としては親を善に導（みちびく）べきを、反（かへっ）て悪道へ陥いれしむること有べきや」 ＊孔子家語-五儀解「君子之悪悪道不甚、則好善道亦不甚」 ③正統でないこと。邪道。＊落書露顕（1413頃）「如此の歌ざま、あながちに好みよむべからず。初心の人の、悪道におもむくべきなり」 発音アクドー〈標ア〉ク 0 〈ア史〉江戸●●●○と●○○○の両様か 〈京ア〉ア／0 辞書文明・日葡 表記悪道（文）

あくとう-づら〔アクタウ〕【悪党面】〘名〙「あくにんづら（悪人面）」に同じ。＊人情本・花の志満台（1836-38）初・五回「其の名も畝山強六と見掛からして悪党面（アクタウヅラ）」 発音アクトーズラ〈標ア〉0

あくとう-ぶ・る〔アクタウ〕【悪党振】〘自ラ五（四）〙自分を悪者のように見せかける。悪者のように振る舞う。＊セルロイドの塔（1959）〈三浦朱門〉一〇「悪党ぶったりするのは、中学生の頃は可愛いけれど」 発音アクトーブル〈標ア〉ブ

あくどう-もの〔アクダウ〕【悪道者】〘名〙好ましくない、乱暴なふるまいなどをする者。無法者。乱暴者。＊咄本・学習院本昨日は今日の物語（1614-24頃）下「奉行衆も、此悪だふものにいひふせられて、あきれて返答にも及ばれなんだ」 方言❶悪者。乱暴者。岩手県気仙郡100 鹿児島県961 ◇あくぼうもの 岩手県気仙郡100 ❷信仰を持たない人。富山県上新川郡395

あく-どうよく【悪胴欲】〘名〙〘形動〙（「どうよく」を強調した語）きわめて欲の深いこと。また、非常に残酷なこと。きわめて不人情なこと。

あく-とお【悪―】〘名〙方言❶悪口。島根県石見725 香川県829 福岡市877 ❷陰でする仕返し。島根県石見725 ❸（「悪党」か）恐ろしい人。怖い人。沖縄県首里993

あく-とおし【灰汁通】〘名〙方言灰をふるうための道具。灰ふるい。青森県津軽071 岩手県上閉伊郡097 秋田県平鹿郡130 山形県139 新潟県東蒲原郡368 ◇あくとし 青森県津軽071 上北郡074 岩手県気仙郡100 山形県139

あくと-がけ【踵掛】〘名〙方言❶雪ぐつのかかとの部分に当てるもので、布とわらで作ったもの。新潟県南葉山東側地方382 ❷わらじやわら製の雪ぐつなどを履くとき、かかとと足首に当てる刺し子の布。山形県139 ❸雪ぐつの一種「つまご」のかかとに当たる部分。わら製のきゃはんをも兼ねたもの。岩手県気仙郡100 ❹すぐ後から付いて来ること。岩手県気仙郡100 群馬県利根郡246

あく-とく【悪徳】〘名〙道徳にそむいた悪い行ない、または、悪い心。↔美徳。＊古活字本毛詩抄（17C前）一八「天にはびこる程の悪徳をせらるるぞ」 ＊和俗童子訓（1710）一「およそ人の悪徳は矜なり。矜とはほこるとよむ、高満の事也」 ＊思出の記（1900-01）〈徳富蘆花〉六・四「嫉妬猜忌隠謀など云ふ悪徳がちらほら角を出して居た」 ＊第三者（1903）〈国木田独歩〉七「感情の奴隷の常に陥る悪徳（アクトク）は自己を欺いて自ら知らざることである」 ＊書経-説命「爵罔及悪徳、惟其賢」 発音〈標ア〉0 〈京ア〉0

あく-とく【悪慝】〘名〙（慝は悪の意）罪悪。悪徳。＊改訂増補哲学字彙（1884）「vice 否徳、悪慝」 ＊信仰之道（1894）〈松村介石〉罪悪「聖書に曰く諸て不義、悪慝（アクトク）、貪婪（むさぼり）〈略〉不慈等の如きものは心霊界の死罪に当ると」 ＊現実暴露の悲哀（1908）〈長谷川天渓〉「此の社会に悪慝の存するを知りたりと雖も」

あく-どく【悪毒】〘名〙①健康や生命をそこなうもの。毒。＊落葉集（1598）「悪毒 あくどく」 ＊日葡辞書（1603-04）「Acudocu（アクドク）。アシイ ドク〈訳〉悪い毒」 ＊浄瑠璃・平家女護島（1719）三「水上の悪毒をおのれが角にてそそぎ消し」 ＊花柳春話（1878-79）〈織田純一郎訳〉一「天地万像を以て悪毒を産するの物質となし」 ②害悪。わざわい。 辞書日葡

あくとく-かん【悪徳漢】〘名〙道徳に反した悪い行ないをする男。＊風博士（1931）〈坂口安吾〉「膺懲（ようちょう）せよ憎むべき悪徳漢！」 ＊月は東に（1970-71）〈安岡章太郎〉四「そうして世間に広く、ああいう悪徳漢のいることを知らせて、存分に批判してやるべきだ」 発音〈標ア〉ク2

あくとく-きしゃ【悪徳記者】〘名〙職業を悪用し、相手の弱味につけこんで金銭を強要したりする新聞、雑誌などの記者。＊財政経済時報-大正九年（1920）一月号・東京の大道商人と其の商品「然し彼等は悪徳記者がいふ『新聞記者と乞食は三日すれば忘られない』といふ自堕落な連中の部類に属する者で」 発音〈標ア〉シャ キ

あくとく-ぎょうしゃ〔ゲフシャ〕【悪徳業者】〘名〙道徳にそむいたやり方で事業を営む人。また、その店や会社。 発音アクトクギョーシャ〈標ア〉ギョ

あくとく-しんぶん【悪徳新聞】〘名〙暴露記事や捏造（ねつぞう）記事を書いて相手の名誉を傷つけたり、また金銭を強要しようとする新聞。＊破垣（1901）〈内田魯庵〉二「名士の剔抉（すっぱぬき）を専門とする新聞で二三度叩かれた事はあるが例の悪徳新聞かと誰しも新聞の方を嘘にして了った」 ＊青年（1910-11）〈森鷗外〉一二「悪徳新聞（アクトクシンブン）のあらゆる攻撃を受けてゐながら」 発音〈標ア〉シ

あくとくのさかえ【悪徳の栄】（原題 フランス Histoire de Juliette ou les Prospérités du Vice）長編小説。サド作。一七九七年刊。淫蕩と悪徳を重ねる若い女性ジュリエットを通して人間の本能や権力欲などの暗黒の部分と自由の問題の関連を追究したもの。 発音〈標ア〉カ

あくど-さ〘名〙（形容詞「あくどい」の語幹に接尾語「さ」の付いたもの）あくどいこと。また、その度合。＊卍（1928-30）〈谷崎潤一郎〉七「けばけばしい封筒の趣味は決して東京の女にはない。〈略〉それが相愛し合ふ同士の間に交されたものであるのを思ふ時、尚更あくどさが感ぜられる」 発音〈標ア〉ド ク 〈京ア〉0

あくど・し〘形ク〙⇨あくどい

あくと-たろう〔タラウ〕【踵太郎】一寸法師系の昔話。山姥（やまうば）が身籠った女を頭から食べてしまうが、その食い残した踵（かかと）から男の子が生まれ、成長して山姥を殺す話。

アクトミオシン〘名〙（英 actomyosin）筋肉細胞に含まれる高分子複合タンパク質。アクチンとミオシンの二種からなる。アクトミオシンにＡＴＰを加えると収縮するが、このことが筋運動の原因と考えられて

いる。

アクトレス〖名〗(英 actress) 女性の俳優、役者。女優。↔アクター。＊外来語辞典(1914)〈勝屋英造〉「アクトレス Actress〔英〕女優」 発音〈標ア〉ア 〈ミ〉〈オ〉

あくな-あくな〖副〗くわしく言い聞かすさまを表わす語。＊名語記(1275)八「あくなあくなといへる詞あり如何。なは無也。あくはあらかる、あさかるの反。よくこまかにいひふくめたりといふ心ときこえたり」

あぐな・う〖自ハ四〗馬などがはねあがる。はねおどる。＊観智院本名義抄(1241)「沛艾 アグナフ」＊高山寺本名義抄(鎌倉初)「騟 アクナフ馬」 辞書 色葉・名義 表記 騟(色・名)(高山寺本) 沛艾(名)

あく-なかま【悪仲間】〖名〗悪い仲間。悪い友達。＊歌舞伎・法懸松成田利剣(1823)六立「云はぬは互ひに悪仲間(アクナカマ)云へと云ってもおれが身も、綾抜けのせぬ肥前坊」

あく-なき【飽無】〖連体〗いつまでも満足することのない。とどまることのない。時に、名詞的に用いることもある。＊日本開化小史(1877-82)〈田口卯吉〉三・六「其属隷となりて其厭くなきの欲を満たさざるを得ず」＊竹沢先生と云ふ人(1924-25)〈長与善郎〉竹沢先生の人生観・一「『善』に対する飽くなき渇仰が」

あく-なや【灰納屋】〖名〗肥料としての藁灰(わらばい)や木灰を貯えるために設けた小屋。

あく-なん【悪難】〖名〗思いもよらない、ひどい災難。＊四座講法則(鎌倉末)涅槃和讃「いかなる悪難に沈みてか 広大慈悲の利益にも漏てはひとり留るらん」＊浮世草子・新可笑記(1688)一・三「是ぞんじもよらぬ悪難(アクナン)、御名代の何がし是非もなき仕合」

あく-に【灰汁煮】〖名〗灰汁①を加えて、野菜などをゆでること。あくの強いものをあく抜きしたり、煮えにくいものを煮えやすくしたりする。＊広益国産考(1859)四「牛馬の飼料(かひれう)とするには灰汁煮(アクニ)をし水にひたし柔げ」

アグニ【阿耆尼】(梵 Agni)《アグニー》古代インド神話の火の神。火天。太陽・雷光・祭火となって暗黒と邪悪を滅ぼす。密教では大日如来の化身ともいう。＊アグニの神(1921)〈芥川龍之介〉一「何しろ私のはアグニの神が、御自身御告げをなさるのですからね」＊野ざらし(1923)〈豊島与志雄〉四「印度の火神アグニーは」 発音 アグニ〈標ア〉ア 発音〈標ア〉0

あく-にく【悪肉】〖名〗悪い肉。いたんだり、腐ったりしている部分の肉。また、質の悪い肉。＊日葡辞書(1603-04)「Acunicu (アクニク)」＊列子-力命「跪食悪肉、可二得而食一、駕馬稜車可二得而乗一也」 辞書 日葡

あく-にごり【灰汁濁】〖名〗灰汁(あく)のようにきたなく濁ること。＊家鴨飼(1908)〈真山青果〉三「雨さへ降ると灰汁濁(アクニゴリ)する痩っ川だ」

あく-にち【悪日】〖名〗①陰陽家で、事を行なうのに悪い日。運勢の悪い日。縁起の悪い日。凶日。↔吉日。＊名語記(1275)九「みな悪日とさだめたる也」＊徒然草(1331頃)九一「『吉日に悪をなすに必ず凶なり。悪日に善を行ふに、必ず吉なり』といへり。吉凶は人によりて、日によらず」＊太平記(14C後)一四・長年帰洛事「今日は悪(アク)日とて将軍未(いまだ)都へは入り給はざりけれ共」＊親長卿記-文明三年(1471)正月九日「旧院御初七日也。連日依二悪日一延引云々」＊日葡辞書(1603-04)「Acunichi (アクニチ)。アシイ ヒ〈訳〉不吉な日」＊黄表紙・莫切自根金生木(1785)上「こよみの内の大のあくにちを縁日として信心なしける」②不運、不幸にめぐりあわせた日。その人にとって運の悪い日。運のない日。あくび。↔吉日。＊浄瑠璃・源平布引滝(1749)三「今日はいかなる悪(アク)日ぞ。死ぬる命を助りて、嬉しと思ふ間もなく、此修羅道の責(せめ)は何事」＊愛弟通信(1894-95)〈国木田独歩〉威海衛大攻撃「全く港外封鎖の出来ざりし程の悪日は幸にして一日も御座なく候ひし也」 発音〈標ア〉0 ク 辞書 文明・日葡 表記 悪日(文)

あく-にょ【悪女】〖名〗悪い性格の女。また、神仏を崇拝することを知らない女。＊地蔵菩薩霊験記(16C後)一二・一「或は卑賤の為めに霊妙を開き、或は悪女(アクニョ)のために霊像を破(やぶら)れて」

あく-にん【悪人】〖名〗①心のよくない者。また、悪事を行なう者。↔善人。＊今昔(1120頃か)三・一九「央崛魔羅(あうくつまら)等の悪人をそら仏は伏(ぶく)し給ふ、何(いかに)況(いはむ)や、此の老婢をやと」＊平家(13C前)六・慈心房「清盛公は悪人とこそおもへ共」＊歎異抄(13C後)三「他力をたのみたてまつる悪人、もとも往生の正因なり。よりて善人だにこそ往生すれ、まして悪人は、と仰さふらひき」＊徒然草(1331頃)八五「悪人のまねとて人を殺さば、悪人なり」＊日葡辞書(1603-04)「Acunin (アクニン)。アシイ ヒト〈訳〉罪人、または、悪い人」＊小学読本(1874)〈榊原・那珂・稲垣〉五「此者既に善に向ひたれば悪人には非ず」＊揚子法言-修身「人之性也善悪混、修二其善一則為二善人一、修二其悪一則為二悪人一」②(「悪人方」の略)「あくがた(悪形)」に同じ。＊評判記・難波立聞昔語(1686)大山義右衛門「難波(なには)の悪(アク)人の堀出し。あしやせ太子もはたしてにぎやろとはんし候」 発音 江戸●●○○〈京ア〉ア 辞書 文明・易林・日葡・書言・〈ボン〉・言海 発音〈標ア〉0〈ア史〉 表記 悪人(文・易・書・へ・言)

あくにん には 友(とも)多(おお)し 悪人は利をもって人を誘い、類を呼ぶから、仲間が多いものだ。＊諺苑(1797)「悪人には友衆(オホ)し」

あくにん の 友(とも)を棄(す)てて善人(ぜんにん)の敵(てき)を招(まね)け 友人でも、その人が悪人であっては結局身のためにならない。むしろ敵であっても善人は悪人の友にまさるものがある。＊謡曲・敦盛(1430頃)「日頃は敵、今はまた、まことに法の友なりけり。これかや悪人の友をふり捨てて善人の敵を招けとは、おん身のことか、有難や」＊浄瑠璃・一谷嫩軍記(1751)二「悪人の友を捨て善人の敵を招けとは此事」

あくにん は 善人(ぜんにん)の仇(あだ) 善人は人とにくみ争うことはないはずだが、悪人だけは許せない敵である。善人と悪人とは互いに相容れない。

あくにん も よき子(こ)を望(のぞ)む 悪人でも、自分の子どもについては善良な子であるように願っているものだ。

あくにん-がた【悪人方】〖名〗「あくがた(悪形)」に同じ。＊人倫訓蒙図彙(1690)七「敵役(かたきやく)みるとそのままにくらしく、無理な事のみいいいかつがましき顔つきする。悪人方ともいふ」＊浮世草子・傾城禁短気(1711)三・四「ぱっと浮名を立てて一分を捨てさす其巧(たくみ)の、我等は今宵悪人方(アクニンガタ)を勤めに来りしが」

悪 人 方〈人倫訓蒙図彙〉

あくにんしょうき-せつ【悪人正機説】(アクニンシヤウキ:)〖名〗(「機」は教の対象の意)阿彌陀仏の本願である救いは、悪人こそ受けられるものであるという説。浄土真宗の真髄とされる。 語誌 悪人の成仏の問題は大乗仏教の「仏性論」にはじまり、天台宗は「悉有仏性」説、法相宗は「五性各別」説(声聞・縁覚など成仏せず)をとる。悪人の救済は主として浄土教で問題にされた。「無量寿経」と「観無量寿経」の間の、五逆・謗法の往生に関する記述の差異について、曇鸞や善導が論じ、それらを承けて法然「選択本願念仏集」・親鸞「教行信証」は悪人の往生を説き、また、日蓮も法華経によってあらゆる悪人が成仏できると説いた。ただし法然は「念仏のちからにあらずは、善人なほむまれがたし。いはんや悪人をや」〔念仏往生要義抄〕としたが、親鸞は「善人なほもちて往生をとぐ、いはんや悪人をや」〔歎異抄-三〕と述べた。後者が「悪人正機説」である。ここにいう「悪人」とは六道輪廻の衆生をさす。

あくにん-じょうぶつ【悪人成仏】(:ジャウブツ)〖名〗悪人が仏になること。→悪人正機説。＊日蓮遺文-開目鈔(1272)「女人成仏の時悲母の成仏も顕はれ、達多の悪人成仏の時慈父の成仏も顕はるれ」 補注「歎異抄-三」には「悪人成仏のためなれば」とある。

あくにん-づら【悪人―】〖名〗(「づら」は接尾語)悪人。悪人をののしっていう語。＊浄瑠璃・仮名手本忠臣蔵(1748)六「コリャ爰な悪人づら。今といふ今親の罰思ひ知ったか」

あくにん-づら【悪人面】〖名〗いかにも悪党らしい顔。 発音〈標ア〉0

あく-ぬき【灰汁抜】〖名〗①野菜や果物などのしぶみ・えぐみなどを抜きとること。＊生(1908)〈田山花袋〉一二「清(すまし)の方が好いだろうと思って、あくぬきをして拵(こしら)へたのさ」＊日本料理通(1929)〈楽満斎太郎〉料理法の巻・二「ただ余りにあくの強い野菜に限り、一度茹でて水に晒しあく抜きして用ひるのです」②食品の不純物を除き、味をよくすること。 発音〈標ア〉0 キ〈京ア〉ヌ

あく-ぬ・く〖自カ四〗悪口を言う。＊歌舞伎・時翫雛浅草八景(和歌三神)(1847)「すたすた通ふあくる日は、欠(あくび)交りに仕事も出来ず、かかは側から悪(アク)ぬいてあくせく無駄を口小言」

あく-ぬけ【灰汁抜】〖名〗①野菜などのあくがぬけること。②気性が、いやみがなく、さっぱりしていること。また、気性、容姿、腕前、行動などが、都会化してやぼくさくなくなること。洗練されること。あかぬけていること。＊安愚楽鍋(1871-72)〈仮名垣魯文〉二・上「としごろ三十四五、あくぬけのした人物ながら」＊泥人形(1911)〈正宗白鳥〉三「その挙動(ものごし)や顔形や話振りが不思議なほど立派に見えた。如何にも灰汁(アク)抜けがしてゐると思はれた」＊河明り(1939)〈岡本かの子〉「どこか灰汁抜けしない女臭いところがあるのかと」③遊女が梅毒にかかって、なおること。④相場が下がる悪材料が出尽くして、だんだん上がる傾向を示すこと。〔取引所用語字彙(1917)〕 発音〈標ア〉ケ 0 ヌ

あく-ぬ・ける【灰汁抜】〖自カ下一〗気性にいやみがなくなり、さっぱりする。また、田舎風が都会化してやぼくささがなくなる。洗練される。気がきく。あかぬける。＊安愚楽鍋(1871-72)〈仮名垣魯文〉初「となりの年間(としま)はサ、ちょっとあくぬけた風俗(こしれへ)だが」＊歌舞伎・籠釣瓶花街酔醒(1888)序幕「四六長屋の女郎でも素人に優る灰汁抜(アクヌ)けた姿に一寸思ひ込み」＊門三味線(1895)〈斎藤緑雨〉二「色も香もなみの女の何処(どこ)と取るべき目鼻ならねど、渡世柄(とせいがら)あくぬけたれば」 〈京ア〉0

あくね【阿久根】鹿児島県北西部、東シナ海に面する地名。県下有数の水産都市。阿久根大島は野生ジカの生息地として知られる。昭和二七年(一九五二)市制。莫禰・英禰(ばくね)。莫禰院。

アクネ〖名〗(英 acne)にきび。「アクネクリーム」 発音〈標ア〉ア

あくね-ざけ【阿久根酒】〖名〗「あくねしょうちゅう(阿久根焼酎)」に同じ。＊雑俳・柳多留-一一三(1833)「置きつぎのコップに一ツ阿久根酒」＊雑俳・柳多留-一六五(1838-40)「拳角力手取芸者も阿久根酒」

あくね-しょうちゅう【阿久根焼酎】(:セウチウ)〖名〗鹿児島県阿久根市で作られる香気の強い焼酎。 辞書 言海 表記 阿久根焼酎(言)

あぐね-は・てる【倦果】〖自タ下一〗どうすればよいか全くわからなくなる。すっかりもてあます。全くいやになる。＊人情本・寝覚之繰言(1829-30)一四「怒りに堪へねど、世を忍ぶ身は詮方なく、あぐねはてたる

其の処へ」＊雑俳・柳多留-一二八(1833)「度々のおかわり飯盛もあぐね果」＊寄合ばなし(1874)〈榊原伊祐〉初・上「わしは盗みするが勝手でムる(ござる)、わしは人殺しするが勝手でござるといふたら、お上(かみ)にもあぐねはてさしゃる事であらふとおもはれ升るが」＊末枯(1917)〈久保田万太郎〉「小よしは、鈴むらさんを捨てる気は毛頭なかった。小よしはあぐね果てた」 発音 アグネハテル〈標ア〉⓪ テ

あく-ねり【灰汁練】〘名〙絹精練法の一つ。藁灰(わらばい)を水に浸して出したうわ水で絹を練ること。アルカリねり。

あぐ・ねる【倦】〘自ナ下一〙もてあます。しつづけていやになる。現代では「さがしあぐねる」「待ちあぐねる」のように、多く動詞の連用形につけて用いる。＊雑俳・柳多留-一一八(1832)「連れもあくねる焼酎の大生酔」＊滑稽本・七偏人(1857-63)二・下「悪しつっこくもた付かかれば、大愚はほとんどあぐねし様にて」＊たけくらべ(1895-96)〈樋口一葉〉一五「今朝から美登利の機嫌が悪くて皆なあぐねて困って居ます」＊金閣寺(1956)〈三島由紀夫〉三「あまりあれこれと思ひあぐねた結果、私の首の附根には、赤い大きな腫物ができた」＊ふたりとひとり(1972)〈瀬戸内晴美〉「ふたりきりの時間が持ちあぐねるようになった頃から」 方言❶持て余す。途方に暮れる。岩手県気仙郡101 徳島県811 熊本県918 ❷あきれる。青森県三戸郡083 山形県南置賜郡・庄内139 ◇あふねる 東京都大島326 発音 アグネル〈標ア〉⓪ ネ〈京ア〉⓪ 辞書〈ボン・言海

あく-ねん【悪念】〘名〙悪事を働こうとたくらんでいる心。悪い考え。悪心。＊宇津保(970-999頃)嵯峨院「まして他の所にて、いかに呪詛(ずそ)、あくねん深く侍りたうぶらむ」＊徒然草(1331頃)一一七「所願心にきざす事あらば、我をほろぼすべき悪念きたれりと、かたくつつしみおそれて」＊日葡辞書(1603-04)「Acunenga(アクネンガ) ヲコル」＊無難禅師仮名法語(1670-76頃)「身あれば八万四千のあくねんあり、身のためにくるしむ事たしかなり」 発音〈標ア〉⓪ ク〈京ア〉ア 辞書 文明・日葡・〈ボン・言海 表記 悪念(文・ヘ・言)

あくねん-ほっき【悪念発起】〘名〙悪念を捨てて、善の心をおこすこと。＊浄瑠璃・義経千本桜(1747)二「我もけさより船手に廻り、計略の裏をかいたれば、最早悪念発起(ホッキ)せよと」

あく-ねんりき【悪念力】〘名〙おそろしいまでに一心に思い込んだ力。強い念力。＊浄瑠璃・傾城島原蛙合戦(1719)三「眼を付上れば見上、おろせば見おろす悪念力」

あく-の-うら【飽の浦】㊀長崎市の地名。長崎港の西岸にあり、江戸幕府創建の工場をうけつぎ、造船所がある。＊俳諧・渡鳥集(1704)夜・入長崎記「向は水の浦、あくの浦、浦上、稲佐の山並ばえ茂り、弁才天の社有」 ㊁「あくらのはま(飽等浜)」と同じといわれるが未詳。＊万葉(8C後)七・一一八七「網引(あびき)する海子(あま)とか見らむ飽浦(あくのうら)清き荒礒(ありそ)を見に来しわれを〈人麻呂歌集〉」 発音〈標ア〉ノ

あく-の-き【―木】〘名〙植物「ごんずい(権萃)」の異名。

あく-の-はな【悪の華】(原題 フランス Les Fleurs du Mal)ボードレールの詩集。一八五七年初版、六一年新版刊行。悪魔主義文学の代表作で、フランス象徴詩の道を開いた。 発音〈標ア〉ア

アグノン(Shemuel Yoseph Agnon シェムール＝ヨーセフー)イスラエルの小説家。作品は深い宗教性をもつ。一九六六年度ノーベル文学賞。代表作は「嫁入り」「恐れの日」など。(一八八八～一九七〇) 発音〈標ア〉ア

あく-は【握把】〘名〙①(―する)にぎり持つこと。把握。②銃などのだいじり。＊歩兵操典(1928)第三七〇「左手にて左方握把を握り右手にて方向緊定桿(きんていかん)を弛め」

あく-ば【悪馬】〘名〙癖がわるく御しにくい馬。はねあがる馬。あくめ。＊日本後紀-弘仁三年(812)一〇月辛卯「有二悪馬一。駆必踶囓」＊大鏡(12C前)五・道長下「高名の、なにがしといひし御むま、いみじかりし悪馬なり」＊古今著聞集(1254)一〇・三六四「陸奥より、勢大きにしてたけき悪馬を奉りたりけるを」＊浄瑠璃・曾我会稽山(1718)三「さしもの悪馬(アクバ)も、よろよろよろ」＊晉書-孛雄載記「夫統二天下之重一、如レ臣乗二悪馬一而持レ矛也」 発音〈標ア〉ア 辞書 書言 表記 悪馬(書)

あく-ば【悪婆】〘名〙①心のよくない老女。意地の悪い老女。＊滑稽本・浮世風呂(1809-13)二・下「おらが所(とこ)の悪婆(アクバ)は、ホンニホンニいびいびごとの本家だらうぞ」＊人情本・春色梅児誉美(1832-33)三・一五齣「『サアサア直(すぐ)に連て帰る』ト立かかりたる悪婆(アクバ)が邪見」②(形動)ひどくたちの悪い性質。また、そういう女。女性をののしって呼ぶ語としても用いる。＊歌舞伎・彩入御伽草(1808)小平次内の場「何ぞといふと、あまだあまだと、あまならば河が聞いて呆(あき)れるワ、とんだ悪婆だ」＊歌舞伎・木間星箱根鹿笛(1880)三幕「なあに未練なんぞはありゃしないが、なんぼ悪婆(アクバ)なわたしでも、今迄世話になったと思やあ、いい心持はしないのさ」＊われから(1896)〈樋口一葉〉七「唇を震はせて悪婆(アクバ)、と叫びしが」③歌舞伎の役柄の一つ。女形で悪事を働く中年以上の役。束ね髪に広袖の半纏(はんてん)を着るなど、扮装に定型があった。転じて、一般にそのような行為をする役目をいう。＊歌舞伎・桜姫東文章(1817)大詰「こいつはお姫様の中へ、悪婆を等分に潑ひ込んだから、手打ならつなぎといふところだが」＊歌舞伎・船打込橋間白浪(鋳掛松)(1866)二幕「『おや、初心ぶって憎らしいねえ』トお咲の背を打つ『あれ、そんな悪婆は、わたしにはむかないものを』」 発音〈標ア〉ア 辞書 言海 表記 悪婆(言)

あく-ば【悪場】〘名〙登山で、登りにくい場所をいう。悪所。 発音〈標ア〉⓪ ア

あく-ば【悪罵】〘名〙口ぎたなくののしること。ひどい悪口を言うこと。＊地獄の花(1902)〈永井荷風〉一四「最も猛烈なる悪罵の文字(もんじ)と卑猥なる浄瑠璃的の章句とで」＊生(1908)〈田山花袋〉四「機嫌の好い時は何処から平生のあの皮肉やら悪罵やらが出るかと思はれる位優しい」＊蕭子良-在家従悪門文「瞋恚不レ避二尊貴一、悪罵無二復高卑一」 発音〈標ア〉ア〈京ア〉⓪

あく-はい【悪輩】〘名〙悪い影響を与える仲間。悪い友達。＊読本・本朝酔菩提全伝(1809)四・六後談「悪輩(アクハイ)等抜つれて、隙間も無く斬かくるに」＊夢酔独言(1843)「世間の者には悪輩のよふにいわれて」

あく-ばい【―灰】〘名〙方言❶熱灰。山形県139 鹿児島県肝属郡970 ❷白くてごく軽く飛び立ちやすい灰。山形県庄内052

あく-ばく【幄幕】〘名〙陣営の幕。陣営。帷幕(いばく)。＊春秋左伝-昭公一三年「子産以二幄幕九張一行」

あくば-たい〘形〙方言❶じゃまである。窮屈である。青森県津軽073 075 ❷飽きて嫌である。青森県津軽075 石川県鹿島郡411 ◇あけべたい 青森県上北郡082 ❸退屈である。石川県鹿島郡404 金沢市415 ❹不作法である。青森県津軽076 ❺大きい。圧倒されるような感じである。青森県津軽073

あく-はつ【悪発】〘名〙怒りを発すること。腹を立てること。＊蔭凉軒日録-長享三年(1489)六月一七日「此方事者雖レ被二悪発一聊不レ苦。鹿苑事者太不レ可レ然云々」

あく-はつ【握髪】〘名〙「あくはつとほ(握髪吐哺)」に同じ。＊百鬼園随筆(1933)〈内田百閒〉百鬼園新装「阿氏が握髪して出て見ると」＊韓詩外伝-三「一沐三握レ髪、一飯三吐レ哺、猶恐レ失二天下之士一」

あくはつ-とほ【握髪吐哺】〘名〙(周公が賢者の訪問を受けたときは、洗髪の途中でもたびたびその髪を手に握ったまま出て会い、また、いったん口に入れた食べ物でもそれを吐き出して会ったという「史記-魯周公世家」にある故事から)賢者を求める気持の強いこと。賢者の到来の折、待たせることなくすぐ会うこと。＊常山文集(1718)徳川光圀「握レ髪吐レ哺右規左箴崇レ道起レ廃」

あく-ばば【悪婆】〘名〙①「あくば(悪婆)①②」に同じ。＊伸子(1924-26)〈宮本百合子〉三・四「大変な悪婆(アクババ)ですまないね」②人形芝居の人形に使う婆(ばば)かしらの一つ。顎(あご)を少し突き出して、意地の悪い目つきをしたもの。「明烏」の遺手おかや、「桂川連理柵」の帯屋の婆、八百屋の婆などに用いる。わるばば。

あく-ばばあ【悪婆】〘名〙「あくば(悪婆)①②」に同じ。＊塩原多助一代記(1885)〈三遊亭円朝〉一一「旦那此婆さんがお栄を略取(かどあか)した又旅のお覚と云ふ悪婆(アクババア)で御座いますヨ」

アクバル(Akbar)インドのムガール帝国第三代皇帝(在位一五五六～一六〇五年)。デカン地方を除く全インドを征服。中央集権的体制を確立し、イスラム教とヒンドゥー教の融合をはかって帝国の最盛期を築いた。アクバル大帝。(一五四二～一六〇五) 発音〈標ア〉ア

あくば・る〘動〙方言❶飽きる。島根県石見709 広島県709 徳島県三好郡054 高知県長岡郡869 長崎県壱岐島047 ◇あこばる 愛媛県840 ❷仕事が多すぎて嫌になる。仕事が難しくて持て余す。飽きてへこたれる。島根県益田市・那賀郡725 広島県高田郡779 山口県豊浦郡798 徳島県三好郡810 長崎県五島054 ❸困る。持て余す。島根県能義郡・隠岐島725 ❹嫌う。島根県隠岐島740 徳島県三好郡811 ❺乱暴をする。岩手県上閉伊郡097

あくび【欠伸・欠】〘名〙(動詞「あくぶ」の名詞化)①倦怠、疲労、眠けなどの際に思わず口が開いて起こる一種の呼吸運動。口を大きく開いて長く一回深呼吸を行ない、続いてやや短く息を吐く動作。血液中の酸素の不足、上位脳の貧血、細菌や毒素の刺激などによって起こる。＊新撰字鏡(898-901頃)「吹呿 開口出気之皃也 阿久比須」＊枕(10C終)二五・すさまじきもの「『あな、いと験なしや』とうちいひて〈略〉あくびおのれうちしてよりふしぬる」＊栄花(1028-92頃)玉の飾「力を尽くし加持参るに、さらに御あくびをだにせさせ給はず」＊文明本節用集(室町中)「呿 アクビ 張レ口皃也。又吹呻 アクビ」＊談義本・教訓雑長持(1752)二・大天狗藪医師を教戒し給ふ事「彼俄医者の、山師共は〈略〉素難甲乙等の方なき書を読ば、欠伸(アクビ)たらだら、たばこをついやし」＊滑稽本・浮世床(1813-23)初・中「是からそろそろ万歳といふ身で立上るもんだから抓合(つかみあ)ふまでは叭(アクビ)が出る」②漢字の旁(つくり)の一つ。「欲」「欺」「歌」「歓」などの「欠」の部分をいう。欠を旁にもつ字は、多く字典の欠部に属し、意味上、口の動きに関係する。③(口を開くことから)自白することをいう、盗人仲間の隠語。あく。〔隠語輯覧(1915)〕 語源説 (1)動詞アクブ(飽)の名詞形〔俚言集覧・大言海・日本語源＝賀茂百樹〕。(2)アクブキ(飽吹)の約〔俗語考〕。(3)アクイキ(飽息)の約〔言元梯〕。(4)アキウミ(飽倦)の義〔日本語原学＝林甕臣〕。(5)アキブリ(飽状)の合言〔古言類韻＝堀秀成〕。ビはブリの反〔俚言集覧〕。(6)アクハリ(開張)の転〔名言通〕。(7)アアトハクイキの約〔両京俚言考〕。(8)アクカスハミの反〔名語記〕。 発音〈なまり〉アカビ・アコビ〔八丈島〕アキビ〔千葉・広島県〕アクッ〔鹿児島方言〕アクブ〔島原方言〕アグベ〔青森・津軽語彙〕〈標ア〉⓪〈ア史〉平安●●●〈京ア〉⓪ 辞書 字鏡・色葉・名義・和玉・文明・饅頭・日葡・書言・〈ボン・言海 表記 欠(色・玉・へ・言) 呿(名・玉・文) 上気(色・名) 吹呻(文・饅) 吹呿(字)

伙(色) 叭・嘘(書)

あくび に 曇(くも)る 退屈して不機嫌になる。＊評判記・難波の㒵は伊勢の白粉(1683頃)三「与次もなかばはあくびにくもったが、今の出来を見や」

あくび の 捨(す)て場(ば)もない あくび①が盛んに出て困るさまにいう。＊人情本・花暦封じ文(1866頃)二・一一回「今頃は欠伸(アクビ)の捨場(ステバ)もなきまでに待久しくやあらんかと」

あくび は 大和廻(やまとまわ)りをする ずっと前からあくびが出ている意で、あきあきしたことにいう。＊洒落本・船頭深話(1802)四「もふ夫で仕舞かへ、私がしびれは京へ上って、あくびは大和廻りをして居やす」

あくび を 一緒(いっしょ)にすれば三日(みっか)従兄(いとこ) あくびのうつりやすいことのたとえ。

あくび を 嚙(か)み殺(ころ)す あくびが出ようとするとき、無理に口を閉じて押える。

あく-び【悪日】〘名〙「あくにち(悪日)②」に同じ。 発音〈標ア〉[ク][ア]

あくび〘名〙植物「あけび(通草)」の異名。＊重訂本草綱目啓蒙(1847)一四・下・蔓草「通草 あけび〈和名鈔〉〈略〉はだつかづら 熊野、はんだつかづら あくび 共に同上」

あくび-がた【欠伸形】〘名〙茶道で使う花器の一種。太い竹筒の節と節との間の中央に、長方形の穴をあけたもの。人のあくびをした形に似ているところからいう。

欠伸形

あく-ひき【灰汁引】〘名〙日本料理で、煮物用の砂糖蜜のあくを卵白を用いて抜くこと。また、西洋料理で、コンソメスープなどの不純物を除くことにもいう。 発音〈標ア〉[0]

あく-びく【悪比丘】〘名〙戒律を守らない堕落した僧。＊妙一本仮名書き法華経(鎌倉中)五・勧持品第一三「濁世の悪比丘(アクヒク)は、ほとけの方便をもて、よろしきにしたがひてときたまふところの、法をしらず」＊文明本節用集(室町中)「悪比丘 アクヒク」＊日葡辞書(1603-04)「Acubicu(アクビク)。すなわち、ワルイ シュッケ〈訳〉悪い宗教家」＊正眼国師法語(1688-1704)「戒をたもつの破るのといふ事は、悪比丘の上の事でこそあれ」 辞書 文明・日葡 表記 悪比丘(文)

あくび-けしき【欠伸気色】〘名〙あくびでも出そうな気のゆるんだ様子。＊葉隠(1716頃)二「上に悪事有ㇾ之時、多分、構はぬ者迄も気すさびして、欠気色に成」

あくび-ごえ【欠伸声】〘名〙あくびをしながら話す声。＊郊外(1900)〈国木田独歩〉三「内から母親が欠伸声(アクビゴヱ)で」

あくび-しのぎ【欠伸凌】〘名〙あくびをおさえるために歌をうたったり言葉を発したりすること。＊生まざりしならば(1923)〈正宗白鳥〉「看護婦は欠伸凌(アクビシノ)ぎの小唄を唄ふのと同じ調子で『ねてゐてころんだ』を繰返した」 発音 アクビシノギ〈標ア〉[シ]

あくび-そう【一草】〘名〙方言 植物、かぎかずら(鉤蔓)。熊野†107 和歌山県690

あく-ひつ【悪筆】〘名〙①粗末な筆。つくりの悪い筆。②へたな字。また、字がへたなこと。＊貞享版沙石集(1283)二・五「満七十の老眼を拭うて、悪筆ながら少々裏書仕り畢ぬ」＊海人藻芥(1420)「定家卿と云ふ名人の手跡、以外の悪筆也。然ども明月記と云ふ名誉の記録六合、皆自筆也」＊評判記・色道大鏡(1678)九「悪筆(アクヒツ)にて文章たしかならずといはれんは口おしかりぬべし」＊思出の記(1900-01)〈徳富蘆花〉巻外・三「僕が新五に迫られて悪筆を揮った『受くるよりも与ふる者は福なり』と云ふ聖経の一句も」 発音〈標ア〉[0]〈京ア〉[0] 辞書 文明・日葡・言海 表記 悪筆(文・言)

あくひつ-か【悪筆家】〘名〙判読しづらいほど下手な字を書く人。＊茶話(1915-30)〈薄田泣菫〉文豪の原稿「カアライルも名高い悪筆家(アクヒツカ)で、この人の原稿にはどんな植字工も困らされたものだ」

あくび-づつみ【欠伸堤】〘名〙景色の変化にとぼしく、あくびが出そうなほど退屈する長い土手の道をたとえていう語。＊浮世草子・好色旅日記(1687)二「淀より伏見へ一里、ここより八わたへ一里、此あいだのつつみなみ木松たちならびてながし。諺にあくびづつみといふよしに候」 発音〈標ア〉[0]

あくひつ-びょうえ【悪筆兵衛】〘名〙字のへたな人。平家の侍大将、平景清のあだな「悪七兵衛」をもじった語。＊俳諧・鶉衣(1727-79)後・上・五一四・芸賦「悪筆兵衛が出るまま口に、手は只よめ安きこそ要なるべけれ」＊黄表紙・敵討記乎汝(1808)「『玉筆を労し奉らず、白い紙のまま頂戴致したいナ』『珍らしい悪筆兵衛だ』」

あくび-なき【欠伸泣】〘名〙あくびをして涙を出すこと。＊俳諧・うたたね(1694)「つれづれに涙もろさよ欠泣き」

あくび-なみだ【欠伸涙】〘名〙あくびをしたときに出る涙。

あくびの-び-す【欠伸】〘自サ変〙手足を伸ばしてあくびをする。＊観智院本名義抄(1241)「欠伸 アクビノビス」＊浮世草子・珍術罌粟散国(1775)一・一「見ぬ世の人をちょぼくり、なぶりものにするあげくが、いつもあくびのびして」＊春酒屋漫筆(1891)〈坪内逍遙〉壱円紙幣の履歴ばなし・五「若干の同姓籠れりと覚しく欠伸(アクビノ)びしつつ囁く声す」 辞書 名義・易林 表記 欠伸(名・易)

あくび-はっぴゃく【欠伸八百】〘名〙いくつもあくびをすること。退屈千万。また、いやいやながら物事をすること。＊雑俳・千枚分銅(1704)「あくび八百あくび八百、五番とも覚へた弟子はなさそうな」＊人情本・娘太平記操早引(1837-39)初・巻首「叭八百(アクビハッピャク)坐睡(ゐねむり)五百、都合一貫三百の、受料(うけちん)出して唐人の、寐言を聞く心地するとは」

あくび-ふせぎ【欠伸防】〘名〙退屈してあくびが出そうになるのをふせぐため、何かを行なうこと。退屈凌(しの)ぎ。＊かくれんぼ(1891)〈斎藤緑雨〉「或夜会話の欠乏から容赦のない欠伸防(アクビフセ)ぎにお前と一番の仲よしはと俊雄が出した即題を」 発音 アクビフセギ〈標ア〉[フ]

あくび-まじくら【欠伸―】〘副〙(「まじくら」は接尾語)あくびをしながら。あくびまじりに。＊浄瑠璃・神霊矢口渡(1770)四「『とと様はまだ昼寐、御用が有なら起しませふ』といふ声聞いて、一間より欠(アクビ)まじくら、『ムム今そこへ行て逢ふべい』と」

あくび-まじり【欠伸混】〘名〙〘形動〙あくびをまじえながら話したりするさま。＊咄本・狂歌咄(1672)四「七草たたくも物くさげにて、呻(アクビ)まじりにねのびしける」＊歌舞伎・時黠雛浅草八景(和歌三神)(1847)「すたすた通ふあくる日は、欠交(アクビマジ)りに仕事も出来ず」＊寄合ばなし(1874)〈榊原伊祐〉初・下「今やうやう目が覚て、あくび交(マジ)りに一声を発したる也」＊浮雲(1887-89)〈二葉亭四迷〉三・一七「『ああ辛気だこと!』と一夜(あるよ)お勢が欠(アク)びまじりに言って泪ぐんだ」

あく-ひょう【悪兵】〘名〙弓を射ることのへたな兵。＊日葡辞書(1603-04)「Acufiǒ(アクヒャウ)〈訳〉悪い弓兵」 辞書 日葡 発音〈標ア〉[マ]

あく-ひょう【悪評】〘名〙悪い評判・うわさ。また、悪く批評すること。↔好評。＊評判記・鳴久者評判記(1865)「おまちかねの若くさ筋、こはれものの悪評をまとめるためのたばこ入、御さんざいだけ又一きは」＊文明論之概略(1875)〈福沢諭吉〉三・六「人の誹謗を恐れ世間の悪評を憚りて、無欲正直なる行を勉るものは」＊大つごもり(1894)〈樋口一葉〉下「入らぬ世間に悪評(アクヒャウ)もうけず」 発音 アクヒョー〈標ア〉[0]〈京ア〉[0]

あく-びょう【悪病】〘名〙たちの悪い病気。また、人に忌みきらわれる病気。悪疾。＊東大寺文書-建久八年(1197)一二月日・僧源慶解案(鎌倉遺文二・九五八)「爰恐二悪病之気一之故、余弟子一人不二相副一之剋、師弟三世之契存二不レ浅之旨一、源慶独乍レ懐二怖畏一、捨二身命一令二葬埋一」＊平家(13C前)二・善光寺炎上「昔中天竺舎衛国に五種の悪病おこって、人庶おほく亡びしに」＊日葡辞書(1603-04)「Acubiǒ(アクビャウ)。アシイヤマイ〈訳〉悪い病気。あるいはすべての人が避ける伝染病」＊浄瑠璃・娥歌かるた(1714頃)二「或は悪病或は剣難にかかり忽命をはること」＊韓非子-八説「弱子有二僻行一、使二之随一レ師、有二悪病一、使二之事一レ医」 発音 アクビョー〈標ア〉[0][ク]〈京ア〉[ア]/[ク] 辞書 日葡・ヘボン・言海 表記 悪病(へ・言)

あく-びょうどう【悪平等】〘名〙〘形動〙何もかも無差別に平等にすること。形の上だけ平等にして、かえって不公平になっていること。＊常識的な、あまりに常識的な(1951)〈中野好夫〉「三つの次男にもアメ棒二本〈略〉なら、四十五の主人も断然二本ってことなんですの。いいえ、悪平等じゃありませんわ」 発音 アクビョードー〈標ア〉[ビョ]〈京ア〉[ビョ]

あく-ふ【悪夫】〘名〙わるい夫。わるい亭主。＊或阿呆の一生(1927)〈芥川龍之介〉前書「唯僕の如き悪夫、悪子、悪親を持ったものたちを」

あく-ふ【悪父】〘名〙わるい父親。＊花柳春話(1878-79)〈織田純一郎訳〉三一「下婢戸を開けば則ちアリスの悪父ダービル、閾を隔て再会す」

あく-ふ【悪婦】〘名〙①性質の悪い女。心がけの悪い女。毒婦。悪女。＊読本・桜姫全伝曙草紙(1805)四・一四「かく人の子を憎むことの甚しきはいかにぞや。誠に是、たぐひ希なる悪婦なり」＊人情本・貞操婦女八賢誌(1834-48頃)初・一一回「縛(いまし)められたる縄の儘(まま)、逃げんとするを彼方より、ちらりと見止める悪婦(アクフ)は駈け寄り、帯背(おびせ)を取って引き戻し」＊通俗編-倫常「易緯、引二古語顚馬破レ車、悪婦破レ家」②容貌(ようぼう)のみにくい婦人。醜婦。 発音〈標ア〉[ア]

あく-ふ【握斧】〘名〙旧石器時代の石器の一つ。にぎって持てるくらいの石の一端をうちかいて鋭くとがらせた斧(おの)。ハンドアックス。

あく-ふ【握符】〘名〙(「符」は天子たるべきものに降るとされる天命のしるし)天子の位につくこと。転じて、天子の位。＊本朝文粋(1060頃)一四・宇多院為河原左大臣没後修諷誦文〈紀在昌〉「朕昔為二握符之尊一、卿亦為二和羹之佐一」＊沈約-斉故安陸昭王碑「魏氏乗二時於前一、皇斉握二符於後一」

あく・ぶ【欠伸】〘自バ四〙あくびをする。＊観智院本名義抄(1241)「呻 アクフ」＊古今著聞集(1254)六・二六六「ただいまの御声を承りて、あくびて気色変はりて見え候に」 語源説 アク(厭・飽)を活用した動詞〔大言海・日本語源＝賀茂百樹〕。 辞書 名義・言海 表記 呻(名)欠(言)

アグファ-カラー(英 Agfa colour)写真・映画用語。ドイツのアグファ社が製造したカラーフィルム。多層式発色フィルムとして最初に開発されたもので、一九二八年に完成。三六年にできた新しい方式のものをもいう。 発音〈標ア〉[カ]

あく-ふう【悪風】〘名〙①海上などで荒れ狂う大風。暴風。嵐。＊今昔(1120頃か)四・一三「昔、一人の人有り、商の為に船に乗て海に出ぬ。悪風俄に出来て船を海の底へ巻き入る」*古今著聞集(1254)五・一六五「悪風にあひて、すでに入海(じゅかい)せんとしける時」*蔭涼軒日録‐文正元年(1466)五月二五日「唐船正使禅居庵天与和尚・居座妙増都聞・同紹本都寺、遇二悪風一留二于小豆嶋一也。仍順風時節差過了」*日葡辞書(1603‐04)「Acufŭni(アクフウニ)ハナサルル」*読本・椿説弓張月(1807‐11)続・一回「見よ、半天(なかそら)に怪しき雲あり。且水の上に海蛇(くらげ)夥しく出たるぞ、即悪風(アクフウ)起らんとするの前象(きざし)なる」②毒気を含んだ、人にわざわいをもたらす風。また、くさい風や息。*謡曲・船弁慶(1516頃)「悪風を吹きかけ、眼(まなこ)もくらみ、心も乱れて」*浮世草子・武家義理物語(1688)一・四「病死又は悪風(アクフウ)にたいくつして、幾たりか替りて今は明屋敷と成て」*浄瑠璃・心中宵庚申(1722)上「耳ぎはにかみ付ごとく悪風吹かけ眼もくらみ、前後を忘ずるばかりなり」③弊害の多い悪い風俗・風習。悪習。悪弊。⇔良風・美風。*政談(1727頃)三「当時の風俗、金さへ有ば何事もなると云事、極りたる悪風也」*和英語林集成(初版)(1867)「Akufŭ アクフウ 悪風 アシキ ナラワシ」*明六雑誌‐三一号(1875)夫婦同権の流弊論〈加藤弘之〉一「従来夫の婦を蔑視する悪風と妄に妾を蓄ふる醜俗次第に廃滅し」*坊っちゃん(1906)〈夏目漱石〉六「野卑な、軽躁な、暴慢な悪風を掃蕩するにあると思ひます」発音アクフー〈標ア〉0フ〈京ア〉0 辞書 文明・日葡・書言・ヘボ・言海 表記 悪風(文・書・ヘ・言)

あく-ふうぎ【悪風儀】〘名〙悪い風習。悪いしきたり。*洒落本・里のをだ巻評(1774)「女の羽織は世の風俗を乱り、跡先しらずの浮拍子は遊に風情ある事をしらず、是岡場所の悪風儀也」*開化の入口(1873‐74)〈横河秋濤〉三「それに何ぞや二百余年徳川家の悪風義(アクフウギ)が染込んで」

あく-ふうぞく【悪風俗】〘名〙まちがった生活慣習。悪い風俗。*政談(1727頃)一「供ノ辺と言様なる悪風俗出来して、古風は皆替り失たりと知るべし」

あく-ふく〘副〙あきるまで。あくまで。徹底的に。*言継卿記‐大永八年(1528)三月二一日至二三日、同一九日二〇日紙背「これほとしやうのこわくすねたる物はおさなき物にみもおよひ候はす候(略)あくふくわろくそたてたる物にて候」*かた言(1650)三「飽迄(あくまで)といふべきを、あくふく」*丹波通辞(1804‐11)「飽迄、あくふく」

あく-ぶつ【悪物】〘名〙悪いもの。憎むべきもの。*自然真営道(1753頃か)「悪を去れば善も無く、善を去れば悪も無し。故に善物・悪物にして一物、善心・悪心にして一心なり」*人情本・恋の若竹(1833‐39)初・五套「イイエ、ありゃア悪物(アクブツ)でごせえやす。あいつア、柴胡湯の症さ」*春秋左伝‐文公一八年「好行凶徳、醜類悪物、頑嚚不友、是与比周」

あく-ぶり【灰汁振】〘名〙積雪の多い地方で、早春、雪をはやくとかすために田畑にわら灰などの黒い灰をまくこと。方言 苗代の雪をはやく消すため灰をまく作業。山形県139

あく-ぶん【悪文】〘名〙へたで、読みにくい文章。文脈が混乱したりして、わかりにくく、意味のとりにくい文章。*蛻巌先生答問書(1751‐64か)上「真宝には名文もあれども、亦悪文もあり」*社会百面相(1902)〈内田魯庵〉天下太平なる哉「俗臭鼻を衝く如き悪文を作って」*宮廷文化と政治と文学(1972)〈丸谷才一〉一「まったく手に負えない個性的な悪文ではあるが」発音〈標ア〉0〈京ア〉0

あく-へい【悪柄】〘名〙横車で悪辣(あくらつ)なこと。わがまま勝手に悪事を行なうこと。*上野国赤城山之本地(16C後‐17C前)六「日頃の悪柄おもへしられて置べきぞと、岩石をなげ付給へば、みぢんにこそはなりにけり」

あく-へい【悪弊】〘名〙悪いならわし。弊害の多い、よくない習慣。悪習。悪風。*政談(1727頃)二「畢竟する所、皆武家旅宿の境界より出たる悪弊なる故」*西国立志編(1870‐71)〈中村正直訳〉八・二六「始終怠らず倦まざるに頼りて、この悪弊遂に除き去る事を得たるなり」*抒情詩(1897)わが影〈田山花袋〉序「詩形にのみ拘泥する悪弊を改め」発音アクヘィ〈標ア〉0〈京ア〉0

あく-へき【悪癖】〘名〙悪いくせ。よくない習慣。*落葉集(1598)「悪僻 あくへき」*日葡辞書(1603‐04)「Acufeqi(アクヘキ)。アシイ クセ〈訳〉悪い習慣」*こんてむつすむん地(1610)一・一六「つみとあくへきをたいらげたまはんために」*落紅(1899)〈内田魯庵〉五「幾多の実例を挙げて堤校長が質朴さうな風采に包める好色の悪癖(アクヘキ)を攻撃して」発音〈標ア〉0〈京ア〉0 辞書 日葡

あく-へた【悪下手】〘名〙〘形動〙「へた(下手)」を強調した語。はなはだしいへた。ひどいへた。*舞正語磨(1658)下・評判「名人の子にてもめいよのあく下手ありて」*俳諧・山之端千句(1680)下「外の色なくころすはころすは〈四友〉あく下手にあふての今朝の顔みれば〈宗因〉」

あく-べ-な・し【飽方無】〘形ク〙(「飽く方なし」の意)待ち遠しくてもどかしく思う。退屈でいや気がさす。*雑俳・住吉御田植(1700)「こしかけて按摩の供のあくべなき」*浄瑠璃・傾城吉岡染(1710頃)上「年(ねん)明く迄の月日を、あくべなふ思召れてか、但は又世を見限ってのとんせいか」

あく-へん【悪変】〘名〙状態が悪いほうに変わること。⇔好転

あく-ほう【悪方】〘名〙不吉な前兆のあるような悪い場所、または方角(日葡辞書(1603‐04))。辞書 日葡

あく-ほう【悪法】〘名〙㊀(ホフ)①人を惑わす悪い宗教上の教え。*日蓮遺文‐神国王御書(1275)「我滅後末代には悪法悪人の国をほろぼし仏法を失ふには失すべからず」*浄瑠璃・用明天皇職人鑑(1705)一「悪法をとく釈迦ならば何とて提婆はにせけるやらん」㊁(ハウ)①ひどくたちの悪い手段。ひどいやりかた。*滑稽本・大千世界楽屋探(1817)上「ありゃアもし、生捕(いけどっ)て串童(かげま)に売るといふ悪法(アクホウ)ぢゃアねへかネ」*人情本・春色梅児誉美(1832‐33)初・二齣「どふも時節(ときよ)じせつで心にもねへ悪法も、おまはんゆゑなら身を粉にしても」*ゆく年(1928‐29)〈久保田万太郎〉四「油断をしたら、どんなまた悪法…といったって、いいえ、そんな大したことはしやアしますまいが」②正義を実現するのに適しないような法律。国民のためにならない悪い法律。*文明論之概略(1875)〈福沢諭吉〉三・六「『トウマス・クラルクソン』が一心を以て世に売奴の悪法を除き」*真理の春(1930)〈細田民樹〉鳥の噴煙・四「あんな悪法(アクホウ)にあやつられるんですから、死刑にならなくても、十年はくふでせう」発音アクホー〈標ア〉0〈京ア〉0 辞書 日葡

あくほうも亦(また)法(ほう)なり 悪い法律であるといっても、法は法であるから、廃止されない限りは、これに従わなければならないの意。

あくほうを画(かく)く 悪事をたくらむ。*雑俳・柳多留‐七五(1822)「悪法を息子能(よく)書く書画の会」*歌舞伎・金看板侠客本店(1883)四幕「同じ家中の穂坂といふ、重役の子を三つの時、山かがしの九郎蔵めが、悪法かいてかどはかし」*良人の自白(1904‐06)〈木下尚江〉前・二四・四「如何(どんな)悪法を画(カ)いて欺騙(だまし)に掛けるか知れたもんじゃ無いからネ」

あく-ほう【悪報】〘名〙①悪いことをしたのが原因で生じた悪い結果。悪事をしたむくい。悪果。⇔善報。*今昔(1120頃か)二・三一「前世の殺生の罪に依て地獄に堕ぬ、現在に呪誓(しゅせい)の過に依て悪報を受く」*読本・椿説弓張月(1807‐11)前・一回「為義父子以下、〈略〉みなその首を梟(かけ)たりし悪報にやよりけん」*いさなとり(1891)〈幸田露伴〉八五「苦悩の有らむ限り嘗めつくし恥辱の有らむ限り受けつくし、悪報の尽くるを待って」*中阿含経‐一「穢二汙煩悩一、受二諸悪報一」*梁武帝‐断酒肉文「行二十悪一者、受二於悪報一、行二十善一者、受二於善報一」②悪いしらせ。凶報。⇔吉報。*花柳春話(1878‐79)〈織田純一郎訳〉二五「『恐らくは君英国より悪報を得たるならん』マツラバース曰く『僕今日家書を得て恩人の疾病危篤に迫るを報す』」*婦女の鑑(1889)〈木村曙〉一一「我身は計らず姉君に会ひまゐらせし嬉しさに引かへて聴く此悪報」発音アクホー〈標ア〉0〈京ア〉0

あく-ぼう【悪坊】㊀〘名〙僧侶の姿をしている乱暴者。悪僧。*虎明本狂言・悪坊(室町末‐近世初)「あれは六かく殿のどうぼうに、あくぼうと云て、かくれもなすひきゃう人じゃ」㊁狂言。各流。乱暴者の悪坊は眠っている間に無理に道づれにした僧に持ち物を取り替えられ、目ざめてから、前非を悔いて発心する。「悪太郎」の原形らしい。

あく-ぼう【悪謀】〘名〙悪いたくらみ。悪計。*科除規則(1869)三「邪(よこしま)の悪念悪謀(アクボウ)起り、同心せしや」*日本開化小史(1877‐82)〈田口卯吉〉五・一〇「前田騒動(大槻伝蔵の悪謀)」

あく-ほうし【悪法師】〘名〙「あくそう(悪僧)」に同じ。*浄瑠璃・孕常盤(1710頃)一「ひゑの山そだちと申悪法師、〈略〉ならびなき強力(がうりき)剣術はやわざに調練し」

あく-ぼうそう【悪疱瘡】〘名〙悪質の疱瘡。たちの悪い天然痘。*読本・本朝酔菩提全伝(1809)四・六後談「悪疱瘡(アクバウサウ)に取つかれ、ひいひいいうて苦むゆゑ」*落語・化物娘(1893)〈禽語楼小さん〉「夫(それ)が赤尋常ならん、余程悪疱瘡(アクバウサウ)で、馬疱瘡とか松皮疱瘡とか云ふ奴で」

あく-ぼく【悪木】〘名〙役に立たない木。用材とならない木。また、とげがあって人を刺す木や悪臭を放つ木。*落葉集(1598)「悪木 あくぼく」*古活字本毛詩抄(17C前)一一「大なは、へうせうとしてはれたやうですみかねがあてられぬ。あてうやうがないぞ。小いは、ゆがみすぢってならぬぞ。悪木ぞ」*日葡辞書(1603‐04)「Acubocu(アクボク)。アシイ キ〈訳〉悪い木」*陸機‐猛虎行「渇不レ飲二盗泉水一、熱不レ息二悪木陰一」辞書 日葡

あく-ぼく【悪僕】〘名〙心がけのよくない下男。性質の悪いしもべ。*人情本・貞操婦女八賢誌(1834‐48頃)四・三〇回「おのれ、悪僕(アクボク)奈何(いか)なれば、斯くまで吾儕(わなみ)に難面(つれなき)や」補注「名物六帖‐人品箋」に「悪僕 ワルシモベ」とある。

あく-ぼく【悪墨】〘名〙質の悪い墨。粗悪な墨。悪油煙。*言継卿記‐天文一一年(1542)三月八日「宗寿院へ悪墨〈二丁〉遣了」

あく-ほん【悪本】〘名〙内容が低俗な本。悪書。*読書放浪(1933)〈内田魯庵〉銀座繁昌記・一〇「ドンナものが出版されたかと考へると、殆んど一冊も憶出されないほど愚書俗書悪本凡本の濫出であったが」発音〈標ア〉0

あく-ま【悪魔】㊀〘名〙①仏語。仏道修行を妨げる悪神。*宇津保(970‐999頃)内侍督「あくまこくに優曇華(うどんげ)とりにいかんに」*梁塵秘抄(1179頃)二・四句神歌「不動明王恐ろしや、怒れる姿に剣を持ち、索を下げ、後に火焔燃え上るとかやな、前にはあくま寄せじとて、降魔(がま)の相」*発心集(1216頃か)八・山僧於川合社前絶入事「且は悪魔をしたがへ、仏法を守り、且は賞罰をあらはして、信心を発さしめ給ふ」*義経記(室町中か)六・忠信が首鎌倉へ下る事「剛の者の首を久しく晒しては、所のあくまとなる事あり」*大智

度論‐二「比丘亦如レ是。知二四念処安穏無一煩悩悪魔毒獣一」 ②悪、および不義を擬人的に表わしたもの。キリスト教・ユダヤ教で、神の敵対者。神に反逆して地獄におちた天使。人間を誘惑して罪悪を行なわせ、また、病気その他諸種の災厄の原因をなすものと信じられているもの。サタン。＊おらしょの翻訳(1600)「おなじくあくまをはらひ」＊引照新約全書(1880)馬太伝福音書・四「イエス聖霊に導かれ悪魔(アクマ)に試られん為に野に往り」＊火の柱(1904)〈木下尚江〉五・三「光明(ひかり)を亡ぼす悪魔の祝典(いはひ)です」＊珊瑚集(1913)〈永井荷風訳〉奢侈「覚醒に憤る不眠症の荊棘。睡眠の高き壁に蠢(うごめ)く悪魔が夜宴の大壁画」 ③人にわざわいを与えたり、悪の道に誘いこむ魔物。＊歌舞伎・鼠小紋東君新形(鼠小僧)(1857)序幕「ふって湧いたこの御難儀は、今日の悪魔でござんせう」＊真景累ケ淵(1869頃)〈三遊亭円朝〉四一「悪魔が魅入(みい)ったのだ。お前そんな心ではなかったが情ない了簡だ」 ④凶悪なもの。極悪人。人非人。＊いさなとり(1891)〈幸田露伴〉七九「我身代潰しにかかるは我子ではなし悪魔なり」 ㊁(原題 ロシア Djemon) 長編叙事詩。レールモントフ作。清純な乙女タマーラの愛に、救いを見出だそうとする悪魔の物語。作者が生涯手を入れ続けた作品で、死後発表された。 方言 ❶乱暴。島根県能義郡725 ❷根性の悪い者。意地の悪い者。沖縄県首里993 発音〈標ア〉ア 〈京ア〉ア 辞書 文明・饅頭・易林・日葡・書言・ヘボン・言海 表記 悪魔(文・饅・易・書・へ・言)

あく‐まい【悪米】〘名〙品質の劣った米。また、水にぬれて腐ったりした米。＊財政経済史料‐八・官制・勘定所職制雑(江戸)「一、諸国悪米金銀納伺書出候節、吟味之事。是は其年之損毛により、廻米難レ成米怔、又は至て水腐等之悪米、金銀納之節は」

あぐま‐・う【足組―】〘自ハ下二〙(「あぐむ」に接尾語「ふ」の付いたものから) 両足を組んですわる。あぐらをかく。＊今昔(1120頃か)二三・二四「男、大(おほき)なる刀の怖し気なるを、逆手に取て腹の方に差充(さしあて)て、足を以て後よりあくまへて抱て居たり」

あく‐まおう【悪魔王】〘名〙(「魔王」を強めた語) 仏語。欲界第六天にすむ仏道の邪魔をする魔王。＊太平記(14C後)二七・雲景未来記事「左の座こそ代々の帝王、〈略〉次第の登位を逐(おっ)て悪(アク)魔王の棟梁(とうりゃう)と成給ふ、止事(やんごと)なき賢帝達よ」

あくま‐がく【悪魔学】〘名〙(英 demonology, satanology の訳語) 悪魔のことを研究する学問。＊新しき用語の泉(1921)〈小林花眠〉「悪魔学(アクマガク)哲学上の用語。鬼神学といふにおなじい。鬼神のことを研究する学問」

あく‐まき【灰汁巻】〘名〙松の灰汁に浸したもち米を孟宗竹の皮にくるんで炊いた、鹿児島地方の郷土料理。五月五日に作る。方言 鹿児島県肝属郡970 屋久島981

あくま‐ごうぶく【悪魔降伏】〘名〙仏法の力によって悪魔を押えつけ、退治すること。＊源平盛衰記(14C前)四・白山神輿登山事「本地は不動明王、悪魔降伏(アクマガウブク)忿怒の形、賞罰厳重の大明神也」＊謡曲・金札(1384頃)「八百万代の、しるしなれや、悪魔降伏の、真如の槻弓」＊一休水鏡(1481頃)「おのれさへあつけはらはぬ不動めが悪魔降伏むようなりけり」

あくま‐しゅぎ【悪魔主義】〘名〙(フランス satanisme 英 diabolism の訳語) 唯美、耽美をさらにつきつめて頽廃、怪奇などを好む文芸、思想の一傾向。ポーに影響されて一九世紀末フランスに起こった。代表作家は、ボードレール、オスカー＝ワイルドなど。＊青年(1910‐11)〈森鷗外〉一一「道徳も宗教もなくなって、只悪魔主義(アクマシュギ)丈が存在してゐる」＊侏儒の言葉(1923‐27)〈芥川龍之介〉或悪魔主義者「彼は悪魔主義(アクマシュギ)の詩人だった」 発音 アクマシュギ 〈標ア〉シュ 〈京ア〉シュ

あく‐ましょう【悪魔障】〘名〙仏道修行を妨げる、悪魔のさわり。魔障。＊浄瑠璃・用明天皇職人鑑(1705)三「何れも申に当る故をもって、とらさる二つのあくま障(セウ)、響に恐れて障碍をなすこと叶はず」

あくましんこんごうちそく【悪魔真金剛智即】 仏語。悪魔にあっても、まことの金剛智をもってこれに当たったならば、即ち云々、という意味で、真言宗の呪文(じゅもん)に用いる語。

あく‐まで【飽迄】〘副〙(動詞「飽く」に助詞「まで」がついてできた語) ①もう飽きたと思うほど十分に。これ以上ないというほどに。限りなく。たっぷりと。徹底的に。＊源氏(1001‐14頃)帚木「ただ、時々うち語らふ宮仕へ人などの、あくまでざればみ、すきたるは」＊蔭凉軒日録‐延徳元年(1489)一〇月二日「一汁四菜。五果。松蕈汁飽まで喫レ之」＊人情本・春色梅児誉美(1832‐33)初・五齣「初といふ名に客人はあくまでに、跡をつけたる雪の中、裏」＊多情多恨(1896)〈尾崎紅葉〉前・三「他の陰言であれば飽くまで慎むでゐるのであるが」 ②(無意志的行為や状態に関して) どこをとっても。どこまでも。＊狭衣物語(1069‐77頃か)四「入道の宮、あくまでらうたげに美しき筋はすぐれ給へるものを」＊太平記(14C後)一一・筑紫合戦事「新小弐飽(アク)まで心早き者なりければ、側(そば)なる将碁(しゃうぎ)の盤をうっ取って突(つく)刀を受け留め」＊巷談本牧亭(1964)〈安藤鶴夫〉晴れた日に「あくまで明るく、あくまで晴れわたった五月の空に、遠くの方で飛行機が飛んでいる」 語誌 奈良時代には「飽くまでに」の形が見られるが、これはまだ熟合していない表現と考えられる。またこの「あくまでに」のかかる述語はすべて動詞であって、平安時代以降のように形容詞にかかる例はない。「都辺(みやこへ)に立つ日近付く安久麻弖(アクマデ)に相見て行かな恋ふる日多けむ〈大伴家持〉」〔万葉‐一七・三九九九〕、「難波潟潮干のなごり飽左右二(あくまでに)人の見む児を吾しともしも〈大伴宿奈麻呂〉」〔万葉‐四・五三三〕など。 発音〈標ア〉ア ク 〈京ア〉ア 辞書 色葉・和玉・文明・言海 表記 飽(色・玉・文・言) 足・饜・慊・飫(色)

あくま‐でも (「あくまで」に助詞「も」が付いてできた語) 徹底的に。最後まで。＊多情多恨(1896)〈尾崎紅葉〉前・一「之はあくまでも出しては好くないと」＊火の柱(1904)〈木下尚江〉一七・三「飽く迄も独身主義を遣り徹(とう)そうと云ふ御決心なの」

あくま‐てき【悪魔的】〘形動〙悪魔のようなさま。邪悪を喜びとするようなさま。＊三浦右衛門の最後(1916)〈菊池寛〉「右衛門の哀訴をきいて更に弄ばうと云ふ悪魔的な心が生じた」＊或る女(1919)〈有島武郎〉後・三三「倉地を殊更突き落して見たい悪魔的な誘惑だった」 発音〈標ア〉0

あくまのトリル【悪魔のトリル】(原題 イタリア Il Trillo del Diavolo) タルティーニ作曲のバイオリンソナタ、ト短調。作曲者が夢の中で悪魔の演奏を聞いて作曲したという。一七一三年作。 発音〈標ア〉ア ア＝ト

あくま‐は【悪魔派】〘名〙①(英 Satanist の訳語) 悪魔主義を奉ずる一派。②イギリス文学において、ロバート＝サウジーが、その詩「審判の幻想」の序で、バイロン、シェリーらをさして呼んだ語。＊新らしい言葉の字引(1918)〈服部嘉香・植原路郎〉「悪魔派 文芸上の一流派。〈略〉『悪の華』の詩人ボードレールの如きは其の代表者である」

あくま‐はらい【悪魔払】〘名〙(「あくまっぱらい」とも) ①物にのりうつった悪魔を祈禱などによってはらい除くこと。また、その祈禱。＊咄本・春袋(1777)悪魔払「『おらぁ、今度女房を呼が、ぐっと江戸中に壱番といふ悪女にしやうとおもふ。先第一が大金になる』『それはどふいふ事だ』『いや、御大名の悪魔払(アクマハライ)に出す』」＊随筆・貞丈雑記(1784頃)一「婚礼の行列の中に、悪魔はらひとて、たけ高くおそろしげなる女の顔をすさまじく色どり髪を乱して、召つるる事、今、世上にはやる事也」 ②自分にとって都合のわるいものを排除すること。＊人情本・春色連理の梅(1852‐58)五・二六齣「『何様(どう)も気の毒でならない』『なんの貴女、悪魔払(アクマバラ)ひで御座いますわね』」 方言 (植えておくと悪魔が寄りつかないとの俗信から) 植物、なぎいかだ(梛筏)。山形県酒田市・飽海郡139 発音(なまり) アクマッパライ〔東京〕 〈標ア〉ハ

あくま‐ぼうず【悪魔坊主】〘名〙悪魔のような悪い、恐ろしい僧。＊浄瑠璃・孕常盤(1710頃)一「洛中なやます天狗くはじゃ、討手に向ひし悪魔坊主が一味せしはあれ討とめとどっとよる」

あく‐み【悪味】〘名〙わるいあじ。＊妙一本仮名書き法華経(鎌倉中)六・法師功徳品第一九「このひとは、舌根きよくして、ついに悪味(アクミ〈注〉アシキアヂハイ)をうけし」＊落葉集(1598)「悪味 あくみ」

あくみ【飽海】 山形県の北西部の郡。鳥海山と最上川の間にあり、日本海に面する。＊二十巻本和名抄(934頃)五「出羽国〈略〉飽海〈阿久三〉」 辞書 和名・色葉・文明・易林 表記 飽海(和・色・文・易)

あぐみ【倦】〘名〙(動詞「あぐむ(倦)」の連用形の名詞化) あきること。いやになってもてあますこと。＊浄瑠璃・吉野都女楠(1710頃か)かちぢの御幸「古今無双の名将とよばれたる足利高氏に、一あぐみあぐませんとは思はずして」

あ‐ぐみ【足組】〘名〙両足を組んですわること。あぐらをかくこと。あぐら。＊書紀(720)神代下(鴨脚本訓)「内牀には則ち真牀覆の衾の上に寛坐(うちアクミにゐ)る」＊御巫本日本紀私記(1428)神代下「踞其鋒端其乃左支爾志利宇太介弖、又宇知安具美爾井天」 辞書 言海 表記 足組(言)

あく‐みず【灰汁水】〘名〙「あく(灰汁)①」に同じ。＊日本読本(1887)〈新保磐次〉二「灰をこやしに用ひ、又はあく水にしてきものをあらふ」

あぐみ‐どき【倦時】〘名〙いやになる時。もてあます時。＊浄瑠璃・菅原伝授手習鑑(1746)二「二八月は船頭のあぐみ時、得ては手の裏返します」

あぐみ‐は・つ【倦果】〘自タ下二〙すっかりいやになる。すっかりもてあます。＊浮世草子・好色文伝授(1688)四・三「これはこれは足もとから鳥のたった今まで、何事も聞ざりしに、按酌(アグミ)果たる仰渡され」＊浄瑠璃・丹波与作待夜の小室節(1707頃)上「いやいや江戸へはいきはせぬ、どふでもいやじゃと泣給へば、御乳も今はあぐみはて」

あく‐みょう【悪名】〘名〙①悪いうわさ・評判。悪評。あくめい。＊将門記(940頃か)「前生の貧しき報いを憂へず。但し悪名の後に流(つたは)るを吟(によ)ぶ」＊平家(13C前)一・殿下乗合「今は礼儀を存知してこそふるまうべきに、か様に尾籠を現じて入道の悪名(アクミャウ)をたつ」＊日葡辞書(1603‐04)「Acumiŏga(アクミャウガ) タツ」＊浮世草子・西鶴諸国はなし(1685)三・一「侍の悪名(アクミャウ)とって相果の事のくちをし」 ②悪事を働いた者。また、その悪事。あくめい。＊春秋左伝‐文公一八年「世済二其凶一、増二其悪名一」＊金沢文庫古文書‐嘉暦四年(1329)六月一四日・加賀国軽海郷公文百姓等起請文(七・五三六八)「ぬす人かうたうの悪名候はは」＊福聚寺文書‐弘治三年(1555)四月吉日・田村隆顕定書「於二寺家中一被二召仕一候者之悪名候者〈略〉任二咎軽重一可レ及二其沙汰一候」＊浮世草子・武家義理物語(1688)六・一「また此義御せんさくあるに、是も新九郎悪名(アクミャウ)にまぎれなく、御仕置替ってうち首にあひけると也」 発音 アクミョー 〈標ア〉0 ク 〈京ア〉0 辞書 文明・日葡・ヘボン・言海 表記 悪名(文・へ・言)

あく-みょう【悪猫】〘名〙人をたぶらかす化け猫。＊歌舞伎・吾嬬下五十三駅（天日坊）（1854）序幕「其方が祈念を以て悪猫（アクメウ）首尾よく退散なす上は」

あぐみ-よ・る【足組寄】〘自ラ四〙すわったままで近づく。居寄る。＊今昔（1120頃か）五・三「軟（やは）ら、あくみ寄て国王に申して云く」＊打聞集（1134頃）公野聖事「聖『〈略〉されば是加持せしめ給へ』とてあぐみよる」

あく-む【悪夢】〘名〙①いやな夢。恐ろしい夢。縁起の悪い夢。特に、夢占いにより凶とされる夢。↕吉夢。＊文明本節用集（室町中）「悪夢　アクム」＊運歩色葉（1548）「悪夢　アクム」＊集義和書（1676頃）一四「何ぞや、吾子が悟道と云は。闇夜の明たるがごとく悪夢のさめたるが如くならんと思へるか」＊談義本・風流志道軒伝（1763）二「悪夢を喰ふとは云伝れども、貘（ばく）の糞を見た者なく」＊思出の記（1900-01）〈徳富蘆花〉一・二「一種不穏の感は悪夢の如く幼稚な僕の頭を圧して居たが」＊周礼-春官占夢「乃舎₌萌于四方₋以贈₌悪夢₋」②（比喩的に）現実のこととは思われないような、いやなことや恐ろしいこと。＊落梅集（1901）〈島崎藤村〉悪夢「われは今、かれが悪夢を憐むの余り、一篇の蕪辞囚人の愁ひをとりてみだりに花鳥の韻事を穢す」〘発音〙〈標ア〉[ア]〈京ア〉[ア]〘辞書〙文明〘表記〙悪夢（文）

あぐ・む【倦】〘自マ五（四）〙物事をなし遂げることが困難なので困り果てる。または、いやになる。もてます。現代では「攻めあぐむ」「考えあぐむ」など、多く複合語となって用いられる。＊太平記（14C後）八・持明院殿行幸六波羅事「此大勢を見て敵もさすがにあぐんでや思ひけん、只此彼（ここかしこ）に走散て」＊三河物語（1626頃）三「六手が一度に立とどまりて、旗を押立て踞（すすみ）ければ、敵も帰されて、徐（やうやく）哨（アクミ）て見へければ、猶侑（すすみ）て」＊浮世草子・西鶴織留（1694）二・五「手代あぐみて、『扠（さて）もしれたる御坊かな。漸（やうやう）盃一枚売（うる）とて、いかい手間入（てまいり）なれ』」＊浄瑠璃・右大将鎌倉実記（1724）五「重忠の押訴訟、頼朝もあぐませ給へば」＊尋常小学読本（1887）〈文部省〉六「書物をよみて居たりしが、其紙数の多かりければ、読みあぐみて、外の方をながめんと、窓の障子を開きたり」＊虞美人草（1907）〈夏目漱石〉一一「眼を皿に、足を棒に、尋ねあぐんだ当人は」〘方言〙❶うみ疲れる。疲れ果てる。山形県米沢市「えづ（何時）迄もかがるがら、あぐんでしまった」149 ❷飽きる。いやけがさす。山梨県456 岐阜県郡上郡498 飛騨502 ❸持て余す。途方に暮れる。肥後†131 岩手県気仙郡101 新潟県岩船郡366 愛知県名古屋市「何だ、善助は仕事に手をつけん前からあぐんどるだないか」562 鳥取県東伯郡045 島根県「あの人の乱暴にはよーにあぐんだ」725 香川県829 高知県861 〘語源説〙(1)アキウム（厭倦）の約〔名言通・両京俚言考・大言海〕。(2)アク（飽）の活用〔日本語源＝賀茂百樹〕。(3)アクム（飽含）の意〔紫門和語類集〕。〘発音〙アグム〈標ア〉[グ]〈京ア〉[0]〘辞書〙日葡・書言・〈ボン〉・言海〘表記〙案倦・飽倦（書）案・倦（へ）

あ-ぐ・む【足組】〘自マ四〙両足を組んで楽にすわる。あぐらをかく。あぐまう。＊読本・昔話稲妻表紙（1806）四・一三「寝玉ふことはさておきて、あぐみ居玉ふことだになく」＊読本・双蝶記（1813）六・一六「こちらも盆が骨休め、跰跨（アグ）むとも寝まるとも、心まかせてうち寛ぎて語りめせ」＊改正増補和英語林集成（1886）「Agumi, mu アグム 跏趺」〘辞書〙言海

あく-め【悪女】〘名〙性質の悪い女。あくじょ。＊宇津保（970-999頃）蔵開中「『なほよく心つつしみてさぶらひたまへ。あくめのみあり』とのたまへば」

あく-め【悪目】〘名〙①刀身に生じた傷、錆など。＊俳諧・犬筑波集（1532頃）雑「思へ共しづの身なればしのびわび　さがみがたなのあくめおほさよ」＊日葡辞書（1603-04）「Acume（アクメ）〈訳〉縦に切れている刀の血流し」＊仮名草子・仁勢物語（1639-40頃）下・一〇七「主いと痛う褒めて柄まで巻きて刀箱に入て遣ると なん云ふなる。〈略〉『あくめの出で来ぬべきに見煩ひ侍る。御身幸あらば、このあくめは出じ』」②（一説に「飽目」の意とも）他人に悪く見える点。欠点。おちど。＊三体詩幻雲抄（1527）四「又うでもなき者が大なる事をすれば必悪（あく）めがある也」＊俳諧・犬筑波集（1532頃）恋「そへばあくめの見ゆるわがなか　恋はただはだか刀のごとくにて」＊俳諧・鷹筑波（1638）一「よりそふにあく目みえてやきらふらん　ねりすごしたる衣々の袖〈日能〉」＊浄瑠璃・曾我会稽山（1718）二「けさ暁の鳥鐘も一つ枕に聞た中、何をあくめに離別とは」③悪い事情。悪い運命。落ちぶれた境遇。＊桐一葉（1894-95）〈坪内逍遙〉二・二「如何なる家の悪目（アクメ）ぞや、諸神諸仏も見はなしたまふか」〘発音〙〈標ア〉[0][ア]〘辞書〙日葡

あく-め【悪馬】〘名〙「あくば（悪馬）」に同じ。＊今鏡（1170）七・紫のゆかり「布施（ふせ）に、馬をひき給へりける。大方いひしらぬあくめになん侍れば」

アクメ〘名〙（フランス acmé）性交時の興奮の頂点。オルガスムス。＊暗室（1976）〈吉行淳之介〉九「それでアクメに達する」

あく-めい【悪名】〘名〙（古くは、多く「あくみょう」）①「あくみょう（悪名）①」に同じ。＊野分（1907）〈夏目漱石〉八「結果は悪名（アクメイ）にならうと、臭名にならうと気狂にならうと仕方がない」＊新西洋事情（1975）〈深田祐介〉舶来女房、愛すべし「悪名高き大企業は巨利を貪って民衆の生活を極貧に追いやり」②「あくみょう（悪名）②」に同じ。＊梅津政景日記-慶長一七年（1612）三月二五日「右六人之内三人は町屋へおり、行方しらすに罷越候。右之あくめい闕所之道具、見出し候山廻にほうびに出し申候」〘発音〙アクメイ〈標ア〉[0][ク]〈京ア〉[0]

あくもち-しゅ【灰汁持酒】〘名〙「あかざけ（赤酒）」の別名。

あく-もつ【悪物】〘名〙悪い物。有毒な物。あくぶつ。＊落葉集（1598）「悪物　あくもつ」＊日葡辞書（1603-04）「Acumot（アクモツ）。アシイ　モノ〈訳〉悪い、あるいは有毒な物。同語。悪い体液。膿瘍（のうよう）の膿（うみ）など」〘辞書〙日葡

あくもの-ぐい【悪物食】〘名〙普通、人が食べないようなものを食べること。また、その人。あくじき。いかものぐい。＊俳諧・おらが春（1819）「小人閑居して成不善　冬籠り悪く物喰を習けり」＊滑稽本・八笑人（1820-49）初・二「一歳（ねん）も毒だてをしろと、口のすくなるほどにいっても、廿日もたたぬ内にモウ大酒をくらって悪物喰（アクモノグヒ）」＊能因法師（1915）〈岡本綺堂〉「いくらお師匠様が悪物食（アクモノグ）ひでも、ひきがへるの干物（ひもの）は召上りますまい」

あく-や【幄屋】〘名〙「あく（幄）」に同じ。＊江家次第（1111頃）九・行幸神祇官儀「次大臣還₌幄屋₋」＊平家（13C前）一〇・藤戸「平家の内大臣宗盛公節下（せつげ）にておはせしが、節下のあくやにつき、前に龍（れう）の旗たててゐ給ひたりし景気」＊東大寺続要録（1281-1300頃）「両方幄屋相₌待楽人₋」＊太平記（14C後）三九・神木御帰座事「僉議（せんぎ）終ば幄屋に乱声（らんじゃう）を奏す」

あく-やく【悪役】〘名〙演劇、映画などで、悪人に扮する役柄。また、それを演ずる人。転じて、実際の生活で、憎まれる立場にある人。悪形（あくがた）。悪人方。敵役（かたきやく）。＊小説平家（1965-67）〈花田清輝〉二・二「北条一族が、事件の表面にあらわれて、悪役を演じていないかぎり」〘発音〙〈標ア〉[0]〈京ア〉[0]

あく-やく【悪訳】〘名〙的確でない下手な翻訳。＊囀氷冷語（1899）〈内田魯庵〉「中には梗概的抄訳もあり或は杜撰極まる悪訳（アクヤク）もあらうが」＊宮廷文化と政治と文学（1972）〈丸谷才一〉一「ドイツものの悪訳を思わせるまったく手に負えない個性的な悪文ではあるが」〘発音〙〈標ア〉[0]

あくや-だま〘名〙（「あこやだま（阿古屋珠）」の変化した語）真珠。＊新猿楽記（1061-65頃）「交易之物、売買之種、不₌可₌称数₋。唐物沈香、麝香〈略〉阿久夜玉」＊夫木（1310頃）三二「伊勢の海のあまのしまつのあくや玉取りて後もか恋ひのしげけん〈よみ人しらず〉」

あく-ゆう【悪友】〘名〙交際して身のためにならない友。悪い友だち。また、親しみを込めて親友や遊び友だちなどをいうこともある。↕良友。＊早雲寺殿廿一箇条（17C初）一七条「よき友をもとむべきは、手習学文の友也。悪友をのぞくべきは、碁、将棊、笛、尺八の友也」＊日葡辞書（1603-04）「Acuyǔ（アクユウ）〈訳〉悪い友」＊平凡（1907）〈二葉亭四迷〉一六「悪友の悪感化を受けて」＊こども（1968）〈北杜夫〉三「子供を悪友から引離す手段にもなろう」〘発音〙アクユー〈標ア〉[0]〈京ア〉[0]〘辞書〙易林・日葡〘表記〙悪友（易）

あく-ゆう【悪莠】〘名〙悪い草。雑草。＊西国立志編（1870-71）〈中村正直訳〉九・二〇「荒廃に任せしめば、その生ずるところの物は、特に毒草悪莠〈注〉ハクサ）の類のみ」＊明六雑誌-四一号（1875）禾花媒助法之説〈津田仙〉「実に其労と申しては田圃の悪莠を一回芟除するよりも尚ほ易きことにて」＊孟子-尽心下「悪₌似而非者₋、悪₌莠恐₌其乱₋苗也」

あく-ゆう【握有】〘名〙目に見える状態で、物を事実上持っていること。＊経国美談（1883-84）〈矢野龍渓〉後・二〇「其の独立を得る後に至らば覇主の名誉は阿国に握有せんと欲するが如きの有様なるに引き換へ」

あく-ゆえん【悪油煙】〘名〙「あくぼく（悪墨）」に同じ。＊言継卿記-天文一三年（1544）二月一八日「内侍所之五位、あか、女嬬等に悪油煙壱丁つつ遣了」

あく-よう【悪用】〘名〙本来の目的・用途に反して、悪い目的のために使うこと。また、使って悪いことをすること。↕善用。＊青年（1910-11）〈森鷗外〉一九「夫人は半ば無意識にそれを利用して、寧ろ悪用（アクヨウ）して、人の意志を左右しようとする傾きがある」＊家族会議（1935）〈横光利一〉「人間の善意を悪用した行為ではなかったか」〘発音〙アクヨー〈標ア〉[0]〈京ア〉[0]

アクラ（Accra）ガーナ共和国の首都。ギニア湾にのぞみ、カカオ、マンガン等の積み出し港をもつ。野口英世が黄熱病で没した地で、記念碑がある。〘発音〙〈標ア〉[ア]

あ-ぐら【胡床・胡坐】〘名〙①古代の貴族の着座する床の高い台。あごら。＊古事記（712）下・歌謡「やすみしし 吾が大王（おほきみ）の 獣（しし）待つと 阿具良（アグラ）に坐（いま）し」＊書紀（720）敏達一四年三月（前田本訓）「物部弓削守屋大連、自ら寺に詣（いた）りて、胡床（アクラ）に踞（しりうた）げ坐（を）り」②腰掛け。腰をおろす板に脚をつけたもの。＊十巻本和名抄（934頃）六「胡床　風俗通云霊帝好₌胡服₋京師皆作₌胡床₋〈阿久良〉」＊枕（10C終）二七八・関白殿、二月二十一日に「御桟敷（さじき）の前にあぐら立ててゐたるなど、げにぞめでたき」＊源氏（1001-14頃）胡蝶「御前にわたれる廊を、楽屋のさまにして、かりにあぐらどもを召したり」＊栄花（1028-92頃）根合「玉の冠（かうぶり）して、あぐらどもの上に居並（ゐな）みたる」＊読本・昔話稲妻表紙（1806）四・一三「正面の胡床（アグラ）のうへに、人の長（たけ）ほどにつくり」③材木を組んで、高い所への足がかりとしたもの。足代（あししろ）。あなない。＊竹取（9C末-10C初）「大炊寮（おほいつかさ）の飯炊（かし）ぐ屋の棟に、つくの穴ごとに燕（つばくらめ）は巣をくひ侍る。〈略〉あぐらを

胡床②

結(ゆ)ひあげて、うかがはせんに」 ④(胡坐) 両足を組んですわること。また、そのさま。→あぐむ(足組)・あぐらをかく。＊俳諧・古今俳諧明題集(1763)春「うぐひすの寛坐(アグラ)をゆるす初音哉〈李北〉」＊浄瑠璃・神霊矢口渡(1770)四「親分は内にかと揚口(あがりぐち)から大あぐら」＊開化の入口(1873-74)〈横河秋濤〉下「円坐に着坐せらるる公達は皆足を前へだして箕居(アグラ)をなさるる」 ⑤近世、女性の性器の形状の一種をいう俗語。 語誌 (1)アグラはア(足)＋クラ(座)と解され、上代では高床の台を指した。そこに座ることはアグラヰといい、足を組んで座ることをアグム(足組)という。中古には腰掛けや材木で組んだ足場をも指すようになり、中世ではヒザクム(膝組)など類型的表現も生まれ、現在でも中国・四国・九州東部にこの語形が広く分布する。(2)近世には、上方語としてジョウロク(丈六)カク(またクム)が生まれ、近畿と福井・岐阜とに分布する。また、中国地方の一部と岐阜とに分布するイズマイカク類、滋賀・奈良と九州とに分布するイタグラカク類はいずれも周圏分布とみられ、ジョウロク類以前に中央で用いられた可能性が考えられる。 方言 ❶正座すること。座ること。栃木県今市市・河内郡198 ❷蛇がとぐろを巻くこと。静岡県駿東郡「あぐらをかく」054 語源説 (①②について) (1)アグラ(足座)の義〔東雅・物類称呼・雅言考・茅窓漫録・言元梯・俗語考・和訓栞〕。足座説は足代(アシシロ)から考えた説か〔東亜古俗考=藤原相之助〕。(2)アゲクラ(上座・揚座)の義〔県居雑録・古事記伝・雅言考・名言通〕。(3)アミクラ(編座)の義〔安斎随筆〕。(4)アシクミクラ(足組座)の意〔両京俚言考〕。(5)ヤグラの転〔名語記〕。 発音 アグラ 〈なまり〉アグタ〔鳥取〕アグチ〔石川〕アグル〔静岡〕アグロ〔栃木・埼玉・埼玉方言・神奈川・信州風物・信州上田〕アゴラ・アゴロ・アンゴラ〔信州風物〕アブラ〔千葉〕アングラ〔愛知〕アンゴロ〔信州風物・信州上田〕 〈標ア〉⓪ 〈ア史〉平安○○◎ 〈京ア〉⓪/⓪ 辞書 和名・色葉・名義・書言・ヘボン・言海 表記 胡床(和・色・名・書) 草墪・床子(色) 跰跨・寛坐・蹦跪(書) 箕踞(ヘ)

あぐら を かく ①足を組んで楽にすわる。あぐらを組む。＊虎明本狂言・察化(室町末-近世初)「『心得た』と云て、あぐらかひているなり」＊雑俳・大黒柱(1713)「引っはってあぐらかいたりや膳はぢく」＊俳諧・梅塵抄録本-文化元年歌仙(1804)今打し「茶の水も近き居抜に引移り〈一茶〉 胡座かいても見ゆる淀川〈成美〉」＊真景累ケ淵(1869頃)〈三遊亭円朝〉六八「胡坐(アグラ)をかいたなり立上りも致しません」＊多情多恨(1896)〈尾崎紅葉〉前・一一「外套(オーヴーコート)のまま火鉢の前面(むかふ)に趺坐(アグラ)を搔く」 ②その立場や状態にあっていい気になっている。ずうずうしくかまえる。＊新文学創造の主体(1946)〈小田切秀雄〉四「実感の上にあぐらをかくのは劣者だ」＊現代史の課題(1956)〈亀井勝一郎〉日本近代化の悲劇「フランスの知的選良たちはインドシナ支配の上に平然とあぐらをかき」

アグラ(Agra) インド共和国北部の都市。デリーの東南、ジャムナ川右岸にある。ムガール帝国の首都。タージ＝マハール、アグラ城がある。

あぐら-いゐ【胡床居】〘名〙 胡床①の上にすわること。また、あぐらをかいてすわること。＊古事記(712)下・歌謡「阿具良韋能(アグラヰの) 神の御手もち 弾く琴に 儛(まひ)する女(をみな)」 発音〈標ア〉ア

あぐら-がみ【胡坐髪】〘名〙 日本髪の一つの型。銀杏(いちょう)返しのこと。形があぐらをかいているように見えるところからいう。 方言 秋田県平鹿郡130

あぐらし・い〘形〙 方言 ❶うるさい。騒々しい。新潟県062 352 359 富山県砺波398 石川県鹿島郡404 金沢市415 ◇あぐろしい 新潟県佐渡348 ❷忙しい。多忙である。新潟県東蒲原郡368 富山県389 390 ❸そそっかしい。富山県東礪波郡062 ❹雑然としている。ごみごみしている。◇あぐろしい 新潟県佐渡352 ❺大きくて目障りである。見るだけでも疲れ果てるほど大きい。山形県米沢市149 新潟県東蒲原郡368 ❻とんでもない。新潟県東蒲原郡368 長岡市373 ❼気味が悪い。新潟県東蒲原郡368 ❽かさだかである。石川県鳳至郡409

アグラス-みさき【―岬】(アグラスはAgulhas) アフリカ最南端の岬。喜望峰の南東に位置し、大西洋とインド洋を分割。

あく-らつ【悪辣】〘形動〙(「辣」はつらい意) きわめてたちの悪いさま。やり方がひどいさま。あくどいさま。＊碧山日録-長禄三年(1459)四月二七日「乃翁別具二悪辣手一、弄二得死蛇一成二活龍一」＊無刊記刊本碧巖鈔(1620-40頃)二「黄檗は今更に長老ぢゃほどに、悪辣(ラツ)の手段を具したでは無い。古より従来悪手段を具したるあら人ぞと也」＊彼岸過迄(1912)〈夏目漱石〉報告・一三「つまり遺方は悪辣(アクラツ)でも、結末には妙に温かい情の籠った人間らしい点を見せて来るんです」＊銀の匙(1913-15)〈中勘助〉前・五一「富公の意趣返しは日に日に悪辣になり」 発音〈標ア〉ミ

あぐら-なべ【胡坐鍋】〘名〙 気楽にあぐらをかいて、鍋で物を煮ながら食べること。また、その鍋。＊歌舞伎・木間星箱根鹿笛(1880)四幕「断琴の交りと堅くは行かぬが牛店で、胡座鍋(アグラナベ)の親友故、若干(なにがし)か進ぜたいが」 発音〈標ア〉⓪ 〈京ア〉⓪

あぐらなべ【安愚楽鍋】 滑稽小説。三編五冊。仮名垣魯文作。角書「牛店雑談(うしやぞうだん)」。明治四～五年(一八七一～七二)刊。開化期の世相を牛鍋屋に集まる庶民の会話を通して描く。 発音 アグラナベ 〈標ア〉ナ

あくら-の-はま【飽の浜】 和歌山市の北西部、田倉崎をいうか。＊万葉(8C後)一一・二七九五「紀の国の飽等浜(あくらのはま)の忘れ貝われは忘れじ年は経ぬとも〈作者未詳〉」

あぐら-ばな【胡坐鼻】〘名〙 あぐらをかいたように、低くて横に広がっている鼻。＊欧米最新美容法(1908)「西洋では鼻の形は大別して希臘形と羅馬形との二種に区別して居りますけれども日本では獅子鼻とか胡座鼻とか段鼻とか鷲鼻とか種々奇妙な名称を付けて居ります」 発音 アグラバナ 〈標ア〉ラ 〈京ア〉ラ/ラ

あくらん-の-しょく【握蘭職】〘名〙(弁官は唐の尚書にあたり、尚書は君王に親近する官なので、口に鶏舌香を含み、手に蘭を握ったところから) 弁官の異称。蘭台。＊職原鈔(1340)上「漢朝尚書、親近之官也。仍口含二雞舌香一、手握レ蘭、故此云二握蘭之職一」

あく-り【幄裏】〘名〙 幄(とばり)のうち。張りめぐらした幕の中。＊万葉(8C後)一八・四〇八九・題詞「独居二幄裏一、遙聞二霍公鳥喧一作歌一首」＊何遜-為衡山侯与婦書「帳前微笑、渉レ想猶存、幄裏余香、従レ風且歇」

あぐり【網繰・揚繰】〘名〙 ①「あぐりあみ(網繰網)」の略。＊随筆・嬉遊笑覧(1830)一二・下「享保一七年子七月あぐり被仰付金六十五両鯨舟二艘被下置」 ②網を編む道具。＊菊池俗言考(1854)「あぐり、網繰(アグリ)なり網を透(す)く具なり」 方言 ❶網を繕う竹製の網針。島根県725 山口県見島797 豊浦郡798 熊本県玉名郡926 下益城郡931 ◇あぐい 鹿児島県沖永良部島985 ◇あんぐり 島根県八束郡・隠岐島725 ❷鰯(いわし)を捕る網船。千葉県夷隅郡054 三重県585 ❸きんちゃく網。香川県伊吹島829 語源説 (1)アミクリ(網繰)の略〔和訓栞・釣書ふきよせ〕。(2)アゲクリ(揚繰)の約〔大言海〕。

あぐり〘名〙 女の子ばかり生まれて男の子が生まれない時、これが最後の女児であるようにという希望で付ける名前。また、生まれた子がうまく育たない家で、この名を付けるとその女の子は順調に成育するともいう。＊岩松新田文書-弘安元年(1278)一〇月三日・道覚譲状写(鎌倉遺文一七・一三一九三)「西田嶋内田二町・在家一宇、あくり御前に譲所也」＊評判記・大坂新町古今若女郎衆序(1681)「井筒屋のかか、又あぐりなりける女の盃取て、うたふゆへに、大坂大臣の心とけにける」＊俳諧・七百五十韵(1681)八「娘手のべざいてん様えびす様〈如泉〉 徳屋あぐり八才〈春澄〉」＊俳諧・五万才(1801-04)初「禿の古名聞けばあぐり」 語誌 菅江真澄は「溢(あふ)れる」の意の東北方言「あぐる」の名詞形であるとして、「信濃、越後、出羽、陸奥などに、あぐりといへる女房の名あり。そは女子あまた産(もち)て女子に飽く〈秋田津軽詞に溢る事をあくるといへり〉てふ意をもてしかいへり。かくてあぐりこと末なる女子を名づくれば、こたびは必ず男子生めりといふためしありけるとなん」〔しののはぐさ〕と言い、また喜田貞吉は「あまり」の意の転じた語〔あぐりといふ名、あぐりという姓〕という。

あぐり〘副〙(多く「と」を伴って用いる)「あんぐり」に同じ。＊滑稽本・七偏人(1857-63)初・上「龍宮城の煉羊かんをあぐりと喰(くら)って」＊吾輩は猫である(1905-06)〈夏目漱石〉二「あぐりと餅の角を一寸許り食ひ込んだ」

あぐり-あみ【網繰網・揚繰網】〘名〙 巻き網の一種。イワシ、アジなど浮き魚を対象とし、上縁に浮子(あば)、下縁に沈子(いわ)を付けた帯状の網をうち回して魚群を囲み、網の両端の下縁から巾着(きんちゃく)の口を締めるように繰り上げてゆき、魚群を網の中央の魚取部に寄せて捕獲するもの。＊随筆・嬉遊笑覧(1830)一二・下「あぐり網、舟に相用 同十九年寅八月あぐり舟を大六人引あみ二組に相直し候様仰付らる」 発音 アグリアミ 〈標ア〉リ⓪ 〈京ア〉リ

アグリーメント〘名〙(英 agreement) 意見などが一致すること。合意。承諾。また、協定。契約。＊音引正解近代新用語辞典(1928)〈竹野長次・田中信澄〉「アグリーメント Agreement 英 一致、相似、同意、和合、折合等の意」 発音〈標ア〉リ ア

アグリコラ(Georgius Agricola ゲオルギウス―) ドイツの鉱山学者。科学的な採鉱冶金(やきん)学をひらき、鉱物学・鉱山学・冶金学の父と呼ばれる。主著「デ-レ-メタリカ」は採鉱冶金学の古典。(一四九四～一五五五)

あぐり-しゃ・る〘自ラ下二〙 焼き魚、煮魚などがはしでつつき回されて骨ばかりになる。＊浮世草子・好色二代男(1684)八・三「あぐりしゃれたる取肴(とりさかな)、又呑懸てよくよくの事の」 発音〈標ア〉リ

アクリジン〘名〙(英 acridine) 弱塩基性有機化合物。化学式 $C_{13}H_9N$ 無色針状結晶。アクリジン染料、殺菌剤、医薬品などの原料。＊外来語辞典(1914)〈勝屋英造〉「アクリヂン Acridine〔英〕人造染料の一種」

あく-りっし【悪律師】〘名〙 豪勇な律師。強くて勇ましい律師。＊太平記(14C後)二・主上臨幸依非実事山門変儀事「今は光林房律師源存、妙光房の小相模、中の坊の悪律師(アクリッシ)三四人より外は落止る衆徒も無りけり」 発音〈標ア〉リ

アクリノール〘名〙(英 acrinol) 殺菌消毒薬。アクリジンの誘導体の一つ。黄色の結晶。千倍液にして消毒、洗浄に用いるほか、軟膏(なんこう)や散布剤にもする。 発音〈標ア〉ノ

アグリビジネス〘名〙(英 agribusiness) 生産、加工、貯蔵、運搬、販売などを含めて、総合的にみた農業。経営としての農業。

あぐり-ぶね【網繰船・揚繰船】〘名〙 ①漁網のうけ縄をたぐる船。手繰(たぐ)り船。 ②あぐり網で魚を捕る船。＊書言字考節用集(1717)七「網拷船 アグリブネ」＊随筆・嬉遊笑覧(1830)一二・下「あぐり舟を大六人引あみ二組に相直し候様仰付らる」＊ノリソダ騒動記(1952-53)〈杉浦明平〉二「小さなアグリ船の株主」 辞書 書言 表記 網拷船(書)

あく‐りゃく【悪略】〘名〙悪質なはかりごと。悪巧み。＊風博士(1931)〈坂口安吾〉「余の力を以てして、彼の悪略に及ばざることすでに明白なり矣」 発音〈標ア〉0

あく‐りゅう【悪流】〘名〙①ある宗派の悪い伝統とか分派(日葡辞書(1603‐04))。②異なった相反する技術でできた物。形や姿の悪い物(日葡辞書(1603‐04))。 辞書日葡

あく‐りゅう【悪龍】〘名〙①害をなすたけだけしい龍。あくりょう。＊今昔(1120頃か)三・七「我、悪龍と成て、此の龍の命を絶て、此の所に住て王と成む」＊光悦本謡曲・藤戸(1514頃)「藤戸の水底の、悪龍の水神となって、うらみをなさんと思ひしに」＊書言字考節用集(1717)五「悪龍 アクリウ」＊浄瑠璃・国性爺後日合戦(1717)五「悪龍毒蛇の形を現じ」＊正法念処経‐一八「悪龍増二長勢力一」②(英 dragon の訳語)翼を有し、火を吐くという伝説の龍。ドラゴン。 発音アクリュー〈標ア〉0 辞書日葡・書言 表記悪龍(書)

あく‐りょ【悪侶】〘名〙①悪いともがら。悪人ども。悪徒。＊平家(13C前)七・返牒「三千の衆徒しばらく修学讃仰の勤節を止めて、悪侶治罰の官軍をたすけしめん」＊梁元帝‐赦令「凡諸悪侶、諒非二一族一」②悪い僧侶。仏道を守らない僧。＊日蓮遺文‐立正安国論(1260)「就レ文見レ世、誠以然矣。不レ誡二悪侶一者豈成二善事一哉」

あく‐りょう【悪霊】■〘名〙人にたたりをする霊魂。死者の霊についていうことが多いが、生者の魂、人間以外の霊的存在についてもいう。もののけ。怨霊(おんりょう)。あくろう。あくれい。＊源氏(1001‐14頃)夕霧「あくりゃうは執念(しふね)きやうなれど業障(ごふしゃう)にまとはれたる、はかなものなり」＊義経記(室町中か)三・書写山炎上の事「われ一人の咎ならぬに、残りを失はれずは、死するともあくりゃうとならん」＊謡曲・舟弁慶(1516頃)「祈り祈られ、悪霊次第に遠ざかれば」＊読本・椿説弓張月(1807‐11)続・三六回「光を墳塋(ふんゑい)の中に瘞(うづ)めて、ながく虬(みづち)の悪霊(アクレウ)を圧鎮(おししづむ)」■(原題 ロシア Bjesy)長編小説。ドストエフスキー作。一八七一～七二年に発表。いわゆる「ネチャーエフ事件」を題材に、無神論的革命思想に憑かれた青年たちの破滅を批判をこめて描いた。 発音アクリョー〈標ア〉ク0〈京ア〉ア 辞書饅頭・易林・日葡・書言・ヘボン・言海 表記悪霊(易・書・ヘ・言)悪灵(饅)

あく‐りょう【悪龍】〘名〙「あくりゅう(悪龍)」に同じ。＊落葉集(1598)「悪龍 あくれう」＊日葡辞書(1603‐04)「Acureô(アクリョ)、または、アクリュウ〈略〉アシイ タツ」＊歌舞伎・柳風吹矢の糸条(1864)「髪逆立てて悪龍(アクリョウ)の荒れたる如き有様にて」 辞書日葡

あく‐りょく【握力】〘名〙物をにぎりしめる手の力。＊筆まかせ(1884‐92)〈正岡子規〉三・活力統計表「握力〈右 四十四キログラム 左 三十九キログラム〉」＊芽むしり仔撃ち(1958)〈大江健三郎〉六「医者の強靭な握力から体をふりほどこうとしたが」 発音〈標ア〉ク1〈京ア〉ア

あくりょく‐けい【握力計】〘名〙握力を測定する器具。弾力性のある金具の環を握ると、取り付けてある目盛り板の上を指針が移動して、キログラム重量単位の最大握力を指示する。＊新しき用語の泉(1921)〈小林花眠〉「握力計(アクリョクケイ)握る力の強弱を験する器械」 発音アクリョクケイ〈標ア〉0ク2

アクリル〘名〙(英 acrylic から)アクリル樹脂、あるいはアクリル繊維のこと。＊他人の顔(1964)〈安部公房〉黒いノート「表皮のケラチン層は、アクリル系の樹脂で適当なのが、簡単に見つかった」 発音〈標ア〉0

アクリル‐アミド〘名〙(英 acryl amide)アクリロニトリルの加水分解などによって得られる無色の結晶。重合体は接着剤、塗料、合成繊維に用いられる。

アクリル‐ガラス〘名〙(英 acrylic glass から)有機ガラスの一種で、原料はアクリル樹脂。おもに建築用で、扉や照明器具などに使われる。

アクリル‐さん【―酸】〘名〙化学式 $CH_2=CHCOOH$ 水に可溶の刺激臭を持つ液体。水溶性重合体の原料、有機合成原料として用いる。アクリル酸エステル重合体は塗料、接着剤、電気絶縁材料などに用いられる。

アクリル‐じゅし【―樹脂】〘名〙合成樹脂の一つ。アクリル酸から作られる。透明で耐光性、耐薬品性、電気絶縁性があり、特殊ガラス、建築材料などに用いられる。 発音〈標ア〉ジュ

アクリル‐せんい【―繊維】〘名〙化学繊維の一つ。アクリロニトリルの重合体を溶かして紡糸した合成繊維の総称。保温性があり、軽く、しわになりにくい。

アクリロニトリル〘名〙(英 acrylonitrile)合成繊維、合成ゴムの原料の一つ。化学式 $CH_2=CHCN$ 特異なにおいを持つ無色の液体。重合しやすい。猛毒。溶剤、殺虫剤などに用いる。

あくる【明】(動詞「あく(明)」の連体形。「夜、年などが明けてから」の意。連体詞としても用いる)次の。翌。次にくる日、月、年などについていう。＊平家(13C前)一一・逆櫓「あくる卯の時に阿波の地へこそ吹きつけたれ」＊玉塵抄(1563)六「玄宗の天宝十四年に安祿山が北方のえびすの国から、みやこえきり上て洛陽をほろぼしてあくる十五年長安をしたがえたぞ」＊浮世草子・傾城禁短気(1711)一・四「法師更に急(せ)かずして、翌(アクル)四つ過に来られ」＊倫敦消息(1901)〈夏目漱石〉一「明る土曜は先(まづ)平常の通りで」 発音〈標ア〉0〈ア史〉江戸●●●〈京ア〉0 辞書ヘボン

あくる 朝(あさ) 次の日の朝。翌朝。あくるあした。＊雑俳・柳多留‐一〇(1775)「あくる朝羽織のかえる能きけん」＊滑稽本・浮世風呂(1809‐13)四・上「翌朝(アクルアサ)、宿から迎の人が来ると」 発音〈なまり〉アクリアサ〔NHK(岐阜)・広島県・愛媛周桑〕〈標ア〉ア2〈京ア〉ル 辞書言海 表記明朝(言)

あくる あした「あくる(明)朝(あさ)」に同じ。＊万葉(8C後)一五・三七六九「ぬばたまの夜見し君を安久流安之多(アクルアシタ)逢はずまにして今そ悔しき〈狭野弟上娘子〉」＊東大寺諷誦文平安初期点(830頃)「今夕は存りと雖も明旦(アクルアシタ)は死に別れぬ」＊大慈恩寺三蔵法師伝永久四年点(1116)五「是に辞して去りぬ。結旦(アクルアシタ)使来れり」＊浄瑠璃・冥途の飛脚(1711頃)中「いるさの門(かど)のしゃうじ戸もあくるあしたのかた見かや」

あくる 今日(きょう) その日の次の日である今日。明くる日に当たる今日。＊栄花(1028‐92頃)駒競の行幸「昨日御幸せさせ給て、ひねもすに御遊びありて、あくるけふは、心のどかに、秋の空も曇りなく」

あくる 空(そら)**には行**(ゆ)**くべし暮**(く)**るる空**(そら)**には行**(ゆ)**くべからず** まもなく夜が明ける時分なら、まだ暗くても安心だが、日暮れ近くに出発するのは、まだ明るくても危険だからやめたほうがよい。＊北条氏直時代諺留(1599頃)「明る空にはゆくべし暮るるそらには行べからず」

あくる 月(つき) 次の月。翌月。 発音〈標ア〉ル

あくる つとめて 次の日の早朝。また、次の日の朝。＊宇津保(970‐999頃)菊の宴「大宮あくるつとめて、中のおとどにわたり、君だち御裳ひきかけつつおはします」

あくる 年(とし) ①その年の次の年。翌年。＊観智院本三宝絵(984)中「あくる年の二月十五日の朝より〈略〉、東に向ひて、南無仏と云ひて」＊宇津保(970‐999頃)俊蔭「あくるとしの春より、〈略〉木をたふす斧の声はるかに聞ゆ」＊源氏(1001‐14頃)澪標「あくるとしの二月(きさらぎ)に、春宮の御元服の事あり」②新しい年。新年。元日。＊俳諧・増山の井(1663)正月「明るとしの月とも」 発音〈標ア〉ル〈京ア〉ル 辞書言海 表記明年(言)

あくる 晩(ばん) 次の日の晩。翌日の晩。＊咄本・当世手打笑(1681)五・二「をれもとりに行きませうといひしが、あくる晩(バン)にきたりて、けふよしみねへ行て尋たが、目薬らしい物はなかったといふ」＊落語・角兵衛の婚礼(1891)〈三代目三遊亭円遊〉「目出度く婚礼が済んで、夫から又明(アク)る晩も前の通りやって丁度一周間やりましたが」＊茶話(1915‐30)〈薄田泣菫〉男と女の胸釦の相異「エヂソンはその翌(アク)る晩(バン)ある会に誘ひ出されたが」

あくる 日(ひ) 次の日。明日。翌日。＊宇津保(970‐999頃)蔵開中「あくる日までさぶらひて、みだり心ちのいとあしく侍りしかば」＊源氏(1001‐14頃)総角「御修法(みずほふ)読経(どきゃう)、あくる日よりはじめさせ給はむとて」＊色葉字類抄(1177‐81)「翌日 アス 又アクルヒ」＊寛永刊本蒙求抄(1529頃)「斂(れん)は死て明くる日をば小斂と云。三日めを大斂と云ぞ」＊滑稽本・浮世床(1813‐23)初・上「ソレ翌(アク)る日(ヒ)は天窓(あたま)が重てへとかお頭痛が遊ばすとか云て」 発音〈なまり〉アクーヒ〔鳥取〕アクリヒ〔岐阜・播磨・和歌山県・紀州・広島県〕アクンヒ〔広島県〕アケロヒ〔八丈島〕〈標ア〉ヒ0〈京ア〉ル／ヒ 辞書色葉・文明・伊京・日葡・書言・言海 表記翌日(色・文・伊・書)明日(書・言)

あくる 夜(よ・よる) 次の日の夜。翌日の夜。＊ロマネスク(1934)〈太宰治〉仙術太郎「村のひとたちは翌る夜また同じ相談をはじめなければいけなかった」 発音〈標ア〉ヨ

あくる〘動〙方言❶余る。あふれる。余ってたるむ。青森県073 075 082 岩手県九戸郡088 秋田県鹿角郡132 ◇あくれる 青森県南部084 秋田県130 132 134 ❷毒づき怒る。岩手県上閉伊郡097

あく‐るい【悪類】〘名〙悪い種属、種類。＊日葡辞書(1603‐04)「Acurui(アクルイ)〈訳〉悪い種属とか物の種類」＊政談(1727頃)三「右の様なる悪類を見逃にすべき様なし」 辞書日葡

あぐるし・い〘形口〙いかにも息苦しそうに見える。窮屈そうである。＊雑俳・俳諧觽‐一一(1792)「余所目にもあぐるしさうな腹の形」 方言❶うるさい。騒がしい。新潟県佐渡356 富山県390 石川県河北郡414 岐阜県飛騨502 ❷窮屈である。石川県金沢404 415 422 ❸たくましい。◇あぐるし 新潟県下越387

あく‐れい【悪例】〘名〙悪い例。また、後のためによくない結果を生むことになる悪い先例。悪い慣例。＊日葡辞書(1603‐04)「Acurei(アクレイ)。アシイ タメシ」＊経国美談(1883‐84)〈矢野龍渓〉前・一五「不祥なる詭計の改革を行ふの悪例を開き」＊火の柱(1904)〈木下尚江〉序に代ふ「『発行禁止』の悪例の破壊せられたることを深く感謝せずんばあらず」 発音アクレイ〈標ア〉0〈京ア〉0 辞書日葡

あく‐れい【悪霊】〘名〙「あくりょう(悪霊)■」に同じ。＊日葡辞書(1603‐04)「Acurei(アクレイ)、または、アクリャウ。アクノ ミタマ〈訳〉さまよっている魂。Acurei(アクレイ) ヒトニ ワザヲ ナス、または、トリツク」＊浄瑠璃・京今宮御本地(1678頃)四「かつらぎ・たかま・ひら・横川力を合はせ、あく霊(レイ)を千里が外にはらひたまへ」 辞書日葡

あくれ‐ば【明―】〘副〙年が明けると。翌年は。＊平家(13C前)六・祇園女御「明れば十七日、寅の剋より矢合して、夜の明(あくる)までたたかうに」＊福翁自伝(1899)〈福沢諭吉〉王政維新「明(ア)くれば慶応四年、即ち明治元年の正月早々伏見の戦争が始まって」 発音〈標ア〉クレ

アグレマン〘名〙(フランス agrément「同意」「承認」の意)

一国が他国に大使、公使などを派遣する際、任命する人物について、正式の任命に先だって、前もって相手国に求める承諾。＊モダン用語辞典〈1930〉〈喜多壮一郎〉「アグレマン Agrément 仏 英語のアグリーメントと同義。同意、承諾の意味である」 発音〈標ア〉レ〈京ア〉レ

あくれる〔動〕方言❶遊びにふける。狂い戯れる。石川県金沢市・江沼郡404 岐阜県益田郡504 ❷戯れ踊る。岐阜県武儀郡498 ❸騒ぐ。ふざけ騒ぐ。富山県砺波（子供にいう）398 石川県江沼郡422 岐阜県飛驒502 郡上郡（子供にいう）504 ❹暴れる。福井県敦賀郡443 ❺稲などが茎だけのびて、実らない。島根県大原郡725

あく-ろ【悪路】 ㊀〔名〕①悪い道路。通行に困難をきたすような道。＊近世紀聞〈1875-81〉〈染崎延房〉六・三「悪路の切所に胸壁を築立（つきたて）弾丸を防ぎて戦へり」＊傷はまだ癒えていない〈1958〉〈中野好夫〉狐につままれたような再生「四時間名題の悪路をジープで飛ばしてM市に帰り」②（比喩的に）悪い境遇。邪悪な世界。＊明六雑誌-四三号〈1875〉尊王攘夷説〈阪谷素〉「王を玩物とし、王の私欲に面従して之を悪路に陥れ、陰に舌を吐き自ら得たりとす」＊日蓮上人〈1894〉〈幸田露伴〉苦学「世に邪道のみ蔓延（はびこ）りて人々深く迷ひを執し、悪路（アクロ）に沈淪し行くをも悟らで」＊陸游-秋夜読書詩「燈昏老眼闇、鈍馬行二悪路一」 ㊁平安時代から中世の頃、東北地方で中央政府の支配に従わない人々が住むと考えられていた土地。＊発心集〈1216頃か〉七・心戒上人不留跡事「常には、えむすか・あくろ・津軽・壺碑なんど云方にのみ住れけるとかや」 発音〈標ア〉ア〈京ア〉ア

あく-ろ【悪露】〔名〕産後のおりもの。＊医案類語〈1774〉往診詢究「自二女落一地悪露（〈注〉オリモノ）絶無」＊医語類聚〈1872〉〈奥山虎章〉「Lochia 悪露」 発音〈標ア〉ア

あく-ろう【悪霊】（ウ：ラ）〔名〕「あくりょう（悪霊）㊀」に同じ。＊青表紙一本源氏〈1001-14頃〉夕霧「あくらうは、執念（しふね）きやうなれど、業障にまとはれたる、はかなものなり」

あくろ-おう【悪路王】（ウ：ワ）悪路㊁を支配して中央政府に抵抗したという伝説的な王。阿弖利為の伝承されたものか。＊吾妻鏡-文治五年〈1189〉九月二八日「田谷窟也云々。是田村麿利仁等将軍、奉二綸命一征レ夷之時、賊主悪路王并赤頭等搆レ塞之岩屋也」

あくろ-じん【悪路神】〔名〕通過する途中で、行き会う人に害を加えようとする無縁の悪霊。伊勢国間弓村唐子谷の辺にいたという。＊随筆・閑窓瑣談〈1841〉三四「悪路神（アクロジン）の火と号（なづ）けて、雨夜には殊に多く燃て、挑灯（てうちん）のごとくに往来す、此火に行合者は、速に地に俯（うつむき）に伏て身を縮む、其時火は其人の上を通路するなり、火の通り過るを待て迯（にげ）出す、然も為ざる時は、彼火に近付て忽ちに病を発し煩ふこと甚しといふ」

アクロスティック〔名〕（英 acrostic）①詩や文章の各行の始めの文字、あるいは始めと終わりの文字を、順を追って読みすすむと、一つの文が浮かんでくるという一種の言葉の遊戯。②並べた数語の最初の文字、あるいは中、終わりの文字をつなぐと別の語ができるといった文字遊び。 発音〈標ア〉ロ ティ

アクロテリオン〔名〕（ギリシア akrōtērion）ギリシア、ローマなどの建造物の、破風の頂や隅（すみ）を飾る彫像。多くは大理石、あるいはテラコッタ製で、神、人間、怪物などの単身像、あるいは群像である。

アクロバチック〔形動〕（英 acrobatic）《アクロバティック》はなれわざのようなさま。＊闘犬図〈1938〉〈石坂洋次郎〉「十余句一息にものして、ホッと筆もつ手を休めてゐると、此の軽業的（アクロバチック）な句作振りにはほとほと感服したらしい〈略〉博労が」＊砂時計〈1954-55〉〈梅崎春生〉九「改札口の改札係は次々出てくる人波をさばくためにアクロバティックな手の動かし方をしていた」 発音〈標ア〉チ〈京ア〉バ ッ

アクロバチック-ダンス〔名〕（英 acrobatic dance）《アクロバティックダンス》アクロバットのように、体を極端に折りまげたりする踊り。＊アルス新語辞典〈1930〉〈桃井鶴夫〉「アクロバチック・ダンス 英 acrobatic dance 軽業的ダンス」 発音〈標ア〉ダ

アクロバチック-ひこう【—飛行】（カウ：ヒ）〔名〕「アクロバットひこう（—飛行）」に同じ。＊水中都市〈1952〉〈安部公房〉「次にはなはだ威嚇的なアクロバチック飛行をして見せた」 発音 アクロバチックヒコー〈標ア〉ヒ コ

アクロバット〔名〕（英 acrobat）①曲芸師。軽業師。＊モダン用語辞典〈1930〉〈喜多壮一郎〉「アクロバット Acrobat 英 ギリシャ語のアクロバット（爪先で歩くこと）から来たので綱渡りの意。処がこれが転用されて、軽業師をかう呼んでゐる」②曲芸。軽業。危ない芸当。＊オリンポスの果実〈1940〉〈田中英光〉六「ダイビングの女子選手が〈略〉空中に、さっと飛びこむ。アクロバットなどより真面目な美しさです」＊砂漠の花〈1955-57〉〈平林たい子〉「こんな皿の持ち方は、女給の特技でこの店にきた日に、最初に私を驚かしたアクロバットだった」 発音〈標ア〉バ〈京ア〉ロ ッ

アクロバット-ひこう【—飛行】（カウ：ヒ）〔名〕飛行機の曲芸的な飛び方。宙返り、宙返り反転、横転、錐（きり）もみ、上昇反転、背面飛行などの高等技術を駆使するもの。曲芸飛行。

アクロポリス〔名〕（ギリシア akropolis「高い都市」の意）古代ギリシアの高丘城砦（じょうさい）。多くのギリシア都市では、市の一番高い場所にアクロポリスを築いていた。中でもアテネのものが有名で、パルテノン神殿その他の遺跡があり、単にアクロポリスといえばこれをさす。 発音〈標ア〉ポ

アクロポリス-びじゅつかん【—美術館】（ツクワン：ビジュ）ギリシアのアクロポリスにある国立美術館。アルカイックの破風彫刻、少女像などの他、パルテノンの彫刻遺品なども展示してある。→アルカイック

アクロマチック-レンズ〔名〕（英 achromatic lens）写真機、望遠鏡用の色収差を除いたレンズ。色消しレンズ。 発音〈標ア〉レ

アクロレイン〔名〕（英 acrolein）脂肪族不飽和アルデヒドの一つ。揮発性で強い刺激臭をもつ無色の液体。グリセリンを硫化水素などで脱水して得る。有機合成物の原料。アクリルアルデヒド。プロペナール。＊外来語辞典〈1914〉〈勝屋英造〉「アクロレイン Acrolein〔英〕『グリセリン』を強熱して生ずる無色にして不快なる刺戟性の臭気を有する液体」

アグワ-ベンタ〔名〕（ポルトガル agua benta）キリシタン用語。聖水。＊どちりなきりしたん（一六〇〇年版）〈1600〉九「こうくはい（後悔）をもてびすぽのべんさんをうけ、あぐはべんたをそそき、むねをうち」 発音〈標ア〉ベ

あくんぐるし-の-さいなん【—災難】〔連語〕（近世前期に流行した俗謡、歌祭文の決まり文句。「んぐる」は調子をつけるために添えたものという）悪事災難。心身を苦しめ悩ますわざわい。あっくんぐるしのさいなん。＊浮世草子・御前義経記〈1700〉三・三「あくんぐるしのさいなんは、駕舁（かごかき）の詞で七分（ふん）とうやまって申すと、今様のはやり祭文、あれこれまぜてうたひけるに」＊歌謡・新編歌祭文集〈1688-1736頃〉四・道具屋おかめ与兵衛歌祭文・下「回向の声にこの二人、成仏疑ひなき後に、あくん苦しの災難は、只この今が業（わざ）なりとうやまって申す」

あけ【赤・朱・緋】〔名〕①赤い色、または、赤く染めたもの。広く、朱、紅、緋（ひ）などの色を含み、また、血の色などにもいう。＊書紀〈720〉大化三年是歳（北野本訓）「四に曰はく、錦冠。大小二階有り。〈略〉服の色は並びに真緋（アケ）を用ゐる」＊小川本願経四分律平安初期点〈810頃〉「紫色、若しは朱（アケ）、若しは五種色を以てす応し」＊霊異記〈810-824〉上・一「栖軽（すがる）〈略〉緋（アケ）の蘰（かづら）を額に著け、赤き幡桙（はたほこ）を擎（ささ）げて、〈興福寺本訓釈 緋 安介〉」＊将門記承徳三年点〈1099〉「憐れむべし、別賀の紅の涙を緋（アケ）の襟に搵（のご）ふ」＊親宗集〈1182頃〉「なぎの葉ものきのあやめもみどりにてあけのほくらは名のみなりけり」＊観智院本名義抄〈1241〉「緋 アケ アカシ。絳 アカイロ アケ。茜 アカネ アケ」＊日葡辞書〈1603-04〉「Aqeno（アケノ） チシヲニ ソム」＊浮世草子・色里三所世帯〈1688〉中・三「姫百合（ひめゆり）のあけに咲し」＊恋衣〈1905〉曙染〈与謝野晶子〉「精好の紅（アケ）としら茶の金襴のはりまぜ箱に住みし小鼓」②「あけごろも（緋衣）」の略。五位のこともいう。＊後撰〈951-953頃〉雑一・一一二三「たまくしげふたとせ逢はぬ君が身をあけながらやはあらむと思ひし〈源公忠〉」＊今鏡〈1170〉一・初春「列（つら）なれる紫の袖も心ことに従へるあけも緑も華やかなる御垣のうちの春なりけるとなんきこえ侍し」③馬の毛色。赤毛。＊康保三年源順馬毛名歌合〈966〉「ほのぼのと山のはのあけ走り出でて木の下蔭を見てもゆかなん」 補注「アカ」が「アカガネ」「アカネ」のように熟して用いられるのに対し、単独で用いられる形だったとされる。 語源説 (1)アカ（赤）の原語〔大言海〕。(2)アカ（赤）の転〔名語記・古言類韻＝堀秀成・日本語原考＝与謝野寛〕。 発音〈標ア〉⓪〈ア史〉平安・鎌倉●● 江戸●○〈京ア〉ア 上仮名 アケ 辞書 色葉・名義・和玉・文明・日葡・ヘボン・言海 表記 朱（玉・文・へ・言） 緋・緹（色・名） 縉（色） 絳・茜（名）

あけに染（そ）まる （血まみれになって）赤い色に染まる。＊寛永版曾我物語（南北朝頃）九・十番斬の事「あけにそまりたる友切真甲にさしかざし、電（いなづま）の如くに飛んで掛かる」＊浄瑠璃・心中重井筒〈1707〉血汐朧染「大事の夫が目の前であけにそまった体（てい）を見ば」＊春泥〈1928〉〈久保田万太郎〉五「前の方へのめって前歯を折り奥歯で片頬を貫いた。衣裳の洋服はたちまち朱（アケ）にそまった」

あけに染（そ）む ①（「染む」が自動詞四段の場合）「あけ（朱）に染まる」に同じ。＊日葡辞書〈1603-04〉「Aqeni somu（アケニ ソム）〈訳〉血に染まる、朱色になる」＊浄瑠璃・用明天皇職人鑑〈1705〉二「姫の長刀に心もとをさし通され、半死半生あけにそみ」＊若菜集〈1897〉〈島崎藤村〉鶏「紅（アケ）に染（ソ）みける草見れば、鳥の命のもろきかな」②（「染む」が他動詞下二段の場合）赤く染める。血で染める。血まみれのさまにいう。＊御伽草子・猿源氏草紙（室町末）「一間（ひとま）所へ行きて見れば、天女は空しくなり、あけにそめてぞ臥しにける」 辞書 日葡

あけに成（な）る 赤い色になる。赤く染まる。血まみれになる。＊太平記（14C後）八・持明院殿行幸六波羅事「虜（いけどり）二十余人、首七十三取て、鋒（きっさき）に貫いて、朱（アケ）に成て六波羅へ馳せ参る」＊日葡辞書〈1603-04〉「Aqeni naru（アケニ ナル）」＊浄瑠璃・国性爺合戦〈1715〉一「御首もなき尊骸（そんかい）あけに成て臥し給ひ」＊書言字考節用集〈1717〉五「朱殷 アケニナル『指南』血汚色朱殷」 辞書 日葡・書言 表記 朱殷（書）

あけの衣（きぬ）「あけ（緋）の衣（ころも）①」に同じ。＊石山寺本金剛般若経集験記平安初期点〈850頃〉「其の時、緋（アケノキヌ）を着たる官数人」

あけの衣（ころも） ①緋（ひ）色の袍（ほう）。五位の者の袍で、また、五位の者をいうこともある。あけのきぬ。あけごろも。＊多武峰少将物語（10C中）「ほのぼのとあけのころもをけさ見れば草葉の袖は露のかかれる」＊恵慶集〈985-987頃〉「青羽なるかもの河原にむれ居つつあけの衣は涼しかるらん」＊八雲御抄〈1242頃〉三「五位、あけのころも。あけごろもとも」

②緋の法衣。緋は大僧正に許されたもの。＊浄瑠璃・近江源氏先陣館(1769)二「この度の導師建長寺の前住栄西和尚、朱(アケ)の衣もいと尊く、両人にうち向ひ」 発音〈標ア〉0

あけの曾保船(そおぶね) (「そお(そほ)」は赤土)船体保護、装飾などのため赤く塗った船。呪術的な目的で赤く塗ったものとする説もある。↓あからおぶね。＊万葉(8C後)三・二七〇「旅にしてもの恋しきにやまもとの赤乃曾保船(あけのソホぶね)沖に漕ぐ見ゆ〈高市黒人〉」＊散木奇歌集(1128頃)雑「かつしかのままの浦わの沖つとにあけのそを舟からろおすなり」＊至宝抄(1585)「雑の言葉〈略〉あけのそぼ舟飾りたる舟」 辞書易林・書言 表記赤曾宇舟(易) 緋粧船(書)

あけの玉垣(たまがき) 神域の内外を区切る斎垣(いがき)を赤く塗ったもの。＊後拾遺(1086)雑六・一一七五「住吉の松のしづえに神さびて緑に見ゆるあけの玉がき〈蓮仲〉」＊東関紀行(1242頃)株瀬川より熱田「夕日の影たえだえさし入りて、朱の玉垣色をかへたるに、ゆふしで風に乱れたることがら」＊御伽草子・猿の草子(室町末)「木ずゑの秋もあけの玉がき」＊日葡辞書(1603-04)「Aqeno tamagaqi (アケノタマガキ)〈訳〉カミの前にある赤い柵(複数)」＊俳諧・奥の細道(1693-94頃)塩釜「宮柱ふとしく彩椽(さいてん)きらびやかに、石の階(きざはし)九仭に重り、朝日あけの玉がきをかかやかす」 辞書書言・日葡 表記朱瑞籬(書)

あけの涙(なみだ) 血の涙。涙が出尽くした後に出る血の涙。特に女性の流す涙にいう。＊みだれ髪(1901)〈与謝野晶子〉臙脂紫「さて責むな高きにのぼり君みずや紅(アケ)の涙の永劫(えいごふ)のあと」

あけを奪(うば)**う紫**(むらさき) (「論語-陽貨」の「悪紫之奪朱也」による) 間色である紫色が正色である朱色を奪う。紫色や暮色などが朱色にとってかわる。＊浮世草子・俗つれづれ(1695)一・三「貞(かほ)は入日の朱(アケ)をうばふ紫野の寺々の鐘撞(つき)て万景見えずくらぶ山」＊俳諧・蕪村遺稿(1801)「山くれて紅葉の朱をうばひけり」＊婦系図(1907)〈泉鏡花〉前・四八「袖に抱いた風呂敷包みの紫を皓歯(しらは)で噛んだ。此の時、此の色は、瞼の其の朱(アケ)を奪うて、寂しく白く見えたのである」＊楊於陵-郡斎有紫薇詩「濯質非受彩、無心那奪朱」

あけをそそぐ 赤色になってゆく。朱(しゅ)をそそぐ。＊読本・雨月物語(1776)白峰「光の中につらつら御気色(みけしき)を見たてまつるに、朱(アケ)をそそぎたる龍顔(みおもて)に」

あけ【明】『名』(動詞「あける(明)」の連用形の名詞化)①夜が明けること。また、その時。明け方。夜明け。↔暮れ。＊西大寺本金光明最勝王経平安初期点(830頃)六「天の暁(アケ)に至らむ毎に」＊浮世草子・新色五巻書(1698)五・二「青々(せいせい)たる明(アケ)の空」＊たけくらべ(1895-96)〈樋口一葉〉八「走れ飛ばせの夕べに引かへて、明けの別れに夢をのせ行く車の淋しさよ」 ②年月日や季節が新しくなること。＊今昔(1120頃か)四・一八「一夜を経る程、象、極て、禁したり」＊俳諧・犬子集(1633)一・元日「寛永やあけ七歳のむまの年〈玄札〉」＊浄瑠璃・大磯虎稚物語(1694頃)五「先御馬はあけ七歳、八寸(やき)八分(ぶん)に立のびて」 ③ある期間が終わること。また、終わった時。「年季奉公のあけ」「夏休みあけ」など。＊狂歌・徳和歌後万載集(1785)一四「ととせには一年(ひととせ)たらぬここのとせ苦界もはや来年があけ」＊俳諧・画兄弟(1801)「洗濯のおそきを斎(とき)でせつかるる〈洒堂〉 十夜の明に寒い雨降る〈其柳〉」 ④韻塞(いんふたぎ)の時、隠してある字を何の字であると推し当てたこと。＊能因本枕(10C終)一八三・しりがほなるもの「ゐふたぎの明、とうしたる」 発音〈標ア〉0〈京ア〉0 辞書言海 表記明(言)

あけの朝(あさ・あした) 次の日の朝。あくる朝。＊書言字考節用集(1717)二「翌朝 アケノアシタ 又云明晨」＊暴夜物語(1875)〈永峰秀樹訳〉発端「詰朝(アケノアサ)未明に打立つの都合宜ければとて」＊こがね丸(1891)〈巌谷小波〉一一「さて其翌朝(アケノアサ)、聴水は身支度(みじたく)なし、里へ出で来つ」 方言静岡県榛原郡541 鳥取県西伯郡718 島根県仁多郡723 広島県771 ◇あけてのあさ 島根県鹿足郡・那賀郡725 辞書書言 表記翌朝・詰朝(書)

あけの鐘(かね) ■一 明け六つ(午前六時頃)に寺でつく鐘の音。＊長唄・明の鐘(18C中頃か)「心が変らば徒(あだ)にや二世の誓も空事よ、枕取る手に明(アケ)の鐘」＊人情本・春色梅児誉美(1832-33)初・五齣「昕(アケ)の鐘ごんと突きゃ気のきいた烏サアざいもくのうへで楊枝(やうじ)をつかふ」 ■二(明の鐘)長唄。めりやす物。作詞者、作曲者、作曲年代ともに不明。「宵は待ち」ともいう。男との別れを惜しみ、夜明けの鐘を恨む女の心をうたったもの。単純な曲なので、初心者用の手ほどきに用いられる。 発音〈標ア〉0〈京ア〉0 辞書〈ボ〉 表記暁鐘(へ)

あけの衣(ころも) 「あかはとり(明衣)」に同じ。＊神楽歌(9C後)明星・神上「すべ神は よき日祭れば 明日よりは あけのころもを 褻衣(けごろも)にせん」

あけの撞木(しゅもく) (鐘は撞木でつくところから)「あけ(明)の鐘(かね)■一」に同じ。＊一中節・家桜傾城姿(家桜)(1736)「月の朧(おぼろ)と諸共に、又も苦患(くげん)の耳恐しき、明けの撞木(シュモク)に数とれば、心せき路の明鴉(あけがらす)」

あけの月(つき) ①夜が明けて、なお残っている月。明け方の月。有明の月。残月。《季・秋》＊俳諧・去来発句集(1771)秋「猪の寝にゆく方や明の月」 ②次の月。あくる月。翌月。＊書言字考節用集(1717)二「明月 アケノツキ」 発音〈標ア〉キ 辞書書言・〈ボ〉 表記明月(書・へ)

あけの年(とし) その次の年。あくる年。みょうねん。＊咄本・醒睡笑(1628)五「歌詠みて児死にけり。明けの年の亡き日にあたり」＊浮世草子・日本永代蔵(1688)二・五「神無月の初めより山道を埋み人馬の通ひ絶て明(アケ)の年の涅槃(ねはん)の比(ころ)迄は」＊書言字考節用集(1717)二「明年 アケノトシ 又云翌年」 方言福井県大飯郡447 長野県諏訪481 上伊那郡488 ◇あけちえんとし 宮崎県東諸県郡954 辞書書言・〈ボ〉 表記明年(書・へ)

あけの春(はる) (「一夜明けた春」の意) 年の初めを祝っていう語。今朝の春。今日の春。新春。《季・新年》＊俳諧・五元集拾遺(1747)春「世の中の栄螺(さざえ)も鼻をあけの春」

あけの日(ひ) あくる日。翌日。＊日葡辞書(1603-04)「Aqenofi (アケノヒ)〈訳〉翌日」＊咄本・昨日は今日の物語(1614-24頃)下「さて、嫁入してあけの日」＊咄本・醒睡笑(1628)一「あけの日、かの弟子使僧に行き」＊浮世草子・傾城色三味線(1701)鄙・二「百石町のおもはくを外になして、かたりたるあけの日より、毎日都へつてをもとめて」 方言❶翌日。静岡県榛原郡541 滋賀県高島郡038 兵庫県加古郡664 神戸市665 奈良県678 鳥取県西伯郡718 島根県725 岡山県邑久郡761 広島県比婆郡774 徳島県海部郡823 鹿児島県種子島975 ◇あきのひ 奈良県678 宇陀郡680 ◇あけてのひ 島根県725 山口県佐波郡791 大分県臼杵市038 鹿児島県甑島038 ❷祭りの翌日。◇あけび 大分県大分郡941 発音〈標ア〉ヒ 辞書日葡・書言 表記翌日(書)

あけの昼(ひる) 翌日の昼。＊咄本・醒睡笑(1628)五「またあけの昼、雁(かり)五つつれてわたる」

あけの星(ほし) 「あけ(明)の明星(みょうじょう)」に同じ。＊雑俳・住吉御田植(1700)「へるものはいつともなしに明の星」 発音〈標ア〉0〈京ア〉0

あけの明星(みょうじょう) (金星は、地球から見て、太陽の東側にあったり西側にあったりするが、西側にある場合には、明け方、太陽に先がけて東の空に見えるところから) 夜明け方、東の空に輝く金星。明星(あかぼし)。明方の星。明けの星。↔宵の明星。＊引照新約全書(1880)約翰黙示録・二二「我はダビデの根また其苗裔(すえ)なり。我は耀く曙(アケ)の明星(ミャウジャウ)なり」＊日本橋(1914)〈泉鏡花〉六二「白銀の、あの光、あけの明星か」＊一兵卒の銃殺(1917)〈田山花袋〉二六「明けの明星が既にきらきらと黎明近い東の空に輝いてゐた」 発音アケノミョージョー〈なまり〉アケノミョード〔秋田〕〈標ア〉0 ジョ〈京ア〉ノ 辞書言海 表記暁明星(言)

あけの雪(ゆき) 明け方の雪。《季・冬》

あけ早(はや)**し** 夏の夜の明けることが早い。明けやすし。《季・夏》

あけを追(お)**う** ①鳥などが明け方の空を飛んで行く。＊歌舞伎・与話情浮名横櫛(切られ与三)(1853)四幕「今夜が嬶(かか)アといひ初め、とんだ明けを、追ふ奴サ」 ②(夜明け近く行く意から)夜半以後の安女郎を買いに行く。＊歌舞伎・上総綿小紋単地(1865)五幕「『おい合点だ、辰や明(ア)けでも追(オ)ふのぢゃあねえか』『引けきって居やあがる』」＊歌舞伎・梅雨小袖昔八丈(髪結新三)(1873)三幕「これさ、銭(ぜに)もねえくせに、明(ア)けを追(オ)はずと、今夜は早く家へ帰れ」

あけ『名』 方言⇩あきつ(秋津)

あげ【上・揚】『名』(動詞「あげる(上)」の連用形の名詞化。他の語の上下について造語要素としても用いられる) ①ものをあげること。↔下げ。＊竹取(9C末-10C初)「よき程なる人になりぬれば、髪あげなどさうして」＊長宗我部氏掟書(1596)五六条「升之事、国中京升一片可相定事。但計様者、年貢借物者あげ、売買者さげに可計事」 ②「あげた(上田)」の略。＊万葉(8C後)一二・二九九九「水を多み上(あげ)に種蒔き稗(ひえ)を多みえらえし業そわがひとり寝る〈作者未詳〉」 ③手紙などに書く上げ所のこと。＊名語記(1275)六「消息、申状などの位所に某があけとは上とかけり」 ④能楽、邦楽などで声を高くあげてうたうこと。また、高い声でうたう旋律の部分。＊金島書(1436)「(上歌う)『落花浄く降りて郭公初めて鳴き〈略〉』」＊東京風俗志(1899-1902)〈平出鏗二郎〉下・一一・動物の飼養「文字口はホーホケ、ケコと啼くをいふ。而して上(ア)げ、中音(なかね)、下げの三声ともに、文字口に啼き得るを以て最も優等とするなり」 ⑤こたつのやぐら。＊俳諧・両吟一日千句(1679)第三・花「塞ぎぬる火燵のあけも夕詠〈西鶴〉 二つ三つ子やもえ出る草〈友雪〉」＊浮世草子・好色万金丹(1694)一・一「鼻紙を火燵(こたつ)のあげにて乾かし」 ⑥(揚)遊客が芸者や遊女を買うこと。また、特に一昼夜通して買うこと。約束。日柄。＊浄瑠璃・心中刃は氷の朔日(1709)中「小かんがあげの侍も、一僕つれて、なんとおさが遅かったか、小かんは来てかと腰かくる」＊洒落本・月花余情(1746)江南妓邑記「凡買妓、一日一夜曰揚」＊大坂繁花風土記(1814)京大坂言葉違ひ「やくそくを、日がら或はあげ」 ⑦駕籠(かご)の一種。窓がなくて垂れを下げておくような下級のもの。また、その駕籠に乗った代金。＊洒落本・角雞卵(1784か)暁鐘の実情・二「駕籠屋にいたり『ヲイたのむぜ、めんどうながら、あげを二てう出してくんな』」 ⑧衣服の裄(ゆき)や丈(たけ)の長いときに肩や腰などを縫い上げてひだをつけ体に合わせること。また、そのひだ。＊雑俳・柳多留拾遺(1801)巻二「竹の子のやうだとあげをおろして居」＊人情本・梅之春(1838-39)初・三回「衣類(きもの)の綻びだの、縫上(アゲ)が下りたのと、他(ひと)に世話ばかりやかせた児女(がき)の癖に」 ＊鳥影〈1908〉〈石川啄木〉五・二「ソラ其処に縫込んだ揚(アゲ)があるぢゃないか。それ丈下して呉れ」 ＊暗夜行路〈1921-37〉〈志賀直哉〉一・五「ゆきがもう出ないので、腕の方にあげをしているの」 ⑨「あげしお(上潮)」の略。 ＊歌舞伎・鏡山錦艶葉(加賀騒動)〈1879〉四幕「もし御前様、もうかれこれ上汐(アゲ)へ廻りますから、一服やって洲の方へ打廻すといたしませう」 ＊黒潮〈1902-05〉〈徳富蘆花〉一・一・五「最早上汐(アゲ)でがすから、此処は危えでがすよ」 ⑩(揚) 揚げ油で揚げること。また、揚げたもの。特に油揚げのこと。 ＊本朝食鑑〈1697〉二「豆腐〈略〉有油揚〈アゲト云〉者」 ＊百鬼園随筆〈1933〉〈内田百閒〉百鬼園新装「お豆腐屋さんも、さっき行ってしまったし。揚げでも貰って置けばよかったんだけれど」 ⑪「あげうた(上歌)②」の略。 ＊車屋本謡曲・相生〈1430頃〉「上 所は高砂の、尾上の松も年ふりて」 ⑫「あげせん(上銭)」の略。 ⑬株の相場が高くなること。 ⑭魚群の通る上方の空を海鳥が群れとなって飛ぶことをいう漁師のことば。 方言 ❶上。 東京都八丈島040 愛媛県840 高知県長岡郡869 ❷歌や三味線などの高い音の部分。また、三味線の二上がり。 ◇あぎ 沖縄県首里993 ❸陸。 備後†124 鹿児島†134 京都府竹野郡622 鳥取県東部711 島根県那賀郡725 岡山県児島郡763 山口県玖珂郡800 愛媛県840 ◇あぎ 鹿児島県喜界島983 沖縄県975 993 ◇あぎい 鹿児島県加計呂麻島975 ◇あんぎ 沖縄県小浜島975 ❹高地。丘。 富山県390 高知県長岡郡869 ❺漁村の人が海のない村をいう。 京都府竹野郡622 ❻山の高みで、少しへんぴな集落。 島根県邇摩郡725 ❼高地の田。 兵庫県淡路島671 和歌山県那賀郡696 島根県那賀郡725 ❽水の少ない耕作しやすい田。 島根県石見725 ❾畑。 島根県益田市725 ❿片田舎。へんぴな所。 島根県鹿足郡725 ⓫田の中の一部分で野菜を作る所。 奈良県宇智郡683 ⓬山道の山手側。 高知県863 ⓭川の岸辺側。 高知県863 ⓮水際。 宮崎県東諸県郡954 ⓯お手玉。 島根県邇摩郡725 ⓰魚群に鳥のついているもの。 新潟県佐渡356 ⓱こたつの置いてない所。こたつを入れない床。 兵庫県佐用郡659 岡山県苫田郡749 川上郡765 広島県高田郡779 ⓲ことが終わった時。直後。 山梨県南巨摩郡463 島根県725 徳島県811 香川県仲多度郡・綾歌郡829 愛媛県温泉郡038 高知県幡多郡038 ⓳子供が隠れんぼをする時、見つけられないこと。 島根県鹿足郡725 徳島県811 ⓴謎(なぞ)をかけた人に譲ること。解くことができない時に言うことば。 島根県鹿足郡725 愛媛県大三島848 発音 アゲ〈標ア〉0〈京ア〉0 辞書 ヘボン・言海 表記 上〈言〉

あげ の 内(うち) 客が遊女を揚げている、その約束した時間の内。 ＊浄瑠璃・いろは蔵三組盃〈1773〉八「戻さぬ内はおれが金、女郎も揚(アゲ)の中はおれが物」 ＊雑俳・新とくさ後編〈1800〉「恩にきせ、貰て来て売る揚の内」

あげ の 新造(しんぞ) 新造のままで終わった遊女。座敷持ち、部屋持ちなどに出世しないで、いつまでも姉女郎についている遊女。 ＊洒落本・売花新駅〈1777〉楼上興「三切目にはあげのしんぞうがなをるわさ」

あげ の 日(ひ) 遊女を揚げ詰めにする日。 ＊浄瑠璃・生玉心中〈1715か〉上「こいつ客のくせに揚の日は半時も、そばにおかねば損の様にすいついてゐたそうな」

あげ【筌】〘名〙 漁具の一種。木の枝、割り竹などを籠の形に編んで作り、中に餌を入れて水中に沈めておき、中にはいった魚を捕えるようにしたもの。

あげ【安芸】 三重県の北東部の郡。安濃(あのう)川・田中川の流域にあり、伊勢湾に面する。昭和三一年(一九五六)安濃(あの)郡と河芸(かわげ)郡が合併して成立。

あげ〘形動〙 方言 ⇩あない

あげ-あぐら【揚胡坐】〘名〙 片足を立てた形であぐらをかくこと。 ＊洒落本・廓大帳〈1789〉「見世三味せんをかりて、三つぶとんのうへにあげあぐらで〈略〉めりやすのうまひ所」 ＊洒落本・玉之帳〈1789-1801頃〉二「床ばしらによりかかりて、もったいらしくあげあぐらの毛だらけなももからうこんもめんのもっこうふんどしがちらりと出ている」

あけ-あけ【明明】〘名〙 夜が明けようとするころ。 ＊史記抄〈1477〉一三・劉叔孫「平旦と云は、夜のあけあけぞ」 方言 岩手県気仙郡100 平泉108 宮城県仙台市124 栃木県198

あけあけ-と【明明―】〘副〙 物事がはっきりしているさまを表わす語。 ＊無刊記刊本碧巌鈔〈1620-40頃〉一「灼然とは、をう、好う云たと云也。うけがう也。あけあけと云たと誉る也」

あげ-あし【上足・挙足・揚足】〘名〙 ①(獣や鳥が、地面をひっかいたり休んだりするために)足をあげること。また、その足。 ＊日葡辞書〈1603-04〉「Agueaxi (アゲアシ)〈訳〉地面にうちおろしたり休んだりするために一方に上げられた、馬の足(単数)」 ＊雑俳・柳多留-一〇二〈1828〉「上げ足をもって蒼けつ字を造り」 ②片方の足を曲げて他方の足の上に乗せること。また、そのような形で腰を掛けたり、あぐらをかくこと。 ＊日葡辞書〈1603-04〉「Agueaxi (アゲアシ)〈訳〉休むために上げてもう一方の足の上に置いた足」 ＊咄本・軽口もらいゑくぼ〈1716-35〉三・九「亭主、長老にあふて時宜もいはず、挙足(アゲアシ)してゐける」 ＊雑俳・火燵びらき〈1738〉「上足で手を下げさすも銀の徳」 ＊歌舞伎・心謎解色糸〈1810〉序幕「ト向う鉢巻、あげ足で胡座(あぐら)かくと、皆々気味わるき思入れ」 ③相撲や柔道などで宙に浮き上がった足。浮き足。 ④相手の言いそこない。→あげあしを取る③。 ⑤相場の値動きの足取りが上昇傾向にあること。↔下げ足。 発音 アゲァシ〈標ア〉0〈京ア〉0 辞書 日葡・言海 表記 挙足〈言〉

あげあし を 打(う)**つ** 一方の足を他方の足の上に乗せて、腰掛けたり、あぐらをかいたりする。また、腹ばいになって足を上へあげる。くつろいだしぐさにいう。 ＊日葡辞書〈1603-04〉「Ague axiuo vtçu (アゲ アシヲ ウツ)〈訳〉足をこの(「あげあし②」)ように置く」 ＊浄瑠璃・夏祭浪花鑑〈1745〉三「床机(しょうぎ)に上げ足打ち」 辞書 日葡

あげあし を 取(と)**る** ①相手のあげた足をとらえる。相撲や柔道などで、倒すために相手のあげた足を取る。また、そのようにして倒す。 ②(他のものの)足を持ち上げる。 ＊日葡辞書〈1603-04〉「Ague axiuo toru (アゲ アシヲ トル)〈訳〉この(「あげあし①」)ようにその(馬の)足をもちあげる」 ③相手の言いそこないや言葉じりをとらえてなじり責める。 ＊洒落本・大通愛想尽〈1779〉「てめへ用が有るといってよこしたから、それで来たが用はなんだといへば、ぬしゃアそれで御出なんしたか、そんな事でなくは御出なんすまいなぞと、かへってあげあしを取られ」 ＊人情本・春色辰巳園〈1833-35〉八・四条「抜差ならぬ当座の理詰に、丹次郎はあげ足(アシ)のとりばもなく」 ＊社会百面相〈1902〉〈内田魯庵〉閨閥・下「貴嬢のやうに揚足(アゲアシ)をお取りになると弁解が出来なくなる」 辞書 日葡

あげ-あじ【上味】〘名〙 相場に上げ足の気味があること。相場の騰貴する傾向。上値(うわね)追い。

あげあし-とり【揚足取・上足取】〘名〙 ①(相手のあげた足をとらえて倒すところから。「あげあしどり」とも) 相手の言いそこないや言葉じりをとらえてなじり責めること。また、その人。 ＊真面目なれ〈1908〉〈後藤宙外〉自然派の態度を難ず「他の正当な非難に対し、無礼にも『揚足取り』又は『誤解』などの語を以って報い」 ＊物質の弾道〈1929〉〈岡田三郎〉「とんちんかんな客は、その意味を了解し得なかった。が、機敏な揚足(アゲアシ)どりを喜ぶ客は進んで彼女に挑戦した」 ②相場が上がってゆく傾向にあること。また、その経過。高足取り。↔下げ足取り。 発音 アゲアシトリ〈標ア〉シ〈京ア〉ト

あげ-あな【揚穴】〘名〙 騎射の馬場本(ばばもと)にあって、馬を走らせる道筋である疏(さくり)の入り口。 ＊笠掛記〈1512〉「馬のかへし様。一番に射る人、馬場本のあげあなよりうち上りて」

あげ-あぶら【揚油】〘名〙 料理で、揚げ物に使う油。ごま油、なたね油、つばき油、かや油、サラダ油、ラード、バター、ヘットなどがある。 ＊空気頭〈1967〉〈藤枝静男〉「一軒のトタン屋根のなかから揚げ油のしつこい臭いが流れていた」 発音 アゲアブラ〈標ア〉ア2〈京ア〉ア2

あげ-あめ【―雨】〘名〙 方言 降ったりやんだりする雨。 栃木県198 群馬県館林245 神奈川県中郡320 ◇あげぶり〔―降〕 東京都八王子311 神奈川県津久井郡317

あけ-あわ・す【開合】〘他サ下二〙 ①あちらとこちらの戸を互いにしめし合わせて開ける。隔ての戸などを双方で気をそろえて開ける。 ＊源氏〈1001-14頃〉夕霧「中の塗籠(ぬりごめ)の戸あけあはせて、わたり給へる」 ＊更級日記〈1059頃〉「かたらふ人どち、局のへだてなるやり戸をあけあはせて物語などし暮らす日」 ②部屋の隔ての戸を開けて二つの部屋を一つにする。 ＊たまきはる〈1219〉「人すくなき時は、このふたま、おほかるをりは、西のひとまをあけあはせて」

あ-けい【亜卿】〘名〙(「亜」は「正」に対して「つぐ、次の」の意) 古代中国で、九卿(きゅうけい)に次ぐ官位。また、その位の人。 ＊春秋左伝-文公六年「先君是以愛二其子一、而仕二諸秦一、為二亜卿一焉」

あ-けい【阿兄】〘名〙(「阿」は人を呼ぶ時につけて、親しみを表わす) 兄を親しんでいう語。いろせ。また、相手の男性に対する敬称。雅兄。 ＊扶桑集〈995-999頃〉七・五嘆吟〈源順〉「阿兄抛レ我不二相倶一。分在二江州東北隅一」 ＊色葉字類抄〈1177-81〉「兄 アニ 又イロネ 阿兄 吉称也」 ＊俳諧・青根が峯〈1698〉答許子問難弁「微意を述て是を弁ず。是非のごときは阿兄正したまへ」 ＊藤原惺窩先生文集〈1717頃〉一・文鳳禅師忌日「忌辰今日預相迎、泣向二春風一思二阿兄一」 ＊花柳春話〈1878-79〉〈織田純一郎訳〉三五「且つ彼の阿兄、若し嗣なければ」 ＊古詩-為焦仲卿妻作「阿兄得レ聞レ之、悵然心中煩」

あ-けい【阿桂】 中国清代の軍人、政治家。乾隆帝に仕え、伊犂(いり=中国北西部)、ビルマ、雲南(中国南西部)を鎮定し、甘粛回教徒の反乱を平定した。(一七一七〜九七)

あ-けい【鴉髻】〘名〙(「鴉」はカラス、「髻」は髪、またはそのもとどりの意) カラスの羽のように黒い髪。 ＊南京の基督〈1920〉〈芥川龍之介〉一「金花は彼の腕に、鴉髻(アケイ)の頭(かしら)を凭(もた)せながら」

あげ-いお【上魚】〘名〙 漁師が漁獲物の一部を神に供えること。また、その魚。おぼり。おぶり。 方言 静岡県521

あげ-いし【上石】〘名〙 囲碁で、攻め込んで盤上から取り上げた相手の石。あげはま。 発音 アゲイシ〈標ア〉0 辞書 言海 表記 上石〈言〉

あげ-いしょう【揚衣裳・揚衣装】〘名〙 近世、遊里で、遊女が客に呼ばれて揚げ屋に行く時などに用いた晴れの衣裳。 ＊談義本・つれづれ睟か川〈1783〉三「やくそくの揚衣裳(アゲイシャウ)より、細帯の姿はおもひ付ものなり」 ＊談義本・成仙玉一口玄談〈1785〉一・一・三保箒良得羽衣之談「江都の吉原の名妓等の裲襠(うちかけ)か、扨は素女(はくじん)の揚衣裳(アゲイシャウ)か、何にも為よ取て帰り」

あけ-いそ・ぐ【明急】〘自ガ四〙(夜が明けるのを急ぐ意) 夏の夜の短く、明けやすいことにいう。《季・

夏》＊俳諧・晉明集(1772–89頃)二「明いそぐ夜のうつくしや竹の月」＊俳諧・発句題叢(1820–23)夏「明急ぐ夜を水息し五位の声〈其丈〉」

あげ-いた【上板・揚板】〘名〙①釘付けしないで、自由に取りはずしができるようにした床板。台所の床下を物入れに利用する場合などに用いる。あげぶた。＊浄瑠璃・伽羅先代萩(1785)一「数も限らぬ千両箱つみ上(あげ)つみ上、上板もしはるばかりに並べおく」＊雑俳・歌羅衣(1834–44)五「曲がる火箸も揚板のあかぬ妻」＊吾輩は猫である(1905–06)〈夏目漱石〉五「三足目と思ふ頃揚板に蹶いてか、ガタリと夜に響く様な音を立てた」②江戸時代、歌舞伎劇場の舞台と花道と接合する所の左右の板敷。蝶番(ちょうつがい)で開閉を自在にし、小道具などをせりあげられるようにしてある。＊楽屋図会拾遺(1802)上「上板(アゲイタ) 舞台まへより花みちの両かわにあり。此処の下より御殿をせりあげ、又は花ばたけ、菜たねばた、ふき、あげ水是は真ことの水をしたより舞台一面にふらす事なり。いづれもせりあげのたぐひなり」＊滑稽本・戯場粋言幕の外(1806)下「『雨落とはへ』『あの、舞台の前通りのあげいたになってある所よ』」③風呂場などで、コンクリートの上に置く簀子(すのこ)の板。④ばくちをしている現場、または、ばくち場をいう、博徒仲間の隠語。〔隠語輯覧(1915)〕 辞書言海 表記上板(言) 発音アゲイタ〈標ア〉0〈京ア〉0

あげ-いろ【揚色】〘名〙料理で、油で揚げた材料が帯びる薄い焦げ色。＊父の詫び状(1978)〈向田邦子〉薩摩揚「練り上げた魚のすり身を〈略〉たぎった油鍋へ落しこむ。シューと金色の泡を立てていったん沈み、みごとな揚げ色がついて浮いてくる」 発音アゲイロ〈標ア〉0

アゲイン〘名〙(英 again「もう一度」「再び」の意)《アゲン・アゲーン》庭球や卓球で、攻撃側から打ち出したボールがネットインした時、もう一度打ち直すこと。また、ジュースの後、一点ずつ取り合うこと。この場合、二回続けて一方が勝つまで勝負は決まらない。＊アルス新語辞典(1930)〈桃井鶴夫〉「アゲン 英 again〔庭球〕再び、又はの意。主に審判官の用ひる語」 発音〈標ア〉ゲ

あげ-うお【揚魚】〘名〙油で揚げた魚。＊ロドリゲス日本大文典(1604–08)「Agueuo(アゲウヲ)〈訳〉揚げものにした魚」

あげ-うた【上歌・挙歌】〘名〙①上代歌謡の、歌い方による名称の一つ。声を張り上げて、高い調子で歌うもの。↔下歌(さげうた)。＊古事記(712)下「此は夷振(ひなぶり)の上歌(あげうた)ぞ」＊書紀(720)神代下(鴨脚本訓)「凡そ此の贈答二首(ふたうた)を、号けて挙歌(アケうた)と曰ふ」②謡曲の一小段で、高い調子の音階から始まり、低い音階で終わる、拍節的なうたい方の部分。↔下歌。＊五音(1434頃)下「西行歌〈略〉上歌『開くる道はひとつぞと』」 発音アゲウタ〈標ア〉0

あげ-うち【上撃】〘名〙狩猟で、鳥撃ち技法の一つ。猟犬で追い立てた鳥が、樹上に飛び上がった所を撃つこと。

あげ-うつし【上写】〘名〙絵画などの上に、絹または紙を重ねて、一線を書くごとに、その絹や紙をあげながら写し取ること。

あげ-うま【上馬・揚馬】〘名〙①神事の際に競馬や騎射(うまゆみ)を行なうこと。また、その馬に乗る人。その馬。とくに、馬長(うまおさ)についていうこともある。あげま。馬長(うまおさ)。十列(とおつら)。＊玉葉‐寿永二年(1183)七月二〇日「揚馬、競馬、共得其骨」＊古事談(1212–15頃)六・頼通随身兼時知馬事「宇治殿若く坐ける時、花形と云揚馬に奉りけるを」②流鏑馬(やぶさめ)などの時に、いちばん最後に乗って走る馬。＊鎌倉北条九代記(1675)八・三浦式部大夫射流鏑馬「流鏑馬十六騎、揚馬(アゲムマ)おはりて、十人の射手の中に工藤六郎俄かに心地を痛はりけり」③前足をあげて跳ねあがる癖のある馬。あがり馬。 方言流鏑馬(やぶさめ)に出る馬。鹿児島県肝属郡970

あけ-うら【朱裏・緋裏】〘名〙着物の裏地が緋(ひ)色、または赤色をしたもの。また、その裏地を用いた着物。＊浄瑠璃・三世二河白道(1708)三「大江のゆふがん鬼つらと其名を改め、だて小袖あけうらくはっと吹かへさせ」

あげ-うら【上裏】〘名〙①建築で、軒の裏など上のほうにあって、下方から見える裏の部分。〔日本建築辞彙(1907)〕②(①から)下方から見える裏の部分にいう。＊談義本・教訓雑長持(1752)海鹿の九蔵天狗に逢ひし事「坊者(さくはん)の嚊(かか)じゃそふで、白粉(おしろい)を、鼻の穴の、上裏(アゲウラ)まで念入て塗た女房が」③(「しあげうらうち(仕上裏打)」の略)軸物や額面などを表装する場合、最後の仕上げに行なう裏打ち。

あげ-うり【揚売】〘名〙芸妓が揚げ(日柄の約束)をして、前もって客に買われること。＊雑俳・後の栞(1816)「なしもつぶても・揚売芸子が笑(わロ)質屋」

あげえ〘形動〙(多く「あげえな」「あげえに」の形で用いられる)あのよう。あんな。＊物類称呼(1775)五「あのやうに、このやうにといふを〈略〉総州にてあげへに、こげへにといふ」 方言❶あのよう。あんな。久留米†127 山形県139 千葉県夷隅郡290 新潟県佐渡352 愛知県549 574 577 兵庫県赤穂郡660 鳥取県気高郡717 島根県出雲062 724 岡山県児島郡763 広島県高田郡779 賀茂郡782 福岡県京都郡872 福岡市877 長崎県対馬(田舎の語)913 熊本県阿蘇郡923 大分県大分郡(下流)・西国東郡(中流以下)939 ❷そのよう。そんな。大分県南海部郡038 ❸⇨あんげ(彼―)

あげえ あげえ 方言相手の言葉に応答して肯定の気持を表わす。左様左様。そうそう。島根県出雲062

あげえ こげえ あのよう、このよう。ああだの、こうだの。なんだかだと。＊滑稽本・田舎草紙(1804)一「雑役に出たおまサア見るよふに、あげへこげへにくひつきたがる」＊滑稽本・東海道中膝栗毛(1802–09)四・上「あとの建場で、静御前が持病の疝気さァおこったと、金玉ノウつりあげて、うっちぬべいとあげへこげへにさはぎやることよ」 方言島根県仁多郡・飯石郡724 大分県938

あげ-えん【揚縁】〘名〙商家の店先などにあって、釣りあげるようにつくった濡縁(ぬれえん)。夜は立てて戸の代わりとして用いた。揚店(あげみせ)。＊洒落本・通言総籬(1787)二「あげゑんの下から犬がのびをして出る」＊歌舞伎・勧善懲悪覗機関(村井長庵)(1862)序幕「下手茶見世揚縁(アゲエン)を上げ、雨戸締りある家体」 発音アゲエン〈標ア〉ゲ〈京ア〉ゲ

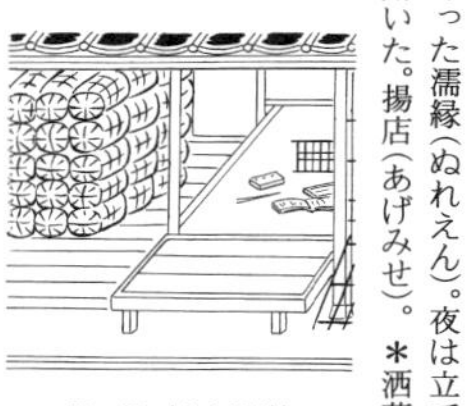

揚　縁〈守貞漫稿〉

あげお【上尾】 埼玉県中東部にある地名。中山道の宿駅として発展。第二次世界大戦後、大宮とともに工業都市を形成した。昭和三三年(一九五八)市制。 発音アゲオ〈標ア〉0

あげ-お【上緒】〘名〙幞頭(ぼくとう)という四脚冠の緒の名。後部につける二脚を纓(えい)とよんで区別する。冠が脱げないように左右につけ、引き上げて髻(もとどり)の根をくくった紐。余りはうなじに垂らす。のちには形式化して、巾子(こじ)の根の前方に緒を縫いつけた。＊北山抄(1012–21頃)七・列見事「大弁取挿頭、挿尊者冠左〈巾子下 上緒上〉」＊今昔(1120頃か)二六・一二「冠の上緌の長かさければ、世の、上緌の主となむ付たりける」＊台記‐保延二年(1136)一二月九日「連車車副不可警蹕之由を仰、於二条町程、巻簾て、上緒、ひぢかねにかけんとする程、無上緒穴」 語源説カミアゲ(髪結)のヲ(緒)の義〔大言海〕。 発音アゲオ〈標ア〉0

あげ-おうぎ【上扇】〘名〙能楽の型の一つ。開いた扇をからだの前に右手で立てて持ち、次第に右手を上げながら面の前をおおうようにし、後に下がりながら扇を頭上に上げて右脇へ下ろすこと。

あげ-おき【揚置】〘名〙あらかじめ油で揚げて置くこと。また、そのもの。＊湯葉(1960)〈芝木好子〉「あまり日数のたった湯葉は乾きすぎて不味いから、手が空いていても揚げおきして寝かせない」 発音アゲオキ〈標ア〉0

あけ-おし-む【明惜】〘自マ五(四)〙夜長を楽しんで、夜が明けるのを惜しむ。＊俳諧・俳諧二見貝(1780)秋「長き夜 明かねる夜 明をしむ夜」 発音〈標ア〉シ

あげおとし-かなもの【上落金物・揚落金物】〘名〙扉、障子、開き窓などの締まりに用いる金具の一種。出入り口、窓などの上枠と下枠に穴のある受金物を固定し、扉の框(かまち)の上下に取り付けた丸棒状の金属片を上下に滑らせて穴に押し込み、締まりとする。〔日本建築辞彙(1906)〕

あげおとし-ざる【揚落猿】〘名〙戸締まりのため、戸の上下に取り付けて、上げ下ろし鴨居や、敷居に設けた穴にさし込んで締まりとする木製または金属製の器具。〔日本建築辞彙(1906)〕

あげ-おとり【上劣】〘名〙(「上げ」は「髪上げ」の意)元服して髪を上げて結った時に、姿、容貌にかわいらしさがなくなり、以前よりもかえって、劣って見えること。↔上優(あげまさり)。＊源氏(1001–14頃)桐壺「いとかうきびはなるほどは、あげをとりやと疑はしくおぼされつるを」 発音アゲオトリ〈標ア〉0

あげ-おろし【上下・揚降】〘名〙①あげることと、おろすこと。あげたり、おろしたりすること。あげさげ。＊玉塵抄(1563)四「包挙は包(つつむ)なり。つつんで物に入てもってあるくやうに、あげをろし、べんたうに、籠(こ)に入てするぞ」＊浮世草子・好色一代女(1686)三・一「近年は勝手づくにて中女を置ば寝道具の揚下風(アゲオロシ)」＊シェイクスピア(1952)〈吉田健一〉アントニイとクレオパトラ「幕の揚げ降しが出来るのはその奥の、楽屋に近い部分だけだった」②船や車などの荷物を積むことと、下ろすこと。積み下ろし。＊最暗黒之東京(1893)〈松原岩五郎〉一九「物貨揚卸(アゲヲロ)しの河岸、荷造の場所、市場、工作場の足場には必らず仲仕なるものあり」＊満韓ところどころ(1909)〈夏目漱石〉二〇「荷物の揚卸(アゲオロシ)に使はれる仲仕の親方をやってゐる」③船が上下に揺れること。＊室町殿日記(1602頃)九「大波小波沖よりしきりに打寄ければ、みなとにかかりける十艘計の船どもも、あけをろし千度百度しければ」④人をほめることと、けなすこと。ほめたり、けなしたりすること。⑤(布地を織るのに筬(おさ)を上げたり下ろしたりするところから)機(はた)を織ること。＊浮世草子・西鶴織留(1694)六・二「絹・紬(つむぎ)のあげおろしも大かたには織付ますと申て」⑥子供の着物の裄(ゆき)を肩のところでひだに折って縫った肩揚げや、腰の所をつまみ上げて縫った腰揚げを下ろすこと。 発音アゲオロシ〈なまり〉アゲオロス〔鳥取〕〈標ア〉0〈京ア〉オ/ゲ

あげおろし-しょうじ【上下障子】〘名〙「あげさげしょうじ(上下障子)」に同じ。

あげおろし-まど【上下窓】〘名〙「あげさげまど(上下窓)」に同じ。

あげ-おろ・す【上下・揚降】〘他サ四〙①あげたり、おろしたりする。＊宇治拾遺(1221頃)一・六「手を広げてあげおろしさすれ」＊平家(13C前)九・越中前司最期「内々は六七十人してあげおろす船を、只一人しておしあげおしおろす程の大力也」②人をほめたり、けなしたりする。③巫子(みこ)が神に祈るため

に、鼓を打ち上げ、打ち下ろす。＊類従本俊忠集(1123頃)「あげおろし乙女が神にねぎかくる櫛のさすがにゆるぎげもなし」 発音アゲオロス〈標ア〉[0]

あげ-がい【揚貝(ひが)】『名』軍勢を引き揚げる時に吹く合図の法螺貝(ほらがい)。＊関東兵乱記(1630頃か)河越夜軍「多目周防守は氏康の旗本にありしがあげ螺を吹き立ければ、諸軍皆引帰云々」＊甲陽軍鑑末書(17C前か)「しかる所に景虎の旗本よりあげ貝と覚て、静に貝音きこえて」＊雑俳・柳多留‐一六六(1838‐40)「揚貝に諸葛完爾と爪を抜」

あげ-かえ・す【揚返(へすか)】『他サ四』田畑などの土を耕す。＊俳諧・崑山集(1651)三・春「うへをしたへあげかへしぬる田面哉〈昌満〉」

あげ-がき【上書】『名』平出(へいしゅつ)の一つ。天皇、陛下、神仏などの文字を、行(ぎょう)を改めて本文の行より一字高く書くこと。＊和英語林集成(再版)(1872)「Agegaki アゲガキ 跳出」 辞書〈ボン〉 表記跳出(へ)

あけ-か・ける【開懸】『他カ下一』文あけか・く『他カ下二』戸などを途中まで開けて、そのままにする。また、開け始める。＊浮世草子・好色一代男(1682)二・三「内よりくぐりをあけ懸(カケ)」＊浮雲(1887‐89)〈二葉亭四迷〉二・一〇「お勢が開懸(アケカ)けた障子に摑まって、出るでも無く出ないでもなく」 発音〈標ア〉[ケ]2 〈京ア〉[0] 文『あけかく』〈標ア〉[カ] 〈京ア〉[0]

あげ-かし【揚貸】『名』近世、京や大坂の遊郭で、遊女が、その日約束してあった客が来るまで、他の客によばれて茶屋へ行くこと。太夫、天神など高位の遊女では行なわれなかった。＊随筆・守貞漫稿(1837‐53)一九「太夫と天神は、客の来る来らざるを云ず、日柄約束せし日は、朝より其楼に来り、客を待つ也。其他鹿子位(かこい)、白人以下芸子ともに、日柄を約すと雖ども、当日も先客あれば其楼に行き、日柄の客来りて、楼より使を受け、先客に日柄客の旨を以て断り、日柄約束の楼に行く也。是を上げ貸と云也」 [ゲ]〈京ア〉[0]

あげ-かじ【上舵(ぢか)】『名』飛行機を上昇させるためのかじの取り方。↔下げ舵。 発音アゲカジ〈標ア〉[0]

あげ-かす【揚滓】『名』揚げ物をしたあと、油の中に残るかす。揚げ玉。 発音アゲカス〈標ア〉[0]〈京ア〉[0]

あげ-かすがい【挙鎹(がひ:かす)】『名』揚げ戸などを止める掛け金。＊延喜式(927)三四・木工寮「挙鎹一隻〈茎三寸 環六寸〉料」＊十巻本和名抄(934頃)三「鎹 功程式云挙鎹〈阿介賀須加比 今案鎹字本文未詳〉」 発音アゲカスガイ〈標ア〉[ス]〈ア史〉平安●●●●○○〈京ア〉[カ] 辞書和名・色葉・名義 表記鎹(和・色・名) 挙鎹(色)

あけ-がた【明方】『名』夜が明けようとするころ。夜明け方。↔暮れ方。＊書紀(720)天智九年四月(北野本訓)「夜半之後(アケカタニ)法隆寺に災(ひつけり)」＊宇津保(970‐999頃)吹上下「その夜、もののねしづまりたるあけがたに、おこなひ人の声、はるかにきこゆ」＊夜の寝覚(1045‐68頃)一「打ちおどろき給へれば、月も明がたに成にけり」＊日葡辞書(1603‐04)「スデニハヤ ヨガ aqegatani(アケガタニ) ナッタ」＊星(1896)〈国木田独歩〉「つきぬ心を語りて黎明(アケガタ)近くなりて西の空遠く帰りぬ」 発音アケガタ〈なまり〉アケガチャ〔熊本分布相〕〈標ア〉[0]〈京ア〉[0] 辞書日葡・書言・ヘボン・言海 表記朏明・遼旦(書) 曙方(へ) 明方(言)

あけがた の 月(つき) 明け方に出る月。特に、陰暦七月二六日の夜の八つ(午前一時頃から三時頃)に出る月。＊雑俳・川傍柳(1780‐83)三「明方の月も紋日の数に入」

あけがた の 星(ほし) 「あけ(明)の明星(みょうじょう)」に同じ。＊俳諧・冬の日(1685)「わがいのりあけがたの星孕むべく〈荷兮〉けふはいもとのまゆかきにゆき〈野水〉」

あげ-がね【揚金】『名』遊女を揚げるために必要な金額。揚げ銭。＊浮世草子・新吉原常々草(1689)上「揚(アゲ)金の定めあるこそかなしけれ」

あけ-か・ねる【明兼】『自ナ下一』文あけか・ぬ『自ナ下二』夜が長くてなかなか明けないでいる。＊俳諧・俳諧二見貝(1780)秋「長き夜 明かねる夜 明をしむ夜」 発音〈標ア〉[ネ]

あげ-かべ【揚―】『名』(「かべ」は、豆腐をいう女房詞)揚げ豆腐をいう女房詞。特に尼門跡で用いられた言葉。

あげ-かま【上鎌】『名』建築で、貫(ぬき)を柱に取り付ける仕口の一つ。貫の端部上端を鳩尾形(きゅうびけい)に欠き取り、柱の貫穴(ぬきあな)にさし込んで下端にくさびを打って締める。〔日本建築辞彙(1906)〕

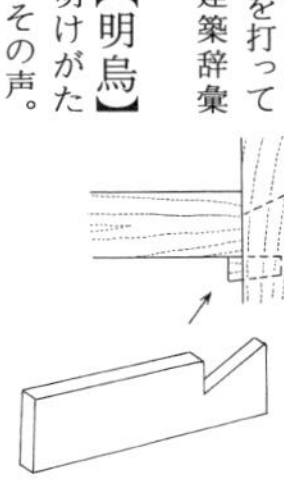

上げ鎌

あけ-がらす【明烏】■一『名』① 夜明けがたに鳴く烏。また、その声。近世、男女の朝の別れの情緒を表現するのに用いられた。＊浄瑠璃・近江源氏先陣館(1769)九「我はこれより城内へとまたも畳を、明烏かはい、かはいの声につれ」＊俳諧・発句類聚(1807)秋「明烏片羽に渡る野分かな〈月守〉」＊人情本・春色辰巳園(1833‐35)三「芸者女郎が口くせに、ごゆるりなどとすてことば、八まん鐘もはのそら、寐ぐらはなれぬ明烏(アケガラス)」 ② 墨をいう、てきや、盗人仲間の隠語。からす。〔日本隠語集(1892)〕 ③ 秋田県大館の名物菓子。同地方に産するクルミの実を小さく切って、琥珀糖(こはくとう)に練り合わせて、三センチメートルほどにした練り菓子。その切り口のクルミの実が、明け方の空を飛ぶ鳥のように見えるというところからいう。■二 (一)(あけ烏) 俳諧集。一巻。蕪村七部集の一つ。安永二年(一七七三)刊。高井几董(きとう)編。蕪村とその門下の発句を集めたもの。(二) 江戸時代、明和六年(一七六九)江戸三河島で新吉原蔦屋の遊女三吉野と浅草蔵前伊勢屋の伊之助が心中した事件をうたった浄瑠璃曲名の通称。新内節「明烏夢泡雪(あけがらすゆめのあわゆき)」の好評によって、清元、常磐津、義太夫などでも作曲された。二人の名を浦里と時次郎に変えたことから「浦里時次郎」とも呼ばれる。① 新内節。初世鶴賀若狭掾(わかさのじょう)作詞作曲。本名題「明烏夢泡雪」。② 清元節。三世桜田治助作詞。清元千蔵作曲。本名題「明烏花濡衣(あけがらすはなのぬれぎぬ)」。嘉永四年(一八五一)江戸市村座初演。③ 義太夫節。本名題「明烏雪(六花)曙(あけがらすゆきのあけぼの)」。嘉永六年(一八五三)大坂竹本綱太夫座の操り芝居で初演。④ 落語。堅物すぎる若旦那が、だまされて吉原に連れてゆかれたおかしみを演じる郭話(くるわばなし)。

あけがらす【暁烏】姓氏の一つ。 発音アケガラス〈標ア〉[ガ]〈京ア〉[ガ]

あけがらす-はや【暁烏敏】真宗大谷派の僧。法名、彰敏。諡、香草院。石川県松任市の出身。清沢満之に師事し浩々洞の同人となる。自ら香草舎を設け教化に努め、後に宗務総長となる。明治一〇〜昭和二九年(一八七七〜一九五四)

あけがらすのちのまさゆめ【明烏後正夢】人情本。五編一四冊。初〜三編は滝亭鯉丈・二世楚満人(為永春水)作、四・五編は駅亭駒人(浜村輔)・二世楚満人作。歌川国直・渓斎英泉画。角書「浦里時次郎」。文政四〜七年(一八二一〜二四)刊。新内節「明烏夢泡雪」の後日譚として書かれたもので、郭を脱出した時次郎と浦里が、時次郎の女房お照や浦里の姉梅ケ谷の助力でめでたく結ばれるまでをえがく。 発音アケガラス＝ノチノマサユメ〈標ア〉[ガ]＝[0]

あけがらすはなのぬれぎぬ【明烏花濡衣】清元節「明烏」の本名題。

あけがらすゆきのあけぼの【明烏六花曙・明烏雪曙】義太夫節「明烏」の本名題。

あけがらすゆめのあわゆき【明烏夢泡雪】新内節「明烏」の本名題。

あげ-き【上木】『名』①(―する) 鳥が枝葉を押し上げるようにして木にもぐりこむこと。＊浄瑠璃・曾我虎が磨(1711頃)下「山鳥一羽のし来り、栗のこずゑにあげ木して、つばさをすくめてとまりけり」② 山の神の宿り木として切るのを忌む三叉(みつまた)の木。標木(しめき)。おしみの木。③ 人の背たけぐらいの長さに切った竹の先に鉄をはめたもの。鷹匠(たかじょう)が、馬上で獲物の鶉(うずら)をかけてとりあげるのに用いる。＊鷹経弁疑論(1503)中「吾朝にて鶬巳下を馬上にて放とき、直に馬上に撃取んために作り出すものなり。〈略〉又上木とも云也」④ 江戸時代、河川を流送される材木筏を終着の木場において解体し、または船送りの材木を積み下ろして、それぞれの貯木場へ移積する作業をいう。＊熱田白鳥材木奉行覚書(1746)乾「揚木改は御材木方手代立会間(検)知」 方言神木。桜や楢(なら)などが多い。栃木県安蘇郡208

あげ-ギセル【揚―】『名』(キセルは(カンボジア) khsier)キセルの雁首(がんくび)を上のほうに向けて持つこと。得意になって、ゆったりとかまえてみせるさまなどにいう。＊洒落本・古契三娼(1787)「すいつけたばこのすいなるも、あげぎせるのやにこきも、とをる(通)ととをらざるたがひは」＊洒落本・夜半茶漬(1788)「うぬがあひかたのうわさをすることも知らねへで、あげぎせるで居る」

あげ-きど【揚木戸・揚城戸】『名』① 上に開き、支柱で支えるようにする木製の格子戸(日葡辞書(1603‐04))。② 城戸の一種。上にあげて開くようにした上蔀(あげじとみ)と同じ構造の板戸。陣屋、かきあげ、砦などの急ぎの普請に多く用いられた。揚鎖(あげじょう)。＊武教全書(1656)三・城築「急なる時か又はかきあげの類には上木戸を用ひてよし」＊武家名目抄(19C中か)居処部・揚城戸「平塞録云〈略〉其場に内虎落を設け篠垣に挙城戸あり」

あけ-きり【開切・明切】『名』戸などをあけたままにしておくこと。あけっぱなし。 辞書日葡

あげ-きり【上切】『名』① 下からすくい上げるようにして切ること。＊明徳記(1392‐93頃か)上「元来小林手ききなれば、小膝を折て袖の下へあげ切に、すきもなく二太刀つづけて切たりけり」② 茶室の炉の切り方。道具畳の中央から上手(かみて)に接した畳を切ったもの。大目切。

あげ-きり【揚切】『名』客が娼妓を残らずよんで遊興すること。〔新しい言葉の泉(1928)〕

あけ-き・る【明切・開切】■一『自ラ五(四)』明るくなりきる。すっかり夜が明ける。あけはなれる。＊俳諧・新類題発句集(1793)冬「明けきりし空に餅つく灯かな〈樗六〉」＊千曲川のスケッチ(1912)〈島崎藤村〉八・山上の朝飯「谷底はまだ明けきらない」■二『他ラ五(四)』のこらずあける。完全にあける。あけはなつ。 発音〈標ア〉[キ]

あげ-き・る【揚切】『他ラ四』娼妓を残らずよんで遊興する。＊随筆・みをつくし(1757)「廓中の隙なる女郎を残らず揚切てあつめ」

あげ-きん【上金】『名』① 江戸時代、幕府、諸大名への献納金の一つ。「御用金」が富豪層を対象としたのに対し、一般庶民からの献金をいう。＊牧民金鑑‐一六・上納金・天保四年(1833)四月二三日「為冥加、上ケ金差出金等いたし度旨、願出候もの有之趣に相聞候」② 収益。あがり。＊浅草(1931)〈サトウハチロー〉不良少年懺悔録・野郎俺を知らないかッ「『おい！ 今日どの位あった？』『もらひか？』『乞貧みてえに言ふない。あげ金(キン)とか、上り高とか言ひねえ』」

あけ-・く【明来】『自カ変』しだいに夜が明けてく

る。＊万葉(8C後)二・一三八「明来(あけくれ)ば 浪こそ来よれ 夕されば 風こそ来よれ〈柿本人麻呂〉」＊万葉(8C後)一五・三六六四「志賀の浦にいざりする海人(あま)安気久礼(アケクレ)ば浦み漕ぐらし楫の音(おと)きこゆ〈遣新羅使人〉」

あげ-く【挙句・揚句】〘名〙①連歌、連句の最後の七七の句。↔発句(ほっく)。＊長短抄(1390頃)下「あげ句を書き懐帋をばとづるへし」＊言経卿記-天正七年(1579)五月一日「藤金吾より夜前狂句有之。対句・上句して遣了」＊俳諧・三冊子(1702)白双紙「揚句は付かざるよしと古説有」②(転じて)物事の終わり。終わってからの結果。また、ある地位、職業などを終わって他に移って来たことや、その人。＊史記抄(1477)一九・貨殖列伝「旱る次には必大水であらうずほどに、舟をこしらへて待つぞ。大水のあげくは旱であらうずほどにとて、車をこしらへて待ぞ」＊仮名草子・犬枕(1606頃)「くたびるる物 入湯の挙句(アゲク)」＊洒落本・船頭部屋(19C初)鳥居町舟宿の段「此舟宿の女房は辰巳で娘分をしていたあげくなれば、じょさいのないふうぞくにて」＊人情本・英対暖語(1838)四・一九章「新道のお増なんぞもそれしゃの上句(アゲク)だから」＊家(1910-11)〈島崎藤村〉下・四「雨降揚句の日に、三吉も兄の家を指して出掛けた」③(単独、または「に」を伴って副詞的に)結局のところ。その結果として。とどのつまり。現在では、上に連体修飾語をのせて用いることが多い。＊史記抄(1477)一一・弟子第七「皆力のつよい者ぢゃが、あげくにわどれも人に殺されて死で」＊咄本・昨日は今日の物語(1614-24頃)下「ひた物ただれ、後、やがてあげくに盲にないた」＊浄瑠璃・曾根崎心中(1703)「理窟につまってあげくには、死なずがひな目に逢ふて一ぶんはすたった」＊置土産(1900)〈国木田独歩〉「せめてもの置土産にと色々工夫した結果(アゲク)櫛二枚を買ひ求め懐にして来たのに」＊半日(1909)〈森鷗外〉「ひどく心配したあげくに、〈略〉里から人を遣って連れて帰ったことがある」語誌(1)①は一巻の終わりとなる最後の句であるので、物静かで穏やかに、少し祝言の内容を含むのがよいとされる。(2)③の例は抄物を中心として室町期には少なからず見られ、転義が早い時期に進んでいたことが推測される。「風姿花伝-三」「花鏡-序破急之事」といった世阿彌の著作にもこの語が使用されており、連歌と他の中世芸能との用語及びその概念上の関連が注目される。②③を強めた言い方が「あげくのはて」であるが、「書言字考節用集-九」には「俗語」という注記がある。(3)現代語では、動詞や助動詞の連体形(多くは助動詞「た」)を受けて、接続的な働きをすることが多い。なお、このような名詞には他に「結果」「すえ」などがある。方言❶悪い結果。徳島県海部郡「無理しょったら、あげくがくる」823 ❷まもなく。直後。島根県725 発音アゲク〈標ア〉0〈京ア〉0 辞書文明・日葡・ヘボン・言海 表記上句(文・へ) 挙句(文・言)

あげく の 果(はて) ①「あげく(挙句)②」に同じ。＊史記抄(1477)一七・佞幸列伝「佞を以て幸られて暴富になりたか、あげくのはてを見よやれと後世の人を戒むるぞ」②「あげく(挙句)③」に同じ。＊三体詩素隠抄(1622)二・四「かくのごとく諫めたれども、呉王つゐに諫めをもちひずして、結句子胥を殺して、あげくのはてには、呉も亡びたぞ」＊浮世草子・男色十寸鏡(1687)上「あげくのはてには、ざいざい若衆をかっ手元えよびたてて」＊滑稽本・浮世風呂(1809-13)二・上「さまざまにまごつき廻っても、あげくのはてはありがたいお江戸だから、けふまで暮してゐるじゃアねへかナ」＊人情本・春色辰巳園(1833-35)三・六「とふとふ向ふへ抱こまれて、あげくの果(ハテ)には切口上」発音アゲクノハテ〈標ア〉テ 辞書書言・ヘボン 表記上句終(書)

あげ-ぐさ【上草】〘名〙方言稲田の最後の除草。新潟県佐渡352 滋賀県彦根609 香川県829

あげ-くだし【上下】〘名〙腹の中のものを吐いたりくだしたりすること。吐きくだし。吐瀉(としゃ)。

あげくっ-ぱて【挙句果】〘名〙「あげく(挙句)の果て」の変化した語。＊滑稽本・狂言田舎操(1811)下「金さ遣亡(つかひなく)した上句果(アゲクッパテ)は、田舎さまごつくのか」＊滑稽本・浮世風呂(1809-13)二・下「其上句果(アゲクッパテ)は何だとおもひなはる。まだ足(たり)ねへからモット酒買てこいだ」発音アゲクッパテ〈標ア〉テ

あげ-くび【上領】〘名〙袍(ほう)、襖(おう)などの盤領(まるえり)の頸上(くびかみ)の紐をかけ合わせる入れ紐の着け方。↔垂領(たりくび)

上げ領〈伴大納言絵詞〉

あけ-くら・す【明暮】〘他サ五(四)〙「あかしくらす(明暮)」に同じ。＊後撰(951-953頃)秋上・二六八「あけくらしまもるたのみをからせつつたもとそほつの身とぞなりぬる〈よみ人しらず〉」＊宇津保(970-999頃)俊蔭「春は花をながめ、秋は紅葉をながめてあけくらすに」発音〈標ア〉ラ

あけ-くれ【明暮】〘名〙①夜明けと夕暮れ。朝晩。転じて、日々。毎日。始終。また、日々の生活。副詞的にも用いる。＊竹取(9C末-10C初)「明暮見なれたるかぐや姫をやりていかが思ふべき」＊多武峰少将物語(10C中)「明け暮れのながめに袖のひぢつつ物おぼえぬになむ」＊源氏(1001-14頃)須磨「ひめ君の、あけくれにそへてはおもひなげき給へるさまの心くるしうあはれなるを」＊増鏡(1368-76頃)春の別れ「あけくれねん比(ごろ)に孝(けう)じたてまつり給ふさま、いとかたじけなし」＊日葡辞書(1603-04)「Aqecure (アケクレ)〈訳〉昼も夜も引き続いて」＊談義本・遊婦多数寄(1771)女郎由緒物語「お袋は幼少の時より風与(ふと)悪所通ひでもしよふかと明暮(アケクレ)苦労せらるれど」＊紀ノ川(1959)〈有吉佐和子〉「滞在中は明暮に不自由ないよう配慮をしてくれたが」②(—する)あることにたえず専念すること。＊シェイクスピア(1952)〈吉田健一〉ロメオとジュリエット「喧嘩と軽口を叩くことで明け暮れしている人物である」発音〈標ア〉ケ 0〈京ア〉ケ 辞書伊京・明応・天正・饅頭・黒本・易林・日葡・書言・ヘボン・言海 表記朝暮(伊・明・天・饅・黒・易・書) 晨昏・旭曛・暾・晡・寅酉(書) 旦暮(へ) 明暮(言)

あけ-ぐれ【明暗】〘名〙夜が明けきる前の、まだ薄暗い時分。＊万葉(8C後)四・五〇九「吾妹子に 恋ひつつ居れば 明晩(あけぐれ)の 朝霧隠(ごも)り 鳴く鶴(たづ)の ねのみし泣かゆ〈丹比笠麻呂〉」＊延喜御集(967-1000頃)「またじとてたのめし物をあけぐれにまどはでいでし人はうかりき」＊源氏(1001-14頃)若菜下「のどかならず立ち出づるあけぐれ、秋の空よりも、心づくしなり」＊俊成卿女集(1233頃か)「消えはつる夕べもかなしあけ暮の夢に迷ひし春のふるさと」辞書書言・ヘボン 表記昧爽(書・へ) 昧旦・遅明(書)

あけ-く・れる【明暮】〘自ラ下一〙文あけく・る〘自ラ下二〙①夜が明け、日が暮れる。月日が過ぎる。＊蜻蛉(974頃)下・天禄三年「ことさわがしくてあけくるるも、人目いかにと思ふ心あるまで音なし」＊源氏(1001-14頃)明石「雲間なくてあけくるる日数に添へて、京の方もいとどおぼつかなく」＊古本説話集(1130頃か)六二「あけくるるも静心なきほどに、からうじて待ちつけて」②(「…にあけくれる」の形で)いつもその事をする。物事に没頭する。＊雲の墓標(1955)〈阿川弘之〉昭和一九年三月一日「モールス信号にあけくれてゐる」発音〈標ア〉レ〈京ア〉0 文『あけくる』〈標ア〉ク〈京ア〉0

あげ-ごかし【揚転】〘名〙遊女や芸妓などが呼ばれた客のところへ行かないで、客に待ちぼうけをくわすこと。揚干(あげぼし)。＊洒落本・咲分論(1772-81)「坐敷ばかりを奇麗に勤めて付いて来たる男をどの付にして上けごかしとやらせずに」

あげ-こさく【上小作】〘名〙小作する田畑にかかる年貢をはじめ、課役、諸入用の一切を小作人が負担する慣行をいう。地方によって名切小作、盛り小作、高入小作ともいう。

あげ-ごし【上輿・肩輿】〘名〙轅(ながえ)を肩に上げてかつぐ輿。貴人の乗り物。また、葬式の時、棺桶(かんおけ)を運ぶのに用いる。↔下げ輿。＊西宮記(969頃)六・御仏名「昌泰元、制導師依老耄、乗肩輿参」＊雑俳・柳多留-一(1765)「上げ輿の当(あて)にして置地主の子」＊光台一覧(1775か)「肩輿 あげこし、春慶ぬり」＊咄本・詞葉の花(1797)唐人「あげこしも祭のは立派な布団をたんと敷いて」辞書書言・ヘボン・言海 表記輿轎(書) 挙輿(へ) 上輿(言)

あげ-こじ・れる【揚拗】〘自ラ下一〙取引相場で、あがるはずの相場が、ある事情のためにあがりそこなう。＊国民百科新語辞典(1934)〈新居格・木村毅〉「アゲコヂレル 上抉れる〔市〕相場が保合って容易に上らぬ形勢」

あげ-ごたつ【上炬燵】〘名〙櫓(やぐら)の中に炉を入れ、櫓の上に布団や毛布をかけて、体や手足を温めるもの。掘りごたつに対していう。＊日葡辞書(1603-04)「Aguegotatçu (アゲゴタツ)〈訳〉上に木製の櫓がついていて、その上に毛布または布団をひろげて冬に身体を温める暖炉」＊俳諧・崑山集(1651)一三・冬「白炭のあるゆへやぐらあげごたつ〈元信〉」方言行火(あんか)をやぐらに入れたもの。富山県砺波398 辞書日葡・ヘボン 表記上火閣(へ)

あげ-ごて【上籠手・上小手】〘名〙剣道で籠手技(こてわざ)の一つ。相手が打ってこようとして籠手を上げた瞬間に打ち込むこと。

あげ-ごと【上事】〘名〙(「あげこと」とも)①神や仏に物を供えること。また、その物。供物。捧げ物。＊和歌呉竹集(1795)八「あげごと、神にも仏にも手向する事也。ある女七夕に歌よみて手向けるをみて、人のあしくさたしければよみける。七夕にかさんとおもふあげごとに其夜なき名の立にける哉」＊改正増補和英語林集成(1886)「Agekoto アゲコト」②他の人に物を与えること。＊洒落本・こんたん手引くさ(1782)「『おめへに、あげ事しよう』とむすこが女郎に盃ささせ」

あげ-こぶ【揚昆布】〘名〙長さ七センチメートルぐらいの長方形に切った刻み昆布を油で揚げたもの。＊日葡辞書(1603-04)「Ague cobu (アゲ コブ)。イリコブと言う方がまさる。〈訳〉油で揚げるか、炒(い)るかしたある種の海藻」＊俳諧・犬子集(1633)三・時鳥「高もりに声やあげ昆布子規〈貞徳〉」辞書日葡

あげこぶ-うり【揚昆布売】〘名〙揚げ昆布を売り歩くこと。また、その人。揚げ昆布屋。＊随筆・守貞漫稿(1837-53)五「揚昆布売。春の花観等の群集の所に売る昆布の油揚也。一ケ価一文。専ら十余歳の童子売之詞『こぶや、あげこぶ』」

あげこぶ-や【揚昆布屋】〘名〙揚げ昆布を売ることを職業とする人。また、その店。揚げ昆布売り。＊雑俳・かざし草(1792)「なぶられて売切っていぬあげ昆布屋」

あげ-ごり【上垢離】〘名〙自分の願いを神や仏に念じるために、滝にうたれ水をかぶって心身を清める修行の、満願の日にする最後の垢離。＊雑俳・川柳評万句合-明和六(1769)満二「上げごりに土左の来たのはひし隠し」＊雑俳・柳多留-六九(1817)「あげごりの帰り咄しにさしがなし」

あけ-ごろも【緋衣】 一〘名〙緋色(ひいろ)の袍(ほう)。五位の人が着る束帯用の上衣。あけのころも。転じて、五位の異称。＊頼政集(1178-80頃)下「年のう

ち五位の上下をして正月に四位をして侍る悦び遣すとて、中宮亮重家、あけ衣色をそへにし紫の今ひとしほやまして嬉しき」 二 枕 同音の繰り返しで「あけ」にかかる。＊後撰(951–953頃)雑一・一一六「むばたまのこよひばかりぞあけ衣明けなば人をよそにこそ見め〈藤原兼輔〉」 発音 アケゴロモ〈標ア〉ゴ

あげ-ざかや【上酒屋】『名』 方言 造り酒屋に対して売り酒屋。酒の小売店。埼玉県北葛飾郡054 神奈川県314 広島県高田郡779 徳島県811 福岡市879 熊本県肥後058

あげ-さき【揚先】『名』客によばれた遊女が、送りこまれた揚屋。＊雑俳・青木賊(1784)「みれんなり・揚先の門(かど)うろうろと」

あげ-さげ【上下】『名』①上げることと下げること。高くしたり低くしたりすること。㋑物の位置を上げたり下げたりすること。＊玉塵抄(1563)一九「驤は、広韻に平の陽に入たぞ。馬の低昂也としたぞ。首をあげさげしたなりぞ」＊安愚楽鍋(1871–72)〈仮名垣魯文〉初「ときどきまゆをあげさげして」＊和解(1917)〈志賀直哉〉五「医者は尚赤児の頭を挙げ下げして見せて」㋺音声を高くしたり、低くしたりすること。とくに謡曲では、低音部から一音高い部分に上げることと高音部から一音低い部分に下げることにいう。＊申楽談儀(1430)音曲の事「然共、ただあげさげ斗にてうち成りたる、曲舞道の音曲にてはなし」＊雑俳・川柳評万句合-宝暦一一(1761)仁三「諷にも上け下けといふけびがあり」＊手紙(1911)〈夏目漱石〉五「言葉数と云ひ、抑揚(アゲサゲ)の調子と云ひ」㋩物価を上げることと下げること。＊洒落本・志羅川夜船(1789)西岸世界「何あれは米のあげさげだ」②正反対の状況に置かれること。良い状況にあることと悪い状況にあること。得になることと損になること。差し引き勘定。プラス-マイナス。＊談義本・教訓乗合船(1771)二・神道者田舎学者の弁「無用の夜更歩行(よふけあるき)、上(ア)げ下(サ)げの使、文字付の取次、酒機嫌の鈎(つるぎ)の舞ひ」＊洒落本・自惚鏡(1789)「なんでもあそびゃあ、あまく見られると、あげさげじゃあ大きなちがいだ」③あれこれ操作して物事の処理をすること。㋑やりくりして事をはこぶこと。仕事や生活などのやりくりや始末をつけること。＊洒落本・卯地臭意(1783)「ナニありゃア大工童(わらふ)だからの、まだやうやうこっぱの上下をするがいいひきで」＊黄表紙・桃太郎発端話説(1792)「こっちの上(ア)げ下(サ)げさへてんやわやと来て居るものを」㋺質入れをして金銭の都合をつけること。質物の出し入れをすること。＊洒落本・深彌満於路志(1782)「例の七つ屋から拝むやうにして上げ下げしたのだやらしれず」＊滑稽本・浮世床(1813–23)初・下「常上綺羅(ぜうぜうきら)の曠着(はれぎ)なしだ。一寸出る迚(とって)もあげさげヨ。ホンニヨ一日置に捨利をとられるばかりも大(おっ)きいはな」＊雑俳・柳多留-一〇四(1828)「上げ下げの時節とお釈迦手で知らせ」㋩ほめたり、けなしたりすること。＊咄本・聞上手三篇(1773)銀の大黒「おらは只の大黒ではない。しろかね様だは。おのしらにあげさげをされるものけい」④膳などを出したり、とりかたづけたりすること。＊続俳諧師(1909)〈高浜虚子〉三五「何も彼も一人でした。客膳の上(ア)げ下(サ)げもした」⑤潮が満ちることと引くこと。 方言 ❶嘔吐(おうと)と下痢。兵庫県加古郡664 岡山県岡山市762 御津郡764 ❷褒めることとけなすこと。褒貶(ほうへん)。批評。島根県725 ❸慳貪箱(けんどんばこ)のふたのような閉め方をする戸。和歌山市691 ❹一挙手一投足。岩手県気仙郡100 ❺世話をすること。岩手県気仙郡100 発音 アゲサゲ〈標ア〉ゲ1〈京ア〉ゲ1 辞書 言海 表記 上下(言)

あげさげ を 取(と)る 相手にうまく調子を合わせて始末する。＊洒落本・辰巳之園(1770)「『何サ、あの子も、そのやうに悪敷(あしく)する気もねヱけれど』『何ンだ。うぬらまで、上(ア)げ下(サ)げを取(トル)な』」

あげさげ-しょうじ【上下障子】『名』竪溝(たてみぞ)に沿って上げたり下ろしたりする障子。上げ下ろし障子。

あげさげ-まど【上下窓】『名』戸を上下して開閉する窓。上げ下ろし窓。

あげ-ざしき【揚座敷】『名』芸妓、遊女などを揚げて遊ぶ座敷。＊洒落本・契情実之巻(1789–1801)二「あとにかむろのことじはつせ、あどなきかほのしほらしさも、げにあふみ屋のあげざしきなり」

あげ-さしなわ【上差縄】『名』馬をつなぐために、細い縄を使う方法。馬をひかない時、差し縄の先端を鞍(くら)の前輪の四緒手(しおで)にからげておくこと。↔引差縄(ひきさしなわ)。＊随筆・松竹問答(1826)二「上差縄とて、口を張らぬ時、右の如く塩手に結び置候。張レ口候節は其れを解て引レ之候事也」

あけ-さす『名』二階をいう。盗人仲間の隠語。〔特殊語百科辞典(1931)〕

あげ-ざま【上様】『名』(「あげざまに」の形で用いられる)物を下から上の方へ上げるようにすること。上向き。＊半井本保元(1220頃か)白河殿攻落す事「高間三郎が弓手の草摺つかみ上げて、上げ様につかもこぶしも通れ通れと三刀指たり」＊太平記(14C後)三八・細川相模守討死事「組むと均しく抜いたりける刀にて、相模守の鎧の草摺はねあげ、上様(アゲサマ)に三刀さす」＊日本橋(1914)〈泉鏡花〉二九「腕を頤のあたりへ上げ状(ザマ)に拱(こまぬ)いた」 発音 アゲザマ〈標ア〉0

あけ-さ・る【明―】『自ラ四』(「さる」は移動する意)夜が明けていく。朝になる。＊万葉(8C後)三・三八八「夕されば 潮(しほ)を満たしめ 明去(あけされ)ば 潮を干しむ〈作者未詳〉」＊万葉(8C後)一九・四二〇七「安気左礼(アケサレ)ば 榛のさ枝に 夕されば 藤のしげみに〈大伴家持〉」 辞書 言海 表記 明去(言)

あげ-ざる【揚笊・上笊】『名』①ゆでたそばや、野菜などを入れて水を切ったり、または湯を通したりする笊。＊歌舞伎・与話情浮名横櫛(切られ与三)(1853)八幕「蕎麦屋揚笊へ蕎麦を容(い)れ、湯を通す事、よろしく拵へする」②笊に一メートルほどの木の柄をつけたもの。網などにはいった魚をすくいあげるのに用いる。＊漁村維持法(1780)下「揚籮(アゲザル)〈略〉此は常の米揚籮の如くにして、三四尺の木柄を着たる者なり。此物の用は、地引き網を陸に引き上たるときに、鰯を撈揚(すくひあげ)て一所に集るに用ふ」③陰暦二月八日および、一二月八日の御事納(おことおさめ)、御事始(おことはじめ)の日に、町家で竹竿につけて屋上、軒先などに高くかかげる笊。竹竿と笊によって、一本足、一つ目の悪神をはらうためという。＊雑俳・柳多留-七〇(1818)「揚笊の霜にうたるる二三日」 発音 アゲザル〈標ア〉0

揚げ笊③

あけ・し【明】『形ク』明るい。明るく輝いている。＊帰省(1890)〈宮崎湖処子〉三「其の春流、秋流、寒流たる時如何に明(アケ)き夕陽を留めしよ」

あげ-じ【上字】『名』(「仕上げの字」の意)習字で清書すること。また、その字。＊日葡辞書(1603–04)「Agueji(アゲジ)。セイジョ、または、キヨガキと言う方がまさる〈訳〉習字を習う人々の手写ししたもの」＊咄本・按古於当世(1807)六・無筆の親父「ととさまとさま、けふのあげじはよふ出来て、お師匠さまもほめさんした」 方言 山口県豊浦郡798 ◇あげし 高知県長岡郡869 佐賀県053 長崎県五島054 長崎市906 鹿児島県薩摩053 ◇あぎじ 沖縄県首里993 辞書 日葡

あけし・い【明】『形口』(多く「あけしい間(隙・事)がない」の形で用いる)晴れ晴れとした気分である。ゆとりのある気持になる。晴れ晴れとすがすがしい。＊洒落本・契情買虎之巻(1778)一「どふらくな夫の身のうへ、ほんにあけしい間はござりませぬ」＊滑稽本・当世阿多福仮面(1780)「正月から師走まであけしい事無い貧乏身体(しんだい)」＊洒落本・傾城買談客物語(1799)二「ひょっと心がかはったかと、ホンニホンニあけしひまはおざんせん」＊浮雲(1887–89)〈二葉亭四迷〉二「帰って来る、直ちに傍近(ぼうきん)の私塾へ通はせると言ふのだから、あけしい間がない」 方言 岩手県気仙郡100

あげ-しお【上潮】『名』①満ちてくる潮。満ち潮。差し潮。↔下げ潮。＊俳諧・韻塞(1697)乾「あげ汐に弟雪ちかし鴨の声〈支梁〉」＊雑俳・柳多留-一八(1783)「上げしほで御仕合だと柳ばし」＊魔風恋風(1903)〈小杉天外〉後・執持「窓の下には満潮(アゲシホ)の大川の水が緩く流れて」②興隆、充実していく勢い。また、そういう時期、状態。＊日本文化論のあり方(1956)〈桑原武夫〉「改革的風潮の上げ潮に乗って」③(上げ潮時によく流れてくるところから)古下駄。〔東京語辞典(1917)〕 方言 ❶南から北へ流れる潮。和歌山県695 ❷風の方向と潮の方向が逆なこと。山口県阿武郡797 発音 アゲシオ〈なまり〉アゲショ〔和歌山県〕〈標ア〉0〈京ア〉0 辞書 言海 表記 上潮(言)

あげしお の 長棹(ながざお) 上げ潮時に長棹を突っ張って船を出す意で、突き出すことをしゃれていう。＊人情本・契情肝粒志(1825–27)四・上「何かに付けて邪魔なれば、上汐(アゲシホ)の長棹(ナガザホ)で、体(てい)を能く突き出させる趣向を考へて」

あげしお-どき【上潮時】『名』潮が満ちてくるころ。満潮時。＊春の城(1952)〈阿川弘之〉一・二「川は、上げ潮時にはその幅いっぱいのゆたかな水をたたえ」 発音 アゲシオドキ〈標ア〉0

あげしお-みなみ【上潮南】『名』満潮時に吹く南風。＊歌舞伎・三題噺魚屋茶碗(とと屋茶碗)(1882)序幕「さっき曇って来た時分は、上潮南(アゲシホミナミ)でうねりが高く」＊落語・手向の酒(1893)〈三代目三遊亭円遊〉「浪の音さへ最(いと)高く、ドブウリドブウリと岸辺を洗ふ上汐(アゲシホ)南は物凄いものだなア」

あげ-じき【上敷】『名』畳などを普通よりも一段高めに敷くこと。また、その畳。＊浄瑠璃・釜淵双級巴(1737)中「それぞれ畳の縁(へり)を踏み、上敷(アゲジキ)につまづくな」

あけし-くれし【明暮】『副』明けても暮れても。あけくれ。毎日。＊浄瑠璃・右大将鎌倉実記(1724)四「いけもせせぬ私が歌、明(ア)けし暮(ク)れし同じ手も、お前の佳いのが聞きたさ故」

あげ-じとみ【上蔀】『名』上部を蝶番(ちょうつがい)で取りつけ、釣り上げて開閉できるようにした蔀。＊日葡辞書(1603–04)「Aguejitomi(アゲジトミ)〈訳〉上にあがり、支柱のような木で外へ開く、ある種の窓あるいは戸」 発音 アゲジトミ〈標ア〉ジ 辞書 日葡・言海 表記 上蔀(言)

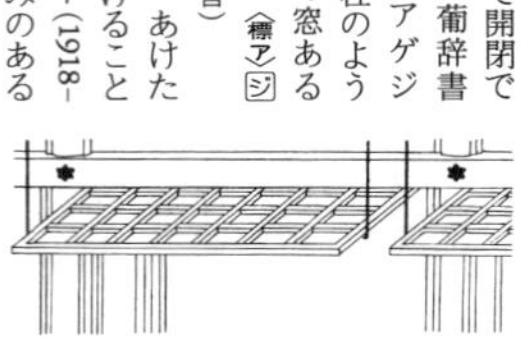
上げ蔀〈信貴山縁起〉

あけ-しめ【開閉】『名』あけたり、しめたりすること。あけることと、しめること。＊蔵の中(1918–19)〈宇野浩二〉「箪笥の重みのある引き出しをあけしめしてゐる」＊不意の声(1968)〈河野多恵子〉「一瞬で格子戸を明け締めして、駆けだそうとしたが」 発音〈標ア〉ケ〈京ア〉ケ

あけじょう『名』夜明けに残っている月をいう、盗

人仲間の隠語。〔隠語輯覧(1915)〕

あげ-じょう【上鎖・揚鎖】〘名〙押し上げて開く仕掛けの鎖。＊水野日向守覚書(1641)「城迄追詰、町口をおし破り、あげぢゃうの門二かまへ御座候、彼あげぢゃうを押やぶり申候」

あげ-じょうけ【揚小笊】〘名〙方言 ❶径一六、七センチ㍍ほどの丸いざる。熊本県058 ❷洗ったものをあげておく編み目の細かい竹のざる。岐阜県飛騨502 ❸めん類をゆでてすくいあげるざる。◇**あげしょうぎ** 栃木県198 群馬県佐波郡242 館林245 埼玉県北葛飾郡258

あげ-しょうじ【揚障子】〘名〙歌舞伎の大道具の一つ。家体(やたい)の正面の欄間から釣り下げた、紺と白の市松模様の障子。劇の進行にしたがって、三つ折りにして欄間に引き上げるように工夫されている。＊歌舞伎・矢の根(1729)「本舞台三間高足(たかあし)の弐重。前側両褄共市松の上げ障子を取附け」＊洒落本・当世気どり草(1773)「切幕上げみす、上げ紙格(セウシ)、拍子木引幔(まく)道具にて、囃子方は呂律を極め」

あげ-しょうもん【上証文】〘名〙近世、訴訟して裁判の宣告があったとき、原告、被告の双方から、その判決に服する旨を書いて差し出す証書。請け証文の詳しいもの。＊御仕置例類集・続類集・三・文化一二年(1815)御渡「此儀出入裁許之趣、評議仕候処、別紙上証文案見込之趣、振候儀も相見之不レ申候」発音アゲショーモン〈標ア〉ショ

あけしょ-やま【明所山】〘名〙高知藩の林種の一つ。禁林(留め山)と解放林(明き山)との中間的な山林で、災害復旧材や救恤(きゅうじゅつ)材を願い出た場合には、樹種と数量を限って伐木を免許されたもの。

あげ-じょろう【揚女郎・挙女郎】〘名〙①揚屋に呼んで遊興する遊女。太夫や格子などの高級な遊女。あがり女郎。＊評判記・色道大鏡(1678)三「挙女郎(アゲヂョラウ)の年経たるにも、折々仮粧する女かたへにあり、是よからぬ事なり」＊浮世草子・好色二代男(1684)二・四「近年の仕出し、弐丁目の玉屋、兵庫屋、大津屋を是から見れば、揚(アゲ)女良にもさのみおとらぬ姿を」②客に呼ばれて座敷に出ている女郎。＊歌舞伎・恋闇鵜飼燎(1886)五幕「お磯、お浪両人とも揚女郎にて住ひ、此見得さわぎ唄にて道具留る」＊歌舞伎・夢物語盧生容画(1886)三幕「上手に虎一郎侍装にて客座蒲団の上に住ひ、側に揚女郎仕掛装にて住ひ」発音アゲジョローー〈標ア〉ジョ

あけ-しら・む【明白】〘自マ四〙夜が明けて、あたりが明るくなる。明け方になる。＊玉葉(1312)雑一・二〇一六「明けしらむ波路の霧は吹きはれて遠島みゆる秋の浦風〈藤原景綱〉」＊光悦本謡曲・天鼓(1465頃)「五更の一点鐘(かね)もなり、とりは八声のほのぼのと、夜もあけしらむ時の鼓、数は六のちまたの声に又うちよりて現か夢か」＊俳諧・炭俵(1694)下「淡気(け)の雪に雑談(ざふたん)もせぬ〈野坡〉 明しらむ籠挑灯を吹消して〈孤屋〉」

あげ-しる・す【挙記】〘他サ四〙列挙して書き並べる。書きたてる。＊随筆・東遊記(1795)一「其外神社仏閣甚(はなはだ)多く、古跡旧蹤(きうしょう)種々の名ある所ひしと並(なら)べり。あげしるすにいとまあらず」

あげ-しろ【上代】〘名〙田植えを行なう前、最後に行なう代掻(しろか)き。仕上げに行なう代掻き。植代(うえしろ)。

あげ-しろ【揚代】〘名〙「あげだい(揚代)」に同じ。＊雑俳・三種尺(1793)「揚代(しロ)に馬突き付て国へ立」

あげ-しん【揚新】〘名〙「あげしんぞう(揚新造)」の略。＊洒落本・染抜五所紋(1790)二「さかづきをとる。あげしんつぐ」

あげ-しんじょ【揚糝薯】〘名〙糝薯を油で揚げたもの。

あげ-しんぞう【揚新造】〘名〙花魁(おいらん)とともに客に揚げられた新造。あげしん。＊洒落本・南門鼠帰(1802)二「揚しんぞう二人にて銚子(てうし)を持ち来る」＊洒落本・甲駅夜の錦(1801-04)「芸者の上げ新造、喜勢留たばこ入なぞ持はこぶ」

あけ-ず【不開】〘連語〙(動詞「あける(開)」に助動詞「ず」の付いたもの) あけない。助詞「の」を伴って連体詞的に用いる。＊ごりがん(1920)〈上司小剣〉四「長い間に釘は腐って、開けずの厠の戸が風にパタパタしてゐた」＊新宿の今昔一(1930)〈白石実三〉「この踏切は、一名『あけずの踏切』と言はれたまま、ほとんど閉し放しのやうな踏切で」

あけず の=御殿(ごてん)〔=殿(との)〕 特別の場合以外は公開しない仏閣や社殿。あかずの殿。＊百練抄-仁治二年(1241)二月一二日「去比鹿嶋社焼亡、垂跡以後無二此災一、但不レ開之御殿不レ焼云云」＊鹿島長暦(18C中)(古事類苑・神祇七九)「当社遷宮の式、不開殿より神体を出し奉り、是を奉拝殿に遷す時は」

あけず の 間(ま) 禁忌などの理由で、ふだんはあけることを許さない部屋。あかずの間。また、特別の場合のほか使用を禁じている部屋。あかずの間。＊江戸から東京へ(1921)〈矢田挿雲〉五・六「開(ア)けずの間(マ)として久しく釘付にされたなど金箔付の時代錯誤もある」発音〈標ア〉0

あけず の 門(もん) ①特別の場合以外は開かない門。また、不吉であるなどとしてあけることを禁じている門。あかずの門。＊満済准后日記-正長元年(1428)五月三〇日「東大寺総国分寺門開事。巷説歟。〈略〉此門をは不開の門と号すと云々。〈略〉但雑説に申習様は。将門昔年東大寺に居住。自二彼門一罷出挙二義兵一、故号二不吉一。其以来永閇不レ開」＊鎌倉殿中以下年中行事(1454か)「東西にも御門あり。不明之御門も西にあり」②平安京の大内裏(だいだいり)の城門の一つ、偉鑒門(いかんもん)の異称。＊拾芥抄(13-14C)中・宮城部「或記云。偉鑒門、元者玄武門也。俗号二之不開門一。或人云。花山院御出家之時、自二此門一令レ出給云々。其後不レ被レ開歟」

あけず【蜻蛉】〘名〙(「あきつ」の変化した語か)トンボをいう。＊混効験集(1711)上「あけづ、蜻蛉の事、和詞にはあきづと云」＊仙台言葉以呂波寄(1720)「あけず、とんぼうの事」＊物類称呼(1775)二「蜻蛉 とんばう 奥州仙台南部にて、あけづと云」方言❶虫、とんぼ(蜻蛉)。羽州1035 沖縄1028 岩手県062 気仙郡102 宮城県113 秋田県平鹿郡・雄勝郡130 山形県139 福島県175 茨城県188 新潟県387 岐阜県飛騨502 熊本県球磨郡054 宮崎県947 鹿児島県963 沖縄県990 ◇**あけす** 岐阜県飛騨502 鹿児島県肝属郡970 ◇**ああけえず** 沖縄県首里993 ◇**ああけえじょ** 鹿児島県種子島979 ◇**あけずかっか** 山形県東置賜郡・南置賜郡139 ◇**あけずとんぼ** 福島県相馬161 ◇**あけずぽっぽ** 宮城県栗原郡115 ◇**あけずむし**〔―虫〕山形県東置賜郡139 ❷黒色で細い体の蜻蛉(とんぼ)。茨城県多賀郡190 ❸蜻蛉(とんぼ)の幼虫。◇**あけじむし** 山形県西置賜郡139 ◇**あけずかっか** 山形県139 ❹文字を知らない者。◇**あけずむし** 山形県東置賜郡139

あげ-ず〘連語〙(「…にあげず」の形で用いる) 間をおかないで。＊大和(947-957頃)一五二「このことを奏せでしばしもあるべけれど、二三日にあげず御覧ぜぬ日なし」＊思出の記(1900-01)〈徳富蘆花〉四・一〇「鰯のぬたを一度誉めて以来、三日にあげず腥いぬたを拵(こさ)へては」

あげ-ずい【上吸】〘名〙容器を持ち上げて飲むこと。＊日葡辞書(1603-04)「Aguezuini(アゲズイニ)スル〈訳〉容器を持ち上げて飲む」発音アゲズ〈標ア〉0 辞書日葡

あけ-す・ぐ【明過】〘自ガ上二〙すっかり夜が明けてしまう。夜が明けてから時がたつ。明けはなれる。＊落窪(10C後)一「出で給ふに、明すぎて、人々騒がしければ」＊枕(10C終)六三・あかつきに帰らん人は「『明けすぎぬ。あな、見苦し』などいはれて、うち歎くけしきも」＊源氏(1001-14頃)宿木「その夜はあかし給ひつ。あけすぎたらむを、人のとがむべきにもあらぬに」

あげ-すぐ・す【上過】〘他サ四〙必要以上に高く上げる。＊古本説話集(1130頃か)四七「なかのまのうつばりのうへに、あげすぐして、尺九寸の木の三尺なるをこそ、三すぢあげてさぶらへ」

あけ-すけ〘名〙〘形動〙①すき間ができて、向こうのものが見えるような状態であること。＊俳諧・鷹筑波(1638)五「もらひてのあとやあけすけぼけの花〈西武〉」②人の言葉や態度などに包み隠しのないこと。遠慮のないこと。あけっぱなしで露骨なさま。ざっくばらん。副詞的にも用いる。＊説経節・をくり(御物絵巻)(17C中)一〇「ひるは、あはのとりをおい、よるは、うをさめのゐにならふか、あけすけこのめ」＊浄瑠璃・娥歌かるたをたちやうか、あけすけこのめ」＊浄瑠璃・娥歌かるた(1714頃)二「サア籠ごしに成共、嫁入(よめり)の輿に成共、あけすけの返事したがよい」＊咄本・軽口耳過宝(1742)一・貨取船「女房を持けれど、もはやあきめが来て、明(アケ)すけに申出し」＊油地獄(1891)〈斎藤緑雨〉一五「爾(さう)とは知らないあけすけな復命方に」＊子を貸し屋(1923)〈宇野浩二〉三「その女はあけすけした口調でいった」＊他所の恋(1939-40)〈正宗白鳥〉二「近年の日本の小説家は自分の恋愛痴情の経緯をアケスケと書綴ることが常例となってゐるが」語源説(1)アケスケ(明透)の義か〔大日本国語辞典〕。(2)アケッパナシ(明放)を擬人化した語〔大言海〕。発音〈標ア〉0〈京ア〉0

あげ-ずつ〘名〙采賭博(さいとばく)で、いんちきの目的で、壺皿(つぼざら)の底を二重にすること。＊談義本・根無草(1763-69)跋「宝引(ほうびき)の糸の千条(ちすじ)にわかれ、紋付の数の百箇(もも)に替るが如く、坪皿のそこはかなく二乗(アゲヅツ)をくひ」

あげ-ずて【揚捨】〘名〙客が遊女、芸妓などに約束をしておき、揚げ代を払っただけで遊ばないこと。＊歌舞伎・傾城天の羽衣(1753)四幕「揚ずてにして置て、こなんだあほうなことをほがらかといふはいな」＊随筆・守貞漫稿(1837-53)一九「客は遊女或は芸子に日柄を約すれども、当日其楼に行ずして雇銭を費すを良とす。是を揚捨と云也」

あけ-す・てる【開捨】〘他タ下一〙戸などをあけっ放しにする。あけたままにしておく。＊旧主人(1902)〈島崎藤村〉三「台所の戸の開捨てた間から、秋の光がさしこんで」

あげ-すど【揚簀戸】〘名〙①両端を柱で支え、上へ突き上げて開くようにした竹の編み戸。城門などに用いた。揚げ木戸。＊日葡辞書(1603-04)「Aguesudo(アゲスド)」＊太閤記(1625)四・前田又左衛門尉利家末森之城後攻之事「三之丸、外構(そとかまへ)の揚簀戸をおろさず引しかば、敵得たりかしこしと引付て来りしを」＊会津陣物語(1680)三・上泉主水討死之事「長谷堂城より悉甲八百余、上簀戸を開き、城外へ打て出で」②竹で編んだ扉を吊った簡単な門。突き上げて開く。主に茶室の露地内に中門として用いられる。枯木戸(はねきど)。半蔀(はじとみ)。＊茶道筌蹄(1816)一・庭之部「揚簀戸 半蔀ともいふ」辞書日葡

あげ-せん【挙銭・上銭・揚銭】〘名〙①中世、利子をとって金銭を貸し出すこと。また、その金銭。こせん。＊吾妻鏡-延応元年(1239)四月二六日「挙銭を取て、まづ寺家に令二進納一後」＊建内記-永享二年(1430)一〇月(二日)「如二嘉禄制一者、出挙一倍挙銭半倍之外莫レ令二加増一」＊蜷川文書-八集・永正一七年(1520)三月八日(中世法制史料集二・追加法四四八)「徳政法条々〈略〉一上銭事」②営業権を他人に貸して、受けとる

貸料。うわまえをはねて取る金。＊滑稽本・浮世風呂(1809–13)前・上「目鼻がなけりゃアわさびおろしといふ面(つら)だから、かながしらから揚銭(アゲセン)を取さうだア」＊滑稽本・浮世床(1813–23)二・下「一月(いちげつ)の上銭(アゲセン)が積ったら大きな事たらう」＊随筆・守貞漫稿(1837–53)六「江戸中の門付渡世の者に鑑札を出し銭を募る。又茛簀張軍書、講談、落し咄、浄瑠璃の類より銭を募る。是を揚銭と云」③船の積み荷を陸揚げしたり、かごかきが客を揚屋に届けたりする時の労賃。小揚げの賃金。＊浄瑠璃・心中二枚絵草紙(1706頃)中「九間のおろせがあげせんの、残りもけふはすっきりと取って九両二歩のかね」＊民間省要(1721)中・四一九「しかれ共船賃の外に揚げ銭を取る所は、川中に舟をすへて、わざと人を肩に負、荷物を持運んで其賃銭を取様に仕懸る事多し」④遊女などをよんで遊興する時の費用。揚げ代。＊仮名草子・仁勢物語(1639–40頃)下「恋しやと見にこそ来たれ上銭の金は持たずもなりにけるかな」＊浮世草子・好色二代男(1684)二・四「揚銭(アゲセン)、大夫を昼夜七十四匁。格子(こうし)は五十弐匁なり」＊雑俳・田みの笠(1700)「揚銭のかはりにつれを質にをく」⑤ばくちの貸元が、てら銭の一部を積み立てておき、その一家に何事か起こった時の費用とするもの。＊禁令考・後集・第三・巻三〇・嘉永三年(1850)一一月「筒取貸元に成、簺博奕相催、元居村清五郎無宿安五郎等え代貸元をも為致、其節々てら口之子或は上げ銭と名付、金銭受取」発音アゲセン〈標ア〉ゲ

あげ-ぜん【上膳】〘名〙食事が済んでから、膳を取り下げること。転じて、そのような事を自分でしなくてもよい身分、境遇。⇔据え膳。＊若荷畠(1907)〈真山青果〉二「下女を一人傭はう〈略〉然うすりゃお前達はお客さまになって、三度々々あげ膳で喰はれる」方言招いた客が来ない時、その家に贈る膳(ぜん)。送りぜん。山口県阿武郡797 発音アゲゼン〈標ア〉ゲ

あげぜん-すえぜん【上膳据膳】〘名〙食膳を整えて人に供し、食事が済んでから、膳を取り下げること。転じて、自らはそのようなことをせずにすむ境遇。＊助左衛門四代記(1963)〈有吉佐和子〉二・一「御殿女中に上げ膳据え膳させていてよぉ」発音アゲゼン＝スエゼン〈標ア〉ゲ＝エ エ

あげ-そうば【上相場】〘名〙上向(うわむ)きの相場。発音アゲソーバ〈標ア〉ソ

あげ-ぞこ【上底・揚底】〘名〙(「あげそこ」とも)①箱、桶、つぼ、かめなどの、二重につくった底。また、底が見掛けより高くなっていること。＊滑稽本・古朽木(1780)三「納豆箱の上底(アゲゾコ)は浅草の斉坊院」＊洒落本・色講釈(1801)序「糀(かうじ)町の幹(いど)を揚底(アゲゾコ)にして其詮なし」＊滑稽本・東海道中膝栗毛(1802–09)八・序「知恵俗(ちえぶくろ)揚底(アゲゾコ)なれば、はたき仕舞し栗毛の趣向拠(よんどころ)なく、おつもりの大坂著(づき)」②遊女が妊娠や病気の伝染などを避けるために、客と接する時に詰め紙をすること。＊雑俳・柳多留－六五(1814)「上げ底をしても三歩のうつわ也」③遊女などが皆客に揚げられて払底すること。＊洒落本・客衆一華表(1789–1801頃)丹波屋之套「『なんでありまのにんぎょ筆(ふで)』『あげぞこで折がわるひのよ』」発音アゲゾコ〈標ア〉〇〈京ア〉〇

あげぞこ-だる【上底樽】〘名〙上げ底になっている樽。底が高く作ってある樽。

あげ-ぞめ【揚初】〘名〙(「あげそめ」とも)①その年、初めて遊女などを揚げること。＊歌舞伎・初霞空住吉(かっぽれ)(1886)「是が越度(をちど)でお出入を上げられたらば揚初(アゲゾメ)の、船の御用もなく涙」②その年、初めて花火を打ち上げること。特に隅田川の川開きに打ち上げられる両国の花火をいう。＊風俗画報－一五九号(1898)七月「此月上旬乃至二十日頃までの内〈略〉両国川上に於て煙火を打揚ぐ。之を揚初(アゲゾメ)と云ふ」発音アゲゾメ〈標ア〉〇

あげ-た【上田】〘名〙高い土地にあって、水はけのよい田。⇔下田(くぼた)。＊書紀(720)神代下(鴨脚本訓)「兄高田(アケタ)を作らば、汝、汚田(くぼた)を作り可(ま)せ」＊御巫本日本紀私記(1428)神代下「高田 安介太」方言❶高みにある田。奈良県宇智郡683 高知県860 ❷乾田。愛知県尾張568 長崎県五島054 ❸二毛作水田。熊本県玉名郡058 ❹神に供える米を作るための田。斎田。和歌山県日高郡054 ❺田を作るのをやめること。愛知県知多郡568

あげ-た〘名〙方言⇩あぎ(腭)

あげ-だい【揚代】〘名〙遊女、芸妓などをよんで遊興するときの代金。揚げ銭。揚げ代金。あげしろ。＊浄瑠璃・夏祭浪花鑑(1745)七「六年以来(このかた)俺が娘を女房にして、慰(なぐさみ)者にしてゐる。サア揚代(アゲだい)囃(もらふ)」＊談義本・根無草(1763–69)前・二「つもりつもりし揚代(アゲダイ)三百両の金の代に」＊滑稽本・東海道中膝栗毛(1802–09)六・下「雑用は別にとるのか。おらア又、酒もさかなも揚代(アゲダイ)のうちかとおもった」＊都新聞－明治三八年(1905)四月二〇日「当新吉原に於きましては、稲本、大文字、角海老、宝来の四楼が客一人に付き、揚代の外に席料三十銭づつを取らんと言ひ出しました」発音アゲダイ〈標ア〉〇ゲ〈京ア〉〇 辞書言海 表記揚代(言)

あげ-だいきん【揚代金】〘名〙「あげだい(揚代)」に同じ。＊財政経済史料－三・経済・貸借・町方・天保一四年(1843)五月「女町、傾城町等より願出候遊女揚代金滞之儀」＊随筆・守貞漫稿(1837–53)二〇「弘化四年丁未の新吉原細見、表題『細見五葉之松』〈略〉『揚代金直段付合印平日定』」

あげ-たいまつ【揚松明】〘名〙盆の火祭行事の一つ。京都府舞鶴市高野の雨引神社で、七月一四日の夜半から、柱の先に松明籠をとりつけたものを立て、氏子の青年たちが小松明を投げ上げて点火する祭。揚松。

あげ-だか【揚高・上高】〘名〙①(「うりあげだか(売上高)」の略)売上総額から諸経費を差し引いた金高。②(「しあがりだか(仕上高)」の略)出来高。発音アゲダカ〈標ア〉〇

あげ-だし【揚出】〘名〙豆腐やナスなどを、ころもをつけないで、ごま油で軽くあげたもの。＊滑稽本・浮世風呂(1809–13)四・中「揚鍋に油の残った所(とこ)からの案じで、白玉の揚出(アゲダ)しとして」＊当世書生気質(1885–86)〈坪内逍遥〉一五「揚出(アゲダ)しこしらへんと罵るあれば、おしるこたべたいヨとうめくもあり」方言天ぷら。栃木県198 発音アゲダシ〈標ア〉〇〈京ア〉〇 辞書言海 表記揚出(言)

あげだし-どうふ【揚出豆腐】〘名〙豆腐を切って水気を切り、ごま油で軽く揚げたもの。発音アゲダシドーフ〈標ア〉ド〈京ア〉ド

あげ-だたみ【上畳】〘名〙①畳の上に敷き重ねる畳。貴人の居間または寝所の置き畳の上に用いる。あげじょう。御座(ござ)。御座畳。＊類聚名物考(1780頃)調度・四「あげたたみ 貴人の御座所又は寝所には、畳の上にまた畳を重ねて敷(しく)を上畳といふ」＊歌舞伎・四十七石忠矢計(1871)序幕「『棟をへだてて一様に、建てつらねたる座敷数』『間毎々々の中央に、居間とおぼしき揚畳』」②隠れ座敷の一つ。畳を上げると、そこから地下を通って別室に行ける構造のもの。＊浮世草子・好色一代男(1682)四・五「あげ畳(ダタミ)といふ事は、簀子(すのこ)の下へ道を付て、不首尾なればぬけさす也」辞書言海 表記上畳(言)

あけ-たつ【明立】〘自タ四〙(「たつ」は時の経過することを示す)夜明けになる。夜がすっかり明けわたる。＊万葉(8C後)一九・四一七七「明立(あけたた)ば 松の狭枝(さえだ)に 夕さらば 月にむかひて〈大伴家持〉」＊古今(905–914)恋一・五四三「あけたてば蝉のをりはへ鳴きくらし夜は蛍のもえこそわたれ〈よみ人しらず〉」＊源氏(1001–14頃)浮舟「あけたてば、川の方(かた)を見やりつつ羊の歩みよりも程なき心地す」辞書日葡

あげ-たつ【上立】〘他タ下二〙船から陸の上などに上げる。上陸させる。＊太平記(14C後)一六・経島合戦事「官軍五万余騎、船の敵をあげ立(たて)じと、漕ぎ行く舟に随て、汀(みぎは)を東へ打ける間」＊浄瑠璃・日本両武将始(1684–88頃か)六「たとひなん百万にてよせ来る共中々あげたてまじ」

あけ-たて【開閉】〘名〙戸、障子などをあけたりしめたりすること。また、開閉できることや開閉の具合もいう。かいへい。＊史記抄(1477)一二・張陳「膠致は、しっかとうちつけて、膠つけのやうに、あけたてをもせぬぞ」＊歌舞伎・小袖曾我薊色縫(十六夜清心)(1859)序幕「本舞台三間の間〈略〉向ふ瓦燈口(くゎとうぐち)、太鼓張の襖(ふすま)、右手地袋銀襖明立(あけたて)」＊造化妙々奇談(1879–80)〈宮崎柳条〉一二「外に水鰓(えら)ありて啓閉(アケタテ)する意の如し」＊星座(1922)〈有島武郎〉「乾き切った唇を大事さうに開け閉てした」発音〈標ア〉ケ〈京ア〉ケ 辞書文明・饅頭・書言・ヘボン・言海 表記開閉(文・ヘ) 開閇(饅) 開闔(書)

あげ-たて【揚立】〘名〙揚げ物ができあがって間もないこと。また、そのもの。＊人情本・花筐(1841)四・二四回「天麩羅屋でどんなに待たせましたらう。その換(かは)り揚(ア)げたてだから、誠に手が熱いわ」発音アゲタテ〈標ア〉〇

あげ-だな【揚店】〘名〙商店などで、品物を載せる棚で、不使用時には上にあげて畳むもの。揚縁(あげえん)。＊閨秀(1972)〈秦恒平〉一「その頃葉茶屋ちきりやは表三間半、あげ店(ダナ)になっていた。晩にはたたみ、朝になるとおろす。上に渋紙張りの大きな茶櫃を五つ、六つも並べこれが並の品だった」発音アゲダナ〈標ア〉〇

あげ-たま【上玉・揚玉】〘名〙(「あげだま」とも)①(上玉)近世の兜の頂上にある息出し穴のまわりの装飾金具の名。玉縁(たまべり)を高く竹の筒形にこしらえたもの。＊洒落本・通人の寐言(1782)下「かぶとの名どころは、てんぐう、あげだま、八まんざ」②打毬(だきゅう)で、予定数の毬(まり)を早く毬門(きゅうもん)に入れ終わった組が、勝利決定のしるしとしてさらに投げ入れる金色の毬。③てんぷらを揚げる時にできる、ころものかす。揚げかす。てんかす。④球状につくったさつまあげ。⑤(「あげ」は奪うの意)女郎などを奪って連れ去ること。また、その女郎。＊歌舞伎・月出村廿六夜諷(1821)二幕「爰(ここ)のふみ玉、彼処(かしこ)のあげ玉(ダマ)、どのしまひにおれが女房」＊合巻・聞勇八幡祭(1826)後「去りながら悪法にかかって、女をあげ玉(ダマ)にされちゃア、明日から商売が為らねへまで」発音アゲタマ〈標ア〉〇〈京ア〉〇

あけ-ち【朱血】〘名〙あかい血。＊仮名草子・恨の介(1609–17頃)下「衣(きぬ)引除(の)け、御覧ずれば、あらいたはしや、此人々のあけちは皆紅(くれなゐ)と見え給ふ」

あけ-ち【明地】〘名〙「あきち(空地)①」に同じ。＊浄瑠璃・絵本太功記(1799)九日「コレ、これは俺が空地(アケチ)に出来た真桑瓜(まっくわうり)」

あけち【明智】姓氏の一つ。発音〈標ア〉〇

あけち-ひでみつ【明智秀満】安土桃山時代の武将。光秀の従弟。丹波福知山城主。左馬助光春(みつはる)の名でも俗称される。天正一〇年(一五八二)、光秀の先鋒として本能寺を襲ったが、半月後、堀秀政に近江坂本城を攻められ自刃。琵琶湖を渡って坂本城へ至る話は、歌舞伎では「明智左馬助湖水乗切」、講談では「湖水渡り」として知られるが、確証はない。天文六～天正一〇年(一五三七～八二)

あけち-みつはる【明智光春】 ⇩あけちひでみつ(明智秀満)

あけち-みつひで【明智光秀】 安土桃山時代の武将。日向守。通称十兵衛。のち惟任(これとう)と改名。織田信長に仕え、戦功により近江坂本城主となる。天正一〇年(一五八二)信長を本能寺に襲い自害させたが、一一日後、山城山崎で羽柴秀吉と戦って敗れ、小栗栖(おぐるす)で土民に殺された。享祿元～天正一〇年(一五二八～八二)

あげ-ち【上地】〘名〙①領主が配下の者から没収した土地。あがりち。上知。*高野山文書‐天授四年(1378)二月五日・竹岡有証田地売券(大日本古文書三・五八六)「ただしこの地はあけちなるによむ(て脱カ)本けむ文をばあいそえず」②「あげち(上知)」に同じ。*玉露叢(1674)一・慶長六年「景勝上げ地会津にて六十万石、蒲生藤三郎秀行に之を下さる」*財政経済史料‐二・財政・領地及知行・大名領地・天保一四年(1843)八月「此度江戸、大坂最寄為二御取締一上地被二仰付一候」 発音アゲチ〈標ア〉0

あげ-ち【上乳】〘名〙乳を与えることをやめる、すなわち離乳すること。*和英語林集成(初版)(1867)「Agechi アゲチ」 辞書ヘボン 表記止乳(ヘ)

あげ-ち【上知】〘名〙江戸時代、幕府が知行地を没収すること。また、その土地のこと。上地(あげち)と混同されて使われてきた。*財政経済史料‐一・財政・雑・収税雑規・享保五年(1720)一二月「私領之上知御蔵入に成候」

あげ-ち【揚地】〘名〙船の荷物を陸地に揚げる場所。陸揚げ地。

あげちか〘名〙風船。また、露店などで風船を売る者をいう、てきや仲間の隠語。〔隠語輯覧(1915)〕

あけち-が-てんか【明智天下】〘連語〙(天正一〇年(一五八二)六月、明智光秀が主君織田信長を殺し、天下に覇(は)をとなえたが、わずか一三日間で羽柴(豊臣)秀吉に滅ぼされた故事から)短い期間、権力や地位を得ること。その状態にある期間や時間の短いこと。三日天下。*俳諧・鷹筑波(1638)一「夏の夜はねぬにあけちが天下哉〈一葉子〉」

あけち-ぐら【明智鞍】〘名〙花嫁の乗用などに使う飾り馬の鞍を、長野県伊那谷でいう。鞍骨(くらぼね)に「屋張明智村万蔵」の焼き印のついたものがあり、工匠の出所に基づく名称。

あげち-けばん【揚地毛判】〘名〙揚げ地をはっきりさせるため、出荷主が荷札または荷印のそばに押す判。

あけち-ぶろ【明智風呂】〘名〙陰暦六月一四日、京都花園の妙心寺で、施行風呂(せぎょうぶろ)をたてて、諸人に入浴させたこと。明智光秀が主君織田信長を滅ぼして、その応報が自分の身に及ぶのを恐れ、当寺に黄金を寄進して追福を請うたという言い伝えから、寺僧がこの施行をなすようになったと伝えられる。今は廃絶した。《季・夏》

あげち-むら【上知村】〘名〙江戸時代、上知となった村。旗本等の私領であった村で、官に没収されたもの。*財政経済史料‐八・官制・勘定所職制雑・延享二年(1745)九月「上ケ知村小物成、諸役高掛り物、其外品々之儀伺吟味之事」

あげ-ちゃ【揚茶】〘名〙奈良地方で、粥(かゆ)をこしてたまった汁をいう語。*随筆・守貞漫稿(1837‐53)二八「東牖子曰粥の製昔は今と異るべし、南都の俗茗粥揚茶(アゲチャ)などと唱る者かゆにて下へ漉て湛りたる者編(ひめ)糅なるべし」

あげ-ちょう【揚超】〘名〙国家財政の対民間収支において、政府が民間に支払う額より受け入れる額が多い状態。財政資金引き揚げ超過。

あげ-ぢょうちん【揚提灯・挙提灯】〘名〙長い柄をつけて高く揚げるようにした提灯。高張り提灯。*歌舞伎・好色伝受(1693)中「『いや此方に召捕りました』といふ所へ、挙(アゲ)提燈出る」*浮世草子・好色産毛(1695頃)三・一「番所番所の揚挑灯(アゲヂャウチン)」

あけ-ちら・す【開散】〘他サ五(四)〙やたらに方々の戸、障子、引き出しなどをあけ放す。*多情多恨(1896)〈尾崎紅葉〉前・四・二「其辺(そこら)を啓散(アケチラ)して何か捜してゐると」 発音〈標ア〉ラ

あげ-ちら・す【上散】〘他サ四〙むやみに方々の蔀(しとみ)などをあげる。いそいで手荒にあげる。*枕(10C終)一八四・宮にはじめてまゐりたるころ「ゐざりかへるにやおそきとあげちらしたるに、雪降りにけり」 補注 用例、一説に「開け散らす」とする。

あげち-れい【上知令】〘名〙江戸時代、幕府の老中首座水野忠邦が中心となって行なった政治改革の際に発せられた法令。天保一四年(一八四三)九月、江戸・大坂一〇里四方(大坂は五里四方という説もある)を幕府直轄領とし、大名、旗本には代地を与えると定めたもの。強い反対で翌月撤回され、水野忠邦失脚の契機となった。上地令。 発音アゲチレイ〈標ア〉チ

あけつ〘名〙方言❶ごみ。塵芥(じんかい)。岩手県上閉伊郡097 山形県139 新潟県361 岩船郡366 ◇あっけつ 山形県139 ❷ごみ焼き。岩手県上閉伊郡098

あげ・つ〘動〙おせじを言ったり、おだてたりすることをいう、てきや、盗人仲間の隠語。〔特殊語百科辞典(1931)〕

あげ-つかさ【上官】〘名〙官位を高くすること。官の昇進。*平治(1220頃か)下・長田、義朝を討ち六波羅に馳せ参る事「下野(しもつけ)は紀伊守(きのかみ)にこそ成りにけれよしとも見えぬあげつかさかな」

あげ-つぎ【揚接】〘名〙つぎ木の方法の一つ。台木を掘りあげてそれにつぎ木すること。ナシ、リンゴなど活着しやすいものに行なう。⇔居接(いつぎ)

あげつぎ〘名〙人を扇動したり、欲情をそそったりするような言葉や動作をいう、てきや、盗人仲間の隠語。〔隠語輯覧(1915)〕*いやな感じ(1960‐63)〈高見順〉二・六「しっかり頼むぜ、四郎さん。軍人をおだてて、アゲツギ(お世辞)でコマ(だま)して、うまいこと、事をあげさせるんだ」

あげ-つ・く【揚付】〘他カ下二〙落ちないようにしっかり揚げる。*咄本・聞上手(1773)凧「むす子がたこをあげるにあがらず。おやぢ出て、どれどれおれがあげ付てやらふ」

あけ-づけ〘名〙菜っぱの漬物、菜漬をいう、人形浄瑠璃社会の隠語。

あけつげ-どり【明告鳥】〘名〙(夜明けを告げる鳥の意)「にわとり(鶏)」の異名。*夫木(1310頃)二七「すもり子のかへらぬ事もありなましあけつけ鳥の声なかりせば〈源忠季〉」*改正増補和英語林集成(1886)「Aketsukedori アケツゲドリ」

あげつ-じんじゃ【上津神社】 大分県大野郡大野町にある神社。旧県社。祭神は月読命(つきよみのみこと)ほか。応神天皇三年の創建と伝えられる。 発音アゲツジンジャ〈標ア〉ジ

あげ-つち【揚土・上土】〘名〙①塀、門など高い所に積んだ土。*太平記(14C後)九・六波羅攻事「山の如くなる揚土(アゲツチ)、壁と共に崩れて、堀は平地に成りにけり」②川や堀などをさらったり、土地を切り開いたりしたときに出る土。*俳諧・曠野(1689)三・初夏「上げ土にいつの種とて麦一穂〈玄察〉」*歌舞伎・四天王産湯玉川(1818)五立「わたしが大事のこの角(つの)へ、あの子がコレ、このやうな引裂き紙を結ひつけ、好い風の神ぢゃと云ふわいなア。揚土ぢゃアあるまいし」*江戸から東京へ(1921)〈矢田挿雲〉一・三「開鑿工事を勧め、其揚土(アゲツチ)を貰って潟を埋めて屋敷を建てたのである」 方言 棺おけを埋める時、棺おけを三度回してから西向きに据え、一度持ち上げて棺おけの下の土を取ること。その土は紙に包んで家へ持って帰る。徳島県三好郡814 発音アゲッチ〈標ア〉0

あげつち-かど【上土門】〘名〙「あげつちもん(上土門)」に同じ。*日葡辞書(1603‐04)「Aguetçuchicado(アゲツチカド)〈訳〉ある形状の門」 辞書日葡

あげつち-もん【上土門】〘名〙邸宅の単層門の一種。平安時代、屋上を平らに厚板をふき重ねた上に土をあげておおった門。後世は、土の代わりに檜皮(ひわだ)などを用いて同じ形にしたものもある。垜門(あずちもん)。あげつちかど。*海人藻芥(1420)居所の事「武士の家には、〈略〉上土門を立つる輩少々有レ之」*庭訓往来(1394‐1428頃)「御館造作事、〈略〉於平門、上土門、薬医門之際、可相計之」*応仁記(15C後)三・洛中大焼之事「大名の家づくり、〈略〉畠山、山名、一色、六角は上土門を立にける」*幸若・富樫(寛永版)(室町末‐近世初)「たか念仏を申、あげつちもんよりつつといり」

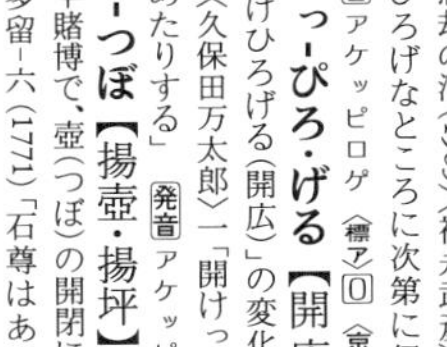

上　土　門〈武家名目抄〉

あけつ-ば【一場】〘名〙方言❶ごみ捨て場。山形県東田川郡・西田川郡139 新潟県岩船郡366 ◇あっけつば 山形県139 ❷ごみ焼き場。山形県庄内052 ❸堆肥(たいひ)を積む所。新潟県北蒲原郡367

あげっ-ぱな【上鼻・上端】〘名〙物事の上げ始めたとき。特に、潮の上げはじめをいう。⇔さげっぱな

あけっ-ぱなし【開放・明放】〘名〙(形動)(「あけはなし」の変化した語。「あけっぱなし」とも)①「あけはなし(開放)①」に同じ。*落語・玉の輿(1894)〈禽語楼小さん〉「何ぼ春だって、己れの家を二日も三日も明けっ放しじゃア困るぢゃア無へか」*星を造る人(1922)〈稲垣足穂〉「開(ア)けっぱなしになった窓から吹きこむ風にまくれてゐる枕べの朝刊に」②「あけはなし(開放)②」に同じ。*洒落本・夢之盗汗(1801)二「此子もあけっぱなしの色事がすきだからいいのふ」*彼岸過迄(1912)〈夏目漱石〉三一「千代子の様子は何時もの通り明っ放しなものであった」*大阪の宿(1925‐26)〈水上滝太郎〉一二・五「『あたし〈略〉悪い病気になってしまったのですよ』とあけっぱなしに話しもした」 発音〈標ア〉0〈京ア〉0

あけっ-ぱな・す【開放・明放】〘他サ五(四)〙「あけはなす(開放)」の変化した語。*滑稽本・七偏人(1857‐63)五・中「格子を明(アケ)っ放(パナ)して往たから」*田舎教師(1909)〈田山花袋〉一五「夏の間、二階を明放(アケッパナ)して」*或る女(1919)〈有島武郎〉後・三六「倉地は喉笛を開(ア)けっ放(パナ)した低い声で葉子の耳許にかう云って見たが」 発音〈標ア〉ナ

あけっ-ぴろげ【開広・明広】〘名〙(形動)(「あけひろげ(開広)」の変化した語)①戸、障子などを開け放すこと。また、そのさま。②心のうちを包み隠さないこと。また、そのさま。*あの道この道(1928)〈十一谷義三郎〉一「どっちかと云へば、言葉にも表情にもあけっぴろげに精力の迸(ほとばし)りさうな女でゐて」*忘却の河(1963)〈福永武彦〉五「彼はこの画家の明けっぴろげなところに次第に好感を持ち始めていた」 発音アケッピロゲ〈標ア〉0〈京ア〉0

あけっ-ぴろ・げる【開広・明広】〘他ガ下一〙「あけひろげる(開広)」の変化した語。*大寺学校(1927)〈久保田万太郎〉一「開けっぴろげたはうばうの窓を閉めたりする」 発音アケッピロゲル〈標ア〉ゲ

あげ-つぼ【揚壺・揚坪】〘名〙①賽(さい)を使う丁半賭博で、壺(つぼ)の開閉に使う不正手段。*雑俳・柳多留‐六(1771)「石尊はあげ坪しても気にかかり」②だますこと。ごまかし。詐欺。*歌舞伎・四天王楓江

戸粧(1804)五立「斯うしてしくじってしまった日にゃア、身のまはりだけ上(ア)げ坪(ツボ)に」 方言 こっちで義理を果たしたのに、先方で返礼しないこと。宮城県仙台市125

あげつぼを食(く)う だまされる。詐欺にあう。＊雑俳・川柳評万句合‐宝暦一〇(1760)智一「あげ坪は浦嶋殿か喰初じめ」＊洒落本・新吾左出放題盲牛(1781)才六会拐「江戸を繁栄大快の地とばかり思ふて、忙然(うっかり)とくらす時は、大きなるあげつぼを喰ふべし」＊黄表紙・鳩八幡豆と徳利(1786)「南無三あげつぼを喰った」＊歌舞伎・花街模様薊色縫(十六夜清心)(1859)二「こいつあ一番上壺(アゲツボ)を食(ク)ったな」

あげ‐つま【上褄】〘名〙(「あげづま」とも。縫い上げた褄の意) 着物の褄の呼び名。裾の袘(ふき)の褄先に丸みをつけたもの。＊洒落本・二日酔巵觶(1784)「徳次が着て出た萠黄の小そでは能かったねへ。上方風の上(アゲ)づまさ」＊雑俳・柳多留‐三二(1805)「上げつまをうろこに折て嫁すはり」

あげ‐づめ【揚詰】〘名〙特定の芸妓や遊女などを連日独占して遊興にふけること。＊仮名草子・都風俗鑑(1681)三「あたらかねをけいせいにつくしたり、やどにあげづめにする女につゐす事よ」＊浮世草子・好色一代女(1686)一・四「大坂にてもすぎにし長崎屋出羽 あげづめにせし二三といへる男」＊浄瑠璃・曾根崎心中(1703)「今宵も明日も明後日も、揚詰めの大大尽」 発音 アゲズメ〈標ア〉⓪

あげ‐つ・める【揚詰】〘他マ下一〙連日、芸妓や遊女などを揚げ続ける。＊雑俳・桜狩(1743)「揚げ詰められて皆に成る啌」＊江戸から東京へ(1921)〈矢田挿雲〉七・一二・一「自分は某大名の隠居といふ触込みで半蔵松葉の吾妻太夫を揚詰(アゲツ)めた」 発音 アゲツメル〈標ア〉メ

あげ‐つらい〔らひ〕【論】〘名〙(動詞「あげつらう(論)」の連用形の名詞化) 物事の善悪などを論ずること。議論。また、ささいな非などをことさらにとりたてて言うこと。 発音 アゲツライ〈標ア〉⓪〈京ア〉⓪ 辞書 言海 表記 論(言)

あげ‐つら・う〔らふ〕【論】〘他ワ五(ハ四)〙物事の善悪、理非などを議論する。物事の是非をただす。また、ささいな非などをことさらにとりたてて言う。＊書紀(720)推古一二年四月(岩崎本訓)「然れども、上和(やはら)ぎ下睦(むつ)び、論(アケツラフ)に諧(かな)ふときは、則ち事理(こと)自らに通(かよ)ふ」＊大唐西域記長寛元年点(1163)五「諸の異学を集めて、微言を商擢(くら)べ、至理を抑揚(アケツラフ)」＊随筆・玉勝間(1795‐1812)一「大かた世の人の、万の事の善悪是非(よさあしさ)を論ひ、物の理りをさだめいふたぐひ」＊滑稽本・八笑人(1820‐49)三・追加下「昼夜をわかたぬ種々の、見せもの茶見せ諸商人、あげつらふにいとまはあらねど」＊当世書生気質(1885‐86)〈坪内逍遙〉一八「ちかごろ風俗改良の説盛んに興りて、上は婦人(ぢょちう)達の結髪(かみ)の風より、下は日本下駄の不便利まで、人のあげつらふ世の中とぞなりける」 語誌「あげ」は「挙げ」、「つらふ」は「言いずらう」「引こずらう」などの「つらふ」で動作や状態が強く長くつづくことを表わし、本来はマイナスのイメージはない。古く、書紀古訓の外には、古辞書や訓点資料に見られるだけであるが、漢文訓読によって後世に伝わった。近世以後文章語として復活したが、非難をこめて述べ立てるという、マイナスの意味合いになるのが普通である。 語源説 (1)アゲはコトアゲ(言挙)。(イ)ツラフはツリアフ(牽合)の約〔大言海〕。(ロ)ツラフは状態を表わす動詞〔雅言考〕。(ハ)ツラフは連合の意〔国語本義〕。(2)アゲトフ(挙問)の延言〔和訓集説〕。(3)アゲツノリアフ(挙募合)の義〔日本語原学＝林甕臣〕。(4)アゲ(挙)にツルの助詞がついて、そのツルの延言ツラヒ〔古言類韻＝堀秀成〕。 発音 アゲツラウ 文 アゲツローとも〈標ア〉ラ(ロ)〈京ア〉⓪ 辞書 名義・和玉・ヘボン・言海 表記 論(名・玉・ヘ・言)章(名)

あけ‐て【明―】〘副〙(動詞「あける(明)」の連用形に助詞「て」の付いた語) 新年になって。「明けて何歳」などと年齢などを数える時に用いる。＊団栗(1905)〈寺田寅彦〉「今年の二月、あけて六つになる忘れ形見のみつ坊をつれて」＊虞美人草(1907)〈夏目漱石〉一五「『藤尾は慥(たしか)二十四になったんですね』『明(ア)けて四になったのさ』」 発音〈標ア〉⓪〈京ア〉ア

あげ‐て【挙―・上―】〘副〙(動詞「あげる」の連用形に助詞「て」の付いてできたもの) ①多くのものを全体としてまとめていう場合に用いる。すべて。残らず。こぞって。ことごとく。全部。＊大智度論天安二年点(858)「天下国土、称(アケ)て知りぬべし」＊宇津保(970‐999頃)藤原の君「をさめ殿あけて、よき果物、干物(からもの)あげていだす」＊三体詩素隠抄(1622)一・三「我がはや諫官に成て、あけて筆硯に従事して封事をたてまつりて、天子を諫めまいらするほどにして」＊徳山道助の帰郷(1967)〈柏原兵三〉一「どんなに故郷はあげて彼の帰郷を歓迎してくれたものであったか」 ②多くのものを一つ一つとり立てていう場合に用いる。いちいち。＊大慈恩寺三蔵法師伝院政期点(1080‐1110頃)八「凡そ紕(まが)ひ紊(みだ)れたる所、胡(いか)んぞ勝(アケ)て言ふ可けむや」＊方丈記(1212)「いはむや所により身の程にしたがひつつ、心をなやます事は、あげて不可計」＊平家(13C前)一・殿下乗合「大織冠・淡海公の御事はあげて申に及ず」＊太平記(14C後)一三・足利殿東国下向事「其の位に居する例不ㇾ可二勝計一(アゲテかぞふ)」＊文明本節用集(室町中)「不ㇾ可二勝計一 アゲテハカルベカラズ」 語誌 中国古代には、「不ㇾ可二勝計(数)一」(「史記」「漢書」「宋史」など)という句が、また、「文選」には「不ㇾ可二勝…一」という句が多く見られる。「勝」は「挙也、尽也」の意で、「勝とは皆と云心也」〔式目抄‐坤〕と説かれ、日本では、ふつう、これを「不ㇾ可二勝計一 あげてかぞふべからず」〔落葉集〕とよみ(「勝」の代りに「称」も用いた)、また、「勝計 ショウケイ」と音読することもあった。 発音 アゲテ〈標ア〉⓪〈ア史〉平安～室町◉○○〈京ア〉ア 辞書 名義・文明・易林・書言 表記 勝(名・文・易・書)觔・招(名)上(文)

あげ‐て【上手・揚手】〘名〙①事物を上にあげる人。また、あげている人。＊コリャード日本文典(1632)「āguete(アゲテ)〈訳〉捧げる人」＊銀の匙(1913‐15)〈中勘助〉後・一二「凧は〈略〉終にはひとすぢの糸によって夢中に空を見あげてゐる揚げ手を支配しはじめる」 ②遊女や芸妓などをよんで遊興する人。＊浮世草子・傾城歌三味線(1732)三・二「揚手(アゲテ)があれば其日は其客の物」

あげ‐てぬぐい〔ぬぐひ〕【揚手拭】〘名〙手拭のかぶり方の一種。あねさまかぶり。 方言 青森県三戸郡083 宮城県栗原郡114 仙台市125 秋田県鹿角郡132 山形県139 新潟県中蒲原郡361 発音〈なまり〉アゲーテノゲ〔秋田鹿角〕アゲテノゲン〔仙台方言〕アゲテノゴエ〔山形小国〕

あげ‐と〘名〙方言 ⇨あぎ(腭)

あげ‐ど【揚戸】〘名〙①縦みぞに沿って上下に開閉する戸。＊舞姫(1906)〈与謝野晶子〉「春の月椽の揚戸(アゲド)の重からば逢はで帰らむ歌うたへ君」 ②上部が蝶番(ちょうつがい)などで取り付けてあり、上の方に釣り上げるようにして開く戸。＊日葡辞書(1603‐04)「Aguedo(アゲド)〈訳〉貽貝(いがい)のように、上げたり下げたりして開けしめする窓または戸」 発音 アゲド〈標ア〉ゲ⓪〈京ア〉⓪/ゲア 辞書 日葡

あげ‐どうふ【揚豆腐】〘名〙薄く切った豆腐を油で揚げたもの。あげ。あぶらげ。＊雑俳・簍纑輪前集(1707)一「音をのみぞ・鍋に泣たる油(アケ)豆腐」＊滑稽本・浮世風呂(1809‐13)四・上「『京橋の』『ふむ京橋の』『ゑゑ、鳶さらひけり揚豆腐(アゲダウフ)』」＊大坂繁花風土記(1814)「あげ豆腐を、あぶらげ」 発音 アゲドーフ〈標ア〉ド 辞書 言海 表記 揚豆腐(言)

あげどうふ‐や【揚豆腐屋】〘名〙揚げ豆腐などを売る店。また、その人。＊浮世草子・好色産毛(1695頃)二・一「此料理は何として拵(こしら)へてにやととへば、門前の揚(アゲ)だうふ屋に頼(たのん)でと」

あげ‐どうろ【揚灯籠】〘名〙「あげどうろう(揚灯籠)」の変化した語。《季・秋》＊古活字本毛詩抄(17C前)四「御即位の時にあけとうろの様な物のさきに、旗の形があるぞ」＊日葡辞書(1603‐04)「Aguedôro(アゲドウロ)〈訳〉故人の霊魂に対して行なわれる七月のある祭の際の、高い柱に吊り下げられた提灯」＊俳諧・毛吹草(1638)六「木に添てのぼる蛍や上燈籠(アゲドウロ)〈玄竹〉」＊雑俳・雪の笠(1704)「秋に成りけり秋に成りけり・朔日の更科照らすあげとうろ」 辞書 日葡

あげ‐どうろう【揚灯籠】〘名〙(「あげとうろう」とも) 盂蘭盆(うらぼん)の時、軒または竿の先に吊るして、門外に高く揚げる灯籠。たかとうろう。《季・秋》＊俳諧・はなひ草(寛永二〇年本)(1643)「四季之詞、七月〈略〉まいり燈籠、あけ燈籠」＊浮世草子・好色二代男(1684)八・一「相坂の関の北におもむき、浦の揚燈籠(アゲトウロウ)も跡になし」 方言 盆どうろう。長野県諏訪481

あけ‐とお・す〔とほす〕【開通】〘他サ四〙閉じていたものを開けて広げる。開け放す。＊あさぢが露(13C後)「東のらうのかたにあかだなをして、持仏堂にしょうじあけとをしてあか奉る尼君あり」

あげ‐とき【鯨波】〘名〙ときの声をあげること。＊十二の石塚(1885)〈湯浅半月〉一「おりから聞ゆる鯨波(アゲドキ)の声はまさしくイスラエルの国人なるらめ」

あげ‐どき【揚斎】〘名〙①最終年忌の法事。葬揚(とむらいあげ)。 ②遺族が寺に行って経をあげてもらう簡単な法事。揚げ法事。 方言 家へ僧を招かず、寺で済ます法事。新潟県361 京都府竹野郡622

あげ‐どこ【揚床】〘名〙木の葉やわらなどを土に混ぜ、地上に盛り上げてつくった温床。

あげ‐どころ【上所】〘名〙①手紙などの、相手の名あてを書く場所。また、その名あて。宛所(あてどころ)。じょうしょ。＊小大君集(1005頃)「ゐなかへやる文のあげどころに」＊吾妻鏡‐文治二年(1186)四月二四日「且所ㇾ守二勅定之趣一也。上所奥御館云々」＊消息耳底秘抄(13C初)「上所注付事。直に名を書たるが恐ある間。上所の注に御侍とも政所とも宿所とも書は常事也」＊蔭涼軒日録‐長享三年(1489)六月一四日「上所鹿苑院可ㇾ然。〈略〉自二蔭涼一被ㇾ白可ㇾ然。然者上所蔭涼可ㇾ然云々」 ②手紙などの名あての上部に書く「謹上」「進上」などの語。じょうしょ。＊書札礼「上所事。進上謹々上。恐礼也。謹上。等同之礼、謹奉。処二凡卑一之詞也」

あけどり〘名〙方言 ⇨あきつ(秋津)

あげ‐とり【上鳥】〘名〙野鳥を献上すること。鷹の餌に供するヒバリを幕府へ献納することをいった。＊向山誠斎雑記(1838‐56)癸卯雑記「御鷹場御用勤方〈略〉雲雀上鳥村触之事、是は、雲雀上鳥之村々書付、若年寄衆え御鷹匠頭より差出」

あけどり‐うち【明鳥打】〘名〙寝ているところを襲われて捕まることをいう、盗人仲間の隠語。〔隠語輯覧(1915)〕

あげ‐と・る【上取】〘他ラ四〙没収する。取り上げる。＊高野山文書‐承元二年(1208)一一月一三日・日置永枝田地売券(建保二年八月日坂上以澄裏書)(大日本古文書三・七五九)「くだむの公事を不ㇾ勤は、氏人氏人あけとるべきをきふみあるなり」

あげ‐ながし【上流・揚流】〘名〙床(ゆか)の上に設けた流し元。土間に設けたものに対していう。また、移動できる流し。置き流し。＊歌舞伎・心謎解色糸(1810)大切「下のかた台所道具、一つ土竈、上ながし手桶、

すべて綱五郎独住みの体」＊歌舞伎・月出村廿六夜諷(1821)序幕返し「下の方勝手元、揚げ流し、水瓶」方言 山形県139 新潟県361

あげ-なが・す【上流】『他サ四』能楽で、上音(じょうおん)のままたっぷりと謡う。上音の音階でさらさらと謡い流す。＊三道(1423)「後句は、同音などにて、長々たぶたぶと、あげながして云ひくだすべし」

あけ-なべ【明鍋】『名』方言❶(「ふたがしてなくて内部がすっかりわかるなべ」の意から)腹の中に収めておけない人。秘密の保てない人。愛知県名古屋市562 ❷(すべきことがしてないところから)やりっぱなし。愛知県名古屋市549 ❸(「熱をむだに逃してしまうこと」の意から)浪費家。愛知県宝飯郡062

あげ-なべ【揚鍋】『名』揚げ物に使う底の浅く広い鍋。てんぷら鍋。＊滑稽本・浮世風呂(1809-13)四・中「揚鍋(アゲナベ)に油の残った所(とっ)からの案じで、白玉の揚出しとして」＊エオンタ(1968)〈金井美恵子〉三「女たちは、大きな四角のステンレスの揚げ鍋の前に行列を作って」発音アゲナベ〈標ア〉0/ナ〈京ア〉0/ナ

あげ-なや【揚納屋】『名』湿気を防ぐために、土間に、床板を張り、その上に穀物を貯蔵し、納屋、倉庫の代わりにするもの。方言三重県志摩郡054

あけなんこ『名』①握った貝や碁石などの数を当てさせる遊び。②(形動)(①が終わりに手を開いて数を見せることから)あけっぱなし。隠さないでありのままに言うこと。また、そのさま。芝居の隠語として、非難めいたことを言う場合が多い。＊合巻・裙模様沖津白浪(1828)発端「その在所も坊主めが同腹中の法印ゆゑ、あけなんこに見せたるからは」＊歌舞伎・夢物語盧生容画(1886)六幕「てんからわたしゃ明(ア)けなんこにそれ相応に渡って置き、高いを承知で乗った駕籠」方言❶ありのままにするさま。ざっくばらんなさま。福井県大飯郡447 兵庫県加古郡664 奈良県678 香川県829 福岡市877 879 長崎県壱岐島915 宮崎県東諸県郡954 ◇あけらんこ・あきなんこ 香川県三豊郡829 ❷開けっ放し。◇あけらんこ 福井県大飯郡447

あけ-に【明荷】『名』①竹またはむしろでつくった旅行用のつづらの一種。角や縁に割り竹をつけ、ふたをあけやすくした。＊俳諧・七柏集(1781)「打かさねたる明荷跡つけ 軒はまだ雫ながらに雨の月〈蓼太〉」＊合巻・裙模様沖津白浪(1828)「『時にこの明荷(アケニ)は一荷(か)にいたして』ト当りの方を取って両掛けにして担ぐ」②相撲の関取が場所入りのとき、支度部屋に運び込む身の回りの品を入れたつづら。＊歌舞伎・有松染相撲浴衣(有馬猫騒動)(1880)大詰「『小野川おのれも邪魔すれば、共に冥土の旅相撲、年の明荷(アケニ)に牛頭馬頭(ごづめづ)のから尻馬で』『送ってやるぞ』」③江戸時代、かごかきの雲助が賃金を持ち逃げした際、その仲間たちが加えた重い制裁(両京俚言考(1868-70頃))。発音〈標ア〉0〈京ア〉0 辞書〈ボン・言海〉 表記明荷(言)

あけに『名』午前一〇時頃をいう、盗人仲間の隠語。〔隠語輯覧(1915)〕

あげ-に【揚荷】『名』船舶などから陸揚げされる荷物。発音アゲニ〈標ア〉0

あげ-に【揚煮】『名』日本料理で、材料を一度油で揚げてから、煮汁に入れて煮たもの。発音アゲニ〈標ア〉0

あけに-うま【明荷馬】『名』「あけに(明荷)①」をつけた馬。また、民間で嫁を乗せるための馬。普通、婿方で準備して、明荷を馬の左右の背につけて、その上に布団を敷く。

あけに-つづら【明荷葛籠】『名』明荷に用いたつづら。＊合巻・裙模様沖津白浪(1828)「後より女形姫之助、旅役者の拵へ、嫌らしき形にて、明荷葛籠(アケニツヅラ)を肩に、三尺帯にて引摺って出づる」

あけ-ぬり【朱塗】『名』朱色に塗ること。また、その塗ったもの。しゅぬり。＊南京新唱(1924)〈会津八一〉山中高歌「うなばらをわがこえくればあけぬりのしまのやしろにふれるしらゆき」

あげ-ねずみ【揚鼠】『名』鼠を油揚げにしたもの。狐の好物であるところから、狐釣りの餌にする。＊雑俳・日和笠(1741-44)「すきじゃとて・きつねはなさぬあげ鼠」＊歌舞伎・吾嬬下五十三駅(天日坊)(1854)序幕「おとした狐に化かされて悪者と異名も人丸のお六が罠の揚鼠(アゲネズミ)銜へて恥を柿の本」

あげ-のうし【上直衣】『名』天皇が蹴鞠などの際に着ける直衣。日常の引直衣(ひきのうし)に対して、臣下の直衣同様に襴(らん)を上げて、ふところをつくって着用することによる。＊言成卿記-文久三年(1863)四月一一日「主上御衣体御上直衣如臣下」

あげ-のうれん【揚暖簾】『名』店の出入り口の軒下にかけておく、のれん。＊洒落本・女鬼産(1779)「隣りの上げのふれんには名物の四十九餅、こちらを見れば酒屋と見へて」

あけの-が-はら【明野原】三重県南東部の野。宮川下流の左岸、小俣町北部の台地をいう。＊浮世草子・好色一代女(1686)六・二「明野(アケノ)が原(ハラ)の茶屋風俗、さりとてはおかしげに」＊俳諧・鶉衣(1727-79)前・下・四三・音曲説「あけ野が原にすみれ咲て比丘尼のうたのなめげなるなり」発音アケノガハラ〈標ア〉ガ

あけ-のこ・る【明残】『自ラ四』(月や星などが)夜が明けても空に残っている。また、まだすっかり夜が明けきらない。＊春のみやまぢ(1280)一一月一五日「明のこる光もうすし雲まよふ都のかたの山のはの月」＊風雅(1346-49頃)雑中・一六二七「しらみまさる空の緑は薄く見えて明残る星の数ぞ消えゆく〈花園院一条〉」＊太平記(14C後)三九・芳賀兵衛入道軍事「甲冑の光を耀して、明残る夜の星の如くに陣を張る」＊俳諧・発句題叢(1820-23)冬「明残る池は小さき鴨の声〈岐東〉」発音〈標ア〉コ〈京ア〉0 辞書言海 表記明残(言)

あけのべ-こうざん【明延鉱山】兵庫県養父(やぶ)郡大屋町にある鉱山。大同元年(八〇六)頃発見され、奈良の大仏鋳造にも貢献したといわれる。わが国の錫(すず)の八〇パーセントのほか、銅、亜鉛なども産する。発音アケノベコーザン〈標ア〉コ

あけ-ば【明端】『名』①明け方をいう、盗人仲間の隠語。〔隠語輯覧(1915)〕②翌日をいう、盗人仲間の隠語。〔特殊語百科辞典(1931)〕

あけ-ば【開場】『名』門、戸、入り口をいう、てきや、盗人仲間の隠語。〔隠語全集(1952)〕

あげ-は【上端・上羽】『名』謡曲の曲(くせ)のなかほどで、シテ(ツレやワキの場合もある)が上音(じょうおん)で調子をかえて謡う部分。また、舞いグセでこの部分を演ずる型の名称。＊わらんべ草(1660)二「曲舞上はろんぎ」

あげ-は【軒翥】『名』鷹の羽のこと。＊運歩色葉(1548)「軒翥 アゲハ 鷹羽」

あげ-は【揚羽蝶】『名』「あげはちょう(揚羽蝶)」に同じ。＊大和本草(1709)一四「蠋〈略〉又菜の葉にも青虫生ず〈略〉後に化して鳳蝶(アゲハ)となる」＊思ひ出(1911)〈北原白秋〉わが生ひたち「舌出人形の赤い舌を引抜き、黒い揚羽蝶(アゲハ)の翅(はね)をむしりちらした心は」発音アゲハ〈標ア〉0〈京ア〉0

あげ-ば【上場・揚場】『名』①船荷を陸へ揚げる場所。＊俳諧・炭俵(1694)下「ちらはらと米の揚(アゲ)場の行戻り〈芭蕉〉目黒まいりのつれのねちみゃく〈野坡〉」＊雑俳・柳多留-初(1765)「三めぐりを溜め小便の揚場にし」＊洒落本・粋町甲閨(1779か)自序「烏かあかあと啼けば、揚場へ米がこぼれたと悟る」②鉱山などで、竪坑(たてこう)、斜坑から水平坑に連絡する交通路や、鉱石を運ぶ所。③取引相場で株式などを売買にのぼすこと。じょうじょう。また、相場をすること。＊雑俳・銀かわらけ(1716-36)「手ばかりで上げばを上げて知らぬ白」方言波打ち際で出漁の船が泊まっている所。新潟県西頸城郡382 発音アゲバ〈標ア〉0 辞書文明・〈ボン・言海〉 表記上場(文) 埠頭(へ) 揚場(言)

あげ-はご【揚羽子】『名』女児たちが数え歌に合わせて、順番に羽子を突き上げ、その突いた数の多いのを勝ちとする遊戯。《季・新年》

あげ-ばし【揚箸】『名』揚げ物をするときに用いる長い箸。＊まんだん読本(1932)戦時風景〈松浦翠波〉「旦那、あっしゃぁ天ぷら屋でしてね、揚箸(アゲバシ)持つ手に機関銃……と来らあ」発音アゲバシ〈標ア〉バ

あげば-せん【揚場銭】『名』揚げ場で払う荷揚げの手数料。＊新しき用語の泉(1921)〈小林花眠〉「揚場〈略〉揚場銭(アゲバセン)は揚場で払ふ手数料のこと」

あげ-ばた【揚凧】『名』方言⇩はた(凧)

あけ-はだ・ける【明開】『他カ下一』(「はだける」は、ひらくの意)戸などをすっかり開く。あけはなす。あけはなつ。＊玉塵抄(1563)五「天地がどこも戸をたて、あいた所をもふさぐやうになって、冬となるぞ。夏はどこもあけはたくるぞ」＊雑俳・柳多留-九(1774)「我内のやうに式部は明けはだけ」

あげ-ばち【上一】『名』「あげばり(上張)」のなまりか。＊康富記-嘉吉三年(1443)四月二六日「次如木雑色一人〈平礼揺ㇾ紐(上ばち也)〉」＊随筆・錦所談(1834)二「上ばちは上張なるべし。凡て袴の紐のところは下袴等にて張ある故其張を上ると云義なるべし。〈略〉然れども上張(アゲバリ)を上(アゲ)ばちと称すること、チをリの転語とも云がたし。窃に考るに紐を高く上る時は自らすべりて持がたし。故に袴の踦(まち)を引上てもたすべし。依て上まち云義ならむ歟猶考べし」

あげは-ちょう【揚羽蝶・鳳蝶】『名』①アゲハチョウ科のチョウ類の総称。アゲハの他にキアゲハ、クロアゲハ、カラスアゲハなど、一般に大形で後ろばねに尾状突起のあるものが多い。学名は Papilionidae《季・春-夏》＊みだれ髪(1901)〈与謝野晶子〉舞姫「さしかざす小傘に紅き揚羽蝶(アゲハテフ)小褄とる手に雪ちりかかる」＊激浪(1944)〈山口誓子〉昭和一九年「蔭を出て光に衝たる揚羽蝶」②アゲハチョウ科のチョウの一種。各地に普通に見られる。はねの開張八～一二センチメートル内外。はねは淡黄色に黒いすじと斑点があり、ふちは黒く、黄色紋が並ぶ。後ろばねには細い尾状の突起がある。和名アゲハ。なみあげは。学名はPapilio xuthus ③「あげはのちょう(揚羽蝶)②」に同じ。発音アゲハチョー〈標ア〉ハ〈京ア〉ハ

あけ-は・てる【明果】『自タ下一』文あけは・つ『自タ下二』すっかり夜が明けてしまう。＊蜻蛉(974頃)下・天延二年「ことと明けはてて、『蓑、笠や』と人はさわぐ」＊古今六帖(976-987頃)一・秋「あひ見まく秋たたずともしののめの明はてにけりふなでせんかは〈柿本人麻呂〉」＊源氏(1001-14頃)須磨「あけはつるほどにかへり給ひて、春宮にも御消息聞え給ふ」辞書日葡

あげ-はな【上端】『名』(潮などが)上がり始めたころ。＊仕立屋マリ子の半生(1928)〈十一谷義三郎〉一「自慢の釣竿を担いで、潮の上げはな引きはなを窺って、お台場や大川筋へ出かける」発音アゲハナ〈標ア〉0

あけ-はなし【開放・明放】『名』(「あけばなし」「あけぱなし」とも)①(形動)すっかりあけること。また、あけたままにしておくさま。あけっぱなし。＊政談(1727頃)三「田舎は地頭も不ㇾ住居、代官も不ㇾ居ば、唯明放しの様也」＊談義本・地獄楽日記(1755)一・三「鬼共も門を開放(アケバナシ)にして内へ帰れば」＊雑俳・柳多留-一二(1777)「高をくくって石河岸の明けはなし」＊滑稽本・浮世床(1813-23)初「こころは錠をおろして腰から下は明離(アケバナ)しか」＊われか

ら(1896)〈樋口一葉〉三「我なき留守に無断の外出、殊更家内あけ放(ハナ)しにして是が人の妻の仕業かと」＊星座(1922)〈有島武郎〉「部屋のドアが開けぱなしにしてあるので」②(形動) 隠し立てをしないで、心のうちを話したり、ありのままの姿を見せたりすること。ざっくばらん。あけっぱなし。あけっぴろげ。＊其面影(1906)〈二葉亭四迷〉一二「『やあ！』と明放しの高声を揚げて」＊三四郎(1908)〈夏目漱石〉八「東京は田舎と違って、万事が明(ア)け放(ハナ)しだから」＊夜明け前(1932-35)〈島崎藤村〉第二部・下・一一・一「先師篤胤は万事明け放しで、丸裸になって物を言った」③カメラのレンズに絞りをかけないで全開すること。かいほう。 発音〈標ア〉0〈京ア〉0 辞書言海 表記明放(言)

あけ-はな・す【開放・明放】〖他サ五(四)〗①窓、戸、障子などを残らずあける。また、あけたままにしておく。あけはなつ。＊俳諧・太祇句選(1772-77)秋「明はなし寝た夜つもりぬ虫の声」＊和英語林集成(初版)(1867)「トヲ akehanasz (アケハナス)」＊はやり唄(1902)〈小杉天外〉六「明放した庭からは日に蒸さるる草木の香気(にほひ)が入って来る」＊或る女(1919)〈有島武郎〉後・二二「冗談などを云ひ云ひあらゆる部屋を明け放して」②隠し立てをしないで、話したり、ありのままの姿を見せたりする。＊野菊の墓(1906)〈伊藤左千夫〉「話の一歩を進めてお互に明放(アケハナ)してしまふことが出来るのである」 発音〈標ア〉ナ〈京ア〉0 辞書ボン・言海 表記明離(へ) 明放(言)

あけ-はなち【開放・明放】〖名〗戸や障子などの仕切りがなく、開け放たれていること。＊ひかげの花(1934)〈永井荷風〉二「間口三間ほど明放ちにした硝子店で、家の半分は板硝子を置いた土間になってゐる」 発音〈標ア〉0

あけ-はな・つ【開放・明放】〖他タ五(四)〗「あけはなす(開放)①」に同じ。＊それから(1909)〈夏目漱石〉一五「手を窮屈に伸ばして、自分の後丈(うしろだけ)を開(ア)け放(ハナ)った」＊カズイスチカ(1911)〈森鷗外〉「藁葺の家が、建具を悉くはづして、開け放ってある」 発音〈標ア〉ナ〈京ア〉0

あげ-はなび【揚花火】〖名〗空中に高く打ち揚げて爆発させる花火。打ち上げ花火。《季・夏－秋》＊東京風俗志(1899-1902)〈平出鏗二郎〉中・五・両国の川開「維新前には五月二十八日より八月二十八日に至るまで、酷暑の間、遊船宿の涼船(すずみぶね)を出だししにより、其初夜に揚花火(アゲハナビ)などして景気を附けたるに起れり」＊童謡・子守唄(1925)〈若山牧水〉「ぽんぽんあがるは揚花火」

あけ-はなれ【明離】〖名〗(「あけばなれ」とも) 夜がすっかりあけること。また、その時。＊俳諧・其袋(1690)「あさむつや月見の旅の明ばなれ」

あけ-はな・れる【明離】〖自ラ下一〗文あけはな・る〖自ラ下二〗夜がすっかりあける。＊伊勢物語(10C前)六九「あけはなれてしばしあるに、女のもとより」＊源氏(1001-14頃)夕顔「あたりは、人しげきやうに侍れど、いとかごかに侍りと聞えて、あけはなるる程のまぎれに御車寄す」＊新勅撰(1235)冬・四二三「山たかみあけはなれゆくよこ雲のたえまにみゆる峰の白雪〈源実朝〉」＊徒然草(1331頃)一〇四「このたびは鳥も花やかなる声にうちしきれば、明はなるるにやと聞給へど」 発音〈標ア〉レ〈京ア〉0 文『あけはなる』〈標ア〉ナ〈京ア〉0 辞書日葡・ボン・言海 表記明離(へ・言)

あけば-ねずみ【明端鼠】〖名〗朝食前後の忙しい時間をねらって店頭の商品を盗むこと、また、その人をいう、盗人仲間の隠語。〔隠語輯覧(1915)〕

あげは-の-ちょう フ・テ **【揚羽蝶】**〖名〗①「あげはちょう(揚羽蝶)①」に同じ。＊俳諧・犬子集(1633)一・蝶「舞の後和歌を上羽の蝶もがな〈重頼〉」＊俳諧・山の井(1648)春「胡蝶 てふてふ あけはのてふ」＊小学読本(1874)〈榊原・那珂・稲垣〉三「山椒虫(さんせうむし)の化して成れるは揚羽蝶(アケハノテフ)となる。翅に網の紋あり」②紋所の名。アゲハチョウの側面の図案化。＊浮世草子・好色五人女(1686)一・二「此まへ嶋原に上羽(アケハ)の蝶(テウ)を紋所に付し太夫有しが」＊人情本・春色梅児誉美(1832-33)後・一二齣「上着ははでな嶋七子、上羽(アゲハ)の蝶(テウ)の菅(すが)縫紋」③アゲハチョウにかたどった紐の結び方。 発音アゲハノチョー〈標ア〉チョ〈京ア〉チョ 辞書書言・言海 表記鳳蝶・騰羽蝶(書) 揚羽蝶(言)

揚羽の蝶②

あげ-はば【上幅】〖名〗(金銭などで) 基準になる額と引き上げられた額との差。＊時間(1969)〈黒井千次〉七「下木内が告げた給料の上げ幅等は、彼にとってもやはり甘美な匂いを放つ風であることに違いなかった」 発音アゲハバ〈標ア〉ゲ0

あけば-ばらし【開場―】〖名〗門や戸を破って忍び込むことをいう、盗人仲間の隠語。〔隠語輯覧(1915)〕

あげは-ぼうし【揚羽帽子】〖名〗(形がアゲハチョウに似ているところから)「あげぼうし(揚帽子)」の異称。＊浄瑠璃・日本西王母(1699頃)一「対の塗笠裏に薄絵の花づくし、あげは帽子にうしろ帯」

あげ-はま【揚浜】〖名〗①「あげはましきえんでん(揚浜式塩田)」の略。②「あげいし(上石)」に同じ。＊俳諧・飛梅千句(1679)賦何一字露顕俳諧「帰厂あけはまあらば先まちやれ〈友雪〉 爰はあつかう田ふしすが嶋〈仁交〉」＊浄瑠璃・安倍宗任松浦簦(1737)二「父のあげはまそっと十目盗み取り、母の方へ混ぜ置けば」＊歌舞伎・四天王産湯玉川(1818)四立「碁盤のこめもあげはまの、のびた色目をおさへてはねて」

あげはましき-えんでん【揚浜式塩田】〖名〗海面より高い位置にある塩田で、人力または機械力で海水を汲みあげて塩を採取する塩田法。また、その塩田。あげはま。

あげは-もどき【揚羽擬】〖名〗アゲハモドキガ科のガ。はねは黒色で、後ろばねに赤紋が並び、開張約六センチメートル。小形のクロアゲハに似ているが、後ろばねの尾状突起の翅脈(しみゃく)がクロアゲハより二本多く三本ある。日本各地に分布し、五～六月と八月におもに山地で日中飛ぶのが見られる。あげはちょうもどき。学名は Epicopeia hainesii 発音アゲハモドキ〈標ア〉モ

あけ-はら・う らふ・は **【明払・開払】**〖他ワ五(ハ四)〗①窓、戸、障子などをすっかりあける。＊落語・幽霊と気違ひ(1896)〈二代目三遊亭円橘〉「明放(アケハラ)った広い本堂へ、余りの大勢の人声で、花山文の大声も何うしても通りませぬから」＊家(1910-11)〈島崎藤村〉下・四「榊は障子を明け払って、『橋本君、斯ういふところへ来て楽しめるといふのも、矢張…』」②家や城などを立ちのいて他人に渡す。明け渡す。 発音文アケハローとも〈標ア〉ラ(口)〈京ア〉0

あげ-ばり【幄】〖名〗(「揚げ張り」の意。上にあげて張りつめたことによる名称。「あげはり」とも)「あく(幄)」に同じ。↔平張。＊書紀(720)斉明二年九月(北野本訓)「紺幕(ふかきはなたのアケハリ)を此宮地(ところ)に張り」＊十巻本和名抄(934頃)六「幄 四声字苑云、幄〈於角反 阿計波利〉大帳也」＊宇津保(970-999頃)俊蔭「御前にすなごまかせ、前栽植ゑさせ、あげばり新しく打ちて」＊栄花(1028-92頃)鳥辺野「諸大夫殿上人などはあげばりに著きたり」 語源説上の方にあげて張ることから〔箋注和名抄・筆の御霊・言元梯・古今要覧稿・大言海〕。 発音アゲバリ〈音史〉古くは『あげはり』〈標ア〉0〈ア史〉平安●●●●〈京ア〉0 辞書和名・色葉・名義・文明・書言 表記幄(和・色・名・文・書)

あげ-ばり【上張】〖名〗召し具使用の糊(のり)張りの袴(はかま)の裾のくくりをあげ、膝の下で結ぶこと。＊蛙抄(15C中か)牛童「大臣以下貴賤、晴日如木〈上げ張乱緒〉褻時無単袴」 辞書言海

あげ-は・る【上張】〖他ラ四〗弓や弦楽器の弦をぴんと張る。＊色葉字類抄(1177-81)「揯 アケハル」 辞書色葉 表記揯(色)

あけ-ばん【明番】〖名〗①宿直、警備などの勤務が終わって退出すること。また、その人。下番(かばん)。＊教令類纂‐初集・四六・元禄一五年(1702)二月一五日「向後御番所明不ㇾ申様に、詰切当番、明番代り合可ㇾ相勤ㇾ候」＊坂井家日策‐天保八年(1837)正月二四日(古事類苑・政治五九)「今日明け番、出番に付早朝退仕」＊歌舞伎・鏡山錦艶葉(加賀騒動)(1879)五幕「此の程早く明番(アケバン)から帰る廊下の薄暗がり、左右へ別るる男女の人影」②宿直、警備などの勤務をした翌日の休暇。＊雑俳・柳多留‐二(1767)「灸すへた子を明け番のひざへのせ」③半夜交替の勤務のうち、夜明け方の勤務。＊人情本・清談若緑(19C中初・五回「今朝其方(そっち)は明番(アケバン)から帰らねえ時伯母さんが来て」＊歌舞伎・因幡小僧雨夜噺(1887)大切「宵番はよいけれど、八ツから先の明番(アケバン)は大勢なれば怖くもないが、僅か二人か三人では、後ろが見られて居られない」 発音〈標ア〉0 辞書言海 表記明番(言)

あげ-ばん【揚番】〖名〗遊里に勤める者が、一日おきに帰宅して休む番のこと。〔東京語辞典(1917)〕

あげ-パン【揚―】〖名〗(パンは ポルトガル pão) なまこ形のパンを油で揚げ、砂糖をまぶしたもの。＊笹まくら(1966)〈丸谷才一〉五「揚げパン買いに行ったんだがな」 発音アゲパン〈標ア〉0

あけ-はんどお【開―】〖名〗方言開けっ放し。静岡県520 ◇**あけぱんぽお** 福岡市879 ◇**あけんどお** 神奈川県中郡320

あけび【通草】〖名〗①アケビ科の落葉低木。本州、四国、九州の山野に生える。茎はつる性で、直径一・五センチメートルぐらい。葉は五小葉からなる掌状複葉で、小葉は細長い楕円形または倒卵形。春、新葉と共に淡紫色の花が総状に咲く。実は長さ八センチメートル内外の長卵形で、淡紫色。皮が厚く、熟すと縦に裂け、強い甘味がある。つるは、かご細工にするほか、木部には配糖体アケビンを含んで木通(もくつう)と呼ばれ、利尿、通経剤とされる。一般にアケビと呼ぶ植物はミツバアケビであることが多い。漢名、山女・野木瓜。あけびかずら。あけびづる。はんだつかずら。あけべ。あけぶ。学名は Akebia quinata 《季・秋》▼あけびの花《季・春》＊新撰字鏡(898-901頃)「蔄 山女也 阿介比」＊十巻本和名抄(934頃)九「蔔子 本草云蔔藤〈上音福〉一名烏蘡〈音伏阿介比〉崔禹食経云附通子」＊山家集(12C後)下「ますらをが爪木にあけびさし添へて暮るれば帰る大原の里」＊俳諧・卯辰集(1691)上・秋「ひよどりの行方見れば山女哉〈李圃〉」＊改正増補和英語林集成(1886)「Akebi アケビ 通草」＊子をつれて(1918)〈葛西善蔵〉「ペンやインキなど入れた木通(アケビ)の籠を持ち」＊一隅(1977)〈山口誓子〉「あけびの実餅なり種のある餅なり」②アケビ、ミツバアケビ、両者の雑種であるゴヨウアケビを含めてアケビ属の植物の総称。③女陰をいう俗語。④目をいう、盗人仲間の隠語。〔隠語輯覧(1915)〕 語源説(1)ムベより熟期がやや早いので、秋ムベの意〔国語史論＝柳田国男〕。(2)アケミ(開肉)の転〔大言海・日本語源＝賀茂百樹〕。(3)アカミ(赤実)の転〔日本釈名・滑稽雑談所引和訓義解・東雅・箋注和名抄〕。(4)アマカツミ(甘葛実)の転〔名語記〕。(5)アケツビ(開玉門)の略〔古今要覧稿・松屋筆記〕。 発音〈なまり〉アカンベ・アキンベ・アクッ・アクヱッ・アクンベ・アケッ〔鹿児島方言〕アキビ〔青森・岩手・秋田

通草①

鹿角・栃木・埼玉方言・新潟頸城・富山県・福井大飯・岐阜・飛騨・大和・神戸・淡路・紀州・鳥取・島根・壱岐・対馬〕アギビ〔岩手・仙台音韻・秋田・山形・福島〕アキミ〔大和〕アキヨーブ〔新潟頸城〕アギッビ・アグッビ〔秋田〕アクビ〔岩手・千葉・石川・山梨・山梨奈良田・神奈川・福井大飯・静岡・岐阜・伊賀・南伊勢・島根・広島県〕アグビ〔青森・津軽語彙・岩手・秋田〕アグンブ〔仙台方言〕アグッベ〔津軽語彙〕アグベ〔青森・津軽語彙〕アケブ〔鳥取・広島県・愛媛周桑〕アケベ〔岐阜〕 〈標ア〉0 〈ア史〉平安●○○ 〈京ア〉ケ 辞書 字鏡・和名・色葉・名義・下学・文明・伊京・明応・天正・饅頭・黒本・易林・日葡・書言・言海 表記 通草（名・下・文・伊・明・天・饅・黒・易） 山女（下・文・天） 蔔子（和・色） 蔄（字・名） 木通（文・書） 蔔・蔔藤（名） 丁翁（書）

あげ-び【揚火】『名』黒色火薬に鉄粉などを調合して玉をつくり、竹管や張り筒に入れて点火し、空中で煙や火花や爆発音を発するもの。打ち上げ花火と仕掛け花火とがある。＊財政経済史料‐一〇・拾遺・雑・天保一四年(1843)六月「於二佃島沖一年々揚火致候者共」

あけび-か【通草科】『名』双子葉植物の科名。世界に八属、約三五種あり、東アジアと、遠く南米チリに隔離分布し、日本にはアケビとムベの二属が生える。主につる植物で、葉は互生し托葉（たくよう）がない。総状花序をなす花は単性または雑居性で放射相称、三数性。がく片は六、またはまれに三で花弁状を呈する。花弁は蜜腺状になっているか、またはまったくない。子房は上位で三室ないし多室で、多数の種子がある。雄ずいは六個。雌雄それぞれの単性花では相対する性の器官が痕跡として残っている。学名は Lardizabalaceae 発音 〈標ア〉0

あけび-かずら【通草葛】『名』植物「あけび（通草）」の異名。＊本草和名(918頃)「通草、一名附支一名丁翁〈略〉和名阿介比加都良」 発音 〈標ア〉カ 辞書 和名・色葉 表記 通草（和・色）

あけび-このは【通草木葉】『名』ヤガ科のガ。前ばねは形、色ともに枯葉に似、保護色の好例とされる。後ろばねは橙黄色に黒い紋が二個ずつある。はねの開張約一〇センチメートル。日本全土から中国、インドに至るまで広く分布する。七～九月に現われ、夜間、リンゴ、ミカンなどの果汁を吸い、被害を与える。幼虫はイモムシ形で、暗褐色の地に眼状の紋があり、主にアケビの葉を食べる。あけびちょう。あけびこのはが。学名は Adris tyrannus

あげ-ひざ【揚膝】『名』膝をあげること。また、そのような姿勢。＊雑俳・日本国(1703)「あげ膝に無筆の好む言葉くず」＊婦系図(1907)〈泉鏡花〉後・二七「『お望みとありゃ、千両束で足の挨を払（はた）いて通るぜ』とあげ膝で、ボコポン靴をずぶりと脱いで」 発音 〈標ア〉コ

あけび-ざいく【通草細工】『名』アケビのつるで編んだ手芸品。＊生(1908)〈田山花袋〉七「あけび細工の籠に紅い青い林檎の数」 発音 〈標ア〉ザ

あげ-びさし【上庇】『名』上端を鴨居に蝶番（ちょうつがい）や壺金（つぼがね）でとりつけて、あけるときには棒で突き上げる戸。突き上げ戸。突き上げ庇。＊妻木(1904-06)〈松瀬青々〉冬「寒梅や鳥は栖むなる上ゲ庇」 辞書 言海 表記 上庇（言）

あげ-びたし【揚浸】『名』油で揚げて、その揚げたてに酢だしをかける調理法。魚によく用いられ、味がしみて骨までやわらかくなる。 発音 アゲビタシ 〈標ア〉0

あけび-ちょう【通草蝶】『名』「あけびこのは（通草木葉）」の異名。 発音 アケビチョー 〈標ア〉ビ

あけび-づる【通草蔓】『名』植物「あけび（通草）」の異名。＊思出の記(1900-01)〈徳富蘆花〉八・九「通草蘿（アケビヅル）の食籠（じきろう）を買った」 発音 〈標ア〉ズビ

あけび-の-かずら【通草葛】『名』植物「あけび（通草）」の異名。 発音 〈標ア〉カ

あけびのめ-づけ【通草芽漬】『名』アケビの若葉を摘みとって塩漬けにしたもの。これをゆでてあえものなどにする。きのめづけ。《季・春》

あげ-ひばり【揚雲雀】『名』ヒバリが空に高く舞いあがること。また、そのヒバリ。《季・春》＊俳諧・蓼太句集(1769-93)春「朝凪やただ一すぢにあげ雲雀」＊俳諧・暁台句集(1809)春「猪垣の崩れ口よりあげひばり」＊抒情詩‐水のおとづれ(1897)〈宮崎湖処子〉雲雀「このあさぼらけきて見れば、みなし子なりしあげ雲雀」 方言 鳥、たひばり（田雲雀）。高知県007 発音 アゲヒバリ 〈標ア〉ヒ 〈京ア〉ヒ

あげ-びょうし【揚拍子】『名』神楽、東遊（あずまあそび）、久米舞（くめまい）などで、少しテンポを速め、拍子にはめて奏すること。また、その部分。この部分には舞が演じられる。

あけ-ひろげ【開広・明広】『名』（形動）「あけっぴろげ（開広）」に同じ。＊若い人(1933-37)〈石坂洋次郎〉上・一「ふり向くと彼から三間と離れてない別の窪地に、江波恵子が、両手を頭の下にあてて、あけひろげな形で伸々と寝ころんで居た」＊頑な今日(1963)〈島尾敏雄〉「あけひろげに笑ったと思うと息をつまらせ」 発音 アケヒロゲ 〈標ア〉0 〈京ア〉0

あけ-ひろ・げる【開広・明広】『他ガ下一』文 あけひろ・ぐ『他ガ下二』①すっかりあける。広くあける。あけっぴろげる。＊枕(10C終)一七九・宮仕人の里なども「『いみじう、御門を、今宵らいさうとあけひろげて』と聞えごちて」＊栄花(1028-92頃)初花「御具どもを片端よりあけひろげて」＊日葡辞書(1603-04)「Aqefirogue, uru, eta（アケヒログル）〈訳〉全体、いっぱいに開く」＊家(1910-11)〈島崎藤村〉上・二「三吉はすっかり障子を開け展げた」 ②解いて広げる。包んだものなどを開いて広く置く。 ③心の中を包み隠さず表に出す。＊箱根行(1915)〈里見弴〉上「何年来の共業者や腹心の番頭に感じられない全く開放（アケヒロ）げた一種の深い親みが起って来た」 発音 アケヒロゲル 〈標ア〉ゲ 辞書 日葡

あげ-びんずら【上鬢】『名』（「びんずら」は「みずら」の変化したもの）未成年の公家（くげ）の理髪の一種。髪を中央から分けて、左右それぞれを輪にし、総角（あげまき）という髪形にして、夾形（はさみがた）という紙で結んだもの。あげみずら。⇔下げ鬢（びんずら）。＊法体装束抄(1396)児のかみのゆひやうの事「主上、春宮御童体は、御束帯の時御あげびんづら、御引直衣の時は、御ぐしをみだささる」

あけぶ『名』植物「あけび（通草）」の異名。《季・秋》

あげ-ふ【揚麩】『名』（「あげぶ」とも）麩を油で揚げること。また、その揚げた麩。＊浮世草子・好色一代男(1682)五・四「世之介を様々勧て霊山に誘引（さそひ）、稽古能過て人の帰しあとは、暮の松風、あげ麩（ブ）の音」＊浮世草子・好色五人女(1686)四・二「つぶやく片手に椎茸のにしめ、あげ麩（フ）、葛袋など取をくもおかし」＊雑俳・一八公(1729)「揚麩する音に陸のあぶら虫」

あげ-ぶそく【揚不足】『名』陸揚げ地で船積み貨物を引き渡す時、その数量が足りないこと。

あげ-ぶた【上蓋・揚蓋】『名』①台所などの板の間の板を上げはずしできるようにつくり、その床下に物を貯えるようにしたもの。上げ板。＊雑俳・柳多留‐一三五(1834)「揚蓋の打鍵をチョイとまげ」 ②床（ゆか）などに設けた出入り口のふた。＊シベリヤ物語(1950-54)〈長谷川四郎〉掃除人「この穴の中へは便所に接続して付けられた上げ蓋を開けて、人間が入ってゆけるようになっていた」＊潮騒(1954)〈三島由紀夫〉七「船室の入口をおほふ揚蓋に腰かけてゐたのである」 発音 アゲブタ 〈標ア〉0 〈京ア〉フ 辞書 ポン・言海 表記 上蓋（へ） 上蓋（言）

あげ-ぶたい【揚舞台】『名』二重舞台をいう上方語。通常の舞台の上に、さらに床を一段高くあげてこしらえた舞台。また、その床。＊歌舞伎・毛抜(1742)「天井のある揚舞台の屋形の内に入る」

あげ-ふね【揚船】『名』浜辺などに引き揚げた船。また、座礁した船。＊幸若・屋嶋軍（室町末‐近世初）「死もやらずして、あげ船のあたりに下人の男にかんびゃうせられて居たりしが」＊日葡辞書(1603-04)「Ague fune（アゲフネ）〈訳〉浜へ引揚げた舟。または坐礁した舟」 辞書 日葡

あげふね に 物（もの）を問（と）え 陸に揚げられている船は、忙しくないので丁寧に教えてくれるから、ものを尋ねよ。ものを問うには相手を選ぶ必要があるというたとえ。また、何事にも目はしをきかせる必要があるというたとえ。＊俳諧・毛吹草(1638)二「あげ舟（フネ）にものをとへ」

あげ-ぶね【揚槽】『名』酒やしょうゆのもろみのしぼり汁を受ける桶。＊日葡辞書(1603-04)「Aguebune（アゲブネ）。すなわち、サカブネ〈訳〉日本酒がしぼり出されるしぼり汁の桶、または木製の醸造桶」 辞書 日葡

あけべ『名』植物「あけび（通草）」の異名。

あけ-へん【明―】『連語』方言 ⇩あかん（明―）

あげ-ほうじ【揚法事】『名』死者を自宅で供養しないで、寺に委託して、僧に経をあげてもらう簡単な法事。あげどき。＊談義本・風流志道軒伝(1763)二「仏の恩さへ思はず、あげ法事頼みて来れば名聞の盛物も、人の見る方は餝（かざ）れども」 方言 兵庫県加古郡664 島根県725 香川県仲多度郡058 ◇あげぶつ〔揚仏〕 岐阜県飛騨502

あげ-ぼうし【揚帽子】『名』綿帽子の縁の垂れているのを引きあげた形のもの。近世、武家や庶民の上流家庭で物見遊山のとき、塵よけとしてかぶった。あげぼうし。＊閨秀(1972)〈秦恒平〉二「花笄、櫛かんざし、あげ帽子などつねはスケッチの方もおろそかにせず」

あげ-ぼし【揚干】『名』①遊女に、行くと約束して足止めしておきながら、行かないで待ちぼうけをくわせること。＊評判記・吉原すずめ(1667)上・ふる事「むいきにはりあひたるを、こなたより、上手にて、ふりあげぼしにあはするは、又おもしろし」＊雑俳・柳多留‐七(1772)「品川のあけぼし急度もうごかい」＊洒落本・弁蒙通人講釈(1780)「其晩は至而きれいに遊び、よくばんはあげぼしにして行かず」 ②転じて、揚げた遊女がその客の所へこないで客に待ちぼうけをくわせること。また、遊女が客をふって同衾（どうきん）しないこと。＊洒落本・当世穴知鳥(1777)廓中の諸訳「とんと宵からおれをあげぼしにして、やうやう今床へはいってたはいはねゑ」＊歌舞伎・三人吉三廓初買(1860)四幕「何処の国にか宵っから己（おれ）を揚（ア）げぼしにしやあがって、面も出さねえで済まうと思やあがるか」

あげ-ほだし【上絆】『名』昔の刑具であるほだしの一つ。罪人などの手足を上の方へつり上げて、動きのとれないようにする枷（かせ）。＊幸若・景清（室町末‐近世初）下「山出て七拾五人して引たる楠の大物にてあげほだしにぞうったりける」

あけ-ぼの【曙】■一『名』①夜がほのぼのと明けはじめる頃。暁の終わり頃で、朝ぼらけに先立つ時間をさすという。あけぼのけ。＊書紀(720)仁徳即位前（前田本訓）「夜半（よなか）に発（た）ちて行く。会明（アケホノ）に菟道に詣（いた）て」＊蜻蛉(974頃)中・天禄二年「あけぼのをみれば、霧か雲かとみゆる物たちわたりて、あはれに心すごし」＊枕(10C終)一・春はあけぼの「春はあけぼの。やうやうしろくなり行く、山ぎは少しあかりて」＊輔親集(1038頃)「曙になるまで人はとまらなん夜とひるともわかずみるべく」＊色葉字類抄(1177-81)「淩晨 アケホノ アサホラケ」＊徒然草(1331頃)一〇四「梢も庭もめづらしく青み渡りたる卯月ばかりのあけぼの、艶にをかしかりしを」＊運歩色葉(1548)「遅明 アケホノ」＊俳諧・曠野(1689)八・釈教「曙や

伽藍伽藍の雪見廻ひ〈荷兮〉」②新しい時代や新しい芸術運動などが始まること。＊落紅(1899)〈内田魯庵〉五「正に二十世紀の曙(アケボノ)白まんとする今日其様(そん)な前世紀の道徳をぐづぐづ云っちゃア仕様が無エ」＊近代絵画(1954-58)〈小林秀雄〉ピカソ・四「近代絵画の曙(アケボノ)に立会ったボードレールが」③白菊の一種〔日葡辞書(1603-04)〕。④「あけぼのぞめ(曙染)」の略。＊随筆・守貞漫稿(1837-53)一七「朧、曙ともに裾白に染るを云なれども」＊われから(1896)〈樋口一葉〉四「若き老ひたるこき交ぜに、派出なるは曙(アケボノ)の振袖緋無垢を重ねて」⑤茶の銘。江戸時代、明和、安永(一七六四～八一)頃に流行したもの。㊁江戸下谷の大音寺前(東京都台東区)にあった料理茶屋。＊洒落本・志羅川夜船(1789)西岸世界「こりゃア大をん寺めへのあけぼのからくる客だらう」

語誌 (1)「日本書紀」の訓に「会明(アケホノ)」とあるが、仮名散文では「蜻蛉日記」の用例が最も古く、和歌では「万葉集」から三代集まで用例がないので、どの程度奈良時代の訓を伝えているか、問題が残る。(2)和歌では、「源氏物語‐手習」の「袖ふれし人こそみえね花の香のそれかとにほふ春の明ほの」という浮舟の詠歌が古い。「枕草子」の影響とみられるが、「永久百首」に「春曙」の題が設けられ、院政期以後、次第に歌語として用いられる頻度が高くなった。(3)用いられる季節は春が多いが、必ずしも春に限定されることなく、「夏のあけぼの」「冬のあけぼの」など、また「須磨のあけぼの」という歌句も出現した。時間的に重なる「あかつき」が聴覚に関わることが多いのに対して、視覚に関わった例が多い。

語源説 (1)アケは明、ホノはホノカの義〔名語記・類聚名物考・言元梯・名言通・和訓栞・紫門和語類集・大言海・日本語原学＝林甕臣〕。(2)アケ(朱)色がホノカに出る〔桑家漢語抄〕。(3)「晤曚」の別音 Ak-Mon が Ake-Bono と転じたもの〔日本語原考＝与謝野寛〕。 発音〈標ア〉⓪〈ア史〉㊀は平安●●●● 〈京ア〉⓪ 辞書 色葉・名義・下学・和玉・文明・伊京・明応・天正・饅頭・黒本・易林・日葡・書言・ヘボン・言海 表記 曙(下・玉・天・饅・黒・易・書・へ・言) 凌晨(文・伊・明・天・黒) 昧爽(文・伊・明・天・黒) 朧(名・玉) 平明(色・易) 淩晨・会明(色・書) 未明(名・易) 平旦(色) 曈(名) 晤・暾(玉) 晨明・明発(書)

あけぼの〘名〙イカのくちばしを干した食品。酒のさかなにする。＊重訂本草綱目啓蒙(1847)四〇・魚「烏賊魚 いか〈略〉八足の中間に白皮ありて双黒骨を裹(つつ)む小鳥の形のごとし。故に俗に鳶鳥とよぶ。その状章魚(たこ)におなじ。加州にてこれを採風乾するを、あけぼのと呼。せんばからしと名て酒苞とす」 方言 植物、しもつけそう(下野草)。長門122

あけぼの‐いろ【曙色】〘名〙曙の東の空のような色。黄色がかった淡紅色。＊葬列(1906)〈石川啄木〉「十八歳で姿の好い女、曙色(アケボノイロ)か浅緑の簡単な洋服を着て」＊上海(1928-31)〈横光利一〉二一「刺激の強い白蘭花(パーレーホー)が宮子の指先きで廻されると、曙色の花弁が酒の中に散らかった」

あけぼの‐ぐさ【曙草】〘名〙植物「さくら(桜)」の異名。《季・春》＊蔵玉集(室町)「曙草 桜」＊和歌呉竹集(1795)八「桜の異名 春告草 夢見草 曙草(アケホノぐさ) 吉野草 二日草」 発音 アケボノグサ〈標ア〉ノ

あけぼの‐け【曙━】〘名〙「あけぼの(曙)㊀①」に同じ。＊石山寺本金剛般若経集験記平安初期点(850頃)「遅明(アケホノケ)に諸船多く皆没められたり」＊石山寺本金剛般若経集験記平安初期点(850頃)「昨に七日に平明(アケホノケ)に妻の長史」

あけぼの‐ざさ【曙笹】〘名〙ネザサの園芸品種。葉は先端から白色化する。

あけぼの‐じま【曙縞】〘名〙縞の所々をだんだらに絣(かすり)風にぼかした縞織物。＊浮世草子・男色大鑑(1687)八・一「千筋山づくし曙嶋(アケボノシマ)。幽禅が萩のすそ書」＊魔風恋風(1903)〈小杉天外〉前・入院料「糸織の曙縞の綿入」 発音〈標ア〉⓪

あけぼの‐しゅすらん【曙繻子蘭】〘名〙ラン科の常緑多年草。本州、四国、九州の山地の樹下に生える。高さ一二～二五センチメートル。葉はやや多肉質で、長さ約三センチメートルの卵形、または楕円形で縁は少ししわになる。夏、淡紫紅色の花が数個集まって咲く。学名は Goodyera maximowicziana 発音〈標ア〉ス

あけぼの‐すぎ【曙杉】〘名〙植物「メタセコイア」の別名。 発音 アケボノスギ〈標ア〉ノ

あけぼの‐すみれ【曙菫】〘名〙スミレ科の多年草。各地の高原や山地に生える。高さ約一〇センチメートル。根出葉は心臓形で、両面に短毛を生じ、縁に鋸歯(きょし)があり、長い葉柄を持つ。春に葉間から花茎を伸ばし、直径約二センチメートルの淡紅紫色の美しい左右相称花をつける。学名は Viola rossii 発音〈標ア〉ス

あけぼの‐そう【曙草】〘名〙リンドウ科の二年草。各地の山野の水辺に生える。高さ六〇～九〇センチメートル。茎は角柱形。葉は卵状楕円形で先がとがり、三本の主脈がある。夏から秋に、白色で花冠が五裂し、各裂片に緑色の斑点二つと黒紫色の細点がある花が咲く。よしのしずか。学名は Ophelia bimaculata ＊語彙(1871-84)「あけぼのさう(俗) よしのしづか、ほたるさう」＊日本植物名彙(1884)〈松村任三〉「アケボノサウ ヨシノシヅカ 獐牙菜」 発音 アケボノソー〈標ア〉⓪

あけぼの‐ぞめ【曙染】〘名〙近世の染色の一つ。中世の匂い染めを継承して、裾を白地のままにし、その上を紅または紫で曙の空の色のようにぼかしたもの。裾の白地には、通例、友禅模様を描いた。近世末から明治頃のものには、裾に別色のはいったものもある。あけぼの。＊浮世草子・好色二代男(1684)五・五「朱印を紋に付て、曙染(アケボノゾメ)の裏を、貝口(かいのくち)にくけあはし」＊雑俳・住吉みやげ(1708)「ほんのりと・明ぼの染も日が暮る」＊長唄・吾妻八景(1829)「実(げ)に豊かなる日の本の、橋の袂の初霞、江戸紫の曙染(アケボノゾメ)や」＊随筆・守貞漫稿(1837-53)一七「曙染。守貞曰、今染工に聞くに曙染朧染異なることなくともに裾を不レ染、白にて三寸五寸を除き、夫より上漸くに濃するを云と也。〈略〉又愚按朧曙ともに裾白に染るを云なれども原は朧は春夜の空色、曙は明仄の色に摸し染しなるべし。今は墨紫何色にても曙染と云のみ」 発音〈標ア〉⓪ 辞書 言海 表記 曙染(言)

あけぼの‐ちょうし【曙調子】〘名〙箏曲(そうきょく)山田流で用いる調子の一つ。平調子(ひらぢょうし)の六の弦と斗の弦とを一律(半音)だけ上げ、半音程を少なくしたもの。感じとしては、平調子よりも明るい。生田流の中空(なかぞら)調子に当たる。

あけぼの‐つつじ【曙躑躅】〘名〙ツツジ科の落葉小高木。本州の紀伊半島以南、四国、九州の山地に生え、庭木ともする。幹は高さ三～六メートルになり、細かく枝分かれする。葉は長さ三センチメートルくらいの楕円形で縁に毛が生え、枝先に五個輪生状につく。四～五月頃、葉に先だって枝先に淡紅色の花を一個開く。花冠は径約五センチメートルの鐘形で五裂し、上面に黄褐色斑がある。アカヤシオとよく似た種類。学名は Rhododendron pentaphyllum《季・春》 発音〈標ア〉ツ2

あけぼの‐とさか【曙鶏冠】〘名〙トサカノリの一種か。トサカノリは太平洋沿岸の岩礁に生ずる海草で、食用になる。《季・春》 発音〈標ア〉ト

あけぼの‐ねぶ【曙合歓】〘名〙植物「ねむのき(合歓木)」の異名。 発音〈標ア〉ネ

あげ‐ほん【上本】〘名〙役所に差し出す納本。特に、明治以後、演劇または映画に上演する前に、興行の願書と一緒に、警視庁または府県庁保安課にさし出して検閲を受ける正副二通の台本。昭和二〇年(一九四五)終戦以降一時米軍の検閲を受けたが、この制度は廃止されている。伺本(うかがいぼん)。＊古川ロッパ日記‐昭和九年(1934)五月一一日「ラヂオ二十日は、菊田一夫作『笑ふ巴里』と定めて、アゲ本する」

あげ‐ま【上馬】〘名〙「あげうま(上馬)①」に同じ。＊改正増補和英語林集成(1886)「Agema アゲマ〈訳〉神に捧げられる神聖な馬」

あげ‐まい【上米】〘名〙①中世、領主の特定の用途のため荘園から毎年上納される米。＊長命寺文書‐応安六年(1373)四月一三日・行房貞安連署契約状(大日本史料六・三九)「然於二彼田地上米一者、為二灯油料脚一、御寄二附于長命寺一後、于レ今無二違論一地也」②江戸時代、幕藩領主の財政窮乏を緩和する目的で、幕府が諸大名に、諸藩主が家臣に課した上納米。幕府は将軍吉宗の享保七年(一七二二)諸大名の参勤交代を緩和し、その代償として知行一万石に百石の割で上納させた(享保一六年廃止)。尾張藩では元祿初年から藩士に対し、高百石に二石前後を断続的に課した。＊御触書寛保集成‐三〇・享保七年(1722)七月「万石以上之面々より八木差上候様に可レ被二仰付一〈略〉其内年々上げ米被二仰付一にて可有之候」 発音 アゲマイ〈標ア〉⓪

あげ‐まい【上前】〘名〙盗んだ金品の額をいう、盗人仲間の隠語。〔隠語構成様式幷其語集(1935)〕

あけ‐まえ【明前】〘名〙夜が明ける前。夜明け前。未明。＊人情本・明烏後正夢(1821-24)二・一二回「御皈(かへり)はどふで早ふても明(アケ)まへ、わるふしたら朝四(あさよつ)にもなるであろう」 発音〈標ア〉マ⓪

あげ‐まえ【揚前】〘名〙遊女が約束の揚屋に行く時間前。また、その時間前の間に遊女が断わって他の揚屋に出ること。＊洒落本・来芝一代記(1797)「揚日詰まり、揚前(アゲマヘ)売(うっ)て、親方に利多し」

あげ‐まき【揚蒔】〘名〙水稲の種子を一定の日時、水に浸して水分を吸収させ、むしろの上にひろげて表面の水が乾いたとき蒔くこと。

あげ‐まき【総角・揚巻】㊀〘名〙①上代の幼童の髪の結い方の名。髪を中央から左右に分け、両耳の上に巻いて輪をつくり、角のように突き出したもの。成人男子の「みづら」と似ているが、「みづら」は耳のあたりに垂らしたもの。中国の髪形「総角(そうかく)」がとり入れられたものか。＊書紀(720)崇峻即位前(図書寮本訓)「古俗(ふるきひと)、年少児(わらはみこ)の年、十五、六の間は、束髪於額(ひさごはなす)す。十七、八の間は分けて角子(アケマキ)にす」＊十巻本和名抄(934頃)一「総角 毛詩注云総角〈弁色立成云阿介万岐〉結髪也」＊古今著聞集(1254)一一・三九四「龍に乗たる総角の童子にて侍るなり」＊小島のくちずさみ(1353)「年長けたるあげまきの姿も、すべてあしくも見えず」②髪をあげまきに結った少年。また、その年頃。＊書紀(720)景行四〇年(北野本訓)「我が子小碓王(をうすのみこ)、昔熊襲(くまそ)の叛きし日に、未だ摠角(あげまき)にも及(あ)らぬに」＊催馬楽(7C後‐8C)総角「安介万支(アゲマキ)や とうとう尋(ひろ)ばかりや とうとう離(さか)りて寝たれども 転(まろ)びあひけり」＊源氏(1001-14頃)蓬生「崩れがちなるめぐりの垣を、馬牛などの踏みならしたる道にて、春夏になれば、放ち飼ふあげまきの心さへぞ、めざましき」＊藤河の記(1473頃)「あげまきは野上の草をかり宮の跡とも言はず分つつぞ行く」＊浄瑠璃・暦(1685)一「ゑいじあげまきの御時よりそだて奉りてうつくしみ」＊浮世草子・男色大鑑(1687)六・五「身持たる者の娘と思しきあげ巻(マキ)程過(ほどすぎ)美目すがたうるはしき」③紐の結び方の名。輪を左右に出し、中を石だたみに組んで結び、房を垂らしたもの。御簾(みす)、文箱(ふばこ)などの飾りに使う。あげまき結び。＊枕(10C終)二〇一・心にくきもの「御簾(みす)の帽額(もかう)、あげまきなどにあげたる鈎(こ)のきはやかなるも、けざやかに見ゆ」＊源氏(1001-14頃)総角「あげまきに長き契りを結びこめおなじ所によりもあはなむ」＊日葡辞書(1603-04)「Aguemaqi (アゲマキ)〈訳〉武具の背をおおう部分や

その他のものに飾りのためにぶらさげられた紐にほどこされた、ある種の結び目、または緊縮自在の結び目」＊仮名草子・大坂物語(古活字版第一種)(1615頃)「城より、大てっぱうを以て打ちけるが、河田が、あけまきの、はづれより、ちの上に、うちとをす」 ④鎧の背の逆板(さかいた)に打ちつけた環に通して③の結び方をした飾り紐。＊源平盛衰記(14C前)二〇・八牧夜討事「十五束よく引堅めて放ちたれば、楯を通し、冑(かぶと)の胸板、後のあげ巻(マキ)へ射出だしたり」＊太平記(14C後)二・師賢登山事「快実軈(やが)て海東が上巻(アゲマキ)に乗懸り、鬢(びん)の髪を攫んで引懸て」＊浄瑠璃・義経千本桜(1747)五「我もと覚範つづいて飛。あはや高紐総角(アゲマキ)が、枝にかかってぶらぶらぶら」 ⑤平安時代、相撲(すまい)の節会(せちえ)に相撲を取る役名の一つ。＊十巻本和名抄(934頃)二「相撲 〈略〉王隠晋書云相撲〈撲音蒲角反須末比本朝相撲記有₌占手、垂髪、総角、最手等之名₋別亦有₌立合相撲長₋也〉下伎也」＊西宮記(969頃)四・相撲召仰「左右相撲長置円座。〈略〉垂髪・総角廿番」 ⑥芝居で、傾城(けいせい)に扮する俳優が用いる、③の結び方の飾りの房を背面につけた、立兵庫(たてひょうご)のかつら。 ⑦紋所の名。③にかたどったもの。＊歌舞伎・廓の花見時(助六)(1764)二番「杏葉(ぎゃうえふ)牡丹と揚巻と、この二つの紋を付けて御座る女郎衆を尋ねまする」 ⑧明治一八年頃から二六、七年頃まで流行した一種の束髪。＊朝野新聞-明治一八年(1885)九月三日「上巻にても英吉利結にても差問なく結び得るより」＊東京風俗志(1899-1902)〈平出鏗二郎〉中・七・女髷「今に於いて最も行はるるは、夜会結び、英吉利巻とす。近時まで揚巻(アゲマキ)最も行はれしが、今は廃れぬ」 ⑨「あげまきがい(総角貝)」に同じ。《季・春》＊名語記(1275)九「海中の甲虫に、あげまきといふあり、如何。これは、かの貝の泥をはひありく躰のあげまきに相似たればなづくるなり」＊日葡辞書(1603-04)「Aguemaqi (アゲマキ)〈訳〉貽貝(いがい)の形の、貝の一種」＊思ひ出(1911)〈北原白秋〉わが生ひたち・七「『アゲマキ』といふ貝は瀟洒な薄黄色の殻のなかに」 ⑩娼妓をいう、盗人仲間の隠語。〔隠語輯覧(1915)〕 ㊁(一)(揚巻)歌舞伎の「助六」で、助六の相手方となる遊女。万屋助六と心中した京都島原の遊女総角がモデルとされる。 (二)(揚巻)長唄「助六姿裏梅(すけろくすがたのうらうめ)」の通称。三世桜田治助作詞。十世杵屋六左衛門作曲。歌舞伎所作事、安政四年(一八五七)江戸中村座初演。 ㊂(総角)「源氏物語」第四七帖の名。宇治十帖の第三。薫二四歳の八月から一二月まで。大君は求愛する薫を妹の中君へと考えるが、中君は匂宮と結ばれてしまう。身分柄、宇治訪問もままならない匂宮に、大君は中君の将来を憂いつつ死ぬ。 ㊃(総角)神楽歌の名称。「神楽歌-小前張・総角」の「〈本〉安介万支(アケマキ)をわさたにやりて や そをもふと」をさす。＊俳諧・増山の井(1663)一一月「小前張(こさいはり)〈略〉総角(アケマキ) 大宮 湊田 きりぎりす これらみなうたひもの也」 ㊄(総角)催馬楽の呂の歌の曲名。「催馬楽-総角」で、「あげまきや とうとう」で始まるものをさす。

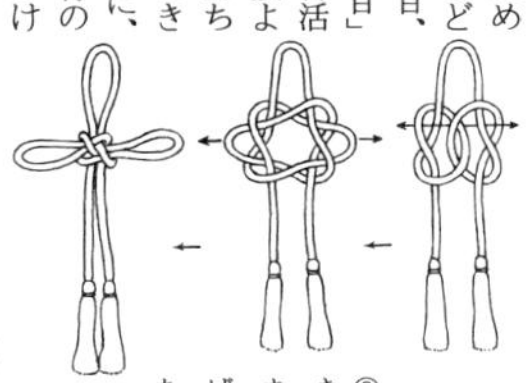
あげまき③

あげまき⑧〈洋式婦人束髪法〉

語源説 (1)アグは髪を結う意で揚げ巻くことから〔花鳥余情・箋注和名抄・大言海・日本語源＝賀茂百樹〕。(2)総角の字は紐の結び方からで、上巻の義〔名語記・南窓筆記〕。(3)髪の結い方の名と紐の結び方の名のどちらが先かは疑問〔北辺随筆〕。(4)ワゲマキの転〔言元梯〕。 発音 アゲマキ〈標ア〉ゲ〈ア史〉㊀は平安●●●●と○○●●の両様〈京ア〉ア 辞書 字鏡・和名・色葉・名義・下学・文明・伊京・明応・天正・饅頭・黒本・易林・日葡・書言・〈ボン〉・言海 表記 総角(和・色・名・下・文・伊・天・饅・黒・易・へ) 鬖(字・伊・文・明・天・饅・黒) 上巻(易) 丱・東方・角総・海扇(書) 揚巻(言)

あげまき〘名〙動物「たこのまくら(蛸枕)」の異名。＊重訂本草綱目啓蒙(1847)四二・蚌蛤「海燕 たこまくら、たこのまくら 佐州、あげまき 紀州」 方言 紀州†110 周防†122

あげまき-がい【総角貝・揚巻貝】〘名〙ナタマメガイ科の二枚貝。有明海や瀬戸内海などの浅海の軟泥底に深くもぐってすむ。肉は美味で食用とされ、干物、かん詰にもされる。殻は側扁した円筒状で、殻長約一〇センチメートル。白い殻の表面は、とれやすい黄土色の殻皮でおおわれる。内面は白色。ちんだがい。あげまき。学名は Sinonovacula constricta 《季・春》 語源説 二本の水管を殻外に垂らしたさまが揚巻きに似ていることから〔名語記・大言海〕。 発音 アゲマキガイ〈標ア〉キ

あげまき-だか【総角高・揚巻高】〘形動〙「あげまき(総角)㊀④」をつけた鎧の押付(おしつけ)を肩によせて高く着けたさま。仰頸(のけくび)に着ける反対。＊浄瑠璃・本朝三国志(1719)二「金糸銀糸のとんばう結び総角(アゲマキ)だかに着なしたる」

あげまき-つけ【総角付】〘名〙①あげまき結びの紐をつけるところ。②「あげまきつけ(総角付)の板」に同じ。＊兵将陣訓要略鈔(1334頃か)「一鎧三名共事。〈略〉厭付同。逆板。是ハ角綜付ノ名也」＊太平記(14C後)三一・鎌倉合戦事「冑(かぶと)の鉢と総角著(アゲマキツケ)とを三打四打したたかに切りけれ共、義興些(すこし)も騒がず」 ③「あげまきつけ(総角付)の金物(かなもの)」に同じ。

あげまきつけ の 板(いた) 鎧の胴の背の二枚目の板。逆板(さかいた)。＊太平記(14C後)一七・山門攻事「鎧(よろひ)の弦走(つるはしり)より総角付(アゲマキツケ)の板まで、裏面(うらおもて)五重を懸けず射徹(とほ)して」＊荒山合戦記(1586頃)「勘介が胸板より総角付の板まで筈の隠るる程ぐざと射込たれば」＊本朝軍器考(1722)九「逆板とはおしつけの板の下にある板をいふ。〈略〉此の板の真中に総角付の金物ありて総角を付くれば、総角付の板ともいふ」

あげまきつけ の 金物(かなもの) 総角付の板の中央に打つ金属製の環。これにあげまきを結び垂らす。＊太平記(14C後)一五・正月二七日合戦事「鎧(よろひ)武者のせんだんの板より、後の総角著(アゲマキツケ)の金物迄、裏表二重を徹(とほ)って、矢前(さき)二寸許(ばかり)出でたりける間」

あげまきつけ の 環(かん) 「あげまきつけの金物(かなもの)」に同じ。＊本朝軍器考(1722)九「又総角付の鐶あり。胸板をしつけの板、脇板、脇楯等に覆輪あり」＊類聚名物考(1780頃)武備・一「高勝鐶〈略〉或云 総角付環〈略〉今は小総角をも付る故に総角付の鐶ともいへり」＊武用弁略(安政再版)(1856)五「鎧〈略〉総角附(アゲマキツケ)の鐶は著長(きせなが)にあり」

あげまき-の-おおいぎみ【総角大姫君】「源氏物語」宇治十帖に出てくる女性。光源氏の異母弟で宇治に住む八宮の姫君。薫の求愛をこばみ、代わりにすすめた妹中君は匂宮と結ばれてしまう。結婚への不信から失望して病死する。宇治の大君。

あげまき-むすび【総角結・揚巻結】〘名〙「あげまき(総角)㊀③」に同じ。

あげまき-ゆい【総角結・揚巻結】〘名〙「あげまき(総角)㊀③」に同じ。＊随筆・嗚呼矣草(1806)二「扇懸とて、紫の組紐にて、鱗形にし、総角結(アゲマキユヒ)の総をかけたるものは」

あけ-まく【明─】⇩「あける(明)」の子見出し

あけ-ま・く【開設】〘他カ下二〙戸をあけて迎える用意をする。＊万葉(8C後)四・七四四「夕さらば屋戸(やど)開設(あけまけ)てわれ待たむ夢に相見に来むといふ人を〈大伴家持〉」

あげ-まく【揚幕】〘名〙①能舞台の鏡の間と橋懸(はしがかり)との境に掛ける幕。五色の垂れ幕で、役者の登場、退場には、裾の両端につけた竹竿で斜め後ろに引き上げる。＊浄瑠璃・傾城酒呑童子(1718)四「只今あげ幕入(いり)さまに面の内からちらりと見た」＊随筆・猿楽伝記(1736-41頃か)上「翁揚幕の内へ入て懐中より祈禱咒文の守りを取出し」 ②歌舞伎で、花道また上手、下手の出入り口に掛ける幕。紺地に劇場の紋を白抜きで染めた幕で、左右に開閉する。＊役者論語(1776)芸鑑「ヤレけいせいが出てくるはと、見物みな腰を立直し、物をもいはず揚(アゲ)まくを詠めゐる」＊役者論語(1776)・続耳塵集「むかしの役者は揚(アゲ)まくより出端(では)を大事にせし事也」＊歌舞伎・お染久松色読販(1813)序幕「両方共ほひなく別れ、行違ふてお糸のむれは揚幕へは入る」 ③②の内。鳥屋(とや)。＊滑稽本・素人狂言紋切形(1814)下「サア揚幕(アゲマク)へ廻る者は早く廻んな」 発音 アゲマク〈標ア〉ゲ〈京ア〉ア

揚幕②〈戯場楽屋図会〉

あげまく-ばん【揚幕番】〘名〙歌舞伎で、役者の登場、退場の際に花道の揚幕を開閉する役。

あげ-まさり【上優】〘名〙元服して髪を上げ、冠帽をつけた顔かたちが前よりまさって見えること。↔上劣(あげおとり)。＊狭衣物語(1069-77頃か)四「一の宮の御あげまさりのゆゆしさは、なほ『いづくにいかなりし人ぞ』と、胸うちさわぎて」＊苔の衣(1271頃)一「御あげまさりはよのつねならず」＊増鏡(1368-76頃)一〇・老のなみ「御門、春宮、いづれもいと美しき御あげまさり也」 発音 アゲマサリ〈標ア〉〇

あげ-また【上股】〘名〙(「あげまた(を)うつ」の形で用いる)あおむきに寝て、膝を立てること。のんびりと、また、無遠慮に寝転ぶ姿をいう。＊浄瑠璃・本朝檀特山(1730)三「尋ぬる思案も致したいが、あげまた打っても其隙(ひま)ない」＊滑稽本・続膝栗毛(1810-22)三・上「大道にあげまたうって、高鼾(たかいびき)かく世の中」＊松翁道話(1814-46)一・下「腹ふくらし、上げ股打って寝起きするも」

あげまつ【上松】長野県南西部の地名。木曾川に沿い、中山道の宿場町として発展。ヒノキの美林、奇勝「寝覚の床」などで知られる。 発音 アゲマツ〈標ア〉ゲ

あげ-まつ【揚松】〘名〙「あげたいまつ(揚松明)」に同じ。

あげ-まど【揚窓】〘名〙下から突きあげると、戸がひさしのようになる窓。つきあげまど。＊宗湛日記-天正一五年(1587)六月一九日「御数寄屋、三畳敷、ゐんなし、二枚障子に上にあげまど六尺のをし板有」 発音 アゲマド〈標ア〉〇〈京ア〉〇 辞書 言海 表記 上窓(言)

あげ-まね【上真土】〘名〙真砂(まずな)と真土(まね)を混ぜ合わせ、埴汁(はじる)で溶解させたもの。鋳型を造るのに用いる。

あげ-まり【上鞠】〘名〙蹴鞠(けまり)の作法の一つ。始めに鞠を蹴ること。身分と技量の両方を兼ね備えたものが勤めるとされた。＊古今著聞集(1254)一一・四一二「御賀の鞠つかうまつる事、家に候はねば、故実申(まうし)がたく候。但常の老耄(らうもう)の人の、あげまりのていにこそ候はめ」＊遊庭秘抄(1360頃か)上・上鞠事「上鞠事。此役は随分可₂然人勤仕すべき也。」

〈略〉或は普代の人。或は堪能の人。又はやんごとなき上臈」 *増鏡(1368-76頃)六・おりゐる雲「御門も御鞠(まり)に立たせ給へり。二条関白良実あげまりし給き」 *御湯殿上日記-明応六年(1497)四月二一日「宮の御方御まりあそはす。あすか井中納言入たうあけまりあり」 *俳諧・大坂独吟集(1675)下「百敷もよき機嫌うららに揚鞠をけふもかざしの花の陰〈重安〉」 語誌「鞠要略集-三」に「付鞠於枝事、解鞠事、上鞠事、請鞠事」とあるように、蹴鞠を始める一連の所作の一つと位置づけられる。つまり、切り枝に一度鞠を結び付けた後、枝から鞠を解き放つ。その鞠を初めに蹴り上げることをいう。鞠を家芸とする者、上手な者がこの役を勤め、鞠会で最も名誉な役とされる。例えば、安元二年(一一七六)三月五日の後白河院五十歳御賀鞠会では、藤原頼輔が上鞠役を命ぜられたが、頼輔はこの役のために院の昇殿を許されている(「玉葉」「安元御賀記」)。また、この時、頼輔が賀茂神主家平に上鞠の故実を尋ねる話が「古今著聞集-一一・四一二」に採られている。

あげ-まんじゅう【揚饅頭】『名』油で揚げた饅頭。東京堀の内の祖師堂の境内で売っていた、油で揚げた小麦饅頭は、名物として著名であった。 *坑夫(1908)〈夏目漱石〉「君、揚饅頭(アゲマンヂュウ)が余っ程好きと見えるね」

あげ-み【上身】『名』刀の柄に入る部分の先端を切り詰めて、刀身を短くすること。また、そのもの。〔両京俚言考(1868-70頃)〕 *落語・にゅう(1890)〈三遊亭円朝〉「長い刀(み)を揚げて短くしたのを揚身と云う」

あげ-み【揚見】『名』芸者屋の主人が客となって、抱えようとする芸妓をよんで下見をすること。 *縮図(1941)〈徳田秋声〉郷愁・一六「芳町の芸者屋の主人が、看板借の年増を一人つれて、新潮楼で銀子を揚見(アゲミ)したのは」

あげ-みず【揚水】『名』高い所へ揚げるようにしかけた水。 *太平記(14C後)七・千剣破城軍事「あげ水なんどをよその山より懸(かけ)べき便(たより)も候はぬに、城中に水卓散(たくさん)に有りげに見ゆるは、如何様(いかさま)東の山の麓に流れたる渓水(たにみづ)を、夜々汲む歟(か)と覚えて候」

あげ-みずら【上髻】『名』「あげびんずら(上髻)」に同じ。

あげ-みせ【揚店】『名』「あげえん(揚縁)」に同じ。 *随筆・守貞漫稿(1837-53)二「上げ見世、江戸にてはあげ縁と云ふ」 方言 揚げ戸。 和歌山県東牟婁郡690

あげ-みそ【揚味噌】『名』麻の実、生姜、蕃椒(ばんしょう)等をみそに混ぜ、油で揚げたもの。

あげ-みなみ【上南】『名』隅田川の上げ潮の時、舟などで南へ進むこと。潮にさからうので骨が折れた。 *人情本・春色辰巳園(1833-35)三編・序「世界はすこしおし強(づよ)な、二人船頭汐先南(アゲミナミ)、骨を折っても乗切(のっきれ)ぬ」 *歌舞伎・勧善懲悪孝子誉(1877)序幕「落(おち)来る水に上(ア)げ南(ミナミ)、風に波立つ風情にて」

あけ-むかい【明迎】『名』(「むかい」は「むかえ」の変化したもの) 遊里などで、夜明けに茶屋や駕籠(かご)屋などから客を迎えに来ること。また、その人。 *随筆・俗耳鼓吹(1788)「去年(辛丑)あたりより、京都にてはやりし歌とて〈略〉仲なおりするまがない、くちすうあひだに、あけむかひのかごのしゅがやかましうゆふ」

あけ-むつ【明六】『名』昔の時刻名。明け方の六つ時、すなわち今のおよそ午前五時~七時頃。また、その時刻に鳴らす鐘。↔暮六つ。 *俳諧・小町踊(1665)春・上「初春やはや明むつに祝哥〈不見〉」 *浮世草子・椀久二世(1691)下・聞ぬ良は夜明の釣鐘「明日のうとうと敷(しき)をもかまはず、いっとても明六つのなる迄家内(やうち)是をなげきかなしむ」 *雑俳・田みの笠(1700)「かねがなる・恋を撞(つき)切る明ケ六ツ」 *浄瑠璃・嫗山姥(1712頃)一「あすのお立ちは明六つ。其点にあふ様に月代(さかやき)一つ頼みたし」 発音〈標ア〉0〈京ア〉四 辞書 ボン・言海 表記 曙六(へ) 明六(言)

あけ-むらさき【朱紫】『名』(遊女などの)朱色や紫の派手な着物。 *たけくらべ(1895-96)〈樋口一葉〉「半日は町に遊んで見聞くは三味に太鼓にあけ紫のなり形」

アケメネス-ちょう【―朝】(アケメネスはギリシア Akhaimenes ペルシア Hakhamanish) 古代ペルシアの王朝。アケメネスを祖として紀元前七世紀頃おこり、前五五〇年メディアから独立してペルシア帝国を築く。ダレイオス一世の時に、勢力はほぼ全オリエントに及ぶ。前三三一年アレクサンドロス大王に滅ぼされた。 発音 アケメネスチョー〈標ア〉0

あけ-もう・く【開設】『他カ下二』開けて待ち受ける。 *今鏡(1170)四・伏見の雪のあした「元よりあけまうけ、またとりあへず開けたらんよりも、ねむに興ある由、人々いひけるとぞ」

あげ-もう・す【呈奏】『他サ四』進呈し奏上する。 *書紀(720)欽明三二年三月(寛文版訓)「高麗の献り物(もの)幷びに表(ふみ)呈奏(アケマウス)こと得ず」

あげ-もち【揚餅】『名』餅を油で揚げたもの。 発音 アゲモチ〈標ア〉0チ〈京ア〉ゲ 辞書 言海 表記 揚餅(言)

あげ-もち・いる【挙用】『他ア上一(ワ上一)』有能な人物を採用し、官職につかせる。また、その地位を引き上げる。 *四河入海(17C前)三・三「さる程に、今こそ玉も安閑なりとも、つめは挙用いらるべき程に、久は、閑ではえあるまい程に」 *談義本・風流志道軒伝(1763)一「平家西海に沈て後、上下太平の化にほこり、賢者あれども登庸(アゲモチユル)ことを知らず」 *改正増補和英語林集成(1886)「Agemochii, ru または yuru アゲモチユル」 補注 室町時代以後、「あげもちゆ」とヤ行上二段に用いられることが多い。 発音 アゲモチイル〈標ア〉イ 辞書 ボン・言海 表記 登庸(へ) 挙用(言)

あげ-もとい【上元結】『名』「あげもとゆい(上元結)」の変化した語。 *雑俳・川傍柳(1780-83)四「こりはてて女へもどす上元結(アゲモトイ)」

あげ-もとゆい【上元結】『名』髪を結う時、最後に用いる元結。あげもとい。

あげ-もの【上物】『名』①進物。献上品。神仏の供え物。 *日葡辞書(1603-04)「Aguemono(アゲモノ)」 *浄瑠璃・神霊矢口渡(1770)二「けふは勝ち軍の祝儀迚(とて)、心の付いた上げ物」 *洒落本・一騎夜行(1780)五・狒々現世の楽を悟す「開帳場の上(ア)け物(モノ)の札は年賦金を見るやうに一割増しに書付」 ②取り上げた物。奪った品。 *洒落本・寸南破良意(1775)一座「『深川へ行た時、大引で上げて来たのさ』『上けものかへ、油断のならねへ』」 ③刀剣製作上の用語。とぎの一通り済んだ場合をいう。 *俳諧・毛吹草(1638)五「菖蒲刀あげ物にする軒はかな〈重供〉」 方言 ❶神仏に供えるもの。 青森県津軽075 栃木県安蘇郡208 新潟県佐渡352 和歌山市691 熊本県玉名郡058 ❷盆正月に檀那寺へ上納する米など。 長崎県壱岐島915 ❸寺へ上げる死者の形見。 新潟県佐渡352 ❹取って置きの大事な道具類。 新潟県佐渡352 辞書 日葡

あげ-もの【揚物】『名』①野菜、魚肉類を食用油で揚げた食物。てんぷら、からあげなど。 *文明本節用集(室町中)「挙物 アゲモノ 又作醺物」 *江戸繁昌記(1832-36)初・賽日「沸々として油餡(〈注〉アゲモノ)を煎す」 *随筆・皇都午睡(1850)三・中「揚物を、天麩羅(てんぷら)又金ぷら」 *上海(1928-31)〈横光利一〉一〇「林檎の揚げ物に龍眼の吸物」 ②盗品をいう、商人仲間の隠語。〔東京語辞典(1917)〕 ③上身(あげみ)になっている刀剣。 *落語・にゅう(1890)〈三遊亭円朝〉「誠に結構なお品で御座います、と誉めながら瑾(きづ)を附けるんだ。惜しい事には揚物(アゲモノ)で御座いますって」 発音 アゲモノ〈標ア〉0〈京ア〉0 辞書 文明・言海 表記 挙物・醺物(文) 揚物(言)

あげもの-や【揚物屋】『名』精進揚げなどを売る店。また、その人。 発音 アゲモノヤ〈標ア〉0

あげ-や【揚屋】『名』近世、遊里で、客が遊女屋から太夫、天神、格子など高級な遊女を呼んで遊興する店。大坂では明治まで続いたが、江戸吉原では宝暦一〇年(一七六〇)頃になくなり、以後揚屋町の名だけ残った。 *評判記・あづま物語(1642)「あげやを、けんぶつし、大もんのほとりに、たちいづれば」 *浮世草子・好色一代男(1682)六・六「京の女郎に江戸の張(はり)をもたせ、大坂の揚屋(アゲヤ)であはば、此上何か有べし」 *随筆・北里見聞録(1817)三「翌宝暦十一年細見には、揚屋あき所とありて、尾張屋といへる家名なし。されば宝暦十年より揚屋といふ物永く退転せり」 方言 料理屋。 長崎市053 発音 アゲヤ〈標ア〉0〈京ア〉0 辞書 言海 表記 揚屋(言)

あげや-あそび【揚屋遊】『名』揚屋で遊興すること。 *随筆・吉原大全(1768)二「あげや遊びの客は、右の十八軒の茶やより揚やへゆく事なり」 *椀久物語(1899)〈幸田露伴〉三「ハハハ汝の工夫が出来ぬからとて自棄になって揚屋遊びするなどといふほど、気の錬れぬ椀久でも無い」

あげや-あんどん【揚屋行灯】『名』揚屋で客の送り迎えに用いたあんどん。

あげや-いり【揚屋入】『名』遊女が客に呼ばれて遊女屋から揚屋に行くこと。また、その儀式。前帯、裲襠(うちかけ)の盛装に、高下駄をはき、八文字を踏み、若い衆、引舟、禿(かむろ)などを従え、華美な行列で練り歩いた。おいらん道中。 *俳諧・談林十百韻(1675)上「挙屋入たがひにゐいやと引力に〈在色〉 成ほどおもき恋のもと綱〈松臼〉」 *評判記・色道大鏡(1678)三「挙屋(アゲヤ)入は巳の下尅(げこく)を本(ほん)とす」 *浄瑠璃・津国女夫池(1721)「室町殿の御所があげやに成、けいせいを請こむと今聞た、扨々ぎゃうさんなあげや入」 *談義本・風流志道軒伝(1763)五「茶屋付、揚屋入、対の禿に日がらかさ、羽織のゐりもしどけなく、つかみからげの八文字」 発音 アゲヤイリ〈標ア〉0

揚屋入り〈守貞漫稿〉

あげや-がさ【揚屋笠】『名』遊里の揚屋が客に貸す屋号入りの雨傘。 *雑俳・寄太鼓(1701)「見せ先に揚屋笠干そそう者」

あげや-かしゃ【揚屋花車】『名』(「花車」は「やりて婆」の意) やりて婆のかしらだったものをいう京都島原の語。

あげや-かぶ【揚屋株】『名』揚屋を開業する権利の株。 *雑俳・駒むかへ(1784)「面白ひ意地から買ふた揚屋株」

あげや-がみ【揚屋紙】『名』半紙をいう遊里語。 *評判記・色道大鏡(1678)一「挙屋紙(アゲヤガミ) 半紙の事也。客よりつかふ詞なり。傾城の挙屋に居て、客に文をつかはすに、挙屋より出す紙は皆半紙なり。これによてしかいふ」

あげや-がよい【揚屋通】『名』客が揚屋に通うこと。揚屋遊びをすること。 *浄瑠璃・椀久末松山(1710頃)上「あげやがよひの身はいかのぼり、あげつのぼしつ手くだの涙」

あげや-がり【揚屋狩】『名』高級遊女を揚屋に呼

んで遊ぶことのしゃれた呼び方。＊雑俳・馬たらひ（1700）「ならんだり・生た雛見る揚屋狩」

あげや-ぎゃく【揚屋客】〘名〙揚屋に遊女を呼ぶ上等の客。＊浄瑠璃・女殺油地獄（1721）下「駕籠を飛ばするあげやぎゃく。扇で忍ぶ茶屋の客」

あげや-ざけ【揚屋酒】〘名〙揚屋で客が飲む酒。＊浮世草子・傾城色三味線（1701）京・一「此美君をながめまいらせ、揚屋酒（アゲヤザケ）に気をのばす事、仙家の不老不死の妙薬よりは増りて」＊随筆・独寝（1724頃）下・一一三「一生野郎狂ひと揚屋酒のまぬ生まれ地のぐづといへる男」＊浮世草子・其磧諸国物語（1744）一・一「異見（いけん）の良薬口に苦く、揚屋酒の美（うま）きに気を奪れて」＊風流仏（1889）〈幸田露伴〉一〇・上「三五が十八にもなって、揚屋（アゲヤ）酒一猪口が弗箱（どるばこ）より重く」 発音アゲヤザケ〈標ア〉ヤ

あげや-さしがみ【揚屋差紙】〘名〙揚屋から遊女屋へ遊女を呼びにやる時の証書。揚屋手形。＊随筆・吉原大全（1768）二「揚屋さし紙とて、あげやより女郎をよびに遣す節、たれたれといふ女郎の名をしるし、するに中楽（さるがく）の類ならびにかわら者、御法度（ごはっと）の客にて御ざなくといふ文言（もんごん）をしたため、女郎やへ証文を入れたりとぞ」＊随筆・洞房語園異本考異（1789頃）一「大門口茶屋小田原又兵衛方に、揚屋さし紙あり。初めは西の内四つ切なりしが、後あまたになりて半紙三つ切に書しとかや」＊雑俳・俳諧觽一一三（1797）「未だ墨の干ぬ揚屋差紙」

あげや-じょろう【揚屋女郎】（ヂョラウ）〘名〙揚屋に呼ばれる太夫、天神、格子など高級な遊女。揚げ女郎。揚がり女郎。近世の一時期、江戸新吉原で、うめ茶女郎につぐ下等な遊女を称したこともあるという。＊浄瑠璃・雪女五枚羽子板（1708）厄払ひ「ここに名に立つ色ぐるわ、あげ屋女郎のやくはらひ」＊随筆・隣の疝気（1763）「あげやまちは揚屋女郎の道中時分茶屋の二階客女郎酒盛誠にはれがましかりしに」

あけ-やす【明易】〘名〙（形容詞「あけやすし」の語幹から）夏の夜の明けやすいこと。短夜。《季・夏》＊俳諧・七車（1728）夏「明やすの此ほのぼのや烏帽子顔」＊虚子俳句集（1935）〈高浜虚子〉大正一五年六月「明易や響きそめたる老の咳」

あけ-やす・い【明易】〘形口〙図あけやす・し〘形ク〙①夏の夜が短く、明けるのが早いさま。《季・夏》＊宇津保（970-999頃）蔵開中「くれがたくあけやすきうちに、よるなんいとけうある」＊至宝抄（1585）「中の夏〈略〉短夜　明けやすき夜も夏の夜なり」＊俳諧・蕪村句集（1784）夏「明やすき夜をかくしてや東山」②一般に、夜の明けるのが早く感じられるさま。＊清元・深山桜及兼樹振（保名）（1818）「ひるねぬ程に思ひつめ、たまにあふ夜のうれしさに、ささごとやめて語る夜はいつよりもツイあけやすく」

あげやづか-を-にぎ・る【揚屋柄握】〘連語〙（「柄を握る」はその道の巧者と呼ばれるほどの腕前がある意）揚屋遊びに精通して、その道の達人となる。＊浮世草子・傾城禁短気（1711）五・三「京の太夫にも相応に可愛がられて、あげや柄（ヅカ）も握（ニギ）る者が」

あげや-つづら【揚屋葛籠】〘名〙遊女が、遊女屋から揚屋入りする時、その夜具を運ぶのに用いる朱塗りの長持。＊随筆・花柳古鑑（1851頃）上・九「揚屋葛籠（アゲヤツヅラ）はこのさとの宿直ものの袋ともいふべし。むかし揚屋のありし頃は太夫格子の揚屋入りには、遊女のあとべより葛籠を背負たる男の附添たるなり」

あげや-てがた【揚屋手形】〘名〙「あげやさしがみ（揚屋差紙）」に同じ。＊随筆・花柳古鑑（1851頃）上「揚屋に客ありて娼家より遊女をまねく時は、形の如く切紙に認（したた）めて遣すを則指紙といふなり。又揚屋手形（テガタ）ともいへり。竪九寸六分、横四寸三分程大方定りなり」

あげや-の-まち【揚屋町】〘名〙「あげやまち（揚屋町）」に同じ。＊浮世草子・日本永代蔵（1688）一・二「けふ一日の遊興して、老ての話の種にもと思ひ極め、揚屋（アゲヤ）の町は思ひもよらず、茶屋にとひ寄（よ）り」

あげや-ばらい【揚屋払】（バラヒ）〘名〙揚屋での遊興費の支払い。＊浮世草子・風流軍配団（1736）五・一「我等大磯狂の時分、揚屋払（アゲヤハラヒ）に手づまり」＊随筆・癇癖談（1791か）下「妾宅のまかなひかた、揚屋ばらひの取つぎに、一わりをむさぼるほかにも」

あげや-ふう【揚屋風】〘名〙揚屋女郎の風俗。＊随筆・隣の疝気（1763）「女郎の風俗も昔は紅粉おしろいと言ものをむさき事とし、揚屋女郎の薄化粧だにあげやふうとは言ながら、賤しき事に言なし」

あげやま-おり【上山織】〘名〙織物屋でつける着物地の銘。＊浮世草子・好色三代男（1686）「庵（いほ）に入れば仏壇有て本尊と思しき女姿、あげ山織（ヲリ）の衣服、から茶の糸を以、紋をぬいせり」

あげや-まち【揚屋町】□一〘名〙遊郭の中で揚屋の集まっている区画。特に、京都島原、江戸新吉原が著名。＊慶長見聞集（1614）七「此町を中にこめて、其めぐりにあけや町と号し、幾筋とも数しらす」＊俳諧・大坂独吟集（1675）上「はたさんとゆふべちかづく揚屋町　恋にひかるる弓矢八幡〈三昌〉」□二(一)京都の遊里、島原の町名。島原の中央道路の南側（下京区西六条西新屋敷）の東から三筋目の町。＊仮名草子・浮世物語（1665頃）一・六「衣紋（ゑもん）の馬場、噂（うはさ）町をうち過（す）ぎ、あげや町にさしかかり」＊評判記・色道大鏡（1678）三「家門の礼をはりて、挙屋町（アゲヤマチ）に至る」＊浄瑠璃・山崎与次兵衛寿の門松（1718）上「いそいそ賑々（にぎにぎ）揚屋町」(二)江戸新吉原の町名。元吉原時代、遊里に散在していた揚屋を一か所にまとめたもの。大門から水道尻に向かって右手で、江戸町一丁目と京町一丁目との中間（台東区千束四丁目）にあった町並み。宝暦末年に揚屋が廃絶した後も町名として残った。＊浮世草子・好色二代男（1684）一・四「御後姿まで見送るは、揚屋（アケヤ）町の名残（なごり）ぞかし」＊俳諧・焦尾琴（1701）頌・古麻恋句合「京町のねこ通ひけり揚屋町〈其角〉」＊洒落本・史林残花（1730）地理志「揚屋町（アゲヤマチ）。王者之都也。人物不レ野不レ文」 発音アゲヤマチ〈標ア〉ヤ

あげや-みせ【揚屋店】〘名〙（「店（みせ）」は店先の意）揚屋の店先。＊浮世草子・好色一代男（1682）七・二「東側の中程の揚屋見世（アゲヤミセ）より」

あけ-や・る【明遣】〘自ラ四〙（「やる」は動作の進行する意）夜がすっかり明けきる。多く、打消の助動詞「ず」を伴って否定の意に用いる。＊千載（1187）冬・四二七「霜さえてさよも長居の浦寒みあけやらずとや千鳥鳴くらん〈静賢〉」＊新古今（1205）冬・六六七「明やらぬ寝覚めの床に聞ゆなり籬（まがき）の竹の雪の下をれ〈藤原範兼〉」

あけ-や・る【開遣】〘他ラ四〙とどこおりなく開ける。すらすら開ける。＊源氏（1001-14頃）末摘花「翁、かどをえあけやらねば、よりて引きたすくる、いとかたくななり」＊源氏（1001-14頃）朝顔「御門守、寒げなるけはひ、うすすき出で来て、とみにも、えあけやらず」

あげ-ゆ【上湯】〘名〙興福寺修正会が催される折に、手水屋で職衆に湯などを奉る所役。＊大乗院寺社雑事記-文正元年（1466）四月一八日「上湯木自二檜皮院一切二用之一」＊大乗院寺社雑事記-文明二年（1470）三月一五日「修正上湯事、三綱三人栄甚・源乗・宣舜、号レ無二寺領一辞二退之一」

あけ-ゆ・く【明行】〘自カ四〙①夜が次第に明けて行く。＊古今（905-914）恋三・六三七「しののめのほがらほがらとあけゆけばおのがきぬぎぬなるぞかなしき〈よみ人しらず〉」＊土左（935頃）承平五年一月一七日「夜やうやくあけゆくに」＊源氏（1001-14頃）夕顔「にはかに雲がくれて、あけゆく空いとをかし」＊平家（13C前）九・宇治川先陣「夜はすでにほのぼのとあけゆけど、河霧ふかく立こめて、馬の毛も鎧の毛もさだかならず」②月日が次第に過ぎて行く。 発音〈標ア〉ユ〈京ア〉0 辞書日葡・言海 表記明行（言）

あけら-かん〘副〙（「と」を伴って用いることもある）口をあけてぼんやりしているさま、ぽかんとしたさまを表わす語。あっけらかん。あんけらかん。あけらけん。あけらこん。あけらひょん。あけらほん。あけらほんのり。＊滑稽本・六阿彌陀詣（1811-13）二・上「使の口上を忘るる三助どのも、釣する側にあけらくはんと」＊義血侠血（1894）〈泉鏡花〉六「呆然惘然（アケラカン）と頤（おとがひ）を垂れて」＊新浦島（1895）〈幸田露伴〉一二「セコンド鍼（ばり）のかちかちと忙しく進み行く世にあけらかんと日を消し」 発音〈標ア〉カ ラ

あけら-かんこう【朱楽菅江】（クヮンカウ）江戸後期の狂歌師、洒落本作者。本名山崎景貫。別号、朱楽館など。江戸に生まれた幕臣。唐衣橘州（からごろもきっしゅう）、四方赤良（よものあから）とともに狂歌三大家の一人。妻も節松嫁々（ふしまつかか）の名で狂歌をよくする。著書に洒落本「売花新駅」、狂歌撰集に「故混馬鹿集」「狂歌大体」など。元文三～寛政一〇年（一七三八～一七九八）

あけら-け【明―】〘形動〙家をあけっ放しにして、人がいないさま。＊歌舞伎・鐘鳴今朝噂（1761）下「ハテサテ、茶屋の内といふものは、明けらけにして不用心」

あけら-けん〘副〙（「と」を伴う場合が多い）「あけらかん」に同じ。＊談義本・教訓雑長持（1752）二・大天狗藪医師を教戒し給ふ事「空腹抱へて主命なればこそ四つ過迄あけらけんとまって居る」＊洒落本・新吾左出放題盲牛（1781）第六・会拐「見附へはいり、面番のまへに、あけらけんと立って居れば」

あけら-こん〘副〙「あけらかん」に同じ。＊俳諧・広原海（1703）一一「貞徳の供蚊の犠よあけらこん」＊雑俳・柳多留-五（1776）「なんで間違ったか出合あけらこん」

あけら-ひょん〘副〙「あけらかん」に同じ。＊雑俳・玉柏（1744）「笈（おひ）すへて・たばこ鉄拐（てっかい）あけらひょん」

あけら-ほん〘副〙（「あげらほん」「あけらぽん」とも。「と」を伴う場合もある）「あけらかん」に同じ。＊俳諧・西鶴大矢数（1681）序「あけらほんと雁首をのべて思ふに、皷破れ鶏時刻を移す」＊雑俳・軽口頓作（1709）「かけてゐて・茶やから富士をあげらほん」＊浄瑠璃・諸葛孔明鼎軍談（1724）四「妹聟に出しぬかれ、あんがふ鳥のあげらほん、口ばかり開（あ）いても居られず」 方言❶茫然（ぼうぜん）としているさま。ぼんやり。あっけらかん。◇あけらぽん 青森県上北郡074 津軽075 宮城県115 116 茨城県北相馬郡195 庄内†060 山形県139 ❷安閑としているさま。

あけら-ほんのり〘副〙（「あげらほんのり」とも）「あけらかん」に同じ。＊雑俳・長ふくべ（1731）「是はさて是はさてさて是はさて・枕なをしてあけらほんのり」＊雑俳・へらず口（不及子編）（1734）「来ぬ君を寝もせであげらほヲンのり」

あ・ける【明・開・空】□一〘自カ下一〙図あ・く〘自カ下二〙物事の、ある期間が終わって、次の新しい状態になる。①夜が終わって朝になる。明るくなる。↓あくる。＊書紀（720）継体七年・歌謡「愛（は）しけくも　いまだ言はずて　阿開（アケ）にけり　我妹（わぎも）」＊万葉（8C後）一五・三七六九「ぬばたまの夜見し君を安久流（アクル）朝（あした）逢はずまにして今そくやしき〈狭野弟上娘子〉」＊古今（905-914）春上・四五「暮るとあくと目かれぬものを梅花いつの人まにうつろひぬらん〈紀貫之〉」＊更級日記（1059頃）「殿の御方にさぶらふ人々と物語しあかしつつ、あくればたちわかれたちわかれしつつまかでしを」②時が経過して、年月日や

季節があらたになる。次の年になる。↓あけて・あくる。＊宇津保(970-999頃)俊蔭「あくる年の春より」＊源氏(1001-14頃)乙女「式部卿宮、あけん年ぞ五十になり給ひける」＊新古今(1205)冬・六九九「年の明(あ)けて浮世の夢のさむべくは暮るとも今日はいとはざらまし〈慈円〉」＊日葡辞書(1603-04)「トシガ aquru (アクル)」＊まじょりか皿(1909)〈寺田寅彦〉「竹村君は明けると卅一になる」③ある一定の拘束を伴う期間が終わりになる。満期になる。＊平家(13C前)五・富士川「西国のいくさと申すは、親討たれぬれば孝養(けうやう)し、忌(いみ)あけて寄せ、子討たれぬれば、そのおもひなげきに寄せ候はず」＊雑俳・柳多留-七二(1820)「誰が年(ねん)明けたと足袋屋聞て見る」＊蔵の中(1918-19)〈宇野浩二〉「梅雨(つゆ)のあけた初夏の一日」＊青べか物語(1960)〈山本周五郎〉砂と柘榴「お母さまの喪があけるまでは、こうして寝るようにと云われて来たんです」

㊁【他カ下一】図あ・く【他カ下二】①へだてや、おおいなど、ふさいであるものを除く。閉じてあるものを開く。＊万葉(8C後)四・五九一「わが思ひを人に知るれや玉匣(たまくしげ)開き阿気(アケ)つと夢にし見ゆる〈笠女郎〉」＊伊勢物語(10C前)二四「この戸あけたまへとたたきけれど」＊枕(10C終)一六〇・心もとなきもの「遠き所より思ふ人の文を得て、かたく封(ふん)じたる続飯(そくひ)などあくるほど、いと心もとなし」＊日葡辞書(1603-04)「トヲ aquru (アクル)」②そこを占めているものを取り除く。㋑ふさいでいるものを除いたり、間を広げたりして空間や時間の間隔をつくる。「四時間以上あけて服用のこと」＊源氏(1001-14頃)蜻蛉「心なし、道あけ侍りなんよ」＊宇治拾遺(1221頃)一〇・六「此櫃を、刀のさきして、みそかにあなをあけて」＊平家(13C前)一一・志度合戦「三千余騎の兵どもなかをあけてぞ通しける」＊日葡辞書(1603-04)「ミチヲ aquru (アクル)」＊人情本・英対暖語(1838)二・八回「左右の夜具を空床(アケ)て、其中の夜着の中に寐て」＊尋常小学読本(1887)〈文部省〉一「それなら、からだをくひやぶりて穴をあけて、とほるがよいか」㋺中に入っているものや人を外に出す。出してからにする。また、器の中のものを他に移す。＊日葡辞書(1603-04)「ウツワモノヲ aquru (アクル)〈訳〉容器をからにする」＊俳諧・鷹筑波(1638)四「永日に手水の水やあけざらん 春にふさがるたつのくちとゐ〈勝乗〉」＊浮世草子・西鶴織留(1694)四・一「内義上気して此方の家さへあけてくださるれば云分(いひぶん)する事も御座らぬと裏の戸はつしてかへられける」＊浮世草子・傾城色三味線(1701)京・二「又品を替て此里狂ひに金をあけおるやくたいなし」＊滑稽本・浮世風呂(1809-13)二・下「『爰(ここ)へ水(おひや)を少しお呉れ』『ハイハイ』トくみきたり、とめ桶へあける」＊苦の世界(1918-21)〈宇野浩二〉三・一「あんないけるれんぢゅうばかりでせう、四人で七升あけましたよ」㋩外出して留守にする。＊落語・三軒長屋(1894)〈四代目橘家円喬〉「此間からチョイと明けた様だが余り女房のに心配させちゃ不可ねへぜ」＊社会百面相(1902)〈内田魯庵〉鉄道国有・一「でも一と晩家を明けるってのは、なんぼお交際(つきあひ)でも…」＊満韓ところどころ(1909)〈夏目漱石〉三一「僕も哈爾賓(ハルピン)位迄行って見たいのだが、何しろ六月から学校を空(ア)けてゐるんだからね」㊁隔てを置く。また、間隔を広げる。＊秘密(1955)〈安岡章太郎〉「彼女はあらかじめそれを知ってゐるかのやうに、先に距離をあけてしまふのだ」③使わないようにする。㋑仕事をしないでいられる時間をつくる。＊日葡辞書(1603-04)「ヒマヲ aquru (アクル)」＊蓼喰ふ虫(1928-29)〈谷崎潤一郎〉七「『高夏さんは、今日はお暇なの?』『今日は一日空(ア)けてあるんです』」㋺使わない状態のままにする。＊落語・思案の外幇間の当込み(1889)〈三代目三遊亭円遊〉「夫れぢゃア兎や角(かう)云はずに、和郎の身体を十二時までで明けて遣らう」＊坊っちゃん(1906)〈夏目漱石〉七「座敷を明けて置いても無駄だから、慥(たし)かな人があるなら貸してもいいから周旋してくれ」④商売、芝居などを始める。公開する。＊人情本・春色梅美婦禰(1841-42頃)四・二三回「もうお客が来て休む時分だのに、お見世も明(アケ)なひで」＊春泥(1928)〈久保田万太郎〉むほん・八「春匆々あけるって芝居をそんなことでどうするんだ」⑤(心の中が見えるようにひらく意から)隠さないで話す。うちあける。＊歌舞伎・傾情吾嬬鑑(1788)序幕「例へ心にどう思うても、明(ア)けて云はぬが廓の花」＊歌舞伎・勧善懲悪覗機関(村井長庵)(1862)三幕「親掛(おやがかり)の私ゆゑ、金子を調へましたのは、人に明(ア)けては言はれませぬ」＊内地雑居未来之夢(1886)〈坪内逍遙〉五「突然と渥美の事をば、明(アケ)ては問ひがたきに」＊其面影(1906)〈二葉亭四迷〉三七「心には思ったけれど、明けて其とは言ひかねて」⑥(「らちをあける」の形で)物事がうまく行く方法などを見つける。＊日葡辞書(1603-04)「ラチヲ aquru (アクル)〈訳〉道、方法をあきらかにする、またはひらく」⑦芸妓などが客席から帰る意の花柳界の語。⑧移転する、行先をくらます意の盗人仲間の隠語。〔隠語輯覧(1915)〕⑨所持金を全部まきあげる意の詐欺師仲間の隠語。〔隠語全集(1952)〕

方言 タバコの吸い殻をはたく。大阪116

発音 〈なまり〉「明」アクイ・アクッ〔鹿児島方言〕「開」アグッ〔鹿児島方言〕〈標ア〉0 〈京ア〉0 図『あく』〈標ア〉0 〈ア史〉平安●○ 鎌倉・江戸『あくる』●●● 〈京ア〉0 辞書 字鏡・色葉・名義・和玉・文明・伊京・明応・天正・黒本・易林・日葡・書言・ヘボン・言海

表記 明(名・玉・文・伊・明・天・黒・易・書・ヘ・言) 白(易・書) 開(伊・ヘ) 暁(字・名・玉) 旦(色・名) 曙・晞・晨(名) 暖・曖・晙・矯(玉)

あくる ⇩親見出し

あくる… ⇩「あくる(明)」の子見出し

あけず ⇩親見出し

あけず… ⇩「あけず(不開)」の子見出し

あけた儘(まま)なる雑言(ぞうごん) 言いたい放題の口をきくこと。＊浄瑠璃・源頼家源実朝鎌倉三代記(1781)九「四方を睨でつっ立たり。ヤア明た儘(ママ)なる佐々木が雑言(ザウゴン)。討とめて手柄にせんと」

あけて ⇩親見出し

あけて悔(くや)しき浦島(うらしま)の子(こ) 「あ(開)けて悔しき玉手箱」に同じ。＊拾遺(1005-07頃か)夏・一二二「夏の夜は浦島のこがはこなれやはかなくあけてくやしかるらん〈中務〉」＊浄瑠璃・心中天の網島(1720)中「夫婦が心は今更に、あけてくやしき浦島のこたつぶとんに身を寄せて」

あけて悔(くや)しき=玉手箱(たまてばこ)[=箱(はこ)] (宝だと思って開けた箱から白煙が出たという浦島太郎の伝説による)期待はずれの結果になって失望することのたとえ。あけて悔しき浦島の子。＊御伽草子・浦嶋太郎(室町末)「君にあふ夜は浦島が玉手(タマテ)ばこあけてくやしきわがなみだかな」＊浄瑠璃・国性爺後日合戦(1717)三「小むつがかくるる岩影も、明てくやしき玉手箱、ふたりの心ぞやるせなき」＊浄瑠璃・蘆屋道満大内鑑(1734)一「只一時に一生の、年を寄せたる浦島があけてくやしき箱共しらず」＊唱歌・浦島太郎(文部省唱歌)(1911)「心細さに蓋(ふた)とれば、あけて悔(くや)しや玉手箱(たまてばこ)、中からぱっと白烟」

あけても暮(く)れても いつでも。毎日毎日。明け暮れ。＊日葡辞書(1603-04)「Aqetemo, curetemo (アケテモ、クレテモ) または、アケクレ〈訳〉昼も夜もつねに」＊三体詩素隠抄(1622)一・二「是ほどあけてもくれても、夫はいつか帰るいつか帰ると待どもをそきに、何ぞや、いまいましく行不得と、なき事はぞ」＊談義本・教訓乗合船(1771)三・禅僧の談義「明ても暮(クレ)ても、国益斗を勤るゆえに、おおんたからと申とかや」＊福翁自伝(1899)〈福沢諭吉〉幼少の時「一母五子、他人を交へず世間の付合は少(すくな)く、明ても暮れても唯母の話を聞く許り」＊野菊の墓(1906)〈伊藤左千夫〉「そこへきて民子が明けてもくれてもくよくよして」

あけぬ暮(く)れぬ (「ぬ」は完了の助動詞)夜が明けたり、日が暮れたりして。月日のたつさまをいう。＊能因集(1045頃)下「しでの山このもかのものちかづくはあけぬくれぬといふにぞありける」＊浜松中納言(11C中)四「かきくらし晴れせぬ雪の中にただあけぬくれぬとながめてぞ経る」＊続千載(1320)雑中・一九一一「鐘の音は明けぬ暮ぬときけど猶おどろかぬ身のはてぞかなしき〈藤原実香〉」＊曾我物語(南北朝頃)一・河津がうたれし事「一日片時も、ただしのぶべき身にてなかりしが、あけぬくれぬとする程に、五七日にもなりにけり」＊御伽草子・御曹子島渡(室町末)「あけぬくれぬと行くほどに、七十五日と申すに、きゃうがる島に著(つ)き給ふ」＊浄瑠璃・傾城反魂香(1708頃)中「方々の音物(いんぶつ)樽よ肴よ巻物よ、太刀折紙の馬代(ばだい)銀五拾目懸(がけ)のらうそくの、明(アケ)ぬくれぬと賑ひて」

あけまく (「まく」は助動詞「む」のク語法)夜の明けようとすること。明けること。＊万葉(8C後)九・一六九三「玉くしげ開巻(あけまく)惜しきあたら夜を衣手かれて独りかも寝む〈人麻呂歌集〉」＊万葉(8C後)九・一七六一「秋萩の 妻を枕(ま)かむと 朝月夜 明巻(あけまく)惜しみ〈作者未詳〉」

あ・げる【上・揚・挙】【他ガ下一】図あ・ぐ【他ガ下二】㊀下の方から上の方へ移す。①低い所から高い所へ移す。上へやる。＊古事記(712)下・歌謡「大和(やまと)へに 西風(にし)吹き阿宜(アゲ)て 雲離れ 退(そ)き居りとも 我忘れめや」＊竹取(9C末-10C初)「つばくらめはいかなる時にか子うむと知りて人をばあぐべき」＊源氏(1001-14頃)若菜下「みすあげさせ給て」＊小学入門(甲号)(1874)〈民間版〉「左をのみあぐれば右は必ひきくなる」②(垂れた髪を)結う。上の方で結ぶ。＊書紀(720)神代上(水戸本訓)「髪(みぐし)を結(アケ)、髻(みづら)に為(な)し」＊万葉(8C後)一六・三八二二「橘の光(て)れる長屋にわが率寝(ゐね)し童女(うなゐ)放髪(はなり)に髪挙(あげ)つらむか」＊伊勢物語(10C前)二三「くらべこし振分髪も肩すぎぬ君ならずして誰かあぐべき」＊観智院本名義抄(1241)「結 ムスフ ユフ アグ 髪」＊小学読本(1873)〈田中義廉〉一「皆、朝早く起き、夜中までも眠らず、髪も美しく、揚ぐること能はず」③空中に浮かぶようにする。また、雲が空に広がる。＊平家(13C前)二・烽火之沙汰「天下に兵乱おこって、烽火をあげたりければ」＊俳諧・春の日(1686)「鳥居より半道奥の砂行て〈昌圭〉花に長男(おとな)の帋鳶(たこ)あぐる比〈李風〉」＊咄本・無事志有意(1798)高尾「足利頼兼公、遊女高尾追善の為、大川におゐて花火をあげ給ふ」＊小学読本(1873)〈田中義廉〉二「数多の小児は、学校より出て、走るもあり、球を弄ぶもあり、或は凧を、揚ぐるもあり、或は輪を、廻はすもあり」＊歌舞伎・日月星享和政談(延命院)(1878)序幕「『父(とと)さん、ぽつぽつ降って来ましたわいな』『大分東を上げて来たから、今に一降やるかも知れぬ』」④水上、水中から陸上へ移す。陸上げする。水上げする。＊平家(13C前)一一・嗣信最期「あげおいたる舟の陰を、馬やすめ処にして、おめきさけんでせめたたかふ」＊日葡辞書(1603-04)「フネノニヲ aguru (アグル)」＊小学読本(1873)〈田中義廉〉二「牝雞は、溺れ沈まんことを、恐れて、岸の上に、揚けんと思ふ」⑤外から家の中に入らせる。＊浄瑠璃・仮名手本忠臣蔵(1748)七「初めてのお方を同道申た。きつう取込そふに見へるが、一つ上ます座敷が有(ある)

か」 ＊或る女(1919)〈有島武郎〉前・七「上げるのは勝手だが俺は会ふ事はないぢゃないか」 ⑥(「かいあげる(買揚)」の略か。また、客を二階へあげることからか。あるいは、船の遊女を陸に招きあげる意からか〔麓之色・大言海〕) 遊女、芸妓などをよび入れる。また、よんで遊ぶ。 ＊浮世草子・西鶴織留(1694)一・一「丸屋の七左衛門かたに太夫の吉野を揚(アゲ)置(おき)」 ＊滑稽本・浮世床(1813-23)二・上「ソレ酒が出るまづ飲む。ここでかなしくも内鯨舎(うちげいしゃ)でも揚(アゲ)ようといふ場だが」 ＊福翁自伝(1899)〈福沢諭吉〉雑記「当時諸藩の留守居役でも勤めて居れば芸者を上げて騒ぐとか、茶屋に集まるとか〈略〉云ふのが江戸普通の風俗で」 ⑦寺子屋、学校などに入れる。 ＊仮名草子・浮世物語(1665頃)一・二「寺にあげて手ならひをさすれども、芸能のかたは殊の外に不器用なり」 ＊不良児(1922)〈葛西善蔵〉「お父さんは病気で上の学校へあげられないから」 ⑧(血を頭にのぼせる意) のぼせてぼうっとする。「血道をあげる」 ＊栄花(1028-92頃)若ばえ「あないみじ。気(け)あげさせ給ふな」 ⑨下に敷いてあるものを取りのける。 ＊人情本・春色恵の花(1836)二中「それじゃア蒲団をあげて、きれいにしよふじゃア有ませんか」 ＊雪中梅(1886)〈末広鉄腸〉下・一「もうお起になりますなら御床を上げませうか」 ＊青春(1905-06)〈小栗風葉〉秋・五「仄暗い座敷の中は畳も揚げて了ひ、建具も大方取外して壁際に積み重ねてある」 ⑩胃から物をもどす。吐く。 ＊落語・鰍め(1896)〈三代目柳家小さん〉「何う云ふ訳だらうと思って居ると黄色い水をゲッゲと吐(ア)げるんだ」 ＊大津順吉(1912)〈志賀直哉〉一「一時は貴方(あなた)、何を頂いても上げて了ふんでネ、頂く物がないやうなわけでしたのよ」 ㊂物を取りあげる。没収する。 ＊歌謡・新編歌祭文集(1688-1736頃)一五・心中歌祭文「少しの事を言ひ募り、殿の御扶持を上げられて、浪々暮せし折ふしに」 ＊浄瑠璃・桂川連理柵(おはん長右衛門)(1776)下「長右衛門は呉服所をあげられ、大かた首も空へあがり物」 ②(①から転じて) 物をむりに取りあげる。巻きあげる。奪いとる。盗みとる。 ＊歌舞伎・幼稚子敵討(1753)五「今鋭(すすど)ふ成て油断せぬ故、大抵では上げられぬぞい」 ＊洒落本・新吾左出放題盲牛(1781)侠八嚙臍「切肆(きりみせ)で盗(アゲ)た丸ぐけは、巾着切からうわまへ帯」 ＊滑稽本・浮世風呂(1809-13)前・上「紅(おいろ)を付て、化粧(けへけへ)をして、ヘン、いい業晒(ごうさらし)だぜへ。あれが所からあげて来やァがって」 ＊新撰大阪詞大全(1841)「あげるとは、ただとること」 ③犯人をつかまえる。召しとる。 ＊落語・たぬき娘(1900)〈初代三遊亭円左〉「チョイト旦那、今ねヱ彼の女が引致(アゲ)られました、久松警察へ」 ＊江戸から東京へ(1921)〈矢田挿雲〉五・一四「三日の間に犯人を検挙(アゲ)て了ひ世人悉く其の鬼才に舌を捲いた」 ＊真理の春(1930)〈細田民樹〉手形の手品師・一一「それでなかったら、こんな秘密の倶楽部なんか、すぐ挙(ア)げられて、かう長持ちするわけないんだわ」 ④多くの品物を盗んで持ち帰ることをいう、盗人仲間の隠語。 ＊洒落本・美地の蛎殻(1779)「のびをしたその手で、髪の物をかぞへる。是は、人の悪ひ客の、まじり来りし故、もしもあげられもせんかとの、仕うちなり」 ㊂地位、体勢、価値、程度などを高める。 ①ある箇所をまわりより高くする。体や、体の一部を高くする。また、上に向ける。 ＊漢書楊雄伝天暦二年点(948)「仰ぎて首を擒(アケ)、以て高視す」 ＊俳諧・続猿蓑(1698)冬「霜ばしらをのがあげしや土龍〈圃仙〉」 ＊義血侠血(1894)〈泉鏡花〉三「矢庭に左手(ゆんで)を抗(ア)げて其高髷を攫(つか)み」 ＊魔風恋風(1903)〈小杉天外〉前・依頼心・一「室内(うち)では恭一と主婦と、顔を擡(ア)げてお波を見上げた」 ＊るしへる(1918)〈芥川龍之介〉二「ふと眼を挙げて、行手を見れば」 ②馬を跳ねさせる。走り躍らせる。 ＊吾妻鏡-寛元四年(1246)八月一六日「同馬場儀也。流鏑馬十六騎。揚ㇾ馬訖。而射手一人俄有㆓霍乱之気㆒申ㇾ障」 ＊弁内侍(1278頃)建長元年三月二〇日「さきざきはただ馬部が引き渡したるばかりにてありしに、御随身かねみねにあげさせて御覧ぜし、いとおもしろし」 ③地位を進める。昇進させる。 ＊続日本紀-天平元年(729)八月五日宣命「冠位(かがふりくらゐ)一階上(あげ)賜ふ事を始め」 ＊平家(13C前)四・還御「国司菅原在経、しなあげられて加階、従下の四品、院の殿上ゆるさる」 ＊愚管抄(1220)六・土御門「右大臣頼実を太政大臣にあげて」 ＊日葡辞書(1603-04)「クライニ aguru (アグル)」 ④物の値段、給料などを高くする。値上げする。 ＊社会百面相(1902)〈内田魯庵〉失意政治家・上「それだから、酒造税を昂(ア)げるのも宜(よ)からう」 ＊里芋の芽と不動の目(1910)〈森鷗外〉「賃銀は上げて遣れば好い。併しどこまでも上げて遣るといふわけには行かない」 ⑤能力、勢力、速力、数量、価値などを加える。「スピードをあげる」「気勢をあげる」 ＊惨めな戯れ(1920)〈岡田三郎〉「下から順に音をあげて行ったり、逆にさげて来たりする、あの単調な音階を」 ＊真理の春(1930)〈細田民樹〉面会・五「しぼられるだけしぼりやあがって、却て能率をあげてるんだ、これが奴等の『産業合理化』だな」 ⑥技能などを上達させる。 ＊日葡辞書(1603-04)「ガクモン ナドノ イロヲ aguru (アグル)」 ＊滑稽本・古朽木(1780)一「能書にもせよ、人の手まで上(アゲ)る事がどうしてなるものぞ」 ＊二人女房(1891)〈尾崎紅葉〉下・一「十七の歳鉄砲鍛冶になって、わづか二年ばかりの間に驚くほど腕を上(ア)げて」 ⑦顔だち、身なりなどをよくする。 ＊雁(1911-13)〈森鷗外〉五「さぞ此頃は女振を上(ア)げてゐるだらうな」 ⑧あたりによく聞こえるような声を出す。高く発する。 ＊書紀(720)仁徳四年二月(前田本訓)「人々詠徳(ほむ)る音を誦(アケ)、家毎庚哉之歌(やすらかなりといふうた)有り」 ＊土左(935頃)承平四年一二月二六日「からうた、声あげていひけり」 ＊平家(13C前)四・橋合戦「大音声をあげて名のりけるは」 ⑨(水位を高める意から、自動詞的に用いて) 潮が満ちてくる。 ＊洒落本・仕懸文庫(1791)一「八つ八ぶだからてうど今あげるせへちうだ」 ＊西洋道中膝栗毛(1870-76)〈仮名垣魯文〉八・上「汐があげてくりゃア、陸へ上るから」 ㊃人によく見えるようにする。広く知られるようにする。 ①手に持って高くする。高く揚げる。持ちあげる。 ＊古今(905-914)雑体・一〇一四「いつしかとまたく心をはぎにあげて天の河原をけふや渡らん〈藤原兼輔〉」 ＊堤中納言(11C中-13C頃)虫めづる姫君「袋などあぐるだにあやしくおもたきかな」 ＊平家(13C前)一一・六代「墨染の衣袴きて月毛なる馬にのったる僧一人、鞭をあげてぞ馳(は)せたりける」 ＊日葡辞書(1603-04)「ホヲ aguru (アグル)」 ＊火の柱(1904)〈木下尚江〉二一・三「呵々大笑して盃を挙ぐるを」 ②(名前を)世に広める。 ＊平家(13C前)五・五節之沙汰「一人をば討ちとり、一人をば生けどって、後代に名をあげたりし物にて候」 ＊玉葉(1312)雑三・二二八二「道を譲る君にひかれて四つの緒のそのねも高き名をぞ挙げぬる〈藤原実兼〉」 ＊天草本伊曾保(1593)イソポの生涯の事「ワガホマレヲモ カカヤカシ クニノ チリャクヲモ agueôzuruni (アギョウズルニ)」 ＊花間鶯(1887-88)〈末広鉄腸〉中・七「他日我が地方を代表して名誉を挙(ア)ぐるものは」 ③人々の前で行なう。 ＊春潮(1903)〈田山花袋〉六「結婚の約束は成立って、この秋か冬には其の大礼を挙げやうとして居るのも亦確かである」 ＊新世帯(1908)〈徳田秋声〉四「新吉は恁(か)うした大業な式を挙げる意(つもり)はなかった」 ④一つ一つとりたてる。また、特別のものとして示す。 ＊書紀(720)顕宗即位前(図書寮本訓)「然らば則ち弟(いろと)に非ずして、誰か能く大節(ことはり)を激揚(アケム)」 ＊平家(13C前)一・殿下乗合「大織冠・淡海公の御事は、あげて申すに及ばず」 ＊都鄙問答(1739)三・性理問答の段「一事を挙(アゲ)ていはば」 ＊近世紀聞(1875-81)〈染崎延房〉八・二「交際は信を失ふべからず条約は中変すべからず臣其概(むね)を挙(アゲ)て言はんに」 ⑤(実例、証拠などを)はっきり表面にあらわす。 ＊浄瑠璃・伽羅先代萩(1785)六「態(わざ)と悪事に一味して、まっかう手めを上げよふ為、鶴喜代君と千松を、入れ替子と言ふたも小巻」 ＊花間鶯(1887-88)〈末広鉄腸〉中・八「歴史上の事実を挙(ア)げ」 ＊行人(1912-13)〈夏目漱石〉兄・九「是から十年立つとまた其富が今の何十倍になるといふやうな統計を挙げて」 ＊浅草紅団(1929-30)〈川端康成〉六「さうだ、もう一つ例をあげてみよう」 ⑥(効果、実績などを)目立って現われるようにする。 ＊星座(1922)〈有島武郎〉「或る程度までの効果を挙げることが出来たのだ」 ＊竹沢先生と云ふ人(1924-25)〈長与善郎〉後・竹沢先生の家・五「それ迄の作とは較べものにならぬ優秀な傑作を作ったと云ふ結果を挙げる事が出来た」 ⑦ほめたたえる。称揚する。また、ある役目や仕事に適した人としてすすめる。推挙する。 ＊大唐西域記長寛元年点(1163)五「淑(よ)き匿(あ)しきを褒(アゲ)貶(くた)し」 ＊観智院本名義抄(1241)「称 アグ ホム」 ＊読本・雨月物語(1776)仏法僧「此玉河てふ川は国々にありて、いづれをよめる歌も其流のきよきを挙(アゲ)しなるを思へば」 ⑧大勢の人を集め動かして事を始める。 ＊平治(1220頃か)下・頼朝義兵を挙げらるる事「九郎御曹子は〈略〉、佐殿すでに義兵をあげ給ふときこえしかば、打立ち給ふに」 ＊葬列(1906)〈石川啄木〉「かの哀れなる亡国の民に愛国心を起さしめ、独立軍を挙げさせる」 ＊大塩平八郎(1914)〈森鷗外〉一「此体(このてい)では事を挙(ア)げられる日になっても所詮働く事は出来ぬから」 ⑨推挙する。 ＊黒い眼と茶色の目(1914)〈徳富蘆花〉四・三「如才のない稲川君と共に、敬二は幹事に挙(ア)げられた」 ㊄物事を終わりまでする。終わりにする。 ①しあげる。なしとげる。すませる。習い終える。 ＊大鏡(12C前)三・伊尹「したがさねのしりはさみて乗り給ひぬ。さばかりせばきつぼに折り回し、おもしろくあげ給へば」 ＊日葡辞書(1603-04)「フシンヲ aguru (アグル)〈訳〉工事を完成する、または、中止する」 ＊浮世草子・日本永代蔵(1688)四・五「借銭の済(すま)しやうは、もうけの有時、其半分のけおき、壱貫目の内へ百目づつにてもあぐれば十年には済事也」 ＊咄本・鯛の味噌津(1779)謡「人の十日であぐる謡を、百日もかかりて覚え」 ＊青電車(1950)〈永井龍男〉B「勤務を上げて翌晩八時頃帰ると」 ②ある費用ですませる。ある金額で片を付ける。 ＊滑稽本・浮世床(1813-23)初・中「壱分。ヱ。それで上(アゲ)るつもりかヱ」 ③遊興や投資に金を使い果たす。つぎこむ。入れあげる。 ＊浄瑠璃・心中二枚絵草紙(1706頃)中「新地ぐるいに身代あげ、方々の借銭」 ＊家族会議(1935)〈横光利一〉「彼は仁礼の売りにつき従って家の財産全部を上げ、自分も売りに出る方法以外には、も早、防戦の方法はないと考へた」 ④すべてを出す。全部を集める。 ＊雪中梅(1886)〈末広鉄腸〉上・二「一国を挙げて大結合を為し」 ＊多情多恨(1896)〈尾崎紅葉〉前・二「全力を挙げて其妻に惚れてゐるのだ」 ＊火の柱(1904)〈木下尚江〉一四「自分の財産を挙げて保証(うけにん)の義務を果たす」 ＊史記-刺客伝・摂政「韓挙ㇾ国而与㆓仲子㆒為ㇾ讎、豈不ㇾ殆哉」 ⑤(貴人の膳を)取り下げる。 ＊日葡辞書(1603-04)「ゼンヲ aguru (アグル)〈訳〉食卓を片づける」 ⑥城を攻める際などに、味方の兵が城際につめより、後に続く者がないような時、危険を考慮して呼び戻す。 ＊随筆・常山紀談(1739)四・摂津国花限城落つる事「唯今あげんとせば、彌(いよいよ)みだれあしになるべし」 ＊武家名目抄(19C中か)軍陣部一一・一・人数を上る「翁物語に云人数を上て来ると云は譬は城際なとに然と付て居る人数跡も不ㇾ続又は呼へとも不レ帰時某参て揚可レ参と云て連て帰るを上て来ると申す甲州には云也」 ⑦子を得る。生む。＊花間鶯(1887–88)〈末広鉄腸〉下・七「夫婦の間も睦まじく何時か妊身となり男の子を挙(ア)げしは十日程前にて」＊妾の半生涯(1904)〈福田英子〉五・六「幼友達の皆人に嫁して、子を挙ぐる頃となりても、妾のみは、未だ有るべきものをだに見ざるを知りて、母上はいよいよ安からず」 ⑧酒を熟成させる。＊玉塵抄(1563)三「酒はつくり入れて久うをいてあぐるがよいぞ」 ⑨（揚）熱い油で煮て、食べられるようにする。＊大草家料理書(16C中–後か)「南ばん焼は、油にてあぐる也」＊日葡辞書(1603–04)「アブラデ aguru（アグル）」＊俳諧・江戸十歌仙(1678)「帳面のしめを油にあげられて〈芭蕉〉 ながるる年は石川五右衛門〈春澄〉」＊和英語林集成(初版)(1867)「サカナヲ ageru（アゲル）」＊彼岸過迄(1912)〈夏目漱石〉停留所・三一「馬鈴薯(じゃがいも)や牛肉を揚(ア)げる油の臭が」 六敬意を払うべき人に物を渡す。また、そういう人のいる場所に行かせる。①神仏に供える。奉納する。＊栄花(1028–92頃)鶴の林「御忌の程、関白殿、日ごとに法華経一部、阿彌陀経数多、経一偈(げ)をあげさせ給て」＊歌舞伎・日本月蓋長者(1694)一「如来様へ常燈明を上(ア)げましたいと存じまする」＊滑稽本・浮世風呂(1809–13)二・上「お備(そねへ)や七色菓子を上(アゲ)るよりか、生(いき)て居る内に初松魚(はつがつう)で一盃飲せる方が、遙に功徳だと」 ②敬うべき人にさし出す。さし上げる。また、現代では対等、または目下の者に与える意の丁寧な言い方。＊謡曲・烏帽子折(1480頃)「急ぎ追っ付き申しこのおん腰の物を上げ申さうずるにて候ふ」＊日葡辞書(1603–04)「ゼンヲ aguru（アグル）〈訳〉貴人に対して食卓の用意をする、または食事を与える」＊浮世草子・日本永代蔵(1688)四・二「彼屏風貰(もらひ)かけしに子細もなくくれける。〈略〉上方にのぼり、手筋を頼み大名衆へあげて、大分の金子申請(うけ)て」＊滑稽本・東海道中膝栗毛(1802–09)三・下「『コレ菜は何をくはせる』『ハイ当所の名物薯蕷(じねんじょ)でもあげませう』」＊家(1910–11)〈島崎藤村〉下・三「お俊ちゃん達に進(ア)げる物がこの中に入って居る筈です」＊小さな貴婦人(1981)〈吉行理恵〉六「ベゴニアとアロエに水をあげすぎて根が腐ってしまったことも苛々した原因らしい」 ③上に差出す。返上する。＊六角氏式目(1567)二四条「年貢所当令二無沙汰一、下地可レ上之由申百姓前作職之事、一庄一郷申合、田畠可レ荒之造意、悪行之至、早可レ被レ加二御成敗一」＊岩倉共有文書–天正一七年(1589)一二月五日・近江岩蔵・長福寺・鯰江三所石工定文「末代石屋職をあけ可レ申候」 ④（返上する意から）ある場所に出入りすることや、ある資格をもつことを断わる。＊浮世草子・傾城禁短気(1711)三・四「さりとは見限り果てた法師が所為(しはざ)、明日から師匠あげてのける」＊歌舞伎・盲長屋梅加賀鳶(1886)五幕「誰いふとなくおれが仕業と、悪い噂が立ったので、屋敷をあげられ暇が出て」 ⑤言いかけられたなぞなぞの答えを言わないで相手にお返しする。なぞを言いかけたものに答えを言うよう求める。＊咄本・露休置土産(1707)一・六「或人、南無阿彌陀仏といふ謎をかけけれども、一座に解く人なければ『此謎はあげませう』といふ。『さらばとひて聞(きけ)ませう。貉(むじな)と解き申す』といへば」＊咄本・軽口片頬笑(1770)一・なぞのとき過「妹娘、『姉様、なぞかけませふ。嫁入した明(あけ)の朝なあに』姉は親のまへの気のどくさに顔を赤めて『あげませふ』といふ。妹『藍染のけさとく』といふに」 ⑥都へ向かって行かせる。のぼす。＊源氏(1001–14頃)玉鬘「とかくかまへて京にあげ奉りてんといふ」＊更級日記(1059頃)「京にとくあげ給て、物語のおほく候ふなる、あるかぎり見せ給へ」 ⑦屋敷などに奉公にやる。＊滑稽本・浮世風呂(1809–13)二・上「『踊(をどり)と申すものは、おちいさい内から御奉公ができてよろしうございますねへ。おいくつからお上(アゲ)なさいましたへ』『ハイ、六つの秋御奉公に上(アゲ)ました』」 ⑧他人の家を敬い、そこを訪問させる。参上させる。＊黄表紙・莫切自根金生木(1785)上「『きっとした証人があっては、御貸し申されませぬ』『ずいぶん申触らしまして、大ちゃくな借手をあげませふ』」＊吾輩は猫である(1905–06)〈夏目漱石〉二「甘木医学士を迎ひにやると〈略〉二時頃には御帰りになりますから、帰り次第すぐ上げますと云ふ返事である」 七補助動詞として用いる。①（動詞の連用形に付いて）その動作を完了する意を表わす。「染め上げる」「刷り上げる」＊古今六帖(976–987頃)二・田「わが門の早稲田もいまだ刈りあげぬにけさ吹く風に鴈は来にけり〈素性〉」＊万代(1248–49)秋・上「棚機(たなはた)の五百機(いほはた)立てて織りあぐるみけしの綾はけふやたちぬふ〈俊恵〉」＊妾の半生涯(1904)〈福田英子〉七・二「赤き筒袖の着物は単衣(ひとへもの)ならば三枚、袷ならば二枚、綿入ならば一枚半、又股引は四足縫ひ上ぐるを定めとし」 ②（「申す」「存ず」「頼む」「願う」などの動詞の連用形に付いて）その動作の対象を敬う気持を添える。＊虎明本狂言・筑紫奥(室町末–近世初)「身共は申あぐる事はならぬ程に、面々に申上い」＊歌舞伎・傾城壬生大念仏(1702)上「先私が御使に参りました。御前の首尾を頼上ます」 ③（動詞の連用形に、助詞「て(で)」の付いた形に添えて）その動作を他にしてやることの丁寧な表現。＊歌舞伎・傾城富士見る里(1701)一「私上手で御座る。取って上げませう」＊滑稽本・浮世床(1813–23)初・下「それは伯母孝行で善事(いいこと)さ。大事にしてあげなせへ」＊人情本・春色梅児誉美(1832–33)後・一〇齣「どこぞへ私(わちき)があづけられて、お金をこしらへてあげるヨ」＊吾輩は猫である(1905–06)〈夏目漱石〉七「番頭さんや、どうか湯加減をよく見て上げてな」 語誌 敬語動詞としての「あげる」は下位者から上位者への物の移動という意で用いられる謙譲表現であり、「ロドリゲス日本大文典」では「身分の低いものからシュジン、キニン等を始めとして天子に至るまで非常に貴い方に差上げるのに使はれる」とあり、当初は敬意の高い表現であった。近世以降次第に敬意が低くなり、近世後半には丁寧語と目される例も出現する。現代語においても、一九七〇年代前半では丁寧語としての用法は誤用としての意識が強く、女性特有の過剰敬語と考えられていたが、その後次第に男性も含めた若い層にも広く用いられるようになり、「やる」の丁寧語として定着するようになった（逆に「やる」は下卑た表現として意識されることも多い）。ただ、敬語動詞「あげる」の本質が謙譲語にあることだけは変わらず、両用法が並立している。→「あがる」の語誌。 方言 一 ❶呼ぶ。来させる。長野県更級郡038 ❷小作させてある土地を地主が取り戻す。神奈川県藤沢市319 ❸野菜や花などが時期を過ぎてしおれる。京都府竹野郡622 ❹柿の渋を抜く。徳島県809 ❺預ける。青森県南部068 ❻なぞかけ遊びで、解くことができず降参する。群馬県吾妻郡219 新潟県東蒲原郡368 長野県下伊那郡492 岐阜県飛騨502 ❼隠れんぼ遊びで鬼が降参する。岡山県小田郡767 二補助動詞として用いる。❶動詞についてその動作の終わったことを表わす。岩手県気仙郡102 山形県米沢149 ❷動詞に付いてその動作を極度に行なうことを表わす。山口県大島801 語源説 アはウヘ(上)ウハ(表)のウと同じくこれを動詞に活用した語〔日本語源＝賀茂百樹〕。 発音 アゲル〈標ア〉0〈京ア〉0 文『あぐ』アグ〈標ア〉0〈ア史〉平安●●○ 鎌倉・江戸『あぐる』●●●〈京ア〉0 辞書 字鏡・色葉・名義・和玉・文明・伊京・饅頭・黒本・易林・日葡・書言・〈ヘボン〉・言海 表記 扛(色・名・玉・伊・饅・黒・易・書) 挙(色・名・文・黒・易・書) 揚(色・名・玉・文・易・書) 颺(色・名・玉・易・書) 上(色・名・文・書・へ・言) 矯(色・名・文・易) 昂(色・易・書) 騰・称・掀(色・名・玉) 摽・擡・扢・躋・勝・登・翹・腕・升・舡・伉・提・醼・球・竦・發・抗(色・名) 搴・敫(名・玉) 騫・裒(色・玉) 槗・疾(色) 結・薦(名) 糾・掲(玉) 揔(字) 夆(饅) 昇(易) 煎(へ)

あぐる声（こえ） 世阿彌が説く謡曲の音階の名称。高音にあげて謡う部分。現在の謡曲の謡い方では上音(じょうおん)から謡い出して、クリの節にあがる、クリと呼ばれる小節に相当する。＊三道(1423)「其後、曲舞(くせまひ)などあらば、上声(あぐるこゑ)五句斗(ばかり)、指声(さしごゑ)五句斗、下げて云ひ納むるまで、五六句斗、曲舞十二三句斗歟(か)」

あげたり＝下(さ)**げたり**[＝**下**(お)**ろしたり**] ほめたりけなしたりすること。＊洒落本・美地の蛎殻(1779)「どふしておめへェ出るもんだと、大神楽の曲鞠を見るやうに、上けたり下けたりするからの」＊歌舞伎・助六廓夜桜(1779)「おきやァがれ。こいつは人を上げたり下(オロ)したり、鳶(とんび)だこのやうにしやァがるな」＊改正増補和英語林集成(1886)「Agetari-sagetari アゲタリサゲタリ」

あげつ下(お)**ろしつ** （「つ」は完了の助動詞）いろいろさまざまに手段を変えて。＊太平記(14C後)一三・北山殿謀叛事「文衡入道をば結城判官に預けられ夜昼三日まで、上(アゲ)つ下(ヲロシ)つ拷問(がうもん)せられけるに」＊義経記(室町中か)四・土佐坊義経の討手に上る事「『さもあるらん、召捕れ』とて、かの女を捕へ、あげつおろしつ拷問す」

あげて ⇩親見出し

あげました いただきました。頂戴いたしました。酒宴でのあいさつことば。＊歌舞伎・鳴神(日本古典全書所収)(1742か)「戴かう。(ト黒雲坊、一杯受け)上げました。よい酒でござる」

あげも＝下(お)**ろし**[＝**下**(さ)**げ**]**もならぬ** 上げることも下げることもできない。どうにもしようのないことのたとえ。＊歌舞伎・船打込橋間白浪(鋳掛松)(1866)序幕「ああ時の切羽とはいひながら、とんだ金を借り込んだので、上(ア)げも下(サ)げもならねえ始末」

あけ-る-め【明―目】〔連語〕（「あける」は、動詞「明く」の命令形に、助動詞「り」の付いたもの。「目」は、すきまの意）あいたすきま。すきま。多く下に「無し」を伴って、すきまもない、絶え間がない、などの意に用いる。＊続詞花(1165頃)雑・中「松の戸をさしてかへりし夕よりあけるめもなく物をこそ思へ〈登蓮〉」＊有明の別(12C後)二「ありしよりけなる物思ひそひてあけるめなき御涙なれど」

あげ-れい【揚礼】〔名〕茶の湯の七事式の廻り花や廻り炭のとき、前客の活けた花や、継いだ炭をあげて取り除く際にする礼。

あけれ-ば【明―】〔副〕「あくれば(明)」に同じ。＊門三味線(1895)〈斎藤緑雨〉二「おふたりながら、明(ア)ければ揃って十四の嬢様娘様、いつまでか飾るねさまの気で犬一疋恐いやうでは」 発音〈標ア〉レケ

あげ-ろ【上路】〔名〕①鉄道線路の沈下を水平に直す作業。②交差点付近の鉄道線路の一方を上げて立体交差にしたもの。

あげろ-の-やま【上路山】 新潟県の南端、青海(おうみ)町の南にある山。古来、難所として知られる。山越しに青海に出る道を上路越といった。西側の海辺に親不知(おやしらず)がある。＊謡曲・山姥(1430頃)「彌陀来迎の直路なれば、上路の山とやらんに参り候ふべし」 発音 アゲロノヤマ〈標ア〉マ

あげ-わく【揚枠】〔名〕糸を巻き取るのに用いる通常六角形の木製枠。＊少年行(1907)〈中村星湖〉一〇「そして撚のかかった糸は揚枠(アゲワク)へあがるやうな具合になって居て、揚枠を外して」

あげ-わた【揚綿】〔名〕絹糸紡績工程のうち梳綿(そめん)工程から得られる綿状の繊維をいう。これから絹紡糸をつくる。 発音 アゲワタ〈標ア〉0

あけ-わたし【明渡】『名』（動詞「あけわたす」の連用形の名詞化）①土地、家屋、城などを明け渡すこと。＊洒落本・新吾左出放題盲牛（1781）侠八嚙臍「名高へといっちゃア、日蓮の正筆か、正宗の刀か、回向院の明渡（アケワタ）しか、高田の新富士だぞ」＊夜明け前（1932-35）〈島崎藤村〉第二部・上・四・五「江戸城明渡しの大詰も近づきつつあったのだ」②土地、家屋または船舶などの占有者が、その占有をやめて、他人に引き渡すこと。発音〈標ア〉0〈京ア〉0

あけわたし-せいきゅう【明渡請求（セイキウ）】 発音 『名』土地、家屋などの明け渡しを求めること。アケワタシセイキュー〈標ア〉セ

あけ-わた・す【明渡】『他サ五（四）』土地、家屋、城、船舶などから立ちのいて、他人に渡す。＊甲陽軍鑑（17C初）品五一「小笠原は、富士のしもかたにをひて、壱万貫の所領御約束にて、高天神城をあけ渡す」＊浄瑠璃・嫗山姥（1712頃）一「ひそかに此屋を立出宿はづれに一宿せん、汝残ってをんびんに明わたすべし」＊浄瑠璃・仮名手本忠臣蔵（1748）四「判官がくたばるからは、早々屋敷を明け渡せ」＊近世紀聞（1875-81）〈染崎延房〉九・一「城は其筋へ明渡（アケワタ）す事になりしかば」発音〈標ア〉タ〈京ア〉0

あげ-わた・す【上渡】『他サ四』①蔀（しとみ）などのひと続きを上げる。一帯の格子を上げる。＊大和（947-957頃）二条家本附載「清げなる蔀（しとみ）どもあげわたして、女どもあまたをり」＊源氏（1001-14頃）夕顔「上（かみ）は、半蔀（はじとみ）四五間許りあげわたして」＊大鏡（12C前）四・兼家「月みるとてあげたる格子おろすは、なにもののするぞ。いと便（びん）なし。もとのやうに、あげわたせ」②地方から都へ送りとどける。京へのぼし移す。＊源氏（1001-14頃）松風「さるべきものは、あげわたさむ。修理（すり）などして、かたのごと、人住みぬべくは、つくろひなされなむや」

あけ-わた・る【明渡】『自ラ五（四）』①夜がすっかり明けて一面に明るくなる。また、霧、雲などが晴れて明るくなる。明け離れる。＊千載（1187）夏・一九七「ともしするほぐしの松も消えなくにとやまの雲のあけわたるらん〈源行宗〉」＊風雅（1346-49頃）雑中・一七二四「明渡るをじまの松の木の間より雲にはなるるあまの釣舟〈藤原家隆〉」②戸、障子などがすっかり開く。全開する。＊浄瑠璃・平家女護島（1719）三「御簾も障子も明渡り」発音〈標ア〉タ〈京ア〉0 辞書日葡・言海 表記明渡（言）

あげわ-むすび【揚輪結】『名』ひもの結び方の一つ。大きな輪をつくって結ぶこと。また、その結び目。

揚輪結び

あけん『副』方言❶茫然（ぼうぜん）としているさま。ぼんやり。青森県三戸郡083 岩手県気仙郡100 宮城県石巻120 ◇あけっ 鹿児島県鹿児島郡968 ◇あけんとけん 佐賀県佐賀郡038 長崎県壱岐島914 ◇あきんとけん 長崎県壱岐島914 ❷待ち遠しいさま。◇あけんとけん 福岡市877

アゲンスト『名』（英 against「…に対して」「…に逆らって」の意から）ゴルフなどで、向かい風であること。

あけんとけん『副』方言 ⇩あけん

あけ-ん-とし【明―年】『連語』（「ん」は推量の助動詞）翌年。あくる年。＊宇津保（970-999頃）嵯峨院「御年のたり給ふに、あけんとし六十になり給ふ年なるを、つかうまつらんとおぼす」＊増鏡（1368-76頃）八・あすか川「あけむとし、一院、五十（いそぢ）に満たせ給ふべければ」

あ-こ【下火】『名』（「下火」の唐音）禅宗で火葬の時、松火（たいまつ）で棺に火をつけながら引導をわたす儀式。後には松火に火をつけないで、偈（げ）を唱えて、点火のしぐさをするだけになった。＊空華日用工夫略集‐応安四年（1371）九月二日「請瑞泉師兄応曇芳下火」＊太平記（14C後）三三・将軍御逝去事「下火（アコ）は、等持院の東陵和尚にてぞおばしける」＊元和本下学集（1617）「下火 アコ 二字共唐音也 禅家葬礼之法事也 火字或作炬字」＊浮世草子・花の名残（1684）五「翠黛紅顔一時に白骨となりぬ。和尚下火（アコ）をとなへて、引導の咒を賦せられけり」＊俳諧・広原海（1703）一二「下火の内泪を干すも死の名残り」＊禅林象器箋（1741）喪薦「旧説曰、秉炬与二下火一同。然因師集賢録、分為二。或曰、秉炬語長、下火語短」発音〈標ア〉ア 辞書下学・文明・伊京・明応・天正・饅頭・黒本・易林・日葡・書言・言海 表記下火（下・文・伊・明・天・饅・黒・易・書・言）下炬（下・文・伊・天・黒・易）

あ-こ【吾子】 ⇩あご（吾子）

あ-こ【赤魚】『名』「あこう（赤魚）」の変化した語。＊御湯殿上日記（1528）大永八年七月六日「すけ殿よりあこ一ふたまいる」＊和漢三才図会（1712）四九「緋魚俗云阿加乎又略阿古」方言魚。❶きじはた（雉羽太）。福岡県016 大阪府016 広島県尾道016 香川県829 愛媛県宇和島016 ❷もうお（藻魚）。摂津†005

あ-こ【彼処】『代名』他称。話し手、聞き手両者から離れた場所を指し示す。あそこ。＊物類称呼（1775）五「あそこここといふを〈略〉京にてあこと云」＊滑稽本・東海道中膝栗毛（1802-09）五・追加「おまいのいく所は慥（たしか）に内宮の山荘（さんしょう）大夫どのじゃわいの。さっきの手代があこのぢゃほどに、是から妙見町をすぐに古市のさきへいて尋ねさんせ」方言北海道松前038 青森県071 秋田県130 山形県庄内139 新潟県374 富山県砺波398 石川県404 山梨県461 岐阜県大野郡502 滋賀県高島郡038 京都府葛野郡631 大阪市637 兵庫県淡路島054 多紀郡667 奈良県683 和歌山県伊都郡054 広島県比婆郡038 山口県792 愛媛県840 高知県867 ◇あこなく 高知市867 ◇あこなか 三重県度会郡599 ◇あすくなあて 埼玉県北葛飾郡258

あ-こ【阿姑】『名』（「阿」は、親しみを表わす接頭語）嫁が姑（夫の母）をいう語。しゅうとめ。

あ-こ【阿家】『名』（「阿」は、親しみを表わす接頭語）「あこ（阿姑）」に同じ。＊随筆・秉燭譚（1729）五「姑公と云は即阿家阿翁なり。主婦主人をいふ。公姑と云はずして、姑公と云は韻に便するなり」＊宋書‐范曄伝「君不レ為二百歳阿家一、不レ感二天子之恩遇一、身死固不レ足レ塞レ罪、奈何枉二殺子孫一」

あ-こ【網子】『名』方言 ⇩あみこ（網子）

あこ『名』牛の雄。牡牛（おうし）。＊物類称呼（1775）二「牛 うし 牡牛（をうし）を〈略〉遠江国にては、あこと云」

あ-こ『名』卑しい宮仕えの女房。

アコ『名』「アコーディオン」の略。＊夢声戦争日記〈徳川夢声〉昭和一八年（1943）三月一一日「その後が三人連れの音楽万歳、ーヴァイオリン、ギター、アコ」発音〈標ア〉ア

あご【距】『名』（「あごえ」の変化した語）鶏または雉（きじ）の蹴爪（けづめ）。＊玉塵抄（1563）一八「雞あわせをするに、はねによろいをしてきせ、あこにかねをしてきせたことなり〈略〉けやうときにあごが羽にあたりて羽がそこぬるぞ」＊日葡辞書（1603-04）「Ago（アゴ）。すなわち ケヅメ〈訳〉鶏または雉子の蹴爪」辞書和玉・易林・日葡 表記距（易）鮔（玉）

あご を さす 蹴爪（けづめ）を差し込む。蹴爪で傷つける。また、相手に反対する、争う〔日葡辞書（1603-04）〕。

あご【顎・腭・頤】『名』①人をはじめとする脊椎（せきつい）動物の口を構成する顎骨（がっこつ）を中心とする部分。また、無脊椎動物の一部の群の口部にある特別の構造物をいう。軟体動物頭足類では、鳥のくちばし状をした角質の「からすとんび」、ウニ類では「アリストテレスの提灯（ちょうちん）」といわれる。主に五個の顎歯からなる。また、顎をもたないものも多い。㋑上あごと下あご。あぎ。あぎと。＊三河物語（1626頃）一「彌三郎は、うはをびを、甜（をとがい）寄頂（かしら）ゑ懸け、からげてふせば、明ければ、アゴがするがると云」＊和漢三才図会（1712）一二「齶（アゴ） 和名阿岐 俗云阿吾 按齶歯内上下肉也」㋺下あご。特に、その外面をいう。おとがい。きぼね。＊和英語林集成（初版）（1867）「Ago（アゴ）ガ ハズレル」＊小学読本（1873）〈田中義廉〉一「此人は、円き顔にして、肥えたる腮なり、又長き髪あり」㋩魚のえら。＊色葉字類抄（1177-81）「鰓 蘇来反、魚頬 アゴ 又 アギト」②（あごが食物をかみくだく役目を持つところから）㋑食事。食料。のち、盗人仲間の隠語。＊雑俳・柳多留‐一〇（1775）「あごの無い寄合不参だらけなり」＊雑俳・柳多留‐一一（1776）「あごなしに四百なげ出すけちな事」＊人情本・貞操婦女八賢誌（1834-48頃）五・四五回「酒価（さかて）位で取られちゃア、這方（こっち）の腮（アゴ）が養はれぬ、此相談はまア止めさ」＊艦底（1912）〈荒畑寒村〉一「賭博ァ流行（はや）るネ。何しろ工賃は二倍でよ、腭（アゴ）は向ふ任せでよ、小遣ひだけ残して置いて、後はみんな家へ送って」㋺飲食の費用。食費。また、食費その他の雑費。江戸深川の岡場所などで用いられた語。＊洒落本・古契三娼（1787）「地めへの子どもは、十二もんめのうちを、茶屋へ六もんめとられて、子ども屋へ腮（アゴ）を〈あごとはざう用の事なり〉三百二十四文とられやす」＊洒落本・部屋三味線（1789-1801頃）「玉を落したり腮（アゴ）をひかれたりしてみねへ、勘定迫に商内を仕詰にやァいかねへわな」㋩食い扶持。または広く扶持。＊雑俳・柳多留‐二〇（1785）「五人のあごをおめかけはねだるなり」＊雑俳・柳多留‐五〇（1811）「弁慶もあごに有りつく橋の上」㋥宿泊費。芝居者の通言として用いられた語。＊南水漫遊拾遺（1820頃）四「アゴ、はたご」③（物を言う時、あごを動かすところから）おしゃべり。物の言いぶり。いいぐさ。＊滑稽本・東海道中膝栗毛（1802-09）五・追加「『たはごとぬかすとひっぱたくぞ』『ゑらいあごぢゃな』」＊改正増補和英語林集成（1886）「アマリ ago（アゴ）ヲ タタクナ」④（そのあごを魚屋または客商売の家の料理場の軒に吊り下げてあるところから）魚「あんこう（鮟鱇）」の異名。＊雑俳・柳多留‐一二（1777）「あご斗（ばかり）軒に残ると人は散り」＊雑俳・柳多留‐一六〇（1838-40）「居酒屋は腮を釣（つる）すを見得にする」⑤「あぐ（鐖）」に同じ。＊改正増補和英語林集成（1886）「ツリバリノ ago（アゴ）」⑥（「あごがひあがる」意から）盗み、すりなどの仕事がないことをいう、盗人仲間の隠語。〔日本隠語集（1892）〕語誌（1）人の顎をいうアゴは近世前期一七世紀ごろから文献に現われるが、それより少し前に成立した「かた言‐四」にはアゲが見える。古代から存在したアギからアゲが生じ、さらにこの時期にアゴに変化したものであろう。中世には、魚のえらを指すアゴ（本項①㋩）があり、さらに中世末には鳥の蹴爪を表わすアゴエがアゴ（距）に変化していた。ことに後者は「あごをさす」（蹴爪を打ち込む、比喩的には他人の言うことに口をはさむの意）という顎を連想させる言い方が生まれていた。したがって、このようなアゴからの連想が顎のアゴを成立させる一因となった可能性が考えられる。→あぎ・あご（距）。（2）身体語彙としてのアゴは、上顎と下顎を合わせた顎全体を指す場合、下顎のみを指す場合、下顎でも特に外部から見たときの前方部分を指す場合があるが、上の顎のみを指す場合は特に複合語ウワアゴのかたちが使われる。類義語のオトガイは古語的で、主に外部から見たときの人間の下顎を表わす。方言❶歯ぐき。長野県諏訪468 ❷話のうまい人。◇あごきき 富山県婦負郡396 ❸饒舌家（じょうぜつか）。おしゃべり。◇あごいんとも。熊本県919 ◇あごかにゃあ 熊本県阿蘇郡919 ◇あごきき 熊本県菊池郡・阿蘇郡919 ◇あごさん 熊本県鹿本郡919 ◇あご

だゆう〔―太夫〕 熊本県菊池郡919 ◇**あごはじけ** 熊本県阿蘇郡919 ◇**あごはち** 熊本県鹿本郡919 ◇**あごんおおかつ** 熊本県鹿本郡・下益城郡919 ❹魚のえら。熊本県阿蘇郡919 ❺下駄の前部裏側の所。長野県諏訪481 上伊那郡488 ❻釣り針の先の逆のひっかかり。もどり。静岡県安倍郡054 ❼段々畑の土砂のくずれないようにとめてある所。愛媛県840 語源説 (1)アギの転〔大言海〕。(2)アギトの反〔俚言集覧・言元梯〕。(3)アトアギト（後齶）の義〔日本語原学＝林甕臣〕。(4)「下頬」の別音 A-koで、頬は頤と同義〔日本語原考＝与謝野寛〕。 発音 アゴ〈なまり〉アギ〔長崎・壱岐・島原方言〕アーギ・アンギー〔鹿児島方言〕アギタ〔埼玉方言〕アク・アグウ〔岩手〕アグ〔岩手・福島・栃木・埼玉・埼玉方言・八丈島・静岡〕アグ〔岩手・仙台方言・仙台音韻〕アコ〔静岡〕アゴギ〔秋田〕アゴタ〔石川・鳥取・福岡〕アンコ〔千葉〕アンゴ〔千葉・新潟頸城・志摩〕アンゴタ〔山梨〕 〈標ア〉ゴ 〈京ア〉ゴ 辞書 色葉・ヘボン・言海 表記 鰓（色） 顋（ヘ） 腭（言）

あごが落（お）ちる ①大笑いすることをいう。＊人情本・清談松の調（1840–41）二・一一回「可笑しいので顎（アゴ）が落（オ）ちさうだ」 ②非常に味がよいことのたとえにいう。おとがいが落ちる。 方言 ❶大笑いすることにいう。尾張宮†111 ❷たいそう味がよいことのたとえにいう。 ◇**あごおちる** 和歌山市691 ◇**あげとがおちる** 香川県829

あごが食（く）い違（ちが）う 期待したことと逆の結果にあう。あてがはずれる。案に相違する。あごを食い違える。＊浄瑠璃・今川本領猫魔館（1740）一「此上にも理屈あらば承らんと遣込られ、頤（アゴ）喰違（クヒチガ）ふ弾正定広」＊洒落本・角雞卵（1784か）居続の契約「じょうろの云ふ事を当てにしていると、いつでも腮（あご）がくひちがふよ」

あごが過（す）ぎる 言い過ぎる。口が過ぎる。＊咄本・聞上手（1773）幽霊「ヤイふんばりめ、うぬ、あごがすぎると、たたっころしてしまふぞ」

あごが外（はず）れる 大いに笑うことをたとえていう。＊落語・牛の嫁入り（1890）〈三代目三遊亭円遊〉「小さんは忌（いや）だヨ。余り可笑くって腮（アゴ）が脱（ハヅ）れる事が有るんだものを」＊われから（1896）〈樋口一葉〉一〇「人の腮（アゴ）のはづるる可笑（をか）しさとて笑ひ転（こ）ける様な埒（らち）のなきさへ」 方言 ❶たいそう味がよいことのたとえにいう。 ◇**あげとがはずれる**とも。 香川県829 ❷当てが外れる。香川県仲多度郡829

あごが干上（ひあ）がる 生計の道を失って食えなくなる。生活に困る。おとがいの先が枯れる。＊歌舞伎・袖薄播州廻（1779）五つ目「ハテ、早合点な。其やうに心安く覚えては、師匠の頤が干上（ヒア）がるわい」＊春泥（1928）〈久保田万太郎〉七「といってるうちに頤（アゴ）の干上るのを知らねえな」

あごから先（さき）に生（う）まれる 口達者によくしゃべることをたとえていう。あごたから生まれる。口から先に生まれる。＊歌舞伎・袖薄播州廻（1779）五つ目「頤から先へ生れた野郎めだわい」

あご高（たか）い 口が達者であるさま、雄弁なさまをいう、てきや、盗人仲間の隠語。〔特殊語百科辞典（1931）〕

あごで＝言（い）う［＝教（おし）える］ 高慢な態度で指図する。あごで使う。＊俳諧・御桜（1797）下「棒突が腮でおしゆる桜哉」＊雑俳・柳多留拾遺（1801）巻一六「たれながらそけへよりなとあごで云ひ」＊読本・椿説弓張月（1807–11）拾遺・四九回「したり皃（がほ）に、顋（アゴ）もていふも傍痛（かたはらいた）く」

あごで転（ころ）がす 口の中でもぐもぐとさせて声を出す。＊滑稽本・浮世風呂（1809–13）前・上「ほほほんと腮（アゴ）でころがし」

あご＝で［＝を］しゃくる 相手を見下した態度で、または、親愛の気持で、人や物事を指し示す。＊滑稽本・浮世床（1813–23）初・上「『ソレ。えてよ。此中（こんぢう）附（つけ）をよこした女（あま）よ』トあごでしゃくって方角をおしへる」＊人情本・春色辰巳園（1833–35）六・一〇回・上「三孝（さんかう）の方を見やり、あごでしゃくり『ヲヤ其方（そっち）はおやしきに色でも出来たか』」＊半日（1909）〈森鷗外〉「博士は玉ちゃんを見て、笑って頤（アゴ）をしゃくると、玉ちゃんはお母ちゃんの背中を廻って来て、博士に抱かれた」

あごで背中（せなか）搔（か）くよう 不可能なことにいう。＊俳諧・不猫蛇（1725）「牛刀の語にて、孔子の戯にあそぶとは、腮にて背中かくやうなる事を申。凶がる生き者也」

あご＝で［＝の先（さき）で］使（つか）う 高慢な態度で人を使う。人を見さげて使う。あごで言う。おとがいで人を使う。＊父親（1920）〈里見弴〉「三助を、己（おの）が下男かなぞのやうに顎で使ったりしてゐるのに」＊夜明け前（1932–35）〈島崎藤村〉第二部・下・一二・二「腮（アゴ）で使はれる器械のやうな生活に屈伏して来たほどのものは」

あごで蠅（はえ）を追（お）う 手で蠅を追うこともできないほど、力のおとろえたようす。とくに、腎虚（じんきょ）で精力消耗した者にいう。おとがいで蠅を追う。＊雑俳・柳多留‐一四（1779）「あごで蠅追ふやうな馬常世持」＊歌舞伎・御国入曾我中村（1825）三幕「あまり聟を可愛がり過ぎて、腮（アゴ）で蠅（ハヘ）を追（オ）はせぬやうになされかし」＊人情本・春色辰巳園（1833–35）四・七条「女みゃうりにつきずとも、あごで蠅（ハイ）をおはざるやうに御用心御用心」

あごの掛金（かけがね）＝が外（はず）れる［＝を外（はず）す］ 大笑いまたは大あくびなど、口を大きくあけた様子をいう。＊洒落本・仲街艶談（1799）「ざしきのしゃれにはあごのかけがねもはづし」＊滑稽本・東海道中膝栗毛（1802–09）初「春の日の長欠（ながあく）びに、頤（アゴ）の掛金（カケガネ）もはづるる斗り、目をすりながら」＊社会百面相（1902）〈内田魯庵〉天下太平なる哉「笑止（をか）しくば頤（アゴ）の懸金（カケガネ）を外すも又妙ならずや」

あごの雫（しずく） 「あぎと（腭門）の滴（したた）り」に同じ。

あごの下（した） ①頤（おとがい）の下の、ふくれた所。＊箋注和名抄（1827）二「胡 釈名云、咽下垂曰胡、〈略〉山田本有和名二字、今俗呼阿呉乃之多」 ②俗に口をさし、生活の糧をいう。＊人情本・貞操婦女八賢誌（1834–48頃）五・五一回「恬（か）くまで間（ひま）を費しては、田の水のみか女房子の、腮（アゴ）の下（シタ）まで干上らん」

あご振（ふ）り三年（さんねん） 尺八を習得する場合、顎を振ることだけで三年もかかるほど困難なこと。転じて、何事も身につくようになるまで習うには年月を要することにもいう。首振り三年。

あごを食（く）い違（ちが）える あてがはずれるようにしむける。また、あてがはずれる。予期に反する。あごが食い違う。＊浄瑠璃・文武五人男（1694）二「この公平が来たからはちっとあごをくいちがへん」＊浄瑠璃・壇浦兜軍記（1732）二「身不肖の侍と侮って顎（アゴ）くひ違へ、後悔ばしせらるるな」

あごを出（だ）す （長い間歩いて疲れると、腰がひけて顎が出る格好になるところから）弱り果てる。疲れ切る。転じて、自分の手に負えないで困る。＊雑俳・柳多留‐初（1765）「猿廻し内へ戻てあごを出し」＊裸女のいる隊列（1954）〈田村泰次郎〉「行軍の際に、ちょっとでも、あごをだせば、隊長みずから鞭をふるって」

あごを叩（たた）く 言う、話すをののしっていう。あごたを叩く。あごたぼねを叩く。頤（おとがい）を叩く。＊滑稽本・東海道中膝栗毛（1802–09）六・下「頤（アゴ）たたかすな、しょびきおろせ」 方言 ❶言う。話すの意をののしっていう。よけいなことをしゃべる。憎らしいことを言う。熊本県八代郡921 大分県北海部郡938 ◇**あごたたく** 新潟県西頸城郡385 富山県砺波398 愛知県知多郡570 熊本県923 926 931 ◇**あんごたたく** 京都府620 ◇**あんごをたたく** 京都府629 ◇**あごとおたたく** 福岡県粕屋郡872 福岡市877 ◇**あぎたたたく** 長崎県対馬913 ❷小言を言う。 ◇**あごたたく** 石川県鹿島郡411

あごを吊（つ）るす 生活の道を失う。貧しくて食べていけなくなる。あごが干上がる。＊洒落本・白狐通（1800）粉頭「何ぞといやァがったら思入れふてて腮（アゴ）をつるさせてみせうと思ったら」＊歌舞伎・東海道四谷怪談（1825）四幕「馬鹿な事を云ふぞ。鰻掻きが殺生（せっしょう）をやめては、腮（アゴ）をつるしてゐなけりゃァならない」＊西洋道中膝栗毛（1870–76）〈仮名垣魯文〉初・下「それもかかア達に腮（アゴ）をつるさした報ひかネ」 方言 ❶貧乏する。生活の道を失う。 山形県東置賜郡139 ◇**あごをつる** 島根県725 ❷待ちぼうけを食う。 ◇**あごをつる** 島根県益田市・美濃郡725

あごを撫（な）でる 得意な様子を表わす動作にいう。

あごを外（はず）す 大笑いする。あごがはずれる。おとがいを解く。＊当世書生気質（1885–86）〈坪内逍遙〉二「つまらぬ前座の落語をさへ、頤（アゴ）をはづして聴く方ゆゑ」

あごを養（やしな）う 食っていく。生活していく。

あ‐ご【安居】〔名〕「あんご（安居）」に同じ。

あ‐ご【吾子】（後世「あこ」とも）㊀〔名〕自分の子をしたしんでいう語。わが子。＊続日本紀‐天平宝字三年（759）六月一六日・宣命「太政（おほきまつりごと）の始めは、人の心未だ定まらずありしかば、吾子（あご）として皇太子（ひつぎのみこ）と定めて」＊万葉（8C後）一三・三二九五「夏草を 腰になづみ いかなるや 人の子故そ 通はすも吾子（あご）〈作者未詳〉」＊宇津保（970–999頃）俊蔭「この子三つになる年の夏ごろより親の乳（ち）のまず。母あやしがりて『など、あこはこの頃乳はのまぬ』といへば」＊火の島（1939）〈中村草田男〉「万緑の中や吾子の歯生え初むる」 ㊁〔代名〕①対称。下位者に親愛の意を表わす。＊書紀（720）神武即位前・歌謡「阿誤（アゴ）よ 阿誤（アゴ）よ 細螺（しただみ）の い這ひ廻（もとほ）り 撃ちてし止まむ」＊落窪（10C後）一「人なくては大事なり。よきあこたちのつかひ人と見置きたりつる物を」＊源氏（1001–14頃）空蟬「あこはらうたけれど、つらきゆかりにこそえ思ひはつまじけれ」 ②（「あこ」と清音）自称。中世から近世にかけて幼児が用いた。＊天正本節用集（1590）「児 アコ、小児之自称也」＊咄本・昨日は今日の物語（1614–24頃）下「ちごの曰く『そなたの何と御にらみ候ても、あこが心には吉光の脇差よりもたのもしひ』」＊咄本・醒睡笑（1628）六「児聞いて、『あこはそれなら食はう。くうひだるさ忘れう』と」 語誌 古くは「あご」で、のち「あこ」と清音に変わったと思われる。また、「阿古」という男子の名が、「大鏡」や「古今著聞集」などに見られる。 方言 ㊀〔名〕❶赤ん坊。◇**あこ** 和歌山県日高郡698 鳥取県西伯郡718 島根県725 岡山県真庭郡747 ◇**あこさん** 和歌山県690 島根県725 ◇**あこち** 兵庫県明石郡061 ❷小さい子供。◇**あこ** 土佐†025 ❸人形。◇**あこさん・あこちゃん** 島根県725 ㊁〔代名〕❶対称。おまえ。主に目下の者に対して言う。◇**あこ** 徳島県海部郡811 高知県安芸郡864 鹿児島県甑島038 ◇**あっこ** 鹿児島県961 ◇**あっか** 鹿児島県肝属郡054 ❷自称。私。◇**あこ** 和歌山県海草郡690 語源説 (1)ワゴ（稚子）の義〔俚言集覧〕。(2)アカゴのカゴの反コにアのついた語〔名語記〕。

(3)家子の略語か〔類聚名物考〕。(4)チゴ(稚子)から〔大言海〕。 発音アゴ〈標ア〉ア〈ア史〉平安○●〈京ア〉ア 辞書文明・天正 表記児(文・天)

あご【英虞】 三重県東部、志摩半島の南部にあった郡。明治二九年(一八九六)答志郡と合併して志摩郡となる。＊二十巻本和名抄(934頃)五「志摩国〈略〉英虞〈阿呉〉」 辞書和名・色葉・文明・易林 表記英虞(和・色・文・易)

あ-ご【網子】〘名〙(「あ」は、網の意)①網引きの共同作業に従事する者。地引き網を引く人。あみこ。あんご。＊万葉(8C後)三・二三八「大宮の内まで聞ゆ網引すと網子(あご)調ふる海人の呼び声〈長奥麻呂〉」＊謡曲・芦刈(1430頃)「あれご覧ぜよ、御津の浜に網子調ふる網舟の、えいやえいやと寄せ来るぞや」＊読本・雨月物語(1776)蛇性の婬「『おのれは網子(アゴ)どもの怠らん』と云ひ捨てて出でぬ」②漁師。＊日葡辞書(1603－04)「Ago (アゴ)〈訳〉漁師」 方言網漁の際、網を引く者。北海道065 東京都新島322 語源説アミコ(網子)の義〔和訓栞・大言海〕。 辞書日葡・書言

あ-ご【網具】〘名〙魚網の道具。＊浄瑠璃・松風村雨束帯鑑(1707頃)一「釣ざほかたげ下部共網具(アゴ)取持せ来たり」

あご〘名〙魚「とびうお(飛魚)」の異名。＊言経卿記-文禄二年(1593)六月二六日「奥屋衆あご十連持来了」＊日葡辞書(1603－04)「Ago (アゴ)〈訳〉魚の一種」＊物類称呼(1775)二「文鰩魚 とびうを、中国及九国(しう)にて、あごといふ」＊重訂本草綱目啓蒙(1847)四〇・魚「文鰩魚 とびを〈和名鈔〉とびうを あご 筑前」＊母なるもの(1969)〈遠藤周作〉「このあたりでは飛魚を干したアゴという干物が名物だそうである」 方言❶魚、とびうお(飛魚)。長門†122 周防†122 久留米†127 薩摩†019 新潟県020 石川県016 福井県丹生郡・南条郡016 滋賀県蒲生郡062 京都府北部624 兵庫県016 062 和歌山県西牟婁郡694 鳥取県062 島根県709 山口県016 阿武郡797 香川県丸亀829 高知県865 福岡県016 883 長崎県917 熊本県天草郡936 鹿児島県薩摩062 ❷魚、あんこう(鮟鱇)。◇あごうお〔―魚〕とも。和歌山県西牟婁郡690 ❸舌。静岡県520 ❹穴。香川県829 ❺畑の、種をまくため、あるいは施肥のための溝。香川県827 高知県860 ❻糞(ふん)。大便。福岡県伊達郡162 ❼都合。具合。富山県062 390 ❽近回り。高知県860 ❾歩幅。山形県139 ◇あえご 山形県西村山郡139 ❿友人。沖縄県宮古島054 ⓫同伴者。連れ。伴侶(はんりょ)。仲間。◇あう 沖縄県石垣島975 996 ⓬植物、のえんどう(野豌豆)。伊予†028 語源説アカヲ(赤魚)の約〔物類称呼・大言海〕。 辞書日葡

あご を ひく 方言歩を進める。歩く。茨城県稲敷郡193

あごあし-つき【顎足付】〘名〙(「あご」は、口の意。転じて、食事をいう。「あし」は、足代(あしだい)の略)旅行に要する宿泊費、食費、交通費が先方持ちであること。もと、寄席芸人の隠語。

あご-あて【顎当】〘名〙顎をあてがって楽器を安定させるために、バイオリンやビオラ等の胴体につける半円形の器具。

あこう【明】〘副〙(形容詞「あかし」の連用形「あかく」が変化した語)日の明るいうちに。日中に。＊平家(13C前)三・少将都帰「三月十六日、少将鳥羽へあかうぞ付き給ふ」 辞書日葡

あ-こう【亜綱】〘名〙生物の分類学上、必要に応じて綱の下に設けられる分類単位。＊生物学語彙(1884)〈岩川友太郎〉「Subclass 小綱、亜綱」

あ-こう【亜膠】〘名〙ゼラチンのこと。

あこう【赤魚】〘名〙「あこうだい(赤魚鯛)」に同じ。＊和漢三才図会(1712)四九「緋魚(アカヲ) 赤魚 俗云阿加乎又略阿古」＊書言字考節用集(1717)五「緋魚 アカウ」 方言魚。❶あかはた(赤羽太)。高知県須崎865 ❷のみのくち(蚤口)。備前†030 伊予†030 兵庫県赤穂郡015 和歌山県西牟婁郡694 高知市865 ❸きじはた(雉羽太)。和歌山県694 香川県829 ◇あっこ 香川県伊吹島829 ◇あこます 愛媛県宇和島016 ❹あおはた(青羽太)。◇あっこ 兵庫県淡路島015 発音アコー〈標ア〉０ ア 辞書書言・言海 表記緋魚(書) 赤魚(言)

あこう【赤穂】 ㊀兵庫県南西端の地名。江戸時代初めに、姫路の池田輝政の子が独立して一藩をおこす。浅野長直(ながなお)入城後五万三千石の城下町として発展。孫、長矩(ながのり)のとき刃傷(にんじょう)によって浅野家は改易となり、のち永井氏、森氏と続いた。赤穂義士、製塩の町で知られた。播磨工業地域の一部。昭和二六年(一九五一)市制。＊俳諧・正風彦根躰(1712)第一「名月や赤穂(アコ)の汐くみいとまなみ〈菊阿〉」 ㊁兵庫県の南西端の郡。千種(ちくさ)川の下流域にある。＊二十巻本和名抄(934頃)五「播磨国〈略〉赤穂〈阿加保〉」 発音アコー〈標ア〉ア〈京ア〉コ 辞書和名・文明・易林 表記赤穂(和・文・易)

あこう【阿古】 鼓胴作りの名工。初世阿古は東山時代(室町中期、将軍義政のころ)の人。

あこう の 胴(どう) 阿古の作った鼓の胴。＊浄瑠璃・雪女五枚羽子板(1708)中「殿ハナ、小鼓のヤ、得て物、あかうの胴に加賀革くれ」

あ-こう【阿好】〘名〙(「阿」はおもねる、へつらう)自分だけの好みによって物事をすること。自分の好みだけを考えること。＊談義本・風流志道軒伝(1763)叙「雖レ獲二阿好之誘一所レ不レ辞也」

あ-こう【阿香】〘名〙(中国、晋代に雷車を推したと伝えられる少女の名から)「かみなり(雷)」の異名。あきょう。＊法苑珠林-四六「晋義興人姓周、永和年中出レ都、乗馬従両人行、未レ至レ村日暮、道辺有二一新小草屋一、見二一女子出レ門望一〈略〉向二有一更一聞下外有二小児一喚二阿香一声上、女応曰諾、尋云、官喚レ汝推二雷車一。女乃辞行云。今有事当レ去、夜遂大雷雨」

あ-こう【阿膠】〘名〙中国山東省東阿県から産出する膠(にかわ)。＊本草綱目-獣部・阿膠・釈名「傅致膠、弘景曰、出二東阿一、故名二阿膠一」

あ-こう【阿衡】〘名〙(「阿」は頼み倚(よ)る、「衡」は平らか。天下の民がそれによって公平を得るの意)①中国、殷(いん)代に用いた宰相の官名。殷の湯王は伊尹(いいん)をこれに任じた。あるいは伊尹の号ともいわれる。＊書経-太甲上「惟嗣王不レ恵二于阿衡一」②わが国では、天皇の補佐あるいは摂政関白の異名。→阿衡事件。＊性霊集-四(835頃)為人求官啓一首「伏惟。我右僕射馬足下。鐘鼎累代。阿衡一人。能仁能恵。四海之父」＊菅家文草(900頃)四・憶諸詩友、兼奉寄前濃州田別駕「天下詩人少レ在レ京、況皆疲三倦論二阿衡一」＊政事要略(1002頃)三〇・答太政大臣辞関白勅・仁和三年閏一一月二七日「宜下以二阿衡之任一、為中卿之任上」＊懶室漫稿(1413頃)鹿苑院殿天山相公拈香「身居二阿衡一、夾二補三朝之神器一」 辞書言海 表記阿衡(言)

あこう の 紛議(ふんぎ) 「あこうじけん(阿衡事件)」に同じ。

あこう【雀榕】〘名〙クワ科の常緑高木。紀伊半島以南の海岸に生える。高さ一二～二〇メートル、直径一メートルに達する。葉は長さ一〇～一五センチメートル、幅五～六センチメートルの楕円形または長楕円形で、春、落葉するが落葉とほぼ同時に新芽がでる。雌雄異株で、実のようにみえる球形のいちじく状の花嚢(かのう)がつく。花嚢は小さい白点をもち、熟すと淡紅色となり、中に淡紅色の花が密生する。漢名、雀榕。あこぎ。あこのき。学名は Ficus superba var. japonica ＊草木性譜(1823)人(古事類苑・植物一)「榕樹(アコウ) 南土の産にして寒を畏る、冬暖室に蔵むべし」＊日本植物名彙(1884)〈松村任三〉「アコウ アコノキ ヂンカウボク 榕樹」＊海上の道(1952)〈柳田国男〉八「曾て海上を漂到した無数の種子の中から、たまたま環境に適した僅かな個体だけが、芽を吹き大木となった例はガジマル、又アコウといふ樹などにもあり」 発音アコー〈標ア〉ア０

雀　榕

あ-こう【鴉口】〘名〙(「鴉(からす)」の口の意。「鴉」は自分を卑下していう)自分の口。私。＊東京新繁昌記(1874－76)〈服部誠一〉初・牛肉店「苟くも牛を屠らば則ち其骨を棄つる勿れ。我蔽(たた)ひて而して之を喰はん。其糞も亦(また)棄つ可からず、以て鴉口を糊するに足る」

あ-ごう【阿号】〘名〙「あみだごう(阿弥陀号)」の略。鎌倉初期、浄土宗、時宗で用いられるようになった称号。弁阿・然阿など。＊忍辱雑記(1806)下蓮社号「誉号〈又阿号者、始レ自二俊乗坊重源大徳一矣〉」 発音アゴー〈標ア〉ア

あこうおおいし-じんじゃ【赤穂大石神社】 兵庫県赤穂市上仮屋旧城内にある神社。旧県社。大石内蔵助良雄を主神に浅野家三代と赤穂義士ほかをまつる。安政五年(一八五八)に建てられた碑と祠(ほこら)に始まる。大正二年(一九一三)社を創建。大石神社。大石さん。

あこう-き【赤穂記】〘名〙赤穂義士の仇討ちについて書いた書物の総称。「赤穂義人録」「赤穂遺文」「赤穂義士銘々伝」等の類。＊雑俳・柳多留-二(1767)「赤穂記も最四五枚に写倦 年迄あてる座頭おそろし」＊雑俳・柳多留-五〇(1811)「赤穂記を下女あく桶と聞違へ」 発音アコーキ〈標ア〉コ

あこう-ぎし【赤穂義士】 元禄一五年(一七〇二)一二月一四日、江戸本所松坂町に吉良義央(よしなか)を襲って、主君浅野長矩(ながのり)の仇を討った旧赤穂藩士四七名のこと。翌年二月、切腹を命じられた。赤穂浪士。四十七士。 補注討ち入りに参加した浪士を義士とする見方は当初より強かったが、幕府は最後までそれを仇討ちとは認めなかった。もともと浅野長矩の切腹と藩の取りつぶしは、長矩が場をわきまえず一方的に吉良に斬りかかったことが原因だったために、公的な仇討ちにはなりえないものであった。学者の間でも意見がわかれ、荻生徂徠のように刃傷事件が不義である以上、四十七士についても邪志を継ぐものであると非難する者もあった。しかし、一般の人々は江戸城の事件では吉良は直接手を下さずに浅野家を破滅させたととらえ、討ち入りを主君への義として賞賛したので、後に「忠臣蔵物」としておびただしい義士劇や、講談、浪曲の銘々伝などが生まれ、世に迎えられた。なお、四十七士の名は、大石内蔵助・吉田忠左衛門・原惣右衛門・片岡源五右衛門・間瀬久太夫・小野寺十内・大石主税・礒貝十郎左衛門・堀部彌兵衛・近松勘六・富森助右衛門・潮田又之丞・堀部安兵衛・赤埴源蔵・奥田孫太夫・矢田五郎右衛門・大石瀬左衛門・早水藤左衛門・間喜兵衛・中村勘助・菅谷半之丞・不破数右衛門・千馬三郎兵衛・岡野金右衛門・木村岡右衛門・吉田沢右衛門・貝賀彌左衛門・大高源五・岡島八十右衛門・武林唯七・倉橋伝助・村松喜兵衛・杉野十平次・勝田新左衛門・前原伊助・間瀬孫九郎・小野寺幸右衛門・間十次郎・奥田貞右衛門・矢頭右衛門七・村松三太夫・神崎与五郎・茅野和助・横川勘平・間新六・三村次郎左衛門・寺坂吉右衛門(討ち入り口上書連署順。なお足軽の寺坂は吉良邸内に入らず姿を消す)である。 発音アコーギシ〈標ア〉キ〈京ア〉コ＝キ／キ

あこうぎじんろく【赤穂義人録】 赤穂義士を賞揚する立場から赤穂事件をとりあげた作品。元禄一六年(一七〇三)の自序があるが、宝永六年(一七〇九)に定稿ができる。室鳩巣作。復讐の顛末・四十七士の小伝を客観的に漢文で記述している。 発音アコーギジンロク〈標ア〉ジ

あ-こうざんたい【亜高山帯】〘名〙生物 発音アコー

の垂直分布の一つ。高山帯と山地帯の間に位置し、特に植物において顕著な区分がみられる。日本の本州中部では高度一五〇〇～二五〇〇メートルで、通常コメツガ、トウヒ、シラビソなど針葉樹林を主とする森林が発達する。発音アコーザンタイ〈標ア〉0

あこう-じお【赤穂塩】『名』兵庫県赤穂付近で産出される塩。その質が良いことで有名。あこしお。＊雑俳・柳多留-九五(1827)「日本で味噌ぢゃアねへが赤穂じほ」辞書言海 表記赤穂塩(言)

あこう-じけん【阿衡事件】仁和三年(八八七)宇多天皇即位の際、藤原基経を関白に任じた勅書中の字義の解釈が原因で起きた事件。慣例により辞退した基経に「宜しく阿衡の任を以て卿の任となすべし」との詔が下されたが、もともと宇多天皇に反感を持っていた基経は、阿衡とは位だけで職掌を伴わないからと、いっさいの政務を見なかったので天皇は勅書を書き直した。阿衡の紛議。

あこう-だい【赤魚鯛】『名』フサカサゴ科の深海魚。体は赤色で全長約六〇センチメートルになる。温帯性で、青森から本州中部の太平洋岸に生息する。冬期、美味で鍋料理や煮つけにする。あこう。学名は Sebastes matsubarae 発音アコーダイ〈標ア〉コ〈京ア〉I

あこう-だんつう【赤穂段通】『名』江戸末期に播磨国(兵庫県)赤穂で、中国の万暦氈(ばんれきせん)にまねて作り始めた段通。

あこうど『名』田などを耕す人。農人。＊俚言集覧(1797頃)「あかふど 上総山辺郡にて田など耕へす人をあかふどと云」

あこう-の-ふんぎ【阿衡紛議】⇨あこうじけん(阿衡事件)

あこう-はんさつ【赤穂藩札】『名』江戸時代、播磨国(兵庫県)赤穂藩で領内通用のために発行した紙幣。浅野氏領有時代の延宝八年(一六八〇)に銀貨を兌換(だかん)の対象として発行したのにはじまる。元祿一四年(一七〇一)浅野氏の殿中刃傷事件のため改易(かいえき)となったとき、家老大石内蔵助は札奉行岡島八十右衛門に命じ、額面の六分(一〇分の六)で現銀と引き換えを行なった。お家断絶という窮地にあって、領民の迷惑を考え、他の重臣の反対を押し切って兌換を強行したことは美談として語り伝えられている。

あ-こうぼく【亜高木】『名』高木と低木の中間の高さに達するもの。普通は一・五～三メートル位の高さになるものをいう。発音アコーボク〈標ア〉コ

あこう-ろうし【赤穂浪士】「あこうぎし(赤穂義士)」に同じ。発音アコーローシ〈標ア〉ロ〈京ア〉コ=ロ/ロ

あ-ごえ【距】『名』鶏などの蹴爪(けづめ)。＊書紀(720)雄略七年八月(前田本訓)「大(おほ)きなる雄鶏を以て、呼びて己が鶏と為て、鈴、金の距(アコエ)を着けて、競ひて闘は令む」＊新訳華厳経音義私記(794)「所拒〈略〉鳥足着 安後延」＊大智度論平安初期点(850頃か)一六「嘴、距(アコエ)麁く鞕くして」＊十巻本和名抄(934頃)七「距 蔣魴切韻云距〈音巨 訓阿古江〉鶏雉脛有岐也」語源説(1)アはアシ(足)の略。コエはコユ(蹴)の名詞形〔大言海〕。(2)アケエ(足蹴枝)の義〔日本語源=賀茂百樹〕。発音〈音史〉室町頃から『あごい』『あご』とも。〈ア史〉平安〇〇〇 上仮名アゴエ 辞書字鏡・和名・色葉・名義・下学・和玉・伊京・饅頭・書言 表記距(字・和・色・名・下・玉・伊・饅・書)岠(字)鮔(色)

あこ-えいし【阿呼詠詩】『名』画題。菅原道真が一一歳の時、月夜の梅を詠じた逸話で大和絵に多い。阿呼は道真の幼名。詩は「月耀如晴雪、梅花似照星、可憐金鏡転、庭上玉房馨」

あ-ごえる【―越】『動』方言❶手に余る。高知県862 ❷分不相応だ。高知県862 長岡郡869 ❸範囲を越える。高知県長岡郡869 ❹増長する。香川県826 ◇あんごえる 香川県829 ❺食物についてぜいたくになる。◇あんごえる 茨城県那珂郡・久慈郡188 ❻またぎ越す。香川県829 語源説古語アニエタシ(泊肥)の訛〔日本語源=賀茂百樹〕。

あこお『名』方言❶苦汁を取り除いた塩。苦味のない塩。栃木県安蘇郡198 ❷植物、いぬびわ(犬枇杷)。紀伊†034 薩摩†034

アコースティック-ギター『名』(英 acoustic guitar)電気的な増幅をしない自然な音を出すギター。

アコーディオン『名』(英 accordion)《アコーデオン》楽器の一つ。蛇腹式のふいごを両手で伸縮させながら、鍵盤やボタンを押して演奏する。一九世紀の初め頃、ヨーロッパで発明され、軽音楽の独奏、伴奏に用いられる。手風琴。＊十五少年(1896)〈森田思軒訳〉二「小風琴(アッコーヂオン)を嗜(たしな)みて」＊おもかげ(1938)〈永井荷風〉「廓内(くゎくない)を流す手風琴(アコオジヨン)は」＊姫岩(1948)〈田村秋子〉三幕「静江さん。ホ、きいてみ。アコーデオンとお念仏の鉦か」＊インテリゲンチア(1951)〈高見順〉一「うしろでアコーディオンをひいているのは」語誌(1)一八二一年ウィーンのF=ブッシュマンが発明。一八二九年にオーストリアのダミアンが改良を施しアコーディオンと名づけた。原義はイタリア accord(和音)。明治初期の英和辞書には、「風琴」「小風琴」、中期には「手風琴」の訳が見られる。(2)日本で一般に知られたのは、明治二〇年代に薬の行商人が街頭での演奏に用いてからであるが、昭和初期までは一般には「手風琴」と言っていた。昭和六年に、アコーディオンが重要な役割をもつ映画「巴里の屋根の下」がヒットし、日本でも急激に広まっていった。なお、アコーディオンに似たボタン式鍵盤楽器はバンドネオンという。発音〈標ア〉コ〈ディ〉〈京ア〉コ

アコーディオン-カーテン『名』(英 accordion curtain)「アコーディオンドア」に同じ。発音〈標ア〉カ

アコーディオン-ドア『名』(英 accordion door)《アコーデオンドア》上から吊り下げて左右に開閉できる間仕切り。縦にひだがあり、アコーディオンの蛇腹のように細かく折りたたまれる。アコーディオンカーテン。発音〈標ア〉ド

アコーディオン-プリーツ『名』(洋語 accordion pleats)《アコーデオンプリーツ》婦人のスカートのひだ(プリーツ)のうち、アコーディオンの蛇腹のような、連続した細かいもの。＊午前零時(1952)〈井上友一郎〉感傷の月「黒のツー・ピースを着けた映子がアコーディオン・プリーツの美しいヒダを慄わせ」発音〈標ア〉リ

あご-かき【顎欠】『名』柱や梁(はり)に横木を取りつける方法の一つ。組み合わせ箇所の両稜を削り落とし、中央の一部を残しておくこと。また、その仕口。

あご-かぎばな【顎鉤花】『名』植物「すみれ(菫)」の異名。＊重訂本草綱目啓蒙(1847)一二・隰草「紫花地丁、すみれ〈和名抄〉〈略〉あごかきばな 越後」方言◇あごかきばな 新潟県刈羽郡380 発音アゴカギバナ〈標ア〉ギ

あご-かぐら【安居神楽】『名』古く、山城国(京都府)石清水八幡宮で一二月に行なわれた里神楽。＊楽家録(1690)一・安居神楽説「安居神楽於男山八幡有之」

あこがら・す【憧】『他サ四』(「あこがる」の他動詞形)「あくがらす(憧)」に同じ。辞書言海

あこが・る【憧】『自ラ下二』⇨あこがれる(憧)

あこがれ【憧】『名』(動詞「あこがれる」の連用形の名詞化)理想とするもの、目ざすものを求めて、思いこがれること。また、その気持。憧憬(しょうけい)。＊邪宗門(1909)〈北原白秋〉朱の伴奏・地平「かの青き国のあこがれ、つねに見る地平のはてに」＊青年(1910-11)〈森鷗外〉一〇「恋愛もなければ、係恋(アコガレ)もない」＊俊寛(1921)〈菊池寛〉「都会生活に対するあこがれが心を爛らせる」

あこがれ の 的(まと)理想として思いを寄せる対象。＊コサビネ艦隊の抜錨(1930)〈龍胆寺雄〉「ヒマラヤの裾にある夏のユウトピヤは、旅行好きな私にとっては、長い憧憬(アコガレ)の的(マト)になっていて・一「少年の日からのあこがれの的だったのだ」＊ぼらのへそ(1956-57)〈中野好夫〉恋愛について・一「少年の日からのあこがれの的だったのだ」発音アコガレ〈標ア〉0〈京ア〉0

あこがれ-ある・く【憧歩】『自カ四』ぼんやり心を奪われて歩く(改正増補和英語林集成(1886))。

あこがれ-い・ず【憧出】『自ダ下二』あてもなくさまよい出る。あくがれいず。＊幸若・敦盛(室町末-近世初)「一門の運つきていとをあこがれいでしより此かた」

あこがれ-い・る【憧居】『自ワ上一』心が何かにひかれてぼうっとしている。虚脱状態にある。＊天草本平家(1592)四・二六「メノトノ ニョウバウワ ソコハカトモナウ acogare ytani(アコガレ イタニ)」

あこがれ-ごころ【憧心】『名』あこがれる心。身近でないもの、理想とするものにひかれる心。あくがれごころ。＊田舎教師(1909)〈田山花袋〉一五「若いあこがれ心は果てしがなかった」

あこが・れる【憧】『自ラ下一』文あこが・る『自ラ下二』(「あくがる」の変化したもの)①居所を離れてさまよう。また、心がある方面に引かれて、でかける。＊平家(13C前)六・小督「仲国龍の御馬給はって、名月に鞭(むち)をあげ、そこともしらずあこがれ行く」＊苔の衣(1271頃)一「三位の中将ときこえ給ひし時よりむこにとり給ひたりけれど、やむごとなきさまには思しながら、いかなりけるにか御心をとめず、あこがれ給ふを」＊太平記(14C後)四・笠置囚人死罪流刑事「せめて其の人の在所をだに知たならば、虎伏す野辺、鯨寄る浦なり共、あこがれぬべき心地しけれども」＊随筆・孔雀楼筆記(1768)四「月にめでて、独り庭の面にあこがれゆく」②ある対象に、心がひかれる。＊太平記(14C後)一二・大内裏造営事「光源氏大将の、如(しく)物もなしと詠じつつ、朧月夜に軻(アコガレ)しは弘徽殿の細殿」＊謡曲・舟橋(1430頃)「忍び妻にあこがれ、所は川を隔てたれば、ここの舟橋を道として夜な夜な通ひけるに」＊日葡辞書(1603-04)「ツキ、ハナニ acogaru(アコガルル)」③(心がひかれるところから)気をもむ。気が気でなくなる。＊幸若・大織冠(室町末-近世初)「あらけなきつはもの御てにすがり海へいれんとす。龍女はいとどあこかれて〈略〉とかきくどく」＊説経節・あいごの若(山本九兵衛板)(1661)四「みだひいよいよあこがれ給ふ、やふらはやふれ、すずりりゃうしかなきかとて、かくもかかれたり、日の内に七つまでこそおくらるる」＊浄瑠璃・大経師昔暦(1715)中「わっと泣く泣く振りあげて打たんともがく杖の下、母はあこがれ火を吹消し、娘を袖に押しかこひ」＊めぐりあひ(1888-89)〈二葉亭四迷訳〉一「向ふは身軽くサッと飛のに、此方(こちら)は地を離て沖(あが)る事が出来ず、只徒らにあこがれて両手を延ばすのみ」④理想とするもの、目ざすものに心が奪われて、落ち着かない。また、それを求めて思いこがれる。＊天地有情(1899)〈土井晩翠〉籠鳥の感「嗚呼青春の夢高く 理想のあとにあこがれて」＊良人の自白(1904-06)〈木下尚江〉前・一〇・七「我は実に此月の媒介としてクロムウェルの影にアコガれたのである」＊渦巻ける鳥の群(1928)〈黒島伝治〉二「海上生活者が港にあこがれ、陸を恋しがるやうに」語源説(1)アは赤、火で焦がれる思いをする意〔和句解〕。(2)アコガレ(吾児離)の意〔両京俚言考〕。(3)アコカル(彌心放)の意〔言元梯〕。(4)アコカレ(有故離)の義〔日本語源=賀茂百樹〕。(5)アメコヒカヌル(天乞兼)の転〔紫門和語類集〕。発音アコガレル〈標ア〉0〈京ア〉0 文『あこがる』アコガル〈標ア〉0〈京ア〉0 辞書伊京・易林・日葡・書言・ヘボン・言海 表記憧・浮岩(易・書)狂浮(書・ヘ)跰(伊)軻(書)

あこぎ【阿漕】□一□(一)伊勢国阿濃郡(三重県津市)の

東方一帯の海岸。阿漕ケ浦。伊勢の神宮に供える魚をとるための禁漁地であったが、ある漁夫がたびたび密漁を行なって捕えられたという伝説がある。「古今和歌六帖‐三」に「逢ふことをあこぎの島に曳く鯛（たひ）のたびかさならば人も知りなん」とあり、さらに語句が多少変わって、「源平盛衰記‐八・讃岐院事」に「伊勢の海あこぎが浦に引網も度重なれば人もこそしれ」、「光悦本謡曲・阿漕」に「伊勢の海阿漕の浦にひく網もたびかさなれば顕れぞする」とあるように諸書に現われている。㊁謡曲。四番目物。各流。世阿彌作。伊勢国阿漕ケ浦で密漁をして海に沈められた漁夫の亡霊が地獄の苦患のさまを見せる。㊂〖名〗（形動）（❶の伝説や古歌から普通語に転じて）①たび重なること。また、たび重なって広く知れわたること。＊源平盛衰記（14C前）八・讃岐院事「重ねて聞食（きこしめす）事の有りければこそ阿漕（アコギ）とは仰せけめ」＊浄瑠璃・丹波与作待夜の小室節（1707頃）夢路のこま「阿漕（あこぎ）の海（あま）のあこぎにも過ぎにし方を思ひ出て」＊海潮音（1905）〈上田敏訳〉延びあくびせよ「去年（こぞ）を繰返（アコギ）の愛のまねぎに」②どこまでもむさぼること。また、しつこくずうずうしいこと。押しつけがましいこと。また、そのようなさま。＊波形本狂言・比丘貞（室町末‐近世初）「あこぎやの、あこぎやの、今のさへやふやふと舞ふた、最早ゆるしてたもれ」＊浄瑠璃・夕霧阿波鳴渡（1712頃）中「あこぎな申ごとなれど、お侍のお慈悲に、父（とと）かといふて私にだき付て下されませと」＊洒落本・傾城買二筋道（1798）冬の床「のめるくらいなら、あこぎはしねへが、こんやはさけの匂ひをかぐもいやだからさ」＊金色夜叉（1897‐98）〈尾崎紅葉〉中・五「我々が口を利くのだ、奴も然う阿漕（アコギ）なことは言ひもすまい」＊夜の雪（1898）〈幸田露伴〉上「たった一晩（ひとばん）家を開けた位では、出す段になって左様（さう）するのは此方（こっち）が少し『あこぎ』に聞こえますすよ」 語誌 (1)地名の語源説としては、現在の「阿濃郡」の「濃」を訓読みにしたとする説〔五鈴遺響〕、「阿野（阿濃）」に漕丁部があったためとする説〔神田記〕、土師連「吾笥」の読みからきたとする説〔安濃名所記〕、「あこ」は「海士」、「き」は「木」で「塩木」を指すとする説〔伊勢参宮名所図会〕などがあるが、確証はない。(2)❶の伝説から、㊂①の意に用いられたが、江戸初期から「図々しい」「強引だ」というマイナスの意味が派生した。これは謡曲「阿漕」や御伽草子「阿漕の草子」、浄瑠璃「田村麿鈴鹿合戦」などをはじめ、神宮御領地を犯す悪行として描いた作品によって定着していった解釈に基づくものと思われる。江戸後期の読本「阿古義物語」（前編は式亭三馬、後編は為永春水）などにおいては、これらを敷衍し悪漢を描く読み物の題材としている。 語源説 （㊀について）(1)❶の伊勢の阿漕ケ浦の故事から〔隣女晤言〕。(2)アコガルルという語と関係あるか〔国語の語根とその分類＝大島正健〕。(3)アクキ（飽気）の転〔言元梯〕。

発音 アコギ〈標ア〉ア0〈京ア〉コ 辞書 書言・〈ボン〉・言海 表記 安濃（書）阿漕（へ・言）

あこぎ〖名〗 方言 植物。❶あこう（雀榕）。薩摩†119 高知県高岡郡808 幡多郡870 鹿児島県肝属郡008 種子島965 ❷ばくちのき（博打木）。宮崎県北諸県郡947

あこぎ‐が‐うら【阿漕浦】 ㊀「あこぎ（阿漕）❶」に同じ。あこぎうら。＊謡曲・松風（1423頃）「賤が塩木を運びしは、阿漕が浦に退く潮」＊御伽草子・猿源氏草紙（室町末）「伊勢国あこぎがうらに鰯売（いわしうり）一人あり」㊁〖名〗（形動）「あこぎがうら（阿漕浦）に引く網」の略。＊落語・猫と鼠（1899）〈六代目桂文治〉「乳母のお文（ぶん）も母も隠し通して居りましたが、阿漕（アコギ）ゲ浦で何日（いつ）となく金左衛門さんに知れました」 表記 阿漕浦・安濃浦（書）阿古木浦（文） 発音 アコギガウラ〈標ア〉ガ 辞書 文明・書言

あこぎがうらに引（ひ）く網（あみ） （「あこぎ（阿漕）❶」に関する伝説や古歌から）隠し事もたび重なると人に知られるということのたとえ。あこぎ。＊太平記（14C後）二一・塩冶判官讒死事「さのみ度重ならばこそ、安濃（アコギ）が浦に引く網（アミ）の、人目に余る憚（はばかり）も候はめ」＊御伽草子・小町草紙（室町末）「あこぎがうらにひくあみの、目にあまりたる文もあり」＊洒落本・禁現大福帳（1755）二「緘られて破れ染ては度重り阿漕（アコギ）が浦（ウラ）に引（ヒク）網（アミ）のするする深みへ這るもあり」＊歌舞伎・小袖曾我薊色縫（十六夜清心）（1859）三立「姉の客に極楽寺の役僧清心殿といふが深い馴染（なじみ）。あこぎが浦に引網で、度重なっていつか顕れ」

あご‐きき【顎利】〖名〗 方言 ⇩あご（顎）

あご‐きた【―北風】〖名〗（「あご」は飛魚）九州北部で、飛魚のとれる頃に、毎日のように吹く北風〔分類漁村語彙（1938）〕。

あこぎ‐でんがく【阿漕田楽】〖名〗あぶって薄じょうゆで煮た豆腐を油で揚げ、田楽仕立てに焼いたもの。柚子（ゆず）のすったのをかけて食べる。

あこぎものがたり【阿古義物語】 江戸後期の読本。前編四巻四冊、後編六巻六冊。前編は式亭三馬作。別名「大磯十人斬」。文化七年（一八一〇）刊。後編（拾遺）は二世南仙笑楚満人（為永春水）作。文政九年（一八二六）刊。主君の敵打ちに奔走する忠臣阿漕平二の活躍を主筋に、少女瞿麦（なでしこ）の孝心物語や岩窟大王白波雲平（実は逆賊室平四郎）の強悪無道を絡ませた伝奇小説。前編は三馬唯一の読本で、後編は三馬の予告をもとに春水が書き継いだもの。 発音 アコギモノガタリ〈標ア〉ガ

あこぎ‐やき【阿漕焼】〖名〗三重県津市の阿漕ケ浦付近に産した陶器。嘉永六年（一八五三）倉田久八が安東焼を改良したもの。主に酒器、茶器。大正末期に廃絶。再興安東。 発音 アコギヤキ〈標ア〉0

あ‐こく【亜国】（「亜」はアメリカ、また、アルゼンチンにあてた「亜米利加」「亜爾然丁」の略）㊀アメリカ。アメリカ合衆国。＊佐久間象山上書稿‐文久二年（1862）九月「亜国へ漂流致候土州漁師の忰（せがれ）万二郎義」＊春雨文庫（1876‐82）〈松村春輔〉二回「亜国の公使某なる者吉原の娼妓桜木と言へるに眷恋（けんれん）し」㊁アルゼンチン。 語誌 (1)アメリカの字音表記「亜米（墨）利加」等の略語として近世末から明治初期まではかなりの用例が見られるが、「米国」という表記が優勢となり次第に用いられなくなったと考えられる。(2)「亜国」が衰退して「米国」が残った理由としては、「亜」が亜細亜（アジア）・亜弗利加（アフリカ）・亜剌比亜（アラビア）・亜爾然丁（アルゼンチン）などと重なるための混乱を避けたこと、また「米国」は「米利堅（メリケン）」とも通ずることなどが考えられるが明らかではない。 発音〈標ア〉ア

あ‐こく【痾黒】〖名〗語義未詳。眼病のことか。＊吾妻鏡‐正嘉元年（1257）四月一五日「於レ是弟子、往年被レ冒二痾黒一、爾時偸発二願念一、忽得二除愈一、遂得二安全一者」

あこくろ〖名〗 方言 ⇩あかくら（明暗）

あご‐さき【顎先】〖名〗顎の先端の部分。＊虞美人草（1907）〈夏目漱石〉二「舌を腭頭（アゴサキ）に飛ばして、泡吹く蟹と烏鷺（うろ）を争ふは策の尤も拙なきものである」＊物質の弾道（1929）〈岡田三郎〉「まして、いつも蒼白く、顎先（アゴサキ）の鋭いミチルの痩顔が、一段と憔悴して」

あご‐さし【顎差】〖名〗相手方の計画の裏をかくことをいう、相場師仲間の隠語。〔特殊語百科辞典（1931）〕

あご‐さしず【顎指図】〖名〗「あごつかい（顎使）」に同じ。 発音 アゴサシズ〈標ア〉サ

あこ‐しお【赤穂塩】〖名〗「あこうじお（赤穂塩）」の変化した語。＊浄瑠璃・五十年忌歌念仏（1707）中「おのれが私商（わたくしあきなひ）にあこ塩買ふて損をして、首括らねばならぬ首尾」

あ‐ごぜ〖代名〗対称。女性を親しんで呼ぶときに用いる語。我御前（わごぜ）。

あこだ【阿古陀】〖名〗①植物「あこだうり（阿古陀瓜）①」の略。＊蔭凉軒日録‐寛正四年（1463）五月一八日「阿金陀新瓜小籠一箇、被レ献二于当院御影真前一也」＊御湯殿上日記‐明応二年（1493）五月一一日「八わたたなかよりあこたはしめてまいる」＊殿中申次記（15C末‐16C中か）「六月十八日、阿古陀（アコダ）、五籠〈例年進上之〉八幡、田中」＊言継卿記‐永祿六年（1563）六月一八日「当年之御礼申候了、瓜〈あこた五〉、白瓜〈十〉、干瓜〈卅〉」＊俳諧・誹諧通俗志（1716）時令・七月「盆供 枝豆〈略〉あこた 祭る供るとすれば盆也」②「あこだがた（阿古陀形）①」の略。＊随筆・柳亭記（1826頃か）上「此なる灯台それかれに見ゆ、その名をあごたといふとぞ〈略〉彼あごた瓜を剝たる形に似たるゆゑの名なり」③「あこだがた（阿古陀形）③」の略。＊御伽草子・草木太平記（有朋堂文庫所収）（江戸初）下「まくは形うったるあこだの冑を猪首に著」④「あこだこうろ（阿古陀香炉）」の略。＊東寺百合文書‐を・応永二六年（1419）七月二日・食器・食物等料足注文（大日本古文書六・一二八）「七十文 あこた、二十文 うり」 発音〈標ア〉0 辞書 文明・饅頭・日葡 表記 阿古陀（文・饅）

あごた【顎・腭】〖名〗（「あぎと」の変化したものという）①近世、「あご」をいう俗語。＊浮世鏡（1688）「あげ、あごた、腭（あぎ）也」＊男重宝記（元祿六年）（1693）五・三「あごたは 腭（あぎと）也」＊談義本・地獄楽日記（1755）四・三「いま一言（いちごん）いうて見よ、腮（アゴタ）を切って切下げん」②ものを言うこと。ものいい。もんく。口のきき方。＊歌舞伎・関取菖蒲絡（1797）二幕「ホホホ、ゑらい顎（アゴタ）ぢゃ」＊歌舞伎・勝相撲浮名花触（1810）中幕「『年寄りと古骨は、抱へて居る程、邪魔ぢゃわいなァ』『エエ、おれはおれとも思はうが、現在親にその頤（アゴタ）』」 方言 ❶あご。丹波†115 石川県404 411 419 福井県431 440 445 長野県諏訪481 上伊那郡488 岐阜県497 498 510 愛知県西春日井郡553 知多郡570 三重県585 592 600 滋賀県609 612 617 京都府629 633 634 大阪市638 兵庫県662 奈良県679 683 鳥取県711 718 島根県725 岡山県邑久郡761 小田郡767 広島県057 771 香川県829 830 福岡県浮羽郡・八女郡872 熊本県玉名郡926 下益城郡931 大分県941 944 ◇あごたあ 岡山県児島郡763 ◇あごたん 福井県大飯郡447 三重県志摩郡585 大阪市638 香川県829 830 ◇あごった 奈良県南大和683 和歌山県和歌山市（卑称）691 日高郡698 ◇あごったい 広島県芦品郡771 ◇あんご 千葉県山武郡270 新潟県三島郡375 西頸城郡385 三重県志摩郡585 長崎県南高来郡905 ◇あんごお 京都府629 ◇あんごた 石川県河北郡・石川郡404 京都府620 ◇あんごたん 長崎県南高来郡905 ❷饒舌家（じょうぜつか）。おしゃべり。大分市941 発音 アゴタ〈標ア〉0 辞書 書言・〈ボン〉 表記 鰓（書）頤（へ）

あごたが離（はな）る あくび、大笑いなどのため口をひどく開いて顎骨（あごぼね）の関節がはずれる。大いに笑うさまを表わす場合などにいう。あごをはずす。おとがいを解く。＊浮世草子・自笑楽日記（1747）四・二「例のやかまし仲間船中から大笑、よくもあごたのはなれない事だ」

あごたから生（う）まれる「あご（顎）から先に生まれる」に同じ。＊歌舞伎・男伊達初買曾我（1753）五「『サア謝ったと詫言をして戻せばよし、さもないと木の空へ上げて涼ませるが。大泥棒め』『こいつは顎（アゴタ）から産れた野郎め』」

あごたを叩（たた）く「あご（顎）を叩く」に同じ。＊浄瑠璃・大原御幸（1681‐84頃）五「をのれ心は猫に劣れども人の皮をかぶりしかひには、みごとあごたをたたくよなあ」＊歌舞伎・千代始音頭瀬渡（1785）序幕「こいつあ免（ゆる）せとも言はねえで、まだ顎（アゴ）たを叩（タタ）きゃあがるか」

あごたをつく ものを言う。口をきく。＊歌舞伎・

当穐八幡祭(1810)六幕「おきゃあがれ、大きなあごたをつくと、番頭に引渡して、吹え面をかかせるぞ」

あごた を 鳴(な)らす 文句を言う。つべこべ言う。あぎとを鳴らす。おとがいを鳴らす。＊歌舞伎・貞操花鳥羽恋塚(1809)三立「まだこの上に、彼れこれと腮(アゴタ)を鳴(ナ)らせば」「女とて容赦はない。我れ我れが引立てるぞ」

あこだ-うり【阿古陀瓜】〘名〙①ウリ科の蔓性一年草。茎、葉、花はカボチャによく似ているが果実はやや小さく、長さ約一八センチメートル、円形あるいは長楕円形をしている。果皮は光沢のある赤色で条紋がない。味は淡泊。あこだ。あかだ瓜。金南瓜(きんとうが)。学名は Cucurbita pepo cv. kintoga 《季・秋》＊狭衣物語(1069-77頃か)三「額髪の、ただ少し短く見えたる御つらつき、あこだうりにかきたるやうなり」＊讃岐入道集(1104-06頃)「知りたる人のとほき国へまかるとてあこだうりをおこせたりければ」＊鹿苑日録-天文七年(1538)六月一八日「求阿虎瓜、欲侑諸僧矣。虎子曰、予可侑矣」＊大和本草(1709)八「あこだ瓜 京都に多し。南瓜に似て小なり。味不好。其蔓長く、其葉蜀葵に似て大なり。黄花をひらく。南瓜をあこだと訓ずるは誤れり」 ②文様の一つ。 発音〈標ア〉ウダ 辞書日葡・書言・言海 表記阿古陀瓜(書)

あこだ-がた【阿古陀形】〘名〙(アコダウリの形をしているところから)中央がくびれたまるい形の種々の物にいう。①青磁などの円形ですそが張った磁器。あこだなり。あこだ。②六角形で上下のすぼまったぼんぼり。③室町時代に流行した筋兜(すじかぶと)の鉢の形状。頂を低く、前後を高く張り出した円鉢。あこだ。

あこだ-こうろ【阿古陀香炉】〘名〙(アコダウリに似た外形からいう) 中世香炉の一つ。木製、磁器製などあるが、木製漆塗りに蒔絵をほどこし、上に金網をかけたものが普通である。近世は金網が小形となって形式化した。火取り香炉。あこだ。

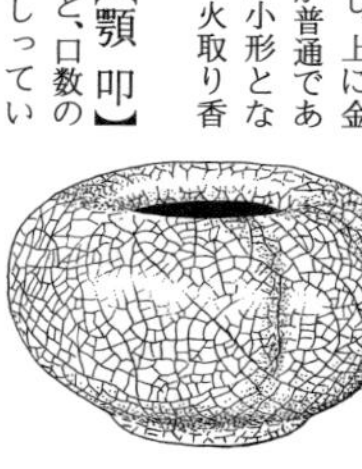
阿古陀香炉

あご-たたき【顎叩】〘名〙しゃべること。口数の多いことをののしっていう。＊俳諧・伊勢踊(1668)三「水あびて水鶏(くひな)や口をあこたたき」＊歌舞伎・御摂勧進帳(1773)三立「むだな頤叩き松より下り松、命にかかる藤の森かな」 方言❶饒舌家(じょうぜつか)。おしゃべり。 岐阜県飛驒502 熊本県919 ❷他人の行為に干渉すること。世話を焼くこと。 岐阜県飛驒502 ❸体を震わせてあごをがたがたさせること。非常に寒いさまにいう。 長崎県五島054

あこだ-ちょうちん【阿古陀提灯】〘名〙アコダウリに似た形の、まるく赤い提灯。＊滑稽本・当世真々乃川(1785)三「紅(べに)のあこだちゃうちんに、滝(たき)といふ字の白上(しろあがり)」

あこだ-なり【阿古陀形】〘名〙「あこだがた(阿古陀形)①」に同じ。

あごた-ぼね【顎骨】〘名〙あごの骨。上あごの骨と下あごの骨。＊浄瑠璃・本朝三国志(1719)三「はっと明たる腮(アゴタ)ぼねくひ違ひて見へにける」＊歌舞伎・名歌徳三舛玉垣(1801)三立「何、あご骨に錠を下ろした。夫(それ)にしては大分大きな声のやつな」＊歌舞伎・貞操花鳥羽恋塚(1809)六立「なに狂人(きちがひ)だ。うぬ、その腮骨(アゴタボネ)を」

あごたぼね を 叩(たた)く 「あご(顎)を叩く」に同じ。＊談義本・地獄楽日記(1755)一・一「目前の道理にくらい腐儒者、わが物いらずのあごた骨(ボネ)、たたかずとすっこんで居よ」

あご-づえ【顎杖】〘名〙ひじを立てて、あごを手でささえること。ほおづえ。＊婦系図(1907)〈泉鏡花〉前・四八「教頭は傲然として、卓子に頤杖を支(つ)く」＊白い壁(1934)〈本庄陸男〉二「杉本は教卓の傍に椅子を寄らせて、顎杖をつき、一わたり子供を見わたした」 発音アゴズエ〈標ア〉ズ

あご-つかい【顎使】〘名〙高慢、横柄な態度で人を使うこと。あごさしず。＊ガトフ・フセグダア(1928)〈岩藤雪夫〉二「気弱で温純だといふ点からメーツ等に寵愛されてナンバンにまで成り上った彼には下の人間をすら余り頤使(アゴヅカ)ひ能(でき)る勇気の持合せがなかった」 発音アゴツカイ〈標ア〉ツ

あご-つき【顎付】〘名〙(「あご」は口の意から転じて食事をいう) ①顎のかっこう。特に、蹴鞠の際の、顎を引いた立ち姿のようす。＊御湯殿上日記-文明一三年(1481)三月一一日「そののち御こ庭にて御まりことさらあそはす〈略〉御かかりに御たち、あこつき御ふせゐなとひそかに申入まいらるる」 ②食事のこと。食べ物。 ③仕事などに伴って食べ物が支給されること。食事つき。＊随筆・守貞漫稿(1837-53)二「江戸場所廻りには『あごつき』と称へ廻り場の内の巨賈豪戸にて年中食を与ふ家あり。毎日朝と午後と夕部と三時此家に往き食す也」＊西洋道中膝栗毛(1870-76)〈仮名垣魯文〉初・上「夜るは二階でおいらんが腮付(アゴツキ)だらう」

あご-つき【顎突】〘名〙歌舞伎の殺陣(たて)で、とんぼの一つ。仰向けに倒れて、首を前に出し、足をあげる型。投げられたときの形からいうか。＊戯場訓蒙図彙(1803)六「殺陣(たちうち) 名目〈略〉ぎば、あごつき、そっ首おとし」

あこつ-だ【阿骨打】「アクダ(阿骨打)」に同じ。

あご-つり【顎吊】〘名〙(あごを吊る、すなわち、首を吊るの意で) ばくちに負けて無一文となったことをいう、博徒仲間の隠語。〔隠語輯覧(1915)〕

あご-つる〘連語〙方言歩く。歩みを運ぶ。辛うじて歩行する。歩測する。 山形県139

あごとお〘名〙方言 ⇩あぎ(腭)

あご-とり【顎取】〘名〙(「あご」は口の意) 聞きこみ、取り調べ、訊問のことをいう、盗人仲間の隠語。〔隠語輯覧(1915)・隠語全集(1952)〕＊いやな感じ(1960-63)〈高見順〉四・五「形式的なアゴトリ(口述取り)ですんだ」

あごない〘名〙数の九を表わす、てきや・露店商人仲間などの隠語。＊わが新開地(1922)〈村島帰之〉六「先づ商売に必要な一二三から始めるかナ。一ヤリ、二フリ〈略〉九アゴナイ、十ヒン」

あご-なし【顎無】〘名〙①生まれつき下あごの短いこと。また、その人。 ②仕事などに伴っての飲食物が出ないこと。食事つきでないこと。＊雑俳・柳多留-一一(1776)「あごなしに四百なげ出すけちな事」 ③(下あごがきわめて短く、あごがないように見えることから) 魚「つばめこのしろ(燕鰶)」の異名。 ④魚「ぎんめだい(銀目鯛)」の異名。 方言❶植物、こなぎ(小菜葱)。 長野県北佐久郡485 ❷魚、つばめこのしろ(燕鰶)。 和歌山県日高郡・西牟婁郡690 高知県865 ❸魚、ぎんめだい(銀目鯛)。 高知市865 発音アゴナシ〈標ア〉0

あご-にく【顎肉】〘名〙下顎の肉。＊医師高間房一氏(1941)〈田畑修一郎〉三「彼が冠をとると、円味のある顎肉には紐の痕が紅く残ってゐた」 発音アゴニク〈標ア〉ゴ0

アコニチン〘名〙(英 aconitine) キンポウゲ科トリカブトに含まれる猛毒。血液にまじると、呼吸、知覚、運動などの神経を興奮、麻痺させる。毒矢に用いられた。薬用ともなる。 発音〈標ア〉ニ

アコニット〘名〙(蘭 akoniet) キンポウゲ科トリカブト属の植物。おもに薬学での呼び名で、トリカブト、レイジンソウ、ハナカズラなど、いずれも有毒植物で、薬用にされる。 発音〈標ア〉ニ

あご-ね【顎根】〘名〙顎の基部。耳の下の顎関節のあたり。＊蟹工船(1929)〈小林多喜二〉二「思はず肩と顎根に力をこめて、ぢいっとしてゐた」 発音アゴネ〈標ア〉0ゴ

あこね-の-うら【阿古根の浦】 和歌山県御坊市野島付近の海岸といわれるが未詳。後世、「阿漕ケ浦(あこぎがうら)」と混同された。＊万葉(8C後)一・一二「わが欲(ほ)りし野島は見せつ底深き阿胡根能浦(アゴねのうら)の珠そ拾(ひり)はぬ〈中皇命〉」＊謡曲・金札(1384頃)「これは伊勢の国あこねの浦に住む者なるが」

あこ-ねんじゅ【下火念誦】〘名〙葬礼で、僧が棺に火をつけるとき、仏の加護を念じ、経文や仏名を唱えること。＊仮名草子・片仮名本因果物語(1661)上・一「鈸鼓(はちつづみ)にて野送(のをくり)し、下火念誦(アコネンジュ)にて結縁(けちゑん)して」

あこ-の-き〘名〙①植物「あこう(雀榕)」の異名。＊日本植物名彙(1884)〈松村任三〉「アコウ アコノキ チンカウボク 榕樹」 ②植物「あかめがしわ(赤芽柏)」の異名。 ③植物「からすざんしょう(烏山椒)」の異名。 方言植物。 ❶あこう(雀榕)。◇あことも。 和歌山県日高郡692 ❷からすざんしょう(烏山椒)。 伊豆八丈島1072 東京都八丈島036 三宅島・御蔵島333 ◇あくのき 伊豆大島1072 東京都大島036 ◇あくばら 静岡市036

あご-は・る【顎張】〘自ラ五(四)〙(「あごばる」とも) 犯行を否認することをいう、犯罪者仲間の隠語。〔隠語全集(1952)〕

あご-ひげ【顎鬚・腭髯】〘名〙①下あごにはえるひげ。口ひげや頬ひげに対していう。＊露小袖(1890)〈大橋乙羽〉九「眼凹みて頬骨高く、頤鬚(アゴヒゲ)黒々と生えぬ」＊琴のそら音(1905)〈夏目漱石〉「全体の髯(ひげ)の事か顋髯丈(だけ)かわからない」＊或る女(1919)〈有島武郎〉後・二四「髪を苅る時の外剃(す)らない頤鬚を一二分程も延ばして」 ②演劇で俳優の用いる、あごのつけひげ。 発音アゴヒゲ〈標ア〉ゴ0〈京ア〉ゴ/ゴ

あご-ひも【顎紐】〘名〙帽子についていて、かぶるときあごにかける紐。＊大道無門(1926)〈里見弴〉影法師・一「男でも女でも時代の綱を帽子の顎紐(アゴヒモ)みたいに、これへかけてゐます」＊不在地主(1929)〈小林多喜二〉一四「顎紐をかけた警官が物々しく一列に延びて」 発音アゴヒモ〈標ア〉ゴ0〈京ア〉ゴ

あこぶ-じょう【阿古父尉】〘名〙能面の一つ。「小牛尉」に次ぐ上品な老人を表わす面。「遊行柳」「天鼓(てんこ)」などの前ジテに用いる。＊書言字考節用集(1717)七「阿好舞髯 アコブゼウ 仮面」 辞書書言 表記阿好舞髯(書)

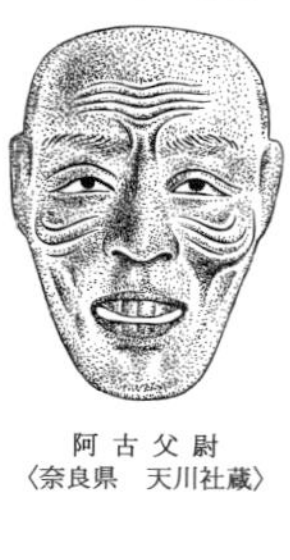
阿古父尉
〈奈良県　天川社蔵〉

あこ-ほうし【吾子法師】〘名〙子供の僧。＊俳諧・おらが春(1819)「妙専寺のあこ法師たか丸迚(とて)、ことし十一に成りけるが」

あこ-まる【阿子丸】〘名〙自分の子を親しんで呼ぶ語。子供の名前としても用いられた。＊今昔(1120頃か)二九・一一「阿子丸こそ御厨子を開て、瓜一つを取り出て食つれと」＊平家(13C前)四・源氏揃「阿古丸大納言宗通卿の孫」

あこ-みずき【雀榕水木】〘名〙植物「あこう(雀榕)」の異名。 発音〈標ア〉ミ

あご・む〘他マ四〙跨(また)ぐ。＊三河物語(1626頃)三「高手小手のなわをはづして、番之者をあごみ越て、はしり出て」＊物類称呼(1775)五「跨(またぐ)といふ事を 東国にて、あごむと云〈略〉又あごむはあとこゆるの転語也」＊歌舞伎・傾城浜真砂(1839)序幕「ト体を突

き附る。五郎七、あごむ体（てい）にて、刀を捨てて」 方言 ❶またぐ。茨城県稲敷郡193 北相馬郡195 千葉県001 「てんびんをあごむと折れる」286 301 愛知県062 549 563 ◇あんごむ 千葉県山武郡270 愛知県062 563 564 ◇あぐむ 栃木県塩谷郡「何々があったからあぐんでこー」197 下都賀郡198 ❷木などによじ登る。◇あぐむとも。東京都三宅島333 ❸歩測する。◇あぐむ 岩手県胆沢郡105

あこめ【衵・袙】〘名〙①中古、表（うえ）の衣（きぬ）と肌の衣との間にこめて着る衣。袿（うちき）より裾を短く仕立て、多く婦人・童女が用いた。あこめぎぬ。＊宇津保（970〜999頃）祭の使「ひとへかさねのあやかいねりのあこめ着たる童」＊源氏（1001〜14頃）絵合「童六人、赤色に桜襲の汗衫（かざみ）、あこめは紅に藤襲の織物なり」②男子束帯のとき、下襲（したがさね）の下、単衣（ひとえきぬ）の上に着けた裏付きの衣。寒暑に応じ、好みに任せて数領重ねたものを衵重（あこめかさね）という。＊延喜二十一年京極御息所褒子歌合（921）「一藍かさねて青色の綾のあこめ」＊延喜式（927）一四・縫殿寮「正月料〈二月、三月亦同〉〈略〉袷袙（あはせあこめ）、単袙各十領〈並紅〉料」＊九暦‐逸文・承平七年（937）正月一九日「依ㇾ有ㇾ感出幕後、脱ニ阿古女ㇾ給ㇾ之云々」＊大和（947〜957頃）一二六「あはれがりて、きたりけるあこめ一襲（かさね）ぬぎてなむやりける」＊蔭凉軒日録‐文明一七年（1485）六月二四日「袙（アコメ）二領於ニ殿中ニ請ニ取之ニ」 語源説 (1)アヒコメ（間込）の約〔貞丈雑記・言元梯・大言海〕。(2)アコメ（吾児女）の義〔東雅〕。 発音 〈標ア〉0 〈ア史〉平安・室町 ○◎◎ 〈京ア〉0 辞書 色葉・名義・下学・文明・伊京・黒本・易林・日葡・書言・言海 表記 袙（色・名・下・文・伊・黒・易・言） 衵（名・書）

あこ‐め【吾子女】〘名〙少女を親しんで呼ぶ語。＊催馬楽（7C後‐8C）田中「田中の井戸に 光れる田水葱（たなぎ） 摘め摘め安己女（アコメ） 小安己女（アコメ） たたりらり 田中の小安己女」＊宴曲・宴曲集（1296頃）一・春野遊「田中の井戸に引くたなぎ、我子女よ如何にとめ来かし、互（かたみ）に袖を列ねつつ摘み知らせばやとぞ思ふ」

あこめ‐おうぎ（ふぎ：あ）**【衵扇】**〘名〙極彩色で吉祥文様を表現し、金銀泥で装飾した泥絵の檜扇（ひおうぎ）の一種。親骨の上部に糸花をつけ、色糸の飾り紐を垂らす。衵姿の童（わらわ）の所用によるところから、形状の類似から女房所用の泥絵の檜扇をいう。＊類聚名物考（1780頃）装飾部・二・扇「ここに見ゆるさまなるは今は衵扇（アコメおうぎ）といふ。箔をおし彩色絵をかき、つま紅などにして、とぢ糸の先を長さ四、五尺ばかり、いろいろの糸にてすかりの様にしてたれたる」＊随筆・安斎随筆（1783頃）五「女の袴、女の扇を袙袴、袙扇といふは、袙をきる時に用ふる故なり」 発音 アコメオーギ 〈標ア〉オ

衵扇〈東京国立博物館蔵〉

あこめ‐がき【衵垣】〘名〙建物の間を仕切る庭の垣根。＊俳諧・瀬とり舟（1704）「障子の間一二三寸明く・蚊屋越の槿花朝月あこめ垣」

あこめ‐きちょう（キチャウ）**【衵几帳】**〘名〙几帳の一種。帷（かたびら）の三尺六寸（約一メートル余）のもの。＊類聚雑要抄（室町）四「衵几帳と謂者、長三尺六寸、紐長帷定、幅之如ニ中付ㇾ、但四幅者常事也、又手長者三尺几帳を用也」

あこめ‐ぎぬ【衵衣】〘名〙「あこめ（衵）①」に同じ。＊十巻本和名抄（934頃）四「衵 唐韻云衵〈漢語抄云 阿古女岐奴〉女人近身衣也」＊扶桑略記（12C初）康保三年一〇月七日「小舎人実資著ニ天冠舞衣ㇾ舞畢、召ニ実資於床子ㇾ、脱ニ阿古女衣ㇾ賜ㇾ之」 辞書 和名・名義 表記 衵（和・名）

あこめ‐すがた【衵姿】〘名〙幼童が、上に汗衫（かざみ）を着ないであこめを着ている姿。＊源氏（1001〜14頃）野分「わらはべなど、をかしきあこめすがたうちとけて」 発音 アコメスガタ 〈標ア〉ス

衵　姿

あこめ‐だけ【衵長】〘名〙垂れた髪の長さが、着ているあこめの裾（すそ）まであること。＊今昔（1120頃か）三〇・一「年十七八許（ばかり）の姿・様躰（やうだい）可咲（をかし）くて、髪は袙長（あこめたけ）に三寸許（ばかり）不足（たら）ぬ」＊平家（13C前）一〇・千手前「十四五ばかりなる女童（めのわらは）の、紺村濃（こむらご）のかたびら着て、髪はあこめだけなるが」 発音 〈標ア〉0 〈ア史〉江戸 ◎◎◎◎◎ 〈京ア〉メ

あこめ‐の‐はな【―花】〘名〙植物「すすき（薄）」の異名。＊重訂本草綱目啓蒙（1847）九・山草「芒 すすき〈略〉秋に至て花あり、和歌にをばなとよめり、獣の尾に似たるが故なり、又あこめのはなと云」 発音 〈標ア〉ナ

あこめ‐ばかま【衵袴】〘名〙あこめを着るときにはく袴。＊今昔（1120頃か）一七・三三「清気（きよげ）なる女、袙袴（あこめはかま）着たる、高坏（たかつき）に食物（じきもつ）を居（す）ゑて持て来（きたり）たり」

あこや【阿古屋】㊀〘名〙①「あこやだま（阿古屋珠）」の略。＊山家集（12C後）下「あこやとるいがひの殻を積みおきて宝の跡を見するなりけり」②米の粉でつくった、小さなだんごの一種。「あこやだま」の形をしているので、この名がついたという。あこやもち。＊言継卿記‐大永七年（1527）三月二一日「あこやにて酒をすすめ候」＊鹿苑日録‐天文六年（1537）正月二五日「自ニ本光院ㇾ為ㇾ使薫尼持ニ徳利一、両肴ㇾ あこや、はんへん 来」＊日葡辞書（1603〜04）「Acoya（アコヤ）〈訳〉ある種の、米の粉の菓子」＊随筆・円珠庵雑記（1699）「伊勢には女のわざに、ちひさううつくしき団子をうりありくとて、あこややめさぬといふよし〈略〉あこや玉に似たる故に、名を移せるなるべし」㊁㈠愛知県半田市付近の古名。㈡山形市南東部にある千歳山の古い呼び名。ここに生える老松が有名であった。また阿古屋姫の伝説で、歌枕として使われている。阿古耶。＊平家（13C前）二・阿古屋之松「みちのくのあこ屋の松に木がくれていづべき月のいでもやらぬか、といふ歌の心をもて、当国の名所あこ屋の松とは仰せられ候か」＊狂歌・堀河百首題狂歌集（1671）雑「まんぢうの飾りにさせる枝見れば遠きあこやの松は物かは」㊂平景清の寵を受けた京都五条坂の遊女。近松門左衛門作「出世景清」や文耕堂・長谷川千四合作「壇浦兜軍記（だんのうらかぶとぐんき）」などに登場する。特に後者の三段目琴責めの場は有名。＊浄瑠璃・出世景清（1685）二「あこやといへるゆうくんにかりそめぶしのかり枕」＊雑俳・柳多留‐三（1768）「参詣のたびにあこやととちくるひ」 補注 ㊀②の語源として、明（みん）のアコヤと呼ばれた金子に形が似ているという説がある〔嘉良喜随筆〕。 発音 ㊀は〈標ア〉0 辞書 日葡・書言 表記 阿古耶（書）

あこや の 珠（たま）「あこやだま（阿古屋珠）」に同じ。＊宇治拾遺（1221頃）一四・六「袴の腰より、あこやの玉の、大なる豆斗（ばかり）ありけるを取り出して、とらせたりければ」 辞書 言海 表記 阿古屋珠（言）

あこや の 珠壺（たまつぼ）真珠をちりばめた、美しいつぼ。＊梁塵秘抄（1179頃）二・四句神歌「筑紫なんなるや、唐（もろこし）の金、白鑞（びゃくろ）といふ金もあんなるは、ありと聞く、それを合はせて造りたる、あこやのたまつぼ様かりな」

あこや‐がい（ひ：が）**【阿古屋貝】**〘名〙ウグイスガイ科の二枚貝。昔、知多半島の阿古屋の浦で多くとれたところから名づけられた。殻はほぼ方形で、殻長約八センチメートル。表面は黒褐色を帯び、ひだ状の輪脈と黒い放射状のすじがある。内面は光沢ある真珠色。養殖真珠の母貝として使われ、養殖地として三重県の英虞湾、長崎県の大村湾などが有名。天然には本州中部以南の、潮間帯から浅海の岩礁に足糸で付着する。しゅじゅがい。いちょうがい。ゆずがい。学名は Pinctada fucata martensii ＊和漢三才図会（1712）四七「蝛蛦（アコヤガヒ） 俗云阿古夜加比」 辞書 言海 表記 阿古屋貝（言） 発音 アコヤガイ

阿古屋貝

あこや‐かぶ【阿古屋株】〘名〙出羽の歌枕、阿古屋の松の根株。＊俳諧・五万才（1801〜04）四「家ひづみ古風の残る安古屋株」 〈標ア〉ヤ 〈京ア〉ヤ

あこや‐だま【阿古屋珠】〘名〙アコヤガイから出る珠（たま）。真珠。あこや。＊古今六帖（976〜987頃）三・水「伊勢の海のあまのしわざのあこやだまとりての後も恋のしげけん」 発音 〈標ア〉0

あこや‐なべ【阿古屋鍋】〘名〙岩手県、南部地方で生産された鉄、または黄銅製の鍋。多く阿古屋の松にちなんだ、松の絵模様を鋳出してあるところからいう。 発音 〈標ア〉ナ

あこやのまつ【阿古屋松】 謡曲。脇能物。廃曲。世阿彌作。陸奥の阿古屋の松に案内された藤原実方の夢の中に塩釜の明神が現われ、松の徳をたたえる。 発音 〈標ア〉マ

あこや‐もち【阿古屋餅】〘名〙「あこや（阿古屋）㊀②」に同じ。＊類聚名物考（1780頃）飲食・二・餅・造菓子「あこや餅 利久翁百会の茶の菓子に出せり 今云ふいただきといふ物伊勢の国にては今もあこや餅と云ふよし〈略〉あこや貝に似たればいふにや」

あこ‐ら〘代名〙あそこあたり。あそこらあたり。＊咄本・顔づくし落ばなし（1844）二「アノマア鳶（とんび）の小さう見える事わい、あこらまでいてみたい」

あごら〘名〙「あぐら（胡床）①」の古形。＊書紀（720）雄略四年八月・歌謡「大君は そこを聞かして 玉纏（たままき）の 阿娯羅（アゴラ）に立たし」 発音 〈ア史〉平安 ○○◎ 〈京ア〉コ

アゴラ〘名〙（ギリシア agora 「人々の集まる所」の意）古代ギリシアの都市国家にあった公共の広場。アクロポリスの麓にあって公共の建物が立ち、会議、裁判、市場が開かれた。ローマのフォーラムにあたる。 発音 〈標ア〉ア 上仮名 アゴラ

あ‐ごれ【我御寮】〘代名〙 方言 ⇨わごれ（我御寮）

あご‐わかれ【網子別】〘名〙（「あご」は網子で、漁夫の意）漁期が終わること（分類漁村語彙（1938））。 方言 ❶漁師たちの、漁期明けの別れ。また、その送別の酒宴。北海道065 ◇あこわかれ 青森県上北郡082 ◇あみこわかれ 島根県八東郡729 ❷別れを惜しむこと。送別。山形県西田川郡139 新潟県347 ◇あんごわかれ 秋田県平鹿郡130 ◇あぐわかれ 新潟県347 ◇あぐわれ 越後†081 新潟県347 ❸別れの会食。新潟県361 東蒲原郡368 ❹契約を解くこと。山形県西田川郡139 〔方言の補注〕一説に、「あごわかれ」は「頤別れ」の意という〔越後方言七十五年〕。

あご‐わん【英虞湾】 三重県、志摩半島南部にある湾。典型的なリアス式海岸。古くから海女漁場で知られた養殖真珠の中心地。伊勢志摩国立公園の一中心。 語源説 アゴはナゴの転で、ナギ（凪）から〔碩鼠漫筆〕。

あごん【阿含】〘名〙（梵 āgama の音訳。法帰、法蔵、教法、教、伝などと訳す）仏語。①釈迦の説いた、いわゆる仏説の総称。中阿含、長阿含、増一阿含、雑阿含の四種がある。阿含経。＊十善法語（1775）一〇「阿含 三蔵経等に加上して、法相大乗、あるひは空無相の教を説く」 発音 アゴワン 〈標ア〉ゴ

＊翻訳名義集‐四・十二分教「阿含。正云阿笈多。此云教〈略〉唯識論云、謂如来所説之教」 ＊希麟音義‐八「阿笈魔〈略〉或翻為教即長、中、増一、雑第四種阿含也」 ②小乗経のこと。また、小乗経典の総称。阿含経。 ＊今昔(1120頃か)六・三六「新羅国に僧有けり、〈略〉大乗を貴びて小乗を不崇(あがめ)ず、諸(もろもろ)の阿含(あごん)を受持せる者を見ては謗(そしり)て令捨(すてしむ)」 ＊日蓮遺文‐守護国家論(1259)「阿含証果一向小乗」 ＊細流抄(1525‐34)七「まづ大乗をやはらげて権教を説給へり。そのなかに阿含は一向に小乗なり」 ③「あごんじ(阿含時)」に同じ。 ＊光悦本謡曲・大会(1538頃)「五時といっは、花厳、あごん、方等、般若、法華。四教とは、是蔵通別円たり」 ＊雲形本狂言・瓢の神(室町末‐近世初)「それ一代の釈迦如来の仏法には、華厳、阿含(アゴン)、方等、般若、法華、涅槃(ねはん)、法相、律宗などと言へる小むつかし事ども」 [発音]アゴン〈標ア〉⓪ [辞書]文明・伊京・日葡 [表記]阿含(文・伊)

アゴン《名》(英 agon) 西洋碁の一種。九一個の正方形のある盤上に白、黒七個ずつの駒を相対して並べ、駒の一つを女王、その他を兵卒とし、女王を盤の中央に、また兵卒をその周囲の六角形に早く全部を入れたほうを勝ちとする。[発音]〈標ア〉ア

アコンカグア（Aconcagua）アルゼンチン西部、アンデス山脈にある山。南北アメリカ大陸および南半球の最高峰。標高六九六〇メートル。四五〇〇メートル以上は万年雪と氷河におおわれている。[発音]〈標ア〉カ

アコンカグア‐がわ【━川】 チリ中部の川。アコンカグアに源を発し、西流してバルパライソ北方より太平洋にそそぐ。

あごん‐きょう【阿含経】《名》(「あごんぎょう」とも)「あごん(阿含)①②」に同じ。 ＊今昔(1120頃か)三・一七「花開れば必ず菓を結ぶ、罪を作れば定て果を感ずる也。此の故に阿含経には自業自得果と説き給へり」 ＊梁塵秘抄(1179頃)二・法文歌「あごむ経の鹿の声、鹿野苑(ろくやをん)にぞ聞こゆなる」 [発音]アゴンキョー〈標ア〉⓪

あごん‐じ【阿含時】《名》仏語。天台宗で説く五時の一つ。釈迦が成仏してから死ぬまでの五〇年間に説いたすべての説法を、年代順に五つの時期に分類した、その第二番目。小乗の阿含経が説かれた一二年間をいう。その説法はインドの鹿野苑(ろくやおん)で行なわれたので、鹿苑時ともいう。あごん。→五時八教

あさ【浅】(形容詞「あさい」の語幹) ㊀《語素》名詞の上について、その名詞の表わす物や状態の、丈、深度、濃度などの程度がはなはだしくないことを示す。丈が低い、底が近い、まばらである、色が薄い、傷が軽い、など。「浅茅」「浅瀬」「浅篠(しの)原」「浅緑」「浅手」。⇔深(ふか)。 ㊁《名》「あさぎうら(浅葱裏)②」の略。 ＊雑俳・柳多留‐二四(1791)「浅めらがふざきあがると遣り手いい」 [語誌]「あさ」を語基として派生する語は、形容詞「あさし」のほかに、上代には「あさら」「あさらに」などがあり、下二段活用の動詞「あす」(後世も「色があせる」と用いる)とも関係があろう。[辞書]〈ポン〉 [表記]浅(へ)

あさ【麻】《名》①クワ科の一年草。中央アジアの原産と考えられるが、日本への渡来もきわめて古く、古代より、重要な繊維原植物として栽培されている。高さ一～三メートル。茎は四角柱で細毛がつく。葉は掌状に三～九裂し、各片は細長く、先がとがり、縁には鋸歯(きょし)がある。雌雄異株で、夏、淡黄緑色の雄花と、緑色の雌花が咲く。実は「おのみ」と呼ばれ、灰色の卵円形で食用となるほか油をとる。インド産のものは麻酔性物質を多く含む。茎の皮から繊維をとり、布や糸、綱などとする。古代、麻でつくった衣服は喪服として用いた。また、皮をはいだ残りの茎は「おがら」と呼ばれ、懐炉灰の原料、わら屋根の下ぶきなどのほか、お盆の「迎え火、送り火」としてたくのに用いる。現在では、栃木県をはじめ岩手、長野、広島、熊本、宮崎などの諸県で栽培されている。大麻。学名は Cannabis sativa →苧(お)・麻(そ)。《季・夏》

麻 ①

＊万葉(8C後)九・一八〇〇「小垣内(をかきつ)の 麻(あさ)を引き干(ほ)し 妹(いも)なねが 作り着せけむ 白栲(しろたへ)の 紐をも解かず〈福麻呂歌集〉」 ＊地蔵十輪経元慶七年点(883)四「此の麻(アサ)の油を圧す人は」 ＊太平記(14C後)二・長崎新左衛門尉意見事「夜もはや次第に明け離れて、忍ぶべき道もなければ、身を隠さんとて日を暮らし、麻(アサ)や蓬(よもぎ)の生ひ茂りたる中に隠れ居たれば」 ＊俳諧・曠野(1689)三・暮夏「麻の露皆こぼれけり馬の路〈李晨〉」 ＊日本植物名彙(1884)〈松村任三〉「アサ 大麻」 ②大麻のほか、亜麻、苧麻(ちょま)、黄麻(こうま)、マニラ麻、ニュージーランド麻などの植物からとれる強靱な有用繊維の多くの種類をさす総称的な呼び名。また、それらの原植物の名。 ③麻糸で織った布類およびそれで作った衣類の総称。→あさ(麻)の衣(きぬ・ころも)・あさ(麻)の喪服(みそ)。 ＊方丈記(1212)「藤の衣、あさのふすま、得るにしたがひて肌(はだへ)を隠し」 ④「あさがみしも(麻上下)」の略。 ＊随筆・幕朝故事談(1789‐1801か)「御門番大名、御規式御成の節御成還御共麻にてつとめる也。〈略〉御用の義有之て令登城との時は平服にて出るなり。麻にて出るは吉事なり」 [方言]植物。❶あま(亜麻)。新潟県一部030 長野県一部030 ❷つなそ(綱麻)。長野県一部030 香川県一部030 宮崎県一部030 ❸いちび(莔麻)。愛知県一部030 ❹ラミー。滋賀県一部030 [語源説](1)アは接頭語、サは麻の原語〔日本古語大辞典＝松岡静雄〕。(2)アヲソ(青麻)の約転〔古今要覧稿・日本語源＝賀茂百樹〕。(3)浅の意。またはアヲサキ(青割)の転〔和訓栞・言葉の根しらべ＝鈴江潔子〕。(4)麻は薄い物であり朝着たことから〔煙霞綺談・駿亭随筆所引秩草〕。(5)アザナフの義〔碩鼠漫筆〕。(6)マヲに対する語〔名語記〕。(7)イトタネグサ(糸種草)の義〔日本語原学＝林甕臣〕。(8)赤くして皮をさくことから赤物の義〔和句解〕。(9)アラサヤ(粗清)の意。アラの反ア、サヤの反サ〔名言通〕。(10)アスナ(彌直)の意。スナの反サ〔言元梯〕。(11)イカクサ(大草)の義〔和訓集説〕。(12)朝の伝語。朝晴れの青い色を称する〔紫門和語類集〕。(13)アサ(亜楮)またはアサ(悪楮)の義〔日本語原考＝与謝野寛〕。 [発音]〈なまり〉アシャ〔信州風物〕〈標ア〉[サ]〈ア史〉平安・鎌倉〇〇 江戸〇● 〈京ア〉⓪ [辞書]和名・色葉・名義・下学・和玉・文明・明応・天正・黒本・易林・日葡・書言・〈ポン〉・言海 [表記]麻(和・色・名・下・玉・文・明・天・黒・易・書・へ・言) 苴(名・玉・天) 莔・靡・麖(玉)

あさ刈(か)る 七月頃、大麻の下葉が枯れ、茎が黄色みがかって皮がはげやすくなるのを、根もとから刈り取る。《季・夏》 ＊俳諧・増山の井(1663)六月「麻を刈は夏也。二番刈は秋也。実も秋なり」 ＊俳諧・新花摘(1784)「麻を刈れと夕日このごろ斜なる」

あさと蓬(よもぎ) 「あさ(麻)につるる蓬(よもぎ)」に同じ。

あさに添(そ)う蓬(よもぎ)は矯(た)めざるに直(なお)くなる 「あさ(麻)につるる蓬(よもぎ)」に同じ。 ＊咄本・醒睡笑(1628)二「親類の者ども聞き兼ね、あたりに物など読みたる僧のありけるをたのみ、右兵衛佐と引合せ、つねづね出入をいたしければ、麻(アサ)にそふ蓬(ヨモギ)はためざるに直(ナホ)くなるいはれにや、僧の教訓とあればそむかず」

あさにつるる蓬(よもぎ) (「荀子‐勧学篇」の「蓬生麻中不扶而直」による) 麻のようにまっすぐな物の中にまじって生えれば、蓬も自然に曲がらずに伸びるの意から、善良な人に交われば、その感化を受けて自然に善人になるというたとえ。 ＊俳諧・毛吹草(1638)二「麻(アサ)につるる蓬(ヨモギ)」 ＊浄瑠璃・苅萱桑門筑紫𨏍(1735)三「頑固(かたくな)に育てられ、麻につるる蓬(ヨモギ)とて、そち迄が身持ちも堅く」 ＊歌舞伎・佐野常世誉免状(1858)上「佐野源左衛門常世様とて、それはそれはお慈悲深いお方〈略〉又麻(アサ)につるる蓬(ヨモギ)とやらで奥様も結構なお人」

あさ=に なるとも[=を 蒔(ま)くとも]苧(お)になるな 語義未詳。俗説で、麻が風でなびいたため麻畑にかくれていた愛護の若が、それを恨んで書きつけたという文句。 ＊浄瑠璃・愛護若塒箱(1715頃)四「我を打ったる其仇に、花は咲くとも桃なるな、麻を蒔くとも苧(ヲ)になるな、穴生(あなふ)の里のあるらん限りは、二条の若と筆捨つる。末の世までも桃ならず、麻は茂れど苧にならぬ」 ＊浄瑠璃・源平布引滝(1749)三「此若君は継母(ままはは)の姤(ねたみ)によりて此里で、身まかり給ひし其根。麻(アサ)に成るとも苧(ヲ)になるな、花は咲くとも桃生(な)るなど、いひ残されて」

あさの苧(お) 麻の茎の内皮からとった繊維。また、それをより合わせてつくった糸、縄。あさお。 ＊日葡辞書(1603‐04)「Asanouo(アサノヲ)」 ＊ロドリゲス日本大文典(1604‐08)「マワタ、Asano vo(アサノヲ) イチワ」 ＊浮世草子・近代艶隠者(1686)三・四「麻(アサ)の苧(ヲ)うみて朝夕をいとなみ」

あさの小幣(おぬさ) (「お」は接頭語) 「あさ(麻)の幣(ぬさ)」に同じ。 ＊久安百首(1153)夏「玉のをや短かからましみそぎするあさのをぬさに祈りかけずは〈藤原隆季〉」

あさの被(かずき) 麻の布で仕立てた、頭からかぶる衣服。外出の際、貴婦人の用いたもの。 ＊万金産業袋(1732)四「麻の被(カヅキ)、町にては一向に用ひず、今にまだ堂上かたの女中には、古風なる麻の被を用ひ給ふ」

あさの衣(きぬ) ①麻布の衣。麻織りのそまつな着物。 ＊古今(905‐914)雑・一〇六八「世をいとひこのもとごとにたちよりてうつぶし染めのあさのきぬなり〈よみ人しらず〉」 ②服喪の時に着る麻の白い御服。喪服。あさぎぬ。あさのころも。あさのみそ。 ＊書紀(720)允恭四二年正月(寛文版訓)「是れ対島に泊て大いに哭(まつ)りて、筑紫に到りて亦大いに哭る。難波津に泊て、皆素服(アサノキヌ)きる」

あさの沓(くつ) 麻を材料にして作ったくつ。 ＊南海寄帰内法伝平安後期点(1050頃)一「富羅(アサノクツ)をもて香台に進むこと勿れ」

あさの如(ごと)く (麻糸が乱れもつれるようにの意で) 世の中の状態などが乱れることの形容に用いる。 ＊日本開化小史(1877‐82)〈田口卯吉〉四・八「海内麻の如く乱れ群雄割拠するの世」

あさの衣(ころも) ①「あさ(麻)の衣(きぬ)①」に同じ。 ＊散木奇歌集(1128頃)冬「風ふけばとなせに落すいかだしのあさの衣に錦をりかく」 ＊寛永版曽我物語(南北朝頃)一二・虎と少将法然に逢ひ奉りし事「麻のころも紙の衾(ふすま)を肩に懸けて、諸国を修行し」 ＊謡曲・安宅(1516頃)「おん篠掛(すずかけ)を脱ぎ替へて、麻の衣をおん身に纏(まと)ひ」 ②「あさ(麻)の衣(きぬ)②」に同じ。 ＊書紀(720)天武元年三月(北野本訓)「是に郭務悰等咸くに喪服(アサノコロモ)を著て三遍(たび)挙哀(みねたてまつ)る」 [辞書]日葡

あさの狭衣(さごろも) (「さ」は接頭語) 「麻の衣(ころも)」の歌語。 ＊恋十五首歌合(1202)「山がつの麻のさころもをさをあらみあはで月日や杉ふける庵〈藤原良経〉」 ＊新古今(1205)秋下・四七九「まどろまで詠めよとてのすさび哉あさのさ衣月にうつこゑ〈宮内卿〉」

あさの立枝(たちえ) 麻の茎。祓(はら)いなどに

用いる。＊久安百首(1153)夏「けふくればあさのたち枝(エ)にゆふかけて夏みな月の祓へをぞする〈藤原季通〉」＊正治初度百首(1200)上「刈りはやす麻のたちえにしるきかな夏の末ばになれるけしきは」

あさの中(なか)の蓬(よもぎ)　「あさ(麻)につる蓬(よもぎ)」に同じ。＊十訓抄(1252)五・序「人者善友にあはむ事をこひねがふべき也。麻のなかの蓬はためざるにおのづから直しといふたとへあり」＊ささめごと(1463-64頃)下「麻の中の蓬なれば、つたなき心も、さすが友によりて直かるべし」＊仮名草子・尤双紙(1632)下・七「すぐなる物の品品　一、麻の中のよもぎはためざるにすぐなり。人は唯ともによるべき事ぞかしあさの中なるよもぎ見るにも」＊諺苑(1797)「麻(アサ)の中の蓬〈略〉麻につるる蓬とも云諺艸」 辞書 書言 表記 麻中蓬(書)

あさの幣(ぬさ)　祓いに用いる麻で作ったぬさ。＊為家集(1271-75頃)「月も日も年もなかばになりぬればあさのぬさもてみそぎをぞする」

あさの葉(は)　①麻の葉。御祓(おはらい)の折の神具とされた。《季・夏》＊和泉式部集(11C中)上「思ふこと皆尽きねとてあさのはを切りに切りても祓ひつるかな」＊堀河百首(1105-06頃)夏「あさのはに思ふ事をば撫でつけてみな月はつるみそぎをぞする〈源師時〉」 ②染模様の名。①をかたどり六角形状に六個のひし形を組み合わせた幾何学的な模様。また、その連続模様。近世、文化、文政(一八〇四～三〇)頃京坂を中心とした女性の間で流行した。また、真っ直ぐにのびる麻にあやかって、子供の産着(うぶぎ)、下着の模様として用いられた。＊滑稽本・浮世風呂(1809-13)三・上「『一粒鹿子かヱ』『アア』『麻(アサ)の葉(ハ)もよいねへ』『あれは半四郎鹿子と申すよ』」＊歌舞伎・青砥稿花紅彩画(白浪五人男)(1862)三幕「『これ四十八、鹿の子はどちらがよかろうぞいの』〈略〉『そんなら麻の葉の方にしようわいの』」 ③紋所の名。②と同様の模様を基本とし、「二つ重ね麻の葉」「細輪に三つ割麻の葉」などの種類がある。 発音〈標ア〉①は0 ②③はノ 〈京ア〉㋚ 辞書 言海 表記 麻葉(言)

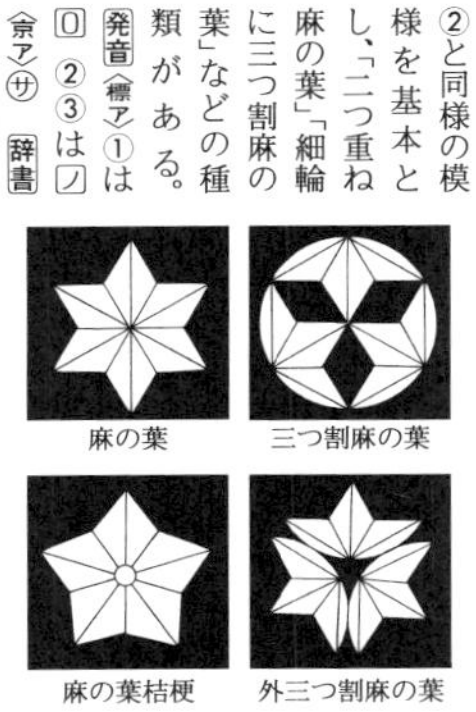

麻の葉　三つ割麻の葉　麻の葉桔梗　外三つ割麻の葉

あさの箸(はし)　盂蘭盆(うらぼん)に、霊棚(たまだな)や墓にささげる供え物に添える苧殻(おがら)の箸。あさぎのはし。《季・秋》

あさの花(はな)　①夏、麻のつける花。黄緑色で小さい。《季・夏》＊俳諧・毛吹草(1638)二「六月〈略〉麻の花　麻から夏也実は秋」 ②紋所の名。麻の花をかたどったもの。 辞書 書言 表記 麻勃(書)

あさの葉(は)流(なが)す　夏越祓(なごしのはらえ)に、麻の葉を切って幣(ぬさ)として川に流す。《季・夏》＊俳諧・誹諧通俗志(1716)時令・六月「麻の葉流」＊俳諧・小づち(1770)「六月　神釈門〈略〉夏神楽、麻の葉流、小蝿なす神」＊俳諧・七番日記-文化一〇年(1813)五月「麻の葉に借銭書て流しけり」

あさの実(み)　麻の実。色が黒く、円形で、かみつぶすと芳香があり、薬用また食用とする。苧実(おのみ)。《季・夏-秋》＊本草和名(918頃)「麻蕡　一名麻勃、牡麻也、人精、華名青葙和名阿佐乃三」＊伊呂波字類抄(鎌倉)「麻蕡　アサノミ」＊俳諧・誹諧通俗志(1716)時令・附り雑「麻の実」 発音〈標ア〉0 〈京ア〉㋚ 辞書 書言・言海 表記 麻蕡(書) 麻実(言)

あさの喪服(みそ)　「あさ(麻)の衣(きぬ)②」に同じ。＊書紀(720)天智即位前(北野本訓)「七年七月の丁巳、崩りたまひき。皇太子、素服(アサノミソ　別訓 あさものみそ)たてまつりて称制(まつりごときこしめ)す」

あさ蒔(ま)く　三、四月頃、麻の種を蒔く。《季・春》＊万葉(8C後)七・一一九五「麻衣着(け)ればなつかし紀の国の妹背の山に麻蒔(あさまく)吾妹〈藤原卿〉」＊俳諧・類題発句集(1774)春「麻蒔や蓬に癖の付かぬうち〈暁雨〉」

あさを荷(にな)って金(かね)を捨(す)てる　物を手に入れた喜びの余り、前から持っていた、より値打のある物を捨てる。目先の利を喜ぶ愚かさを戒めることわざ。＊諺苑(1797)「麻(アサ)を荷(ニナ)フて金を捨(スツ)」 補注「大宝積経-八〇」の「棄二捨於真金一、担二負草穢一」から来たもの。

あさ【朝】『名』　夜が明けてからしばらくの間。古代にあっては夜の終わりの時間をさす「あした」とほぼ同じ意味であるが、単独で使われることは少なく、他の語と複合して使われることが多かった。また、「朝さる・朝漕ぐ・朝立つ」など助詞を介さず動詞と直結する例が多い。夕、宵、夜に対応し、「あかとき」とも時間的に重なることがあるらしい。日の照る時間は「昼」で別のものであったが、のち「あさ」のさす時間帯もだんだん広がって、あるときは、一昼夜を暁、明、朝、昼、夕、暮、宵、夜に分けて辰の時(おおよそ午前七～九時)をさすといわれたり、また、広く夜が明けてから正午までの午前中の時間をさして使われることもある。⇔夕・晩。＊万葉(8C後)一四・三四三〇「しだの浦を阿佐(アサ)漕ぐ船はよしなしに漕ぐらめかもよよしこさるらめ〈東歌・駿河〉」＊竹取(9C末-10C初)「我朝ごと夕(ゆふ)ごとに見る竹の中におはするにて知りぬ」＊古今(905-914)恋五・七五三「雲もなくなぎたるあさの我なれやいとはれてのみ世をばへぬらん〈紀友則〉」＊平家(13C前)八・鼓判官「軍(いくさ)は十一月十九日の朝なり」 語源説 (1)アシタの約〔名語記・冠辞考・槻の落葉信濃漫録・雅言考・和訓栞・大言海・日本語源＝賀茂百樹〕。(2)天が開いて明るくなることから、アク(開)の意〔東雅・言葉の根しらべ＝鈴江潔子〕。(3)アはアケル(明)のア。サは接尾語、あるいは少または早の意〔皇国辞解・言元梯・和訓栞・言葉の根しらべ＝鈴江潔子・国語の語根とその分類＝大島正健〕。(4)明けさまか〔和句解〕。(5)ア音は陽精の発起、サ音は生化の初めをいう〔紫門和語類集〕。(6)アはアカの約、サはスサの約で明進の意〔和訓集説〕。(7)朝、ものを食べることからアサル(求)の義〔桑家漢語抄〕。(8)「翼早」の別音A-sa。翼は夜の明ける義、早は暁の義〔日本語原考＝与謝野寛〕。 発音〈なまり〉アッサ〔岐阜〕〈標ア〉ア 〈ア史〉鎌倉○○ 江戸○◐ 〈京ア〉㋚ 辞書 和玉・文明・日葡・書言・〈ボン〉・言海 表記 朝(玉・文・ヘ・言) 晨(書)

あさ去(さ)らず　(朝を離れない意から) 毎朝。朝ごとに。＊万葉(8C後)六・一〇五七「鹿背(かせ)の山木立を茂み朝不去(あささらず)来鳴きとよもすうぐひすの声〈福麻呂歌集〉」＊万葉(8C後)一七・四〇〇三「安佐左良受(アササラズ)　霧立ち渡り　夕されば　雲ゐたなびき〈大伴池主〉」

あさ去(さ)れば　(「去る」は時間的な移動の意) 朝になると。あけされば。＊万葉(8C後)一五・三六二七「安佐散礼婆(アササレバ)〈略〉大船に　真楫(まかぢ)繁貫(しじぬ)き　韓国(からくに)に　渡り行かむと〈遣新羅使人〉」

あさ鳥(とり)渡(わた)る　秋季に大群で鳥が移動する。《季・秋》＊俳諧・をだまき(元禄四年本)(1691)四季之詞・八月「小鳥渡　朝鳥渡」

あさ凪(な)ぐ　海岸地帯で夏の朝、海風と陸風の交替のため無風状態になる。《季・夏》

あさの命(いのち)　朝露のようにはかなく消える命。＊牧羊神(1920)〈上田敏〉牧羊神「子別過ぎし初秋の　朝(アサ)の命を知らざるや」

あさの内(うち)　朝のあいだ。日がすっかりのぼりきらない前に。＊二人女房(1891)〈尾崎紅葉〉中・九「朝の間(ウチ)湯にも行き、丁度結日で髪も出来て」

あさの行(おこ)ない　朝の勤行(ごんぎょう)。早朝に経をよみ、仏に祈る行事。朝のつとめ。あさじ。 発音〈標ア〉0

あさの会(かい)　朝の茶事。朝の茶の湯。朝茶。朝会。

あさの講(こう)　仏語。①寺院における朝の仏事。朝座。②法華八講など、一日に朝夕二回行なわれるうちの朝の論講。

あさの茶(ちゃ)　「あさ(朝)の茶事(ちゃじ)」に同じ。

あさの茶事(ちゃじ)　茶事七式の一つ。夏の朝、七時頃までの涼しいうちに客を迎えて催す茶会。朝茶。朝茶の湯。朝の茶。朝の茶の湯。

あさの茶(ちゃ)の湯(ゆ)　「あさ(朝)の茶事(ちゃじ)」に同じ。

あさの月(つき)　入り残って、朝まである月。陰暦一七日から二八日までの月という。《季・秋》＊俳諧・炭俵(1694)上「銭さしに菰引ちぎる朝の月〈野坡〉なめすすきとる裏の塀あはひ〈利牛〉」

あさの勤(つとめ)　「あさ(朝)の行(おこ)ない」に同じ。＊語彙(1871-84)「あさのつとめ。仏家に毎日二六時中に勤行する其晨朝の勤行を云ふ」

あさの年越(としこし)　東北地方では一般に大晦日(おおみそか)の夕飯を正式の食事とし、これを食べて年を取るというが、家によっては朝食で年をとるとする。それをいう。昼の年越を家例とする家もある。

あさの間(ま)　朝のうち。多くは朝飯の前の意に用いる。＊日葡辞書(1603-04)「Asano ma (アサノマ)〈訳〉朝のうち」＊俳諧・其便(1694)下「朝の間は大晦日も静かなり〈晦朔〉」＊俳諧・続猿蓑(1698)釈教「手まはしに朝の間涼し夏念仏〈野坡〉」 辞書 日葡・〈ボン〉 表記 終朝(ヘ)

あさの御食(みけ)　神または天皇の、朝の食事。⇔夕の御食。＊出雲風土記(733)島根「熊野大神命詔りたまはく、朝御饌(あさのみけ)の勘養(かむかひ)、夕御饌(ゆふのみけ)の勘養に、五つの贄(にへ)の緒の処、とのりたまひて定め給ひき」＊延喜式(927)祝詞・六月月次(九条家本訓)「遺りをば皇御孫命の朝御食(アサノミケ)夕の御食の加牟加比に、長御食の遠御食と赤丹穂に聞こし食すが故に」

あさの雪(ゆき)　朝降る雪。朝見る雪。《季・冬》＊長唄・菊寿の草摺(1787)「留めてよいのは朝の雪、雨の降るのに去(い)なうとは、そりゃ野暮ぢゃぞえ、待たしゃんせ」

あさの夜(よる)　朝の、まだ明けきらないで薄暗い頃。朝の暗いうち。未明。＊浄瑠璃・丹波与作待夜の小室節(1707頃)中「あさのよるから見世(みせ)ざらし」＊浄瑠璃・菅原伝授手習鑑(1746)一「朝(アサ)の夜(よル)から机を直し、たばこよ茶よと呼立る」 方言 三重県北牟婁郡588 ◇あしたよる 熊本県葦北郡919 ◇あさよる 熊本県南部933 ◇あさよ 香川県塩飽諸島829

あさは知(し)れぬ世(よ)の中(なか)　(「あさ」は翌朝の意) 将来の事は予測ができない世の中。一寸先は闇。＊浮世草子・西鶴置土産(1693)四・三「朝(アサ)は知れぬ世の中、善はいそげとむかし誰やらがいひけるが」

あさ右(みぎ)夕(ゆう)左(ひだり)　朝は右の耳、夕方は左の耳がかゆいと、よい事を聞く前兆だということ。

あさ【安佐】　広島県の中西部にあった郡。明治三一年(一八九八)高宮郡と沼田(ぬまた)郡が合併して成立。昭和四年(一九二九)以降、広島市に順次編入され、同四八年消滅。

あさ【厚狭】 山口県の南西部の郡。有帆川・厚狭川の流域にあり、周防灘に面する。「和名抄」では「あつさ」。

あさ 〘名〙 囚人をいう、盗人仲間の隠語。〔隠語輯覧(1915)〕

あさ 〘名〙 [方言] ❶父。多く他に対して言うが、まれには自称としても用いる。沖縄県宮古島975 ❷祖父。沖縄県与那国島975 ❸そのとおり。そう。沖縄県石垣島996

アサ【ASA】 〘名〙(American Standards Association の略) ①米国規格協会。また、そこで定める工業製品の規格。現在はANSI(American National Standards Institute 米国国家規格協会)。 ②「アサかんど(─感度)」の略。

アサ(Asa) ユダ王国第三代の王。偶像礼拝を排し、宗教改革を断行した。

あざ【字】 〘名〙 ①近世、土地の小名。明治時代市町村合併以降は近世の村を大字、それ以下の小名を小字と呼ぶようになった。普通は小字を単に字という。あざな。*地方凡例録(1794)二「土地所の小名を字と云、口上にては名所とも、小名とも、下げ名とも申せども、幅面証文等に認るには字と書ことなり」*随筆・玉勝間(1795-1812)二・あざ名といふ物の事「其外にも田地の字、何の字くれの字などいふも、皆正しく定まれる名としもなくて、よびならへるをいへり」*地方自治法(1947)第二六〇条・一「市町村の区域内の町若しくは字の区域をあらたに画し、若しくはこれを廃止し」 ②家々のかたまり。小さな集落。*闇の絵巻(1930)〈梶井基次郎〉「道の傍らには小さな字(アザ)があって、そこから射して来る光が、道の上に押し被さった竹藪を白く光らせてゐる」 [発音]〈なまり〉アダ〔島根〕〈標ア〉[ア]〈京ア〉[ア] [辞書]言海 [表記]字(言)

あざ【痣・疵】 〘名〙 ①皮膚の一部分に局限する色の変化。その種類は多く、外傷により皮膚の内部で出血することによるもの、内科的な血液病や血管の異常によって生じる紫斑病、先天的異常に基づく色素の増殖や、血管の増殖拡張により皮膚にできた黒褐色、青色、赤色の母斑(ぼはん)などがある。*彌勒上生経賛平安初期点(850頃)「黶、点、疕(アサ)、贅とのごとき過は无し」*十巻本和名抄(934頃)二「疵 晉書云趙孟面有二疵〈音疾移反 師説阿佐〉」*宇治拾遺(1221頃)七・一「この輿のそばにある、顔にあざのある男」*洒落本・大通愛想尽(1779)「くひつかれたりたたかれたり、そのあざの紫だったをうれしがるものすくなからず」 ②比喩的に①のように見えるものをいう。㋑近世、結婚した女の眉を剃った跡。また、その青い色をいう。*雑俳・川傍柳(1780-83)初「顔にあざ二(ふたッつ)出来るおしい事」 ㋺入れ墨。*雑俳・柳多留-七(1772)「わるものに成りはじまりはあざを付け」 ③ほくろ。*御国通辞(1790)「ほくろ、痣、あざ」*浜荻(久留米)(1840-52頃)「あざ」ほくろ 黒痣」 [方言]❶ほくろ。青森県三戸郡083 岩手県紫波郡093 和賀郡095 宮城県栗原郡(痣と区別しない)114 秋田県(痣と区別しない)130 132 山形県139 新潟県368 380 佐渡(痣と区別しない)351 兵庫県揖保郡(大きいほくろ)054 島根県那賀郡054 広島県054 057 779 香川県054 833 愛媛県846 849 佐賀県三養基郡894 長崎県905 906 916 熊本県玉名郡926 下益城郡931 大分県(痣と区別しない)941 鹿児島県(痣と区別しない)054 963 968 沖縄県首里993 石垣島・竹富島・鳩間島996 ◇あだ 山口県大島801 鹿児島県加計呂麻島975 喜界島983 ◇あざぐゎあ 沖縄県首里(小さいほくろ)993 ◇あざえぼ〔─疣〕山形県西田川郡139 ❷あばた。千葉県山武郡270 新潟県東蒲原郡368 愛媛県840 ◇あざら 沖縄県西表島・新城島・波照間島975 ◇あざらあ 沖縄県石垣島975 ◇あんでぃ 沖縄県宮古島975 ◇あんざらあ 沖縄県小浜島975 ◇あざり 沖縄県石垣島・竹富島996 ❸凹凸の甚だしいこと。◇あざり 沖縄県石垣島「あざりいし(表面の粗い石)」996 ❹波の浸食でできた洞穴。三重県北牟婁郡054 ❺墓穴。島根県隠岐島740 [語源説](1)アザフ(交)から。皮膚の色に他の色がまじるからいう〔和訓栞・日本語源＝賀茂百樹〕。(2)アヲシラレ(青識)の義〔名言通〕。(3)アゾ(赤所)の義〔言元梯〕。(4)アセザ(血座)の中略〔紫門和語類集〕。(5)あかくザ(座)どるもの〔和句解〕。(6)アカシナ、またはアカサマの反〔名語記〕。 [発音]〈なまり〉アジャ〔青森・津軽ことば・津軽語彙・岩手・秋田〕アダ〔伊賀・和歌山県・島根・広島県・島原方言〕アラ〔鹿児島方言〕アンジャ〔秋田〕〈標ア〉[ザ]〈ア史〉平安◉○と◉◉の両様〈京ア〉[ア] [辞書]和名・色葉・名義・和玉・文明・天正・饅頭・易林・日葡・書言・〈ポ〉・言海 [表記]疵(和・色・名・天) 瘤(文・饅・易) 痣(書・へ・言) 痕・贅(名) 皯・膚(玉)

あざ【蠣】 〘名〙 天正カルタ、めくりカルタなどのハウ(棍棒)の一の札。三皇(あざ、しゃか、あおこ)の一つで、点数五〇に当たる強い札。青一。青虫。虫。*仮名草子・仁勢物語(1639-40頃)下・一一九「をかし、女はあざ持つ、男はそうた持てり」*浮世草子・渡世身持談義(1735)三・一「四十八枚の札を蒔き弘め、釈迦あざの有難い道を蒔(まい)て見せ」*雑俳・柳多留-一四(1779)「是はあざ是は青二とわるいやつ」*博奕仕方風聞書(1839頃か)「一壱の四枚の内壱枚をあざと唱金泥にて彩色、此札数五十に相成、四枚之内上の札に御座候」

あざ が 倒(こ)け込(こ)む めくりカルタで、思いがけなく強い有利な札のあざが自分の手にころげ込む。*浄瑠璃・源頼家源実朝鎌倉三代記(1781)六「雑兵組の頭となし、物の具させよと土民が手柄、蠣(あざ)のこけ込がすのつん」

あざ の=持(も)ち殺(ごろ)し[=握(にぎ)り殺(ごろ)し] めくりカルタを打つ時、せっかく強い有利な札のあざを手に入れながら、それを死札にしてしまう意から、役に立つ物や才能をもちながら活用できないことのたとえ。宝の持ち腐れ。*浮世草子・渡世身持談義(1735)三・一「偏(ひと)へに日に逢へる土龍(むぐろもち)の如く、忽に蠣の持殺となれり」*諺苑(1797)「あざの握(ニキリ)ころし」

あざ を 握(にぎ)る めくりカルタで、最も強い有利なあざの札を手に持つ。転じて、果報、利得の種を取り逃がさないように握り持つ。*浄瑠璃・雪女五枚羽子板(1708)中「あざをにぎって押せ押せ、押しこめ乗こめ米俵」

あざ を 捻(ひね)る めくりカルタで最も強い有利なあざの札を用心深く使う。*浮世草子・笑談医者気質(1774)五・一「三日目にいかがあらんと、よみがるたのあざひねる心で見廻り様子を問(とへ)ば」

あざ【安蹔】 〘名〙 語義未詳。*万葉(8C後)一二・三〇四六「ささ浪の波越す安蹔に降る小雨間も置きてわが思はなくに〈作者未詳〉」 [補注]㋑「あせ」と訓み、畔(あぜ)の意とする説。㋺「あず(崩れた崖の意)」と関係ある語とする説。㋩地名(所在不明)とする説。㋥「安蹔」を「安新 足」(「足」は「安新」の注記)が誤ったものとして「葦」とする説。㋭「安蹔」は「安斬 之」(「之」は「斬」の注記)から、「安蹔」に誤写されたものの再誤写とし、「葦」とする説、などがある。

あざ 〘名〙 名前をいう、人形浄瑠璃社会の隠語。淡路、阿波の操り人形芝居では、菜っ葉をもいう。

あざ 〘名〙 [方言] ⇩あんこ(兄─)

あさ-あい【浅藍】 〘名〙 浅く染めた藍色。うすあい。*延喜式(927)一四・縫殿寮「浅藍色綾一疋」

あさ-あがり【朝上】 〘名〙 朝になってから雨が上がること。↔夜上り。 [方言]❶朝食。熊本県玉名郡058 ◇あさいがり 富山県390 ◇あさがり 熊本県919 936 ❷朝、草刈りに行く前に前日の残りものでする朝食。◇あさんかあり 鹿児島県種子島981 ❸野良仕事をしてから朝食に帰ってくること。◇あさがり 山形県139

あさ-あきない【朝商】 〘名〙 朝早く、商売をすること。*咄本・近目貫(1773)もも引「朝商(アキナ)ひだから、小便をしなさんなよ」*人情本・契情肝粒志(1825-27)二・上「ああ今日は朝商(アサアキナヒ)の口が明いた」*東京風俗志(1899-1902)〈平出鏗二郎〉上・四・縁起「なべて商家には朝商(アサアキナ)ひと称へて、朝来客の入り来るを以て吉瑞とし、価に拘らずこれを売る習あり」

あさ-あきんど【朝商人】 〘名〙 朝早く物を売り歩く人。*滑稽本・浮世風呂(1809-13)前・上「あさあきんどのこゑ なっと納豆(なっとう)」

あさ-あけ【浅緋】 〘名〙 ①「あさひ(浅緋)」に同じ。 ②五位の当色(とうじき)の袍(ほう)。*順集(983頃)「ふかみどり松にもあらぬあさあけの衣さへなどしづみそめけん」

あさ-あけ【朝明】 〘名〙 ①朝になってあたりが明るくなること。また、その時分。夜明け。明け方。あさけ。*古今六帖(976-987頃)五・服飾「いかならん日のときにかもわぎもこがもひきのすがたあさあけにみん」*金槐集(1213)冬「まきの戸を朝あけの雲の衣手に雪をふきまく山おろしの風」*玉葉(1312)秋上・五二一「月残り露まだきえぬ朝あけの秋の籬(まがき)の花のいろいろ〈実承〉」*増鏡(1368-76頃)七・北野の雪「雪いみじう降りたる朝あけに、右近馬場のかた御覧じにおはして」 ②比喩的に、新しい時代が始まること。あけぼの。黎明。*島崎藤村(1946-56)〈平野謙〉藤村の生涯「近代日本の朝明けを浪曼的にうたいあげることから出発した」 [方言]暁。◇あさあげとも。千葉県印旛郡054 [発音]〈標ア〉[0][ケ]〈京ア〉[0] [辞書]日葡・書言 [表記]旦開(書)

あさ-あけ【朝焼】 〘名〙「あさやけ(朝焼)」に同じ。*弘長百首(1261)春「山のはの霞むと見ゆるあさあけにやがてふりぬる春雨の空〈藤原家良〉」*随筆・梅園日記(1845)朝あけ「七玉集に、家良、『山のはもかすむと見ゆる朝あけに〈略〉』按ずるに、朝あけのあけはあかきをいふ。今いふ朝やけなり。〈略〉されば朝あけは雨、夕あけは日よりとふるくよりいへる諺なるべし」

あさ-あさ【浅浅】 ㊀〘副〙(多く「と」を伴って用いる。「に」を伴うこともある) あっさりとして、軽やかなさま。人の動作や性格などから事物の色、味、状態などにまでわたって広くいう。*後鳥羽院御口伝(1212-27頃)「定家は、さうなき物なり。さしも殊勝なりし父の詠をだにも、あさあさと思ひたりし上は、まして余人の哥、沙汰にも及ばず」*中華若木詩抄(1520頃)下「淡暈は、うす墨を以て、あさあさと書た花を、一向に書ける花とをもわぬ也」*三体詩幻雲抄(1527)三「此は浅々と見て面白也」*日葡辞書(1603-04)「Asaasato(アサアサト)〈訳〉すばやく。敏速に」*子孫鑑(1667か)上「たはふれもあさあさとせよ。ふかざれはいや也」*俳諧・猿蓑(1691)二「井のすゐに浅々清し杜若〈半残〉」*浄瑠璃・艶狩剣本地(1714)三「気がるな男の、気もあさあさにつれそへば、かかが心ももみぬきもぐさ」*破戒(1906)〈島崎藤村〉一〇・二「浅々と萌初(もえそ)めた麦畑は」 ㊁〘名〙 浅漬けの香の物をいう女房詞。*言継卿記-天文二年(1533)一二月一二日「今晩一桶両種〈鮒すし浅々〉土器物禁裏へ進上候了」*御湯殿上日記-天正一四年(1586)正月二〇日「なかはしより、あさあさまいる」*女重宝記(元禄五年)(1692)一・五「あさづけは、あさあさ」 [発音]㊀は〈標ア〉[ア]2〈京ア〉[ア]1 ㊁は〈京ア〉[サ]1 [辞書]日葡

あさ-あさ【朝朝】 〘名〙(副詞的にも用いる) 毎朝。朝ごと。あさなあさな。*天正本節用集(1590)「旦々 アサアサ 孟子有之」*俳諧・俳諧古選(1763)夏「朝々の蚊にさも似たり市の声〈友五〉」*詞葉新雅(1792)「アサアサ あさなあさな あさなげに」*思出の記(1900-01)〈徳富蘆花〉一・五「朝々手づからきりっと帯をしめて呉れて」 [発音]〈標ア〉[サ]1 [辞書]天正・言海 [表記]旦々(天) 朝朝(言)

あさあさ 取(と)り上(あ)げらるる仕着(しき)せの振袖(ふりそで) 遊郭で、夕方になると新造に着せて店に出し、朝になると取り上げる仕着せの振袖。また、それを着る、格式の低い新造。＊洒落本・娼妓絹籭(1791)二「朝々とり上られるしきせのふり袖をきたしんざう」

あざ-あざ【鮮鮮】〘副〙(多く「と」を伴って用いる) あざやか。はっきり。くっきり。＊源氏(1001-14頃)御法「きし方あまり匂ひ多く、あざあざとおはせし盛りは、なかなかこの世の花のかをりにもよそへられ給ひしを」＊浜松中納言(11C中)四「ここもとぞ少しおくれたりけれと見ゆる所なう、あざあざとうつくしげに」＊平家(13C前)二・卒都婆流「文字をばゑり入れきざみ付けたりければ、浪にも洗はれずあざあざとしてぞ見えたりける」＊日葡辞書(1603-04)「ホリモノヲ azaazato(アザアザト) ホリツケタ」 補注「あざあざし」のように形容詞にもなる。「あざ」は、「あざやか」などの「あざ」と同じで、新鮮、鮮明の意。 発音〈標ア〉ア2〈ア史〉江戸●●○○〈京ア〉ア1 辞書日葡

あさあさ-くもじ【浅浅茎文字】〘名〙茎の浅漬けをいう女房詞。＊御湯殿上日記-弘治二年(1556)一二月二六日「ふしみよりあさあさくもじ一おけまいる」

あざあざ-◦し【鮮鮮】〘形シク〙あざやかだ。はっきりしている。＊光悦本謡曲・賀茂(1470頃)「神の御事をあさあさしくは申さねども、あらあら一義を顕すべし」 発音〈標ア〉ザ2〈京ア〉ザ2 辞書書言 表記鮮々敷(書)

あさあさ-し・い【浅浅】〘形口〙文あさあさ◦し〘形シク〙考えが浅い。あさはかだ。軽々しい。＊古今著聞集(1254)一五・四八六「なにのいみじき事とても、あさあさしく散りぬれば、念なかりぬべし」＊浄瑠璃・平仮名盛衰記(1739)一「ヤアあさあさ敷(しき)重忠の仰(おほせ)。主人の討死を見て降参するやうな井上にては候はず」＊隣の嫁(1908)〈伊藤左千夫〉三「政さんなんかに気取られるやうなそんな浅々しいおとよさんではない」 発音アサアサシイ〈標ア〉シ〈京ア〉サ2 文『あさあさし』〈標ア〉サ2〈京ア〉サ2 辞書ヘボン・言海 表記浅浅敷(へ) 浅浅(言)

あざあだな〘名〙方言 ⇩あだ(他)

あさ-あと【朝霜】〘名〙朝の霜(改正増補和英語林集成(1886))。

あさ-あめ【朝雨】〘名〙朝降る雨。＊古事記(712)上・歌謡「山処(やまと)の 一本薄(ひともとすすき) 項傾(うなかぶ)し 汝(な)が泣かさまく 阿佐阿米(アサアメ)の 霧に立たむぞ 若草の 妻の命(みこと) 事の語り言も こをば」 補注「古事記-歌謡」の例は、一説に「霧」の枕詞とも。 発音〈標ア〉ア2

あさあめ に 傘(かさ) いらず 朝の雨はすぐに晴れるものだから、傘はいらないという意。

あさあめ に 鞍(くら) 置(お)け 朝の雨はすぐに晴れるものだから、馬に鞍を置いて外出の支度をせよという意。

あさあめ は 女(おんな) の 腕(うで) まくり 朝の雨はすぐに晴れるものだから、女の腕まくりと同様に少しもこわくはないという意。

あさ-あらし【朝嵐】〘名〙①朝、はげしく吹く風。＊月清集(1204頃)上「朝嵐に峰立つ雲の晴れぬれば花をぞ花とみよしのの山」＊謡曲・八島(1430頃)「高松の朝嵐とぞなりにける」＊俳諧・本朝文選(1706)五・紀行類・南行の紀〈李由・許六〉「鶯も竹屋どまりや朝あらし」②馬が驚いた時、これをしずめるために鼻の上に打つあらしの鞭をいうか。＊浄瑠璃・当流小栗判官(1714頃)曲乗り「陰陽(いんやう)のむち、あさあらし、大おろし、小おろし、はこびのべあし」③植物「やまならし(山鳴)」の異名。 発音〈標ア〉ア2 辞書日葡

アザール(Paul Hazard ポール―) フランスの文学史家。アカデミーフランセーズ会員。主著「フランス文学史(ベディエとの共著)」「ヨーロッパ意識の危機」など。(一八七八〜一九四四)

あさ-い(ゐ)【浅井】〘名〙能面の一つ。中年の女を表わす「深井(ふかい)」よりやや品位が軽いところからいう。狂女物などに用いる。 発音〈標ア〉ザ

あさい(ゐ)【浅井】(古くは「あざい」か) 滋賀県北部、琵琶湖北東岸にあった郡。古くからひらけ、「和名抄」では一三郷を置き、中世には多くの荘園に分かれる。明治一三年(一八八〇)東浅井・西浅井の二郡に分割。西浅井郡は同三〇年伊香郡に編入されて消滅。＊二十巻本和名抄(934頃)五「近江国〈略〉浅井〈阿佐井〉」＊宇治拾遺(1221頃)四・一七「是も今は昔、慈恵僧正は、近江国浅井郡の人なり」 発音〈標ア〉0 辞書和名・色葉・易林 表記浅井(和・色・易)

あさい【浅井・朝井】 姓氏の一つ。

あさい-ちゅう【浅井忠】 洋画家。江戸の生まれ。工部美術学校でイタリア人フォンタネージに学び、のち同志と明治美術会を創立。明治三三年(一九〇〇)渡仏し、帰国後、関西洋画界を中心に活躍した。代表作「春畝」「グレーの秋」など。安政三〜明治四〇年(一八五六〜一九〇七)

あさい-ながまさ【浅井長政】 戦国大名。近江小谷城主。織田信長の妹、お市の方と結婚して信長と同盟を結んだが、その後朝倉義景を支援して、織田信長、徳川家康の軍と姉川で戦って敗退。のち、信長に小谷城を攻められ、自刃した。淀君の父。天文一四〜天正元年(一五四五〜七三)

あさい-りょうい【浅井了意】 江戸前期の仮名草子作者。浄土真宗の僧侶、唱導家としても活躍。松雲・瓢水子などの別号がある。多数の仏教書の他に、仮名草子三十余部を著したが、中国の怪異小説「剪燈新話(せんとうしんわ)」などを翻案した「御伽婢子(おとぎぼうこ)」、浮世房の一代記の形をとって現実社会を批判風刺する「浮世物語」などが代表作。享年は八十歳前後と推定される。生年未詳、元禄四年(一六九一)没。

あさ-い【朝寝】〘名〙(「い」は寝ることの意)「あさね(朝寝)」に同じ。＊万葉(8C後)一〇・一九四九「霍公鳥(ほととぎす)今朝(けさ)の朝明(あさけ)に鳴きつるは君聞きけむか朝宿(あさい)か寝けむ〈作者未詳〉」＊後撰(951-953頃)春中・四八「竹ちかくよとこねはせじ鶯のなく声きけばあさいせられず〈藤原伊衡〉」＊源氏(1001-14頃)宿木「女どちはしどけなくあさいし給へらむかし」＊悔草(1647)上「をしむべき光陰と思ひしれども我は又、朝居(アサヰ)をこのみ昼ねのみあたら月日を怠(おこた)りて」＊俳諧・談林十百韻(1675)下「申さぬが脈にすすんであだ心〈松意〉 朝ゐの床をはづる小娘〈卜尺〉」 発音〈標ア〉サ 辞書書言・言海 表記朝寝(書・言)

あさ・い【浅】〘形口〙文あさ・し〘形ク〙①空間的に表面、外面などの基準面から内部方向への隔たりが小さい、距離が短い。深くない。奥深くない。＊催馬楽(7C後-8C)沢田川「沢田川袖つくばかりや 安左介礼(アサケレ)ど はれ 安左介礼(アサケレ)ど くにの宮人や 高橋渡す」＊万葉(8C後)七・一三八一「広瀬川袖つくばかり浅(あさき)をや心深めて吾が思へるらむ〈作者未詳〉」＊古今(905-914)雑体・一〇六一「世の中のうきたびごとに身をなげば深き谷こそあさくなりなめ〈よみ人しらず〉」＊日葡辞書(1603-04)「Asai(アサイ) ヤマ」＊浮世草子・好色一代男(1682)五・六「揚屋といふも内(うち)あさく、表にみえすき」②感情、情趣、思慮、分別、思考、知覚心理などが、表面的で単純である。㋑感情が痛切でない。情愛が薄い。思い方や思いやりが不十分である。＊万葉(8C後)一六・三八〇七「安積香山(あさかやま)影さへ見ゆる山の井の浅(あさき)心をわが思はなくに〈陸奥の国の前の采女〉」＊宇津保(970-999頃)俊蔭「汝不孝の子ならば、親にながき嘆きあらせよ。孝の子ならば、あさき思ひのあさきにあひむかへ」＊源氏(1001-14頃)須磨「かれよりも、ふりはへたづね参れり。あさからぬことども書き給へり」＊平家(13C前)一二・平大納言被流「か様の悪行によって、御憤りあさからず」㋺思慮、分別に乏しい。軽率で軽々しい。あさはかである。＊源氏(1001-14頃)若菜下「ゆくりかに、あやしくはありしわざぞかし、とはさすがにうち覚ゆれど、おぼろげにしめたるわが心からあさくも思ひなされず」＊日葡辞書(1603-04)「ココロノ asai(アサイ) ヒト〈訳〉単純で策略のない人」＊浮世草子・本朝桜陰比事(1689)五・七「烟に移し文字のすはる大事は、橙(だいだい)のしぼり汁にて書しるし火に掛ると、其まま移りぬ。浅ひ事ながら是で大分お初尾取ける」㋩情趣や美の到達度が不十分である。浅薄である。＊源氏(1001-14頃)若紫「これは、いとあさく侍り。人の国などに侍る海山の有様などを御覧ぜさせて侍らば、いかに御絵いみじうまさらせ給はむ」＊源氏(1001-14頃)梅枝「よろづの事、昔には劣りざまに、あさくなりゆく世の末なれど、仮名(かんな)のみなん、今の世は、いと際(きは)なくなりたる」㋥感情、情趣などがおさえられて、あっさりとしている。＊花鏡(1424)奥段「音曲を本として、風体をあさく舞などをも手を少なく、古風の名残を見すべし」③物事と関係しあう程度が薄い。かかりあい方が深くない。㋑縁、恩、交際などの人間関係が薄い。＊青表紙一本源氏(1001-14頃)若紫「『げに思ひ給へより難きついでに、かくまで、のたまはせ、きこえさするも、あさくはいかが』と、のたまふ」＊平家(13C前)七・福原落「一樹の陰にやどるも先世の契あさからず」＊日葡辞書(1603-04)「Asacaranu(アサカラヌ) ゴヲン〈訳〉たいそう大きい恩恵」＊仮名草子・好色袖鑑(1682)上「二世かけてちかひなどたて、あさからぬ中となるなり」＊普賢(1936)〈石川淳〉一二「第一僕は葛原とはごく浅い附合なんだから」㋺ある行為や状態の程度・度合などが深くない。「傷は浅いぞ、しっかりしろ」＊紫式部日記(1010頃か)消息文「慈悲ふかうおはする仏だに、三宝そしる罪は浅しとやは説い給ふなる」＊愛情の問題(1931)〈片岡鉄兵〉「女は浅い眠りに浮き上った。彼女はうつらうつらと、男が出立を用意してゐるのを知ってゐた」㋩伝統、知識、経験などがまだ十分でない。＊源氏(1001-14頃)若菜上「中納言の朝臣の、まめやかなるかたはいとよく仕うまつりぬべく侍るを、なに事もまだあさくて、たより少くこそ侍らめ」＊日葡辞書(1603-04)「チエノ asai(アサイ) ヒト〈訳〉知恵のすくない人」＊家族会議(1935)〈横光利一〉「生活法としての伝統の浅い関東の智的な女性は」④色や香がかすかである。㋑色が薄い。淡い色である。＊大和(947-957頃)六一「藤の花色のあさくもみゆるかなうつろひにけるなごりなるべし」＊源氏(1001-14頃)藤裏葉「二葉より名だたる園の菊なればあさき色わく露もなかりき」＊日葡辞書(1603-04)「Asai(アサイ) ミドリ」㋺香が強くない。香がほのかである。＊源氏(1001-14頃)梅枝「花の香は散りにし枝にとまらねど移らむ袖にあさくしまめや」＊源氏(1001-14頃)明石「あさからずしめたる紫の紙に、墨つき、濃く薄くまぎらはして」㋩霧や霞などが多くなく、うっすらとかかっている。＊落梅集(1901)〈島崎藤村〉小諸なる古城のほとり「浅くのみ春は霞みて 麦の色はつかに青し」⑤家柄、身分、地位が低い。いやしい。→あさき(浅)根差し。＊栄花(1028-92頃)見はてぬ夢「位などもあさう、人々しからぬ有様にてあるにや」＊大鏡(12C前)二・良相「五位にて典薬助、主殿頭などいひていとあさくてやみ給にき」⑥始まりから、それほど日時がたっていない。㋑その季節になってからまもない。また、そのために季節(特に春)らしさの現われが、十分でない。＊山家集(12C後)中「春あさき篠(すず)の籬(まがき)に風さえてまだ雪消えぬ信楽(し

がらき）の里」 *落梅集(1901)〈島崎藤村〉千曲川旅情のうた「千曲川柳霞みて、春浅く水流れたり」 ⑪日がまだ長くたっていない。 *油地獄(1891)〈斎藤緑雨〉一「出京後日数が浅(アサ)いので兎角(とかく)馴染がない」 *白粉とガソリン(1930)〈川端康成〉四「ここの娘はレヴィウの踊子みたいに、かぐはしい花粉を降らしはしない。土の匂ひがする。しかし、まだ、その土が垢になるほどぢゃない。放浪生活の日が浅(アサ)い」 ⑦(出番が)早い。寄席芸人の間でいう。「出番が浅い」「浅いとこに出る」 語誌 (1)動詞「浅(あ)す(浅せる)」と同根。ある基点からの内部方向への隔たりを表わし、「深い」と対義関係になって、その隔たりの大小を表わす。①〜④⑥の用法は「深い」の対義語、②④は「薄い」と類義語。ただし色については「浅」は「あさみどり」のように青系統の色に用い、「薄色」は紅・紫の赤系統の色に用いる。また、地位や身分をいう⑤は和歌には見えず、物語類に見える表現で、「高い」の対義語であったが、中世以降は新たに生じた「低(ひき)し」が用いられるようになる。 (2)基準の位置から内面へ入りこむ程度を表わす用法が、物理的距離から心理的関わりに用いられるようになると、②のような、感情・心理などの平常な状態を基準として、情趣・知覚などの関わる程度を表わす用法となる。「傷が浅い」が、物理的な傷の深さの他、心理的ダメージの少なさをも表わすのは、このような連続性による。 (3)内部方向への距離が社会的対象との関わりの程度へ拡大されると、③以下のように、何も関わりのなかった状態を基準としての関係の度合の浅薄を表わす用法、さらに、密度、濃度、経験、日数などの度合を表わす用法へと拡大していく。 (4)「深い」と対義関係にあるが、「深い森」「雪が深い」のように、「深い」で表現されながら、一般には「浅い」では表わされない場合もある。 方言 ❶淡泊だ。油が少ない。 岡山市762 広島県安芸郡786 大分県北海部郡939 ❷人の性質などがさっぱりしている。 大分県北海部郡939 ❸短い。 鹿児島県沖永良部島985 語源説 (1)アは発語。サシはサシ(狭)の義〔大言海〕。 (2)アサは朝と通じる〔国語本義・名言通・和訓栞・紫門和語類集〕。 (3)アサシ(足指)か〔和句解〕。 (4)アサ(彌小)の義〔言元梯〕。 (5)アセヤカシ(涸)の義〔日本語原学＝林甕臣〕。 (6)アタサハ(徒沢)の反〔名語記〕。 (7)アは軽い音、サは小水の流れる音で狭小、薄いの意。この語根を動詞にしてアス(涸)、形容詞にしてアサシ〔日本語源＝賀茂百樹〕。 (8)少量の水がサラサラ流れるさまから出た語で、アサラの義〔国語溯源＝大矢透〕。 発音 〈なまり〉アシャア〔淡路〕アセ〔鹿児島方言〕アセァー・アセー〔埼玉方言〕アッサイ〔富山県・岐阜・志摩〕〈標ア〉⓪〈京ア〉ア 文『あさし』〈標ア〉サ 〈ア史〉平安●●◓ 鎌倉『あさき』●●◓ 江戸『あさき』●●○ 〈京ア〉サ 辞書 字鏡・色葉・名義・和玉・文明・明応・天正・饅頭・黒本・易林・日葡・書言・〈ボン〉・言海 表記 浅(字・色・名・玉・文・明・天・饅・黒・易・書・ヘ・言) 膚(色・玉・名) 践(色・名) 俴(色・玉) 譾(色・書) 泛・濺(色) 淦(玉) 讝・耶・漠・庸・泊・汎・洦・昌・臊・道(名) 澑(書)

あさき 秋(あき) まだ夏の感じも幾分残っている、秋のはじめの頃をいう。初秋。早秋。秋初め。新秋。《季・秋》

あさき 川(かわ)**も深**(ふか)**く渡**(わた)**れ** 浅い川でも、深い川の場合と同じ気持で注意深く渡れ。少しのことにも油断をしてはいけないということのたとえ。 *俳諧・世話尽(1656)曳言之話「あさき川もふかふ渡れ」

あさき 夏(なつ) まだ春の感じも幾分残っている、夏のはじめの頃をいう。初夏。首夏。夏始。《季・夏》

あさき 根差(ねざ)**し** 卑しい生まれつき。卑しい素性。 *源氏(1001-14頃)松風「『今は頼もしき御ひさき』といはひ聞えさするを『あさきねざしゆゑや、いかが』と」

あさき 春(はる) 冬の感じも少し残っている、春のはじめの頃をいう。早春。孟春(もうしゅん)。初春。《季・春》 *俳句稿〈正岡子規〉明治三三年(1900)春「病牀の匂袋や浅き春」

あさ-いい【朝飯】〘名〙 朝食。あさめし。 *日葡辞書(1603-04)「Asaiy(アサイイ)〈訳〉朝の食事、または食物」 *読本・南総里見八犬伝(1814-42)四・三三回「まづ朝飯(アサイヒ)をすすめなどして、路費(ろよう)薬料を贈りしかば」 *あらたま(1921)〈斎藤茂吉〉初夏「ものぐるひの診察に手間どりてすでに冷たき朝飯(アサイヒ)を食(は)む」 方言 ❶朝食。 ◇あさい 青森県三戸郡083 南部084 岩手県088 098 東京都利島322 新潟県中頸城郡383 富山県386 397 400 石川県404 419 422 福井県大野郡429 大飯郡447 長野県下水内郡470 岐阜県飛驒502 京都府629 奈良県吉野郡675 和歌山県伊都郡690 広島県比婆郡774 ◇あすい・あし 鹿児島県奄美大島986 ◇あすう 鹿児島県奄美大島・加計呂麻島975 ◇あさゃあ 京都府竹野郡622 ❷午前の間食。 ◇あさい 岐阜県山県郡506 ❸昼食。 ◇あし 沖縄県国頭郡・宮古島975 ◇あしい 鹿児島県喜界島975 沖縄県中頭郡・黒島975 鳩間島996 ◇あすぃい 沖縄県首里(農村用語)993 ◇あす 鹿児島県沖永良部島975 ◇あっしい 鹿児島県徳之島975 ❹午後の間食。おやつ。 ◇あし 沖縄県島尻郡975 辞書 日葡

あさい-が-くび【浅井首】〘名〙 ①(天正元年(一五七三)に織田信長が浅井長政を討ち、その首で髑髏盃(どくろはい)を作ったという故事から)髑髏盃の異称。 ②大杯のこと。 *雑俳・川傍柳(1780-83)一「喰摘の次に浅井が首を出し」

あさ-いき【朝―】〘名〙 方言 朝のうち。早朝。 徳島県810 香川県大川郡829

あさ-いち【朝市】〘名〙 朝方に開く、野菜、魚類などを商う市。 *古事談(1212-15頃)一・花山天皇御出家事「亦趁朝市。更無其益」歟云々」 *千首和歌太神宮法楽(1542)第九「静けさを山ともいはじあさ市の声もさながら立つあらしかな〈三条西実世〉」 *滑稽本・大千世界楽屋探(1817)中「あさいちにたぼがでるのをみにいくばかり」 *南小泉村(1907-09)〈真山青果〉二「朝市(アサイチ)帰りだらう、紺の胴着に股引手甲(ももひきてっかふ)と云ふ甲斐甲斐しい扮装(いでたち)」 発音 〈標ア〉サ⓪イ 〈京ア〉サ⓪ 辞書 日葡

あさ-いちげん【朝一見】〘名〙 婚礼習俗の一つ。婚礼の日の朝、夫となる人がはじめて嫁となる人の実家へあいさつに行くこと。また、その儀式。迎え一見。 方言 群馬県館林245

あさ-いで【朝出】〘名〙 朝早く出かけること。朝戸出(あさとで)。あさいでたち。あさで。 *散木奇歌集(1128頃)雑「朝いでにきびの豊御酒(みき)飲みかへしいはじとすれど強ひて悲しき」 *山家集(12C後)上「春立つとおもひもあへぬあさいでにいつしか霞む音羽山哉」

あさ-いで【朝井手・朝井堤】〘名〙 朝の井堰(いせき)。井堰は、用水のために川をせきとめてあるところ。 *万葉(8C後)一〇・一八六二「朝井代(あさゐで)に来鳴く貌鳥(かほどり)汝だにも君に恋ふれや時終へず鳴く〈作者未詳〉」

あさ-いでたち【朝出立】〘名〙 「あさいで(朝出)」に同じ。 *子孫鑑(1667か)上「朝出立(アサイデタチ)のけはひも、たまの汗にあらはれ、色あかくなる人もあり、あをくなるものあり」

あさ-いと【麻糸】〘名〙 麻の繊維で製した糸。布や縄などの材料に用いる。また、亜麻、カラムシ、ラミー、ジュートなどの繊維から製した糸にもいう。あさ。 *歌仙本順集(10C後)「たなばたにけさは貸しつる麻糸を夜は祭ると人は知らずや」 *読本・南総里見八犬伝(1814-42)六・六一回「しばしば来ても麻糸の、有無(うむ)の答も中垣に」 *雁(1911-13)〈森鷗外〉一九「籠を吊るしてある麻糸(アサイト)を釘からはづした」 発音 〈標ア〉⓪ 〈京ア〉⓪ 辞書 言海 表記 麻絲(言)

アサイド〘名〙(英 aside) 演劇の舞台で他の演技者にではなく、観衆だけに聞こえるように話すせりふ。傍白。わきぜりふ。 *モダン辞典(1930)「アサイド〔劇〕傍白と訳す」

あさいどり〘名〙 方言 ⇩あさどり 発音 〈標ア〉サ

あさいな【朝比奈・朝夷】 ㊀狂言。各流。閻魔(えんま)王が、朝比奈三郎を地獄へ連れ去ろうとするが、逆に負かされ、おどかされて極楽浄土に案内する。 ㊁⇩あさひな

あさ-いぬ【朝犬】〘名〙 朝行なう犬追物(いぬおうもの)。↔夕犬。 *犬追物益鏡(室町末か)「朝犬又暮過て、疏見えがたき時は、撿見犬の出る方へ、疏に打ついて、馬を出し矢をみる也」

あさ-いね【朝寝】〘名〙 方言 ⇩あさねごろ(朝寝―) 発音 〈標ア〉⓪

あさいの【阿佐井野】 姓氏の一つ。

あさいの-そうずい【阿佐井野宗瑞】 室町後期の医者。堺の人。婦人科医として名があり阿佐井野婦人医といわれた。日本最初の医書刊行者。中国の「医書大全」や清家本「論語」など、いわゆる阿佐井野版を開版した。法名雪庭宗瑞。享祿四年(一五三一)没。

あさい-やか【浅―】〘形動〙(「やか」は接尾語)さらりと軽いさま。あっさりとしているさま。 *連理秘抄(1349)「古歌をよくよく覚悟すべし。されども、取る様を知らざればをかしき物になる也。あさいやかに取るべし」

あさ-いろ【麻色】〘名〙 麻のような薄茶色。 *邪宗門(1909)〈北原白秋〉外光と印象・悪の窓「おどろなす髪の亜麻(アサ)色、背向け」

あさ-いわい【朝祝】〘名〙 朝、その日一日の幸運を願って祝うこと。 *虎寛本狂言・比丘貞(室町末-近世初)「鎌倉の女郎は〈略〉宇都の宮笠をきりりと召れておりやらします。いりやらしまして、あさいわゐさしませ」 方言 正月の雑煮。 香川県佐柳島829

アサインメント〘名〙(英 assignment) ①割り当て。割り当てられた仕事。 ②学校教育で、生徒の個人またはグループに学習作業を割り当てること。また、その割り当てた課題。 発音 〈標ア〉サ

あさ・う【浅】〘自ハ下二〙(形容詞「あさい(浅)」の語幹に接尾語「ふ」の付いた語) ①家柄、地位、身分などが低い状態にある。 *源氏(1001-14頃)竹河「まだ、位なども、あさへたる程をなどおぼすに」 ②思慮が足りない状態にある。また、そのようにふるまう。浅はかである。 *源氏(1001-14頃)幻「ましていかでかは心やすくも思し捨てん。さやうにあさへたる事は、かへりて軽々しきもどかしさなどもたちいでて」 *類従本紫式部日記(1010頃か)寛弘五年一〇月一七日「若やかなる人こそ、ものほど知らぬやうにあさへたるも、罪ゆるさるれ、なにか、あざれがましと思へばはなたず」 発音 文 アソーとも 〈標ア〉⓪

あざ・う【糾・叉】〘他ハ下二〙 物と物を交差させる。組み合わせる。よりあわす。あざなう。 *一字頂輪王儀軌音義(800頃)「叉、阿佐布」 *大日経治安二年点(1022)四「相ひ糺(アサヘ)て自体に向ひて之を旋転す」 *観智院本名義抄(1241)「叉 アザフ」 *太平記(14C後)四・笠置囚人死罪流刑事「筆を抛(なげうっ)て手を叉(アザヘ)座をなほし給ふとぞ見えし」 発音 文 アゾーとも 〈標ア〉ザ ゾ 辞書 色葉・名義・和玉 表記 叉(色・名・玉) 糺・拏・摎・交(色) 跏(玉)

あざ・う【貯】〘他ハ下二〙 種々の物を積み重ねる。 *書紀(720)神代上(水戸本訓)「夫(そ)の品(くさぐさ)の物悉く備へて、百机(ももとりのつくゑ)に貯(アサヘ)て饗(みあへたてまつ)る」 語源説 (1)アサフ(貯)は饗に通じる。合わせ交る義〔和訓栞・日本語源＝賀茂百樹〕。 (2)アソナヘ(彌備)の転〔言元梯〕。

あさうず-の-はし【浅水橋・麻生津橋】（「あそうずのはし」とも）福井市を流れる浅水川にかかる橋。朝六（あさむつ）橋。朝水橋。阿曾武津の橋。あさんずのはし。歌枕。＊太平記（14C後）二七・上杉畠山流罪死刑事「浅生水（アサウヅ）の橋をはねはづして」 辞書 書言 表記 浅水橋（書）

あさ-うたい【朝謡】〘名〙朝早くから謡をうたうこと。

あさうたい は 貧乏（びんぼう）**の相**（そう） 朝から仕事もしないで、謡などをうたっているようでは、いまに貧乏になるという戒め。乞食の朝謡。＊咄本・醒睡笑（1628）一「『朝謡（うたひ）はうたはぬ事』とも、また『朝うたひは貧乏（ビンバウ）の相（サウ）』ともいひ伝へたり。みな僻事（ひがごと）なり」

あさうち〘名〙植物「あけび（通草）」の異名。

あさうつ〘名〙植物「あけび（通草）」の古名。＊伊呂波字類抄（鎌倉）「通草 アサウツ アケヒカツラ」

あさ-うら【麻裏】〘名〙①麻布の裏地。②「あさうらぞうり（麻裏草履）」の略。＊団団珍聞‐四九六号（1885）「草履（ざうり）で麻裏（アサウラ）なんざァ見えぬと思った」＊われから（1896）〈樋口一葉〉一一「赤き鼻緒の麻裏（アサウラ）を召て」＊破戒（1906）〈島崎藤村〉二二・六「皆さんの履く麻裏を造ったり」 発音〈なまり〉アサブラ〔岐阜・静岡・愛知・南知多・播磨・紀州・伊予・愛媛周桑〕アサプラ〔淡路〕〈標ア〉⓪〈京ア〉⓪

あさうら-ぞうり【麻裏草履】〘名〙平たく編んだ麻糸の組緒を裏に縫いつけた草履。＊雑俳・歌羅衣（1834‐44）六「麻裏草履梅かけて遠出礼」＊随筆・守貞漫稿（1837‐53）四「蔦人足。〈略〉草履草鞋を専となれども近世は麻裏草履を専用とし侠客に近きを旨とす」＊吾輩は猫である（1905‐06）〈夏目漱石〉一〇「田舎の田舎で麻裏草履さへないと云ふ位な質朴な所でしたから」 発音 アサウラゾーリ〈標ア〉ゾ〈京ア〉ゾ 辞書 言海 表記 麻裏草履（言）

あさうら-ばき【麻裏穿】〘名〙麻裏草履をはくこと。＊旧主人（1902）〈島崎藤村〉一「母親は新しい手拭を冠って麻裏穿（アサウラバキ）」 方言 麻裏草履のこと。長野県佐久493

あさ-うり【浅瓜】〘名〙植物「しろうり（白瓜）」の別名。＊禅鳳雑談（1513頃）中「金春がかりは、さやうにめなり候はで、あさふりをくい候やうに、かろくゆき候」＊農業全書（1697）三・一〇「越瓜（アサウリ）、又白瓜とも云。京都にてはあさうりと云なり」＊浮世草子・日本新永代蔵（1713）三・三「初鮎、浅瓜（アサウリ）のはしりを、直段かまはず見せさきにて買取」 方言 京都†003 和州（縦に筋のあるもの）†039 周防†122 岐阜県一部030 滋賀県蒲生郡062 京都府一部030 大阪市638 語源説 他の瓜に比べて色が淡いため浅き意〔大言海・上方語源辞典＝前田勇〕。 辞書 書言・言海 表記 羊角瓜・越瓜（書）浅瓜（言）

あさ-うり【朝売】〘名〙朝早く物を売り歩くこと。＊談義本・銭湯新話（1754）三・野狐売僧を欺し話「軒続（のきつづき）のふり売に、本所筋をと朝売（アサウリ）から」

あさ-え【朝餌】〘名〙鳥、獣などに朝与えるえさ。

あさ-えび【浅葡萄・浅海老】〘名〙染色の一つ。薄い赤紫色。

あさ-えびす【朝恵比須】〘名〙①朝早く恵比須の社に参詣すること。＊説経節・さんせう太夫（与七郎正本）（1640頃）上「けさあさゑびすをいわゐそこない、かいまけたるだにもはらのたつに」＊浮世草子・日本永代蔵（1688）二・四「二十年以来（このかた）、朝（アサ）ゑびすに参り給ふに」②早朝の客。商人が福の神の恵比須に見立て、縁起を祝っていう。＊浮世草子・御前義経記（1700）一・三「床（とこ）の男よろこび、朝ゑびす、けふの仕合（しあはせ）よし」＊歌舞伎・日本晴伊賀報讐（実録伊賀越）（1880）大詰「いえ、何ういたしまして、私方では朝恵比寿（アサヱビス）のお客様是れで朝起きいたしました甲斐があると申すもの」 発音〈標ア〉エ

あさえもん【浅右衛門・朝右衛門】江戸時代、代々据え物斬り、刀剣鑑定を職とした浪人。姓は山田。首斬り役同心の代役を頼まれたので、「首斬り浅右衛門」とも呼ばれた。

あさお【浅尾】㊀姓氏の一つ。 発音〈標ア〉⓪エ ㊁大坂の歌舞伎俳優の姓。元禄期（一六八八～一七〇四）の若女形浅尾十次郎に始まり、実悪の名優初世浅尾為十郎（一七三五～一八〇四）に至って栄えた。ほかに浅尾奥山、浅尾工左衛門など。

あさお【麻生】神奈川県川崎市の行政区の一つ。昭和五七年（一九八二）多摩区から分離成立。市北西部、鶴見川支流の麻生川の流域にある。かつては柿の名産地として知られた。京浜通勤圏にあり、宅地化が進む。 発音〈標ア〉⓪

あさ-お【麻苧】〘名〙①麻やカラムシの茎の皮の繊維から作った糸。あさおら。＊東寺百合文書‐と・延応元年（1239）一二月一三日・伊予弓削庄所当等注文（大日本古文書三・五）「一預所収分 しを五十俵〈略〉あさをせうせう」＊名語記（1275）二「これに あさを、まをの別ある也」②「あさ（麻）①」に同じ。＊曾丹集（11C初か）「わが蒔きしあさをの種をけふ見れば千枝（ちえ）に分れて影ぞ涼しき」 方言 ❶植物、あさ（麻）。宮崎県一部030 ❷麻糸。◇あさう 鹿児島県喜界島983 発音〈標ア〉⓪〈京ア〉⓪ 辞書 色葉・ヘボン 表記 麻（色）麻苧（へ）

あさおか【浅岡・朝岡】姓氏の一つ。 発音〈標ア〉⓪

あさおか-おきさだ【朝岡興禎】江戸後期の画家。狩野栄信の子。初名信義。号平州。江戸の人。幕府の御絵番掛りとなる。のち隠居し、日本美術史を研究して「古画備考」を著わす。寛政一二～安政三年（一八〇〇～五六）

あさお-が-あま【浅尾尼】〘名〙因果や病根を見通しにする霊力を持った尼僧か。＊雑俳・銀土器（1716‐36）「浅尾が尼見たまんまじゃとさそはれ祖父」

あさ-おき【朝起】〘名〙①朝早く起きること。また、その人。早起き。↕朝寝。＊千五百番歌合（1202‐03頃）一三六三番「あづま屋の軒のしのぶの末の露いくあさおきの袖したふらん〈藤原雅経〉」＊俳諧・曠野（1689）員外「初雪やことしのびたる桐の木に〈野水〉 日のみじかきと冬の朝起〈落梧〉」＊浮世草子・新色五巻書（1698）一・四「亭主はあさおきして、下男（しもおとこ）に門（かど）の掃き掃除」＊幼学読本（1887）〈西邨貞〉二「朝おきとは、朝早くねどこをおき出づることなり」②朝起きた時の機嫌。 方言 主婦権。山梨県南巨摩郡464 発音〈標ア〉サ〈京ア〉オ／オ 辞書 日葡・書言・ヘボン・言海 表記 朝起（へ・言）晨起（書）

あさおき 三両（さんりょう）**始末**（しまつ）**五両**（ごりょう） 朝起きと倹約は利益の多いことをいう。朝起きは三文の徳。

あさおき の 家（いえ）**には福**（ふく）**来**（き）**たる** 朝早く起きて働けば、自然に富み栄えるようになる。＊諺苑（1797）「朝起の家には福来」

あさおき は 三文（さんもん）**の徳**（とく） 朝早く起きれば必ずいくらかの利益がある。早起きは三文の徳。＊歌舞伎・日本晴伊賀報讐（実録伊賀越）（1880）大詰「朝起きは三文の徳があるといふから、斯うして毎朝暗い内に起きて、嚊あの代りに釜の下まで焚付けて働いて居るが」

あさおき は 七（なな）**つの徳**（とく）**あり** 朝早く起きるといろいろの利益がある。〔俚言集覧（1797頃）〕

あさおき 貧乏（びんぼう）**寝**（ね）**福**（ふく）**の神**（かみ） 元日の早起きは貧乏のもと、朝寝は幸福のもと。元日の早起きを忌む習慣が一部にあることによる。

あさ-おき【朝置】〘名〙朝、露や霜などが草葉の上などに降りること。＊六帖詠草（1811）夏「朝おきの露ぬるばみてふく風を待つこころなるころもきにけり」

あさ-おだい【朝御台】〘名〙朝の食事や食べ物。朝飯。公家で用いたことばという。＊日葡辞書（1603‐04）「Asauodai（アサヲダイ）、または、アサメシ〈訳〉朝の食事または食物」＊女房進退（室町末‐近世初）「くげがたには、あさ御たい、ゆふ御たいといへり。これはおとこ衆の事也。女ばう衆は、あさく五、夕く五と仰候。武家方には、あさめし、ゆふめしと、おとこ衆はいふ」 辞書 日葡

あさお-づな【麻苧綱】〘名〙麻の繊維をより合わせて作った綱。

あさ-おもずら【麻籠頭】〘名〙麻で作ったおもずら。＊延喜式（927）四八・左右馬寮「凡諸国貢ニ繋飼馬ニ各随ニ馬数ニ備ニ刷、梳刷、麻籠頭（おもつら）ニ共進」＊古今要覧稿（1821‐42）一六五「麻籠頭〈延喜式〉は、諸国の貢馬に用ゆるものなり、麻にて作りて皮を用ゆる所なければ、しか名付となり」

あさお-ら【麻苧―】〘名〙（「ら」は接尾語）「あさお（麻苧）①」に同じ。＊万葉（8C後）一四・三四八四「安左乎良（アサヲラ）を麻笥（をけ）にふすさに績（う）まずとも明日着せさめやいざせ小床に〈東歌〉」

あさ-おり【麻織】〘名〙麻で織物を織ること。また、そのもの。麻織物。＊尋常小学読本（明治三六年）（1903）六・二「織物には、絹織、木綿織、麻織（アサオリ）、毛織など、いろいろ、ございます」＊縮図（1941）〈徳田秋声〉郷愁・九「開襟シャツにざぐりとした麻織の上衣をつけ」 発音〈標ア〉⓪〈京ア〉⓪

あさ-おり【朝下】〘名〙 方言 ❶朝食後、仕事をしに家を出ること。山形県139 富山県砺波398 石川県鹿島郡411 能美郡（朝食後の就業）419 ❷朝食後。朝。富山県砺波397 石川県江沼郡404 ❸朝食直前。富山県下新川郡392 ❹朝方。朝のうち。◇あさおろし 熊本県玉名郡058 天草郡936

あさ-おりもの【麻織物】〘名〙麻糸を使用した織物。亜麻織物、苧麻（ちょま）織物、黄麻織物、大麻織物がある。＊日本の下層社会（1899）〈横山源之助〉三・一・一「更に之れを絹織物、絹綿交織、木綿織、麻織物の四種に分かち」 発音〈標ア〉リ オ

あさ-おんな【朝女】〘名〙（「朝女朝坊主」とも）朝のうちに婦人（または僧侶）が訪れると、その日は来客が多いという俗信。客商売の家でいう。 発音〈標ア〉オ

あさか【安積・浅香】福島県の中央部にあった郡、また地名。古代、国造（くにのみやつこ）が置かれ阿尺（あさか）国といった。大化改新後、陸奥の一部となり、明治元年（一八六八）岩代国に所属。昭和四〇年（一九六五）郡域はすべて郡山市に編入された。＊二十巻本和名抄（934頃）五「陸奥国〈略〉安積〈阿佐加〉」＊曾丹集（11C初か）「みくさおひしあさかのいはゐ夏なればたともひぢてむすびあへぬかも」＊今昔（1120頃か）三〇・八「陸奥国の安積の郡安積と云ふ山の中に行着て」 発音〈標ア〉⓪ 辞書 和名・色葉・易林 表記 安積（和・色・易）

あさか【安積・浅香】姓氏の一つ。 発音〈標ア〉⓪

あさか-ごんさい【安積艮斎】江戸後期の儒者。陸奥国安積郡郡山の人。名は重信。字は思順。通称祐助。二本松の養家を出奔して、道中、僧日明に助けられ、江戸に出て佐藤一斎、林述斎に師事。神田駿河台に家塾を開き、晩年に昌平黌（しょうへいこう）教授となる。著「艮斎文略」「艮斎間話」「見山楼詩集」「海外紀略」など。寛政二～万延元年（一七九〇～一八六〇）

あさか-たんぱく【安積澹泊】江戸前期の儒者、史学者。水戸藩士。名は覚。字は子先、通称は覚兵衛。朱瞬水に師事。最初の彰考館総裁となって「大日本史」の編纂に従事し、水戸史学の確立に努力した。主著「大日本史賛藪」「湖亭渉筆」「澹泊斎文集」など。明

暦二〜元文二年(一六五六〜一七三七)

あさ‐か【麻科】『名』双子葉植物の一科。世界に二属三種あり、北半球の温帯に分布し、日本に一属二種が生える。この科は学者によっては、クワ科に統合するが、離生する托葉(たくよう)を持つので独立の科として扱われることが多い。草本、時につる性草本で、葉は対生する。この科には有用植物として繊維をとる麻、ビールの香味料となるホップがある。また、東南アジア産のこの科の一種からはマリファナをとる。＊生物学語彙(1884)〈岩川友太郎〉「Cannabineoe 大麻(アサ)科」 発音〈標ア〉0

あさか【朝霞】 埼玉県南部の地名。川越街道膝折(ひざおり)宿があったところ。江戸末期から銅製品の加工業がおこる。第二次大戦後は住宅都市として発展。自衛隊駐屯地がある。昭和四二年(一九六七)市制。

あさが【浅賀】 姓氏の一つ。発音アサガ〈標ア〉0

あさ‐かい【朝会】『名』茶事七式の一つ。朝の涼しいうちに催す茶事。夏季の朝の六つ半時(午前七時)に行なう。朝の茶の湯。朝茶。＊梵舜日記‐慶長三年(1598)一二月四日(古事類苑・遊戯七)「於二数寄屋一朝会興行」＊咄本・醒睡笑(1628)八「歴々の衆三人ともなひ朝会(アサクヮイ)に行き」

あさかい『名』植物「やぶにっけい(藪肉桂)」の異名。また、その実。＊重訂本草綱目啓蒙(1847)三〇・香木「天竺桂 やぶにっけい〈略〉あさかい 因州」＊重訂本草綱目啓蒙(1847)三〇・香木「月桂、くろつづ、あさかい 因州、天竺桂の実なり」方言鳥取県因幡008 島根県石見003

あざ‐がい【阿座貝】『名』貝「しゃこ(硨磲)」の異名。＊和漢三才図会(1712)四七「阿座蛤(あざかひ) 正字未詳 按阿座貝琉球国海中有之蛤蜊之属淡赤白色裏白其大者二三尺」＊重訂本草綱目啓蒙(1847)四二・蚌蛤「車渠 しゃこ〈略〉三才図会に あざがひと訓ずるは中山の名によるなり此介は琉球より来る蛤属の至て大なる者なり」発音アザガイ〈標ア〉ザ

あざ‐かえ・す【交返】『他サ四』①繰り返す。念を入れて、たびたびする。繰り返して調べたり、論じたりする。＊色葉字類抄(1177‐81)「確論 アサカヘシ アラソフ 乱逆詞、カクロン」＊観智院本名義抄(1241)「鞣 アザカヘス」＊拾遺古徳伝絵詞(1301)三・二「文をあさがへし、義をわきまへて、いみじく講じたまひければ」＊和訓栞(1777‐1862)「あざかへす あざは、あざなふなどのあざにて、念をいれてたびたびするをいふ」②物をひっくり返す。＊日葡辞書(1603‐04)「Azacayexi, u, eita(アザカエス)〈訳〉カワゴの荷物などをひっくり返すこと」方言❶下のものを上に返す。島根県725 ❷かき分ける。鳥がえさなどをつっつき探す。◇あざがやす 高知県長岡郡869 ◇あざかす 茨城県062 辞書名義・日葡 表記鞣(名)

あさ‐がえり【朝帰】『名』外泊して、翌朝自宅に帰ること。朝もどり。多く、遊里や女性のもとなどから帰る場合にいう。＊平家(13C前)八・緒環「むすめ母の教にしたがって、朝帰する男の、水色の狩衣をきたりけるに、狩衣の頸(くび)かみに針をさし」＊為尹千首(1415)「あぢきなや人の契りのあさがへり行衛も霧に隔てはてつつ」＊随筆・独寝(1724頃)上・四二「新造よりはじめて、口舌の床、朝がへりのけしきすべて上に発句を」＊雑俳・柳多留‐二(1767)「朝帰もてたやつから噺出し」発音アサガエリ〈標ア〉ガ〈ア史〉江戸◉◉○○○〈京ア〉ガ ガ

あさ‐がお【朝顔】 ❶『名』㈠朝起きたときの顔。寝起きの顔。女性の、情交の翌朝の顔をいうことが多かった。あさがたち。＊大和(947‐957頃)八九「垣ほなる君があさがほ見てしがな返りてのちは物や思ふと」＊枕(10C終)二七八・関白殿、二月廿一日に「殿おはしませば、ねくたれのあさがほも、時ならずや御覧ぜんと、ひき入る」＊源氏(1001‐14頃)藤袴「かの野分のあしたの御あさがほは、心にかかりて恋ひしきを」㈡植物。①ヒルガオ科の一年草。アジアの原産で、日本で園芸植物として発達し、江戸時代、嘉永・安政年間(一八四八〜六〇)には非常に多くの品種が作られ、薬用としては平安時代初期から栽培されていた。茎は左巻きのつる性で物に巻きつき、長さ二メートル以上になる。全体に粗い逆毛が生えている。葉はふつう三裂し、長い柄があり、互生する。夏の早朝、直径一〇〜二〇センチメートルのじょうご形の花を葉腋(ようえき)に一〜三個つける。花は早朝開花し、午前中にしぼんでしまう。花の色は品種によって白、紅、青、紫など。また、それらが交じりあって縞や絞りの模様をつくるものもある。にほんあさがお。しののめそう。牽牛花(けんぎゅうか)。かがみぐさ。蕣花(しゅんか)。学名はIpomoea nil →朝顔の。《季・秋》＊本草和名(918頃)「牽牛子、和名 阿佐加保」＊枕(10C終)六七・草の花は「草の花はなでしこ。〈略〉をみなへし、桔梗、あさがほ、かるかや、菊」＊今昔(1120頃か)二四・三八「世中の墓无(はかな)き事共を云て、牽牛子(あさがほ)の花を見ると云心を、中将此(かく)なむ、あさがほをなにはかなしと思ひけむ人をも花はさこそみるらめ」＊俳諧・蕪村句集(1784)秋「朝がほや一輪深き淵のいろ」＊日本植物名彙(1884)〈松村任三〉「アサガホ 牽牛」②㈡①の種子。漢方で下剤、利尿剤として古くから用いられた。黒白二種あり、それぞれ黒丑(こくちゅう)、白丑ともいう。牽牛子(けにごし)。＊延喜式(927)三七・典薬寮「四味理仲丸廿剤〈略〉牽牛丸五剤〈略〉牽牛子(あさがほ)三斤十三両」＊今昔(1120頃か)二八・五「酸き酒の濁りたるに牽牛子(あさがほ)を濃く摺り入れて呑ませては、其の奴原は下痢(くそひら)では有りなむや」③植物「ききょう(桔梗)」の異名。＊新撰字鏡(898‐901頃)「桔梗 二八月採根曝干、阿佐加保」④植物「むくげ(木槿)」の異名。＊蘇悉地羯羅経寛弘五年点(1008)「又木菫(アサカホ)の花計得剣花〈略〉等亦用ゐる応からず」＊観智院本名義抄(1241)「槿 音謹、アサカホ、シフシ、予柄椵也古作菫槻也」㈢㈡①の花の形をしたものをいう。①上が狭く、下が開いている天窓。朝顔窓。＊雑俳・柳多留‐四四(1808)「暮合に朝良の咲く呉服店」②燭台のかこい。ともしびが消えぬように、枠に紙をめぐらしたもの。＊歌舞伎・四天王産湯玉川(1818)二番目「留場市右衛門、朝顔(アサガホ)付きの手燭(てしょく)を持って送りの見え」＊歌舞伎・盲長屋梅加賀鳶(1886)七幕「定番(ぢゃうばん)朝顔(アサガホ)附の雪洞(ぼんぼり)と硯箱を持ち出で、よき所へ置く」③銭箱の中へ銭を落とし入れるために取りつけたじょうご状のもの。＊歌舞伎・四千両小判梅葉(1885)二幕「内に掛硯大帳此側に朝顔(アサガホ)附の大銭箱(おほぜにばこ)」④朝顔形のコップ。＊浄瑠璃・本領曾我(1706頃)三「るりびいどろのあさがほで、みりんしゅのんでましますは」⑤小便所の陶製、または木製の便器。本来は朝顔形のもののみをいうが、転じて、洋式便所の朝顔形でないものにもいう。〔東京語辞典(1917)〕＊陰翳礼讃(1933‐34)〈谷崎潤一郎〉「分けてもあの、木製の朝顔に青々とした杉の葉を詰めたのは、眼に快いばかりでなく」⑥新聞売り、豆腐屋、煮豆屋、駅夫などが振った鈴。振り鈴。〔東京語辞典(1917)〕⑦紋所の名。朝顔の丸、五つ朝顔、朝顔枝蔓丸、細輪に六つ朝顔などがある。⑧ホルンやトランペットなどの金管楽器で、吹き口と反対側の先端に開いているじょうご状の部分。㈣昆虫「かげろう(蜉蝣)」の異名。あさがおむし。＊山彦冊子(1831)二「あさがほ〈略〉毛詩の古訓に、蜉蝣をあさがほと訓みたるも、朝生夕死と云に就て、猶彼の牽牛子のはかなき方より、転れる名なり」＊重訂本草綱目啓蒙(1847)三七・化生「蜉蝣〈略〉〔附録〕蜉蝣二種あり初の説はくろあぶらむし〈略〉和名抄及び藻塩草に蜉蝣をひをむしと訓ずるは此物を指なり。又かげらう〈蜻蜓かとんぼにもこの名あり〉と云あさがほと呼」㈤青磁色の襲(かさね)の色。検非違使が用いた。表裏とも、空色、または縹(はなだ)色ともいう。＊胡曹抄(1480頃)「あさかほ 表裏花田、としよりのきる也」㈥(ひ(日・火)にあてればしぼむところから)焼麩(やきふ)をいう女房詞。ふのやき。＊かたこと(1650)四「女のこと葉に麩焼(ふのやき)を朝(アサ)がほといへるは、火にてあぶり侍ればしぼむによて、蕣(あさがほ)の華(はな)の日にしほるるゆへに名付初しといふ説は如何、〈略〉只人のつくろはぬ朝の皃(かほ)のやうなるといふ心なるべし」＊宝鏡寺日記‐承応二年(1653)一〇月二七日「くしけ殿より御心ざしにあさかほ後進上」＊評判記・色道大鏡(1678)四「傾城はきゃしゃなるものにおもはれんとて、しんこを白糸(しらいと)、ぼたもちを萩の花、麩焼(ふのやき)をあさがほ〈略〉などいはんは」❷㈠「源氏物語」第二〇番目の巻の名。また、その主人公「あさがおの君」をいう。㈡謡曲。小田切能登作。三番目物。㈠によったもの。㈢(蕣)講釈。芝屋司馬叟(しばそう)の長話の一つ。またその主人公の名。熊沢蕃山(ばんざん)の事跡を語ったもの。浄瑠璃「生写朝顔話(しょううつしあさがおばなし)」などのもとになった。

朝顔❶㈡①

朝顔の丸　五つ朝顔　朝顔枝蔓丸　細輪に六つ朝顔

語誌(1)次にあげるような上代の「あさがお」については諸説あって決めがたいが、桔梗とするのが無難であろう。「萩の花尾花葛花なでしこが花をみなへしまた藤袴朝皃(あさがほ)が花〈山上憶良〉」〔万葉‐八・一五三八〕「風吹けば雲のきぬがさたつた山いと匂はせる阿佐我保(アサガホ)が花」〔歌経標式〕など。(2)「万葉集」では秋の野に咲く花として親しまれていたことがわかるが、平安時代になって、朝咲いて夕方にはしぼむ花というはかないイメージが持たれ、「和漢朗詠‐上・槿」には「松樹千年終にこれ朽ちぬ槿花一日おのづから栄をなす〈白居易〉」という詩とともに、「あさがほをなにはかなしと思ひけむ人をも花はいかが見るらむ〈藤原道信〉」という歌が記載され、花の命の短さと無常観を結びつけて歌うようになり、「露」とともに詠むことが多くなる。現在の朝顔が観賞用として盛んに栽培されるようになるのは近世になってからである。 方言植物、ききょう(桔梗)。山形県最上郡・東田川郡139 語源説(❶㈡について)(1)朝咲いて昼しぼむ花の意から〔名語記・東雅・古今要覧稿・和訓栞・日本語源=賀茂百樹〕。(2)カホは美しい顔の義。朝美しい花の意〔万葉代匠記・滑稽雑談所引和訓義解・古今要覧稿〕。(3)アサアヲ(浅青)の転〔言元梯〕。(4)アサカホル(朝薫)の転〔名言通〕。 発音アサガオ〈なまり〉アサガワ〔新潟頸城・石川・愛知・伊賀・鳥取・島根〕❶㈠は〈標ア〉0〈京ア〉サ/ガ ㈡〜㈥と❷は〈標ア〉サ〈ア史〉平安○○◉○ 江戸◉◉○○〈京ア〉ア 辞書字鏡・和名・色葉・名義・下学・和玉・文明・伊京・明応・天正・饅頭・黒本・易林・日葡・書言・ヘボン・言海 表記蕣(色・名・玉・文・伊・明・天・饅・黒) 朝顔(下・文・伊・明・黒・易・書・言) 槿(色・名・玉・文・明・天) 槿花(伊・饅・黒・易・書) 牽牛花(下・天・饅・書・ヘ) 牽牛子(和・色・名) 桔梗(字) 簑・菌(色) 蕣花(下) 牽牛(易) 盆甑草(書)

あさがお の 仕掛(しかけ) 演劇で、足の先へ行くほど、次第に細くなる朝顔形の衣装で、焼酎に浸したものを幽霊に扮する俳優が腰から下につけ、吊木で幽霊を引き上げると同時に、その衣装に火をつけて、腰から下を一面に火とする仕掛け。幽霊の足をぼか

し、怨念(おんねん)が炎の中から現われたように見せるためのもの。朝顔火の幽霊。

あさがお の 茶(ちゃ)の湯(ゆ) ①千利休が朝顔の花を庭に植えておかないで、床の間にいけて趣向を凝らしたという茶の湯。 ②(①の故事から) 朝顔の花を観賞しながら行なう早朝の茶の湯。 ＊俳諧・玉江草(1677)三「江川一葦亭へ朝かほの茶湯にまかりて 朝するは槿花一時の栄花哉〈四朋〉」 ＊浮世草子・西鶴諸国はなし(1685)五・一「ある時此里のこざかしき者ども、朝皃(アサカホ)の茶(チャ)の湯(ユ)をのぞみしに」

あさがお の 露(つゆ) 朝顔の花に降りた朝露。多く、つかの間のこと、はかないもののたとえに用いられる。 ＊山家集(12C後)中「はかなくて過ぎにしかたを思ふにも今もさこそはあさがほの露」 ＊仮名草子・根の介(1609-17頃)下「あさがほの露、稲妻間、石の火の光の間、御情ただあれかしと思ふなり」

あさがお の 花(はな)**一時**(ひととき) (朝顔の花が朝咲いて昼を待たないでしぼむところから) 物の衰えやすいこと、はかないことをたとえていう。朝顔は晦朔(かいさく)を知らず。槿花(きんか)一日の栄。槿花一朝。 ＊駿台雑話(1732)二・朝がほの花一時「あさがほの花一ときも千とせ経る松にかはらぬこころともがな」

あさがお の 姫(ひめ) 「あさがおひめ(朝顔姫)」に同じ。 ＊匠材集(1597)三「あさかほの姫 七夕なり」

あさがお の 実(み) 朝顔の蒴果(さくか)、または種子。牽牛子(けにごし)。《季・秋》 ＊壒嚢鈔(1445-46)六「槿(アサカホ)の実(ミ)を牽牛子(けんごし)と云」 ＊古今要覧稿(1821-42)四二二「あさがほは漢名を牽牛花〈略〉その子を、あさがほのみ、〈略〉一名草金零、一名仮君子、一名黒丑、一名白丑」

あさがお の 飯(めし) 朝顔の咲く時刻にとる朝食。早朝の食事。 ＊俳諧・冬の日(1685)「はつ雪のことしも袴きてかへる〈野水〉 霜にまだ見る蕣の食〈杜国〉」

あさがお は 晦朔(かいさく)**を知**(し)**らず** 「あさがお(朝顔)の花一時」に同じ。 ＊荘子-逍遙遊「朝菌不ㇾ知₂晦朔₁、蟪蛄不ㇾ知₂春秋₁」

あさがお 蒔(ま)**く** 朝顔の種子をまく。その時期は四、五月。わけても八十八夜の頃、霜が降りなくなってからまくのがよいとされている。《季・春》 ＊雑俳・柳多留-四三(1808)「蔦を刈朝皃をまくいい地めん」 ＊俳諧・七番日記-文化一一年(1814)三月「世にあれば蕣(あさがほ)もまくばかり也」

あさがお-あわせ【朝顔合】〘名〙 物合わせの一種。朝顔を持ち寄って、花や葉の品評をしたり、優劣を争ったりすること。また、その会。 ＊随筆・擁書漫筆(1817)四「このひととせふたとせがほどは牽牛花合(アサガホアハセ)といふことのおこなはれて、京江戸大坂のすき人たち、きほひて奇品をあなぐりもとむることおほかたならず」

あさがお-あんどう【朝顔行灯】〘名〙 朝顔の花のように上部が開き、下部のつぼまった形のあんどん。 ＊洒落本・遊僊窟烟之花(1802か)一「茶だいすにあげや丁何やと書きしあさがほあんどうを立」 ＊東京年中行事(1911)〈若月紫蘭〉九月暦「茶屋毎に家号を記した朝顔行燈(アサガホアンドウ)をともし」

あさがお-いち【朝顔市】〘名〙 朝顔を売る市。毎年七月上旬に東京、入谷で行なわれるものが有名。《季・夏》

あさがお-うり【朝顔売】〘名〙 鉢植えの朝顔を、早朝、呼び声高く売り歩くこと。また、その人。

あさがお-か【朝顔科】〘名〙 ヒルガオ科の旧称。

あさがお-がい【朝顔貝】〘名〙 アサガオガイ科の巻貝。殻高約四センチメートルで低い円錘形。表面は光沢のある紫色を呈する。粘液でつくった浮嚢(ふのう)により海表面で浮遊生活をする。インド洋、太平洋の熱帯水域に分布するが、暖流に乗って日本の海岸に打ち上げられることがある。アサガオガイ科のなかには、ルリガイ、ヒルガオガイなどが含まれる。学名はJanthina janthina ＊語彙(1871-84)「あさがほがひ㊗〈略〉紀伊和歌の浦に産す」 発音アサガオガイ 〈標ア〉オ

あさがお-がた【朝顔形】〘名〙 「あさがおなり(朝顔形)」に同じ。

あさがおがた-ちゃわん【朝顔形茶碗】〘名〙 「あさがおぢゃわん(朝顔茶碗)」に同じ。 ＊随筆・守貞漫稿(1837-53)二八「朝顔形茶碗、口径二寸六七分外准ㇾ之」

あさがお-くぎ【朝顔釘】〘名〙 茶室の花明窓(はなあかりまど)につけられた釘。朝顔など蔓物(つるもの)の花入れをかけるのに用いる。

あさがお-ざる【朝顔笊】〘名〙 朝顔の花のように、上部が開き下部がつぼまった形の笊。

あさがお-せんべい【朝顔煎餅】〘名〙 朝顔の花を側面から見たような形をした煎餅。江戸京橋北八丁堀藤屋清左衛門の創製といわれ、元禄(一六八八～一七〇四)頃の江戸名物。 ＊俳諧・富士石(1679)三・秋「日影もろし露の槿煎餅(センベイ)屋〈曲言〉」 ＊俚言集覧(1797頃)「あさがほせんべい、上開、下窄、牽牛花(あさがほ)の形に似たる煎餅をいふ」

あさがおせんべい-の-くま【朝顔仙平隈】〘名〙 隈取(くまどり)の一つ。歌舞伎十八番「助六」に出てくる髭(ひげ)の意休の子分で、半道敵役の朝顔仙平が用いるもので、白塗りの顔に紅と青黛(せいたい)で朝顔に限どり、眉毛は

朝顔仙平の隈

蕾(つぼみ)、髭は葉に描く。

あさがお-ぞめ【朝顔染】〘名〙 元祿(一六八八～一七〇四)頃流行した染め模様の名称。朝顔の花の模様を紺、紫などでところどころ大形に染めたもの。 ＊浮世草子・男色大鑑(1687)三・五「蕣染(アサガホソメ)の大振袖、ぬき鮫の大小」

あさがお-だな【朝顔棚】〘名〙 朝顔の花のつるを延ばして、はわせてある棚。 発音アサガオダナ 〈標ア〉〇オ

あさがお-ぢゃわん【朝顔茶碗】〘名〙 藍、赤、鼠色などの絵模様のある朝顔形の茶碗。 ＊歌舞伎・樟紀流花見幕張(慶安太平記)(1870)四幕「奚に床几二脚並べ△〇□等中間にて腰を掛け、朝顔茶碗(アサガホヂャワン)で盛切(もっきり)酒を呑んで居る」 ＊歌舞伎・太鼓音智勇三略(酒井の太鼓)(1873)三幕「盆の上へ朝顔茶碗(アサガホヂャワン)を四つ載せ、一升徳利を持ち出で」 発音アサガオジャワン 〈標ア〉ジャ

あさがお-ておけ【朝顔手桶】〘名〙 華道用の朝顔の花の形をした手桶。

あさがお-なり【朝顔形】〘名〙 茶碗、籠などが、朝顔の花の形をしていること。また、そのもの。 ＊滑稽本・東海道中膝栗毛(1802-09)二・上「そのちゃわんを見や。施主の気がきかねへよ。あさがほなりにでもすればいいに」 ＊歌舞伎・お染久松色読販(1813)序幕「朝顔形(なり)の菜売籠に」

あさがお-にっき【朝顔日記】 浄瑠璃「生写朝顔話(しょううつしあさがおばなし)」の通称。時代物。五段。山田案山子遺稿、翠松園主人校補。天保三年(一八三二)大坂稲荷文楽芝居で初演。秋月の娘深雪(みゆき)と宮城阿曾次郎とのすれちがいを重ねる恋物語。

あさがお-にんぎょう【朝顔人形】〘名〙 朝顔の花、つるなどをいろいろに細工して作った人形。 ＊毎日新聞-明治三三年(1900)七月一五日「入谷朝貌人形開園」 ＊東京年中行事(1911)〈若月紫蘭〉七月暦「色々の遊覧場所の中で最も賑はうのは入谷の朝顔団子坂の朝顔人形(アサガホニンギャウ)」

あさがお-の【朝顔―】枕 朝顔の花のように、の意で下の語句にかかる。①朝顔の花が美しく、人目につきやすいところから、「穂に咲き出づ」につづく。 ＊万葉(8C後)一〇・二二七五「言(こと)に出でて言はばゆゆしみ朝皃乃(あさがほノ)穂には咲き出ぬ恋もするかも〈作者未詳〉」 ②朝顔の花が、朝咲いてたちまちしぼんでしまうところから、「はかなし」につづく。 ＊新拾遺(1364)哀傷・九一〇「あさがほのあだにはかなき命をばつとめてのみぞしばし保たん〈源信〉」 ③「年さえこごと」につづく。かかり方は未詳。一説に末句の「放(さ)く」に「咲く」の意を介してかかるという。また、初句の「わが愛妻」にかかるものが倒置されたともいう。あるいは比喩の句で、「凍(こご)ゆ」の意を表わすとも、稲などにからみつく意を表わすとも、恋人をたとえたものともいう。 ＊万葉(8C後)一四・三五〇二「わが愛妻(めづま)人は離(さ)くれど安佐我保能(アサガホノ)年さへこごと吾(わ)は離(さ)かるがへ〈東歌〉」

あさがお-ばち【朝顔鉢】〘名〙 ①朝顔の花の形をした陶器製の植木鉢。 ②朝顔を植えた植木鉢。 発音アサガオバチ 〈標ア〉オ

あさがおび-の-ゆうれい【朝顔火幽霊】〘連語〙 「あさがお(朝顔)の仕掛け」に同じ。 ＊御狂言楽屋本説(1858-59)「あさがほ火の幽霊 これはこしよりしたをだんだんにほそくなしたるものをこしらへ それをずっふりしゃうちうにひたしてゆうれいのこしへはかせ つり木にてひきあぐるとき したより火をつけべし こしより下いちめんに火となる也 すなはちこれをあさがほといふ也」

あさがお-ひめ【朝顔姫】〘名〙 (「牽牛(けんぎゅう)」を「あさがお」と訓むところから) 「しょくじょせい(織女星)」の異名。《季・秋》 ＊俳諧・増山の井(1663)七月「七夕 あさかほひめ」 ＊和訓栞(1777-1862)「あさがほひめ 織女の異名也といへり」 ＊白羊宮(1906)〈薄田泣菫〉朝顔姫の歎き「天の御蔭の宮づとめ、朝顔姫の名に呼ばれ、七座(ま)す星の群(むれ)にして、舞ひしや、むかし」

あさがお-やき【朝顔焼】〘名〙 朝顔の花の形に焼いた陶器。朝顔。 ＊浮世草子・男色大鑑(1687)七・五「簞笥の下より、朝顔焼(アサカホヤキ)の天目出して」

あさがお-らっぱ【朝顔喇叭】〘名〙 蓄音機で、再生された音を出す、朝顔の花に似た広がった開口部。 ＊記念碑(1955)〈堀田善衛〉「朝顔ラッパの蓄音機に象徴された寂かな、大正時代風の過去のなかへ」 発音アサガオラッパ 〈標ア〉ラ

あさ-かがみ【朝鏡】〘名〙 朝起きて、髪かたちを整えるために向かう鏡。 ＊為尹千首(1415)恋「我にうき人の契りの朝かがみ涙ながらぞおしのごひつる」

あさ-かぎ【朝陰】〘名〙 方言 朝、太陽の熱の弱い時分。 鹿児島県喜界島983 ◇あさかあぎ 沖縄県那覇市(午前)975 ◇あさかい 沖縄県石垣島(午前)975

あさ-がき【朝書】〘名〙 早朝、書をかくこと。また、その字。 ＊俳諧・西鶴大句数(1677)七「朝書や硯の墨をすりながし〈西長〉 日影うつろふ龍のいきをひ」 ＊俳諧・桃青三百韻附両吟二百韻(1678)「かたくまに難波の梅の兄弟(あにおとと)〈芭蕉〉 貫之が筆朝書(あさがき)の春〈信章〉」

あさ-かげ【朝影】〘名〙 ①朝、鏡や水などに映った顔かたちや姿。 ＊万葉(8C後)一一・二六一九「朝影(あさかげ)見つつ 嬢子(をとめ)らが 手に取り持てるまそ鏡〈大伴家持〉」 ＊俳諧・桃青三百韻附両吟二百韻(1678)延宝五之冬「飛乗の馬からふとや子規(ほととぎす)〈信徳〉 森の朝影狐ではないか〈芭蕉〉」 ②朝日の光。 ↕夕影。 ＊宇津保(970-999頃)春日詣「あさかげにはるかに見れば山のはに残れる月もうれしかりけり」

*発心集(1216頃か)七・同人脱衣奉松尾大明神事「七月ばかりに京になすべき事ありて、朝かげに大宮の大路を南ざまへおはしけるに」 ③朝日によってできる細長く弱々しい影。恋の悩みなどでやせ細った人の姿をたとえていう。*万葉(8C後)一一・二六六四「夕月夜暁闇(あかときやみ)の朝影(あさかげ)に吾が身はなりぬ汝を思ひかねて〈作者未詳〉」 *東大寺諷誦文平安初期点(830頃)「彩しく坐す可き団欒の紅の貌(みかほ)は、吾曹に由てぞ麻影に成給ひたる」 *伊勢物語(10C前)一二七「夕月夜あか月がたのあさかげにわが身はなりぬ君を恋ふとて」 語誌 ③の「万葉集」の例「朝影に吾が身はなりぬ」の比喩の用法については、「朝日によってできる細長く弱々しい影のように」と解する説と「朝日のほのかな弱々しい光のように」と解する説とがある。万葉集歌の解釈に、後者としては「仙覚抄‐一一」に「あしたのかげは、うすきものにいひならはせり」とあり、前者としては「万葉集目安」に「かげのやうにやせたると云心也」とある。影を直接痩せ細る比喩に用いる例としては、「浜松中納言‐五」に「かげのやうにあさましくやせほそり」とあるのが比較的早い例である。 発音 アサカゲ 〈標ア〉0カ 辞書 書言 表記 朝陰(書)

あさ‐がけ【朝駆】〘名〙 ①朝早く、馬を走らせること。 ②早朝、不意をついて敵陣に押し寄せること。↔夜討ち。*勝山記‐天文一七年(1548)「甲州人数あさかけになされ候て、悉く小笠原殿人数を打殺し被食候」 *結城氏新法度(1556)九八条「当方の下人さふらいさとの者迄、外よりひき候とて、ねらい夜盗、朝かけ、草、にとめ、人のむかい、何にても無披露に出候もの候はは、すみやかにけつるへく候」 *足利季世記(1487‐1569頃)高国記・常桓発向の事「富松城え朝かけして責落、廿余人首をとりて」 *日葡辞書(1603‐04)「Asagaqe (アサガケ)」 *浅井三代記(1689)二「平井奈良崎朝かけにふみつぶし」 ③朝早くから出かけて行くこと。また、その時。現在では、新聞記者などが取材のために早朝、政治家の私邸などを訪れることをいう。「夜討ち朝駆けの取材」 *俚言集覧(1797頃)「朝がけ。早朝に出るを云、元来、軍よりいでたる辞也」 *合巻・教草女房形気(1846‐68)八・一三段「朝がけに何用あってござったのぢゃ」 ④(②のようにすれば敵を破ることがたやすくできることから)物事の容易なことのたとえ。朝飯前の仕事。*浄瑠璃・雪女五枚羽子板(1708)厄払ひ「わぬしごときの相手に、騎馬(きば)をむける迄もなし。左衛門が足軽十騎斗さしむけば、朝がけに生捕て」 方言 朝のうち。早朝。東京都八王子311 富山県上新川郡395 兵庫県加古郡664 愛媛県840 発音 アサガケ 〈標ア〉0 〈京ア〉0 辞書 日葡・言海 表記 朝駈(言)

あさがけ の 釜(かま)の焦(こ)げ 物事の容易であることのたとえ。*浄瑠璃・源義経将棊経(1711頃)四「明朝錦戸が何万騎にてよする共、あさかけのかまのこげ、このむ所ぞ弁慶がゆの子共思はぬ」

あさがけ の 駄賃(だちん) (「行きがけの駄賃」のもじり。「あさがけ④」から)物事の容易なことのたとえ。*浄瑠璃・天智天皇(1692)五「気遣なさるな、五人や十人は朝がけの駄賃ぞ」

あざ‐がけ【蠣掛】〘名〙めくりカルタで、強い札の「あざ」によって相手の邪魔をすることか。*浄瑠璃・大職冠(1711頃)道行「一枚ひねって額にあて、かのばくていに飛入れば、そろを脇から二くすじの、三馬(さんま)あざがけしのぎつつ」

あさか‐しゃ【あさ香社】 明治二六年(一八九三)、落合直文が結成した短歌結社。門弟は与謝野鉄幹、金子薫園、尾上柴舟など。

あさ‐かしわ【朝柏】(しはか) ━〘名〙柏の木の朝のさまについていう。朝方の柏の木。*道助法親王家五十首(1218‐20頃)冬「嵐吹く原の外山(とやま)のあさかしはぬるや時雨(しぐれ)の色に出でつつ〈藤原実氏〉」 ━枕 朝露に柏の木の葉が潤う意で、「うるおう」と類音の地名「うるわ川」にかかる。一説に、朝がたの柏の木のうるわしいさまが続くことかともいう。*万葉(8C後)一一・二七五四「朝柏(あさかしは)閏八(うるは)河辺の小竹(しの)の芽のしのひて寝(ぬ)れば夢に見えけり〈作者未詳〉」 発音 〈標ア〉カ

あさ‐がしわ【朝膳】(しはが)〘名〙天子の召される食事。*改正増補和英語林集成(1886)「Asagashiwa アサガシハ」

あさかずき〘名〙方言 暁。夜明け方。青森県三戸郡083 岩手県二戸郡040

あさ‐がすみ【朝霞】 ━〘名〙朝立つ霞。《季・春》 *万葉(8C後)二・八八「秋の田の穂の上に霧らふ朝霞いつへの方にわが恋やまむ〈磐姫皇后〉」 *寛永刊本蒙求抄(1529頃)三「会稽王が来る時は、人物な人であるほどに、朝がすみのにほい上るやうなぞ」 *俳諧・芭蕉庵小文庫(1696)「春なれや名もなき山の朝がすみ〈芭蕉〉」 ━枕 (朝の霞は、ものがはっきり見えないところから)「ほのか」「香火屋(かひや)」にかかる。*万葉(8C後)一〇・二二六五「朝霞かひやが下に鳴くかはづ声だに聞かばあれ恋ひめやも〈作者未詳〉」 *万葉(8C後)一二・三〇三七「切目山ゆきかふ道の朝霞ほのかにだにや妹に逢はざらむ〈作者未詳〉」 発音 アサガスミ 〈標ア〉ガ 〈京ア〉ガ 辞書 日葡・ヘボ 表記 朝霞(へ)

あさ‐かずら【麻鬘】(づら)〘名〙髪置きの祝いに長寿を祈ってかぶらせた麻製の白髪。*雑俳・冠独歩行(1702)「にぎやかに、ややが髪置麻かづら」

あさ‐かぜ【朝風】〘名〙 ①朝吹く風。*万葉(8C後)一・七五「宇治間山朝風寒し旅にして衣借すべき妹もあらなくに〈長屋王〉」 *林葉集(1178)冬「あさ風の寒けきなへに菅原や伏見の田居にはだれ雪ふる」 *俳諧・続猿蓑(1698)秋「朝風や薫姫(たきものひめ)の団(うちわ)もち〈乙州〉」 *青春(1905‐06)〈小栗風葉〉秋・五「水蒸気を含んだ冷い朝風が微寒う肌に沁みて、秋も最う深くなったのが知られる」 ②日の出後しばらく、海辺では陸地から海上に、また、山間では山頂から谷に向かって吹く風。 ③(「晨風(しんぷう)」を訓読したもの)「はやぶさ(隼)」の別名。《季・冬》 *西園寺鷹百首(14C後‐15C前か)「はげしくも落ちくる物か冬山の雪にたまらぬ峰の朝風」 *俳諧・滑稽雑談(1713)一一月「鷹百首抄云、朝風とは隼の異名也。漢に在之。私云、詩に曰晨風にて侍る也」 発音 〈標ア〉サ 〈京ア〉ア/サ 辞書 日葡

あさか‐そすい【安積疏水】 福島県猪苗代湖から郡山市西方に引かれた農業用水路。明治一五年(一八八二)完成。広義には、昭和二六年(一九五一)通水の額取山の東裾を潤す新安積疏水も含めていう。 発音 〈標ア〉ソ

あさ‐がた【朝方】〘名〙朝のうち。朝のあいだ。また、その時刻。*死刑囚と其裁判長(1922)〈中西伊之助〉一「彼が朝方になって、その便器の上にある棚に載った水槽の水で顔を洗ふ時も」 *金(1926)〈宮嶋資夫〉六「町には朝(アサ)がたのさわやかな風が吹いて」 発音 アサガタ 〈なまり〉アサガチャ〔熊本分布相〕アサゴト〔鹿児島方言〕 〈標ア〉サ 0 〈京ア〉ガ

あさ‐がたち【朝容】〘名〙朝、起きた時の姿、顔かたち。*頼政集(1178‐80頃)上「暮れぬとてはぢぬる野辺の女郎花今さは花のあさがたち見ん」 *有明の別(12C後)二「ようきざまにては、みまほしからぬみこの御あさがたちまでぞ思ひみだれ給ふ」

あさ‐がっせん【朝合戦】〘名〙早朝、合戦をすること。また、その合戦。*御内書案(室町中)「長禄三。十月十四日。武州太田庄合戦。同年十月十五。〈朝合戦海老瀬口。夕合戦羽継原〉」 *甲陽軍鑑(17C初)品二七「御代官として七千余の人数を我等におほせ付られ、笛吹峠へ向ひ、朝合戦に勝、我等牀机(しょうぎ)に腰をかけ、勝時を執行(とりおこなう)」

あさか‐の‐うら【浅香浦】 大阪府堺市東部の古名。大和川の沿岸一帯にあたり、古くは海に面していた。摂津の名所。歌枕。浅香潟。*万葉(8C後)二・一二一「夕さらば潮満ち来なむ住吉の浅鹿乃浦に玉藻刈りてな〈弓削皇子〉」 *続後撰(1251)恋一・六六三「住吉のあさかの浦のみをつくしさてのみ下に朽ちやはてなん〈藤原行能〉」 発音 〈標ア〉ラ 辞書 文明・天正 表記 浅鹿浦(文・天) 浅香浦(文)

あさか‐の‐ぬま【安積沼・浅香沼・朝香沼】 福島県郡山市、安積山のふもとにあったといわれる沼。ショウブの名所。歌枕。*古今(905‐914)恋四・六七七「みちのくのあさかのぬまの花かつみかつみる人に恋ひやわたらん〈よみ人しらず〉」 *新古今(1205)夏・一八四「野辺はいまだあさかの沼にかる草のかつみるままに茂るころ哉〈藤原雅経〉」 補注「堀河院百首聞書」に「陸奥風土記にいはく、浅香の沼。名ありて尋ゆけばみえぬ沼也。もし尋てみれば死するといへり」とあるという。 発音 〈標ア〉マ

あさか‐の‐みや【朝香宮】 久邇宮(くにのみや)朝彦親王の第八王子鳩彦(やすひこ)王が明治三九年(一九〇六)創立した宮家。昭和二二年(一九四七)皇族身分を離れる。 発音 〈標ア〉0

あさかべ〘名〙方言 植物。❶ひのき(檜)。島根県出雲008 ❷さわら(椹)。鳥取県日野郡008 島根県出雲003 岡山県008

あさ‐がみ【麻紙】〘名〙⇨まし(麻紙)

あさ‐がみ【朝髪】〘名〙朝起きたばかりでとかしていない髪。 発音 アサガミ 〈標ア〉0

あさ‐かみきり【麻天牛】〘名〙カミキリムシ科の甲虫。体長一〇～一五ミリメートル。体は円筒形で黒く、黒褐色の毛におおわれ、背や側縁の縦すじと腹部には白毛が密生する。麻の害虫で茎をかみ切り産卵し、幼虫は茎の内部を食害する。本州、四国、九州に分布。麻の栽培が減ったことから最近では各地で激減している。学名は Thyestilla gebleri 発音 〈標ア〉カ

あさ‐がみしも【麻上下】〘名〙麻布で作ったかみしも。江戸時代の武士、庶民が通常の礼服として用いた。普通は薄鼠色で小紋を白く染めだす。麻じょうげ。*浮世草子・好色一代男(1682)七・七「浅黄のあさ上下(カミシモ)に茶小紋の着物(きるもの)」 *随筆・北窓瑣談(1829)後・三「今の麻上下は、大紋の袖を切りたるなり」 発音 アサガミシモ 〈標ア〉ガ 〈京ア〉ガ

あさがみしも の 付(つ)き合(あ)い 威儀を正したきちんとした交際。*談義本・当世穴穿(1769‐71)二・琵琶が教訓の弁「八音よく調はずとも、麻(アサ)上下のつき合が、聖人のなまゑい位には、和してござる物を」

あさ‐かみなり【朝雷】〘名〙朝、雷が鳴ること。暴風雨の前兆とした。 発音 〈標ア〉カ

あさかみなり に 川渡(かわわた)りすな 朝の雷は暴風雨の前兆だから、すぐに帰れない遠方に出かけるようなことをしてはいけない。

あさかみなり に 戸(と)開(あ)けず 朝の雷は暴風雨の前兆だから、戸をあけないほうがいい。

あさがみ‐の【朝髪―】枕 (朝起きたばかりの髪は、乱れているところから)「乱る」にかかる。*万葉(8C後)四・七二四「朝髪之(あさがみの)思ひ乱れてかくばかり汝姉(なね)が恋ふれそ夢(いめ)に見えける〈大伴坂上郎女〉」

あさがや【阿佐谷】 東京都杉並区にある地名。古く鎌倉時代から集落があったといわれる。現在は、都心に近い代表的住宅地。都史跡のけやき屋敷がある。 発音 アサガヤ 〈標ア〉0

あさ‐がや【麻蚊帳】〘名〙麻で作った蚊帳。麻は水分の吸収、発散が早く、通気性に富むので、綿、絹製品より涼しいのが特色。*東京風俗志(1899‐1902)〈平出鏗

二郎〉中・六・部屋道具「蚊帳は地方に見ると異ならざれど、製作甚だ精妙にして軽く、一斑に麻蚊帳を用ふれども、貧しきは綿蚊帳（めんがや）をも用ふ」＊家（1910–11）〈島崎藤村〉上・六「緑色に光る麻蚊帳を外から眺めながら」

あさか-やま【安積山・浅香山】 福島県郡山市にある山。歌枕。「万葉集」にみえる釆女（うねめ）と葛城王（橘諸兄）の伝説があり、引例の釆女の歌は、「古今集」序で和歌の父母としてあげ、手習いの最初に習う歌としている。そこから、手習い、習字をさしていうこともある。＊万葉（8C後）一六・三八〇七「安積香山影さへ見ゆる山の井の浅き心を吾が思はなくに〈陸奥国の前の釆女〉」＊大和（947–957頃）一五五「安積の郡、安積山といふ所に庵をつくりて」＊読本・逢州執着譚（1812）二「其春おまへは寺いりして、あさか山（ヤマ）の手本をもらひ、手習成（なさ）るが羨しく」 発音〈標ア〉0 辞書 書言 表記 安積山・浅香山（書）

あさか-やま【浅香山】〘名〙①「こうばい（紅梅）①」の古名。＊大和本草（1709）一二「梅〈略〉浅香山は、紅梅の単葉なり。早梅なり」＊物類称呼（1775）三「寒紅梅 かんかうばい、関東にて称し呼、西国にては、浅香山（アサカヤマ）といふ」②（形動）つまらないこと。浅はかなさま。＊コリャード西日辞書（1631）「cosa de ninguna importancia inferior. asacayama（アサカヤマ）ナコト」 発音〈標ア〉0

あさかやま の 筆（ふで） 九月から咲き出し、一二月頃盛りになる寒紅梅「浅香山」の木で、軸をつくった筆。＊御伽草子・小男の草子（室町時代物語集所収）（室町末）「こうろきのすみにあさか山のふで、ゆきのしたがさねの、うすやうに、おもひの色を、かきつらねける」

あさ-がゆ【朝粥】〘名〙朝、食べるかゆ。＊宇治拾遺（1221頃）二・七「心地あしくて、この法師いでざりける折に、朝粥食はむとするに」＊虎明本狂言・東西離（室町末–近世初）「まづあさかゆをたべて、やがてときをくうて、風呂へ入て」＊咄本・醒睡笑（1628）八「越前の太守の前にて朝粥すわりぬ」 発音アサガユ〈標ア〉0

あさ-がよい【朝通】〘名〙朝通うこと。＊歌謡・新曲糸の節（1757）端手・ひらや小松「比良（ひら）や小松の朝通（アサガヨ）ひ、褄が濡れ候、磯打つ波に」

あさ-がら【浅柄】〘名〙伊勢国（三重県）浅柄から産出する中級のタバコ。＊滑稽本・東海道中膝栗毛（1802–09）五・上「おやまに浅柄（あさがら）のたばこ貰ひおったが、みなすふてしもふた」＊狂歌・烟艸百首（1820）「奥州は広国なれば所々に名葉あり。江戸へ来る荒増（あらまし）を記す〈略〉勢州 朝柄（アサガラ） 竹原 同」

あさ-がら【麻殻】〘名〙エゴノキ科の落葉高木。本州中部以西の山地に生える。高さ約一〇メートル。葉は長さ七〜一三センチメートルの広楕円形で、縁に細かい鋸歯（きょし）をもつ。初夏、下垂する白い花が穂に連なって咲く。実は五つの稜（りょう）のある倒卵形で、油が採れる。あさぎ。学名は Pterostyrax corymbosa ＊語彙（1871–84）「あさがら（俗） 葉玉鈴花（はくうんぼく）に似て小さく、三四月白花開く、紫藤の如く下垂す。白辛樹」＊日本植物名彙（1884）〈松村任三〉「アサガラ」 方言 植物。❶はんごんそう（反魂草）。木曾†091 ❷こじい（小椎）。宮崎県003 鹿児島県出水郡036 ◇あさがらじい〔—椎〕宮崎県003 鹿児島県036 ❸やぶにっけい（藪肉桂）。東京都三宅島・御蔵島333 ❹ふうとうかずら（風藤葛）。鹿児島県甑島965 ❺けんぽなし（玄圃梨）。宮城県008 長野県上田003 ❻おおばあさがら（大葉麻殻）。埼玉県秩父251 ❼ふかのき（鱶木）。鹿児島県964 ◇あさぐる・あさぐろ・あさごろ 鹿児島県奄美大島964 ❽みつでかえで（三手楓）。◇あさがらへえた 埼玉県秩父郡251 発音アサガラ〈標ア〉0 辞書 言海

あさ-がら【麻幹・麻殻】〘名〙皮をはいだ麻の茎。白くて軽く、折れやすい。七月の盂蘭盆（うらぼん）の精霊祭の箸（はし）や迎え火や送り火をたくのに用いる。また、焼いて火口（ほくち）や日本画の素描用としたり、火薬に混ぜたりする。おがら。麻木。《季・秋》＊日葡辞書（1603–04）「Asagara（アサガラ）〈訳〉麻の皮を剝いだあとの殻、幹」＊仮名草子・尤双紙（1632）上・二〇「かろきもののしなじな 一、麻（あさ）がら、灯心、つみわた」＊俳諧・犬子集（1633）一七「白き物こそ黒くなりけれ 麻からは皆鉄炮のはいにやき〈徳元〉」＊浮世草子・好色五人女（1686）五・一「むかひ火に麻（アサ）がらの影きへて」 辞書 和玉・日葡・書言・ヘボン・言海 表記 藍（玉） 椒（書） 麻空（へ） 麻幹（言）

あさがら に 目鼻（めはな）**を付**（つ）**けたよう** やせて骨と皮だけのような人のたとえ。

あさがら の 焼火（たきび） 盂蘭盆（うらぼん）の時、亡き人の霊を迎えたり送ったりするために、麻幹を焼くたき火。＊浮世草子・本朝二十不孝（1686）五・一「七月十三日の曙夕暮は麻柯（アサガラ）の焼火（たきび）して世になき玉を祭る業の哀は秋なり」

あさがら の 箸（はし） 麻幹でつくった箸。盂蘭盆（うらぼん）に仏前に供える。麻木箸。＊浮世草子・世間胸算用（1692）四・一「いそがしき片手に香はなをととのへ、神の折敷（おしき）と麻（アサ）がらの箸（ハシ）と取まぜてのせはしさに」＊俳諧・発句題叢（1820–23）秋「麻売の箸に挟みし小芋哉〈冥々〉」

あさがら の 火（ひ）**早**（はや）**く消**（き）**えやすし** （麻幹のたき火のように、一時燃え立ってもすぐに消えてしまうの意）はかなく、すぐ燃え尽きてしまうことをたとえていう。＊評判記・吉原人たばね（1680頃）「三年とつづけて、よくかふおのこはあらじ、〈略〉あさからの火、はやくきへやすくして、後はみな、女郎の小袖帯をもらひ」

あさがら の 黐（もち） 麻幹にもちを塗った蝿取りもち。＊雑俳・日本国（1703）「取付てはなれぬやうに成にけり・蝿の一期は麻がらのもち」

あさ-からくれない【浅唐紅】〘名〙舶来の染料による薄紅色。薄唐紅（うすからくれない）。

あさから-し・い【浅】〘形口〙深さの度合が少ない。＊ロドリゲス日本大文典（1604–08）「Asacaraxij（アサカラシイ）」

あさ-がらす【朝烏】〘名〙朝鳴く烏。あけがらす。⇔夜烏。＊万葉（8C後）一二・三〇九五「朝烏（あさがらす）はやくな鳴きそわがせこがあさけの姿見れば悲しも〈作者未詳〉」＊俳諧・猿蓑（1691）四「七種や跡にうかるる朝がらす〈其角〉」 発音アサガラス〈標ア〉ガ

あさ-かり【麻刈】〘名〙麻を刈り取ること。《季・夏》＊俳諧・白雄句集（1793）二「麻刈の麻ぎぬあらみさればこそ」＊俳諧・暁台句集（1809）夏「麻かりや白髪かしらのあらはるる」

あさ-がり【朝—】〘名〙 方言 ⇨あさあがり（朝上）

あさ-がり【朝狩】〘名〙（「あさかり」とも）①朝早く狩猟をすること。⇔夕狩り。＊万葉（8C後）一・三「朝獦（あさがり）に 今立たすらし 夕狩に 今立たすらし〈中皇命〉」＊万葉（8C後）一四・三五六八「後れ居て恋ひばくるしも安佐我里（アサガリ）の君が弓にもならましものを〈防人の妻〉」＊琴歌譜（9C前）七日あゆだ振「阿佐可利（アサカリ）に 汝夫（なせ）が通りし 橋の前（さき） 杭を宜しみ」②朝食前後の忙しい時に店先の品を盗むことをいう、盗人仲間の隠語。〔日本隠語集（1892）〕 辞書 日葡

あさ-がれい【朝餉】〘名〙①天皇が召し上がる簡単な食事。儀式的な大床子（だいしょうじ）の御膳（おもの）に対するうちうちの食事。朝餉の御膳。＊小右記–長保元年（999）一一月二三日「五節所女房許、朝臣夕食令弁済遣之、朝餉淡路守文佐、衝重属宮忠信」＊源氏（1001–14頃）桐壺「ものなどもきこしめさず、あさがれひのけしきばかり触れさせ給て」＊太平記（14C後）二・天下怪異事「此にて朝餉（アサガレヒ）の供御（ぐご）を進め申して、先づ南都の東南院へ入せ給ふ」②「あさがれい（朝餉）の間（ま）」の略。＊源氏（1001–14頃）絵合「あさがれいの御障子をあけて、中宮もおはしませば」＊玉葉–承安二年（1172）六月一二日「右大弁俊経持㆓参宸筆宣命草於朝干飯縁㆒読㆓申之㆒」＊徒然草（1331頃）二三「衰へたる末の世とはいへど、なほ九重の神さびたる有様こそ、世づかず、めでたけれ。露台、朝餉、何殿、何門などはいみじとも聞ゆべし」③朝食のこと。＊武蔵野（1887）〈山田美妙〉下「それ朝餉（アサガレヒ）の竈を跡に見て跡を追ひに出る庖厨（くりや）の炊婢（みづしめ）」 語源説 (1)カレヒはカルイヒ（軽飯）の義〔俗語考・湖月抄別記〕。(2)アサの意は、朝廷の朝。カレヒはカレヒオクル（彼送）の略。内膳司で調理して御殿へ送るのでいう〔安斎随筆〕。 発音アサガレイ〈標ア〉ガ 〈ア史〉鎌倉○○○◎○ 室町◎◎○○○と◎◎○○の両様 辞書 下学・易林・日葡・書言・ヘボン・言海 表記 朝餉（下・易・書・へ・言）

あさがれい の 御座（おまし） 「あさがれい（朝餉）の間（ま）」に同じ。＊讃岐典侍（1108頃）上「我は朝かれひのおましのことは知らざりつれば」＊禁秘鈔（1221）上「主上近代不㆓着御㆒、不㆓着御㆒之時、引㆓懸御直衣㆒、於㆓朝餉御座㆒供㆑之」

あさがれい の 御膳（おもの） 「あさがれい（朝餉）①」に同じ。＊禁秘鈔（1221）上「朝餉御膳〈朝・夕・夜供〉皆一度供㆑之、此御膳等近代主上不㆑着」＊禁秘鈔（1221）上「朝餉御膳女房不㆑候之時、公卿或四位侍臣為㆓陪膳㆒恒例也」＊日中行事（1334–38頃）「あさがれゐのおものまいる。とくせん女官御だいをもちて、だいばん所にまいりておものたなにをく」

あさがれい の 壺（つぼ） （「壺」は周囲を建物に囲まれた狭い庭の意）清涼殿朝餉の間の西の小庭。＊讃岐典侍（1108頃）下「菖蒲（さうぶ）の輿（こし）に、朝がれひのつぼにかきたてて」＊大鏡（12C前）三・伊尹「舞人の馬を後涼殿の北の馬道より通させ給て、あさがれゐのつぼにひきおろさせ給て」＊弁内侍（1278頃）寛元四年九月八日「中宮の御かたより菊のきせ綿参りたるが、ことにうつくしきを朝がれひの御つぼの菊にきせて」

あさがれい の 庭（にわ） 「あさがれい（朝餉）の壺」に同じ。＊日中行事（1334–38頃）「朝ぎよめは御殿つねの御所、朝がれゐの庭、とのもりの官人〈五位〉衣冠して是をはく」

あさがれい の 間（ま） 天皇が簡単な食事や更衣をする部屋。清涼殿の西廂（にしびさし）にある。朝餉。＊能因本枕（10C終）七・うへにさぶらふ御猫は「あさかれゐのまに、うへはおはしますに」＊御湯殿上日記–文明一二年（1480）三月二六日「くじのぎはじまる。まづくゎんはくのないらむあり。そののちあさかれゐのまへしゅつ御あり」＊和訓栞（1777–1862）「朝餉の間又御座といふは清涼殿に在て朝夕の供御を備ふる所なり」 発音アサガレイノマ〈標ア〉ガ 辞書 書言 表記 朝餉間（書）

あさかわ【浅川】 東京都八王子市にある地名。旧浅川町。高尾山有喜寺の門前町として発達。甲州街道に沿い、近くに多摩御陵、武蔵野陵がある。 発音〈標ア〉0

あさかわ【浅川・朝川・朝河】 姓氏の一つ。 発音〈標ア〉サ 0

あさかわ-かんいち【朝河貫一】 歴史学者。哲学博士。福島県出身。米国ダートマス大学・イェール大学院卒。イェール大学教授、のち名誉教授。比較法制史の立場から各国封建制度の研究をした。主著に「入来文書（いりきもんじょ）」。明治六〜昭和二三年（一八七三〜一九四八）

あさかわ-ぜんあん【朝川善庵】 近世後期の折衷学派の儒者。江戸の人。名は鼎、字は五鼎。片山兼山

の子。朝川黙翁の継子。山本北山に学び、京坂から長崎・肥後・薩摩に遊歴し、藤堂氏、松浦氏、大村氏など九州西国の諸侯に仕える。著「楽我室遺稿」「善庵随筆」「大学原本釈義」など。天明元～嘉永二年（一七八一～一八四九）

あさ-かわ【朝川】〘名〙朝の川。また、朝渡る川。↕夕川。＊万葉（8C後）一・三六「ももしきの 大宮人は 船なめて 旦川（あさかは）渡り 舟ぎほひ 夕河渡る〈柿本人麻呂〉」＊十六夜日記（1279-82頃）「二十七日、明けはなれて後、富士河渡る。朝川いと寒し」＊新撰菟玖波集（1495）恋・上「くだく心はたださざれいし あさ河のをとさへつらき衣衣に〈肖柏〉」

あさ-かん【朝刊】〘名〙日刊新聞で、朝、発刊する新聞。ちょうかん。発音〈標ア〉0

アサ-かんど【ASA感度】〘名〙米国規格協会（ASA）が定めた、感光材料の感光度の規格。ASA100などと表わし、数値に比例して感度も高くなる。現在は数値・意味は同じで、ISOを用いる。→イソ感度

あさ-かんのん【朝観音】〘名〙朝早く、観音に参詣すること。特に、観音の縁日にあたる毎月一八日の朝、参詣すること。＊俳諧・花千句（1675）上「朝観音とこころざす袖〈季吟〉 ほんのりと十八日の影うつり〈正立〉」＊俳諧・西華集（1699）乾「傾城の所帯奇麗に持なして〈支考〉 朝観音にまいる朔日〈紫道〉」

あさかんのん に 夕薬師（ゆうやくし） 江戸時代の信仰で毎月、観音の縁日一八日には朝、薬師の縁日八日には夕方、参詣する風習をいう。＊俳諧・宇陀法師（1702）巻頭幷俳諧一巻沙汰「尻で名とりの公平（きんぴら）が来る〈許六〉 なまぐさき朝観音に夕薬師〈李由〉」＊俳諧・春秋稿（1780-85）地「いのるかひ朝観音にゆふ薬師〈兎水〉 暑わすれん階の蔓艸〈冬扇〉」＊随筆・柳亭記（1826頃か）下「観音には朝の参詣おほく、薬師には夕のまゐりあるゆゑに、朝観音に夕薬師といふ諺ふるくよりあり」

あさ-かんばん【麻看板】〘名〙江戸時代、武家などで雇人や出入りの者に着せた麻製の短い着物。＊洒落本・新吾左出放題盲牛（1781）居候遺精「としは五十めし焚さかり。〈略〉はや時ならぬ麻かんばん」＊随筆・梅翁随筆（1789-1801か）一五・流行落書の事「此頃江戸のはやりもの。〈略〉麻看板に藁草履」

あさ-かんむり【麻冠】〘名〙漢字の冠の一つ。「麾」「磨」「摩」「魔」などの「麻」の部分をいう。これらの字には、字典の麻部に属するものと、麻を表音部分として他の部に属するものとがある。発音〈標ア〉カ

あさ-ぎ【朝─】〘名〙朝、はたらくこと。朝食前の仕事。＊諸国風俗問状答（19C前）近江国多羅尾村風俗問状答・七月・六七「七日の式かはる事なし。同日、里中道を造る事也。早朝に働くをあさぎと云」方言❶朝。朝方。山形県東置賜郡139 新潟県長岡市377 山梨県461 長野県491 492 兵庫県淡路島671 奈良県宇陀郡678 ❷朝飯前にする仕事。三重県585 奈良県宇陀郡680 宇智郡683 和歌山県690

あさ-ぎ【浅木】〘名〙（「あさき」とも）節（ふし）などの多い雑木。用材としては下等品とされる。＊千載（1187）恋三・八一一「あづま屋のあさぎの柱われながらいつふしなれてこひしかるらん〈前斎院新肥前〉」＊新撰六帖（1244頃）六「杣山のあさぎの柱ふししげみひきたつべきもなき我が身かな〈藤原家良〉」＊名語記（1275）六「檜木にあらざる材木をばあさ木といへり」語誌江戸時代、四国地方では広葉樹の雑木をいい、土佐藩ではウルシ、ハゼ、トチ、ホオなどの七種を浅木七木と称して保護を加え、徳島藩では民間の採薪材を浅木山として無許可の伐採を禁じた。方言❶木質の柔らかい木。和歌山県日高郡054 ◇あさき 青森県上北郡054 津軽075 ❷雑木。◇あさき 奈良県吉野郡686 広島県高田郡779 徳島県811 香川県仲多度郡829 高知県861 ❸燃えやすい柔らかい薪（まき）や炭。◇あさき 岩手県盛岡092 気仙郡100 新潟県東蒲原郡368 ◇あさっき 長野県東筑摩郡480 ❹広葉樹。◇あさき 埼玉県秩父郡251 神奈川県032 徳島県那賀郡813 ❺針葉樹。◇あさっき 長野県上伊那郡012 語源説アシキ（悪木）の転か〔大言海・国語拾遺語原考＝久門正雄〕。

あさ-ぎ【浅葱・浅黄】〘名〙㊀（薄いネギの葉の色の意。葱を黄と混同して浅黄と書く場合も多い）①緑がかった薄い藍色。うすあお。しらあお。＊能因本枕（10C終）四二・小白川といふ所は「二藍の直衣、指貫、あさきの帷子をぞすかし給へる」＊今昔（1120頃か）二四・七「年五十計（ばかり）の女の无下（むげ）の下衆にも非ぬが、浅黄なる張単（はりひとへに）賤（あやし）の袴着て」＊元和本下学集（1617）「浅黄 アサギ 細（モヨキ）也」＊随筆・独寝（1724頃）上・二三「公儀より御預の鼓は新九郎はじめ皆浅黄しらべなり」＊俳諧・夜半叟句集（1783頃か）「襟巻の浅黄にのこる寒さかな」＊歌舞伎・小袖曾我薊色縫（十六夜清心）（1859）五立「おさよ黒の衣、手甲脚半、浅黄の帽子を冠り出で」②（着用する袍（ほう）の色が浅葱であるところから）六位の称。＊源氏（1001-14頃）乙女「皆おのおの加階し昇りつつおよずけあへるに、あさぎをいとからしとおもはれたるに、心ぐるしく侍るなり」③「あさぎうら（浅葱裏）」の略。＊雑俳・柳多留-八（1773）「シテワキで浅黄の通る花の山」＊滑稽本・古朽木（1780）三「近来の前句付には浅黄裏といへば武左（ぶさ）の事に通じ、浅黄とばかり下略して用ひ来る」④「あさぎまく（浅葱幕）」の略。⑤「あさぎごき（浅葱御器）」「あさぎわん（浅葱椀）」の略。＊鹿苑日録-慶長一一年（1606）三月二八日「菓子縁高、〈柿、羊肝、饅頭、柿、油餅〉御器何もあさき」⑥ひかえめにあっさりすること。また、そのさま。＊浄瑠璃・心中重井筒（1707）上「何ごともさらりっとあさぎにいふていよいやい」＊洒落本・夢之盗汗（1801）四「おめへさんのよふにわる口ばかりききとをしなんす。ちっと浅黄になんし」⑦不粋であること。野暮。＊洒落本・風俗問答（1776）「女郎も本は素人なり、粋も本は浅黄（アサキ）なり」㊁（浅黄）①浅く染めた黄色。＊延喜式（927）一四・縫殿寮「雑染用度〈略〉浅黄綾一疋〈略〉苅安草大三斤八両、灰一斗二升、薪卅斤」＊餝抄（1238頃）上「浅黄 親王着御。〈略〉無品親王着二黄衣一。或曰。謂二之浅黄一。〈略〉是黄色之薄也」＊随筆・玉勝間（1795-1812）一〇「古き物に浅黄とあるは、黄色の浅きをいへる也」②「あさぎざくら（浅黄桜）①」に同じ。＊歌林四季物語（1686）四・夏「みあれ山の桜は、あさぎなるもありて、しかもおそく咲きそろへば、ことやうの見ものなり」語誌(1)薄い黄色の意の「浅黄」は平安時代には無品親王（むほんしんのう）の着衣だが、確たる仮名表記がみえない。上代では色名としての「黄」はみえず、黄色は赤系統と捉えられて「二」と訓まれていた。(2)「浅葱」は「二十巻本和名抄-一七」に「葱〈略〉和名紀」とあり、「あさき」と表記される六位の袍の色で、「くれなゐの涙にふかき袖の色をあさみどりにやいひしほるべき」〔源氏-乙女〕とあるように、緑がかったうすい藍色である。ところが一二世紀の「今鏡-八・腹々の御子」には「くらゐおはしまさぬほどは、あさぎと日記にはべなるをば、『あをきいろか、きなるいろか』などおぼつかなくて」とあり、装束の慣例がわからなくなっていたらしい。(3)「餝抄-上」には、㊁①の挙例のように「薄い黄色」とする記述があるが、同書には「浅黄指貫。五月以後可レ着。〈言二瑠璃色一〉」とも書かれており、こちらは㊀①のことか。方言深く立ち入らないこと。あっさりすること。東京都002 島根県725 語源説淡い葱の葉の色から〔日本釈名・関秘録・漫画随筆・東牖子・俚言集覧・和訓栞・大日本国語辞典〕。発音アサギ〈標ア〉0〈京ア〉0 辞書下学・文明・天正・饅頭・黒本・日葡・ヘボン・言海 表記浅黄（下・文・饅・黒・ヘ・言）細（天）浅葱（言）

あさぎ に やる ①いいかげんにすませる。＊浮世草子・西鶴置土産（1693）一・二「五とせあまり春を夢となし、蝶の定紋も付ず、もめんを浅黄にやって、世はかろく暮して埒をあけぬ」②わざと駕籠（かご）を遅くすることをいう、駕籠かき仲間の隠語。＊洒落本・品川楊枝（1799）「おそくやる事を柳にやるといひやすを、しろふ人がしってゐやすから、今はね、あさぎにやるといひやす」

あさぎ の 頭巾（ずきん） あさぎ色の頭巾。＊雑俳・柳多留-三（1768）「飛鳥山浅黄の頭巾安いしゃれ」＊雑俳・柳多留-七（1772）「風車浅黄の頭巾待てといふ」

あさぎ の 頭巾（ずきん）**を脱**（ぬ）**ぐ** （変装用のあさぎ色の頭巾を脱ぐ意から）正体を現わすことをいう江戸の演劇界の隠語。＊洒落本・夜半茶漬（1788）美濃近江寝物語「そんならもうあさぎの頭巾をぬいでおめにかけんしゃうと、小指の紙をすっぽりとぬいて見せた所が」

あさぎ の 袍（ほう） 「あさぎ（浅黄）㊁①」の色の袍（ほう）。無品（むほん）の親王の着用するもの。黄衣（こうえ）。

あさぎ の 股引（ももひき）**松坂縞**（まつざかじま） （浅葱（あさぎ）色の股引をはき、松坂縞の着物を着るのが通例であるところから）呉服屋の店員などをあざけっていう語。＊洒落本・仕懸文庫（1791）二「ごふくの店の衆の遊山にでるのを出番と申しやすが、出ばんのあたるのは、正、二、六、八の月さ、仲間の通言にゃあ、つけのぼせになる事をつけ衆になると申しやす、又それをしゃれていふときは浅黄（アサキ）のもも引（ヒキ）松坂縞（マツサカジマ）共申しやす」

あさ-ぎ【麻木】〘名〙「あさがら（麻幹）」に同じ。《季・秋》＊俳諧・鶉衣（1727-79）後・中・六四・幽霊説「されば初秋の盆会には、みそ萩、灯籠に座敷をかざり、かはらけ麻木の膳だてに、索麪（そうめん）団子の献立をまうけて」＊梨の花（1957-58）〈中野重治〉一四「しかし麻木があって、それで細工して目はじきを入れたところで」方言富山県砺波397 福井県三方郡429 岐阜県恵那郡498 島根県能義郡964 愛媛県840

あさぎ の 箸（はし） 「あさぎばし（麻木箸）」に同じ。《季・秋》＊俳諧・蘿葉集（1767）二・前書讃物部「哀れ世や麻木の箸の長みじか」

あさぎ〘名〙方言❶着物の襟下。立褄（たてづま）。沖縄県首里993 ❷雑炊。長崎市053 ❸魚、くろあなご（黒穴子）。兵庫県明石015

あさぎ-いと【浅葱糸・浅黄糸】〘名〙①あさぎ色に染めた糸。②「あさぎいとおどし（浅葱糸威）」の略。＊新札往来（1367）上「毛者、白糸・紫・黒糸〈略〉浅黄糸・火威思思好レ之候」＊相国寺供養記（1392）「神保宗三郎国久〈浅黄糸。鹿毛駮〉飯尾善六清政〈浅黄糸。黒駮〉」発音アサギイト〈標ア〉イ

あさぎいと の 鎧（よろい） 浅葱糸威（おどし）の鎧。＊保元（1220頃か）上・官軍方方手分けの事「基盛宇治路へ向ふに、白襖の狩衣に浅黄糸の鎧に、上折（うはをり）したる烏帽子の上に」＊普広院殿御元服記（15C中か）「永享二年七月廿五日〈略〉郎従三十騎召具足 義雅者着二浅黄糸鎧一帯二金刀、金太刀一」

あさぎいと-おどし【浅葱糸威】〘名〙鎧の威（おどし）の名。あさぎ色の組糸で威したもの。浅葱威（あさぎおどし）。浅葱糸。発音アサギイトオドシ〈標ア〉オ

あさぎいと-かたあか【浅葱糸片赤】〘名〙鎧の威（おどし）の名。あさぎ糸で威し、上部の一段ないし二段を赤糸で威したもの。片取威（かたどりおどし）。＊武家名目抄（19C中か）甲冑部・浅黄絲片赤具足「武家儀式云康正二年七月廿六日御拝賀御時侍所随兵馬打次第十七番鹿目式部丞具足浅黄絲片赤」

あさぎいと-かたくれない【浅葱糸片紅】〘名〙鎧の威（おどし）の名。あさぎ糸で威し、上部

の一段ないし二段を紅色の糸で威したもの。＊武家名目抄(19C中か)甲冑部・浅黄絲片紅具足「武家儀式云康正二年七月廿六日御拝賀御時侍所随兵馬打次第五番母里左京亮具足浅黄絲片紅」

あさぎいと-つまどり【浅葱糸妻取】〘名〙鎧の威(おどし)の名。妻取威の一種。地色をあさぎとし、袖・草摺(くさずり)のすみを他の色で威しかえたもの。

あさぎ-いろ【浅葱色・浅黄色】〘名〙「あさぎ(浅葱)㊀①」に同じ。＊右京大夫集(13C前)「空を見上げたれば、ことにはれてあさき色なるに」＊浮世草子・日本永代蔵(1688)四・三「自然浅黄色(アサギイロ)なる猿もがな、もしも手足の付たる鯛も有事もと」＊書言字考節用集(1717)六「浅黄色 アサギイロ 本字ハ浅葱」＊青春(1905-06)〈小栗風葉〉春・一三「木立の間からちらちら見ゆる浅葱(アサギ)色の海も」 発音 アサギイロ〈標ア〉0〈京ア〉0 辞書 書言 表記 浅黄色・青白色(書)

あさぎ-うちわ【浅葱団扇】〘名〙あさぎ色の地紙を用いたうちわ。＊俳諧・蓼太句集(1769-93)三・夏「涼しさのあかれぬ浅黄団扇哉」＊俳諧・白雄句集(1793)二「明て知れ浅黄うちはに夜の露」

あさぎ-うら【浅葱裏・浅黄裏】〘名〙①衣服の、あさぎ色の裏地。あさぎ色の裏地をつけた着物。＊貞順豹文書(1548)「あさきうらの事紫の小袖又はあかねなどのうらには付る方も候歟」＊浄瑠璃・心中天の網島(1720)中「郡内(ぐんない)の、しまつして着ぬあさぎうら、黒羽二重の一ちゃうら」＊洒落本・辰巳之園(1770)「花色小袖に浅黄裏を付(つ)け、洗ひはげたる黄むくの下着」②(着物の裏地にあさぎ木綿を用いる者が多かったところから)遊里で、江戸勤番に出てきた野暮で武骨な田舎侍の客をあざけって呼んだ語。＊雑俳・柳多留-一二(1777)「浅ぎうら手をこまぬひて待て居る」＊咄本・くだ巻(1777)狐・其三「真先神明へ浅黄(アサギ)うらの理屈らしいやつ来て」＊滑稽本・古朽木(1780)三「浅黄裏は野暮天の看板にして、近来の前句附には浅黄裏といへば武左(ぶさ)の事に通じ」③野暮であること。不粋なさま。＊雑俳・藐姑柳(1785)七月朔日「琴を習ふは娘でも浅黄うら」 発音 アサギウラ〈標ア〉0〈京ア〉0

あさぎ-うり【浅葱瓜】〘名〙方言 植物、まくわうり(真桑瓜)。宇治山田†101 三重県伊勢001

あさぎ-うり【麻木売】〘名〙お盆に麻幹(あさがら)を売り歩く者。おがらうり。《季・秋》

あさぎ-お【浅葱緒・浅黄緒】〘名〙あさぎ色の鼻緒。＊浮世草子・好色二代男(1684)一・五「浅黄緒(アサギオ)の雪踏(せった)をならし」

あさぎ-おどし【浅葱威】〘名〙「あさぎいとおどし(浅葱糸威)」に同じ。 発音 アサギオドシ〈標ア〉オ

あさぎ-かえし【浅葱返・浅黄返】〘名〙着物の表地を裾から折り返し、そのまま裏地にも使うこと。裾回しに表裏ともあさぎ色の布地を用いたもの。＊浮世草子・男色大鑑(1687)八・三「ひとりひとりの身振先(まづ)竹中は浅黄(アサギ)かへし、下着に中は紅鹿子」

あさぎ-かたびら【浅葱帷子・浅黄帷子】〘名〙あさぎ色のひとえの衣服。＊浮世草子・男色大鑑(1687)三・三「無紋の浅黄帷子(アサギカタビラ)の丸袖を脇あけて着すると見えて」＊雑俳・柳多留-一一八(1832)「浅黄かたびらほころびて片月見」＊武家名目抄(19C中か)衣服部付録「あさき帷、御供古実云、かたびらの事尋ね申候へば、何れも不ㇾ苦候、梅あさぎなどに染たるは不ㇾ苦候」

あさぎかたびら黒小袖(くろこそで) あさぎ色のかたびらと、黒の小袖。上品な服装を並べあげたもの。

あさぎ-かのこ【浅葱鹿子・浅黄鹿子】〘名〙あさぎ色の鹿の子絞り。＊評判記・色道大鏡(1678)三「下紐(したひも)の色は、小袖かたびらによらず、きたる物の色にしたがひて着す〈略〉浅黄鹿子(アサギガノコ)・うこん・白帷子の時は、緋の類を用ゆ」＊歌謡・音曲色巣籠(19C前頃)二〇・鹿子づくしをどり歌「色を染め出す鹿子の模様〈略〉浅黄鹿子に紅鹿子」

あさぎ-かみしも【浅葱上下・浅黄上下】〘名〙上下ともあさぎ色の服装。①狩衣(かりぎぬ)、水干(すいかん)、直垂(ひたたれ)、素襖(すおう)などの上衣も、袴(はかま)も共にあさぎ色であること。＊今昔(1120頃か)二六・八「長(おとな)しき男の浅黄上下着たる、不後(おくれじ)と走り来て」②あさぎ色のかみしも。＊浮世草子・好色文伝受(1688)三・一「白衣の上に無紋の浅黄上下、脇指も白紙に包、思ひもよらぬ悲」＊歌舞伎・幼稚子敵討(1753)口明「両右衛門、銀兵衛、浅黄上下にて居る」

あさぎ-かも【浅葱鴨】〘名〙あさぎ色の半天を着た下男。黒鴨③よりみすぼらしいさまの小者(こもの)。⇔黒鴨。＊雑俳・柳多留拾遺(1801)巻二〇「やぶ医者は浅黄鴨などつれてくる」

あさぎ-からかみ【浅黄唐紙】〘名〙あさぎ色の雲母(きらら)で文様を刷って表わした紙。＊浮世草子・風流比翼鳥(1707)二「茶釜一つに一尺八寸の国光の脇指、浅黄唐紙にて張たるつり儒仏堂」

あさ-ぎく【朝菊】〘名〙(花が朝に開き夕方にしぼみ、咲きはじめが野菊に似ているところからいう)野生のユウガギクを栽培化したもの。高さは一メートル以上になる。四、五月頃、中心が淡黄色で、周囲が舌状の花弁が淡紫色の花をつける。《季・夏》＊俳諧・毛吹草(1638)二「五月〈略〉朝菊、日にはやくうつろふ也」＊俳諧・滑稽雑談(1713)五月「夏菊〈略〉胡菊と云ふ者、実は朝鮮菊と称する。花単葉にて、夏月に開きて、盛日には萎ぢみ、朝毎に英を発す。故に朝菊共いへり」 発音 アサギク〈標ア〉サ

あさ-きげん【朝機嫌】〘名〙朝のさわやかな気分。＊俳諧・俳諧古選(1763)夏「すずしさや髪結直す朝機嫌〈りん〉」

あさぎ-ごき【浅葱御器・浅黄御器】〘名〙「あさぎわん(浅葱椀)」に同じ。＊日葡辞書(1603-04)「Asaguigoqi (アサギゴキ)」＊仮名草子・尤双紙(1632)上・二九「あをき物のしなじな〈略〉ろくせうのゐのあしうちに、せいしつのわん、あさぎごき」 辞書 日葡

あさぎ-こそで【浅葱小袖・浅黄小袖】〘名〙あさぎ色の小袖。＊浮世草子・本朝桜陰比事(1689)一・八「男しばし思案して肌着(はだき)の浅黄(アサギ)小袖に三つ蝶の紋所付しを」

あさぎ-こもん【浅葱小紋・浅黄小紋】〘名〙あさぎ色の地に小さな模様を一面に染め出したもの。＊評判記・色道大鏡(1678)二「浅黄(アサギ)ごもんは、初心めきて当道に嫌ふ、中着には是を許す」＊浮世草子・御前義経記(1700)五・一「次に流紋(りうもん)の小袖、羅紗(らしゃ)の羽織、浅黄小紋(アサギコモン)の上下」 発音 アサギコモン〈標ア〉コ

あさぎ-ざくら【浅黄桜】〘名〙①サトザクラの園芸品種。花は重弁で白いが、萼(がく)の色が鮮緑色で、全体に淡黄緑色に見える。＊俳諧・鸚鵡集(1658)二・春中・桜「浅黄桜染しは藍の出花哉〈貴明〉」＊滑稽本・古朽木(1780)三「当春は中の町へ浅黄桜を植ゑ」＊虞美人草(1907)〈夏目漱石〉八「二本の浅葱桜(アサギザクラ)が夕暮を庭に曇る」②①を模様化したもの。＊歌謡・今様くどき(1710頃)四季の花尽「しだれ桜の一重帯、浅黄桜の染色に、躑躅(つつじ)琉球岩躑躅」＊随筆・癇癖談(1791か)上「夜ばかり人目をしのぶ尼出のくがい、四尺ぼうしの浅黄ざくら」③「うこんざくら(鬱金桜)」の異名。 発音 アサギザクラ〈標ア〉ザ 辞書 言海 表記 浅葱桜(言)

あさぎ-じ【浅葱地・浅黄地】〘名〙地色があさぎ色の織物。＊浮世草子・日本永代蔵(1688)三・三「時代わたりの柿地(かきぢ)の小釣(こづる)、浅黄地(アサキヂ)の花兎(はなうさぎ)」＊みだれ髪(1901)〈与謝野晶子〉舞姫「浅黄地に扇ながしの都染九尺のしごき袖よりも長き」

あさぎ-じま【浅葱縞・浅黄縞】〘名〙あさぎ糸で織った縞織物。＊浄瑠璃・心中刃は氷の朔日(1709)中「あさぎ嶋に古(ふる)あみがさ」＊随筆・北越雪譜(1836-42)初・中「浅黄織(アサギジマ)のるゐは十日町組の村々なり」＊思出の記(1900-01)〈徳富蘆花〉一・一〇「一駄には浅黄縞の蒲団(ふとん)をかけて、僕と母と乗った」 発音 アサギジマ〈標ア〉0

あさぎ-じゅす【浅葱繻子・浅黄繻子】〘名〙あさぎ色のしゅす。＊浮世草子・好色二代男(1684)三・五「太夫殿の浅黄(アサギ)しゅすのいたわりも、八蔵がもめん着(きる)物のぬるるも、かなしさは同し事と笑ふ」＊滑稽本・古朽木(1780)三「羽織の胴裏には浅黄繻子を不粋ともいはず」

あさ-きず【浅傷・浅疵】〘名〙けがの程度がそれほどひどくないきず。＊浄瑠璃・東海道七里艇梁(1775)三「是式の浅疵、何の事」＊随筆・耳嚢(1784-1814)四・不時之異変心得可有事「名主の疵も数ケ所ながら浅疵にて命に拘り候程の事にも非らざれば」

あさぎ-すいせん【浅黄水仙】〘名〙フリージアの和名。スズランに似た花をつけ、芳香を放つ。香雪蘭(こうせつらん)。《季・春》 発音 アサギスイセン〈標ア〉ス

あさぎ-ずきん【浅葱頭巾・浅黄頭巾】〘名〙あさぎ色の布でつくった頭巾。＊滑稽本・古朽木(1780)三「浅黄頭巾(ヅキン)のやつし姿は、市川の流絶せぬ芝居の風流なれども」＊俳諧・七番日記-文化一二年(1815)一〇月「あっさりと浅黄頭巾の交ぞ」 発音 アサギズキン〈標ア〉ス

あさぎ-ずみ【浅木炭】〘名〙浅木を焼いてつくった下等の炭。《季・冬》＊俳諧・糸瓜草(1661)「うむうゐのおく山でやけあさぎ炭」＊俳諧・桜川(1674)冬二「消し人をなにしたとへむ浅木炭〈富長〉」

あさぎ-ぞめ【浅葱染・浅黄染】〘名〙藍染めの一種。あさぎ色に染めること。また、染めたもの。＊天草本平家(1592)四・一四「ソノコロ asaguizomega (アサギゾメガ) メヅラシカッタレバ、ジャウエノ シタニ アサギノ カタビラヲ キ」＊浄瑠璃・曾根崎心中(1703)道行「浅(あさ)ましやあさぎぞめ、かかれとてやは抱帯(かかへおび)両方へ引はりて」＊歌謡・三味線組歌補遺(18C中頃か)浅黄「浅黄染、こくも染まらぬもの故に、知らすなよ、おうただ忍ぶと人に知らすな」 発音 アサギゾメ〈標ア〉0 辞書 日葡

あさぎ-ぞら【浅葱空・浅黄空】〘名〙あさぎ色の空。青い空。晴れわたった空。＊俳諧・浅黄空(1822頃)「元日や上上吉の浅黄空」

あさきた【安佐北】 広島市の行政区の一つ。昭和五五年(一九八〇)成立。市北部、太田川中流の山間地帯を占める。可部線、芸備線が通る。

あさ-ぎた【朝北】〘名〙(「あさきた」とも)朝吹く北風。＊土左(935頃)承平五年二月五日「み船よりおほせたぶなり。あさきたのいでこぬさきに、綱手はやひけ」 発音 アサギタ〈標ア〉0

あさぎ-たぼ【浅葱髱・浅黄髱】〘名〙(「あさぎ」は「あさぎうら」の略で田舎者の意、「たぼ」は女の異称)不粋な田舎女。＊雑俳・川柳評万句合-安永二(1773)仁四「あわもちをまづくくわせる浅きたぼ」

あさぎ-ちりめん【浅葱縮緬・浅黄縮緬】〘名〙あさぎ色に染めた縮緬。＊浮世草子・好色二代男(1684)二・二「京屋の門より禿(かふろ)よび出して、当座書のたて文、浅黄(アサギ)ちりめんのふくさ包ひそかに送る」＊洒落本・禁現大福帳(1755)四「浅黄縮綿(アサキチリメン)の襟巻は二布(ふたの)と変じ」＊滑稽本・浮世風呂(1809-13)三・上「アレ、あのをばさんを

一寸(ちょっと)お見。子が三人有ながら浅黄縮緬(アサギチリメン)の裁(きれ)をかけてさ」 発音アサギチリメン〈標ア〉チ

あさぎ-つつじ【浅黄躑躅】〘名〙植物「れんげつつじ(蓮華躑躅)」の異名。＊大和本草(1709)一二「躑躅(つつじ)〈略〉あさぎつつじ、葉は大ぎりしまの如く、枝は蔓の如く長し。小木なり。花は棉花に似て小なり。色あさぎ也。春花さく。木不」高。花よからざれどもめづらし。大山の岩上などにあり」 発音アサギツツジ〈標ア〉ツ2

あさ-きど【朝木戸】〘名〙江戸時代の顔見世などで、特に朝早く芝居小屋の木戸をあけて客を入れること。顔見世芝居は特に夜明け前から開場したところからいう。＊浄瑠璃・心中二枚絵草紙(1706頃)上「すでに今年の酉もたち、戌の顔見世、朝木戸をあけぼの深く提灯(ちゃうちん)の影きらきらとはつ霜の」

あさ-ぎぬ【麻衣】〘名〙①「あさ(麻)の衣(きぬ)①」に同じ。＊催馬楽(7C後-8C)夏引「汝(まし)安左支奴(アサギヌ)も 我が妻(め)の如く 袂よく 着よく 肩よく」＊万葉(8C後)九・一八〇七「勝鹿の 真間の手児奈が 麻衣(あさぎぬ)に 青衿(あをくび)着け〈虫麻呂歌集〉」＊大観本謡曲・梅枝(室町末)「契りあさ衣の片思ひ」＊読本・椿説弓張月(1807-11)続・三四回「芭蕉布の単衣を、裾短に引折て、麻衣(アサキヌ)の帯結びさげ」②「あさ(麻)の衣(きぬ)②」に同じ。＊書紀(720)允恭四二年正月(図書寮本訓)「筑紫に到りて亦大いに哭(みねたてまつ)る。難波津に泊りて、則ち皆素服(アサキヌ)たまはる」 発音アサギヌ〈標ア〉0ギ 辞書日葡

あさぎ-ぬのこ【浅葱布子・浅黄布子】〘名〙あさぎ色の木綿の綿入れ。＊随筆・一話一言(1779-1820頃)二五「天明の頃存義が歳旦、信濃なる浅黄布子やとし男。ある人難じて浅黄布子は凶服也とつぶやきしが、この年むなしく成ぬ」

あさぎ-ぬめ【浅葱絖・浅黄絖】〘名〙あさぎ色に染めたぬめ。ぬめは地が薄く、表面が滑らかで光沢に富む絹織物。＊浮世草子・好色五人女(1686)三・一「下に白ぬめのひっかへし、中に浅黄(アサギ)ぬめのひっかへし」＊藤十郎の恋(1919)〈菊池寛〉七「浅黄絖(アサギヌメ)の引かへしに折びろうどの帯をしめ」

あさぎ-はかた【浅葱博多・浅黄博多】〘名〙あさぎ色の博多織。＊滑稽本・古朽木(1780)三「世の中は浅黄博多(ハカタ)に浅黄紐、あさぎの櫛に浅黄縮緬」＊雪中梅(1886)〈末広鉄腸〉下・六「数寄屋の衣裳に浅黄博多の帯を締め」

あさぎ-ばかま【浅葱袴・浅黄袴】〘名〙あさぎ色の袴。＊浮世草子・男色大鑑(1687)四・五「白装束に無紋の浅黄袴(アサギハカマ)をゆたかに大前髪を結(ゆは)せたる風情の」＊役者論語(1776)芸鑑「時におくびゃう口より揚やのていしゅ、古き浅黄袴(アサギバカマ)の腰をねぢらせ」 発音アサギバカマ〈標ア〉バ

あさぎ-ばし【麻木箸】〘名〙麻幹(あさがら)でつくった箸。盂蘭盆(うらぼん)に仏前に供える。苧殻箸(おがらばし)。《季・秋》＊俳諧・続連珠(1676)一六「祭る玉や親子の契りあさぎ箸〈頼元〉」＊雑俳・削かけ(1713)「あたら事藤十郎に麻木ばし」

あさぎ-はちじょう【浅葱八丈・浅黄八丈】〘名〙あさぎ色の八丈絹。＊浮世草子・好色一代男(1682)八・二「肌は白綸子、中は紅鹿子(もみがのこ)のひっかへし、上は浅黄八丈(アサギはちヂャウ)の八端懸」

あさぎ-はぶたえ【浅葱羽二重・浅黄羽二重】〘名〙①あさぎ染めの羽二重。＊浮世草子・好色五人女(1686)四・三「その人の年比(としごろ)におもひいたして、袖に手をさし入て見るに、浅黄(アサギ)はぶたへの下着」②(田舎武士をいう浅黄裏が木綿であるのに対し、羽二重といって)江戸勤番の田舎大名をばかにした言い方。＊雑俳・柳多留-二五(1794)「浅黄羽二重を振たで名が高し」

あさぎ-ふく【浅葱服】〘名〙あさぎ色をした囚人服。＊死刑囚と其裁判長(1922)〈中西伊之助〉一「庭を横切って行く浅葱服(アサギフク)の囚人たちの」 発音アサギフク〈標ア〉ギ

あさぎ-べり【浅葱縁】〘名〙座席の畳の両辺を包みとじた布が、あさぎ色のもの。＊増鏡(1368-76頃)一一・さしぐし「あさぎべりの御座に、うへの御衣(おんぞ)黒き、うへの御袴、裏は柑子色、御下襲黒し」

あさぎ-ぼうし【浅葱帽子・浅黄帽子】〘名〙あさぎ色の帽子。＊俳諧・大坂檀林桜千句(1678)一〇「後家にてなけく芭蕉の女〈由平〉 浅黄帽子おもひにみたす風の月〈素敬〉」＊浄瑠璃・源平布引滝(1749)二「目元口元取形(なり)も浅黄帽子(アサギボウシ)のこぼれ梅、こぼれかかれる物ごしは京耻しき風情なり」＊歌舞妓年代記(1811-15)二・享保一七年「浅黄(アサギ)ぼうしかつぎし女」

あさぎ-まく【浅葱幕・浅黄幕】〘名〙歌舞伎で用いる幕の一種。あさぎ色の無地の木綿で作り、本幕(引幕)の内側に吊り、これを落として舞台の光景を一変させるために用いる。＊歌舞伎・韓人漢文手管始(唐人殺し)(1789)三「造り物、平舞台。向ふ浅黄まく、真中に葦簾囲(よしずがこ)いの茶店」＊戯場訓蒙図彙(1803)三「道具建の拾遺(のこり)、黒幕、浪幕、山幕、浅黄まく」 発音アサギマク〈標ア〉ギ〈京ア〉ギ

あさぎ-まだら【浅黄斑蝶】〘名〙マダラチョウ科のチョウ。開張約一〇センチメートルの大形の蝶で、年数回発生し、幼虫はカモメヅルなどの葉を食べる。日本各地に分布し、山林中をゆっくりと飛ぶ。学名は Parantica sita 発音アサギマダラ〈標ア〉マ

あさぎ-みず〘名〙三陸沿岸で黒潮をいう。

あさぎ-むく【浅葱無垢・浅黄無垢】〘名〙表裏とも全部あさぎ色の無地になっている、きれ。また、それでつくった衣服。＊評判記・色道大鏡(1678)二「肌着は、白むく、黄むく・浅黄(アサギ)むくたるへし」＊歌舞伎・傾城壬生大念仏(1702)中「旦那があさぎむくを取て来いと言はるる、どこに有ぞ」＊洒落本・船頭深話(1802)一「浅黄むくをかけたる葬礼のこしを、よいよいわいわいではやしながら」

あさぎむらさき-の-こしがわり【浅葱紫腰替・浅黄紫腰替】〘名〙小袖などのあさぎ色のもので、腰のあたりを紫色に替えてあるもの。＊浮世草子・男色大鑑(1687)一・四「肌には白き袷(あはせ)に、上は浅黄紫(アサギムラサキ)の腰替(コシガハ)りに五色の糸桜を縫(ぬは)せ」

あさぎ-もめん【浅葱木綿・浅黄木綿】〘名〙木綿織物の一つ。経(たていと)、緯(よこいと)ともにあさぎ色に染めた糸を使って平織りにした無地の木綿。多くは裏地用に用いる。＊怪談牡丹燈籠(1884)〈三遊亭円朝〉一六「良石和尚は浅黄木綿の法衣(ころも)を着し」＊吾輩は猫である(1905-06)〈夏目漱石〉七「浅黄木綿(アサギモメン)の着物をきた七十許(ばか)りの坊主が」＊牡丹の客(1909)〈永井荷風〉「浅黄木綿(アサギモメン)の大きな四角な包を背負った商人体の男と」 発音アサギモメン〈標ア〉モ

あさ-ぎよめ【朝浄・朝清】〘名〙(「あさきよめ」とも)①朝の掃除。＊拾遺(1005-07頃か)雑春・一〇五五「殿守のとものみやつこ心あらばこの春ばかりあさきよめすな〈源公忠〉」＊大鏡(12C前)二・師尹「とのもりづかさの下部あさぎよめつかうまつることなければ、庭の草もしげりまさりつつ」＊日葡辞書(1603-04)「Asaguiyome(アサギヨメ)。Asaqiyome(アサキヨメ)と言う方がまさる。〈訳〉朝の掃除。高家で用いられる。歌語」＊浮世草子・懐硯(1687)三・四「乾井の水をむすびて目をさますなど、朝ぎよめの宮廻りこころざして詣でけるに」②朝、顔や手足などを洗い清めること。＊和英語林集成(再版)(1872)「Asagiyome アサギヨメ〈訳〉朝、顔、手、口を洗うこと」③商店や料理屋などで、朝、店先などを清めること。＊文明開化(1873-74)〈加藤祐一〉二・下「塩をまくは所謂朝(アサ)きよめで、盛り塩をする程の人は、かならず神を拝して其日の幸福を願ひ、客を待つに心を尽して、諸事清浄潔白にするに相違ない事じゃに依て」 発音アサギヨメ〈標ア〉ギ 辞書易林・日葡・書言・ヘボン 表記朝清(易・書) 朝浮(へ)

あさ-ぎり【朝━】〘名〙方言❶朝。朝方。佐渡†085 新潟県佐渡038 348 石川県404 414 419 福井県427 432 坂井郡433 岐阜県飛騨502 ❷朝から。福井県432 ❸朝のいっとき。岐阜県飛騨502 ❹朝食時。石川県江沼郡424 ◇あさぎる 富山県氷見市038

あさぎり はらって 朝早くから。早朝に外出するような時のさま。＊浜荻(仙台)(1813頃)「あさぎりはらって、朝とくいづる事。朝ぎりのまだはれぬうちよりといふ心なり。江戸 あさっぱらから」 方言宮城県栗原郡114 新潟県中頸城郡383

あさ-ぎり【朝霧】〘名〙①朝方に立ちこめる霧。⇔夕霧。→朝霧の。《季・秋》＊万葉(8C後)二〇・四三一九「たかまとの秋野の上の安佐疑里(アサギリ)につま呼ぶをしか出で立つらむか〈大伴家持〉」＊古今(905-914)羇旅・四〇九「ほのぼのと明石の浦のあさぎりに島がくれゆく舟をしぞ思ふ〈よみ人しらず〉」＊太平記(14C後)一七・山門攻事「俄に朝霧(アサギリ)深立隠して、咫尺の内をも見ぬ程なりければ」＊俳諧・大悟物狂(1690)冬「宇治川や朝霧立てふし見山」②「あさぎりそう(朝霧草)」の略。 発音アサギリ〈標ア〉サ〈京ア〉サ 辞書日葡

あざ-きり【蠣切】〘名〙めくりカルタの、あざの札ときりの札。ともに強い札。また、そのように大切なもの。＊浄瑠璃・軍法富士見西行(1745)二「此半櫃には大切な蠣切(アザキリ)が入れて有る」

あさぎり-がくり【朝霧隠】〘名〙「あさぎりごもり(朝霧籠)」に同じ。

あさぎり-がくれ【朝霧隠】〘名〙「あさぎりごもり(朝霧籠)」に同じ。＊金槐集(1213)恋「秋の野のあさぎりかくれ鳴く鹿のほのかにのみや聞きわたりなん」

あさぎり-ごもり【朝霧籠】〘名〙朝たちこめる霧の中にこもりかくれていること。＊万葉(8C後)一二・三〇三五「暁の朝霧隠(あさぎりこもり)かへらばに何しか恋の色に出でにける〈作者未詳〉」＊万葉(8C後)一五・三六六五「妹を思ひ眠(い)の寝らえぬに暁(あかとき)の安左宜理其問理(アサギリゴモリ)雁がねそ鳴く〈遣新羅使人〉」

あさぎり-そう【朝霧草】〘名〙キク科の多年草。本州北部以北の高山や海岸の岩場に生えるほか観賞用として栽培される。高さ一五～六〇センチメートル。茎は絹毛が密生し、全体に銀白色に見える。葉は二回羽状に裂け、裂片は幅約一ミリメートルでやわらかく、繊細な感じがある。秋、黄白色の小さな頭状花が下向きに多数つき、総状花序となる。学名は Artemisia schmidtiana《季・秋》＊語彙(1871-84)「あさぎりさう(俗)茵蔯(かはらよもき)の如くにして細小、白茸殊に多きものなり」＊日本植物名彙(1884)〈松村任三〉「アサギリサウ ハクサンヨモギ」 発音アサギリソー〈標ア〉0

あさぎり-な【━菜】〘名〙方言植物、とうぢさ(唐萵苣)。三重県一部030 京都府中郡623 与謝郡624 愛媛県一部030

あさぎり-の【朝霧━】枕(朝方に立つ霧のように、の意で)①朝霧が深くて物がおぼろに見えるところから「おほ」にかかり、また「迷(まと)ふ」「乱る」にかかる。＊万葉(8C後)四・五九九「朝霧之(あさぎりの)おほに相見し人ゆゑに命死ぬべく恋ひわたるかも〈笠女郎〉」＊万葉(8C後)一三・三三四四「立ちて居て 行

方（ゆくへ）も知らず 朝霧乃（あさぎりの） 思ひ迷（まと）ひて〈作者未詳〉」＊万葉（8C後）一七・四〇〇八「安佐疑理能（アサギリノ） 乱るる心 言（こと）に出でて 言はばゆゆしみ〈大伴池主〉」 ②朝霧が深く立つところから、「八重山（やへやま）」にかかる。＊万葉（8C後）一〇・一九四五「旦霧（あさぎりの） 八重山越えて ほととぎす卯（う）の花辺から鳴きて越え来ぬ〈作者未詳〉」＊玉葉（1312）秋上・五九四「秋風の寒くしなれば朝霧の八重山越えて雁（かり）も来にけり〈伏見院〉」 ③霧が流れ通うところから、「通ふ」にかかり、朝霧が立つ意で「立つ」にかかる。＊万葉（8C後）二・一九六「ぬえ鳥の 片恋妻 朝鳥の〈一云 朝霧（あさぎりの）〉 通はす君が〈柿本人麻呂〉」＊源氏（1001-14頃）明石「嘆きつつあかしの浦にあさ霧のたつやと人を思ひやるかな」

あさぎり-やき【朝霧焼】『名』明石焼の一種。元和年間（一六一五～二四）、播磨国（兵庫県）明石の城主小笠原氏が京都の陶工野々村仁清を招き、明石焼の陶工戸田織部之助とともに製作させた御庭焼。

あさぎ-わん【浅葱椀・浅黄椀】『名』黒い漆塗りの上に、あさぎ色または紅白の漆で花鳥などの模様を描いた椀。あさぎごき。＊今井宗久茶湯日記抜書-天正一一年（1583）七月七日「本膳 木具、折しき あさきわん」＊雍州府志（1684）七「二条南北新町所レ製謂二縹（アサギ）椀一。黒漆上以二縹色幷赤白之漆一画二花鳥一」＊俳諧・五老井発句集（1834）春「梅が香や客の鼻には浅黄椀」

あざく『動』方言 ❶かき回して探す。山形県139 144 茨城県062 ❷少しうがつ。えさなどを探す。福島県155

あさ-くさ【浅草】㊀『名』①丈が低い草。＊新撰六帖（1244頃）六「古川の岸のあたりのあさ草につばな浪よる夏の夕風〈藤原為家〉」 ②「あさくさがみ（浅草紙）」の略。 ③「あさくさのり（浅草海苔）」の略。＊洒落本・古契三娼（1787）自叙「南駅育（しながわそだち）の簿（のり）も朝艸（アサクサ）の名によぶ」 ④囚人をいう、盗人仲間の隠語。〔隠語輯覧（1915）〕 ㊁（海辺に近く浅い草むらにある村落の意）東京都台東区東部の地名。かつての東京市三五区の一つ。金龍山浅草寺（せんそうじ）を中心とする一帯。特に、旧浅草公園の地域をいうことが多い。吉原が日本橋から移転後は芝居小屋が集中して繁栄。明治以降公園内には興行物が集まり、大衆歓楽街の名が高い。＊吾妻鏡-治承五年（1181）七月八日「浅草大工参上之間、被レ始二若宮営作一」＊浮世草子・好色五人女（1686）四・二「銭八十と松葉屋のかるたと浅草（アサクサ）の米まんぢう五つと、世に是よりほしき物はなひ」 発音〈標ア〉0〈京ア〉0

あさくさ の 二日（ふつか）「あさくさいち（浅草市）」に同じ。＊雑俳・柳多留-七三（1821）「浅草の二日は江戸の台所」

あさ-くさ【朝草】『名』夏の早朝、草を刈り取ること。また、その草。《季・夏》＊仮名草子・竹斎（1621-23）下「朝くさや仮初振（かりそめぶり）に御手洗（みたらし）の流れは同じここも清水」＊俳諧・猿蓑（1691）二「すずしさや朝草門に荷ひ込〈凡兆〉」＊夜明け前（1932-35）〈島崎藤村〉第一部・上・一・一「百姓の仕事とする朝草も、春先青草を見かける時分から九月十月の霜をつかむまで毎朝二度づつは刈り」 方言 植物、つゆくさ（露草）。山口県豊浦郡794

あさ-くさ『名』植物「からすのごま（烏胡麻）」の異名。

あさくさ-いち【浅草市】『名』毎年一二月一七、一八日の両日、東京浅草の浅草寺（せんそうじ）境内に立つ歳の市。正月用品や台所用品を商い、にぎわう。浅草の二日。市二日。＊談義本・根無草（1763-69）前・三「年の暮の浅草市まで、年中人にすれるが役目なれば、定めて聞き届け参らん」＊狂歌・徳和歌後万載集（1785）四「勝栗をまけたと呼ぶもことはりや浅草市のうらは六郷」＊かくれんぼ（1891）〈斎藤緑雨〉「浅草市（アサクサイチ）羽子板ねだらせたを胸三寸の道具に数へ」 補注「狂歌才蔵集」に「大黒をぬすんで福を得手勝手人の心の浅草の市」とあり、市で大黒をぬすむと翌年開運するという俗信があったらしい。 発音〈標ア〉サ2

あさくさ-おくやま【浅草奥山】東京浅草の観音堂裏手の俗称。江戸時代から見世物小屋が並び、奥山見世物と呼ばれたが、のち、多くは六区に移転。 発音〈標ア〉0

あさくさ-おくら【浅草御蔵】江戸浅草にあった幕府の米蔵の一つ。幕府領から回漕された年貢米や買上げ米が保管され、旗本御家人への俸祿などに引き渡された。＊御触書天明集成-二三・明和二年（1765）五月「浅草御蔵之儀、別て遠国御年貢米納に付ては、百姓共多分之入用相掛り、難儀之趣有之由候」 発音〈標ア〉0

あさくさ-おくらばん【浅草御蔵番】『名』江戸幕府の職名。浅草蔵奉行の配下に属し、浅草にあった幕府の米蔵の米穀およびその渡し方などのことをつかさどった。＊財政経済史料-四・官制・勘定所職制・勘定所分課・元祿一一年（1698）「浅草御蔵番三拾人 拾俵壱人扶持高 勤金四両」

あさくさ-おくらぶぎょう（:おくらブギャウ）【浅草御蔵奉行】『名』江戸幕府の職名。勘定奉行の配下に属して年貢米や買米を収納する浅草御蔵を支配し、収支の実務を指揮、監督するもの。持ち高、役料二百俵、焼火間詰とする。浅草蔵奉行。＊徳川実紀-寛永一九年（1642）八月一八日「大番柴田四郎左衛門正勝。名取半左衛門長治、小十人組浅井次右衛門安元〈略〉浅草蔵奉行命ぜられ」＊財政経済史料-四・官制・勘定所職制・勘定所分課・天明八年（1788）一二月「御勘定奉行へ 浅草御蔵奉行之儀、大御番より之出役」

あさくさ-おび【浅草帯】『名』明治時代、病人や老人を背負うために考案された帯。木綿帯の中央に綿を入れ、そこに病人を当てるように背負った。＊風俗画報-一六〇号（1898）漫録「浅草帯（アサクサオビ）といふは病人老人を背に負ふ具なり」 発音〈標ア〉オ

あさくさ-オペラ【浅草―】『名』（オペラは英 opera）大正中期から関東大震災（大正一二年）まで、東京の浅草六区で盛んに上演されたオペラやミュージカルの総称。大衆娯楽として一世を風靡（ふうび）した。 発音〈標ア〉オ

あさくさ-がみ【浅草紙】『名』粗末な紙を材料にした、下等なすきかえし紙。落とし紙などに使う。江戸時代、浅草山谷あたりから産出されたところからいう。＊俳諧・誹枕（1680）中「浅草紙塵ぞ金山江戸の春〈友里〉」＊談義本・当風辻談義（1753）二・乙吉養父の家を出て本家へ帰りし事「張貫人形の朝夷弁慶、なんぼ中は浅草紙（アサクサガミ）でも甲冑を着（きせ）て荘（かざ）れば、誰か見ても適と誉（ほめ）る」＊其面影（1906）〈二葉亭四迷〉五八「給仕が洋紙の是が浅草紙といひさうな、粗末な、灰色の名刺を持って来て、此方が御面会をといふ」 発音アサクサガミ〈標ア〉サ2〈京ア〉ガ 辞書 言海 表記 浅草紙（言）

あさ-くさかり【朝草刈】『名』夏の早朝に草を刈ること。《季・夏》 方言 ❶堆肥にする草を朝早く刈って来ること。青森県三戸郡083 ❷牛馬の飼料にする草を朝早く刈って来ること。石川県河北郡012

あさくさ-がわ（は:が）【浅草川】東京、隅田川の吾妻橋（大川橋）あたりから浅草橋あたりまでの別称。大川。宮戸川。＊浮世草子・好色一代男（1682）二・一「花火の盛を見んと、浅草川（アサクサガワ）の暮をいそぎしに」＊江戸名所図会（1834-36）六「浅草川（アサクサガハ）隅田河の下流にして旧名を宮戸川と号す」 発音アサクサガワ〈標ア〉サ2

あさくさ-かんのん（:クヮンオン）【浅草観音】東京浅草にある金龍山浅草寺（せんそうじ）伝法院の本尊観世音菩薩像のこと。高さ約六センチメートルの黄金像。また、同寺の俗称。浅草観世音。 発音〈標ア〉カ〈京ア〉カ

あさくさかんのん-ついな（あさくさクヮンオン:）【浅草観音追儺】『名』東京浅草、金龍山浅草寺（せんそうじ）の修正会の行事。大みそかから正月六日まで毎日、夕方追儺が行なわれた。《季・新年》＊俳諧・俳諧歳時記（1803）下・一二月「浅草観音追儺 除夜より七日」

あさくさかんのん-もうじゃおくり（あさくさクヮンオンマウジャおくり）【浅草観音亡者送】『名』東京浅草、金龍山浅草寺（せんそうじ）の行事。正月一八日に行なわれる。《季・新年》

あさくさ-ぐるま【朝草車】『名』朝刈り取った草を積む車。＊赤光（1913）〈斎藤茂吉〉土屋文明へ「ひむがしのみやこの市路ひとつのみ朝草ぐるま行けるさびしも」

あさくさくれないだん（あさくさくれなゐダン）【浅草紅団】長編小説。川端康成作。昭和四～五年（一九二九～三〇）発表、未完。東京浅草に住む非行少年少女を中心に関東大震災後の浅草風俗を描く。 発音〈標ア〉ナ

あさくさ-こうえん（:コウヱン）【浅草公園】東京浅草にあった公園。明治六年（一八七三）浅草寺（せんそうじ）境内を中心に設置。その後、一区観音堂、二区仲見世、三区伝法院、四区木馬館一帯、五区花屋敷一帯、六区興行街に分けられ、商業、娯楽が集中し、六区は明治、大正、昭和にかけての歓楽街として知られる。昭和二六年（一九五一）廃止。 発音アサクサコーエン〈標ア〉コ

あさくさ-ざ【浅草座】東京浅草にあった劇場。明治二五年（一八九二）沢村座と称して開場し、翌年改称。川上音二郎一派の「意外」「日清戦争」などの上演や子供芝居で有名。明治三七年（一九〇四）、国華座と改称。のち蓬莱座、駒形劇場と名を改め、大正一二年（一九二三）関東大震災により焼失。 発音〈標ア〉0

あさくささんじゃごんげん-やぶさめ【浅草三社権現流鏑馬】『名』正月五日、東京浅草、浅草寺（せんそうじ）三社権現の祭。騎馬に乗って、鬼の姿をしたものを追い、にせの矢を放つ。《季・新年》

あさくさ-しき【浅草式】『名』（東京浅草あたりの風俗、雰囲気などから、大正から昭和初期にかけていわれた語）挑発的、扇情的気分、または卑俗な感じを与える物や人。＊訂正増補新らしい言葉の字引（1919）〈服部嘉香・植原路郎〉「浅草式 野卑低級、強烈な色彩で人にあくどい感じを与へたり挑発的な気分を与へること」 発音〈標ア〉0

あさくさ-じま【浅草縞】『名』織物の名。経（たていと）にくずの生糸、緯（よこいと）に綿糸を使って織った紬（つむぎ）織りの縞物。八王子地方で産し、元祿頃、俳優などが着たもの。＊隔蓂記-寛永一四年（1637）二月一八日「浅草嶋二端有音信」＊浮世草子・好色二代男（1684）一・五「主なしの思ひ出にうかれありく風情は、下に浅草嶋（アサクサシマ）に、かのうらを付て、木綿の中入」 発音〈標ア〉0

あさくさ-じゃり【浅草砂利】『名』江戸初期、江戸で地突（じづき）に用いた浅草産の砂利。＊随筆・嬉遊笑覧（1830）一・上「浅草砂利。むかし江戸にては地突に用る砂利は浅草の産を用ゆ〈略〉海道悪敷所は浅草砂にて中高に一両日中急度築立可申事など数多見えたり」

あさくさ-じんじゃ【浅草神社】東京都台東区浅草にある神社。旧郷社。浅草寺（せんそうじ）の本尊である観音像を得た、土師真仲知命（はじのまつちのみこと）、檜前浜成命（ひのくまはまなりのみこと）、檜前武成命の主従三人をまつるところから、三社権現、また、三社明神ともいわれる。明治六年（一八七三）現社名に改称し東照宮・大国主命を合祀。例祭三社祭は、江戸の三大祭の一つ。三社様。 発音〈標ア〉ジ

あさくさ-すな【浅草砂】『名』江戸初期、江戸浅草辺から採取した砂。＊禁令考-前集・第五・巻四七・慶安四年（1651）二月「道中あしき所へは、浅草砂を敷、中

高に作り可レ申候」

あさくさ-せん【浅草銭】〘名〙江戸初期、寛永一三年(一六三六)、江戸浅草橋場の銭座で鋳造された寛永通宝銭。江戸末期まで全国各地で鋳造された寛永銭は、この浅草銭がはじめ。発音〈標ア〉0

あさくさ-せんべい【浅草煎餅】〘名〙東京の浅草観音の境内、雷門で売られた名物の煎餅。

あさくさ-ため【浅草溜】 江戸時代、品川溜とともに、浅草に設けられた、主として重病の囚人を加療のため一時収容した場所。元禄二年(一六八九)、非人頭車善七が、現在の浅草観音堂境内の裏手に建設した。車善七の支配に属し、非人より選ばれた溜役人が事務を処理したので、浅草非人溜ともいわれた。＊品川溜御修復留(江戸後)「一浅草溜之義人数多に而此上人数相増候而は御差支相成候趣非人頭善七申立候」

あさくさ-たんぼ【浅草田圃】 東京都浅草新吉原の裏手にあった田圃。吉原田圃。発音〈標ア〉タ

あさくさ-てっせん【浅草鉄銭】〘名〙江戸末期、天保六年(一八三五)、江戸深川洲崎の銭座で鋳造した小型の寛永通宝鉄銭。明治年代刊行の「新撰寛永泉譜」に誤って「浅草鉄銭」として収録した。発音〈標ア〉テ

あさくさ-でら【浅草寺】「せんそうじ(浅草寺)」に同じ。＊俳諧・俳諧歳時記(1803)下・一二月「浅草寺(アサクサデラ)年の市 凡年の市は江戸浅草を以天下第一とす。西は浅草御門、西北は湯嶋下谷より観音寺内に至りて、寸地も商人ならざるはなし。十七日の朝より十八日の夜に至り、諸人の群行昼夜をわかたず」

あさくさ-にんぎょう【浅草人形】(ニンギャウ)〘名〙明治一〇年(一八七七)頃、東京浅草に住む福島親之が奈良人形の刀法にならって作りはじめた極彩色の木彫り人形。

あさくさ-のり【浅草海苔】〘名〙①(江戸時代、江戸浅草付近の隅田川で養殖、または製品としたからとも、浅草観音境内で売ったからともいわれる)干海苔(ほしのり)の総称。＊料理物語(1643)二「甘苔 ひや汁、あぶりさかな。浅草のり右同前」＊狂歌・古今夷曲集(1666)九「武蔵なる浅草海苔は名のみなりお心ざしの深川のもの」＊随筆・飛鳥川(1810)「浅草海苔名物也。〈略〉品川海苔を隅田川の水にてさらし、乾しのりにしたる也。然るに近来は干場は紺屋の張場となり、海苔の乾す場所見えず。されば品川にて仕立たるを取寄るごとくおもふ」＊日本読本(1887)〈新保磐次〉三「昔東京の浅草にて善き海苔を製せし故、今に至るまで浅草海苔の名を残せり」②紅藻類ウシケノリ科の海藻。各地の海岸、特に湾内の潮間帯に生え、干海苔の原料とするため、竹、木などに付着して養殖される。体は紅紫色、または緑紫色の薄い葉状。長さ一五～二五センチメートル、幅三～一〇センチメートルほどの長楕円形、円形などで、縁に波形のしわがある。雌雄同株で雌細胞の部分は色が濃く、雄細胞の部分は色が淡い。冬の終わりに果胞子ができ、夏は貝の中などで、糸状体で過ごし、秋に再び胞子を作り、これを放出して幼体となり、冬に生長、繁殖する。あまのり。むらさきのり。かきつも。学名は Porphyra tenera《季・春》＊本朝食鑑(1697)三「浅草苔(ノリ)〔釈名〕〈略〉東鑑伊豆国以二甘海苔一献二于鎌倉一頼朝奉二進于京一必大按此今之浅草苔浅草者武之江都東辺之地名隅田川上之村也」＊博物図教授法(1876–77)〈安倍為任〉一「紫菜(アサクサノリ)は海藻類にして東海の水中に生ず」③干海苔の原料となる海藻の総称。主に紅藻類アマノリ属のアサクサノリ、スサビノリ、ウップルイノリ、コスジノリなど。発音〈標ア〉サ2〈京ア〉ノ 辞書言海 表記浅草海苔(言)

浅草海苔①〈東海道名所図会〉

あさくさ-ばし【浅草橋】㊀東京都台東区、中央区の境にある橋。神田川が隅田川に合流する地点にかかり、南に江戸城三六見附の一つ浅草御門(浅草見附)があり、奥州街道の入り口でもあった。浅草御門橋。浅草門橋。＊江戸名所図会(1834–36)一「浅草橋(アサクサハシ) 神田川の下流、浅草御門の入口に架(わた)す。此所にも御高札を建らる。馬喰町より浅草への出口にして、千住への官道なり」㊁東京都台東区南端の地名。問屋を中心とした商店街。＊浮世草子・好色一代男(1682)二・六「白山、さん崎の得しれぬもの、浅草橋(アサクサハシ)の内にてうなづく事迠を合点(がってん)して」発音〈標ア〉サ2

あさくさ-はなやしき【浅草花屋敷】 東京浅草の花屋敷遊園地あたりにあった草花の陳列場。嘉永年間(一八四八～五四)植木職森田六三郎の創設になり、盆栽、菊人形を見せた。明治以降は娯楽・スポーツセンターとなり現在に至る。花屋敷遊園地。

あさくさ-ふじまいり【浅草富士参】(ふじまゐり)〘名〙浅草のお富士さんで知られた東京浅草にある浅草神社の六月一日の祭。現在行なわれていない。浅間(せんげん)祭。《季・夏》

あさくさ-ぶんこ【浅草文庫】㊀江戸時代、江戸浅草に板坂卜斎、堀田正盛、木村重助などによって設けられた私設の文庫。また、明治・大正の学者大槻如電が設けた文庫。㊁浅草の蔵屋敷跡に、明治七年(一八七四)設立された官設図書館。上野図書館の前身。＊東京曙新聞-明治八年(1875)一一月二二日「今般博物館所属浅草文庫を設立し」

あさくさ-ほんがんじ【浅草本願寺】(ホングヮンジ) 東京都台東区西浅草にある単立寺院。正式名称は東京本願寺。もと真宗大谷派(東本願寺)別院。天正一九年(一五九一)徳川家康の援助により教如が建立。もと神田筋違(すじかい)橋外にあったが、明暦大火(一六五七)以後現在地に移る。発音アサクサホンガンジ〈標ア〉ホ

あさくさ-まいり【浅草参】(まゐり)〘名〙東京の浅草観音に参詣すること。また、その道中。＊浮世草子・好色敗毒散(1703)五・一「浅草(アサクサ)参りの下向には必ずおとづるる事なりしを」発音〈標ア〉マ

あさくさ-まつり【浅草祭】〘名〙東京浅草の浅草神社の祭。もと、陰暦三月一八日に行なわれたが、今は五月一六、一七、一八日。三社祭。《季・夏》＊俳諧・毛吹草(1638)二「浅草祭 一八日」発音〈標ア〉マ

あさくさまぬ〘名〙「あさくままぬ」に同じ。＊和歌呉竹集(1795)八「あさくさまぬ 猫の異名なり さよふけてあさくさまぬに逢ぬるかみくゐさも其のうらぶれて鳴く」＊重訂本草綱目啓蒙(1847)四七・獣「猫〈略〉あさくさまぬ〈古歌〉」

あさくさ-もち【浅草餅】〘名〙東京の浅草観音の境内で売られた名物のきなこ餅。享保(あるいは天和)の頃、紀州屋安兵衛が、売り始めたといい、大正一二年(一九二三)頃まであった。＊洒落本・大通愛想尽(1779)「拾五文の浅草餅、一っ時の栄花とまず腹をつくり」＊滑稽本・古朽木(1780)二「馴染の浅草餅は砂糖の旨味に格別な所あり」＊浅草経済学(1933)〈石角春之助〉二・二「昔から仲見世には、さまざまな名物が売り出されてゐる。例へば浅草餅、紅梅焼き、雷おこしなどなど無数にある」発音〈標ア〉サ2

あさくさ-もめん【浅草木綿】〘名〙江戸時代、江戸浅草から産出した木綿。発音〈標ア〉モ

あさくさ・る【浅草】〘自ラ四〙(「あさくさ(浅草)」に「る」をつけて、動詞化した語)浅草をぶらつく。転じて、歓楽を求めて歩きまわる。学生仲間で使われ、俗語化した。〔特殊語百科辞典(1931)〕

あさくち【浅口】 岡山県の南西部の郡。高梁(たかはし)川河口の沖積平野にあり、かつては倉敷市・笠岡市の一部を郡域とした。＊二十巻本和名抄(934頃)五「備中国〈略〉浅口〈安佐久千〉」辞書和名・色葉・文明・易林 表記浅口(和・色・文・易)

あさ-くち【朝口】〘名〙その日の朝の商売始め。朝の口明けの商い。方言岩手県気仙郡100

あさ-くちなし【浅梔】〘名〙染色の名。くちなし色に紅を上染めした色の薄いもの。＊延喜式(927)一四・縫殿寮「浅支子綾一疋。支子二升、紅花小三両、酢一合」

あさ-ぐつ【浅沓・浅履】〘名〙公卿(くぎょう)、殿上人(てんじょうびと)などが常用した浅い沓(くつ)。桐の木を彫って作り、外側を黒漆で塗るのが普通だが、もともとは牛革製だった。内部に布を張り、足の甲にあたる部分に絹製綿入れの込(こみ)を入れた。鼻切沓(はなきれぐつ)。雁鼻(かりはな)。↔深沓。＊儀式(872)七・二月上丁・釈奠講論儀「親王以下五位以上出二堂後一脱レ靴、〈参議以上出二北戸一四位以下出二西戸一〉更着二浅履一復座」＊左経記-長元元年(1028)正月三日「経二日月両門并殿上前一渡二御前一如レ常、馬頭助闕腋浅沓」＊古事談(1212–15頃)五・石清水放生会被准行幸事「初年許は壺胡簶(つぼやなぐひ)浅沓也」＊餝抄(1238頃)中「履〈略〉浅沓、禁色之人沓敷。用二織物一〈略〉不レ然之人、用二平絹一皆押レ文、為レ不レ混レ属也。但大臣若大将不レ押レ文、不レ混レ属之故也。執柄家凡不レ押レ之歟」＊吾妻鏡-建長四年(1252)四月一四日「射手六人〈立烏帽子、水干、着二葛袴一浅沓〉」発音アサグツ〈標ア〉0 辞書和玉・言海 表記履(玉)浅沓(言)

浅沓

あさぐつ-ねり【浅沓練】〘名〙練歩(ねりあるき)の一つ。院拝礼の時や、礼服を着用し皂皮沓(くりかわのくつ)をはいた時に行なうもの。

あさくま【朝熊】「あさまやま(朝熊山)」の別称。＊雑俳・裏若葉(1732)「朝熊のさくら不断の歌の外」

あさくままぬ〘名〙「ねこ(猫)」の異名。＊古今打聞(1438頃)下「さよふけてあさくままぬにあひぬるがみえひきくまのうらぶれてなく〈深養父〉 あさくままぬとは猫をいふ也 みえひきくまとは鼠をいふなり うらぶれてとはうらみてと云也」

あさくま-やま【朝熊山】「あさまやま(朝熊山)」に同じ。発音〈標ア〉0 辞書文明 表記朝熊山(文)

あさ-くみ【朝酌】〘名〙神の食事のために、毎朝水をくんで奉仕する人々の称。また、その居住地。＊出雲風土記(733)嶋根「朝酌の郷〈略〉熊野大神命、詔(の)りたまはく、朝の御餼(みけ)の勘養(かむかひ)、夕の御餼の勘養に、五つの贄(にへ)の緒の処とのりたまひて定め給ひき。故(かれ)朝酌(あさくみ)と云ふ」

あさ-ぐも【朝雲】〘名〙朝の雲。朝、空にたなびく雲。＊万葉(8C後)三・三二四「旦雲(あさくも)に 鶴(たづ)は乱れ 夕霧に かはづはさわく〈山部赤人〉」

あさ-ぐも【朝蜘蛛】〘名〙朝、出てくる蜘蛛。俗に、これを見ると、縁起がよいとする。発音アサグモ〈標ア〉グ0〈京ア〉0

あさ-ぐもり【朝曇】〘名〙①朝方、空が曇ること。＊万葉(8C後)二・一八八「旦覆(あさぐもり)日の入りゆけばみ立たしの島に下りゐて嘆きつるかも〈草壁皇子の宮の舎人〉」＊源氏(1001–14頃)行幸「うちきえしあさぐもりせしみ雪にはさやかに空の光やは見し」＊新古今(1205)秋下・四九二「さびしさはみ山の秋の朝ぐもり霧にしをるる槇のした露〈後鳥羽院〉」②特に、夏の朝、靄(もや)が立ちこめて曇ったような空模様になること。《季・夏》＊葛飾(1930)〈水原秋桜子〉「葭

切(よしきり)のをちの鋭声(とごゑ)や朝ぐもり」 発音アサグモリ〈標ア〉グ〈京ア〉グ 辞書日葡

あさぐもり 日照(ひで)りのもと 朝、曇った日は、後に必ず晴れるものだの意。

あさくら【朝倉】 一(一)雄略天皇の宮があった所。現在の奈良県桜井市黒崎付近か。同市岩坂とも。校倉造りの倉庫、または神々を迎える朝の座などにちなむか。(二)斉明天皇西征の折に行宮(あんぐう)の置かれた所。現在の福岡県朝倉郡朝倉町須川とも同町山田ともいわれる。神楽歌にとりいれられ、その曲名が和歌の題材として多く詠まれた。＊神楽歌(9C後)明星・朝倉「〈本〉阿佐久良や木の丸殿に我が居れば〈末〉我が居れば名宣りをしつつ行くは誰」＊更級日記(1059頃)「朝倉や今は雲居に聞くものをなほ木のまろが名のりをやする」＊弁内侍(1278頃)寛元四年一一月二二日「雲ゐより猶はるかにやきこゆらんむかしにかへす朝倉の声」＊俳諧・山の井(1648)冬「神楽〈略〉朝蔵」 (三)福岡県中央部にある郡。筑後川中流の北岸を占める。明治二九年(一八九六)上座・下座・夜須の三郡が合併して成立。 二『名』①一節切(ひとよぎり)という尺八の手(曲)の一つ。＊随筆・独寝(1724頃)上・二二「尺八といふもの〈略〉朝倉、波間のたぐひ、おびただしう手あり」 ②「あさくらじょう(朝倉尉)」の略。 ③「あさくらざんしょう(朝倉山椒)」の略。＊咄本・醒睡笑(1628)三「今の一袋は御重宝では御座ない。朝倉と申す山椒にて候」＊滑稽本・人心覗機関(1814)上「ふぐを拵へ終り〈略〉『朝倉(アサクラ)や木の丸どのといふとこが欲しいス』」 発音〈標ア〉サ

あさくら【朝倉・浅倉】 姓氏の一つ。 発音〈標ア〉サ

あさくら-たかかげ【朝倉孝景】 (一)戦国大名。越前守護。貞景の子。弾正左衛門尉。法名大岫宗淳。将軍足利義稙(よしたね)の殊遇を受け、佐々木氏を討った。また、後奈良天皇の即位の大礼を行なう資金として、絹一万匹を献じる。明応二~天文一七年(一四九三~一五四八) (二)朝倉敏景の別称。

あさくら-としかげ【朝倉敏景】 戦国大名。越前一乗谷城主。別名孝景、政景、弾正左衛門尉。法名英林宗雄。斯波(しば)氏三家老の一人。一乗谷に築城。文明三年(一四七一)、斯波氏に代わって越前守護となった。領国支配の基本法として「朝倉敏景十七か条」を制定した。正長元~文明一三年(一四二八~八一)

あさくら-のりかげ【朝倉教景】 戦国時代の武将。入道号宗滴。法名昭葉宗滴。貞景、義景を後見して朝倉氏の勢力強化を助けた。文亀三年(一五〇三)越前の一向一揆をしりぞけ、弘治元年(一五五五)加賀の一揆勢力と戦うが病を得て帰国後没した。「朝倉宗滴話記」は、その雑談を筆録したものである。文明六~弘治元年(一四七四~一五五五)

あさくら-ふみお【朝倉文夫】 彫刻家。大分県生まれ。東京美術学校卒業。自然主義的作風を持ち、官展界で重きをなした。日本芸術院会員。文化勲章受章。代表作「墓守」。明治一六~昭和三九年(一八八三~一九六四)

あさくら-よしかげ【朝倉義景】 戦国大名。朝倉孝景(一)の子。越前一乗谷城主。法名松雲院大球宗光。浅井長政と結んで織田信長に対抗したが、姉川の戦いで大敗。のち、信長に一乗谷を攻め落とされ、自刃した。永禄一一年(一五六八)越前に下っていた足利義昭を一乗谷城に供応した時の記録が「朝倉亭御成記」である。天文二~天正元年(一五三三~七三)

あさ-くら【朝座】 『名』朝、すがすがしく見える神霊の座。＊皇太神宮年中行事(1192)輿玉社御占神事歌「あはりや 弓筈(ゆはず)と申さぬ 阿佐久良(アサクラ)に 天つ神国つ神 降りましませ」

あさくら-がえし【朝倉返】(へし:が) 『名』 神楽歌「朝倉」に、「〈本〉阿佐久良や木の丸殿に我が居れば〈末〉我が居れば名宣りをしつつ行くは誰」とある、「我が居れば」を返してうたうことをいうか。＊曾我物語(南北朝頃)四・鎌倉殿箱根御参詣の事「あさくらがへしの謡物は、拍子の甲乙を調べて、れいはんしょざいの儀をかへりまうしす」

あさくら-きのまろどの【朝倉木丸殿】 (丸木のままで造られたところから)「あさくらのたちばなのひろにわのみや(朝倉橘広庭宮)」の別称。

あさくら-ざんしょう【朝倉山椒】(セウ:ザン) 『名』 (「あさくらさんしょ」とも) サンショウの一品種。刺(とげ)がなく、普通のサンショウより香気が強い。食用とするほか、果実は薬用ともする。兵庫県八鹿(ようか)町朝倉から多くを産出するところからいう。あさくら。なるはじかみ。ふさはじかみ。学名は *Zanthoxylum piperitum* f. *inerme* ＊多聞院日記‐天正一一年(1583)二月一一日「法隆寺より生馬の継木の上手上了。則柿五口、きんかん五口、朝倉さんしょ一口申付了」＊重訂本草綱目啓蒙(1847)二八・味「唐山にては蜀の国の山椒を上品とす。故に蜀椒といふ。本邦にては、あさくらざんしゃうを上品とす」 発音アサクラザンショー〈標ア〉ザ 辞書言海 表記朝倉山椒(言)

あさくら-じょう【朝倉尉】 『名』 能面の一つ。きこり、漁師など庶民的な老人を表わすもの。「屋島」「阿漕(あこぎ)」などの前ジテに用いる。

朝倉尉〈福来作〉

あさくらたかかげ-じょうじょう【朝倉孝景条条】(デウ:デウ) ⇨あさくらとしかげじゅうしちかじょう(朝倉敏景十七か条)

あさくらとしかげ-じゅうしちかじょう【朝倉敏景十七か条】(ジ:フシチカデウ) 越前(福井県)の守護、朝倉氏の家訓。文明三~一三年(一四七一~八一)に制定した。集権的な領内統治や、人材登用、領国文化の育成を強調し、他国への警戒を説くなど、家訓でありながら家法的性格を強く持つ。朝倉孝景条々。

あさくらのたちばなのひろにわ-の-みや【朝倉橘広庭宮】(あさくらのたちばなのひろには:) 斉明天皇の行宮(あんぐう)。「日本書紀」によれば、斉明天皇の七年(六六一)新羅(しらぎ)征伐のために移り、丸木で建てたという。福岡県朝倉郡朝倉町に跡がある。朝倉木丸殿。朝倉宮。

あさくら-の-みや【朝倉宮】 (一)「あさくら(朝倉)一(一)」に同じ。(二)「あさくらのたちばなのひろにわのみや(朝倉橘広庭宮)」に同じ。

あさくら-やま【朝倉山】 福岡県甘木市、鳥屋山の南に連なる山々。東にある山のため、朝になっても西側が暗いことから呼ばれたという。＊枕(10C終)一三・山は「あさくら山、よそに見るぞをかしき」 発音〈標ア〉〇

あさ-ぐろ・い【浅黒】 『形口』文あさぐろ・し『形ク』少し黒い。薄黒い。多く皮膚の色についていう。＊曾我物語(南北朝頃)一・おなじく相撲のこと「菩薩なりにして色あさぐろく、丈は六尺二分」＊評判記・色道大鏡(1678)三「女の顔のいたくしろきをきらはせ給ひて、あさぐろきをこのませ給へり」＊思出の記(1900-01)〈徳富蘆花〉一・四「妹は僕に一歳(ひとつ)下で、色は浅黒いが、眼鼻立のきりりっとした、気の利いた児で」 発音アサグロイ〈標ア〉〇口〈京ア〉グ 文『あさぐろし』アサグロシ〈標ア〉グ口〈京ア〉口 辞書日葡

あさぐろ-さ【浅黒―】 『名』(形容詞「あさぐろい」の語幹に接尾語「さ」の付いたもの) 黒っぽいこと。また、その程度。 発音アサグロサ〈標ア〉グ

あさ-け【朝明】 一『名』(「あさあけ(朝明)」の変化した語) 夜が明ける時分。夜明け方。あさあけ。多く歌語として用いられる。＊万葉(8C後)一四・三五六九「防人に立ちし安佐気(アサケ)の金門出(かなとで)に手放れ惜しみ泣きし児らはも〈防人〉」＊古今(905-914)大歌所御歌・一〇七二「水茎の岡の屋形に妹とあれと寝てのあさけの霜のふりはも〈よみ人しらず〉」＊新撰菟玖波集(1495)恋・上「文にはからんことのはもなしひとりづつねての朝けの物おもひ〈兼載〉」 二三重県の北部にあった郡。明治時代には「朝来」とも書いた。明治二九年(一八九六)三重郡に併合されて消滅。＊二十巻本和名抄(934頃)五「伊勢国〈略〉朝明〈阿佐介〉」 方言『名』熊本県天草郡054 語源説(1)アサアケ(朝明)の約〔大言海〕。(2)明けたる朝というところを、形容詞を下に据える造語法により朝明けとした〔万葉集辞典＝折口信夫〕。 上仮名アサケ 辞書和名・日葡・書言・ヘボン 表記朝明(和・書・ヘ) 旦開(書)

あさけ 寒(さむ)し 冬の朝の明け方が寒い。＊俳諧・御傘(1651)七「朝寒(あささむ)秋也。さむき朝さむきあした 朝気さむし 今朝さむし等 いづれも冬也」

あさけ の 姿(すがた) 明け方の寝起き姿。特に、夜が明けて帰ってゆく男の姿。＊万葉(8C後)一二・二八四一「わがせこが朝明形(あさけのすがた)よく見ずて今日の間を恋ひ暮すかも〈人麻呂歌集〉」＊源氏(1001-14頃)総角「たぐひ少なげなるあさけの御すがたを見送りて、なごりとまれる御移香なども」＊有明の別(12C後)一「かむこくにはとり鳴くとかや、うちずんじて出で給ひにしあさけの御すがたは」 語誌中古以後は物語において有明けの別れの場面を効果的に表現する慣用句の一つとなった。たとえば「源氏物語」の「あさけ」の用例三例のすべてが「あさけのすがた」である。

あさけ の 名残(なごり) 明け方、引潮の跡に残ってたまっている水。＊万葉(8C後)七・一一五五「名児の海の朝開之奈凝(あさけのナごり)今日もかも磯の浦廻(うらみ)に乱れてあるらむ〈作者未詳〉」

あさ-げ【朝―】 『名』 方言❶朝。朝方。 山形県139 福島県155 156 群馬県215 218 新潟県347 福井県今立郡050 山梨県南巨摩郡463 長野県475 481 兵庫県淡路島671 ◇あさげん 山形県139 ◇あさぐ 新潟県中頸城郡383 ❷朝食前にする仕事。 三重県伊賀585 奈良県宇陀郡678 和歌山県690

あさ-げ【朝食・朝餉】 『名』(古くは「あさけ」。「け」は食事の意) 朝とる食事。ちょうしょく。あさめし。↕ひるげ・ゆうげ。＊曾丹集(11C初か)「をだまきはあさけの真人わがごとや心の中にものは思ふらし」＊太平記(14C後)三四・銀嵩軍事「朝気(アサケ)の煙絶えて、柴の庵のしばしばも事問通(こととひか)はす人もなければ」＊新撰菟玖波集(1495)羇旅・上「たびにしあればなぐさみもあり 朝けもるしづが椎のはたくをみて〈宗砌〉」＊日葡辞書(1603-04)「Asaqe(アサケ)。すなわち、アサメシ〈訳〉朝の食事、または、食物。卑語。Asaqeuo(アサケヲ) コシラユル」＊和訓栞(1777-1862)「あさけゆふけ、朝食夕食の義也〈略〉今も信濃のそのはらふせやのあたりにては朝飯を上下通してあさけといへり」＊即興詩人(1901)〈森鷗外訳〉隧道ちご「朝餐(アサゲ)を食べ」 語誌(1)「色葉字類抄」に「食 ケ 俗云朝食夕食」とあり、「け」は食物・食事の意で、「日葡辞書」の示す通り、古くは清音であった。これに、「卑語」と注記され、また、和歌等で用いられる際も、「しづ(身分の低い者)」についていうところから、俗語と意識されていたようである。明治以後「あさげ」となり、雅語的に使われる。(2)中古には朝夕二食が普通であり、中世前期から特別な場合には昼にも食事をとるようになったが、それはまだ間食と意識されていたらしい。内裏などで三食が一般となったのは中世後半と推測され、近世以降はそれまで昼食を食べなかった階層でも食べるようになってきた。昼食という意識がない時には、十二時頃

に食べても朝食と考えられていたことは、伝後醍醐天皇編「日中行事」の「朝の御膳は午刻なり」という記事からもわかる。 方言 島根県鹿足郡(早朝五時ごろの食事)725 ◇あさけ 伊豆八丈島1075 東京都八丈島053 343 ◇あさき 沖縄県石垣島975 語源説 (1)ケは、食物を盛る器の笥(け)から出た語〔大言海〕。(2)ケはカテ(粮)の反〔名語記〕。 発音 アサゲ〈音史〉近世まで『あさけ』と清音らしい。〈標ア〉0〈京ア〉0 辞書 饅頭・日葡・書言・言海 表記 朝食(饅・書・言) 饔(書)

あさ-げいこ【朝稽古】〘名〙朝早く武術や芸事などを習うこと。朝の間にする稽古。*滑稽本・浮世風呂(1809–13)三・上「三味線のお師(し)さんの所へ朝稽古(アサゲイコ)にまゐってね」*雑俳・柳多留‐一四一(1835)「朝げいこ撥(ばち)で一トヒ(さじ)窓のゆき」 発音 アサゲイコ〈標ア〉ゲ

あさ-げしき【朝景色】〘名〙朝早く眺める風景。朝の情景。*浮世草子・好色一代男(1682)三・二「行に程なく小倉に着(つき)て、朝げしきをみるに」*洒落本・青楼昼之世界錦之裏(1791)「吉田屋喜左衛門云有妓家。それが二階の朝景色(アサゲシキ)、杯盤狼藉廊下には懸盤に杯台、茶台のうへに茶碗をのせ」*俳諧・発句題叢(1820–23)春「朝景色皆鶯に持れけり〈蟹守〉」 発音 アサゲシキ〈標ア〉ゲ

あさ-けしむらさき【浅滅紫】〘名〙染色の名。ムラサキの根を染料として用い、浅く染めた滅紫(けしむらさき)の色。*延喜式(927)一四・縫殿寮「浅滅紫糸一絇」 発音〈標ア〉ラ

あさ-げしょう【朝化粧】(ゲシヤウ)〘名〙朝、人前に出るまでに顔づくりをすること。朝する化粧。*或る女(1919)〈有島武郎〉前・二〇「葉子の朝化粧がしまったかと思ふ頃には木村が欠かさず尋ねて来た」 発音 アサゲショー〈標ア〉ゲ

あさ-けぶり【朝煙】〘名〙(「あさけむり」とも)朝立ちのぼる、炊事や炭焼き、瓦焼きなどの煙。↔夕煙。*夫木(1310頃)一九「君が代はつきせぬ民の朝けぶりゆたかにたつる御つぎ物哉〈源家長〉」*清元・梅の春(1827)「橋場、今戸の朝けぶり、つづくかまどもにぎおふて」*青春(1905–06)〈小栗風葉〉夏・八「仄々(ほのぼの)と朝煙(アサケムリ)の立登った村の方では、桔槹(はねつるべ)の音や、小児の声や、犬や鶏や、皆最う覚めて」 辞書 言海 表記 朝烟(言)

あさ-けむり【朝煙】〘名〙⇨あさけぶり(朝煙)

あざけり【嘲】〘名〙(動詞「あざける」の連用形の名詞化)(世間の人などが)ばかにして笑うこと。*輔親集(1038頃)「かたくなる親のために、いよいよあざけりを残すことなかれ」*古今著聞集(1254)六・二八二「沙門の身にて、此の事あざけりあるべしとて」*日葡辞書(1603–04)「Azaqeriuo(アザケリヲ) フセグ」*小説神髄(1885–86)〈坪内逍遙〉上・小説の裨益「もし公然に世に知れなば、かならず嘲嘘(アザケリ)の種ともなるべし」*夜長姫と耳男(1952)〈坂口安吾〉「この女はオレがもらう女ではないと気がついたために、ムラムラと嘲(アザケ)りも湧いた」 発音〈標ア〉リ0ケ〈ア史〉江戸●●●●〈京ア〉0 辞書 下学・文明・日葡・〈ポン〉・言海 表記 嘲(下・文・へ・言) 嗤(下)

あざけり-ぎみ【嘲気味】〘名〙言動に嘲りを含んだ様子。*妾の半生涯(1904)〈福田英子〉四・五「平生(へいぜい)悪人をのみ取り扱ふに慣れたる看守どもの、〈略〉いよいよ嘲(アザケ)り気味(ギミ)に打ち笑ひつつ立ち去りたれば」 発音 アザケリギミ〈標ア〉0

あざけり-わら・う【嘲笑】(らふ)〘他ワ五(ハ四)〙ばかにして笑う。あざわらう。*大唐西域記巻十二平安中期点(950頃)「或は聞くこと有る者は、嗤嗄(あサケリわらハ)ずと云ふこと莫し」*大慈恩寺三蔵法師伝院政期点(1080–1110頃)九「過りて率略を為ば、恐るらくは嗤嗄(アサケリワラハ)れなむ」*百座法談(1110)六月二六日「孫居、これをあざけりわらひて、くちまねをせむために、くちをゆがめ、声をひがめまして」 発音 文 アザケリワローとも〈標ア〉ラ 口

あざけ・る【嘲】㊀〘自ラ四〙①あたりかまわず勝手な口をきく。また、大きな声を出す。ふざける。*大乗顕識経平安初期点(850頃)下「麗妓侍り繞て、笑ひ謔(アサケリ)、嬉び戯れ」*今昔(1120頃か)一九・二二「常に遊女・傀儡を集めて、歌ひ嘲けるを以て役(やく)とす」*平家(13C前)二・大納言流罪「前中納言より権大納言にあがり給ふ。人あざけて『山門の大衆には、のろはるべかりける物を』とぞ申しける」②声をあげて詩歌を口ずさむ。うそぶく。*後拾遺(1086)序「近くさぶらひ遠く聞く人、月にあざけり、風にあざける事たえず」*菟玖波集(1356)序「月にうそぶき風にあざける輩、その名聞えたるたぐひ」㊁〘他ラ五(四)〙ばかにして悪く言ったり笑ったりする。*書紀(720)神代下(水戸本訓)「故、吾田鹿葦津姫、乃ち慍(いかり)て曰(い)はく『何為(なむす)れぞ妾(やつこ)を嘲(アサケル)』といふ」*霊異記(810–824)上・一九「法花経品を読む人を呰(アサケリ)て〈興福寺本訓釈 呰 阿佐毛リ〉」*新撰字鏡(898–901頃)「嗤 阿佐介留、又曾志留、又和良不」*源氏(1001–14頃)行幸「さかしらにむかへ給ひてかろめあざけり給ふ」*書陵部本名義抄(1081頃)「謏 アザケル」*天草本伊曾保(1593)鳥と狐の事「ジョニン ヨリ azaqerarêcotoua(アザケラリョウコトワ) ウタガイナイ」 語誌「あざ」は「あざわらふ」の「あざ」と同じ。「観智院本名義抄」の「嗤・謗・欺」には「あざける、あざむく」の二訓が含まれ、「色葉字類抄」では「嘲・謗・詐・欺」等が二訓に共通する。㊀②に挙げた「後拾遺‐序」の例が八代集抄本では「風にあざむく」となっているのは、「あざける」と「あざむく」がほぼ同義に解されていたことを示すものであろう。中世以降、軍記物などでは明らかに混同されて用いられている。また、平安時代和文系の文章には用例が少なく、「おとしむ」などに対する訓読語系の語とする指摘もある。 語源説 (1)アザム、アザ笑フのアザ。アザケルはアザケ(気)の活用か〔大言海〕。(2)アザはアサ(彼方)の意か。他方の意から転じて、権、虚、似而非の意を表わし、アダ(仇)、ワザ(俳)とも転化する〔日本古語大辞典=松岡静雄〕。(3)アサク(浅)の変化したアサケル(浅)から〔名言通・和訓栞・古言類韻=堀秀成・日本語源=賀茂百樹〕。(4)アハケル(淡)から〔言元梯〕。(5)間を遠く去るの義でアサカル(間離)か〔和句解〕。(6)人の身に貯え備えた徳を言語をもってけおとすこと、アサケル(貯蹴)の義〔紫門和語類集〕。 発音〈なまり〉アジャクル〔津軽語彙〕アダケル〔伊賀〕アンジャケル〔秋田〕〈標ア〉ケ〈ア史〉平安●●●○ 鎌倉●●●●〈京ア〉0 辞書 字鏡・色葉・名義・和玉・文明・伊京・明応・天正・饅頭・黒本・易林・日葡・書言・〈ポン〉・言海 表記 嘲(色・名・玉・文・伊・明・天・饅・黒・書・へ・言) 嗤(字・色・名・玉・文・伊・書) 唠(色・名・玉・文・明・黒・書) 蚩(字・名・玉・文) 嗤(色・名・玉) 悝(色・名・書) 啁(名・玉・文) 哂・詵・謗・欺・呰・怏(色・名) 咍(名・玉) 吺・吟・弁・哨・詐・誶・誘・軽(色) 哂・胡・諂・謝・倮・鎗・誚・譙(名) 任・俚・嚶(玉) 嘲哢(易)

あさご【朝来】兵庫県の中北部の郡。円山川(朝来川)の上流域にある。*二十巻本和名抄(934頃)五「但馬国〈略〉朝来〈安佐古〉」 辞書 和名・色葉・文明・易林 表記 朝来(和・色・文・易)

あさこ・い【浅】〘形〙 方言 浅い。青森県三戸郡083 南部085 山形県139 ◇あさけ 岩手県気仙郡100 ◇あさらっこい 新潟県382 中頸城郡383 ◇あっさらこい 和歌山県海草郡690 ◇あさらい 奈良県675

あさ-こう【朝講】〘名〙「あさざ(朝座)」に同じ。*枕(10C終)三五・小白河といふ所は「あさこうはてなば、なほいかで出でなむと、まへなる車どもに消息(せうそこ)すれば」

あさ-ごおり【朝氷】(ごほり)〘名〙初冬や初春の朝に薄く張る氷。薄氷。《季・冬》*后宮胤子歌合(9C末)「霜の上に降る初雪の朝氷とけむこころこそひさしかりけれ」*宝治百首(1248)中「朝氷結びにけりな白糸のよるかの池はゐる鳥もなし〈藤原家良〉」*老葉(1485頃)一〇・発句「夕月夜やどりし水かあさごほり」*日葡辞書(1603–04)「Asagouori(アサゴヲリ)〈訳〉朝の氷」 辞書 日葡

あさ-こぎ【朝漕】〘名〙朝、船を漕ぐこと。*万葉(8C後)一九・四一五〇「朝床に聞けば遙けし射水河朝己芸(あさコギ)しつつ唱(うた)ふ船人〈大伴家持〉」

あさ-こじき【朝乞食】〘名〙「朝乞食夕坊主」といい、朝、乞食に会い、夕方、坊主に会うのを、縁起のよいこととする俗信。逆に朝坊主は縁起が悪いという。

あさ-ごぜん【朝御膳】〘名〙朝の食事。朝御飯。朝食。*滑稽本・早変胸機関(1810)「まだ髪か、あてこともない。朝御膳をあがるとお昼前までおぐしだ」*明治浮世風呂(1887)〈浮世粋史〉八「迎ひが来たから未だ朝(アサ)ごぜんも食(たべ)ないで出て行ったのです」 発音〈標ア〉ゴ

あさ-ごち【朝東風】〘名〙朝に吹く東風。《季・春》*万葉(8C後)一一・二七一七「朝東風(あさごち)に井堤(ゐで)越す浪のよそめにも逢はぬものゆゑ滝もとどろに〈作者未詳〉」*日葡辞書(1603–04)「Asagochi(アサゴチ)〈訳〉朝吹く東の風」*俳諧・河衞(1817)春「朝東風や砂まびれなる磯肴〈響美〉」 方言 北寄りの東風。◇あさこち 広島県安芸郡786 辞書 日葡

あさ-こづな【―綱】〘名〙萱(かや)の穂でつくった綱。

あさ-ごと【浅事】〘名〙考えが浅いこと。あさはかなこと。*十訓抄(1252)四・佐実罵仲正被切髻事并佐実敦正秀句事「敦正にはよも劣り候はじとて、彼が浅事どもを申しければ」

あさ-ごと【朝毎】〘名〙毎朝。*万葉(8C後)八・一六一六「毎朝(あさごとに)吾見る屋戸のなでしこが花にも君は有りこせぬかも〈笠女郎〉」*竹取(9C末‐10C初)「我朝ごと夕ごとに見る竹の中におはするにて知りぬ」*俳諧・発句題叢(1820–23)秋「朝毎の露も重たし蓼の虫〈秋夫〉」 発音 アサゴト〈標ア〉ゴ 辞書 日葡

あざこな・い〘形口〙あさはかである。はしたない。軽率である。*方言達用抄(1827)「あざこない あさはかな」 方言 仙台1057 宮城県栗原郡114

あさ-ごはん【朝御飯】〘名〙朝の食事。朝食。*松屋会記‐久好茶会記・慶長四年(1599)三月六日「朝御飯より晩迄、山海珍物にて御馳走申者也」*不言不語(1895)〈尾崎紅葉〉三「朝御飯は牛乳一合に麺包二片」*斜陽(1947)〈太宰治〉五「朝ごはんが一ばんおいしいと言っていらしたお母さまも」

あさ-ごみ【朝込】〘名〙①朝早く、不意に敵陣を攻めること。朝駆け。*武蔭叢話(17C後)四(古事類苑・兵事一三)「敵朝込に来ると心得、甲を着て」*浄瑠璃・曾我会稽山(1718)三「油断させ、心を許す門立が思ひがけなき朝込(アサゴミ)、ずっと仕かけさし引ならぬ手詰(づめ)の盃」②早朝に押し込み強盗を働くこと。*浮世草子・沖津白波(1702)四・一「さてさて弱いやつばらとどっと笑て両人先籠をとりひろげ、なんでも朝込(アサゴミ)仕合よし、そちの籠には何々ある」③早朝の茶会に客が入って来ること。*茶道早合点(1771)下「古茶の湯と云は、定りて朝の事なり。丑の中刻より寅卯の刻迄なり。是を朝の茶の湯と云。又夜ごみとも云。又朝ごみとも云」④遊里で、前夜支障があって行けなかった客が、翌朝未明に大門が開かれるのを待って繰り込み、夜明けまで遊興すること。*評判記・たきつけ草(1677)「露霜にしほたれて、もんのあくまをまつあさごみのほどなどこそ、こひぢとはいはめ」*評判記・色道大鏡(1678)一「朝込(アサゴミ)。公用、親兄弟の勤めに故障ありて、前暮行事かなはざるあした、郭門のあくを待うけて入事也。いまだ明はなれぬ内に行事な

れば、夜籠(よごめ)といふ名目なれども、誤りて朝込(アサゴミ)といへり」 ⑤遊里で、前夜からの遊客がそのまま居続けて朝まで遊興すること。＊浮世草子・好色旅日記(1687)二「湯水つかふほどまきちらしても、高のしれた軽はづみ、また朝(アサ)ごみのこころして」＊浮世草子・好色貝合(1687)牙婆「ああ旦那様まだぎょしんなってかいと或時は朝ごみよりねどころにしかかってこそぐりおこし」 発音 アサゴミ 〈標ア〉⓪

あさごみ-すがた【朝込姿】『名』早朝、遊里へ入り込む遊客の姿。＊浮世草子・好色二代男(1684)八・二「宵男かへれば、朝(アサ)ごみ姿(スガタ)。只二時のたのしみ、其内に思ひを語るとも残るべし」

あさ-ごめ【朝込】『名』⇩あさごみ(朝込)

あさ-ごろも【麻衣】『名』「あさ(麻)の衣(きぬ)」に同じ。＊万葉(8C後)二・一九九「遣(つか)はしし 御門の人も 白妙の 麻衣着て〈柿本人麻呂〉」＊万葉(8C後)七・一二六五「今年行く新島守が麻衣肩の紕(まよひ)は誰か取り見む〈古歌集〉」＊後拾遺(1086)雑三・一〇二八「けふとしも思ひやはせしあさ衣涙の玉のかかるべしとは〈よみ人しらず〉」＊謡曲・百万(1423頃)「親子の契り麻衣、肩を結んで裾に下げ」＊俳諧・一茶真蹟‐五十智(1814)「人らしく更(か)へもかへけりあさ衣」 語誌 上代には白の麻衣を喪服として用いたが、中古以降の和歌では麻布で作った喪服を「藤衣(ふじごろも)」といい、「あさごろも」は挙例の「後拾遺‐雑三・一〇二八」のように僧衣をいった。 発音 アサゴロモ 〈標ア〉ゴ 辞書 日葡・言海 表記 麻衣(言)

あさ-こん【浅紺】『名』薄い紺色。＊武蔵野(1887)〈山田美妙〉上「身に着いたのは浅紺に濃茶の入った具足で威(おどし)もよほど古びて見えるが」

あさ-さ【浅―】『名』(形容詞「あさい(浅)」の語幹に、接尾語「さ」の付いたもの) 浅いこと。また、その度合。浅み。＊蜻蛉(974頃)付載家集「みつせ川あさささの程も知らはじと思ひしわれやまづ渡りなん」＊源氏(1001-14頃)宿木「このうへのあさささはいとどこころやましくおぼゆらむかし」＊地唄(1956)〈有吉佐和子〉「修業の浅さを思っていた」＊セルロイドの塔(1959)〈三浦朱門〉一八「それが彼等の読みの浅さなのさ」 発音 〈標ア〉⓪ 辞書 〈ボン〉 表記 浅(へ)

あさざ【莕菜・荇菜】『名』(古くは「あざさ」) リンドウ科の多年草。本州、四国、九州の池、沼などに生える。地下茎は水底の沼の中をはい、細長い茎を伸ばして、直径一〇センチメートルほどの広楕円形で裏面が褐紫色の葉を水面に浮かべる。夏、葉腋(ようえき)から数本の花茎を出し、黄色い花を水面に開く。実は扁平な楕円形のさやとなる。若葉は食用にする。はなじゅんさい。学名は Nymphoides peltata 《季・夏》＊万葉(8C後)一三・三二九五「か黒き髪に 真木綿(まゆふ)持ち 阿邪左(アザサ)結ひ垂れ〈作者未詳〉」＊本草和名(918頃)「鳧葵 一名莕菜〈略〉一名水葵 和名阿佐々」＊古今六帖(976–987頃)六・草「見るからにおもひますたのいけにおふるあさゝのうきてよをばへよとや」＊大和本草(1709)八「あさざ(和品)池沼の中に生ず。葉も花も萍蓬草(かはほね)に似て別なり」＊日本植物名彙(1884)〈松村任三〉「アサザ 莕菜」 語源説 (1)浅々菜の約略〔大言海〕。(2)水の浅い所に生じて咲く意〔日本釈名・滑稽雑談所引和訓義解〕。(3)アラヒサヤサヤ(洗清々)の義〔名言通〕。 発音 〈音史〉平安頃までは『あざさ』らしい。〈標ア〉⓪ 〈京ア〉⓪ 辞書 和名・色葉・名義・書言・言海 表記 荇(和・色) 荇菜(書・言) 茱(色) 蘅(名) 莕菜(書)

あさ-ざ【朝座】『名』①朝の講座。法華八講、最勝講などの法会(ほうえ)で、朝、行なう法座。↔夕座。＊落窪(10C後)三「あさざ、夕座の講師(こうじ)に、鈍(にび)色の袷(あはせ)の衣(きぬ)どもかづけ給ふ」＊枕(10C終)三五・小白河といふ所は「あさざの講師清範」 ②早朝に開かれる宴会。＊浄瑠璃・双蝶蝶曲輪日記(1749)一「吾妻様や都様は御酒が足らぬか睡気(ねむけ)が見えぬ。浮瀬で朝座(アサザ)と出掛けう」 発音 〈標ア〉サ ⓪

あさざ【朝業】『名』 方言 ❶朝の仕事。◇あさあざ 茨城県稲敷郡193 ◇あそおざ 徳島県811 ◇あさざしごと〔―仕事〕 茨城県北相馬郡195 ❷朝食。香川県香川郡829 ❸朝。朝の間。茨城県稲敷郡062 岐阜県郡上郡498 香川県827 829 愛媛県840 周桑郡844 ◇あさあざ 茨城県稲敷郡193 ◇あそおざ 徳島県(午前中)810

あささあ『名』昆虫「せみ(蟬)」の異名。＊混効験集(1711)下「あささ(引)、蟬の事」 方言 鹿児島県喜界島975 沖縄県国頭郡・那覇市975 首里(羽が白い)993 ◇あささ 鹿児島県奄美大島・黒島975 ◇あさしゃ 鹿児島県奄美大島975 ◇あさ 鹿児島県沖永良部島975

あさ-ざくら【朝桜】『名』朝露を帯びて咲いている清らかな桜。↔夜桜。《季・春》＊俳諧・いつを昔(1690)十題百句「朝桜よし野深しや夕ざくら〈去来〉」＊俳諧・春秋稿(1780–85)天「薄履(ぐつ)やもののついでの朝ざくら〈白雄〉」＊歌舞伎・五十三駅扇宿附(岡崎の猫)(1887)序幕「いつも朝寝を仕つけて居るから、朝桜(アサザクラ)はついに見ぬが」 発音 〈標ア〉ザ

あさざくら-みち【朝桜路】『名』桜の咲いている朝の路。＊恋衣(1905)曙染〈与謝野晶子〉「くれなゐの蒲団(ふとん)かさねし山駕籠(やまかご)に母と相乗る朝ざくら路」

あさ-ざけ【朝酒】『名』朝、酒を飲むこと。また、その酒。卯酒(ぼうしゅ)。＊日葡辞書(1603–04)「Asazaqe(アサザケ)〈訳〉朝食の前に飲む酒」＊四河入海(17C前)二五・一「卯酒は卯割酒ぞ。あささけぞ」＊浄瑠璃・堀川波鼓(1706頃か)中「奴が今朝の朝酒の、天目鞘に禿(かぶろ)鞘」＊足袋の底(1913)〈徳田秋声〉三「爺さんは長火鉢に倚かかって、新造相手にちびちび朝酒を飲んだ」 方言 とそ。長野県佐久493 発音 〈標ア〉サ 〈京ア〉サ 辞書 日葡・言海 表記 朝酒(言)

あさざけ は 門田(かどた)を売(う)っても飲(の)め (「門田」は屋敷の入り口にある田。普通、その家での最もよい田) 朝酒はどんな無理な工面をしてでも飲めの意。朝酒の、とりわけ味がよいことをほめていう。朝酒は女房を質に置いても飲め。

あさ-さなだ【麻真田】『名』マニラ麻の繊維を生糸でつなぎ、セロハンの細いテープを巻きつけて真田状に編んだ幅の狭い織物。春夏向き婦人帽子に用いる。 発音 〈標ア〉サ²

あさ-ざぶとん【麻座蒲団】『名』麻布で作った座蒲団。夏向きに使うもので、綿も薄くしてある。《季・夏》

あさ-さぶらい【朝侍】『名』(「あさざぶらい」とも) 禁中で、官人が夜中から続いて朝も仕えていること。＊源家長日記(1216–21頃)「日給はてても、なにとなき物語にまぎれてとみにもおりずゐあひたれば、あささぶらひ日たけて、かぶりのひたひもぬけたれど」＊随筆・松屋筆記(1818–45頃)二五・七〇「按に朝ざぶらひは朝になほ禁中に伺候したるをいふ」

あさ-さむ【朝寒】『名』(形動) 朝方のうすら寒いこと。晩秋の朝、にわかに寒さを覚えること。また、その時節。↔夜寒。《季・秋》＊源氏(1001–14頃)野分「けさのあささむなるうちとけわざにや、物裁(た)ちなどするねび御達、おまへにあまたして」＊俳諧・芭蕉庵小文庫(1696)秋「朝寒や手をもみ初て菊のはな〈風斤〉」＊星座(1922)〈有島武郎〉「十月の始めだ。けれども札幌では十分朝寒といっていい時節になった」 発音 〈標ア〉⓪

あささむ-み【朝寒―】『名』(「あささむ(朝寒)」に、接尾語「み」の付いたもの)「あささむ(朝寒)」に同じ。《季・秋》＊俳諧・卯辰集(1691)上・秋「あさ寒み酔のまぎれに別ればや〈漁川〉」

あさ-ざめ【朝覚・朝醒】『名』①夜、熟睡した後の、朝の快い目覚め。＊洒落本・契情実之巻(1789–1801)四「『若だんなさま今日は御気分はどうでござります』『けふはあさざめのせいか、すこしいいやうだ』」 ②朝、酒の酔いがさめること。＊四河入海(17C前)一四・一「さて、此花のうつくしき色は天下第一、無双の美人が卯酒のあささめしたが如きぞ」

あさ-ざらい【朝浚】『名』芸事などを朝早く稽古すること。朝稽古。＊東京新繁昌記(1874–76)〈服部誠一〉二・浄瑠璃温習「旭日曈々昇て三竿を過ぎ、小妹五六人常盤津本を抱き来て、已に門に待つ。〈略〉師家之を呼んで朝温習(〈注〉アササライ)と曰ふ」

あさ-さり【朝―】『名』 方言 朝。◇あさざり・あっさりとも。岐阜県497 501 503 ◇あさり 岐阜県飛驒502 三重県南牟婁郡586 兵庫県淡路島671 和歌山県690 702

あさ-ざわ【浅沢】 一『名』水深の浅い沢。＊御伽草子・鶴の草子(有朋堂文庫所収)(室町末)「汝は日本の鳥の王として、此浅沢(アサザハ)に降り居つつ、捕られけるこそ浅ましけれ」＊俳諧・風やらい(1801)「浅沢や行なやむ時鳴のたつ〈三千国〉」 二 大阪市住吉区の住吉神社の南東にあった沢。カキツバタの名所。歌枕。浅沢小野。浅沢沼。＊八代集抄本詞花(1152頃)恋下・二三九「住吉のあさざは小野の忘れ水たえだえならであふよしもがな〈藤原範綱〉」＊浮世草子・好色二代男(1684)三・五「浅沢(アサザワ)のかきつばた、中津川の花菖蒲」 発音 〈標ア〉⓪ 辞書 文明 表記 浅沢(文)

あささわ-みず【浅沢水】『名』川の浅瀬。また、「あさざわ(浅沢)二」の水。＊金葉(1124–27)恋下・四三二「人心あさ沢水の根芹こそこるばかりにも摘まほしけれ〈前斎宮越後〉」＊新千載(1359)秋上・四四九「住吉のあさざは水に影みれば空行く月も草かくれつつ〈津守国助〉」＊日葡辞書(1603–04)「Asasauamizzu(アササワミヅ)〈訳〉川の、水かさが少ない、浅い場所。歌語」 辞書 日葡

あさ・し【浅】『形ク』⇩あさい(浅)

あさじ【鰺】『名』魚「おいかわ(追河)」の異名。＊十巻本和名抄(934頃)八「鰺魚 唐韻云鰺〈居衛反漢語抄云阿散知〉魚名大口細鱗有斑文者也」＊散木奇歌集(1128頃)秋「にごりなき水面(みのも)に月のやどらずはいかであさぢの数をしらまし」＊物類称呼(1775)「石鮅魚 おいかはは、筑紫にて、あさぢといひ 又あかばゐ、又山ぶちばゐなど呼」 方言 筑紫1005 ◇あさぜ 熊本県阿蘇郡016 辞書 和名・色葉・名義・伊京・易林・書言・言海 表記 鰺(色・名・易・書・言) 鰺魚(和・伊) 鮑(伊)

あさ-じ【浅茅】『名』丈が低いチガヤ。＊万葉(8C後)六・九四〇「印南野(いなみの)の浅茅(あさぢ)押しなべさ寝(ぬ)る夜の日(け)長くしあれば家し偲はゆ〈山部赤人〉」＊古今(905–914)恋四・七二五「おもふよりいかにせよとか秋風になびくあさぢの色ことになる〈よみ人しらず〉」＊源氏(1001–14頃)蓬生「あさぢは庭のおもも見えず」＊菟玖波集(1356)秋・上「浅茅といふは花咲かぬ草 故郷は憂き事ばかり秋に似て〈救済〉」 語誌 (1)チガヤを和歌では「浅茅・浅茅生・浅茅原」の形で詠むことが多い。「万葉集」では秋の訪れとともに色づくと詠んで季節感を表わす景物に過ぎないが、平安時代には恋人の心変わりを、秋風で変色する浅茅の色変わりにたとえるようになる。「秋」は「飽き」、「浅茅」は愛情が「浅し」、変色が心変わりの意である。(2)平安中期になると、一面に生えることから「浅茅原ぬしなき宿」といって荒れ果てた邸宅の象徴となり、「浅茅生の宿」「浅茅が原」の歌語が生じ、その葉に置く露を「浅茅が露」といってはかないもののたとえとし、さらに中世には「浅茅の月」と枯れ果てた浅茅と冷たく冴える月光を取り合わせて寂寥感漂う美を表わすようになる。 発音 〈標ア〉⓪ 〈ア史〉鎌倉○○● 〈京ア〉⓪ 辞書 饅頭・易林・日葡・言海 表記 浅茅(饅・易・言)

あさじ=が[=の]月(つき) チガヤをさびしげに照らす月。また、その光。＊新古今(1205)秋下・五二一「長月もいく有明に成りぬらんあさぢの月のいとど

さびゆく〈慈円〉」＊玉葉(1312)秋下・六五一「露をみがく浅茅が月はしづかにて虫の声のみ小夜ふかき宿〈伏見院〉」

あさじ＝が［＝の］露(つゆ) チガヤに置く露。はかないもののたとえ。＊源氏(1001-14頃)賢木「風吹けばまづぞ乱るる色かはるあさぢが露にかかるささがに」＊新古今(1205)恋三・一二二五「憑(たの)めこしことの葉ばかり留(とど)めおきてあさぢが露と消えなましかば〈よみ人しらず〉」＊苔の衣(1271頃)一「つひにその夕つかたあさぢのつゆよりもはかなくて消えはて給ひぬるを」

あさじ が 花(はな) チガヤの若い花穂。つばな。ちばな。《季・春》＊万葉(8C後)八・一五一四「秋萩は咲きぬべからしわが屋戸(やど)の浅茅之花(あさぢがはな)の散りぬる見れば〈穂積皇子〉」＊為相本曾丹集(11C初か)「かはにおふるあさぢが花をはやしけん昔の人ぞ見ねど恋しき」

あさじ が 原(はら) ㊀チガヤの生えた野原。広く、雑草が生え荒れ果てた野原をいうのに用いる。あさじはら。浅茅生(あさじう)。浅茅生の原。＊万葉(8C後)八・一四四九「茅花(つばな)抜く浅茅之原(あさぢがはら)のつぼすみれいま盛りなりわが恋ふらくは〈大伴田村大嬢〉」＊神楽歌(9C後)小前張・殖槻「殖槻(うゑつき)や 田中の森や 森や てふかさの 阿左知加波良(アサヂガハラ)に」＊源氏(1001-14頃)蓬生「かかるあさぢがはらをうつろひ給はで侍りなんや」 ㊁⇩親見出し。 発音 アサジガハラ 〈標ア〉ガ 辞書 日葡・書言 表記 浅茅原(書)

あさじ が 虫(むし) チガヤの茂みに鳴く虫。＊白河殿七百首(1265)秋「故郷のあさぢが虫もかれがれに有明近き秋のくれ方〈藤原為氏〉」

あさじ が 宿(やど) チガヤなどの生い茂って荒れ果てた家。浅茅生(あさじう)の宿。＊徒然草(1331頃)一三七「遠き雲井を思ひやり、浅茅がやどに昔を偲ぶこそ、色好むとはいはめ」＊良寛歌(1835頃)「夏草の田ぶせの庵と秋の野のあさぢが宿はいづれ住みよき」＊田園の憂鬱(1919)〈佐藤春夫〉「でもまるで浅茅が宿よ。でなけゃ、こほろぎの家よ」

あさじ の＝縄(なわ)［＝左縄(ひだりなわ)］ チガヤを左よりにした縄。陰暦六月三〇日の夏越祓(なごしのはらえ)に厄疫(やくえき)を払うため輪にして用いた神事の具。浅茅の輪。茅の輪。《季・夏》＊久安百首(1153)夏「思ふことあさぢのなはにときつけて清き河瀬に夏はらへしつ〈藤原隆季〉」

あさじ の 輪(わ) 「あさじ(浅茅)の縄(なわ)」に同じ。＊夫木(1310頃)一一「初秋はあさぢのわこそうれしけれ女郎花にもかけて祈らん〈藤原俊成〉」

あさ-じ【麻地】『名』 麻で織った布地。麻織物。＊飼育(1958)〈大江健三郎〉「彼の逞しい腰をしめつけている麻地のズボンから黒く光るパイプを取り出すと書記にさし出すのだった」

あさ-じ【朝事・朝時】『名』①真宗で、毎朝行なう勤行(ごんぎょう)のこと。また、「朝事参り」の略で、朝早く御堂に参ること。＊浄瑠璃・今宮心中(1711頃)中「あすよりあさじに参られず」＊雑俳・柳多留-三(1768)「朝路から戻り大根のこもを取り」＊雑俳・新とくさ後編(1800)「ぬっくりと・朝事の父へ起きた顔」②寺院で鳴らす朝の鐘。また、その時刻。＊俳諧・投盃(1680)二「あだし世はあすも朝時(ジ)の月なれや 煙たちさらでやき餅の霧」＊俳諧・続五色墨(1751)「蕣の晨鐘(アサジ)に明る別座敷〈斑象〉 月見も荒れに田面(たづら)ささめく〈蓼太〉」 方言 ❶寺の朝の法座。説教。また、それを聞きに行くこと。 島根県725 熊本県918 ◇おあさじ〔御―〕 新潟県西蒲原郡371 愛知県一宮市付近567 ❷寺の朝の勤行。 香川県高松市829 発音 〈標ア〉0 サ

あさじ-あめ【浅茅飴】『名』 炒(い)った白ゴマを、薄蜜で周囲一面に付着させた求肥飴(ぎゅうひあめ)。浅茅餅。＊本朝食鑑(1697)二「浅茅餳、亦類二求肥一、外抹二白胡麻一者、近代京師市上造レ之、送二伝江都一、江都亦造レ之、以為二官家之用一也」＊俚言集覧(増補)(1899)「あさぢあめ。飴の名。其製あさぢもちにおなじ」

あさじ-う【浅茅生】『名』 チガヤがまばらに生えているさま。また、その場所。浅茅が原。＊土左(935頃)承平五年正月七日「あさぢふののべにしあれば水もなき池に摘みつる若菜なりけり」＊曾丹集(11C初か)「あさぢふも雀がくれになりにけりむべ木(こ)のもとはこぐらかりけり」＊源氏(1001-14頃)桐壺「いとどしく虫の音(ね)しげきあさぢふに露おきそふる雲のうへ人」＊謡曲・芭蕉(1470頃)「返す袂(たもと)も芭蕉の扇の、風茫々と物凄き古寺の庭の浅茅生」＊日葡辞書(1603-04)「Asagiŭ (アサヂュウ)〈訳〉草の一種」 発音 〈標ア〉0 〈ア史〉鎌倉○○●○ 辞書 日葡・書言 表記 青茅生・浅茅生(書)

あさじう の 虎毛(とらげ) 馬の毛色の名。深浅の斑のある連銭葦毛(和名抄)。また、一説に、虎のような縞の毛(伴信友注)。駼(とらげ)。＊康保三年順馬毛名歌合(966)「左、安佐千不之虎毛、あさぢふのとらげが乱るけしきにはあなくりがたの糸のくりげや」

あさじう の 原(はら) 「あさじ(浅茅)が原㊀」に同じ。＊千五百番歌合(1202-03頃)八四二番「行く秋の別れし野べは跡もなしただ霜深きあさぢふの原〈藤原雅経〉」＊私聚百因縁集(1257)六・三「求むるに、只空しき朝地原(アサチフノハラ)の如く也」

あさじう の 宿(やど) 「あさじ(浅茅)が宿」に同じ。＊源氏(1001-14頃)桐壺「雲のうへも涙にくるるあきの月いかですむらんあさぢふのやど」＊千五百番歌合(1202-03頃)二二一番「桜花移ろふ春をあまたへて身さへふりぬる浅茅生の宿〈藤原定家〉」 発音 〈標ア〉ヤ

あさじう-の【浅茅生―】 枕 チガヤの生えている小野の意で、「小野(をの)」および、「ヲ」と「オ」とが同音になった後には「己(おの)」にもかかる。＊古今(905-914)恋一・五〇五「あさぢふのをのの篠原(しのはら)忍ぶとも人知るらめや言ふ人なしに〈よみ人しらず〉」＊続拾遺(1278)夏・二〇九「露まがふ日影になびく浅ぢふのおのづから吹く夏の夕風〈藤原雅経〉」＊新続古今(1439)秋上・四三三「置きあまる夜のまの露も浅ぢふのおのが涙と虫や鳴くらん〈藤原実重〉」 発音 〈標ア〉0

あさ-しお【浅汐】『名』 海の浅い所。浅瀬。＊虻(1910)〈青木健作〉一「浅汐(アサシホ)を辿って西小島の沖まで来る間に」 発音 〈標ア〉0

あさ-しお【朝潮】『名』 朝、満ちて来る潮。⇔夕潮。＊万葉(8C後)二〇・四三九六「堀江より安佐之保(アサシホ)満ちに寄る木糞(こつみ)貝にありせば裹(つと)に為(せ)ましを〈大伴家持〉」＊書陵部本名義抄(1081頃)「潮汐 アサシホ ユフシホ」＊読本・椿説弓張月(1807-11)後・二三回「この朝潮(アサシホ)に、嶋蝦を釣らんとて、彼誰時(かはたれどき)より船をおろし」 発音 〈標ア〉0 サ 〈ア史〉平安○○●● 〈京ア〉0 辞書 名義・和玉・日葡 表記 潮(名・玉)

あさじ-お【浅茅生】『名』「あさじう(浅茅生)」に同じ。＊歌舞伎・名歌徳三舛玉垣(1801)四立「深草の山の裾野の朝じほに、夕風寒み鶉鳴くなり」

あさじ-が-はら【浅茅原】 ㊀東京都台東区橋場付近にあった野。奥州街道が通り、隅田川の渡船場でもあった。梅若丸の母妙亀尼の塚がある。＊浮世草子・好色一代男(1682)七・四「あさぢが原(ハラ)・こつか原、名所の野三つあるに付て三野と申侍り」＊江戸名所図会(1834-36)六「浅茅原(アサヂガハラ)総泉寺大門のあたりをいふ」 ㊁奈良市東部、奈良公園春日大社、一の鳥居の南側の丘。歌枕。 発音 アサジガハラ 〈標ア〉ガ

あさ-しぐみ【朝仕組】『名』 歌舞伎で、脚本の組み立てや演出などを研究するための朝稽古。＊浮世草子・風流曲三味線(1706)四・一「明日は太夫本に朝仕組(アサシグミ)が御座りますれば、今夜帰りてから台詞(せりふ)忘れぬ様に、繰ませねばなりませぬ」

あさ-しぐれ【朝時雨】『名』 朝に降るしぐれ。《季・冬》＊壬二集(1237-45)「つま木こるしづの衣のあさしぐれほすもや寒き冬の山風」＊俳諧・小つち(1770)「十月 乾坤門〈略〉川音の時雨、朝時雨、夕時雨、片時雨」

あさじ-ざけ【麻地酒・浅茅酒】『名』 糯米(もちごめ)と粳米(うるちごめ)とを等分してつくる豊後国(大分県)、肥後国(熊本県)の名酒。寒(かん)の水を用い、土中に埋め、草茅などでおおい、夏にとり出すという。土かぶり。《季・夏》＊俳諧・毛吹草(1638)四「麻地酒(アサヂザケ)朝生酒とも書、土かふりとも云」＊俳諧・桜川(1674)夏・二「内損やゆふべに死すともあさち酒〈風鈴軒〉」＊雑俳・村雀(1703)「待客はおそき徳利の麻地酒」 辞書 書言・言海 表記 麻地酒(書) 浅茅酒(言)

あさじぬ-はら【浅篠原・浅小竹原】『名』(現在、「の」の甲類の万葉仮名とされている「怒」を「ぬ」と読んだことからできた語)「あさじのはら(浅篠原)」に同じ。

あさじの-うろこ【浅茅野鱗】『名』「あさじあめ(浅茅飴)」の一種か。＊滑稽本・浮世床(1813-23)初・上「ひょこひょこするのが山椒もち。麻茅野鱗(アサヂノウロコ)に狸もち。砧のちょいと巻あんころ餅」

あさじの-はら【浅篠原・浅小竹原】『名』 丈の低いしの竹がまばらに生えている野原。＊古事記(712)中・歌謡「阿佐士怒波良(アサジノハラ) 腰泥(なづ)む 空は行かず 足よ行くな」＊万葉(8C後)一一・二七七四「神南備(かむなび)の浅小竹原(あさじのはら)の美しみ吾が思ふ君が声の著(しる)けく〈作者未詳〉」 発音 〈標ア〉ノ

あさじ-はら【浅茅原】 ㊀『名』(古代では序詞の中の用法が多い)チガヤがまばらに生えている原。浅茅が原。＊古事記(712)下・歌謡「阿佐遅波良(アサヂハラ) 小谷を過ぎて 百伝(ももづた)ふ 鐸(ぬて)ゆらくも 置目(おきめ)来らしも」＊万葉(8C後)七・一三四二「山高み夕日隠りぬ浅茅原後(のち)見むために標(しめ)結はましを〈作者未詳〉」＊新古今(1205)哀傷・七七七「あさぢはらはかなく置きし草のうへの露をかたみと思ひかけきや〈周防内侍〉」＊続千載(1320)恋四・一四三〇「色かはる人の心の浅茅原いつより秋の霜は置くらん〈藤原公脩〉」＊日葡辞書(1603-04)「Asagiuara (アサヂワラ)」 ㊁枕(「茅」は古く「つ」ともいったところから)「つはら(茅原)」と類音の「つばらつばら」にかかる。＊万葉(8C後)三・三三三「浅茅原つばらつばらにもの思へばふりにし郷(さと)し思ほゆるかも〈大伴旅人〉」 補注「古事記」の浅茅原を地名とする説がある。また、枕詞は「茅生(ちふ)」「小野(をの)」にかかるともいう。「万葉-一二・三〇六三」の「浅茅原小野に標結ふ空言も逢はむと聞こせ恋のなぐさに〈作者未詳〉」など。 発音 〈標ア〉ジ 〈ア史〉平安●●●●○ 辞書 日葡・言海 表記 浅茅原(言)

あさじ-ふ【浅茅生】『名』⇩あさじう(浅茅生)

あさ-じぶん【朝時分】『名』 朝の頃。朝方。＊浮世草子・好色万金丹(1694)三・二「奈良茶は夜分、かののおゆるは朝(アサ)時分」

あさじ-べ【浅茅辺】『名』 チガヤの生えているほとり。＊曾丹集(11C初か)「楸(ひさぎ)生ふるあどの河原のあさぢべに残らず霜に枯れ果てにけり」

あさ-じまい【朝仕舞】『名』 朝の身支度。朝の化粧。＊或る女(1919)〈有島武郎〉後・四四「愛子が既に目覚めた貞世に朝仕舞をさせてゐた」

あさじ-まいり【朝事参】『名』 真宗で、信徒が

朝早く寺で行なわれる勤行(ごんぎょう)に参ること。＊浮世草子・新色五巻書(1698)一・五「針箱よりじゅず、袋、綿帽子とり出しあさぢ参りの用意」＊浮世草子・元禄大平記(1702)三・娑婆の事をば皆くやみ候「かまへて悪道へをちぬやうに、浄土をねがへとのをしへは、朝時(アサジ)参りのをりふしに聞ふれしことなれど」＊雑俳・十八公(1729)「あさぢ参りは四季の朝がほ」 方言 はだしで朝早く宮参りをすること。何日間か日を決めて参る。新潟県佐渡356

あさ-じみ【朝凍】『名』朝、道などの凍りついていること。《季・冬》 発音〈標ア〉マ

あさ-しみず【浅清水】『名』比較的底が浅い野山のわき水。《季・夏》

あさ-じめり【浅湿】『名』霧や露などで少し湿っていること。＊浄瑠璃・大経師昔暦(1715)上「きのふの雨のかはかぬに、今宵の霧の浅じめり、足のふみども上(うは)すべり」

あさ-じめり【朝湿】『名』朝、霧や露、また小雨などのために、物がしっとりと湿っていること。＊新古今(1205)秋上・三四〇「うす霧の籬(まがき)の花の朝じめり秋は夕べと誰かいひけん〈藤原清輔〉」＊宴曲・宴曲集(1296頃)五・朝「槿(あさがほ)の花咲く垣穂の朝露、朝置く霜の朝湿り」＊大観本謡曲・吉野天人(室町末)「青柳の露も乱るる春雨の、夜降りけるか花色の朝じめりして気色(けしき)たつ」 発音〈標ア〉ジ 辞書 日葡

あさ-しも【朝霜】『名』(「あさじも」とも) 朝方、置いている霜。《季・冬》＊源氏(1001-14頃)乙女「冬のはじめのあさしもむすぶべき菊のまがき」＊夫木(1310頃)一八「あはづ野のとだちのすすき踏みしだきあさ霜わけて出づるかり人〈藤原為家〉」＊俳諧・ありそ海(1695)冬「朝霜や人参つんで墓まいり〈去来〉」 発音〈標ア〉〇サ〈ア史〉平安○○◎○

あさじ-もち【浅茅餅・麻茅餅】『名』(飴(雨)を忌んで餅といったもの)「あさじあめ(浅茅飴)」に同じ。＊滑稽本・浮世床(1813-23)初・上「かすてら、紅梅、麻茅餅(アサヂモチ)。南京桜(なんきんざくら)に水仙巻」＊俚言集覧(増補)(1899)「あさぢあめ 飴の名。其製あさぢもちにおなじ」

あさしも-の【朝霜―】枕 朝方の霜が消えやすいところから「け(消)、きゆ(消)」にかかり、また、同音の「木(け)」を含む地名「御木(みけ)」にかかる。＊書紀(720)景行一八年七月四日・歌謡「阿佐志毛能(アサシモノ) 御木(みけ)のさ小橋 侍臣(まへつきみ) い渡らすも 御木(みけ)のさ小橋」＊万葉(8C後)七・一三七五「朝霜之消(け)やすき命誰(た)がために千歳(ちとせ)もがもとわが思はなくに〈作者未詳〉」＊続古今(1265)恋三・一一七五「ひとり寝の起きて悲しき朝霜の消えなで何と夜をかさぬらん〈藤原公経〉」

あさじ-やき【浅茅焼】『名』料理の名。白身など、淡白な味の魚を洗い、薄塩をして、みりんじょうゆに浸し、後、汁をふき、身と身とを合わせてくしにさし、炒(い)った白ゴマをかけて焼いたもの。

あさじゅう【浅茅生】『名』⇨あさじう(浅茅生)

あさ-しょうが【朝生薑】『名』朝、ショウガを食べ、夕方にサンショウを食べると、目の薬になるという俗信。朝生薑夕山椒とも。

あさ-しょうじん【朝精進】『名』朝食に、なまぐさい物を食べないこと。朝食はさっぱりとした物を食べるのが普通であるところから、だれにでも実行しやすいこととされる。＊浮世草子・好色盛衰記(1688)二・二「御恩をうけたる者ども、朝精進(アサシャウジン)するもやさしく見えける」 方言 青森県三戸郡083 富山県東礪波郡402

あさ-しょく【朝食】『名』朝の食事。ちょうしょく。＊ふゆくさ(1925)〈土屋文明〉寒き朝「朝食(アサショク)のパンを買ひ居る店の前大気(たいき)微塵(みぢん)に凍りて降り来(く)」 発音〈標ア〉〇

あさしらげ『名』植物「はこべ(繁縷)」の異名。《季・春》＊易林本節用集(1597)「日出草 アサシラゲ」＊物類称呼(1775)三「蘩蔞、はこべら はこべ 加賀及東尾張にて、あさしらげといふ」＊重訂本草綱目啓蒙(1847)二三・菜「蘩縷〈略〉あさしらげ 加州、羽州秋田」 方言 植物。❶はこべ(繁縷)。 羽州†028 庄内†060 賀州†015 秋田県131 雄勝郡130 山形県東置賜郡139 鶴岡145 新潟県361 382 石川県加賀418 福井県427 ◇あさしらぎ 秋田県131 山形県庄内139 新潟県371 中頸城郡037 富山県390 ◇あさしらん 富山県砺波401 ◇あさしらい 長野県下水内郡470 ◇あさししゃげ 山形県北村山郡139 ❷うしはこべ(牛繁縷)。◇あさしらぎ 新潟県直江津037 ◇あさししゃげ 山形県北村山郡139 発音 アサシラゲ〈標ア〉シ 辞書 易林 表記 日出草(易)

あさ-す【浅洲】『名』水底に土砂が積もって水が浅くなっている所。＊近世紀聞(1875-81)〈染崎延房〉一一・二「件(くだん)の開陽艦が浅洲(アサス)に乗上たりと言ふ」

あさ-す【麻簀】『名』神前に御饌(みけ)を供える際の敷物。本来は麻で編んだが、のちに葦(あし)を用いた。＊皇太神宮儀式帳(804)「麻簀三張、前簀廿張」＊大神宮儀式解(1775)二八「麻簀は、阿佐須と訓(よ)むべし。〈略〉食物を居る具なり。もとは全く麻もて作れば、麻簀の称あれど、後は、葦にて作りしも、もとの名を以て、麻簀と言ふ」

あさ-・す【浅】『他サ変』浅くする。＊志濃夫廼舎歌集(1868)襁褓草「明日香川淵をあさすな流れては尽きやすからむせに心して」

あさ-ず『連語』(動詞「あす(墺)」の未然形に打消の助動詞「ず」の付いたものか) (杯を)満たしたままにしておかないで、すなわち、残さずにの意。また、「あさ」は「あす(浅)」で、(杯を)浅くしないで、なみなみとついでの意とも、(杯を)干さずに、続けての意ともいう。＊古事記(712)中・歌謡「神(かむ)寿(ほ)き 寿き狂ほし 豊寿き 寿き廻(もとほ)し 献(まつ)り来し 御酒(みき)ぞ 阿佐受(アサズ)飲(を)せ ささ」

あさ-すおう【浅蘇芳・浅蘇枋】『名』浅く染めた蘇芳色。＊延喜式(927)一四・縫殿寮「浅蘇芳綾一疋」

あさ-すがた【朝姿】『名』朝の寝起きの姿。また、草花などが朝咲いた様子。＊広本拾玉集(1346)二「おほし立てかきなでしこの花盛り露の色こきあさすがたかな」 発音 アサスガタ〈標ア〉ス

あさ-ずき【浅葱】『名』⇨あさつき(浅葱)

あさ-ずき【朝数寄】『名』(「あさすき」とも) 早朝に行なわれる茶会。＊利休台子かざり様之記(1587)「鳥より前は夜すき也。鳥なきては朝すきなり」＊仮名草子・尤双紙(1632)下・二〇「おもしろき物の品々〈略〉初雪の朝数寄(アサズキ)」

あさすぎ-ぞめ【浅杉染】『名』あさぎ色に染めることや、染めたものをいうか。＊日本後紀-延暦二三年(804)四月丁卯「自今以後、浅杉染不論高卑、宜特聴之」＊歴世服飾考(1893)八「浅杉染 袴の色にあり。浅葱(あさぎ)を云歟といふ説あり。猶よく尋ぬべし」

あさ-ずきん【麻頭巾】『名』夏頭巾の一種。麻布で作った頭巾。《季・夏》＊俳諧・五元集拾遺(1747)夏「うたたねやかぶりつめたる麻頭巾」＊随筆・柳亭筆記(1842頃か)三「夏頭巾といふもの〈略〉当時は絽又は紗を用ひたり。昔は麻にてありしなるべし。ゆゑに麻頭巾といふ則夏頭巾なり」

あさ-すさま・じ【朝―】『形シク』秋の朝など、すこし冷え冷えとしてさわやかである。＊日葡辞書(1603-04)「Asasusamajij (アサスサマジイ)」 辞書 日葡

あさ-すず【朝涼】『名』「あさすずみ(朝涼)①」に同じ。《季・夏》＊俚言集覧(1797頃)「朝涼 夏時、朝の内の涼しき時に、人の方へ適(ゆ)くを、あさすずにゆくと云」＊俳諧・七番日記-文化七年(1810)六月「朝涼に菊も一艘通りけり」＊たけくらべ(1895-96)〈樋口一葉〉六「朝冷(アサスズ)はいつしか過ぎて日かげの暑くなるに」 辞書 言海 表記 朝涼(言)

あさ-すず【朝鈴】『名』昆虫「くさひばり(草雲雀)」の異名。《季・夏》 発音〈標ア〉〇

あさ-すずみ【朝涼】『名』①夏、朝のうちの涼しい時。あさすず。＊宇津保(970-999頃)国譲中「けふも、昔のやうにせんかし。わいても、あさすずみにこそは」＊源氏(1001-14頃)若菜下「まだあさすずみの程に、わたり給はむとて、とく起き給ふ」＊日葡辞書(1603-04)「Asasuzumi (アサスズミ)〈訳〉大暑の間の、朝の冷気」②夏、朝のうち、風に吹かれて涼むこと。↔夕涼み。《季・夏》＊老葉(1485頃)一〇・発句「むすべ露ささわくる袖のあさすずみ」＊俳諧・続猿蓑(1698)夏「ばせを葉や風なきうちの朝涼〈史邦〉」 発音〈標ア〉ス 辞書 日葡

あさ-すずめ【朝雀】『名』早朝の餌をあさる雀。＊雑俳・住吉みやげ(1708)「一しきりづつ一しきりづつ・朝雀かせいで来ては夕雀」

あさ-すずり【浅硯】『名』浅い硯蓋(すずりぶた)。

あさ-ずま【朝妻】⇨あさづま(朝妻)

あさ-せ【浅瀬】『名』川の流れの浅い所。後には、広く海などの、水の浅い所にもいう。＊古今(905-914)秋上・一七七「あまの河あさせしら浪たどりつつわたりはてねばあけぞしにける〈紀友則〉」＊栄花(1028-92頃)殿上の花見「あさせゆく綱手の縄もめづらしき君が行幸(みゆき)をためしには引け」＊日葡辞書(1603-04)「Asaxe (アサセ)〈訳〉川の浅瀬」 発音〈今京〉アサエ〔千葉〕〈標ア〉〇〈ア史〉鎌倉◎◎◎〈京ア〉ア 辞書 日葡・言海 表記 浅瀬(言)

あさせ に あだ波(なみ) (「古今-恋四・七二二」の「底ひなき淵やはさわぐ山河のあさきせにこそあだ浪はたて〈素性〉」から) 浅瀬では、いたずらに波が立ち騒ぐように、思慮の浅い者は、事に当たって落ち着きがなく、いたずらに大騒ぎすることをたとえていう。

あさせ を 渡(わた)**る** 物事の表面に触れるだけで、奥深くの真実を知らないことのたとえ。＊浮世草子・好色一代男(1682)六・七「是はあさ瀬(せ)をわたる人、此里の恋の淵をしらず」

あさせ-がわ【浅瀬川】『名』浅い川。＊雑俳・心の種(1742頃)「縮緬に縫ひを置いたる浅瀬川」

あさ-せち【朝節】『名』朝の節振舞(せちぶるまい)。朝食において、節日(せちにち)の供応をすること。↔夕節。＊俳諧・誹諧通俗志(1716)時令・正月「朝節」 発音〈標ア〉〇

あさ-ぜめ【朝責】『名』早朝、馬を乗りならすこと。＊歌舞伎・容賀扇曽我(1816)三立「野山岩石を心がけ野立ちの荒駒を朝責(アサゼ)めに乗りまする」

アザゼル(Azazel) ユダヤの荒野に住むという悪霊。贖(あがな)いの日に、祭司アロンは、民の罪を負わせたヤギをそのもとへ送ったという。 発音〈標ア〉ア

あさせんぼう-ゆうれいじ【朝懺法夕例時】『名』仏語。天台宗で、朝に法華懺法の勤行(ごんぎょう)を行ない、夕方に念仏の例時作法をつとめること。朝題目に宵念仏(よいねんぶつ)。

あさ-そうば【朝相場】『名』大阪米相場の寄付(よりつき)値段。＊雑俳・浜の真砂(1730)「浮沈む難波の銭(あし)の朝相場」

あさ-ぞら【朝空】『名』朝方の空。朝のさわやかな空。＊破戒(1906)〈島崎藤村〉一・四「朝空を望むやうな新しい生涯に入る迄」

あさ-だ【浅田】『名』底が泥深くない浅い田。↔深田。＊狂言記・角水(1660)「しなのなるあさだの小田をかくすいて一もと植(うへ)て千本(もと)をぞ刈る」

あさだ【浅田・朝田・麻田】(「あさた」とも) 姓

氏の一つ。発音〈標ア〉0

あさだ-ごうりゅう【麻田剛立】 江戸中期の天文学者、医者。豊後杵築(きつき)藩医となったが、脱藩して大坂で天文、暦学の研究に専念。独自の暦学をたて麻田流天学といわれた。享保一九～寛政一一年(一七三四～九九)

あさだ-そうはく【浅田宗伯】 幕末、明治の漢方医者。信州(長野県)に生まれる。幕府の奥医者となり、維新後、皇太子侍医となる。著に「脉法私言」「皇朝名医伝」など。文化一二～明治二七年(一八一五～九四)

あさ-だ【麻田】『名』近世、二毛作の裏作で麻を作る田。おもに地味のすぐれた上田で生産されたので、検地ではこの田の等級は上々とされた。＊地方凡例録(1794)二「田畑名目之事〈略〉藺田・麻田は石盛上々に附る」

あさだ『名』①カバノキ科の落葉高木。各地の山地に自生。高さ一五～一八メートル、直径〇・六メートルに達する。樹皮は鱗片状(りんぺんじょう)にはがれる。葉は長さ五～一〇センチメートルの卵形で、先はとがり、縁に不規則な鋸歯がある。初夏、前年の枝先に雄花の尾状花穂が垂れ下がり、新枝に雌花の穂が上向きにつく。材は堅くて光沢があり、家具、建具などを作る。学名は Ostrya japonica ②植物「やぶにっけい(藪肉桂)」の異名。＊重訂本草綱目啓蒙(1847)三〇・香木「天竺桂 やぶにっけい〈略〉あさかい 因州、あさだ 阿州」方言植物。❶やぶにっけい(藪肉桂)。岡山県008 徳島市811 香川県008 愛媛県宇摩郡808 ❷たぶのき(椨)。土佐†020 鳥取県因幡008 高知県安芸郡808 ❸しろだも(白―)。香川県香川郡・大川郡808 高知県808 ❹あおがし(青樫)。高知県長岡郡808 ❺いぬがし(犬樫)。高知県808 ❻かなくぎのき(金釘木)。高知県吾川郡・高岡郡808 発音〈標ア〉0

あさだ-あめ【浅田飴】 浅田宗伯が創製した、咳(せき)止め用の飴。商標名。＊風俗画報-九一号(1895)人事門「黄精飴といふもあり近比浅田飴(アサダアメ)と唱へて薬味を調合して咳嗽一切に特効あるとかにて」発音〈標ア〉0

あさ-たいし【阿佐太子】 百済(くだら)の王子。推古天皇五年(五九七)来朝。聖徳太子に会うと、救世観音(ぐぜかんのん)の化身であると合掌し、太子もまた、わが弟子であると言ったという伝説がある。御物「聖徳太子御影」はその筆と伝えられる。生没年未詳。発音〈標ア〉タ

あさ-だいし【朝大師】『名』江戸上野の両大師(慈恵、慈眼の両大師を合祀した慈眼堂)の縁日に朝参りすること。毎月三日と一八日がその縁日。＊雑俳・雲鼓評万句合-寛延二(1749)「朝大師もとりは蓮の心がけ」＊雑俳・柳多留-六(1771)「朝大師かづけて出るは高がしれ」発音〈標ア〉ダ

あさたいしひつ-しょうとくたいしぎょえい【阿佐太子筆聖徳太子御影】 もと法隆寺に伝えた聖徳太子の肖像画。百済(くだら)の阿佐太子が五九七年、来朝した時に描いたと伝えられるが、服飾上から天武・持統(六七二～六九七)頃の作ともいわれる。紙本に淡彩で中国の隋・唐代の帝王の肖像画形式。太子の前後の童子は山背大兄王(やましろのおおえおう)、殖栗王(えくりおう)とされている。御物。発音

あさ-だいもく【朝題目】『名』仏語。天台宗で、朝、法華懺法(ほっけせんぼう)を行ずること。発音〈標ア〉ダ

あさだいもく に 宵念仏(よいねんぶつ)［＝夕念仏(ゆうねんぶつ)］ 天台宗で、朝、法華懺法(ほっけせんぼう)を行ない、夕方、阿彌陀経を誦(ず)し念仏を称(とな)える例時作法を行なうこと。転じて、定見のないことのたとえ。＊浄瑠璃・摂州合邦辻(1773)下「八宗九宗とせり合へど、〈略〉後生願への種にとて朝題目に宵念仏(ネブツ)」

あさ-だか【朝鷹】『名』朝する鷹狩り。朝狩り。また、その時の鷹。《季・春》＊定家鷹三百首(1539)春「朝鷹をただ一よりとするゑてゆく野にも山にもきぎすなく也」＊俳諧・毛吹草(1638)二「中春〈略〉朝鷹 継尾、白尾、朝かり すずこさす」＊寒山落木〈正岡子規〉明治二六年(1893)春「朝鷹の眼に有明のうつり哉」

あさ-たかがり【朝鷹狩】『名』早朝にする鷹狩り。普通、宵のうちに雉(きじ)の鳴く場所を聞いておき、未明に行って鷹に捕えさせるものをいう。朝鷹。鳴鳥狩(ないとがり)。《季・春》＊無言抄(1598)下・三「春〈略〉朝鷹狩 朝がりともするなり」＊俳諧・犬子集(1633)七・春「寒帰遊山所はいやがりて 朝鷹狩に毎日の供〈親重〉」

あさ-だき【朝炊】『名』朝、かまどに火をつけてめしを炊くこと。＊野菊の墓(1906)〈伊藤左千夫〉「竈のある所は庭から正面に見透して見える。朝炊(アサダ)きに麦藁を焚いてパチパチ音がする」

あさ-たきび【朝焚火】『名』朝する焚火。《季・冬》

あさ-だすき【麻襷】『名』麻布で作ったたすき。実用本位のじょうぶなもの。＊たけくらべ(1895-96)〈樋口一葉〉四「口なし染の麻(アサ)だすき成るほど太きを好みて」＊銀の匙(1913-15)〈中勘助〉前・九「向ふ鉢巻にかひがひしく鬱金(うこん)の麻襷をかけ」

あさ-だたえ【朝湛】『名』朝の満ち潮。＊日葡辞書(1603-04)「Asadataye(アサダタエ)」辞書日葡

あさ-だち【朝立】『名』①朝早く旅立つこと。早立ち。⇔夜立ち。＊万葉(8C後)九・一七八五「朝鳥の朝立(あさだち)しつつ 群鳥(むらどり)の 群立ち去(い)なば〈金村歌集〉」＊平治(1220頃か)下・頼朝生捕らるる事「ならはぬ旅の朝立に、露と争ふ我が涙」＊日葡辞書(1603-04)「Asadachi(アサダチ)〈訳〉朝、出発すること」②朝方に降るにわか雨。⇔夕立。＊和英語林集成(再版)(1872)「Asadachi アサダチ 朝雨」③夜明け。朝まだき。＊青井戸(1972)〈秦恒平〉「凍える底冷えの朝立ちに雑巾を使い竹箒を使い」方言❶早朝、仕事に出ること。秋田県鹿角郡132 徳島県811 ❷早朝。福島県石城郡054 発音〈標ア〉0チ〈京ア〉0 辞書日葡・ヘボン・言海 表記朝雨(ヘ) 朝立(言)

あさ-だ・つ【朝立】『自タ四』①朝早く旅に出立する。また、鳥などが、朝早く飛び立って行く。＊万葉(8C後)二〇・四四七四「群鳥(むらとり)の安佐太知(アサダチ)いにし君が上はさやかに聞きつ思ひしごとく〈大伴家持〉」＊古今(905-914)大歌所御歌・一〇七一「近江よりあさたち来ればうねの野に鶴(たづ)ぞ鳴くなる明けぬこの夜は〈よみ人しらず〉」＊清輔集(1177頃)冬「初雪に我とは跡をつけじとて先あさだたむ人を待つかな」②朝になり始める。明けそめる。

あさ-たね【麻種】『名』麻の実。＊蘇悉地羯羅経寛弘五年点(1008)上「油麻(アサタネ)・酒酢及余の一切の諸の菜茹を喫ふ応から不」＊色葉字類抄(1177-81)「苴 アサタネ 麻子也」＊観智院本名義抄(1241)「苴 アサタネ」辞書色葉・名義 表記苴(色・名)

あさだ-の-き【―木】『名』①植物「やぶにっけい(藪肉桂)」の異名。②植物「たぶのき」の異名。＊物類称呼(1775)三「楠。たふのき、〈略〉土佐にて、あぶらぬすびとのきといふ、又、あさだの木とも云」発音〈標ア〉キ

あさ-たび【麻足袋】『名』麻布で作った夏用のたび。《季・夏》

あさだりゅう-てんがく【麻田流天学】『名』江戸時代中期、麻田剛立(ごうりゅう)が立てた天文、暦学の一派。西洋天文学を研究し、実測を重んじた。発音アサダリューテンガク〈標ア〉0

あさだ-ろう【―蠟】『名』ヤブニッケイの実から採った蠟。＊重訂本草綱目啓蒙(1847)三〇・香木「月桂 くろつづ あさかい 因州、天竺桂の実なり、この実より採蠟をあさだ蠟 阿州、と云」

あさ-だんぎ【朝談義】『名』朝参りの人に聞かせる説法。転じて、朝方にする訓戒をたとえていう。＊雑俳・柳多留-六一(1812)「朝談義聞く気で息子ぶっ居(すわ)り」＊雑俳・柳多留-七八(1823)「御陀仏と息子唱える朝談義」発音アサダンギ〈標ア〉ダ

あさ-ぢえ【浅知恵】『名』底の浅い知恵。どこか間の抜けた考え。猿知恵。＊雪中梅(1886)〈末広鉄腸〉上・七「女の浅智恵で済まぬことを致しました」

あさ-ぢゃ【朝茶】『名』(「あさちゃ」とも)①朝に飲む茶。また、朝食前に飲む茶。これを飲むと福を得るとか、その日の災いを免れるという俗信がある。《季・夏》＊日葡辞書(1603-04)「Asagia(アサヂャ)〈訳〉朝、食前に飲む茶」＊浄瑠璃・孕常盤(1710頃)二「わたしが亭(てい)主は朝茶ずき」＊洒落本・蕩子筌枉解(1770)「かへり観音へまいり二十軒であさぢゃをのみ」＊黴(1911)〈徳田秋声〉三五「翌日笹村が起きたとき、父親は母親と一緒に茶の室(ま)で朝茶を飲んでゐた」②朝食でとる茶粥(ちゃがゆ)。また、ふつうの粥。茶の子。＊俳諧・俳諧古選(1763)五・雑「冬は猶奈良の習ひで朝茶哉〈宗祇〉」③「あさ(朝)の茶事」の略。＊夢の浮橋(1970)〈倉橋由美子〉雲の峰「『一度朝茶に行ってみるかね』『だめですわ。懐石が出るのはだめですわ』」方言❶朝食前の簡単な食事。一日四食、五食の場合の最初の食事。長野県481 492 岐阜県山県郡054 静岡県磐田郡546 三重県度会郡586 島根県石見725 岡山県苫田郡748 川上郡765 広島県山県郡010 比婆郡774 山口県阿武郡010 徳島県811 香川県827 大分県941 ◇あさちゃわけ 熊本県天草郡936 ❷朝食。静岡県520 三重県志摩郡585 香川県香川郡・綾歌郡830 愛媛県840 ◇あさんちゃ 香川県与島829 ❸午前中の間食。朝食と昼食との間の食事。東京都大島322 広島県771 香川県綾歌郡829 ◇あさこじゃ〔朝小茶〕奈良県宇陀郡678 ◇あさおちゃ〔朝御茶〕島根県石見・隠岐島725 ◇あさちゃがし〔―菓子〕東京都八丈島334 発音〈標ア〉サ 辞書日葡

あさぢゃ の 塩(しお) (朝茶の中に加えたり、つまみに用いる少量の塩の意から)ごくわずかな物事のたとえ。＊浄瑠璃・菅原伝授手習鑑(1746)三「大きな重箱に眼(め)へはいる様な餅七つ、朝茶(アサヂャ)の塩(シホ)にも喰足(くひたら)ねど貫はぬよりも忝い」

あさぢゃ は その日(ひ)の祈禱(きとう) 「あさぢゃ(朝茶)①」を飲むと祈禱を受けたのと同じ利益(りやく)がある、朝茶はその日の災難をよけるものの意。＊歌舞伎・極附幡随長兵衛(1881)三幕「いや、朝茶はその日の祈禱だといふから、一杯呑んで行きませう」

あさ-ちゃのこ【朝茶子】『名』(「あさぢゃのこ」とも)①朝茶を飲む前に食べる物。＊日葡辞書(1603-04)「Asagianoco(アサヂャノコ)〈訳〉朝、茶を飲む前に食べる、何か滋養のすくない物」②(「あさはら(朝腹)の茶の子」の略)たやすいことのたとえ。＊浅井三代記(1689)一四「浅井が城はちひさい城や、ああよい茶の子、朝茶の子」方言❶午前の間食。◇あさぢゃあのこ 長崎県南高来郡905 ❷朝食前の簡単な食事。◇あさぢゃのこ 大分県南海部郡939 辞書日葡

あさ-ちゃのゆ【朝茶湯】『名』「あさ(朝)の茶事」に同じ。《季・秋》＊俳諧・天満千句(1676)一「朝茶湯花を生たる折しもあれ〈素玄〉空は霞に横物の鴈〈宗恭〉」＊浄瑠璃・大経師昔暦(1715)上「少風気(かざけ)の有上に、風早(かさはや)宰相様の朝茶の湯、彌風を引添へそれで得(ゑ)ござらぬ」

あさ-ちゃびん【朝茶瓶】『名』朝起きてすぐ茶を飲むための茶釜。＊俳諧・八番日記-文政二年(1819)一〇月「御目覚の前や火桶に朝茶瓶」

あさぢゃ-みち【朝茶道】〘名〙朝早く催す茶席へ行く道。＊俳諧・八番日記-文政二年(1819)九月「隙村や菊の中なる朝茶道」

あさ-ちり【浅塵】〘名〙蒔絵(まきえ)の色。模様の薄いもの。薄塵(うすちり)。薄塵地。＊台記-久寿二年(1155)一二月一八日「立㆓荷前使㆒、〈略〉年来帯㆑剣、而浅塵剣在㆑倉、件倉町、触㆓高陽院穢㆒、仍今日不㆑帯㆑剣」

あさっ-かせぎ【朝稼】〘名〙朝の間に簡単な仕事をすること。また、その仕事。＊土(1910)〈長塚節〉二一「何処までも癒んねえやうでもしゃうねえから、朝っ稼(カセ)ぎに骨接(ほねつぎ)へ行ったんだが」

あさっ-き【浅木】〘名〙方言 ⇩あさぎ(浅木)

あさ-つき【浅葱・糸葱】〘名〙(「あさづき」とも)①ユリ科の多年草。中国および日本原産。山野に生えるが、野菜としても栽培する。高さ約三〇センチメートル。形状はラッキョウに似る。地下に長卵形で、薄い紅紫色の鱗茎(りんけい)がある。葉は長さ二〇センチメートルの細い中空の円柱状。初夏、花茎の頂に淡紫色の小花を半球形につける。葉や茎はネギの代用、鱗茎はきざんで薬味に用いる。せんぼんわけぎ。せんぶき。学名は Allium schoenoprasum var. foliosum 《季・春》＊十巻本和名抄(934頃)九「嶋蒜 楊氏漢語抄云嶋蒜〈阿佐豆木 式文用㆑之〉」＊元和本下学集(1617)「蘭葱 ランソウ アサツキ」＊俳諧・毛吹草(1638)二「二月〈略〉あさつきにら 青からし」＊談義本・世間万病回春(1771)五・時山医評「結(けつ)又鰕遊(かゆう)とて静(しづか)なる中に躍(おどる)事あるは胡葱(アサツキ)と鰕(ゑび)をくひ合せしものならん」＊雑俳・柳多留拾遺(1801)巻一「あさつきの膾進ぜて猿轡」②「あさつきなます(浅葱膾)」の略。＊雑俳・川傍柳(1780-83)一「あさつきはあいそつかしの鱠也」③植物「のびる(野蒜)」の異名。語源説 (1)アサはアサイ(浅)。(イ)他の葱に比して臭気が浅いことから〔和漢三才図会・和訓栞後編・大言海〕。(ロ)根深に対する語〔物類称呼〕。(ハ)浅玉茎の義〔日本語原学=林甕臣〕。(2)ヒル(蒜)を昼にいうのに対して、朝というしゃれ〔東雅・漫画随筆〕。(3)痩せたキの意。アサはヤセと相通〔日本釈名・滑稽雑談〕。(4)アサツキ(彌細続葱)の義〔言元梯〕。(5)島蒜と書いてアサツキと訓むのは朝鮮語による〔東雅〕。発音〈なまり〉アサートーキ〔秋田鹿角〕アサドキ〔青森・津軽ことば・岩手〕アサドギ〔津軽語彙・岩手〕アサッズク〔仙台方言〕〈標ア〉サ〈ア史〉平安●●●● 〈京ア〉サ/0 辞書 和名・色葉・名義・下学・和玉・文明・伊京・天正・饅頭・易林・日葡・書言・言海 表記 胡葱(文・天・饅・書) 嶋森(色・名) 蘭葱(下・伊) 嶋蒜(和) 薤(名) 蕌(玉) 蒜(伊) 興葱(易) 島蒜・回回葱(書) 浅葱(言)

あさつき〘名〙植物「あきぐみ(秋胡頽子)」の異名。＊重訂本草綱目啓蒙(1847)三二・灌木「一種あきぐみあり〈略〉あさつき 播州」

あさ-づき【朝月】〘名〙明け方に空に残っている月。朝の月。朝月夜。《季・秋》＊尾張国熱田太神宮縁記(鎌倉初か)「汝が着せるおすひの上に、阿佐都紀(アサツキ)の如く月立ちにけり」発音〈標ア〉サ

あざ-つき【蠣付】〘名〙めくりカルタで、無点のスベタの札数枚(七～九枚)に、あざ(強い有利な札)が加えられること。これで勝ちとなる。＊浄瑠璃・蘆屋道満大内鑑(1734)三「ほんにぬしの芸揃へかぞへ立つればよみかるた七坊(ななばう)に蠣付(アザツ)き」

あさつき-なます【浅葱膾】〘名〙アサツキとアサリのむきみとをゆでて、酢みそであえたもの。春の食べ物で、雛祭(ひなまつり)の膳に供える。《季・春》＊評判記・嶋原集(1655)梅之部「あさつきなますが好物にて、くたびれたるよし。惣じて女の、くさき物食する、沙汰のかぎり」＊俳諧・卯辰集(1691)上・春「忘れめや胡葱(アサツキ)膾浦小鯛〈牧笛〉」＊黄表紙・元利安売鋸商内(1785)「今時あさつき鱠(ナマス)を食はぬ女中と、ほんに涙のでるやつはない所なれば」＊狂文・四方のあか(1787か)下・初雛賦「式正の本膳にあさつき鱠はまぐりもおかし」辞書 言海 表記 浅葱膾(言)

あさつき-ぬた【浅葱饅】〘名〙「あさつきなます(浅葱膾)」に同じ。《季・春》

あさづき-の【朝月―】枕 朝方の月が日と向かい合うところから、地名「日向(ひむか)」にかかる。＊万葉(8C後)七・一二九四「朝月(あさづきの)日向の山に月立てり見ゆ遠妻を持てらむ人し見つつ偲はむ〈人麻呂歌集〉」＊万葉(8C後)一一・二五〇〇「朝月(あさづきの)日向黄楊櫛(つげぐし)古りぬれど何しか君が見るに飽かざらむ〈人麻呂歌集〉」補注 万葉例、「朝月日向」として、「朝づく日」を「向ひ」にかかる枕詞とする説もある。→「あさづくひ(朝付日)」の補注

あさつき-の-ぞうり【麻付草履】〘名〙麻の鼻緒の付いた草履。

あさ-づきよ【朝月夜】〘名〙「あさづくよ(朝月夜)」に同じ。方言 朝方の月。新潟県糸魚川市382 富山県東礪波郡402

あさづく-ひ【朝付日】(「万葉-七・一二九四、一一・二五〇〇」などの「朝月(あさづき)の日向(ひむか)」を「朝月日(あさづくひ)向ひ」とよんだことによって生じた語か) ㊀〘名〙朝方の陽(ひ)。朝日。↔夕付日(ゆうづくひ)。＊散木奇歌集(1128頃)釈教「誓ひおちずむかへをのべのあさづくひちへに集へる光さします」＊広本拾玉集(1346)一「あさつくひさすや岡べの草の葉にすがれる露をよそにやはみる」＊大観本謡曲・木賊(1541頃)「浮かむ雲間の朝づく日園原山にうつろひて」＊日葡辞書(1603-04)「Asazucui(アサズクイ)」 ㊁枕「向ふ」にかかる。かかり方未詳。→朝月(あさづき)の。＊古今六帖(976-987頃)五・服餝「あさづくひむかふつげ櫛なるれどもなすろも君がいや珍しき〈柿本人麻呂〉」＊玉葉(1312)秋下・七四四「秋霧の絶えまをみれば朝づく日むかひの岡は色づきにけり〈藤原実経〉」補注「あさづくひ」の「づく(つく)」は、そのものに接近する、その性質を帯びるの意であるから、「あさづくひ」は「朝らしくなってくる頃の太陽」の意となる。ところが朝という時間以前に太陽は昇っていないから、「あさづくひ」という語は成り立ち得ないとする説がある。発音 アサズクヒ〈標ア〉ズ 辞書 日葡

あさ-づくよ【朝月夜】〘名〙①(「月夜」は、月の意) 朝まで残る月。有明の月。↔夕月夜(ゆうづくよ)。＊万葉(8C後)一・七九「わが宿(ね)たる 衣の上ゆ 朝月夜(あさづくよ) さやかに見れば 栲(たへ)の穂に 夜の霜降り〈作者未詳〉」②月が残っている明け方。あさづきよ。《季・秋》＊万葉(8C後)九・一七六一「秋萩の 妻を枕(ま)かむと 朝月夜 明けまく惜しみ〈作者未詳〉」＊俳諧・冬の日(1685)「朝月夜双六うちの旅ねして〈杜国〉 紅花(べに)買(かふ)みちにほととぎすきく〈荷兮〉」発音 アサズクヨ〈標ア〉クズ

あさ-づくり【朝―】〘名〙早朝に仕事に出かけること。また、早朝の一仕事。＊俚言集覧(1797頃)「朝がけ、早朝に出るを云〈略〉武蔵忍のあたりにては朝づくりと云」方言❶早朝。朝食前。埼玉県入間郡257 北葛飾郡258 ❷朝食前の仕事。群馬県勢多郡236 埼玉県秩父郡251 東京都八王子311 神奈川県316 319 320 山梨県西山梨郡455 長野県062 静岡県磐田郡・駿東郡527 546 山口県大島801

あさ-づけ【浅漬】〘名〙漬物を保存用とするのでなく短期間漬けること。また、その漬物。生干しの大根、ナス、ウリなどを塩、ぬかで漬ける。また、近世、江戸では生大根や三、四日乾燥したものを塩、こうじで漬ける浅漬大根をもさした。べったら漬。当座漬。あさあさ。《季・冬》＊大上﨟御名之事(16C前か)「あさづけ。あさあさ」＊日葡辞書(1603-04)「Asazzuqeno(アサヅケノ) カウノモノ」＊浮世草子・好色二代男(1684)二・五「遊女の身程、大事に悲しき物は無し〈略〉納戸飯にも浅漬(アサヅケ)ならでは、万の肴(さかな)も禿(かぶろ)の時喰覚る事あり」＊俳諧・発句類聚(1807)冬「浅漬の歯に透通る男かな〈蓼太〉」＊浪花聞書(1819頃)「あさ漬(ツケ) 江戸て云。どぶ漬也 都で当座漬を云」＊随筆・嬉遊笑覧(1830)一〇・上「法大なる蘿蔔(千本)塩(三升)入おしをかけ置てなれたる時用。是より塩多ければあしし。粃麹なども入べからず。是又今の浅つけとも異なり」方言❶大根や蕪(かぶ)などを干さずに漬けたもの。富山県砺波398 大阪市638 ❷一夜漬け。新漬け。京都†116 久留米†127 新潟県佐渡356 山梨県南巨摩郡463 静岡県磐田郡546 京都市312 大阪市312 奈良県678 和歌山県691 山口県豊浦郡798 ◇あさずいき 沖縄県首里993 ❸ぬかみそ漬け。新潟県東蒲原郡368 長野県佐久493 兵庫県淡路島062 広島県771 佐賀県藤津郡895 熊本県918 発音〈標ア〉0〈京ア〉0 辞書 日葡・言海 表記 浅漬(言)

あさづけ-いち【浅漬市】〘名〙べったら市の異名。一〇月一九日、東京都日本橋の宝田恵比寿神社を中心に立つ、浅漬大根の市。《季・秋》発音〈標ア〉ケ

あざつけ-おはやしやま【字付御林山】〘名〙金沢藩が能登の百姓持山を御林に編入して、管理を村方に委任した山林。有用樹のマツ、スギ、ケヤキ、ツガなどの七木を除き、その他の雑木、下草などの採取を許して山役銭を徴したが、享和元年(一八〇一)その称を廃し、一村一か所の鎌留御林を置くことに改めた。字付山。＊金沢藩山方御仕法-享和元年(1801)「御林山之場所相極候上は、字附御林山之分御返、稼山に為仕可申候」

あさづけ-だいこん【浅漬大根】〘名〙生干し大根を薄塩とこうじで漬け込んだもの。べったら漬。《季・秋》＊東京年中行事(1911)〈若月紫蘭〉十月暦「日本橋通旅籠町、人形町、小伝馬町、通油町へかけて立つ浅漬大根(アサヅケダイコン)の市にて」

あざつけ-ちょう【字付帳】〘名〙一村の字(あざ)ごとに、田畑、屋敷の石高、反別、名請け人名などを登載した検地帳。＊農政纂要(18C後)検見「其田の畝反所の字地主の名を水帳より抜て字付帳に記し」

あさづけ-やっこ【浅漬奴】〘名〙奴をののしっていうことば。＊歌舞伎・幼稚子敵討(1753)六「あさづけやっこめ、何ひろぐ。うぬを踏みのめすわい」

あさって【明後日】〘名〙(「あさて」の変化した語) ①あすの次の日。みょうごにち。＊文明本節用集(室町中)「明後日 アサッテ」＊温故知新書(1484)「明後日 アサッテ」＊日葡辞書(1603-04)「Asatte(アサッテ)。すなわち、ミャウゴニチ」＊浮世草子・好色一代男(1682)七・五「京への談合極(きはま)り、大坂をつれなくあさってのぼると鳴声にて申けるは」＊永代節用無尽蔵(1831)下・時候「明後日 アサッテ あすさっての約言」＊吾輩は猫である(1905-06)〈夏目漱石〉一一「あしたの朝迄でも、あさっての朝までも」②(染物は天候に左右されたため) 注文を受けた品物がのびのびになった紺屋(こうや)が期日の言いわけにいう語。転じて、約束の期日の当てにならないこと。紺屋のあさって。＊俳諧・西鶴大矢数(1681)第一二「あんな日和は空にしられぬ あさってといふかと思へば染物屋」＊雑俳・柳多留-五〇(1811)「紺屋の子あさってにして腹を切り」③(多く「あさっての方向」の形で) 全く見当違いの方向。＊草のつるぎ(1973)〈野呂邦暢〉一「手榴弾はあさっての方向にとばしてしまい」＊新西洋事情(1975)〈深田祐介〉東の秘書と西の秘書と「彼女は切り口上でいいはなつと、鼻をあさっての方向につんとそらし」方言❶見当違いの方向。岩手県九戸郡088 神奈川県314 長野県下伊那郡492 静岡県榛原郡541 島根県725 岡山県児島郡763 広島県高田郡779 香川県仲多度郡829 ❷斜視。島根県石見725 岡山県児島郡763 広島県771 語源説 →あさて。発音〈なまり〉アサッチェ・アサッテー〔鹿児島方言〕アサテ〔鳥取〕〈標ア〉サ〈京ア〉ツ/0 辞書 文明・天正・日葡・ヘボン・言海 表記 明日去(文・天) 明後日(ヘ)

あさって おやれ (明日ではなく明後日来いといい

う意から逆に) 二度と来るな、再び顔を見せるなの意を強めていった俗言。＊日本国考略(1523)寄語略・時令「後日来 挨殺核阿耶俚(アサッテオヤレ)」

あさって 紺屋(こうや)**に=今度**(こんど)[**=晩**(ばん)]**鍛冶屋**(かじや) (紺屋と鍛冶屋は注文した日に品物が間に合わないことが多かったところから) 信用できないこと、約束が当てにならないことにいう。＊俚言集覧(1797頃)「あさって紺屋(コウヤ)に今度鍛冶屋」

あざってい『名』 薩摩地方で使われた荷船。「あだて」とほぼ同型だが、「あだて」の船体が三階造りであるのに対し、四階造りにした点が相違する。＊和漢船用集(1766)四・海船之部「アサッテイ 薩州の船なり。字未考。サの字、濁国語成るべし。ヱットウと同じ造りにて、大なるを云。〈略〉是を熊野浦にてハッテウと云といへり」

あさって-てり【明後日照】『名』 あさって(明後日)のこと。赤穂(兵庫)地方の塩田で日和がよいようにと祝っていう語か。＊物類称呼(1775)五「明日(あす)明後日(あさって)といふ事を播州赤穂にて、あすてりあさって照(テリ)といふ。この所塩浜なれは日和よかれと祝していふなるべし」

あさ-づとめ【朝勤】『名』 朝の六つどき(六時頃)に行なう勤行(ごんぎょう)。＊俳諧・犬子集(1633)一・鶯「鶯のほう法花経や朝つとめ〈玄利〉」＊随筆・吉原大全(1768)三「むかし恵心僧都、朝づとめし給ひしとき」＊歌舞伎・蝶々孖梅菊(1828)大詰「『かすかに聞える太鼓の音は』『ありゃ池上の朝勤(アサヅト)め』」＊人情本・春色梅児誉美(1832-33)後・九齣「折から聞ゆる朝勤(アサヅト)めは、本中寺の寿量品」 発音〈標ア〉ズ

あさ-づな【麻綱】『名』 大麻の繊維で作った綱。また、広く、麻類の繊維で作った綱にもいう。 発音〈標ア〉0

あさ-つなぎ【麻繋】『名』 麻糸を継ぎ合わす仕事。また、その仕事をする人。＊都会の憂鬱(1923)〈佐藤春夫〉「その上三人で麻つなぎの内職をしてやっと生計を立ててゐる」

あさっ-ぱ【浅場・浅端】『名』「あさば(浅場)」の変化した語。＊白毛(1948)〈井伏鱒二〉「この流れは、浅っぱ、かけあがり、深んどの流れの理想型の三態をそなえている」

あさっ-ぱか【朝—】『名』 方言 ⇩あさはか(朝—)

あさっ-ぱち【朝—】『名』 方言 ⇩あさっぱな(朝端)

あさっ-ぱな【朝端】『名』 朝早い時刻。あさっぱら。＊青春(1905-06)〈小栗風葉〉夏・八「此の朝端(アサッパナ)から釣を為て居る男がある」 方言 三重県名賀郡058 奈良県宇陀郡678 ◇**あさばな** 沖縄県石垣島996 ◇**あさっぱち** 長野県上伊那郡488 下伊那郡492 三重県志摩崎島054 和歌山県690 698 島根県725 山口県阿武郡796 徳島県810 811 高知県861 長崎県対馬910 熊本県921 大分市941 宮崎県延岡947 ◇**あさっぱし** 和歌山県690 ◇**あさのあさっぱち**〔朝—〕 島根県石見・隠岐島725 ◇**あさのきっぱち** 島根県石見725

あさっ-ぱら【朝腹】『名』 ①(「あさはら(朝腹)」の変化した語。朝食前の空腹の意から) 朝早い時刻。早朝。あさはら。あさっぱな。＊雑俳・柳多留-九(1774)「御帰りをいふないふなとあさっぱら」＊滑稽本・浮世風呂(1809-13)三・上「朝(アサ)っぱらからふさいだ事があって寝て居たはな」＊人情本・春色梅美婦禰(1841-42頃)三・一八回「ドレ朝っぱらだが請賃の御馳走になりやせうよ」＊明暗(1916)〈夏目漱石〉四「一体何うしたんだい。朝っぱらから」 ②朝食前の空腹をふさぐためのちょっとした食べ物。あさはら。＊雑俳・削かけ(1713)「せいが出る・あさっぱらには所化鉢(はち)」 ③(②が容易に食べられるところから) 物事の容易なこと。朝腹の茶漬。朝飯前。あさはら。＊滑稽本・浮世床(1813-23)三・下「『イヤ鬢公委しいものバイノ』『ナニお前(めへ)さんこんなことは、朝(アサ)っぱらの事サ』」 方言 容易なこと。山梨県456 発音〈標ア〉ラ 0〈京ア〉0

あさっぱら の=茶漬(ちゃづけ)[**=茶**(ちゃ)]**の子**(こ)」 (朝の空腹時に、茶漬はたやすく食べられるところから) 物事の容易なことにいう。あさはらの茶漬。＊滑稽本・魂胆夢輔譚(1844-47)三下「油揚の二十枚(めへ)や三十枚は朝(アサ)っぱらの茶(チャ)の子(コ)だア」＊歌舞伎・曾我綉侠御所染(御所五郎蔵)(1864)三幕「何の何の、この位な荷物は朝っぱらの茶漬だよ」

あさっ-ぽ・い【浅—】『形口』(「ぽい」は接尾語) 判断や理解が浅い。考えなどが浅い。＊思出の記(1900-01)〈徳富蘆花〉二・六「人間は実に浅っぽいもので、極皮相で人を判断してしまふ」

あさ-づま【浅褄】『名』 着物の竪褄(たてづま)をつまむようにして手で軽く持ち上げること。また、その褄。＊浮世草子・好色二代男(1684)二・二「浦めづらかに女良は、藤屋のあづまからげに、浅妻(アサヅマ)の濡(ぬる)るをいとはず、手づから玉拾ふ業して」＊浄瑠璃・京四条おくに歌舞妓(1708)五「上げまくさっと浅づまの、あたりかがやく出立に」 発音〈標ア〉0

あさ-づま【朝妻】『名』 古い習俗で、通って来た夫が、朝帰って行く、それを送り出す妻をいう。きぬぎぬの妻。＊宇津保(970-999頃)国譲下「かげふむばかりにて久しう成りぬれど、いと覚束なくて参り給へるなれど、あさづまの心地してなむ」

あさづま【朝妻・浅妻】 ■一 □一琵琶湖の東岸、滋賀県坂田郡米原町朝妻筑摩付近の古名。中世には港があり、大津と往来する船便でにぎわい、その船は遊女を乗せて旅人をなぐさめ、朝妻船と呼ばれていた。↓朝妻船。＊月清集(1204頃)百首「あさづまやをちの外山に出づる日の氷をみがく志賀の唐崎」＊浮世草子・好色一代男(1682)五・三「本朝遊女のはじまりは、江州の朝妻(アサツマ)、播州の室津より事起りて、今国々になりぬ」 □二現在の奈良県御所(ごせ)市の地名。朝嬬。阿佐豆磨。＊書紀(720)仁徳天皇二二年正月・歌謡「天皇、又歌曰(うたよ)みたまひしく、阿佐豆磨(アサヅマ)のひかの小坂(をさか)を 片泣きに 道行くものも たぐひてぞ善き、とのたまふ」 □三長唄、常磐津、富本などの「朝妻船」の略。 ■二『名』 ①「あさづまぶね(朝妻船)」の略。＊雑俳・柳多留-一一一(1830)「朝妻の亀相一蝶船に乗り」 ②(琵琶湖畔朝妻の港の遊女が船に乗って客をとっていたところから) 船の中で客をとる遊女。＊雑俳・歌羅衣(1834-44)七「浅妻の身で青柳の岸放れ」 補注「書言字考節用集-二」には「浅妻渡 アサヅマワタシ 江州坂田郡」とある。 発音〈標ア〉0 辞書 和名 表記 朝妻(和)

あさづま-ぶね【朝妻船・浅妻船】 ■一『名』 琵琶湖の東岸、近江国入江村朝妻(現在の滋賀県坂田郡米原町)の港に出入りした渡船。奈良時代から近世、慶長一〇年(一六〇五)頃まで続いた。京都に出る者が多く利用したが、船中で遊女が客をとることもあった。＊山家集(12C後)中「おぼつかな伊吹颪(おろし)の風先にあさづまぶねは会ひやしぬらん」＊歌謡・松の葉(1703)三・朝妻舟「あだしあだ波よせてはかへる浪、あさづまふねの浅ましや」＊読本・雨月物語(1776)夢応の鯉魚「さしも伊吹の山風に、旦妻船(アサヅマブネ)も漕ぎ出づれば」 ■二 □一宝永・正徳(一七〇四〜一六)の頃、画家の英一蝶(はなぶさいっちょう)が描いた絵。遊女が、水干、烏帽子を着けて、舟にさおさしている図柄で、将軍綱吉を風刺したものといわれており、これを題材として歌、絵画、舞踊などが多くつくられた。＊随筆・近世江都著聞集(1757)一一「英古一蝶が画の浅妻舟と云絵あり。彼が門弟どもは、多く浅妻船の図を書く也。当時英一峯など此図を専らとす」＊洒落本・仕懸文庫(1791)二「むかふにかかってゐる、あさづま舟のがくをみて」 □二歌舞伎所作事。長唄、二世杵屋佐吉作詞・作曲。三世藤間勘兵衛、初世市山七十郎振付。本名題「浪枕月浅妻(なみまくらつきのあさづま)」。七変化舞踊「月雪花名残文台(つきゆきはなごりのぶんだい)」の一つ。文政三年(一八二〇)江戸中村座初演。■二□一を舞踊化したもの。 発音〈標ア〉ブ

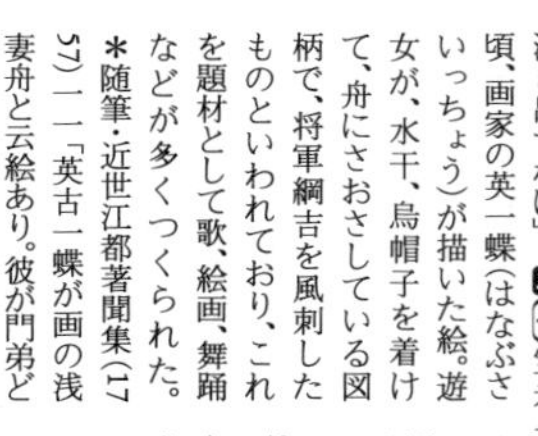
朝　妻　船〈木曾路名所図会〉

あさ-づめ【朝爪】『名』 朝、爪を切ること。 発音〈標ア〉サ

あさづめ を 剪(き)**れば その日**(ひ)**恥**(はじ)**をかく** 朝、爪を切ると、その日恥をかくことがある。朝爪を忌んでいう。

あさ-づめ【朝詰】『名』 京都の花柳界で、芸妓、娼妓を、夜半以後、ひきつづき夜明けまで揚げること。

あさ-つゆ【朝露】『名』 朝、葉の上などに降りた露。また、そのようにはかないもののたとえにいう。《季・秋》＊万葉(8C後)一五・三六九一「安佐都由(アサツユ)に 裳(も)の裾ひづち 夕霧に 衣手(ころもで)濡れて〈葛井子老〉」＊伊勢物語(10C前)五〇「あさつゆは消えのこりてもありぬべし誰かこの世を頼みはつべき」＊山家集(12C後)下「朝露に濡れにし袖を乾す程にやがて夕立つ我袂かな」＊俳諧・猿蓑(1691)三「あさ露や鬱金畠の秋の風〈凡兆〉」 発音〈なまり〉アサチ・アサヂ〔鹿児島方言〕アサチィ〔八丈島〕アサツィ〔長崎〕〈標ア〉サツ〈京ア〉サ

あさつゆ-の【朝露—】枕 ①朝おりている露がすぐ消えてしまうところから「け(消)」「きゆ(消)」にかかり、消えやすくはかない意をこめて「わが身」「命」にかかる。＊万葉(8C後)九・一八〇四「箸向ふ 弟(おと)の命(みこと)は 朝露乃(あさつゆの) 消やすき命(いのち) 神のむた 争ひかねて〈福麻呂歌集〉」＊万葉(8C後)一二・三〇四〇「後つひに妹は逢はむと旦露之(あさつゆの)命は生けり恋は繁けど〈作者未詳〉」＊万葉(8C後)一三・三二六六「朝露之(あさつゆの) 消なば消ぬべく 恋ひしくも しるくも逢へる 隠(こも)り妻かも〈作者未詳〉」＊続古今(1265)雑下・一七八九「何事に思ひ消ゆらむ朝露の憂き我身だにあればある世に〈藤原基俊〉」 ②朝露が置くの意で、「置く」と同音の「起く」「晩稲(おくて)」にかかり、のちには、「丘(をか)」などにもかかる。＊古今(905-914)恋三・六四一「ほととぎす夢かうつつかあさつゆのおきて別れし暁の声〈よみ人しらず〉」＊古今(905-914)哀傷・八四二「あさ露の晩稲(おくて)の山田かりそめに憂き世の中を思ひぬるかな〈紀貫之〉」＊続千載(1320)秋上・三五七「朝露のをかの萱原(かやはら)山風に乱れて物は秋ぞ悲しき〈後鳥羽院〉」

あさて【明後日】『名』「あさって(明後日)①」に同じ。＊宇津保(970-999頃)吹上上「あさてばかり、いと興ある所の侍るなる、見給に罷り出で立つを」＊落窪(10C後)四「あさて下り給ふとて」＊観智院本名義抄(1241)「明朝後日 アサテ」＊名語記(1275)一〇「明後日をあさてといへるは、あすさての義也。明日去の心也」 語源説 (1)アスサリテ(明日去)後の日の意〔名語記・日本釈名・東雅・和語私臆鈔・燕居雑話・松屋筆記・和訓栞・両京俚言考〕。(2)アスタチ(明日立)の義。タチの約チがテと転じたもの〔勇魚鳥〕。 発音〈標ア〉サ〈ア史〉平安○○● 〈京ア〉サ/0 辞書 名義・書言・言海 表記 明後日(書・言) 明朝後日(名)

あさ-で【朝—】『名』 朝食。朝飯。＊迦具土(1901)〈服部躬治〉「安房歌〈略〉鮪釣りに行かしし せこの帰るべみアサデのイナサただならぬかな(アサデは朝げの意。イナサは東南風)」

あさ-で【浅手】『名』①(形動) 性状や物事の状態などが浅いこと。また、そのもの。*四河入海(17C前)一一・二「あさでなものこそ、ちゃっと人も知れ。真宝の至音はちゃっとは人がききしらねども」②浅い傷。軽傷。うすで。↔深手。*太平記(14C後)二六・楠正行最期事「三十余度の戦に、息絶え気疲るるのみならず、深手浅手(アサで)負はぬ者も無かりければ」*日葡辞書(1603-04)「Asadeuo (アサデヲ) ヲウ〈訳〉軽く傷つく」*俳諧・一息(1693か)「浅手ぞといふも詞の気付也」 発音〈標ア〉0 〈京ア〉0 辞書日葡・ヘボン・言海 表記浅手(ヘ・言)

あさ-で【麻手】『名』麻。麻布。*万葉(8C後)四・五二一「庭に立つ麻手刈り干し布さらす東女を忘れたまふな〈常陸娘子〉」*千載(1187)恋三・七八九「あさでほすあづまをとめのかやむしろしきしのびてもすぐす比かな〈源俊頼〉」*広本拾玉集(1346)二「あさてほすはづきの枝に居る鵙のしづかならばやしづがいほまで」 語誌「あさで」の「で(て)」については、接尾語で、材料を表わすとする説、麻の葉は人の手をひろげたような形であるところから「手」の意とする説、「麻栲(あさたへ)」の「たへ」が変化したものとする説、その他がある。 発音〈標ア〉0

あさ-で【朝出】『名』朝早く出かけること。職人などが、普通とは異なり、特別に朝早くから仕事にかかること。はやで。あさとで。*夫木(1310頃)一「降る雪の花野に出でて賤の女もあさでの若菜今や摘むらん〈土御門院小宰相〉」*浄瑠璃・心中天の網島(1720)橋尽し「朝出の漁夫(ぎょふ)があみのめに見付て死だヤレしんだ。出あへ出あへと声声にいひ広(ひろめ)たる物語」*随筆・守貞漫稿(1837-53)四「大工。〈略〉夙に来らしめて増銭を与ふ。是を朝出と云。大略定制の半を増す」方言朝。朝のうち。朝仕事。千葉県夷隅郡288 君津郡301 山梨県453 長野県更級郡054 静岡県520 発音〈標ア〉0

あさで-こぶすま【麻手小衾】『名』(「小」は美称) 麻布で作った、からだをおおう寝具。*万葉(8C後)一四・三四五四「庭にたつ安佐提古夫須麻(アサデコブスマ)今夜(こよひ)だに夫(つま)寄しこせね安佐提古夫須麻(アサデコブスマ)〈東歌〉」*散木奇歌集(1128頃)冬「君こばと埴生のこやのゆかの上にあさでこぶすま引きてこそをれ」*良寛歌(1835頃)「あらたまの長き月日をいかにして明かし暮らさむあさでこぶすま」

あさ-てっかり【朝―】『名』方言朝のうちだけ日が照って後で変わりそうな天気。朝焼け。青森県三戸郡083 岩手県気仙郡「朝てっかりのもご(婿)泣がせ」「朝てっかりと姑のけたけた笑いに油断すんな」100 宮城県栗原郡114 秋田県鹿角郡132 山形県139

あさ-てづくり【麻手作】『名』手織りの麻布。*万葉(8C後)一六・三七九一「うちそやし 麻続(をみ)の児ら あり衣の 宝の子らが 打つ栲(たへ)は 経て織る布 日曝しの 朝手作(あさてづくり)を〈作者未詳〉」

あさ-てならい【朝手習】『名』朝の早いうちにする手習い。*思出の記(1900-01)〈徳富蘆花〉一・五「夏の盛は朝手習と言って暗い内に蠟燭をつけて手習をする」

あさ-てまわし【朝手回】『名』朝の早いうちに、用意すること。朝飯の支度など。*浮世草子・世間胸算用(1692)二・三「たけは朝手まはしあしきとて、蕪菜(かぶな)そろへける」

あさ-てんじん【朝天神】『名』朝早く、天神に参詣すること。*浮世草子・好色産毛(1695頃)四・五「後夜のかねに枕して、明れば廿五日の朝(アサ)天神とぞなれりける」

あさ-と【朝戸】『名』朝、あける戸口。また、その戸。↔夕戸。*書紀(720)崇神八年四月・歌謡「味酒(うまさけ) 三輪の殿の 阿佐妬(アサト)にも 出でて行かな 三輪の殿戸を」*金葉(1124-27)春・八「朝戸あけて春の梢の雪みれば初花ともやいふべかるらん〈藤原公実〉」

あさ-ど【浅処】『名』水の浅いところ。*あらたま(1921)〈斎藤茂吉〉海浜守命「ゆふぐれの海の浅処(アサド)にぬばたまの黒牛疲れて洗はれにけり」

あさと-あけ【朝戸開】『名』朝、戸をあけた時。*続古今(1265)夏・二二二「朝戸あけに立ち出でて聞けば郭公山のは見ゆる方に鳴くなり〈藤原信実〉」*風雅(1346-49頃)春上・六二「梅の花匂ふ春べの朝戸あけにいつしか聞きつ鶯の声〈藤原為基〉」

あざと・い『形口』文あざと・し『形ク』(「あさとい」とも) ①思慮が浅い。あさはかである。子供っぽい。*浄瑠璃・信田森女占(1713)四「あざといたくみむまむまとくふたはおのれがたはけ故」*浄瑠璃・神霊矢口渡(1770)三「矢口の渡しでやみやみと、愚人原があざとき方便(てだて)に討れさせ給ひしは」*歌舞伎・東海道四谷怪談(1825)大詰「それをあざとい女の恨み、舅も嫁もおれが手に」*徳田秋声(1953)〈平野謙〉「単に物議をかもすような恰好をしたそのあざとい『ストリップ的読物』性だけによるものではない」②小利口で憎らしい。やりかたがあくどい。*浄瑠璃・諸葛孔明鼎軍談(1724)五「コリャ仲達(ちうだつ)の胴取り、あざとい手めでねだ切り、相手をして遣らうとは、のぶとい胴取り」*青い月曜日(1965-67)〈開高健〉二・らいられら「生徒がたったいま習ったことをそのままつぎの時間に先生として生徒へ売りつけるということはいかにもあざとい気がした」方言❶あさはかだ。思慮がない。うかつだ。三重県度会郡599 兵庫県淡路島671 奈良県宇陀郡678 岡山県苫田郡749 ◇あさどい 新潟県佐渡352 ❷弱々しく見えるさまだ。貧弱だ。富山市近在392 ❸あどけない。大阪市638 ❹押しが強い。心臓が強い。岐阜県郡上郡504 ❺考えが深い。愛媛県840 ❻迂遠(うえん)だ。福井県遠敷郡445 語源説(1)アは接頭語。ザルは戯れる。トシは疾しでアザリトシの略か〔上方語源辞典=前田勇〕。(2)アサ(浅)くサトシ(聡)の義〔和訓栞後編〕。(3)アサ(浅)くトオキ(遠)の意〔両京俚言考〕。 発音〈標ア〉ト 〈京ア〉ザ

あさと-いで【朝戸出】『名』「あさとで(朝戸出)」に同じ。*金槐集(1213)秋「きのふこそ夏はくれしか朝戸いでの衣手さむし秋の初かぜ」*続古今(1265)羇旅・九一九「夜をこむるすずのしのやの朝といでに山かげくらき峰の松風〈行意〉」

あさ-とう【朝疾】『連語』朝早くに。また、朝。朝とく。*浪花聞書(1819頃)「とうに 朝とうに抔いふ。朝はやくなり」*菊池俗言考(1854)「朝とう起て 朝疾起(アサトウおき)なり今菊池の俗只朝のことをもあさとうと云は非なれども本は菊池家以来の古言の残れるなるべし」方言朝。早朝。明け方。肥後†131 奈良県675 長崎県対馬913 ◇あさと 佐賀県東松浦郡054 熊本県鹿本郡919

あさと-かぜ【朝戸風】『名』朝、戸をあけた時、吹き込んでくる風。*草根集(1473頃)一「心せず入りくる冬の朝戸風はげしや衣(ころも)裁ちあへぬ間に」

あさ-とがり【朝鳥狩】『名』朝早く、鳥狩りをすること。あさがり。《季・春》*叢書本謡曲・思妻(室町末か)「ちりかひくもる朝草に、鳥閉ぢ籠めて朝とがり」*和訓栞(1777-1862)「あさとかり 朝鳥狩也」*改正増補和英語林集成(1886)「Asatogari アサトガリ」

あさ-とき【浅葱】『名』方言植物、あさつき(浅葱)。盛岡†054 青森県069 岩手県097 100 秋田県鹿角郡132 ◇あさづけ 北海道一部030 富山県一部030 福井県一部030 長野県一部030 岐阜県郡上郡498 ◇あさとり 愛媛県一部030 ◇あさづきひる〔―蒜〕 秋田県一部030

あさ-とき【朝時】『名』明け方。暁。*歌謡・巷謡篇(1835)上・安芸郡土佐おどり歌「しめてねた夜のあさときは、だいてねたよのあさときは、はなれがたないねみだかに」

あさ-とき【朝斎】『名』僧に供する朝飯。*俳諧・うたたね(1694)「酒のみ切し跡秋の昏 朝斎の客に謡はうたはれず」

あさ-とく【朝疾】『連語』「あさとう(朝疾)」に同じ。*日葡辞書(1603-04)「Asatocu (アサトク)〈訳〉副詞。朝、はやく」*コリャード日本文典(1632)「アシタ トウ、または àsatòcu (アサトク)」 辞書日葡

あさ-とぐち【朝戸口】『名』朝、起きてあける戸口。*為尹千首(1415)恋「衣々を送りてかへるそのままやあさと口には丸ねしつらん」

あさ-どこ【朝床】『名』朝、まだ寝ている床(とこ)。また、朝になってまだ床の中にいること。*古事記(712)上「其の矢を取りて、其の矢の穴より衝き返し下したまへば、天若日子が朝床に寝し高胸坂に中りて死にき」*万葉(8C後)一九・四一五〇「朝床に聞けば遥けし射水川朝漕ぎしつつ歌ふ船人〈大伴家持〉」 発音〈標ア〉サ0 〈京ア〉サ

あざと-さ『名』(形容詞「あざとい」の語幹に、接尾語「さ」の付いたもの) あざといこと。また、その度合。*雑俳・川柳評万句合-安永四(1775)智五「あざとさは女房半座をわけてまち」*雑俳・川傍柳(1780-83)五「あざとさは雪見の留守で湯をわかし」 発音〈標ア〉ト

あざと・し『形ク』⇨あざとい

あさと-で【朝戸出】『名』朝、戸をあけて出ていくこと。朝、出立すること。あさといで。↔夜戸出。*万葉(8C後)二〇・四四〇八「鹿子じもの ただひとりして 安佐刀埿(アサトデ)の かなしき吾が子〈大伴家持〉」*草根集(1473頃)二「呉竹のよのまの霜の朝戸出に葉分の風の身に寒くして」*俳諧・俳林一字幽蘭集(1692)中「朝戸出や柳の日さしのびのびと〈岩翁〉」*一路(1924)〈木下利玄〉「雨傘をひらけば音あり冬めきし時雨の中に朝戸出するも」

あさ-とび【朝鳶】『名』朝、鳴くトビ。また、朝、トビが鳴くこと。朝、トビが鳴くと、その日は雨になるという。 発音〈標ア〉ト

あさとび に 蓑(みの)を着(き)よ夕鳶(ゆうとび)に笠(かさ)を脱(ぬ)げ トビが朝に鳴けば、その日は雨になり、夕方に鳴けば、その夜から翌日にかけては晴天になるの意。

あさとび-はむし【麻飛葉虫】『名』ハムシ科の甲虫。体長二ミリメートルほどの長卵形で、黒色の金属光沢がある。成虫はよく跳ね、アサ、カナムグラなどを食べる。日本各地に分布。あさのみむし。あさのみはむし。学名は Psylliodes attenuata

あさ-とも【浅友】 江戸後期の歌舞伎俳優。半道方浅尾友蔵(二代目浅尾為十郎)の愛称。同名の市川友蔵(市友=いちとも)と区別するためのもの。*歌舞伎・玉藻前御園公服(1821)三立「どう見ても菊五郎をぬけといふ男で、おまけに少し浅友といふところもあり」 発音〈標ア〉0

あさどや-ゆんた【安里屋結歌】『名』(「ゆんた」は沖縄方言で「協同労働」の意) 民謡。沖縄八重山列島竹富島中心に江戸時代中ごろに起こった、叙事詩体の作業歌。第二次大戦中から本歌と関係のない替え歌が流行した。 発音〈標ア〉ユ

あさど-やり【朝戸遣】『名』「万葉集」の諸本に「旦戸遣を早くな開けそ(一一・二五五五)」とある「旦戸遣」の訓。現在では、「嘉暦伝承本万葉集」に「旦戸」とあって「遣」字がない本文を用いる。*和訓栞(1777-1862)「あさとやり 万葉集に旦戸遣と見ゆ やり戸は閾ありてやる也」

あさ-どり【朝鳥】『名』朝、ねぐらから飛び立つ鳥。朝鳴く鳥。→朝鳥の。*言塵集(1406)五「朝鳥 あしたの小鳥也 範政説云、万葉には鶏也。しら鳥鷺也」*和訓栞(増補)(1898)「あさとり 朝鳥也、万、朝に坂をむれてこゆるものゆゑ人の旅行立にたとふ」

あさどり『名』植物「あきぐみ(秋胡頽子)」の異名。＊重訂本草綱目啓蒙(1847)三二・灌木「胡頽子〈略〉一種あきぐみあり一名ぐいみ 四国〈略〉あさどり 備前」＊俚言集覧(増補)(1899)「あさどり 備前にて秋ぐみをいふ」 方言❶あきぐみ(秋胡頽子)。備前†039 鳥取県036 島根県724 岡山県761 764 山口県794 ◇あさだれ 岡山県036 広島県771 ◇あさだら 広島県山県郡054 比婆郡772 ◇あさどろ 島根県八束郡724 ◇あさあどり 島根県石見725 ◇あさいどり 島根県724 広島県比婆郡773 ◇あさえどり 島根県出雲724 ◇あさんどり 島根県簸川郡036 ◇あさやどり 島根県仁多郡964 ◇あさどりいちご〔―苺〕島根県邑智郡735 広島県036 ◇あさどりぐいび 岡山県036 ◇あさど 島根県八束郡・能義郡725 ◇ささいどり 島根県美濃郡724 ❷ぐみ(胡頽子)。◇あさどおとも。鳥取県西伯郡718 ◇あさいどり 広島県山県郡054 ◇あさえどり 島根県仁多郡723 ❸なつぐみ(夏胡頽子)。岡山県苫田郡748 ◇あさだれ 岡山県小田郡767 ❹なわしろぐみ(苗代胡頽子)。◇あさどりいちご 広島県比婆郡709

あさ-とりおい【朝鳥追】『名』正月の鳥追い行事で、朝、行なわれるもの。

あさとり-の【朝鳥―】 枕 朝方鳥が、ねぐらを飛び立って、あちこち行き通うところから、「朝立つ」「通う」「音(ね)なく」にかかる。＊万葉(8C後)二・一九六「ぬえ鳥の 片恋ひ妻 朝鳥(あさとりの) 通はす君が〈柿本人麻呂〉」＊万葉(8C後)三・四八一「朝鳥之(あさとりの) 音(ね)のみ泣きつつ 恋ふれども 験(しるし)を無みと〈高橋朝臣(名未詳)〉」＊万葉(8C後)九・一七八五「朝鳥之(あさとりの) 朝立ちしつつ 群鳥(むらとり)の 群立ち行なば〈金村歌集〉」

あさ-どんす【麻緞子】『名』亜麻糸で織った緞子。食卓掛けやナプキンなどに用いる。紋を織り出した厚手のものはカーテンに、平地に模様を織り出した薄地のものは、婦人の夏服地などに用いられる。発音〈標ア〉ド

あさ-な【朝―】『名』(「な」は接尾語) 朝。＊名語記(1275)八「あさなは、朝にあたりての心となる歟」＊女中詞(元禄五年)(1692)「朝なとは朝也」 発音〈標ア〉0

あさ-な【朝菜】『名』(「な」は、菜(な)と魚(な)とに通じて副食物をいう) 朝食の副食物にするもの。＊催馬楽(7C後-8C)我が門に「安左名(アサナ)摘み 夕菜摘み」＊万葉(8C後)六・九五七「いざ児ども香椎の潟に白妙の袖さへぬれて朝菜(あさな)つみてむ〈大伴旅人〉」＊万葉(8C後)一四・三四四〇「この川に安佐菜(アサナ)洗ふ子汝(なれ)も我(あれ)もよちをそ持てるいでこたばりに〈東歌〉」＊曾丹集(11C初か)「むばそくがあさなにきざむ松の葉は山の雪にやうづもれぬらん」

あざ-な【字】『名』①㋑中国で、男子が元服の時につけて、それ以後通用させた別名。通常、実名と何らかの関係のある文字が選ばれる。実名を知られるのを忌んだ原始信仰に基づき、実名を呼ぶのを不敬と考えるようになったところからの風習。＊法華義疏紙背和訓(1002)「字(阿佐奈)」＊礼記-曲礼・上「男子二十冠而字、父前子名、君前臣名、女子許嫁、笄而字」㋺日本で、中国の風習にならって文人、学者などがつけた、実名以外の名。＊書紀(720)仁賢即位前(北野本訓)「億計天皇の諱(たたのみな)は大脚。〈略〉字(みアサナ)は嶋郎」＊文徳実録-斉衡三年(856)四月戊戌「散位外従五位下氷宿禰継麻呂卒。継麻呂、字宿栄」＊源氏(1001-14頃)乙女「あざなつくることはひむかしのゐんにてし給ふ」＊沙汰未練書(14C初)「請文書様書〈略〉某請文裏判 このなにがしは字の事」②実名のほかに人々が呼びならわしている別名。また、その名を言うこと。通称。あだな。＊霊異記(810-824)中・二一「一つの寺有り。号けて金鷲と曰ふ。金鷲優婆塞、斯の山寺に住するが故に、以て字とす」＊今昔(1120頃か)二四・五六「名は不知(しらず)、字をば佐太とぞ云ける。守も名を不呼(よば)で、『佐太』とぞ呼び仕ひける」③幼名。＊日葡辞書(1603-04)「Azana(アザナ)〈訳〉子供の時からの名前。また、本来の、すなわち、最初の名前」④同じ物を別のことばでいったもの。＊万葉(8C後)一八・四一〇六「言二佐夫流一者遊行女婦之字也」＊延喜廿一年京極御息所褒子歌合(921)「かの原をいふ文字実(じち)は野べといふあざななり」⑤町村内の小区画の単位の名。あざ。＊随筆・玉勝間(1795-1812)二「あざなといふ物の事〈略〉其外にも田地の字、何の字くれの字などいふも、皆正しく定まれる名としもなくて、よびならへるをいへり」 語誌(1)本居宣長の「随筆・玉勝間-二」に「古へより、正しき名の外によぶ名を、字(アザナ)といへること多し、中むかしには、今のいはゆる俗名をも、字といへることあり」とあり、これが近世の認識であった。平安貴族の「あざな」は儀礼的なもので、鎌倉時代には自然消滅し、公家社会での風習が途絶えた頃、僧侶が「あざな」を称するようになった。ついで江戸時代には、儒者・文人の間に広まったが、総じて尊称的なものと考えられていたようである。実名以外の別名のうち、「あざな」の指す範囲は、時代によって違っていたらしい。(2)院政期には、「異名」と「あざな」とは使い分けが存し、「異名」は、身体・性行などの特異な点に基づく命名であり、使用が被呼称者の属する社会層に限られ、当人にとって心情を損なうマイナスの評価を伴うもので、現在の渾名(あだな)に相当するものであった。一方、「あざな」は、命名の由縁や使用者に関係なく、被呼称者に直接呼びかけられるプラスの評価を伴うものであり、「今昔-二四・五六」では、むしろ「あざな」で呼ばれることに誇らかであった様子が記されている。(3)後世の「あだな(渾名)」は、異名の一種として認識されるようになった「あざな(字)」と、男女の浮き名を意味する醜聞のイメージをもつ「あだな(徒名)」が、ザ・ダの調音点の近似も一因し交錯して生じたものか。(4)⑤についての歴史は新しい。柳田国男によれば、明治七、八年に行なわれた土地丈量の際、全国を通じて作製した大地図を、適当な大きさの切り絵図にした。「字」はこの各図に付した名で、従来からあったものとは合致しないという。 方言❶あだ名。宮城県登米郡115 玉造郡116 千葉県夷隅郡288 新潟県中頸城郡383 富山県390 砺波398 長野県佐久493 大阪府泉北郡646 香川県829 鹿児島県種子島979 ❷屋号。三重県飯南郡590 語源説(1)アザフ(交)の語根とナ(名)が結合した語。(イ)本名に交えて持つ名の意〔俗語考・大言海〕。(ロ)人と交わることによって生じる名〔和訓栞〕。(2)マゼナ(交名)の転〔古今要覧稿〕。(3)アサヘナ(貯名)の義〔紫門和語類集〕。(4)アサは他、ナは名の義〔日本古語大辞典=松岡静雄〕。(5)梵語か〔嘉良喜随筆・和訓栞・日本語源=賀茂百樹〕。(6)(④について)アゼナ(畦名)の意〔俚言集覧〕。 発音〈標ア〉0〈京ア〉0 辞書色葉・名義・和玉・文明・伊京・易林・日葡・書言・ヘボン・言海 表記字(色・名・玉・文・伊・易・書・ヘ・言)

あさな-あさな【朝朝】『副』朝ごとに。毎朝。あさなさな。＊古今(905-914)春上・一六「野辺ちかくいへゐしせれば鶯のなくなるこゑはあさなあさなきく〈よみ人しらず〉」＊和泉式部日記(11C前)「いかにとはわれこそおもへあさなあさななきかせつるとりのつらさは」＊徒然草(1331頃)六八「いかなる人ぞと問ければ、年来たのみて、朝な朝な召しつる土大根(おほね)らにさうらふといひて失にけり」 語源説(1)アサニアサニ(朝朝)の転か〔大日本国語辞典〕。(2)アサノマアサノマ(朝間朝間)の約〔大言海〕。(3)アサナアサナ(朝並朝並)の意〔日本語源=賀茂百樹〕。 発音〈標ア〉ア ア^2=ア〈京ア〉ア^2 0 辞書文明・伊京・明応・饅頭・黒本・日葡・書言・ヘボン・言海 表記旦旦(文・伊・明・饅・黒・書・ヘ) 朝朝(言)

あざな・う【糾】『他ワ五(ハ四)』からませるようにして交え合わせる。糸などをより合わす。縄をなう。＊浄瑠璃・鵜山姫捨松(1740)二「サア読め聞かんと手をあざなへ耳を済ましてきく親仁」＊出発は遂に訪れず(1962)〈島尾敏雄〉「ひなたとかげりにあざなわれながら」 語源説(1)アザヘナフ(交綯)の転〔和訓栞〕。(2)アザは叉、ナフは合フの転。交合の義〔俚言集覧〕。(3)アハセナフ(合綯)の意〔名言通〕。(4)アは間の義。マゼル(混)に対してアズルという原始語の存在を仮定すれば、それと同根か〔国語の語根とその分類=大島正健〕。(5)アサ(他)を動詞に活用した語〔日本古語大辞典=松岡静雄〕。 発音文アザノーとも〈標ア〉ナ ノ〈京ア〉0 辞書ヘボン・言海 表記糾(ヘ) 糾(言)

あざなえる 縄(なわ) 禍と福とは、互いにつきまとって離れないことをたとえていう。＊太平記(14C後)二九・将軍親子御退失事「吉凶は、糺(アザナヘ)る縄(ナワ)の如く、哀楽時を易(かへ)たり」＊壒嚢鈔(1445-46)三「吉凶は糺(アザナヘル)縄の如しと云り実とに縄を糾(ただし)見るに左に成り、右に成り二筋の藁相交りて縄の躰を成が如く」＊賈誼-鵩鳥賦「夫禍之与レ福兮、何異二糾纆一」 辞書書言 表記糾纆(書)

あさ-なおし【朝直】『名』主として江戸深川の岡場所でいう語。遊女を揚げた客が、翌朝、同じ遊女を買い改めること。大直し。＊洒落本・寸南破良意(1775)年季者「『いそがしいかの』『アイ今朝も朝直(アサナヲ)しが二つ、けふも暮までに十八九あった』」＊洒落本・仕懸文庫(1791)一「宵どまりの客のをちつきがほ、朝なをしのねむたき顔」＊歌舞伎・梅柳若葉加賀染(1819)大詰「モシ、宵泊りから朝直(アサナホ)し」

あさ-ながし【朝流】『名』方言❶朝食前の間食。朝のおやつ。岩手県上閉伊郡098 気仙郡100 ❷朝食と昼食の間の軽い食事。岩手県気仙郡102 ◇あさながれ 長崎県東彼杵郡010

あさ-ながめ【朝眺】『名』朝、あたりを見渡すこと。また、その見た情景。＊浮世草子・好色一代男(1682)七・七「此朝詠(アサナガメ)のおもしろさ、西行は何しって松島の曙、蚶潟(きさかた)のゆふべを誉(ほめ)つるぞ」＊浮世草子・好色五人女(1686)二・三「朝皃(あさかほ)のさかり、朝詠(アサナカメ)はひとしほ涼しさもと、宵(よひ)より奥さまのおおせられて」

あさ-なき【朝鳴】『名』明け方の鳥の鳴き声。特に、鶏の時をつくる声。＊芭蕉(1922)〈吉田絃二郎〉「村では鶏の朝鳴きが聞えてゐた」 発音〈標ア〉0

あさ-なぎ【朝凪】『名』朝、陸風と海風が吹き変わる時の現象で、海辺の風が一時止まること。↔夕凪。《季・夏》＊万葉(8C後)一三・三三〇一「神風(かむかぜ)の 伊勢の海の 朝奈伎(あさナギ)に 来よる深海松(ふかみる) 夕凪に 来よる俣海松(またみる)〈作者未詳〉」＊伊勢物語(10C前)八一「しほがまにいつか来にけむあさなぎに釣する舟はここに寄らなん」＊太平記(14C後)一五・大樹摂国豊島河原合戦事「七日の朝なぎに、遙の澳(おき)を見渡せば」＊書言字考節用集(1717)二「朝和 アサナギ」 発音アサナギ〈標ア〉0〈京ア〉0 辞書日葡・書言・言海 表記朝和(書・言)

あさ-なぎさ【朝渚】『名』朝のなぎさ。＊俳諧・其袋(1690)冬「むくつけき海鼠(なまこ)ぞうごく朝渚〈露沾〉」

あさなき-どり【朝鳴鳥】『名』鳥「いかる(斑鳩)」の異名。＊和漢三才図会(1712)四三「鶻嘲 アサナキトリ こっちゃう」

あさな-ぐさ【―草】『名』植物「あさがお(朝顔)」の異名。

あさな-けに【朝日】『副』朝に昼に。いつも。毎日。あさなけに。＊古今(905-914)離別・三七六「あさなけにみべききみとし頼まねば思ひ立ちぬる草枕なり〈寵〉」＊後撰(951-953頃)雑二・一一七四「あさなけに世のうき事を忍びつつながめせしまに年はへにけり」

〈土佐〉」＊良寛歌(1835頃)「うつせみの あが身を去らず あさなけに 持たりしものを」 補注「万葉集」に見える「あさにけに(朝爾日爾、朝爾食爾)」の転じたものか。「万葉集」ではすべて「あさにけに」である。

あさな-さな【朝―】〘副〙(「あさなあさな(朝朝)」の変化した語。上代語) 毎朝。朝ごとに。＊万葉(8C後)一七・四〇一〇「うら恋しわがせの君はなでしこが花にもがもな安佐奈佐奈(アサナサナ)見む〈大伴池主〉」＊万葉(8C後)二〇・四四三三「阿佐奈佐奈(アサナサナ)あがる雲雀(ひばり)になりてしか都に行きてはや帰り来む〈安倍沙美麻呂〉」

あさ-なべ【浅鍋】〘名〙①底の浅い鍋。特に、素焼きの土鍋。焙烙(ほうろく)。わさ鍋。＊続詞花(1165頃)物名「あさなべのここちこそすれ千早ぶるつくまの神の祭ならねど〈藤原教長〉」＊虎明本狂言・鍋八撥(室町末‐近世初)「罷出たる者は此あたりにすまゐ致す、あさなべをしゃうばい致す者で御ざる」②①の形をした釣り花入れ。＊南方録(17C後)滅後「この坊に給りたるあさなべは、勿論床の真中にくさりを長くしてつられし也」 方言 土製のいりなべ。茨城県稲敷郡193

あさなべ-うり【浅鍋売】〘名〙浅鍋を売る人。＊虎寛本狂言・鍋八撥(室町末‐近世初)「是は辺土に住居致す、あさ鍋うりで御ざる」

あさ-なみ【浅波】〘名〙遠浅の海岸や湖岸に立つ波。

あさ-なみ【朝波】〘名〙朝の波。朝の静かな波。＊林泉集(1916)〈中村憲吉〉棺車「朝浪のかすむ渚をほのぼのと亡き子に似たるをとめ来たるも」

あさな-ゆうな【朝夕】〘副〙朝に夕に。朝晩。いつも。＊万葉(8C後)一一・二七九八「伊勢の白水郎(あま)の朝魚夕菜(あさなゆふな)に潜(かづ)くといふ鰒(あはび)の貝の片思ひにして〈作者未詳〉」＊浜松中納言(11C中)一「別るべき後のなげきを思はずは待たれましやは朝な夕なに」＊仮名草子・竹斎(1621‐23)下「あさな夕なに立つ煙民の竈(かまど)は賑(にぎ)はひて」＊人情本・清談若緑(19C中)初・三回「何を浮世の楽しみに朝(アサ)なゆふなを送るべきとはおもへども義理のある、母の命(あふせ)のいと重く、背かば忽地(たちまち)不孝の罪」 語源説 (1)朝ニタニの転か〔大日本国語辞典〕。(2)アサナユフナ(朝魚夕菜)。朝夕の菜羹から出た語〔和訓栞〕。(3)アサナカ、ユフナカのナカの反ナで、アタルと読み、アサニアタリ、ユフベニアタリの義〔名語記〕。 発音 アサナユーナ〈標ア〉ア ユ〈京ア〉ユ ユ 辞書 日葡・書言・ヘボン・言海 表記 朝夕(へ・言) 朝暮(書)

あさな-よな【朝夜】〘副〙毎朝毎夜に。朝に夜に。朝晩。＊天草本平家(1592)四・一〇「asana yona (アサナ ヨナ) ナクヨリ ホカノ コトワ ナカッタ」

あさ-ならい【朝―】〘名〙朝、吹く東北の風。＊滑稽本・和合人(1823‐44)三・下「屋根を一ぱい拵へさせて置くがいい。朝ならひに高輪まで御乗船だ」＊歌舞伎・五十三駅扇宿附(岡崎の猫)(1887)五幕「浅草の鐘の音遠き朝北風(アサナラヒ)、田の面は近く雨を呼び」

あさ-ならい【朝習】〘名〙朝のうちに習字などを学ぶこと。寺子屋で朝、行なわれる学習。＊雑俳・かはりごま(1701)「口媱(くちすぎ)に成ほども来ぬ朝習い」

あさ-なわ【麻縄】〘名〙麻糸を縒(よ)り合わせて作った縄。＊人情本・貞操婦女八賢誌(1834‐48頃)五・四八回「引き上げさせて開き見るに、麻索(アサナハ)もて首を締めたる、男の死骸でありしかば」＊暗夜行路(1921‐37)〈志賀直哉〉四・一二「老車夫は俥を百姓家に預け、麻縄(アサナハ)で荷を脊負った」 発音〈標ア〉0〈京ア〉0

あさなわ-ゆうふじ【朝縄夕藤】〘連語〙朝に縄を焼き、夕方に藤の木を燃やすこと。この行為を禁忌とするところが各地にある。家内にけんかが起こるとか、火事になるからという。

あざな・わる【糾】〘自ラ四〙「あざわる(糾)」に同じ。＊観智院本名義抄(1241)「繆 アサナハレリ」 辞書 名義・言海 表記 繆(名) 糾(言)

あさに-けに【朝日】〘副〙朝ごと日ごとに。朝に昼に。あさなけに。＊万葉(8C後)三・三七七「青山の嶺の白雲朝爾食爾(あさにけに)常に見れどもめづらしあが君〈湯原王〉」＊万葉(8C後)四・六六八「朝爾日爾(あさにけに)色づく山の白雲の思ひ過ぐべき君にあらなくに〈厚見王〉」＊良寛歌(1835頃)「あしひきの 国上の山の 山もとに 庵りをしつつ 朝(あさ)にけに い往き還らん」 語誌「け」は「か(日)」の変化した形で乙類。「か(日)」の複数形ともいい、よく似た形の「日に異(け)に」「月に異(け)に」の場合の「け」は甲類で、語源や意味も別と考えられている。 語源説 (1)ケはキヘ(来経)の約〔大言海〕。(2)朝に暮れにの義。クレの反ケ〔和訓栞〕。(3)ケはカ(日)の転。朝昼にの意〔日本古語大辞典＝松岡静雄〕。 上仮名 アサニケニ

あさ-にじ【朝虹】〘名〙朝の間に出る虹。その日、大雨が降る前兆という。《季・夏》＊日葡辞書(1603‐04)「Asanijiga (アサニジガ) タツ」＊俳諧・とくとくの句合(1711頃)上「朝虹やあがる雲雀のちから草」 方言 日の出る前に東天の赤く見えること。朝焼け。長野県北安曇郡476 辞書 日葡

あさにじ に 川(かわ)越(こ)すな 朝虹は大雨の降る前兆で、洪水の恐れがあるから、川を渡るな、ということ。

あさにじ は 雨(あめ)夕虹(ゆうにじ)は晴(はれ) 朝、虹の立つのは雨、夕方、虹の立つのは晴れのしるしだということ。＊譬喩尽(1786)六「朝虹(ニシ)は雨(アメ)夕蜺(ユフニジ)は晴(ハレ)」

あさにじ は その日(ひ)の洪水(こうずい) 朝、虹が立てば、その日は大雨が降るということ。朝焼けはその日の洪水。＊諺苑(1797)「朝霓(アサニシ)は其日の洪水。又、朝やけは其日の洪水とも云」

あさに-ひに【朝日】〘副〙⇨あさにけに(朝日)

あさ-にわ【朝庭】〘名〙①朝の庭。朝のさわやかな庭。↔夕庭。＊万葉(8C後)一七・三九五七「安佐爾波(アサニハ)に出で立ち平(なら)し夕庭に踏み平らげず〈大伴家持〉」②(「庭」は農家の土間をいう) 朝、土間で籾(もみ)すりをすること。《季・秋》 補注 ①の「万葉集」の例は、「万葉‐一・三」の「朝庭(あしたには)取り撫でたまひ 夕庭(ゆふべには) いより立たしし〈中皇命〉」のごとく、もと、「朝庭」と表記してあったのを、後世「あさには」と誤読して、「安佐爾波爾」と表記したことによるとする説がある。

あさ-ぬ【浅野】〘名〙(現在、「の」の甲類の万葉仮名とされている「怒、努、弩」などを「ぬ」と読んだことからできた語)「あさの(浅野)」に同じ。

あさ-ぬさ【麻幣】〘名〙麻を用いて作った幣。＊新撰六帖(1244頃)四「今は我れ捨てられながらあさぬさの君が手なれし時ぞ恋しき〈藤原為家〉」

あさ-ぬの【麻布】〘名〙麻糸で織った布。麻手。＊続日本紀‐神護景雲元年(767)一〇月癸巳「伊予国宇摩郡人凡直継人、献銭百万、紵布一百端」＊十巻本和名抄(934頃)三「紵布 唐式云紵布三端〈今案紵者麻紵之紵 丈呂切 俗用麻布二字云阿佐沼乃是乎〉」＊七十一番職人歌合(1500頃か)五八番「一筋の霜かとぞ見る賤のめが織る麻ぬのの月の夜ざらし」＊浮世草子・日本永代蔵(1688)五・三「女は麻布(アサヌノ)を織延(をりのべ)」＊幼学読本(1887)〈西邨貞〉三「リンネルとて上等の麻布有り」 発音〈標ア〉0〈ア史〉平安○○●●〈京ア〉0 辞書 和名・色葉・名義・書言・ヘボン・言海 表記 麻布(色・名・書・へ・言) 紵布(和・色・書)

あさぬま【浅沼】 姓氏の一つ。 発音〈標ア〉0

あさぬま-いねじろう【浅沼稲次郎】 政治家。社会運動家。東京出身。第二次世界大戦後、日本社会党結成に加わる。委員長在任中、右翼の少年に刺殺された。明治三一～昭和三五年(一八九八～一九六〇)

あさ-ね【朝寝】〘名〙(形動) 朝、遅くまで寝ていること。あさい。↔朝起き。《季・春》＊梵舜本沙石集(1283)一・七「或時朝ねをしておそくはきけるを」＊三体詩素隠抄(1622)三・五「はや夜(よ)はあけかたになりたれども、路辺の人家にはあさねをして、門戸をもいまだひらかぬぞ」＊俳諧・曠野(1689)八・釈教「朝寝する人のさはりや鉢鼓〈文潤〉」＊滑稽本・浮世風呂(1809‐13)前・上「朝寝(アサネ)なやつらだぜへ」＊小学入門(甲号)(1874)〈民間版〉「養生の人は食物と飲物をえらび、勉強の者は朝寝(アサネ)を戒む」＊永井龍男句集(1976)〈永井龍男〉「われとわが虚空に堕ちし朝寝かな」 発音〈標ア〉サ〈京ア〉ア 辞書 日葡・ヘボン・言海 表記 朝寐(へ) 朝寝(言)

あさね 八石(はちこく)の損(そん) (「八石」は米八石のこと) 朝寝坊は万事につけて損であること。朝寝は損失が多いことをいうことわざ。

あさね 昼寝(ひるね)夕惑(ゆうまど)い時々(ときどき)起(お)きて物狂(ものぐる)い 無能で役に立たない人間をののしっていうことば。＊玉塵抄(1563)四六「人の無能で大のみ大ぐらいするを饞饕な者と云ぞ。〈略〉大食上戸の餅ぐらいと世話に云ぞ。〈略〉又此つれに云つづけたことあり。あさねひるね夕(ユウ)まどいときどきをきてものぐるいとやら云つづけたぞ」

あさね-がみ【朝寝髪】〘名〙朝、寝起きで、乱れたままの髪。朝起きたままの乱れ髪。ねくたれ髪。朝髪。＊万葉(8C後)一八・四一〇一「ぬばたまの 夜床かた去り 安左禰我美(アサネガミ) 搔(か)きも梳(けづ)らず〈大伴家持〉」＊拾遺(1005‐07頃か)恋四・八四九「あさねがみ我はけづらじうつくしき人の手(た)枕ふれてしものを〈柿本人麻呂〉」＊実隆公記‐明応三年(1494)二月九日「朝寝かみみたれてねふる柳哉」 発音 アサネガミ〈標ア〉ネ

あさね-こき【朝寝―】〘名〙 方言 ⇨あさねごろ(朝寝―)

あさね-ごろ【朝寝―】〘名〙 方言 ❶朝寝坊。熊本県天草郡936 宮崎県947 鹿児島県961 968 970 ◇あさねこき 佐渡†085 宮城県栗原郡114 秋田県雄勝郡130 鹿角郡132 山形県139 新潟県佐渡351 三重県585 滋賀県神崎郡616 広島県771 779 783 徳島県三好郡054 香川県829 ◇あさにしゃあ〔朝寝者〕 沖縄県石垣島996 ◇あさっぱれ 神奈川県中郡054 ◇あさねぶった 神奈川県足柄下郡054 ◇あさねっぷし 神奈川県津久井郡054 ◇あさいね 岩手県九戸郡088 気仙郡102 ◇あさなあ 沖縄県首里(卑称)993 ❷植物、ねむのき(合歓木)。鹿児島県曽於郡・肝属郡965 ❸植物、かわらけつめい(河原決明)。鹿児島県揖宿郡955 ◇あさねぐさ〔朝寝草〕 静岡県524 ❹植物、こみかんそう(小蜜柑草)。鹿児島県日置郡964

あさね-し【朝寝仕】〘名〙よく朝寝をする人。朝寝坊。＊俳諧・北国曲(1722)一「朝寐仕の天然礫やほととぎす〈尋里〉」

あさね-ずき【朝寝好】〘名〙朝、遅くまで寝ているのを好むこと。また、その人。＊咄本・軽口耳過宝(1742)四・朝寝ずき「親より世帯を請取、としどし暮せども、生れつゐてあさ寝(ネ)ずきゆへ、次第にほそぼそになる故」 発音〈標ア〉0

あさねっ-こき【朝寝―】〘名〙朝寝をする人。あさねぼう。＊良人の自白(1904‐06)〈木下尚江〉続・三・五「なあに、野郎、朝寝っこきだで、ぐるぐると方々廻って来ただ」 発音〈標ア〉0

あさね-ぼう【朝寝坊】〘名〙(形動) 朝寝をすること。また、その人。＊雑俳・出世丸(1730)「朝草を宵に刈寝の朝ねぼう」＊滑稽本・浮世風呂(1809‐13)二・上「宵っぱりの朝寝坊(アサネボウ)ときてゐるから」＊人情本・春色梅美婦禰(1841‐42頃)四・二三回「ヲヤヲ

ヤ、大変に朝寝ぼうだネヱ」方言植物、ねむのき（合歓木）。大分県南海部郡941 発音アサネボー〈なまり〉アサネンボ〔伊賀〕アサネンボー〔志摩〕〈標ア〉ネ〈京ア〉ネ

あさねぼう の 宵（よい）っぱり 朝寝をする人は、夜ふかしをすることが多いの意。

あさねぼう の 宵惑（よいまど）い 朝寝の上に宵の口から眠がること。また、どこをとってみても取り柄のないたとえにもいう。＊諺苑（1797）「朝寝坊の宵まどひ 説苑十六云喜二夜臥一者不レ能二蚤起一也」

あさねぼう-むらく【朝寝坊夢楽】（あさねバウ：）江戸末期の落語家。人情噺（にんじょうばなし）の祖とされる。安永六～天保二年（一七七七～一八三一）

あさ-ねんぶつ【朝念仏】『名』朝に念仏をとなえること。＊親長卿記-文明三年（1471）五月二三日「今日逆修第三七日、〈文殊、朱帝王〉、法花経転読、〈寿量品、観音経読誦〉、錫杖、〈六巻〉、朝念仏弐千反、光明真言百反、昼念仏六万反、夕念仏千反」

あさ-の【浅野】㊀『名』たけの短い草が生えている野原。＊書紀（720）皇極三年六月・歌謡「遠方（をちかた）の 阿娑努（アサノ）の雉（きぎし） 響（とよも）さず我は寝しかど 人そ響す」 ㊁兵庫県淡路島西岸にある北淡（ほくだん）町の地名。旧津名郡浅野村。浅野の滝がある。歌枕。＊万葉（8C後）三・三八八「眠（い）の寝かてねば 滝の上の 浅野の雉（きぎし） 明けぬとし 立ち騒くらし〈作者未詳〉」＊続後拾遺（1326）春上・六一「滝の上の浅野の原の浅みどり空にかすみて春雨ぞふる〈藤原隆祐〉」

あさの【浅野】姓氏の一つ。発音〈標ア〉0〈ア史〉平安○○◎〈京ア〉0

あさの-そういちろう【浅野総一郎】実業家。越中国（富山県）出身。渋沢栄一の後援で官営セメント工場の払い下げを受け、以後各種の事業に着手して浅野財閥を築く。嘉永元～昭和五年（一八四八～一九三〇）

あさの-ながあきら【浅野長晟】江戸初期の大名。広島藩主。長政の子。幸長の弟。右兵衛佐、但馬守と称する。徳川家康に従い、大坂の陣に戦功をたてた。天正一四～寛永九年（一五八六～一六三二）

あさの-ながこと【浅野長勲】広島藩主。侯爵。はじめ茂勲ともいう。幕末に、薩長と同盟を結んで討幕をはかり、大政奉還運動を促進。のち参与、議定、元老院議官、イタリア公使などを歴任。天保一三～昭和一二年（一八四二～一九三七）

あさの-ながのり【浅野長矩】江戸中期の大名。播磨赤穂藩主。内匠頭（たくみのかみ）。元禄一四年勅使接待役となったが、江戸城内で吉良義央（きらよしなか）を傷つけ、即日、領地没収、切腹を命じられた。「仮名手本忠臣蔵」では塩谷判官の名で登場。寛文五～元禄一四年（一六六五～一七〇一）。→赤穂義士

あさの-ながまさ【浅野長政】安土桃山時代の大名。近江の人。甲斐国領主。豊臣家五奉行の一人。初名長吉。文祿の役に軍監として渡海。関ケ原の戦いでは徳川方に加勢した。法名伝正院功山道中。天文一六～慶長一六年（一五四七～一六一一）

あさの-よしなが【浅野幸長】安土桃山・江戸初期の大名。和歌山藩主。長政の子。慶長の役で蔚山（うるさん）に籠城。関ケ原の戦いでは徳川方について功をたてた。天正四～慶長一八年（一五七六～一六一三）

あさ-の【麻野】『名』麻を栽培している野。＊林泉集（1916）〈中村憲吉〉麻の香「月照らす麻野（アサノ）をひくく飛ぶ鳥のかげの消えゆく野末かそけさ」

あさ-の【朝野】『名』朝の野原。＊まひる野（1905）〈窪田空穂〉椎がもと「露にぬれてゆらぐ朝野の細き草吹かば鳴るらむ茎にあるべし」

あさのは-あみ【麻葉編】『名』模様編みの一つ。大麻の葉形を図案化したもので、おもに、かぎ針編みでする。

あさのは-かえで【麻葉楓】（：へでか）『名』カエデ科の落葉高木。福島県以西の本州、四国の深山に生え、庭木にもする。幹は高さ一〇㍍前後。葉は長い柄があり、幅五～七センチ㍍の卵状円形で、掌状に五～七裂し、縁に重鋸歯（きょし）がある。春に若葉と共に淡黄色の小花を総状に開く。葉の形が麻の葉に似ているところからいう。みやまもみじ。学名は Acer argutum 発音〈標ア〉カ

あさのは-かのこ【麻葉鹿子】『名』「あさのはしぼり（麻葉絞）」に同じ。＊日本橋（1914）〈泉鏡花〉一六「座敷で、お千世が何時（いつも）着る、紅と浅黄と段染の麻の葉鹿（カ）の子（コ）の長襦袢を、寝衣の下に褄浅く、ぞろりと着たのは」

あさのは-しぼり【麻葉絞】『名』麻の葉の模様を染め出した絞り染め。＊大川端（1911-12）〈小山内薫〉一「頭をハイカラに結って、陰矢絣（かげやがすり）の透綾（すきや）を着て、麻の葉絞りの帯を締めて」発音〈標ア〉シ

あさのはひょうし-ぼん【麻葉表紙本】（あさのはヘウシ：）『名』江戸時代、麻の葉の模様を表紙とした絵本。赤刷り、藍刷りの二種があり、赤は大人向き、藍は子供向き。明和・安永（一七六四～八一）頃はじまり、文化・文政（一八〇四～三〇）頃盛んに行なわれた。発音アサノハヒョーシボン〈標ア〉0

あさのは-もよう【麻葉模様】（：モヤウ）『名』麻の葉をかたどって六角形状に六個のひし形を結びつけた染め模様。＊青年の環（1947-71）〈野間宏〉二・化粧・二「すると彼の眼の前の濃紫の麻の葉模様がさっと横に動いて、沢子の敏捷な体は彼の足の上をこえた」発音アサノハモヨー〈標ア〉モ

あさのみ-あぶら【麻実油】『名』麻の種子からとれる油。淡緑色または暗緑色の乾性油で主成分はリノール酸、リノレン酸、オレイン酸などの不飽和脂肪酸。塗料や食用に用いられる。あさみゆ。おのみ油。麻油。大麻油。

あさのみ-かす【麻実粕】『名』大麻の種子から油をしぼった粕。肥料として園芸作物などに用いる。

あさのみ-むし【麻実虫】『名』「あさとびはむし（麻飛葉虫）」に同じ。発音〈標ア〉ミ

あさの-やき【浅野焼】『名』楽焼の一つ。江戸中期、加賀の大樋焼（おおひやき）の流れをひき、黒または飴色の釉（うわぐすり）を用いたもの。遺物は非常に少ない。

あさ-のれん【麻暖簾】『名』麻布製の、のれん。夏季に用いる。《季・夏》＊死者生者（1916）〈正宗白鳥〉序「麻暖簾（アサノレン）を垂れた碁会所には、団扇を弄びながら」

あさは【浅羽・浅葉】所在未詳の地名。埼玉県坂戸市の地とも、「和名抄」の「麻羽郷」の遺称とも、静岡県南西部遠江灘に面する町とも、長野県松本市浅間温泉の古名ともいわれる。＊万葉（8C後）一一・二七六三「紅（くれなゐ）の浅葉の野らに刈る草（かや）の束の間も吾を忘らすな〈作者未詳〉」＊続後撰（1251）恋四・九三〇「紅（くれなゐ）のあさはの野らの露の上にわが敷く袖ぞ人なとがめそ〈藤原家隆〉」発音〈標ア〉0 辞書和名 表記麻羽（和）

あさ-ば【浅場】『名』㊀海や湖の岸、川の瀬などで、水深の浅いところ。浅端（あさっぱ）。↔深場。㊁①カレイ科の海魚。全長約三〇センチ㍍。体は扁平で、両眼は体の右側にある。体の有眼側は暗褐色で黄色の斑点があり、無眼側は白い。北日本の沿岸海底にすむ。食用。標準和名アサバガレイ。こうりもちがれい。学名は Pleuronectes mochigarei ＊語彙（1871-84）「あさば㊗ そげ 魚名、ひらめの小なるものなり」②陰暦一一月頃にとれる大きなヒラメ。しもつきびらめ。しもつきがれい。＊物類称呼（1775）二「江戸にて云霜月びらめを越後の糸魚（いとい）川にて、あさばとなづく」方言魚、かれい（鰈）の一種。新潟県佐渡351 西頸城郡382 発音〈標ア〉0

あさ-ば【朝羽】『名』朝方の鳥の羽。また、朝露にぬれた鳥の羽。＊若菜集（1897）〈島崎藤村〉秋風の歌「朝羽（アサバ）うちふる鷲鷹の明闇（あけぐれ）天（そら）をゆくごとく」＊二十五絃（1905）〈薄田泣菫〉金剛山の歌「巣を失ひし鳶の鳥、朝羽（アサバ）たゆげに幾度か、古枝（ふるえ）の空をゆきかへり」

あさ-ば【朝場】『名』取引所で行なう午前中の立会い。前場（ぜんば）。〔取引所用語字彙（1917）〕発音〈標ア〉0

あざ-ばえ【―生】『名』方言⇨あだばえ（―生）

あさ-ばおり【麻羽織】『名』麻布で仕立てた単（ひとえ）羽織。夏羽織の一種。《季・夏》＊雑俳・ぬり笠（1697）「夏むきは貧福知れぬ麻羽織」＊随筆・一話一言（1779-1820頃）四五「頃日江戸の流行もの〈略〉御厩平に麻羽織」発音〈標ア〉バ

あさ-はか【浅―】『名』（形動）（「はか」は量の意かという。「浅墓」はあて字）①物の深度、奥行などが少ないさま。奥まった場所でないさま。＊枕（10C終）九九・五月の御精進のほど「屋のさまもはかなだち、廊めきて端ぢかにあさはかなれど、をかしきに」＊源氏（1001-14頃）夕霧「あさはかなる廂の軒は、程もなき心ちすれば、月の顔に向ひたるやうなる、あやしうはしたなくて」＊書陵部本名義抄（1081頃）「濺水 アサバカナルミツ」＊栄花（1028-92頃）浦々の別「さるべく几帳などたてて、あさはかなるさまにておはしまさせて」②考えが不十分なさま。思慮が足りないさま。また、心持などが浅薄なさま。考えに深みのないさま。＊源氏（1001-14頃）朝顔「あさはかなる筋など、もて離れ給へりける人の御心を、あやしくもありける事どもかな」＊夜の寝覚（1045-68頃）三「すぎにしかたは、『なかなかあさはかなるものに恨みられ奉らんは、苦しう』など、みだれ給ひし」＊信長記（1622）一上・武蔵守殿生害の事「元来あさはかなる人なれば、万づ極て奢給ひしかば」＊雪中梅（1886）〈末広鉄腸〉下・七「返す返すも浅慮（アサハカ）の至り」③通り一遍の、あっさりとしたさま。たいしたことでもないさま。かりそめ。＊源氏（1001-14頃）須磨「『いける世のわかれを知らで〈略〉はかなし』など、あさはかに聞こえなし給へば」＊夜の寝覚（1045-68頃）一「なほざりのあさはかなる一言をのたまふに、なさけなさけしく、あはれにこ深き気色をそへ給ふ人がらに」＊歌舞伎・幼稚子敵討（1753）六「あさはかな縁ならと異見も仕て見たれども」＊十善法語（1775）一「今時法を説くものも、ただ人情に順じ私意をくはへてとくゆへ、この地獄餓鬼といふことあさはかになりゆく」語源説(1)ハカは副詞を作る接尾語〔大言海〕。(2)ハカは助詞。また、ハカ（量）リの義か〔和訓栞〕。(3)浅マシク、ハカナキ意〔河海抄・両京俚言考〕。(4)アサは浅で朝に通じる。ハカのハは開く意〔国語本義〕。発音〈標ア〉サ〈ア史〉①は平安○○◎○〈京ア〉ハ 辞書日葡・書言・ボン・言海 表記浅墓・濺・淺（書） 浅墓（ヘ） 浅（言）

あさ-はか【朝―】『名』方言早朝の朝食前の仕事。島根県石見725 ◇あさっぱか 群馬県多野郡230 埼玉県秩父郡251 ◇あさぱか 群馬県多野郡246 ◇あさはかしごと〔―仕事〕島根県石見725

あさはか-ごと【浅事】『名』考えの浅いこと。未熟な考え。＊読本・春雨物語（1808）海賊「浜成が和哥式に云（ふ）は、十体也と云も、同じ浅はか事也」

あさはか-さ【浅―さ】『名』（「さ」は接尾語）あさはかなこと。また、その度合。＊基督信徒の慰（1893）〈内村鑑三〉一「義人を殺して其人死せりと信ぜし猶太人の浅墓さよ」＊人間嫌ひ（1949）〈正宗白鳥〉「人間知の浅はかさが分るのである」発音〈標ア〉カ

あさば-かせぎ【朝端稼】『名』朝食の前後の忙しい時に店先の物を盗むことをいう、盗人仲間の隠語。

〔日本隠語集(1892)〕

あさ-ばかま【麻袴】〘名〙麻布で仕立てた夏用のはかま。《季・夏》＊浮世草子・西鶴諸国はなし(1685)二・二「彼者めして、御詫(らん)あるに、麻袴(アサハカマ)より、帷子(かたひら)まで弐三寸つき通し」＊俳諧・いかにいかに(1781-82)「かたしろに脱て捨けり麻はかま」発音〈標ア〉バ

あさ-はじ【浅櫨】〘名〙淡いはじ色。＊正倉院文書-天平勝宝五年(753)経紙出納帳(大日本古文書三)「十六日納色紙壱仟伯張〈略〉浅波自(ハジ)百張、深波自百張」

あさばしょう【阿娑縛抄】(アサバセウ) 台密における教相、事相を集大成した、一種の図像集。二二八巻。承澄の著。仁治三～弘安四年(一二四二～八一)頃に完成した。書名は「大日経疏」に基づき、阿は仏部、娑は蓮華部、縛は金剛部を象徴する。東密の「覚禅抄」と並び称せられる。阿抄。二百巻抄。大日本仏教全書所収。

アサバスカ-ごぞく【──語族】〘名〙北アメリカ-インディアン諸語のうち最大の語族。名称は、カナダ北西部の湖名に由来する。広大な地域に分布し、カナダ北西部とアラスカの北方アサバスカ語派、太平洋沿岸の太平洋岸アサバスカ語派、合衆国南部のアパッチ語派の三グループに分けられる。

あさ-はた【麻機】〘名〙麻布を織るはた。＊新撰六帖(1244頃)五「あさはたに織るてふ布のぬきをあらみ夜半の嵐も君やふせがん〈藤原家良〉」

あさ-ばたけ【麻畑】〘名〙麻を作る畑。麻の栽培に適した畑は地味のすぐれた上畑で、検地では上畑なみか、またはその上に等級づけるのを普通とした。《季・夏》＊日葡辞書(1603-04)「Asabataqe(アサバタケ)〈訳〉麻を植える畑」＊俳諧・蕪村句集(1784)夏「しののめや露の近江の麻畠」＊地方凡例録(1794)二「くは畠、楮畠は上畑に一つ上りにて十三、麻畑、茶畑は上畠並十二の石盛に相見る」発音〈標ア〉パ 辞書日葡

あさ-ばたけ【朝畑】〘名〙朝の畑。＊為尹千首(1415)秋「明けぬより手向にとりつ朝畠うね野のいもの露ものこらず」

あさ-ばち【朝鉢】〘名〙朝来る托鉢(たくはつ)の僧。朝鉢坊主。あさばっち。＊俳諧・西華集(1699)坤「朝鉢の卯の花ほむる垣ね哉〈可庭〉」

あさばち は 弘法様(こうぼうさま) 朝来る托鉢僧(たくはつそう)は縁起がよいとの俗説から、弘法大師と思って粗末にするなの意。

あさばち-ぼうず【朝鉢坊主】〘名〙「あさばち(朝鉢)」に同じ。＊洒落本・一騎夜行(1780)一・大通俗を誇て樽を枕とす「夜遊びがこうじて朝鉢坊主(アサバチボウズ)が中飯(ひるめし)喰ひに帰る頃、目をこすりこすり起きて」

あさ-ばっち【朝鉢】〘名〙「あさばち(朝鉢)」の変化した語。＊雑俳・西国船(1702)「うけてゐて・南無あみだ仏あさ鉢(ハッチ)」＊雑俳・川柳評万句合-明和五(1768)仁三「朝ばっち所かとおやじしれて居る」

あさは-どり【浅羽鳥】〘名〙鳥「ほととぎす(杜鵑)」の異名。

あさ-はなだ【浅縹】〘名〙①染色の名。浅く染めた縹色。縹色の最も薄い色。＊続日本紀-大宝元年(701)三月甲午「又服制〈略〉追冠四階深縹、進冠四階浅縹」＊延喜式(927)一四・縫殿寮「浅縹綾一疋、藍一囲、薪卅斤、帛一疋」＊蜻蛉(974頃)中・安和二年「『やまびこのこたへありとはききながらあとなき空をたづねわびぬる』とあさ花だなる紙にかきて」＊源氏(1001-14頃)玉鬘「あさはなだの海賦のおり物、おりざまなまめきたれど」②初位の人の袍(ほう)の色。＊装束抄(1577頃)「浅縹 初位の着する色也」＊装束集成(1754頃か)二・袍集成「浅縹〈略〉装束図式云、浅縹、初位着之」③襲(かさね)の色目の一つ。表は薄縹で、裏は白。④(形動)(縹は、月草の花で染め、月草は「万葉-一二・三〇五八」「古今-恋四・七一一」等に「月草の移し心」などとあるからいうか) 移り気。変わりやすい心。＊玉塵抄(1563)一八「人がかざり、あさはなだにうきあがってまことすくないぞ」＊日葡辞書(1603-04)「Asafanadana(アサハナダナ)〈訳〉気移りのする、または、変わりやすい人」＊浮世草子・風流誂平家(1715)三・一「例のあさはなだ成入道どのの心ばへとて、いつしか祇王祇女が寵愛は醒はてて」発音〈標ア〉ハ 辞書日葡

あさはなだ の 袍(ほう) 初位の人が着る薄い縹色の袍。→あさはなだ(浅縹)②

あざ-ばね【蠣撥】〘名〙語義未詳。めくりカルタの蠣(あざ)で役をつくる意か。また、この札を打って勝利を得ることともいう。＊浄瑠璃・大職冠(1711頃)道行「又ひらよみにまきなをし、五したたに打きり、つんばね、あざばね、にぎりのそろでぞ勝たりけり」＊雑俳・柳多留-一一(1776)「しげ忠が無いとあざばね打つ所」

あさ-は・ふる【朝羽振】〘自ラ四〙朝、鳥が羽ばたく。風や波などが激しく立つことの形容に用いられる。↔夕羽振る。＊万葉(8C後)二・一三一「朝羽振(あさはふる) 風こそ寄せめ 夕羽振る 浪こそ来寄れ〈柿本人麻呂〉」＊万葉(8C後)六・一〇六二「浜辺を近み 朝羽振(あさはふる) 浪の音さわき 夕なぎに 楫(かぢ)の音聞ゆ〈福麻呂歌集〉」

あさ-はやか【浅──】〘形動〙浅いさま。あさはかなさま。＊色葉字類抄(1177-81)「漸澡 アサバヤカ」＊観智院本名義抄(1241)「濺水 アサハヤカナル水」＊夜鶴庭訓抄(平安末)「あさはやかなるかと思へば、心の底をば、皆人にいはずなど、よき程に候ふべし」辞書色葉・名義 表記濺(色・名) 漸澡(色) 漏澡・瀅(名)

あさはら【浅原】姓氏の一つ。発音〈標ア〉サ

あさはら-さいち【浅原才市】浄土真宗の妙好人の一人。石見国(島根県)の下駄職人。真宗の信仰に基づく信仰歌を多数残した。嘉永三～昭和七年(一八五〇～一九三二)

あさはら-ためより【浅原為頼】鎌倉中期の武士。子息・郎党を従えて宮中に侵入、伏見天皇を殺そうとしたが果たせず、自刃したという。正応三年(一二九〇)没。

あさ-はら【朝腹】〘名〙①朝食前のすき腹。＊天草本伊曾保(1593)イソポの生涯の事「asafarano(アサハラノ) コト ナレバ、トキャクスレドモ、タン ヨリ ホカワ ベツニ ハキダサナンダ トコロデ」＊浄瑠璃・曾我会稽山(1718)一「朝比奈も朝腹に、大力の母あぐみはて」＊俳諧・はりまあんご(1789)「朝はらの目にかすかなる柳かな〈李雨〉」②「あさっぱら(朝腹)①」に同じ。＊仮名草子・水鳥記(1667)一五「是こそあさはらにもよくくらふやつとて」＊咄本・軽口露がはなし(1691)五・六「なま年よって、あさはらから碁のうちたさうなつらな」＊俚言集覧(1797頃)「朝腹。江戸詞、本来朝飯前の事なるが、転じて只朝からの事を云」③「あさっぱら(朝腹)③」に同じ。＊評判記・難波の皃は伊勢の白粉(1683頃)二「一枚が物は朝はらじゃと小四郎も極められたと」＊浄瑠璃・持統天皇歌軍法(1713)五「からうすのさほつづかん程、ほんに五斗や一石は、朝腹成とぞ申しける」＊浄瑠璃・鬼一法眼三略巻(1731)二「そんな事は朝(アサ)はら朝はら」発音〈標ア〉0 〈京ア〉0 辞書日葡

あさはら=に[=の]茶漬(ちゃづけ) (朝食前の空腹に食べる茶漬は容易に食べられることから) はなはだ容易なこと。朝腹の茶粥(ちゃがゆ)。朝腹の茶の子。朝腹の丸薬。朝飯前。＊譬喩尽(1786)六「朝腹(アサハラ)に茶漬(チャヅケ)喰ふより安ひこと」＊歌舞伎・与話情浮名横櫛(切られ与三)(1853)三幕「こんな事は、朝腹茶漬(アサバラチャヅケ)丈助、手伝ってくりゃれ」

あさはら の=丸薬(がんやく)[=茶粥(ちゃがゆ)・=茶(ちゃ)の子(こ)] 「あさはら(朝腹)に茶漬(ちゃづけ)」に同じ。＊浄瑠璃・文武五人男(1694)二「さあまだ敵の五百や三百は朝はらのぐゎんやく、公平が病気には敵の首こそ薬なれ」＊売卜先生糖俵後篇(1778)下「かさね草履蛇の目傘位は朝腹の茶の子にもさしかけ」＊浄瑠璃・伊賀越道中双六(1783)沼津の段「何のお前さん、此位いの荷物は朝(アサ)はらの茶(チャ)がゆでござります」

あさ-ばらい【朝祓】〘名〙朝に行なう祓い。＊俳諧・せき屋でう(1802)「葛城や霞の中の朝秡〈時雨鳥〉」

あさ-ばれ【朝晴】〘名〙朝、空が晴れわたること。また、その空。＊俳諧・七番日記-文化一〇年(1813)一一月「朝晴にぱちぱち炭のきげん哉」＊日本橋(1914)〈泉鏡花〉一八「朝晴の富士と宵の雨」発音〈標ア〉0

あさ-はん【朝飯】〘名〙朝の食事。あさめし。あさげ。＊書言字考節用集(1717)六「朝飯 アサハン」＊洒落本・六丁一里(1782)少年国「多く朝飯(アサハン)を、くらはざる者あり」＊浮雲(1887-89)〈二葉亭四迷〉一・五「匆匆(そこそこ)に顔を洗って朝飯(アサハン)の膳に向ったが」方言❶四度食の二度目、午前一〇時ごろの食事。宮城県仙台市125 徳島県那賀郡812 香川県三豊郡829 ❷四度食の最初の食事。◇あさわん 香川県綾歌郡829 ❸正午ごろの食事。昼食。◇あさばん 鹿児島県奄美大島974 沖縄県首里993 ◇あさうぶん〔朝御飯〕沖縄県首里(ていねい語)993 発音〈標ア〉0 〈京ア〉0 辞書書言・ヘボン・言海 表記朝飯(書・へ・言)

あさ-ばん【朝晩】〘名〙①朝と晩。あさゆう。＊浄瑠璃・娥歌かるた(1714頃)四「朝ばんの飯(まま)も、皆御坊(ごぼ)様の手わざ」＊尋常小学読本(明治三六年)(1903)四・二「こたろーは、あさばん、このうまにまぐさをやります」②(副詞的に用いて) 朝にも晩にも。あけくれ。いつも。＊浄瑠璃・心中刃は氷の朔日(1709)上「あさばん清めるかなとこに涙をかける罰あたりと」＊詞葉新雅(1792)「アサバン あさな夕な」＊人情本・春色梅児誉美(1832-33)三・一三齣「朝夕(アサバン)否(いや)なことばっかり」発音〈標ア〉ア 〈京ア〉サ

あさ-ばん【朝番】〘名〙朝の間、勤務につくこと。＊親元日記-文明一二年(1480)二月二六日「朝番、横山雅楽助」＊御当家令条-二四・万治二年(1659)八月六日「朝番之刻請取御番衆五六人も被罷出候迄は」発音〈標ア〉0

あさはん-じぶん【朝飯時分】〘名〙方言 午前一〇時ごろ。岡山県邑久郡761 ◇あさぼんじぶん 沖縄県石垣島996 ◇あさばんじぶん 沖縄県石垣島975 ◇あさはんご 宮城県仙台市125

あさ-はんぷ【麻帆布】〘名〙船の帆布として用いる麻織物。経(たていと)、緯(よこいと)に太番手の亜麻糸を使う。厚地平織りの生地織物。

あさ-ひ【浅緋】〘名〙浅く染めた緋色。また、その色の衣服。平安時代、五位以上の人が正装の上着とした袍(ほう)の色目として用いられた。うすあけ。あさあけ。＊続日本紀-大宝元年(701)三月甲午「又服制。〈略〉直冠上四階深緋。下四階浅緋」＊延喜式(927)一四・縫殿寮「浅緋綾一疋」

あさひ の 袍(ほう) 五位の人が着る浅緋色の袍。

あさ-ひ【朝日・旭】㊀〘名〙①朝の太陽。朝方の日。＊古事記(712)下・歌謡「纏向(まきむく)の 日代(ひしろ)の宮は 阿佐比(アサヒ)の 日照る宮 夕日の 日影(かげ)る宮」＊万葉(8C後)一四・三四〇七「上毛野(かみつけの)まぐはしまとに安佐日(アサひ)さしまきらはしもなありつつ見れば〈東歌・上野〉」＊源氏(1001-14頃)末摘花「あさひさす軒のたるひは解けながらなどかつららのむすぼほるらむ」＊観智院本名義抄(1241)「旭 アサヒ」＊文明本節用集(室町中)「暾 アサヒ」＊小学読本(1884)〈若林虎三郎〉二「吾人も亦朝日を見るときは甚だ愉快を覚ゆるなり」②(①から転

じて）運が開けることのたとえ。開運。＊浮世草子・男色大鑑（1687）一・三「家老職のものとの口論、是非なく城下は闇に立のき、時節の朝（アサ）日を待（まち）ぬ」③（旭）イネの栽培品種。第二次大戦前、関西を中心に多く栽培された。④（旭）リンゴの栽培品種。早生で、形は円形または扁円形で大きさは中位。紫紅色。果肉は純白で香気が強い。⑤（旭）ナシの栽培品種。黒斑病抵抗性の交雑育成の早生の品種。⑥明治三七年（一九〇四）、専売制実施の最初に発売された四種の巻きタバコの一つで、四種中最も安いもの。＊東京二六新聞‐明治三七年（1904）六月二二日「煙草が官業になると共に、紙巻に敷島、大和、朝日、山桜の四種が出来るさうだ」⑦「あさひしんぶん（朝日新聞）」の略。＊国民新聞‐明治三六年（1903）四月三日「或人曰く朝日は英国なり、毎日は独逸なりと」⑧トウガラシをいう。盗人仲間の隠語。〔日本隠語集（1892）〕 ■（旭）㊀千葉県北東部、九十九里浜平野北端の地名。農漁村市場として発達。昭和二九年（一九五四）市制。㊁大阪市の行政区の一つ。昭和七年（一九三二）東成区から分区成立。市の北東部、淀川の南岸に位置し、かつては水田地帯。現在は住宅・中小工業地区。㊂横浜市の行政区の一つ。市の中西部に位置し、宅地化が進む。昭和四四年（一九六九）保土ケ谷区から分区成立。語誌(1)上代では、豊（とよ）・栄（さか）・上昇・まばゆいなどの意をこめた美称として用いられることが多く、宮殿・陵墓などを「朝日照る」「朝日の日向う所」などと賞賛する。(2)中古以降は叙景の語として用いられることも多い一方で、「あさ日さす光を見ても玉笹の葉分けの霜を消たずもあらなむ」〔源氏‐藤袴〕のように主上の寵愛を受ける栄光を意味したり、「くもりなくとよさかのぼる朝日には君ぞつかへん万代までに〈源俊頼〉」〔二度本金葉‐賀・三三三〕のように天照大神を意味したりすることもあった。木曾義仲の自称「朝日の将軍」〔平家‐九・木曾最期〕や各地に伝わる「朝日長者」の名は日の出の勢いの意をこめたものである。発音〈なまり〉アサシ〔福島〕〈標ア〉ア サ 〈ア史〉平安○○◎ 江戸◎○○ 〈京ア〉ア 辞書名義・下学・和玉・文明・伊京・明応・天正・饅頭・黒本・易林・日葡・書言・言海 表記旭（名・玉・文・伊・明・天・饅・黒・易・書）暾（下・玉・文・伊・明・天・饅・黒・書）朝陽（下・書）朝暾（文・易）曦・昕・杲・晅・昱（玉）昒・昶（黒）朝日（言）

あさひ が 西（にし）から出（で）る あるはずのないことにたとえていうことば。＊浄瑠璃・曾我扇八景（1711頃）中「跡さき思ふ分別は不思議千万、朝比奈の朝日も西から出ぬべし」

あさひ に 霜（しも） 消えやすく、はかない様子をたとえていうことば。＊譬喩尽（1786）六「朝日（ヒ）に霜（シモ）の消ゆるが如く」＊歌舞伎・吾嬬下五十三駅（天日坊）（1854）序幕「いかなる変化魔道なりとも、立所（たちどころ）に退散なすは、朝日（アサヒ）に霜（シモ）のかかるが如し」

あさひ の 将軍（しょうぐん） 「あさひしょうぐん（朝日将軍）」に同じ。＊平家（13C前）九・木曾最期「左馬頭兼伊予守、朝日の将軍源義仲ぞや」

あさひ の 昇（のぼ）る＝勢（いきお）い［＝如（ごとし）］ 勢いの盛んなさまをたとえていうことば。旭日（きょくじつ）の勢い。＊談義本・根無草（1763‐69）後・四「気どりは旭（アサヒ）の昇（ノボ）るがごとく」＊合巻・偐紫田舎源氏（1829‐42）一「花の御所とて時めきつ、旭（アサヒ）の昇る勢に、文字も縁ある東山」＊二人女房（1891）〈尾崎紅葉〉中・三「威令自ら行はれて勢旭日（アサヒ）の登（ノボ）るごとく」

あさひ の＝旗（はた）［＝御旗（みはた）］ （朝日の形をかたどった旗の意）日本国旗。日章旗。日の丸。

あさひ の 宮（みや） 伊勢の内宮。皇大神宮。＊金槐集（1213）雑「神風やあさひの宮の宮うつしかげのどかなる世にこそありけれ」＊和訓栞（1777‐1862）「あさひのみや　内宮を申奉る、倭姫命の、朝日来向国とのたまひしによる也」

あさ‐びえ【朝冷】〘名〙秋が深まってから感じる朝の冷ややかさをいう。《季・秋》発音〈標ア〉0

あさ‐ひお（を：ひ）**【朝氷魚】**〘名〙朝、網代（あじろ）で捕える氷魚。＊新撰六帖（1244頃）三「あじろすにうちあげらるるあさひををこまかに砕く氷とぞみる〈藤原信実〉」

あさひ‐おり【旭織】〘名〙絹織物の一種。経（たていと）、緯（よこいと）とも生糸の太糸と細糸、各二本を互いに配列して織る。斜子織（ななこおり）に似た織物。発音〈標ア〉0

あさひ‐がい（ひ：が）**【朝日貝】**〘名〙貝「なみまがしわ（波間柏）」の異名。〔語彙（1871‐84）〕発音〈標ア〉ヒ

あさひ‐がくれ【朝日隠】〘名〙①朝日が雲などに隠れて見えなくなること。②朝日が照らさないこと。また、そういう所。＊堀河百首（1105‐06頃）春「消え残る朝日がくれの白雪は去年のかたみをたたぬなりけり〈藤原公実〉」＊新後拾遺（1383‐84）雑春・五八〇「出そむる朝日がくれの谷かげにねぐらながらのうぐひすの声〈信専〉」

あさひ‐かげ【朝日影】〘名〙朝日の光。朝日の色。＊万葉（8C後）四・四九五「朝日影にほへる山に照る月のあかざる君を山越におきて〈舎人吉年〉」＊源氏（1001‐14頃）東屋「花やかにさし出でたるあさ日かげに」＊新古今（1205）春上・九八「あさひかげにほへる山の桜花つれなくきえぬ雪かとぞみる〈藤原有家〉」＊謡曲・春栄（1435頃）「影も巡るや朝日影、伊豆の三島の神風も、吹き治むべき代の始め、いく久しさとも限らじや」＊人情本・英対暖語（1838）初・四回「朝日かげ、高く登りてあかるくなれど」

あさひ‐がに【旭蟹】〘名〙アサヒガニ科の大形のカニ。相模湾以南の深さ二〇～三〇㍍の砂底にすむ。甲長約一〇センチ㍍で、橙赤色。背面には平たいとげが密生する。歩脚は平板状で短い。前や横には歩かないで、後方に歩行する。美味。べにがに。しょうじょうがに。＊重訂本草綱目啓蒙（1847）四一・亀鼈「蟹〈略〉紅蟹はあさひがに よろひがに べにがに せうぜうがに」＊生物学語彙（1884）〈岩川友太郎〉「Ranina 紅蟹（アサヒガニ）属」発音アサヒガニ〈標ア〉ヒ 辞書言海 表記朝日蟹（言）

あさひがに‐もどき【旭蟹擬】〘名〙アサヒガニ科のカニ。相模湾以南の三〇～八〇㍍程の海底にすむ。甲長約三〇㍉㍍。甲は前後に長く、五角形に近い。体色は褐色で、生まれた時は甲の左右に紫褐色の一対の斑紋がある。アサヒガニよりも甲の幅がせまい。和名アサヒモドキ。発音アサヒガニモドキ〈標ア〉モ

あさひ‐かまぼこ【朝日蒲鉾】〘名〙かまぼこの上面を紅でいろどったもの。横に切ると、縁が紅色で、その形がちょうど朝日のようであるところからいう。〔語彙（1871‐84）〕辞書言海 表記朝日蒲鉾（言）

あさひかわ（あさひかは）**【旭川】** 北海道中央部の地名。上川支庁所在地。明治二四年（一八九一）石狩川が牛朱別川などの支流を合わせる地点に置かれた屯田兵村から発展。かつて陸軍第七師団が置かれた。鉄道交通の要地で、木材、パルプ工業が発達。大正一一年（一九二二）市制。語源説古名 Chiupet はアイヌ語で、川の急流の意であるが、これを chiup（太陽）‐pet（川）と誤解して、旭川と訳したもの〔アイヌ語より見たる日本地名研究＝バチェラー〕。発音〈標ア〉ヒ 〈京ア〉ヒ

あさひ‐がわ（は：が）**【旭川】** 岡山県中央部を貫流する川。大山（だいせん）の南方蒜山（ひるぜん）付近に源を発し、岡山市で児島湾に注ぐ。全長一四二キロ㍍。発音アサヒガワ〈標ア〉ヒ

あさひかわ‐いかだいがく（あさひかはイクヮダイガク）**【旭川医科大学】** 北海道旭川市にある国立の大学。昭和四八年（一九七三）発足。発音アサヒカワ＝イカダイガク〈標ア〉ヒ＝ダ ダ

あさひかわ‐だいがく（あさひかは：）**【旭川大学】** 北海道旭川市にある私立の大学。明治三一年（一八九八）創立の旭川裁縫専門学校を母体とし、短大を経て、昭和四三年（一九六八）北日本学院大学として発足。同四五年に現名称になる。

あさ‐ひき【麻引】〘名〙コカワラヒワのこと。九州各地で、麻の芽生えを食う害鳥。方言長崎県五島917 鹿児島県963 970

あさひ‐ぐし【朝日櫛】〘名〙①鹿の角を蘇芳（すおう）で赤く染めて作った櫛。元禄（一六八八～一七〇四）頃に流行した。＊雑俳・もみぢ笠（1702）「ほんのりと・黒髪山のあさひぐし」＊雑俳・柳多留‐一二三（1829）「深田へ往生早乙女の朝日櫛」②朱の漆を塗った木櫛。「武江年表‐五」には「旭の櫛」とある。

あさひ‐ぐみ【朝日組】〘名〙江戸時代、近江国（滋賀県）日野商人がその行商区域に特約していた旅宿。その旅宿には、日野商人、または朝日組御定宿の標札をかかげ、明和七年（一七七〇）には京坂から伊勢街道、東海道、中山道に沿って奥地に及び、六〇戸に達した。

あさひ‐けん【朝日軒】〘名〙朝日軒棚吉作の陶器。明治年間（一八六八～一九一二）三重県伊勢山田で焼成され、朝日軒の銘をもつ。雅致に富む。

あさひ‐こ【朝日子】〘名〙（「こ」は親しみの意を表わす）朝日。朝の太陽。＊神楽歌（9C後）明星・日霊女歌「〈末〉いづこにか 駒を繋がむ 安佐比古（アサヒコ）が さすや岡辺の 玉笹の上に」＊古今六帖（976‐987頃）一・天「あさひこがさすや岡べの松が枝のいつとも知らぬ恋もするかな」＊藻塩草（1513頃）一・日「あさひこ 異名也。朝日の事也」＊赤光（1913）〈斎藤茂吉〉死にたまふ母・三「灰のなかに母をひろへり朝日子（アサヒコ）ののぼるがなかに母をひろへり」

あさひこ の 玉（たま） 朝日にきらめく露を、玉にたとえていう。＊山家集（12C後）中「ひかりをば曇らぬ月ぞみがきける稲葉（いなば）にかかるあさひこのたま」

あさひ‐こうがい（：かう がい）**【朝日笄】**〘名〙鹿の角を蘇芳（すおう）で染めた笄。色彩からこの名称がある。朝日櫛（ぐし）とともに、近世、元禄（一六八八～一七〇四）頃、一説に宝暦（一七五一～六四）頃流行したという。随筆「我衣」には「女子の櫛笄寛文迄は鯨なり〈略〉後鹿の角を蘇芳染にして朝日の櫛笄と云。上品也」とある。

あさひこ‐しんのう（：シンワウ）**【朝彦親王】** 伏見宮邦家親王の第四王子。公武合体運動を推進した。久邇宮家の初代で、維新後は伊勢神宮の祭主をつとめた。文政七～明治二四年（一八二四～九一）

あさひ‐ざ【朝日座】 ㊀大阪市中央区道頓堀にあった劇場。角丸（かどまる）の芝居の後身。明治一〇年（一八七七）朝日座となり、新派劇興隆期の中心となる。のち映画封切館となり、昭和二〇年（一九四五）空襲で焼失。㊁大阪の人形浄瑠璃劇場。昭和三八年（一九六三）文楽座を改称。同五九年に国立文楽劇場に吸収された。

あさひ‐さす【朝日―】 枕 朝日が美しく輝くのは富裕を示すところから、「とよ（豊）」にかかる。一説に、「豊浦寺」にかかるとする。＊霊異記（810‐824）下・三八「朝日刺す豊浦（とよら）の寺の西なるや、おしてや」語誌(1)「とよ（豊）」にかかるのは、「朝日の豊逆登（とよさかのぼり）に」〔延喜式・祝詞‐祈年祭（出雲板訓）〕と朝日が賞賛されるところから「豊」に縁のある美称として用いられたとも考えられる。(2)「万葉‐一〇・一八四四」の「冬過ぎて春来るらし朝烏指（あさひさす）春日の山に霞たなびく〈作者未詳〉」、「万葉‐一二・三〇四二」の「朝日指（あさひさす）春日の小野に置く露の消ぬべき吾が身惜しけくもなし〈作者未詳〉」などの「あさひさす」を、実景とせず、「春日（かすが）」にかかる枕詞とする説もある。これは、春日山が奈良市内から見て朝日の

さす方向(東方)にあるからであろう。同じように、「豊浦寺」にかかるといわれるのも、主体のいる場所すなわち桜井の東方に位置しているからとも考えられる。

あさひ-さんち【朝日山地】 山形・新潟県境にある山地。花崗(かこう)岩から成り、主峰は朝日岳。西朝日岳、以東岳などが連なる。磐梯朝日国立公園の一部。発音〈標ア〉サ

あさひ-しょうぐん【朝日将軍】(シャウグン) 「みなもとのよしなか(源義仲)」の別称。

あさひ-しんぶん【朝日新聞】 日刊新聞の一つ。明治一二年(一八七九)大阪で創刊。同二一年「東京朝日新聞」を発刊し、大阪発行のものを同二二年「大阪朝日新聞」とする。昭和一五年(一九四〇)「朝日新聞」に統一。発音〈標ア〉シ〈京ア〉シ

あさひ-だいがく【朝日大学】 岐阜県本巣郡穂積町にある私立の大学。昭和四六年(一九七一)創立の岐阜歯科大学に始まり、同六〇年に現名称になる。発音アサヒダイガク〈標ア〉ダ

あさひ-だけ【旭岳】 北海道中央部、大雪火山群の主峰。円錐状成層火山。夏期雪渓の多いことで知られ、高山植物の大集落もある。北海道の最高峰。標高二二九〇メートル。発音〈標ア〉ヒ

あさひ-だけ【朝日岳】 山形・新潟県境の朝日山地の主峰。標高一八七〇メートル。大朝日岳。剣頭山。雨告(あまつげ)山。発音〈標ア〉ヒ

あさひ-だな【旭棚】『名』茶道用具の棚物の一つ。木目を波に、円形の透かしを太陽に見立てる。炉、風炉ともに用いる。

あさひ-ちょうじゃ【朝日長者】(チャウジャ)『名』長者の栄華と没落を語る伝説。また、その伝説の主人公。↓朝日夕日。*俳諧・瀬とり舟(1704)「子がなくて朝日長者の代も西日」*俳諧・八番日記-文政四年(1821)五月「赤々と旭長者や花御堂」

あさひ-ちりめん【朝日縮緬・旭縮緬】『名』玉紡縮緬の岐阜地方での呼び名。経(たていと)は絹糸、緯(よこいと)は玉紡糸の強いより糸を使う。

あさひな【朝夷】 千葉県の南部にあった郡。「あさい」ともいう。明治三〇年(一八九七)安房郡に併合されて消滅。*二十巻本和名抄(934頃)五「安房国〈略〉朝夷〈阿佐比奈〉」辞書和名・色葉・文明・易林 表記朝夷(和・色・文・易)

あさひな【朝比奈・朝夷】 ㊀(一)朝比奈三郎および彼にまつわる伝説などをいう。↓朝比奈義秀。(二)謡曲。四番目物。廃曲。作者不詳。和田氏の乱の時の朝比奈三郎の奮戦ぶりを主題にしたもの。(三)⇩あさいな(朝比奈)。㊁『名』「あさひなちまき(朝比奈粽)」の略。*咄本・蝶夫婦(1777)足留の盃「朝比奈(アサヒナ)の黒焼さ」*洒落本・廓節要(1799)「なんだこぶまきのあさひなか。コリャア有がてへ」発音〈音史〉中世、近世は『あさいな』か。〈標ア〉サ

あさひなと首引(くびひ)き (剛勇無双をうたわれた朝比奈三郎と首引きをする意から) およびもつかないこと、とうていかなわないことのたとえ。

あさひなに路次(ろじ)の戸(と)を叩(たた)かせる (朝比奈三郎門破りの伝説に基づく) やかましいこと、また、世間でやかましく評判されていることをいう。*洒落本・倡客竅学問(1802)四「朝比奈(アサヒナ)に路次(ロジ)の戸(ト)をたたかせるよりかア、まだちっとやかましいおとこだ」

あさひな【朝比奈】 姓氏の一つ。発音〈音史〉中世、近世は『あさいな』か。〈標ア〉サ

あさひな-さぶろう【朝比奈三郎】 ⇩あさひなよしひで(朝比奈義秀)

あさひな-そうげん【朝比奈宗源】 臨済宗の僧。円覚寺派管長。号別峰。静岡県に生まれる。日本大学宗教学科卒。浄智寺住職、駒沢大学教授などをつとめる。著に「碧巌録訳註」など。明治二四〜昭和五四年(一八九一〜一九七九)

あさひな-ちせん【朝比奈知泉】 明治の新聞人。「東京新報」の主筆、次いで「東京日日新聞」の主筆となり、言論界の政府側代表者として活動。文久二〜昭和一四年(一八六二〜一九三九)

あさひな-やすひこ【朝比奈泰彦】 薬学者、植物学者。薬学博士。東京に生まれる。東京帝国大学薬学科卒、同大学教授。生薬学、植物化学の分野を発展させ、地衣植物の成分研究、分類学的研究に業績をあげる。学士院賞、文化勲章を受けた。著「地衣研究」など。明治一四〜昭和五〇年(一八八一〜一九七五)

あさひな-よしひで【朝比奈義秀】 鎌倉前期の武将。和田義盛の子。母は巴御前といわれる。通称三郎。勇猛、かつ豪力無双と伝えられ、能、狂言のほか、「岸姫松轡鑑(きしのひめまつくつわかがみ)」「朝夷巡島記(あさひなしまめぐりのき)」「草摺引(くさずりびき)」など戯曲、小説、舞踊の題材にされた。生没年未詳。

あさひな-きりどおし【朝比奈切通】(きりどほし) 神奈川県鎌倉市と横浜市金沢区の間に通じる切り通し。朝比奈義秀の武勇にちなんだもの。国史跡。*黄表紙・高漫斉行脚日記(1776)中「おらは花よりあさいなきりどうしの団子がくいたいものだ」

あさひな-くま【朝比奈隈】『名』歌舞伎役者の額に施す隈取(くまどり)の一つ。紅で隈どる猿隈の顔で、「曾我対面」の朝比奈三郎などに用いる。紅で額に三本の横筋を引き、目尻より左右の頬にかけてぼかし、墨で眉を茄子(なす)形、鎌髭(かまひげ)を一文字に描く。

朝比奈隈

あさひなしまめぐりのき【朝夷巡島記】 江戸時代後期の読本。六編。曲亭馬琴作。歌川豊広画。三〇巻三一冊。正称「朝夷巡島記全伝」。文化一二〜文政一〇年(一八一五〜二七)刊。中国の「快心編伝奇」等を踏まえて、朝比奈三郎義秀の英雄伝説を脚色したものだが、題名にいう巡島の物語にならずに、大坂の刊行書肆河内屋太助と馬琴との衝突によって中絶。安政二〜五年(一八五五〜五八)に松亭金水作、葛飾為斎画で本書を継いだ第七・八編が刊行されたが、馬琴に比して見劣りする。あさひなじゅんとうき。

あさひ-なす【朝日如】 枕 (「なす」は接尾語) 朝の日の光のように美しいの意で、「まぐはし」にかかる。枕詞とは見ない説もある。*万葉(8C後)一三・三二三四「うち日さす 大宮仕へ 朝日奈須(あさひナス) 目細(まぐは)しも 夕日なす うらぐはしも〈作者未詳〉」

あさひな-ちまき【朝比奈粽】『名』蒸し菓子の一種。糯米(もちごめ)を蒸して黄色になったものを、わらしべで包んで煮たもの。「朝比奈」という家を元祖とするとも、粘りが強いので朝比奈義秀の名をつけたともいう。*俳諧・桜川(1674)夏二「砂糖もや朝比奈ちまきにふる氷〈衆下〉」

あさひ-にょらい【朝日如来】 江戸吉原新町(東京都台東区千束三丁目)の妓楼丸屋甚右衛門方に安置されていた恵心(えしん)の作といわれる彌陀像。朝日の彌陀。追分の彌陀。*洒落本・禁現大福帳(1755)四「惣て戯(け)ものに取付れまい化されまいとの心がけには、朝日の如来(ニョライ)を信じ給へや」*随筆・吉原大全(1768)三「恵心僧都、朝づとめし給ひしとき、日のかげ欄間へうつりしに、彌陀如来の尊影にてありければ、手づからその御姿をうつし、きざみ給ふ。よりて朝日如来と名づく」*洒落本・辰巳之園(1770)自序「朝日如来(アサヒニョライ)には、永代寺の本尊をなぞらゑん」

あさひ-の-さと【朝日の里】 ㊀かつての近江国浅井郡朝日郷の古名。その後、滋賀県東浅井郡朝日村となり、現在は湖北町に合併。*金葉(1124-27)賀・三二二「くもりなき豊のあかりに近江なる朝日の郷の光さしそふ〈藤原敦光〉」*顕輔集(1155頃)「いつしかと朝日の里をたちいてて急きもはこふみつき物哉」㊁奈良県天理市長柄(ながら)付近の古名。大和(おおやまと)神社があり、古墳も多い。*浄瑠璃・暦(1685)一「所もしかもあさひのさと、此まましぼませ給ふかや」*浮世草子・日本永代蔵(1688)五・三「朝日(アサヒ)の里(サト)に川ばたの九介とて小百姓ありしが」発音〈標ア〉ア 辞書文明 表記朝日里(文)

あさ-ひばり【朝雲雀】『名』朝のヒバリ。春の朝、空高く舞い上がって鳴くヒバリ。《季・春》*三山雅集(1710)上「鳥の海ならば打こせ朝ひはり〈不玉〉」

あさひ-ひょうもん【旭豹紋蝶】(ヘウモン)『名』タテハチョウ科のチョウ。中国東北部、シベリア、カナダなどの寒帯地方に分布し、日本では北海道の大雪山群の高地にだけ産する。はねの開張四〇ミリメートル内外で、橙褐色に黒い豹紋(ひょうもん)があり、後ろばねの内半分の裏は褐色で銀白紋がある。夏に発生し、高地の花畑に見られる。幼虫で越冬し、キバナシャクナゲなどを食草とする。国指定天然記念物。学名は Clossiana freija 発音アサヒヒョーモン〈標ア〉ヒョ

あさひ-べに【朝日紅】『名』紅の一種。朝日のような色の紅。*歌舞伎・浮世柄比翼稲妻(鞘当)(1823)序幕「今日のお供の嬉しさに、春とはいへど暁の、覚めて粧ふ朝日紅(アサヒベニ)」*人情本・春色梅児誉美(1832-33)初・三齣「軒に呼(よび)こむ朝日紅(アサヒベニ)、色の街(ちまた)ぞゆかしけれ」

あさひ-まんじゅう【朝日饅頭】(マンヂュウ)『名』生臙脂(しょうえんじ)で紅色に染めた饅頭。〔語彙(1871-84)〕*随筆・一話一言(1779-1820頃)二六「本町紅谷志津摩家菓子譜・蒸菓子類〈略〉朝日饅頭、十につき、代五匁」

あさひ-みこ【旭巫女】『名』口寄せなどを業とする、目あきの巫女。信越地方から東北にかけていう。

あさひ-もち【朝日餅】『名』くずの粉でつくった水繊(すいせん)で、ヤマノイモの粉の紅あんを包んだ菓子。紀州(和歌山県)高野山の名物。〔語彙(1871-84)〕

あさひ-もも【旭桃】『名』桃の栽培品種。果実は七月上旬頃熟し、大形で甘味、水分に富む。発音〈標ア〉ヒ

あさひ-やき【朝日焼・旭焼】『名』①陶器の一種。慶長〜承応(一五九六〜一六五五)頃の間に、山城国(京都府)宇治でつくったもの。小堀遠州の指図で茶器を焼いた。江戸末期に再興。*俳諧・千代見草(1692)「八重桜九重に足す旭焼」*風俗画報-一五二号(1897)器財門「今尚旭焼(アサヒヤキ)あり俯見村は今の伏見にして土器或は人形等を製するを」②毛筆の彩画に無色の釉(うわぐすり)をかけた石灰質の陶器。明治一六年(一八八三)頃、ドイツ人ワグネルおよび植田豊橘の始めたもので、花瓶、額皿など装飾品を主とし、初め吾妻焼(あずまやき)と呼んだが、同名の品があったので改名。明治三三、四年頃に廃絶した。発音〈標ア〉〇

あさひ-やけ【朝日焼】『名』方言 朝日で空が赤く染まること。朝焼け。栃木県198 群馬県山田郡240 千葉県印旛郡054 ◇あさしゃけ 埼玉県北葛飾郡258 ◇あさかじ〔朝火事〕千葉県印旛郡054

あさひ-やま【朝日山】 京都府宇治市にある山。宇治川の東、興聖寺の裏山。名勝の地で、宇治茶の産地。*浮世草子・俗つれづれ(1695)三・二「河原の役者まじりに、立噪ぎ行に朝日山も夕暮近くなり」*歌謡・松の葉(1703)二・さらし「朝日山に霞(かす)みたなびく景色は、たとへ駿河の富士はものかは」発音〈標ア〉〇〈京ア〉ヒ〇 辞書文明 表記朝日山(文)

あさひ-ゆうひ【朝日夕日】(ゆふひ)『名』栄華をきわめた長者が没落して、その金銀財宝を埋蔵しているという伝承をもつ屋敷や城跡。また、その伝説。「朝日さす

夕日かがやく樹のもとに、黄金千両漆万杯」などの歌をともなうものが多い。全国に数多く分布している。

あさ-びより【朝日和】〘名〙①晴れておだやかな空模様の朝。*俳諧・樗良発句集(1784)「はつ霜や飯の湯あまき朝日和」*俳諧・文政句帖-五年(1822)九月「子雀も鳴かずに起ぬ朝日和」②朝の空模様。朝の天気。*日葡辞書(1603-04)「Asabiyori(アサビヨリ)〈訳〉物事をするのに都合のよい、また悪い朝の天気」 発音〈標ア〉ビ 辞書日葡

あさ-ひら【麻平】〘名〙麻糸で織った布地。*随筆・世のすがた(1833)「夏の合羽は、むかしより芭蕉布麻平の類を用ひしが、近頃川越平にて作りしを多く用ゆ」

あさ-びらき【朝開】〘名〙停泊していた船が朝早く出発すること。朝の船出。副詞的にも用いられる。*万葉(8C後)一七・四〇二九「珠洲(すす)の海に安佐妣良伎(アサビラキ)して漕ぎくれば長浜の浦に月照りにけり〈大伴家持〉」*万葉(8C後)二〇・四四〇八「安佐妣良伎(アサビラキ)吾(わ)は漕ぎ出ぬと家に告げこそ〈大伴家持〉」*読本・雨月物語(1776)菊花の約「日和(にわ)はかばかりよかりしものを、明石より船もとめなば、この朝びらきに牛窻(うしまど)の門(と)の泊りは追(おふ)べき」 語源説(1)朝、帆をヒラクことから〔類聚名物考〕。(2)「明発」で、「発」の別音Hiに語尾ラクを添えたもの〔日本語原考=与謝野寛〕。 発音〈標ア〉ビ 辞書言海 表記朝開(言)

あさ-びら・く【朝開】〘自カ四〙夜があける。*随筆・柳亭記(1826頃か)上「『もうそのうちに朝びらきました』といひしがめづらしく、よくよく聞しに、会津にてはつねにいふことばにて、夜があけたといふにおなじ」

あさ-びらけ【朝開】〘名〙夜の明け方。朝ぼらけ。*九州問答(1376)「衣ほすを衣さらせると云、朝ぼらけを朝ひらけと云ふ、かやうの事も連歌には可ㇾ用也」*俳諧・徳万歳(1800)品さだめ「松の齢めでたき雪の朝びらけ〈呉山〉」

あさひ-らん【―蘭】〘名〙植物「さわらん(沢蘭)」の異名。*生物学語彙(1884)〈岩川友太郎〉「Arethura アサヒラン又はサワラン属」 方言茨城県一部030 発音〈標ア〉ヒ

あさ-ひる【朝昼】〘名〙午前一〇時頃のこと。*随筆・一話一言(1779-1820頃)二六「八丈島方言俗通志〈略〉あさひる 四ツ時頃の事」 方言❶午前一〇時ごろ。◇あさびる 東京都八丈島343 ❷午前の間食。◇あさびる 熊本県飽託郡919

あさ-ふ【麻布】〘名〙大麻、苧麻(からむし)、綱麻(つなそ)、亜麻などを材料にした布。特に夏用の着衣その他に使われる。《季・夏》*俳諧・年浪草(1783)夏・二「麻布葛布藤布等之末ㇾ曝者曰二生平一」

アサフ(Asaph)ダビデ時代のレビびと。エルサレム神殿で音楽をつかさどった。旧約聖書「詩篇」五〇および七三～八三の各編に「アサフの」という前書きがあり、アサフの子らの讃美歌集であったことがわかる。

あさ・ぶ【浅】㊀〘他バ四〙けいべつする。あなどる。あさむ。*経信母集(11C中か)「罰あるべきなど、あさびあへる、法にこえたり」㊁〘自バ上二〙いやしくなる。下品になる。*雑俳・蓬莱山(1709)「下手の花床のあさびたつぼねかい」

あざ-ふ【麻布】〘名〙方言❶吉野紙。庄内†060 山形県145 ❷貴重品などを包むのに用いる、吉野紙に似た薄紙。宮城県仙台市123 山形県139

あざぶ【麻布】㊀東京都港区内の地名。麻を栽培して布を作った土地であったため呼ばれたといわれる。江戸中期から武家屋敷が多く建ち、明治時代以降外国の公館や高級住宅地として発達。阿佐布。浅生。*俳諧・芭蕉翁古式之俳諧(1685)「麻布(アザブ)の寝覚(ねざめ)ほととぎす啼け〈嵐雪〉 わくら葉やいなりの鳥居顕(あらは)れて〈其角〉」*洒落本・風俗八色談(1756)一・野夫医神農の教を受る事「俄道心者と取違そふなるは、麻布(アサフ)辺に下手村愚按といふ気の知れぬ医者あり」 ㊁〘名〙(形動)(「麻布で気が知れぬ」から)本心がわからないこと。また、その人。*談義本・根無草(1763-69)二「素戔嗚尊、御性質(うまれつき)甚きゃんにてましませば、何事も麻布(アザブ)にて、様々どうらくをなし給ふ」*雑俳・幸々評万句合-安永二(1773)「初会には麻布と帳へしるされる」*洒落本・神代相胅論(1780)「乳房のいてうと言ふたなら、あさぶな奴とうたがわれ」*滑稽本・古朽木(1780)二「いづれが本店やら許りやら、麻布(アザブ)に思ふ人もありしが」 発音〈標ア〉0

あざぶ で 気(き)が知(し)れぬ(「木が知れない」、一説に「黄が知れない」をもじって)気が知れないというしゃれことば。*洒落本・擲銭青楼占(1771)序「娼婦(ぢょろう)牽頭(たいこ)等の麻布で気の知れぬを察し」*諺苑(1797)「麻布(アサブ)で気(キ)がしれぬ 此は江戸の諺なり 江戸の麻布に六本木と云所あり 何処に六本の木ありてかく名づけしやらん しるものなし 故に木のしれぬと云を人の気のしれぬになぞらへて心のしれぬを麻布と云」*俚言集覧(1797頃)「麻布で気がしれぬ〈略〉桜陰主人云、ある説に麻布で気がしれぬといふ諺は、気にあらず黄也と。そのゆゑは近所に赤坂あり、青山あり、白台、目黒村あり、五色の内青、赤、白、黒の四つあり、黄がなき故、麻布で気がしれぬとなり」*人情本・操形黄楊小櫛(1833-34)初・七「音瀬さんこそ、麻布(アザブ)とやらで気が知れぬのさ」

あざぶ の 祭(まつり)を本所(ほんじょ)で見(み)る 麻布権現の祭礼を本所(東京都台東区)から見るの意で、不可能なことのたとえ。*洒落本・山下珍作(1782)任風貌者「まがりちがへばどっこいむかふづらになりゃァ、こころのやつらはあざぶのまつりをほん所(ジョ)で見るはなしよ」

あざぶ〘名〙方言❶食べ残したもの。島根県鹿足郡725 山口県阿武郡795 ◇あさぶ 島根県鹿足郡725 ◇あざぶもの〔―物〕島根県美濃郡・鹿足郡725 ❷食べ残しを集めて作った雑炊。山口県阿武郡797

あさ-ふく【麻服】〘名〙麻布を材料として作った服の総称。夏季に用いる。《季・夏》 発音〈標ア〉0

あさ-ぶくろ【麻袋】〘名〙黄麻布製の袋。また、黄麻糸で織った袋。穀物、種子などを入れるのに用いる。*二人むく助(1891)〈尾崎紅葉〉六「十重廿重に縛りて、麻袋(アサブクロ)に入れむとする時」*シベリヤ物語(1950-54)〈長谷川四郎〉ナスンボ「糧秣を入れた麻袋の上にどっかり腰をおろした」

あさ-ぶさ【朝普茶】〘名〙朝食前に食べる菓子の類。特に、朝、子供が目覚めた時に与える菓子。おめざ。あさぶち。*俳諧・続山の井(1667)秋中「朝ふさやあしたのはらの萩花〈如貞〉」*浄瑠璃・心中天の網島(1720)中「ふたりの子供が朝ぶさ前(まへ)、忘れず必、くは山飲ませてくだされ」*随筆・夏山雑談(1741)一「御朝物は、餅、粽(ちまき)、菓子の類を、年中、毎朝、河端(道喜)といふ御菓子師より、調進するとなり。民間にて、朝風(あさけ)より前に、何にても喰ふことを、あさふさと云は、此余風なるべし」 語源説(1)アサブチ(朝物)の転訛か〔大日本国語辞典〕。(2)アサフサ(朝普茶)。黄檗宗(おうばくしゅう)の普茶から起るか〔大言海〕。

あさふ-ざけ【朝生酒】〘名〙「あさじざけ(麻地酒)」に同じ。*俳諧・毛吹草(1638)四「麻地酒 朝生酒とも書。土かふりとも云」*俳諧・糸切歯(1762)六月「愚按 諸国名物記に麻地酒豊後の国とあり。別名朝生(アサフ)酒、又土かぶりとも云」

あさ-ふし【朝臥】〘名〙朝寝のこと。*身のかたみ(室町中頃)「朝おきの事〈略〉いたづらにあさふしして、おきあがりて、かほのゆくゑもしらず、ほれまどひたるありさまみにくし」

あさ-ふじ【朝富士】〘名〙朝、眺める富士山の姿。朝景色の富士山。*俳諧・文化句帖-三年(1806)一一月七日「朝不二を見くせのつきし衾哉」 発音〈標ア〉フ

あさ-ぶすま【麻衾・麻被】〘名〙麻布でつくった粗末な夜具。*万葉(8C後)五・八九二「寒くしあれば麻被(あさぶすま) ひきかがふり 布かたぎぬ 有りのことごと 著そへども〈山上憶良〉」 発音〈標ア〉ブ

あさ-ぶせり【朝臥】〘名〙朝寝のこと。*伊勢貞親家訓(1457-60頃)「いたづらに朝ふせり夕まどひして、若き時は二度なきに四時にわたり風雅の面白き光陰を只に送る事、心ふとくあさましき也」*俳諧・小町踊(1665)夏「昼がほや夕寝まどひのあさふせり〈道政〉」 方言朝寝坊。ねぼすけ。岡山県真庭郡747

あざぶ-だいがく【麻布大学】神奈川県相模原市にある私立の大学。前身は明治二三年(一八九〇)創立の東京獣医講習所。昭和二五年(一九五〇)麻布獣医科大学となり、同五五年に現校名に改称。

あざぶ-たで【麻布蓼】〘名〙タデ科の一年草。ヤナギタデから出た栽培型で、葉を辛味料とする。高さ三〇～五〇センチメートル。えどたで。

あさ-ぶち【朝物】〘名〙「あさぶさ(朝普茶)」に同じ。 発音〈標ア〉ブ

あさ-ぶとん【麻蒲団】〘名〙麻布で仕立てた夏蒲団。《季・夏》 発音〈標ア〉ブ

あさ-ぶね【朝船】〘名〙朝、見える船。朝、漕ぎだす船。*類従本斎宮女御集(985頃か)「こち風になびきも出でぬ朝舟は身を恨みつつこがれてぞふる」

あさふね-びと【朝船人】〘名〙朝、船に乗っている人。朝、船を漕いでいる人。*舞姫(1906)〈与謝野晶子〉「うすものや六根きよめまつらむとしら蓮風す朝船人(アサフネビト)に」

あざぶ-の-みょうじん【麻布明神】〘名〙めくりカルタで、「あざ」の札をいう。江戸でカルタを製造する麻布にいいかけ、明神を添えた語。*浄瑠璃・女殺油地獄(1721)中「かるたの絵の寸(つく)祈祷に、あざふの明神、釈迦牟尼仏、胴取の祈は四三五六社大明神」

あざぶ-まつ【麻布松】江戸、麻布の善福寺北裏通り(東京都港区元麻布一・三丁目)の一本松。六孫王(ろくそんおう)の冠り松とも、将門(まさかど)の一本松、秋月の羽衣(はごろも)松とも呼んだ。*俳諧・広原海(1703)一三「分身は不知唐崎と麻生松」

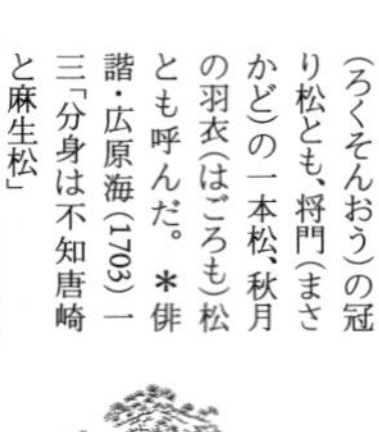
麻布松〈江戸名所図会〉

あさ-ぶら【麻裏】〘名〙方言❶麻裏草履。千葉県夷隅郡288 東京都三宅島333 神奈川県津久井郡317 中郡320 岐阜県稲葉郡498 静岡県529 駿東郡061 愛知県549 556 559 三重県度会郡599 兵庫県加古郡664 669 奈良県678 宇陀郡680 和歌山県690 香川県829 愛媛県周桑郡845 ◇あさぷら 愛知県北設楽郡556 ◇あさくら 愛知県南設楽郡556 ◇あさぐら 東京都三宅島・御蔵島333 ❷せった。三重県北牟婁郡588

あざぶ-れんたい【麻布連隊】第二次世界大戦前、東京の麻布に駐屯していた、旧陸軍の近衛歩兵第一師団第三連隊の俗称。麻布三連隊。 発音〈標ア〉レ

あさ-ぶろ【朝風呂】〘名〙朝、風呂に入ること。また、その風呂。朝湯。*室町殿日記(1602頃)一〇「所のならいにて朝風呂のちからにすこしづつたぶる事にて候」*俳諧・太祇句選(1772-77)春「朝風呂はけふの桜の機嫌哉」 発音〈標ア〉0ブ〈京ア〉0

あさぶろ 丹前(たんぜん)長火鉢(ながひばち) 朝湯に入り、丹前を着て、長火鉢の前にすわること。気楽な境遇の人をいう。

あさ‐ぶろしき【麻風呂敷】〘名〙麻布でつくったふろしき。＊安愚楽鍋(1871–72)〈仮名垣魯文〉二・上「そしてふだんのやうすといやあ麻風呂敷(アサフロシキ)に茄子(なす)で〈ぎすぎすすること〉」発音〈標ア〉フ

あさ‐ぼうず【朝坊主】(ウズ・バ)〘名〙一日の最初に僧侶の訪問を受けることをいい、これを凶兆とする風習が広く見られる。

あさぼうず 丸儲(まるもう)**け** 「坊主丸儲け」にかけて、一日の初めに僧侶が来ると、その日は利益が多いと、縁起をかついでいったもの。＊滑稽本・浮世風呂(1809–13)前・上「いつまでも、ここに稲荷や福の神。アイ和尚お久しぶり、朝坊主(アサボウズ)丸(マル)まうけ」

あさ‐ぼうせき【麻紡績】(バウ・セキ)〘名〙亜麻、苧麻(からむし)、黄麻、大麻の四種の紡績の総称。

あさ‐ぼさ【朝―】〘名〙朝食。＊日葡辞書(1603–04)「Asabosa (アサボサ)〈訳〉朝食」辞書日葡

あさ‐ぼし【朝星】〘名〙明け方の星。＊歌謡・山家鳥虫歌(1772)上・和泉「朝はあさぼし夜はまた夜星(よぼし)、昼は野畑の水を汲む」＊漫才読本(1936)〈横山エンタツ〉僕の家庭「僕の家は親代々がともによく働いてくれたんです、朝は朝星(アサボシ)頂いて、夜は夜星を頂いて」方言農家で朝星をいただいて田畑に出るほどの働き手。奈良県宇陀郡683

あさ‐ぼらけ【朝―】〘名〙朝、空がほのかに明るくなった時。夜明け方。＊古今(905–914)冬・三三二「あさぼらけ有明の月と見るまでに吉野の里にふれる白雪〈坂上是則〉」＊宇津保(970–999頃)吹上下「仲忠、琴(きん)に合せて弾く。あさぼらけほのかに見ればあかぬかな中なる乙女しばしとめなん」＊枕(10C終)三六・七月ばかりいみじうあつければ「朝ぼらけのいみじう霧(き)りたちたるに」＊色葉字類抄(1177–81)「凌晨 アケホノ アサホラケ」語誌「あけぼの」と並んで、夜が明ける時分の視覚的な明るさを表わす語である。「あけぼの」が、平安時代には散文語で、中世には和歌にも用いられるようになるが、「枕草子‐一・春はあけぼの」以降春との結びつきが多いのに対し、「あさぼらけ」は主に和歌に用いられ、挙例の「古今‐冬・三三二」のように秋冬と結びつくことが多い。「あさぼらけ」の方が「あけぼの」よりやや明るいと見る説もあるが判然としない。なお、夜明けの暗さを表わす語に「あけぐれ」がある。→あかつき・あけぼの・あけぐれ。語源説(1)アサビラキ(朝開)の転。アケボノと混じた語〔類聚名物考・俚言集覧・名言通・大言海〕。(2)アサビラケの転〔仙覚抄・日本釈名・紫門和語類集〕。(3)朝ホノアケの約〔和訓栞〕。(4)ホラケはハラケと同じ〔日本語源＝賀茂百樹〕。発音〈なまり〉アサボーケ〔岡山〕〈標ア〉ボ〇〈ア史〉鎌倉〇〇〇◉〇〈京ア〉〇 辞書色葉・名義・和玉・文明・伊京・天正・易林・日葡・書言・ヘボン・言海 表記朝朗(天・書・へ・言)凌晨(色・名)朝開(易・書)曙(名)晤(玉)明朗(文)凌晨(伊)明卒(書)

あざ‐ほり【壙穴掘】〘名〙墓穴を掘ること。また、そのための人夫。穴掘り。

あさ‐ま【浅―】〘形動〙①水などの浅いさま。また、奥深い所にないさま。むきだしな感じであるさま。＊木工権頭為忠百首(1136頃)月「はし近くあさまにねやをしつらへて空行く月をはれぬ夜ぞなき〈源仲正〉」＊有明の別(12C後)一「いとあさまなる御まし所も」＊平家(13C前)一一・勝浦「無下にあさまに候。塩のひて候時は、陸と嶋の間は馬の腹もつかり候はずと申せば」＊車屋本謡曲・黒塚(1465頃)「隠し置きたる閨(ねや)の内を、浅まになされ申しつる、恨みの為に来りたり」②簡略または粗末であるさま。＊太平記(14C後)九・主上上皇御沈落事「是程にあさまなる平城に、主上、上皇を籠め進(まゐ)らせて」＊日葡辞書(1603–04)「Asamani (アサマニ) イイナス」＊浮世草子・日本永代蔵(1688)四・三「伊勢の社(やしろ)のかろかろ敷、百二十末社紙表具の神躰、思へば浅猿(アサマ)なる事なれ共」③浅薄であるさま。考えのたりないさま。あさはか。＊蓮如御文章(1461–98)一「当世は我宗のことを、他門、他宗にむかひて、その斟酌もなく聊爾に沙汰するによりて、当流を人のあさまにおもふなり」＊おきく物語(1678頃)「いづかたも、よく見ゆるよししりて出たるも、あさまなる事なるべし」＊俳諧・去来抄(1702–04)先師評「桜とおかば、却て年の敵哉といへる処、あさまに成なん」方言粗雑なさま。粗末なさま。また、幼稚なさま。◇あざま 香川県仲多度郡・高松市829 語源説(1)アササマ(浅状)の約〔大言海〕。(2)アサマ(浅間)の義。または、アサマシの略〔和訓栞〕。発音〈標ア〉〇 辞書日葡

あさま【浅間】㊀「あさまやま(浅間山)」の略。＊山家集(12C後)中「いつとなくおもひに燃ゆる我身哉あさまのけぶりしめる世もなく」＊曾我物語(南北朝頃)五・浅間の御狩の事「信濃のあさまをからるべきにて、近国の侍にふれられ候」＊雑俳・柳多留‐三八(1807)「浅間よりひろくけむるは伊吹山」㊁〘名〙①「あさまもの(浅間物)」の略。＊雑俳・柳多留‐八三(1825)「浅間をかたる門(かど)づけに砂がふり」②(浅間山の噴煙から連想して)タバコをいう、盗人仲間の隠語。〔日本隠語集(1892)〕発音〈標ア〉〇〈ア史〉㊀は鎌倉〇〇〇 江戸◉◉〇〈京ア〉〇

あさ‐ま【朝間】〘名〙①朝のうち。朝のあいだ。＊曾我物語(南北朝頃)五・三原野の御狩の事「夜るならばこうこうとこそ鳴くべきにあさまに走る昼狐かな」＊実隆公記‐文明八年(1476)一〇月三日「朝間退出」＊光悦本謡曲・葛城(1465頃)「はづかしや、あさましや、あさまにもなりぬべし。明けぬ先にと葛城の」＊歌謡・松の葉(1703)一・はで片撥「あさまとく起きて、手水瓶(てうずがめ)を見れば」＊浄瑠璃・須磨都源平躑躅(1730)一「白みかかるは夜明けの雲、朝間(アサマ)にならぬ其内に」＊あらくれ(1915)〈徳田秋声〉五八「朝間(アサマ)の寒い風が吹通って」②早朝。夜明け。③明朝。＊御国通辞(1790)「あすのあさ、あさま」方言❶朝。朝の間。陸奥下北022 青森県074 岩手県上閉伊郡098 宮城県栗原郡114 秋田県130 132 135 山形県139 福島県北部155 栃木県198 福井県445 滋賀県高島郡038 兵庫県654 660 鳥取県東部711 島根県725 岡山県邑久郡761 広島県709 比婆郡774 長崎県佐世保市902 大分県038 941 熊本県肥後030 宮崎県西臼杵郡038 ◇あさんま 兵庫県加古郡664 佐賀県東松浦郡038 ◇あさんめ 福岡県浮羽郡872 鹿児島県961 ◇あさまんくち〔―口〕大分県東国東郡941 ◇あさまり 鳥取県712 気高郡717 岡山県045 ◇あさまで 岩手県上閉伊郡097 ◇あさまがけ 島根県725 ❷明朝。岩手県紫波郡093 秋田県鹿角郡132 ❸朝食。島根県石見725 発音〈標ア〉〇マ

あさ‐まいり【朝参】(まゐり)〘名〙①朝早く、神社や寺にお参りをすること。あかつきもうで。朝事(あさじ)。＊雑俳・柳多留‐四(1769)「朝参主馬と七兵衛もくれいし」＊人情本・春色梅児誉美(1832–33)初・一齣「今日の朝参(アサマイ)りには、なんでも尋ねよふと思って、十五日を楽しみにして、出て来たんでありまさアな」②近世、江戸の商家の番頭などが、朝早く、神社や寺へお参りするふりをして、遊里に出かけ、短時間遊ぶこと。＊洒落本・玉之帳(1789–1801頃)一「まだ青い客にて見世のおきぬ間に、朝まいりの顔でぬけて出る、是をあさ参といふ也」③「あさまわり(朝廻)②」に同じ。＊洒落本・部屋三味線(1789–1801頃)「新子やあまい子などと見ると、朝早く客衆の帰った跡に子ども衆の寝てゐる床へ、起番(おきばん)をした若い衆がきてくどく事があるのさ。〈略〉是を朝参りといふそうさ」発音〈標ア〉マ〈京ア〉マ マ

あさま‐がた【朝間方】〘名〙「あさがた(朝方)」に同じ。＊洒落本・箴の千言(1812頃)上「アアア、朝まかたこさったけとも」

あさま‐が‐たけ【朝熊ケ岳】「あさまやま(朝熊山)」に同じ。

あさま‐が‐だけ【浅間ケ岳】「あさまやま(浅間山)」に同じ。＊虎寛本狂言・禰宜山伏(室町末‐近世初)「浅間が岳には福一万虚空蔵」発音アサマガダケ〈標ア〉ガ

あさまがたけおもかげぞうし【浅間嶽面影草紙】(あさまがたけおもかげザウシ) 江戸後期の読本。三巻三冊。柳亭種彦作・蘭斎北嵩画。文化五年(一八〇八)刊。後編五巻五冊は同九年刊。別題「逢州執着譚(おうしゅうしゅうじゃくものがたり)」。歌舞伎狂言「傾城浅間嶽」の翻案。陸奥の国司浅間巴之丞の活躍を主筋に、家老星影土右衛門の強悪、巴之丞正室瞿麦(なでしこ)による寵妾時鳥(ほととぎす)の凌辱と惨殺、旧臣五郎蔵の忠誠などをえがいたもの。浄瑠璃、歌舞伎の趣向をふんだんにとり入れた敵討物語。発音アサマガタケ＝オモカゲゾーシ〈標ア〉ガ＝ゾ

あさま‐かんぞう【浅間萱草】(クヮンザウ)〘名〙植物「にっこうきすげ(日光黄萱)」の異名。発音アサマカンゾー〈標ア〉カ

あさ‐まき【麻蒔】〘名〙三、四月頃、麻の種子をまくこと。《季・春》＊俳諧・古今俳諧明題集(1763)春「麻まきやこころも晴(もら)ふて助てやる〈双飛〉」＊俳諧・わかほとけ(1813)「腰かけるほとりは花に青つづら〈布席〉」もものもくはさではなす麻蒔〈乙二〉」

あさ‐まき【朝巻】〘名〙(多く朝の間に用いるところからいう)明治一八年(一八八五)頃から同二七、八年頃まで行なわれた束髪の一種。髪を頭の頂で、数字の「8」の字形に作り、髪の毛の末を根元に巻きつけないで、周囲をヘアピンで留めたもの。

あさ‐まく【朝幕】〘名〙朝のうちに演じられる芝居。＊人情本・風俗粋好伝(1825)前・上「芝居なれば朝幕(アサマク)の狂言にて、是れより段々と愁(あはれ)に、面白き物語となり」

あさ‐まぐれ【朝―】〘名〙(「夕まぐれ」に対する造語) 朝方をいう、盗人仲間の隠語。〔隠語輯覧(1915)〕

あさま‐こうげん【浅間高原】(カウゲン) 長野県と群馬県の境にある、浅間山の南麓と北麓一帯に広がる高原。標高一〇〇〇～一五〇〇㍍。南麓面に軽井沢、小諸の町があり、北麓の北軽井沢には浅間牧場などがある。

あさま‐ざえもん【浅間左衛門】(ザヱモン)〘名〙浅間山を信州の象徴としてつくられた、信濃者をいう擬人名。＊雑俳・柳多留‐七(1772)「かぶ汁であさま左衛門五はい喰」

あさまさんそう‐じけん【浅間山荘事件】(あさまサンサウ) 昭和四七年(一九七二)、全国指名手配中の連合赤軍グループ五名が猟銃で武装し、人質をとって長野県軽井沢の浅間山荘に籠城した事件。九日後に全員逮捕される。発音アサマサンソージケン〈標ア〉ジ

あさま・し【浅】〘形シク〙⇨あさましい(浅)

あさまし・い【浅】〘形口〙文あさま・し〘形シク〙(動詞「あさむ(浅)」の形容詞化。意外なことに驚いたり、あきれたりする意が原義。よい場合にも悪い場合にも用いたが、現代語では悪い意味にだけ使う)①意外である。驚くべきさまである。＊竹取(9C末‐10C初)「取がたき物をかくあさましくもて来る事をねたく思ひ」＊枕(10C終)九・うへにさぶらふ御猫は「あさましう、犬なども、かかる心あるものなりけり」＊源氏(1001–14頃)桐壺「物の心知り給ふ人は、『かかる人も、世に出でおはする物なりけり』と、あさましきまで、目をおどろかし給ふ」②興ざめである。あまりのことにあきれかえる。＊竹取(9C末‐10C初)「かくあさましき空ごとにてありければ、はや返し給へ」＊古今(905–914)雑体・一〇五〇「雲はれぬあさまの山のあさましや人の心を見てこそやまめ〈平中興〉」＊枕(10C終)九七・あさましきもの「あさましきもの。刺櫛すりて磨く程に、ものにつきさへて折りたる心地。〈略〉ただ夢の心地し

て、あさましうあへなし」 ③(「あさましくなる」の形で用い、思いもかけないことになる、何とも言いようのないさまになるの意から) 死ぬことをいう。＊海人刈藻物語(1271頃)二「御心もなきやうにておはしましけるが、夜に入りて、あさましくなり給ひぬ」 ＊増鏡(1368-76頃)三・藤衣「院の御悩み重くならせ給ひて、八月六日いとあさましうならせ給ひぬ」 ＊浮世草子・好色五人女(1686)五・五「あたら浮世に親はあさましく、其身は恋より捨坊主になりけると也」 ④(程度、状態が驚きあきれる程であるというところから) はなはだしい。ひどい。＊古今著聞集(1254)七・二九一「浅猿(あさまし)くふるく成りたる寺あり」 ＊徒然草(1331頃)一五二「むく犬の浅ましく老いさらぼひて、毛はげたるをひかせて」 ⑤情けない。嘆かわしい。見苦しい。＊うたたね(1240頃)「とばかし来し方行く先を思ひ続くるに、さもあさましく果無かりける契りの程を、など、かくしも思ひ入れけんと」 ＊徒然草(1331頃)七「ひたすら世をむさぼる心のみふかく、もののあはれも知らずなりゆくなん、浅ましき」 ＊増鏡(1368-76頃)序「あさましき身は、いたづらなる年のみ積もりたるばかりにて」 ＊良人の自白(1904-06)〈木下尚江〉前・二二・三「冷い他人の手から手へと渡たされて揚句の果が浅間しい売淫婦」 ⑥生活がみじめである。貧乏でいたましい。＊虎寛本狂言・鈍太郎(室町末-近世初)「『扨々浅ましい形(なり)で御ざる』『誠にはかない体(てい)で御ざる』」 ＊浮世草子・西鶴諸国はなし(1685)四・八「此あさましき内助に、さやうの美人なびき申べきや」 ＊読本・雨月物語(1776)吉備津の釜「親もなき身の浅ましくてあるを、いとかなしく思ひて憐をもかけつるなり」 ⑦品性がいやしい。がつがつしている。さもしい。＊玉塵抄(1563)一六「人をにくみねたむ心がないぞ。一切人の心はよいをねたみきらうぞ。あさましいことぞ」 ＊雑俳・川傍柳(1780-83)四「あさましい根性骨をばばあ持」 ＊都会(1908)〈生田葵山〉恥辱「からからと弱者が強者の気に入られようとする浅間敷(アサマシ)い世辞笑をしてから」 ⑧地位や身分が低い。＊曾我物語(南北朝頃)六・曾我にて虎が名残おしみし事「わらはは大磯の君、あさましき物の子なれば」 語誌 (1)「万葉-一四・三四二九」に「遠つあふみ引佐細江(いなさほそえ)のみをつくし我を頼めて安佐麻之(アサマシ)ものを〈東歌・遠江〉」とあるが、連体形ではないから上代の確例とはいえない。(2)平安散文では、思わぬ結果になった後の落胆、失意といった不快な感じを込めている。(3)時代が下がるにつれて、情けない、見苦しい、いたましいといった意が強くなり、近世では貧しい、品性がいやしい、さもしいの意となり、現代語に連なる。 方言 ❶情けない。島根県725 ❷人並みにできない。◇あさまし 島根県隠岐島725 語源説 (1)アサ(浅)を動詞化したアサムから生れた形容詞〔大言海・日本語源=賀茂百樹・古代中世言語論=折口信夫〕。(2)アサアサシ(浅々)の意から〔本朝辞源=宇田甘冥〕。(3)アサは浅、マシは助詞〔和訓栞〕。(4)オゾマシの転〔万葉考〕。(5)アサイマハシの略〔両京俚言考〕。(6)イマサラウラミハテシ(今更怨果如)の義〔日本語原学=林甕臣〕。(7)アサマシ(否姿為)〔言元梯〕。(8)アヤシヤ、ミタセルの反。佐見出の心か〔名語記〕。 発音 アサマシイ 〈標ア〉シ 〈京ア〉マ 文『あさまし』〈標ア〉マ 〈ア史〉江戸『あさましき』●●○○○ 〈京ア〉マ 辞書 下学・文明・伊京・明応・天正・饅頭・黒本・易林・日葡・書言・〈ボン〉・言海 表記 浅増(下・易・書) 寠・甘身(書) 浅猿(下・文・伊・天・饅・黒・へ) 浅間敷(文・伊・明・天・饅・黒)

あさまし-が・る【浅―】〘自ラ五(四)〙(形容詞「あさましい」の語幹に接尾語「がる」の付いたもの) 驚きあきれた気持を外に表わす。あさましいと思っている様子をする。＊竹取(9C末-10C初)「人々、あさましがりて、寄りてかかへ奉れり」 ＊枕(10C終)三〇七・右衛門の尉なりける者の「『人の心ばかり、あさましかりけることなし』とあさましがるほどに」 ＊宇治拾遺(1221頃)一五・九「行き通る人みて、あさましがり、心うがることかぎりなし」 発音 アサマシガル 〈標ア〉ガ

あさまし-げ【浅―】〘形動〙(形容詞「あさましい」の語幹に、接尾語「げ」の付いたもの) ①あきれたと思っているその人のさま。驚いたという様子。＊源氏(1001-14頃)葵「たぐひおはせぬをだに、さうざうしく思しつるに、袖の上の玉の砕けたりけむよりも、あさましげなり」 ＊浜松中納言(11C中)三「見つつ入り給へば、聖おもひもよらず、あさましげに思ひおどろきたる様限りなし」 ②はたから見ていかにもあさましいという様子。驚くほどひどいさま。＊枕(10C終)九・上にさぶらふ御猫は「いみじげにはれ、あさましげなる犬の、わびしげなるが、わななきありけば」 ＊平家(13C前)二・大納言流罪「備前の児島に漕ぎよせて、民の家のあさましげなる柴の庵におき奉る」 ＊御伽草子・鉢かづき(室町末)「あさましげなる帷子(かたびら)ひとつ着せ参らせ」 発音 アサマシゲ 〈標ア〉シ

あさまし-さ【浅―】〘名〙(形容詞「あさましい」の語幹に、接尾語「さ」の付いたもの) ①意外で驚きあきれるようなさまであること。また、その度合。＊蜻蛉(974頃)上・天暦九年「人のもとにやらんとしける文あり。あさましさに、見てけりとだに知られんと思ひて、書きつく」 ＊夜の寝覚(1045-68頃)一「曹司(ざうし)のうちへひきいれて、対の君の今宵のあさましさを言ひやり給はず、なくなく」 ＊徒然草(1331頃)二三四「わが知りたるままに、『さてもその人の事の浅ましさ』などばかり言ひやりたれば」 ②何ともいいようもなく、嘆かわしいこと。みじめなこと。また、その度合。＊源氏(1001-14頃)若菜下「さらば、限りにこそはと、おぼしはへるあさましさに、何事かは、たぐひあらむ」 ＊栂尾明恵上人遺訓(1238)「末代の浅猿(アサマシ)さは〈略〉如説修行の心なし。戯論(けろん)妄想の方には心引かれて実(まこと)しき事は物ぐさげなり」 ＊仮名草子・竹斎(1621-23)下「竹斎此由聞くよりも、貧なる医師(くすし)のあさましさは、破れ紙子の体なれば、急ぎ慌て退(の)きにけり」 ③考えなどの浅いこと。また、その度合。＊浮世草子・世間胸算用(1692)三・一「酒の相手に色子ども、かはいや神ならぬ身のあさましさは、銀成(かねなる)客とおもふべし」 ＊浄瑠璃・平仮名盛衰記(1739)三「命日の今日の日に便聞く告(つげ)でこそ有りつらん。夫(それ)とはしらぬ凡夫の浅ましさ」 ＊いろは交友録(1953)〈徳川夢声〉い「あとから憶(おも)えば、そこがシロトのアサマシサである」 ④心がいやしいこと、さもしいこと。また、その度合。＊小学読本(1874)〈榊原・那珂・稲垣〉五「盗賊共〈略〉皆一同に己れの所業を恥ぢかかる。善人を暫しも窘めたる事のあさましさよと謝したり」 ＊田舎教師(1909)〈田山花袋〉三二「心の餓、肉の渇きを医(いや)しに来た自分の浅ましさを思って」 発音 〈標ア〉マ 〈ア史〉江戸●●○○○ 〈京ア〉0 辞書 日葡

あさま-じんじゃ【浅間神社】⇩せんげんじんじゃ(浅間神社)

あさ-まずみ【朝―】〘名〙「あさまずめ(朝―)」に同じ。＊幻談(1938)〈幸田露伴〉「真づみといふのは、朝のを朝(アサ)まづみ、晩のを夕まづみと申します。段々と昼になったり夜になったりする迫(せ)りつめた時をいふのであって」 発音 〈標ア〉0 マ

あさ-まずめ【朝―】〘名〙日の出前の薄明るい時刻。釣りなどで、最も漁獲があがる時刻としていう。 方言 ❶明け方の薄明かりのころ。夜明け。静岡県志太郡054 ◇あさまじめ 兵庫県赤穂郡660 山口県玖珂郡800 香川県木田郡・岩黒島829 ◇あさまじみ 和歌山県693 ◇あさまずみ 千葉県安房郡・夷隅郡054 静岡県521 安倍郡054 三重県志摩郡585 ◇あさまじょみ・あさまどろ 和歌山市695 ❷明け方の最も漁獲があがる時刻。静岡県志太郡054 ◇あさまじめ 兵庫県赤穂郡660 ◇あさまずみ 千葉県安房郡054 静岡県安倍郡054 三重県志摩郡585 ◇あさまじょみ 和歌山市695 ❸朝なぎ。神奈川県三浦郡054

あさま-そう【朝熊草】〘名〙植物「きんらん(金蘭)」の異名。 発音 アサマソー 〈標ア〉0

あさ-まだき【朝―】〘名〙(「まだき」はその時間にはまだ早いの意) 朝、まだ夜が明けきらない時。早朝。＊拾遺(1005-07頃か)春・二九「あさまだきおきてぞ見つる梅の花夜のまの風の後めたさに〈元良親王〉」 ＊源氏(1001-14頃)宿木「あさまだき来にけりと思ひながら」 ＊太平記(14C後)七・新田義貞賜綸旨事「朝(アサ)まだきの霧隠(きりがくれ)に、追っ返しつ半時計り同士軍をぞしたりける」 ＊俳諧・犬子集(1633)一五・雑下「かれいひを朝またきより味ひて 三川の宿を出るなりひら〈重頼〉」 ＊落語・ちきり伊勢屋(1893-94)〈禽語楼小さん〉「伊勢屋の見世前は乞食の市の如く未明(アサマダキ)から詰掛る奴へ、一々施して仕舞って段々考へましたが」 発音 〈標ア〉マ 〈京ア〉マ マ 辞書 日葡・書言・〈ボン〉・言海 表記 朝速・旦末(書) 朝未明(へ)

あさまつ〘名〙方言 ❶西風。◇あさまつかぜ〔―風〕とも。群馬県勢多郡236 ❷西南風。群馬県勢多郡222

あさま-つげ【朝熊黄楊】〘名〙(三重県朝熊(あさま)山のものが有名なところから) 植物「つげ(黄楊)」の異名。＊重訂本草綱目啓蒙(1847)三二・灌木「一種尾張つげあり、一名からつげ〈大和本草〉あさまつげ 勢州この木勢州朝熊山に自生多し人家にも多く栽」 ＊日本植物名彙(1884)〈松村任三〉「アサマツゲ 錦熟黄楊」 方言 植物、いぬつげ(犬黄楊)の一種。勢州1028 発音 〈標ア〉マ 辞書 言海 表記 朝熊黄楊(言)

あさ-まつり【朝祭】〘名〙①早朝、祭を行なうこと。また、その祭。＊叢書本謡曲・常陸帯(室町末)「薄雪の朝まつりする神垣や、隔てぬ恵み頼むなり」 ＊諸国風俗問状答(19C前)備後国福山領風俗問状答・七月・七四「廿日・廿一日に、府中市と申には、朝祭とて処々の胡の社に鏡餅・酒など供へ申候」 ②「あさまつりごと(朝政)㊀①」の略。＊漢書帝紀抄(1477-1515)「姜后は宣王のあさまつりがおそいは、我が罪とてせられたことぞ。賢妃ぞ」 ＊歌舞伎・名歌徳三舛玉垣(1801)三立「父帝にも此程よりの御不例。さるに依て朝祭、神事、月奏聞し召さず、皆摂政(せっせう)の御計らひ」 発音 〈標ア〉マ

あさ-まつりごと【朝政】〘名〙㊀(「ちょうせい(朝政)」の訓読) ①天皇が朝早くから正殿に出て、政務をとること。また、天皇が行なう政治。朝廷の政務。＊源氏(1001-14頃)桐壺「朝に起きさせ給とても、『明くるも知らで』とおぼし出づるにも、猶、あさまつりごとは、怠らせ給ひぬべかめり」 ＊平家(13C前)灌頂・女院出家「女院は〈略〉君王の傍に候はせ給ひて、朝には朝政(あさまつりごと)をすすめ、よるは夜を専(もっぱら)にし給へり」 ＊浄瑠璃・国性爺合戦(1715)一「兄帝のおごりのさま、色にふけり酒宴に誇り、朝まつりごとし給はぬ御異見の種にもと」 ②朝廷の官人たちが、朝早くから政務にあたること。＊今昔(1120頃か)二七・九「今は昔、官の司に朝庁(あさまつりごと)と云ふ事行ひけり。其は未だ暁(あけぬ)にぞ火燈(とも)してぞ人は参ける」 ＊続後拾遺(1326)雑中・一〇九八「露よりも猶ことしげし萩の戸の明くれば急ぐあさまつりごと〈後醍醐天皇〉」 ㊁(朝祭事) 朝、男女がまじわりをすること。＊咄本・鹿の子餅(1772)豆腐屋「きれいな裏に豆腐屋あり。まい朝早起して、夫婦名だいのもろかせぎ。しかるに起た時分、一朝もかかさずに朝(アサ)まつりごと」 発音 アサマツリゴト 〈標ア〉0 ゴ 辞書 色葉・名義・日葡・書言 表記 早朝(色・名) 朝政(書)

あさ-まと【朝的】〘名〙朝、弓を射ること。＊上井覚兼日記-天正一一年(1583)七月九日「如レ常、若衆共朝的仕候間、見申候。此日、安楽長門守番的前にて候」 ＊日葡辞書(1603-04)「Asamato(アサマト)〈訳〉朝、

的を射ること」 辞書日葡

あさ-まどい【朝惑】『名』朝寝をすること。また、その人。＊新しき用語の泉（1921）〈小林花眠〉「朝惑（アサマド）ひ 朝寝をすること。〈略〉『あの朝惑ひには、とても辛抱が出来まい』など」

あさま-にんじん【浅間人参】『名』植物「なべわり（鍋破）」の異名。〔語彙（1871-84）〕 発音〈標ア〉[二]

あさま-の-だけ【浅間岳】「あさまやま（浅間山）」に同じ。＊新古今（1205）羇旅・九〇三「しなのなるあさまのたけに立つ煙をちこち人のみやはとがめぬ〈在原業平〉」＊書言字考節用集（1717）二「浅間嶽 アサマノダケ 信州小県郡」 辞書書言 表記浅間嶽（書）

あさま-びたい【浅間額】『名』（富士と浅間はよく列挙されるところから、美人の相という富士額に対して）容貌の劣る女の額のこと。＊雑俳・柳多留-二四（1791）「いやな下女浅間額に作るなり」

あさま-ひまつり【浅間火祭】長野県松本市浅間温泉の御射山（みさやま）神社の祭礼。一〇月三日に家々で長さ七尺余りの松明（たいまつ）をつくり、若者たちがそれを持って町を練り歩き、川に投げ入れる。浅間温泉松明まつり。

あさ-まま【朝飯】『名』「あさまんま（朝飯）」に同じ。＊洒落本・箱まくら（1822）下「外（ほか）のげいこさんは一人もなしに、あさままをたべにいたのじゃ」 発音〈標ア〉[マ]2

あさま-まつ【浅間松】『名』アカマツの園芸品種。幹は矮小（わいしょう）で、まつかさの鱗片（りんぺん）に刺状突起が出る。 発音〈標ア〉[マ]2[マ]1

あさま-まつり【浅間祭】『名』「せんげんまつり（浅間祭）」に同じ。＊俳諧・をだまき（元禄四年本）（1691）四季之詞・二月「浅間祭（アサママツリ） 廿日」

あさま-もの【浅間物】『名』浅間巳之丞と傾城（けいせい）奥州との情話を題材とした、歌舞伎脚本及び浄瑠璃、舞踊等の総称。地唄「浅間」、歌舞伎「傾城浅間嶽」など。 発音〈標ア〉[0]

あさ-まもり【朝守】『名』朝から宮廷の門を開いて、出入りの人を警戒すること。朝から宮門をまもること。＊万葉（8C後）一八・四〇九四「安佐麻毛利（アサマモリ） 夕の守りに 大君の 御門の守護（まもり） われをおきて 人はあらじと〈大伴家持〉」

あさま-やく【朝間役】『名』 方言 ❶朝食までにする仕事。島根県石見「あさまやくに草を刈る」725 ◇あさましごと 鳥取県西伯郡719 島根県725 ❷たやすい仕事。島根県石見725 ❸午前一〇時ごろまでの仕事の分量。 ◇あさやく 徳島県美馬郡816

あさま-やま【浅間山】群馬、長野両県境にそびえる三重式火山。コニーデ。黒斑（くろふ）山、牙（ぎっぱ）山、剣が峰の外輪山に囲まれ、中央火口丘の前掛山、浅間山がある。天武天皇一四年（六八五）の噴火記録があり、以降三十数回。天明三年（一七八三）の活動は特に知られ、鬼押出岩（おにおしだしいわ）を形成。標高二五六八㍍。歌枕。あさまがだけ。あさまのだけ。＊謡曲・舟橋（1430頃）「身の古（いにしへ）も浅間山、焦がれ沈みしこの川の」＊俳諧・新増犬筑波集（1643）油糟・雑「あまり煙のたつぞ悲しき 分入てもどりかねたる浅（アサ）間やま」 語源説 (1)山の端が朝夕鮮かに見えることから、アサクマ（朝隈）の略〔著作堂一夕話・燕石雑志・百草露〕。(2)アイヌ語で、底無しの意の asama からか〔アイヌ語より見たる日本地名研究＝バチェラー〕。 発音〈標ア〉[0]〈京ア〉[マ]1[0] 辞書文明 表記浅間山（文）

あさま-やま【朝熊山】朝熊ケ岳（あさまがたけ）の別名。三重県伊勢市の東部にある山。空海が修行したといわれ、山頂には臨済宗金剛証寺が、門前には万金丹の本店跡がある。標高五五三㍍。あさくまやま。＊俳諧・笈日記（1695）中・伊勢「朝熊山（アサマやま） 二句 麓から我を見るらむ花の笠〈団友〉 院々の昼食時や花ざかり〈賀枝〉」 発音〈標ア〉[0] 辞書書言 表記朝熊山（書）

あさ-まり【朝―】『名』 方言 ⇨あさま（朝間）

あさ-まり【朝鞠】『名』朝に蹴鞠（けまり）を催すこと。＊言継卿記-大永七年（1527）七月六日「持明院に朝鞠あり。人数亭主、持尊院、柳原、左兵衛佐、四条中将、予、白川少将、賢秀等也」

あざ-まる【痣丸】名刀の名。平家重代の太刀で宗盛から景清に与えられたと伝える。＊大観本謡曲・大仏供養（室町末）「抑もこれは平家の侍、悪七兵衛景清と、名のりもあへずあざ丸を〈略〉するりと抜き持ち立ち向ひ」＊浄瑠璃・出世景清（1685）一「北の方も悦びて、宗盛公よりたび給ふあざ丸といふ名剣を景清に給はり」 辞書書言 表記泥丸（書）

あさ-まわり【朝廻】『名』①遊里で、朝早く雇い男が二階をみまわること。＊洒落本・金枕遊女相談（1772-81頃）「あさまはりのといやねいりをとられ」②遊女屋の雇い男が朝、客の帰ったあとの遊女の部屋に忍び込むこと。朝参り。＊洒落本・富岡八幡鐘（1802）三「こんたアこのあいだも小春さんのところへ朝廻りにいって、枕でおもいれくらアされたじゃふねへか」③朝早く、街路などの紙くずを拾いにまわること。また、その者。〔日本隠語集（1892）〕 発音〈標ア〉[マ]

あさ-まんま【朝飯】『名』朝、食べる御飯。あさめし。＊洒落本・青楼昼之世界錦之裏（1791）「やうやうあさおまんまをたべてしまひ」＊滑稽本・浮世風呂（1809-13）三・上「内へ帰って朝飯（アサマンマ）をたべて踊の稽古からお手習へ廻って」

あさ-み【浅―】『名』（形容詞「あさい」の語幹に接尾語「み」の付いたもの）①川などの、浅いところ。浅瀬。あさみち。↔深み。＊源氏（1001-14頃）葵「あさみにや人はおりたつ我がかたは身もそぼつまで深きこひぢを」＊神宮文庫本発心集（1216頃か）四・武州入間河沈水事「地はさながら白浪にて、いささかのあさみだにもなし」＊車屋本謡曲・藤戸（1514頃）「家子若党にも隠れ、彼男とただ二人あさみをよく知りすまして帰りしが」②浅いこと。また、その度合。浅さ。↔深み。③僧侶の役に用いる歌舞伎のかつらの一種。 発音〈標ア〉[0] 辞書日葡

あさみ に 鯉（こい）水の浅い所に鯉がいること。また、鯉を簡単に手づかみにできるというところから転じて、思いもかけないしあわせを得ることにいう。もっけのさいわい。＊俳諧・毛吹草（1638）二「あさみに鯉（コイ）」

あさ-み【浅―】（形容詞「あさい」の語幹に「み」の付いたもの。多く上に助詞「を」を伴って「…を浅み」の形で用いる。→み）浅いので。浅さに。＊古今（905-914）恋三・六七二「池にすむ名ををしどりの水をあさみかくるとすれどあらはれにけり〈よみ人しらず〉」＊土左（935頃）承平五年二月七日「きときては河上路（のぼりぢ）の水をあさみ舟もわが身もなづむけふかな」

あさみ【浅見】姓氏の一つ。 発音〈標ア〉[0]

あさみ-けいさい【浅見絅斎】江戸前期の朱子学者。名は安正。通称重次郎。別号、望楠楼。近江の人。山崎闇斎（あんさい）の崎門（きもん）三傑の一人で、尊王思想を説く。京都に塾を開き、一生諸侯に仕えなかった。一時、闇斎の神道説に反対し義絶されるが、儒学では師の思想をよく継承発展させ、節義を重んじて、出処進退の道を厳正にした。著「靖献遺言（せいけんいげん）」は幕末の志士に強い影響を与えた。他に「中国弁」など。承応元～正徳元年（一六五二～一七一一）

あざみ【薊】『名』キク科のアザミ属の多年草の総称。高さ〇・六～二㍍。葉は概して大形で羽状に裂け、縁に切れ込みがあり刺（とげ）が多い。花は通常紅紫色で、小さな管状花が集まった半球形の頭状花となり、横または下向きに咲くものが多い。北半球に約二百種。日本には約六十種ある。最もふつうに見られるのはノアザミで、フジアザミ、ドイツアザミなど。スコットランドの国花。学名は Cirsium 《季・春》＊新撰字鏡（898-901頃）「葪 阿佐美」＊本草和名（918頃）「大小薊根 一名虎薊〈略〉和名阿佐美」＊新撰類聚往来（1492-1521頃）上「其調菜方者附海草野菜〈略〉芹、薜（アサミ）」＊俳諧・曠野（1689）二・暮春「行（ゆく）蝶のとまり残さぬあざみ哉〈燭遊〉」＊引照新約全書（1880）馬太伝福音書・七「誰か荊棘（いばら）より葡萄をとり蒺藜（アザミ）より無花果（いちじく）を採ことをせん」＊七曜（1942）〈山口誓子〉「双眼鏡遠き薊の花賜（たば）る」 方言 ❶植物。あきののげし（秋野芥子）。鹿児島県肝属郡964 ❷蒲公英（たんぽぽ）以外の乳液の出るキク科の植物。山形県139 ❸植物、あせび（馬酔木）。山形県村山139 ❹動物、いそぎんちゃく（磯巾着）。島根県八束郡725 語源説 (1)アザは八重山語でトゲ、イラ（刺）の意。国語のアザミは刺多い物の意〔南島叢考＝宮良当壮〕。(2)刺（とげ）の多いのをアザム（惘）意か〔大言海〕。(3)オゾミの転〔類聚名物考〕。(4)花に紫と白がアザミ（交）たる義からか〔日本語源＝賀茂百樹〕。(5)アラサシモチ（粗刺持）の義。アラの反ア。モチの反ミ〔名言通〕。(6)アアスルドハリモチ（噎鋭刺持）の義〔日本語原学＝林甕臣〕。(7)イラサカメリの反〔名語記〕。 発音〈なまり〉アザメ〔福岡・豊後・鹿児島・鹿児島方言〕 アザン・アラメ〔鹿児島方言〕 アジャミ〔青森・津軽語彙〕 アダミ・アダメ・アラメ〔豊後〕 アンジャミ〔秋田〕〈標ア〉[0]〈ア史〉平安・鎌倉●●●〈京ア〉[0]/[0] 辞書字鏡・和名・色葉・名義・下学・和玉・文明・伊京・明応・天正・饅頭・黒本・易林・日葡・書言・ヘボン・言海 表記薊（玉・文・伊・明・天・饅・黒・易・書・ヘ・言） 莇（色・文・伊・明・天・黒・易） 葪（和・色・名・天・易） 薢（伊・明・黒） 薊菜（下・易） 莇・莿（字） 葪（下） 接骨草・続断（書）

薊

あざみ の 花（はな）も一盛（ひとさかり）（見た目にあまり美しくないアザミの花のようなものでも、それなりに美しい時期はあるものだの意から）醜い女性でも、年頃になれば、魅力が出るものであるということ。そばの花も一盛り。

あざみ『名』あざけった笑い。さげすんだ笑い。冷笑。＊黒潮（1902-05）〈徳富蘆花〉一・一・三「何時しか苦々しげな冷哂（アザミ）が唇に溢れた」

あさみ-あ・う【浅合】『自ハ四』互いに驚きあきれる。人々が一緒に驚く。＊宇治拾遺（1221頃）一・一八「『これ見よ。誠なりけり』と、あさみあひたり」＊平家（13C前）六・飛脚到来「『一向平家をそむいて源氏に同心』のよし申たりければ、『東国北国のそむくだにあるに、こはいかに』とて、手をうってあさみあへり」＊俳諧・新花摘（1784）「先きにそぞろごと云たりとて、ののしりたるものども、さなん有けりとてあさみあへり」

あさみ-おどろ・く【浅驚】『自カ四』（「あざみおどろく」とも）事の意外さに、びっくり仰天する。驚きあきれる。＊夜の寝覚（1045-68頃）一「『こはいかにかく弾きすぐれ給ひしぞ。めづらかなるわざかな』と、あさみをどろき給つれど」＊読本・近江県物語（1808）五・うどんげ「梅丸かしらをあげて見れば、尾張にて親子の約をせし嵯峨の左衛門なりければ、あざみおどろきて」＊読本・本朝酔菩提全伝（1809）首巻「詣し人々はこれをあざみ驚（オドロ）きて、水をそそぎ清（きよめ）ければ」 発音〈音史〉近世以後『あざみおどろく』とも。

あざみ-がお【嘲顔】『名』あざけりさげすんだ顔つき。ばかにした顔つき。＊海潮音（1905）〈上田敏訳〉真昼「眠るも鈍（おぞ）と嘲（アザ）みがほ、聖なる地の安らけき児等の姿を見よやとて」

あざみ-きもうき【薊起毛機】『名』毛織物の起毛に用いる機械。アザミの実に似せて作ったドラムを使い、主として紡毛織物、綿布の起毛に用いられる。

あさみ-きょう・ず【浅興】『自サ変』事の意外さに驚きあきれながらも、おもしろがる。＊宇治拾遺(1221頃)一・三「翁、〈略〉一庭をはしりまはり舞ふ。横座の鬼よりはじめて、あつまりゐたる鬼ども、あさみ興ず」

あさみ-ぐさ【朝見草】『名』①植物「まつ(松)」の異名。＊蔵玉集(室町)「朝見草 松 夜にあまる月をや山の朝み草すこきを残す秋の曙」②心。＊譬喩尽(1786)六「朝見屮(アサミぐさ) 心也心を云」 発音アサミグサ 〈標ア〉ミ

あざみ-ぐさ【薊草】『名』「あざみ(薊)」に同じ。＊浄瑠璃・十二段(1698頃)道行「根(ね)は恋ぐさの深見草(ふかみぐさ)あさみぐさとは思はじと、ことのはぐさに匂(にほ)はせて」

あざみ-ぐわ【薊桑】『名』植物「やまぐわ(山桑)」の古名。＊重訂本草綱目啓蒙(1847)三二・灌木「其岐ありて薄き物を雞桑と云、一名花桑〈略〉和名やまぐは ささぐは 土州 せりぐは、あざみぐは 奥州」 方言 奥州028 発音アザミグワ 〈標ア〉ミ 辞書言海 表記薊桑(言)

あさ-みけ【朝御食】『名』⇨あさ(朝)の御食(みけ)

あざみ-げし【薊芥子】『名』ケシ科の一年草。熱帯アメリカ原産で、江戸末期に渡来し、観賞用に栽培する。茎は直立し、高さ六〇～八〇センチメートル。葉は互生し、長さ一〇～二〇センチメートルの羽状に深く裂け、裂片の先端は鋭くとがってかたい。葉脈に沿って白斑がある。茎および葉脈上に鋭い刺がある。六月頃四枚の倒卵形の花弁をもった淡黄色の花をつける。白色または暗紫色の花をつける品種もある。同属のオオバナアザミゲシ、シロアザミゲシは純白花をつける。学名は Argemone mexicana《季・夏》＊日本植物名彙(1884)〈松村任三〉「アザミゲシ デロジャウ 老鼠艻」 発音アザミゲシ 〈標ア〉ミ

あざみ-ごぼう【薊牛蒡(バウ)】『名』植物「ふじあざみ(富士薊)」の異名。《季・秋》 発音アザミゴボー 〈標ア〉ゴ

あさみず【浅水(みづ)】青森県東部、五戸(ごのへ)町の地名。奥州街道三戸(さんのへ)と五戸の間にあった宿駅。 発音〈標ア〉サ

あさ-みず【朝水(づ)】『名』朝の水。朝早く汲む水や、朝の池や流れなどの水。＊浮世草子・当世乙女織(1706)五・一「御符(ごふう)は明六つ、朝水(アサミヅ)の初尾を汲て下さるよし、こよひは是に御つやましませ」＊浮世草子・風流曲三味線(1706)二・一「始めのほどは法師珍しく、朝水(アサミヅ)手向(たむけ)、夏花(けばな)摘など」

あさ-みずいろ【浅水色(みづいろ)】『名』薄い水色。薄い青色。＊みだれ髪(1901)〈与謝野晶子〉臙脂紫「額(ぬか)ごしに暁(あけ)の月みる加茂川の浅水色(アサミヅイロ)のみだれ藻染(もぞめ)よ」

あさみず-かんがい【浅水灌漑(あさみづクワンガイ)】『名』田の水を一～二センチメートルに浅く張る灌漑法。 発音アサミズカンガイ 〈標ア〉カ

あさみず-の-はし【浅水橋・麻生津橋(あさみづ)】⇨あさうずのはし(浅水橋)

あざみ-たんぽぽ【薊蒲公英】『名』植物「やなぎたんぽぽ(柳蒲公英)」の異名。＊日本植物名彙(1884)〈松村任三〉「ヤナギタンポポ アザミタンポポ」 発音〈標ア〉タ

あさ-みち【浅道】『名』川などの、水が浅くて、歩いて渡ることのできるところ。あさみ。＊宇治拾遺(1221頃)一一・四「舟はみなとりかくしたれば、あさみちをば、わればかりこそ知りたれ。すぐにはえわたり給はじ」

あさ-みち【朝道】『名』朝の道。＊歌仙本人麿集(11C前か)下「うちはへてあな風寒の冬の夜や真白に霜の置ける朝道」

あさ-みつ-しお【朝満潮(しほ)】『連語』朝方、満ちてくる潮。朝潮。＊貫之集(945頃)一「住の江のあさみつしほにみそぎして恋忘れ草摘みて帰らん」＊後拾遺(1086)冬・三八九「難波潟あさみつ塩にたつ千鳥浦づたひする声ぞきこゆる〈相模〉」

あさ-みどり【浅緑】㊀『名』①薄い緑色。薄く染めた緑色。また、その色の物。＊続日本紀-大宝元年(701)三月甲午「又服制。〈略〉務冠四階浅緑」＊催馬楽(7C後-8C)浅緑「安佐美止利(アサミドリ) 濃い縹(はなだ) 染めかけたりとも 見るまでに」＊万葉(8C後)一〇・一八四七「浅緑染め懸けたりと見るまでに春の楊(やなぎ)は萌えにけるかも〈作者未詳〉」＊源氏(1001-14頃)若菜下「あさみどりの薄様(うすやう)なる文の、押し巻きたる端みゆるを」＊葬列(1906)〈石川啄木〉「十八歳で姿の好い女、曙色か浅緑の簡単な洋服を着て」②あさぎ色。＊源氏(1001-14頃)梅枝「花さかり過てあさみとりなる空うららかなるに」㊁〔枕〕(浅緑色をしているところから)「糸」「野辺」「霞」などにかかる。＊古今(905-914)春上・二七「浅緑糸よりかけて白露を珠にもぬける春の柳か〈遍昭〉」＊経信集(1097頃)「あさみどりのべの霞のたなびくにけふの小松をまかせつるかな」＊新古今(1205)哀傷・七五八「あはれなりわが身のはてやあさ緑つひには野べの霞とおもへば〈小野小町〉」㊂催馬楽、呂(りょ)の歌の曲名。「楽家録-六・催馬楽歌字」に、「あさみどりや、こひはなだそめかけたりや」で始まる曲として所収。 発音〈標ア〉ミ 〈ア史〉鎌倉●●●●○と○○○●○の両様 江戸●●●○○ 〈京ア〉ミ 辞書字鏡・易林・日葡・言海 表記草緑(字) 浅翠(易) 浅緑(言)

あさみどり の 袍(ほう) 七位の人の着る、淡い緑色の袍。

あさみどり-いろ【浅緑色】『名』薄い緑色。＊田舎教師(1909)〈田山花袋〉五六「ごゐさぎを〈略〉買った。嘴(くちばし)は浅緑色(アサミドリイロ)、羽は暗褐色に淡褐色の斑点」 発音〈標ア〉0

あさみ-なげ・く【浅嘆】『自カ四』事の意外さに驚き悲しむ。＊愚管抄(1220)五・後鳥羽「かやうにて平氏は西国に海にうかびつつ国々領したり。坂東は又あきたれど未だ落居せず、京中の人あさみなげきてある程に」

あさみなみ【安佐南】広島市の行政区の一つ。昭和五五年(一九八〇)成立。市西部、安川流域の山間地帯を占める。可部線・国道五四号が通る。

あさみ-ののし・る【浅罵】『自ラ四』事の意外さに驚いて、騒ぎまわる。＊撰集抄(1250頃)七・五「その里の物ども、目もめづらかに覚て、あさみののしるわざも事もなのめにあらず」＊日葡辞書(1603-04)「Asami nonoxiru(アサミ ノノシル)」

あさみ-ほ・む【浅誉】『他マ下二』驚き感じて賞賛する。驚いてほめる。＊宇治拾遺(1221頃)二・六「さてその事世に聞えて、殿ばらも、あさみほめ給けり」

あさみ-まど・う【浅惑(まどふ)】『自ハ四』意外な事に驚きあわてる。＊古今著聞集(1254)一六・五六六「此公卿あさみまどひて、破子の沙汰にもおよばずにげにけり」

あさ-みや【朝宮】『名』朝の御殿。また、朝、御殿に出仕すること。＊万葉(8C後)二・一九六「靡かひの宜しき君が 朝宮を 忘れ給ふや 夕宮を 背き給ふや〈柿本人麻呂〉」＊万葉(8C後)一三・三二三〇「石走(いはばし)の 神名備山に 朝宮に 仕へ奉りて 吉野へと 入り坐す見れば〈作者未詳〉」

あさ-みゃく【朝脈】『名』朝の脈搏(みゃくはく)。また、朝、医者が病人の脈をみること。朝の往診。＊仮名草子・あだ物語(1640)下「土龍(うごらもち)はうちの者引き具し、朝脈(アサミャク)とらんとや、早朝(まだき)よりきたり、案内をこひければ」＊浮世草子・日本永代蔵(1688)二・二「医者(くすし)も、傾城の身に同じ、呼ぬ所へはゆかれず。宿に居れば外聞あしく、毎日朝脈(アサミャク)の時分より立出て、四の宮の絵馬をながめ」＊雑俳・蘆辺の鶴(1810)「枕をひとつかくす朝脈」

あさみ-わら・う【浅笑(わらふ)】『他ハ四』(「あざみわらう」とも)①驚きあきれて笑う。あきれて笑い出す。＊更級日記(1059頃)「行きちがふ馬も車も、徒歩人(かちびと)も、『あれはなぞ、あれはなぞ』と、やすからず言ひ驚き、あさみわらひ、あざける者どももあり」②ばかにして笑う。あざけり笑う。あざわらう。＊読本・雨月物語(1776)蛇性の婬「人々驚(おぢ)隠るるを、法師嘲(アザミ)わらひて」＊読本・椿説弓張月(1807-11)続・三八回「曚雲儼然(きっ)と形をあらため〈略〉実事とおもふは浅はかならんとあざみ笑(わらっ)て説示せば」 発音文アサミワローとも 〈音史〉近世以後『あざみわらふ』とも。〈標ア〉ラ(ロ)

あさ・む【浅】(後世は「あざむ」とも)㊀『自マ四』①予期していたこととはかけ離れた事態に出あって驚き、あきれる。あっけにとられる。よい場合にも悪い場合にもいう。＊狭衣物語(1069-77頃か)一「『空言はいとうたてあり。大殿の笛の音にも似ず、世の常ならぬ音は、誰伝へん』と、あさませ給て」＊玉塵抄(1563)一「此の三字の返事をきいてあさうで嘆じてほめたぞ」＊日葡辞書(1603-04)「Asami, u, ŏda(アサム)〈訳〉物を見て最初の予想ほどでないと思う」②意外なことで興ざめる。あきれかえる。＊浜松中納言(11C中)一「『いふかひなし。誰とだに知らせで止みぬるわざをせん』と言ひ合せつつ、おどろきあさむ気色も見せず」㊁『他マ四』①驚きあきれたことだと思う。あさましく思う。＊和泉式部日記(11C前)「いとぞあさましきや。世のなかの人のあさみきこゆることよ」＊更級日記(1059頃)「物の心知りげもなき怪しの童べまで、ひき避(よ)きて行き過ぐるを、車を驚きあさみたること限りなし」②けいべつする。さげすむ。あなどる。＊愚管抄(1220)六・順徳「猶申しゆるさんとする卿の二位をぞ人はあさみける」＊徒然草(1331頃)四一「これを見る人、あざけりあさみて、世のしれ者かな、かく危き枝の上にて安き心ありて眠るらんよ」＊読本・春雨物語(1808)二世の縁「法師はいかりて、『いつはり事也』と云あさみて、説法すれど、聞人やうやう少く成ぬ」＊恋衣(1905)曙染〈与謝野晶子〉「こころ懲りぬ御兄なつかしあざみては博士得ませと別れし人も」 語誌(1)「あさむ」は、対象とする事物の属性や事態に処する自分の認識を「浅いとみなす」が原義か。「あさまし」はこの語が形容詞化したと考えられるが、上代には「あさむ」の確例がない。(2)「あざける」などからの類推で、江戸時代以降「あざむ」とも言われた。「あざむ」の存在は、中世以前には確認できない。 語源説(1)アサ(浅)の動詞化〔大言海〕。(2)オゾムからか〔類聚名物考〕。(3)アタサマメクの反〔名語記〕。 発音〈音史〉近世以後『あざむ』とも。〈標ア〉0 サ 〈京ア〉0 辞書日葡・言海

あさ・む【諌】『他マ下二』やめるように注意する。いさめる。＊書紀(720)垂仁四年九月(北野本訓)「然れども兄の王(おほ)の志を視るに、便ち諌(アサム)こと得まじ」＊書紀(720)継体六年一二月(寛文版訓)「其の妻固く要(アサム)て曰く」

あさ-むかい【朝迎(かひ)】『名』上方の遊里で、朝、遊女などが揚屋(あげや)、茶屋から帰るのを、置屋から男衆が迎えに行くこと。＊洒落本・浪花色八卦(1757)龍胆卦「龍胆は蜆川曾根崎新地の卦也。朝迎遅し」＊雑俳・若とくさ(1790)「ゆったりとほめられて居る朝迎」＊新板当世人情穴さがし(1830-44)「あさ向ひに見世の門口だけ妻楊子つかうて往ぬる 芸子」

あざむかざるのき【欺かざるの記】国木田独歩の日記。全二編。前編は明治四一年(一九〇八)、後編は同四二年に刊行。満二一歳から二五歳までの記録。 発音〈標ア〉ザ²

あざむき【欺】『名』（動詞「あざむく」の連用形の名詞化）あざむくこと。＊和英語林集成（初版）（1867）「Azamuki アザムキ 欺」＊明暗（1916）〈夏目漱石〉七八「わざと欺騙（アザムキ）の手紙を書いたのだといふものがあったなら」 発音〈標ア〉キ ム 0 辞書〈ボン・言海〉 表記 欺（へ・言）

あざむき-い・ず【欺出】『他ダ下二』だましてほかの所に出す。だまして外に出す。＊古今（905-914）雑体・一〇〇三「てるひかり ちかきまもりの 身なりしを たれかはあきの くるかたに あざむきいでて〈壬生忠岑〉」

あざむき-いつわ・る【欺詐】『他ラ四』だましてうそをつく。＊東大寺本大般涅槃経平安後期点（1050頃）「欺（アザムキ）詐（イツハテ）、余の雑薬を以て、買ふ者に語りて言はく」

あざむ・く【欺】 一『他カ五（四）』①㋑相手にあれこれと誘いかけ自分の思うとおりにさせる。相手に本当のことだと思わせてだます。＊万葉（8C後）五・九〇六「布施おきてわれは乞ひ禱（の）む阿射無加（アザムカ）ず直（ただ）に率（ゐ）ゆきて天路（あまぢ）知らしめ〈作者未詳〉」＊新撰字鏡（898-901頃）「佞 阿佐牟久 又加太牟 又伊豆波留」＊源氏（1001-14頃）蛍「女こそものうるさがらず、人にあざむかれむと生まれたるものなれ」＊書陵部本名義抄（1081頃）「紿 イツハル アザムク」＊俳諧・芭蕉翁古式之俳諧（1685）「既にたつ碁に稀人（まれびと）をあざむきて〈嵐雪〉 鴻鴈高く白眼（にらめ）ども落ず〈其角〉」＊学問のすゝめ（1872-76）〈福沢諭吉〉六「官を欺くは士君子の恥づ可き所なれば」＊何処へ（1908）〈正宗白鳥〉一三「まさかそんな聖人もあるまい、君は己れを欺いて趣味や情熱を軽視してるんだ」㋺（「期待・推測などが人をあざむく」という翻訳調の表現で）結果としてだます、の意。期待や推測のとおりにならないことを表わす。＊すみだ川（1909）〈永井荷風〉九「伯父さんはきっと自分を助けてくれるに違ひないと予期してゐたが、その希望は全く自分を欺（アザム）いた」＊雁（1911-13）〈森鷗外〉二四「果して僕の想像は僕を欺（アザム）かなかった」②思うことをそのまま口に出してあれこれと言う。悪く言う。そしる。＊書紀（720）天智六年三月（北野本訓）「是の時、天下の百姓、都遷することを願はずして諷諫（そへアザムク）者多し」＊水鏡（12C後）上・序「吉し悪しを定むべからず。定むべからねばひとへにあらぬ世に成るにやなどあざむき思ふべからず」＊発心集（1216頃か）二・橘大夫発願往生事「法師を見れども貴む心なし。若し教へ進むる人あれば、返って是をあざむく」③相手を軽く見る。見くびる。ばかにする。＊平家（13C前）一一・土佐房被斬「逆櫓（さかろ）立てう立てじの論をして、大きにあざむかれたりしを、梶原遺恨におもひて」＊徒然草（1331頃）一九四「この虚言の本意を、はじめより心得て、少しもあざむかず、構へ出したる人と同じ心になりて、力をあはする人あり」＊太平記（14C後）八・摩耶合戦事「六波羅勢は昨日の軍に敵の勇鋭を見るに、小勢也といへども、欺（アザム）き難しと思ければ」＊天草本伊曾保（1593）或る年寄った獅子王の事「アル シシ〈略〉アルホドノ ケダモノヲ azamuqi（アザムキ）、アタヲナイタ コトワ」④（③の意から。「…を（も）あざむく」の形で）比較する対象を見くだしてもよいほどである。その状態の度合が高いとされるものと比べても、それよりまさる、という意に用いる。…とまぎれるほどである。…に劣らない。…をしのぐ。＊御伽草子・猿の草子（室町末）「此姫君は世に隠れなき姿にて、李夫人、楊貴妃、褒姒（ほうじ）、西施をもあざむき」＊日葡辞書（1603-04）「ハンクヮイ、チャウリャウヲモ azamuqu（アザムク） ホドノ ジン〈訳〉中国のあの名高い（二人の）人を嘲けってもよいほどの、つまりほとんど無視してもよいほどの勇気をもっている人」＊日葡辞書（1603-04）「ハナヲ azamuqu（アザムク） ヨソヲイ」＊仮名草子・浮世物語（1665頃）一・四「呉子・孫子をあざむき、末代の楠正成にも成（なり）なん」＊黄表紙・高漫斉行脚日記（1776）上「茶の湯はみづから千の利休をもあざむく気にて」＊浮雲（1887-89）〈二葉亭四迷〉二・八「常さへ艶やかな緑の黒髪は、水気を含んで天鵞絨（びろうど）をも欺むくばかり」 二『自カ四』①吟詠する。興に乗って吟じる。＊八代集本後拾遺（1086）序「月にあざけり風にあざむくことたえず」②ばかにして笑う。あざ笑う。嘲笑する。＊太平記（14C後）三一・笛吹峠軍事「『あはれ運強き足利殿や』と高らかに欺（アザムイ）て、閑々（しづしづ）と本陣へぞ帰りける」 語誌 (1)「地蔵十輪経元慶七年点-一」などの訓点資料や、「新撰字鏡」「書陵部本名義抄」などの辞書に、「いつはる」「へつらふ」といった訓と並び用いられているところから、平安時代には、これらと似た語感を持つものとして意識されていたと思われる。この「へつらふ」と「あざむく」は、「相手の気持に乗じる」という共通の意義特徴を持っていたものか。(2)虎寛本狂言や西鶴の作品あたりから見える「だます」は、「あざむく」が状況対応の姿勢であるのに対し、相手に積極的に働きかける姿勢が認められる。 語源説 (1)アサ（浅）の語根と、ムク（向）の複合語であろう〔俚言集覧・時代別国語大辞典-上代編〕。(2)アナドリソムクから〔日本釈名〕。また、アサクソムク（浅背）の義。また、アダムク（化向）の転〔和語私臆鈔〕。イヤダマシソムク（彌騙背見来）の義〔日本語原学=林甕臣〕。また、他を向くという意のアザムキ（他方向）から転じて、虚言をいう意に用いられた〔日本古語大辞典=松岡静雄〕。(3)アサムカフ（浅向）の義〔名言通〕。(4)アレ（彼）ヲ-サミシムクル、アレニザレムクルから〔本朝辞源=宇田甘冥〕。(5)オゾミムクの転じたアザミムクの約〔和訓集説〕。(6)アハムク（淡向）から〔言元梯〕。 発音〈標ア〉ム〈ア史〉平安●●●○ 鎌倉●●●● 江戸●●○○〈京ア〉0 辞書 字鏡・和名・色葉・名義・下学・和玉・文明・伊京・明応・天正・饅頭・黒本・易林・日葡・書言・〈ボン〉・言海 表記 欺（色・名・下・玉・文・明・天・饅・黒・易・書・へ・言）誑（色・名・玉・易・書）詒（下・玉・文・伊）詐（字・色・名）嘐（字・名・玉）嗤（色・名・玉）蚩（和・色）悝・謀・謗・矯・騙・陽・張・蒙・謁・譸・詬・紿・詿・詇（色・名）衒（名・玉）瞞（玉・文）譎・讁・諓・譚・佞・諛・譺・誵（字）嘲・誘（色）諭・訝・媚（名）誣・僛・謾・衒（玉）賺（書）

同訓異字 **あざむく【欺・詐・誑・瞞・謾】**
【欺】（ギ）うそをついてだます。あなどりあざむく。「欺瞞」「詐欺」《古 あざむく・たぶらかす・あざける・あなづる》
【詐】（サ）本当らしく振る舞ってだます。うそをついて利益を得る。たぶらかす。「詐欺」「詐称」《古 あさむく・いつはる・へつらふ》
【誑】（キョウ）だましてまどわす。「誑惑」《古 あざむく・たぶらかす》
【瞞】（マン）音が「謾」と通じ、「謾」と同義。「欺瞞」《古 あざむく》
【謾】（マン）あなどり、大げさなことを言ってだます。《古 あざむく・あなどる》

あさ-むこいり【朝婿入】『名』婚礼の当日、式を挙げるに先だち、婿が新婦の家を訪問して、その親と対面する習俗。北九州地方をはじめ、各地に行なわれる。

あさむし-おんせん【浅虫温泉】 青森市東部の海岸にある温泉。津軽・下北の両半島を望む景勝で知られ、江戸時代から開けた。泉質は石膏弱食塩泉。 語源説 (1)麻蒸が語義だが、火に関する字を忌みさけたところから〔卒土が浜つたひ〕。(2)asam は底、または足蹠（あしうら）、ushi は所、場所を表わすアイヌ語からで、凹地の意〔アイヌ語より見たる日本地名研究=バチェラー〕。

あさ-むしろ【麻蓆】『名』麻を編んで作ったむしろ。＊皇太神宮儀式帳（804）「鋪設、長茵廿張、短茵廿張、麻蓆四張〈略〉以上宛二太神宮司一、以二祭日一敷用」 発音〈標ア〉オ

あさむず-の-はし【浅水橋・朝水橋・朝六橋】 一（「あさむず」は「あさみず」の変化したもの）「あさうずのはし（浅水橋）」に同じ。＊催馬楽（7C後-8C）朝津「安佐牟川乃波之（アサムツノハシ）の とどろとどろと 降りし雨の 古りにし我を」＊枕（10C終）六四・橋は「橋は あさむづの橋。長柄（ながら）の橋」＊俳諧・奥の細道（1693-94頃）敦賀「あさむづの橋をわたりて、玉江の蘆は穂に出にけり」 二 催馬楽、律の歌の曲名。「楽家録」所収。 語源説 (1)闇夜でも朝六つ（午前六時）ごろのようにおぼろに人影が見える意から〔俚言集覧〕。(2)浅水にかかった橋の意〔橋の名の伝説=柳田国男〕。 発音〈標ア〉シ 辞書 書言 表記 浅水橋（書）

あさ-むつ【朝六】『名』「あけむつ（明六）」に同じ。＊俳諧・白雄句集（1793）三「朝六や誰も通らず秋の風」 発音〈標ア〉0

あさ-むら【麻村】『名』麻のむらがって生えているところ。ひろびろとした麻の畑。《季・夏》＊俳諧・皮籠摺（1699）上「麻村や家をへだつる水車〈其角〉」

あざ-むら【字村】『名』（町村合併で、市や町に編入された）小さな村落。＊途上（1932）〈嘉村礒多〉「雪子の、長い袖をたをたと波うたせ、若衆の叩く太鼓に合せて字村の少女たちに混って踊ってゐる姿など」 発音〈標ア〉0

あさ-むらさき【浅紫】『名』薄い紫色。薄く染めた紫色。また、その色のもの。＊続日本紀-慶雲三年（706）二月己亥「五世王朝服、依二格始着二浅紫一」＊延喜式（927）一四・縫殿寮「講師。読師七条袈裟二条。講師浅紫綾」＊光悦本謡曲・杜若（1464頃）「夜もしらしらと明る篠目のあさ紫の杜若の花もさとりの心ひらけて」＊浄瑠璃・用明天皇職人鑑（1705）職人尽「またたきもせぬ面色は、あさむらさきの額（ひたひ）の筋」

あさむらさき の 袍（ほう） 二位、三位の人の着用する浅紫色の袍。

あさむらさき-おどし【浅紫威】『名』鎧（よろい）の威（おどし）の一つ。薄紫色の革、糸、綾などで威したもの。薄紫威。

あさ-め【浅目】『名』（「め」は接尾語）比較的浅いと思われる程度や状態。＊虫（1970）〈黒井千次〉「浅目に椅子に腰をおろして」 発音〈標ア〉0 メ

あさ-め【朝目】『名』語義未詳。朝、起きたときに見る目の意か。＊古事記（712）中「故（かれ）、阿佐米（アサメ）よく、汝取り持ちて、天神の御子に献れ」＊志濃夫廼舎歌集（1868）春明草「窓のうちに我をよび入れ朝目よく木の芽にやしてくれし君はも」

あさ-めし【朝飯】『名』朝の食事。あさはん。あさまんま。あさげ。朝食。＊女房進退（室町末-近世初）「武家方には、あさめし、ゆふめしと、おとこ衆はいふ」＊日葡辞書（1603-04）「Asamexi（アサメシ）」＊俳諧・炭俵（1694）上「朝めしの湯を片膝や庭の花〈孤屋〉」＊滑稽本・浮世風呂（1809-13）三・上「朝飯（アサメシ）を仕舞って」＊多情多恨（1896）〈尾崎紅葉〉三「今朝飯（アサメシ）が済んだと云ふ躰（てい）で」 語誌 (1)古代、朝廷などでは朝夕の二食を常とした。天皇にさしあげる朝食のことを「あさがれい」といい、一般には朝食のことを「あさけ」といった。「日葡辞書」には、「Asaqe（アサケ）」「Asaiy（アサイイ）」「Asamexi（アサメシ）」の形があり、中世以降、「あさいい」「あさめし」の形も使われるようになった。「いい」に対して、「めし」は「めしあがりもの」による丁寧語であって、「あさいい」よりも「あさめし」の方が上品な言葉と意識されるようになった。(2)近世以降「あさめし」がもっとも広く用いられたが、近代に「めし」が一般語となるとともに、「あさはん」、またより丁寧な表現として「あさごはん（朝御飯）」が用いられるようになった。 方言 ❶正午ごろの食事。静岡県榛原郡541 三重県志摩054 香川県827 ❷午前九時ごろの食事。島根県鹿足郡725 ◇あさめしこびる〔―小昼〕

発音〈なまり〉アサマス〔岩手〕アサミシ〔岩手・秋田・千葉・新潟頸城・伊予・鳥取〕アサミス〔千葉〕アサメヒ〔鹿児島方言〕〈標ア〉0 〈京ア〉メ 辞書易林・日葡・書言・ヘボン・言海 表記朝飯（へ・言）朝食（易）饔（書）

あさめし-しごと【朝飯仕事】〘名〙（朝飯前の仕事の意）容易なこと。たやすい仕事。あさめしまえ。＊浮世草子・諸道聴耳世間猿（1766）五・三「片腕でも、まだひとりや二人は朝飯仕事と、聞いてゐるうちから癪の上る身のうへ咄」 発音アサメシシゴト〈標ア〉シ2

あさめし-まえ［‥まへ］**【朝飯前】**〘名〙①朝食をとる前。＊俳諧・西鶴大矢数（1681）第三一「霧烟朝食前の事成に ようあゆふたそ六里来て露」＊俳諧・江戸新八百韻（1756）「所ても知らず知らずの藪かたへ〈龍眠〉朝飯前の桔梗かるかや〈米仲〉」＊滑稽本・浮世床（1813–23）初・上「『まだ朝飯前（アサメシマヘ）か』『ハイ今朝（けさ）は朝寝を致（いたし）ました』」＊うもれ木（1892）〈樋口一葉〉三「暫時と止むるも聞かず、朝飯（アサメシ）まへに家を出でけり」②ずっと以前。＊俚言集覧（1797頃）「其位の事はとくに知てゐると云を朝飯前に知てゐると云」③（形動）朝飯前の空腹のときにでも、あるいはそれぐらいの短い時間ででもできるような容易なこと。たやすいこと。あさめししごと。＊滑稽本・八笑人（1820–49）四・追加上「たかが彌五郎ぐらゐの端役（はやく）は、朝飯前の仕事だ」＊西洋道中膝栗毛（1870–76）〈仮名垣魯文〉初・下「店をひらいてポンと手をうちゃア万両売買を朝飯前にしてのける」＊黒潮（1902–05）〈徳富蘆花〉一・三・三「其中に飛び込むで一頭角を抽くは、四年後の晉（すすむ）には朝飯前である」 発音〈標ア〉マ 〈京ア〉マ

あさめしまえ には=動（うご）かされぬ［=できぬ］（朝食前の空腹時では力が入らないことから）物事が容易でないことをいう。＊俚言集覧（1797頃）「朝飯前にはできぬ 物の並より重大なるを甚しくいはんとして、朝飯前にはうごかされぬなどと云。朝はひだるき故也」

あさめしまえ の=茶受（ちゃうけ）［=茶漬（ちゃづけ）］（空腹時の茶受けはたやすく食べられるところから）きわめて簡単なことや容易な仕事にいう。朝腹の茶漬。

あさめ-の-き【―木】〘名〙植物「ねじき（捩木）」の古名。＊重訂本草綱目啓蒙（1847）三一・喬木「綟木 ねぢぎ〈略〉ぬくぬくのき あさめのき 共能州」＊俚言集覧（増補）（1899）「あさめのき 備前の方言、木名ねぢのきをいふ」

あさめ-もとり【阿佐女主水】〘名〙（「もとり」は「もいとり（主水）」の変化したもの）大嘗会（だいじょうえ）に際して、供膳（きょうぜん）に奉仕する采女（うねめ）。＊江家次第（1111頃）一五・大嘗会「天皇還二廻立殿一之後、采女進二南戸下一申云、阿佐女主水夕暁の御膳平に供奉つと申」 補注「松の落葉」では、「阿佐女」と「主水」とに分け、二語とみている。

あさ-も【麻裳】〘名〙麻布で仕立てた粗末な裳。↓麻裳よし

あさ-もと【朝―】〘名〙方言朝方。明け方。新潟県佐渡352 静岡県榛原郡534 磐田郡546

あさ-もどり【朝戻】〘名〙遊里で泊まって朝もどること。「朝帰り」の上方語。＊雑俳・長ふくべ（1731）「朝もどり飯くはぬかといはぬ女房（かか）」＊雑俳・折句袋（1779）「明白に聞いてはすまぬ朝もどり」

あさ-もの【朝物】〘名〙方言朝食。東京都利島331 八丈島335 ◇あさむぬ 沖縄県宮古島・波照間島975 石垣島・竹富島996

あさ-も-の-みそ〘名〙「あさ（麻）の衣（きぬ）②」に同じ。＊書紀（720）天智即位前（北野本訓）「七年の七月丁巳に、崩（かむあが）りましぬ。皇太子、素服（アサモノミソ）たてまつり称制（まつりごときこしめ）す」

あさ-もや【朝靄】〘名〙朝方たちこめるもや。朝のもや。＊紫（1901）〈与謝野鉄幹〉清狂「花売の小車涼しあさ靄に菖蒲ひと車（くるま）載せて門行く」＊和蘭皿（1904）〈生田葵山〉朝景色「朝靄（アサモヤ）は地に低う絹薄の裳裾を引いて居る様に四辺を籠めて」＊夜明け前（1932–35）〈島崎藤村〉第二部・上・五・六「一同朝靄の中を出掛けた」 発音〈標ア〉0モ 〈京ア〉0

あさ-もゆ【朝―】〘名〙「あさもよい（朝催）①」の変化した語。＊日葡辞書（1603–04）「Asamoyu（アサモユ）〈訳〉歌語。朝、食物などを用意すること」

あさ-も-よい【麻裳―】枕「あさもよし（麻裳―）」の変化した語。＊今鏡（1170）一〇・ならのみよ「あさもよひ紀の関守がたづか弓ゆるす時なくあが思へる君」＊壬二集（1237–45）「胸も燃え袖にかけてもあさもよひ紀の川波は帰る瀬ぞなき」＊大観本謡曲・巴（室町末）「行けば深山も麻裳よい、行けば深山も麻裳よい、木曽路の旅に出でうよ」

あさ-もよい［‥もよひ］**【朝催】**〘名〙（枕詞「あさもよい」の誤解から生じた語）①朝飯のしたく。または朝飯を食すること。また、その頃。＊俊頼髄脳（1115頃）「あさもよひきの河ゆすり行く水のいつさやむさやいつさやむさや、〈略〉あさもよひとはつとめて物くふ折をいふなり」＊宴曲・宴曲集（1296頃）五・朝「遠里遙に見渡せば、朝食（け）の煙の朝もよひ、賙（にぎは）ふ民の竈（かまど）は、栄ゆる御代の徴（しるし）也」＊木因宛芭蕉書簡－天和二年（1682）二月上旬「鳶の居る花の賤屋の朝もよひまきたつ山の煙見ゆらん〈木因〉」＊浄瑠璃・堀川波鼓（1706頃か）下「京わらんべの口ずさみ家々ごとに朝もよひ、万に心もみうりをきざむ音さへ比叡の山」②朝の様子。朝の景色。＊箏曲考（1786）二・四季富士「春は霞のあさもよひ、きのふの雪をそれながら、うへなき花の色ぞとて、見るや山はふじのね」 発音〈標ア〉モ 辞書日葡・書言 表記朝炊飯（書）

あさ-も-よ-し【麻裳―】枕（「よ」「し」は間投助詞から）地名「紀」「城上（きのへ）」にかかる。＊万葉（8C後）一・五五「朝毛吉（あさモよし）紀人（きひと）羨（とも）しも亦打山（まつちやま）行き来（く）と見らむ紀人羨しも〈調淡海〉」＊万葉（8C後）二・一九九「朝毛吉（あさモよし）城上（きのへ）の宮を 常宮（とこみや）と高くしたてて〈柿本人麻呂〉」＊万葉（8C後）四・五四三「たまだすき 畝火（うねび）を見つつ 麻裳吉（あさもよし）紀路に入りたち〈笠金村〉」＊滑稽本・浮世風呂（1809–13）三・下「うまじものあべ川もちはあさもよしきな粉まぶして昼食ふもよし」 語誌アサモは「麻裳」「朝裳」の表記があるが、紀の国で麻を産したことは、「延喜式－二三・民部」や、「麻衣着ればなつかし紀伊の国の妹背の山に麻蒔く我妹〈藤原卿〉」〔万葉－七・一一九五〕からもわかるので、「麻裳」が原義で、良い麻裳を産する紀の国の「紀」にかかると考えられる。転じて、同音の「城上（きのへ）」にもかかった。一方、「朝裳」「麻裳」を「着る」の意から「紀（城・木）」にかかるとする説もあるが、この場合は、キが「着る」では甲類、「紀」では乙類と異なるので当たらない。 上仮名アサモ|ヨシ

あさ-もり【朝森】〘名〙朝の森。朝の静かな感じのする森。＊あらたま（1921）〈斎藤茂吉〉三月三〇日「赤坂の見付を行きつ目のまへに森こそせまれゆらぐ朝森」

あさ-やいと〘名〙植物「きがんぴ（黄雁皮）」の古名。＊俚言集覧（1797頃）「あさやいと 近江の方言、草名きこがんぴをいふ」＊重訂本草綱目啓蒙（1847）一三・毒草「蕘花 きこがんぴ〈略〉又一種白花の蕘花ありこがんぴと云、一名〈略〉あさやいと 江州」

あざ-やか【鮮―】〘形動〙（「やか」は接尾語）①ほかのものよりよく目に立つさま。はっきり見えるさま。鮮明な印象を与えるさま。＊枕（10C終）二七七・御前にて人々とも「高麗縁（かうらいばし）の〈略〉縁（へり）の紋いとあざやかに黒う白う見えたるを」＊源氏（1001–14頃）空蟬「目すこし腫（は）れたる心ちして、鼻などもあざやかなる所なうねびれて、にほはしき所も見えず」＊徒然草（1331頃）二五「兼行が書ける扉、あざやかに見ゆるぞあはれなる」②目に立って美しいさま。いきいきして美しいさま。＊書紀（720）雄略二三年八月（前田本訓）「但し朝野（みやこひな）の衣冠、未だ鮮麗（アサヤカ）にすることを得ず」＊枕（10C終）二三・清涼殿の丑寅のすみの「濃き紫の固紋（かたもん）の指貫、白き御衣（おんぞ）ども、うへには濃き綾（あや）のいとあざやかなるをいだして」＊人情本・春色梅美婦禰（1841–42頃）二・一〇回「モシ毎度（いつも）美麗（アザヤカ）でござへますネ」③新しくて気持がよいさま。新鮮であるさま。いきのいいさま。＊宇津保（970–999頃）あて宮「少将、あさのよそひあざやかにて、たいめんし給へり」＊枕（10C終）三六・七月ばかりいみじうあつければ「いとつややかなる板の端近う、あざやかなる畳一ひら、うち敷きて」＊古今著聞集（1254）八・三二一二「この魚を母のもとへつかはして、今一度あざやかなる味をすすめて」④容姿などが、すっきりと水際立って立派なさま。＊源氏（1001–14頃）藤裏葉「いづれとなくをかしきかたちどもなれど、なほ人にすぐれてあざやかに清らなるものから」＊人情本・春色辰巳園（1833–35）後・一〇回上「いつもより男ぶりがあざやかだから、幽霊でもありゃアしねへかと案じてゐたはね」＊浮城物語（1890）〈矢野龍渓〉四〇「欧州の女子已に斯の如く姣美（アザヤカ）なり」⑤性質、言動などが、きっぱりしているさま。はきはきしているさま。＊源氏（1001–14頃）柏木「うちひそみつつぞ見給ふ。御さま、例は心強うあざやかに、誇りかなる御けしき、なごりなく、人わろし」＊夜の寝覚（1045–68頃）三「内外いとさわがしければ、あざやかにもてなし、よろづ細かにおきてもてない給て」＊増鏡（1368–76頃）一・おどろの下「御心ばへは、新院よりも少しかどめいて、あざやかにぞおはしける」＊浮世草子・西鶴織留（1694）一・四「長口上あざやかに、すこし料理も心がけ」⑥際立って見事であるさま。非の打ちどころがない様子。＊愚管抄（1220）三・崇峻「ままこにておやのかたきなれば、道理もあざやかなり」＊増鏡（1368–76頃）一一・さしぐし「中務の宮の御女は、もとよりいとあざやかならぬ御覚えなりしかば」⑦動作や技術がさえていて、非常にたくみなさま。＊歌舞伎・傾城浜真砂（1839）三幕「『痣はあるし平（ひらた）い顔ぢゃが、それでも大の色事師でござります』〈略〉『それと云ふが、これが鮮（アザヤ）かからの事ぢゃ』ト三絃（さみせん）弾く真似をする」＊落語・王子の幇間（1889）〈三代目三遊亭円遊〉「此間も停車場で蝙蝠傘を二本窃（とっ）た時の手際抔てェものは、実に巧妙（アザヤカ）でげした」 語誌(1)アザは「あざけり」「あざむき」と同根で、心情に関わりなく強烈にあらわれることをいうか。(2)中古では衣装や調度の色彩のコントラスト、姿形、態度などの視覚的な鮮明さに用いる場合と、性格、態度、手腕などがきわだっているなど、質的な価値判断をこめて人事に用いる場合とがある。(3)語幹を同じくする「あざらか」が魚肉などの鮮度をいうのに対して、「あざやか」は美的形容をもっぱらとしていたが、中世にヤカとラカの区別がうすれるにつれて、「あざらか」が消滅して、「あざやか」が新鮮なの意味でも用いられるようになる。 語源説(1)アはアク（明）の語根で、アサヤカ（明清）の意〔名言通・大言海〕。アキラカ（明）ニ-サヤカ〔和句解〕。アキ（明）サヤカの義か〔和訓栞〕。(2)アリとサヤカナル（清）の義〔日本語源＝賀茂百樹〕。(3)アはアラハルル（顕）、サは広がり騒ぐ、ヤはイヤ（彌）の略、カは日。日が天に顕われ、光が四海に広がる様子から〔国語本義〕。(4)アサフ（貯）と通じる語〔紫門和語類集〕。(5)ウチミノキヨラシキをいう語〔名語記〕。 発音〈標ア〉ザ 〈ア史〉平安○○◍○ 〈京ア〉ヤ 辞書字鏡・色葉・名義・和玉・文明・明応・天正・饅頭・黒本・易林・日葡・書言・ヘボン・言海 表記鮮（色・名・玉・文・明・天・饅・黒・易・書・言）倩（色・名・

玉) 瑳(字・名) 綷(色・名) 的歴(易・書) 鮮明(色) 倩・牲・美・花・萎・擅・蒨・蠡・青熒(名) 偆・嚊・鱗・縩(玉) 旻(文) 蒨練(易) 粲爛・粲然・眗煥(書) 粲(へ)

あざやか-さ【鮮―】〘名〙(「さ」は接尾語) 目に立って美しいこと。はっきりしていること。たくみで見事なこと。また、その度合。＊日葡辞書(1603-04)「Azayacana(アザヤカナ)〈略〉Azayacasa(アザヤカサ)」＊灰燼(1911-12)〈森鷗外〉一六「見る度に新に驚く程のあざやかさである」＊旅日記から(1920-21)〈寺田寅彦〉八「青や朱や黄の顔料の色の美しい鮮かさと」 辞書日葡

あざ-や・ぐ【鮮―】 ㊀〘自ガ四〙(「やぐ」は接尾語) ①まわりからはっきりと目立って注意を引く。際立つ。＊源氏(1001-14頃)浮舟「侍従も、あやしきしびら着たりしを、あざやぎたれば、その裳をとり給ひて、君に着せ給ひて、御手水まゐらせ給ふ」＊在りし日の歌(1938)〈中原中也〉含羞「ああ！ 過ぎし日の 仄燃えあざやぐをりをりは わが心 なにゆゑに なにゆゑにかくは羞ぢらふ…」 ②性質などが、てきぱきしている。はっきりしてきついところがある。きりっとしている。＊源氏(1001-14頃)乙女「ねたしとおぼすに、御心動きて、少し雄々しくあざやぎたる御心には、しづめがたし」＊源氏(1001-14頃)宿木「ものものしくあざやぎて、心ばへもたをやかなる方はなく」 ③しなやかでない。ごつごつする。＊源氏(1001-14頃)手習「白きひとへの、いと情なくあざやぎたるに、袴も檜皮(ひはだ)色にならひたるにや、光も見えず」 ㊁〘他ガ下二〙(㊀の他動詞化したもの) ぱっと派手な美しさにする。あざやかにする。＊栄花(1028-92頃)ゆふしで「よろづ変らぬ御有様なるに、宮たちの御衣(おんぞ)ばかりをぞ、あざやげさせ給て」＊言国卿記-文明六年(1474)二月一〇日「今日豊将監来。黄鐘の鳥急をあさやけ了」 発音アザヤグ〈標ア〉ヤ 辞書言海 表記鮮(言)

あさ-やけ【朝焼】〘名〙 日の出のとき、東の地平線近くの空が、日光の反射で赤く燃えるような色を呈すること。あさあけ。暁紅。《季・夏》＊俳諧・文化句帖-二年(1805)五月「朝やけがよろこばしいか蝸牛(かたつむり)」＊随筆・梅園日記(1845)一「朝あけ〈略〉按ずるに、朝あけのあけはあかきをいふ。今いふ朝やけなり。あの声のやのごとく聞ゆるは、歌合根合などのたぐひ也」＊歌舞伎・因幡小僧雨夜噺(1887)大切「酷い降りであった。今朝朝焼けが大層したから、降るだらうとは思ったが」 語源説 (1)アサアケ(朝明)の転〔俚言集覧〕。(2)アサアケ(朝朱)の転〔大言海〕。 発音〈標ア〉0 〈京ア〉0 辞書〈ボン・言海〉 表記暁霞(へ) 朝焼(言)

あさやけ小焼(こやけ) (「小焼け」は語調を整えるために添えた語) 日の出に、東の空が赤く見えること。＊童謡・大漁(1924)〈金子みすず〉「朝焼小焼だ大漁だ」

あさやけは其(そ)の日(ひ)の洪水(こうずい) 朝焼けがすると、その日は大雨がふるの意。朝虹(あさにじ)はその日の洪水。＊諺苑(1797)「朝霓(あさにじ)は其日の洪水。又、朝やけは其日の洪水とも云」

あさやけ-ぐも【朝焼雲】〘名〙 日の出のとき日光で赤く染まった雲。《季・夏》 発音アサヤケグモ〈標ア〉グ

あざや-け・し【鮮】〘形ク〙 あざやかである。新鮮である。あざらけし。＊どぜう地獄(1924)〈岡本一平〉一四「両肩から胸の中をも手を突込んで撫で擦った。撫でた痕の皮下に何(いづ)れも鮮(アザヤ)けき血が湧き循(めぐ)って来た」＊海豹と雲(1929)〈北原白秋〉汐首岬「たうたうと波騒(さや)ぐ汐首岬、鮮(アザ)やけし、雑草(あらくさ)の青(さを)、さみどり」 発音〈標ア〉ケ

あさや・ける【朝焼】〘自カ下一〙(「あさやけ(朝焼)」の動詞化) 日の出のとき、東の空が陽光で赤く染まる。＊枯野抄(1918)〈芥川龍之介〉「一しきり赤々と朝焼けた空は、又昨日のやうに時雨(しぐ)れるかと」

あさ-やなぎ【朝柳】〘名〙 朝の柳。春の朝、露を帯びて青々としている柳。《季・春》＊俳諧・千鳥掛(1712)上・春「朝柳平等院の本尊かな〈沾洲〉」

あさ-やま【朝山】〘名〙 ①朝の山。朝、見る山。朝の景色の変化する山。＊俳諧・発句題叢(1820-23)冬「朝山や風も嵐も霜の下〈一草〉」 ②朝の山狩り。＊浄瑠璃・世継曾我(1683)一「去ぬる廿日のあさ山に、御むやの徳竹(とくたけ)が手負猪(ておひじし)に追立てられ、今をかぎりと見請し時」 ③正月の年賀客に供する取肴(とりざかな)。食摘(くいつみ)。 発音〈標ア〉0

あさやま巻(ま)く 朝、船出する。朝、出帆する。＊俚謡・下田節(明治-大正期か)静岡(日本民謡集所収)「伊豆の下田を 朝山巻けば 晩にゃ志州の 鳥羽の浦」

あさやま夕山(ゆうやま) 朝夕は、山が遠く見えること。舟人のことわざ。〔俚言集覧(1797頃)〕

あさやま【朝山】 姓氏の一つ。 発音〈標ア〉0

あさやま-いりんあん【朝山意林庵】 江戸前期の儒学者。名は素心。京都の人。朝山日乗の孫。豊前の細川忠利に仕え、帰京後朝鮮使李文長に朱子学を学んだ。承応二年(一六五三)後光明天皇に「中庸」を講じた。天正一七～寛文四年(一五八九～一六六四)

あさやま-にちじょう【朝山日乗】 室町末期の僧。宗派は法華宗であったともされるが不詳。出雲朝山の人。織田信長に用いられた。キリシタン追放をはかったが、耶蘇(ヤソ)会宣教師フロイスとの宗論に敗れた。天正五年(一五七七)没。

あさやまいちでん-りゅう【浅山一伝流】〘名〙 江戸時代初期、丸目主水門下の浅山内蔵助が創始した剣道流派。浅山流。大捨(たいしゃ)流。 発音アサヤマイチデンリュー〈標ア〉0

あさ-やり【朝遣】〘名〙 朝のうちに飲酒など、ある特別なことをすること。＊人情本・花筐(1841)二・七回「一升酒瓶(どくり)の底抜け上戸〈略〉『コレサ玉公、此方へ来な』『ハハア朝やりだの』」

あさ-ゆ【朝湯】〘名〙 朝、入浴すること。また、朝の銭湯。＊雑俳・柳多留-三(1768)「朝湯には一人か二人通りもの」＊滑稽本・浮世風呂(1809-13)大意「他(ひと)の異見は朝湯(アサユ)の如く、己が身に染(しみ)わたるべし」＊滑稽本・浮世床(1813-23)初・上「アイサ。朝湯(アサユ)は奇麗で能(いい)が、ヤこむぞこむぞ」 発音〈標ア〉サ 〈京ア〉ア

あさ・ゆ【浅】〘自ヤ下二〙 色などが浅くなる。色があせる。色が薄らぐ。褪(あ)す。＊馬内侍集(11C前)「くるしとて色に出づればあさえけり染めてくやしき花を見るかな」

あさ-ゆう【朝夕】〘名〙 ①朝と夕べ。朝晩。ちょうせき。また「毎日」「常に」などの意で副詞的にも用いる。＊宇津保(970-999頃)国譲中「もろともにあさゆふわかずみそぎせしはやくのせぜに思ひでらるる」＊源氏(1001-14頃)椎本「なほ常の御心にも、あさ夕の隔て知らぬ世のはかなさを、人よりけに思ひ給へりしかば」＊月清集(1204頃)下「月も日もまづ出でそむる方なればあさゆふ人のうちながめつつ」＊徒然草(1331頃)一四〇「朝夕なくてかなはざらん物こそあらめ」 ②朝夕の炊煙、食事。渡世。経済。＊虎明本狂言・連歌盗人(室町末-近世初)「朝夕さへ成かぬるなりで、かやうに心がくる事」＊浄瑠璃・出世景清(1685)一「あさ夕にせまりかかるわびしき営みを仕る」 発音アサユー〈標ア〉ア 〈ア史〉江戸●○○○と●●○○の両様 〈京ア〉サ/サ 辞書文明・天正・日葡 表記朝暮(文) 朝夕(天)

あさゆうの煙(けぶり) 朝夕の炊事の煙。その日の暮し。生活。＊広本拾玉集(1346)五「朝夕のけぶりをよその眺めにてあはれいつまで明かしくらさむ〈隆寛阿闍梨〉」＊仮名草子・尤双紙(1632)下・三三「はづかしき物の品々〈略〉かくてあさゆふのけぶり絶絶におとろへはてんよりはとて、二人中を引わかれて出にけり」

あさゆうの御饌(みけ) 神社で、毎日朝夕に神に供える御饌。＊皇太神宮儀式帳(804)「朝夕御饌并処処神宮御饌塩焼備忌敬供奉」＊止由気宮儀式帳(804)「供奉二所太神朝夕御饌并雑事行事壱条」

あさ-ゆうがお【朝夕顔】〘名〙 朝顔と夕顔。＊類従本赤染衛門集(11C中)「あさがほゆふがほ植ゑてみしころ ひるまこそ慰むかたはなかりけれ朝夕がほの花もなきまは」

あさゆう-ぎり【朝夕霧】〘名〙 朝夕の霧。朝霧と夕霧。＊源氏(1001-14頃)椎本「君達は、あさゆふぎりの晴るる間もなく、おぼし歎きつつ眺め給ふ」 補注 一説に「朝夕」を連用修飾語とする。

あさゆう-すずみ【朝夕涼】〘名〙 夏の、朝夕の涼しい時。＊源氏(1001-14頃)若菜下「あさゆふすずみも無き頃なれど、身もしむる心地して」＊永承六年禖子内親王歌合(1051頃)「やがて身のいかでか消えむ夏の日のあさゆふすずみなしといふとも」 補注 一説に「朝夕」を連用修飾語とする。

あさゆう-つぎ【朝夕継】〘名〙 宿駅で、朝から夕べへ、その夕べから翌朝へと、夜を日に継いで人馬を継ぎ立てることか。＊駅肝録-文政五年(1822)閏正月「朝夕継は難ニ相成、御定人馬之外は、都而稼人馬を相対雇可レ致事」

あさゆう-つゆ【朝夕露】〘名〙 朝露と夕露。＊源氏(1001-14頃)野分「同じき花の枝ざしすがた、あさゆふ露の光も世の常ならず、玉かとかがやきて」 補注 一説に「朝夕」を連用修飾語として「かがやきて」にかける。

あさ-ゆうべ【朝夕】〘名〙「あさゆう(朝夕)」に同じ。＊俳諧・丈草発句集(1774)秋「朝夕べ秋の廻るや原の庵」

あさ-ゆき【朝雪】〘名〙 朝の雪景色。＊雪国(1935-47)〈川端康成〉「あの夕景色の鏡や朝雪の鏡が、人工のものとは信じられなかった。自然のものであった」

あさゆく-つき【朝行月】〘名〙 朝まで残っている月。残月。有明の月。＊頼政集(1178-80頃)上「天の原朝行月のいたづらによに余さるる心ちこそすれ」

あさ-ゆだち【朝夕立・朝白雨】〘名〙 朝のうちにふる強いにわか雨。昼になれば晴れるものとされる。＊雑俳・手ひきぐさ(1824)「後の為・朝白雨笑む水団屋」

あさ-よ【浅夜】〘名〙 夜の浅い時分。夜になってまもない頃。↔夜深(よぶか)。＊林泉集(1916)〈中村憲吉〉浅宵裸馬の列「灯のなかを遠く疲れて行くならん浅夜の辻の裸馬(らば)の一列」

あさ-よい【朝宵】〘名〙 朝と夕べ。朝晩。朝夕。＊万葉(8C後)一七・四〇〇六「安佐欲比(アサヨヒ)に見つつゆかむを 置きて行かば惜し〈大伴家持〉」

あさ-よさ【朝夜】〘名〙(「よさ」は「夜」に同じ) 朝と夕べ。あさゆう。＊俳諧・桃舐集(1696)「あさよさを誰まつしまぞ片ごころ〈芭蕉〉」

あさ-よる【朝夜】〘名〙 方言 ⇨あさ(朝)の夜

あさら〘名〙 植物「せり(芹)」の異名。＊能因歌枕(11C中)「芹をば、あさらといふ」

あさら-い【浅井】〘名〙(「浅ら」は、形容詞「浅し」の語幹に、接尾語「ら」の付いたもの) 底の浅い井。＊俳諧・桃李(1780)「五里に一舎かしこき使者を労(ねぎら)ひて〈蕪村〉 茶に疎からぬあさら井の水〈几董〉」＊俳諧・我春集(1811)「あさら井や猫と杓子と梅花」

あさら-か【浅―】〘形動〙 浅いさま。薄いさま。淡々としたさま。＊万葉(8C後)一二・二九六六「紅の薄染衣浅爾(あさらかに)相見し人に恋ふるころかも〈作者未詳〉」

あざら-か【鮮―】〘形動〙 魚などが新鮮なさま。↓「あざやか(鮮)」の語誌。＊霊異記(810-824)下・一「鬮

髏を見れば三年に至るも其の舌腐ちず、菀然(むせか)に生(アサラカ二)して有り〈国会図書館本訓釈 生 悪左良可爾之弖〉」 ＊土左(935頃)承平五年二月八日「ある人、あざらかなる物もてきたり」 ＊観智院本三宝絵(984)中「童ゆきてあさらかなる鱶(なよし)八を買ひて」

あさら・ぐ【浅】〘自ガ下二〙 次第に浅くなる。淡くなってゆく。薄らぐ。 ＊幸若・いるか(室町末‐近世初)「いかにもして御なかのあさらけなむをたくみ、ざむしむのきゃうがいを奏問すると申せとも、御門御もちいなかりしかと」

あさら‐け【浅甕】〘名〙(「浅ら」は、形容詞「浅し」の語幹に、接尾語「ら」の付いたもの) 底の浅い甕(かめ)。さらけ。

あざら‐け【鮮―】〘名〙(「あさらけ」とも) なまのもの。鮮魚。生魚。 ＊読本・雨月物語(1776)夢応の鯉魚「生(しゃう)を殺し鮮(アサラケ)を喰(くら)ふ凡俗の人に、法師の養ふ魚必ずしも与へず」

あざら‐けき【鮮】〘名〙(形容詞「あざらけし」の連体形の名詞化。「あさらけき」とも) 新しい魚。新鮮な魚。 ＊地蔵菩薩霊験記(16C後)七・五「海上の漁人、水中の鮮(アザラケキ)も滅罪の益にあづかり」 ＊三体詩素隠抄(1622)二・四「定めて此人は、乱世の禄をはまずして、あざらけきをはんで、世をわたるよと推量して、やふやく吟行したれば、又いつくとも知ぬ山里、人煙が見へたぞ」 ＊読本・雨月物語(1776)菊花の約「美酒(よきさけ)を沽(か)ひ鮮魚(アサラケキ)を宰(に)て厨(くりや)に備ふ」

あざら‐け・し【鮮】〘形ク〙 あざやかである。生き生きしていて新しい。新鮮である。 ＊書紀(720)仁徳即位前(前田本訓)「更に返りて他(あだし)鮮(アサラケ)き魚を取りて献(たてまつ)る」 ＊霊異記(810‐824)下・六「弟子師の語を受け、紀伊国の海辺に至りて鮮(アサラケキ)鯔(なよし)八隻(しゃく)を買ひて〈真福寺本訓釈 鮮 アサラケキ〉」 ＊観智院本名義抄(1241)「鮮 アザラケシ」 ＊両足院本毛詩抄(1539)三「玭はあざらけい貌ぞ。鮮に揄翟などをきていられたよ」 発音〈標ア〉ケ 辞書 名義 表記 鮮(名)

あざらし【海豹】〘名〙 ①アザラシ科の哺乳類の総称。アシカやオットセイに似ているが、外耳はない。四つあしは毛でおおわれ、爪がよく発達している。ひれ状の後ろあしは前に曲げられないが、魚の尾びれのように動かせる。体毛はかたく、綿毛はない。体長一・六～一・七メートルで黒ないし黒褐色地に銭形の白斑紋のあるゼニガタアザラシ、体長約一・五メートルで灰色地に小黒点があるゴマフアザラシなど一九種があり、主に北洋と南極周辺にすみ、魚などを捕食する。皮・脂肪が利用される。ねつぶ。学名は Phocidae ＊十巻本和名抄(934頃)七「水豹 文選西京賦 搤水豹〈阿左良之〉」 ＊奥州後三年記(1347)上「其ほか金羽。あざらし。絹布のたぐひ。数しらずもてまいれり」 ②スキーで、スキー板の滑走面につけて滑り止めとして用いるアザラシの皮。シールスキン。シール。 ＊弔花(1935)〈豊田三郎〉「『奥日光の林間滑走も捨てたもんぢゃないさ』とか、『あざらしはどうしても欲しいですな』とか、この間から、わいわい相談してゐるスキーのプランの続きなのだ」 語源説 (1)もと蝦夷(えぞ)語〔和訓栞〕。(2)アサラシ(磯鹿)から〔碩鼠漫筆・日本語源＝賀茂百樹〕。 発音〈標ア〉ザ〈ア史〉平安○○○○〈京ア〉0 辞書 和名・色葉・名義・文明・伊京・明応・天正・饅頭・黒本・易林・日葡・書言・〈ボン〉・言海 表記 水豹(和・色・名・文・伊・明・天・饅・黒・易・書・へ) 海豹(言)

海 豹 ①

あざらし‐がわ【海豹皮・水豹皮】〘名〙 アザラシの毛皮。古くから尻鞘(しりざや)、腹纏(はらまき)、貫(つらぬき)、その他馬具などに用いられた。また、シールスキンあるいはシールと称してスキーの裏面にはりつけ、登坂の際の滑り止めに用いる。 ＊新儀式(963頃)四・野行幸事「鷹飼四人〈略〉〈猪皮後鞘、水豹皮腹纏〉」 ＊台記‐仁平三年(1153)九月一四日「水豹皮五枚」

あざらし‐しょう【海豹肢症】〘名〙 四肢の長骨の欠損あるいは不完全発育で、手首や足首が直接胴についているように見える形態異常。内因または、妊娠中のサリドマイド服用などの外因によるとされる。短肢症。 発音 アザラシシショー〈標ア〉シ2

あさら‐の‐ころも【浅衣】〘名〙(「浅ら」は、形容詞「浅し」の語幹に、接尾語「ら」の付いたもの) 色浅く染めた衣。薄染め衣。「浅らかに」の序詞にも用いる。 ＊万葉(8C後)一二・二九七〇「つきそめの浅等乃衣(あさらのころも)浅らかに思ひて妹にあはむものかも〈作者未詳〉」

あさらめ‐ごと【顕事】〘名〙 表面に現われる事。 ＊観智院本名義抄(1241)「顕事 アサラメコト」 補注「玉くしげ」では、「幽事(神事)」に対する、天下万般の政治、の意に用いている。 辞書 名義 表記 顕事(名)

あさり【浅】〘名〙 川や海の、浅い所。浅み。浅瀬。 ＊発心集(1216頃か)四・武州入間川沈水事「地はさながら白浪にて、いささかのあさりだになし」 ＊古今著聞集(1254)一・二八「あさりにはしばしよどむぞ山川の流れもやらぬ物な思ひそ」 ＊日葡辞書(1603‐04)「Asari(アサリ)〈訳〉海または川の浅い場所」 方言 島根県石見725 香川県塩飽諸島829 愛媛県840 越智郡848 高知県長岡郡869 大分県速見郡012 鹿児島県種子島054 ◇あさい 薩摩†137 千葉県山武郡270 香川県伊吹島829 辞書 日葡

あさり【朝―】〘名〙 方言 ⇩あささり(朝―)

あさり【漁】〘名〙(動詞「あさる(漁)」の名詞化) ①あさること。魚貝類をとること。また、えさを探すこと。すなどり。いさり。 ＊万葉(8C後)五・八五三「阿佐里(アサリ)する海人の子供と人は云へど見るに知らえぬうま人の子と〈大伴旅人〉」 ＊万葉(8C後)一八・四〇三四「奈呉の海に潮のはや干ばあさりしに出でむとたづは今そ鳴くなる〈田辺福麻呂〉」 ＊源氏(1001‐14頃)須磨「あまどもあさりして貝つ物もてまゐれるを召し出でて御覧ず」 ②捜し求めること。探ること。 ＊栄花(1028‐92頃)見はてぬ夢「あな物ぐるほし、盗人あさりすべしなどこそいふめれ」 ＊御伽草子・鴉鷺合戦物語(室町中)「千鳥は川のほとりにあさりしてなかりけるに」 語誌「無名抄」に「或人云く、あさりといひ、いさりといふは同じ事なり。それにとりて朝(あした)にするをばあさりと名づけ、夕(ゆふべ)にするをばいさりといへり。これ東の海士(あま)の口状なり」とある。ここで海士のことばとして、「いさり」を夕漁、「あさり」を朝漁とするのは、「いさり火」や「万葉集」の「朝入」の表記、「朝には海辺にあさりし〈膳王〉」〔六・九五四〕からの連想によるものであり、「夕なぎにあさりするたづ〈作者未詳〉」〔七・一一六五〕によれば、朝夕に関わるのではないことがわかる。「いさり」は「いさりする海人の釣り舟〈作者未詳〉」〔一五・三六〇九〕、「沖辺をみればいさりする〈遣新羅使人〉」〔一五・三六二七〕とあって海上の漁、「あさり」は磯や潟の漁で、むしろ「色葉和難抄」のいう「清(輔)云、あさりとはしほのひるまに、海士の浜に出て、砂子のなかを、あしにてほる様にして蛤をとるをいふなり」の方が当たっていよう。 発音〈標ア〉0 辞書 色葉・言海 表記 大索(色) 漁(言)

あさり【浅利】 姓氏の一つ。

あさり【浅蜊】〘名〙 マルスダレガイ科の二枚貝。殻は卵形で、殻長約四センチメートル。表面は灰白色の地に細かい布目状のすじや灰青色の斑紋や斑点があり、色彩は変化に富む。日本各地の内湾域の砂泥地に多く生息する。肉は食用とされる。近縁種にヒメアサリなどがある。あずまうたた。べにあさり。やまぶき。しらきじ。かのこ。あさりがい。学名は Ruditapes philippinarum《季・春》 ＊俳諧・毛吹草(1638)四「馬刀 蜊(アサリ) 帆立貝」 ＊俳諧・七番日記‐文化九年(1812)一〇月「陽炎にぱっかり口を蜊哉」 語源説 (1)アサリガヒ(求食貝)の義〔桑家漢語抄・本朝辞源＝宇田甘冥・大言海・日本語源＝賀茂百樹〕。(2)浅い水に住む貝の意から〔本朝食鑑・日本語源＝賀茂百樹〕。(3)サリは砂利と同語。砂中にいる貝の意から〔箋注和名抄〕。(4)アヤスヂアリ(文線在)の義〔日本語原学＝林甕臣〕。 発音〈なまり〉アサレ〔岐阜〕アシャラ〔紀州〕アシャラ〔和歌山県〕〈標ア〉0〈京ア〉0 辞書 易林・〈ボン〉・言海 表記 蜊(易・へ) 浅蜊(言)

あさ‐り【歯振】〘名〙 のこぎりの歯の先端の左右への広がり。挽道(ひきみち)の幅を広げ、おがくずを外に押し出すためのもの。動作を容易にする働きをもつ。

あさり〘名〙 方言 ❶貝、よめがかさ(嫁笠)。東京都三宅島333 ❷動物、かめのて(亀手)。島根県隠岐島740 ❸蛸(たこ)の巣。愛媛県温泉郡054

あざり【足入】〘名〙 馬場の溝で、馬を入れるための所。 ＊庭訓往来抄(1631)上「笠懸の事。馬場を二町半町に拵て中に溝を掘通すなり。溝の上下に馬打入の大溝をほる。其をあざりと云なり。足入のなりは三隅にする也」

あざり【阿闍梨】〘名〙 仏語。①「あじゃり(阿闍梨)①」に同じ。 ＊宇津保(970‐999頃)吹上下「悟いと深く、験(しるし)あり。院奏せさせ給て、真言院のあざりになされぬ」 ＊源氏(1001‐14頃)若紫「あざりなどにもなるべき者にこそあなれ。行ひの労は積りて、公に知ろしめされざりけること」 ②「あじゃり(阿闍梨)②」に同じ。 ＊枕(10C終)一二三・暑げなるもの「七月の修法のあざり、日中の時(じ)などおこなふ」 ③「あじゃり(阿闍梨)③」に同じ。 ＊狭衣物語(1069‐77頃か)一「仁和寺の何がしのあざりの車にて、母上の、太秦(うずまさ)に参りて帰らせ給ふなり」 発音〈標ア〉0 ア 辞書 色葉・書言・〈ボン〉・言海 表記 阿闍梨(色・書・言)

あさり‐あり・く【漁歩】〘自カ四〙 鳥や獣がえさを求めてあちらこちら動きまわる。 ＊蜻蛉(974頃)中・天禄元年「川づらに、放ち馬どものあさりありくもはるかに見えたり」

あさり‐ある・く【漁歩】〘自カ五(四)〙 ①「あさりありく(漁歩)」に同じ。 ②人が食物や物を探しまわる。 ＊銀の匙(1913‐15)〈中勘助〉後・一三「また私たちはその季節季節に実のなる木から木へと小鳥のやうにあさりあるく」 発音〈標ア〉ル

あさり‐うり【浅蜊売】〘名〙 アサリを売り歩くこと。また、その人。《季・春》 ＊雑俳・柳多留‐九(1774)「あさりうりみのないやうによんで来る」 ＊続春夏秋冬(1906‐07)〈河東碧梧桐選〉春「春の雪下谷の泥に浅蜊売〈桜魂子〉」 発音〈標ア〉リ1

浅 蜊 売 り〈浮世床〉

あさり‐がい【浅蜊貝】〘名〙「あさり(浅蜊)」に同じ。 ＊俳諧・類柑子(1707)上・あけぼの「あさり貝むかしの剱うらさびぬ〈三嘯〉」 ＊浄瑠璃・国性爺合戦(1715)二「ひろひし貝は何々ぞ、がうな、したたみ、あさりがい」 発音 アサリガイ〈標ア〉リ

あさりがわ‐おんせん【朝里川温泉】 北海道小樽市、朝里川にのぞむ温泉。泉質は石膏(せっこう)弱食塩泉。胃腸病、肝臓病、婦人病にきく。 発音 アサリガワオンセン〈標ア〉オ

あさり‐じる【浅蜊汁】〘名〙 アサリを貝殻のまま実としたみそ汁、または、すまし汁。《季・春》 方言 物分かりのよい人。浅蜊汁のなべをかき回すと、がらがら音がするところから、物分かりのよい人の意の「がらり」

にかけた語という。岩手県気仙郡101 [発音]〈標ア〉[ジ]

あさり‐・ず【漁出】〘他ダ下二〙（「あさりいづ」の変化した語）鳥獣がえさなどを探し出す。＊書紀(720)武烈即位前・歌謡「水(みな)そそく 鮪(しび)の若子(わくご)を 阿娑理逗(アサリヅ)な 猪(ゐ)の子」

あさり‐とり【浅蜊取】〘名〙内海、内湾の浅い泥砂の中にすむアサリを取ること。また、その人。《季・春》＊俳諧・曠野(1689)員外「遠浅や浪にしめさす蜊とり〈亀洞〉 はるの舟間に酒のなき里〈荷兮〉」＊俳諧・白雄句集(1793)一「われがちに数あるものを蜊とり」

あさり‐ば【求食場】〘名〙何人かの人で連句をよむ場合、長句、短句を交代するときや、その他都合で、一人が二句、三句と続けてよむ箇所。[発音]〈標ア〉[リ]1

あさり‐は・む【―食】〘自マ四〙粥(かゆ)を食べる。貧しく暮らす。＊新撰字鏡(898‐901頃)「餬〈略〉寄食也 加由 又阿佐利波牟」[辞書]字鏡 [表記]餬・餾・餂(字)

あさり‐ひ【漁火】〘名〙「いさりび(漁火)」に同じ。＊書言字考節用集(1717)一「回島火 イサリビ アサリヒ」[辞書]書言 [表記]回島火・求食火(書)

あさり‐ぶね【浅蜊船】〘名〙アサリ取りのために出す船。《季・春》＊俳諧・文車(1772)「長閑さや繋もやらて蜊ふね〈尽扇〉」＊冬雁(1948)〈大野林火〉「松籟をききもやひゐる浅蜊舟」[発音]〈標ア〉[ブ]

あさり‐ふみ〘名〙店先に人のいないすきを見て品物を盗むことをいう、盗人仲間の隠語。〔隠語輯覧(1915)〕

あさり‐まわ・る【漁回】〘自ラ五(四)〙「あさりあるく(漁歩)②」に同じ。＊人情本・貞操婦女八賢誌(1834‐48頃)三・一九回「早朝(あさまだき)より船を乗り出し、片瀬川を上流下流(あちこち)と、網を入れつつ漁(アサ)り廻(マハ)れど、小魚少しを得たるのみにて」＊秘密(1911)〈谷崎潤一郎〉「古道具や古本屋の店先を漁り廻ったりした」

あさり‐むきみ【浅蜊剥身】〘名〙アサリの貝殻から中の肉だけを取り出したもの。＊浅草(1931)〈サトウハチロー〉僕の浅草・三「あさりむきみのやうな、コシャコシャとした顔を向けて」[発音]〈標ア〉[ム][0]

あさり‐めし【浅蜊飯】〘名〙アサリのむき身、ねぎを入れ、酒を加えて炊いた飯。

あさ・る【漁】〘他ラ五(四)〙①食物を求める。㋑鳥獣がえさを探し求める。また、つついたりほじったりして食べられるところをさがす。↓あさりず。＊万葉(8C後)八・一四四六「春の野に安佐留(アサル)鴙(きぎし)の妻恋ひに己があたりを人に知れつつ〈大伴家持〉」＊宇津保(970‐999頃)国譲下「人、こ鷹手に据ゑつつ参れり。帰り給ふままに、野辺ごとにあさらせ給ひて、御餌袋に入れさせ給へり」＊日葡辞書(1603‐04)「Asari, u, atta（アサル）〈訳〉鳥が足やくちばしでほじくるようにして自分の食物をさがす」＊元和本下学集(1617)「求食 アサル 鳥求二食一謂二之求食一 蓋日本之俗世話也」＊尋常小学読本(1887)〈文部省〉七「虎は、餌をあさるに、他の獣の、通るべき路の傍にかくれ居りて、不意に飛び付きて、之を捕へ時によりては、人間をも捕りて食ふことあり」㋺人が魚介、海藻などを探し採る。すなどる。いさる。＊源氏(1001‐14頃)須磨「伊勢島や潮干の潟にあさりてもいふかひなきはわが身なりけり」＊更級日記(1059頃)「荒磯はあされど何の甲斐なくて潮(うしほ)に濡るるあまの袖かな」②人や物を捜し求める。捜し歩く。あなぐる。＊宇津保(970‐999頃)忠こそ「ぬす人いりまうで来て〈略〉かしこに侍るもののいささかなる調度など、みなあさりとりてまかりにしかば」＊源氏(1001‐14頃)夕霧「この御文はひきかくし給ひつれば、せめてもあさり取らで」＊栄花(1028‐92頃)浦々の別「出家したるか。さるにても只今は都のうちを離るべきにあらず。よくよくあされあされ」＊観智院本名義抄(1241)「捜 サグル アサル アナグル モトム」＊徒然草(1331頃)五四「所の違ひたるにやとて、掘らぬ所もなく山をあされども、なかりけり」＊家(1910‐11)〈島崎藤村〉上・二「三吉は自由に橋本の蔵書を猟(アサ)ることを許された」③(比喩として)ある亜麻仁などを、手でかきまぜるのにいう(日葡辞書(1603‐04))。↓あせる②。④動詞の連用形について、何かを求めて、その動作を諸所で行なう、してまわる、の意を表わす。「買いあさる」「読みあさる」⑤小さな盗みをすることをいう、盗人仲間の隠語。〔隠語構成様式幷其語集(1935)〕[語誌](1)「万葉」や「八代集」では「あさりす」と詠むことが圧倒的に多い。鶴や鴨は「あさりす」「あさる」の両方が用いられるが、雉は「あさる」である。あるいは水辺と野辺で区別されていたか。海人の場合も「あさる」ではなく「あさりす」と詠んで、沖の漁ではなく、磯や潟に限定している。また、①㋑の「宇津保」の例や「新古今‐冬・六八六」の「御狩すと鳥立の原をあさりつつ交野ののべに今日もくらしつ〈藤原忠通〉」の「あさる」は野辺の猟である。(2)修辞的な表現としては①㋺の「源氏」や「更級日記」のように、磯で貝を「あさる」の連想から、「貝」に「甲斐」を掛けていうことがある。[語源説](1)アシサグル(足捜・足探)の約転〔日本釈名・塩尻・雅言考・言元梯・名言通・菊池俗言考・和訓栞・国語の語根とその分類＝大島正健・日本語源＝賀茂百樹〕。また、アシカル(足狩)の略言〔万葉考〕。(2)アナサグル(穴探)の意から〔類聚名物考〕。(3)アサミニトル(浅取)の意から〔箋注和名抄・梅園日記・和訓栞〕。(4)アセリサガスのアセリの転〔俚言集覧〕。(5)アサイサリ(朝漁)の略言で、朝スル意〔屠龍工随筆〕。(6)アサはあらわれ出たをいう語から、地上にあらわれ出た物を取る意〔槻の落葉信濃漫録〕。(7)アマ、サカ、ラシの反〔名語記〕。(8)アサケ(朝食)のアサを活用させたもの〔大言海〕。(9)イサリ(漁)の転〔日本古語大辞典＝松岡静雄〕。[発音]〈なまり〉アサイ・アサッ〔鹿児島方言〕〈標ア〉[0][サ]〈ア史〉平安○○◐〈京ア〉[0] [辞書]色葉・名義・下学・文明・伊京・饅頭・易林・日葡・書言・ヘボン・言海 [表記]求食(下・文・伊・饅・易・書) 捜・茹(色・名) 大索(色) 擢・掺・粲(名) 磯回・入潮・嗉・受食(書) 足探(ヘ)

あさ・る〘自ラ下二〙ある人々の間に不和や反目が生じる。＊詞林三知抄(1532‐55頃)下「有端 あさるる 人の中悪く成也」＊日葡辞書(1603‐04)「Asare, ruru(アサルル)」[辞書]日葡

あざ・る【戯】㊀〘自ラ下二〙①ふざける。たわむれる。ざれる。＊土左(935頃)承平四年一二月二二日「かみなかしも、酔ひあきて、いとあやしく、潮海(しほうみ)のほとりにて、あざれあへり」＊大鏡(12C前)五・道長上「さらぬ人だにあざれたる物のぞきは、いと便なき事にするを」②うちとける。くつろぐ。儀式ばらないでくだける。＊源氏(1001‐14頃)紅葉賀「しどけなくうちふくだみ給へる鬢茎(びむくき)、あざれたる袿(うちき)姿にて」＊源氏(1001‐14頃)花宴「皆人はうへの衣(きぬ)なるに、あざれたる大君姿のなまめきたるにて」③しゃれる。風流である。気転がきく。＊枕(10C終)八七・職の御曹司におはします頃、西の廂にて「返しはつかうまつりけがさじ、あざれたり」㊁〘自ラ四〙ふざける。たわむれる。＊評判記・難波物語(1655)「たとへば、我身にちがひなどあるとき、そのおりのしゅびを、すこしもかくさず、いちいちあざりていふ類也」＊浄瑠璃・文武五人男(1694)一「かごの戸を開けば、中より番(つが)ひの鳩飛び出、桜に伝ひあざりける」[語誌](1)「あざれる(鯘)」が、肉などの腐敗して変色した状態を表わすところから、腐敗を人間の性向にたとえて、本来のあるべき様からはずれる行為を表わすようになったものか。ただし、訓点資料では「腐敗」の意の例が多く、和文系の資料では人間の性向を表わす例に偏ることが認められる。(2)「万葉‐五・九〇四」に見られる「かからずも かかりも 神のまにまに と 立ち阿射里(アザリ)〈作者未詳〉」の四段活用「アザル」も、これとの関係が考えられるが、検討の余地がある。[語源説](1)アは発語。ザル(戯)の義〔類聚名物考・大言海〕。(2)アは発語でなく「嗟」で、ザはザル(進)〔日本語源＝賀茂百樹〕。[発音]〈標ア〉[ザ] [辞書]言海 [表記]戯(言)

あざ・る【鯘】〘自ラ下二〙⇩あざれる(鯘)

あざ・る〘自ラ四〙連俳で、続けて付句(つけく)すべき番の人が考えあぐんで付けられない場合、前句の作者が代わって付句する。＊文明本節用集(室町中)「回島 アザル 日本連歌所言」＊日葡辞書(1603‐04)「Azari, ru, atta(アザル)」＊評判記・難波の㒵は伊勢の白粉(1683頃)二「山類のうちこしじゃといふか、その山本殿おもはくじゃあまりあざってつい無常にならふが」[辞書]文明・伊京・天正・饅頭・黒本・易林・日葡・書言 [表記]回島(文・伊・易) 回鳥(饅・黒・書) 回嶋(天)

あざ・る〘自ラ四〙語義未詳。「あざる(戯)㊀」との関係から、とり乱し騒ぐの意か。一説に、「あ(足)」「さる(移動する)」で、うろうろ歩きまわる意かとする。＊万葉(8C後)五・九〇四「かからずも かかりも 神のまにまにと 立ち阿射里(アザリ) あれ乞ひ祈(の)めど〈作者未詳〉」

あざれ【戯】〘名〙(動詞「あざる(戯)」の連用形の名詞化)たわむれ。ふざけたこと。滑稽なこと。＊散木奇歌集(1128頃)恋下「身の程をもて窶(やつ)せども君みてはめでもやするとあされをぞする」

あざれ【鯘】〘名〙(動詞「あざれる(鯘)」の連用形の名詞化)腐っていること。荒れ乱れていること。また、そのもの。＊足利本論語抄(16C)郷党第十「餒(アザレ)とは、謂二魚爛一也」＊書言字考節用集(1717)六「鯘 アザレ 魚肉爛也」[辞書]書言 [表記]鯘(書)

アザレア〘名〙(英 azalea)《アゼリア・アゼリヤ》ツツジ類の園芸品種の総称。多数の品種があり、一般に、幹は高さ五〇～七〇センチメートル。葉は長さ二～五センチメートルの楕円状披針形で表裏に赤褐色の粗毛がある。花は直径五～一〇センチメートルで、一重咲き、八重咲きのほか、花弁の形にも変化が多い。花の色には白、桃、紫紅色のほか、しぼり、ふく輪などがある。オランダつつじ。学名はAzalea ＊野(1940)〈上林暁〉「アゼリヤのステッキをつき」[発音]〈標ア〉[ザ]

あざれ‐あり・く【戯歩】〘自カ四〙ふざけまわる。なれなれしくしてまわる。あざれあるく。＊源氏(1001‐14頃)夕顔「せめてつれなく知らず顔にて、かけて思ひ寄らぬさまにたゆまずあざれありけば」

あざれ‐ある・く【戯歩】〘自カ四〙「あざれありく(戯歩)」に同じ。＊読本・春雨物語(1808)天津処女「みかど、宗貞が色このみてあざれあるくを、あらはさんとて」

あざれ‐うた【戯歌】〘名〙滑稽をねらった遊戯歌。狂歌。ざれ歌。＊列僊列女画像集(1824)上序「列女画像といふあざれうたの集つくらんとて」＊相聞(1910)〈与謝野鉄幹〉「あざれ歌(ウタ)はた酔泣に拍子とり打てばおもしろ焼酎の甕」

あざれ‐かか・る【戯掛】〘自ラ四〙なれなれしくする。からかって相手の気を引く。＊源氏(1001‐14頃)帚木「聞きはやすべき人のある時、手な残い給ひそなど、いたくあざれかかれば」[補注]「桂宮本蜻蛉日記‐下・天延二年」に「頭(かう)の君、いとあさりかれば」とあるが、「あさりかれ」を「あされかかれ」の誤写とみる説がある。

あざれ‐がま゜し【戯―】〘形シク〙(「がまし」は接尾語)ふまじめな感じである。ふざけたように見える。＊源氏(1001‐14頃)胡蝶「すきずきしうあざればまし。あざれがましき今やうの人の、便ない事し出でなどする」＊源氏(1001‐14頃)横笛「またあざれがましう、すきずきしき気色などに」

あざれ-くさ・い【鯘臭】〘形口〙文あざれくさ・し〘形ク〙魚などが腐ったにおいがする。＊足利本論語抄(16C)郷党第十「魚の餒(アサレ)臭をば不ㇾ食也」

あざれ-ごと【戯事】〘名〙とりとめのない話。冗談。＊大鏡(12C前)六・道長下「いみじきあざれ事どもに侍れど、まことにこれは徳至りたる翁共にて候」

あざれ-ばま・し【戯━】〘形シク〙「あざれがまし(戯━)」に同じ。＊紫式部日記(1010頃か)寛弘五年一〇月一七日「若やかなる人こそ、物の程知らぬやうに、あだへたるも罪ゆるさるれ、何かあざればましと思へば」

あざれ-ば・む【戯━】〘自マ四〙(「ばむ」は接尾語)ふざけた態度をする。なれなれしくふるまう。好色めいたふるまいをする。＊源氏(1001-14頃)夕霧「わがいにしへすこしあざればみ、あだなる名を取り給うしおもて起しに、うれしうおぼしわたるを」＊源氏(1001-14頃)椎本「おのが物とはうち頼みながら、女の心ゆるび給はざらむ限りは、あざればみ情なきさまに見えじと思ひつつ」

あざ・れる【鯘・鮾】〘自ラ下一〙文あざ・る〘自ラ下二〙①(魚肉などが)腐る。＊書紀(720)仁徳即位前(前田本訓)「是に海人(あま)の苞苴(おほむへ)、往還(かよふあひだ)に鯘(アサレ)ぬ」＊新撰字鏡(898-901頃)「鰡 魚肉爛也臭也豆久佐之 又阿佐礼太利」＊十巻本和名抄(934頃)八「鯘鯹 野王案爨〈音乃和語云阿佐流〉魚肉爛也」＊観智院本名義抄(1241)「鮾 アザル」＊日葡辞書(1603-04)「ニクガ azareta (アザレタ)」＊俳諧・類船集(1676)波「生魚の荷は時刻うつればあされるとてゆだんをせぬ事とぞ」＊漂泊(1907)〈石川啄木〉一「男共の背後(うしろ)には、腐(アザ)れた象の皮を被った様な、傾斜の緩い砂山が」②(比喩的に)腐ったように荒れ乱れる。＊有明集(1908)〈蒲原有明〉寂静「熟(つ)えて落ちたる果(このみ)かと、噫見よ、空に日は揺ぎ、濃くも腐(アザ)れし光明は喘(あへ)ぎ黄ばみて」＊路上(1911)〈若山牧水〉「あざれたるわれの昨日の生活(あさゆふ)の眼にこそうつれ秋草に寝る」＊銀の匙(1913-15)〈中勘助〉後・一九「千尺二千尺ぐらゐのあざれた山脈から海のはうへ到るところ枝を出して無数の渓谷を形づくってゐる」語誌 腐敗をいう「朽つ」「腐る」「あざる」のうち、「朽つ」は形、「腐る」はにおい、「あざる」は色の変化についていう。「あざる」が特に魚肉の腐敗をいうようになったのは、鮮度の変化が魚肉の色に著しかったからか。この「鯘る」が比喩的に男女の好色めかしいふるまいをいう「あざる(戯)」に転じたとする説もある。方言 ❶魚が腐敗する。肥後†131 三重県志摩郡585 ❷着物が古くなって薄くなる。島根県隠岐島725 ❸飽き飽きする。長崎県壱岐島「蜜柑にあざれちょる」915 熊本県菊池郡054 南部933 語源説 (1)アは発語。アサル(曝)の義〔大言海〕。(2)アはウハの反。ウハクサリ(表腐)の義〔和訓栞〕。(3)アは感動詞。ザルはザラザラになる意〔本朝辞源=宇田甘冥〕。(4)アザル(荒進)の意から〔日本語源=賀茂百樹〕。(5)アザ(虚)になる意から〔日本古語大辞典=松岡静雄〕。(6)アザはアダ(徒)の転〔国語の語根とその分類=大島正健〕。発音〈標ア〉0 レ〈京ア〉0 文『あざる』〈標ア〉0 ザ〈ア史〉平安〇〇◐ 鎌倉『あざる』〇〇● 〈京ア〉0 辞書 字鏡・和名・色葉・名義・和玉・文明・易林・日葡・ヘボン・言海 表記 鯘(色・名・玉・言) 餒(玉・文・易・ヘ) 鮾(色・名) 鰡(字) 鯘(和) 鯹(色) 脮・腇(名) 鮾(玉)

あざれ-わざ【戯業】〘名〙たわむれごと。いたずら。＊新撰字鏡(898-901頃)「嫭 保志支万万 又阿佐礼和佐須」辞書 字鏡 表記 嫭(字)

あさ-ろ【麻絽】〘名〙苧麻(からむし)糸で織った麻織物の一つ。越後上布。発音〈標ア〉サ 0

あさ-わかな【朝若菜】〘名〙正月七日の七草粥に入れる春の七草の総称。初若菜。《季・新年》＊俳諧・五元集(1747)拾遺・春「うかれ雀妻よぶ里の朝若菜」

あさ-わかれ【朝別】〘名〙男女が共寝した翌朝の別れ。きぬぎぬの別れ。＊俳諧・若みどり(1691)五・かるかや「あさまだき身はきへかへるあさわかれ、今しばしとや」＊雑俳・長ふくべ(1731)「命かな・うその実との朝わかれ」

あさ-わたり【浅渡】〘名〙庭園で、飛石伝いに池や流れを渡る所。沢渡り。沢飛び。

あさ-わちがい【麻輪違】〘名〙模様の名。亀甲(きっこう)形と輪とを組み合わせ、麻の葉のような掌状(しょうじょう)複葉形にしたもの。

麻輪違い

あさわ-の-みや【朝和宮】「おおやまとじんじゃ(大和神社)」の別称。

あざ-わらい【嘲笑】〘名〙軽蔑の気持をこめて笑うこと。せせら笑い。＊仮名草子・恨の介(1609-17頃)上「面目なげに立ち去れば、下女もさすがに都人、あざわらひしてこそ立ちにけり」＊まぼろし(1898)〈国木田独歩〉渠「我慢と失意とが、其口辺に漂ふ冷笑(アザワラヒ)の底に戦ってゐた」発音〈標ア〉0

あざわらい-がお【嘲笑顔】〘名〙軽蔑の笑いを浮かべた顔つき。＊武蔵野(1887)〈山田美妙〉中「衣服(きもの)を剥がれたので痩肱に瘤を立てて居る柿の梢には冷笑顔(アザワラヒガホ)の月が掛かり」発音〈標ア〉ワ

あざわらい-ごえ【嘲笑声】〘名〙人をあざけって笑う声。＊いつか汽笛を鳴らして(1972)〈畑山博〉六「アスファルト路面は、相変らず激しい音をたてて後ずさってゆく。すれ違いざま嘲笑い声をあげて後ずさってゆく」発音 アザワライゴエ〈標ア〉ゴ

あざ-わら・う【嘲笑】㊀〘自ワ五(ハ四)〙①声をたてて笑う。大笑いする。高笑いする。また、あきれ笑う。人もなげに笑うさまなどにいう。＊書紀(720)敏達一四年八月(前田本訓)「物部弓削守屋大連、听然而咲(アザワラヒ)て曰はく『中猟箭之雀(ししやおへるすずめ)の如し』といふ」＊新撰字鏡(898-901頃)「鼲鼲〈略〉安佐和良不」＊源氏(1001-14頃)手習「ここに月頃物し給ふめる姫君〈略〉かやうなるあだわざなどし給はず、埋(うも)れてなん物し給ふめると、我かしこに、うちあざわらひて語るを、尼君などは、かたはらいたしと思す」＊大鏡(12C前)一・序「翁二人見かはしてあざわらふ」＊観智院本名義抄(1241)「呀 アザワラフ」＊平家(13C前)四・信連「信連すこしもさわがず、あざわらって申しけるは」②あざけって笑う。せせら笑う。軽蔑する気持をこめて笑うさまなどにいう。＊書紀(720)神代下(水戸本訓)「是の時に、天孫其の子等(みこたち)を見(みそなは)して、嘲(アザワラ)ひて曰(のたま)はく『妍哉(あなにえや)、吾が皇子(みこたち)は聞喜而生(ききよくもあれませ)るかな』とのたまふ」＊落窪(10C後)一「あなわかわかしの昼寝や。しが身のほど知らぬこそいと心憂けれとて、うちあざわらひ給ふ」＊大唐西域記長寛元年点(1163)三「衆人之を聞てこもごも相ひ譏笑(アサワラフ)」＊観智院本名義抄(1241)「哂 ワラフ アザケル アサワラフ」＊日葡辞書(1603-04)「Azauarai, ŏ, ŏta (アザワラウ)〈訳〉他の者が言ったり、あるいはしたりすることを侮りながら笑う」＊談義本・教訓続下手談義(1753)五・総廻向「三歳の小児もしってゐると冷笑(アザワラッ)て嘲(あざける)であろ」＊浄瑠璃・近江源氏先陣館(1769)八「何ゆゑにさほどの懇望事をかしう存ずると、あざ笑へば」＊金色夜叉(1897-98)〈尾崎紅葉〉続・四「貫一は吾を忘れて嗤笑(アザワラ)ひぬ〈略〉更に嗤笑(アザワラ)ひ、猶嗤笑(アザワラ)ひ、遏めんとして又嗤笑(アザワラ)ひぬ」㊁〘他ワ五(ハ四)〙(「笑う」動作が抽象化して)人や物などを、悪く言う。軽蔑する。＊雑俳・柳多留-一一(1776)「女郎かいけいせい買をあざ笑ひ」＊煤煙(1909)〈森田草平〉三三「要吉は自分を冷笑(アザワラ)ふやうに言った」＊二人の稚児(1918)〈谷崎潤一郎〉「今ではわたくしも、千手どのを嘲笑ふことが出来ない人間になりました」語源説 (1)アザミワラフ(嘲笑)の義〔和訓栞〕。(2)アザケリ笑フの略〔俚言集覧・両京俚言考〕。(3)アザはアサ(彼方)の意〔日本古語大辞典=松岡静雄〕。(4)アザレ笑フの略〔日本語源=賀茂百樹〕。発音 文アザワロー とも〈なまり〉アザワル〔鹿児島方言〕アジャワル〔津軽語彙〕〈標ア〉ラ 回〈ア史〉平安●●●〇 鎌倉・江戸●●●● 〈京ア〉0 辞書 字鏡・色葉・名義・和玉・饅頭・易林・日葡・書言・ヘボン・言海 表記 咍(色・名・玉) 哂(名・玉・饅) 嘲笑(易・ヘ・言) 呀(名・玉) 鼲・鼲・鼲(字) 噃(色) 嗎(名) 嗤・闇(玉) 微哂・盧胡(書)

あざわ・る【糾】〘自ラ四〙からみあうようにして巻きつく。いくつかの物がからみあうようにまじる。まつわりつく。あざなわる。＊書紀(720)継体七年九月・歌謡「妹が手を 我に枕(ま)かしめ 我が手をば 妹に枕かしめ 真栄葛(まさきづら) 手抱(ただ)き阿蔵播梨(アザハリ)」＊大唐西域記巻十二平安中期点(950頃)「群言紛ひ糺(アサハリ)て異議殊に馳す」＊書陵部本名義抄(1081頃)「糺纆 アザハレルナハ〔選〕」発音〈標ア〉ワ〈ア史〉平安〇〇●〇〈京ア〉0 辞書 色葉・名義・言海 表記 糺・挐(色・名) 札(名) 糾(言)

あさん-かあり【朝━】〘名〙方言 ⇩あさあがり(朝上)

あさんか-ちっそ【亜酸化窒素】〘名〙窒素の酸化物の一つ。化学式 N_2O 香気と甘味のある無色透明の気体。吸入式の全身麻酔剤に用いる。麻酔の時、顔の筋肉がけいれんして笑ったようになるので「笑気」ともいう。一酸化二窒素。酸化二窒素。発音〈標ア〉チ

あさんか-どう【亜酸化銅】〘名〙銅の酸化物の一つ。化学式 Cu_2O 天然には赤銅鉱として産出。暗赤色で結晶性の粉末。整流器、光電池、あるいはガラス、陶磁器の赤色着色剤、船底塗料などに用いられる。酸化第一銅。酸化銅。発音 アサンカドー〈標ア〉カ

あさんかどう-せいりゅうき【亜酸化銅整流器】〘名〙金属整流器の一つ。亜酸化銅の皮膜をつけた銅板を半導体としたもの。微小電流、低電圧の整流に用いられる。

あさんず-の-はし【浅水橋】⇩あさうずのはし(浅水橋)

アサンブラージュ〘名〙(フランス assemblage「寄せ集め」の意)現代美術の技法の一つ。工業製品や廃品、また、その断片を寄せ集めて美術作品として提示すること。ダダイスムに端を発し、一九六〇年代に一般化した。

あざん-ま【━間】〘名〙方言 ⇩あだ(他)

あ-さん-れん【下三連】〘名〙(「あ」は「下」の宋音)中国の詩学で、一句の末の三字がそろって平(ひょう)または仄(そく)の音であることをいい、これを嫌う。＊書言字考節用集(1717)九「下三連 アサンレン 詩律所ㇾ言」辞書 書言 表記 下三連(書)

あし【私】〘代名〙自称。わたし。＊坊っちゃん(1906)〈夏目漱石〉七「あしは約束のあるものを横取りする積はない」方言 群馬県群馬郡234 山梨県461 岐阜県海津郡498 静岡県520 三重県志摩郡054 北牟婁郡「そりゃーあしんじゃんな(それは私のものですよ)」588 京都府629 和歌山県西牟婁郡690 島根県那賀郡054 広島県040 774 782 愛媛県840 松山(同輩以下に対して用いる)「あしゃー知らん」846 高知県(長上に対しては用いない)「あしの行く通りついてお出で」862 (主として男子が用いる)864 大分県941 ◇ああし 愛媛県周桑郡(男性語)844

あし【足・脚】㊀〘名〙(一)動物のからだに付属し、からだを支えたり、移動させたりすることに用いる器官。脊椎動物では四本を原則とし、魚類のひれから進化したものとされる。人間では足首から下の部分を指す足と、骨盤と足首との間を指す脚とを区別することもあ

るが、一般には両部分の総称として用いる。無脊椎動物ではさまざまな構造をしているが、体から突出した自由運動のための器官である。甲殻類の付属肢、環形動物の疣足(いぼあし)などがある。①人間の胴体下部の器官。㋑人体の下肢。骨盤から左右に分かれ出ている部分。股関節から足の指先までの部分。胴体を支え、運動に関わる。＊古事記(712)中・歌謡「浅小竹原(あさじのはら) 腰なづむ 空は行かず 阿斯(アシ)よゆくな」＊万葉(8C後)五・九〇四「立ちをどり 足すり叫び 伏し仰ぎ 胸打ち歎き〈作者未詳〉」＊十巻本和名抄(934頃)二「脚足 釈名云脚〈略〉趾〈音止訓並同 阿之〉言行一進一止也」㋺特に、人体のくるぶしより下の㋑を受ける部分。＊古事記(712)下・歌謡「夏草の あひねの浜のかき貝に 阿斯(アシ)ふますな 明かして通れ」＊万葉(8C後)一四・三三九九「信濃路は今のはり道刈りばねに安思(アシ)踏ましむなくつはけ吾が背〈東歌・信濃〉」＊源氏(1001-14頃)玉鬘「あゆむともなくとかくつくろひたれどあしのうら動かれず」②人以外の動物の下肢を①に準じて言ったもの。＊伊勢物語(10C前)九「白き鳥のはしとあしと赤き、鴫(しぎ)の大きさなる」㊂物の形状または機能を㊀に見たてて言う。①物の下部にあって、それをささえる用をなすもの。また、線状をなして下へ出ているもの。＊書紀(720)神武即位前一〇月「一柱騰宮(アシひとつあがりのみや)。此云二阿斯毘苔徒鞅餓離能濔椰一」＊枕(10C終)八・大進生昌が家に「東の門は四つあしになして、それより御輿(みこし)は入らせ給ふ」＊源氏(1001-14頃)行幸「かすかなるあし弱き車など輪をおしひしがれ、あはれげなるもあり」＊徒然草(1331頃)五三「三つ足なる角の上に、帷子(かたびら)をうち掛けて」＊西洋道中膝栗毛(1870-76)〈仮名垣魯文〉九・上「此ゐすのあしには」＊星座(1922)〈有島武郎〉「銀の平打の簪を抜いて、その脚でするすると一方を切り開いた」②山の裾。麓。＊史記‐李斯「臣請従死、願葬二酈山之足一」③(「雨の足」「風の足」の形で) 線状にとらえた、雨の降りざま、風の吹きざま。＊枕(10C終)一九八・八九月ばかりに雨にまじりて「雨のあし横さまにさわがしう吹きたるに」＊海道記(1223頃)豊河より橋本「松を払ふ風の足は、頭を越えてとがむれども聞かず」＊内地雑居未来之夢(1886)〈坪内逍遙〉一二「雨の脚(アシ)はしげくなりて、波もいやましに高うなりしが」④長旗の末端に垂れ下がり風に翻る部分。旗脚(はたあし)。＊十巻本和名抄(934頃)五「幡 旒附〈略〉唐韻云旒〈波太阿之〉旌旗之末垂者也」＊源平盛衰記(14C前)三五・粟津合戦「旌(はた)の足(アシ)を見て、五十騎三十騎此二彼(かしこ)一より馳集る」⑤(船の足の意で) ㋑船の深さ。船体が水中に入っている喫水のことをいう場合と、船体内の深さをいう場合がある。前者を入足(いりあし)または惣足(そうあし)といい、後者を立足(たちあし)といって区別する。→足が入る。＊高倉院厳島御幸記(1180)「御舟のあし深くて湊へかかりしかば」＊義経記(室町中か)四・住吉大物二ケ所合戦の事「潮干なれども小船なり、あしは浅し、究竟(くっきゃう)の梶取は乗せたり、思ふやうに漕ぎかけて」＊和漢船用集(1766)一〇・船処名之部「足 舟の深さを云、物を積て人あしと云。漢に吃水と云」㋺船の横の安定性の強弱をいうときに用いる船方言葉。傾斜しにくい船を足が強い、その反対を弱いという。→足が強い・足が弱い。㋩船の進み具合。→足が強い。＊仮名草子・尤双紙(1632)上・二〇「かろきもののしなじな〈略〉名さへかる石。から船のあし。ひょうたん」＊浮世草子・新色五巻書(1698)四・三「大物(だいもつ)の浦しづかに入(いる)船の足(アシ)」⑥太刀をつるための帯取(おびとり)を通す金具。一の足と二の足がある。＊鎌倉殿中以下年中行事(1454か)一二月一日「右の手をば、御剣二の足のもとをとり」⑦㋑(晉の魯褒の「銭神論」に、「翼なくしてとび、足なくして走る」とある句からでたものかともいう) 銭(ぜに)の異名。足があって歩くかのように、渡っていくところからいう。→お銭(あし)。＊徒然草(1331頃)五一「亀山殿の御池に、〈略〉水車を造らせられけり。多くのあしを賜ひて、数日に営み出だして」＊謡曲・蘆刈(1430頃)「蘆を取り運びて、この市に出づる足数におあし添へて召されよや」＊虎明本狂言・茶壺(室町末‐近世初)「五十貫のくりをもち、多くの足をつかふて、兵庫の津にもつひたり」＊浄瑠璃・今川了俊(1687)道行「一銭を取らんとして三百文のあしを捨て、是は先何事ぞ」㋺相場用語として、株の値段の動きをいう。あしどり。「足が早くて買人追いつかず」⑧武士に対する知行、扶持(給与)。知行や扶持のない武士を無足(無息)という。⑨㋑(預金から外へはみ出したことを見立てて) 利息。銀行用語として、手形割引料等の意味にも用いられる。〔取引所用語字彙(1917)〕㋺(足があるかのように移り変わるさまを見立てた相場用語として) 欠損。転じて、借金をいう隠語。相場用語としては、特に、売買代金の不足をいう。→足が出る・足を出す。＊歌舞伎・音聞浅間幻燈画(1888)序幕「『去年貴様は不義理だらけで近在の方へ行ったときいたが』〈略〉『おっしゃる通り足だらけで江戸に居られず』」⑩㋑(酒の品質を支えるものとしての) 酒の性質。主に酒言葉として用いる。＊童蒙酒造記(1687頃)一・酒言葉之事「一、酒の足とは酒の性の事也」＊雑俳・三番続(1705)「足つよう作らにゃならぬ下り酒」㋺餅などの食べ物の粘着力、ねばりけについていう。＊蕎麦通(1930)〈村瀬忠太郎〉四「昔の蕎麦粉の製法は、蕎麦の実を殻そのまま石臼で挽き潰し、目の荒い篩で手篩にしたのであるから、外皮や甘皮の壊れたのが交って居て、粉の色が黒くなり随って足(粘着力)がない」⑪食べ物の状態の変わり具合。→足が強い・足が弱い・足が早い。⑫数学で、ある直線、平面が、垂線や斜線と交わる点。「垂線の足」⑬漢字構成の名称。漢字の下の部分をいう。「思」の「心」、「然」の「灬」など。⑭男陰。「中足」「前足」などの形で用いることが多い。⑮網目の結び目と結び目との間の部分。「網目の脚」⑯「かやあし(茅足)」の略。こけらぶきのこけら板の重ねのおりめの寸にいう語。「あし一寸五分」㊂㊀を用いて、歩いたりするなど、それに関わる行動をすること。また、その行動の結果や機能。①歩くこと。あゆみ。→足を休める。＊宇津保(970-999頃)春日詣「この御前にあそばすおほん琴の音するかたにむきて、疾(と)きあしをいたして走る」＊源氏(1001-14頃)玉鬘「少しあしなれたる人は、とく御堂につきにけり」＊当世書生気質(1885-86)〈坪内逍遙〉二「是より両人足をゆるめて、何かむだ口を叩きながら、淡路町の横町へ這入り」②㋑移動の行為そのもの。また、移動のための手段。→足が遠い・足を奪う・足しげく。＊疑惑(1913)〈近松秋江〉「直ぐその足で〈略〉上野のステーションに駈けつけ」＊招かれて見た中共(1956)〈橘善守〉百年河清を待たず「滅びゆく階級〈略〉そしてバスと自転車が新中国の足として早くもこれにとって代りつつある」㋺客が来ること。客足。＊今年竹(1919-27)〈里見弴〉二夫婦・一三「客の足を繋ぐために、どうかしてきまった妓(をんな)でもあてがはうと思ふのは」③移動をするためにかかる費用。足代。もとは、主に寄席芸人の隠語として用いたものか。「あごあし付き」④足どり。足あと。特に、逃亡者についていう場合が多い。→足が付く。⑤㋑(「足がかり」の略か)手がかり。関係をつけるきっかけ。→足を付ける②。＊歌舞伎・桜姫東文章(1817)六幕「よしない捨て子を足にして、二十両たァあんまりな」＊歌舞伎・御国入曾我中村(1825)四立「以前の縁を足にして、元木にまさる浮気を捨て」㋺(㋑の結果としての) 情人。悪足。＊洒落本・仕懸文庫(1791)三「此節はうこう人もほしいが、わりい足でもついちゃアいねへかノ」＊洒落本・白狐通(1800)粉頭「あんなあまァあしにしてはおめへの男もすたるぜ」＊歌舞伎・東海道四谷怪談(1825)四幕「女房に飽きが来て、外(ほか)の女を足にしようとしたのを」＊雑俳・柳多留‐一四二(1835)「足ができると〆られる籠の鳥」⑥「あしいろ(脚色)」に同じ。＊随筆・桐竹紋十郎手記(1910頃)⑦「あしづかい(足遣)②」の略。⑧㋑(足手まといの意から) 婦女子をいう、てきや、盗人仲間の隠語。〔隠語輯覧(1915)〕㋺(手足になる意から) 共謀者をいう、盗人仲間の隠語。〔日本隠語集(1892)〕㋩短く簡単にすませることをいう、芸人仲間の隠語。〔かくし言葉の字引(1929)〕⑨鞠を蹴ること。鞠を蹴る技術。また、蹴る人。まりあし。＊嵯峨のかよひ(1269)「我も人もけうあるあしどもおほし」㊁〘接尾〙①数詞の下について、広さの単位を表わす。②石高、金銭などの概算をいうか。…ぐらい。…内外。＊牛庵一代御奉公覚書(益田家文書)(1635)「防長二一石あしも知行持不申候」＊浄瑠璃・心中刃は氷の朔日(1709)上「『何程もってござった。四両あしもござるか』と、そぞろに高をぞ聞きたがる」＊浄瑠璃・薩摩歌(1711頃)中「安うつもって百両あし」

語誌 (1)アシは上代から現代まで、足首から下と、下肢全体の両方を指して使われ続けている。中世末期から近世前期にかけて、スネがこの二つの意味でも用いられたが、アシにとって代わるまでには至らなかった。(2)現代の琉球地方では、アシの代わりに、本来脛部の名称であるハギから転じたパギ系の語を㊀①の意味で用いる地域が広く見られる。これは本土から新たにスネが伝わった際、それに追われたパギ系がアシの地位を奪って生き残ったものと考えられる。

方言 ㊀〘名〙❶げたの歯。鹿児島県種子島979 ❷魚の網の重り。岩手県気仙郡101 新潟県東蒲原郡054 鹿児島県喜界島983 ❸餅(もち)などの粘りけ。新潟県佐渡356 中頸城郡384 ❹製茶の中に混じっている茎。静岡県榛原郡541 ❺牛馬に足を上げさせる時の掛け声。長野県下伊那郡492 高知県860 長崎県壱岐島914 ◇あしと 長崎県壱岐島914 ❻山のすそ。漁師が、漁船の位置を決める時などに使う。新潟県西頸城郡382 沖縄県石垣島996 ㊁〘接尾〙動詞の連用形に付いて、ちょうどそうする時の意を表わす。茨城県062 千葉県香取郡038 新潟県佐渡352 高知県土佐郡866 ◇やし 茨城県稲敷郡193

語源説 (1)アシ(悪)の意で、身体の悪しく汚い部分をいう。またはハシ(端)の転〔日本釈名〕。エタサキ(支崎)の反〔名語記〕。(2)アはイヤの反。イヤシの転〔名言通・和訓栞・言葉の根しらべ=鈴江潔子〕。(3)タチ(立)の転〔玄同放言〕。(4)用を足す意のタシの転〔国語蟹心抄〕。(5)アカシ(赤)の中略〔和句解〕。(6)ウラスヱ(裏居)の意から〔和訓集説〕。(7)アユミハシリ(歩走)の義〔日本語原学=林甕臣〕。(8)アシ(動下)の義〔日本語源=賀茂百樹〕。(9)日本語のはしを意味するビルマ語のアツセ、クメル語のアシが訛ったものか〔ことばの事典=日置昌一〕。(10)両脚の間の意の「跨」の別音Aと、足の先の意のシ(趾)との合成語で、脚部の総称。単にアというのは右の跨である〔日本語原考=与謝野寛〕。

発音 〈なまり〉アシャ・アッコ〔山形〕アッシ〔静岡・熊本分布相・鹿児島方言〕アーシ・アス・アヒ〔鹿児島方言〕〈標ア〉シ 〈ア史〉平安・鎌倉○○ 室町来●○ 〈京ア〉ア

辞書 字鏡・和名・色葉・名義・和玉・文明・明応・天正・饅頭・黒本・易林・日葡・書言・〈ボン〉・言海

表記 足(和・色・名・玉・文・明・天・饅・黒・易・書・へ・言) 脚(和・色・名・玉・文・天・饅・易・書・言) 趾(和・色) 随(色・名) 髐(字) 伎・伎・脛・脐・蹄・(名) 踹・跂・踏・踬・蹩・骰(玉) 軨(易)

同訓異字 あし【足・脚・疋】
【足】(ソク) あしの一部。特に、足首から下。また、あし全体。「足跡」「足労」「義足」「早足」《古 あし・ふもと》
【脚】(キャク) すね。骨盤と足首のあいだ。また、あし全体。「脚力」「脚気」「O脚」 机や椅子などのあし。「椅子十脚」《古 あし・もと・ふもと》
【疋】(ガ・ヒツ) あしの膝からしたの部分。また、あし全体。

あしが上(あ)がる 失敗して頼りとするものを失う。職を失う。足上がりになる。＊浄瑠璃・夏祭浪花鑑(1745)一「儕(おのれ)が様な奴生けて置きゃ、仲間の者の足が上る」＊洒落本・太平楽巻物(1782)「むすこが足があがったあとへ、引づりこみ、こんどのお客はからあたまから惚身で仕かけ」方言婿を取って家督を譲られるはずだった長女が、長男の出生によってその立場を失う。新潟県上越361

あしが入(い)る ①船の喫水が深くなる。＊日葡辞書(1603-04)「フネノ axiga (アシガ) イッタ〈訳〉船が積荷をたくさん積んでいる」＊俳諧・鷹筑波(1638)四「ちいさき舟にあしぞ入ぬる 湯あらひの馬はとねりになれなれて〈茂昭〉」＊浮世草子・好色盛衰記(1688)二・二「上下弐人は此ふねのさだめなるにおもひの外あし入て」＊浮世草子・傾城禁短気(1711)一・二「上下(じゃうげ)弐人召されし舟の、いつもより各別あし入りて、櫓は急げども遅きを」②腹が一杯になる。満腹する。腹袋に足が入る。

あしが遅(おそ)いは仙台河岸(せんだいがし) (仙台河岸は江戸深川仙台堀付近の河岸で、この辺りでは船の速度を落とすことから) 歩き方が遅いことをいう江戸の地口(じぐち)。＊黄表紙・天道浮世出星操(1794)「『はやいはやいはおそいのうらよはどうだ』『あしがおそいはせんだいがしよ』」

あしが重(おも)い ①足がだるい。＊人情本・清談若緑(19C中)二・八回「何だか私(わち)きゃアもう草臥たさうで、足(アシ)がいっそ重(オモ)くなりましたは」＊いさなとり(1891)〈幸田露伴〉五一「疲れたる足のいと重く」②気が進まない。気が重い。他人を訪れる気になかなかなれない場合などに用いられる。＊見知らぬ家路(1970)〈黒井千次〉「ヨウキチの手をひいてバスの見送りに行く足が重かった」

あしが摺粉木(すりこぎ)になる 「あし(足)が棒になる」に同じ。＊浄瑠璃・小野道風青柳硯(1754)三「駕籠(かご)の衆(しゅ)、最(も)う爰から往(い)んで下され。娘ちゃっと下(おり)てくれ。ヤレヤレ足が擂木(スリコギ)ぢゃ」

あしが近(ちか)い 訪問することがたびたびである。↔足が遠い。＊洒落本・部屋三味線(1789-1801頃)「其一座もうらやましがってせつこませるものだから段々足が近くなって」＊歌舞伎・吉様参由縁音信(小堀政談)(1869)二幕「兄(あに)さん、大分お前足(アシ)が近(チカ)いが、何しにお出ででござんす」＊歌舞伎・籠釣瓶花街酔醒(1888)六幕「そりゃお前さんが足近(アシチカ)く来(キ)たから二階で名を知られ」＊多情多恨(1896)〈尾崎紅葉〉前・二「其通り随分足が近いから、気の着く葉山でも此内秘ばかりは知らずにゐる」

あしが地(ち)に付(つ)く 行動、気持などがしっかりしている。落ち着いている。＊微光(1910)〈正宗白鳥〉九「女房はそれだけで帰った、お国は足が地につかぬやうであった」＊不良児(1922)〈葛西善蔵〉「私は足も地に着かないやうな気持で歩いて行ったが」＊月は東に(1970-71)〈安岡章太郎〉五「現実的であり、いかにも足の地についた考え方であるのに」

あしが付(つ)く ①お尋ね者や逃亡者の足どりがわかる。＊歌舞伎・恋飛脚大和往来(1757)大切「鹿蔵源助、どうぢゃ、足が附いたか」＊歌舞伎・小袖曾我薊色縫(十六夜清心)(1859)二幕「山越に逃なすったろうが、姉さんが一所だから、足が附にゃあいひが」②足を踏み入れる。＊歌舞伎・与話情浮名横櫛(切られ与三)(1853)八幕「よもやおれが此江戸へ、足の付たといふ事は、誰れもしるまいと思ったら」③隠したことが現われる。その事物により犯罪事実が証明されるいとぐちとなる。＊歌舞伎・伊勢音頭恋寝刃(1796)三幕「いやいやそれでは詮議の足がつく、どうしたものであらう」＊浄瑠璃・生写朝顔話(1832)摩耶が獄の段「しかし家の無い山中へやったれば、まひ戻ってうせるは定(ぢゃう)、足が付いては面倒な」＊塩原多助一代記(1885)〈三遊亭円朝〉三「己(おれ)達へ足がついて来たから、直に逃げなくっちゃあいけねえぜ」④たちのよくない情夫ができる。ひもが付く。虫が付く。＊黄表紙・四天王大通仕立(1782)「神主も野暮にあらず。〈略〉皆てんでんに足のつきさうな神子(みこ)めらを呼び、おひうどろんは止めにして、面白をかしく遊びけり」＊滑稽本・東海道中膝栗毛(1802-09)八・下「げい子にゃ又してもあしがつく」⑤利息がつく。＊雑俳・柳多留-一一四(1831)「足の付く金は百足で無い小判」⑥足が生える。＊洒落本・大通愛想尽(1779)「もん日がくると七屋をさはがせ、かんざしに足(アシ)が付くやら、うちかけに羽が付やら、らっぴらんげき」

あしが強(つよ)い ①船の速力が速い。船足が速い。＊謡曲・船弁慶(1516頃)「また最前御座舟のことを仰せ付けられて候ふ間、いかにも足の強き舟を申し付けて候」②船が揺れにくい。＊日葡辞書(1603-04)「Axino tçuyoi (アシノ ツヨイ) フネ〈訳〉揺れない船」③飲食物が長い日数腐らない。＊浮世草子・立身大福帳(1703)六「岡大豆は醬油にして足つよし、梅雨にもかび不ㇾ出」④餅にねばりけがある。＊雑俳・俳諧觿-二八(1827)「米の餅足のつよいを自慢して」＊随筆・用捨箱(1841)上「吾が家の餅は足が強うてうまきにより」

あしが出(で)る ①予算、または収入を超えた支出になる。赤字になる。＊金(1926)〈宮嶋資夫〉九「空相場の注文を受けて〈略〉その中にそこでもだんだん足(アシ)が出て」＊傷ついた葦(1970)〈曾野綾子〉二・二「しかし、それだと馬渡先生が言っておられる一万円に足がでるなあ」②隠したことが現われる。ぼろが出る。足が付く。

あしが=遠(とお)い[=遠(とお)くなる・=遠(とお)のく] しばらく訪れない。訪れることが間遠になる。足遠い。↔足が近い。＊洒落本・遊子方言(1770)霄の程「すっきと御足か御遠(とふ)く成なんしたの」＊人情本・春色梅児誉美(1832-33)後・一一齣「此頃さっぱり藤(とう)さんの足(アシ)は遠(トフ)し、便りはなし」＊歌舞伎・茲江戸小腕達引(腕の喜三郎)(1863)中幕「遊びの足が遠退(トホノ)いて、ちっと狐が離れたかと思ふと直にくすぶって」＊夢の女(1903)〈永井荷風〉一七「先月、先々月あたりから、不思議に足が遠くなって」

あしが止(と)まる ①注意が引かれて思わず立ちどまる。②来なくなったり、または行かなくなったりする。＊洒落本・二日酔巵觶(1784)「どうなしておめへの足のとまらねへやうにと思ふから」

あしが早(はや)い ①歩む速度が早い。また、移動するのが早い。＊記念碑(1955)〈堀田善衛〉「菊夫は死んだのか、それとも足の早い航空隊のことである、満洲か大陸へでもうつったのか」②食物などの腐りかたが早い。長持ちしない。足が弱い。＊夫婦善哉(1940)〈織田作之助〉「どういふものか足が早くて水蜜桃など瞬く間に腐敗した」③商品の売れ行きがよい。方言❶結婚して間もなく離婚することにいう。岩手県気仙郡100 ❷人を訪ねて長座せずに帰ることにいう。岩手県気仙郡100

あしが棒(ぼう)になる 歩き過ぎや立ち続けで、足がこわばるほど疲れる。足が摺粉木(すりこぎ)になる。＊雑俳・湯だらひ(1706)「やれやれ足が棒になったは」＊歌舞伎・千種花月氷(1877)「昼間っから立てつづけ、こっちゃ足(アシ)が棒(ボウ)になった」＊吾輩は猫である(1905-06)〈夏目漱石〉一〇「先達(せんだって)は無闇にあるかせられて、足が棒の様になった」

あしが向(む)く 無意識のうちに、その方へ行く。＊浮世草子・好色万金丹(1694)三・三「井筒屋井筒屋と足(アシ)が向くほどに」＊吾輩は猫である(1905-06)〈夏目漱石〉二「いつになく富士見町の方へは足が向かないで」

あしが弱(よわ)い ①足が丈夫でない。達者に歩けない。足の動きがしっかりしない。＊花鏡(1424)先能其物成去能其態似「老じたる形なれば、腰を折り、あしよはくて」＊仮名草子・竹斎(1621-23)下「さて行道はあしよはく蹴上げて通る鞠子川、流れて早き日数経て」②車輪などが頑丈でない。＊源氏(1001-14頃)行幸「かすかなるあしよはき車など、輪おしひしがれ」③船の速力がおそい。④船が揺れやすい。＊日葡辞書(1603-04)「Axino youai (アシノ ヨワイ) フネ〈訳〉大いに揺れる船」⑤食物が腐りやすい。足が早い。＊評判記・難波鉦(1680)六「此さけはあしがよわい、夏(なつ)まではもつまいなど心を付」

あし寒(さむ)ければ心(こころ)を傷(いた)む (足を冷やすと心臓に悪いの意から) 国の災いは人民の不平から起こるというたとえ。＊古詩源-史照通鑑疏引諺「足寒傷ㇾ心、民怨傷ㇾ国」

あし十年(じゅうねん)左(ひだり)十年(じゅうねん) 人形浄瑠璃で、一人前に人形を操るには、足で一〇年、左手で一〇年のそれぞれの遣い方の修業が必要であるということ。

あし立(た)たず (「日本書紀-神代上」に蛭子が三歳になっても足が立たなかったとあるのによる) 三歳。また、三年のこと。＊源氏(1001-14頃)明石「わたつ海にしなへうらぶれひるの子のあしたたざりし年は経にけり」

あしに傷(きず)持(も)つ 自分の身にやましいところがある。足の裏に傷持つ。脛(すね)に傷もつ。＊俳諧・其袋(1690)「うき名の露よ番匠の妻〈百花〉月はみん足に疵もつよそあるき〈嵐雪〉」＊雑俳・孔雀丸(1722)「足に疵もっては杖にしこむ槍」

あしに傷(きず)持(も)てば笹原(ささはら)が走(はし)れぬ 足に傷のある者は、笹が傷にあたるので笹原を行くことができない。自分の身にやましいことのある人は、見つかる恐れのある所へは立ち入ることができないということのたとえ。足の裏の傷にこたゆる小笹原。＊波形本狂言・貰聟(室町末-近世初)「足のうらに疵(キズ)をもてば、笹原(ささはら)がはしられぬとやら云が、けふは舅のしき居が高いよふな」

あしに任(まか)せる ①乗物に乗らないで、歩いて行く。足を頼りに行く。また、足の力の続くかぎり歩く。＊平家(13C前)一二・六代「北条、馬にのれといへども乗らず〈略〉血の涙を流しつつ、足にまかせてぞ下りける」＊海道記(1223頃)菊川より手越「足に任する者は、苔の岩根、勧の下路、嶮難に堪へず」＊太平記(14C後)一一・五大院右衛門宗繁賺相摸太郎事「足に任(マカセ)て行き給ひける、心の中こそ哀なれ」②はっきりした行先もなく、また、特に目的も定めないで歩く。あてもなく気ままに歩きまわる。足の向くまま歩きまわる。＊虎明本狂言・八尾(室町末-近世初)「住なれし屋をの里をはなれつつ、はなれつつ、足にまかせて行程に、六道の辻に着にけり」＊狂言記・笠の下(1660)「すみなれしわがふる寺をひょっとでて、あしにまかせて行ほどに」＊談義本・地獄楽日記(1755)四・一「危き難を遁出(のがれい)で、足(アシ)に任(マカ)せて落(おち)給ふ」辞書文明 表記信ㇾ脚(文)

あしの裏(うら) ①足の、地を踏む部分。あしうら。あしのした。あなうら。あしのあなうら。↔足の甲。＊彌勒上生経賛平安初期点(850頃)「世尊の足下(あしノウラ)には、千輻輪の文(あや)あり」＊新撰字鏡(898–901頃)「跖 足下也 足乃宇良」＊後撰(951–953頃)雑四・一二六二「あしのうらのいときたなくも見ゆる哉浪はよりてもあらはざりけり〈よみ人しらず〉」②弱点、欠点。＊雑俳・笠付類題集(1834)「かくしてて・夫とに見せぬ足のうら」 発音〈標ア〉ノラ〈京ア〉ウ 辞書字鏡・名義・和玉・文明・明応・日葡・書言 表記趾(字・名) 跖(字・書) 趺(文・明) 蹠・蹄(字) 跟(玉) 跏(明) 蹠・跢(書)

あしの裏(うら)に傷(きず)持(も)つ 「あし(足)に傷持つ」に同じ。＊俳諧・本朝文選(1706)三・賦類・鼠賦〈去来〉「二月鼠の穴を塞(ふさ)ぐ。つくづく汝がいたづらをおもへ。家に居て人をおそるるは。足のうらに疵(キズ)持けらし」

あしの裏(うら)の傷(きず)にこたゆる小笹原(こざさはら) (足に傷持てば笹原が走れぬということわざによる) 後ろ暗い者がわずかな事にもびくびくすること。＊浄瑠璃・博多小女郎波枕(1718)中「惣七心は足の裏の疵にこたゆる小笹原(コザサハラ)、すの子にどうと座しければ」

あしの裏(うら)の目薬(めぐすり) 見当ちがいで役に立たないことのたとえ。尻に目薬。＊浮世草子・新小夜嵐(1715)一・三「足のうらの目薬、及びともなき事なるべし」

あしの裏(うら)の飯粒(めしつぶ) じゃまなもの、うるさいものなどがつきまとって容易に離れないことのたとえ。＊雑俳・軽口頓作(1709)「おしつける 夫ならあの老女房(めしつぶ)をおれに喰へじゃの 老女房は足のうらのめしつぶ たとへ也」＊滑稽本・風来六部集(1780)放屁論後編「浪人の心易さは一簞(たん)のぶっかけ一瓢(へう)の小半酒(こなから)、恒(つね)の産なき代(かわり)には、主人といふ贅(むだ)もなく、知行(ちぎゃう)といふ飯粒が足の裏にひっ付かず」

あしの裏(うら)の飯粒(めしつぶ)をこそげる 非常に吝嗇(りんしょく)なことのたとえ。

あしの裏(うら)を搔(か)く 方言約束などを守らない。人の信頼を裏切る。新潟県中頸城郡383 ◇あしのうらかく 新潟県上越市382 ◇あしの平(ひら)かく 新潟県361

あしのおっとり 踝(くるぶし)の上部。足首。＊日葡辞書(1603–04)「Axino vottori(アシノヲットリ)」 辞書日葡

あしの角(かど) 方言かかと。長崎県五島054 熊本県天草郡919 鹿児島県種子島054 ◇あしんかど 熊本県天草郡936 ◇あしんかと 熊本県天草郡937

あしの首(くび) 「あしくび(足首)」に同じ。＊東北院職人歌合(1348頃か)「大原の里には袖のちかひにて男になれたる数を、あしのくびにゆふ事の侍るとかや」 辞書名義 表記徒跣(名)

あしの鍬(くわ) (鍬先の形に似ているところからいう)「あしくび(足首)」に同じ。

あしの気(け) (「気」は病気の意) 脚の病気。一般に脚の病気をいったもので、今日の脚気(かっけ)に限らないという。脚病(かくびゃう)。あしけ。あしのやまい。＊十巻本和名抄(934頃)二「脚気 医家書有脚気論〈脚気一云脚病 俗云阿之乃介〉」＊落窪(10C後)三「今日だにとむらひに物せんと思ひつれども、あしのけ起りて、装束する事の苦しければなん」＊枕(10C終)一八八・病は「病は、胸、もののけ、あしのけ」＊源氏(1001–14頃)夕霧「あしのけののぼりたる心地す」 発音〈標ア〉ケ0 辞書和名・色葉・名義・書言 表記脚気(和・色・名・書) 脚病(色)

あしの甲(こう) 足の表。くるぶしから先の表側の部分。あしのひら。あなひら。↔足の裏。＊日葡辞書(1603–04)「Axino cô(アシノ コウ)」＊箋注和名抄(1827)二「跗〈略〉按、阿奈比良、蓋足平之義、今俗呼二阿之乃古布一」＊夜明け前(1932–35)〈島崎藤村〉第一部・下・一二・一「膝から足の甲へかけての骨も尖って来てゐる」 語誌→「こう(甲)」の語誌。 発音アシノコー〈標ア〉コ 辞書日葡・書言 表記趺・跗(書)

あしの瘤(こぶ) 方言くるぶし。三重県志摩郡585 ◇あしこぶ 岐阜県飛驒502 兵庫県赤穂郡661

あしの下(した) 「あし(足)の裏」に同じ。＊新撰字鏡(898–901頃)「蹠 足乃宇良 又足乃志太」 方言青森県上北郡082 宮城県栗原郡114 秋田県鹿角郡132 辞書字鏡 表記蹠(字)

あしの蹠(たなうら) (「たなうら」は元来、手の裏の意) 足のうら。＊信心録(ヒイデスの導師)(1592)一・一「カウベヨリ axino tanavra(アシノ タナウラ)マデ、ココロヲ トメテシアンスルニ ヲイテワ」

あしのつくぶし 足のくるぶし。＊日葡辞書(1603–04)「Axino tçucubuxi(アシノ ツクブシ)。クルブシという方がまさる」 辞書日葡

あしの乗物(のりもの) 馬や車などの乗物がなくて、足で歩くこと。また、その場合の足。＊方丈記(1212)「今、一身をわかちて二(ふたつ)の用をなす。手の奴、あしののりもの、よくわが心にかなへり」

あしの腹(はら) 方言❶こむら。ふくらはぎ。新潟県佐渡356 ❷足の裏。土踏まず。薩摩†137 島根県石見725 徳島県811 高知県幡多郡870 長崎県上五島054 壱岐島915 熊本県926 大分県938 宮崎県延岡947 鹿児島県961 硫黄島・宝島054 ◇あしんはら 長崎県彼杵052 熊本県919 ◇あっのはら 鹿児島県鹿児島郡968

あしの平(ひら) 足の甲。あなひら。＊彌勒上生経賛平安初期点(850頃)朱「世尊の足の趺(ヒラ)は脩く高く充ち満ちて、柔軟妙高なり」＊今昔(1120頃か)三〇・七「取上て見れば、只足の平のみぞ有ける」 方言❶足の甲。秋田県130 ◇あしのへら 青森県054 秋田県132 ◇あしのべら 岩手県気仙郡100 宮城県北部115 秋田県平鹿郡130 ❷足の裏。土踏まず。宮城県仙台市125 山形県139 埼玉県秩父郡251 新潟県367 長野県南部062 佐久493 岐阜県北飛驒499 郡上郡504 静岡県榛原郡541 長崎県南高来郡905 ◇あしのひしゃ 山形県139 ◇あしのべら 宮城県栗原郡113 発音〈なまり〉アシノフェラ〔津軽語彙〕アスノベラ〔岩手〕アシノベラ〔秋田〕

あしの蹟(まがい) 足のつまずき。足をふみはずすこと。＊延喜式(927)祝詞・大殿祭「皇御孫の命の朝の御膳、夕べの御膳供へまつるひれ懸くる伴の緒、襁懸くる伴の緒を、手の蹟ひ、足蹟(あしのマガヒ)〈古語に麻我比(マガヒ)と云ふ〉なさしめずして」 辞書和玉 表記跗・趺(玉)

あしの向(む)く方(かた・ほう) どこへとも定めないで、足の向いた方向。何となく向かって行く方角。＊竹取(9C末–10C初)「いづちもいづちも足のむきたらんかたへいなむず」＊大和(947–957頃)五四「博奕(ばくやう)をして、親にもはらからにも悪(にく)まれければ、あしのむかんかたへ行かむとて、人の国へなん行きける」＊今昔(1120頃か)三一・一四「只身一(ひとつ)走り出て、足の向たる方に走る程に」＊銀の匙(1913–15)〈中勘助〉前・一五「足のむくはうへ行きたいだけいって」

あしの病(やまい) 「あしの気(け)」に同じ。＊書紀(720)皇極三年正月(岩崎本訓)「時に軽皇子、患脚(みアシノヤマヒ)して朝(まゐりつかまつ)らず」＊今鏡(1170)八・はらばらのみこ「御あしの御やまひ重くならせ給て」

あしの湯(ゆ) 足を洗うための湯。＊説経節・をぐり(御物絵巻)(17C中)一〇「百人のまことものあしのゆちゃうず、はんのようい、つかまつれ」＊浮世草子・世間胸算用(1692)五・三「先づ足(アシ)の湯(ユ)を取もあへず、鰯鱠を片皿に、赤いはしの焼ものにて心よく膳をすへける程に」＊雑俳・軽口頓作(1709)「しゅしゃう也、足の湯取てかか洗ラや」

あしは擂粉木(すりこぎ)も出(い)でて働(はたら)く くたびれて足が擂粉木のようになった人も出て働く。極めて忙しい状態にいう。＊読本・南総里見八犬伝(1814–42)三・二一回「羹(しる)に膾(なます)の用意して、碗家具さへに母屋より、運ぶ小厮(こもの)が幾戻り、寔(まこと)に足は擂棒(スリコギ)も出(イデ)て働く台所」

あしは切匙(せっかい) 足が、みそじゃくしのようにすりへってしまうほど、くたびれることをいう。足が棒になる。＊浄瑠璃・姫小松子日の遊(1757)二「さっても歩いた、足はせっかい」

あし踏(ふ)む 足をのせて体の重みをかける。強く踏む。＊万葉(8C後)一一・二四九八「剣刀諸刃の利(と)きに 足踏(あしふみて)死なば死なむよ 君に依りては〈人麻呂歌集〉」＊万葉(8C後)一三・三二九五「うち日さつ みやけの原ゆ ひた土に 足迹(あしふみ)貫き 夏草を 腰になづみ〈作者未詳〉」

あし参(まい)る (「みあし(御足)参る」の形で用いる。「参る」は、奉仕する意) 貴人の足をもみさすって差し上げる。＊源氏(1001–14頃)葵「中将の君といふ、御あしなどまいりすさびて、おほとのごもりぬ」＊浜松中納言(11C中)二「奥の方よりささやかなる女を押し出でて、『御あしまいらせさせ給はなん』とてのきぬ」＊今昔(1120頃か)二六・一七「女音(こゑ)にて、『御足参れと候へば、参り候ひつる』と云気(けはひ)不徳(にくからね)ば」

あしもたし合(あ)う 互いに助け合う。＊浮世草子・好色敗毒散(1703)一・二「荷物をつける上客など、一会かの里にともなへば、足もたしあふ馴染(なじみ)に、すゑずゑ大分の勝手(かって)となる事」

あしもたまらず 足もささえられず。足をふんばることができない状態をいう。＊車屋本謡曲・石橋(1465頃)「苔はなめりて足もたまらず」＊湯島詣(1899)〈泉鏡花〉一六「足も溜らず、横僵(よこだふ)れになったが」

あしを上(あ)げる 職を失わせる。失業させる。足上がりにする。＊浄瑠璃・替唱歌糸の時雨(1782)上・口「身請の金貸したは親方の謀判(ぼうはん)で、彦三めが足揚(ア)げる武右衛門が軍(ぐん)じゃわい」

あしを洗(あら)う (汚れた足を洗うように) 悪事や、好ましくない職業の世界から抜け出ることにいう語。①娼妓、芸人などが、勤めをやめて堅気になる。＊人情本・春色梅美婦禰(1841–42頃)五・二九回「私(わちき)が足を洗って素人(しろうと)にさへなりゃア」＊縮図(1941)〈徳田秋声〉日蔭に居りて・五「今迄はこの世界から足を洗ひたいのが念願で」②世間の人のいやがるような、良くない仕事をやめる。好ましくない行為をやめる。現代では、煩わしい仕事などをやめる場合にも用いる。＊玉塵抄(1563)一六「げすがさぶらいに足をあらうて、上らうまじりをするぞ」＊滑稽本・浮世床(1813–23)初・下「若い内にちっと修行して見て早く足を洗ふがいい」＊歌舞伎・宝萊曾我島物語(島の徳蔵)(1870)序幕「去年の春まで海賊の渦丸親分の子分であったが〈略〉異見をいはれて足(アシ)を洗(アラ)ひ、今ぢゃあ堅気の素人(しろうと)になり」＊破戒(1906)〈島崎藤村〉一三・四「何時(いつ)まで政界に泳いで居る積りは無いのです。一日も早く足を洗ひたいと」 補注語源は、足洗いと称する民俗からか。「上方語源辞典＝前田勇」では、「大坂新町の遊女が身請けされる時、または年季を勤め上げて郭を出る時、東西両門の外にある井戸で足を洗ったからというが、従いがたく、古往、インドで托鉢僧がはだしで乞食し、庵に帰って足を洗ってから法談をしたということより起こった語」という。→足洗い

あしを入(い)れる ①はいり込む。ある場所に入ってゆく。＊鳥影(1908)〈石川啄木〉四・一「教会に足

を入れ初めたのは其頃で」＊アパアトの女たちと僕と(1928)〈龍胆寺雄〉一「僕は墓場を訪ねる様な気持で、今夜も明るい街の雑閙へ索寞と足を入れたのだった」 ②日本舞踊で、一方の足を他の足の前に交差するように出す。

あしを打(う)つ 足をもみさする。＊栄花(1028-92頃)見はてぬ夢「御あしなどうたせさせ給けるほどに、むつまじうならせ給て」

あしを移(うつ)す 歩いて行く。歩を運ぶ。＊はやり唄(1902)〈小杉天外〉九「前後(あとさき)を見廻しながら西洋室の方へ歩(アシ)を転(ウツ)した」

あしを奪(うば)う 乗物を自由に使わせないようにする。電車、汽車などが不通で、通勤、通学などができなくなる状態を、その原因について擬人的にいう語。「台風二二号は各地で市民の足を奪った」

あしを送(おく)る ころんだり倒れたりしないようにうまく足を運ぶ。＊試みの岸(1969-72)〈小川国夫〉静南村「十吉さんは転ばないように少し走った。でも、うまく足を送っていた」

あしを=返(かえ)す[=引(ひ)っ返(かえ)す] あともどりする。きびすを返す。＊人情本・英対暖語(1838)四・一九章「向けたる足を引返(ヒッカヘ)して、其夜はお増の許へいたらず」＊いさなとり(1891)〈幸田露伴〉九一「足を廻(カヘ)して一目散に我知らず逃げ出すを」

あしを限(かぎ)りに 足で行くことができる限り。足の力の続く限り。足をはかりに。＊浄瑠璃・心中刃は氷の朔日(1709)中「あしをかぎりにいづくでも、見事にからだをならべたい」

あしを掻(か)く 相手の足を横に払う。＊浄瑠璃・恋女房染分手綱(1751)一三「後より両脚かいて投倒せば」＊歌舞伎・四千両小判梅葉(1885)四幕「富蔵つかつかと出て両人を突き退け、六兵衛を囲ひ足(アシ)を掻(か)く、これにて両人どうとなり」

あしを懸(か)ける ①ある場所、社会などに出向いてゆく。関係する。＊落語・神仏混淆(1891)〈三代目三遊亭円遊〉「一回(ひとつ)お互に極内(ごくない)で花柳社会へ足を掛けて見やうぢゃア有りませんか」＊青い月曜日(1965-67)〈開高健〉二・沈む「学校と工場の両方に足をかけるというようなことはできないのである」 ②ある年齢に達しようとするほどになっている。手がとどく。＊二人女房(1891)〈尾崎紅葉〉中・一「三十に足(アシ)を懸(カ)けたる身に亭主も持たせず」 ③干渉する。手出しをする。＊村井直治郎氏所蔵文書-天正一一年(1583)一一月吉日・近江大森惣中起請文「よろつさい所事、あしかくへからす候事」

あしを重(かさ)ねて立(た)ち目(め)を側(そば)だてて見(み)る 非常に恐れるさま。足と足を重ね合わせ体をちぢめ、正視しないで、横目でうかがうこと。＊史記-汲黯伝「必湯也、令₂天下重₁足而立、側₁目而視₁矣」

あしを傾(かたむ)ける 足を向ける。行く。赴く。＊落語・殿様の廓通ひ(1890)〈禽語楼小さん〉「遊廓(くるわ)抔(など)へ足を傾ぶけた事は御座らんが」

あしを切(き)る 刖(あしきり)の刑に処する。→足切③。＊土井本周易抄(1477)五「我に不₂従者を無理にとらへて五刑を行ぞ。鼻をきり足をきるぞ」

あしを崩(くず)す 正座ではなく、楽な姿勢で座る。＊セルロイドの塔(1959)〈三浦朱門〉二「まあ、足を崩しなさい」

あしを組(く)む すわって、一方の足を他方の足の上にのせて交差させる。＊故旧忘れ得べき(1935-36)〈高見順〉三「無遠慮に足を組んだが」

あしを食(く)われる わらじなどで足の皮がすれて、傷ができる。＊金葉(1124-27)連歌・六五〇・詞書「賀茂にまゐりたりけるに、わらうづに足をくはれて、紙を巻きたりけるを見て」＊黄表紙・敵討義女英(1795)上「あしをくはれぬやふになされませ」

あしを拵(こしら)える 歩くのに便利なはき物などをつける。足ごしらえをする。＊雑俳・柳多留-八(1773)「諸事頓まするると足をこしらへる」

あしを殺(ころ)す 足音を立てないようにする。忍び足をする。足音を殺す。＊雑俳・智恵車(1716-36)「子心にあしを殺してきりぎりす」

あしを掬(すく)う (相手の足を払うようにして支えを失わせる意から) 相手のすきに付け入って、思いがけない手段で相手を失敗、敗北に導く。足がらを掬う。＊文学の饗宴(1941)〈岩上順一〉省察と抑制「なによりも大切な心構へは一体どんなことであらうか。それは現実に足をすくはれない生命の構へを築くことであらう」

あしを擂粉木(すりこぎ)にする 「あし(足)を棒にする」に同じ。＊歌舞伎・傾城飛馬始(1789)二段「何が博多の廓(くるわ)よりぼッかけて、足(アシ)を擂粉木(スリコギ)にしても皆目知れず」＊護持院原の敵討(1913)〈森鷗外〉「見附けるまでは足(アシ)を擂粉木(スリコギ)にして歩くぞ」

あし=を[=も]空(そら) ①足も地につかないくらいうろたえてあちこち急ぎ歩くこと。また、そのようにあわてふためくさま。＊落窪(10C後)二「車の男ども足をそらにてまどひ倒れて」＊紫式部日記(1010頃か)寛弘五年一二月三〇日「三人ふるふるふ足も空にて参りたれば」＊源氏(1001-14頃)夕顔「殿のうちの人、あしをそらにて思ひまどふ」＊有明の別(12C後)三「こはいかにしつることぞと、あしもそらにまどひ」＊徒然草(1331頃)一九「晦日(つごもり)の夜、〈略〉何事にかあらん、ことごとしくののしりて、あしをそらにまどふが」 ②気もそぞろになって浮かれ歩くさま。＊仮名草子・浮世物語(1665頃)一・二「これより身持我儘になりて、足を空になし〈略〉此処彼処遊びさまよふ浮れ者と成にけり」

あしを出(だ)す ①相場で損失し、規定の証拠金や身元保証金を払いに当ててもなお不足で完済できないことをいう。〔取引所用語字彙(1917)〕＊金(1926)〈宮嶋資夫〉九「十九の年に損(がっ)てしまって、抜き差しの出来ないような足(アシ)を出して」 ②予算、または収入をこえる金額を使う。赤字になる。＊今年竹(1919-27)〈里見弴〉二組の客・五「君に釣り出されて〈略〉へたアまごつかうもんなら、うんと足を出さされちまふのがおちさ」 ③予定外の結果になる。予想と違って失敗する。＊春泥(1928)〈久保田万太郎〉夕焼雲・二「引留められるまま、うかうかと、いい気になって酔っぱらってゐるうち三日といふもの余計にとうとう足を出した」 ④隠し事をしてぼろを出す。 ⑤さかごを出産する。＊雑俳・削かけ(1713)「手をつくす足をだしたでとりやげんばば」

あしを助(たす)かる 足を使わないですむ。行かないですむ。＊虎寛本狂言・松脂(室町末-近世初)「のうのうれしやうれしや、足を助った」

あしを立(た)つ 足を止める。立ちどまる。踏みとどまる。＊明徳記(1392-93頃か)下「山名播磨守満幸は足をもたてず丹波路を差して落ち給ひける処に」＊政基公旅引付-文亀二年(1502)五月二二日「御百性等難₁立₁足之条、半済に被₂沙汰₁」

あしを溜(た)む ①足を地につける。足を地にとどめる。＊太平記(14C後)一四・官軍引退箱根事「篠塚かい違ふては蹴倒(けたふ)し、蹴倒しては首を取り、足をもためず一所にて、九人迄こそ討たりけれ」 ②踏みとどまる。＊足利本人天眼目抄(1473)「ちっとも此に足をばためぬぞ」＊政基公旅引付-文亀二年(1502)六月五日「所詮百性等地下に足をため、国之違乱を被退間をは」

あしを近(ちか)く来(く)る しばしば来る。せっせと来る。＊歌舞伎・盟三五大切(1825)序幕「本所の方から、足を近く来る侍ひがあるぢゃァねえか」＊人情本・春色梅美婦禰(1841-42頃)三・一六回「私どもは足を近く来るけれども」

あしを付(つ)ける ①跡をつける。尾行する。また、失踪者の行先を捜索する。＊歌舞伎・小袖曾我薊色縫(十六夜清心)(1859)大詰「風祭から足を附、爰迠うぬを送り狼」 ②手がかりをつける。引っかかりをつける。関係をもつ。＊黄表紙・間似合嘘言曾我(1785)「わが客にして足(アシ)をつけんと花川味に色目をつかふ」＊雑俳・末摘花(1776-1801)三「もりにほれあやめだんごで足を付け」＊滑稽本・東海道中膝栗毛(1802-09)七・上「おのれがくひのこしたまんぢうひとつ、となりさじきの子どもにやる。これにてあしをつけて、さけをのもふといふ下ごころなり」 ③女性が、えり足の髪を二本足、または三本足の形に上へ剃り上げる。首筋に足を付ける。＊洒落本・意気客初心(1836)髪剃「三世相に曰く髪剃の前生は雪踏の金にてありしゆへ其縁により頬(つら)の皮にあたり又首筋に足(アシ)を付(ツケ)るといふ」

あしを裹(つつ)む 外出しない。歩かない。転じて、恐れて進まないことにもいう。＊随筆・山中人饒舌(1813)上「平日講₂読経疏₁、裹₂足不₃敢入₂城市₁」＊山陽遺稿(1841)詩集・四・送母路上短歌「聞₁雞即裹₁足、侍₁輿足蹣跚」

あしを=つまだてて[=たてて]待(ま)つ つま先で立って伸び上がるようにして今か今かと望み待つ。転じて、機会がまもなくやってくる、の意。＊書紀(720)雄略七年是歳(前田本訓)「今恐るらくは、禍の身に及ばむこと、蹻足(あしをタテテ)待つ」＊史記-商君伝「亡可₂翹₁足而待₁」

あしを遠(とお)くする 行かなくする。訪問を次第にまれにする。＊人情本・貞操婦女八賢誌(1834-48頃)二・一五回「兎やせん角やと思案を倣すに、只以来(こののち)は、往来(アシ)を疎(トホ)くし、自ら愛念の薄くなるやうに、計るの外は有るまじと」＊浮雲(1887-89)〈二葉亭四迷〉三・一八「昇はいつからともなく足を遠くして仕舞った」

あしを留(とど)める ある場所にとどまっている。滞在する。＊太平記(14C後)三七・清氏正儀寄京事「天下の士卒、猶皇天を戴く者少く候間、官軍洛中に足を留る事を不₁得候」＊仮名草子・浮世物語(1665頃)二・一一「いざ我等の方へ来りて、足(アシ)を止(トド)め給へ」

あしを止(と)める ①立ちどまる。＊雁(1911-13)〈森鷗外〉一「古本屋があれば足(アシ)を止(ト)めて見る」＊葱(1920)〈芥川龍之介〉「思はずその八百屋の前へ足を止めた」 ②行ったり、または、来たりしないようにする。＊洒落本・淫女皮肉論(1778)浅草のおおかみ「吉原のにわかはんじゃうゆへけんぶつのあしを止(トメ)、さびれさせん手だてとや」

あしを取(と)られる ①金が不足して動けなくなる。 ②酒量が過ぎて酔いがまわって歩けなくなる。 ③交通機関の故障などで、それを利用できず、立往生する。 ④足の自由を奪われる。障害物などにじゃまされて、歩行がみだれる。順調な進行がさまたげられる。＊子をつれて(1918)〈葛西善蔵〉「泥沼に脚を取られたやうに」＊金(1926)〈宮嶋資夫〉二一「畳に敷いた薄べりのむくれた角に足(アシ)を取(ト)られてばたりと倒れた」

あしを取(と)る つまずかせる。けつまずかせる。＊妹背貝(1889)〈巖谷小波〉冬「木の根捨石不作法に算を乱して、ややもすれば足を取らうとする」

あしを縄(なわ)に綯(な)う 両足を縄をなうように固くしめる。多く、女が男に対してすねてする所作をいう。＊雑俳・柳多留-二(1767)「女房のすねたは足を縄にない」

あしを逃(に)がす　足をかがめずに、後ろの方へすべらせて、うつぶす。＊日中行事(1334-38頃)「陪膳、円座の上にゐながら、あしをにがして警蹕(けいひつ)す」

あしを抜(ぬ)く　①引き続いた訪問や面会などの間を抜く。欠かす。＊歌舞伎・早苗鳥伊達聞書(実録先代萩)(1876)二幕「廓で評判の大三浦の高尾太夫、御意に叶って一晩でも足(アシ)を抜(ヌ)かずに通ひ詰め」＊歌舞伎・天衣紛上野初花(河内山)(1881)六幕「晴れて世間の歩けねえ捜されて居るおれが体、それゆゑ廓(なか)へも足(アシ)を抜(ヌ)き」＊かくれんぼ(1891)〈斎藤緑雨〉「暫くお夏への足をぬきしが」②その場を抜け出す。また、関係を断つ。＊虎明本狂言・磁石(室町末-近世初)「わかひものが二人、おふつまくっついたひたが、一人はしとめて有程に、今一人のがすなとあらふ時は、某があしをぬかふやうがなひ」＊火の柱(1904)〈木下尚江〉「差し騒った用事がありますので、殆ど足を抜くことが出来ないのですが」＊縮図(1941)〈徳田秋声〉裏木戸・三「いつとなし足をぬいて、前借は据置きのままに大増の女中に住みこむなど」

あしを盗(ぬす)む　足音を忍ばせる。そっと歩く。＊良人の自白(1904-06)〈木下尚江〉後・一八・三「足を偸(ヌス)んで窃(そ)と白井の家を忍び出た」

あしを=延(の)ばす[=延(の)べる]　①緊張した気分を落ち着かせる。くつろいだ姿勢になる。＊浮世草子・日本永代蔵(1688)二・四「いよいよ気をそむきて脇差(わきざし)に手は掛けしが、ここが思案とおさめて、〈略〉足(アシ)を延(ノバ)し胸をさすりて」＊竹沢先生と云ふ人(1924-25)〈長与善郎〉竹沢先生と云ひ月・一「疲れてゐた皆は早く家へ帰って脚を延ばしたかった」②さらに遠くまで行く。＊浮世草子・男色大鑑(1687)六・四「洛外まで足(アシ)をのべ小家をさがす塩売(しほうり)の男」＊浅草(1931)〈サトウハチロー〉僕の浅草・七「足(アシ)をのばして吉原土手へ行けば、これは又夜明し屋ばかりだ」

あしをはかりに　(「はかり」は「限度」の意)「あし(足)を限りに」に同じ。＊義経記(室町中か)五・静吉野山に棄てらるる事「あしをはかりに行く程に、高き峰に上りて」＊虎明本狂言・磁石(室町末-近世初)「足をはかりにいつかたへなりともまいらふ」＊黄表紙・莫切自根金生木(1785)中「夫婦がかへりし声をきくと、その身ばかり、あしをはかりに逃げてゆく」

あしを運(はこ)ぶ　歩いて行く。歩みを運ぶ。わざわざ訪ねて行く。＊人情本・清談若緑(19C中)四・二〇回「足(アシ)を運(ハコ)んだも十遍や、二十遍ぢゃアきかねへヨ」＊歌舞伎・綴合於伝仮名書(高橋お伝)(1879)三幕「ここへ足(アシ)も運(ハコ)び度くねえが」＊明暗(1916)〈夏目漱石〉一二〇「少なくとも此事件に就いて彼女が足(アシ)を運(ハコ)びさうな所は」

あしを曳(ひ)く　①「あし(足)を運ぶ」に同じ。＊浮世草子・世間胸算用(1692)三・四「まだ帰られませぬ。さいさい足をひかせましてかなしう御座る」＊浮世草子・万の文反古(1696)一・一「何事も親仁(をやぢ)のいたされやうあしく、おのおの様へ足(アシ)をひかせます」②足を引きずる。また、そのようにして歩く。＊浮世草子・新色五巻書(1698)三・五「栄春しきりに腹を痛めて足(アシ)を引かず」③行くのをやめる。＊洒落本・傾城買杓子規(1804)一「文里にけどられているから、あしをひいているのさ」

あしを引(ひ)っ張(ぱ)る　①他人の前進や成功をさまたげる。＊われら戦友たち(1973)〈柴田翔〉二「これ幸いと足をひっぱる奴も出てくる」②集団で物事をするとき、何人かがマイナスになるような行動をする。

あしを浛(うろ)う　方言 ちょうどそこへ行く人に用事を頼む。富山県砺波398　滋賀県彦根609　◇**あしをたぼう**　新潟県佐渡352

あしを=踏(ふ)み込(こ)む[=踏(ふ)み入(い)れる]　入りこむ。あえてその内部に入る。＊太平記(14C後)三〇・高倉殿京都退去事「皆無弐の御方にて候へば、此国々へは何なる敵か足をも蹈(フミ)入候べき」＊浄瑠璃・心中天の網島(1720)上「小春といふ家尻(やじり)切にたらされ後悔(こうくゎい)千万、ふっつり心残らねば尤足もふみ込まじ」＊歌舞伎・浮世柄比翼稲妻(鞘当)(1823)大切「二階は取り散らかって、足も踏み込まれねえ」＊暗夜行路(1921-37)〈志賀直哉〉一・二「さう云ふ場所には決して足(アシ)を踏入(フミイ)れまいと云ふほどの気は」

あしを踏(ふ)み出(だ)す　今までやってこなかったことにとりかかる。＊茶話(1915-30)〈薄田泣菫〉バルザック「随分たんと小説を書いたが、それだけではまだ書き足らないで、脚本の方へも脚(アシ)を踏(フ)み出(ダ)さうとしてゐた」

あしを棒(ぼう)にする　足がひどく疲れるほど、歩きまわる。足を擂粉木(すりこぎ)にする。＊いさなとり(1891)〈幸田露伴〉三九「それはそれは知って居るといふ知った人に妾(わたし)も父様も足を棒にして問ひ廻り」＊姨捨(1955)〈井上靖〉「先刻から足を棒にして探してゐるぢゃありませんか」

あしを薪(まき)にしても　どう低く評価しても。どんなに安く見積もっても。＊歌舞伎・与話情浮名横櫛(切られ与三)(1853)四幕「大の男が二人来て、足を薪にしても、一貫や二貫の代物はあるワ」

あしを向(む)ける　①相手をないがしろにする意。「足を向けて寝られない」の形で、恩を受けた人への感謝の気持を表わす。＊滑稽本・浮世床(1813-23)初・中「江戸は諸国の為には大切な御得意様だから江戸の方へ足を向けては江戸の罰があたりやす」②その方向、方面へ行く。＊四河入海(17C前)一一・三「さしも昔は朱陳村は淳朴の俗で、公方人なんどは一向に足をもむけぬ処なるが」＊人情本・英対暖語(1838)四・二〇章「此頃は、廓(あっち)へなんぞは足を向(ムケ)た事もなひから」＊冷笑(1909-10)〈永井荷風〉一三「例へば彼が三度の中に二度まで其の足を向けた美術館は」

あしを休(やす)める　足をとめて休息する。＊古今(905-914)恋三・六五八「夢路にはあしも休めず通へどもうつつに一目見しごとはあらず〈小野小町〉」＊いさなとり(1891)〈幸田露伴〉五「愛敬館といふに足を休めてよりは愈々毎日の見物」

あしを縒(よ)る　自分の足をからみ合わせる。足をよじる。思案するさまなどにいう。＊米沢本沙石集(1283)一・四「このかんなぎ柱に立ちそひて、足をよりてほけほけと物思ひ質(すがた)にて」

あし【葦・蘆・葭】〘名〙①イネ科の多年草。世界の温帯および暖帯に広く分布し、水辺に群生する。根茎は地中を長くはい、茎は中空の円柱形で直立し、高さ二～三メートルに達する。葉は長さ約五〇センチメートルの線形で縁がざらついており、互生する。秋、茎頂に多数の小花からなる穂をつける。穂は初め紫色で、のち褐色にかわる。若芽は食用となり、茎は葭簀(よしず)材や製紙の原料になる。根茎は漢方で蘆根(ろこん)といい、煎汁(せんじゅう)は利尿、止血、解毒などのほか、嘔吐(おうと)をおさえるのにも用いられる。また、和歌では難波の景物として知られる。よし。学名は Phragmites australis《季・秋》＊古事記(712)下「射出づる矢、葦の如く来り散りき」＊万葉(8C後)一四・三五七〇「安之(アシ)の葉に夕霧たちて鴨がねの寒きゆふへしなをばしのはむ〈防人〉」＊石山寺本金剛般若経集験記平安初期点(850頃)「岸の腹に蘆(アシ)懸りて、水に延蔓す」＊土左(935頃)承平五年二月六日「いつしかといぶせかりつる難波潟あし漕ぎそけてみ船きにけり」＊俳諧・続猿蓑(1698)夏「白雨(ゆふだち)や蓮の葉たたく池の芦〈苔蘇〉」＊日本植物名彙(1884)〈松村任三〉「ヨシ　アシ　蘆」②「あしすだれ(葦簾)」に同じ。＊讃岐典侍(1108頃)下「御前の御簾いとおびただしげなるあしとかいふ物かけられたり」③紋所の名。①の葉または葉と茎とをかたどったもの。葦葉、二つ葦葉、三つ葦葉、葦の丸、抱き葦などの種類がある。語誌(1)「万葉集」では「葦鴨(あしがも)」「葦鶴(あしたず)」など水辺の鳥と組み合わせたり、葦の生い茂った間をこぎわけてゆく船を「みなと入りの葦別小舟(あしわけおぶね)」〔万葉一一・二七四五〕と詠んだりした。(2)平安時代では、忍ぶ恋の比喩として「したにのみはひ渡つるあしのねの」〔後撰-雑三・一二二四〕とその「根」や、「難波潟短きあしのふしのまも逢はでこのよを過ぐしてよとや〈伊勢〉」〔新古今-恋一・一〇四九〕とその節と節の間の「よ」の短さを「臥し」や「夜」「世」にかけて嘆く気持が詠まれた。(3)平安中期以降は葦の葉が注目され、「夕月夜潮みちくらし難波江のあしの若葉にこゆるしらなみ〈藤原秀能〉」〔新古今-春上・二六〕のように波と取り合わされた叙景歌となり、また、中世には秋から冬にかけての「葦の枯葉」が好んで歌われるようになって、「しをれ葦」「乱れ葦」などの歌語が生まれた。(4)「草の名も所によりてかはるなり難波の葦は伊勢の浜荻〈救済〉」〔菟玖波集-雑三〕と詠まれ、物の呼び名や習俗が土地によって異なることのたとえにも用いられるに至る。(5)後世、アシは「悪し」に通じるとして反対のヨシと呼ばれるようになる。方言 植物、だんちく(葮竹)。和歌山県西牟婁郡690 語源説 (1)初めの意のハシの義。天地開闢(かいびゃく)の時、初めて出現した神の名をウマシアシカビヒコヂノ神といい、国土を葦原の国といった日本神話に基づく〔日本釈名・言葉の根しらべ=鈴江潔子〕。(2)水辺の浅い岸にはえる草であるところから、アサ(浅)の転語〔和訓集説・碩鼠漫筆〕。(3)アはアラの反。未だ田となっていない意のアラシ(荒)の転〔名言通〕。(4)アシ(編繁)の義から〔日本語源=賀茂百樹〕。アシ(彌繁)の義〔言元梯〕。アアト云フホドシゲルモノであるから〔本朝辞源=宇田甘冥〕。(5)ウラシリ(浦知)の反〔名語記〕。発音〈なまり〉アシェ・アセ〔和歌山県〕〈標ア〉ア〈ア史〉平安～江戸 ●● 〈京ア〉⓪ 辞書 和名・色葉・名義・和玉・文明・明応・天正・饅頭・黒本・易林・日葡・書言・ヘボン・言海 表記 蘆(和・色・名・玉・文・明・天・饅・黒・易・書・ヘ・言) 葦(和・色・名・玉・文・明・天・饅・黒・易・書・言) 葭(和・名・玉・文・明・天・易) 蒹(玉・文・明・易) 芦(玉・天) 蒹葭(色) 亂・茄(玉)

抱き葦

葦の丸

あしの仮寝(かりね)　(葦は刈るところから、「刈り」と「仮」とを言いかけたもの) かりそめに一夜を過ごすこと。仮寝。仮初伏(かりそめぶし)。＊千載(1187)恋三・八〇七「難波江のあしのかりねの一よゆゑ身をつくしてや恋ひわたるべき〈皇嘉門院別当〉」＊新古今(1205)羇旅・九三二「夏刈のあしのかりねもあはれなり玉江の月の明がたの空〈藤原俊成〉」

あしの=仮屋(かりや)[=仮庵(かりお)]　(葦は刈るところから「刈り」と「仮」とを言いかけたもの) 葦で屋根をふいた粗末な仮小屋の意で、仮の宿のこと。仮庵。＊丹後守為忠百首(1134頃か)春「春はただ今宵のみぞとみしまなるあしのかりやのたえまうきかな〈藤原忠成〉」＊新勅撰(1235)羇旅・五一七「いそぐとも今日はとまらむ旅寝するあしのかりほに紅葉散りけり〈藤原通俊〉」

あしの枯葉(かれは)を刈(か)るごとし　きわめて容易にできることのたとえ。＊雑俳・柳多留-一一(1776)「御勝利はあしのかれ葉をかるごとし」

あしの錐(きり)　（細くとがって錐のようであるところから）葦の芽。《季・春》＊俳諧・俳諧新選(1773)一・春「芦の錐春の寒さの利(と)がりけり〈雪蕉〉」

あしの小屋(こや)　葦ぶきの小屋。＊経信集(1097頃)「旅ねするあしのこやにて見るときもおもがはりせぬ秋の月かな」

あしの篠屋(しのや)　葦や篠で屋根をふいた粗末な家。＊応徳三年通宗女子達歌合(1086)「難波江のあしのしのやも雪降れば花の都に劣らざりけり」＊散木奇歌集(1128頃)雑・下「あしびたく あしのしのやの しづはたに をりしなへたる あやくずの」＊新古今(1205)恋一・一〇六三「我が恋はいはぬばかりぞ難波なるあしのしの屋の下にこそたけ〈小弁〉」

あしの神事(しんじ)　⇩親見出し「あしのしんじ(葦神事)」

あしの＝簾(すだれ)［＝**御簾**(みす)］　「あしすだれ(葦簾)」に同じ。＊木工権頭為忠百首(1136頃)雪「年へたる葦のすだれのひまをあらみもりくる雪に袖は濡れつつ〈藤原為経〉」＊徒然草(1331頃)二八「倚廬(いろ)の御所のさまなど、板敷をさげ、あしの御簾をかけて」

あしの角(つの)　葦の若芽。あしづの。葦かび。《季・春》＊新撰字鏡(898-901頃)「金牙　阿志乃豆乃」＊色葉字類抄(1177-81)「菼 アシノツノ 云毯 蘆初生也」＊俳諧・続猿蓑(1698)春「川淀や淡をやすむるあしの角〈猿雖〉」＊葛飾(1930)〈水原秋桜子〉「廃園の門とし見れば蘆の角」［辞書］字鏡・色葉［表記］金牙(字) 菼・薍(色)

あしの縄(なわ)　葦をよりあわせて作った縄。門の戸に懸けて災禍をはらうまじないとした。＊十巻本和名抄(934頃)五「葦索　蔡邕独断云懸葦索〈阿之乃奈波〉於門戸以禦凶也」［辞書］和名・色葉［表記］葦索(和・色)

あしの花(はな)　秋、葦の茎の上に開く白色の穂状の花。葦の穂。《季・秋》＊能因本枕(10C終)七〇・草の花は「あしの花、さらに見所なけれど、みてぐらなど言はれたる、心ばへあらんと思ふに、ただならず」＊夫木(1310頃)二八「難波潟あしのはな吹く浦風に浪にも消えぬ雪ぞ散りける〈源通忠〉」＊俳諧・笈日記(1695)下・雲水「狼も一夜はやどせ芦の花」［辞書］色葉・名義・和玉・書言［表記］蓬蘽(色・名・書) 艻(色・玉) 蘆花(書)

あしの葉(は)**にもすがる時**(とき)**あり**　水におぼれた時には、軽い葦の葉にもすがることがあるように、危急の時にはどんなにささいな物にでも助けを求めるというたとえ。おぼれる者はわらをもつかむ。

あしの葉(は)**の笛**(ふえ)　「あしぶえ(葦笛)」に同じ。＊謡曲・猩猩(1466頃)「江の内の酒盛り、猩々舞を舞はうよ。芦の葉の笛を吹き、波の鼓をどうど打ち」

あしの一葉(ひとは)**の宿**(やどり)　一枚の葦の葉のような、ささやかな住居。＊俳諧・幻住菴記(1690頃)「湖(にほ)の浮巣のながれとどまるべき蘆の一葉のやどりをもとむ。名を幻住庵といふ」

あしの一夜(ひとよ)　（葦の「一節(ひとよ)」を「一夜(ひとよ)」に言いかけたもの）一夜。一晩。＊新後拾遺(1383-84)夏・二七九「難波人御祓すらしも夏かりの蘆の一よに秋をへだてて〈足利尊氏〉」＊浮世草子・好色盛衰記(1688)二・四「堀江の水揚より一日も隙(ひま)なくて、芦(アシ)の一よの情をあらそひ」＊俳諧・奥の細道(1693-94頃)黒部「蜑(あま)の苫ぶきかすかなれば、蘆の一夜の宿かすものあるまじと」

あしの節(ふし)**の間**(ま)　葦の節と節との間が短いことを、時間の短いのにたとえていう。＊新古今(1205)恋一・一〇四九「難波潟短きあしのふしのまも逢はでこのよを過ぐしてよとや〈伊勢〉」

あしの穂(ほ)　①「あし(葦)の花」に同じ。あしほ。《季・秋》＊歌仙本重之集(1004頃)百首「秋風に汐(しほ)満ち来れば難波江の葦の穂よりぞ舟も行きける」＊俳諧・炭俵(1694)下「芦のほに箸うつかたや客の膳〈去来〉」②（孔子の弟子、閔子騫(びんしけん)が継母に憎まれ、綿の代わりに葦の穂の入った粗末な布子(ぬのこ)を着せられたという「蒙求」の故事から）葦の穂でつくられた粗末な衣類をいう。＊御伽草子・二十四孝(室町末)「彼(かの)つま我子をふかくあいして、まま子をにくみ、寒き冬も、あしのほを取て、きる物にいれてきせ侍るあひだ」

あしの穂笠(ほがさ)　葦の穂を編んで作った笠。＊随筆・雪のふる道(1790)上「あるじの子なるものに、あつらへて、蘆の穂笠、木の皮ざうり、かつこべこだすなどいふものもとめつ、笠はあしのほをつづりて作れり、なが雨にもしみもらず、冬の寒さにかつぎてはことにあたたかなりといふ」

あしのほ舟(ぶね)　（葦の「穂」に「帆」を言いかけたもの）帆船。＊壬二集(1237-45)「浦風のさそふも知らず難波江のあしのほぶねに月を見るかな」

あしの＝穂綿(ほわた)［＝**穂**(ほ)**の綿**(わた)］　葦の穂の細毛がほおけたものを、綿のように摘んだもの。また、それを衣服に入れて綿の代用にしたもの。葦絮(あしわた)。《季・秋》＊俳諧・御傘(1651)七「芦水辺也。〈略〉芦の穂綿(ホワタ)も秋なり」＊俳諧・西鶴大矢数(1681)第三「手織にしたる日裳(ひの)島の露　蘆の穂の綿も自然にたまりしか」＊俳諧・おらが春(1819)「子ばかりの蒲団に蘆の穂綿哉〈宗鑑〉」＊和訓栞(1777-1862)「あしのほわた。蘆の穂を、衣の絮にするをいふ也。小窓清記に、製柳絮枕、蘆花被、以連牀夜話すと見えたり」

あしの迷(まよ)**い**　（和歌で「葦」に「足」を言いかけて）葦の生い茂る間で迷うように、行先を迷うこと。＊狭衣物語(1069-77頃か)二「知らざりしあしのまよひの鶴(たづ)のねを雲の上にや聞き渡るべき」＊現存六帖(1249-50頃)「こやとてもいづくをとはん津の国のあしのまよひに過ぐるころかな〈藤原知家〉」

あしの丸屋(まろや)　「あし(葦)の屋(や)」に同じ。＊金葉(1124-27)秋・一六四「ゆふされば門田の稲葉おとづれて蘆のまろ屋に秋風ぞ吹く〈源経信〉」＊山家集(12C後)上「津の国のあしのまろやの淋しさは冬こそわけて訪ふべかりけれ」［語源説］マロは全きの義。全体を葦でふいた家の意〔和訓栞〕。

あしの御輿(みこし)　愛知県津島市の津島神社の祭に渡御した御輿。津島祭。＊俳諧・誹諧通俗志(1716)時令・六月「津嶋祭　十四日　十五日、芦の神輿　同上」

あしの矢(や)　葦で篦(の)を作った矢。奈良時代には、東北地方からの貢物。朝廷では、一二月晦日(みそか)の追儺(ついな)の式には、桃の弓とともに鬼払いのまじないの具として用いた。＊内裏式(833)十二月大儺式「中務省率侍従、内舎人、大舎人等、各持桃弓葦矢」＊延喜式(927)一二・中務省「以桃弓葦矢桃杖。〈陰陽寮作進之也〉頒充儺人〈事見儀式〉」＊年中行事歌合(1366)「今はただ一夜になりてあしの矢のいふが如くに年ぞ暮れぬる〈藤原師良〉」［辞書］下学・黒本［表記］葦矢(下・黒)

あしの＝屋(や)［＝**宿**(やどり)］　葦で屋根をふいた、粗末な小屋。また、そのような家。葦屋。葦の丸屋(まろや)。＊伊勢物語(10C前)八七「あしのやのなだの塩焼いとまなみ黄楊(つげ)の小櫛もささず来にけり」＊後拾遺(1086)雑二・九五六「八重ぶきのひまだにあらば蘆のやに音せぬ風ぞあらじとを知れ〈藤原定頼〉」＊栄花(1028-92頃)殿上の花見「年ごろ送りしあしのやどり、柴の扉(とびら)も、げにすみよしに造りてけりと、うれし」［辞書］日葡

あしをふくむ雁(かり)　遠く海を渡る時、海上で翼(つばさ)を休めるために、葦を口にくわえていく雁。→雁風呂(がんぶろ)

あ-し【亜枝】〘名〙垂れ下がった枝。＊本朝無題詩(1162-64頃)三・花下命飲〈輔仁親王〉「乱風落蘂迷人眼、簇雪亜枝蔭我頭」

あし【阿私】　「あしだ(阿私陀)」に同じ。

あ-し【阿姉】〘名〙（「阿」は人を表わす名詞の上に付けて親愛の意を添える）おねえさん。＊東京新繁昌記(1874-76)〈服部誠一〉五・築地電信局「阿姉(〈注〉ネイサン)に眷恋されて(〈注〉ほれられて)、有情人(〈注〉いろ)と為る者は」［補注］「唐話纂要」に「阿姉 アツュイ/アネ」とある。

あ-し【阿師】〘名〙（「阿」は人を表わす名詞の上に付けて親愛の意を添える）師匠さん。お坊さん。和尚さん。ときに軽蔑または揶揄の意を含んで用いられる。＊正法眼蔵(1231-53)仏道「後来の阿師等、かつて仏法の全道をきかず」＊三国伝記(1407-46頃か)一一・二三「阿師地獄を見んと欲す、否や」＊従容録-一・第一〇則「婆云、好箇阿師又恁麼去也」

あ-し【啞子】〘名〙口のきけない人。啞者。＊東坡雑纂「説不得、啞子做夢」＊伝習録「先生曰、啞子喫苦瓜、与你説不得、你要知苦時、還須你自喫」［補注］「小説精言-一」に「啞子謾嘗黄蘗味、難将苦口対人言」とある。

あ・し【悪】〘形シク〙物事の本性、状態などがよくない。また、それに対して不快な感じをもつ。悪い。いけない。だめである。⇔よし。①（善悪、正邪の判断の立場から）（物事の本性、本質が）悪い。邪悪である。＊書紀(720)神代上(水戸本訓)「毒(アシキ)酒を醸(か)むで、飲ましむ」＊宇津保(970-999頃)俊蔭「昔の犯しの深さによりて、あしき身を受けたり」＊源氏(1001-14頃)手習「あしき物の見つけそめたるに、いとおそろしくあやふき事なり」＊大唐西域記長寛元年点(1163)七「何の罪を作してか悪趣に流転して此の弊(アシキ)身を受くる」＊蓮如上人御一代記聞書(16C後)末「あしき事をしても、心中をひるがへし本願に帰すれば」＊読本・春雨物語(1808)血かたびら「御心の直きに、あしき神のよりつくぞ」②（人の性質、態度や物の状態などが）悪くて気に入らない。いけない。けしからぬ。また、思いやりがない。つれない。＊万葉(8C後)一四・三三九一「筑波嶺(つくはね)に背向(そがひ)に見ゆるあしほ山安志可流(アシカル)咎(とが)もさね見えなくに〈東歌・常陸〉」＊万葉(8C後)一五・三七三七「他人(ひと)よりは妹そも安之伎(アシキ)恋もなくあらましものを思はしめつつ〈中臣宅守〉」＊伊勢物語(10C前)二三「もとの女、あしと思へるけしきもなくて」＊咄本・軽口露がはなし(1691)四・三「それは御身の申されやうあしし」＊浮世草子・傾城色三味線(1701)江戸・三「神ぞ神ぞみぢん偽りのなき所なれ共、男はあしく聞なし」＊人情本・英対暖語(1838)初・四回「あしくされるをいとはずして、四五度通ふ途中におちて」＊日本読本(1887)〈新保磐次〉五「悪しき児童は他の家の犬を打ちて楽みとし、或は道路に石を投げて往来の妨げをなす」③（運命や縁起が）悪い。ひどい。凶だ。＊枕(10C終)二七六・うれしきもの「にくき者のあしき目見るも、罪や得(う)らんと思ひながら、またうれし」＊栄花(1028-92頃)つぼみ花「よき事を見聞くは、我身の事ならねど嬉しうめでたう、あしき事を見聞くは、せん方なくいとほしきわざなれば」＊今鏡(1170)二・紅葉の御狩「宿世(すくせ)かしこければ、あしき日も障りなかるべし」＊浮世草子・好色五人女(1686)一・四「『けふの首途(かどで)あしや』と、皆々腹立(ふくりう)して」④（人の機嫌や気分が）悪い。＊竹取(9C末-10C初)「きたなき所の物きこしめしたれば、御心地あしからん物ぞ」＊伊勢物語(10C前)一一四「おほやけの御気色あしか

りけり」 ＊土左(935頃)承平五年正月一四日「よね、さけしばしばくる。かじとりけしきあしからず」 ⑤(風、雲、海など自然の状況が)荒れ模様だ。険悪である。 ＊土左(935頃)承平五年二月四日「『けふ、かぜくものけしきはなはだあし』と言ひて、船いだささずなりぬ」 ＊枕(10C終)三〇六・日のいとうららかなるに「風いたう吹き、海の面(おもて)ただあしにあしうなるに、ものもおぼえず」 ＊更級日記(1059頃)「外(と)の海は、いといみじくあしく浪高くて」 ⑥(容姿や様子などが)悪い。醜悪だ。見苦しい。 ＊宇津保(970-999頃)吹上上「よき女といへど、一人あるは、あしき二人に劣りたるものなれば」 ＊栄花(1028-92頃)花山たづぬる中納言「御声も惜しませ給はず、いとさまあしきまで泣かせ給ふ」 ＊古今著聞集(1254)一六・五五四「色々敷(いろいろしき)者にて、よきあしきをきらはず、女といへば心を動かしけり」 ＊浮世草子・日本永代蔵(1688)一・五「あしき男の、紬(つむぎ)を花色小紋に染て着、あるひはまた、うら付の木綿袴きたるよりはおとれり」 ⑦(血筋、身分、経済状態などが)悪い。貧しい。いやしい。 ＊大和(947-957頃)一四八「いかにしてあらむ、あしうてやあらむ、よくてやあらむ」 ＊蜻蛉(974頃)上・康保四年「冬はついたち、つごもりとて、あしきもよきもさわぐめるものなれば」 ⑧(技能、配慮などが)悪い。へただ。拙劣だ。 ＊竹取(9C末-10C初)「中納言『あしくさぐればなき也』と腹立ちて」 ＊枕(10C終)八三・かへる年の二月廿日よ日「上人などさぶらひて、物語のよきあしき、にくき所などをぞ定め、いひそしる」 ＊源氏(1001-14頃)早蕨「手はいとあしうて歌はわざとがましくひきはなちてぞ書きたる」 ＊類従本元永元年内大臣家歌合(1118)「俊云。苔のむす岩ねに菊の残れる証歌やあらむ。若なくばきはめてあしし」 ＊徒然草(1331頃)一〇六「口ひきける男、あしく曳きて、聖(ひじり)の馬を堀へ落してけり」 ⑨(品質が)悪い。粗末だ。 ＊枕(10C終)一二二・わびしげに見ゆるもの「下衆(げす)女のなりあしきが子負ひたる」 ＊随筆・独寝(1724頃)下・一三六「墨のよしあし有中にも、用ひやうにてよき墨もあしく成ぬべし」 ⑩(動詞の連用形に付いて)…するのが苦しくていやだ。…するのが難儀だ。 ＊万葉(8C後)一五・三七二八「あをによし奈良の大路は行きよけど此の山道は行き安之可里(アシカリ)けり〈中臣宅守〉」 [語誌] (1)「よし」の対義語。「よろし」とは対立しない。類義語の「わろし」「わるし」は平安時代に現われる。「あし」が「悪しき道」「悪しき身」「悪しき物」のように、客観的な基準に照らしての凶・邪・悪をいうのに対して、「わろし」は個人の感覚や好悪に基づく外面的相対的な評価として用いられる。両語の間には程度の上下が存するという説もあったが、確例は認められていない。中世のある時期から、「あし」は次第におとろえ、「わろし」から転じた「わるし」「わるい」が、従来の「あし」の意味をも合わせもつようになり、「あし」は、「よしあし」という複合語や文語文の中に残存するにすぎなくなった。なお、室町頃から一時期、口語形「あしい」の形も行なわれた。↓あしい・よし・わろし・わるい。(2)⑧の用例「類従本元永元年内大臣家歌合」に認められるように、「あし(悪)」の特殊な活用形として「あしし」が院政鎌倉時代からみられる。ク活用形容詞の活用語尾は全て一音節であるが、シク活用では終止形以外みな二音節なので、終止形をも二音節に統一しようとする意識が働いたと考えられる。室町時代以後は終止形が「あしい」となったために、いっそう、「あしし」が還元されやすくなった。なお、このシシ語尾形容詞は、文部省の「文法上許容スベキ事項」(一九〇五)でも認められている。 [語源説] (1)アはワロキのワの転音〔国語の語根とその分類=大島正健〕。(2)ヨシ(善)が先にあり、撮口音ヨと対照的な開口音アをもって、善に対する悪を表わした〔国語溯源=大矢透〕。(3)アクシキ(悪如)から〔和句解〕。(4)アラシキ(暴如)から〔名言通〕。(5)イナシ(否如)の義〔日本語原学=林甕臣〕。(6)ア(悪)に語尾を添加して活用したもの〔日本語原考=与謝野寛〕。 [発音]〈標ア〉[ア]〈ア史〉平安○◓ 鎌倉『あしき』○○◓ 江戸『あしき』●○○〈京ア〉[ア] [辞書] 色葉・名義・和玉・文明・伊京・易林・書言・〈ボン〉・言海 [表記] 悪(色・名・玉・文・伊・易・書・へ・言) 厲(色・名・玉) 邪(色・易・書) 莠・醜・苦・厖(色・名) 兇・乖・険(名・玉) 否(名・文) 虬・彖(色) 仇・過・嚊・弊・袮・悖・凶・勃・非(名) 僰・慝・痓・獰・猛(玉) 憨(文)

あしき 息(いき) 毒のある息。毒気。 ＊書紀(720)仁徳五五年(前田本訓)「蝦夷、悉くに蛇の毒(アシキイキ)を被りて、多に死亡(し)ぬ」

あしき 風(かぜ) 悪い風。はげしく吹き、害を与える風。暴風。 ＊延喜式(927)祝詞・広瀬大忌祭(出雲板訓)「天下の公民(おほむたから)の取り作れる奥つ御歳を、悪風(アシキかぜ)荒(あら)き水に相(あ)はせ賜(たま)はず」

あしき 気(け) 病気。 ＊良寛歌(1835頃)「わくらばに 人となれるを なにすとか このあしきけに さやらえて」

あしき 道(みち) (「悪道」の訓読)「あくどう(悪道)①」に同じ。 ＊源氏(1001-14頃)帚木「濁りにしめる程よりも、なまうかびにては、かへりてあしきみちにも漂ひぬべくぞおぼゆる」

あしき 道橋(みちはし) (悪道に架けた橋の意で)悪道におちた者への救いの手。 ＊車屋本謡曲・景清(1466頃)「早立帰りなき跡を、弔ひたまへ盲目の、くらき所のともしび、あしき道はしと憑むべし」

あしき 耳(みみ) 耳に入れるのに好ましくないことがら。 ＊落語・雪中梅(1893)〈三代目春風亭柳枝〉「然る処日雇取で有りますから永らくの雨天で家業を休んで押迫(おしつま)りまして殆んど難渋致して居りますが、母に悪(アシ)き耳を聞かせん様に当人も心配を為て居りました」

あしき 物(もの) 荒々しい国の神。強暴な地神。 ＊源氏(1001-14頃)手習「あしき物の、見つけそめたるに、いと、恐ろしく、危き事なりと思して」 ＊御巫本日本紀私記(1428)神代下「邪鬼 安之支毛乃、悪神」 [辞書] 和名・色葉・名義 [表記] 邪鬼(和・色・名)

あしき 奴(やつこ) 謀反を起こして残虐な行為をする悪人。 ＊書紀(720)景行一二年九月(寛文版訓)「唯、残賊者(アシキヤツコ)有(はべ)り」 ＊続日本紀-神護景雲三年(769)五月二九日・宣命「きたなく悪奴どもと相結びて謀りけらく」

あしき 病(やまい) ①流行する伝染病。やくびょう。えきびょう。はやりやまい。 ＊日向風土記逸文(塵袋七所載)(713)「明神、いかりをなし給て、あしき病おこりてしにける也」 ②治りにくい病気。悪性の病。特にハンセン病をいった。 ＊十巻本和名抄(934頃)二「癘 説文云癘〈音列 阿之岐夜万比〉悪疾也」 [辞書] 和名・色葉・名義 [表記] 癘(和・色・名)

あしく す[=あしゅうす] ①けしからぬと思う。不快に思う。 ＊源氏(1001-14頃)玉鬘「これにあしくせられては、この近き世界にはめぐらひなむや」 ②よくないことをする。まちがったことをする。 ＊栄花(1028-92頃)浦々の別「世の人此の殿の御有様を、あるは『あしうし給へれば理(ことはり)』と云ふ人も有り」 ③遊里語。遊女が客を冷遇する。 ＊洒落本・辰巳之園(1770)「何サ、あの子も、そのやうに、悪敷(アシク)する気もねヱけれど」

あじ ぢあ【味】『名』㊀物事から感覚や経験で感じとるもの。味わい。①飲食物などが舌の味覚神経に与える感じ。 ＊虎明本狂言・瓜盗人(室町末-近世初)「是ほどあぢのよひうりはなひほどに、明日は某が所へ御出あって、くわうずると仰らるる程に」 ＊日葡辞書(1603-04)「Agiga(アヂガ) ヌクル」 ＊俳諧・続猿蓑(1698)冬「朝ごみや月雪うすき酒の味〈其角〉」 ＊隣語大方(18C後)九「病後で食物の味が御座りませなんだに」 ②物事に接して、また、経験により感じとったもの。物の良し悪し、具合、調子。「切れ味」「書き味」のように熟語としても用いる。 ＊玉塵抄(1563)一五「その中に一人さい下戸か、いへうな者があって、酒ものまいですみゑむいてをれば、満座の者があぢをわるうしてたのしみ喜ことないぞ」 ＊浮世草子・西鶴置土産(1693)二・一「随分洒落たる男自慢の人、京、大坂、堺にもあまたあれど、無分別につかひ捨、揚屋の手前もあぢわろく、まはって通るはその心からのたはけ者」 ＊雑俳・柳多留-六七(1815)「女房の味は可もなく不可もなし」 ＊女難(1903)〈国木田独歩〉五「唐偏木(たうへんぼく)で女の味(アヂ)も知らぬといふのは」 ＊冬の宿(1936)〈阿部知二〉一「中学にも行けないほど我儘(わがまま)に育って、もう少年のころから遊蕩の味を知ってしまった」 ㊁(形動) 良い、好ましい、または、おもしろみのある味わい。また、そういう味わいのあるさまをいう。①物事の良さ、おもしろみ。持ち味。また、そういうさま。→味を占める。 ＊史記抄(1477)四・秦本紀「如此てこそ始て文字の味は面白けれぞ」 ＊仮名草子・仁勢物語(1639-40頃)下・八九「人知れず我が小鼓はあぢも無しいづれの流に打ちも直さん」 ＊浄瑠璃・用明天皇職人鑑(1705)二「是は女筆のちらし書ことになまめく贈り物。いかさまあぢなことそふな、聞まほししと笑ひ給へば」 ＊浄瑠璃・新版歌祭文(お染久松)(1780)座摩社「ヒャアこりゃどふじゃ。ササササ爰(ここ)が味(アヂ)じゃ、母親の赦(ゆる)しさへ出たらわしはお前に添ひたいといふ事じゃはいな」 ＊浮雲(1887-89)〈二葉亭四迷〉一・二「大方は勉強する。其内に学問の味も出て来る」 ②妙味のある行為や状態についていう。㋑気のきいていること。しゃれたこと。手際のいいこと。また、そういうさま。→味にする・味をやる。 ＊評判記・難波物語(1655)「雲井〈略〉逢(あふ)時はさもなくて、文にはあぢをかく人なり」 ＊仮名草子・東海道名所記(1659-61頃)二「黒き帽子にてかしらをあぢに包みたれば、その行状はお山風になり」 ＊評判記・吉原すずめ(1667)上・のちの会の事「此方をあつ手にみれば、あなたより文をこすなるべし。これよりやらんと思ふ文に、まづあぢをかきたがるもの也」 ＊洒落本・交代盤栄記(1754)「あけ巻〈略〉酒事も見事に、いか成むつかしき客衆をもどふやらあちに諸わけよく、おもしろくなだめ給ふ事の御上手」 ㋺風流で趣があること。また、そういうさま。 ＊俳諧・曠野(1689)員外「峰の松あぢなあたりを見出たり〈野水〉 旅するうちの心寄麗さ〈落梧〉」 ＊浄瑠璃・丹波与作待夜の小室節(1707頃)上「十ばかりの剃下(そりさげ)のちっぽけな馬かたが、道中双六(すごろく)とやら東海道の絵をひろげ、あぢなことしてあそびます」 ㋩色めいていること。また、そういうさま。 ＊評判記・難波物語(1655)「若旦那とあぢあるよし」 ＊俳諧・桃青門弟独吟廿歌仙(1680)卜宅独吟「忍山狐があぢに化けをった 向ひの谷の天狗我を折る」 ＊洒落本・傾城買四十八手(1790)しっぽりとした手「百介がくこの匂ひ、心をあぢにさせ」 ＊咄本・無事志有意(1798)稽古所「娘のあたっている中へ足をふみ込、ついあぢな心になって、娘の手だと思ひ、母の手を握りければ」 ㊁わけありげなこと。何か意味ありげに感じられるさま。 ＊浮世草子・傾城色三味線(1701)京・五「今迄の調子に、あぢな手つきして、是だんな斗いふて、盃のあいしたり、かる口いふ分では、よもやつれまじ」 ＊洒落本・風俗八色談(1756)二・野水問答の事「人と対する時は作り声をしてあぢに笑ひ、本心にも事をいひて是をあやなすと名付て、嘘を以て常として」 ＊雑俳・川柳評万句合-宝暦一一(1761)礼三「雛の酒すそにかかれはあじに見へ」 ＊人情本・春色梅児誉美(1832-33)三・一七齣「不問語(とはずがたり)の口占も、あじなせりふに、お蝶より奥で聞とるお由が胸へ、ギックリ当る男の身のうへ」 ㋭囲碁で、あとになって有利に展開する可能性のある手。また、そういうねらい。㋬こまかいこと。また、そのようなさま。＊咄本・楽牽頭(1772)目見へ「男がよすぎて女房もあぶなし、金もあぶなく、湯へ行てもながからうのと、あじな所へ迄かんを付て、いちゐんきまらず」③人の意表に出るような行為や状態についていう。㋑一風変わっているさま。＊浮世草子・好色一代男(1682)六・七「此時和談して三人同し枕をならべながら、下卑て首尾するわけもなく、あぢな事共計、前代未聞の傾城くるひ」＊浄瑠璃・鑓の権三重帷子(1717)上「心やすい朋友なれ共申にくいがあぢなかたぎで、むさと物のいはれぬ仁」＊随筆・独寝(1724頃)下・九七「一里へだてて城下の町は、言葉もあまりあまり江戸に替らぬ所あれども、ひびきにあぢなる所多し」㋺意外なさま。奇妙なさま。＊歌舞伎・四天王十寸鏡(1695)一「やあかもの二郎殿、是はあぢな所でたいめんをいたす」＊浄瑠璃・夏祭浪花鑑(1745)八「イヤコレ九郎兵衛、此雪踏を味(アヂ)な所で拾ふたの」＊洒落本・傾城買四十八手(1790)やすひ手「すこしあまひことばをかくると、あじにからんで、義理づめにして引たをし、めくりや棒引のもとでにしたがるなり」＊多情多恨(1896)〈尾崎紅葉〉前・五・三「柳之助は其を聞くと、甚麼(どういふ)ものであったか、異(アヂ)に胸が騒ぐやうな心地がした」㋩不思議なさま。＊浄瑠璃・摂州渡辺橋供養(1748)一「サア縁といふ物はあぢな物ぢゃ」＊談義本・当風辻談義(1753)五・前鬼後鬼俗山伏の評義せし事「あぢな縁で爰に身上堅め」＊浄瑠璃・伽羅先代萩(1785)四「いか様世界はあじなもの」④取引所における売買取引の状態、または相場の動き具合などをいう。〔取引所用語字彙(1917)〕 方言 ㊀〔名〕❶味見。沖縄県首里993 ❷意味。いわれ。沖縄県石垣島996 ❸塩引き鮭(ざけ)。塩鮭(しおざけ)。新潟県347 361 ❹魚。新潟県東蒲原郡368 和歌山県有田郡・日高郡690 ㊁〔形動〕❶変なさま。妙なさま。不審なさま。会津†062 山形県139 149 福島県若松市171 大沼郡175 新潟県東蒲原郡368 兵庫県淡路島671 奈良県678 香川県志々島054 高見島・伊吹島・佐柳島829 愛媛県840 高知県幡多郡054 862 福岡県企救郡875 長崎県北松浦郡899 対馬913 ◇あじげ 愛媛県北宇和郡・南宇和郡840 高知県宿毛市864 ◇あじん 山形県最上郡139 ❷粗末なさま。悪いさま。島根県723 ◇あじん 高知県幡多郡038 語源説 (1)アマチ(甘乳)の約〔日本釈名〕。(2)ウマタリ(可美垂)の義。ウマの反ア、ダリの反ヂ〔和訓栞〕。(3)アはアマ(甘)のア、チはトロ(蕩)、トク(解)などのト〔日本語源＝賀茂百樹〕。(4)アアというほど舌にヂッとしみ入るものの意から〔本朝辞源＝宇田甘冥〕。(5)アヘ(饗)と同源か〔日本古語大辞典＝松岡静雄〕。 発音 〈なまり〉アズ〔富山県〕アッ〔鹿児島方言〕〈標ア〉⓪〈京ア〉⓪ 辞書 日葡・書言・ヘボン・言海 表記 味(書・へ・言)

あじな気色(けしき) 日和の意の京言葉。＊大坂繁花風土記(1814)京大坂言葉違ひ「あぢなけしき(是は日よりの事)ヲ、あぢなそら」

あじな世界(せかい) 粋(いき)な世界。遊里をいう。＊長唄・春の色(1845)「味(あぢ)な世界の徒(あだ)桜、色と酒との二筋道を」

あじに裏(うら)**行**(ゆ)**く** 世の中の裏表を知っていて、うまく世間の裏を渡って行く。＊歌謡・新大成糸の調(1801)四七・うらおもて「いくとせかあぢにうらゆくてにはのいろか」

あじに柄(え)**=すげる[=をすげたこえ柄杓**(びしゃく)**]** (「こえびしゃく」は調子を整えるためにつけ加えたもの) 巧みに事実をこじつけること。また、うまくとりつくろったつもりになること。＊諺苑(1797)「あじに柄をすけた あしに柄をすけたこいひしゃくとも云」＊滑稽本・早変胸機関(1810)「旦那この文は御存じでございませうネ、いいへいいへ知らねへとはいはせません。〈略〉それをお前さんがあぢに柄(エ)をすげて物をおっしゃると、ここに間違ひが出来ます」

あじにする 上手にとりつくろう。＊浄瑠璃・心中二枚絵草紙(1706頃)中「親父が手前をあぢにして、末(すへ)ながふ出よふため、少の銀を延引した」

あじになる 妙な気分になる。欲情を催す。＊黄表紙・玉磨青砥銭(1790)「ああ、とっくんだらきがあじになった」

あじに乗(の)**る** 物を好む。＊日葡辞書(1603-04)「ガクモンノ agini noru (アヂニ ノル)〈訳〉学問を好む」

あじに回(まわ)**す** 変に気をまわす。いやに邪推する。＊洒落本・辰巳婦言(1798)四つ明「おめへがあぢに廻すだけわるひわな、何もかまったこっちゃアごぜへせん」

あじは塩(しお)**にあり** 料理の味つけの秘訣は、塩加減による。

あじ引(ひ)**っ込**(こ)**む** 方言 味を占める。宮城県仙台市「きのーな肴とった猫、あじひっこんで又きてすつぉ(また来ているよ)」121 山形県139 栃木県198

あじへ行(い)**く** 「あじ(味)行(ゆ)く」に同じ。＊浄瑠璃・松風村雨束帯鑑(1707頃)うばぞろへ「松風、奉公はかこつけに、行平にあはん為なれば、宮様、抱(だ)いた抱き心、あぢへいかぬも断(ことはり)や」

あじ見(み)**ずの嫌**(きら)**い** その物を味わわないで、きらって食べないこと。また、物事を真実に理解しようとしないできらうこと。食わず嫌い。

あじも=しゃしゃりも[=しゃくりも]無(な)**い** 「あじ(味)も素気(そっけ)も無い」に同じ。＊浄瑠璃・日本振袖始(1718)三「いかな虫強い腰本も此ぢいと寐たらば、破れ障子で骨斗(ばかり)、味もしゃしゃりもおじゃるまい」＊詞葉新雅(1792)「アヂモシャシャリモナイ あぢきなき」＊人情本・人情廓の鶯(1830-44)後・下「寝入りし振の空鼾、只がうがうとばかりにて、味もしゃくりもなかりけり」 方言 ◇あじもしゃくりもない 仙台†058

あじも=素気(そっけ)**も[=塩**(しお)**っけも]無**(な)**い** 少しの味わいもない。つまらない。味もしゃしゃりもない。＊銀の匙(1913-15)〈中勘助〉後・一〇「載せてある話といへばどれもこれも〈略〉正直者が金持ちになったのといふ筋の、しかも味もそっけもないものばかりであった」＊死霊-二章(1946-48)〈埴谷雄高〉「一匹の味もそっけもない悪魔が人々の間に現われたんです」 方言 ◇あじもそっぺもない 新潟県佐渡352 長野県諏訪481 ◇あじもしゃっぺもない 島根県隠岐島725 ◇あじもすっぺもない 島根県石見725 ◇あじもさっぺむない・あじもこっけむない 長崎県壱岐島915 ◇あじもすんぱちもなあ 愛媛県大三島848 ◇あじもすっぽおもない 島根県石見725 長崎県対馬913 ◇あじもこけらもない・あじくちもない 熊本県下益城郡930 ◇あじもこおけもない 福岡市877 佐賀県890 ◇あじけこおけもない 肥後菊池†131 ◇あじもくちもない 長崎県対馬913

あじ行(ゆ)**く** うまくゆく。味へ行く。＊浮世草子・好色旅日記(1687)一「我指ながら癢(かゆ)き所へ手のとどかぬやうに味(アヂ)ゆかぬかなしさ」

あじを=占(し)**める[=得**(え)**る]** 一度味わったそのよい味が忘れられないで、次にもそれを期待する。一度うまくいったことを忘れないでいる。＊日葡辞書(1603-04)「Agixime, uru, eta (アヂシムル)」＊狂言記・瓜盗人(1700)「定て夕へのであじをゑて、又今夜も取に参らぬことは有まい」＊咄本・聞上手(1773)二度の駈「桃太郎鬼がしまの手柄にあぢをしめ、又おもひ立つ旅衣」 辞書 日葡

あじを嘗(な)**める** 方言 ❶簡単な仕事などを長引かせて怠ける。長野県下伊那郡492 ❷一度試みてその味を忘れない。味を占める。栃木県198 ◇あじなめる 鳥取県東部711

あじを含(ふく)**む** ある物が美味である。風味がある〔日葡辞書(1603-04)〕。

あじをやる ①うまい事をする。うまくとりさばく。＊浮世草子・浮世親仁形気(1720)三・一「ずいぶんあぢをやって親の名まであげてくれよ」＊浄瑠璃・蘆屋道満大内鑑(1734)二「同じ御領を預かってもこなたは仕合せ、妻子を引つれあぢやらるる」②気のきいた事をする。なまいきな事をする。＊評判記・満散利久佐(1656)大夫「座敷つき、あいさつ者にて、あぢをやりたがる」＊浮世草子・傾城禁短気(1711)四・一「色里にも名をのこす程にあぢをやりて、しゃんと通ひやむが此道の晬(すい)と観念して」＊談義本・世間万病回春(1771)一・論流行学文病「末の学者連をみるに詩文章にうき身をやつして一廉(いっかど)味(アヂ)やる顔はめされど」 方言 ❶気どる。◇あじやる 新潟県東蒲原郡368 ❷他人事を心配する。◇あじやる 新潟県東蒲原郡368

あじ(ぢあ)**【䳑】**〔名〕鳥「ともえがも(巴鴨)」の異名。＊万葉(8C後)一一・二七五一「味(あぢ)の住む渚沙(すさ)の入江の荒磯松吾を待つ児等はただ一人のみ〈作者未詳〉」＊山家集(12C後)下「敷き渡す月の氷を疑ひて篊(ひび)の手まはるあぢの群鳥」＊随筆・玉勝間(1795-1812)一三「鴨に大かた四種有、第一大きなるを、まがもといひ、次に大きなるを、ひどりといひ、次をあぢといひ、もとも小きを、たかべといふ」 方言 鳥。❶あじがも(一鴨)。新潟県004 越後†039 新潟県347 島根県出雲004 ❷しまあじ(縞味)。新潟県004 石川県004 発音 〈標ア〉ア 辞書 日葡・言海

あじ(ぢあ)**【鰺】**〔名〕①アジ科の魚の総称。体側に「ぜんご」とよばれるうろこの変形した堅い突起が一列に並んでいる。マアジ、ムロアジ、シマアジなど種類が多く、温帯から熱帯の海に広く分布。多くの種が食用になるが、大形種の中にはシガテラ毒をもつものもある。＊博物図教授法(1876-77)〈安倍為任〉二「竹筴魚(アヂ)は諸国の海に産す。品類多し。其内むろあぢと称するは形小なれども味ひ美なり。播州室津の名産とす」②アジ科のマアジの呼称。体長は約三〇センチメートルになる。背は淡灰色に青みをおび、腹部は銀白色。水産上重要な魚で、日本各地の沿岸で多量にとれる。和名マアジ。学名は Trachurus japonicus《季・夏》＊新撰字鏡(898-901頃)「鰺 阿知」＊今昔(1120頃か)二八・五「鰺の塩辛・鯛の醤(ひしほ)などの諸に塩辛き物共を盛たり」＊俳諧・享和句帖(1803)三年六月「活鰺や江戸潮近き昼の月」＊風俗画報-二五四号(1902)漁業「新島〈略〉伊豆七島日記に云〈略〉此島八丈三宅とかはりて魚多く、大かた江戸にかはる事なし。あぢ、むろあぢ、ことにおほし」 語源説 (1)アヂ(味)ある魚の意から〔和語私臆鈔・俚言集覧・和訓栞・本朝辞源＝宇田甘冥〕。(2)アラヂ(粗路)の義。その背の形から名づけられた〔名言通〕。(3)イラモチ(苛持)の義〔日本語原学＝林甕臣〕。 発音 〈なまり〉アズ〔富山県・石川〕ワジ〔紀州〕アッ〔鹿児島方言〕〈標ア〉ア〈ア史〉平安●○〈京ア〉ア 辞書 字鏡・和名・色葉・名義・下学・和玉・文明・伊京・明応・天正・饅頭・黒本・易林・日葡・書言・ヘボン・言海 表記 鰺(字・和・色・名・下・文・伊・明・天・饅・黒・易・書・へ・言) 鱢(和・玉) 鯩(名) 鯧(下) 鰽(玉)

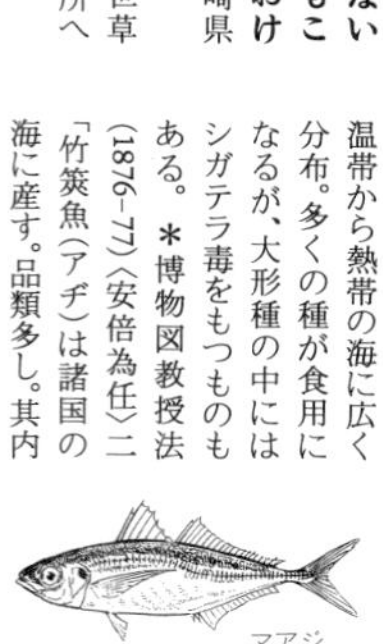

鰺

あじの新切(しんぎり) 背開き、または腹開きした鰺(あじ)に塩を振りかけて、生干しにしたもの。

あじの背越(せごし) 船釣りで得た鰺をその場ではらわたを除いて酢みそをかけたもの。《季・夏》

あ-じ【丫児】〔名〕「あかん(丫鬟)②」に同じ。＊江戸繁昌記(1832-36)四・仮宅「大姉、烟を隔てて小妹を喚び、楼婆(〈注〉やりて)、火を踏て丫児を導く」

あ-じ【阿字】〔名〕仏語。①梵語の母音一二種の最

初におかれる音 a にあてられる文字。事物の始まり、根本を意味するとされる。特に密教では、宇宙万物は元来不生にして不滅であるという真理、すなわち空(くう)を象徴するものと考え、阿字(の形、音、意味)を観ずることにより、真理を体得できるとして極めて重視する。あ。＊即身成仏義(823–824頃)「阿字第一命」＊道範消息(1243–49頃)「夫阿字と者、迷悟之十界に亙て、凡聖不二の体性にて候間、善悪始てをどろくべからず」＊米沢本沙石集(1283)二・七「三僧祇の修行を一念の阿字(アジ)に越ふと云へり」＊わらんべ草(1660)二「五音をいでざる音なし、阿字をはなれたる詞なし、阿字すなハち密教の根本也」＊大日経‐二「阿字門一切諸法本不生故」 ②胎蔵界曼荼羅の大日如来理法身や、菩提心などを表象する種子(しゅじ)として用いられる梵字。＊秘蔵記(835頃か)「阿字者周遍法界理之種子」 発音〈標ア〉ア 辞書日葡

あじ の＝一刀(いっとう)[＝利剣(りけん)] 宇宙の万物は本来、不生不滅であると悟り、煩悩を断ずるために修する真言密教の阿字観の功力を、刀にたとえた言葉。＊浄瑠璃・念仏往生記(1687頃)二「法然上人の御法をうけ、あじの一刀を引っさげ、恩愛のきづなをばふっつふっつと切り払ひ」＊浄瑠璃・酒呑童子枕言葉(1710頃)四「かうやにのぼれば弘法大師、あじのりけんにをっぱらひ一日足をためさせず」＊浄瑠璃・夕霧阿波鳴渡(1712頃)相山「只今某が切る髪は阿字の一刀、彌陀の利剣を以て煩悩のきづなと観念せよと、指添抜いて二人添寝の寝乱れ髪、ふっつと切れば」

あ-じ【阿児】〘名〙(「阿」は、親しみを表わす接頭語)子供を親しみをこめて呼ぶ語。＊聖徳太子伝暦(917頃か)上・推古天皇元年「阿児勿₌道汝為₌耳目₋。姥非₌阿児₋何由治₌国」＊狂詩・二大家風雅(1790)初以書状謁銅脈先生為目見奉隅田八首詩擬南郭様墨水詞八首「阿児何処去、命日彌生望」

あ-じ【唖児】〘名〙「あし(唖子)」に同じ。＊人生に相渉るとは何の謂ぞ(1893)〈北村透谷〉「若し言の有無を以て弁の有無を争はば、凡ての自然は極めて憫れむべき唖児なるべし」

あじ〘名〙方言❶蚕や蜘蛛(くも)などのひく糸。埼玉県入間郡257 東京都八王子311 神奈川県津久井郡317 ◇やぜ 新潟県佐渡351 ❷蜘蛛(くも)の巣。◇あじくりとも。東京都八丈島343 ◇やじ 山形県南部139 151 新潟県上越市382 ◇やじ 信濃†025 山形県139 新潟県347 368 371 富山市近在392 ◇やに 新潟県中頸城郡383 ◇やつ 新潟県東蒲原郡368 ◇おやじ〔御━〕・ようじ 富山県390 ◇くもやじ〔蜘蛛━〕新潟県佐渡352 ❸納豆のひく糸。群馬県利根郡214 ❹布を織る機織り機の縦糸の上下二組が交わっている所。鹿児島県喜界島983 ❺(❶と形が似ているところから)植物の細根。◇やじ 長野県北安曇郡476 ❻えら。沖縄県首里993 ❼祖母。鹿児島県沖永良部島975

アジ〘名〙「アジテーション(agitation)」の略。＊東倶知安行(1930)〈小林多喜二〉六「農民を相手に演説をすると、どうもアジがかかりづらくて困るんだ」＊鉛筆ぐらし(1951)〈扇谷正造〉ゲンマン記者「熱情のこった、アジのよく利いた講演だった」＊三とせの春は過ぎやすし(1973)〈杉浦明平〉二「若い平井にはアジをぶつのがためらわれるのか」 発音〈標ア〉ア〈京ア〉ジ

アジア【亜細亜】(Asia)《アジヤ》六大州の一つ。東半球に位置し、ユーラシア大陸の大部分を占める。ウラル山脈、カスピ海、黒海、地中海、紅海を結ぶ線以東をさす。世界陸地の約三分の一を占める。＊古道大意(1813)下「扨其の大地球に有る国を、五つに分けて、第一をアジヤと云ひ」＊尋常小学読本(1887)〈文部省〉七「東大陸は、亜細亜亜非利加欧羅巴の三大洲に分れ、濠太剌利大陸は、只濠太剌利の一大洲より成れり」 発音〈標ア〉ア1〈京ア〉ジ

アジア-アフリカ-かいぎ【━会議】(英語名は Afro-Asian Conference)一九五五年、インド、セイロン(現スリランカ)、ビルマ(現ミャンマー)、パキスタン、インドネシア五か国の共同主催で、インドネシアのバンドンで開催。アジア二三、アフリカ六、計二九か国が参加し、反植民地主義、民族主権の確保、平和共存、経済文化協力を決議し、平和宣言を採択した。AA会議。バンドン会議。 発音アジア＝アフリカカイギ

あし-あい【足間】〘名〙太刀の足緒を通す一の足と二の足との帯取の間をからげる部分。あしま。＊佐竹宗三聞書(1515か)「御太刀を被給時は、〈略〉申次の人御前の右の方に伺候ありて、御太刀のあしあひより下を、右の手にて持ち、射手の左のかたへさし寄」＊宗五大草紙(1528)太刀打刀之作やうの事「御剣はいづれもさや袋に入れ、〈略〉御帯取浅黄の布、足間かんたう、いくふりもこの作り也」＊虎明本狂言・長光(室町末‐近世初)「某のはいている太刀のあしあいへ手を入れて」 辞書易林 表記足間(易) 〈標ア〉ア1＝カ2

あし-あ・う【足合】〘自ハ四〙獲物を尾行する。＊日葡辞書(1603–04)「Axiai, ŏ(アシワウ)〈訳〉獲物のあとから行く」 辞書日葡

あじ-あ・う【味】〘他ワ五(ハ四)〙「あじわう(味)」に同じ。＊彰考館本寝覚記(鎌倉末)上「くちにあぢあふ所をばなむべからず」＊俳諧・口真似草(1656)一「あぢあふやひとくひと口鶯菜〈吉連〉」

あし-あか【足赤】〘名〙方言動物、くまえび(熊蝦)。◇あしかか 香川県与島829 関東016 和歌山県693 香川県大川郡・三豊郡829

あし-あか【足垢】〘名〙その上を足で踏んだためについたよごれ。＊花間鶯(1887–88)〈末広鉄腸〉下・四「竹牀(ちくしゃう)の上に脚垢(アシアカ)の付きたる琉球表を敷き」

アジア-かいはつぎんこう【━開発銀行】(英 Asian Development Bank の訳語)アジアの経済開発促進のための国際的な金融機関。一九六〇年設立。本店所在地マニラ。略称ADB。 発音アジア＝カイハッギンコー〈標ア〉ア1＝ギ

あし-あがり【足上】〘名〙雇い人などが解雇されること。出入り職人などが出入りを差しとめられること。お払い箱になること。→足が上がる。＊浄瑠璃・極彩色娘扇(1760)道行「店よりすぐに追出され、今は難波の足上り」＊随筆・守貞漫稿(1837–53)四「京坂市民の奴婢等主人の意に応ぜず追放されるなどを足あがりと云」

アジア-きょうぎたいかい【━競技大会】アジア諸国の友好と平和促進を目的としたアジア‐オリンピック評議会主催のスポーツ大会。原則としてオリンピックの中間年に開催され、第一回は一九五一年にインドで行なわれた。

あし-あげ【足上】〘名〙①足を上げること。②同族神をまつってある場所。沖縄で、総本家にある。神あしやげ。方言❶片足でとぶ子供の遊び。けんけん。高知県幡多郡862 ◇あしなげ 山口県054 062 796 高知県幡多郡864 ◇あしなげとり 山形県北村山郡139 ❷踏み台。青森県069 074 077 岩手県九戸郡088 紫波郡093 島根県鹿足郡739 岡山県岡山市054 児島郡763 広島県771 比婆郡774 高田郡779 山口県054 大島801 香川県高見島829 愛媛県054 ◇あしらげ 青森県津軽073 ◇あっしゃげ 香川県佐柳島・高見島829 長崎県五島054 ❸不足を補うもの。足し。広島県高田郡「わずかな金でもあしあげになる」779

あしあげ を 取(と)る 「あげあし(上足)を取る③」に同じ。＊人情本・婦女今川(1826–28)八・一四回「此曽禰丸とかく人のことばをとがめたり、あしあげをとりたがるなま学者にて」

あし-あし【足足】〘形動〙足並みの揃わないさま。列が乱れているさま。＊日葡辞書(1603–04)「Axiaxini.(アシアシニ)ミュル〈訳〉身をかわす、あるいは逃げる姿勢になる」＊三河物語(1626頃)二「早、水河寄、下野殿懸付給えば、駿河衆も足々にして引しりぞく」＊仮名草子・智恵鑑(1660)一・一三「孟嘗君斉王の御意にそむき。あしあしにて薛(せつ)の知行所へひっこまれける時」 方言〘名〙足をいう幼児語。富山県390 ◇あしゃしゃ 石川県江沼郡424 ◇あしゃし 愛媛県宇和島855 辞書日葡

アジア-しゅう【━州】「アジア(亜細亜)」に同じ。＊遠西観象図説(1823)中・地球「一は亜斉亜(アシヤ)州と云ふ。日本、支那、朝鮮、琉球、天竺等、皆なこれに属す」＊風俗画報‐七八号(1894)朝鮮の風土「朝鮮国は東半球亜細亜洲の東部に位し緯線赤道の北三十三度十七分より起り〈略〉四十三度零二分に尽く」 発音アジアシュー〈標ア〉ア2

アジア-じん【━人】〘名〙アジア諸国の国民。＊思出の記(1900–01)〈徳富蘆花〉一・七「『ワアレン＝ヘスチングス伝』に〈略〉彼が熱帯烈日の下にありて五千万の亜細亜人を治むる時に当りても」＊大英游記(1908)〈杉村楚人冠〉本記・下宿さがし「何でも印度人が、つい近頃此の辺で喰逃をしたとかで、其の以来亜細亜人(アジアジン)に対しては、殊に警戒して居るとのことであった」 発音〈標ア〉ア2

アジア-すいぎゅう【━水牛】〘名〙ウシ科の哺乳類。体長約二メートル。角は長大で断面は三角形。水にはいるのを好む。性質は比較的温順。インド、ミャンマー、タイ、中国、八重山諸島で多くは家畜化し、運搬用や耕作用に使役される。家畜化されたものは、ただスイギュウと呼ばれる。インド水牛。学名は Bubalus arnee (家畜化されたものは、B. bubalis)

アジア-ぞう【━象】〘名〙ゾウ科の哺乳類。アフリカゾウより小形で、特に耳が小さい。牙(きば)は普通、雄だけに見られる。インドからマレー半島、スマトラ島に分布。性質は温和で、飼育されて運搬などに従事する。インド象。学名は Elephas maximus

アジア-だいがく【亜細亜大学】東京都武蔵野市にある私立大学。前身は昭和一六年(一九四一)創立の興亜専門学校。同二〇年日本経済専門学校となり、短大を経て同三〇年に大学となる。 発音アジアダイガク〈標ア〉ダ

アジアたいへいよう-けいざいきょうりょくかいぎ【━太平洋経済協力会議】(英 Asia Pacific Economic Cooperation の訳語)「エーペック」に同じ。

アジアたいへいよう-けいざいしゃかいいいんかい【━太平洋経済社会委員会】(英 Economic and Social Commission for Asia and the Pacific の訳語)「エスカップ」に同じ。

アジア-たいりく【━大陸】「アジア(亜細亜)」に同じ。＊もしや草紙(1888)〈福地桜痴〉一二「亜細亜(アジア)大陸の政略貿易の集点は今日すべて支那に集まったり」 発音〈標ア〉タ

あし-あて【足当】〘名〙徒歩で旅をするときなど、脛(はぎ)にまとって歩きやすくするもの。脚絆(きゃはん)。＊山吹(1944)〈室生犀星〉一〇「布地でつつんだ籠を腰に負ひ、白い足あてを施して山笠をかむり」

あし-あと【足跡】〘名〙①人や動物が歩いたあとに残る足型。＊大慈恩寺三蔵法師伝永久四年点(1116)二「水の北岸に盤石の上に仏の脚跡(アシアト)有り」＊虎明本狂言・腹不立(室町末‐近世初)「かくと申程な事では御ざらぬが、みみずの、のたくったやうな事や、とりのふんだあし跡のやうな事を致て」＊俳諧・春の日(1686)春「足跡に桜を曲る菴二つ〈杜国〉」②人の通っていった道筋、経路。犯人などが逃げたゆくえ。あしどり。③過去になしたこと。また、残した業績。そく

せき。＊いつか汽笛を鳴らして(1972)〈畑山博〉一「日々の足あとが、熱した鉄錆におおわれてでもいるみたいなみじめな記憶群の中で」 ④相場の変動したあと。 発音〈なまり〉アサド〔青森〕アシト〔茨城・栃木〕アシット〔栃木・埼玉方言〕アシャト〔鳥取〕アシガト・アヒガト〔鹿児島方言〕〈標ア〉ア2 〈ア史〉平安○○○● 〈京ア〉0/ア 辞書 名義・和玉・易林・日葡・ヘボン・言海 表記 趾(名・易) 足跡(ヘ・言) 跗(玉)

あしあとに灸(きゅう)を据(す)える いやな人の足跡に灸を据えると、ふたたび家にやって来ないようになる、という俗信。＊雑俳・柳多留-一一四(1779)「やすいてうぶく足あとへきうをすへ」

あしあと-いし【足跡石】〔名〕人の足跡のようなくぼみのある石に関して、その由来を説明する伝説。また、その名。多くは社寺の境内や村境にあり、祭場の名残りであるが、日本武尊(やまとたけるのみこと)や弘法大師など著名人の遺跡のように言い伝える。全国に類例が多い。

あし-あぶら【足脂】〔名〕足の皮膚から分泌する脂肪。＊Wee(1924)〈細田源吉〉「彼の手先の方で、もっと悪くさい臭ひが臭ってゐた。靴革に染みついた足脂肪(アシアブラ)の臭ひだ」 発音〈標ア〉ア2

あし-あぶり【足焙】〔名〕火を入れて、足をあぶり温める器具。あんか。《季・冬》＊和英語林集成(初版)(1867)「Ashiaburi アシアブリ 脚爐」 辞書 ヘボン・言海 表記 脚爐(ヘ) 足炙(言)

あし-あらい【足洗】(あしあらひ)〔名〕①足を洗うこと。また、足を洗うための盥(たらい)など。＊御伽草子・鶴の草子(古典文庫所収)(室町末)「ゆなどもてきてあしあらひなどしてのち〈略〉いつきかしづきもてなすことかぎりなし」 ②足で物を踏み洗う洗濯法。＊広本拾玉集(1346)二「しづのめも大道井づつに夕涼みふるかたびらのあしあらひして」 ③いやしい身分の者が出世すること。泥にまみれて働く境遇から抜け出して偉くなること。農民が仕事を終えて泥足を洗うことにたとえた語。＊玉塵抄(1563)一六「田中よりたつと云はここらに足あらいと云事ぞ。げすがさぶらいに足をあらうて上らうまじりをするぞ」 ④思わしくない境遇などから抜け出すこと。遊女、芸妓、やくざ、乞食などが、その境遇をはなれ、堅気になること。＊歌舞伎・蝶々孖梅菊(1828)序幕「仲間入りの金をとるか、足洗ひの金をとるか」＊風俗画報-四八号(1892)人事門「足洗と称し多少の金を出せば平民権に入ることを得る習慣にて」 ⑤「あしあらいおんな(足洗女)」の略。＊随筆・守貞漫稿(1837-53)一八「駅亭の女は必らず旅客を泊る時、足をそそぐ故に、駅家の遊女を足あらひと名目すと也」 ⑥(地方の風習で)㋑新しく加わる者が、前からいた人に酒食や金銭を出すこと。また、その酒食や金銭。＊日本の下層社会(1899)〈横山源之助〉一・四「市中ばんの最も大なる者、之に入らんとするには酒一升金十銭、アシアラヒと呼べるを入れざるべからず」 ㋺麦刈りや田植え後の休養、慰安や里帰り。西日本各地でいう。 ㋩婚礼の入家式の時、嫁が婚家の入り口で足を洗い、またはその真似をすること。近畿、北陸地方などでいう。 ㊁正月の門松に用いる松の幹の、根に近い方の表皮を削ること。＊諸国風俗問状答(19C前)近江国多羅尾村風俗問状答・正月・一「松の幹は、中ばより根の方皮をけずり、これを足洗ひと云」 ⑦和船の部材名称。江戸後期になって弁才船の垣立に付加された厚い筋。大筋の上縁に並行し、波除け用の蛇腹垣を立てる際の土台となるもの。 ⑧妖怪の一種。天井から大きな足を突き出して洗わせ、洗うとすぐに消え失せるというもの。 ⑨寺院仏閣の付近にあって、高僧などが足を洗ったと伝える池または井水。例えば、東京都大田区の洗足池は、池上本門寺に近く、日蓮の足洗いの池と伝える。 方言❶田植え終わりの祝い。 肥後菊池郡†131 兵庫県赤穂郡660 岡山県児島郡763 香川県仲多度郡829 高知県香美郡861 大分県大分市・大分郡941 ◇あしありゃ 熊本県鹿本郡・玉名郡919 ❷農家の休日。 香川県小豆島829 ❸田植えの直後に新婦が実家へ骨休めに行くこと。 岡山県岡山市762 児島郡764 香川県829 ◇あしあし 山口県豊浦郡798 ❹村に住み着くため村人に酒をふるまい、また村へ寄付などすること。 奈良県吉野郡685 ❺吉凶共にふるまいのある家へ客が着いた時まず出す酒。 新潟県佐渡356 ❻埋葬から葬家に戻って家へ上がる時に縁端に張ったたらいや臼(うす)の絵の上に腰を掛けること。 埼玉県秩父郡251 ❼産婦が産後五日ないし一二日後に産室を出て家人と共に食事すること。 京都府竹野郡622 発音〈標ア〉ア2

あしあらい-おんな【足洗女】(あしあらひをんな)〔名〕(宿場の女は、旅人の足を洗うところから)近世の宿場にいた下等の遊女。飯盛り女。あしあらい。

あしあらい-がゆ【足洗粥】(あしあらひ:)〔名〕盆の精霊迎えなどのときに、迎えた祖先の霊にまず供える粥。多くは小豆粥。転じて、霊を迎えに行った人が帰ってから食う粥の意にも使う。千葉県、静岡県、新潟県などでいう。

あしあらい-きん【足洗金】(あしあらひ:)〔名〕やくざや泥棒などの悪い仲間から抜けて、堅気になるのに必要な金銭。＊歌舞伎・夢結蝶鳥追(雪駄直)(1856)三幕「いえもう、足洗ひ金(キン)さへありゃあ、直(すぐ)に真人間になります」

あしあらい-ざけ【足洗酒】(あしあらひ:)〔名〕中世、婚礼、村入り、座など集団、共同体への出入りに際して、足を洗うことにかこつけて挨拶のために出す酒。また、葬儀の穴掘り役の人が、謝礼の意味で喪家からもらう酒。→足洗⑥。＊大乗院寺社雑事記-長禄三年(1459)八月一〇日「彼善陣事、於京都て武家の力者に成了。雖帰参候御力者中に不可烈云々。予以奉行及問答之間、次座随仰て付本座了。但任例足洗酒事可沙汰旨仰。善陣畏入云々」＊今堀日吉神社文書-五・四八・永正元年(1504)座抜きの事「右若於以後座に入輩者、未進有方には料足を算用可有て、足洗酒如先先本定可有候」

あしあらい-さぶらい【足洗侍】(あしあらひさぶらひ)〔名〕いやしい身分から出世した侍。成り上がりの侍。→足洗③。＊浄瑠璃・井筒業平河内通(1720)三「なんと金吾、足洗(アシアラヒ)侍成上がり共の手際(てぎは)を見たか」

あしあらい-みず【足洗水】(あしあらひみづ)〔名〕①足を洗うための水。 ②葬送のけがれを清める水。葬送から帰った会葬者が家に入るときに手足を洗う水をいう。 ③盆の精霊迎えで、先祖の霊が家に入るとき足を洗うようにと、庭に出しておく水。＊諸国風俗問状答(19C前)伊勢国白子領風俗問状答・七月・六九「魂祭〈略〉席の傍に、足洗水とて、盥に水を汲置とぞ」＊先祖の話(1946)〈柳田国男〉六〇「魂祭りの日は〈略〉足洗ひ水と謂って縁側に新しい盥を置き水を張り」

あしあらい-ゆ【足洗湯】(あしあらひ:)〔名〕足を洗うためにはいる風呂をいう。＊歌舞伎・黄門記童幼講釈(黄門記)(1877)序幕「『夜明し酒屋で一升買ひ』『足洗(アシアラ)ひ湯(ユ)へ飛込んで』『葱鮪(ねぎま)で一杯やらうかね』」

アジアンタム〔名〕(英 adiantum)シダ類ウラボシ科ハコネシダ属の属名または同属植物の総称。主として観賞用にするものをさす。日本にはクジャクシダ、ハコネシダなどが自生し、南米原産のものを観葉植物として栽培する。学名は Adiantum

あしい(あしゐ)〔名〕植物「こぶなぐさ(小鮒草)」の古名。＊本草和名(918頃)「藎草〈略〉和名加伊奈一名阿之為」 語源説 (1)アシアヰ(葦藍)の略。形は葦に似、染料に用いる点は藍に似るところから〔医心方・箋注和名抄〕。(2)葦の如く藺(い)の如くであるという意のアシヰ(葦藺)から〔東雅〕。 発音〈ア史〉平安●●● 辞書 和名・色葉・名義 表記 藎草(和・色・名)

あしい〔名〕方言 ⇩あせい

あし・い【悪】〔形口〕(文語の形容詞「あし(悪)」の口語形)わるい。よくない。＊漢書列伝竺桃抄(1458-60)陳勝項籍第一「いくさをへたにしてかふあるかと人が思わうずが心ちあしい」＊寛永刊本蒙求抄(1529-34)七「災異とは、必ずあしいことがあらうと申したぞ」＊天草本伊曾保(1593)イソポの生涯の事「ダイイチノ axij(アシイ) モノヲ カウテ コイ」＊唐詩選国字解(1791)五言古「是を訓解には帰らうと思ふたが、跡がしたわれて、又跡へ立帰たと見たは悪しい」 語誌 室町時代から、抄物資料・キリシタン資料・狂言などに用例が見える。しかし、当時すでに「よい」の対照語として「わるい」を意識することが多く、「あしい」は、一七世紀半ばまでにほぼ消滅したと考えられる。→あし(悪)。 辞書 日葡

あじい【味】(あぢい)〔形動〕(「あじ(味)」の変化した語)一風変わっておもしろいさま。妙な具合であるさま。＊談義本・根無草(1763-69)後・一「剣の山を一丁目か柳原へはこんでも一方は防がれるに、焔广様は味(アヂ)な了簡」＊浄瑠璃・新版歌祭文(お染久松)(1780)油屋「コレ丁稚殿(でっちどの)。貴様あぢいな事いふの」＊洒落本・玉之帳(1789-1801頃)一「ゆふべのお客はむまい中じゃと見へて、ひよくござがよぢりもぢってゐるさかい、トットモ気があぢいになりくさるはへ」

あじい-こじい〔連語〕方言 ⇩あずりこずり

あじ-いし【庵治石】(アヂ:)〔名〕香川県木田郡庵治町に産出する石。黒雲母花崗岩で、灯籠(とうろう)、墓石に利用。

あし-いた【足板】〔名〕茶の湯で用いる道具の一つ。文台(ぶんだい)に似て、四隅に脚のある台。＊古今茶之湯諸抄大成(1713)六「足板飾合の図〈略〉此足板も故実の物なり。これも紹鷗の日記にみへたり。世上に沙汰なき事ゆへ此書にいだす」

あし-いり【足入】〔名〕①ぬかるみ。泥沼。また、苦境。(日葡辞書(1603-04))。＊信長公記(1598)首「信長御覧じて、中嶋へ御移り候はんと候つるを、脇は深田の足入、一騎打ちの道なり」 ②船体の、水に入る部分、すなわち、喫水に相当する。あし。＊舟楫元始(1831-40頃)「別府造は〈略〉舟足弱く、強き風にはのりにくく、荷を積んでは足入深く、上かぶきになる」 ③(形動)転じて、舟の喫水の深いこと。また、そのさま。＊日葡辞書(1603-04)「Axiyri(アシイリ)〈訳〉多くの荷物を船積みし、喫水の深くなること」＊俳諧・毛吹草(1638)六「月の舟やあし入となす雲の波〈道二〉」 辞書 日葡・書言 表記 足入(書)

アジール〔名〕(ドイツ Asyl)犯罪者、負債者、奴隷などが逃げ込んだ場合に保護を得られる場所。世界各地にわたって聖地や寺院などにその例が見られるが、法体系の整備とともに失効している。聖庇。聖域。避難所。 発音〈標ア〉ジ

あし-いれ【足入】〔名〕簡素な婚姻成立祝いをしただけで嫁が婿方に身柄を移すこと。婚姻形式上、婿入り婚から嫁入り婚への過渡期におこった方式で、嫁の身分はまだ嫁方に属し、昼は実家で働き、夜だけ婚家ですごす者もある。すぐには籍を入れないで、嫁の引き移り祝い(披露)は後にのばすか、または、省略することもある。出入りぞめ。歩みぞめ。敷居越し。＊雑俳・柳多留-五九(1812)「足入と名付手入をさせに行」＊風俗画報-二五四号(1902)風俗「婚葬〈略〉近隣の人を頼み強て女を誘ひ来り、婿の家に入らしむ之を足入れといふ」 方言 蛸(たこ)の巣。 愛媛県睦月島840 発音〈標ア〉0 レ

あしいれ-こん【足入婚】〔名〕「あしいれ(足入)」に同じ。＊台に載る(1965)〈河野多恵子〉「『足入れ婚もいいもんだろ』と彼は言った」 発音〈標ア〉0 レ

あし-いろ【脚色】〔名〕競馬で、走っている馬の脚の運び具合。また、そのスピード加減をいう。

あし-うず【足水】〘名〙足を洗うための水。また、足を洗いきよめること。＊名語記(1275)五「水をうつといへる所あり。てうづ。あしうづ」

あし-うち【足打】〘名〙①足を打つこと。また、足の疲れをとるために、足をもみたたくこと。＊梁塵秘抄(1179頃)二・四句神歌「我等が修業に出でし時、珠洲(すず)の岬をかい回(まはり)、打ち廻(めぐ)り、振り棄てて、単身(ひとり)越路の旅に出でて、あしうちせしこそあはれなりしか」②器物に足を取り付けること。また、足付きの器。＊言経卿記‐文祿元年(1592)一二月一四日「兵部卿へかはこ二つ、足打一つ等預置了」＊読本・本朝酔菩提全伝(1809)一・二「一人は脚打(アシウチ)の広折敷に、蓮の強飯を堆(うづたか)く盛て捧げいで」③「あしうちおしき(足打折敷)」の略。＊石山本願寺日記‐天文一八年(1549)正月一五日「朝粥、北殿御うへにて参候。粥足打也。飯ごきに入」＊鹿苑日録‐慶長二年(1597)九月一四日「松雲院殿御膳、四方雖ㇾ令ㇾ用意、足打に下ㇾ之。上古之風也」＊咄本・昨日は今日の物語(1614‐24頃)上「そうじて長老分はあしうちにて参りけれ共」＊随筆・貞丈雑記(1784頃)七「足付を足打とも云、折敷に足を打付たる故也、足付の折敷といふ事を略して足付足打など云也」④足を使って打ち柎を組み上げること。⑤水泳で、両足を交互にばたばたさせ、水面を打って推進力をつけること。ばた足。 辞書 言海 表記 足打(言)

あしうち-おしき【足打折敷】〘名〙折敷に足を取り付けたもの。足打ち。足付き折敷。＊言継卿記‐天文一四年(1545)七月二八日「次はう飯有ㇾ之、至上池院相伴了、公卿各三方、殿上人以下足打折敷相交、中酒以後、秉燭被講候」 辞書 言海 表記 足打折敷(言)

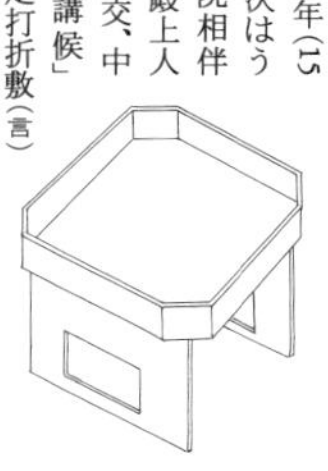
足打折敷

あしうち-ぜん【足打膳】〘名〙足の取り付けてある膳。＊茶湯献立指南(1696)一「足打(アシウチ)御膳表(おもて)壱尺壱寸四方、縁の高さ壱寸五歩、足の高さ四寸五歩、本膳也。表壱尺四方、縁の高さ壱寸弐歩、足の高さ四寸、二の膳也。表壱尺四方、縁の高さ九歩、足の高さ三寸六歩、三の膳也。何も足にくりかた有るべし。右之寸法、主人の御位(くらひ)に依べし〈略〉何も栗色にぬるべし」

あし-うら【足占】〘名〙古代の占い方の一つ。目標を定め、吉凶のことばを交互に繰り返し、目標に達した時のことばで吉凶を占う方法(正卜考)。また、一定の距離を歩く歩数が奇数か偶数かで占うとも、足音の響きの強弱によるともいう(万葉集辞典)。あうら。＊万葉(8C後)四・七三六「月夜には門(かど)に出で立ち夕占(ゆふけ)問ひ足卜(あしうら)をぞせし行かまくを欲(ほ)り〈大伴家持〉」＊行宗集(1140頃)「いで立ちのあしうらよくて幾夜さへまたつれなくて立ちや帰らむ」＊御巫本日本紀私記(1428)神代下「潮漬足時〈宇之保乃安之爾津久止支爾(うしほのあしにつくときに)〉為足占〈安之宇良須〉」＊九州道の記(1587)四月二四日「かならずの旅の行ゑはよしあしもとはでふみみる足占の山」 発音 〈ア史〉鎌倉○○○◎ 辞書 言海 表記 足占(言)

あし-うら【足裏・蹠】〘名〙「あし(足)の裏」に同じ。＊色葉字類抄(1177‐81)「跖 アシウラ」＊観智院本名義抄(1241)「跖 アシウラ 蹠 アシウラ」＊玉塵抄(1563)三三「鞠音は鶏なり。跖は足うらの中の肉なり」＊測量船(1930)〈三好達治〉獅子「厚ぼったい蹠裏に機む感覚に耐へ」 発音 〈標ア〉0 〈京ア〉0 辞書 色葉・名義 表記 跖(色・名) 蹠・蹠跖(名)

あしうら 踏(ふ)む 足踏みをする。＊御伽草子・高野物語(室町)「かみのゐがきをこゑたてていひいだされもはづかしくて、しばしはあしうらふみてゐたりしが」

あじ-うり【味瓜】〘名〙植物「まくわうり(真桑瓜)」の異名。＊玉塵抄(1563)五二「驪山の硎谷にこそ瓜ができて、はや熟して、あぢ瓜になってこそさうらえ」＊女言葉(1722)「ふりの支 あちふりと云、ほそら、なりの物、きんくわ」＊物類称呼(1775)三「甜瓜 まくはうり、西国にてあじうり」＊重訂本草綱目啓蒙(1847)二九・甜瓜「まくわうり 京〈略〉あぢうり 雲州・作州」 方言 植物。❶まくわうり(真桑瓜)。江州†034 雲州†028 長門†122 九州†034 北海道一部030 青森県030 岩手県一部030 宮城県030 秋田県030 山形県一部030 新潟県373 長岡361 京都府一部030 和歌山県一部030 鳥取県030 島根県030 岡山県030 児島郡764 広島県771 高田郡779 山口県794 香川県高見島829 福岡県030 佐賀県一部030 熊本県一部030 大分県一部030 ◇あんじうり 秋田県雄勝郡130 ◇あんじゅうり 秋田県平鹿郡130 ◇あぜうり 兵庫県但馬062 ❷しろうり(白瓜)。◇あぜうり 兵庫県一部030 ❸うり(瓜)。新潟県佐渡351 辞書 書言・言海 表記 甜瓜(書) 味瓜(言)

あじ-うり【鯵売】〘名〙鯵を売り歩くこと。また、その人。小鯵売り。《季・夏》＊俳諧・蓼太句集(1769‐93)夏「鯵売の阿字(あじ)と聞ゆる耳もかな」＊雑俳・柳多留‐五六(1811)「鯵うりが来べき宵だと茄子(なす)を買」

あし-え【葦柄】〘名〙アシの茎で作った柄。＊妹背貝(1889)〈巌谷小波〉夏「右の手に蘆柄(アシエ)の団扇を持ち」＊社会百面相(1902)〈内田魯庵〉電影・三「余義なさそうに媚然(にっこり)しつつ葦柄(アシエ)の団扇で老紳士を煽ぎながら」 発音 〈標ア〉0

アジ-えんぜつ【一演説】〘名〙(アジはアジテーション 英 agitation の略) 大衆を扇動する演説。＊永遠なる序章(1948)〈椎名麟三〉二「広場にトラックを取り巻いた群集がある。どこかの政党のアジ演説らしい」＊記念碑(1955)〈堀田善衛〉「勅語に続いて東条総理大臣の『大詔を拝して』というアジ演説を聞き」 発音 〈標ア〉エ

アジェンデ (Salvator Allende サルバトール—) チリの政治家。大統領(一九七〇～七三)。人民連合の候補者として大統領に当選し、産業国有化・土地改革などの平和革命を推し進めた。(一九〇八～七三)

あしお【足尾】 栃木県西部の地名。渡良瀬(わたらせ)川に沿い、足尾銅山とともに発展した鉱山町。

あし-お【足緒】〘名〙①鷹狩りに使う鷹のあしにつけるひも。あしのお。足革(あしかわ)。へお。＊書紀(720)仁徳四三年九月(前田本訓)「酒君、則ち、韋(をしかは)の緡(アシヲ)を以て其の足に着(つ)け、小鈴を以て其の尾に着け、腕(たたむき)の上に居ゑて天皇に献る」＊新撰字鏡(898‐901頃)「聯 太加乃阿志乎」＊十巻本和名抄(934頃)五「鞲 唐韻云鞲〈音聯今案一字両訓在鷹阿之乎 在犬岐豆奈〉所以縶鷹狗也」＊今昔(1120頃か)一九・四「鷹屋に籠たる多くの鷹共、皆足緒を切り放たる鳥の如くに飛び行く」＊爾津松鷗軒記(室町末か)架之名の事「足緒の寸、大鷹は八寸、せうは七寸」②太刀の足金物(あしかなもの)につけて、太刀を腰に帯びるための帯取のひも。足革。あしのお。＊後照念院殿装束抄(1327頃か)剣足緒革随平緒色取替事「紺地平緒爾紫革の足緒も紫平緒藍革足緒も不ㇾ可ㇾ有」＊苦之由被ㇾ仰き」＊日葡辞書(1603‐04)「Axiuo(アシヲ)」 発音 〈標ア〉0シ 〈ア史〉平安○○○ 辞書 字鏡・和名・色葉・名義・易林・日葡・書言 表記 鞲(和・色・名・易・書) 足組(易) 足緒・脚組(書)

あしおう-さま【足王様】〘名〙足の疲労や病気を治すと信じられている路傍の神。金(かね)の草鞋(わらじ)や、石の足を供えたりして祈願する。関東、関西に共通の俗信。 発音 アシオーサマ 〈標ア〉オ

あし-おけ【足桶】〘名〙冬、野菜などを川に入って洗う時、凍えないように両足にはく桶。＊農具便利論(1822)中「足桶(アシヲケ)冬わぶか、大こんとうを洗ふに用、口いびつなり」 方言 宮城県仙台市125

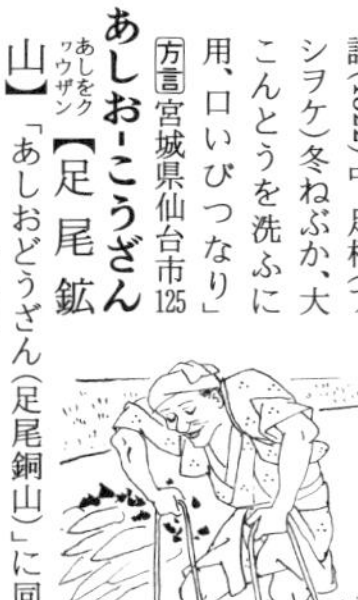
足桶〈農具便利論〉

あしお-こうざん【足尾鉱山】「あしおどうざん(足尾銅山)」に同じ。 発音 アシオコーザン 〈標ア〉コ

あしお-さんち【足尾山地】 栃木県南西部から群馬県東部にわたる山地。関東平野にゆるやかな斜面で接し、葛生(くずう)では石灰石を産出する。 発音 〈標ア〉サ

あし-おし【足押】〘名〙遊戯の一種。足相撲のこと。すねとすねとを押しあって勝負する臑押(すねおし)をいうか。

あし-おと【足音・跫】〘名〙①歩く時の足の音。＊宇津保(970‐999頃)楼上上「いとふがひなき御とも人かな。褰きたるあしをとにはあらずや」との給へば」＊源氏(1001‐14頃)夕顔「物の、あしおとひしひしと、踏み鳴らしつつ、うしろより寄り来る心地す」＊寛永刊本蒙求抄(1529‐34)八「又、塩汁を地にそそけば、足音がつをうならぬぞ」②比喩的に、ある事態が迫ってくる兆候や予感をいう。＊綱の上の少女(1926)〈片岡鉄兵〉下「どうしてあの貧弱な身体をした大崎さんの云ふ事で、斯うまで我々の世界の近づきつつある底力のある足音を、聴くやうな思ひをさせられるのであらうか」 発音 〈標ア〉ト オ 0 〈京ア〉オ 辞書 和玉・文明・天正・饅頭・黒本・易林・日葡・書言・ヘボン・言海 表記 跫(玉・文・天・饅・黒・易・書) 足音(ヘ・言)

あしおと を=窃(ぬす)む[=殺(ころ)す] 足音をたてないようにする。そっと忍び寄るさまにいう。＊はやり唄(1902)〈小杉天外〉七「足音を窃(ヌス)んで怖々(こわごわ)に後退(しりごみ)をして」＊良人の自白(1904‐06)〈木下尚江〉中・六・二「彼は跫音(アシオト)を偸(ヌス)んで疎な竹垣の前まで進んだが」

あしお-どうざん【足尾銅山】 栃木県足尾町にある鉱山。慶長一五年(一六一〇)発見。江戸時代には幕府直轄の銅山で、延宝元年(一六七三)から一五年間「足尾千軒」といわれる最盛期を呈した。銅、亜鉛硫化鉄を産出。昭和四八年(一九七三)閉山。足尾鉱山。 発音 アシオドーザン 〈標ア〉ド

あしおどうざん-こうどくじけん【足尾銅山鉱毒事件】 明治二〇～四〇年代にかけて、足尾銅山から廃棄された鉱毒の問題が原因となった一連の事件や運動。渡良瀬川流域の被害農民の再三の請願や代議士田中正造の天皇への直訴で社会問題に発展したが、十分な解決をみないまま衰えた。 発音 アシオドーザン＝コードクジケン 〈標ア〉ド＝ジ

あしおどうざん-そうぎ【足尾銅山争議】 明治四〇年(一九〇七)二月、足尾銅山の坑夫による暴動化した労働争議。戒厳令がしかれ、軍隊により鎮圧された。 発音 アシオドーザンソーギ 〈標ア〉ソ

あし-おとこ【悪男】〘名〙顔つきのみにくい男。醜男(ぶおとこ)。＊仮名草子・ぬれぼとけ(1671)中「まことに人の心こそ世におろかなる物はなし、鏡にむかいいかなる悪女あし男も、かほばせのあしきとおもふ人夢にもなし」

あし-おどり【足踊】〘名〙仰向けに寝て、衣装、かつらをつけた足を人形のように踊らせて見せる一種の見世物。

あしお-なが【足緒長】〘形動〙太刀の足緒を足金物に長くつけたさま。＊幸若・屋嶋軍(室町末‐近世初)「こんねんどうの腰の物、二尺七寸の、金作りの御帯、刀あしをながにむすんでさげ」＊日葡辞書(1603‐04)「Axiuonagani(アシヲナガニ)」＊浄瑠璃・艶狩剣

本地(1714)一「赤銅作(しゃくどうづくり)の打太刀、足緒(あしヲ)ながにむすびさげ」 辞書日葡

あし-おぶね【葦小舟・蘆小舟】〘名〙「あしかりおぶね(葦刈小舟)」に同じ。＊歌謡・淋敷座之慰(1676)お江戸口説船歌「あたりの川を詠れば、留りさだめぬあしおぶね」

あしお-やま【足尾山】 茨城県の中部にある山の名。筑波山の北方、下館市の東方に、加波山と並んである。標高六二八㍍。あしおさん。古称、乎波頭勢(おはつせ)山。葦穂山(あしほやま)。 発音〈標ア〉⓪

あし-お・る【蹇】〘自ラ下二〙足がなえて、正しい歩行ができかねる。＊大唐西域記巻十二平安中期点(950頃)「疲れたるを力め蹇〈足ヲレ〉たるを曳て、恭て志記を承けて、其文を論次す」 辞書名義・和玉 表記蹶(名) 躝(玉)

あしおれ-なべ【足折鍋・脚折鍋】〘名〙足の折れた小さな鼎(かなえ)。＊俳諧・白雄句集(1793)四「草庵のさまを、しぐるるや脚折鐺を炉にかけて」

あし-か【足—】〘名〙 方言 ⇩あしっこ(足—)

あし-か【葦鹿・海驢】〘名〙(後世「あじか」とも) ①アシカ科の哺乳類。オットセイに似ているが、やや大形で雄は体長二㍍以上に達し、雌は約一・五㍍。体は暗褐色。四肢はひれ状で泳ぎがうまく、魚類を捕食する。海岸や岩礁などに集団で上陸して休息する。また、繁殖期には一頭の雄が多数の雌を独占してハーレムを形成する。「和漢三才図会」に「紀州に海鹿島有りて多く群居す、毎に眠るを好み、島上に上りて鼾睡(いびきか)く」とあり、近世にはよく眠る獣の代名詞とされた。太平洋に広く分布。カリフォルニアアシカ、ガラパゴスアシカ、ニホンアシカの三亜種に分類されるが、ニホンアシカは昭和二五年(一九五〇)前後に絶滅したとされる。水族館などに飼育され曲芸をしているのはカリフォルニアアシカ。綿毛がないため毛皮は利用されない。うみおそ。うみうそ。みち。学名は Zalophus californianus ＊日本後紀‐弘仁元年(810)九月乙丑「去大同二年八月一九日下二弾正台一例云、雑石腎帯、画餝大刀、及素木鞍橋、独射犴葦鹿獤羆皮等、一切禁断者」 ＊十巻本和名抄(934頃)七「葦鹿 本朝式云葦鹿皮〈阿之賀見于陸奥出羽交易雑物中矣本文未詳〉」 ＊夫木(1310頃)三三「わが恋はあしかをねらふえぞ舟のよりみよらずみなみ間をぞまつ〈源仲正〉」 ＊滑稽本・浮世風呂(1809−13)前・下「まだしも麻疹(はしか)で仕合せ。海鹿(アシカ)が目へはいったら、嘸(さぞ)寐るだらう」 ②(アシカが眠りを好む(和漢三才図会)と信じられたところから) いつも眠りたがる人の異称。特に、睡眠不足に慣れないため、横になるとすぐ熟睡する若い娼婦(新造)の異名。＊雑俳・川傍柳(1780−83)三「あしか四五足つれて出るいい女郎」 ＊洒落本・玉之帳(1789−1801頃)一「『今夢に見てゐたよ。ここへおはいりな』『ゑらいあしかさんじゃな』トうれしそうにむぐりこむ」 ＊雑俳・柳多留‐四一(1808)「山鳥とあしか寝ているけちな晩(ばん)」 方言いつも眠りたがる人。愛媛県大三島848 語源説(1)アシシカ(葦鹿)の意。葦の間に棲み、形が鹿に似るところから〔東雅・名言通・日本語源＝賀茂百樹〕。(2)アマシカ(海鹿)の義〔言元梯・和訓栞〕。ウナシカ(海之鹿)の義〔日本語原学＝林甕臣〕。 発音〈標ア〉⓪ 〈ア史〉平安・鎌倉●●○ 〈京ア〉⓪ 辞書和名・色葉・名義・文明・易林・日葡・書言・ヘボン・言海 表記葦鹿(和・色・名・言) 海驢(書・ヘ) 独犴(色) 魫(文) 海馬・網螺(易) 海鹿・海獱(書)

葦 鹿 ①

あしか の 明番(あけばん) (もともとよく寝るというアシカが、当直の番が明けてこれから寝ようという時の意から) よく寝る者のさま、または、よく眠りたがる者のさまにいう。＊洒落本・御膳手打翁曾我(1796か)「声(こへ)が耳にはいったかして、やうやうあしかのあけばんといふつらでおきたを」

あしか の 黒焼(くろやき) (アシカはよく眠る海獣であるというところから) アシカの黒焼きはさぞ眠り薬として効能があるに違いないとしていった。＊黄表紙・金銀先生再寝夢(1779)「この海鹿(アジカ)の黒焼(クロヤキ)を飲ませますと、幾年たっても目がさめませぬ」

あしか の 番(ばん) (アシカは、群居して眠る時、必ず一頭は起きていて警戒する習慣があるところから) 眠るとき交替で不寝番を置くこと。あしかばん。＊俚言集覧(1797頃)「葦鹿の番 代り合して睡る事」 辞書言海 表記葦鹿番(言)

あしか の 雌犬(めいぬ) よく眠る女をののしっていう語。＊洒落本・深川手習草紙(1785)下「このあまァ海馬(アジカ)の雌犬(メイヌ)を見たようだ。寝る程ねたら起ねへか」

あしか を 使(つか)**う** 遊女が眠くてたまらないふりをして客の相手をしないことをいう。＊評判記・吉原すずめ(1667)上・ふる事「夜もすがら、あしかをつかひ、おきさりにして、にぐるやうにしかくるもあり」

あじか【簣】〘名〙竹、葦(あし)、藁(わら)などで編んだ、籠(かご)、笊(ざる)の一種。物を入れるのに用いたり、また、土などを運ぶ道具ともした。＊新撰字鏡(898−901頃)「篅 舟笥也小筐也 志太美 又阿自加 又伊佐留」 ＊私聚百因縁集(1257)三・五「ある片岡の野辺に篇(アシカ)を臂(ひぢ)にかけ菫(すみれ)採(つ)む貧女有り」 ＊太平記(14C後)四・備後三郎高徳事「身を窶(やつ)し形を替へ、簣(アジカ)に魚を入れて、自ら是を荷(にな)ひ」 ＊日葡辞書(1603−04)「Ajica(アジカ)〈訳〉籐また竹の、ざるまたはかご」 ＊俳諧・嵯峨日記(1691)「腰の簣に狂はする月 野分より流人に渡す小屋一〈其角〉」 語誌漢字は、普通「簣」をあてるが、挙例および「表記」に示すように古来種々の字があてられ、近世に至っても揺れが見られる。 方言❶竹で編んだかご。岐阜県飛驒502 兵庫県但馬062 愛媛県840 ❷腰につけるかご。飛州†094 岐阜県飛驒502 ❸米をとぐ時、または夏季、飯櫃代わりに使うざる。岐阜県498 愛知県北設楽郡054 愛媛県845 語源説(1)アジロコ(網代籠)の義か〔和訓栞〕。(2)アシコ(編筵籠・葦籠)の義〔大言海・日本語源＝賀茂百樹〕。(3)アはアム(編)、ジは短、カは籠〔和句解〕。(4)アマヂカゴ(蜑路籠)の略語〔紫門和語類集〕。(5)アナスキ(穴透)カナの反〔名語記〕。 辞書字鏡・和名・色葉・名義・和玉・文明・易林・日葡・書言・ヘボン・言海 表記簣(和・玉・文・易・書・ヘ・言) 篅(和・色・名) 篠(名・玉) 篅(字・色) 篙(色) 竹羅(名) 匳(玉) 筐(易) 篠(書)

簣〈和漢三才図会〉

あし-かい【―】〘名〙「あしかび(葦牙)」に同じ。＊古今著聞集(1254)一・一「于時天地のなかに一の物あり。かたち葦牙(アシガイ)のごとし」 ＊日葡辞書(1603−04)「Axicai(アシカイ)。すなわち、ツノグム アシ〈訳〉ある種の甘蔗の芽。シンタウ用語」 ＊浮世草子・男色大鑑(1687)序「形葦牙(アシガイ)の如し。是則神となる」 辞書日葡

あし-がい【葦貝】〘名〙シオサザナミガイ科の二枚貝。殻は長卵形で、殻長約五センチ㍍。表面は灰黄色で、紫色の放射状の模様があるものが多い。房総半島以南の沿岸に分布。学名は Gari maculosa 発音アシガイ〈標ア〉シ 辞書言海 表記葦貝(言)

あじか-うり【簣売】〘名〙簣(あじか)を売る行商人。＊太閤記(1625)一五・秀吉公異形の御出立にて御遊興之事「江戸大納言家康卿は、あじかうりに成せられ」

あし-がえり【足―】〘名〙 方言 ⇩あしこんぎ(足―)

あじか-おし 枕 類音の繰り返しで、地名「ちかの崎」にかかる。「をし」は「よし」と同意の間投助詞。「あぢか」は語義未詳。＊万葉(8C後)五・八九四「阿遅可遠志(アヂカヲシ) 智可(ちか)の崎より 大伴の御津(みつ)の浜びに ただ泊(は)てに み船は泊てむ〈山上憶良〉」 補注用例の原文「阿遅可遠志」の「遅」を「チ」と清音に訓む説もある。また、「遅」を「庭」とする異本により、「アテカヲシ」と読む説もあるが、語義、かかり方は不明。

あしかが【足利】 ㈠栃木県南西端の地名。足尾山地の南裾、渡良瀬(わたらせ)川沿岸にあり、古代には毛野(けの)国の中心地。足利氏発祥の地でもあり、中世から政治・文化の一中心地として発展。早くから絹織物は知られ、銘仙(めいせん)は特に有名であった。足利学校跡、鑁阿(ばんな)寺、織姫神社などがある。大正一〇年(一九二一)市制。 ㈡栃木県の南西部にあった郡。明治二九年(一八九六)梁田(やなだ)郡を合併。大正一〇年(一九二一)以降、足利市・佐野市、群馬県桐生市に順次編入され、昭和三七年(一九六二)消滅。＊二十巻本和名抄(934頃)五「下野国〈略〉足利〈阿志加々〉」 語源説(1)カガはコウゲ、カッカと同語で、水の無い草生地をいう〔地名の研究＝柳田国男〕。(2)アサカガ(麻利)の転訛か〔碩鼠漫筆〕。(3)カガはおかげのカゲ。また、カガヤキに関係ある語〔松屋筆記〕。 発音アシカガ〈標ア〉カ 〈京ア〉⓪ 辞書和名・色葉・文明・伊京・明応・天正・黒本・易林 表記足利(和・色・文・伊・明・天・黒・易)

あしかが【足利】 姓氏の一つ。 発音アシカガ〈標ア〉カ

あしかが-うじみつ【足利氏満】 南北朝時代の武将。第二代関東公方。基氏の子。康暦元年(一三七九)将軍足利義満にそむこうとしたが、上杉憲春が諫(いさ)めて自殺したので断念した。法名永安寺璧山道全。延文四～応永五年(一三五九～九八)

あしかが-しげうじ【足利成氏】 室町中期の武将。第五代関東公方。持氏の子。享徳三年(一四五四)関東管領上杉憲忠を殺して幕府と対立。翌年下総古河城に移り、上杉方が迎えた幕府側の堀越公方に対して古河公方と称した。法名乾享院久山道昌。永享六～明応六年(一四三四～九七)

あしかが-たかうじ【足利尊氏】 室町幕府初代将軍。はじめ高氏。後醍醐天皇の諱(いみな)尊治の一字を賜わって尊氏と称した。元弘の変で六波羅を攻め落として建武の新政に貢献するが、のち背いて持明院統の光明天皇を立てて建武五年(一三三八)八月征夷大将軍となり、室町幕府を興した。のち、南北両朝に分かれて国内治まらず、直義、直冬らと争いが続いた。法名等持院仁山妙義。嘉元三～延文三＝正平一三年(一三〇五～五八)

あしかが-ただふゆ【足利直冬】 南北朝時代の武将。尊氏の子。直義の養子。高師直(こうのもろなお)に追われたが九州で勢力を築く。文和四年(一三五五)入京したが、三月再び石見(いわみ)に走った。法名玉渓道昭。生没年未詳。応永七年(一四〇〇)没ともいわれる。

あしかが-ただよし【足利直義】 南北朝時代の武将。尊氏の弟。居から三条殿、錦小路殿などと称された。室町幕府を開いた尊氏を補佐した。のち、高師直(こうのもろなお)と争い、次いで尊氏ともしばしば戦ったが敗れ、鎌倉で没する。尊氏に毒殺されたともいわれている。法名古山恵源。徳治元～観応三＝正平七年(一三〇六～五二)

あしかが-ちゃちゃまる【足利茶々丸】 室町後期の武将。堀越公方政知の子。延徳三年(一四九一)駿河の北条早雲に攻められて自殺し、堀越公方は滅びた。法名成就院福山広徳。延徳三年(一四九一)没。

あしかが‐はるうじ【足利晴氏】 室町後期の武将。高基の子。別名、藤氏。古河公方。晩年北条氏康のために相模波多野に幽居。のち下総関宿に隠居。法名永仙院、妙泰院糸山道統。永祿三年(一五六〇)没。

あしかが‐まさとも【足利政知】 室町中期の武将。堀越公方。将軍義教の子。天龍寺の僧であったが、長祿元年(一四五七)関東管領上杉氏に迎えられ、還俗して公方となり、伊豆堀越に住んだ。古河公方足利成氏(しげうじ)と対立。堀越御所、堀越公方とも称された。法名勝幢院九山。永享七～延徳三年(一四三五～九一)

あしかが‐みつかね【足利満兼】 室町前期の武将。第三代関東公方。氏満の子。大内義弘の反乱に呼応して将軍義満を打倒しようとしたが、義弘の敗死と管領上杉憲定の説得により阻止される。法名勝光院泰岳道安。永和四＝天授四～応永一六年(一三七八～一四〇九)

あしかが‐みつたか【足利満隆】 室町前期の武将。氏満の子。上杉禅秀(氏憲)の乱に敗れて鎌倉雪ノ下で自殺。応永二四年(一四一七)没。

あしかが‐もちうじ【足利持氏】 室町前期の武将。第四代関東公方。満兼の子。上杉禅秀の乱を平定。永享一〇年(一四三八)関東管領上杉憲実を討とうとして幕府軍に敗れ、同一一年、鎌倉永安寺で自殺(永享の乱)。法名長春院楊山道継。応永五～永享一一年(一三九八～一四三九)

あしかが‐もとうじ【足利基氏】 南北朝時代の武将。初代関東公方。尊氏の子。上杉憲顕と高師冬(こうのもろふゆ)を執事として、関東における室町幕府の基礎を固めた。法名玉岩道昕。暦応三＝興国元～貞治六＝正平二二年(一三四〇～六七)

あしかが‐よしあき【足利義明】 室町後期の武将。政氏の子。下総小弓城主。北条氏綱に攻められて、下総国府台(こうのだい)に戦死。法名八正院空然。天文七年(一五三八)没。

あしかが‐よしあき【足利義昭】 室町幕府最後の一五代将軍。義晴の子。初名義秋。はじめ覚慶と号し、奈良一乗院の門主。兄義輝が暗殺された時、近江にのがれた。還俗し織田信長に扶持されて、永祿一一年(一五六八)入洛して将軍となり、幕府を再興したが、天正元年(一五七三)信長に京都を追われた。流浪の末同一三年出家。法名霊陽院昌山道久。准三后(じゅさんぐう)。天文六～慶長二年(一五三七～九七)

あしかが‐よしあきら【足利義詮】 室町幕府第二代将軍。尊氏の子。坊門殿と称せられた。新田義貞とともに鎌倉を攻めて北条氏を滅ぼし、以後東国の平定に尽力。延文三＝正平一三年(一三五八)一二月、将軍に補せられた。法名宝篋院瑞山道惟。元徳二～貞治六＝正平二二年(一三三〇～六七)

あしかが‐よしうじ【足利義氏】 ㊀鎌倉時代の武将。義兼の子。初名三郎。「続拾遺集」に和歌が採られている。法名正義。号法楽寺。文治五～建長六年(一一八九～一二五四) ㊁戦国時代の武将。晴氏の子。古河公方。法名香雲院長山周善。天正一〇年(一五八二)没。

あしかが‐よしかず【足利義量】 室町幕府第五代将軍。義持の子。応永三〇年(一四二三)三月、将軍となった。法名長得院鞏山道基。応永一四～三二年(一四〇七～二五)

あしかが‐よしかつ【足利義勝】 室町幕府第七代将軍。義教の子。嘉吉二年(一四四二)一一月、将軍となったが、幼弱のために管領畠山持国が政務を執った。法名慶雲院栄山道春。永享六～嘉吉三年(一四三四～四三)

あしかが‐よしかね【足利義兼】 鎌倉時代の武将。義康の子。号赤御堂殿。法名義称。正治元年(一一九九)没。

あしかが‐よしずみ【足利義澄】 室町幕府第一一代将軍。政知の子。初名義遐(よしとお)、義高。はじめ、天龍寺香厳院主。明応三年(一四九四)細川政元に擁されて還俗し、将軍となる。永正五年(一五〇八)近江に追われた。法名法住院旭山清晃。文明一二～永正八年(一四八〇～一五一一)

あしかが‐よしたね【足利義稙】 室町幕府第一〇代将軍。義視(よしみ)の子。義政の養子。初名義材(よしき)。延徳二年(一四九〇)将軍となる。同三年出家。義尹(よしただ)と改名。永正五年(一五〇八)将軍に復職。同一〇年義稙と改名。同一八年将軍職を辞す。法名恵林院厳山道舜。文正元～大永三年(一四六六～一五二三)

あしかが‐よしてる【足利義輝】 室町幕府第一三代将軍。義晴の子。初名義藤。天文一五年(一五四六)将軍となる。永祿八年(一五六五)五月一九日、松永久秀らに暗殺された。法名光源院融山道円。天文五～永祿八年(一五三六～六五)

あしかが‐よしのり【足利義教】 室町幕府第六代将軍。義満の子。もと青蓮院門跡義円。正長元年(一四二八)正月、義持の死後、将軍職後継者に指名されて還俗。義宣(よしのぶ)と名乗る。翌、永享元年(一四二九)義教と改名。同一二年受衣。嘉吉元年(一四四一)六月二四日赤松満祐によって在職中に暗殺された(嘉吉の乱)。法名普広院善山道恵。応永元～嘉吉元年(一三九四～一四四一)

あしかが‐よしはる【足利義晴】 室町幕府第一二代将軍。義澄の子。大永元年(一五二一)将軍となった。天文一五年(一五四六)一二月、義輝に将軍職を譲る。法名万松院曄山道照。永正八～天文一九年(一五一一～五〇)

あしかが‐よしひさ【足利義尚】 室町幕府第九代将軍。義政の子。母、日野富子。義視(よしみ)と将軍職を争う。文明五年(一四七三)将軍となる。同一一年受衣。長享二年(一四八八)義煕(よしひろ)と改名。同三年三月二六日近江の陣で没す。法名常徳院悦山道治。寛正六～延徳元年(一四六五～八九)

あしかが‐よしひで【足利義栄】 室町幕府第一四代将軍。義維(よしつな)の子。永祿一一年(一五六八)二月将軍となったが、織田信長のために追われて同年九月摂津富田で没したとされる。法名光徳院玉山。天文九～永祿一一年(一五四〇～六八)

あしかが‐よしまさ【足利義政】 室町幕府第八代将軍。義教の子。初名義成(よししげ)。文安六年(一四四九)四月、嘉吉三年(一四四三)義勝の早世以後空位であった将軍職を継承した。宝徳二年(一四五〇)受衣、法名道禎。享徳二年(一四五三)義政と改名。妻は日野富子。応仁元年(一四六七)五月、いわゆる応仁の乱が起こり執政が乱れた。文明五年(一四七三)将軍職を義尚(よしひさ)に譲る。京都の東山に山荘を造営し銀閣寺(慈照寺)、東求堂を建て、同一五年ここにうつり、東山殿と称された。同一七年出家。法名慈照院喜山道慶。永享八～延徳二年(一四三六～九〇)

あしかが‐よしみ【足利義視】 室町中期の武将。義教の子。もと浄土寺門跡義尋。寛正五年(一四六四)還俗して兄義政の養子となる。その居所から今出川殿と称された。義政の子義尚(よしひさ)と将軍職を争う。長享三年(一四八九)出家。法名大智院久山道存。永享一一～延徳三年(一四三九～九一)

あしかが‐よしみつ【足利義満】 室町幕府第三代将軍。義詮(よしあきら)の子。応安元年(一三六八)将軍となる。同五年受衣。有力守護大名や朝廷を抑え、室町幕府権力を確立。応永元年(一三九四)一二月、将軍職を義持に譲る。同二年出家。京都の北山に山荘を造営し金閣寺(鹿苑寺)を建て、同五年ここに移り、北山殿と称された。法名鹿苑院天山道義(はじめは道有)。延文三＝正平一三～応永一五年(一三五八～一四〇八)

あしかが‐よしもち【足利義持】 室町幕府第四代将軍。義満の子。応永元年(一三九四)将軍となる。同六年受衣。同三〇年三月将軍職を義量(よしかず)に譲ったが、義量が早世したため没時まで執政した。法名勝定院顕山道詮。至徳三＝元中三～正長元年(一三八六～一四二八)

あしかが‐おり【足利織】『名』 栃木県足利地方で産する織物の総称。発音アシカガオリ〈標ア〉⓪

あしかが‐がっこう【足利学校】 栃木県足利市昌平町にあった室町時代初期に足利氏一門によってつくられた学校施設。創設者には諸説がある。永享一一年(一四三九)上杉憲実が校規を定め、僧快元を初代校主として再興。以後、上杉、北条、徳川諸氏の保護をえて僧侶や武士に、易学、漢籍、兵法、医学などを教えた。明治五年(一八七二)廃校。附属の文庫は、同三六年、足利学校遺跡図書館となる。国史跡。発音アシカガガッコー〈標ア〉ガ

あしかが‐こうぎょうだいがく【足利工業大学】 栃木県足利市にある私立の大学。大正一四年(一九二五)創立の足利実践女学校を母体とし、月見ケ丘高校を経て、昭和四二年(一九六七)大学として発足。発音アシカガコーギョーダイガク〈標ア〉ダ

あしかが‐こばん【足利小判】『名』 古金小判の一つ。吉豆(きっとう)小判のこと。＊随筆・摂陽奇観(1833)二四下「吉豆小判。足利小判とも云。上州にて吹」＊歌舞伎・小春穏沖津白浪(小狐礼三)(1864)三幕「さっき渡したあの金は、お触(ふれ)のあった足利小判(アシカガコバン)、一両づつに三ツ引の極印(こくいん)ゆゑに使へぬ金」

あしかが‐じだい【足利時代】 室町時代のこと。発音アシカガジダイ〈標ア〉ジ〈京ア〉ジ

あしかが‐ぞめ【足利染】『名』 栃木県足利市で産する染めた織物。＊読本・雨月物語(1776)浅茅が宿「雀部(ささべ)の曾次といふ人、足利(アシカガ)染の絹を交易するために、年年京よりくだりけるが」＊俳諧・七柏集(1781)雪瓜園興行「賀も若やかに七十の秋〈魚文〉裁縫も足利染の下もみぢ(みつれ)」発音アシカガゾメ〈標ア〉⓪

あしかが‐ねぎ【足利葱】『名』 下野国(栃木県)足利地方産のネギ。＊雑俳・柳多留‐一四四(1836)「附木程足利葱のそりかげん」

あしかが‐ばくふ【足利幕府】 室町幕府のこと。発音アシカガバクフ〈標ア〉バ〈京ア〉バ

あしかが‐ぶんこ【足利文庫】 足利学校付属の文庫。現在、足利学校遺跡図書館となっている。発音アシカガブンコ〈標ア〉ブ

あしかが‐ぼね【足利骨】『名』 中啓(ちゅうけい)などの扇で、円形と長楕円形とを交互につらねた模様を透かし彫りにした親骨。

あしかが‐ぼん【足利本】『名』 ①足利学校の文庫に所蔵された書籍。＊随筆・柳庵随筆初編(1819)「足利本は、上杉安房守憲実、その子右京亮憲忠、その子五郎憲房、父子三世心をつくして、愛護宝蔵せしものにして、其経史は、或は宋板、或は古鈔本、みな奇世の珍巻秘冊なり」②足利学校第九代庠主元佶(げんきつ)が徳川家康の命をうけて京都伏見で出版した活字本。足利学校の印行と誤って伝えられた。〔右文故事(1804‐17)〕発音アシカガボン〈標ア〉⓪

あしかが‐めいせん【足利銘仙】『名』 栃木県足利地方で産出する銘仙。発音アシカガメイセン〈標ア〉 メ

あしかが‐ゆうき【足利結城】『名』 栃木県足利地方で産する綿織物。結城木綿のこと。

あしかが‐よう【足利様】『名』 室町時代に都で流行した風俗の様式。＊浄瑠璃・世継曾我(1683)一

「かのこのむかばきくくりさげ、あしかがやうのそめたづな、むちに取そへくりかけし」＊浄瑠璃・源頼家源実朝鎌倉三代記(1781)二「素袍袴も足利様(アシカガヤウ)の、烏帽子の着ぶり古実を正し」

あしかがり 『名』 方言 植物、いしみかわ(石見川)。福岡県八女郡964 鹿児島県964 ◇あしかき 丹波†039 ◇あしがき・あしかわり 周防†122

あし-がかり【足掛】『名』①足を踏み立てる場所。足場。あしだち。＊両足院本毛詩抄(1539)一六「京は大なをかぢや程に足かかりのよい処に居て」＊日葡辞書(1603-04)「Axigacari(アシガカリ)。すなわち、アシダチ〈訳〉人がそこを通って進む場所。また、居ることのできる場所」②高い所にあがるとき、足をかけるささえ。足場。あししろ。あななひ。＊歌舞伎・筑紫巷談浪白縫(黒田騒動)(1875)大詰「平舞台上手に明荷を三つほど積み重ね、屋体の下一間の下家(げや)下足掛(アシガカリ)の書割(かきわり)」＊吾輩は猫である(1905-06)〈夏目漱石〉五「前足を懸け易(か)へて足懸りを深くしやうとする」③物事をしようとする時の糸口。手づる。手がかり。足かけ。＊邦子(1927)〈志賀直哉〉「雪子との関係で、兎に角私は一種の生気が感ぜられるようになった。〈略〉出る事の出来なかった泥沼で、それが一寸した私の足掛りとなったのは事実だ」＊村の次男(1934)〈和田伝〉五「人々の話はしぜん昨日着いたといふ数男の手紙を足がかりとしてのびてゆくのだったが」 発音 アシガカリ 〈標ア〉ガ 〈京ア〉ガ 辞書 日葡・ヘボン・言海 表記 足掛(へ・言)

あし-かき【足掻】『名』イネ科の多年草。本州中部以西の浅い水辺、海岸地の湿った所などに生える。茎の基部は水中を長くはい、上部は水上に出て高さ五〇〜六〇センチメートルに達する。葉は細く、長さ約八〜一五センチメートルで先がとがっている。夏から秋に、淡緑色の花穂が出る。学名は Leersia japonica ＊俳諧・誹諧之連歌(飛梅千句)(1540)何毛第三「なたのしほやの尺八のな あしかきにかかる瓜さねほの見えて」 発音 〈標ア〉0 カ

あし-がき【足掻】『名』①馬などが前脚で地面を蹴ること。あがき。＊大観本謡曲・知章(1427頃)「沖の方に向ひ高嘶(たかいなな)きし、足掻(アシガ)きしてぞ立ったりける」＊御伽草子・梵天国(室町末)「しばし有て此馬身ぶるひして、あしがきせば」＊日葡辞書(1603-04)「Axigaqiuo(アシガキヲ) スル」②片足で跳び歩く子供の遊び。けんけん。＊名語記(1275)九「小童部のあしがきとてをどる。如何。片足をば、もてあげて、ただ足ひとつにてをどれば、かたききなるべし」 方言 片足跳び。新潟県北魚沼郡361 辞書 日葡

あし-がき【葦垣】 ㊀『名』(「あしかき」とも) 葦を組み合わせてつくった垣。＊万葉(8C後)二〇・四三五七「阿之可伎(アシカキ)の隈処(くまと)に立ちて吾妹子(わぎもこ)が袖もしほほに泣きしそ思(も)はゆ〈刑部千国〉」＊催馬楽(7C後-8C)葦垣「安之加支(アシカキ) 真垣(まがき) 真垣かきわけ」＊源氏(1001-14頃)浮舟「あしがきしこめたる西おもてをやをら少しこぼちて入りぬ」 ㊁催馬楽(さいばら)の呂の歌の曲名。歌は五段、拍子は各七とする。＊源氏(1001-14頃)藤裏葉「例の弁少将、声いとなつかしくて、あしかきをうたふ」 発音 アシガキ 〈音史〉上代は『あしかき』と清音。〈標ア〉シ 〈ア史〉鎌倉●●●○ 〈京ア〉0/シ 辞書 日葡

葦 垣㊀〈粉河寺縁起絵〉

あしがき-ごし【葦垣越】『名』葦垣を隔てていること。＊万葉(8C後)一一・二五六五「花ぐはし葦垣越(あしかきごし)にただ一目あひ見し子ゆゑ千度(ちたび)なげきつ〈作者未詳〉」＊万葉(8C後)一一・二五七六「人間守り葦垣越(あしかきごし)に吾妹子(わぎもこ)を相見しからに事そさだおほき〈作者未詳〉」 発音 〈音史〉上代は『あしかきごし』と清音。

あしがき-の【葦垣―】 枕 (「あしかきの」とも) ①葦垣が、内と外とをへだてるところから、「ほか」にかかる。＊万葉(8C後)一七・三九七五「我が背子に恋ひすべながり安之可伎能(アシカキノ)ほかに歎かふ我(あれ)しかなしも〈大伴池主〉」②葦垣が古びて乱れやすいところから「古る」「思ひ乱る」にかかる。＊万葉(8C後)六・九二八「おしてる 難波(なには)の国は 葦垣乃(あしかきノ) 古(ふ)りにし里と 人みなの 思ひやすみて〈笠金村〉」＊万葉(8C後)一三・三二七二「天雲の ゆくらゆくらに 蘆垣乃(あしかきノ) 思ひ乱れて〈作者未詳〉」③葦垣は隙間無く葦を組むところから、「間近し」にかかる。＊古今(905-914)恋一・五〇六「人知れぬ思ひやなぞとあしかきのまぢかけれども逢ふよしのなき〈よみ人しらず〉」＊源氏(1001-14頃)常夏「あしかきのまぢかきほどにさぶらひながら、今まで影ふむばかりのしるしもはべらぬ」＊続千載(1320)恋一・一〇四三「知らすべき隙(ひま)こそなけれあしかきのまぢかき中のしげき人目に〈宗緒母〉」④葦の異名である「よし」と同音を持つ地名「吉野」にかかる。＊続後撰(1251)春中・七八「見てもなほ奥ぞゆかしきあしかきの吉野の山の花のさかりは〈後嵯峨院〉」＊新後拾遺(1383-84)雑上・一二七四「故郷(ふるさと)にま近ければやあしかきの吉野の山と名にし負ふらん〈津守国量〉」 発音 〈音史〉上代は『あしかきの』と清音。

あし-かぎり【足限】『副』足のつづく限り。歩けるだけ歩くさま。＊黄表紙・的中地本問屋(1802)「足限り根限りに江戸中へ卸して廻る」

あし-かけ【足掛】『名』①足を踏みかけること。また、そのためのもの。＊鉱山至宝要録(1691)上「鋪の内ふさがぬ様に、足掛(アシカケ)をするを打替と云。下る時は、其打替に足を掛け」＊虞美人草(1907)〈夏目漱石〉一八「母は机の下を覗き込む。西洋流の藍製(かごせい)の屑籠が、足掛(アシカケ)の向に仄に見える」②(「あしがけ」とも) ある場所に足を踏み入れること。＊花間鶯(1887-88)〈末広鉄腸〉中・一一「東京へ逃げ帰って二度と地方へ足掛(アシガ)けをせぬ様になるに相違ない」③めかけ。「てかけ」をしゃれていった語。→てかけあしかけ(手掛足掛)。＊雑俳・削かけ(1713)「かかへて行・いやおてかけのあしかけの」④次の発展のためのいとぐちにすること。また、そのいとぐちとなる事柄。足がかり。あしば。＊落語・ちきり伊勢屋(1893-94)〈禽語楼小さん〉「其女は和郎(おまい)の家を足掛けに為(し)て外の好い人の処へ逃げて仕舞ふて」＊暴風(1907)〈国木田独歩〉二・一「弁護士は当座の足掛け、其内に親族の玉乃博士が大審院の判事で幅を利かして居るからこれに頼みこんで龍一を是非判事に」⑤「あしかけあがり(足掛上)」の略。⑥(多く年月などを表わす数詞の上につけて用いる) 年、月、日などで期間を表わすのに、始めと終わりの年(月、日)をそれぞれ一年(月、日)で数える数え方。＊雑俳・誕生日(1705)「二歩だせばあしかけ一日二夜也」＊浄瑠璃・心中天の網島(1720)上「足かけ三年、恋しゆかしも、いとしかはいも」 方言 ❶婚姻の約束をするまでの下ごしらえをする人。愛知県佐久島025 ❷めかけ。てかけ。新潟県中頸城郡384 島根県邇摩郡725 ❸竹馬。青森県津軽075 ❹乗馬の具、あぶみ。岩手県九戸郡088 ❺めんこ遊びで、足を相手のめんこの側に置いてめんこを打つこと。◇あしおき〔足置〕とも。群馬県勢多郡236 246 ❻片足で跳びはねる遊び。片足跳び。兵庫県淡路島583 島根県隠岐島741 香川県伊吹島829 ◇あしがけ 新潟県佐渡351 静岡県田方郡521 兵庫県淡路島671 発音 〈標ア〉①〜⑤はケ 0 ⑥は0 〈京ア〉①〜⑤はカ ⑥は0

あし-かげ【葦陰】『名』葦によってできたわずかな陰。＊土左(935頃)承平五年一月一三日「それは海のかみに怖ぢてといひて、なにのあしかげにことづけて、ほやの交(つま)の貽貝鮨(いずし)、すしあはびをぞ、心にもあらぬはぎにあげて見せける」＊浄瑠璃・平家女護島(1719)道行「一村繁るあしかげに隠るる程も波の上」

あしかけ-あがり【足掛上】『名』鉄棒、段違い平行棒などで、棒に片足を掛け、上体の振りを利用して棒の上にあがること。＊林檎の下の顔(1971-73)〈真継伸彦〉一「低い鉄棒の、足かけ上りや逆上りすらなかなかできなかった」 発音 アシカケアガリ 〈標ア〉ア2

あしかけ-かいてん【足掛回転】(クヮイテン)『名』鉄棒、段違い平行棒などで、棒に脚を掛けた姿勢のまま前方または後方に回転すること。＊空中ブランコ(1971)〈津島佑子〉「彼女が眠っていようが、足かけ回転をはじめようが」 発音 〈標ア〉カ2

あじかけ-ない【案掛―】『形』 方言 (「あんじかけない」の転) 思いもよらない。予定しない。意外だ。新潟県北蒲原郡361 東蒲原郡368 ◇あちかけねえ 栃木県塩谷郡197 ◇あんじがけむなか・あんじむなか 長崎県壱岐島915

あじ-かげん【味加減】(あぢ)『名』味のよしあし。味のつけ方。また、その具合。＊弱い結婚(1962)〈小島信夫〉「味かげんが全然なっていない」 発音 アジカゲン 〈標ア〉カ 〈京ア〉カ

あし-がこい【葦囲】(こひ)『名』葦でかこうこと。また、そのかこい。＊浄瑠璃・曾我扇八景(1711頃)下「五間四方も百間も道理はよしや蘆(アシ)がこひ」

あしか-こっか『代名』「あしここ(彼処此処)」の変化した語。＊滑稽本・浮世風呂(1809-13)前・上「此手拭(てにぎい)は新(あら)だつとも、なしい此様(こぎゃア)に、彼所此所(アシカコッカ)穢居(よごっと)るか」

あし-がさ【葦笠】『名』葦で編んだ笠。＊大乗院寺社雑事記-康正三年(1457)五月二五日「近日京中に、あし笠、すげ笠、皮袴、うち懸を、被止云々」

あじがさわ【鰺ケ沢】(あぢがさは) 青森県津軽半島西側基部の地名。江戸時代は津軽藩四浦の一つとして栄えた。 発音 アジガサワ 〈標ア〉ガ

あし-がし【足枷】『名』(「あしかし」とも)「あしかせ(足枷)」に同じ。＊書紀(720)継体二四年九月(図書寮本訓)「百済、則ち奴須久利を捉(かすゐ)て、杻(アシカシ)械(てかし)枷(くびかし)鏁(かなつから)して、新羅と共に城を囲む」＊新撰字鏡(898-901頃)「鏁〈略〉足加志 又加奈保太志」＊十巻本和名抄(934頃)五「械 四声字苑云械〈阿之賀之〉穿木加足也」＊史記抄(1477)一二・李斯「天下をもちて、ほしいままにせぬをは、手かしあしかしに入られたと同ものぞ」＊随筆・折たく柴の記(1716頃)上「勘気をかうぶれる身也といふとも、手がし足がしゐられたるにもあらばこそ」＊読本・昔話稲妻表紙(1806)四・一四「よくよく見れば、足に財布をゆひつけたるが、足(アシ)かしとなりて飛ことならざるなり」 語誌 (1)第三音節カとガの清濁は「観智院本名義抄」に「械 アシカシ」「梏 アシガシ」と両形見えはっきりしないが、「日葡辞書」の「テガセ axigaxe(アシガセ)」とあるのを参考にすると連濁することが多かったか。(2)後世には抽象的に意のままにならない状況を表わすこともあるが、挙例の「史記抄-一二・李斯」の例などはその先駆けと見られる。 発音 〈音史〉古くは『あしがし』と濁音を多用か。〈ア史〉平安○○●○ 〈京ア〉0 辞書 字鏡・和名・色葉・名義・和玉・言海 表記 械(和・色) 桎(名・玉) 鎖・鏁(字) 栓(色) 梏・鎖子(名) 足枷(言)

あし-かず【足数】『名』①足の本数。②歩くときに足をふむ回数。歩数。＊恋慕ながし(1898)〈小栗風葉〉一五「出て行った陶山(すやま)の足数(アシカズ)を心で数へ送って、今頃は何処等辺(どこらあたり)をと考へてゐる」＊日本橋(1914)〈泉鏡花〉五四「足数(アシ

カズ)七八つ、二間ばかり奥へ入った処に」

あし-かせ【足枷】『名』①(古くは「あしがせ」)二枚の厚い板に足首大の半円をあけ、前後から足をはさんで、罪人の自由を束縛する刑具。あしがし。*平治(1220頃か)下・頼朝遠流に宥めらるる事「手かせあしかせ入れられて、獄中に苦しみ給ひけるに」*日葡辞書(1603-04)「テガセ axigaxe(アシガセ)」*浄瑠璃・国性爺合戦(1715)三「縄はおろか足がせ手がせにかかっても願ひさへ叶はば瓦に金をかゆるがごとし」*引照新約全書(1880)馬可伝福音書・五「この人は墓間を居処とせり。屢次桎梏(アシガセ)と鏈(くさり)をもて繋ども鏈をうちきり桎梏(アシガセ)を打砕により」②自由な行動を束縛するもの。*三百則抄(1662)七「睦州正—鎖ヲ、睦州の見—棒と云公案の棒が天下人のくびかせ脚かせとなったぞ。此の棒をのがれた者が无いぞ」*巨海代抄(1586-99)「釈迦達磨と云ふ足かせを踢切てのけたは、さわりない脚跟では走はずか」*新浦島(1895)〈幸田露伴〉七「女房は足枷(アシカセ)子は首枷、無い中が男の花」*文明批評家としての文学者(1901)〈高山樗牛〉「凡ての高きに向って進む者の足枷(アシカセ)〈略〉は即ち是等の偽学者なりと罵り」 発音〈音史〉①は近世まで『あしがせ』と多く濁音か。〈標ア〉⓪〈京ア〉⓪ 辞書和玉・文明・天正・日葡・書言・〈ボン〉・言海 表記械(玉・文・書)桎(天・書・へ)

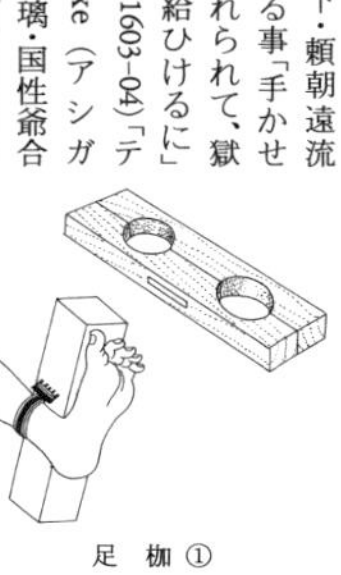

足 枷 ①

あし-かた【屧・屐】『名』草履、下駄の類。*小川本願経四分律平安初期点(810頃)「六群比丘、欽婆羅の跂(アシカタ)を著きたり」*新撰字鏡(898-901頃)「屧 二字同屣履属也 无ㇾ歯也〈略〉阿志加太也」*新撰字鏡(898-901頃)「屐 屩也 有ㇾ歯也 阿志加太 又木久豆」*改正増補和英語林集成(1886)「Ashigata アシガタ〈訳〉上代のはきものの一種」 辞書字鏡 表記屧・屟・屐・跂(字)

あし-かた【脚肩】『名』尾張藩で、船役銀を徴収する便宜上、領内の廻船に押した焼き印。船ごとに脚肩打ちをするのは廻船惣庄屋の任務であった。*尾張藩船方留(江戸か)「脚肩打人足賃壱匁五分古格之由」

あし-がた【足形・足型】『名』(「あしかた」とも)①歩いたあと。また、踏んだあとに残る足の形。足のかた。足跡。*枕(10C終)一〇三・雨のうちはへ降るころ「かかる雨にのぼり侍らば、あしかたつきて、いとふびんにきたなくなり侍りなん」*宇治拾遺(1221頃)一二・二〇「大きなる犬のあしがたありて」*日葡辞書(1603-04)「Axicata(アシカタ)〈訳〉足あと」②(足型)靴づくりの資料として採取する、足の輪郭線。*大阪の宿(1925-26)〈水上滝太郎〉三・二「此間寸法を取ったのは、若い人だったが、あの下図っていふのか、足型といふのか、あれを出して見ればわかると思ふが」 方言あしあと。岡山市762 ◇あしかた 秋田県鹿角郡132 宮崎県都城947 発音アシガタ〈標ア〉⓪〈京ア〉⓪ 辞書日葡

あし-がため【足堅・足固】『名』①足を丈夫にするために、歩行にならすこと。あしならし。*和訓栞(1777-1862)「あしがため、軍行、旅行などのために、足を堅めむとて跋渉するを云へり」②床下で、柱の間にとりつける横木。また、腰かけの脚や柱の下などを支えたり補強したりするもの。*明月記-寛喜二年(1230)四月一二日・建築「夕立ㇾ柱、打ㇾ足固ㇾ了」*庭訓往来(1394-1428頃)「足堅」*日葡辞書(1603-04)「Axigatame(アシガタメ)」③蹴鞠(けまり)のときに酒や湯漬けなどを出すこと。*京極大草紙(室町後)鞠の式法之事「鞠をあそばす内に、酒にても或はそうめん湯づけにても有をば、足かためといふなり」*松下十巻抄(1531)「足かためはさゆつけと大方可心得也。足かためとは、鞠有べきまへに物をまいり候事也」*諸礼筆記(1706)「鞠の時に、酒、湯漬など出づるを、足がためといふ」④物事の準備または基礎をしっかりさせること。地がため。*海と毒薬(1957)〈遠藤周作〉一・一「F市の西部軍と結びついて足がためを前からしていたからだ」*ある小官僚の抹殺(1958)〈松本清張〉二「まだ唐津課長を拘引するところまでに来ていなかった。それにはもっと足固めを要する」⑤柔道、レスリングなどの固め技の一つ。相手の脚部の関節を痛めつけ、または脚部を圧迫して相手の自由を奪うわざ。 方言間仕切りの太い床材。敷居を付け根太を渡すもの。長崎県壱岐島915 発音アシガタメ〈標ア〉ガ〈京ア〉ガ 辞書下学・易林・日葡・言海 表記足堅(下・易)足固(言)

あし-が-ちる【葦散】枕 難波(なにわ)は葦が多い地であるところから、「なには(難波)」にかかる。*万葉(8C後)二〇・四三六二「海原のゆたけき見つつ安之我知流(アシガチル)難波に年はへぬべくおもほゆ〈大伴家持〉」 辞書言海 表記葦散(言)

あし-がなえ【足鼎】『名』足が三本付いている金属製の容器。鼎。*十巻本和名抄(934頃)四「鼎 説文云鼎〈阿之加奈倍〉三足両耳、和ㇾ五味ㇾ宝器也」*宇津保(970-999頃)吹上上「しろかねあしがなへ、同じこしきして、北の方、ぬしのおもの炊(かし)ぐ」*徒然草(1331頃)五三「これも仁和寺の法師〈略〉傍なるあしがなへを取りて頭にかづきたれば」 語源説アシは三足あることをいい、カナは金、へは器に対する総名〔東雅・箋注和名抄・日本語源=賀茂百樹〕。 発音アシガナエ〈標ア〉ガ〈ア史〉平安・鎌倉○○○●○〈京ア〉ガ 辞書和名・色葉・名義・書言・言海 表記鼎(和・名・書)斲(色・名)鎗・鐺(名)足鼎(言)

あし-かなもの【足金物】『名』太刀をつるす鞘口(さやぐち)に近い帯取の足にする金物。足金(あしがね)。

あし-がに【葦蟹】『名』葦の生えている所に棲息するカニ。*万葉(8C後)一六・三八八六「おし照るや難波の小江(をえ)に 廬作り 隠(なま)りて居る 葦河爾(あしガニ)を 大君召すと〈乞食者〉」 発音アシガニ〈標ア〉⓪

あし-がね【足金】『名』①「あしかなもの(足金物)」に同じ。②操り人形のかかとに付けるかぎ形の具。普通は鉄製であるが、時に竹製のものもある。足遣いは、これを握って足を動かす。③人や動物の脚部に付ける金属製の器具。鉄製の足枷(あしかせ)。*交隣須知(18C中か)三・雑器「馬鉄 ムマノアシカネガケレバ フユニ ミチユクニ ムツカシウゴザル」 辞書書言・〈ボン〉 表記鉗・釱・鉄鎖琅(書)釱(へ)

アシガバード(Ashgabad)トルクメニスタンの首都。イランとの国境近くにあり、繊維工業が盛ん。アシハバード。

あしか-ばん【葦鹿番】『名』(「あじかばん」とも)「あしか(葦鹿)の番」に同じ。〔東京語辞典(1917)〕

あし-かび【葦牙】『名』葦の若芽。若い葦。あしづの。あしわか。*古事記(712)上「葦牙(あしかび)の如く萌え騰る物に因りて成れる神の名は、宇摩志阿斯訶備比古遅神(うましあしかびひこぢのかみ)」*太平記(14C後)二五・自伊勢進宝剣事「此時天地開け始(そめ)て空中に物あり、葦芽(アシカヒ)の如しといへり」*御巫本日本紀私記(1428)神代上「葦牙 安志加比」 語源説アシカヒ(葦穎)で、穂の意。ビと濁音に読むべきではない〔碩鼠漫筆〕。 上仮名アシカビ 辞書言海 表記葦芽(言)

あしかび-の【葦牙—】枕 ⇩あしのうれの(葦末—)

あしか-ぶり【葦鹿振】『名』遊女が早く眠るために、客に対して寝たふりをすること。↓葦鹿を使う。*評判記・秘伝書(1655頃)あしかぶりの事「あしかぶりとは、ねむきときぬる事也」

あし-がみ【蘆紙】『名』アシの茎を漉(す)いて作った紙。*明治大正見聞史(1926)〈生方敏郎〉憲法発布と日清戦争・三「押さへる孔六つと他に竹紙又は蘆紙を貼って音を高める補けとする響孔を有する清笛は」 発音アシガミ〈標ア〉⓪

あし-がも【葦鴨】『名』(「あしかも」とも。葦の生えている所に見られるところから)鴨の称。《季・冬》*万葉(8C後)一一・二八三三「葦鴨(あしがも)のすだく池水溢るとも儲溝(まけみぞ)の方(へ)に吾越えめやも〈作者未詳〉」*古今(905-914)恋一・五三三「あしがものさわぐ入江の白浪の知らずや人をかく恋ひんとは〈よみ人しらず〉」*日葡辞書(1603-04)「Axicamo(アシカモ)、または、カモ〈訳〉鴨」*俳諧・御傘(1651)七「芦鴨(アシカモ)水辺也。冬也。植物にはあらず」 発音アシガモ〈標ア〉⓪〈ア史〉鎌倉●●●●〈京ア〉ガ⓪ 辞書日葡・言海 表記葦鴨(言)

あじ-がも【—鴨】(あぢ)『名』鳥「ともえがも(巴鴨)」の異名。*書言字考節用集(1717)五「鸍鷉 アジカモ」*重訂本草綱目啓蒙(1847)四三・水禽「鳧〈略〉あしがも一名あじがも又おかよしとも云」 方言鳥。❶鴨(かも)類の総称。島根県出雲004 ❷しまあじ(縞味)。石川県004 鳥取県004 ◇あじかも 東京都004 ❸ともえがも(巴鴨)。東京都004 石川県004 福井県004 兵庫県004 ❹こがも(小鴨)。越後1039 新潟県347 語源説(1)アジガモ(集鴨)。アヂはアツ(集)の転。群棲する習性があるところから〔名言通・大言海〕。(2)アヂは、味ある魚鳥を呼ぶのに用いられた〔俚言集覧・和訓栞・日本古語大辞典=松岡静雄〕。(3)アセリトビガモ(急飛鴨)の義〔日本語原学=林甕臣〕。 発音アジガモ〈標ア〉⓪ 辞書書言・〈ボン〉・言海 表記鸍鷉(書)味鴨(へ)

あしがも-の【葦鴨—】枕 葦辺にすむ鴨がむらがる習性があるところから「うち群(む)る」にかかる。*土左(935頃)承平四年一二月二七日「惜しと思ふ人やとまるとあしがものうちむれてこそ我は来にけれ」

あしかや-ぶき【葦茅葺】『名』葦や茅で屋根をふくこと。また、その家。*日葡辞書(1603-04)「Axicayabuqi(アシカヤブキ)〈訳〉かやで家の屋根をふくこと」*新編常陸国誌(1818-30頃か)「あしかやぶき、よしもてふきたる屋を云ふ」 辞書日葡

あしがら【足柄】(古くは「あしから」とも)㊀神奈川県西部、金時山より東、酒匂(さかわ)川の扇状地を中心とした地域をいう。*太平記(14C後)六・関東大勢上洛事「先陣既(すで)に京都に著けば、後陣は未だ足柄(アシカラ)箱根に支(ささ)へたり」㊁明治四年(一八七一)の廃藩置県により、相模国および伊豆半島を含めて成立した県。同九年廃止。㊂足柄峠およびその関所のこと。*常陸風土記(717-724頃)総記「相摸の国足柄の岳坂(やまさか)より東の諸(もろもろ)の県(あがた)は」*万葉(8C後)一四・三三六一「安思我良(アシガラ)の彼面(をても)此面(このも)にさす罠(わな)のかなる間しづみ児(こ)ろ吾(あれ)紐解く〈東歌・相模〉」*更級日記(1059頃)「まだ暁よりあしがらを越ゆ」*天草本平家(1592)二・一〇「Axicara(アシカラ)ヲ ウチコエテ、バンドウ デ イクサ ヲ ショウトヲモウ」 発音アシガラ〈標ア〉⓪ 辞書和名・色葉・文明・易林・書言 表記足柄(和・色・文・易・書)

あし-がら【足搦】『名』「あしがらみ(足搦)①」に同じ。*合巻・鱗案道中双六(1821)「サア立(たち)ませいと寄る所を、足柄(アシガラ)かけてはね飛(とば)し」*坊っちゃん(1906)〈夏目漱石〉一「足搦(アシガラ)をかけて向ふへ倒してやった」 辞書言海 表記足搦(言)

あしがら を 掬(すく)う (足搦(あしがらみ)のわざをかけて倒す意から)相手のすきにつけいって思いがけない手段で相手を失敗、敗北に導く。足を掬

う。＊歌舞伎・筑紫巷談浪白縫（黒田騒動）（1875）大詰「『エエ、独り者の事ぢゃアねえわえ』『当り前よ、こりゃア単衣ものだ』『到頭足がらをすくはれた』」＊歌舞伎・籠釣瓶花街酔醒（1888）六幕「女郎は客を欺すが商売、惚れた惚れたと思って居ると足柄（アシガラ）を掬はれます」

あしがら-おぶね【足柄小舟】〘名〙相模国（神奈川県）足柄山の木材で造った船。＊万葉（8C後）一四・三三六七「百（もも）つ島安之我良乎夫禰（アシガラヲブネ）歩き多み目こそかるらめ心は思（も）へど〈東歌・相模〉」語誌(1)「袖中抄‐一五」は、挙例の万葉歌をあげ、「あしがら」を地名と解する一方、「ら」「り」「る」の音通によって、葦刈（あしかり）と解する説と足軽（あしかる）と解する説とを載せる。(2)足柄が船と関係することは、「とぶさ立て足柄山に舟木伐り」〔万葉‐三・三九一〕、「阿之我里（あしがり＝足柄）のあきなの山に引こ船の」〔万葉‐一四・三四三一〕からも明らかであるが、そこに「相模国風土記」の説のように足軽、すなわち、船足の速さの意がこめられていたとすると、「島伝ふ足速（あしばや）の小舟」〔万葉‐七・一四〇〇〕との関連があるか。発音アシガラオブネ〈標ア〉オ

あしがら-かみ【足柄上】神奈川県の西部の郡。酒匂（さかわ）川の流域にある。「和名抄」では「あしからのかみ」。

あしがら-しも【足柄下】神奈川県の南西部の郡。箱根外輪山、相模湾に囲まれる地域。「易林本節用集」では「あしからのしも」。

あしから-ず【悪―】〘連語〙悪く思わないように。気を悪くしないでください。相手の意向に添えないで済まないという気持を表わす語。多少皮肉な意を含むこともある。＊落語・素人浄瑠璃（1889）〈禽語楼小さん〉「妾（わたし）は此通り病人で仕方がないが悴が帰ったら早速出ますから旦那に悪（アシ）からず然う云って呉れろ」＊女難（1903）〈国木田独歩〉五「左様悪（アシ）からず御承知を願ひ置きます」＊暗夜行路（1921‐37）〈志賀直哉〉一・五「度々の破約は実に恐縮の至りです。何卒不悪（アシカラズ）」発音〈標ア〉カ〈京ア〉シ

あしがら-とうげ【足柄峠】神奈川、静岡両県境の足柄山北端の峠。江戸時代には甲斐、駿河から江戸へ通じる矢倉沢（やぐらさわ）往還の要所として知られた。高さ七五九メートル。足柄の坂。発音アシガラトーゲ〈標ア〉ト

あしがら-の-さか【足柄の坂】足柄峠のこと。足柄のみ坂。＊万葉（8C後）九・一八〇〇・題詞「過二足柄坂一見二死人一作歌一首」発音アシガラノサカ〈標ア〉カ〈京ア〉サ

あしがら-の-せき【足柄の関】神奈川県西部、足柄峠東麓にあった関所。昌泰二年（八九九）東国の群盗をおさえるために設置。＊後撰（951‐953頃）羇旅・一三六一・詞書「東なる人のもとへまかりける道に、相模のあしからのせきにて」発音アシガラノセキ〈標ア〉セ

あし-がらみ【足搦】〘名〙①足と足をからめること。相撲、柔道などで、相手の足に自分の足をからめて倒すわざをいう。あしがら。＊青い月曜日（1965‐67）〈開高健〉一・ポパイ「私は彼を殴り、足がらみをかけ、蹴りたおした」②物が足にからまっていること。また、その物。＊歌舞伎・絵本合法衢（1810）二幕「この半弓を以て鷹の足（アシ）がらみ射切るときは、大木も切り崩さず、鷹も全き私の手の内」③仮設物の柱が動かないように根元に横につけた補強材。④「はりがねむし（針金虫）」の異名。＊観智院本名義抄（1241）「螺蛸 アシカラミ」＊随筆・中陵漫録（1826）一四「予、奥州に在し頃是をしる。水溝の中に長さ尺余の黒髪の如き者あり。土人、足絞（アシガラミ）と云。人髪の化す処なりと云。〈略〉常州にもあり。土俗針金虫と云」方言❶子供が付きまとうなどしてじゃまになること。足手まとい。岩手県気仙郡100 宮城県栗原郡114 仙台市125 ◇あしからみ 青森県津軽075 新潟県上越市382 ◇あしがらまり〔足絡〕宮城県登米郡115 玉造郡116 ◇あしからまぎ 山形県139 ❷子供の相撲の手で、足を相手の足にからめること。◇あしんがらあ 群馬県館林245 ◇あしんげえ 神奈川県津久井郡317 ❸蟷螂（かまきり）の腹中に寄生している針金のような虫。針金虫。千葉県261 東京都八王子311 神奈川県津久井郡317 ◇あしからみ 東京都南多摩郡310 ◇あしんがらみ 神奈川県津久井郡317 発音アシガラミ〈標ア〉ガ〈京ア〉ガ/ガ 辞書名義 表記螺蛸（名）

あしがら-みょうじん【足柄明神】神奈川県西部、足柄峠にあった神社。鎌倉時代以後、山裾に移る。足柄神社。発音アシガラミョージン〈標ア〉ミョ

あし-がらめ【螺蛸】〘名〙「あしがらみ（足搦）④」に同じ。＊享和本新撰字鏡（898‐901頃）「螺蛸 蛲蜋之子阿志万支又阿志加良女又於保地不久利」辞書字鏡 表記螺蛸（字）

あしがらめ-きん【足搦金】〘名〙契約金の一種。江戸時代、尾張藩が、木曽での伐木事業に必要な杣（そま＝伐木夫）を確保する手段として、在地の杣頭（そまがしら）に前年中に交付する就労契約金をいう。＊木曽御材木役所宛彦八郎請取手形‐文政四年（1821）「一金弐両弐分 足搦金」

あしがら-やま【足柄山】（古くは「あしからやま」とも）神奈川、静岡両県境にある金時山の北方に連なる山の呼称。北端に足柄峠がある。坂田金時や山姥（やまうば）の伝説で知られる。歌枕。「相模風土記」に、この山の杉の木で造った舟は足が軽いため名づけられたとある。足柄山地。＊万葉（8C後）三・三九一「鳥総（とぶさ）立て足柄山（あしがらやま）に船木伐（き）り樹に伐り行きつあたら船材（ふなぎ）を〈満誓〉」＊更級日記（1059頃）「あしがら山といふは、四五日かねておそろしげに暗がりわたれり」＊天草本平家（1592）二・一〇「ヨリトモ ワ Axicarayama（アシカラヤマ）ヲ ウチコエテ、スルガ ノ クニ ノ キソガワ ニ ツカレタ」発音アシガラヤマ〈標ア〉0 辞書文明 表記足柄山（文）

あしがら-わせ【足柄早生】〘名〙神奈川県足柄地方で植栽されるクリの栽培品種。発音アシガラワセ〈標ア〉ワ

あし-かり【葦刈・蘆刈】㊀〘名〙葦を刈ること。また、その人。《季・秋》＊万葉（8C後）二〇・四四五九「蘆刈（あしかり）に堀江こぐなるかぢの音は大宮人のみな聞くまでに〈作者未詳〉」＊俳諧・五元集（1747）亨・秋「蘆刈のうらを喰せて砧哉」＊和訓栞（1777‐1862）「あしかり、文選江賦に蘆人とみゆ、蘆を採る者をいふ」㊁謡曲。四番目物。各流。世阿彌作か。「大和物語」などによる。落ちぶれて葦売りをしている摂津国の日下左衛門（くさかのさえもん）と都へのぼって立身した妻との再会を描く。発音〈標ア〉0

あしかり-おぶね【葦刈小舟】〘名〙葦を刈って運ぶ舟。葦の小舟。葦小舟。＊後撰（951‐953頃）雑四・一二五一「玉江こぐ あしかりを舟 さしわけて 誰をたれとか 我は定めん〈よみ人しらず〉」＊東関紀行（1242頃）興津より車返「葦刈り小舟、所々に棹さして、むれたる鳥、多くさわぎたり」

あしかり-こっこ【足―】〘名〙方言⇩あしこんぎ（足―）

あしかり-びと【葦刈人】〘名〙葦刈りを職業とする人。＊謡曲・蘆刈（1430頃）「この身命を継がんとて、徒（あだ）なる露の草の葉に、蘆刈り人となりたるなり」

あし-がる【足軽】〘名〙①（形動）足の動きが軽快なこと。敏速に歩行したり、行動したりすること。＊源平盛衰記（14C前）四二・源平侍共軍「御方の軍兵一千余騎、足軽（アシカル）に出立て」＊史記抄（1477）一一・張儀「跿跔は、かたあしをどりのやうに、足かるにをどる者ぞ」②中世、合戦で、軽装で敵地を放火、略奪するなど撹乱戦法に従事すること。また、それを行なう俊敏な兵。あしがろ。＊平家（13C前）四・永僉議「足がる共四五百人さきだて、白河の在家に火をかけてやきあげば」＊太平記（14C後）八・禁裏仙洞御修法事「一手には足軽（アシガル）の射手を勝て、五百余人小塩山へ廻す」＊玉塵抄（1563）四一「後漢の光武の時に足かるすっぱの徒党赤い布きぬではちまきを一様にしたぞ」③戦国時代、集団戦が合戦の主流となるなかで、長槍、鉄砲などを扱う兵として編成された雑兵・歩卒。また、その者が行なうゲリラ戦。江戸時代には諸藩で歩卒のことをいったが、士分とは区別された。明治維新に際し、卒とされたが、明治五年に卒は廃止され、士族または平民に編入された。＊碧山日録‐応仁二年（1468）六月一五日「客云、東陣有二精鋭之徒三百余人一、号二足軽一、不レ撰二甲一不レ取レ戈、只持二一剣一突二入敵軍一」＊樵談治要（1480）「昔より天下の乱るることは侍れど、足がるといふことは旧記などにもしるさざる名目也」＊上井覚兼日記‐天正三年（1575）一一月一二日「其故者、彼能足軽にて候、〈略〉彼者などを押立候てこそ、豊州家之脚軽なども働候する程に」＊禁令考（1756‐1841）別巻・以上并武家御扶持人例書・三「武家之足軽中間之類は、百姓町人等御仕置同様」④足の早い人。＊曾我物語（南北朝頃）五・五郎、女に情かけし事「『申べき子細候、しばしとどまり給へ』とて、あしがるをはしらしむ」⑤船の荷物を満載しない軽荷状態。軽足。＊船方規定書（1830）「足軽に而難風に出逢候共、凌方十分に行届、自然海難之患無少」方言植物、みずすぎ（水杉）。足にこれを巻いて歩くと疲れないという。鹿児島県奄美大島964 徳之島965 語源説(1)呉子に、軽足とあるものに相当する、能ク走ル者の意〔南嶺子・嘉良喜随筆・和訓栞〕。(2)足軽く走るから〔貞丈雑記・日本語源＝賀茂百樹〕。発音アシガル〈標ア〉0〈京ア〉0 辞書天正・易林・日葡・書言・ヘボン・言海 表記足軽（天・易・書・ヘ・言）

足軽③〈真如堂縁起絵巻〉

あしがる を 懸（か）ける 足軽を用いて合戦を仕懸ける。野伏（のぶせ）懸け。＊石山本願寺日記‐天文五年（1536）一月二九日「又従二中島一可レ構レ城之由候間、足軽を懸候条、為二案内一申候つ。きもつぶされ候まじく候よし申還候」＊富樫記（1574‐80頃か）「両陣の際足軽を懸け。言戦矢師日次を送るに無レ隙」

あしが・る【悍】〘自ラ四〙悪いと思って、気がねする。＊書陵部本名義抄（1081頃）「忌悍〈略〉下音但〈略〉珠云阿之加流 公云音但 ハバカル」辞書名義 表記悍（名）

あしがる-いくさ【足軽軍】〘名〙騎馬武者が参加しない歩卒のみの小ぜり合い。足軽同士で行なう小規模な戦闘。足軽合戦。＊足利季世記（1487‐1569頃）号勝軍地蔵軍記・細川氏綱淀城入事「かけて三好長慶摂州上下衆相催し〈略〉かはりかはり打て出日々の足軽軍やむときなし」＊武家名目抄（19C中か）軍陣部・足軽軍「互に対陣して十騎二十騎づつ出て足軽軍也」

あしがる-がしら【足軽頭】〘名〙江戸時代の、武士の職名の一つ。足軽を統率する役。また、その人。戦時は弓、鉄砲隊などを指揮したが、平時は城門警備などの役についた。＊増補家忠日記（1511‐1616）「天正九年今年渡辺彌之助をして足軽頭に成さしめ給ふ」＊武家名目抄（19C中か）職名部付録・武林雑話・有岡城万死一生「足軽頭共、彼是七八人相談仕けるは」発音アシガルガシラ〈標ア〉ガ2

あしがる-がっせん【足軽合戦】〘名〙「あしが

るいくさ（足軽軍）」に同じ。＊朝倉宗滴話記（16Ｃ後）「丹後陣足軽合戦并城責有ㇾ之」＊信長公記（1598）三「森三左衛門宇佐山の坂を下々懸向ひ、坂本の町はづれにて取合ひ、纔か千の内にて足軽合戦に少々頸を取り勝利を得る」＊武家名目抄（19Ｃ中か）軍陣部・足軽合戦「新撰信長記云双方足軽合戦迄にて一日戦ひ暮らし、相引にぞ引きたりける」

あしがる-きゅうきん【足軽給金】『名』足軽に支払われた給料。江戸初期には、米での支払いが普通であったが、後期には、給金以外に米、塩、みそ、薪、油、その他の雑用代が支給されることもあった。

あしがる-ぐそく【足軽具足】『名』足軽がつける粗末な具足。

あしがる-しゅう【足軽衆】『名』足軽の衆。足軽。また、その一団をいう。＊政基公旅引付‐永正元年（1504）四月六日「根来衆〈略〉日暮に皆令ニ帰陣一云々、但足軽衆と神尾、金台寺等之衆猶三四百人、信達之内に」＊足利季世記（1487‐1569頃）勝軍地蔵軍記・公方勝軍地蔵山出張之事「三好方にも佐井戸小泉と云足軽衆討死す」 発音 アシガルシュー 〈なまり〉アシガリシュウ〔愛知〕 〈標ア〉ル

あしがる-ぜりあい【足軽競合】『名』合戦の初めに、足軽同士がせりあって戦うこと。＊謙信家記（1580）輝虎公越中発向「互に軍を好む備立てにて、中の刻迄足軽せり合にてぞ居たりける」

あしがる-たい【足軽隊】『名』足軽で編成した隊。弓組、鉄砲組、長柄組または槍組などに分ける。

あしがる-だいしょう【足軽大将】『名』足軽隊を引率、指揮する者。侍大将の下位に位置する。＊寛永刊本蒙求抄（1529頃）七「渠は大也で大将の心ぞ。足軽の心ぞ足軽大将ぞ」＊甲陽軍鑑（17Ｃ初）品二五「侍大将に、六人。足軽大将には、横田備中、原美濃、小幡山城、多田三八。四人」 発音 アシガルダイショー 〈標ア〉ダ

あしがる-づれ【足軽―】『名』（「づれ」は、接尾語）足軽程度の身分の者。軽い軽蔑の気持をこめていう。足軽風情。＊浄瑠璃・忠臣二度目清書（1798）「やあ未練な女房、なな何吼へる、足軽づれの某を大望の御供に召連れられ」

あしがる-ば【足軽場】『名』足軽が陣を構える所。

あしがる-ばた【足軽旗】『名』近世、戦場の陣で、足軽が背負う指物（さしもの）。＊井諫記（江戸中‐後か）「大旗、小旗、足軽旗」＊武家名目抄（19Ｃ中か）旗幟部付録・足軽旗「深秘筺底録云〈井伊直孝卿之家記〉大旗小旗足軽旗六具の儀は不ㇾ及ㇾ申、鞍鐙等迄赤く可ㇾ仕旨申付候間」

あし-がろ【足軽】『名』「あしがる（足軽）②」に同じ。＊平家（13Ｃ前）七・火打合戦「夜に入り足がろ共をつかはして、しがらみをきりおとさせ給へ」

あし-かわ【足革・足皮】『名』①「あしお（足緒）①」に同じ。＊新修鷹経（818）中「著ニ脚絆（アシカハ）一法。凡著ニ脚絆一者。令ニ正撃ㇾ鷹従ニ背後一伝ㇾ之」＊日葡辞書（1603‐04）「Axicaua（アシカワ）」＊俳諧・西鶴大矢数（1681）第一六「自然の時に飛事も有　鎌倉にもし足革と云ならは」＊歌舞伎・玉藻前御園公服（1821）三立「そこをおさへて足皮（アシカハ）を放しなば、鷹に少しも怪我なき工夫」②「あしお（足緒）②」に同じ。＊政談（1727頃）二「譬ば出掛て衣服をしらぶるに、袴のくくり緒なし、足皮切たりとて」 辞書 日葡・書言 表記 足革・韉・韋緡（書）

あしかわ【蘆川・芦川】 姓氏の一つ。 発音 〈標ア〉カ

あじかわ【安治川】 大阪市西部、中之島の西端から南西流して大阪湾に注ぐ旧淀川の称。貞享元～四年（一六八四～八七）河村瑞軒が開削し、新川と名づけた。現在は内港としての役割が大きい。延長約七キロメートル。＊雑俳・千枚分銅（1704）「島の内出て安治川の水をのむ」 発音 〈標ア〉０

あし-かわご【葦革籠】『名』葦で編んだかわご。＊温故知新書（1484）「筐　アシカハコ」

あじ-かん【阿字観】『名』仏語。真言宗で行なう観法。一切諸法の本源を観じて、もとより生滅のないものである理を観ずること。阿字門。→阿字本不生（あじほんぷしょう）。＊米沢本沙石集（1283）一〇末・一三「年来阿字観（アジクヮン）をしけるが、観心成就したりけるにこそ」＊浄瑠璃・一心五戒魂（1698頃）道行「殺さば殺せと目をふさぎ、阿字観といふ事を示し」＊猿法語（1761）「真言宗とても、阿字観に入給へば」 辞書 日葡

あし-かんせつ【足関節】『名』足のひざの部分にある関節。＊国民年金法（1959）別表・七「両下肢を足関節以上で欠くもの」

あし-ぎ【足木】『名』 方言 ❶稲架（はさ）の支柱。京都府竹野郡622 ❷門松の飾り杭（くい）。◇おあしぎ〔御―〕甲州1088 ◇おあし 山梨県453

あじき-ある【味気有】『連語』（「あじきない」から造語した語）ゆとりや味わいがあっておもしろい。興味がもてる。＊雑俳・柳多留‐二四（1791）「あじき有世の中で後家（ごけ）おもしろい」

あし-きき【足利】『名』（足がよくきくことの意。「あしぎき」とも）①足が充分に使えること。足をしっかりと立てること。また、その場所。足場。足立ち。＊平家（13Ｃ前）七・火打合戦「馬の足ききよい所で候へば、いそぎわたさせ給へ」＊田中本義経記（室町中か）三・熊野の別当乱行の事「いで立ってあしききのなからんところに、だうじゃをひちらし」＊天草本平家（1592）四・二「コノ　カワワ　カミエモ、シモエモ　ハヤウテ、ウマノ axiguiqi（アシギキ）スクナイ」②足の働きが優れていること。また、そのもの。＊日葡辞書（1603‐04）「Axiqiqi（アシキキ）〈訳〉足の強い人や馬」 辞書 日葡

あじ-きき【味聞】『名』酒、料理などの味のよしあしをみきわめること。また、その人。＊茶話（1915‐30）〈薄田泣菫〉鰯「味利（アヂキ）きだといってＫ老人は一箸口へ頬張って」 方言 味見。岡山県岡山市762 児島郡763 発音 〈標ア〉キ２０

アしき-しゅうきゅう【―式蹴球】『名』（英 association football の訳語。「ア」はアソシエーションの略）サッカー。＊新しい言葉の泉（1928）〈高谷隆〉「ア式蹴球（アシキシュウキウ）アッソシェーション式フットボールのこと。一組十一人で円形の球を用ひ、球に手を触れることを禁ずる純粋の蹴球である」 発音 アシキシューキュー 〈標ア〉シュ

あしきた【葦北】 熊本県の南西部の郡。球磨川以西の地で、西は八代（やつしろ）海に面する。＊二十巻本和名抄（934頃）五「肥後国〈略〉葦北〈阿之木多〉」 辞書 和名・色葉・易林 表記 葦北（和・色・易）

あじぎでん【阿字義伝】 絵巻物。一巻。寂蓮作と伝えるが明らかでない。藤原時代～鎌倉初期の作。「阿」の字は万象の本源で文字の母であり、また、仏教の根本を示すものとしてその義を図解したもの。詞書の中に「阿」字を抱いた貴神と尼を描き「阿」字の功徳を象徴している。藤田家蔵。 発音 アジギデン 〈標ア〉ギ

あじき-な【味気無】（形容詞「あじきない」の語幹。感動表現に用いられる）どうしようもないこと。無益なこと。気にくわないこと。情けないこと。＊宇津保（970‐999頃）蔵開上「あなあぢきなの御物はぢや」＊源氏（1001‐14頃）朝顔「つねなき世にかくまで心おかるるもあぢきなのわざや」＊玉葉（1312）恋三・一五八八「あぢきなや誰がため思ふことなれば我が身にかへて人を恋ふらん〈藤原成通〉」＊玉塵抄（1563）二三「動ㇾ情をばちゃっとみて、心の中にやらあちきなやと思う心がうちにできてはたらいたぞ」＊俳諧・曠野（1689）員外「あぢきなや戸にはさまるる衣の妻〈其角〉　恋の親とも逢ふ夜たのまん〈越人〉」 辞書 名義 表記 静（名）

あじき-な・い【味気無】『形口』文あぢきな・し『形ク』（「味気」はあて字）今更どうにもならない状態や、それに対するあきらめを含んだ不満な気持をいう。あじけない。①乱暴で手がつけられない。道にはずれていて、どうにもならない。＊書紀（720）神代上（水戸本訓）「素戔嗚尊、汝（いまし）甚無道（アヂキナシ）」＊源氏（1001‐14頃）若紫「わが罪のほどおそろしう、あぢきなきことに心をしめて生ける限りこれを思ひなやむべきなめり」＊栄花（1028‐92頃）初花「かくてつくづくと罪をのみ作り積むも、いとあぢきなくこそあべけれ」＊書陵部本名義抄（1081頃）「無端　アヂキナシ」②努力するかいがない。する意味がない。無益、無用だという感じだ。＊古今（905‐914）春上・三四「やど近く梅の花植ゑじあぢきなくまつ人の香（か）にあやまたれけり〈よみ人しらず〉」＊源氏（1001‐14頃）乙女「ざえの程より余り過ぎぬるもあぢきなきわざと、大臣も思し知れることとなるを」＊狭衣物語（1069‐77頃か）二「人目もなき所といひながら、あまりならんは、さばかりありがたうめでたかりける御心の深さも、今更にあぢきなくや言ひなされ給はん」＊方丈記（1212）「さしもあやふき京中の家をつくるとて、宝を費し、心を悩ます事は、すぐれてあぢきなくぞ侍る」＊徒然草（1331頃）三八「愚かなる人の目をよろこばしむる楽しみ、またあぢきなし」③自分の気持に反していておもしろくない。ゆとりや味わいに乏しくて風情がない。情けない。あじけない。＊伊勢物語（10Ｃ前）八九「人知れず我こひ死なばあぢきなくいづれの神になき名おほせん」＊落窪（10Ｃ後）一「『世にふとは忘れじ』との給へば、帯刀（たちはき）、『ふとぞあぢきなき文字なる』と申せば」＊枕（10Ｃ終）七九・あぢきなきもの「あぢきなきもの　わざと思ひ立ちて宮仕に出で立ちたる人の、物憂がり、うるさげに思ひたる。養子（とりこ）の顔にくげなる」＊太平記（14Ｃ後）一・頼員回忠事「辞するに道無くして、御謀反に与（くみ）しぬる間、千に一も命の生（いき）んずる事難し。無ㇾ端（アヂキナク）存る程に、近づく別の悲しさに」＊浄瑠璃・平仮名盛衰記（1739）三「改て申すもあぢきなき其夜の騒」＊春泥（1928）〈久保田万太郎〉冬至・四「わけもなくかれは、寂しく、味気（アヂキ）なかった」④胸がしめつけられるように耐え難い。やるせない。＊狭衣物語（1069‐77頃か）一「在五中将の恋の日記を、いとめでたう書きたるなりけりと見るに、あぢきなく、一つ心なる人に向ひたる心地して、目とどまる所に」＊日葡辞書（1603‐04）「Agiqinai（アヂキナイ）〈訳〉苦痛と失望とからおこる悲しさ」⑤やるせないほどに魅力的である。何とも言えず美しい。＊寛永刊本蒙求抄（1529頃）三「我さへあぢきないほどに、老夫が打こうだも、道理ぢゃとて、よくあいしらうぞ」＊玉塵抄（1563）二六「天気もよいころにあたたかに世界も花などの香がにをうてあぢきなうなって花はさきみだれて」 語誌 (1)「万葉集」に見える「あづきなし」（「小豆無」などと表記）が転じたものか。「日本書紀」の「無道」「無状」にあてた古訓や古辞書などの「無端」「無情」の訓みなどを始め、平安時代以降には「あぢきなし」となり、現代語の「あじけない」は、さらにこの語が転じたもの。(2)ク活用形容詞として、規範や社会性に外れた状態を指したが、やがてそうした事態が情意を表わす語となった。和文脈では、後者の用い方が多い。 方言 ❶情けない。島根県725 ❷悲しい。滋賀県蒲生郡612 ❸もの足りない。あっけない。◇あちけね 山形県139 ❹寂しい。熊本県天草郡937 ❺幼く無邪気だ。がんぜない。愛媛県宇和島855 〔方言の補注〕岩手県気仙地方で、漁が全くなかった時に「あじけなし」と言う〔岩手気仙の方言〕。 語源説 (1)アヂキナシ（味気無）から〔和句解・和訓栞〕。(2)ナシは無の意でなく、強めの意〔古言類韻＝堀秀成・日本語源＝賀茂百樹〕。(3)アヅキナシの音転〔大言海〕。(4)アヅキナシとどちらが古いかは簡単にき

めにくい〔時代別国語大辞典-上代編〕。発音〈標ア〉ナ 〈京ア〉キ 文『あぢきなし』〈標ア〉ナ 〈ア史〉平安○○○○◓ 鎌倉『あぢきなき』○○○○◓ 〈京ア〉ナ 辞書色葉・名義・文明・伊京・明応・天正・饅頭・黒本・易林・日葡・書言・ヘボン・言海 表記無為（色・名・文・伊・明・天・饅・黒・書）無端（色・文・天・易・書）無情（名・文・書・ヘ）鞅・無道（饅・書）無状（易・書）無事・不用・無査（色）無短・无事（名）無常（文）無月里・無為節・虀（書）

あじきな-が・る【味気無─】『他ラ四』（形容詞「あじきない」の語幹に接尾語「がる」の付いたもの）耐え難いという気持を外に表わす。やるせない程に思っていると態度で示す。＊両足院本毛詩抄(1539)三・伯兮「女は我をあぢきながる者があれば形づくるぢゃ程に、誰を主人にしてせうぞ」＊玉塵抄(1563)四一「わかい女が腰をよりひねってあぢきなからせてまうほどに娟と云たか」

あじきな-げ【味気無─】『形動』（形容詞「あじきない」の語幹に接尾語「げ」の付いたもの）どうしようもない。無益だ。気にくわない。情けないと感じられる物事のさま。

あじきな-さ【味気無─】『名』（形容詞「あじきない」の語幹に接尾語「さ」の付いたもの）どうしようもないこと。無益なこと。気にくわないこと。風情がないこと。また、その度合。＊古今(905-914)仮名序「咲く花に思ひつく身のあぢきなさ身にいたづきのいるも知らずて」＊源氏(1001-14頃)柏木「もしおくれ先立つ道の道理のままならでわかれなば、やがてこの恨みもや、形見に残らんとあぢきなさに」＊平家(13C前)一〇・維盛出家「大方の世間も物うきやうにまかりなり候き。よろづあぢきなさも数そひてみえ候しかば」＊読本・椿説弓張月(1807-11)後・三〇回「思はずもこの山に迷(まど)ひ入り〈略〉なほ夢のここちして、おもひわきまへかね侍る、形(アヂキ)なさを猜(すい)したまへ」＊腕くらべ(1916-17)〈永井荷風〉二二「老後の身の果敢(はか)なさ、世のあぢきなさを一時に感じ出した矢先」発音〈標ア〉ナ 辞書日葡

あじき-な・し【味気無】『形ク』⇩あじきない（味気無）

あじきな-ぶし【味気無節】『名』（形容詞「あぢきない」の語幹に歌曲の意の「ふし」が付いたもの）人の心を愁嘆の思いで耐え難くするような歌曲。＊漢書列伝竺桃抄(1458-60)「悲歌はあぢきなぶしをうたうていられたぞ」＊史記抄(1477)七・高祖本紀「士卒皆歌思ニ東帰ニ皆があちきなぶしを歌て東帰したがるぞ」

あし-ぎぬ【絁】『名』あらい絹糸で平織りにした絹織物。太絹(ふとぎぬ)。↔縑(かとり)。＊十巻本和名抄(934頃)三「絁 紕字附 唐韻云絁〈式支反与施同 阿之岐沼〉繒似布也 紕〈匹毗反漢語抄云 万与布 一云与流〉繒欲壊也」＊拾遺(1005-07頃か)物名・四〇八「あしぎぬはさけからみてぞ人はきるひろやたらぬと思ふなるべし〈藤原輔相〉」語源説アシキヌ（悪絹）から〔安斎随筆・和訓栞〕。発音アシギヌ〈標ア〉ギ0 〈ア史〉平安◍◍◍○ 〈京ア〉シ 辞書和名・色葉・名義・言海 表記絁（和・色・名・言）

あし-きらいもの『名』けがれを祓(はら)い除くために捨て去るもの。悪祓(あしはら)えの祓え物。↔よしきらいもの。＊書紀(720)神代上(水戸本訓)「手の爪を以ては吉爪棄物(よききらひもの)と為(し)、足の爪を以ては凶爪棄物(アシキラヒモノ)と為(す)」上仮名アシキラヒモノ

あし-きり【足切】『名』①遊戯の名。ふたりの足切り役が、長さ二メートルほどの棒または綱の端をひざの高さに持ち、他の大ぜいの者の一列縦隊に並んだ前から後に向かって走り、列中の者の足をうつ。列の者は足をうたれないようにとびあがってこれを避け、もしうたれた場合には、その者が代わって足切り役となる。②選抜試験で受験者の数が多すぎる時などに、本試験の前に比較的簡単な試験をして成績が一定の水準に達しない者をふるい落とすこと。予備選抜。③（揃・刖）中国の五刑の一つ。足の膝蓋骨(しつがいこつ)を切り去る刑罰。

あじ-きり【鯵切】『名』「あじきりぼうちょう（鯵切包丁）」の略。＊滑稽本・東海道中膝栗毛-発端(1814)「モシヱ鯵切(アヂキリ)を二本さしなさったとって、それが恐しゐものでもござりやせんはな」＊真景累ケ淵(1869頃)〈三遊亭円朝〉一四「先刻ふと女房に聞いた柿の皮を剝く庖丁と云ふ鯵切(アヂキリ)の様な物が、これが手に触ったのを幸と」

あじきり-ぼうちょう【鯵切包丁】『名』アジなどを切ったり、開いたりするのに用いる小形の出刃包丁。また、アジしか切れない鈍刀の意から、武士の刀をあざけっていう語。鯵切り。＊歌舞伎・勧善懲悪孝子誉(1877)二幕「皿へ小魚を載せ鯵切庖丁(アヂキリバウチャウ)を持ち立掛り居る」＊江戸から東京へ(1921)〈矢田挿雲〉六・一八「番頭新兵衛が自分の敗残の腹癒せから鯵切庖丁(アヂキリハウチャウ)を振廻して二人が睦言の部屋へ躍り込んだ」発音アジキリボーチョー〈標ア〉ボ

あし-き・る【足切・揃・刖】『連語』中国の五刑の一つ。足の膝蓋骨(しつがいこつ)を切り去る刑罰を行なう。＊観智院本名義抄(1241)「刖 アシキル」辞書名義・和玉・文明・書言・言海 表記刖（名・玉・文・書）跰・跀・杌（玉）揃（書・言）髕（書）

あし-ぎれ【足切】『名』（「てぎれ（手切）」と対(つい)にして用い）縁を切ること。また、そのために出す手切れ金。手切れ足切れ。＊人情本・春色連理の梅(1852-58)四・二四齣「併し斯様(かう)言ったら、定めし手切れ足切れと言ふだらうが、其処も承知だから」＊歌舞伎・与話情浮名横櫛（切られ与三）(1853)四幕「手切れとか、足切れとかいって、判証文の取り交せする訳じゃアあるまいし」＊歌舞伎・処女評判善悪鏡（白浪五人女）(1865)四幕「また手切れの足切(アシキ)れのと、商人の身で言はれもしめえ」発音アシギレ〈標ア〉レ0

あしく【阿閦】「あしゅくぶつ（阿閦仏）」に同じ。あしゅく。＊浄瑠璃・卯月の紅葉(1706頃)上「彌陀、薬師、彌勒、あしく」辞書易林

あじ-くい【味食】『名』「あじくち（味口）①」に同じ。＊上杉家文書(年月日未詳)上杉氏掟書写(大日本古文書三・一一九九)「一知行出ると有て、妻子に物をきせ、自分にも衣装をたしなみ、又は酒肴を調へ、振舞あぢ食をなす事有間敷候」

あし-くさ【─草】『名』植物「のこぎりそう（鋸草）」の古名。＊康頼本草(1379-91頃)本草々部上品之上「蓍実 味苦鹹平无毒。和名安之久佐。又云女止久佐。八九月採実日乾」＊重訂本草綱目啓蒙(1847)一一・隰草「蓍 あしくさ 古名、めどくさ 同上、めどぎ、のこぎりさう」

あし-くさ【足草】『名』足でけったり、もてあそんだりするつまらないもの。＊小鳥の巣(1910)〈鈴木三重吉〉上・一一「ばさばさ落ちてゐる無花果の朽葉の一つを足草に蹴り運びながら」

あし-くせ【足癖】『名』①（「あしぐせ」とも）歩く時や、すわる時、腰かけた時の足のくせ。＊真景累ケ淵(1869頃)〈三遊亭円朝〉四四「足癖の悪(わり)い馬ア曳張って、下り坂を歩くより」＊林泉集(1916)〈中村憲吉〉春の鴉「かさこそと亜鉛(とたん)の塀に鴉くだり歩けばかなしその足癖(アシグセ)」②相撲で足を相手の足にかけて倒すわざ。内掛け、外掛けなど。「足癖のある力士」発音〈標ア〉シ セ 0 〈京ア〉0

あし-くだし『名』植物「なわしろいちご（苗代苺）」の異名。＊重訂本草綱目啓蒙(1847)一四上・蔓草「なはしろいちご あしくだし 筑前」方言西州†005

あじ-くち【味口】『名』①ぜいたくな物を食べること。あじくい。＊史記抄(1477)一九・貨殖列伝「物をすくなう食い、酒が飲みたくともちっと飲み朝夕をも淡泊にして、あぢ口を立て、活計をしたがらいでぞ、嗜欲を忍び、ほしいと思ふ物をもこらへよぞ」②じょうずなうそ。＊雑俳・伊勢冠付(1772-1817)「息子めの・味口に実が入って来た」発音〈標ア〉0

あし-ぐつ【足靴】『名』木製の足枷(あしかせ)。＊サントスの御作業(1591)一・サンパウロ「ソノ ホカニ ヲン axiguçu (アシグツ) マデ ヲモ ウチタテマツリ」＊日葡辞書(1603-04)「Axiguçu (アシグツ)、すなわち、ホダシ〈訳〉木製の足枷」辞書日葡

あじ-くつ『形動』うまいこと。よいさま。＊浄瑠璃・糜静胎内捃(1713)五「ムムこな男、あぢくつな連れが有るな、まだ十九か廿斗(ばかり)むまか物の根元」補注「くつ」は「つうくつ（通屈）」の「くつ」のように語意を強めるものという。

あしく-にょらい【阿閦如来】⇩あしゅくにょらい（阿閦如来）

あしくば【阿閦婆】⇩あしゅくば（阿閦婆）

あし-くび【足首・足頸】『名』足のくるぶしの上のすこし細くなったところ。また、足のくるぶしから下の部分。足の首。足の鍬。＊古今著聞集(1254)一〇・三八一「その足太(あしだ)、砂子に深く入りて、あしくびまで埋まれにけり」＊伊京集(室町)「跣 アシクビ」＊浮世草子・色里三所世帯(1688)中・三「上人川の塩さかひ、岸は青柳のしげり、汀わづかに足(アシ)くびたけひざがしらの立(たつ)所に」発音〈標ア〉ク シ 〈京ア〉シ 辞書伊京・日葡・書言・ヘボン・言海 表記跣（伊）骭・骹（書）首足（へ）足頸（言）

あしく-ぶつ【阿閦仏】「あしゅくぶつ（阿閦仏）」の変化した語。＊浄瑠璃・女殺油地獄(1721)中「あたまの病は愛宕権現(あたごごんげん)。足の病はあしく仏」辞書書言 表記阿閦仏（書）

あしくぼ【足久保】㊀静岡市南部の地名。静岡茶の発祥の地で、このあたりの茶は足久保茶として知られた。足窪。＊滑稽本・東海道中膝栗毛-発端(1814)「斯(かく)足久保(アシクボ)の茶なることを吐(はき)ちらし、頓(やが)て江戸にきたり」㊁『名』「あしくぼちゃ（足久保茶）」の略。＊雑俳・川柳評万句合-安永五(1776)宮二「あしくぼはごはんのそばにさめて居る」＊洒落本・廓通遊子(1798)発端「堤にさしかかれば、茶店はよしずを捲て、あしくぼのかほり高く」＊雑俳・柳多留-四七(1809)「蘆久保とゐくぼで茶店にへ返り」＊滑稽本・続々膝栗毛(1831-36)二・上「狂言を駿河人とて蘆久保(アシクボ)の茶番にこころうかされて見ゆ」発音〈標ア〉0

あしくぼ-ちゃ【足久保茶】『名』静岡市足久保付近から産する香りのすぐれた茶。近世、幕府への献上品として有名。今の本山(もとやま)茶。＊読本・南総里見八犬伝(1814-42)九・一三三回「眠覚(ねむりさま)しの蘆窪(アシクボ)茶、助飲(くちとり)には団子の醤炙(つけやき)」

あし-くら【足─】『名』方言⇩あずくみ

あし-ぐら【脚座】『名』脚のついている台。歌合の州浜台などに用いる。＊長久元年庚申良子内親王貝合(1040)「ある洲浜にはあしくらに鶴を据ゑたるを台にて」

あしくらじ【芦峅寺】富山県中部、立山町の地名。立山のふもと、常願寺川に沿い、雄山神社祈願殿を中心に宗教的結びつきが強いことで知られる。発音〈標ア〉0

あし-くらべ【足競】『名』互いに走りあって、速さを競うこと。かけくらべ。かけっこ。＊浄瑠璃・曾我会稽山(1718)一「足高(あしたか)山に足くらべ、追もおふたり廿八町」

あし-くりげ【足栗毛】『名』（足を馬の代用にするところから）徒歩でする旅行。膝栗毛(ひざくりげ)。＊雑俳・へらず口(不及子編)(1734)「帰帆より勢田へ鞭

打つ足くりげ」

あし-ぐるま【足車】『名』柔道の足わざの一つ。相手を前すみにくずし、体を開いて足を相手の膝頭(ひざがしら)あたりに押し当て、前に引き倒す。発音アシグルマ〈標ア〉グ

あし-ぐるま【脚車】『名』家具などの底部または脚部につけて移動に便利なようにする小さな車。キャスター。発音アシグルマ〈標ア〉グ

あし-ぐろ【足黒】『名』(巡査などが黒い脚絆(きゃはん)をつけていたところから)警官をいう、盗人仲間の隠語。〔隠語輯覧(1915)〕

あし-け【脚気】『名』①脚の病気。一般に脚の病をさす。また特に、かっけをいう。あしのけ。＊俳諧・曠野(1689)員外「柏木(かしわぎ)の脚気の比のつくづくと〈野水〉ささやくことのみな聞えつる〈荷兮〉」②鷹の足の病気〔日葡辞書(1603-04)〕。辞書日葡

あし-げ【悪―】『形動』(形容詞「あし」の語幹に接尾語「げ」の付いたもの)①見た目に、いかにも体裁が悪いさま。ぶざまであること。＊蜻蛉(974頃)上・安和元年「来こうじたるげすども、あしげなる柚(ゆ)や梨などを、なつかしげに持たりて食ひなどするも、あはれに見ゆ」＊落窪(10C後)二「ほかの小路に引きもて来て、道中(なか)にうちすてていぬる時にぞ、からうじて男ども寄り来て、轅(ながえ)もたげたるけしき、いとあしげなり」＊源氏(1001-14頃)夕顔「手はあしげなるを、紛らはし、ざればみて書いたるさま、品(しな)なし」②気分などが、いかにも悪そうなさま。＊今昔(1120頃か)二六・九「極(いみじく)心地悪気(あしげ)にて」③いかにも、けしからぬと思っているさま。機嫌が悪そうなさま。＊古今著聞集(1254)六・二六五「父の入道ばかり、かたすみに引き入りて居たりけるを、なほあしげに思ひてにらみければ」発音アシゲ〈標ア〉ア ゲ 辞書言海 表記悪気(言)

あし-げ【足蹴】『名』足で蹴ること。転じて、そのことの価値を認めなかったり、人にひどい仕打ちをしたりすることをいう。多く「足蹴にする」の形で用いられる。＊桐一葉(1894-95)〈坪内逍遥〉三・三「伊豆守が我が夫(つま)をば、足蹴にかけたとは」＊良人の自白(1904-06)〈木下尚江〉中・一五・二「彼時担へる水を溢して看守に足蹴にされた」＊小さい田舎者(1926)〈山田清三郎〉五「ただ漫然と、故郷を足蹴(アシゲ)にして飛び出して来たことが、心に沁みて悔いられるのであった」＊階級(1967)〈井上光晴〉一「人の親切を足蹴(アシゲ)にした性根を許し難いので」発音アシゲ〈標ア〉ゲ シ〈京ア〉⓪ 辞書言海 表記足蹶(言)

あし-げ【葦毛】『名』(葦の芽生えの時の青白の色にちなんでいう)馬の毛色の名。栗毛、青毛、鹿毛、の原毛色に後天的に白色毛が発生してくるもの。青みをおびた黒の混じる黒葦毛、栗毛の混じった赤葦毛、黒の円紋のある連銭葦毛など。＊万葉(8C後)一三・三三二七「水こそば 汲みて飼ふといへ 何かしか 大分青(あしげの)馬の い鳴き立てつる〈作者未詳〉」＊十巻本和名抄(934頃)七「騅 〈略〉爾雅注云菼騅〈今案、菼者蘆初生也 吐敢反 俗云葦毛 是也〉青白如菼色也」＊枕(10C終)五〇・馬は「馬は〈略〉あしげ」＊金刀比羅本保元(1220頃か)中・白河殿攻め落す事「金子十郎家忠、葦毛(アシゲ)なる馬に乗て黒革威の鎧、くれなゐの母衣(ほろ)をぞ懸けたりける」＊天草本平家(1592)四・二六「フブクロヲ クビニ カケタ ソウノ axigueno (アシゲノ) ウマニ ノッテ ハセクル」＊俳諧・炭俵(1694)上「うの花に芦毛の馬の夜明哉〈許六〉」発音アシゲ〈標ア〉0〈京ア〉0⓪ 辞書文明・伊京・天正・饅頭・日葡・言海 表記葦毛(文・天・饅・言) 騘馬(伊・饅) 驄(文) 騅・葦毛馬(伊) 騘(天)

あじ-げ【味―】『名』方言 ⇩あじ(味)

あし-げい【足芸】『名』①足をいろいろに使ってする曲芸。仰向けに寝て、足をあげてする場合が多い。＊随筆・筠庭雑考(1843)四「近ごろ足芸といふもの、難波より来りて処々にて観せ物に出す。〈略〉手は、袖の中に収めて、足にて、種々の技芸をなす、琴、三味線、縫物、花をいけ、紙にて折りかた、さまざまの紋を切り、楊弓を射、投扇興と云ふ事までも、人に見す」＊随筆・百戯述略(1868-70頃か)一「足芸。〈略〉寛永の頃の屏風、四条の芝居を画き候内、女乃足芸有レ之」＊東京年中行事(1911)〈若月紫蘭〉一月暦「いづこの境内でも曲独楽、居合抜、映し画狂言、活動写真、玉乗、足芸(アシゲイ)、改良剣舞なんどで、ドンチャンドンチャン囃し立てて居る」②(「馬の足」になる役者を大根役者というところから)大根の煮付けをいう、盗人、囚人仲間の隠語。〔隠語輯覧(1915)〕発音アシゲイ〈標ア〉シ〈京ア〉0

あしげ-うま【葦毛馬】『名』葦毛の馬。＊宇津保(970-999頃)吹上上「御供の人は青き白橡(しらつるばみ)、あしげむまに乗りて、御鷹据ゑたり」＊色葉字類抄(1177-81)「騘馬 アシケムマ 葦花毛馬也」＊東奥軍記(1602-1711)「三尺五寸有ける鷲の子と云黒漆の太刀を帯て、蘆毛馬の太く逞しきに厚総鞦掛てひかせけり」＊俳諧・去来抄(1702-04)同門評「去来曰、予此趣向有りき。句は有明の花に乗込といひて、月毛駒、蘆毛馬は詞つまれり。の字を入れば口にたまれり。さめ馬は雅ならず」発音アシゲウマ〈標ア〉ゲ 辞書色葉・和玉・明応・書言 表記騘馬(色・明) 驄(玉) 葦毛馬(明・書) 桃花馬・黄騘・菼馬(色) 騘・菼騅(書)

あしけ-く【悪―】『名』(形容詞「あし」のク語法)悪いこと。＊万葉(8C後)五・九〇四「何時しかも 人と成り出でて 安志家口(アシケク)も 善けくも見むと 大船の 思ひたのむに〈作者未詳〉」＊古今(905-914)雑体・一〇五二「まめなれどなにぞはよけくかるかやの乱れてあれどあしけくもなし〈よみ人しらず〉」上仮名アシケク

あしげ-さ【悪―】『名』(形容動詞「あしげ」に接尾語「さ」の付いたもの)悪そうに見えるさま。また、その度合。欠点。＊落窪(10C後)一「眉の程にぞおよずけのあしけさも少し出で居たりと見る」

あしげ-さめ【葦毛鮫】『名』毛色は葦毛で、眼が白く見える、白眼(さめ)の馬。＊吾妻鏡-文治二年(1186)一〇月三日「進上 御馬伍疋、鹿毛鮫 葦毛鮫」＊本朝食鑑(1697)一一「馬〈略〉墨之黒毛 黒雲雀 糟毛 水青鮫 馬 葦毛鮫 白赤鮫 片目鮫 以上七品者水色也」

あじけ-な・い【味気無】『形口』「あじきない(味気無)③」に同じ。＊恋慕ながし(1898)〈小栗風葉〉一七「人は知らぬが、彼の其夜の夢は云方も無く味気無(アヂケナ)いものであった」＊面白半分(1917)〈宮武外骨〉滝沢家のお路「可愛夫に先だたれた女ほど、世に味気(アヂケ)ない者はあるまいと思ふ」＊越前竹人形(1963)〈水上勉〉一五「女中が朝食をはこんでくれるのを、味けなくひとりで食べて」発音〈標ア〉ナ〈京ア〉ケ

あしけ-ひと【悪人】『連語』(「あしけ」は形容詞「あしき」の上代東国方言)悪い人。＊万葉(8C後)二〇・四三八二「ふたほがみ阿志気比等(アシケヒト)なりあたゆまひ我がする時に防人にさす〈大伴部広成〉」上仮名アシケヒト

あしげ-ひばり【葦毛雲雀】『名』馬の毛色の名。葦毛に雲雀毛(黄と白)の混じったもの。＊本朝食鑑(1697)一一「馬〈略〉青雲雀毛 青糟毛 葦毛雲雀 山鳥葦毛 以上四品者木中之土色也」＊随筆・一話一言(1779-1820頃)八「百馬図名〈略〉驄騢(アシゲヒバリ)」

あしげ-ぶち【葦毛斑】『名』馬の毛色が葦毛で斑(ぶち)となっているもの。＊神楽歌(9C後)明星・其駒「〈本〉葦駮(あしぶち)の や 森の下なる 若駒率て来(こ) 安志介布知(アシゲブチ)の虎毛の駒」＊吾妻鏡-文治二年(1186)一〇月三日「進上 御馬五疋〈略〉葦毛駮」

あし-げり【足蹴】『名』足で蹴ること。あしげ。＊彼女とゴミ箱(1931)〈一瀬直行〉ゴミ箱「穏順(おと)なしい芥箱(ごみばこ)は男の足(アシ)げりや、吸殻や、唾を我慢しなければならない」発音アシゲリ〈標ア〉0 リ

あし-けん【足拳】『名』片足を上げ、他方の足で跳びはねる子供の遊び。片足跳び。けんけん。ちんちんもがもが。＊ふるさと(1920)〈島崎藤村〉三一「子供が片足づつ揚げて遊ぶことを、東京では『ちんちんまごまご』と言ひませう。土地によっては『足拳(アシケン)』と言ふところも有るさうです」方言栃木県198 千葉県山武郡270 静岡県田方郡521 ◇あしけんけ 福島県中部155 栃木県198 201 ◇あしげんげ 愛媛県喜多郡845 ◇あしけんけん 宮城県仙台市125 茨城県062 188 栃木県198 埼玉県北足立郡054 神奈川県足柄下郡054 ◇あしげんこ 島根県飯石郡724 ◇あしけんこっこ・あしけんじょ 静岡県田方郡521 発音〈標ア〉0

あし-けんけん【足―】『名』方言 ⇩あしけん(足拳)

あし-こ【足―】『名』方言 ⇩あしっこ(足―)

あし-こ【足子】『名』中世、座の商人に従属して、その商圏のなかで商品の運搬および小売りにあたった者。鈴鹿関をはさむ近江、伊勢の街道筋に多かった。近江の比叡山東塔領得珍保(とくちんのほ)には、足子居住地域があったことが知られている。商売足子(あきないあしこ)。足子商人。＊今堀日吉神社文書-天文一八年(1549)一二月四日・神人足子日記「二百文 川寺三人 三十二文 同足子一人」

あし-こ【彼処】『代名』他称。話し手、聞き手両者から離れた場所を指し示す(遠称)。あそこ。かしこ。＊宇津保(970-999頃)国譲上「あしこに待ちわたりなむとするを」＊源氏(1001-14頃)若菜上「あしこに籠りなむのち、また人には見え知らるべきにもあらず」＊梁塵秘抄(1179頃)二・四句神歌「あしこに立てるは何人ぞ」＊俚言集覧(1797頃)「あしこ 備後福山わたりにてあしこ。関東あそこと云」＊滑稽本・東海道中膝栗毛(1802-09)二・下「うらがあしこにゐる時分にゃア、飯の中へすさをまぜて、くはしゃアがった」＊浪花聞書(1819頃)「あしこ あそこと云こと也」＊和訓栞後編(1887)「あそこ 源氏にあしこと見えたり。今も京わらんべはあしことといへり。彼(あの)其処(そこ)の義也」補注同義語の「あすこ」は後に発生して共通語となったが、「あしこ」は上方などに方言的なものとして残った。発音〈標ア〉0 辞書言海 表記彼処(言)

あしこ 此処(ここ) あそここ。ここかしこ。＊長門本平家(13C前)一九・土佐房夜討弁頸被切事「九郎大夫判官義経、関東源二位殿を、背き奉る由きこえて、あしここにて、ささやきあへり」＊弁内侍(1278頃)宝治三年正月一五日「いづかたよりか出で給はんを知らねば、あしここに人を立たせむとて」

あし-ごい【葦五位】『名』鳥「よしごい(葦五位)」の異名。《季・夏》

あじこい『形』方言 ❶美しい。きれいだ。京都府620 兵庫県654 ◇あじけえ 兵庫県652 ◇あちこい 茨城県188 ❷愛らしい。茨城県稲敷郡193 ❸うらやましい。◇あちこい 千葉県海上郡268

あし-こう【足甲】『名』歩きやすいようにすねに巻く布。脚絆(きゃはん)。＊随筆・守貞漫稿(1837-53)八「寛政中の古写本に〈略〉百姓の家〈百姓今世農家惣名とす〉は、土間に糠厚くしき、其上に莚を敷き、足には足甲と云ものをはき」

あし-こかし【足転】『名』互いに足をかけて相手をころがす遊び。足相撲。＊雑俳・両面鏡(1756)「細いのが強う見へたる足転し」

あし-こぎ【足漕】『名』片足ではね歩くこと。あしなご。あしりこぎ。＊日葡辞書(1603-04)「Axicogui(アシコギ)〈訳〉片足飛びで歩くこと」方言千葉県香取郡東部062 島根県仁多郡・隠岐島725 辞書日葡

あし-こし【足腰】『名』足と腰。転じて、体の動き、政党・団体などの活動力をいう。＊宗長手記(1522-27)下「此二三年さき落馬に、今あし腰かなはぬことなり」＊日葡辞書(1603-04)「Axicoxiga(アシコシガ) タタヌ〈訳〉ことわざ。身体を動かせない人のように、全然物事のできないこと」＊滑稽本・浮世風呂(1809-13)二・上「何最う年病(としやみ)だらうはな、目は悪しの、足腰(アシコシ)は不自由なりの」＊黴(1911)〈徳田秋声〉一九「長いあひだ満足に足腰を伸したこともない、行成(いきなり)な生活が追想(おもひだ)された」 発音〈標ア〉コシ〈京ア〉シ 辞書日葡

あし-ごしらえ〔こしらへ〕**【足拵】**『名』(旅行などする時)歩きやすいように、はきものその他、足につけるものを整えること。＊初恋(1889)〈嵯峨之屋御室〉「紺の脚絆(きゃはん)に切緒の草鞋(わらんぢ)といふ厳重な足ごしらへで」＊巷談本牧亭(1964)〈安藤鶴夫〉金魚玉「上がりがまちのところへ腰を掛けて、地下足袋のこはぜの、さいごのやつをはめようとして、足ごしらえをしようとしたら」 発音アシゴシラエ〈標ア〉ゴ〈京ア〉ゴ

あし-ごっぽ【足—】『名』足の甲。＊雑俳・柳多留-一〇九(1829)「足ごっぽすりすり蛸は佗をする」

あし-こぶら【足—】『名』脚の脛(すね)の裏側の筋肉の膨らんだ部分。ふくらはぎ。こぶら。こむら。＊あの道この道(1928)三〈十一谷義三郎〉「帰りは逭(さすが)にへとへとで、足こぶらが硬く、掌がむくみ」 発音〈標ア〉コ

あしこまた-と・る【足小股取】『連語』相手のすきにつけ入って事をなす。卑劣なことをする。＊浮世草子・世間母親容気(1752)二・一「足小股(アシコマタ)取(ト)ってなりとも、儲ける工夫」

あし-ごも【葦薦】『名』葦の茎を編んで作ったこも。

あしこ-もと【彼処許】『代名』他称。話し手、聞き手両者から離れた場所を指し示す(遠称)。あのあたり。あそこもと。＊源氏(1001-14頃)宿木「例の人々、『猶、あしこもとに』などそそのかし聞こゆ」

あし-こんぎ【足—】『名』方言❶片足跳び。栃木県198 208 埼玉県北埼玉郡054 ◇**あしがえ** 三重県伊賀585 ◇**あしがえり** 福井県丹生郡583 三重県名張市585 阿山郡596 ◇**あしかき** 新潟県西蒲原郡371 ◇**あしかっこ** 島根県邇摩郡724 ◇**あしがっこ** 神奈川県足柄下郡054 静岡県田方郡521 ◇**あしがら** 静岡県駿東郡521 ◇**あしがらこっこ** 静岡県521 ◇**あしがりこっこ** 静岡県田方郡062 521 ◇**あしがりこんこ** 滋賀県608 犬上郡615 ◇**あしがる** 福井県小浜市583 ◇**あしかんぎ** 島根県那賀郡725 ◇**あしかんぎょ** 島根県那賀郡724 鹿足郡739 ◇**あしかんげ** 島根県石見724 ◇**あしかんご** 島根県邇摩郡724 ◇**あしきゃんきゃん** 千葉県山武郡270 ◇**あしげりけっこ** 静岡県駿東郡521 ◇**あしごき** 愛媛県054 840 845 ◇**あしこけ** 島根県隠岐島725 ◇**あしこね** 島根県隠岐島725 741 ◇**あしこび・あしこべ・あしこみ** 島根県隠岐島725 741 ◇**あしこんげ** 埼玉県北足立郡062 北葛飾郡258 ◇**あしごんげ** 栃木県佐野市・安蘇郡198 ◇**あしこんこ** 福島県西白河郡183 千葉県山武郡270 東京都江戸川区054 ◇**あしこんご** 島根県725 ◇**あしごんご** 島根県大田市725 ◇**あしごんごお** 島根県邑智郡725 ◇**あしこんこん** 茨城県真壁郡188 埼玉県北足立郡054 千葉県山武郡270 神奈川県横浜市314 ◇**あしじゃっこ** 秋田県北秋田郡844 ◇**あしちんが** 島根県能義郡725 ◇**あしとぎ** 島根県隠岐島741 ◇**あしとび**〔足跳〕 島根県隠岐島724 仁多郡725 ◇**あしとんぎ** 島根県能義郡724 ◇**あしどんぐり** 兵庫県但馬583 ◇**あしないこ** 島根県隠岐島724 ◇**あしなかとび** 新潟県佐渡357 ◇**あしなぎり** 山口県阿武郡796 ◇**あしなごけんけん** 鹿児島県961 ◇**あしなっこ** 神奈川県足柄下郡054 ◇**あしなりこっこ** 静岡県520 ◇**あしなんご** 福岡県企救郡875 ◇**あしのき** 三重県三重郡062 ◇**あしのけ** 三重県志摩郡585 島根県隠岐島741 ◇**あしのこ** 新潟県佐渡(片足相撲)352 ◇**あしんこぎ** 群馬県佐波郡242 ◇**あんたんたんぎょ** 鹿児島県961 ◇**かしかんぎ** 島根県那賀郡724 ◇**かしきんぎょ** 島根県飯石郡724 ◇**こんぎ** 栃木県198 群馬県山田郡240 佐波郡242 広島県安芸郡783 ◇**はしがい・はしがえり** 三重県阿山郡585 ◇**はしがき** 三重県桑名584 ◇**はしかげ** 島根県江津市725 ◇**はしがけ** 兵庫県淡路島052 ◇**はしかんぎょ・はしかんけ** 島根県邑智郡725 ◇**はしかんげ** 島根県江津市725 ◇**はしかんご** 島根県邇摩郡724 ◇**はしこぎ** 伊勢†035 三重県583 愛媛県840 ◇**はしこんご** 島根県邇摩郡725 ◇**はしのき** 三重県志摩郡585 ◇**はしらんこっこ** 静岡県田方郡062 521 ◇**はしんごき・はしんごけ** 三重県志摩郡585 ◇**はちごき** 広島県上蒲刈島771 ❷石けり。◇**はしごき** 愛媛県周桑郡845

あし-さ【悪—】『名』(形容詞「あし」の語幹に接尾語「さ」の付いたもの) 悪い度合、程度。↕よさ。＊書紀(720)推古一二年四月(岩崎本訓)「其れ善(よさ)悪(あしサ)成敗(なりならぬこと)、要(かなら)ず信に在り」＊枕(10C終)二三・清涼殿の丑寅のすみの「さらにただ、手のあしさよさ、歌のをりにあはざらんも知らじ」＊中華若木詩抄(1520頃)下「片時も酔はねば、心中のあしさ、了簡もないぞ」＊水戸本丙日本紀私記(1678)神武「利害 与左毛安之左毛」 辞書日葡・ヘボン 表記悪(へ)

あじさ あぢさ『名』植物「えごのき」の異名。 辞書言海

あじさい あぢさゐ**【紫陽花】**『名』①ユキノシタ科の落葉低木。ガクアジサイを母種とする園芸品種。茎は高さ一・五メートルほどで根元から束生する。葉は対生し大形の卵形か広楕円形で先がとがり、縁に鋸歯(きょし)をもつ。夏、球状の花序をつけ、ここに花弁状のがく片を四または五枚もつ小さな花が集まり咲く。がく片は淡青紫色だが、土質や開花後の日数等により青が濃くなったり、赤が強くなったりする。茎は材が堅く、木釘、楊子をつくり、花は解熱剤、葉は瘧(おこり)に特効があるという。あずさい。しちだんか。てまりばな。ハイドランジア。学名はHydrangea macrophylla《季・夏》＊万葉(8C後)二〇・四四四八「安治佐為(アヂサヰ)の八重咲く如く彌(や)つ代にもいませわが背子見つつ偲(しの)はむ〈橘諸兄〉」＊新撰字鏡(898-901頃)「[艹+便] 安地佐井」＊夫木(1310頃)九「あぢさゐのよひらの八重にみえつるははごしの月の影にぞ有ける〈崇徳院〉」＊俳諧・焦尾琴(1701)風・牡丹の篇「あぢさいや鵜の目かへしの山一つ〈梅扇〉」＊日本植物名彙(1884)〈松村任三〉「アヂサヰ」②ユキノシタ科アジサイ属の総称。ガクアジサイ、ヤマアジサイ、ハマアジサイ、タマアジサイ、コアジサイ、ツルアジサイなどを含む。学名はHydrangea ③紺屋で、藍建ての際、藍びんに赤銅色となって浮く藍の泡を①に見立てていう語。＊雑俳・柳多留-一五(1780)「瓶の蓋明けてあぢさいかき廻し」④(①の花の色が変化するところから) 気の変わりやすい人、冷淡な人をいう、女学生間の隠語。〔かくし言葉の字引(1929)〕 語誌(1)「あじ(あぢ)」は「あつ」で集まること、「さい」は真藍(さあい)の約で、青い花がかたまって咲く様子から名付けられたと思われる。(2)あじさいの花が日本の文学に登場するのは「万葉集」が初めてであるが、古代・中世の和歌にはあまり見えず、平安後期・鎌倉期には「よひら(四片)の花」などと添えたり言い換えたりして詠まれた。(3)近世以降、芭蕉をはじめ、俳句の中に多く詠み込まれ、夏の季語として定着した。 語源説(1)アヅサヰの約転。アヅはアツ(集)、サヰはサアヰ(真藍)の略〔大言海〕。(2)アヂサヰ(味狭藍)の義。アヂ(味)はほめることば、サヰ(狭藍)は青い花の色をいう〔万葉代匠記・和字正濫鈔・万葉集類林・和訓栞・日本古語大辞典=松岡静雄〕。(3)アダアヰの略〔万葉考〕。(4)群れて咲くことから、アヂサハヰ(鴨多率)の約〔名言通〕。(5)アツサキ(厚咲)の訛り。またアツアヰ(厚藍)の転〔日本釈名・滑稽雑談所引和訓義解〕。(6)ウスアヰ(薄藍)の約転〔言元梯〕。(7)イタチヂサキアヰ(痛千咲藍)の義〔日本語原学=林甕臣〕。 発音〈なまり〉アッセァ・アンセァ〔秋田〕アジセァー・アジセー〔埼玉方言〕〈標ア〉0〈ア史〉鎌倉○○●●〈京ア〉0 辞書字鏡・文明・書言・ヘボン・言海 表記紫陽花(へ・言) [艹+便](字) 紫陽(文) 線繡花・紫陽草(書)

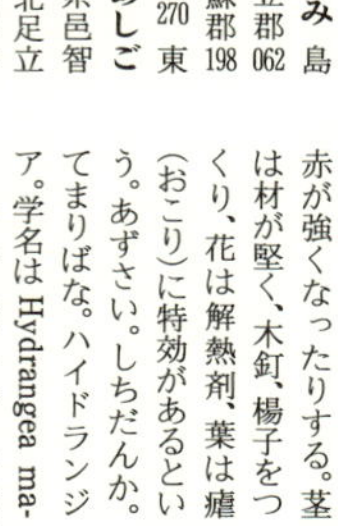

紫陽花①

あし-さき【足先】『名』足の先。足首から先のうち、前の部分。＊人情本・貞操婦女八賢誌(1834-48頃)初・一一回「それとも知らず青柳が、丁と踏み出す足先(アシサキ)に、まつはる如く邪魔となれば、いらって蹴返す左足の当」＊いさなとり(1891)〈幸田露伴〉六三「仮令(たとへ)ば往来に落ちゐるものを見て一人はおもひきって懐中(ふところ)に捻ぢ込み、一人は足先で蹴返して行く類(たぐひ)」＊歩兵操典(1928)第三五「半(なかば)右(左)向け 右(左) 左足尖(アシサキ)と右足とを少しく上げ左踵にて九十度或は四十五度右(左)に向き」 発音〈標ア〉キ 0 サ〈京ア〉0

あじ-さぎ あぢ**【鵁鷺】**『名』鷺の一種。色の黒いものをいうか。＊易林本節用集(1597)「鵁鷺 アヂサギ」 辞書易林 表記鵁鷺(易)

あし-さぐり【足探】『名』足でさわって調べながら歩くこと。＊多情多恨(1896)〈尾崎紅葉〉後・九「足捜(アシサグリ)に漸く行着いて、燈を点けた」＊苦の世界(1918-21)〈宇野浩二〉二・五「足さぐりして玄関を上って」 発音アシサグリ〈標ア〉サ

あし-さげ【足下】『名』方言❶虫、あしながばち(足長蜂)。島根県石見725 徳島県三好郡054 ◇**あしさげばち**〔—蜂〕 熊本県下益城郡930 ◇**あっさげばち** 熊本県玉名郡929 ◇**あしたればち**〔足垂蜂〕 島根県邑智郡725 ◇**あしだれ・あしんだれ** 静岡県磐田郡546 ◇**あしったれ** 山梨県南巨摩郡465 長野県上伊那郡469 ◇**あしっつるし**〔足吊〕 埼玉県秩父郡251 東京都八王子311 神奈川県津久井郡317 長野県佐久493 ◇**あしなげ** 島根県益田市・美濃郡725 ◇**あっさい** 島根県浜田市725 ❷虫、こしぼそばち(腰細蜂)。◇**あしさげばち** 熊本県玉名郡926 ◇**あしつるし** 長野県佐久484 ❸植物、うきくさ(浮草)。周防†122 ❹竹馬。◇**あっさげ**とも。熊本県919 ❺居酒屋の土間で酒を飲むこと。また、その人。◇**あしっつるし** 埼玉県秩父郡251

あじ-ざけ あぢ**【味酒】**『名』(上代語「うまさけ(味酒)」を誤読して生じた語) 上等の酒。また、助詞「の」を添えて「みわ」「かみ」「か」などにかかる枕詞の働きをする。＊夫木(1310頃)一五「あぢざけの三わのはふりが山照らす秋のもみぢの散らまく惜しも〈長屋王〉」＊七十一番職人歌合(1500頃か)六番「あぢ酒の霞みし空に似たるかなあまけの月のしぼり出(い)でつつ」＊浄瑠璃・暦(1685)一「とかくろんをやめてけふたつ市のあぢざけもこよひは是(これ)をさかなにと」

あじ-さし あぢ**【鰺刺】**『名』①カモメ科の鳥のうちで比較的小形で魚を主食とするものの総称。約四〇種が全世界に分布するが熱帯地方に最も多い。日本でふつうに見られるのはコアジサシとアジサシの二種。＊博物図教授法(1876-77)〈安倍為任〉二「アジサシは大さ鶺鴒程にして燕の形に稍似たり。洋海上に飛翔し陸地に来る事なし。大小二種あり」②カモメ科の鳥。カモメより小形で全長約三五センチメートル。全体に白く、背がやや青灰色をおび、頭とくちばしは黒色。太平洋に広く分布。北方で繁殖し、日本には春と秋に訪れる旅鳥で、内湾とくに大阪湾以西で多く見られる。数百の群れを

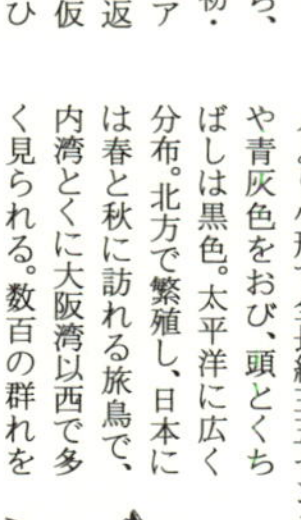

鰺刺②

なして飛び、海上の小魚を細長いくちばしですばやく捕えて食べる。学名は Sterna hirundo 《季・夏》 ＊俚言集覧(1797頃)「あじさし 鳥名燕に似て大さをばしぎのごとし大小二種あり」 ③「こあじさし(小鰺刺)」の通称。 発音〈標ア〉ジ 辞書言海

あし-さすり【足擦】『名』 近世、宿場で、あんまとして旅客の依頼に応じて足をもみ、かたわら売春をした女。

あし-さばき【足捌】『名』 歩くときや踊り、柔道などで、足の動かし方。 ＊美人コンクール(1958)〈北原武夫〉「これ見よといわんばかりに、颯爽たる足さばきで濶歩したりしていると」 ＊われら戦友たち(1973)〈柴田翔〉一・三「足さばき巧みに複雑なステップをこなす青年」 発音〈標ア〉サ

あし-ざま【悪様】『形動』 悪いよう。悪いふう。「あしざまに(言う)」の形で、悪意をこめて事実よりも悪く言うのに用いることが多い。 ↔よざま。 ＊枕(10C終)四九・職の御曹司の西面の「愛敬おくれたる人などは、あいなくかたきにして、御前にさへぞあしざまに啓する」 ＊源氏(1001-14頃)総角「さりとも、あしざまなる御心あらむやは」 ＊大鏡(12C前)三・師輔「いみじき吉相の夢も、あしざまにあはせつれば、たがふ」 ＊歌舞伎・傾城仏の原(1699)一「文蔵殿へ姫のことをあしざまに申し上げたゆゑ」 ＊俊寛(1921)〈菊池寛〉一「父のことを、悪しざまに云はれたので」 発音〈標ア〉⓪ 〈ア史〉江戸●●●● 〈京ア〉⓪⓪ 辞書〈ポン・言海〉 表記 悪様〈ヘ・言〉

あしざわ【蘆沢・芦沢】(あしざは) 姓氏の一つ。 発音〈標ア〉⓪

あじさわう(あぢさはふ) 枕 語義、かかりかた、ともに未詳。 ①「目」にかかる。 ＊万葉(8C後)二・一九六「御食(みけ)向かふ きのへの宮を 常宮(とこみや)と 定め給ひて 味沢相(あぢさはふ) 目言(めこと)も絶えぬ〈柿本人麻呂〉」 ＊万葉(8C後)六・九四二「味沢相(あぢさはふ) 妹が目離(か)れて しきたへの 枕もまかず〈山部赤人〉」 ＊万葉(8C後)一一・二五五五「朝戸を早く開(あ)けそ味沢相(あぢさはふ)目の羨(とも)しかる君今宵来ませり〈作者未詳〉」 ②「夜昼知らず」にかかる。 ＊万葉(8C後)九・一八〇四「春鳥の ねのみ泣きつつ 味沢相(あじさはふ) 夜昼知らず かぎろひの 心燃えつつ 歎く別れを〈福麻呂歌集〉」 語誌 語源的には諸説があり、(1)「あぢ(味鳧)さは(多)ふ(経)」=アジカモが多く群れわたる意」から、「め(群=『むれ』の変化した語)」と同音の「目」にかかり、アジカモが昼夜を問わず群れわたるところから「夜昼問わず」にかかるとする説〔冠辞考〕、(2)「味沢相」を「うまさはふ」と訓み、「うまし(味)あは(粟)ふ(生)=味のよいアワが生えている意」から、「め(群生)」にかかり、「夜昼知らず」へのかかり方は未詳とする説〔枕詞解〕、(3)「あぢ(多数)さ(植物)はふ(生)=多数の植物が生えている意」から、「め(芽)」にかかり、「夜昼知らず」へのかかり方は未詳とする説〔万葉集全註釈=武田祐吉〕、(4)「あぢ(味)さは(多)ふ(合ふ)=味のよい意」かとする説〔万葉集=古典文学大系〕、(5)「あぢ(味鳧)さは(障)ふ(接尾語)=アジカモを捕らえる網の「目」にかかり、昼夜を問わず網を張っておくところから「夜昼知らず」にかかるとする説〔井手至〕、などがある。

あし-ざわり【足触】(あしざはり)『名』 足にさわる感じ。踏んだ時、足の裏に感じる感覚。 ＊俳諧・続猿蓑(1698)春「麓より足ざはりよき木の葉哉〈枳風〉」 ＊刑余の叔父(1908)〈石川啄木〉三「板敷にも畳にも、足触りの悪い程土埃(ほこり)がたまってゐた」 ＊坑夫(1908)〈夏目漱石〉「手障(てざはり)足障(アシザハリ)丈で生きて行く」 発音〈標ア〉ザ

あし-ざわり【足障】(あしざはり)『名』 (小石など)歩くのに邪魔になるもの。歩行の妨害をするもの。

あじ-し【味師】(あぢ:)『名』 (「師」はあて字) どろぼうをいう、犯罪者、不良仲間の隠語。〔隠語全集(1892)〕

あし-しげく【足繁】『連語』 行くのがひんぱんであるさま。 ＊狂歌・蜀山百首(1818)恋「をやまんとすれども雨の足しげく又もふみこむ恋のぬかるみ」 ＊浮雲(1887-89)〈二葉亭四迷〉一・六「お勢が帰宅してからは、一段足繁くなって、三日にあげず遊びに来る」 ＊日々の収拾(1970)〈坂上弘〉「父のところへ足繁く行ったのは」 発音 アシシゲク 〈標ア〉シ² 〈京ア〉シ²

あし-した【足下】『名』 「あしもと(足元)」に同じ。 ＊翁問答(1650)下・末「しかれ共、あし下(シタ)の道、真にしてのぼりやすきと、妄にしてのぼりがたきとは各別(かくべつ)なり」 発音〈標ア〉⓪タ

あし-じゃ【足—】『名』 方言 ⇩あしだ(足駄)

あし-じゃん【足—】『名』 (「じゃん」は「じゃんけん」の略) 足をつかったじゃんけん。両脚を横に開くとパー(紙)、前後に開くとチョキ(はさみ)、脚をつけるとグー(石)。 発音〈標ア〉⓪

あし-しゅう【足衆】『名』 手足となって働く人々。直轄の軍隊。 ＊勝山記-永正一七年(1520)「上意の足衆切り勝て、其の日に栗原殿の城をまく」

あし-しょうじ【葦障子】(:シャウジ)『名』 葦簀(よしず)を張った戸。夏、ふすまや障子のかわりに用いる。葦戸(よしど)。

あし-じり【足—】『名』 方言 ❶植物、しば(芝)。沖縄県中頭郡975 首里993 ◇あしずり 沖縄県990 ◇あしじりゅんじり 沖縄県首里(卑称)993 ❷足の裏に生ずる、あかぎれに似た裂け目。 沖縄県首里993 ◇あしじりゅんじり 沖縄県首里(卑称)993

あし-しろ【足代】『名』 ①「あしば(足場)②」に同じ。 ＊今昔(1120頃か)一九・三九「半作の家なれば、足代と云ふ物に上に大きなる木共(ども)を横様に結(ゆひ)付て置たりけるが」 ＊吾妻鏡-建保三年(1215)一〇月三〇日「及二晩終一其功一。而足代顛倒之間、匠一人、疋夫二人被二打損一」 ＊元和本下学集(1617)「足代 アシシロ」 ＊洒落本・遊婦里会談(1780)「中のがつらの長ひと来ては、堀ぬきの足代(アシシロ)に火の見の継穂をしたほど有る」 ②「あしば(足場)①」に同じ。 ＊俳諧・鶉衣(1727-79)後・上・五七・臍説「煙草箱は枕となるべく、頭巾に酒は漉(こ)さずとも、火燵(こたつ)のやぐらは足代に足りぬべし」 ＊歌舞伎・鼠小紋東君新形(鼠小僧)(1857)二幕「見越(みこし)の松へ上(のぼ)り忍び返しを引ったくり、用水桶を足代(アシシロ)にひらりと飛下り」 ③「あしば(足場)③」に同じ。 ＊日蓮遺文-中陰書(1280)「仏一切経を説き給ひし事は法華経を説かせ給はんための足代也」 ＊浮世草子・好色二代男(1684)八・五「廿(はたち)よりうちのさはぎは、此道に入皆足代(アシシロ)と、分知り和尚もときたまへり」 ＊読本・近世説美少年録(1829-32)二・一一回「いでや武芸の試撃(しあひ)して、共に青雲(りっしん)の足代に、なさずは後に悔(くや)しからん」 方言 下準備。 愛知県海部郡568 発音〈標ア〉⓪ 辞書 下学・文明・伊京・明応・天正・饅頭・黒本・易林・日葡・書言・ヘボン・言海 表記 足代(下・文・伊・明・天・饅・黒・易・書・ヘ・言)

あし-じろ【足白】『名』 ①足の白いこと。 ＊落窪(10C後)二「心うしとやおぼさんとて、はじめもさいみじかりし雨に、わりなくて参りしを、足しろの盗人とは興ぜられしぞかし」 ②馬の毛色の名。蹄(ひづめ)の近くの毛が白いもの。 ＊俳諧・捨子集(1659)四「嶺へあがる足白なれや谷の雪」 ＊浄瑠璃・頼光跡目論(1661-73頃)三「さて又馬は〈略〉四つ白、あしじろ、額白(ひたいじろ)、烏毛(からすげ)、雲雀毛(ひばりげ)」 ③徒歩で戦う兵士。歩卒。足軽。 ＊史記抄(1477)一二・白王「勝(かち)に遂(したがって)軽兵とは足白なんど云者ぞ。足軽に走あるくぞ。兵を足白なんどと云ものぞ」 ④(「白」は銀の意) 太刀の外装の一つ。全体を黒漆塗りとして足金物(あしかなもの)だけを銀作りとした様式。 方言 ❶富んだ家の人。 長崎県壱岐島915 ❷大降りの雨。 新潟県刈羽郡380

あしじろ の 太刀(たち) 足金物(あしかなもの)を銀で作った太刀。 ＊平家(13C前)一一・那須与一「萌黄(もよぎ)をどしの鎧きて、足じろの太刀をはき」 ＊武器考証(1779)三「按、足白の太刀は、太刀の足を銀にてつくりたるなり」 発音〈標ア〉⓪

あし-じろ【足城】『名』 (「足」は足溜りの意か) 本城から離れて造った補助的な城。枝城(えだじろ)。出城(でじろ)。 ＊大友記(17C前)石松源五郎立花の城に参らるる事「浦部表在々所々揚二火手一、足城をかまへ楯籠のよしに候」 発音〈標ア〉⓪

アジス-アベバ(Addis Ababa 「新しい花」の意) エチオピア人民民主共和国の首都。同国の中央部、標高約二五〇〇メートルの高地にある。一八九六年、メネリク二世により首都に選ばれた。

あし-すえ【阿志須恵】(ゑ:す)『名』 (「あし」は太刀の足金。「すえ」はまきつけてすえつけるの意か) 太刀の足緒(あしお)に添える組緒。阿志須恵の組。 ＊延喜式(927)四・神祇・伊勢太神宮「著二五色組長一丈、阿志須恵組四尺一」 ＊延喜式(927)四・神祇・伊勢太神宮「横刀二十柄〈略〉節別纏二小量綱錦、阿志須恵一」 発音〈標ア〉ア² 〈京ア〉ア²

あし-ずから【足—】(:づから)『副』 (「ずから」は接尾語) 自分の足で。自分がじかに足を運んで。 ＊落窪(10C後)一「おとどの御前に引き出で来て、〈略〉『かろうじて。あしづから行かずは、いますまじかりけん』との給へば」 発音〈標ア〉ズ

あじすきたかひこね-の-かみ【味耜高彦根神】(あぢすきたかひこね:) 大国主命の子。母は田霧姫命(たぎりひめのみこと)で、古事記、日本書紀、出雲国風土記などにみえる。奈良県御所市の高鴨神社の祭神。迦毛大御神(かものおおみかみ)。高賀茂大神。

あじ-ずく【味尽】(あぢづく)『名』『形動』(「ずく」は接尾語) できるだけうまみのあるように、ふるまうこと。 ＊俳諧・談林三百韻(1676)「手かけ宿そそのかすとはおもほえず〈正友〉 二階座敷のあぢずくの中〈松意〉」 ＊俳諧・西鶴大矢数(1681)第四〇「手くだ尽して夫程(それほど)の首尾 あちつくになった所が面白ひ」

あし-すずめ【葦雀】『名』 鳥「おおよしきり(大葦切)」の異名。 ＊日葡辞書(1603-04)「Axi suzume (アシ スズメ)、または、ヨシワラ スズメ〈訳〉雀より大きな、灰色の鳥」

あし-すだれ【葦簾】『名』 ①葦の茎を編んで作ったすだれ。大嘗会(だいじょうえ)または諒闇(りょうあん)の時などに日よけや目かくしとして用いる。よしず。 ＊令義解(718)職員・掃部司条「正一人。〈掌二薦席牀簀苫。及鋪設。洒掃。蒲藺葦簾等事一〉」 ＊宇津保(970-999頃)藤原の君「寝殿は端はづれたる小さき萱屋(かやや)、編垂蔀(あみたれじとみ)一間あげて、あしすだれかけたり」 ＊金槐集(1213)恋「津の国のこやのまろ屋のあしすだれ間遠(まどほ)になりぬ行きあはずして」 ＊正広三百六十番自歌合(1488)「心あれや月を入江のあしすだれ巻て夜ぶかくともすひもなし」 ②あしすだれを鈍色(にびいろ)の布でふちどったもの。諒闇の時、天皇のおこもりになる座にかける。 ＊西宮記(969頃)一七・袍「廿四日、撤二尋常御簾一改二蘆簾一〈以鈍色細布為端冒額〉」 ＊増鏡(1368-76頃)一三・秋のみ山「内の上、御服(ぶく)奉る。天下ひとつに染めわたして、あしすだれとか、いとまがまがしきものども懸けわたしたるも」 ＊狂歌・徳和歌後万載集(1785)六「申べき言(こと)の葉もなしあしすだれあのよこのよのふしの別に」 辞書日葡

アシスタント『名』(英 assistant)《アッシスタント・アスシスタント》 補佐役。助手。また、「補佐役」「副」の意味で複合語を作るのにも用いる。「アシスタントプロデューサー」「アシスタントディレクター」 ＊西国立志編(1870-71)〈中村正直訳〉五・一八「その後発拉第(ファ 発音〈標ア〉ス

ラデイ)遂にローヤル・インスチチューションの佐吏(アッシスタント)となり」＊西国立志編(1870-71)〈中村正直訳〉五・三五「測量官の輔手(アシスタント)となりて」＊木石(1938)〈舟橋聖一〉七「明日から襟子は僕の正式のアシスタントになるのだ」＊海と毒薬(1957)〈遠藤周作〉一・三「今日まで手術の助手(アシスタント)を一度しか勤めたことのない勝呂にも」 発音〈標ア〉シ〈京ア〉シ

アシスト〘名〙(英 assist「助ける」の意)《アッシスト》①「ほさつ(補殺)」に同じ。＊アルス新語辞典(1930)〈桃井鶴夫〉「アッシスト 英 assist〔野球〕捕殺。野手が本塁者を刺殺するに間に合ふやう塁手或ひは他の味方の者にボールを投げた時はこれをアッシストしたといふ」 ②サッカー、アイスホッケー、バスケットボールなどで、得点に直接大きく貢献するパスを送るプレー。また、そのプレーをした選手。 ③一般に、手助けすること。特に、助手として補佐すること。また、補佐する人。 発音〈標ア〉シ

あし-ずもう【足相撲】〘名〙二人が向かい合って腰をおろし、立て膝にした一方の足を互いにからめて相手をころがす遊び。あしこかし。＊雑俳・松の雨(1750か)「紫の前髪とって足角力」＊俳諧・春鴻句集(1803頃)附「関取の留主で稽古も足角力〈春江〉」万能膏を張るに講尺〈片雪〉」＊時間(1931)〈横光利一〉「腕相撲や足相撲が自慢で町へ這入るといつも玉突きばかり探す松木」 発音アシズモー〈標ア〉ズ

あし-ずり【足摺】〘名〙①足を地にすりつけるようにじだんだを踏むこと。嘆いたり、怒ったりする時の動作にいう。＊万葉(8C後)九・一七四〇「立ち走り叫び袖振り 返側(こいまろ)び 足受利(あしズリ)しつつ〈虫麻呂歌集〉」＊伊勢物語(10C前)六「やうやう夜も明けゆくに、見れば率て来し女もなし。あしずりをして泣けどもかひなし」＊源氏(1001-14頃)蜻蛉「あしずりといふ事をして泣くさま、若き子供のやうなり」＊平家(13C前)三・足摺「渚にあがりたふれふし、をさなき者のめのとや母なんどをしたふやうに足ずりをして〈略〉をめきさけべ共」＊日葡辞書(1603-04)「Axizuri(アシズリ)〈訳〉両足をすり合わせる」＊浄瑠璃・狭夜衣鴛鴦剣翅(1739)二「見るもあへなきしがいにすがり、ゐゐむねん口おしや、とあしずりしてぞなきしづむ」 ②足がもつれること。＊観智院本名義抄(1241)「跎 タフル マロフ タカヒニ ヒサマツク アシスリ」＊和玉篇(15C後)「蹓 アシズリ」 語誌「あしずり」の動作の実態については一般に「じだんだ」と解されている。これに対して、倒れた状態で泣きながら足をこすり合わせる、子供などの動作を表わすという説がある。また、「あしずり」の「摺」の動作に着目し、足と足とを摺り合わせたり、足を地面などに摺り合わせ、こいまろぶ動作や倒れ伏す動作を表わすとする見方もある。 発音〈標ア〉リ ズ〈京ア〉0 辞書名義・和玉・伊京・易林・日葡・ヘボン・言海 表記躧(名・伊) 蹓(玉・伊) 跎(名) 擢・蹉(玉) 踟躕(易) 足摺(へ) 足摩(言)

あしずりうわかい-こくりつこうえん【足摺宇和海国立公園】愛媛県宇和島市から高知県土佐清水市にわたる国立公園。足摺岬、大堂海岸、宇和海、滑床(なめとこ)渓谷などを含む。昭和三〇年(一九五五)指定の足摺国定公園が同四七年に国立公園に昇格。 発音アシズリウワカイコクリッコーエン〈標ア〉コ

あしずり-みさき【足摺岬】高知県南西部、四国最南端の岬。足摺宇和海国立公園の代表的な景勝地で、四国八八か所第三八番札所金剛福寺がある。足摺崎。蹉跎(さだ)岬。

あし-ず・る【足摺】〘自ラ四〙(「あしする」とも)①足を地にすりつけるようにしてばたばたする。じだんだを踏む。嘆きや怒りのはげしい時にする動作。＊万葉(8C後)五・九〇四「立ち踊り 足須里(あしスリ)叫び 伏し仰ぎ 胸うち嘆き〈作者未詳〉」 ②ためらって進むことができない。つまずく。＊新撰字鏡(898-901頃)「蹢躅 猶予之皃 不進也又不退而慎之皃 又踟躕也 立豆万豆久 又足須留」＊観智院本名義抄(1241)「蹉 アシスル」 発音〈標ア〉ミ〈京ア〉ミ 辞書字鏡・名義・和玉・伊京 表記蹢躅(字・伊) 蹢躅(字) 蹉・蹄(名) 跎(玉)

あし-せん【阿私仙】「あしだ(阿私陀)」に同じ。＊妙一本仮名書き法華経(鎌倉中)提婆達多品「ときに、阿私仙(あしせん)あり。きたりて大王にまうさく」

あし-ぞうり【葦草履】〘名〙葦で作ったぞうり。＊蔭凉軒日録-文明一八年(1486)七月一四日「御小者不参之故、伊勢守殿被ㇾ進二御葦草履一」＊蔭凉軒日録-延徳二年(1490)二月二〇日「葦草履者可ㇾ為二一足一乎。云雖ㇾ有二一足一無二御用一、況二足事者無益也」

あし-ぞえ【葦添】〘名〙葦の根に添っている水辺。＊浮世草子・好色二代男(1684)三・二「茂りの葦添(アシソヘ)に立浪は、やから網をうつ音のみ」

あし-ぞろい【足揃】〘名〙「あしぞろえ(足揃)」に同じ。＊歌林四季物語(1686)五・夏「ついたちは、競馬のあしぞろひ、いとなみて、御社(やしろ)のうちのほとりやかましきに」

あし-ぞろえ【足揃】〘名〙①人または馬の足並みを揃えて、列を正しくすること。また、多くの人がある事のために集まって揃うこと。勢ぞろえ。＊俳諧・二息(1693)「父母の忌日一家の足ぞろへ」 ②五月五日の賀茂の競馬(くらべうま)に先だって、五月一日に出場の馬を揃えて乗り試み、左右の番組を定めた儀式。《季・夏》＊言継卿記-永禄二年(1559)五月一日「其外奉公衆、奉公衆五六十人祗候。賀茂足ぞろへ御見物之御供也」＊俳諧・山の井(1648)夏「五月五日〈略〉今は賀茂のくらべ馬ばかりありて朔日あしそろへ、五日にまことの競馬あなるを」＊俳諧・小町踊(1665)夏「馬のみかさつきの雨も足揃へ〈和年〉」＊咄本・狂歌咄(1672)一・三「賀茂の競馬は往昔より名におふ見物なり。五月朔を足揃(アシソロヘ)と名づく。廿四疋の馬をかざり、前後の鬮をとり、馬場の左右に埒をゆひ」 ③京坂地方の劇場で、顔見世に先だち、一座の俳優が太夫元方、または舞台に勢揃いして、太夫元から盃を受け、各自一芸を演じて太夫元に盃を返す儀式。元祿から寛延(一六八八～一七五一)にかけて行なわれた。後には初日の前日に衣装をつけずにする総稽古の意に用いた。＊評判記・難波の良は伊勢の白粉(1683頃)二「太夫もとの足揃(あしゾロエ)いづれもうれしき物の揃なり」＊戯場楽屋図会(1800)上「初日の前日なり。役者衆中平日のすがたにて狂言の仕うちをするなり〈略〉これを惣稽古とも足ぞろへともいふなり」 ④疱瘡(ほうそう)が出尽くすこと。＊随筆・卯花園漫録(1809)三「文穆先生の文集に、疱瘡の次第をとけり。報痘はあしそろえ也。起脹は水をもる也」 発音〈標ア〉ゾ〈京ア〉ゾ 辞書饅頭・易林・書言・ヘボン・言海 表記足汰(饅・易・書) 足揃(へ・言)

アジソン㈠(Joseph Addison ジョゼフ―)イギリスの文筆家、政治家。スティールと共同で「スペクテーター」紙を創刊。軽妙な随筆で知られる。著に悲劇「カトー」、詩「戦」など。(一六七二～一七一九) ㈡(Thomas Addison トーマス―)イギリスの医師。アジソン病の発見者。(一七九三～一八六〇)

アジソン-びょう【―病】〘名〙イギリスの医師トーマス=アジソンが発表した慢性の疾患で、副腎の結核、悪性腫瘍、梅毒、腰部の損傷などのために内分泌腺である副腎皮質の機能が著しく障害されて起こるもの。メラニン色素がふえて皮膚の色が黒くなるのが特徴。 発音〈標ア〉ア

あした【朝・明日】〘名〙①夜が明けて明るくなった頃。あさ。古くは、夜の終わった時をいう意識が強い。↔ゆうべ。＊万葉(8C後)一九・四二〇九「鳴く声を聞かまくほりと 安志多(アシタ)には 門(かど)に出で立ち 夕(ゆふへ)には 谷を見渡し 恋ふれども〈久米広縄〉」＊四分律行事鈔平安初期点(850頃)「一には早(アシタ)に聚落に入ること得ざれ」＊新撰字鏡(898-901頃)「曒 日初出時也 明也 豆止女天 又阿志太」＊土左(935頃)承平五年二月一日「二月一日、あしたのま、雨降る」＊源氏(1001-14頃)初音「あしたの程は、人々参りこみて、ものさわがしかりけるを」＊天草本伊曾保(1593)獅子王と、熊との事「コノ フタツノ ケダモノノ タガイニ ジタノ ショウブヲ アラソウテ、axitacara(アシタカラ) ユウサリマデ タタカエドモ」＊日葡辞書(1603-04)「Axita(アシタ)。すなわち、アサ」 ②(多く、前日、または、前夜何か事のあったその次の朝をさしていう)あくる朝。翌朝。明朝。＊書紀(720)天智三年一二月(北野本訓)「一宿(ひとよ)の間に、稲生ひて穂(ほ)いでたり。其の旦(アシタ)に垂穎(かぶ)して熟(あららか)なり」＊万葉(8C後)一・六〇「暮(よひ)に逢ひて朝(あした)面無(おもな)み隠(なばり)にか日(け)長き妹が廬(いほり)せりけむ〈長皇子〉」＊古今(905-914)雑上・八七三・詞書「五節のあしたに、かんざしの玉の落ちたりけるをみて、たがならんととぶらひてよめる」＊源氏(1001-14頃)葵「大殿ごもりぬ。あしたには若君の御もとに御文奉り給ふ」＊徒然草(1331頃)一九「また、野分のあしたこそをかしけれ」＊洒落本・遊婦里会談(1780)「あした人を廻して聞た所が」 ③(転じて)次の日。翌日。明日。あす。＊書紀(720)白雉四年五月(北野本訓)「若し法師今日亡(し)なば、朕(われ)従ひて明日(アシタ)亡(し)なむ」＊浄瑠璃・新版歌祭文(お染久松)(1780)長町「『親方持ちじゃマア早ふ逝(いな)しゃんせ』『諸事は翌(アシ)た』と言ひ残し立別れては立留り」＊滑稽本・浮世床(1813-23)初・上「アアもうつまらねへぜ。酒は翌(アシタッ)から願酒(がんし)だ」＊和英語林集成(初版)(1867)「Ash'ta アシタ 明日」＊浮雲(1887-89)〈二葉亭四迷〉一・四「あんまり夜深しをするとまた翌日(アシタ)の朝がつらい」 ④朝の食事。朝食。＊歌舞伎・勧善懲悪覗機関(村井長庵)(1862)序幕「もう日が暮れてしまった。あしたの仕掛もしておいたれば、今日のお勤(つとめ)も済(す)んだといふもの」 ⑤植物「あしたば(明日葉)」の異名。＊大和本草(1709)五「鹹草(アシタ) あしたと云草、八丈が島の民多くうゑて、朝夕の粮に充つ」＊薬品手引草(1778)「鹹草(かんさう) あした」 語誌(1)古く、アシタとアサとは、同じ「朝」の時間帯を指したが、アサが「朝日・朝霧・朝夕」など複合語の前項として多く用いられ、平安時代以前には単独語の用例がまれだったのに対し、アシタは単独語としての使用が普通で、複合語としては「朝所」くらいであるという違いがあった。(2)アサには「明るい時間帯の始まり」の意識が強い(「朝まだき」「朝け」)のに対し、アシタには「暗い時間帯の終わり」に重点があった。そのため、前夜の出来事を受けて、その「翌朝」の意味で用いられることが多く、やがて、ある日から見た「翌日」、後には今日から見た「明日」の意に固定されていく。この意味変化と呼応しつつ、アサが専ら「朝」を指す単独語となり、ユフベが「昨夜」を示すようになった。 語源説(1)アケシダ(明時)の意。時節などを古くシダという〔雅言考・名言通・大言海・日本語源＝賀茂百樹〕。(2)アは浅、シタは下。日がまだ浅く、天の下に低くある時の意から〔日本釈名〕。(3)アカシタル(明)の義〔和句解〕。(4)アチカタの転語〔勇魚鳥〕。(5)アサト(朝速)の転〔言元梯〕。(6)アマシラテラ(天白光)の反〔名語記〕。(7)アシはアサ(朝)の転呼、タはタダ(唯)の原語で接尾語〔日本古語大辞典＝松岡静雄・国語の語根とその分類＝大島正健〕。(8)「翼朝」の別音 At-tao が Ati-Ta と転じ、さらに Asi-Ta と再転したもの。翼は翌とも書く〔日本語原考＝与謝野寛〕。 発音〈なまり〉アータ〔広島県〕アィサ〔和歌山県〕アイタ〔志摩・和歌山県・土佐〕アイタリ〔岐阜〕アシタリ〔飛騨・岡山〕アシチャー・

アシテャー・アシテー〔佐賀〕アスタ〔富山県〕アッサ〔徳島〕アッサリ〔NHK（岐阜）〕アッタ〔岡山〕アヒタ〔和歌山県・島根・広島県・長門・伊予・愛媛周桑・瀬戸内・土佐〕アヒタ〔鹿児島方言〕アヒタリ〔飛騨〕〈標ア〉（名詞的）[タ]（副詞的）[0]〈ア史〉平安・鎌倉○○○ 室町●●● 江戸●●○と●●●の両様〈京ア〉[0] [辞書]字鏡・色葉・名義・下学・和玉・文明・明応・天正・饅頭・黒本・易林・日葡・書言・ヘボン・言海 [表記]晨（色・名・下・玉・文・明・天・饅・黒・易・書）朝（色・名・下・玉・文・明・天・黒・書・言）夙（字・名・玉・易・書）暁（字・名）旦（色・名・へ）調・旭（色・名）早（名・玉）昕・暾（字）早〓（色）〓・庌（名）暑・吻（玉）他（天）明日（へ）

あしたに紅顔（こうがん）ありて夕（ゆう）べに白骨（はっこつ）となる この世をわがもの顔に誇る若者の血色のよい顔も、たちまちに白骨となって朽ち果てるの意で、生死の測り知れないこと、世の無常なことにいう。＊和漢朗詠（1018頃）下・無常「朝に紅顔あって世路に誇れども、暮（ゆふべ）に白骨となって郊原に朽ちぬ〈藤原義孝〉」＊蓮如御文章（1461–98）五「夫（それ）人間の浮生なる相をつらつら観ずるに、おほよそはかなきものは、この世の始中終、まぼろしのごとくなる一期（いちご）なり。〈略〉されば朝には紅顔ありて夕には白骨となれる身なり」＊仮名草子・二人比丘尼（1632頃）下「あしたにかうがんあれども、ゆふべにはっこつとなり、あだしうきよのことわり、のがるべきにあらねども」

あしたに星（ほし）をかずく （「呂氏春秋‐開春論」の「以レ星出、以レ星入」による。「かずく」は、頭上にいただく意） まだ星が残っている夜明けに起きて、勤勉に働く。あさぼし。＊浮世草子・日本永代蔵（1688）一・四「朝（アシタ）には星（ホシ）をかづき、秤竿に心玉（たま）をなして」

あしたに道（みち）を＝聞（き）かば〔＝聞（き）いて〕夕（ゆう）べに死（し）すとも可（か）なり （「論語‐里仁」の「子曰、朝聞レ道、夕死可矣」による） 朝に道を聞いて会得したなら、その晩死んでも心残りはない、の意で、道（真理）のきわめて重要なことを強調した句。＊仮名草子・竹斎（1621–23）上「あしたに道をきひて、夕にしすともかなりと、論語にも見えたり」＊読本・夢想兵衛胡蝶物語（1810）前・色欲国「朝（アシタ）の道（ミチ）を聞（キ）く時（トキ）は、夕にしすともようしよしと、聖人の宣うたれ」＊牛肉と馬鈴薯（1901）〈国木田独歩〉「朝（アシタ）に道（ミチ）を聞（キ）かば夕（ユフベ）に死（シ）すとも可（カ）なりといふのと僕の願とは大に意義を異にして居るけれど」 [辞書]文明

あしたに道（みち）を聞（き）く [1]「あしたに道を聞かば夕べに死すとも可なり」の句の「道をきわめることが重要である」という意をもじって、「遊蕩の道を知る」の意に借用したもの。＊浮世草子・好色盛衰記（1688）四・二「初学徳に入門（もん）を越（こへ）て、あしたに道を聞て、しゅしゃかの野を帰らふともおもはず」 [2]朝、説教をされる。＊雑俳・柳多留‐一二（1777）「朝がへりあしたに道を聞て居る」

あしたに夕（ゆう）べを＝謀（はか）らず〔＝慮（おもんぱか）らず〕 朝にその夕方のことを考えない。目前の将来のことを考えないこと、また、考える余裕のないこと。＊春秋左伝‐昭公元年「吾儕偸食、朝不レ謀レ夕、何其長也」＊李密‐陳情表「人命危浅、朝不レ慮レ夕」

あしたの雲（くも）夕（ゆう）べの雨（あめ） （楚の懐王が高唐に遊び、昼寝の夢に巫山（ふざん）の女と契ったという巫山の夢の故事を詠んだ「宋玉‐高唐賦」の「旦為二朝雲一、暮為二行雨一」に基づく「朝雲暮雨」を訓読したもの） 男女の交わり。はかなく消える恋という気持にも用いる。＊謡曲・定家（1470頃）「朝の雲、夕の雨と古言（ふること）も、今の身も、夢も現も幻も、共に無常の世となして、跡も残らず」

あしたの霜（しも） 朝おりた霜。はかなく消えること。消えてあとかたもなくなることのたとえに用いられる。＊古今（905–914）仮名序「みつには、なずらへ歌、きみにけさあしたの霜のおきていなばこひしきごとにきえやわたらん」＊堤中納言（11C中–13C頃）よしなしごと「世の中の心細く悲しうて、見る人聞く人はあしたの霜と消え、夕の雲とまがひて」

あしたの使（つか）い 男女が逢った翌朝に、男から女に後朝（きぬぎぬ）の文（ふみ）を届けるための使い。＊夜の寝覚（1045–68頃）三「あしたの御つかひ、待ちうけ給ふ御心、なべてならず」

あしたの露（つゆ） 朝、草葉などにおいている露。あさ露。消えやすいところから短くはかないことのたとえに用いることが多い。＊観智院本三宝絵（984）序「朝の露の係れる程を憑（たの）みて夏虫の燃（もえ）て後に悔（くゆ）るは是（これ）愚（おろか）なり」＊源氏（1001–14頃）夕顔「あしたの露にことならぬ世を、何をむさぼる身の祈りにか」＊米沢本沙石集（1283）七・九「夕の煙とのぼり朝の露と消て、父母を見ずしてややみなん」＊説経節・をぐり（御物絵巻）（17C中）八「御としつもり、をぐり、あけ二十一を、いちごとなされ、あしたのつゆとおなりある」＊浄瑠璃・凱陣八島（1685頃）四「されば此花を見て、にんがいのあだ成事こそ思はるれ。さかりはあしたのつゆ、ちるはゆふべの風をまたず」 [発音]〈標ア〉[ツ] [辞書]書言 [表記]朝露（書）

あしたの物（もの） 近世、宮中で朝餉（あさがれい）の前に天皇に奉る餅、粽（ちまき）、菓子の類。＊お湯殿の上の日記‐天正一一年（1583）正月一五日「あしたの物にも御かゆまいる」＊後水尾院当時年中行事（1681）上「常にならします方にてあしたの物参る。ひし花平、梅干、茶など供して、御盃参る」＊光台一覧（1775か）二「道喜が家よりは粽、餅様のもの、是不断毎朝未明にさし上る。是を御朝の物と云り、下俗の茶の子様の物なるべし」

あしたは明日（あした）の風（かぜ）が吹（ふ）く 今日はどんな事があっても、明日はまた、別のなりゆきになる。くよくよと心配しても始まらない、という楽観的な考え方をいうことわざ。明日のことは明日案じよ。＊歌舞伎・上総綿小紋単地（1865）六幕「『まあ、差掛って今夜の所を、明日（アシタ）は明日（アシタ）の風（カゼ）が吹（フ）けば』『ほんにさうでござんす、一寸延びれば尋（ひろ）とやら、又よい風もござんせう』」

あした佗（わび）し 男女が共寝してすごした翌朝の別れがつらい。後朝（きぬぎぬ）の別れが身にしみる。＊拾遺（1005–07頃か）恋二・七二四「ももはがき羽（はね）かく鴫（しぎ）もわがごとく朝わびしき数はまさらじ〈紀貫之〉」＊類従本一宮紀伊集（1113頃）「おく霜は忍びの妻にあらねどもあした詫しくきえ帰るらん」

あした【蘆田】 広島県の南東部にあった郡。古くは葦田と書き、近世以降、蘆（芦）田に統一された。明治三一年（一八九八）品治（ほんち）郡と合併して芦品（あしな）郡となる。＊二十巻本和名抄（934頃）五「備後国〈略〉葦田〈安之太〉」 [辞書]和名・色葉・文明・易林 [表記]葦田（和・色・文・易）

あしだ【芦田】 長野県中東部、立科（たてしな）町の地名。中山道の望月と長久保との間にあった旧宿駅。

あし‐だ【足駄】〘名〙 [1]歯のついた木の台に鼻緒をすげたはきもの。近世では特に高い二枚の歯を入れ、台はふつう桐で、下の歯は樫（かし）または欅（けやき）を用い、上に太い緒をつける。雨降りなどで道の悪い時に用いた。高足駄。高下駄。平足駄。＊十巻本和名抄（934頃）四「屐 兼名苑云屐〈音奇逆反 阿師太〉一名足下」＊宇津保（970–999頃）藤原の君「おとど括（くく）りあげて、榑（くれ）のあしだはきて」＊徒然草（1331頃）九「女のはけるあしだにて作れる笛には、秋の鹿、必ず寄るとぞ言ひつたへ侍る」＊俳諧・曠野（1689）員外「此里に古き玄番の名をつたへ〈芭蕉〉 足駄はかせぬ雨のあけぼの〈越人〉」＊小学入門（甲号）（1874）〈民間版〉「雨の時は足駄（アシダ）をはき又長靴をはく」 [2]囲碁の手筋の一つ。相手の石にあたりをかけず、下駄よりもやや大きくかけて脱出を封じた形。＊俳諧・大硯（1678）「死跡なかふなけく春雨〈西海〉 碁は勝た足駄に掛て打霞〈西鶴〉」 [語誌](1)下駄の古称だが、江戸時代以降、上方ではゲタが一般的になり、江戸などで歯の高い下駄をアシダ、低いものをゲタと呼ぶようになる。「足駄」は当て字。(2)大別して平足駄・高足駄があり、遅くとも鎌倉時代には塗足駄も現われた。平安時代には、僧侶・武士が用いた例がみられ、僧兵も愛用した。平安末期から鎌倉時代の絵巻物などには排便や洗濯時に用いた図があって用途が知られる。一般に普及するのは江戸時代にはいってからで、種々の素材・形状のものが現われるようになる。 [方言]❶竹馬。岐阜県加茂郡052 静岡県521 愛知県東加茂郡565 ◇あしだっぽ 長野県佐久493 ❷げた。◇あした 沖縄県小浜島・波照間島996 ◇あちだ 沖縄県与那国島996 ◇あしじゃ 鹿児島県奄美大島・沖永良部島975 沖縄県061 首里（こまげた）993 ◇あしぎゃ 沖縄県国頭郡061 ◇あしざ 沖縄県石垣島・竹富島996 ◇あしっちゃ 沖縄県黒島996 ◇あしっつぁ 沖縄県鳩間島・新城島996 ❸苗代田の整理のとき、足が深く入らないように履く泥踏みげた。田げた。山形県東置賜郡・新庄市139 鹿児島県肝属郡970 ❹冬季、川で野菜を洗うときにはく足おけ。岡山市762 ❺川水などをせきとめた所。堰（せき）。長崎県南高来郡905 [語源説](1)アシシタ（足下）の義から〔和名抄・日本釈名・柳亭記・嬉遊笑覧〕。(2)アシガタの略〔俚言集覧（1797頃）〕。(3)アシダカ（足高）の義から。タカの反タ〔名言通〕。(4)アシイタ（足板）か〔日本語源＝賀茂百樹〕。 [発音]〈なまり〉アシタ〔岩手・千葉・福井〕アジタ〔福井〕アシドア〔八丈島〕アシラ〔富山県〕アセダ・ハシダ〔新潟頸城〕ハセラ〔越後〕〈標ア〉[0]〈ア史〉平安○○●か〈京ア〉[0] [辞書]和名・色葉・名義・下学・和玉・伊京・明応・天正・饅頭・黒本・易林・日葡・書言・ヘボン・言海 [表記]屐（和・色・名・下・玉・伊・明・天・饅・黒・書）足下（色・名・伊・書）足駄（下・易・へ・言）鞅・門（書）

あしだの歯入（はい）れ 足駄の歯がすりへったり欠けたりしたのを、新しく入れ換えること。また、それを職業にする人。下駄の歯入れ。 [辞書]言海

あしだ履（は）いて米（こめ）売（う）れ 夏の雨続きには米の相場が上がるから、高いうちに早く米を売れの意。夏の雨は晴れるのが早いので、相場がすぐ下がるからの気持を含む。

あしだを履（は）いて首（くび）ったけ （高い下駄をはいていても、首のあたりまで沈むくらいの深みに陥るということから） 深く異性にほれこんで夢中になっていること。「くびったけ」を強めた言い方。＊合巻・笹色猪口暦手（1826）「此の書人（かきて）は知って居る、ソレ小万さんに銀杏歯の足駄（アシダ）を穿いて頸ったけ、あの〈略〉大福越庵が手に違のない」

あしだを履（は）く 買い物などのとき、本当の値より高く言って、上前をはねる。ぴんはねする。＊滑稽本・浮世床（1813–23）初・下「ハテ其筈だ、売物買物の度に只は通さねへ。是非足駄（アシダ）を履（ハ）くやつだ」＊歌舞伎・五十三駅扇宿附（岡崎の猫）（1887）二幕「『大方、手前（てめえ）のことだから、幾らか足駄（アシダ）をはいたらうな』『何でそんな事をするもんか』」

あしだ【蘆田・芦田】 姓氏の一つ。 [発音]〈標ア〉[0]

あしだ‐ひとし【芦田均】 政治家。京都出身。政友

会に属し、第二次大戦後、自由党創立に参加。のち、日本民主党総裁となり、昭和二三年（一九四八）首相兼外相として、社会党、国民協同党との三党連立内閣を組織。のちに昭和電工疑獄事件で総辞職。明治二〇～昭和三四年（一八八七～一九五九）

あしだ【阿私陀】（梵 Asita）仏典に出てくるインドの仙人の名。阿斯陀。阿私仙。阿私。㈠過去世に釈尊のため法華経を説いた仙人。㈡釈尊誕生の時その相をみて、出家すれば大慈悲の聖師となり、王となれば転輪王となると予言した仙人。

あじ‐た（あぢ）**【味―】**『連体』（「あじな（味）」の変化した語）気がきいている。＊洒落本・箙の千言（1812頃）「イイ又あぢた事いふしの」

あした‐あさ【明日朝】『名』方言 明朝。千葉県長生郡287 ◇あしたあさげ 山形県139 149 ◇あしたさげ 山形県139 152 福島県155 新潟県370 371 374 ◇あしたなさぎり 新潟県佐渡038 ◇あしたんさま〔明日様〕島根県725 ◇あすたと 富山県下新川郡391 ◇あすなした 岩手県気仙郡102 佐賀県887 ◇あちゃあさ・あちゃすとぅみてぃ 沖縄県首里993 ◇あっつぁしとぅむでぃ 沖縄県石垣島996

あした‐あさって【明日明後日】『名』方言 ⇨あすあさて（明日明後日）

アジタート『名』（伊 agitato）音楽の発想に関する用語で、「熱情的に」「興奮して」の意。他の速度を表わす用語と複合しても用いられる。「アジタートアレグロ」＊外来語辞典（1914）〈勝屋英造〉「アジタート Agitato〔伊〕音楽の奏法の一種を表はす語。『感情を以て』の義」発音〈標ア〉タ

あし‐だい【足代】『名』外出、通勤などの乗り物にかかる費用。交通費。車代。＊普賢（1936）〈石川淳〉七「足代が尽きたんぢゃないのか。そのくらゐならあるよ」発音〈標ア〉0 シ 〈京ア〉0

あし‐だい【足台】『名』足をかける踏み台。＊吾輩は猫である（1905～06）〈夏目漱石〉三「いざと云ふ時に女の足台を取りはづすと云ふ趣向なのです」＊伸子（1924～26）〈宮本百合子〉五・八「父の足許で低い足台に腰かけ」発音〈標ア〉0

あし‐だいし【足大師】『名』牛馬の足あとのような形のついた石に関し、その由来を説明する伝説。また、その石。島根県や広島県にあり、牛馬の四肢の病のときに祈ると効があるという。

あした‐ええ【明日―】『連語』方言 別れる時のあいさつの言葉。さようなら。またあした。山形県139 福島県南会津郡185 長野県下伊那郡054 ◇あしたごあんそ 鹿児島県鹿児島郡968 揖宿郡969 ◇あしたじゃろ 鹿児島県阿久根市038 ◇あしたや 福井県大野郡428 ◇あしたよお 山形県139 鹿児島県揖宿郡057 ◇あすまた〔―又〕山形県東田川郡・西田川郡139 ◇あたなあ 沖縄県宮古島057 ◇おあすう〔御―〕山形県米沢市139

あしだ‐お（を）**【足駄緒】**『名』足駄の鼻緒。＊十巻本和名抄（934頃）四「屐系 風俗通云延熹年中京師長者皆着履婦女始嫁至漆画五綵為系〈今案唐韻胡計反 緒也 然則屐系 阿之太乎〉」辞書 和名・言海 表記 屐系（和）足駄緒（言）

あし‐たか【蘆高】『名』江戸時代、原野に年貢をかける野高の一種。空地や畑回りに生えている蘆にかけた年貢。＊地方落穂集（1763）二・山野海川高に結ぶ法之事「葭高、真菰高抔といふもあり。是又野高と名付取る」

あし‐たか『名』昆虫「あめんぼ（水黽）」の異名。＊物類称呼（1775）二「水黽〈略〉信濃にてあしたか」＊重訂本草綱目啓蒙（1847）三八・湿生「水黽〈略〉あしたか 信州」

あし‐だか【足高】㈠『形動』足の丈が高いこと。足が長く見えるさま。＊枕（10C終）一五一・うつくしきもの「にはとりのひなの、あしだかに、しろうをかしげに、衣みじかなるさまして」＊栄花（1028～92頃）根合「白き鳥どものあしだかにて立てまつるも」㈡『名』①足の高い器物。＊大石寺本曾我物語（南北朝頃）一〇「彼等が首を足高に入て曾我の里へ送葬せよ」②踏み台〔竹屋雑抄（江戸後）〕。方言『名』❶片足跳び。和歌山県東牟婁郡687 ❷竹馬。山形県東置賜郡139 島根県益田市725 ❸脚の長いしょいこ。島根県美濃郡725 ❹田げた。山形県最上郡139 ❺虫、かのうば（蚊姥）。島根県美濃郡・鹿足郡725 ❻虫、か（蚊）。宮崎県西臼杵郡948 ❼虫、あしながばち（足長蜂）。島根県大原郡725 発音〈標ア〉0

あしだか‐きりかけ【足高切掛】『名』脚の高いきりかけ。＊散木奇歌集（1128頃）雑下「あしだかきりかけ、おぼつかなあしたかきりかけふも又くれ行く空にみぞまがへつる」

あしだか‐ぐも【足高蜘蛛】『名』（「あしたかぐも」とも）アシダカグモ科のクモ。体長約三センチメートル。あしを張ると一三センチメートルにもなり、徘徊（はいかい）性のクモでは日本最大。雄はやや小さい。全身灰褐色。網は張らず、夜になると歩きまわってゴキブリなどを捕食する。全世界の暖地に分布し、日本では神奈川県以南に多く、屋内、屋外で普通にみられる。あしながぐも。ちょうきゃく。学名は Heteropoda venatoria ＊新撰字鏡（898～901頃）「蠨蛸 二字足高久毛」＊観智院本名義抄（1241）「蜘蛛 アシタカクモ」＊四河入海（17C前）二三・二「蠨蛸のあしたかくもも戸に懸てあるぞ。是を見て、夫人も夫を思ふこと切なるぞ」＊日葡辞書（1603～04）「Axitacagumo（アシタカグモ）」方言 動物、てながぐも（手長蜘蛛）。◇あしたかくも 周防†122 発音 アシダカグモ〈標ア〉グ 辞書 字鏡・色葉・名義・和玉・文明・饅頭・黒本・易林・日葡・書言・〈ヘボン〉・言海 表記 蟢（玉・文・饅・黒・易）蟢子・蠨蛸（色・書）蠨蛸（字）蜘蛛（名）蟏蛸（易）足高蜘（言）

あしだ‐がけ【足駄掛】『名』足駄をはいていること。足駄をはいて歩くこと。あしだばき。＊唱歌・箱根八里（1901）〈鳥居忱〉「大刀腰に足駄（アシダ）がけ 八里の岩ね踏み鳴す」発音 アシダガケ〈標ア〉0

あしだか‐の‐くも【足高蜘蛛】『名』「あしだかぐも（足高蜘蛛）」に同じ。＊十巻本和名抄（934頃）八「蠨蛸 爾雅注云蠨蛸〈略〉一名蟢子〈上音喜 阿之太加乃久毛〉小蜘蛛之長脚者也」辞書 和名・名義 表記 蠨蛸（和・名）

あしたか‐の‐たま【足高玉】『名』語義未詳。＊書紀（720）垂仁三年三月（熱田本訓）「将来（もてきた）る物は、羽太（はふと）の玉一箇（ひとつ）、足高玉（アシたかノたま）一箇」＊水戸本丙日本紀私記（1678）垂仁「足高玉 安之太加乃太万」補注 名称の由来に関しては、玉の形による名か、足の高い台に乗せた玉か、地名、たとえば備中国窪屋郡（岡山県倉敷市）の足高神社あたりによる名か、など諸説がある。

あしたか‐ほかい（ほかゐ）**【足高外器・足高行器】**『名』脚の長い三脚のついた、食物を運ぶ円形の器。＊金刀比羅本保元（1220頃か）下・義朝幼少の弟悉く失はるる事「用意したりける足高哺貝（アシタカホカイ）に三の頸を調入（こしらへいれ）て、片片をあけて置たれば、乙若殿是をみやりて、我頸置かむずる為にこそと思ひける心の中こそ無慙なれ」

あしだか‐みち【足高道】『名』爪先上がりの坂道。発音〈標ア〉カ

あしたか‐やま【愛鷹山・足高山】静岡県東部、富士山の南東にある火山。南東部に長い裾野をもち、愛鷹山、位牌（いはい）岳、越前岳（一五〇四メートル＝最高峰）など六峰から成る。はしたか山。＊俳諧・其袋（1690）冬「息つけよ足高（アシタカ）山に飛ちどり〈菊勺〉」＊浄瑠璃・曾我会稽山（1718）四「あしたか山に雲おほひ、涙の雨をさそひ来て」発音〈標ア〉0 辞書 書言 表記 蘆高山（書）

あしだ‐ぎり『名』道に生じた、でこぼこ。＊菊池俗言考（1854）「あしだぎり 道に馬凸凹（うまさくみ）の在を云足駄（あしだ）限なるへし」

あした‐ぐさ【明日草】『名』植物「あしたば（明日葉）」の異名。＊書言字考節用集（1717）六「明旦草 アシタクサ 在豆州八丈島」＊随筆・本朝世事談綺（1733）二「鹹草（アシタグサ）。今日種をおろせば明日に生ず。八丈島にあり」辞書 書言・言海 表記 明旦草（書）

あしだ‐ぐら【足駄蔵】『名』足駄をはいた姿を思わせるような、床を高く造った土蔵。湿気を防ぎ風通しを良くするためのもの。＊俳諧・旅枕（1662）「けふひらけなにはの里のあした蔵〈永雪〉」＊正秀宛芭蕉書簡‐元禄四年（1691）一月一九日付「しばらく足のとどまる所は蜘蛛のあみの風の間と存候へば、足駄蔵も蔵ならず候」

あし‐だけ【足丈】『名』①足の高さ。脚のたけ。＊浄瑠璃・艶狩剣本地（1714）三「押肌ぬぎ、高からげする足だけも、九寸五分をするりと抜き、親子さし足息をつめ」②一歩の長さ。長さの単位として用いる。一歩尺。＊羅葡日対訳辞書（1595）「田畠の百二十あしだけの間を言う。―田畠における百二十歩の間」

あしだ‐こしらえ（こしらへ）**【足駄拵】**『名』建物の床を普通より高く作ること。＊俳諧・物種集（1678）「亀風の切まはしたるあそこ爰 足踏こしらへの白かはの関〈乗竹〉」

あしだ‐さま【足駄狭間】『名』城内から外部の敵を攻撃するために設けた窓である狭間（さま）の一種。櫓（やぐら）の床の狭間の蓋（ふた）の板に鼻緒をすげ、足で引き上げて攻撃できるように造ってあることによる名。あしだはざま。＊築城記（1565）「矢ざまをきり、又足ださまを切べし、あしださまとは板にさまを切て、其さまふたにとってのやうにして、足にて開きいるを云也」

あじ‐だし（あぢ）**【味出】**『名』料理で、味を出すこと。味付け。＊手鎖心中（1972）〈井上ひさし〉日本橋「下女のおりんさんに雪花菜（おから）汁のおかわりをしてもらいながら、『いつもながら結構な味出しだね』とまず世辞を振り撒き」発音〈標ア〉0

あした‐・す【晨】『自サ変』暁を告げて鳴く。＊世俗諺文鎌倉期点（1250頃）「牝鶏は晨（アシタスル）ことなかれ」＊太平記（14C後）一二・兵部卿親王流刑事「牝鶏晨（アシタ）するは、家の尽る相なりと」

あし‐たず（たづ）**【葦田鶴】**『名』（葦の生える水辺に多く居ることから）「つる（鶴）」の異名。＊万葉（8C後）六・九六一「ゆの原に鳴く蘆多頭（あしたづ）は吾が如く妹に恋ふれや時わかず鳴く〈大伴旅人〉」＊古今（905～914）雑上・九一九「あしたづのたてるかはべを吹く風によせてかへらぬ浪かとぞみる〈紀貫之〉」＊二十巻本和名抄（934頃）一八「鶴〈略〉唐韻云鶴〈音零楊氏抄云多豆 今案倭俗謂鶴為葦鶴 是也〉鶴別名也」語誌「万葉集」では「たづ」は「つる」に対する歌語として使われていたと考えられ、平安時代以降もそれは変らない。「あしたづ」の例も基本的には歌語と認められ、歌学書にも鶴の異名として登録される。また、顕昭などは葦の中に棲むゆえに「あしたづ」というとする。したがって挙例の「二十巻本和名抄‐一八」に見える「今案倭俗謂鶴為葦鶴」の「俗」をどう理解するかが問題である。語源説 (1)アシはアシ（浅）の意で水辺の浅い岸をいう〔碩鼠漫筆〕。(2)アシは赤いこと、タヅは神霊の行方を突きとめる意で、尋ねる、辿ると同根語であり、首、脚の長い白い水禽類の総称〔古典と民俗学＝高崎正秀〕。(3)葦の花のように白い鳥の意〔古今集抄〕。発音〈標ア〉0 辞書 日葡・〈ヘボン〉・言海 表記 田鶴（へ）葦田鶴（言）

あし‐たすけ【足助】『名』足の不自由さを助ける手段。足の補助。＊二人むく助（1891）〈尾崎紅葉〉四「十里の道を行かむといふに疲労あれば、足扶（アシタス）

けに青竹の杖を突て立出づれば」

あしたず-の【葦田鶴―】(あしたづ：) 枕 葦辺にいる鶴が鳴くようにの意で「ね泣く」にかかる。＊万葉(8C後)三・四五六「君に恋ひいたもすべ無み蘆鶴之(あしたづの)ねのみし泣かゆ朝夕(あさよひ)にして〈余明軍〉」＊古今(905-914)恋一・五一四「忘らるる時しなければあしたづの思ひ乱れてねをのみぞ泣く〈よみ人しらず〉」＊後撰(951-953頃)恋二・六四五「しるしなき思ひやなぞとあしたづのねに泣くまでに逢はずわびしき〈坂上是則〉」

あし-たたず【足不立】『名』足が麻痺して歩けない病気。＊色葉字類抄(1177-81)「不仁 アシタタス」＊観智院本名義抄(1241)「不仁 アシタタズ」 発音〈標ア〉タ[1] 辞書 色葉・名義 表記 不仁(色・名)

あし-だち【足立】『名』人馬の足の立つところ。足がかり。足場。たちど。また、足で立つこと。＊平家(13C前)九・老馬「かりすなどりなんどのやうに、足だちのよからう方へむかはん、悪しからう方へはむかはじなんど候はんには、いくさに勝つ事にも候はじ」＊太平記(14C後)一七・金崎城攻事「陸地より寄せばこそ足立悪しくて輒(たやす)く敵には払はれつれ、船で一攻め攻めて見よ」＊幸若・鞍馬出(室町末-近世初)「牛若殿は御覧じて、駒の足だちしどろ也。あしくもゆきあひけるやとて、そなたも見ず迯給ふ」＊日葡辞書(1603-04)「Axidachino (アシダチノ) ヨイ トコロ〈訳〉人とか馬が通りやすい所」 発音〈標ア〉0 〈ア史〉江戸 ●●●● 〈京ア〉0 辞書 日葡・書言 表記 足立(書)

あし-た・つ【足断・刖】『連語』「あしきる(足切)」に同じ。＊観智院本名義抄(1241)「刖 アシキル アシタツ」 辞書 名義・明応 表記 刖(名・明)

あしだ-づくり【足駄造】『名』足駄をつくること。また、足駄をつくるのを職業とする人をいう。下駄屋。＊七十一番職人歌合(1500頃か)二三番「あしだづくり。めのゆがみたるから心地あしや」

足駄造り
〈七十一番職人歌合〉

あし-だっしゃ【足達者】『名』(形動) 足が速く丈夫なこと。また、そのさま。脚力のあるさま。＊唐詩選国字解(1791)七言古「足達者な力量のすぐれた馬を、三万匹ほど御つれなされてあったが」 発音〈標ア〉ダ

あし-だて【足立】『名』①足を爪先立てて歩くこと。また、足の立て方。歩きぶり。＊色葉字類抄(1177-81)「跂 アシタテ 云企跂歩」 ②物事を始める手がかり。＊歌舞伎・梅柳若葉加賀染(1819)大詰「当家へ入込み、殿を害し、家国横領なすならば、鎌倉へ弓引く足立(アシダ)てと、かねての企みも」 辞書 色葉 表記 跂(色)

あじ-だて【味立】(あぢ：)『名』(形動) 味があること。いきなさま。＊伊達家文書-(天正一六年)(1588)七月六日・保春院(政宗母最上氏)侍女小大納言消息(大日本古文書一・三七九)「御ねん比のうへに、御あちたてにかへされ候へく候」＊評判記・難波物語(1655)「さればちゑもげいのうもびなんも心のあぢだてなるも、みなけいせいのやきくさのたねとなりて我身のためのあだとなる事也」＊増補江戸咄(1694)六・一「青のれんの蔭(かげ)に立より、ぶんぶん相応のあぢだて、めいめいかくかくのはり相、筆にも及ばず」＊浮世草子・忠孝永代記(1704)四「世の太平なるままに、人の心おごりたはけて、此道味(アヂ)だてを初め、情は外となして、物を取事の策(はかりごと)を専らとす」 発音〈標ア〉テ

あした-てんき【明日天気】『名』児童の遊戯の名。はきものを空中に投げ上げて、表が出れば明日は晴、裏が出れば雨と占う遊び。雨か日和か。

あした-とう『名』朝早く。早朝。また、明朝。翌朝。＊土井本周易抄(1477)一「朝とう自」卯到」辰時に二時之間ぞ」＊日葡辞書(1603-04)「Axitatô (アシタトウ)」 方言 明朝。翌朝。富山県下新川郡391 ◇あしたあとう 鹿児島県種子島054 ◇あひたとう 山口県阿武郡795 辞書 日葡

あした-とがり【朝鳥狩】『名』「あさとがり(朝鳥狩)」に同じ。＊定家鷹三百首(1539)春「春ののの朝鳥狩のおなし日の暮てや鷹をとりはかはまし」

あした-どころ【朝所】『名』「あいたんどころ(朝所)」に同じ。＊中務内侍(1292頃か)弘安一一年三月一五日「あした所へかへりいらせおはします」 発音〈標ア〉ド 辞書 言海 表記 朝所(言)

あした-の-はら【朝の原・蘆田の原】奈良県北西部、王寺町あたりにあった野。＊古今(905-914)秋下・二五二「霧立ちて鴈ぞなくなる片岡の朝の原はもみぢしぬらん〈よみ人しらず〉」＊源氏(1001-14頃)総角「霧ふかきあしたのはらのをみなへしこころをよせてみる人ぞみる」 発音〈標ア〉ノ 辞書 文明・易林・書言 表記 畔下原(易・書) 朝原(文)

あした-ば【明日葉・鹹草】『名』セリ科の多年草。関東地方南部、伊豆七島、紀伊半島の海岸地などに生える。高さ約一メートル。茎や葉を切ると薄黄色の液汁がでる。葉は大形の羽状複葉で、小葉は卵形で縁に鋸歯(きょし)がある。秋、枝先に淡黄色の小さな花が多数集まって咲き、大きな半球形の花序となる。実は長さ約一センチメートルのやや扁平な長楕円形。若葉は食用。非常に強壮で今日刈り取っても翌日は再び若葉が出るというところからいう。あしたぐさ。あした。あすな。はちじょうそう。学名は Angelica keiskei ＊大和本草批正(1810頃)天「鹹草 あした、あしたば、八丈草、八丈島にて此草にひえなどを雑へて、粥にたき食ふ」＊日本植物名彙(1884)〈松村任三〉「アシタバ ハチジャウサウ 鹹草」 語源説 (1)食用のため夕方に若芽をつんでも、明朝にはそこから新芽が出ているから〔大言海〕。(2)日暮れに根を食し、翌朝、葉を食べるところから〔八丈実記所引海島志〕。(3)日暮れに種子を蒔(ま)けば翌朝は芽を出すところから〔採薬使記〕。(4)アは発語。シタはシホタルルの略〔玄同放言〕。 発音〈なまり〉アシタボ〔伊豆大島〕〈標ア〉0 辞書 言海

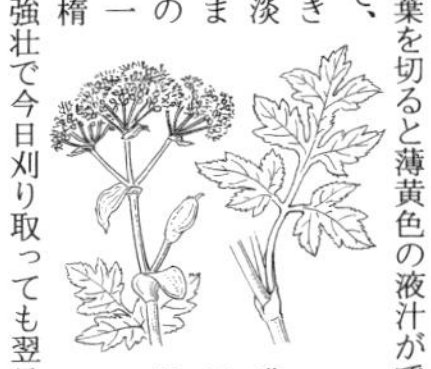
明日葉

あしだ-ばき【足駄穿】『名』「あしだがけ(足駄掛)」に同じ。＊それから(1909)〈夏目漱石〉一五「足駄穿(アシダバキ)で雨傘を提げて電車に乗ったが」＊三とせの春は過ぎやすし(1973)〈杉浦明平〉九「道で草川に出会って居場所を知ったと、足駄ばきも危っかしく、シャモが上ってきたときも」

あしたば-ぐさ【明日葉草】『名』「あしたば(明日葉)」に同じ。＊談義本・八景聞取法問(1754)一・疱瘡の寄の跡「あした葉草といふ物に怖れ、なき嶋も有よし」

あしだ-はざま【足駄狭間】『名』「あしださま(足駄狭間)」に同じ。＊随筆・海録(1820-37)一九「あしだはざま 足駄狭間は門の下を敵の通るをり、上より板をあげて射る為也。板に鼻緒をすげて置く也」

あし-だま【足玉】『名』①上代に、足の飾りとしてつけた玉。＊書紀(720)仁徳四〇年二月「皇女の賚(もたる)所の足玉、手玉をな取りそ」＊万葉(8C後)一〇・二〇六五「足玉も手珠(ただま)もゆらに織るはたを君が御衣(みけし)に縫ひもあへむかも〈作者未詳〉」＊延喜式(927)四・神祇・伊勢太神宮「四月九月神衣祭。太神宮和妙衣廿四疋〈略〉頸玉。手玉。足玉緒」＊明徳記(1392-93頃か)下「暖たる磯の海松和布かる、海人の手玉も足玉も、ゆらの湊につき給ふ」 ②「あしだま(足玉)手玉に取る」に同じ。 発音〈標ア〉0

あしだま 手玉(てだま)に取(と)る 手足で軽々と取り扱う。自由自在にもてあそぶ。＊浄瑠璃・箱根山合戦(1660)四「とらはつねのけだ物より、あんふかき物なれば、そらじにやしたりけん〈略〉犬ののどくび、ひっくわへ、一ふり二ふりふりけるが、後にはあしだまてだまに取、ついには犬をくひころし」

あし-だまり【足溜】『名』①しばらく足を留める所。また、ある行動の根拠地とする場所。足どまり。＊日葡辞書(1603-04)「Axidamari (アシダマリ)〈訳〉戦場で戦いの拠点となる所」＊俳諧・崑山集(1651)一二・冬「しる谷や木の葉の雨の脚だまり〈玄斎〉」＊夜明け前(1932-35)〈島崎藤村〉第一部・上・五・五「白河家を足だまりにして、京都の公卿達の間に遊説を思ひ立つものがある」 ②ちょっと足をかける所。足がかり。＊太平記(14C後)三四・平石城軍事「切岸高ければ、先なる人の楯の箄(さん)を蹈まへ、甲の鉢を足だまりにして」＊にごりえ(1895)〈樋口一葉〉六「溝板の上の氷にすべり、足溜(アシダマ)りなく転(こ)けける機会(はづみ)に」 ③「あしどまり(足止)②」に同じ。 発音〈標ア〉ダ〈京ア〉ダ 辞書 文明・伊京・日葡・ヘボン・言海 表記 足遛(文・伊) 足留(ヘ) 足溜(言)

あし-だめ【足溜】『名』「あしだまり(足溜)①」に同じ。＊黒地の絵(1958)〈松本清張〉一「不幸は、彼らが朝鮮戦線に送りこまれるために、ここをしばしの足だめにしたばかりではなかった」 発音〈標ア〉0

あし-だめし【足試】『名』(「あしためし」とも) 歩く力を試すこと。＊滑稽本・和合人(1823-44)三・下「大師河原日帰り、すこしも乗りっこなしといふ思付はどうだらう。足だめしに」＊良人の自白(1904-06)〈木下尚江〉前・二一・五「少しづつ、足試(アシタメ)しをして居りました」

あし-たもち【足保】『名』足を支えておくもの。足がかり。＊浮世草子・国姓爺明朝太平記(1717)三「足(アシ)たもちのある所まで岩壁をよぢのぼり」

あしだ-やき【足駄焼】『名』信楽焼(しがらきやき)で底部に下駄(げた)の歯に似たあとがあるもの。寛文年間(一六六一～七三)の作で水差しなどに多い。＊和漢諸道具見知鈔(1673-81)「履焼。是はしがらき焼のうちにあり、水さしなどの底にあしだのかた有なり」

あした-ゆうべ【朝夕】(：ゆふべ)『名』(古くは「あしたゆうへ」) 朝と夕方。朝晩。いつもいつも。＊万葉(8C後)一五・三七六七「魂は安之多由布敝(アシタユフヘ)にたまふれど吾が胸いたし恋の繁きに〈狭野弟上娘子〉」＊源氏(1001-14頃)蜻蛉「あしたゆふへに頼み聞えつるにこそ命も延び侍りつれ」＊名語記(1275)三「あしたゆふべの食物をはむといへり」＊曾我物語(南北朝頃)一一・箱根にて仏事の事「かの一条摂政謙徳公の二人の御子、前少、後少将とておはしける、あしたゆふへにうせたまへり」 発音 アシタユーベ〈音史〉上代は『あしたゆふへ』と清音。〈標ア〉ベ

あし-だらい【足盥】(：だらひ)『名』足を洗うたらい。洗足だらい。＊語彙(1871-84)「あしだらひ 俗 せんそくだらひ 足をあらふたらひなり」

あし-だらけ【足―】『形動』どこへ逃げても捜索者に足跡をたどられて追跡されているさま。＊歌舞伎・音聞浅間幻燈画(1888)序幕「『もうほとぼりのさめた時分と、又赤坂へ帰って来たか』『おっしゃる通り足だらけで江戸に居られず、板橋で雲助をしてをりましたが』」 発音〈標ア〉ダ

あし-だるま【葦達磨】『名』「あしのはだるま(葦葉達磨)」の略。＊雑俳・住吉みやげ(1708)「蘆達磨日本へ来ては菰かぶり」

あしたれ-ぼし【足垂星】星座の二十八宿の一つ。さそり座のさそりの尾の部分にあたる星。東方に見える。尾宿(びしゅく)。尾(び)。＊書言字考節用集(1717)二「尾宿 アシタレボシ 東方之宿」 発音〈標ア〉レ

辞書 書言 表記 尾宿(書)

あし-だんろ【足暖炉】〘名〙椅子に腰かけた時に足部を温める保温器。足温器。＊暗夜行路(1921-37)〈志賀直哉〉三・一〇「仙は両手で重さうに鉄の足煖炉(アシダンロ)を持って居る」

あじち〘名〙方言 ⇩あぜち

あし-ぢか・い【足近】〘形口〙訪れることがしばしばである。気安く行き来している。足が近い。＊歌舞伎・四天王櫓礎(1810)四立「主(ぬし)達のやうに、長屋へ足近(アシヂカ)い衆に、いさくさがあっては、跡の為になりやせぬ」＊怪談牡丹燈籠(1884)〈三遊亭円朝〉一七「これよりセッセッと足近く笹屋に通ひ、金びら切て口説(くどき)付」＊婦系図(1907)〈泉鏡花〉前・二七「縁談が始まって居さうな中へ、急に足近くは我ながら気が咎める」 発音〈標ア〉カ

あし-ちまき【葦粽・蘆粽】〘名〙葦の葉で巻いたちまき。《季・夏》＊俳諧・増山の井(1663)五月「芦ぢまき」＊俳諧・桜川(1674)夏二「風ならでとくや葉わけの蘆ちまき〈梅盛〉」＊雑俳・風車(1735)「いせ海老に似たり難波の蘆粽」

あし-ついで【足序】〘名〙歩くついで。出かけたついで。＊詞葉新雅(1792)「アルクツイデ ゆくて 道ゆきぶりトモ アシツイデ 同上」＊人情本・花筐(1841)二・八回「その足序(アシツイデ)に蒲焼でも分付(いひつ)けて呉んなな」＊歌舞伎・四千両小判梅葉(1885)五幕返し「あの野郎を病(やめ)え附(づか)せてやらねえぢゃあ腹の虫が承知せぬから、鴻の巣へ来た足(アシ)ついでさっきから待って居たが」 発音〈標ア〉ツ〈京ア〉ツ

あし-つ-お【足津緒】〘名〙①和琴の各弦の端を組み糸で結びかがったもの。古くは、春夏は藤、秋冬は櫨(はじ)と季節によって色を変えたが、後には白、黄、浅黄(あさぎ)、薄萌黄(うすもえぎ)の四色の糸をより合わせて用いるようになった。＊新撰六帖(1244頃)五「夏くれば東の琴のあしつをによりかけてける藤浪の花〈藤原家良〉」＊体源鈔(1512)八・和琴の絵図の事「葦津緒 絃の末にいひつけたる糸也。春は藤至夏秋ははじは至冬」②いろいろな色に染めた麻でより合わせた縄で、牛や馬などを引いたり、装束をかけたりするのに用いたもの。やり縄。さし縄。＊台記別記-仁平元年(1151)八月九日「引蘆津緒綱、掛亘舞人、陪従、人長、琴持、装束」＊今鏡(1170)二・白河の花宴「やり縄などいふものも、あしづをなんどにやより合せたる、いろいろ交はれるに」＊色葉字類抄(1177-81)「葦津緒 アシツヲ 差縄也」＊満佐須計装束抄(1184)一「柱にくり形を打ちて、あしつをの綱をひきまはして、やうやうの䘚をかくるなり」 辞書 色葉 表記 葦津緒(色)

あし-づかい【足使・足遣】〘名〙①足の動かし方。また、歩き方。足つき。あしどり。＊駿牛絵詞(13C後-14C初)「牛のふるまひも、牛飼の手もと、あしづかひも見えはべらねば、牛飼とは申がたし」＊随筆・槐記-享保一九年(1734)四月二日「鞠(まり)の教に、凡そ人に渡すまりは、随分すなほに、けよきやうにして渡す事也。珍しき足づかい、はたらきたる事、達者事を事とはせぬ事也」②操り人形の三人遣いの場合に、足を専門に扱う人形遣い。＊談義本・穴意探(1770)「左りつかひが口をしゃべる歟(か)、足遣(アシツカ)ひが脐(マタグラ)からかけ声するやら」 方言 足を運ぶこと。奔走すること。青森県上北郡082 発音〈標ア〉ズ

あし-つき【足付・脚付】〘名〙①歩く時の足の様子。歩き方。あしどり。＊浄瑠璃・仮名手本忠臣蔵(1748)三「鰌(どぢゃう)ふむ足付(あしつキ)鷺坂伴内」＊洒落本・駅舎三友(1779頃)きぬぎぬ「鷺の泥鰌ふむやうな足つきで廊下中そそりゃアがる」＊社会百面相(1902)〈内田魯庵〉電影・二「豊崎は突(つい)と起って椅子に攔りながら妙な足付をして」②道具や器物に足がついていること。また、その品。特に、足付き折敷(おしき)。足打ち。あしつけ。＊蔭涼軒日録-延徳二年(1490)二月二〇日「冷麺之台四方歟。足著歟」＊大内問答(1509)「摂家清家門跡大臣迄は四方。大中納言殿上人は三方。官務外記。医薬陰陽。賀茂衆。武家の面々は足付」＊二水記(1521)永正一八年二月二八日「早旦欲令退出之処、御抑留、仍尚令祇候有御斎〈予三方、高倉足付也〉」＊浮世草子・好色一代男(1682)一・七「例のとさん出て祇薗細工のあしつきに、枚板(すぎいた)につけて焼(やき)たるとと」＊歌舞伎・夢結蝶鳥追(雪駄直)(1856)三幕「上(かみ)の方、九尺の居酒見世、足附(アシツキ)の腰障子」③金銭。費用のこと。要脚。＊山科家礼記-文明二年(1470)一一月二六日「居都庄代六百四十三文下也、残質物以下足付也」＊大乗院寺社雑事記-文明一〇年(1478)正月「一下行足付事、四貫二百酒二石一斗」＊蔭涼軒日録-延徳元年(1489)六月六日「御仏事銭五百貫文に相定、〈略〉雖然五百貫文之足付未定也」 辞書 言海 表記 足付(言) 発音〈標ア〉①はシ 0 ②③は 0 キ〈京ア〉0

あし-つき【葦付】〘名〙藍藻類ネンジュモ科の淡水藻。富山県の庄川(古名、雄神川)付近で採れ、食用となる。球形ないし楕円形の細胞が一列に連なって共通の寒天質に包まれた糸状をしており、分裂によってふえる。葦の茎や小石の表面に付着するところからいう。あしつきのり。学名は Nostoc verrucosum ＊万葉(8C後)一七・四〇二一「雄神河くれなゐにほふをとめらし葦附〈水松(みる)之類〉採ると瀬に立たすらし〈大伴家持〉」＊散木奇歌集(1128頃)恋下「をかみ河ねじろ高がやふみしだきとるあしつきもせながな為とぞ」 発音〈標ア〉シ

あし-つぎ【足継】〘名〙①高さをおぎなうために用いるもの。踏み台などの類。ふみつぎ。あしだか。＊日葡辞書(1603-04)「Axitçugui(アシツギ)〈訳〉四つ足の、高い踏台」＊非凡なる凡人(1903)〈国木田独歩〉上「椅子とは足続(アシツギ)の下に箱を置いただけのこと」②表袴(うえのはかま)の膝の部分の継ぎ合わせ目。膝継ぎ。裾継ぎ。＊満佐須計装束抄(1184)一「うへのはかま。たけ四尺三寸。このなし。あしつぎ一尺二寸。すそのひろさ一尺三寸。ひろきがよきなり。こし一丈二尺」＊随筆・後松日記(1848頃)一一「表袴足継〈略〉考ふるに、表袴の下の方によこざまにぬひめあり。ふるくはあし継といふ、今にひざ継といふ〈又裾継ともいふとみゆ〉」 方言 踏み台。千葉県夷隅郡288 東京都053 富山県東礪波郡398 三重県伊賀585 京都市054 大阪市638 兵庫県淡路島671 奈良県675 鳥取県一部715 島根県724 岡山県邑久郡761 広島県高田郡779 香川県三豊郡・小豆島829 佐賀県唐津市893 長崎県南高来郡905 対馬913 熊本県下益城郡930 天草郡936 大分県941 ◇あっつぎ 島根県隠岐島725 ◇あしつき 鹿児島県肝属郡970 [方言の補注]方言の「あしつき」は「足突」か。 発音 アシッギ 辞書 日葡・ヘボン・言海 表記 発(へ) 足継(言) 〈標ア〉①はギ ツ 0 ②は 0 〈京ア〉①はツ ツ ②は 0

あし-づき【足搗・足舂】〘名〙臼(うす)に入れたもみを足踏み式の杵(きね)で搗くこと。＊最暗黒之東京(1893)〈松原岩五郎〉一〇「一箇の唐臼を据へて足搗(アシヅキ)する米屋」＊太政官(1915)〈上司小剣〉二「さうして穫(と)れた米を足舂きにするのには、母家(おもや)の方で下男が一人、かかり切りにするほどであった」 発音〈標ア〉0

あしつき-おしき【足付折敷】〘名〙「あしうちおしき(足打折敷)」に同じ。

あしつき-のり【葦付海苔】〘名〙「あしつき(葦付)」に同じ。

あしつぎ-ぶね【脚継船】〘名〙伝馬船のこと。

あし-つ・く【足突】〘自カ四〙つまずく。転じて、しくじる。失敗する。＊浄瑠璃・今川了俊(1687)二「詞にはりも剣(つるぎ)も有らん。悪ううろたへあしつくなと八方をねめまはし」

あじ-づ・く【味付】〘自カ四〙しだいに食欲が出る。転じて、物事にしだいに興味を覚えるようになる。＊日葡辞書(1603-04)「キリシタンノ コトニ agizzuqu (アヂヅク)〈訳〉次第にキリシタンの事に興味を覚えるようになる」 辞書 日葡

あしっ-くび【足首】〘名〙「あしくび(足首)」の変化した語。＊トテ馬車(1929)〈千葉省三〉虎ちゃんの日記「源ちゃんの、繃帯でくるんだ足(アシ)っ首(クビ)眺めて、ひとりで溜息が出た」 発音〈標ア〉シ

あし-つけ【足付】〘名〙「あしつき(足付)②」に同じ。＊醍醐寺文書別集一・八五四・(年月日未詳)(室町)・某書状(大日本古文書)「御あしつけも候はねとも、いそきをらせて候程に、とくよりとときさせ給候」＊大内問答(1509)「不及扱前より足つけにて参り候ひし事も勿論たびたび有之」＊運歩色葉(1548)「足付 あしツケ」＊日葡辞書(1603-04)「Axitçuqe(アシツケ)〈訳〉卓子のように脚を付けた高い盆」＊咄本・醒睡笑(1628)六「また芋を脚付(アシツケ)の上へおとし、挟みかぬるを見」 辞書 日葡

あじ-つけ【味付】〘名〙味をつけること。また、味をつけた食品。＊助左衛門四代記(1963)〈有吉佐和子〉序「醤油で味つけして火にかけ」＊無明長夜(1970)〈吉田知子〉一「老人は火の番と味つけ、若い衆は道具や器物、老婆は仏前の飾りつけ」 発音〈なまり〉アンツケ〔岩手〕〈標ア〉0 ケ〈京ア〉0

あじつけ-がい【味付買】〘名〙株式または商品相場の人気を引き立てるため買いを入れること。市場全体のためと、一部の銘柄のためにやる場合とがある。 発音 アジツケガイ〈標ア〉0

あじつけ-のり【味付海苔】〘名〙味つけ加工をほどこした干し海苔。とうがらしなどを入れたしょうゆで味をつけてから、乾燥させ、適当な大きさに切ったもの。＊風俗画報-一二七号(1896)飲食門「味附海苔(アヂツケノリ)は美味、味淋、醤油の三味を和して一旦煮沸したる後其の放冷するを待ち」＊児を盗む話(1914)〈志賀直哉〉「味つけ海苔と福神漬をよく食った」 発音〈標ア〉ケ〈京ア〉ノ

あじつけ-めし【味付飯】〘名〙肉、野菜などを加え、味をつけて炊いた飯。茶飯、五目飯などの類。 発音〈標ア〉0 ケ

あしっ-こ【足―】〘名〙足あと。＊俚言集覧(1797頃)「足粉、関東辺板敷の上などに足痕のつきたるを云」 方言 ❶足跡。茨城県真壁郡191 栃木県198 203 204 群馬県236 241 243 埼玉県251 257 258 千葉県市原郡284 ◇あしこ 茨城県北相馬郡195 栃木県上都賀郡197 埼玉県北足立郡062 千葉県印旛郡272 ◇あしっと 栃木県198 208 東京都八王子311 神奈川県津久井郡317 長野県更級郡054 下水内郡470 ◇あしんど 静岡県520 532 540 ◇あさど 青森県上北郡074 ◇あしめ 香川県829 ❷かかと。◇あしのこ 島根県安来市724 大田市725 ❸竹馬。◇あしこ・あしか 青森県073 ❹片一方の足の具合が悪くて正常に歩けないこと。◇あしこ 青森県津軽073

あしっ-たれ【足―】〘名〙方言 ⇩あしさげ(足下)

あし-づつ【葦筒】〘名〙葦の茎。一説に、葦の茎の中にある薄い紙のような皮。一重であるもの、薄いもののたとえに用いられる。＊後撰(951-953頃)恋二・六二五「なにはがたかりつむあしのあしづつのひとへも君を我やへだつる〈藤原兼輔〉」＊奥義抄(1135-44頃)中「葦づつとはあしのよのなかにうすやうのやうにてあるかはなり、よくうすきものなり」＊為家千首(1223)冬「霜枯のみぎはに立てるあしづつの一重ばかりに降れる初雪」＊新撰菟玖波集(1495)発句・下「あしつつのうす雪氷汀かな〈心敬〉」＊易林本節用集(1597)「足筒 アシヅツ、竹之薄様」＊俳諧・犬子集(1633)一一・恋「兎角なにはのうらみある人 蘆づつのうすなさけこそうるさけれ〈重頼〉」 辞書 易林 表記 足筒(易)

あしっ-と【足―】〘名〙方言 ⇩あしっこ(足―)

あし‐づの【葦角】〘名〙（先がとがって、角に似ているところから）「あしかび（葦牙）」に同じ。《季・春》＊十巻本和名抄(934頃)一〇「蘆葦 葈等附〈略〉玉篇云亂〈音乱〉葈也。葈〈音毯 阿之豆乃〉蘆之初生也」＊古今六帖(976-987頃)六・草「あしづのの生ひでし時に天地と人とのしなは定まりにけり」 発音〈標ア〉0 〈ア史〉平安●●●● 〈京ア〉ズ0 0 辞書和名・名義 表記葈（和・名）

あしっ‐ぴら【足平】〘名〙あしのうらがわ。＊トテ馬車(1929)〈千葉省三〉「おれらは、びっくりして傍へよって見ると、源ちゃんの足平（アシッピラ）から、血がボトボト出てゐた」 方言栃木県204 ◇あしぴら 茨城県北相馬郡195 ◇あしっぺら 栃木県安蘇郡197 埼玉県北葛飾郡258

あし‐づよ【足強】〘名〙①足の達者なこと。また、その人。↔足弱（あしよわ）。＊雑俳・川傍柳(1780-83)五「足強（アシヅヨ）を四人（よたり）雇ふおもしろさ」②餅のねばりが強いこと。また、その餅。＊雑俳・梅柳(1836)一「手で搗た餅を足強とは如何」 発音〈標ア〉0

あじ‐つり【鰺釣（あぢ）】〘名〙アジを釣ること。《季・夏》＊山廬集(1932)〈飯田蛇笏〉「鰺釣や帆船にあひし梅雨の中」 発音〈標ア〉0リ

あし‐て【足手】〘名〙足と手。てあし。また、からだをいう。＊蜻蛉(974頃)上・康保元年「いかなるにかあらん、あしてなど、ただすくみにすくみて、たえいるやうにす」＊宇津保(970-999頃)俊蔭「あしてを見れば、すき、くはのごとし」＊散木奇歌集(1128頃)雑「あし手なき蟹のおほのに放たれてする方もなき身をいかにせん」＊風姿花伝(1400-02)二「あひしらひを目がけて、細かに足手を使ひて」 発音〈標ア〉テ0

あして 反様（かいさま）に （足と手をさかさまにするように）あわただしくかけずり回るさま。また、あわてて落ち着かないさま。

あして に 任（まか）せる どこというあてもなく気の向くままに行く。＊玉塵抄(1563)七「をぢの子犯、河をわたって璧のたまを身をはなさず以たを重耳にわたいて、ここからどちえも足手にまかせうと云たぞ」

あして を=反様（かいさま）[=逆様（さかさま）]に =なす[=する] 「あして（足手）反様（かいさま）に」に同じ。また、人をもてなすさまにもいう。＊日葡辞書(1603-04)「Axi teuo caisamani nasu（アシテヲ カイサマニ ナス）〈訳〉ことわざ。人をもてなしたりかわいがったりして疲れはてる」＊浮世草子・立身大福帳(1703)二・四「足手を逆まにしての御馳走」

あして を 空（そら） 「あし（足）を空①」に同じ。＊明徳記(1392-93頃か)上「夫よりこそ京中以外に騒ぎ立て、上下足手を空にして、資財、雑具を持運び」

あして を 伸（の）ばす くつろぐ。休息する。手足を伸ばす。＊落語・星野屋(1893)〈三代目春風亭柳枝〉「私も酒を飲む人間だから時々往（いっ）て酒の相手でも為（さ）して、足手を伸ばして居る事も有る」

あして を 引（ひ）く 足や手を引っ張るようにして、物事に努める。奔走する。＊浄瑠璃・平仮名盛衰記(1739)三「西国は結構な事じゃと聞けば、せめて足手を引てなりと夫の菩提を弔（と）いたさに、思ひ立（たっ）ての順礼」＊浄瑠璃・夏祭浪花鑑(1745)四「ヱヱ埒もない事に足手を引て悔（くや）しい」

あして を 惑（まど）わかす どうしてよいかわからず途方に暮れる。＊栄花(1028-92頃)月の宴「ここらの殿上人、上達部達、あしてをまどはかしたり」

あし‐で【悪手】〘名〙（「あしで（葦手）」のもじり）悪筆。下手な書。＊壒囊鈔(1445-46)三「筆もつひゆがみて物のかかるるは是や難波の悪手（アシテ）なるらん」

あし‐で【葦手】〘名〙①平安時代に行なわれた書体の一つ。葦、水流、鳥、石など水辺の光景の中に、文字を絵画化し、歌などを散らし書きにして書きまぜたもの。主として葦の群生したさまに模したものについていうが、水流のさまに模した水手（みずて）などを含めてもいう。あしでがき。＊天徳四年内裏歌合(960)「左の歌の洲浜のおほひに、あしでを繡（ぬひもの）にしたる歌」＊宇津保(970-999頃)国譲上「うのはなにつけたるはかな。はじめにはをとこにてもあらず、をんなにてもあらず。〈略〉そのつぎにをとこで。〈略〉つぎにかたかな〈略〉あしで」＊源氏(1001-14頃)梅枝「あしての冊子どもぞ、心々にはかなうをかしき」＊栄花(1028-92頃)根合「池のかがり火隙（ひま）なきに、白き鳥どもの足高にて立てまつるも、あしでの心地してをかし」＊東関紀行(1242頃)京より武佐「あし、かつみなど生ひわたれる中に、をしかものうちむれて飛びちがふさま、あしでを書けるやうなり」②①を下絵として描くこと。また、その描いた紙。歌や手紙を書き記すのに用いた。＊康和四年内裏艶書歌合(1102)「紅の七重がさねに、下絵にあしで書きて」＊広本拾玉集(1346)一「夕まぐれ難波わたりを行く雁やあしての上に書ける玉づさ」 語誌(1)「日本語原考＝林甕臣」では、「テは文字のこと。『手』と書くのは借字で、これは『字』の別音テである」という。(2)十世紀の文献資料に語は散見するが、現存するのは「西本願寺本元真集」の料紙下絵、「久能寺経」や「平家納経」の見返し絵など、一二世紀のもの。(3)本来は和歌を書写する場合の遊戯的装飾的な一書体であったが、一一、二世紀ごろから、敷物の刺繡、蒔絵、服飾の意匠、料紙の下絵の呼称ともなっていったらしい。絵で音を表わす字音絵もこの一種とみてよい。(4)「源氏物語」の梅枝巻に「あして、うたゑを思ひ思ひに書け」とあるところから、室町時代以降、歌意を描いた絵に歌を書き添えた「歌絵」や散らし書きなどと混同された。 発音〈標ア〉0 辞書色葉・言海 表記蘆手（色）葦手（言）

葦 手 ①〈伊行朗詠集〉

あしで‐え【葦手絵（ヱ）】〘名〙大和絵の一種。葦手の文字を巧みに取り入れた装飾的な絵画。料紙の下絵などに用いられたが次第に模様化して、蒔絵（まきえ）や服飾などに用いられるようになった。葦手。＊本邦刀剣考(1793)「葦手絵と云は鞘の蒔絵を歌の心を文字と絵と交じへて書くなり」＊生々流転(1939)〈岡本かの子〉「葦手絵（アシデヱ）のやうに、なよなよと淀み流れることも」

あしでえ‐がき【葦手絵書（あしでヱ）】〘名〙「あしでまきえ（葦手蒔絵）」に同じ。〔本邦刀剣考(1793)〕

アジテーション〘名〙（英 agitation）激しい調子の演説や文章などによって、多くの人の感情に訴え、人びとを自分の意図する行動にかりたてようとすること。扇動。アジ。＊アルス新語辞典(1930)〈桃井鶴夫〉「アジテーション 英 agitation 煽動又は煽動すること」＊愛の渇き(1950)〈三島由紀夫〉三「悦子さんの味方としてアドヴァイスしたいんだけどね、むしろアジテイションかな」＊自由の彼方で(1953-54)〈椎名麟三〉三「組織の拡大とアジテーションの積極化であった」 発音〈標ア〉テ 〈京ア〉テ

アジテーター〘名〙（英 agitator）アジテーションを行なう人。扇動者。＊太陽のない街(1929)〈徳永直〉戦線「彼女は、百パーセントのアヂテーターであった。聴衆の心臓を掴むことは彼女が恋人の心臓を掴むことより巧妙であった」＊モダン辞典(1930)「アジテーター（社）煽動者」 発音〈標ア〉テ 〈京ア〉テ

あしでえわかんろうえいしょう【蘆手絵和漢朗詠抄（あしでヱワカンラウエイセウ）】 藤原伊行（これゆき）筆の和漢朗詠集の写本。二巻。永暦元年（一一六〇）筆。葦手絵で流水、草木を描いた下絵つきで有名。国宝。

あしで‐がき【葦手書】〘名〙「あしで（葦手）①」に同じ。＊随筆・貞丈雑記(1784頃)八「硯箱香匣（かうばこ）手箱其外蒔絵の絵様にあしで書と云事あり。葦手書（アシデガキ）と書也。香包の紙などにもあし手書をする也。あしでがきとは古歌などを書くに文字と絵とを交（まぜ）て書く也」 発音アシデガキ 〈標ア〉0 辞書言海 表記葦手書（言）

あして‐かぎり【足手限】〘副〙（多く「に」を伴って）足と手とが動く限り。力の続く限り。あしてばかり。＊浄瑠璃・惟喬惟仁位諍(1681頃)一「じゃに綱をつけたりとも足手限りと広言吐き」＊浄瑠璃・道成寺現在蛇鱗(1742)二「敵専太夫逃隠（にげかく）るるとも天地の間、足手限（アシテカギ）りに捜し出し」

あして‐かげ【足手影】〘名〙①手足のすがた。おもかげ。＊謡曲・隅田川(1432頃)「都の人の足手影も、懐かしう候へば」＊浮世草子・好色二代男(1684)三・二「せめては三野（さんや）にかよふ人の、足手影（アシテカゲ）なり共見しや思ひ晴しに、舟もひとしほにはやめ」②手や足のかげになって見えない所。転じて、人の往来のはげしい所の意に用いる。＊浮世草子・西鶴織留(1694)三・四「惣じて諸国の城下又は入舟の湊などは人の足（アシ）手かげにて、さまさますぎわひの種もあるぞかし」 発音アシテカゲ 〈標ア〉テ

あしで‐がた【葦手形】〘名〙葦手で山水の風景をかたどったもの。＊尺素往来(1439-64)「仮山水者〈略〉山形。野形。洲浜形。葦手形等」

あして‐がらみ【足手搦】〘名〙（形動）「あしてまとい（足手纏）」に同じ。＊歌舞伎・阿国御前化粧鏡(1809)序幕「その子の里扶持諸入用、耳を揃へて十両とは、足下を見て胴慾な…イヤ、足手搦（アシテガラ）みな、どうでお世話。いま暫らくのうち、厄介にして下さりませ」

あして‐くじ【足手公事】〘名〙夫役（ぶやく）のこと。

あして‐そくさい【足手息災】〘名〙（形動）健康であること。元気なさま。＊虎寛本狂言・禰宜山伏（室町末‐近世初）「誠に、加様に足手息災に、旦那廻りを致すと申も、ひとへに太神宮の御影で御座る」＊浮世草子・好色五人女(1686)一・四「高砂の炭屋の下女、何心もなく、『足手（アシテ）そくさいにて、又まいりましょ』と拝（おがみ）て立しが」

あしで‐ながうた【葦手長歌】〘名〙散らし書きにした長歌（ちょうか）。＊新古今(1205)雑下・一七九六・詞書「さうしに、あしでながうたなどかきて、おくに」

あしで‐の‐けん【葦手剣】〘名〙鞘（さや）に、葦手の模様の蒔絵（まきえ）や螺鈿（らでん）の類をほどこした剣。＊餝抄(1238頃)中「葦手剣執柄家被ㇾ用二吉事一」＊後照念院殿装束抄(1327頃か)「葦手剣 一具物也。着陣之時多用ㇾ之」

あして‐ばかり【足手許】〘副〙「あしてかぎり（足手限）」に同じ。＊歌舞伎・都鳥廓白浪（忍ぶの惣太）(1854)序幕「うき世の中とは言ひながら、今宵につづまる金の切羽（せっぱ）、足手ばかりに才覚なせど、未だに何の当（あて）もなく」＊歌舞伎・八幡祭小望月賑（縮屋新助）(1860)四幕「何だか不気味な代物故、早く売ってしまはうと、足手ばかりに持って歩くが扨買手のないには困る」

あしで‐まきえ【葦手蒔絵（まきヱ）】〘名〙葦手模様の蒔絵細工をすること。また、そのもの。＊玉葉‐寿永元年(1182)一一月二〇日「申刻、着二束帯一、色目如ㇾ常〈葦手蒔絵剣、大殿御笏、瑪瑙帯〉」

あして‐まつわり【足手纏（まつはり）】〘名〙（形動）「あしてまとい（足手纏）」に同じ。＊読本・椿説弓張月(1807-11)続・四二回「慾（なまじい）に脱（のが）れ出（いづ）

るとも足手(アシテ)まつはりにて、便なくこそあらめ」

あして-まとい【足手纏】(とひ:ま)〘名〙(形動)(「あしでまとい」「あしてまどい」とも) 手足にまつわりついて、じゃまになること。物事をするときに、じゃまとなること。また、そのもの。多く、おんな子どもなどのつきまとうのにいう。厄介もの。足手がらみ。＊保元(1220頃か)上・白河殿攻め落す事「院中の上﨟女房女童、方角をうしなって、呼ばはりさけんでまにあへるに、武士も是(これ)が足手まとひにて、進退さらに自在ならず」＊俳諧・毛吹草(1638)五「行道の足手まとひや藤の花〈正直〉」＊西洋道中膝栗毛(1870-76)〈仮名垣魯文〉二・下「女どもが従(つい)てくると足手迷(アシテマド)ひで厄介だからヨ」＊いさなとり(1891)〈幸田露伴〉九七「足手纏(アシテマト)ひの女房持つは厭と」 発音〈標ア〉マ〈京ア〉マ 辞書言海

あしで-もじ【葦手文字】〘名〙「あしで(葦手)①」に同じ。

あしで-もよう(ヤウ:モ)【葦手模様】〘名〙 葦手を模様にしたもの。＊路上(1919)〈芥川龍之介〉一〇「初子の隣に同年輩の若い女が、紺地に藍の竪縞の着物の胸を蘆手模様(アシデモヤウ)の帯に抑へて、品よくすらりと佇んでゐた」 発音アシデモヨー〈標ア〉モ

あし-と【足跡】〘名〙「あしあと(足跡)」に同じ。＊木工権頭為忠百首(1136頃)雪「ふる雪に木曾の通ひぢあと絶えて、駒の足とも見えずなりゆく〈藤原親隆〉」 方言❶あしあと。福島県石城郡054 茨城県188 千葉県安房郡302 長野県更級郡054 ❷猪(いのしし)のあしあと。栃木県198

あし-ど【足処】〘名〙 歩く時、両足の地面につく部分。＊史料編纂所本人天眼目抄(1471-73)一「礼拝の足どをみたぞ、みられて老和尚莫二探頭一(スルコト)好(シ)鳴呼さのみ足どなをさぐりそうぞ」＊日葡辞書(1603-04)「Axidouo(アシドヲ)ヲボエヌ」 辞書日葡

アジト〘名〙(英 agitating point の略) 労働争議や非合法活動などをひそかに扇動する秘密指令所。転じて、地下運動者の隠れ家。さらに転じて、組織的な犯罪者の隠れ家をもいう。＊モダン辞典(1930)「アジト(社)アジテート・ポイントの略語。争議等の場合に於ける煽動の本拠の事」＊党生活者(1933)〈小林多喜二〉一「私は自分のアヂトを誰にも知らせないことにしてゐたが」＊午前零時(1952)〈井上友一郎〉交叉点「会社の連中がいつもトグロ巻いて飲んどるアジトが」 発音〈標ア〉ア〈京ア〉ジ/ア

あし-どお(ほ:ど)【足遠】〘形動〙 訪問が久しくとだえるさま。＊剣ケ崎(1965)〈立原正秋〉二「石見家と李慶孝のあいだに何か連絡はないか、と探りにきていた特高も、いまでは足遠になっているが」 発音アシドー〈標ア〉0

あし-どお・い(ほい:ど)【足遠】〘形口〙文あしどほ・し〘形ク〙「あし(足)が遠い」に同じ。＊真景累ケ淵(1869頃)〈三遊亭円朝〉三九「お累さんに咎(とが)はねえけれどもそれえ聞くと遂(つひ)足遠くなる訳で」

アシドーシス〘名〙(英 acidosis) 血液中の酸とアルカリのつりあいが破れて酸性に傾くこと。また、その症状。糖尿病やその他の病気に伴って起こる。酸毒症。酸性中毒症。アチドーゼ。↔アルカローシス。 発音〈標ア〉ド

あし-と-て-ひ・く〘連語〙 足と手でいざって動く。＊書陵部本名義抄(1081頃)「躄 阿之登弖比久」＊色葉字類抄(1177-81)「脚 アシトテヒク」 辞書色葉・名義 表記脚(色・名) 掎・蛩々(色) 椅・蹴・蛩(名)

あし-どまり【足止】〘名〙①しばらくの間、足をとどめる所。また、足をかける所。足だまり。足がかり。②瓦屋根の土居葺(どいぶ)きの上に、瓦やその下の葺土の落ちるのを防ぐために、横に打ちつけた、細長い木材。あしどめ。あしだまり。〔日本建築辞彙(1906)〕③坂道や桟橋などの傾斜面に、足の滑りを止めるために横に取りつけた木材。あしどめ。あしどめまるた。 発音〈標ア〉ド

あし-どめ【足留・足止】〘名〙①[illegible]所定の場所を離れることのないようにすること。移動できないようにすること。また、所定の場所に近づくことのないようにすること。＊雑俳・柳多留-三(1768)「足留に盃斗出しておき」＊歌舞伎・助六廓夜桜(1779)「あの親仁が襟元に付いてそれでおれを足留めせうと思って、今のやうにしたな」＊松翁道話(1814-46)三・下「ちいと人らしうなったとおもへば、すねかくれしたり、欠落したりして〈略〉そりゃ御祈祷よ、足留よと、うろうろしてござる親達を」＊田舎教師(1909)〈田山花袋〉五六「余り道楽をするものだから、家(うち)でも困って、今度足留めに、愈々(いよいよ)嫁さんが来るさうだ」＊記念碑(1955)〈堀田善衛〉「国策通信社の海外局全員は、数日前から足止めをくい」②足留め薬を使って染色のむらになるのを防ぐこと。また、その薬。あしどめぐすり。③「あしどまり(足止)②」に同じ。④「あしどまり(足止)③」に同じ。 発音〈標ア〉メ0ド〈京ア〉0 辞書ポン・言海 表記足止(へ) 足留(言)

あしどめ-きん【足留金】〘名〙 工員、職工などが、よその会社へ移るのを止めるために与える手当金。〔模範新語通語大辞典(1919)〕 発音〈標ア〉0メ

あしどめ-ぐすり【足留薬】〘名〙 染色のむらを防ぐために用いる薬品。明礬(みょうばん)、炭酸ソーダ、硫酸ソーダ、酢酸などの溶液。

あしどめ-ざい【足留材】〘名〙(英 toe board の訳語) 砲丸投げのサークル正面に固定する用具。

あしどめ-さく【足留策】〘名〙 人を所定の場所から離れさせなくする手立て。また、所定の場所に近寄らせなくする手段。＊女工哀史(1925)〈細井和喜蔵〉四・一二「往時は部の組長なんかが女工足止策として、単なるホーム・シックが原因で帰国でもする女工に、関係をつけて引き止めたものだ」 発音〈標ア〉メ

あしどめ-せん【足留銭】〘名〙 江戸時代に、江戸近在村方の者が、馬喰町(ばくろちょう)の役宅へ駈付人足を勤めなければならない夫役(ぶやく)の代わりとして納めた税金。＊増補田園類説(1842)下・浮役小物成の事、村方夫米夫銭の事「江戸近在の村方には、馬喰町御役宅へ駈附人足相当る。自身勤めかぬるものは、夫銭差出、是を足留め銭と唱へ、駈附定雇へ相渡事也」

あしどめ-まるた【足留丸太】〘名〙「あしどまり(足止)③」に同じ。〔日本建築辞彙(1906)〕

あし-とり【足取】〘名〙①足をとらえること。足をつかむこと。＊竹取(9C末-10C初)「鼎(かなへ)の上より、手とり、足とりして、さげおろしたてまつる」②相撲のきまり手の一つ。相手の片足を両手でかかえ上げて、引き倒すか、土俵外へ出すこと。いっすんぞり。あしどり。＊人情馬鹿物語(1955)〈川口松太郎〉八「その翌る日の九日目、強くもない小兵力士に足取りといふ不思議な技で土俵へ裏むきに叩き出された」③レスリングで、相手の足を取って倒す技。 方言入ると足の[illegible]るような土質の田。山形県西置賜郡・南置賜郡139 発音〈標ア〉リト

あし-どり【足取】〘名〙①「あしづかい(足使)①」に同じ。＊浄瑠璃・国性爺合戦(1715)四「足取手の内四寸八寸身のひらき、ふみこんで打入身の木刀」＊書言字考節用集(1717)九「掎 アシドリ」＊浄瑠璃・鑓の権三重帷子(1717)下「エエ竹かな一本、一手つかふて鑓の権三と名を取印(しるし)、諸人の形見にのこさん物、足取成共見物せよ」＊滑稽本・浮世風呂(1809-13)前・上「ごしゃうだいじにむかふをにらみつめて、はいがらくりのあしどりであゆむ」＊浮雲(1887-89)〈二葉亭四迷〉三・一八「舞踏でもするやうな運歩(アシドリ)で」＊玄武朱雀(1898)〈泉鏡花〉四「浮いてあがるやうな身軽な歩調(アシドリ)」②「あしとり(足取)②」に同じ。③歩いた道筋。移動した経路。犯罪人が逃亡した経路をさしていうことが多い。あしあと。＊春の城(1952)〈阿川弘之〉三・一四「知恵子の予定の足どりを追うて、東練兵場へ探しに来た」＊天城越え(1959)〈松本清張〉二「二十四五歳の女を、もっとも有力な嫌疑者として、その足取りについて、沿道一帯に調査を行なった」④物事の進みぐあい。時とともに移り変わっていく様子。＊若き日(1943)〈広津和郎〉六「三年の間にわれわれを教へる若い教授達の足どりがまちまちになって来てゐた」⑤取引する物件の相場の動き具合。相場が騰貴の傾向にあるのを上げ足取り、または、高足取りといい、下落の傾向にあるものを下げ足取り、または、安足取りという。〔取引所用語字彙(1917)〕＊真理の春(1930)〈細田民樹〉手形の手品師・一六「市場では、東モス株の足取(アシドリ)がたたかれては下げ、下げると少しも反撥力のないのを十分に知りながら」⑥「あしどりひょう(足取表)」の略。⑦三味線音楽で、曲の中での緩急の変化。特に義太夫節でいう。 方言苗代を作る時、籾(もみ)をまく部分を示すために作る足跡。香川県829 発音〈標ア〉リ0ド〈京ア〉0 辞書書言・ポン・言海 表記掎(書) 跬歩(へ) 足取(言)

あじ-とり【―取】〘名〙 方言 ⇨あぜとり(―取)

あしどり-ひょう(ウ:へ)【足取表】〘名〙 相場の動きを示す表。あしどり。〔取引所用語字彙(1917)〕 発音アシドリヒョー〈標ア〉0

あし-と・る【足取・掎】〘連語〙 足を引く。＊色葉字類抄(1177-81)「掎 アシトル」＊観智院本名義抄(1241)「掎 アシトル手敷 アシトテヒク」 辞書色葉・名義・和玉 表記掎(色・名・玉)

あしな【芦品】 広島県の南東部の郡。明治三一年(一八九八)芦田郡と品治(ほんち)郡が合併して成立。

あし-な【足縄】〘名〙 漁網の下方の部分で錘(おもり)をつけてある綱。グランドロープ。あしなわ。いわな。いわづな。

あしな【蘆名】 姓氏の一つ。中世会津地方に勢力をもった領主。鎌倉時代、三浦義明の子佐原十郎左衛門尉義連の系譜を継ぐといわれ、蘆名の称は、出身地の相模国蘆名によるものとされる。鎌倉後期から南北朝期にかけて、黒川(会津若松)を根拠に勢力を伸ばし、応永期にでた満政は、上杉禅秀の乱では鎌倉公方足利持氏と敵対するなどの動きをみせる。一六世紀半ばの盛氏の代を頂点として徐々に衰退し、天正一七年(一五八九)に伊達氏に敗北し滅んだ。 発音〈標ア〉ア

あしな-もりうじ【蘆名盛氏】 戦国大名。会津黒川城主。盛舜(もりきよ)の子。法名瑞雲院竹厳宗関。武田信玄、上杉謙信らと通じて近隣に勢力をひろげ、常陸の佐竹義重としばしば戦う。大永元～天正八年(一五二一～八〇)

あじ-な・い(あぢ)【味無】〘形口〙文あぢな・し〘形ク〙①「あじきない(味気無)」に同じ。＊とりかへばや(12C後)中「あやしくよづかぬ御ありさまも、見奉りしり給ひにけん人をあらためて、かくはなれさせ給はんも、あぢなき御事にはべるべきを」＊史料編纂所本人天眼目抄(1471-73)五「黒の字を不レ道レ黒而言炭字を以て云たが味なし」＊浄瑠璃・彦山権現誓助剣(1786)三「我夫(つま)よとも我子とも、いはれぬ様なあぢない、縁が世界に又あらうか」②味がない。また、味が悪い。＊咄本・露休置土産(1707)四・一「身共も風を引ましたが、こなたは頭痛はせぬか。いたしまする。食があぢないであらふ。さやうでござる」＊物類称呼(1775)五「あぢなしと云〈食物の味ひうすき也〉京江戸共に、無味(アヂナシ)と云〈但江戸にてうまくなひともいふ也〉東国にて、まづいと云」＊浪花聞書(1819頃)「あじない、無味也まづい也」＊和英語林集成(初版)(1867)「カゼ ヒイテ タベモノガ ajinai(アジナイ)」③淡泊である。淡い。＊談義本・根無草(1763-69)後・跋「山鳥の尾の長々しき河漏麪(そばきり)の淡薄(アジナキ)をめで、隼人の薩

摩(さつま)なる、金粟(あはもり)酒の酷烈(ひんとしたる)をもてはやすこそは、風流(みやびと)のしわざなるべき」 方言 ❶食べ物や飲み物などがまずい。上方†114 新潟県上越市382 富山県砺波038 397 石川県江沼郡422 福井県427 大飯郡447 岐阜県038 498 502 愛知県549 562 三重県584 585 滋賀県彦根609 蒲生郡612 京都市054 大阪府大阪市637 泉北郡646 兵庫県651 神戸市670 ◇あじゃない 新潟県上越市382 ◇あんない 福井県427 431 三重県伊賀585 滋賀県彦根609 高島郡614 ❷へただ。滋賀県蒲生郡062 発音 〈標ア〉ナ 辞書 和玉・書言・〈ボ〉 表記 饕・餔(玉) 味無(書) 無味(へ)

あじない物(もの)の煮(に)え太(ぶと)り (味のよくないものに限って、煮ると量が多くなる意)よいものは少なく、悪いものは多い。あほうの煮え太り。まずい物の煮え太り。＊浮世草子・世間娘容気(1717)三「口広(ひろく)おさなひには稀(まれ)なる大食、しかもあぢなひ物の煮(ニエ)ぶとりと、七つの年疱瘡おもく」＊洒落本・契情実之巻後編(1804)序「線繡花(あじさい)は七度変而、槿花(きんか)一日の栄におとらず。槿花は少内(たった)一朝の栄を以七化(ななばけ)そっちのけ。あじない物の熱太(ニヘブトリ)」」

あしない-こ【足―】『名』 方言 ⇩あしこんぎ(足―)

あし-ないら【足痿・足内羅】『名』(「ないら」は、馬の内臓の病気をいう) 馬の足の病気。＊常磐津・三世相錦繡文章(おそのろく)(1855)三「おらも此頃は足痿(アシナヒラ)が発(おこ)ったから、婆婆へ出たついでに、四谷の馬医者へ行って、一廻りも、鍼(はり)をして貰はうと思ふから」

あし-な・う【蹇】『自ハ下二』「あしなえぐ(蹇)」に同じ。＊四河入海(17C前)一八・四「跛羘の、あしなへたる羊なんどが上る事を得ずして」＊読本・南総里見八犬伝(1814-42)二・二〇回「弟は存命(ながらへ)て故郷にかへれど、足蹷(アシナヘ)たり」＊即興詩人(1901)〈森鷗外訳〉露宿、わかれ「このちごをば蹇(アシナ)へたる丐児(かたゐ)にわたされずとのたまふを聞きつ」 辞書 和玉 表記 躄(玉)

あし-なえ【蹇・跛】『名』足がなえて歩行が不自由なこと。また、その人。＊新撰字鏡(898-901頃)「癖 腹内癖病也 足奈戸也」＊十巻本和名抄(934頃)二「蹇 説文云蹇〈音犬 訓阿之奈閇 世間云那閇久〉行不正也」＊石山寺本大般涅槃経治安四年点(1024)七「若し我性常なりといはば〈略〉、拘(てなへ)、躄(アシナヘ)は能く行(あ)りく」＊金光明最勝王経音義(1079)「跛 安志奈恵」＊日葡辞書(1603-04)「アレワ axinayede (アシナエデ) ゴザル」 発音 〈標ア〉0 〈ア史〉平安・鎌倉○○○○か 〈京ア〉0 辞書 字鏡・和名・色葉・名義・和玉・文明・天正・饅頭・黒本・易林・日葡・書言・〈ボ〉・言海 表記 蹇(和・色・名・玉・文・天・饅・黒・易・書・へ) 跛(名・玉・天・易・書) 躄(名・玉・天・易・書) 癖(字・玉) 痿(名・玉) 蹶(名) 踔・赶・跲・違・檐・尷

あしなえ立(た)つことを忘(わす)れず (足なえの者は立って歩きたい希望を強く持っているというところから)ふだん満たされないものを実現したいと痛切に希望すること、人が自分の本能を発揮しようと望むこと、常に心にかけて願うことなどのたとえ。＊史記抄・韓王信伝「僕之思帰、如痿人不忘起、盲者不忘視也」

あし-なえ・ぐ【蹇・跛】『自ガ四』(「あしなえく」とも) 足がきかなくなる。歩行が不自由である。あしなう。＊新撰字鏡(898-901頃)「躄 足奈戸久馬」＊海道記(1223頃)大岳より鈴鹿山「羊腸坂きびしくして驚馬石に足なへく」＊読本・雨月物語(1776)浅茅が宿「翁も又足蹇(アシナヘギ)て百歩を難しとすれば、深く閉(たて)こもりて出でず」 発音 アシナエグ 〈標ア〉エ 〈京ア〉0 辞書 字鏡・色葉・名義 表記 蹇・蹇歩(色)

あしなえ-びと【蹇人】『名』足のなえた人。跛者(はしゃ)。＊読本・南総里見八犬伝(1814-42)二・二一回「思ふ甲斐なき蹇人(アシナヘヒト)、身の不自由に心さへ、直からねばや、訪ひも来ず」

あし-なか【足半】『名』かかとにあたる部分のない短小な草履。鼻緒を角(つの)結びにするのが特色。これに対して、普通の長さのものを長草履という。軽くて走るのに便利で、武士などが好んで用い、農山漁村でも作業用に広く用いられた。足半草履。＊玉塵抄(1563)二〇「家のしもくつ足なかをとる者が、上の御くつはやぶれてめされうずやうないと云たぞ」＊上井覚兼日記-天正二年(1574)九月六日「奏者は伊地知勘解由左衛門尉、御門迄出合被申候、足中あまうち迄はかれ候」＊日葡辞書(1603-04)「Axinaca (アシナカ)〈訳〉足裏の半分にもとどかない、日本風の麦藁製履物」＊北条五代記(1641)七「小熊は、鼠色の木綿あはせに、あさきの木綿はかまを着、足半(アシナカ)をはき、乏少(ぼうせう)なる姿にて」＊葉隠(1716頃)二「太閤様名古屋御下向の時、朱鞘の大小に脚半(アシナカ)を御かけ候て」 方言 ❶かかとに当たる部分のない短小な草履。◇あしなき 熊本県天草郡919 宮崎県955 ◇あしなこ 島根県725 ◇あしなこばき〔―履〕 島根県鹿足郡725 ◇あしのこ 広島県771 ◇あしなは 鹿児島県975 ◇あしだか 青森県072 津軽076 岩手県気仙郡100 秋田県鹿角郡132 山形県139 福島県会津若松市171 大沼郡175 新潟県東蒲原郡368 ◇あしんだか 秋田県130 ◇あしだかぞうり〔―草履〕 山形県北村山郡139 米沢市149 ❷動物、うちわえび(団扇海老)。東京都八丈島338 和歌山県693 辞書 易林・日葡・書言・〈ボ〉 表記 足半(書・へ) 足中(易) 短鞋(書)

足半

あしなかには礼儀(れいぎ)なし 足半草履をはいている時には、平常の礼儀に従わなくてもかまわない、ということ。＊奉公覚悟之事(15C中-後)「あしなかに礼義なく候也」＊随筆・貞丈雑記(1784頃)一「雑雑記(そふそふき)に、あしなかには礼儀なし。人の敷皮に座し候とも通る時あしなかはぬぐまじき也とあり」

あしなかを履(は)く 方言 売買の仲介や頼まれた買物などをした時にこっそりもうける。上前をはねる。下駄をはく。◇あしなかはく 新潟県佐渡356 富山県富山市近在392 砺波398 福井市428 島根県大原郡・隠岐島725 ◇あしのこをはく 島根県邑智郡725

あし-なが【足長】『名』①足の長いこと。また、その人。＊沈黙の塔(1910)〈森鷗外〉「脚長は不精らしくちょいと横目でこっちを見た」②足が非常に長いという想像上の人。＊枕(10C終)二三・清涼殿の丑寅のすみの「清涼殿の丑寅のすみの、北のへだてなる御障子(みさうじ)は、荒海の絵(かた)、生きたる物どものおそろしげなる手長(てなが)あしながなどをぞかきたる」＊大鏡(12C前)三・伊尹「海賦に蓬萊山、手長、足長、金してまかせたまへりし」＊禁秘鈔(1221)上「清涼殿〈略〉弘廂 板九枚、北有荒海障子 南方手長足長 北面宇治網代布障子墨絵也」③(形動)遠方まで出かけて行くこと。行動距離が遠いさま。＊御伽草子・鴉鷺合戦物語(室町中)「鷺方には足ながに出て控へたり」＊足利本人天眼目抄(1473)「両脚をこぢ折てくれうは、脚長に雪峯の処へは行くまじい者を」＊太閤記(1625)一二・相模国小田原氏政家伝之事「遠国の事なれば、あしながに是まではよも働じと、思ひし故か」＊浄瑠璃・佐藤忠信廿日正月(1710頃)上「やれ義経ははや此山を落うせたり、足ながにおとすなおっかけて討とれと」④植物「はこねしだ(箱根羊歯)」の古名。＊重訂本草綱目啓蒙(1847)一六・石草「石長生 はこねぐさ〈略〉一種ぬりばしと呼者あり一名からすのあし 越後、あしなが 江州」 方言 ❶竹馬。京都府宇治郡633 ❷植物、はこねそう(箱根草)。江州†028 ❸虫、あめんぼ(水黽)。熊本県天草郡936 発音 アシナガ 〈標ア〉0 〈京ア〉0 辞書 言海 表記 足長(言)

あしなか-えび【足半海老】『名』「ぞうりえび(草履海老)」の異名。 方言 動物、うちわえび(団扇海老)。東京都八丈島338

あしなが-ぐも【足長蜘蛛】『名』①アシナガグモ科のクモ。体長は、雌で約一・五センチメートル、雄で一センチメートルあまり。体は全体に淡黄褐色で細長く、とくにあしは細く長い。牙は大きく目立つ。人家付近や森林内にすみ、円網を水平に張って昆虫を捕える。本州以南に分布。学名は Tetragnata praedonia ②「あしだかぐも(足高蜘蛛)」の異名。＊重訂本草綱目啓蒙(1847)三六・卵生「蜘蛛〈略〉蠨蛸長蹄はあしたかのくも〈和名抄〉あしたかぐも、あしながぐも」 方言 動物、めくらぐも(盲蜘蛛)。神奈川県津久井郡317 発音 アシナガグモ 〈標ア〉グ

あしなが-こがね【足長黄金虫・足長金亀子】『名』コガネムシ科の甲虫。体長五・五～九ミリメートル。体は淡緑黄色で、腹部は光沢のある鱗片(りんぺん)でおおわれる。足は黒または赤褐色。芝生のそばのバラなどの花に集まる。本州、四国、九州に分布する。学名は Hoplia communis 発音 アシナガコガネ 〈標ア〉コ

あし-ながし【葦流】『名』「あしのしんじ(葦神事)」に同じ。《季・夏》＊俳諧・滑稽雑談(1713)六月「津島祭〈略〉件の葦を河海に投ず、其流れ寄所、必疫癘ありと云、祓畢て祓具を水に流す、是常の儀也。是を津島の御葦流と云也」

あしながし-の-しんじ【葦流神事】『名』「あしのしんじ(葦神事)」に同じ。《季・夏》＊俳諧・滑稽雑談(1713)六月「津島祭〈略〉第一に御葦流の神事は、毎歳今日行はる。葦数千を束て、鎮疫の神事の具とす」

あしなが-じま【足長島】『名』足のきわめて長い人種が住むという想像上の島。＊洒落本・古今三通伝(1782)「ほどなく月代(さかやき)の番がまはって来ると、足長(アシナガ)じまの小だらゐの湯をこぼし、ざっとゆすいで湯をくみ入れ」

あしなか-ぞうり【足半草履】『名』「あしなか(足半)」に同じ。＊歌舞伎・松栄千代田神徳(徳川家康)(1878)三幕「徳川家康〈略〉足中草履にて社より出かけ窺ひ居る見得」

あしなが-だこ【足長蛸】『名』「てながだこ(手長蛸)」の異名。＊和爾雅(1688)六「石距 アシナガタコ」＊重訂本草綱目啓蒙(1847)四〇・魚「章魚〈略〉一種あしながだこは一名てながだこ」 辞書 言海 表記 足長蛸(言)

あしなか-とり【足半取】『名』草履取り。主人のはく足半草履をもち、供をする下男。＊毛利家文書-(年月日未詳)(室町)騎馬衆以下注文(大日本古文書一一・六二八)「打刀〈御小者〉、足中取〈同〉」

あしなが-ばえ【足長蠅】『名』アシナガバエ科の昆虫の総称。小形で足が長く、体色は緑色ないし藍青色。一般に湿気のある所を好む。日本各地に分布。学名は Dolichopodidae 発音 アシナガバエ 〈標ア〉ガ

あしなが-ばち【足長蜂】『名』スズメバチ科に属するハチのうち、あしが長く、飛ぶときにあしを下にさげているものの総称。コアシナガバチ、フタモンアシナガバチなど人家付近で普通にみられる。春に枯れ枝や草の茎から繊維をかみとり、唾液(だえき)を混ぜあわせて、軒下、木の枝などにじょうろの口に似た巣をつくる。肉食で、樹木や庭木の害虫を駆除する益虫だが、驚かすと人を攻撃する。《季・春》＊田舎教師(1909)〈田山花袋〉五四「足長蜂(アシナガバチ)が巣を醸(かも)してブンブン飛んで居た」＊春と修羅(1924)〈宮沢賢治〉春と修羅「とにかく花が白くて足なが蜂のかたちなのだ」 発音 アシナガバチ 〈標ア〉ガ 〈京ア〉ガ

あしなか-まつり【足半祭】『名』滋賀県高島郡

今津町川上の祭の異称。神事に関与する人がみな足半をはくところからいう。

あしなか-むすび【足半結】〘名〙草履の前鼻緒を角(つの)結びにすること。足半はほとんどこの結び方にする。

あし-ながもち【足長持】〘名〙あしの付いている長持ち。戸外で持ち歩いて道路に置いてもいいように作ったもの。

あし-なご〘名〙「あしこぎ(足漕)」に同じ。＊日葡辞書(1603-04)「Axinago(アシナゴ)。アシコギという方がまさる。〈訳〉片足飛びで歩くこと」 辞書 日葡

あじな-さ【味無—】〘名〙(形容詞「あじない」の語幹に接尾語「さ」のついた語)味のないこと。味が悪いこと。また、その度合。＊咄本・多和文庫本昨日は今日の物語(1614-24頃)下「尤の仰せにて候へども、あまり口があじなさに」

あし-なし【足無】〘名〙①足のないこと。＊新浦島(1895)〈幸田露伴〉三「斯様(かう)定って見れば蜈蚣(むかで)の脚の多いも蛭の脚無しも同じことだに御苦労だはな」 ②「あしなしおこせ(足無—)」の略。＊歌舞伎・傾城倭荘子(1784)大序「われを足(アシ)なしにせまいばかり、誠の親はおれぢゃわやい」

あしなし-おこせ【足無—】〘名〙(語源未詳。「おこせ」は、「寄越せ」か)遊女の異称。あしなし。＊歌舞伎・傾城倭荘子(1784)三段「足(アシ)なしおこせの奉公人を取って儲け貯めし身代を」

あしなし-とかげ【足無蜥蜴】〘名〙足のないトカゲの総称。体長一メートルを越えるものもある。四肢がなく、ヘビに似ているが、まぶたが動いたり耳孔(じこう)があったりするので区別できる。 発音 アシナシトカゲ〈標ア〉ト

あしな-しゃじ【阿史那社爾】 中国唐代の武将。東突厥(とっけつ)の処羅可汗(かがん)の次子。はじめ西方諸部を分統し、のち西突厥の半ばを支配。六三五年唐に内属し、左驍衛大将軍として高昌、亀玆(きじ)の討伐に戦功をたてた。六五五年没。

あしなずち【脚摩乳】 記紀に見える国つ神。妻は手摩乳(てなずち)。簸川(ひのかわ)の川上に住む。八岐大蛇(やまたのおろち)を素戔嗚尊(すさのおのみこと)に退治してもらい、娘、奇稲田姫(くしなだひめ)を尊に奉った。 発音〈標ア〉ナ 辞書 書言 表記 脚摩乳(書)

あし-なずな【—薺】〘名〙植物「いぬなずな(犬薺)」の古名。＊本草和名(918頃)「亭歴〈略〉一名狗薺 和名波末多加奈 一名阿之奈都奈 一名波末世利」＊俚言集覧(増補)(1899)「あしなづな 草名はまたかなをいふなり」 辞書 和名・色葉 表記 亭歴子(和・色)

あしな-に〘副〙悪いように。あしざまに。↔よしなに

あし-なべ【足鍋】〘名〙鍋に三つ足のついているもの。鼎(かなえ)の小さなもの。＊十巻本和名抄(934頃)四「鍋 唐韻云鍋〈音楚庚反 字亦作鐺 阿之奈倍 或説云俗云非甑而所炊之飯謂之鍋飯者音訛也〉小鼎也」＊堤中納言(11C中-13C頃)よしなしごと「せめては、ただあしなべ一、長むしろ一、つらたらひ一なむいるべき」＊東雅(1717)一一「鍋(アシナベ)〈略〉アシは足也。猶アシガナヘといふが如し 六書故に拠るに、鍋は俗作レ鐺。耳足ある器と見えたり。今の如きは此制を見ず」 発音〈標ア〉0 辞書 和名・色葉・名義・和玉・日葡 表記 鐺(和・色・名・玉) 鍋(和・色・名) 錡(色・名・玉) 鐎(色・名) 鑊(玉)

あし-なみ【足並】〘名〙①人や馬などが、多数で行進する時の足の揃い具合。歩調。＊夫木(1310頃)二七「かたがたにいどめる駒のあしなみをさつきならではいつかくらべん〈大中臣輔親〉」＊日葡辞書(1603-04)「Axinami(アシナミ)」＊浄瑠璃・新うすゆき物語(1741)上「打あふ音はぽんぽんどうどうとどろく足なみ。一眼二心三足の手煉を得たる二人があらそひ汗をしぼって打合しが」＊西洋道中膝栗毛(1870-76)〈仮名垣魯文〉六・上「しどろの足並(アシナミ)踏しめて、一っ歩も後に退ぞかず」＊東京風俗志(1899-1902)〈平出鏗二郎〉下・二・児戯「隊を編みて足並(アシナミ)を揃え、軍歌を謳うてあるき」 ②多数の人々の、考え方、行動の揃い具合。その一致の仕方。＊思出の記(1900-01)〈徳富蘆花〉三・一八「先生は〈略〉学生一同が年齢(とし)若く経験足らず学問乏しき他国他郷の客を十分の信用をもて受容れ、歩調(アシナミ)を揃へて未熟な嚮導者の後に従ったことを謝し」＊セルロイドの塔(1959)〈三浦朱門〉一三「団結の足並が乱れるらしい」 ③(「に」をともなって、副詞的に用いる)一足ごとに。一歩進むごと。＊謡曲・八島(1430頃)「源平互に矢先(やさき)を揃へ、船を組み駒を並べて、うち入れうち入れ、足並みに、銜(くつばみ)を浸(ひた)して攻め戦ふ」 発音〈標ア〉0 ミ〈京ア〉0 辞書 日葡・ヘボン・言海 表記 足並(言)

あしなみ-ちょうれん【足並調練】〘名〙集団で行進する時、足並みを揃える訓練をすること。また、足音を揃えて大ぜいの人が歩行すること。＊西洋道中膝栗毛(1870-76)〈仮名垣魯文〉九・下「足並(アシナミ)てうれんで廊下を通りながら」＊開化自慢(1874)〈山口又市郎〉初・上「大太鼓のきっかけで、足利直義公、ゲーベル組の足(アシ)なみ調練(テウレン)で、ピッピキピイのピイ、デレックデンのデンで出て来る」

あし-な・ゆ【足蹇】〘自ヤ下二〙「あしなえぐ(蹇)」に同じ。＊日葡辞書(1603-04)「Axinaye, uru, eta(アシナユル)」 辞書 日葡

あし-ならし【足馴】〘名〙①本格的な遠出や運動などをする前に、あらかじめ歩いたり駆け足したりして足の調子をととのえておくこと。あしがため。＊小津桂窓宛馬琴書簡-天保六年(1835)五月一六日「三月中旬より少々快方に付、四月に至り、出勤いたし度よし申に付、〈略〉足ならしの為、近所池之端弁天開帳抔に、隔日或は三日に壱度参詣いたし」＊亜刺比亜人エルアフイ(改作)(1957)〈犬養健〉三「足馴らしのために、私たち村の子供を案内人にして散歩をはじめました」 ②新しい物事を開始する前の準備行動。香川県塩飽諸島829 発音〈標ア〉ナ〈京ア〉ナ 方言 盆の十三日の踊り始め。

あし-なわ【足縄】〘名〙⇨あしな(足縄)

あし-なわ【葦索】〘名〙「あし(葦)の縄(なわ)」に同じ。＊書陵部本名義抄(1081頃)「葦索 順云阿之奈波、祭祀具」 発音〈ア史〉平安●●●○〈京ア〉0 辞書 名義 表記 葦索(名)

あし-に【脚荷】〘名〙船体の動揺や転覆を防ぐために、船底に積み入れる水、油、砂礫(されき)、または、同様の効果を持つ重量荷物をいう。底荷。バラスト。

あし-に【葦荷】〘名〙刈り取った葦を束ねた積荷。束ねた葦の荷。＊万葉(8C後)一一・二七四八「大船に葦荷(あしに)刈り積みしみみにも妹は心に乗りにけるかも〈作者未詳〉」

あし-ぬき【足抜】〘名〙①足を抜きあげるようにして音を立てずに歩くこと。抜き足。＊曾我物語(南北朝頃)四・小二郎かたらひえざること「五郎も足ぬきしてたちけるが」＊両足院本周易抄(1477)「そつそつと足ぬきして初の処へくるぞ」 ②歩を移すこと。その場を脱け出ること。＊大淵代抄(1630頃)七「霊山の葛藤樹は倒れてもあれ、別に脚(あシ)抜きのせられぬ葛藤があると見ゐたほどに」＊俳諧・ゆめみ草(1656)四「ふる雨の足ぬきさせぬ氷哉〈良重〉」 ③ある境遇や状況から脱け出ること。且つ、出身の路無いこと、足(あシ)ぬきのせられぬことだ」＊狂歌・古今夷曲集(1666)九「足ぬきがならぬそうにぞみえらるる浅香の沼にはまり給ひて」 ④芸娼妓などが前借金をすまさないで逃げること。足抜け。＊人間(1938)〈高見順〉「足抜きでもされてはと思ってんのかな」＊天城越え(1959)〈松本清張〉二「ハナが多額の借金を残したまま出奔、いわゆる足抜き逃走したので、目下、人をもって行方を捜している事実が分かった」 ⑤近世、大坂堂島で取り引きされた米相場の高下を、飛脚より早く他の米市場に知らせたこと。これによって不当な利を得る者があり、厳罰に処せられた。＊御触書弁承知印形帳-天保五年(1834)一〇月二六日(大阪市史四)「近来足抜与唱、飛脚之者より先江入込、高下を知らせ候もの有之哉」 発音〈標ア〉0 キ ヌ

あし-ぬぐい【足拭】〘名〙足をふくこと。また、足の汚れをぬぐう布。あしのごい。あしふき。 方言 雑巾(ぞうきん)。熊本県球磨郡919 発音 アシヌグイ〈音史〉室町頃まで『あしのごひ』、近世以後両様か。〈標ア〉ヌ

あし-ぬくめ【足温】〘名〙椅子に腰かけた時などに、足をあたためる器具。あしあぶり。足温器。《季・冬》

あし-ぬけ【足抜】〘名〙「あしぬき(足抜)③④」に同じ。

あし-ぬま【葦沼】〘名〙葦のはえている沼。＊歌謡・松の落葉(1710)二・九・現在熊坂「時にあはねば是非もなく、此あしぬまに朽ちはつる、老木の柳今ははや」

あし-ね【葦根】〘名〙葦の根。＊金葉(1124-27)秋・一九〇「蘆根はひかつみも繁き沼水にわりなく宿る夜半(よは)の月かな〈藤原忠通〉」＊新撰六帖(1244頃)三「難波なるあしねに交るみをつくしうきふししげきよにや朽ちなん〈藤原為家〉」

あしね-はう【葦根延】〘連語〙葦の根は泥の下をはうところから、「下(した)」を、また葦のはえる泥土(うき)をはうところから同音の「憂き」をひき出す序詞のように用いられる。＊順集(983頃)「ここもかしこもあしねはふ 下にのみこそ 沈みけれ」＊拾遺(1005-07頃か)恋四・八九三「あしねはふうきは上こそつれなけれ下はえならず思ふ心を〈よみ人しらず〉」＊久安百首(1153)雑下「あしねはふ うき身のほどを つれもなくおもひもしらず すぐしつつ〈藤原清輔〉」

あし-ねんぐ【蘆年貢】〘名〙江戸時代、野生の蘆、または水場などへ植え付けた蘆に課した年貢。蘆役。＊地方凡例録(1794)五「蘆年貢、蘆役 是は野方浜方などにて立毛仕付ても水場作毛不レ生立レ場所蘆植付、一反に米何ほどと上納する也」

あし-の【蘆野・芦野・葦野】 ㊀〘名〙川原や沼地周辺の空地で葦の生えた場所。江戸時代には反別を改めて、一反に何程と年貢を掛けるか、反別を改めず蘆野役、蘆野運上などの名で税が掛けられた。＊地方凡例録(1794)二「蘆野は川筋沼地等に有レ之、是又かや野同然反別有て、一反何程と年貢納るも有、又は無反別にて役永運上等差出すもある也」 ㊁(蘆野・芦野) 栃木県東北部、那須町の地名。奥州街道の鍋掛(越堀)と白坂の間にあった宿駅。＊俳諧・奥の細道(1693-94頃)殺生石「清水ながるるの柳は、蘆野の里にありて、田の畔(くろ)に残る」＊俳諧・陸奥衛(1697)五「秋暑しいづれ蘆野の柳陰」 発音〈標ア〉0

あし-の-あい〘名〙「こぶなぐさ(小鮒草)」の古名。＊医心方(984)一「藎草 和名 加岐奈又阿之乃阿為」

あしの-いし【芦野石】〘名〙栃木県東北部、那須町芦野で産出する石。洪積世の石英、角閃石の両輝石安山岩で、土木、建築に利用。館山石。

あし-の-うみ【芦湖】「あしのこ」に同じ。＊春のみやまぢ(1280)一一月二五日「あしのうみのゆとて温泉もあり」 発音〈標ア〉ノ

あし-の-うら【蘆浦・葦浦】 滋賀県草津市常盤あたりの古名。琵琶湖に臨む地で、古代、屯倉(みやけ)が置かれた。一説に守山市三宅町付近とも。あしうら。＊浮世草子・近代艶隠者(1686)三・五「蘆安食(あし)。(アシ)の浦(ウラ)に出つつ、昔往(そのかみ)太子の御徳を慕ひ、天王寺に詣でて」 発音〈標ア〉ア

あしのうれ-の【葦末—】 枕 同音のくりかえしで、「足」にかかる。＊万葉(8C後)二・一二八「我が聞

きし耳によく似る葦若末乃（あしのうれの）足痛（ひく）吾が背勤めたぶべし〈石川女郎〉」 補注「アシカビノ」と訓み、葦の芽がやわらかくなよなよしているところから、足の弱くなった病としての「足痛（訓は諸説あり）」にかかるとする説もある。

アジノール『名』（英 adinole）泥質の岩石が塩基性の岩脈による接触変成作用をうけてできた淡緑色、半透明の岩石。＊英和和英地学字彙（1914）「Ajinōru Adinole アヂノール」 発音〈標ア〉ノ

あしのき【足―】『名』 方言 ⇩あしこんぎ（足―）

あし-の-こ【芦ノ湖】 神奈川県箱根山上にある湖。箱根火山の火口原湖。富士八湖の一つで逆（さかさ）富士の姿が美しい。面積六・八平方キロメートル。最大深度四一メートル。湖面海抜七二五メートル。 発音〈標ア〉ノ〈京ア〉シ/ノ

あし-の-ごい ごひ **【足拭】**『名』「あしぬぐい（足拭）」に同じ。＊玉塵抄（1563）一一「日ごとに食をくり手巾足のごいをささげたぞ」＊日葡辞書（1603-04）「Axinogoi（アシノゴイ）」＊武家名目抄（19C中か）雑部附録・二・足拭「寸法雑雑記云足拭弐尺四寸」 発音アシノゴイ〈音史〉近世以後『あしぬぐひ』とも。〈標ア〉ノ 辞書日葡

あし-の-じ【足字】『名』「あしのじせん（足字銭）」の略。＊随筆・摂陽奇観（1833）二四・下「足の字。野州足尾にて吹。重さ八分」

あしのじ-せん【足字銭】『名』江戸時代通用の寛永通宝一文銭の一種。裏面の孔の上部に「足」の字が鋳出されている。「足」は下野国（栃木県）足尾の足で、この銭座で寛保元年（一七四一）一一月から年額四万貫文の予定で、五年間鋳造された。

あし-の-しんじ【葦神事】『名』悪疫（あくえき）を払うための神事。葦を束ね、これに疫病神（やくびょうがみ）を託して川に流すもので、その流れ寄った所に疫病がはやるとされ、その地ではこれを納めて祭りを行なう。この信仰は愛知県の各地にみられ、津島市の津島神社で六月一四日の夜に神事を行なうほか、名古屋市の熱田神宮や豊橋市の牛頭天王（ごずてんのう）社、大阪の三輪神社などでも行なわれる。あしながし。あしのしんじ。御葭（みよし）神事。＊俳諧・滑稽雑談（1713）六月「津島祭〈略〉毎歳有二御葦神事者一、卜二国中疫疾変異等一」

あじ-の-すむ あぢ 枕 アジカモがいつも住んでいるところから、「須佐（すさ）の入江」にかかるという。須佐は紀伊、出雲あるいは東国か未詳。一説に、アジの住む渚（す）の意で、同音を含む須佐にかかるという。また、実景として枕詞とはみない説もある。＊万葉（8C後）一一・二七五一「味乃住（あぢノすむ）渚沙（すさ）の入江の荒磯松（ありそまつ）我（あ）を待つ子らはただ一人のみ〈作者未詳〉」＊万葉（8C後）一四・三五四七「阿遅乃須牟（アヂノスム）須沙の入江の隠沼（こもりぬ）のあな息づかし見ず久（ひさ）にして〈東歌〉」

あしのね-の【葦根―】 枕 ①「ね」の音のくりかえしから、「ねもころ」にかかる。＊万葉（8C後）七・一三二四「葦根之（あしのねの）ねもころおもひて結びてし玉の緒といはば人解（と）かめやも〈作者未詳〉」 ②葦には節（よ）があるところから、「夜」「世」または「よ」の音で始まることばにかかる。＊後撰（951-953頃）恋四・八八七「難波女にみつとはなしにあしのねのよの短くて明くるわびしさ〈小野道風〉」＊古今六帖（976-987頃）三・水「あしのねのよはき心はうきごとにまづ折れふしてねぞなかれける」＊新古今（1205）夏・二七三「蛍とぶ野沢にしげるあしのねのよなよな下にかよふ秋風〈藤原良経〉」 ③葦の根の節（よ）が短いところから、「短し」にかかる。＊続後撰（1251）夏・二一八「難波なるみつともいはじあしのねの短き夜半の十六夜の月〈藤原知家〉」 ④葦の根は繁茂して分かれるところから、「わ」「分く」「分かる」にかかる。＊後撰（951-953頃）恋二・六八〇「深くのみ思ふ心はあしのねのわけても人にあはんとぞ思ふ〈敦慶親王〉」＊神道集（1358頃）二・七「三とせが程の苦しさは喩へんかたなきあしのねの忘るる時なき思ひかな」 ⑤葦の根は泥土（うき）の中にあるところから、「憂き」にかかる。＊後拾遺（1086）恋四・七七一「あしのねのうき身の程としりぬれば恨みぬ袖も波は立ちけり〈公円母〉」＊続後撰（1251）雑下・一二二七「白波の寄すればなびくあしのねのうき世の中をみるがかなしさ〈よみ人しらず〉」

あしのは-がき【葦葉書】『名』絵を字句の代用とし、それを文章にまじえて書くこと。また、その文章。＊随筆・夏山雑談（1741）二「葦の葉書といふは、文章に絵を交て書ことなり」

あしのは-がれい がれひ **【葦葉鰈】**『名』魚「このはがれい（木葉鰈）」の異称。

あしのは-だるま【葦葉達磨】『名』（達磨は葦の葉に乗って日本に渡ったと伝えられているところから）葦の葉に乗った達磨の図。

あしのはな-げ【葦花毛】『名』「あしはなげ（葦花毛）」に同じ。＊拾遺（1005-07頃か）雑下・五三七「廉義公家の紙絵に、あを馬ある所に、あしのはなげの馬（むま）ある所。難波江のあしのはなげのまじれるは津の国飼ひの駒にやあるらん〈恵慶法師〉」

あしのは-ぶえ【葦葉笛】『名』「あしぶえ（葦笛）」に同じ。

あしのみ『名』魚「ぼら（鯔）」の子をいう。＊重訂本草綱目啓蒙（1847）四〇・魚「鯔 くちめ〈日本紀〉〈略〉魚の大小に因て方言各異なり筑前にては四年なるを、ぼらと云〈略〉初生一寸許なるものはあしのみ 播州」 方言❶鯔（ぼら）の幼魚。播州028 兵庫県一部015 ◇あしのめ 岡山市054 ◇あしなめ 香川県塩飽諸島829 ❷赤目魚（めなだ）の幼魚。◇あしなめ 岡山県761 762 764

あじ-の-もと あぢ **【味の素】** グルタミン酸ナトリウムを主成分とする化学調味料の商標名。明治四一年（一九〇八）池田菊苗（いけだきくなえ）が昆布（こんぶ）だし汁のうまみ成分の研究から発見、創製したもの。 発音〈標ア〉ノ〈京ア〉モ

あし-の-ゆ【芦ノ湯】 神奈川県南西部、箱根町にある温泉。箱根七湯の一つ。泉質は単純硫化水素泉。特に皮膚病にきく。＊雑俳・俳諧觿‐一三（1797）「何と硫黄か臭い蘆ノ湯」 発音〈標ア〉ノ

あし-ば【足場】『名』①足を踏みたてる場所。歩くところ。また、その具合。立脚地。足がかり。あしろ。あしだち。あしど。＊地蔵菩薩霊験記（16C後）一〇・六「足場（アシバ）のあしき所に岸近く草のしげりたる所を平地と心得てふみはずして落入りたるを」＊楽屋図会拾遺（1802）上「花道。舞台の正面よりむかふさんじきのしたまでのあし場なり」＊読本・南総里見八犬伝（1814-42）五・四六回「地炕（ゐろり）の中に足場を揣（はか）りて且（しばら）く透（すき）を窺ひつつ」＊今弁慶（1891）〈江見水蔭〉二「掘れたる地面を足場（アシバ）となし」 ②建築や高い所の工事などの際、作業の便宜のために、仮に丸太や鋼管などを組んで作ったもの。あししろ。あしがかり。あななない。＊滑稽本・浮世風呂（1809-13）前・下「掘抜（ほりぬき）の足代（アシバ）へ、家鴨（あひる）が登らうといふざまで」＊雑俳・三国力こぶ（1819）「おだやかに、足場もくちた城ぶしん」＊大つごもり（1894）〈樋口一葉〉上「足場（アシバ）を昇りて中ぬりの泥鏝（こて）を持ちながら」 ③物事をしようとする時のよりどころ。土台。基礎。また、きっかけ。あししろ。あしがかり。＊日葡辞書（1603-04）「テキガ axibauo（アシバヲ）トル〈訳〉敵のものが屯営所や野営地をにぎる」＊浮世草子・武家義理物語（1688）二・二「殊更つれたる人々の迷惑をかへり見、足場（アシハ）見合けるに、借宿の花屋がうちに入ぬ」＊松翁道話（1814-46）五・上「松にのぼる蔦かづらも、松といふ足場がなければのぼられぬ」＊人間嫌ひ（1949）〈正宗白鳥〉「私は月に一度か二度上京した時は、このS社を足場にして、在京中の用事を足した」 ④そこから出かけるときやそこへ寄るときの交通の便。＊漫談集（1929）花の噂〈大辻司郎〉「花あやめ、かきつばたの見物も、大概は田舎の遠い方で足場（アシバ）が悪いのと、泥臭いのでつい億劫になる」 方言ふろ場の上がり口。山形県最上郡・東置賜郡139 発音〈標ア〉バ〈京ア〉⓪ア 辞書日葡・ヘボン・言海 表記足場（へ・言）

あじ-ば あぢ **【鰺場】**『名』アジの漁場。アジのよく獲れる海域。＊自然と人生（1900）〈徳富蘆花〉湘南雑筆・鰺釣り「湾内を十二三町斜めに横切って行くと、最早鰺場（アヂバ）だ」

あし-ばい ひ・ば **【葦灰】**『名』葦の葉を焼いてできた灰。《季・春》＊俳諧・春鴻句集（1803頃）春「葦灰とともにとひけり小田の雀」

あしばい 飛（と）ぶ 春になることをいう。中国で立春の日に竹を伐って律管を作り、葦灰を律管の端に盛っておくと、春気至ると同時に、その灰が自然に飛ぶという俗説による。《季・春》＊俳諧・増山の井（1663）正月「葭灰（アシハイ）を飛（トバ）す」＊俳諧・年浪草（1783）春・一「葭灰飛（アシハイトブ）」

あしば-いた【足場板】『名』高い所で行なう作業現場などで、人が歩くために足場に渡された板。＊城（1965）〈水上勉〉四「ある者は荷を背負うて高い足場板をのぼったり」 発音〈標ア〉イ

あしば-くぎ【足場釘】『名』電柱の両側に一定間隔をおいて打ちつけ、昇り降りする時の足がかりとする太い鉄釘。

あし-はこび【足運】『名』歩いたり踊ったりするときの足の動かし方。＊ストマイつんぼ（1956）〈大原富枝〉「少年らしい軽い足はこびなのですが、彼等の気持では、ちょいと腰の重心を下の方においた、十分ヤクザな表情の歩きっぷりのつもり」＊われら戦友たち（1973）〈柴田翔〉一・四「それについてくる公子の足運びには、妙にぎくしゃくしたところがあった」 発音〈標ア〉八

あしはな-あかげ【葦花赤毛】『名』馬の毛色の名。葦花毛の黄の、赤みを帯びたもの。

あしはな-げ【葦花毛】『名』馬の毛色の名。黄色の毛の混じった葦毛。＊十巻本和名抄（934頃）七「騘馬 説文云騘〈音聰漢語抄云騘 青馬也 黄騘馬 葦花毛馬也 日本紀私記云騘馬美多良乎乃宇末〉青白雑毛馬也」 発音アシハナゲ〈標ア〉八

あし-はば【足幅】『名』歩くときの一歩の幅。歩幅。＊死霊‐三章（1946-48）〈埴谷雄高〉「小さな動物が短い足幅で〈略〉静かに歩きまわっている音であった」 発音〈標ア〉⓪シ

アシハバード（Ashkhabad）⇩アシガバード

あしばふ『名』語義未詳。長く延びた葦の根の意か。一説に、芝生の意とも。＊出雲風土記（733）仁多「川下は阿志婆布（アシバフ）這ひ度（わた）れり」

あしば-まるた【足場丸太】『名』「あしば（足場）②」を組むために用いる丸太。

あし-ばや【足早】『名』（形動）①歩くことのはやいさま。また、その人。移動のはやいさま。はやあし。＊平家（13C前）四・信連「いとどあしばやに過ぎさせ給ふ」＊義経記（室町中か）四・土佐坊義経の討手に上る事「聞ゆる足早（アシバヤ）なりければ、弁慶より三段ばかり先立つ」＊唐詩選国字解（1791）五言古「時に天下中鹿を逐かくるやうに随分足早な者がしてとる」＊浮雲（1887-89）〈二葉亭四迷〉一・四「独言を言ひながらあしばやに二階を降りて奥坐舗へ立入る」＊二つの町（1946）〈荒正人〉「西南に山を背負うこの港町の日暮れは足早だ」 ②船の速力のはやいこと。＊万葉（8C後）七・一四〇〇「島伝ふ足速（あしばや）の小舟風守り年はや経なむ逢ふとはなしに〈作者未詳〉」 発音〈標ア〉⓪〈京ア〉⓪ 辞書易林・日葡・書言・ヘボン・言海 表記足早（易・へ・

言) 踕(書)

あし-ばや・い【足速】『形口』歩き方が速い。＊青い月曜日(1965-67)〈開高健〉一・飛行機はイモでとぶか「ことわろうとすると、無理に手のなかにおしこみ、足速く坂をおりていった」 発音〈標ア〉ヤ

あしはや-おぶね【足早小船】『名』船足のはやい小さな船。＊新千載(1359)恋四・一四八〇「見しままにめぐりもあはで島つたふ足はや小舟遠ざかりつつ〈藤原為定〉」

あし-はら【葦原】『名』(「あしわら」とも) ①葦の生えている広い土地。《季・秋》＊古事記(712)中・歌謡「阿斯波良(アシハラ)の 密(しけ)しき小屋に 菅畳 いやさや敷きて 我が二人寝し」＊大唐西域記長寛元年点(1163)一「城の周五六里、原湿(アシハラ)膏腴、樹林蓊欝たり」＊観智院本名義抄(1241)「蘆 アシ アシハラ」＊日葡辞書(1603-04)「Axiuara(アシワラ)、または、ヨシワラ」＊俳諧・猿蓑(1691)三・秋「芦原や鷺の寝ぬ夜を秋の風〈山川〉」②日本国の異称。＊宝徳二年十一月仙洞歌合(1450)「あし原の代々にかはらぬもてあそび物として」③女性の陰毛、性器をいう俗語。発音〈標ア〉0 辞書名義 表記蘆(名)

あしはら の 国(くに) (葦の生い茂っている国の意) 日本国の異称。あしはらこく。＊日本紀竟宴和歌‐延喜六年(906)「草木みなことやめよとて、婀肆播羅乃矩児(アシハラノクニ)へたちにしいさをなりけり〈矢田部公望〉」＊謡曲・白楽天(1464頃)「芦原の国も動かじ万代までに」 発音〈標ア〉0

あしはら の 千五百秋(ちいほあき)の瑞穂(みずほ)の国(くに) (葦が生い茂って、千年も万年も穀物が豊かにみのる国の意) 日本国の美称。＊書紀(720)神代下(寛文版訓)「葦原千五百秋之瑞穂国(あしはらノチイホアキノミヅホノくに)は、是れ吾(あ)が子孫(うみのこ)の王(きみ)たるべき地(くに)なり」

あしはら の 中(なか)つ国(くに) (「中つ国」は、天上の高天原と地下の黄泉(よみ)の国との中間にある、現実の地上の世界の意) 日本国の異称。＊古事記(712)上「汝、吾を助けしが如く、葦原中国(あしはらのなかつくに)に有らゆる宇都志伎(うつしき)青人草の苦しき瀬に落ちて」＊書紀(720)神代上(水戸本訓)「葦原中国(あしはらノナカツクニ)に保食(うけもち)の神有りと聞く」＊新古今(1205)仮名序「やまと歌は、昔天地(あめつち)開けはじめて、人のしわざいまだ定まらざりし時、あし原の中国のことのはとして、いなだ姫そがのさとよりぞ伝はれりける」＊和蘭天説(1795)凡例「支那を中華と云い、吾邦を葦原(アシハラ)の中津邦と云が如し、中央に不当(あたらざる)の邦なし」

あしはら の 瑞穂(みずほ)の国(くに) (葦原にあるみずみずしい稲の穂が実っている国の意) 日本国の美称。豊葦原(とよあしはら)の瑞穂の国。＊万葉(8C後)一三・三二二七「葦原笑 水穂之国(あしはらのみづほのくに)に 手向すと 天降(あも)りましけむ〈作者未詳〉」＊万葉(8C後)一八・四〇九四「葦原能(あしはらノ) 美豆保国(ミヅホのくに)を 天降(あまくだ)り 領(し)らしめしける 天皇(すめろき)の 神のみことの〈大伴家持〉」 発音〈標ア〉0=ホ0=0〈京ア〉0=ズ

あしはら の 道(みち) 和歌の道。歌道。敷島(しきしま)の道。＊十六夜日記(1279-82頃)「世々の跡ある 玉章(づさ)も さて朽ち果てば あしはらの 道もすたれて 如何ならむ」

あしはら『名』「かれいい(餉)」をいう、鎌倉時代の忌み詞。

あし-ばらい【足払】『名』柔道の投げ技の一つ。相手が重心をかけている足を、足裏で払って倒す足技。送り足払いと出足払いとがある。＊堕落(1965)〈高橋和巳〉四・四「逃れようとした彼は足ばらいをかけられて不様に地面に転倒した」 発音〈標ア〉バ

あし-はらえ【悪祓】『名』罪やけがれのある者にそれをはらわせる祓え。⇔善祓(よしはらえ)。＊書紀(720)履中五年一〇月(図書寮本訓)「則ち、悪解除(アシハラヘ)善解除(よしはらへ)を負(おほ)せて」＊皇太神宮年中行事(1192)二月「悪秡勤仕、次吉秡勤仕、御麻奉」

あしはら-がに【葦原蟹】『名』イワガニ科のカニ。内湾の河口に近い湿地や草原にすむ。甲羅は幅が約三・五センチメートルの方形で、全体に暗緑色、はさみは黄色を帯びる。雄ははさみと目の下方の部分とをすり合わせて音を出す。本州、四国、九州の各地に生息している。学名は Helice tridens ＊新撰字鏡(898-901頃)「蟛蜞 葦原蟹」＊十巻本和名抄(934頃)八「蟛蜞 兼名苑云蟛蜞〈彭越二音漢語抄云葦原蟹〉形似蟹而小也」＊物類称呼(1775)二「蝦魁 がざめ。畿内にてがざみといふを、江戸にてをがに又海かにと云、又西国にてかざみと云は甲菱形(ひしなり)にして甲のまはりのこぎりばに似たり。一種蟛蜞(アシハラガニ)あり」 発音アシハラガニ〈標ア〉ラ 辞書色葉・名義・書言・言海 表記蟚蜞(色・名) 葦原蟹(色・言) 蟛蜞(書)

あしはら-こく【葦原国】「あしはら(葦原)の国」に同じ。＊御伽草子・御曹子島渡(室町末)「二三百年がそのさきに、あし原国(ハラコク)より、男三人来りしを」＊書言字考節用集(1717)二「葦原国 アシハラコク 日本一名」 辞書書言 表記葦原国(書)

あしはら-だ【葦原田】『名』葦の原につづく水田。＊神楽歌(9C後)小前張・細波「安志波良田(アシハラダ)の 稲舂き蟹の」

あしはら-つるぶち【足腹連駁】『名』「あしはらのつるぶち(足腹連駁)」に同じ。＊康保三年順馬毛名歌合(966)「葦原鶴駁(アシハラツルフチ)」

あしはら-の-つるぶち【足腹連駁】『名』馬の毛色の名。足から腹にかけて、ぶちが連なるものをいうとされる。＊康保三年順馬毛名歌合(966)「波まよりとふあし原の鶴ぶちは難波のあしけおひつかんやは」＊随筆・貞丈雑記(1784頃)一三「あしはらのつるぶちとは足より腹のあたりに至るまでふちの連りたるを云歟。つるはつるむにて連也」

あし-び【葦火】『名』(古くは「あしひ」) 干した葦を燃料としてたく火。あしふ。《季・秋》＊万葉(8C後)一一・二六五一「難波人葦火(あしひ)焚く屋のすしてあれど己が妻こそ常(とこ)めづらしき〈作者未詳〉」＊平家(13C前)八・太宰府落「薫炉(くんろ)の煙にことなるは、蘆火たく屋のいやしきにつけても」＊虚子句集〈高浜虚子〉昭和六年(1931)一〇月「忽に燃えほそりたる蘆火かな」 発音〈音史〉上代は『あしひ』と清音か。〈標ア〉0 辞書日葡

あしび【馬酔木】 ㊀『名』「あせび(馬酔木)」に同じ。あしびの花。→あしびなす。《季・春》＊万葉(8C後)二〇・四五一二「池水に影さへ見えて咲きにほふ安之婢(アシビ)の花を袖にこきれな〈大伴家持〉」＊大和路・信濃路〈堀辰雄〉浄瑠璃寺の春(1943)「この春、僕はまへから一種の憧れをもってゐた馬酔木(アシビ)の花を大和路のいたるところで見ることができた」 ㊁㈠伊藤左千夫を中心とする短歌雑誌。明治三六年(一九〇三)創刊、同四一年廃刊。正岡子規没後の根岸短歌会の機関誌として刊行。㈡水原秋桜子が主宰した俳句雑誌。大正一一年(一九二二)創刊の「破魔弓(はまゆみ)」を昭和三年(一九二八)改題。ホトトギス派の客観写生に対して、清新な叙情性を主張した。秋桜子亡きあと、堀口星眠・杉山岳陽・水原春郎らの代選・共選期を経て、平成二年(一九九〇)より水原春郎が主宰として継承。 語誌(1)万葉集に「馬酔木」「馬酔」などと表記し、多く春に山地に咲く花がよまれるが、その盛んなさまが恋の思いを刺激したらしく、単なる景物にとどまらない、枕詞(→あしびなす)や序詞としての用法も発達した。(2)平安朝以降はアセミ・アセビ・アセボなどの語形がみえるが、とくに注目されることはなかったようである。近代になって歌誌・句誌の誌名に使われ、また早春の奈良を代表する植物の一つとして知られている。 語源説(1)馬がこの葉を食べると、酔って、足がなえるところから、アシジヒ(足癈)の略〔大言海〕。また、アシ(足)タミ、アシ(足)ダミの約転で、タミはタワミ(撓)から。病を意味する〔冠辞考・名言通〕。(2)馬酔木の音アスホから〔言元梯〕。(3)アシミ(悪実)の音便〔日本古語大辞典=松岡静雄・日本語源=賀茂百樹〕。 発音〈なまり〉アシブ・アセホ・アセモ〔鳥取〕アジダ・アスタ〔石川〕アセビ〔島根〕アセブ〔鳥取・島根〕アセボ〔埼玉方言・岐阜・鳥取・島根〕アセミ〔埼玉方言・鳥取〕エセビ〔南伊勢〕〈標ア〉0〈京ア〉シ 辞書言海 上仮名アシビ

あし-ひき【足引】『名』(「あしびき」とも) ①「あしひきの(足引―)②」に同じ。②山鳥をいう女房詞。「万葉一一・二八〇二或本歌」の「足引の山鳥の尾のしだり尾のながながし夜をひとりかもねむ〈作者未詳〉」による。＊女中詞(元禄五年)(1692)「足引 山鳥」③〔取引所用語〕取引相場で、足取り、足取り表を作ることをいう。〔取引所用語字彙(1917)〕 発音〈音史〉平安末頃から『あしびき』と濁音。〈標ア〉0 辞書書言 表記足曳(書)

あしびき【葦曳】 室町時代の御伽草子。五巻。作者未詳。奈良東南院の稚児と比叡山の僧との同性愛を描き、共に仏道修行に励むという物語。重要文化財の古絵巻が伝存する。

あしびき-え【葦曳絵】『名』葦を描いた図柄に漢字・仮名を装飾的に散らし書きしたもの。＊後奈良天皇宸記‐天文四年(1535)四月三日「武家へ葦曳絵五巻借之」 発音〈標ア〉0

あしびき-えまき【足曳絵巻・足引絵巻・葦曳絵巻】 絵巻物。五巻。絵は飛騨守惟久(これひさ)、詞書は世尊寺定成と鑑定書があるが明らかでない。室町時代の作。延暦寺僧と東大寺の稚児の愛情を描いたもの。 発音〈標ア〉キ

あしひき-つき【脚短坏】『名』台の脚が高坏(たかつき)よりも低いさかづき。蓋(ふた)のあるものと、ないものとがある。 発音〈標ア〉エ

あしひき-の【足引―】 枕 (「あしびきの」とも) ①「山」および「山」を含む熟語、「山」と類義語である「峰(を)」などにかかる。語義、かかりかた未詳。＊古事記(712)下・歌謡「阿志比紀能(アシヒキノ) 山田を作り 山高み 下樋(したび)を走(わし)せ」＊万葉(8C後)一五・三六八七「安思必寄能(アシヒキノ)山飛び越ゆる雁がねは都に行かば妹に逢ひて来ね〈遣新羅使人〉」＊万葉(8C後)一九・四一五一「けふのためと思ひて標(しめ)し足引乃(あしひきノ)峰(を)の上の桜かく咲きにけり〈大伴家持〉」＊古今(905-914)夏・一四〇「いつのまにさ月来ぬらんあしひきの山郭公(やまほととぎす)今ぞ鳴くなる〈よみ人しらず〉」＊曾我物語(南北朝頃)二・兼隆聟にとる事「足にまかせて、あしびきの山路をこえ、夜もすがら、伊豆の御山にわけ入給ひぬ」②「あしひきの」だけで「山」の意を含むものとなり、「岩根」「木の間」その他に自由にかかる。＊万葉(8C後)三・四一四「足日木能(あしひきノ)岩根こごしみ菅の根を引かばかたみと標(しめ)のみそゆふ〈大伴家持〉」＊万葉(8C後)八・一四九五「足引乃(あしひきノ)木の間たちくくほととぎすかく聞きそめてのち恋ひむかも〈大伴家持〉」＊万葉(8C後)一一・二六七九「窓ごしに月おし照りて足檜乃(あしひきノ)嵐吹く夜は君をしそ思ふ〈作者未詳〉」＊神道集(1358頃)二・七「みどり子の流涙に足引の根かたき石も起きぬべきかな」 語誌(1)上代の用例で、一字一音の仮名書きになっている場合は、「キ」は乙類の仮名が使われている。しかし、万葉には「足引・足曳」など訓仮名で表記された例も中期以降

のものに見え、この場合は「キ」は甲類音である。したがって、万葉の中期にはすでに原義が不明になっていて、当時の語源解釈からこのような文字を当てるようになったものと推定される。原義的には、「ひこづらふ」などの「ひこ」の変化したものという説がある。「コ」は乙類音であるので、キ乙類に転ずる可能性があるという。そのほか、古来種々の説があるが、確実性はない。なお、平安時代のアクセントでは「あしひきの」の「あし」は、足のアクセントとは異なり、葦(あし)と同一だという。(2)山や山を含む熟語に掛かる枕詞として「万葉集」以来多くの用例があるが、「古今集」では読人しらずと撰者時代の用例に限られているので、撰者時代に復活した歌語と思われる。語源説 (1)(イ)悪しき日来るの意。三方沙彌が山越えの時、大雪にあい道に迷った時、「あしひきの山べもしらずしらかしの枝もたわわに雪のふれれば」と詠じたところから。(ロ)推古天皇が狩りをしていた時、山路で足を痛め足を引いて歩いた故事から。(ハ)天竺の一角仙人は脚が鹿と同じだったので、大雨の山中で倒れて、足を引きながら歩いた故事から。(ニ)国土が固まらなかった太古に、人間が泥土に足をとられて山へ登り降りするさまが、足を引くようであったから〔和歌色葉〕。(2)(イ)大友皇子に射られた白鹿が足を引いて梢を走った故事から。(ロ)国土創造のとき、神々が葦を引いた跡が川となり、捨てた所が山となったので、葦引の山という〔古今集註〕。(3)アは天、シビキはシミキ(繁木)の義。昔の山々は、樹木が自然に繁っていた故に、山にかかる〔冠辞考・大言海〕。(4)アオシゲリキ(青茂木)の約か〔音幻論=幸田露伴〕。(5)足敷山の転。敷山は裾野の意〔晤語・和訓栞〕。(6)アシヒキキノ(足引城之)の意。足は山の脚、引は長く引き延ばした意、城は山をいう〔古事記伝〕。(7)イカシヒキ(茂檜木)の意〔万葉集枕詞解〕。(8)アソビキ(遊処)の音便〔日本古語大辞典=松岡静雄〕。(9)古くはヤの音を起こす枕詞らしく、アシフキノヤ(葦葺屋)か。馬酔木の木から山を連想したとする説〔豊田八十代〕は参考すべき説〔万葉集講義=折口信夫〕。 発音 〈音史〉平安末頃から『あしびきの』と濁音。〈標ア〉⓪〈京ア〉⓪ 上仮名 アシヒキノ(一語誌(1)) 辞書 日葡・言海 表記 足引(言)

あし-ひ・く【足痛】〘自カ四〙 足に病を持つ。足をわずらっている。*万葉(8C後)一一・二二八「わが聞きし耳に好く似る葦のうれの足痛(あしひく)わが背勤めたぶべし〈石川女郎〉」 補注 万葉例、「あなえぐ」「あなやむ」などと訓む説もある。

あしひとつあがり-の-みや【足一騰宮・一柱騰宮】 神武天皇の行宮。筑紫国菟狭(うさ)に建てた宮と伝えられる。現在の大分県宇佐市南宇佐などに比定される。「古事記伝」では、川に大きな柱をたてて宮を支えたことにちなむかとする。*古事記(712)中「足一騰宮(あしひとつあがりのみや)を作りて、大御饗(おほみあへ)を献りき」*書紀(720)神武即位前・甲寅「乃ち菟狭の川上にして、一柱騰宮を造りて饗(みあへ)奉る〈一柱騰宮、此をば阿斯毗苔徒鞅餓離能宮(アシヒトツアガリノみや)と云ふ〉」 補注 礎を意味する方言のあしあげ、沖縄でアシャゲ、アサゲと呼ぶ建築物などの例からもわかるように、足は屋根の支柱のこと。古代、家屋が臥せ屋、室(むろ)造りの形をとっていた時代に神を迎える家だけは、一部分屋根を突き上げて造った。足一つ騰りは、その一本の支柱についていったもの〔大倭宮廷の剏業期=折口信夫〕という説もある。

あしび-なす【馬酔木─】〔枕〕馬酔木(あしび)の花が咲き栄えているように、の意で「栄ゆ」にかかる。*万葉(8C後)七・一一二八「安志妣成(アシビなす)栄えし君が掘りし井の石井の水は飲めど飽かぬかも〈作者未詳〉」

あし-びょうし【足拍子】(ビャウシ)〘名〙 ①足ぶみをしてとる拍子。*懐竹抄(12C末-13C初か)「又笛をゆるがして吹人もあり。〈略〉膝拍子、足拍子けしからず目にたつほどにする族もあり」*わらんべ草(1660)二「あまのうずめのみこと、足拍子をふみ、まひしより、はじまる也」*あめりか物語(1908)〈永井荷風〉市俄古の二日「彼の愉快なる『デキシー』の一節(ひとふし)、老判事までが椅子に坐りながら足拍子を踏み始めた」 ②能楽、仕舞、文楽、舞踊などの型の一つ。かかとで舞台の床板を強く踏んで、リズム感や、型のきまりの効果を強調するもの。*禅鳳雑談(1513頃)上「一、天女はこくうの舞にて候間、あしびゃうしふみ候はぬと候」*人情本・春色辰巳園(1833-35)三・一条「折から隣家(となり)で踊りの地哥、稽古と見えて足拍子(アシビャウシ)」 発音 アシビョーシ〈標ア〉ビョ〈京ア〉ビョ 辞書 日葡・書言・ヘボン・言海 表記 蹈(書)足柏子(へ)足拍子(言)

アジ-びら〘名〙(アジテーションの略「アジ」に、「びら」の付いた語)激しい調子のことばを用いて、人びとの感情に訴え、自分の意図する行動にかりたてようとする宣伝びら。*火の山(1955)〈井上友一郎〉二・三「党員が合宿あたりに潜行し、アジビラを貼り付けたり」 発音 〈標ア〉⓪〈京ア〉ジ/⓪

アジピン-さん【─酸】〘名〙(ドイツ Adipinsäure の訳語)ナイロンの原料。化学式 $HOOC(CH_2)_4COOH$ シクロヘキサノールを硝酸で酸化することによって得られる無色の結晶性固体。合成繊維、可塑剤(かそざい)、合成潤滑油の製造原料などにも用いられる。

あし-ふ【葦火】〘名〙(「ふ」は「ひ(火)」の上代東国語形)「あしび(葦火)」に同じ。*万葉(8C後)二〇・四四一九「家(いは)ろには安之布(アシフ)焚けども住み好(よ)けを筑紫に到りて恋(こふ)しけもはも〈物部真根〉」

あし-ふ【葦生】〘名〙 葦の生い茂っているところ。

あし-ぶ【馬酔木】〘名〙「あせび(馬酔木)」に同じ。

あし-ふいご【足鞴】〘名〙 足で柄を押したり引いたりして、風を起こすしかけのふいご。*浄瑠璃・心中刃は氷の朔日(1709)上「横座(よこざ)になをって足ふいご、地鉄(ぢがね)打ちくべ、吹きたて吹きたて」

あし-ぶえ【葦笛・笳】〘名〙 楽器の一種。葦の葉を巻いて作った笛。葦の葉笛。葦の葉の笛。*拾芥抄(13-14C)上・楽器部「笳 アシフエ」*和玉篇(15C後)「笳(カ) アシフヱ」 発音 〈標ア〉フ⓪〈京ア〉フ 辞書 和玉 表記 笳(玉)

あし-ふき【足拭】〘名〙「あしぬぐい(足拭)」に同じ。*長春五馬路(1968)〈木山捷平〉二「そのボロは日本流にいう本当のボロで、とても雑巾にも足ふきにもならないような細切れであったが」 発音 〈標ア〉キ⓪〈京ア〉フ⓪

あし-ぶき【葦葺】〘名〙 屋根を葦でふいてあること。また、その屋根や家。*後拾遺(1086)冬・四〇〇「とふ人もなき蘆ぶきのわが宿はふる霰さへ音せざりけり〈橘俊綱〉」*風情集(1178頃)「ほととぎすなにはの事も忘られてこやのあしぶきひまなくぞまつ」*俳諧・談林十百韻(1675)上「津国の難波堀江のはやり医者〈雪柴〉玄関がまへみゆるあしぶき〈志計〉」

あし-ぶくろ【足袋】〘名〙 たびのこと。したうず。 発音 〈標ア〉⓪ *能因本枕(10C終)一三七・などて、官得はじめたる「『指貫も、なぞ。足の衣、もしはさやうのものは、あしふくろなども言へかし』など、よろづのことを言ひののしるを」*御伽草子・調度歌合(類従所収)(1537頃)「したうづ。うらみずやさても難波のあし袋つぶぶしのまもあはぬつらさを」

あしぶし-ふむ【足節踏】〘連語〙 方言 足踏みする。じだんだ踏む。岐阜県飛驒499 502 富山県砺波398 ◇あしべしふむ

あし-ぶち【足斑】〘名〙 馬の毛色の名。四足とも、膝から下が白いもの。四白(よつじろ)。*躬恒集(924頃)「おそき馬はあしぶちなくてあふれども心のみこそ先にたちけれ」*十巻本和名抄(934頃)七「騚馬 爾雅注云四骹皆白曰騚〈音前 俗云阿之布知〉骹謂膝以下也」*賀越闘諍記(16C末頃か)加賀越中能登一揆乱入越前条「一番に財町之円正と名乗て驄駮(アシブチ)なる馬の太く逞しきに乗り」 補注 「神楽歌」の、「葦駮(あしぶち)の や 森の 森の下なる 若駒率て来 葦毛駮の 虎毛の駒」によれば、「葦毛でぶちになった馬」の意にもとれる。 発音 〈標ア〉⓪〈ア史〉平安○○●○と○○●●の両様〈京ア〉⓪ 辞書 和名・色葉・名義・和玉 表記 騚馬(和・色)騚(名・玉)

あし-ふで【葦筆】〘名〙 管が葦製の筆。伊勢(三重県)の名産。伊勢の浜荻筆。

あし-ぶね【葦船】〘名〙 ①葦で編んで作った小さな舟。もっとも原始的な舟で、古代のエジプト・インド・中国などで用いられた。日本神話には、水蛭子(ひるこ)をのせて流したと伝える。あしのふね。*古事記(712)上「然れども久美度(くみど)に興して子水蛭子(ひるこ)を生みたまひき。此の子は葦船(あしぶね)に入れて流し去てき」 ②葦を積んだ船。あしかりぶね。《季・秋》*忠見集(960頃)「難波にあしぶねあり、なにはがたゆきかふふねのつなでなはくるともみえずあしのはをなみ」 ③水に浮いている葦の葉を船にたとえていう語。《季・秋》*浄瑠璃・聖徳太子絵伝記(1717)五「此あしの葉にどふ乗られう〈略〉一生の危(あやうき)こと、此芦舟(アシフネ)に劣らんや」 発音 〈標ア〉⓪ブ

あし-ぶみ【足踏】〘名〙(「あしふみ」とも)①足で地を踏むこと。足どり。*日葡辞書(1603-04)「Axibumi(アシブミ)」 ②舞楽、能楽で足拍子や足の運び方をふくめて、足を上げ下げする動作。*枕(10C終)一四二・なほめでたきこと「あしふみを拍子にあはせて〈略〉などうたひて舞ひたるは」*源氏(1001-14頃)紅葉賀「同じ舞のあしふみ、おももち、世に見えぬさまなり」*風姿花伝(1400-02頃)三「日頃より、色々と振をもつくろひ、声をも強々と使ひ、あしふみをも少し高く踏み」 ③蹴鞠(けまり)で、蹴る前に、左右の足でかわるがわる地を踏むこと。通常、右、左、の順で踏み、次の右足で蹴るというが、家の説によって異なる。*成通卿口伝日記(1136頃)「一、足ぶみのべ足の事。よの人みな左をさきにたつ。心々の事なれども、右の足をさきにふむ、かたがたいみじき事也」*晩学抄(室町中)「鞠の一大事の至極は足踏也」 ④弓を射る儀式のときの足を踏む動作。*大的躰拝記(15C中か)「一、同足踏の次第。〈略〉足踏は左足より踏始て三足に寄べし。帰る時も左の足引て、又右の足を先一所へふみ寄て、其まま左足より後へしざりて、始の所に畏るべし」*武田射礼日記(1480)「一、足踏の事。前も後も左よりふみはじめて、前弓は数塚を廻りて、三足にふみよりて、さて小豆をつかひて、其後左の足を的に向て踏て、さて右の足を踏定むべし」 ⑤場所を動かずに、歩く時のように両足をかわるがわる上下すること。また、その動作。*坊っちゃん(1906)〈夏目漱石〉一〇「三十人が一度に足踏をして横を向く時がある」*歩兵操典(1928)第一四四「左右に之を避くることなく足蹈(アシブミ)を為し」 ⑥(⑤から転じて)事がうまく運ばないで、停止していること。停滞。*写生紀行(1922)〈寺田寅彦〉「此れでもし世界中の他の国が昔の儘に『足踏』をして、日本の追付くのを待って居てくれたら嘸いいだらう」*漫才読本(1936)〈横山エンタツ〉自序伝「それではお言葉に甘えましてもう一年間よそ見や足踏(アシブ)みをさせて戴きませう、と言ふことになったのが四年生の時です」*ものいわぬ農民(1958)〈大牟羅良〉行商四ヵ年・四「日本の民主化を何時までも足踏みさせ、はては後退させる結果にもなる」 ⑦ある場所や家などに足を踏み入れること。訪問。でいり。*中華若木詩抄(1520頃)中「隠者は人間へは足ぶみをせず」*浮世草子・傾城色三味線(1701)京・二「此以後此里へ是を恥て、永く足踏(アシブミ)し給はぬやうにとの、ふかき親ごの御しあんにて」*人情本・英対暖語(1838)四・一九章「宗次郎は、お

増の許へ足踏(アシブミ)せず」 方言 ❶式を挙げる前に婚家に行くこと。新潟県佐渡356 ❷歩測。◇あしふみ 長野県佐久493 ❸足拍子を取ること。◇あしふん 沖縄県石垣島996 発音〈標ア〉ミ ブ 0 〈京ア〉0 フ 辞書 文明・日葡・言海 表記 足踏(文) 足蹈(言)

あしぶみ-しょっき【足踏織機】『名』 織機の一種。踏み木を踏めば、開口、緯(よこいと)入れ、筬(おさ)打ち、巻き取り、送り出し等の運動が自動的にできる。明治一八年(一八八五)、三重県桑名で製作した松田式が最初。

あしふみ-だっこくき【足踏脱穀機】『名』 足でペダルを踏み、その動力で脱穀を行なう機械。＊しろうと農村見学(1954)〈桑原武夫〉「正にチベット風な『叩き落し』と電力脱穀の二つが行われ〈略〉足ふみ脱穀機は存在しない」 発音〈標ア〉ク

あしぶみ-ミシン【足踏―】『名』(ミシンは英 machine) 足で踏んで動かす仕掛けになっているミシン。モーターで動く電動ミシンに対していう。＊風にそよぐ葦(1949–51)〈石川達三〉前・一五「いままでの足踏みミシンが電気ミシンになり」 発音〈標ア〉ミ2

あし-ぶり【足振】『名』 踊ったりする時などの足の動かし方。＊鳥影(1908)〈石川啄木〉一一・三「手振足振面白く歌って廻る踊には」 ＊東京年中行事(1911)〈若月紫蘭〉十月暦「踊る婆さんの手振り足振(アシブ)り、決してそれが五十から八十越した年寄だとはとても思はれぬ位」 発音〈標ア〉0

あし-ブレーキ【足―】『名』(ブレーキは英 brake) 自動車などの制動装置で、ペダルを足で踏んで操作するブレーキ。フートブレーキ。 発音〈標ア〉レ

アジ-プロ『名』(洋語「アジテーション」の略「アジ」に、「プロパガンダ」の略「プロ」が付いた語) 労働運動における扇動的宣伝。また、扇動と宣伝。＊芸術運動に於ける前衛性と大衆性(1929)〈勝本清一郎〉「芸術作品の大衆化と、芸術作品でない『大衆の直接的アヂ・プロのための作品』の製作とは、区別されてゐるのだ」 ＊刻々(1933)〈宮本百合子〉二「ブルジョア選挙のバクロと階級的候補者支持、選挙をどう闘ふべきかといふことのアヂプロを行った」 発音〈標ア〉0 〈京ア〉ジ/0

あし-べ【葦辺】『名』(古くは「あしへ」とも) 葦の生い茂っている水辺。＊万葉(8C後)一五・三六二六「鶴(たづ)が鳴き安之敝(アシヘ)をさして飛びわたるあなたづたづしひとりさ寝(ぬ)れば〈丹比大夫〉」 ＊万葉(8C後)一五・三六二七「しほ満ち来れば 安之弁(アシベ)には 鶴(たづ)鳴きわたる〈遣新羅使人〉」 ＊伊勢物語(10C前)三三「あしべより満ちくる潮のいやましに君に心を思ひます哉」 発音〈音史〉上代は多く『あしへ』と清音。〈標ア〉ベ 0 〈ア史〉鎌倉●●◐ 〈京ア〉0 辞書 日葡

あしべ-おどり【蘆辺踊】(ルビ :を どり)『名』 大阪市難波新地(南地)の演舞場で毎年四、五月ごろ催される芸妓の舞踊。《季・春》 ＊青草(1914)〈近松秋江〉六「蘆辺踊や浪花踊が始まった」 ＊虚子俳句集〈高浜虚子〉昭和四年(1929)四月「誘ひたる蘆辺をどりに誘はるる」 発音〈標ア〉オ

あしべ-せんべい【蘆辺煎餅】『名』「万葉―六・九一九」の「和歌の浦に潮満ちくれば潟(かた)をなみ蘆へをさして鶴(たづ)鳴き渡る〈山部赤人〉」にちなんだ絵を焼きつけた卵入りのせんべい。和歌山の名物。

あしべつ【芦別】 北海道中央部、空知川中流の地名。明治中期から開拓が始まり、炭鉱都市として発展した。昭和二八年(一九五三)市制。 語源説 アイヌ語で孤立した川の意。アシベは孤立、独立の意〔アイヌ語より見たる日本地名研究＝バチェラー〕。 発音〈標ア〉シ

あしべつ-だけ【芦別岳】 北海道中央部、夕張山地の最高峰。十勝岳と相対する雄大な風景で知られる。標高一七二六メートル。アシュベツ岳。 発音〈標ア〉ツ

あし-へん【足偏】『名』 漢字の偏の一つ。「路」「踊」「跡」などの「⻊」の部分をいう。足偏の字は、字典では足部に属する。あとへん。＊名物六帖(1727–77)「足旁 アシヘン」 ＊和英語林集成(再版)(1872)「Ashihen アシヘン 足旁」 発音〈標ア〉0 〈京ア〉0 辞書 ボン・言海 表記 足旁(へ) 足偏(言)

あし-ほ【葦穂】『名』 葦の穂。＊小馬命婦集(980–983頃か)「このしたの汀に、あしほやうやう出でて立てり、人しれぬかげとや頼む葦のほのけふはまほにも出にけるかな」

あし-ぼう【脚棒】『名』 方言 ❶稲架(はさ)の支柱。長野県南佐久郡469 ❷竹馬。青森県東津軽郡073 ❸竹馬の足をのせる所。◇あしぼく 愛知県碧海郡564 ❹足。◇あしんぼう 埼玉県北足立郡054 山梨県458 460 462 ◇あしんぼう 千葉県君津郡301 ◇あしぼこ 新潟県347 ◇あしこんぼ 岐阜県飛驒502 ◇あしごんぼ 岐阜県飛驒062 ❺足の働き。足つき。◇あしぼっこ 新潟県岩船郡「あしぼっこ悪い」366 ❻両足のないこと。◇あしぼっこ 青森県三戸郡083 ◇あしぼ 岩手県上閉伊郡098

あし-ぼこり【足埃】『名』 歩くときにたてるほこり。＊煤煙の臭ひ(1918)〈宮地嘉六〉二「四辻はひとしきり工場から吐き出される職工等の足埃で狭霧(さぎり)に襲はれたやうにけむった」 発音〈標ア〉ボ

あし-ぼそ【脚細】『名』 イネ科の一年草。日本各地の原野に生える。茎は円柱形で、上部の方が太くなり、高さ六〇～九〇センチメートル。葉は長さ五～一〇センチメートルの線状披針形でまばらに互生。秋、茎の頂に細長い緑色の花穂を数個だす。学名は Microstegium vimineum ＊語彙(1871–84)「あしぼそ㊖ 草名、葉藎草(かいな)に似て長く秋穂を生ず二三岐をわかつ」 ＊日本植物名彙(1884)〈松村任三〉「アシボソ」 発音〈標ア〉0 辞書 言海

あし-ぼね【足骨】『名』 足の骨。また、足の力。「足骨がつよい」 発音〈標ア〉0 辞書 言海 表記 足骨(言)

あしほ-やま【葦穂山】「あしおやま(足尾山)」の古名。同音の繰り返しで「悪(あ)し」「止(や)まず」の序として用いる。＊常陸風土記(717–724頃)新治「越え通ふ道路(みち)も葦穂山と称(い)ふ」 ＊万葉(8C後)一四・三三九一「筑波嶺に背向(そがひ)に見ゆる安之保夜麻(アシホヤマ)悪しかる咎(とが)もさね見えなくに〈東歌・常陸〉」 ＊拾遺愚草(1216–33頃)上「あしほ山やまず心は筑波嶺(つくばね)のそがひにだにも見らくなきころ」 発音〈標ア〉0

あじ-ほんぷしょう【阿字本不生】(ルビ :ホンプ シヤウ)『名』 仏語。密教の根本の教えで、阿の字はすべての文字の始めであるとみて、これに「本」の義「不生(ふしょう)」の義があるとし、ここから阿字は、一切が不生不滅すなわち空(くう)であるという真理を表わすとして、これを阿字本不生といったもの。→阿字。＊往生大要抄(12頃)「真言の入我々入、阿字本不生の観〈略〉理はふかく、解はあさし、かるがゆへに末代の行者、その証をうることときはめてかたし」 ＊徒然草(1331頃)一四四「こはめでたき事かな。阿字本不生にこそあなれ」 ＊曾我物語(南北朝頃)九・波斯匿王の事「『万法一如(まんぼういちにょ)にして、あじほんふしゃうの観(くゎん)を成し給へ』と示し給ひければ」 ＊浄瑠璃・心中万年草(1710)下「わけて給はるこつにくをひとつにかへすあじほんふしゃう」 語誌 (1)「大日経」およびその注釈書である「大日経疏」「大日経義釈」などの教説に拠って、密教において主に重視されてきた語。中世に入る頃から密教の教理の一般文化・思想への広まりとともに、仏教に関連の深い文学作品(「沙石集」「徒然草」「曾我物語」等)に用例が見られるようになる。(2)密教の影響を強く受けた歌学書などには、和歌を阿字の成る所とし、和歌と真言を同一視するような言説の中で、阿字本不生の義を援用する例が見られる〔古今集灌頂〕。 発音 アジホンプショー 〈標ア〉プ

あし-ま【足間】『名』 ①人などの足と足との間。＊江戸職人歌合(1808)「獅子舞のしゃちほこ立ちの足まより難波江ならで出づる月影」 ②「あしあい(足間)」に同じ。

あし-ま【葦間】『名』 葦の生い茂っている間。葦の茂みのすきま。＊拾遺(1005–07頃か)雑上・四六八「あしまより見ゆるながらの橋柱昔のあとのしるべなりけり〈藤原清正〉」 ＊源氏(1001–14頃)若紫「いはけなき鶴(たづ)の一声聞きしよりあしまになづむ舟ぞえならぬ」 ＊山家集(12C後)上「舟すゑしみなとのあしまさをたてて心ゆくらん五月雨のころ」 発音〈標ア〉0 マ 辞書 日葡・言海 表記 葦間(言)

あじま【安島】 姓氏の一つ。 発音〈標ア〉0

あじま-たてわき【安島帯刀】 江戸末期の水戸藩の側用人(そばようにん)。名は信立。安政の大獄で藩主徳川斉昭の謹慎中、執政として活躍したが、幕府改革の密勅を得た責任を幕府から問われ、自刃。文化九～安政六年(一八一二～五九)

あじま-なおのぶ【安島直円】 江戸中期の数学者。新庄藩士の子で江戸に生まれる。中西流、のちに関流の和算学を学び、円理や方程式などの研究に大きな功績を残した。著に「不朽算法」。享保一七～寛政一〇年(一七三二～九八)

あし-まいり【足参】(ルビ ゐり ま)『名』 身分の高い人の足をもみ、さすること。＊源氏(1001–14頃)玉鬘「大殿籠(おほとのごも)るとて、右近を御あしまいりに召す」

あじ-ま・う(ルビ あぢ まふ)『他ハ下二』 あじわう。＊落書露顕(1413頃)「あな面白とおぼゆる歌をば、古へのをも、今のをも常に詠吟して、あぢまふるは、おのづから心のうるほふと存ずるなり」

あし-まえ【足前】(ルビ へ ま)『名』 奥州の伊達、宇多、信夫の三郡に行なわれた定納夫役銭。足役(夫役＝ぶやく)の代わりに一定歩合の銭を上納した。＊地方凡例録(1794)五「足前柿木や七百文替出目には、口永もかかるなり」

あし-まかせ【足任】『名』 ①足の向くまま、気の向くままに歩くこと。＊滑稽本・八笑人(1820–49)二・上「先其形(なり)で、牛の御前から秋葉近辺、足まかせにほっつきあるくもんだから」 ＊抱擁(1973)〈瀬戸内晴美〉三「女は人群の間を足まかせにのろのろ歩きながら」 ②足のつづくかぎり歩くこと。＊俚言集覧(1797頃)「あしまかせ あしの力にまかせて歩むをいふ」 発音〈標ア〉マ 〈京ア〉マ

あし-まき【足巻】『名』「はりがねむし(針金虫)」の異名。あしがらみ。あしまつい。＊享和本新撰字鏡(898–901頃)「螵蛸 蜣蜋之子 阿志万支 又阿志加良女 又於保地不久利」 補注 右例中、「螵蛸」とは、「かまきり(蟷螂)」の卵のかたまりのこと。「蜣蜋」とは「くそむし」のことで、それが「螵蛸」の説明に入っているのは、誤写によるものと思われる。「おほぢふぐり」は、「螵蛸」の訓として正しいが、そこに、「あしまき」という別種のものの訓が入っていることについては、「はりがねむし」が「かまきり」の腹中に寄生する、という誤解によって生じたと考えられる。 方言 長州†122 静岡県520 奈良県宇智郡683 熊本県玉名郡929 鹿児島県肝属郡970 語源説 水に入った人の足に巻きつくことから〔大言海〕。 辞書 字鏡・名義 表記 螵蛸(字・名)

あし-まくら【足枕】『名』 ほかの人の足を枕として寝ること。＊俳諧・一茶発句集(1829)下「足枕手枕鹿のむつまじや」

あし-まくら【葦枕】『名』 葦の生えているほとりに旅寝すること。＊貞永元年八月十五夜歌合(1232)「波かかる難波の里のあしまくら月見るとてや結びそめけん〈藻壁門院少将〉」

あじまさ(ルビ あぢ まさ)『名』「びろう(檳榔)」の古名。＊本草和名(918頃)「檳榔〈略〉和名阿知末佐」 語源説 (1)アヂマサリ(味勝)の義か〔和訓栞〕。(2)葉の形についてアテマタ(彌手胯)といった語の約転〔言元梯〕。(3)アヂは美称、

マサはマサ（麻）の意。シュロ科の葉は繊維に供されたのでサと称し、その総名となった〔日本古語大辞典＝松岡静雄〕。 発音〈標ア〉ジ 辞書字鏡・言海 表記 桔梗（字）

あし-また【足股】〔名〕 大腿（だいたい）。もも（股）。また（股）。＊歌舞伎・桑名屋徳蔵入船物語（1770）口明「一角を足股かけてこかさうとする」＊譬喩尽（1786）六「足股（あしマタ）取っても勝が手柄」

あし-まつい【足纏】〔名〕「はりがねむし（針金虫）」の異名。＊新撰字鏡（898-901頃）「蛑　足万豆比」 辞書字鏡・色葉 表記 蛑（字・色）

あし-まとい【足纏】〔名〕（「あしまどい」とも）①（形動）物が足にからみついて歩くことが自由にならないこと。転じて、邪魔になること。また、その人。あしてまとい。＊太平記（14C後）八・持明院殿行幸六波羅事「何ともなき取り集め勢に交って軍をせば、憖（なまじ）ひに足纏（アシマトヒ）に成りて、懸引きも自在なるまじ」＊仮名草子・かなめいし（1663）中・一「日ごろかはゆき妻や子ども、今更あしまとひになる心地して」＊雑俳・続真砂（1730）「春過てなつく子猫は足まとひ」＊別れた妻に送る手紙（1910）〈近松秋江〉「あなたは独身（ひとりみ）になれば、何うしようと、足纏ひがなくなって結句気楽ぢゃありませんか」②「はりがねむし（針金虫）」または「かまきり（蟷螂）」の異名。《季・秋》＊伊呂波字類抄（鎌倉）「蛑　アシマトヒ」＊易林本節用集（1597）「蛑　アシマドヒ」＊日葡辞書（1603-04）「Aximatoi（アシマトイ）、または、アシモトリ〈訳〉長い虫の一種」＊俳諧・鷹獅子集（1693）「蟷螂（かまきり）の先にすすむや足まとひ〈巴水〉」 方言虫、はりがねむし（針金虫）。長州†122 発音〈標ア〉マ 辞書文明・天正・易林・日葡・ヘボン・言海 表記 蛑（天・易）蛐（文）足網（へ）足絡（言）

あじまの【味真野】 福井県武生（たけふ）市東部の地名。「和名抄」の味真郷の一部で浅水（あそうず）川の水源がある。味間野。＊万葉（8C後）一五・三七七〇「安治麻野（アヂマの）に宿れる君が帰り来む時の迎へを何時とか待たむ〈狭野弟上娘子〉」＊謡曲・花筐（1435頃）「越前の国味真野と申す所にご座候ふ大迹部（おほあとべ）の皇子に仕へ申す者にて候」 発音〈標ア〉0

あじ-ま・む〔他マ四〕 好んで食べる。美味として味わう。また、むさぼる。＊霊異記（810-824）下・序「虎は尾を見て、名利殺生を嗜（アヂマ）むは、善根悪報の疑（ごと）く、遄（すみや）かに来ること鏡の如し。〈真福寺本訓釈　嗜　安千万見〉」＊新撰字鏡（898-901頃）「甜　阿知万牟」 辞書字鏡・名義 表記 甜（字・名）嘌（字）

あし-まめ【足―】〔名〕（形動） めんどうがらないで、気軽に出歩くこと。また、その人。＊雑俳・媒口（1703）「富突に急ぐ長者の足まめに」＊俳諧・古今俳諧明題集（1763）夏「足まめな人にたのむやけしの花〈涼袋〉」＊ある女（1973）〈中村光夫〉二「克巳は、伯母が病院にゐる間、足まめに見舞にきたが」 発音〈標ア〉0〈京ア〉0

あじ-まめ【藊豆】〔名〕 植物「ふじまめ（藤豆）」の古名。＊新撰字鏡（898-901頃）「藹　阿地万女」＊本草和名（918頃）「藊豆　一名鵲豆　和名阿知末女」＊和漢三才図会（1712）一〇四「藊豆（いんげんまめ）　沿籬豆　蛾眉豆　和名阿知万女　俗云隠元豆」 方言大分県一部030 語源説(1)アヂマメ（味豆）の義〔和訓栞後編・日本語原学＝林甕臣〕。(2)アヂハヒマメから。アヂハヒは一種変わった味をいったもの〔名言通〕。(3)鳥の名アヂによって付けた名か〔東雅〕。 発音〈標ア〉0〈ア史〉平安○○●●〈京ア〉マ 辞書字鏡・和名・色葉・名義・書言 表記 藊豆（和・色・名）藹（字）藊豆・沿籬豆（書）

あじま-やか〔形動〕 することに味わいがあるさま。とりはからいが手際のよいさま。うまい具合。＊浮世草子・本朝桜陰比事（1689）五・一「男身体相応の望みを頼み置しに、両方ともに聞あはせあぢまやかに取持（とりもち）」＊雑俳・軽口頓作（1709）「どうするの・のらでも極月をあぢまやか」＊浮世草子・猿源氏色芝居（1718）二・「御気のばしに何とぞなるべき筋もあらば、御ゐせいをかりまして、磯路（いそぢ）などもこころをあはせ、どうぞいたしても見ましたいと、あぢまやかにおだてけるにぞ」

あし-まわり【足回】〔名〕 ①足もと。また、長距離や難所を歩くのに耐えるように靴など足に着けるものを整えること。足ごしらえ。②自動車などの車輪と、それの付いている部分。また、その全体の機能をいう。 発音〈標ア〉マ

あし-み【足踏】〔名〕（「あしふみ」の変化したものか） 歩むこと。足の運び。歩み。＊散木奇歌集（1128頃）春「ふはの関あしみのこまにをしへゆくこゑばかりこそかすまざりけれ」＊出観集（1170-75頃）秋「川霧に駒のあしみの音せずは過ぐとも知らじ宇治の橋守」

あしみ〔名〕 植物「あせび（馬酔木）」の異名。＊古今要覧稿（1821-42）三五六「あしび一名あしみ一名馬酔木」＊重訂本草綱目啓蒙（1847）三二・灌木「梫木　あしみ〈万葉集〉あせぼ　古今通名、馬酔木　共同上」

あじ-み【味見】〔名〕 飲食物の味加減を調べるために少量口に入れてみること。また、飲食すること。＊黯い潮（1950）〈井上靖〉四「夕食が出来るまで、貰（もら）った酒をひとつ味見しようぢゃあないか」＊芽むしり仔撃ち（1958）〈大江健三郎〉一〇「日常的な主婦の舌で味見された汁がそこにあった」 発音〈標ア〉0ミ〈京ア〉ジ0

あしみ-・す【悪―】〔自サ変〕（形容詞「あし（悪）」の語幹に接尾語「み」が付き、さらに動詞「す」の付いた語） 悪くなる。＊土左（935頃）承平五年一月九日「おきなびとひとり、老女（たうめ）ひとり、あるが中に、ここちあしみして、ものもものしたばで、ひそまりぬ」

あし-みず【足水】〔名〕 足を洗うための水や湯。また、足を洗い清めること。＊寛永刊本蒙求抄（1529頃）四「客人が来れば使をする人はなし。われと足水手水の給仕をする也」

あし-みち【悪道】〔名〕 道の悪い所。＊金沢文庫古文書（室町前）道顕書状（一・七八四）「昨日雨中に帰てこそ候へ〈略〉あしみちをこき候て、はぎがすくみて候」

アシミレーション〔名〕（英 assimilation） ①同化。同化作用。融合。②音声学で、同化。 発音〈標ア〉レ

あじむ〔名〕 方言杵（きね）。鹿児島県沖永良部島975 ◇あじみ 鹿児島県徳之島964 ◇あじん 鹿児島県奄美大島964 沖縄県首里993 ◇あずぃむ 沖縄県国頭郡975 ◇あどぅむ 鹿児島県喜界島983

あし-むけ【足向】〔名〕 ①足を向けること。＊史記抄（1477）一一・蘇秦第九「蘇代蘇厲が子之と一になりて、させたほどに燕へはあしむけを、えせぬぞ」②費用、料足を支給すること。また、その出所。財源。＊大乗院寺社雑事記‐長禄二年（1458）一二月三日「勅願納所役上林代百疋事、良弘方足向に下行了、一切経納所役百疋、友幸三位方に足向了」＊大乗院寺社雑事記‐文明一四年（1482）四月二一日「借下足向事色々申合。自二当年一小五月銭内、毎年二十貫可レ付レ之之由仰付了」 発音〈標ア〉0ケ

あじ-むら【味群】〔名〕 アジガモの群れ。《季・冬》＊万葉（8C後）三・二五七「沖辺（おきへ）には　鴨妻呼ばひ　辺（へ）つへに　味村（あぢむら）さわき〈鴨足人〉」＊万葉（8C後）一七・三九九一「なぎさには　安遅牟良（アヂムラ）さわき　島廻（しまみ）には　木末（こぬれ）花咲き〈大伴家持〉」＊易林本節用集（1597）「鶩　アヂムラ」＊俳諧・類題発句集（1774）冬「あぢむらや入江の水の打曇り〈馬吹〉」 方言鴨類の総称。また、あじがも（―鴨）。島根県出雲004 辞書易林・日葡 表記 鶩（易）

あじむら-こま【味群駒】〔名〕 光陰。月日。ひま行くこま。＊和歌呉竹集（1795）八「あぢむらこまとは、光陰の事なり」

あじむら-の【味群―】〔枕〕 アジガモが集まって鳴き騒ぐ意で、「さわく」「かよふ」にかかる。＊万葉（8C後）四・四八五「人多（さは）に　国には満ちて　味村乃（あぢむらノ）　去来（かよひ）は行けど〈斉明天皇・舒明天皇説あり〉」＊万葉（8C後）二〇・四三六〇「朝なぎに　楫（かぢ）引きのぼり　夕汐に　棹（さを）さしくだり　安治牟良能（アヂムラノ）　さわき競（きほ）ひて〈大伴家持〉」

あしめ〔名〕 魚「あじめどじょう（味女泥鰌）」の異名。＊和訓栞後編（1887）「あしめ　美濃にいふ小魚也どじゃうのごとく赤すぢあり又麦からどじゃうともいふ飛騨にあしめといふ」 方言魚、しまどじょう（縞泥鰌）。 ◇あじめ 美濃†029 岐阜県郡上郡498

あしめ〔名〕 方言予期。目当て。目的。目算。 富山市386 石川県404 408 410 岐阜県飛騨502

あじ-めし【味飯】〔名〕 方言五目飯のこと。 山梨県南巨摩郡463 岐阜県飛騨502 静岡県磐田郡546 愛知県知多郡570 三重県585 福岡県築上郡873 ◇あじごはん〔味御飯〕 三重県名賀郡・阿山郡585

あじめ-どじょう【味女泥鰌】〔名〕 ドジョウ科の淡水魚。全長一〇センチメートルになる。背びれと腹びれは体の後方に位置し、胸びれに骨質板がない。中部日本の河川上流部にすむ日本特産種。あしめ。学名は Niwaella delicata 発音アジメドジョー〈標ア〉ド

あしめる〔動〕 方言頼みにする。あてにする。 富山県390 394 397 石川県038 062 404 岐阜県飛騨502

あじ-も【味藻】〔名〕 植物「あまも（甘藻）」の古名。＊重訂本草綱目啓蒙（1847）一五・水草「大葉藻　あまも　あぢも　播州」 方言志州†106 播州†028 長州†122 和歌山県西牟婁郡690

あし-もたせ【足凭世】〔名〕 足をよせかけるために用いる器具。 発音〈標ア〉モ

あし-もち【足持】〔名〕 夏、腐敗しない清酒の品質。

あし-もつれ【足縺】〔名〕 歩く時に足がもつれること。転じて、足が自由に動かないこと。足の運びのはかどらないこと。あしまとい。＊俳諧・続山の井（1667）春中「糸桜こやかへるさの足もつれ〈芭蕉〉」＊和英語林集成（初版）（1867）「Ashi-motsre アシモツレ 足縺」 方言❶足にまつわりつくこと。島根県725 ❷虫、はりがねむし（針金虫）。岡山県浅口郡768 発音〈標ア〉モ 辞書ヘボン 表記 足縺（へ）

あし-もと【足元・足許・足下】〔名〕 ①立っている、または歩いている足のあたり。＊古今（905-914）仮名序「遠き所も出でたつあしもとよりはじまりて年月をわたり」＊徒然草（1331頃）八九「音に聞きし猫また、あやまたずあしもとへふと寄り来て」＊日葡辞書（1603-04）「Aximotoni（アシモトニ）ヒレフス」②足の下部。＊狭衣物語（1069-77頃か）四「いろいろの姿ども着こぼして、足もとしたためつつ、あまたうち連れて歩み出たり」＊浄瑠璃・丹波与作待夜の小室節（1707頃）中「足もと腰もと身のまはり、すっきりきれいに掃いた様なは」＊怪談牡丹燈籠（1884）〈三遊亭円朝〉八「慄（ぞっ）と足元から総毛立ちまして」③歩き方。足つき。＊源氏（1001-14頃）夕顔「懸想人のいとものげなきあしもとを見つけられて侍らむ時、からくもあるべきかな」＊狭衣物語（1069-77頃か）一「袈裟（けさ）かづきて走りつらむ足もと思し出づるに、をかしうも思さる」＊謡曲・遊行柳（1516頃）「ただよふ足もとも、よろよろよわよわと」＊読本・南総里見八犬伝（1814-42）五・四三回「『阿（あっ）』と魘（おびえ）て飛揚（とびあが）る、運歩（アシモト）取次（しどろ）に見かへれば」＊当世書生気質（1885-86）〈坪内逍遥〉一八「ちょろちょろそろそろと歩む足元」④その人のごく身近のあたり。また、その状況。身辺。＊栄花（1028-92頃）若水「事あり顔なる面もち、足もとなどの見やらるる、いとをかしきに」＊浮世草子・日本永代蔵（1688）三・一「足もとにかかる事を、今迄しらぬ事の残念」＊浄瑠璃・鑓の権三重帷子（1717）下「足本の妻敵（めがたき）なぜ討ぬ」＊歌

舞伎・韓人漢文手管始(唐人殺し)(1789)一「うまい物は宵に喰へじゃ。先づ足元にあるお金から」⑤座の位置。席順。＊六波羅殿御家訓(13C中)八条「酒宴の座席にては、貧けならん人をは、上にもあれ、下にもあれ、ことはを懸て、坐の下にもあらんをは、『是へ是へ』と請すへし。足本をわくへからす」⑥家屋の脚部。家屋の根太から土台に至る部分をいう。⑦はきもの。おもに、劇場等の用語として用いられる。⑧劇場で、俳優が楽屋、舞台裏を通る時、その足のあたりを照らすあかり。⑨稲こきの時、足のあたりに落ちた穀物。がんぞ。とどろ。⑩鰭(ひれ)をいう。方言❶履き物。香川県829 ❷足跡。静岡県磐田郡543 ◇あしびと 滋賀県神崎郡616 ❸脱穀した時に足もとに散らばった稲のくず。青森県津軽075 岩手県上閉伊郡098 気仙郡100 群馬県勢多郡236 静岡県榛原郡541 兵庫県加古郡664 山口県大島801 香川県829 発音〈標ア〉[ト][モ] 〈ア史〉江戸●●●○ 〈京ア〉[モ] 辞書和玉・文明・易林・日葡・書言・ヘボン・言海 表記脚底(文) 足下(易・ヘ) 骰(玉) 跂(書) 足元(言)

あしもと が 軽(かる)い 足の運びが軽快である。喜びなどで足が自然と速く進むさま。＊浄瑠璃・丹波与作待夜の小室節(1707頃)中「吸付煙草のきせるの雁首、首筋もとからぞっと庄野の六蔵でないか、よい女郎衆乗しゃって足本がかるいの」

あしもと が 粘(ねば)い 足が強く、歩いても容易には疲れない。健脚である。＊浄瑠璃・丹波与作待夜の小室節(1707頃)中「是へ見へた飛脚の足もとのねばいは、三河者に極ったぞ」

あしもと から 龍(たつ)が上(あ)がる 「あしもと(足元)から鳥が立つ」に同じ。＊浮世草子・好色万金丹(1694)三・三「足もとから龍(タツ)ののぼるやうなせんさく」

あしもと から 鳥(とり)が立(た)つ ①突然、身近に意外なことの起こるさまにいう。略して「足下から鳥」とも。＊森藤左衛門本狂言・素袍落(室町末-近世初)「扨も扨も急なお使を仰せつけられた。足許から鳥の立つ様なと申すがこの事でござる」＊浄瑠璃・大経師昔暦(1715)上「足もとから鳥の立様に俄に町へ届たといの」＊俳諧・吾妻錦(1769)「足もとから鳥謡を習ひ」＊合巻・教草女房形気(1846-68)二〇・下「お花がおこせし文を見て、足元から鳥の立つ悦(よろこび)に」②急に思いついたように、あわてて物事を始める。＊浮世草子・世間胸算用(1692)四・三「不断は手をあそばして、足もとから鳥のたつやうに、ばたくさとはたらきてから」＊人情本・春色梅児誉美(1832-33)後・一二齣「お屋しきへ出るとか座しきがあるとかいふと、足元(アシモト)から鳥(トリ)の立(タッ)たやうにさはぎやアがらア」＊生(1908)〈田山花袋〉三「銑之助は足元から鳥の立つやうに急に思立って、自ら進んで妻を貰った」

あしもと に 火(ひ)が つく 危険が身辺に近づくことをいう。＊橋づくし(1956)〈三島由紀夫〉「小弓が足許に火がついたやうに、〈略〉要求するやうになったのは」

あしもと にも 及(およ)ばない 相手があまりにもすぐれていて、自分と比較にならないほどである。くらべものにならない。足元へも寄りつけない。＊古文真宝笑雲抄(1525)下「今後主は高祖の足もとへも不可及ぞ」＊坊っちゃん(1906)〈夏目漱石〉三「ほかの所は何を見ても東京の足元(アシモト)にも及(オヨ)ばないが温泉丈は立派なものだ」

あしもと の=明(あか)るい[=明(あか)い]中(うち) 行先のよく見える日の暮れないうち。また、自分の弱点や悪事が見つけ出されて不利な状態にならないうち。手おくれにならないうち。＊玉塵抄(1563)七「漢の高祖も越王のつれと知たらば、韓信もはやう足もとのあかい時にひっこまうす者をぞ」＊虎寛本狂言・鱸庖丁(室町末-近世初)「今の物語を喰ふた呑うだと思ふて足元の明いうちとっとと帰らしめ」＊俳諧・鷹筑波(1638)三「あしもとのあかひ時たてかもの鳥 ごくにたたねといとおしの人〈静寿〉」＊浮世草子・世間胸算用(1692)四・一「とかく大晦日の闇を足もとの赤(アカ)ひうちから合点して、かせぐに追付貧乏なし」＊歌舞伎・名歌徳三舛玉垣(1801)四立「親の背負物にならぬ様に足元の明(アカ)るい内、どこへでもやりと言気で」

あしもと は お留守(るす) 足元に注意を払わない。何事かに夢中になって歩くさまにいう。＊洒落本・色深狭睡夢(1826)上「コレ其様(そない)にとばついてこけなさるな。それそこに石がある。嬉しいので足(アシ)もとはおるすじゃ」

あしもと へ 付(つ)け込(こ)む 「あしもと(足元)を見る」に同じ。＊明暗(1916)〈夏目漱石〉一六二「芸術家の足元へ付け込んで、無暗に価切り倒すなんて失敬な奴へは売らないが好い」

あしもと へも=寄(よ)れぬ[=寄(よ)りつけない・追(お)い付(つ)かない・近寄(ちかよ)れない] 「あしもと(足元)にも及ばない」に同じ。＊洒落本・寸南破良意(1775)職人「うつくしいものだったよ、うぬらァ足元(アシモト)へも、よりやァしねへ」＊黄表紙・鼻峯高慢男(1777)「かのまめてんぐとかきくらべさせけるに、さらさらあしもとへもよりつかぬ事なれば」＊新世帯(1908)〈徳田秋声〉二五「お前なんざ、迚(とて)も脚下(アシモト)へも追著きゃしねえ」＊蛇(1911)〈森鷗外〉「耶蘇教の本を読んで見たが、皆浅はかなもので、仏教の足元にも寄り附けない」

あしもと を=見(み)る[=見立(みた)てる・見抜(みぬ)く] 相手の弱みを見抜いて、それにつけこむ。弱点に乗じる。あしもとへつけこむ。＊浮世草子・西鶴置土産(1693)一・一「傘(からかさ)一本かせといへば、女房が下女にいひ付て編笠ならばござるといふ。さても足(アシ)もとを見立(ミタテ)たる返事する」＊浄瑠璃・傾城酒呑童子(1718)四「六百両と言ひかけしに、無徳心(むどくしん)の長めに足もと見られ、千両無くては隙くれまいと言ひつのって、埒明(らちあけ)ず」＊歌舞伎・お染久松色読販(1813)中幕「吉光は、身共が盗んだ刀故、返すに及ぬ何んぞとぬかし、身が足元(あしもト)を見抜いた仕方」＊蓼喰ふ虫(1928-29)〈谷崎潤一郎〉六「先は足もとを見やがったのか二百ドルが鐚(びた)一文も負からない〈略〉と抜かすんだ」

あしもと-がわら【足元瓦】(はら:が)『名』鬼瓦の左右の足元となる瓦。装飾用の鰭(ひれ)がついている。鰭瓦。〔日本建築辞彙(1906)〕

あしもと-しらず【足元不知】『名』足もとをよく見ないで物事をすること。また、その人。そそっかしい人。＊俳諧・佐夜中山集(1664)一「月にゆく人はあしもと知らずかな〈忠次〉」＊俳諧・貝おほひ(1672)五番「雪にもろあしまでふみこんだるは、草履のうらもたまるまじく、足本しらずの麁相(そさう)ものと見え侍れども」発音〈標ア〉[シ]2 〈京ア〉[シ]2

あしもと-すじょう【足元素姓】(:スジャウ)『名』生まれや、家柄。氏素姓。＊虎寛本狂言・夷毘沙門(室町末-近世初)「いかにも足元種姓け高うして、有徳成る者を聟に取らせて呉よといのるにより」

あしもと-なげし【足元長押】『名』板塀などで地長押(じなげし)、地覆(じふく)よりやや上方にある長押。〔日本建築辞彙(1906)〕

あしもと-ぬき【足元貫】『名』柱の足元にとりつけた貫(ぬき)。〔日本建築辞彙(1906)〕

あし-もの【悪物】『名』毒のあるもの。＊書紀(720)皇極四年四月(寛文版訓)「高麗国、得志が帰らむと欲ふ意を知りて、毒(アシモノ)を与へて殺す」

あじ-もの【味物・味者】(あぢ:)『名』①飲食物の味わいのよいもの、美味のもの〔竹屋雑抄(江戸後)〕。②一風変わった味わいを持つ者。主に遊女についていう。＊評判記・難波物語(1655)「妻木 あぢものなり。手跡すぐれ、琴も小うたもよし」＊浄瑠璃・天鼓(1701頃)三「みちのくの内侍(ないし)とて禁中一の美人なりしが、あぢものの、しなものの、だてこきの通り者」発音〈標ア〉[0]

あじもの-まめ【味物豆】(あぢもの:)『名』植物「はず(巴豆)」の異名。

アシモフ(Isaac Asimov アイザック―)アメリカ合衆国のSF作家・生化学者。ロシア生まれ。代表作「わたしはロボット」「銀河帝国の興亡」「鋼鉄都市」。(一九二〇〜九二)

あしもり-はんし【足森半紙】『名』備中国(岡山県)産の半紙。主として岡山市足守付近から産出された。＊万金産業袋(1732)一「備中 足森半紙」

あじ-もん【阿字門】『名』仏語。①「あじかん(阿字観)」に同じ。＊秘蔵宝鑰(830頃)下「覚ニ此心本不生是漸入ニ阿字門ニ」＊海道記(1223頃)萱津より矢矧「暫く鳥居に向ひて阿字門を観ずれば、権現の砌(みぎり)、潜に寂光の都に移る」＊十善法語(1775)四「これが阿字門に入れば、塵垢本来不可得なり」＊大日経-二「云何真言教法、謂ニ阿字門ニ」②阿は梵字五〇種の第一字で、すべての声音のもとであるとされるところから、最もたいせつな門の意。＊謡曲・弱法師(1429頃)「げにここは、難波の寺の西門に出づる石の鳥居の阿字門に入って、阿字門を出づる」

あしゃ【阿遮】 「あしゃら(阿遮羅)」の略。

あ-しゃ【唖者】『名』音声で言葉を話すことができない人。＊猫又先生(1919)〈南部修太郎〉「その時先生は、唖者に変ったやうな生徒達を眼前に見たのである」＊碑文(1923)〈横光利一〉「彼らは蹌踉めきながら半眼を開いたまま、唖者のやうに黙って終日同じ所を歩き回った」発音〈標ア〉[ア]〈京ア〉[ア]

あ-しゃ【悪者】『名』(「あくしゃ」の変化した語)わるもの。＊名語記(1275)三「悪者の音のよみあしゃを、をしとばしいひつけたる歟」

あしゃ『連語』「あっしは」の変化した語。私は。＊滑稽本・東海道中膝栗毛(1802-09)七・下「アア、アアくるしい。あしゃ悔(びっく)りしてはっとほもふたへいやらして」

あしや【芦屋】 ㊀兵庫県南東部の地名。六甲山の南斜面にあり、大正末期までは別荘地で知られた。菟原処女(うないおとめ)の伝説の地や在原業平の邸跡がある。昭和一五年(一九四〇)市制。＊伊勢物語(10C前)八七「むかし、男、津の国、むばらの郡(こほり)、あしやの里にしるよしして、いきて住みけり」＊俳諧・誹諧初学抄(1641)「此二人、あしやの里にうない乙女と云女によばひわたりて」㊁福岡県北部の地名。遠賀川河口にあり、江戸時代は米、石炭、唐津(からつ)物の積み出し港として栄えた。神武天皇東征、仲哀天皇西征のときの通過地といわれる。＊浮世草子・武家義理物語(1688)五・五「生国筑前の芦屋(アシヤ)なる親里に帰るを」発音〈標ア〉[0]〈京ア〉⓪ 辞書文明・書言 表記芦屋(文) 蘆屋(書)

あし-や【葦屋】『名』①「あし(葦)の屋」に同じ。＊堀河百首(1105-06頃)恋「山がつの芦屋にかける竹がきふしにしくとも思ひけるかな〈源俊頼〉」＊散木奇歌集(1128頃)悲歎「筑紫船うらみを積みてもどるにはあしやにねてもしらねをぞみる」②「あしやがま(蘆屋釜)」の略。＊蔭凉軒日録-長享二年(1488)正月二六日「斎前海阿来賀。葦屋小鑵子一口持来」＊虎寛本狂言・子盗人(室町末-近世初)「扨も扨も結構な道具じゃ。此釜は定めて蘆屋で有う」

あしや【蘆屋】 姓氏の一つ。発音〈標ア〉[0]

あしや-どうまん【蘆屋道満】 平安時代、一条天皇の頃の陰陽家。安倍晴明と陰陽の術を争ったが、藤原道長を呪詛(じゅそ)し晴明に破れたため播磨国(兵庫県)に放逐されたと伝えられる。のちに浄瑠璃「蘆屋道満大内鑑」などに脚色された。生没年不詳。

アジヤ ⇨アジア

あじゃ-あじゃ〘副〙方言 ❶落ち着かないさま。そわそわ。富山県390 ❷忙しく日を暮らすさま。◇**あしゃあしゃ** 富山県砺波397 ❸締まりのないさま。◇**あじゃくじゃ** とも。富山市近在392 ❹ぐずぐずするさま。◇**あじゃらあじゃら** とも。三重県度会郡599 ❺遊びふざけるさま。遊び半分のさま。島根県出雲725

アシャール (Marcel Achard マルセル―) フランスの劇作家。作品は、人間の善意をユーモラスに描いたものが多い。「私と遊んでくれませんか」「お月様のジャン」など。(一八九九～一九七四)

あしゃ-いちげい【阿遮一睨】 発音〈標ア〉シャ〘名〙(阿遮は梵 acala の音訳で、不動明王の梵名。一睨は左の目を閉じ、一眼でにらむこと) 仏語。不動明王の一眼で激しく怒った形相(ぎょうそう)。転じて、威徳があって勇猛な様子。＊秘蔵宝鑰(830頃)上「阿遮一睨、業寿之風定」＊源平盛衰記(14C前)一〇・中宮御産事「阿遮一睨(アシャいちゲイ)の窓の前には、鬼神(きじん)手を束ねて降(かう)を乞い」

あしや-がい【蘆屋貝】〘名〙ニシキウズガイ科の巻貝。房総以南の潮間帯の岩礫底にすむ。殻径約一・五センチメートル。まるいアワビ形の貝。灰白色で、殻表には多数の細い螺肋(らろく)があり、その上に小さな黒斑が並んでいる。殻口は広く、強い真珠光沢がある。学名は Granata lyrata 発音 アシャガイ〈標ア〉ヤ

あしや-がま【蘆屋釜】〘名〙鎌倉時代から桃山時代に筑前(福岡県)遠賀川河口の蘆屋で作られた茶釜。また、その意匠を写した釜。真形(しんなり)型が多く、なめらかな地と、浮き出しにした山水などの和風の図が特徴。古い上作を古蘆屋といい珍重する。あしや。＊看聞御記‐嘉吉三年(1443)正月二二日「一慶和尚参。対面。蘆屋釜一、蠟燭十廷被ㇾ進」＊蔗軒日録‐文明一六年(1484)四月一三日「少輔殿賜ㇾ以阿私屋釜一ケ」＊俳諧・毛吹草(1638)四「筑前〈略〉蘆屋釜(アシヤガマ)」＊仮名草子・仁勢物語(1639‐40頃)下・八七「あしやがまふたのとっては釘もなみつけつをくれつささできにけり」 表記 蘆屋釜(書・言) 発音 アシヤガマ〈標ア〉ヤ 辞書 書言・言海

蘆屋釜
〈東京　根津美術館蔵〉

あし-やき【葦焼】〘名〙古く大坂で製した陶器。難波焼(なにわやき)。難波は古く葦の密生で有名だったところからいう。＊浄瑠璃・傾城思升屋(1715頃)中「清水焼の天目や、浪速入江のあし焼は、所がらなる名物と」

あし-やく【足役】〘名〙江戸時代の夫役(ぶやく=労働課役)の異称。農民に課せられる労役を米や銀(銭)で代納するようになってからは、一般にこれを夫米(ぶまい)、夫銀と称した。＊農政本論(1829)中・上「米沢領分の百姓等、村役にて城詰の塩を運送するに、人夫、馬牛の失墜夥しく掛り、農業の妨げとなるに就て、其時代の足役の永納を願ひ、四一高六二石五斗より、毎日永一文づつ一年三百六十文を上納せしと云ふ」

あし-やく【蘆役】〘名〙「あしねんぐ(蘆年貢)」に同じ。

あしやく-ならし【足役秤】〘名〙江戸時代、長州藩の村々において、村民の負担する足役(夫役)を米、銀で代納するようになってからは村ごとに「足役秤帳」を作成し、持高一石当たり銀二、三匁、または米四、五升を徴して、夫役関係の村経費をまかなったことをいう。

あし-やすめ【足休】〘名〙疲れた足を休めること。また、そのもの。＊俳諧・毛吹草(1638)六「水鳥の足やすめなる氷哉〈一正〉」＊浮世草子・好色一代男(1682)四・三「まづ此程の足休(アシヤス)めに今宵は寝て、残る事共明てかたらんと」＊続俳家奇人談(1832)中「鳰(にほ)の巣や蛍も仮のあしやすめ」 発音〈標ア〉ヤ〈京ア〉ヤ

あじゃせ【阿闍世】(梵 Ajātaśatru の音訳) 古代インドのマガダ国の王。父王ビンビサーラを殺し、母后を幽閉して王位につき、マガダ国をインド第一の強国にした。後年釈迦の教えによって仏教に帰依し、仏教の熱心な保護者となった。アジャータシャトル。＊浮世草子・本朝二十不孝(1686)二・一「おのおのあがりかかる悪人も有物ぞ天竺阿闍世唐土の悪王にもおとらじ」＊観経四帖疏‐序分義「阿闍世者、乃是西国正音。此地往翻名未生怨、亦名折指」

あじゃせ-おう【阿闍世王】 発音〈標ア〉ア「あじゃせ(阿闍世)」に同じ。＊観智院本三宝絵(984)下「阿闍世王仏を請したてまつりて供養したてまつる」＊本朝文粋(1060頃)一四・華山院四十九日御願文〈大江維時〉「阿闍世王之夢。煙暗金河之西」＊栄花(1028‐92頃)御裳着「阿闍世王の十万石の油して為(し)けんにも」＊大般涅槃経後分‐下「摩迦陀主阿闍世王害父王已、深生悔根、身生悪瘡。既遇世尊月愛光触、身瘡漸愈」 発音 アジャセオー〈標ア〉セ

あしや-だいがく【芦屋大学】 兵庫県芦屋市にある私立の大学。昭和三五年(一九六〇)創立の芦屋女子短期大学を母体として同三九年に発足。発音 アシヤダイガク〈標ア〉ダ

あしやどうまんおおうちかがみ【蘆屋道満大内鑑】 浄瑠璃。時代物。五段。竹田出雲作。享保一九年(一七三四)大坂竹本座初演。信田妻(しのだづま)伝説を集大成した作品。人形の三人遣いがこの作から始まったと伝える。

あしや-の-うないおとめ【蘆屋菟原処女】 ⇨うないおとめ(菟原処女)

あじゃぱあ〘感動〙驚き、失望、困惑などの感情を表わす、おどけた合いの手。俳優、伴淳三郎のつくった昭和二〇年代の流行語。＊負け犬(1953)〈井上友一郎〉「『あ・じゃぱあ!』と、三十二にもなる譲次は、いま流行の、ふざけたスラングを弄しながら」 発音〈標ア〉パ

あし-やみ〘名〙妊娠。＊幡多方言(1828)「妊娠をひょろけたと云中筋あたりあしやみと云」

あしゃら【阿遮羅】(梵 acala の音訳。不動と訳す) 不動明王のこと。＊金剛般若経開題「不動者梵阿遮攞」 発音〈標ア〉0

あじゃら【戯】〘名〙「あじゃれ(戯)」に同じ。＊日葡辞書(1603‐04)「Ajarauo (アジャラヲ) ユウ」＊浄瑠璃・鎌倉尼将軍(1711‐12)一「べにおしろいもぬりくらずかがみと神ににくまるる。なんのこちらがやうなものに、あじゃら計と有ければ」＊歌舞伎・幼稚子敵討(1753)二「滅相(めっそふ)な、何を。座興も座興による。好い加減がよいぞへ。そんな事人の耳へ這入ると、あじゃらが誠に成わいな」＊文明開化(1873‐74)〈加藤祐一〉二・上「たまたまうちの仲間が叱ついても、あじゃらすなといふ顔ですましてゆきをる」 方言 一〘名〙❶かりそめ。冗談。戯れ事。仙台†058 畿内†020 備後†124 宮城県栗原郡114 仙台市123 兵庫県淡路島671 ❷無分別。宮城県栗原郡114 ❸あさましいこと。仙台†059 二〘形動〙❶確実でないさま。宮城県仙台市123 ❷めちゃくちゃなさま。岩手県胆沢郡038 ❸不用意なさま。うかつ。そこつ。福島県南部155 ◇**あじゃらけ・あんじゃらけ** 秋田県雄勝郡130 ❹だらしないさま。◇**あじゃらっか** 長崎県五島054 ❺手荒なさま。乱暴。◇**あざら** とも。岩手県江刺郡096 気仙郡100 三〘副〙だいぶ。甚だしいさま。よほど。仙台†057 静岡県田方郡530 発音〈標ア〉0 辞書 日葡

あじゃら にも たとえたわむれにするのであっても。かりそめにも。下に禁止、打消の表現がくることが多い。＊浄瑠璃・傾城国性爺(1717)二「武士たる者をあじゃらにも、逃る抔(など)とは慮外者」＊浄瑠璃・仮名手本忠臣蔵(1748)九「夫婦中睦じい迚あじゃらにも悋気(りんき)ばししてさらるるな」＊歌舞伎・法懸松成田利剣(1823)三立「あじゃらにも其やうな事、云ふものではござらぬぞ」

あしゃら-ぐみ【―胡頽子】〘名〙方言 植物、あきぐみ(秋胡頽子)。和歌山県東牟婁郡690 新宮市692 ◇**あさら** 熊野†106

あじゃら・ける【戯】〘自カ下一〙文 あじゃら・く〘自カ下二〙ふざける。たわむれる。＊評判記・役者大鑑合彩(1692)嵐三右門「拵太刀打などあじゃらけて見にくし」＊難波土産(1738)発端「昔のやうなる子供だましのあじゃらけたる事は取らず」 方言 ❶ふざける。秋田県雄勝郡・平鹿郡130 ❷荒々しいふるまいをする。岩手県気仙郡100 ❸なまはんかな気持でことを行なう。岩手県気仙郡100 ◇**あんじゃらける**

あじゃら-こう【戯講】〘名〙堅苦しいことをぬきにして楽しむ宴。無礼講(ぶれいこう)。＊俳諧・両吟一日千句(1679)第六・桐「秋の夜はあじゃらこうして膳を出す〈友雪〉 喰れうものか空のもち月〈西鶴〉」

あじゃらし・い【戯】〘形口〙ふざけた態度である。おどけている。また、いやらしい。みだりがましい。＊滑稽本・東海道中膝栗毛(1802‐09)二・下「ヤアヤアこんたア気がちがやァせぬか。わし共は二十年もこっちイ、そんなあじゃらしいこたア中絶のウしていますに」＊合巻・比翼紋松鶴賀(1823)「あじゃらしい言葉さへかはした事は御座んせぬ」

あじゃら-しかけ【戯仕掛】〘名〙たわむれたふるまいにでること。異性にたわむれかかること。＊歌舞伎・貞操花鳥羽恋塚(1809)六立「訳ある事を知りながら、あじゃら仕掛けと思はせて、文に云はする」

あじゃら-まじり【戯交】〘名〙ふざけまじり。たわむれやふざけのまじるほど気やすい仲をいう。＊歌舞伎・隅田川続俤(法界坊)(1784)四「私がさいた盃に紅がついたと戴いて、あじゃら交りの妹背中、こんな縁が唐にもあらうか」

あじゃら-もじゃら〘名〙(「もじゃら」は、あじゃらの類音を重ねて語調を整えたもの) たわむれ。男女の恋のたわむれ。＊浄瑠璃・傾城無間鐘(1723)一「赤松様が折に触れあじゃらもじゃらも欲深き、わしが魂見すかして、煙草一葉が千両しょとままよ」

あじゃら-もち【阿闍羅餅】〘名〙青森県大鰐の銘菓。ふつうの求肥餅(ぎゅうひもち)に小さく切ったクルミをあしらったもの。同地に阿闍羅山という山があり、平安時代には山頂の堂宇が国家安泰の祈願所として栄えたので、この山にちなんだもの。

あじゃり【阿闍梨】〘名〙(梵 ācārya の音訳。弟子を教授し、その軌範となる師の意) 仏語。小乗の律ではこれに出家、受戒、教授、受経、依止(えじ)などの別を数え、また大乗では羯摩(かつま・こんま)、教授の二つをたてる。また密教では、学法灌頂と伝法灌頂の二つをたてる。あざり。①(イ)密教で秘法に通じ、伝法灌頂(でんぼうかんじょう=秘法を伝授する儀式)を受けた者をいう。後に伝法灌頂を受けた僧に宣旨によって与えられる称号。＊三代実録‐元慶八年(884)三月「詔少僧都真紹受阿闍梨位灌頂」＊正法眼蔵(1231‐53)受戒「和上阿闍梨まさに受者をしへて礼拝し、長跪せしめて合掌し、この語をなさしむ」＊元亨釈書(1322)二五・寛仁皇帝「長元七年十二月、教円為阿闍梨、阿闍梨官自円始」＊撮壌集(1454)下・官位「阿闍梨(アジャリ)」(ロ)比叡山など七高山、およびその他に祈禱の勅命を受けた僧。(ハ)一身を限って補せられた貴種の名徳の僧。一身阿闍梨。②平安時代、勅旨を奉じて修せられる法

会を、已講（いこう）、内供（ないぐ）とともにとり行なう僧。転じて、修法（ずほう＝加持祈禱）の導師を勤める僧。＊大鏡（12C前）四・道隆「しかじかの事にて、修法始めんと仕まつれば、阿闍梨にまうでくる人も候はぬを」③一般に弟子を教え、その師範となる高徳の僧の尊称。＊説経節・あいごの若（山本九兵衛板）（1661）四「是よりひゑいざんさいとう北だに、そのあしゃりと申せしは、みづからがためにはあにご也、あいごがためにはおぢご也」＊仮名草子・東海道名所記（1659–61頃）三「そのかみ比叡山に、肥後の阿闍梨源光といへる法師は三塔無双（さんとうぶそう）の学者なり」 語誌 (1)一般に梵語アーチャーリャの音写とされるが、中央アジアのトカラ語での語形アーシャリ・アシャリの音写とする見方もある。(2)密教では灌頂による師資相承を重んじ、阿闍梨になる伝法灌頂の儀式によって法が師から弟子へと伝えられる。儀式を執行する授法の師を伝法の阿闍梨、また大阿闍梨と称して区別することがある。 発音〈標ア〉0 ア 〈京ア〉0 辞書 文明・伊京・明応・天正・饅頭・黒本・易林・日葡・書言・言海 表記 阿闍梨（文・伊・明・天・饅・黒・易・書・言）

あじゃり死（し）して事（こと）欠（か）けず 地位が高くても実際の仕事に関与していない人は、死んでも実務への影響がないという意。〔諺苑（1797）〕

あじゃり あぢやり〘名〙着飾る人。おしゃれ。＊随筆・裏見寒話（1753）付録「あぢゃり 身体を飾る人」 方言 愛媛県宇和島市855

あじゃり〘名〙 方言 ❶手足の指の股（また）。青森県上北郡（足の指のみ）082 三戸郡083 ◇あじゃら 岩手県二戸郡040 ❷手足の指の腹。◇あざあり 青森県三戸郡083 ❸水鳥の水かき。◇あじゃら 岩手県二戸郡040

あじ-やり【味遣】〘名〙（形動） 方言 気どっているさま。飾りたてているさま。また、その人。甲州†088 新潟県東蒲原郡368 愛媛県840

あじゃり-い ヰ：**【阿闍梨位】**〘名〙仏語。阿闍梨の位。＊参天台五台山記（1072–73）四「経壱門碩学堅義者必可与阿闍梨位解文者」＊金剛峰楼閣一切瑜伽瑜祇経-上・摂一切如来大阿闍梨位品「一切意願速獲不久、当得大金剛阿闍梨位法性大日之身、一切見者皆悉礼足降伏歓喜」 発音〈標ア〉リ

あじゃり-しき【阿闍梨職】〘名〙阿闍梨の職位。伝法灌頂を行なう伝法阿闍梨、比叡山など大寺に住した七高山阿闍梨、一身を限って伝法灌頂職を与えられた一身阿闍梨などの総称。＊東宝記（1352）八「一、諸堂阿闍梨職」 発音〈標ア〉リ

あじゃり-だて【戯立】〘名〙気のきいた風のことを言ったりしたりすること。＊浮世草子・傾城色三味線（1701）江戸・二「大臣さこそと、ちと自慢して鬢などかきなで、いよいよあぢゃりだてを申て、手に入れて乗かくれば」

あじゃ・る【戯】〘他ラ四〙（「あざる（戯）」の変化した語か）他をばかにする。また、ふざけたり冗談を言ったりする。＊玉塵抄（1563）三七「彼が此をあじゃってかう作たことなり」＊日葡辞書（1603–04）「Ajari, u, atta（アジャル）〈訳〉あざける。または、茶化す」 方言 ❶あざける。からかう。和歌山県日高郡690 島根県725 高知県土佐郡866 ◇あざる 富山県砺波397 ❷悪ふざけする。愛媛県840 ❸おもしろいことを言って笑わす。香川県綾歌郡829

あじゃれ【戯】〘名〙（「あざれ（戯）」の変化した語）ふざけること。冗談。あじゃら。＊歌舞伎・霊験曽我籬（1809）九幕「よい機嫌な、あじゃれも事によるわいなア」 発音〈標ア〉ジャ 辞書 日葡

アジャンタ（Ajantā）インド西部、ムンバイ（旧ボンベイ）東北方のマハラシュトラ州の地名。渓谷には、紀元前後からグプタ時代を経て七世紀頃までに開掘され、仏教説話を描いた有彩の大壁画で知られる石窟寺院群がある。 発音〈標ア〉0

あ-しゅ【亜種】〘名〙①生物の分類学上、種の下に設けられる分類単位。種のうち、地域によって何らかの差がみられる時にこれを亜種として区別するので、同一種にいくつかの亜種が設けられる場合がある。②ある種類と似ていながら少し違いのあるもの。＊森鷗外（1954）〈高橋義孝〉八「作中人物大石狷太郎はこういう積極的新人の亜種であって〈略〉何らかの理想を実現しようとはしない消極的新人である」＊ヴァイオリンとオイストラフ（1955）〈河上徹太郎〉「どれがどれから発達したといふ、主流と亜種の区別がなく」 発音〈標ア〉ア

あ-しゅ【阿主】〘名〙（「阿」は、親しみを表わす接頭語）主人や旦那を親しんでいう語。＊鴨東四時雑詞（1816）「乗除紅翠有余資、阿主欣欣送歳時」＊応諧録-悦護「粤令性悦護、一隷欲阿其意、故与人偶語曰、凡居民上者、類喜人護、惟阿主不然、視人誉蔑如耳、其令耳之、自是暱之有加」 補注 「名物六帖-人品箋」に「阿主 ダンナ」とある。

あし-ゆ【足湯】〘名〙膝（ひざ）から下の脚部だけ湯浴みすること。脚湯（きゃくとう）。 発音〈標ア〉シ 0 〈京ア〉0

あ-じゅ【阿孺】〘名〙（「阿」は、親しみを表わす接頭語。孺は幼児の意）幼ない子どもを親しんでいう語。おさなご。幼児。

あし-ゆい ひ：ゆ**【足結】**〘名〙①足を紐などで結ぶこと。また、その結ぶのに用いる物。②「あゆい（足結）①」に同じ。＊書紀（720）雄略即位前（前田本訓）「是に由りて、天皇、復益兵を興して大臣の宅を囲む。大臣、庭に出（い）で立（たた）して、脚帯（アシユヒ 別訓 アユヒ）を索（こ）ふ」 発音〈標ア〉0

あしゆい の 組（くみ） 足付きの台の上にかけた打敷（うちしき）がとれないように、装飾を兼ねて、足にかけて結び下げた組み紐（ひも）。＊西宮記（969頃）八・臨時宴遊「申二剋御出、召左右哥、右方令持洲浜二机〈略〉机四角、以金銀作柳枝四茎、便為覆台也。有足結組無帯」＊源氏（1001–14頃）絵合「沈（ぢん）の箱に浅香（せむかう）の下机、打敷は、青ちの高麗（こま）の錦、あしゆひのくみ、花足（けそく）の心ばへなど、いまめかし」

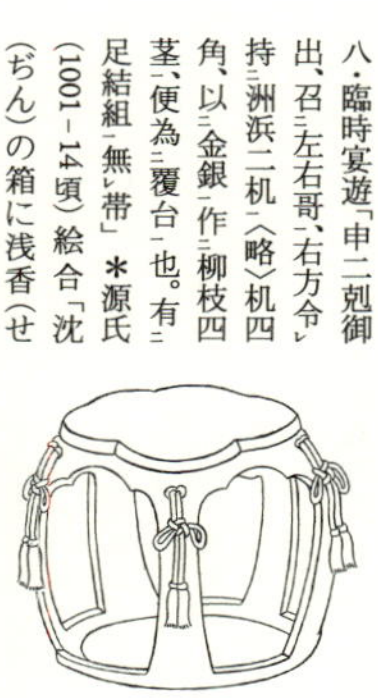
足結いの組

あ-しゅう ウ：シ**【阿州】**阿波国（徳島県）の別称。＊造化妙々奇談（1879–80）〈宮崎柳条〉六「阿州（アシウ）の人を雇て砂糖を製し」 発音 アシュー〈標ア〉ア 辞書 黒本 表記 阿州（黒）

あ-じゅう【阿従】〘名〙人にへつらいおもねって従うこと。＊所感十年（1913）〈内村鑑三〉神「彼等は権力の阿従者なり」＊漢書-循吏伝・黄霸「守丞相長吏、坐公卿大議廷中知長信少府夏侯勝非議詔書大不敬、霸阿従不挙劾、皆下廷尉、繋獄当死」

アシュール-いせき セキ：ヰ**【―遺跡】**（アシュールは Acheul）フランス北部、サンタシュール（Saint-Acheul）にある、前期旧石器時代第三段階アシュール文化を代表する遺跡。握斧（あくふ）などすぐれた打製石器が発掘された。 発音〈標ア〉ジュ

アシュカ【阿須迦】「アショカおう（―王）」に同じ。 発音〈標ア〉イ

あ-しゅく【阿叔】〘名〙（「阿」は、親しみを表わす接頭語）①叔父をいう。また、ひろく年長の男子を呼ぶ語。＊北斉書-河間王孝琬伝「誣対曰、孝琬画作陛下形哭之、然実是文襄像、孝琬時時対之泣。帝怒、使武衛赫連輔玄倒鞭撾之。孝琬呼阿叔、帝怒曰、誰是爾叔。敢喚我作叔」②女性が夫の弟を呼んでいう語。＊水滸伝-第一七回「阿嫂便道、阿叔、胡乱救爾哥哥、也是弟兄情分」 発音〈標ア〉0

あしゅく【阿閦】（梵 akṣobhya の音訳。無動、不動の意）「あしゅくぶつ（阿閦仏）」に同じ。＊幸若・敦盛（室町末-近世初）「こむだうの本尊はあしゅくほうしゃうみだしゃか、これまた大しの御作なり」＊増補江戸咄（1694）五「十三仏と云は、不動、釈迦、文珠、普賢、地蔵、彌勒、薬師、観音、勢至、阿彌陀、阿閦、大日、虚空是也」＊翻訳名義集-一「阿閦。浄名経云、有国名妙喜、仏号無動、疏云、阿之言無、閦之言動」 発音〈標ア〉0

あしゅく-じ【阿閦寺】㊀光明皇后が奈良市法華寺町辺に建てたと伝えられる寺。伝説によると、皇后は浴室を設けて自ら千人の身体を洗う願を立て、これを行なったところ、最後に癩者に化した阿閦如来が現われたことにちなむという。天長年間（八二四～八三四）に廃絶。㊁天応元年（七八一）、石上宅嗣（いそのかみのやかつぐ）が平城京付近にあった私邸を寺にしたもの。寺内にわが国最初の図書館、芸亭（うんてい）を設けた。 発音〈標ア〉0

あしゅく-にょらい【阿閦如来】「あしゅくぶつ（阿閦仏）」に同じ。＊扶桑略記（12C初）康平四年一〇月二五日「十月廿五日。供養宇治平等院之塔〈略〉阿閦如来像一体」 発音〈標ア〉ニョ

あしゅくば【阿閦婆】「あしゅくぶつ（阿閦仏）」に同じ。 発音〈標ア〉ク

あしゅく-ぶつ【阿閦仏】仏語。過去久遠の昔、大日如来の教化により、発願、修道して成仏し、東方善快浄土を建てた仏。西方の阿彌陀仏に対比され、今なお説法している。密教では、金剛界五智如来の一つで東方に住し、無冠で降魔の印を結ぶとする。阿閦如来。あしゅく。あしゅくにょらい。あしゅくば。あすくぶつ。＊安祥寺伽藍縁起資財帳-貞観九年（867）六月一一日「阿閦仏像一軀」＊今昔（1120頃か）六・二五「一生の間不退転（ふたいてん）の位を期（ご）して阿閦仏の像を図絵し奉る」＊元亨釈書（1322）一八・皇后光明子「后去阿閦仏垢、又慎勿語人」＊滑稽本・浮世風呂（1809–13）前・上「極老人（ごくろうじん）あしき病人をいれざるは、阿閦仏（アシュクブツ）の化益（けやく）はあらず」 発音〈標ア〉ク 〈京ア〉ク

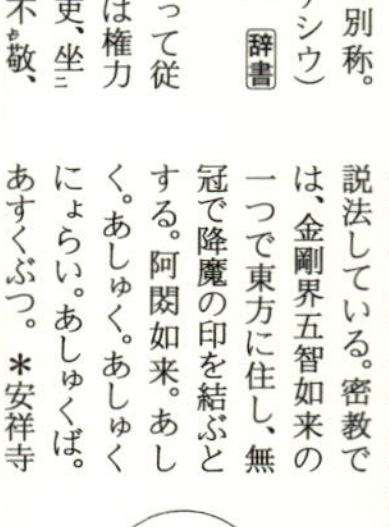
阿閦仏〈図像抄〉

あしゅくぶつ-ほう フ：ホ**【阿閦仏法】**〘名〙仏語。密教で、阿閦仏を本尊とする修法。 発音 アシュクブッホー〈標ア〉0

あ-しゅし【亜主枝】〘名〙果樹を仕立てる場合に骨組みとなる枝の一つ。根本から直立する幹を主幹といい、主幹から出る数本の太い枝を主枝というのに対し、主枝から出る枝をいう。

アシュタルテ（Ashtarte）フェニキア神話の女神。バビロニア神話のイシュタルにあたる。 発音〈標ア〉タ

アシュバゴーシャ（梵 Aśvaghoṣa）古代インド一世紀後半の仏教詩人。漢訳名、馬鳴（めみょう）。馬鳴菩薩。生没年未詳。 発音〈標ア〉ゴ

あし-ゆび【足指】〘名〙足の指。＊雪国（1935–47）〈川端康成〉「足指の裏の窪みまできれいであらうと思はれた」＊普賢（1936）〈石川淳〉八「畳の縁（へり）に足趾（アシユビ）を粘らせてぐっと踏みこたへたとたん」 発音〈標ア〉0 シ

あしゅら【阿修羅】（梵 asura の音訳。略して修羅ともいう。非天、不端正などと訳す）仏語。㊀㊀インド神話の悪神で、仏教ではとくに帝釈天の敵対者とされる。＊法華義疏（7C前）序品「阿修羅為善所得、非正鬼神」＊平家（13C前）三・有王「『諸阿

阿修羅 ❶㊁
〈奈良県　興福寺蔵〉

修羅等居在大海辺』とて、修羅の三悪四趣は深山大海のほとりにあり」＊読本・椿説弓張月(1807–11)残・六二回「漲(みなぎり)おつる谷川の、音は阿修羅(アシュラ)の鬨(とき)の声」＊翻訳名義集‐二「阿修羅、旧翻㆓無端正㆒、男醜女端正、新翻㆓非天㆒」 ㊁仏教の守護神で、八部衆の一つ。あすら。 ㊂「あしゅらおう(阿修羅王)」に同じ。＊今昔(1120頃か)三・一〇「金翅鳥(こんじてう)の巣を咋(くひ)て生置ける子共を、阿修羅〈略〉取て食(くら)はむとす」 ❷『名』「あしゅらどう(阿修羅道)」に同じ。 語誌 (1)梵語 **asura** は古代イラン語 **ahura**(ゾロアスター教の主神)と源を同じくし、本来は善神を意味するが、インドラ神(帝釈天)などの台頭とともにその敵と見做されるようになり、また **a**(否定辞) **-sura**(神)、すなわち「神ならざるもの」との通俗的な語源解釈も手伝って、悪魔・鬼神の類へと格下げされた。(2)六道説では三善道(天・人・阿修羅)に入れられるが、五趣説では独立して立てられず他の道に分属され、特に餓鬼・畜生に入れられることが多い。(3)神々との交戦の神話はインド最古の文献「ベーダ聖典」や叙事詩などに見られるが、戦闘を好む阿修羅神はわが国でも古来仏教説話などを通じて広く知られ、特に「修羅」の語形で闘争や激しい怒りなどのたとえとして「修羅場」「修羅を燃やす」などの比喩表現を生み、浸透した。↓しゅら(修羅)。 発音 〈標ア〉ア〇 〈京ア〉〇 辞書 日葡・言海 表記 阿修羅(言)

あしゅら‐おう【阿修羅王】 仏語。阿修羅道の王。経により数々の三名が見られる。法華経には婆稚(ばち)、佉羅騫駄(きゃらけんだ)、毗摩質多羅(びましったら)、羅睺羅(らごら)の四王をあげる。＊今昔(1120頃か)三・一〇「阿修羅王と云ふ者有り、身の勢(せい)、極て大き也」＊梁塵秘抄(1179頃)二・法文歌「須彌(すみ)の峰をば誰(た)れか見し、法文聖教に説くぞかし、阿修羅王をば見たるかは、智者の語るを聞くぞかし」＊浄瑠璃・近江源氏先陣館(1769)九「摑みひしでくれんずと、阿修羅王の荒れたるごとく入道めがけ駆けあがる」＊法華経‐序品「有㆓四阿修羅王㆒、婆稚阿修羅王、佉羅騫駄阿修羅王、毘摩質多羅阿修羅王、羅睺阿修羅王、各与㆓若干百千眷属㆒倶」 発音 アシュラオー 〈標ア〉オ 辞書 言海 表記 阿修羅王(言)

あしゅら‐かい【阿修羅界】『名』仏語。十界の一つ。「あしゅらどう(阿修羅道)」に同じ。

あしゅら‐ぐう【阿修羅宮】『名』仏語。阿修羅の住む宮殿。

あしゅら‐どう【阿修羅道】『名』仏語。六道の一つ。阿修羅の住む所。鬼畜または天に属するとし、また、天、人とともに三善道の一つとする。修羅道。阿修羅界。修羅界。＊往生要集(984–985)大文・一「第四明㆓阿修羅道㆒者、有㆑二」 発音 アシュラドー 〈標ア〉ラ 辞書 言海 表記 阿修羅道(言)

あしゅら‐にょ【阿修羅女】 女の阿修羅。身長がきわめて高く、海辺あるいは大海の底に住むものとされる。＊今昔(1120頃か)三・一七「阿修羅女などにや有らむ。身成(なり)などの糸清気(きよげ)なるは若し然(さ)にや」

あしゅら‐ぶり【阿修羅振】『名』力を振るって戦うこと。精力的に物事に打ち込むこと。奮闘振り。＊漫談集(1929)〈徳川夢声〉見習諸勇列伝の巻「楽屋一同に、その阿修羅振(アシュラブ)りを指摘されたら、元来好人物の胃活氏、ひどく恐縮して頭を掻いた」 発音 〈標ア〉〇

あ‐じゅん【阿順】『名』その人の気に入るようにきげんをとって従うこと。＊太平記(14C後)五・宣房卿二君奉公事「匡正(きょうせい)の忠有て、阿順(アジュン)の従無し。是良臣の節也」＊信長記(1622)一上・武蔵守殿生害の事「都築蔵人ごときの佞人阿順(アジュン)の臣を好んで、彼に権威をあたへ」＊夢醒真論(1869)〈貞方良助〉付録「先相手の気質好悪に附込、阿順面諂して交りを結、窃かに手術を廻らす也」＊史記‐秦二世本紀「左右或黙、或言㆑馬、以阿㆓順趙高㆒、或言㆑鹿」

あ‐じょ【阿女】『名』(「阿」は、親しみを表わす接頭語。「女」は「娘」の意) 娘を親しんでいう語。むすめさん。わが娘。＊古詩‐為焦仲卿妻作詩「阿母謂㆓阿女㆒、汝可㆓去応㆒㆑之」

あじょ『代名』 方言 ⇩わじょう(我丈)

あ‐しょう【亜相】『名』(丞相(じょうしょう)に亜(つ)ぐ意) 大臣に次ぐ官。大納言の唐名、あるいは異名。亜槐(あかい)。＊小右記‐寛和元年(985)六月二七日「入夜参内、謁㆓彼亜相㆒、少相㆓談雑事等㆒、子終罷出」＊源平盛衰記(14C前)六・丹波少将被召捕事「大納言の事はいかが聞し召しつると問ひ給へば、宰相は、一筋に御事をのみ申しつれば、亜相(アシャウ)の御事迄は心も及ばずと答へ給ふ」＊職原鈔(1340)上「大納言 令四人 相当正従三位 唐名亜相」＊浄瑠璃・津国女夫池(1721)一「亜相(アシャウ)笏(しゃく)とり直し」＊近世紀聞(1875–81)〈条野有人〉初・二「広橋亜相(アシャウ)卿東坊城亜相卿を所司代の邸に請じ」＊杜甫‐哭韋大夫之晋詩「漢道中興盛、韋経亜相伝」 発音 アショー 〈標ア〉ア 辞書 下学・文明・黒本・易林・書言・ヘボン・言海 表記 亜相(下・文・黒・易・書・へ・言)

あ‐しょう【亜将】『名』(大将に亜(つ)ぐ意) 近衛(このえ)の中将、少将の唐名、あるいは異名。＊菅家文草(900頃)五・月夜翫桜花「右金吾源亜将、与㆑余有㆓師友之義㆒」＊政事要略(1002頃)二六・新嘗祭「天皇入御之間、近衛亜将問云誰そ」＊明衡往来(11C中か)上本「今日可㆑罷㆓寄神館辺㆒、為㆑訪㆓亜将㆒也」＊拾芥抄(13–14C)中・官位唐名部「中将〈親衛中郎将軍、〈略〉亜将、羽林将軍〉少将〈同上、今以㆓中少将㆒号㆓亜将㆒〉」＊漢書‐陳平伝「以㆑平為㆓亜将㆒、属㆓韓王信軍㆒」

あ‐じょう【阿娘】『名』(「阿」は、親しみを表わす接頭語) ①「あじょう(阿嬢)②」に同じ。＊江戸繁昌記(1832–36)初・両国烟火「諺に云ふ、阿娘股間に千金を懸くと」＊東京新繁昌記(1874–76)〈服部誠一〉初・学校「僕、学に就いて以来、未だ楊弓の阿娘に接せず」 ②母親。＊陔余叢考‐娘子「然呼㆑母為㆑娘、亦始㆓於六朝㆒〈略〉隋太子勇語㆓衛王㆒曰、阿娘不㆑与㆓我一好婦㆒、亦是可㆑恨。阿娘謂㆓母独孤后㆒也」

あ‐じょう【阿嬢】『名』①母を親しみ敬っていう語。阿母(あぼ)。↔阿爺(あや)。＊菅家文草(900頃)二・夢阿満「那堪小妹呼㆑名覓、難㆑忍阿嬢滅㆑性憐」＊易林本節用集(1597)「阿嬢 ハハ 阿嬢 あシャウ」＊黄葉夕陽邨舎詩‐後編(1823)五・秋夜夢姪孫「雨後過涼難㆑寐際、阿嬢懐裡好㆓閑聴㆒」＊隋書‐房陵王勇伝「勇昔従㆓南兗州㆒来、語㆓衛王㆒云、阿嬢不㆑与㆓我一好婦女㆒、亦是可㆑恨」 ②娘。婦人。また、他人の娘を親しんで呼ぶ語。むすめさん。お嬢さん。＊西京繁昌記(1877)〈増山守正〉初・上「阿嬢の遺尿、老婆の春情に至る迄挙ざる無く、説かざる無し」 辞書 易林 表記 阿嬢(易)

あ‐じょう『副』どのように。いかように。なじょう。＊物類称呼(1775)五「東国にて、なでう又あでうなどいふはいかやうなといふ意也」＊洒落本・道中粋語録(1779–80頃)「今と成てこな様の気が替れば、ワしはハア何(アゼウ)としますべへ」＊滑稽本・東海道中膝栗毛(1802–09)二・上「あじゃうしたらよかんべいか」＊青春(1905–06)〈小栗風葉〉秋・七「私、宿まで送って上げべいと思ったが、何(ア)ぜうにも目放さんねえだあからね」 方言 上総025 栃木県塩谷郡198 群馬県多野郡232 埼玉県入間郡256 千葉県001 268 270

あじょうにも かじょうにも ああしようにも、こうしようにも。方策の全く尽きたさまにいう。＊桐一葉(1894–95)〈坪内逍遙〉四・一「出ればばっさり、出ぬときはお疑ひ、これがほんの板ばさみ、所詮我々の痩腕では、あぢゃうにもかぢゃうにも」 方言 ❶どうにもこうにも。千葉県夷隅郡040 神奈川県横浜市054 ◇**あじょにもかじょにも** 千葉県南部040 054 ◇**あじょんもかじょんも** 千葉県夷隅郡288 301 ◇**あじんもかじんも** 千葉県夷隅郡040 長生郡286 ❷どうともこうとも。どのようにでも。◇**あじょにも かじょにも** 千葉県長生郡「あじょにもかじょにもしめさろー(しなさい)」050

あじ‐よう【味良】『副』(「よう」は「よし」の連用形「よく」の変化した語。味覚以外にも広く使われる) 具合よく。上手に。うまい具合に。てぎわよく。あんじょう。＊浄瑠璃・夏祭浪花鑑(1745)一「俺があぢよう云聞せ。佐賀右エ門が申しおろせばつゐ済事」＊談義本・教訓続下手談義(1753)一・八王子の臍翁手代への説法「味(アヂ)よふ先の気の立ぬやうに言て、必地を貸ぬがよし」＊滑稽本・東海道中膝栗毛(1802–09)六・下「おまいさん、じっとしてゐなされ。わたしがあぢよふするわいな」 語誌「味よし」は、本来味覚を示す語であるが、あんばい(塩梅)、うまいなどとともに、一般に諸種の行為、物事の進展などの巧みさをいうように味覚以外にも拡大して用いられるに至った。現代でも関西方言の「アンジョウ」という形は、同じ意味を表わす語として盛んに使われている。 方言 和歌山県691 発音 アジョー 〈標ア〉ヨ 〈京ア〉ヨ

あ‐しょうさん【亜硝酸】『名』水溶液としてだけ存在する弱い一塩基酸。化学式 HNO_2 亜硝酸塩を酸で分解して得られる。反応性が大きく、酸化、還元の両作用がある。空気酸化によって容易に硝酸になる。＊舎密開宗(1837–47)内・五・一〇一「一法、亜消酸一分を取て少許宛、餾水二分に滴和す」 発音 アショーサン 〈標ア〉ショ

あしょうさん‐アンモニウム【亜硝酸─】『名』(アンモニウムは英 ammonium) 亜硝酸塩の一つ。化学式 NH_4NO_2 酸化窒素とアンモニアまたは炭酸アンモニウムとを反応させて得られる。冷水には溶けるが熱水では分解してしまう。 発音 アショーサンアンモニューム 〈標ア〉ニュ

あしょうさん‐カリウム【亜硝酸─】『名』(カリウムはドイツ Kalium) 亜硝酸塩の一つ。化学式 KNO_2 白色または淡黄色の結晶。硝酸カリウムに鉛を加えて加熱すると得られる。 発音 アショーサンカリューム 〈標ア〉リュ

あしょうさん‐きん【亜硝酸菌】『名』土壌中のアンモニアを亜硝酸に変化させる細菌。硝酸菌とともに植物に重要な硝化作用を行なう。好気菌で、土の表面近くに多い。亜硝酸バクテリア。属名は Nitrosomonas 発音 アショーサンキン 〈標ア〉サ

あしょうさん‐ナトリウム【亜硝酸─】『名』(ナトリウムはドイツ Natrium) 亜硝酸塩の一つ。化学式 $NaNO_2$ 潮解性のある白色か淡黄色の結晶性粉末。酸化窒素を炭酸ナトリウム溶液に吸収させてつくる。劇薬。 発音 アショーサンナトリューム 〈標ア〉リュ

あしょうさん‐バクテリア【亜硝酸─】『名』(バクテリアは英 bacteria)「あしょうさんきん(亜硝酸菌)」に同じ。 発音 アショーサンバクテリア 〈標ア〉テ

アショカ‐おう【─王】(アショカは Aśoka)《アソカ王》インドのマガダ国マウリヤ朝第三代の王(在位 前二六八頃～二三二年頃)。インド最初の統一王国を築く。仏教を保護、宣伝し、理想的な王として多くの説話が生まれた。アシュカ。阿育王。阿輪迦(あゆや)王。生没年不詳。 発音 アショカオー 〈標ア〉オ

あじ‐よく【味良】『副』「あじよう(味良)」に同じ。＊随筆・独寝(1724頃)上・七六「ずいぶんあぢよく

つかまつりて」 ＊滑稽本・七偏人(1857–63)三・中「此様(こん)な道化た事のヲ大好だで、味(アヂ)よく対談を遣って見せやすべゑ」 方言❶うまい具合に。じょうずに。都合よく。また、ていねいに。確かに。 和歌山県690 ◇あじょう 徳島県810 ◇あんじょ 大阪†116 福井県敦賀郡443 三重県伊賀001 滋賀県606 大阪府大阪市038 泉北郡645 兵庫県淡路島050 加古郡664 奈良県062 678 679 和歌山県690 香川県829 ◇あんじょい 和歌山県690 ◇あいじょう 徳島県810 ◇あいじょ 徳島県811 ◇あっじょ 兵庫県加古郡664 香川県829 ◇あっじょこ 香川県綾歌郡829 ◇あんよう 三重県志摩郡062 ❷すっかり。全然。たいへん。 ◇あんじょ 兵庫県加古郡664 奈良県南大和683 香川県小豆島・豊島829 ◇あっじょ 兵庫県加古郡664 発音〈標ア〉ヨ 〈京ア〉ヨ

あし-よし【悪善】〘名〙悪いことと善いこと。善悪。吉凶。 ＊大和(947–957頃)御巫本附載「時雨ふる時ぞ折りける菊の花うつろふからに色のまさればとて奉れり。あしよしもえ知らず」 ＊蜻蛉(974頃)中・天祿二年「廿日ばかりおこなひたる夢に、わが頭をとりおろして、ひたひをわくとみる。あしよしもえしらず」 ＊今鏡(1170)六・かりがね「あしよしの御気色はなくて、まことに奇怪なりとぞ仰せられける」

あし-よどみ【足淀】〘名〙足の進みがにぶること。 ＊二筋の血(1908)〈石川啄木〉「男は些と足淀(アシヨドミ)して、直ぐまた〈略〉医者の方へ駈け出した」

あし-よね【悪米】〘名〙わるい米。 ＊観智院本名義抄(1241)「粺 アシヨネ」 辞書名義 表記 粺(名)

あしょろ【足寄】北海道中南部、十勝支庁の郡。利別川流域の山間地。明治二年(一八六九)釧路国の一郡として成立。同三〇年釧路支庁に編入され、昭和二三年(一九四八)十勝支庁の所属となる。

あし-よわ【足弱】〘名〙①足が丈夫でないこと。歩行能力が劣っていること。また、その人。特に、そのような老人、女、子供。↔足強(あしづよ)。 ＊滕山記-天文五年(1536)「足しよはを百人計御取候」 ＊島津家文書-(慶長四年)(1599)一〇月朔日・増田長盛書状(大日本古文書二・一〇七八)「此方兄弟穴、幸侃足弱、可レ被レ及二迷惑一間」 ＊浄瑠璃・堀川波鼓(1706頃か)中「妻敵(めがたき)を討問、おのれはあしよは引連れて、一門方へ出のけ」 ＊雑俳・蟬の下(1751)「足弱はいっち立派な旅出立ち」 ＊合巻・裙模様沖津白浪(1828)発端「見ればおのれは足弱(アシヨワ)と侮どり。して、あの、女を如何いたすのぢゃ」 ②「あしがる(足軽)②」に同じ。 ③「あしよわぐるま(足弱車)」の略。 辞書ボン・言海 表記 足弱(へ・言) 発音〈標ア〉⓪ 〈京ア〉⓪

あしよわ-ぐるま【足弱車】〘名〙車輪が堅固でない車。また、一説に、足の弱い牛の引く、進みの遅い車。人の歩みがおぼつかないさまにもたとえる。 ＊世阿彌筆本謡曲・弱法師(1429頃)「げにもそのみはこつじきの、まうきの心よるべもなき、あしよわくるまのかたわながら、よろめきありけば」 ＊光悦本謡曲・熊野(1505頃)「心はさきにゆきかぬる、足よは車の、ちからなき花見なりけり」 ＊浮世草子・好色一代男(1682)八・五「すでにはや、くる年は、本卦(ほんけ)にかへるほどふりて、足弱車(アシヨハグルマ)の音も耳にうとく、桑の木の杖なくてはたよりなく」 補注「河内本源氏-行幸」に「かすかなるあしよは車(青表紙本「あしよはきくるま」)などはおしみしがれ、あはれげなるもあり」の用例があるが、前後の文脈、やや不分明。 発音アショワグルマ〈標ア〉グ

あしよわ-づれ【足弱連】〘名〙足弱の同行者を伴うこと。また、その者。 ＊浄瑠璃・一谷嫩軍記(1751)四「足弱づれの、玉鉾に、末しら浪の武庫(むこ)川や」 ＊歌舞伎・彩入御伽草(1808)蛍ケ沼の場「幼いのを連れましての長旅足弱連れでござりますれば」 辞書日葡

あじょんも-かじょんも〘連語〙方言 ⇨「あじょうにもかじょうにも」

あしらい【あしらひ】〘名〙(動詞「あしらう」の連用形の名詞化)①相手を待遇すること。㋑(多く「…あしらい」の形で)…のような扱い、待遇。 ＊狂言記・餓道心(1700)「出家と申す者も、檀那あしらひのなんのかのと申して、とっとむつかしい物ぢゃによって」 ＊洒落本・甲子夜話(1801)真の仕打「お前があんまりかかさんあしらいにしてじゃから、そばへおるわへ」 ㋺応対。また、相手をすること。 ＊寸鉄録(1606)「よの国々もこれをみて、たのみがない、我もあのやうになんどきもせられんと思ふほどに、なつかぬぞ。これは天子と諸侯のあしらひなり」 ＊浮世草子・日本永代蔵(1688)五・二「『いやならいやになされ』と、猫の蚤見て、あしらひもせねば」 ＊浄瑠璃・近江源氏先陣館(1769)二「女中御殿へ殿たちが、お使者にお出でなさるるからは、此方のあしらひにお付けなされにゃなりますまい」 ＊富嶽百景(1939)〈太宰治〉「全く異様のお客様だったので、娘さんもどうあしらいしていいのかわからず」 ②景物、料理、装飾などでの取り合わせ。配合。また、その物。 ＊歌舞伎・幼稚子敵討(1753)六「此山吹の一色(しき)は、あしらいを拵へて籠へ挿そふわいのふ」 ＊随筆・胆大小心録(1808)五〇「吸物はざうにの味曾がすってあるゆへ、くじらのあしらいに、大根の青み」 ＊うもれ木(1892)〈樋口一葉〉八「正面は龍に立つ浪の丸模様、廻ぐりに飛ばす菊桐の、あしらひは古代唐草にして」 ③連句の案じ方七名の一つ。前句の意または前句中の事物を受けて、これに適当な事物をよみ込んで、作意を軽く扱うもの。 ＊俳諧・俳諧十論(1719)九「そもそも我家に三法の附方あり。第一を有心附といふ〈略〉其次を会釈(アシラヒ)といひ、其次を遁句(にげく)といふ」 ④(アシライ・会釈)能楽の型の一つ。相手役の方に体を向けて、互いに気持を通わせること。また、その人。相手。 ⑤(アシライ・会釈)能楽で囃子(はやし)の一つ。↓あしらいだし・あしらいばやし。㋑拍子に合わない謡に、大、小の鼓または大、小の鼓と太鼓でする伴奏。㋺大、小の鼓と太鼓の囃子とは独立した、拍子に合わない笛の伴奏。㋩シテ、ワキなどの登場、退場の時に奏する伴奏。あしらい出し。あしらい込み。㊁シテの物着(ものぎ)の間に演奏する物着あしらい。また、シテが橋掛りから舞台に入る時演奏する歩みのあしらいなどをいう。 ⑥茶道で、茶受けの菓子。点心。また、用具などを扱う際の補助的な動作。 ⑦邦楽で、長唄の即興的演奏。 ⑧生け花の花型で、役枝を補い助ける枝。また、それをあしらうこと。 語誌(1)③は連歌の用語「あいしらい」を継承するもので、連歌では前句と付句の間に句意の付合と別次元の縁語を含みこむことを言った。(2)貞門俳諧・談林俳諧ではこれを「あいしらい」「あしらい」と称する。貞門の付合では句意が優先された上での「あしらい」だったものが、談林の付合では句意の破綻を意に介さずに「あしらい」が多用された。それが、句付け尊重の蕉風俳諧で変質し、前句の人物や場所にふさわしい事物を付句に詠み込むことを「あしらい」と称した。特に各務支考が「俳諧十論」で蕉風の付合手法を体系化したなかで、挙例のように「あしらい」に「会釈」の字を当てて、「三法」または「七名」の一つと位置付けている。 方言❶刺身などのつま。 岐阜県大垣市512 島根県石見725 岡山市762 ❷酒のさかな。 高知県長岡郡869 ❸会釈。 肥後†131 ❹田植え後や収穫後の祝いの後に、嫁が実家へ帰って骨休めをすること。 香川県829 発音〈標ア〉ラ⓪ 〈京ア〉⓪ 辞書ボン・言海 表記 遇(へ)

あしらい の 鳴物(なりもの) 歌舞伎の下座音楽の一つ。特に曲目を定めないで、俳優のせりふや演技に適宜合わせる鳴物。

あしらい-あい【会釈間】〘名〙間狂言の一つ。程よく取り扱って筋を進める間狂言方の意。狂言方が、シテやワキと応対し、またはその演技を助けて直接に筋の進行を図るもの。「安宅(あたか)」の強力(ごうりき)、「三井寺(みいでら)」の強力、「船弁慶」の船頭等の類。→間狂言(あいきょうげん)

あしらい-おとこ【―男】〘名〙客の取り持ちや世話などをする揚屋の奉公人。 ＊浮世草子・好色一代男(1682)二・四「床(とこ)にいれなど申て、あしらひ男先立て小座敷にゆけば」

あしらい-だし【会釈出】〘名〙能楽で、シテまたはツレの登場に大、小の鼓ではやす楽句名。

あしらい-ばやし【会釈囃子】〘名〙能楽の、大、小の鼓、笛の演奏法の一つ。他楽器との合奏または謡やシテ、ワキの動作につける拍子に合わない部分での伴奏。

あしら・う【あしらふ】〘他ワ五(ハ四)〙(動詞「あえしらう」の変化した語)①待遇する。人を扱う。応対する。現在では、いいかげんに他を待遇するの意が強い。 ＊叢書本謡曲・隠岐院(室町末か)「悪しくあしらひて、声を立てては叶ふまじと」 ＊狂歌・古今夷曲集(1666)一「いつとてもよう来たとだに仰(おしゃら)ぬは、小塩のはなで人やあしらふ」 ＊仮名草子・都風俗鑑(1681)四「いつの比よりいひ初けるにや。人をあしらふ女をお山といふなり」 ＊浄瑠璃・丹波与作待夜の小室節(1707頃)中「与作めは、博奕(ばくち)打の大将ぢゃ〈略〉重ねて来たともあしらふな」 ②景物、料理、装飾などで、物を取り合わせる、配合する。 ＊俳諧・西鶴大矢数(1681)第三九「釣舟に下くさの色あしらいて〈執筆〉 浦島太郎媚たる者なり」 ＊多情多恨(1896)〈尾崎紅葉〉後・五・二「処々唐松を地色で配(アシラ)ってある」 ＊冬の日(1927)〈梶井基次郎〉六「花屋の前には梅と福寿草をあしらった植木鉢が並んでゐた」 ③(アシライ・会釈)能楽で囃子方(はやしかた)がアシライの手組みを奏する。→あしらい⑤。 方言❶相手をする。応対する。接待する。 島根県725 ❷料理などを取り合わせる。 岡山市762 ❸手入れをする。 岡山県745 748 ❹病後などの体を大事にする。いたわる。 和歌山県690 徳島県811 香川県829 愛媛県840 高知県862 864 867 語源説(1)アヘシラフの略。アヘはアヘ(饗)、シラフは活用語尾〔俗語考〕。(2)応接する意のアハスル(合)の義〔名言通〕。(3)アは領合する意。アリアフの約〔国語本義〕。 発音文アシローとも〈標ア〉ラ⓪ 〈京ア〉⓪ 辞書ボン・言海 表記 会釈(へ)

あじ-らん【亜字欄】〘名〙「亜」の字形に切り込んだ中国風の欄干。 ＊黒潮(1902–05)〈徳富蘆花〉六・二「障子明くれば、亜字欄外に白金流す品川湾の風景は一目に集まる」 ＊草枕(1906)〈夏目漱石〉四「寂然(じゃくねん)と倚る亜字欄の下から、蝶々が二羽寄りつ離れつ舞ひ上がる」

あしり-こぎ〘名〙(「あしり」は「足後」の意か)片足を後ろにあげて、他方の足で立つこと。また、片足で跳ね歩くこと。あるいは、後ろにあげた片足の足首を片手で握り、一方の片足で跳んで競走する、子供の遊戯ともいう。あしこぎ。 ＊日葡辞書(1603–04)「Axiricogui(アシリコギ)。アシコギという方がよい〈訳〉片足飛びで歩くこと。Axiricoguiuo(アシリコギヲ)スル」 ＊俳諧・誹諧発句帳(1633)夏・夕立「かた分てふる夕立やあしりこぎ〈親重〉」 ＊俳諧・新増犬筑波集(1643)油糟・秋「うへにかたかた下にかたかた 紅葉葉を踏まじと人のあしりこぎ」 辞書日葡

アジ・る〘他ラ五(四)〙(「アジテーション」を略した「アジ」を動詞化した語)感情に訴えるような言葉を用いて、行動をすすめ、そそのかす。扇動する。また、元気づける。 ＊モダン用語辞典(1930)〈喜多壮一郎〉「アジる〈略〉『奴元気がない、一つアジってやれ』等と用ひる」 ＊青年の環(1947–71)〈野間宏〉現実嫌悪・三「『アジ』られ後から押され、〈略〉眼に見えない精神力の手綱によって、引かれて来たのであった」 語誌昭和六年(一九三一)九月一日付「大阪朝日新聞」流行語欄に「アジる」があり、「元気づける」「おだてる」の意味に広げて使うこともあると記されている。本来、労働運動用語として

大正中期の「サボタージュ」「サボ」と並んで昭和初期によく使われた語。一九七〇年代の学生運動を境に次第に使われなくなった。発音〈標ア〉ジ〈京ア〉0

あ-しろ【足代】〘名〙「あしば(足場)」に同じ。＊看聞御記‐応永二八年(1421)一一月二三日「抑八幡鳥居造営、為二足代一当国木共被レ点云々」＊西洋道中膝栗毛(1870-76)〈仮名垣魯文〉五・上「のぼるをりに足代(アシロ)となるべき小枝をのこらずふみをりたれば」＊日本読本(1887)〈新保磐次〉四「屋根高くして、梯の及ばざる所なれば、あしろと云ふ者を組み立てて升るべし」方言❶丸太などで組んだ足場。神奈川県中郡320 ❷はしご。岩手県上閉伊郡098

あし-ろ【足炉】〘名〙両足を乗せて足を温める鋳物製の暖房具。《季・冬》

あじろ【足代】姓氏の一つ。

あじろ-ひろのり【足代弘訓】発音〈標ア〉0 江戸後期の国学者、歌人。通称権太夫、号寛居(ゆたい)。伊勢外宮の権禰宜(ごんのねぎ)。荒木田久老、本居春庭、本居大平に国学を学び、本居学派の中心的存在として国学の普及につとめ幅広い分野で古典の考証を行なった。天保の飢饉には私財を投じて窮民を救う。主著は「日本紀人名部類」「万葉集類話」「八代集部類」など大部なもの数多く、歌集に「海士の囀(さえずり)」もある。天明四〜安政三年(一七八四〜一八五六)

あ-じろ【網代】〘名〙①漁網を打つべき場所。漁場。建場。②川の瀬に設ける魚とりの設備。数百の杙(くい)を網を引く形に打ち並べ、その杙に経緯を入れ、その終端に筌(うけ)などを備えた簗(やな)のようなもの。冬、京都の宇治川で、氷魚(ひお)を捕えるのに用いたので、古来有名。あむしろ。あんしろ。《季・冬》＊万葉(8C後)七・一一三七「宇治人の譬への足白(あじろ)われならば今はならまし木屑(こつみ)来ずとも〈作者未詳〉」＊人々啓状‐天平宝字六年(762)七月一九日・阿刀宇治麻呂解(寧楽遺文)「此河鵜甘不住、又不作網代」＊延喜式(927)三九・内膳司「山城国近江国氷魚網代各一処氷魚始九月迄十二月卅日貢之」＊枕(10C終)二五・すさまじきもの「昼ほゆる犬、春のあじろ」＊謡曲・頼政(1430頃)「伊勢武者は、みな緋縅(ひをど)しの鎧(よろひ)着て、宇治の網代に、掛かりけるかな」＊俳諧・蕉翁句集(1699-1709頃)「丸雪(あられ)せよ網代の氷魚(ひうを)を煮て出さん」③(①から転じて)魚類が多く集まって、漁に好適の場所。＊都の友へ、B生より(1907)〈国木田独歩〉「僕の発見(みつけ)た場所はボズさんのあじろの一つで、足場はボズさんが作った事」④官名。御厨子所(みずしどころ)の膳部に属し、天皇の食事用などの魚類をとる者。⑤檜皮(ひはだ)、竹、葦(あし)などを薄く細く削り、交差させながら編んだもの。垣、屏風、天井、車、輿(こし)、団扇(うちわ)、笠などに用いる。＊能因本枕(10C終)一〇四・五月の御精進のほど「をのこどもも、いみじうわづらひつつ、あしろをさへつきうがちつつ」＊後二条師通記‐寛治四年(1090)一一月七日「雨不止、御輿上覆網代云々」＊醍醐寺新要録(1620)「三宝院大僧正東寺御拝堂記云、長承二年十一月・同廿九日(辰庚)御拝堂、自本寺、令出立給。鈍色御装束、網代御車」＊歌舞伎・小袖曾我薊色縫(十六夜清心)(1859)序幕「左右窓下共、網代の下見」⑥⑤にかたどった模様。＊浮世草子・好色二代男(1684)八・四「孔雀織網代(アシロ)舛形(ますかた)やうきひ和国などの大袖にて」＊風俗画報‐一一二号(1896)流行門「紫紺に違い絣、利休に網代(アジロ)等至極好し即ち是れ等の物を上着とし下着を古代更紗の大形」＊大道無門(1926)〈里見弴〉眸・二「お納戸に焦茶の網代(あじろ)のお召に、臙脂(えんじ)の吉野織を重ね」⑦近世、漁業の漁獲高分配法の一つ。漁網に対して配当される収益。⑧「あじろぐるま(網代車)」の略。＊落窪(10C後)二「ふるめかしき檳榔毛(びりゃうげ)ひとつ、あじろひとつ立てり」＊枕(10C終)三二・檳榔毛はのどかにやりたる「あじろははしらせたる」＊源氏(1001-14頃)宿木「こがね造り六つ、ただのひらうけ廿、あじろ二、童下仕へ八人づつさぶらふ」⑨「あじろかご(網代駕籠)」の略。＊雑俳・柳多留‐一九(1784)「あじろから百旦那へは手をくれる」語誌(1)②は、王朝貴族にとっては、宇治の冬の風物詩であり、遊覧や初瀬詣での行き帰りの見物であった。氷魚を捕る仕掛けなので、和歌では「氷魚」に「日を」を掛け、「寄る」を縁語として詠まれる。「拾遺集」の「いかで猶あしろのひをに事問はむ何によりてか我をとはぬと〈修理〉」〔雑秋・一一三四〕「数ならぬ身をうぢ河のあしろ木に多くの日をも過ぐしつる哉〈よみ人知らず〉」〔恋三・八四三〕のように、男の夜の通いがとだえるのを嘆く女の歌に詠みこまれることが多い。(2)「禁秘鈔‐上」によれば、清涼殿の障子絵には有名な手長足長と共に宇治の網代が墨絵で描かれており、「拾遺集」の「網代木にかけつつ洗唐錦日を経て寄する紅葉なりけり〈よみ人知らず〉」〔冬・二二六〕は、この障子絵を詠んだものである。なお、「網代木」は網代の杭の意であったろうが、和歌では多く「網代」と同じ意で用いられる。方言❶漁場。三重県054 588 島根県石見725 広島県771 783 山口県792 大島801 香川県小豆島829 愛媛県温泉郡054 高知県861 長崎県908 熊本県天草郡936 大分県北海部郡054 宮崎県児湯郡054 鹿児島県肝属郡054 ❷よく釣れる所。釣り場。愛媛県越智郡848 ❸行きつけの釣り場。徳島県811 ❹ある一定の海面。海岸までを含めていう。長崎県西彼杵郡054 語源説(1)アミシロの略。網の代用の義〔名語記・万葉集類林・類聚名物考・安斎随筆〕。(2)アミムシロ(編筵)の約のアムシロの略〔東雅・俗語考〕。(3)アシロ(編代)の義。シロは敷く、敷く物の意〔筆の御霊〕。発音〈標ア〉0〈京ア〉0/ジ 上代名 アジロ 辞書 色葉・下学・和玉・文明・伊京・明応・天正・饅頭・黒本・易林・日葡・書言・〈ボン〉・言海 表記 網代(色・下・文・伊・明・天・饅・黒・易・書・へ・言) 籧篨(明・饅・黒・書) 籧篨(伊・天) 篨・籧(玉) 粗簟(書)

網　代②〈石山寺縁起絵〉

あじろ 打(う)つ 網代木を川の瀬に打ち込んで網代②を組み立てる。《季・秋》＊散木奇歌集(1128頃)冬「ひをも世を過ぎがたしとや思ふらんいしらのせにもあじろうつ也」＊万代(1248-49)冬「あじろうつ田上河の岩浪も山おろしふけば紅葉しにけり〈藤原仲実〉」＊俳諧・新類題発句集(1793)秋「網代うちて瀬の音高くなる夜哉〈蝸茗〉」

あじろ 懸(か)く 竹で網代を編む。＊日葡辞書(1603-04)「Ajirocaqe, uru, eta(アジロカクル)」辞書日葡

あじろ の 魚(うお) 「あじろ(網代)の氷魚(ひお)」に同じ。＊太平記(14C後)九・足利殿著御篠村則国人馳参事「籠の中の鳥、網代(アジロ)の魚の如にて、漏る可き方もなければ」＊浄瑠璃・曾我会稽山(1718)四「祐経は籠中の鳥、網代(アジロ)の魚(ウヲ)、やはか洩し候べき」

あじろ の 輿(こし) 「あじろごし(網代輿)」に同じ。辞書日葡

あじろ の 罪(つみ) 殺生罪(せっしょうざい)の一つ。網代②を仕掛け、魚を捕えることにより、仏法の殺生戒(せっしょうかい)を犯した罪。＊栄花(1028-92頃)煙の後「あじろのつみによりてにや、宇治に御八講せまほしくおぼしめす」

あじろ の 床(とこ) 網代②のこと。また、それをかける場所。《季・冬》＊俳諧・御傘(1651)一「床〈略〉網代の床水辺也。夜分なり。居所に二句、冬也」

あじろ の 氷魚(ひお) 網代②の中に捕えられた氷魚。転じて、のがれられない立場に陥ったこと、自由を失うことのたとえ。あじろのうお。＊源氏(1001-14頃)総角「あじろのひをも、心寄せたてまつりて、いろいろの、木の葉にかきまぜ」＊とりかへばや(12C後)下「我いかなりとも、その人と知られあらはるべきやうなければ、かかる宇治の橋もりに、あじろのひをの、よるのみかぞへんほどの心づくしや」＊三河物語(1626頃)二「垸(ししかき)をゆて押こみて篭の内之鳥、あじろの内之ひ魚之ごとくにして置」＊浄瑠璃・加増曾我(1706頃)二「太刀(たち)も刀も打捨てられ、あじろのひをの如く成を」

あじろ-あみ【網代編】〘名〙①網代⑤を編むこと。また、そのような形に編むこと。それを編む人や編んだものをもいう。網代組み。＊家鴨飼(1908)〈真山青果〉一「天井が竹皮の網代編(アジロアミ)、柱は手斧目(てうなめ)の杉形(すぎ)、重庇の何時も薄暗い部屋で」②編み物で、網代ふうに交差させる編み方。または、その編み模様。

あじろ-あや【網代綾】〘名〙織物の模様の名。網代⑤の模様に織ったもの。組斜文(くみしゃもん)。檜垣綾(ひがきあや)。発音〈標ア〉0ロ

あじろ-うち【網代打】〘名〙網代①に網を打つこと。また、その人。《季・秋》発音〈標ア〉ロ

あじろ-うちわ【網代団扇】〘名〙檳榔(びろう)の葉、檜(ひのき)の経木、竹を割ったものなどを網代形に編んで作った団扇。＊俳諧・遠近集(1666)三・夏「川辺より涼しき網代団扇哉〈高寿〉」＊雍州府志(1684)七「網代団扇、油小路一条北専有下製二団扇一之家上。以レ竹編レ之、其状似下取レ魚之網代上。網代編レ竹横二河水一、遮レ魚而漁レ之。以レ是代レ網之謂也。故細割レ竹編二連之一、是謂二網代団扇一」＊風俗画報‐一〇二号(1895)人事門「網代うちはは竹を割あみ連ねて作る」

あじろ-おり【網代織】〘名〙「あじろあや(網代綾)」に同じ。発音〈標ア〉0

あじろ-がき【網代垣】〘名〙細竹または割り竹で、網代形に造った垣。沼津垣。＊歌舞伎・名歌徳三舛玉垣(1801)五立「両袖網代垣、石の手水鉢(てうづばち)一躰」＊南国(1924)〈犬養健〉四「伸子が身体を乗り出して崖の高みの網代垣(アジロガキ)を見上げる拍子に」発音アジロガキ〈標ア〉ロ

あじろ-かけ【網代懸】〘名〙網代②を作る人。＊日葡辞書(1603-04)「Ajirocaqe(アジロカケ)〈訳〉割り竹を編んでむしろや籠などを作る人」辞書日葡

あじろ-かご【網代駕籠】〘名〙網代⑤を外面に張った駕籠。あじろ。方言円形で深く、目のあいていないかご。静岡県小笠郡521

あじろ-がさ【網代笠】〘名〙竹を薄く削ったものを網代形に組んで作ったかぶり笠。＊浮世草子・新色五巻書(1698)三・四「網代笠(アジロガサ)に竹杖、衣の袖を絞り上げ」＊咄本・軽口あられ酒(1705)二・一四「さるしゅっけ、くびにじゅずをかけ、あじろ笠(ガサ)きて通る」＊読本・春雨物語(1808)樊噲・下「あじろ笠深くかがぶりて、酒店に心ゆかぬほどに酔ひて神鳴門(かみなりもん)に入りたれば、何事か人立ちさうどく」＊随筆・我衣(1825)「網代笠古来よりあり。竹をあみたるなり、但渋にてはき、漆にて止めたるものあり。大方白なり。僧のかむるものなり。天和のころより上方より下るなり」発音アジロガサ〈標ア〉ガ〈京ア〉ロ/ロ

あじろ-がた【網代形】〘名〙編み目が、網代⑤のような形のもの。発音アジロガタ〈標ア〉0

あじろ-がま【網代釜】〘名〙塩を焼くのに用いた釜。九州南部で明治時代まで使用。竹と石灰や白砂で作られていたが、明治中期ごろから次第に鉄釜に変わった。

あじろ-ぎ【網代木】〘名〙①網代②を支えるために、水中に打った杙(くい)。和歌では音節数の関係で単に網代②の意で用いることが多い。あじろぐい。《季・

冬》＊万葉(8C後)三・二六四「もののふの八十宇治河の阿白木(アじろき)にいさよふ波のゆくへ知らずも〈柿本人麻呂〉」＊千載(1187)冬・四二〇「あさぼらけ宇治の川霧たえだえにあらはれ渡る瀬瀬のあじろ木〈藤原定頼〉」＊俳諧・犬子集(1633)一〇・冬「のめや宇治茶は良薬ぞかし　あがりめになる網代木のつなぎ鯉」＊俳諧・白雄句集(1793)四「網代木のそろはぬかげを月夜かな」②長短二個の竹筒を合わせて作った花器。補注 網代との関連の他にも編占木、すなわち編んで占める木の義、または編城木か〔本朝辞源=宇田甘冥〕とする説もある。発音 アジロギ〈標ア〉回/回〈京ア〉回 辞書 書言 表記 網代木(書)

あじろ-ぐい ひ…ぐ【網代杙】『名』「あじろぎ(網代木)①」に同じ。《季・冬》

あじろ-ぐみ【網代組】『名』「あじろあみ(網代編)①」に同じ。＊俳諧・雀子集(1662)三・扇「南郎団この手かはりやあじろぐみ〈俊定〉」＊明暗(1916)〈夏目漱石〉六〇「お延は網代組(アジログミ)の竹垣の中程にある其(その)茅門(かやもん)を支へてゐる釿(てうな)なぐりの柱と丸太の桁(けた)を見くらべた」発音 アジログミ〈標ア〉[0]

あじろ-ぐるま【網代車】『名』牛車(ぎっしゃ)の一種。竹または檜(ひのき)の網代⑤を、車箱の屋形の表面に張ったもの。＊蜻蛉(974頃)下・天祿三年「しのびて、ただきよげなるあじろぐるまに、馬(むま)にのりたる男ども四人、しも人はあまたあり」＊落窪(10C後)二「ただいと清げなるあじろ車の、下簾かけたる、出でさせ給ひてすなはち入りまうで来て」＊源氏(1001-14頃)若菜上「むつまじき人の限り四五人ばかりあじろくるまのむかしおぼえてやつれたるにていで給」語誌 網代庇車(あじろびさしのくるま)、長物見車、物見車などの別がある。網代の表面に青地に黄で八葉の文様を描き、その大小によって大八葉車、小八葉車といい、八葉以外の霞(かすみ)に花鳥文様を表わしたものを文車(もんのくるま)という。殿上人以上の公家が、家格、職掌に応じて使い分けた。摂関・大臣などでは略式の外出に、四位・五位などでは日常のために用いられた。発音 アジログルマ〈音史〉古く『あんじろぐるま』とも。〈標ア〉[グ]

あじろ-ごけ『名』植物「ようらくらん(瓔珞蘭)」の異名。

あじろ-ごし【網代輿】『名』網代⑤を屋形の表面に張り、黒塗りの押縁(おしぶち)を打ちつけた輿。近世、板輿に次ぎ、親王、摂家(せっけ)、清華家(せいがけ)では常用とし、他の諸家も盛儀用として用いた。あじろのこし。＊増鏡(1368-76頃)一五・むら時雨「鳳輦(ほうれん)にはあらぬあじろごしのあやしきにぞたてまつれる」＊太平記(14C後)三〇・持明院殿吉野遷幸事「此に御車を駐(とど)めて、怪しげなる遖輿(アシロコシ)に召替させ進(まゐ)らせ」＊雑俳・浜の真砂(1730)「蓮花より願ふ出世のあじろ輿」発音 アジロゴシ〈標ア〉回 辞書 言海 表記 網代輿(言)

あじろ-す【網代簀】『名』網代②で魚を捕える時に用いる簀。《季・冬》＊新撰六帖(1244頃)三「あじろすに打ちあげらるるあさひをを細かに砕く氷とぞ見る〈藤原信実〉」

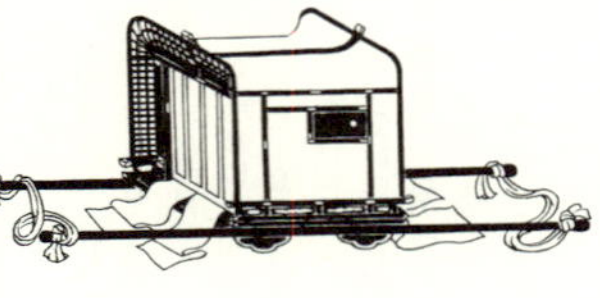
網　代　輿

あじろ-だし【網代出】『名』河川工事の砂止めに用いる、丸木、竹、雑木などを網代編みにしたもの。

あじろ-たま【網代玉】『名』車の一種。＊蔵玉集(室町)「あしろ玉 車」＊和訓栞(1777-1862)「あじろたま 車也といへり 網代給の義にや」＊改正増補和英語林集成(1886)「Ajirotama アジロタマ」

あじろ-てんじょう ：テンジャウ【網代天井】『名』杉、桐などの野根(のね)板や、杉皮、竹、葦などを適当な幅に薄くへぎ、それを縦横に編んだもので張り上げた天井。主に茶室の天井や床天井に用いる。＊読本・椿説弓張月(1807-11)続・三八回「網代天井(アジロテンジャウ)は雨漏の痕に汚れて、月の暈(かさ)といふものめきたり」＊読本・三七全伝南柯夢(1808)五「網代天井(アジロテンジャウ)は中孕(なかはらみ)て、雨漏に煤(すす)を彩色(いろどり)」

あじろ-ど【網代戸】『名』網代⑤で作った戸。＊読本・椿説弓張月(1807-11)残・六〇回「結目(ゆひめ)多かる網代戸(アジロド)の、藤(かつら)の索(なは)は解(とく)よしあるとも、こはいひとくによしなからん」

あじろ-どうろう【網代灯籠】『名』網代⑤を張った灯籠。＊浄瑠璃・嫗山姥(1712頃)燈籠「あじろどうろう綟燈籠(もじどうろう)すはま団扇(だんせん)唐団扇(たううちわ)」

あじろ-ぬい ひ…ぬ【網代縫】『名』刺繡(ししゅう)の仕方の一つ。網代形に組み合わせたように見せる縫い方。組縫(くみぬい)。

あじろ-のりもの【網代乗物】『名』網代駕籠(あじろかご)の上等なもの。江戸時代、一定の身分に限り乗用を許された。

あじろ-はじめ【網代始】『名』摂政、関白に任ぜられ、初めて網代車に乗ること。＊新抄-弘安一〇年(1287)一一月一五日「今日殿下網代始也。御二参室町院一網代始以前被レ召二八葉車一了」＊桃花蘂葉(1480)一・車事「執政之時、称二網代始一召二具布衣随身一時用レ之」

あじろ-ばり【網代張】『名』①網代⑤を張ること。また、そのもの。②近世の武士が用いた網代笠(あじろがさ)の一種。網代製の陣笠で、表面を溜塗(ためぬり)とし、へりを上の方へそり返したもの。＊随筆・我衣(1825)「網代ばりとて、ふちを反したる笠なり、杉形より二三年をそし。小身衆馬上みな是なり、御納戸衆御屆従衆多し、皆赤ぬり、延享より陪臣もこれを用ゆ」

あじろびさし-の-くるま【網代庇車・網代廂車】『名』牛車(ぎっしゃ)の一つ。唐破風(からはふ)造りで庇(ひさし)をつけた網代車。れんじ、物見をつけたものもある。中古から行なわれ、親王、摂関、大臣、大将などの乗用。上皇も内々のときに用いた。網代庇。庇車。雨眉車(あままゆのくるま)。→網代車(あじろぐるま)。＊増鏡(1368-76頃)九・草枕「おなじ十日、やがてきくのあじろびさしの御車たてまつりはじむ」＊蛙抄(15C中か)車輿「網代廂車、親王、執政、大臣各用レ之。〈又上皇内々時用レ之歟〉」

あじろ-びと【網代人】『名』(「あじろひと」とも)「あじろもり(網代守)」に同じ。＊万葉(8C後)七・一一三五「宇治河は淀瀬無からし阿自呂人(アジロひと)舟呼ばふ声をちこち聞こゆ〈作者未詳〉」＊俳諧・俳諧四季部類(1780)一〇月「生類〈略〉あしろ人」

あじろ-びょうぶ ：ビャウブ【網代屛風】『名』網代⑤を骨組みの片面に張った屛風。＊蜻蛉(974頃)中・天祿二年「もののとばり、簾(すだれ)、あじろびゃうぶ、黒柿(くろがい)の骨に朽葉(くちば)のかたびらかけたる几帳どもも」＊源氏(1001-14頃)椎本「ここは又さまことに山ざとびたるあしろ屛風などの、ことさらに事そぎて見どころある御しつらひを」＊堤中納言(11C中-13C頃)よしなしごと「これらなくは、網代(アジロ)屛風の破(や)れたるにも貸し給へ」発音 アジロビョーブ〈標ア〉[ビョ]

あじろ-べい【網代塀】『名』網代⑤を張った塀。＊歌舞伎・隅田川花御所染(1814)四立「本舞台、一面の網代塀(アジロベイ)、見越(みこ)しの枝垂(しだ)れ桜、すべて入間の館、奥庭前の体」発音 アジロベイ〈標ア〉回

あじろ-ほ【網代帆】『名』網代⑤でつくった帆。笹帆(ささほ)。＊和訓栞(1777-1862)「あじろほ〈略〉ささほともいふ、品字箋に、多く編レ竹為レ之謂二之風遖一とある、是也」

あじろ-もり【網代守】『名』夜、かがり火を焚(た)いて網代②の番をする人。あじろびと。《季・冬》＊壬二集(1237-45)「尽きせじな八十宇治川のあじろもりよる年波の日を数ふとも」＊続古今(1265)冬・六三三「網代もりさぞさむからし衣手のたなかみ河もこほる霜夜に〈藤原為家〉」＊俳諧・初心もと柏(1717)冬「火の影や人にてすごき網代守」発音〈標ア〉回

あじろ-やく【網代役】『名』網代②を用いて河海の魚類を漁獲する業者に課した役銭。＊地方凡例録(1794)五「網代役 是は大川筋鯉鮒等取る網代を立る役永」

あし-わ【足輪】『名』足首につける輪状の装身具。発音〈標ア〉[0]

あじ-わい あぢはひ【味―】『名』①味わうこと。また、味。良い味についていう。＊書紀(720)皇極三年三月(図書寮本訓)「是に、押坂直と、童子と、煮て食(くら)ふ。大(はなは)た気(かうは)しき味(あちハヒ)有り」＊古本説話集(1130頃か)五三「鍋に入れて煮食ひつ。そのあぢはひのむまきことかぎりなし」＊信心録(ヒイデスの導師)(1592)三・一五「シンジン ヲ ヲコシ、Spiritu ノ agiuai(アヂワイ) ヲ ウケ、ゼンダウ ニ チカラ ヲ エ タマウ ミチ ワ ナニゴト ゾト」＊読本・椿説弓張月(1807-11)前・六回「蒸(むし)たる芋(いも)なり。これを食(たうべ)給へば、その色黄にして味(アヂハヒ)いと甘し」＊幼学読本(1887)〈西邨貞〉二「鮎も鯉も上品の魚にて、そのあぢはひ旨し」②物事の趣味。物事の好ましいおもむき。妙味。＊源氏(1001-14頃)須磨「おほやけの勘事(かうじ)なる人は、心にまかせて、この世のあぢはひをだに、知る事難(かた)うこそあなれ」＊中楽談儀(1430)序「かやうの能のあぢはひは、するの世に知る人有るまじければ」＊砂塵抄(1455頃)「此味合(アヂハヒ)は此道に志ふかく稽古侍らば、自ら弁(わきま)へ侍るべし」＊破戒(1906)〈島崎藤村〉一五・四「なんと斯(この)発心の歴史は味(アヂハヒ)のある話ではないか」③食物。→あじわいの食(むさぼ)り。＊浜松中納言(11C中)三「わが身は今は苔(こけ)の衣にやつれて、松の葉をあぢはひにて過ぐすやうなるに」④飲食の欲。食欲。＊徒然草(1331頃)二四二「楽欲(げうよく)する所、一つには名なり〈略〉二つには色欲、三つには味(あぢはひ)なり」⑤祝儀または心づけ。文政・天保(一八一八〜四四)頃の、上方での流行語。＊当世花詞粋仙人(1832)「心づけ、あじわい」語誌 上代文献では漢字「味」はアヂ、ウマ(シ)などと訓み、本来は味覚を表わす語だが、食物を味わう場面が文献に現われるのは少なく、平安時代には「趣がある」という主観的な判断を表わすようになった。類義語アヂがものの属性を表わし客観的な表現であるのに対してアヂハヒは幅広く用いられ、主体の側からの主観的要素が強い表現である。語源説 (1)アはアマキ(甘)、チはチ(乳)。ワイはワク(分)の意〔和句解・日本釈名〕。(2)アヂはウマタリ(可美垂)の反、ハヒは助語〔和訓栞〕。(3)アヂはウマタリ(甘足)、ハヒはフカハミ(深食)の反〔名語記〕。ハヒはアヒ(合)から〔名言通〕。(4)五味互いに味の交り合った間を、味のアハヒといったのが約音となり、アヂハヒとなった〔両京俚言考〕。発音〈標ア〉[0][ワ]〈ア史〉鎌倉●●●●〈京ア〉[0] 辞書 字鏡・色葉・名義・和玉・文明・饅頭・黒本・易林・日葡・書言・ヘボン・言海 表記 味(色・名・玉・文・饅・黒・易・書・ヘ・言) 饗(易・書) 薫(名) 旨(玉)

あじわい に 入(い)る 物を好む。＊日葡辞書(1603-04)「ゼンノ agiuaini iru(アヂワイニ イル)〈訳〉善を好む」辞書 日葡

あじわい の 貪(むさぼ)り （「春秋左伝‐文公一八年」に「貪二于飲食一、冒二于貨賄一、〈略〉謂二之饕餮一」とあり、その杜預の注に「貪レ財為レ饕、貪レ食為レ餮」とあるのによる） 食をむさぼること。＊書紀(720)推古一二年四月(岩崎本訓)「五に曰はく、餮(アチハヒノムサホリ)を絶ち、欲(たからほしみ)を棄て明に訴訟(うたへ)を弁(さだ)めよ」

あじわい を 含(ふく)む 美味である。風味がある。＊日葡辞書(1603‐04)「Agiuai (アヂワイ)、または、アヂヲ フクム」 辞書日葡

あじわい‐かえ・す【味返】〘他サ五(四)〙 くりかえして味わう。＊善心悪心(1916)〈里見弴〉「銘々色々なことを、反芻動物の食物やうに、一つ一つ丁寧に味(アヂハ)ひ反(カヘ)してみながら」

あじわい‐かた【味方】〘名〙 飲食物の味のよさを楽しむ方法。また、事の意義や趣をよく理解する方法。＊文学史的空白時代(1928)〈大宅壮一〉一「この思ひがけざる収入によって彼等が学び得たことは、文化住宅の住み心地と、タクシーの乗り心地と、芸者や女給の操縦法と、カクテールの味ひ方と、その他これに類する事柄に過ぎなかった」 発音〈標ア〉カ タ

あじわい‐し・む【味―】〘他マ下二〙 ある食物を非常に好む。＊日葡辞書(1603‐04)「Agiuaixime, uru, eta (アヂワイシムル)」 辞書日葡

あじわい‐し・る【味知】〘他ラ五(四)〙 味で知り分ける。また、何事かを味わって知る。＊コンテムツスムンヂ(捨世録)(1596)三・五二「コレラノ コトヲ agiuai xiri (アヂワイ シリ)、フカク クフウセバ、スコシモ シュックヮイスルコト アルベカラズ」 ＊日葡辞書(1603‐04)「サケヲ ドコザケト agiuaixiru (アヂワイシル)」 ＊人さまざま(1921)〈正宗白鳥〉「世界の親々の心は、彼れの力では味ひ知ることの出来ない神秘不可思議の何物かであった」 辞書日葡

あじわい‐ぶか・い【味深】〘形口〙文あぢはひぶか・し〘形ク〙 物事に深い味わいがある。＊内村鑑三(1949)〈正宗白鳥〉一「今日これを読み、明治二十年代の日本の世相を顧み、また筆者の身辺の事情や心理状態を追懐すると、人生について甚だ味はひ深い思ひがされるのである」 ＊面影(1969)〈芝木好子〉「かれは延を相手に味わい深く酒を飲みながら」 発音〈標ア〉カ

あじわい‐わ・ける【味分】〘他カ下一〙 いくつかのものを味わって区別する。味わい比べる。＊善財(1949)〈石川淳〉一「これはうまいもの、これはまづいものと明確にあぢはひ分けて」 ＊骨の肉(1969)〈河野多恵子〉「その夜の牡蛎がいつもの物ほどおいしくないかどうか、女には全く味わい分けることができない」 発音〈標ア〉ケ

あじ‐わ・う【味―】 ■一〘他ワ五(ハ四)〙 ①味見をする。食物のもつうまさをかみしめながら食べる。＊観智院本名義抄(1241)「味 アチハフ」 ＊ねさめの記(鎌倉末)三「口にあぢはふ所をなむべからず」 ＊日葡辞書(1603‐04)「Agiuŏte (アヂワウテ) ミル、または、ココロミル」 ②物事の意義や趣を深く考える。玩味する。＊書紀(720)神代上(水戸本訓)「時に天神、太占(ふとまに)を以てト合(うら)ふ。乃ち教(アチハヒ)て曰(のたま)はく」 ＊伊勢物語(10C前)四四「この歌はあるが中におもしろければ、心とどめてよまず、腹にあぢはひて」 ＊太平記(14C後)三九・光厳院禅定法皇行脚事「岩窓に梅を嚙(か)んで、一聯(れん)の句閑味を甘(アジハヒ)給ふ」 ＊滑稽本・浮世風呂(1809‐13)二・上「人々仮初(かりそめ)の戯(たはふれ)冊子も心をとどめて味(アジハ)ひ給はば」 ③経験して深く印象に残す。体験する。＊妾の半生涯(1904)〈福田英子〉三・五「或時は妾(せふ)炊事を自らして婦女の天職を味(アヂハ)ひ」 ＊蓼喰ふ虫(1928‐29)〈谷崎潤一郎〉八「今の人間はたとひ僅かな苦痛にもせよ、もしそんなものを味はないで同じ結果が得られるならば、その道を取るのを賢いとする」 ■二〘他ハ下二〙 ①■一①に同じ。＊月菴酔醒記(1573‐92頃)中「宗祇百ケ条抜書〈略〉ひやしるかきたててすうべからず、弁一口すひてあちはへたる体みぐるしく候」 ②■一②に同じ。＊言塵集(1406)序「風体(ふうてい)を、朝な夕なあぢわふる外の故実あるべからず」 ＊古活字本荘子抄(1530)一「説文に含味也と云よく味はえてかみしめて見よぞ」 ＊俳諧・遅八刻(1771)「御坊のごとき作者の名に驚て、句をあぢはへざるの論は、爰(ここ)におゐて尽たり」 発音文アジオーとも〈標ア〉ワ〈オ〉0〈京ア〉0 辞書色葉・名義・下学・日葡・言海 表記味(色・名・下・へ・言) 絮(色・名) 嘗(色) 噉・嗜・噣・嘌・滋(名)

あし‐わか【葦若】〘名〙「あしかび(葦牙)」に同じ。＊元真集(966頃か)「難波潟こげど小舟は葦わかのえさる程こそ久しかりけれ」 ＊古今六帖(976‐987頃)五・雑思「あしわかの浦にきよする白波のしらじな君はわれ思ふとも」 ＊源氏(1001‐14頃)若紫「あしわかの浦にみるめはかたくともこは立ちながらかへる波かは」

あし‐わけ【葦分】〘名〙(形動) 葦の生い茂った間を押し分けて、舟が進むこと。また、その状態では舟は進みにくいところから、物事にさしさわりのあるさま。あしわけぶね。＊散木奇歌集(1128頃)悲歎「止めよとしろくいへども折節のあしわけにても過しつる哉」 ＊頼政集(1178‐80頃)下・恋「此の暮にと契れる女のもとに、さはる事ありておとづれ侍らで、次の日人をつかはして、過ぎぬる夜はあしわけなる事のありしなり。今夜はかならずまてと憑め遣したりしに、返事に言葉はなくて」 ＊歌謡・閑吟集(1518)「難波ほり江のあしわけは、そよやそぞろに袖のぬれ候」

あしわけ‐おぶね【葦分小舟】〘名〙「あしわけぶね(葦分舟)」に同じ。＊万葉(8C後)一一・二七四五「みなと入りの葦別小舟障り多みあが思ふ君にあはぬ頃かも〈作者未詳〉」 ＊右京大夫集(13C前)「紅の薄様(うすやう)にあしわけをぶねをむすびたる櫛さしたるが」 ＊やみ夜(1895)〈樋口一葉〉九「俗用しげく心は君が宿に通へど浮世は蘆分小舟(アシワケヲブネ)ぞかし」 辞書言海 表記葦別小舟(言)

あしわけ‐そう【葦分草】〘名〙 植物「すずさいこ(鈴柴胡)」の異名。

あしわけ‐の‐つくえ【足別机】〘名〙 足をとりはずせるようにした机。＊延喜式(927)三六・主殿寮「別脚(あしわけの)案一脚」 ＊観智院本名義抄(1241)「足別案 アシワケノツクヱ」 辞書名義 表記足別案(名)

あしわけ‐ぶね【葦分舟】〘名〙 葦の生い茂った間をこぎ分けて行く小船。多く、物事にさしさわりの多いことにたとえていう。あしわけおぶね。＊栄花(1028‐92頃)殿上の花見「とまるべき浦にもあらぬをいかなればあしわけぶねの漕ぎ帰るらん」 ＊守覚法親王集(1182‐1202頃)「葉すゑよりこぼるる露の心地してあしわけぶねにほたる飛びかふ」 ＊説経節・まつら長者(1661)四「あしわけ舟にさをさして、はらにはしほやの夕けふりたつ」 ＊浄瑠璃・源頼家源実朝鎌倉三代記(1781)五「直には行ぬ蘆分船(アシわけぶね)、櫓(ろ)を押し帰る我(わが)家の浜」 語源説障り多いことのたとえとするのは、よしあしにさわるという心であろう〔類聚名物考〕。

あしわけぶね【蘆分船】 ■一江戸前期の名所記。六巻六冊。一無軒道冶著。角書「難波名所」。別名「大坂鑑」「安志和気艤」「難波名所記」。延宝三年(一六七五)刊。大坂およびその近郊の名所・旧跡・社寺を七二項目にわたって記述し、それぞれに挿絵を添えたもの。大坂最初の本格的案内記。■二江戸前期の俳諧書。四冊。不角(千翁)編。元禄七年(一六九四)刊。春・夏・秋・冬の四編に不角一門の連句一二巻と諸家の発句を収めたもの。冬編巻末に不角の四季五六句を添える。発音〈標ア〉ブ

あし‐わざ【足技】〘名〙 ①柔道や相撲などで、足を使って相手を倒すわざの総称。＊絵合せ(1970)〈庄野潤三〉一六「飛び上るとか、足業をきかせるということが」 ②手を使わないで足だけで演ずる曲芸。足芸。発音〈標ア〉0〈京ア〉0

あし‐わた【葦綿・絮】〘名〙 葦の穂がのびて、綿のように見えるもの。＊書陵部本名義抄(1081頃)「絮 順云阿之和太」 ＊色葉字類抄(1177‐81)「絮 アシワタ 似綿而麁悪也」 発音〈標ア〉0〈ア史〉平安●●●○〈京ア〉0 辞書色葉・名義 表記絮(色・名)

あし‐わら【葦原】〘名〙 ⇨あしはら(葦原)

あ‐しん【阿臣】〘名〙 口先がうまく主君にへつらう家来。阿諛(あゆ)追従の臣。＊信長記(1622)一下・みのくに退治の事「諫めしかども、阿臣(アシン)却ってとりけす様に讒しければ」

あ‐しん【痾疹】〘名〙(「痾」は病、「疹」は熱病の意) 熱病。＊万葉(8C後)一六・三八一三・左注「于レ時娘子係恋傷レ心沈二臥痾疹一、痩羸日異忽臨二泉路一」

あ‐じん【啞人】〘名〙 言葉を話せない人。＊西洋聞見録(1869‐71)〈村田文夫〉前・中「西洋に於て行はるる所の啞院、聾院、瞽院に於て啞人、聾人の指号(ゆびまね)〈略〉を以て速に談論し」

ア‐じん【亜人】〘名〙(「亜」は「亜米利加(アメリカ)」) アメリカ人。＊佐久間象山上書稿‐文久二年(1862)九月「備中守様御帰府之上、亜人へも又々御応接御座候等に至り」 ＊漂流記(1863)「金の筋入たる冠をいただきたる亜人一人、水主六人にて我船に来る」 発音〈標ア〉ア

あしん‐ぼう【足棒】〘名〙 方言 ⇨あしぼう(脚棒)

アシンメトリー〘名〙(英 asymmetry) 不均衡であること。不釣り合い。非対称。↔シンメトリー。発音〈標ア〉メ

あす【明日】〘名〙 ①現在を基点として、次の日。現在では、「あした」よりもやや改まった言い方。副詞的にも用いられる。＊古事記(712)下・歌謡「置目もや 淡海(あふみ)の置目 阿須(アス)よりは み山隠(がく)りて見えずかもあらむ」 ＊万葉(8C後)二・一九八「明日香川明日(あす)だに見むと思へやもわが王(おほきみ)の御名忘れせぬ〈柿本人麻呂〉」 ＊竹取(9C末‐10C初)「翁年七十にあまりぬけふともあすともしらず」 ＊伊勢物語(10C前)九〇「『さらば、あす物越しにても』と言へりけるを」 ②近い将来。「あすの時代を背負う人物」「あすはわが身」 語誌(1)類義語にアシタがある。アスは「今日の次の日」を表わす語として上代から用いられていた。アシタは「早朝」の意にもちいられ、「翌日の早朝」の意を経て、「明日」を表わすようになった。↓「あした(朝)」の語誌。(2)アスはアサ(朝)、アサテ(明後日)と/as-/の部分を共通項としてもっているから、何らかの関連があるものと推測される。語源説(1)アサ(朝)の転で、明くるアサを言い慣れて略転した語〔大言海・国語の語根とその分類=大島正健〕。(2)アカス(明)の略。今日明かして後の日の意〔日本釈名・和訓栞〕。(3)アは開、スは語助〔東雅〕。また、アカスヒ(開日)の略〔日本語源=賀茂百樹〕。(4)アシタの約〔勇魚鳥〕。(5)アケスギ(明過)の義〔松屋筆記〕。(6)アケサル(明去)の転〔名言通〕。(7)明けすましての義〔和句解〕。(8)アトススムの約〔和訓集説〕。(9)アカスヒの反〔名語記〕。(10)アクルアサノヒ(明朝日)の下略〔日本語原学=林甕臣〕。(11)「翼早」の別音 A-Su で、もとは「翼朝」と同じく朝と、次の朝との二義をもつが、国語では専ら明日の義に転化した〔日本語原考=与謝野寛〕。発音〈標ア〉(名詞的)ス (副詞的)0〈ア史〉平安○○ 江戸●○〈京ア〉ア 辞書色葉・名義・和玉・天正・日葡・言海 表記明日(色・名・天・言) 翌日(色・名) 明(名・玉) 明朝(名)

あす ありと思(おも)う 次の機会があると思っ

て、今できることをしないこと。＊雑俳・柳多留−二〇(1785)「あすありと思ふはけちな女郎かい」＊親鸞聖人絵詞伝(1800)一「あすありと思(オモ)ふ心のあだ桜夜(よる)は嵐の吹(ふか)ぬものかは」＊歌舞伎・蔦紅葉宇都谷峠(文彌殺し)(1856)序幕「明日(アス)ありと思(オモ)ふ心(ココロ)の仇桜、夜半の暴風(あらし)もこの身にあたる私へ、お経文をお授け下さるとは有難い結縁と存じまする」

あすが日(ひ)　(「が」は「の」の意) あすという日。あす。＊俳諧・天満千句(1676)五「斧の柄はたとひ明日か日朽る共〈西花〉 二度峯入せぬ法はさて〈如見〉」＊浄瑠璃・山崎与次兵衛寿の門松(1718)中「我も生きる瀬死ぬる瀬を、定(さだ)めかねたる飛鳥川、あすが日知らぬぞ力なき」＊坑夫(1908)〈夏目漱石〉「時と場合によれば、翌(アス)が日(ヒ)にも、亦雲が恋しくならんとも限らない」

あす来(く)**る秋**(あき)　「あす(明日)は秋」に同じ。《季・夏》

あす=知(し)**らぬ[=知**(し)**れぬ]**　あすにも死ぬかもしれない。近い将来はどうなるかわからない。あすもわからない。＊古今(905−914)哀傷・八三八「あすしらぬ我身と思へどくれぬまのけふは人こそかなしかりけれ〈紀貫之〉」＊源氏(1001−14頃)総角「あすしらぬよのさすがに歎かしきも、たがため惜しき命にかは」＊浮世草子・風流曲三味線(1706)一・五「明日(アス)をも知(シ)れぬ老の身」

あすとての　あす何か事があるという、その前の日の。＊源氏(1001−14頃)宿木「あすとての日、藤壺にうへ渡らせ給て、藤の花の宴せさせ給ふ」＊浜松中納言(11C中)二「あすとての夜、宣旨にて公の御つかひに下りたる中将」＊栄花(1028−92頃)浅緑「明日(アス)とての夜さり聞しめせば」

あすなき春(はる)　陰暦三月晦日(みそか)のことで、翌日から夏になること。現在では五月末日にあたる。《季・春》

あすの事(こと)**は明日**(あす)**案**(あん)**じよ**　「あした(明日)は明日の風が吹く」に同じ。

あすの事(こと)**は天道様次第**(てんとうさまし だい)　「あした(明日)は明日の風が吹く」に同じ。＊談義本・銭湯新話(1754)四・俄道心者俗山伏と内所話「私どもは其日限(き)りの境界、翌日(アス)の事は天道さま次第(シダイ)」

あすの事(こと)**を=言**(い)**えば[=思**(おも)**えば]鬼**(おに)**が笑**(わら)**う**　世の中の事は予見できないことをいう。来年の事を言うと鬼が笑う。＊浮世草子・風流曲三味線(1706)三・一「明日(アス)の事(コト)を思(オモ)へば鬼(オニ)が笑(ワラ)ふとやら申て、今日切に使ひ果たし」＊浄瑠璃・曾我扇八景(1711頃)上「祐経うって後の談合、あすのことといへば鬼がわらふ。それも今から請あはれぬ」

あすの春(はる)　春の気配が感じられる頃をいう。春近し。《季・冬》

あすの日(ひ)　あすという日。あす。＊万葉(8C後)四・七七九「板葺の黒木の屋根は山近し明日(あすのひ)取りて持ちてまゐ来む〈大伴家持〉」＊万葉(8C後)一八・四〇四三「安須能比(アスノヒ)の布勢の浦みの藤なみにけだし来鳴かず散らしてむかも〈大伴家持〉」＊説経節・説経苅萱(1631)下「あけ三十をいちことし、あすのひをまちかね、こよひむなしくおなりある」

あす=の[=は]淵瀬(ふちせ)　(「古今−雑下・九三三」の「世の中は何か常なる飛鳥川昨日の淵ぞ今日は瀬になる〈よみ人しらず〉」による) 明日にはどう変わるかわからない、将来の成り行きがわからないということ。あすかがわの淵瀬。＊狭衣物語(1069−77頃か)一「渡らなむ水増りなば飛鳥川あすはふちせになりもこそすれ」＊狭衣物語(1069−77頃か)四「あすのふちせもうしろめたう思さるるままに」＊狭衣物語(1069−77頃か)四「あすのふちせは知らず、今日ばかりにても、いかなる御宿世にてかは」＊新拾遺(1364)雑中・一八四四「飛鳥河あすの淵せをしらぬこそ定なき世のたのみなりけれ〈実家女〉」

あすは秋(あき)　(翌日から秋だという意から) 陰暦六月の晦日(みそか)のこと。現在では八月末日。あす来る秋。《季・夏》

あすは明日(あす)**の風**(かぜ)**が吹**(ふ)**く**　「あした(明日)は明日の風が吹く」に同じ。＊洒落本・角雞卵(1784か)後夜の手管「又あすはあすの風がふかふはさ」

あすは明日(あす)**の神**(かみ)**が守**(まも)**る**　「あした(明日)は明日の風が吹く」に同じ。

あすは明日(あす)**のならわせ**　「あした(明日)は明日の風が吹く」に同じ。

あすは雨(あめ)**人**(ひと)**は盗賊**(とうぞく)　あすは雨かもしれないし、他人は盗賊かもしれないと思って、万事に気を許してはいけないということ。

あすは閻浮(えんぶ)**の塵**(ちり)**ともならばなれ**　(近世初期に成句的に用いられた) 明日はこの広い人間世間の塵となって飛び消えるものなら消えてしまえ。明日は死んでしまってもかまわない、どうなろうとなるようになれ。＊仮名草子・恨の介(1609−17頃)下「あすは無間(むけん)、果羅国(からこく)の、ゑんぶのちりともならばなれ、君故捨つる命ならば」＊俳諧・時勢粧(1672)「付さしに先一盃をのまでやは〈林元〉 明日は閻浮の塵共灰とも〈維舟〉」

あすはとうから　芝居や相撲の打ち出しの太鼓の音を「明日は疾うから(早くから来てください)」の意をもたせていう言葉。＊洒落本・二日酔巵觶(1784)「あすはとうからからと打出しの太鼓につれ、押合へしあふ老若男女」

あすは我(わ)**が身**(み)　他人の身におこった不幸が、近い将来自分にもふりかかってくるかもしれない、ということ。＊浄瑠璃・曾根崎心中(1703)道行「梅田堤のさよがらす、あすはわが身を餌食ぞや」

あすも分(わか)**らぬ**　「あす(明日)知らぬ」に同じ。＊雪中梅(1886)〈末広鉄腸〉上・一「私しが明日も分らぬ此の大病のことだから」

あ-す【瘂子】〘名〙 言葉を話せない人。唖者。＊日葡辞書(1603−04)「Asu (アス)。すなわち、ヲシ〈訳〉唖者」辞書日葡

あすの夢(ゆめ)**を見**(み)**て語**(かた)**らざる如**(ごと)**し**　(唖者の夢は自分ではわかっているが、口で説明ができないから) 物事を了解していながらはっきり説明することができないこと。おしの夢見た如し。＊日葡辞書(1603−04)「Asuno yumeuo mite catarazaruga gotoxi (アスノ ユメヲ ミテ カタラザルガ ゴトシ)」辞書日葡

アス〘名〙(ｵﾗﾝﾀﾞ as) 石炭の燃えかす。石炭がら。アッシュ。＊ガトフ・フセグダア(1928)〈岩藤雪夫〉一「炉橋(グレート)の炭滓(アス)を掻き起しながら答へた」

あ-・す【亜】〘他サ変〙 ⇨あする(亜)

あ・す【浅・褪】 一〘自サ下二〙 ⇨あせる(浅・褪)。二〘他サ四〙 浅くする。色あせるようにする。＊万葉(8C後)一四・三四二九「遠江(とほつあふみ)引佐細江(いなさほそえ)のみをつくし吾(あれ)をたのめて安佐(アサ)ましものを〈東歌・遠江〉」補注「万葉−一四・三四二九」の用例は「あさまし」を一語の形容詞として解する説もある。

あ・す【屙】〘自サ四〙 仏語。厠(かわや)で大便をする。＊正法眼蔵(1231−53)洗浄「門にむかひて両足に槽脣の両辺をふみて蹲居し屙す」＊臨済録「屙屎送尿、著衣喫飯。困来即臥」＊玉篇「屙、上厠也」語源説アルル(荒)と同義〔名語記〕。

あ・す【塡】〘他サ四〙 一杯にする。満たす。↓あさず。＊観智院本名義抄(1241)「𡍼 アス オク 寒也 満也」辞書名義

あ・す〘他サ下二〙 (子を)産ませる。＊山田本無量義経平安中期点(1000頃)「諸仏の国王、是の経の夫人と和合して、共に是の菩薩のみ子を生(アセマセ)り」表記 𡍼(名)

あす〘助動〙 一(助動詞「ます」の変化した語か) 動詞の連用形に付いて、軽いていねいの心持を表わす。ます。やす。＊浄瑠璃・傾城二河白道(1705頃か)中「又きのふもお前のるすにひょこひょことときめして〈略〉ぶつくさいうて帰りあした」＊浄瑠璃・愛染明王影向松(1688−1711頃か)下「思はずそなさんにあひあしたもあさからぬのりの御えん」 二(「あります」または「ござります」の変化した語か) 断定の助動詞の連用形「で」を受けて、軽いていねいの心持を表わす。＊俳諧・花月六百韻(1719)月「時去り時来りけり家具の音〈丈雪〉 籟つくさせて御無用であす〈梅朧〉」

あず【坍】〘名〙 くずれた岸。がけ。がけのくずれてあぶない所。＊万葉(8C後)一四・三五三九「安受(アズ)の上に駒をつなぎて危(あや)ほかど人妻子ろを息にわがする〈東歌〉」＊享和本新撰字鏡(898−901頃)「坍 崩岸也 久豆礼 又阿須」方言❶山や畑の境界。東京都大島326 御蔵島333 ❷畑の外に流出した土。長崎県壱岐島916 語源説(1)あせる義〔和訓栞〕。(2)ウス(薄)と同系語〔日本語源=賀茂百樹〕。(3)アセ(畔背)の転義か〔日本古語大辞典=松岡静雄〕。辞書字鏡 表記 坍(字)

あず〘名〙 方言❶川を流れるごみ。佐賀県887 ❷蜘蛛(くも)の巣。千葉県長生郡286 ❸こんにゃくや山の芋の球茎。茨城県多賀郡190 ❹決断力。島根県725 広島県高田郡779 ❺快活さ。島根県725

あずがきれん　方言❶決断力がない。島根県725 広島県高田郡779 ◇あずうきらさん 島根県益田市・美濃郡725 山口県豊浦郡798 福岡市878 ❷はきはきしない。島根県725 ◇あずうきらさん 島根県益田市・美濃郡725 ❸言葉の続きがはっきりしない。山口県豊浦郡798 ❹きまりがつかない。福岡県博多市877 879

あす-あさて【明日明後日】〘名〙 ①明日と明後日。＊源氏(1001−14頃)東屋「あすあさてかたき物忌(ものいみ)に侍るを」 ②明日か明後日。一両日に迫ったこと。近日中。きょうあす。＊蜻蛉(974頃)上・康保三年「いと心もとなければ、あすあさてのほどばかりには参りなん」＊枕(10C終)八七・職の御曹司におはします頃、西の廂にて「あすあさてまでもさぶらひぬべし」＊源氏(1001−14頃)東屋「あすあさてと思へば、心あわただしくいそがしきに」 方言❶明々後日。しあさって。◇あすあさって 大分市941 ❷明後日。あさって。◇あすあさって・あしたあさって 三重県志摩郡585 発音〈標ア〉サ

あす-あす【明日明日】〘名〙 方言 期日の近く切迫していること。宮城県仙台市123 秋田県鹿角郡132

あ-すい【阿誰】〘名〙(「阿」は六朝ごろ多く使われた俗語。軽い疑問を表わす) だれ。＊凌雲集(814)和菅祭酒賦朱雀衰柳作〈丹墀清貞〉「既就二堯衢一待二恩煦一。阿誰更憶二陶潜家一」＊正法眼蔵(1231−53)海印三昧「阿誰なる一物の、万有を包含するとはいはず」＊狂雲集(15C後)嘆孤独老人多欲「千古無レ多富貴時、青銅十万譲二阿誰一」＊随筆・山中人饒舌(1813)上「山川雲霞、鍾二秀海内一。翎毛花卉。皇二艶四時一。不レ知下後来借二阿誰之筆一以吐中其気上矣」＊賈充−与妻李夫人聯句詩「室中是阿誰、歎息声正悲」

あす・い〘形口〙(形容詞「やすい(易)」の変化した語) 犯罪を行ないやすい状態、犯行に都合のよい状態であることをいう、盗人仲間の隠語。〔隠語輯覧(1915)〕

あすう【遊】〘動〙 方言❶遊ぶ。薩摩†137 ◇あそう 高知県幡多郡860 ◇あすっ 宮崎県霧島北麓947 鹿児島県揖宿郡969 ◇あばう 岡山県042 ◇あんぶ 長野県諏訪481 静岡県520 磐田郡546 三重県度会郡599 長崎市906 ◇あんぶん 沖縄県波照間島996 ◇ああぶ 山口県玖珂

郡800 ◇おそぶ 香川県829 ◇あっぷ 宮城県石巻120 ◇あっぷう 長崎県壱岐島914 ◇あっぽ 長崎県対馬909 ◇あっぽう 鹿児島県種子島979 ◇あっぴゅい・あっすい 鹿児島県喜界島983 ❷歌、三味線、踊りなどに興ずる。娯楽を楽しむ。◇あすぃぶん 沖縄県首里993

あずう-たれる【一垂】〘連語〙方言 困りぬく。当惑する。島根県石見725 広島県高田郡・安芸郡779 ◇あずつる 香川県827

あす-えつ【明日一】〘名〙方言 ⇩あいさ

あすか【飛鳥・明日香】（「飛鳥」の字は、「明日香」の枕詞「とぶとり」をあてたもの）㈠奈良県高市郡明日香村付近一帯の称。北は大和三山にかぎられ、中央を飛鳥川が流れる。豊浦宮に推古天皇が即位して後百余年間都が置かれた。飛鳥浄御原宮（あすかのきよみはらみや）、橘寺、高松塚古墳、マルコ山古墳のほか、多くの史跡に富む。歌枕。＊万葉（8C後）一・七八「飛鳥（とぶとり）の明日香（あすか）の里を置きて去（い）なば君があたりは見えずかもあらむ〈元明天皇〉」＊ささめごと（1463-64頃）上「などいたづらにつとめざるらむ 寺近きあすかの里に住みながら〈十仏〉」㈡「あすかやま（飛鳥山）㈠」の略。語源説 (1)スカはシキ（磯城）。キ（城）は柵壁その他の防備物で四辺を取囲んだ一郭の地をいう古語。満鮮語にもシキという同語あり〔日鮮同祖論＝金沢庄三郎〕。(2)アは接頭語、スカはスカ（住処）。住処は集落の意で、そこから転じて地名となった。特に、大和のトブトリ（飛鳥）郷のアスカはしばしば皇居の地となったために有名で、飛鳥とかいて、アスカと訓むようになった〔日本古語大辞典＝松岡静雄〕。(3)アマザルカナ（天去哉）の反〔名語記〕。(4)アと仰ぎ見ればスカスカと羽音のするところから、飛鳥をアスカと云う〔本朝辞源＝宇田甘冥〕。発音〈標ア〉0〈ア史〉鎌倉○○◍〈京ア〉0 辞書 文明・天正 表記 飛鳥（文・天）

あすか-い ゐ:【飛鳥井】 ㈠奈良県明日香村、飛鳥坐（あすかにいます）神社の前にある井戸。＊催馬楽（7C後-8C）飛鳥井「安須加為（アスカヰ）に 宿りはすべしや おけ 蔭もよし 御甕（みもひ）も寒し 御秣（みまくさ）もよし」㈡京都市中京区二条、柳馬場（やなぎのばんば）通あたりにあった万里小路（までのこうじ）の井戸。＊都路のわかれ（1275）「これはあすか井のちかきわたりにて、朝夕きつつあそぶ」＊菟玖波集（1356）羇旅「契ありてやたちどまるらむ それとみてうち過ぎぬべき飛鳥井に〈前中納言定家〉」㈢催馬楽の、律の歌の曲名。「楽家録‐巻之六・催馬楽歌字」に「あすかゐに、やどりはすべしあけ」の歌い出しで所収。＊源氏物語（1001-14頃）須磨「あすかひすこしうたひて、月頃の御物語、泣きみわらひみ」＊拾芥抄（13-14C）上・催馬楽部「律歌〈略〉飛鳥井」

あすかい あすかゐ【飛鳥井】 発音〈標ア〉力 ㈠姓氏の一つ。㈡藤原北家（ほっけ）の出の花山院家の一門。難波雅経に始まる。和歌と蹴鞠（けまり）の家として知られる。発音〈標ア〉力

あすかい-まさあり【飛鳥井雅有】 鎌倉中期の歌人。祖父は藤原雅経。鎌倉幕府に関係が深く、京都と鎌倉を往返している。伏見天皇の代、京極為兼らとともに勅撰集撰者を命ぜられたが、撰集作業は中絶した。家集「隣女和歌集」、仮名日記「嵯峨のかよひ」など。仁治二～正安三年（一二四一～一三〇一）

あすかい-まさちか【飛鳥井雅親】 室町中期の歌人。書家。号柏木。雅世の子。法名栄雅。書道の飛鳥井流を開く。勅撰集の撰者を命ぜられたが中絶。著「筆のまよひ」、歌集「亜槐和歌集」など。応永二四～延徳二年（一四一七～九〇）

あすかい-まさつね【飛鳥井雅経】 鎌倉前期の歌人。難波頼経（よりつね）の子。後鳥羽院に重用されたが、関東とも関係が深かった。「新古今和歌集」撰者で、蹴鞠（けまり）の飛鳥井流の祖。家集に「明日香井和歌集」。嘉応二～承久三年（一一七〇～一二二一）

あすかい-まさよ【飛鳥井雅世】 室町初期の歌人。雅縁（まさのり）の子。初名雅清。法名祐雅。将軍足利義教に重用された。「新続古今和歌集」の撰者。著「飛鳥井雅世歌集」「富士紀行」など。明徳元～宝徳四年（一三九〇～一四五二）

あすかい-の-まり あすかゐ:【飛鳥井鞠】〘名〙陰暦七夕の日に、飛鳥井、難波の両家が毎年催す蹴鞠の式。両家は鞠道の師範家であった。七夕鞠。梶の鞠。《季・秋》＊俳諧・誹諧通俗志（1716）時令・七月「飛鳥井鞠」

あすかいまさありにっき あすかゐまさありニッキ【飛鳥井雅有日記】 鎌倉中期の日記。一冊。飛鳥井雅有記。写本外題「飛鳥井雅有卿記事」。「仏道の記（無名の記）」「嵯峨のかよひ（路）」「最上の河路（河波）」「都路のわかれ」の四種の仮名文の日記を集めたもの。「仏道の記」は文永三～六年（一二六六～六九）頃、「嵯峨のかよい」は同六年、「最上の河路」は翌七年、「都路のわかれ」は建治元年（一二七五）の記。雅有の弘安三年（一二八〇）の日記「春のみやまぢ」と並ぶもので、当時の公家の日常生活を知る上での貴重な資料。

あすかい-りゅう あすかゐリウ【飛鳥井流】〘名〙①室町中期、飛鳥井雅親が開いた書道の流派。栄雅流。②鎌倉前期、飛鳥井雅経が始めた蹴鞠（けまり）の流派。発音アスカイリュー〈標ア〉0

あすか-おとこ …をとこ【飛鳥男】〘名〙上代、大和（奈良県）の明日香の土地に住んでいた男子。＊万葉（8C後）一六・三七九一「飛ぶ鳥の 飛鳥壮（あすかをとこ）が 長雨（ながめ）禁（い）み 縫ひし黒沓（くろぐつ） さしはきて〈作者未詳〉」

あすか-かぜ【飛鳥風・明日香風】〘名〙大和（奈良県）の明日香地方に吹く風。＊万葉（8C後）一・五一「采女の袖吹きかへす明日香風（あすかかぜ）都を遠みいたづらに吹く〈志貴皇子〉」＊古今連談集（1444-48頃）「ふるさと人や夜寒なるらん 長月の有明がたのあすかかぜ」＊浄瑠璃・浦島年代記（1722）二「俄に吹くる飛鳥風（アスカかぜ）、梢（こずゑ）をならしとうとうたり」発音〈標ア〉力1

あすか-がわ …がは【飛鳥川・明日香川】 ㈠奈良県明日香地方を流れる川。高取山を源とし、大和川に入る。全長二八キロメートル。昔は流路がたびたび変わったところから、定めなき世のたとえとされ、また、「あす」という音から、「明日（あす）」にかけても用いられた。歌枕。＊万葉（8C後）一一・二七〇一「明日香川（あすかがは）明日も渡らむ石橋の遠き心は思ほえぬかも〈作者未詳〉」＊古今（905-914）雑下・九三三「世の中は何か常なるあすかがは昨日の淵ぞ今日は瀬になる〈よみ人しらず〉」＊枕（10C終）六二・河は「河は飛鳥川。淵瀬もさだめなく、いかならんとあはれなり」㈡能楽。四番目物。作者不詳。金剛、喜多流。母親に生き別れた少年友若は、飛鳥川のほとりで尋ねる母と再会する。㈢茶入れの名。瀬戸、金華山窯（がま）製、加藤藤四郎（二代）作と伝える。土は薄赤色で口作り、ひねり返しは薄作、きゃしゃな細工。また、この様式を模した茶入れ。小堀遠州が若いころ堺でこの茶入れを見、後年また伏見でこれを見たとき、非常に古くなっていたので、「古今‐冬・三四一」の「昨日といひけふとくらしてあすかがは流れて早き月日なりけり」の歌にちなんで命名したという。＊随筆・槐記（茶道古典全集所収）‐享保一二年（1727）五月一八日「御茶入 飛鳥川」＊遠州御蔵元帳（江戸中）「飛鳥川〈略〉一高さ二寸六分七りん 一口壱寸三りん」語誌 (1)万葉集の恋の歌では、㈠の第一例のように「明日」にかける例も見えるが、流れの早い、水かさの多いことで恋の妨げになるものとして歌われることが多い。(2)「万葉‐一〇・二二一〇」の「明日香河黄葉（もみちば）流る葛城の山の木の葉は今し散るらし〈作者未詳〉」に河内の飛鳥川と考える説もある。(3)平安時代になると㈠の第二例古今集歌の影響が強く、第三例のような把握が一般的になり、変はる、変はらぬ、といった語を導くようになる。発音アスカガワ〈標ア〉力〈京ア〉力 辞書 易林・書言 表記 飛鳥河（易）飛鳥川（書）

あすかがわ の 茶（ちゃ）入（い）れ 「あすかがわ（飛鳥川）㈢」に同じ。＊浮世草子・好色二代男（1684）五・二「飛（アス）鳥川の茶（チャ）入を、妹が轆轤（ろくろ）引にしづめ、定家の三首物の表具はづして」＊浮世草子・好色五人女（1686）五・五「飛鳥（アスカ）川の茶入かやうの類ごろつきてめげるをかまはず」

あすかがわ の 人心（ひとごころ） 飛鳥川の淵瀬が定まらないように、変わりやすい人の心。＊浄瑠璃・粲静胎内捃（1713）二「是ぞ娘の静と名のらんとせしが、イヤイヤイヤ、あすか川の人心とそしらぬ顔にて」

あすかがわ の 淵瀬（ふちせ） （「古今‐雑下・九三三」の歌による）一定不変でないさま。変わりやすいことにたとえていう。あすの淵瀬。＊徒然草（1331頃）二五「飛鳥川の淵瀬常ならぬ世にしあれば」＊歌謡・松の葉（1703）三・飛鳥川「夕べ夕べはあすか川のふちせ、底は浅いぞ濃ひ紫よ」

あすかきよみはら-りつりょう …リッリャウ【飛鳥浄御原律令】 天武天皇が天武一〇年（六八一）編集を命じ、持統天皇の三年（六八九）施行された法典。官職、班田収授、雑徭（ぞうよう）など多くの点で大宝律令の基礎になったといわれる。令二二巻、律の巻数と施行については不明。浄御原律令。

あすか-じだい【飛鳥時代】 奈良盆地の南部、飛鳥の地に都があった時代。推古天皇即位の年（五九二）から元明天皇の平城京遷都の和銅三年（七一〇）まで、あるいは持統天皇の藤原京遷都（六九四）までとする。特に美術史上では、仏教渡来の六世紀中ごろから孝徳天皇の大化改新（六四五）までの、聖徳太子を中心として最初の仏教文化が栄えた時代をさす。特に中国六朝時代の影響を受けた美術は、法隆寺の遺品にみられるように各分野で多くの優秀な作品を残し、その後の発展の基礎をなした。発音〈標ア〉ジ〈京ア〉ジ

あすか-だいぶつ【飛鳥大仏】 奈良県高市郡明日香村の飛鳥寺跡の安居院（あんごいん）にある銅製の丈六釈迦如来坐像。「日本書紀」では、飛鳥寺の本尊として推古天皇一三年（六〇五）ないし一四年（「丈六光銘」では一七年）に止利（とり）仏師が造立したという。

あすか-たかまつづか【飛鳥高松塚】 奈良県高市郡明日香村にある径一八メートル、高五メートルの小円墳。内部の石室の凝灰岩壁面に漆喰（しっくい）が塗られ、極彩色で、人物像、四神図、日月像、星宿が描かれている。中国、朝鮮半島の画風の影響がみられる。七世紀末の築造。昭和四七年（一九七二）に壁画を発見。壁画は国宝、古墳は特別史跡に指定されている。高松塚古墳。

あすか-でら【飛鳥寺】 奈良県高市郡明日香村飛鳥にある真言宗豊山派の寺。推古天皇四年（五九六）蘇我馬子が日本最初の本格的寺院として創建。法興寺ともいい、のち元興寺（がんごうじ）、本元興寺ともよばれた。現在は、その僧坊の一つである安居院（あんごいん）と鞍作止利（くらつくりのとり）作と推定される釈迦如来坐像（飛鳥大仏）が残る。発音〈標ア〉0〈京ア〉テ 辞書 書言 表記 元興寺（書）

あすかにいます-じんじゃ【飛鳥坐神社】 奈良県高市郡明日香村飛鳥にある神社。旧村社。祭神は事代主神（ことしろぬしのかみ）、高皇産霊神（たかみむすびのかみ）、大物主神（おおものぬしのかみ）、飛鳥三日比売神。もと雷丘（いかずちのおか）にまつられ天長六年（八二九）現在の鳥形山に移る。社前に催馬楽（さいばら）にうたわれたものと推定される飛鳥井がある。あすかにますじんじゃ。

あすか-の-いたぶきのみや【飛鳥板蓋宮】 皇極・斉明天皇の皇居。奈良県高市郡明日香村岡にあったといわれる。国史跡。発音〈標ア〉ジ

あすか-の-おかもとのみや :をかもとのみや【飛鳥岡本宮】 舒明、斉明両天皇の皇居。奈良県高市郡明日香村岡、または同村雷（いかずち）・奥山付近にあったという。岡本宮。橘京。

あすか-の-かわらのみや :かはらのみや【飛鳥川原宮】 斉明天皇の皇居。板蓋宮（いたぶきのみや）焼失後の仮皇居。奈良県高市郡明日香村川原にあったといわれる。

あすか-の-きよみはらのみや【飛鳥浄御原宮】 天武、持統両天皇の皇居。岡本宮の南に造営。奈良県高市郡明日香村岡、または同村雷（いかずち）にあったといわれる。＊万葉（8C後）二・一五五左「明日香清御原宮御宇天皇代」 発音〈標ア〉⓪＝ミ1

あすか-の-みやこ【飛鳥京】 古代、奈良盆地南部の飛鳥地方におかれた皇都の総称。早くは允恭天皇の遠飛鳥宮があるが、河内にも飛鳥があり、顕宗天皇の近飛鳥八釣宮を河内に比定する説もある。その後、推古朝（五九三〜六二九）から孝徳、天智、弘文三天皇の時代を除いて、元明天皇の平城遷都（七一〇）まで置かれた。

あすか-の-やしろ【飛鳥社】 和歌山県新宮市にある阿須賀（あすか）神社の別称。＊平家（13C前）一〇・熊野参詣「明日（あすか）の社ふしをがみ、佐野の松原さしすぎて、那智の御山にまいり給ふ」 発音〈標ア〉⓪〈京ア〉⓪

あすか-ぶつ【飛鳥仏】〘名〙 飛鳥時代に造られた仏像の総称。法隆寺金堂の釈迦三尊像、夢殿の救世（ぐぜ）観音像などのように直立と左右均整を特色とする止利（とり）派と、百済（くだら）観音像などのように優美で軽快な表現を特色とする系統とがある。 発音〈標ア〉ヤ〈標ア〉カ

あすか-ぶんか :クヮ【飛鳥文化】〘名〙 飛鳥時代の文化。ただし多くは、その後半期を白鳳文化（はくほうぶんか）と呼んで区別する。主に六世紀末から七世紀前半の、大化改新前の国家形成の気運を背景に、仏教伝来によって建築、彫刻、絵画、工芸に著しい発達を示した生活様式とその内容。法隆寺の薬師如来像、釈迦三尊像、玉虫厨子、中宮寺の天寿国繡帳、聖徳太子の「法華経義疏」、若草寺の唐草瓦などの遺品に、当時の人々の生活理想をうかがうことができる。 発音〈標ア〉ブ

あすかべ【安宿部】 大阪府の南東部にあった郡。明治二九年（一八九六）南河内郡に統合され消滅。＊二十巻本和名抄（934頃）五「河内国〈略〉安宿〈安須加倍〉」 辞書和名・色葉 表記安宿部（和・色）

あすかべ【飛鳥部】 姓氏の一つ。 発音〈標ア〉⓪

あすかべ-の-つねのり【飛鳥部常則】 平安時代の宮廷絵師。常則が倭絵（やまとえ）の屏風を描いたのが「やまとえ」のはじまり。今日その作品で伝わるものは一つもない。「源氏物語」にその名が見える。

あすかべ〘名〙 植物「あすなろ（翌檜）」の異名。 方言 植物。❶あすなろ（翌檜）。奈良県吉野008 和歌山県日高郡692 ◇**あすかび** 和歌山県日高郡698 ❷くろべ（黒檜）。島根県隠岐島740

あすかべ-ひめ【安宿媛】 光明皇后の名。

あすか-みそ【飛鳥味噌】〘名〙 大和国（奈良県）飛鳥の地で作り出された味噌。味噌をすり、油でいり、これにいりごま、けしの実などを入れたもの。法論味噌（ほうろみそ）。＊古今著聞集（1254）一八・六二二「奈良なりける僧の、あすかみそといふ物をもてきたりけるに」

あすか-やま【飛鳥山】㊀（飛鳥神社があったところからいう）東京都北区、王子駅の南西側に接する台地。元文二年（一七三七）八代将軍吉宗が王子権現に寄付してから市民に開放された。桜の名所。明治六年（一八七三）飛鳥山公園となる。＊江戸名所図会（1834-36）五「飛鳥山 数万歩に越えたる芝生の丘山にして、春花秋草夏涼冬雪眺めあるの勝地なり」 ㊁奈良県飛鳥地方を中心にした諸方の山。 発音〈標ア〉⓪

あすかやま-こうえん :コウヱン【飛鳥山公園】 東京都北区王子にある都市公園。明治六年（一八七三）の太政官布達により設けられた、わが国最初の都市公園の一つ。 発音アスカヤマコーエン〈標ア〉コ

あずかり あづかり【預】〘名〙（動詞「あずかる」の連用形の名詞化）①人の身柄や物事を引き受けて守ること。物事を任されて管理すること。＊宇津保（970-999頃）吹上上「ここに所々の別当のごたち並みて、あづかりのことども申したり」＊源氏（1001-14頃）若菜下「衛門督の御あづかりの宮なむその月には参り給ひける」＊二人女房（1891）〈尾崎紅葉〉中・五「会計はお銀の預（アヅカ）りゆゑ」 ②引き受けてめんどうをみること。また、その人。任されて留守を守る人。管理者。留守番。＊蜻蛉（974頃）中・天禄二年「ここのあづかりしける者の、まうけをしたれば」＊源氏（1001-14頃）夕顔「そのわたり近きなにがしの院におはしましつきてあづかり召しいづる程」 ③職名。㋑古代、百済における地方軍事指揮官。都城以外を中、東、西、南、北の五方に分け、それぞれに指揮官を置いた。＊書紀（720）欽明一五年一二月（釈日本紀訓）「臣先に東方の領（アツカリ）物部莫哥武連を遣て」 ㋺平安時代の役人の一つ。実務担当の責任者。例えば御厨子所、画所、進物所、武者所などにおかれた。＊古今（905-914）仮名序「御書の所のあづかり、紀貫之」＊延喜式（927）一一・太政官「凡左右文殿公文者。史一人永勾当。其預左右史生各二人。毎年二月相替」 ㋩荘官（しょうかん）の一つ。→預所。＊三代格‐一九・延喜二年（902）三月一三日・太政官符「仍須ㇾ仮号ニ庄家ー為ㇾ国致ㇾ妨者科ニ違勅罪ー、物皆没官上。其称ニ使及庄検校専当預等ー」＊宇津保（970-999頃）俊蔭「庄よりもてこしも、使やりなどして、はたりもてこし時こそありしか、かくむげになりぬれば、ただあづかりのものの喜びにてやみぬ」＊朝野群載‐二二・長和四年（1015）一一月一六日・播磨国符「応ㇾ免ニ太皇大后宮大夫家御領有年庄庄司、寄人等臨時雑役ー事。〈略〉預三人〈村主良光、同春逸、同重春〉」＊東寺百合文書‐へ・正中三年（1326）三月日・山城拝師荘坪付并散用状（大日本古文書二・四四）「陸拾壱石三斗〈此外預二人壱石加之内〉」 ④主君の不興をかった者や、容疑者、犯罪人等を特定の人に託して監視させること。特に、中世、近世でいう。＊浮世草子・男色大鑑（1687）三・四「大殿あららかなる御声にて、いかなる宿意にてもあれかし、上をないがしろにしたる事いはれなし、〈略〉御預（アヅカリ）との御意くだし給へば」 ⑤㋑金を借りること。借金。＊浮世草子・本朝二十不孝（1686）一・一「手形は弐千両の預（アヅカ）りにして小判壱両月壱匁の算用に壱年の利金斗（ばかり）首（かしら）に取なり」 ㋺現代では、精算が済むまで客の金を一時もらっておくことを婉曲にいう。「三千円お預かりいたします」 ⑥預かったことの証拠となる書付。預かり証。＊歌舞伎・桜姫東文章（1817）大詰「預りは板行にして落し紙と一緒に吊して置くワ」＊歌舞伎・早苗鳥伊達聞書（実録先代萩）（1876）三幕「仮令（たとひ）五両一分だらうが、承知で借りた上からは、うぬが言ひ条が立つものか。さあ大屋さん、預りをおくんなせえ」 ⑦相撲などで勝負がつかない場合、勝ち負けをきめないままにすること。引き分け。＊随筆・相撲今昔物語（1785）六・安永五歳出水川谷風手合之事「此角力、江戸、京、大坂にて毎歳預りとなり」＊歌舞伎・櫓太鼓鳴音吉原（1866）序幕「分けと預かり物言ひまで、残らず貰ってどちらへでも百足賭にて参らうかな」＊風俗画報‐二四五号（1902）人事門「大相撲〈略〉小松山も十八番打棄を試み軍扇は逆鉾〈略〉物言附きて預」 ⑧物事を中途でやめること。中止。保留。おあずけ。＊歌舞伎・㑹雑石尊贐（1823）四立「斯う酒が長じて来ては、先づ当分切腹は預かりに致さう」＊西洋道中膝栗毛（1870-76）〈仮名垣魯文〉一〇・下「例の空論はここらで預（アヅカ）りとして」＊腕くらべ（1916-17）〈永井荷風〉一七「十段目が幕になると初日の事とて琵琶湖の乗切はあづかりとなり直に中幕の二十四孝」 ⑨戦前の株式の短期取引の代行勘定で、渡し株の数が受け株の数より多くなった時、代行会社が買い方になって、渡し株を受けておくこと。 ⑩一時的に親分子分のような関係をもつこと。なわばりの親分のもとに本当の子分として、てきや仲間に加えられないで単に露店商人の仲間として認められることをいう、てきや仲間の隠語。〔特殊語百科辞典（1931）〕 方言❶旧藩時代の紙幣。熊本県南部933 ❷小作すること。また、小作農。島根県鹿足郡725 発音〈なまり〉アスカイ〔NHK（長崎）〕〈標ア〉リ〈標ア〉カ〈京ア〉⓪ 辞書色葉・日葡・言海 表記預（色・言）

あずかり を 取（と）る 預かり証文を受け取る。＊歌舞伎・桜姫東文章（1817）六幕「『あの店子（たなこ）の仙太郎を、預ったといふ預りを書いて下さい』『ナニ預りを書（カ）け。そりゃア何で預（アヅカ）りを取（ト）るのだ』」

あずかり-あずかり あづかりあづかり【預預】㊀〘副〙（動詞「あずかる」の連用形を重ねたもの）各自がそれぞれ分担して。＊紫式部日記（1010頃か）寛弘五年九月一〇日「つぼねぐちには几帳を立てつつ、験者あづかりあづかりののしりゐたり」 ㊁〘名〙 各自それぞれの分担。めいめいの受け持っているもの。＊栄花（1028-92頃）峰の月「御もののけども数しらず出で来てののしり騒ぐ。各（おのおの）駆（か）り移して、僧どもあづかりあづかりに加持（かぢ）しののしれど」

あずかり-うど あづかり：【預人】〘名〙 人や物などを預かっている人。（罪人などの）監護人。預かり手。あずかりにん。＊太平記（14C後）一二・公家一統政道事「万里小路（までのこうぢ）中納言藤房卿は預人（アツカリウド）小田民部大輔相具して常陸国より上洛せらる」＊日葡辞書（1603-04）「Azzucariŭdo（アヅカリュウド）〈訳〉アヅカリテと同義」 発音アズカリュードとも〈標ア〉リ（リュ） 辞書日葡

あずかり-お・く あづかり：【預置】〘他カ五（四）〙 ①人の身柄や物事を責任をもって一定期間保護、保管する。＊尋常小学読本（1887）〈文部省〉四「汝のまひは、誠におもしろし、此後もまた必ず来れ、其約束のしるしに、この瘤をあづかり置くべし」 ②もめごとや争いごとなどのとりさばきを一任してもらう。＊滑稽本・浮世風呂（1809-13）四・中「お互に五分五分のはからひをもって、行司預（アヅカ）り置ます」 ③金品などを借りている。＊親元日記‐政所賦銘引付・文明一三年（1481）六月二一日「大木源左衛門方より預り置四千疋事、返弁候処」 発音〈標ア〉⓪オ

あずかり-おんな あづかりをんな【預女】〘名〙 遊郭で、他の郭（くるわ）から預かっている女。＊評判記・色道大鏡（1678）一三「南都の遊郭は地傾城三ケ一にて、過半は他郭よりの預（アヅカ）り女、仕切女なり」

あずかり-がね あづかり：【預銀】〘名〙「あずかりぎん（預銀）」に同じ。

あずかり-かぶ あづかり：【預株】〘名〙 江戸時代の株仲間で、休み株の所有者が、その株を仲間に預けたり、または捨て株を一時仲間で留保する場合、および仲間持ち株の場合の株の総称。

あずかり-き・く あづかり：【与聞】〘他カ四〙 物事と関係を持つ形でそのことを聞く。関心をもって聞く。＊応永本論語抄（1420）子路「若是国の政ならば、我嘗大夫たれば、〈略〉国を与り聞べし。今已にあつかりきかず、是国の政に非ず」＊花間鶯（1887-88）〈末広鉄腸〉中・五「非常に長官の愛顧を受け、時時（をりをり）は政府の内儀をも与（アヅカ）り聞く程なるが」

あずかり-きん あづかり：【預金】〘名〙 ①寄託を受けた金銭。預かった金。「あずけきん（預金）」を、受託者の側からいう語。＊太政官布告第一三三号‐明治一八年（1885）五月三〇日第六条「預り金の運用は日本銀行をして取扱はしむるものとす」 ②（借りることを「預かる」 発音〈標ア〉⓪カ

ということろから）借金。＊人情本・春色辰巳園（1833–35）初・五回「親父の方の講中（こうぢう）の預（アヅカ）り金（キン）も、晦日（みそか）にャア揃へて、同行（どうぎゃう）へ渡さねへけりゃアならねへから」＊雪中梅（1886）〈末広鉄腸〉下・五「此れが知れると、外の預金（アヅカリキン）の私用までが発露して仕舞ふ様になり」 発音〈標ア〉0リ

あずかり-ぎん【預銀】〔名〕貸し主に返済を求められれば、即座に返すことになっている借金。あずかりがね。＊浮世草子・世間胸算用（1692）二・三「目安付られし預（アヅ）かり銀のかたへは済（すま）さずして」＊浮世草子・風流曲三味線（1706）一・三「諸方買がかり、当座の預（アヅカ）り銀（ギン）」 語誌（1）預かり銀をする際作成した預かり状は、南北朝時代に既に見られるが、一般の借用書と異なり、利子と返済期日を記載していない。従って、「預かり銀」とは無利子で、請求され次第返済せねばならない借金を称したものと考えられる。（2）室町時代には利子を禁じた徳政令を回避する手段として、借用書を預かり状の形式に作る事が行なわれたため、預かり銀と借金が混同し、近世に入っても実際には借金同様利子の付く場合も少なくなかった。

あずかり-ご【預子】〔名〕他人から預かっている子。＊火の鳥（1949–53）〈伊藤整〉一・一「姉に向っては、母は〈略〉自分の附属物としてやかましく言ったが、私に向っては、階級の違う人の預り子のように接した」

あずかり-さく【預作】〔名〕小作の一種。古代末期から中世の荘園制において、領主から土地を預かり、地代などを納めて耕作し、または経営すること。＊百巻本東大寺文書‐四五・天慶三年（940）五月六日・筑前国観世音寺牒案（平安遺文一・二五〇）「今為満施主之願、寺家領掌件田、尋有縁田刀、仰可預作之由」＊東寺百合文書‐り・寛仁二年（1018）五月一三日・讃岐国善通寺司解案（大日本古文書四・一）「作人等雖預作、所当地子物弁済無心之者」 補注 後には、一般の小作をいうようになったと思われ、小作することを「あずかる」、小作農を「預百姓（あずかりびゃくしょう）」という。

あずかり-さつ【預札】〔名〕江戸時代、大名領、旗本采地、町村私人等で発行した紙幣のうち、表面的には金銭を預かった証書のような形式にしたもの。実際は預かり手形でなく財政手段、流通財としての一般紙幣と本質的には変わりない。表面に「預切手」「預手形」「預札」などと示されている。あずかりふだ。

あずかり-しょ【預所】〔名〕①荘官の一つ。荘園領主に代わって、下司（げし）、公文（くもん）などの在地の下級荘官を指揮して、年貢徴収など荘園経営の実際の仕事をした。雑掌（ざっしょう）。あずかりどころ。あずかりそ。＊吾妻鏡‐建仁二年（1202）五月三〇日「停止預所土肥彌太郎遠平、被付筥根山」＊高野山文書‐建治二年（1276）七月日・阿氏河庄地頭湯浅宗親陳状案（大日本古文書五・一一五二）「就中被破私和与事、傍例非一也。加賀国安弘庄地頭与預所中分和与事被破之」＊沙汰未練書（14C初）「預所者、本所御領所務代官也」②江戸時代、諸藩や寺院が幕府の委託により管理した幕府領地。預地（あずかりち）。→御預所（おあずかりしょ）。③（「あずかりじょ」とも）駅や遊覧地などで荷物や自転車を預かる所。＊彼女とゴミ箱（1931）〈一瀬直行〉自転車預り所「なまじっかの店を持ってゐて、商ひだをれをするより、逸早く資本のからない預（アヅカ）り所（ジョ）に変ってしまふ」 発音〈標ア〉0ショ

あずかり-しょ【預書】〔名〕金銭や物品を預かったことを証明する書付。＊金（1926）〈宮嶋資夫〉二八「報告書と預（アヅカ）り書（ショ）は、いまくる男に渡して貰ふように頼む」 発音〈標ア〉ショ0

あずかり-しょう【預証】〔名〕金品を預かったことの証拠として渡す書付。＊卍（1928–30）〈谷崎潤一郎〉二九「此の写真と、預り証と此の二つ新聞記者にでも見せたら」＊家族会議（1935）〈横光利一〉「梶原は自分で硯を取って来て文七からの預証を認めると」 発音アズカリショー

あずかり-じょう【預状】〔名〕中世、近世の文書形式。資財、文書等を他人から預かった証拠として、預かり主から預け主に出す受取状。中世後期の金銭貸借においては、徳政令の適用を避けるために、預け主（貸し手）の希望によってこの文書形式をとることが多かった。近世以後、預かり証文といった。＊親元日記‐政所賦銘引付・文明一一年（1479）四月二九日「志野彌三郎氏祐に預置百貫文事、預り状一乱中紛失畢、氏祐書状有之上者、紛失状可預御下知云々」＊徳政雑々記（室町）天文一五年一〇月三〇日徳政御法度条々「頼子并あつかり状事 於有利平沙汰者、可相破之」＊言継卿記‐永禄七年（1564）四月一八日「久河彌介所へ遣、借銭之儀申調了、五貫文之預状 利八百、筆二百まで合て 云々」 〈標ア〉リ0 〈京ア〉0

あずかり-しょうけん【預証券】〔名〕金銭や物品を委託された者が、その証拠として委託者に渡す証券。預かり証書。預かり手形。＊商法（明治三二年）（1899）三五八条「倉庫営業者は寄託者の請求に因り寄託物の預証券及び質入証券を交付することを要す」＊英和外交商業字彙（1900）〈篠野乙次郎〉「Warehouse receipt 預証券」 発音アズカリジョー 〈標ア〉0リ

あずかり-しょうしょ【預証書】〔名〕「あずかりしょうけん（預証券）」に同じ。 発音アズカリショーケン 〈標ア〉ショ

あずかり-しょうもん【預証文】〔名〕「あずかりじょう（預状）」に同じ。＊御触書寛保集成‐四四・宝永四年（1707）八月公事訴訟并借金買掛等之部・覚「出入在之者を其所へ断、預け候はは、家主より預り証文取可申旨、去る午八月中相触候処、頃日は猥に成候、向後彌預り証文取可申候」＊浄瑠璃・生玉心中（1715か）上「念比の中、手形もいらぬとぬかしたれど、よい中の垣と預（アヅカリ）証文してやった」 発音アズカリショーモン 〈標ア〉ショ

あずかりしょ-しき【預所職】〔名〕預所①の職務。それに伴う得分権。＊金沢文庫古文書（鎌倉）正月二六日・範義書状（一・七六二）「横須賀郷事、為本所一円御進止於範実者、被恩補預所職之旨」＊近衛家本追加‐延応元年（1239）七月二六日（中世法制史料集一・追加法一一六）「補預所職事、同可被停止之旨、可被触申本所」

あずかりしょ-だい【預所代】〔名〕荘園の預所の代官。多くは中央に居住する預所に代わって、現地にあってその職務を代行した。＊高野山文書‐正元元年（1259）一〇月日・阿氏河上庄地頭湯浅光信訴状案（大日本古文書五・一一五八）「預所代定使之外者、欲被停止御力者新儀之入部矣」

あずかりしょだい-しき【預所代職】〔名〕荘園の預所代官の職務。また、その職務に伴う得分権。＊高野山文書‐建治元年（1275）五月日・阿氏河庄上村百姓等訴状案（大日本古文書五・一一三〇）「而宛賜預所代職於地頭方之後、寄事於左右、長日不退、被責取四升之条難堪也」

あずかりしょ-む【預所務】〔名〕「あずかりしょしき（預所職）」に同じ。＊親元日記‐政所賦銘引付・文明一四年（1482）四月三日「加州郡家庄預所務事預御成敗之間、代官職事吉田帯刀に申付候処」

あずかりしょ-めん【預所免】〔名〕中世、荘園や公領で、預所にあてられた免田、または免畠。＊高野山文書‐建久四年（1193）阿氏河上庄田検注状案（大日本古文書五・一一一一）「公文免参段 預所免田壱町」

あずかり-し・る【与知・関知】〔自ラ五（四）〕（多く後に打消の語を伴って用いる）かかわりがある。関与する。関知する。＊妙一本仮名書き法華経（鎌倉中）二・信解品第四「金銀珍宝、およひ、もろもろの、庫蔵を領知（リャウチ〈注〉アツカリシレ）すれとも」＊文明論之概略（1875）〈福沢諭吉〉四・七「大は生殺与奪の刑罰より、小は日常家計の細事に至るまでも、君上の関り知らざるものなし」＊日本開化小史（1877–82）〈田口卯吉〉四「真の政権なるものは、実に藤原氏に帰して天皇の与り知らざる所なれども」

あずかり-じろ【預城】〔名〕江戸時代、幕府から預かって住んでいる城。 発音〈標ア〉0カ

あずかり-ずく【預尽】〔名〕①預かれるだけ預かること。②預かった先のやり方に任せること。③預かり人の役目を尽くすこと。

あずかり-せん【預銭】〔名〕他人から預かった金銭。また、金融業者から借りた金銭。＊親元日記‐政所賦銘引付・文明九年（1477）六月二四日「備前国比々四宮源左衛門方より預銭四十六貫五百文事連々令返弁候」

あずかり-そ【預所】〔名〕「あずかりしょ（預所）①」に同じ。＊高野山文書‐安元三年（1177）六月二二日・春日局消息（大日本古文書一・二八一）「あつかりそしもつかさにつけても、むつかしきこといかにも候へからす」

あずかり-だか【預高】〔名〕預かった金の額。＊日本の下層社会（1899）〈横山源之助〉四・一・一〇「毎日の預り高平均六百五十六円余にして、人員百四十二名に出づと」

あずかり-だて【預立】〔名〕預かることを強めていう語。 発音〈標ア〉リ

あずかり-ち【預地】〔名〕①南北朝時代、幕府が闕所地などを武士に預け、その収益の一部によって、預けられた武士を将軍の直轄軍事力として利用した所領。充（あて）行ないではないから召し上げの自由は将軍が把握していた。＊入来院家文書‐貞和二年（1346）一二月一三日（中世法制史料集二・追加法二五）「次一旦領主事、或称裁許未定之地、或号料所并預地、領主等依申子細、動施行猶予之間」＊内閣文庫本建武以来追加‐延文二年（1357）九月一〇日（中世法制史料集二・追加法八一）「預地同料所已下事、自元非始終之儀、何有予儀哉、仍同前」②「あずかりしょ（預所）②」に同じ。③江戸時代、永代の小作人が地主から借り受けて小作する土地。小作地。④江戸時代、地割りの結果、残地、袋地となり、家作のない土地を付近の名主が預かっておくもの。

あずかり-ちん【預賃】〔名〕預かった物の手数料として取る金銭。あずかりまえ。

あずかり-て【預手】〔名〕「あずかりにん（預人）①」に同じ。＊日葡辞書（1603–04）「Azzucarite（アヅカリテ）」〈訳〉依託された物品を保管する人」＊遠乗会（1950）〈三島由紀夫〉「間もなく預り手の家長からの手紙が、正史にホームシックを起させるにすぎない手紙や小包は、差控へられたいと忠告して来たのである」 発音〈標ア〉リ 辞書 日葡

あずかり-てがた【預手形】〔名〕①江戸時代、両替商が預金者に対して発行した手形で、名あて人に限らず、持参した人に支払ったので兌換券（だかんけん）のように通用した。＊商事慣習問目並報告書集（大阪市史（1882）五）「預り手形（目今銀行振り出し手形）〈略〉右は両替屋より預け人に差出したるものにて、名宛は勿論、其他誰にても、持参人に仕払ふべき手形なり」②江戸時代、無利子の借用証書。返済期日を明記しないで、貸し主の請求があればいつでも返済しなければならない約束のもの。＊浮世草子・好色五人女（1686）三・五「おのれには預（アツカ）り手形（テガタ）にして銀八拾目の取替（とりかへ）あり」＊浮世草子・日本永代蔵（1688）一・三「世上に金銀の取やりには、預（アヅ

カ)り手形(テカタ)に請判(うけはん)慥(たしか)に何時(なんとき)なりとも御用次第と相定し事さへ」 ③「あずかりしょうけん(預証券)」に同じ。

あずかり-どころ あづかり:【預所】『名』「あずかりしょ(預所)①」に同じ。＊頓要集(14C後-15C前)五一「預所 アツカリトコロ」

あずかり-にん あづかり:【預人】『名』①他人から金銭、物品、土地などを預かっている人。預かり主。預かり手。あずかりうど。＊高野山文書-久安六年(1150)六月八日・御室御所高野山御参籠日記(大日本古文書四・二〇〇)「中刻著二麻津宿一件所宰相中将領也。彼宰相仰二預人大光房兼賢一令レ造二三間四面屋一宇一」 ②犯罪などの理由で預けられた者を保護監視する人。あずかりうど。＊吾妻鏡-建保元年(1213)二月一八日「薗田七郎成朝遁二出預人之家一逐電」 ＊近衛家本追加-弘長二年(1262)五月二三日(中世法制史料集一・追加法四一四)「召人逃失預人咎事、随二罪科之軽重一於二六波羅一可レ有二計沙汰一」 発音〈標ア〉⓪リ

あずかり-ぬし あづかり:【預主】『名』①「あずかりにん(預人)①」に同じ。＊徳川時代民事慣例集-動産・天保八年(1837)二月二三日(司法資料・一九二)「預金は右とも訳違素預り主自用に融通可レ致筋に無レ之候間、家質金滞に准し日限済方申付」 ②「あずかりにん(預人)②」に同じ。＊浄瑠璃・信州川中島合戦(1721)一「本人の行衛隠すは、相見(あいけん)にて落せしな、咎のもとは預り主」 ＊人情本・明烏後正夢(1821-24)四・一七回「貴でんの役目は立にもいたせ、預(アヅカ)り主(ヌシ)の拙者、うかうかと手を束ねて見物のいたしにくい」 発音〈標ア〉リ

あずかりぬし は 半分(はんぶん) 「あずかりもの(預物)は半分の主」に同じ。

あずかり-ばやし あづかり:【預林】『名』江戸時代、領主の支配下にあって、藩士または村方三役に管理保護を委託し、反対給付として雑木、下草などの採取を許した山林。藩によっては預かり主に造林を行なわせ、成木を両者で分収する場合もあった。地方によって分散山、割合山、守前山などともいう。あずかりやま。＊循書-二・享保一三年(1728)二月「御家中より御預林幷村方之御預林之内へ入込、木草等伐取申間敷旨可被申付事」

あずかり-びと あづかり:【預人】『名』「あずかりにん(預人)」に同じ。＊日葡辞書(1603-04)「Azzucaribito(アヅカリビト)〈訳〉依託されている人」 ＊俳諧・江戸八百韻(1678)「袖は惣ぼり恋ぞよせ来る〈如流〉 色好み預り人に成果て〈幽山〉」 辞書日葡

あずかり-びゃくしょう あづかりビャクシャウ【預百姓】『名』自分の田畑を持たないで、他から土地を借りて耕作する百姓。小作農。 方言愛知県知多郡570 奈良県南大和683 発音アズカリビャクショー〈なまり〉アズカリビャクショ〔南知多〕〈標ア〉ビャ

あずかり-まえ あづかりまへ【預前】『名』①各自が預かった額。または分量。 ②「あずかりちん(預賃)」に同じ。

あずかり-めん あづかり:【預免】『名』荘園の預所(あずかりしょ)の得分とされた田地、あるいは在家。荘園領主から荘官、預所などに支給されたもので、領家に対する諸課役は免除されるが、荘官、預所などに対しては田畑耕作、雑役勤仕などの義務を負った。→免。＊高野山文書-応永三年(1396)八月日・官省符在家支配帳(大日本古文書五・七二八)「行事免一宇 二百七十二、大蔵 預免一宇 五十六〈略〉奥院預免三宇 一宇 八十五一宇十四 一宇三百十七」

あずかり-もう・す あづかりまうす【関白】『他サ四』(「かんぱく(関白)」の訓読語) 政治にたずさわって意見を言う。関白の職務を行なう。＊神皇正統記(1339-43)中・光孝「万機の政猶霍光に関白(アヅカリマウサ)しめよ」 ＊年中行事歌合(1366)「みことのり二度うけて此君の関白国ぞかしこき〈坊城長綱〉」 辞書伊京・書言 表記関白(伊・書)

あずかり-もの あづかり:【預物】『名』①他人から預かっている品物。＊多聞院日記-天正四年(1576)五月一五日「原田一類の衆預り物あらば、脣一枚のこさず可レ被レ出」 ＊羅葡日辞書(1595)「Fiduciarius〈略〉Azzucarimono(アヅカリモノ)」 ＊浮世草子・男色大鑑(1687)四・五「いかにも我身ながら命はあづかり物」 ＊滑稽本・浮世風呂(1809-13)大意「五倫五体は天地より預物(アヅカリモノ)なれば」 ＊思ひ出す事など(1910-11)〈夏目漱石〉三〇「花は預(アヅ)かり物だから上げられませんと断ったさうである」 ②借り物。＊山中文書-天正一九年(1591)九月二八日・近江宇田村惣起請文前書「右預りものに付而も、借米に付而も、返弁之時」 語誌 →「あずけもの(預物)」の語誌。 発音〈標ア〉ノ⓪モ〈京ア〉⓪ 辞書日葡

あずかりもの は 半分(はんぶん)**の主**(ぬし) 人の物を預かれば半分は自分のものと思ってもさしつかえないということ。預かり主は半分。預かる物は半分の主。＊俳諧・毛吹草(1638)二「あづかりものははんぶんのぬし」

あずかり-もの あづかり:【預者】『名』他人、特に目上から預かっている人物。お預けの身となっている者。多く罪人についていう。＊浄瑠璃・信州川中島合戦(1721)一「さあ預り者なぜ逃がした」 ＊歌舞伎・彩入御伽草(1808)播州皿屋敷の場「預かり者の大事のお子、連れて逃げたは」

あずかり-やま あづかり:【預山】『名』①「あずかりばやし(預林)」に同じ。②預かることを山の名のように表わしたしゃれことば。＊黄表紙・龍宮巻(1789)「帰りは明石で南一片の御回向にあづかり山さ」

あずかり-ゆかた あづかり:【預浴衣】『名』風呂屋が保管する常客の浴衣。＊浮世草子・好色一代女(1686)五・二「それそれに又供をつれざる若き者も、新しき下帯を見せかけ、預ゆかたを揃へ」

あずか・る あづかる【預・与】❶『自ラ五(四)』(現代では「与」と表記することが多い) ①関係する。かかわる。参与する。＊続日本紀-宝亀三年(772)三月二日・宣命「謀反の事に預(あづかり)て、隠して申さぬ奴等(ども)」 ＊天理本金剛般若経集験記平安初期点(850頃)「公事に干(アツカラ)ず」 ＊枕(10C終)一五七・くるしげなるもの「苦しげなるもの〈略〉こはき物の怪にあづかりたる験者」 ＊徒然草(1331頃)七五「ことにあづからずして心をやすくせんこそ、暫(しばらく)たのしぶとも言ひつべけれ」 ＊中華若木詩抄(1520頃)上「衣をうつを聞ても更に吾身にあづかるべきとは、思はぬ也」 ＊火の柱(1904)〈木下尚江〉九・三「私も数々(しばしば)兼吉の相談に与(アヅ)かったのです」 ＊李陵(1943)〈中島敦〉三「常に且鞮侯単于の帷幄に参じて凡ての画策に与かってゐた」 ②願わしいことにかかわったり、その恩恵を受けたりする。ありつく。＊大唐三蔵玄奘法師表啓平安初期点(850頃)「玄奘幸に文明の化に遭ひ、早に息心の侶に預(アツカレ)り」 ＊公忠集(986-999)「あくるとし少将のらうにて四位になるべかりけるが、あづからざりければ」 ＊源氏(1001-14頃)若菜下「賤しく貧しきものも、高き世に改まり、宝にあづかり」 ＊平家(13C前)灌頂・六道之沙汰「西方浄土の来迎にあづからむとおぼし召し」 ＊天草本伊曾保(1593)イソポの生涯の事「ソレヲ アラワシマラシタラバ、ナンタルゴヲンシャウニカ azzucarŏzoto(アヅカラウゾト)」 ＊蓼喰ふ虫(1928-29)〈谷崎潤一郎〉一二「シャンパンのふるまひにあづかるべく挨拶に出て来たのである」 ＊茶話(1915-30)〈薄田泣菫〉焼肴は右か左か「昼飯の馳走にあづからうとしてゐるところだった」 ③目上の人の配慮や、手紙、言葉などを受ける。＊中楽談儀(1430)田舎の風体「子細なき御意に預候事」 ＊日葡辞書(1603-04)「ツカイニ azzucaru(アヅカル)〈訳〉貴人の伝言を受取る」 ＊滑稽本・七偏人(1857-63)四・上「然(しから)ば御高覧に預りやせうか」 ＊雪中梅(1886)〈末広鉄腸〉下・二「県下へ御遊歴の節は一通りならず御引立に預りました」 ＊今年竹(1919-27)〈里見弴〉三人上戸・一「一度だって御招待にあづかった覚えなんぞないぞ」 ④目上の人が配慮して、あることをして下さる。＊平家(13C前)四・競「のって事にあふべき馬の候つるを、親しいやつめに盗まれて候。御馬一疋くだしあづかるべうや候らん」 ＊天草本平家(1592)四「トサニ ニサイニナル イトケナイモノガ ゴザルヲ ゴフビンニ azzucareto(アヅカレト) マウセバ」 ＊天草本伊曾保(1593)野牛と狼の事「イッキョク ソエゴエニ azzucareto(アヅカレト) イエバ」 ❷『他ラ五(四)』 ①人の身柄や物事を引き受けて守る。物事を任されて保管、管理する。＊土左(935頃)承平五年二月一六日「中垣こそあれ、ひとつ家のやうなれば、望みてあづかれるなり」 ＊ロドリゲス日本大文典(1604-08)「シチモツヲ adzucaru(アヅカル)」 ＊制度通(1724)二「兼て勧農の事を管(アヅカ)る」 ＊破戒(1906)〈島崎藤村〉一・二「是が自分等の預って居る生徒の父兄であるかと考へると」 ②もめごと、あらそいごとなどで決着のつきにくいとき、両者の間に入ってその処置を任せてもらう。とりさばきを一任してもらう。相撲などで勝負のつかない時、引き分けにする。＊歌舞伎・幼稚子敵討(1753)二「コリャお前のが至極御尤じゃが、今言ふと悪い。〈略〉殊に客衆も来てじゃ。マア何で有ふと、今日はわしが預ります」 ＊歌舞伎・名歌徳三舛玉垣(1801)四立「両方の尤(もっとも)は、此六道の辻で人に知られた赤犬の五蔵があづかった程に、双方了簡して貰ませふ」 ③物事を中途でやめたり、発表しないで保留しておく。特に、芝居、演劇等で、都合上その一部の上演を中止する。＊滑稽本・狂言田舎操(1811)下「おめへがたには解せねへ。此講釈はしばらく預(アヅカリ)やせう」 ＊風俗画報-一五二号(1897)人事門「昼夜実に十八時間余の興行なれば、打出しの遅々たるを虞れ五日目位ゐにて預(アヅカ)る事多し」 ④酒席で、返盃しないで盃を手元にとどめておく。また、相手に重ねて盃をすめないでおく。＊洒落本・山下珍作(1782)武左「『さやうならおあづかり申やす』とすずりぶたのふちへさかづきをふせて」 ⑤中世(室町時代)、近世、利子なしで金などを借りる。＊親元日記-政所賦銘引付・文明九年(1477)一〇月一七日「爪破掃部助国正方より二十貫文預り陣屋を預置候処、於二陣屋一者旧冬焼失畢」 ＊浮世草子・新色五巻書(1698)二・二「一、丁銀三貫八百五十目也。右之銀子預り申所実正明白也。何時なり共御用次第急度返弁可レ申候」 ＊浮世草子・けいせい伝受紙子(1710)四・四「扨は大岸が牢人の内証につまり、比鎌田と云ものに金子預りたるにまがいなし」 ⑥近世、他人の土地を借りて小作する。＊大審院民事判決録-明治一一年(1878)七月至八月・第一二〇号・地所争論上告判文所引・弘化四未年忠右衛門添書「前書御預り申上是迄相勤罷在り。然る処今般地所御引上げに相成、無二相違一右地所差出申処実正也」 語誌(1)本来は❷のような物品や物事をまかされて一時的に保管する意の他動詞であるが、漢文を訓読する場で、❶①のような「…にあづかる」の形の自動詞が生まれたと思われる。(2)平安時代における用例は訓点資料にかたよって見出され、仮名文では、❶②に挙げた「源氏物語-若菜下」に一例見られるが、この条は、光源氏が琴の道について論じている部分で、当時としては、やはり改まった言い方ではないかとされている。 方言❶世話をする。養育する。扶養する。飼育する。 青森県038 073 075 秋田県鹿角郡132 新潟県東蒲原郡368 ❷病人や幼児に箸(はし)をとって食べさせる。 青森県073 三戸郡038 ❸土地を借りて小作する。 新潟県佐渡352 東蒲原郡368 愛知県知多郡570 徳島県811 ❹預ける。 ◇あずかう 秋田県平鹿郡130 ◇あつかる 宮城県仙台市121 →あつかう(扱)。 語源説(1)アヅクルの受身アヅケラルの約〔大言海〕。(2)アはアクル

(明)のア、ツクルはツグル(告)か。受け渡しの時、確かに、と明言することから〔和句解〕。(3)アツカル(彌着)の意〔言元梯〕。(4)アッカル(合津借)の義〔紫門和語類集〕。(5)アテツケアル(当付有)の約転〔名言通〕。(6)ワガタル、カナラズの反。わが物にするよしの義〔名語記〕。 発音 〈なまり〉アズラグ〔秋田〕アッカイ・アッカッ〔鹿児島方言〕 〈標ア〉力 〈ア史〉平安○○◎○ 鎌倉○○○◎ 江戸◎◎○○ 〈京ア〉0 辞書 色葉・名義・和玉・文明・明応・天正・饅頭・黒本・易林・日葡・書言・〈ボン〉・言海 表記 預(色・玉・文・明・天・饅・黒・易・書・へ・言) 関(色・名・玉・文・書) 領(色・名・玉・易・書) 与(色・名・文・書) 倫・事・間・索・暨・敍(色・名) 看・予・悆・臣(名・玉) 于(玉・文) 膺・掌・僕・闕・敬(色) 愆・廁・縻・豰・顈・篭(名) 屯・監・贓・裕(玉)

同訓異字 **あずかる【預・与・干・参・関】**
【預】(ヨ) ことに備えてあらかじめ。転じて、金銭など大切なものを一時的にあずかる。仮に引き受けて保管する。「預金」《古 あづかる・あらかじめ》
【与】(ヨ) 何かに加わってかかわる。「関与」「寄与」「参与」《古 あづかる・ともに・くみす・ともなふ》
【干】(カン) おかす。転じて、みずから差し出てかかわりを持つ。「干渉」《古 あづかる・をかす・もとむ》
【参】(サン) まじわる。加わる。「参政」「参事」《古 まじはる・いたる》
【関】(カン) そのことにかかわる。関係を持つ。「関与」「関連」「相関」《古 あづかる・つらなる》

あずかって力(ちから)=がある[=を尽(つ)くす] 物事が完成したり、ある事態に立ち至ったりした場合、そうさせたいくつかの要因の中で、あることが特に有力な助けとなったことを述べる表現。(ある結果を招いたことに)深いかかわりがある。有力に寄与する。*花間鶯(1887-88)〈末広鉄腸〉下・六「夫れでは今度のことは奴(やつ)が与(アヅカ)って力あるの…」*多情多恨(1896)〈尾崎紅葉〉前・六「与(アヅカ)って力を尽した事も寡からぬので」*ヰタ・セクスアリス(1909)〈森鷗外〉「彼が漢学の素養があって、いつも机の上に韓非子を置いてゐたのも、与って力があったのだらう」

あずかる 物(もの)は半分(はんぶん)の主(ぬし) 「あずかりもの(預物)は半分の主」に同じ。*浄瑠璃・山崎与次兵衛寿の門松(1718)下「あづかる物は半ぶんのぬしは忘れていさんすか」

アスガルド (Asgard) 北欧神話で、神々が住む天の宮殿。光り輝く金色の一二の城で、ビフロスト(虹の橋)で地上と結ばれる。

あずき【小豆・赤小豆】〔名〕①マメ科の一年草。原産地は中国といわれ、日本には古く渡来した。重要な穀類の一つとして各地で栽培され、品種も多い。主要産地は北海道、関東地方。高さ三〇～六〇センチメートル。葉は長さ五～九センチメートルの卵形またはひし形で先がとがった三枚の小葉からなり、長い柄があって互生する。夏、葉腋(ようえき)に黄色い蝶形の花が二～一二個ほど集まって咲く。実は細長いさやとなり、暗赤色の種子が九～一〇個入る。種子は長さ四～八ミリメートル、幅三～七ミリメートルの円筒形に近い楕円形で食用とする。祝い事や年中行事の赤飯やあずきがゆなどに、また、餡(あん)として用いる。しょうず。学名は、Vigna angularis 《季・秋》▼あずきの花《季・夏》*本草和名(918頃)「腐婢 小豆華也 和名阿都岐乃波奈」*色葉字類抄(1177-81)「小豆 アツキ」*博物図教授法(1876-77)〈安倍為任〉一「赤小豆(アヅキ)は莢豆類にして総て形状は大豆に似たり、多く餡に製し食するなり」*日本植物名彙(1884)〈松村任三〉「アヅキ 赤小豆」②「あずきいろ(小豆色)」の略。*青春(1905-06)〈小栗風葉〉春・五「帯にも半襟にも紫懸った色が好で、被風も濃い小豆(アヅキ)、物は奉書紬だが、小紋の揚りが好いので能く是を着て出る」 方言 ❶(小豆飯を炊いて祝うところから)初漁。岩手県上閉伊郡040 宮城県牡鹿郡119 ❷初穂として供える魚。岩手県気仙郡100 語源説 (1)アは小の義。ツキはツムキと同語で、角がある意〔東雅〕。(2)アは赤、ツキはトケ(解)の義。他の豆類よりやわらかく、煮て早くとけやすいところから〔日本釈名・紫門和語類集〕。(3)アは赤、ツキはツク(搗)か。臼でついて用いる事を吉とし、また、もちなどにつくる故からか〔和句解〕。(4)アツキ(赤粒木)の義〔言元梯〕。また、アカツブキ(赤粒草)の義。キは草の義を現わし、ハギ、ススキ、フフキ(蕗)等の語成分で、またキザスの語根〔大言海〕。(5)豆木の湯桶読みツキか〔日本語源=賀茂百樹〕。(6)アカツキ(赤着)の義〔名言通・日本語原学=林甕臣〕。(7)アカタルケミの反〔名語記〕。(8)アヂケ(味饌)の転。うまい食物の意〔和訓栞後編・日本古語大辞典=松岡静雄〕。(9)アイヌ語でantukiという。アイヌ語が日本語へ入ってアヅキとなったか、逆に日本語がアイヌ語に入ったか、両様の解釈が可能〔外来語の話=新村出〕。 発音 〈なまり〉アズゲ〔津軽語彙〕アズコ〔NHK(秋田)〕アッキ〔栃木・島根〕アヅク〔島原方言〕アズッ・アヅッ〔鹿児島方言〕 〈標ア〉キ 〈ア史〉平安◎◎○ 〈京ア〉ア 辞書 和名・色葉・名義・下学・和玉・文明・伊京・明応・天正・饅頭・黒本・易林・日葡・書言・〈ボン〉・言海 表記 小豆(和・色・下・文・伊・明・天・黒・易・書・へ・言) 赤豆(易・書) 豇(玉) 赤小豆(饅) 荅(書)

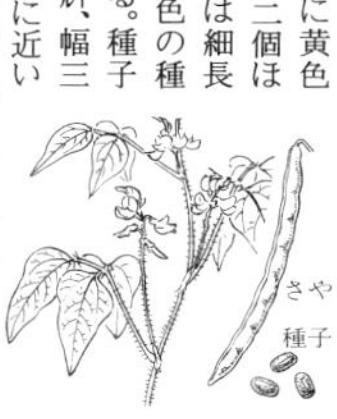

小 豆 ①

あずきの豆腐(とうふ) 有るはずのないことのたとえ。

あずきは友(とも)の露(つゆ)を嫌(きら)う 小豆を植える時は、間隔を十分とって植えるのがよいということ。

あずきは馬鹿(ばか)に煮(に)させよ 小豆は長い時間をかけて煮るのがよいということ。

あずき引(ひ)く 小豆を採取する。《季・秋》*俳諧・増山の井(1663)九月「まめひく〈略〉赤豆(アヅキ)ひく」

あずき干(ほ)す 採取した小豆を干す。《季・秋》

あずき蒔(ま)く 初夏に、小豆の種を畑にまく。《季・夏》

あずき〔名〕鳥の心臓。*日葡辞書(1603-04)「Azzuqui(アヅキ)〈訳〉鳥の心臓」 辞書 日葡

あずき-アイス【小豆―】〔名〕(アイスは「アイスクリーム」の略) 小豆餡を混ぜたアイスクリーム。小倉アイス。*私の食物誌(1965)〈池田彌三郎〉七月一九日「あずきアイスも、町角で買いぐいしたのが一ばんうまかった」 発音 〈標ア〉ア2 〈京ア〉ア2

あずき-あらい【小豆洗】〔名〕①「あずきとぎ(小豆磨)」に同じ。②昆虫「ちゃたてむし(茶立虫)」の異名。《季・秋》

あずき-あん【小豆餡】〔名〕小豆でつくった餡。隠元豆や胡桃(くるみ)でつくった餡に対していう。*東京年中行事(1911)〈若月紫蘭〉三月暦「餅と云ふのは小さい梅の実か金柑位の大きさで、大抵が黄な粉と小豆餡(アヅキアン)と磨り胡麻とを塗り附けた三色で有る」 発音 〈標ア〉キ0

アスキー【ASCII】〔名〕(American Standard Code for Information Interchange の略) 米国規格協会によって定められた、コンピュータの情報交換用の標準コード。アルファベット・数字・記号などを一文字当たり七ビットで表わす。

あずき-いちご【小豆苺】〔名〕植物。①「にがいちご(苦苺)」の異名。②「うぐいすかぐら(鶯神楽)」の異名。*俚言集覧(1797頃)「あづきいちこ、木名、うぐひすのきをいふ」 方言 植物。❶きいちご(木苺)。秩父†034 埼玉県秩父郡251 ❷もみじいちご(紅葉苺)。埼玉県三峯山036 ❸あずきなし(小豆梨)。島根県出雲008 ◇あずきいちごのき〔―木〕 島根県石見008 ❹うぐいすかぐら(鶯神楽)。新潟県佐渡036 兵庫県036 島根県簸川郡・能義郡964 岡山県036 香川県036 香川郡・綾歌郡808 ❺やまうぐいすかぐら(山鶯神楽)。香川県香川郡・仲多度郡829 発音 アズキイチゴ 〈標ア〉イ

あずき-いろ【小豆色】〔名〕黒味を帯びた赤紫色。小豆の実のような色。*浮世草子・諸道聴耳世間猿(1766)五・三「黒紬の小豆色(アヅキイロ)、絵師共見ゆる山水な医者」*二人女房(1891)〈尾崎紅葉〉中・四「小豆色(アヅキイロ)の小外套を被(き)て」*虞美人草(1907)〈夏目漱石〉一九「違棚の高岡塗は沈んだ小豆色(アヅキイロ)に古木の幹を青く盛り上げて」 発音 〈標ア〉0 〈京ア〉0

あずき-いんでん【小豆印伝】〔名〕小豆色に染めた印伝革。また、それで作った紙入れやタバコ入れなど。

あずき-おり【小豆織】〔名〕小豆縞(あずきじま)の織物。*浄瑠璃・淀鯉出世滝徳(1709頃)上「頃しも初冬いの子の餅、あづきをりのべんがら島」 発音 〈標ア〉0

あずき-がい【小豆粥】〔名〕「あずきがゆ(小豆粥)」の変化した語。*日葡辞書(1603-04)「Azzuqigai(アヅキガイ)〈訳〉赤小豆で作った粥」*咄本・軽口あられ酒(1705)三・二「寺おとこきのどくにおもひ、あづきがひをたきて、だん義まいりにふるまいければ」

あずき-がえ【小豆粥】〔名〕「あずきがゆ(小豆粥)」の変化した語。*洒落本・二日酔巵觶(1784)「相店住であづきがへは手重い」

あずき-がき【小豆垣】〔名〕野兎などの害を防ぐために、山畑の周囲に小豆を植えて垣のようにすること。兎は小豆をきらうという。

あずき-がゆ【小豆粥】〔名〕煮た小豆とその煮汁を混ぜて炊いた粥。餅を入れることもある。あずきがい。㋑中国の風習にならい、正月一五日に、一年中の邪気を払うものとして食べる。さくらがゆ。もちがゆ。《季・新年》*土左(935頃)承平五年一月一五日「十五日。けふ、あづきがゆにず」*色葉字類抄(1177-81)「小豆粥 アツキカユ」*拾芥抄(13C-14C)上・歳事部「正月十五日。亥時。煮二小豆粥一為二天狗一祭二庭中案上一。則其粥凝時。向二東方一再拝長跪服レ之。終レ年無二疫気一(世風記)」*俳諧・続猿蓑(1698)下・旅「椽に寝る情や梅に小豆粥〈支考〉」*物類称呼(1775)四「小豆粥、あづきがゆ、加賀にて、さくらがゆと云 但馬国にて、ざふすいといふ」*夜明け前(1932-35)〈島崎藤村〉第一部・上・六・三「ちゃうど家では二十日正月を兼ねて、暮に生れた男の児のために小豆粥(アヅキガユ)なぞを祝ってゐた」㋺転居の時、手伝いの人たちなどに供する。家移粥(やうつりがゆ)。*雑俳・川柳評万句合-宝暦一二(1762)智二「新しい雨の音聞あづきかゆ」*洒落本・二日酔巵觶(1784)「孫店でも家うつりに、あづき粥たかざなるまいな」㋩一一月二三日の大師講の際、人々に供する。*和訓栞(1777-1862)「十一月廿三日を大師講といひ、赤小豆粥(アツキカユ)を調食ふ。天台大師の忌日は廿四日なれど、廿三日満山の講畢にして僧侶も早朝紅粥を影前にて喰ふより事起たるといへり」㋥病を避けるため冬至の日に食べる。冬至粥。*交隣須知(18C中か)一・時節「冬至 トフシハ十一月ニアルニヨリ、小豆カユヲタイテクイマスル」㋭隠岐島で、生まれ年の十二支に当たる日に神に供えて自分も食べる。としのかゆ。しもつきがゆ。 方言 汁粉。ぜんざい。加賀†020 石川県江沼郡424 発音 〈なまり〉アズキガエ〔栃木・新潟頸城〕アズッカユ〔瀬戸内〕 〈標ア〉キ 〈京ア〉キ 辞書 色葉・下学・文明・易林 表記 赤豆粥(下・文・易) 小豆粥(色)

あずき-がわ【小豆革】〔名〕赤黒く染めた、大じわのあるなめし革。もとはオランダ渡りであったが、のちに和製もできた。*雑俳・柳多留-一六五(1838-40)「越川で野暮にへきらぬ小豆革」*旧主人(19

02)〈島崎藤村〉六「例の細い優しい手には小豆皮(アヅキガハ)の手袋を着(は)めて参りました」 辞書 言海 表記 赤豆革(言)

あずき-ぐさ【小豆草】『名』植物「なんてんはぎ(南天萩)」の異名。＊千曲川のスケッチ(1912)〈島崎藤村〉一二・第一の花「三月の石垣の間には、いたち草、小豆草、蓬、蛇ぐさ〈略〉其他数へ切れないほどの草の種類が頭を持ち上げて居るのを見る」 方言 植物、あぜな(畔菜)。みぞはこべ(溝繁縷)。きかしぐさ(節節菜)。あぶのめ(虻目)。ちょうじたで(丁子蓼)。香川県中讃037

あずき-ぐさり【小豆鎖】『名』赤銅で作った鎖。色が小豆色なのでいう。＊歌舞伎・龍三升高根雲霧(因果小僧)(1861)大切「『しかも去年の春のこと、其の金物に取合せ、わしが拵(こさ)へた煙草入』『小豆鎖(アヅキグサリ)のしっくりと、抜き差しならねえ此の証拠』」

あずき-ぐみ【小豆胡頽子】『名』 方言 植物。❶あきぐみ(秋胡頽子)。千葉県安房郡036 ❷うぐいすかぐら(鶯神楽)。埼玉県秩父郡036 大分県直入郡036

あずき-こう【小豆香】『名』こどもの遊戯。小箱に小豆粒を入れてそれを振り、音を聞いて札を入れ、数をあてる遊び。見ずに聞くところから菊水(きくすい)とも、振り動かすところから十振(とふり)ともいう。

あずき-ささげ【小豆豇豆】『名』植物「はたささげ(旗豇豆)」の異名。＊重訂本草綱目啓蒙(1847)二〇・穀「時珍の説に蔓短と云は、つぶささげなり 一名ささげ 土州、三州、はたけささげ、あづきささげ、みとりささげ」 方言 植物、ささげ(豇豆)。じゅうろくささげ(十六豇豆)。はたささげ(旗豇豆)。新潟県一部030 発音 アズキササゲ〈標ア〉[サ]1

あずき-じま【小豆縞】『名』赤と藍との、小さい格子縞。＊俳諧・広原海(1703)七「疱瘡御伽迚袴にも小豆嶋」＊雑俳・とはず口(1739)「あらひ事・まめも浅りそなあづき島」 発音〈標ア〉[0]

あずき-じる【小豆汁】『名』小豆を煮て作った汁物。＊東京年中行事(1911)〈若月紫蘭〉一二月暦「臘八の法会と云ふものが行はれ、臘八粥とて粥をつくり、又はお事汁と云って小豆汁(アヅキジル)をつくって食ふ習慣が有る」 発音〈標ア〉[ジ]

アスキス (Herbert Henry Asquith ハーバート＝ヘンリー━) イギリスの政治家。自由党総裁、首相(在職一九〇八～一六年)。社会政策立法を強力に推進したが、第一次大戦の戦争指導で批判を受け、辞任。(一八五二～一九二八) 発音〈標ア〉[ア]

あずき-ぞうに【小豆雑煮】『名』 方言 汁粉。新潟県中越373 長岡市376 富山県砺波398 島根県725 ◇あずきじる〔小豆汁〕 島根県簸川郡・能義郡725

あずき-つぶ【小豆粒】『名』①小豆の粒。また、小豆の粒ほどの大きさのもの。多く、小さいもののたとえとして用いられる。＊浄瑠璃・長町女腹切(1712頃)中「小豆つぶ程な細金(こまがね)さへ無いざまで、何じゃお花を女房じゃ」＊俳諧・付合手引草(1807)「岨で見る北国勢の小豆粒」＊暗夜行路(1921-37)〈志賀直哉〉四・一四「彼は阿彌陀堂の森で葉の真中に黒い小豆粒(アヅキツブ)のやうな実を一つづつ載せてゐる小さな灌木を見た」②江戸時代通用した豆板銀の俗称。＊浄瑠璃・長町女腹切(1712頃)中「小豆つぶは持(もた)ね共小判と云物持ってゐる」 発音〈標ア〉[ツ]

あずき-とぎ【小豆磨】『名』水辺で小豆をとぐような音をたてる妖怪。「小豆とぎましょか、人とって食いましょか、しょきしょき」などと聞こえるという。全国に広く分布する妖怪で、貉(むじな)の交尾期の音を誤認したもの。小豆洗い。

あずきな『名』 方言 植物。❶たにわたし(谷渡)。信州木曾†091 山形県西置賜郡139 岐阜県東濃005 ❷とびつかみ(飛把)。信州木曾†091 ❸まめぶし(豆五倍子)。紀伊†110 ❹つるかるふじ。山形県北村山郡139 ❺うめもどき(梅擬)。高知県土佐郡808 ❻あおはだ(青膚)。高知県長岡郡808

あずき-なし【小豆梨】『名』バラ科の落葉高木。日本各地の山地に生える。高さは約一五メートルに達する。樹皮は紫黒色で皮目が灰白色の斑点となって散在する。葉は長さ七～一〇センチメートルの卵形または楕円形で先はするどくとがり、縁には鋸歯(きょし)がある。初夏、白い五弁の花がまばらに集まって咲く。実は一センチメートルほどの長楕円形で、紅色に熟し白い斑点をもつ。いえなし。はかりのめ。学名は Sorbus almifolia ＊日本植物名彙(1884)〈松村任三〉「アヅキナシ ハカリノメ」 方言 植物。❶うらじろのき(裏白木)。野州日光†063 岐阜県揖斐郡036 ❷うしころし(牛殺)。岐阜県揖斐郡036 ❸やまもも(山桃)。富山県008 発音〈標ア〉[キ]

あずき-な・し『形ク』「あじきない(味気無)」の古形。心に満足できない。ふさわしくない。不当である。＊万葉(8C後)一一・二五八二「小豆奈九(あづきナク)何の狂言(たはこと)今更に童言(わらはごと)する老人(おいひと)にして〈作者未詳〉」 補注「ああつきなし」の変化したものともいわれる。「つきなし」は似合わしくない意。平安時代以降「あぢきなし」となる。 上仮名 アヅキナシ

あずき-ねず【小豆鼠】『名』小豆色がかったねずみ色。

あずき-はっと【小豆餺飥】『名』 方言 ⇨あずきほうと(小豆餺飥)

あずき-ひき【小豆引】『名』実った小豆を収穫すること。《季・秋》＊俳諧・毛吹草(1638)二「九月〈略〉菽(まめ)引 赤豆(アヅキ)引、青まめ」＊俳諧・誹諧初学抄(1641)末秋「伊勢奉幣九月十一日也。〈略〉まめ引・あづき引」 方言 小豆の根引き。岩手県気仙郡100

あずき-ぶんとう【小豆文豆】『名』植物「やえなり(八重生)」の異名。＊重訂本草綱目啓蒙(1847)二〇・穀「緑豆 ぶんどう やゑなり 東国〈略〉あづきぶんどう 芸州」

あずき-ほうと【小豆餺飥】『名』 方言 (「ほうと」は、うどん粉製の食品の総称「はくたく」の転) うどん粉やそば粉などを練って太く短く切ったものを入れた汁粉。岐阜県飛騨502 ◇あずきぼうとう 山梨県甲府454 ◇あずきはっと 青森県三戸郡083 岩手県紫波郡093 気仙郡100 ◇あんじぎばっとう 岩手県九戸郡088

あずき-まくら【小豆枕】『名』小豆を袋に入れて作った枕。疱瘡(ほうそう)を治すのに効果があるといわれた。＊雑俳・折句袋(1779)「小豆枕に梅が香も迯げ」＊読本・昔話稲妻表紙(1806)二・五「皰瘡神(もがさのかみ)の機嫌あしきにや、栗太郎足ずりしてなきさけび、小豆枕(アヅキマクラ)をなげうち」＊この子(1896)〈樋口一葉〉「此子が何の気も無く小豆枕(アヅキマクラ)をして、両手を肩のそばへ投出して寝入って居る時の其顔といふものは」 発音〈標ア〉[マ]

あずき-ます【小豆━】『名』 方言 魚、きじはた(雉羽太)。勢州松阪†030 三重県宇治山田市591

あずき-まま【小豆飯】『名』 方言 ❶小豆を入れて炊いた御飯。赤飯。富山県東礪波郡402 愛媛県845 ◇あずきまんま 愛媛県845 ❷植物、しょうじょうばかま(猩猩袴)。◇あんずきまま 山形県北村山郡139

あずき-まめぞうむし【小豆豆象虫】『名』ハムシ科の甲虫。成虫はほぼ卵形で、体長二～三ミリメートル。背面はふつう赤褐色で、短毛が多く、前胸の中央部に白斑がある。幼虫はアズキ、ソラマメを食べる大害虫。日本各地に分布する。まめぞう。あずきぞうむし。なみまめぞう。あずきむし。学名は Callosobruchus chinensis 発音 アズキマメゾームシ〈標ア〉[ゾ]

あずき-むし【小豆虫】『名』昆虫「あずきまめぞうむし(小豆豆象虫)」の異名。＊看聞御記-嘉吉三年(1443)八月二三日「境内畠毒虫付。〈其形如あづき虫。有目四云云〉。畠万草所食悉枯。仍苅捨河へ流之処。件虫魚食て死云々」＊日葡辞書(1603-04)「Azzuqimuxi(アヅキムシ)」 辞書 日葡

あずき-めし【小豆飯】『名』煮た小豆と、その煮汁を混ぜて炊いた飯。多く祝儀の時に用いる。川柳では女子の初潮の祝いに炊くものをさすことがある。また、疱瘡(ほうそう)のまじないに桟俵(さんだわら)にのせて辻に出す習俗もある。あかのめし。あかのまんま。＊舜旧記-天正一一年(1583)三月九日「本所に為二祝儀一赤小豆飯在レ之」＊咄本・私可多咄(1671)五・四「何共いふへきやうもなく、あづきめしがくひたい、われはきつねしゃ、こんこんくゎいくゎいといふて」＊浮世草子・好色一代男(1682)三・五「先(まづ)蓋をあけぬれば小豆食(アヅキメシ)、是はおもしろひ、鯖きざみて穂蓼(ほだて)置合(をきあはす)こそ心にくしと思へば」＊談義本・八景聞取法問(1754)一・疱瘡の寄の跡「小豆飯(アヅキメシ)や太神楽(だいかぐら)を舞(まは)せてくるめては、中々がてんせぬ〈略〉疱瘡神じゃとて、下戸(げこ)ではなし」＊雑俳・柳多留-二(1767)「兄はわけ知らずに祝ふあづき飯」 補注 小豆飯に対して、赤飯(せきはん)は糯米(もちごめ)を用いたものをいうのが普通である。 発音〈なまり〉アズギミシ〔岩手〕アヂキメシ〔島根〕アッキメシ〔鳥取〕〈標ア〉[0][キ] 辞書 言海 表記 赤豆飯(言)

あずき-もち【小豆餅】『名』①小豆の餡(あん)をまぶした餅。＊松屋会記-久政茶会記・元亀三年(1572)正月二八日「菓子まめあめ、はす、こぶ、打くり、後段あつきもち」＊日葡辞書(1603-04)「Azzuqimochi(アヅキモチ)」＊咄本・醒睡笑(1628)三「小豆餅(アヅキモチ)のあたたかなるを、夜咄(よばなし)のもてなしに出す」＊仮名草子・仁勢物語(1639-40頃)上・二四「あづきもちこ餅粟餅どしつくとわが銭無くは粳(うる)も得搗(つ)かじ」＊随筆・孔雀楼筆記(1768)四「かの法眼宅にて会ありし、菓子に赤小豆餈(アヅキモチ)出づ」②小豆を煮た汁粉。いなかじるこ。＊浜荻(庄内)(1767)「しるこ餅を あづきもち〈略〉小豆を汁にして煮たるといふ事にてしるこ餅也」 方言 汁粉。汁粉餅(しるこもち)。盛岡†054 岩手県九戸郡088 気仙郡100 宮城県仙台市121 山形県鶴岡145 発音〈標ア〉[キ] 辞書 日葡・言海 表記 赤豆餅(言)

あずき-もちがゆ【小豆餅粥】『名』小豆と餅を混ぜて炊いた粥。＊左千夫歌集(1920)〈伊藤左千夫〉明治三五年「佐保姫のなり木の餅をこひまうし餅粥つくるあづき餅がゆ」

あずき-やき【小豆焼】『名』小豆を焼いて、その焦げ具合でその年の田畑の作物のみのりを占うこと。地方により期日、名称、方法が異なる。つきやき。つきだめし。まめうら。

あず・く【預】『他カ下二』⇨あずける(預)

あすく-ぶつ【阿閦仏】「あしゅくぶつ(阿閦仏)」に同じ。＊百座法談(1110)六月五日「この女人命(いのち)をはる時阿宿仏の国にむまれたりとなむ注て候。あすく仏とは薬師の浄土とも見えたり」

あすくぶつ-ど【阿閦仏土】仏語。阿閦仏(あしゅくぶつ)の浄土。＊百座法談(1110)六月五日「昔信州の女人のみやは法花経をよみて阿すく仏土にむまるへき」

あずくみ『名』足を組んで楽にすわること。あぐら。＊物類称呼(1775)五「ゆるやかに坐する事を、京大坂にて、じゃうらくむといふ〈略〉大和及伊賀伊勢遠江にて、あづくみと云」＊滑稽本・続膝栗毛(1810-22)三・下「お客さま、ゐろりのねきへ、つつとよってあづくみなされ」 方言 長野県469 481 静岡県062 520 535 三重県585 ◇あじくみ 長野県諏訪481 ◇あしくら 東京都三宅島333 ◇あず 長野県北安曇郡469 ◇あずき 三重県志摩郡585 ◇あずきま 岐阜県恵那郡514 ◇あずきまい 岐阜県497

◇あずきまり 三重県員弁郡592 ◇あずきみ 長野県469 三重県志摩郡585 ◇あずきめ 長野県北安曇郡・上伊那郡469 ◇あずきも 長野県469 480 ◇あずくま 長野県469 ◇あずくまり 愛知県知多郡571 ◇あずくら 東京都大島326 八丈島335 静岡県520 ◇あずふら・あずふろ 東京都大島326 ◇あずみ 長野県南安曇郡469 ◇あずみき 長野県469 ◇あぐう 鹿児島県種子島979 ◇あぐざ 岐阜県郡上郡504 ◇あくた 岡山県浅口郡768 ◇あぐち 新潟県357 385 386 富山県062 390 石川県062 418 山梨県455 長野県下高井郡・諏訪469 ◇あぐちょ 新潟県西頸城郡385 ◇あぐらみ 長崎県壱岐島050 ◇あごす 山形県西田川郡139 ◇あしぐ 新潟県中魚沼郡062 ◇あたた 岡山県045 ◇あっかい 伊豆八丈島†078 ◇あっきつ 長野県南安曇郡469 ◇あっきゃあ 東京都八丈島343 ◇あっくら 東京都三宅島333 ◇あっけ・あっけえ 東京都八丈島040 ◇あびた 福岡県小倉050 ◇あぶた 京都府622 623 628 兵庫県但馬653 鳥取県岩美郡・気高郡716 島根県隠岐島741 ◇あぷた 島根県隠岐島725 ◇あんぐぇえいい・あんぐぇえどぅい 沖縄県首里993 ◇あんじき 琉球†020 ◇あんち・あんちょ・あんつび 長野県北安曇郡469

あずくら〖名〗方言 ⇩あずくみ

アスクレピオス（Asklēpios）ギリシア神話の医術の神。アポロンの子。半獣神ケイロンから医術を教わる。のち死者をよみがえらせて主神ゼウスの怒りにふれ、雷に打たれて星となった。発音〈標ア〉ピ

アスケ（Ask）北欧神話の主神、オーディンがトネリコの木からつくった最初の男。ハンノキからつくった最初の女エンブラとともに人類の祖先となった。

あずけ【預】〖名〗（動詞「あずける」の連用形の名詞化）①あずけること。寄託。また、そのあずけたもの。＊山科家礼記‐寛正四年(1463)四月二九日「広橋殿本所御出候。太刀〈金〉。予太刀〈金〉進上。御あつけの月毛馬めされ候也」＊御触書寛保集成‐二四・享保一一年(1726)一一月「綿貫夏右衛門御預野馬立場土手普請、其方任差図申付候節」②罪科のある人を他にあずけること。＊大かうさまくんきのうち(1605頃)「一、はっとりうねめ、ゐちこのかけかつに御あつけ。一、わたぜさへもんのすけ、さたけに御あつけ」㋑江戸時代、未決囚を預けること。吟味期間中、重罪人は入牢させたが、軽罪のものは公事宿(くじやど)、町村役人、親類などに預けられた。＊御仕置例類集‐古類集・一・取計之部(1747)「軽罪之ものは、手鎖・預等にて、白状不仕候故、入牢申付」㋺江戸時代の刑罰の一つ。罪人をある特定の者に預けて監禁するもの。武士、庶民共に科せられ、預かり主が誰であるかにより、大名預、頭(組頭、支配頭)預、町預、村預、所預、親類預などの区別がみられた。終身預けることを「永く御預け(永預)」という。＊禁令考(19C中か)別巻・赦律・附録「一、一生之内押込 一、永く御預け 一、改易 一、御切米御扶持方召放 右四ケ条御免之例有レ之候事」＊大塩平八郎(1914)〈森鷗外〉一「留置(とめおき)、預(アヅ)けなどと云ふことにせられては、病体で凌ぎ兼ねるから」㋩江戸時代、遠島または追放の刑を申し渡された幼年者を、刑の執行される成年(一五歳)に達するまでの期間預けること。溜預と親類預があった。＊禁令考‐後集・第四・巻三二・文政五年(1822)四月「拾五歳以下に而附火いたし候もの、親類預けと溜預けに相成候と之差別、評議いたし可申上旨被仰聞」③外出禁止をいう遊里語。＊洒落本・北川蜆殻(1826)下「『おばさん、こんやは、この松さんはあづけかえ』〈略〉『おさつさんか、ようおいでた、あづけぢゃないけれど、また戻らんわいな』」④盗品を保管すること。また、保管する者をいう、盗人仲間の隠語。⑤花札で他人に良い役ができそうな時、その役に必要な札を自分が取ってしまい、役のできるのを妨げること。⑥犬にさせる芸の一種のこと。転じて、約束したことの実行が中止されること。おあずけ。辞書言海 表記預(言) 発音〈標ア〉ケ〈京ア〉0

あずけ〖名〗（「アズキ(小豆)」の変化した語）初漁。また、初漁祝。小豆飯を炊くところからいう。あずき。

あずけ-あい【預合】〖名〗①定期取引の際の転売、買い戻しと同様の効果があるようにくふうされた便宜的な取引方法。売買当事者が、その取引の行なわれた時の相場によって定められた標準値段に基づき、相互に物件とその代金の貸借をして、受け渡しおよび損益の決算を行ない、以後売買当事者がその返済を完了するまで延滞の利息を払って、売買関係を継続するもの。直取引。＊中外商業新報‐明治三七年(1904)一月一日「更に仲買間の預合二千五百枚を合すれば」②株式会社または有限会社の発起人、取締役が、銀行や信託会社と結託して、株式または出資金の払い込みを行なわないのに行なったように装う行為。商法で禁止。発音〈標ア〉0

あずけ-いれ【預入】〖名〗金銭や物品を預け入れること。＊不在地主(1929)〈小林多喜二〉一〇「小作米は直ぐH町の『農業倉庫』に預け入れして、『倉荷証券』にした」発音〈標ア〉0

あずけ-い・れる【預入】〖他ラ下一〗金を銀行や郵便局などに預ける。預金する。発音〈標ア〉0レ〈京ア〉0

あずけ-お・く【預置】〖他カ五(四)〗人や物を他の人に託して、保管・管理を任せる。寄託する。また、もめごとなどの決裁を第三者に一任した状態にする。＊平家(13C前)一〇・戒文「年ごろつねにおはしてあそばれけるさぶらひのもとにあづけをかれたりける御硯を、知時してめしよせて」＊天草本伊曾保(1593)イソポの生涯の事「ソバ チカウ ツカワルル ニニンノ コシャウニ azzuqevocare(アヅケヲカレ)」＊説経節・説経苅萱(1631)上「三月たつて、みもふたつになるならは、めのとにあつけをき申」＊浮世草子・好色五人女(1686)四・五「子細はそなたの兄弟契約の御かたより当寺へ預(アツ)け置(ヲキ)給へば、其手前の難儀、彼是覚しめし合(あはさせ)られ」

あずけ-がえ【預替】〖名〗預け②の刑を受けた罪人を預かる者が変更されること。＊大塩平八郎(1914)〈森鷗外〉一三「此中で酒井大和守忠嗣へ預替(アヅケガヘ)になってゐた平山は、番人の便所に立った留守に〈略〉自殺した」

あずけ-がね【預金】〖名〗⇩あずけきん(預金)

あずけ-きん【預金】〖名〗両替商や、そのほか他人に預けた金銭。特に近世では、利子をつけないで他人に金銭を預けること。また、その金。あずけがね。よきん。＊御触書寛保集成‐四四・元禄一一年(1698)一二月「覚一 小作田地出入大概及弐拾年には、可為永小作、并質地田畑預金売懸金等廿年に過候はば不及裁許、併証文之可依品に事」＊雪中梅(1886)〈末広鉄腸〉下・四「色々と言ひこしらへて、預(アヅ)け金(キン)の勘定も見せては下されず」発音〈標ア〉0ケ

あずけ-ぎん【預銀】〖名〗「あずけきん(預金)」に同じ。＊浮世草子・西鶴織留(1694)六・四「預(アヅ)け銀の先々へも自身の付届して慥(たしか)に借所をしる事今時の大事なり」＊浮世草子・好色敗毒散(1703)一・二「売掛(うりかけ)預(アヅ)け銀に損する事、皆当代の町人の身躰(しんだい)の底知れぬ故なり」

あずけきん-かんじょう【預金勘定】〖名〗勘定科目の一つ。①銀行簿記では、金融機関が中央銀行または親銀行への預金を記帳する勘定。②工業・商業簿記では、事業会社や商人が金融機関への預金を記帳する勘定。預金(よきん)勘定。

あずけ-くださ・る【預下】〖他ラ下二〗上位者から下位者へ下賜して、管理を任せる。お下げ渡しになる。＊天草本平家(1592)二・三「ヲ ウマ ヲ イッピキ azzuqecudasareôzuru(アヅケクダサリョウズル) カト、マウシタレバ」

あずけ-ご【預児】〖名〗母乳不足などのため、幼児を一時的に他人に預けて養育させること。また、その幼児。里子。＊随筆・松屋筆記(1818‐45頃)一〇四・二「里児預児(アヅケゴ)里扶持 今世乳不足して小児を他に預て養はしむるを里にやるとも里児とも預け児ともいへり。下ざまの風俗里扶持(さとぶち)とて一ケ月壱分壱朱也。或は一分と銭二百文または二分の定もありて一様ならず」

あずけ-さき【預先】〖名〗金銭や物品を預け入れた先方。＊茶話(1915‐30)〈薄田泣菫〉米隠し「米屋の小僧の口から預(アヅ)け先(サキ)が洩れたので、皆は米を取り返しに来たのだ」発音〈標ア〉0

あずけ-しはい【預支配】〖名〗江戸時代、ある事柄を、本来はその権限をもたない役目の者に預けて、管理・運営させること。ある町の支配を、他の町の名主に預けるなど。

あずけ-じょう【預状】〖名〗中世の文書形式。所領を預けたことの証拠として、預け主から預かり主に渡した。中世においては、直轄領を部下に管理させるとき、一時的に預けておく形式をとることが多かった。預かり主はその土地に対して領主と同様の権限を有したから、恩賞としての意味をもった。＊上杉家文書‐建武三年(1336)一〇月一九日・高師直奉書(大日本古文書一・一四)「下野国皆河庄内闕所事、所レ被レ預二置上椙安房守一也、早任二預状之旨一、可レ被二沙汰付一之状」

あずけ-しょうもん【預証文】〖名〗金銭などを預かったとき、出す預かり証文を、預け主の側からいう名称。発音アズケショーモン〈標ア〉ショ

あずけ-しら・す【預知】〖他サ下二〗（「知らす」は治めさせるの意。「す」は、もと使役の助動詞）土地などを、預けて治めさせる。領地の行政を、人に任せる。＊宇津保(970‐999頃)楼上下「『院方(ゐんがた)より領ずる所あり。今よりは時宗(ときむね)にあづけしらせん』とのたまふ」

あずけ-せん【預銭】〖名〗他人に預けた金銭。また、金融業者が顧客に貸し付けた金銭。＊親元日記‐寛正六年(1465)一〇月二九日「信光寺雑掌申、預銭廿貫文内於十貫文者先度被二返弁一云々」発音〈標ア〉0ケ

あずけ-ち【預地】〖名〗預かり地③を預け主の側からいった語。

あずけ-て【預手】〖名〗「あずけにん(預人)①」に同じ。＊羅葡日辞書(1595)「Depósitor〈略〉Azzuqete(アヅケテ)」

あずけ-てがた【預手形】〖名〗江戸時代に、借金証書である「預かり手形」を貸し主の側からいう名称。＊浮世草子・本朝桜陰比事(1689)一・五「利銀におよばず御壱人に五百両づつ五人に弐千五百両、有切出し預け手形を請取其上に申渡しけるには」

あずけ-とら・す【預取】〖他サ下二〗（「取らす」は、与えるの意。「す」は、もと使役の助動詞）土地などを預け与える。土地などの支配権を任せる。＊更級日記(1059頃)「竹芝のをのこに、生けらむ世の限り、武蔵の国をあづけとらせて、公ごともなさせじ、ただ宮にその国を預け奉らせ給ふよしの宣旨くだりにければ」

あずけ-にん【預人】〖名〗①他人に金銭や物品などを預け、保管をしてもらう人。預け主。預け手。＊財政経済史料‐二・経済・農政・勧農法・元禄二年(1689)八月「御預け人在レ之衆、御預け人を結構に会釈之由相聞候」＊預金に制限を置き整理公債証書に交換(明治二三年)(1890)第一条「預け人に交付することを得」②身柄を第三者に預けられて監視を受ける人。また、罪人の監視を委託されて預かる人。→預かり。＊後日之式条‐一・寛元二年(1244)一〇月九日(中世法制史料集一・追加法二二四)「預人事、令レ長二居于一所一者、可二其煩一歟。常可二預改一矣」＊新編追加‐一・乾元二年(13

03)六月(中世法制史料集一・追加法七〇五)「大略被㆑処㆓流刑㆒之間、或於㆓配所㆒致㆓悪行㆒、或帰㆓本国㆒犯㆓重科㆒、依㆑之、預人等重者被㆑分㆓召所領㆒、軽者被㆑行㆓過怠㆒」発音〈標ア〉⓪ケ

あずけ‐ぬし【預主】〔名〕「あずけにん(預人)①」に同じ。＊御湯殿上日記‐永禄八年(1565)一一月一六日「又ふけのはたのはこと御まほりとを、ひろはし文にて申さるる。あつけぬしのつかゐちかいたるとて、いたされ候はす」＊開化問答(1874-75)〈小川為治〉二・上「旧来の政事はこの預り物を以て、預(アヅ)け主(ヌシ)を虐(むご)く取扱ひたりし次第にて」＊全国民事慣例類集(司法省編)(1880)三・五・一「山陰道、預け主は物品を預け其賃金を出す。預り主は賃金を受取り之を監守する義務あるを以て、盗難に罹るときは預り主の損失、水火難は預け主の損失となる例なり」発音〈標ア〉ケ〈京ア〉ケ

あずけ‐びき【預引】〔名〕けんかをした人が、いっさいのことを仲裁人に任せて、手を引くこと。けんかを仲裁に任せること。＊雑俳・川柳評万句合‐明和二(1765)義二「女房をつっ付けて見るあつけ引」＊雑俳・柳多留‐三(1768)「預け引たぎった男二人(ふたり)来る」

あずけ‐もの【預物】〔名〕他人に預けてある品物。寄託物。特に中世、土倉に預けおいた物。＊蜷川文書‐文明一八年(1486)一二月・政所方沙汰条目(中世法制史料集二)「一・諸質物事、一・諸借物幷預物事」＊上杉家文書‐永禄四年(1561)三月一一日・長尾景虎(上杉輝虎)印判状(大日本古文書三・一一九四)「あづけものの事、利平つきたらば、とくせいゆくべし」＊虎明本狂言・富士松(室町末‐近世初)「わたくしのではござらぬ、人のあづけものでござる」＊本福寺跡書(1560頃)「人の有めい・うとくの人を頼み、預り状をさせて、預けられよ〈略〉預けものをば、糠灰汁をつくるやうに、走りこみこみ見れば、むつかしがり、うるさがるものぞ」＊日葡辞書(1603-04)「Azzuqemono(アヅケモノ)〈訳〉寄託物」＊歌舞伎・梅柳若葉加賀染(1819)五立「道具屋どもが目利(めきき)を頼むと、持って来た品は、そんなら預(アヅ)け物(モノ)にして、その金で」語誌(1)古い文献に仮名書きの例はみつけにくいが、文書等の物品を人に預ける行為が行なわれていたことは平安時代の古文書に明らかであり、預かった米等をたとえば「備中国去年大粮、預物未究進」〔三条家本北山抄裏文書‐長保元年四月一日・衛門府月奏文(平安遺文二・三八〇)〕や「右地直米、以権上座念秀預物之内」〔東大寺文書‐長久四年三月一六日・藤原実遠直米請文案(平安遺文二・六〇五)〕のように「預物」と記している。これらの読みは「あずけもの」か「あずかりもの」か明らかでない。(2)一六世紀には、盗難や戦難を避けるために、大切な家財の多くは普段からよそに預けることが、個人のみならず村単位でもさかんに行なわれ、「預け物」「預かり物」の例は「多聞院日記」等の日記や古文書類他に多く見出されるようになる。→あずかりもの(預物)。発音〈標ア〉⓪ノモ〈京ア〉⓪ 辞書日葡

あずけ‐もの【預者】〔名〕①江戸時代、預け②の刑を受けた人。御預者(おあずけもの)。＊浄瑠璃・大経師昔暦(1715)中「国本(くにもと)では人なみに武士の真似をして、鉢坊主の手の内程米も取た此梅龍、預け者には請取渡しの作法が有」②別宅を構えないで、知人宅などに頼んで囲っておくめかけ。扶助妾(ふじょう)。＊評判記・色道大鏡(1678)一四「俗にあづけものといふ類なり。或は別業(べつごう)を構へ、或(あるいは)家をかりて其妾を居(すへ)置に、賂(まかない)のかなひがたき人、其身ばかり扶持して、心やすき者に預けをき、其ところへ行通ふか、又はわきへめし出しあひなどするを扶助妾といふなり」発音〈標ア〉⓪ノモ

あずけ‐やま【預山】〔名〕(「あずかりやま(預山)」を、預ける側からいう)「あずかりばやし(預林)」に同じ。

あずけられ【預】〔名〕結婚をいった、昭和初期の東京の女子学生間の隠語。〔特殊語百科辞典(1931)〕

あず・ける【預】〔他カ下一〕文あづ・く〔他カ下二〕㊀ある物事を他人に任せる。寄託する。①人の身柄や物事を一時的に引き渡してそのめんどうをみさせる。人に頼んで保管、管理してもらう。＊東大寺諷誦文平安初期点(830頃)「世(の)中を誘(こしら)へて御子の列(つら)に預(アヅ)け給ひ、我が財は、皆汝等が財ぞとのたまふ」＊竹取(9C末‐10C初)「妻(め)の女にあづけて養はす」＊看聞御記‐永享三年(1431)七月二八日「抑自㆓高麗㆒公方へ進物到来。鵝眼千貫、唐物重宝済々進云々。小人嶋之人、其長一尺四五寸、歳五十許之小人来。室町殿被㆓御覧㆒被㆑預㆑人云々」＊小学読本(1874)〈榊原・那珂・稲垣〉五「居間に一尺程の唐糸落居たるを拾ひて大野仁兵衛といふ近侍の者に預けたるを」②もめごと、争い事などで決着のつけにくい時、その処置を第三者に任せる。とりさばきを一任する。＊栄花(1028-92頃)見はてぬ夢「いで、ただ己(おのれ)にあづけ給へれ。いと安き事」＊坊っちゃん(1906)〈夏目漱石〉五「校長が一と先づあづけろと云ったから狸の顔にめんじて只今の所は控へて居るんだ」③中世、近世、主君の不興をかった者や容疑者、犯罪人等を監視させるために、第三者や寺院、町村に託して保護させる。→預け。＊吾妻鏡‐治承四年(1180)一〇月二三日「河村三郎義秀被㆔収㆓公河村郷㆒被㆑預㆓景義㆒。〈略〉大庭平太景義囚人河村三郎義秀可㆑行㆓斬罪㆒之由被㆓仰含㆒云々」＊平家(13C前)四・三井寺炎上「其の外僧綱十三人闕官(けっくゎん)ぜられて、みな検非違使にあづけらる」＊歌舞伎・傾城壬生大念仏(1702)中「けらいにやうすを尋、其方の銀でないと、そちたちをゆるさぬ。よも八、此座のものをきっとあづけたぞ」＊浮世草子・けいせい伝受紙子(1710)一・三「重ねて御沙汰あるべしとて、先山名右衛門の佐へぞ預(アヅケ)られける」④中世(室町時代)、近世、利子をつけないで金、米などを貸す。＊浮世草子・世間胸算用(1692)二・一「外にもあまたの男子あれば、余慶なくて娘に五十貫目は付まいと思ひまして、いやといふものを無理に、此三月過に弐拾貫目預(アヅ)けました」＊浄瑠璃・八百屋お七(1731頃か)中「二百両といふ銀をば手形もなしに預(あづけ)たは、心から底から息女をば欲しいと思ふあまりの事」⑤近世、自分の土地を他人に貸して小作させる。⑥年期を限って身を売る。＊人情本・春色梅児誉美(1832-33)五・一〇齣「どこぞへ私があづけられて、お金をこしらへてあげるヨ」⑦質ぐさを入れて金を借りる。質入れする。＊和英語林集成(初版)(1867)「シチヤヘ モノヲ adzkete(アヅケテ) カネヲ カル」＊百一新論(1874)〈西周〉下「与(あづ)けた質物を損ぜぬ様に期月迄保たしめるの権あり」＊今戸心中(1896)〈広津柳浪〉九「如上(そのうへ)、一二枚の衣服までお熊の目を忍んで典(アヅ)けたのであった」⑧(保管を依頼することから)酒席で、返盃しないで盃を先方にとめておいてもらう。また、すすめられた酒を遠慮する。＊雑俳・柳多留‐一〇(1775)「あづけるの嫌ひな礼者づふに成」＊歌舞伎・三人吉三廓初買(1860)序幕「それに御酒は一向不調法でござりますし、今日はお預け申しまするでござります」＊二人女房(1891)〈尾崎紅葉〉中・四「『あなたはお一盃(ひとつ)召上りまし』『私も一人なら預(アヅ)けませう』」⑨他から物をもらうのを遠慮する。＊洒落本・孔雀そめき(1789-1801)草庵晒落「紙に銭をつつみ清六にやる『ナニサこんな事じゃアわるふござります。マアお預け申ます』」⑩茶の湯で、道具類を仮置(かりおき)する。㊁ある物事にかかわりをもたせる。参与させる。①人や物をさしむけて加わらせる。参加させる。＊伊勢物語(10C前)二九「春宮の女御の御方の花の賀に召しあづけられたりけるに」②(連用形の形で用いられ)…に関して。＊南海寄帰内法伝平安後期点(1050頃)二「人事に関(アヅ)けて、輒(たやす)く高下を為すに非ず」方言❶与える。くれる。あてがう。宮城県栗原郡114 秋田県鹿角郡132 山形県139 福島県155 相馬郡156 東白川郡157 栃木県198 新潟県387 ◇あんずける 岩手県気仙郡100 ◇あつける 岩手県気仙郡100 宮城県栗原郡114 石巻120 仙台市121 新潟県371 383 387 ◇あっつける 栃木県安蘇郡198 ◇あっぜる 千葉県夷隅郡288 ❷預かる。福井県東部424 ❸田地を小作に出す。新潟県佐渡352 語源説(1)アはアツ(充)の語根で、アテツクル(充附)の義〔和訓栞〕。(2)アマタルカスの反。多の義、余の義〔名語記〕。(3)アはウカ(請)の約、ツはツキ、ツクなどをいう語。〔和訓集説〕。発音〈なまり〉アスケル〔静岡〕アチケー・アッカー〔鳥取〕アックイ〔鹿児島方言〕アッケル〔千葉・信州読本・鳥取〕アッゲル〔千葉〕〈標ア〉ケ〈京ア〉⓪ 文『あづく』〈標ア〉ズ〈ア史〉室町・江戸『あづくる』◎◎〇〇〈京ア〉⓪ 辞書名義・日葡・ヘボン・言海 表記嘱・都・純(名) 預(へ・言)

あす‐こ【彼処】〔代名〕①他称。話し手、聞き手両者から離れた場所を指し示す(遠称)。あそこ。＊洒落本・廻覧奇談深淵情(1803)其四「あすこに見へるのは面(めん)かねへ」＊滑稽本・浮世床(1813-23)初・下「あすこの内なぞは伯母(をば)さまの死金が千五百両」＊洒落本・苦界船乗合咄(1867)上「ぜてあすこの人達ても面付ねへ人だのふ」＊安愚楽鍋(1871-72)〈仮名垣魯文〉二・下「彼所(アスコ)を道くゎん山とつけたのは、むかし太田道灌といふ人が城を築いた場だからさ」②両者が了解し合える、特定の場所を指していう。例の所。＊いつか汽笛を鳴らして(1972)〈畑山博〉三「本当にあすこへローソクはさむんだとよ」発音〈標ア〉⓪〈京ア〉⓪ 辞書ヘボン・言海 表記彼処(言)

あすこ‐いら【彼処─】〔代名〕「あすこら(彼処)」に同じ。＊滑稽本・和合人(1823-44)初・上「天井へ指をさし、あすこいらでケラケラ」＊落語・ちきり伊勢屋(1893-94)〈禽語楼小さん〉「柳橋辺(へん)を尋ねて今柳原の堤(どて)へ掛って参りました。那処辺(アスコイラ)はベタ易者でげすから」＊吾輩は猫である(1905-06)〈夏目漱石〉一〇「あすこいらを散歩してゐるうちに掘り出して来たんだ」発音〈標ア〉コ

アスコット‐タイ〔名〕(英 ascot tie)結んだとき、スカーフのように見える幅の広いネクタイ。発音〈標ア〉タト

あすこ‐ら【彼処─】〔代名〕(「ら」は接尾語)他称。話し手、聞き手両者から離れた大体の場所を指し示す(遠称)。あそこあたり。あそこら。あすこいら。＊滑稽本・七偏人(1857-63)二・上「アレアレ彼処(あすこ)らへも降たかして彼(あの)男が拾ってゐるから、何様(どん)なものだか往(いっ)て見よう」＊落語・正直(1898)〈三代目春風亭柳枝〉「詐偽(さぎ)だの騙(かた)りだのと云ふ話を前回までお聞きに入れましたが、彼(あれ)も彼所(アスコラ)でお預り申まして、今回は一席申し上げまする」発音〈標ア〉コ

アスコルビン‐さん【─酸】〔名〕(ドイ Askorbinsäure の訳語)ビタミンCの化学名。発音〈標ア〉⓪ビ

あずさ【梓】〔名〕①植物「よぐそみねばり(夜糞峰榛)」の別名。カバノキ科の落葉高木。材は非常に固く、古くこの木で梓弓をつくった。従来、キササゲ〔大和本草〕、アカメガシワ〔物類称呼・本草綱目啓蒙〕、オノオレ〔古今要覧稿〕、リンボクをいうなどの説があったが、現在はヨグソミネバリが定説となっている。▼あずさの花《季・春》＊正倉院文書‐天平勝宝八年(756)六月二一日・東大寺献物帳(寧楽遺文)「御弓壱佰張 梓御弓八十四張」＊本草和名(918頃)「梓白皮〈略〉一名楸〈略〉和名

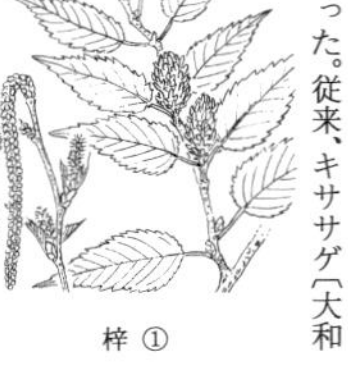
梓 ①

阿都佐乃岐」 ＊色葉字類抄（1177‐81）「梓 アツサ」 ＊日本植物名彙（1884）〈松村任三〉「キササゲ アヅサ ハブテコブラ 梓」 ②「あずさゆみ（梓弓）㊀①」の略。＊万葉（8C後）一三・三三二四「み雪降る 冬の朝は 刺楊 根張り梓（あづさ）を おほ御手に 取らしたまひて〈作者未詳〉」 ③「あずさゆみ（梓弓）㊀②」の略。＊読本・南総里見八犬伝（1814‐42）三・二一回「梓（アヅサ）の弦にあらねども、水向けられて虚（うか）とは憑らず」 ④「あずさみこ（梓巫）」の略。＊謡曲・葵上（1435頃）「ここに照日（てるひ）の巫（みこ）とて隠れなき梓の上手の候ふを請じ」 ＊俳諧・春の日（1686）「うっかりと麦なぐる家に連待て〈李風〉 かほ懐に梓（アヅサ）ききゐる〈雨桐〉」 ＊雑俳・住吉おどり（1696）「あはれなり余所の梓にもらひ泣」 ＊諸国風俗問状答（19C前）常陸国水戸領風俗問状答・一三〇「大ゆみもりこと云、則梓とふなるへし。城下には禁して行なはれす」 ＊土（1910）〈長塚節〉一五「俺れが我が身というたとて、自由自儘に成るならば、今日の巫女（アヅサ）も要るまいに」 ⑤能楽で、口寄せとして登場する人物がとなえごとをうたう時に打つ、太鼓や小鼓のはやし。 ⑥（昔、中国で梓を版木に使ったところから）梓の材を使った版木。また、一般に版木をいう。→梓に鏤（ちりば）む・梓に上（のぼ）す・梓の工（たくみ）。 語誌 (1)梓の弓は武具または祭具として、「続日本紀」や「延喜式」に信濃・甲斐に産したことがみえる。(2)和歌では「万葉集」以来、「梓弓」は枕詞として多く用いられた。→あずさゆみ（梓弓）。(3)弓弦打ちの音は除魔の力があるとされ、後世の梓巫女（あずさみこ）も弦をたたいて霊魂を呼び寄せた。(4)古代、手紙を運ぶ使者は梓の杖を持ち、「玉梓（たまずさ）の使い」とよばれた。のち玉梓（玉章）は手紙そのものをさしていう。(5)中国では梓の木を版木に用いたので、出版のことを上梓（じょうし）という。 方言 植物。❶はいのき（灰木）。 肥後五家荘†131 ❷よぐそみねばり（夜糞峰榛）。 ◇はずさ 奈良県036 吉野郡683 和歌山県東牟婁郡690 ❸みずめ。 宮城県003 群馬県吾妻郡003 埼玉県秩父郡003 長野県008 三重県008 和歌山県008 ◇はずさ 奈良県036 和歌山県008 ◇はんさ 富山県036 石川県036 福井県036 岐阜県036 三重県036 滋賀県036 奈良県036 和歌山県008 ❹おのおれかんば（斧折樺）。 岩手県上閉伊郡008 埼玉県秩父郡036 ◇あずさみねばり〔―峰榛〕 埼玉県秩父郡251 ❺あさだ。 宮城県003 山形県北村山郡008 ◇あんさ 岩手県気仙郡008 ❻あかめがしわ（赤芽柏）。 静岡県遠江008 ◇あずさのき〔―木〕 静岡県駿河008 ❼ななかまど（七竈）。さびはななかまど（銹葉七竈）。 長野県佐久485 ❽きささげ（木豇豆）。 岡山県036 ❾やまはんのき（山榛木）。 ◇あつさ 長野県小県郡003 ❿だけかんば（岳樺）。 ◇あつさ 長野県諏訪郡032 ⓫やまぐわ（山桑）。 ◇あつさ 群馬県多野郡003 ⓬がくあじさい（額紫陽花）。 ◇あつさのき 東京都三宅島333 語源説 (1)アツフサ（厚房）の義〔和訓栞後編〕。(2)アは小、ツは角、サは細の意で、その形状による名〔東雅〕。(3)厚く裂けるの義〔言元梯〕。(4)アツハ（赤着葉）の義〔言元梯〕。(5)アツメサソフ義のアツサ（天津誘）から〔紫門和語類集〕。(6)アアと誉むべき程木理（キメ）のつまったものであるからアヅサという。サは付辞〔本朝辞源＝宇田甘冥〕。(7)イタツヨシナヒキ（痛強撓木）の義〔日本語原学＝林甕臣〕。(8)アツはアツ（中）と同語か。またはウツ（打）の転か。サはサス（刺）の語幹。梓弓は普通の弓ではなく、投前器であった〔日本古語大辞典＝松岡静雄〕。(9)ウラヅルサマ（占出様）の反。梓巫女の作法から〔名語記〕。(10)「椅梓」の別音At-Saから〔日本語原考＝与謝野寛〕。 発音〈標ア〉⓪ ア 〈ア史〉平安○○○ 〈京ア〉ズ 辞書 字鏡・和名・色葉・名義・下学・和玉・文明・伊京・明応・天正・饅頭・黒本・易林・日葡・書言・〈ボン〉・言海 表記 梓（和・色・名・下・玉・文・伊・明・天・饅・黒・易・書・へ・言） 梓（字） 楸（文） 匇楸（書）

あずさ に かく 巫子（みこ）が梓弓を鳴らして、霊魂を呼び寄せる。口寄せをする。＊名語記（1275）八「死人をあづさにかくとて弓の絃をたたきてかへば亡魂きたりて物語をする事あり」 ＊謡曲・葵上（1435頃）「梓の上手の候ふを請じ、生き霊死霊の間を梓に掛け申さばやと存じ候」 ＊浮世草子・新可笑記（1688）四・一「神子まねき乱人の様子を内証にていひふくめ梓（アヅサ）にかけて呼出す」

あずさ に する 「あずさ（梓）に鏤（ちりば）む」に同じ。＊談義本・田舎荘子（1727）序「書林某（なにがし）来りて、梓にせん、首（はじめ）に序せよといふ」

あずさ に＝鏤（ちりば）む［＝刻（きざ）む］ （「梓」は版木の意、「ちりばむ」は刻むの意） 書物を版木に彫りつける。本を発行する。出版する。上梓する。＊咄本・一休関東咄（1672）序「さてもよき笑草（わらひぐさ）のたねなるかな、あづさにちりばめて世にひろめんといふ」 ＊授業編（1783）序「語り聞へてやむべきを一部の書となし梓（アヅサ）にちりばむるはおこがましけれど」 ＊滑稽本・東海道中膝栗毛（1802‐09）三・跋「伯楽にあふ膝栗毛千里もゆけ万部も売れと、書肆（ほんや）の梓（アヅサ）にちりばめたる」

あずさ に＝上（のぼ）す［＝ものす］ 「あずさ（梓）に鏤（ちりば）む」に同じ。＊滑稽本・旅眼石（1802）「それの記行うたのかずかず、追而（おって）梓（アヅサ）にのぼせんことを希（こひねが）ふのみ」 ＊俳諧・古学截断字論（1834）下・手爾波抄「其頃も此句を発句と定め第三としるせる沙汰聞えければ、其懐紙の儘を梓（アヅサ）に上せて」 ＊人情本・春色雪の梅（1838‐42頃）初・序「小冊を綴りて、文永堂に呈し梓（アヅサ）にものして、書林（ふみや）の為に豊年の貢となさん事を計る」

あずさ の 神（かみ） 梓巫女（あずさみこ）が神おろしの時に使う梓弓を、神格化していう。また、巫女が使った梓弓で呼び寄せられた神霊。＊読本・昔話稲妻表紙（1806）四・一四「よろづのことを残りなく、をしへてたべや梓（アヅサ）の神（カミ）、うからやからの諸精霊、弓と箭（や）のつがひの親」 ＊滑稽本・浮世床（1813‐23）二・上「あらかたや此時に、万（よろづ）の事を残なく、教給へや梓（アヅサ）の神（カミ）」

あずさ の 杣（そま） （「杣」は木を植えて材木を取る山。また、その材木の意） 梓のたくさん生えている杣山。＊千載（1187）羇旅・五〇五「摂津国に住み侍りけるを美濃国に下る事有りて、あづさの山にてよみ侍りける 宮木引くあづさの杣をかき分けて難波の浦を遠ざかりぬる〈能因〉」

あずさ の 工（たくみ） （「梓」は版木の意） 木を彫刻して、版木をつくる人。＊俳諧・鶉衣（1727‐79）序「梓のたくみに命じて、これを世上にはれぎぬとす」

あずさ の 真弓（まゆみ） （「真」は美称の接頭語）「あずさゆみ（梓弓）㊀①」に同じ。＊神楽歌（9C後）採物・弓「〈末〉陸奥の 安津佐乃万由美（アヅサノマユミ） 我が引かば やうやう寄り来（こ） 忍び忍びに 忍び忍びに」 ＊永久百首（1116）春「春立てばあづさのま弓引きつれてみ垣のうちにまどゐをぞする」 ＊梁塵秘抄（1179頃）二・四句神歌「あづさのまゆみを肩に懸け、軍遊びをよ軍神（いくさがみ）」

あずさ の 弓（ゆみ） 「あずさゆみ（梓弓）㊀①」に同じ。＊万葉（8C後）一・三「御執（みとら）しの 梓弓（あづさのゆみ）の なか弭の 音すなり〈中皇命〉」 ＊万葉（8C後）一四・三五六七「置きて行かば妹はまかなし持ちて行く安都佐能由美（アヅサノユミ）の弓束（ゆづか）にもがも〈防人〉」 ＊謡曲・葵上（1435頃）「梓の弓の末筈（うらはず）に、立ち寄り憂きを語らん」 発音〈標ア〉ミ ア

あずさい あづさゐ【紫陽花】『名』「あじさい（紫陽花）」に同じ。＊二十巻本和名抄（934頃）二〇「紫陽花 白氏文集律詩云紫陽花 和名安豆佐為」 ＊温故知新書（1484）「木栖 アツサイ」 語源説 アツサキ（厚咲）の義〔日本釈名〕。 発音〈標ア〉⓪ 辞書 和名・色葉・名義・天正・饅頭・日葡・書言・言海 表記 紫陽花（和・色・名） 蓎（色・名・饅） 常山・蜀漆・味佐井（天） 紫陽草（書）

あずさ‐がわ あづさがは【梓川】 長野県中西部を流れる犀（さい）川の上流部。槍ケ岳に源を発し、上高地をへて松本市で奈良井川と合流するまでをいう。 発音 アズサガワ〈標ア〉サ

あずさ‐びと あづさ：【梓人】『名』（板木を作る人の意から） 出版書肆。本屋。＊咄本・一休関東咄（1672）序「おりしも梓人（アツサヒト）来りて見るとひとしく、さてもよき笑草のたねなるかな、あづさにちりばめて世にひろめんといふ」

あずさ‐みこ あづさ：【梓巫・梓巫女】『名』（「みこ」は、神につかえる未婚の女性の意） 梓の木で作った弓のつるをたたきながら、死者の霊を呼び寄せる口寄せ巫女。吉凶や失せ物判断をすることもある。みこ。いちこ。あずさ。あがたみこ。くちよせ。＊俳諧・双子山前集（1697）「のり移る霊にふるへる梓神子」 ＊物類称呼（1775）一「梓巫 あづさみこ 東国にて降巫（いちこ）又口よせといふ。播磨にて、たたきみこと云、中国にて、なをしと云」 ＊雑俳・柳多留‐七四（1822）「世を去りし瘂（おし）も物いふ梓神女」 ＊夜明け前（1932‐35）〈島崎藤村〉第二部・下・一一・二「従来あった梓巫（アヅサミコ）、市子、祈禱、狐下げなぞの玉占、口よせ等は一切禁止せらるるか」 発音〈標ア〉ミ 辞書 言海 表記 梓巫（言）

梓　巫〈百人女郎品定〉

あずさ‐ゆみ あづさ：【梓弓】 ㊀『名』 ①アズサの木で作った丸木の弓。上代、狩猟、神事などに用いられた。「いる」の序詞としても用いられる。あずさの弓。あずさの真弓。＊続日本紀‐大宝二年（702）二月己未「歌斐国献二梓弓五百張一、以充二大宰府一」 ＊古事記（712）中・歌謡「渡瀬に 立てる 阿豆佐由美（アヅサユミ）檀（まゆみ） い伐らむと 心は思へど〈略〉そこに思ひ出 愛（かな）しけく ここに思ひ出 い伐らずそ来る 阿豆佐由美（アヅサユミ）檀」 ＊神楽歌（9C後）採物・弓「〈本〉弓といへば 品（しな）なきものを 安津佐由美（アヅサユミ） 真弓槻弓（つきゆみ） 品ももとめず 品ももとめず」 ＊延喜式（927）四九・兵庫寮「梓弓一張。長七尺六寸。槻柘檀准レ此」 ＊曾我物語（南北朝頃）一一・母と虎、箱根へのぼりし事「かくこそかよひなれしと、思ひやらるるあづさゆみ、矢立の杉を見あげつつ、其人々のいける矢も、柴の枝にあるらんと」 ＊浮世草子・けいせい伝受紙子（1710）一・五「まがれる腰のあづさ弓、ゐるかいもなき世の中に」 ②あずさみこが、死霊や生霊を呼び寄せる時に鳴らす小さな弓。転じて、あずさみこをもいう。＊日葡辞書（1603‐04）「Azzusayumi（アヅサユミ）〈訳〉巫女たちが悪魔などを追い払うための祈願をする際に用いる小さな弓」 ＊雑俳・住吉御田植（1700）「そこらうち寄（よせ）て泣（なか）する梓弓」 ＊雑俳・柳多留‐六（1771）「いつわりをいふかもしれずあづさ弓」 ㊁枕 ①弓のつるを引く、または張るところから「い・いる・ひく・はる」にかかる。＊万葉（8C後）二・九八「梓弓（あづさゆみ）引かばまにまに依らめども後の心を知りかてぬかも〈石川郎女〉」 ＊神楽歌（9C後）採物・弓「〈末〉安津佐由美（アヅサユミ）春来るごとにすめ神の豊の遊びに逢はむとぞ思ふ」 ＊古今（905‐914）雑上・九〇七「梓弓いそべのこまつたが世にかかよろづよかねてたねをまきけん〈よみ人しらず〉」 ＊曾丹集（11C初か）「あづさゆみ春の霞みはへだつれど入るさの山の月ぞさやけき」 ②弓の各部の名称から「もと・すゑ・つる」にかかる。＊万葉（8C後）一四・三四九〇「安都佐由美（アヅサユミ）末は寄り寝む現在（まさか）こそ人目を多み汝を端に置けれ〈東歌・人麻呂歌集出〉」 ③弓を引

けば、弓の本と末とが寄るところから「よる」にかかる。＊万葉(8C後)一四・三四八九「安豆左由美(アヅサユミ)欲良(よら)の山辺の繁かくに妹ろを立ててさ寝処(ねど)払ふも〈東歌〉」④弓が反るところから「かへる」にかかる。＊二度本金葉(1124-25)恋下・四八〇「あづさ弓かへるあしたの思ひには引きくらぶべきことのなきかな〈藤原顕輔〉」⑤矢を射ると、音が出るところから「や・音」などにかかる。＊万葉(8C後)二・二〇七「玉梓(たまづさ)の使の言へば梓弓(あづさゆみ)声(おと)に聞きて言はむ術(すべ)為むすべ知らに〈柿本人麻呂〉」＊玉葉(1312)夏・四〇六「梓弓矢田のひろ野の草茂み分けいる人や道まどふらん〈藤原教良〉」 発音〈標ア〉サ 〈ア史〉平安○○○○○ 〈京ア〉サ/サ 辞書 色葉・日葡・言海 表記 梓弓(色・言)

あす-さりて〘名〙(あす去りて後の日の意) あさって。明後日。あさて。＊随筆・こがねぐさ(1830頃か)「あすさりての日、こはいひむして酒いつたるをそへて、五条の河原へおくりたまへ」

あず-し【篤】〔形シク〕⇨あつし(篤)〔形シク〕

アスター〘名〙(英 aster) キク科アスター属のアズマギク、シオン、ミヤコワスレなどの総称。一般に、アスターと呼ばれているものはアスター属ではなく、園芸種として栽培されるエゾギクのこと。＊舶来語便覧(1912)〈棚橋一郎・鈴木誠一〉「アスター　エゾ菊　Aster(英)」＊花は勁し(1937)〈岡本かの子〉「アスター、スヰートピー、アイリス、鈴蘭」 発音〈標ア〉ア 〈京ア〉ア

アスタイル〘名〙(英 astile) 石油アスファルト、石綿、合成樹脂、顔料などを加熱、混合して薄い板状に固めた建築材料。床材として使用される。＊エオンタ(1968)〈金井美恵子〉五「オレンジ色のアスタイルの床に」 発音〈標ア〉タ

あす-だち【明日立】〘名〙 翌日出発すること。＊歌舞伎・絵本合法衢(1810)五幕「『わしゃもう直にお暇(いとま)しませう』『でももう初夜前』『イヤ、翌立(アスダ)ちの心支度。宿屋で早う』」

アスタチン〘名〙(英 astatine) 放射性元素の一つ。元素記号 At 原子番号八五。原子量二一〇。半減期八・三時間。ギリシア語の astatos (不安定)にちなんで命名された。 発音〈標ア〉タ

アスタナ(Astana) カザフスタン共和国の首都。一九九七年、アルマトゥイからアクモラに首都が移転し、翌年改称。 発音〈標ア〉0

あずち【垜・堋・安土】〘名〙 的弓の施設。的をかけるために弓場の正面に設ける山形の盛り土。南山。的山。あむつち。いくはどころ。＊三代実録‐仁和元年(885)一一月六日「及二于日暮一。結レ堋賭射。太政大臣献二新銭四十貫一為二賭物一」＊書陵部本名義抄(1081頃)「射垜〈略〉俗云阿都智〈略〉堋　季云阿津知」＊太平記(14C後)三二・笛吹峠軍事「馬の上よりのびあがり見ければ、相隔(へだ)たる事、草鹿(くさしし)の的山(アヅチ)計に成にける」＊佐竹宗三聞書(1515か)「垜の寸法定事なし。見てよきやうに上すはりにして両方の上かとをたかくつくべし。小的の垜は庭の広さにしたがひつかすべし」＊葉隠(1716頃)八「沢辺平左衛門宅の粽にて、賭の的を射被レ申候」＊浄瑠璃・本朝二十四孝(1766)四「幸ひこれに山狩の弓矢二手(ふたて)、氷を積上げあづちとして、一寸二寸の的は勝負遅し、五尺の的を射させんず」 語源説 (1)アムツチ(編土)の略〔名言通・大言海〕。(2)アツツチ(厚土)、またはアツメツチ(集土)の略か〔類聚名物考〕。(3)アツチ(当土)の義か〔名語記・紫門和語類集〕。 発音〈標ア〉0 〈ア史〉平安●●● 〈京ア〉0 辞書 色葉・名義・和玉・文明・伊京・明応・天正・黒本・易林・日葡・書言・〈ボン〉・言海 表記 堋(色・名・玉・文・伊・明・天・黒・易・言) 垜(玉・文・伊・明・天・黒) 射垜(色・名・易・書・〈ヘ〉) 射堋(伊・天・黒) 埯(色・名) 壇(色) 跳・城・塞(名) 射堋(書)

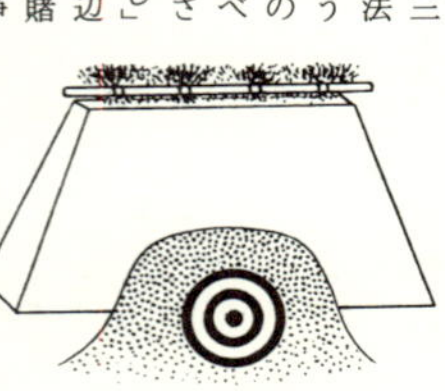
あずち〈和漢三才図会〉

あずち【安土】 一 滋賀県琵琶湖東岸の地名。天正四年(一五七六)織田信長が当時湖中に突き出ていた安土山に築城。西国霊場三二番札所の観音正寺がある。＊俳諧・寂砂子(1824)上「和睦の沙汰に腹のへる月〈夢南〉 鎌入も安土の分は跡まはり〈孤山〉」 二 大阪市中央区の町名。本町の北にあって東西に通じる。繊維関係の商社が多い。 発音〈標ア〉0ア 〈京ア〉0

あずち-がた【垜形】〘名〙 上が狭く底面が広い台形になっている形。また、そのもの。はかまごし。＊随筆・守貞漫稿(1837-53)一九「枕は二箇一つ桐筥に入れて携来る也。桑及び桐等のあづち形に己が定紋を金粉にて描レ之」 発音 アズチガタ〈標ア〉0

あずち-じだい【安土時代】 織田信長が江州(滋賀県)安土に城を築いて本拠としたことにもとづいていう織田時代の別称。永禄一一年(一五六八)信長が入京した時から、または、天正元年(一五七三)信長が最後の足利将軍を追放してから、天正一〇年(一五八二)京都本能寺で殺されるまでの間をいう。 発音〈標ア〉ジ

あずち-しゅうろん【安土宗論】 天正七年(一五七九)五月、織田信長が安土城下の浄土宗浄厳院で行なわせた、浄土宗と日蓮宗との論争。浄土宗の勝となり、日蓮宗側は詫証文を書かされるなど厳しく処罰された。日蓮宗の勢力増大を嫌った信長の計画的な弾圧とされる。 発音 アズチシューロン〈標ア〉シュ

あずち-じょう【安土城】 滋賀県蒲生郡安土町、安土山にあった城。天正四～七年(一五七六～七九)織田信長が築城。五層七重の天守を持ち、天守閣のはじまりとされる。石垣・堀が現存。城跡に信長をとむらう摠見(そうけん)寺がある。国特別史跡。 発音 アズチジョー〈標ア〉チ

あずち-まくら【垜枕】〘名〙 あずちの形に似た台形の台の上に、横長の小さなくくり枕を載せたもの。近世に婦人が多く用いた。箱枕。＊洒落本・玉之帳(1789-1801頃)二「しまぐんないの夜着の袖に入てあるあづち枕を二ツだしてならべ」＊歌舞伎・時桔梗出世請状(1808)二幕「ト切り見世にある安土枕を取って、ぶつてかかる」＊随筆・用捨箱(1841)下・五「垜枕(アヅチマクラ)は、いと近き製作なるべけれど、若き人は名だにも知らず」

あずちももやま-じだい【安土桃山時代】 織田信長、ついで豊臣秀吉が戦国時代を終わらせ、天下を統一した時代。ふつう、天正元年(一五七三)信長が最後の足利将軍義昭を追放してから、慶長五年(一六〇〇)徳川家康が関ケ原の戦いに勝利するまでをいう。織豊時代。 発音〈標ア〉ジ ア=ジ 〈京ア〉ジ

あずち-もん【垜門】〘名〙 語義未詳。穴門(あなもん)のことか。また、上土門(あげつちもん)のことをいうか。 辞書 言海 表記 堋門(言)

あずち-や【垜屋】〘名〙 あずちの上をおおう仮屋。＊江家次第(1111頃)九・射場始「堋屋張二紺布一、上二之八字件堋一、去二射場一廿七丈五尺」＊高倉院御元服記(1171)「嘉応三年正月三日、〈略〉従安福殿南廊東面、南行、更東折、従堋屋東北角柱、南折、至于永安門西腋、張同幔」

アステカ-ぶんめい【—文明】(アステカは(スペ) Azteca)《アズテク文明》マヤ、トルテク文明を継承して、一四世紀以降メキシコ高原に栄えた、アステカ帝国の文明。絵文字を用い、巨石建造物、暦法などが発達。宗教は多神教で、怪奇な宗教芸術が多い。一五二一年、スペインのコルテスにより征服、破壊される。 発音 アステカブンメイ〈標ア〉ブ

アズテク-タノ-だいごぞく【—大語族】〘名〙 北米インディアン諸語の一語族。ユト-アステク語族(合衆国のロッキー山脈以西の多くの州および北メキシコに分布)、タノ-カイオワ語族(合衆国ニューメキシコ州リオ-グランデ流域のタノ語群と、同州とアリゾナ州に分布するカイオワ語群などが含まれる)の二つの語族を含む。

アズテク-ぶんめい【—文明】(アズテクは英 Aztec) ⇨アステカぶんめい(—文明)

あす-てり【明日照】〘名〙 あした。明日。＊物類称呼(1775)五「明日明後日といふ事を播州赤穂にて、あすてりあさって照といふ　この所塩浜なれば日和よかれと祝していふなるべし」

アステリスク〘名〙(英 asterisk) 注記・参照・省略などの指示に用いる「*」印。星印。アステリ。 発音〈標ア〉リ

アステロイド〘名〙(英 asteroid「星形」の意)《アストロイド》①定円にその円の四分の一の半径の円が内接し、すべらずころがるとき、小円の周上の一点が描く曲線。内サイクロイドの一種。星芒形。②「しょうわくせい(小惑星)」に同じ。 発音〈標ア〉ロ

あすとぅ〘名〙 方言 ❶あさって。明後日。沖縄県竹富島・小浜島・新城島996 ◇あしとぅ 沖縄県「あしとぅぬゆー(明後日の晩)」996 ◇あっとぅ 沖縄県竹富島996 ❷明朝。翌朝。◇あすとぅとも。宮崎県西臼杵郡063 948

アストゥリアス(Asturias) スペイン北西部ビスケー湾に面した地方名。八世紀頃、イスラム教徒の侵入に抵抗したキリスト教徒が拠点とした。 発音〈標ア〉トゥ

アストゥリアス(Miguel Angel Asturias ミゲル=アンヘル―) グアテマラの小説家。アメリカの古代文化を研究し、「グアテマラ伝説集」を発表。後に、社会抗議的小説を書く。代表作「大統領閣下」「緑の法王」。一九六七年ノーベル文学賞受賞。(一八九九～一九七四) 発音〈標ア〉トゥ

アストラカン〘名〙(英 astrakhan) 西アジア地方に産する、羊の胎児や、生まれたばかりの子羊の毛皮。帽子や婦人用オーバー地として珍重される。また、それに似せて織った織物。元来ロシアのアストラハン(Astrahan')地方で産したのでこの名がある。＊外来語辞典(1914)〈勝屋英造〉「アストラカン　Astrakan〔露〕(一)露国アストラカン産の羊児の皮」＊如何なる星の下に(1939-40)〈高見順〉一〇「ええ豪遊なアストラカンかなんか着込んで、大変なもんですわ」＊炎の人(1951)〈三好十郎〉三「アストラカンの帽子に、濃青色の大きなマントに東洋風のステッキ」 発音〈標ア〉ラ 〈京ア〉ラ

アストリンゼン〘名〙(英 astringent lotion から)《アストリンゼント》化粧品。化粧水の一種で、酸性化粧水の代表的なもの。はだをととのえ、ひきしめ、弱酸性に保つ働きがある。＊追われる女(1953-54)〈平林たい子〉取引「レッテルのない磨ガラスのアストリンゼンの瓶が」 発音〈標ア〉リ 〈京ア〉リ

アストロラービョ〘名〙(ポルトガル astrolabio) 西欧で発明された天文観測儀で、太陽や星の高度を測定する器械。一六世紀後半にポルトガル船によりもたらされ、朱印貿易船に使用され、日本でも製作された。＊元和航海書(1618)「日輪中すぢより南に在て、船は中すぢより北にあらば、アストロラアビョにて日をはかり」 発音〈標ア〉ラ

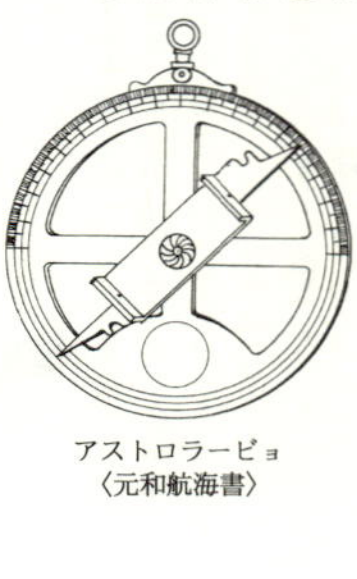
アストロラービョ〈元和航海書〉

アストロラーブ〘名〙(フランス astrolabe) 正三角形プリズムと水銀盤を組み合わせた天文測定装置。天体の高度が六〇度に達した時刻を測るもの。A=ダンジョンが改良し、現在、時刻観測用に広く使用されている。

アストロロジー〘名〙(英 astrology) 占星術。星占

い。 発音〈標ア〉[ロ]2

アストン 一(Francis William Aston フランシス=ウィリアム―) イギリスの物理学者、化学者。質量分析器を改良して多数の元素の同位体(元素)を分離し、その原子量を精密に測定。一九二二年ノーベル化学賞を受賞。(一八七七～一九四五) 二(William George Aston ウィリアム=ジョージ―) イギリスの外交官。日本研究家。文久四年(一八六四)イギリス公使館付日本語通訳生として来日。「日本書紀」の英訳のほか著書「日本口語法」「日本文学史」「神道」など。(一八四一～一九一一) 発音〈標ア〉[ア]

あすな 〘名〙 植物「あしたば(明日葉)」の異名。 *風俗画報-二五四号(1902)産物「故にあしたくさと呼とぞ八丈島にてはあいた神津島にてはあすなといふ」

あずない あづなひ 〘名〙 語義未詳。同性愛、男色のことも、氏族の違う二人をいっしょに葬ることともいう。 *書紀(720)神功皇后摂政元年「時に一の老父有りて曰さく『かかる佐をば阿豆那比(アヅナヒ)の罪と謂ふ』とまうす。『何の謂ぞ』と問ふ。対へて曰さく『二の社の祝をば、共に合せ葬るか』とまうす」 語源説 (1)アヒウヅナヒ(相諾)の意〔仮字拾要〕。(2)ウヅナヒの転〔大言海〕。(3)二人を相合わせて葬った罪で、アツナ(相着行)ヒの義か〔日本語源=賀茂百樹〕。(4)アツは集、ナヒは活用語尾。集まり寄る意で、集合すべきでないものが一所にある穢(けが)れということ。この語はアツラワの形で、「共に」の意としてアイヌ語に残っている〔日本古語大辞典=松岡静雄〕。 上仮名 アヅナヒ

あずない 〘形〙 方言 ⇨あどない

あす-なろ 【翌檜】〘名〙 ヒノキ科の常緑高木。東北地方から九州にかけて分布し、庭園にも植えられ、植林もされる。高さ一〇～三〇メートル。樹皮は灰褐色で薄く、縦に裂け、屑となってはげ落ちる。葉はやや大きな鱗状で、枝の表側のものは緑色だが、裏側のものはろう質を帯びて白色。初夏、細い枝先に青みを帯びた長楕円形の雄花と、淡黄緑色で紅色を帯びた雌花がつく。実は広楕円形の球果で、一〇月頃熟す。材は淡黄色で、建築、土木、船、車両、漆器などに利用される。日本の特産種であるが、化石として外国にもある。樹形がヒノキに似ており、「明日は檜(ひのき)になろう」の意から名付けられたという俗説がある。漢名として羅漢柏をあげるが誤用。あすわひのき。おにひのき。しろび。ひば。あて。あてひ。あてび。あすひ。あすなろう。学名は Thujopsis dolabrata *和漢三才図会(1712)八二「檜(ひのき)〈略〉一種阿須檜(あすひ) 似ㇾ檜而木心似ㇾ柀(まき)為ㇾ器〈略〉匠人用偽ㇾ檜 又名阿須奈呂 即柏木(このてかしは)也」 *日本植物名彙(1884)〈松村任三〉「アスナロ 羅漢柏」 *左千夫歌集(1920)〈伊藤左千夫〉明治三六年「人たけにいまだ足らはぬあすなろの木群(こむら)の緑厠つつめり」 方言 一植物。❶いぬまき(犬槙)。東京都大島322 三宅島・御蔵島333 ❷まき(槙)。東京都大島・八丈島008 静岡県伊豆・遠江008 ❸ねず(杜松)。千葉県君津郡008 ❹まるばやなぎ(丸葉柳)。 ◇あすなり 愛媛県上浮穴郡856 ❺さわら(椹)。高知県008 熊本県008 ❻いぬがや(犬榧)。 二魚。❶きちじ(喜知次)。神奈川県三浦郡016 芸州†039 ❷そこいとより(底糸撚)。高知市865 発音〈なまり〉ヤスナロ〔茨城〕〈標ア〉[0]〈京ア〉[0]

あす-なろう 【翌檜】〘名〙「あすなろ(翌檜)」に同じ。 *甲陽軍鑑(17C初)品四〇下「それがしは檜の木のぢゃうにあす成ふと云て、終に何にもならざる間、此木の名をあすならふと名づくるごとく」 *枕草子春曙抄(1674)三「あすはひの木 明日檜木(あすはひのき)にや。世俗にあすならふといふ木なり。檜の木に似て、材木につかふ物也」 *俳諧・笈の小文(1690-91頃)「日は花に暮てさびしやあすならふ」 *本草一家言(18C前-中)二「当檜(あてび) 又呼阿天為屋柱。俗呼丸太。従丹波来。当檜者即明日奈良宇(アスナラウ)木、即左波羅」 *広益国産考(1859)二「檜の一種に阿須檜(あすひ)といふあり。檜によく似て、木の芯抜(しんまき)に似たり。是を世間にてはあすならふといへり。即ち柏木(このてかしは)なりといへり」 方言 植物。❶いぬまき(犬槙)。伊豆大島†072 伊豆神津島・八丈島†071 静岡県524 ◇あさなろう 東京都式根島322 ❷こうやまき(高野槙)。静岡県伊豆008 発音アスナロー〈標ア〉[ロ] 辞書 書言・言海 表記 明日檜(書)

あす-にち 【明日日】〘名〙(あす(明日)の日の意)「あす(明日)」に同じ。 *歌舞伎・熊谷名残盃(1694)一「只今はいくさ中ばなれば、こなたとゑんをむすんであす日某相はてた時は、思ひをかくるといふ物」

あすはけ 〘名〙(「あすはげ」とも) 語義未詳。 *玉塵抄(1563)三三「仙人を呼よする長生方を以たなどといたかことを云てあすはげになったぞ」 *四河入海(17C前)一・三「小人が、君子の明を掩(おほ)へども、其も、つめは、あすはけになりて、やがて、なにも、なうなるぞ」 語誌 「大辞典」は「勢の衰へる意か」とする。語源は「明日は異(け)」か。または「あすはげ(明日剝)」で、すぐにめっきがはげる意か。

あすば・す 【遊】〘他サ四〙(「あそばす」の変化した語) 一いろいろの物事をするの意の尊敬語。なさる。 *天理本狂言・入間川(室町末-近世初)「申々、けがあすばすな、そこはふかひと云」 *四河入海(17C前)八・三「けつの音なれども、けとあすはすぞ」 *滑稽本・浮世風呂(1809-13)三・上「お孫さまが痘瘡(おやく)を遊(アス)ばしたさうでございますネ」 *人情本・清談若緑(19C中)一〇・一九回「是れから仮令(たとへ)何方(どっちら)へ御宿替を遊(アス)ばさうとも」 *二人女房(1891)〈尾崎紅葉〉上・二「大層感心あすばしますのね」 二補助動詞として用いられる。動詞の連用形に尊敬の接頭語「お」をのせた形につき、その動作をする人に対する尊敬の意を表わす。 *滑稽本・浮世風呂(1809-13)二・下「おまへさん、是をお浴(あび)遊(アスバ)してお上りあすばせ」 発音〈標ア〉[0]

アスパック 【ASPAC】(英 ministerial meetings of the Asian and Pacific Council の略) アジア太平洋協議会。一九六六年六月に、韓国のソウルで開かれたアジア太平洋閣僚会議で設けられた地域協力機関。日本、韓国など一〇か国が加盟。七三年事実上解体した。 発音〈標ア〉[パ]

あすは-の-かみ 【阿須波神】 地を守る神という。 *古事記(712)上「次庭津日神、次阿須波神(アスハのかみ)、次に波比岐神」 *万葉(8C後)二〇・四三五〇「庭中の阿須波乃可美(アスハノカミ)に木柴さし吾(あれ)は斎はむ帰り来までに〈若麻続部諸人〉」

あす-は-ひのき 【明日檜】〘名〙(明日(あす)は檜(ひのき)になろうの意) 植物「あすなろ(翌檜)」の異名。 *枕(10C終)四〇・花の木ならぬは「あすはひの木、この世にちかくもみえきこえず。〈略〉なにの心ありて、あすはひの木とつけけむ。あぢきなきかねごとなりや」 *俳諧・笈日記(1695)中・伊勢「あすは檜の木とかや、谷の老木のいへる事あり。きのふは夢と過て、あすはいまだ来らず。ただ生前一樽のたのしみの外に、あすはあすはといひくらして、終に賢者のそしりをうけぬ。さびしさや華(はな)のあたりのあすならふ〈芭蕉〉」 発音〈標ア〉[ヒ] 辞書 書言・言海 表記 明日檜(書)

アスパラ 〘名〙「アスパラガス」の略。 発音〈標ア〉[0]

アスパラガス 〘名〙(英 asparagus) ①ユリ科キジカクシ属の多年草の総称。食用のほか、観賞用として温室や庭園で栽培されるシノブボウキ、タチボウキ、ノギノハカズラ、クサスギカズラ、タチテンモンドウなど多数の種類がある。学名は Asparagus *病室の花(1920)〈寺田寅彦〉「其周囲には緑色の紗(しゃ)の片々と思ふやうなアスパラガスの葉が四方に拡がり」 *伸子(1924-26)〈宮本百合子〉四・二「西洋間の窓のアスパラガスの鉢植の蔭に」 ②南ヨーロッパ原産。主として北海道で栽培される。高さ一・五メートルに達する。葉は退化して褐色の鱗片(りんぺん)となり茎に密着し、細い枝が葉の代用をして上部でよく分枝する。雌雄異株で、初夏、枝の節から細い柄を出し、釣り鐘状の淡黄色の小花を開く。果実は球形で赤く熟す。若い茎は軟らかいので生食するか、かん詰に加工する。食用アスパラガス。学名は Asparagus officinalis *社会百面相(1902)〈内田魯庵〉電影・二「出るほどの皿はアスパラガスまで余さず掃除して」 *古川ロッパ日記-昭和一一年(1936)一月二五日「ニュウグランドで母上とオルドヴルにポタアジュ、卵と魚の飯と、アスパラガス、プディング、うまいが高し、二人で八円」 語誌 (1)②は日本へは観賞用としてオランダ船が天明元年(一七八一)に伝えたのが最初と言われる。文政年間(一八一八～三〇)までには食用のものが伝わったが、本格的な栽培は大正七年(一九一八)に下田喜久三が北海道で開始したのが最初。同一三年に日本アスパラガス会社が下田の手によって設立された。(2)オランダキジカクシ、マツバウド、西洋ウドなどの訳語もあった。古くは、オランダ語 Aspergie から、アスペルチー、アスペルケー、アステルビなどと呼ばれたこともあり、語源はギリシア語 Aspáragos (新芽)といわれている。 発音〈標ア〉[ラ][パ]〈京ア〉[パ]

アスパラガス ②

アスパラギン-さん 【―酸】〘名〙(ドイツ Asparaginsäure の訳語) アミノ酸の一種。広く動植物の蛋白質中に存在し、人間にとっては非必須アミノ酸だが、細胞の代謝上中心的役割をはたしている。アミノ琥珀(こはく)。 発音〈標ア〉[0][ギ]

アスパルテーム 〘名〙(英 aspartame) アミノ酸系の合成甘味料。砂糖の一八〇倍の甘さがあり、カロリーが少ない。 発音〈標ア〉[テ]

あす-ひ 【明日檜】〘名〙 植物「あすなろ(翌檜)」の異名。 *広益国産考(1859)二「又檜の一種に阿須檜(アスヒ)といふあり〈略〉是を世間にてはあすならふといへり」 *夜明け前(1932-35)〈島崎藤村〉第一部・序・二「檜木(ひのき)、椹(さはら)、明檜(アスヒ)、高野槇(かうやまき)、𣜌(ねずこ)――これを木曾では五木といふ」 方言 信州木曾†091 長野県008 岐阜県飛騨502 静岡県524 愛知県名古屋市003 兵庫県播磨008 鳥取県因幡008 熊本県肥後003 大分県豊後003 ◇あす 兵庫県播磨008 辞書 言海

あすび 【遊】〘名〙「あそび(遊)」の変化した語。 *朝鮮板伊路波(1492)「またくげの御あすびわ、つきのまゑのしいか、はなのもとのくゎんげん、あきのよのながものがたり」 *咄本・鼠の笑(1780)壱岐ざか「ここのさかは、なぜいきざかと、どうした事でいふね。あすひにゆくとき通るから、いきざかさ」 *人情本・閑情末摘花(1839-41)一・一回「門イ(かどづけ)の慈母(おふくろ)が、涙を溢したからと言て、遊(アス)びを止(よす)にもあたりますめへ」 方言 ❶歌舞して遊興すること。また、村芝居、祭など仕事を休んで行なう演芸、娯楽。 鹿児島県喜界島983 ◇あすぃび 沖縄県首里993 ❷ままごと遊び。 長野県諏訪481 辞書 言海

あすび-ある・く 【遊歩】〘自カ五(四)〙「あそびあるく(遊歩)」の変化した語。 *滑稽本・浮世風呂(1809-13)三・下「間がありゃアなまけちらして遊(アスビ)あるく」

アスピーテ 〘名〙(ドイツ Aspite) 火山の形態分類の一つ。底面積が広く、傾斜が一〇度以下の火山。流動性に富む玄武岩質の溶岩が頂上の噴火口から流出してできる。ハワイのマウナ-ロア、マウナ-ケア、わが国の月山、霧ケ峰など。楯(たて)状火山。 発音〈標ア〉[ピ]

あすひ-かずら 【明檜蔓・翌檜蔓・地刷子】〘名〙 シダ類ヒカゲノカズラ科の常緑多年草。やや寒い地方の山地に生える。茎は黄緑色のやや扁平な紐

状で長く地上をはい、多数分枝する。葉は細い鱗片(りんぺん)状またはひし形でアスナロの葉と似ている。夏、枝先に胞子嚢穂(のうすい)をつける。アスナロに似たカズラの意からこの名がある。あすひぐさ。学名は Lycopodium complanatum ＊日本植物名彙(1884)〈松村任三〉「アスヒカヅラ」 発音〈標ア〉カ

あすひ-かわ【明檜皮】『名』檜に最も近いアスナロの樹皮をいう。その皮の繊維をよりすぐって作った縄が「火縄」として古くから重用された。＊木曾山雑話(1759)「槇皮は水道方・御船方御用に相成、明檜皮は火縄御用之為仕出し申候」

あすひ-ぐさ【明日草】『名』植物「あすひかずら(明檜蔓)」の異名。発音アスヒグサ〈標ア〉ヒ

あすび-ごと【遊事】『名』「あそびごと(遊事)」の変化した語。＊朝鮮板伊路波(1492)「いゑつくりおけつこうし、あすひことお御なぐさみ候べく候」 方言❶おもちゃ。遊び道具。岡山県768 広島県芦品郡776 ◇あすぼっこ 静岡県賀茂郡521 ◇あすんぼこ 徳島県那賀郡810 ◇あそんまんご 長崎県南高来郡905 ❷遊戯。◇あそびが 山口市791 ◇あすびっこ 長野県諏訪481 ❸ままごと遊び。◇あすびっこ 長野県諏訪481 ◇あすばっこ 神奈川県足柄下郡054 ◇あすんぼこ 静岡県520 ◇あすなんご 鹿児島県961 ❹手先でいたずらしたりすること。岡山市054

あすび-て【遊手】『名』「あそびて(遊手)①」に同じ。＊人情本・閑情末摘花(1839-41)一・一回「遊手(アスビテ)があればこそ廓(てら)も立派に立てゐるといふものサネ」

あすび-と【遊人】『名』方言❶来客。青森県068 岩手県気仙郡100 ❷遊びに来た人。嫁、婿に行った人が夫と共にあるいはだれかに送られて正月や盆などに実家へ遊びに来る時にいう。◇あしびと 青森県津軽075 ❸好色者。道楽者。岩手県気仙郡100 ❹怠け者。◇あそびどお 高知県860 ◇あそびどん 高知県幡多郡860

あすび-どこ【遊所】『名』「あそびどこ(遊所)」の変化した語。＊落語・素人芝居(1892)〈禽語楼小さん〉「決て然(そ)んな立派の男では無い。マア皆なに煽動(おだて)られて夕景から町内の若衆の遊(アス)び処(ドコ)に成って居るんで御坐います」

あすび-ともだち【遊友達】『名』「あそびともだち(遊友達)」の変化した語。＊人情本・閑情末摘花(1839-41)五・二七回「アノ人は縫箔屋の久治といふ人だヨ。私の宅へ出入でネ、兄さんなンぞの遊(アス)び友達サ」

あすび-ひ【遊日】『名』方言❶休み。休日。甲州†089 埼玉県入間郡257 富山県東礪波郡402 岐阜県郡上郡497 愛知県東春日井郡559 ◇あすびし 山形県村山144 新潟県中頸城郡383 ◇あすびび 山梨県南巨摩郡463 長野県佐久493 ◇あすび 栃木県198 ◇あすひ 福島県会津166 千葉県安房001 ❷定休日。茨城県北相馬郡195 ❸集落で決めた農事の休み。◇あすびし 新潟県板倉町382 ❹二月二日、百手神事(ももてしんじ)の終わった翌日の村の総休み。◇あそび 香川県三豊郡829

あすび-もの【遊者】『名』「あそびもの(遊者)」の変化した語。＊夢酔独言(1843)「幾度も来る度に、丈助があすびものになりにくるよふたとて、みんなが笑った」

アスピリン（ドイツ Aspirin）ドイツ、バイエル社の解熱、鎮痛、抗リューマチ剤の商標名。化学名はアセチルサリチル酸。白色、無臭の粉末またはうろこ状。＊舶来語便覧(1912)〈棚橋一郎・鈴木誠一〉「アスピリン 阿須秘林 Asplenium (独) 羊歯属の植物より取りたる一種の薬剤の名なり」＊湖畔手記(1924)〈葛西善蔵〉「アスピリンを飲み終日臥床呻吟」 発音〈標ア〉ピ0〈京ア〉ピ

アスピリン-スノー『名』(洋語 aspirin snow) アスピリンの結晶のような、ひとつひとつの粒が小さい、さらさらした雪のこと。気温が低いときの新雪。発音〈標ア〉ノ

あす・ぶ【遊】㊀『自バ五(四)』(「あそぶ」の変化した語) ①思うことをして心を慰める。遊戯をしたり、気楽に歩いたり、遊興したりする。＊天理本狂言・引括(室町末-近世初)「二日や三日、あすんだと云て、べつの事が、御ざらふかと云」＊四河入海(17C前)五・二「美酒を飲、紅杏碧桃の如き妓女を携てあすふべし」＊かた言(1650)三「遊べを、あすべ」＊洒落本・通言総籬(1787)二「こんぢうは二朱銀をほうり出して、酒肴付てあすんできたア」＊滑稽本・東海道中膝栗毛(1802-09)三・下「道楽寺さまに御説法があるから、あすびながらおざいといってよヲ」＊滑稽本・浮世風呂(1809-13)二・上「おまへとわたしと遊(アス)ばうねへ。お隣事(となりごっこ)をしませう」＊人情本・仮名文章娘節用(1831-34)後・五「よく寐坊主だぞ。コレちっと目をさましてあすばねへか」 ②仕事や勉強をせず、また、職が得られずぶらぶらする。＊雑俳・軽口頓作(1709)「きみがわるい・あすんでおじやはみくだり」＊西洋道中膝栗毛(1874-76)〈総生寛〉一二・下「こりゃァ、浜の仮名垣先生の内に寄食(アスン)でゐる、兵亭定岡さんの作だぜ」＊浮雲(1887-89)〈二葉亭四迷〉二・九「君だッてもナニモ遊(アス)んでゐて食へると云ふ身分でも有るまいシ」＊野分(1907)〈夏目漱石〉二「僕の友人の哲学科を出たものなんか、卒業してから三年になるが、まだ遊(アス)んでるぜ」 ㊁『他バ五(四)』人をからかう。もてあそぶ。＊洒落本・文選臥坐(1790)河東の艶詞「子ぞうだと思ってそんなにあすんでくんなせへすな」＊人情本・春色辰巳園(1833-35)初・三回「『いい男だの』ト仇吉が背中を一つたたく。『いいヨ、たんと遊(アス)びなヨ』」＊滑稽本・和合人(1823-44)四・中「『お前は人の売物をあすびなさるのだネ』『ナニナニ遊びやァ為やせん』『そんなら買ってお呉んなせへ』」 発音〈標ア〉0 辞書言海

アスプ『名』(英 asp) ①アスプコブラのこと。アフリカに広く分布する。コブラ科の毒ヘビの一種。全長一・五～二・四メートルに達する。クレオパトラはこれにかまれたといわれる。エジプトコブラ。学名は Naja haie ②アスプクサリヘビのこと。ヨーロッパ産のクサリヘビ科の毒ヘビの一種。全長七〇センチメートルに達する。学名は Vipera aspis 発音〈標ア〉ア

アスファルト『名』(英 asphalt)《アスハルト・アスパルト》黒色の固体または半固体の瀝青物質。炭化水素を主成分として複雑な構造をもつ。天然のものと、石油精製時の蒸留残留物として得られる石油アスファルトとがある。粘着力、防水性、電気絶縁性にすぐれ、道路舗装、建築材料、電気絶縁などに用いられる。土瀝青。＊写真鏡図説(1867-68)〈柳河春三訳〉二「アスハルト一名アールドペッキ又ビチュム・ド・シェデー 猶太国産の土脂といふ義 と云ふ」＊東京日日新聞-明治二一年(1888)二月二一日「日本橋南畔へ耐寒のアスハルト道路を試験の為め布設せしが」＊社会百面相(1902)〈内田魯庵〉矮人巨人・一「幅一間の一等道路はアスパルトで敷詰め」＊或阿呆の一生(1927)〈芥川龍之介〉八「雨に濡れたまま、アスファルトの上を踏んで行った」 発音〈標ア〉ファ〈京ア〉ファ

アスファルト-コンクリート『名』(英 asphalt concrete) アスファルトと、砂、砕石、砂利などの骨材とを加熱混合した道路の舗装材料。道路の基層、表層などに敷き、ローラーでかためる。発音〈標ア〉リ

アスファルト-ジャングル『名』(アメリカ asphalt jungle) 生存競争の激しい、索莫とした大都会をジャングルにたとえていう語。発音〈標ア〉ジャ

アスファルト-びき【―引】『名』道路などをアスファルトで舗装すること。＊君山先生(1948)〈桑原武夫〉「前の道が近年アスファルトびきになって、トラックやリヤカーがひんぱんに通る」 発音〈標ア〉0

アスファルト-みち【―道】『名』アスファルトで舗装された道路。＊浅草紅団(1929-30)〈川端康成〉一「上野の鶯谷から言問橋へアスファルト道(ミチ)を、浅草乗合自動車が通ってゐる」 発音〈標ア〉ト

あず-へ【坍辺】『名』崩れた崖のほとり。＊万葉(8C後)一四・三五四一「安受倍(アズヘ)から駒の行このす危(あや)はども人妻子ろをまゆかせらふも〈東歌〉」 上仮名アズヘ

アスペクト『名』(英 aspect) ①(問題の)見方、見地。(物の)外観、様子、様相、状況。＊美辞論稿(1893)〈坪内逍遙〉七「吾人は其の知力に映現したる状貌(アスペクト)によりてのみ事物を知ることを得」＊文学と猥褻(1957)〈高橋義孝〉「複雑微妙なアスペクトを持つ性欲という題材を扱っているからこそ」 ②文法形式の一つ。動詞の意味内容の完了、未完了、継続、起動、反復などを表わす。話者の発話時点から見て、話の内容が終わっているものか終わってはいないものかという基準で変化形を変える動詞の時制とは異なる。相。発音〈標ア〉ペ

アスペクト-レーショ『名』(英 aspect ratio) テレビなどの画面の縦横の比率。縦三、横四の割合になっている。画像比。発音〈標ア〉レ

アスベスト『名』(オランダ asbest ドイツ Asbest) 石綿。耐火材、保温材として用いたが、発癌(はつがん)性があるとして現在は用いられない。＊舎密開宗(1837-47)内八・一五四「亜斯別斯多(アスベスト)〈石絨類〉」 語誌平賀源内「火浣布説」「火浣布略説」にラテン語「あすべすと」の語形で見えるのが早い。わが国最初の石綿製造を行なった源内の周囲には一部蘭学者の関与もあり、「アスベストス」の語も長崎通詞経由で蘭書によって得た知識であろう。発音〈標ア〉ベ〈京ア〉ベ

アスペルギルス『名』(ラテン Aspergillus) 子嚢(しのう)菌類コウジカビ科コウジカビ属の属名。菌糸は無色で、隔壁があり、盛んに分岐する。ところどころに柄を出し、先端に放射状に分生子を生じる。コウジカビ、タマリコウジカビ、クロカビ、ウメズカビなど。学名は Aspergillus 発音〈標ア〉ギ

あずま〔あづま〕【東・吾妻】『名』①東の方。東方。＊古事記(712)下・歌謡「上(ほ)つ枝は 天を覆(お)へり 中つ枝は 阿豆麻(アヅマ)を覆へり 下(し)づ枝は ひなを覆へり」 ②都から東の方の諸国の称。東国。時代や文献によってその範囲が異なる。広くは東海道、東山道以東陸奥国までもいったが、奈良朝以降次第に現在の関東地方を指すようになった。＊万葉(8C後)一八・四〇九七「すめろきの御世さかえむと阿頭麻(アヅマ)なるみちのく山に黄金花咲く〈大伴家持〉」＊古今(905-914)離別・三七三・詞書「あづまの方へまかりける人によみてつかはしける」＊謡曲・隅田川(1432頃)「行くへを聞けば逢坂の関の東の国遠き東(あづま)とかやに下りぬと」 ③鎌倉、室町時代に、京都から特に鎌倉または鎌倉幕府を指していう。→東の主(あるじ)。＊十六夜日記(1279-82頃)「あづまにてすむ所は、月かげのやつとぞいふなる」 ④江戸時代、上方から特に江戸を指していう。＊浮世草子・傾城色三味線(1701)京・三「折ふし吾妻(アヅマ)の大臣始て上方見物に上られしを」＊浄瑠璃・神霊矢口渡(1770)一「都では芸子(げいこ)と名付け東(アヅマ)では踊らぬ時も踊り子のすんとして」＊五重塔(1891-92)〈幸田露伴〉二九「夢はいつでも東都(アヅマ)なるべし」 ⑤「あずまつ」に同じ。あるいは「十巻本和名抄」の誤記か。＊十巻本和名抄(934頃)一「辺鄙 文選云蛍眩辺鄙〈師説辺鄙 阿豆万〉世説注云東野之鄙語也〈今案俗用二東人二字一其義近矣〉」 ⑥「あずまごと(東琴)」の略。＊源氏(1001-14頃)若紫「あづまをすがかきて、常陸には田をこそ作れといふ歌を、声はいとなまめきてすさび居給へり」 ⑦「あずまげた(東下駄)」の略。＊雑俳・若とくさ(17

90)「ざんぶりとあづまねだって居る雪踏」 語誌 (1)元来は東を示す普通名詞であったと思われるが、都より東方の諸国を指す用例が多い。時代や文献により範囲が異なり、「万葉集」の東歌など上代文献には現在の関東地方を指すものや、より広く現在の長野県・静岡県・岐阜県や東北地方を指すものもある。(2)平安京への遷都によって多少範囲が変動し、現在の三重県をも含めて、都から東方への道筋、東海道・東山道の諸国を指すようになった。これらは、都とは隔絶した地域という意味で異国風な趣を持ち、新天地を求めるあこがれの地でもあった。(3)鎌倉時代以降は、京・上方に対峙する地域として、鎌倉や江戸を指していうようになった。 語源説 (1)アガツマ（吾妻・吾嬬）の約。日本武尊が蝦夷征伐の折、弟橘姫をしのび碓日の嶺より東南を望み、アヅマハヤ（吾嬬者耶）といったという伝説による〔袖中抄・塵袋・日本釈名・志不可起・言元梯・和訓栞・紫門和語類集〕。(2)アサテルマツ（朝光待）の反〔名語記〕。(3)アケツマ（明端）の義〔稜威言別・大言海・日本語源＝賀茂百樹〕。(4)アサツマ（朝間＝朝の方の義）の約〔神代史の新研究＝白鳥庫吉〕。(5)アツミ（アイヌ語のアツイと同源で、ワタツミと同じく、原義は海）の転呼。海人族またはその一支の呼称で、その居住地をアツマの国、その民衆をアヅマ人と称した〔日本古語大辞典＝松岡静雄〕。 発音 〈標ア〉ア 〈ア史〉平安○○○ 鎌倉○◎◎と○◎○の両様 江戸○◎○ 〈京ア〉ズ 辞書 色葉・和玉・文明・伊京・明応・天正・饅頭・黒本・日葡・書言・ヘボン・言海 表記 東（色・玉・文・伊・明・天・饅・黒・書・ヘ） 辺鄙（文・伊・天・黒・書） 吾妻（書・言） 辺（天） 東国（言）

あずま の 主（あるじ） 鎌倉幕府の将軍。＊増鏡（1368–76頃）五・内野の雪「ただ御子（みこ）にて、あづまのあるじになしきこえてんと思して」

あずま の=亀鑑（きかん）[=亀（かめ）の鑑（かがみ）] 関東の規範の意。鎌倉幕府支配下の武家における根本法典で、貞永元年（一二三二）に制定された御成敗式目のこと。貞永式目とも関東武家式目ともよばれ、その後も追加されて、訴訟決裁の規準となった。＊十六夜日記（1279–82頃）発端「さてもなほ、東の亀の鏡にうつさば、くもらぬ影もやあらはるると」

あずま の 君（きみ） 江戸に在住する徳川将軍。＊俳諧・大坂独吟集（1675）下「禁裏の御普請おいそぎの比 月夜よし東の君の上洛に〈重安〉」

あずま の 国（くに） 「あずま（東）②」に同じ。＊書紀（720）景行四〇年是歳（北野本訓）「甲斐自（よ）り北武蔵上野（かむつけ）を歴（へ）て、西（にしのかた）碓日（うすひ）坂に逮（いた）ります。時に日本武尊（やまとたけのみこと）毎（つね）に、弟橘媛（をとたちばなひめ）を顧（をぼ）す情（みこころ）有（ま）します。故（かれ）に碓日（うすひの）嶺に登りて、東南（たつみ）を望（おせ）りまして、三たび歎きて曰はく、『吾嬬（あがつま）はや』〈嬬、此には菟摩と云ふ〉故（かれ）に因（よ）て山の東（ひむがし）の諸国（もろくに）を号（なつ）けて吾嬬国（アツマノクニ）と曰ふ」＊万葉（8C後）二一・一九九「鶏（とり）が鳴く 吾妻乃国（あづまのくに）の 御軍士（みいくさ）を 召し給ひて〈柿本人麻呂〉」＊更級日記（1059頃）「をさなかりし時、あつまのくににゐて下りてだに、心地もいささかあしければ」 発音 〈標ア〉ア

あずま の 袖（そで） 東国人の衣の袖。＊源平盛衰記（14C前）四二・屋島合戦「塩風にさそふ虚焼（そらたき）は、東（アヅマ）の袖（ソデ）にぞ通ふらし」

あずま の 代官（だいかん） 鎌倉幕府から派遣された京都守護。＊増鏡（1368–76頃）二・新島守「あづまの代官にて、伊賀判官光季といふ者あり」

あずま の 旅（たび） 京都から、関東地方へゆく旅。＊太平記（14C後）二・三人僧徒関東下向事「まだ夜深きに鳥が鳴く東（アヅマ）の旅に出で給ふ、心の中こそ哀れなれ」

あずま の 都（みやこ） （東都（とうと）を訓読したもの） 江戸のこと。＊賀茂翁家集（1806）四「鳥が鳴東の都にまゐつるごとに、わが篶（すず）の戸をとはる」＊随筆・織錦舎随筆（1811頃）上・東の都といふ詞「此江戸をさして東都と文字に書るは、都会、都邑などいふ字義によりて、博士の輩の書そめたる事にて、二百年ばかりこなた書なれたり。扨これを大和ことの葉に、あづまのみやことといふ事は、県居の翁の文にはじめてかかれたり」

あずま【東・吾妻】 姓氏の一つ。 発音 〈標ア〉ア

あ-ずま【吾妻・吾嬬】〘名〙 わが妻。私の妻。＊古事記（712）中「其の坂に登り立ちて、三たび歎かして、『阿豆麻（アヅマ）波夜（はや）〈阿より下の五字は音を以ゐよ〉』と詔云（の）りたまひき」＊日葡辞書（1603–04）「Azzuma（アヅマ）〈訳〉結婚した女性のことで、夫が自分の妻をさして言う語」 発音 〈標ア〉ア 〈京ア〉ズ 辞書 日葡

あずま〘名〙 方言 ❶困り果てること。山口県阿武郡795 ❷玄関の方へ母屋の雨垂れが落ちないようにした家。富山市近在392 ❸植物、やしゃぶし（夜叉五倍子）。富士山東麓1070 神奈川県003 山梨県003

あずま-あしぎぬ【東絁】〘名〙 東国地方で産出したあしぎぬ。＊続日本紀–天平一四年（742）正月癸丑「特賚ニ造宮卿四位下智努王東絁六十疋、綿三百屯ニ」

あずま-あそび【東遊】〘名〙 平安時代から行なわれた歌舞の名。東国の風俗歌（くにぶりのうた）に合わせて舞うところからこの名がある。もとは東国の民間に行なわれていたものが平安時代に宮廷に取り入れられ、貴族や神社の間にも行なわれるようになった。舞人は六人または四人。主唱をつかさどる歌方（うたいかた）は笏拍子（しゃくびょうし）を持ち、拍子、高麗笛（こまぶえ）、篳篥（ひちりき）、和琴（わごん）各一人から成る。唱和をする付歌（つけうた）若干（現行二人）、立奏のために和琴の首尾をささえる琴持ち二人から成る。後には、もっぱら神事舞として奏し、明治以後は、春秋の皇霊祭、一般の神社の恒例、臨時の祭礼の際などに行なわれる。一歌、二歌、駿河舞、片下（かたおろし）、求子（もとめご）歌、大比礼（おおひれ）歌から成り、駿河舞と求子歌に舞がつく。あずままい。＊九暦–逸文・承平七年（937）四月（一五）日「賀茂祭云々、使左近中将敦忠朝臣、参内之次、召使舎人等、有東遊云々」＊源氏（1001–14頃）若菜下「ことごとしき高麗、唐土の楽よりも、あづまあそびの耳馴れたるは、なつかしくおもしろく」＊江家次第（1111頃）六・石清水臨時祭「又再拝返祝之後、廻ニ御馬ニ〈八度〉復ニ中門座ニ、次東遊」＊謡曲・羽衣（1540頃）「東遊の数々に、その名も月の宮人は、三五夜中の空にまた、満願真如の影となり」＊仮名草子・尤双紙（1632）上・二四「稀成物のしなじな〈略〉天人下りて舞かなでし事あり。あづまあそびのするが舞のはじめ也」 発音 〈標ア〉ア² 〈京ア〉ア² 辞書 色葉・書言・言海 表記 東遊（色・書・言）

東　遊〈遊行上人縁起絵〉

あずまあそび の 歌（うた） 東遊の舞曲に用いる歌。＊大鏡（12C前）六・昔物語「はじめたるあづまあそびの扇、敏行中将ぞかし」＊本朝楽府三種合解（1815）「東遊の歌といふは初の一二の歌より、次の駿河舞の歌、求子の歌、加太於呂之のうたまでをすべていへる事は」

あずま-あわび【東鰒】〘名〙 東国地方で産するアワビ。＊延喜式（927）三・神祇・臨時祭「御井祭〈略〉東鰒一斤、堅魚二斤」＊延喜式（927）三三・大膳「園韓神祭雑給料〈略〉東鰒、隠岐鰒、烏賊各十六斤」

あずまい【弁】〘名〙 思慮をはたらかせて、事のよしあしを見分けること。分別。わきまえ。＊洒落本・魂胆惣勘定（1754）上「跡さきのあつまひなく無心いいかけ、埒（らち）があかねばむりなるはらを立、禿（かぶろ）はおもひがけなくつめられ」

あずま・う【弁】〘他ハ下二〙 思慮をはたらかせて、事のよしあしを見分ける。分別する。わきまえる。＊歌舞伎・梅柳若葉加賀染（1819）四立「わたしもやうやう十二三、あづまへ知らぬ身ながらも、あのお方ぢゃと思ふ程、どうしてお顔を見忘れませう」

あずま-うた【東歌】〘名〙 ①東国地方の人々の歌。東国方言でよまれ、「万葉–一四」「古今–二〇」に収められている。もともとは東国地方の民謡。＊万葉（8C後）一四「東歌」 ②東遊の歌。＊謡曲・羽衣（1540頃）「聞くも妙なり東歌、声添へて数々の、簫笛箜篌、孤雲のほかに満ち満ちて」＊咄本・初音草噺大鑑（1698）二・一七「あらおもしろの竈神やと、あづま歌（ウタ）をうたひまふ女みこを、いち子ともかまばらひともいへり」 ③関東風の狂歌。＊狂歌・徳和歌後万載集（1785）序「鳥がなくあづま歌、今やさかんに行（おこなは）れなれりければ」 発音 〈標ア〉マ 〈ア史〉鎌倉○○○○と○○○◎○の両様 〈京ア〉マ 辞書 書言・言海 表記 東歌（書・言）

あずま-うた【吾妻唄】〘名〙 近世、江戸ではじめられた、江戸長唄、常磐津、新内、富本、清元などの浄瑠璃を上方地方で総称したもの。 発音 〈標ア〉マ

あずま-うちわ【東団扇】〘名〙 東国地方で産するうちわ。＊風俗画報–一〇二号（1895）人事門「梹榔うちわ、あずま団扇等の別あり右の品々はうちわ屋にては一通りは取揃へおくなれとも」＊片われ月（1901）〈金子薫園〉「蚊やり火をくゆらしながら祖母君をいたはりまさむ東団扇（アヅマウチハ）に」

あずま-うど【東人】〘名〙（「あずまうと」とも）「あずまひと」の変化した語。＊古本説話集（1130頃か）二二「今は昔、あづまうどの、歌いみじう好みよみけるが」＊あさぢが露（13C後）「たれかこもりたる、めづらしきやつれ姿はとのたまへば、かたがたはあづまうどの侍り」 辞書 色葉・言海 表記 辺鄙・東人（色）

あずま-え【東絵】〘名〙「あずまにしきえ（東錦絵）」に同じ。

あずま-えびす【東蝦夷】〘名〙（「えびす」は「えみし」の変化した語）①東国に住んでいた蝦夷（えみし）。＊あさぢが露（13C後）「もろこしのありさま、かうらい、きかいあづまゐびすがしやうまで、おぼつかなき所なくまかりありきはんべるに」 ②京都の人が、東国地方の人々、特に武士の無骨で粗野なのを軽蔑していう呼び名。東夷（とうい）。＊俳諧・紅梅千句（1655）六・雁「あづまえびすこしや扶持（ふち）をあたふらん〈季吟〉 公家は衰（をとろ）ふ元亨（げんかう）のすゑ〈正章〉」＊浄瑠璃・津戸三郎（1689）役所尽し「色知らぬあづまゐびすの次信め」＊雑俳・雪の笠（1704）「一目見てあづまゐびすも哥の梅」 発音 〈標ア〉エ 〈京ア〉エ

あずま-おとこ【東男】〘名〙 ①東国地方の男子。東国生まれの男。あずまおのこ。多く、いなか者、言動の荒々しい東国武士、無骨者などの意を含む。＊万葉（8C後）二〇・四三三三「鶏（とり）が鳴く安豆麻乎等故（アヅマヲトコ）の妻別れ悲しくありけむ年の緒長み〈大伴家持〉」＊源氏（1001–14頃）宿木「女車の、ことごとしき様にはあらぬ一つ、荒ましきあづまおとこの、腰に物負へる、あまた具して」＊平家（13C前）一一・先帝身投「めづらしきあづま男をこそ御らんぜられ候はんずらめ」＊虎明本狂言・墨塗（室町末–近世初）「いかにあづま男じゃといふても人のなさけをしるまひか」＊日葡辞書（1603–04）「Azzuma votoco（アヅマヲトコ）〈訳〉東国の男。卑しい男とか、いなかものの意

にもなる」 ②江戸生まれの男。京女の美しいのに対比して、男のたくましく、意気な気性をほめていう。＊雑俳・柳多留-九(1774)「雨ふりにあづま男をつくばわせ」＊滑稽本・東海道中膝栗毛(1802-09)六・上「名にしおふ東男(アヅマヲトコ)も、さつま芋に髭(ひげ)を撫(なで)」 [発音]〈標ア〉[オ] 〈ア史〉鎌倉○○○○●○ 江戸○○○●●○ 〈京ア〉㋔ [辞書]日葡・言海 [表記]東男(言)

あずまおとこ に京女(きょうおんな)[=京女郎(きょうじょろう)] 男は、たくましく、意気な江戸の男がよく、女は、美しく、情のある京都の女がよい。また、この取り合わせは似合いである。＊雑俳・雲鼓評万句合-寛延二(1749)「初舞台あづま男に京女」＊浄瑠璃・神霊矢口渡(1770)四「東男に都の女郎、いきと情を一(ひと)つに寄せて、色で丸めた恋の山」＊譬喩尽(1786)六「吾妻男(アヅマオトコ)に京女臈(キャウヂョラフ)」＊雑俳・柳多留-五三(1811)「ぬれ事は東(あずマ)男に京女郎」

あずま-おとめ【東少女】『名』東国地方のおとめ。東国出身の少女。＊堀河百首(1105-06頃)恋「あさでほすあづまをとめのかや莚敷しのびても過ぐす頃かな〈源俊頼〉」＊新撰六帖(1244頃)五「むしたるるあづまをとめがすきかげに名残おほくて行き別れぬる〈藤原家良〉」

あずま-おどり【東踊】『名』①寛永の頃、行なわれた舞踊の一種。寛永一二年(一六三五)七月、尾州徳川家から将軍の上覧に供した時の踊歌六種が伝えられる。＊歌謡・寛永十二年跳記(1635)「あづま跳の唄。一、雲の余所(よそ)なる唐土(もろこし)までも、靡けば靡く君が代に、やう千代、やう千代、幾千代までも限らじや」 ②東京新橋の花柳界舞踊。大正一四年(一九二五)、新橋演舞場の落成とともに始まり、第二次世界大戦時に一時中断したが戦後復活、現在に至る。春秋二回、古典、新作を組み合わせて演じる。＊家族会議(1935)〈横光利一〉「去年の東踊りに、五千円で新橋の芸者を舞台に立たせたといふ仁礼の噂も」＊大増補改訂や、此は便利だ(1936)〈下中彌三郎〉「あづまをどり 東踊 毎年春期東京新橋演舞場に於て催す、新橋芸妓の集団舞踊」 [発音]〈標ア〉[オ] 〈京ア〉㋔

あずま-おのこ【東男】『名』「あずまおとこ(東男)①」に同じ。＊万葉(8C後)二〇・四三三一「鶏(とり)が鳴く 安豆麻乎能故(アヅマヲノコ)は 出で向ひ 顧みせずて 勇みたる 猛(たけ)き軍卒(いくさ)と〈大伴家持〉」＊天草本平家(1592)四・一八「キョウヨリノチワ メヅラシイ Azzumavonocouo (アヅマヲノコヲ) コソ ゴラウゼラリョウズレト」

あずま-おみな【東女】『名』東国の女。また、田舎びた女。あずまおんな。あずまめ。＊万葉(8C後)四・五二一「庭に立つ麻手刈り干し布(ぬの)さらす東女(あづまをみな)を忘れたまふな〈常陸娘子〉」

あずま-おもて【吾妻表】『名』和船のおもて、すなわち船首の部分を箱造りにしたものをいう。吾妻造り。あずまによし。あずまみよし。＊和漢船用集(1766)一〇・船処名之部「川御座船は箱造り也。伊勢船の箱造りより始(はじま)るか。この故に、海舟箱造りにする者、吾妻表と称す」

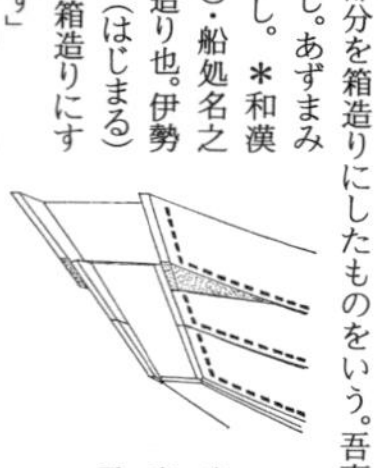
吾　妻　表

あずま-おり【東折】『名』「あずまからげ(東紮)」に同じ。＊平家(13C前)八・妹尾最期「或は布の小袖にあづまおりし」＊源平盛衰記(14C前)三三・木曾備中下向「柿の袴に責紐(せめひも)結ひ、布の小袖に東折(あづまヲリ)したり」＊随筆・安斎随筆(1783頃)二三「盛衰記に東折と云ふ事あり、東折とはつぼ折の事なるべし。つぼ折を俗に東バショリと云ふ。東バショリは東折の転語なるべし、カイドリをして、如斯おくみを両方共に表へ返し、細き帯をするなり。下に帯をしめ、カイドリの後下の帯の上より細き帯をしめ前にてむすぶなり。うしろをちとハショルなり」

あずま-おんな【東女】『名』「あずまおみな(東女)」に同じ。＊浄瑠璃・双生隅田川(1720)五「班女御前とから糸がめなれ覚へて下総(しもふさ)の、花火をうつすなりふりも、あづま女に似せ紮の頬(ほう)かぶり」

あずまかがみ【吾妻鏡・東鑑】鎌倉時代の史書。五二巻のうち、巻四五が欠ける。鎌倉幕府が公的にかかわった編纂物と推定される。治承四年(一一八〇)の源頼政の挙兵から、文永三年(一二六六)に惟康(これやす)親王が将軍になるまでの八七年(うち一二年分欠)にわたる幕府の歴史を日記体に記述。鎌倉幕府研究の根本史料の一つ。 [発音]アズマカガミ 〈標ア〉[カ] 〈京ア〉㋕

あずま-がた【東方】『名』東国の方面。＊源氏(1001-14頃)東屋「あづま方のはるかなるせかいにうづもれて」＊天草本平家(1592)四・一二「イトヲシヤ イニシエワ コノ ヲンサマ ニテ Azzumagataye(アヅマガタエ) クダリタマウベシトワ、ユメニモ ヲモワザリシコトヲト マウシテ」＊俳諧・犬子集(1633)一五・雑下「東かたにぞおどりもよほす 琴の音に似た三味線を引ならし〈親重〉」 [辞書]日葡

あずま-がた【吾妻形】『名』女陰の形に作り、男子の自慰に用いる淫具。＊浮世草子・好色三代男(1686)五・五「娘の姿にかはらず人形をつくらせ、定紋の小袖みだれ髪に帯とひて、ねがほなるさまあづまがたをしかけて」＊譬喩尽(1786)六「吾妻形(アヅマガタ)閨中の語也 玉門形以₂白羽二重の綿入₁細工せしものなり 張形に対するものなり 但一度用₂之再難₁用物象也さもこそほんのかたのみ也」＊随筆・松屋筆記(1818-45頃)六一・二九「淫具にはり形あづま形とてあり。張形は女淫に比し東形は男淫に比す。江戸両国の四ツ目屋にて売ひさぐこと高名也」 [語源説]犬筑波集の「東路のたが娘とか契るらん」「逢坂山を越ゆる張形」の句から言い出した名〔松屋筆記〕。

あずま-がや【吾妻茅】『名』イネ科の多年草。各地の山地に生える。高さ〇・六〜一メートル。茎は濃緑色で根元はさやに包まれ、上部は毛が密生する。葉は長さ一〇〜二〇センチメートル、幅一〜三センチメートルの狭披針形で、途中でよじれて表裏が逆になっている。夏、長さ一〇〜二〇センチメートルの穂となって花が咲く。学名は Asperella longe-aristata [発音]アズマガヤ 〈標ア〉[0]

あずま-がゆ【東粥】『名』冬、大師講の折にふるまわれる小豆粥(あずきがゆ)の、東国においての呼称。大師粥。知恵粥(ちえがゆ)。《季・冬》 [発音]アズマガヤ 〈標ア〉[マ]

あずま-からげ【東紮】『名』裾高にするために腰の両脇をからげて帯の間にはさみ込むこと。あずまばしょり。あずまおり。つぼおり。じんじんばしょり。＊新撰六帖(1244頃)五「賤の男があづまからげの麻衣ふたまた河はさぞ渡るらん〈藤原信実〉」＊謡曲・融(1430頃)「まづ、いざや汐を汲まんとて、持つや田子の浦、東からげの汐衣」＊浮世草子・好色二代男(1684)二「浦珍らかに女郎は、藤屋のあづまからげに、浅妻の濡(ぬる)るを厭はず」＊随筆・嬉遊笑覧(1830)二・上「江戸にて尻からげるといふ、又はしょるといふは衣の脇を端をるなり、又ぢんぢばしょりと云は、老父端折なり、かかげやう異なり、あづまからげともいふ」 [語源説](1)アヅマ人がする故の名であろう〔大言海〕。(2)ツマ(襦)カラゲの言いかえ〔名語記〕。(3)アは揚げる意。ツマを取って引き上げる義〔筆の御霊〕。 [発音]アズマカラゲ 〈標ア〉[カ] [辞書]日葡

東　紮
〈好色二代男〉

あずま-がらす【東鴉】『名』夜明け方の空に鳴くカラス。東国の人をあざけっていう呼び名。＊偸盗(1917)〈芥川龍之介〉一「猪熊の婆も腰を反らせて、一しきり東鴉(アヅマガラス)のやうな笑声を立てた」

あずま-かり【東雁】『名』にごってにぶい声で鳴く雁。東国人の発音をあざけっていうことば。＊今昔(1120頃か)二八・二「東鳫の鳴合ひたる様にて」

あずま-がろう【東家老・吾妻家老】『名』江戸詰めの家老。江戸家老。

あずま-かん【東艦】慶応三年(一八六七)幕府がアメリカ合衆国から買い入れた鋼鉄製の軍艦。フランスで製造。維新後新政府に引き渡され、日清戦争には運送船として用いられた。原名ストーン-ウォール。

あずま-ぎく【東菊】『名』①キク科の多年草。東国に咲くキクの意で、本州中部以北の山野に生える。高さ約三〇センチメートル。全体に軟毛がある。根ぎわに生ずる葉はへら形か楕円形で、茎の葉は狭長楕円形。初夏、直径三センチメートルほどの頭状花が茎頂に咲く。頭状花の周辺部は花弁状で淡紅紫色の舌状花、中心部は黄色い管状花からなる。学名は Erigeron thunbergii 《季・春》＊俳諧・毛吹草(1638)二「春菊 あつま菊、かうらいきく」＊俳諧・洗濯物(1666)「東菊や関八旬のおきな草〈一久〉」＊日本植物名彙(1884)〈松村任三〉「アズマギク」＊左千夫歌集(1920)〈伊藤左千夫〉明治三七年「名を問へば吾妻菊ちふむらさきと白と咲きたる鉢の植込」 ②植物「のしゅんぎく(野春菊)」の異名。 [方言]植物、えぞぎく(蝦夷菊)。長野県佐久485 山口県厚狭郡799 [発音]アズマギク 〈標ア〉[マ] [辞書]言海 [表記]東菊(言)

あずま-ぎぬ【東絹】『名』東国からの貢物の絹織物。「和訓栞」に、後世の伊達絹の類かという。＊宇津保(970-999頃)祭の使「しこぶちに古めきたる箱二つに、あづまぎぬ、一箱、遠江綾(とほたふみあや)、一箱入れて」＊源氏(1001-14頃)東屋「あららかなるあづまぎぬどもを、おしまろがして投げ出でつ」 [発音]アズマギヌ 〈標ア〉[マ][ギ] [辞書]日葡

あずま-きょうげん【吾妻狂言】『名』「あずまのうきょうげん(吾妻能狂言)」に同じ。＊東京日日新聞-明治二〇年(1887)五月一五日「今度其筋にて取調られし府下諸芸人の現員は、〈略〉吾妻狂言、男十人」

あずま-ぐけ【吾妻絎】『名』(吾妻という遊女がはじめたところからいう〔俳諧・俳諧通言(1807)〕)腰帯のこと。

あずま-くだり【東下】『名』京都から、関東地方へ行くこと。鎌倉時代はもっぱら鎌倉へ行くこと。海道下り。＊増鏡(1368-76頃)一二・浦千鳥「かの大納言あづまくだりののち、院に参り給し程に」＊天草本平家(1592)四・一二「トテモノコトニ シゲヒラノ Azzumacudarino(アヅマクダリノ) コトヲモ ヲカタリアレ」＊虎寛本狂言・靫猿(室町末-近世初)「とどろとどろと鳴神も、ここは桑原よも落じ、よも落じ、吾妻下りのとのは持たねど、嵐吹けとはさらに思はず、さらに思はず」＊浄瑠璃・山中常盤(1676頃)「あづまくだりと、うちみえて、さもゆふなる、上らうの、しうじう二人」 [発音]〈標ア〉[ク] 〈京ア〉㋗

あずま-げた【東下駄】『名』畳表をつけた樫(かし)の薄歯の婦人用の下駄。寛永年間(一六二四〜四四)、吾妻という遊女がはきはじめたところから名づけたという。＊人情本・春色袖之梅(1837-41)中・三回「三四人の若衆、何れも常住(ふだん)の衣類(なり)にて、日和下駄或は東下駄、足駄などをはきて」＊随筆・守貞漫稿(1837-53)二七「吾妻下駄。俗に日より下駄と云。桐甲赤樫歯の低下駄也。雪踏用の表を付けびろ緒天ろうどを専とす」＊二少女(1898)〈国木田独歩〉上「カラコロと鼻緒のゆるさうな吾妻下駄(アヅマゲタ)の音高く」 [発音]アズマゲ(ゲ)タ 〈標ア〉[マ] 〈京ア〉㋘/㋮ [辞書]言海

表記 東下駄（言）

あずま-ごえ【東声】〘名〙東国人の、京都の人とは違った調子の声。東国風のことばの調子。東国なまり。＊源氏（1001‐14頃）東屋「いやしき、あづまごゑしたるものどもばかりのみ出で入り」

あずま-コート【吾妻―】〘名〙（「コート」は英 overcoat から）和服用の婦人の外套（がいとう）の一種。ラシャ、セル等でつくる。明治二七、八年（一八九四～九五）頃から広く用いられた。＊風俗画報‐一二七号（1896）流行門「吾妻コート地質は黒紺濃鼠一本綾、黒紺鼠茶鉄無地綾及綾絹」＊金色夜叉（1897‐98）〈尾崎紅葉〉後・三「黒綾の吾妻コオト着て」＊初すがた（1900）〈小杉天外〉五「蒼白い顔の、背の高い、吾妻外套（アヅマコート）を着た束髪の女が」＊火の柱（1904）〈木下尚江〉七・一「二個の黒影―二重外套と吾妻（アヅマ）コウト」発音〈標ア〉コ

吾妻コート〈風俗画報〉

あずま-こそで【東小袖】〘名〙脇縫いをしていない衣。また、一説に脇縫いをした衣とも。鶯袖（うぐいすそで）に同じか。〔和訓栞（1777‐1862）〕＊蔵玉集（室町）「鶯袖　わきぬひたる衣の袖なり。東小袖ともいふ」発音〈標ア〉コ〈京ア〉コ

あずま-ごと【東琴】〘名〙琴の一種。唐琴（からごと）に対して、日本式の琴をいう。古代からの楽器で、六弦あり、右手に琴軋（ことさき）を持って弦をかき鳴らし、また、時として左手指で弦を弾いて鳴らした。神楽や雅楽などを奏する時に用いた。弦を束ねる尾部が鵄（とび）の尾に似ているので、別名鵄尾琴（しびごと）ともいう。のちには七弦、八弦のものもできた。倭琴（やまとごと）。和琴（わごん）。＊源氏（1001‐14頃）手習「女は、むかしは、あつまごとをこそは、こともなく弾きはべりしかど」＊伊勢集（11C後）「故中務宮、琴を借りたまひて、御返したまふとて、あづまごと春の調べを借りしかば、かへし物とも思はざりけり」＊和訓栞（1777‐1862）「あづまごと。倭琴をいふ。〈略〉東琴の義なり。此東（あづま）は、西土に対せる詞なるべし」語誌「あずま」を日本ととる説のほかに、吾妻で流布したところから〔南窓筆記〕とも、上代に、夫婦の契りを固めるために女の親から婿に琴を贈ったところから〔古事記伝・筆の御霊・雅言考〕ともいうが、「唐琴」に対することばで、「やまとごと」「和琴」とも呼ばれるところから、「あずま」を日本ととるべきか。発音アズマゴト〈標ア〉ゴマ〈京ア〉マ 辞書日葡・言海 表記東琴（言）

あずま-ことば【東言葉】〘名〙東国方言。関東なまり。京言葉に比して下品なものとされていた。＊御伽草子・鴉鷺合戦物語（室町中）「鳥を大おそ鳥といふ、東詞也」＊評判記・役者口三味線（1699）京・中村七三良「物いひおちつかぬやうにきこゆるは、あづま詞ゆへに、京のみみには少したつやうなれ共、なまぬかった口上よりは、はるかにまさりてきよし」＊浄瑠璃・田村麿鈴鹿合戦（1741）四「我れはすがたもあづま武士、あづま詞（コトバ）にいひならひ」＊洒落本・淫女皮肉論（1778）深川の密談「西（かみ）にては東（アヅマ）ことば聞きにくく」発音〈標ア〉コ

あずま-こりゅう【東古流】〘名〙華道の流派の一つ。江戸初期、池坊専朝（せんちょう）に学んだ浅草讃円山観名寺住職覚祐（かくゆう）が花形の法式を定めたことに始まる。発音アズマコリュー〈標ア〉コ

あずま-ざ【吾妻座】□一東京浅草千束町（台東区千束二丁目）にあった小劇場。明治二〇年（一八八七）開設。同二九年改築して宮戸座と改称し歌舞伎の常打劇場となる。昭和一二年（一九三七）廃座。□二東京浅草公園にあった中劇場。大正六年（一九一七）松竹合名会社が開設。のち、昭和座と改称。同九年焼失。発音〈標ア〉0

あずま-ざさ【東笹】〘名〙イネ科の常緑の笹。主として本州中部以北の山野にふつうに見られる。高さ二メートルに達する。茎の直径は五～九ミリメートルで、紫色を帯びる。枝は節ごとに一本ずつ生じる。葉は細く、長さ一五センチメートル、幅二センチメートルほどで先が鋭くとがり、下面には細毛がある。四、五月頃、淡緑色で紫色を帯びた花が一本の穂となって咲く。学名は Sasaella ramosa 発音〈標ア〉マ

あずま-じ【東路】〘名〙①都から東国地方に至る道筋。東海道、東山道をさす。また、単に、東国をもいう。＊万葉（8C後）一四・三四四二「安豆麻治（アヅマヂ）の手児の呼坂越えがねて山にか寝むも宿りは無しに〈東歌〉」＊源氏（1001‐14頃）宿木「ありくは、あづまぢ思へば、いづこか恐ろしからん」＊更級日記（1059頃）「あづまぢの道のはてよりも、猶おくつかたに生ひいでたる人」＊平家（13C前）一二・六代「住なれし都をも、雲井のよそにかへりみて、けふを限りの東路におもむかれけん心のうち」②風俗歌（くにぶりのうた）の曲名。発音〈標ア〉マ0〈京ア〉マ 辞書日葡・言海 表記東路（言）

あずまし・い〘形〙方言❶気持がいい。安心である。満足である。北海道065 青森県上北郡074 津軽078 新潟県東蒲原郡（打消の語を伴って用いる）361 ❷じれったい。岩手県和賀郡095 ◇あじましい 青森県津軽076 新潟県東蒲原郡368

あずまじし【吾妻獅子・東獅子】箏曲。峰崎勾当作曲。天明・寛政年間（一七八一～一八〇一）に成る。「伊勢物語」に素材を求めた手事中心の曲。発音〈標ア〉ジ

あずま-しゃくなげ【東石南花】〘名〙ツツジ科の常緑低木。本州中部、北部の深山に野生し、庭木などにもされる。幹は高さ二～四メートルになり、枝は太く斜上し、時に曲がりくねっている。葉は枝先に集まって付き、長さ一〇センチメートル、幅三センチメートルぐらいの長楕円形で全縁状。表面は革質で光沢があり濃緑色で、裏面には淡褐色の毛が密生する。初夏、枝先に淡紅色で花冠は直径四～五センチメートルの、ろうと状鐘形で五裂し、正面に紅色の斑点がある花を多数つける。また、シロバナアズマシャクナゲは白色の、フチベニアズマシャクナゲは淡紅色で花弁の縁が深紅色の花をつける。学名は Rhododendron degronianum 発音アズマシャクナゲ〈標ア〉シャ

あずま-しょうじ【東障子・吾妻障子】〘名〙障子紙の代わりにガラスをはめこんだ障子。障子の組子が縦に密なものをいう。《季・冬》発音アズマショージ〈標ア〉ショ

あずま-じょうるり【吾妻浄瑠璃・東浄瑠璃】〘名〙江戸浄瑠璃の別称。上方浄瑠璃に対していう。薩摩節、土佐節、半太夫節、河東節などを含む。発音アズマジョールリ〈標ア〉ジョ

あずま-じょろう【東女郎】〘名〙東国の女郎。江戸の遊女。＊浮世草子・傾城歌三味線（1732）四・一「爰等（ここら）の東女郎（アヅマヂョラウ）は見たふもないと禁足して」

あずま-ぞうり【吾妻草履】〘名〙表に南部絹または籐（とう）を用いたぜいたくなぞうり。＊風俗画報‐一七〇号（1898）流行門「吾妻草履（アヅマザウリ）は近来売出せしものにて〈略〉表は例の南部か然らざれば籐を用ひ〈略〉鼻緒は〈略〉繻珍等の需用多し」＊青春（1905‐06）〈小栗風葉〉春・三「袴は葡萄紫の裾を、唐天の鼻緒の吾妻（アヅマ）草履に打たせながら」発音アズマゾーリ〈標ア〉ゾ

あずま-そだち【東育】〘名〙東国地方、特に江戸で育つこと。また、その人。＊浮世草子・好色一代女（1686）一・三「東（アヅマ）そだちのすゑずゑの女は、あまねくふつつかに足ひらたく、くびすぢかならずふとく肌へかたく、心に如在もなくて情にうとく、欲をしらず物に恐れず、心底まことはありながら、かつて色道の慰みにはなりがたし」＊浄瑠璃・伊賀越道中双六（1783）六「東育（アヅマソダチ）の張もぬけ、恋の意気地に身を砕く心ぞ思ひやられたり」＊人情本・春色梅児誉美（1832‐33）三・一五齣「品やさしきはおのづから、江戸者（アヅマソダチ）の隅田川」発音〈標ア〉ソ

あずま-だ【東攤】〘名〙関東で流行した賭事の一種か。＊宇津保（970‐999頃）蔵開上「かくて、内外（うちと）攤（だ）打ち給て、御土器（かはらけ）度々になりて、油よき程にさし給つ。あづまだなど童、大人打つ」

あずま-だいこくがさ【東大黒傘】〘名〙蛇の目傘と同じく骨数は六〇本あり（番傘は五四本）、その他すべて蛇の目傘と同じであるが、ろくろだけは番傘と同じ形をしているもの（守貞漫稿（1837‐53））。

あずまだいみょう【吾妻大名】狂言。大蔵流八右衛門派。在京中の吾妻の大名が酒の相手をする女を雇おうとするが、次郎冠者はだまされて詐欺師が化けた女を連れてきてしまう。廃曲。発音アズマダイミョー〈標ア〉ダ

あずま-ちょうじゃ【東長者】〘名〙東国における富豪。＊浮世草子・日本永代蔵（1688）五・四「漸（やうやう）百両に積（つもり）て、それより次第に東長者（アツマチャウジャ）となりぬ」

あずま-つ〘名〙東国地方。辺境。また、そこに住む人。東国人。いなか者。＊二十巻本和名抄（934頃）二「辺鄙　文選西京賦云蚩眩辺鄙訓　阿豆万豆」＊書陵部本名義抄（1081頃）「辺鄙　順云、師説阿都末豆」＊大慈恩寺三蔵法師伝院政期点（1080‐1110頃）三「辺鄙（アツマツ）の諸国に多く盛に流行す」＊顕輔集（1155頃）「浮身には都のてふりあきはてぬ鄙へ誘はんあづまつもかな」＊色葉字類抄（1177‐81）「辺鄙　アツマウト　アツマツ　東人　同、俗用之」辞書和名・色葉 表記辺鄙（和・色）東人（色）

あずまっ-こ【東子】〘名〙東国の男子。江戸の人が誇りをこめて自分をいうことば。江戸っ子。＊洒落本・船頭部屋（19C初）七軒堀親里の段「よぢくれた挨拶をしなさらずと、いやならいやでようごぜへすは、吾妻（アツマ）っ子のやうにもねへ」＊滑稽本・浮世風呂（1809‐13）前・下「是計（これんばかし）もいざァ云た事のねへ東子（アヅマッコ）だ」発音〈標ア〉マ

あずま-つづれ【東綴】〘名〙明治末期、栃木県足利地方で織り出した女物の帯地。紋織物の一種で、ジャカード機を用い綴れ錦を模して文様を織り出したもの。織り綴れ。＊風俗画報‐二四三号（1902）流行門「其他は繻珍、吾妻綴（アヅマツヅレ）、幽谷織、博多織、厚板織等にて、柄合と色合に種々あれば」発音〈標ア〉ツ

あずま-でんがく【吾妻田楽】〘名〙豆腐を切ってあぶり、溶いたからしを塗り、再びあぶって、くずあんをかけた食物。

あずま-と【東人】〘名〙「あずまひと」の変化した語。＊観智院本名義抄（1241）「辺鄙　アツマト」語誌「と」の清濁は不明。「あづまづ」あるいは「あづまうど」の転だとすると濁音か。観智院本名義抄の例は「と」の脇に「ひと」とあり、人の意に解していたものと思われる。ただし、旅人（タビト）や史人（フビト）のトとは音環境が異なり同列には扱いがたい。それゆえ処（ト）の意とみる説もある。辞書名義 表記辺鄙（名）

あずま-どうぎ【吾妻胴着】〘名〙江戸時代、上方で用いられた胴着の一種。一般に胴着は襦袢（じゅばん）の上に着るが、これは下に用いて肌着とする。「あずま」の名はあるが、江戸では用いない。＊随筆・守貞漫稿（1837‐53）一四「又吾妻胴着と号て近年京坂用之然ども江戸にて不用之唯吾妻の名目を冒すのみ用品縮緬を専とす。筒袖胴着吾妻胴着等は襦袢の下に着し肌着にする也」

あずま-とおゆ【吾妻十湯】山形県南端、吾妻山中腹にある温泉群。五色、滑川（なめかわ）、姥湯（う

ばゆ)、白布(しらぶ)などの温泉をあわせて呼ぶ。 発音 アズマトーユ〈標ア〉ト

あずま-なまり【東訛】〘名〙東国のなまり。あずまごえ。*俳諧・文化句帖-四年(1807)一月「鶯の東訛りも春辺哉」*滑稽本・浮世風呂(1809-13)三・自序「ことしも毫(ふで)をとりがなく、吾妻訛(アヅマナマリ)の関東べい」*随筆・頑鼠漫筆(1859)三「東訛(アヅマナマ)りを心すべき事」 発音〈標ア〉ナ 辞書 言海 表記 東訛(言)

あずま-にしき【吾妻錦】〘名〙錦の織物の一種。*油地獄(1891)〈斎藤緑雨〉二「其時まだ『出(で)』の姿で居たといへば、水車の裾模様を二枚重さねて、帯は吾妻錦(アヅマニシキ)、襦袢は緋の紋壁にしほぜの白半襟(しろえり)」

あずま-にしきえ【東錦絵・吾妻錦絵】〘名〙浮世絵の一種。江戸時代、明和年間(一七六四〜七二)、鈴木春信の創始したもの。多色、木版刷り。江戸で刊行された錦絵なのでいう。東絵。江戸絵。*狂詩・寝惚先生文集(1767)一・詠東錦絵「忽自二吾妻錦絵(アヅマニシキヱ)移一、一枚紅摺不レ沽時」*黄表紙・高漫斉行脚日記(1776)上「雲中(うんちう)にあらわれ出たるそのすがた、鼻たかくして羽生じ、その外のありさまは、あづまにしきゑのごとし」*滑稽本・東海道中膝栗毛(1802-09)初「毛すじ程もゆるがぬ御代のためしには、鳥が鳴吾妻錦絵(アヅマニシキヱ)に、鎧武者の美名を残し」*読売新聞-明治二九年(1896)五月七日「東錦絵は去秋来売行先俄かに詰り、俳優絵の如きは辛ふじて一盃(二百枚)を捌く程なれば」 発音〈標ア〉キ

あずまにしき-がい【吾妻錦貝】〘名〙イタヤガイ科の二枚貝。日本各地の潮間帯から水深一〇〇メートルくらいの岩に足糸で付着する。殻長約八センチメートル。扇形で、殻頂の前後に大きな耳状の突起がある。褐色の個体が多いが、赤、紫、白、黄などの美しい色彩変異がある。北海道、東北には肋の細かいアカザラガイと呼ぶ地方型が分布する。美味で食用とする。学名は Chlamys farreri 発音〈標ア〉ニ

あずま-によし【吾妻水押】〘名〙(「あずまみおし」の変化した語)「あずまおもて(吾妻表)」に同じ。

あずま-のうきょうげん【吾妻能狂言】〘名〙明治維新後、扶持(ふち)を離れた能楽師、狂言師たちが、東京浅草で行なった町方狂言。三味線音楽と結合して能楽の大衆化をはかったもので、明治三年(一八七〇)頃から一四年頃まで続く。吾妻狂言。吾妻能。今様能楽。

あずま-の-はな【―花】〘名〙植物「うつぎ(空木)」の古名。〔異名分類抄(1783頃)〕

あずま-ばし【吾妻橋】(一)東京都隅田川にかかる橋。江戸から東へ通じる意の東橋から変わった。墨田区と台東区浅草を結ぶ。最初のものは安永三年(一七七四)架橋。旧名、新大橋、大川橋。*随筆・兎園小説余録(1829-32)一「新大橋は、一名あづま橋とも云」(二)(一)の墨田区側にある地名。

あずま-ばしょり【東端折】〘名〙「あずまからげ(東紮)」に同じ。*談義本・教訓不弁舌(1754)二・老夫浮世物語「年寄(としよっ)たものの若盛の時にはやりし塗笠(ぬりがさ)、吉彌むすび、あづまばしょり」 発音〈標ア〉マ

あずまはっけい【吾妻八景】長唄。四世杵屋六三郎作曲。作詞者不明。文政一二年(一八二九)発表。江戸の名所と四季の風物をうたう。歌舞伎から離れ、純演奏曲として作られた革新的な曲。 発音 アズマハッケイ〈標ア〉ハ

あずま-ひがん【東彼岸】〘名〙植物「えどひがん(江戸彼岸)」に同じ。 方言 和歌山県東牟婁郡690

あずま-ひと【東人】〘名〙(「あずまびと」とも)東国地方の人。いなか者の意を含んだ言い方としても用いる。あずまつ。あずまと。あずまうど。あずまもの。*源氏(1001-14頃)宿木「破籠(わりご)や何やと、こなたにも入(い)れたるを、あつま人どもにも食はせなど」*色葉字類抄(1177-81)「辺鄙 アツマヒト 郷里分 へンヒ 田舎也」 語誌「続日本紀-神亀五年八月」に中衛府に精強な「東舎人」を充てた記事が見え、「同-神護景雲三年十月・宣命」にも「東人は常に云く、額には矢は立つとも背は矢は立たじ」とあって、奈良時代には東人は勇猛な者と見られていた。しかし、「十巻本和名抄-二」の「辺鄙〈略〉阿豆万豆」や挙例の「色葉字類抄」のように、平安朝以後には田舎、またはみやび心のない田舎者という属性が強く感じられる。 発音〈標ア〉マ 辞書 色葉・名義・言海 表記 辺鄙(色・名) 東人(言)

あずま-ひゃっかん【東百官】〘名〙①京都の官名にならって、天正、慶長(一五七三〜一六一五)以来、関東武士の用いた通称。左内、右内、兵馬、大弐、小弐、典膳、頼母の類。*随筆・貞丈雑記(1784頃)二「今世に云東百官の号は将門が作りしにはあらず」②江戸時代に用いられた子供用手習い本の一つ。百種の人名を集めたもの。*黄表紙・時代世話二挺鼓(1788)「今あづま百くゎんとててならひ子のならふはこれ也」 辞書 言海 表記 東百官(言)

あずま-ぶし【東武士】〘名〙東国の武士。関東武士。東武者。 発音〈標ア〉ブ

あずま-ぼたん【東牡丹】〘名〙ウメの園芸品種。花は重弁。 発音〈標ア〉ボ

あずま-まい【東舞】〘名〙「あずまあそび(東遊)」に同じ。*三代実録-貞観三年(861)三月一四日「近衛壮歯者廿人、東舞」*儀式(872)一・春日祭儀「馬寮率二神馬一廻レ社八度、訖賜二頭弁纏人神酒一訖退出、次近衛少将率二近衛等一入而東舞」*東大寺続要録(1281-1300頃)「(建久六年三月)十二日〈略〉奏二東舞一〈求子〉」

あずま-みおし【吾妻水押】〘名〙「あずまおもて(吾妻表)」に同じ。

あずま-みやげ【東土産】〘名〙江戸からのみやげ。また、江戸へのみやげ。*浄瑠璃・女殺油地獄(1721)上「ヤイもさめ、此女郎こっちへ貰ふ。置て帰れ。但あづまみやげに川の泥水振舞はふかと」 発音 アズマミヤゲ〈標ア〉ミ

あずま-みよし【吾妻水押・吾妻女首・吾妻女子】〘名〙「あずまおもて(吾妻表)」に同じ。*舟楫元始(1831-40頃)「此御舟の製を云へば、吾妻女子とも筐水押とも云て、たとへば平田舟の舳の如し」

あずま-むし【東虫】〘名〙旅の途中でついたシラミをいうか。江戸にシラミが多かったのでいったともいう。*雑俳・柳多留-一一二(1830)「旅衣きつつなれにし東虫」*雑俳・柳多留-一四六(1838-46)「旅衣西行こまるあづま虫」

あずま-むしゃ【東武者】〘名〙東国の武士。関東武士。*仮名草子・大坂物語(1615頃)「あつま武者やぶれ車のごとくにて引もひかれず乗ものられず」

あずま-むしろ【東莚】〘名〙東国地方で産した莚。*延喜式(927)五・神祇・斎宮「年料供物〈略〉、東席六枚。二枚水部所料四枚戸座所料」*延喜式(927)一五・内蔵寮「縫二作雑履一料〈略〉東莚大半」

あずま-むすび【東結・吾妻結】〘名〙紐の結び方の名。几帳(きちょう)、守袋、すだれなどの紐を結ぶときに用いる。

東結び

あずま-め【東女】〘名〙「あずまおみな(東女)」に同じ。*頼政集(1178-80頃)上・冬「あづまめとね覚めて聞けば下野(しもつけ)や阿曾(あそ)の河原に千鳥鳴くなり」

あずま-もち【東持】〘名〙(戯れに造った語か)江戸で行なわれる力持ちなど、重い物を持ち上げてする曲芸。*浄瑠璃・百合稚高麗軍記(1742)三「曲持とは日本ではやる東(あづま)持」

あずま-もの【東者】〘名〙「あずまひと(東人)」に同じ。*浄瑠璃・吉野忠信(1697頃)一「某(それがし)は万(よろづ)無骨(ぶこつ)のあづま者」*評判記・役者口三味線(1699)京・中村七三良「七三とやらいふあづま物がきて、何をしたとて十日と入がある物かと、人々此人を見ぬさきなれば、あなどり」

あずま-もよう【東模様】〘名〙江戸褄模様(えどづまもよう)のこと。*洒落本・青楼昼之世界錦之裏(1791)「ばんとう川竹は〈略〉黒ごはくの平ぐけ、くろちりのあつまもやうの、こいつもすこしきたった小袖をうちかけ」

あずまもんどう【吾妻問答】室町時代中期の連歌学書。一巻。宗祇著。文正二年(一四六七)頃成立。問答形式で、連歌の歴史、先人の佳作や作風、作法、心構えなどを細かく示す。別名、角田川(すみだがわ)。また、宗祇問答とも。 発音 アズマモンドー〈標ア〉モ

あずま-や【四阿・東屋・阿舎】㊀〘名〙(「あづま」の屋の意で、もと、田舎風の家をいうといわれる)①「あずまやづくり(四阿造)」に同じ。*続日本紀-天平一四年(742)正月丁未「為二大極殿未一レ成、権造二四阿(あづまや)殿一、於レ此受レ朝焉」*新撰字鏡(898-901頃)「四阿 阿豆万屋」*源氏(1001-14頃)紅葉賀「立ちぬる人しもあらじあづまやにうたてもかかる雨(あま)そそぎかな」②庭園や公園内に、休憩、眺望のため、あるいは園内の一点景として設けられる小さな建物。屋根は四方を葺(ふ)きおろした方形(ほうぎょう)造り、寄棟(よせむね)造りになっている。壁がないものもある。*俳諧・毛吹草追加(1647)上「あづま屋か四方へおつる家桜〈広寧〉」*浮世草子・好色一代男(1682)一・三「世之介四阿屋(アヅマヤ)の棟にさし懸り、亭(ちん)の遠眼鏡を取持(とりもち)て、かの女を偸間(あからさま)に見やりて」*みだれ髪(1901)〈与謝野晶子〉蓮の花船「あづまやに水のおときく藤の夕はづしますなひくき枕よ」㊁(一)催馬楽(さいばら)の曲名。「楽家録-巻之六・催馬楽歌字」所収の「東屋(あづまや)の真屋(まや)のあまりの、その、雨そそぎ〈略〉」をさす。*源氏(1001-14頃)紅葉賀「君、『あづまや』を忍びやかに謡ひて、寄り給へるに」(三)(東屋)「源氏物語」第五十帖の名。宇治十帖の第六。薫二六歳の八月から九月まで。薫は、亡き大君に生き写しの浮舟に心を奪われ、宇治の山荘に住まわせる。 語誌 建築様式では四方に軒のある寄棟造り(入母屋造りを含む場合もある)のこと。㊀①の挙例「続日本紀」にも見えるように、七、八世紀の宮殿や主要な寺院は寄棟造りか入母屋造りであった。それを「あづま」の屋、つまり「東風、または田舎風の家」の意で呼んだのは、大陸から新しい建築様式が伝来する以前の建築が宮殿や神社が切妻造りで「真屋」と呼ばれ、民家が寄棟造りであったから以前の呼称がそのまま流用されたためであろう。したがって、催馬楽や和歌、「源氏物語」の巻名など、文学では、建築様式ではなく、もともとの茅葺きなどの粗末な家、田舎の家の意で用いられている。 語源説 (1)アヅマヤ(辺鄙屋)の義。東国は開けない地方であったために、アヅマは東国を指し、辺鄙を意味する〔和句解・箋注和名抄・名言通・和訓栞・大言海・日本語源=賀茂百樹〕。(2)アは漢語の阿。ツマの四方に垂れた家の意〔家屋雑考〕。(3)アゲツマヤ(上端屋)の義か〔雅言考〕。(4)アケツマヤ(開端屋)の義〔筆の御霊〕。(5)相爪屋の義〔和訓栞〕。(6)ワ(吾)がツマ(孀)の籠り臥している寝屋の意〔紙魚室雑記〕。(7)アは接頭語。ツマヤは尖屋。四方から寄せ葺(ふ)きにすると屋頂は一角に集まるので名づけられたのであろう〔日本古語大辞典=松岡静雄〕。 発音〈標ア〉マ〈ア史〉平安○○○○〈京ア〉㋮ 辞書 字鏡・和名・色葉・下学・文明・伊京・饅頭・黒本・易林・日葡・書言・ヘボン・言海 表記 四阿屋(下・文・伊・饅・黒・易・書・ヘ) 四阿(字・和・色) 宇合屋(書) 東屋(言)

あずま-やき【吾妻焼】〘名〙「あさひやき(朝日焼)②」に同じ。

あずまや-さん【四阿山】長野・群馬の県境にある円錐火山。那須火山帯に属す。山頂は外輪山の一部。西斜面に菅平(すがだいら)がある。標高二三五四メートル。吾妻山・吾嬬山(あがつまやま)。発音〈標ア〉ヤ

あずまや-づくり【四阿造・四阿屋造】〘名〙四方に葺(ふ)きおろした形の屋根。また、屋根がその形の家。寄棟(よせむね)造り。*日葡辞書(1603-04)「Azzumaya zzucuri(アヅマヤ ヅクリ)」*浮世草子・懐硯(1687)四・三「かたへなる杉むらの茂き一里に入しに、四阿屋(アヅマヤ)づくりの藁葺(わらぶき)の庵に、八十余歳の法師、真言律をおこなひすまし」発音〈標ア〉ズ2 辞書日葡

あずま-やま【吾妻山】福島・山形の県境にある火山群。西吾妻山(二〇三五メートル)、中吾妻山(一九三一メートル)、東吾妻山(一九七五メートル)、吾妻小富士(一七〇七メートル)および活動中の一切経山(一九四九メートル)などからなる。中腹には五色、高湯など五つの温泉がある。磐梯朝日国立公園の一部。あずまさん。吾妻富士。吾妻連峰。*曾丹集(11C初か)「あづまやまみねのなかみちかれしよりわがみにあきのくるとしりにき」発音〈標ア〉0

あずま-ゆう【東木綿】〘名〙東国から産出する木綿(ゆう)。発音〈標ア〉0

アスマラ(Asmara)アフリカ東部、エリトリアの首都。標高約二四〇〇メートルの高地にある。六〇キロメートル離れた外港マッサワへ鉄道が通じる。

あずま-りゅう【吾妻流】〘名〙日本舞踊の流派の一つ。歌舞伎俳優吾妻藤蔵の系統から出たという。発音〈標ア〉0

あずまりゅう-にげんきん【東流二弦琴】一九世紀後半、東流の流祖藤舎蘆船(とうしゃろせん)が八雲琴(やくもごと)を実用的に改良して作った弦楽器。長唄などの俗曲の演奏に適し、明治前期に商家の婦人などが用いた。二弦琴。発音アズマリュー〈標ア〉0

あずま-ろっぽう【東六法】〘名〙(「あずま」は江戸をいう)江戸の旗本奴(はたもとやっこ)・町奴の総称。江戸の俠客。

あずま-わらわ【東竪子・東孺】〘名〙官名。内侍司(ないしのつかさ)に奉仕する女官。女蔵人(にょくろうど)の次位。姫松(ひめまつ)ともいい、行幸の際、馬に乗って供をした。冠・縫腋(ほうえき)の袍(ほう)・指貫(さしぬき)・唐衣(からぎぬ)・裳(も)を着用。三つ子は天皇を守るという故事から、同腹の三つ子の童女を用い、古来の慣例で、紀朝臣季明、河内宿禰友成等と名のらせたという。*延喜式(927)一二・中務省「東竪子(あづまわらは)四人装束料。人別緋絁四丈。帛二疋。綿四屯」*朝野群載-四・永保二年(1082)正月一一日・東孺加階申文「正六位上東孺紀朝臣季明 誠惶誠恐謹言」*色葉字類抄(1177-81)「東竪子 アツマワラハ 女官也」*年中行事歌合(1366)「春にあふあづま童の心まで君が恵をさぞ仰ぐらん」*浄瑠璃・菅原伝授手習鑑(1746)三「男の子なりや御所の牛飼。女良(めろ)なれば東童とやら是も御所で仕はるる、法式は忝い物」辞書色葉・書言 表記東竪子(色) 東竪司(書)

あずまわらわ-の-つかさ【東竪司】〘名〙東竪子(あずまわらわ)のことをつかさどるところ。内侍司の被官。

あずみ【安曇】長野県の北西部にあった郡。明治一二年(一八七九)北安曇・南安曇の二郡に分かれた。「和名抄」では「あづし」。発音〈標ア〉0 辞書色葉・文明・易林 表記安曇(色・文・易) 安裏(易)

あずみ-の【安曇野】長野県、松本盆地の梓川以北、大町市付近までの地域名。湧水を利用したワサビ田で知られる。安曇平。

あずみ-の-いそら【安曇磯良】筑前に住むといわれた海底の神。福岡市東区志賀島の志賀海神社の祭神。「九州道の記」「八幡愚童訓」に所見。神功皇后の新羅(しらぎ)征伐の際、龍宮から干珠満珠の宝を借りだして援助したと「太平記」巻三九に伝えられている。ただし、「太平記」では阿度部(あとべ)の磯良。

あずみ-の-ひらふ【安曇比羅夫】飛鳥時代の武将。天智天皇元年(六六二)、百済(くだら)救援のため船一七〇隻を率いて朝鮮半島に渡り、百済王子豊璋(ほうしょう)を王位につける。翌年、唐・新羅連合軍に白村江で大敗し、百済は滅んだ。阿曇山背連(あずみやましろのむらじ)比良夫。生没年不詳。

あすら【阿修羅】「あしゅら(阿修羅)」に同じ。*宇津保(970-999頃)俊蔭「心をなして、あすらの中にまじりぬ。あすらおほきに驚きて、俊蔭を七たび伏し拝む」*俳諧・桃李(1780)桃李の巻「相図の礫今やうつらし〈几董〉添ふしにあすら(阿修羅)が眠うかがひつ〈蕪村〉」*俳諧・一茶真蹟俳諧寺記(1820)「手足はけぶり黒み、髭(ひげ)は尖(とが)り、目は光りて、さながらあすらの躰相(たいさう)にひとしく」発音〈標ア〉0ア

あすら〘名〙朝のこと。*一茶方言雑集(1819-27頃)「朝(アスラ)豊後 すら反さ也」*和訓栞(1777-1862)「あさ 朝をいふあは明く也さは少也狭也豊後の方言にあすらといへり」

あすら-おう【阿修羅王】「あしゅらおう(阿修羅王)」に同じ。

あずり〘名〙(動詞「あずる」の連用形の名詞化)あずること。

あずり 貧乏(びんぼう) せっせと家業に精を出して働いても、いつも金銭に不自由していることをいう。*両京俚言考(1868-70頃)「油断なく職業を稼(かせ)ぎながら金銭に不自由がちなるを、あづりびんぼうといふ」

あずり 貧乏(びんぼう)**人宝**(ひとだから) あくせくと働いても働いても貧乏から抜け出すことができず、その働きが他人の利益に貢献するばかりであることをいう。*両京俚言考(1868-70頃)「あずりびんぼうひとだからなどいふ諺も営業に足摺して稼けども貧乏は遁れえず、他人の宝になるといふならん」

アスリート〘名〙(英 athlete)《アスリーツ・アスレート》競技者。スポーツマン。*新らしい言葉の字引(1918)〈服部嘉香・植原路郎〉「アスリーツ Athlets(英)運動競技者」*モダン語漫画辞典(1931)〈中山由五郎〉「アスリート『運動家』のことであるが、スポーツ・マンと云ふ方が遙に一般的である」発音〈標ア〉リ〈京ア〉リ

あずりくそ-たれる【糞垂】〘連語〙方言むずかしい仕事などでてこずる。難儀する。無理をする。島根県725 ◇あじりくそたれる 島根県725 ◇あじいくそたれる 島根県出雲728 ◇あずりくそかく 鳥取県西伯郡719

あずり-こずり〘副〙方言❶苦心するさまを表わす語。やっとのことで。島根県725 ◇あずうこずう 鳥取県西伯郡719 ❷無理にあがくさまを表わす語。◇あじいこじい 島根県出雲728 ❸持て余すさまを表わす語。◇あずりこんぼおとも。山口県豊浦郡798

あずり-まわ・る【一回】〘自ラ五(四)〙もがき回る。あがき回る。*女工哀史(1925)〈細井和喜蔵〉一一・三三「病人はあずり廻って、而も血みどろになって死んでゐるのであった」

あ-・する【亜】〘他サ変〙文あ・す〘他サ変〙準ずる。ほぼ匹敵する。*米欧回覧実記(1877)〈久米邦武〉一・四「『オキシテンタール、ホテル』は七層の楼を起し、直立して空にそびゆ、『リッキハウス』等、之に亜する旅館あり」

あず・る〘自ラ四〙①あがく。もがく。*歌舞伎・霧太郎天狗酒宴(1761)四幕「イヤモウあっちはどの様にもがいても、可愛ともいぢらしいとも何とも思わぬ、あづるならあづらしておいたがよいわいなふ」②忙しくする。奔走する。*両京俚言考(1868-70頃)「物事鬧(いそが)はしく取扱ふを、あづるといひ」③睡眠中に動きまわる。*女工哀史(1925)〈細井和喜蔵〉一六・五七「唯だ単に寝態(ねざま)を崩してゐる者三分、あずったが故に二人の体が触れ合ってゐる者三分」④窮する。*秋長夜話(1781-1801頃)「此国にて、窮することをあずるといふは、足摺(あしすり)なり。伊勢物語に、あしすりをして泣ともかひなしといへり」補注「両京俚言考」では、語源未詳としながら、「あくせくする」または「足摺る」の変化したものかという。方言❶(「足摺る」か)動く。鳥取県西伯郡718 日野郡720 島根県那賀郡054 岡山県小田郡767 ◇あじる 鳥取県西伯郡718 ❷少しずつ移動する。◇あじる・あずうとも。鳥取県西伯郡719 ❸苦しみもがく。兵庫県赤穂郡660 鳥取県東部711 島根県725 岡山県751 767 香川県827 愛媛県840 846 ◇あじる 島根県出雲725 ❹睡眠中に動き回る。京都府竹野郡622 兵庫県赤穂郡660 島根県725 岡山県762 ◇あじる 島根県出雲725 ◇あずりあがる 島根県725 ◇あずりゅうこく 岡山市762 ❺困る。窮する。苦労する。安芸†121 兵庫県神戸市670 淡路島671 島根県725 岡山県759 広島県771 781 山口県792 795 徳島県809 香川県829 愛媛県038 843 845 高知県864 土佐郡866 ❻騒ぐ。兵庫県但馬062 ❼あれこれと迷う。飽きる。静岡県520 536 541 ❽気をもみ焦る。新潟県佐渡358 福井県坂井郡433 兵庫県加古郡664 神戸市670 島根県725 岡山県苫田郡749 児島郡763 ❾よく働く。骨を折る。努力する。新潟県佐渡352 岡山県苫田郡749

アスレチック〘名〙(英 athletic)《アスレティック》体育。体力保持の目的のものをさすことが多い。他の語と複合しても用いる。「アスレチック-クラブ」*モダン流行語辞典(1933)〈喜多壮一郎・麴町幸二〉「アスレティック Athletic 英 運動、競技。〈略〉スポーツと云ふ言葉の方が一般的である」発音〈標ア〉チ

アスレチックス〘名〙(英 athletics)《アスレティックス》運動競技。スポーツ。*音引正解近代新用語辞典(1928)〈竹野長次・田中信澄〉「アスレチックス Athletics 英 運動競技」発音〈標ア〉チ

アスロック【ASROC】〘名〙(英 anti-submarine rocket の略)米国海軍の開発した対潜水艦攻撃用の自動追尾魚雷。

あすわ【足羽】福井県の中東部の郡。足羽川中流域の山間地。*二十巻本和名抄(934頃)五「越前国〈略〉足羽〈安須波〉」辞書和名・色葉・文明 表記足羽(和・色・文)

あす-わ【明日一】〘名〙(「あすわひのき(明日檜)」の略)植物「あすなろ(翌檜)」の異名。辞書言海

あす-わ-ひのき【明日檜】〘名〙⇨あすはひのき(明日檜)

アスワン(Aswan)エジプト-アラブ共和国の南部、ナイル川右岸の都市。古くから交易の中心地で、中島のエレファンティン島に多くの古代遺跡がある。上流にはアスワン-ハイ-ダムがある。古名シエーネ。発音〈標ア〉0

アスワン-ハイ-ダム(Aswan High Dam)ナイル川の中流にある、灌漑・発電用のダム。堤長三六〇〇メートル、貯水容量一五七〇億立方メートル。

アスンシオン(Asunción)南アメリカ、パラグアイの首都。パラグアイ川に臨む貿易港。一五三七年、スペイン人により創設された。発音〈標ア〉シ

あせ【合】〘名〙方言⇨あわせ(合)

あせ【汗】〘名〙㊀①動物の皮膚上にある汗腺(かんせん)からの分泌物。主成分は塩分、尿(にょう)酸、尿素、アンモニアなど。体温調節および精神的緊張などで出る。《季・夏》*西大寺本金光明最勝王経平安初期点(830頃)九「年少くして白き髪生ひ、汗(アセ)多く及瞋り多く、聰明にして夢に火を見む、斯の人は是れ熱性なりといふ」*十巻本和名抄(934頃)二「汗 蔣魴切韻云汗〈音翰 阿勢〉人身上熱汗也」*源氏(1001-14頃)紅葉賀「宮はわりなくかたはらいたきに、あせもながれてそおはしける」*日葡辞書(1603-04)「Axe(アセ)ガタル」*俳諧・夜半叟句集(1783頃か)「汗入れて妻わすれ

めや藤の茶屋」 ＊小学読本(1873)〈田中義廉〉一「此人々の汗は、流れて、地に落つるを見よ」 ②一般に、温度差などによって器物の表面などに生じる水滴。→あせ(汗)をかく②。 ＊両足院本山谷抄(1500頃)一「竹をあぶりて汗をだいてふだにして物をかくぞ」 ＊清原国賢書写本荘子抄(1530)一「液樠は、液はやに也〈略〉あせの出て樠々然たる皃ぞ」 ③労働などによる苦しみを比喩的にいう。 ＊駅夫日記(1907)〈白柳秀湖〉一五「小作人の汗と、株の配当とで生活するのは人間の最大罪悪だ」 ④船倉内の積み荷などに生じる水滴。 ⑤血のことをいう、伊勢斎宮・賀茂斎院の忌み詞。女房詞。 ＊皇太神宮儀式帳(804)「赤種種の事忌定給き〈略〉。血を阿世と云」 ＊延喜式(927)五・神祇・斎宮「凡忌詞〈略〉血称阿世」 ㊁(形動) 汗①をかくさま。また、そのような労苦・骨折りをするさま。 語源説 (1)アはアツキ(熱)、セはシと相通で汁〔日本釈名〕。またアシ(熱水)の転〔言元梯〕。(2)アツシメリ(熱湿)の義〔箋注和名抄・名言通・和訓栞〕。(3)アは暑い時出る故か。セはホセか〔和句解〕。(4)アセミヅ(息迫水)の略〔日本語源＝賀茂百樹〕。(5)ウハシメ、ウハソメの反〔名語記〕。 発音〈標ア〉ア 〈ア史〉平安・鎌倉・江戸○◓ 〈京ア〉セ 辞書 和名・色葉・名義・下学・和玉・文明・明応・天正・饅頭・黒本・易林・日葡・書言・〈ボン・言海 表記 汗(和・色・下・玉・文・明・天・饅・黒・易・書・へ・言) 液(名・玉) 汁(名) 泚・浼(玉)

あせ あゆ (「あゆ」は、したたる意) 汗がしたたり流れる。多く冷汗についていう。 ＊枕(10C終)二三・清涼殿の丑寅のすみの「御覧じくらべて、『ただこの心どものゆかしかりつるぞ』とおほせらるる、〈略〉すずろにあせあゆる心地ぞする」 ＊狭衣物語(1069-77頃か)四「わららかに戯(たはぶ)れ聞ゆるを、若き人々は、あいなうあせあえてぞ聞きける」 ＊冥報記長治二年点(1105)中「瑣方に大に汗(アセアユ)」

あせ＝に[＝と]成(な)る ①汗水を流す。汗でぬれる。また、労苦をいとわずに働く。汗みずくになる。汗をかく。 ＊蜻蛉(974頃)上・康保元年「来しときは膝にふし給へりし人をいかでかやすらかにと思ひつつ、わが身はあせになりつつ、さりともとおもふ心そひて、たのもしかりき」 ＊俳諧・花摘(1690)上「我妻の汗に成たるもめんかな〈柴雫〉」 ＊談義本・根無草(1763-69)前・二「道行く人は汗となりて消えなんかと苦(くるしみ)」 ＊たけくらべ(1895-96)〈樋口一葉〉三「不足の品を正太が買物役、汗(アセ)に成(ナ)りて飛び廻るもをかしく」 ②恥ずかしさや緊張感で汗を流す。また、そのような思いをする。冷汗をかく。汗をかく。 ＊源氏(1001-14頃)帚木「女は、この人の思ふらむことさへ、死ぬばかりわりなきに、流るるまであせになりていとなやましげなり」 ＊有明の別(12C後)上「おそろしく、はつかしくも、あせになる心ちぞする」 ＊右京大夫集(13C前)「はては、おそろしき物語どもをして、おどされしかば、まめやかにみなあせになりつつ」

あせ の香(か) 汗のにおい。《季・夏》 ＊枕(10C終)四四・七月ばかりに「大かたいと涼しければ、扇もうち忘れたるに、あせのか少しかかへたる綿衣のうすきを、いとよくひき着て、昼寝したるこそをかしけれ」 ＊俳諧・ひさご(1690)「汗の香をかかえて衣をとり残し〈越人〉」 ＊俳諧・雪満呂気(1737)下「汗の香に衣ふるはん行者堂〈曾良〉」

あせ の結晶(けっしょう) 苦労して得た成果。努力の所産。 ＊愚弟は愚弟(1936)〈獅子文六〉一「実直なミスタの汗(アセ)の結晶(ケッシャウ)が、この為替相場にモノをいって、日本へ帰ってもどうやら懐手で暮せさうだし」 ＊われら戦友たち(1973)〈柴田翔〉五・五「それが、お前がはるばるこの連込宿まで追ってきた神聖なる金包みなのだ〈略〉お前の同志諸君の汗の結晶なのだ」

あせ の如(ごと)し (汗がいったん流れ出ると、ふたたび身の内に収めることができないことから) 天子のことばは取り消すことができないの意。→綸言(りんげん)汗の如し。 ＊玉葉-治承五年(1181)正月八日「如汗之綸言、豈如此哉」 ＊義経記(室町中か)八・継信兄弟御弔の事「侍の言葉は綸言にも同じ。猶しあせのごとしとて、既に自害せんとせしままに」

あせ の玉(たま) 玉のような汗。大つぶの汗。 ＊浄瑠璃・浦島年代記(1722)二「額に乱るる汗のたま、ほとおりわななく御なやみ」 ＊俳諧・志多良(1813)二「汗の玉草葉におかばどの位」

あせ の飯(めし) 夏など、炊いてから時がたって、水滴が表面に付着するようになり、すえかかった飯。饐飯(すえめし)。《季・夏》

あせ を入(い)れる 一時運動を中止して、汗の流れ出るのをおさえる。ひと休みして汗をぬぐう。 ＊蓬左文庫本江湖風月集抄(1558-91)下「大汗を流し、つつと出処が絶学衆寮也。爰で汗を入也」 ＊俳諧・俳諧古選(1763)二・夏「汗入れて馬も嘶(いなな)く峠かな〈雅蝶〉」 ＊浄瑠璃・妹背山婦女庭訓(1771)四「サアサア済んだらとりどりに、御酒(みき)洗米(あらひよね)供物(そなへもの)、みなみな汗を入れにける」

あせ を反(かえ)す (一度出た汗を再び体内に戻す意から) 一度発した命令を取り消して行なわない。約束にそむく。 ＊漢書-劉向伝「易曰渙汗其大号、言号令如汗、汗出而不反者也、今出善令、未能踰月而反、是反汗也」

あせ を かく ①汗を皮膚から分泌する。汗を流す。また、労苦をいとわず働く。汗に成る。 ＊万葉(8C後)九・一七五三「君来ませりと 熱けくに 汗可伎(あせカキ)なけ 木の根取り 嘯(うそぶき)登り〈虫麻呂歌集〉」 ＊日葡辞書(1603-04)「Axeuo(アセヲ) タラス、ナガス、または、caqu (カク)」 ＊俳諧・炭俵(1694)上「着のままにすくんでねれば汗をかき〈利牛〉」 ②乾物などの食品、あるいは器物の表面に水滴が生ずる。 ＊曾我物語(南北朝頃)四・眉間尺が事「然るに、この剣、常にあせをぞかきける」 ＊俳諧・文政句帖-五年(1822)六月「麦秋や土台の石も汗をかく」 ＊少年行(1907)〈中村星湖〉一四「冷飯の然も汗をかいてプンと臭ひさうなのへ」 ③「あせ(汗)に成る②」に同じ。 ＊四河入海(17C前)一六・三「さる程に、対人して面目もなくて汗をかき、又面も騂なるぞ」 ＊団団珍聞-四九六号(1885)「聞人より己が方からヒヤヒヤと、汗(アセ)をかいたる下手な演説」

あせ を する 汗が出る。 ＊売花翁(1893)〈斎藤緑雨〉「初めは師匠も席に在しが発汗(アセ)をするとて降行きしまま再び来らず」

あせ を垂(た)らす 苦労をいとわず、ある目的にむかって行動をなしたり、働いたりする。 ＊土井本周易抄(1477)六「辛労して汗をたらいて大に号令を下して天下を治めうとせらるるぞ」

あせ を流(なが)す ①汗をかく。ひや汗をかくことにもいう。 ＊曾我物語(南北朝頃)一〇・犬房が事「あのえせ太刀におはれて、小柴垣をやぶりてにげしはいかに。御分のよき太刀も、心にくからずといひければ、聞人、みなあせをなかさぬはなかりけり」 ＊義経記(室町中か)五・忠信吉野山の合戦の事「大の法師攻めたてられて、額にあせをなかし、今はかうとぞ思ひける」 ＊日葡辞書(1603-04)「Axeuo(アセヲ) nagasu (ナガス)」 ②労働する。労苦をいとわず働く。汗水流す。 ＊天草本伊曾保(1593)大海と、野人の事「サンヤヲ イエニシ デンバクニ axeuo nagaxi (アセヲ ナガシ)、コウリヲ タガエシ アメヲ ウユルコトワ」 ＊竹沢先生と云ふ人(1924-25)〈長与善郎〉竹沢先生富士を観る・一「何も齷齪して無理に汗を流すことはないぢゃないか」 ③入浴する。入浴などして汗を洗い落とす。

あせ を握(にぎ)る 危急の場合をそばで見ていて、はらはらする。なりゆきが心配ではらはらするようなものを見たり、または体験したりする時、興奮して手のひらに汗が出るのをいう。手に汗を握る。 ＊曾我物語(南北朝頃)一・惟喬惟仁の位あらそひの事「惟仁の御方へ心を寄せ奉る人々は、あせをにきり、心を砕きて祈念せられける」 ＊三河物語(1626頃)三「七八人して、うしろよりいだきて、次右衛門尉か取頸をばいてゆく。次右衛門はあせをにぎって、腹を立けれ共、かなわずして帰る」 ＊鎌倉北条九代記(1675)二・柏原彌三郎逐電「世のそしり人のうれへ何事か是にまさらんと、宿老達は、みなともに汗をにぎりて周章(しゅうしゃう)せり」

あせ を浸(ひた)す びっしょり汗をかく。 ＊俳諧・笈の小文(1690-91頃)「つつじ、根ざさにとりつき、息をきらし、汗をひたして、漸(やうやう)雲門に入こそ、心もとなき導師のちからなりけらし」

あせ を揉(も)む 馬が汗をかく。または、汗をかくほどよく働く(日葡辞書(1603-04))。 辞書 日葡

あ-せ【吾兄】〘代名〙 対称。女子から男子を親しんでいった語。多く「を」を伴って用いる。→あせを。 語源説 (1)蒙古語の aha (兄) が日本語の ase (兄) となったという〈奥理将建「日本語系統論」〉が、なお疑問〔日本語の系統＝服部四郎〕。 発音〈標ア〉ア 〈京ア〉ア

あせ〘感動〙 方言 牛を綱で左に向けて、歩かせようとするときの掛け声。愛媛県越智郡 848 ◇あせあせ 岡山県川上郡 765 ◇あせえあせえ 島根県仁多郡 725 ◇はせはせ 島根県出雲市 725 ◇あっせ 島根県邑智郡 725 山口県大島 801 ◇あっせえ 広島県安芸郡 783 ◇あっさええ 島根県邑智郡 725 ◇あっせん 島根県邑智郡 735

あぜ【校】〘名〙 (物を交差させて積み重ねる意の動詞「あざう」の語幹あざと同語源か) 切り口が三角形の長材を縦横に交差させて積みあげること。また、それを積みあげて造った倉。あぜくら。 ＊宇津保(970-999頃)蔵開上「人をめしてあけさせて見給へば、内にいま一重あぜして上(錠カ)あり。その戸には『文殿』とおしでさしたり」

あぜ【畔・畦】〘名〙 ①田と田の間に土を盛って堤をつくり、水をため、また、境界とするもの。あ。くろ。 ＊二十巻本和名抄(934頃)一「畔 陸詞曰畔音半田界也和名久呂 一云阿世」 ＊寂蓮法師百首(1187)「苗代の水にうきねやまかすらん蛙の声のあぜつたひ行く」 ＊東寺百合文書-を・永和二年(1376)一一月二八日・山城久世庄河依里田畠証文案(大日本古文書六・二五)「在山城国乙郡下久世庄内自河九坪 四至 限東類地限北阿世」 ＊日葡辞書(1603-04)「Aje (アゼ)〈訳〉土の高くなっている部分で、田と田の境の役を果すもの」 ②敷居または鴨居のみぞの中間にあるしきり。 語誌 (1)「畔」を意味する語は、ア、クロ、アゼの順で文献に現われる。地理的には、アゼが主に中部・北陸以西九州にかけて分布するのに対し、クロが関東以北および九州の一部などに見られる。この分布の状況からもアゼはクロより新しい語形と考えられる。(2)文献上最も古く現われるアという語形は、現在の方言の中には見出せないが、琉球全域に分布するアブシはア＋フシと考えられ、古形アが複合語の一部としてクロのさらに周辺部に分布していると見ることができる。方言では、「畔」の形状、地形、用途の違いや部分によって名称を区別している地域も多い。また、現代共通語で隣接した意味を持つキシ、ドテ、ツツミ、ウネなどの語形が「畔」の意味で用いられている地域もある。→くろ(畔)。 方言 ❶田畑山林などの境界。 ◇あじ 鹿児島県喜界島 983 ◇あぞ・あど 東京都大島 326 ❷上の田と下の田との間。 ◇あど・あろ 新潟県佐渡 348 356 ❸田の畔(あぜ)の側。 岡山県

川上郡765 ❹川岸。岡山県川上郡745 ❺川岸などの下部がえぐれて洞状になった所。福島県岩瀬郡176 ❻養蚕用の大竹かごの縁。群馬県多野郡246 ❼川に寄った場所。徳島県那賀郡813 ❽端。隅。◇あぜっことも。栃木県198 ❾(ばかの意の「たわけ」を「田分け」にかけ、畔が田を分けるところから)あほう。ばか。岐阜県本巣郡510 語源説(1)古語ではア。一説に、アはタ(田)の界。セは、踏み渡る意から瀬か。また、アゼはもと交わる意。畔は、田間で交わるので、これをもアゼといったか〔東雅〕。田と田との合にある堺の意からアセ(合迫)か〔日本語源=賀茂百樹〕。(2)アゼ(畔背)の意から〔古事記伝・雅言考・俗語考・日本古語大辞典=松岡静雄〕。(3)アヒセキ(間塞)の義か〔和訓栞〕。(4)アヒセ(相背)の義〔名言通〕。(5)アセ(足狭)の義〔言元梯〕。(6)アセ(間瀬)の義〔紫門和語類集〕。(7)土を上げ水を堰くことから、アゲゼキの略〔本朝辞源=宇田甘冥〕。(8)アシロベリ(足代縁)の義〔日本語原学=林甕臣〕。(9)オサスヱ(長居)の反、オサシメ(長占)の反〔名語記〕。 発音〈なまり〉アジ〔静岡〕アゾ・アヅ・アド〔伊豆大島〕アデ〔埼玉方言・播磨・和歌山県・島根〕アレ〔鹿児島方言〕〈標ア〉ゼ〈京ア〉ア 辞書 和名・色葉・名義・和玉・文明・伊京・明応・天正・黒本・易林・日葡・書言・〈ボン〉・言海 表記 畔(和・色・名・玉・文・伊・明・天・黒・書・へ・言)畷(文・伊・明・天・黒・易)阡(黒)疇(易)

あぜ青(あお)む 田のあぜ道が、草が萌えて青々としてくる。《季・春》*残鐘(1952)〈水原秋桜子〉「雲垂れてつひに触れたる畦青む」

あぜ置(お)く 田のあぜを作る。*堀河百首(1105-06頃)春「賤の男の苗代垣をあぜおきて今ぞたな井に種おろしける〈源国信〉」

あぜ切(き)る 田のあぜを切りこわす。また、あぜをこわして田の水を流す。水をほす。*丹後守為忠百首(1134頃か)春「小山田のをだの苗代みほすとてあぜきる程に日は暮れにけり〈源頼政〉」

あぜ焼(や)く 害虫の卵や幼虫を防除し、焼き灰を肥料とするなどの目的で、早春、あぜの枯れ草を焼き払うこと。畔火。《季・春》*五百句(1937)〈高浜虚子〉昭和四年「此村を出でばやと思ふ畦を焼く」

あぜをかける 方言 田の土をあげて、あぜの内側を塗り直す。山口県阿武郡797 愛媛県大三島848

あぜ【綜】〘名〙機(はた)の、経(たていと)をまとめる用具。綜絖(そうこう)。*名語記(1275)六「布をるにあせといふ事ある歟。布をるあせはあざふの心歟。あざふは叉也」*日葡辞書(1603-04)「Aje(アゼ)〈訳〉織機の経(たていと)をあやつる部分」方言❶機織りの経を通す器具。島根県725 ❷機織りで、上下二列になった経が交わる所。島根県那賀郡736 鹿足郡739 ❸交差したもの。交差した所。◇あじまあ 沖縄県首里993 ❹道のつじ。◇あずぃ 鹿児島県徳之島975 ◇あじま 沖縄県島尻郡975 ❺養蚕用の大籠の縁(ふち)。群馬県多野郡246 語源説(1)アサフ(叉)の義から〔名語記〕。(2)アゼ(畔)と同義〔和訓栞〕。 辞書 日葡・〈ボン〉 表記 綜(へ)

あぜ〘名〙ばか、たわけ者をいう、盗人仲間の隠語。〔日本隠語集(1892)〕

あぜ〘代名〙方言 ⇩わじょう(我丈)

あぜ〘副〙①上代東国方言。㋑疑問の意を表わす。なぜ。どうして。→あぜか。*万葉(8C後)一四・三四六一「安是(アゼ)と言へかさ寝に逢はなくに真日暮れて宵なは来なに明けぬ時(しだ)来る〈東歌〉」*万葉(8C後)一四・三四六九「夕占(ゆふけ)にも今夜(こよひ)と告(の)らろわが背なは阿是(アゼ)そも今夜寄しろ来まさぬ〈東歌〉」㋺いかに。どのようにして。*万葉(8C後)一四・三五一七「白雲の絶えにし妹を阿是(アゼ)為(せ)ろと心に乗りて許多(ここば)かなしけ〈東歌〉」②近世の用法。㋑なぜ。どうして。どういうわけで。*物類称呼(1775)五「なぜと云事を〈略〉総州及東奥にて、あぜといふ」*咄本・蝶夫婦(1777)お国者の春袋「侍、大に腹を立、それほど有物を、ねへとべへいって、アゼ、おれに売はやあだか」*洒落本・道中粋語録(1779-80頃)「サア夫もワレしがあんまり小腹がつっ立たからの事だアもし。アゼはあそんだら追分の松屋サいかっしゃりました」*滑稽本・東海道中膝栗毛(1802-09)三・上「うらがお長松(ちょま)のかかアはたこよナア。あぜさ蛸だとおもしやるへ」㋺(感動詞のように用いて)あれまあ、なんとまあ、おや、というような軽い驚きと疑問の意を表わす。*洒落本・道中粋語録(1779-80頃)「『アイそんなら。コレサかるく盛てくんな』『アゼひだるいといはっしゃりましたじゃアおざんねへか』」語誌(1)「万葉集」では、巻一四の東歌にのみその用例が確認され、「あど」と同様、東国語と考えられる。以降、「物類称呼」(一七七五)まで、文献資料には用例を見出しがたい。(2)近世になると、洒落本「道中粋語録」で信濃人の会話文に多用されているほか、滑稽本「東海道中膝栗毛」でも駿河の馬子の会話にも用例が確認され、また咄本「蝶夫婦」に東国系の方言の描写に用いられており、近世資料でも東国の方言として扱われている。発音〈標ア〉ア

あせ-あい【汗相】〘名〙馬術で、馬の汗の出方。馬の調子をみる要素となる。

あぜ-あ・う【戯合】〘自ハ四〙(「あざれあう」の変化した語)たわむれあう。たがいにたわむれる。*仮名草子・浮世物語(1665頃)二・一「浮世房も似非者(えせもの)にて慰みがてらと思ひ、打連れて是にあぜあひけり」補注 畔(あぜ)の界を争い合うから来た語〔国語拾遺語原考=久門正雄〕ともいう。

あせ-あな【汗孔】〘名〙汗を体外に出すための、あな。*改正増補和訳英辞書(1869)「Emunctory 汗孔(アセアナ)。人身中の渣滓(かす)を排拽(はいせつ)する部分」発音〈標ア〉0セ

あせ-あぶら【汗膏】〘名〙「あぶらあせ(脂汗)」に同じ。*大本神諭-火之巻(1920)〈出口ナオ〉大正六年旧一一月二三日「今の世の持方は全部畜生の行方で、強い者が弱い者の汗油(アセアブラ)を絞りて、其汗と油で高い処へ上って、舌をぺろりと出して見卸して居るが」

あぜ-あみ【畔編】〘名〙表目と裏目を交互に編む模様編みの一種。縦に連なった表目があぜのように見えるので、この名がある。ゴム編み。

アセアン【ASEAN】(英 Association of Southeast Asian Nations の略)東南アジア諸国連合。インドネシア、タイ、マレーシア、フィリピン、シンガポールの五か国が一九六七年に結成した地域協力機構。八四年にブルネイ、九五年にベトナム、九七年にミャンマー、ラオス、九九年にカンボジアが加盟。本部はジャカルタ。

あ-せい【亜聖】〘名〙(「亜」は、次の意)聖人につぐ人。大賢人。多く、孔子を聖人とするのに対して、特に顔回あるいは孟子の美称に用いられる。*空華日用工夫略集-応安三年(1370)一一月一三日「又問二孟軻事一。曰、凡人以レ所レ習為レ賢為レ愚。故其母三択レ隣以居。遂為二亜聖一」*壒嚢鈔(1445-46)一「孟子をば大賢と云。亜聖とはせいに次とて、聖人と云(いは)まほしけれ共暫く恐あり。賢人と云んとすれば亦余ある間、是を大賢と云ふ」*童子問(1707)上・二五「惟顔子至聰明故拳二拳於此一而不レ失。此顔子所三以能至二於亜聖之地一也」*朱熹-孟子集注序説「顔子去二聖人一只毫髪間、孟子大賢、亜聖之次也」発音アセイ〈標ア〉ア 辞書 書言 表記 亜聖(書)

あ-せい【阿世】〘名〙世俗にこびへつらうこと。世間の人におもねること。→曲学阿世(きょくがくあせい)。*社会百面相(1902)〈内田魯庵〉付録「売文阿世(アセイ)以て当世の寵児たるを争ふ鄙心を蔵せざるは」*史記-儒林伝「公孫子務二正学以言一、無二曲レ学以阿レ世」発音アセイ〈標ア〉ア

あ-せい【啞生】〘名〙(「啞」は、口がきけない、「生」は、生徒の意)諸種の機能障害のために、ことばが話せない生徒。*日本教育策(1874-75頃)〈森有礼編〉合衆国教育概畧「言いふ事能はざる者をして音声を発せしめ、又た啞生に教ゆるに通話の法を以てす」*新傾向句集(1915)〈河東碧梧桐〉明治四〇年「永き日の阿音教ふる啞生かな」

あ-せい【蛙声】〘名〙カエルの声。*洒落本・史林残花(1730)地理志「夏夕望レ之。則涼風可レ人。蛙声(アセイ)喚レ誰」*花柳春話(1878)〈織田純一郎訳〉三六「碧蓮小池を蓋ふて蛙声(アセイ)喧しく、蔓草廻廊に上って蝸牛横はり」*自然と人生(1900)〈徳富蘆花〉湘南雑筆・蒼々茫々の夕「独り黄昏の底に立ちて耳傾くれば蛙声(アセイ)独り閣々、また蟋々(じじ)」*張籍-過賈島野居詩「蛙声籬落下、草色戸庭間」発音アセイ〈標ア〉0

あ-せい【鴉声】〘名〙カラスの鳴き声。*江戸繁昌記(1832-36)二・混堂「暁天猶昏し。早く鴉声に和して、戸を連打し去る」*自然と人生(1900)〈徳富蘆花〉湘南雑筆・梅雨の頃「鴉声(アセイ)と蛙声と交々雨晴を争ふ」発音アセイ〈標ア〉0

あせい〘名〙兄。*八丈実記(1848-55)方言「兄をあせい」補注 古く、女子が男子を親しんでいった語「あせ(吾兄)」によるか。方言❶兄。◇あしいとも。東京都八丈島335 343 ❷他人の男子の呼称。伊豆八丈島†075 ❸男の名に付けて尊敬の意を添える語。伊豆八丈島†080 東京都八丈島337 ❹朝焼け。鹿児島県喜界島983

あ-せいそうけん【亜成層圏】〘名〙対流圏の上部、地上八〇〇〇メートルから一万二〇〇〇メートルの成層圏までの間の大気の層。発音アセイソーケン〈標ア〉ソ〈京ア〉イ/1

あぜ-いと【綜糸】〘名〙綜(あぜ)の中で、機(はた)の経(たていと)をまとめる糸。綾糸。掛け糸。*日葡辞書(1603-04)「Ajeito(アゼイト)〈訳〉織機のたて糸がほつれないように通してある糸」*物類称呼(1775)四「機躡〈略〉かざり 梭(ひ)みちをわくる糸也〈略〉西国にて、あぜいとと云」辞書 日葡・〈ボン〉 表記 綜絲(へ)

あせ-いろ【褪色】〘名〙さめた色。あせた色。*南京新唱(1924)〈会津八一〉法輪寺「みとらしのはちすにのこるあせいろのみどりなふきそこがらしのかぜ」

あぜ-うつり【畔移】〘名〙あぜからあぜへと移動していくこと。*俳諧・去来抄(1702-04)先師評「泥がめや苗代水(なはしろみづ)の畦(あぜ)うつり〈史邦〉」

あせ-うま【汗馬】〘名〙汗で毛の濡れている馬。かんば。*あらたま(1921)〈斎藤茂吉〉七・朝の蛍「代々木野をむらがり走る汗馬(アセウマ)をかなしと思ふ夏さりにけり」

あぜ-うり【―瓜】〘名〙方言 ⇩あじうり(味瓜)

あぜえ 方言 ㊀〘副〙❶非常に。たいへんに。鹿児島県鹿児島郡968 ◇あっぜ 鹿児島県姶良郡967 ❷どうして何々であろうか、ありはしないの反語表現に用いる。鹿児島県鹿児島郡968 ㊁〘連体〙非常な。大した。◇あぜえかとも。鹿児島県鹿児島郡968

あせ-おさえ【汗押】〘名〙汗が出るのをおさえること。また、そのための化粧品など。発音〈標ア〉オ

あぜ-おり【畔織】〘名〙織物の名称の一つ。経(たていと)と緯(よこいと)とを、互いに他の数本の糸を越えさせて織り、田のあぜのように、表面にでこぼこを生じさせた織物。経が緯を越えたものを経畔織、緯が経を越えたものを緯畔織という。琥珀(こはく)、八丈、仙台平(せんだいひら)、博多、斜子(ななこ)などに用いられる。畝織(うねおり)。発音〈標ア〉0〈京ア〉0 辞書 言海 表記 畔織(言)

あぜ-か〘副〙(疑問の副詞「あぜ」に助詞「か」の付いた語)上代東国方言。どうして…か。何として…か。*万葉(8C後)一四・三四三四「上毛野(かみつけの)安蘇山葛(つづら)野を広み延ひにしものを安是加(アゼカ)絶えせむ〈東歌・上野〉」*万葉(8C後)一四・三四

七二「人妻と安是可（アゼカ）其をいはむ然らばか隣の衣（きぬ）を借りて着なはも〈東歌〉」 ＊東遊（10C後）駿河舞「安世可（アゼカ）その殿ばら知らざらむ」

あぜ-かえ・す【交返】『他サ四』かきまわしてまぜる。または、あさる。比喩的にも用いる。＊俳諧・口真似草（1656）三「あぜ返せ声もふけ田のうつら狩〈末宜〉」 ＊絅斎先生敬斎箴講義（17C末-18C初）「し毀（そ）このうたことを思返して、あぜかへして見れば、実に有ゞ透てならぬと云気が付く」 ＊浄瑠璃・壇浦兜軍記（1732）四「幸ひ有合ふ檜（ひのき）の切（きれ）、錐揉（きり）もみにして進ぜうと、道具箱あぜかへせば」 ＊洒落本・浪花色八卦（1757）桐臺卦「白人ならばごばんをあぜかへして仕舞ふ所をきっとつとめて傍をはなれず」 方言❶混乱する。石川県鹿島郡411 ❷混ぜ返す。かき混ぜる。◇あぜかやす 富山県砺波397 石川県鳳至郡410 ◇あだかえす 広島県備後709 語源説(1)アゼはマゼ（交）の意〔大辞典〕。(2)アゼクラ（校倉）のアゼと同じ。校倉は穀倉の事で、倉中の穀粟を上下にすることから転じた〔四方の硯〕。(3)アゼカヘス（畷反）で農業の用語が一般化したもの〔紫門和語類集〕。

あせ-かき【汗搔】『名』汗をかきやすい体質。また、その人。あせっかき。汗性。＊浄瑠璃・源氏冷泉節（1710頃）上「敗毒散（はいどくさん）の風ぐすり、これぞあせかき乗物かき、すそをからげてゆく足の」 ＊俳諧・古今俳諧明題集（1763）夏「汗かきの棄られて居るしみづかな〈律水〉」 発音〈標ア〉セ 〈京ア〉カ

あぜ-がき【畔垣】『名』田のあぜにめぐらした垣根。＊待賢門院堀川集（1145-46頃）「かきの柳糸に似たり。山がつの道にさほせるあぜがきにいとほしげなる玉柳かな」

あせかき-じぞう【汗搔地蔵】『名』なにか変事のあるとき、汗をかくという伝承をもつ地蔵。また、その伝説。福島県西白河郡中島村、長野県木曾郡南木曾町、和歌山県高野山の奥の院などにある。発音アセカキジゾー 〈標ア〉ジ

あせ-がま。し【汗―】『形シク』（「がまし」は接尾語）気恥ずかしくて汗をかくようなことである。口幅ったい。厚かましい。＊毛利家文書-（年月日未詳）（室町）毛利元就自筆書状（大日本古文書二・六四〇）「あせかましき申事にて候へ共」

あぜ-がや【畔茅】『名』イネ科の一年草。本州中部以西の田野、道端などに生える。高さ六〇～七〇センチメートル。葉は長さ一〇～二〇センチメートル、幅三～五ミリメートルの線形。夏から秋に長さ二〇センチメートル内外の褐紫色で長楕円形の花穂をつける。学名は Leptochloa chinensis ＊日本植物名彙（1884）〈松村任三〉「アゼガヤ」 発音アゼガヤ 〈標ア〉ゼ

あぜ-がやつり【畔蚊屋吊】『名』カヤツリグサ科の一年草。関東地方以西の原野や低山の湿地、田のあぜなどに生える。茎は三角柱形で高さ三〇～四〇センチメートル。葉は根元から生じ、細長い線状でやや堅く、先はとがり、基部はさやとなっている。学名は Cyperus globosus ＊日本植物名彙（1884）〈松村任三〉「アゼガヤツリ」 発音アゼガヤツリ 〈標ア〉ガ

あぜ-がらし【畔芥】『名』植物「いぬがらし（犬芥）」の異名。＊重訂本草綱目啓蒙（1847）二二・菜「葶菜 いぬがらし〈略〉あぜがらし 大坂」

あせが・る『自ラ四』あせる。急ぐ。＊浜荻（久留米）（1840-52頃）「あせがる 人の気をあせることなり。せく意もあり」 方言❶焦る。焦燥する。肥後†131 福岡市879 佐賀県887 長崎県054 904 914 熊本県924 925 926 ◇あせぐる 富山県390 砺波398 ◇あせくる 新潟県佐渡352 岐阜県武儀郡498 飛驒502 ◇あせかく 富山県砺波397 ❷急ぐ。長崎県南高来郡905 ❸性急にする。福岡市877 ❹督促する。せく。福岡県872 粕屋郡876 熊本県058 ❺もがく。◇あせぐる 富山県390 ◇あせくる 岐阜県益田郡503 ❻子供が眠くなるなどしてむずかる。長崎市906 ❼並外れた働きをする。◇あせくるう 新潟県佐渡352 語源説アサミ（浅）カルの略〔菊池俗言考〕。

あぜ-き【校木】『名』校倉（あぜくら）造りの壁体を組みあげる木材。断面が三角形のもののほか、丸木、厚板、角材などがある。

あぜ-きり【畔切】『名』方言❶田をすく前に、前年畔（あぜ）に塗った土を削り落とすこと。富山県砺波398 兵庫県加古郡664 ◇あぜはなす〔畔放〕 富山県砺波398 ◇あぜどべ 富山県西礪波郡400 ❷❶に使用する刃物。奈良県南大和683 ◇あぜきい 鹿児島県肝属郡970 ❸田の畔を塗る前に、雑草などを鍬（くわ）で切り取ること。岐阜県飛驒502 ◇あぜはなし 滋賀県彦根609

あぜ-くさ【畔草】『名』方言❶畔（あぜ）に生ずる雑草の総称。富山県西礪波郡400 宮崎県東諸県郡954 ❷畔の大豆や小豆の間に生ずる草。富山市近在392 ❸植物、ひでりこ（日照子）。島根県美濃郡964 山口県厚狭郡799 香川県東讃037 ❹植物、あぜがやつり（畔蚊屋吊）。島根県美濃郡964 ❺植物、たまがやつり（玉蚊屋吊）。島根県美濃郡964 ❻植物、あぜてんつき（畔点突）。和歌山県有田郡692

あせ-くさ・い【汗臭】『形口』文あせくさ・し『形ク』汗の匂いで、からだや衣服などが、くさい。＊俳諧・犬子集（1633）一一・恋「汗くさくなる曾我殿の閨（ねや）　とらごぜの煩はただねつきにて〈親重〉」 ＊思出の記（1900-01）〈徳富蘆花〉九・一「江の島行の汗臭い白衣道者の中にまぢって」 発音〈標ア〉サ 〈京ア〉ク

あぜ-くじり【畔抉】『名』方言（田の畔（あぜ）を掘るところから）虫、けら（螻蛄）。長崎県五島054 ◇あぜほぐり 熊本県下益城郡930

あぜ-くち【畔口】『名』方言❶田の水を落とすための畔（あぜ）の切り口。島根県簸川郡724 ◇あでぐち 島根県725 ◇あて 長野県上伊那郡488 ❷田に水を引く入り口。◇あぜぐち 大分市941 ◇あてくち 大分県941 ◇あてぐち 島根県鹿足郡725 岡山県川上郡765 山口県見島797

あせ-ぐ・む【汗―】『自マ五（四）』（「ぐむ」は、そのような気配がおこる、きざすの意の接尾語）汗が出ようとしている。汗がにじむ。汗ばむ。＊古今著聞集（1254）一〇・三六三「敦近、はだに、かたびらばかりを着て参りたりければ、寒げに見えけるが、御馬の数つかうまつりにければ、汗ぐみにけり」 辞書言海

あぜ-くら【校倉】『名』（「あぜぐら」とも）三角の木材を組み合わせて造る校倉造りの建物。上代から中世にかけて、主に倉庫として用いられた。＊二十巻本和名抄（934頃）一〇「倉廩 楹字附〈略〉釈名云倉七岡反 甲倉〈古不久良〉校倉〈阿世久良〉」 ＊新猿楽記（1061-65頃）「御許夫飛驒国人也、位大夫大工〈略〉御厩、叉倉、甲蔵等之上手也」 ＊古本説話集（1130頃か）六五「大きなるあぜくらのあるを開けて、物取り出でさするほどに」 ＊色葉字類抄（1177-81）「反倉 アセクラ」 ＊元和本下学集（1617）「叉庫 アゼクラ」 ＊日葡辞書（1603-04）「Ajegura（アゼグラ）」 語誌アゼはアゼナワ（絡縄・糾縄）のアゼと同じく、組み合わせる、縒り合わせるという意味のアザフ（「観智院本名義抄」「叉」の訓）と関係があろう。「叉倉」〔新猿楽記〕、「叉庫」〔元和本下学集〕とも表記される。正倉院文書やいくつかの寺院の縁起資財帳に見える「甲倉（こふくら）」も同様のものと見られるが、一方で「二十巻本和名抄」や「新猿楽記」のようにアゼクラと併記されることもあり、その関係ははっきりしない。 語源説(1)アゼはアザの転。アザは雑（まじ）える義のアザフ（叉）の語根。アザヘクラ（叉倉）の義から〔碩鼠漫筆・類聚名物考・大言海〕。(2)アゼは交の義で、木を打違えて造る意〔箋注和名抄・和訓栞〕。(3)アゼはアハセ（為交）の急呼か〔日本語源＝賀茂百樹〕。(4)アゼ（畦）に設けたクラ（神座）の意から〔万葉集叢攷＝高崎正秀〕。 発音〈音史〉中世は『あぜぐら』とも。〈標ア〉ゼ 0 〈京ア〉0 辞書和名・色葉・下学・文明・伊京・明応・天正・饅頭・黒本・易林・日葡・書言・言海 表記叉庫（下・文・伊・明・天・饅・黒・易） 校倉（和・書・言） 反倉（色）

あせくらし・い『形』方言❶忙しい。あくせくしている。気ぜわしい。新潟県佐渡352 東蒲原郡368 富山県389 石川県404 414 422 ◇あせっくらしい 新潟県373 382 383 ◇あせくるしい 石川県江沼郡062 ◇あせくろしい・あせろしい 愛媛県840 ◇あせらしい 愛媛県周桑郡845 ❷うるさい。騒々しい。新潟県東蒲原郡368 富山県富山市052 砺波398 石川県鹿島郡411 羽咋郡412 ◇あせっくらしい 新潟県047 384 385 ◇あぞくろしい 滋賀県彦根市050 ◇あぜくるしい 熊本県球磨郡054 ◇あせずがし 青森県073 ◇あへじがし 青森県津軽075 ❸そそっかしい。◇あせずがし 青森県073 ❹せっかちである。◇あせずがし 青森県073 ◇あへじがし 青森県津軽075 ❺恥ずかしい。富山県390

あぜくら-づくり【校倉造】『名』古代建築様式の一つ。柱を用いないで、断面が台形や三角形の木材を井桁（いげた）に積み上げて、壁にしたもの。奈良時代から平安初期にかけて寺院や官庁の宝庫、倉として多く建てられた。東大寺の正倉院や唐招提寺の宝蔵、経蔵などが有名。甲蔵。叉倉。あぜり。

校倉造り
〈奈良県　東大寺正倉院〉

あせくる『動』方言⇨あせがる／あせる

あせくろし・い『形』方言⇨あせくらしい

あぜ-ぐわ【畔桑】『名』あぜに生えている桑。＊鉄幹子（1901）〈与謝野鉄幹〉晩秋の歌「刈りのこされし畦桑（アゼグハ）の　たち枝（え）をくだるむら雀」

あせ-け【汗気】『名』体に汗の吹き出た感じ。＊俳諧・天満千句（1676）九「紫蘇の葉の色帷子て風呂上り〈宗因〉　汗気をさって跡の草臥〈西似〉」

あせ-こ【汗―】『名』あせも。＊浜荻（久留米）（1840-52頃）「あせこ　あせも汗瘡也、あせぼ誤也」 方言福岡県久留米市872 佐賀県040

あせ-ご・い【汗濃】『形口』文あせご・し『形ク』汗の出ることが多い。汗びっしょりである。＊曾丹集（11C初か）「うとまねどだれもあせごき夏なればま遠に寝（ぬ）とや心へたてん」 方言汗かきである。新潟県佐渡352 愛知県名古屋市562 徳島県811

あせご-さ【汗濃―】『名』（形容詞「あせごい」の語幹に接尾語「さ」の付いた語）汗の出ることがはなはだしいこと。汗がびっしょり出ること。また、そのはなはだしさ。＊俳諧・花摘（1690）上「汗濃（ゴ）さよ衣の背ぬひのゆがみなり〈其角〉」

あぜ-ごし【畔越】『名』方言❶田に水があふれて、畔（あぜ）を越すこと。島根県邑智郡734 ❷酒などを杯にいっぱいつぐこと。長崎県壱岐島915

あぜごし-たうえ【畔越田植】『名』あぜ越しに隣の田を植えること。また、休まないで続けて隣の田を植えていくこと。

あせ-ころし【汗殺】『名』「あせおさえ（汗押）」に同じ。

あぜ-さき【畔―】『名』方言田植え前に周囲の畔（あぜ）に土を塗って、水が漏れないようにすること。滋賀県彦根609 奈良県南大和683

あせ-しごと【汗仕事】『名』汗を流しながらする、力のいる仕事。激しい肉体労働。＊竹沢先生と云ふ人（1924-25）〈長与善郎〉竹沢先生と赤い月・一「苦しい汗仕事と、そのむごたらしい死に状とを」

あせ-しずく【汗雫】『名』汗が、まるでしずくのように、したたり落ちること。また、その汗。汗みずく。＊中興禅林風月集抄（1550頃）「農人汗しづくを流

て作出す米を、ぬきいれ手にして物を食つやいて何もせいでいる者わと云心があるぞ」 *浄瑠璃・艶狩剣本地(1714)二「帝の仰の汗よりもこっちの汗はしめ合ふて互の肌の汗雫、吸ふても見ることは成まい」 方言 長野県佐久493 発音〈標ア〉ア

あせ-しとど【汗―】『名』(形動)(「しとど」は、ひどくぬれるさまをいう) 汗がびっしょりと出るさま。汗みずく。汗びっしょり。 *経信母集(11C中か)「中将は、あつこえたる物をかづき、耳をふさぎ、あせしとどになりて臥したり」 発音〈標ア〉ア

あせ-じみ【汗染】『名』(動詞「あせじみる(汗染)」の連用形の名詞化) 汗に濡れること。衣服などに、汗のしみがつくこと。また、そのしみ。 *社会百面相(1902)〈内田魯庵〉新妻君・上「汗汚点(アセジミ)でも出来ると勿躰(もったい)ないからお着換えなさいてのよ」 *南国記(1910)〈竹越与三郎〉五・官立ホテル「余は与へられたる十二畳ほどの部屋に入り汗じみしたる衣服を脱し」 *或る女(1919)〈有島武郎〉後・三八「カラーには薄(う)っすり汗じみが出来て」 発音〈標ア〉ミ0ジ〈京ア〉0 辞書 言海 表記 汗染(言)

あせ-しみずく【汗―】『名』(「あせしずく」と「あせみずく」との混交語)「あせしずく(汗雫)」に同じ。 *浄瑠璃・浦島年代記(1722)入部の纜「つかみつけばしっかと組み、こけつまろんづ繫(つな)がぬ舟、汐にさそはれ遙の沖に、流れ流るる汗しみづく」

あせ-じ・みる【汗染】『自マ上一』図あせじ・む『自マ上二』 ①汗に濡れる。汗が出て、はだがじっとりとする。汗ばむ。 ②汗が出て、衣服や布などにしみる。衣服などが汗でよごれている。汗じむ。 *滑稽本・浮世風呂(1809–13)四・下「あせじみたる白地のゆかたに子どもの腹かけをかけ」 *改正増補和英語林集成(1886)「Asejimita (アセジミタ) キモノ」 *土(1910)〈長塚節〉一九「おつたは汗沁(アセジ)みた手拭を頻(しき)りにごしごしと揉み出して」 発音〈標ア〉ミ〈京ア〉0

あせ-じ・む【汗染】■一『自マ五(四)』「あせじみる(汗染)」に同じ。 *放浪時代(1928)〈龍胆寺雄〉二・一「べたべたと肌へくっつく汗じんだシャツをとって」 ■二『自マ上二』⇨あせじみる(汗染)。 発音〈なまり〉アセジュム〔鳥取〕〈標ア〉ジ 辞書 言海 表記 汗染(言)

あせ-ジュバン【汗襦袢】『名』(ジュバンはポルトガル gibão)《あせジバン》 汗が上着までしみ通るのを防ぐために着る肌着。汗とり。 *歌舞伎・網模様燈籠菊桐(小猿七之助)(1857)序幕「ト風呂敷包みを広げる。内より羽織と汗襦袢(アセジュバン)出る」 発音〈標ア〉ジュ〈京ア〉ジュ

あせ-しょう【汗性】『名』汗が出やすい体質。また、そのような人。汗かき。 *南小泉村(1907–09)〈真山青果〉二「汚ない手拭で切(しき)りと汗性(アセシャウ)の鼻をふきながら」 発音 アセショー〈標ア〉ショセ

あせ-しらず【汗不知】 汗止めパウダーの商標名。汗を吸いとる粉状の特殊化粧品。皮膚にたたき、おもにあせもの予防や治療などに用いられる。天花粉、タルカムパウダーの類。うちこ。《季・夏》 *家(1910–11)〈島崎藤村〉上・一〇「サッパリと汗不知(アセシラズ)でも附けようとすると」 発音〈標ア〉シ〈京ア〉シ

アセス『名』「アセスメント」の略。 発音〈標ア〉アセ

あせ-ずく【汗尽】『名』(形動) びっしょり汗をかくこと。 *続百鬼園随筆(1934)〈内田百閒〉伝書鳩「何しろこの暑い日盛りに、大きな荷物をさげてゐるんだから、まるで水をかぶった様に汗づくになって、沢山鳩を持って駅の方に行きましたよ」 発音〈標ア〉0

あぜ-すげ【畔菅】『名』カヤツリグサ科の多年草。北海道・本州・九州の湿地や田のあぜに生える。北方系のもの。高さ三〇～五〇センチメートル、葉は長さ五〇センチメートル、幅三ミリメートル以下の線形。春、茎の頂に茶褐色の雄花穂と、その少し下に黒褐色の雌花穂をつける。学名は Carex thunbergii *日本植物名彙(1884)〈松村任三〉「アゼスゲ」 発音 アゼスゲ〈標ア〉ゼ

アセスメント『名』(英 assessment) 事前調査に基づいた評価。査定。→環境アセスメント。 発音〈標ア〉セ

あせ-・する【汗】『自サ変』図あせ・す『自サ変』 汗を出す。たいへんな労力をはらうことや、恥ずかしさを感じたり心が緊張したりすることにもいう。 *文明本節用集(室町中)「汗 アセスル」 *牛肉と馬鈴薯(1901)〈国木田独歩〉「先づ僕が自己の額に汗して森を開き林を倒し」 *再び阿部次郎氏に(1922)〈竹内仁〉一「全身に汗して苦戦しなければならぬであらう」 発音〈標ア〉ア〈京ア〉セ 辞書 文明 表記 汗(文)

あぜ-だいこん【畔大根】『名』植物「いぬがらし(犬芥)」の異名。 *重訂本草綱目啓蒙(1847)二二・菜「葶菜 いぬがらし〈略〉あぜだいこん」

あせ-だく【汗―】『形動』(「だく」は「だくだく」の略) 汗でびっしょり濡れるさま。また、物事に精を出しているさまにいう。 *海に生くる人々(1926)〈葉山嘉樹〉二五「わが、団扇の様な万寿丸は、豚の様な体を汗だくで、其全速力九ノットを出してゐた」 *放浪時代(1928)〈龍胆寺雄〉一・四「汗だくになって駒形へ戻った」 *ガトフ・フセグダア(1928)〈岩藤雪夫〉一「投炭、鑵換(かまかへ)、給水、汗だくな立て続けの労働だ」 発音〈標ア〉0〈京ア〉0

あせ-だくだく【汗―】『形動』汗でびっしょり濡れるさま。汗びっしょりなさま。汗だく。 *プラクリチ(1932)〈幸田露伴〉「高くとまって澄ましてゐた者が、ほこりまみれになって汗だくだくで自転車を市に走らすやうな境界の者の同類となったりする」 発音〈標ア〉ア=0

あぜ-たけ【綜竹】『名』綜(あぜ)に用いる竹。あやだけ。 *日葡辞書(1603–04)「Ajedaqe (アゼダケ)〈訳〉織機の経糸がほつれないように横に通してある二本の竹」 *物類称呼(1775)四「あぜ竹 升(よこ)をわくる竹なり関西にて、あぜたけと云」 辞書 日葡

あせ-たなごい【汗手拭】『名』「あせてぬぐい(汗手拭)」に同じ。 *満佐須計装束抄(1184)一「鏡台を張りて立つ。〈略〉その上にあせたなごひをかく」

あせ-だれ【汗―】『形動』方言 汗でびっしょり。汗みどろ。島根県隠岐島724 ◇あせみだれ 三重県志摩郡054 ◇あせこだら 鳥取県西伯郡719

あ-ぜち【庵室】『名』(「あんじち(庵室)」の変化した語) 仏語。①出家または隠遁者(いんとんしゃ)の仮ずまい。庵のこと。②近世、奈良の一般寺院に対する呼称。ただし、興福寺は寺(てら)と称した。転じて、寺子屋。

あぜち【按察使】『名』①奈良時代、養老三年(七一九)創設された地方行政監督機関。令外(りょうげ)の官。畿内・西海道を除く諸国を隣接する二～四か国でまとめ、そのうちの一国の守をこれに任命した。重要視された官であったが、やがて陸奥・出羽両国以外には置かれなくなり、平安時代になって全く形骸化し、中納言以上の兼官として名目だけが残った。あんさつし。あんせつし。 *宇津保(970–999頃)国譲下「宰相には右大弁すゑふさ、右大将、あぜちかけ給」 *夜の寝覚(1045–68頃)五「大将に新大納言、新中納言、大納言にないて陸奥国のあぜちかけさせ給」 ②宮中、院に仕える女官の呼び名。上臈(じょうろう)の女官のうち、やや下位の者につける。 *女房の官しなの事(1382)「大納言局。中納言局。左衛門督。帥。按察使。ゑもんのかみ。これらは上らふの付名也。此うちにもあぜちなどはいささか心ありてさがりたるなり」 *故実拾要(1720頃)二「凡按擦の号は院中の女房の号也。天子御在位の時に至二内侍以上一天子去二御位一為二上皇一後に又如二初奉一事二上皇一女房也。是謂二按察一常例也」 語誌 (1)アゼチの読みは、「按察」の呉音読みアンセチが連濁してアンゼチとなり、かつ平安中期以前にはn撥音の仮名が未発達で零表記されたアゼチが定着したもの。「按察使」と書いてもアゼチと「使」を不読にしていたことは平安朝公家日記、例えば「後二条師通記」では「按察」「按察使」の両形が恣意的に混用されていることによって知られる。(2)この「按察使」三字をそのまま音で読んだアンセツシ、その連濁形アンゼツシ、促音化形アンセッシ、更に漢音で読んだアンサツシ、その連濁形アンザツシも古辞書を中心に文献上に出現するが、いずれも「ン」を表記した形であるから、平安後期以後の文字言語形としての後出形であると考えられる。なおアゼツシ〔書言字考節用集一二〕などの形は、古形アゼチに後代の文字言語形がかぶさってできた形であろう。 発音〈音史〉①は古く、『あんさつし』『あんざつし』『あんぜつし』『あぜっし』とも。〈標ア〉0〈京ア〉0 辞書 書言・言海 表記 按察使(書・言)

あぜち『名』方言 ❶分家。別家。 飛驒095 富山県砺波398 岐阜県497 500 504 ◇あじち 富山県389 396 402 石川県408 415 419 岐阜県吉城郡501 飛驒502 ❷親が分家すること。◇あじち 福井県431 ❸兄が分家すること。◇あじち 福井県大野郡439

あぜち-の-だいなごん【按察大納言】『名』按察使(あぜち)の官を兼ねている人の呼び名。按察使は平安時代に職務の実質を失ったが、中納言以上の官人の兼官として名称だけが残った。 *栄花(1028–92頃)月の宴「在衡の按察大納言のむすめ、あぜちの更衣とて候ひ給ふ」 *大鏡(12C前)二・頼忠「大入道殿も故女院もむねいたくおぼしめしけるに、按察大納言は后の御せうとにて、御心ちのよくおぼされけるままに」 発音 アゼチノダイナゴン〈標ア〉ナ

あぜち-ふ【按察使府】『名』「あぜち(按察使)①」の役所。あんさつしふ。

アセチルコリン『名』(英 acetylcholine) 植物の麦角(ばっかく)や動物の神経組織などに含まれる塩基性物質。コリンの酢酸エステルで、動物では副交感神経、運動神経の末端から刺激によって遊離され、筋肉の収縮・血管拡張作用を行なう。神経の興奮伝達に関係し、副交感神経の刺激や高血圧治療に用いる。 発音〈標ア〉コ

アセチルサリチル-さん【―酸】『名』(英 acetylsalicylic acid ドイツ Acetylsalicylsäure の訳語) サリチル酸を無水酢酸でアセチル化して得られる解熱鎮痛薬。一八九九年、ドイツバイエル社がアスピリンの商標名で売り出した。白色で無臭の板状または針状の結晶性粉末。 発音〈標ア〉0ル2

アセチル-セルロース『名』(英 acetylcellulose) セルロース分子中の水酸基をアセチル化したもの。一八九四年、イギリスで発明。燃えにくく吸湿性が低い。アセテート人絹、耐熱フィルム、電気絶縁材料、塗料ラッカー、プラスチック成形品などに広く用いられる。酢酸繊維素。酢酸セルロース。セルロースアセテート。 発音〈標ア〉ロ

アセチレン『名』(英 acetylene)《アセチリン》①アセチレン系炭化水素の一つ。化学式 C_2H_2 無色の有毒性気体。カーバイド(炭化カルシウム)に水を加えると得られる。工業的には石油、天然ガス、コークス炉ガスなどからの低級炭化水素類を高温で分解して製造する。酸素との混合ガスは爆発性がある。灯火用・溶接用に用いるほか、工業用薬品、合成樹脂、合成繊維、合成ゴムなど、化学工業原料としても重要。アセチレンガス。エチン。 *新らしい言葉の字引(1918)〈服部嘉香・植原路郎〉「アセチリン Acetylene (英) カーバイドに水を注ぎ発生する無色臭気ある気体、自転車用燈火に用ひられる」 ②「アセチレンとう(―灯)」の略。 *一千一秒物語(1923)〈稲垣足穂〉月のサーカス「アセチレンの灯が暗いのでよく判らなかった」 *童謡・布袋戯(1937)〈まどみちを〉「アセチリンをつけているよ」 発音〈標ア〉0チ〈京ア〉チ

アセチレン-ガス『名』(英 acetylene gas)《アセチリンガス》「アセチレン①」に同じ。＊風俗画報-二七九号(1903)人事門「大さ一間半夜間はアセチリン瓦斯(グヮス)を点ず」＊呼子と口笛(1911)〈石川啄木〉呼子の笛「青臭きアセチリン瓦斯の漂へる中」＊鳥獣虫魚(1959)〈吉行淳之介〉「アセチレンガスに似た腐臭がうすく漂っているどぶを渡って」

アセチレン-とう【―灯】『名』(アセチレンは英 acetylene)《アセチリンとう》アセチレンガスを燃やして光源とする灯火。夜店の照明などに用いられる。アセチレンランプ。＊風俗画報-三三六号(1906)人事門「更に八方に撒き散す堂内を昼と照したるアセチリン燈(トウ)に映りて、豆の雨の降濺ぐさま」＊わが胸の底のここには(1946-48)〈高見順〉六「懐しい縁日〈略〉あ、懐しいアセチリン燈の臭い」発音アセチレントー〈標ア〉0

アセチレン-ランプ『名』(英 acetylene lamp)《アセチリンランプ》「アセチレンとう(―灯)」に同じ。＊東京の三十年(1917)〈田山花袋〉九段の公園「易者、アセチリンランプ、焼つぎ屋、さういふいろいろな男が、巧い口上で巧に客を寄せてゐるのを見ると」発音〈標ア〉ラ

あせっ-かき【汗掻】『名』「あせかき(汗掻)」の変化した語。＊人情本・娘消息(1834-39)初・二回「とり分け汗っかきだから、人一倍著物が早く汚れますのさ」＊青春(1905-06)〈小栗風葉〉夏・六「私?・いいえ、大変な汗被(アセッカ)き！ 私の汗被きと来たら極りが悪いくらゐですの」発音〈標ア〉セ

あせ-つ・く【汗付】『自カ五(四)』(「あせづく」とも) 汗が出る。汗ばむ。また、衣服などが汗でしみる。＊大唐三蔵玄奘法師表啓平安初期点(850頃)「天威を触(けが)して伏して悚り汗(アセツカフ)ことを増す」＊大慈恩寺三蔵法師伝承徳三年点(1099)一〇「盛暑の辰(とき)に当りて、体(み)に霑(うる)ひ液(アセツクコト)無く」＊観智院本名義抄(1241)「液 アセツク」＊ある心の風景(1926)〈梶井基次郎〉三「彼は汗づいた浴衣だけは脱ぎにかかった」発音〈標ア〉ツ 辞書名義 表記液(名)

あせっ-くさ・い【汗臭】『形口』「あせくさい(汗臭)」の変化した語。＊洒落本・甲駅新話(1775)「コレ見や、此袖のちささ、そしてでへぶ汗(アセッ)くせへ」＊はやり唄(1902)〈小杉天外〉「他(ほか)の物と取換へてお上げな、汗っ臭いぢゃないか」発音〈標ア〉サ

あぜっ-し【按察使】『名』「あぜち(按察使)」に同じ。＊易林本節用集(1597)「按察使 アゼッシ」辞書易林 表記按察使(易)

あぜ-づたい【畔伝】『名』(「あぜづたえ」とも) 田のあぜに沿って移動すること。＊拾遺愚草員外(1240頃)「あせつたひもりくる水も氷ゐてかり田さひしき冬の山かけ」＊広本拾玉集(1346)一「なるこひく賤が門田の村雀あせつたひして立ち騒ぐめり」＊日葡辞書(1603-04)「Ajezzutaye(アゼヅタエ)〈訳〉耕地のしきりとなっている盛土を伝って行くこと」＊近世紀聞(1875-81)〈染崎延房〉一〇・一「人目憚る畝伝(アゼヅタ)ひ心細道たどたどと落させ給ふ後影の見ゆる限りは」発音〈標ア〉ス 辞書日葡

あせ-つぶ【汗粒】『名』汗の粒。汗の一滴。＊明日への楽園(1969)〈丸山健二〉五「若者は突如訪れた情事の予告に、汗粒にむくんだ顔を上気させる」発音〈標ア〉ツ0

あせっ-ぽ・い【汗―】『形口』(「ぽい」は接尾語) 汗をかいているようである。また、汗くさい。＊綱の上の少女(1926)〈片岡鉄兵〉下「高い綱の上を、踏みしめ、踏みしめて行く妹を、汗っぽい群衆が辱しめて居る」＊脱出(1935)〈福田清人〉一「少年の服から刑務所や、留置所特有のあの汗っぽい異様な臭気がにほってゐた」発音〈標ア〉ポ

アセティシズム『名』(英 asceticism) 禁欲主義。苦行。(カトリックでは)修徳主義。＊新しき用語の泉(1921)〈小林花眠〉「アセティシズム Asceticism (英) 禁欲主義、隠遁主義」発音〈標ア〉シ

アセテート『名』(英 acetate) 酢酸繊維素をアセトンに溶かし、紡糸口金から引き出した半合成繊維。熱可塑(ねつかそ)性があり、絹のような感触と光沢がある。吸湿性・弾性にもすぐれている。酢酸人絹。アセテート人絹。アセテートレーヨン。エストロン。発音〈標ア〉テ〈京ア〉テ

あせ-てぬき【汗手貫】『名』汗のために袖口が汚れるのを防ぐのに用いる手貫。馬の毛、鯨鬚(くじらひげ)または生糸などで作る。《季・夏》＊時鳥(1949)〈青木月斗選〉「汗手貫老僧も汗をかかる歟〈月斗〉」

あせ-てぬぐい【汗手拭】『名』汗を拭くのに用いる小さい布。あせたなごい。あせてのごい。あせぬぐい。あせのごい。あせふき。《季・夏》＊浮世草子・新色五巻書(1698)二・二「知る如く舞装束は、太夫本(もと)の借物。〈略〉貲布(さいみ)の古帷子(ふるかたびら)、あせ手拭(テヌグヒ)、壱尺八寸の脇指あり」＊俳諧・手挑灯(1745)中「六月〈略〉汗 汗手ぬくひ あせ拭ひ」＊洒落本・魂胆惣勘定(1754)中「あせ手拭(ヌクヒ)などをゑりにまき、女郎の貌をほめ」＊随筆・守貞漫稿(1837-53)一四「夏は、汗手拭と号けて、従来、晒麻布を用ふ。長け二尺五寸、或は一尺余の物をも用ふ」発音アセテヌグイ〈標ア〉テ 辞書言海 表記汗手拭(言)

あせ-てのごい【汗手拭】『名』「あせてぬぐい(汗手拭)」に同じ。＊和漢三才図会(1712)二八「帨(てのごひ)又有二汗帨一夏月懐レ之以拭レ汗者、用レ布」＊浄瑠璃・娥歌かるた(1714頃)一「滝口の口のごやったあせ手のごひを、むまそふにねぶりやった」＊洒落本・神代相眛論(1780)「あせ手のごいをよりながら尻目(しりめ)遣の躰あるべし」

あぜ-てんつき【畔点突】『名』カヤツリグサ科の一年草。各地の田の畔や原野の日当たりのよい所に生える。高さ八～一五センチメートル。茎は束生する。葉は五～一〇センチメートルの線形。夏、茶褐色で長楕円形の小さい花穂がまばらに多数つく。学名はFimbristylis squarrosa ＊日本植物名彙(1884)〈松村任三〉「アゼテンツキ」発音〈標ア〉テ

アセトアルデヒド『名』(英 acetaldehyde) 脂肪族飽和アルデヒドの一つ。化学式 CH_3CHO 刺激臭のある無色の液体。酢酸、無水酢酸などの有機工業製品原料、プラスチック、合成ゴム、染料などの中間原料として広く用いられる。また、人がアルコールを摂取すると、体内にアセトアルデヒドが生じ、酒酔いや酒臭さの原因になるとされる。エチルアルデヒド。エタナール。発音〈標ア〉テ

あぜ-とうがらし【畔唐辛子】『名』ゴマノハグサ科の一年草。本州、四国、九州の田の畔や湿地に多く生える。高さ一〇～三〇センチメートル。葉は長さ一～三センチメートル、幅三～六ミリメートルほどの披針形で縁に浅い鋸歯(きょし)がある。夏から秋に淡紅紫色の唇形の花が咲く。実は一～一・五センチメートルほどの細長いさやとなり、多数の種子を持つ。学名はLindernia anqustifolia ＊日本植物名彙(1884)〈松村任三〉「アゼトウガラシ」発音アゼトーガラシ〈標ア〉ガ

あぜ-とうな【畔唐菜】『名』キク科の多年草。本州伊豆以西、四国、九州の海岸の岩場などに生える。高さ一〇センチメートルぐらいの茎から、さらに長さ約二〇センチメートルの茎を分枝し、もとの茎は地上に横になって根を生ずる。葉は長楕円形。晩秋、花茎の頂に、約一〇枚の舌状花からなる直径一・五センチメートルの黄色い頭状花を開く。きじなぐさ。きじなぎく。学名はCrepidiastrum keiskeanum ＊洒落本・風俗八色談(1756)一・野夫医神農の教を請る事「膏薬には人参を入れ、油は長崎よりほるとがるあぜとうなをとりよせ」＊日本植物名彙(1884)〈松村任三〉「キジナギク アゼトウナ」発音アゼトーナ〈標ア〉ト

あせ-どの【汗殿】『名』(「汗」は「血」の忌み詞) 伊勢の斎宮が月経の時などにこもった御殿。＊九暦-九暦記・承平六年(936)一一月六日「斎王依レ有二月事一退二出汗殿一」＊太神宮諸雑事記(11C中か)「斎内親王依レ例為二御参宮一〈略〉大祓之後、斎宮御汗殿下坐之」＊春記-永承七年(1052)四月二七日「出二御汗殿一更何事候哉者、仍今日令二蛭喰一給了」

あせ-どめ【汗止】『名』汗が出るのをとめること。また、そのための薬剤。汗おさえ。発音〈標ア〉0メ

あせ-とり【汗取】『名』①直接肌につけて着て、上衣に汗のしみるのを防ぐ肌着。汗取りの帷(かたびら)、汗襦袢(あせじゅばん)、汗はじき、四つ手の類。近世ではまた、白い紙縒(こより)を編んだものも用いた。《季・夏》＊大鏡(12C前)四・兼家「何をもおしやりて、あせとりばかりにてさぶらはせ給ひけるこそ」＊俳諧・太祇句選(1772-77)後編・夏「汗とりや弓に肩ぬぐ袖のうち」＊雑俳・柳多留-一六五(1838-40)「汗取りを四つ手にもする江戸仕出し」＊随筆・守貞漫稿(1837-53)一五「又、汗取と云て、白紙よりを、亀甲形に編み、無レ袖にて、襟は、白布をつけ着す」②「あせてぬぐい(汗手拭)」に同じ。＊雑俳・柳多留-三(1768)「汗とりで頭をつつむやかたもの」方言❶肌着。新潟市047 ❷上着とジュバンとの間に着る綿入れの防寒用の衣類。胴衣。香川県綾歌郡829 発音〈標ア〉セト〈京ア〉ト 辞書書言・ボン・言海 表記中単・汗衫(書) 汗袗(ヘ) 汗取(言)

あせとりの帷(かたびら) 装束の下に着る布装の汗取り。→おおかたびら。＊装束抄(1577頃)「大帷 紅に染めたる大帷也。汗取の帷と号して、夏秋是を着る」

あぜ-とり【―取】『名』方言あや取り。大分県938
◇あじとり 群馬県勢多郡236 多野郡246 長野県佐久493
◇あぜとい 鹿児島県肝属郡970

アセトン『名』(英 acetone) 脂肪族飽和ケトンの一つ。化学式 $(CH_3)_2CO$ 無色でエーテル臭のある揮発性液体。引火しやすく爆発性が高い。樹脂、脂肪、染料などの溶剤として多量に用いられる。＊舶来語便覧(1912)〈棚橋一郎・鈴木誠一〉「アセトン 薬品の一種 Aceton (英) 無色の液体にして一種の香気あり」＊美学入門(1951)〈中井正一〉一・七「フィルムを鋏で切り、アセトンで継ぐことができることは、普通考えられているよりも重大な変革を芸術の世界にもたらしているのである」発音〈標ア〉セ〈京ア〉セ

アセトンブタノール-はっこう【―発酵】『名』(アセトンブタノールは英 acetonebutanol) クロストリジウム属の細菌が行なう発酵の一つ。炭水化物を摂取してアセトンやブタノールを放出する。一九世紀末発見され、アセトンの工業的製法として一時大規模に用いられた。発音アセトンブタノールハッコー〈標ア〉ハ

あぜ-な【畔菜】『名』ゴマノハグサ科の一年草。北海道を除く全国の田の畔などの湿地に見られる。茎は四角で直立し、高さ一〇～一五センチメートルぐらいになりよく分枝する。葉は対生し、長さ二センチメートルぐらいの卵形で先がまるく、三～五本の脈を持つ。夏から秋に、葉のわきから細長い花柄を出し、淡紅紫色の小花を開く。漢名、母草。学名はLindernia procumbens ＊語彙(1871-84)二「あぜな 俗 通泉草(さぎごけ)の類にして花稍小し、多く田畔に生ず」発音〈標ア〉0

あせな・い『形』方言❶忙しい。せわしない。気ぜわしい。富山県390 砺波397 石川県038 404 414 ❷騒々しい。石川県羽咋郡412 ❸苦しい。つらい。岐阜県飛騨502

あせ-ながし【汗流】『名』①汗を流し去ること。汗を洗い去ること。②「あせながし(汗流)の穴」の略。

あせながし の 穴(あな) 近世の頬当(ほおあて)の顎(あご)の下の中央部にあけた、汗を流し落とす穴。あせながし。つゆおとし。*和漢三才図会(1712)二〇「頬当 汗流穴(アセナガシノアナ) 一名露落」

あせ-なまず【汗━】〘名〙「あせも(汗疹)」に同じ。*雑俳・柳多留-六三(1813)「玄伯が下手でもなほす汗なまず」*男女美顔法(1903)〈坂本李堂〉「且つ痤瘡(にきみ)、日焦(ひやけ)、夏日斑(アセナマヅ)〈略〉等種々の皮膚病を防ぎまして、大変に姿色を美しくします」

あぜ-なるこ【畔鳴子】〘名〙「あぜなるこすげ(畔鳴子菅)」に同じ。*日本植物名彙(1884)〈松村任三〉「アゼナルコ」

あぜ-なるこすげ【畔鳴子菅】〘名〙カヤツリグサ科の多年草。各地の田の畔や湿った草原に生える。高さ四〇～七〇センチメートル。茎は三角柱で束生して大きな株となる。葉は長さ二〇～四〇センチメートルで先がとがる。五～六月頃、淡黄褐色で四～七センチメートルの細長い円柱状の花穂が四～六個垂れ下がって咲く。垂れ下がった花穂の姿が鳴子(なるこ)に似ているのでこの名がある。学名は Carex dimorpholepis 発音 アゼナルコスゲ〈標ア〉コ

あぜ-なわ【絡縄・糾縄】〘名〙よりあわせた縄。*書紀(720)神代上(水戸本訓)「又秋の穀(たなつもの)已に成(な)りぬるときに、則ち、冒(ひきわた)すに絡縄(アゼナハ)を以てす」*御巫本日本紀私記(1428)神代上「絡縄 阿世縄」語源説 (1)アゼ(畔)の縄の義。田に引き渡す縄〔和訓栞〕。(2)アゼはアザ(他)、ナハはナヒ(綯)の転音。縒り合わせることから〔日本古語大辞典=松岡静雄〕。

あせ-ぬぐい【汗拭】〘名〙「あせてぬぐい(汗手拭)」に同じ。《季・夏》*天理本狂言・才宝(室町末-近世初)「二人共に、あふぎとあせぬぐいとらする」*信長記(1622)一三・池田勝三郎二子働き「此者ともには、紀伊のかみ汗巾(アセヌグヒ)を水にしめし、手づから口にそそき」*俳諧・毛吹草(1638)二「六月 汗拭(アセヌグヒ)」*俳諧・七番日記-文化一〇年(1813)六月「青空と一つ色也汗ぬぐひ」発音 アセヌグイ〈音史〉室町頃までは『あせのごひ』、近世以後両様か。〈標ア〉ヌ〈京ア〉ヌ

あぜ-ぬの【畔布】〘名〙うねのついた葛布(くずぬの)。*和英語林集成(再版)(1872)「Azenuno アゼヌノ 畔布」辞書 ヘボン 表記 畔布(ヘ)

あぜ-ぬり【畔塗】〘名〙水の漏れ出るのを防ぐために、鋤(すき)などで田の畔を壁土のように塗り固めること。くろぬり。《季・春》*俳諧・俳諧二見貝(1780)如月「畔塗」発音〈なまり〉アテノリ〔信州読本〕アゼヌイ〔鹿児島方言〕

あせ-のごい【汗拭】〘名〙「あせてぬぐい(汗手拭)」に同じ。*文明本節用集(室町中)「汗拭 アセノゴイ 又云二腕巾一」*御供古実(1482頃)「あせのごひの事。只白く候が可レ然候。年寄などは青く染て持候方も候。只白くなんもなく候て可レ然候」*俳諧・俳諧世説(1785)一・蕉翁賀州全昌寺一宿の説「おがみふして紅しぼる汗(アセ)のごひ〈曽良〉」発音〈音史〉近世以後『あせぬぐひ』とも。辞書 下学・文明・伊京・明応・天正・饅頭・黒本・易林・日葡・書言・言海 表記 汗拭(下・文・明・天・饅・黒・易・言) 腕巾(天・黒・書) 汗巾(伊・書)

アセノスフェア〘名〙(英 asthenosphere)(アセノスは「弱い」を意味するギリシア語) 岩石圏の下にあり、マントル上部の厚さ七〇～二五〇キロメートルの層。力学的に強度の小さい層。

あせ-はじき【汗弾・汗衫】〘名〙夏季に用いる汗取りの一種。型は袖なし、篠竹を二センチメートルぐらいに切って管に糸を通し、亀甲、格子型に編み上げたもの。管襦袢(くだじゅばん)。*玉塵抄(1563)六「汗のかく為に汗はじきの為にきるぞ」*浮世草子・風流曲三味線(1706)二・三「筆の軸にて汗はじきの竹細工、扨は耳掻楊枝など」*俳諧・滑稽雑談(1713)六月「汗衫(アセハジキ)昭潭志曰、立山県里婦、長二於縷績一能以レ竹為レ衫、充二暑服一衫小襦也。順和名曰、汗衫、唐令云、諸給時服、夏則汗衫一領。〈略〉。これらの説、和俗の『汗帷』『竹の汗はじき』などの類なり」方言 肌着。汗取り。福岡県粕屋郡872

あせ-はだぎ【汗肌着】〘名〙汗が衣服にしみないように着る肌着。汗襦袢(あせじゅばん)。

あせ-ば・む【汗━】〘自マ五(四)〙汗でじっとりする。汗ぐむ。《季・夏》*小公子(1890-92)〈若松賤子訳〉前編・二「いらだった顔は真赤で、ちぢれた其(その)髪は熱して、汗(アセ)ばんだ額にくっついて居って」*或る女(1919)〈有島武郎〉前・一一「部屋の中は軽く汗ばむ程暖まってゐた」発音〈標ア〉バ〈京ア〉0 辞書 言海

あぜ-ばめ【校羽目】〘名〙校倉(あぜくら)造りのように木材を重ねあわせてつくった羽目。〔日本建築辞彙(1906)〕

あせび【馬酔木】〘名〙ツツジ科の常緑低木。本州・四国・九州の山地の乾燥した所に自生する。高さ約三メートル。葉はやや厚く、長さ三～八センチメートル、幅一～二センチメートルで先がとがり、縁には細かい鋸歯(きょし)がある。早春下垂する白いつぼ形の花が多数総状に咲く。実は扁球形のさやとなる。葉は有毒で殺虫剤に、材は挽物細工(ひきものざいく)などにする。庭木として植えられ、奈良の春日神社のものは有名。あしび。あしぶ。あせば。あせぶ。あせぼ。あせぼしば。あせぼのき。あせみ。あせも。うまくわず。しかくわず。学名は Pieris japonica →「あしび(馬酔木)」の語源説。《季・春》*匠材集(1597)三「あせひ あせほといふ草也 馬のとく也」*俳諧・奥の細道(1693-94頃)仙台「玉田、よこ野、つつじが岡はあせび咲ころ也」*重訂本草綱目啓蒙(1847)三二・灌木「梫木〈略〉あせび〔枕草子〕土州」*日本植物名彙(1884)〈松村任三〉「アセビ 梫木」発音〈標ア〉0〈京ア〉セ

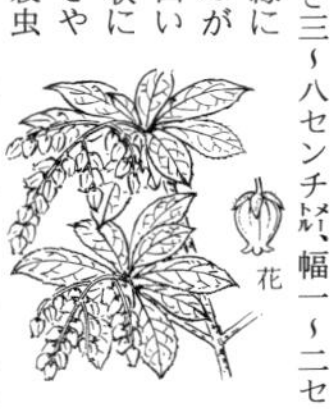

馬 酔 木

あぜ-び【畔火】〘名〙害虫の予防に田畑のあぜを焼く、その火をいう。《季・春》*初鴉(1947)〈高野素十〉「足もとに消え沈みたる畦火かな」

あせ-びかり【汗光】〘名〙汗がしみついてよごれたところが、てらてらと光って見えること。*雲は天才である(1906)〈石川啄木〉一「黒く汗光りのする繻子の半襟がかかってある」

あぜ-びき【畔引】〘名〙検地の時、耕地の面積から畔幅一尺(約三〇センチメートル)と畔際左右一尺ずつを除いて検地すること。畔際引き。*禁令考-前集・第六・巻五九・享保一一年(1726)八月「あせ際壱尺宛可除、但、類地もあせ際壱尺宛引之、あせ壱尺之積、類地共にあせ引壱尺五寸宛之積たるへし」*財政経済史料-八・官制・地方職制雑(1783)「畔引之事 此畔引は畔壱尺、畔際類地も畔際壱尺引候事に付、双方畔共に三尺之事」

あぜひき-のこぎり【畔挽鋸】〘名〙木工用の鋸の一つ。敷居や鴨居などの溝(みぞ)、または板などをはめこむ小溝などをつくる時に用い、中高で、歯列が湾曲している。あぜびきのこ。あぜびき。

あぜびき-まぐわ【畔引馬鍬】〘名〙馬鍬の歯の代わりに幅一〇センチメートル内外の木片を付けたもの。牛馬に引かせてあぜを作るのに用いる。

あぜ-ひばり【畔雲雀】〘名〙「たひばり(田雲雀)」の異名。《季・秋》*長子(1936)〈中村草田男〉「畦雲雀夕波あかりに見えにけり」方言 宮崎県007 発音〈標ア〉ヒ

あぜ-びゃくしょう【畔百姓】〘名〙(畔しか所有していないというような)きわめて貧しい百姓をいう。*人情本・所縁の藤浪-初(1821)四回「父は太五八とて貧困の畔百姓」

あせぶ【汗━】〘名〙方言 ❶あせも。兵庫県加古郡664 山口県玖珂郡800 福岡県粕屋郡876 福岡市879 宮崎県東諸県郡954 ◇あせび 熊本県058 ◇あせみ 山形県西置賜郡139 ◇あせっ 鹿児島県鹿児島郡968 ◇あしぶ 鹿児島県喜界島983 沖縄県石垣島・与那国島975 首里993 ◇あへぼ 青森県津軽075 ◇あせんぼ 愛知県南知多570 和歌山県北部698 ◇あせいも 新潟県中魚沼郡062 愛知県八名郡・豊橋市556 ◇あせく・あせき 鹿児島県961 ❷できもの。はれ物。◇あしぶ 沖縄県八重山996 ◇ああしぶ 沖縄県小浜島996 ◇あしば 沖縄県西表島996 ◇あしゃぶ 沖縄県石垣島・小浜島996 ◇あしゅう 沖縄県新城島996 ◇あしんぬぷ 沖縄県黒島996

あせぶ【馬酔木】〘名〙植物「あせび(馬酔木)」の異名。*明応本節用集(1496)「馬酔木 アセブ」*重訂本草綱目啓蒙(1847)三二・灌木「梫木 あしみ〈略〉あせぶ〈播州 豊前〉」辞書 明応・日葡 表記 馬酔木(明)

あせ-ふき【汗拭】〘名〙汗をふくこと。また、そのためのもの。汗手拭。現在ではハンカチ、小型タオルの類。*東京日日新聞-明治一七年(1884)四月一一日「傍らに又血に濡れたる汗拭も落ち居たり」発音〈標ア〉セ キ〈京ア〉フ 辞書 言海 表記 汗拭(言)

あせ-ぼ【汗疹・熱沸瘡】〘名〙「あせも(汗疹)」に同じ。《季・夏》*易林本節用集(1597)「熱沸瘡 アセボ、汗瘡 同」*日葡辞書(1603-04)「Axebo(アセボ)〈訳〉汗疹」*雑俳・辻談義(1703)「きみのよさ汗ぼのなをる峰の坊」*俳諧・晉明集(1772-89頃)二「かなしくす小姫が顔の熱痱(アセボ)哉」*東京風俗志(1899-1902)〈平出鏗二郎〉中・五・雛祭「浴湯に桃の葉を入れて沸かせり。これに浴すれば夏時の汗疹(アセボ)を防ぎ」語源説 (1)アセ(汗)イボの義〔名言通・和訓栞〕。(2)アセイモ(汗瘡)の転〔俗語考〕。(3)アセモノ(汗物)の略転〔大言海〕。発音〈標ア〉ボ〈京ア〉セ 辞書 饅頭・易林・日葡・ヘボン・言海 表記 熱沸瘡(饅・易) 汗瘡(易)

あせぼ【馬酔木】〘名〙植物「あせび(馬酔木)」の異名。*伊京集(室町)「馬酔木 アセボ 馬食二此葉一則死也」*多聞院日記-天正一〇年(1582)三月二八日「当年当山のあせほの花一向不レ咲。此花能咲は西収満熟と申伝」*幸若・信太(室町末-近世初)「けまんにあせぼの花をもり、あかにはくしやの水をたれ」*日葡辞書(1603-04)「Axebo(アセボ)〈訳〉樹木の一種」辞書 下学・文明・伊京・饅頭・黒本・言海 表記 馬酔木(下・文・伊・饅・黒)

あせぼ-しば【馬酔木━】〘名〙植物「あせび(馬酔木)」の異名。*重訂本草綱目啓蒙(1847)三二・灌木「梫木 あしみ〈略〉あせぼしば 越前」*語彙(1871-84)「あしび あせみ あせぼ〈略〉あせぼしば」方言 越前†028 静岡県524

あせ-ぼった・い【汗━】〘形口〙汗でべたつく感じである。*放浪時代(1928)〈龍胆寺雄〉二・二「彼女は寝返って、焼けた華奢な臑を汗(アセ)ぼったく僕の脚へからませた」

あせぼ-の-き【馬酔木木】〘名〙植物「あせび(馬酔木)」の異名。*天正本節用集(1590)「馬酔木 アセボノキ」*俳諧・誹諧発句帳(1633)「あつさにや出くる深山のあせぼの木〈重成〉」辞書 天正・易林・書言 表記 馬酔木(天・易・書)

あぜ-またぎ【畔跨】〘名〙田仕事はふつう一枚終わるたびに少し休むが、続けて次の田の仕事にかかること。日雇人などがきらう。岐阜県飛騨地方でいう。

あぜ-まち【畔町】〘名〙(「畔」も「町」も田の区画、境界の意) 田の境。転じて、物事が二つに隔てられるその境目をいう。*両足院本山谷抄(1500頃)二「王の法度は、あせまちは有まいぞ。隔はないぞ」

あせ-まみれ【汗塗】〘形動〙「あせみどろ(汗━)」に同じ。*海に生くる人々(1926)〈葉山嘉樹〉一八「二人は汗まみれになって」*断腸亭日乗〈永井荷風〉昭和二〇年(1945)八月二一日「汗まみれになりて寓居にかへるに」

あぜ-まめ【畔豆】〘名〙田の畔に栽培する大豆。枝豆。《季・秋》 ＊俳諧・韻塞(1697)乾「畷(アゼ)豆を引手にはづむ螽(いなご)かな〈為有〉」 方言 新潟県一部030 富山県一部030 石川県一部030 山梨県一部030 長野県佐久493 岐阜県一部030 静岡県志太郡535 愛知県062 三重県030 滋賀県一部030 京都府一部030 大阪府一部030 兵庫県030 奈良県030 和歌山県692 岡山県030 広島県高田郡779 山口県一部030 香川県826 愛媛県松山846 福岡県一部030 佐賀県一部030 熊本県一部030 発音〈標ア〉0

あせ-み【馬酔木】〘名〙(「あぜみ」とも) 植物「あせび(馬酔木)」の異名。《季・春》 ＊散木奇歌集(1128頃)春「とりつなげたまだ横野の放れ駒つつじの岡にあせみさくなり」 ＊名語記(1275)八「木の名にあせみ如何〈略〉この木はくひつれはしぬる用ある也」 ＊俳諧・増山の井(1663)三月「馬酔木(アセミ)花」 ＊和漢三才図会(1712)八四「馬酔木 アセボノキ アセミ 阿世美 俗云阿世保」 辞書 書言・言海 表記 馬酔木(書・言)

あせ-みず【汗水】〘名〙はなはだしく汗をかくこと。汗が水のように流れ出ること。汗びっしょりになること。また、そういう場合の汗。《季・夏》 ＊今昔(1120頃か)二六・一七「練色の衣三が上に、此直垂を引着て、〈略〉汗水にて臥たるに」 ＊観智院本名義抄(1241)「瀹 アセ水」 ＊俳諧・山の井(1648)夏「納涼〈略〉あせ水はあつさよりゆく湯たま哉」 辞書 名義・日葡・言海 表記 瀹(名) 汗水(言) 発音〈標ア〉ア 〈京ア〉セ

あせみず 流(なが)す 汗を水のように流す。精を出して働く。 ＊滑稽本・続膝栗毛(1810‒22)一二・上「たった六百で、あのとほりふたりして汗水(アセミヅ)ながしてかついで来たは、やすいものだ」 ＊ある日本宿(1930)〈正宗白鳥〉「方方へ散らばって他人種の中で汗水流して労働してゐる人間が、市中へ戻って来て」

あせみず に なる 汗びっしょりになる。汗みずくになる。比喩的に、懸命になって働くさまや努力するさま、また、ひどく動揺して汗をかくさまにもいう。 ＊大鏡(12C前)五・道長上「顔は〈略〉草の葉の色のやうにて、又あかくなりなど、さまざまに、あせみづになりて、見かはしたり」 ＊平家(13C前)三・法印問答「法印おそろしうも又哀にも覚えて、汗水になり給ぬ」 ＊松翁道話(1814‒46)二・中「ねずみが調子に乗って、汗水になってをどりをるやうなもので」 辞書 日葡

あせみず を 垂(た)らす 「あせみず(汗水)流す」に同じ。 ＊談義本・教訓雑長持(1752)四・遍参僧精霊に出会し事「我仏を隅に押込られても、精出して、汗水(アセミヅ)たらして、棚こしらゆる」 ＊諷誡京わらんべ(1886)〈坪内逍遙〉五「汗水(アセミヅ)をたらして稼(かせぐ)は、抑亦何の為です」

あせ-みずく【汗水漬】〘形動〙汗で、水にひたったように濡れるさま。汗びっしょりになるさま。多く「あせみずくになる」「あせみずくで」の形で、一所懸命なさまをいう。 ＊滑稽本・人間万事虚誕計‐前(1813)「わたしが汗水くになってだましてもばばちゃんいやいやと云ってだだをいふだ」 ＊歌舞伎・藤川船艙話(1826)四立「病気といふと、汗(アセ)みづくになって介抱をなされます」 ＊大道無門(1926)〈里見弴〉反射・一「汗(アセ)みづくで帰って来た」 語源説 アセミヅク(汗水漬)の義〔大言海〕。 発音〈標ア〉アミ 〈京ア〉ミ

あせ-みぞ【汗溝】〘名〙馬の腰の上部のくぼんだ所。 ＊十巻本和名抄(934頃)七「汗溝 李緒相馬経云汗溝欲深 俗人云阿勢美蘊」 ＊色葉字類抄(1177‒81)「汗溝 カンコウ アセミソ 馬汗溝」 ＊日葡辞書(1603‒04)「Axemizo (アセミゾ)〈訳〉馬の股の間の部分。そこを汗が流れる」 発音〈標ア〉セ 〈ア史〉平安○○○◐か○○○○か 〈京ア〉0 辞書 和名・色葉・伊京・日葡・書言 表記 汗溝(和・色・伊・書)

あぜ-みち【畔道】〘名〙道として用いるあぜ。田と田の間の細い道。 ＊為忠集(鎌倉中か)「行さきはそことも見えぬ草の原心細くも通るあせみち」 ＊俳諧・曠野(1689)四・初秋「畦道に乗物すゆるいなばかな〈鷺汀〉」 ＊思出の記(1900‒01)〈徳冨蘆花〉一・七「彼(あの)傘をさして人の行く畦路の辺から此方(こっち)の田は」 発音〈標ア〉ゼ 〈京ア〉ゼ 辞書 言海 表記 畔路(言)

あぜみち-づたい【畔道伝】〘名〙畔道を伝って行くこと。 ＊たけくらべ(1895‒96)〈樋口一葉〉六「願ひは何ぞ行きも帰りも首うなだれて畦道(アゼミチ)づたひ帰り来る美登利が姿」 ＊石川五右衛門の生立(1920)〈上司小剣〉一三「文吾は、にこり笑ふと、直ぐ表から飛び出して、畦道伝ひに源右衛門の家へ先き廻りをした」 発音〈標ア〉ズ

あせ-みどれ【汗―】〘形動〙「あせみどろ(汗―)」に同じ。 ＊防雪林(1928)〈小林多喜二〉二「二人は息をハアハアさせて、二十分位あとには、身体中汗みどれになって、それが湯気になって出た」 発音〈標ア〉ミ

あせ-みどろ【汗―】〘形動〙汗にまみれたさま。はなはだしく汗に濡れたさま。あせみずく。《季・夏》 ＊俳諧・望一千句(1649)一「いか計かぢやのつちのをもからん 火をふく袖の汗(アセ)みどろなる」 ＊大阪の宿(1925‒26)〈水上滝太郎〉三・一「未だ間着(あひぎ)の紺サアジを着て、汗みどろになって居たのである」 発音〈標ア〉アミ 〈京ア〉ミ

あぜ-むしろ【畔蓆】〘名〙植物「みぞかくし(溝隠)」の異名。 ＊武江産物志(1824)薬草(古事類苑・植物二)「上野辺の産 半辺蓮(アゼムシロ) 谷中」 ＊重訂本草綱目啓蒙(1847)一二・隰草「半辺蓮、からくさ、〈略〉あぜむしろ みぞかくし」 ＊日本植物名彙(1884)〈松村任三〉「ミゾカクシ アゼムシロ 半辺蓮」 方言 和歌山県西牟婁郡690

あぜ-むらさき【畔紫】〘名〙植物「おとぎりそう(弟切草)」の異名。

あせ-も【汗疹・熱沸瘡】〘名〙多量の汗をかいたとき、汗が体外へうまく排出されないために皮膚にできる、かゆみを伴った赤いただれ。あわ粒程度の小さな水疱性湿疹。からだの表面に広く分布しているエックリン汗腺の汗管がつまって起こる。汗疹(かんしん)。汗瘡(かんそう)。あせぼ。《季・夏》 ＊十巻本和名抄(934頃)二「熱沸瘡〈略〉新録方云治夏月熱沸瘡〈和名阿世毛今案沸字宜作疿乎〉」 ＊名語記(1275)八「人の身にいでくるあせも如何、あせは汗也。もはまろの反、夏などあせのたるにつきてまろまろなるものの身にひしといでくるをいふ也。或はみつもともなづけたるは、すこし大きなるをいへり」 ＊虚子俳句集(1935)〈高浜虚子〉昭和三年七月「なく声の大いなるかな汗疹の児」 語源説 (1)アセモノ(汗物)の略〔大言海〕。(2)アセイモ(汗瘡)か。また、俗にアセブともいうからアセフ(汗生)か〔日本語源＝賀茂百樹〕。(3)アセモガサ(汗疱瘡)の略〔言元梯〕。 発音〈なまり〉アセェボ〔岩手〕アセビ〔岩手・壱岐〕アセブ〔鳥取・福岡〕アセボ〔岩手・富山県・岐阜・飛騨・愛知・伊賀・大阪・和歌山県〕アセミ〔山形小国〕アセモン〔鳥取・伊予〕アセンボ〔南知多・和歌山県・紀州〕〈標ア〉モ 〈ア史〉平安○○○ 〈京ア〉セ 辞書 和名・色葉・名義・文明・書言・ヘボン・言海 表記 熱沸瘡(和・色・名) 沸瘡(文) 熱疿瘡(書)

あせ-も【馬酔木】〘名〙植物「あせび(馬酔木)」の異名。 ＊重訂本草綱目啓蒙(1847)三二・灌木「梫木 あしみ〈略〉あせも 江戸」 方言 江戸†028 愛知県北設楽郡東南部553 ◇**えせぼ** 熊野†106 三重県南西部590 ◇**あせびしば** 島根県那賀郡725 ◇**あさめしば** 静岡県榛原郡541

あぜ-もくろ【畔土龍】〘名〙 方言 虫、けら(螻蛄)。 島根県隠岐島740 ◇**あぜもち** 周防†122 京都府竹野郡622

あぜ-もと【畔―】〘名〙傾斜地に段々になっている田んぼのうち、下の方の田。 ＊諸国風俗問状答(19C前)大和国高取領風俗問状答・五月・五四「あぜもとで、紺の帯して、あせ咲殿は身が殿か」

あぜ-もの【畔物】〘名〙 方言 畔(あぜ)に植える大豆や小豆などの総称。 新潟県佐渡351 中頸城郡382 長野県佐久493 島根県邑智郡734 ◇**あぜもん** 富山県砺波398 高知県土佐郡866 ◇**あぜのもん** 富山県西礪波郡400

あぜもの-あんぎゃ【―行脚】〘名〙近世後期、なまかじりの俗流俳人が妙な言動をして地方行脚したことをいやしめていった語。 ＊俳諧・芭蕉葉ぶね(1817)「たまたま五色墨の門下などより行脚しはべるに、俳諧は一向不通用にして、唯高慢良に正風連に聞もなれぬ口を利、見もなれぬふるまひなどして、いと異やうなる、是を世間にてあぜもの行脚とていやしめ用ひず」

あせも-よに【汗―】〘副〙汗がだらだらと流れるさまを表わす語。 ＊海人手子良集(970頃)「あせもよにみだるる夏も涼しきは君にあふきの風はやみ也」 語誌 →「あめもよに(雨―)」の語誌。

あぜ-や【校屋】〘名〙「あぜくら(校倉)」に同じ。

あせ-ゆ・く【浅行・褪行】〘自カ四〙①水などが減じて次第に浅くなる。浅せる。 ＊竹林抄(1476頃)三「さびしく庭の池ぞあせ行 むもれ水草のたえまに月すみて」 ②物が変わって悪くなっていく。衰えていく。 ＊源氏(1001‒14頃)賢木「年暮れて岩井の水もこほりとぢ見し人影のあせも行くかな」 ＊とりかへばや(12C後)上「何事もみなくちをしく、あせゆく世の末なれど」 ＊草根集(1473頃)一五「木葉なき山の姿も衰へて氷れる滝の音ぞあせ行」 ③色が薄くなってゆく。物が色合いを失っていく。 ＊永正十年二月十六日牡丹花宗碩両吟何人百韻(1513)「はつ塩のあさみつなこりはるかにて〈宗碩〉 木末あせ行ころのくれなゐ〈肖柏〉」

あせ-よけ【汗除】〘名〙夏、汗が着物にしみ通るのを防ぐために、肌着などの上にあてるもの。ヘチマ、ゴム引きの布、パナマなどで作る。 発音〈標ア〉0ケヨ

あせら-か・す〘他サ四〙おだてる。また、相手のきげんをとる。あやす。 ＊天理本狂言・子盗人(室町末‐近世初)「さすがうとくな人の事じゃと云て、ほめて後にあせらかす」 ＊仮名草子・東海道名所記(1659‒61頃)三「藤の花たれ若公をほめ、くろねこをあせらかして」 ＊浮世草子・西鶴織留(1694)六・三「其子が我と手を口へはこび、笑ひ良せしとて、隣のかかたちがあせらかして、くはほりなる耳付、仕合のそなはりし目の中と、ひとつひとつほめそやせば」

あせ-らく【汗楽】〘名〙あばたづらをいう俗語。汗があばたのへこみに溜まってから落ちる。すなわち、汗が楽をするとみたてていう。〔東京語辞典(1917)〕 方言 長野県諏訪468

あせらしい〘形〙 方言 ⇨あせくらしい

あせり【焦】〘名〙(動詞「あせる(焦)」の連用形の名詞化) あせること。気がいらだつこと。 ＊故旧忘れ得べき(1935‒36)〈高見順〉八「言はうとすることを酔ひの為しっかり握ってゐることの出来ないあせりで、卓にあたふたと駈け寄ったが」 ＊夫婦善哉(1940)〈織田作之助〉「品物を減らすと店が貧相になるので、さうも行かず、巧く捌(は)けないと焦りが出た」 発音〈標ア〉リ 〈京ア〉0

あせり【汗入】 鳥取県の北西部にあった郡。明治二九年(一八九六)会見(あいみ)郡と合併して西伯(さいはく)郡となる。 ＊二十巻本和名抄(934頃)五「伯耆国〈略〉汗入〈安世利〉」 辞書 和名・色葉・文明・易林・書言 表記 汗入(和・色・文・易・書)

あせり〘名〙 方言 ❶秋に盛りのついた鹿(しか)の雄が体に泥を塗ること。 奈良県吉野郡688 ❷鶏が砂を浴びること。 島根県仁多郡725 ❸川の浅い所に潜んでいる魚を手づかみで捕らえること。 ◇**あぜり**とも。 徳島県811 ❹動物、こめつきがに(米搗蟹)。 岡山県邑久郡761

あぜり【校】〘名〙「あぜりくら(校倉)」の略。

あぜり-いた【阿迫板】〘名〙(阿迫(あぜり)は、畔

入（あぜい）りの転じた語か）板壁などで両側の柱に竪溝（たてみぞ）を掘り、上から溝に合わせて落とし込んだ板。〔日本建築辞彙(1906)〕

あぜり-くら【校倉】〘名〙校倉（あぜくら）造りの倉。近世には、俗に「釘無し堂」ともいった。あぜり。＊俳諧・花月六百韻(1719)花「何かせぐ帆のさはぐ夕照〈釣雪〉 柳葉（やないば）をとり広げたるあぜり蔵〈凌波〉〔注〕あぜり蔵は俗に釘なし堂」

あせり-ざら【浅皿】〘名〙浅い皿。＊延喜式(927)四〇・主水司「阿世利盤 七口」

あせり-た・つ【焦立】㊀〘自タ五(四)〙（「立つ」はその状態になるの意）ひどくあせる状態になる。＊多情多恨(1896)〈尾崎紅葉〉後・一「然したる験も見えぬ。それをお種は頻に遄立（アセリタ）って、如何（どう）か最（もう）少し発揮（はっきり）しさうなものであるが」＊名人伝(1942)〈中島敦〉「あせり立った彼は相手の返辞をも待たず、いきなり背に負うた楊幹麻筋（やうかんまきん）の弓を外して手に執った」㊁〘自タ下二〙⇩あせりたてる（焦立）。発音〈標ア〉◎タ

あせり-た・てる【焦立】〘自タ下一〙文あせりた・つ〘自タ下二〙ひどくあせる。しきりにあせる。＊おぼろ夜(1899)〈斎藤緑雨〉「取直す気のいとどやきもきと儂（わたし）一人があせり立（タ）つれど、肝心の男の張（はり）もなく意地もなく義理もなく」発音〈標ア〉テ◎

あせり-な・く【焦泣】〘自カ四〙いらだって泣く。＊浄瑠璃・心中天の網島(1720)上「エエ、知らせたい呼たいと、心で招く気は先へ身は空蟬（うつせみ）のぬけがらの、格子（かうし）にだき付、あせり泣」

あ・せる【浅・褪】〘自サ下一〙文あ・す〘自サ下二〙㊀（浅）海や川や湖などの底が浅くなる。水が減って涸れる。＊万葉(8C後)三・二九二「ひさかたの天の探女（さぐめ）が石船（いはふね）の泊てし高津は浅（あせ）にけるかも〈角麻呂〉」＊金槐集(1213)雑「山は裂け海はあせなむ世なりとも君に二心わがあらめやも」＊太平記(14C後)一二・神泉苑事「今は水浅く池あせたり」㊁（褪）①色がさめる。色が薄くなる。淡くなる。＊古今六帖(976-987頃)二・田舎「見しこともあらずもあるかな故郷は花の色のみぞあせずありける〈紀貫之〉」＊源氏(1001-14頃)桐壺「結びつる心も深き元結に濃き紫の色しあせずは」②容色、光沢、勢いなどが衰退する。衰える。＊後撰(951-953頃)恋・二・六一八「わたつみと頼めしこともあせぬれば我ぞわが身のうらは恨むる〈伊勢〉」＊蜻蛉(974頃)中・天禄二年「よしや身のあせんなげきはいもせ山なか行く水のなもかはりけり」＊富家語(1151-61)「摂政も衰へたち家もあせにけりとぞ」＊彼の歩んだ道(1965)〈末川博〉五「自由討究的、訓練的法学を特色とするといわれた京大法科も〈略〉その特色がおいおいあせてきて」方言舌などが白くただれる。岡山市054 発音〈標ア〉セ◎〈ア史〉鎌倉『あする』◎◎◎〈京ア〉◎ 辞書書言・ヘボン・言海 表記涸（書）

あせ・る【焦】〘自ラ五(四)〙①気がいらだってあばれる。手足をばたばたさせて騒ぐ。＊梁塵秘抄(1179頃)二・四句神歌「娑婆にゆゆしく憎きもの、法師のあせる上馬に乗りて」＊色葉字類抄(1177-81)「沛艾 アセル ヲトリアセル」＊名語記(1275)三「馬のあせり、さはぐ」＊荏柄天神縁起(1319-21頃)「かの女房くれなゐのはかま腰にまとひつつ手に錫杖をふりて〈略〉狂ひおどりあせりけれ」②思い通りに事が運ばないので、急いでしようとして落ち着かなくなる。気がいらだつ。気をもむ。じりじりする。＊天理本狂言・塗師（室町末-近世初）「其時、女房うしろより、いろいろ、てまねきして、身をあせり、男をよぶ」＊俳諧・馬の上(1802)「あはれかくては十里の道こころもとなしとあせるにも似ず」＊和訓栞後編(1887)「あせる 俗に急遽なるをいふ。相迫にや」＊浮雲(1887-89)〈二葉亭四迷〉三・一九「不満足の苦を脱（のが）れようと気をあせるから」③俗に、あわてる。＊にんげん動物園(1981)〈中島梓〉九三「甘栗を買おうとして反射的に『あまつ……』と云いかけてあせることがある」方言❶催促する。せきたてる。広島県安芸郡776 高田郡779 ❷働く。岐阜県吉城郡500 飛驒502 ❸もがく。暴れる。富山県射水郡394 福井県大野郡062 岐阜県吉城郡501 飛驒502 ❹睡眠中に動き回る。島根県隠岐島725 ❺熱心にする。石川県金沢市404 ❻口論する。宮城県石巻120 語源説(1)アヒセル（相迫）の約〔和訓栞後編〕。(2)アセル（彌急）の義〔言元梯〕。(3)アセ得ルの義。アは顕ルル、セは迫る〔国語本義〕。発音〈なまり〉アセイ・アセッ・セッ〔鹿児島方言〕アセガル〔壱岐〕アズル〔神戸・播磨〕アヅル〔佐渡〕〈標ア〉セ〈京ア〉◎ 辞書色葉・ヘボン・言海 表記沛艾（色）

あせ・る〘他ラ四〙①鳥がくちばしや足で餌をかきまわす。あさる。＊元亀本運歩色葉(1571)「求食 アセル 小鳥」＊日葡辞書(1603-04)「Axeri, ru, etta（アセル）。アサルと言う方がまさる。〈訳〉鳥がくちばしや足で食物をあさる」②もみ、粟などをむしろに広げて干す。＊菊池俗言考(1854)「あせる 籾、粟などを筵に入て播広げて干（ほす）を阿世留（アセル）と云は雞（にはとり）の求食（あさる）と云詞の転用なるへし」方言❶（「あさる（漁）」の転か）あさる。探す。佐賀県藤津郡895 ◇あせくる 佐賀県藤津郡895 長崎県対馬913 熊本県926 931 933 宮崎県日向947 ◇あせい 鹿児島県963 ❷かき回す。かき広げる。福岡市879 佐賀県887 長崎県壱岐島914 ◇あせくる 福岡市877 佐賀県887 長崎県南高来郡904 対馬910 熊本県058 918 936 鹿児島県961 ◇あせぐる 大分県日田郡939 ◇あせくい 鹿児島県963 ❸鶏などがえさを求めてくちばしや足でかき回す。長崎県五島054 ◇あせくる 鹿児島県肝属郡970 ❹埋火を求めて火ばしでかき回す。久留米†127 ❺かき除く。宮崎県東諸県郡954 ❻穀物をむしろの上などにかき広げて干す。長崎県五島054 ❼教える。和歌山県海草郡・那賀郡690 辞書日葡

あぜる〘動〙方言❶舌がもつれる。三重県志摩郡054 ❷問題にする。拘泥する。気に掛ける。高知県862 867 ❸からかう。嘲笑（ちょうしょう）する。香川県827 829 ❹風刺する。山口県防府802 ❺幸福な人をけなす。山口県豊浦郡798

アゼルバイジャン（ロシア Azjerbajdžan）㊀南西アジアのカフカス山脈南部、カスピ海西岸の地域。アゼルバイジャン共和国とイラン領アゼルバイジャン州とに分かれている。㊁南西アジア、カフカス地方の共和国。首都バクー。一九九一年、ソ連の解体に伴い独立。石油の産出が多い。発音〈標ア〉バ

アゼルバイジャン-ご【━語】〘名〙（英 Azerbaijani の訳語）チュルク語族に属する言語。アゼルバイジャン共和国、イランの北西部を中心に話されている。アゼルバイジャン共和国では、ロシア語と共に公用語であり、工夫を加えたキリル文字で表記される。発音アゼルバイジャンゴ〈標ア〉◎

あせろ〘名〙方言❶蛸（たこ）の巣。香川県827 ❷巣。◇あせり 岡山県児島郡763 ❸キセルのやに。千葉県安房郡293

あせろしい〘形〙方言⇩あせくらしい

アセロラ〘名〙（スペ acerola）グミ科の高木。南アメリカ・アマゾン流域原産。果実は直径二センチメートルほどで、濃紅色に熟す。果肉は多量にビタミンCを含み、生食ほか、ジャム、ジュースなどにする。発音〈標ア〉◎

あせ-を【吾兄━】〘連語〙（「あせ」は、男性に対して親しみの気持をこめて呼ぶことば。「を」は感動の助詞）はやしことば。元来は、女性が歌いかける相手の男性に対して呼びかけることば。→あせ（吾兄）。＊古事記(712)中・歌謡「一つ松 人にありせば 大刀佩（は）けましを 衣着せましを 一つ松 阿勢袁（アセヲ）」＊書紀(720)雄略五年二月・歌謡「在峰（ありを）の 上の 榛（はり）が枝 阿西嗚（アセヲ）」

あ-せん【亜仙】〘名〙仙人に近い存在。仙人同様の隠者。＊本朝無題詩(1162-64頃)一〇・夏日禅房言志〈藤原周光〉「老訪㆓松房㆒遇㆓亜仙㆒ 閑談斯処感蕭然」

あ-ぜん【唖然】〘形動タリ〙思いがけないことに驚き、あきれて物も言えないさま。あっけにとられるさま。＊花柳春話(1878-79)〈織田純一郎訳〉三三「ダービル唖然（アぜん）と大笑して曰く」＊思出の記(1900-01)〈徳富蘆花〉四・一一「巡査も皆茫然、唖然として、頻りに動く洋人の口もとを眺めて居る」＊竹沢先生と云ふ人(1924-25)〈長与善郎〉竹沢先生と虚空・一「上は手のあるのには遉がに自分も唖然たらざるを得なかった」発音〈標ア〉◎〈京ア〉◎

アセンブラー〘名〙（英 assembler）《アッセンブラー》コンピュータのプログラムの一つ。人間が習得しやすい言葉で書かれたプログラムを、機械語で書かれたプログラムに翻訳させること。

アセンブリー〘名〙（英 assembly）《アッセンブリー》①集めること。集会。集合。＊外来語辞典(1914)〈勝屋英造〉「アッセンブリー Assembly（英）会議。集会。会合」②部品の製造は他の専門業者や下請け業者にまかせ、主として商品の最終的な組み立てを行なうこと。自動車、造船、家庭用電気器具製造業など。アセンブル工業。アセンブリーメーカー。発音〈標ア〉セ

アセンブリー-げんご【━言語】〘名〙（英 assembly language の訳語）コンピュータで、機械語の命令をプログラマーが分かりやすいように記号化した言語。記号言語。アセンブリ語。発音アセンブリーゲンゴ〈標ア〉ゲ

あせん-やく【阿仙薬】〘名〙①アセンヤクノキから製した暗褐色のかたまりの薬剤。無臭でやや苦く、かすかな甘味がある。主成分はカテピン。収斂（しゅうれん）剤、止血剤、清涼剤として用いられるほか、染料、皮なめし料に用いる。＊日葡辞書(1603-04)「Axenyacu（アセンヤク）〈訳〉cacho と呼ばれる薬の一種」＊異人恐怖伝(1850)下「日本にては纔に一七日の間にして出しつべし。その他阿仙薬、龍脳、木香、および種々の乾薬」②「あせんやくのき（阿仙薬木）」に同じ。辞書日葡・書言・言海 表記阿仙薬（書）阿煎薬（言）

あせんやく-の-き【阿仙薬木】〘名〙マメ科アカシア属の常緑小高木。熱帯アジアに生える。高さ一〇メートルに達するものもある。樹皮は暗灰色で鱗状（りんじょう）にはがれる。葉は二回羽状複葉。花は青黄色で総状に咲く。心材を煮つめた液から阿仙薬を製する。学名は Acacia catechu 発音〈標ア〉セ

あそ【安蘇】栃木県の南西部の郡。足利山地の南側、秋山川（安蘇川）の流域にある。＊二十巻本和名抄(934頃)五「下野国〈略〉安蘇」辞書和名・色葉・易林 表記安蘇（和・色・易）

あそ【阿蘇】㊀熊本県の北東部の郡。阿蘇山一帯を占める。＊二十巻本和名抄(934頃)五「肥後国〈略〉阿蘇〈阿曾〉」㊁「あそさん（阿蘇山）」の略。発音〈標ア〉ア 辞書和名・色葉・文明・易林・書言 表記阿蘇（和・色・文・易・書）

あそ【阿蘇】姓氏の一つ。熊本県の阿蘇神社の大宮司家。古来より首長としての系譜をもつ豪族であり、祭祀をつかさどる宮司と開発領主としての二面性をもって、平安期ころから在地領主として、勢力を伸ばした。南北朝期には、一族内部でも南朝・北朝両方に分裂。一時は、惟村が肥後国守護職に補任されるが、その後徐々に衰退。戦国期には大友氏に屈服し、ついで島津氏に従い、惟光が豊臣秀吉に討たれたことによって、武士としての側面は失われた。それ以後、三五〇石を与えられ、阿蘇社の祭祀の継承者として明治にいたった。発音〈標ア〉ア

あそ-これなお【阿蘇惟直】南北朝時代の武将。阿蘇大宮司。惟時の子。護良親王（もりよししんのう）の要請を受けて、菊池氏らとともに九州探題北条英

時を討つ。のち足利尊氏と筑前多々良浜で戦って敗れ、自刃。延元元年(一三三六)没。

あそ【朝臣】『名』親愛の情をこめて他人(男性)を呼ぶ時の称。朝臣(あそみ)。＊古事記(712)下・歌謡「たまきはる 内の阿曾(アソ) 汝こそは 世の長人 そらみつ 大和の国に 雁卵産(かりこむ)と聞くや」＊書紀(720)神功摂政一年三月・歌謡「たまきはる うちの阿層(アソ)が 腹内(はらぬち)は、小石(いさご)あれや いざ闘はな我は」＊万葉(8C後)一六・三八四一「仏造る真朱(まそほ)足らずは水たまる池田の阿曾(アソ)が鼻の上を掘れ〈大神奥守〉」語源説(1)アセ(吾兄)に感動詞ヲを添えた語のアセヲの約〔大言海〕。(2)接頭語アに、男子の称呼セのついたアセの転〔日本古語大辞典＝松岡静雄〕。発音〈標ア〉ア 上仮名 アソ

あぞ『名』方言 ⇩あぜ(畔)

アゾ『名』(英 azo-) ①化学で、窒素の原子二個から成るアゾ基と呼ばれる原子団。アゾ基。「アゾ化合物」「アゾ染料」 ②写真で、つや消し印画紙の名称。発音〈標ア〉ア

あ-そう【阿叟】『名』(「阿」は、親しみを表わす接頭語)老人に対する親しみをこめた敬称。御老人。＊俳諧・葛の松原(1692)「この比その名をあらためむ事を阿叟に申侍れば」

あそう【阿僧】「あそうぎゃ(阿僧伽)」に同じ。

あそう の 流(ながれ) 無著菩薩の流派。法相宗。＊源平盛衰記(14C前)一四・興福寺返牒事「我等受二阿僧之流(アソウノナガレ)一慣二慈氏之教一」

あそう【麻生】 茨城県東南部、行方(なめかた)郡の地名。「常陸国風土記」によれば沢に多くの麻が生えていたとある。霞ケ浦東岸にある。古くから常陸国府へ通じる要地として開けた。発音アソー〈標ア〉0

あそう【麻生】 狂言。各流。在京中の信濃国麻生の某の召使い下六は、宿所がわからなくなり、迎えに来た藤六といっしょに囃子物(はやしもの)で捜しあてる。烏帽子折(えぼしおり)。発音アソー〈標ア〉0

あそう【麻生】 姓氏の一つ。発音アソー〈標ア〉0

あそう【朝臣】『名』(「あそん(朝臣)」の変化したもの)「あそん(朝臣)」に同じ。＊恵慶集(985-987頃)「返し能宣のあそう」

あそ・う【預】『自ハ四』(「相(あ)ひ副(そ)ふ」の変化した語)かかわりをもつ。あずかる。関与する。＊書紀(720)綏靖即位前(寛文版訓)「故(このゆへ)に我が陰(ひそか)なる謀(はかりこと)本より預(アソフ 北野本南北朝訓 あひいふ)者(もの)無し」

あそうぎ【阿僧祇】『名』(梵 asaṁkhya の音訳。無数、無央数と訳す) ①数えることのできないほど大きな数。＊観智院本三宝絵(984)上「我が釈迦大師凡夫に伊坐せし時に三大阿僧祇の間に衆生の為に心を発し」＊勝鬘経‐真実義功徳章「当下復供二養無量阿僧祇仏一過中二万阿僧祇劫上」＊大智度論‐四「問曰、幾時名二阿僧祇一。答曰、天人中能知二算数一者、極数不レ復能レ知。是名二一阿僧祇一」 ②数の単位の一つ。十の六四乗。〔塵劫記(1627)〕発音アソーギ〈標ア〉ソ〈京ア〉ソ 辞書日葡

あそうぎ-こう【阿僧祇劫】『名』(「劫」はきわめて長い時間の意)仏語。無限に長い時間。＊今昔(1120頃か)二・三「過去の无量阿僧祇劫に国王有りき」＊日葡辞書(1603-04)「アソウギ。例 Asôguicô(アソウギコウ)〈訳〉無数の数。仏法語」＊浄瑠璃・聖徳太子絵伝記(1717)一「此善根を以当(まさ)に無量阿僧祇劫(アソウギコウ)に於(おいて)自在の王と成」＊勝鬘経‐真実義功徳章「当下復供二養無量阿僧祇仏一過中二万阿僧祇劫上」辞書文明 表記阿僧祇劫(文)

あそうぎゃ【阿僧伽】(梵 Asaṅga の音訳)インド瑜伽行派(ゆがぎょうは)の祖で法相宗の開祖とされる無著(むじゃく)菩薩の梵名。あそう。発音アソーギャ〈標ア〉ソ

あそうざ【朝業】『名』方言 ⇩あさざ(朝業)

あそうず-の-はし【浅水橋・麻生津橋】 ⇩あさうずのはし(浅水橋)

あそ-かい【阿蘇海】 京都府宮津市、宮津湾南西に位置する潟湖。砂州の天の橋立の発達で宮津湾から分離。浦島の伝説で名高い。与謝海(よさかい、よさのうみ)。発音〈標ア〉ソ

アゾ-かごうたい【―化合体】『名』「アゾかごうぶつ(―化合物)」に同じ。＊外来語辞典(1914)〈勝屋英造〉「アゾ・カゴータイ(アゾ化合体) Azo compound(英)『ニトロベンゼン』と『アミットベンゼン』との中間に位すべき化合体」

アゾ-かごうぶつ【―化合物】『名』(アゾは英 azo「窒素」の意)アゾ基(‐N=N‐)をもつ化合物。強い発色団で、赤、黄、オレンジなどの色をもつ。アゾ染料として羊毛や絹を染色するのに用いられる。アゾ化合体。発音アゾカゴーブツ〈標ア〉ゴ

あそ-かざんたい【阿蘇火山帯】 日本の八火山帯の一つ。阿蘇山を中心に北方の九重山、由布岳(ゆふだけ)、鶴見岳あたりまでひろがる。阿蘇火山脈。発音〈標ア〉0

あ-ぞく【亜族】『名』旧来の元素の周期表において、I～VII族の元素を、それぞれの族の中でさらに二つに分類したもの。AまたはBの記号をつけて表わす。たとえばI族を亜族IAのアルカリ金属とIBの銅族に分けるなど。

あ-ぞく【亜属】『名』生物の分類学上、必要に応じて属と種の間に設ける分類階級。＊植物学語鈔(1886)〈松村任三〉「Subgenus Azoku 亜属」発音〈標ア〉ア

あそくじゅう-こくりつこうえん【阿蘇くじゅう国立公園】 九州中央山岳地域にある国立公園。大分、熊本の両県にわたる。阿蘇山と九重火山群と、のち追加された由布岳(ゆふだけ)、鶴見岳から成る。昭和九年(一九三四)阿蘇国立公園として指定され、同六一年に改称。発音アソクジュー＝コクリッコーエン〈標ア〉ア＝コ

あそ-こ【彼処】『代名』他称。話し手、聞き手両者から離れた場所を指し示す(遠称)。㋑あの場所。また、漠然とした場所や方向をさし、「ここ」と対比して用い、「あちこち」の意にもなる。＊平家(13C前)一・殿下の乗合「あそこに追ひかけ、ここに追っつめ」＊あさぢが露(13C後)「あそこに燈台かしこに屏風など置きてありくを」＊玉塵抄(1563)一二「をとがいて人をあそこえよれ、こちえよれと下知したことぞ」＊ロドリゲス日本大文典(1604-08)「Asoconi(アソコニ)」＊古今集遠鏡(1793)二「時鳥よそちはなく里があそこにもここにもあまたあってここばかりで鳴かぬによって」㋺両者が了解し合える特定の場所をぼかしていう。例の所。＊夢を植える(1975-76)〈清岡卓行〉バス停留所「そのかわり、あそこは、しだいに、痛いほど勃起してくる」㋩物事や事態の進展の度合をいう。「あそこまでしなくてもよい」語源説(1)アソコ(彼其所)の義〔和訓栞〕。(2)アシコ(彼其処)の転〔日本語源＝賀茂百樹〕。(3)アは自然の声か〔志不可起〕。(4)アハ、ソノ、カドの反〔名語記〕。発音〈なまり〉アーコ・アッソコ・アッソッコ・アッツコ・アントコ〔静岡〕アコ〔津軽語彙・秋田・富山県・富山礪波・山梨・飛騨・大阪・神戸・淡路・紀州・愛媛周桑・土佐〕アシケ・アスケ・アヒコ〔島原方言〕アシコ〔埼玉方言・静岡・志摩・NHK(三重・鳥取・岡山・広島)・伊賀・南伊勢・石川・大阪・淡路・和歌山県・島根・徳島・讃岐・伊予・愛媛周桑・瀬戸内・島原方言〕アシゴ〔鹿児島方言〕アショコ〔伊賀〕アスク〔栃木・埼玉方言・八丈島〕アスグ〔仙台音韻〕アズク・アヅク〔福島〕アズグ・アズゴ・アッチョゴ〔岩手〕アスク〔埼玉方言〕アスコ〔福島・栃木・埼玉方言・千葉・東京・石川・福井・淡路・徳島・伊予・愛媛周桑・鹿児島方言〕アック〔岩手・福島・栃木〕アッコ〔岩手・秋田・福島・千葉・静岡・富山県・山梨・信州上田・岐阜・飛騨・志摩・伊賀・南伊勢・淡路・播磨・和歌山県・広島県・広島・讃岐・愛媛周桑・土佐・福岡・鹿児島方言〕アッコ〔岩手・山形・愛知・佐賀〕アッチャ〔讃岐〕アットコ〔和歌山県〕アヒコ〔鹿児島方言〕アレコ〔伊予〕〈標ア〉0〈ア史〉江戸○○●〈京ア〉0 辞書日葡・言海 表記彼処(言)

あそこ 此処(ここ) あちらこちら。＊相国寺塔供養記(1399)「はかばかしき修理をだにもせられねば、あそこここ破れて」＊寛永刊本蒙求抄(1529-34)二「あそこここの国王の朝を経てぞ」＊天草本伊曾保(1593)野牛と狼の事「アル ヤギュウ ヲノレガ タチドヲ ハナレテ asoco cocouo(アソコココヲ) ハイクヮイ シタガ」＊歌舞伎・傾城王昭君(1701)三「さてそれよりも一つ江の、流れはあそこ爰(ココ)のわけ」辞書日葡

あそこ-いら【彼処―】『代名』「あそこら(彼処等)」に同じ。＊くだもの(1901)〈正岡子規〉「麓の村に夕日の残ってをるのが昼の如く見えた。あそこいら迄はまだ中々遠い事であらうと思はれて心細かった」＊東京の三十年(1917)〈田山花袋〉東京の発展「東京駅の大きな停車場、あそこいらあたりも、考へると、全く一変してしまったものだ」

あそこ-さま【彼処様】『代名』他称。話し手、聞き手両者から離れた方角、方向を指し示す(遠称)。あっちの方。向こうの方。＊俳諧・破邪顕正返答(1680)「天狗の朝寝のびせられけり。あそこさまへ雲の衣をふんぬぎて、延喜の帝慈悲の雨ふらす」発音〈標ア〉コ

あそこ-な【彼処―】 ㊀『連体』(「あそこ(彼処)なる」の変化。「なる」は「にある」の意)人や物を表わす語の上に付いて、それが話し手、聞き手両者から離れた場所に存することを示す。あそこにある。あそこの。＊杜詩続翠抄(1439頃)一一「破船のあそこな岸ここな林の中にあるを取出候事も易し」＊虎明本狂言・財宝(室町末)「何とがなつけうぞ、なんぢは、けうがり、あそこな者は、やうがり、ここな者は、おもしろしとつけう」＊日葡辞書(1603-04)「Asocona(アソコナ)」 ㊁『感動』意外なことに驚いたり、あきれたりしたときに発する語(日葡辞書(1603-04))。辞書日葡

あそこ-なて【彼処―】『代名』他称。話し手、聞き手両者から離れた場所を指し示す(遠称)。あそこ。近世、尾張地方でいった。＊物類称呼(1775)五「あそこ、ここといふを〈略〉尾州にてあそこなて、ここなてと云」

あそこ-もと【彼処許】『代名』他称。話し手・聞き手両者から離れた場所を指し示す。あのあたり。あしこもと。＊天理本狂言・千鳥(室町末‐近世初)「明日あそこもとの祭で御ざる。おなぐさみに、おこ様たちをつれましられて、必、お出なされい」＊ロドリゲス日本大文典(1604-08)「Asocomotoni(アソコモトニ)」

あそこ-ら【彼処等】『代名』(「ら」は接尾語)他称。話し手、聞き手両者から離れた場所や事柄を指し示す(遠称)。「あそこ」より広く漠然とした範囲をいう。あすこら。あそこいら。㋑場所を示す。＊ロドリゲス日本大文典(1604-08)「Asocorani(アソコラニ)」㋺事柄や場合、程度を示す。＊歌舞伎・幼稚子敵討(1753)六「あの勝負俺が打勝と、お身の身の上の邪魔に成る。あそこらが寛仁大度といふ物じゃ」発音〈なまり〉アシケーラ・アスケーラ・アッケーラ〔静岡〕アスクラ〔埼玉方言〕アスコイラ〔東京〕〈標ア〉コ

あそこら-もと【彼処等許】『代名』「あそこもと(彼処許)」に同じ。＊浄瑠璃・雪女五枚羽子板(1708)下「代代の太鼓を、あそこらもとに置かせて、金のばちを手にもち」

あそ-さん【阿蘇山】 九州中央部の複式火山。熊本・大分の両県および宮崎県の一部にわたる日本の代表的火山の一つ。南北二四キロメートル、東西一八キロメートルの外輪山に囲まれ、高岳(一五九二メートル)、活動中の中岳(一五〇六メートル)、根子(猫)岳(一四三三メートル)、烏帽子岳(えぼしだ

け＝一三三七㍍)、杵島岳(きしまだけ＝一三二六㍍)の阿蘇五岳を中心とする中央火口丘がある。世界最大の楕円形陥没であるカルデラ内に内牧温泉(阿蘇温泉)ほかの温泉がある。赤膚山。雲生山(うんしょうさん)。語源説 (1)アソはクマソ(熊襲)。肥後国球磨郡はその旧墟〔南留別志〕。(2)アは接頭語。ソ(襲)と同語。上古襲(ソ)族の占拠地であったところから〔日本古語大辞典＝松岡静雄〕。(3)アイヌ語。アは燃える、ソは床の意で、阿蘇山は火山の義となる〔アイヌ語より見たる日本地名研究＝バチェラー〕。発音〈標ア〉ソ〈京ア〉ア

アソシエーション 〘名〙(英 association)《アッソシエーション》①心理学の用語。個人の心理や行動の中で、観念・感情・運動がそれに従って連続的に生起する原理をさす。連合。連想。＊新しき用語の泉(1921)〈小林花眠〉「アソシェーション Association (英) 聯想と訳する」②社会集団の類型の一つ。一定の目的を果たすために、同じ関心をもった人々が人為的・計画的につくった集団をさす。学校、教会、会社、連盟など。アメリカの社会学者マッキーバーが社会分析の用語として使用。結社体。派生社会。＊舶来語便覧(1912)〈棚橋一郎・鈴木誠一〉「アッソシェーション 組合 Association (英) 聯合、合同、団体、協会等の意に用ゐらる」発音 アソシエーション〈標ア〉エ〈京ア〉エ

あそ-じんじゃ【阿蘇神社】 熊本県阿蘇郡一の宮町宮地にある神社。旧官幣大社。祭神は一二神あり、「阿蘇十二神」ともいう。主祭神、健磐龍命(たけいわたつのみこと)、阿蘇都比咩命(あそつひめのみこと)は神武天皇の勅によって阿蘇地方の国土開発にあたった開拓神といわれる。延喜式内名神大社。肥後国一の宮。発音〈標ア〉ジ

アゾ-せんりょう【―染料】(:センレウ) 〘名〙(アゾは英 azo-) アゾ基を発色団としてもつ染料の総称。種類が多く、合成染料中大きな部分を占める重要な染料群。発音 アゾセンリョー〈標ア〉セ

あそそ-に 〘副〙うすうす。ほのかに。＊万葉(8C後)四・五四三「草枕 旅を宜しと 思ひつつ 君はあるらむと 安蘇々二(アソソニ)は かつは知れども〈笠金村〉」補注 万葉集一例のみで諸説あるが、「あそそ」を浅々と同じとみて、「うすうす」と解するのが有力である。上仮名 アソソニ

アゾトバクター 〘名〙(英 azotobacter) 窒素を固定する細菌の一つ。土壌中・水中で独立生活を営み、好気性を示す。

あぞない 〘形〙方言 ⇩あどない

あそ-ぬま【阿曾沼・安蘇沼】 栃木県佐野市浅沼にあった沼といい、阿曾沼伝説のある地か。真菰(まこも)の名所。歌枕。＊米沢本沙石集(1283)九・一四「下野の国に安蘇沼と云ふ所に〈略〉日暮るればいざやと云しあそぬまの真菰(まこも)隠れに独りかも寝む」＊俳諧・俳諧袋(1801)春「阿曾沼に鴛(をし)の跡なく蛙かな」発音〈標ア〉0

あそぬま-でんせつ【阿曾沼伝説・阿蘇沼伝説】 雌雄相愛の鴛鴦(おしどり)に関する伝説。古くは「今昔物語集」巻一九第六話、「古今著聞集」巻二〇、「沙石集」巻九(一四)などをはじめ、多くの近世文献にも収録されている。口頭伝承としても広域に分布し、千葉県八千代市村上にあったといわれる阿蘇沼のものは、保元年間(一一五六～五九)に有平入道某が雄鳥を射たところ、夢枕に婦人が現われ泣いて歌を詠んだ。翌日雌鳥を射ると、翼の間に雄鳥の首を抱いていたので、一寺を建てて弔ったという。

あそば-か・す【遊―】〘他サ四〙(「かす」は接尾語) ①遊ばせる。遊ばす。＊今昔(1120頃か)二七・二九「若君を遊ばかし奉つる程に、奥の方より不知(しら)ぬ女房の俄に出来(いできたり)て」＊名語記(1275)三「小児をあそばかすに、ぬかぬかせむといへる、如何。これはひたひをあはするあそびなれば、ぬかぬかとなづけたる也」②尊敬の動詞「遊ばす」を強調した語。＊御伽草子・あしびき(室町中)「面々、興あるわざは侍にこそ。おもしろしと云て、甲のをもしめ、太刀、長刀をあそばかして、今や今やと、心まちに待かけける」

あそば・す【遊】 ㊀〘他サ五(四)〙①遊ぶことをさせる。子どもに、遊びをするようにしむける。＊枕(10C終)一五一・うつくしきもの「をかしげなるちごの、あからさまにいだきてあそばしうつくしむほどに、かいつきて寝たる、いとらうたし」＊源氏(1001-14頃)東屋「しばしなぐさめあそばしていで給ひぬるさま」②金や道具などを使わないでおく。＊浮世草子・世間胸算用(1692)二・一「借銀の慥(たし)かなる借手を吟味して、一日も銀をあそばさぬ思案をめぐらしける」㊁〘他サ下二〙⇩あそばせる(遊) 発音〈標ア〉0 辞書〈ボン 表記 遊(へ)

あそば-・す【遊】 ㊀〘連語〙(動詞「あそぶ(遊)」の未然形に、上代の尊敬の助動詞「す」の付いた語) 狩猟、歌舞、音楽、遊楽などをなさる。お遊びになる。＊古事記(712)中「恐(かしこ)し、我が天皇、猶其の大御琴阿蘇婆勢(アソバセ)〈阿より勢までは音を以ゐよ〉」＊古事記(712)下・歌謡「やすみしし わが大君の 阿蘇婆志(アソバシ)し 猪(しし)の 病猪の」＊万葉(8C後)一三・三三二四「刺楊(さしやなぎ) 根張梓(ねはりあづさ)を 御手(おほみて)に 取らしたまひて 所遊(あそばしし) わが大君を〈作者未詳〉」㊁〘他サ五(四)〙([一]❶が一語化した語) ①詩歌を詠じたり、音楽を奏したりする意の尊敬語。＊大和(947-957頃)一五一「帝(みかど)、『立田川もみぢみだれてながるめりわたらば錦中や絶えなむ』とぞあそばしたりける」＊源氏(1001-14頃)乙女「猶あそばさんやとて秋風楽にかきあはせて、唱歌(さうか)し給へる声、いとおもしろければ」＊大鏡(12C前)二・良房「和歌もあそばしけるにこそ」＊平家(13C前)五・月見「南面の御格子あげさせて、御琵琶あそばされけるところに」＊ロドリゲス日本大文典(1608)「ウタヲ asobasu (アソバス)は歌をつくること」②(広く用いて) いろいろの物事をする意の尊敬語。＊宇津保(970-999頃)内侍督「かねまさはみさごをつかうまつり、そなたには中島のほどよりにあそばししに、この御鷹は」＊大鏡(12C前)四・道隆「ひさしく双六つかまつらで、いとさうざうしきに、けふあそばせ」＊平家(13C前)四・源氏揃「御手跡うつくしうあそばし、御才学すぐれて在(まし)ましければ」＊曾我物語(南北朝頃)七・千草の花見し事「おそれながら、普門品をばあそばし候はずや」＊日葡辞書(1603-04)「テヲ asobasaruru (アソバサルル)〈訳〉手紙を書く」＊日葡辞書(1603-04)「ユミヲ asobasaruru (アソバサルル)〈訳〉弓を引く」＊日葡辞書(1603-04)「フミヲ asobasaruru (アソバサルル)〈訳〉(文字を)書く」③(自動詞のように用いて) ある動作をする意の尊敬語。＊浮世草子・傾城禁短気(1711)四・二「それ迄はやり手にも、ずいぶん色をさとられぬやうにあそばしませ」＊人情本・仮名文章娘節用(1831-34)後・四回「おまへさまがもうちっと、をとなしくあそばせばよいに」＊外科室(1895)〈泉鏡花〉上「うとうと遊(アソ)ばすと、直ぐ済でしまひます」④動詞の前に付いて複合語をつくり、その動作をする人に対する敬意を表わす。＊草根集(1473頃)一「疵を求の世中候得ば、あそはしかへられ候へかし」＊御湯殿上日記-延徳二年(1490)九月二一日「御日歌もあそはしおかれて、御たんしゃくにてあそはす」㊂補助動詞として用いられる。多く動作性の語に付いて、その動作をする人に対する尊敬の意を表わす。助動詞「る」「ます」を下につけて敬意を強める場合もある。㋑動作性の名詞につく場合。接頭語「御」のついた漢語である場合が多い。＊義経記(室町中か)五・忠信吉野山の合戦の事「一先づ落ちさせ給ふべく候か、又討死あそはし候はんか」＊浄瑠璃・夕霧阿波鳴渡(1712頃)中「心みだれて慮外の段御免遊ばし」＊滑稽本・浮世風呂(1809-13)二・上「お客様の入らっしゃる度に、此子を御吹聴遊(アソ)ばすさうでござります」＊人情本・仮名文章娘節用(1831-34)後・五回「いろいろ御苦労あそばすも、因念とやらでござりませう」㋺動詞の連用形につく場合。多く、動詞の連用形は、尊敬の接頭語「お」を伴う。＊評判記・難波鉦(1680)五「まづあれへ御かへりあそばしませ」＊浮世草子・武道伝来記(1687)一・二「野沢どのの帯を御かへしあそばされませい」＊浄瑠璃・菅原伝授手習鑑(1746)四「こちらへおはいり遊ばせと」＊滑稽本・浮世風呂(1809-13)三・上「あなたにもお揃ひ遊(アソバ)しまして御機嫌ようお出(いで)遊し」語誌 意味は徐々に「あそぶ」意から広がったが、長く芸能・技芸の範囲にとどまっていた。中世の「平家物語」(覚一本)でも、書く意、演奏する意、読経する意、詠ずる意、射る意であり、一般的なする意の用例は、中世末期から近世初期を待たねばならない。近世には補助動詞用法も生じた。敬意は高いが、戦後は衰勢にあり、文部省の「これからの敬語」(一九五二)でも、「お…あそばす」を「おいおいにすたれる形であろう」としている。発音〈標ア〉0〈ア史〉平安●●●○ 江戸●●●●〈京ア〉ア／0 上仮名 アソバス 辞書 日葡・ボン・言海 表記 遊(へ・言)

あそばせ-ことば【遊言葉】〘名〙尊敬の表現として「あそばせ」を用いていう言葉遣い。転じて、女性の極めて丁寧な言葉遣い、または、上品ぶった口のきき方にいう。→遊ばす㊂。＊滑稽本・浮世風呂(1809-13)二・下「お髪(くし)だの、へったくれのと、そんな遊(アソバ)せ詞(コトバ)を見っとむねへ」＊当世書生気質(1885-86)〈坪内逍遙〉一八「頗る上品なる衣服を着して、遊(アソバ)せ言葉を吐くといへども、一目瞭然お里がしれ」発音〈標ア〉コ〈京ア〉コ

あそばせ-じょうず【遊上手】(:ジャウズ)〘名〙①遊ばせ言葉が上手なこと。女性の言葉遣いが極めて丁寧で、上品ぶっていることをいう。＊門三味線(1895)〈斎藤緑雨〉一一「子供らも馴染(なじみ)の文字兼(もじかね)、べたつかぬが常からここの気に入なれば、当年も相変らず蔵開きの客の取持、今一献おおさへおおさへの御祝義旁々(かたがた)、旦那衆の前には詞からが遊(アソ)ばせ上手(ジャウズ)」②遊ばせるのがうまいこと。発音 アソバセジョーズ〈標ア〉ジョ

あそば・せる【遊】〘他サ下一〙文あそば・す〘他サ下二〙①金や道具などを使わないでおく。＊椀久物語(1899)〈幸田露伴〉六「町人百姓の身分では千両積んであっても百両以上の金を遊ばせて置かうやうは無い」＊真理の春(1930)〈細田民樹〉ひるしぼむ花・一三「その百万円だって、いつまでも仕掛けで、遊(アソ)ばせておくわけにはゆかないんです」②(心などを)楽しませる。＊泥人形(1911)〈正宗白鳥〉一「久振りに聴く三味線の音は重吉の耳にも懐かしかった。それを聴きながら、自由自在の連想に心を遊ばせてゐた」発音〈標ア〉0 辞書〈ボン 表記 遊(へ)

あそび【遊】〘名〙(動詞「あそぶ(遊)」の連用形の名詞化) ①思うことをして心を慰めること。狩猟、酒宴や行楽、遊戯などで楽しむこと。＊万葉(8C後)五・八三五「春さらば逢はむと思(も)ひし梅の花今日の阿素毗(アソビ)にあひ見つるかも〈(氏未詳)義通〉」＊源氏(1001-14頃)桐壺「御心につくべき御あそびをしおほなおほなおぼしいたづく」＊梁塵秘抄(1179頃)二・四句神歌「あそびをせんとや生まれけむ、たはぶれせんとや生まれけん、あそぶ子どもの声聞けば、我が身さへこそゆるがるれ」＊徒然草(1331頃)一三〇「万の遊にも、勝負を好む人は、勝て興あらんためなり」＊虎明本狂言・鶏聟(室町末-近世初)「其後は見まひにゆく事もあり、あそびに行事も有る」②詩歌、管弦、舞などを楽しむこと。＊書紀(720)天智九年・歌謡「打橋の つめの阿素弭(アソビ)に 出でませ子」＊神楽歌(9C後)採物・篠

「或説、〈本〉篠(ささ)の葉に 雪降りつもる 冬の夜に 豊の阿曾比(アソビ)を するがたのしさ」 *枕(10C終)二二四・あそびは夜「あそびは夜。人の顔見えぬほど」 *源氏(1001-14頃)明石「をりをりの御あそび、その人かの人の琴、笛、もしは声の出でしさまに、時々につけて世にめでられ給ひしありさま」 ③「あそびめ(遊女)」に同じ。 *十巻本和名抄(934頃)一「遊女 夜発附 楊氏漢語抄云遊行女児〈宇加礼女 一説云阿曾比〉」 *更級日記(1059頃)「そこにあそびどものつどひ参れる」 *源氏(1001-14頃)澪標「あそびどもの出で来て、夜ひとよ、歌うたふにも」 *読本・春雨物語(1808)宮木が塚「酒うる家に入て、遊びに酌とらせ、たはれ興ぜし也」 ④からかったり、もてあそんだりする対象。なぐさみもの。おもちゃ。 *洒落本・南江駅話(1770)「おれと通者が落合(をちゃっ)て、二人(ふたり)にむしゃうにてふされて、のって来たを連れて来て、おいら三人が遊びにするのだ」 ⑤賭け事や酒色にふけること。遊興。遊里、料亭などで楽しむこと。 *雑俳・柳多留-一二(1777)「あそびでは無いと四ツ手の直をねぎり」 *滑稽本・浮世床(1813-23)二・上「彼(かの)馬陰めははなはだ色このめる男だけれど、花街(いろまち)では女郎の背後(せなか)に縁深いから、阿曾比(アソビ)ぎらひで」 *当世書生気質(1885-86)〈坪内逍遙〉六「親父の脚(すね)をかぢってをるのだから、仮令(たとへ)ば優遊(アソビ)をすればからといふても、多少忍ぶところ無(な)か)らざる可(べか)らずサ」 ⑥仕事や勉強の合い間の休憩。「あそびの時間」 ⑦しまりのないこと。たるみ。 *総会屋錦城(1958)〈城山三郎〉一「面長な顔は肉にあそびがなく木彫のようにしまっている」 ⑧生活上の仕事などにあくせくしないで、自分のしたいことを楽しむこと。気持にゆとりを持つこと。また、文学などで、人生から離れた美の世界を追究すること。 *あそび(1910)〈森鷗外〉「あらゆる為事に対する『遊び』の心持が、ノラでない細君にも、人形にせられ、おもちゃにせられる不愉快を感じさせたのであらう」 *大阪の宿(1925-26)〈水上滝太郎〉八・九「いくらなんでも、ゆとりが無さ過る。詩が無い。遊びが無い」 ⑨機械の連動作用がすぐに伝わらないで、多少のゆとりがあること。機械の結合部分がぴったり付いていないで、いくらか動く余地のあること。 *無関係な死(1961)〈安部公房〉「鍵をまわす音、ノブのあそび、ドアの蝶番のきしみ」 ⑩織機で、緯(よこいと)を通す梭(ひ)の道をつくるために、綜(あぜ)の中で経(たていと)をまとめる糸。かざり。かけいと。あぜいと。あやいと。 *東雅(1717)九「綜(へ)〈略〉即今俗にもへといひ、又はアヤともアソビなどともいふなり」 *物類称呼(1775)四「かざり 梭(ひ)みちをわくる糸也 関西にて、かざり 武州にて、かけいと 紀州にて、あそび 下総にて、あやいと 西国にて、あぜいとと云」 ⑪常習的なばくち打ちをいう、博徒仲間の隠語。〔隠語輯覧(1915)〕 発音〈なまり〉アシビ〔岩手・秋田・山形・富山県〕アシミ〔NHK(秋田)〕アシッビ〔秋田〕アスッ〔鹿児島方言〕アスビ〔NHK(青森・茨城・埼玉方言・福井・山梨・三重・福岡・佐賀・長崎・鹿児島)・島根・長崎〕アスビン〔NHK(石川)〕アソベー〔南知多〕アスム〔NHK(青森)〕アンビ〔鹿児島方言〕〈標ア〉0 〈ア史〉③は平安・鎌倉●●● 江戸○○●か 〈京ア〉⓪ 上仮名 アソビ 辞書 和名・色葉・名義・和玉・日葡・ヘボン・言海 表記 遊女(和・色) 遊(へ・言) 猟(色) 嬉(玉)

あそび に 師(し)なし 酒色の遊興は、だれに教えられなくても、自然に覚えるものである。悪事は習いやすいことをいう。

あそび の 具(ぐ) 管弦の遊びに用いる楽器。 *宇津保(970-999頃)楼上上「めのとご六人、おなじほどにてたけ五尺なるもを、ゆひこめにきせ給て、御あそびのぐにて候はせ給」 *増鏡(1368-76頃)一〇・老のなみ「庇に上達部つきて、御遊の具召す。笛 花山院大納言、笙 左衛門督」

あそび の 庭(にわ) 蹴鞠(けまり)をする場所。鞠壺(まりつぼ)。鞠の庭。鞠の場。 *家屋雑考(1842)二「鞠場は、中古以来高貴の家々には必あり。鞠の庭、遊の庭〈略〉など、蹴鞠の場所をいふなり」

あそび の 道(みち) 遊楽の方面に関する事柄。 *万葉(8C後)三・三四七「世のなかの遊道(あそびのみち)にすずしきは酔泣するにあるべかるらし〈大伴旅人〉」

あそび の 者(もの) 「あそびもの(遊者)②」に同じ。 *滑稽本・浮世風呂(1809-13)三・上「彼大政入道殿の世にめでたくおはさば、あそびの者(モノ)の推参は尋常(よのつね)の事に候」

あそび-あいて【遊相手】〘名〙「あそびともだち(遊友達)」に同じ。 *詞葉新雅(1792)「アソビアイテ あそびがたき、童の友なり」 *読本・昔話稲妻表紙(1806)一・一「昼夜かたはらをはなれず、遊相人(アソビアイテ)となりて、酒宴淫楽にのみあかしくらせば」 *雪国(1935-47)〈川端康成〉「女はさいはひ素人だから、細君にもいい遊び相手になってもらへて」 発音〈標ア〉ア2 〈京ア〉ア2

あそび-あ・う【遊合】〘自ハ四〙複数の人で、詩歌、管弦、舞などをする。 *高倉院厳島御幸記(1180)「鼓打ちて、ひまなく神なぎども集りて、あそびあひたり」

あそび-あか・す【遊明】〘他サ四〙詩歌管弦などをして夜を明かす。夜どおし遊ぶ。 *宇津保(970-999頃)祭の使「垣下(ゑが)の所の物の音出してあそびあかして」 *源氏(1001-14頃)胡蝶「空の色、物の音も、春の調べ、ひびきは、いと殊にまさりけるけぢめを、人々、おぼしわくらむかし。夜もすがら、あそびあかし給ふ」 発音〈標ア〉カ

あそび-あり・く【遊歩】〘自カ四〙「あそびあるく(遊歩)」に同じ。 *伊勢物語(10C前)八七「その家の前の、海のほとりにあそびありきて」 *梁塵秘抄(1179頃)二・法文歌「法華経読誦(どくじゅ)する人は、天諸童子具足(ぐそく)せり、あそびありくに畏れなし、師子や王の如くなり」

あそび-ある・く【遊歩】〘自カ五(四)〙遊んで歩く。あちらこちら遊びまわる。あそびありく。 *万葉(8C後)五・八〇四「赤駒に 倭文鞍(しつくら)うちおき はひ乗りて 阿蘇比阿留伎(アソビアルキ)し 世の中や 常にありける〈山上憶良〉」 *寛永刊本蒙求抄(1529-34)七「遊恣は、遊山翫水して、あそひあるく者ぞ」 *人情本・春色梅美婦禰(1841-42頃)三・一四回「小三と私が銚子中遊び歩行(アルイ)て」 発音〈標ア〉ル

あそび-うた【遊唄】〘名〙田遊び、綱引き、盆踊り、雨乞い踊りなど、民間の儀式にうたう唄の総称。

あそび-うど【遊人】〘名〙「あそびびと(遊人)」に同じ。 *羅葡日辞書(1595)「アソビュウド(Asobiŭdo)、ヲトギキョクシャノ カシラ、キャウゲンダユウ」

あそび-お【遊男】〘名〙「あそびびと(遊人)」に同じ。 *日本紀略-寛平三年(891)一一月二四日「於二鴨明神一、有二奉幣走馬一。勅使右兵衛督藤原高経率二遊男廿人一。参二上下社一」 *夫木(1310頃)三五「うなはらの遠きわたりをあそびをの遊ぶを見んとなづさひぞこし〈よみ人しらず〉」

あそび-おさめ【遊納】〘名〙それきりでやめる最後の遊び。また、遊びをやめること。 *今戸心中(1896)〈広津柳浪〉九「遊び納(ヲサメ)も亦お前さんの処(とこ)なんだ」 発音〈標ア〉0

あそび-おどり【遊踊】〘名〙気楽に楽しんでする踊り。 *慶長見聞集(1614)二「皆人、名残惜思ふ処に風呂あがりの遊ひおどりを芝居やぶりに仕へしとことはる」

あそび-おんな【遊女】〘名〙「あそびめ(遊女)」に同じ。 *天草本平家(1592)二・一「ヲナジ asobivõna(アソビヲンナ)ト ナラバ、タレモ ミナ アノヤウ デ コソ アリ タケレ」 *日葡辞書(1603-04)「Asobivonna(アソビヲンナ)」 辞書 日葡

あそび-がお【遊顔】〘名〙しまりのない顔つき。まぬけな顔。

あそび-か・ける【遊掛】〘自カ下一〙表面はまじめな風をよそおいながら、相手をからかう態度に出る。 *洒落本・繁千話(1790)「空琴はこいつとんだきいたふうと思ひすこしあそびかける」

あそび-がたき【遊敵】〘名〙(「かたき」は相手の意) 遊び相手。遊び友達。 *宇津保(970-999頃)あて宮「万(よろづ)の事、せぬわざなく上手にものし給へる、御あそびがたきにし給ふ」 *源氏(1001-14頃)匂宮「春宮も、次々の宮達も、なつかしき御あそびがたきにて」 *当世書生気質(1885-86)〈坪内逍遙〉四「図(はか)らず妹を得たりしかば、よき遊敵(アソビガタキ)できたりとて、うち喜ぶこと大方ならず」

あそび-がため【遊固】〘名〙遊び仲間同士が宴などをもよおして、結び付きを強めること。 *滑稽本・七偏人(1857-63)「何にしてもかう気が揃ふとは嬉しい事だ。年忘れなり遊び固めなりに目出度一盃遣らかしやせうと、酒肴を多くとりよせ」

あそび-がち【遊勝】〘形動〙遊ぶことが多いさま。 *源氏(1001-14頃)東屋「腰折れたる歌合、物語、庚申をし、まばゆく見苦しく、あそびがちに好めるを」 発音 アソビガチ〈標ア〉0

あそび-がてら【遊―】〘連語〙(「がてら」は助詞) ①気晴しのついでに。 *日葡辞書(1603-04)「Asobigaterani(アソビガテラニ)〈訳〉遊びや、気晴しに行くついでに」 *俳諧・望一後千句(1652)「ちいさき舟を持そ楽なる 時時はあそひかてらに釣たれて」 ②「あそびはんぶん(遊半分)」に同じ。 発音 アソビガテラ〈標ア〉ガ 辞書 日葡

あそび-がね【遊金】〘名〙①有効に使用することなく、しまい込んでおく金。寝かしておく金。あそびきん。 *新しき用語の泉(1921)〈小林花眠〉「遊(アソ)び金(ガネ) 使ひ途なくして、しまひ置く金銭。あそび金。遊金」 ②銜(くつわ)の部分の名。鏡の心にかけた喰(はみ)と、手綱をつける引き手とをつなぐ鐶(かん)をいう。遊輪(あそびわ)。 発音 アソビガネ〈標ア〉0 ビ

あそび-がみ【遊紙】〘名〙(英 flyleaf の訳語) 書物の巻頭、巻末の見返し紙と本文との間に入れる白紙のページ。 *最新百科社会語辞典(1932)「あそびがみ 遊び紙〔書〕書物の巻首又は巻尾の見返し紙と本文との間につけられた白紙」

あそび-きゃく【遊客】〘名〙(「あそびぎゃく」とも) 遊興または遊楽をする人。 *浮世草子・傾城禁短気(1711)二・二「請取普請、銀山の中間遊(アソ)び客(ギャク)十人の中へ呼ばれ」 *行人(1912-13)〈夏目漱石〉兄・四二「泊り客は勿論、日返りの遊(アソ)び客(キャク)さへ何時も程は影を見せなかった」

あそび-くぐつ【遊傀儡】〘名〙「くぐつ(傀儡)③」に同じ。 *菅江真澄遊覧記(1784-1809)楚堵賀浜風「高きやのうへのすまゐにならび居て、戯れうた唄ふ女あり、此里のケンホといふ、あそびくぐつなりと人のいふに」

あそび-ぐさ【遊草】〘名〙植物「やなぎ(柳)」の異名。

あそび-ぐさ【遊種】〘名〙遊びの材料、または、相手となるもの。慰みぐさ。 *源氏(1001-14頃)桐壺「なまめかしう恥づかしげにおはすれば、いとをかしう、うちとけぬあそびぐさに、たれもたれも思ひきこえ給へり」 *玉塵抄(1563)二三「文帝のあそびくさにさしむたぞ。吾弄臣は、弄は、じゃれてもてあそび物にさしむ臣下ぢゃと云心ぞ」 *詞葉新雅(1792)「アソビゴトノタネ あそびぐさ 小児の可愛をも云」

あそび-ぐせ【遊癖】〘名〙遊びを好む習慣。 *お

ぼろ夜(1899)〈斎藤緑雨〉「糸屋といへば通ったものと聞えは綁(かが)るに鮮かなれど、思ふたには似ぬ主が色酒、そめてかへらぬ遊(アソ)び癖(グセ)の碌々家によりつかねば」 発音アソビグセ〈標ア〉0

あそび-くた・す【遊朽】『自サ四』(仙人の囲碁を見ていた木樵(きこり)が気がついてみると斧(おの)の柄が腐っており、家に帰ると知人は誰もいなかったという、「述異記」の爛柯(らんか)の故事から) 斧の柄も腐らせてしまうほど、長い間留守にして遊びまわる。斧の柄朽つ。＊宇津保(970-999頃)吹上上「久しう音せざりつる。あそびくたしつべかめり。この三人、このすき物どもいづち、ものしたりつらん」

あそび-くら・す【遊暮】『他サ五(四)』遊んで日を暮らす。一日中遊んで過ごす。＊万葉(8C後)五・八二五「梅の花咲きたる園の青柳をかづらにしつつ阿素眦久良佐(アソビクラサ)な〈土師百村〉」＊源氏(1001-14頃)蛍「すけたちかき連れ参りて、さま異(こと)に今めかしくあそびくらし給ふ」＊有明の別(12C後)二「をりのぼりあそびくらして、こよひはみな宇治にとまり給ひぬ」 辞書日葡

あそび-ぐるま【遊車】『名』①ベルト伝動で、原車と従車の間に入れる車。ベルトのゆるみや振動を防ぎ、また、ベルトの方向を変えたりするのに用いられる。軸に自由に回転し動力伝達には無関係。から回り車。案内車。②摩擦伝動の車列の間に入れる車。軸が離れすぎていて車が大きくなりすぎるとき、原車と従車の回転方向を逆にするときなどに用いられる。速力比には無関係。間車(あいぐるま)。 発音アソビグルマ〈標ア〉グ

あそび-げ【遊毛】『名』襟首のあたりの短い毛髪。また、結いもれた毛髪。おくれ毛。

あそび-こ【遊子】『名』男色を売る少年。陰間。＊俳諧・西鶴五百韻(1679)何秤「勤の文左の御手に持れたり〈西吟〉 刷毛と申はあそび子の供〈西六〉」

あそび-こう【遊講】『名』講のかたちをかりた、遊戯、気晴らしなどのための気楽な集まり。＊咄本・軽口扇の的(1762)五・三「去所のおくがた四五人、折々ゆふなに打よりてあそひ講(カウ)ありしが」

あそび-ごえ【遊声】『名』遊びに興じて立てる声。＊絵本(1950)〈田宮虎彦〉「『コケコッコウ、ヨガアケタ』という遊び声を一人で幼くくりかえしている」 発音アソビゴエ〈標ア〉ゴ0

あそび-ごこち【遊心地】『名』遊んでいるときの気分。＊故郷忘じがたく候(1968)〈司馬遼太郎〉「遊び心地のいい家に連れてゆかれたこどもが一刻でも居ることをひきのばしたがるような心境で」 発音アソビゴコチ〈標ア〉0ゴ

あそび-ごころ【遊心】『名』①音楽を好む心。＊栄花(1028-92頃)鶴の林「みかど、いみじうあそび心おはしませど、この御悩みの後、世をおぼししめり、あはれなる御けしきにおはします」②遊びたい気持。また、遊び半分の気持。＊童謡(1935)〈川端康成〉「芸者達の裏表も分ってしまふと味気なくて遊び心も起らなかった」③ゆとりや洒落っ気のある心。 発音アソビゴコロ〈標ア〉ゴ

あそび-ごと【遊事】『名』①遊び。遊戯。＊たまきはる(1219)「貝おほひ、いしなどり、らんごなどやうの、あそび事をも、つれづれならずもてなさせ給ふ」＊幸若・志田(寛永版)(室町末-近世初)「一つえづつはあそび事か。あれていのものをたすけをき、ものをいはすれば、後には人がぞんじ候ぞ。ただひたうちにうって、うちころせ」＊浮世草子・世間胸算用(1692)二・一「毎月宿も定めず、一匁の仕出し食(めし)をあつらへ、下戸(げこ)も上戸も酒なしに、あそび事にも始末第一、気のつまるせんさく也」＊暗夜行路(1921-37)〈志賀直哉〉一・六「緒方は少し醒(さ)めかけるとは飲んだ。もう遊(アソ)び事(ゴト)も話もなかった」②慰みにする仕事。本気でない、遊び半分の仕事。遊び仕事。 方言❶おもちゃ。玩具。岡山県浅口郡768 広島県771 ❷遊戯。山口市791 発音アソビゴト〈なまり〉アスビゴト〔東京・岡山・長崎〕〈標ア〉0〈京ア〉0

あそび-ごま【遊駒】『名』将棋で、盤上にあって、有効にはたらいていない駒。 発音アソビゴマ〈標ア〉0

あそび-ざかり【遊盛】『名』戸外や室内で遊びに熱中する幼い年頃。また、遊蕩(ゆうとう)にふけりやすい年頃。＊洒落本・登美賀遠佳(1782)「成ほどあそびざかりといふは、あのこたちのぢぶんだ」 発音〈標ア〉ザ

あそび-じ【遊字】『名』漢文の中で、訓読されないため、一見、無用のように思われる字。「巧言令色、鮮矣仁」(論語)の「矣」、「歓楽極兮、哀情多」(漢の武帝・秋風辞)の「兮」の字などで、もともとは、口調をととのえるための助字であることが多い。 発音〈標ア〉0

あそび-じかん【遊時間】『名』授業、勉強、仕事などの間の休みの時間。＊銀の匙(1913-15)〈中勘助〉前・三四「またこの次の遊び時間にくるから」 発音〈標ア〉ジ

あそび-しごと【遊仕事】『名』遊び半分にする仕事。身を入れないでする仕事。 発音アソビシゴト〈標ア〉シ〈京ア〉シ

あそび-じゃっこ【遊雑魚】『名』方言魚、めだか(目高)。青森県三戸郡073 ◇あすびだこ 宮城県112 ◇あそんびざっこ・あすんびざっこ 秋田県平鹿郡130 ◇あさんびざっこ 秋田県仙北郡130

あそび-しょ【遊所】『名』「あそびどころ(遊所)」に同じ。＊咄本・鹿の子餅(1772)医案「ちとさそふて遊(アソ)び所(ショ)へつれて行て、気を転じさせて下さい」

あそび-じょうず【遊上手】『名』(形動) 遊び方が巧みであること。また、そのさま。＊人間失格(1948)〈太宰治〉第二の手記「遊び上手といふのか、わづかなお金で最大の効果のあるやうな支払ひ振りを発揮し」 発音アソビジョーズ〈標ア〉ジョ

あそび-ずき【遊好】『名』(形動) 遊ぶことが好きなこと。また、そのさま。＊四河入海(17C前)二三・二「昔し東坡と云て、遊すきな人であっしが」＊咄本・露休置土産(1707)二・二「おっとはあそびずき、女ぼうは諸事つまやかにはたらくものなれば」＊社会百面相(1902)〈内田魯庵〉投機「揃ひも揃って中々の遊蕩(アソビ)好(ズ)きで」 発音〈標ア〉0〈京ア〉0

あそび-ずく【遊尽】『名』遊び尽くすこと。仕事をしないで遊びばかりすること。

あそび-ずくめ【遊尽】『名』(形動) 遊ぶことばかりしつづけること。また、そのさま。 発音〈標ア〉ズ

あそび-ぞめ【遊初】『名』新年になって初めての遊び。＊俳諧・俳諧二見貝(1780)春「遊初」 発音〈標ア〉0

あそび-だて【遊立】『名』遊びばかりすること。「あそびだてをすれば、きりがない」

あそび-たわ・る【遊戯】『自ラ下二』「あそびたわむれる(遊戯)」に同じ。＊源氏(1001-14頃)浮舟「かたはなるまであそびたはぶれつつ暮し給ふ」＊百座法談(1110)閏七月八日「喜見城の内にゆかをおなじくならべて、あそびたわぶれてすごし給ふに」

あそび-たわぶれ【遊戯】『名』遊び興じること。遊びふざけること。遊戯をすること。たわぶれあそび。＊源氏(1001-14頃)若菜上「いはけたるあそびたはぶれに心いれたる童べのありさま」＊あさぢが露(13C後)「弓箭の道にたづさはりて侍りしかば、あそびたはぶれの道にも、獅子を狩り鷹をつかひ」

あそび-たわむ・れる【遊戯】『自ラ下一』文あそびたはむ・る『自ラ下二』遊び興じる。遊びふざける。遊戯をする。遊びたわぶる。＊太平記(14C後)一一・越前牛原地頭自害事「此の河は是(これ)極楽浄土の八功徳池(はっくどくち)とて、少(をさな)き者の生れて遊(アソ)び戯(タハム)るる所也」＊日葡辞書(1603-04)「Asobitauamure, uru, eta (アソビタワムルル)〈訳〉いろいろな事をして、気晴らしをし、楽しむ」 発音〈標ア〉レ〈京ア〉0 文『あそびたはむる』アソビタワムル〈標ア〉ム〈京ア〉0 辞書日葡

あそび-ちら・す【遊散】『自サ五(四)』さんざん遊ぶ。さんざん遊興する。＊姉と弟(1892)〈嵯峨之屋御室〉一「さんざん御一所に遊(アソ)び散(チ)らして、夜まで遊んで、終(つひ)に遊びくたびれて」＊腕くらべ(1916-17)〈永井荷風〉五「これまで随分遊散してゐるが、実際吉岡はかういふ妙な心地になった事は唯の一度もなかった」 発音〈標ア〉ラ

あそび-づかれ【遊疲】『名』遊びすぎて疲れること。＊妾の半生涯(1904)〈福田英子〉三・一「稲垣は遊び疲れの出でたればにや、横になるより快く睡りけるが」 発音〈標ア〉ズ0

あそび-つ・ける【遊付】『自カ下一』文あそびつ・く『自カ下二』遊びが身についている。遊びなれている。＊応永本論語抄(1420)里仁「遊ぶ処もいつもあそび付たる処へ行べし。そこからすぐに他所へ行べからず」＊落語・橋場の雪(1896)〈三代目柳家小さん〉「其処は此方も遊び付けた人でありますから、此奴(こいつ)は色仕掛けだなと斯う考へました」

あそび-っと【遊人】『名』「あそびにん(遊人)」に同じ。＊人情本・春色淀の曙(19C中)五・一回「まづ第一が親孝行、其の上に堅い気象で、お客様を始め近所の遊(アソビ)っ人(ト)が、種々(いろいろ)に言ひますけれど、夫りゃアもう何様(どう)して何様して、厭(いや)らしっ気と言ったら、爪の垢程もありませんよ」

あそび-づれ【遊連】『名』遊び友達。＊俳諧・おらが春(1819)「よりより思ひ寄せたる小児をも、遊び連にもと、爰に集ぬ」

あそび-て【遊手】『名』①遊興を好む人。遊びに巧みな人。＊久本氏(1907)〈真山青果〉一「有名な放蕩家(アソビテ)で毎(いつ)も黒玉の眼鏡をかけて居る」＊春泥(1928)〈久保田万太郎〉みぞれ・二「この方が大した遊び手で、福井さんといへばこの花柳界でもそのころ知らないものはない位」②「あそびにん(遊人)③」に同じ。〔特殊語百科辞典(1931)〕

あそび-でら【遊寺】『名』近世、酒宴、集会等に座敷を貸して、人々の遊び所となった寺。浮世寺。世間寺(せけんでら)。＊俳諧・大坂檀林桜千句(1678)第三「落所定めぬ鞠の沓わたし〈益友〉 遊行の柳いまあそび寺〈益翁〉」＊浮世草子・男色大鑑(1687)八・三「せめて若道供養(しゃくだうくやう)のためと思ひ立、延紙(のべかみ)にて若衆千体張貫(はりぬき)にこしらへ、嵯峨の遊(アソ)び寺(テラ)におさめ置ぬ」＊雑俳・咲やこの花(1692)「見れば見る程よき所なり・松の塵(ちり)薪(たきぎ)にあまる遊び寺〈林鹿〉」

あそび-と【遊人】『名』賭博常習者をいう、賭博者、てきや仲間の隠語。あそびにん。〔隠語輯覧(1915)〕

あそび-どうぐ【遊道具】『名』遊びに用いる道具。もてあそびもの。おもちゃ。玩具。＊日葡辞書(1603-04)「Asobidǒgu (アソビダウグ)〈訳〉遊び、戯れ、気晴らしをする道具」＊小公子(1890-92)〈若松賤子訳〉前編・六「お側(そば)の小さな卓子(つくえ)の上に、遊道具(アソビダウグ)が載て有て」 発音アソビドーグ〈標ア〉ド〈京ア〉ド 辞書日葡

あそび-とぎ【遊伽】『名』遊び相手。

あそび-どこ【遊所】『名』「あそびどころ(遊所)」の変化した語。＊人情本・英対暖語(1838)四・二二章「家をこしらへ〈略〉お増にかへたる遊び所(ドコ)と、して楽しむ男の心」＊滑稽本・七偏人(1857-63)五・中「此方人(こちとら)の遊び所(ドコ)を」

あそび-どころ【遊所】『名』遊びの場所。遊楽・遊興する場所。＊源氏(1001-14頃)竹河「この殿は、かの三条の宮といと近き程なれば、さるべき折々のあそび

所には公達にひかれて見え給ふときどきあり」＊寛永刊本蒙求抄(1529-34)二「上林苑の奉行が雑掌を構へ、遊ひ処をこしらゆるを云ぞ」＊浮世草子・好色五人女(1686)一・三「曲太鞁(きょくだいこ)大神楽(だいかぐら)のきたり、おのおののあそび所を見掛(みかけ)」＊滑稽本・浮世床(1813-23)初・上「あるひは毎日あそびどころとして入来る人もあるべし」＊日本読本(1887)〈新保磐次〉四「雨ふる日には旅人の休み所となり、暑き日には吾れ等が遊び所となりしが」発音〈標ア〉ド

あそび-どまづ・く【遊―】〘自カ四〙怠けてぶらぶらと遊び呆ける。＊岩瀬本詩学大成抄(1558-70頃)五「夜まわりをして火の用心をふれ、夜あるきして遊びどまづくことを禁制宛するぞ」

あそび-ともだち【遊友達】〘名〙いっしょに遊ぶ友達。遊び相手。遊興の仲間。＊玉塵抄(1563)五五「王敬弘と交てあそびともだちぞ吾がむすめを王敬弘が子の妻にないた」＊詞葉新雅(1792)「アソビアイテ　あそびがたき　童の友なり　アソビトモダチ　同上」＊多情多恨(1896)〈尾崎紅葉〉前・一一「内の亭主を引張出す遊蕩友達(アソビトモダチ)」発音〈標ア〉ト〈京ア〉ト

あそび-とり〘名〙(近世、京都、島原遊郭で)端女郎(はしじょろう)の別名。＊評判記・色道大鏡(1678)一「端女(はしおんな)。端女郎とも、局女郎(つぼねじょろう)とも、あそびとりともいふ、けちぎり女の事なり」

あそび-なかま【遊仲間】〘名〙いっしょに遊ぶ仲間。遊び友達。＊思出の記(1900-01)〈徳富蘆花〉一・五「僕を眼下(めした)に見て、遊仲間にも入れて呉れぬ」＊銀の匙(1913-15)〈中勘助〉前・二六「伯母さんは一生懸命私の遊び仲間によささうな子供をさがしてくれたが」発音〈標ア〉ナ〈京ア〉ナ

あそび-な・ぐ【遊和】〘自ガ上二〙遊んで気晴らしをする。遊楽をして心を慰める。＊万葉(8C後)一八・四一一六「霍公鳥(ほととぎす)来鳴く五月の菖蒲草(あやめぐさ)蓬(よもぎ)かづらき 酒宴(さかみづき)安蘇比奈具礼(アソビナグレ)ど〈大伴家持〉」

あそび-なら・う【遊慣】〘自ハ四〙①「あそびなれる(遊慣)①」に同じ。＊讃岐典侍(1108頃)下「年ごろ百敷(ももしき)の中にあそびならひたる心地に」②「あそびなれる(遊慣)②」に同じ。＊大鏡(12C前)二・師尹「二年ばかり有て、いかがおぼしめしけん、宮たちと申しおりよろづにあそびならはせ給て」

あそび-なら・す【遊慣】〘他サ四〙遊びなれるようにする。あそびならわす。＊源氏(1001-14頃)若菜下「大将の君、〈略〉まづ内々(うちうち)に、調楽(てうがく)のやうにあけくれあそびならし給ひければ」

あそび-ならわ・す【遊慣】〘他サ四〙「あそびならす(遊慣)」に同じ。＊源氏(1001-14頃)総角「箏の琴の上手(じゃうず)にて、故宮(こみや)のあけくれあそびならはし給ひければ」

あそび-な・れる【遊慣・遊馴】〘自ラ下一〙文あそびな・る〘自ラ下二〙①遊んでその物事または人となれ親しむ。＊源氏(1001-14頃)乙女「年頃あそびなれし所のみ思ひ出でらるる事まされば」＊更級日記(1059頃)「年頃あそびなれつるところをあらはにこぼち散らして」＊苔の衣(1271頃)四「宮ののうへは幼くより思ひかはしてあそびなれ給へる御なかなれば」②遊ぶことになれる。遊興、遊蕩(ゆうとう)になれる。あそびならう。＊腕くらべ(1916-17)〈永井荷風〉一「それにつけて今は遊ぶが上にも遊馴れてしまった身の上に思及ぶと」発音〈標ア〉レ

あそび-にん【遊人】〘名〙①定職を持たずに遊んで暮らしている人。＊歌舞伎・鼠小紋東君新形(鼠小僧)(1857)三幕「同じ遊(アソ)び人(ニン)のごろつきでゐても、親分とこちとらあ、雑兵と大将ほど違ふな」②遊興・遊蕩を好む人。遊びに巧みな人。＊浮世草子・諸道聴耳世間猿(1766)五・一「宵より風だち、誰もかれもいひ合せたやうに遊び人なく」③ばくちをして世渡りをする人。賭博の常習者。遊び手。＊談義本・地獄楽日記(1755)二・三「娑婆(しゃば)ではおつをやった遊人(アソビニン)でござりますれば」＊歌舞伎・青砥稿花紅彩画(白浪五人男)(1862)三幕「打擠(こしらへ)から言方は遊(アソ)び人(ニン)に違(ちげ)えねえが」＊牡丹の客(1909)〈永井荷風〉「帽子も冠(かぶ)らぬ遊人らしい若い好い男が乗って居た」発音〈標ア〉0〈京ア〉0

あそび-ののし・る【遊罵】〘自ラ四〙(「ののしる」は、大声で騒ぐ意)遊び騒ぐ。騒がしく歌舞・音楽をする。＊宇津保(970-999頃)嵯峨の院「かくて、いとおもしろくあそびののしる」＊源氏(1001-14頃)末摘花「今年、男踏歌(をとこたふか)あるべければ、例の所々あそびののしり給ふに、ものさわがしけれど」

あそび-の・む【遊飲】〘他マ四〙遊びをし、酒を飲む。＊万葉(8C後)六・九九五「斯(か)くしつつ遊飲(あそびのみ)こそ草木すら春は生ひつつ秋は散りゆく〈大伴坂上郎女〉」

あそび-のり【遊乗】〘名〙馬車を、散歩するように乗りまわすこと。気軽に馬車に乗って楽しむこと。＊即興詩人(1901)〈森鷗外訳〉めぐりあひ・尼君「こは都の習なる夕暮の逍遙乗(アソビノリ)といふものにいでたる人人なるべし」

あそび-ば【遊場】〘名〙子供などが遊ぶ場所。＊小学読本(1873)〈田中義廉〉二「汝等は、遊歩のときも、仕事場に来るべからず、遊び場にて、遊ぶべし」＊門三味線(1895)〈斎藤緑雨〉五「二階は両人(ふたり)が遊(アソ)び場(バ)なれど」＊銀の匙(1913-15)〈中勘助〉前・一〇「茶畑があって子供や鳥の遊び場になってゐる」

あそび-はぐるま【遊歯車】〘名〙二軸間に回転運動を伝達しようとするとき、中間に入れる歯車。二軸の回転数には関係なく二軸間の距離が大きいとき、または回転方向を変えるときに用いられる。発音アソビハグルマ〈標ア〉グ

あそび-ばしょ【遊場所】〘名〙遊ぶための場所。遊び場。遊び所。＊鼠と猫(1921)〈寺田寅彦〉三「嘗て野良猫の遊び場所であった躑躅の根元の少し窪んだ処」＊秋立つまで(1930)〈嘉村礒多〉「砂ケ峠といふのは〈略〉おれが少年時代の唯一の好きな遊び場所であった」発音〈標ア〉0

あそび-ばら【遊腹】〘名〙胎児の運動によって妊婦が感じる腹の痛み。＊病論俗解集(1639)「弄痛(ロウツウ)アソビバラ」発音〈標ア〉0

あそび-はんぶん【遊半分】〘名〙(形動)物事を真剣にしないで、半分は遊ぶ気分でいること。また、そのさま。遊びがてら。＊今弁慶(1891)〈江見水蔭〉発端「腕に網打(あみうち)の技を覚えて、遊戯半分(アソビハンブン)に暮(くら)せしが」＊青春(1905-06)〈小栗風葉〉春・六「遊半分に医学書なぞ読んで居たが、其れが去年の開業試験に一度で及第して」発音〈標ア〉ハ〈京ア〉ハ/0=ン1

あそび-び【遊日】〘名〙仕事や学業などを離れて自由にすごせる日。＊咄本・戯言養気集(1615-24頃)上「たれかれをよべども、今日は遊び日にて有とて、皆皆出て候」＊日本の下層社会(1899)〈横山源之助〉五・八「若干の遊び日を除けば、年中主人の罵る声の下に苦役せらる」発音〈標ア〉ビ1 0

あそび-びと【遊人】〘名〙音楽を奏する人。楽人。伶人(れいじん)。遊男(あそびお)。＊宇津保(970-999頃)嵯峨の院「例のあそび人達かずをつくして、舞の子ども、君達いと二なく装束(さうず)きて、いとをかしげなり」＊吉野本住吉(13C前)「川じりを過ぐれば、あそび人ども『心から浮きたる舟に乗りそめて一日波にぬれぬ日ぞなき』とうたひつつ」

あそび-ひろ・ぐ【遊広】〘他ガ下二〙遊び道具などを広げ散らかして遊ぶ。＊源氏(1001-14頃)紅葉賀「小さき屋ども作り集めて奉り給へるを、所せきまであそびひろげ給へり」

あそび-ぶね【遊船】〘名〙船遊びの船。遊山船(ゆさんぶね)。《季・夏》＊浮世草子・男色大鑑(1687)四・三「此夜は諸人あそび舟を仕立て、新堀より乗浮れて」

あそび-べ【遊部】〘名〙大化前代の部民の一つ。天皇の葬礼に際し、葬儀に必要な祭器などを用意し、また、殯宮(もがりのみや)に供養し、歌舞を奏して鎮魂の儀を行なった。＊令義解(718)喪葬・葬送具条「太政大臣。方相轜車各一具〈略〉発喪五日。以外葬具及遊部〈謂。葬具者。帷帳之属也。遊部者。終ㇾ身勿ㇾ事。故云二遊部一也〉」語誌遊部は、アソブベという訓もある。語源については右に述べた「令義解」によるほかに、「あそび」「あそぶ」が、「鎮魂」を意味するという説もある。

あそび-ほう・ける【遊呆】〘自カ下一〙ほかのことを忘れて遊びに夢中になる。＊青春(1905-06)〈小栗風葉〉春・八「能く草摘なぞに行ったものだが、日の暮れるのも知らずに遊惚(アソビホホ)けて居て」＊末枯(1917)〈久保田万太郎〉「他愛もなく祇園で遊び耄(ホウ)けてゐるところへ」発音アソビホーケル〈標ア〉ケ

あそび-ほうし【遊法師】〘名〙歌舞音曲などを業とする僧。琵琶法師(びわほうし)など。＊徒然草(1331頃)五四「御室(おむろ)にいみじき児(ちご)のありけるを、いかで誘ひ出して遊ばんとたくむ法師どもありて、能あるあそび法師どもなどかたらひて」

あそび-ほ・ける【遊呆】〘自カ下一〙「あそびほうける(遊呆)」に同じ。＊石ころ路(1936)〈田畑修一郎〉「ぶらぶらしてゐると島の人は、何だ遊びほけてゐると云ふし、仕事をしようにも道具はないし」発音〈標ア〉ケ

あそび-まさ・る【遊増】〘自ラ四〙遊びが、いっそう面白くなる。ますます盛んに遊ぶ。＊宇津保(970-999頃)俊蔭「あそび人ら、いとどあそびまさるほどに、仏渡り給て、すなはち孔雀にのりて花のうへにあそび給ふ時に」

あそび-まわ・る【遊回】〘自ラ五(四)〙あちらこちらで遊ぶ。＊諷誡京わらんべ(1886)〈坪内逍遙〉五「さながら貧書生のゴロツキ同様、遊(アソ)びまはって居ります体ゆゑ」＊吾輩は猫である(1905-06)〈夏目漱石〉二「正月は遊び廻るのに忙がしいに違ひないと」発音〈標ア〉ワ〈京ア〉0

あそび-め【遊女】〘名〙歌舞により人を楽しませ、また、売春する女。ゆうじょ。あそびおんな。あそびもの。あそび。うかれめ。＊宇津保(970-999頃)祭の使「よるひる、あそびめすゑて、すきものいますかめる宮に参り給ては」＊読本・本朝酔菩提全伝(1809)一・一「産子(うぶご)をば捨てしまひ、彼をこしらへ欺て、妾にやつかはすべき、遊女(アソビメ)にや売べき」＊引照新約全書(1880)馬太伝福音書・二一「税吏および娼妓(アソビメ)は爾曹より先に神の国に入べし」発音〈標ア〉0〈京ア〉ビ

あそび-めぐ・る【遊巡】〘自ラ四〙遊びまわる。＊観智院本三宝絵(984)上「諸の女花を見るとて林に交りて遊ひ廻くる」＊徒然草(1331頃)五四「うれしと思ひて、ここかしこあそびめぐりて、ありつる苔のむしろに並みゐて」

あそび-もの【遊物】〘名〙①慰みにもてあそぶもの。遊び道具。おもちゃ。＊源氏(1001-14頃)若紫「をかしき絵、あそび物ども、取りにつかはして見せ奉り、御心につくことどもをし給ふ」＊大鏡(12C前)三・伊尹「御門(みかど)幼くおはしまして、人々に『あそびものども参らせよ』と仰せられければ」＊堤中納言(11C中-13C頃)虫めづる姫君「この御あそびものよ。いかなる人、蝶めづる姫君につかまつらむ」②楽器。＊源氏(1001-14頃)常夏「さながら多くのあそびものの音、拍子(はうし)を調(ととの)へ取りたるなむいとかしこき」方言おもちゃ。玩具(がんぐ)。山形県南村山郡・新庄市139 愛媛県松山846 長崎県南高来郡905 西彼杵郡907

熊本県鹿本郡・宇土郡919 ◇あすんもん 福岡県872 熊本県天草郡936 ◇あすんもんどうぐ〔—道具〕 佐賀県藤津郡895 発音〈標ア〉⓪

あそび-もの【遊者】『名』①「あそびと（遊人）」に同じ。＊京極大草紙（室町後）衣類に付て式法之事「あそひものに小袖を出事。是は式躰すべからず。立ながら出すべし」②「あそびめ（遊女）」に同じ。＊高倉院厳島御幸記（1180）「御湯など召して、この泊のあそびものども、古き塚の狐の夕暮に媚（ば）けたらんやうに」＊契沖本住吉（1221頃か）「河尻を過ればあそびものどもあまた、船に乗りつぎて」＊平家（13C前）一・妓王「平家太政の入道殿へ、召されぬ事こそほいなけれ。あそびものの習ひ、何か苦しかるべき」＊仮名草子・恨の介（1609-17頃）下「かの恨の介色深き男にて、常々に六条辺へ通ひしが、もしも流れを立つるあそび物にも心を引かれありなん」③もてあそぶ者。慰み者。また、遊び相手。＊栄花（1028-92頃）輝く藤壺「さきざきは心安きあそび物に思ひ聞えさせしを、此の度はいとやむごとなき御有様なれば」④中世、芸能をもって貴顕の人々に保護された者。＊看聞御記-永享八年（1436）正月二八日「藤寿遊物也。老者七十余云々。故摂政鹿苑院殿御代被二賞翫一連歌師也」＊浮世草子・西鶴織留（1694）一・四「京にはやる咄（はなし）し、小哥を習ひ覚へ、商ひする御機嫌取に、夜昼あそびものに成て」方言❶放蕩（ほうとう）者。長野県諏訪481 ❷侠客（きょうかく）。ばくち打ち。奈良県南大和683 ❸人に愚弄（ぐろう）されること。また、その人。高知県860 長崎県対馬910 辞書日葡

あそび-や【遊屋】『名』①遊女をかかえておく家。遊女屋。女郎屋。＊雑俳・すがたなぞ（1703）「遊び屋の座敷に碪（きぬた）出しておく」＊読本・本朝酔菩提全伝（1809）一・一「たとへ操は破るるとも、此身を阿曾比屋（アソビヤ）に質入して金を調へ〈略〉阿曾比（あそび）となりて其金を償（つぐのは）ば」＊春雨文庫（1876-82）〈松村春輔〉二回「甲子屋といふ妓楼（アソビヤ）へ質入の約定にして」②（「屋」は軽い軽蔑の意をこめて、人の性質などを示す接尾語）遊興・遊蕩（ゆうとう）を好む人。遊び手。遊び人。＊浮世草子・国姓爺明朝太平記（1717）二・一「此所に遊（アソビ）屋の和藤内とて唐人の子なるが」

あそび-やど【遊宿】『名』遊興をする宿。＊俳諧・江戸十歌仙（1678）二「恋の山路に魔所の下道〈春澄〉 遊び宿百味の夜食求也〈言水〉」＊浮世草子・好色一代男（1682）四・五「其跡はあいの女とて茶屋にもあらず、けいせいにてもなし。其後は遊（アソ）び宿（ヤド）の口鼻（かか）となりながら自由になりぬ」＊雑俳・太箸集（1835-39）一「遊び宿すわってをるが亭主也」方言◇あすびやど 長野県下伊那郡492

あそび-よう【遊用】『名』遊ぶことについての用向き。＊滑稽本・八笑人（1820-49）三・上「わたくしは、今朝よん所なき遊び用で他行致したゆゑ、さすがの私（わたくし）しも宿にも居ず」

あそび-よね【遊—】『名』（「よね」は、女、美女、または遊女の意）遊女。あそびめ。うかれめ。＊浮世草子・色里三所世帯（1688）下・一「され共金（かね）の光銀のうつりにて何時なり共あそびよね人の堪忍を見てかんにんせぬ事やあると」

あそび-わざ【遊業】『名』遊び事。遊戯。娯楽。＊宇津保（970-999頃）祭の使「親の綾錦にまとはれて、清らを好み、容姿（かたち）をつくろひて、あそびわざうちして、行末はかなくてあるばかりぞかし」＊枕（10C終）二一五・あそびわざは「あそびわざは、小弓。碁。さまあしけれど鞠（まり）もをかし」＊源氏（1001-14頃）橋姫「琴ならはし、碁（ご）うち、扁（へん）つきなど、はかなき御あそびわざにつけても、心ばへどもを見奉り給ふに」

あそ・ぶ【遊】■一『自バ五（四）』〔一〕興のおもむくままに行動して楽しむ。神事に伴う舞楽を行なうことがもとといわれるが、広く楽しむ行動をいうようになり、現代では、多く子どもが遊戯する、おとなが運動、行楽、遊興などすることをいう。①思うことをして心を慰める。遊戯、酒宴、舟遊びなどをする。＊万葉（8C後）一七・三九九一「いや年のはに 思ふどち かくし安蘇婆（アソバ）む 今も見るごと〈大伴家持〉」＊伊勢物語（10C前）二三「田舎わたらひしける人の子ども、井のもとに出でてあそびけるを」＊古今（905-914）雑上・九二〇・詞書「中務のみこの家の池に舟をつくりて、おろしはじめてあそびける日」＊源氏（1001-14頃）東屋「碁打ち韻ふたぎなどしつつあそび給ふ」②詩歌、管弦、舞などを楽しむ。遊楽をする。＊竹取（9C末-10C初）「此程三日うちあげあそぶ」＊宇津保（970-999頃）俊蔭「ことのねをかきたて、声ふりたててあそぶ時に」＊枕（10C終）八一・御仏名のまたの日「ひとわたりあそびて、琵琶ひきやみたる程に」③（鳥獣、魚などが）楽しそうに動きまわる。＊古事記（712）下・歌謡「潮瀬の波折（なを）りを見れば 阿蘇比（アソビ）来る 鮪（しび）が鰭手（はたで）に 妻立てり見ゆ」＊伊勢物語（10C前）九「白き鳥のはしとあしと赤き、しぎの大きさなる、水の上にあそびつつ魚（いを）をくふ」＊平家（13C前）五・勧進帳「嶺猿叫んで枝にあそぶ」④いつもいる所を離れて、広い場所で気楽に歩きまわって楽しむ。＊書紀（720）雄略即位前一〇月（図書寮本訓）「郊野に逍遙（アソビテ）」＊万葉（8C後）一五・三六一八「山川の清き川瀬に安蘇倍（アソベ）ども奈良の都は忘れかねつも〈遣新羅使人〉」＊徒然草（1331頃）二一「嵆康も、山沢にあそびて、魚鳥を見れば心たのしぶ、と言へり」⑤学問を修めたり、見聞をひろめたり、さらには、気晴らしなどの目的で他の土地に行く。遊学する。＊中華若木詩抄（1520頃）下「ともに洞庭にあそびての詩也」＊俳諧・猿蓑（1691）四「東叡山にあそぶ 小坊主や松にかくれて山ざくら〈其角〉」＊花柳春話（1878-79）〈織田純一郎訳〉一二「既にしてクレーブランドに依り漸く外国に遊ぶ事を得」⑥料亭、遊里などに行って楽しむ。酒色などにふける。遊興する。＊洒落本・中洲の花美（1789）小通の登楼「丁字屋であそんで来たが、中の町も半分の余出来たの」＊滑稽本・東海道中膝栗毛（1802-09）八・中「みな惣揚（そうあげ）にして遊（アソ）んだらおもしろかろふ」＊当世書生気質（1885-86）〈坪内逍遙〉二「必竟（ひっきゃう）書生のうちに遊（アソ）ぶやつは、肝（きも）の少さいおとなしい方で」〔二〕仕事、勉強、働きなど、期待される生産的効果を果していない状態にある。①仕事や勉強をしないで、また、職が得られないでぶらぶらしている。上の学校にはいれないで、浪人することにもいう。＊狂言記・縛縄（1660）「いや、あそんでさへをれば、なをりまする」＊黄表紙・見徳一炊夢（1781）上「お金はたくさんあり、御苦労な事はなし、年中あそんでおくらしなさる」＊当世書生気質（1885-86）〈坪内逍遙〉二「常はぶらぶら遊（アソ）んで計（ばかり）居て、試験に優等の点をとるし」＊模範新語通語大辞典（1919）〈上田景二〉「あそぶ 遊ぶ。中学校を卒業して、上級の学校の試験に落第し、翌年の入学試験までを遊ぶといふ」②金、道具、場所などが使われないでいる。＊今昔（1120頃か）一一・一五「王、然れば、一の遊ぶ所の閑なる、令見（みしめ）給へば、童子、其を定（さだめ）つ」＊咄本・軽口露がはなし（1691）二・一三「三十三間と大仏のあひに、大き成鐘（かね）にて常住あそんで有」＊怪談牡丹燈籠（1884）〈三遊亭円朝〉一八「誠に商人抔（なぞ）は遊んだ金は無（ない）もので」＊桑の実（1913）〈鈴木三重吉〉一七「そこらの柱に遊んでゐる釘を」＊星座（1922）〈有島武郎〉「遊んでゐる右の手で」③工学上、応力を受けるはずの物がそれを受けていなかったり、付着するはずの物がしていない状態になる。〔改訂増補日本建築辞彙（1931）〕④本気で立ち向わず、わざと気を抜いた態度をとる。野球で、投手に有利な条件の時、打者の打ち気をそらすために、ボールになる球を投げるなどはその一例。■二『他バ四』①（楽器や曲名を目的語にして）舞楽を行なう。奏する。＊古事記（712）中「我が天皇、猶其の大御琴阿蘇婆（アソバ）せ」＊源氏（1001-14頃）椎本「つぎつぎひき出で給ひて、一越調（いちこつてう）の心に、桜人あそび給ふ」②人をからかう。もてあそぶ。＊滑稽本・東海道中膝栗毛（1802-09）二・上「いまいましい。けっくあっちにあそばれた」＊歌舞伎・心謎解色糸（1810）四幕「『この左七を、汝（うぬ）はてんから遊（アソ）ぶ気だな』『のろいお前と思ったゆゑサ』」＊人情本・春色梅児誉美（1832-33）後・七齣「ヲヤくやしい。遊（アソ）ばれるとは気がつかなんだ」語誌(1)平安時代に「あそぶ」は管弦の遊びに限定されると説かれることもあったが、これは物語文学の位相性によるものであり、上代以来、管弦のほか、歌舞、狩猟、宴席などにもいい、本来は祭祀に関わるものであったか。「日常性などの基準からの遊離」が原義か。そこから、遊興など楽しむ行動に展開し、一方、通常の機能をしない「遊んで暮す」などの用法も生じたと考えられる。(2)類義の「たわむれる」は働きかけの相手を持つが、「あそぶ」はそれを必要としない。だから「トランプで遊ぶ」ことは出来るが「トランプでたわむれる」ことは出来ない。また、「たわむれる」はまともな目的性が希薄であることに意義の力点があり、「たわむれにトランプ占いをする」などと言うが、「あそぶ」は遊興の場合でさえ目的性をもつ活動である。ただし、それは生産的な活動でないのが特徴で、それ故に■一〔二〕のような意義に用いられる。語源説(1)アシ（足）の転呼アソをバ行に活用したもの〔日本古語大辞典＝松岡静雄〕。(2)遊・游の漢字音 at から来たもの〔語源類解＝松村任三〕。(3)アソブ（息進振）の義〔日本語源＝賀茂百樹〕。(4)もと禁中御遊のことをいった、アカスベ（明方）の義〔名言通〕。(5)アソフ（天染歴）の意〔紫門和語類集〕。(6)アソはアサオ（朝起）で、朝廷の遊びからおこったという〔国語本義〕。(7)アススム（彌進）の義〔言元梯〕。(8)アタシメハム（ヘル）の反〔名語記〕。発音〈なまり〉アサブ〔土佐〕アシブ〔岩手・山形・福島〕アシュブ〔秋田〕アスブ〔津軽語彙・岩手・山形・福島・栃木・埼玉・埼玉方言・千葉・東京・八丈島・神奈川・新潟頸城・富山県・石川・福井大飯・信州読本・岐阜・飛騨・愛知・静岡・NHK（静岡）・伊賀・京言葉・大阪・鳥取・島根・岡山・瀬戸内・福岡・佐賀・壱岐・大分〕アズブ〔大分〕アスップ〔仙台方言・秋田〕アソッ〔鹿児島方言〕アソン〔鳥取〕アップ〔岩手・仙台方言〕アップー〔壱岐〕アンブ〔静岡・南伊勢・鹿児島方言〕〈標ア〉⓪〈ア史〉平安●●○ 室町・江戸●●●と○●●の両様〈京ア〉⓪ 上仮名アソブ 辞書色葉・名義・和玉・文明・明応・天正・饅頭・易林・日葡・書言・ヘボン・言海 表記遊（色・名・玉・文・明・天・饅・易・書・へ・言）遨（色・名・易・書）游（色・名・文）嬉・媱・婸（色・名・玉）蕩・潒・滔（色・名）好（色・玉）瀲々・翍・戯（色）倡・仭・逍・迤・呈・擾・泳・寄・縻・放・飄・敖（名）呻・徘・邏・篠・縿（玉）宴・読（文）逍遙（書）

あそぶ 糸（いと）（「遊糸（ゆうし）」の訓読み）陽炎（かげろう）。いとゆう。＊永久百首（1116）春「はるばると浅緑なる大空にあそぶ糸をやながめくらさん〈常陸〉」＊六百番歌合（1193頃）春中・一九番「津の国のこやのわたりの眺には遊ぶ糸さへ隙なかりけり〈藤原季経〉」

あそぶ 糸遊（いとゆう）「あそぶ（遊）糸」に同じ。＊和漢朗詠（1018頃）下・晴「かすみ晴れみどりの空ものどけくてあるかなきかにあそぶいとゆふ〈作者未詳〉」＊六百番歌合（1193頃）春中・一九番「春来れば靡く柳の友がほに空に紛ふや遊ぶ糸ゆふ〈藤原隆信〉」

アゾフ-かい【—海】（アゾフは Azov）黒海北東、ウクライナ南東部の内湾。ドン川が注ぐ。最大深度は一五㍍で浅い。発音〈標ア〉フ

あそ‐まつり【阿蘇祭】 熊本県阿蘇郡一の宮町の阿蘇神社で毎年七月二八日に行なわれる祭。御田(おんだ)祭。御田植神幸式。国重要無形民俗文化財。《季・夏》 発音〈標ア〉マ

あそみ【朝臣】『名』(「あさおみ(朝臣)」の変化した語か) 古代の姓(かばね)の一つ。天武一三年(六八四)に制定された八色(やくさ)の姓の第二位。はじめは皇族から臣下にくだったと伝承される皇別の有力氏族に与えられたが、平安時代には皇子や皇孫にも与えられ、実質的には姓の第一位となった。あそ。あそん。あっそん。↓やくさ(八色)の姓(かばね)。＊書紀(720)天武一三年一〇月(寛文版訓)「八色(くさ)の姓を作りて、天下の万の姓を混(まろ)かす。一に曰はく真人(まひと)、二に曰はく朝臣(アソミ)」＊続日本紀‐宝亀四年(773)五月辛巳「又其天下氏姓青衣為二采女一。耳中為レ紀。阿曾美為二朝臣一」 語源説 (1)アソフオミ(吾添臣)の義から〔釈日本紀・日本釈名〕。(2)アヒソフオミ(相副臣)の義から〔和訓栞〕。(3)アセオミ(吾兄臣)の義〔古事記伝・雅言考・万葉考〕。(4)アセまたはアソ(男子の敬称)にオミ(臣)のついたアソオミの約〔日本古語大辞典=松岡静雄〕。(5)アサオミ(朝臣)の約転。サオの反ソ〔名語記・万葉代匠記・東雅・年々随筆・名言通〕。(6)アは大の意で、アソミは大臣の義〔玄同放言〕。 発音〈音史〉『あそん』とも。中世、近世は多く『あっそん』か。〈標ア〉ア 上仮名 アソミ 辞書 言海 表記 朝臣(言)

あそやま‐つづら【安蘇山葛】『名』上野国(群馬県)の安蘇山に生えている蔓草(つるくさ)。＊万葉(8C後)一四・三四三四「上毛野(かみつけの)安蘇夜麻都豆良(アソヤマツヅラ)野を広み延(は)ひにしものを何(あぜ)か絶えせむ〈東歌・上野〉」

アゾレス‐しょとう【―諸島】(アゾレスは Azores) ポルトガルの西方の大西洋上にある火山群島。ポルトガルに属し、パイナップル、茶、タバコなどを産する。 発音 アゾレスショトー〈標ア〉ショ

あそん【朝臣】『名』(「あそみ」の変化した語) ① 「あそみ(朝臣)」に同じ。 ② ㋑三位以上の人の姓の下(姓朝臣)、四位、五位の人の名の下(名字朝臣)につける。＊古今(905‐914)羇旅・四二〇・詞書「朱雀院のならにおはしましたりける時に、たむけ山にてよみける、すがはらの朝臣」＊古今(905‐914)恋四・七〇五・詞書「藤原敏行朝臣のなりひらの朝臣の家なりける女をあひしりて」＊源氏(1001‐14頃)夕顔「からうじて、惟光のあそんまゐれり」 ㋺五位以上の人に対してつける敬称、または親称。 ㋩対称、または他称の代名詞のように用いる。きみ。あなた。＊宇津保(970‐999頃)俊蔭「あやしくてうせぬるあそむたちかな」＊源氏(1001‐14頃)藤裏葉「朝臣や、御やすみ所もとめよ。翁、いたう酔ひすすみて無礼なれば、まかり入りぬ」 発音〈音史〉中・近世は多く『あっそん』か。〈標ア〉ア〈京ア〉ア 辞書 色葉・書言・言海 表記 朝臣(色・書・言)

あた【仇】『名』⇩あだ(仇)

あた【当】『名』『形動』(「あたりまえ」の略) 当然。あたぼう。＊洒落本・四十八手後の巻(1818か)内花街「思へば昔だといったら、そりゃあたよ、あたぼうといふだろうが」

あた【咫・尺】『名』上代の尺度の一つ。親指と中指(一説に人さし指)とを広げた長さ。＊古事記(712)上「中枝(なかつえ)に八尺鏡〈八尺を訓みて八阿多(ヤアタ)と云ふ〉を取り繋(か)け」＊書紀(720)神代下(水戸本訓)「一の神有り。天八達之衢(やちまた)に居り、其の鼻の長さ七咫(アタ)」＊釈日本紀(1274‐1301)七「八咫鏡〈略〉但公望私記云。〈略〉八咫烏者、凡読レ咫為二阿多一者、手之義也。一手之広四寸、両手相加正是八寸也」 語源説 (1)魚のハタ(鰭)と同意。物の端をいい、八尺鏡は八葉鏡(菱花鏡)をさすことになる。または、アタマ(頭)の意で、八咫鏡、八咫烏は八つの頭の意となる〔古事記伝〕。(2)アは発語。タは手の義。一手は四寸、故にヤタすなわち八アタは八寸の長さ〔釈日本紀・古今要覧稿・和訓栞〕。(3)アはアク(開)の語根で、アケタ(開手)の義。タ(手)は指〔大言海〕。(4)ヤアテ(彌貴)、すなわち貴重の意〔日本古語大辞典=松岡静雄〕。 辞書 言海 表記 咫(言)

あた【阿多】 鹿児島県の南部にあった郡。古くは閼駝・吾田とも書いた。明治三〇年(一八九七)日置郡に併合されて消滅。＊二十巻本和名抄(934頃)五「薩摩国〈略〉阿多」 辞書 和名・色葉・文明・易林 表記 阿多(和・色・文・易)

あた『名』『形動』(「あたじけない」の略) 物惜しみをすること。また、そのさま。けち。＊滑稽本・東海道中膝栗毛(1802‐09)八・下「『惣体(そうてへ)上方ものはあたじけねへ。気のしれたべらぼうどもだ』『いやおまいがたがあたじゃわいな』」

あた『名』 方言 ❶火。小児語。長野県下伊那郡054 奈良県宇陀郡678 ❷灯。小児語。奈良県宇陀郡678 ❸糸の強さ。山口県阿武郡797

あた『副』(のちに「あだ」とも) 多く不快な気持や嫌悪の情を表わす語や句に冠して、その程度のはなはだしさをさらに強調する。好ましくない、いまいましい、などの意。あった。＊浮世草子・好色貝合(1687)上「我こそ分知(わけしり)たりと手おもきしょさだてはむっとして、あた胸のわるい重々(てうでう)也」＊浄瑠璃・傾城反魂香(1708頃)中「聞ばあはれで涙がこぼれる、かなしゅてならぬどうぶくらに、あた聞ともない」＊歌舞伎・幼稚子敵討(1753)口明「何をあた好かぬ、詮議詮議ともふこな様(さん)には何にも言ひとむない」＊浪花聞書(1819頃)「あた あためんどう あた邪魔などいふ助辞也」＊開化の入口(1873‐74)〈横河秋濤〉上「注連(しめ)の中からアタ寄縁(ぎえん)の悪い」 語誌 「あたぎたない」「あたじたるい」などのように連濁を起こして接頭語的性格を示している例もあるが、形容詞や形容動詞を修飾する副詞的な用法も多く、その境目ははっきりしない。 語源説 憎む意や否定的な気持をも含むから、仇から出た語か〔大言海・国文学=折口信夫〕。 発音〈音史〉後世は『あだ』と濁音にも。

あた=あほ[=あほう]らしい ひどくばかばかしい。＊滑稽本・東海道中膝栗毛(1802‐09)六・下「あたあほらしい衆(しゅ)じゃわいな」＊歌舞伎・お染久松色読販(1813)序幕「ヱヱ仇あほうらしい。わしゃしらぬわいの」

あた 忌忌(いまいま)しい たいへん憎らしい。ひどく腹だたしい。＊浄瑠璃・仮名手本忠臣蔵(1748)一〇「踏付た仕方あたいまいまし、穢(けがら)はし」＊人情本・恩愛二葉草(1834)三・九章「仇忌々(アダイマイマ)しとは思へども、出家の身と云ひ、さながらに無慈悲な事も言ひ兼ねて」

あた 厭(いや)らしい たいへんいやな感じがする。ひどく不愉快だ。＊歌舞伎・隅田春妓女容性(1796)二幕「ほんにこれまで惚れた惚れたと、アタ嫌(イヤ)らしく」＊人情本・仮名文章娘節用(1831‐34)前・三回「男とふたりでいろいろなあだいやらしいことをいふて」＊春雨文庫(1876‐82)〈松村春輔〉一六「此方(こなた)の心も知らないで、仇(アダ)否(イヤ)らしひ口説ごと」

あた かしましい ひどくやかましい。こうるさい。＊浄瑠璃・冥途の飛脚(1711頃)上「五十両に足らぬ金あたがしましういふまいと」

あた 辛(から)い むやみにからい。いやにからい。＊滑稽本・浮世風呂(1809‐13)前・上「夜食は沢菴(たくあん)、それも塩のあた辛(カラ)いやつだから」

あた かわいらしい いやにかわいい様子をしている。＊浄瑠璃・新版歌祭文(お染久松)(1780)野崎村「あた可愛らしい其顔で、久松様に逢してくれ」

あた 汚(きたな)い ひどくよごれている。非常にけがらわしい。＊合巻・皇国文字娘席書(1826)「知れた事いな、誰が又あたきたないと云ふに」＊浄瑠璃・生写朝顔話(1832)浜松の段「あたぎたない乞食の物貰(もら)ふものかい」

あた 仰山(ぎょうさん) ひどくおおげさだ。＊洒落本・陽台遺編(1757頃)秘戯篇「それおまへの気はそんな気じゃわいな。ちっとさわるとあたげふさんな」

あた 軽薄(けいはく) (ふるまいなどが)いやに軽軽しい。＊浄瑠璃・世継曾我(1683)二「エエあたけいはくななふ虎さま」

あた 穢(けが)らわしい ひどくけがらわしい。たいへん不潔だ。＊歌舞伎・傾城浜真砂(1839)四幕「あた穢(ケガ)らはしいと思ふゆゑ」

あた けたい 非常に変だ。ひどく不愉快だ。胸糞がわるい。＊談義本・根無草(1763‐69)前・二「かつぎし男腹を立て『あたけたいな。いまいましい』と」＊人情本・軒並娘八丈(1824)二・五套「エエ、矢張早う去(い)ねぢゃさうな、あたけたいな」

あた 子細(しさい)らしい いやにもっともらしい。＊浄瑠璃・大経師昔暦(1715)中「あたしさいらしい威立(おどしだて)、措(お)いてもらを」

あた したたるい (言葉遣いや動作などが)いやに甘ったるい。ひどく甘えている。＊浄瑠璃・心中二枚絵草紙(1706頃)中「田地売らせた女めが市様まいる身よりとは、はて扨々あたじたたるい」

あた じっこい ひどくうるさい。たいへんくどい。＊浄瑠璃・猫魔達(1697頃)三「エエ、あたじっこいお寮(れう)さまじゃは」

あた しつこらしい しつこすぎる。＊談義本・地獄楽日記(1755)五・三「やアあたしつこらしい悪巧(あくたくみ)」

あた 吝(しわ)い ひどくけちだ。＊雑俳・柳筥(1783‐86)一「あたじはさ部類けんぞく義絶也」 方言 ◇あたじわい 尾張宮111 京都111 千葉県安房郡001

あた 忙(ぜわ)しい いやにいそがしい。＊雑俳・軽口頓作(1709)「あたぜわし・する引くをどるあいの山」

あた 胴欲(どうよく) いやに欲が深い。また、ひどく残酷だ。＊浄瑠璃・佐藤忠信廿日正月(1710頃)上「しやほにあたどうよくな、是はどうした事ぞいの」

あた 鈍(どん) ひどくにぶい。いやに気がきかない。＊浄瑠璃・心中宵庚申(1722)下「エエかてて加へてあたどんな念仏講」

あた 鈍臭(どんくさ)い ひどく間が抜けている。いかにもばかばかしい。＊浄瑠璃・夏祭浪花鑑(1745)八「ヱヱ疾(と)ふに船に乗(のる)ものを、あたどんくさい」

あた 眠(ねぶ)たい いやにねむい。＊雑俳・銀かわらけ(1716‐36)「あたねぶたいのふ・いとしらし若旦那」

あた 不行儀(ふぎょうぎ) ひどく行儀が悪い。＊浄瑠璃・仮名手本忠臣蔵(1748)三「あたぶ作法なあた不行義」

あた 不作法(ぶさほう) ひどく作法にはずれた。たいへんぶしつけだ。＊歌舞伎・時桔梗出世請状(1808)二幕「エエ、アタ不作法(ブサハフ)な、なんぢゃいな」

あた 不躾(ぶしつけ) ひどく礼儀を欠いた。いやにだしぬけだ。＊浄瑠璃・本朝二十四孝(1766)四「あた不躾(ぶしつけ)な不遠慮な」

あた むごたらしい 非常にいたわしい。ひどく残酷だ。＊浄瑠璃・一谷嫩軍記(1751)三「あた惨(ムゴ)たらしい目にあうた」

あた 滅相(めっそう) まったくとんでもない。＊浄瑠璃・妹背山婦女庭訓(1771)道行「アノお上には、あた滅相な」

あためでたい （他人の吉事をうらやんでいう）うらやましくめでたい。いやに結構だ。＊浄瑠璃・妹背山婦女庭訓(1771)道行「あたおめでたいことぢゃげな」

あためんどい ひどくわずらわしい。＊雑俳・化粧紙(1826)「あためんどい雛の御膳を逃る関」

あた面倒(めんどう) ひどくわずらわしい。いやに厄介だ。＊浄瑠璃・八百屋お七(1731頃か)中「あためんどうな」＊龍(1919)〈芥川龍之介〉一「生憎予はこれと云うて、筆にする程の話も知らぬ。さりながらあだ面倒な趣向などを凝らすのも、予のやうな怠けものには、何より億劫千万ぢゃ」

あたやかましい ひどくうるさい。いやにそうぞうしい。＊浮世草子・貧人太平記(1688)下「軒の下には、あだやかましき声あげて」＊俳諧・文政句帖‐八年(1825)三月「夜々半あだやかましき水鶏哉」

あだ【仇】〘名〙（古くは「あた」）①自分に向かって害を加えようとするもの。かたき。外敵。＊万葉(8C後)二〇・四三三一「しらぬひ筑紫の国は 安多(アタ)守る 押への城(き)そと〈大伴家持〉」＊西大寺本金光明最勝王経平安初期点(830頃)六「更に異(あだ)し怨(アタ)有りて、而も来りて侵擾せむ」＊大唐三蔵玄奘法師表啓平安初期点(850頃)「隋の寇(アタ)を幽陵に鞠(き)れり」＊平家(13C前)二・烽火之沙汰「其の事となうつねに烽火(ほうくゎ)をあげ給ふ。諸侯来たるにあたなし」＊浮雲(1887‐89)〈二葉亭四迷〉二・一一「不倶戴天の讎敵(アダ)、生ながら其肉を啖(くら)はなければ此熱腸が冷されぬと怨みに思ってゐる昇に」②（「あたとなる」の形で用いることが多い）害となること。危害。損害。妨害。→仇をなす。＊虎明本狂言・察化(室町末‐近世初)「そうじて、あのやうな物をわるうあひしらへば、後にあたをする物じゃ」＊天草本伊曾保(1593)イソポ養子に教訓の条々「ヲンナワ チエ アサウ、ブエンリョナニ ヨッテ タニ モライテ atato(アタト) ナルゾ」＊浄瑠璃・舎利(1683)三「殊にみづから天下の害(かい)、仏のあたと成事は、あらもったいなやいまはしや」＊巷談本牧亭(1964)〈安藤鶴夫〉金魚玉「一人でも余計に客がきてくれればいいと願って書いた記事が、それが反って仇となったのである」③うらみ。怨恨。遺恨。→仇をなす。＊東大寺本地蔵十論経元慶七年点(883)四「此の怨(アタ)を滅し、尽きしむべし」＊古今(905‐914)恋四・七四六「かたみこそ今はあたなれこれなくはわするる時もあらまし物を〈よみ人しらず〉」＊浮世草子・けいせい伝受紙子(1710)四・一「我々が子孫迄をほろぼせし怨(アタ)、いかにしてはらすべき」＊和英語林集成(初版)(1867)「Ada (アダ)ヲカエス」

語誌 (1)語源についてはいまだ確定的なものはない。「万葉集」の表記に始まって平安朝の古辞書における訓、中世のキリシタン資料の表記はすべてアタと清音になっており、江戸中期の文献あたりでは、いまだ清音表記が主流である。二葉亭四迷の「浮雲」を始め近代の作品ではアダと濁音化しているので、江戸後期から明治にかけて濁音化が進んだとみられる。(2)「あたとなる」あるいは「あたをなす」行為が、無駄・粗略・不誠実としてとらえることができるために、「あだ(徒)」と意味上の混交がおこり、「仇」の濁音化を呼びおこしたと考えられる。(3)類義の「かたき」は善悪にかかわらず自分の相手となるものであり、「あた」は自分に害を加えるものであって、もともと用法の明確な区別があった。→「あだ(徒)」の語誌。

方言 ❶ひそかにする復讐。意趣返し。◇あた 神奈川県高座郡321 福井県敦賀郡443 長野県諏訪481 奈良県北葛城郡679 島根県八束郡・隠岐島725 ◇あたあ 島根県邇摩郡725 ◇あたん 京都†112 丹波†115 福井県敦賀郡443 岐阜県501 502 愛知県549 570 三重県585 588 590 滋賀県彦根609 京都市621 大阪市637 兵庫県651 665 奈良県宇陀郡678 和歌山県691 島根県石見・隠岐島725 山口県793 ◇あったん 岐阜県益田郡498 吉城郡501 ◇あった 島根県出雲725 ◇あったあ 島根県大原郡・仁多郡725 ◇あっと 島根県大田市725 ◇あっとお 島根県邑智郡・邇摩郡725 愛媛県840 ◇あて 長野県下水内郡470 ◇あたんがえし〔―返〕・あたんばち 島根県邑智郡725 ◇あんたんがえし 岐阜県飛驒502 ◇あてがえし 新潟県361 382 383 ◇あてなし・あてのおし 新潟県中魚沼郡062 ◇あら 新潟県佐渡351 ❷反抗。◇あっと 香川県827 ◇あっとお 香川県仲多度郡・伊吹島829 ❸いたずら。◇あた 新潟県佐渡358 長崎市906 ◇あった 京都府加佐郡629 ◇あたんこ 兵庫県淡路島(小児語)671 ❹乱暴。◇あた 島根県723 ❺悪口。◇あっと 島根県邑智郡725 香川県827 ◇あっとお 広島県三次054 香川県仲多度郡・伊吹島829

語源説 (1)アタル(当)の語根〔和句解・日本釈名・和訓栞・国語の語根とその分類=大島正健〕。(2)アヒテ(相手)の約転〔名言通〕。(3)アラ(荒)ダダケルの約。ダダは手で物を荒く打つ音〔本朝辞源=宇田甘冥〕。(4)ウタテナスの約言〔和訓集説〕。(5)イタヅラの転〔和訓考〕。(6)梵語アダで、無の義〔和語私臆鈔〕。(7)アザ(他)の転呼〔日本古語大辞典=松岡静雄〕。(8)アダはアタ(当ルの語根)を濁音で発音したもの。憎むによって濁音に発音するか〔大言海〕。

発音 〈音史〉近世初期まで『あた』と清音。以後『あだ』と濁音が多用。〈なまり〉アタン〔岐阜・飛驒・愛知・南知多・伊賀・南伊勢・播磨・和歌山県・島根〕アッタン〔岐阜・飛驒〕アンタン〔飛驒〕〈標ア〉[ダ]〈ア史〉平安・鎌倉●● 江戸●●と●○ 〈京ア〉[ア]

辞書 字鏡・色葉・名義・下学・和玉・文明・伊京・明応・天正・饅頭・黒本・易林・日葡・書言・ヘボン・言海 表記 讎(色・下・玉・文・伊・明・天・饅・黒・書)仇(色・名・玉・文・易・書・ヘ・言)寃(名・下・玉・伊・明・天・黒・書)怨(色・名・玉・文・易)冦(色・名・玉・文・書)敵(色・名・書)伉(色・名・玉)賊(名・玉)讐(名・書)逑・譵・憝(名)股・尤・懟(玉)

あたに兵(へい)**を貸**(か)**す** （「兵」は武器の意）敵に利益を与える。敵を助けて、味方の損失をいっそう大きくする。敵に糧(かて)。賊に兵を貸す。＊史記‐李斯「今乃棄二黔首一以資二敵国一、卻二賓客一以業二諸侯一、使下天下之士退而不二敢西向一、裹上レ足不レ入レ秦。此所謂藉二寇兵一而齎二盗糧一者也」

あたの風(かぜ) さわりとなるはげしい風。逆風。難風。＊宇津保(970‐999頃)俊蔭「唐土(もろこし)にいたらむとするほどに、あたのかぜ吹きて、三つある舟、二つはそこなはれぬ」

あたは情(なさ)**け** あだと思ったことが、かえって情けとなる。悪いと思っていたことが、逆にいい結果となること。＊浄瑠璃・蟬丸(1693頃)二「忠はかへって不忠と成、あたはなさけと成たりし」

あたを鬼(おに)**に作**(つく)**る** 自分に害を与えるものを、さらに恐ろしい鬼の姿に作るの意で、はなはだ悪く、恐ろしい状態をたとえていう。＊源氏(1001‐14頃)浮舟「いみじきあたをおににつくりたりとも、おろかに見捨つまじき人の御有様なり」

あたを恩(おん)**で[=徳**(とく)**で]報**(ほう)**ずる** 恨みのあるものに対し、かえって情けをかける。うらみに報ゆるに徳をもってす。＊宇津保(970‐999頃)藤原の君「『よし、あたはとくをもちてとぞいふなる』とて、とらせつ」＊平家(13C前)二・烽火之沙汰「『今にはじめぬ事なれ共、内府(だいぶ)が心のうちこそはづかしけれ。怨(あた)をば恩をもって報ぜられたり』とぞ仰ける」＊太平記(14C後)一一・長門探題降参事「夢現(ゆめうつつ)昨日は人の上の哀れみ、今日は身の上の悲しみ也。『怨(あた)を報ずるに恩を以てす』と云ふ事あれば如何にもして命許を申し助くべし」＊俳諧・毛吹草(1638)二「あたはおんにてほうずる」 辞書 書言 表記 報レ怨以レ恩(書)

あたを=なす[=する] 恨みに思う。人に危害を加える。仕返しをする。敵対する。あたを結ぶ。＊今昔(1120頃か)二四・二〇「年来(としごろ)棲ける妻(め)を去離れにけり。妻、深く怨(あた)を成して歎き悲ける程に」＊大観本謡曲・小鍛冶(1537頃)「魍魎鬼神に至るまで剣の刃の光に恐れてその寇をなす事を得ず」＊虎明本狂言・釣狐(室町末‐近世初)「きつねと云ものは、あたをなせばあたをなす。恩を見すれば恩をほうずる」＊日葡辞書(1603‐04)「ヒトニ atauo nasu (アタヲ ナス)」＊仮名草子・身の鏡(1659)中「我に一たび仇(アタ)をしたる人も、その身仕合よくなりたち、家栄れば、前の妬(ねたみ)をうちすててしたしみむつぶ」 辞書 文明 表記 成レ寃・成レ怨(文)

あたを結(むす)**ぶ** 「あた(仇)をなす」に同じ。＊米沢本沙石集(1283)一〇本・二「悪子にあひてあたをむすひ罪をつくり、又悪人の子罪をつくれば」＊太平記(14C後)一八・比叡山開闢事「而(しかる)に今武家の為に結レ怨(アタヲムスビ)朝敵のために懇祈を致す」＊天草本伊曾保(1593)或る年寄った獅子王の事「タダ atauo musunda (アタヲ ムスンダ)モノ バカリ イマワ ミユル」

あだ【他・異】〘名〙（「あだ(徒)」と同源か）よそ。ほか。べつ。→あだし。＊天正本節用集(1590)「他 アダ 非二我事一」＊物類称呼(1775)五「外(そと)の事を西国にて、あだと云、〈略〉日本紀に外(あだし)と有 上世の語にや」＊俚言集覧(1797頃)「あだ〈略〉備後あたりの在辺にて外をあだと云」

方言 ❶外。岡山県752 754 758 広島県709 781 ❷外庭。広島県709 ❸外海。岡山県042 ❹山のふもと。岡山県042 ❺日当たりのよい土地。岡山県吉備郡679 ❻谷の下流。岡山県真庭郡747 ❼地べた。◇あだべたとも。兵庫県加古郡664 ❽台や敷物がある部屋で、それがない部分。兵庫県加古郡664 ❾戸口から入って最初の板の間。◇あだぐち〔―口〕とも。長崎県五島917 ❿広間。静岡県520 ◇あだのま〔―間〕岡山県真庭郡747 苫田郡748 ⓫居間。茶の間。◇あざ・あざんまとも。長崎県西彼杵郡054 ⓬台所。◇あざあだな 鹿児島県種子島978 ⓭運。島根県簸川郡・仁多郡725 辞書 文明・天正 表記 他(文・天)

あだ【徒】〘形動〙表面だけで、実のないさま。まれに「の」を伴う用法もある。①空虚なさま。むだなさま。実を結ばないさま。＊古今(905‐914)物名・四六七「のちまきのおくれて生(お)ふる苗なれどあだにはならぬたのみとぞきく〈大江千里〉」＊堤中納言(11C中‐13C頃)虫めづる姫君「蝶になりぬれば、いともそでにて、あだになりぬるをや」＊浄瑠璃・頼光跡目論(1661‐73頃)四「あだに暮れ行く月と日を、数へ数へて今宵しも、げに初秋の七日なり」＊滑稽本・大千世界楽屋探(1817)下「平日をよく心がけて、一日もあだに暮さず」②一時的でかりそめなさま。はかなくもろいさま。＊古今(905‐914)哀傷・八六〇「露をなどあだなる物と思ひけむわが身もくさにおかぬばかりを〈藤原惟幹〉」＊方丈記(1212)「我が身と栖との、はかなく、あだなるさま、またかくのごとし」＊徒然草(1331頃)一三七「逢はで止みにし憂(う)さを思ひ、あだなる契をかこち、長き夜をひとり明かし」＊黒本本節用集(室町)「化 アダナリ」＊俳諧・六百番誹諧発句合(1677)二七八番「梢よりあだに落けり蟬のから〈芭蕉〉」③いいかげんでおろそかなさま。粗略なさま。＊源氏(1001‐14頃)葵「たしかに、御枕がみに参らすべき、祝ひの物に侍る。あなかしこ、あだにな」＊虎明本狂言・蟹山伏(室町末‐近世初)「目のまへにてきどくを見するは、きゃくそうにてあるぞ、あだに思ふな」＊仮名草子・仁勢物語(1639‐40頃)上・二一「思ふ米呉れぬなりけり銭金をあだに費ひて我や摺切る」＊浮世草子・好色一代男(1682)六・三「中にも今にわすれねば、かく置所までをうず高く、仮にも化(アダ)には思はず」④浮薄なさま。不誠実で浮気っぽいさま。＊古今(905‐914)仮名序「いまの世中、色につき、人のこころ、花になりにけるより、あだなるうた、はかなき事のみいでくれば」＊伊勢物語(10C前)一〇三「いとまめにじちようにて、あだなる心なかりけり」

＊源氏(1001-14頃)宿木「猶、あだなる方に進み、うつりやすなる人は、女のためのみにもあらず、頼もしげなく」 ＊浄瑠璃・仮名手本忠臣蔵(1748)七「じつは心に思ひはせいで、あだな惚れた惚れたの口先は、いかひつやでは有はいな」 語誌 (1)「徒」との同音語に「仇」「婀娜」また「あだ名」の「あだ」がある。「仇討ち」など「自分に害を加えるもの・敵」の意の「あだ(仇)」は上代から使われているが、古くは清音で「徒」とは別語。ただし、近世中期頃には第二音節が濁音化しはじめ、「徒」と同音になる。(2)中古から使われている字音語「婀娜(あだ)」(「婀」も「娜」も共にたおやか、しなやかの意)もあるが、これはなまめかしいさま、特に女性の美しく色っぽいことを表わす。また、「あだ名」の「あだ」は、「徒」と同源かともいわれるが、「別、他」の意である。(3)これらは同音語ということになるが、意味の上でも「親切があだになる」(無駄の「徒」ではなく、(自分を)害する意の「仇」)や、「あだ花」「あだ桜」「あだな美しさ」「あだな姿」など、紛れやすい表現も多い。また、「婀娜」には「あて(貴)」の変化した「あで(艶)」という類音・類義語があり、「あで姿」とも使われるのでやはり紛れやすくなっている。 方言 ❶むだなさま。無用なさま。 兵庫県神戸市665 和歌山県691 島根県出雲・隠岐島725 広島県高田郡779 徳島県809 811 香川県829 愛媛県周桑郡845 沖縄県首里993 石垣島996 ❷容易なさま。下に打消の表現を伴って用いる。長野県480 481 静岡県北伊豆529 京都府竹野郡622 兵庫県652 鳥取県東伯郡040 語源説 (1)アダシ(他)の語根〔大言海〕。(2)アナタ(彼方)の約言〔和訓集説・萍の跡・言元梯〕。(3)無用の意をいうアヒダ(間)の約〔名言通・大言海〕。(4)イタヅラの転〔類聚名物考〕。(5)アはアハ(淡)・アマ(甘)のアで軽い意。ダはハナ(散)に近い語〔日本語源=賀茂百樹〕。 発音 〈標ア〉ダ 〈ア史〉平安来◎○ 〈京ア〉ア 辞書 色葉・文明・天正・饅頭・黒本・日葡・書言・ヘボン・言海 表記 化(文・饅・黒・書) 空(文・天) 虚(書・ヘ) 仮・浮(書) 把・寇・脆(色)

あだ=と[=に]成(な)る むだになる。はかないものとなる。むなしくなる。＊俳諧・西鶴大矢数(1681)第一二「元興寺をそれさへ夢かまぼろしか すこしの契化(あだ)に鳴川」 ＊浄瑠璃・八百屋お七(1731頃か)中「蚊帳は手織と急がしき、中にみづから機(はた)上(あげ)て織り調(ととのへ)し物迄も。類火にあだと成たるは因果な男に焦げ付いた」 ＊結婚(1967)〈三浦哲郎〉一〇「一人ずつでも仕合せを摑んでいこうという彼等の誓いが、結局は仇(アダ)になってしまった」

あだな勤(つとめ) (遊女などが、客に対する場合の)実のない、はかない勤め。うわべだけの勤め。＊清元・道行故郷の春雨(梅川)(1824)「此梅川が身のつらさ、惚れた女子のせうがには、仇(アダ)な勤(ツト)めを実にして」

あだな枕(まくら) 「あだ(徒)の枕」に同じ。 ＊歌舞伎・義経千本桜(1748)三「女は嫉妬に大事も洩すと、彌左衛門にも口留めして、我身の上を明かさず、仇(アダ)な枕も親共へ義理に是迄契りしを、語り給へば」

あだに結(むす)ぶ かりそめに契りを結ぶ。男女がはかない関係を結ぶ。 ＊歌謡・ふた心(江戸)「仇(アダ)に結ぶの神なき事か、出雲八重垣闇雲に、惚れた我身が野暮らしい」

あだにも かりそめにも。いいかげんにも。はかなくも。 ＊新古今(1205)秋上・三五〇「野べごとに音づれ渡る秋風をあだにもなびく花薄哉〈八条院六条〉」 ＊御伽草子・あきみち(室町末)「相構へて相構へて岩穴のこと、あだにも人に御漏らしあるな」 ＊浄瑠璃・心中宵庚申(1722)下「家やしき商売共、私へおゆづりなさるる御厚恩。肝にこたへてあだにも存ぜぬ」

あだの火宅(かたく) (「火宅」は、現世の意の仏語)はかなく悩み多いこの世。 ＊浄瑠璃・釈迦如来誕生会(1714)三「あやしの賤(しづ)のすさみ迄あだのくはたくのたのしみと、しらですぎなんあはれさに」

あだの戯(たわぶ)れ うわついて実意のないふざけ方。悪ふざけ。 ＊宇津保(970-999頃)蔵開中「わが君をわびさせ奉る盗人のやからは、あだのたはぶれにたはぶれて、〈略〉まどひ来るぞ」

あだの契(ちぎ)り 男女のかりそめの交わり。はかない関係。 ＊浄瑠璃・薩摩歌(1711頃)鑓じるし「おらんは奥よりはしり出、〈略〉あだのちぎりもあだにせず、心の底にむすびおく露のなさけぞあはれなる」

あだの名(な) (「名」は、評判、うわさの意) 浮気だという評判。 ＊古今(905-914)秋上・二二九「をみなへし多かる野辺に宿りせばあやなくあだの名をやたちなん〈小野美材〉」

あだの情(なさ)け かりそめの情け。その場かぎりのはかない恋。あだなさけ。 ＊日葡辞書(1603-04)「Adano nasaqe (アダノ ナサケ)」 ＊浄瑠璃・五十年忌歌念仏(1707)上「通ひ車は小町があだのなさけに乗せられ、ねやの扇(あふぎ)は班女が親骨(おやぼね)にせかれ」

あだの枕(まくら) 男女がかりそめの契りを結ぶこと。男女のはかない交情。あだな枕。 ＊浄瑠璃・平家女護島(1719)三「病と偽り帯といて一度も肌をけがさぬ物。そもやそも往来の人を呼入れてあだの枕をならべふか」

あだの悋気(りんき) 自分に関係のない、他人の恋愛を見ておこす、むだなやきもち。おかやき。法界悋気(ほうかいりんき)。 ＊浄瑠璃・曾根崎心中(1703)「人のねがひも我ごとく、たれをか恋のいのりぞと。あだのりんきや法界寺(ほうかいじ)」

あだやおろか 「あだ(徒)やおろそか」に同じ。 ＊雑俳・柳多留-五(1770)「す壱歩はあだやおろかにあそばぬ気」 ＊滑稽本・浮世風呂(1809-13)二・下「あだやおろかな事(こっ)ではないによ」 ＊星座(1922)〈有島武郎〉「決して仇やおろかに申すんぢゃないんですから」 方言 新潟県佐渡352 東蒲原郡368 鳥取県712 島根県出雲724 ◇あだやそっと 島根県益田市・美濃郡725

あだやおろそか (「あだおろそか」の間に助詞「や」の入ったもの)「あだおろそか(徒疎)」に同じ。 ＊滑稽本・八笑人(1820-49)四・追加・下「ああ有がたい事で、あだやおろそかにはいただきません」 ＊浮雲(1887-89)〈二葉亭四迷〉一・六「ギャット産れてから是までにするにア仇や疎(オロソ)かな事(こっ)ぢゃア有りません」

あ-だ【婀娜】〘形動ナリ・タリ〙(口語では、連体形「あだな」の形が用いられる) ①たおやかで美しいさま。なよやかで、なまめかしいさま。 ＊古今(905-914)物名・四三六「我はけさうひにぞみつる花の色をあだなる物といふべかりけり〈紀貫之〉」 ＊玉造小町子壮衰書(10C後)「婀娜腰支、誤㆓楊柳之乱㆒春嵐㆒」 ＊本朝文粋(1060頃)一・男女婚姻賦〈大江朝綱〉「其意漸感。婀娜以居」 ＊色葉字類抄(1177-81)「婀娜 タヲヤカナリ アタ」 ＊太平記(14C後)二〇・義貞首懸獄門事「此の勾当(こうたう)の内侍、〈略〉しほれ伏したる気色の、折らば落ちぬべき萩の露、拾はば消えなん玉篠の、あられより尚あだなれば、中将行末も知ぬ道にまよひぬる心地して」 ＊謡曲・卒都婆小町(1384頃)「翡翠(ひすい)の髪ざしは婀娜とたをやかにして、楊柳の春の風に靡くがごとし」 ＊三国伝記(1407-46頃か)八・二〇「女院は和泉式部以下八人の女房達〈略〉婀娜たる腰支は楊柳夕嵐に乱るるに似たり」 ＊曹植-洛神賦「華容婀娜、令㆓我忘㆒餐」 ②(女性の)色っぽく、なまめかしいさま。特に、近世末期には、粋な感じも含んでいった。 ＊滑稽本・浮世風呂(1809-13)三・下「諸事婀娜(アダ)とか云(いっ)て薄化粧がさっぱりして能(いい)はな」 ＊滑稽本・浮世床(1813-23)初・上「『ムム仇文字(あだもじ)か』『さう云(いっ)ても婀娜な声だぜ』」 ＊人情本・春色梅児誉美(1832-33)三・一三齣「何がといって一日増に仇(アダ)になるおめへを他人中(ひとなか)へ手放して置(おく)が気になってならねへ」 ＊随筆・守貞漫稿(1837-53)九「江戸婦女の卑なれども野ならざるを婀娜〈其人をあだものと云〉と云反」之を不意気或は野暮〈やぼ野夫訛歟〉京坂にては不粋と云」 ③物事が色っぽく洗練されているさま。 ＊洒落本・通言総籬(1787)二「めりやすの本をもらって参りした。〈略〉いっそあだでようすよ」 ＊虞美人草(1907)〈夏目漱石〉一五「茶の勝った節糸の袷は存外地味な代りに、長く明けた袖の後から紅絹の裏が婀娜(アダ)な色を一筋なまめかす」 語誌 (1)「婀娜」は、「曹植-洛神賦」(文選)に見えるように、漢語起源の語であり、原義は、たおやかで美しいさまを表わした。わが国の文献では中古以降用例が見られ、中世まではほとんど漢語本来の意味を保って用いられていた。(2)近世後期になると、特に女性の色っぽく艶めかしいさまを表わすようになった。為永春水などの手になる人情本は、まさにこの婀娜の世界を基調とする戯作と言われ、二十歳代半ばも過ぎ、苦労人としての人情の機微を十分に弁え、垢抜けした色っぽさを湛えた「年増女」がその典型であった。(3)②の例に挙げた「守貞漫稿」によれば、「婀娜」と「いき」とが意味的に重なっていたことが知られるが、「いき」を特に視覚面からとらえた美意識が「婀娜」である。それが近代に入ると、「美しいといふよりは仇っぽくて、男殺しといふのは斯ういふ人を謂ふのかと思はれた」〔二葉亭四迷「平凡-五九」〕のように、性的な魅力の面が強調されるようになる。(4)なお、本来アタと発音されていた「仇」が、近世中期以降濁音化してアダとなったことから、「婀娜」の意味に「仇」が用いられることが少なくない。→あだ(徒)・あだ(仇)・いき(粋)。 発音 〈標ア〉①はダ ②は0 〈京ア〉ア 辞書 色葉・易林・ヘボン・言海 表記 婀娜(色・易・ヘ)

あだ〘名〙 方言 ⇩あちゃ

アダージェット〘名〙(イタリア adagietto) ①音楽の速度標語の一つ。アダージョよりやや速く演奏せよの意。②短いアダージョの曲。

アダージョ〘名〙(イタリア adagio)《アダジオ・アダジヨ》 音楽の速度標語の一つ。ゆっくりと演奏せよの意。ラルゴよりは速く、アンダンテよりはおそい速度。転じて、その速度で奏する交響曲・ソナタなどの楽章をいう。緩徐調。 ＊野分(1907)〈夏目漱石〉四「三、アダジョ…パアージャル作とある」 ＊冷笑(1909-10)〈永井荷風〉一二「数多(あまた)の楽器の群は〈略〉緩やかなアダヂオの調子で〈略〉美しい序幕の深林の心持を奏し出す中に」 発音 〈標ア〉ダ 〈京ア〉ダ

あた-あた〘感動〙(「あつあつ」の変化したものか) 熱さにたえかねて発する言葉。あついあつい。 ＊平家(13C前)六・入道死去「入道相国、〈略〉身の内のあつき事火をたくが如し。〈略〉ただの給ふ事とては、あたあたとばかりなり」 ＊浄瑠璃・平家女護島(1719)四「過ぎつる厳島(いつくしま)の御下向より夜昼(よるひる)に四五度づつ、只身がやけるあたあたとばかり御意なされ」

あだあだ-し【徒徒】〘形シク〙(「あだ(徒)」を重ねて形容詞化した語) ①不誠実でいいかげんな態度である。無責任である。 ＊狭衣物語(1069-77頃か)一「誰なりとも、かくなり給へると聞かせ給はば、よにあだあだしくも、思ひ聞え給はじ」 ＊風雅(1346-49頃)恋三・一二二九・詞書「人の文をあだあだしくちらすと聞きて恨み侍れば」 ②移り気である。浮気である。好色がましい。 ＊宇津保(970-999頃)蔵開中「『ここにらうたしと思ふ者なんある。あだあだしくはいはるれ、さりともと思ひてなん』とて、たびたりし人なり」 ＊源氏(1001-14頃)澪標「うしろめたうとは、なほ言(こと)に聞こえ給へど、あだあだしきすぢなど、疑はしき御心ばへにはあらず」 ＊栄花(1028-92頃)様々のよろこび「た

だ今御とし廿(はたち)ばかりにおはするに、たはぶれにあだあだしき御心なし。それは御心のまめやかなるにもあらねど」 ③中身がなく、いいかげんである。内容が空虚で浮薄だ。＊読本・春雨物語(1808)二世の縁「扨も仏のをしへは、あだあだしき事のみぞかし」 発音〈標ア〉ダ[2]〈京ア〉ダ[2]

あだあだし-さ【徒徒―】〘名〙(形容詞「あだあだし」の語幹に接尾語「さ」の付いた語) あだあだしい様子。また、その度合。＊源氏(1001‐14頃)紅梅「頼もしげなき御心の、あだあだしさなども、いとどつましければ、まめやかには思ほし絶えたるを」

あた-あぶり【―炙】〘名〙強い火で、肉などをあぶること。＊日葡辞書(1603‐04)「Ata aburi(アタ アブリ)」 辞書日葡

あだ-あらし【徒嵐】〘名〙すぐにやんでしまう、変わりやすい嵐。＊歌舞伎・名歌徳三舛玉垣(1801)三立「『コリャ何故有て其一本(ひともと)』『散らすは夜半の仇嵐。桜を指して花の王といふ』」＊歌謡・新大成糸の調(1801)三四・なたねざと「西吹く風のあだあらし、あだしゆふべにないくもつらや、やなぎにぞめくふたつくし」＊鳥追阿松海上新話(1878)〈久保田彦作〉一回「阿松(おまつ)は元より淫婦の性(さが)、口にやさしき仇(アダ)あらし」

あたい【価・値】〘名〙(相当する意の動詞「あたう(能)」の名詞形か。一説に「あた(当)あひ(合)」の変化した語という) ①その物のねうちに匹敵し、相当するもの。＊彌勒上生経賛平安初期点(850頃)「六銖の値(アタヒ)は、沙婆世界に直(あ)ふ」＊竹取(9C末‐10C初)「あたいの金すくなしとこくし使に申ししかば」 ②ねだん。代金。また、ねだんに相当する金銭。＊書紀(720)斉明五年七月(北野本訓)「高麗の使人、羆皮(しくまのかは)一枚を持て、称其価(アタヒはかりて)曰はく」＊今昔(1120頃か)四・一七「直(あたひ)を不限(かぎら)ず玉を買ひ取て、本の寺の仏に返し奉り給て、盗人をば免(ゆる)しつ」＊方丈記(1212)「頼むかたなき人は、自らが家をこぼちて、市に出でて売る。一人が持ちて出でたるあたひ、一日が命にだに不及(およばず)とぞ」＊仮名草子・仁勢物語(1639‐40頃)上・一「男の著たりける借り著物を脱ぎて、魚のあたひにやる」＊浄瑠璃・神霊矢口渡(1770)三「酒(ささ)でも呑みたい故価(アタヒ)をくれといふ事か」 ③労力に相当する報酬。その金銭または代物。＊地方凡例録(1794)四「無人の百姓は、度々やくに出ては、耕作の勤なりがたく、是非なく日傭を出し、或は村役人へ価を出し、是がために在々の困窮かぞへがたし」 ④ねうち。価値。＊徒然草(1331頃)九三「一日の命、万金よりも重し。牛のあたひ、鵝毛よりも軽し」＊日葡辞書(1603‐04)「Atai(アタイ)〈訳〉価値、または、値段」＊俳諧・佐夜中山集(1664)「価(あたひ)あらば何かをしまの秋の景〈宗因〉」＊魔風恋風(1903)〈小杉天外〉後・よわり気・四「卒業試験は、世間に出る価値(アタヒ)の極まる試験なんだから」 ⑤(表記はもっぱら「値」) 数学で、文字や関数の表わす具体的な数をさす。文字Aが種々の数を表わしうるとき、何らかの仕方でそのうちの一つが指定されたならば、それをAの値という。また、関数$f(x)$によってxの値aに対応する数を$f(x)$のaにおける値という。＊数学ニ用ヰル辞ノ英和対訳字書(1889)〈藤沢利喜太郎〉「Value 値」 方言❶代償。かた。秋田県鹿角郡132 香川県仲多度郡829 ❷効果。ねうち。秋田県鹿角郡132 ❸物の価。ねだん。盛岡†054 語源説(1)アタフ(適)の名詞形。品位適合する意〔大言海〕。(2)アタル(当)から出た語〔和句解・日本釈名・類聚名物考・俗語考〕。(3)アテカヘリの反〔名語記〕。(4)アテカヒ(当易)の義〔碩鼠漫筆・和訓栞・紫門和語類集〕。(5)アテアヒ(当合)の義〔日本語源＝賀茂百樹〕。(6)アタヘ(与)の意〔言元梯・古言類韻＝堀秀成〕。 発音〈なまり〉ヤタイ〔広島県〕〈標ア〉0〈ア史〉平安●●●と●●○の両様〈京ア〉0 上仮名四段活用動詞アタフ(能)の連用形から転成したものであるとする説があり、それが正しいとすればアタヒとなる。 辞書色葉・名義・和玉・文明・明応・天正・饅頭・黒本・易林・日葡・書言・ヘボン・言海 表記価(色・名・玉・文・明・天・饅・黒・易・言) 直(色・名・玉・文・明・天・黒・易・へ) 傭(名・玉) 賈(名・文) 估(色) 偏(名) 戔(玉) 価直(書)

あたい‖千金(せんきん)[‖万金(ばんきん)] 千金(万金)ものねうちがあること。物事の価値を高く評価していう。＊本朝無題詩(1162‐64頃)三・月下言志〈大江匡房〉「一杯酒与二一篇草一、閑寂窓中直万金」＊俳諧・二葉の松(1690)「酔醒(ゑひざめ)の価千金茶一服」＊浄瑠璃・賀古教信七墓廻(1714頃)二「治まる御代の銘の物あたひ、千金の春べかな」＊蘇軾‐春夜詩「春宵一刻値千金、花有二清香一月有レ陰」 辞書書言 表記直千金(書)

あたい無(な)し ①評価できないほどこの上なく尊い。＊万葉(8C後)三・三四五「価無(あたひなき)宝といふとも一坏(ひとつき)の濁れる酒にあに益(ま)さめやも〈大伴旅人〉」 ②ねうちがない。品格がない。＊妻木(1904‐06)〈松瀬青々〉秋「草市や暁すてて価なき」 辞書文明 表記無レ価(文)

あたいを二(ふた)つにせず 買い手を見て商品の値段を上下させるような、ずるい商売をしない。＊後漢書‐逸民伝・韓康「常采二薬名山一、売二於長安市一、口不レ二レ価、三十余年」

あたい【価】〘名〙「あたいじん(価人)」に同じ。〔隠語輯覧(1915)〕

あたい【直】〘名〙大化前代、県主(あがたぬし)などの地方豪族に与えられた姓(かばね)の一種。あたえ。あたいえ。＊書紀(720)雄略二三年八月(前田本訓)「大伴室屋大連、東漢掬直(やまとあやのつかのアタヒ)とに遺詔(のちのみことのり)して曰く」＊書紀(720)皇極三年一一月(岩崎本室町時代訓)「大臣長直(をさのアタヒ)を大丹穂(おほにほ)山に使して桙削寺を造る」 語誌(1)五～六世紀と見られる和歌山県隅田八幡宮蔵人物画像鏡銘に「開中費直」とあり、「書紀‐欽明二年七月」に河内直の中に「百済本記」を引用して「加不至費直(内閣本訓あたひ)」が見えるところから、この語は遅くとも六世紀の初めまで遡ることができる。(2)「書紀」では普通「直」が用いられるが、法隆寺金堂の四天王像の銘文には「費」ともあり、「続日本紀‐神護景雲元年三月乙丑」には「追注二凡費一。情所レ不レ安。於レ是改為二栗凡直一」と「費」の字を「直」に改めてほしいとの記述が見える。(3)「書紀」では前田本、北野本など院政期の古訓に「あたひ」「あたひえ」が見られるが、「あたえ(へ)」の確例は時代がずっと下る。最近まで「あたえ」が主に用いられていたのは、あるいは本居宣長「古事記伝」によるものか。

あたい〘代名〙(「わたし(私)」の変化した語) 自称。多くは東京下町または花柳界の婦女子が用いる。＊二人女房(1891)〈尾崎紅葉〉上・一「然してくれれば私(アタイ)の方は可いけれど」＊すみだ川(1909)〈永井荷風〉二「約束してよ。あたいの家(うち)へお出よ。よくって」 方言群馬県桐生市241 埼玉県川越255 北葛飾郡258 千葉県東葛飾郡276 東京都江戸川区054 神奈川県中郡(幼児語)320 新潟県東蒲原郡368 福井県427 岐阜県羽島郡498 三重県阿山郡596 滋賀県蒲生郡(花柳界で用いる)612 京都府629 兵庫県神戸市670 奈良県南大和683 和歌山県690 岡山県児島郡763 徳島県809 香川県829 高知県860 福岡県八女郡・浮羽郡(主として同輩間で用いる)872 佐賀県神崎郡891 長崎県038 902 長崎市(対等以下の者に対して用いる)906 大分県速見郡(下流の語)・西国東郡939 宮崎県西諸県郡(目上に対して用いる)947 鹿児島県963 揖宿郡(目上に対して用いる)969 口之永良部島(目上に対して用いる)982 ◇あだい 京都府南桑田郡040 発音〈標ア〉0

あた・い〘形口〙①欲が深くて残酷であることをいう、てきや、盗人仲間の隠語。〔隠語輯覧(1915)〕 ②予期に反するさまをいう、てきや、盗人仲間の隠語。〔隠語輯覧(1915)〕

あた・い〘形口〙頭が痛いことをいう、不良仲間の隠語。〔隠語全集(1952)〕

あた・い〘形口〙ねだんの高いことをいう、露店商人仲間の隠語。〔隠語構成様式幷其語集(1935)〕

あたいえ【直】〘名〙「あたい(直)」の古訓。→「あたい(直)」の語誌。＊書紀(720)皇極三年一一月(図書寮本訓)「大臣長直(アタヒエ)を使して大丹穂(おほにほ)山に桙削(ほこぬきの)寺を造る」 補注「あたひ‐え(兄)」と考えられるが、あるいは、「書紀‐神武即位前」「直部(日本紀私記丙本・熱田本訓あたひへ)」と関係があるか(この部は等(ら)の意味とされる)。

あたい-し【阿苔紙】〘名〙延喜年代(九〇一～九二三)の頃から作られた、薄く色のついた和紙。＊文芸類纂(1878)〈榊原芳野編〉七「紙有二色紙、檀紙穀紙、紙屋紙、阿苔紙斐薄紙等名一」

あたい-じん【価人】〘名〙注意深くて容易にだまされない人物をいう、博徒仲間などの隠語。あたい。〔隠語輯覧(1915)〕

あたい-する【価・値】〘自サ変〙文あたひ・す〘自サ変〙その価値が他の特定の事物に相当する。一般に、「…に値する」の形で、それだけのねうちがあるの意に用いる。＊嚼氷冷語(1899)〈内田魯庵〉「今の文壇には批評を値(アタ)ひする傑作が無いといふものもあるが」＊趣味の遺伝(1906)〈夏目漱石〉一「行き尽してやまざる底(てい)の気魄(きはく)が吾人の尊敬に価せざる以上は」＊藤鞆絵(1911)〈森鷗外〉「さういふのは、却て同情に価(アタヒ)する」 発音〈標ア〉0〈京ア〉0 文『あたひす』アタイス〈標ア〉0〈京ア〉0

あだ-いのち【徒命】〘名〙はかない命。＊叢書本謡曲・悪源太(室町末)「今日ありとても仇命、明日をもいざや白真弓、石山寺の苔とや朽ちん」

あたい-べ【直部】〘名〙「部」を「べ」と誤訓したことにより生じた語。「部」は「等」と同様の意で「ら」とよむべき語であり、「直部」の書紀古訓は「あたひえら」となっている。直(あたい)の姓(かばね)を持つ部族。

あた・う【与】〘他ハ下二〙⇨あたえる(与)

あた・う【能】〘自ハ四〙(あとに必ず打消を伴って用いられたが、明治以後は肯定形も見られる) ①可能の意を表わす。できる。㋑活用語の連体形に「こと」や助詞「に」を添えた形に付く。＊今昔(1120頃か)二・四〇「程遙にして輙(たやす)く来り給はむに不能(あたはじ)」＊方丈記(1212)「おのれが身、数ならずして、権門のかたはらにをるものは、深くよろこぶ事あれども、大きにたのしむにあたはず」＊平家(13C前)一一・一門大路渡「人は顧みる事をえず。車は輪をめぐらす事あたはず」＊俳諧・笈の小文(1690‐91頃)「抑、道の日記といふものは、紀氏、長明、阿仏の尼の文をふるひ情を尽してより、余は皆俤(おもかげ)似かよひて、其糟粕を改る事あたはず」 ㋺活用語の連体形に直接付く。＊小説神髄(1885‐86)〈坪内逍遙〉上・小説の変遷「開明の世となるに及べば浮(ふ)へイブルもまた変遷して多少の進化なきあたはず」＊雪中梅(1886)〈末広鉄腸〉上・二「前年政党の四分五裂して結合を為す能はざりしものは」 ㋩動詞の連用形に付く。肯定の表現にも用いる、明治以後の用法。＊露団々(1889)〈幸田露伴〉一五「予は果して怒り能(アタ)ふ程の価値ある男なりや」＊吾輩は猫である(1905‐06)〈夏目漱石〉二「危きに臨めば平常なし能はざる所のものを為し能ふ」 ㋥(動詞に付かないで)できる。なしうる。→あたう(能)限り。＊明衡往来(11C中か)下本「参内之次、可レ謁二玉顔一、諸事不レ能二一二一、謹言」＊普賢(1936)〈石川淳〉三「会話をここに伝へようとして能はないのは必ずしもわたしの記憶がうすれてゐるせゐではなく」 ②なるほどと合点がゆく。理にかなう。＊竹取(9C末‐10C初)「罪の限りはてぬれ

ばかく迎ふる、翁は泣きなげく、あたはぬ事也。はや返し奉れ」 *落窪(10C後)四「『我左の大臣殿のうへに申し給へて、よかなりとの給はば、渡り給へ』といへば、北方いとあたはず思ひて」 *大鏡(12C前)三・伊尹「『母上は君をこそあにぎみよりはいみじうこひきこえ給ふめれ』ときこえければ、いとあたはぬさまのけしきにて」 ③程度、状態などによく合う。適合する。相当する。 *今昔(1120頃か)二三・一八「此(これ)汝が着(きる)物に不能(あたはず)」 *十訓抄(1252)一・源順野宮歌合判事「十徳なからん人は判者にあたはず」 *仮名草子・伊曾保物語(1639頃)中・二五「人はただわが身にあたはぬ事を願ふ事なかれ」 *浄瑠璃・博多小女郎波枕(1718)長者経「金銀財宝はちりほこり、とと様やかか様の貧な暮らしを見た時も、あたはぬ金がほしいとは夢程も思はずして」 語誌 ①は、漢文における「不能」「未能」等の漢字を「アタハズ」と訓じたところから生じた用法であり、漢文訓読系の文献を中心として用いられた。平安時代には、通常、「(…スル)コトアタハズ」「(…スル)ニアタハズ」の形式で用いられたが、前者の方が古く、後者は新しい訓法とされる。また、後者の「(…スル)ニアタハズ」は、変体漢文、訓点資料に主として見られる訓法でもある。なお、歌や物語などの和文では、これと同じ意味の表現として、「エ…ズ」「…アヘズ」が用いられた。 語源説 (1)アタル(当)と通じる〔大言海〕。(2)自分の手をもって成し得る意から、アタ(手)の活用〔日本語源=賀茂百樹〕。(3)エタヘアル(得堪在)の義〔日本語原学=林甕臣〕。 発音 文 アトーとも〈標ア〉[0][タ][ト] 〈ア史〉平安◎◎○ 鎌倉◎◎◎ 〈京ア〉[0] 辞書 色葉・名義・和玉・文明・易林・書言・ヘボン・言海 表記 能(色・名・玉・文・易・書・へ・言) 克(色・名・書) 耐・勝・堪(色) 尅(名)

あたう限(かぎ)り できる限り。できるだけ。 *ジッドの死をきいて(1951)〈桑原武夫〉「象徴主義は〈略〉あたうかぎり世界を直接態で捉えたいと思うレアリスムとは対立するものである」 *志賀直哉論(1953)〈中村光夫〉山科の記憶・五「彼の行動は、あくまで正直に自己の自然にしたがっているので、この意味ではあとう限りの誠実をつくしているのです」

あたう事(こと)なら できることなら。もし可能なら。 *海底軍艦(1900)〈押川春浪〉一「能(アタ)ふ事(コト)なら自ら見舞もし、久ぶりに故山の月をも眺めたいとの願望(ねがひ)」

あたわざるにあらずせざるなり (「孟子‐梁恵王上」の「王之不ㇾ王、不ㇾ為也、非ㇾ不ㇾ能也」による) 物事を成就できないのは、やる能力があるのに、それを発揮しないからである。実行力や意志の不足をいったもの。 *多情多恨(1896)〈尾崎紅葉〉前・三「能はざるにあらず為(セ)ざるなりで、自分は母親の父親(ておや)に対して神に仕へるやうに恭順であるのを見てゐた」

あた・う(ふ)『他ハ四』(「あてあう(当合)」の変化した語か) あてがう。交合する。共寝する場合にいう。↓あたわす。 *書紀(720)神代下・歌謡「沖つ藻は辺(へ)には寄れども さ寝床も 阿党播(アタハ)ぬかもよ 浜つ千鳥よ」 補注 ほかに、「能(あたう)」で、「(共寝)できる」から「交合する」意となったとする説、「与える」の意で、古く四段活用の「与ふ」があったとする説などがある。

あだ・う(ふ)【徒】『自ハ下二』ふざけたわむれる。いたずらをする。 *紫式部日記(1010頃か)寛弘五年一〇月一七日「若やかなる人こそ物のほど知らぬやうにあだへたるも罪許さるれ」 *狭衣物語(1069‐77頃か)一「『まろが顔は、こよなく勝りたるぞとよ。見給へ』と、あだへて、引き開けんとするに」 *今昔(1120頃か)二八・四「此の君達(きむだち)のあだゐし気色は、然(さ)もしてむかしと思ければ」

あだ-うち【仇討】『名』①主君、親、夫などが殺された時、その家臣、子、妻などが、殺害者を殺して仇を返すこと。敵(かたき)討ち。復讐(ふくしゅう)。意趣討ち。あだがえし。 *随筆・鳩巣小説(18C前か)下「赤穂義士仇討の時吉良上野介宅へ押よせ候時」 *歌舞伎・新台いろは書始(1856)大詰「亡君の名を辱かしめざる今宵の仇討ち」 ②一般的に、しかえしをすること。 *ガトフ・フセグダア(1928)〈岩藤雪夫〉二「今に見てろ！今迄いぢめられた仇討をしてやるから。俺達には組合があるんだ」 語誌 (1)「かたきうち」が古く、「かたき」と「あだ」とが混同されるようになって、「かたきうち」の意で「あだうち」の語が使われるようになった。(2)中国でも古くから行なわれ、わが国では武家時代盛んになり、建久四年(一一九三)の曾我兄弟、元禄一五年(一七〇二)の赤穂浪士の敵討ちなどは最も有名。以後士風の衰退により農工商にも及んだが、明治六年(一八七三)太政官布告によって禁止された。 発音 〈標ア〉[チ][ダ][0] 〈京ア〉[ウ] 辞書 言海 表記 仇討(言)

あだうち-きょうげん【仇討狂言】『名』「あだうちもの(仇討物)」に同じ。

あだうち-もの【仇討物】『名』仇討ちを主題とした、歌舞伎、浄瑠璃、小説、講談などの総称。曾我物、忠臣蔵物、伊賀越物などがある。敵(かたき)討ち物。 *如是放語(1898)〈内田魯庵〉「今更に帝国文庫の目録を見て八犬伝や田舎源氏ならまだしもお家騒動や仇討物(アダウチモノ)を珍らしがる様では」 *平凡(1907)〈二葉亭四迷〉三六「国に居る時分から軍記物や仇討物(アダウチモノ)は耽読してゐたが、まだ人情本といふ面白い物の有ることを知らなかった」 発音 〈標ア〉[0] 〈京ア〉[0]

あた-うるさい『形』方言 ❶非常にうるさい。やかましい。兵庫県神戸市670 和歌山県690 ◇あたうっせ 千葉県夷隅郡289 ❷めんどうである。和歌山県690 ❸汚い。和歌山県日高郡690

あたえ(へ)【与】『名』(動詞「あたえる(与)」の連用形の名詞化) 与えられること。また、そのもの。さずかりもの。めぐみ。たまもの。 *曾我物語(南北朝頃)五・呉越のたたかひの事「天のあたへを取らざるは、反(かへ)って其咎(とが)を得ると見えたり」 *どちりなきりしたん(一六〇〇年版)(1600)一一「すぴりつさんとのだうねすとて御あたへは七あり」 発音 〈標ア〉[0] 〈京ア〉[0] 辞書 文明・日葡・ヘボン・言海 表記 与(文・へ・言)

あたえ(へ)【価・値】『名』「あたい(価)」の変化した語。 *かた言(1650)三「価(あたひ)を あたへ」 *浮世草子・近代艶隠者(1686)二・三「あたへあれば駕に乗て心のおもむくにまかせ、あたへ絶ればやむ」 *落語・船徳(1889)〈三代目三遊亭円遊〉「オオオオ、夫(それ)は面白い。価格(アタヘ)は何程だエ」

あたえ(へ)【直】『名』「あたい(直)」に同じ。 *書紀(720)舒明一一年七月(寛文版訓)「書直県(ふむのアタエあかた)を以て大き匠(たくみ)とす」 *古事記伝(1798)七「直(アタヘ)は、書紀に阿多比延(あたひえ)と訓る所ある〈略〉と、和名抄和泉国和泉郡の郷名に、山直(也末多倍(やまたへ))とあるとを合せて、阿多閉(アタヘ)と訓べし」 発音 〈標ア〉[0] 辞書 言海 表記 直(言)

あだえ-う・つ【摩拊】『他タ四』なでさする。 *大唐西域記長寛元年点(1163)三「変じて人の形をつくり、即ち摩拊(アタエウツ 別訓 ナテウツ)」

あだえ-かく・す(へ)【徒隠】『他サ四』ふざけて物を隠す。ざれ隠す。 *源氏(1001‐14頃)夕霧「女君ぞ、いとつらう心憂き、すずろにかくあだえかくして『いでや、わがならはしぞや』と、さまざまに身もつらく、すべて、泣きぬべき心地し給ふ」

あたえ-て(へ)【与手】『名』ものを与える側の人。 *日葡辞書(1603‐04)「Atayete(アタエテ)〈訳〉恩恵を与える人」 *ロドリゲス日本大文典(1604‐08)「Atayete(アタエテ)〈訳〉与える人」 辞書 日葡

あだ-えもん【仇右衛門】『名』遊里で、暴利をむさぼる揚屋・女郎屋を人名に擬していう言葉。敵娼(あいかた)を仇敵(きゅうてき)に見立てていう。 *雑俳・柳多留‐八(1773)「あた右エ門の内だとうらに行気なし」

あた・える(へる)【与】『他ア下一』(ハ下一)』文 あた・ふ『他ハ下二』①自分の所有物を他人に渡して、その人の物とする。現在では、上の者から下の者へ授ける場合にいう。やる。さずける。 *斯道文庫本願経四分律平安初期点(810頃)「比丘尼の為に食を過(アタヘ)て、自ら食を取りて食をせむことを除け」 *今昔(1120頃か)一・二三「使、彼の国に持至て先づ書を王に与ふ」 *名語記(1275)八「他人に物をとらするをあたふ如何。与也」 ②影響、効果などを相手に及ぼす。こうむらせる。 *四分律行事鈔平安初期点(850頃)「僧い其か罪を証正して、伏することあるを得むときに、方に与(アタフ)須し」 *平家(13C前)一・殿下乗合「幼き者に左右(さう)なく恥辱をあたへられけるこそ遺恨の次第なれ」 *天草本伊曾保(1593)鶴と狼の事「ワレコソ ヲンヲ atayetare(アタエタレ)」 *和英語林集成(初版)(1867)「ヒト ニ ハジ ヲ atayeru(アタエル)」 *無関係な死(1961)〈安部公房〉「時計の針のように動きつづけているような印象をあたえる」 ③物事の代償として金や物を供給する。あてがう。 *南蛮寺物語(1638頃)「門徒に人まへにふちかねをあたへるよし、仏法は一銭半銭は未来へ引入れのためなり」 *制度通(1724)五「其余職事官には、並に職銭を支(あた)ふ」 ④仕事、課題などを課する。「問題を与える」 *憲法講話(1967)〈宮沢俊義〉七「現代諸国で、選挙くらい大きな役目を与えられている制度は少ない」 ⑤指示、許可、結論などを出す。 *断橋(1911)〈岩野泡鳴〉一「きのふ、実は承諾を与へたのぢゃが、あいつ、おほ喜び、さ」 *死の棘(1960)〈島尾敏雄〉「まだどんな解決も与えられてはいないのに」 ⑥時間、設備、条件などを利用できるような状態にする。利用することを許す。「弁明の機会を与える」 *彼の歩んだ道(1965)〈末川博〉二「彼にとっては、この短い修学旅行は、一つの開眼の機を与えたものといえるかも知れない」 ⑦(「与えられた…」の形で) 数学・論理学で、定義づけられた。既知の。所与の。「与えられた三角形(円)」 語誌 ふつう、上位者から下位者に物品を授ける場合に用いられる。中古では漢文訓読語として用いられ、①の意は「さずける」とほぼ同義。和文の「たまふ(賜)」に該当する。 語源説 (1)アテ(当)と同語源〔碩鼠漫筆〕。(2)アタル(当)と通ずる〔和訓栞・大言海〕。(3)アテタマフの反。テタの反ア、タマの反タ〔名言通〕。(4)アタヘル(他得)の意。他人に施せば他人が得ることになるから〔和語私臆鈔〕。(5)日光が地に当たって万物を生育し人に与えるというアテアラハス(当顕)の義から〔国語本義〕。(6)アテフ(宛触)の意〔言元梯〕。(7)アテクハフル(当加)の義〔日本語原学=林甕臣〕。(8)アサ、ツラ、ハスの反〔名語記〕。(9)アテフル(当得)の意〔紫門和語類集〕。(10)手で人に伝える義〔日本語源=賀茂百樹〕。 発音 〈標ア〉[0] 〈京ア〉[0] 文『あたふ』アタウ、アトーとも〈標ア〉[タ][ト] 〈ア史〉平安◎◎○ 鎌倉・江戸『あたふる』◎◎◎ 〈京ア〉[0] 辞書 色葉・名義・和玉・文明・饅頭・易林・日葡・書言・ヘボン・言海 表記 与(色・名・玉・文・饅・易・書・へ・言) 既(色・名・玉・書) 資・賚・羨・錫(色・名・玉) 予(色・名・文) 許・埤・俾・畀・遺(色・名) 暨(色・玉) 畀(名・玉) 證・付・授(色) 以・俄・分・恵・飭・施・釐・乞(名) 賜・気・伎(玉) 界(文)

あだおか-じんじゃ【阿陀岡神社】 兵庫県氷上郡春日町にある神社。旧県社。祭神は吾田鹿葦津比売命(あだかあしつひめのみこと)。安産の守り神。延喜式内社。 発音 〈標ア〉[ジ]

あだ-おち【徒落】『名』鉄砲などのいたずら打ち。むだ打ち。 *禁令考‐後集・第四・巻三一・寛保元年(1741)六月「鉄炮あた落并怪我に而相果候者相手御仕置之事 一鉄炮あた落いたし、玉それ、人に中り相果候もの」

あだ-おとこ(をとこ)【徒男】『名』「あだしおとこ(徒

男)②」に同じ。＊新内・鬼怒川昔噂(法印場)(1815)法印場「我とわが業(ごう)を作りし人柄も、かみとは違ふ下総(しもふさ)の埴生村(はにふむら)なる仇男(アダヲトコ)、娘の菊に憑(つ)く母の累(かさね)の死霊の怨念は」

あだ-おもい【徒思】『名』はかないもの思い。思ってもむだなことを、あれこれ思うこと。＊俳諧・籆纑輪前集(1707)一「化(アダ)思ひ碟の指を切る笑ひ」＊浄瑠璃・袂の白しぼり(1710頃)上「百本でも忽ち金にせうものと、見る物くはう仇思(オモヒ)、是頤(おとがひ)の雫なり」

あだ-おろそか【徒疎】『形動』(多く「あだおろそかに」の形で下に打消の語を伴って用いる) 軽々しく、粗末にするさま。なみたいてい。いいかげん。あだやおろそか。＊渋柿(鎌倉末か)頼朝佐々木被下状「身を重くし心を長くして、あだ疎にふるまはず、小敵なれども侮心なくて」＊浄瑠璃・本朝三国志(1719)三「私親子にお命を下さるる御恩徳、あだおろそかには思はね共」＊滑稽本・浮世風呂(1809-13)前・上「一文の銭もあだおろそかには設(もうか)りませぬ」 発音〈標ア〉回 〈京ア〉回 辞書 文明 表記 化疎・他疎(文)

あた-か【恰・宛】『副』「あたかも(恰━)」に同じ。＊色葉字類抄(1177-81)「宛 アタカ アタカモ 音苑」＊名語記(1275)八「あたか如何、宛也。あらたかかの反」＊太平記(14C後)一四・将軍御進発大渡・山崎等合戦事「河水二にはかれて、白浪張り落たる事、恰(アタカ)龍門三級の如也」＊幸若・満仲(寛永版)(室町末-近世初)「あたか十五夜の月の風情、一たびゑめばもものこびあり」 辞書 色葉・天正・饅頭・黒本 表記 恰・宛(色・天・饅・黒)・恪(色)

あたか【安宅】㊀①石川県小松市の地名。梯(かけはし)川河口右岸にあり、鎌倉初期には関所が設けられた。②「あたかのせき(安宅関)」の略。㊁謡曲。四番目物。各流。作者不詳。兄頼朝の怒りにふれた義経主従が山伏姿に身をやつして奥州に落ちのびていく途中、安宅の関で富樫何某(とがしのなにがし)に見とがめられるが、弁慶の機転で無事通過する。歌舞伎十八番の「勧進帳」のもとになった曲。㊂歌舞伎所作事、「隈取安宅松(くまどりあたかのまつ)」の通称。長唄、富士田吉次作曲。明和六年(一七六九)江戸市村座初演。顔見世狂言「雪梅顔見勢(むつのはなうめのかおみせ)」の一部。安宅松。弁慶道行。 発音〈標ア〉0 〈京ア〉0

あだか『名』植物名。この繊維から綱を作った。＊日葡辞書(1603-04)「Adaca(アダカ)。すなわち、ススキノ ハカマ〈訳〉日本の、ある太い草の皮」 辞書 日葡

あだか・い『形口』下品で不作法である。＊日葡辞書(1603-04)「Adacai(アダカイ)〈訳〉無作法でしつけの悪い、または他人のあいだで知識と礼儀のなさをしめす」 辞書 日葡

あだ-がえし【仇返】『名』「あだうち(仇討)」に同じ。＊こがね丸(1891)〈巌谷小波〉一回「僕(やつがれ)他(かれ)には浅からぬ意恨あり。今大王往(ゆき)て他を打取たまはば、是わが為の復讎(アダガヘシ)」

あた-かえす【仇返】『動』方言 仕返しをする。復讐(ふくしゅう)する。富山県砺波397 398 ◇あたかやす・あたかやしする 岐阜県吉城郡500 ◇あったんかえす 岐阜県飛驒502 ◇あたえなす 新潟県西蒲原郡371 ◇あったんかやす ◇あてなす 長野県下水内郡470

あたか-かいづか【阿高貝塚】熊本県下益城郡城南町阿高にある縄文時代中期の遺跡。 発音〈標ア〉カ2

あだ-がき【徒書】『名』役に立たない書き物。真実でない書き物。＊俳諧・続明烏(1776)「扇かへて君があだ書見るのみぞ〈白砧〉」

あたがし『名』方言 魚。❶あかはた(赤羽太)。紀州田辺†030 熊野和深・大島†030 和歌山県西牟婁郡694 ❷かさご(笠子)。勢州阿曾浦†030 紀州熊野・新宮†030 三重県宇治山田市591 南牟婁郡694 和歌山県東牟婁郡694 ◇あたがしら 尾州知多郡†030 ◇わたがし 三重県宇治山田市591 ❸あやめかさご(文目笠子)。三重県南牟婁郡694

あだかす『動』方言 ⇩あだす

あた-かたき【仇敵】『名』(後世は「あだかたき」とも) 憎い相手。きゅうてき。＊落窪(10C後)二「中だちしたる人とても、あたかたきにもあらず、四の君の乳母(めのと)なれば」＊源氏(1001-14頃)桐壺「いみじきもののふ、あたかたきなりとも、見ては、うち笑(ゑ)まれぬべきさまのし給へれば」＊日葡辞書(1603-04)「Atacataqi(アタカタキ)〈訳〉悪く有害な敵」＊人情本・貞操婦女八賢誌(1834-48頃)三・二七回「お前とさへも両(ふたたび)三度(みたび)、讐敵(アダガタキ)の思ひをせしは、吾が身ながらも鈍(おぞ)ましや」＊交易問答(1869)〈加藤弘之〉下「足下は商人を寇讐(アダガタキ)の様にいひなさるけれど」 発音〈音史〉近世中頃から『あだがたき』と濁音。〈標ア〉カ 辞書 色葉・易林・日葡・〈ボン・言海 表記 讎敵(色・易) 仇敵(へ・言)

あたかたも【恰・宛】『副』「あたかも(恰)①」に同じ。＊霊異記(810-824)上・一三「彼の気調(みさを)怜(アタカタモ)天上の客の如し〈興福寺本訓釈 怜 安太加太毛〉」＊石山寺本金剛般若経集験記平安初期点(850頃)「夢敬即ち来たりて相ひ親しむこと、宛(アタカタモ)平生のごとく」 語誌 右に挙げた二例のみ知られる。用法は「あたかも」に同じ。「霊異記」古写本最古の興福寺本の「あたかたも」を高野本で「あたかも」とすることから、「あたかも」の古い形とも見られる。しかし、「万葉-一九・四二〇四」の「僧恵行」の和歌に「あたかも」の例があり、文献上は「あたかも」の方が古く、前後関係は決し難い。

あだか-づな【━綱】『名』アダカという植物の皮で作った綱。 辞書 日葡

あだ-がね【徒銀】『名』むだづかいの金。むだな費用。＊浮世草子・西鶴織留(1694)一・一「近年町人身体(しんだい)たたみ分散にあへるは、色好(こうしょく)、買置此二つなり。損銀、化銀(アダカネ)年々相積りて」 発音 アダガネ〈標ア〉0

あたか-の-せき【安宅関】石川県小松市にあった関所。謡曲「安宅」、歌舞伎「勧進帳」で有名。 発音〈標ア〉セ

あたか-の-まつ【安宅松】「あたか(安宅)㊂」に同じ。

あた-かも【恰━・宛━】『副』(後世は「あだかも」とも) ①(多く「似る」「如し」「よう」などの語をあとに伴って) よく似ている物事にたとえる場合に用いる語。さながら。まるで。まさしく。ちょうど。＊万葉(8C後)一九・四二〇四「わが背子が捧げて持てる厚朴(ほほがしは)安多可毛(アタカモ)似るか青き蓋(きぬがさ)〈恵行〉」＊今昔(1120頃か)一七・一四「泣々(なくなく)没後を訪(とぶら)ひ報恩を送けり、宛かも師君の恩を報ずるに不異(ことなら)ず」＊大唐西域記長寛元年点(1163)三「方なる石は榻の如く、宛(アタカモ)工の成せるが若し」＊日葡辞書(1603-04)「Atacamo(アタカモ) デイチュウノ ハチスノ ゴトシ」＊和英語林集成(初版)(1867)「ツキノ ヒカリ サヤカニ シテ adakamo(アダカモ) ヒルノ ゴトク」＊浮雲(1887-89)〈二葉亭四迷〉二・九「恰も人を辱める特権でも有(もっ)てゐるやうに」＊破戒(1906)〈島崎藤村〉四・一「一面の平野は、宛然(アダカモ)戦場の光景であった」②ある時期や時刻にちょうど当たる、また、ある事とほとんど同時に、他の事が起こることを表わす語。ちょうど。ちょうどその時。＊帰省(1890)〈宮崎湖処子〉六「今宵は宛(アタカ)も陰暦の七月十五日なりければ、露けき瓦屋の上なる満月は」＊多情多恨(1896)〈尾崎紅葉〉後・九・二「お種は茶の間へ徙(うつ)った、恰も三時である」＊永日小品(1909)〈夏目漱石〉下宿「恰(アタカ)もアグニスは焼麵麭(トースト)を抱えて厨から出て来た」 語誌 (1)①の意は、奈良時代から既に用例が見られるが、平安時代になると、漢文訓読系の文献にのみ偏って見られるようになる。第二音節は、書陵部本・観智院本「名義抄」「日葡辞書」「書言字考節用集-九」などでは、清音の表示がなされており、江戸初期頃までは清音であったと考えられるが、「和英語林集成」の初版には、濁音で示されている。なお、平安初期には、アタカモと語源・意味を同じくするアタカタモが見られるが、その先後関係は速断できない。(2)現代語では、やや漢文的文語風な副詞として用いられる。 語源説 (1)アタはアタフ(適)の語根。カナフカモ(適哉)の義〔大言海〕。(2)アタカ(当哉)の義〔日本釈名・国語本義・和訓栞・古言類韻＝堀秀成〕。(3)アタカはアリタル(有)か〔和句解〕。(4)アタカはアテカ(宛所)〔言元梯〕。(5)アタカはアテカ(当敷)〔紫門和語類集〕。(6)アヒダ(際)カモの約転。アヒダ(際)は合する意〔名言通〕。 発音〈音史〉近代では『あだかも』とも。〈標ア〉ア タ 〈ア史〉平安・鎌倉○◍○○ 〈京ア〉ア 辞書 色葉・名義・文明・易林・日葡・書言・〈ボン・言海 表記 恰(名・文・書・へ・言) 宛(色・名・文・易・書)

あたかも-しかり 「まさにその通り」の意。

あたかも-よし ちょうどいいことには。うまい具合に。＊芝軒吟藁(1719)春暁聞鶯「綿蛮恰好遷喬日、猶向二上林一尋二別枝一」＊自然と人生(1900)〈徳富蘆花〉湘南雑筆・海と合戦・二「恰(アダカ)も好(ヨ)し、山手に寄った家の若い者が五六人、駈けつけて来た」＊ル・パルナス・アンビュラン(1910)〈森鷗外〉「恰も好し、天晴れ気爽かである」 補注「小説精言」に「恰好(あたかモよシ〈注〉ヲリフシ)劉公走出レ門来」とある。

あだがや・す『他サ四』長持の中にある物、たとえば着物などをひっくり返す(日葡辞書(1603-04))。 辞書 日葡

あだ-がらす【徒烏】『名』役にも立たないのに、ただむやみとなく烏。＊浄瑠璃・難波橋心中(1710頃)心中文彌唄祭文「泣くも語るもあだ烏(カラス)、明けぬ先にと身拵(ごしらへ)」

あだ-かりそめ【徒仮初】『形動』簡単な一時的なさま。偶然であるさま。＊日葡辞書(1603-04)「Adacari someni(アダカリ ソメニ)〈訳〉簡単に、偶然に、または理由なく」 辞書 日葡

あたか・る【散】『自ラ四』散る。＊大唐西域記巻十二平安中期点(950頃)「聚まり散(アタカルコト)風に随ふ」

あたがる『動』方言 ❶割り当てを受ける。あてがわれる。兵庫県淡路島671 徳島県811 高知県866 869 ❷妥当する。高知県幡多郡370

あたがわ-おんせん【熱川温泉】静岡県伊豆半島東岸、東伊豆町にある温泉。泉質は食塩泉・芒硝(ぼうしょう)泉。胃腸病・皮膚病・神経痛にきく。 発音 アタガワオンセン〈標ア〉オ

あたき『名』(「うたき」と同源か) 獣などのうなること。怒りほえること。＊播磨風土記(715頃)託賀「阿多加野(あたかの)は、品太(ほむだ)の天皇(すめらみこと)、此の野にみ狩したまひしに、一つの猪(ゐ)、矢を負ひて、阿多岐(アタキ)しき」 上仮名 アタキ

あたき『代名』方言 ⇩わちき(私)

あだ-きね【徒禱】『名』(「きね」は神に奉仕する社人) 置いてもむだな社人。＊篁物語(12C後か)「やしろにもあだきねすゑぬ石神は知ること難し人のこころを」

あだ-きみ【徒君】『名』実意のない恋人。＊俳諧・春秋稿(1780-85)「あだ君の心をはらせ秋ちかみ〈百爾〉風かほる間のただわづかなり〈和柳〉」

あだ・く【徒】『自カ下二』(「あだ(徒)」を活用させた語か) うわつく。浮気めく。浮気っぽい様子である。＊源氏(1001-14頃)朝顔「さも思ふに、いとほしく、くや

しき事の多かるかな。まいて、うちあだけすきたる人の、年積り行くままに、いかに、くやしきこと多からむ」

あたくし【私】『代名』(「わたくし」の変化した語)自称。主として女性が用いる。*多情仏心(1922-23)〈里見弴〉病気見舞・四「いつかもあたくしから、一度お願ひしたことがあると思ひますよ」*春泥(1928)〈久保田万太郎〉みぞれ・四「あたくしなんぞでも〈略〉昨日のやうに覚えてをります」発音〈標ア〉0〈京ア〉0

あたくそ『名』方言❶悪口。富山県390 ◇あだくそ 富山県390 石川県羽咋郡404 ◇あたくさ 富山県砺波398 ◇あたくれ 長野県上伊那郡488 ❷報復。石川県河北郡414

あだ-くち【徒口】『名』(「あだぐち」とも)実のないことば。むだぐち。*俳諧・小町踊(1665)夏「夜もすがらあだ口叩く水鶏かな〈立圃〉」*浮世草子・好色貝合(1687)上「万(よろづ)てあらく人の聞(きく)耳をはぢずあだくちをたたく」*浄瑠璃・嫗山姥(1712頃)一「アア、いまいましいきみわるい。あだ口きかずとはや剃(そ)れと」方言❶悪口。石川県羽咋郡404 ◇あだぐち 富山県砺波398 ❷必要以上に食べること。むだ食い。◇あだぐち 京都府竹野郡622 発音〈標ア〉0 辞書ポン・言海 表記渾口(へ) 徒口(言)

あだぐち-ねんぶつ【徒口念仏】『名』信仰心のない、口さきだけの念仏。から念仏。*浄瑠璃・孕常盤(1710頃)二「ムムなむあみ豆腐なまいだ、ああなむあいだ、あだ口念仏」発音アダグチネンブツ〈標ア〉ネ

あだくち-ば【徒口場】『名』むだぐちをたたく場所。むだなおしゃべりをするところ。*浄瑠璃・源平布引滝(1749)二「夜毎日毎に往来群集(くんじゅ)と、聞しに違(たが)はず此茶店も、参詣のやつらがあだ口場(バ)」

あだくち-ばなし【徒口話】『名』実のないおしゃべり。むだばなし。*洒落本・鄽意気地(1802)五「火鉢を取まくあだ口ばなし。客の噂を取交て」

あたくね『名』うちとけないこと。わだかまり。不和。*源平盛衰記(14C前)一九・文覚発心「和殿(わとの)は我には甥、我は和殿に姨母(をば)、此の中には殊なる怨(アタ)くねなし」

あだ-ぐも【徒雲】『名』風のまにまに漂う雲。また、はかなく消えやすい雲。浮雲。*夫木(1310頃)一六「あだ雲もなき冬の夜の空なれば月の行くこそ遅く見えけれ〈西住〉」*俳諧・中庸姿(1679)「熱もこもれり風もこもれり〈高政〉化(アダ)雲のえしれぬ小哥跡消て〈春澄〉」*俳諧・迹祭(1816)「大福餅でまねく旅人〈一茶〉仇雲の根なし咄を帳につけ〈魚淵〉」

あだ-くらべ【徒比・徒競】『名』①互いに相手を浮気だと言い合うこと。*伊勢物語(10C前)五〇「あだくらべかたみにしけるをとこ女の、忍びありきしけることなるべし」*浄瑠璃・八百屋お七(1731頃か)中「きこへぬ事を言ふ人かな。心の変る変らぬは、色品あまた見尽して濡れの巧者のあだくらべ」②互いにはかない事をくらべ合うこと。*浮世草子・男色大鑑(1687)四・五「化競(アダクラベ)とや月のよの雨、花盛(さかり)の風」*良寛歌(1835頃)「ぬばたまの夜の夢路とうつつとはいづれ勝るとあだ競べせむ」発音〈標ア〉ク

あだ-ぐるい【徒狂】『名』浮気な心で色事などにふけること。*俳諧・投盃(1680)二「いつきの宮の女中白粉 あだ狂ひ容儀自慢の定家卿」

あたけ【安宅】❶『名』「あたけぶね(安宅船)」の略。*日葡辞書(1603-04)「Ataqe(アタケ)〈訳〉大きな舟の名」*甲陽軍鑑(17C初)品一七「海賊衆〈略〉小浜 あたけ一艘、小舟十五艘」*北条五代記(1641)七・駿河海にて船軍の事「氏直伊豆の国にをいて軍舟を十艘作り給ひぬ是をあたけと名付たり一方に艪二十五丁両方合五十丁立の兵船也」❷(三代将軍家光の造った巨船安宅丸が天和二年(一六八二)に解体されるまでここに繋留されていたところから)江戸時代、江戸深川御船蔵前片側町の俗称。正徳(一七一一～一六)頃、この地に水茶屋ができ、のちに遊び場となったが、これが江戸岡場所の一つで、俗に安宅長屋と呼ばれた。*洒落本・両国栞(1771)「あたけの方より来る人そそり哥」

あだ-け【徒気】『名』(「け」は接尾語か。一説に、動詞「あだく(徒)」の連用形の名詞化とも)①好色。*源氏(1001-14頃)若菜上「いでその古(ふ)りせぬあだけこそは、いと、後めたけれ」②たわむれ。冗談。*歌舞伎・伊賀越乗掛合羽(1776)七ツ目「必ずそんな事、あだけにもいうて下さんすなえ」発音〈標ア〉0 辞書日葡

あだ-げ『形動』(「げ」は接尾語)もろそうなさま。あぶなげなさま。*宇治拾遺(1221頃)三・一「門などもかたかたは倒(たう)れたる、よこざまによせかけたる所のあだげなるに」*洞院百首(1232)山家「山里の柴の竹戸のかたびさしあだげに見するかりの宿かな〈藤原実氏〉」

あたけ-ちら・す【━散】『自サ四』(周囲に対して怒って乱暴する。むちゃくちゃにあばれまわる。*滑稽本・浮世風呂(1809-13)二・上「こっちらどのはこっちらどのであたけちらして、傍にある入物小鉢はその度(たんび)にぶちこわすだ」

あたけ-づくり【安宅作・阿武造】『名』「あたけぶね(安宅船)」に同じ。*禁令考-前集・第四・巻三一・寛永一五年(1638)「船之儀、あたけ作、如二先年之一弥御法度に被二仰付一候」

あだけっ-ぽ・い【徒気━】『形口』浮気な性質である。浮気っぽい。

あだけ-な・い【徒気無】『形口』文あだけな・し『形ク』まじめである。誠実である。*花物語(1919)〈吉屋信子〉紅薔薇白薔薇「麗子は、ふっくらとした、温順な仇気(アダケ)ない、気質の優しい少女だった」発音〈標ア〉ナ

あたけ-ぶね【安宅船・阿武船】『名』室町末期から江戸初期にかけて使用された大型軍船。瀬戸内・紀州・伊勢方面の水軍の主力を形成した。小は五百石積み級から大は二千石積み級、櫓数五十丁立から百六十丁立、矢狭間をあけて鉄砲、弓をうつ。大船は二、三重の天守を設けて大将座乗の旗艦とする。慶長一四年(一六〇九)徳川家康は豊臣方水軍力の弱体化をはかって西国筋諸大名の安宅船保有を禁じた。*石山本願寺日記-宇野主水日記・天正三年(1575)四月二一日「雑賀の大田に楯籠たる者共、四月廿一水ぜめにせらるる。水へあたけ舟を入、せめられたれども」*信長記(1622)七・長嶋の凶徒せめほさるる事「林佐渡守等は、あたけ船(フネ)十余艘を飾立、螺鐘をならし、長嶋にをし寄る」語源説アタケマハル船の意〔嬉遊笑覧〕。

あだ-けぶり【徒煙】『名』はかない煙。むなしく消えて行く煙。火葬場の煙などをいう。あだしけむり。*浄瑠璃・傾城三度笠(1715頃)下「隙(ひま)行く駒(こま)に上(のぼり)さし三度びなはの仇煙(アダケブリ)消えに行く身の道連の」発音〈標ア〉ブ

あたけ-まる【安宅丸】❶寛永一二年(一六三五)将軍家光が造らせた大型軍船。類を絶した巨艦で、長さ一五六・五尺(約四七メートル)、幅五三・六尺(約一六メートル)、深さ一一尺(約三・三メートル)、二人掛りの大櫓百丁立、水夫二〇〇人、推定排水量一五〇〇トン、攻撃力、防御力もまた冠絶していた。船体は日本式と西洋式の折衷構造で、周囲を銅板で包み、矢倉は純日本式の二層造り、内部に大砲、鉄砲を備える。船首の龍頭や三重の天守などは内外とも華麗を極め、日光の東照宮と比肩されたが、余りにも巨大なため、実用に適さず、維持費に窮した幕府によって天和二年(一六八二)解体された。大安宅丸。*徳川実紀-大猷院殿御実紀・寛永一二年(1635)六月二日「新造の安宅丸御覧のため、品川にならせらる」*仮名草子・東海道名所記(1659-61頃)「この内にあたけ丸とて日本一の御船つながれたり」*俳諧・独吟一日千句(1675)第二「浅草川の首たけの中 我思ひあたけ丸にも積れまひ」*随筆・窓のすさみ(1724)三「寛永十年、向井将監忠勝に命ぜられて、相州三浦にて、安宅丸造作あり、同十二年出来、六月江戸の海上にて御乗初めあり」❷『名』①「あたけぶね(安宅船)」の別称。②(❶は江戸に回漕して深川御船蔵に入れておかれたが、夜な夜な「伊豆へ行こう伊豆へ行こう」とうなったという俗説に基づく)ただを言うこと。無理を言うこと。また、その人。*雑俳・桜がり(1730)「いきいきと・伊豆へ行ふとあたけ丸」*俳諧・五万才(1801-04)「名代に外へ行ふとあたけ丸」③(「安宅丸」は取りこわされ焼却されたので)やくこと。嫉妬すること。*雑俳・柳多留-五四(1811)「御亭主が猪牙で女房安宅丸」発音〈標ア〉ケ 辞書書言 表記安宅丸・阿武丸(書)

安　宅　丸❶

あたけ-まわ・る【━回】『自ラ四』あばれてあちこち動きまわる。*咄本・御伽噺(1773)こは色「ねられぬ上に、いぢわるひ鼠がさわぐ。猫は居ず。あんまりあたけ廻(マワ)るゆへ、寐所から、ニャアンといふと」*滑稽本・古朽木(1780)四「理屈が悪いと一番に、あたけ廻るは愛宕の杉都」

あだけ-もの【徒気者】『名』浮気者。色好みな者。

あた・ける『自カ下一』(「あだける」とも)①あばれさわぐ。当たり散らす。乱暴する。*歌舞伎・兵根元曽我(1697)二「あれあの如く鼠があたけます」*雑俳・柳多留-九(1774)「やらないと又あたけると母はいひ」*滑稽本・浮世床(1813-23)初・上「ヘヱ、わっちは又筋向(すぢむかふ)の嘉六が、例の生酔(なまゑい)であたけたかと思ひやした」②たわむれる。おどける。*物類称呼(1775)五「ざれたはふるる事を〈略〉陸奥にて、あだけるといふ」方言❶ふざける。戯れる。茨城県稲敷郡188 新潟県佐渡358 石川県金沢市062 長野県054 481 静岡県520 愛知県豊橋市054 ◇あだける 青森県上北郡054 山形県139 福島県会津・浜通155 茨城県稲敷郡193 千葉県長生郡286 新潟県佐渡352 東蒲原郡368 富山県390 394 398 石川県能美郡419 長野県諏訪481 島根県美濃郡725 ◇あしゃける 秋田県河辺郡134 ◇あじゃける 新潟県佐渡352 岩船郡(犬猫などにいう)366 富山県390 射水郡394 岐阜県恵那郡498 島根県725 ◇あざけをする 新潟県佐渡(犬猫などにいう)351 ◇あだがる 山形県139 ❷はしゃぎ回る。◇あだけるとも。長野県諏訪481 上伊那郡488 ❸甘える。和歌山県日高郡690 ◇あだける 新潟県東蒲原郡368 ❹騒ぐ。新潟県363 378 380 ◇あだける 山形県139 千葉県285 新潟県佐渡352 東蒲原郡368 石川県404 ◇あざける 石川県江沼郡422 ◇あだがる 山形県139 ❺子供や青年などが激しく運動する。新潟県長岡市376 ❻乱暴する。暴れる。茨城県稲敷郡188 新潟県中魚沼郡062 石川県輪島市038 長野県諏訪481 岐阜県恵那郡498 静岡県520 540 541 愛知県豊橋市054 ◇あだける 仙台†057 茨城県稲敷郡193 北相馬郡195 新潟県352 368 383 静岡県磐田郡543 兵庫県佐用郡047 赤穂郡660 奈良県宇陀郡680 島根県益田市725 岡山県小田郡767 ❼狂う。◇あだける 岡山県042 ❽意地悪する。静岡県志太郡535 ❾あざける。◇あだける 島根県725 ❿面罵(めんば)する。高知県香美郡863 語源説アタはアタル(当)の語根〔大言海〕。発音〈標ア〉0ケ 辞書ポン・言海

あだける『動』方言❶落ちる。京都府622 623 624 兵庫県659 666 671 鳥取県東部711 715 岡山県746 760 766 香川県小豆島829 ◇あたける 兵庫県多紀郡667 ◇あだれる 備後†124 鳥取県西伯郡718 島根県723 726 732 岡山県阿哲郡751 児島郡763 ◇あだれえ 鳥取県西伯郡719 ◇あだくれ

る 岡山県苫田郡748 ◇あだくれおちる〔―落〕 岡山県752 758 768 ◇あだけおちる 岡山県邑久郡761 ❷木の実などが落ちる。◇あだれる 島根県出雲725 広島県走島054 高田郡779 香川県仲多度郡・三豊郡829 愛媛県840 ◇あだえる 島根県飯石郡・八束郡725 ❸崩れ落ちる。◇あだれる 島根県飯石郡・大原郡725 ❹障子の紙が破れる。◇あだれる 島根県隠岐島725 ❺乱雑になる。◇あだれる 島根県江津市725

あたご【愛宕・阿多古・愛宕護】 ㊀「あたごやま(愛宕山)㊀」に同じ。＊蜻蛉(974頃)中・安和二年「あたごになん、きよしほになど、ゆすりて、つひにたづねいでて、流したてまつると聞くに」＊源氏(1001-14頃)東屋「あたごの聖(ひじり)だに、時にしたがひては、出でずやはありける」＊太平記(14C後)二九・将軍上洛事「鞍馬(くらま)の奥僧正(そうじょうが)谷にて愛宕高雄の天狗共が」 ㊁「あたごごんげん(愛宕権現)」の略。＊大友記(17C前)石松源五郎立花の城に参らるる事「如ㇾ此申事八幡、愛宕、九万八千の軍神も御照覧」 語源説 (㊁について) 先祖を焼いたということから、アタゴ(仇子)か〔古事記伝〕。 発音 アタゴ〈なまり〉ワタゴ〔埼玉方言〕〈標ア〉⓪ 辞書 下学・文明・伊京・明応・天正・黒本・易林・書言 表記 愛宕岩(下・文・伊・明・天・黒・易) 愛太子(下・文) 愛宕(易・書)

あたご の 青酸漿(あおほおずき) 江戸の芝(東京都港区)、愛宕の千日詣(もう)でに神社の境内で、神のご夢想による虫の薬といって売る青いほおずき。これを飲めば癪(しゃく)または子供の虫の根を切ると言い伝えられる。

あたご の お札(ふだ)配(くば)り 京都愛宕山頂にある愛宕権現の火伏せの護符を配ること。また、その護符を配り歩く下級の神職。＊俳諧・西鶴大矢数(1681)第一八「愛宕の札の玉と見る露 月の影長床坊に暮初て」＊浮世草子・風流夢浮橋(1703)四・一「伊勢参宮の人も有、難波の米や、あたごのお札(フダ)くばり、高野坊、京のごふく屋、うたびく尼、西国方の飛脚、十人寄ば十国の者」

あたご の 千日詣(せんにちもうで)〔＝千日参(せんにちまいり)〕 京都愛宕神社に陰暦六月二四日に参詣すること。この参詣をすれば平日の千度にあたるとして参詣人が群集する。愛宕まいり。《季・夏》＊俳諧・毛吹草(1638)二「六月〈略〉愛宕千日詣廿四日」

あだ-こい :こひ**【徒恋】**〖名〗むなしい恋。実を結ばない恋。＊浄瑠璃・嫗山姥(1712頃)二「太夫中間の立者といはれし程の全盛の末も、とげぬあだ恋にのぼりつめて此通」＊狂歌・徳和歌後万載集(1785)一三「あだごいをしつるのもましこざる日はこうしにほされ猶うかり梟(けり)」 発音〈標ア〉⓪

あだ-ごうよく :ガウヨク**【徒強欲】**〖名〗(形動) いたずらに欲が深いこと。また、そのさま。＊人情本・貞操婦女八賢誌(1834-48頃)初・一〇回「何の三割四割増しで、頼む酒手で可い事を、仇強慾(アダガウヨク)から其態(そのざま)は、心がらだと往生しや」

あだ-ごえ ゑ:ご**【婀娜声】**〖名〗なまめかしい声。＊洒落本・傾城買花角力(1804)茶かした取組「あだごゑで人をまよわせる」 発音 アダゴエ〈標ア〉⓪ゴ

あたご-くうや【愛宕空也】 謡曲。五番目物。喜多流。観世小次郎信光作。空也上人が愛宕山で法華経を読誦(どくじゅ)中、龍神が老翁の姿で現われて、仏舎利を乞い受け、その返礼に山上に清水を湧かせる。 発音 アタゴクーヤ〈標ア〉ク

あたご-ぐし【愛宕櫛】〖名〗語義未詳。髪をすく櫛の一種か。愛宕権現にささげる玉串(たまぐし)のことか。＊浮世草子・五箇の津余情男(1702)二・二「此愛宕櫛のはなを、どこぞへくくりつけてくだされ」

あたご-こう【愛宕講】〖名〗京都愛宕神社の火伏せの護符を受ける講中。＊雑俳・三番続(1705)「火に炊た物を喰はざる愛宕講」

あたご-ごけ【愛宕苔】〖名〗植物「くらまごけ(鞍馬苔)」の古名。＊俚言集覧(1797頃)「あたごごけ やうらくごけ、えいざんごけ、深山陰地に生するもの蔓細くして糸の如し 地柏」＊重訂本草綱目啓蒙(1847)一七・苔「巻柏〈略〉〔附録〕地柏 あたごごけ やうらくごけ」＊日本植物名彙(1884)〈松村任三〉「アタゴゴケ ヤウラクゴケ」 辞書 言海 表記 愛宕苔(言)

あだ-ごころ【徒心】〖名〗浮気な心。まごころがなく移りやすい心。いたずら心。あだしごころ。＊風俗歌(9C前-11C中か)常陸「常陸にも田をこそ作れ阿太古々呂(アダゴコロ)や かぬとや君が山を越え 雨夜来ませる」＊竹取(9C末-10C初)「ふかき心も知らで、あだ心つきなば、後くやしき事もあるべきをと思ふばかり也」＊俳諧・談林十百韻(1675)下「申さぬが脈にすんであた心〈松意〉 朝ゐの床をはづる小娘〈卜尺〉」＊人情本・春色恵の花(1836)初・四回「お糸も此節(このとき)春情(アダゴコロ)、見ぬふりをして横目にて、半次郎の皃(かほ)を見れば」 発音 アダゴコロ〈標ア〉ゴ 辞書 日葡

あたご-ごんげん【愛宕権現】 愛宕神社。また、その祭神。 発音 アタゴゴンゲン〈標ア〉ゴ

あたごさん-みょうり :ミャウリ**【愛宕山冥利】**〖名〗誓いをたてるときに言う語。愛宕権現も照覧あれ、違うに於いてはその冥利が尽きるともよしの意。＊浄瑠璃・通俗傾城三国志(1708)四「さあせいもんをたてよといふ、皆一同にあたご山冥り白山うそなしと、こへごへにいふ」 発音 アタゴサンミョーリ〈標ア〉ミョ

あたご-しょうじん :シャウジン**【愛宕精進】**〖名〗毎月二四日に、火伏せの祈禱として、酒を断つことを愛宕神社に誓い、精進する習俗。＊細川幽斎長歌(1610頃)「扨また俗のうへにつき 無用の事は青道心 あたご精進やとき一食」＊咄本・醒睡笑(1628)二「ある朝、『生鶴の汁を喰はせよ』とあれば、『愛宕精進(アタゴシャウジン)をいたす、下されまじき』と申上ぐる」

あたご-しんこう カウ:シン**【愛宕信仰】**〖名〗愛宕権現に対する信仰。

あたご-じんじゃ【愛宕神社】 ㊀京都市右京区嵯峨愛宕町、愛宕山上にある神社。旧府社。祭神は埴山姫命(はにやまひめのみこと)、稚産日神(わくむすびのかみ)、伊弉冉命(いざなみのみこと)、豊受姫命(とようけひめのみこと)、天熊人命(あめくまうしのみこと)ほか。天応元年(七八一)和気清麻呂(わけのきよまろ)が光仁天皇の勅命により社殿を造営、平安京の鎮護の神としてまつられたもので、奥社と若宮に火の神をまつり火伏せのお守りを出す。防火の神として全国八〇〇余の愛宕社の根本社。近畿一帯から関東、東北でも信仰される。延喜式内社。愛宕権現。鎮火神社。白雲寺。㊁秋田県湯沢市愛宕山にある神社。旧県社。祭神は火産霊神(ほむすびのかみ)。延暦二〇年(八〇一)坂上田村麻呂がまつったと伝える。㊂山形県天童市北目城山にある神社。旧県社。祭神は火産霊大神(ほむすびのおおかみ)。天正一二年(一五八四)山形城主の最上出羽守義光が勧請(かんじょう)。愛宕権現社。㊃東京都港区愛宕山にある神社。祭神は火産霊神、罔象女命(みずはめのみこと)、日本武尊(やまとたけるのみこと)、大山津見命。慶長八年(一六〇三)幕府の命令で建立。あたごさま。㊄宮崎県宮崎郡佐土原町にある神社。旧県社。祭神は火之伽具土神(ほのかぐつちのかみ)、天児屋根命(あまのこやねのみこと)。養老二年(七一八)の創建といわれる。 発音 アタゴジンジャ〈標ア〉ジ

あたご-ちまき【愛宕粽】〖名〗山城(京都)愛宕山に参詣する人が土産に買う樒(しきみ)の枝につけた粽。包みの笹が大きく中身が小さいので有名。＊俳諧・毛吹草(1638)四「愛宕粽(アタゴチマキ)参詣之道者土産に用之」＊雑俳・辻談義(1703)「念入て愛宕粽は皮ばかり」＊浄瑠璃・本朝三国志(1719)一「あたご粽(チマキ)の、じっとしまったおふたり中」

あだ-ごと【徒言・徒事】〖名〗(「あだこと」とも) ㊀うその言葉。まごころのない言葉。＊新撰字鏡(898-901頃)「讕 伊豆波利己止。又阿太己止」＊右京大夫集(13C前)「あだことにただいふ人の物がたりそれだに心まどひぬるかな」＊寛永刊本蒙求抄(1529-34)四「また、法を下さぬ前に、あだ事は有まいと云て信じたぞ」＊日葡辞書(1603-04)「Adacotouo (アダコトヲ) ユウ、または、ハク」＊読本・英草紙(1749)三・五「人を迷はす胡言(アダコト)の罪を報ずる也」 ㊁①はかないこと。かりそめのこと。ちょっとした、つまらないこと。＊宇津保(970-999頃)藤原の君「たはぶれにても、人の御あだことなど、きこえ給ふべくなんあらぬ」＊源氏(1001-14頃)絵合「絵は、猶、筆のついでにすさびさせ給ふあだごとこそ思ひ給へしか」＊名語記(1275)九「これは、おかしきあだ事なれども、実証ある事也」 ②色ごと。浮気。情事。＊源氏(1001-14頃)絵合「世の常のあだ事のひきつくろひ飾れるにおされて、業平が名をや腐(くた)すべき」＊読本・雨月物語(1776)吉備津の釜「只かりそめなる徒(アダ)ことに、女の慳(かだま)しき性(さが)を募らしめて」 ③むだなこと。役に立たないこと。無意味なこと。＊洒落本・淫女皮肉論(1778)吉原の千疋犬「みつあやが謀(はかりこと)は、あだ事となりにけり」＊歌舞伎・彩入御伽草(おつま八郎兵衛)(1808)序幕「心づくしも皆仇事」＊読本・椿説弓張月(1807-11)続・四三回「さればとて勧(すすむ)る薬剤(くすり)に、功能なくは化(アダ)事なり」 語誌 「徒言」と表記されていれば、㊀「うその言葉」「まごころのない言葉」と考えられるが、現実には仮名表記が多く、「徒事」つまり、㊁との区別がつきにくい。「日葡辞書」でも同一語に㊀および㊁①の意味を記している。なお、「日葡辞書」では、アダコトと、コトは清音であるから、アダゴトとなるのは近世以降と考えられる。 方言 ❶無礼な言葉。不都合な言葉。◇あだこと 高知県862 ❷悪口。◇あたこと 長崎県西彼杵郡908 ◇あたこつ 熊本県天草郡936 発音 アダゴト〈標ア〉⓪ 辞書 字鏡・名義・文明・日葡・言海 表記 讕(字) 諺・讕(名) 化言・化事(文) 徒言(言)

あたご-どり【愛宕鳥】〖名〗鳥「うぐいす(鶯)」の異名。＊三十二番職人歌合(1494頃)三番「うぐひすかひ。羽風だに花の為にはあたご鳥」

あた-こなし〖名〗方言 ものを粗末にすること。また、その人。浪費家。愛媛県840 大三島848 ◇あたごなし 香川県仲多度郡・三豊郡829

あたご-はくさん【愛宕白山】〖連語〗(山城(京都)の愛宕権現と加賀国(石川県)の白山権現の二つの神の名に呼びかける誓いのことばから) 強い断定の意を表わす語。決して。まったく。必ず。あたごびゃくさん。＊虎明本狂言・文山立(室町末-近世初)「わごりょのやうな憶病な者とつれだちて、よひ事がなひ、其つれな事はおいてくれひ、あたごはくさん申つうぜぬ」＊ロドリゲス日本大文典(1604-08)「ハチマン、ハクサン、Atago facusan (アタゴ ハクサン)」＊浄瑠璃・百日曾我(1700頃)一「某が拝受の御馬、半分づつ切取とは、あたご白山、指もささば勘忍せぬと、つめかくる」＊浮世草子・傾城色三味線(1701)江戸・三「是旦那おにげなされな。あたご白山(ハクサン)手がわるい」 発音 アタゴハクサン〈標ア〉ハ

あたごはなぞの-じんじゃ【愛宕花園神社】 福島県いわき市平下神谷(たいらしもかべや)にある神社。旧県社。祭神は軻遇突智神(かぐつちのかみ)、瓊瓊杵尊(ににぎのみこと)、木花開耶姫命(このはなさくやひめのみこと)。康平年間(一〇五八～六五)創祀。古来、子育ての神として信仰を集める。 発音 アタゴハナゾノジンジャ〈標ア〉ジ

あたご-び【愛宕火】〖名〗近畿・山陰地方で行なわ

れる火祭。また、その火。古くは七月二三日、または二四日に行なわれたが、現在では、六月、七月、八月など所によってその日を異にする。＊俳諧・七車(1728)秋「愛宕火に稲妻光るとひゃうし哉」＊俳諧・年浪草(1783)秋・一「愛宕火(アタゴヒ)〈略〉摂陽群談曰、摂州豊島郡池田村に有此事〈略〉燈籠に火を熒て愛宕火と号し祭る」

あたご-びゃくさん【愛宕白山】〘連語〙「あたごはくさん(愛宕白山)」に同じ。

あたご-ふだ【愛宕札】〘名〙愛宕神社の守り札。愛宕神社は、雷神をまつり、防火の守護神であるので、そのお札は火災よけの効果があるといわれている。＊言継卿記‐永禄一二年(1569)七月一六日「大文字〈法文〉一枚、禁御厳重、愛宕札十五枚遣レ之」＊雑俳・辻談義(1703)「をしにけり・むねの焼るにあたご札」

あたご-ほおずき【愛宕酸漿】(ほほづき)〘名〙植物「いわかがみ(岩鏡)」の古名。＊語彙(1871‐84)「いはかがみ あたごほほづき、ちゃせんさう、よめのさら」

あたご-まいり【愛宕参】(まゐり)〘名〙愛宕権現に参詣すること。特に陰暦六月二四日にお参りする千日詣をいう。愛宕の千日詣。＊多聞院日記‐天正九年(1581)五月一四日「筒順はあたこ参云々」＊仮名草子・尤双紙(1632)下・一「ひく物のしなじな〈略〉客より庭には、馬を引。あたご参りに、袖を引。神のまへには、しめをひく」＊浮世草子・御前義経記(1700)五・四「あたご参りは下向の花。御秡(おはらひ)ぐしはかわこに包(つつみ)風呂敷帆ばしらにくくり付」＊浄瑠璃・長町女腹切(1712頃)上「笑ひ暮(くら)せし秋の日の西山近き染ゆかた、愛宕(アタゴ)参りに袖を引れた」発音アタゴマイリ〈標ア〉マ

あたご-もうで【愛宕詣】(まうで)〘名〙「あたごまいり(愛宕参)」に同じ。＊俳諧・俳諧歳時記(1803)上・六月「六月廿四日、愛宕詣。是平日の千度〈或は六千度共〉に当るといふ。俗是を千日詣といふ」発音アタゴモーデ〈標ア〉モ

あたご-もどり【愛宕戻】〘名〙愛宕参りを終えての帰り。＊俳諧・太祇句選(1772‐77)春「島原へ愛宕もどりやおぼろ月」

あたご-やま【愛宕山】㊀京都市右京区北西部の山。比叡(ひえい)山と東西相対してそびえる。山頂に愛宕神社があり、古来、愛宕権現とよばれ、鎮火の神として崇敬される。標高九二四メートル。あたごさん。白雲(はくうん)山。＊蜻蛉(974頃)中・安和二年「にしの宮まうぐひすは〈略〉君がむかしの あたごやま さしていりぬと ききしかど」＊曾丹集(11C初か)「あたご山しきみのはらに雪つもりはなつむ人のあとだにもなし」㊁東京都港区芝公園北方の小丘。山頂に愛宕神社がある。男坂の石段は曲垣(まがき)平九郎の馬術で有名。大正一四年(一九二五)、日本最初の放送局である日本放送協会(NHK)東京放送局が設置され、それ以後NHK東京放送局を呼ぶ俗語としても用いられた。標高二六メートル。表記愛宕山(書) 発音アタゴヤマ〈標ア〉0〈京ア〉0 辞書書言

あたご-れんが【愛宕連歌】明智光秀が天正一〇年(一五八二)、本能寺に織田信長を襲う前に、愛宕山で催した連歌の会の百韻。

あだ-さかもり【徒酒盛】〘名〙ただむやみに酒ばかりを飲み交わすこと。余興のない宴会。＊浄瑠璃・三世二河白道(1708)三「時にうき世定りの、あだ酒もりは事ふるし、此花につき一景のあらましほしや」

あだ-ざくら【徒桜】〘名〙①はかなく散る桜。散りやすい桜。また、はかないもののたとえ。＊大観本謡曲・墨染桜(室町末)「浮世の春のあだ桜、風吹かぬ間もあるべきか」＊親鸞聖人絵詞伝(1800)一「あすありと思ふ心のあだ桜(ザクラ)夜は嵐の吹ぬものかは」＊歌舞伎・小袖曾我薊色縫(十六夜清心)(1859)五立「知れぬ浮世の仇桜」②浮気な女。遊女。＊長唄・春の色(1845)「味(あぢ)な世界の徒(アダ)桜、色と酒との二筋道を」発音〈標ア〉ザ

あだ-ざけ【徒酒】〘名〙むだな酒。酔うことのできない酒。＊浮世草子・諸道聴耳世間猿(1766)二・一「大坂のけんたんやで、仇酒(アダざけ)喰ふてつかひ捨たのでござらふ」＊俳諧・七柏集(1781)寄巣庵興行「仇酒吐てまた二日酔〈蓼太〉留守遣ふ隠家ひとつ四畳半〈蘭室〉」

あださん【安達三】浄瑠璃「おうしゅうあだちがはら(奥州安達原)」三段目「袖萩祭文の段」の略称。

あたし【私】〘代名〙(「わたし」の変化した語) 自称。主として女性が用い、ややくだけた語感を持つ。＊浮雲(1887‐89)〈二葉亭四迷〉一・六「私(アタシ)に食って懸った者があると思召せ」＊桑の実(1913)〈鈴木三重吉〉一「もうお寝(やす)みなさいな。十二時よ、私(アタシ)もそろそろ目をつぶりかけるわ」発音〈標ア〉0〈京ア〉⓪0

あだし【他・異・徒・空】〘語素〙①(他・異)(古くは「あたし」とも) 名詞につけて、「ほかの、別の、異なった」の意を表わす。「あだし国」「あだし事」「あだし人」など。②(徒・空) 名詞につけて、「移りやすい、はかない」、また、「浮気な、心の変わりやすい」の意を表わす。「あだし色」「あだし心」「あだし言葉」「あだし契り」「あだし情」「あだし身」「あだし男」「あだし女」など。語誌「あだ(あた)」に、副助詞「し」がついた語、また、形容詞語尾「し」がついた語などといわれる。「あだ」と同じように使われるが、「あだ」の方が次の体言との熟合度が強い。発音〈音史〉①は古くは『あたし』と清音か。辞書〈ポン〉 表記他(へ)

あだ。し【他・異・徒・空】〘形シク〙①(他・異)(古くは「あたし」とも) 異なっている。別のことである。＊観智院本名義抄(1241)「他 アタシ ホカ」＊志濃夫廼舎歌集(1868)襁褓草・詞書「大同類聚方のただ一部今も世にのこれるを大綱にとりて、なほあだしもろもろの書どもにつきていささかも此の道によしある事のあらんを取りひろひ」②(徒・空) はかない。変わりやすい。また、むなしい。実(じつ)がない。＊御伽草子・小男の草子(室町)「言の葉の末もいとあはれなるさまを、あだしくなさん事は、誠に鬼畜木石に異ならずと思ひ」＊浄瑠璃・日本蓬莱山(1685頃)二「それにんがいのあだしきは、とく有人はをのづから、心しづかに、世のいとなみをもはばからず」＊歌謡・松の葉(1703)三・加賀ぶし「あだしこの身を煙となさば」＊歌謡・松の葉(1703)三・朝妻舟「あだしあだなみよせてはかへる浪、朝妻舟のあさましや」語誌(1)形容動詞語幹の「あだ(徒)」に、形容詞語尾「し」がついて生じた語。ただし、中世以前は、形容詞としての独立性は希薄で、体言を修飾するのが通例。→あだし〔語素〕。(2)②の挙例の「御伽草子・小男の草子」や「浄瑠璃・日本蓬莱山‐二」に至って形容詞と認められる例が出現する。発音〈音史〉①は古くは『あたし』と清音か。〈標ア〉ダ〈京ア〉0/ダ 辞書名義・言海 表記他(名)

あだ-じ【徒字】〘名〙むだな字。全体を生かすのに役に立たない字。＊中華若木詩抄(1520頃)中「天下帰劉と、つくったらば、天下の字あだ字也。四海と云処にて、きらりと、題をつくるぞ」

あだし-いろ【徒色】〘名〙うつりやすい色。はかない色。変わりやすい色。＊玉葉(1312)春下・一七五「あだし色に猶うとまれぬ桜花まつも惜しむもものをこそ思へ〈藤原兼季〉」

アダジオ〘名〙⇨アダージョ

あだし-おうぎ【婀娜扇】(あふぎ)〘名〙あだな扇。なまめいた作りの扇。＊俳諧・北国曲(1722)四「若草やあだし扇の芝の露〈長草〉」

あだし-おとこ【他男・徒男】(をとこ)〘名〙①(他男) ほかの男。別の男。＊人情本・閑情末摘花(1839‐41)四・二〇回「他(アダ)し郎(ヲトコ)に身請され、詠めの花となるならば、実なきものと恨まれん」＊いさなとり(1891)〈幸田露伴〉七八「我が不在(るす)の中にお新め心変りして、万一他(アダ)し男(ヲトコ)に情を通(かよは)しでもしたるか」②(徒男) 誠意のない浮気な男。好色の男。あだおとこ。＊光悦本謡曲・鉄輪(1488頃)「ことさら恨めしき、あたし男を取って行かむと」＊歌謡・新大成糸の調(1801)二〇九・はだしらず「ちぎりつきせぬなかなれど、おもふばかりにむすめぎのあだし男のあだなる気とも」＊腕くらべ(1916‐17)〈永井荷風〉八「駒代は今方あだし男に其身を弄ばれた口惜しさの仕返しとでも云ふやうに」発音〈標ア〉オ

あだし-おなご【徒女子】(をなご)〘名〙「あだしおんな(徒女)②」に同じ。＊人情本・貞操婦女八賢誌(1834‐48頃)三・一九回「心ありげなお前の言語(ことば)、斯く懇ろに問ひ給ふを、言はずば恩義を弁(わきま)へぬ、仇(アダ)し女子(ヲナゴ)と思はれん」発音アダシオナゴ〈標ア〉オ0

あだし-おみな【他女】(をみな)〘名〙「あだしおんな(他女)①」に同じ。＊書紀(720)神代下(水戸本訓)「時に権(かり)に他婦(アタシヲミナ)を用(と)りて、乳を以て皇子を養(ひた)す」

あだし-おもい【徒思】(おもひ)〘名〙はかなく、頼りないと感じる気持。＊浮世草子・好色万金丹(1694)一・三「有明の影さやかなる秋の月にも、大ぬさのあだしおもひに泪(なみだ)をこぼす」

あだし-おんな【他女・徒女】(をんな)〘名〙①(他女) ほかの女。別の女。あだしおみな。＊人情本・貞操婦女八賢誌(1834‐48頃)四・三七回「見す見す男は浪花にて、他(アダ)し女(ヲンナ)を渾家(つま)となし」＊いさなとり(1891)〈幸田露伴〉二五「良からぬところへ足踏み入れ他(アだ)し女と半時にせよ睦び語らひし揚句」②(徒女) 実意のない浮気な女。好色の女。＊蓼喰ふ虫(1928‐29)〈谷崎潤一郎〉一二「仇し女の肌の匂ひを知らせることは、たとひ名ばかりの夫婦にもせよ、妻への礼儀に欠けてゐると思ってゐた」発音〈標ア〉オ

あだし-が-はら【仇原・徒原】「あだしの(仇野)」に同じ。＊浄瑠璃・曾根崎心中(1703)道行「死に行く身をたとふれば、あだしがはらの道の霜、一足づつに消えて行く」発音アダシガハラ〈標ア〉ガ

あだし-ぐさ【仇草】〘名〙(讎(あだ)し種(ぐさ)の意) 害のもととなるもの。禍根。＊浄瑠璃・鑓の権三重帷子(1717)下「ひとり留守寝(るすね)の床の内、心も澄みて目もさへて、しんきしんきの空悋気(そらりんき)つひに我身のあだしぐさ」

あだし-くに【他国】〘名〙ほかの国。外国。異国。ことくに。＊古事記(712)上(兼永本訓)「凡(すべ)て佗国(アタシクニ)の人は、産(こう)む時に臨みて、本つ国の形を以て産生(あれま)す」＊大慈恩寺三蔵法師伝院政期点(1080‐1110頃)序「異なる県(さかひ)、他山(アタシクニ)、載(すなは)ち千里に馳(は)す」＊読本・椿説弓張月(1807‐11)後・一七回「その絹のつよき事、他国(アダシクニ)に勝れりとぞ」

あたじけ-な・い〘形口〙文あたじけな・し〘形ク〙①物惜しみをする。けちである。しわい。＊雑俳・柳多留‐二(1767)「木戸番はあたじけないと首を振り」＊咄本・座笑産(1773)車引「当世は慾の世の中。あたじけない車引、米十俵車につみ、たった壱人(ひとり)で引て行き」＊滑稽本・東海道中膝栗毛(1802‐09)六・下「京はあたじけねへ所だときいたが、ここらは又ごうせへだ」②とるにたりない。貧弱である。＊読本・操草紙(1771)二「是等はいにしへ提重といひし類に近く、今専ら地獄と名付て世に行はるるとぞ、かかるあたじけなき娘共は、中々惣七が気にはいるまじ」＊虞美人草(1907)〈夏目漱石〉一八「手を延ばして燐寸(まっち)の箱を取った。取りながら横に振ると、あたじけない五六本の音がする」語源説アタは憎みの意を示す接頭語。シケナイはシハケナシ(吝気甚)の約か〔大言海〕。発音〈標ア〉

ナ 辞書言海

あたじけな-さ『名』(形容詞「あたじけない」の語幹に、接尾語「さ」の付いた語) けちなこと。また、その度合。＊談義本・無而七癖(1754)三・鉄火坊が評の俳諧「盆前に涼の沙汰も株仕廻 あたじけなさによい月の照」 発音〈標ア〉ナ

あたじけ-なし『名』物惜しみをする人。けち。＊二人女房(1891-92)〈尾崎紅葉〉中・八「無慚(づうづう)しくって、貪婪(アタジケナシ)が多いよ。と婢等(をんなども)は聞えよがしに陰言をいふ」 発音〈標ア〉ナ ケ

あたじけ-なすび【—茄子】『名』(「あたじけない」の「な」と茄子(なすび)の「な」をかけたしゃれ) けちな人。欲の深い人。けちんぼ。＊洒落本・野良の玉子(1801)一「きのしれたあたじけなすびだ」＊滑稽本・東海道中膝栗毛(1802-09)七・下「『そいつが所へ尋ねていって、酒でも呑でやろふじゃあねへか』『ナニあたじけなすびがのませるものか』」＊滑稽本・世中貧福論(1812-22)上・三「五六千両の身代とは見へながら、あたじけ茄子の塩からき性質なれば」

あだし-けむり【徒煙】『名』「あだけぶり(徒煙)」に同じ。＊浄瑠璃・賀古教信七墓廻(1714頃)四「我涙にぞ染つべし それをしるべと立寄れば あだしけふりの梅田(むめだ)の火屋(ほや)」

あだし-ごころ【徒心】『名』(「あだしこころ」とも)「あだごころ(徒心)」に同じ。＊風俗歌(9C前-11C中か)君を措きて「君を措きて 安太之古々呂(アダシゴコロ)を 我が持たば」＊御伽草子・秋の夜の長物語(南北朝頃)「さすが未だ幼なきあだし心にて、人にまたなく思ひ付きぬるは」＊日葡辞書(1603-04)「Adaxicocoro(アダシココロ)。すなわち、アダナ ココロ」＊浄瑠璃・義経千本桜(1747)二「源氏は平家のあた敵と、後々迄も此お乳(ち)が、帝様にあだし心も付ふかと人々に疑はれん」 発音アダシゴコロ 〈音史〉古くは『あだしこころ』か 〈標ア〉ゴ 〈ア史〉鎌倉○○○○◎ 辞書日葡・書言・言海 表記他心(書・言) 異情(書)

あだし-ごと【他事・徒事】『名』①(他事) ほかの事。余事。＊書紀(720)継体八年正月(前田本訓)「余事(アタシこと)に非ず。唯妾が悲しぶ所は飛鳥天之鳥(とぶとり)も児(おのがこ)を愛養(うつくし)ぶが為に、樹巓(きのする)に樔を作(く)ふ」②(徒事) むだなこと。つまらないこと。不必要なこと。 発音アダシゴト 〈標ア〉ト 0

あだしごと は さて おき (「閑話休題」と書く。「さておき」は「さておく」「さておきつ」などともいう) 話題を転換する時に用いる言葉。近世中期に中国白話小説を模倣した読本類に多く用いられ、以後流行した。あだしものがたりはさておき。それはさておき。かんわきゅうだい。＊人情本・貞操婦女八賢誌(1834-48頃)三・二六回「可憐お安が薄命、此末憂き目に会ふや否や〈略〉閑話休題(アダシゴトハサテオキツ)、お道は、計らず援兵(たすけ)を得て、難なく敵を追ひ却けつ」＊西洋道中膝栗毛(1870-76)〈仮名垣魯文〉三・上「閑話休題(アダシゴトハサテヲキ)サ、浮れるなら、遊蕩場が心遣ひがなくっていいから」＊当世書生気質(1885-86)〈坪内逍遙〉九「閑話休題(アダシゴトハサテオク)、さても須河悌三郎は思ひがけなく継原より」＊雪中梅(1886)〈末広鉄腸〉上・二「閑話休題(アダシゴトハサテオキツ)甲乙の二名は」

あだし-ごと【徒言】『名』「あだしことば(徒言葉)」に同じ。 辞書書言 表記妄言・浮言・化言(書)

あだし-ことのは【徒言葉】『名』「あだしことば(徒言葉)」に同じ。＊玉葉(1312)恋三・一五四五「なほざりのあたし言の葉たのまじと思ふものからまたぞ慰む〈小兵衛督〉」

あだし-ことば【徒言葉】『名』口先だけで真実味のない言葉。あてにならない言葉。あだしことのは。＊謡曲・班女(1435頃)「夕べの数は重なれど、徒し言葉の人心、頼めて来ぬ夜は積もれども」 発音〈標ア〉バ

あだし-たまくら【他手枕】『名』他人の手枕。夫婦などが、それぞれ他の女、他の男と共寝することにいう。＊万葉(8C後)一一・二四五一「天雲の寄り合ひ遠み逢はずとも異手枕(あたしたまくら)われ纏(ま)かめやも〈人麻呂歌集〉」

あだし-ちぎり【徒契】『名』口先だけで実行されない約束。あてにならない約束。はかない約束。＊続千載(1320)恋五・一五八七「結びけんあたし契ぞ憂かりける終に絶えぬる中となるにも〈藤原実衡〉」＊評判記・野郎虫(1660)寺田角彌「よひよひのまくらもあだし契(チギ)りとやかくやはおもふゆめのよのなか」＊読本・椿説弓張月(1807-11)残・六三回「袖ふりはへし稲舟の、綱手に結ぶ化(アダ)し契(チギ)りも、人目いぶせく名告(なのり)もあへず」 辞書言海 表記他契(言)

アダジッシモ『名』(イタリア adagissimo)《アダジシモ》音楽の速度標語の一つ。非常にゆっくりの意で、アダージョより遅い速度を示す。＊新しき用語の泉(1921)〈小林花眠〉「アダジシモ Adagissimo〔伊〕音楽用語で、『アダジオより緩徐に』の意」 発音〈標ア〉ダ

あだし-とき【他時】『名』ほかの時。別の時。＊万葉(8C後)一〇・一九四七「逢ひ難き君に逢へる夜霍公鳥(ほととぎす)他時(あたしとき)ゆは今こそ鳴かめ〈作者未詳〉」

あだし-ところ【他処】『名』ほかの所。別の場所。ことところ。＊古事記(712)上(上巻抄訓)「此の地(ち)の除(ほか)は他処〈安太之止古呂〉へ行(ゆ)かじ」＊書紀(720)垂仁二年是歳(北野本訓)「故(かれ)他処(アタシトコロ)に勿往(ないにそ)」

あだし-な【他名・徒名】『名』①(他名) 他の人の名まえ。＊舞姫(1890)〈森鴎外〉「産れん子は君に似て黒き瞳子をや持ちたらん。〈略〉産れたらん日には君が正しき心にて、よもあだし名をばなのらせ玉はじ」②(徒名) 浮き名。浮気の評判。恋愛の評判。＊俳諧・江戸十歌仙(1678)三「比丘尼ころひの後家の化名(アタシナ)〈春澄〉 みだ頼む捨文一つ相隣〈言水〉」＊評判記・色道大鏡(1678)五「適(たまたま)一日あふ時、化名(アタシナ)四方(よも)にたちて、女郎の身に害をなさしむ」＊浄瑠璃・心中天の網島(1720)上「紀の国屋の小はるとは、此十月にあだし名を世に残せとのしるしかや」

あだし-なさけ【徒情】『名』「あだなさけ(徒情)」に同じ。＊浄瑠璃・冥途の飛脚(1711頃)下「さるにても我夫(つま)の秋より先に必ずとあだしなさけの世を頼み」

あだし-なみ【徒波】『名』「あだなみ(徒波)」に同じ。＊宇津保(970-999頃)嵯峨院「浦風のことをふきかくる松山もあだしなみこそ名をば立つらし」

あだし-の【仇野・徒野・化野】 一 京都市右京区嵯峨、小倉山のふもとにあった葬送の地。中古、火葬場があり、東山の鳥辺山と併称された。法然房源空が常行念仏の道場とした念仏寺があり、その墓所には、周辺から出土した七五〇〇もの地蔵や小石塔が明治時代に集められ、無縁仏として祀られている。八月の地蔵盆には千灯供養が行なわれる。＊徒然草(1331頃)七「あだし野の露きゆる時なく、鳥部山の烟(けぶり)立ちさらでのみ住みはつる習ひならば」＊俳諧・大坂独吟集(1675)上「骨うづき定なき世のならひなり あばら三まひ化野のはら〈三昌〉」 二『名』転じて、一般に墓地、墓所のこと。また、「仇野の露」「仇野の霜」などの表現で無常なところ、更に人生のはかないたとえにいう。あだしがはら。＊源氏(1001-14頃)手習「あだしのの風になびくな女郎花われしめゆはん道遠くとも」＊俳諧・父の終焉日記(1801)五月二三日「暁、灰よせなりとて、おのおの卯木(うつぎ)の箸折て、仇し野にむかふ」 発音〈標ア〉0 〈京ア〉0 辞書文明・書言 表記化野(文・書)

あだし-びと【他人】『名』「あだびと(他人)」に同じ。＊書紀(720)允恭一一年三月(図書寮本訓)「是の歌、他人(アタシヒト)に不可聆(なきかせそ)」＊書紀(720)敏達一四年六月(前田本訓)「汝独り仏法を行ふ可し。余人(アタシひと)を断(や)めよ」＊古活字本毛詩抄(17C前)一二「越はとをい国ぢゃ程にあたし人と云ぞ」＊有明集(1908)〈蒲原有明〉苦悩「懼(おそろ)しき『疑』は、噫、自(みづから)の身にこそ宿れ、他(アダ)し人責めも来なくに」 発音〈音史〉古くは『あたしひと』と清音か。〈標ア〉シ 辞書文明・天正・言海 表記越人(文・天) 他人(言)

あだし-ぶみ【他文】『名』ほかの書。他の書籍。別の本。＊書紀(720)雄略一〇年九月(前田本訓)「別本(アタシフミ)に云はく、是の鵝、筑紫の嶺県主泥麻呂の犬の為に嚙はれて死ぬ、といふ」 発音〈音史〉古くは『あたしふみ』と清音か。

あだし-まくら【徒枕】『名』「あだまくら(徒枕)」に同じ。＊歌謡・若みどり(1706)一・二・新もしほくさ「たなばたのわかれの涙いくとしか、つもりつもりてこひぢくし、あだし枕のたはむれも」＊歌謡・新大成糸の調(1801)二四〇・そでのつゆ「ひよくれんりと契りし事も、あだしまくらの浮きなみだ」

あだし-み【徒身】『名』はかない身。もろい身。＊日葡辞書(1603-04)「Adaximi(アダシミ)」＊仮名草子・竹斎(1621-23)上「誠に此世は電光朝露(てうろ)夢幻(ゆめまぼろし)のあだし身」＊洒落本・禁現大福帳(1755)三「化(アタ)し身(ミ)の霊祭りに心細く秋風吹ば」 辞書日葡

あだし-みやび【徒雅】『名』うつろいやすい風流。きまぐれな物好き。＊宴曲・宴曲集(1296頃)四・伊勢物語「あだしみやびのせめて猶好(す)ける心の掲焉(いちはや)く」

あだしものがたり-は-さておきつ【閑話休題】『連語』「あだしごと(他事)はさておき」に同じ。＊読本・南総里見八犬伝(1814-42)二・二〇回「閑話休題(アダシモノガタリハサテオキツ)葬の事果しかば、亀篠は又蟇六と商量して」

あだし-よ【徒世】『名』つねに移り変わるはかない世。無常の世の中。＊天満宮本拾遺(1005-07頃か)雑下・五七四「あだし世の 例(ためし)なりとぞ さわぐなる〈藤原兼家〉」＊久安百首(1153)雑上「あす知らぬ身むろの岸の根なし草なにあだし世におひはじめけん〈小大進〉」 辞書日葡

あだ-じょうるり【徒浄瑠璃】(ジャウルリ)『名』口から出まかせに語る浄瑠璃。＊浄瑠璃・心中天の網島(1720)上「浮かれぞめきのあだ上るり」

あだ-しらべ【徒調】『名』でたらめの演奏。＊歌謡・新曲糸の節(1757)長歌・三つのいと「我に任する三つの糸、とりて暫しは三下り、また二上りのあだしらべ」

あだ-じろ・い【—白】『形口』妙に白く見える。ひどく白い感じである。＊日本橋(1914)〈泉鏡花〉五四「二間ばかり奥へ入った処に、仇白(アダジロ)くなって字が見える」＊大阪の宿(1925-26)〈水上滝太郎〉一二・八「生際のあだ白く抜上った、黒眼鏡の下の鼻の、婆さんらしく無くつんと高いのが、根性をよく見せ無かった」 方言蒼白(そうはく)である。熊本県下益城郡930

あだ-しろもの【婀娜代物】『名』なまめいた物。美しくしなやかな女性。＊滑稽本・東海道中膝栗毛(1802-09)八・下「『乞食にしておくは、おしい器量だ』『ほんに仇(アダ)しろものだ。コレ、手めへ男があるか』」

あだ-しわ【徒皺】『名』折り目以外のよけいなしわ。＊女坂(1949-57)〈円地文子〉一・彩婢抄「仇皺(アダシワ)一つよせずきちんと坐った膝に手を組んで」

あた-じわい【—吝】『形』 方言甚だしくけちである。意地汚い。尾張宮111 京都111 千葉県安房郡001

あた-・す【仇・寇】『自・他サ変』⇩あたする(仇

あだ・す【他サ四】散らす。あらす。また、他の動詞の下について、その動作をはげしくすることを示すともいう。＊万葉(8C後)一九・四二三五「天雲をほろに踏み安太之(アダシ)鳴神も今日に益(まさ)りて畏(かしこ)けめやも〈県犬養三千代〉」＊散木奇歌集(1128頃)恋下「まきの板をほろにあたして通ひこん憎びもあへず妹がしなひに」 方言 落とす。 備後†124 福井県大飯郡432 京都府620 岡山県042 広島県比婆郡774 ◇**あだかす** 京都府620 622 兵庫県但馬652

あだ-すがた【婀娜姿】【名】なまめかしい姿。あだな姿。＊当世書生気質(1885-86)〈坪内逍遙〉五「新橋形の島田髷(しまだわげ)、こぼれかかりし愛嬌毛は、招き顔なる仇姿(アダスガタ)」＊少年行(1907)〈中村星湖〉八「萩の植込の間にしゃなりとした婀娜姿(アダスガタ)が立って」 発音 アダスガタ 〈標ア〉ス

あた-・する【仇・寇】(「あだする」とも) ㊀【自サ変】文あた・す【自サ変】①刃向かう。敵対する。＊大唐西域記長寛元年点(1163)五「其れ敵(アタス)べけむや」＊文明本節用集(室町中)「法律 度量者人主之所二以仇(アタスル)一下也」 ②攻め入る。他国に侵入する。 ㊁【他サ変】文あた・す【他サ変】そこなう。傷つける。＊日蓮遺文-開目抄(1272)「これを世間の失(とが)によせ、或は罪なきをあだすれば忽に現罰あるか」 発音〈音史〉近世中頃から『あだする』と濁音。〈標ア〉タス 〈京ア〉ア 辞書 文明・言海 表記 仇・寇(文) 寇(言)

あた-ぜいば・る【自ラ四】むやみにいばりかえる。＊浄瑠璃・山崎与次兵衛寿の門松(1718)上「エイあたぜいばった聞共ない」

あだ-ぜいもん【徒誓文】【名】いつわりの誓い。＊日葡辞書(1603-04)「Adajeimon (アダゼイモン)」 辞書 日葡

あだ-ぜに【徒銭】【名】むだに使う金。＊浮世草子・浮世親仁形気(1720)二・二「つゐにあだ銭(ゼニ)一文もつかはず、常住革足袋に雪駄で得意方をかけ廻り」

あたた【名】(「あつあつ(熱熱)」の変化した「あたあた」から出た語か) 灸(きゅう)の小児語。＊俳諧・二息(1693)「破るなと障子に灸(あたた)する乳母」＊雑俳・柳多留-二四(1791)「殿様へあたたをすえに国家老」＊滑稽本・浮世風呂(1809-13)二・上「『私どもの内の坊はネ、どうも啼(ない)てなりませんよ』『そんなら灸(アタタ)を居(すゑ)ておやんなさいまし』」

あただ ㊀【副】程度のはなはだしいさまを表わす語。たいへん。非常に。＊歌謡・隆達節歌謡(1593-1611)「思へども賤の身なれば色には出さぬ、あただ心を尽くすよの」＊阿国歌舞伎歌(江戸初)歌舞伎踊「風も吹かぬに早戸をさいたなう ささばさすとて とくにもおしやらいで あただつれなの 君様やなう」 ㊁【形動】程度のはなはだしいさま。＊玉塵抄(1563)四八「物を多あわふくを、たらいてあたたなことを云えば人がをかし難事がでくるぞ」

あただ【副】(「に」を伴って用いることが多い) 急なさま、にわかなさまを表わす語。＊日葡辞書(1603-04)「Atadani (アタダニ)。すなわち、ニワカニ」＊物類称呼(1775)五「急にといふ事を、予州にて、あただにと云」 方言 ❶急なさま。にわかなさま。 筑前†128 島根県725 愛媛県今治市842 越智郡845 福岡県八女郡872 長崎県長崎市906 五島911 熊本県南部933 大分県938 939 941 宮崎県東諸県郡954 日向955 ◇**あたあだ** 鹿児島県喜界島983 ◇**あとだ** 島根県那賀郡725 広島県比婆郡771 ◇**あとだん** 島根県邑智郡735 ◇**あたど** 愛媛県840 ◇**あたで** 熊本県南部933 宮崎県日南市040 ◇**あだで** 熊本県玉名郡058 宮崎県日南市038 ◇**あたでえ** 福岡県久留米市・浮羽郡872 熊本県阿蘇郡923 ◇**あたじゃあ** 熊本県918 下益城郡931 ◇**あたっじゃ・あたじゃ** 熊本県玉名郡058 ◇**あただい** 福岡県粕屋郡876 福岡市879 ◇**ああだ** 山口県792 ◇**あった** 島根県大根島732 岡山県阿哲郡751 沖縄県054 首里993 ◇**あた** 鹿児島県喜界島(接頭語的に用いる)983 ❷容易なさま。◇**あただん・あたでん** 沖縄県石垣島996 語源説 アハタダシの転か〔物類称呼〕。 辞書 日葡

あたた・い【形口】(形容詞「あたたかい」の変化した語) 暖かい。また、熱い。＊雑俳・伊勢冠付(1772-1817)「火燵のすね合・あたたひ足を根(こん)くらべ」 方言 ❶暖かい。 三重県志摩郡585 度会郡599 和歌山県新宮702 ◇**あったかない** 富山県389 ❷暑い。 岐阜県郡上郡504 ◇**あったこえ** 山形県北部139 ❸熱い。 岐阜県郡上郡504 三重県585 588 592

あたた-か【暖―・温―】【形動】①外気や物の、温度が低くないさま。熱があるさま。㋑寒くなくて気持のよいさま。また、冷たくなくて気持のよいさま。温暖。《季・春》＊宇津保(970-999頃)俊蔭「そのあたたかなるほどは、かく、しありきて、母に食はす」＊色葉字類抄(1177-81)「暖 アタタカニ アタタカナリ」＊栂尾明恵上人伝記(1232-50)上「此草庵に数月を送って、煖(アタタ)かなる食事なし」＊至宝抄(1585)「一、水ぬるむ 一、あたたか」 ㋺熱いさま。熱のあるさま。高温。高熱。＊蜻蛉(974頃)下・天禄三年「あたたかにもあらず、寒くもあらぬ風、梅にたぐひて鶯をさそふ」＊金光明最勝王経音義(1079)「暑 阿太々加奈リ」＊名語記(1275)三「夏来ぬれば、あたたかになる」＊真福寺本遊仙窟文和二年点(1353)「腹の熱(アタタカナル)こと焼くるが如し」 ㋩衣類などが、それを身につけたとき、体をあたためて心地よさそうであるさま。＊小学教授書(1873)〈文部省〉「人々は、冬になると、暖かな、着物を、着て、夏は、薄き、着物を、着ますか」 ②財産が豊かであるさま。経済的にゆとりがあるさま。＊談義本・艶道通鑑(1715)三・一八「抃(かせ)ぐに貧乏の足遅くそろそろ手前も暖(アタタカ)になれば」＊浄瑠璃・博多小女郎波枕(1718)上「身請する程内証があたたかで」＊いさなとり(1891)〈幸田露伴〉三「懐中(ふところ)あたたかなれば東京見物して遊びたきは自然なるべし」 ③物事がおだやかにすらすらとゆくさま。＊浄瑠璃・心中天の網島(1720)上「仏はおろか地獄へもあたたかに、二人連れでは落られぬ」＊浄瑠璃・新版歌祭文(お染久松)(1780)油屋「温(アタタカ)に渡してよいものか」 ④いい気なさま。人を馬鹿にしたさま。ずうずうしく、こしゃくなさま。＊浄瑠璃・大覚大僧正御伝記(1691頃)二「美しいかほをして人の男に心をかけ、ようもようもあたたかに此舟へは乗られたなふ」＊浄瑠璃・用明天皇職人鑑(1705)三「我々をしおとしてをのれ一人が銭とらう。ヤアあたたかなかすわっぱ、それ打殺せ」 ⑤相手への態度がきびしくないさま。また、愛情がこまやかなさま。思いやりがあるさま。＊三体詩素隠抄(1622)二・三「此寺は、教寺にて談義があまりにあたたかすぎたと云わぬばかりぞ」＊社会百面相(1902)〈内田魯庵〉新妻君・上「姑が出しゃばって干渉(せわ)を焼くから自づと家庭が奈何(どう)しても丸く温かに行かないんだワ」 ⑥色あいがやわらかく、冷たい感じがしないさま。＊第2ブラリひょうたん(1950)〈高田保〉画伯「私は画伯の画の温かな色調に感動させられた」 語誌 (1)古くは、①㋺の「金光明最勝王経音義」「真福寺本遊仙窟文和二年点」の例に見られるように、現代の「あたたか」よりは温度が高く、むしろ「あつい」に近い意も表わした。平安朝の仮名文では、「あたたか」の例自体が少なく、その使用場面も漢文脈等特定のものに限られ、温度を示す語彙の体系が現代とは相違していた可能性が高い。②以下の派生的な意味は、より温暖で快適な状態を指すというプラスの意味が定着してからのものであろう。(2)「ひややか」が「冷ゆ」「冷やす」などの語幹とかかわるヒヤに接尾語ヤカを付して生まれたのに類推して「あつし(熱・暑)」の語幹とかかわるアタをもとに派生した語形か。(3)上代の確例はなく、ヒヤヤカと同様、中古以降にみられる語形であり、近世になって、これを形容詞化させたアタタカイが生まれる。 方言【名】暖まり。「暖(だん)を取る」の暖の意。和歌山県日高郡054 語源説 (1)アタはアテ(貴)の転か。アタアタを約したアタタに、形容語尾が付いたものか。福々しいという原義から、暖衣の意に転用されたものだろう〔日本古語大辞典=松岡静雄〕。(2)(火に)アタリタイという意から〔和句解〕。(3)(日の)アタリアタルカタの意から〔名言通・国語本義・本朝辞源=宇田甘冥〕。(4)アツ(熱)ツカの転。ツカは副詞の接尾語〔大言海〕。(5)「煖」の入声音 At が「若」の別音 Tak と合し、Ata-taka-si という風に転じて形容詞の語尾をもつに至ったもの〔日本語原考=与謝野寛〕。 発音〈標ア〉タ^{2}タ^1 〈ア史〉平安○○●○か 江戸●○○○ 〈京ア〉タ^2 辞書 色葉・名義・和玉・文明・明応・天正・饅頭・黒本・易林・日葡・書言・〈ボン〉・言海 表記 暖(色・名・玉・文・明・天・饅・黒・易・書・へ・言) 温(色・名・玉・文・明・饅・黒・易・書) 煖(色・名・玉・文・易・書) 暄(色・名・玉・書) 暑・暾・燠(色・名・玉) 濡・陽・署(色・名) 昫・煦(名・玉) 爍・燸・暱・曘・燔・莚・靡(色) 熱・喝・膺(名) 熅・昷・渥・昦・曮・熯・煙・燚・熇・烼・炑・奥(玉)

あたたか・い【暖・温】【形口】文あたたか・し【形ク】①体に適度な温度が加わって心地よい。㋑寒くもなく、暑すぎもせず、気持がよい。気候や外気の温度が程よい。《季・春》＊俳諧・続寒菊(1780)「そこらをかける雉子(きじ)の勢ひ 暖うなりてもあけぬ北の窓〈野坡〉」＊今戸心中(1896)〈広津柳浪〉一「今年は稍(やや)温暖(アタタカ)く小袖を三枚重襲る程にもないが」 ㋺体の一部で感じる物の温度が、熱すぎず冷たくもなく、快い程度に高い。「温かい御飯」 ②金銭が十分に、豊かにあるさま。＊咄本・軽口御前男(1703)三・下人のかる口「『いつ見ても内があたたかさふな』といはるれば、下人いふやう『成ほどあたたかい』」＊星座(1922)〈有島武郎〉「彼の懐の内も暖かい」 ③思いやりや理解がこもっている。＊野分(1907)〈夏目漱石〉二「暖(アタタ)かい家庭に育った」＊葉書(1909)〈石川啄木〉「落着いた温かい声である」＊ブラリひょうたん(1950)〈高田保〉浮浪児について「浮浪児を愛しなさい。彼等にあたたかい手を差伸べてやりましょう」 語誌 (1)いわゆる形容動詞の語幹「あたたか」に、近世以降「し(い)」を付けて形容詞化した語。(2)中古において「あたたけし」という語形もみられるが、これは「あたたか」に体言的要素 i を添え(ka+i→kë)、「け(乙類)」となったものにク活用を形成する「し」が付いたものと考えられている。 発音〈なまり〉アタコエ〔山形〕アタタイ〔岐阜・飛騨・南伊勢〕アッタカ〔千葉〕アッタカイ〔埼玉方言・千葉〕アッタカェ・アッタカェー〔千葉〕アッタケ〔東京・志摩〕アッタケー〔埼玉方言・瀬戸内〕オッタカエ〔伊賀〕〈標ア〉カ 〈京ア〉タ^2 文『あたたかし』〈標ア〉タ^{2}カ 〈京ア〉カ 辞書〈ボン〉・言海 表記 暖(へ・言)

同訓異字 **あたたかい**【暖・温・暄・煖・燠】

【暖】(ダン) 日があたたかい。寒・冷に対して気候や大気の温度などがあたたかい。「暖房」「暖冬」「寒暖」《古 あたたかなり・あつし》

【温】(オン・ウン) あたたかい湯の意。ちょうど心地よいあたたかさである。ほどよく熱があったり暑かったりする。ぬくい。「温水」「温床」「温帯」 人の性質などがやさしくあたたかい。心を込めて大事にしている様子である。「温厚」「温存」「温情」「温和」《古 あたたむ・あたたかなり・うるふ》

【暄】(ケン) 日があたたかい。《古 あたたか》

【煖】(ダン) 火があってあたたかい。火であたためる。「煖房」「煖炉」などで、暖と通じて用いる。《古 あたたかなり・あつし》

【燠】(オウ・イク) 「煖」と同義。《古 あたたなり・あつし》

あたたか-げ【暖気・温気】【形動】(「げ」は接尾語) あたたかいさま。＊宇津保(970-999頃)俊蔭「これは大ふくとくにおはしなん。かくあたたかげにつきて

おはします」＊源氏(1001-14頃)末摘花「松の雪のみ、あたたかげにふりつめる」 発音アタタカゲ〈標ア〉カ

あたたか‐さ【暖―・温―】〘名〙（「さ」は接尾語）①あたたかいこと。また、その度合。＊たまきはる(1219)「御手のあたたかさの程を知りまゐらせんと思ひしに」＊俳諧・玄峰集(1750)春「むめ一輪一りんほどのあたたかさ」＊小学読本(1873)〈田中義廉〉一「又一匹の牛は、煖かさを、凌ぐ為に、河に行きて、水を飲まんとす」②思いやりや優しさがあること。また、その度合。＊竹沢先生と云ふ人(1924-25)〈長与善郎〉竹沢先生の家・三「何と云ふ母性的な温かさであらう」 発音〈標ア〉タ[2]カ〈京ア〉0

あたたか・し【暖・温】〘形ク〙⇨あたたかい(暖) 辞書日葡・ヘボン 表記暖(へ)

あたたか‐まんじゅう【暖饅頭】〘名〙（あたたかで、うまいことを饅頭にかけていったしゃれ）①うまくゆくこと。また、うまくいっている人。＊俳諧・世話尽(1656)二「あたたかまんぢう」＊浄瑠璃・出世握虎稚物語(1725)三「きゃつに肩楽な杉折とは、あたたか饅頭」②ぬけぬけとしたずうずうしい人。＊浄瑠璃・天鼓(1701頃)四「此三瀬(みせ)四瀬(よせ)の渡しを、ただ乗らふとは、あたたかまんぢう。サア銭つけとねめつくる」

あたたか‐み【暖味・温味】〘名〙（「み」は接尾語）①「あたたかさ(暖)①」に同じ。＊俳諧・発句類聚(1807)春「暖かみ梅散る雨に成にけり〈一塘〉」＊こゝろ(1914)〈夏目漱石〉下・四二「私は其頃になって、漸やく外套の下に体の温味(アタタカミ)を感じ出した位です」②「あたたかさ(暖)②」に同じ。＊草枕(1906)〈夏目漱石〉七「芸術的に観じて申し分のない、空気と、あたたかみと」＊桐の花(1913)〈北原白秋〉昼の思「ルノワアルなどのふくよかな色の温味と悩ましい息づかひの魅力」 発音〈標ア〉0ミ〈京ア〉0

あたたき〘名〙「あたたけ」に同じ。＊浄瑠璃・忠臣後日噺(1772)上「仕馴ぬ業も姑の詞をもちゐの鏡餅、雑煮の温気(アタタキ)取並べ」 方言❶鏡餅(かがみもち)。石川県能登404（男子誕生二一日目に配る祝いの鏡餅）406 三重県名賀郡584 ❷大きな餅(もち)。三重県伊賀001

あたたけ〘名〙（形容詞「あたたけし」の語幹からという）鏡餅(かがみもち)。また、雑煮に入れる丸い餅。あたたき。あたたけもち。＊色葉字類抄(1177-81)「温餅 アタタケ」＊大乗院寺社雑事記‐長禄元年(1457)一二月二六日「御後見よりあたたけ進之」＊石山本願寺日記‐私心記・天文一〇年(1541)一二月二五日「あたたけ御祝如常。赤餅不参候」＊雍州府志(1684)六「供二神仏一是謂レ鏡、以二其状相似一称レ之、其小者謂二温餅(アタタケ)一」 方言❶鏡餅(かがみもち)。滋賀県滋賀郡608 ❷年玉の餅(もち)。東京都利島331 辞書色葉・文明・饅頭・黒本・易林・日葡・書言 表記温餅(色・文・饅・黒・易・書)

あたた・けし【暖・温】〘形ク〙暖かい。暖かそうである。《季・春》→「あたたかい(暖)」の語誌。＊千里集(894)「あたたけき春の山べに花のみぞ所もわかず咲きわたりける」＊享和本新撰字鏡(898-901頃)「煗 煴 也 介夫利 又阿太々介志」 発音〈標ア〉タ[2]ケ〈ア史〉平安○○○○◐〈京ア〉ケ 辞書字鏡・名義・言海 表記煗(字) 暑・暄(名) 暖(言)

あたたけ‐もち【温餅】〘名〙「あたたけ」に同じ。＊仮名草子・仁勢物語(1639-40頃)上・一四「栗の粉のあたたけ餅のあるならば土産(みやげ)に今度たんと遣らましを」

あたたし・い〘形口〙（副詞「あただ」と同語源か）程度がはなはだしい。＊漢書列伝竺桃抄(1458-60)張陳王周第一〇「唐土はかふあたたしいぞ。百万の大将ほどのものをも獄に入るるぞ」＊史記抄(1477)一一・子胥「此時分があたたしい呉の勢であった」＊史記抄(1477)一五・匈奴「あたたしうひろい地そ」

あたたし‐げ〘形動〙（形容詞「あたたしい」の語幹に接尾語「げ」の付いた語）程度のはなはだしいさま。ひどいさま。＊杜詩続翠抄(1439頃)五「あたたしげな大名也」

あだ‐たのみ【徒頼】〘名〙むだな頼み。頼りにならないものを頼りにすること。＊浄瑠璃・袂の白しぼり(1710頃)下「私とお前とを、女夫(めをと)にせうといふ事ぢゃと、仇頼(アダタノミ)なる早合点」

あだ‐たま【徒玉・徒丸】〘名〙（「あだだま」とも）命中しない弾丸。むだだま。＊雑兵物語(1683頃)上「とっくと魂をひっちめて、あだ玉をはじき捨ない様にはなしめされう」＊読本・南総里見八犬伝(1814-42)九・一三四回「連(つるべ)放(はなて)る征箭(そや)、鉄炮に空箭(あだや)、空丸(アダタマ)あることなければ」＊和英語林集成(再版)(1872)「Adadama アダダマ」 辞書ヘボン 表記虚鉄(へ)

あたたまり【暖】〘名〙（動詞「あたたまる(暖)」の連用形の名詞化）①あたたまること。また、そのような気。ぬくもり。暖気。＊史記抄(1477)一四・扁鵲倉公「熨斗に湯を入たり、火を入たりなんどして、其あたたまりを以て、針線の縫のあとを失わうとするぞ」＊日葡辞書(1603-04)「Atatamariga (アタタマリガ) ヌケタ」＊浮世草子・傾城色三味線(1701)江戸・四「そのよい返事のあたたまりのさめぬうちに〈略〉太夫自筆のたしかな手形とって参れ」＊滑稽本・浮世床(1813-23)初・上「ソレ、自分の骸(からだ)のあたたまりで氷が解(とけ)る」＊物理学術語和英仏独対訳字書(1888)〈山口鋭之助〉「Atatamari Heating〈略〉温マリ」②ある人がその死後に及ぼす影響。＊甲陽軍鑑(17C初)品五二「義理深き剛の心有は、偏に信玄公の御威光強くまします御あたたまりにて」 発音〈標ア〉0リ 辞書日葡・言海 表記暖(言)

あたたまり‐け【煖気】〘名〙あたたかみ。＊妙好人伝(1842-52)二・上・和州半平「終に息絶たり。されども心下に煖気(アタタマリケ)さらざるゆゑ、葬式を猶予しけるが」

あたたま・る【暖】〘自ラ五(四)〙①熱を帯びる。あたたかくなる。＊千里集(894)「あくまでにみてる酒にぞ寒き夜は人の身までにあたたまりける」＊浜松中納言(11C中)四「よひもやや過ぎぬらんと思ふほどに、ややうあたたまりゆく。気色(けしき)も少しなほりぬるやうなるに」＊大鏡(12C前)六・道長下「しかじか候しかば、こよなくあたたまりて、さむさもわすれ侍にき」＊オールド・ノース・ブリッジの一片(1968)〈島尾敏雄〉「いったん坐った席のあたたまらぬうちに場所をかわるのは」②（ふところがあたたかくなるの意から）物や金銭が豊かになる。また、他動詞的に用いて、金品などを手に入れる。＊浄瑠璃・堀川波鼓(1706頃)下「是も師匠のおかげじゃてて今度礼にござったが、〈略〉わしら迄つらりっと三百宛あたたまった」＊滑稽本・東海道中膝栗毛(1802-09)八・下「翌日(あす)こそはかの百両をあたたまり、今宵の恥辱をすすがんと」 発音〈なまり〉アッタマル〔栃木・埼玉方言・千葉〕〈標ア〉マ〈ア史〉平安○○◍○○〈京ア〉0 辞書名義・日葡・書言・ヘボン・言海 表記炷・薀(名) 煗(書) 暖(へ・言)

あたた‐み【暖―・温―】〘名〙ぬくもりのある感じ。あたたかさ。＊学談雑録(1716頃)「『孟子』性善の章を、其心のあたたみのひへぬうちに熟復して、一章の大旨を識得あるべし」

あたた・む【暖・温】〘他マ下二〙⇨あたためる(暖・温)

あた‐たむら【仇屯】〘名〙（「あた」は敵、賊の意。「たむら」は、同類の仲間、また、それが集まっている所の意）敵、賊が集まること。また、その所。集まった賊ども。また、敵陣。あたのたむら。＊書紀(720)皇極四年六月(図書寮本訓)「天地(あめつち)開闢(ひらけ)しときより君臣(きみやつこら)が始めて有つことを以て、賊党(アタタムラ)に説(と)かしめて」

あたため‐ざけ【暖酒・温酒】〘名〙燗(かん)をつけてあたためた酒。また、身をあたためるために飲む酒。特に、古く陰暦九月九日を寒暖の分かれ目とし、この日から式事の酒もあたためて用い、また、この日あたためた酒を飲むと病気にならないという。《季・秋》＊謡曲・松虫(1514頃)「今は秋の風、暖め酒の身を知れば、薬と菊の花のもとに、帰らんことを忘れ」＊京童(1658)一・内裏「七重八重けふ九重の萩の戸に露のうてなのあたため酒」＊俳諧・新題林発句集(1801)秋「秋の夜や温酒に年の寄〈調瑄〉」＊歌舞伎・名歌徳三舛玉垣(1801)五立「局達と奥へ行て、マアほっとりと暖め酒」

あたため‐じる【暖汁】〘名〙あたたかい汁。熱くしてある汁。＊三条中山口伝(13C中‐後)五「汁有二寒温一。冷汁、温汁と可レ書也」

あたため‐ずあえ【暖酢和】〘名〙大根、椎茸、くし柿などを取り合わせ、罌粟酢(けしず)であえ、あたためて盛り分けた食べ物。

あたため‐ずし【暖鮓】〘名〙熱い飯で作った柿鮓(こけらずし)を、適当なあたたかみのある間に食べるすし。天明年間(一七八一～八九)頃、上方で流行した。

あたため‐だね【暖種】〘名〙種を、まく前にあたためておくこと。また、その種。＊俳諧・季引席用集(1818)「植物〈略〉温種(アタタメタネ)〈略〉懐中にてあたため物たねをまく」

あたた・める【暖・温】〘他マ下一〙文あたた・む〘他マ下二〙①熱を加えて、温度を高くする。あたたかくする。あっためる。＊書紀(720)天武元年六月「乃ち三重郡家に到りて、屋一間(ひとつ)を焚きて、寒き者を熅(アタタメ)令む」＊新撰字鏡(898-901頃)「煖 阿太々牟」＊平家(13C前)六・紅葉「酒あたためてたべける薪にこそしてんげれ」＊海道記(1223頃)序「薄紙百綴の衿、寒に服たれば肌を温るにたれり」＊寛永刊本蒙求抄(1529-34)八「其酒一盃は受たれ共、寒い程にとて残りの酒をあたためさするまに、替でわくるぞ」②今までとぎれていた交際を再開する。＊夜明け前(1932-35)〈島崎藤村〉第二部・下・一四・二「知人の家々を訪ねて旧交を温めただけにも満足しようとした」③他人の物を、人に知られないようにこっそり自分の物にしてしまう。④考えや文書を、推敲(すいこう)、調査などのためにしばらくそのままにしておく。転じて、未処理のまま大切にとっておく。＊Wee(1924)〈細田源吉〉「毎日胸の中であたためてゐた思ひだけは、そのまま蔵(しま)っておいた」＊光と風と夢(1942)〈中島敦〉二「とにかく私は此の思ひつきを暫く頭の隅に暖めて置かう。鶏が卵をかへす時のやうに」⑤放火することをいう、盗人仲間の隠語。〔特殊語百科辞典(1931)〕 発音〈なまり〉アッタメル〔北海道・埼玉方言・千葉〕〈標ア〉メ〈京ア〉0 文『あたたむ』〈標ア〉タ[2]〈ア史〉平安○○◍○〈京ア〉0 辞書字鏡・色葉・名義・和玉・文明・天正・易林・日葡・書言・ヘボン・言海 表記温(名・玉・天・へ) 煖(字・文・易・書・言) 熅(色・書) 暄(字) 靄(名) 煨・爇(玉)

あだたら‐じんじゃ【安達太良神社】福島県安達郡本宮町にある神社。旧県社。祭神は高皇産霊神(たかみむすびのかみ)、神皇産霊神(かみむすびのかみ)ほか四柱。かつては安達太良山にあったが久安二年(一一四六)現社地に遷座、安達太良明神、三社明神といわれた。 発音〈標ア〉ジ

あだたら‐まゆみ【安太多良真弓・安達太郎檀弓】〘名〙古く、岩代国安達郡(福島県二本松付近)の安達太良山から産出する檀(まゆみ)で作った弓。あだちのまゆみ。＊万葉(8C後)七・一三二九「陸奥(みちのく)の吾田多良真弓(あだタラまゆみ)絃(つら)はけて引かばか人の吾を言なさむ〈作者未詳〉」＊万葉(8C後)一四・三四三七「みちのくの安太多良末由美(アダタラマユミ)弾(はじ)き置きてせらしめきなばつらはかめかも〈東歌・陸奥〉」 発音〈標ア〉マ

あだたら‐やま【安達太良山】福島県中北部の

円錐火山。主峰の安達太良山（一七〇〇メートル）、最高峰箕輪（みのわ）山（一七二八メートル）などから成る。江戸末期から明治中期までしばしば噴火。ふもとに、岳（だけ）、中沢、沼尻などの温泉がある。磐梯朝日国立公園の一部。あたたらやま。安達太郎（あだちたろう）山。＊智恵子抄（1941）〈高村光太郎〉あどけない話「阿多多羅山（アタタラヤマ）の山の上に 毎日出てゐる青い空が 智恵子のほんとの空だといふ」 語源説 アダタラはア（接頭語）タタ（楯）ラ（接尾語）。タテ（楯）の意から転じた語。よってアダチとも称した〔日本古語大辞典＝松岡静雄〕。また、ラは添えた辞〔大言海〕。 発音〈標ア〉0

あだち【安達】 ㊀〔名〕（浄瑠璃の「奥州安達原（おうしゅうあだちがはら）」から）野原をいう、盗人仲間の隠語。〔日本隠語集（1892）〕 ㊁福島県の中北部の郡。安達太良山東麓、阿武隈川の流域にある。＊二十巻本和名抄（934頃）五「陸奥国〈略〉安達〈安多知〉」 発音〈ア史〉㊀は鎌倉○○○

あだち【足立】（葦立（あしだち）の転化した語か）㊀東京都と埼玉県にまたがる地名。旧郡名。荒川と古利根川である中川にはさまれた低湿デルタにあり、江戸時代から開発された。明治一二年（一八七九）北足立郡（埼玉県）と南足立郡（東京府）に二分され、昭和七年（一九三二）東京側は足立区となる。＊二十巻本和名抄（934頃）五「武蔵国〈略〉足立〈阿太知〉」 ㊁東京都二三区の一つ。奥州街道の宿場町千住を中心に発達。西新井大師（五智山総持寺）がある。 発音〈標ア〉0 辞書 和名・色葉・文明・易林 表記 足立（和・色・文・易）

あだち【足立・安達】 姓氏の一つ。 発音〈標ア〉0

あだち-かげもり【安達景盛】 鎌倉前期の武将。盛長の子。出羽介となり秋田城を管領。のち執権北条時頼の外祖父として勢力をもち、時頼にすすめて相模の三浦氏を滅ぼす。法名大蓮房覚智。宝治二年（一二四八）没。

あだち-けんぞう【安達謙蔵】 政治家。肥後国（熊本県）出身。明治二八年（一八九五）、閔妃（びんぴ）暗殺事件に加わる。翌年帰国後、熊本国権党を起こし、以後、立憲同志会、憲政会、民政党に属し、逓信相、内相を歴任。のち国民同盟総裁、大政翼賛会顧問。元治元～昭和二三年（一八六四～一九四八）

あだち-せいが【安達清河】（「せいが」は「せいか」とも）江戸後期の漢詩人。名は修。字は吉甫（のち文仲）。下野（栃木県）の人。宇都宮藩儒松章甫に学び、江戸に出て服部南郭に入門、のち萱場町に家塾市隠堂を開いた。杜甫、孟浩然ら盛唐の詩に擬した典雅温麗な詩風で知られる。著「市隠草堂集」など。享保一一～寛政四年（一七二六～九二）

あだち-ちょうしゅん【足立長雋】 江戸後期の医者。多紀桂山に漢方医学、吉田長淑にオランダ医学を学ぶ。「医方研幾」「産科集成」を翻訳。産科医として知られた。安永五～天保七年（一七七六～一八三六）

あだち-やすもり【安達泰盛】 鎌倉中期の武将。秋田城介（じょうのすけ）、陸奥守。評定衆。義景の子。執権北条貞時の外祖父として平頼綱と勢力を争う。頼綱の讒言（ざんげん）にあい、貞時に討たれた。法名覚真。寛喜三～弘安八年（一二三一～八五）

あだち-が-はら【安達原】 ㊀福島県安達太良（あだたら）山東の裾野。また、阿武隈（あぶくま）川の東岸、二本松市の東部ともいう。鬼婆（おにばば）が住んだという黒塚の伝説で知られる。足立の原。歌枕。＊拾遺（1005～07頃か）雑下・五五九「みちのくのあたちのはらの黒塚に鬼こもれりと聞くはまことか〈平兼盛〉」＊車屋本謡曲・黒塚（1465頃）「名にのみ聞きし陸奥の安達が原に着きにけり」＊浮世草子・本朝二十不孝（1686）一・四「心をそれになして安達（アタチ）が原の鬼共胸を燃し、人の物をやらぬ分別も出」 ㊁謡曲。五番目物。各流。作者不詳。安達原で女に一夜の宿を借りた山伏一行は、その女の正体が鬼女で、ここが有名な黒塚であることを知って逃げ出し、追いかけてくる鬼女を祈り伏せる。観世流以外では「黒塚」という。 ㊂浄瑠璃。「奥州安達原（おうしゅうあだちがはら）」の通称。時代物。五段。近松半二、竹田和泉、竹本三郎兵衛などの合作。宝暦一二年（一七六二）大坂竹本座初演。前九年の役後、安倍貞任一族の再挙の苦心談に鬼女伝説をからませたもの。 ㊃長唄。二世杵屋勝三郎作曲。明治三年（一八七〇）能楽師日吉吉左衛門が蔵前能楽堂で初演。吾妻能のために、能「安達原」を長唄化したもの。純演奏曲として伝承される。 発音アダチガハラ〈標ア〉カ 辞書文明・天正 表記阿達原（文・天） 安達原（文）

あだちがはら-さんだんめ【安達原三段目】〔名〕ものをさし入れすることをいう、盗人仲間の隠語。浄瑠璃の「奥州安達原」三段目で、盲の袖萩が垣外の雪中に病むのを見て、母の浜ゆうがうちかけを投げ与える場面から出たことば。〔日本隠語集（1892）〕

あだちがはら-どの【安達原殿】〔名〕（奥州安達原に鬼女が住んでいたという伝説から）鬼婆（おにばば）のこと。転じて、嫁が姑（しゅうとめ）のことを悪意をもっていう言葉。＊滑稽本・早変胸機関（1810）「あだちが原どのは一々に取上げるしの、ヤレ髪のふうが派手過ぎるの油おしろいが多いことの」

あだち-ぎぬ【安達絹】〔名〕岩代国安達郡（福島県二本松付近）で貢物として織り出した絹。＊吾妻鏡‐文治五年（1189）九月一七日「一、毛越寺事〈略〉此本尊造立間、基衡乞㆓支度於仏師雲慶㆒、雲慶注㆓出上中下之三品㆒、基衡令㆑領㆓状中品㆒、運㆓功物於仏師㆒、〈略〉安達絹千疋〈略〉此外副㆓山海珍物㆒也」＊慶長見聞集（1614）三「あたち絹、常陸つむぎ、加賀絹、伊豆の八丈絹など大名衆其外にも有徳なる人達き給ひぬ」 発音アダチギヌ〈標ア〉キ

あだち-しき【安達式】〔名〕華道の流派の一つ。大正元年（一九一二）、池坊流出身の安達潮花が開く。装飾性を生かした新しい盛り花、投げ入れを工夫。初め安達式飾花。正式には安達挿花（そうか）。 発音〈標ア〉0

あだちしずか【安達静】（あだちしづか）謡曲。三番目物。廃曲。作者不詳。静御前が鎌倉八幡宮の若宮殿で、源頼朝を前に安達三郎の鼓で舞を舞うという筋。 発音〈標ア〉シ

あだち-たろう【安達太郎】（ラウ：タ）〔名〕積乱雲の一種である雲の峰の異称。 発音アダチタロー〈標ア〉タ

あだち-の-まゆみ【安達檀弓】〔名〕「あだたらまゆみ（安太多良真弓）」に同じ。＊古今（905～914）神あそびの歌・一〇七八「みちのくのあだちのまゆみわが引かば末さへよりこ、しのびしのびに〈よみ人しらず〉」＊重之集（1004頃）下「みちのくにあ立のまゆみひくやとて君に我が身を任せつるかな」 発音〈標ア〉マ

あだち-ばばあ【安達婆】〔名〕老女に対する悪口。浄瑠璃「奥州安達原」の鬼婆のような老女の意。↓安達原殿。＊咄本・近目貫（1773）井戸端「跡から来たあだちばばア『わたしにも汲でください』」

あだち-ふたこ【足立二子】〔名〕埼玉県旧足立郡を主産地とする二子織の布。埼玉二子。 発音〈標ア〉フ

あだ-ちゃ【徒茶】〔名〕むやみに飲む茶。むだに飲む茶。＊浄瑠璃・双蝶蝶曲輪日記（1749）二「わいら渇（かわ）くなら飲め、徒茶（アダチャ）飲むな腹が損ねるぞ」

アタチュルク ⇨ケマル-アタチュルク

あた・つ【閲・尋】〔他タ四〕忘れたことなどを調べる。あらためる。＊色葉字類抄（1177～81）「尋 アタツ」＊名語記（1275）八「わすれたることをあたつ如何」 補注「はなる」「はなつ」、「こぼる」「こぼつ」より類推すれば「あたる」と関係があるか。 辞書色葉・名義 表記閲（色） 閲・尋（名）

あだつ〔動〕方言 ❶収容しきれる。入りきる。徳島県811 愛媛県840 高知市867 ❷満ちる。愛媛県840 ❸足りる。徳島県809

あだ-づかい【徒遣】（かひ：づ）〔名〕金品をむだにつかうこと。むだづかい。＊俳諧・二葉集（1679）「かくれ笠きてひゃうきんなきの 化（アダ）つかひ親は空にて血の泪（なみだ）〈重直〉」＊浮世草子・子孫大黒柱（1709）五・三「冬より春かけて打わた商、朝夕一銭のあだづかいをせず」

あだ-つき【徒付・婀娜付】〔名〕①（動詞「あだつく（徒付・婀娜付）」の連用形の名詞化）男女が一時の情を交わすこと。または、男女がたわむれあうこと。いちゃつき。＊洒落本・契国策（1776）南方「あだつきのちゃらくら」＊洒落本・辰巳婦言（1798）自序「蓋（けだし）義理一辺の通情（アダツキ）は、結句心のもめる種」＊歌舞伎・霊験曾我籬（1809）九幕「深い仲ぢゃと諷（うた）はれた、あの権八は仇（アダ）つきの、浮気ばかりの色仕掛け」 ②「あだつきもの（徒付者）」の略。＊談義本・当世花街談義（1754）「鱓津鬼地廻津（あだつきぢまは）りともに肩（かた）を入尻（いれしり）からげをおろし」

あだつき-もの【徒付者】〔名〕異性にたわむれかかるたちの者。浮気者。＊洒落本・誰が袖日記（1784）「きゃつもあたつきものにて、ちょこちょこ出あるき候まま」

アタック〔名〕（英 attack）《アッタック》①（比喩的に）攻撃（すること）。あることにいどむこと。＊愛と認識との出発（1921）〈倉田百三〉恋を失うたものの歩む道「本能的な愛の熱烈は他の本能を一時蔽うてゐる状態である。ゆゑに他のこれと駢列する本能を以てアッタックせらるる時崩れてしまふのである」＊青べか物語（1960）〈山本周五郎〉長と猛獣映画「にしき蛇はさっとアタックをかけ、先頭にいた探検家の良人の腕に嚙みついた」＊誰かが触った（1972）〈宮原昭夫〉五「おれは、いい絵が描きたいんですよ。そうして、中央の公募展にアタックするんだ」 ②登山で、登るのに困難な岩場やルートにいどむこと。＊白毛（1966）〈北杜夫〉「隊はなおもう一度アタックをやる計画であったが」 ③器楽、声楽で、音や声の出しはじめ。また、出しはじめの音が急激に出ること。 ④スポーツで、相手方に積極的に攻撃をしかけること。攻勢。また、攻撃をしかけるポジション・人。＊アルス新語辞典（1930）〈桃井鶴夫〉「アッタック 英 attack〔ホッケー〕両チームの中の前方の各五人をいふ」＊思ひ出（1933）〈太宰治〉二「満塁とか、アタックショオトとか、中堅とかそんな用語を」 ⑤学生用語で、くすねること、また、横恋慕などの意。 発音〈標ア〉タ

あたつく〔動〕方言 ❶もれなく配分される。行き渡る。静岡県榛原郡541 ❷分け前の配当にありつく。岩手県気仙郡101

あだ-つ・く【徒付・婀娜付】〔自カ四〕①異性に対する恋心や浮気心で落ち着きを失う。うわつく。＊咄本・万の宝（1780）高砂の杉「ぢぢ、ふとした出来心にて、夜ごと夜ごとのあだつきあるき、明がたに斗かへりければ」＊黄表紙・江戸生艶気樺焼（1785）中「うぬがやふないい男がちらつくと、女郎衆があだついてならぬゆへ、おいらもちっとやきもちの筋だ」 ②異性に対してあだっぽくたわむれかかる。また、男女がたわむれあう。いちゃつく。じゃらつく。＊雑俳・柳多留‐一（1765）「あだついた客ははしごでどうつかれ」＊洒落本・遊子方言（1770）発端「さる内の奥座敷の女郎が東洲にあだつゐたおれに、あだつきたいけれど、おれにはおそれて居ておれば」 発音〈標ア〉0

あだ-づくり【徒作・婀娜作】〔名〕身なりや化粧などを色っぽいさまにすること。＊人情本・春色恋白波（1839～41）三・八回「花の香の薫りゆかしき婀娜作（あだヅクリ）、窓の際に鏡台を出して顔を粧ひ居る妹分の娘」

あた-つけ【仇付】〔名〕（仇は当て字）「あだつき

（徒付）」に同じ。＊洒落本・風俗七遊談(1756)一・古妾粋「今は有頂天の仇附(アタツケ)を止て、少は色道の意味を得るといへども」

あたつけ-びと【仇付人】〘名〙「あだつきもの（徒付者）」に同じ。＊洒落本・風俗七遊談(1756)一・古妾粋「在五中将業平は、通者の仇附(アタツケ)人なれど」

アタッシェ〘名〙(フランス attaché)《アタッシュ・アタッシェ》大・公使館員として派遣された専門職員。また、大・公使館付き武官。＊アルス新語辞典(1930)〈桃井鶴夫〉「アタッシエ 仏 attaché 大使館員、大使館附」 発音〈標ア〉タ

アタッシュ-ケース〘名〙(英 attaché case このattachéは、もとフランス語から)《アタッシェケース》書類などを入れる、小型の手さげかばん。＊夢の浮橋(1970)〈倉橋由美子〉中秋無月「木炭の色をしたスーツを着て黒いアタッシュ・ケースをさげている」 発音〈標ア〉ケ

アタッチメント〘名〙(英 attachment)《アタッチメント》機械、器具などの付属品・付属装置。写真機の接写用補助レンズ、ミシン、電気掃除機などの付属品、洋装のアクセサリーなどをいう。＊アルス新語辞典(1930)〈桃井鶴夫〉「アタッチメント 英 attachment 愛着。附着物」 発音〈標ア〉タ

あだっ-ぽ・い【婀娜—】〘形口〙（「ぽい」は接尾語）女が、色っぽく、なまめかしい様子である。あだな様子である。＊滑稽本・七偏人(1857-63)二・上「ぐっと仇(アダ)っぽい中年増」＊和英語林集成(初版)(1867)「コエ ガ adappoi（アダッポイ）」＊湯女(1898)〈内田魯庵〉「東京風に磨込んだ婀娜(アダ)っぽい処が大に艶色を引立たせるのだが」＊平凡(1907)〈二葉亭四迷〉五九「美しいといふよりは仇っぽくて、男殺しといふのは斯ういふ人を謂ふのかと思はれた」 発音〈標ア〉ポ〈京ア〉ダ 辞書〈ボン〉

あだっぽ-さ【婀娜—】〘名〙（形容詞「あだっぽい」の語幹に接尾語「さ」の付いた語）あだっぽいこと。また、その度合。 発音〈標ア〉ポ〈京ア〉0

あだ-づま【徒夫・徒妻】〘名〙はかない契りを結んだ夫、または妻。かりそめの妻。＊浮世草子・近代艶隠者(1686)一・三「我(われ)父の家を忍び出て、あだ妻(ツマ)に通ふに、行時は後のうれひを忘れ」

あたて〘名〙⇩あたね

あだて〘名〙①心当てにしていること。また、そのもの。見込み。めあて。あてど。＊絅斎先生敬斎箴講義(17C末-18C初)「兎角敬には相手を拵へ、あだてを取て、それに倚(より)かかりて、心の散ぬ様にせうと謂ことはない」＊浄瑠璃・丹波与作待夜の小室節(1707頃)中「女子(をなご)の身で代官所を秋納迄請合て、牢(ろう)を出しは出したれ共何をあだてに何とせふ」＊浄瑠璃・いろは歌義臣鑒(1764)三「一人の妹に勤(つとめ)せいとは猶(なほ)言れず、言はねば金の担当(アダテ)はなし」②物事をするに当たっての方法・手段。または、その資本。てだて。よすが。＊浄瑠璃・軍法富士見西行(1745)二「コレ盲人、傍に拡げし書付に、主を育(はごく)む質(アタテ)とあるが」＊歌舞伎・敵討櫓太鼓(1821)五幕「あだてに尽きて女房までに、隠し包んで〈略〉偽るも」 補注「案立」から出た語か。「あてど」を転倒させた語「あどて」の音が変化した語ともいう。 方言あてど。手だて。福井県大飯郡447 京都府加佐郡629 兵庫県淡路島671 発音〈標ア〉0

あだて〘名〙江戸時代、九州などで使われた地方の荷船。中世末期の古い廻船の名残りをとどめた、百石積みから七百石積みの荷船で、船首を伊勢船に似た箱形の戸立(とだ)て造りとしたのが特徴。形状の類似から枕箱と俗称されたが、他の構造は標準的な三階造りで、弁才船と大差はない。肥前、筑後、豊後地方に多く、薩摩では同系の船を「あさってい」と呼んだ。＊和漢船用集(1766)四・海船之部「あだて 字未考。肥前、豊後の方に有。薩摩にてあさっていとよぶものなるべし。四五百石、六七百石積の舟也。俗呼て、枕箱と云。前後戸立作りにて、其かたちの似たるを以云なるべし」

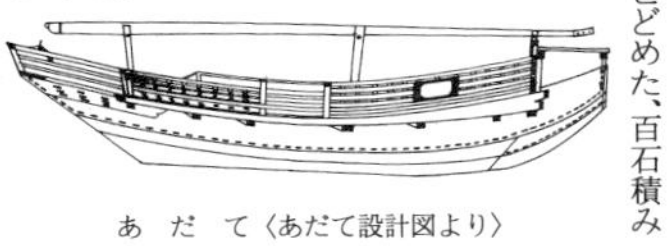

あ　だ　て〈あだて設計図より〉

あだ-な【徒名・虚名】〘名〙①(徒名)男女関係についてのうわさ。または、色好みだという評判。浮き名。＊古今六帖(976-987頃)一・秋「露深き菊をし折れる心あらば千代のあた名は立たんとぞ思ふ〈紀貫之〉」＊源氏(1001-14頃)夕顔「なほこりずまに、またもあだなは立ちぬべき御心のすさびなめり」＊梁塵秘抄(1179頃)二・二句神歌「たつものは海に立つ波群雀(むらすずめ)、播磨の赤穂に造れる腰刀、一夜宿世(すくせ)のあだなとか」＊浮世草子・傾城色三味線(1701)大坂・五「比首尾しらぬものは、こなたから好であいもせしやうに仇名(アダナ)たてられては」②事実と違うという評判。うそつきの名。＊左大臣忠平前栽合(927)「秋の野にあだなのみたつ女郎花はなさかぬまはしる人のなき」＊弁内侍(1278頃)寛元五年三月「花さかぬ花やあだなに立ちぬらんそらだのめにもなりにけるかな」③事実無根の悪評。ぬれぎぬ。＊名語記(1275)九「ぬれぎぬ、如何。これは、あだなたつをいふ歟」＊幸若・信田(室町末-近世初)「かくて都へのぼるならば、よしなきあたなやたちなん」＊浄瑠璃・主馬判官盛久(1687頃)一「平家はかく迄運つきて我々とてものこらぬ身、急ぎ首取り御分(ごぶん)があだなを清めてくれよ」 発音〈標ア〉0ダ〈京ア〉0 辞書日葡・言海 表記徒名(言)

あだ-な【渾名・綽名】〘名〙（「あだ」は「異、別」の意）①本名とは別に他人を親しんで、また、あざける気持から、その容姿、性質、くせ、挙動などの特徴によって付けた名。＊慶長見聞集(1614)四「頭に毛のなきを、年寄のきんかつぶり、はへすべり、などとあた名を云て、若き人達笑ふ」＊洒落本・禁現大福帳(1755)五「元より丈高(せいたか)の化名(アダナ)ある男」＊浄瑠璃・神霊矢口渡(1770)一「まだ詞が直らぬさかいで、有る名は呼ばいで、江戸兵衛様(さん)と仇名(アダナ)計(ばかり)呼わいナ」＊滑稽本・浮世風呂(1809-13)三・上「その人の形(なり)が工左エ門(くぜへむ)の善六に生写だ迚(とって)、婆の字が諱名(アダナ)を号(つけ)たのよ」＊尋常小学読本(1887)〈文部省〉七「其顔、猿に似たるを以て、父も母も、猿々と呼びしかば、他人も猿と呼び、終に、あだなを猿之助と云ひ」②(—する)渾名①で呼ぶこと。また、呼ばれること。＊妙好人伝(1842-52)初・下・伊州三左衛門「殊に人にまさりて仰信なるゆゑ世人異名(アダナ)して今清九郎とぞ称し侍りしとなり」＊ブルジョア(1930)〈芹沢光治良〉三「貴方も革命女優と綽名(アダナ)されましたね」 方言その家の通称。屋号。山口県阿武郡797 鹿児島県種子島981 語源説(1)アダはアダシビト（他人）のアダで、外から付けた呼び名の意〔和訓栞・大言海〕。(2)毀(そし)る意で、アダナ（仇名）といったか〔俗語考・大言海〕。(3)アザナの転で、人の別名〔俚言集覧・和訓栞（増補）〕。(4)徒の意。後に別名の意となる〔国語の語根とその分類=大島正健〕。 発音〈なまり〉アザナ〔岩手・仙台方言・新潟頸城・鳥取〕〈標ア〉0〈京ア〉0 辞書〈ボン〉・言海

あだ-な（形容詞「あだない」の語幹）あどけないこと。無邪気なこと。＊浮世草子・好色一代女(1686)三・一「『もまた其(その)年も年なるに、あだなや親の懐(ふところ)そだちぞ』と、其後は万(よろづ)に心をゆるしてつかはれける」＊浮世草子・御前義経記(1700)二・三「外(ほか)へは誰がゆるして悪性狂(あくしゃうぐるひ)、まあなりますまいといふに、あだなや腰を又ぬかして、然(しから)ば嬉(うれ)しい」

あだ-な・い〘形口〙文あだな・し〘形ク〙㊀はかなく頼りない。＊古文真宝桂林抄(1485頃)乾「蜉—(蝣)は朝生暮死ものぞ、人間世のあたないにたとゆるぞ」＊錦繡段抄(1530頃)四「華枝ほどにあたなき物はなけれども、暖なる時は年々華咲くぞ」㊁（「あどない」の変化した語）人の性格や態度が無邪気であどけない。罪がない。＊俳諧・懐子(1660)二「あたないと名にこそたてれ児桜〈常之〉」＊浮世草子・新色五巻書(1698)三・一「女心のあだなく、今の仏勅(ぶっちょく)に泪(なみだ)を流し」＊浮世草子・御前義経記(1700)八・二「物ごしになまりあって、あだない所がかはゆらしいと」 方言❶あどけない。子供らしい。和歌山県伊都郡690 ❷幼稚で思慮分別がない。考えが浅はかだ。山口県豊浦郡798 発音〈標ア〉ナ

あた-な・う【仇—・寇—】〘自ハ四〙（後世は「あだなう」。「あた(あだ)」は敵の意、「なう」は動詞を作る接尾語）敵対する。害をなす。＊書紀(720)敏達一〇年閏二月(前田本訓)「蝦夷(えみし)数千(ちあまり)辺境に寇(アタナフ)」＊改正増補和英語林集成(1886)「Adanai, au アダナフ」 発音〈音史〉近世中頃から「あだなふ」と濁音。 辞書言海 表記寇(言)

あだな-える〘動〙 方言かまどに木を入れ、炊事の準備をする。大阪府泉北郡646 ◇**あだなう** 奈良県北葛城郡679

あだ-なき【徒泣】〘名〙偽りに泣いてみせること。特に遊女が客をだます手管として用いる場合をいう。そら泣き。＊浮世草子・御前義経記(1700)二・二「あだなきのそら誓文」

あだな-ぐさ【徒名草】〘名〙①（はかなく散り急ぐところから）「さくら（桜）」の異名。あだざくら。《季・春》＊蔵玉集(室町)「あたな草いかなる人の植おきてかかるうき世に散るをみすらん」＊俳諧・増山の井(1663)三月「山桜〈略〉夢見草 蔵玉 あた名くさ 同」＊譬喩尽(1786)六「化名草(アダナグサ) 桜を云」②色好みの浮気な人。＊雑俳・冬木立(1731)「袖吹や男うはさの仇名草」＊雑俳・伽草紙(1740)「本妻にけいせい買はす仇名草」＊歌舞伎・お染久松色読販(1813)大切「こちの思ひは汲(くみ)もせで、よそに交(か)わした仇名草」③（「くさ」は原因の意）男女関係についてのうわさ・評判の種となるものか。＊雪の日(1893)〈樋口一葉〉「これや生れて初めての、仇名(アダナ)ぐさ恋すてふ風説(うはさ)なりけり」 発音アダナグサ〈標ア〉ナ

あだ-なさけ【徒情】〘名〙かりそめの、はかない愛情。また、一時の気まぐれな親切。＊浄瑠璃・芳野の内裡(1708)四「わらはがつよき執心(しうしん)は思ひきれ共、いやましにとどまりがたきあだなさけ、こよひはぜひにと御床に忍びてみれば」 発音〈標ア〉ナ〈京ア〉ナ

アタナシウス（Athanasius）初期キリスト教会の教父。アレクサンドリアの司教。ニカイア公会議でキリストが神そのものではないとするアリウスに対して三位一体説を唱え、「正統信仰の父」と呼ばれる。（二九五頃〜三七三） 発音〈標ア〉シ

アタナシウス-は【—派】〘名〙（「アタナシウス」は Athanasius）アタナシウスの教義を奉じたキリスト教の一派。三二五年、ニカイア公会議で承認され、カトリック教の基礎教義として確立された。 発音〈標ア〉0

あだな-しき【阿陀那識】〘名〙（「阿陀那」は 梵 ādāna の音訳）「あらやしき（阿頼耶識）」に同じ。＊摂大乗論本-上「声聞乗中、不レ説下此心名二阿頼耶識一、名中阿陀那識上」

あだ-な・す【仇—・寇—】〘連語〙「あた（仇）をなす」に同じ。 発音〈標ア〉ダ ナ

あだな-つき【渾名付】〘名〙あだなが付いていること。異名を持っていること。＊良人の自白(1904-06)〈木下尚江〉後・一・二「猩々(しゃうじゃう)加藤と異号(アダナ)付きの人ですもの」 発音〈標ア〉0

あだ-なみ【徒波・徒浪】〘名〙いたずらに立ち騒ぐ波。変わりやすい人の心、むなしい浮き名、無益な騒ぎなどのたとえに用いる。＊古今(905-914)恋四・七二二「そこひなき淵やはさわぐ山河のあさき瀬にこそあだ浪はたて〈素性〉」＊菟玖波集(1356)恋・中「今さら深きわすれ草かな 住吉の松と頼めしほどに又〈藤原為家〉なにあだ波の袖ぬらすらん〈後深草院弁内侍〉」＊歌謡・松の葉(1703)二・若みどり「いつ相馴(な)れてあい染川の、あだ浪かかるぬれ衣(ぎぬ)の、袂(たもと)涼しく秋たちて」 発音〈標ア〉0〈京ア〉0 辞書 日葡・言海 表記 徒波(言)

あた-な・む【仇━・寇━】〘自マ四〙(「あた」は、敵の意。「なむ」は、動詞を作る接尾語)「あたなう(仇━)」に同じ。＊御巫本日本紀私記(794-1080頃)神代上「不可奸賊之心〈加太万之久也不良牟止伊布己々呂阿良須、又、安多奈牟古々呂(アタナムこころ)〉」＊両足院本毛詩抄(1539)一三「大徳を以てそとした事をあたなまるは何としたことぞ」 辞書 色葉 表記 蔥(色)

あた-に〘副〙あらたに。＊名語記(1275)八「あたにといへる詞如何。答新也。あらたひのあら反りて、あたにに合て、あたにとなる」

あだ-に〘副〙いかに。どう。＊八丈実記(1848-55)方言「どうしやうを あだにしたら」 方言 ❶いかに。どのように。東京都八丈島038 ❷なかなか。相当に。愛知県549 562

あたね〘名〙上代に染料を製した植物の一つ。蓼藍(たであい)の類か。あたて。＊古事記(712)上・歌謡「やまがたに まきし阿多尼(アタネ)春(つ)き 染めきが汁にしめころもを まつぶさに とりよそひ」 補注「あかね」と音が通じる。また「あかね」の誤りとして、「茜(あかね)」とする説、原文「阿多尼」を「阿多豆(アタデ)」の誤りとして、「藍蓼(あいたで)」のこととする説などがある。

あだ-ね【徒音】〘名〙鳥などの、いたずらに鳴き騒ぐ声。＊白羊宮(1906)〈薄田泣菫〉冬の日「かかる日よ、在巣(ありす)の鳥も〈略〉さへづりの徒音(アダネ)を絶えて」

あだ-ね【徒寝】〘名〙①恋人と離れて、ひとりさびしく寝ること。ひとり寝。あだぶし。＊類従本人麿集(11C前か)「旅にしてあだねする夜の恋しくは我家の方に枕せよ君」＊六条院宣旨集(12C前-中)「みづどりのあだねの床の波まくらうきよの中にあるはあるかは」＊浄瑠璃・今宮心中(1711頃)下「其のかね言もいつしかにあだねの夢のばくろ町」②旅先で宿泊すること。旅寝。＊藻塩草(1513頃)一六・寝「あたね かりねの事也」③男女の、不義の交わり。密通。＊改正増補和英語林集成(1886)「Adane アダネ」 発音〈標ア〉0

あだ-ねぶり【徒眠】〘名〙(「あだねむり」とも)うつらうつらした浅い眠り。かりね。＊浄瑠璃・津戸三郎(1689)めいど物語「袖も心もくづをれて、とろりとろりの、あだねぶり」

あだ-の-おおの【阿太大野・安太大野】 歌枕。奈良県五條市の宇智にある野。ハギ、オミナエシの名所。＊万葉(8C後)一〇・二〇九六「ま葛原なびく秋風吹くごとに阿太乃大野(アダノおほの)の萩の花散る〈作者未詳〉」＊新後撰(1303)恋五・一一四九「かたみこそあだの大野の萩の露うつろふ色はいふかひもなし〈藤原定家〉」＊長享二年正月二十二日水無瀬三吟百韻注(室町末)「小萩はらうつろふ露も明日やみん〈宗長〉 あだの大野をこころなる人〈肖柏〉 あだの大野は、あだ野まで也。名所にあらず。大野とはひろき野と云ふ心也」 発音 アダノオーノ〈標ア〉オ

あた-の-はやと【阿多隼人】〘名〙古代、阿多の地(鹿児島県西部地方)に住んでいた集団。大宝二年(七〇二)以後は、薩摩隼人(さつまはやと)と改称された。＊書紀(720)天武一一年七月(北野本訓)「是の日、大隅隼人と阿多隼人(アタノハイトン)と、朝庭に相撲(すまひと)る」

あだ-の-ま【他間】〘名〙 方言 ⇩あだ(他)

あだ-ばえ【━生】〘名〙 方言 自然に生えた芽。こぼれた種から生えた植物。◇あだらばえとも。岡山県苫田郡749 ◇あざばえ 京都府竹野郡502

あだ-ばかり〘副〙かりそめに。＊観智院本名義抄(1241)「且 アタハカリ」 辞書 名義 表記 且(名)

あだ-ばし【徒箸】〘名〙箸ではさみそこなうこと。むだ箸。＊雑俳・馬たらひ(1700)「すらすらとあだ箸多いもぞく汁」

あだ-ばな【徒花】〘名〙①咲いても実を結ばない花。むだ花。転じて、みせかけだけで実(じつ)を伴わない物事、予測される結果を伴わないで終わることにたとえていう。＊十巻本和名抄(934頃)一〇「花 爾雅云〈略〉栄而不実謂之英〈於驚反阿太波奈〉」＊歌謡・閑吟集(1518)「ならぬあだ花、まっしろに見えて、うき中垣の、夕顔や」＊浄瑠璃・用明天皇職人鑑(1705)鐘入「あだし男のあだ花ならばよそに散る共、心のにほひは此身にのこって」＊俳諧・蕪村句集(1784)秋「四十にみたずして死んこそめやすけれ あた花にかかる恥なし種ふくべ」②咲いてもすぐ散ってしまうはかない花。主として桜についていう。また、はかない恋をたとえていう。＊建長八年百首歌合(1256)「風をだに待つほどもなきあだ花は枝にかかれる春のあわ雪〈藤原行家〉」③季節はずれに咲く花(日葡辞書(1603-04))。④遊里で、客が芸妓などに渡す紙纏頭(かみばな)で、後で現金と替えるつもりのないもの。＊浮世草子・椀久二世(1691)上・銀にならざる笹の浮世「外聞(ぐゎひぶん)ばかりのあだばなを出し人々に嬉しがらせ」 補注「誹諧初学抄」、「毛吹草」、「山之井」、「哥林鋸屑集」には、春の季語としてみえるが、それ以後のものには、みられなくなる。 発音〈標ア〉0〈ア史〉平安●●●●〈京ア〉0 辞書 和名・色葉・名義・和玉・日葡・書言・ヘボン・言海 表記 英(和・色・名・玉) 褪(玉・書) 花虚(ヘ) 徒花(言)

あだばな に 実(み)は ならぬ 見せかけばかりで内容の伴わないやり方では、よい結果は得られない。

あだ-ばなし【徒話】〘名〙つまらない話。無駄話。 発音〈標ア〉バ

あだばなし は さて おき 「あだしごと(他事)はさておき」に同じ。＊人情本・貞操婦女八賢誌(1834-48頃)四・三四「実(げ)に鄙人のむくつけき、言葉のうちに赤心(まごころ)あるは、那(か)の木訥にして仁に近きも、斯かる人をや云ふならん。閑話休題(アダバナシハサテオキ)、お安は叟(おきな)が譚(ものがたり)を、聞く毎に胸潰れ、或ひは駭(おどろ)き且つ悲しめども、さりとて色にも顕(あらは)さず」

あた-ばら〘名〙(「あたはら」「あだばら」とも)㊀(疝)発作的に起こる腹痛。疝気(せんき)。＊十巻本和名抄(934頃)二「疝 釈名云疝〈音山 阿太波良 一云之良太美〉腹急痛也」＊酒食論(室町)「にはかにあたはらやむ時も、酒をのみてぞなをしける」＊日葡辞書(1603-04)「Atabaraga(アタバラガ) ヲコル」＊仮名草子・智恵鑑(1660)六・七「俄にあた腹(バラ)いたむといひ出し。たへがたきさまにて」＊改正増補和英語林集成(1886)「Adabara アダバラ」㊁(あた腹。「あた」は接頭語)腹を強めていう。むかっぱら。多く「あたばらを立てる」「あたばらが立つ」の形で用い、腹を立てる意。＊日葡辞書(1603-04)「Atabara(アタバラ)ヲタツル」＊歌謡・改正哇袖鏡(1859)やなぎやなぎで「どふしたひゃうりの瓢たんか、あだ腹(ハラ)の立(たつ)月じゃへ」 語源説 (㊀について)(1)イタハラ(痛腹)の転〔大言海・日本語源=賀茂百樹〕。(2)アタハラ(徒腹)の義〔名言通〕。(3)アタはアラタカ(新)の反。ハラは腹を病む意〔名語記〕。(4)横腹の意。アタハラの病の略〔日本古語大辞典=松岡静雄〕。 発音〈標ア〉0〈ア史〉平安●●●●〈京ア〉0 辞書 和名・色葉・名義・文明・天正・日葡 表記 疝(和・色・名・文・天) 中悪(文・天)

あた-び【━火】〘名〙直接にあたる火の意か。強火。＊日葡辞書(1603-04)「Atabi(アタビ)〈訳〉強い火。Atabini(アタビニ)アテズ、ゼンゼンニ アタタメヨ」 辞書 日葡

あだ-び【徒火】〘名〙本物の火ではなくて、火のように見えるもの。＊仮名草子・為愚痴物語(1662)四・二〇「きつねのとぼすあだ火を、まことの火と見なし」 方言 煮物などをせず、ただ暖まるだけにたく火。富山県砺波398

あだ-びき【徒弾】〘名〙琴や三味線などを、正しい音律にとらわれずに、気ままに弾くこと。＊常磐津・三世相錦繡文章(おその六三)(1855)序「水調子の仇弾きならば、こけやうが、はづれやうが厭はねど」

あた-びと【━人】〘名〙(「あた」は形容動詞語幹「あて」の変化したものか)上品な人。気品の高い人。貴人。＊浮世草子・男色大鑑(1687)六・一「おそろしやとはかり云消てさしうつむきし風情気を付てみるに、瞬き程の佩(アタ)人なり」

あだ-びと【仇人】〘名〙(古くは「あたびと」)自分に害を加える人。敵である人。かたき。＊霊異記(810-824)下・二「能(よ)く忍辱(にんにく)を発(おこ)し、時に怨人(あたびと)を見れば、我が恩師とし、彼(そ)の怨を報いざるは、之(こ)れを忍とす」＊人情本・貞操婦女八賢誌(1834-48頃)三・二六回「渋谷の乙女(むすめ)道とやら、勿体なくも管領様を、親の敵の仇人(アダビト)のと、身の程知らぬも程がある」＊十二の石塚(1885)〈湯浅半月〉四「行水をせきとめおきつ、敵人(アダビト)のわたるに便利(たより)」 発音〈音史〉近世中頃から『あだびと』と濁音か。〈標ア〉0

あだ-びと【他人】〘名〙別の人。他人。ことひと。あだしびと。＊有明の別(12C後)一「我さへに恨みやせましあだ人になびきそめぬるもとの契(ちぎり)を」＊良寛歌(1835頃)「あだ人の心は知らずおほよそのものに後れて散りやしぬると」＊二人比丘尼色懺悔(1889)〈尾崎紅葉〉怨言「他人(あだびと)と縁組は…と詰(なじら)んとせしが」 発音〈標ア〉0

あだ-びと【徒人】〘名〙①心に実のない、移り気な人。浮気者。＊古今(905-914)恋五・八二四「秋といへばよそにぞ聞きしあだ人の我をふるせる名にこそありけれ〈よみ人しらず〉」＊源氏(1001-14頃)帚木「右の大臣(おとど)のいたはりかしづき給ふすみかは、この君もいとものうくして、すきがましきあだ人なり」＊光悦本謡曲・鉄輪(1488頃)「二道かくるあた人を、頼まじとこそ思ひしに」＊日葡辞書(1603-04)「adabito(アダビト)〈訳〉移り気な人。特に、愛情や恋心の移ろいやすい人」②風流を解する、粋な人。また、恋人。＊俳諧・冬の日(1685)「襟(えり)に高尾が片袖(そで)をとく〈芭蕉〉 あだ人と樽(たる)を棺(ひつぎ)に呑(のみ)ほさん〈重五〉」＊俳諧・雪おろし(1751)「帷子のよれあがりたるさまうかれ出たる仇人の姿なるべし」 発音〈標ア〉0 辞書 日葡

あた-・びる【仇━・寇━】〘自バ上二〙(「あだ(仇)」に接尾語「びる」がついて動詞化した語。「あだびる」とも)相手に害を加える。＊和英語林集成(再版)(1872)「Atabi, ru, ta アタビル」 辞書 ヘボン

あた-ぴん〘名〙(飲むと頭にぴんと来るの意から)安物の下等な酒をいう俗語。＊モダン語漫画辞典(1931)〈中山由五郎〉「アタピン 名は正宗だが、安いお酒のお蔭には、必ず胸がむかつき頭へピンとくる。これがアタピン正宗。カクテルならアタピン・カクテル、ブドー酒ならアタピン・ポート」＊如何なる星の下に(1939-40)〈高見順〉八「あたぴんと思えるので、私はひかえながら飲んでいた」

あたぶ-が-わるい【━悪】〘連語〙 方言 ❶ばからしい。いまいましい。京都府竹野郡622 兵庫県654 ◇あたばわるい 福井県敦賀郡443 ❷運が悪い。 ◇あたふ

がわるい 和歌山県東牟婁郡687

あだ-ぶし【徒臥】〘名〙①恋人と離れて、ひとりさびしく寝ること。あだ寝。ひとり寝。いたずらぶし。＊山家集(12C後)上「杣人(そまびと)のまきの仮屋のあだぶしに音するものは霰(あられ)なりけり」＊夫木(1310頃)三六「行きとまる草のかりほのあだぶしは月にももれて明すなりけり〈賀茂重保〉」＊浄瑠璃・用明天皇職人鑑(1705)三「いく夜か我にあだぶしの憂き目をかけて、我が夫(おっと)の膚(はだ)へを荒らす木枯(こがらし)の森の木の葉のかれがれになりしはをのれ故成ぞや」②男女のかりそめの契り。あだまくら。＊浄瑠璃・薩摩歌(1711頃)中「寝(ね)ざめ寝ざめに、どふやらすれば、彼(か)のあだぶしの因果(ゐんぐゎ)めが煩悩(ぼんなう)を起こさせますと」③浅い一時的な眠り。うたたね。いねむり。＊改正増補和英語林集成(1886)「Adabushi アダブシ」発音〈標ア〉0

あた-ふた ㊀〘副〙(「と」を伴って用いることが多い) 大いにあわてて騒ぐさま、あわてふためくさまを表わす語。＊俳諧・正章千句(1648)一・鶯「今や導師ののぼる礼盤(らいはん)あたふたとさのみな斎(とき)を急がれそ」＊浄瑠璃・八百屋お七(1731頃か)上「あたふたと取急ぎ」＊或る女(1919)〈有島武郎〉後・二〇「木村はあたふたしながら」㊁〘形動〙程度のはなはだしいさま。めちゃくちゃ。＊俚言集覧(1797頃)「あたふた 多き物を猥りにする意」＊俳諧・文化句帖-元年(1804)一月「あたふたに蝶の出る日や金の番」＊人情本・恩愛二葉草(1834)三・七章「十両の、二十両のと、あたふたな事言はんしても」方言たくさん。むやみに。やたらに。茨城県猿島郡188 栃木県安蘇郡198 埼玉県南埼玉郡054 語源説(1)アハテフタメクの略転〔志不可起・大言海〕。(2)アトレフタメクから。アトルはアハテ蕩ケル義か〔和訓栞後編〕。発音〈標ア〉ア〈京ア〉ア 辞書〈ボン〉

あだ-ふだ〘形動〙気まぐれで移り気なさま。でたらめなさま。＊和英語林集成(再版)(1872)「Adafuda アダフダ。Adafudana(アダフダナ) ヒト。Adafudana(アダフダナ) コトヲ イウ」辞書〈ボン〉

アダプター〘名〙(英 adapter, adaptor)①機械を別の用途(使用法)に振り向けるための適用装置。たとえば、電池(直流)で使用する電気器具を家庭用の電源(交流)で使うための補助器具など。②写真用器具の一つ。別種のマウントのレンズをカメラに取り付けたり、被写体に近接して撮影したりする場合に、レンズとボディーとの間につける金属製のリング。③翻案者。脚色者。発音〈標ア〉ダ

アダプテーション〘名〙(英 adaptation)①適合。適応。順応。特に動物が外界の変化などに対応して変わっていくことをいう。＊覚書(1875-78頃)〈福沢諭吉〉「タイプとアダプテーションの両説相合して生物学の進歩をなしたり」＊生物の世界(1940)〈今西錦司〉五「生物の生活がこのやうに方向づけられてゐるからこそ、環境化された主体はいよいよその環境を主体化せんとして、いよいよ環境化されて行く。適応(アダプテーション)の原理はここにあるであらう」②映画、音楽、小説などにおいて、もとの作品をそれぞれの目的に適するように改作・脚色すること。潤色。翻案。＊アルス新語辞典(1930)〈桃井鶴夫〉「アダプテーション 英 adaptation 有名な小説や物語を映画向に書き直すこと」＊風俗小説論(1950)〈中村光夫〉近代リアリズムの発生・二「藤村が『罪と罰』に対して行ったアダプテーションは、〈略〉周密で計画的なものであったと云へます」発音〈標ア〉テ

アダプト〘名〙(英 adapt)①適応・順応すること。また、適応させること。＊風俗小説論(1950)〈中村光夫〉近代リアリズムの発生・一「もし風葉がこのツルゲエネフの名作を本当に理解して、これを周到に我国の環境にアダプトしたのなら」＊人生十二の知慧(1953)〈福原麟太郎〉「新しい社会生活にアダプトすることのできる人間に教育して置かなければなりません」②脚色すること。改作・翻案すること。

あた-ぼう〘名〙(形動)(「ぼう」は人を親しみまたは嘲っていう「坊」の意か) 当然そうあるべきこと、あたりまえのことを意味する近世の俗語。あたりき。あた。＊洒落本・四十八手後の巻(1818か)内花街「とぼけた婆(ばア)さんからねぼけたか先生のはやる時分を思へば昔だといったら、そりゃああたよ、あたぼうといふだらうが」＊歌舞伎・八重霞曾我組糸(1823)中幕「権兵衛さんと夫婦になっても、忠義だの、よいよいだのと、迷惑くさい事をせうより、此方(こっち)は矢っ張り仕来(しきた)った宿場芸者があたぼうサ」＊随筆・ききのまにまに(1853頃か)文政二年己卯「当り前といふ俗言を、あた坊と云ことはやり」

あだ-ぼうこう【徒奉公】〘名〙主人のためを思って仕えたことがむだに終わること。むだな奉公。＊浄瑠璃・八百屋お七(1731頃か)上「父源次兵衛若殿への忠義に浪人致せしを、若殿御満足に思召(おぼしめし)、御身持なをれば浪人せし甲斐あらん。然れども此趣大殿御存(ぞんじ)なき時は、親たる人あだ奉公をした道理」発音アタボーコー〈標ア〉0

あだ-ぼえ【徒吠】〘名〙犬などがむだに吠えること。また、無意味に大声を出すこと。＊禅林類聚撮要抄(1642)四「虚堂に向てあた吠へをするはをかしいことぞ」＊歌謡・松の葉(1703)一・しもさほり「おちょぼ忍ぶに六の苦が候(そろ)、まづ一番に雨に霰(あられ)に夜露に柴垣、のうさて、犬のあだぼえ」発音アダボエ〈標ア〉ボ

あだ-ぼおほ・ぼ**【―頬】**〘名〙近世の頬当(ほおあて)の一種。顎(あご)にあてて兜の緒をかける便宜とする。＊随筆・愚得随筆(1770)三「猿頬(さるほほ)、越中頬(えっちゅうぼほ)など今云(いふ)類は、あだぼうと云ものにて、緒だよりのために、をとがひにばかり当るもの也」

あだ-ぼね【徒骨】〘名〙苦労した結果が無駄に終わること。無駄骨。骨折り損。＊人情本・貞操婦女八賢誌(1834-48頃)五・四三回「這は空骨(アダボネ)を折らされしと、独り面のみふくらせて」発音〈標ア〉0

あたぼ-の-かんざし【―簪】〘名〙簪の一種。丸い大きな銀製の紋を付けた簪。うちわかんざし。＊随筆・ききのまにまに(1853頃か)文政二年己卯「小娘又若き娘のかんざしにあたぼのかんざしはやる。是は銀にて大なる丸き紋を付たる簪(かんざし)なり」

あたぼのかんざし〈守貞漫稿〉

あだ-ぼれ【徒惚】〘名〙①思いをかけても、そのかいのない恋をすること。また、その恋。とげ得ない恋。＊浄瑠璃・生玉心中(1715か)上「それを知らずにあだぼれして、此長作は捨(すて)られた」＊浄瑠璃・狭夜衣鴛鴦剣翅(1739)二「『いやしなきあだぼれふっつりと』『いや思ひきられぬ思ひはしました』」②浮気心から恋をすること。また、その恋。かりそめの恋。＊俳諧・誹諧独吟集(1666)下「譏言やをのが驕を思ふらん ぬしある袖をしたふあだぼれ〈昌房〉」＊浮世草子・西鶴置土産(1693)四・一「此の程あだぼれあそばし、是非(ぜひ)に誓紙(せいし)書とて、まことらしくいぢられ」＊浄瑠璃・松風村雨束帯鑑(1707頃)三「先は男ぶり、それがよいとて一心の下(くだ)り坂、石くるまに乗ってあだぼれするは、男の屑(くづ)のくづ餅、皆一口は食ふけれど」＊鳥追阿松海上新話(1878)〈久保田彦作〉一回「忠蔵は日毎に門へ阿松(おまつ)母娘(おやこ)が新内節の此糸蘭蝶語る文句に、春情(あだごころ)胸に轟く仇惚(アダボレ)に」発音〈標ア〉0

あだ-ぼ・れる【徒惚】〘自ラ下一〙思いをかけてもかいのない恋をする。また、浮気心からの恋をする。＊雑俳・二つ刀(1716-36)「近年に見ぬ本尊をあだぼれて」

あたま【頭・天窓】㊀〘名〙①動物の、四肢・触角などとは別に、胴体から前方あるいは上方に突き出た部分。主に、首から上の部分。㋑「ひよめき(顋門)」の古称。乳児の前頭部の骨と骨とのすきま。おどり。＊十巻本和名抄(934頃)二「顖会 針灸経云顖会 一名天窓〈阿太万〉楊氏漢語抄云顖〈訓上同〉頭凹也」＊和訓栞(1777-1862)「あたま 〈略〉天玉の義。玉は円形をいふ成べし。俗にいふをどりの所也」㋺首から上で、頭頂の部分。脳を納め、目、耳、口などのある部分。かしら。こうべ。＊土井本周易抄(1477)一「鄭玄夢にあたまをこがれたによって死したと、易林にあるぞ」＊日葡辞書(1603-04)「Atamauo(アタマヲ) フッテ イヤガル」＊俳諧・曠野(1689)八・神祇「覚えなくあたまぞさがる神の梅〈舟泉〉」＊談義本・銭湯新話(1754)「塗右衛門天窓(アタマ)ふりたて、世の中に阿房も多が六十六部に出る者ほど、戯気(たはけ)な事は有べからず」㋩首から上で、顔と区別される部分。＊漢書列伝竺桃抄(1458-60)一「日本にさるがくがあたまのはげて目のをそろしい面をきせて西王母と云がおかしいぞ」＊俳諧・続猿蓑(1698)五・煤掃「煤掃(すすはき)やあたまにかぶるみなと紙〈黄逸〉」＊洒落本・風俗八色談(1756)一・野夫医神農の教を受る事「きのふけふまで若党(わかとう)を務(つとめ)たり。草履でも取(とっ)たりした者が頂(アタマ)を丸めて。美服を着る事なれば。そふもせずは成まい」＊真景累ケ淵(1869頃)〈三遊亭円朝〉五七「道場へ引かれれば煮て食ふか焼いて食ふか、頭から塩をつけて食はれるか知れねえものを」＊風流仏(1889)〈幸田露伴〉六・上「罪のなき笑ひ顔して奇麗なる天窓(アタマ)つるりとなでし」②①㋩の、特に内部をいう。脳。脳の働き。㋑頭脳。ものの考え方。発想。＊天草本伊曾保(1593)狐と野牛の事「Atamani(アタマニ) チエガ アルナラバ」＊浮世草子・好色一代女(1686)五・四「ひそかに重手代(おもてだい)のあたまにばかり知恵の有男を頼み」＊善心悪心(1916)〈里見弴〉「かう云ふ融通の利くあたまを必ずしも狡猾と識ることは出来ない」＊或る死・或る生(1939)〈保高徳蔵〉二「ぢいさんがまる出しの大阪弁であるのと、事理を明確に把握するほどの頭がなくて、陳述が曖昧で、時々は脱線したりする上に」㋺(俗に)先入観。予見。思い込み。③頭部に付随している状態の髪。頭髪。また、髪の結いぶり。＊浮世草子・好色一代女(1686)四・三「下を覗(のぞけ)ば天窓(アタマ)剃下たる奴(やっこ)が」＊滑稽本・浮世床(1813-23)初・上「あたまはさかやきぼうぼう、ひげむしゃくしゃとして」＊良人の自白(1904-06)〈木下尚江〉前・一二・二「お高は頭髪(アタマ)も綺麗に出来たので」④ある物の先端部や上部。また、ある物の上のほうの部分。＊詩学大成抄(1558-70頃)五「唐人は字を書くに、偏に書くを、字のあたまに書き、あたまに書くを下に書き、旁(つくり)にあるを偏に書くぞ。したいままに書くぞ」＊浮世草子・御前義経記(1700)三・三「奴豆腐に唐がらし、あたまからかっかぢる口もと」＊和英語林集成(初版)(1867)「ヤマノ atama(アタマ)」＊社会百面相(1902)〈内田魯庵〉電影・七「牙彫(げぼり)の頭の着いた太い棕梠竹の杖(ステッキ)」＊雪国(1935-47)〈川端康成〉「火事が人家にかくれて焔の頭しか見えないところへ」＊鉛筆ぐらし(1951)〈扇谷正造〉見だしのモザイク「『よし来た、トップは暴走電車!』と、紙面のアタマ半分位は穴を開けて、出稿に待機する」⑤物事のはじめ。最初。はな。→頭から。＊浮世草子・傾城色三味線(1701)江戸・三「命の洗濯講といふをはじめ、先(まづ)あたまに一人前より、金壱歩宛出し」＊随筆・独寝(1724頃)下・一三三「はじめ五節句よくつとめてやり、あたまでばたばたくるを悦びおもひ付ている事なれど」＊歌舞伎・金看板侠客本店(1883)序幕「何んだ、人聞きの悪い、おれを頭(アタマ)に出して、手前達

虫がいいぢゃあねえか」 ⑥人数。あたまかず。接尾語的にも用いる。＊雑俳・軽口頓作(1709)「ひったもの・あたまかぞへる山の荒」 ＊故旧忘れ得べき(1935-36)〈高見順〉三「五人で割ると一人頭三十銭」 ⑦符丁。㋑銀二〇匁をいう、人形浄瑠璃社会の隠語。＊劇場新話(1804-09頃)上「あたま 銀二十目の事」 ㋺二銭五厘をいう、商人の間の隠語。＊風俗画報-九九号(1895)人事門「弐銭をば『ノッ又ブリ』二銭五厘『ブリガレン又アタマ』」 ⑧人の上に立つ者。かしら。 ⑨将棋で、駒の正面直前の一ます目の位置。＊彼女とゴミ箱(1931)〈一瀬直行〉インチキ・レビュー、万歳、安来節、其の他「Aは相手のもち駒を聞き、飛車の頭(アタマ)に歩をうつ」 ⑩相場の最高点。または値動きの幅の最高点。天井。〔取引用語字彙(1917)〕 ⑪「あたまきん(頭金)」の略。 ⑫うわまえ。→頭を撥ねる・頭を張る。＊不在地主(1929)〈小林多喜二〉五「頭(アタマ)が二重にも、三重にもハネられた」 ⑬「あたま(頭)の物」の略。＊洒落本・伊賀越増補合羽之竜(1779)仲町梅音の段「『おめへのよふなあたまのいい子もねへもんだ。何本(なんぼん)有る、かぞへて見やしょふ』とかんざしをかぞへる」 ⑭マージャンで、雀頭(ジャントー)の俗称。 ⑮献立の主要材料や、一つの料理の主だった材料をいう板前の語。 ⑯盗人仲間の隠語。㋑署長、典獄など、官庁の長。〔隠語輯覧(1915)〕 ㋺帽子。〔隠語輯覧(1915)〕 ㋩キセルの火口。〔日本隠語集(1892)〕 ㊁金側、また銀側の懐中時計。〔隠語輯覧(1915)〕 二〔形動〕おおげさなこと。または、おおまかなこと。＊寛永刊本蒙求抄(1529-31頃)五「誕伯は誕は大也で、ををきな事を云、あたまな事を云ぞ」 ＊四河入海(17C前)二五「売買二字をも、あればうる、なければかうとおぼゆるぞ。字のあたまなもの言ぞ」 語誌「頭部」を表わす類義語は多いが、その変遷の概略をたどれば以下のようである。(1)奈良時代に頭部を表わした語には、カブ、カシラがある。カブは奈良時代には複合語の例が目立ち既に古語化の傾向が認められる。カウベ(コウベ)は「カブ+ウヘ(上)」の音便形とも言われ(「カミヘ(髪辺)」とも)、平安時代に現われるが、和歌や女流仮名書き散文には例が認められず、漢文訓読特有語であった。中世も室町時代になるとコウベは文語資料ではまだ中心的に用いられていたが口語資料では表現が限定されるようになって衰退し始め、江戸時代以降は擬古文、慣用句、諺などに残るのみとなっていく。(2)カシラは奈良時代に既に例があり、平安時代は和文特有語としてカウベと併用されつつも頭を表わす代表語として用いられた。室町時代口語資料でも中心的に用いられたが、しだいに動物の頭を指して使われることが多くなり、江戸時代にはアタマに代表語としての地位を譲ることになる。現代語でも「尾かしら付き」「獅子かしら」など複合語の中で動物の頭を指して使われているのはその名残である。(3)アタマは平安時代にその例が見られるが、初めは頭の前頂部の、ひよめきの位置を表わした。その後、頭頂部へと意味を拡大し、室町後期から江戸初期にかけて頭全体を表わすようになる。(4)現代でも方言に残るナズキは、平安時代には脳髄を指したが中世になると頭頂部から頭部全体へと意味を拡大したものである。 方言 ❶熊(くま)の頭。新潟県北魚沼郡012 ❷蚕の胸部。群馬県勢多郡236 ❸果実などのへた。兵庫県赤穂郡660 ❹水田の水の取り入れ口。山口県玖珂郡794 ❺頭領。沖縄県首里993 語源説 (1)アテマ(当間)の転で、灸点に当たる所の意か〔大言海〕。(2)アタマ(天玉)の義〔和訓栞・国語の語根とその分類=大島正健〕。(3)アタルマド(当窓)の略。アタルとは、そのいただきに当たる意〔名言通〕。(4)アテマ(貴間)の義〔言元梯〕。(5)アマツマ(天間)の義〔日本語源=賀茂百樹〕。(6)アメノミタマ(天御霊)の略語〔両京俚言考〕。(7)オノガタマヰ(己霊坐)の義〔日本語原学=林甕臣〕。(8)インドネシヤ語のウタマ(最高、最上の意)から。チベット語でこれをカブリといい、この両語が日本語に入ったという〔ことばの事典=日置昌一〕。(9)「顱顚」の別音 A-Tam の転化。義は、大いなる頭の頂上〔日本語原考=与謝野寛〕。 発音 〈なまり〉アタ〔和歌山県〕アダマ〔飛驒〕アタモ〔広島県〕アンマ〔岩手〕 〈標ア〉マ 〈ア史〉平安○○○ 〈京ア〉ア 辞書 和名・色葉・名義・和玉・文明・饅頭・易林・日葡・書言・ヘボン・言海 表記 顱会(和・文・易・書) 天窓(色・名・易・言) 頸(名・玉・文) 顖会(色・饅) 顱顖(和) 頸(色) 甲・胸・顋・頻(名) 天顱(書) 頭(ヘ)

あたまが上(あ)がる ①対等の立場に立って相手に向かう。普通、下に打消の表現を伴って、相手の権威や力にひけ目を感じ、対等の立場に立てないことや、弱味を握られている相手に屈服することにいう。＊人情本・貞操婦女八賢誌(1834-48頃)初・二回「秀斎老がござられたら、頭(アタマ)の上(アガ)る日(か)はあるまいに、丁稚が面の大きさよ」 ＊滑稽本・八笑人(1820-49)四・追加上「どうせくじなしにもらった役だから、天窓(アタマ)はあがらねへ」 ＊社会百面相(1902)〈内田魯庵〉鉄道国有・一「妻の兄といふ外に浅からぬ恩を荷った頭の上らない関係である」 ②枕から頭をおこす。普通、下に打消の表現をとって、病気などの重いさまにいう。＊人情本・英対暖語(1838)初・五回「『サア最(もう)お起なさいましなねへ』『どふしてどふして、今日はなかなか首(アタマ)が上りそふもねへ』」 ③「あたま(頭)を出す」に同じ。＊福翁自伝(1899)〈福沢諭吉〉大阪修業「此藩に居た所が何としても頭(アタマ)の上(アガ)る気遣はない」

あたまが痛(いた)い 心を悩ませる。悩みの種である。＊餓鬼の晩餐(1974)〈富岡多恵子〉「ふく子は旅費の捻出に頭が痛い」 ＊新西洋事情(1975)〈深田祐介〉東の秘書と西の秘書と「外地での生活に言葉の障害はつきものですけれども、なかでも病気の場合にいちばん頭が痛いことになる」

あたまが打(う)つ 頭が痛む。＊四河入海(17C前)一〇・四「むりやりと酔て頭がうちて」 ＊日葡辞書(1603-04)「Atamaga vtçu(アタマガ ウツ)」 方言 ❶頭痛がする。岐阜県飛驒502 長崎県五島054 熊本県阿蘇郡919 大分県938 ◇あたまんうつ 熊本県919 ◇あたまぬうつ 長崎県壱岐島914 ◇あたまをうたする 大分県北海部郡938 ❷心を痛める。◇あたまをうたする 大分県北海部郡938 辞書 日葡

あたまが遅(おく)れる 考えが追い付かない。時流にとり残される。＊漫才読本(1936)〈横山エンタツ〉貞操問答「そんなこと、言ふてると、頭(アタマ)が遅(オク)れるぞ」

あたまが重(おも)い ①頭が重苦しく感じられて、すっきりしない。頭痛がする。＊滑稽本・浮世床(1813-23)初・上「一体(いって)へ酒が悪(わり)いはな〈略〉ソレ翌(あく)る日は天窓(アタマ)が重(オモ)てへとか、お頭痛が遊ばすとか云ってぶん流すか」 ②心配ごとがあって気分がすぐれない。 ③取引相場で値が上がりそうで上がらない。〔取引所用語字彙(1917)〕

あたまが切(き)れる 頭の回転が速く、機敏に物事を処理できる。頭脳の働きが鋭い。＊カクテル・パーティー(1967)〈大城立裕〉前「この頭のきれる弁護士は、中国人にしては酒があまりいけない」 ＊傷ついた葦(1970)〈曾野綾子〉一・二「私と違って頭も切れるし説得力もありますしね」

あたま隠(かく)して尻(しり)隠(かく)さず (キジが、草の中に首を隠して、尾の現われているのを知らないのに比していう) 悪事などの、一部分を隠して、全部を隠したつもりでいるのをあざけっていう。＊諺苑(1797)「あたまかくして尻かくさず」 ＊洒落本・野良の玉子(1801)一「床がけよりははすがけの、あたまかくして尻(シリ)かくさぬ、客の油断に」 ＊随筆・燕居雑話(1837)一「諺に天窓かくして尻かくさずと云は、金の劉京叔帰潜志に云、余嘗与王従之言公〈指趙閑々〉既欲為純儒、又不捨二教、使後人何以処之。王笑曰、此老所謂蔵頭露尾身とあり古くより云しことと見ゆ」

あたま搔(か)く山(やま) (閉口して「あたまを搔(か)く」を、音の類似で「天(あま)の香具山(かぐやま)」にかけていうしゃれ) 閉口すること。

あたまが下(さ)がる 敬服させられる。尊敬の気持が起こる。＊琵琶伝(1896)〈泉鏡花〉三「整然(ちゃん)として威勢がよくって、吾(おれ)、はあ、ひとりでに天窓(アタマ)が下(サガ)るだ」

あたまが高(たか)い 人に対し横柄で無礼な態度である。頭(ず)が高い。⇔頭が低い

あたまが=足(た)りない[=足(た)らない・足(た)りぬ] 頭の働きが普通以下である。知能が遅れている。＊人間嫌ひ(1949)〈正宗白鳥〉「私の少年の頃、故郷の或旧家の作男で、頭の足らない男があったが、彼は無骨な変な踊りを得意で踊ってゐた」 ＊がらくた博物館(1975)〈大庭みな子〉よろず修繕屋の妻「三畳と四畳半の二間きりのアパートに帰ってきて、頭の足りない犬のようにじっと坐って夫を待っているアヤを見ると」

あたまが低(ひく)い 高ぶらないで、どんな人に対してもていねいである。謙虚だ。腰が低い。⇔頭が高い

あたまが回(まわ)る 思い至る。考えが及ぶ。気が付く。＊新西洋事情(1975)〈深田祐介〉「民主主義」夫人、南アにゆく「貸借契約に抵触するおそれのあることに頭のまわらなかった当方にも落度があり、結局犬はあきらめざるを得ませんでした」

あたまから来(く)る (頭から相手を呑(の)んでくるということで) 頭ごなしに威圧する態度をとる。高飛車に出る。頭をおさえる。＊雑俳・柳多留-四三(1769)「あたまから来て文覚は耳こすり」

あたまから爪先(つまさき)まで 上から下まで。一から十まで。全部。頭のてっぺんから足の先まで。＊浮世草子・諸道聴耳世間猿(1766)四・二「京中のわるざれ息子、天窓(アタマ)から足の爪先(ツマサキ)まで、当世につくりすまし」 ＊黒潮(1902-05)〈徳富蘆花〉一・一二・四「頭から爪先まで一瞥(ひとめ)に父を見て、道子は戦々と慄へた」

あたまから火(ひ)=が[=の]付(つ)く 危難が身に迫ること。足元に火がつく。＊浮世草子・好色万金丹(1694)三・四「一寸先は闇(やみ)の夜に、あたまから火のつくも知らず」

あたまから水(みず)を=浴(あ)びたよう[=打(う)ちかけられたよう] 突然に事が起こり、驚き恐れてぞっとするさま。＊怪談牡丹燈籠(1884)〈三遊亭円朝〉一二「幽霊が側(そば)へ来たかと思ふと、頭から水を打ちかけられるやうに成(なっ)て」

あたまから湯気(ゆげ)を立(た)てる 非常に怒るさまをいう。かんかんになって怒る。

あたまが割(わ)れるよう 頭痛のひどいことのたとえ。＊湯島詣(1899)〈泉鏡花〉四〇「二晩些とも寝ないんだもの、天窓(アタマ)が割れるやうなの」

あたま剃(そ)るより心(こころ)を剃(そ)れ 頭を剃って形ばかり僧になるよりも、まず内心を修めよ。外形より精神の修養が大切だの意。頭(かしら)剃るより心を剃れ。＊諺草(1699)六「頭(アタマ)剃(ソ)ランより心をそれ。六道講式云、適剃頂不剃心。染衣不染心。可恥恥」

あたまつける 方言 戸籍に入れる。入籍届をする。青森県上北郡082 三戸郡083 岩手県気仙郡100

あたまてんてん 幼児に向かっていう語。頭を両手で軽く打つ戯れ。おつむてんてん。＊荻江節・めんかぶり(1765)「とかく子供達は、いたいけがよいもの

ぢゃ〈略〉冠(かむ)り冠りしほの目、頭(アタマ)てんてんよ」＊黄表紙・御存商売物(1782)下「源氏物語・唐詩選が教訓に、みなみなしゃうちしゃうちあわわをする。あたまてんてんされぬうち、はやく帰るがよかろう」＊読本・夢想兵衛胡蝶物語(1810)前・少年国「『天窓(アタマ)てんてん』『けえぐりけえぐり』様々(さまざま)の芸をしつけ」

あたまに入(い)れる　しっかりと記憶する。念頭に入れる。＊茶話(1915-30)〈薄田泣菫〉何故食物が高い?「その上に肥料の化学的成分とやらも、すっかり頭(アタマ)に入(イ)れておかなくっちゃなりましねえのだからな」＊試みの岸(1969-72)〈小川国夫〉静南村「流れの廻り方も潮の満干の日数も時間も風も雨も頭に入れていて」

あたまに置(お)く　心にとどめて忘れないようにする。念頭におく。

あたまに口(くち)が開(あ)く　頭に口が開いて自由に発言するということで、遠慮なく無責任にしゃべる。あたりかまわず勝手にしゃべり散らす状態にある。＊天理本狂言・痩松(室町末-近世初)「あたまに口があいたと思ふて、あの女めが、はっさいなことは、ていどおこすまいかと云」＊翁問答(1650)「まよひふかき心にて、あたまに口のあきたるままに世に人もなげに議論するは」

あたま=に[=へ]来(く)る　①怒りや悲しみや驚きなどのために、頭に血がのぼる。かっとなる。のぼせる。逆上する。＊苦の世界(1918-21)〈宇野浩二〉三・一「あの時はいつになく頭に来ましてね」＊誰かが触った(1972)〈宮原昭夫〉一〇「お父さんまで、バカバカって言わないでくれよな。それはいま、頭へきてるコトバなんだからよ」②酔いや病毒などが頭にまわる。＊巡査(1902)〈国木田独歩〉「この酒は決して頭へ来るやうな酒ぢゃア御座いませんから」＊廃墟の眺め(1967)〈吉行淳之介〉五「『すこし頭にきているらしいな』『かなり酔っていたからね、酒が頭にきたというわけか』」③気が変になる。④意識にのぼる。思い出す。＊大道無門(1926)〈里見弴〉一番鶏・一「ふとあたまへ来たのは、目を覚ますすぐ前までみてゐたやうな気のする夢だった」＊方丈記私記(1970-71)〈堀田善衛〉四「食い物の豊富かつ空襲から安全な土地柄を物色したことが直ちに頭に来たものであった」

あたまに付(つ)く　頭の中から離れない。脳裏を去らない。心から離れない。＊城の崎にて(1917)〈志賀直哉〉「鼠が殺されまいと、〈略〉全力を尽して逃げ廻ってゐる様子が妙に頭についた」

あたまに入(はい)る　理解して受け入れる。納得する。＊茶話(1915-30)〈薄田泣菫〉痘面の笑顔「どんな間違をしてゐても、丁寧にお辞儀をさへすると、大抵の人は『乃公(わし)の云ふ事がよく頭(アタマ)に入(ハイ)ったと見えるて』と直ぐ感心をして呉れる」＊象のいないサーカス(1968)〈井上光晴〉「貸して貰って読んでも頭に入らないでしょう」

あたまの回転(かいてん)が早(はや)い　頭脳のはたらきが機敏である。次から次へと考えが及ぶ。＊とむらい師たち(1966)〈野坂昭如〉「先生が頭の回転の早いとこをみせ」

あたまの懸(か)かり　話しかけのいとぐち。言い出そうとする言葉の最初のてがかり。とっかかり。＊浄瑠璃・傾城反魂香(1708頃)中「お乗物にすがって歎きを申お情を受(うけ)ふと、七本松から跡先(あとさき)に是迄伺ひ参りしが、あたまのかかりがどふもなく、思はず慮外致せし也」

あたまの欠(か)けが見(み)えない　ぶち割られた自分の頭のかけらをさがしても見えないの意で、けんかに負けるさまをいう。頭の欠けをさがす。＊洒落本・鄽意気地(1802)一「藪の下の三たらめが、新家のむすこをどずきのめし天窓(アタマ)のかけが見へないとって、新田中の若いやつらが、たづねに行からきてくれろと」

あたまの欠(か)けを=さがす[=尋(たず)ねる]　割られた自分の頭のかけらをさがすの意で、けんかに負けるさまにいう。＊浄瑠璃・彦山権現誓助剣(1786)九「大方骨が砕(くだ)けたであろ、イヤ今時分は泣く泣く天窓(アタマ)のかけを尋ねて居るであらうのと、口々ぬかして往(い)にをったが」

あたまの欠(か)けを拾(ひろ)わす　頭を割って、そのかけらを拾わせてやるの意で、けんかなどで人をなぐる時に、ののしっていう言葉。＊滑稽本・東海道中膝栗毛(1802-09)三・上「ヱヱわるくしゃれらア。尻(けつ)がかいいわへ。あたまのかけでもひろわせてやろふか」

あたまの黒(くろ)い鼠(ねずみ)　人間を鼠になぞらえ、ただし実際は人間であることを頭髪の黒さで示したもの。家の中の物がなくなった時などに、それを盗んだのは、鼠でなくて人間であろうと、犯人をほのめかしていう。＊俳諧・大坂独吟集(1675)下「ときどきかよひたらんこそこそ　はらますはあたまのくろい鼠すら〈宗因〉」＊浮世草子・世間胸算用(1692)一・四「是ほど遠ありきいたす鼠を見た事なし、あたまの黒ひねづみの業(わざ)、是からは油断のならぬ事と」＊諺苑(1797)「あたまのくろい鼠　唐書楊再思為ㇾ人佞而智、戴令言賦両脚狐以譏ㇾ之」

あたまの皿(さら)　①頭のてっぺんの皿状の部分。脳天。頭蓋骨(ずがいこつ)。頭の鉢(はち)。＊浄瑠璃・博多小女郎波枕(1718)上「角(かど)の有溝(みぞ)石でくさ、あたまのさらが、こな微塵(みじ)に打われた」＊浄瑠璃・平仮名盛衰記(1739)三「力に任せゐいうんと踏くだく天窓(アタマ)のさら。微塵(みぢん)に砕(くだけ)死(しし)てけり」②河童(かっぱ)の脳天にあるという皿状の部分。＊俳諧・独吟一日千句(1675)第八「あたまのさらは子共友達　此国にすむかは太郎根を絶て」方言❶頭蓋骨(ずがいこつ)。岩手県気仙郡100　新潟県中蒲原郡361　三重県志摩郡054　大阪市638　岡山県邑久郡761　◇あたまのさらこ　秋田県雄勝郡130　❷頭の頂。兵庫県赤穂郡661

あたまの=てっぺん[=ぎりぎり]から足(あし)の爪先(つまさき)まで　(「ぎりぎり」は頭の旋毛(つむじ))全身全部。上から下まで。また、一から十まで、全部。徹頭徹尾。＊浄瑠璃・曾根崎心中(1703)「憎いとも無念とも、おのれが頭(アタマ)のぎりぎりから爪先まで切り刻んでも、これが腹がゐるものかと」＊歌舞伎・人間万事金世中(1879)序幕「此処の家の喰潰しで一銭一厘(りん)の働きもなく、頭(アタマ)の天辺(テッペン)から足(アシ)の爪先(ツマサキ)まで伯父の厄介になって居ながら」＊銀の匙(1913-15)〈中勘助〉後・四「私はみちみち帽子が曲ったの〈略〉手のふりやうが等分でないのと、頭のてっぺんから足の先まで小言をくひながら」

あたまのてんだい　方言 頭の頂。兵庫県赤穂郡661　◇あたまのとっぺん〔一天辺〕　熊本県鹿本郡925　◇あたまのてんつりてん　和歌山県西牟婁郡699

あたまの=蠅(はえ・はい)を追(お)う[=刷毛(はけ)を直(なお)す]　人のおせっかいをしないで、自分一身の始末をする。通常、自分の始末が第一であるという場合に用いる。＊浮世草子・世間御旗本容気(1754)四・一「面々の思ひ付次第天窓(アタマ)の蠅(ハイ)を追ふべきなりとて、散々いひ込められける」＊雑俳・柳多留拾遺(1801)巻一九「より合ふと人のあたまの蠅をおひ」＊滑稽本・浮世風呂(1809-13)三・下「何にしろよその事は打遣(うっちゃ)って置(おい)て、こっちのあたまの蠅(ハイ)を追(オッ)て居よう」＊人情本・春色袖之梅(1837-41)上・一回「他の事より自分(てんでん)のあたまのはけをお直し」

あたまの鉢(はち)　「あたま(頭)の皿(さら)①」に同じ。＊仮名草子・仁勢物語(1639-40頃)上・八「徒歩(かち)にて行ければ、汗も流れけり。白髪(しらが)なるあたまのはちに、湯気(いげ)の立ちければ」＊浄瑠璃・生玉心中(1715か)中「備前鉢にてあたまの鉢、覚えたか覚えたかと、打くだかれて」方言❶頭蓋骨。新潟県中蒲原郡361　兵庫県赤穂郡661　❷頭の頂。長崎県対馬913

あたまの物(もの)　頭髪を整えたり、髪型を飾ったりするのに用いるもの。くし、かんざしなどの類。＊洒落本・大門雛形(1789-1801)三「『おめへのあたまのものもなァどうした』『とこがまはるからうかつのさんにかしてやった』」＊雪中梅(1886)〈末広鉄腸〉下・一「一寸(ちょっ)と櫛簪(アタマノモノ)に気を付け、国野に目礼し」発音〈標ア〉ノ

あたま禿(は)げても浮気(うわき)は止(や)まぬ　老人になっても浮気心は失せない。年をとっても色欲や婆婆気(しゃばけ)の去り難いことをいう。

あたまへ上(あ)がる　つけあがる。調子に乗る。＊足利本論語抄(16C)陽貨第十七「女子と小人とは難養立者也。六借敷者ぞ。近ればあたまへあかって緩怠也。遠くれば怨むる也」

あたまを上(あ)げる　①頭を上の方へあげる。＊虎寛本狂言・禁野(室町末-近世初)「あれほど頭を上(あげ)て居まする。しかも雄鳥で御座る」②「あたま(頭)を擡(もた)げる①」に同じ。＊妄想(1911)〈森鴎外〉「併しそんな感じは、一寸頭を挙げるかと思ふと、直ぐに引っ込んでしまふ」＊黒い眼と茶色の目(1914)〈徳富蘆花〉四・四「圧しつけられて居た敬二の謀叛心は、そろそろ頭(アタマ)を上(ア)げて来て居た」③人々がみんなそろう。こぞる。＊明月記-建仁三年(1203)正月二一日「日来如法泰山府君祭七座毎夜行之、天下貴賤挙頭集会」

あたまを現(あら)わす　「あたま(頭)を出す②」に同じ。＊福翁自伝(1899)〈福沢諭吉〉長崎遊学「上達が頗る速くて、両三年の間に同窓生八九十人の上に頭角(アタマ)を現(アラ)はした」

あたまを痛(いた)める　心配事、苦労で頭を痛くする。あれやこれやと心配する。＊破戒(1906)〈島崎藤村〉一八・二「吾儕(われわれ)も頭を痛めて居るのさ」＊こゝろ(1914)〈夏目漱石〉下・三「左程頭(アタマ)を痛(イタ)める必要がないと思ってゐました」

あたまを打(う)つ　取引相場がもっとも高くあがる。騰貴して頂点となる。

あたまを押(おさ)える　相手の力を抑制する。高飛車に出る。＊浮世草子・世間胸算用(1692)二・二「小作りにうまれ付たる徳とあたまおさへてむかしをかたれば」＊人情本・春色梅児誉美(1832-33)初・三齣「万事に我意を行へど、首(アタマ)をおさゆる人もなく」＊断橋(1911)〈岩野泡鳴〉七「発展の最中に不景気の為めにあたまを押へられてしまった」

あたまを抱(かか)える　どうしたらよいかわからないで頭を両手でかかえる。非常に困る。＊門三味線(1895)〈斎藤緑雨〉九「これはこれはと傍に多吉は頭(アタマ)抱(カカ)へぬ」＊能因法師(1915)〈岡本綺堂〉「良因はあたまを抱へて閉口してゐる」

あたまを掻(か)く　恥ずかしく思ったりはにかんだりして、思わず頭に手をやって軽くかく。失敗を恥じたり、はにかんだりする。閉口する。＊浄瑠璃・曾根崎心中(1703)「こりゃマア何としたものと、頭(アタマ)をかいてもすまぬ事」＊談義本・当風辻談義(1753)一・大藤内が霊芝居乃作者を称美せし事「今日此比は工藤殿も、あたら口をつゐやしたと、あたま掻(カイ)て後悔しやるが」＊社会百面相(1902)〈内田魯庵〉代議士・上「秀才は微笑しつつ故(わざ)とらしく頭を掻いた」

あたまを砕(くだ)く 大いに考える。工夫をこらす。頭を搾る。＊談義本・遊婦多数寄(1771)三「少しにてもにほいあしきはあがらぬと料理人があたまをくだき」＊滑稽本・古朽木(1780)五「何と判じたら能からうと、天窓(アタマ)を砕く折ふし」

あたまを拵(こしら)える 髪の毛を切って整える。散髪する。＊落語・無間の臼(1892)〈禽語楼小さん〉「先の留床が柳橋へ出したから那処(あすこ)で以て悉皆(すっかり)頭を拵(コシラ)へて香水下谷車坂町守田の薔薇化粧でも掛け」

あたまを下(さ)げる ①おじぎをする。かしらをさげる。＊雑俳・柳多留‐一一九(1832)「頭を下げてくぐるは路次の御条目」＊昇天(1923)〈十一谷義三郎〉六「彼はも一度頭を下げながら訊ねた。『P町はどちらでせうか』」②自分が下位であることを認める態度をとる。相手に物を頼む時に使われることが多い。へり下る。下手(したて)に出る。＊真理の春(1930)〈細田民樹〉森井コンツェルン・七「森井コンツェルンが大きくなればなるほど、生野は帝銀総裁にも大蔵大臣にも、頭(アタマ)を下(サ)げることが尠くなった」③相手がすぐれていることを認める態度をとる。感心する。＊ブラリひょうたん(1950)〈高田保〉叱られて「どこでも目に残ったのはあの人々の努力の足跡である。どれを見てもギヴ・エンド・ギヴ、成程これでなければと頭を下げさせられた」＊現文壇に与える(1954)〈中島健蔵〉三「ただうまいというだけでは、かんたんに頭を下げるわけにはいかない」

あたまを搾(しぼ)る 一所懸命に考える。考えられる限りの工夫をする。頭を砕く。＊東京年中行事(1911)〈若月紫蘭〉一月暦「上野浅草からさては芝居寄席活動写真といづれも力限りの頭(アタマ)を搾(シボ)って、思ふ存分に羽を伸して飛廻って」＊藤十郎の恋(1919)〈菊池寛〉六「藤十郎は、自分自身の肝脳(アタマ)を搾るより外には、工夫の仕方もなかったのである」

あたまを出(だ)す ①姿を見せる。顔を出す。かくれていたものが現われる。＊東京年中行事(1911)〈若月紫蘭〉十一月暦「男子の内にも始めて此麼(こんな)席に頭(アタマ)を出(ダ)すと云ふ方が多いので」＊ブルジョア(1930)〈芹沢光治良〉四「そらそら、打ち明け癖が頭を出した。兎に角、僕も悪からうさ」②勢力を得たり、能力を発揮したりなどして人から認められるようになる。頭角を現わす。台頭する。＊社会百面相(1902)〈内田魯庵〉猟官・上「少しでも社会(よのなか)へ頭角(アタマ)を出す工風をして呉れれば好いのですが」＊黒い眼と茶色の目(1914)〈徳富蘆花〉三・四「同じ米国に苦学して居た森さんは、先生より先きに帰朝して官界にずんずんと頭(アタマ)を出(ダ)し」方言 入籍届けを出す。岩手県気仙郡100 ◇**あたまつけだす** 岩手県気仙郡100

あたまを叩(たた)く 自分のあたまを手でたたく。喜んだり、満足したりするさまにいう。＊天理本狂言・船渡聟(室町末‐近世初)「ねこの目のやうな酒じゃと云て、ほむる。一ぱいのうで、あたまをたたいて、むまがる」方言 満足するさまにいう。◇**あたまたたく** 徳島県811

あたまを垂(た)れる 元気なく、うなだれる。しょげる。しおれる。また、謙虚な気持を抱く。＊美学入門(1951)〈中井正一〉一・一「人々はこのむずかしい問題の前にわからぬままに頭をたれているのである」

あたまを使(つか)う よく考える。また、思いを巡らす。思案する。＊疑惑(1913)〈近松秋江〉「省みて自分を誡めながら、ついまた他のことに頭を使ふともなく使って医者に行った」＊司令の休暇(1970)〈阿部昭〉一「この老人が息子の将来のことで余計な頭を使っているらしい」

あたまを突(つ)っ込(こ)む ある仕事や仲間などに加わる。＊破戒(1906)〈島崎藤村〉一九・三「其方の研究にばかり頭を突込んでるものだから」＊死の棘(1960)〈島尾敏雄〉「仲間とのつきあいのもつれの中にもう一度頭をつっこまなければならない」

あたまを悩(なや)ます 思い悩む。困って考えこむ。苦悩する。＊当世書生気質(1885‐86)〈坪内逍遥〉一七「なにもそれほどに心配して、脳(アタマ)を悩ますにゃア及ばん事だ」＊ふだん着のソ連(1955)〈渡辺善一郎〉検査と検閲「モスクワ特派員の頭を悩ますのは『アバンス制度(前払い金制度)』である」

あたまを撥(は)ねる (「頭」は上米(うわまい)を言いかえたもの。「はねる」は、けずりとるの意) うわまえをかすめ取る。ピンハネする。他人の利益の一部をかすめ取る意の、もと興行師仲間の用語。あたまを張る。あたまを割る。＊最暗黒之東京(1893)〈松原岩五郎〉二一「一人十銭づつの頭(アタマ)を刎(ハ)ぬ」＊故旧忘れ得べき(1935‐36)〈高見順〉七「その経営者があんまりあたまをはねすぎるといふんで、マネキンがストライキをやった」

あたまを生(は)やす 髪をはやす。転じて、還俗する。＊天理本狂言・若和布(室町末‐近世初)「あのやうな、師匠にそわふよりも、身どもをつれて、京へ上て、あたまをはやいて、わらはにおそやれ」

あたまを張(は)る ①頭をうつ。頭をなぐる。＊虎明本狂言・居杭(室町末‐近世初)「いつもまいるたび事に、あたまをはらせらるるが、是が一しほめいわくに御ざる」＊日葡辞書(1603‐04)「Atamauo faru (アタマヲ ハル) マタハ コク〈訳〉頭をなぐる、または、たたく」②「あたま(頭)を撥(は)ねる」に同じ。＊歌舞伎・日月星享和政談(延命院)(1878)六幕「『祝儀所か遊びに行って、勘定の釣もやりゃあしねえ』『茶代(ちゃだい)のあたまを張(ハ)る玉だ』」③利子を天引きする。＊雑俳・柳多留‐五(1770)「座頭金金のあたまをはってかし」方言 ❶他人の利益のうわまえをはねる。◇**あたまはる** 奈良県678 ❷丸く刈られた茶の株の、上部のよく伸びた摘みよい葉だけを摘む。◇**あたまはる** 静岡県志太郡535

あたまを浸(ひた)す 熱中する。没頭する。＊あらくれ(1915)〈徳田秋声〉七七「翫具(おもちゃ)の工夫に頭脳(アタマ)を浸して、飯を食ふのも忘れてゐるやうな事が多かった」

あたまを拈(ひね)る 頭を傾けて考える。いろいろ工夫をめぐらしたり、疑問を持ったりすることにいう。首をひねる。＊苦の世界(1918‐21)〈宇野浩二〉六・一「いくらそんな事をしさいらしく発音して頭をひねっても、あきらかになんの名案もうかばないことを知りながら」＊小説平家(1965‐67)〈花田清輝〉三・五「独特の曲芸をつくりだそうと、すこしも頭をひねらなかったわけではない」

あたまを冷(ひ)やす 興奮を静め、冷静になる。＊良人の自白(1904‐06)〈木下尚江〉続・二四・三「碁客の平野は、あだかも隣室へ行って、少し頭を冷して居る所であったが」

あたまを振(ふ)る 頭を横に振ってことわる。拒否する。＊碧巌雷沢抄(1533)六「動不得転不得とは、いかんとも頭のふられん処で転身したぞ」＊日葡辞書(1603‐04)「Atamauo futte (アタマヲ フッテ) イヤガル〈訳〉頭を振って拒否する」＊婦系図(1907)〈泉鏡花〉前・五五「『否(いや)、否(いや)』と頭を掉(フ)って、大(おほき)に発奮(はず)み」

あたまを丸(まる)める ①頭髪をそる。転じて、出家する。僧になる。＊日葡辞書(1603‐04)「Atamauo marumuru (アタマヲ マルムル)」＊狂言記・鹿狩(1660)「やい坊主、あたまはまるめたれども物はしらぬ」＊雑俳・柳多留‐一四(1779)「いい宗旨あたま丸めるぶんの事」②「あたま(頭)を抱(かか)える」に同じ。＊多情多恨(1896)〈尾崎紅葉〉後・二「『そいつは大失敗(おほしくじり)だ』と葉山は頭を円(マロ)める」

あたまを擡(もた)げる[=持(も)ち上(あ)げる] ①押えていた、また、隠れていたある考え、疑い、気持などが浮かび上がってくる。あたまを上げる。＊雁(1911‐13)〈森鷗外〉八「親の事を忘れたのではあるまいかと云ふ疑が頭(アタマ)を擡(モタ)げて来る」＊或る女(1919)〈有島武郎〉前・二二「少しいぢめてやらうといふ企みが頭を擡(モタ)げた」②しだいに勢力を得て人に知られるようになる。台頭する。＊破戒(1906)〈島崎藤村〉一八・二「どうして彼様(あんな)な手合が学問といふ方面に頭を擡(モチア)げられるものか」＊茶話(1915‐30)〈薄田泣菫〉予言者「その頃方々に頭(アタマ)をもちあげて来た化学工業会社がどう成り往くものか」

あたまを分(わ)ける 頭髪を左右に分ける。頭髪にくしの目を入れる。＊吾輩は猫である(1905‐06)〈夏目漱石〉二「頭を奇麗に分けて」＊いたづら小僧日記(1909)〈佐々木邦訳〉「洋行帰りのハイカラで、牛乳配達のやうに綺麗に頭髪(アタマ)を分(ワ)けてゐる」

あたまを割(わ)らす 「あたま(頭)を割る②」に同じ。＊浮世草子・武道伝来記(1687)六・三「此返事(へんし)の仕やうはと、あたまをわらして用介やうやう今分別出たりと云(いふ)に」＊滑稽本・浮世風呂(1809‐13)四・四「先刻(さっきに)から頭(アタマ)割(ワ)らした」

あたまを割(わ)る ①頭に傷をつける。頭にけがをする。＊歌舞伎・幼稚子敵討(1753)六「曾太平かかるを見事に放る。又来るを鍔にてあたまをわる。大学、随戸平があたまをわる」②苦心する。頭を悩ます。思いをあれこれめぐらす。心をくだく。頭を割らす。＊浮世草子・傾城禁短気(1711)三・三「あるじ気の毒のあたまをわって思案する中に」＊洒落本・廓節要(1799)「江戸にゐた時、いたっておせはになりやしたから、誠にあたまをわってゐるのさ」＊滑稽本・東海道中膝栗毛(1802‐09)初・発語「われわれも天窓(アタマ)を破(ワ)りて哥よまん刀(なた)づくりなる御影(みえい)おがみて」③「あたま(頭)を撥(は)ねる」に同じ。＊不在地主(1929)〈小林多喜二〉六「吉本管理人は〈略〉地主が小作人に送って寄こす『香奠』から頭を割った。自分ですっかり書き直して、それから小作のところへ香奠を持ってきた」

あたま-あわせ【頭合】〘名〙 物の上部・先端などが互いに向かい合っていること。＊結婚(1967)〈三浦哲郎〉「空いているのは、その頭合せになっている二つのうちの出入口から遠い方のベッドで」発音〈標ア〉ア2

あたま-いし【頭石】〘名〙 ①鳥取地方で産飯(うぶめし)や食い初めの膳に添える石。赤ん坊の体内に入るべき霊魂の依代(よりしろ)。②岩手県の一部などで、埋葬後、土饅頭(どまんじゅう)の上にのせる石。

あたま-うち【頭中】〘名〙 頭一面。頭じゅう。＊浄瑠璃・堀川波鼓(1706頃か)下「月代(さかやき)そらせにいったれば、扨もきったたは、あらがみそりの刃はつるぎ、あたまうちを切ちゃちゃくった」

あたま-うち【頭打】〘名〙 ①相場、給料などが一定の限界に達して、それ以上あがらなくなること。天井打ち。ずうち。〔取引所用語字彙(1917)〕②物事が限界に達して、進展の見込みがないこと。＊南方熊楠の学風(1952)〈桑原武夫〉「やがてその上昇は頭打ちせざるをえぬことを意識せぬままに」＊新西洋事情(1975)〈深田祐介〉泣いてパリに馬謖を斬る「君も管理部門で頭打ちのようだから、営業で引きとって、まあ勿体ないけどパリでしばらく遊ばせてあげようっていってるん

ですよ」 発音〈標ア〉〇チ〈京ア〉〇

あたま‐おし【頭押】〘名〙頭から押えつけること。高飛車に出ること。＊浄瑠璃・相模入道千疋犬(1714)二「すぐならぬ世の道くらく、ゆがみながらもあたま押、家役棟役にかけて、犬扶持をはこばする」 発音〈標ア〉〇

あたま‐おろし【頭下】〘名〙頭ごなしに叱りつけること。＊人情本・春の若草(1830‐44)二・九回「歳もいかない娘っ子に、帰り早々天窓下(アタマオロ)しに叱りつけなすっちゃァ、肝ばかり潰して云ひたい事があっても云はれやァ為ないハネ」＊滑稽本・無飽三才図会(1850)後編「山颪、又頭おろし、俗に山がでたといひ、又おさがりといふ」

あたま‐かき【頭掻】〘名〙理髪店などで、客の頭を掻くために用いる道具。＊夫婦善哉(1940)〈織田作之助〉「剃刀問屋から品物の委託をしてもらふと瞬く間に剃刀屋の新店が出来上った。安全剃刀の替刃、耳かき、頭かき、鼻毛抜き、爪切りなどの小物」 発音〈標ア〉マ

あたま‐かく【頭角】〘名〙将棋で、王将の頭へ打つ角行。すぐには利かない手の一つ。＊雑俳・軽口頓作(1709)「ほしいなあ・あればつむがとあたま角」

あたま‐かくし【頭隠】〘名〙頭巾(ずきん)の一種。近世、尼僧や老女などがかぶったもの。＊浮世草子・好色一代女(1686)三・三「比丘尼(びくに)は〈略〉黒羽二重のあたまがくし、深江のお七ざしの加賀笠」 発音〈標ア〉カ

あたま‐かけ【頭掛】〘名〙①頭髪にかぶせるもの。手絡(てがら)。＊歌舞伎・龍三升高根雲霧(因果小僧)(1861)大切「こりゃあお前(めえ)にやるから、頭掛(アタマカケ)でも買ひな」＊歌舞伎・櫓太鼓鳴音吉原(1866)七幕「十三(じふざ)の傍に草双紙、羽子板、あたま掛(カケ)のきれなどいろいろ景物を置き」＊落葉(1899)〈内田魯庵〉「硯友社諸子の作は鹿子絞りの頭(アタマ)かけ位のものなる乎」 ②(「あたまがけ」とも)講をつくる際、最初に割り前を出しあうこと。また、その金。ことに近世、それぞれが割り前を出し合って講をつくり、順番に遊郭に行くこと。＊浮世草子・傾城色三味線(1701)江戸・三「命の洗濯講といふをはじめ、先あたまに一人前より、金壱歩宛(づつ)出し、是をもとだてとして、毎月壱人に三匁づつ出し、格子女郎をまはり番に、一人宛買て慰ける。是よりして、あたま掛(ガケ)を、世間に枕掛と申は、此因縁と承る」

あたま‐かざり【頭飾】〘名〙頭につける飾り。＊桐の花(1913)〈北原白秋〉植物園小品「南洋土人の頭飾の如くにうち動(ゆら)ぐ」 発音〈標ア〉カ〈京ア〉カ

あたま‐かず【頭数】〘名〙①人かず。人数。また、特に何かをする時、必要な人数。＊俳諧・虎渓の橋(1678か)賦何紙俳諧「狐川よりぬるむ普請場〈江雲〉 八重霞あたま数読男山〈西鶴〉」＊浄瑠璃・唐船噺今国性爺(1722)上「町屋は家なみ、門並(かどなみ)、百姓はあたま数にせぶり取すい取」＊読本・通俗巫山夢(1815)三「末社どもが引裂紙も天窓数(アタマカズ)に割附」 ②仲間の数に入っているだけのつまらない人間。人数を揃えるためだけの軽輩。＊細君(1889)〈坪内逍遙〉三「左右に侍る腰元の頭数」＊歌舞伎・青砥稿花紅彩画(白浪五人男)(1862)三幕「その五人男の切端さ、先づ第一が日本駄右衛門、南郷力丸、忠信利平、赤星十三、弁天小僧、私(わっち)ァほんの頭数(アタマカズ)さ」＊歌舞伎・天衣紛上野初花(河内山)(1881)五幕「頭数(アタマカズ)の私などは、もう怖くって手が出ませぬ」 発音〈標ア〉カ〈京ア〉〇

あたま‐がち【頭勝】〘名〙(形動) ①体のわりに頭が大きいこと。また、そのさま。頭でっかち。＊雑俳・柳多留‐五(1770)「はらがけに成ると子共はあたまがち」＊咄本・筆はじめ(1805)「ちかごろ福助といふものができて、大きにはやりおって、〈略〉大ぶんあたまがちな、おとこだげな」＊歌舞伎・恋慕相撲春顔触(1872)序幕「世の譬(たとへ)にも天窓勝(アタマガチ)はどうでも運がよいといへば」＊太政官(1915)〈上司小剣〉五「早咲の菖蒲を生けた頭勝ちの花瓶が一つ転けただけで」 ②何事でも始めは大きくて、終わりは小さくなること。また、そのさま。龍頭蛇尾。＊碧巌雷沢抄(1533)三「具眼漢は可ゝ会蛇尾にして作ゝ什て百丈余り頭(アタマ)かちなぞ」＊隣語大方(18C後)一「初はいかつらしふ終にはおそろしかるにより是こそ頭がちのしりすぼりて御坐る」 ③頭(ず)が高いこと。高慢なさま。おごりたかぶるさま。＊日葡辞書(1603‐04)「Atamagachina(アタマガチナ) ヒト」＊俳諧・西鶴大矢数(1681)第六〇「鷹場に極る頼朝已来〈西鶴〉 下馬の風あたま勝にや吹ぬらん〈一石〉」＊浄瑠璃・雪女五枚羽子板(1708)中「弟と思ひあまやかす情がかへってあたまがちに成けるよ」＊談義本・根無草(1763‐69)後・序「天竺の謊(うそ)つきは、唯我独尊(ゆいがどくそん)と頭(アタマ)がちの脳味噌を上げ」 ④前後のことを考えないで行動するさま。向こう見ず。＊咄本・軽口福ゑくぼ(1720)五「あたまがちな若い者は、ちょっとしても喧嘩」＊浮世草子・御伽名代紙衣(1738)一・三「一切の女郎買(ぢょうかひ)、通ひそめてあたまがちに、俄(にはか)につかひ盛(さか)る時は、やがて燈火(ともしび)の消ゆる恋の闇路(やみぢ)とはしれて」 ⑤一方だけが強いさま。＊浄瑠璃・今宮心中(1711頃)中「右の脈があたまがちなは、若し擂子木(すりこぎ)などは参らぬか」 ⑥言葉の最初の音を甲高(かんだか)く発音すること。＊滑稽本・大千世界楽屋探(1817)上「各(おのおの)国風(くにぶり)ありて、詞は口跡甲(あとをはねる)あり、開語甲(アタマガチ)なるあり」 方言❶体のわりに頭の大きいこと。新潟県佐渡352 ◇あたまがいち 新潟県347 ❷魚が、頭ばかり大きくて食べられる所が少ないこと。新潟県佐渡352 ❸動物、おたまじゃくし(御玉杓子)。新潟県西蒲原郡370 ◇あたまがえち 新潟県371 発音アタマガチ〈標ア〉〇 辞書日葡・ヘボン・言海 表記頭大(ヘ)

あたま‐かぶ【頭株】〘名〙おもだった人。中心人物。かしらぶん。首領。親分。＊あたらよ(1899)〈内田魯庵〉「昔し同志間の頭株(アタマカブ)に推されたものが零落(おちぶ)れてからは侮蔑(みくび)られて」＊一九二八・三・一五(1928)〈小林多喜二〉五「皆は頭株の二人がゐなくなると、変に気抜けしてきた」 発音〈標ア〉マ〈京ア〉〇

あたま‐から【頭─】〘副〙①はじめから。いきなり。あたまっから。＊浮世草子・好色一代女(1686)三・二「それがしが番に当る時、くだんの人形をあたまから引ふせ、其うへに乗かかって」＊浄瑠璃・新うすゆき物語(1741)上「何んぼう強い頬しても其手はくはぬ。天窓(アタマ)から誤て、渋川様お望ならば上ますと出直せ」＊滑稽本・東海道中膝栗毛(1802‐09)六・下「都は人の心もゆうちゃうにして、けんくゎと見ゆれどさのみあたまからたたきあひもせず」＊或る女(1919)〈有島武郎〉前・五「いづれ直接あなたに手紙で云ってあげるから、早く帰れって云ふんです、頭から。失敬な奴だ」 ②(「はじめから」の意がやや薄れて)まったく。まるで。＊二人女房(1891)〈尾崎紅葉〉六「此縁談が頭から不服でもなく」＊黴(1911)〈徳田秋声〉五四「お銀は若い医師に、頭から信用をおかないやうな調子で言った」 発音〈標ア〉マ〈京ア〉ア/〇

あたま‐きん【頭金】〘名〙①もとになる金。＊如是放語(1898)〈内田魯庵〉「忠君愛国の道徳先生は頭金(アタマキン)の調達に奔走し、社会共産の平民先生は買占の魂胆に労(つか)らされ」 ②分割払いの最初の支払金。手付金。内金(うちきん)。保証金。＊話の屑籠〈菊池寛〉昭和六年(1931)七月「かう云ふ車は、月賦で買ふと頭金を七百円乃至千円収めて、以後百五十円宛位支払へばいい事になってゐる」 ③貸付金と担保物の時価との差額。〔取引所用語字彙(1917)〕 ④将棋で王将の頭にうつ金将。 発音〈標ア〉〇〈京ア〉マ

あたま‐くだし【頭下】〘名〙①水やほこりなどを頭の上から浴びせること。＊松ケ岡本人天眼目抄(1471‐73)上「頭上一尺土、あたまくだし塵ほこりだぞ」＊咄本・軽口居合刀(1704)三・一二「小僧いろりの火を吹とて灰をふきたて、御坊のあたまくだしに灰がかかりければ」 ②出だしからそのまま続けて物事をすること。歌などを出だしから句切れなしに詠むこと。＊東野州聞書(1455頃)一「今程はあたまくだしによまぬ歌をば、かやうに難ずるなり」 ③「あたまごなし」に同じ。＊史料編纂所本人天眼目抄(1471‐73)一「学人の軽重によって呵々大咲しつあたまくだし罵(のり)打つ扣つ色々したぞ」＊拘幽操辨(1686)「未ゝ尽ゝ善と云からは、あたまくだしわるいと云ことでない」＊歌謡・落葉集(1704)七・替り栄閑神颪「大屋の屋賃もなさざれば、怒り切って立てよ立てよと頭下(あたまくだし)に叱られて」＊浮世草子・当世銀持気質(1770)四・二「それは気のどく何を云ふても主人の事表に成てはあたまくだし」 方言❶頭に真上からものを落としたり掛けたりすること。◇あたまくんだり 長崎県対馬913 ❷有無を言わせず、初めから。頭ごなし。長野県468 480 491 岐阜県飛驒502 ◇あたまっくだし 長野県佐久493 ◇あたまくやし 高知県長岡郡869 ◇あたまくんだり 長崎県対馬913 発音〈標ア〉ク

あだ‐まくら【徒枕】〘名〙①「あだね(徒寝)①」に同じ。＊俳諧・みつかしら(1681)「老楽(おいらく)の床隙入てあだ枕〈西鶴〉 はやし呼ましや常盤なる松〈賀子〉」＊浮世草子・御前義経記(1700)四・一「ふかい恋路のあだ枕(マクラ)、情の瀬ぶみあらはれては物なし」＊長唄・女夫松高砂丹前(1785)「思ふ殿御(とのご)はつれなの身にし、塒(ねぐら)に残る徒(アダ)枕」 ②「あだね(徒寝)③」に同じ。＊浮世草子・忠孝永代記(1704)三「末もとどかぬあだ枕、かはすも女の道にたがへば、只ゆるさせたまふべしと」＊長唄・遅桜手爾葉七字(1811)傾城「仮初の夢も浮ねの徒枕(アダマクラ)、又いつかはと思ひやはなき」 辞書ヘボン

あたま‐ごし【頭越】〘名〙①働きかける場合に、人の頭を越してすること。＊百鬼園随筆(1933)〈内田百閒〉嚔「窓の景色を私の側の乗客の頭越しに眺めてゐる」 ②物の上を越してすること。＊茶話(1915‐30)〈薄田泣菫〉黒い運転手と「古い家をうんと持ち上げて、庭木の枝一本折らないで、やっとこさで頭越(アタマコ)しに屋敷のほかの場所へ持ち運ぶことにしたさうだ」 ③まず働きかけるべき中間のものをさしおいて、その向こうのものと直接交渉したりすること。

あたま‐こっきり【頭─】〘名〙(「こっきり」は頭がぶつかった音)頭がごつんとぶつかること。また、頭をぶつけること。＊雑俳・柳多留拾遺(1801)巻一七「あたまこっきり岩でする本望さ」＊歌舞伎・染替蝶桔梗(1816)序幕「『アイタタタタ』と郷左衛門、頭を抱へる、『なんぢゃ、其方から頭(アタマ)こっきりして置いて、何を小言を』」

あたま‐ごなし【頭─】〘名〙相手の言い分を全然聞かないで、初めから一方的に押さえつけるような態度をとること。頭下(くだ)し。＊浄瑠璃・善光寺御堂供養(1718)三「さ程国を持あまさば、本領ことごとく取上ん、罷立秀俊とあたまごなしにきめつくれば」＊浄瑠璃・須磨都源平躑躅(1730)四「者ども、彼奴には構はず品照姫を引立ていと頭ごなしに罵るにぞ」＊虞美人草(1907)〈夏目漱石〉一六「此間の松見た様に頭(アタマ)ごなしに叱られるからな」 発音アタマゴナシ〈標ア〉ゴ〈京ア〉ゴ

あたま‐ささえ〔ささへ〕**【頭支】**〘名〙値を上げていった相場が、売りに支えられたり、上騰の材料がなくなったりして、高騰しにくくなること。また、その状態。あたまつかえ。かしらささえ。ずつかえ。〔取引所用語字彙(19

17)」

あたま-ざわり【頭触】『名』頭が触れたときの感じ。＊苦の世界(1918-21)〈宇野浩二〉一・二「桶の枕の頭ざはりをよくするだけのなるべく大きなタオルを要した」 発音〈標ア〉ザ

あたま-じゅう【頭中】『名』頭のあちこち全部。＊吾輩は猫である(1905-06)〈夏目漱石〉一〇「表皮のむける程、頭中引っ掻き廻す」＊海に生くる人々(1926)〈葉山嘉樹〉二「コロッパス(石炭運び)は、石炭車の中で、頭中を瘤だらけにするのを、どうしても免れるわけには行かなかった」

あたま-しょうがつ【頭正月】『名』「はつかしょうがつ(二十日正月)」の異称。骨正月(ほねしょうがつ)。

あたま-じらみ【頭蝨】『名』ヒトジラミのうち、頭髪に寄生するものをいう。扁平な紡錘形で、体長は二〜三ミリメートル。人の頭または眉に寄生して血を吸い、毛髪に卵を産みつける。発疹チフスなどの伝染病の媒介をする。＊慶長見聞集(1614)一〇「頭虱と云てしらみは住所によって色々なり。首に住は黒し、身に住は白し」＊重訂本草綱目啓蒙(1847)三六・卵生「人蝨〈略〉頭蝨の卵は数多く連珠す。頭蝨は色黒く身蝨は色白けれども処を易れば皆変すること抱朴子の言の如し」 発音〈標ア〉ジ

あたま-すき【頭透】『名』方言❶空頭病になって頭が透明になった蚕。山形県置賜・村山139 群馬県勢多郡236 神奈川県津久井郡317 長野県481 488 493 奈良県宇智郡683 ◇あたまつき・あたますかし 埼玉県秩父郡251 ◇あたますかき 長野県下伊那郡492 ◇あたますがき 長野県上伊那郡488 ❷ばか者。長野県佐久493

あたま-ぜに【頭銭】『名』人一人ごとに政府に払う金。人頭税(にんとうぜい)。または、劇場などに入るための料金。入場料。〔和英語林集成(再版)(1872)〕 辞書〈ヘボン〉 表記 口銭(ヘ)

あたま-せん【頭銭】『名』江戸時代の手付金、内金、頭金のこと。＊払方中勘定帳-宝暦九年(1759)「一古莚拾六枚頭銭百弐拾文」

あたま-せんじ【頭煎】『名』①茶、薬の一番煎じ。②転じて、最初。＊俳諧・西鶴大句数(1677)四「杖竹の葉風をふかく引こみて　頭煎じじゃ秋の蛍火」

あたま-だし【頭出】『名』オーディオまたはビデオディスクやテープなどを、目的とする箇所をすぐ視聴できるように、機器を操作すること。方言戸籍届け。岩手県気仙郡103

あたま-だんご【頭団子】『名』富山県の一部で、赤子の初外出のときに持参し、母の里で近隣に配る大きな団子。鳥取県では男児三日目、女児七日目の祝いにつくる団子。

あだ-まち【徒待】『名』役に立たないのに待つこと。むなしく待つこと。＊沓手鳥孤城落月(1897)〈坪内逍遙〉序幕「此の七月(ふみづき)を楽しみに空待(アダマチ)した妾(わたし)の心」

あたま-つかえ【頭閊】『名』「あたまささえ(頭支)」に同じ。〔取引所用語字彙(1917)〕

あたまっ-から【頭―】『副』(「あたまから(頭―)」の変化した語) はじめから。まったく、まるで、の意に近く使われる場合もある。＊滑稽本・浮世風呂(1809-13)前・上「あたまっからおどかしをくふもんかへ」＊雲は天才である(1906)〈石川啄木〉二「僕はモウ頭っから敬服してます」

あたま-つき【頭付】『名』①頭のかたち。かしらつき。②髪の結い具合。かみかたち。＊浮世草子・好色五人女(1686)三・五「若ひもの集て頭(アタマ)つきの吟味、櫛(もめん)着物(きるもの)の仕立ぎはをあらためける」＊浄瑠璃・国性爺合戦(1715)唐船「なんぼうつくしうても唐の女房の、衣裳(いしゃう)付あたま付弁才天を見る様で勿躰なふて気がはって」 発音〈標ア〉マ

あたまっ-ぱり【頭張】『名』初めのうちだけがんばること。＊我等の一団と彼(1912)〈石川啄木〉一「頭(アタマ)っ張(パ)りばかり強くて、結末(しまひ)に行って気の抜けるやうなことはなく」

あたまっ-ぱり【頭割】『名』方言頭数に応じてものを割り当てること。神奈川県津久井郡317 山梨県456 静岡県田方郡「あたまっぱりで飲む(割勘で飲む)」054

あたま-で【頭―】『副』「あたまから(頭―)」に同じ。＊浮世草子・風流曲三味線(1706)一・一「いきかた悪き大臣は、あたまでとってとばすなり」＊浄瑠璃・淀鯉出世滝徳(1709頃)下「吾妻が気色よいとはあたまでよいこと聞そめた」＊滑稽本・浮世床(1813-23)初・上「又だましにうせたなと、発(アタマ)で請ねへから罰もあてねへのさ」

あたま-でっかち【頭―】『名』(形動)①頭が体のほかの部分に比べて大きすぎること。また、そのさま。あたまがち。＊妻(1908-09)〈田山花袋〉三三「頭でっかちの、体の痩せた畸形児のやうなものだ」＊自由学校(1950)〈獅子文六〉彼女がそう叫ぶには「頭デッカチでも胴長でもなく、内巻きにした黒髪も、豊かではあるが、毛深い方ではない」②上の部分が下の部分に比べてふつりあいに大きいこと。また、そのさま。＊銀の匙(1913-15)〈中勘助〉前・九「紅白に染めわけた頭でっかちの万燈のさきに」＊残夢(1939)〈井上友一郎〉一二「暗い雨の降りそそぐ車道の際には、その大きな頭でっかちの番傘は暫く動かないで、そのままあった。何がなしに、それは滑稽なキノコのやうに黒田の眼には見えてゐた」③理屈ばかりで実際的なことはよく知らないこと。頭でだけ知っているさま。＊シェイクスピア(1952)〈吉田健一〉アントニイとクレオパトラ「もっと我々の時代に近くなって現れたナポレオンを彼と比べれば、頭でっかちに感じられる」 発音〈標ア〉テ〈京ア〉カ/ッ/ッ

あたまでっかち=尻(しり)つぼみ[=尻(しり)すぼり] 頭ばかりむやみに大きなこと。また、初めは勢いがよくて、終わりはだらしないこと。

あたま-どおびん【頭土瓶】『名』方言頭でっかち。香川県三豊郡829 ◇あたまどおかん 鳥取県西伯郡712 島根県仁多郡・大原郡725

あたま-なみ【頭並】『名』「あたまわり(頭割)」に同じ。

あたま-なり【頭形】『名』①頭のかたち。＊浮世草子・真実伊勢物語(1690)三・一「わにぶかといふうをに目鼻のなひあたまなりして」＊歌舞妓年代記(1811-15)五・宝暦九年「生れ落に天窓形(アタマナリ)が悪かったが、極印千右衛門が鉄槌であたま形(ナリ)を叩き直して」②髪のかたち。髪の結い方。＊雑俳・柳多留-初(1765)「髪結が替てかわるあたま形(ナリ)」 方言人品。人柄。青森県上北郡082 発音〈標ア〉⓪

あたま-はげ【頭禿】『名』方言❶はげ頭。青森県上北郡082 ❷動物、げじ(蚰蜒)。大分県大分郡941 ❸植物、なつはぜ(夏黄櫨)。福井県036 京都府036 和歌山県有田郡692 岡山県036 ❹植物、いのこずち(牛膝)。奈良県南大和683 ❺植物、すのき(酢木)。和歌山県北部964 ❻植物、のぶどう(野葡萄)。熊野†106

あたま-はり【頭張】『名』方言❶賃金の上前をはねること。山形県置賜・東田川郡139 ❷諸芸の端緒だけを知っていること。また、その者。仙台†058 山形県東置賜郡139

あたまはり-がくもん【頭張学問】『名』初めのうちだけで長続きしない勉強。＊俚言集覧(1797頃)「あたまはり学問　土佐諺　しくさし学問を云ふ」

あたま-ふり【頭振】『名』加賀藩領内での遊民の称。後には小作人、水呑み百姓の俗称となったが、現地では「こべふり」という。＊御郡御定-享保一九年(1734)「一、御郡中に罷在頭振、百姓に成候はば御郡奉行へ案内可仕候」＊俚言集覧(1797頃)「あたまふり　加賀の諺　田地なく雇耕する者を云ふ」 方言貧乏人。富山市近在392

あたま-べし【頭圧】『名』①(「あたまへし」「あたまぺし」とも。「べし」は押す、押しつける意の動詞「へす」の連用形が名詞化した「へし」の変化したもの) 頭からおさえつけること。高圧的な態度。高飛車。あたまごなし。＊仮名草子・智恵鑑(1660)一・二二「おのづから主君に忠節なるぶんになりて、あたまへしになりてつかへけり」＊浄瑠璃・大内裏大友真鳥(1725)二「取次入らぬ、案内せいとの頭圧(アタマベ)し」＊浄瑠璃・摂州合邦辻(1773)上「御二男を御家督と、無理無体のあたまべし」＊譬喩尽(1786)六「天窓平(あたまペシ)にさしやる」②人々すべてにゆきわたること。一律頭割りにすること。＊浮世草子・色縮緬百人後家(1718)三・五「石がきに総の白かべ、いづれを見ても花やかなりき、是にもせわやくもののありて、だんなをめぐり、あたまべしに入目の奉加にまわる」

あたま-まき【頭巻】『名』頭部を丸く巻いた角釘。上等な雨戸や天井などに使用する。＊浄瑠璃・西行法師墨染桜(1715頃)道行「なんじゃ、わしを天井釘、頭まきじゃと云事か」

あたま-もの【頭者】『名』ずうずうしく無鉄砲で、人に対していばる人。＊仮名草子・仁勢物語(1639-40頃)上・一〇「父は『また人(うど)にあわせん』といひけるを、母なむあたまものに心付けたりける」＊俳諧・難波草(1671)一「烏帽子桜折は何者あたま者〈豊春〉」＊俳諧・糸屑(重安編)(1675)「夜ありきの辻踊もやあたま者〈俊佐〉」

あた-まもる【賊守】『連語』敵、特に外敵を防ぎ守る。古代、北九州が外敵を防ぐ第一線であったところから、「筑紫(つくし)」にかかる枕詞的なものとして用いられる。＊万葉(8C後)六・九七一「旅行く君は五百重山い行きさくみ賊守(あたまもる)筑紫に至り〈高橋虫麻呂〉」

あたま-やく【頭役】『名』①人数に応じて平等に割り当てる金品の負担。頭割り。＊俳諧・独吟一日千句(1675)第八「道橋もかかり物とてあたま役　高ひもひくいも松のむら立」＊浮世草子・好色一代女(1686)三・三「かうしたあたま役に白米一升に銭五十、それより下(しも)つ方の子共にも、定(さだめ)て五合づつ毎日取られければ」＊雑俳・三国力こぶ(1819)「つらいぞつらいぞ・否やな役でもあたま役」②頭を丸めた僧侶の役目。もめごとを調停する役など。＊浄瑠璃・忠孝大礒通(1768)三「いぢむじのない様に、頭(アタマ)役じゃ禅師坊様。御苦労ながら一往生。跡のせりふはこちらが呑込」＊浄瑠璃・神霊矢口渡(1770)三「ハテマアあたま役じゃわれからいへ」＊歌舞伎・容賀扇曾我(1816)三立「日玄『爰らが差詰め頭役、命乞ひといふ所なれど』」 発音〈標ア〉⓪

あたま-やすめ【頭休】『名』思考を中断して、心を安らかにすること。＊硝酸銀(1966)〈藤枝静男〉「これくらいならええによ。頭休めになるで」 発音〈標ア〉ヤ

あたま-やみ【頭病】『名』方言❶頭痛。岩手県和賀郡095 ◇あたまやめ 三重県志摩郡585 ❷頭痛持ち。宮城県仙台市121 山形県南部139 ❸心配。山形県南部139 ❹空頭病の蚕。愛知県名古屋市561 知多郡570

あたま-れ【仇―】『名』(動詞「あたむ(仇)」の未然形に受身の助動詞「る」の付いたものの名詞化) 仇とされること。憎まれること。うらまれること。＊浮世草子・懐硯(1687)二・四「怨(アタ)まれふかかりしかども、我まことの心より昼夜に身をやつし孝を尽しけるに」

あだ-まろび【徒転・空転】『名』何の成果も得られずに物事が進行すること。くうてん。＊春酒屋漫筆(1891)〈坪内逍遙〉梓神子・四「一は悪なれども転びて休

まぎれば一念の功積りて上ること易く六は善なれども空転(アダマロビ)かさならば振出しに戻ることあるべし」 発音〈標ア〉マ

あたま-わり【頭割】『名』人数に応じて金品を平等に分配したり、割り当てたりすること。頭並み。頭役。均等割り。＊浮世草子・傾城色三味線(1701)京・一「町中の若い物共をかたはしよりあたまはりに十二文づつ出させ」＊俚言集覧(増補)(1899)「あたまわり 西土に見口と云ふ〔五礼通考〕並二准見口一賑給、不下以二官位一為上限と見えたり」＊福翁自伝(1899)〈福沢諭吉〉欧羅巴各国に行く「其金を四つか五つに分けて、頭割(アタマワリ)にして銘々ソレを腰に巻て行かうと」 発音〈標ア〉0〈京ア〉0 辞書言海 表記頭割(言)

あたみ【熱海】 静岡県東端の地名。熱湯が海中より湧き出したため呼ばれたという。古くから温泉と温和な気候で知られる観光保養地。「金色夜叉」の舞台となったことは有名。昭和一二年(一九三七)市制。＊俳諧・五元集(1747)元「行露公、あたみへ御浴養の比、はなんけの句奉るべきよし仰ありて」＊俳諧・鶉衣(1727-79)拾遺・中・二〇七・熱海紀行「江戸より豆州のあたみといへる所へ、わたらせ給ふ」 発音〈標ア〉ア 辞書書言 表記熱海(書)

あたみ-おんせん【熱海温泉】 静岡県熱海市にある温泉。泉質は石膏(せっこう)泉・食塩泉・単純泉など。神経痛、胃腸病などにきく。 発音〈標ア〉オ

あだ-みみ【徒耳】『名』不注意に聞くこと。＊改正増補和英語林集成(1886)「Adamimi (アダミミ) ヲヌカス」

あた・む【仇】『他マ四』(後世「あだむ」とも)仇(あだ)と思う。敵視する。恨む。＊新撰字鏡(898-901頃)「快 懟也 強也 心不ㇾ服也 宇良也牟 又阿太牟 又伊太牟」＊源氏(1001-14頃)玉鬘「この監(けむ)にあたまれては、いささかの身じろきせむも、所せくなむあるべき」＊平家(13C前)七・主上都落「是によって一門にはあたまれて平家にへつらひけるが」＊日蓮遺文・撰時抄(1275)「此をそしり此をあたむ人を結構せん人は」＊米沢本沙石集(1283)九・一「設(たとひ)今生にことなる失(とが)なきに人のにくみあたむも、先世の我が失(とが)なるべし」 補注「万葉-二・一九九」の「敵(あた)見たる 虎かほゆると」の「敵見」を、「あたむ」の連用形とみる説があるが、意味上などから、そうではないとする説も有力である。 語源説(1)仇を動詞に活用した語〔名語記・大言海〕。(2)イタム(痛)と通い、仇は我に痛むものであるからいうか〔日本語源＝賀茂百樹〕。 発音〈音史〉近世中頃から『あだむ』と濁音。 辞書字鏡・色葉・名義 表記快(字) 寇(色) 謫・讁・懟(名)

アダム (Adam もとヘブライ語 Ādām で、元来は「人、男」の意)《アダン》「旧約聖書創世記」の創生神話における、人間の始祖。神が天地創造の時、初めてつくった男の名。妻のイブとともに楽園、エデンの園にいたが、神の戒めを破ったため、二人ともここから追放された。また、男性らしさにあふれた男のたとえに使われることもある。＊妙貞問答(1605)下「万物の霊長として人間の元祖男女二人を御作りなされ、其名を阿檀(アダム)(男)恵和(ヱワ)(女)と名付け玉ひ」＊こんてむつすむん地(1610)一・二〇「あだんのとがゆへに、いのせんしやといふげんざい(原罪)にてあにましきしんのくはほう(果報)をうしなひ」 発音〈標ア〉ア〈京ア〉ア

アダム の 林檎(りんご) 欧米で、のどぼとけ。

あだ-むし【―虫】『名』昆虫「あぶ(虻)」の異名。＊重訂本草綱目啓蒙(1847)三七・化生「蜚虻 こあぶ 古名 あをあぶ あだむし 隅州〈略〉秋日稀に来る形黄虻(はなあぶ)より瘠小く蜜蜂(みつばち)より大なり長さ六分許緑頭にして利觜あり」 方言隅州028

アダム-シャール (Johann Adam Schall von Bell ヨハン=フォン=ベル) ドイツのイエズス会宣教師。中国名は、湯若望(とうじゃくぼう)。一六二二年中国に渡り、明・清朝のもとで西洋暦法の紹介、望遠鏡、鉄砲の製造などを行なう。のちキリスト教排斥運動のため投獄され、獄中で没した。(一五九一〜一六六六) 発音〈標ア〉シャ

アダムズ 一(Jane Addams ジェーン—) アメリカの婦人社会事業家。一八八九年アメリカ最初のセツルメント、ハル-ハウスをシカゴに設立。第一次大戦中は平和運動に献身。一九三一年ノーベル平和賞を受賞。(一八六〇〜一九三五) 二(John Adams ジョン—) アメリカ独立戦争の指導者の一人で、独立宣言起草委員。アメリカ合衆国第二代大統領(在職一七九七〜一八〇一)。(一七三五〜一八二六) 三(Walter Sydney Adams ウォルター=シドニー—) アメリカの天文学者。ウィルソン山天文台長。一九二五年シリウスの伴星のスペクトル観測によって、重力効果による赤方偏移を確認し、一般相対性理論を実証した。(一八七六〜一九五六) 四(William Adams ウィリアム—) 来日した最初のイギリス人。日本名は三浦按針。オランダ船の水先案内人として慶長五年(一六〇〇)豊後に漂着。家康の外交顧問となり、洋型帆船の建造、日蘭・日英貿易の計画、斡旋につとめた。元和六年平戸で没。(一五六四〜一六二〇)

あだ-むすび【徒結】『名』①しっかりと結ばないこと。また、その結び方。②仮の契り。形式ばかりの契り。名前だけの夫婦関係。＊長唄・弁の内侍(1905)「晴(はれ)て嬉しの御許しも、徒結(アダムス)びなる縁の糸、妹背と呼ぶは名のみにて、仮の契のはかなさよ」 発音〈標ア〉ア

アダム-スミス (Adam Smith) ⇨スミス一 発音〈標ア〉ム

あだ-むすめ【婀娜娘】『名』色っぽい感じの娘。＊人情本・花筐(1841)初・二回「色白くして鼻筋通り、眼は大ぶりにて黒眼がち、意気でいさみの婀娜女児(アダムスメ)」＊人情本・春色梅美婦禰(1841-42頃)初・五回「遊びに来たるは隣家の娘、お繁と称(いふ)婀娜女(アダムスメ)」

あだ-め【徒目】『名』あだ人の目。よその人の目。よそめ。＊歌謡・松の葉(1703)二・月見「身揚り暗き女郎の、あだめにかかる夜這星、約束なしの浮(うか)れ人」＊歌謡・松の落葉(1710)首巻・四・十六夜「身揚り暗きまぶぐるひ、あだめにかくる月かげや」

あだ-めかし・い【婀娜―】『形口』文あだめか・し『形シク』容姿や態度が色っぽく美しい。＊いさなとり(1891)〈幸田露伴〉五四「身のこなし、妙に婀娜(アダ)めかしく」

あだ-め・く【徒―・婀娜―】『自カ四』(「めく」は接尾語)①不誠実で移り気のように見える。うわつく。＊書紀(720)大化二年三月(北野本訓)「今より以後、国司、郡司、勉(つと)め勗(つと)めよ。放逸(アタメク)こと為(す)ること勿(まな)」＊平中(965頃)三五「そのこと、いとものはかなき空言を、あだめける人のつくり出でて、言へるなりけり」＊源氏(1001-14頃)帚木「さしもあだめき目馴れたる、うちつけのすきずきしさなどは、好ましからぬ御本性にて」②なまめかしくふるまう。色っぽく見える。＊俳諧・鷹筑波(1638)五「あだめくは三十迄をかぎりにて 一字たらずによむやまと哥〈盛能〉」＊読本・昔話稲妻表紙(1806)五・一九「山三郎はつゆばかりもあだめきたることばはなく」＊社会百面相(1902)〈内田魯庵〉破調・上「仇(アダ)めいた秋波(ながしめ)」 発音〈標ア〉メ〈ア史〉鎌倉●●●●〈京ア〉0 辞書ヘボン・言海

あだ-もじ【仇文字】『名』(婀娜(あだ)者に、女性に多い常磐津の師匠の名につく「文字」をかけていったもの。仇は当て字)色めいた女。色っぽい女。＊滑稽本・浮世床(1813-23)初・上「よくそねむ奴等だぜ。仇文字(アダモジ)に聞て見や」

あだ-もの【徒物】『名』はかないもの。むなしいもの。もろいもの。＊古今(905-914)恋二・六一五「命やは何ぞは露のあだものをあふにしかへば惜しからなくに〈紀友則〉」 方言❶壊れやすいもの。◇あだもん 島根県隠岐島725 ❷目的以外に捕れた魚。◇あだもん 島根県八束郡725 辞書文明 表記化物・他物・空物(文)

あだ-もの【婀娜者】『名』あだっぽい女。色っぽい女。粋な美女。＊人情本・春色梅児誉美(1832-33)三・一五齣「鄙にはあらで雛人形の姿に等しき、美婦人(アダモノ)の隣垣歩行(となりあるき)は」＊滑稽本・続々膝栗毛(1831-36)三・下「江戸者と見えて貌立(かほだち)もよく、色白なる仇(アダ)もの」＊春雨文庫(1876-82)〈松村春輔〉三「風入れのよき次の間に二八ばかりの婀娜者(アダモノ)にて名をば君香と喚るるが」 発音〈標ア〉0

あだものがたり【あだ物語】 仮名草子。二冊。三浦為春(ためはる)作。寛永一七年(一六四〇)刊。諸鳥が、美人と評判の照うそ姫に恋文を送るという、異類恋愛譚。「ふくろふ」などの御伽草子の影響を強く受ける。 発音アダモノガタリ〈標ア〉ガ

あだ-もんく【徒文句・仇文句】『名』あさはかで軽々しい言葉。＊人情本・花筐(1841)二・八回「何日か覚えし千話文に、恋し可愛の仇文句(アダモンク)」

あだ-や【徒矢】『名』目標に命中しない矢。それ矢。むだ矢。＊金刀比羅本保元(1220頃か)中・白河殿攻め落す事「矢種尽きぬれば、えびらを負ひかへ負ひかへ射けるに、あだ矢一つも射ざりけり」＊太平記(14C後)一七・山内攻事「雨の降る如く射出しける矢、更に浮矢(アダヤ)一つも無かりければ」＊硝子戸の中(1915)〈夏目漱石〉一一「私の射る矢は悉く空矢(アダヤ)になって仕舞ふ丈です」 発音〈標ア〉ダ 辞書日葡・書言・ヘボン・言海 表記浮矢(書・へ) 亡矢(書) 徒矢(言)

あだ-や-おろそか【徒―疎】 ⇨「あだ(徒)」の子見出し

あだ-やか【婀娜―】『形動』(「やか」は接尾語)うっとりするほど美しいさま。魅力的なさま。＊人情本・縁結娯色の糸(1839-48)三・一六回「貴君(あなた)なんぞは和歌町辺の、婀娜(アダヤカ)なのを、常住(ふだん)お相手にしてお出でなさいませうから」＊和英語林集成(再版)(1872)「adayakana アダヤカナ 婀娜」 辞書ヘボン 表記婀娜(へ)

あだ-やき【徒焼】『名』(近世初期の遊里語)遊女が客の喜ぶことを言ってうれしがらせ、客の気を引くこと。＊評判記・満散利久佐(1656)八千代「男をあだやきにしたがる、一義、おほきなる御好物」＊評判記・吉原すずめ(1667)下・女郎こころたての事「あたやきにするものは、其きは斗にて、するほどあしき事おほし」

あだ-やきば【徒焼刃】『名』(「あだやき」の「やき」を「やきば」にかけた語)「あだやき(徒焼)」に同じ。＊評判記・吉原すずめ(1667)上・のちの会の事「ぬらし坊べんけいにあわせ、のちには、あだやきばの、長刀あへしらひにする也」

あた・ゆ【与】『他ヤ下二』(ハ行下二段動詞「あたふ(与)」から転じて、室町時代頃から用いられた。多くの場合、終止形は「あたゆる」)「あたえる(与)」に同じ。＊四河入海(17C前)四・二「国邑を割てあたゆる人であるぞ」＊サントスの御作業(1591)一・サンジョアン「ワガ カタ ヨリ トトノエテ atayu (アタユ) ベキ ドクヤク ヲ ノミタマイテ」＊浮世草子・傾城禁短気(1711)三・四「そのうへで恥辱をあたゆる仕様あり」

あた-ゆまい『名』(「ゆまひ」は「病ひ」の上代東国方言)語義未詳。＊万葉(8C後)二〇・四三八二「ふたほがみ悪しけ人なり阿多由麻比(アタユマヒ)わがする時に防人(さきもり)にさす〈大伴部広成〉」 語源説(1)アツユマヒ(篤斎)の音転で、非常な謹慎をしていること〔万葉集講義＝折口信夫〕。(2)仮病の意のアサヤマヒ(虚病)の訛り〔日本古語大辞典＝松岡静雄〕。(3)アタユ(仇忌)マヒの義〔和訓栞〕。(4)アタは急の意があるとこ

ろから急病の意のアタヤマヒの転〔時代別国語大辞典－上代編〕。 上仮名 アタユマヒ

あだ-ゆめ【徒夢】〘名〙 はかない夢。頼みにならない夢。むなしい夢。恋、望み、世の中の人のいとなみなどが、むなしいことのたとえとして用いることが多い。＊謡曲・忠度(1430頃)「世の中の憂きに心は徒夢(あだゆめ)の覚むる枕に鐘遠き」＊仮名草子・恨の介(1609－17頃)下「女三の宮のあだゆめけむりくらべと申共、これにはいかで増さるべき」＊歌謡・春の雁(19C前)「何の儘(まま)よの手枕に、結ぶ栄華の仇夢(アダユメ)を」 発音〈標ア〉0〈京ア〉0

あだ-よろこび【徒喜】〘名〙 かりそめの喜び。はかなくすぐ消える喜び。つかの間の喜び。ぬかよろこび。＊黒潮(1902－05)〈徳富蘆花〉一・一二・五「彼(かの)あだ喜びの末、俄に此変を聞知らば」

あたら【惜・可惜】(形容詞「あたらし」のもとになる部分。感動詞的語性をもつ) すぐれたもの、りっぱなもの、価値あるものに対して、それが失われたり、無視されたりして、むなしく終わってしまうのは残念だという感情を表わす。①(体言のすぐ前に置かれ、連体詞のようなはたらきをもつ一方、独立語としての性格も強い場合) そのままむなしく終わってしまうのはもったいない。惜しい。＊古事記(712)下・歌謡「八田(やた)の 一本菅(ひともとすげ)は 子持たず 立ちか荒れなむ 阿多良(アタラ)菅原(すがはら) 言(こと)をこそ 菅原といはめ 阿多良(アタラ)清(すが)し女(め)」＊書紀(720)雄略一二年一〇月・歌謡「我が命も長くもがと 言ひし工匠(たくみ)はや 阿柂羅(アタラ)工匠はや」＊源氏(1001－14頃)朝顔「いでや、御すき心のふりがたきぞ、あたら御疵(きず)なめる」＊方丈記(1212)「いかが要なき楽しみを述べて、あたら時を過ぐさむ」＊仮名草子・都風俗鑑(1681)三「いかなる千石、万石の若君にもまけまじき、あたら器量、口上がな」②(連文節、または文の始めに置かれ、半ば独立語的に、半ば副詞的に用いられる。現代語では、主としてこの用法) もったいないことにも(まあ)。惜しいことにも(まあ)。残念なことにも(まあ)。＊宇津保(970－999頃)国譲下「あたら、さてもありぬべき公(おほや)け人の、あやしうてもありつるかな。このあそんのつねになげきし物を」＊源氏(1001－14頃)賢木「あたら、思ひやり深うものし給ふ人の、ゆくりなく、かうやうなること、をりをりまぜ給ふを、人もあやしと見るらむかし」＊山家集(12C後)上「花見にと群れつつ人の来るのみぞあたら桜のとがにはありける」＊歌舞伎・小袖曾我薊色縫(十六夜清心)(1859)五立「可愛や蕾(つぼみ)の娘壱人(ひとり)、あたら命を捨てさせました」 語誌「あたら」と「あたらし」の先後関係は不明だが、語源を「当たら」とする説がある。「あたらし(惜)②」に挙げた「万葉－一三・三二四七」の例は立派だの意である。これは元来「当たら」であり、そのものに相当する意から、立派な、優れたの意に転じたとするのである。そこからさらに、その価値どおりに扱われていないと思ったり、その価値が失われていくと感じたりするのを残念に思って、副詞的に惜しくもの意で用いられるようになったものか。ただし、現在では専ら価値あるものが生かされないことを惜しむ表現として用いられる。 方言物事に驚いた時に言う言葉。まあ。高知県香美郡863 高岡郡864 語源説(1)形容詞アタラシ(可惜)の語根〔大言海〕。(2)アリ(有)タラバと惜しむ語から〔和句解〕。(3)アタラ(彌足)の義〔言元梯〕。(4)アアタラシ。新しい物は、用いるのに惜しい心があるゆえ、アアタラと惜しむこと〔本朝辞源＝宇田甘冥〕。(5)アサタララカの反〔名語記〕。(6)アテ(貴)に接尾語ラの付いたアテラの転呼。貴重という意から転じた〔日本古語大辞典＝松岡静雄〕。 発音〈なまり〉アッタラ〔東京・富山礪波・岐阜・愛知・志摩〕オッタラ〔茨城〕〈標ア〉0〈ア史〉平安●●●〈京ア〉ア 辞書色葉・名義・伊京・天正・日葡・書言・ヘボン・言海 表記可惜(色・名・伊・書・ヘ) 可悋(伊) 惜(天) 可憎(書)

あたら口(くち)に風(かぜ)を＝入(い)る[＝引(ひ)かせる] せっかく言ったことがむだになってしまう。せっかく意見をしたり良い声で歌ったりしてもかいがなくなる。＊浮世草子・新色五巻書(1698)一・一「あたら口に風引かせるが損なり」＊俚言集覧(1797頃)「あたら口に風を入 言いだしたる事の徒らになりたるときいふ」

あたら花(はな)を散(ち)らす 惜しまれる人が若死にしたのにいう。

あたら-あたら【新新】「万葉－二〇・四二九九」の第二句が寛永版本などに「安多良安多良」とあるのをよんで、常に新しくの意と解されたもの。しかし、奈良時代には、「新」の意の「あたらし」の確実な例はなく、現在では、元暦校本、類聚古集、西本願寺本などによって「安良多安良多(アラタアラタ)」の誤字とする。↓あらたあらたに

あたら・い【惜】〘形〙 方言 ⇩あったらしい(惜)

アタラクシア〘名〙(ラテン ataraxia)《アタラキシア》哲学で、心の平静・不動の状態をいう。ヘレニズム時代のギリシア人の倫理観、特にエピクロスの処世哲学において幸福の必須条件とされた。＊改訂増補や、此は便利だ(1918)〈下中芳岳〉五・二「アタラクシア Ataraxia 完全なる平静」＊普賢(1936)〈石川淳〉八「かかるアタラクシヤはわづかに煙草数本の消え行く間に過ぎず」 発音〈標ア〉ラ

あだらけ-な・い〘形口〙「あたじけない」に同じ。＊洒落本・当世穴知鳥(1777)土手のゆきき「酒がいけずか、つぎがわるしか、そうていあだらけねヱハイ」

あたら-こと【惜事】〘名〙(詠嘆の意を伴って) 価値あるものがだめになって残念に思われること。惜しい結果になったこと。惜しいこと。あったらこと。＊日葡辞書(1603－04)「アタラシサ、すなわち、Atara coto (アタラ コト)〈訳〉あることを、悪く使われた、失われた、と考えること。歌語」＊荒木田尚賢宛本居宣長書簡－天明四年(1784)九月二一日「とかく難治之症と相聞え、扨々あたら事に奉ｌ存候」＊随筆・胆大小心録(1808)五「ついに京にてむなしくなられし也。〈略〉あたら事になげけど」＊和英語林集成(初版)(1867)「Atara koto (アタラコト)ヲ シタ」 辞書易林・日葡 表記可惜(易)

あたら-さかり【惜盛】〘名〙 そのままにしておくには惜しい盛り。もったいなくもむだに終わってしまう盛り。＊浄瑠璃・艶容女舞衣(三勝半七)(1772)下「鐘にちり行花よりも、あたら盛(サカ)りを独寝の、お園をつれて父親が」＊歌舞伎・籠釣瓶花街酔醒(1888)二幕「何年の後に帰参の叶ふやら、可惜盛(アタラサカ)りの御息女を」

あたら。し【惜】〘形シク〙 ①あまりすばらしいので、その価値にふさわしい扱い方をしないでおくのは惜しい。そのままにしておくのは残念だ、もったいない。＊古事記(712)上「又田の阿(あ)を離ち、溝を埋むるは、地(ところ)を阿多良斯(アタラシ)とこそ〈阿より以下の七字は音を用ゐよ〉我(あ)が那勢(なせ)の命、如此(かく)為(し)つらめ」＊書紀(720)雄略一三年九月・歌謡「婀柂羅斯枳(アタラシキ) 猪名部(ゐなべ)の工匠(たくみ) 繋(か)けし墨縄」＊万葉(8C後)一〇・二一二〇「秋萩に恋ひ尽くさじと思へどもしゑや安多良思(アタラシ)またも逢はめやも〈作者未詳〉」＊源氏(1001－14頃)桐壺「きはことにかしこくて、ただ人にはいとあたらしけれど」＊浮世草子・好色一代男(1682)五・二「三井の古寺、つかひ捨るかねはあれど隙なくて、終に柴屋(しばや)町をみぬ事新し」＊駅夫日記(1907)〈白柳秀湖〉四「此駅長は余程上品な風流心に富んだ、かういふ職業に埋もれて行くには可惜(アタラ)しいやうな男である」②(そのままにしておくのは惜しいほど)りっぱである。すばらしい。＊万葉(8C後)一三・三二四七「沼名川(ぬながは)の 底なる玉 求めて 得し玉かも 拾(ひり)ひて 得し玉かも 安多良思吉(アタラシキ) 君が 老ゆらく惜しも〈作者未詳〉」＊源氏(1001－14頃)梅枝「ひめ君の御有様さかりにととのひて、あたらしううつくしげなり」 語誌(1)「あたらし」は、優れたもの、立派なものがそれ相応の扱いを受けずにむなしくなるのを愛惜する気持を表わしており、「新」の意味とはアクセントが異なる。(2)「あたらし」は「おし」と近接した意味を持つが、「おし」は主観的な愛着の情が主となっているのに対し、「あたらし」は対象を客観的にすばらしいと見て感嘆する気持が主となっている。(3)中世以降は和歌に若干例と「増鏡」に九例ある程度で、雅語としてだけ用いられるようになり、近世以降は「賀茂翁家集－一」の「あたらしや露にしをれしふぢばかまかぐはしき名は世にのこれども」など少数の例が見られるのみで、雅語としてもほとんど用いられなくなる。語幹の「あたら」は、上代から感動詞的にも連体詞的にも副詞的にも用いられ、現在でも雅語的表現としては生きている。 語源説(1)アタはイタ(痛)と通じるか〔大言海〕。(2)アタリアラハルル(当顕)義〔国語本義〕。(3)アタラ－ヲシ(惜)の約〔万葉考〕。(4)アタラはアテ(貴)に接尾語ラの付いたものの転。シは形容詞語尾。貴重の意から転じた〔日本古語大辞典＝松岡静雄〕。(5)「当たる」から派生した語で、物や人が、そのりっぱさに相当するようにしたいの意〔万葉集＝日本古典文学大系〕。 発音〈標ア〉ラ〈京ア〉ラ 辞書色葉・名義・和玉・言海 表記惜(色・名・玉) 可惜(色)

あたらし・い【新】〘形口〙 文あたら・し〘形シク〙 できたてであるさま、今までになかったさま、今までとは違ったさまであるのをいう。あらたし。あらた。↕古い。①初めてである。ある状態になったばかりである。また以前のものに代わったばかりである。＊古今(905－914)離別・三七五・詞書「ある人、つかさを賜はりてあたらしき妻(め)につきて、年へて住みける人を捨てて」＊枕(10C終)二七八・関白殿、二月廿一日に「上もわたり給へり。御几帳ひき寄せて、あたらしう参りたる人々には見え給はねば、いぶせき心地す」＊大鏡(12C前)五・道長上「あたらしきみかど、きさき、大臣たち給ふをりは、幣の使かならずたつ」②物事ができたばかり、また、使い始めたばかりである。使い古されていない。＊枕(10C終)四二・あてなるもの「削り氷(ひ)にあまづら入れて、あたらしき金鋺(かなまり)に入れたる」＊源氏(1001－14頃)夕顔「この家のかたはらに、檜垣(ひがき)といふものあたらしうして」＊平家(13C前)五・福原院宣「手水(てうづ)うがひをし、あたらしき烏帽子、浄衣きて」＊説経節・さんせう太夫(与七郎正本)(1640頃)下「あれにつったるかわごは、ふるけれ共、かけたるなわがあたらしし」③(魚、肉、野菜、また、空気などが)新鮮である。生き生きとしている。濁っていない。＊天理本狂言・鱸庖丁(室町末－近世初)「やいやいそのすずきの中にも大きいあたらしをあらふて座敷へだせ」＊安愚楽鍋(1871－72)〈仮名垣魯文〉三・上「おいらア知己(なじみ)だけ亭主が並より気をつけて極新(アタ)らしいのを食はせるから」＊朝寐(1906)〈森鷗外〉「早く起き出でて南窓の外に椅子を据ゑさせ、鮮(アタラ)しき空気を吸ひ」④今までにないような、変わったおもしろい趣向である。奇抜である。＊評判記・難波の㒵は伊勢の白粉(1683頃)三「こちの新(アタラ)しひ蛍を飛(とば)してきかせう」＊咄本・軽口御前男(1703)序「難波(なには)にあたらしい事はないか、うけたまはらん」＊滑稽本・東海道中膝栗毛(1802－09)初「三百のものを、四百に買うとはあたらしい」⑤今までの物事とは違っている。今までにはなかったものである。現代的、進歩的などの意を含めても用いる。＊天草本伊曾保(1593)大海と野人の事「ワガワザバカリ クルシュウデ ヒトワ シンラウノ ナイカ

トウラヤミ、ataraxij（アタラシイ）ミチヲ ショウト スルニヨッテ」＊雪中梅（1886）〈末広鉄腸〉下・三「新しき教育を受けた人を感心さすことは出来まい」＊藤村詩集（1904）〈島崎藤村〉序「遂に、新しき詩歌の時は来りぬ」＊青年（1910-11）〈森鷗外〉一三「思想の新（アタラ）しい記者が偶然這入（はい）る」 語誌 (1)上代では「新」の意の形容詞は「あらたし」で、「あたらし」は「惜しい」の意であったが、中古初期頃から、「新」の意も「あたらし」の語形となった。ただ、「惜」のそれとはアクセントに違いがあり、別語と考えられる。(2)アラタシからアタラシへの変化は、音韻転倒の典型的な例として引かれることが多いが、変化の説明はなお考慮すべき点がある。まず、アクセントのうえでは区別できるものの、惜しいの意の形容詞アタラシと同形となり、一種の同音衝突になる点をどのように考えるかが問題となる。さらに、同根の類語アラタナリ・アラタムとの類似を薄めるような、その意味では起こりにくい変化が、どうして起こりえたかを明確にする必要があると思われる。

語源説 (1)アタラシ（可惜）の転語。新しいものは惜しく思うものであるところから転義を生じた〔和句解・日本釈名・和訓栞・大言海・日本語源=賀茂百樹〕。(2)アラタシから転訛したものか〔東方言語史叢考=新村出・日本語源=賀茂百樹・ニッポン語の散歩=石黒修〕。(3)アタル（相当なものだというところから、値打があると感嘆する意を表わす）を変形させたアタラシイとアラタ（新田）から出たアラタシが発音が近いので意味が混同した〔日本語の年輪=大野晋〕。(4)アナラシキ（鳴呼如）の転〔名言通〕。(5)アラタメアレシ（改生如）の義〔日本語原学=林甕臣〕。

発音 アタラシイ 〈なまり〉アータラシ〔鳥取〕アッタラシー〔富山県・鳥取〕アタラシ〔鹿児島方言〕〈標ア〉シ〈京ア〉ラ 文『あたらし』〈標ア〉ラ〈ア史〉平安○○○● 鎌倉『あたらしき』○○○○● 江戸『あたらしき』●●○○〈京ア〉ラ 辞書 色葉・名義・文明・明応・黒本・易林・日葡・書言・ヘボン・言海 表記 新（色・名・文・明・黒・易・書・ヘ・言）改（色・名）慕・鮮（色）更・変（名）

あたらしい 言種（いいぐさ） 耳よりな話。珍しい話。また、とんでもないこと。＊人情本・春色辰巳園（1833-35）初・五回「ムムウ、色をしねへとは新（アタ）らしい言草（イヒグサ）だの」

あたらしい 女（おんな） 新しい思想を持った女。男女不平等を認める因襲を打破し、婦人の新しい地位を獲得しようと自覚した婦人。また、それを装ったうわついた女性に対するさげすんだ呼び方。明治四四年（一九一一）青鞜社（せいとうしゃ）の婦人解放運動を起こした当時流行した語。＊女流作家の群（1914）〈生方敏郎〉「平塚らいてう氏等が〈略〉発行してゐる新らしい女達の機関雑誌『青鞜』は、女に購読せられるよりは男に依って多く購読せられ」＊腕くらべ（1916-17）〈永井荷風〉二〇「兎に角新しい女とか云ふ奴で、理窟を云はせちゃ切のねえ奴に違ひない」＊銀座細見（1931）〈安藤更生〉二・銀ブラの民衆化「赤い酒、青い酒、新らしい女、などといふことが合言葉のやうに話された」

あたらしい キセル （新しいキセルはやにが詰まらないところから）つまらない、おもしろくないの意にいうしゃれ。〔現代語大辞典（1932）〕

あたらしい 空気（くうき） 新しい時代の文化や思想。次の時代の雰囲気。＊三四郎（1908）〈夏目漱石〉六「苟（いやし）くも新しい空気に触れた男はみんなイブセンの人物に似た所がある」

あたらしい=酒（さけ）〔=葡萄酒（ぶどうしゅ）〕**を新**（あたら）**しい皮袋**（かわぶくろ）**に=盛**（も）**る**〔=入（い）る〕 新しい内容を新しい形式で表現する。新形式の中に新思想を盛り込む。＊新約聖書（改訳）（1917）マタイ伝・九章「新しき葡萄酒をふるき革嚢に入るることは為（せ）じ。もし然（しか）せば嚢はりさけ、酒ほどばしり出でて、嚢もまた廃らん。新（アタラ）しき葡萄酒（ブダウシュ）は新（アタラ）しき革嚢（カハブクロ）にいれ、斯（かく）て両（ふたつ）ながら保つなり」

あたらしい 酒（さけ）**を古**（ふる）**い皮袋**（かわぶくろ）**に=盛**（も）**る**〔=入（い）る〕 新しい内容を古くからある形式の中に盛り込む。旧形式の中に新思想を盛り込む。内容、形式ともに生きないの意。＊引照旧新約全書（1880）馬太伝福音書・九「新（アタラシ）き酒（サケ）を旧（フル）き革嚢（カハフクロ）に盛（イル）る者はあらじ」＊第3ブラリひょうたん（1951）〈高田保〉教育と「公務員」「新しい酒を古い皮袋に盛ろうとする態度で、思いきって新教育へ踏み出そうとする若い先生を異端視する」

あたらしい 畳（たたみ）**でも叩**（たた）**けばごみが出**（で）**る** どんなにすぐれたものでも、厳密に調べてみると欠点が出てくる。＊人情本・明烏後正夢（1821-24）三・一五回「外に何か旧悪がござらふ。ハテ、新（アタ）らしい畳（タタミ）も、たたけばほこりが出るものでござる」

あたらし-かぶれ【新気触】〘名〙 新しいものに見さかいなく熱中すること。＊女工哀史（1925）〈細井和喜蔵〉一六・四六「無闇矢鱈と新しかぶれした浮薄な男女が恋と世帯とを別々に考へる」 発音〈標ア〉カ

あたらし-がり【新—】〘名〙（動詞「あたらしがる（新—）」の連用形の名詞化）流行を追い、新しいことを自慢すること。また、その人。＊星座（1922）〈有島武郎〉「新しがりと、好奇心と、慾との三調子で」＊蓼喰ふ虫（1928-29）〈谷崎潤一郎〉その一四「口で何の彼のと新しがりを云ったって」 発音 アタラシガリ〈標ア〉0 リ

あたらしがり-や【新—屋】〘名〙 新しいものをありがたがって、誇示する人。流行を追う人。新しいものを特に好む人。＊若き日（1943）〈広津和郎〉八「その頃の混沌とした思想界にはかういふ盲滅法な新しがりやが出て来て」 発音 アタラシガリヤ〈標ア〉0

あたらし-が・る【惜—】〘他ラ四〙（形容詞「あたらし」の語幹に接尾語「がる」の付いたもの）価値あるものがむなしくなるのを惜しいと思い、その気持を外に表わす。残念がる。＊源氏（1001-14頃）若菜下「さる、時の有職（いうそく）のかくものし給へば、世の中、惜しみあたらしがりて、御とぶらひに参り給はぬ人なし」＊源氏（1001-14頃）手習「うれしき山里の光と明け暮れ見たてまつりつるものを、口をしきわざかなと、あたらしがりつつ僧都をうらみそしりけり」＊書陵部本名義抄（1081頃）「恡惜 アタラシガル ヲシム（後）」＊大慈恩寺三蔵法師伝承徳三年点（1099）九「其の珎（アタラシカリ）惜（せき）せらるること是の如し」 発音 アタラシガル〈標ア〉ガ 辞書 名義 表記 惜（名）

あたらし-が・る【新—】〘自ラ五（四）〙（形容詞「あたらしい」の語幹に接尾語「がる」の付いたもの）好んで流行を追い、新しいことを自慢する。外見だけ流行を追ったりして新しいつもりになる。＊彼岸過迄（1912）〈夏目漱石〉彼岸過迄に就て「今の世に無暗に新（アタラ）しがってゐるものは三越呉服店とヤンキーと夫から文壇に於る一部の作家と評家だらう」＊奇想凡想（1920）〈宮武外骨〉今の女優は昔の歌舞伎「今の若い者等は、何も知らぬ癖に、只新（アタラ）しがって始末に了（を）へぬ」 発音 アタラシガル〈標ア〉ガ〈京ア〉0

あたらしき-かわぶくろ【新皮袋】〘連語〙（「新約聖書-マタイ伝」から）新しい思想を表現するための新しい形式をいう語。→あたらしい（新）酒を新しい皮袋に盛る

あたらし-ギセル【新—】〘名〙（キセルはカンボジア khsier ）「あたらしい（新）キセル」に同じ。＊洒落本・箱まくら（1822）上「そふかすをくわさされては、コリャあたらしきせるで、一向たまらん」

あたらしき-とし【新しき年】 催馬楽。呂（りょ）の歌の曲名。「楽家録-三・新年・一段」所収の「あたらしき、としのはじめにや」でうたい出されるもの。＊拾芥抄（13-14C）上・催馬楽部「呂歌〈略〉新年」

あたらしき-むら【新しき村】 宮崎県児湯（こゆ）郡木城町に建設された生活共同体の村で、大正七年（一九一八）トルストイの人道主義に基づき、武者小路実篤を中心に、全国から四〇余名が集まって生活したもの。のち昭和一四年（一九三九）埼玉県入間郡毛呂山（もろやま）町に「東の村」を建設し、主力はここに移った。 発音〈標ア〉ラ

あたらし-ぐるま【新車】〘名〙 つくったばかりの車。新造の車。＊栄花（1028-92頃）鶴の林「今年はあたらし車見えず。さきはなやかに追ふ事なく」

あたらし-げ【惜—】〘形動〙（形容詞「あたらし」の語幹に接尾語「げ」の付いたもの）惜しいさま。＊源氏（1001-14頃）総角「われよりは、さまかたちもさかりにあたらしげなる中の宮を」＊夜の寝覚（1045-68頃）五「かばかりいみじくあたらしげなるさまを、たちまちにそむきやつさんと」

あたらし-げ【新—】〘形動〙（形容詞「あたらし」の語幹に接尾語「げ」の付いたもの）新しそうなさま。＊医師高間房一氏（1941）〈田畑修一郎〉二・二「全体に銀白色の金属でつくられたこの自転車はいかにも新しげだった」 発音 アタラシゲ〈標ア〉シ

あたらし-さ【惜—】〘名〙（形容詞「あたらし」の語幹に接尾語「さ」の付いたもの）惜しいこと。また、その度合。＊源氏（1001-14頃）御法「あかずうつくしげに、めでたう清らに見ゆる御顔のあたらしさに」＊大鏡（12C前）三・伊尹「御年、五十にだに足らでうせさせ給へるあたらしさは、父おとどにも劣らせ給はず」＊増鏡（1368-76頃）一六・久米のさら山「所につけては、ましてやんごとなきあたらしさを、身づからいとかたじけなしと思（おぼ）さる」 辞書 日葡

あたらし-さ【新—】〘名〙（形容詞「あたらしい」の語幹に接尾語「さ」の付いたもの）新しいこと。また、その度合。＊日葡辞書（1603-04）「Ataraxisa（アタラシサ）」＊和英語林集成（初版）（1867）「Atarashisa アタラシサ」＊行人（1912-13）〈夏目漱石〉一・六「所にも似ず無風流な装置には違ないが、浅草にもまだない新（アタラ）しさが、昨日から自分の注意を惹（ひ）いてゐた」 発音〈標ア〉ラ〈京ア〉0 辞書 日葡・ヘボン

あたらし-ずき【新好】〘名〙 新しいものを好むこと。新し物好き。＊読書放浪（1933）〈内田魯庵〉銀座と築地の憶出・八「毛糸ばかりでなく伊勢与の婦人の服装品や子供の服や帽子は常に流行に率先するので、今だに新らし好きの婦人間には評判があるが」 発音〈標ア〉0

あたらし-ずくめ【新尽】〘名〙 新しいものばかりで満たされていること。＊坑夫（1908）〈夏目漱石〉「凡てが苔の生えない、新しづくめの上に」＊いたづら小僧日記（1909）〈佐々木邦訳〉「新しい襟飾を付けて、新しい手袋を穿めて、新しいハンケチを持って、何も彼も新（アタラ）しづくめだ」 発音〈標ア〉ズ

あたらし-どの【新殿】〘名〙 新しく造った御殿。新造の殿舎。＊栄花（1028-92頃）玉の飾「内の大殿は、年頃造らせ給へるあたらし殿に渡らせ給て」

あたらし-・ぶ【惜】〘他バ上二〙「あたらしむ（惜）」に同じ。＊書紀（720）雄略一三年九月（前田本訓）「爰（ここ）に同伴巧者（あひたくみ）有りて、真根を歎（なげ）き惜（アタラシヒ）て、作歌して曰はく」＊書紀（720）雄略一三年九月（図書寮本訓）「天皇是の歌を聞かして、反りて悔惜（アタラシヒ）たまふことを生して」

あたらし-ぶね【新船】〘名〙 新しく造った船。新造船。

あたらし-ほっけ【新法華】〘名〙 新しく法華行者になったこと。新しく法華宗になった者。＊咄本・戯言養気集（1615-24頃）上「此上はそり度やうに御そり候

へと申しければ、則新しほっけになしけり。正月なるにより是を新発意のはじめとす」

あたらし-み【新―】『名』（形容詞「あたらしい」の語幹に接尾語「み」の付いたもの）新しい感じ。新味。＊俳諧・三冊子（1702）赤双紙「新しみは俳諧の花也」＊門（1910）〈夏目漱石〉二「ただ History of Gambling（博奕史）と云ふのが、殊更に美装して、一番真中に飾られてあったので、それが幾分か彼の頭に突飛な新（アタラ）し味（ミ）を加へた丈であった」＊黴（1911）〈徳田秋声〉五二「けれどそんなベッドの新しみは、長く続かなかった」

あたらし-・む【惜】『他マ四』惜しむ。あたらしぶ。＊白氏文集天永四年点（1113）四「土に曳（ひ）き泥（に）を踏む。惜（アタラシム）心無し」＊大唐西域記長寛元年点（1163）四「王母の曰く、子（みこ）其れ自愛（アタラシミかしつ）き当に爾の寿を終ふべし、と」 辞書 和玉 表記 惜（玉）

あたらし-もの【新物】『名』新しい物品。新しくできた物や新調した物。＊俚言集覧（1797頃）「新（アタラシ）物〔俗語録〕毎新物必先薦〔考順事実〕」

あたらし-もの【新者】『名』他の集落から嫁や婿に来た者を、関東地方でいう。

あたらしもの-ずき【新物好】『名』「あたらしずき（新好）」に同じ。＊明治大正見聞史（1926）〈生方敏郎〉明治大正凝視の中心と成った女性「新し物好きで同時に女性好きの東京市民はこれからしばらくの間注意を帝劇に集注した」 発音〈標ア〉0 ノ

あたらし-や【新屋】『名』新しく造った家。にいや。＊雑俳・五色墨（1809）「日がかはり・二階を閉めるあたらしや」 方言 ❶新しく建てられた家。山形県東田川郡054 香川県仲多度郡829 ❷分家。栃木県198 新潟県347 糸魚川市382 長野県諏訪481 香川県仲多度郡829 ❸もとからの古い店に対して、新たに開業した店。 ◇あたらとも。青森県津軽075 ❹初物食いの人。徳島県811

あたら-しんみょう【可惜身命】『名』体や命をたいせつにすること。↔不惜身命（ふしゃくしんみょう）

あたら-ひと【惜人】『名』①欠点をそのままにしておくのは惜しい、すぐれた人。＊源氏（1001-14頃）若菜下「あたら人の、ふみをこそおもひやりなく書きけれ」②死なせたり去らせたりするには惜しい、すぐれた人。＊日葡辞書（1603-04）「Atarafito（アタラヒト）〈訳〉死んだり去ったりしてほしくない人」＊随筆・常山紀談（1739）五・秀吉勝頼の滅亡を惜れし事「あたら人を殺したる事の残り多さよ」 辞書 日葡

あたら-み【惜身】『名』死なせたり、落ちぶれさせたりするには惜しい、すぐれた身。＊源氏（1001-14頃）手習「あたら御身をいみじう沈みてもてなさせ給ふこそくちをしう、玉にきずあらむ心地し侍れ」＊俳諧・文化句帖-花見の記（1808）「あたら身を仏になすな花に酒」＊二十五絃（1905）〈薄田泣菫〉翡翠の賦「美しきものの常久（ときは）に、可惜（アタラ）身なりや、翡翠（かはせみ）の、かみまみ許さぬ花のすがた」

あたら-もの【惜物・惜者】『名』そのままむなしくすたらせてしまうには惜しい、価値あるもの、またはこと。人についてもいう。あったらもの。＊宇津保（970-999頃）藤原の君「あたらものを。我がために塵ばかりのわざすな」＊落窪（10C後）一「このわか君の御事をかたりて〈略〉、あけくれ『あたらもの』といひ思ふ」＊源氏（1001-14頃）玉鬘「こ少弐のむまごは、かたはなむあんなる。あたらものを」＊寛永刊本蒙求抄（1529-34）二「此座にあたら物かな恵帝のいんずよと云也」＊天草本平家（1592）二・二「ataramono（アタラモノ キラリョウ コト ノ フビンサヨ）」＊浄瑠璃・平家女護島（1719）二「つづれも綾羅錦繍を恥ぢぬかたちはあたら物、なぜに海士（あま）とは生れけん」 語源説 アリ（有）タル物を惜しむ義〔紫門和語類集〕。 発音〈なまり〉アッタラモン〔埼玉・愛知〕〈標ア〉0 ノ 辞書 易林・書言 表記 情物（易） 悋物（書）

あたら-よ【惜世】『名』むなしく過ぎるには惜しい、良い世の中。

あたら-よ【惜夜】『名』そのままむなしく過ごすには惜しい、価値のある夜。明けるのが惜しい、すばらしい夜。なごりが惜しまれる夜。良夜。＊万葉（8C後）九・一六九三「玉くしげ明けまく惜しき怜夜（あたらよ）を袖（ころもで）離（か）れて独りかも寝む〈人麻呂歌集〉」＊後撰（951-953頃）春下・一〇三「あたら夜の月と花とを同じくはあはれ知れらん人に見せばや〈源信明〉」＊浄瑠璃・傾城反魂香（1708頃）三熊野「あらおしやあたら夜や、ふうふのなかにさく花も、一夜のゆめのながめとは」 辞書 書言 表記 悋夜（書）

アタランテ（Atalantē）ギリシア神話の女狩人。並ぶ者のない快足だが計略にかかってメラニオン（またはヒッポメネス）との競走に敗れ、その妻となる。

あたり【辺】『名』①基準とする所から近い範囲。またその範囲にある場所を明確に定めないでいうその辺の場所。付近。近所。わたり。＊古事記（712）下・歌謡「わが見が欲し国は 葛城高宮 わぎへの阿多理（アタリ）」＊万葉（8C後）一四・三四二三「上毛野伊香保の嶺ろに降ろ雪（よき）の行き過ぎかてぬ妹が家の安多里（アタリ）〈東歌・上野〉」＊土左（935頃）承平五年一月一三日「女これかれゆあみなどせんとて、あたりのよろしき所におりてゆく」＊源氏（1001-14頃）夕顔「あたりさへすごきに板屋のかたはらに堂建てておこなへる尼の住ひいとあはれなり」＊読本・南総里見八犬伝（1814-42）四・三六回「俟間（まつま）あらせず房八は、揷光（さしひけら）かす長脇刀（ながわきさし）に、四下（アタリ）も狭しと裳を褰て」②血縁的に近いこと。また、その人。近親。縁故。＊大鏡（12C前）三・師輔「御あたりをひろうかへりみ給御こころぶかさに」＊右京大夫集（13C前）「あたりなりし人もあいなき事なりなどいふこともありて」＊あさぢが露（13C後）「宮うせさせ給て後、その御あたりの人みななくなり侍りにけり」③おおよその目安、目当てを示す語。また、それとはっきり示さず、漠然とあるいは間接的、婉曲（えんきょく）にそれをさす。㋑場所についていう。＊万葉（8C後）八・一四四六「春の野にあさる雉の妻恋ひに己が当（あたり）を人に知れつつ〈大伴家持〉」＊伊勢物語（10C前）七三「昔、そこにはありと聞けど、消息をだにいふべくもあらぬ女のあたりを思ひける」＊徒然草（1331頃）二五「花やかなりしあたりも人すまぬ野らとなり」㋺人についていう。＊源氏（1001-14頃）蓬生「かかる貧しきあたりと思ひあなづりて言ひくるを」＊大鏡（12C前）二・師尹「さてなん〈略〉などいふこと殿辺にもきこゆれば」＊徒然草（1331頃）二三四「世に古りぬる事をも、おのづから聞もらすあたりもあれば」＊地唄（1956）〈有吉佐和子〉「経済的にも新関あたりに大きな口を叩かせるようなことは無い」㋩時についていう。ころ。時分。＊安愚楽鍋（1871-72）〈仮名垣魯文〉三・上「素人口じゃア屠（しめ）て二日目あたりが最上だネ」＊百一新論（1874）〈西周〉上「周の成康当りまでの歴史と、其後の孔子以前春秋の時の開化とを能く見分ねばならぬでござる」㋥数量、程度などについていう。くらい。㋭事柄についていう。＊後裔の街（1946-47）〈金達寿〉三「よかった、よかったと西洋映画あたりの場面だったらさしずめ頬っぺたに接吻でもしかねまじく」 語誌 平安時代までは「わたり」とほぼ同じ意味に用いられている。しかし、「わたり」は「伊勢物語-五」に「東の五条わたりにいと忍びてゆきけり」、「土左-承平五年一月二三日」に「このわたり海賊のおそりあり」とあるように接尾語的に、あるいは「の」「が」による連体修飾に続けて用いられるだけであるのに対し、「あたり」は①の例の「土左日記」や「源氏-夕顔」のように単独で用いられる。 方言 ㊀『名』❶ころ。岩手県九戸郡038 山形県北村山郡144 ◇やたり 岩手県宮古市038 ◇あつり 新潟県西頸城郡385 ◇あつら 新潟県西頸城郡385 岐阜県飛騨502 愛知県名古屋市549 ◇あつ 岐阜県飛騨502 ❷近所。そば。新潟県佐渡352 ◇あたん 石川県鳳至郡038 ❸ほとり。端。縁。香川県826 ❹宅地内にある菜園、畑。鹿児島県奄美大島974 徳之島975 喜界島983 ◇あたい 鹿児島県喜界島983 沖縄県那覇市975 ❺人家の近く、村の背後の段丘のすそにある田。新潟県佐渡356 ❻両墓制で、死体を埋めた所。三重県志摩郡585 ㊁『助』程度を表わす。くらい。鹿児島県奄美大島974 ◇あたい 沖縄県首里993 語源説 (1)ソコ（其処）ニ-アタリ（当）の意。当所の意〔花鳥余情・和訓栞・大言海〕。(2)マトリ（間取）の義〔言元梯〕。 発音〈なまり〉アタイ〔鹿児島方言〕アタシ〔和歌山県・和歌山・紀州・NHK（山口）〕アタラ〔富山県〕アッツラ〔愛知・岐阜〕アッリ〔新潟頸城〕ヤタリ〔NHK（岩手）〕〈標ア〉ア 〈ア史〉平安〜江戸●●○ 〈京ア〉ア 辞書 名義・和玉・文明・易林・日葡・書言・ヘボン・言海 表記 他（名・易・書） 辺（書・へ・言） 鄰・估（玉） 傍（文）

あたり 耀（かがや）く「あたり（辺）を耀（かがや）かす」に同じ。＊苔の衣（1271頃）一「いまだふたばよりさま事なりし御さま、ねびととのひたるままに、あたりかかやくとはかやうの事にやと見ゆるを」

あたり 構（かま）わず まわりの者の気持、思惑などを気にしないで。また、考慮しないで。＊夜明け前（1932-35）〈島崎藤村〉第二部・下・一三・四「その衆人の集まってゐる中で彼は周囲（アタリ）構はず男泣きに泣いた」

あたりに 人（ひと）無（な）きが如（ごと）し 遠慮のないふるまいをするさまをいう。傍若無人（ぼうじゃくぶじん）。

あたり 見（み）らるるまで（さびしくて自然とあたりを見まわす意から）周囲の様子、気持などがものさびしい形容にいう。＊読本・南総里見八犬伝（1814-42）五・四七回「ゆきかよふすら寂（さみ）しくて、不覚（そぞろ）に四下（アタリ）の見らるるまでに、こころよからぬ草原路（くさはらみち）を」

あたり を 耀（かがや）かす（その人から光が出て、あたりを照らすように感じられるの意から）人格、服装、様子などがりっぱで、すばらしいことをいう。あたり耀く。＊太平記（14C後）六・民部卿三位局御夢想事「左右の侍女（おもとびと）其数を知らず、当（アタ）りを輝（カカヤカ）して仮冊（いつきかしづき）奉べきに」

あたり を 払（はら）う ①他を近くに寄せつけない。＊平家（13C前）九・宇治川先陣「馬をも人をも、あたりをはらって食ひければ、生食（いけずき）とつけられたり」＊宇治拾遺（1221頃）一四・一「ゆめゆめ女人に近づく事なかれ。あたりを払てなることなかれ」＊読本・昔話稲妻表紙（1806）二・八「行列をつらね、あたりを払（ハラ）ひて足ばやにすすみ来る」②（他を寄せつけない意から）美麗、威厳などで周囲を威圧するさまをいう。堂々としている。＊散木奇歌集（1128頃）一・春「もぎたつる梢をみればいとどしくあたりをはらふ八重桜哉」＊平家（13C前）一一・能登殿最期「鎧の草摺かなぐりすて、胴ばかりきて大童になり、大手をひろげて立たれたり。凡あたりをはらてぞ見えたりける」＊太平記（14C後）二四・天龍寺供養事「其の行粧（ぎゃうさう）辺（アタ）りを払て見えたり」＊外科室（1895）〈泉鏡花〉上「威厳あたりを払（ハラ）ふ」 辞書 日葡

あたり【当・中】『名』（動詞「あたる（当）」の連用形の名詞化）①物や人にぶつかること。また、ぶつかり具合。＊浮世草子・好色一代男（1682）六・六「大じんわざと酔狂して、あたりあらく踏立（ふみたて）」②物や人に触れた感じ。感触。＊宇治拾遺（1221頃）三・一八

「近くよりて髪をさぐれば、氷をのしかけたらんやうに、ひややかにて、あたりめでたきこと、限りなし」 ③人に接する態度。しむけ。扱い。＊虎寛本狂言・朝比奈(室町末-近世初)「扱々ゐんま王あたりのあらい罪人じゃ」＊随筆・戴恩記(1644頃)上「人のいさめをにくみ、臣下のまづしきをもめぐまず、貪欲ふかくして、百姓あたりきつく」＊浄瑠璃・大経師昔暦(1715)上「さもしいきたない卑怯至極な旦那様のお心、茂兵衛殿へのあたりは皆悋気からおこった事」＊腕くらべ(1916-17)〈永井荷風〉一四「いかにも当りの柔らかな〈略〉優しい女」 ④自分を痛い目にあわせた相手に仕返しをすること。返報。復讐(ふくしゅう)。＊宇治拾遺(1221頃)五・五「さきに行綱に謀られたるあたりとぞいひける」＊浮世草子・けいせい伝受紙子(1710)四・二「政右衛門殿へ度々申ますれば〈略〉其あたりに、畠の土を取て池をうめられますにより〈略〉難義仕ります」 ⑤はっきり言わないで、何かにかこつけて悪く言ったり、ひどく扱ったりすること。あてつけ。＊評判記・難波鉦(1680)四「あたりのことばはさしあたるといふ事で、うらみごとなどあてていふ事」＊黄表紙・文武二道万石通(1788)上「ぬけあなの口へとろろ汁をこぼしおきけるゆへ、みなみなすべりおちる。これぬらくら武士への当(アタ)りなり」＊歌舞伎・色一座梅椿(1812)四幕「わたしへの当(アタ)りでござんすか。仰しゃる事があるならば、きっぱりと仰しゃりませいな」 ⑥隠れた事情や理由。いわく。＊洒落本・通言総籬(1787)二「まづでへ一チこの枕の紋所も気にくわねへ。此きものの裾ものあたりもはくじょう仕てしまへ」＊滑稽本・東海道中膝栗毛(1802-09)八・中「うらに十のじとは、何かあたりのあることだな、ちくせうめが」 ⑦物事を行なうときの目当てや手がかり。心あたり。→当たりが付く・当たりを付ける。＊洒落本・五大力(1802)三「『源様はどうなさったへ』『源様とはへ』『夫さ源五兵衛が事よ』ト少し当りをいってみる」＊歌舞伎・蝶鸚山崎踊(1819)二幕「立役(たちやく)女形(おやま)も別々に一人づつ、当(あた)りのある誂(あつら)への鳴り物」＊人情本・春色辰巳園(1833-35)後・一〇回・上「『ヲヤ其方はおやしきに色でも出来たか』『ハテ奇代な。ずゐぶん当(アタ)りのねへことでもねへが』」＊滑稽本・八笑人(1820-49)初・二「『おれだとってちっとは切っ掛けもあると思ふから相談するのだ』『ハアそれぢゃア少しは出来勝手な当りでも有るのか』」 ⑧矢や弾丸や玉などが、ねらった所に命中すること。＊浮世草子・本朝桜陰比事(1689)二・一「私近年弓のけいこを仕り、当(アタ)りこまかに罷成、狐猫などを討留(ゐとめ)申候事たびたびにて御座候」＊笠懸聞書(1792)「一 的に矢のあたりはつれの事」＊玉突屋(1908)〈正宗白鳥〉「ボーイはゲーム盤を直して、『二つ』『三つ』『五つ』と数へ出したが、少し当りが途切れると、前に屈みさうになる」 ⑨物事がうまくいくこと。㋑事が思いどおりにうまくいくこと。商売、興行などが成功すること。＊浮世草子・新色五巻書(1698)五・一「殊に二月よりの替狂言、傾城浅間嶽と云ふは〈略〉百廿日のあたりは近年めづらしいと、都人も脳(なづき)をさげぬ」＊役者論語(1776)あやめぐさ「いかやうに当りの来べき狂言にても断(ことわり)いふべし」＊洒落本・通言総籬(1787)二「つたやのさんしう、鶴屋の在原、此春のつき出しはどれもあたりだ」＊金(1926)〈宮嶋資夫〉一三「京都の舞子を、若盛りの当(アタ)りにまかせて根引きをして連れて来た女であるが」 ㋺作物などの出来がよいこと。＊仰臥漫録(1901-02)〈正岡子規〉一「蕎麦の花もそろそろ咲出し候田の出来は申分なく秋蚕も珍しき当りに候」 ⑩みごとな答。真実をついた言葉。＊咄本・昨日は今日の物語(1614-24頃)上「しゃうじ一大事、味噌で御座候。味噌がわるければ、生じのしたてはならぬと申た。さてさて是ほどなるあたりは、達磨(だるま)もいかが」＊歌舞伎・梅柳若葉加賀染(1819)四立「イヤ、こいつはお客が当(アタ)りを云ふわえ。何を隠さうこの子は、ちっと訳のある娘御サ」 ⑪くじや懸賞などで、選ばれること。また、あたりくじ。＊俳諧・宗因七百韵(1677)「さし出す順のこふしの手をひろけ さてこそつきのあたりじやみたか」＊二人女房(1891)〈尾崎紅葉〉中・一「縁は抽籤(くじどり)の当(アタリ)の知れざるに、世間の娘身を案じ」 ⑫飲食物や暑気などが、からだに障ること。多く「食当たり」「暑気当たり」などと、熟して用いられる。＊滑稽本・浮世風呂(1809-13)二・上「五つ月過れば何をたべてもあたりは致さぬけれど、鱝(あかゑい)などは決しておあげなさいますな」 ⑬果物などのいたんだ部分。＊滑稽本・浮世風呂(1809-13)四・中「あたりのある桃なら五つか、ズットはづめば、西瓜の安売三十八文でも遣らんなうん」 ⑭能楽で、文句と拍子との取り方。また、謡の修飾的な節(ふし)で、呼気を短く中断させ、突きあたるようにうたうもの。謡本では、ゴマ節に「ア」を添えて示す。 ⑮囲碁で、次の一手で相手の石が取れる状態。また、その状態にする一着。「両当たり」「当たりをかける」＊雪中梅(1886)〈末広鉄腸〉下・五「盤上に石を下す音パチパチ。『サア当りだ』『一寸お待ち下さい』『生死の界(さかひ)になって、俟(ま)って堪るものか』」 ⑯釣りで、魚がえさにさわること。また、えさを引く時、手や竿などに伝わる感じ。＊自然と人生(1900)〈徳富蘆花〉湘南雑筆・鰺釣り「鰺(あぢ)はあたりが軟(やはらか)で、殊に口の薄い脆いもので、手荒に引いたり糸が撓(たる)むだりすれば、直ぐ顋(あぎと)がきれて逃げるものだ」＊幻談(1938)〈幸田露伴〉「ケイヅは大抵は一度釣竿の先へあたりを見せて、それから一寸(ちょっと)して本当に食ふものでありますから」 ⑰猟師が山で自分の行き先を仲間に知らせるため、立ち木の皮をむいて印をつけておくもの。長野県の一部でいう。 ⑱野球で、打撃の調子。また、打った球の飛び具合。「当たりが出る」「鋭い当たり」＊胡桃割り(1948)〈永井龍男〉「打者は、その新しい球の、第一球を打った。よい当りであった」 ⑲盗んだ金品が意外に多額であることをいう、盗人仲間の隠語。〔隠語輯覧(1915)〕 ⑳忍び込む前に家や室内の様子を探ることをいう、盗人仲間の隠語。〔日本隠語集(1892)〕 ㉑わざと突き当たって懐中物をすること。すり仲間の語。〔現代術語辞典(1931)〕 ㉒(単位を示す語の下に付けて接尾語のように用いる) 割当ての意を示す。…についての割合や平均。＊遣唐船(1936)〈高木卓〉四「唐朝からの年費絹二十五匹にしたところで月当り二匹やそこらでは、成程物価も一般には安かったらうが」＊いつか汽笛を鳴らして(1972)〈畑山博〉二「今、釘無しはキロ当りどのくらいしてるんですか」 方言 ❶出産の予定日。長野県南部481 492 ❷分け前。割り当て。配当。静岡県浜名郡545 兵庫県加古郡664 和歌山県日高郡690 鹿児島県喜界島983 ◇あたい 鹿児島県喜界島983 ❸漁期に入ってからの網引きに渡す賃金総額。香川県小豆島・男木島・伊吹島829 ❹熊(くま)が檜(ひのき)などの木の幹に牙(きば)で歯形を付けること。岐阜県飛驒502 ❺普通。あたりまえ。富山県砺波398 発音 ①～㉑は〈標ア〉⓪〈京ア〉⓪ 辞書 言海 表記 当(言)

あたり が 付(つ)く ①気持がかたむく。惚れる。＊洒落本・箱まくら(1822)上「旦那さん、春さんにあたりがつきましたか」 ②見当がつく。手掛かりができる。＊滑稽本・七偏人(1857-63)二・下「誰とも当(アタ)りの付(ツカ)ざる故」＊いさなとり(1891)〈幸田露伴〉四二「其池月といふは何(ど)のやうなところか〈略〉我(わし)には一向当りもつかぬが」 ③「あたり(当)を取る①」に同じ。

あたり を 掛(か)ける 話などを持ち掛けて、様子を探る。＊普賢(1936)〈石川淳〉四「『どうです、居抜のままで』と当りをかけた彦介の口先を、『ぢゃ、あたくしが…』と引き取ったのはいかなる魂胆があったのか」

あたり を 付(つ)ける ①思いをかける。惚れる。＊当世花詞粋仙人(1832)「ほれる事、あたりつける」＊歌舞伎・八幡祭小望月賑(縮屋新助)(1860)序幕「『あの寿楽ぢぢいが、いつでもいつでも私を捉へてからかっていけないのだよ』『そりゃあお前に、あたりをつけるのだわね』」 ②見当をつける。手掛かりを見つける。＊落語・梅見の薬鑵(1893)〈三代目三遊亭円遊〉「『ぢゃア此(この)証書を呉れるのか、有難へや』『乃公(おれ)だって夫丈(それだけ)の目的(アタリ)を付けて来たんだ』」＊婦系図(1907)〈泉鏡花〉前・一「多分は其(それ)だらう。口真似をするのは、と当りをつけた御用聞きの酒屋の小僧は、何処にも隠れて居るのではなかった」 ③けんかをしかけることをいう、不良仲間の隠語。

あたり を 取(と)る ①興行、商売等で成功する。評判となる。＊洒落本・くたまき綱目(1761)諸部「名物 石段の下の串団子、二条の焼き餅も一物(いちぶつ)なれども、袖からいだすだれこには、琉球芋にて当(アタ)りを取ける」＊滑稽本・古朽木(1780)二「景清盛久が身代は、同じ仕打にて中(アタリ)を取(トリ)、平家方の見物は、きつう嬉しがりしぞかし」＊洒落本・来芝一代記(1797)「是や、むかしより其役ならざる事に当(アタ)りをとるは、下手の業と言伝ふる事に違はず」 ②見当をつける。当たりをつける。＊歌舞伎・網模様燈籠菊桐(小猿七之助)(1857)五幕「うぬは小猿七之助といふ、盛場稼ぎの巾着切り、お熊が亭主といふことは、当(アタ)りを取(ト)って置いたのだ」＊歌舞伎・黒手組曲輪達引(1858)三幕「女房の揚巻を以前の誼(よしみ)で白玉が頼って行ったと聞いたゆゑ、今当りをとりに行くのさ」

あたり-あい [‥あひ]【当合】〘名〙①「ありあい(有合)」に同じ。＊浮世草子・俗つれづれ(1695)一・一「冷水四五盃、息せはしなく飲むと、あたりあひの枕引よせ、大鼾(いひき)して一日の酔狂夢にや見るらん」＊滑稽本・浮世風呂(1809-13)二・上「当(アタ)り合(ヱヘ)のものを枕にして、いけずうずうと昼寝さ」＊滑稽本・浮世床(1813-23)二・上「何でもあたり合(ヱヘ)の物を投放(なげはう)って」 ②「あたりごう(当合)」に同じ。

あたり-あい [‥あひ]【当合・当逢】〘名〙①ぶつかり合うこと。衝突すること。＊葉隠(1716頃)一「同じあたりにくどつきて、がたひしとあたり合に成故、はっきりとしたる事なし」 ②二艘の船が衝突すること。船の衝突事故は、航走船間の衝突、航走船と停泊船の衝突、停泊船間の衝突の三つに大別されるが、中世に作られた「廻船式目」が近世末期にいたるまで船乗りの間に行なわれ、それぞれの衝突に対する責任や予防慣行について規定されていた。乗懸(のりかけ)。走当(はせあたり)。突当(つきあたり)。＊船法御定并諸方聞書(1724頃)「諸廻船当り逢等、まきり違ひに当申事度々也」

あたり-あ・う [‥あふ]【当合】〘自ハ五(四)〙①相手になって争う。わたりあう。＊西国立志編(1870-71)〈中村正直訳〉一三・一九「即ち他人の議論意見に抵攩(ていとう〈注〉アタリアフ)せずして、虚心にこれを斟酌商量すべき事なり」 ②ぴったり合う。一致する。＊人情本・春色梅児誉美(1832-33)三・一六駒「はづす心とはづさせる心の中は当(アタ)り合(アフ)、色の手とりと知られけり」 ⓪ 辞書 言海 表記 当合(言) 発音 文 アタリオーとも〈標ア〉ア オ〈京ア〉

あたり-あたり【辺辺】〘名〙あちこち。そこここ。どこもかしこも。＊宇津保(970-999頃)国譲上「かたがたしおき給へる所々に、あたりあたり、まんどころよりはじめてしたり」＊源氏(1001-14頃)若紫「み帳御屏風などあたりあたりしたてさせ給」＊夜の寝覚(1045-68頃)三「いまはの荒野ともなるべきを、あたりあたりいと勢あり」

あたり-あたり【当当】〘名〙①物事にでくわし

たその当座当座の状態。その場その場。＊大学垂加先生講義(1679)「今の人は只其当り当りばかりの上について計会するぞ」 ②それぞれの分担するところ。担当担当。＊源氏(1001-14頃)東屋「この事かの事と、あたりあたりの事ども、家司(けいし)どもなど申す」
補注 一説に②は「辺り辺り」の意とする。

あたり-いし【当石】〘名〙 硯(すずり)をいう。商家などで、「すずり」の「すり」をきらっていう語。〔日本隠語集(1892)〕

あたり-いも【当芋】〘名〙 擂芋(すりいも)をいう。商家などで、「すりいも」の「すり」をきらっていう語。〔新しき用語の泉(1921)〕

あたり-いわい【当祝】〘名〙 「あたりぶるまい(当振舞)」に同じ。

あたり-がい【当買】〘名〙 腹いせをするために買うこと。＊評判記・難波物語(1655)「さてまへのちいんは、かのけいせいにあたりがひに、ひたもの余(よ)のものをかふて」

あたり-かえ・す【当返】〘自サ四〙 仕返しをする。報復する。＊曾我物語(南北朝頃)三・祐信、兄弟つれて、鎌倉へゆきし事「せめて伊豆国一国の主にもならばやと、明暮(あけくれ)思ひ祈りしは、ただ伊東にあたりかへさんと願ひしぞかし」

あたり-がけ【当―】〘名〙 方言 ❶周囲の者に当たり散らすこと。福島県石城郡054 ◇あたりかぎ 茨城県062 ❷仕返し。意趣返し。たたり。鳥取県西伯郡719 岡山県岡山市054 海岸部761

あたり-がね【当鉦】〘名〙 小型の鉦をいう。「摺鉦(すりがね)」の「すり」をきらっていう語。左手に持ち、右手に持った棒、竹などでするようにしてたたく。歌舞伎囃子(ばやし)の用具としては、たたく棒は竹、または鯨の骨の先へ鹿角の一片をつけたものを用いる。

あたりがね の 合方(あいかた) 歌舞伎下座音楽の一つ。祭礼囃子(ばやし)やつなぎ、また、派手な人物の登場の時の唄入りの囃子や、にぎやかな太鼓地などに打ち合わせる。

あたり-がね【当鉄】〘名〙 剃刀(かみそり)をいう。商家などで、「かみすり」の「すり」をきらっていう語。〔東京語辞典(1917)〕 方言 静岡県庵原郡534

あたり-かん【当座官】〘名〙 明治以前の琉球国(沖縄県)の官名。正五位にあたる。＊読本・椿説弓張月(1807-11)続・三三回「抑(そもそも)琉球は〈略〉官位の品級(しな)正従すべて九等あり〈略〉当座官(アタリクワン)は正五品」

あたり-かんばん【当看板】〘名〙 興行成績が上がるようにと、縁起をかついで劇場の正面に掲げた看板。矢が的を貫いている看板の下に大入り札を付ける。招き看板。当たり的の釣物。〔新しき用語の泉(1921)〕

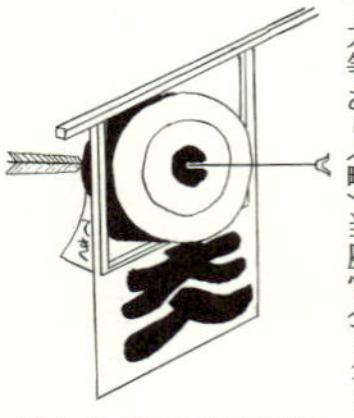
当たり看板〈守貞漫稿〉

あたりき〘形動〙 「あたりまえ(当前)」をしゃれていう。近世以後、職人などが用いるぞんざいな語。語のあとに「さ」「よ」などの終助詞をつけていうこともある。あたりきしゃりき。＊浅草(1931)〈サトウハチロー〉隼おきんの貞操「『分ってるよ』『定(きま)ってるぢゃねえか』『アタリキ！』なんて言葉が方々から出た」 発音〈標ア〉0

あたりき しゃりき (「しゃりき」は「りき」の音を繰り返して語呂(ごろ)をよくするために添えた語)「あたりき」に同じ。＊東京風俗志(1899-1902)〈平出鏗二郎〉下・九・葬儀「あたりき車力(シャリキ)、按摩の足力(あしりき)」 ＊浅草(1931)〈サトウハチロー〉隼おきんの貞操「あたりき車力(シャリキ)と、一口に言って了(しま)へばそれまでだけど」 語誌 「しゃりき」は「車力」、すなわち荷車ひきの意か。「あたりき、しゃりき、けつの穴ばりき」とも、「けつの穴ブリキ」とも、節をつけていう。「ばりき」は「馬力」すなわち荷馬車の意であろう。 発音〈標ア〉シャ

あたり-ぎ【当木】〘名〙 擂粉木(すりこぎ)をいう。商家などで、「すりこぎ」の「すり」をきらっていう語。〔新しき用語の泉(1921)〕 発音 アタリギ〈標ア〉0

あたり-きょうげん【当狂言】〘名〙 評判がよく、入りの多い芝居狂言。＊浮世草子・傾城禁短気(1711)三・二「篠塚が当(アタリ)狂言、四十八人の敵討の咄しを仕出せば」 ＊洒落本・来芝一代記(1797)「此余(このよ)一代の当(アタ)り狂言(キャウゲン)はいひもてゆくにかぎりなし」 ＊妄想(1911)〈森鷗外〉「欧羅巴(ヨオロッパ)の当(アタ)り狂言(キャウゲン)になってゐた Taifun (タイフン) なんぞにも現れてゐる」 発音 アタリキョーゲン〈標ア〉キョ〈京ア〉キョ

あたり-きんじょ【辺近所・辺近処】〘名〙 そこに近い所。ちかま。あたりきんぺん。あたりとなり。あたりはちけん。あたりほとり。＊浄瑠璃・心中刃は氷の朔日(1709)中「あたり近所の血気(けっき)者、それやる物かと走りこむ」 ＊西洋道中膝栗毛(1870-76)〈仮名垣魯文〉初・上「客家のことなりあたり近所(キンジョ)へ対し升して気の毒な目をいたします」 発音〈標ア〉ア ア=キ

あたり-きんぺん【辺近辺】〘名〙 「あたりきんじょ(辺近所)」に同じ。 発音〈標ア〉ア ア=キ

あたり-く【当句】〘名〙 謡曲で、当たり⑭の付いた字だけ突き当たるような、一種微細なアクセントをつけてうたう句。＊承応神事能評判(1653)加茂「あたり句の目ざす様成仕舞(を)する事は」

あたり-くじ【当籤・当鬮】〘名〙 ①当たったくじ。また、くじに当たること。↔外籤(はずれくじ)。＊随筆・松屋筆記(1818-45頃)六七・二「家質講といふは当鬮の者、所持の宅地を宛たる券を出して跡の懸金了て後、その券を取返す也」 ＊家庭の幸福(1948)〈太宰治〉「つい、こないだも、同僚から押しつけられて仕方無く引き受けた『たからくじ』二枚のうち、一枚が千円の当りくじだったが」 ②くじ引きで、特に大物が当たったくじ。 発音〈標ア〉リク〈京ア〉0

あたり-ぐち【当口】〘名〙 心中の不快を相手に向け、つらく当たる言葉。当たり散らす言葉。当たり文句。＊浄瑠璃・南蛮鉄後藤目貫(1735)三「こちの夫泉の三郎は、目の明かぬひょんな男、其女房に詫言(わびごと)をお頼みは御無用と、持って参ったあたり口、さうおっしゃると私は、爰で穴へもはいりたい」

あたり-ぐる・し【辺苦】〘形シク〙 そのそばにいるのさえ息苦しい。近づき難い。＊狭衣物語(1069-77頃か)三「あたりくるしきまで、光り輝(かかや)くやうにて見え給へば」

あたり-げい【当芸】〘名〙 好評を得た芸。また、その俳優が演じて、いつも好評を博する芸。＊役者用文章直指箱(1804)瀬川路考「年々当り芸多く」 ＊東京風俗志(1899-1902)〈平出鏗二郎〉下・一〇・演劇「市川団十郎(成田屋)今に至りて九世なり、その家に累世の当り芸として市川家十八番あり」 発音 アタリゲイ〈標ア〉リ 0〈京ア〉リ

あたり-ごう【当合】〘名〙 江戸時代、検見坪刈りを行なって当年の租米を確定しようとする場合、その参考として前年度の租米の高下を勘案して、あらかじめその土地からの租米を予定し、それをもとにして一坪当たりの収穫高を算出したもの。あたりあい。＊地方凡例録(1794)三「勿論検見以前当合仕立置ても、全く宙試の儀に付、右合毛通りに不ν当、縦ば八合の当合に刈出度存候ても、思の外立毛不ν宜、五合にも六合にもあたる儀有」

あたり-こくちゅう【辺―】〘名〙 方言 (「こくちゅう」は国中か) そこら近辺全部。徳島県811 福岡市877 ◇あたりこくち 長崎県壱岐島915

あたり-ごま【当独楽】〘名〙 相手のこまによく当たる勢いのよいこま。＊歌舞伎・吾嬬下五十三駅(天日坊)(1854)三幕「さあさあお聞きなさい、ぐるりとひねればそれまはる、よい竹沢のあたりごま」

あたり-こ・む【当込】〘自マ五(四)〙 ①ぶつかってみる。確かめてみる。＊歌舞伎・水天宮利生深川(筆売幸兵衛)(1885)三幕「『所がそこは大勉強で、もう五六本になったから、惣仕舞として貰ひたいのだ』『いや此奴(こいつ)なかなかこすい奴だ、そんならいいから己達(おれたち)と小屋へ行って当(アタ)り込(コ)むがいい』」 ②火などのそばで、一心に暖をとる。あたたまろうとする。＊少年行(1907)〈中村星湖〉一「バッと燃立つかげへ蹲(うづくま)り、小さな手をもみもみ当り込む」

あたり-さかずき【当杯・当盃】〘名〙 あてつけに無理に酒をついで飲ませようとすること。また、当たり散らしてさした酒杯。＊浮世草子・傾城歌三味線(1732)二・三「間夫(まぶ)の藁たかれた、十八公へのあたり盃(サカヅキ)」

あたり-さく【当作】〘名〙 時流に合い、世間の評判を得て成功した作品。＊平凡(1907)〈二葉亭四迷〉五七「実行の緒に就いたのは当り作が出来てからで」 ＊読書放浪(1933)〈内田魯庵〉銀座繁昌記・一〇「批評は暫らく預かるとして『東京新繁昌記』は洛陽の紙価を高からしめたも大袈裟だが、当時の人気を沸騰さした当り作だった」 発音〈標ア〉0

あたり-ざくら【当桜】〘名〙 みごとに咲いて、多くの見物人をひきつけるような桜の意で、人気ある人のたとえ。＊長唄・童獅子(1767)「当り桜が独りゐた」

あたり-さげ【当下】〘名〙 謡曲の節づけの一つ。当たりによって下げるもの。当たり落し。→あたり(当)⑭

あたり-ざま【当様】〘名〙 人に接する態度のありかた。人当たり。＊天草本伊曾保(1593)イソポの生涯の事「カノ ヒトノ Esopo ニ atarizamaga (アタリザマガ) ワルウテ イヤシメラルルニヨッテ」 ＊日葡辞書(1603-04)「Atarizama (アタリザマ)〈訳〉良い、または悪い、人あつかい」 辞書 日葡

あたり-さわ・ぐ【当騒】〘自ガ四〙 物にぶつかったり、つまずいたりしてあわてふためく。あたりまどう。＊和泉式部日記(11C前)「からうじておこしても、ここかしこのものにあたりさはぐほどに」

あたり-さわり【当障】〘名〙 (「あたり」も「さわり」も同じ意) ①他のものに悪い影響を及ぼすこと。さしさわり。＊雑俳・柳多留-三(1768)「下女壱人あたりさわりで蔵へねせ」 ＊不言不語(1895)〈尾崎紅葉〉七「いつまでも我噂にて、立顕るべき機(しほ)無ければ、抵触(アタリサハリ)のあらぬ御話の隙を見て入らむと」 ②周囲に対する不平不満。いやみや苦情。＊洒落本・玉之帳(1789-1801頃)二「(客)子どもがわるいゆへ猶々ふさぎ当りさわりをいふ」 ＊洒落本・意妓口(1789-1801頃)二「此うたふ中に候兵へはあたりさはりをいひ、権八はこくうにさはぎ」 ③周囲に対する態度。＊洒落本・駅舎三友(1779頃)きぬぎぬ「ぐっとみおろす心から、猶さら腹も立たり居たり、あたりさはりもあらけなく」 発音〈標ア〉0〈京ア〉0

あたり-しだい【当次第】〘名〙(形動) あれこれと区別しないで、当たったものはどれでもかまわないこと。また、そのさま。手当たり次第。＊足利本論語抄(16C)八佾第三「対策及第八五経の難文をあたま処かきぬいておくをとり、あたり次第にとりてよみ分る也」

あたり-しばい【当芝居】〘名〙 評判がよく、入りの多い芝居。当たり狂言。＊美人の乳(1899)〈三代目春風亭小柳枝〉「誠に何(ど)うも御気の毒様で御座いますが、此(この)通り音羽屋さんの当り芝居で御座います」 発音〈標ア〉シ

あたり-しょう【当証】〘名〙 確かな証拠となるもの。＊譬喩尽(1786)五「厄年(やくどし)の事 男は四十

二女は三十三と世俗にいへども何にも当証(アタリシャウ)なし」

あたり‐じょうるり【当浄瑠璃】(ウルリ ‥ジャ)〘名〙世間の評判を得て流行している浄瑠璃。＊洒落本・浪花今八卦(1773)檜扇卦「園八ぶしといふものあたり浄(ジャウ)るりなれば」

あたり‐ずみ【当墨】〘名〙大工道具の墨縄で材木に線をつけること。また、その線。

あたり‐せき【当―】〘名〙すりのこと。人にわざと突き当たってけんかなどをしかけ、その間に相手の金品を奪い取るもの。＊禁令考‐後集・第一・巻三・享保元年(1716)七月一六日「往来人え突当り、〈略〉羽織或は懐中之品、又は女之櫛笄等奪取候之類、あたりせきと唱候者共、近頃徘徊致し候由相聞候」

あたり‐ちらか・す【当散】〘他サ五(四)〙「あたりちらす(当散)」に同じ。＊大阪の宿(1925‐26)〈水上滝太郎〉一二・三「自分の気に喰はない事にぶつかると、ふだんのあけすけな心持に、意地の悪さを加へて、散々に当り散らかさなければ承知しないのであった」

あたり‐ちら・す【当散】〘自サ五(四)〙心中に不満や不快がある時、まわりの人や物にむやみに怒りをふりまく。八つ当たりをする。＊人情本・春色恵の花(1836)初・四回「何か心にさはりしやら、あたりちらして此糸を、側へ引きよせはなさばこそ」＊十三夜(1895)〈樋口一葉〉上「勤め向きの不平などまで家内(うち)へ帰って当(アタ)りちらされる」 発音〈標ア〉ラ〈京ア〉⓪

あたり‐づき【当月】〘名〙その物事に出会う月。特に、出産する月。産み月。臨月。当たる月。＊仮名草子・智恵鑑(1660)三・六「弟よめは、ことゆへなく、そのあたり月にいたりて、玉のやうなる男子をうみけり」＊浮世草子・忘花(1696)四・遊つくして難波の夜船「すでにあたり月になって腹の痛む事五日」＊浄瑠璃・平家女護島(1719)二「入道相国の御娘、中宮御産のあたり月」 方言 宮崎県東諸県郡954 発音〈標ア〉⓪リ

あたり‐つけ【当付・中付】〘名〙弓技の競射の記録として、射手の人名の上に矢の当たりはずれの標示をすること。＊随筆・貞丈雑記(1784頃)一二「的の日記にあたり付をするに今は星をくろくするをばはづれとし白きままにて置くをあたりとする也」

あたり‐づけ【当付】〘名〙連歌の付け方の一種。「あたりてつく」ともいい、「従いて付く」に対し、「物を」という語による付けが逆接的になるもの。補注「雨夜の記」に、「物をといふ詞に二つの心有。当て付たる句。〈略〉陸奥は広き国ぞと聞物をあこやの松にさわる月かげ〈略〉又従て付たる句。目の前にみ残す事はなき物を春秋つくす庭のつき山」とある。

あた‐リッパ〘名〙スリッパをいう。寄席芸人などが、「スリッパ」の「スリ」をきらっていう語。 発音〈標ア〉⓪

あたり‐どころ【当所】〘名〙①当たる場所や箇所。当たった所。＊青年(1910‐11)〈森鴎外〉八「捕はれるのですとも。縄が新しくなると、当分当りどころが違ふから、縛(いましめ)を感ぜないのだらうと、僕は思ってゐるのです」＊棒(1955)〈安部公房〉「こんなものでも、当りどころが悪けりゃ、けっこう死にますね」②急所。つぼ。＊寛永刊本蒙求抄(1529‐34)七「柱はさす共ささう共ふせぐ共、師古注したぞ。柱刺也。距也。針でさすやうにあたり処にあたったぞ」 発音〈標ア〉⓪〈京ア〉下

あたり‐どし【当年】〘名〙①ある作物がたくさんとれる年。豊年。＊歌舞伎・絵本合法衢(1810)二幕「『今年は天気がよいので、また豊年でござらうわいの』『それそれ。今年も変らず当(アタ)り年(ドシ)でござらう』」＊風と死者(1969)〈加賀乙彦〉「今年の花は、当り年なのか、ことに見事であった」②幸運に恵まれ、物事がうまくゆく年。 発音〈標ア〉⓪リ〈京ア〉リ

あたり‐となり【辺隣】〘名〙(「あたり」「となり」と語尾の韻をそろえて強調した語)「あたりきんじょ(辺近所)」に同じ。＊浄瑠璃・信濃源氏木曾物語(1698頃)三「あたりとなりへもどちらがよいぞ問ふたがよい」＊浄瑠璃・博多小女郎波枕(1718)中「あたりとなりに聞き付ても、恐れてわざと知らぬ顔」

あたり‐ば【当場】〘名〙①待遇。処遇。あたりざま。＊漢書列伝竺桃抄(1458‐60)陳勝項籍第一「将二秦軍一行レ前秦中―多亡状とはあたりばがわるいぞ」＊史料編纂所本人天眼目抄(1471‐73)一「もと是の向の路で笛をひっと吹、処でまれ人が透ると思てあったしぞこのあたりはが面白と云々」②当面のやり方。＊疑惑(1913)〈近松秋江〉「さういって突掛って行くより他に当り場がなかった」 発音〈標ア〉⓪〈京ア〉⓪

あたり‐ばこ【当箱】〘名〙「すずり箱」をいう。商家などで、「すずり」の「すり」をきらっていう語。＊落語・阿七(1890)〈三代目三遊亭円遊〉「硯箱と云っちゃア縁起が悪い、当(アタ)り箱と云って貰ひてへ」＊東京風俗志(1899‐1902)〈平出鏗二郎〉上・四・縁起「『する』といふを忌みて、硯箱を『あたり箱』、『擂木(すりこぎ)』を『あたり棒』といふ」＊雪夫人絵図(1948‐50)〈舟橋聖一〉二部・苅萱「あたり箱を持っていって差上げて」 発音〈なまり〉アテバコ〔千葉〕〈標ア〉⓪〈京ア〉リ

あたり‐はずれ【当外】(づれ ‥は)〘名〙当たることとはずれること。物事がうまくいくことと、いかないこと。成功と失敗。＊文明本節用集(室町中)「中外 アタリハヅレ」＊書言字考節用集(1717)九「中外 アタリハヅレ」＊滑稽本・狂言田舎操(1811)上「時の表裏のあたりはづれはしかたのねへもんだ」＊俚言集覧(増補)(1899)「あたりはづれ あたるとはづるるとなり。もと矢などを射るより出たる詞なるべし」 発音〈標ア〉⓪〈京ア〉⓪ 辞書 文明・伊京・天正・書言・〈ヘボン〉 表記 中外(文・伊・天・書) 中迦(伊) 当外(ヘ)

あたり‐ばち【当鉢】〘名〙「すりばち」をいう。商家などで、「すりばち」の「すり」をきらっていう語。＊東京風俗志(1899‐1902)〈平出鏗二郎〉上・四・縁起「『する』といふを忌みて、硯箱を『あたり箱』、『擂木(すりこぎ)』を『あたり棒』、『擂盆(すりばち)』を『あたり鉢』といふ」＊日本橋(1914)〈泉鏡花〉三五「擂鉢(アタリバチ)と采配を両手に持って」 発音〈なまり〉アテバチ〔千葉〕〈標ア〉⓪〈京ア〉リ

あたり‐はちけん【辺八間・傍八間】〘名〙「あたりきんじょ(辺近所)」に同じ。＊浄瑠璃・鎌倉三代記(1716)二「傍(アタリ)八けん寄るまいと、拳(こぶし)を振れば女房達、逃げて奥にぞ走り入る」＊譬喩尽(1786)六「辺八間(アタリハチケン)寄附れず」

あたり‐ばったり〘形動〙成り行きに任せること。行きあたりばったり。 方言 岩手県100 105 108 山形県置賜139 米沢市149 発音〈標ア〉パ

あたり‐ばなし【当話】〘名〙世の人々に受けて、流行している話。＊談義本・艶道通鑑(1715)一・一六「端銀(はしたがね)五六十目つかふより悪智恵つきて流行(はやり)歌おぼへあたり咄(ハナシ)のうけ売するに」

あたり‐ばん【当番】〘名〙①その役目の番に当たること。また、その人。とうばん。＊咄本・軽口露がはなし(1691)四・二「此月の講は其方があたり番成が、いかが、つとめ申さるべきや」②くじなどに、当たった番号。 発音〈標ア〉⓪

あたり‐ばんづけ【当番付】〘名〙富くじの当たり番号を一覧表にした刷り物。＊人情本・英対暖語(1838)五・二七回「ナニ当り番付の出た節(とき)、直(じき)に来て咄そふと思ったけれども」

あたり‐び【当日】〘名〙何か物事の起こる日。その事に出あう日。＊大鏡(12C前)一・序「わらは病をして、あたりびに侍りつれば、口惜しくえ参り侍らずなりぬる」 方言 毎月の命日。また、祥月命日。岩手県気仙郡102 山形県139 島根県725 ◇あたりびんち〔当日日〕島根県美濃郡・益田市725 発音〈標ア〉リ

あたり‐び【当火】〘名〙 方言 たき火。山梨県南巨摩郡463 静岡県磐田郡546 奈良県南大和683

あたり‐ぶし【当節】〘名〙①鰹節(かつおぶし)をいう。商家などで、「けずりぶし」の「けずる」をきらっていう語。②浄瑠璃、歌謡などで、わざわざ語り方に稜(かど)をつけて、間合をとるような不純な語り方をすること。または、その語り方。ふつう、あざけって言う場合に用いる。あてぶし。 発音〈標ア〉⓪

あたり‐ぶるまい【当振舞】(‥ぶる まひ)〘名〙物事が成功したのを祝って、もてなすこと。特に、歌舞伎などで客が大入りになった時、興行主が座員などにごちそうすること。当たり祝い。＊浮世草子・諸道聴耳世間猿(1766)四・二「役者も爰へ入こまねば評判をわるふしらるるがいやさに〈略〉餅つきよあたり振舞(フルマヒ)と呼あひ」＊戯場楽屋図会(1800)下「当り振舞 二の替り三のかわりいづれの狂言にても思ひの外当りたるとき、銀主より一座の役者衆中表方にいたるまで出振舞(でぶるまい)をするなり」

あたり‐ぼう【当棒】〘名〙「すりこぎ」をいう。商家などで、「すりこぎ」の「すり」をきらっていう語。＊東京風俗志(1899‐1902)〈平出鏗二郎〉上・四・縁起「『する』といふを忌みて、硯箱を『あたり箱』、『擂木(すりこぎ)』を『あたり棒』、『擂盆(すりばち)』を『あたり鉢』といふ」＊黴(1911)〈徳田秋声〉二「摺(すり)減った当棒(アタリボウ)、縁のささくれ立った目笊、絵具の赤々した丼などあった」 発音 アタリボー〈標ア〉⓪

あたり‐ぼし【当星】〘名〙九星術で、その人の生まれ年に当たる星。＊浮世草子・御前義経記(1700)三・一「当年が、兌上断(だしゃうだん)にてあたり星が金星(こんせい)、此星にあたるものかならず住所を离(さる)」

あたり‐ほとり【辺辺】〘名〙「あたりきんじょ(辺近所)」に同じ。＊史記抄(1477)七・高祖本紀「天下を服したほどに、ここそあっつらう、あたりほとりへもえよるまいぞ」＊仮名草子・元の木阿彌(1680)下「三浦がうちの高尾の君、禿(かぶろ)やり手が御伴(とも)にて、あたりほとりをかがやかし〈略〉ひと際すぐれて見えにけり」＊浄瑠璃・曾我五人兄弟(1699頃)一「口をたたいてわめくならば、あたりほとりがかしましく」 方言 青森県津軽075 岩手県気仙郡102 宮城県石巻120 秋田市135 山形県139 ◇あたりほつら 京都府竹野郡622

あたり‐まい【当前】〘名〙〘形動〙「あたりまえ(当前)」の変化した語。＊落語・お節徳三郎恋の仮名文(1889)〈禽語楼小さん〉「小供の事だから早く土手へ昇(あがっ)て遊びたいとか群集の中へ往(いき)たいと思ふのが通常(アタリマイ)だのに」＊社会百面相(1902)〈内田魯庵〉鉄道国有・五「そりゃア当然(アタリマイ)サ。お前が家の財産が無くなっても関はないなんぞと乱暴な事をいふから、お父さんが怒ってお了ひなさる」＊銀の匙(1913‐15)〈中勘助〉後・一七「やっぱりあたりまいの子供であるのをみ」 発音〈標ア〉⓪

あたり‐まい【当舞】(ひ ‥ま)〘名〙通行人を追い越す時に背後からぶつかり、所持品をすり取ること。また、そのすりをいう、すり仲間の隠語。〔隠語輯覧(1915)〕

あたり‐まえ【当前】(へ ‥ま)〘名〙①共同労働の収穫を分配するとき、一人あたりの受けるべき配当。一人前の分量。漁獲物などを現物で配分する時、人数分に分けた一山。②(形動)(①を受け取ることは当然の権利であるところから)道理から考えて、そうあるべきこと。また、そのさま。当然。＊箚録(1706)「其人の左無て叶わざる当り前の旨を以て引き入れ進め諫するを云」＊滑稽本・浮世風呂(1809‐13)三・上「アイサ、どうで婆鯨舎(ばばあげいしゃ)はあたりめへさ。夫だから賀の祝と一緒に、赤飯(こはめし)を配って引込む覚期(かく

ご)だが」 *歌舞伎・お染久松色読販(1813)序幕「わしも又、中へ這入って挨拶をするからは、こなさんの膝を抱(だく)はあたりまへだわな」 *当世書生気質(1885-86)〈坪内逍遙〉一「アレサ先で理窟はいやァしないが、詫るのは当然(アタリマヘ)でさアネ」 ③(形動) ごく普通のこと。ありふれているさま。 *大学垂加先生講義(1679)「静の字、尋動静とわかつあたりまへの静にはあらず、妄に動ぬを静と云たもの也」 *歌舞伎・心謎解色糸(1810)大切「なにサ、裸はでんぼうの当り前(メエ)、土仕事にでもかかりゃア、寒の中(うち)でも真っ裸」 *西国立志編(1870-71)〈中村正直訳〉一一・三八「許多(あまた)の国の語言に通じたれども尋常(アタリマヘ)の学芸に疎かりければ」 *吾輩は猫である(1905-06)〈夏目漱石〉九「先は商売だよ。当(アタ)り前にあしらってりゃ沢山だ」 *身上話(1910)〈森鴎外〉「初めの内は只当り前より善く気を附けてくれたり」 語誌 (1)②の意味については、①の意味から転じたという説の他に、漢語「当然」に「当前」という表記をし、さらにそれを訓読みしたものから出たという説がある。類例に、漢語「同然」が「同前」と表記されるということがある。(2)(1)のような説が出るのは、「当たり前」と「当然」との間に類義の関係があるからである。これは現代語で、「彼が怒るのは当然だ」を「当たり前だ」と言い換えてもほとんど差は感じられないことでもわかる。しかし用法の面からいうと、「当然、断固抗議すべきだ」のような副詞的な用法は「当たり前」にはない。また、「基本的人権は、日本国民にとって当然の権利だ」における「当然」を「当たり前」に変えると、やや不自然になる。これは「当たり前」には、ややくだけた、俗な語感があるためである。さらに、③の意味、用法は「当然」にはない、などの違いもある。 方言 本当であること。真実であること。岡山市762 発音〈なまり〉アターマエ〔鳥取〕アタイメエ〔鹿児島方言〕アタリマイ〔神戸・徳島〕アタルマイ・アタンマイ・アッタリマイ〔富山県〕アタルマエ〔福井〕〈標ア〉0 〈京ア〉0 辞書〈ボン・言海〉 表記 当前(へ・言)

あたりまえ の 外(ほか) 意外。予想外。 *西国立志編(1870-71)〈中村正直訳〉一「世人つねに法度を信ずることは、分外(アタリマヘノホカ)に多く、人民を信ずることは、分外に少きことなり」

あたり-まと【当的・中的】〘名〙 ①矢が的に当たること。的中。 *雑俳・火燵びらき(1738)「鼻をかむ時があづさの中り的」 ②的に矢が当たったさまを描いた絵。また、その造りもの。看板などに用いる。

あたりまと の 釣物(つりもの) 「あたりかんばん(当看板)」に同じ。

あたり-まど・う〔…まどふ〕**【当惑】**〘自ハ四〙 物にぶつかったりつまずいたりしてあわてうろたえる。あたりさわぐ。 *河内本源氏(1001-14頃)葵「今はさりともと思したゆみたりつる程に、あさましければ、殿の内の人も、物にぞあたりまどふ」 *増鏡(1368-76頃)二・新島守「いはんかたなくあきれて、上下、ただものにぞあたりまどふ」

あたり-まなこ【当眼】〘名〙 ①当たり散らす目つき。当てつけて見る目。転じて、当たり散らす態度。やつあたり。あてつけ。 *浮世草子・新色五巻書(1698)二・一「『そなたは梶原いかずの紋。直白(したじろ)は御所の紋』とあたり眼(マナコ)の返答」 *浄瑠璃・新版歌祭文(お染久松)(1780)野崎村「そんなら風の来ぬ様にと、何がな表(おもて)へ当り眼(まなこ)」 *滑稽本・東海道中膝栗毛(1802-09)八・中「何がな、あたりまなこにねじける。仲ゐどもこまりはて」 ②(形動) 目に触れるまま。衝動的なこと。 *仮名草子・浮世物語(1665頃)五・一「徳もなく、芸も無き者、末を弁(わきま)へず、あたりまなこに万事を思ひ立ち、臍(ほぞ)を噬(くふ)の悔を致す輩」 発音〈標ア〉マ

あたり-み【当身・当肉】〘名〙 肉類をすりつぶしたもの。商家などで擂身(すりみ)の「すり」をきらっていう語。〔新しき用語の泉(1921)〕

あたり-みかん【当蜜柑】〘名〙 ①腐ったミカン。商家や興行界などの忌み詞。〔新しき用語の泉(1921)〕 ②芝居で、新狂言の当たりを願って、座元がミカンを投げて配ること。 *風俗画報-一五六号(1898)遊芸門「当(アタ)り密柑(ミカン)とて密柑を蒔くことありといふ」

あたり-・みる【当見】〘他マ上一〙 試してみる。探りを入れてみる。 *コンテムツス・ムンヂ(1596)三・六四「トキトシテワ サマザマニ atarimisaxerare (アタリミサセラレ)、キザカイナル コトヲ ハナシカケ タマウト イエドモ」 *日葡辞書(1603-04)「Atarimi, iru, ita (アタリミル)〈訳〉試み、ためす」 辞書 日葡

あたり-め【当―】〘名〙 鯣(するめ)をいう。商家、興行界などで「するめ」の「する」をきらっていう語。〔隠語輯覧(1915)〕 発音〈標ア〉0 〈京ア〉0

あたり-もの【当物】〘名〙 ①食べて中毒を起こした、その食物。 ②思う通りになったもの。多く成功した興行などにいう。また、釣りで、目当て以上の大魚が釣れた場合、その魚。 発音〈標ア〉0

あたり-もんく【当文句】〘名〙 「あたりぐち(当口)」に同じ。 *洒落本・辰巳婦言(1798)昼遊の部「『どふのかふのと一寸先は闇の浮世だ』とすこしづつあたり文句はいへ共」

あたり-や【当矢】〘名〙 的に命中した矢。⇔それ矢。 *東京年中行事(1911)〈若月紫蘭〉十一月暦「中央にはおかめ、左右に大福帳金万両の紙切れ、頂上には当(アタ)り矢(ヤ)が飾り附けて有る位な」 *忠直卿行状記(1918)〈菊池寛〉二「破魔弓の的を競へば近習の何人よりも多く命中矢(アタリヤ)を出した事や」

あたり-や【当屋】 [一]〘名〙 ①理髪店をいう、商家の忌み詞。〔新しき用語の泉(1921)〕 ②思った通りに物事がうまくゆく人。人気を得たり、利益を得たりしている人や店。〔東京語辞典(1917)〕 *漫談集(1929)〈大辻司郎〉芸妓漫談「全盛当時、一カイ二ヤリの当(アタ)り屋(ヤ)さんに請(ひ)かされて、今春の傍に木挽町の世話場にあるやうなシャレたかまへを持ってゐました」 ③野球で、好打者。また、ある時期調子がよくて、安打を多く打つ人。 *現代語大辞典(1932)〈藤村作・千葉勉〉「あたりや 当屋〈略〉野球用語。好打者」 ④走っている自動車などに、自分の車や体を接触させ、むちゃな修理代や治療代をおどし取る人。 [二] 夜鳴きそば屋の屋号。 *歌舞伎・怪談月笠森(笠森お仙)(1865)二幕「おいおい当(アタ)り屋(ヤ)さん、いっぺいくんねえ」 発音〈標ア〉0 〈京ア〉0

あたり-やく【当役】〘名〙 俳優の演じた役の中で、最も好評を得た役。 *春泥(1928)〈久保田万太郎〉みぞれ・八「あれは、若宮君のこのごろでの当り役…楽屋でもみんなさういってをったんで」 *闘牛(1949)〈井上靖〉「カルメンのホセが当り役の有名なオペラ歌手が、闘牛について語ってゐるかと思ふと」 発音〈標ア〉0 〈京ア〉0

アダリン(ドイツ Adalin) ブロムジエチルアセチル尿素の商標名。微苦味を有する白色無臭の結晶性粉末。睡眠薬。鎮静剤。 *古川ロッパ日記-昭和九年(1934)三月一九日「ゆふべアダリン四錠のんだのでまだフラフラ」 *榛名(1935)〈横光利一〉「書生さんが一人来てアダリンを飲んで二階で死にましたが」

あた・る【当・中】 [一]〘自ラ五(四)〙 (一)人、物が、他の人、物に接触する。ぶつかる。 ①勢いよくぶつかる。 *古今(905-914)物名・四五七「かぢにあたる浪のしづくを春なればいかがさきちる花とみざらむ〈兼覧王〉」 *源氏(1001-14頃)須磨「雨のあし、あたる所通りぬべくはらめき落つ」 *東大寺本大般涅槃経平安後期点(1050頃)二四「金剛の擬(アタル)所の処は、砕け壊れずといふこと无けれども」 *海道記(1223頃)逆川より鎌倉「岩にあたりてさきあかる浪」 ②軽く触れる。さわる。くっつく。 *浜松中納言(11C中)四「すべり入てさぐり給へば、息の通ふけしきもなく、かひななどもひややかにあたる」 *今昔(1120頃か)三〇・一「髪を捜(さぐれ)ば凍(こほり)を延べたる様に氷(ひや)やかにて当る」 *古本説話集(1130頃か)五八「なににまれ、かにまれ、手にあたらん物をとりて、捨てで持たれ」 *狂歌・堀河百首題狂歌集(1671)秋「女郎花おほかる野へに夜ばひせば手にあたるをや幸にせん」 ③物事や人の言葉などによって、はっと気づく。思い当たる。 *徒然草(1331頃)四一「かほどのことわり、誰かは思ひよらざらんなれども、折からの、思ひかけぬ心地して、胸にあたりけるにや」 *浄瑠璃・心中宵庚申(1722)中「世に定めなき物は男女の習なり。ほんにそうじゃと読みさして、我身にあたるうき涙とどめかねてぞ泣ゐたる」 *人情本・英対暖語(1838)四・二〇章「傍輩衆が貴君(おまはん)の叓(こと)に付て、異見を言ってくれました叓まで、身にひしひしと当りますから」 ④光がある範囲に照りそそぐ。 *更級日記(1059頃)「荒れたる板屋の隙(ひま)より月の洩り来て、ちごの顔にあたりたるが、いとゆゆしくおぼゆれば」 *人情本・英対暖語(1838)二・一二章「此様に日が陽盛(かんかん)とあたりますものヲ」 *はやり唄(1902)〈小杉天外〉三「夕陽の射(アタ)ってる丘を登って行く」 ⑤光、風、矢などを身にうける。身をさらす。 *古今(905-914)春上・八「春の日の光にあたる我なれどかしらの雪となるぞわびしき〈文屋康秀〉」 *枕(10C終)二七八・関白殿、二月廿一日に「御前の桜、露に色はまさらで、日などにあたりてしぼみ」 *平家(13C前)二・一行阿闍梨之沙汰「勅勘の者は月日の光にだにもあたらずとこそ申せ」 *徒然草(1331頃)一一七「風にあたり湿に臥して、病を神霊に訴ふるは、おろかなる人なり」 *尋常小学読本(1887)〈文部省〉六「弓矢にあたりて死するは、武士の本望なり」 ⑥暖をとる。あたたまる。 *草根集(1473頃)一一「出ん日や袖さへかねん炭竈を焼火にあたる小野の山人」 *俳諧・曠野(1689)五「縫ものをたたみてあたる火燵哉〈落梧〉」 *人情本・英対暖語(1838)初・一回「やうやうお火がおこりました。マアお温(アタ)りなさいまし」 ⑦ある状況や時期に直接に対する。ある物事に出くわす。 *古今(905-914)雑下・九六二・詞書「田むらの御時に事にあたりて津の国の須磨といふ所にこもり侍りけるに」 *宇津保(970-999頃)国譲中「さるわざはひになんあたりて侍りし」 *源氏(1001-14頃)須磨「かく思ひかけぬ罪にあたり侍るも」 *徒然草(1331頃)二三八「時にあたりて本歌を覚悟す。道の冥加なり」 *謡曲・安宅(1516頃)「まさしき主君を打つ杖の、天罰に当たらぬことやあるべき」 *寸鉄録(1606)「小人はなかよきときは、親子よりもしたしけれども、その利欲にあたるとき、かたきよりもをそろしきぞ」 *雪中梅(1886)〈末広鉄腸〉上・六「丈夫は困難に当る毎に愈よ其の志を堅くする訳だ」 ⑧人に接する。待遇する。良く扱う場合にも用いたが、ひどく扱う場合に用いることが多くなる。「あたりちらす」 *今昔(1120頃か)三・一三「其の人の為に太子、懃(ねむごろ)に当り給ふ事有れども、思知たる心无(なし)」 *隆信集(1204頃)物名「つらしとて我さへつらくあたるまに人の恨も残しつるかな」 *平家(13C前)一〇・三日平氏「むかし宗清がもとに候しに、事にふれてありがたうあたり候し事、今にわすれ候はねば」 *日葡辞書(1603-04)「ヒトニ ヨウ ataru(アタル)、または、アシュウ ataru(アタル)」 *滑稽本・浮世風呂(1809-13)二・上「親子喧嘩の合間こまには夫婦喧嘩さ〈略〉その跡は科(とが)もねへ行燈へ当(アタッ)て、〈略〉なァんの角(か)のと燈心を抓み込んで」 *浮雲(1887-89)〈二葉亭四迷〉三・一九「其後はただ冷淡なばかりで、さして辛くも当らん」 *吾輩は猫である(1905-06)〈夏目漱石〉四「些(ちっ)と懲らしめの為にいぢ

めて遣るが好からうと思って、少し当ってやったよ」⑨物事に探りを入れる。交渉する。また、比べて確かめる。＊玉塵抄(1563)一八「牧がそこをあたっていましめて蕢を送たり」＊天理本狂言・茶壺(室町末‐近世初)「かいだうへまかり出て、にあわしきものもあらば、あたってみまらせうと存る」＊西洋道中膝栗毛(1874‐76)〈総生寛〉一二・下「入れ髷(がみ)は東京中のかもじ屋へあたりて、いい毛ばかり択りぬいて、結ってもらったんだから」＊福翁自伝(1899)〈福沢諭吉〉大阪修業「四五日拝借は叶ひますまいかと手軽に触(アタ)って見たらば」 ⑩飲食物や暑気、寒気、毒などが体調に害を与える。＊大智度論天安二年点(858)「故に失命の毒薬に中(アタラ)ず」＊浄瑠璃・心中重井筒(1707)中「此ごろ酒があたって」＊談義本・興談浮世袋(1770)二・豊松太蔵身持の事「少々腐った魚でもあたるものではない」＊花間鶯(1887‐88)〈末広鉄腸〉下・七「近来余程老衰の体なりしが、今年の寒さにあたり一月程以前より大病に罹(かか)りたり」 ⑪果物などがいたむ。腐る。⑫(「当たっている」という形で)野球で、ヒットがよく打てる状態である。 ⑬釣りで、魚が釣り針のえさに食いついた手ごたえがある。＊落語・佃島(1900)〈初代三遊亭金馬〉「其方(そっち)の浮標(うき)は、モウ当ッてゐますぜ」＊自然と人生(1900)〈徳富蘆花〉湘南雑筆・鯵釣り「忙(せわ)しく鯷(しこ)を刻むで湯煮(うで)た薩摩芋に摺り雑ぜ、之を餌にして糸(す)を下ろして見たが、更にあたらない」 〔二〕関係、状態、時期、方角、能力、役目などがちょうどあてはまる。相当する。①ちょうどそういう関係、順位、資格、価値である。そういう状態に相当する。＊源氏(1001‐14頃)東屋「中にあたるなん、姫君とて、守いとかなしうし給ふなるときこゆ」＊東大寺本大般涅槃経平安後期点(1050頃)一八「各十万両の金に直(アタル)」＊大鏡(12C前)一・後一条院「神武天皇より卅七代にあたり給ふ孝徳天皇と申すみかどの御代」＊平家(13C前)四・橋合戦「やにはに八人きりふせ、九人にあたるかたきが甲(かぶと)の鉢にあまりに強う打あてて」＊虎寛本狂言・武悪(室町末‐近世初)「とやかういへば命を惜むに当る」＊開化問答(1874‐75)〈小川為治〉初・上「賞罰の当(アタ)らざるよりまた騒乱を醸し」 ②ちょうどその時期である。その日時に相当する。「卒業するにあたり」＊源氏(1001‐14頃)澪標「五月五日にぞ五十日(いか)にはあたるらむと、人知れずかずへ給ひて」＊栄花(1028‐92頃)見果てぬ夢「かかる折しも、宣耀殿もただならず、今年にあたらせ給へり」＊水戸本丙日本紀私記(1678)神武「鍾草昧 久良支爾安太礼里」＊咄本・無事志有意(1798)米「ほどなく懐胎して、当(アタ)る十月に虫気づき」＊近世紀聞(1875‐81)〈染崎延房〉二・一「当今宇内の形勢たる容易ならざるの時節に方(アタ)り」 ③ちょうどその方角にある。その方向に面する。＊蜻蛉(974頃)下・天延二年「車の後(しり)のかたにあたりたる人の家の門より」＊宇津保(970‐999頃)蔵開中「女御の君の御まへにあたりて、ひさしによこざまに立てたる御づしなり」＊源氏(1001‐14頃)賢木「ことに建てられたる御堂の西の対南にあたりて、少しはなれたるに渡らせ給ひて」＊古本説話集(1130頃か)四七「風も吹かぬに、御堂の上にあたりて、雲方(はう)四五丈ばかりはれて、七星きらきらと見え給ふ」＊日本読本(1887)〈新保磐次〉四「西北の方にあたり、海を隔てて大きなる国あり」 ④同じくらいの力で張り合う。対抗する。匹敵する。＊書紀(720)神武即位前(北野本訓)「皇師(みいくさ)の威(いきほひ)を望見(おせ)るに、不敢敵(えアタルまじきこと)を懼(おぢ)て」＊源氏(1001‐14頃)若菜下「師とすべき人もなくてなむ好み習ひしかど、猶あがりての人にはあたるべくもあらじをや」＊大鏡(12C前)五・道長上「南京のそこばくの多かる寺ども、猶あたり給ふなし、恒徳公の法住寺いとまうなれど、なほこの無量寿院すぐれ給へり」＊蔭涼軒日録‐長享元年(1487)閏一一月二一日「又話云、大内方与㆓細川右京兆㆒有㆓婚姻之約㆒。当方事亦為㆓同前㆒。三家相約者恐天下無㆓当者㆒云々」＊別天地(1903)〈国木田独歩〉下・二「自分はホールの方へ行って見ると、水兵の意気当(アタ)るべからざる勢」 ⑤仕事、役目など引き受けて行なう。担当する。割り当てられる。従事する。＊承応版狭衣物語(1069‐77頃)三・下「乗るべき車は〈略〉めでたうして参らすべきよし、受領どものあたりて、我も我もと心を尽したる」＊栄花(1028‐92頃)歌合「女房の装束、裳、唐衣、表著(うはぎ)、童の装束など人々あたり」＊古本説話集(1130頃か)二「四月藤の花おもしろく咲きたりけるひらを、四条大納言あたりてよみ給ひけるに」＊日葡辞書(1603‐04)「クヤクガ ataru (アタル)」＊浮雲(1887‐89)〈二葉亭四迷〉三・一九「が、しかし誰かお勢のために此事に当らう？」＊社会百面相(1902)〈内田魯庵〉投機・一「それで実際の事務は君が当るンだネ」 ⑥(〔二〕①の意で、特に否定的な表現の中で用いる)ある事をする必要がある。＊わかれ道(1896)〈樋口一葉〉中「其様(そん)な処へ帰るに当(アタ)るものか」＊そめちがへ(1897)〈森鴎外〉「人を恨むには当(アタ)りませぬ」 〔三〕ねらいや望みにぴったり合う。 ①矢や弾丸などがねらった所にぶつかる。命中する。＊大鏡(12C前)五・道長上「『道長がいへよりみかど、きさき立ち給ふべきものならば、この矢あたれ』と仰せらるるに、おなじものを中心にはあたるものかは」＊平家(13C前)四・鵼「心のうちに祈念して、よっぴいてひゃうどゐる。手ごたへしてはたとあたる」＊日葡辞書(1603‐04)「ヤガ マトニ ataru (アタル)」 ②真理や規範などに合う。正しくあてはまる。＊徒然草(1331)一九三「くらき人の、人をはかりて、その智を知れりと思はん、さらにあたるべからず」＊小説神髄(1885‐86)〈坪内逍遥〉上・小説総論「某(なにがし)がいはれたりし美術の本義を抄出して其あたれるや否やを論じて」＊社会百面相(1902)〈内田魯庵〉矮人巨人・二「奈良の大仏の傍に鼷鼠(はつかねずみ)の戯れるという形容も猶(ま)だ適中(アタ)らないやうだ」 ③言ったり考えたりしたことが、事実とぴったり合う。予想どおりになる。推量のとおりである。適中する。＊滑稽本・浮世風呂(1809‐13)三・上「両方から指を出して数が当(アタ)ったら勝で能ささうな物だ」＊浮雲(1887‐89)〈二葉亭四迷〉二・八「『お留さんとかの事を懐出(おもひだ)して、それで塞いでお出でなさるのかと思ったら、〈略〉』〈略〉『オホホホ溜息をして、矢張当ったんでせう』」＊河霧(1898)〈国木田独歩〉「人の身の上に不吉極る予言を試みて平気でゐる、それが又奇妙に適中(アタ)る」 ④物事がうまくゆく。事業、商売、興行などが成功したり、果物、穀物などがよく実ったりする。＊散木奇歌集(1128頃)恋上「とかりするさつをのゆつるうちたえてあたらぬ恋に病(やま)ふ頃哉」＊洒落本・傾城買指南所(1778)「近年は、するほどの事あたらぬ事なく、天地(あめつち)も動す勢なりしに」＊ひょっとこ(1915)〈芥川龍之介〉「日清戦争頃に、秋田あたりの岩緑青(いはろくしゃう)を買占めにかかったのが、当(アタ)ったので」＊苦の世界(1918‐21)〈宇野浩二〉二・三「もとより、あたるとか何とかいふ派手な性質の商売ではなかったらうが」 ⑤くじや懸賞の催しなどで、選ばれる。＊日葡辞書(1603‐04)「クジガ ataru (アタル)」＊滑稽本・古朽木(1780)二「一の富に当るも夢、あたらぬも夢」＊社会百面相(1902)〈内田魯庵〉貧書生「今度当選(アタ)ったら君が一夜の愉快費位は寄附する」 〔二〕〘他ラ五(四)〙(髪やひげを)剃(そ)る。東京の商家などで「剃(す)る」というのをきらっていう語。＊玄武朱雀(1898)〈泉鏡花〉七「私が行く処に床屋があるんだ。〈略〉名人といって可いんだね。其代(そのかはり)余程折がよくないとあたっちゃくれないが」＊剃刀(1910)〈志賀直哉〉「ザットでよござんすが、一つ大急ぎであたっておくんなさい」

方言 ❶触れる。触る。 佐渡†085 青森県073 千葉県夷隅郡291 新潟県347 358 368 富山県砺波398 奈良県南大和683 島根県725 山口県793 福岡市881 ❷口悪く言う。 岡山県津山市040 ❸山で体の具合が悪くなる。 鹿児島県肝属郡012 ❹中風になる。 青森県073 津軽075 宮城県栗原郡114 仙台市124 秋田県鹿角郡132 ❺引き合う。割りに合う。 沖縄県990 首里992 ❻自分のものになる。もらう。 富山県東礪波郡038 滋賀県彦根609 兵庫県淡路島671 ◇あたゆい・あたうい 鹿児島県喜界島(分配にあずかる)983 ❼分ける。 東京都利島323 ❽田畑を借りる。また、借りて小作する。 岡山県邑久郡761 愛媛県840 松山846

語源説 (1)アツ(当)の自動〔大言海〕。(2)アヒタル(合足)の義か〔和訓栞〕。(3)アタイタルか〔和句解〕。(4)アヒテアル(相手有)の義〔名言通・紫門和語類集〕。(5)イヤハテアル(彌果在)の義〔日本語原学＝林甕臣〕。

発音 〈なまり〉アタロ〔和歌山県〕 〈標ア〉0 〈ア史〉平安◎◎○ 鎌倉来◎◎◎ 〈京ア〉0

辞書 色葉・名義・和玉・文明・伊京・易林・日葡・書言・〈ヘボン〉・言海

表記 中(色・名・玉・文・伊・ヘ・言) 当(色・玉・文・易・書・ヘ・言) 方(色・名・玉・文) 丁(色・名・文・書) 膺・期・値・鍾(色・名・玉) 的・擬・允・敖・適・任(色・名) 允(色・玉) 直・抵(名・玉) 充・底(色) 課・元(名) 届・荅(玉) 固(文) 割・向(書)

同訓異字 **あたる【当・中・丁・方・抵】**

【当】(トウ)向こうとこちらがちょうどあたりあう。時や場などにちょうど応じている。「当節」「当座」「当人」「適当」《古 あつ・あたる・むかふ》

【中】(チュウ)矢が的を射る。「百発百中」「命中」転じて、核心をつく。言いあてる。「的中」また、害を受ける。傷つく。「中気」「中傷」「中毒」《古 あたる・やぶる・なかごろ》

【丁】(テイ・チョウ)ぴったりそこに行きあたる。「丁丁発止」《古 あたる・あつる》

【方】(ホウ)まさにその時間にあたっている。まさにその時。ちょうど今。「方今」《古 あたる・まさに》

【抵】(テイ)相当する。その程度に応じている。「抵当」《古 あたる・みつ・いたる》

あたっ て＝砕(くだ)けろ【＝砕(くだ)けい】 成功するしないにかかわらず、進んで決行すべきであるということ。男は当たって砕けろ。＊浮世草子・諸芸袖日記(1743)三・三「一万石やそこらは惜しうないお侍(さぶらひ)、当(アタ)ってくだけいぢゃ」＊歌舞伎・花街模様薊色縫(十六夜清心)(1859)三幕「『然し、当(アタ)って砕(クダ)けろだ、いくらほしかその額(たか)を』『〈略〉熨斗(のし)を附けて百両くんねえ』」

あたらず触(さわ)らず どれに対しても、一応は悪い結果を招かないように行なうさま。どれにも差し支えがないようにするさま。＊吾輩は猫である(1905‐06)〈夏目漱石〉四「鈴木君は当らず障らずの返事はしたが」＊ふらんす物語(1909)〈永井荷風〉晩餐「高田と呼ばれた若い男は当(アタ)らず触(サハ)らず笑顔を作った」

あたらずと いえども遠(とお)からず 正しく的中はしていないが、たいしたまちがいがなく当たっている、の意。＊滑稽本・浮世風呂(1809‐13)四・中「『如案(あんのじゃう)おめへさんの』『ウンニャ。あの家は泥酔が宅(うち)だ』『ホイ、大きに早まりましたネ』『あたらずといへども遠(トホ)からずさ』」＊歌舞伎・新皿屋敷月雨暈(魚屋宗五郎)(1883)序幕「『それでは、大方芸者衆か囲(かこ)ひ者でもござりますか』『当(アタ)らず共(トモ)遠(トホ)からず』」＊当世書生気質(1885‐86)〈坪内逍遥〉六「茶屋への不義理と無心の請求、当(アタ)らずと雖(イヘド)も遠(トホ)からずだらう」＊大学「心誠求㆑之、雖㆑不㆑中不㆑遠矣」

あたら＝ない【＝ぬ】 (「に」「には」「にも」などの下に付いて)…する必要がない。…するに及ばない。＊二人女房(1891)〈尾崎紅葉〉上・六「それに何も酔興な、二度目の所へ嫁(や)るにも当(アタ)らない」 *坑夫(1908)〈夏目漱石〉「擦れ枯しの今日から見れば、大抵は泣くに当らない事が多い」 *青年(1910-11)〈森鷗外〉七「元が恐ろしい物であったからと云って、剛(こは)がるには当(アタ)らない」 発音〈標ア〉0〈京ア〉ラ

あたらぬ先(さき)の=はったり[=矢応(やごたえ)] (射た矢が、まだ的にとどかない前に当たったと手ごたえを感じる意から) 頼みにならないこと。また、先のことをおおげさに予想すること。*玉塵抄(1563)一三「吾が子孫に家をこして大官人になる者、必あうず(ママ。「あらうず」ノ誤)ほどにと云たぞ。あたらぬさきのはったりを云たぞ」

あたる月(つき) 「あたりづき(当月)」に同じ。*地蔵菩薩霊験記(16C後)五・一二「当月(アタルツキ)になりて十八日の早旦端厳の女子をぞ平産しけり」 *浮世草子・新可笑記(1688)四・一「此男の身にして一しほかなしく、あたる月なれば何とて語り給はざりしぞ」

あたる道理(どうり) 道理にかなったこと。筋の通ったこと。*曾我物語(南北朝頃)五・三浦与一をたのみし事「あたるだうりを言ひ聞かせて言はば、領状してかなはじと思はば後に辞退するまでぞ」

あたる所(ところ) 行き着いた所。出くわした所。至る所。あげくのはて。*今昔(1120頃か)二・二四「我、年来(としごろ)、乞匃人(こつがいにん)として世を渡つるに、独なればこそ当る所を以て宿として過(すぐし)つれ」 *浄瑠璃・冥途の飛脚(1711頃)中「それ故方々のとどけがねがふらちになり、あたる所がうそ八百いかふ鐺(こじり)がつまって来た」

あたる任(まか)せ 触れる物に対して差別なくするさま。手当たりしだい。あたるをさいわい。*浄瑠璃・本朝二十四孝(1766)四「大刀(だんびら)するりと抜放し、当る任せに薙立(なぎた)て薙立て」

あたるも八卦(はっけ)当(あ)たらぬも八卦(はっけ) 占いは、当たりもするがはずれもする。必ずしも的中しないのが占いというものだ、の意。*人情本・恩愛二葉草(1834)二・五章「何程(なんぼ)見通しの法印さんでも、ハテ中(アタ)るも八卦、中(アタ)らぬも八卦だ」 *歌舞伎・吉様参由縁音信(小堀政談)(1869)三幕「当(アタ)るも八卦(ケ)当(アタ)らぬも八卦(ケ)といふから、名人という晴晉堂(せいしんだう)でもよもやそんな事はあるまいと、今まで疑って居りましたが」 *能因法師(1915)〈岡本綺堂〉「『幾度占っても同じことぢゃ』『当るも八卦、あたらぬも八卦とか云ふこともありますから、念の為にもう一度…』」

あたるを幸(さいわ)い(に) 手に当たるを幸いとして。手当たりしだいに。*御伽草子・はもち中将(近古小説新纂所収)(室町末)下「大なぎなたをぐるまにまはし、あたるをさいわいに、くるまぎり、どうぎり、たてはりといふものに、はらりはらりときってまはるありさまは」 *俳諧・西鶴大矢数(1681)第二一「起請の罰(ばち)あたる所を幸に　あれともしくみ是にても恋」 *評判記・難波の良は伊勢の白粉(1683頃)二「有事ない事(こと)耳はどちらでなりとあたるを幸恋には目がみえぬ」 *桐一葉(1894-95)〈坪内逍遙〉六「一同抜きつれ縦横無尽、当るを幸ひなぎたて、必死と防いで候へども」

あたれば砕(くだ)く 物事はぶつかり合えば必ず傷つく。*俳諧・毛吹草(1638)二「うてばひびく　あたればくだく」

アダルト (英 adult) ㊀〘名〙〘形動〙 成人。おとな。また、成人向きであるさま。成熟した、おとなっぽいさま。「アダルトなムード」 ㊁〘語素〙 他の名詞の上に付いて、「成人向けの」「おとな用の」「おとなっぽい」の意の複合語をつくる。「アダルトファッション」「アダルト感覚」 発音〈標ア〉㊀はダ0

アダルト-エデュケーション 〘名〙(英 adult education)《アダルトエヂュケーション》「せいじんきょういく(成人教育)」に同じ。*音引正解近代新用語辞典(1928)〈竹野長次・田中信澄〉「アダルト、エヂュケーション Adult Education 英 成人教育と訳す」

アダルト-ビデオ 〘名〙(洋語 adult video) 露骨な性描写を主とした成人向けのビデオソフト。ポルノビデオ。

あだれる 〘動〙 方言 ⇩あだける

あたろう-しま【当─】 〘連語〙(「しま」は「取りつく島もない」などの島か) 当たり散らす目あて。うっぷんをはらす相手。*洒落本・傾城買二筋道(1798)冬の床「いたいけにいわるる程、猶はらたてども、あたろふしまもあらざれば、我と我手に書く文の、かきそこのふは筆のとが」

あだ-わざ【他事・徒業】 〘名〙 ①ほかのこと。つまらないむだなこと。*源氏(1001-14頃)手習「念仏よりほかのあだわざなせそと、はしたなめられしかば」 ②(まじめなことに対して) 浮いたこと。浮気。*落窪(10C後)二「女君のうちとけ給へるを見て、むべなりけり、君のあだわざをし給はぬはと思ふ」 発音〈標ア〉0

あたわ-す【当合─】 〘連語〙(動詞「あたう(当合)」に、上代の尊敬の助動詞「す」(四段)の付いた語) 男女の交わりをなさる。共寝なさる。多く「みとあたわす」の形で用いられる。なお「あたう」については諸説がある。→当合(あた)う。*古事記(712)上「故(かれ)、其の八上比売は、先の期(ちぎり)の如く美刀(みと)阿多波志(アタハシ)つ」 *書紀(720)雄略元年三月(前田本訓)「臣(やっこ)聞(うけたま)はる、易産腹者(はらみやすきひと)は、褌(はかま)を以て躰(み)に触(かか)らふに、即便(すなは)ち懐脤(はら)みぬと。況や終宵(よもすがら)に与(アタハシ)て妄りに疑を生(な)したまふ」

あたわ-ず【不能】 〘連語〙「あたう(能)」に打消の助動詞「ず」のついたもの。→能(あた)う。

あだ-わらい【徒笑】 〘名〙 あだな笑い。いたずらな笑い。つまらぬ笑い。無用の笑い。*慈円鷹百首(15C中-後か)「それ鷹の雪の梢の村からすあだわらひして枝に離るな」 辞書 日葡

あたわ・る【与】 〘自ラ四〙 与えられる。さずかる。*改正増補和英語林集成(1886)「Atawara(アタワラ)ヌ カネ」 方言 青森県南津軽郡038 新潟県中蒲原郡361 富山県砺波397 愛媛県宇和島855

あたん【仇・寇】 〘名〙(「あた(仇)」の変化した語) かたき打ち。仕返し。*かた言(1650)三「仇(あた)といふべきを、あたん」 *狂言記・今悔(1660)「きつねやなどといふ物は、執心ぶかひ物で、そのままあたんをなすものでおぢゃる」

あ-たん【亜炭】 〘名〙(石炭に亜(つ)ぐ意) 炭化度の低い石炭の一つ。褐色または黒褐色で木質組織を残しているものもある。主として第三紀地層中に存在。低質の石炭で、乾留用、ボイラー用、家庭用などに使われる。亜褐炭。磐木(いわき)。 発音〈標ア〉ア〈京ア〉ア

あ-だん【あ段】 〘名〙 五十音図の第一段。母音の「あ」を含む音節の文字の列。あ、か、さ、た、な、は、ま、や、ら、わ。 発音〈標ア〉ア

あ-だん【阿檀・阿旦・栄蘭】 〘名〙 タコノキ科の常緑小高木。奄美諸島、琉球諸島の海岸地帯に自生。高さ六メートル、直径九～一二センチメートルに達する。茎の下部からは多数の太い支柱根を出す。樹皮は暗褐色で、落葉の痕跡(こんせき)がある。葉は長さ一メートル前後で細長く、縁と主脈の裏には刺(とげ)がある。雌雄異株で、雄花は白く芳香がある。葉は台湾パナマとしてかご、帽子などを編み、幹は楽器、根はパイプなどとする。別名エラン。学名は Pandanus odoratissimus *談義本・当世穴穿(1769-71)三・いけばなの立ぎき「又さつほう、あだん、きりんかく殿なども、わるくうろたへると、冬は引ぬいてじざいの上につるされ」 *和訓栞後編(1887)「あだん 阿旦とかけり近年渡来のものなり」 発音〈標ア〉ア 辞書 言海 表記 阿旦(言)

阿　檀

あだん 〘名〙 植物「アロエ」の古名。*草木育種(1818)下・薬品類「龍舌草(あだん)〈台湾府志〉油葱〈嶺南雑記〉とも云。其脂液を本草に蘆薈といふ」 *語彙(1871-84)「あだん㊙ 葉の状、菜菔(だいこん)の葉を去りたる茎の如くにして、両辺に刺あり、中心より長き花茎を抽て、淡紅又黄花を開く、其性寒を怯(おそ)る、此草の脂即ち蘆薈なり、草蘆薈」 語源説 アダギのギが鼻音化してアダニとなり、さらに転化したもの。アダギはアザ木を原語とし、アザは八重山語で棘の意〔南島叢考=宮良当壮〕。 発音〈標ア〉ア

あだん 〘代名〙 方言 ⇩わら(我等)

あだん 〘副〙 方言 ❶いかに。どのように。東京都八丈島042 ❷どうして。反語の表現にも用いられる。東京都八丈島042「あだん、じょおぶたろおし(どうしてじょうぶだろうか、なんのじょうぶなものか)」336

あだん 〘感動〙 方言 驚いた時に発する語。あれ。まあ。鳥取県西伯郡719 島根県出雲728 ◇わだん・あだんちゃ 鳥取県西伯郡719 ◇あだきゃあ・あだはや 島根県出雲市・八束郡725 ◇あだんまあ 島根県出雲市・仁多郡725 ◇あだ 島根県725

アダン (Paul Adam ポール─) フランスの小説家。リアリズムの手法を用い、多くの叙事詩的社会小説を書いた。代表作「時と生命」四部作。(一八六二～一九二〇) 発音〈標ア〉ア

アダン ⇩アダム

アダン-ド-ラ-アル (Adam de la Halle) 中世フランス吟遊詩人。作品は牧歌的な喜歌劇「ロバンとマリオンの戯れ」など。(一二三七頃～八六頃)

あだん-ふで【阿檀筆】 〘名〙 穂を、阿檀の果実の繊維で作った筆。毛筆の代用とする。

あ-ち【彼方】 〘代名〙 他称。話し手、聞き手両者から離れた方向を指し示す(遠称)。また、二つのもののうち、話し手、聞き手両者から遠い方。あちら。あっち。⇔こち。*神楽歌(9C後)早歌「〈本〉安知(アチ)の山背山、〈末〉背山や背山」 *宇治拾遺(1221頃)一一・九「集(つど)ひたるものども、こち押し、あち押し、ひしめきあひたり」 *史記抄(1477)三・史記集解序「あちの伝には念比(ねんごろ)にして、こちの伝には疎略な事もあり」 *虎明本狂言・ぶす(室町末-近世初)「言語道断の事、あちへうせおれ」 *中国辨(1701)「兎角夷狄夷狄とあちゑつらるる合点ばかりするは、全く孔子『春秋』の旨とうらはら也」 方言 青森県062 秋田市南部130 山形県138 福島県155 神奈川県川崎市054 愛媛県松山市846 高知県861 長崎市906 大分県臼杵市038 ◇あちゃ 青森県三戸郡083 上方312 香川県高松市829 ◇あっちゃん 東京都青ケ島323 熊本県925 926 931 ◇あんちゃ 大阪府中河内郡040 ◇あっちぇ 新潟県佐渡358 ◇あって 石川県鳳至郡・羽咋郡404 語源説 (1)アチ(彼路)の義か〔大言海〕。(2)アノチ(彼地)の略か〔日本釈名・志不可起〕。(3)チは所の意〔日本語源=賀茂百樹〕。 発音〈標ア〉チ 辞書 日葡・ヘボン・言海 表記 彼地(ヘ) 彼方(言)

あち 〘名〙(「あっち(彼方)」からか) 空、天をいう、盗人仲間の隠語。あの。〔日本隠語集(1892)〕

あち・い【熱・暑】 〘形口〙(「あつい(熱)」の変化した語) 熱いの意の幼児語。*滑稽本・浮世風呂(1809-13)三・下「あちいよウ、おっかア、あちいよウ」

アチーブ 〘名〙「アチーブメントテスト」の略。

アチーブメント 〘名〙(英 achievement)《アチーヴメント》①達成。成就。成功。②「アチーブメントテ

スト」の略。 発音〈標ア〉チ

アチーブメント-テスト 〔名〕（英 achievement test ）教科の学習で得られた結果を測るための検査。評価の基準をあらかじめ定めたものを標準学力検査という。特に公立高校進学者選抜の客観テストをさすこともある。学力検査。学力テスト。アチーブ。アチーブメント。＊第3ブラリひょうたん（1951）〈高田保〉色盲「つい最近にアチーヴメント・テストというものをやったが、簡単な分数の加減算さえもできぬのが多数だった」＊軽口浮世ばなし（1977）〈藤本義一〉六・二「ある者は、医学部進学のアチーブメント・テストなるものを読みはじめ」 発音〈標ア〉テ 〈京ア〉チ＝テ／テ テ

あぢか-をし 枕 ⇩あじかおし

あちき【阿直岐・阿直伎】 古代の百済（くだら）の使者で帰化人。阿直岐史（あちきのふひと）の祖。「日本書紀」によれば、応神天皇一五年百済王の命により来日して、良馬二匹を献上。菟道稚郎子（うじのわきいらつこ）の経書、典籍の師となり、さらに博士王仁（わに）を百済から呼んだという。阿知吉師。 発音〈標ア〉ア 上仮名 アチキ

あちき 〔代名〕近世語。自称。遊女などが用いた。わちき。 方言 山口県阿武郡795

あちこい 〔形〕方言 ⇩あじこい

あち-こち【彼方此方】 ㊀〔代名〕他称。いろいろの方向または地点をさし示す。また、所々方々、あれこれ、いろいろ、などの意で副詞的にも用いる。あちらこちら。あっちこっち。＊宇治拾遺（1221頃）三・五「牛の、あちこちありき困（こう）じたるに」＊玉塵抄（1563）八「鳥がはねをあちこち左右えやることぞ」＊古今集遠鏡（1793）三「花に目が移ってこちの心がサ、花といっしょにあちこちとちっていくやうな心もちがする」＊読本・南総里見八犬伝（1814-42）九・一七八回「西東（アチコチ）に潜（しのば）せて是を舎蔵（かくまふ）こと」＊幼学読本（1887）〈西邨貞〉二・二「日が西に入るやいなや、梟はあちこちにとび出だし、ねずみ、小鳥等を追ひかけてこれをとらふ」 ㊁〔形動〕逆になっているさま。あべこべ。反対。あちらこちら。あっちこっち。＊随筆・蘐園雑話（1751-72頃）「親が子を引合すべきに、子にて親を引合すはあちこちなり」＊颶風新話（航海夜話）（1857）初・二「北半球では時計の指針とあちこちで、右から左へまはり」＊和英語林集成（初版）（1867）「フデヲ a-chikochi（アチコチ）ニ モッタ」 方言 ㊀〔形動〕反対のさま。あべこべ。千葉県長生郡286 新潟県長岡市377 石川県鳳至郡038 愛知県碧海郡566 和歌山県691 島根県出雲・隠岐島725 愛媛県松山846 熊本県阿蘇郡924 ㊁〔名〕あちらこちら行き来すること。特に男女が仲よくなり関係する場合にいう。香川県829 語源説 (1)アチコチ（彼路此路）の意〔俚言集覧〕。また、アチコチ（彼地此地）〔日本釈名・両京俚言考〕アチコチ（彼所此所）の意〔言元梯〕。(2)ヲチコチ（遠近）の転〔名言通〕。 発音〈標ア〉チ[1]コ 〈京ア〉㊀はチ[1] ㊁はチ[1]コ 辞書 日葡・書言・ヘボン 表記 彼地此地（書・へ）彼此・遠近・東風西風（書）

あちこち-する あっちへ行ったりこっちへ来たりする。行ったり来たりする。＊玉塵抄（1563）一七「錦に詩を二百首作ており付たぞ。あちこちしてめぐりまわいて織たぞ」＊歌舞伎・東海道四谷怪談（1825）二幕「その手を留めんとして、あちこちするはずみに、白刃を誤って後へ飛ばす」＊茶話（1915-30）〈薄田泣菫〉京都の偉人「腰に拳をあてがって、ぐっと反身になって教壇をあちこちした」

あぢ-さはふ 枕 ⇩あじさわう

あちさま-くるさま 〔名〕あちらこちらと放浪すること。＊日葡辞書（1603-04）「Achisama curusama（アチサマ クルサマ）」 辞書 日葡

あち-じんじゃ【阿智神社】 岡山県倉敷市本町にある神社。旧県社。祭神は多紀理毘売命（たぎりびめのみこと）、市寸嶋比売命（いちきしまひめのみこと）、田寸津比売命（たぎつひめのみこと）、応神天皇。阿知明神。妙見（明剣）宮。 発音〈標ア〉ジ

あちち ㊀〔感動〕熱い物にさわった時、また痛みを急激に感じた時に思わず発する語。あつつ。あち。＊浮雲（1887-89）〈二葉亭四迷〉三・一七「手を握りしめる。『あちちち』と顔を皺（しか）めて」 ㊁〔名〕火、灸（きゅう）など、熱いものをいう幼児語。 発音〈標ア〉チ[2]

アチック 〔名〕（英 attic ）《アティック》屋根裏部屋。＊カーライル博物館（1905）〈夏目漱石〉「ここは屋根裏である。〈略〉此アチックに洩れて来る光線は皆頭の上から真直に這入る」

アチドーゼ 〔名〕（ドイ Azidose ）⇩アシドーシス

あち-の-おみ【阿知使主】 古代の帰化人。東漢（やまとのあや）氏の祖とされる。「日本書紀」によれば、応神天皇二〇年、中国から一七県の人々を率いて来日、のち天皇の命で呉（くれ）におもむき、織女、縫女を連れ帰ったという。

あちめ【阿知女】 〔名〕皇室に伝わる神楽の曲名。また、その中での唱え言葉。神や精霊を招くものという。阿知女の法（わざ）。＊神楽歌（9C後）阿知女作法「本方 阿知女（アチメ）おおおお。末方 おけ」＊俳諧・増山の井（1663）一一月「阿知女（アチメ）」 語源説 (1)アドメノイソラ（阿度部磯良）のこと。アドメ、アヅミ（安曇）の訛〔歌謡を中心とした王朝の文学＝折口信夫〕。(2)ア（接頭語）チ（霊）メ（女）で、神女の意〔日本古語大辞典＝松岡静雄〕。 発音〈標ア〉ア

あちゃ【阿茶】 〔名〕中国人を、親しみをこめて呼ぶのに用いた称。＊享保十六年細井因幡守様御在勤中通事之御尋御答書（1731）「日本人唐人を見てあちゃと申候」＊西洋道中膝栗毛（1870-76）〈仮名垣魯文〉一〇・下「あちゃ（支那人）さんのちゃんちゃん坊主」 方言 ❶中国人。長崎県062 ◇あちゃさん 長崎県対馬910 ❷中国人の行商人。◇あちゃさん 長崎県五島054 語源説 チュンコレン（中国人）のチュン（中）をとってアチュン（阿中）の転か〔大言海〕。

あちゃ 〔名〕方言 ⇩あんこ（兄―）

あちゃ 〔名〕方言 ❶母。青森県津軽（上流家庭）054 上北郡（中流家庭）082 秋田県仙北郡・秋田郡130 山形県飽海郡139 三重県南牟婁郡603 ◇あっちゃ 青森県津軽075 ◇あだ 山形県139 ◇ああちゃん 山形県（幼児語）139 群馬県桐生市（幼児語）241 佐波郡242 埼玉県北葛飾郡（幼児語）258 東京都江戸川区308 新潟県佐渡352 静岡県（幼児語）521 ◇ああ 滋賀県高島郡614 ❷夫のある女性。主婦。青森県072 秋田県平鹿郡・雄勝郡130 ❸下女。子守女。秋田県130 石川県江沼郡404 鳳至郡409 ◇あっちゃ 石川県鳳至郡（下流社会）404 ◇あだ 青森県津軽077 ◇あだこ 青森県津軽076 秋田県鹿角郡・北秋田郡130 ◇あたこ 青森県津軽078 ◇あちゃこ 秋田県130 ❹姉。◇あだ 秋田県鹿角郡050 ❺小さい姉さん。◇あっちゃ 秋田県仙北郡136 ❻口の利けない者。熊本県南部933

あちゃ 〔接続〕それなら。＊一茶方言雑集（1819-27頃）「あちゃあそれならばに同」 方言 それでは。それなら。群馬県吾妻郡218 多野郡246 埼玉県秩父郡251 新潟県中魚沼郡062 山梨県062 455 長野県「あちゃどうしるもんで（詮方なし）」054 480 484 ◇あちゃあ 群馬県利根郡217 新潟県中頸城郡383 長野県上田475 ◇あっちゃ 新潟県東蒲原郡368

あちゃ 〔感動〕方言 ❶（「それでは」の意）別れの挨拶の言葉。さようなら。山梨県062 長野県南佐久郡054 ◇あちゃあ 山梨県南巨摩郡038 ◇あっちゃ 長野県南佐久郡054 ❷肯定の意を表わす語。そうです。滋賀県伊香郡606 ❸驚いた時に発する語。あら。新潟県佐渡352 島根県725 広島県芦品郡771 ◇ああちゃ 島根県725 ◇あちゃちゃ 福岡県小倉市874 ◇あちゃまあ 長野県佐久493 ◇あちゃま 群馬県多野郡246 長野県063 ◇あちい 静岡県志太郡535 ◇あっちゃ 三重県上野市585 ◇あっちゃあ 大分県北海部郡・日田郡939

あちゃ-こちゃ 〔副〕あちらやこちらや。あちこち。さまざまに。＊古今集遠鏡（1793）五「人の心はあちゃこちゃいろいろにうつるであらうけれど」 方言 ❶反対のさま。あべこべ。青森県津軽054 秋田県130 山形県139 新潟県西頸城郡382 島根県隠岐島725 香川県829 高松832 高知県861 ❷本末転倒。石川県江沼郡062 ❸前後つじつまの合わないさま。矛盾しているさま。山形県139 149 ❹ものごとが複雑に入り込むさま。山形県西置賜郡152

あちゃとてた 〔名〕方言 時鳥（ほととぎす）の鳴き声を表わす語。また、時鳥。鳴き声を「あちらへ飛んでった」と解していう語。青森県上北郡082 南部085 岩手県九戸郡088 秋田県鹿角郡132 ◇あちゃとんでた 青森県三戸郡083

あちゃ-の-つぼね【阿茶局】 徳川家康の側室。武田氏の家臣飯田久右衛門の娘。大坂冬の陣には陣中にも伴われ、大坂城におもむいて和議をすすめた。神尾一位、一位の尼と称し、秀忠の没後、雲光院を称す。弘治元～寛永一四年（一五五五～一六三七） 発音〈標ア〉ア

あちゃら【彼方】 〔代名〕（「あちら（彼方）」の変化した語。阿茶羅漬（アチャラづけ）の連想もあるか）外国をいう俗語。＊魔都（1937-38）〈久生十蘭〉二五「笑ちゃん、よしなよ、こんな浅黄裏は外国（アチャラ）でさんざん喰いあきている」 発音〈標ア〉0

アチャラ 〔名〕（ポルトガル achar 「野菜、果物の漬物」の意）「アチャラづけ（阿茶羅漬）」に同じ。＊洒落本・浪花花街今今八卦（1784）「鉢に盆のふたして持って出、サアこれであがれとふたとるを見ればあちゃらに湯気がたったといふも悪口なるべし」＊浪花聞書（1819頃）「あちゃら 江戸の三盃漬なり」 語源説 ペルシア語のアチャル（achar）。南蛮貿易時代にポルトガル語を通して入って来た外来語〔東亜語源志＝新村出〕。

あちゃらか 〔名〕（「あちら（西洋）か（化）」の変化した語という）深い意味もない、こっけいなしぐさや、にぎやかなふるまいで観客を笑わせる芝居。オペラを換骨奪胎したもので、昭和の初年流行した。どたばた喜劇。ナンセンス喜劇。＊古川ロッパ日記-昭和九年（1934）五月三〇日「アチャラカにして笑はすには余りリアルだし、まじめにやっちゃ笑はせようもなし、いやんなる」＊いろは交友録（1953）〈徳川夢声〉れ「おまけに、この放送たるや、アチャラカの限りを尽して〈略〉誠に奔放自在東西南北天地玄黄を極める」 語源説 もと西洋風のモダニズムの意味に使われたアチラがアチャラになり、それが更に転じたもの〔演劇百科大事典〕。 発音〈標ア〉0 〈京ア〉0

アチャラ-づけ【阿茶羅漬】 〔名〕《アジャラづけ》漬物の一種。蓮根、大根、カブなどや果実などを細かく刻み、トウガラシを加え、酢と砂糖で漬けたもの。近世初期にポルトガル人によってもたらされたものか。＊料理網目抄（1730）三「阿茶蘭（アチャラ）漬、酢をいりあつきに漬る。酢一升、塩三合、なすび、はじかみ、めうかのこ、はす、牛旁、塩鯖、いはし魚類」 方言 ❶刻んだ野菜を三杯酢に漬けた食品。滋賀県蒲生郡（干し大根と昆布）612 福岡市（瓜と茄子）879 ◇あじゃらづけ・あじゃら 和歌山県（昆布・独活（うど）・木耳（きくらげ）・蕪（かぶ）など）691 ◇あちゃらい 奈良県宇陀郡678 ❷茄子（なす）のからし漬け。滋賀県蒲生郡606 発音〈標ア〉0 〈京ア〉0 辞書 言海

あちょおどぅ 〔名〕方言 ⇩あきゅうど（商人）

あちょ-こちょ 〔副〕きっとあちらだ、いや、きっとこちらだと思うさまを表わす語。転じて、あそこかしら、ここかしらと捜すさまを表わす語。＊歌舞伎・敵討高音鼓（1808）六つ目「あちょこちょとやうやう爰（ここ）まで来たのでござんすわいなア」

あち-ら【彼方】 〔代名〕㊀①他称。話し手、聞き手両者から離れた方向、場所を指し示す（遠称）。また、二つのもののうち、話し手、聞き手から遠いほうを指す。

＊玉塵抄(1563)二四「死して為ﾚ隣をとよむか。又死を為ﾚ隣のこころか。となりはあちらなり。死せうすことがちかいと云心か」＊虎明本狂言・三人片輪(室町末-近世初)「このあちらに、ききなれた声がする」＊隣語大方(18C後)三「彼人達の乗船も渡中あちら迄は我々が船と跡や先に成て参りましたに」②他称。話し手、聞き手両者から離れた人を指し示す(遠称)。＊洒落本・遊子方言(1770)宵の程「兄(あに)さん、其三味線箱、あちらへ上げてくんなんし」＊多情仏心(1922-23)〈里見弴〉茶断塩断・一四「あちらが逢ひたいと思ってくだされば、きっと電話なりお使なりくださるでせうし」㊁名詞的用法。外国、特に欧米を指す。＊開化のはなし(1879)〈辻弘想〉初・三回「万民を救護さるる、神聖なる人だと西土(アチラ)の書籍(ほん)に記してあるといはれました」＊茶話(1915-30)〈薄田泣菫〉女房の通弁「ながく米国へ渡ってゐて、那地(アチラ)で会社の地位を据ゑたのは、全く斯の人一人の骨折だと言はれてゐる男である」発音〈なまり〉アーチ〔愛媛周桑〕アジ〔津軽ことば〕アッヅ〔青森・津軽語彙〕アーッチ〔埼玉方言〕アッチ〔埼玉方言・石川・佐賀〕アッチア〔愛知〕アッチャ〔青森・東京・石川・飛驒・京言葉・岡山・讃岐・土佐〕アッチヤ〔和歌山〕アッツ・アッツラ〔富山県〕〈標ア〉0 〈京ア〉⓪ 辞書 ポン・言海 表記 彼地(へ)

あちら 立(た)てればこちらが立(た)たぬ 一方のよいようにすれば他方には悪く、両立しがたいことをいうことわざ。あなた立てればこなた立たぬ。＊落語・白木屋(1891)〈三代目春風亭柳枝〉「何(ど)うしやうか知らん……甲方(アチラ)たてれば乙方(コチラガ)たたず、九尺二間に戸が一まい」

あちら を 向(む)く ①よそを向く。そっぽを向く。＊俳諧・鬼貫句選(1769)二・夏「あちらむく君も物いへ郭公」②知らん顔をする。そむく。③(遊女が客に背中を向けて寝る意から)遊女が客を振る。＊雑俳・柳多留拾遺(1801)巻一四・中「ひよくござあちらむく夜の名ではなし」

あちら-がえり【彼方帰】〘名〙(「あちら」は欧米の意)洋行して来たこと。また、その人。洋行帰り。発音 アチラガエリ 〈標ア〉ガ 〈京ア〉ガ

あちら-ご【彼方語】〘名〙外国、特に欧米の言葉。＊鉛筆ぐらし(1951)〈扇谷正造〉ミイ、ウエイトね「いったいに、大臣ともなると、なかなか学がある。少なくとも学がある建前になっていて、いろいろなアチラ語に通暁していないとまずいものらしい」発音 アチラゴ 〈標ア〉0

あちら-こち【彼方此方】〘副〙あちらこちら。あべこべ。反対。＊雑俳・西国船(1702)「はら立る・それがおもひのあちらこち」

あちら-こちら【彼方此方】㊀〘代名〙「あちこち(彼方此方)㊀」に同じ。＊俳諧・はりまあんご(1789)「水音もあちらこちらや朧月〈玉井〉」＊松翁道話(1814-46)一・中「人はあちらこちらで、よいものを先へ遣うて仕廻ひ、悪い種を後へ残す様にする」＊尋常小学読本(1887)〈文部省〉六「此歌は、後醍醐天皇が、京都を逃れさせ給ひて、あちらこちらとみゆきせられし時〈略〉よみ給ひしなり」＊都会の憂鬱(1923)〈佐藤春夫〉「その遠い見知らない道をあちらこちらとたづねながら」㊁〘形動〙「あちこち(彼方此方)㊁」に同じ。＊浮世草子・西鶴織留(1694)六・三「あちらこちら成事を申て、さまざまに難儀させ、何十軒か此手を仕掛る」＊浮世草子・傾城色三味線(1701)大坂・三「裸身に羽織をあちらこちらに着て、むなひもを後でむすび」＊随筆・独寝(1724頃)上・七九「ほり出しをすると云事は利口もののようにいへども、あちらこちら也」＊浄瑠璃・妹背山婦女庭訓(1771)三「アア勿体ない。そのお礼はあちらこちら。ふつつかな娘ゆゑ、大事のお子を御切腹」方言〘形動〙あべこべ。反対。石川県404 愛知県愛知郡563 碧海郡564 語源説 アチアリコチアリの約〔名言通〕。発音〈なまり〉アチャーコチャ〔秋田鹿角〕アチャコチャ〔秋田〕アッチャコッチ〔島原方言〕アッチャコッチャ〔栃木・岐阜・南知多・大阪・鹿児島方言〕〈標ア〉コ0 〈京ア〉ラ

あちら-ざいしょ【彼方在所】〘名〙あちらの方の田舎。また、村。あちら村。＊浄瑠璃・本田善光日本鑑(1740)四「やうやうあちら在所で追かけ」

あちら-さま【彼方様】〘代名〙他称。上位者に用いる。あちらのお宅、あちらの御一家の意味の場合も多い。発音〈標ア〉マ0

あちら-さん【彼方様】〘代名〙「あちらさま(彼方様)」のくだけた言い方。＊椎の若葉(1924)〈葛西善蔵〉「あちらさんも洋服を着て、いくらか旧式な昔流の鞄をお持ちになってゐたが」発音〈標ア〉0

あちら-じこみ【彼方仕込】〘名〙外国、特に欧米で仕込んだもの。欧米で修得したこと。＊島(1938)〈川口一郎〉一幕「あたしゃ、マダム夏目でをさまりますよ。〈略〉あちら仕込みですよ。先生」発音〈標ア〉ジ

あちら-どなり【彼方隣】〘名〙あちらの方の隣家。＊俳諧・犬古今(1808)「常夏やあちら隣は相撲とり〈吟水〉」

あちら-ばなし【彼方話】〘名〙外国、特に欧米の事情に関する話題。＊瓦礫の中(1970)〈吉田健一〉九「その頃アチラ話というのが流行していた」発音〈標ア〉バ

あちら-まかせ【彼方任】〘名〙物事の判断や処理を先方に委ねること。＊城のある町にて(1925)〈梶井基次郎〉雨「然し母と信子があまり『かまはない、かまはない』と云ふのであちらまかせにしてしまった」発音〈標ア〉マ

あちら-まくら【彼方枕】〘名〙相手に背を向けて寝ること。＊浮世草子・魂胆色遊懐男(1712)一「きりりとあちらまくらに顔をそむけてねがへりたまへば」

あちら-まち【彼方町】〘名〙①あちらの町。＊浮世草子・世間母親容気(1752)一・二「あちら町の紙屋は、京の島原口の茶屋の息子ぢゃげな」②裏町の意の近世大坂方言。＊浄瑠璃・極彩色娘扇(1760)八「わしは近比あちら町へ借座敷かって来て、よい妾があらば置たいと吟味最中」＊大坂繁花風土記(1814)京大坂言葉違ひ「裏町を、あちら町」

あちら-むき【彼方向】〘名〙話し手と反対の方を向いているさま。むこう向き。＊多情多恨(1896)〈尾崎紅葉〉後・一〇・二「掻巻を引被(ひっか)けて彼方向(アチラムキ)に横になって居た」＊良人の自白(1904-06)〈木下尚江〉中・一五・二「彼の囚徒は悄然と首垂(うなだ)れて、彼方(アチラ)向きになって仕舞った」

あちら-むら【彼方村】〘名〙あっちの方の村。ここからずっと離れた、ある村。彼方在所。＊浄瑠璃・百合稚高麗軍記(1742)四「此あちら村に、田淵氏の黒薬とて隠れもない名薬有」

あちり-こちり〘代名〙(「あちらこちら(彼方此方)」の変化した語)「あちこち(彼方此方)㊀」に同じ。＊歌謡・紙鳶(1687)上「あちりこちりすじりもじりて」＊浄瑠璃・摂津国長柄人柱(1727)四「逢はでしのぶの篠薄、風に靡きてあちりナこちりナ、あちりこちりと吹いて落ちたか木のめ坂」

アチリサン〘名〙(ポルトガル attrição, atrição)キリシタン用語。後悔。↔コンチリサン。＊ぎやどぺかどる(1599)下・二「こんひさんの御授けにをひて、縦ひあちりさんといふ浅き後悔を持といふとも、深き後悔の償となるべければ」＊どちりなきりしたん(一六〇〇年版)(1600)一〇「それはあちりさんといひてよき事なれども、それのみにてとがをゆるし玉ふ事なし」

あちりな-こちりな〘連語〙(「な」は助詞)「あちこち(彼方此方)㊀」に同じ。＊歌謡・紙鳶(1687)上「松のえんだが、あちりなこちりな、あちりこちりすじりもじりて」

あっ〘感動〙①驚いた時に発する言葉。＊太平記(14C後)二一・長崎新左衛門尉意見事「本間三郎が一の太刀に胸を通されてあっと云(いふ)声に」＊曾我物語(南北朝頃)三・臣下ちゃうしが事「御前祗候(しこう)の侍ども、おもはずに、あっとぞ感じける」＊寛永刊本蒙求抄(1529-34)四「玠が一言物を云へばあっと云てあをのけにそったぞ」＊説経節・説経苅萱(1631)中「くうかい御らんじて、あつかいたりとうしかな、それがしかひてみせんとて」＊婦系図(1907)〈泉鏡花〉前・五六「道学者はアッと痘痕(あばた)、目を円(つぶら)かにして口をつぐむ」②人に答える時に発する言葉。＊寛永版曾我物語(南北朝頃)一・頼朝伊東の館にまします事「親の申す事なれば力及ばで、『あっ』と答へて座敷を立ち」＊天理本狂言・忠喜(室町末-近世初)「師匠に対して、そのやうな、慮外をぬかす物かと云。それなら、あっと云」＊日葡辞書(1603-04)「At(アッ) 応答の感動詞」＊浄瑠璃・国性爺合戦(1715)五「軍兵卒(そつ)し是へ是へと団(うちは)を上れば、あっとこたへて立出る小むつが髪の初もとゆひ」発音〈標ア〉ア 〈京ア〉0 辞書 名義・易林・日葡 表記 噫(名・易)

あっと言(い)う間(ま) わずかのあいだ。あっと声を出すほどのあいだ。＊海底軍艦(1900)〈押川春浪〉二五「三羽四羽憤怒の皷翼(はばたき)と共に矢の如く気球に飛掛かる、あっといふ間(マ)に、気球は忽ち其鋭き嘴に突破られた」＊茶話(1915-30)〈薄田泣菫〉蛇「あっと言(イ)ふ間(マ)にK氏の片足へ噛みついて」

あっと言(い)わせる びっくりさせる。思わずあっと声を出すほど感心させる。＊東京年中行事(1911)〈若月紫蘭〉三月暦「夜の目も寝ずに趣向を凝らして、夫々見世物を拵しらへ、観客をしてアッと謂(イ)はせてやらうと競争する」＊茶話(1915-30)〈薄田泣菫〉仲麿と背中合せ「仲間の奴を一つあっと言(イ)はせるやうな使ひ道がありさうなものぢゃて」

あつ〘字音語素〙圧・軋・遏・斡

【圧=壓】㊞ ①おす。おさえる。/鎮圧、抑圧/圧搾、圧死、圧縮、圧倒、圧迫、圧伏、圧服/威圧、制圧、指圧、弾圧/圧力/ ②圧力。/気圧、水圧、電圧、重圧、筆圧、高圧、低圧、浸透圧/ ⇩あつ(圧)

【軋】きしる。すれあって音を立てる。/鴉軋/軋轢/

【遏】とどめる。やめさせる。/防遏/遏絶、遏防/遏密/

【斡】めぐる。まわる。/斡旋、斡遷/斡運/

あつ【圧】〘名〙ある広がりをもってものに力を加えること。また、その力。＊工学字彙(1886)〈野村龍太郎〉「Pressure 圧。圧力」＊雁(1911-13)〈森鷗外〉一二「乳房の圧(アツ)はいよいよ加はって来る」＊青い月曜日(1965-67)〈開高健〉二・沈む「大阪弁の狡智にすばやく乗って私は会長に圧をかけた」⇩あつ〔字音語素〕

あつ【厚】〘名〙厚物の衣類、すなわち、綿入れ、あわせなどの類をいう、盗人仲間の隠語。〔隠語輯覧(1915)〕

あつ【熱・暑】(形容詞「あつい(熱)」の語幹)あついこと。＊滑稽本・浮世風呂(1809-13)三・下「ヲヲ、あつ」方言 幼児語。❶火。島根県石見725 ◇あち 島根県出雲725 ◇あっちゃ 山形県西置賜郡・西田川郡139 ◇あちゃあちゃ 山形県飽海郡139 ❷灸(きゅう)。島根県石見725 ◇あっつ 長野県東筑摩郡480 滋賀県彦根609 京都市621 島根県美濃郡・益田725 ◇あち 島根県出雲・隠岐島725 ◇あちか 島根県能義郡725 ◇あちゃ 島根県隠岐島725 ◇あちあち 島根県出雲725 ❸湯。◇あっつ 長野県東筑摩郡480 ❹やけど。◇あっつ 滋賀県彦根609 京都市621 島根県美濃郡725 ◇あちゃちゃ 兵庫県加古郡664

あ・つ【当・中・充・宛】〘他タ下二〙⇩あてる(当)

あっ-あ〘感動〙感動詞「ああ」に同じ。＊浄瑠璃・心中天の網島(1720)上「『兄じゃ人、アッアめんぼくなや』とどうと座し、土にひれふし泣いたる」

あつ-あげ【厚揚】『名』豆腐を油で軽く揚げたもの。なまあげ。

あつ-あつ【軋軋】『形動タリ』車や艪(ろ)などがきしる音。＊搏桑名賢詩集(1704頃)首の二一・北行途中「偄興軋軋過塘辺、半抱詩情半打眠」＊帰省(1890)〈宮崎湖処子〉二「静かに聞ゆる柔櫓(じうろ)には、軋軋(アツアツ)として艀(はしけ)来りぬ」＊少年行(1907)〈中村星湖〉二一「軋軋(アツアツ)たる雁の如き艪声の外に天地に聞える音もない」＊温庭筠-蓮浦謡「鳴橈軋軋渓溶溶、廃緑平煙呉苑東」

あつ-あつ【厚厚】『形動タリ』(多く「あつあつと」の形で用いる)大そう厚いさま。厚ぼったいさま。こんもりしたさま。あつらか。＊古本説話集(1130頃か)六五「衲(たひ)といふものを、なべてのにも似ず太き糸などしてあつあつと細かに強げにしたれば」＊中華若木詩抄(1520頃)中「濃緑は、あつあつとしげりたる緑也」＊玉塵抄(1563)五「徳もなうて、福のさいわいあることは、たとえば家のもといの石すえなどもなうて、まわりのかきをあつあつとしたやうなことぞ」 発音〈標ア〉ア₂

あつ-あつ【熱熱】『形動』①非常に熱いさま。＊日葡辞書(1603-04)「Atçuatçuto(アツアット)〈訳〉非常に熱く」＊川端茅舎句集(1934)〈川端茅舎〉冬「涙ぐむ粥あつあつや小夜時雨」②あることに熱中するさま。特に恋愛関係が熱烈なさま。＊随筆・皇都午睡(1850)初・上「流行詞はいと多くして、中々際限なかるべしと〈略〉至って近きは、杓子じゃ、熱熱(アツアツ)など、いかなる事より言出しか解らず」＊野菜売りの声(1969)〈坂上弘〉「遊動円木につかまった二人の写真などはアツアツの恋人同士だ」 方言『名』火をいう幼児語。青森県三戸郡083 発音〈標ア〉⓪〈京ア〉⓪ 辞書日葡

あつ-あみ【厚編】『名』靴下のかかと、かかとの上部、底、爪先など、破損しやすい部分に添え糸して、丈夫にし、または装飾とする編み方。 発音〈標ア〉⓪

あつ-い ヰ【圧威】『名』人をおさえつける威力。威圧する力。＊厭世詩家と女性(1892)〈北村透谷〉「人世の圧威(アツヰ)を自力を以て排斥したりと思惟する者にして」

あつ・い【厚・篤】『形口』文あつ・し『形ク』①物体の一面から反対側の一面までの距離が長い。厚みがある。厚ぼったい。↕薄い。＊宇津保(970-999頃)国譲下「布の襖、綿あつく入れて、いと多う持たせ」＊枕(10C終)八九・なまめかしきもの「三重がさねの扇。五重はあまりあつくなりて、もとなどにくげなり」＊源氏(1001-14頃)玉鬘「御文には、いとかうばしきみちのく紙の、すこし年経、あつきが黄ばみたるに」②物事の密度や濃度などが少なくない。↕薄い。㋑雲、霧、霜また、群生するものなどの密度・濃度が少なくない。＊梁塵秘抄(1179)二・雑法文歌「五障のくもこそ厚くとも、如来月輪隠されじ」＊薤露行(1905)〈夏目漱石〉二「草むらの萌草の厚く茂れる底に、釣鐘の花の沈める様を織るときは」＊芽むしり仔撃ち(1958)〈大江健三郎〉九「濃い乳白色の霧の厚い層の向こうにひそかな薔薇色の明るみがあり」㋺人の集団について、ある役割を担う人数が多い。「選手層が厚いチーム」㋩音楽で、ハーモニーが多くの音で構成されている。「厚いハーモニーの曲」③㋑(篤)身に受けたり、人に与えたりする恩恵・幸い・情愛などの気持の程度がはなはだしい。「人情」「恩恵」「好意」などについて、「真心がこもっている、志が深い」の意を含む。↕薄い。＊仏足石歌(753頃)「幸福(さきはひ)の阿都伎(アツキ)輩(ともがら)参到(まゐた)りて正目(まさめ)に見けむ足跡(あと)のともしさ嬉しくもあるか」＊宇津保(970-999頃)俊蔭「親のかへりみのあつく、慈悲の深かりしを捨てて」＊法華義疏長保四年点(1002)「前に仏は好世に出でたまふ。父が業を紹(つ)ぐこと濃(アツ)し」＊滑稽本・浮世風呂(1809-13)二・上「厚(アツ)い御恩」＊破戒(1906)〈島崎藤村〉八・三「存外情の篤(アツ)い〈略〉平民的な気象」㋺身に受けた恩恵などに対して、恩賞・ほうび・礼・感謝など、その気持を表わす行為の程度がはなはだしい。また、その表わし方が真心がこもっていて丁寧である。＊日葡辞書(1603-04)「シャウヲ atçũ(アツウ)スル〈訳〉多くの恩賞をほどこす」＊尋常小学読本(1887)〈文部省〉四「老人は喜び、あつくれいをのべて、ひとりしづかに立ち去りしが」㋩物事・行為に対して、熱心である。本気である。誠心誠意とりくんでいる。＊説経節・さんせう太夫(与七郎正本)(1640頃)中「此しんばつと、あつうふかうかうるべし。はつはにおいてはしらぬ也」＊狂言記・萩大名(1660)「あつくせっかんなされまする」＊随筆・槐記-享保九年(1724)八月二二日「古の習ふは只一芸にて、わきの事には聊(いささか)目もやらず、それゆへ、その一芸にはよくもあしくもあつし」㊁特に、信用・信頼する気持が強い。↕薄い。「信仰心があつい」＊山月記(1942)〈中島敦〉「性、狷介、自ら恃む所頗る厚く、賤吏に甘んずるを潔しとしなかった」④裕福である。経済的に富んでいる。↕薄い。＊仮名草子・東海道名所記(1659-61頃)六「これは薄き人々の傾城ぐるひの事也。いたって厚き御身上の御かたはいかが侍べらん」⑤あつかましい。つらの皮が厚い。＊浮世草子・傾城色三味線(1701)江戸・三「酒興の上なれば御ゆるさるるぞ。お懐へ手を入、あつうかかって申請と」＊浄瑠璃・曾我会稽山(1718)三「手を取かはし入ふりを五郎見やって、扨も、兄きあついわろ」⑥(篤)病気が重い。危篤状態である。＊読本・春雨物語(1808)宮木が塚「我が家の母あつき病にふし給へば」＊天地有情(1899)〈土井晩翠〉星落秋風五丈原「丞相病篤かりき」⑦囲碁で、容易に近寄ることのできない堅固な型のさま。陣構えが容易にくずれないさま。将棋などにもいう。↕薄い。⑧ビリヤードで、手球が的球の中心近くに当たることのさま。また、ボウリングで、球が中央の手前にあるピンの中心近くに当たることのさま。↕薄い。⑨盗んだ金品が多いことをいう、盗人仲間の隠語。〔隠語輯覧(1915)〕 方言❶厚かましい。臆(おく)さないさまだ。大阪†117 ❷肉づきが豊かである。◇あちさい・あっちゃい 鹿児島県喜界島983 ❸重い。◇あっつい 三重県度会郡599 ❹密生している。薩摩†136 奈良県吉野郡686 語源説(1)アツル(当)から出た形容詞。当てた物が重なったさまをいう〔和句解・国語の語根とその分類=大島正健〕。(2)アツムシキ(集如)の義。ツムの反ツ、シキの反シ〔和訓考・名言通〕。(3)アツム(彌積)の約〔言元梯〕。または、イヤツミシ(彌積如)の義〔日本語原学=林甕臣〕。(4)アメツチ(天地)の略転〔和語私臆鈔〕。(5)アは大、ツは足の義〔日本語源=賀茂百樹〕。(6)熱の意味を転じたもの。病が重くなれば大概体温が高くなる〔日本語原考=与謝野寛〕。 発音〈なまり〉アーツィ〔和歌山県〕アチ〔鳥取・鹿児島方言〕アッチ・アッツー〔千葉〕アッツィ〔千葉・愛知〕〈標ア〉⓪〈京ア〉ア 文『あつし』〈標ア〉ツ〈ア史〉平安●●◐ 江戸『あつき』●●○〈京ア〉ツ 辞書字鏡・色葉・名義・和玉・文明・明応・天正・饅頭・黒本・易林・日葡・書言・〈ヘボン〉・言海 表記厚(色・名・玉・文・明・天・饅・黒・易・へ・言) 敦・淳(色・名・玉・文・易・書) 篤(色・名・玉・易・書) 孜(名・玉・文) 腆・竺(名・玉・書) 蓫(字・名) 濃・適・衽・渥(色・名) 重(色・玉) 源・徳・阜・石・醇(名・玉) 酷(名・文) 豊・惯・諄(色) 富・腹(名) 農・俶(玉)

同訓異字 **あつい【厚・篤・敦・惇・淳・渥】**

【厚】(コウ)「薄」に対して、物の幅や奥行があつい。ぶあつい。「重厚」「厚板」転じて、思いやりや心の温かさなどがあつい。「厚意」「厚情」「温厚」《古 あつし・むつまし・かさなる》

【篤】(トク)心や行動などがしっかりしていて着実だ。心がこもっている。てあつい。「篤実」「篤農」また、病気などがおもい。「危篤」《古 あつし・くるし》

【敦】(トン)「厚」に似て心の温かさに用いるが、さらにねんごろで心がこもっているさまを表わす。《古 あつし・つとむ・すすむ》

【惇】(ジュン・トン)「敦」に同じ。《古 あつし・つとむ・まこと》

【淳】(ジュン)水にひたす。転じて、真心があり情があつい。《古 あつし・すなほに・まこと》

【渥】(アク)水がうるおう。転じて、心が豊かであつい。《古 あつし・うるふ・うるほす・あたたか》

あつき 素襖(すおう)素襖の一種。普通の麻布で仕立てた素襖。越後縮(えちごちぢみ)で仕立て、陰暦六、七月に着用する透素襖(すきすおう)に対していう。あつすおう。＊宗五大草紙(1528)衣装の事「八月朔日よりあつきすはうにて候」

あつくす【=あつうす】 気持、情愛、信頼などを深める。＊大唐西域記巻十二平安中期点(950頃)「今の王は信を淳(アツクシ)て葉を累ね」＊白氏文集天永四年点(1113)三「草茫々として葬(はふり)を厚(アツクスル)ことを懲(こ)らせり」＊近世紀聞(1875-81)〈染崎延房〉二・一「王家を蔑如して益(ますます)外夷と昵(したし)みを厚(アツ)うし」＊戊申詔書-明治四一年(1908)一〇月一三日「朕は爰に益々国交を修め友義を惇(アツウ)し」 発音〈標ア〉⓪

あつ・い【熱・暑】『形口』文あつ・し『形ク』㊀外気や物・身体の温度が著しく高く感じられるさま。①(熱)物体や液体、また気体など、体の一部で感じるとき物の温度が、自分の体温よりも著しく高く感じられるさま。熱気を感じるさま。↕冷たい。＊宇津保(970-999頃)嵯峨院「あつき火の中に住まふここちして」＊南海寄帰内法伝平安後期点(1050頃)一「苦(アツ)き湯をもて浄く漱(うが)へ」＊大鏡(12C前)六・道長下「湯をたぎらかしつつ御ものをいれて、いみじうあつくて参らせ渡したるを」＊今戸心中(1896)〈広津柳浪〉二「『まアお熱燗(アツ)い所を』と小万は押へて平田へ酌(しゃく)をして」②(暑)気温など、体全体で感じる外気の温度が、人間の肉体に苦痛を覚えさせるほどに高いさま。暑気を感じるさま。↕寒い。《季・夏》＊蜻蛉(974頃)中・天禄元年「風はいみじう吹けども、木蔭なければ、いとあつし」＊徒然草(1331頃)五五「家の作りやうは、夏をむねとすべし〈略〉。あつき頃わろき住居は、堪へがたき事なり」＊小学読本(1873)〈田中義廉〉一「それは遊ぶに善きことなれども、終日遊ぶべからず。又熱き日には長く遊ぶべからず」＊怪談牡丹燈籠(1884)〈三遊亭円朝〉九「残暑お熱い事でございます」③体温が平熱を超えて高いさま。病気でからだが熱っぽいさま。＊源氏(1001-14頃)夕顔「御ぐしも痛く身もあつき心ちして、いと苦しくまどはれ給へば」＊読本・春雨物語(1808)樊噲・上「やうやうあつきここちさめがたになりしかど、この比(ごろ)物くはねば、足たたずして出」㊁(熱)心が高ぶって身内が熱くなるさま。興奮して前後を忘れるさま。①怒りに逆上するさま。↓熱くなる①。②男女が恋し合って夢中なさま。↓熱くなる②。③(「身があつい」の形で)窮地に陥るさま。せっぱつまって困るさま。苦しい。＊浄瑠璃・生玉心中(1715か)上「身があつければどのよな事しやうも知(し)れぬ」＊歌舞伎・三十石艠始(1759)二幕「おのれ身が熱(アツ)うなったによって、様々偽(いつは)りをいうて、この場を遁(のが)れう遁れうとする大盗人め」④物事に熱中するさま。情熱のはげしいさま。感動や感激などの度合がはげしいさま。＊みだれ髪(1901)〈与謝野晶子〉臙脂紫「やは肌のあつき血汐にふれも見でさびしからずや道を説く君」＊夜明け前(1932-35)〈島崎藤村〉第二部・下・一二・一「あるものをめがけて、驀地(まっしぐら)に馳(か)けり出さうとするやうな熱い思ひはありながら」＊解体の日暮れ(1966)〈杉浦明平〉三「これは全員の熱い希望で」 語誌(1)温度感覚を表わす形容詞は、上代では「あつし」「さむし」「ぬるし」「すずし」の四語による体系をなしている。中古になって温暖系に「あたたか」が、寒冷系に「ひややか」が現

われ、「あつし」「ぬるし」、「さむし」「すずし」のそれぞれの中間の温度感覚を表わして使われるようになり、一時六語による使い分けとなるが、中古半ばに「つめたし」が現われて複雑化していく。(2)現代語の「さむい」と「つめたい」や、漢字「暑」と「熱」、「暖」と「温」の間に見られる使い分けは、体全体での温度感覚か、体の一部での温度感覚かといった点によるものであり、それが使い分けの大きな基準となっている。上代・中古においてはそのような使い分けは明確ではなく、体全体・体の一部両方にまたがる用法が認められる。[方言]暖かい。愛媛県西宇和郡849 ◇あっちゃん 鹿児島県喜界島975 ◇あっちぇ 山形県南置賜郡・庄内139 [語源説](1)アツはアタル(当)、シは退く〔和句解〕。(2)アツシキ(厚如)の意。衣服を厚く感じるのは暑いから〔名言通〕。(3)アツシ(熱)と同じく、火にアツル(当)から出た形容詞〔国語の語根とその分類=大島正健〕。(4)手を火に付けて、アアと驚き、手をツツーと引くことから生じた語〔本朝辞源=宇田甘冥〕。(5)イヤイタウシ(彌痛憂如)の義〔日本語原学=林甕臣〕。(6)アツシキ(熱如)から〔名言通〕。(7)宛語か〔和訓栞〕。(8)熱烈な熱火に対する自然の叫び声。転じて、暑気の強いこと、意思の烈しいこと、疎からず濃いこと、薄からず重いことなどにアツという〔日本語源=賀茂百樹〕。(9)ナツ(夏)の転〔言元梯〕。(10)「暍」Atに語尾を添えて形容詞化したもの〔日本語原考=与謝野寛〕。[発音]〈なまり〉アーツィ〔和歌山県〕アジー・アジュー・アズイ・アッチ〔栃木〕アチ〔津軽語彙・福島・静岡・鳥取・鹿児島方言〕アチー〔栃木・埼玉方言〕アッツ〔津軽語彙・千葉・鳥取〕アッツー〔鳥取〕アッツェー〔信州読本〕アッチャイ〔越後〕アッチー〔埼玉方言〕アッツ〔秋田・埼玉方言・千葉〕アッツィ〔埼玉方言・東京・静岡・南伊勢・島根〕アッツィ〔愛知・和歌山県〕アンチイ〔岩手〕〈標ア〉[ツ]〈京ア〉[ア] [文]『あつし』〈標ア〉[ア]〈ア史〉平安○○◐ 鎌倉『あつき』○◐ 江戸『あつき』●○○〈京ア〉[ツ] [辞書]色葉・名義・和玉・文明・明応・天正・黒本・易林・日葡・書言・ヘボン・言海 [表記]暑(色・名・玉・文・明・天・黒・易・書・ヘ・言) 熱(色・名・玉・文・易・書・ヘ・言) 炎(色・名・玉) 烝・熇・爇(名・玉) 燠(玉・文) 煦(色) 煨・爚(名) 熱・煖・炙(玉) 温(易)

[同訓異字] **あつい【熱・暑・温】**

【熱】(ネツ) 火があつい。物や体などの温度がはなはだ高い。「熱気」「熱湯」「発熱」 転じて、心が十分こもっている。手あつい。「熱心」「熱狂」「情熱」 また、気温が非常に高い。「熱帯」「熱暑」《古 あつし・あたたかなり・やく・ほとほる》

【暑】(ショ) 気候があつい。気温がはなはだ高い。「暑気」「暑中」「炎暑」《古 あつし・あたたか》

【温】(オン・ウン) ぬるま湯のようにあたたかい。ぬくい。「温室」「温泉」「体温」 転じて、心があたたかい。真心がこもっている。「温情」「温和」《古 あたたむ・あたたかなり》

あつい 心(こころ) ①高い熱のため、からだが燃えているように熱くなっていること。また、その時の浮かされた気分。＊読本・雨月物語(1776)吉備津の釜「疫(えき)といふものの脳(なや)ましきはあまた見来りぬ。熱(アツ)き心少しさめたらんには、夢わすれたるやうなるべし」 ②興奮、感激などのため、体温が高くなったように思われる時の気分。体内で、何かが燃えているような、張りつめた気持。燃える心。

あつい 寒(さむ) **いも彼岸**(ひがん)**まで** 「あつ(暑)さ寒さも彼岸まで」に同じ。＊千曲川のスケッチ(1912)〈島崎藤村〉一二・第一の花「『熱い寒いも彼岸まで』とは、土地の人のよく言ふことだが」 ＊第3ブラリひょうたん(1951)〈高田保〉椿「暑い寒いも彼岸まで、と関東ではいうのだが、関西では、お水取りまでだろう」

あつい 戦争(せんそう) (英 hot war の訳語) 直接武力による戦争。外交、経済などの手段による対立を冷たい戦争(cold war)というのに対していった語。

あつい 涙(なみだ) 強い感動などのために胸がいっぱいになって、思わず出てくる涙。＊末枯(1917)〈久保田万太郎〉「せん枝は掻巻(かいまき)に顔を埋めた。熱い泪がとめどなく流れた」

あつき 日(ひ) 夏の、暑い日のこと。とくに連歌、俳諧で陰暦六月のことをいう。《季・夏》＊白髪集(1563)「六月の物〈略〉暑日」 ＊俳諧・鷹筑波(1638)二「ひしゃくふりてもよらぬ勧進(くゎんじん) あつき日は能の芝居に水打て〈久重〉」 ＊俳諧・奥の細道(1693–94頃)酒田「暑き日を海にいれたり最上川」

あつく なる ①むきになって、憤慨する。腹を立てる。かっとなる。＊洒落本・古契三娼(1787)「思の外野風が大ぼれにほれたやうすで、とんだもてるから、一座の客があつくなって野風をよび出して」 ＊滑稽本・東海道中膝栗毛(1802–09)三・上「にげるひゃうしにきた八へつきあたると、きた八水たまりの中へころげて、大きにあつくなり、おきあがりて」 ＊人情本・春色辰巳園(1833–35)三・一条「此方(こっち)もねこそぎ身をいれて、苦労をする気の二人が中、と言たらおめへは猶のこと、上気(あつく)なるでも有だろうが」 ②何か一つのことに、すっかり熱中してしまう。のぼせあがって、夢中になる。とくに、恋人を熱愛する。あつあつとなる。＊咄本・無事志有意(1798)文「吉原の女郎より、毎日毎日の文。『今夜もゆかねばならぬ』と客もあつくなって行く」 ＊歌舞伎・お染久松色読販(1813)序幕「多三郎も深川芸者のお糸といふにあつく成り」 ＊人情本・春色辰巳園(1833–35)四・八条「二人も三人も女の喰付(くっつい)てゐる奴にあつくなって、あげくの果にやァ棹先(さをさき)につっかけられて」 [発音]〈標ア〉[ア]〈京ア〉[ツ]

あつ-いた【厚板】〘名〙 ①厚みのある板。木材、鋼板、板ガラスなど板状のものにいう。↔薄板。＊日葡辞書(1603–04)「Atçuita(アツイタ)〈訳〉厚い板」 ＊浄瑠璃・平家女護島(1719)三「厚板(アツイタ)を削りならし衣冠束帯の人を絵かき」 ＊虞美人草(1907)〈夏目漱石〉五「木賊葺(とくさぶき)の厚板(アツイタ)が左右から内輪にうねって」 ②厚い地の織物。経(たていと)は練糸、緯(よこいと)は生糸を用いて、地紋を織り出した絹織物。女帯地を主とし、袋物などに用いる。厚板織。厚板物(あついたもの)。厚絹。↔薄板。＊日葡辞書(1603–04)「Atçuita(アツイタ)〈訳〉綾織物、緞子に類する日本産の絹布の一種」 ＊浮世草子・傾城武道桜(1705)初・一「三笠と申す太夫職一きはすぐれ、ゆうゆうとあつ板のしめに色どりて、女三の宮の立姿絵にもおよばぬ色くらべ」 ＊雑俳・柳多留-五五(1811)「うすいくちびろであつ板ねだり出し」 ＊滑稽本・浮世風呂(1809–13)三・上「厚板(アツイタ)のや、何角(なアにか)をお長物に入(いれ)て、たァんと持てお下りだけれど」 ③能装束の一つ。厚板織の小袖物。模様の中の赤色の有無によって、紅入(いろいり)と紅無(いろなし)に分ける。色合や模様によって、いろいろな曲に用いる。たとえば白地では「翁(おきな)」、無地では「老松(おいまつ)」。段は地色と模様とが幅ごとに違って、紅(いろ)、紅無、紅白段などがある。また、格子もある。多く男役の着付(下着)に用いるが、上着に用いる時もある。「藤戸」「山姥(やまうば)」の前ジテなど。また、まれに厚板唐織といった、唐織模様のものもある。④シダ類ウラボシ科の多年草。八丈島、紀伊半島以南の暖地で湿気の多い場所の岩上や樹上に生える。根茎は横にはい、葉柄は硬く、褐色の鱗片(りんぺん)を密生する。葉は長さ一〇～三〇センチメートルの長披針形で厚い。あついたしだ。学名は Elaphoglossum yoshinagae [発音]〈標ア〉[0]〈京ア〉[0] [辞書]日葡・書言・ヘボン・言海 [表記]縉(書) 厚板(ヘ・言)

厚　板 ③

あついた-おび【厚板帯】〘名〙 女帯地の一種。琥珀地(こはくじ)の紋織物で厚板織の帯。丸帯、片側帯の二種ある。

あついた-おり【厚板織】〘名〙 紋織物の一種。地は平織り。緯(よこいと)は太いものと細いものとがある。堅い織物で、婦人帯地、袋物などに用いられる。厚板。＊洒落本・真女意題(1781)「厚板織の下げ多ばこ入に銀のごけ張り」 ＊風俗画報-二四三号(1902)流行門「幽谷織、博多織、厚板織(アツイタオリ)等にて、柄合と色合に種々あれば、これとても一概に記しがたけれど」 [発音]〈標ア〉[0]

あついた-ガラス【厚板硝子】〘名〙(ガラスは オランダ glas) 厚さ六ミリメートル以上の板ガラス。 [発音]〈標ア〉[ガ]

あつい-もの〘名〙「あつもの(羹)」に同じ。＊宇津保(970–999頃)国譲下「お前の朽木に生ひたるくさびらども、あつい物にさせ、〈略〉白かねのかなまりにいれつつ参れば」

あついん-き【圧印機】〘名〙 加圧によって金属素材に型模様をつける機械。硬貨、メダル、電気機器などの小型部品の製作に用いられる。

あつ-うす【厚臼・碾磑】〘名〙 厚い円板形の石を二枚重ね、上の石を回して穀類を粉にするもの。碾臼(ひきうす)。＊和漢三才図会(1712)三五「磨〈略〉按磨者碾磑(アツウス)〈阿豆宇須〉今云揄磨也」

あつ-うん【遏雲】〘名〙(「遏」は、止めるの意) 飛ぶ雲を止めるほどのすばらしい歌声。＊本朝文粋(1060頃)三・弁山水〈大江澄明〉「歌山縹眇、其奈遏雲之唇」 ＊太平記(14C後)二・南都北嶺行幸事「伶倫遏雲(アツウン)の曲を奏し、舞童回雪の袖を翻せば」 ＊白石先生手簡(1725頃)七「波瀾為之不起、一昨日も申上候ごとく、遏雲の気味にて其語を取用ひ候き」 ＊沈郎-霓裳羽衣曲賦「変虚徐之歌態、迤訝遏雲、振飄颻之舞客、勿驚廻雪」

あつ-え【篤癃】〘名〙(「篤」も「癃」も病が重い意) 病気の重いこと。重病。危篤の病。＊和訓栞(1777–1862)「あつえ 持統紀に篤癃をよめり。熱困(あつをえ)の義なるへし」 [語源説](1)アツ(熱)の動詞化アツユ(病篤)の活用〔大言海〕。(2)アツヲエ(熱困)の義〔和訓栞〕。

あつえ-びと【篤癃人】〘名〙 重病の人。危篤の病にかかっている人。＊書紀(720)持統元年一月(北野本訓)「京師(みさと)の、年八十より以上、及び篤癃(アツエひと)、貧しくして自ら存(わたら)ふこと能はぬ者に絁綿賜ふこと、各差有り」

あつ-えん【圧延】〘名〙 金属加工法の一つ。金属素材を、回転する二個のロールの間を通しておし延ばし、板、棒、管、形材などに加工すること。＊日本の下層社会(1899)〈横山源之助〉四・二・三「銃包製造所は、圧延、薬莢、弾丸、填薬、雷管、火工の六個処に分かれ」 ＊青い月曜日(1965–67)〈開高健〉二・町工場「圧延の見習工って、どんなことするのや?」 [発音]〈標ア〉[0]〈京ア〉[0]

あつえん-き【圧延機】〘名〙 金属素材を、回転している二本のロールの間に入れておし延ばす機械。 [発音]〈標ア〉[エ]

あつえん-こう【圧延工】〘名〙 圧延加工に従事する工員。または、圧延加工の技術を有する人。＊青い月曜日(1965–67)〈開高健〉二・奇妙な春「旋盤工としても見習にすぎない。圧延工にもなれないし、闇屋の用心棒にもなれない」 [発音]アツエンコー〈標ア〉[0]

あつ-えんざ【厚円座】〘名〙 厚い円座。↔薄円座。＊中務内侍(1292頃か)弘安一一年二月二一日「簀子に円座を敷く。関白、大臣のはあつゑんさ、その外の公卿のはうす円座なり」 ＊名目鈔(1457頃)雑物篇「厚円座(アツエンザ)菅(すげ)円座」

あつ-おう【圧押】『名』むりにおさえつけること。圧制。*佳人之奇遇(1885-97)〈東海散士〉八「圧押苛制の政を施し、迂儒書生の妄言を容れ」

あつ-おしろい【厚白粉】『名』厚化粧のおしろい。*酒ほがひ(1910)〈吉井勇〉夏のおもひで「その少女舞姫に似る帯をして厚(アツ)おしろいの暑かりしかな」 発音〈標ア〉オ

あつ-おび【厚帯】『名』厚地の帯。*明暗(1916)〈夏目漱石〉九七「電燈の下で光る厚帯(アツオビ)を弄(いぢ)くってゐるお延(のぶ)の姿が再び現れた」

あつ-おり【厚織】『名』布を厚地に織ること。また、その織物。*星座(1922)〈有島武郎〉「厚織りの紺の暖簾を潜った」 発音〈標ア〉0

あつおり-もめん【厚織木綿】『名』綿織物の一種。平織り。地厚。地下足袋などに用いられる。 発音〈標ア〉モ

あっか【赤】『名』(「あか(赤)」の変化した幼児語) ①明るいもの、赤いもの、または赤いこと、明るいこと。*常磐津・四天王大江山入(古山姥)(1785)「其おとなしい褒美に、此間からあっかのべべ織って着せうと思うてな」 ②きれいな物。美しい物。*浄瑠璃・平仮名盛衰記(1739)三「是々あっかホホよいのじゃ。アレよそのやや御覧(らう)じませおとなしい事はいの」*浄瑠璃・小野道風青柳硯(1754)一「あっかあっかと子を賺(すか)す、御所の詞(ことば)は平人もさのみ違ひはなかりけり」 ③酒。あから。*読本・夢想兵衛胡蝶物語(1810)前・少年国「茶をちゃちゃといひ、酒をおとと又あっかともいひ」 方言 ❶火の明かり。兵庫県加古郡664 ❷幼児語で、酒。島根県大原郡725 岡山県苫田郡748 広島県771 比婆郡774 ❸赤んぼ。赤ちゃん。山形県庄内138 新潟県東蒲原郡368 ◇あっかあ 静岡県520 愛知県豊橋市572 ◇あっかん 和歌山県海草郡・有田郡690

あっ-か【圧下】『名』①下に向かって強く押し付けること。*米欧回覧実記(1877)〈久米邦武〉一・一八「棹銀を『ロール』にて引展べ、薄片となし、円規の刃を圧下して截断し」 ②上に現われようとするものを押さえ付けること。抑圧。*日本開化小史(1877-82)〈田口卯吉〉六・一二「蓋し二千四百年代の進歩は、我国戦国の為めに久しく圧下せられたる文運の、太平の時雨を得て俄に勃興したるが如き勢を示すものあるなり」

あっ-か【悪化】『名』人の品行や物事の状態などが悪くなること。*商法(1899)二八五条・六「資産状態が著しく悪化したるときは」*不良児(1922)〈葛西善蔵〉「不良少年の群に入り次第に悪化し」*記念碑(1955)〈堀田善衛〉「食糧衣料事情の悪化とともに」 発音〈標ア〉0〈京ア〉0

あっ-か【悪果】『名』悪い果報。悪いむくい。*日葡辞書(1603-04)「Acqua(アックヮ)〈訳〉悪い果報。あるいは苦痛」*筌蹄録(1909)〈釈宗演〉一・五「因果の道に依って善因には善果あり、悪因には悪果ありと云ふ、斯う云ふ定めに依って」*南本涅槃経-一八「頻婆娑羅於現世中亦得善果及以悪果」 発音〈標ア〉ア 辞書日葡

あっ-か【悪貨】『名』悪質な貨幣。規定の重量が不足したり、質が劣ったりしている貨幣。実質価値が名目価値を下回る貨幣。↔良貨。 発音〈標ア〉ア〈京ア〉ア

あっかは良貨(りょうか)を駆逐(くちく)する 同一の名目価値をもちながら、実質的価値の違う貨幣が同時に一国内で流通する時には、良貨は貯蔵されて用いられなくなり、悪貨だけが市場に流通する傾向を生じる、ということ。いわゆる「グレシャムの法則」のこと。*舗道雑記帖(1933)〈高田保〉モダン語一時間講義「悪貨は良貨を駆逐すとかや。まことにそれは真理であります」

あっ-か【悪過】『名』過去に犯した過ち。旧悪。また、悪いことをしていた昔。*哲学階梯(1887)〈今井恒郎訳〉二・三四「一個の人間にして其悪過を改めて、終身善良となりしもの」

あっ-か【遏伽】『名』「あか(閼伽)」に同じ。*菅家文草(900頃)四・懺悔会作「禅悦寒撃霜椀味、遏伽暁指井華神」 発音〈標ア〉ア

あっか『名』方言 母。山形県東部139 栃木県198 ◇あかさ 山形県北村山郡139 ◇あっかやん 栃木県(中流以下)198 ◇あっこ 伊豆大島†071

あ-つか【束草】『名』青草を束ねたもの。*延喜式(927)七・神祇・践祚大嘗祭「地敷束草〈所謂阿都加〉」

あっ-かい【圧壊】『名』圧力を加えてつぶすこと。おしつぶすこと。*西国立志編(1870-71)〈中村正直訳〉一三・一二「雪崩(なだれ)となりて、村落人家をも圧壊するに至るなり」*自由之理(1872)〈中村正直訳〉三「上帝の旨といひ、君主の詔勅といひて、人民独自なるものを圧壊するものは、これを名づけて覇政といふべきなり」

あつかい【扱・曖】『名』(動詞「あつかう(扱)」の連用形の名詞化) ①あれこれと世話をすること。また、病人を看護すること。*宇津保(970-999頃)楼上上「内侍のかみも身もあつしうものし給ふうちに、あわただしき人のあつかひなどせられて、聞ゆとも心しづかにもものし給はじ」*源氏(1001-14頃)若菜下「対の方のわづらひける頃は、なほそのあつかひにと聞こしめしてだに、なまやすからざりしを」*狭衣物語(1069-77頃か)一「この人、かくてやみ侍なば、御前の御あつかひ、いかがつかうまつらん」*栄花(1028-92頃)初花「今はただ宮たちの御あつかひをし、そのひまには行ひをとこそ思へ」 ②あれこれとうわさをすること。評判。 ③両者の間に立って争いをとりなすこと。また、その人。訴訟や紛争の仲裁。調停。示談。*政基公旅引付-文亀三年(1503)七月二六日「日根野の領家分半済御扱なく候はは、我々が命は助る間敷候」*東寺百合文書-に・(永正)七月二一日、丹波大山荘一院谷百姓等申状(大日本古文書二・三一二)(室町)「国方の御あつかいをもめされ、地下人をもめし御出候はでは」*浮世草子・本朝桜陰比事(1689)四・一「此義は我々堪忍ならずといづれも曖(アツカ)ひをも聞入ずして」*雑俳・柳多留-一〇(1775)「あつかいで村まおとこは五俵出し」 ④かしら。長。また、かしらとして人々を取締ること。*和漢通用集(1596-1644)「宰 あつかい 物のかしら」 ⑤㋑人の相手になって話したり、もてなしたりすること。とりなし。応対。「子供の扱い」「客の扱い」*古活字本毛詩抄(17C前)六「膳をくれられたれ共たらずめなり。賢者のあつかいがをとろへてあるぞ」*二人女房(1891)〈尾崎紅葉〉中・七「目下ながらも嫁は待遇(アツカヒ)を善くして、無理も聞き、我儘をも通してやれば」 ㋺(名詞の下に付けて接尾語的に用いる) それらしく待遇すること。*にごりえ(1895)〈樋口一葉〉二「其やうな奥様あつかひ虫が好かで矢張伝法肌の三尺帯が気に入るかなと問へば」*其面影(1906)〈二葉亭四迷〉一「奉公とはいひ条、家庭教師なら何処へ行ったって客分扱ひだ」 ⑥㋑あれこれと操作して動かすこと。手などで物を運んだり、使ったりすること。「機械の扱い」「荷物の扱い」*四河入海(17C前)七・三「大舩はあつかいが自由にならぬ程に、大風大浪の時は、えあるかぬぞ」*大道無門(1926)〈里見弴〉反射・一「急に用がなくなった体の扱(アツカ)ひと、今後一生の方進とが〈略〉グシャグシャに混り合って考へられた」 ㋺(名詞の下に付けて接尾語的に用いる) 事物の取扱い方。また、機能に応じた有効な用い方。*駒沢大学本臨済録抄(16C後)中「さるほどに禅僧は言句あつかいが大事ぢゃ」*喫茶雑話(1620)「名物あつかひの分別の軽重、其人其物によるべし」 ⑦あておこなうこと。また支配すること。領知すること。*上井覚兼日記-天正一二年(1584)一二月一五日「さり川へ着候、是又拙者曖之処にて候間、種々会尺也」 ⑧物事の処理。また、担当。「事務の扱い」 ⑨花札を二人でする時、両者の得点の差が三六点以上になること。*雑俳・柳多留-三(1768)「光秀はあつかいぎりで絵がくさり」*洒落本・婦美車紫鹿(1774)「めくりにあつかいくった心にてうっかりとしてゐたりしが」 方言 ❶看病。山形県139 愛媛県840 ❷仲裁すること。福岡市879 ❸屋根のふき替えなどの村の共同で行なう仕事で集まった手伝い人に食事を供すること。青森県上北郡082 発音〈標ア〉0〈京ア〉0 辞書伊京・黒本・日葡・書言・ヘボン・言海 表記 扱(書・言) 配合・醜(伊) 宰・摑(黒) 哆・和喩・曖(書) 和論(へ)

あつかい に=かかる[=入(い)る] 調停に立つ。仲裁に入る。*虎明本狂言・犬山伏(室町末-近世初)「〈此かた箱をもてと云、茶やあつかひにいりて〉もつはづならばもたせう程に、先おまちやれ」*浮世草子・日本永代蔵(1688)三・四「町衆扱(アツカ)ひにかかり、年分に其家を立(たて)んといへば、かへって是を迷惑がりて」

あつかい を=入(い)れる[=入(い)る] 調停人を立てる。講和を議する。協定を結ぶ。*相州兵乱記(1573-1600頃)四・加嶋合戦之事「此両和尚両方へ御扱を入玉ひ、以来ともに近国のとり合よしなしとて」*最上義光物語(1634)上「今迄助置、殊に度々扱を入和談すといへとも、終に無承引」

あつかい を懸(か)く 仲裁をする。また、和議を申し込む。*三河物語(1626頃)二「信長纔(はづか)一万之内なれば、かなはじとて、あつかいをかけさせ給ひ」*仮名草子・東海道名所記(1659-61頃)六「遣手(やりて)あげやのかかはしり出て意見をいたし、あつかひをかけて、中手をおろす」

あつ-がい【厚飼】『名』蚕を一か所に比較的多く集めて飼育すること。均一に発育するが、薄飼(うすがい)に比べて、大きさの点で劣る。↔薄飼。 発音アツガイ〈標ア〉0

あつかい-あり・く【扱歩】『他カ四』奔走して世話をする。あれこれ世話をしてまわる。*狭衣物語(1069-77頃か)四「『何か、旅となる思し召しそ。今いとようありつかせ給なん』と言ひて、げに、いと思ふさまなる局(つぼね)し出(い)でて据ゑなど、あつかひありく」

あつかい-おこな・う【扱行】『他ハ四』世話をする。*源氏(1001-14頃)夕霧「女どころにて、しどけなく、よろづのこと、ならひたる宮の内に、有様、心とどめて、わづかなる下(しも)人をも、言ひととのへ、この人一人のみ、あつかひをこなふ」 発音 文 アツカイオコノーとも〈標ア〉0ナ(ノ)〈京ア〉0

あつかい-おも・う【扱思】『他ハ四』世話をし、いつくしむ。世話をしてかわいがる。*源氏(1001-14頃)若菜下「むかし、世づかぬほどを、あつかひ思ひしさま」

あつかい-かしず・く【扱傅】『他カ四』世話をして大切に養い育てる。*苔の衣(1271頃)上「をさなくより子にし給ひて、またなくあつかひかしづききこえ給ひしかば」

あつかい-かた【扱方】『名』①取り扱う方法。㋑(道具などに対する)取り扱い方。使用方法。用い方。「その道具の扱い方を知らない」 ㋺(人などに対する)もてなし方。待遇の仕方。「人の扱い方がへただ」*朝霧(1950)〈永井龍男〉「眼を伏せたX氏は、更にラセラスを云ひさうに見えた。私は、もうそんな場合の氏の扱ひ方を、充分に呑み込んでゐた」 ㋩(芸術などにおける)題材の表現方法。「あの小説は主題の扱い方が悪い」*森鷗外(1933)〈唐木順三〉二「対比して、その同一人物に対する扱ひ方の相違に興味をひく」 ②仲裁の方法。調停の仕方。 ③任せられた事務を取り扱う係。 発音〈標ア〉0

あつかい-きん【扱金】『名』調停、仲裁のために出す金。調停金。仲裁金。→扱い③。*歌舞伎・与話情浮名横櫛(切られ与三)(1853)三幕「彼奴(きゃつ)有徳

（うとく）なる藍玉屋へ抱き込まれ、却って先方より扱ひ金を取り、交（かわ）した言葉を反古（ほご）にいたす」

あつかい‐ぐさ あつかひ【扱草】『名』植物「きく（菊）」の古名。＊梵燈庵主袖下集（1384か）「菊はよろひ草。まさり草。あつかひ草」 発音アッカイグサ〈標ア〉イ

あつかい‐ぐさ あつかひ【扱種】『名』①世話をするたね。世話すべき対象。＊源氏（1001‐14頃）匂宮「一条の宮の、さるあつかひぐさ、持給（もたま）へらで、さうざうしきに」＊浜松中納言（11C中）三「とてもかくても、言ふ方なく、思ふ方なく思ひへだて、はるかにすべなう悲しき人の、御ゆかりのあつかひぐさ出で来ぬるぞかし」②話のたね。話題。＊源氏（1001‐14頃）椎本「この君達の御ことをあつかひぐさにし給ふ」＊狭衣物語（1069‐77頃か）三「世の人の物言ひは、聞き憎きまで、この比（ころ）、あつかひぐさにぞ言ひののしりける」＊狂歌・世の中百首（1525）「よの中のあつかひ草を露ほどもしらざる人はせうし也けり」＊俳諧・鶉衣（1727‐79）後・下・九七・香木記「柯亭（かてい）竹の笛、焦尾の琴を得たるためしにもかよひ、邇日（ちかごろ）ここらあつかひ草にして、めで羨む事にぞ有ける」 発音アッカイグサ〈標ア〉イ

あつかい‐ぐち あつかひ【扱口】『名』仲裁する双方をほどよくとりつくろって言うこと。＊俳諧・大坂独吟集（1675）下「大きにもやはらげ来る飴は飴は あつかひ口もねぢた月影〈由平〉」 発音アッカイグチ〈標ア〉0

あつかい‐ごと あつかひ【扱言】『名』仲裁の口をきくこと。仲裁に立つこと。＊読本・春雨物語（1808）樊噲・下「かれら首にしてかへり、主の君にわびん。扱ひ言して法師も命損ずな」

あつかい‐さわ・ぐ あつかひ【扱騒】『他ガ四』世話をするために忙しく立ち働く。大騒ぎして世話をする。＊源氏（1001‐14頃）手習「知らぬ人なれど、見めの、こよなうをかしげなれば、『いたづらになさじ』と、みるかぎり、あつかひさはぎけり」

あつかい‐しゅ あつかひ【扱衆】『名』中に立って双方をうまくまとめる人。仲裁人。調停人。＊浄瑠璃・心中二つ腹帯（1722）三「袖口取って引戻し、扱衆（アツカヒシュ）の返事迄待つこともない我々が、最期の衣裳も守り迄」

あつかい‐じょ あつかひ【扱所】『名』①ある定まった業務を取り扱う所。＊明治の光（1875）〈石井富太郎編〉二「此節は大切な御布告故へ、能く見て置けと、扱所から、口上の添ふて回って来た時が大変ぢゃ」＊内地雑居未来之夢（1886）〈坪内逍遙〉七「荷物の扱所（アツカヒジョ）へかけつけつつ」②事件、事務などを取り扱うところ。裁判所、役場など。＊歌舞伎・東京日新聞（1873）序幕「手前達（てめえたち）が其やうにあんまり往来（わうらい）ではびこるから、扱所（アツカヒジョ）から呼ばれて、此通り御箇条書（ごかでうがき）が渡ったわ」＊歌舞伎・繰返開花婦見月（三人片輪）（1874）序幕「さあ是れからは表向（おもてむ）きシャボンで体を洗ひ上げ、垢を落して貰ふから扱（アツカ）ひ所（ショ）までうしゃあがれ」＊道草（1915）〈夏目漱石〉四〇「扱所（アツカヒジョ）といふのは今の区役所の様なものらしかった」 発音〈標ア〉0ジョ

あつかい‐じょう あつかひジャウ【扱状・曖状】『名』近世の訴訟で、仲裁人から和解人双方に渡す文書。扱証文。＊島田記（1819）雑六・島田村名と清小井論曖之事「為二後日一私共曖状致二印形一双方へ相渡し申候」

あつかい‐し・る あつかひ【扱知】『他ラ五（四）』（「扱う」も「知る」も世話する意）こまごまと面倒をみる。世話する。＊源氏（1001‐14頃）宿木「折節（をりふし）につけつつ、まめやかなる事までも、あつかひしらせ給ふこそ、ありがたくめづらかなることなめれ」

あつかい‐ずく あつかひづく【扱尽】『名』①できるかぎりの扱いをすること。②相手の扱い方次第であること。

あつかい‐だか あつかひ【扱高】『名』動かした金銭の量。取り引きした金額。＊月は東に（1970‐71）〈安岡章太郎〉一「ここは世界最大の株式取引所の町で一日の扱い高はいくらいくら、と」 発音〈標ア〉カイ

あつかい‐だて あつかひ【扱立】『名』扱いの仕方。扱い方。

あつかい‐づら あつかひ【扱面】『名』相手を軽く扱おうといった態度。相手をのんでかかった顔つき。＊人情本・藪の鶯（1827）上「もう御座ったと安堵して、あつけえ面（ヅラ）が気に喰はねえ」 発音〈標ア〉0

あつかい‐て あつかひ【扱手】『名』（「手」は、人の意）①中に立って物事の処理にあたる人。仲裁人。仲だち。あつかい人。＊羅葡日辞書（1595）「Aduocatus〈略〉クジサタノ サバキテ atçucaite（アツカイテ）トリアワセテ」＊狂言記・禁野（1700）「こなたそこへよい時分に出て、あつかいてになって、あいさつなされ」＊浄瑠璃・女殺油地獄（1721）上「互に投げかけつかみかけ打あひ打付、あつかひ手なき相手勝負（せうぶ）」②物事の世話をする人。管理者。 発音〈標ア〉0テ

あつかい‐てん あつかひ【扱店】『名』商品の仲介を業とする店。取次店。問屋。 発音〈標ア〉イカ

あつ‐がいとう :グヮイタウ【厚外套】『名』厚手の外套。厚い生地でできたオーバー。＊或る女（1919）〈有島武郎〉前・一二「厚外套にくるまった肥った博士と」＊今年竹（1919‐27）〈里見弴〉小さな命・三「降りしきるなかを、厚外套と護謨の半長に身をかためた志村が」 発音アツガイトー〈標ア〉ガ

あつかい‐とぶら・う あつかひとぶらふ【扱訪】『他ハ四』たずねて行って世話をする。＊とりかへばや（12C後）中「いかになるまでもあつかひとぶらはんと思ひ侍るを」

あつかい‐なげ・く あつかひ【扱嘆・扱歎】『他カ四』世話をしながら悲しく思う。＊とりかへばや（12C後）上「あたりもはなれず、あつかひなげき給へるは、見るにいとあはれなれば」

あつかい‐にく・い あつかひ【扱難】『形口』文あつかひにく・し『形ク』とりあつかいに苦労する。とりあつかいがむずかしい。＊寛永刊本蒙求抄（1529頃）七「竹簡は重いほどにあつかいにくいぞ」 発音〈標ア〉ク

あつかい‐にん あつかひ【扱人】『名』「あつかいて（扱手）」に同じ。＊言経卿記‐天正一八年（1590）一一月二六日「四条殿嫁娶之儀大略相調了。あつかひ人より一筆有レ之」＊虎明本狂言・禁野（室町末‐近世初）「上下ぬがせ、あつかひ人なにもとりてやるなり」＊随筆・守貞漫稿（1837‐53）四・上「甲乙の名主一席、甲の方一席、乙の方一席、又あつかひ人と号け、甲乙の間に入て謀レ之者一席」 方言❶病人の世話をする付き添い人。富山県砺波398 ◇あつかいと 山形県139 ❷蚕の世話をする人。◇あつかいと 山形県139 発音〈標ア〉0イ 辞書〈ボン・言海〉 表記 扱人（へ・言）

あつかい‐はから・う あつかひはからふ【扱計】『他ワ五（ハ四）』事態を取り裁いてうまく処理する。＊玉塵抄（1563）二五「無欲なほどに所をあつかいはからえども貧なぞ」

あつかい‐はぐく・む あつかひ【扱育】『他マ四』世話をして育てる。養育する。＊とりかへばや（12C後）中「姫君たちの御うへまで、いたらぬことなくあつかひはぐくみきこえ給て」

あつかい‐びと あつかひ【扱人】『名』「あつかいて（扱手）」に同じ。

あつかい‐ふだ あつかひ【扱札】『名』荷物などを取り扱ったことを示す札。＊家（1910‐11）〈島崎藤村〉後・三「やがて、汽船宿の扱ひ札などを貼付けた手荷物が取出された」 発音〈標ア〉イ

あつかい‐ぶり あつかひ【扱振】『名』物事の扱い方。＊良人の自白（1904‐06）〈木下尚江〉続・一・四「同じ地主でも、塩瀬と白井とは扱ひ振に余っ程相違があっただが」＊茶話（1915‐30）〈薄田泣菫〉焼棒杭「我楽多（がらくた）のやうな、ぞんざいな扱（アツカ）ひ風（ブリ）を見せて」 発音〈標ア〉0

あつかい‐みせ あつかひ【扱店】『名』①ある物事を取り扱う店。②「あつかいや（扱屋）」に同じ。＊最新百科社会語辞典（1932）「あつかいみせ 扱店〔俗〕花柳界にて女郎屋のことをいふ」

あつかい‐や あつかひ【扱屋】『名』上方の花街で、検番のような機能を果たすところ。芸妓はここに登録されており、必ずここを通して貸席に送り込まれる。一花街に数軒あって、それぞれが独立して、出先をもっている。扱い席（あつかいせき）。扱い店（あつかいみせ）。みせ。せき。

あつかい‐や・む あつかひ【扱止】『他マ下二』世話をして病気を回復させる。＊讃岐典侍（1108頃）上「をとこの御心ちのやうに、あつかひやめ参らせたらん、何心ちしなんとぞおぼゆる」

あつか・う あつかふ【扱・曖・刷】『他ワ五（ハ四）』①あれこれと気をつかう。人や動物などの世話をする。また、病人などを看護する。＊能因本枕（10C終）一五九・むつかしげなるもの「ことなること人の、小さき子どもなどあまたもちてあつかひたる」＊源氏（1001‐14頃）帚木「わが御匣殿（みくしげどの）にの給ひて装束などもせさせ、まことに親めきてあつかひ給ふ」＊讃岐典侍（1108頃）上「年ごろの御病をだに、はづるる事なくあつかひ参らせて」＊増鏡（1368‐76頃）八・あすか川「院も添ひおはしまして、あつかゐきこえ給ふさま」②人の相手になって話をしたり、もてなしたりする。応対、待遇する。また、人を意のままにする。冷たくあしらう。冷遇する。＊源氏（1001‐14頃）総角「いかで人めかしくあつかひなしたてまつらむ」＊無名抄（1211頃）「しかるべき所などにて無心なる女房などの哥よみかけたる無術事おほかり。〈略〉これをあつかふほどに返し思ひえたれば、いひつ」＊天草版金句集（1593）「カシコイ ヒトヲバ マレビトノ ゴトク シャウカン シ、ヒャクシャウヲバ アカゴノ ゴトクニ atçucǒ（アツカウ）」＊洒落本・甲駅新話（1775）「ここれへ来て、あつかわれたといっちゃアどふも、げへぶんが悪ふござんす」＊くれの廿八日（1898）〈内田魯庵〉一「妻を遇（アツカ）ふには弱き器（うつわ）の如くしって事があるワ」③あれこれとうわさをする。評判する。＊源氏（1001‐14頃）紅葉賀「人々も思ひのほかなる事かなとあつかふめるを、頭中将聞きつけて」＊有明の別（12C後）一「目さましたる人ありけりと思ふに、わざと心もとまらねど、やをら聞けば、わが御うへをぞ、あつかふなる」＊上井覚兼日記‐天正二年（1574）八月一六日「此所領御所望にてか様之事ども仰付候などと世間曖申候ては、御迷惑たるべく候」④あれこれと操作して動かす。手などで物を運んだり、使ったりする。また、物や体の一部などをその機能に応じて有効に使う。「機械を扱う」＊枕（10C終）二一八・笛は「笙（しゃう）の笛は月のあかきに、車などにて聞きえたる、いとをかし。所せくもてあつかひにくくぞ見ゆる」＊名語記（1275）九「もてあそび、あつかふは、あやつる義也」＊史記抄（1477）一四・扁鵲倉公「引レ身熊顧鳥伸とは身を自由にあつかう様な事ぞ」⑤処置に苦しむ。もてあます。＊枕（10C終）一四二・なほめでたきこと「多く取らむとさわぐものは、なかなかうちこぼしあつかふほどに」＊狭衣物語（1069‐77頃か）二「いと苦しげに、暑さをあつかはせ給さまも、うしろめたげなれば」＊古本説話集（1130頃か）五八「まことに騒ぎまどひて、しあつかうをみて」＊中華若木詩抄（1520頃）上「尺三千は、あつかうたる者也。しかれども、此の詩にをいては妙也」＊俳諧・千鳥掛（1712）「待宵の文を喰さく帳の内〈安信〉寝られぬ夢に枕あつかひ〈如風〉」⑥両者の間に立って争いをやめさせる。仲裁する。＊鵤荘引付‐永正一一年（1514）（兵庫県史）「辛川方小宅代官たる間、辛川彌五郎方被

申操」 ＊高野山文書‐(文祿元年)(1592)七月七日・帥法印歓仲書状(大日本古文書三・三七五)「抑当山御寺納、就割符之儀、木上与学侶中、御間依各別、我等申曖、一途相済候様にと」 ＊虎清本狂言・禁野(室町末‐近世初)「『うむにころさうといふ事か』『おんでもない事いころさう。此かりまたでただ中を』『ああかなしやなふ。だうぞあつかうてたもれ』」 ＊浮世草子・本朝桜陰比事(1689)一・七「弟いづれものさし図承引いたさず、家屋敷にかぎらず万事を半分とるべしといふ。それでは兄の甲斐なし迚さまざま曖(アツカ)へども弟聞入ずして」 ＊読本・春雨物語(1808)樊噲・下「今はたがひに無やくの戦ひ也。あつかはん」 ⑦あておこなう。また、支配する。領知する。 ＊結城氏新法度(1556)五八条「十たんの所ならば、両方へ五たんつつつけ候歟、それをもともかくならば、てもとにさしをき、別人に可レ刷(あつかふ)候」 ⑧物事を処理する。また、担当する。「事務を扱う」 ＊洒落本・客者評判記(1780)素人狂言に実の入た独息子のちょんちょん幕「女郎若い者の手前穴へも這入(はいり)度ていにてコレ喜介どふぞうら口へ廻してよいやうにしてくれろと漸(やうやう)金子三両だしてあつかい此場はすませど」 ＊英和記簿法字類(1878)〈田鎖綱紀〉「Negotial 扱フ、取計ル」 ⑨さわる。いじる。もてあそぶ。 ＊物類称呼(1775)五「なぶる 手にてなれふるるなり 西国にて、あつかふといふ」

語誌 (1)もとは自動詞「あつかふ(熱・暑)」で、熱・病・心痛など「事態に対して身をもって苦しみ煩う」ような意であったものが、「身を煩わせて事態に対処する」意に転じ、他動詞に変わっていくのにともなって、「身を煩わせる」ことよりも「事態に対処する」ことの方に重点が移り、やがて前者の意味特徴は忘れられ、単に「物事を処理する」意となったものか。(2)中古から中世前期の物語などの例では、何に対処するかによって、さまざまな文脈的な意味が見られるが、かかわりを持つ事態のためにあれこれ心を尽くして身を煩わせる点では共通している。中世後期から多く見られる⑥の用法も、他人のもめごとに対して身を挺して処理するところから生まれたものと思われる。 方言 ❶世話をする。養育、扶養する。 宮城県仙台市124 秋田市135 長崎県対馬038 911 ◇あじがう 岩手県気仙郡100 秋田県山本郡・南秋田郡130 ❷飼育する。 秋田県130 福島県会津155 ◇あじがう 岩手県九戸郡088 気仙郡100 ❸病人を看護する。 秋田県東南部130 富山県砺波398 ◇あじがう 岩手県気仙郡100 ❹いたわる。養生する。 岡山市762 ◇あつかえる 岡山市054 ❺病人や幼児に箸(はし)を取って食べさせる。 ◇あじがう 岩手県下閉伊郡091 気仙郡102 ❻いじる。もてあそぶ。 長崎県対馬062 熊本県玉名郡058 天草郡936 ◇あつかるう 佐賀県040 ◇あつこ 鹿児島県鹿児島郡968 ❼餅(もち)をつく時、水をつけたり返したりしてつき上がりを助ける。 兵庫県加古郡664 ↓あずかる(預)。 語源説 (1)アツカフ(悶熱)が本義の病悩する意から、気づかう意に転じ、これを他動詞に用いた語。モテアツカフというのが正しいか〔大言海・日本語源=賀茂百樹〕。(2)アテツガフ(宛番)の約転〔言元梯〕。(3)アシツカフ(足使)か〔和句解〕。(4)アツマリクハフ(集加)の略〔紫門和語類集〕。(5)アヅカリオフ(預負)の義〔日本語原学=林甕臣〕。(6)アヤツル、カナハムの反〔名語記〕。 発音 文アッコーとも 〈なまり〉アズカルル〔秋田鹿角〕アッコ〔鹿児島方言〕 〈標ア〉⓪ 〈ア史〉江戸●●●● 〈京ア〉⓪ 辞書 色葉・名義・和玉・文明・伊京・明応・天正・饅頭・易林・日葡・ヘボン・言海 表記 扱(玉・文・伊・明・天・饅・易・へ・言) 育・敦養(色) 徳(名) 駭惋・遵・訐・操・擋・曖(伊) 宰・攙(天)

あつか・う【熱・暑】〔自ハ四〕 ①熱に悩む。暑くて苦しむ。 ＊書紀(720)神代上(水戸本所引江訓)「伊奘冉尊、火神軻遇突智を生まむと且(す)る時に、悶熱(アツカヒ)懊悩(なや)む。因て吐(たぐり)す」 ＊新撰字鏡(898‐901頃)「暍 偏熱也 阿豆加布」 ②病気や心労などで苦しみ悩む。思いわずらう。 ＊書紀(720)継体八年正月(前田本訓)「妃、床に臥して涕泣(いさ)ち、惋痛(アツカヒ)て自ら勝ふること能はず」 ＊三代実録‐貞観八年(866)九月二二日「日夜間無く憂れひ念ほし熱加比御座す」 ＊成唯識論寛仁四年点(1020)六「忿と恨とを先と為、追ひ触(ふ)れば、暴(し)ひ熱(アツカヒ)、佷(ひす)かしまに戻(もと)れるをもて性と為」 語源説 (1)アツ(熱)を語根として動詞に活用したもの〔和訓栞・古言類韻=堀秀成・大言海・日本語源=賀茂百樹〕。(2)アツカフ(煬変)の義〔紫門和語類集〕。 表記 暍(色・字) 念熱(色) 念熱(名) 辞書 字鏡・色葉・名義

あつ‐がお【厚顔】〔名〕(形動) あつかましいこと。恥知らずで、ずうずうしいさま。鉄面皮。こうがん。 ＊藪の鶯(1888)〈三宅花圃〉七「学問をさせれば、厚顔(アツカホ)なおしのつよい女が出来ますから」 ＊良人の自白(1904‐06)〈木下尚江〉続・二七・五「如何(どん)な厚顔(アツガホ)な女性なれば、斯様通知の手紙などが書けたものだ」 発音 アッガオ 〈標ア〉⓪

あっ‐かく【圧覚】〔名〕 身体の諸器官の表面が圧迫を受けた時に起こる感覚。全身の皮膚や粘膜の表面に散在する圧点で感じられる。この知覚は程度が弱いときは単に接触の感じだけが起こるので、皮膚を強く圧迫したときに深部に起こるものをさし、皮膚や粘膜の表層に起こるものは触覚といって区別することもある。圧感。 ＊世之助の話(1918)〈芥川龍之介〉中「私の視覚、聴覚、嗅覚、触覚、温覚、圧覚―どれ一つとして、この女房が満足させてくれなかったものはない」 ＊昇天(1923)〈十一谷義三郎〉三「そして機械的な指先きの運動と圧覚とが、知らぬ間に彼を過去の幻影の世界へ引き摺り込んでゆく」 発音 〈標ア〉⓪

あっ‐かく【悪客】〔名〕 ①下等な客。いやな客。不愉快な客。 ②酒を飲まない客。特に酒を飲む上戸が下戸をそしっていうことば。また、逆に下戸が上戸をそしっていう場合もある。 ＊東京教育大本下学集(室町中)「悪客 アクカク 唐人元次山、呼二以不レ飲レ酒者一、謂二之悪客一也」 ＊文明本節用集(室町中)「悪客 アクカク」 ＊評判記・色道大鏡(1678)二「其上、下戸をさして悪客(アッカク)と、元次山(げんしさん)もいへり」 ＊堅瓠六集‐巻四・悪客「留青日札、黄山谷以二不レ飲レ酒者一為二悪客一、〈略〉元次山亦云、将レ船何処云、送レ客小回レ南、有二時逢一悪客一、還レ家亦小酣、蓋以レ敗二人清興一故也、〔群砕録〕元結以二不レ飲者一為二悪客一、後以二痛飲者一為二悪客一」 表記 悪客(下・文・伊・明・天・書) 発音 〈標ア〉⓪ 辞書 下学・文明・伊京・明応・天正・書言

あっ‐かく【握攫】〔名〕 つかみとること。 ＊泣かん乎笑はん乎(1890)〈北村透谷〉「冥暗の中に勢源を握攫する者あらば国の至幸なり」

あつ‐がし【厚樫】〔名〕 厚みのあるカシ材。 ＊倫敦塔(1905)〈夏目漱石〉「厚樫(アツガシ)の扉は彼等と浮世の光りとを長(とこし)へに隔てる」 発音 アッガシ 〈標ア〉⓪

あっか‐と〔副〕 口を開けたままぽかんとしているさまを表わす語。 ＊三百則抄(1662)二「赤月をとっくと見て、裳のぬるるをも知らぬと云は、あっかと対した時、全体一片の月だぞ」

アッカド（Accad, Akkad） ㊀古代メソポタミア地方の地名、民族名。 ㊁⇨アッカドちょう(―朝)

アッカド‐ご【―語】〔名〕(アッカドは Accad, Akkad) 古代メソポタミアの言語。前三〇〇〇年頃から西暦紀元頃まで使用された。セム語族のうち東セム語派に属し、アッシリア語とバビロニア語の二大方言がある。主として楔形(くさびがた)文字が用いられ、ハンムラビ法典はこの言語で書かれる。アッシリア‐バビロニア語。 発音 アッカドゴ 〈標ア〉⓪

アッカド‐ちょう【―朝】(アッカドは Accad, Akkad) メソポタミア地方最古の統一王朝。前二三五〇年頃、セム系遊牧民のサルゴン一世がシュメール人を征服して建国。西南アジア一帯を支配したが、前二一五〇年頃、山間民族の侵入で滅んだ。 発音 アッカドチョー 〈標ア〉⓪

アッカド‐もじ【―文字】〔名〕(アッカドは Accad, Akkad) 古代メソポタミアで話されていたアッカド語を記した文字。シュメール人から借用したもので大部分が楔形(くさびがた)文字。同じ文字が多くの語を表わすという特質をもつ。

あつ‐かね【熱金】〔名〕 熱くした金属。また、金属でできた道具。 ＊兼見卿記‐天正六年(1578)三月一六日「目薬師善阿弥来療治〈あつかね〉」 発音 〈標ア〉モ

あつ‐かぶと【厚兜】〔名〕 鉄板の、重ね厚の鉢からなるかぶと。 ＊武蔵野(1887)〈山田美妙〉上「鋼鉄(はがね)の厚兜が大概顔を匿して居るので十分にはわからない」 発音 〈標ア〉⓪

あつ‐かべ【熱壁】〔名〕(「かべ」は、豆腐の意) ゆでた豆腐に、すりみそをかけた料理。 ＊随筆・雲錦随筆(1862)二「例歳極月十三日は禁中の御煤取(おんすすとり)にして是を御煤といふ、此日御祝として末々の者に至るまで、熱壁(アツカベ)といへるを下さる御台所前なる庭上に、鉄輪(かなわ)を居(すへ)、大釜をかけ、白豆腐をたき白味噌を摺りて美(むま)たきしを上よりかけたる也。是を熱(アツ)かべと号す」 発音 〈標ア〉⓪

あっか‐へい【悪貨幣】〔名〕「あっか(悪貨)」に同じ。

あっか‐ぼうぜん【―呆然】〔形動タリ〕 すっかりあっけにとられてぼんやりしているさま。 ＊談義本・教訓雑長持(1752)三・浅草寺に奴集り主人を評議せし事「旦那の阿房(あほう)つくさるるを異見(いけん)いはふでもなしあっか忙然(ボウゼン)として暮されたが」

あつ‐かまし・い【厚―】〔形口〕文あつかま・し〔形シク〕 恥知らずで遠慮がない。ずうずうしい。厚顔である。 ＊評判記・吉原讃嘲記時之大鞁(1667か)るい「うすなさけまたるいさまをきみにみはあつかましとぞきみはいわなん」 ＊浄瑠璃・曾我虎が磨(1711頃)上「此女郎買ひに来た、客になる、ここ明よあけよあけよと叩(たた)きける。亀菊心得(こころへ)前垂(だれ)手拭(てのごひ)遣(やり)手姿、アアあつかましいお客衆」 ＊松翁道話(1814‐46)二・上「我子には孝行させてかからうとは、あんまりあつかましいわい」 語誌 「厚皮(あつかは)な」の形で用いられる形容動詞と意味が共通するが、両者のつながりははっきりしていない。あるいは、「やかまし」「せせかまし」「ねだりがまし」「色がまし」などへの類推・牽引を想定しうるか。 方言 ❶騒々しい。うるさい。やかましい。また、煩わしい。 京都府竹野郡622 兵庫県佐用郡047 赤穂郡660 岡山市054 徳島県809 海部郡823 香川県高松市062 塩飽諸島829 愛媛県054 845 846 高知県862 ❷乱雑に取り乱している。 兵庫県佐用郡047 赤穂郡660 ❸粗末だ。下品だ。 兵庫県赤穂郡660 ❹そそっかしい。 兵庫県淡路島671 ❺りっぱだ。いかめしい。 徳島県811 語源説 (1)ツラアツカマヘ(面厚構へ)シクの略〔両京俚言考・日本語原学=林甕臣〕。(2)アツカハ(厚皮)シの転〔大言海〕。 発音 アッカマシイ 〈標ア〉シ 〈京ア〉マ 文『あつかまし』〈標ア〉マ 〈京ア〉マ 辞書 ヘボン・言海

あつかまし‐く‐も‐な・い【厚―無】〔連語〕(「あつかましい」を強めていう語) これ以上にないくらい厚かましい。 ＊滑稽本・早変胸機関(1810)「随分としんにお通ひなさるがいんのさ。そしてマア厚かましくもねへ、旦那さまへ内よりっサ、お前さん、子、子供もありながら、いつまで浮気がやみませんエ」 発音 〈標ア〉シ

あつかまし‐げ【厚―】〔形動〕(形容詞「あつかましい」の語幹に接尾語「げ」の付いた語) あつかましいさま。 発音 アッカマシゲ 〈標ア〉シ

あつかまし-さ【厚—】〘名〙（形容詞「あつかましい」の語幹に接尾語「さ」の付いたもの）あつかましいこと。また、その度合。＊竹沢先生と云ふ人(1924-25)〈長与善郎〉竹沢先生東京を去る・一「藤井がそんなあつかましさを敢へてしたと聞くことは」＊舗道雑記帖(1933)〈高田保〉恋愛ギャング道「あまりにぶしつけな厚がましさ、とも思召されるかも知れませんが」 発音〈標ア〉マ 〈京ア〉0

あつ-がみ【厚紙】〘名〙①（厚手に漉(す)くところから）「とりのこがみ（鳥子紙）」の古名。厚葉（あつよう）。＊延喜式(927)四二・左右京職「褾紙（そてかみの）料厚紙五十三張」＊古今著聞集(1254)五・二二一「厚紙を懸物につまれたりけるに」＊蔭凉軒日録-長享三年(1489)三月三日「自藤左・杉原三束、青苔二百把、埜里二葉(数十个)、百疋、厚紙二束」＊御湯殿上日記-享祿二年(1529)六月一九日「とさよりとしのはじめの御礼とて、あつかみ一そく。御扇十本まいる」＊元和本下学集(1617)「厚紙 アツガミ」＊随筆・安斎随筆(1783頃)二〇「古代厚紙薄紙あり、鳥の子紙にてあつやううすやうの品あり」②楮(こうぞ)紙を数枚、糊(のり)で貼り合わせた厚い紙。帳面の表紙などに使う厚い紙。＊浄瑠璃・心中万年草(1710)中「逢はぬ昔の白紙も、忍びかさねてあつがみを、人にさかるる横紙に」＊思出の記(1900-01)〈徳富蘆花〉外巻・一「状挿(じゃうさし)一つも手づから厚紙で製(こしら)へて、朝顔の花でも画くと云ふ様に」③美濃(岐阜県)、周防(山口県)、土佐(高知県)をはじめ、各地で産した厚い紙。傘を張り、本の表紙、または呉服物の包み紙などに用いた。④「いためがみ(板目紙)」に同じ。⑤ボール紙。板紙、馬糞紙の類。＊小学読本(1873)〈田中義廉〉四「今厚紙の袋を以て、うちに半分まで空気を入れ、其口を厳しく緊り」＊ブウランジェ将軍の悲劇(1935-36)〈大仏次郎〉その年の巴里祭・三「ブウランジェ将軍万歳を大きな字で書いた厚紙をシルクハットに挟んで茫然と見送って立ってゐた一群のブウランジスト」 発音アッガミ 〈標ア〉0 〈京ア〉0 辞書下学・文明・明応・天正・饅頭・黒本・易林・日葡・ヘボン・言海 表記厚紙(下・文・明・天・饅・黒・易・ヘ・言)

あつがみ を=剝(へ)ぐ[=剝(は)がす] ①病気の回復が速いさまをたとえていう。↔薄紙を剝ぐ。＊雑俳・柳多留-一一(1776)「あつがみをへかすやうなはけびゃう也」＊人情本・孝女二葉錦(1829)二・五「今のいままで見へぬ目が、現(げ)に厚紙(アツガミ)をへぐごとく、稍(しだい)にはるる黒雲に、光りてりそふ真如の月」②病気が少しずつ回復するさまをたとえていう。＊人情本・春色淀の曙(19C中)三・二回「併し此の薬を飲ましたら、厚紙(アツガミ)を剝(へ)ぐ様に些とづつは気分も宜らう」

あつがみ-ざいく【厚紙細工】〘名〙厚紙を材料として、器物や模型などを製作すること。また、その製品。 発音アツガミザイク 〈標ア〉ザ

あつかむ〘動〙方言 ❶うるさがる。めんどうがる。愛媛県840 大三島848 高知市867 ❷しかる。愛媛県松山846

あっか-もっか〘副〙心せわしいさまを表わす語。＊土(1910)〈長塚節〉一二「そんでよ、手伝(てつでえ)に遣ってても、はあ、日暮(しぐれ)に成ったらあっかもっかして凝然(じっ)としちゃ居らんねえんだ」 方言茨城県真壁郡191 千葉県君津郡301

あつか-もの〘名〙「あつもの(羹)」に同じ。＊大草殿より相伝之聞書(16C中か)「その時は、膝を組みて箸をなほし、あつか物を受け」

あっかり 方言 一〘副〙❶呆然(ぼうぜん)と放心しているさま。ぼんやり。富山県390 石川県珠洲郡408 河北郡414 静岡県520 安倍郡540 ◇あっかりん 石川県珠洲郡408 石川県能美郡419 石川郡421 ◇あっかりへん 石川県金沢市404 ❷安心したさま。ほっと。富山県390 高岡市395 ◇あっくり 石川県珠洲郡408 河北郡414 ◇あっかる・あっかるけえん 富山県砺波398 ◇あっからけん 富山県390 ❸疲れたさま。ぐったりするさま。富山県砺波397 ◇あっくり 富山県砺波398 石川県404 419 岐阜県飛驒502 ◇あっこり 岐阜県飛驒502 ❹落胆するさま。富山県390 ◇あっかい 熊本県南部933 ❺不意にするさま。 二〘名〙ぼんやり者。愚か者。山梨県南巨摩郡463 長崎県五島917

あつ-がり【暑—】〘名〙普通の人以上に暑さを感じて苦にすること。また、その人。あつがりや。＊童謡(1935)〈川端康成〉「冷性のくせに暑がりだと言ひながら」＊夢の浮橋(1970)〈倉橋由美子〉光る風「人よりも暑がりで」 発音アッガリ 〈標ア〉リ ガ 〈京ア〉ガ

あつがり-や【暑屋】〘名〙暑がりの人。＊通学物語(1941)〈渋沢秀雄〉惰眠録「私は眠がり屋である。また寒がり屋である。その癖夏がくれば一応暑がり屋にもなる」 発音アッガリヤ 〈標ア〉0 〈京ア〉0

あつ-が・る【暑—・熱—】〘自ラ五(四)〙（形容詞「あつい(暑・熱)」の語幹に接尾語「がる」の付いたもの）あついと思う。また、そのような様子をする。＊仮名草子・東海道名所記(1659-61頃)二「楽阿彌あまりにあつがりて、かうべよりあせけふりのたつをみて」＊黄表紙・両国名取(1783)「義太八ここぞと走り入り五人の女をあつがらせ、おもいれとけしかける」 発音アッガル 〈標ア〉ガ 〈京ア〉0

あつ-かわ【厚皮】〘名〙①厚い皮。＊志都の岩屋講本(1811)下「さて其の上を、厚皮のしかも大さう丈夫な皮で包んで」＊洗湯手引草(1851)洗場の由来「かる石で跟(かかと)の厚皮をこする心地して」②(形動)面(つら)の皮が厚くて、恥を恥とも感じないこと。また、そのようなさま。鉄面皮。あつかわづら。＊仮名草子・都風俗鑑(1681)二「又は友をさそひ来て物をかうなり。誠にあつかはなるしょさ、どふもいへぬ儀式どもなり」＊浄瑠璃・浦島年代記(1722)三「産落(うみおと)さねば子ではない、惚れたとはあつかはな」＊歌舞伎・韓人漢文手管始(唐人殺し)(1789)一「サア、無念など云ふ事を知らぬ厚皮なお人」＊人情本・春色辰巳園(1833-35)後・十回・上「イヤおれがやうに厚皮(アツカハ)じゃアあいさつも出来めへ」＊大川端(1911-12)〈小山内薫〉三八「せつ子は自分に疚(やま)しい所があるのに、平気でこんな事が出来る程厚皮な女ではない」 発音〈標ア〉0 辞書言海 表記厚皮(言)

あつかわ・し【扱】〘形シク〙（動詞「あつかう(扱)」の形容詞化）事の処置に苦労するさま。取り扱いにくい。＊源氏(1001-14頃)総角「『いとかくくち木にはなしはてずもがな』と、人知れず、あつかはしくおぼえ侍れど」＊書陵部本名義抄(1081頃)「結繚 マツハル(選) アツカハシ」 発音〈標ア〉ワ 〈ア史〉平安●●●●◓ 辞書名義 表記結繚(名)

あつかわ・し【暑・熱】〘形シク〙（動詞「あつかう(熱・暑)」の形容詞化）①暑苦しい。＊石山寺本大般涅槃経平安中期点(950頃)九「若し衆生の諸の毛孔に触するときは、能く一切の欝蒸(アツカハシキ)悩みを除く」＊宇津保(970-999頃)楼上下「廂(ひさし)にゐ給へる人々、狭くて、人気(け)にあつかはしく覚え給へる」＊源氏(1001-14頃)常夏「うすものの単衣(ひとへ)を着たまひて臥(ふ)し給へるさまあつかはしくはみえず。いと、らうたげに、ささやかなり」＊仮名草子・可笑記(1642)三「水無月の、むしむしと暑かはしき時しも」②わずらわしい。うるさい。＊源氏(1001-14頃)蛍「いとあまりあつかはしき、御もてなしなり。よろづのこと、さまに従ひてこそめやすけれ」 発音〈標ア〉ワ

あつ-かわし・い【厚—】〘形口〙文あつかは・し〘形シク〙「あつかましい(厚—)」の変化した語。＊婦女の鑑(1889)〈木村曙〉一「さるを此上、どの顔にてあつかはしくも我家を告げ、貴き御方を煩はせ申さるべき」

あつかわし-げ【扱—】〘形動〙（形容詞「あつかわし(扱)」の語幹に接尾語「げ」の付いたもの）あれこれと世話をするさま。苦労しながら仕事や世話を懸命にしているさま。＊今昔(1120頃か)一九・三三「六月の解除(はらへ)する車共(ども)、繚(あつか)はし気(げ)に水に引(ひき)渡し」

あつかわし-げ【暑—・熱—】〘形動〙（形容詞「あつかわし(暑)」の語幹に接尾語「げ」の付いたもの）いかにも暑苦しく見えるさま。＊枕(10C終)三五・小白河といふ所は「さばかりかろび涼しげなる御中に、あつかはしげなるべけれど」＊栄花(1028-92頃)音楽「凡僧などのはさるべきにもあらねば、ただ我身一つに被(かづ)き積みたる、いと苦しげにあつかはしげなり」

あつかわし-さ【暑—・熱—】〘名〙（形容詞「あつかわし(暑)」の語幹に接尾語「さ」の付いたもの）暑苦しいこと。また、その度合。暑苦しさ。＊源氏(1001-14頃)常夏「水のうへ無徳(むとく)なる今日(けふ)のあつかはしさかな」

あつかわ-づら【厚皮面】〘名〙（形動）「あつかわ(厚皮)②」に同じ。＊浄瑠璃・長町女腹切(1712頃)上「お山やら惣嫁(そうか)やら、あつかはづらな、昼日中(ひるひなか)大坂のをばで候と」＊歌舞伎・梅柳若葉加賀染(1819)五立「不束(ふつつか)な水仕(みづし)の私し、お肌を穢(けが)すお願ひは、厚皮面(アツカハヅラ)な女めぢゃと、お下げすみもござりませうが」 発音〈標ア〉0 辞書ヘボン 表記厚皮面(ヘ)

あつかわづら 火(ひ)に懲(こ)りず 鉄面皮な人ほど物に懲りない。どこまでもずうずうしいの意にいう。＊浄瑠璃・蘆屋道満大内鑑(1734)三「よふもよふも太切な夫の訴人、あつかはづら火にこりずとしのび入ったも親がさしづか」

あつかわ-もの【厚皮者】〘名〙面(つら)の皮が厚くて、恥を恥とも感じない者。あつかましい者。＊俳諧・江戸新八百員(1756)「四五日唖咀とささやいて止む〈龍眠〉 三味線の厚皮ものはにくらしや〈米仲〉」＊歌舞伎・名歌徳三舛玉垣(1801)五立「在所育(そだち)の無骨者(ぶこつもの)手におはさへも知りもせず、哥詠(よ)もふとはあつかわもの」 発音〈標ア〉0 ノ

あっ-かん【圧官】〘名〙体の各部分における圧感を感じとる感覚機能。また、その機能を備えた末梢神経。

あっ-かん【圧巻】〘名〙（昔、中国の科挙(官吏登用試験)で、及第者のうちの最優秀者の答案を他の答案の上に載せたところから）①書物の中でいちばんすぐれた箇所。他を圧倒するほどすぐれた詩文。＊両足院本山谷抄(1500頃)一「総じて詩を編に圧巻が大事ぞ。其人がさる人に賞玩せられ、或は名人と酬作するを第一に載ぞ。此詩も東坡に始て知れたが名誉で有ほどに第一に置ぞ」＊新著百種の「色懺悔」(1889)〈石橋忍月〉「満篇の紙上到る処悲惨哀悼の情充満せざるはなし、吾人は本著第一回を読むに当って是点こそは圧巻の傑作ならんと思へり」＊「細雪」の世界(1949)〈浅見淵〉「『細雪』での圧巻は、上巻の幸子一家の京都における観桜の場面」＊文章弁体序説-排律「山谷嘗云、老杜贈韋左丞詩、前輩録為圧巻」②全体の中で最もすぐれた部分。＊私の美術遍歴(1956)〈亀井勝一郎〉北斎漫画「代表作であるのみならず、全作品中の圧巻と云ってゐる人も少くない」 発音〈標ア〉0 〈京ア〉0

あっ-かん【圧桿】〘名〙銃の部分品。筒の中にあって薬莢(やっきょう)を押す棒の上部についている握り。＊歩兵操典(1928)第六七「右手を以て銃把を握り左手を以て圧桿(アッカン)を上方に起し」 発音〈標ア〉0

あっ-かん【圧感】〘名〙「あっかく(圧覚)」に同じ。＊上海(1928-31)〈横光利一〉一〇「彼は女を引き摺る圧感で汗をかいた」

あっ-かん【悪感】〘名〙⇨あくかん(悪感)

あっ-かん【悪漢】〘名〙悪事をはたらく男。わる

もの。*文明論之概略(1875)〈福沢諭吉〉三・六「有名の悪漢が手堅き町人と為りたるの類は珍らしからず」*花柳春話(1878–79)〈織田純一郎訳〉一「顔色深黒にして眼光人を射、常に人を害する悪漢の相全く備れり」*斜陽(1947)〈太宰治〉一「直治みたいな悪漢は、なかなか死ぬものぢゃないわよ」 発音〈標ア〉0〈京ア〉0

あっ-かん【握管】『名』「あっかんほう(握管法)」に同じ。*翰林要訣-第一執筆法「握管、四指中節握管、沈著有力、書誥勅謗疏」

あつ-かん【熱燗】『名』(「あつがん」とも) 酒の燗の熱いこと。湯であたためて熱くした酒。《季・冬》*日葡辞書(1603–04)「Atçugan(アツガン)〈訳〉非常に熱い酒」*浮世草子・好色二代男(1684)六・五「五つに銘々の名をしるして、暑間(アツガン)にして、是りゃ呑(のめ)と生男(きおとこ)斗さしつおさへつ」*俳諧・太祇句選(1772–77)秋「身の秋やあつ燗好む胸赤し」*雪中梅(1886)〈末広鉄腸〉下・二「是れは熱燗(アツカン)で有り難い」*露小袖(1890)〈大橋乙羽〉九「それそれと打領づき、一合の酒熱燗(アツカン)にして」 発音〈なまり〉アチャカン〔山形小国・新潟頸城〕〈標ア〉0〈京ア〉0 辞書日葡・ヘボン・言海 表記熱燗(へ・言)

あっ-かんしゅう【悪慣習】『名』⇨あくかんしゅう(悪慣習)

あっ-かんじょう【悪感情】『名』⇨あくかんじょう(悪感情)

あっかん-しょうせつ【悪漢小説】『名』一六世紀スペインで流行した、悪漢(ピカロ)を主人公とする写実様式の小説。ヨーロッパ各国に広まり、一八世紀の小説の一典型となる。ル=サージュの「ジル=ブラース物語」が代表作。ピカレスク。 発音アッカンショーセツ〈標ア〉ショ

あっかん-ほう【握管法】『名』書道の執筆法の一つ。筆を四本の指で握り、残った親指で押えて書く方法。握管。

あっ-き【悪気】『名』①わざわいをなす気。*東京教育大本下学集(室町中)「胡椒〈略〉一説云皇后宮以椒塗壁温暖避悪気」*文明本節用集(室町中)「悪政生悪気(アクキ)」*日葡辞書(1603–04)「Acqiuo(アッキヲ) サル」*新語-明誡「悪政生於悪気、悪気生於災異」②濁った空気。くさい空気。*日葡辞書(1603–04)「Acqi(アッキ)。アシイ キ〈訳〉臭気と同語」*金色夜叉(1897–98)〈尾崎紅葉〉後・七「燻(いぶ)り臭き悪気は四辺に充満ちて」*文天祥-正気歌序「或圊溷、或死屍、或腐鼠、悪気雑出」 発音〈標ア〉ア 辞書文明・日葡・ヘボン 表記悪気(文・へ)

あっ-き【悪鬼】『名』①たたりをなす妖怪(ようかい)。怨霊(おんりょう)。あるいは夜叉(やしゃ)などの悪鬼神。*霊異記(810–824)上・一九「寧ろ悪鬼に託(くる)ひて多(あまた)濫言(みだりごと)すと雖も、持経者をば誹謗(そし)る可から不(ず)」*金刀比羅本保元(1220頃か)上・新院御所各門々固めの事「いかなる悪鬼(アクキ)、行厄神(きゃうやくじん)も、面をむくべきやうはなし」*名語記(1275)九「かの草は、悪鬼をさらしむる用あり」*徒然草(1331頃)一九六「眷属(けんぞく)の悪鬼、悪神をおそるる故に」*史記-秦始皇本紀「人主時為微行、以辟悪鬼、悪鬼辟真人至」②ならず者などをののしっていう語。わるもの。悪漢。ごろつき。*浄瑠璃・双蝶蝶曲輪日記(1749)四「悪鬼(アッキ)共が蛇の目傘、町一杯に肩肘を厳(いか)つがましく表より」③「あっきせりふ(悪鬼台詞)」の略。*洒落本・妝閣秘言(1757頃)身仕廻部屋の段「こころのすいといふは、大分あっきかまじるわいな」*洒落本・船頭部屋(19C初)鳥居町舟宿の套「『アイサ、おもいれふんぞってやろうと思ひやした』『こんたあっき申ててどふしたのだ』」④(形動)①のように恐ろしいさま。*浮世草子・当世宗匠気質(1781)四・一「ただいま申すとふりあっきな嗅めなれば」 発音〈標ア〉ア 辞書日葡・書言・ヘボン・言海 表記悪鬼(書・へ・言)

あっ-き【悪機】『名』①悪い機縁。悪いきっかけ。*日蓮遺文-観心本尊抄(1273)「末法初謗法国悪機」②悪い素質をもった人。*口伝鈔(1331)上「あさましき三毒具足の悪機として、われと出離にみちたえたる機を摂取したまはむための五劫思惟の本願なるがゆへに」

あっ-き【握奇】『名』①軍陣の名。中国の兵書「握奇経」による天・地・風・雲の四陣を正、龍・虎・鳥・蛇の四陣を奇として左右に展開させ、それらの中心に位置する全軍掌握のための陣を「握奇」と呼んだという。握機。*箚録(1706)「八陣の中、陳に握奇と云て、是八陣の本原也」*李衛公問対-上「大宗曰、黄帝立法、世伝握奇文、或謂、為握機文、何謂也、靖曰、奇、音機、故或伝為機、其義則一、考其辞云、四為正、四為奇、余奇為握機、奇余零也、因此音機」②兵法で、型にはまらず、臨機応変に変化する兵学の要諦をつかむことをいう。*雑話筆記(1719–61)上「どう動かうやらづんど手のみへぬ、しかも定らぬなりな物を、ひしと握て我物にしておると云が大将一心の采幣にて、ここに千転万化、無窮之勝を制する処が有ることにて候。何と握奇と云たは面白く無之候や」

あっ-き【握機】『名』①「あっき(握奇)①」に同じ。②物事の要所をつかむこと。また、天下の中枢を掌握すること。政権を取ること。*後漢書-祭祀志上「昔在帝堯、聰明密微、譲与舜庶、後裔握機」

あつ-き【厚木】『名』分厚い板状の木。*歌舞伎・北条九代名家功(高時)(1884)中幕・上「本舞台四間の間置舞台の高二重、欅欄間、正面厚木(アツキ)の踏段、正面縁張りの襖」

あつ-き【暑気】『名』「あつけ(暑気)①」に同じ。*人情本・貞操婦女八賢誌(1834–48頃)四・三五回「昼は暑気(アツキ)の堪へ難ければ、須臾那所に憩ひて」 発音〈標ア〉0

あつぎ【厚木】神奈川県中央部、相模川の支流中津川と小鮎川の合流点にある地名。矢倉沢往還の旧宿駅。尼寺原には古墳群、隣の綾瀬市には厚木飛行場がある。昭和三〇年(一九五五)市制。

あつ-ぎ【厚着】『名』着物を多く重ねて着ること。かさねぎ。↔薄着。《季・冬》*日葡辞書(1603–04)「Atçugui(アツギ)〈訳〉重ね着」*雑俳・柳多留-六(1771)「けいせいはたとへにもれた厚着する」 発音アツギ〈標ア〉0 辞書日葡・ヘボン・言海 表記厚着(へ・言)

あっき-がい【悪鬼貝】『名』「あくきがい(悪鬼貝)」に同じ。*生物学語彙(1884)〈岩川友太郎〉「Murex, 悪鬼介属」*英和和英地学字彙(1914)「Akkigai Murex 悪鬼介」

あつき-すおう【厚素襖】⇨「あつい(厚)」の子見出し

あっき-せりふ【悪鬼台詞】『名』はげしい悪口。罵詈雑言(ばりぞうごん)。悪鬼。*洒落本・短華蘂葉(1786)「エライ悪鬼せりふナア。そふいふておまへ、すもふとおもふてか」*洒落本・南遊記(1800)五「是ではいかぬと挑燈喧哓(てうちんけんくゎ)、灯で火を消す悪鬼(アクキ)せりふ」

あつ-ぎぬ【厚衣】『名』綿を入れて厚くした衣。綿入れ。↔薄衣。*玉葉-嘉応二年(1170)一一月一五日「此日、童女御覧也、申刻、着直衣〈出柳厚衣〉」*今鏡(1170)二・白河の花宴「ほころびは多く縫ひめは少くて、あつぎぬの綿なんどのやうにてこぼれ出でたるが」*古今著聞集(1254)五・二〇三「敦頼衣冠に桜のあつぎぬ三をいだして、鳩杖をつきて、久利皮の沓をはきたり」*随筆・後松日記(1848頃)三「冬は綿いれ、さむからんにはいくつも重ね、是をわた衣とも、あつ衣とも、身いれの衣共いふ」

あつ-ぎぬ【厚絹】『名』「あついた(厚板)②」に同じ。

あっきゃ『感動』方言❶あきれたり驚いたりした時に発する語。福島県西白河郡181 新潟県352 382 滋賀県611 兵庫県多紀郡668 香川県小豆島829 ◇あっきゃあ 福島県155 ◇あきゃ 新潟県佐渡352 ◇あきゃきゃ 新潟県東蒲原郡368 中越373 ◇あっきゃそら 滋賀県606 608 ◇あっきっちゃ 香川県小豆島829 ◇あきちゃ 香川県827 小豆島836 ◇あっきよい 新潟県南蒲原郡372 ◇あいきょお 鳥取県712 719 ◇あきた 岡山県邑久郡(女性語)761 ❷失望した時に発する語。新潟県361 376 382 ◇あっきょお 沖縄県首里(女性語)993 ◇あっきゃきゃ 新潟県361 376 ◇あきゃちゃ 新潟市361 ❸死者を悲しんで発する語。女性語。◇あっきょお 沖縄県首里993 ❹ああ、汚いの気持を表わす語。新潟県347 380 384 ◇あきしゃ 広島県771 ◇あきちゃ 新潟県中頸城郡384 ◇あきゃあきゃ 越後1081 新潟県368 373 375 ◇あきた 岡山県邑久郡761 ◇あきゃ 新潟県柏崎381

あっ-きゃく【悪脚】『名』病んでいる脚。*看聞御記-応永三年(1396)一一月二〇日「自今暁御痢両三度下、彌御窮屈、自夜前左御脉絶了、医師不弁候之間悪脚不弁」

あつ-ぎゃく【圧虐】『名』抑えつけて虐待すること。*連環記(1940)〈幸田露伴〉「然し右衛門は不幸の霜雪に圧虐(アツギャク)されたままに消朽ちてしまふ草や菅では無かった」 発音アツギャク〈標ア〉0

あっ-きょう【悪狂】『名』荒れ狂うこと。荒々しく騒ぐこと。悪騒ぎをすること。*十訓抄(1252)五・序「又九条殿遺誡には、高声悪狂の人に伴ふ事なかれと教へ給へり」

あっ-きょう【悪境】『名』わるい境遇。よごれた環境。*十善法語(1775)一一「一切の悪境も、みな変じて厳好の境となる」*花柳春話(1878–79)〈織田純一郎訳〉三〇「蓋し此世界は悪境たれば、人生れながらにして罪あり」 発音アッキョー〈標ア〉0

あっき-らせつ【悪鬼羅刹】『名』(「羅刹」は悪鬼の総称。悪鬼を強めていう) あらゆる悪鬼。*太平記(14C後)二八・慧源禅巷南方合体事「何(いか)なる悪鬼羅刹も、是には過ぎじとぞ見えたりける」 発音〈標ア〉ア

あつ-ぎり【厚切】『名』物を厚く切ること。また、厚く切ったもの。↔薄切り。*野分(1907)〈夏目漱石〉二「中野君は洋刀(ナイフ)を揮って厚切(アツギ)りの一片を中央(まんなか)から切断した」*暗夜行路(1921–37)〈志賀直哉〉序詞「いやがる私の口へ其厚切(アツギ)りの羊羹(やうかん)を無理に押し込んだ」 発音アツギリ〈標ア〉0〈京ア〉0

あつ-ぎれ【厚切】『名』厚く切ったもの。*二人女房(1891)〈尾崎紅葉〉中・六「馬のやうな歯で沢庵の厚切(アツギレ)を咬(かじ)るから総入歯だと想(おも)ったら」 発音アツギレ〈標ア〉0

あっ-く【悪口】『名』(「口(く)」は呉音) 仏語。十悪の一つ。人をあしざまにののしること。あっこう。*霊異記(810–824)中・一一「悪口多言 具(つぶさ)に述ぶること得ず」*今昔(1120頃か)三・一九「悪口を以て三宝を誹謗す」*十善法語(1775)一「妄語をいひ綺語をこのみ、悪口して他を罵り、両舌して他の親好を破するを口の四悪業といふ」*法華経-常不軽菩薩品「若有悪口罵詈誹謗、獲大罪報」 発音〈標ア〉ア 辞書易林 表記悪口(易)

あっ-く【悪句】『名』①できの悪い、俳諧などの句。*俳諧・枇杷園随筆(1810)「宗因ごときの悪句なし」*墨のあまり(1897)〈正岡子規〉「嘗て作りたる悪句を示して、こは汝の句にあらずやといはば、吾のならずとは答へ難し」②悪い事。いんちき。*洒落本・通仁枕言葉(1781)「こふいふ悪句は先生へはおんみつだによ」 発音〈標ア〉ア

あつくしひこ-じんじゃ【熱串彦神社】新

潟県両津市長江にある神社。旧県社。祭神は阿都久志比古命（あつくしひこのみこと）。貞観年間（八五九〜八七七）の創建と伝える。阿都久志比古神社。

あつ-くちびる【厚唇】〘名〙厚いくちびる。＊いさなとり（1891）〈幸田露伴〉六一「小鼻の怒って頬骨の横広な厚唇（アツクチビル）の鈴眼（すずまなこ）」＊坑夫（1908）〈夏目漱石〉「角張った顎の、厚唇（アツクチビル）の長蔵さん抔（など）は」 発音〈標ア〉ク

あっ-くつ【圧屈】〘名〙おさえつけて従わせること。＊真善美日本人（1891）〈三宅雪嶺〉日本人の任務・二「啻に覆敗の惨状を免れしのみならず、一時四隣を圧屈し赫々の威名を擅にするを得たりき」

あつ-ぐみ【厚組】〘名〙厚い平打（ひらうち）の組緒。＊布衣記（1295頃か）「次に袖のくくりの事。六位にては常式のまだらをめす。かのあつぐみなり」

あつ-くらわ・し（…くらはし）**【暑──】**〘形シク〙暑苦しい。また、ごたごたして煩わしい。＊僻連抄（1345）「生得のこと葉ききは、こまかにくだきてあひあひときこゆ。それが不足なる人は、いかにも寄合具そくを取集てもらさじと付る故に、こまやかなる所なく、あつくらはしき物に聞ゆる也」＊源氏一滴集（1440）ほたる「あつかはし　あつくらわしき也」

あっくり〘名〙植物「しゅんらん（春蘭）」の異名。＊野菊の墓（1906）〈伊藤左千夫〉「僕は一寸『アックリ』を掘ってゆくから」 方言❶植物、しゅんらん（春蘭）。千葉県印旛郡054 ❷植物、あけび（通草）。茨城県（熟して口を開けたもの）062 千葉県香取郡265 印旛郡272 ❸獅子（しし）をいう幼児語。新潟県西頸城郡385

あつ-くるし・い【厚苦】〘形口〙文あつくる・し〘形シク〙着物などが厚ぼったくて苦しい。また、そのように見える。＊南小泉村（1907〜09）〈真山青果〉三「茶棒縞の手織木綿の綿入に同じ羽織を厚苦しく着て」 発音アックルシイ〈標ア〉シ〈京ア〉ル

あつ-くるし・い【暑苦・熱苦】〘形口〙文あつくる・し〘形シク〙（「あつぐるしい」とも）温度が高く、熱気がこもった感じで苦しい。息がつまるように暑い。また、そのように見える。あつくらわし。あつくろうしい。あつくろしい。＊天元四年斉敏君達謎合（981）「年の内に時を失ふ物とあるは、あつくるしき程なれば、くだものは夏梨と思ふにやあらむ」＊人情本・英対暖語（1838）三・一七章「裸で居（ゐ）ても温気（アツ）苦しい節（とき）だものヲ」＊いさなとり（1891）〈幸田露伴〉五二「口中は火を啣（ふく）むやうに熱苦（アツグル）しうて」 発音アックルシイ〈なまり〉アックラシ〔津軽語彙・鳥取〕アックラシイ〔石川〕アックラシー〔飛騨・鳥取〕アックルシイー〔埼玉方言〕アックロシー〔岐阜・島根・伊予・愛媛周桑〕アックロシイ〔播磨〕〈標ア〉シ〈京ア〉ル 辞書言海 表記熱苦（言）

あつくるし-げ【暑苦──】〘形動〙（形容詞「あつくるしい（暑苦）」の語幹に接尾語「げ」の付いた語）暑苦しいさま。＊良人の自白（1904〜06）〈木下尚江〉後・九・一「万国の国旗が風なき空に熱（アツ）苦しげに張り廻されてある」＊プラクリチ（1932）〈幸田露伴〉「今しも其井に立寄って水を汲んで去らうとする若い女のすいとした姿の熱苦しげにもないのが眼に入った」 発音アックルシゲ〈標ア〉シ

あつくるし-さ【暑苦──】〘名〙（形容詞「あつくるしい（暑苦）」の語幹に接尾語「さ」の付いた語）暑苦しいこと。また、その度合。＊行人（1912〜13）〈夏目漱石〉友達・五「蚊帳の中の暑苦（アツクル）しさに堪へかねて」 発音〈標ア〉ル〈京ア〉0

あつ-く・れる【厚──】〘自ラ下一〙度を超して厚い。厚ぼったい。濃厚である。＊評判記・満散利久佐（1656）台（うてな）「顔たち真丸（まんまる）也。唇は、あつくれて悪（あし）けれど、姿は随分吉（よし）」＊浮世草子・猿源氏色芝居（1718）五「かみのゆひぶりをはじめとして、何から何までこってりとあつくれたる仕出し」

あつ-くろうし・い【暑苦】〘形口〙「あつくろしい（暑苦）」を強めた語。＊両足院本山谷抄（1500頃）二「あつい時分に、盤礴せうとすれば、あつくらうしい」

あつ-くろし・い【暑苦・熱苦】〘形口〙文あつくろ・し〘形シク〙①「あつくるしい（暑苦）」に同じ。＊浄瑠璃・卯月の紅葉（1706頃）中「後（うしろ）遠慮（ゑんりょ）もなくしっかと抱く。エエあつくろし誰（たれ）じゃいや」＊談義本・豊年珍話（1760）二・幽魂の闘諍「日蓮宗の精舎（てら）の前に莚（むしろ）敷て、こぞり居たる夕涼の見る目もあつくろしきに」＊夜航余話（1836）上「名さへ火山の熱（アツ）くろしきに、時しも五月に当り、暑を畏て旅行する人もなし」＊桑の実（1913）〈鈴木三重吉〉二〇「何だか汗ばんだやうに暑くろしくなったおくみは」②ごたごたとして煩わしい。＊連理秘抄（1349）「生得（しゃうとく）の言葉ききは、こまかに云ひくだきてあいあいときこゆ、それが不足なる人は、寄合（よりあひ）を取り集めて洩らさじと付くる程に、細（こま）やかなる所なく、あつくろしき物にきこゆる也」

あっ-くん（アク…）**【悪薫】**〘名〙悪い行為が後に与える影響。悪業の余薫。＊矢田地蔵縁起（矢田寺蔵）（14C前か）下「存生の悪薫に依て、無間地獄に堕乎」

あっくんぐるし-の-さいなん【──災難】〘連語〙「あくんぐるしのさいなん（──災難）」の変化したもの。＊歌謡・新編歌祭文集（1688〜1736頃）二八・大経師おさん歌祭文下「五人女の一の筆、世の口ずさみ一昔、かかる哀は又も世に来たるまじきはあっくんくるしの災難とうやまってぞ申しける」

あっ-け【呆気】〘名〙思いがけないことに出合って驚きあきれる状態。ぼんやりしている状態。瞠若（どうじゃく）。呆然（ぼうぜん）。 方言愚か者。まぬけ。悪たれ。青森県073 075 084 岩手県二戸郡040 秋田県鹿角郡132 ◇あけ　青森県津軽054 語源説(1)アッケは、口を大きく開いたさま、アまたはアアと同語〔猫も杓子も＝楳垣実〕。(2)アッケは口を明けるというアケ（明）の急呼〔大言海〕。 発音〈標ア〉ケ〈京ア〉0 辞書言海

あっけに入（い）る　思いもかけないことに出合って驚きあきれる。また、どうしてよいかわからないでぼんやりする。＊浄瑠璃・摂津国長柄人柱（1727）四・道行「以前の配偶（つれあひ）岩次殿に別れてより、下作のとひもはなれ、あっけに入って居る内」

あっけに取（と）られる　（「取られる」は、その状態に取りつかれるの意か）思いもかけないことに出合って驚きあきれる。＊洒落本・客衆肝照子（1786）はんか「今じぶんうしやァがって、コレへおらァよいっから、あっけにとられた」＊滑稽本・浮世床（1813〜23）二・下「二人唯肝ばかり潰して、権（しばら）く呆（アッケ）にとられてゐたが」＊当世書生気質（1885〜86）〈坪内逍遙〉一五「二個（ふたり）がしきりに不審がりて、呆気（アッケ）にとられてとどむれども」 方言ばかになる。伊豆八丈島†075 語源説(1)トラレルはトラワレル〔猫も杓子も＝楳垣実〕。(2)悪鬼に精神を取られたようだとの略語か〔両京俚言考〕。 辞書ヘボン

あつ-け【暑気・熱気・温気】〘名〙①夏の暑さ。炎暑。しょき。あつき。＊為忠集（鎌倉中か）「涼しくも衣手かろし御祓川あつけはらひてかへるさの森」②暑さのために病気になること。暑気あたり。暑さ負け。中暑。＊宇津保（970〜999頃）国譲中「なにか。ことなる事にもあらじ。あつけなどにや」＊落窪（10C後）三「女君はあつけに悩ましうて見給はねば、男君、『我見ん』とて出でおはす」＊看聞御記‐永享一〇年（1438）七月二五日「召‐茂成朝臣‐令ㇾ取ㇾ脈。非‐殊儀‐。暑気（アツケ）也。むする病也云々」＊玉塵抄（1563）五二「五歳の時に母あつけをわづらうたぞ」＊俳諧・犬子集（1633）八・夏「長刀持てはしるいきほひ　暑気やむ人に香薷やのますらん」③（熱気）物体の温度の熱さ。＊玉塵抄（1563）五五「治の字は火に入てかたうこわいかねをやわらげて、水や氷に入れてあつけをひやいて、物のなりにするぞ」④（温気）身体がほかほかと暖まること。寒気（さむけ）に対していう。＊人情本・春色恵の花（1836）二・一一回「うなぎを喰てさむけがしもしめへ、くだらねへことをいふぜ。なんぞ温気（アツケ）のするものを、さういってやるがいいじゃァねへか」 方言暑気あたり。暑さ負け。山梨県北都留郡038 三重県北牟婁郡588 香川県829 高知県860 鹿児島県鹿児島市038 鹿児島郡968 発音〈標ア〉ケ 辞書文明・饅頭・言海・ヘボン 表記中暑（文・饅・ヘ） 熱膈（文）

あつけが入（い）る　（暑さが体の内に入りこむ意から）日射病などにかかる。暑気あたりする。暑さ負けする。↔冷えが入る。＊浮世草子・世間侍婢気質（1771）一・三「暑気（アツケ）が入りましたか頭痛が致しまして、あんばいがわるさに」 方言兵庫県加古郡664 鹿児島県鹿児島郡968 ◇あつけにいる　愛媛県喜多郡844 高知県860

あつけに中（あた）る　暑さのために日射病などの病気にかかる。暑気あたりする。暑気が入る。＊人情本・娘太平記操早引（1837〜39）初・二回「お千代さんが、暑気（アツケ）にでも中（アタ）ったさうで、急に虫がかぶると云って、どうかお船も止めになりさうな塩梅式だア」

あつ-げ【厚──】〘形動〙（形容詞「あつい（厚）」の語幹に接尾語「げ」が付いた語）いかにも厚そうなさま。＊椀久物語（1899）〈幸田露伴〉六「二人が末の末好かれと情厚（アツ）げな分別立てして意見して呉れたは道理らしいが」 発音アツゲ〈標ア〉0 ゲ

あつ-げ【暑──・熱──】〘形動〙（形容詞「あつい（暑・熱）」の語幹に接尾語「げ」の付いた語）いかにもあついと感じさせるようなさま。あつ苦しそう。＊枕（10C終）一二三・暑げなるもの「あつげなるもの。随身の長（をさ）の狩衣〈略〉いたく肥えて髪おほかる」＊源氏（1001〜14頃）鈴虫「所せくあつげなるまで、ことごとしくさうぞきたる女房、五六十人ばかり集ひたり」＊古本説話集（1130頃か）五一「身もかいさぐれば、いみじくあつげなれば、『あないみじ、にはかに』とて、乳母（めのと）迷（まど）ふ」 発音アツゲ〈標ア〉ア ゲ

あつけ-あたり【暑気中】〘名〙「あつけ（暑気）②」に同じ。＊滑稽本・滑稽富士詣（1860〜61）六・下「ゆききのたび人店前（みせさき）せましと立よどみ、思ひ思ひのへらずぐち、『モシなんでござへますネ。てんかんか、あつけあたりか、どうしたんだネ』」

あっ-けい（アク…）**【悪契】**〘名〙悪い約束ごと。＊霊異記（810〜824）中・四一「先の悪契に由りて、蛇と為りて愛婚し」

あっ-けい（アク…）**【悪計】**〘名〙悪い計略。悪策。＊東寺百合文書‐ほ・寛元元年（1243）一一月二五日・六波羅裁許状（大日本古文書二・一七）「為悪計之由者」＊人情本・春色梅児誉美（1832〜33）四・二〇齣「今入り来りし丹次郎も蔭ィ（かたへぎき）して、五四郎が其悪計（アクケイ）におそれけり」＊花柳春話（1878〜79）〈織田純一郎訳〉六二「人の悪計判然として発露すれば」 発音アッケイ〈標ア〉0

あっ-けい（アク…）**【悪景】**〘名〙汚い景色。不快な眺め。＊夜航余話（1836）「塞外の悪景むさくろしく」

あっけえ〘名〙方言⇩あずくみ

あつけ-く【暑──・熱──】（形容詞「あつい（暑・熱）」のク語法）あついこと。＊万葉（8C後）九・一七五三「筑波の山を　見まく欲り　君来ませりと熱（あつけ）くに　汗かきなげ　木の根取り〈虫麻呂歌集〉」 上仮名アツケク

あつけ-さ【暑──・熱──】〘名〙（「さ」は接尾語）「あつさ（熱──・暑──）」に同じ。＊佐保川（1788頃）上「ながき日の恋に姿もみだるるを暑けさ故と人は見るらし」

あつげ-さ【暑―・熱―】『名』（形容動詞の語幹「あつげ（暑―・熱―）」に接尾語「さ」の付いた語）①いかにもあついと感じさせるような動作や状態。あつ苦しい様子。＊成尋母集（1073頃）「あつく苦しき程に、律師（りし）おはしかよひ、僧どもの、経読み加持するあつげさを見るに」②（病気などのため）あつそうな様子。熱のありそうな状態。＊苔の衣（1271頃）一「いま少しあつげさまさりて見え給へば、いかなるべきことにかと、きんだちなどは思しさわぐ」

あっけし【厚岸】㊀北海道東部、釧路（くしろ）支庁の地名。厚岸湾があり、早くから内地人が渡来して、漁業根拠地となる。江戸幕府が東蝦夷（えぞ）地警備のため建てた国泰寺跡がある。㊁北海道東部、釧路支庁の郡。根釧台地の中央部にあり、太平洋に面する。明治二年（一八六九）釧路国の一郡として成立。語源説 アイヌ語で、Akkeshi の Akkesh は牡蠣（かき）貝、i は場所、すなわち牡蠣貝のある所の意〔アイヌ語より見たる日本地名研究＝バチェラー〕。発音〈標ア〉0

あっけし-こ【厚岸湖】北海道釧路（くしろ）支庁東部の湖。厚岸湾に連なる塩水湖。牡蠣（かき）の殻が堆積した礁（牡蠣島）が散在する。面積三二・三平方キロメートル。発音〈標ア〉シ

あっけし-そう【厚岸草】『名』アカザ科の一年草。北海道、四国の一部の塩水をかぶる砂地や塩性の湿地に生える。高さ一五～二〇センチメートル。主茎は直立し、多数の枝を対生する。茎は濃緑色の多肉質の円柱形、葉は鱗片状に退化して関節部に対生し緑色の茎がサンゴのような美しい紅紫色となる。北海道厚岸湾の牡蠣島（かきじま）で発見された。学名は Salicornia europaea《季・秋》発音 アッケシソー〈標ア〉0

厚岸草

あつ-げしょう【厚化粧】『名』①おしろい、口紅などを濃くつけ、けばけばしい化粧をすること。また、その化粧。比喩的に、過剰な装飾を施していることにもいう。濃化粧（こいげしょう）。↔薄化粧（うすげしょう）。＊浄瑠璃・傾城反魂香（1708頃）上「お茶の間のきり鼻（かか）五十余りのあつげしゃう」＊人情本・春色恵の花（1836）二・七回「ひけらかしたる厚化粧にあらで、素皃（すがほ）のうつくしさ」＊腕くらべ（1916–17）〈永井荷風〉一〇「高島田に裾模様の衣裳は襟のあたりへまで金糸の繍（ぬひ）を入れた模様を見せ、日頃の厚化粧を一層濃くさせてゐたので」＊ガトフ・フセグダア（1928）〈岩藤雪夫〉三「厚化粧をした船は身持女のやうに要心深く、然し臆面もなく出帆した」②雪景色、または大霜をいう、盗人仲間の隠語。〔隠語輯覧（1915）〕発音 アッゲショー〈なまり〉アッゲショ〔鳥取〕〈標ア〉ゲ〈京ア〉ゲ

あっ-けつ【悪血】『名』悪い血。おけつ。＊日葡辞書（1603–04）「Acqet（アッケツ）。アシイ チ〈訳〉悪い血」＊人情本・仮名文章娘節用（1831–34）前・発端「血心おとろへ循環せざるにや、悪血（アッケツ）さへもをりかねて」発音〈標ア〉0 辞書 日葡

あつ-ゲット【厚―】『名』（ケットは英 blanket から）厚い毛布。＊藁草履（1902）〈島崎藤村〉一「御車は無紋の黒塗、海老染模様の厚毛布（アツゲット）を掛けて、蹴込には緋の毛布を敷き」

あっけ-な・い【呆気―】『形口』文 あっけな・し『形ク』（「ない」は接尾語）物事が思ったより貧弱、簡単で、もの足りない。また、予期に反して簡単で張り合いがない。＊雑俳・柳多留‐三（1768）「あっけない壱歩か蛍飛びしまひ」＊歌舞伎・樟紀流花見幕張（慶安太平記）（1870）五幕「『部屋へ行て下さんせいな』『何もそんなに呆気（アッケ）なく部屋へ行けと言ふにゃあ及ばねえ』」＊其面影（1906）〈二葉亭四迷〉三二「話もせぬ中に最う来て了った。余り飽気（アッケ）なかったので」語源説 (1)アクケナシ（飽気なし）の急呼〔名言通・大言海〕。(2)アアという間も無いという意〔両京俚言考〕。発音〈なまり〉アケァネァ〔秋田〕〈標ア〉ナ〈京ア〉ケ 辞書〈ボン〉・言海

あっけな-さ【呆気―】『名』（形容詞「あっけない」の語幹に接尾語「さ」の付いた語）あっけないこと。また、その度合。＊東京風俗志（1899–1902）〈平出鏗二郎〉下・一〇・相撲「されどまた勝負の速なるは、観客をして、あまりのあっけなさを感ぜしむるが如きことなきにあらず」＊日本橋（1914）〈泉鏡花〉二一「余りの呆気（アッケ）なさに却って驚いたのである」発音〈標ア〉ナ〈京ア〉0

あっけら『副』方言 ⇩あっけらぽん

あっけら-かん『副』「あけらかん」の変化した語。①手持ち無沙汰であるさま、何もすることがないさまを表わす語。＊和英語林集成（初版）（1867）「Akkerakan（アッケラカン）ト シテ ヒ ヲ クラス」②意外な状況に直面したり、あきれはてたりして、ぽかんとしているさま、放心状態にあるさまを表わす語。＊藪の鶯（1888）〈三宅花圃〉一〇「今更お嬢さんにねとられましたからって、あっけらかんとしてゐられやアしません」＊明暗（1916）〈夏目漱石〉一七〇「黄色に染められた芝草の上に、あっけらかんと立ってゐる婦人を後にして、うんうん車を押した」＊マンボウぼうえんきょう（1973）〈北杜夫〉机と椅子「机の上にごしゃごしゃにつんだ本やノートなどを、一仕事すませて片づけたりすると、そのあとアッケラカンとして、次の仕事にとりかかるまで時間がかかる」③その場所にあるべき物がなく、がらんとしているさまを表わす語。＊春夏秋冬帖（1965）〈安住敦〉まゆ玉「元日の昼過ぎ、町はあっけらかんと、人通りも少なかった」＊焼け跡闇市派宣言（1969）〈野坂昭如〉安田城にかかる虹「突如、出現した虹のながめは、あっけらかんと晴れ上がった空を背景に、ぜいたくな色どりであった」④情趣や感興をわきたたせることもなく、空虚な印象を与えるさま、何事もないようなさまを表わす語。＊医師高間房一氏（1941）〈田畑修一郎〉二「大きな井戸がその円く肥った腹のやうな焼物の縁をただあっけらかんと日に照らされてゐたりした」＊自由学校（1950）〈獅子文六〉乱世「ここで、パンパンが殺されたとか、かしこで、モヒの取引きが行われるとか、その地点を、一々、指さされたところで、アッケラカンと、白昼の公園は、何事もなかった」＊父の詫び状（1978）〈向田邦子〉兎と亀「羽根をつく音もなく、獅子舞いもこない異国のお正月は、たしかにあっけらかんとしている」⑤ある人物に、常識的・道徳的に考えれば当然あるはずの屈託やためらい、恥じらいといった感情がなく、平然としているさまを表わす語。＊浅草紅団（1929–30）〈川端康成〉四八「額に少し皺をよせるのだが、なんといふあっけらかんな顔つきだ」＊自弔の鐘（1975）〈野坂昭如〉あっけらかん「『何かわるいことしてみませんか』『わるいことねえ、やってみてもいいけど、どんなことがありますか』京野、しごくあっけらかんといった」語誌 ⑤に挙げた「浅草紅団」の例は、「あっけらかんな」の形をとっていて形容動詞的であるが、便宜副詞に含めて扱った。しかし、野坂昭如の「とむらい師たち」には「本堂をみると雨戸すべてあけ放ち、アッケラカンに明るい」のような「あっけらかんに」の形が見え、柴田翔の「われら戦友たち‐二・二」には「底のないバケツのようなあっけらかんさにぶつかって」のような「あっけらかんさ」の形も見られる。発音〈なまり〉アンケラカン〔埼玉方言・岐阜〕〈標ア〉ラカ〈京ア〉ラカ 辞書〈ボン〉

あっけら-こん『副』（「あけらこん」の変化した語）「あけらかん」に同じ。＊俳諧・七番日記‐文化一三年（1816）壬八月「女郎花あっけらこんと立りけり」方言 長野県東筑摩郡480

あっけら-ぽん『副』方言 ❶呆然（ぼうぜん）としているさま。ぼんやり。あっけらかん。青森県津軽071 三戸郡083 宮城県石巻120 仙台市123 山形県村山・東置賜郡139 茨城県稲敷郡193 長野県東筑摩郡480 ◇あっけらぼん 宮城県栗原郡113 ◇あっけらけん 長野県西筑摩郡491 ◇あっけら 仙台1057 青森県073 津軽075 長野県東筑摩郡480 ◇あけっぽ 新潟県東蒲原郡368 ❷びっくりするさま。◇あっけらほん 山形県飽海郡139 ❸安閑としているさま。青森県津軽075

あつ・ける【預】『動』方言 ⇩あずける（預）

あっ-けん【悪犬】『名』人畜に害をなす犬。＊歌舞伎・北条九代名家功（高時）（1884）中幕・上「母上へ、疵負はせし憎き悪犬（アクケン）打殺して、某が日比の鬱憤散じました」＊面白半分（1917）〈宮武外骨〉嚙付く犬ありといふ別荘の貼札「人に嚙み付くやうな悪犬（アクケン）ならば、殺すとか、放逐するとか、或は檻に入れて置くとか、相当の処分をしなればならぬものぢゃないか」

あっ-けん【悪見】『名』①仏語。まちがった悪い考え。悪い見解。＊往生要集（984–985）大文・一「昔説レ法依二悪見論一一切不実不レ顧二一切一、投レ岸自殺者、堕二此中一」＊貞享版沙石集（1283）八・一〇「無智無道心の悪見の師多く出で来て」＊日葡辞書（1603–04）「Acqenni（アッケンニ） ヲツル」＊八十華厳経‐一四「捨二不正道一永除二悪見一」＊成唯識論‐六「云何悪見、於二諸諦理一顛倒推求度染慧為レ性。能障二善見一招レ苦為レ業」②「あっけんしょ（悪見処）」の略。＊幸若・景清（室町末‐近世初）下「かまいて景清を、あっけんに落し給ふなと、ねんころにきせい申し」発音〈標ア〉0 辞書 日葡

あっけん-しょ【悪見処】『名』仏語。衆合（しゅごう）地獄に付属した十六小地獄の一つ。悪見。＊往生要集（984–985）大文・一「此大地獄、復有二十六別処一謂有二一処一名二悪見処一取二他児子一強逼邪行、令二号哭一者、堕レ此受レ苦」発音〈標ア〉0 ショ

あっ-こ【悪虎】『名』人畜を害する恐ろしい虎。あくこ。＊謡曲・放下僧（1464頃）「母を悪虎にとられ、其の敵をとらんとて、百日虎伏す野べに出でて狙ふ」＊説経節・越前国永平寺開山記（1689）四「いつく共なく、あっこ一つとび来り、二人をめかけきばをならし只一くちととびかかる」＊浄瑠璃・用明天皇職人鑑（1705）三「此虎（とら）昼の午（むま）の刻より亥（ゐ）の刻まで、悪風をふき出し人のしゃう気をうばふ悪虎（アクコ）也」

あっ-こ『名』方言 ❶足。幼児語。あんよ。青森県三戸郡083 山形県139 新潟県北蒲原郡347 ◇あこ 山形県049 139 新潟県361 ◇あいこ 長野県北安曇郡476 ❷歩くこと。幼児語。あんよ。◇あいこ 長野県北安曇郡476 ❸水。幼児語。青森県上北郡（飲み水）082 岩手県気仙郡（湯をもいう）100 秋田県（湯をもいう）130 ◇あぇっこ 青森県073 ◇あいこ 青森県南部085

あっ-こ『代名』「あそこ（彼処）」の変化した語。幼児語。方言 山梨県455 岐阜県本巣郡510 愛知県額田郡577 滋賀県神崎郡616 広島県沼隈郡781

あつ-こい【厚―】『形』方言 厚みがある。厚い。茨城県東茨城郡188 真壁郡191 栃木県198 ◇あっこい 茨城県北相馬郡195 ◇あつごい 新潟県佐渡352 ◇あつっけえ・あずっこい 栃木県198 ◇あずっけ 栃木県塩谷郡・那須郡198 ◇あつっかあ 静岡県志太郡535 ◇あってこい 兵庫県加古郡664 ◇あつぐい 新潟県佐渡351 ◇あつしい 長崎県壱岐島915

あっ-こう【悪口】『名』①人をあしざまに言うこと。また、その言葉。悪言。わるくち。＊吾妻鏡‐建暦三年（1213）五月七日「以二義村一称二盲目一、為二悪口一之上」＊平家（13C前）二・大納言流罪「神人悪口に及ぶ間、さないはせそとて散々に輘轢（れうりゃく）す」＊曾我物語（南北朝頃）九・祐経にとどめさす事「宵にあっこうせられしそのねたに、わざと口を裂かるる」＊玉塵抄（15

63)二六「睢陽の城を守て祿山方の敵を悪口してさんざんに罵て死だぞ」 ＊日葡辞書(1603-04)「Accô(アッコウ) スル〈略〉Accôuo(アッコウヲ) ハク」 ＊集義和書(1676頃)一二「善人こばまれて退きかくるる時は、小人時を得て、いよいよ賢知を悪口し、うとましめ」 ＊茶話(1915-30)〈薄田泣菫〉肥大婦「女将の脂ぎった顔を見ると、つい胸が悪くなって、悪口(アクコウ)の二つ三つを投付けた」 ＊漢書-王尊伝「素行陰賊、悪口不ㇾ信」 ②「あっく(悪口)」に同じ。 ＊どちりなきりしたん(一六〇〇年版)(1600)二「くちにとなふる事はあっこうまうごをのがしたまはんためなり」 語誌 (1)仏教語「あっく(悪口)」より出た語。一二世紀以前の資料に確例が見出せないので、主として鎌倉幕府の「御成敗式目-第一二条・悪口咎事」制定以降に通行したものとみられる。 (2)式目がわざわざ悪口の禁令を掲げた理由は、「闘殺之基起ㇾ自ㇾ悪口ㇾ」「問註之時吐ㇾ悪口ㇾ(云々)」とあるように、名誉感情に敏感で実力行使に発展しがちな武士階層に対して、訴訟過程での悪口を排除する規則を定めて法廷弁論を成立させ、社会秩序を強化することにあったと推察される。 (3)悪口の具体的な文言としては、盲目・無双猛悪・貪欲・奸謀などの一般的な罵詈は少なく、「断ㇾ本鳥ㇾ」「及ㇾ母開ㇾ」「放埒乞食」「下人」など、相手の社会的な地位・身分を貶めたり、名誉を著しく傷付ける社会身分上の蔑称であることが多い。 発音 アッコー 〈標ア〉コ 0 〈ア史〉江戸 ●●●○ 〈京ア〉0 辞書 文明・明応・天正・饅頭・黒本・日葡・書言・ヘボン・言海 表記 悪口(文・明・天・饅・黒・書・ヘ・言)

あっこうを切(き)る 人をあしざまに言う。悪口を吐く。 ＊歌舞伎・上総綿小紋単地(1865)五幕「悪口(アクコウ)も切(キ)れねえ分際で、戯言つきゃあ踏殺すぞ」

あっ-こう【悪行】〘名〙「あくぎょう(悪行)」に同じ。 ＊開化問答(1874-75)〈小川為治〉二・上「議論は恰も人を挑撥して悪行(アクカウ)に引入るるが如く」

あっ-こう【悪候】〘名〙悪い病気の兆候。 ＊伊沢蘭軒(1916-17)〈森鷗外〉八四「前年の暮から悪候が退いて、春水自身も此の如く急に世を辞することをば期せなかったらしい」 ＊医宗金鑑-四診総括・察色「青主ㇾ驚風赤火熱ㇾ黄傷ㇾ脾食ㇾ白虚寒、黒色主ㇾ痛多悪候ㇾ明顕濁晦軽重参」 発音 アッコー 〈標ア〉0

あっこう-か【悪口家】〘名〙口の悪い人。他人をあしざまに言う人。 ＊面白半分(1917)〈宮武外骨〉衆議院議員総選挙夢想彙報「殊に源内は平生より悪口家(アクコウカ)なれば味方は少く、敵は多く、運動上の不便少なからざれば」 発音 アッコーカ 〈標ア〉0 コ

あっこう-ぞうごん【悪口雑言】〘名〙いろいろさまざまに悪口を言うこと。また、その言葉。散々にののしること。 ＊日葡辞書(1603-04)「Accô zôgon(アッコウザウゴン)〈訳〉言葉による侮辱」 ＊浄瑠璃・源平布引滝(1749)一「何洛中の奴原が、悪口雑言とは皆帝の事よ」 ＊浮雲(1887-89)〈二葉亭四迷〉一・九「何かカウ品の好い悪口雑言、一言の下に昇を気死させる程の事を云って」 ＊かるさん屋敷(1953)〈井伏鱒二〉遠乗「云ふまでもなく、十字架にかけられたゼスス・キリシテを、群集が悪口雑言する場面である」 発音 アッコーゾーゴン 〈標ア〉コ 0

あっこう-ばり【悪口罵詈】〘名〙悪口を言って相手をののしること。口汚く大声で非難すること。また、その言葉。 ＊戦国史記(1957)〈中山義秀〉一〇「もろもろの無智なる人々、悪口罵詈(バリ)をはなち刀杖を加うる者あらん」

あっこう-まじり【悪口交】〘名〙話の中に悪口をまじえること。あくたいまじり。 ＊浄瑠璃・心中宵庚申(1722)中「死んだ母があの世から、恨めされふ口をしいとつつしみ深きかた親仁。悪口(アクコウ)まじりのくどき泣」 発音 アッコーマジリ 〈標ア〉マ

あっこう-まつり【悪口祭】〘名〙「あくたいまつり(悪態祭)」に同じ。 発音 アッコーマツリ 〈標ア〉マ

あっこう-もっこう〘名〙(「もっこう」は意味を強めるためにつけたもの) わるくち。あくぞもくぞ。 ＊恋慕ながし(1898)〈小栗風葉〉九「一体長屋と云ふものはだね、今言ふ通り壁一重が仕切で、お互に悪口帽頭(アクコウモッカウ)も聞え合だから耐らない」 方言 長崎県対馬913 熊本県918 ◇あっこもっこ 秋田県鹿角郡132 山形県飽海郡139 ◇あこもこ 青森県上北郡082

あっ-こうらい〘名〙畳をいう、盗人仲間の隠語。〔隠語輯覧(1915)〕

あつ-ごえ【厚肥】〘名〙(動詞「あつごゆ(厚肥)」の連用形の名詞化) 厚ぼったいこと。厚ぼったい度合。 ＊改正増補和英語林集成(1886)「Atsugoe アツゴエ」

あつ-ごおり【厚氷】〘名〙厚く張った氷。↕薄氷。《季・冬》 ＊俳諧・毛吹草(1638)六「冬は解(と)けぬかためをしてや厚(アツ)氷〈弘永〉」 ＊滑稽本・浮世床(1813-23)初・上「扨其大雪の中をかきわけて池の端へ行て見た所が、一面に厚氷(アツゴホリ)が張詰てあるといふもんだから」 ＊東京曙新聞-明治一四年(1881)一月一三日「永代橋の間だ北側の方は厚氷りにて」 発音 アッゴーリ 〈標ア〉ゴ 〈京ア〉ゴ

あっ-こく【圧穀】〘名〙麦、豆などの穀物に圧力を加えて、平たくすること。また、そのもの。平麦、押し麦、つぶし麦、打ち豆などの類。

あっ-こく【悪国】〘名〙住むのに不適当な国。自然条件に恵まれず、産物などの乏しい国。 ＊交易問答(1869)〈加藤弘之〉上「そこで欲の深い醜夷(けとうじん)等は己(うぬ)が国が悪国で、物事何も角も不足だらけだ物だから」

あつ-ごと【熱事】〘名〙灸(きゅう)のこと。 ＊実隆公記-文明七年(1475)正月二二日至二四日紙背「まつまつきのふ御あつ事させをはしまし候けり」 ＊御湯殿上日記-文明一二年(1480)四月五日「なかはしあつ事とて、よそにいらせたまふにつきて」

あつ-ご・ゆ【厚肥】〘自ヤ下二〙厚くふくらむ。厚ぼったくなる。 ＊枕(10C終)一三八・円融院の御はての年「胡桃(くるみ)色といふ色紙のあつごえたるを、あやしと思ひてあけもていけば」 ＊源氏(1001-14頃)帚木「火ほのかに壁に背け、なえたる衣どもの、あつごへたる、大いなる籠(こ)にうちかけて」 ＊洒落本・田舎芝居(1787)序開「花色太織(ぶとり)の厚肌(アツゴエ)たる帯を瓢箪くびりに引っ縊(くく)り」 発音 アッゴユ 〈標ア〉ゴ 〈京ア〉0

あっ-こん【悪棍】〘名〙悪者。悪漢。 ＊漢語便覧(1871)〈横山監〉雑語「悪棍 アクコン アフレモノ」 ＊吾学録-初編・刑律一「凡悪棍索ㇾ詐官民ㇾ或張ㇾ貼掲帖ㇾ或捏ㇾ告各衛門ㇾ〈略〉此等情罪重大」 補注 「名物六帖」に「悪棍 アクタレモノ〔仕学大乗〕有ㇾ一種悪棍ㇾ」とある。また、「読本・近世説美少年録-一・六回」に「証拠なければ悪棍(ワルモノ)も、そを非とは争ひかねて」とある。

あっ-こん【悪魂】〘名〙悪い心根。意識下に宿っている邪悪な魂。 ＊山吹(1944)〈室生犀星〉六「姫はみやこを仕へから仕へと逍うてゐられるのも、汝が悪魂からさうされてゐることを知れ」 発音 0

あつ-さ【厚―】〘名〙(形容詞「あつい(厚)」の語幹に接尾語「さ」の付いたもの) 厚いこと。また、その度合。 ＊西大寺本金光明最勝王経平安初期点(830頃)九「此の地の厚(アッサ)六十八億瑜繕那より及金輪際まで至るに、地の味を皆上ら令めむ」 ＊宇津保(970-999頃)蔵開中「文箱(ふばこ)には唐にしきを二に切りて〈略〉あつさ二三寸ばかりに作れる」 ＊俳諧・炭俵(1694)上「客を送りて提る燭台〈岱水〉 今のまに雪の厚さを指(さし)てみる〈孤屋〉」 発音 〈標ア〉0 〈京ア〉0 辞書 日葡・ヘボン 表記 厚(へ)

あつ-さ【熱―・暑―】〘名〙(形容詞「あつい(熱)」の語幹に、接尾語「さ」の付いたもの) ①温度が高いこと。また、その度合。および、暑い季節。暑気。《季・夏》 ＊宇津保(970-999頃)内侍督「七月十日ばかりのほどに、なほあつささかりなり」 ＊枕(10C終)一六一・故殿の御服のころ「屋のいとふるくて、瓦ぶきなればにやあらん、あつさの世に知らねば、御簾(みす)の外(と)にぞ夜も出で来、臥したる」 ＊今昔(1120頃か)二九・九「法師の頂の上に坏(つき)に火を入れて置て問ければ、其の時になむ、法師熱さに不堪(たへ)ずして」 ＊天草本伊曾保(1593)イソポの生涯の事「ケック コズエニノボッテ サエズリ ヲモッテ ナツノ atçusauo(アッサヲ) ナグサメマラスル トコロニ」 ＊滑稽本・浮世床(1813-23)二・上「偏屈的(すねもの)の姑婆(しうとば)も、叫喚紅蓮(きゃうくゎんぐれん)あつさ寒さに人をいとひて、慳貪邪見(けんどんじゃけん)の角を折らば、これもひとつの済度(さいど)なるべし」 ②せっぱつまって、苦しむこと。困り抜くこと。 ＊浄瑠璃・淀鯉出世滝徳(1709頃)上「彼奴(あいつ)一人斬(き)ったとてお主の為には何かなる、新七が言ひわけなく、身のあつさに斬ったと皆手前のふみかぶり、無念を耐(こら)へてお為になり」 発音 〈標ア〉ア 〈京ア〉0 辞書 ヘボン・言海 表記 熱(へ) 暑気(言)

あつさ寒(さむ)さも彼岸(ひがん)まで 残暑のきびしさも秋の彼岸ともなればめっきり衰え、余寒のきびしさも春の彼岸頃にはいちだんと薄らぐものだの意。暑い寒いも彼岸まで。 ＊諺苑(1797)「暖寒(アッササムサ)も彼岸まで」

あつさ忘(わす)れて蔭(かげ)忘(わす)る (暑さが去ると同時に涼しかった物かげのありがたさを忘れるという意から) 恩を忘れることの早いたとえ。のどもと過ぎれば熱さを忘る。 ＊俳諧・毛吹草(1638)二「あつさ忘れてかげ忘る」 ＊仮名草子・悔草(1647)中「あつさ忘(ワス)れて影(カケ)忘れ、病なをりて薬をわすれ、恋したはれて後捨られけり」 ＊浄瑠璃・右大将鎌倉実記(1724)一「飢(ひだる)い目寒(さぶ)い目させず、安穏に都に置くは、皆義経がお蔭でないか。暑(アツ)さ忘(ワス)るれば影(カゲ)忘(ワス)るる」

あつ-ざ【圧挫】〘名〙相手をおさえつけ、くじけさせること。 ＊明六雑誌-六号(1874)宗教〈森有礼〉「然れども之を抑制する時に当ては、唯之を鎮黙せしむる耳にして、聊威力を以て之を圧挫するに非ず」 ＊工学字彙(1886)〈野村龍太郎〉「Crushing 圧挫」

あつさ-あたり【暑中】〘名〙暑さで、体が不調になる病気。暑気あたり。《季・夏》 ＊八丈実記(1848-55)土産「蓼 いぬたてを煎し数盃を服すれは、暑邪(アッサアタリ)を患るもの立所に治す」 ＊微光(1910)〈正宗白鳥〉八「あの子も此頃は暑さ中(アタ)りか何かで弱ってるさうだから、一度様子を見に行っておやりよ」 発音 〈標ア〉ア[2] 〈京ア〉ア[2]

あっ-さい【圧砕】〘名〙力を加えておし砕くこと。強く押してつぶすこと。 ＊張憲-大腹児詩「弁刀剪綵十六幅、錦棚圧砕宮娥肩」

アッサイ〘名〙(イタリア assai) 音楽用語。非常に、とてもの意。演奏速度、表現を示す語のあとに付けて用いる。「アレグロアッサイ」 発音 〈標ア〉0 〈京ア〉0

あっさい-がん【圧砕岩】〘名〙「ミロナイト」に同じ。 発音 〈標ア〉0

あっさい-き【圧砕機】〘名〙岩石や鉱石などを、細かく押し砕く機械。クラッシャー。 発音 〈標ア〉サ

あつ-ざき【厚咲】〘名〙花が密集して咲いていること。 ＊細雪(1943-48)〈谷崎潤一郎〉上・一九「漸く御室の厚咲きの花に間に合ったやうな訳であった」 発音 〈標ア〉サ 〈標ア〉0

あっ-さく【圧搾】〘名〙強く押し縮めること。また、

押してしぼること。＊窮理通(1836)七「但だ水は圧搾に因りて小を成さざるのみ」＊西国立志編(1870-71)〈中村正直訳〉一一・三二「香草の如く、圧搾せらるるときに、必ず絶好の芬芳を発すべし」＊自然と人生(1900)〈徳富蘆花〉湘南雑筆・海と合戦「駸々(どんどん)上げて来る潮水は満々たる川水に支へられ川口の石垣の間に圧搾(アッサク)せられて互に衝き合ひ、押し合ひ、もつれ合ひ」 発音〈標ア〉0〈京ア〉⓪

あっさく-き【圧搾気】〘名〙「あっしゅくくうき(圧縮空気)」に同じ。＊風俗画報-二三四号(1901)記事「壜を直立せしめたる後、送風弁を開き、圧搾気を送りて之を吹立ること凡そ一時間の後」 発音〈標ア〉クサ

あっさく-き【圧搾機】〘名〙①植物の実、種子、茎などから、液分、油分をしぼり取る機械。二枚の板の間に入れ、てこ、ねじ、水圧などを利用して押しつぶす。＊断橋(1911)〈岩野泡鳴〉七「バタ製造機械のうち、セパレータ、二百円。タル(チャン、増返機)三十円。圧搾機(オーカ)、六十円」②「あっしゅくき(圧縮機)」に同じ。＊英和商業新辞彙(1904)〈田中・中川・伊丹〉「Compressor 圧搾器」＊高架線(1930)〈横光利一〉「圧搾機のモーターの爆音と、リベッティングの釘打ちと」 発音〈標ア〉クサ

あっさく-くうき【圧搾空気】〘名〙「あっしゅくくうき(圧縮空気)」に同じ。＊旅-昭和九年(1934)一一月号・丹那トンネル〈平山復二郎〉「第三には空気掘鑿と云ふので、一定の坑道の奥端(おうたん)に締め切って、この中に圧搾空気(アッサククウキ)を送り込んでその力で水の出て来るのを押へつけて掘り進む方法であります」＊火の山(1955)〈井上友一郎〉一・三「実は、落磐した岩のすき間から遮二無二、圧搾(アッサク)空気を坑内に送り込んでいよるンですが」 発音アッサククーキ〈標ア〉ク²〈京ア〉ク²

あっさく-ポンプ【圧搾―】〘名〙(ポンプは ｵﾗﾝﾀﾞ pomp)「あっしゅくポンプ(圧縮―)」に同じ。 発音〈標ア〉ポ

あつさ-ざかり【暑盛】〘名〙(一年や一日の中で)いちばん暑い時期。＊鳥影(1908)〈石川啄木〉一〇・二「暑熱(アツサ)盛りをうつらうつらと臥てゐたお柳は今し方起き出して、東向の縁側で静子に髪を結はしてる様子」＊赤痢(1909)〈石川啄木〉「松太郎が初めて南の方から此村に入ったのは、雲一つ無い暑熱(アツサ)盛りの、恰度八月の十日、赤い赤い日が徐々(そろそろ)西の山に辷りかけた頃であった」 発音〈標ア〉ザ

あつさ-しのぎ【暑凌】〘名〙夏の、暑さを避けること。また、そのための物や方法。あつさよけ。 発音アツサシノギ〈標ア〉シ〈京ア〉シ

あつさ-しらず【暑不知】〘名〙暑さを感じないこと。＊落語・汲立て(1897)〈四代目橘家円蔵〉「斯うして涼んで居ると生命(いのち)の洗濯だね。暑さ知らずだよ」 発音〈標ア〉シ

あっ-さつ【圧殺】〘名〙押しつけて、殺すこと。また、むりやりに相手の意志、意見などを押えつけること。＊東京灰燼記(1923)〈大曲駒村〉四「大橋の印刷工場でも、職工が矢張り二三百人程一トかたまりに圧殺されたと途中で聞えて来た」＊中野重治詩集(1935)〈中野重治〉三・無産者新聞第百号「それはオモシの圧殺と車輪の轢殺とに堪へて来た」＊漢書-外戚伝・上・竇后弟広国「入山作炭、暮臥岸下、百余人、岸崩尽圧殺臥者」 発音〈標ア〉0〈京ア〉0

あつさ-ばらい【暑払】〘名〙暑さをはらいのけるために何らかの方法を講ずること。暑気払い。＊諸国風俗問状答(19C前)阿波国風俗問状答・六月・五九「土用に付たる行事の事　土用に入る日、暑払と申、蒜と小豆粒を水にて呑申候」 発音〈標ア〉バ

あつさ-みまい【暑見舞】〘名〙夏の暑い盛りに、親戚、知人などの安否を問うこと。また、その手紙。暑中見舞い。＊諸国風俗問状答(19C前)阿波国風俗問状答・六月・五九「暑見舞を互にたつね合申事に候」＊茶話(1915-30)〈薄田泣菫〉避暑法「ある夏の土用に、宝生太夫が親子打揃って、この下屋敷へ暑(アツ)さ見舞(ミマヒ)に上った事があった」 発音〈標ア〉ミ

アッサム(Assam)インド北東部の州。州都ディスプル。モンスーン気候で雨量が多く、茶の産地として有名。 発音〈標ア〉ア

アッサム-ご【―語】〘名〙インド-ヨーロッパ語族インド-イラン語派のインド-アーリア諸語の一つ。インド北東部のアッサム州の公用語。ベンガル語と同じインド系文字で表記される。 発音アッサムゴ〈標ア〉0

あつさ-よけ【暑避】〘名〙暑さを避けること。また、そのための物や方法。避暑。あつさしのぎ。＊西洋道中膝栗毛(1870-76)〈仮名垣魯文〉八・上「炎暑除(アツサヨケ)の『ラムネ』に咽を湿(しめ)らし」 発音〈標ア〉0〈京ア〉⓪

あっ-さら〘副〙「あっさり」に同じ。＊玉塵抄(1563)二七「うすもののきぬを春の服にせうとて、うすあかうあっさらとそめたぞ」

あっ-さり〘名〙方言 ⇩あささり(朝―)

あっ-さり〘副〙(「と」を伴っても用いる)①人や物事の状態、性質が、複雑でなく、淡泊平明であるさま。しつこくないさま。あっさら。＊天草版金句集(1593)「ヨイ ヒトノ シタシムワ assarito(アッサリト) シテ、ナサケガ フカウ」＊俳諧・牛飼(1658)春「けさや春あっさりさっと一霰〈季吟〉」＊滑稽本・八笑人(1820-49)三・上「神かけねがふと申には、絞りばなしの切でもござりますまいから、あっさりと稲元結(いねもっとひ)になさりまし」＊浮雲(1887-89)〈二葉亭四迷〉一・四「顧みて東方の半天を眺むれば、淡々(アッサリ)とあがった水色」＊続歌舞妓年代記(1907)二六・嘉永五年「弁慶士卒を相手に酒盛の所、初て興行の節よりあっさりとしてよし」＊或る女(1919)〈有島武郎〉後・二三「珍らしくあっさりした、魚の鮮しい夕食を済ますと」②手数のかからないさま。簡単に。手軽に。＊日葡辞書(1603-04)「Assarito (アッサリト)〈訳〉軽く、速かに」＊武蔵野(1887)〈山田美妙〉上「胴の上縁(うはべり)は離山路(はなれやまみち)で簡単(アッサリ)囲まれ」 語誌 語源について、「浅(あさ)」の変化したもの〔大言海〕とする説は、二音節の語基に、促音・撥音を挿入し、語末に「り」を添えるという造語法で作られた「ほっそり」「やんわり」などを考え合わせると、うなずけるものである。 方言 無邪気なさま。福岡県企救郡「あっさりした人」875 発音〈なまり〉アッサイ〔鹿児島方言〕〈標ア〉サ〈京ア〉サ 辞書 日葡・ヘボン・言海 表記 厚去(へ)

あっさり-づけ【―漬】〘名〙方言 ❶菜漬け。香川県小豆島829 ❷浅漬けの漬物。上品な言い方。◇あっさり 奈良県678 ❸漬物。花柳界でいう。◇あっさり 滋賀県蒲生郡612

あっさり-もの【―者】〘名〙物事のやり方や性質などが淡泊な人。＊われから(1896)〈樋口一葉〉一一「髪の毛自慢の櫛巻で、薄化粧のあっさり物(モノ)」

アッサンブラージュ〘名〙⇩アサンブラージュ

あっ-し【圧止】〘名〙押しとどめること。＊随感録(1905)〈綱島梁川〉「全宇宙もこの自覚の発達を圧止する能はず」 発音〈標ア〉0ア

あっ-し【圧死】〘名〙強い力で、押しつぶされて死ぬこと。＊西洋道中膝栗毛(1874-76)〈総生寛〉一三・下「弾丸破烈、圧死(アッシ)の体(てい)」＊崖の下(1928)〈嘉村礒多〉「崖崩れに圧死するよりも」＊後漢書-順帝紀「賜圧死者、年七歳以上、銭人二千」 発音〈標ア〉0〈京ア〉⓪

あっ-し【遏止】〘名〙(「遏」「止」ともに、とめる意)とどめること。とめること。＊音訓新聞字引(1876)〈萩原乙彦〉「遏止 アツシ オサヘトドム」＊教育学(1882)〈伊沢修二〉三・二「怒は吾人他の恥辱傷害等を受けたりと思ふとき、勃然胸懐に発し来る所の感情にして、其興るや吾人の本能に属し、之を遏止す可らざるものとす」＊経国美談(1883-84)〈矢野龍渓〉後・二「全力を尽して此の議案を遏止せらるるか然らざれば早く退隠して他日を待つか」＊周礼注-秋官・司寇下「遏訟者、遏止欲訟者也」

あっし〘代名〙自称。いなせな商売人などの男性語。＊新世帯(1908)〈徳田秋声〉一六「私(アッシ)なんざ惨めなもんだ」＊多情仏心(1922-23)〈里見弴〉半処女・二「あ、これだけの女優さんがゐりゃア、あっしゃアすぐにも帝劇に買はれて行くね」 方言 ❶自称。私。三重県北牟婁郡「あっしゃー(私は)」588 ◇あっち 群馬県館林「あっちにゃーとてもできねー」245 石川県河北郡404 静岡県520 和歌山県東牟婁郡(女性語)687 愛媛県840 高知県中村市864 ❷対称。お前。◇あっち 大分県南海部郡939 ❸反照。自分。◇あっち 群馬県館林245 発音〈標ア〉0〈京ア〉⓪

あつし【厚子・厚司】〘名〙(ｱｲﾇ attush)①植物「おひょう」の異名。＊日本植物名彙(1884)〈松村任三〉「アツニ アツシ オヒャウ」②オヒョウの靭皮(じんぴ)の繊維を細かく裂き、糸にして織った布。また、その布で作られたアイヌの服。厚子織。＊澪(1911-12)〈長田幹彦〉三「洋服の上から褞袍のやうなアツシを着込んだ一人のボオイがぼんやり突立ってこっちを見てゐた」＊長塚節歌集(1917)〈長塚節〉明治三七年「アイヌ等がアツシの衣は麻の如見ゆ　うべしこそ樹の皮裂きて布は織るちふ」③歌舞伎衣装の名。②に似せて作ったもので異国風の趣を出す。厚子織。＊歌舞妓年代記(1811-15)九・下・文化元年「天竺徳兵衛韓噺〈略〉天竺徳兵衛。実は宗観一子大日丸三やく松助、天ぢくへ吹流されし船頭にて、異国のアツシの上に上下を着て出る」

厚　子③
〈義経千本桜渡海屋銀平〉

④大阪地方で産出される、平織りまたは綾織りの、厚くて丈夫な木綿の織物。紺の無地か大名縞で、多くは労働者の仕事着や、前掛け、半纏(はんてん)などに用いられる。《季・冬》＊あらくれ(1915)〈徳田秋声〉二九「店には厚司(アッシ)を着た若いものなどが、帳場の前の方に腰かけてゐた」＊夫婦善哉(1940)〈織田作之助〉「厚子(アッシ)を来た柳吉が丁稚相手に地方送りの荷造りを監督してゐた」 方言 厚手の木綿布などで作られた仕事着。筒そででひざぐらいまである。富山県東礪波郡(ラシャ地)402 愛知県名古屋市562 岡山県児島郡014 熊本県玉名郡058 ◇あつしじばん【―襦袢】 香川県三豊郡(三角そでで腰丈)054 発音〈標ア〉0〈京ア〉0 辞書 言海 表記 厚子(言)

あつ・し【厚・篤】〘形ク〙⇩あつい(厚)

あつ・し【熱・暑】〘形ク〙⇩あつい(熱)

あつ°し【篤】〘形シク〙(「あづし」か)病気がちである。病弱である。また、病気が重い。＊天理本金剛般若経集験記平安初期点(850頃)「気力虚(うつけ)慓(アツシク)なりし時」＊宇津保(970-999頃)楼上上「今はやうやう身あつしく侍るに、この手伝へ留めん事、今は誰にかは」＊源氏(1001-14頃)桐壺「あさゆふの宮づかへにつけても、人の心をのみ動かし、恨みを負ふつもりにやありけむ、いとあつしくなりゆき、もの心ぼそげに里がちなるを」＊大慈恩寺三蔵法師伝承徳三年点(1099)九「慈旨忽に臨みて尫(ろう 別訓 アツシ)骸(かい)用て起(おく)」＊色葉字類抄(1177-81)「支離 アヅシ 病也」＊名語記(1275)八「病がちなる人をあつしといへる如何。支離とかける歟。あたたる、あまたる、いたたる、うなたる等の反はあつしや。しはせりの反」 語誌 (1)第二音節の清濁については、引用例のほか、「観智院

本名義抄」の「支離」「煦」の訓の「アツシ」の「ツ」に濁声点が見られ、これらを合わせて当時濁音だったことが推測される。(2)「あつかう（熱・暑）」「あつしる」「あつゆ（篤）」などと同語源の語か。辞書 色葉・名義 表記 支離（色・名）煦（名） 発音〈標ア〉ツ 〈京ア〉ツ

あつ-じ【厚地】(ヂ)〘名〙厚いきれ地。＊瓦礫の中(1970)〈吉田健一〉二「その外に置かれた一室で電燈が厚地のカーテンの色を照している」発音〈標ア〉０〈京ア〉０

アッシェ〘名〙(フランス haché) 料理で、みじん切り。細切（こまぎ）り。発音〈標ア〉ア

あつし-おり【厚子織・厚司織】〘名〙「あつし（厚子）②③」に同じ。

あつし-さ〘名〙（形容詞「あつし」の語幹に、接尾語「さ」の付いたものか）病気の重いこと。また、その度合。病気。一説に、病弱であること。また、熱っぽいことともいう。＊源氏(1001-14頃)桐壺「御息所（みやすどころ）はかなき心地に患ひて、まかでなむとし給ふを、暇（いとま）さらに許させ給はず。年ごろ、常のあつしさになり給へれば、御目馴れて」発音〈標ア〉ツ

アッシジ（Assisi）イタリア中部の都市。聖フランチェスコの生地で、ジョットやアルティーニの壁画で知られるサンフランチェスコ聖堂がある。発音〈標ア〉０

あっし-しゃ【圧死者】〘名〙押しつぶされて死んだ人。＊女工哀史(1925)〈細井和喜蔵〉一一・三二「併し圧死者及び焼死を遂げた者、負傷した者がどんなに尠く見積っても五千を下ることはなかろう」発音〈標ア〉シ

あつし-の-き【厚子木】〘名〙植物「おひょう」の異名。

あっ-しゃく【圧尺】〘名〙書物や紙が飛び散らないように、重しとして用いる文具。文鎮。卦算（けさん）。

アッシュ〘名〙(英 ash) ヨーロッパ産のトネリコ。また、その材。材は硬く、弾力に富み、家具、道具、バットなどの運動具に用いられる。＊モダン辞典(1930)「アッシュ（装）ステッキに使はれる木。転じてそれで作ったステッキの意にもなる」＊風にそよぐ葦(1949-51)〈石川達三〉後・二二「太いアッシュのステッキをついただけで」発音〈標ア〉ア

あつ-じゅう【圧住】(ヂユウ)〘名〙（「住」はとどめるの意）押えとどめること。＊自由之理(1872)〈中村正直訳〉三「それを縮小にせしむるが如く、人性の高く常等より凸出するものを圧住し」

あつ-じゅう【圧絨】〘名〙毛織物の艶（つや）出し法の一種。織物の組織に無理な力を加えないでローラーで強く押し、毛羽（けば）を伏せて艶を出す。

あっ-しゅく【圧縮】〘名〙①圧力を加えて、物体を押し縮めること。特に力学で、気体や液体、固体に圧力を加え、その容積を縮小すること。＊舎密開宗(1837-47)内・一・四三「故に酸素瓦斯の減耗する分量を実測すること能はず。此憂を避る法は、頸ある鐘の頸に獣脬を帽（おほ）ひ縛し、之を圧縮して用ふ」＊物理全志(1875-76)〈宇田川準一訳〉五「此器を水中に沈没して鐘内の空気圧縮せらるるを待ち之を水面に上ぐるに」＊動物小学(1881)〈松本駒次郎訳〉上・哺乳類「夫より第二胃と云へる許多の小室を具ふる小嚢に至り、此処に於て小球形に圧縮せらる」②広がって大きくならないように押え縮めること。＊島崎藤村論(1953)〈亀井勝一郎〉処女崇拝と罪の悦び「これは二行づつに区切って、それだけに情熱は圧縮されて激しい」③文章などを縮めて短くすること。④心理学で、あるものに、二つ以上のものの特性が重複すること。夢、あるいは神話、精神分裂病者の絵などに見られる。⑤コンピューターで、ファイルを加工または変換して、その容量を小さくすること。発音〈標ア〉０〈京ア〉０

あっしゅく-ガス【圧縮瓦斯】〘名〙（ガスはオランダ・英 gas）常温で液化しない程度に圧縮された高圧の気体。酸素、水素、窒素、空気などがあり、普通ボンベに貯えられる。発音〈標ア〉ガ

あっしゅく-き【圧縮機】〘名〙気体を圧縮し、その圧力を高めるために用いる機械。圧搾機。コンプレッサー。発音〈標ア〉ク

あっしゅく-くうき【圧縮空気】〘名〙高圧を加えて体積を縮小させた空気。再び膨張する時の力を、原動機、電車のドアの自動開閉装置、空気ブレーキなどに利用する。圧搾空気。圧搾気。＊子供の科学-昭和一四年(1939)三月号・関門海底トンネル「開放型のシールド内に防水のための圧縮空気を入れる工法を採用し」発音アッシュククーキ〈標ア〉ク[2]〈京ア〉ク[2]

あっしゅく-くうき-エンジン【圧縮空気―】〘名〙（エンジンは英 engine）圧縮空気をエネルギー源とするエンジン。引火性がなく、すす、煙、有毒ガスの発生がないので、坑内作業、化学工場などで用いられる。発音アッシュククーキエンジン〈標ア〉エ

あっしゅく-くうき-きかい【圧縮空気機械】〘名〙圧縮空気を原動力とする機械の総称。圧縮空気エンジン、圧縮空気ドリル、圧縮空気ハンマー、空気ブレーキ、ドア自動開閉装置など。発音アッシュククーキキカイ〈標ア〉カ キ[2]

あっしゅく-ざい【圧縮材】〘名〙構造物の骨組みを構成している部材（組子）のうち、圧縮力を受けるもの。抗圧材。

あっしゅく-さんそ【圧縮酸素】〘名〙酸素を常温で液化しない程度に圧縮し、ボンベに貯えたもの。溶接、人工呼吸などに用いられる。発音〈標ア〉サ

あっしゅくしき-れいとうき【圧縮式冷凍機】〘名〙圧縮機を使用する冷凍機。アンモニア、炭酸ガス、亜硫酸ガスなどの冷媒を循環的に圧縮→凝縮→膨張→蒸発させ、ガスの気化熱を利用して冷凍するもの。ふつうの冷凍機に最も多く用いられる。圧縮冷凍機。発音アッシュクシキレイトーキ〈標ア〉ト

あっしゅく-せいけい【圧縮成形】〘名〙粉末状プラスチックを加熱した金型に入れ、型を閉じて熱と圧力を加えて成形すること。加圧成形。プレス成形。発音アッシュクセイケイ〈標ア〉セ

あっしゅく-バット【圧縮―】〘名〙（バットは英 bat）木材を野球のバットに仕上げる過程で、圧縮成形を施したもの。バット用材の原料不足のため、プロ野球で使用されていたが、現在は反発力が大き過ぎるなどの理由で禁止されている。発音〈標ア〉バ

あっしゅく-ポンプ【圧縮―】〘名〙（ポンプはオランダ pomp）空気その他の気体を圧縮して圧力を高め、容積を小さくするために使用するポンプ。圧搾ポンプ。＊物理学術語和英仏独対訳字書(1888)〈山口鋭之助〉「Asshiku Pomp Condensing pump〈略〉圧縮ポムプ」発音〈標ア〉ポ

あっしゅく-りつ【圧縮率】〘名〙弾性体に一定の圧力を加えた時の、体積減少の割合と、圧力との比の比例定数。この値の大きい物質は圧縮させやすい。体積弾性率の逆数。発音〈標ア〉ク

あっ-しゅつ【圧出】〘名〙圧力を加えて、押し出すこと。＊舶用機械学独案内(1881)〈馬場新八・吉田貞一〉後・三五章「蒸気此弁を開き、復水器内の空気及び水を圧出（アッシュツ）す」発音〈標ア〉０

あっ-しょ【押書】〘名〙①将来、ある事柄を請け合う文書。誓約状。おうしょ。おさえがき。＊薩藩旧記所収権執印文書-長寛二年(1164)六月一日・薩摩国新田宮前執印桑田信包請文（平安遺文七・三二八一）「押書事右件押書根元者」＊大徳寺文書-文暦二年(1235)閏六月一一日・大法師任増等連署押書（大日本古文書一・四五五）「若於ニ此田ニ後日煩出来者、買主共可レ致ニ其沙汰ニ、猶難レ叶者、以ニ本直ニ可ニ返与ニ也、仍為ニ後日之沙汰ニ、出ニ押書ニ之状如レ件」＊沙汰未練書(14C初)「押書とは未レ成事を兼入置状也」＊青方文書-応永五年(1398)七月六日・肥前国五島青方村諸族連署押書「すゑかするゑまて御ろんあるましく候。よて後日のためにあっしょのしゃうくたんのことし」②鎌倉時代、武家の訴訟で、訴人（原告）、論人（被告）が裁判所に提出した誓約の文書。自己の主張の正当性を述べ、もし理由のない主張であったならば自己所有の所領を相手方（または第三者）に渡すべきことを記入する、濫訴防止の措置。押書状。懸物押書（かけものあっしょ）。懸物。懸物状。おうしょ。おさえがき。＊近衛家本追加-仁治二年(1241)八月二八日（中世法制史料集一・追加法一六八）「甲乙之輩、訴訟之時、遂ニ対問ニ之処、或不レ預ニ裁許ニ之族、為レ散ニ鬱憤ニ、称ニ懸物ニ捧ニ押書ニ、或所レ申為ニ非拠ニ者、以ニ論人之所領ニ、可レ充ニ給敵人ニ之由、相互載ニ其状ニ」＊吾妻鏡-寛元元年(1243)三月一二日「有ニ庭中言上事ニ、是就ニ武蔵国足立郡内鳩谷地頭職事ニ、先日出ニ懸物押書ニ訖、締已明之上、可ニ執申ニ之由、雖レ令ニ懇望ニ、奉行人不許容云々、有ニ其沙汰ニ、可レ被レ下ニ問状ニ云々」

あっ-しょう【圧小】(セウ)〘名〙押えつけて小さくすること。無理に小さくすること。＊自由之理(1872)〈中村正直訳〉三「尋常模型（かた）の中に入り、自ら圧小してこれに合ふこと能はず」

あっ-しょう【圧勝】〘名〙一方的に勝つこと。また、その勝ち。「九対〇で圧勝する」＊四河入海(17C前)六・四「水に圧勝する心で、黄楼を立たぞ」発音アッショー〈標ア〉０〈京ア〉０

あっ-しょう【厭勝】〘名〙（厭は圧（壓）に通ずる）まじないで憑（つ）き物、悪霊などを押え伏すこと。また、そのまじない。えんしょう。＊顔氏家訓-風操「画レ瓦書レ符、作ニ諸厭勝ニ」

あつ-じょう【圧条】(デウ)〘名〙苗木をとる方法の一つ。草や木の、枝または新梢（しんしょう）を押し曲げて、親木についたままで土の中に埋め、その箇所から根が生えた後、親木と切り離して、苗木を得る。とり木。圧枝。取枝。＊牙氏初学須知(1875)〈田中耕造訳〉四・二五「無花果樹の一類あり、其枝垂れて地に達し、根を生じ幹と為りて枝を生じ、其枝復垂れて、根を生じ幹と為り、恰も天然の圧条の如く、一樹にして林をなすに至る」補注「名物六帖」に「圧条 トリキヲスル〈花鏡〉分栽圧条」とある。発音アッジョー〈標ア〉０

あつ-じょう【厚帖】(デフ)〘名〙「あつだたみ（厚畳）」に同じ。↔薄帖。＊延喜式(927)三八・掃部寮「雑給料〈略〉右厚帖用度具依ニ前件ニ其薄帖料綵帛并葉薦各減レ半」

あつ-じょう【厚畳】〘名〙方言 ⇩あつどこ（厚床）

あっしょう-せん【厭勝銭】〘名〙①道教の呪文（じゅもん）を鋳（い）た銭状の護符。星祭に供え、悪鬼悪害を避けるのに用いた。②吉祥を意味することばを鋳出した玩具の銭。

あっしょ-じょう【押書状】(ジヤウ)〘名〙「あっしょ（押書）②」に同じ。

アッシリア【亜西里亜・亜祭里亜】（Assyria）アジア西南部、チグリス-ユーフラテス川上流地域の古名。また、ここに起こったセム系アッシリア人の帝国。紀元前二千年期初頭に主都アッシュールを中心に古アッシリア王国が成立。中期アッシリア王国を経、新アッシリア帝国は前六一二年、メディアと新バビロニアに滅ぼされた。発音〈標ア〉シ０

アッシリア-がく【―学】〘名〙（アッシリアは Assyria）主としてアッカド語で記された楔形（くさびがた）文書を資料にして、古代西アジア諸民族の言語、歴史、文化などを研究する学問。オリエント古代史研究の主要な一部門で、研究のはじめ、アッシリア地方を中心にしたところからいう。発音アッシリアガク〈標ア〉ア[2]

アッシリア-ご【―語】〘名〙（アッシリアは As-syria）バビロニア方言と並ぶ、古代メソポタミアに

行なわれていたアッカド語の方言。 発音 アッシリアゴ〈標ア〉0

あっ‐しる【圧】〔他サ上一〕「あっする（圧）」の変化した語。＊湖畔手記（1924）〈葛西善蔵〉「入道雲の群れは、〈略〉こちらを圧しるやうに寄せ来つつある」

あつし‐る〔自ラ下二〕病気が重くなり、力が衰える。重病になる。また、老いて衰える。↓あつし（篤）。＊書紀（720）雄略二三年八月（前田本訓）「謂（おも）はざりき、遘疾（やまひ）彌留（アツシレ）て大漸（とこつくに）に至るといふことを」＊書紀（720）顕宗元年二月（図書寮本訓）「老嫗、伶俜（さすら）へ羸弱（アツシレ）て、行歩（ありく）に便らず」＊白羊宮（1906）〈薄田泣菫〉妖魔『自我』「驚駭（おどろき）に胸はふたぎぬ、危篤（アツシ）れぬ」 語源説 アツシレ（熱痴）の義、またアツシル（熱痴）の義〔隣女晤言所引源注拾遺・和訓栞〕

あつ‐じる【熱汁】〔名〕熱くあたためた汁。＊酒食論（室町）「四季おりふしの生珍は、くくだちたかむなみやうがの子。松茸ひらたけなめすすき。あつじるこしるひゃうしづけ」＊類聚雑要抄（室町）一「御汁物二度 寒汁松茸、熱汁志女知」

あっ‐・す【圧】〔他サ変〕⇩あっする（圧） 発音〈標ア〉0ジ

あっすい‐そう【圧水艙】〔名〕船の安定を保つための脚荷水を貯える艙（ふなぐら）。バラストタンク。

あっ‐すう【圧芻】〔名〕（「芻」は、まぐさの意）トウモロコシ、ライ麦、牧草の青刈りしたものなどを細切りにし、サイロ内に多量につめ込んで乳酸発酵を起こさせ、なまに近い状態で貯蔵して、冬の牛馬の飼料とするもの。

あつ‐すおう【厚素襖】〔名〕「あつ（厚）き素襖」に同じ。＊河村誓真聞書（1577頃）「すはうは越後布。六月七月両月の儀候。八月一日よりあつすはうにて候」

あつ‐ずり〔名〕寝ている人の足元。＊混効験集（1711）下「あつずり 寝足元の事。和詞にはあとすりと云」

あっ‐・する【圧】〔他サ変〕文あっ・す〔他サ変〕①力を加えて強く押す。押えつける。押しつぶす。＊窮理通（1836）七「大気を圧して濃厚ならしむ」＊和英語林集成（再版）（1872）「Asshi, Assuru アッスル 圧」＊小学読本（1874）〈榊原・那珂・稲垣〉五「一列の車突進して聾者一人鉄道の上に圧せられて死したりければ」＊物理全志（1875-76）〈宇田川準一訳〉五「三絃或は胡弓の如く指を以て線上の数処を圧し、其長短張力を変じ、一線をして順次異音を発せしむる者」②権威、武力など種々の力で他者を押えつける。また、屈伏させる。威圧する。圧迫する。＊玉塵抄（1563）一六「そこて鄭が難儀に及て燭之武と云者を秦えやって鄭を亡してあらば、晉をあっせられれば、晉が秦のあだにならうぞ。色々のことを案じだいて使が云たぞ」＊俳諧・新山家（1686）「詩は盛晩の異風を圧（アッ）し、且つ俳諧に自然の妙を伝へ」＊花柳春話（1878-79）〈織田純一郎訳〉四「金力に圧せられ唯々諾々として家事を司どり」＊綱の上の少女（1926）〈片岡鉄兵〉下「その瞬間に、水底のやうな沈黙が俄かに世界を圧し去った」＊読書放浪（1933）〈内田魯庵〉銀座繁昌記・九「其の頃はまだ吾曹先生の文名が四海を圧してゐた」＊楚辞‐大招「挙レ傑圧レ陛、誅二譏罷一只」 発音〈標ア〉0ス〈京ア〉0 文『あっす』〈標ア〉0〈京ア〉0 辞書 ボン・言海 表記 圧（ヘ・言）

あっせ〔動〕方言 遊ばせ。ください。なさい。 東京都038 静岡県520 京都市053 長崎県北松浦郡899

あっ‐せい【圧制】〔名〕（形動）権威、権力、または暴力などによって人の言動を束縛したり、人に強制したりすること。また、そのさま。＊文明論之概略（1875）〈福沢諭吉〉四・八「貴族を圧制するの端を開きたり」＊音訓新聞字引（1876）〈萩原乙彦〉「圧制 アッセイ オサヘツケル」＊諷誡京わらんべ（1886）〈坪内逍遙〉五「男子の圧制（アッセイ）を防ぐ方便」＊思出の記（1900-01）〈徳富蘆花〉九・六「『其様（そん）な圧制な媒（なかうど）は無いわ』と鈴江君は笑った」 方言 高圧的なさま。 島根県那賀郡・邇摩郡725 ◇あっせ 島根県隠岐島725 発音 アッセイ〈標ア〉0〈京ア〉0

あっ‐せい【圧政】〔名〕権力や暴力などを用いて、国民の自由を奪う政治。圧制政治。＊城（1965）〈水上勉〉九「若狭三十二谷に、酒井圧政怨詛の声が充満したとしても不思議でなかった」 発音 アッセイ〈標ア〉0〈京ア〉0

あつ‐せい【遏制】〔名〕（「遏」はとめる意）おさえとめること。やめさせること。＊彼日氏教授論（1876）〈ファン・カステール訳〉一〇・二「自（みずから）智力を竭し力めて之を遏制せんことを必とす可し」

あっせい‐か【圧制家】〔名〕「あっせいしゃ（圧制者）」に同じ。＊浮雲（1887-89）〈二葉亭四迷〉一・六「言はば自由主義の圧制家といふ御方だから」

あっせい‐がまし・い【圧制―】〔形口〕無理じいするような態度である。押しつけがましい。＊虞美人草（1907）〈夏目漱石〉一〇「そうかと申して生の母でない私が圧制（アッセイ）がましく、無暗に差出た口を利きますと」

あっせい‐けん【圧制権】〔名〕社会を抑圧し統制する権力。＊花柳春話（1878-79）〈織田純一郎訳〉二四「抑も仏民の軽薄なるや昨日は共和政治を唱えて国帝を弑し、九族を亡し、今日は君主専政を唱へて共和党を滅し、圧制権を尊み」

あっせい‐しゃ【圧制者】〔名〕権力や暴力などを用いて、人の自由を束縛する者。圧制家。＊思出の記（1900-01）〈徳富蘆花〉三・一五「三次郎君は何時にない僕の権幕に驚いたが、見る見る其頑冥不霊な顔に圧制者の相を出し、にやりにやり笑って」＊冷笑（1909-10）〈永井荷風〉九「父は無暗と怖いばかり。少年時代には無理な圧制者としか思はれなかったので」 発音 アッセイシャ〈標ア〉セ

あっせい‐せいじ【圧制政治】〔名〕支配者の意のままに人民を抑圧する政治。また、そのような政治体制。専制政治。圧政。＊民権弁惑（1880）〈外山正一〉「英国人民は自由主義の再び行はれ、圧制政治のここに縮却すべきことを希望し」＊哲学字彙（1881）「Government〈略〉Despotic government 圧制政治」 発音 アッセイセイジ〈標ア〉セ2

あっせい‐せいふ【圧制政府】〔名〕圧制政治を行なう政府。＊普通民権論（1879）〈福本巴〉五「古より圧制政府といふは、畢竟人民の自由之権理を損害奪掠する政府のいひなり」 発音 アッセイセイフ〈標ア〉セ2

あっせい‐てき【圧制的】〔形動〕権力や暴力などで人の自由を束縛するさま。＊鳥影（1908）〈石川啄木〉一・五「他から圧制的に結びつけようとするのは間違だ」＊蓼喰ふ虫（1928-29）〈谷崎潤一郎〉一四「老人は婿に対してこそ遠慮があるものの、あの口ぶりから察すると恐らく娘には圧制的に出るのではないのか」

あっ‐せつ【圧接】〔名〕溶接法の一つ。金属の溶接部を加圧して接合する溶接法。接合部を加熱する場合と、常温のまま行なう場合とがある。

あっ‐せつ【圧雪】〔名〕スキー場のコースを滑りやすくするため、新雪を踏み固めること。 発音〈標ア〉0

あっ‐せつ【軋截】〔名〕こすって切ること。すり切ること。＊匏菴十種（1869）〈栗本鋤雲〉暁窓追録補「肛肉を指撮し麻糸緊紮し七碗となし、其血死し色変するを待ち鉄鎖軋截すれば錯落として地に落つ」

あつ‐ぜつ【遏絶】〔名〕（「遏」はとめる意）①たち切ること。とどめ滅ぼすこと。＊色葉字類抄（1177-81）「遏絶 アツセツ」＊玉葉‐文治元年（1185）一〇月一三日「頼朝失二義経之勲功一、還有二遏絶之気一」＊書経‐呂刑「遏二絶苗民一、無二世在一レ下」②さえぎり止めること。排斥すること。＊江談抄（1111頃）三「菅根不レ通レ仰。皆以遏二絶之一。是菅根計也」＊明月記‐安貞元年（1227）一月八日「遇二建久之政一、遏二絶叙留一」＊万国公法（1868）〈西周訳〉二・五「唯夫れ一国全く他の諸国を遏絶し外人の其疆に入るを拒み他の援助保護を固辞するは」＊後漢書‐桓帝紀「冀又遏絶禁レ還二京師一、使下朕離二母子之愛一、隔中顧復之恩上」 辞書 色葉 表記 遏絶（色）

あつぜつ‐し【圧舌子】〔名〕耳鼻科で、咽頭の状態を観察する際、舌を下方に押しつけて、見やすくするのに用いる金属製のへら。舌圧子。

あっ‐せん【圧穿】〔名〕（圧穿機によって）鋼板等に穴をあけること。＊工学字彙（1886）〈野村龍太郎〉「Punching 圧穿」

あっ‐せん【斡旋】〔名〕①めぐること。めぐらすこと。また、ぐるぐるまわること。まわすこと。＊済北集（1346頃か）四・石竹花「深紅纈出美人衣春軸斡旋入二夏機一」＊教言卿記‐応永一三年（1406）四月三日「平呑二仏祖一、斡二旋乾坤一」＊随筆・山中人饒舌（1813）下「曲折無レ勢、斡旋無レ力。与二鉄線蘭葉諸描法一不レ同」＊米欧回覧実記（1877）〈久米邦武〉二・三六「一錐に十二噸の力を加へ斡旋せしめ、厚さ尺に及ふ甲鉄に孔を穿（うが）つ」＊東京日日新聞‐明治二四年（1891）一一月一七日「論説の偉大、乾坤を呑吐し、宇宙を斡旋す」＊鶴林玉露‐天・詩用字「作レ詩要二健字撐拄一、要二活字斡旋一。〈略〉斡旋、如二車之有一レ軸」②間に入って両者がうまくゆくように世話をすること。とりもつこと。周旋。単に「紹介する」「世話する」と同じようにも用いる。＊童子問（1707）上・四九「無二其才一、則不レ能二斡二旋大事一」＊水流雲在楼集（1854）送広小車還長州「処世何迂濶救窮誰斡旋」＊三四郎（1908）〈夏目漱石〉一二「奔走し且つ斡旋（アッセン）して大得意なのだから面白い」＊田舎教師（1909）〈田山花袋〉四四「校長の斡旋（アッセン）で始めた頼母講にも」＊蘇轍‐代三省祭司馬相如文「一二卿士、代レ天斡旋、事棼如レ糸、衆比如レ櫛、治乱之機、間不レ容レ髪」③労働関係調整法によって労働委員会が指名した斡旋者が、争議当事者双方の間をとりもって、争議解決のために援助をすること。↓調停・仲裁。＊労働関係調整法（昭和二一年）（1946）一三条「斡旋員は、関係当事者間を斡旋し、双方の主張の要点を確め、事件が解決されるように努めなければならない」 発音〈標ア〉0〈京ア〉0

あっせん‐き【圧穿機】〔名〕穴を打ちあける機械。穴のある台と、これを押圧する装置があって、鋼板等をその間に入れ、穴を打ち抜く。＊工学字彙（1886）〈野村龍太郎〉「Punching machine 圧穿機」 発音〈標ア〉セ

あっせん‐しゅうわい【斡旋収賄】〔名〕公務員が依頼を受けて他の公務員の職務上の不正行為を仲介し、わいろをとること。＊ある小官僚の抹殺（1958）〈松本清張〉一「岡村の受けとった金はいわゆる斡旋収賄（アッセンシュウワイ）である」 発音 アッセンシューワイ〈標ア〉シュ

あつ‐ぞう【圧像】〔名〕鉱物の結晶面を鋭い針の先端で圧したときに生ずる規則正しい裂け目。＊英和和英地学字彙（1914）「Atsuzō Pressed figure〈略〉圧像」

あっそ‐こ【彼処】〔代名〕「あそこ（彼処）」の変化した語。＊三体詩幻雲抄（1527）五「あっそこに青々と見へたは枝敷葉敷と思たれば、よくよく見れば枝でも葉でもなうて、青々と春色のかをしたは苔でありけるよ」＊三体詩素隠抄（1622）一・四「きつと見まわしたれば、あっそこの雲すきに松火を焼くとをぼしくて」＊四河入海（17C前）一・二「あっそこなる嶺ばかりに、ちっとの雲が、綿帽子をしたやうに有ぞ」

あつ‐ぞこ【厚底】〔名〕物の底の部分が厚くなっていること。また、そのもの。 発音〈標ア〉0

あっ‐そん【朝臣】〔名〕「あそん（朝臣）」に同じ。＊高野本平家（13C前）一・祇園精舎「まぢかくは、六波羅の入道前太政大臣平朝臣（アッソン）清盛公と申し人のありさま」＊伊京集（室町）「朝臣 アッソン」＊日葡

辞書（1603-04）「Asson（アッソン）〈訳〉国王に直接つかえる召使い、臣下」＊浄瑠璃・平家女護島（1719）四「かっぱとまろべば大音上、正四位下能登守平の朝臣（アッソン）教経と鳴弦し」 発音〈音史〉古くは『あそみ』『あそん』だが、中・近世頃は多く『あっそん』か。〈標ア〉0 〈ア史〉江戸●●○と●●○○の両様 〈京ア〉0／ッ 辞書下学・文明・伊京・明応・天正・饅頭・黒本・日葡・言海 表記朝臣（下・文・伊・明・天・饅・黒・言）

あった『名』「あした（朝）」の幼児語。＊滑稽本・浮世風呂（1809-13）二・上「坊や。おとなしくねんねしやヨ。朝（アッタ）起々したら、お目覚にお薩をやらうヨ」

あった『名』（形動）あたたまること、あたたかいことをいう幼児語。＊滑稽本・浮世風呂（1809-13）前・上「ソリャ、だぶだぶだぶだぶ。アア、能（い）いぞ能いぞ。温（アッタ）で能（いい）ぞ」

あった『副』（副詞「あた」の変化した語）「あた〔副〕」に同じ。＊浄瑠璃・安倍宗任松浦簦（1737）二「あったどんくさい、草臥（くたびれ）たと、破れかぶれも気に懸けず」＊浄瑠璃・新うすゆき物語（1741）上「エエあったぶのわるい〈略〉こなたに先を取れた」

あつた【厚田】 北海道中央部、石狩支庁の郡。厚田川・望来（もうらい）川の流域にあり、石狩湾（日本海）に面する。明治二年（一八六九）石狩国の一郡として成立。

あつた【熱田】 ㈠名古屋市南部の地名。江戸時代は桑名、四日市への渡船場で、東海道最大の宿場町であった。また、熱田神宮の門前町でもあり、宮（みや）と呼ばれた。明治四〇年（一九〇七）名古屋市に編入された。＊謡曲・盛久（1423頃）「熱田の浦の夕潮の、道をば波に隠されて、回れば野べに鳴海潟」＊俳諧・熱田皺筥物語（1695）「尾張の国あつたにまかりける比（ころ）、人々師走の海みんとて、舟さしけるに、海くれて鴨の声ほのかに白し〈芭蕉〉」㈡名古屋市の行政区の一つ。昭和一二年（一九三七）区制施行により成立。語源説(1)アユチダ（年魚市田）の約か〔古事記伝〕。(2)アは接頭語で、津田または津処の意か〔日本古語大辞典＝松岡静雄〕。発音〈標ア〉ア 〈ア史〉江戸●●○と○●○の両様 辞書色葉・文明・易林・書言 表記熱田（色・文・易・書）

あつた踏歌（とうか）の神事（しんじ） 名古屋市の熱田神宮の神事の一つ。正月一一日、熱田神宮の摂社、大福田社で、五穀豊穣（ほうじょう）などを祈るために行なわれた踏歌の神事。《季・新年》

あつたの大神（おおかみ） 名古屋市の熱田神宮の主神。草薙剣（くさなぎのつるぎ）をいう。

あつたの鬼祭（おにまつり） 毎年陰暦の正月八日、名古屋市熱田区東町の不動院で行なわれる祭。鬼の面をつけた者が、松明（たいまつ）を持って出歩く。《季・新年》

あつたの的射（まとい） 「あつた（熱田）歩射（ぶしゃ）の神事」に同じ。＊俳諧・季引席用集（1818）「時令〈略〉熱田（アッタ）の的射（マトヰ）正月十五日六百家の社人より出」

あつたの渡（わたし） 尾張の宮（熱田）から伊勢の桑名への海上七里の渡し。七里の渡し。桑名の渡し。間遠（まどお）の渡し。発音〈標ア〉0ア

あつた歩射（ぶしゃ）の神事（しんじ） 名古屋市の熱田神宮神事の一つ。正月一五日、射手六人が神前で大的に弓を射る神事。古くはこの神事の後、氏人が南北に別れて印地打ちを行なったという。《季・新年》

あつた船番所（ふなばんしょ） 宮（みや＝熱田）と桑名の間の通船と海上取り締まりのため、尾張藩が承応元年（一六五二）熱田の浜に設けた番所。藩直属の熱田奉行、船奉行の支配に属してもっぱら出入りの船舶を改めた。夜間の通船を原則的に禁制したこと、所定の手続きを経ない旅客、荷物の通行を許さなかったことは、箱根や荒井の関所と同様であった。

あつた【熱田】 姓氏の一つ。発音〈標ア〉ア

あつた『名』八の数をいう、芝居関係者、てきや、露店商人などの隠語。〔日本隠語集（1892）〕＊洒落本・品川楊枝（1799）「『芝居のふちゃうを咄しねへ』『ちっと斗（ばかり）咄しやせふ〈略〉八文をあつた文』」＊わが新開地（1922）〈村島帰之〉六「先づ商売に必要な一二三から始めるかナ。一ヤリ、二フリ、三カチ、四タメ、五シズカ、六ミズ、七オキ、八アツタ、九アゴナイ、十ヒン」

あつた『名』盗んだ貴重な品をいう、盗人仲間の隠語。〔隠語輯覧（1915）〕

あった・い『形口』「あたたかい（暖）」の幼児語。＊人情本・貞操婦女八賢誌（1834-48頃）初・一回「嘸（さぞ）寒からう、堪忍しや。今に伯母さんに、火（ふう）を起して貰って、暖（アッタ）いをしませう喃（のう）」＊人情本・柳之横櫛（1853頃）四・二四回「坊は誠に温（アッタ）いから、慈母（おっかあ）ちゃん寒くば坊の衣服（おべべ）を脱てお背中（せな）へ掛やう程に」方言❶暖かい。長野県西筑摩郡491 ❷暑い。長崎県050 五島038 ❸熱い。佐賀県887 長崎県050 北松浦郡899 五島917

あったえ『感動』方言❶驚いた時に発する語。岩手県九戸郡088 ◇あったない 香川県827 829 ❷別れの挨拶のことば。さようなら。山形県西置賜郡139 ◇あったに 福井県432 ◇あったった 滋賀県607 609 ◇あっちゃっちゃ 滋賀県彦根市609

あった‐か【暖―・温―】『形動』「あたたか（暖）」の変化した語。＊洒落本・寸南破良意（1775）年季者「今夜はあったかでござへすねへ」＊滑稽本・東海道中膝栗毛（1802-09）初・発語「おやすみなさいやアせ。あったかな冷飯（ひやめし）もございやアす」＊人情本・いろは文庫（1836-72）二・三「おいらは酒の陽勢（いきほひ）で温（アッタ）かだが、おまへはさぞ寒からう」＊吾輩は猫である（1905-06）〈夏目漱石〉二「あったかにして御火燵（おこた）に寐かして置きました」発音〈標ア〉タ 〈京ア〉タ

あったか・い【暖・温】『形口』文あったか・し『形ク』（「あたたかい（暖）」の変化した語）①「あたたかい（暖）①」に同じ。＊滑稽本・浮世風呂（1809-13）四・上「雪は積ってから凍（こほっ）てはつめたい物だが、降る間（うち）は暖（アッタカ）いネ」＊思出の記（1900-01）〈徳富蘆花〉二・七「南国の、海浜は殊に暖（アッタ）かいので、庭の白砂（しらす）に大きな椽台を置かして」②「あたたかい（暖）②」に同じ。＊雑俳・柳多留‐七八（1823）「あったかい隠居懐炉も小判形」③「あたたかい（暖）③」に同じ。④知恵が足りない。うす馬鹿だ。おめでたい。＊青べか物語（1960）〈山本周五郎〉留さんと女「留さんが少し頭のあったかいことや、色の黒いのと」⑤男女の仲がよいさまである。熱い。＊生まざりしならば（1923）〈正宗白鳥〉「いやなことだね。お温（アッタ）かい所を見せつけられて溜るものぢゃない」方言❶暑い。宮城県栗原郡113 山形県139 南置賜郡038 ❷知恵が足りない。うす馬鹿だ。栃木県佐野市・上都賀郡198 神奈川県藤沢市319 東京都三宅島・御蔵島333 新潟県上越市382 発音〈標ア〉カ 〈京ア〉タ 辞書言海

あつた‐かいづか（かひづか）【熱田貝塚】 名古屋市熱田区の熱田神宮外苑を中心とする広い地域にわたって点在する彌生時代の貝塚群。前期から後期に至る彌生土器のほか、土師（はじ）器・須恵器が出土。高蔵貝塚。発音〈標ア〉イカ

あったか‐げ【暖―・温―】『形動』（「げ」は接尾語）「あたたかげ（暖―）」の変化した語。発音アッタカゲ 〈標ア〉カ

あったか‐さ【暖―・温―】『名』（「さ」は接尾語）「あたたかさ（暖―）」の変化した語。＊まんだん読本（1932）日本のエヂソン〈井口静波〉「此処二三日あんまり暖（アッタ）かさが続いたからね」方言まぬけ者。ばか者。新潟県373 382 384 ◇おあったか〔御―〕 山梨県453 発音〈標ア〉タ

あったか‐ぼっこ【暖―】『名』方言日に当たって暖まっていること。ひなたぼっこ。茨城県真壁郡188 栃木県198 塩谷郡201 埼玉県北葛飾郡258 ◇あったかばっこ 埼玉県北葛飾郡258

あったか‐み【暖味・温味】『名』（「み」は接尾語）「あたたかみ（暖味）」の変化した語。＊断橋（1911）〈岩野泡鳴〉一六「再び女の心のあんなあったかみに接する時は金輪際なからう」＊大阪の宿（1925-26）〈水上滝太郎〉九・六「厚唇のあったかみの残ってゐさうな」発音〈標ア〉0ミ 〈京ア〉0

あった・く『自カ四』「あえ（へ）たく」の誤写か。→あえたく。＊弁内侍（1278頃）宝治三年二月一日「剣璽（けんじ）はおはしますか、おはしますかとぞ、あつたきて声のかはるほどたづねおはしますといふに」補注あわてふためく、夢中になるとするのが通説だが疑問。語尾の清濁も不明。

あつた‐じんぐう【熱田神宮】 名古屋市熱田区神宮にある神社。旧官幣大社。熱田大神（神体は草薙剣＝くさなぎのつるぎ）を主神に、天照大神（あまてらすおおみかみ）、素盞鳴尊（すさのおのみこと）、日本武尊（やまとたけるのみこと）、宮簀媛命（みやずひめのみこと）、建稲種命（たけいなだねのみこと）を相殿にまつる。日本武尊の没後、妃宮簀媛が社を建てて宝剣をまつったのに始まる。古くから公武の崇敬があつかった。延喜式内明神大社。熱田大社。熱田大宮。熱田大神宮。発音アッタジングー 〈標ア〉グジ 〈京ア〉ジ

あつ‐だたみ【厚畳】『名』古くは、現在の畳の厚さのもの。近世以降では、中に真綿などを入れて、普通の畳の倍の厚さに作った畳。↔薄畳。＊たまきはる（1219）「あつたたみ御所にしたがひたる文（もん）の高麗の御畳」＊雍州府志（1684）七「按古所謂畳、今縁取也。称厚（アツ）畳者今所用之畳也。今世其厚倍常畳者謂厚畳、是謬伝也」＊浮世草子・好色産毛（1695頃）三・五「一間の内に厚畳（アツダタミ）一坪やわらかに、そのうへに寝道具山をなし」発音〈標ア〉ダ

あった‐ふた『副』「あたふた」の変化した語。＊浄瑠璃・平仮名盛衰記（1739）三「音に驚く家内の騒動。ふるいわななきあったふた」＊歌舞伎・金門五三桐（1778）大切「毎年の嘉例、外（はづ）してはならぬと、あったふた」

あった‐ぼこしもな・い『形口』（「あった」は副詞「あた」の変化した語）「あったぼこしゅもない」に同じ。＊雑俳・神風（1742）「馬が膝折ったりあったぼこしもない」

あった‐ぼこしゅもな・い『形口』（「あった」は副詞「あた」の変化した語）おもしろくもない。ばかばかしい。→ほこしゅもない。＊浄瑠璃・丹波与作待夜の小室節（1707頃）上「さばき髪御前近くも無遠慮（ぶゑんりょ）に、縁先（ゑんさき）にあげ足して、やれやれあり様達はあったぼこしゅもない」

あつた‐まつり【熱田祭】『名』名古屋市の熱田神宮の例祭。古くは六月一四日、現在は六月五日に催される。《季・夏》＊俳諧・誹諧初学抄（1641）末夏「熱田（アツタ）祭、六月十四日也。同尾州に在之」＊俳諧・はなひ草（寛永二〇年本）（1643）「六月 熱田祭（アツタマツリ）」＊年中故事記（1800）八「熱田祭。〈略〉今日神輿を鎮皇門の上に昇上、午の刻鳥壱羽来りて、前の海にて潮に浸し、濡身にて社に来る。社司是を相図に祭をなす」発音〈標ア〉マ

あったま・る【暖・温】『自ラ五（四）』（「あたたまる（暖）」の変化した語）①「あたたまる（暖）①」に同じ。＊洒落本・福神粋語録（1786）廻り座敷「おらァもふせっかくあったまってゐるに、をきることはごめんだ」＊滑稽本・浮世風呂（1809-13）前・上「兄さん、能（よく）沈（しづん）で、温（アッタマ）んな」＊吾輩は猫である（1905-06）〈夏目漱石〉七「どうぞ白い湯へ出たり這入ったりして、ゆるりと御あったまり下さい」②「あたた

まる(暖)②」に同じ。*洒落本・契情買虎之巻(1778)五「コレあったまるやうにもらいやうもしってゐるが、それもばらだ」*人情本・娘太平記操早引(1837-39)二・一〇回「私が又彼処(あすこ)の宅(うち)へ乗り込むやうにでもなってお見、そりゃァお前、しっかりと温(アッタ)まらせるぜ」*歌舞伎・敵討噂古市(正直清兵衛)(1857)序幕「贋金とおどかしかけて、おれ一人であったまるのだ。ああ有難い」[方言]経済的に恵まれる。裕福になる。 栃木県198 [発音]〈標ア〉[マ]〈京ア〉[0] [辞書]言海

あった・める【暖】〘他マ下一〙(「あたためる(暖)」の変化した語) ①「あたためる(暖)①」に同じ。*洒落本・当世穴知鳥(1777)廓中の諸訳「いっそ手あしがひへてなりんせん。ちっとあっためておくんなんし」*人情本・春色梅児誉美(1832-33)三・一七齣「お燗を付て藤さんにおあげな。そしてさめたものは、雪平(ゆきひら)でか小鍋でかお温(アッタメ)よ」*坊っちゃん(1906)〈夏目漱石〉七「何だか水晶の珠を香水で暖(アッ)ためて、掌(てのひら)へ握って見た様な心持ちがした」 ②「あたためる(暖)②」に同じ。 ③「あたためる(暖)③」に同じ。*歌舞伎・御摂勧進帳(1773)三立「サア是明親王様。深く隠さっしゃる、三種の神器のその一つ、十握の御剣、あっためてある事を兼て聞く」*雑俳・川柳評万句合-安永四(1775)宮一「門院をあっためたのがおちどなり」*小説平家(1965-67)〈花田清輝〉四・一「千余粒の舎利をあっためていたというのも」 ④「あたためる(暖)④」に同じ。[方言]金もうけをする。 栃木県198 [発音]〈標ア〉[メ]〈京ア〉[0] [辞書]言海

あった-もの【─者】〘名〙(「あった」は八の隠語。「あったもん」とも)ばかな者をいう、てきや、盗人仲間の隠語。*彼女とゴミ箱(1931)〈一瀬直行〉電線と掏摸「アッタモン(間抜け)な奴は、モサに袂を切られるどころか、はめてゐる指環を、腕時計をすられる」

あったら【惜・可惜】(形容詞「あたらし(惜)」のもとになる部分の「あたら」の変化した語。感動詞的語性を持つが、連体詞的用法も副詞的用法もある)「あたら(惜)」に同じ。*金刀比羅本平治(1220頃か)中・義朝六波羅に寄せらるる事「あったら武者、刑部うたすな、者ども」*史記抄(1477)八・孝景本紀「あったら明君でをいりあるか」*天理本狂言・腹不切(室町末-近世初)「あったら命すてんより、かまとあふこを打かたけ」*仮名草子・ぬれぼとけ(1671)上「釈迦は一入無分別、あったら惜しきぬれものを、すててわうくうしのびいで」*浮世草子・武道伝来記(1687)八・二「可惜(アッタラ)前振をおしきは常の人ごころ、され共外の事と各別の義、御耳にも達したる上の様子もあり」[方言]〘連体〙惜しい。もったいない。残念な。感動詞・副詞的に用いられることもある。 信濃†090 岩手県気仙郡100 宮城県仙台市121 山形県139 埼玉県秩父郡251 入間郡257 新潟県佐渡352 東蒲原郡368 富山県砺波398 石川県河北郡414 能美郡419 長野県473 481 488 岐阜県498 飛驒502 三重県志摩郡・鳥羽市585 滋賀県彦根609 ◇おったら 茨城県久慈郡188 ◇あったる 沖縄県首里933 [発音]〈標ア〉[0]〈ア史〉江戸●● ●●〈京ア〉[0] [辞書]書言・ボン・言海 [表記]可憎(書)

あったら口(くち)に風(かぜ)を=引(ひ)かす[=引(ひ)く] 「あたら(惜)口(くち)に風(かぜ)を入る」に同じ。*浄瑠璃・金屋金五郎浮名額(1703)「こりゃこりゃ両人、工面(ぐめん)で埒(らち)明く事なれば今迄手延びにすることなし。可惜(アッタラ)口に風引かすな」*雑俳・柳多留拾遺(1801)巻五「仲人のあったら口に風をひき」

あったらい【惜】〘形〙[方言]⇩あったらしい(惜)

あったらい【新】〘形〙[方言](「あたらし」の転)新しい。 群馬県山田郡240 ◇あっちゃい 栃木県塩谷郡198 新潟県東蒲原郡368

あったら-こと【惜事】〘名〙「あたらこと(惜事)」の変化した語。*三体詩幻雲抄(1527)五「鬼神の事を御問あったわ、あったら事かなと作たぞ」*歌舞伎・幼稚子敵討(1753)二「へへ、あったらこっちゃな。田から行(ゆく)も畔から行も、御為じゃと思ふてするこっちゃけれど」*滑稽本・浮世風呂(1809-13)三・下「今の女は皆青い着物だナ。惜しい女に馬糞(まぐそ)の衣をかけたぜ。あったら事をした」*松翁道話(1814-46)一・下「わづかなものに替へて仕廻ふはあったら事ぢゃ」

あったらし・い【惜】〘形口〙[文]あったら・し〘形シク〙「あたらし(惜)」の変化した語。*温故知新書(1484)「惜哉 アッタラシキ」*両足院本毛詩抄(1539)三「荘公の用られぬはあったらしい事哉」*幸若・十番斬(室町末-近世初)「かかる臆病者共に、あったらしき御所領を、いたづらにたばんより」*浄瑠璃・相撲祝言はんがく女ぐんはふ(1661-80頃)四「むほんにんといひながら、あへなくころさんは、あったらしきこと共也」*菊池俗言考(1854)「あったらしい 新惜(あたらおし)の約」[方言]❶惜しい。もったいない。 茨城県188 東京都新島322 利島331 八丈島335 石川県能登408 409 411 山梨県南巨摩郡463 長野県上田475 佐久493 佐賀県唐津市893 藤津郡895 長崎県伊王島907 西彼杵郡908 熊本県南部933 天草郡936 ◇あたまし 青森県津軽075 ◇あたむし 青森県上北郡074 津軽075 ◇あたらい 石川県鹿島郡404 宮崎県日向955 ◇あたらさあん 鹿児島県奄美大島975 沖縄県石垣島・新城島・波照間島996 ◇あたらさい 鹿児島県喜界島983 ◇あたらさん 沖縄県伊江島975 ◇あたらしゃん 鹿児島県奄美大島・喜界島975 沖縄県那覇市975 ◇あたらはあん 沖縄県小浜島996 ◇あたらまし 青森県津軽075 ◇あたらむし 青森県073 ◇あたらもし 秋田県鹿角郡132 ◇あたらもしない 青森県三戸郡083 ◇あたりゃあ 宮崎県西臼杵郡948 ◇あたれ 宮崎県047 947 954 ◇あったっか 長崎県五島917 ◇あったっしゃ 三重県志摩郡054 ◇あったらい 石川県鹿島郡404 ◇あったらさあん 沖縄県石垣島・黒島996 ◇あったらさん 沖縄県竹富島・鳩間島996 ◇あったらさんがしゃあん 沖縄県石垣島996 ◇あったらし 東京都八丈島335 宮崎県西諸県郡947 都城956 鹿児島県963 968 969 ◇あったらむし 青森県南部071 ◇あったらむしない 青森県三戸郡083 ◇あったらもし 青森県南部084 ◇あったらもらしい 石川県鹿島郡411 ◇あったらん 沖縄県与那国島996 ◇あったるか 長崎県五島054 北松浦郡899 ◇あったれ 大分県日田郡939 ❷愛らしい。 ◇あったらさあん 沖縄県石垣島・黒島996 ◇あったらさん 沖縄県竹富島・鳩間島996 ◇あったらさんがしゃあん 沖縄県石垣島996 ◇あったらん 沖縄県与那国島996 [発音]〈標ア〉[ト][0]

あったら-てま【惜手間】〘名〙(「あったら」は「あたら(惜)」の変化した語)むだなほねおり。むだでま。*浄瑠璃・五十年忌歌念仏(1707)中「あったら手間で、あの蚊屋(かや)を生絹(すずし)の衣(ころも)にして着たい」

あったら-むし【惜─】〘形〙[方言]⇩あったらしい(惜)

あったら-もの【惜物】〘名〙「あたらもの(惜物)」の変化した語。*史記抄(1477)一二・弟子列伝「あああったらものに、大な処を治めさせたらば庶幾てましぞ」*三体詩素隠抄(1622)一・四「かかるわるい処で、枯はてなしことはあったらものかな」*咄本・昨日は今日の物語(1614-24頃)上「名人ではなひ。あったら物を内へ入(いる)やうにしてこそ上手なれ。天下一でもない」*浄瑠璃・夏祭浪花鑑(1745)六「徳兵衛は頼もしい女房を持たなア。なぜ男には生れて来ぬぞ。あったら物を落してきた」*詞葉新雅(1792)「アッタラモノナ あたらしき」[方言]常陸†064 江戸†058 備後†124 岩手県091 102 宮城県仙台市121 山形県139 福島県155 茨城県195 栃木県197 198 208 群馬県062 223 244 埼玉県257 258 千葉県東葛飾郡280 新潟県352 368 375 富山県砺波398 石川県420 421 424 福井県東部427 長野県埴科郡477 三重県585 滋賀県607 大阪府泉北郡646 和歌山県690 佐賀県唐津市893 ◇あったらむん 鹿児島県与論島975 ◇あたらむぬ 沖縄県石垣島996 ◇あったるもん 千葉県印旛郡274 東葛飾郡280 ◇あったりもの 千葉県長生郡261 ◇あったいもん 千葉県夷隅郡059 ◇あたらしむん 沖縄県首里993 [発音]〈標ア〉[ノ][モ]

あったり-まえ【当前】〘名〙〘形動〙「あたりまえ(当前)」の変化した語。*エオンタ(1968)〈金井美恵子〉一七「あったりまえじゃないですか。水道管なんてものは別に大切に保存する必要のあるものじゃないんだから」

あっ-ち【彼方】〘代名〙(「あち」の変化した語) ①他称。話し手、聞き手から離れた方向などを指し示す(遠称)。また、二つの物のうち、話し手、聞き手から遠い方の物を指す。*杜詩続翠抄(1439頃)二「大雨水両涯漫々としてあっちのきしの馬牛不可弁也」*虎明本狂言・末広がり(室町末-近世初)「まだそこにおるか。あっちへうせおれ」*洒落本・辰巳之園(1770)「お長さん、お前はあっちへいきねヱ」*浮雲(1887-89)〈二葉亭四迷〉二・七「もう些(ちっ)と彼方(アッチ)の方へ行て見よう」 ②名詞的用法。㋑冥土(めいど)。あの世。*歌舞伎・籠釣瓶花街酔醒(1888)四「十に八九は冥土(アッチ)の者」㋺遊里。*人情本・英対暖語(1838)初・二回「あれが里(アッチ)の癖だアナ」㋩外国。*浮世草子・好色一代男(1682)八・四「いにしへ安部仲麿は、古里の月を、おもひふかくは読れしに、我はまた、あっちの月、思ひやりつると」*二人女房(1891)〈尾崎紅葉〉下・五「鮮魚(さかな)と珍客は三日おけば臭ふといふ、西洋(アッチ)の諺があるが」[方言]❶他称。彼。あいつ。 埼玉県北葛飾郡054 ❷冥土(めいど)。 神奈川県津久井郡317 [発音]〈標ア〉[チ]〈京ア〉[0] [辞書]伊京・言海 [表記]彼路(伊) 彼方(言)

あっち の 者(もの) 「あっちもの(彼方者②)」に同じ。*歌舞伎・吉様参由縁音信(小堀政談)(1869)三幕「丁度三月越しの大煩(おほわづら)ひ、すんでの事にあっちのものになる所を」*歌舞伎・梅雨小袖昔八丈(髪結新三)(1873)四幕「此の頃流行(はやり)の麻疹(はしか)を煩ひ〈略〉事によったら彼方(アッチ)のものにならうも知れぬ峠まへ」

あつ-ち【厚地】〘名〙深さ一メートルから二メートルにわたって同じ土色の地。近世、地方(じかた)の語。

あつち〘名〙植物「あぶらな(油菜)」の異名。〔語彙(1871-84)〕

あづち ⇩あずち

アッチェレランド〘名〙(イタリア accelerando)音楽用語。しだいに速めるの意で、演奏速度を示す語。[発音]〈標ア〉[チェ]

あっち-おり【彼方織】〘名〙外国製、特に中国製の織物。*浮世草子・好色一代男(1682)二・二「水色のきぬ帷子(かたひら)に、とも糸にさいはい菱をかすかに縫せ、あっち織(オリ)の中幅(ちうはば)前にむすび」*雑俳・村雀(1703)「羽二重は唐織(アッチオリ)より京の妙」[発音]〈標ア〉[0]

アッチカ(Attica)⇩アッティカ

あっち-くに【彼方国】〘名〙外国。また、死後に行くはずの国。あの世。*俳諧・西鶴大矢数(1681)第一「孔子の歎き夢の春の夜 あっち国飛そこなひの胡蝶あり」

あっち-こち【彼方此方】〘代名〙(「あっち」は「あち」の変化した語)「あちこち(彼方此方)[一]」に同じ。*両足院本周易抄(1477)五「初六が一女を五男に逢てあっちこちへかかりあるくをとめて置く心ぞ」*安愚楽鍋(1871-72)〈仮名垣魯文〉二・下「三めぐりの堤(どて)をあっちこち雨乞(あまごひ)をする処(とこ)へ」[方言]〘形動〙反対のさま。あべこべ。 島根県725

あっち-こっち【彼方此方】[一]〘代名〙(「あちこち」の変化した語)「あちこち(彼方此方)[一]」に同じ。

＊洒落本・通仁枕言葉(1781)「あっちこっちへ云ひやって、仕めへにゃァつかみ合」 ＊詞葉新雅(1792)「アヅチコッチ をちこち」 ＊人情本・仮名文章娘節用(1831-34)三・七回「この頃はあっちこっちに、だいぶ疱瘡がありますさうだから」 ＊当世書生気質(1885-86)〈坪内逍遙〉七「それから二人で甲地乙地(アッチコッチ)と、真面目な面でかけ廻ってネ」 ㊁〘形動〙「あちこち(彼方此方)㊁」に同じ。 ＊人情本・春色辰巳園(1833-35)三・四条「私と仇吉ざんとあっち此方(コッチ)なら、おまへもそんな愚智をいって」 ＊歌舞伎・善悪両面児手柏(妲妃のお百)(1867)五幕「何やら言ふ事があっちこっちになって、どうやら工夫が違うたやうぢゃわいの」 方言〘形動〙❶あべこべ。反対。逆になっているさま。 岩手県上閉伊郡098 栃木県198 埼玉県入間郡257 千葉県長生郡286 東京都南多摩郡310 新潟県348 376 383 石川県鳳至郡409 福井県427 長野県481 488 492 岐阜県498 502 512 三重県三重郡594 山口県防府802 香川県829 福岡県872 879 長崎県五島054 熊本県阿蘇郡923 大分県日田郡939 ◇**あちゃこちゃい** 上方312 ◇**あちゃこちょ** 香川県829 ◇**あっちいこっちい** 島根県石見725 ◇**あっちぇこっちぇ** 新潟県佐渡359 ◇**あっちゃあこっちゃあ** 静岡県志太郡535 佐賀県887 ◇**あっちゃこえ** 福岡県久留米市883 ◇**あっちゃこし** 福岡県久留米市・三井郡872 佐賀県891 893 895 ◇**あっちゃこち** 福岡県小倉市874 長崎市906 熊本県918 ◇**あっちゃこちゃ** 愛知県碧海郡566 和歌山県西牟婁郡699 ◇**あっちゃこっち** 長崎県899 904 907 熊本県925 927 931 ◇**あっちゃこっちい** 佐賀県887 907 915 ◇**あっちゃこっちゃ** 山形県西置賜郡139 北村山郡144 富山県389 394 397 石川県404 409 422 福井県433 442 445 静岡県志太郡535 愛知県知多郡570 岐阜県大垣市512 三重県松阪市584 名賀郡585 滋賀県彦根市609 蒲生郡612 京都市621 大阪市638 兵庫県649 652 664 奈良県678 683 和歌山県東牟婁郡690 鳥取県711 徳島県809 香川県827 829 愛媛県840 福岡県嘉穂郡872 長崎県五島917 熊本県921 930 936 鹿児島県961 967 968 ◇**あっちゃこっちゃい** 徳島県810 ◇**あっちゃてっちゃ** 福井県大飯郡447 ◇**あっちゃらこっち・あっちゃらこっちゃら** 福岡市877 ◇**あっちょおこっちょお** 島根県美濃郡・益田市725 ◇**あってこって** 石川県鳳至郡409 ❷右往左往するさま。まごまごするさま。 ◇**あっちゃあこっちゃあ** 静岡県志太郡535 ❸駆けずり回るさま。東奔西走するさま。 ◇**あっちぇえこっちぇえ・あっちゃあこっちゃあ** 静岡県志太郡535 ❹行ったり来たり。 ◇**あっちゃこっちゃ** 熊本県下益城郡930 ❺本末転倒。 ◇**あっちゃあこっちゃあ** 静岡県志太郡535 ❻転倒するさま。 ◇**あちゃこちゃ** 石川県江沼郡062 ◇**あっちゃこっちゃ** 兵庫県但馬062 鳥取市062 岡山市762 ❼前後つじつまの合わないさま。矛盾しているさま。 岐阜県飛騨502 ◇**あちゃこちゃ** 山形県139 149 ◇**あっちゃこっちゃ** 三重県度会郡585 ❽出ほうだいなさま。 ◇**あっちゃこっちゃ** 山形県139 ❾あれこれ言うさま。とやかく。 岡山市054 ❿ものの位置が違ったり、納まりにくくなったさま。 ◇**あっちゃこっちゃ** 三重県062 大阪市637 ⓫むだにするさま。 ◇**あっちゃこっちゃ** 岩手県気仙郡100 ⓬かえって。 福岡県山門郡・鞍手郡872 ◇**あっちゃあこおしい** 佐賀県887 ◇**あっちゃあこち** 熊本県鹿本郡925 ◇**あっちゃあこっちゃあ** 佐賀県887 ◇**あっちゃこし** 福岡県久留米市・三井郡872 ◇**あっちゃこっち** 福岡県三井郡・浮羽郡872 ◇**あっちゃこっちい** 佐賀県887 ◇**あっちゃこっちゃ** 富山県390 奈良県675 福岡県嘉穂郡872 発音〈標ア〉チ1コ 〈京ア〉チ1 辞書伊京 表記彼路此路(伊)

あっち-じに【―死】〘名〙(「あっち」は跳ねるの意) 跳ねるように身もだえして死ぬこと。 ＊平家(13C前)六・入道逝去「悶絶躃地(びゃくち)して、遂にあっち死にぞし給ひける」 ＊日蓮遺文・盂蘭盆御書(1280)「身はすみのごとく血は火のごとく、すみのおこれるがやうにて、結句は炎身より出てあっちじにに死ににき」 語誌(1)「平家正節-一二下・入道逝去」では「あづち死」とすべき証拠はない。「跳 アッチハタラク」〔観智院本名義抄〕、「其の人毒虫にさされて、をめき、さけび、かなしび、のび、かがまり、あっちて死にけり」〔塵袋-八〕などの例から、「あっち」は跳ね回るの意の動詞の連用形であると考えられる。(2)平家物語のこの部分は、諸本間に異同が多く、延慶本「アッチ死」、長門本「あつさ死に」(異本では「あつち死」)、四部本「熱地池(アッチチ)死」、源平盛衰記「周章(アワテ)死」、屋代本「アツタ死」、平松家本・斯道文庫本「熱(アツケ)死」、竹柏園本「睹于死」、鎌倉本「熱死」などがある。(3)清盛が熱病で高熱に苦しんだことを示唆する表記となっているものが多く、熱さに結び付けて理解される傾向が強いが、語形も一定せず、屋代本などは意味も不明である。当時すでに耳遠い語となっていたものと思われる。

あっち-ぞうり【彼方草履】(ザウリ)〘名〙葬式用に、作り方を日常のものと反対にした草履。伊豆の新島では、引麻を平行にした鼻緒をすげ緒に結ぶ。 方言東京都新島332

あっち-ちりめん【彼方縮緬】〘名〙外国製、特に中国製のちりめん。 ＊俳諧・天満千句(1676)八「在郷は二千里の外町なれて〈直成〉 もめんならひにあっち縮緬〈如見〉」

あっち-べた【彼方辺】〘名〙方言❶あちら側。向こう側。 新潟県351 376 382 岐阜県497 愛知県西部550 滋賀県彦根609 ◇**あっちぺた** 新潟県東蒲原郡368 三重県北牟婁郡588 ◇**あっちっぱた** 埼玉県北葛飾郡258 ◇**あちらべた** 岐阜県山県郡506 ◇**あっちゃべた** 富山県砺波398 岐阜県岐阜市498 大垣市512 愛知県知多郡571 ◇**あっぺた** 新潟県東蒲原郡368 ◇**あっちべら** 滋賀県彦根609 奈良県南部683 愛媛県周桑郡845 ◇**あっちぺら** 大阪府南河内郡644 ◇**あっちゃべら** 奈良県宇陀郡678 ◇**あっちゃっぺら** 奈良県吉野郡054 ◇**あちがき** 愛媛県840 ◇**あっちうら・あっつうら** 富山県390 ◇**あっちゃうら** 富山県砺波398 ◇**あちて** 香川県829 ◇**あっちむけえ** 埼玉県北葛飾郡258 ◇**あってべこ** 和歌山県東牟婁郡690 ❷あちらの方。 大分県大分郡・大野郡941 ◇**あっちぺた・あっちっぺた** 新潟県中頸城郡383 ◇**あっちゃべた** 三重県南牟婁郡603 ◇**あっちゃべら** 奈良県675 ◇**あっちぇぐち** 新潟県佐渡352 ◇**あっちさ・あっちさね** 大分県東北部941

あっち-もの【彼方物】〘名〙外国の製品。古くは、中国製の物をいうことが多い。舶来品。 ＊俳諧・西鶴大矢数(1681)第七一「入月にあっち物宿をとづれて〈心水〉 野辺はしゅちんの縫つめの色〈西見〉」 ＊雑俳・蘆原鳥(1715頃)「けうかった耳に環位(くゎんゐ)の唐土(あっち)もの」 発音〈標ア〉0ノ

あっち-もの【彼方者】〘名〙①外国の人。また、別世界の人。 ＊浮世草子・傾城色三味線(1701)湊・四「焼印の笠をかたぶけ、日本の地をはなれて、あっちものとぞなりけり」 ②あの世の者。死者。また、死ぬときまった者。瀕死(ひんし)の者。 ＊浮世草子・好色万金丹(1694)三・四「もはや玉の緒も絶果てて、あっちものとなられけんぞいとしき」 ＊浄瑠璃・傾城酒呑童子(1718)四「次第々々に病も重り、金(かね)のくさりでつないでも、此のたびはあっち物と医者さん達のお咄」 ＊滑稽本・浮世床(1813-23)初・下「ぶらぶらとわづらひ付いたが、とうとうあっち物になった」 ③敵方の者。 発音〈標ア〉0ノ

あっ-ちゃ【彼方】〘代名〙(「あちら」の変化した語) 他称。話し手、聞き手両者から離れた方向などを指し示す、近世上方の語(遠称)。 ＊雑俳・銭ごま(1706)「浜中はすっきりあっちゃ贔屓(びいき)なり」 ＊浄瑠璃・夏祭浪花鑑(1745)三「あっちゃから往(い)て昆布屋(こぶや)に居ましょ」 ＊浪花聞書(1819頃)「あっちゃ。江戸で云あっちなり」 方言富山県砺波397 福井県大飯郡447 三重県585 京都府与謝郡624 徳島県809 長崎県北松浦郡899 発音〈京ア〉0/⓪

あつ-ちゃ【熱茶】〘名〙熱いお茶。 ＊随筆・耳嚢(1784-1814)五・堪忍其徳ある事「熱茶を天窓より浴せよと言ひけるに」

あっちゃ・い〘形口〙暑い。熱い。 ＊浜荻(庄内)(1767)「あつひをあっちゃい」 方言越後†025 山形県庄内138 新潟県347 368 374 ◇**あっちぇえ** 福島県会津166 新潟県三島郡347 ◇**あたい** 静岡県周智郡544 宮崎県西臼杵郡063 ◇**あてえ** 大分県南海部郡・大分郡933

あっちゃ-い-こっちゃ-い〘連語〙(「あっちゃへこっちゃへ」の変化したものか) あちらへこちらへ。 ＊滑稽本・東海道中膝栗毛(1802-09)八・下「コリャ、おふたりしてあっちゃいこっちゃい、とんと婚礼のさかづきのやうぢゃ」 方言反対のさま。あべこべ。 徳島県811

あっ-ちゃく【圧着】〘名〙他の物に押しつけるように密接させてつけること。ぴったりとつけること。 ＊舶用機械学独案内(1881)〈馬場新八・吉田貞一〉前・二章「安全弁の面積は一名馬力に付凡そ二分の一平方『インチ』なり而して之を圧着(アッチャク)する方法に三種あり」 ＊歩兵操典(1928)第五六三「静に距離鈑坐に当て左手指を以て之を確実に圧著し」

あっち-ら【彼方】〘代名〙(「あちら(彼方)」の変化した語) 他称。話し手、聞き手両者から離れた方向などを指し示す(遠称)。 ＊歌謡・松の葉(1703)三・馬方「歩めや歩め、歩まにゃならぬ、あっちらな、こっちらな」 ＊黄表紙・江戸生艶気樺焼(1785)中「てまへがおれがとこへ来ると、あっちらの大尽(だいじん)がやけをおこして」 ＊滑稽本・浮世風呂(1809-13)四・上「あっちら向て聴く事ではない」

アッチラ(Attila)〘アッティラ〙 フン族の王(在位四三四～四五三)。現在のハンガリーを中心に一大帝国を築き、東西両ローマ帝国を圧迫。アッチラ大王。(四〇六頃～四五三) 発音〈標ア〉0

あっちら-こっちら【彼方此方】(「あちらこちら(彼方此方)」の変化した語) ㊀〘代名〙「あちこち(彼方此方)㊀」に同じ。 ㊁〘形動〙「あちこち(彼方此方)㊁」に同じ。 ＊滑稽本・浮世風呂(1809-13)三・上「『おめへの傍(そば)へ倚(よ)ると色かぶれがしてこまらア』『ヘン、きつい洒落さ。そりゃア、あっちらこっちらだよ』」

あっちり-な-こっちり-な〘連語〙(「な」は助詞。「あっちり」「こっちり」は「あちり」「こちり」の変化した語)「あちこち(彼方此方)㊀」に同じ。 ＊歌謡・松の葉(1703)二・はる風「牡丹芍薬あっちりなこっちりな、すじりもじりて、えりくりえんじょの奥山の陰」

あっつ〘感動〙呼ばれて返事をする時の声。はい。あい。 ＊ロドリゲス日本大文典(1604-08)「Att(アッツ)〈訳〉はい。または、私はここにゐる」 ＊物類称呼(1775)五「他(ひと)を呼(よぶ)に答る語、関東にて、あいと云。畿内にて、はいと云。近江にて、ねいと云。長門辺にて、あっつと云」

あっつ【熱】 ㊀〘感動〙熱いものにさわった時に発する声。あちち。あちゃ。 ＊名語記(1275)八「あつつといへる如何。あはつるもれの反、あはてるたるの反、いたたるたるの反、熱たるの反」 ＊滑稽本・八笑人(1820-49)四・追加下「胸より腹まで灼傷(やけど)する。〈略〉眼七おもはず大声に『アツツツツ』」 ㊁〘名〙(㊀から転じた幼児語) ①火をいう。 ②火傷をいう。 ③灸(きゅう)をいう。 ＊浄瑠璃・志賀の敵討(1776)八「母様はな、あっつをすへに行によって、晩から父様が抱て寝る」 ＊黄表紙・通一声女暫(1781)「うぬ、今にあっつをするゐるぞ」 ＊浄瑠璃・彦山権現誓助剣(1786)六「コレ、べいは疝気(せんき)が起った故、あっつをするゐに行きまする」 ＊人情本・仮名文章娘節用(1831-34)三・上

「灸(アッツ)いやいや御めんだよ」 発音〈標ア〉❶は[ツ]2 [0]

あっ・つ『自』(四段活用か上二段活用かは未詳) はねまわる。おどりはねる。＊観智院本名義抄(1241)「跳 ヲドル アツチ ハタラク ヲヅク」＊塵袋(1264–88頃)八「其の人毒虫にささされて、をめき、さけび、かなしび、のび、かがまり、あつちて死にけり」

あっつう『名』「あつつ(熱)❷③」に同じ。＊滑稽本・浮世風呂(1809–13)前・上「『灸(アッツ)ウ、誰がすえた』『おっかア』『ホホッ、おっかアか。にくい母(おっかア)めだの。うなうなをしてやらう。可愛(かわいい)坊に灸(アッツ)ウすえて』」

あっつう-てん【圧痛点】『名』内臓の病気や神経痛などの際に、からだを指先で押すと強く痛みを感じる点。内臓反射により特定の部位に圧痛点がみられることもあり、必ずしも疾患の部位そのものではない。

あつ-つか・う【倍―】『他ハ下二』倍にする。二倍にする。＊書紀(720)孝徳・大化二年三月(北野本訓)「已(おのかみ)に入れむ物をば、倍(アツツカ)へて徴(はた)れ」＊色葉字類抄(1177–81)「同躡 アツツカフ」＊観智院本名義抄(1241)「同躡 アツツカフ」 辞書 色葉・名義 表記 同躡(色・名) 捋・森・澮・硊・附・桼・積・堆・暴・纂(名)

あつ-つかえ【倍―】『名』(「あつつかう(倍)」の名詞形) 倍にすること。二倍。＊色葉字類抄(1177–81)「倍 アツツカヘ 一倍也」＊観智院本名義抄(1241)「倍 アツツカヘ」 辞書 色葉・名義 表記 倍(色・名)

あつ-づくり【厚作】『名』料理の名。分厚く切って作った刺身。鯉などの生肉を、厚さ五分、長さ四、五寸、幅三寸ほどに作ったものを、五切れ立て並べ、別に醋(す)をかわらけに入れて添えて出すもの(随筆・貞丈雑記(1784頃))。＊歌舞伎・東京日新聞(1873)序幕「鮪(まぐろ)のさしみの厚作(アツヅク)りも東京一の大橋(たいけう)の見世で」 発音〈標ア〉[ヅ]

あつっ-くるし・い【暑苦・熱苦】『形口』「あつくるしい(暑苦)」の変化した語。＊落語・性和善(1891)〈三代目春風亭柳枝〉「熱(アツ)っ苦しいから七輪へ火を熾(おこ)すにァ及ばねエ」 発音アッツクルシイ〈標ア〉[シ]

アッツ-ざくら【―桜】『名』(アッツは「アッツ島」の略という) ヒガンバナ科の秋植え球根草ロドヒポクシスの園芸種。花の色は白、桃、濃紅など。

アッツ-とう【―島】(アッツは Attu) アリューシャン列島最西端の火山島。アメリカ合衆国領。第二次世界大戦の激戦地。一九四二年、日本軍が占領し熱田島と命名したが、翌年のアメリカ軍の反攻で全滅した。 発音アッツトー〈標ア〉[0]

あつっ-ぽ・い【厚―】『形口』(「ぽい」は接尾語) 厚い感じが強い。厚い様子である。 発音〈標ア〉[ポ]

あつ-づま【厚褄】『名』衣の裾の褄の厚いもの。衣の裾を厚く作ったもの。＊弁内侍(1278頃)寛元五年一一月一六日より「摂政殿 あつづまやなぎ、内大臣殿 こうばい、大宮の大納言殿 まつがさね のこりの人々はいとも見えわかず」＊とはずがたり(14C前)二「又公卿あつつまにて、殿上人六位かたぬき、北のちんをわたる」＊増鏡(1368–76頃)八・あすか川「上達部みな五節のまねをして、色々の衣あつづまにて」

あつ-づら【厚面・厚顔】『名』(形動) つらの皮が厚いこと。ずうずうしいこと。また、そのさま。こうがん。＊歌舞伎・大名なぐさみ曾我(1697)下「『これ新開顔へ紅を塗り、身が姿となり、子供を奪ひ殺さんとや、厚顔(アツヅラ)な事ばかり』と打ち笑へば」

あっ-つ-ろう『連語』(「ありつらむ」の変化した語) あったであろう。あったろう。＊史記抄(1477)一七・滑稽列伝「漢書は勃海とあり此には北海と云そいさ不知武帝の時にもかかる事こそあっつらうそ」

あって『接続』方言 ❶しかし。けれども。長崎県五島038 南高来郡904 長崎市906 ❷話を転ずる時に言う語。それはそうと。さてまた。熊本県八代市057 ◇**あってまた** 長崎県北松浦郡900 伊王島907 ◇**あってえまた** 長崎県伊王島907

あって『感動』方言 ❶まあ。あら。長崎市053 ◇**あってえ** 和歌山県那賀郡690 熊本県八代市057 ◇**あってね** 和歌山県那賀郡690 ◇**あってまあ** 長崎県彼杵郡903 伊王島907 熊本県天草郡936 ◇**あってどおい** 熊本県天草郡936 ❷呼びかけの語。あのね。おい。新潟県347 ◇**あってや** 新潟県佐渡347 三重県志摩郡054 ◇**あでぁ** 秋田県平鹿郡130

あっ-て『連語』(「にあっては」の形で) としては。においては。＊内地雑居未来之夢(1886)〈坪内逍遙〉一二「ましてや実際の活戦場に、輸贏(ゆえい)を相争ふ実業家にあっては」＊都会の憂鬱(1923)〈佐藤春夫〉「しかしその時間は彼にあってはすべての人生そのものがつまらないのである」

あつ-で【厚手】『名』(形動) 性状や物事の状態などに厚みのあること。また、そのさま。現在では主に紙、織物、陶器などの地の厚いことにいう。↔薄手。＊評判記・満散利久佐(1656)土佐「花車(きゃしゃ)成所は、ふっとなかりつれど、あつ手なる事は、今の世にはなし」＊行人(1912–13)〈夏目漱石〉塵労・九「少し厚手(アツデ)の外套(ぐゎいたう)を着た自分も」＊自然の子供(1968)〈金井美恵子〉一二「母親は小さな厚手のワイン・グラスを口許に置いたまま」 発音〈標ア〉[0]〈京ア〉[0]

アッティカ(Attica)《アッティキ》ギリシア東南の半島部アッティカ地方の県名。サラミス諸島を含む。

アッティラ ⇨アッチラ

あつ-でき【圧溺】『名』押しつぶされ、おぼれさせられること。＊本朝文粋(1060頃)三・論運命〈大江朝綱〉「趙長平之軍士。国命共余二圧溺之悲一」＊論衡‐気寿「所当触値、謂二兵焼圧溺一也、強寿弱夭、謂二稟気渥薄一也」

あつでしき-どき【厚手式土器】『名』明治、大正の頃、縄文時代中期の器肉の厚い土器の名称として用いられた用語。鳥居龍蔵が唱えたもので、山岳地帯に住む狩猟民の土器をさす。現在は廃語。↔薄手式土器。 発音〈標ア〉[ド]

あっ-てん【圧点】『名』皮膚感覚のうち、圧覚(あるいは触覚)を感じる神経の末端器官をいう。一平方センチメートルに約二五個あるといわれ、軽い刺激は触覚として感じ、さらに強い圧力で変形を受ける圧覚を感じるもの。

あつ-でんき【圧電気】『名』水晶、電気石、ロッシェル塩などの誘電体結晶片に、圧力、張力等を加えた時、その歪(ひず)みに比例して、結晶片に発生する起電力。ピエゾ電気。→圧電効果。＊英和和英地学字彙(1914)「Atsudenki Piëzoelectricity 圧電気」 発音〈標ア〉[デ]

あつでん-げんしょう【圧電現象】『名』「あつでんこうか(圧電効果)」に同じ。 発音アッテンゲンショー〈標ア〉[ゲ]

あつでん-こうか【圧電効果】『名』ある種の結晶体に圧力を加える時、歪(ひず)みに比例した起電力が発生する現象。逆に電界内におくと歪みの起こる現象を、逆圧電効果という。水晶、電気石、ロッシェル塩などに見られ、水晶発振子、ピックアップ、マイクロホンなどに利用。圧電現象。ピエゾ効果。 発音アッテンコーカ〈標ア〉[コ]

あっ-とう【圧倒】『名』①おしたおすこと。＊文明本節用集(室町中)「圧倒 アッタウ」＊広益熟字典(1874)〈湯浅忠良〉「圧倒 アットウ オシタホス」②(―する) 段違いにすぐれた力で、他の者をしのぎ優勢になること。また、勢いや力が他の者より一段とすぐれていること。＊四河入海(17C前)一〇・四「此蘇州の豊年は、余五州を圧倒するぞ」＊羅山先生詩集(1662)張良「圧二倒重瞳子一扶二興隆準公一」＊西洋聞見録(1869–71)〈村田文夫〉前・下「金銭出納の権を握り、権威赫々として国王を圧倒す」＊日本の橋(1936)〈保田与重郎〉「こんな事実にもいつも圧倒を感じた」＊黄庭堅‐病起荊江亭即事詩「松滋解レ作二逡巡麴一、圧二倒江南好事僧一」 発音アットー〈標ア〉[0]〈京ア〉[0] 辞書 文明・ヘボン・言海 表記 圧倒(文・ヘ・言)

あっ-とうでぁ『感動』方言 ⇨ああとうとう(鳴呼尊)

あっとう-てき【圧倒的】『形動』比較にならないほど、他をしのいですぐれている状態であるさま。段違いの様子。＊唐人お吉(1928)〈十一谷義三郎〉三「笛と太鼓に歩調の揃うた革沓の跫音が混り、それが圧倒的に押し寄せて来る」＊鳩を撃つ(1970)〈五木寛之〉「彼らの足もとをぎっしり埋めてかさこそ動いている黒っぽい鳩の群には、圧倒的な力感で二人をおびえさせるものがあった」 発音アットーテキ〈標ア〉[0]〈京ア〉

あつ-どこ【厚床】『名』方言 畳。山形県139 新潟県373 ◇**あつじょう【厚畳】** 群馬県勢多郡236 長野県南部062 ◇**あつべり【厚縁】** 茨城県稲敷郡193 栃木県198

あつどこ・ぶ【跨】『自バ上二』「あふどこぶ(跨)」の変化した語。＊伊呂波字類抄(鎌倉)「跨 アツトコフ」＊老子道徳経天正六年点(1578)「跨(アツトコフル)者の行かず 自ら以て貴と為しめ人に跨(アツトコフル)時は」

あっと-さま【―様】『名』方言 ⇨ああとうとう(鳴呼尊)

あっ-とでぁ『感動』方言 ⇨ああとうとう(鳴呼尊)

アット-バット『名』(アメリカ at bat) 野球用語。①打者がバッターボックスに立つこと。②有効打席数から、四死球、犠打、捕手の打撃妨害などを除いた数。打撃率の算出に用いる。打数。＊モダン用語辞典(1930)〈喜多壮一郎〉「アット・バット At bat 英 野球用語。打撃数」 発音〈標ア〉[バ]〈京ア〉[バ]

アット-ホーム(英 at home)《アトホーム》❶『形動』くつろいださま。家庭的。＊自叙伝(1921–23)〈大杉栄〉七・二「室は明るい。そとは可なり自由に眺められる。障子は妙にアト・ホオムな感じを抱かせる」＊モダン新語辞典(1932)〈小山湖南〉「家庭に居るやうに気安い気持を云ふ。『あのカフェーの気分はアットホームだ』といふ風に用ひられる」＊冬の宿(1936)〈阿部知二〉三「僕はみなさんが、こんなにファミリヤにアト・ホウムに仲間に入れて下さるとは思いませんでした」❷『名』①くつろいだ宴会。お茶の会。＊東京年中行事(1911)〈若月紫蘭〉五月暦「六百余名の貴紳を旗艦薩摩に招きてアトホームを催すと云ふ盛んな記念祝賀が行はれた」＊モダン辞典(1930)「アットホーム 歓迎会、又は気楽にくつろいだ宴会の意味に用ひられる」②客の訪問を受けること。接客。接見。また、在宅すること。＊アルス新語辞典(1930)〈桃井鶴夫〉「アットホーム 英 at home 接見。接客」＊モダン語漫画辞典(1931)〈中山由五郎〉「アット・ホーム(英 At home) アット・ホーム・デイとも云ふ。『社交上の訪問客に面接する日』又は『在宅日』のことである」 発音〈標ア〉[ホ]〈京ア〉[ホ]

アット-マーク『名』(英 at mark) 記号@の呼び名。㋑欧米などで商品単価の前に記す。㋺インターネットの電子メールアドレスで組織名の前に記す。

アット-ランダム『形動』(英 at random)《アトーランダム・アトーランドム》手当たりしだい。無作為。＊所謂漢字節減案の分析的批判(1923–24)〈坪内逍遙〉「アト ランドムに挙げたのだが」＊影(1971)〈古井由吉〉「決定をいわばアト・ランダムの残酷さにゆだねるにしくはない」 発音〈標ア〉[ラ]

あっ-とり【獦子鳥】『名』鳥「あとり(獦子鳥)」の異

名。《季・秋》＊文明本節用集(室町中)「鶍 アットリ」＊虎明本狂言・餌差(室町末-近世初)「扨、その外の小鳥には山がら、ひがら、四十がら、あっ鳥、つぐみ、みそさざい」＊日葡辞書(1603-04)「Attori (アットリ)〈訳〉小鳥の一種」＊俳諧・毛吹草(1638)二「山雀〈略〉あつ鳥」 辞書 文明・伊京・天正・饅頭・日葡 表記 鶍(文・伊・天・饅) 獦千鳥(伊)

あっとり の 火(ひ) あわてて騒ぎたてるさま。また、その人。＊咄本・籠耳(1687)三・五「躁(さはぐ)人を桑鳥(アットリ)の火(ヒ)といひ、黙(だまる)人を牛盗(うしぬすびと)といふ」

あっとり の 火(ひ)**に落**(お)**ちたように** うろたえてあわて騒ぐさま。＊日葡辞書(1603-04)「Attorino fini vochita yǒni (アットリノ ヒニ ヲチタヤウニ) フタメク」 辞書 日葡

アットロー 〘名〙(フランス attereau)《アットロ》 銀の飾り串(アトレット)に材料を刺し、これにビルロワソースをかけたうえ、パン粉をまぶして揚げた料理。 発音〈標ア〉アト

あつ‐ながぎ【厚長着】〘名〙 丈(たけ)を長めにつくったふだん着の一種。仕事着に使うこともあり、防寒のため、布を重ねて刺したり継いだりしたものが多い。

あつ‐ながれ【熱流】〘名〙 火事。＊改正増補和英語林集成(1886)「Atsunagare アツナガレ」

あつ‐なべ【熱鍋】〘名〙 熱くした鍋料理。＊俳諧・季寄新題集(1848)冬「鴨酒 あつ鍋 粕いり」 発音〈標ア〉⓪

アツニ 〘名〙(アイヌ atni) 植物「おひょう」の異名。＊日本植物名彙(1884)〈松村任三〉「アツニ アツシ オヒャウ」 辞書 言海

あつ‐にく【厚肉】〘名〙 ① 肉付きのよいこと。＊二人女房(1891)〈尾崎紅葉〉上・一「女子(をんな)には厚肉(アツニク)過ぎて色さへ白からず」 ② 濃い肉色。 ③ 彫刻などの肉の厚いこと。

あつにく‐ぼり【厚肉彫】〘名〙 深く彫り込んで、彫り残された部分が高く突き出ている彫刻。高肉彫り。

あつ‐にゅう【圧入】〘名〙 圧力を加えながら物を押し込むこと。＊歩兵操典(1928)第五六八「適宜の砲手をして適当なる物料を床板の一側に塡実圧入し」 発音 アッニュー〈標ア〉⓪

あつにゅう‐しあげほう【圧入仕上法】(アツニフしあげハフ)〘名〙 機械加工法の一つ。所要の形状にした堅い工具を圧入し、穴の内面の仕上げなどをする。バニシ仕上げ。 発音 アッニューシアゲホー〈標ア〉⓪

あつ‐ぬり【厚塗】〘名〙 ①「あつぬり(厚塗)の烏帽子(えぼし)」の略。＊装束集成(1754頃か)六・烏帽子集成「厚塗薄塗 或記云、古代は烏帽子厚塗、薄塗は宿老の人用之、厚塗は壮年の人用之也」 ② おしろい、絵の具、泥などを厚く塗ること。＊二人女房(1891)〈尾崎紅葉〉上・一「『お邸は厚化粧だから、矢張濃くなくっちゃいけないから』と最一層(もうひとかは)塗れば〈略〉小言たらたら大分(だいぶ)厚塗(アツヌリ)して」＊近代絵画(1954-58)〈小林秀雄〉ルノアール・二「ルーヴルで、ルーベンスが、ちょっとしたぼかしで、私の厚塗りより遙かによく出してゐるのを見た」 発音〈標ア〉⓪

あつぬり の 烏帽子(えぼし) 烏帽子の一種。漆を厚く塗って、固く作った烏帽子。壮年の人が用いる。↔薄塗りの烏帽子

あつねつ‐がま【圧熱釜】〘名〙 釜の中の圧力を高くして殺菌や煮沸を容易にする釜。高圧釜。

あつ‐のこ【熱鋸】〘名〙 熱した金属をその熱度のままで切断するのに用いる、のこぎり。

あつ‐は【厚葉】〘名〙 葉肉の厚い葉。＊あらたま(1921)〈斎藤茂吉〉雑歌「しづかなる冬木のなかのゆづり葉のにほふ厚葉(アツハ)に紅(あけ)のかなしさ」

あつ‐ば【厚刃】〘名〙 刃の厚い刃物。＊流人島にて(1953)〈武田泰淳〉「私は大型のナイフを胸ポケットから出して、バネを押した。厚刃の刃先を彼の拇指にあてがった」 発音〈標ア〉⓪

あつ‐ば【厚歯】〘名〙 下駄の歯の厚いもの。＊滑稽本・七偏人(1857-63)三・上「桐の厚歯(アツバ)の下駄」＊歌舞伎・金看板侠客本店(1883)三幕「花道より座頭黒紬の着附、袴、厚歯(アツパ)の下駄、玉の付きし杖を突き、頭巾を冠り袋入りの三絃を背負ひ出て」 方言 高げたの歯。島根県725

あっぱ 〘名〙 ㈠ ① 幼女を八丈島でいう。＊読本・椿説弓張月(1807-11)後・一七回「愛女(ひさうむすめ)をあっはと称へ、盗人をぬす玉と罵り〈略〉蚕の神をてらと申侍り。みなこの嶋の方言なり」＊八丈実記(1848-55)方言「幼女の惣名あっぱ」 ② 男の子をいう。＊歌舞伎・宝萊曾我島物語(島の徳蔵)(1870)四幕「『何にせえ、あっぱが出来て仕合せなこんだなあ』『徳太郎よ、何してえるぞ』」 ③ 母親をいう。＊風俗画報-一一六号(1896)言語門「母をあっぱといふは上つ代に吾君をアギ吾兄をアセ吾妹をアモといえばあっぱは吾母(ワカハハ)アハハの転にや」＊ものいわぬ農民(1958)〈大牟羅良〉日本のチベット・二「ヨメッコは『アッパ(母さん)はよぐしてくれる』といい、シュウトメは『オラほのヨメッコはえぐ(よく)かせぐ』という」 ④ 妻をいう。＊物類称呼(1775)一「妻〈略〉津軽にて、あっぱといふ吾が母といふの転語なるべし小児の母に対していふ詞か」＊菅江真澄遊覧記(1784-1809)牧乃冬かれ「妻をあっはといひ、をなめとは妾をいひ、おこりこは炭火をいふとぞ」 ㈡ 大便をいう、盗人仲間の隠語。〔隠語輯覧(1915)〕 方言 ㈠ ❶母。お母さん。北海道函館050 青森県073 076 082 岩手県062 088 098 秋田県鹿角郡・北秋田郡130 東京都八丈島335 島根県益田市725 沖縄県八重山974 975 ◇あぱ 青森県073 078 ◇あっぱあ 鹿児島県屋久島981 沖縄県石垣島(呼び掛けの語)996 ◇あばあ 岐阜県大野郡(中流の語)502 ◇あば 青森県069 岩手県和賀郡095 秋田県130 山形県138 新潟県岩船郡365 石川県鳳至郡・江沼郡404 岐阜県大野郡502 沖縄県波照間島996 ◇あばちゃん 越後†081 ◇あっぱめ 東京都八丈島335 ◇あは 秋田県平鹿郡・仙北郡130 ◇あほ 熊本県球磨郡(中流の語)919 鹿児島県下甑島038 ❷妻。嫁。女房。青森県071 075 082 岩手県九戸郡088 秋田県鹿角郡132 ◇あぱ 青森県津軽075 秋田県鹿角郡132 ◇あば 秋田県130 山形県138 ◇あは 岩手県和賀郡095 秋田県130 ❸既婚の婦人。他家の主婦。津軽†020 奥州南部†020 青森県073 秋田県鹿角郡132 ◇あぱ・あぱこな・あぱさん 秋田県鹿角郡132 ◇あば 岩手県和賀郡095 秋田県130 新潟県佐渡(中・下流の家の主婦)352 ◇あばさん 新潟県佐渡(上流の人から下流の婦人を呼ぶ)356 島根県江津市725 ◇あばやん 新潟県佐渡(他家の年長の主婦)351 356 鳥取県西伯郡(隣の主婦)718 ❹婦人。中年の婦人。青森県071 ◇あば 秋田県130 山形県東田川郡・西田川郡(三〇歳くらいから五〇歳くらいまでの女)054 ◇あばちゃん 滋賀県彦根(小児語)612 ◇あばはん 京都582 ◇あばやん 鳥取県西伯郡712 ◇あばん 福井県427 ❺婚期を過ぎた女。二〇歳を過ぎても結婚していない女。新潟県347 佐渡356 ◇あばさん 新潟県佐渡356 ❻女性を卑しめていう語。◇あば 石川県河北郡414 ❼祖母。沖縄県八重山975 996 ◇ああぱ 沖縄県石垣島996 ◇ああふぁ 沖縄県小浜島996 ◇あば 青森県(小児語)069 ◇あばつぁ 山形県山形市138 村山139 ❽曾祖母(そうそぼ)。◇ああは 沖縄県西表島975 ❾老女。おばあさん。◇あば 青森県津軽(小児語)071 山形県139 新潟県佐渡(卑しめていう)356 石川県(目下の老女を呼ぶ)404 ◇あばあ 新潟県佐渡348 ◇あばさん 新潟県佐渡(卑しめていう)356 島根県能義郡(嫁に行かなかった老女)725 ◇あばやん 新潟県佐渡348 福井県敦賀郡(小児語)443 高知県中村市(敬称)864 ◇あばん 福井県敦賀郡428 大飯郡447 ◇ああぱあま 沖縄県石垣島(愛称)996 ❿乳母。盛岡†054 ◇あばこ 秋田県平鹿郡130 ⓫鳥獣の母親。家畜類の母。岩手県九戸郡088 福島県会津155 新潟県東蒲原郡368 ⓬弟の妻。◇あばさ 石川県河北郡404 ⓭叔母、または伯母。◇あば 新潟県中魚沼郡062 佐渡358 石川県羽咋郡412 福井県大飯郡447 滋賀県大津市607 彦根(小児語)609 岡山県和気郡756 徳島市811 高知県幡多郡861 中村市(敬称)864 ◇あばあ 新潟県佐渡348 ◇あっぱ 島根県大根島725 ◇あばさ 富山県西礪波郡398 ◇あばさん 新潟県佐渡357 京都府620 鳥取県711 気高郡・岩美郡716 島根県仁多郡724 大根島725 岡山県阿哲郡751 高知県幡多郡862 大分県大野郡941 ◇あばちゃん 新潟県西頸城郡382 滋賀県彦根(小児語)609 蒲生郡(小児語)612 京都市621 高知県中村市(敬称)864 ◇あばはん 京都市621 ⓮姉。姉さん。◇ああは 富山県389 ◇あばあ 沖縄県本島050 975 993 ⓯妹。◇あば 新潟県062 347 378 富山県390 ◇ああば 富山県下新川郡391 ◇あばさ 新潟県中魚沼郡062 ◇あばちゃ 新潟県中頸城郡383 ◇あばちゃん 新潟県363 380 383 ⓰次女以下の未婚の娘。◇あば 新潟県(年ごろを過ぎても生家にいる娘)371 376 382 富山県下新川郡391 ◇ああば 富山県下新川郡391 ◇あばさ 新潟県長岡市376 西頸城郡(敬称)385 ◇あばちゃん・あばちゃんさ 新潟県上越市382 ⓱次女。◇あばさん 新潟県佐渡351 ⓲五女。伊豆八丈島†076 東京都八丈島343 ⓳召使い女。下女。女中。青森県(年をとった者)076 ◇あば 新潟県363 380 383 石川県404 411 金沢市(年をとった者)415 ◇あばさ 新潟県中蒲原郡361 ◇あばこ 秋田県平鹿郡130 ⓴子守。新潟県北蒲原郡367 ㉑浜から魚などを売りに来る女。山形県庄内139 ㉒乳。幼児語。島根県益田市725 ◇あっぱい 島根県簸川郡・大原郡725 ㉓乳児。嬰児(えいじ)。赤ん坊。東京都八丈島337 ◇あっぱめ 東京都八丈島335 ◇あぱ・あば・あっぽ 島根県隠岐島725 ◇あっぽさん 島根県隠岐島741 熊本県玉名郡058 ㉔幼女。女の子。東京都八丈島337 ◇あっぱめ 東京都八丈島335 ㉕子供。◇あぱ 島根県隠岐島725 ◇あっぱい 東京都八丈島335 ㈡ 幼児語。❶衣類。着物。山口県大島801 ◇あっぱい 島根県鹿足郡725 ◇あっぺ 島根県浜田市725 ◇あっぺえ 島根県浜田市・那賀郡725 ◇あっぴい 高知県860 ◇あば 島根県725 山口県豊浦郡798 ◇あぼ 島根県石見047 ◇あぼお 島根県那賀郡725 ❷きれいな着物。島根県725 ◇あっぱい 徳島県810 ◇あっぺ・あっぽ・あっぷ 愛媛県840 ❸子供の着物。◇あっぽ 島根県725 ◇あっぺ・あっぺえ 島根県石見725 ❹人形。◇あっぽ・あっぽこさん 島根県隠岐島725 741 ❺美しいもの。◇あっぽ 愛媛県大三島845 ◇あっぽい 島根県那賀郡736 ❻花。山口県豊浦郡798 ❼終わり。一つもなくなること。長野県南部062 ❽ものをしまうこと。長野県上伊那郡488 下伊那郡492 ㈢ ❶口の利けない者。岩手県気仙郡100 宮城県仙台市121 山形県置賜・村山139 福島県155 177 179 茨城県188 栃木県198 新潟県052 347 366 鹿児島県054 ◇あっぱあ 埼玉県秩父郡054 千葉県香取郡062 山梨県南巨摩郡465 鹿児島県硫黄島054 ◇あぱ 栃木県河内郡198 愛媛県喜多郡845 熊本県葦北郡919 鹿児島県961 ◇あわ 熊本県宇土郡919 ◇あっぽ 新潟県上越市382 ◇あぱぱ 山形県最上郡139 ◇あばば 和歌山県西牟婁郡・東牟婁郡690 沖縄県八重山996 ◇あっぱい・あっぺえ 兵庫県赤穂郡660 ◇あぶばあ 沖縄県竹富島996 ❷耳の聞こえない人。◇あっぱあ 山梨県巨摩郡452 ◇あっぽら 山梨県西山梨郡455 ❸口ひげ。島根県邇摩郡725 ❹目やに。◇あば 島根県那賀郡725 ❺草履。◇あば 京都府加佐郡629 ❻柳の根。◇あば 滋賀県野洲郡・栗太郡608 ❼えら。山形県置賜139 ❽霧。◇あば 富山県氷見市390

アッパー (英 upper) ㈠〘名〙 ① 靴の部分または部品で、底部より上方の足の甲部をおおうもの。 ②「アッパーカット」の略。 ㈡〘語素〙 上の方の、比較的高い、上流の、の意で複合語をつくる。「アッパーデッキ」「アッパーミドル」「アッパークラス」など。 発音〈標ア〉

ア

アッパー-カット『名』(英 uppercut) ボクシングで、相手の下あご、腹などをねらって下から突き上げる打撃。＊閑散無双(1934)〈徳川夢声〉トロンボ夫妻行状記・五「一度、カッとしたトタンにアッパアカットを食はしたら、ワイフめウーンてんで引っくり反っちまひましてね」＊死霊‐二章(1946‐48)〈埴谷雄高〉「彼は物凄いアッパー・カットやスウィングを食って、あっという間もなく昏倒したことがありました」発音〈標ア〉カ〈京ア〉カ

アッバース-いっせい【――一世】(Abbās Ⅰ)《アッバス》ペルシアのサファビー朝の第五代皇帝(在位一五八七〜一六二九)。サファビー朝の最盛期をもたらした。アッバース大帝。シャー＝アッバース。(一五七一〜一六二九)

アッバース-ちょう【――朝】(アッバースはアラビア Abbās)《アッバス朝》西アジアおよび北アフリカを支配したイスラム王朝(七五〇〜一二五八)。七五〇年マホメットの伯父アッバースの子孫サッファーが、ウマイヤ王朝を倒して創始。首都バグダード。一二五八年モンゴル軍に滅ぼされた。黒衣大食(こくいタージー)。発音アッバースチョー〈標ア〉0

アッパー-デッキ『名』(英 upper deck) 船の最上部にある、船首から船尾まで続く甲板。上甲板。＊風俗画報‐二三九号(1901)談話室「加賀丸、博愛丸の談話室は、橋甲板上にありて、其、上甲板(アッパーデッキ)なる食堂及船房に通ずべき階梯の降口なる其傍に置かれたるも」発音〈標ア〉デ

あつ-はい【熱灰・煨】『名』(「あつばい」とも) 火の気の残っている灰。＊新撰字鏡(898‐901頃)「煨 熱灰也 於支比 又阿豆波比」＊石山寺本法華経玄賛平安中期点(950頃)六「一には謂はく、煻煨(アツハヒ)ぞ」＊日葡辞書(1603‐04)「Atçubai(アツバイ)。アツハイと言う方がまさる」＊八丈実記(1848‐55)歳時 八丈嶋年中行事「同夜豆占とて、節分の大豆を十二粒、十二月に表して煨灰(アツバイ)にならべ火をつけて」発音〈標ア〉0 ツ〈京ア〉ツ 辞書字鏡・色葉・名義・易林・日葡・書言 表記煨(字・色・名・易) 煨灰(書)

あつばいを子(こ)に放(はね)る 「あつび(熱火)子(こ)に払(はら)う」に同じ。＊譬喩尽(1786)六「熱灰(アツバイ)を児(コ)に放(ハネ)る」

あっぱい『形』方言美しい。幼児語。土佐幡多†126 島根県725 徳島県809 高知市867 福岡県872 大分市附近938 ◇**あっぺえ・あっぽい** 島根県那賀郡723 736 ◇**あばい** 島根県石見725 ◇**あっぴい** 島根県725 広島県高田郡779 ◇**あっぷい** 愛媛県840 福岡県久留米市・八女郡872 熊本県玉名郡058

あっぱ-いし【母石】『名』(「あっぱ」は、東北地方で「母」の意) 白い小石の一種。家に持ち帰ると母乳が出なくなったり、乳がはれると伝えられた。乳腫(ちちはれ)石。

あっぱい-づら『名』顎(あご)を出し、あえぐ表情。あっぷあっぷの顔。＊雑俳・丹舟評万句合(1704‐11)「のちのちは、あっぱいづらのかけ念仏」

あっ-ぱえ【熱灰】『名』方言熱灰。山形県139 ◇**あつぼり** 和歌山県西牟婁郡690 日高郡698 ◇**あつば** 島根県邑智郡735 ◇**あつぼばえ** 島根県出雲市725 ◇**あつぼばい** 島根県邇摩郡725 ◇**あつもばえ** 島根県飯石郡・八束郡725 ◇**あつんばえ** 島根県仁多郡・能義郡725 ◇**あつおばえ** 島根県出雲725

あっぱ-がお【――顔】『名』方言❶驚きあきれた顔。あっけにとられた顔。京都府竹野郡622 島根県邑智郡725 岡山県苫田郡748 香川県829 ◇**あっぱあがお** 広島県高田郡779 徳島県811 ◇**あっぱいがお** 徳島県811 ◇**あっぺがお** 鳥取県西伯郡719 ◇**あっぱえがお** 島根県簸川郡725 ◇**あっぽおがお** 島根県725 ◇**あっぺえづら**〔――面〕長崎県対馬913 ❷まぬけ顔。岩手県気仙郡100 香川県827 ◇**あっぺえづら** 長崎県対馬911 ❸べそをかいた顔。◇**あっぺかお** 栃木県芳賀郡・塩谷郡198 ◇**あっぺづら** 栃木県鹿沼市・上都賀郡198

あっ-ぱく【圧迫】『名』①力でおさえつけること。圧力を加えること。＊医範提綱(1805)一「其膿若し胸腔内に漏泄して留滞すれば肺及び横膈を圧迫して其運動の機を妨け」＊舎密開宗(1837‐47)内・二・四三「此瓦斯越列機火を点し或は急卒に圧迫すれば活焔を発し鳴動して焚ふ」＊母(1930)〈岡田三郎〉一「看護婦は気合をかけて、ぐッ、ぐッ、と、死人の黄いろい胸に飛び出てゐる肋骨も折れさうに、両手の圧迫(アッパク)で人工呼吸を施した」②心理的、精神的に威圧感を与えること。また、勢力をもって政治的、軍事的に相手をおさえつけること。＊吾輩は猫である(1905‐06)〈夏目漱石〉一一「喧嘩も昔しの喧嘩は暴力で圧迫するのだから却って罪はなかったが」＊イボタの虫(1919)〈中戸川吉二〉「姉の危篤と云ふことから来る重ッ苦しい圧迫が」＊日本国憲法(1946)前文「専制と隷従、圧迫と偏狭を地上から永遠に除去しようと努めてゐる国際社会において」語誌中国の漢籍等には用例が見当たらず、また、メドハーストやロプシャイトの「英華字典」にも、"press"や"pressure"の訳語としては「圧迫」の文字は見えない。日本の文献では、①の意味で、蘭学資料にみえる例が古く、この点、医学や化学の分野において、オランダ語の翻訳に起源を持つものと考えられる。二〇世紀初頭、政治・医学書関係の翻訳書を通じて中国語にも移入された。発音〈標ア〉0〈京ア〉0

あっぱく-かん【圧迫感】『名』物質的、精神的に威圧を与える感じ。＊神経病時代(1917)〈広津和郎〉八「それは彼の感情がその光景を見て急に変動し始めたために生じた一種の圧迫感であった」＊火の鳥(1949‐53)〈伊藤整〉六・一「細心に気をくばっているこの老人の圧迫感が、私を羽がいじめにしたように感じた」発音〈標ア〉クパ

あっぱく-てき【圧迫的】『形動』力で押さえつけるさま。特に、心理的・精神的に威圧感を与えるさま。＊脱出(1935)〈福田清人〉「あまり圧迫的に監視してはかへって反抗心をそそるに違ひない。できるだけ視線を交へぬやうにとつとめてゐたが」＊冬の宿(1936)〈阿部知二〉二「ただ、その厖大な言葉の山積からはなんともいへないねばねばした体臭のやうなものが圧迫的にやってきて疲れさせたのだ」発音〈標ア〉0

あっぱ-たっぱ『副』方言⇨あっぱとっぱ

あっぱ-ちち【――乳】『名』方言⇨あっぱのちち(――乳)

あっはっは『感動』快活な笑い声を表わす語。＊滑稽本・浮世風呂(1809‐13)二・上「嫁に行口があらばおばさん、仲人して呉(くん)なよ。鬼も六十、今が婆(ばばあ)盛りだ。アッハッハッハハハハハハハ」発音〈標ア〉ハ2

あっぱっぱ『名』夏に婦人が家庭で着用する簡単なワンピース。大正期に関西で用いはじめた俗語といわれる。昭和の初年に流行した。＊ウルトラモダン辞典(1931)〈酒尾達人〉「アッパッパ 洋服とも支那服ともつかない、或は着物といふよりは、袋に近い、頭からすっぽり被ぶる浴衣代りの寝衣(ねまき)のやうな婦人服。アッパッパ服。簡単服」＊濹東綺譚(1937)〈永井荷風〉八「女子がアッパッパと称する下着一枚で戸外に出歩く奇風については」＊愛の渇き(1950)〈三島由紀夫〉四「夏のあひだ半袖のゆるやかなアッパッパを着てゐたが」発音〈標ア〉パ2〈京ア〉0

あっぱっぱ『名』方言❶髪の乱れ。乱れ髪。◇**あっぱとも**。愛媛県840 ❷おてんば。三重県志摩郡585

あっぱ-とっぱ『副』方言慌ててするさま、心ぜわしいさまを表わす語。茨城県那珂郡188 千葉県海上郡268 夷隅郡288 ◇**あぱとぱ** 山形県139 149 福島県155 ◇**あばとば** 新潟県東蒲原郡368 ◇**あっぱたっぱ** 茨城県稲敷郡188 北相馬郡195 新潟県東蒲原郡368 ◇**あっぱさっぱ** 長州†123 ◇**あっぱすっぱ** 茨城県多賀郡188 ◇**あっぱかっぱ** 福島県相馬郡038 ◇**あばかば** 山形県西置賜郡152

あっぱ-の-ちち【――乳】『名』方言(花が乳房に似ているところから) 植物。❶じゃこうそう(麝香草)。◇**あっぽのちち**とも。秋田県鹿角郡131 ❷ほたるぶくろ(蛍袋)。◇**あっぱちち** 青森県津軽073

あつ-はま【厚―】『名』方言❶こまげた。広島県江田島571 高田郡779 ❷朴歯(ほおば)。広島県比婆郡774

あっ-はや『連語』(感動の「あっ」に副詞の「はや」が付いた語) ああすでに。＊大淵代抄(1630頃)五「老極の人は此雁音を聞いてもあっはや当年も秋になったよ、砧声を聞いてもあっはや夜寒にもなったよと」

あっぱれ【天晴・適】━『感動』①感嘆、悲哀、決意など強い感動を表わす。ああ。＊平家(13C前)五・文覚被流「あっぱれ、この世の中は只今乱れ、君も臣もほろびうせんずるものを」＊謡曲・盛久(1423頃)「あっぱれ疾く斬られ候はばや」＊天草本伊曾保(1593)驢馬と獅子の事「Appare(アッパレ) シシワ ヲクビャウナモノカナ！」＊仮名草子・都風俗鑑(1681)一「いかなるえてかたぎ成しつぽり者も、あっぱれそのかされはすまじきものを」＊浮世草子・武道伝来記(1687)三・三「此治(おさま)れる時津波大平の御代にあやしき姿、天晴(アッハレ)僻物(くせもの)なるべし」②ほめたたえる気持を表わす。ああ、みごとだ。すばらしい。でかした。体言の上に付いて、連体詞のように用いることがある。＊平家(13C前)九・二度之懸「あ(っ)ぱれ剛の者かな。是をこそ一人当千の兵ともいふべけれ」＊謡曲・八島(1430頃)「源義経と名のり給ひしおん骨柄、あっぱれ大将やと見えし」＊三体詩素隠抄(1622)一・四「子嬰は四十六日也。あっはれ、萬世に伝たり」＊浄瑠璃・宇治の姫切(1658)初「あっぱれふかくのふるまいかな」＊浮世草子・武道伝来記(1687)六・三「討(うつ)もうたるるも武士のならひ、天晴(アッハレ)神妙(しんべう)なる御はたらき」＊和漢三才図会(1712)一五「適 アッハレ 旧事本紀及古語拾遺等、用二天晴二字一、多為二讃美詞一、近俗以二適字一為二天晴訓一、未レ知二其拠一」＊読本・南総里見八犬伝(1814‐42)四・三三回「信乃は只管(ひたすら)感嘆して、うち傾けし頭(かうべ)を擡(もたげ)、『適候(アッハレ)犬飼生、志あるものは、誰もかくこそあるべけれ』」━『形動』(「の」を伴っても用いる) 賞賛すべきさま。すばらしい。みごとだ。＊虎寛本狂言・八句連歌(室町末‐江戸初)「天晴な御手跡で御座る」＊四座役者目録(1646‐53)上「衆徒、又諸役者も、天晴の器用と、褒めたると也」＊雑俳・柳多留拾遺(1801)巻二〇「天晴な手で売据(うりする)と書いて張り」＊日本読本(1887)〈新保磐次〉六「如何なる辛苦にも堪ふべき適れの若者となりぬ」語誌「あわれ(哀)」を促音化して、意味を強めたもの。中世の初めごろから見られる。特に形容動詞の場合、しみじみとした情趣・感情を表わすという広い意味を持っていたアワレに対して、アッパレは賞賛する気持を表わし、アワレとは別語として意識されるようになった。のち、アワレは悲哀の意味に限定され、ますます意味の差が大きくなった。「天晴」はあて字。発音〈標ア〉パ〈ア〉0〈ア史〉江戸●●○○〈京ア〉0 辞書日葡・書言・ヘボン・言海 表記天晴(書・ヘ) 適(書・言)

あっぱん-じょ【――所】『名』方言大便所。雪隠(せっちん)。新潟県362 376 382 ◇**あっぱんじょお** 新潟県373 ◇**あっぱじゃ** 新潟県中頸城郡383 ◇**あっぱんじゃ** 新潟県370 374 382 石川県江沼郡424 ◇**あっぱんけ** 福井県福井市427 坂井郡433 ◇**あっぱどけ** 福井市427 ◇**あっぽや** 福島県155 千葉県君津郡040 ◇**あっぽんど** 福島県南部155

あつ-び【圧尾】『名』(「圧」は、迫る、ちぢめるの意) 物事の終わり。結末。最後。＊楊万里‐過覇東石橋桐花

尽落詩「紅千紫百何曾夢。圧尾桐花也作ㇾ塵」

あつ‐び【熱火】〘名〙熱い火。燃えさかって身に迫る烈火。発音〈標ア〉⓪ツ

あつび 子(こ)に＝払(はら)う[＝かく] 火に焼かれるときは炎を最愛のわが子の方にさえ払って熱さを逃れる。危急の場合には極端な利己心が現われることをいうたとえ。＊俳諧・犬筑波集(1532頃)冬「あつ火をばげに子にかくる火楊哉」＊俳諧・毛吹草(1638)二「あつ火子にはらふ 子をすつれども身をすつるやぶはなし」

アッピア‐かいどう【ーカイダウ街道】（アッピアは Appia）古代ローマの最古の軍道。前三一二年、監察官アッピウス＝クラウディウスによって着工され、ローマからカプアを経てブルンディシウムに至る。発音アッピアカイドー〈標ア〉カ

アッピール〘名〙⇨アピール

あつ‐ひげ【厚鬚】〘名〙濃いひげ。＊東京年中行事(1911)〈若月紫蘭〉五月暦「厚鬚(アツヒゲ)の若衆化粧(わかしゅうづくり)」発音アッヒゲ〈標ア〉⓪

あつ‐びたい【ーびたひ厚額】〘名〙前額部を高く作った冠。古くは、一六歳以上で位階の高い者だけが用いたが、後にはその年に達すれば官位の高下によらず着けることとなった。磯高(いそだか)。↔薄額(うすびたい)。＊宇槐記抄‐久寿二年(1155)正月七日「右大将、不ㇾ触ㇾ余用二厚額一冠一〈今日於二内意見所一見付也〉帰ㇾ家尋問之処、陳曰、殿下〈謂ㇾ余〉十八正月用二厚額一之由、見二御記一、臣已至二十八一、故所ㇾ用也。仰曰、余依ㇾ為二大臣一所ㇾ用也。歳是同、尊卑懸隔、例不二斉等一、所ㇾ陳不当、自今以後、可ㇾ用二薄額一、即取二厚額冠一破棄了」＊今鏡(1170)六・梅の木の下「弟におはせし公行(きむゆき)の、弁にはじめてなりて、あつびたひの冠(かうぶり)になし給ひければ」＊装束抄(1577頃)「臣下冠 少年薄額、中年の後厚額なり」発音〈標ア〉ビ 辞書言海 表記厚額(言)

厚　額

あつ‐びつ【渇密】〘名〙⇨あつみつ(渇密)

あつ‐ひと【篤癃】〘名〙（「あつ」は、病気が重い意）危篤の人。重病人。あつえひと。＊書紀(720)持統元年正月(北野本訓)「京師(みさと)の、年八十より以上、及び篤癃(アツヒト 別訓 アツエひと)、貧しくして自ら存(わたら)ふこと能はぬ者に絁綿賜ふこと各差有り」

あつ‐びょうし【ーベウシ厚表紙】〘名〙書物などの表紙が厚いこと。また、その表紙。↔薄表紙。＊ある女(1973)〈中村光夫〉二「机の上にきちんとおいた赤い厚表紙の教科書にはさはらせなかった」発音アッピョーシ〈標ア〉ピョ

あつ‐びら【厚片】〘名〙（「びら」は衣類の隠語）綿入れや袷をいう、てきや、盗人仲間の隠語。〔隠語輯覧(1915)〕

あつ‐びん【厚鬢】〘名〙髪形の一つ。頭の中央から額へかけて髪をせまくそり落とし、左右にふさふさと結い分け、髻(もとどり)を高く結った髪。昔、神主などが結った髪の形で、上品、温雅なものとされた。↔糸鬢(いとびん)。＊俳諧・物種集(1678)「能太夫ゑほし桜の陰見えて 柳の髪やあつ鬢の先〈宗恭〉」＊浮世草子・好色二代男(1684)三・五「いた貝付(かほつき)をして見せたれば、俄に厚鬢(アツビン)はきかけの帯がおかしたい」＊浮世草子・日本永代蔵(1688)二・二「今は残らず喰込て何をすべきたよりもなく、むかしの厚鬢(アツビン)もうすく、仁躰(じんたい)おかしげなれば」＊随筆・独寝(1724頃)下「手代の十九、廿ばかりの厚鬢めに初太刀をうたるる事」＊浄瑠璃・義経千本桜(1747)三「娘が好た厚鬢(アツビン)に冠着ても憎からず」発音〈標ア〉⓪〈京ア〉⓪

あつ・ぶ【集】〘他バ下二〙集める。＊咄本・昨日は今日の物語(1614‐24頃)下「色々さまざまの古筆をあつべ、奔走する中にも杉近衛殿手跡ほどなるはあるまひと沙汰する」

あっぷ〘名〙方言❶火。また、日。長崎市053 ◇あっぽ 長野県西筑摩郡(火)491 ❷動物、かえる(蛙)。◇あっぷく・あっぷた・あっぷっ・あっぺ・あっぺどんとも。鹿児島県961 ❸動物、ひきがえる(蟇蛙)。鹿児島市966 ❹(形が蛙(かえる)の足に似ているところから) ももひき。さるまた。長崎県五島917

あっぷ 方言 一〘感動〙子供をしかる時に言う語。こらっ。岩手県気仙郡100 茨城県東部062 栃木県198 新潟県東蒲原郡368 二〘名〙子供をしかること。子供に対して言う。茨城県久慈郡・水戸市188 栃木県198 千葉県東葛飾郡280 新潟県東蒲原郡368

アップ〘名〙（英 up は「上へ」の意）①基準、水準、能率、出力、賃金などを引き上げること。また、それらが上がること。「ベースアップ」「レベルアップ」＊漫談集(1929)〈徳川夢声〉見習諸勇列伝の巻「日清談判破裂して品川乗り出すアヅマカあン時代からカチューシャ可愛いや別れのつウらアさ時代にかけて、最も女性にチミチをアップさせた色男型だ」＊軽口浮世ばなし(1977)〈藤本義一〉一二・一「書くスピードは六ヵ月単位ぐらいでアップした」②（「アップスタイル」の略）婦人の髪形の一つ。うしろ髪を上げて頭の上の方でまとめたもの。＊斜陽(1947)〈太宰治〉四「きのふはじめてアップにした私の髪をごらんになって、『アップはね、髪の毛の少いひとがするといいのよ』」＊冬枯(1965)〈庄野潤三〉三「女はオーバーを着て、髪をアップにしていた」③（「クローズアップ」の略）映画や写真の大写し。カメラを被写体にごく近づけるか、望遠レンズを用いるかして写す。＊モダン用語辞典(1930)〈喜多壮一郎〉「アップ クローズ・アップ（Close-up 英）を略して、ただアップと云ふ。映画での大写しのこと」＊火の鳥(1949‐53)〈伊藤整〉三・一「あそこで、私の顔をよっぽど大きく写してるわね。ひどいアップだわ」④他人のものを盗む、巻きあげる、失敬することをいう、不良仲間などの隠語。〔特殊語百科辞典(1931)〕＊明治大正見聞史(1926)〈生方敏郎〉明治時代の学生生活・二「文房具屋から鉛筆を一本アップするとか、古本屋の店から古本を一冊失敬するとか云ふに過ぎなかった」＊風(1930‐31)〈山本有三〉一度、ただ一度、そしてただ一人の人に・四「こんな時に一つアップしてやるかな。だが本当に僕が貰ってもいいのかい」⑤ゴルフのマッチプレーで、相手より勝っているホールの数。⑥終わって、最後の点まで、すっかりの意。他の語と複合しても用いる。「ウォーミングアップ」「タイムアップ」「リストアップ」発音〈標ア〉ア〈京ア〉ア

あっぷ‐あっぷ〘副〙水に溺れて苦しむさま。あぷあぷ。転じて、困難に苦しむさまにもいう。＊滑稽本・旧観帖(1805‐09)三「ばばはさかさに川へ釣(つる)され、頭(かしら)は水中に入て水をくらひ、あっぷあっぷとするを」＊滑稽本・七偏人(1857‐63)三・下「火入は落ちて飛八が天窓(あたま)へ冠れば、飛八『アップアップ、プルプルプウ』」＊ゆく年(1928‐29)〈久保田万太郎〉三「死に切れねえであっぷあっぷやってゐるうちに」＊われら戦友たち(1973)〈柴田翔〉序・三「人間諸悪にあっぷあっぷしながら、ひどいもんだ、ひどいもんだと呟くことで、その場をしのいできた」発音〈標ア〉ア〈京ア〉ア＝ア

あっ‐ぷく【圧伏・圧服】〘名〙押さえ付け服従させること。権力や威光でむりに従わせること。＊西洋事情(1866‐70)〈福沢諭吉〉初・二「政府の法令を拒むものは威力を以て之を圧伏すべし」＊西国立志編(1870‐71)〈中村正直訳〉八・一九「困難危険を圧服すべし」＊ふらんす物語(1909)〈永井荷風〉新嘉坡の数時間「会話の相手をば頭から圧伏するやうに響く」発音〈標ア〉⓪〈京ア〉⓪

あっぷく‐てき【圧伏的】〘形動〙権力や威光で相手を押さえつけ、服従させるさま。＊冷笑(1909‐10)〈永井荷風〉九「母の意気地なさと、年と共に益々烈しくなる圧伏的な父の態度をば、同じ一家の中に見てゐる事の不快不安に堪へられぬ気がした」発音〈標ア〉⓪

あつ‐ぶさ【厚総】〘名〙①馬の頭や胸や尻にかける組紐。面掛(おもがい)、鞅(むながい)、鞦(しりがい)などに、糸の房を多数よせ、厚く飾りとしてつけたもの。＊源平盛衰記(14C前)二一・小坪合戦事「燃立つばかりの厚総(アツフサ)の鞦(しりがい)掛け」＊太平記(14C後)一二・公家一統政道事「厚総(アツフサ)の鞦の唯今染出たる如くなるを、芝打長に懸成し」＊浄瑠璃・世継曾我(1683)一「雲雀毛(ひばりげ)の馬に浅黄のあつぶさかけしはいかに」②糸の房を厚く垂らして飾りとしたもの。＊読本・夢想兵衛胡蝶物語(1810)前・色慾国「振袖の括り目に厚総(アツフサ)さげて、五月の薬玉みる様にひらつかせ」＊開化の入口(1873‐74)〈横河秋濤〉三「御先道具の大鳥毛、玉轎珠簾(きょくきょうしゅれん)に紫の厚房(アップサ)」辞書易林・書言・言海 表記厚総(易・書・言)

アップザイレン〘名〙（ドイツ Abseilen）《アプザイレン》登山で、手がかりのない急斜面を、ザイルを使って降りる方法。懸垂(けんすい)下降。発音〈標ア〉ザ

アップ‐スタート〘名〙（英 upstart）成り上がり者。成金。＊社会百面相(1902)〈内田魯庵〉鉄道国有・四「四五年以来(このかた)斯ういふアップスタートが沢山出来たね」発音〈標ア〉タ

アップ‐スタイル〘名〙（洋語 up style）婦人の髪形の一つ。髪の毛を高く梳(す)き上げて上部でまとめ、襟足を見せる髪形。＊地底の歌(1948)〈平林たい子〉幻燈「パーマネントの縮髪を額にせり出させてうしろはそり立つアップスタイルにあげていた」発音〈標ア〉タ

あつ‐ぶすま【厚衾・厚被】〘名〙厚く作ったふとん。また、厚く重ねた寝具。《季・冬》＊古今六帖(976‐987頃)五・服餝「あつぶすまなごやが下にねたれども妹とし寐ねばはだへ寒しも」＊出観集(1170‐75頃)雑「厚衾なごやか下のおいねずみもとのかはぎぬひきや捨つらん」＊俳諧・いつを昔(1690)交題百首「つぎはぎて彌(いよいよ)寒し厚衾〈尚白〉」

アップ‐ツー‐デート〘名〙〘形動〙（英 up-to-date）《アップトゥーデート》最新流行。最新式。現代的。また、そのようなさま。↔アウト‐オブ‐デート。＊紐育(1914)〈原田棟一郎〉一四「アップ・ツーデートの自動車や電車が沸えくり返る混雑な中を」＊地図を眺めて(1934)〈寺田寅彦〉「どうも地形図の読み方をよく知らない運転手が多いらしい。しかしまた前記のように地形図がアップ・ツ・デートでないためもあるかもしれない」発音〈標ア〉テ

アップデート〘名〙（英 update）コンピュータで、ファイルに記録してあるデータを最新の内容に書き替える処理。発音〈標ア〉テ

あつ‐ぶてき〘形動〙厚くてぼってりとしているさま。厚ぼったい。＊評判記・難波物語(1655)「顔長々として、色くろし。いかにも、しとやかなる風あり。唇あつぶてき也」＊滑稽本・指面草(1786)大「手柄結より忍(しのぶ)が似合に、島田とは、ちとあつぶてきだと洒落(しゃれる)うち」＊詞葉新雅(1792)「アツブテキナ あつごえたる」＊俚言集覧(増補)(1899)「あつぶてき 厚太きの義なり。あつぼったいとおなじ」

アップ‐テンポ〘名〙（英 up-tempo）（ジャズやポピュラー音楽で）テンポが速いこと。＊さらばモスクワ愚連隊(1966)〈五木寛之〉三「最後を思いきりアップ・テンポの〈モスクワ郊外の夕べ〉で陽気にしめくくった」

＊にんげん動物園（1981）〈中島梓〉八三「男性の歌で、ちょっとアップテンポのもの」 発音〈標ア〉テ

あつ‐ぶと・い【厚太】〘形口〙文あつぶと・し〘形ク〙厚みがあり重い感じである。＊不言不語（1895）〈尾崎紅葉〉六「渦毛の巻きたる上衣を召して、厚太き外套を抱へ」

あつ‐ぶとん【厚蒲団】〘名〙厚いふとん。綿を多く入れて厚く仕立てたふとん。厚衾（あつぶすま）。《季・冬》＊太政官（1915）〈上司小剣〉三「郡内の厚蒲団の上へ」 発音〈標ア〉フ

アップラ〘名〙（オランダ aard appel の略）「じゃがいも」の異名。発音〈標ア〉0

アップライト‐ピアノ〘名〙（英 upright piano）（グランドピアノに対して）直立した共鳴箱の中に弦をたてに張った竪形のピアノ。＊最新百科社会語辞典（1932）「アップライト・ピアノ 英 upright piano〔音〕竪形ピアノ」＊追われる女（1953‐54）〈平林たい子〉黒衣の女「アップライトピアノに腰かけたまま」 発音〈標ア〉ピ

あっぷら‐いも【―芋】〘名〙方言❶（「あっぷら」はオランダ aard appel の略から）ジャガいも（―芋）。茨城県多賀郡188 ◇あぷらいも・あぷら 宮城県一部030 ◇あふらいも 宮城県牡鹿郡119 山形県東村山郡・北村山郡139 ◇あぶらいも 宮城県牡鹿郡119 ◇あふら 宮城県牡鹿郡119 秋田県河辺郡134 雄勝郡130 ◇あんぷら 秋田県南秋田郡130 ◇かんぷらいも 山形県東置賜郡139 福島県155 茨城県多賀郡188 栃木県198 201 新潟県東蒲原郡368 ◇かんぶらいも 福島県安達郡062 新潟県東蒲原郡368 ◇かんぷら 青森県三戸郡083 宮城県一部030 福島県155 157 176 茨城県一部030 栃木県198 新潟県一部030 ◇かんぱらいも・かんぺらいも 栃木県一部030 那須郡198 ◇かんぽおいも 新潟県347 ◇かんぽこいも 新潟県361 ◇かぶたいも・かぶだいも 長野県469 ◇かぶいも 宮城県一部030 ❷さといも（里芋）。和歌山県一部024

アップリケ〘名〙（フランス appliqué）《アプリケ》素材の上に別種の装飾材を貼りつける技法。また、布地の上に、別に切り抜いた布や革を縫い付けたり、のりで貼り付けたりする手芸。また、その付けられたもの。＊音引正解近代新用語辞典（1928）〈竹野長次・田中信澄〉「アップリケ Appliqué 仏 縫ひつけ飾りの事」＊俘虜記（1948）〈大岡昇平〉季節「帽子にFといふ字を白布でアップリケしてゐた」 発音〈標ア〉0リ〈京ア〉ア/プ

アップル〘名〙（英 apple）リンゴ。＊中外新聞‐慶応四年（1868）四月二七日「萃菓。元和産なし。西洋名アップル。俗称オホリンゴと云ふ。林檎の属にして、実大に且甜美なり」 発音〈標ア〉ア0

あつ‐ぶるい【熱震】〘名〙一日置き、または毎日、一定の時間に発熱する病気。瘧（おこり）。＊俳諧・新花摘（1784）「秋のはじめより、あつぶるひのためにくるしむこと五十日ばかり」

アップル‐かん【―管】〘名〙（英 apple tube の訳語）カラーテレビジョン用受像管の一つ。走査ビーム到達位置を知らせる信号で、発光色を制御する方式の代表的な管。

アップル‐ジュース〘名〙（英 apple juice）リンゴの果汁。また、それを加工した飲み物。＊夢声戦争日記〈徳川夢声〉昭和一七年（1942）一一月一五日「重湯に、スープに、アップルジュースと、寝ていて斯う液体ばかり飲むのはどうかと思うが、小便が殆んど止ってるから、逆療法になるかもしれないと、ガブガブ飲む」 発音〈標ア〉ジュ

アップル‐パイ〘名〙（英 apple pie）小麦粉に卵、バターを入れてこねて延ばした皮の間に、砂糖で煮たリンゴを入れて、焼いた洋菓子。＊ボア吉の求婚（1930）〈中村正常〉赤蟻「チイコは嫌ひかい、アップル・パイ、すきだらう」＊青鬼の褌を洗ふ女（1947）〈坂口安吾〉「チョコレートにアップルパイにウイスキー」 発音〈標ア〉パル〈京ア〉パ/ル

あつ‐ぶろ【熱風呂】〘名〙湯を熱くわかした風呂。＊慶長見聞集（1614）四「今明日の夜もこうこうといひかたらひて、皆人あつ風呂を吹あへり」＊俳諧・口真似草（1656）一〇・雑「おいとま申やすみぬる袖（そで）あつ風呂（フロ）にふかれて後は何とせん〈之春〉」 発音〈標ア〉0

アップ‐ロード〘名〙（英 upload）パソコン通信などで、通信回線を介してまとまったデータ（ファイル）をホストコンピュータに送信すること。↔ダウンロード

あつぶろ‐ずき【熱風呂好】〘名〙熱い風呂にはいるのを好むこと。また、その人。熱湯好き。＊俳諧・猿蓑（1691）五「あつ風呂ずきの宵々の月〈凡兆〉町内の秋も更行（ふけゆく）明やしき〈去来〉」 発音〈標ア〉0キ

あっぺ 方言 ㊀〘形〙汚い。幼児語。福島県石川郡179 栃木県197 福井県427 ◇あっぺえ 茨城県062 ◇あっぺぁ 秋田県鹿角郡・北秋田郡130 ◇あっぱい 福井県431 ◇あっぽち 茨城県北相馬郡062 ㊁〘名〙❶汚いもの。茨城県188 真壁郡191 稲敷郡193 栃木県198 河内郡204 福井県431 ◇あっぺえ 茨城県062 ◇あっぽち 茨城県北相馬郡188 ❷大便。三重県一志郡589 奈良県宇陀郡678 ◇あっぱ 信濃†090 栃木県河内郡198 埼玉県川越245 新潟県347 石川県金沢市404 江沼郡422 福井県431 長野県下水内郡470 兵庫県明石郡061 加古郡664 ◇あっぽ 福島県安積郡050 岩瀬郡176 千葉県261 東葛飾郡277 市原郡284 ◇あぽ 長野県長野市・上水内郡054 福岡県872 ◇あつば 新潟県三島郡374 ◇あぼ 佐賀県887 ❸幼児の大便。三重県名賀郡585 ◇あっぽ 千葉県印旛郡274 ❹ものを捨てること。長崎市906 ◇あっぺえ・あっぽい 長崎県対馬913 ◇あっぱい 福井市429 ❺つば。唾液（だえき）。山形県西村山郡139 ◇あぺ 山形県飽海郡139

あっぺいめく〘連語〙危い目にあう。＊一茶方言雑集（1819‐27頃）「あっぺいめいた あやういめにあった」

あっぺ‐こっぺ〘名〙方言❶ものごとの順序や位置、関係などが、本来の逆になっていること。あべこべ。逆さま。北海道065 富山県390 ◇あぺこぺ 茨城県稲敷郡188 ◇あんべえこんべえ 静岡県志太郡535 ◇あっぺ 北海道065 青森県津軽075 新潟県西頸城郡382 ◇あぺ 青森県075 082 ◇あべさ 岐阜県恵那郡498 ❷話が食い違うこと。言うことがちぐはぐでつじつまの合わないこと。ちぐはぐ。新潟県佐渡352 ◇あっぺとっぺ 岩手県気仙郡100 宮城県仙台市121 ◇あぺこぺ 仙台†058

あつ‐べたい【厚―】〘形〙方言 厚い。三重県名賀郡584 阿山郡596 ◇あつぶたい・あつくたい 三重県名賀郡584 ◇あつぶしい 静岡県榛原郡541 ◇あつばこい 岩手県気仙郡100

あつべつ【厚別】札幌市の行政区の一つ。平成元年（一九八九）白石区から分離成立。市東部の住宅地。

あつべ‐もの【集物】〘名〙方言❶不ぞろいなものを集めたもの。岩手県気仙郡100 宮城県仙台市121 ◇あつぺもの 宮城県石巻120 ❷各戸を回って集めるものの総称。富山県砺波398

あつ‐べら【厚片】〘名〙（「べら」は「びら」の音変化した語で、衣類の隠語）綿入れをいう、盗人仲間の隠語。〔日本隠語集（1892）〕

あっぽ〘名〙方言❶帽子。幼児語。◇あっぽ 青森県三戸郡083 神奈川県津久井郡317 長野県下伊那郡492 佐久493 岐阜県郡上郡504 兵庫県加古郡664 岡山県苫田郡748 山口県玖珂郡800 香川県三豊郡829 ◇あっぽお 奈良県678 ◇あっぽん 三重県伊賀585 北牟婁郡588 滋賀県彦根609 蒲生郡612 兵庫県加古郡664 神戸市670 奈良県676 681 683 和歌山県690 ❷竹かご。山形県西村山郡139 ❸歩行。幼児語。秋田県鹿角郡132 ❹履き物。幼児語。長崎県五島054 宮崎県東諸県郡954 ◇あぽ 島根県隠岐島725 ◇あっぽ・あぽ 奈良県675 ❺馬。岩手県江刺郡096 ◇あほあほ 宮城県栗原郡（馬に呼び掛けて言う）113

あっ‐ほう【彼方】〘代名〙あのほう。＊浮雲（1887‐89）〈二葉亭四迷〉一・六「最（もう）一つのお召縮緬の方にお為（し）ヨ、彼方（アッハウ）がお前にゃア似合ふヨ」

あつ‐ほう【閼逢】〘名〙十干の甲（きのえ）の異称。＊壒嚢鈔（1445‐46）六「十干の異名は何ぞ。閼逢 アツホウ甲」＊文明本節用集（室町中）「甲 キノヱ大歳在甲曰閼逢（アツホウ）」＊易林本節用集（1597）「甲 カフ、キノエ 閼逢 アツホウ」＊爾雅‐釈天「大歳在甲曰閼逢」 補注「元和本下学集」に「閼逢 エンホウ」の訓みがある。辞書 文明・伊京・天正・黒本・易林 表記 閼逢（文・伊・天・黒・易）

あつ‐ぼう【熱坊】〘名〙のぼせあがっている意の「あつあつ（熱熱）」を擬人化していう語。＊人情本・寝覚之繰言（1829）一「今の三代目の浦里の処へ〈略〉あつぼうになって来るといふ噂を聞きやしたが」＊滑稽本・七偏人（1857‐63）三・中「のウ飛公、跂助（はねすけ）と下太州は、梅の本の女（め）てれつにゃアよっぽど熱坊（アッツボウ）になってゐるなア」

あつ‐ほお【厚朴】〘名〙植物「ほおのき（朴木）」の異名。

あつ‐ぼった・い【厚―】〘形口〙文あつぼった・し〘形ク〙①厚くてふくらみを感じさせるさまである。多く、紙、織物、唇などについていう。＊滑稽本・浮世風呂（1809‐13）四・上「厚（アツ）ぼってへ綿頭巾は、血気盛（けっきさかん）の壮夫（わかいもの）が、襟へ巻たり天窓（あたま）を包だりする」＊泥人形（1911）〈正宗白鳥〉一「厚ぼったい外套を脱いで」＊或る女（1919）〈有島武郎〉前・一九「厚ぼったい唇を震はせながら」②何となく腫（は）れているような感じがする。また、厚くて重たい感じがする。＊黴（1911）〈徳田秋声〉五七「舌にいらいらする昨夕の酒に、顔の皮膚がまだ厚ぼったく熱（ほて）ってゐて」＊野火（1951）〈大岡昇平〉二三「生物の体温を持った、厚ぼったい風が一日吹き続けると、雨が木々の梢を鳴らし、道行く兵士の頭に落ちて来た」 補注 まれに「あつぽったい」の例も見られる。「桑の実〈鈴木三重吉〉二三」の「蒲団の厚ぼったい手触りに」や「苦の世界〈宇野浩二〉三・四」の「上唇が少しうはそり加減である上にすこしあつぽったかった」など。 発音〈標ア〉0タ〈京ア〉ボ 辞書 言海

あつ‐ぼった・い【熱―】〘形口〙文あつぼった・し〘形ク〙（「ぼったい」は接尾語）熱を帯びている。熱っぽい。＊放浪時代（1928）〈龍胆寺雄〉二・五「熱（アツ）ぼったい口を僕の耳へ寄せた」 発音〈標ア〉タ

あっぽ‐や〘名〙方言 ⇨あっぱんじょ（―所）

あづま【吾妻】〘名〙⇨あずま（東・吾妻）

あつまい〘名〙注意深く心を配ること。思慮。＊洒落本・魂胆惣勘定（1754）上「用捨する心ある女郎はすくなし。先（まづ）、跡さきのあつまひなく無心いいかけ」

あつまえ〘名〙「あつまい」に同じ。＊歌舞伎・傾城金秤目（1792）大詰「まだ娘ぎの跡やさき、あつまへもなきあどなさは」

あつ‐まき【厚播】〘名〙面積に比べて多量の種子をまくこと。↔薄播き。＊稲熱病（1939）〈岩倉政治〉六「種子は塩水撰を行ひ、厚播（アツマ）きにしてはならない」 発音〈標ア〉0

あつまき‐なえ【厚播苗】〘名〙厚播きによって育てられた苗。苗に当たる日光の量や、肥料の吸収量が少ないので、発根力が弱くなる。↔薄播き苗。 発音〈標ア〉ナ

あつまり【集】〘名〙（動詞「あつまる（集）」の連用形の名詞化）①集まること。集まったもの。また、その数。＊史記抄（1477）一九・貨殖列伝「京都は天下のあつまりぢゃほどに、微細なる事までも事に習て何をも知ぞ」＊ロドリゲス日本大文典（1604‐08）「イッキ タウ

ゼンノ atçumari toua（アツマリ トワ）イイナガラ、ムカシガ イマニ イタルマデ タセイニ ブセイワカナワヌ（切紙）」＊火の柱(1904)〈木下尚江〉一四・二「誠に世の中は不幸なる人の集合(アツマリ)」②集会。会合。＊黒い眼と茶色の目(1914)〈徳富蘆花〉三・五「お島叔母さんが出立の夜は、能勢の叔母さんの病床の傍で、家族のあつまりをした」③雑踏する場所をいう、盗人仲間の隠語。〔隠語輯覧(1915)〕 [発音]〈標ア〉[リ][マ] 〈京ア〉[0] [辞書]日葡・ヘボン・言海 [表記]集(へ・言)

あつまり-い・る ゐる【集居】〘自ア上一(ワ上一)〙多くの人が同一箇所に寄り合ってそこにとどまる。＊天草本伊曽保(1593)百姓と、子どもの事「アルトキ コドモ イッショニ atçumari yta（アツマリ イタ）トキ」

あつまり-ぜい【集勢】〘名〙諸方より集まった、規律、統制のない軍勢。寄せ集めの軍勢。烏合(うごう)の衆。＊浄瑠璃・木曽物語(1655-58頃)二「ごしょにこもる物共は、所々のあつまりせいとはいいながら」＊常磐津・忍夜恋曲者(将門)(1836)「集り勢の悲しさは、風にのこんの雪なだれ」＊近世紀聞(1875-81)〈染崎延房〉一〇・二「守禦(まもり)の兵も尠(すくな)からねど原(もと)是烏合の集(アツ)まり勢(ゼイ)にて」 [発音]アツマリゼイ〈標ア〉[リ] [辞書]言海 [表記]集勢(言)

あつまり-つど・う どふ【集集】〘自ハ四〙寄り集まる。＊増鏡(1368-76頃)一六・久米のさら山「世に怨みある物など、ここかしこに隠ろへばみてをる限りは、あつまりつどひけり」 [発音][文]アツマリツドーとも〈標ア〉[ド]

あつまり-て【集手・会衆】〘名〙会に集まった人々。会衆。＊平民之福音(1899)〈山室軍平〉三「而して会衆(アツマリテ)の中に、即刻(そのばで)同様の決心をする人はないかと尋ねたる時」 [発音]〈標ア〉[0][テ]

あつまり-どころ【集所】〘名〙人の集まる所。都会。＊浮世草子・世間胸算用(1692)五・四「江戸中の棚に、せきだか一足たびか片足ない事有。幾万人はけばとて、かかる事は、日本第一人のあつまり所なれば也」 [発音]〈標ア〉[ド]

あつまり-ぼし【集星】 [方言]昴(すばる)。青森県下北郡・八戸市026 静岡県志太郡026 三重県北牟婁郡・志摩郡026 ◇**あつまりぼしさま**〔―様〕 鹿児島県川辺郡026

あつまり-もの【集者】〘名〙集まって来た人たち。＊政談(1727頃)一「元来他国よりの聚り者にて、親類も御当地になく」

あつま・る【集・聚】〘自ラ五(四)〙①多くの物や人が一箇所に寄り合う。集中する。むらがる。＊仏足石歌(753頃)「四つの蛇(へみ) 五つの鬼(もの)の 阿都麻礼流(アツマレル) 穢き身をば 厭ひ捨つべし 離れ捨つべし」＊西大寺本金光明最勝王経平安初期点(830頃)一〇「既に菩薩の捨身の地に至りて、共に聚(アツマリ)て悲しび号びつつ大苦を生ず」＊土左(935頃)承平五年一月二一日「黒鳥(くろとり)といふ鳥、岩の上にあつまりをり」＊源氏(1001-14頃)乙女「上(かみ)中(なか)下(しも)の人、我も我もとこの道に心ざしあつまれば」＊徒然草(1331頃)七四「蟻のごとくに集まりて、東西に急ぎ、南北に走(わし)る」＊説経節・さんせう太夫(与七郎正本)(1640頃)下「朱雀七村のわらんべどもはあつまりて、いざや育み申さん」＊俳諧・続猿蓑(1698)冬「八専の雨やあつまる菊の露〈沾圃〉」②複数の人からの精神的な活動が、人や物事に寄せられる。＊舗道雑記帖(1933)〈高田保〉ヨーヨー時代「この社会の木鐸が鳴り出づれば、たちまち三原山に人気が集る次第であって」 [発音]〈なまり〉アジバル〔津軽ことば・津軽語彙〕アジッバル・アヂバル〔秋田〕アズバル〔岩手〕アッパール〔仙台方言〕アッバル〔福島・栃木・信州読本〕アッパル〔仙台音韻〕アヅバル〔青森・津軽語彙・岩手・秋田〕アッモル〔周防大島〕『あつまれ』アッパレ〔仙台方言〕〈標ア〉[マ] 〈ア史〉平安○○●○ 鎌倉○○○● 室町●●●●か 江戸●●○○ 〈京ア〉[0] [辞書]字鏡・色葉・名義・下学・和玉・文明・伊京・饅頭・黒本・日葡・書言・ヘボン・言海 [表記]集(色・玉・文・黒・書・ヘ・言) 湊(名・下・玉・文・書) 群(名・玉・饅・黒) 萃(名・玉・書) 聚(玉・文・書) 屯(名・玉・文) 併(字・名) 鄣・鍾・輳・朝・猥・鳩・裒・叢・蔟(名・玉) 会(名・文) 敜(名・伊) 衆(玉・文) 併・竝(字) 轢・合・同(名) 族・際・雑(玉) 羣・輯(書)

[同訓異字] **あつまる**【集・聚・会・輯・輳・纂】
【集】(シュウ・シッ) 多くの物があちこちから一所に寄りあつまる。寄せあつめて一まとまりにする。「集会」「集中」「参集」「文集」《古 あつまる・あつむ・をる・ゐる》
【聚】(シュウ・ジュ) 多くの人や物が一所にあつまり固まる。一族があつまる。「聚落」「聚楽第」《古 あつまる・あつむ・むらがる・むら・ともがら・ともに》
【会】(カイ・エ) あつまって会う。会って何かをするために一所に寄りあつまる。「会合」「会議」「集会」《古 あふ・あつまる》
【輯】(シュウ) 「集」と通じることから、現代では「集」を用いるのが普通。多く、詩文などを取りあつめて一つの書にまとめる。「編輯」「第五輯」《古 あつまる・をさむ》
【輳】(ソウ) 車輪で輻(や)が轂(こしき)にあつまる。転じて、そのように四方・八方から一箇所に集中する。「輻輳」《古 あつまる》
【纂】(サン) 組み紐。紐を組む。転じて、詩文などを広く取りあつめてまとめる。「纂集」「編纂」《古 あつむ・つくる》

あつ-み【厚―】〘名〙(「み」は接尾語)①厚さの程度。厚いこと。また、厚い感じ。＊滑稽本・七偏人(1857-63)初・上「六七分ぐらゐな厚みにすかりすかりと切ならべ」＊永日小品(1909)〈夏目漱石〉昔「古く厚(アツ)みのついた苔の上を」＊別れた妻に送る手紙(1910)〈近松秋江〉「肉体(からだ)も、厚味のある、幅の狭い、さう大きくなくって、私とはつりあひが取れてゐた」＊ブルジョア(1930)〈芹沢光治良〉三「『いけません』腕から脱れて、窓の厚味のカーテンをひいた」②物事の積み重なりによって生じる重厚な感じ。＊夏の終り(1962)〈瀬戸内晴美〉「それは彼等が過してきた、歳月の重みと、彼等の生活の厚みを物語っていた」＊最後の旅(1969)〈加賀乙彦〉「年月の厚みが自分と彼女たちを隔てていることをひしと思った」③囲碁で、将来起こり得る戦いに、有利をもたらすような形。 [発音]〈標ア〉[0] 〈京ア〉[0]

あつ-み【厚―】(形容詞「あつい」の語幹に「み」の付いたもの。前に助詞「を」を伴うこともある。→み)厚いので。＊万葉(8C後)一八・四〇九四「四方(よも)の国には 山川を 広み安都美(アツミ)と 奉(たてま)つる 御調宝(みつきたから)は 数へ得ず 尽しもかねつ〈大伴家持〉」 [上代仮名]アツミ

あつみ【厚見】岐阜県の南西部にあった郡。明治二二年(一八八九)郡内に岐阜市が成立。残りは同三〇年に稲葉郡に統合されて消滅。＊二十巻本和名抄(934頃)五「美濃国〈略〉厚見〈阿都美〉」 [辞書]和名・文明・易林 [表記]厚見(和・文・易)

あつ-み【厚身】〘名〙料理で、鯉などの背の方の肉の厚いところをいう。↔薄身。＊随筆・貞丈雑記(1784頃)六「庖丁人の家にて云鯉の名所の事〈略〉うすみとは腹の方肉のうすき所をいふ あつみとは背の方肉の厚き所也」 [発音]〈標ア〉[0]

あつみ【渥美】愛知県の南東部、渥美半島一帯を占める郡。江戸時代には奥郡(おくごおり)と呼ばれた。＊二十巻本和名抄(934頃)五「参河国〈略〉渥美〈阿豆美〉」 [辞書]和名・色葉・文明・易林 [表記]渥美(和・色・文・易)

あつみ【渥美】姓氏の一つ。 [発音]〈標ア〉[0]

あつみ-せいたろう【渥美清太郎】歌舞伎の研究家。筆名鈍太郎とも。著に「歌舞伎狂言往来」「邦楽舞踊辞典」、翻刻に「日本戯曲全集」など多数。明治二五～昭和三四年(一八九二～一九五九)

あつ-み【熱火】〘名〙「あつび(熱火)」の変化した語。

あつみ を 子(こ)に譲(ゆず)る 「あつび(熱火)子に払う」に同じ。＊歌舞伎・宿無団七時雨傘(1768)一「夫(それ)に此喧嘩仕を隠慝(かくま)ふて世話せいか。あつみを子(コ)に譲(ユヅ)るとやらいふ喩(たとへ)のふし。小博奕(こばくち)も打つふりなり」

あつみ-けい【厚計】〘名〙物体の厚さを、物体を損傷することなく判定する計器の総称。一般に、機械的な厚さを他の物理量や物性値に変換して測定する方式をとり、標準尺と直接比較する方法はとらない。空気厚計、電磁厚計、超音波厚計、放射線厚計などがある。

あつみ-しんのう ワウ:シン【敦実親王】宇多天皇の第八皇子。宇多源氏の祖。諸芸、特に和琴(わごん)、楽琵琶(がくびわ)の名手といわれる。天暦四年(九五〇)出家、法名覚真。号仁和寺宮。あつざねしんのう。寛平五～康保四年(八九三～九六七)

あつ-みつ【遏密】〘名〙(「遏」はとどめる、「密」はしずかの意)①諒闇(りょうあん)の時に音楽を禁止すること。あつびつ。→鳴物停止(なりものちょうじ)。＊三代実録-天安二年(858)九月七日「宣二詔内外一云、朞年之遏密雖レ従レ易レ月之制、率土黔黎、須レ有二心喪一」＊北山抄(1012-21頃)一・八日御斎会始事「貞観元年、不レ挙二音楽一、遏密〈モノノ音ヤムル〉也」＊三代格-一・弘仁格序(830)「草創未レ成、遭二時遏密一、寝而不レ為」＊音訓新聞字引(1876)〈萩原乙彦〉「遏密 アツミツ ナリモノテウジ」＊書経-舜典「二十有八載、帝乃殂落、百姓如レ喪二考妣一、三載、四海遏二密八音一」②静かにさせること。＊江戸繁昌記(1832-36)二・混堂「洗然たる一怒声、頓に啾音を遏密して寂たり」

あつみ-はんとう タウ:ハン【渥美半島】愛知県南端の半島。知多半島とともに三河湾をつくる。気候は温暖で温室園芸がさかん。 [発音]アツミハントー〈標ア〉[ハ]

あつ・む【集・聚】〘他マ下二〙⇒あつめる(集)

あつ-むぎ【熱麦】〘名〙熱くして食べるそうめん、または、うどん。にゅうめん。《季・秋》＊七十一番職人歌合(1500頃か)三七番「てうさいのこしきの上のあつむぎのむしあけのせとの月渡るみゆる」＊虎明本狂言・文蔵(室町末-近世初)「ぬるむぎ、あつむぎ、ひやむぎ、きりむぎ、まんぢうでもなかったか」＊日葡辞書(1603-04)「Atçumugui（アツムギ）」＊俳諧・毛吹草(1638)二「七月〈略〉冷麦 あつ麦」 [発音]アツムギ〈標ア〉[ム][0] [辞書]日葡

あつ-むし【熱蒸】〘名〙蒸して熱すること。また、そのもの。＊尺素往来(1439-64)「又索麺者熱蒸(あつむし)。截麺者冷濯(ひやしあらひ)」

あつ-め【厚―】〘名〙〘形動〙(形容詞「あつい」の語幹に接尾語「め」の付いたもの)比較的厚いこと。＊今年竹(1919-27)〈里見弴〉二夫婦・九「やや厚めな唇」＊白い犬(1951)〈永井龍男〉「ピンと立てた、厚目な耳にくらべて、白犬の顔は小さく、鼻先きへ行くほど尖って細い」

あつめ【集】〘名〙①(動詞「あつめる(集)」の連用形の名詞化)多くのものを一箇所に集め、まとめること。また、そのもの。＊ささめごと(1463-64頃)上「やまと歌の道は、昔より代々(よよ)のあつめに」＊車屋本謡曲・鸚鵡小町(1570頃か)「こしかたの世々のあつめの歌人の、其おほくある中に、今の小町はたへなる花の色このみ」＊たけくらべ(1895-96)〈樋口一葉〉一四「正太は此日(このひ)日がけの集(アツ)めを休ませ貰ひて」②「あつめじる(集汁)」の略。＊松屋会記-久政茶会記・永禄六年(1563)正月一一日「二の膳〈略〉汁 各かは

らけに、あつめ五黄、上にもむすびこぶ、つくつくし」発音〈標ア〉メ

あつ‐め【熱―】〘名〙（形動）（形容詞「あつい」の語幹に接尾語「め」の付いたもの）比較的熱いこと。＊或る女（1919）〈有島武郎〉前・五「湯を熱めにして浴（はひ）ってから、お酒を飲み過ぎる位飲んで寝るんですの」＊湖畔手記（1924）〈葛西善蔵〉「思ひ切って褞袍を脱ぎ、流し場にあった板切れで掻き廻して、少し熱目なのを我慢してはひったが」発音〈標ア〉メ

あつめ‐うた【集歌】〘名〙多くの詩や歌を選び集めること。また、その撰集。＊仮名草子・田夫物語（1644‐52頃）「よよのかしこきみかどのゐらみましますあつめうた」

あつめ‐おとし【集落】〘名〙収集が不完全で、集め残すこと。集めなければならないものをもらすこと。収集もれ。＊歌系図（1782）跋「右輯録する所、素より同好に索問ふといへども、必ず遺脱（アツメオトシ）差謬（さうゐ）あるべし」

あつめ‐がね【集金】〘名〙「あつめせん（集銭）」に同じ。＊浮世草子・日本新永代蔵（1713）三・三「此集銀（アツメガネ）を見ては、身柱（ちりけ）もとふるはれて」

あつめ‐がね【厚眼鏡】〘名〙レンズの厚い眼鏡。＊馬琴日記‐天保一一年（1940）二月一五日「林荘蔵約束の厚眼鏡持参、代金壱両壱分のよしなり」

あつめ‐きょうげん〔ウゲン〕**【集狂言】**〘名〙大蔵流における狂言の分類の一つ。脇、大名、小名、聟女（むこおんな）、鬼山伏、出家座頭の各狂言のいずれにも属さないものを一括した呼び方。和泉流の雑狂言に相当する。発音アツメキョーゲン〈標ア〉キョ

あつめ‐きん【集金】〘名〙「あつめせん（集銭）」に同じ。＊恋慕ながし（1898）〈小栗風葉〉五「最早掛時刻になってやうやう帰って来た賢道は、集金（アツメキン）でも遺（おと）したかと疑はれるまで萎（しを）れ返って」発音〈標ア〉0

あつめく【あつめ句】俳諧句集。一巻。芭蕉作。貞享四年（一六八七）成。天和元年（一六八一）から貞享四年に至る自作のうちから三四句を選び、四季別に配列・構成し、芭蕉庵での生活を文学的に形象したもの。発音〈標ア〉メ

あつめ‐ぐさ【集草】〘名〙集めたもの。収集品。＊俳諧・耳さらへ集（1831）「西行も雛の道具はあつめ草〈野坡〉」

あつめ‐ご【集子】〘名〙父親違いのたくさんの子供たち。＊宇津保（970‐999頃）内侍督「『よろづのあつめごをうみて、宮の御ことといへば、まことかとてもてあがめ給ふ』など、局の毀（こぼ）れぬばかり口舌（くぜち）詈りて」

あつめ‐ざこ【集雑魚・集雑喉】〘名〙種々の小魚に野菜などをとり合わせて仕立てた汁。＊浮世草子・万の文反古（1696）一・四「大汁の集（アツ）め雑喉（ザコ）一段、竹輪皮髄御のけあるべし」

あつ‐めし【熱飯】〘名〙熱い御飯。＊女工哀史（1925）〈細井和喜蔵〉七・一九「炊きだてのあつめしに煮だての豚汁、さうして沸かしだてのお湯が供給される始末だ」発音〈標ア〉0ツ

あつめ‐じる【集汁】〘名〙野菜、干し魚などをいろいろ入れて煮込んだみそ汁。または、すまし汁。五月五日に用いると邪気をはらうといわれる。あつめ。《季・夏》＊天正十年安土御献立（1582）「二膳。〈略〉あつめ汁いりこ、くしあわび、ふ、しいたけ、大まめ、あまのり」＊料理物語（1643）九「あつめ汁 中味噌だしくはへよし。又、すましにも仕候。大こん、ごばう、いも、たうふ、竹の子、くしあわび、ひぶく、いりこ、つみ入なども入よし。其外色々」＊浮世草子・世間胸算用（1692）二・一「此親仁（おやぢ）顔色かはって、箸（はし）もちながら集（アツ）め汁（ジル）喉（のど）を通らず」＊俳諧・俳諧筆真実（1787）五月「衣食之部〈略〉あつめ汁」発音〈標ア〉ジ

あつめ‐ぜい【集勢】〘名〙諸方から集めてきた、統制不十分な軍勢。寄せ集めの軍勢。＊信長記（1622）六・大づくの城開退く事「浅井が拵へ置きたる月が瀬の城には、此彼（ここかしこ）のあつめ勢を籠め置きたりけるが」辞書〈ボン〉表記骨董羹（へ）

あつめ‐せん【集銭】〘名〙寄付金、会費など金銭を集めること。また、その銭。＊俳諧・続猿蓑（1698）上「町切（ぎり）に月見の頭（とう）の集め銭〈沾圃〉荷がちらちらと通る馬次（うまつぎ）〈里圃〉」＊雑俳・川傍柳（1780‐83）三「あつめ銭かつぎは箱へこしをかけ」発音〈標ア〉0メ

あつ‐めつ【圧滅】〘名〙相手を圧倒して、滅ぼすこと。＊牙氏初学須知（1875）〈田中耕造訳〉一・八「水星は大抵絶えず日光の為めに圧滅せらるるが故に、肉眼を以て認視し難し」発音〈標ア〉0

あつめ‐に【集煮】〘名〙いろいろな材料をとりあわせて煮る料理。また、その食物。＊日葡辞書（1603‐04）「Atçumeni（アツメニ）〈訳〉数種類の材料を集めてこしらえた食物或いは料理」辞書日葡

あつめ‐めし【集飯】〘名〙下宿屋などで、下宿人の食べ残した飯を寄せ集めて、別の下宿人に出した飯。＊破戒（1906）〈島崎藤村〉一・四「あつめ飯の臭気（にほひ）を嗅いで見ると、丑松は最早（もう）嘆息して了って」

あつめもち〘名〙植物「あずきなし（小豆梨）」の異名。

あつめ‐もの【集物】〘名〙寄せ集め物。＊落語・樟脳玉（下の巻）（1891）〈三代目三遊亭円遊〉「其の代（かはり）長屋の集め物が有るかも知れないヨ」＊多情多恨（1896）〈尾崎紅葉〉前・三「何だい、有りますものは、粗粉落雁に翁飴、松風が少々、拾聚（アツメ）ものだな」発音〈標ア〉ノ0

あつ・める【集・聚】〘他マ下一〙文あつ・む〘他マ下二〙多くの物や人を一箇所に寄せ合わせる。まとめる。＊書紀（720）神代下（鴨脚本訓）「乃ち八十万の神を天高市に合（アツメ）、帥（ひき）ゐて天に昇る」＊竹取（9C末‐10C初）「大伴のみゆきの大納言は、我家にありと有（ある）人あつめての給はく」＊源氏（1001‐14頃）絵合「『から絵どもあつめらる』と聞き給ひて、権中納言いと心を尽くして軸、表紙、紐の飾り、いよいよ整へ給ふ」＊白氏文集天永四年点（1113）四「地には白煙を鋪（し）き、花は雪を簇（アツメ）たり」＊徒然草（1331頃）二二七「六時礼讃は、法然上人の弟子、安楽といひける僧、経文をあつめて造りて、勤めにしけり」＊天草本伊曾保（1593）序「ミミヂカキコトヲ ハンニ キザムコト atçume（アツメ）コノモノガタリヲ」＊尋常小学読本（1887）〈文部省〉三「しはきものは、徒に金銭をあつむるのみにて、何事にもつかふ事をきらひ」＊医師高間房一氏（1941）〈田畑修一郎〉一・一「対岸の町を除く河場中の尊敬を一身に集めてゐた」語源説(1)アは接頭語、ツムは積〔和訓栞・大言海〕。(2)アツ（厚）の活用か〔大言海〕。(3)アツム（彌積）の義〔言元梯〕。(4)アハセツムアル（合積有）でアツムル〔名言通〕。(5)アマタ‐ツム（積）から〔和句解〕。(6)アは顕るる意。ツは一ツ二ツのツで、数をいい、数える意。顕われたツを一つに推定すること。メは起り始るところをいう〔国語本義〕。(7)アカタルメルの反〔名語記〕。発音〈なまり〉アジベル〔津軽ことば・津軽語彙〕アジッベル・アヂベル・アヅッベル〔秋田〕アズベル〔岩手〕アッペル〔仙台方言〕アッベル〔福島・栃木・埼玉方言・八丈島・山梨・山梨奈良田・静岡・信州読本・岐阜・飛騨・淡路・島根〕アッペル〔仙台音韻〕アヅベル〔青森・津軽語彙・岩手・秋田〕アツムッ〔鹿児島方言〕アドメル〔対馬〕〈標ア〉メ〈京ア〉0 文「あつむ」〈標ア〉ツ〈ア史〉平安○○◐鎌倉『あつむる』○○○●室町・江戸『あつむる』●●○○〈京ア〉0 辞書色葉・名義・和玉・文明・天正・易林・日葡・書言・ヘボン・言海 表記集（色・名・玉・文・天・へ・言）聚（色・名・玉・天・書）贄（色・名・玉）萃（色・文・天）欑・崇・鑽・押（色・名）戢・翕・裒・僔（色・玉）会（色・文）鳩（色・天）纂・湊（色・易）什（名・玉）雲・朝・会（色）播・攬・挨・攙（名）客（文）堋・侑・掇・赴・最・駢・緝・匇・泉（玉）

あつ‐もの【羹】〘名〙①野菜や魚肉を熱く煮た吸い物。あついもの。あつかもの。＊万葉（8C後）一六・三八二九「醬酢（ひしほす）に蒜（ひる）搗（つ）き合（か）てて鯛（たひ）願ふわれにな見えそ水葱（なぎ）の羹物（あつもの）〈長奥麻呂〉」＊霊異記（810‐824）上・一一「昔江陵の劉氏、鱓（なかて）の羹（アツモノ）を売るを以て業とす。〈興福寺本訓釈 羹 阿川毛乃〉」＊十巻本和名抄（934頃）四「羹 楚辞注云有菜曰羹〈音庚 阿豆毛乃〉無菜曰臛〈呼各反和名上同今案是以魚鳥肉為羹也〉」＊宇津保（970‐999頃）蔵開中「大（おほ）いなる銀（しろがね）の提子（ひさげ）に、若菜（わかな）のあつもの一鍋（ひとなべ）」＊名語記（1275）九「あつもの、如何。羹とかけり。熱物也。御しるなどを、あたたかにして、まいらする躰（てい）の物歟（か）」＊車屋本謡曲・国栖（1423）「吉野のくずといふことも、此御代よりのことかとかや。まさるべき」＊山鹿語類（1665）二一・飲食の用を節す「而して唐堯の藜藿のあつもの、夏禹の非（うすくする）二飲食一を以て証とす、尤も可レ笑」②うどんをいう女房詞。＊御湯殿上日記‐慶長四年（1599）一二月一六日「しよこんあつもの。二こんそろそろ。三こんかうし」方言❶汁より実の多い吸い物。富山市近在392 ❷膳（ぜん）の外に並べる椀（わん）。魚の切り身、椎茸（しいたけ）、竹の子、青菜などを盛る。◇あつもん 富山県砺波398 語源説(1)アツモノ（熱物）の義〔名語記・東雅・古事記伝・雅言考・和訓栞・大言海〕。(2)アツモノ（雑煮物）の義〔紫門和語類集〕。発音〈標ア〉0〈ア史〉平安○○○○〈京ア〉0 上仮名アツモノ 辞書字鏡・和名・色葉・名義・下学・和玉・文明・伊京・明応・天正・黒本・易林・日葡・書言・ヘボン・言海 表記羹（和・字・色・名・下・玉・文・伊・明・天・黒・易・書）臛（色・玉）臑（玉・書）享・膮（玉）饌・熱物（へ）羮（字・玉）羮（言）

あつもの に 懲（こ）りて膾（なます）〔＝齏（あえもの）〕を吹（ふ）く（熱かった吸い物にこりて、膾や齏物のような冷たい料理も吹いてさます意から）一度の失敗にこりて、必要以上の用心をするたとえ。＊読史余論（1712）三・足利殿北朝の主を建られし事「心得難き事ならずや。思ふに、羹に懲りて膾を吹くの謂なるべし」＊江戸繁昌記（1832‐36）三・外宅「羹（アツモノ）に懲（コ）りて膾（ナマス）を吹く。妾、熟睡して知らざる為（まね）す」＊百一新論（1874）〈西周〉下「然らばと云って、法で治める事は止めにするといふは、羹に懲りて齏を吹くと云ふ訳（わけ）で」＊虞美人草（1907）〈夏目漱石〉一五「羹（アツモノ）に懲（コ）りて膾（ナマス）を吹（フ）くは、株（しゅ）を守って兎（うさぎ）を待つと、等しく一様の大律（たいりつ）に支配せらる」＊楚辞‐九章・惜誦「懲二熱羹一而吹レ韲兮、何不レ変二此志一也」

あつ‐もの【厚物】〘名〙①厚く織った絹織物。＊御伽草子・鶴の翁（岩波文庫所収）（江戸初）上「ねりきぬのあつものに、紅葉をぬふたるかうはいのしとねの上に」②菊の園芸品種の一群。花弁が管状で、まり状に厚く盛り上がった頭花を開く大菊。周縁に太管弁の加わる厚走りなど数型に分けられる。厚物咲き。↕平物（ひらもの）。＊東京年中行事（1911）〈若月紫蘭〉十一月暦「一輪作は大菊性のものにて、一文字菊を始めとし厚物（アツモノ）、間管、太管、細管など」発音〈標ア〉0

あつもの‐ざき【厚物咲】〘名〙「あつもの（厚物）②」に同じ。＊厚物咲（1938）〈中山義秀〉「花弁のがっしり盛上って雄渾な味ひのする平弁の厚物咲と管弁の太管咲（ふとくだざき）」発音〈標ア〉0

あつもの‐わん【羹椀】〘名〙吸い物を入れる木製

の食器。多く漆塗りでふたがある。＊延喜式(927)一七・内匠寮「朱漆器〈略〉羹椀一口〈径七寸〉料、漆一合二勺。朱沙一分。貲布五寸」＊九暦-逸文・天暦四年(950)七月二三日「羹垸 四口」

あつもり【敦盛】 ㊀[一]人名「たいらのあつもり(平敦盛)」のこと。修理大夫平経盛の三男。無官大夫平敦盛。＊平家(13C前)九・敦盛最期「修理大夫経盛の子息に大夫敦盛とて、生年十七にぞなられける」＊源平盛衰記(14C前)三八・平家公家最後事「未だ無官なれば、無官の太夫敦盛(アツモリ)とて、生年十六に成る也と宣ひけり」[二]謡曲。二番目物。各流。世阿彌作。「平家物語」による。平敦盛の菩提を弔うため、敦盛を討った熊谷直実は出家して蓮生(れんしょう)と名を改め、一の谷に来る。そこに敦盛の霊が現われ、最期のさまを語る。[三]幸若舞曲。「平家物語」「源平盛衰記」の熊谷直実(なおざね)が平敦盛を討ち、出家した物語に取材したもの。浄瑠璃、歌舞伎の素材となる。㊁〘名〙①植物「あつもりそう(敦盛草)」の略。＊大和本草(1709)七「熊谷〈略〉花の紫なるを為敦盛。花淡白を為熊谷」②(熱盛りを敦盛にかけたしゃれ)「あつもりそば(敦盛蕎麦)」の略。盛りそばに熱湯をかけたもの。＊狂歌・徳和歌後万載集(1785)五「よしつねはくはれぬそばのあつもりをくまかへ給へひらに平山」＊雑俳・折句大全(1803)「名のみは今に蕎麦の敦盛」＊滑稽本・七偏人(1857-63)五・下「先熱盛(アツモリ)にして十三盃と遣らかしたが」方言〘名〙❶虫、かぶとむし(兜虫)。長野県下水内郡470 佐久484 ❷虫、くわがたむし(鍬形虫)の雌。長野県南佐久郡487 発音〈標ア〉ツ〈京ア〉ア

あつもり-おうぎ【敦盛扇】〘名〙能楽の小道具の一つ。観世流では「敦盛」「経政」などの曲に使用する修羅物に用いる扇。黒骨で、両面ともに貝尽くしの中に日の出の絵があるもの。発音アツモリオーギ〈標ア〉オ

あつもり-そう【敦盛草】〘名〙ラン科の多年草。北海道、本州などの山地で半日陰の地に生える。茎は高さ三〇〜五〇センチメートルで粗毛が多い。葉は長さ一〇〜二〇センチメートルほどの広楕円形で、先がとがり、基部は茎を包む。初夏、茎頂に径五センチメートルほどの紅紫色ないし白色の花を一個横向きにつける。えんめいこぶくろ。学名は Cypripedium macranthum var. speciosum《季・夏》＊俳諧・清鉋(1745以前)二「七月〈略〉敦盛(アツモリ)草」＊日本植物名彙(1884)〈松村任三〉「アツモリサウ」語源説 花蓋の二片が合してふくらんでいる形を、平敦盛の母衣(ほろ)に見たてて命名〔大言海〕。発音アツモリソー〈標ア〉0 辞書言海 表記敦盛草(言)

敦 盛 草

あつもり-そば【敦盛蕎麦】〘名〙熱湯に通して熱くした盛りそば。摂津国一の谷(兵庫県)の名物で、平敦盛にちなんだもの。＊狂歌・徳和歌後万載集(1785)五・詞書「つの国敦盛(アツモリ)そばの店にてかたへの人にささやき侍り」＊随筆・革令紀行(1804)「蕎麦(そば)むぎひさぐ家あり。あつもりそば、熊谷ぶつかけなどいへるに興さめたり」

あつ-やか【厚―】〘形動〙(形容詞「あつい」の語幹に接尾語「やか」のついたもの) いかにも厚い感じがするさま。＊猿枕(1890)〈尾崎紅葉〉一「主人は強慾なる面(つら)して帳場格子の中に構へ、厚(アツ)やかなる帳面を繰広げ」発音〈標ア〉ツ

あつ-やき【厚焼】〘名〙通常より厚めにしたてた材料を焼いた食物。厚焼き卵、厚焼き煎餅など。↔薄焼き。＊洒落本・間似合早粋(1769)早粋の辞「傍(かたは)な親父か厚焼(アツヤキ)の玉子喰々」＊人情本・英対暖語(1838)二・一二章「玉子を厚焼にいたしました」＊闇桜(1892)〈樋口一葉〉上「あつ焼(ヤキ)の塩せんべいかたきをむねとしたるもをかし」発音〈標ア〉0〈京ア〉0

あつやき-たまご【厚焼卵】〘名〙分厚く焼いた卵焼き。薄焼き卵に対していう。厚焼き。＊二人むく助(1891)〈尾崎紅葉〉二「あるわ。あるわ。あるわ。しかも厚焼玉子(アツヤキタマゴ)に塩鰯(しほいわし)」発音アツヤキタマゴ〈標ア〉マタ

あつやき-どうふ【厚焼豆腐】〘名〙「あべどうふ(安部豆腐)」に同じ。発音アツヤキドーフ〈標ア〉ド

あつ-やっこ【熱奴】〘名〙豆腐を小さく四角に切って熱した料理。湯豆腐(ゆどうふ)。↔冷奴(ひややっこ)。＊洒落本・女鬼産(1779)道行「こちらをみれば酒屋と見へて、ちの池諸白(もろはく)あつやっこのとうふ有り」＊歌舞伎・心謎解色糸(1810)三幕「時に土を掛(か)ける前に一升さげて来たが、寺の台所で熱(アツ)やっこでもしませうか」＊随筆・松屋筆記(1818-45頃)七八・五三「余(よ)豆腐を好のあまり烹ざまし奴あつ奴の二種を製す。そは夏日は豆腐を煮てさて水にひやしたるを烹ざまし奴と名づけ、冬日は熱湯にてあたため用るをあつ奴と称す」

あつやっこ-どうふ【熱奴豆腐】〘名〙「あつやっこ(熱奴)」に同じ。

あつ-やみ【暑病】〘名〙夏の暑さのために病気になること。また、その病気。暑気あたり。暑さあたり。＊俳諧・炭俵(1694)上「暑病(ヤミ)の殊土用をうるさがり〈孤屋〉」＊雑俳・大黒柱(1713)「さむ病のくせにあつやみ一ばんで」＊改正増補和英語林集成(1886)「Atsu-yami アツヤミ」

あつ-ゆ【熱湯】〘名〙熱い湯。煮え湯。また、高温の風呂湯。＊大和(947-957頃)一四九「この水あつゆにたぎりぬれば、湯ふてつ。又水を入る」＊俳諧・竹馬狂吟集(1499)一〇「目くらはあつゆこのむ成けり かゆかさをかく一方のむかしより」＊書言字考節用集(1717)六「熱湯 アツユ」＊雑俳・歌羅衣(1834-44)五「熱湯とんとん二つ三つ片手に子」発音〈標ア〉0 辞書日葡・書言 表記熱湯(書)

あつ・ゆ【篤】㊀〘自ヤ下二〙病気が重くなる。あつしる。＊書紀(720)雄略二三年八月(前田本訓)「謂(おも)はざりき、遘疾(やまひ)彌留(アツエ 別訓 あつしれ)て、大漸(とこつくに)に至るといふことを」㊁〘自ヤ上二〙㊀に同じ。＊源氏(1001-14頃)澪標「おとどうせ給ひ、大宮も頼もしげなくのみ、あつい給へるに」

あつゆ-ずき【熱湯好】〘名〙熱い風呂に入るのを好むこと。また、その人。熱風呂好き。＊雑俳・柳多留-五(1770)「あつ湯好(すき)うぬばっかりがじゃうをはり」＊合巻・修紫田舎源氏(1829-42)一〇・序「熱湯好(アツユズキ)、湯番にいへらく、湯は熱くして置くこそよけれ、うめれば何時でも温(ぬる)くなる」発音〈標ア〉0

あつ-よう【厚様・厚葉】〘名〙「あつようがみ(厚様紙)」の略。↔薄様。＊実隆公記-文明一九年(1487)二月八日「厚様二帖送之、唐糸一綺遣之」＊鹿苑日録-明応八年(1499)五月二日「以潤体円二貝〈略〉厚様一帖〈文苑所恵〉為仙館和尚前日十帖廿包之報矣」発音アツヨー〈標ア〉0〈京ア〉0 辞書日葡

あつよう-がみ【厚様紙・厚葉紙】〘名〙厚手の鳥の子紙。厚様。厚葉。＊仙覚抄(1269)「鎌倉右大臣所携万葉集表紙、用厚様紙」発音アツヨーガミ〈標ア〉ヨ〈京ア〉ガ

あつ-よぎ【厚夜着】〘名〙寝る時、上に掛ける厚手の夜具。＊置炬燵(1890)〈斎藤緑雨〉上「郡内の厚夜着(アツヨギ)、ふうわりと着せ掛け行くを」＊琴のそら音(1905)〈夏目漱石〉「四月と云ふ時節に、厚夜着(アツヨギ)を二枚も重ねて掛けて居るから」

あつ-よく【圧抑】〘名〙むりやりに押さえ付けること。人の行動や欲望を押さえ付けて、自由にさせないようにすること。抑圧。＊西国立志編(1870-71)〈中村正直訳〉一・一「政法の群下を圧抑(アツヨク〈注〉オシツケル)するものは、人民をして扶助を失ひ勢力に乏しからしむることとなり」＊明六雑誌-二七号(1875)民選議院変則論〈阪谷素〉「上より秘密を以て圧抑して定むることとは」＊日本開化小史(1877-82)〈田口卯吉〉五・九「之(これ)に重税を課し之に圧抑を加へ」＊李商隠-容州経略使元結文集後序「其詳緩柔潤、圧抑趨儒、如以一国買人一笑、如以万生換人一朝」

あつら〘名〙方言 ⇨あたり(辺)

アッラー ⇨アラー

あつらい-むき【誂向】〘名〙「あつらえむき(誂向)」の変化した語。＊富嶽百景(1939)〈太宰治〉「あまりに、おあつらひむきの富士である」発音〈標ア〉0

あつらい-もの【誂物】〘名〙「あつらえもの(誂物)」の変化した語。＊捷解新語(1676)一〇「ゑどしょたいみゃうしゅより御あつらいもののかきたてまいり申候あいだ」＊良寛歌(1835頃)詞書「この頃その病ふにて幼児を失ひし人の許より、そこそこのあつらひものとて、みづからのも添へて持たせておこしたりける」

あつら・う【誂】〘他ハ下二〙⇨あつらえる(誂)

あつらえ【誂】〘名〙(動詞「あつらえる(誂)」の連用形の名詞化) ①頼むこと。特に注文して作ってもらうこと。また、そのもの。＊源氏(1001-14頃)蛍「紫の上も姫君の御あつらへにことづけて物語は捨てがたくおぼしたり」＊高野山文書-文永二年(1265)一〇月六日入寺弘薗坊舎売券(大日本古文書三・六一五)「義順房他行之間、学勝房并順性房依彼誂、令売買処也」＊人情本・春色梅児誉美(1832-33)初・六齣「あつらへのかばやきを下よりはこぶ」②物事をする時、付ける条件や希望。注文。＊二人女房(1891)〈尾崎紅葉〉上・六「風入の好ささうな、誂(アツラへ)のむづかしい所に陣取って」③歌舞伎で、道具や鳴物など、定まったものを使わないで、作者や役者が道具方や鳴物師に特別に注文すること。また、そのもの。＊歌舞伎・韓人漢文手管始(唐人殺し)(1789)二「東西塗骨障子、蘭間、其外事やうに、此道具誂(あつらへ)有」＊歌舞伎・弁天娘女男白浪(白浪五人男)(1862)一幕返し「誂(アツラ)への端唄、稽古囃子にて、船から上りし心にて」発音〈標ア〉ラ エ0〈京ア〉0 辞書文明・明応・饅頭・日葡・書言・ヘボン・言海 表記誂(文・明・饅・書・ヘ・言) 囑(書)

あつらえ の 合方(あいかた) 「あつらえ(誂)③」の囃子(はやし)。＊劇場新話(1804-09頃)上「誂の合方といふは前にも記せし如く役者囃子方相談して賑かなるも静かなるも哀なるもいさましきも、大小入(大づつみ小づつみ入をいふ)しの入(草笛など入たるをいふ)など役者望次第故極りなし」＊歌舞伎・与話情浮名横櫛(切られ与三)(1853)五幕「誂への合方に成り、向ふよりお富、好の着付、着ながし、ぶらでうちんを提げて出て来り」

あつらえ の 神楽(かぐら) 歌舞伎下座音楽の一つ。従来用いてきたきまりものでは役者等の気に入らないため、新作したり古曲の中から選んで利用する場合の神楽。誂えの合方(あいかた)。誂えの鳴物。＊歌舞伎・名歌徳三舛玉垣(1801)三立「四人を笑ひにかかり、袖にて口を覆ふと、あつらへの神楽に成り」

あつらえ の 鳴物(なりもの) 「あつらえ(誂)③」の鳴物。＊歌舞伎・御摂勧進帳(1773)五立切「誂への鳴物になり、向ふより若い者喜介、抱き若松の紋の附きたる女郎の提燈をとぼし」＊歌舞伎・お染久松色読販(1813)序幕「ト三味線入の誂の鳴物に変り、向ふより若い衆の仕出し弐人、百度参りして出て来る」

あつらえ-おり【誂織】〘名〙特に注文して織らせること。また、その織物。＊人情本・春色恵の花(1836)二・七回「極上あつらへ織の白七子(しろななこ)を御納戸の紋付に染め」＊歌舞伎・青砥稿花紅彩画(白浪

五人男)(1862)三幕「誂(アツラ)へ織(オ)りとあるからは、定めて高価な品であらうが」 *細君(1889)〈坪内逍遙〉三「誂へ織の純子(どんす)の蒲団」 発音〈標ア〉0

あつらえ-こ・む【誂込】〘他マ四〙 相手に対して強く頼み込む。注文を持ち込む。*隣語大方(18C後)七「今年に至ましては皆中同然に誂込ました故皆一様に御座りまする処に」

あつらえ-ざかな【誂肴】〘名〙 ①注文して取りよせる肴(さかな)。*滑稽本・寒紅丑日待(1816-26)おもしろい事「うら茶屋の男あつらへざかなのたいめんをもってきたりしが」 ②特に、江戸深川の遊里で、大きな台にのせて出した料理、いわゆる「台の物」をいう。

あつらえ-ぞめ【誂染】〘名〙 色や模様を特に注文して作った着物。*洒落本・嘉和美多里(1801)「祭の時、あつれゑ染の注文違ゑでかけ事をなんとか言ったそふさ」 *雑俳・歌羅衣(1834-44)初「種子・誂へ染をお囃子に着せ」 発音〈標ア〉0

あつらえ-つ・く【誂付】〘他カ下二〙 注文をつけて自分の思うようにさせる。*古今(905-914)春下・九九「吹く風にあつらへつくる物ならばこのひともとはよぎよといはまし〈よみ人しらず〉」 *吾妻鏡-文治四年(1188)七月二八日「右件御庄、大外記師尚依二相親一令二誂付一之間、以二内儀一令レ致二沙汰一之処、文治元二両年者、令二究済一預二返抄一畢」

あつらえ-どおり【誂通】〘名〙〘形動〙 望みどおり。注文どおり。*社会百面相(1902)〈内田魯庵〉破調・上「爾(さ)う君のお誂へ通りにも行くまいが」 *吾輩は猫である(1905-06)〈夏目漱石〉二「あの教師の所の野良が死ぬと御誂へ通りに参ったんで御座いますがねえ」 発音アツラエドーリ〈標ア〉ド

あつらえ-ぬし【誂主】〘名〙 注文して物を作らせる人。*婦女の鑑(1889)〈木村曙〉二七「御身の深き心をば誂(アツ)らへ主(ヌシ)にも語り候て、長く御身の名を知らさせんに」 発音〈標ア〉エ

あつらえ-ばつお【誂初穂】〘名〙 葬式に参列しないで、他人に代理で葬い帳に記名してもらうこと。*滑稽本・大千世界楽屋探(1817)下「葬張に三所程も名の書てあるは、誂初穂(アツラヘバツホ)で供に立ぬ人さ」

あつらえ-ばなし【誂放】〘名〙 頼んだり、注文したりしたままでうち捨てておくこと。*俳諧・おらが春(1819)「黄金の膚になしくだされと、阿彌陀仏におし誂へに誂ばなしにしておいて」

あつらえ-むき【誂向】〘名〙〘形動〙 ①特別に注文したとおりにできていること。また、そのさま。出来合いではない誂えた上等なもの。あつらいむき。*滑稽本・浮世床(1813-23)初・上「『なんの此様(こん)なあたまの一つや二つ、出来合にいっくらも有(あら)ア〈略〉』『べらぼうめ御誂向(オンアツラヘムキ)の天窓(あたま)だア』」 ②希望していたとおりのこと。また、そのもの。理想的。注文どおり。あつらいむき。*滑稽本・七偏人(1857-63)三・中「半可通(なまぎき)の半酔(なまゑひ)だから、此方の誂(アツラ)へ向なのだ」 *当世書生気質(1885-86)〈坪内逍遙〉七「さういきゃア誂向(アツラヘムキ)だが。オン、ゼ、コントラリイ(反対)ときてしまった」 発音〈標ア〉0 〈京ア〉0

あつらえ-もの【誂物】〘名〙 ①頼んでおいた物。特に注文して作らせた品物。*親元日記-文明一三年(1481)六月五日「濃州真洋蔵主より鞦二具被レ上二進之一已前御誂物也」 *三体詩素隠抄(1622)一・三「傭書とは、人のあつらへものぞ」 *評判記・色道大鏡(1678)一四「あたりちかき者か、又は其道の商人、誂物(アツラヘモノ)しをきて、其催促のため往来するたよりに、いひよるのみなり」 *浄瑠璃・心中重井筒(1707)上「あつらへものも節季(せっき)をも、どふしまはんすことじゃやら」 ②歌舞伎で、作者や役者からの注文によって作った道具や、特に用いる下座音楽。*滑稽本・八笑人(1820-49)二・上「腹が有るから拵物(アツラヘモノ)はよし。あくる歳(とし)は、たて三味線おかしらだア」 方言注文。頼み事。富山県東礪波郡038 発音〈標ア〉0ノモ 〈京ア〉0 辞書黒本・日葡 表記誂物(黒)

あつら・える【誂】〘他ア下一〙文あつら・ふ〘他ハ下二〙 ①頼む。頼んで自分の思うとおりにさせる。*書紀(720)天武一〇年五月(北野本訓)「或いは其の門に詣りて、己が訟を謁(アツラフ)」 *落窪(10C後)三「またあつらへたる様(やう)に、かしこの人の集まりたるは」 *冥報記長治二年点(1105)「慇懃に四たび之を属(アツラフ)」 *読本・雨月物語(1776)菊花の約「佐用氏にゆきて老母の介抱(いたはり)を苦(ねんごろ)にあつらへ、出雲の国にまかる路に」 ②注文して物を作らせる。依頼して物を作らせる。*宇治拾遺(1221頃)五・七「仮名暦(かなごよみ)あつらへたる事」 *七十一番職人歌合(1500頃か)五番「湯桶(ゆをけ)にもこれはことに大いなる何のためにあつらへ給ふやらむ」 *言継卿記-大永七年(1527)九月一〇日「法印、山井安芸守に惟清抄書写之事被レ誂候。堺仕候て遺候了」 *安愚楽鍋(1871-72)〈仮名垣魯文〉三・下「焼鍋(やきなべ)を一枚あつらへてくんな」 方言❶託す。青森県津軽075 新潟県東蒲原郡「子供をあつらえる(里子に出す)」368 岐阜県502「手紙はあの人にあつらえてやりました」504 静岡県志太郡535 安倍郡540 ◇あつらう 山形県飽海郡139 静岡県榛原郡541 ◇あつらく 新潟県東蒲原郡368 ❷預ける。青森県071 075 秋田県平鹿郡130 山形県139 新潟県佐渡352 岐阜県飛騨502 静岡県志太郡535 ◇あづらう 山形県東田川郡054 ◇あつらく 北海道南部040 青森県南部084 秋田県鹿角郡132 山形県139 新潟県361 ❸差し上げる。岐阜県郡上郡504 語源説(1)アトラフの転〔大言海〕。(2)アツル(充・宛)の延〔和句解・国語本義・名言通・日本語源=賀茂百樹〕。(3)アヒツレルの義。説文解字に、相呼誘也と見えているから〔和訓栞〕。(4)エラタルラカハムの反〔名語記〕。 発音〈なまり〉アチロエー・アッロエル〔鳥取〕 アッザェール・アッザェール〔千葉〕〈標ア〉エ 〈京ア〉0 文『あつらふ』アッラウ、アッローとも〈標ア〉ラ (回)〈ア史〉平安○○◎○ 〈京ア〉0 辞書色葉・名義・和玉・〈ボ〉・言海 表記誂(色・名・玉・ヘ・言) 倩・嘱・漏(色・名) 憑(名・玉) 咄(色) 悆・勧(名) 課(玉)

あつ-らか【厚―】〘形動〙(「らか」は接尾語) 厚くふっくらしたさま。↔薄らか。*宇津保(970-999頃)国譲上「白き色紙のいとあつらかなる一重(ひとかさね)に」 *宇治拾遺(1221頃)一・一八「畳あつらかにしきて、くだ物食ひ物しまうけて、たのしくおぼゆるに、道のほど寒くおはしつらんとて、ねり色の衣(きぬ)の、綿あつらかなる、三つひきかさねてもてきて、うちおほひたるに」 発音〈標ア〉ツ

あつら・く〘動〙 方言 ⇩あつらえる(誂)

あつら・ゆ【誂】〘他ヤ下二〙(ハ行下二段動詞「あつらふ」から転じて、室町時代頃から用いられ、多く終止形は「あつらゆる」)「あつらえる(誂)」に同じ。*百丈清規抄(1462)二・住持「祭文を書記にあつらゆるぞ」 *易林本節用集(1597)「誂 アツラユル」 *日葡辞書(1603-04)「ミヤコエ カタナヲ atçurayuru(アツラユル)」 *咄本・鹿の巻筆(1686)一・初「双六(すごろく)の盤、采(さい)と筒(どう)などつくる事名人の細工人あり。江戸中よりあまねくあつらゆる者もおほかりける」 辞書天正・易林・日葡 表記誂(天・易)

あつ-らん【厚蘭】〘名〙 綿入れや木綿の袷(あわせ)をいう、てきや、盗人仲間の隠語。〔日本隠語集(1892)〕 *洒落本・潮来婦誌(1829-30)後・よるのありさま「ねまきのあつらん〈注〉ワタイレでそっと出て」

あつ-りき【圧力】〘名〙「あつりょく(圧力)①」に同じ。*造化妙々奇談(1879-80)〈宮崎柳条〉五「若し耳内に空気無ければ、外の空気圧力(アツリキ〈注〉オスチカラ)独り重く、耳膜勝つ能はず」 発音〈標ア〉0

あつ-りゅう【斡流】〘名〙 めぐり流れること。水が渦を巻きながら流れること。転じて、時、物の移り変わること。*本朝文粋(1060頃)一・落葉賦〈紀斉名〉「炎涼倏忽、景物斡流」 *賈誼-鵩鳥賦「万物変化兮、固無二休息一、斡流而遷兮、或推而還」

あつ-りょく【圧力】〘名〙 押しつける力。①物体が他の物体を押す力。物理では二つの物体が接触面を境にして、互いにその面に垂直に押し合う単位面積当たりの力をいう。単位に、Pa(パスカル)、dyn/cm²、kgw/cm² などがある。*物理全志(1875-76)〈宇田川準一訳〉一「外来の圧力を脱するときは物皆膨脹して故形に復し」 *改正増補物理階梯(1876)〈片山淳吉〉一・一二「静止する水及諸液類の本性と、重力及圧力とを、論するもの之を秤水学と曰ふ」 *蟹工船(1929)〈小林多喜二〉一「何台といふトロッコがガスの圧力で、眼の前を空のマッチ箱よりも軽くフッ飛んで行った」 ②人を威圧する力。人に圧迫を加える力。*牛肉と馬鈴薯(1901)〈国木田独歩〉「如何(どう)にかして此古び果てた習慣(カストム)の圧力(アツリョク)から脱れて」 *逆徒(1913)〈平出修〉「彼は忿然(ふんぜん)として此圧力に反抗しなければならないといきまいた」 発音〈標ア〉ツ0 〈京ア〉ア

あつりょく を かける ①圧力を加える。重力、推力、膨脹力などを利用して物体の面を押しつける。加圧する。②他人を自己の意に従わせるために、権力、財力、武力、集団などの力、その他の強制力によって圧迫する。威力をもって押しつける。威圧する。*ジラード事件の教えるもの(1958)〈臼井吉見〉「かれらに圧力をかけられた国防省としては」 *彼の歩んだ道(1965)〈末川博〉二「彼の伯父や父などの村におけるボス的な地位が何とはなしに子どもたちに圧力をかけていたためかと考える」

あつりょく-がま【圧力釜】〘名〙 ふたを密閉して、中の圧力をあげることによって高温を保つように工夫された釜。高圧釜。発音アツリョクガマ〈標ア〉ク0

あつりょく-けい【圧力計】〘名〙 流体の圧力の測定に用いられる装置。目的に応じて高圧計、真空計、気圧計、差圧計、微圧計とよばれる。マノメーター。*工学字彙(1886)〈野村龍太郎〉「Pressure gauge 圧力計」 発音アツリョクケイ〈標ア〉0 〈京ア〉0

あつりょく-こうりょく【圧力抗力】〘名〙「あつりょくていこう(圧力抵抗)」に同じ。

あつりょく-すいとう【圧力水頭】〘名〙 水柱または水銀柱の高さで表わした流体の圧力エネルギー。流体中の一点の圧力を流体の単位体積の重量で割った値。圧力ヘッド。発音アツリョクスイトー〈標ア〉ス

あつりょく-だんたい【圧力団体】〘名〙(アメリカ pressure group の訳語) 自己の特殊利益を実現するために、政府、議会、政党などにはたらきかける団体。代表的なものとしては、日経連、経団連などの経営者団体のほか、労働組合、各種市民団体などがあげられる。*とむらい師たち(1966)〈野坂昭如〉「参議院にでも代表おくってやな、圧力団体になったらどやろか」 発音〈標ア〉ダ 〈京ア〉ダ

あつりょく-ていこう【圧力抵抗】〘名〙 流体中を運動する物体にはたらく抵抗のうち、物体表面に対して直角にはたらく応力の合力として得られるもの。流線型の物体では、ほとんどゼロになる。圧力抗力。

あつりょく-なべ【圧力鍋】〘名〙 ふたの裏側にゴム輪などのパッキングをつけて鍋の縁に密着させ、ふたがはずれないように固定するしかけをしたもので、密閉された鍋の中に蒸気が貯えられて高圧高温を保ち、短時間で煮えるのが特長。圧力釜。高圧鍋。発音

〈標ア〉ナ

あつりょく-ばかり【圧力秤】〘名〙高圧測定用圧力計の一つ。ピストンをもつ円筒内の室に流体を導き、流体の圧力とピストンの上に載せた分銅の重さを釣り合わせて測る。発音〈標ア〉バ

あつりょく-へんせい【圧力変成】〘名〙岩石が地殻内部で強い圧力を受けて粒子の配列が変わり、性質が変化すること。変成岩の一種の結晶片岩が生成される。発音アッリョクヘンセイ〈標ア〉ヘ

あつ・る【暑】〘自ラ下二〙暑気が強い。暑さに苦しむ。＊曾丹集(11C初か)「夏衣うすくや人の思ふらん我はあつれて過ぐす月日を」＊和泉式部集(11C中)上「とこなつにおきふす露は何なれやあつれてせこがまどほなるらん」＊丹後守為忠百首(1134頃か)夏「夏くればしげる草葉のあつれつつややすみにくき大はらの里〈源仲正〉」

あつ-れき【軋轢】〘名〙①車輪のきしること、すれあうこと。②(①から) 葛藤(かっとう)の生じること。仲が悪くなること。不和。摩擦。＊日本開化小史(1877–82)〈田口卯吉〉一・二「源平の二党相軋轢して終に兵端を開く」＊妻(1908–09)〈田山花袋〉一三「けれども朋輩との軋轢(アツレキ)が随分酷(ひど)い」発音〈標ア〉0〈京ア〉0

あつれ-しめら・う【暑湿】(しめらふ)〘自ハ四〙暑くて汗に湿めるようになる。＊永久百首(1116)秋「秋来ては風ひややかなる暮もあるをあつれしめらひむつかしのよや〈源俊頼〉」

あつ-れつ【圧例】〘名〙(「例」はさえぎる意) 押さえさえぎること。静めること。＊西洋事情(1866–70)〈福沢諭吉〉二・二「外は近傍の土地を并せ、内は貴族の暴威を圧例して名声日に高し」発音〈標ア〉0

あつ-レンズ【厚―】〘名〙(レンズは英 lens) 焦点距離を測る基準となる主要点が二つあるレンズ。↔薄レンズ。発音〈標ア〉レ

あつ-わた【厚綿】〘名〙①厚い綿入れ。＊日葡辞書(1603–04)「Atçuuatauo (アツワタヲ) キル ヒト」＊良人の自白(1904–06)〈木下尚江〉続・二五・五「お玉は急いで冬の仕度に仕上げたばかりの厚綿の半纏を取って来て」＊冷笑(1909–10)〈永井荷風〉一四「褞袍のやうな厚綿(アツワタ)の布子の二枚重に紬の三紋の羽織を着て首に毛糸の襟巻を巻いてゐたのと」②歌舞伎の荒事系の衣裳で、綿の多く入ったどてらのような着付け。発音〈標ア〉0〈京ア〉0 辞書日葡

あつ-わり【厚割】〘名〙厚めに割ること。また、そのもの。＊浮世草子・好色一代男(1682)五・三「香炉に厚割(アツワリ)の一木を焼(たき)て、きかせけるに」

あつん・ず【厚】〘他サ変〙厚くする。ていねいにする。＊史記秦本紀永万元年点(1165)「愈愈益々厚(アツムス)」＊世俗諺文鎌倉期点(1250頃)「父子位を同じくせず。以て敬を厚(アツムスル)なり」

あて【当・宛】 ━〘名〙(動詞「あてる(当)」の連用形の名詞化) ①物事を行なうときの、目的や見込み。目あて。心づもり。「あてが違う」「あてが外れる」など。＊山家集(12C後)上「五月雨はゆくべき道のあてもなし小笹が原も浮(うき)にながれて」＊談義本・風流志道軒伝(1763)二「掛乞は皮財布を膝に敷きて、達磨のやうな目をむき出し、九年面壁の居催促、あてはなくてもまだ寄らぬとの一寸のがれ」＊黄表紙・金々先生栄花夢(1775)上「駕籠にうちのりて、いづくをあてともなく出ゆきける」＊はやり唄(1902)〈小杉天外〉七「小石を拾って、其の窓を的(アテ)に投げて見た」②頼みになるもの。たより。→あてにする。＊虎寛本狂言・米市(室町末–近世初)「有様(ありやう)は私もこなたをあてに致いて参りましたが」＊浄瑠璃・平仮名盛衰記(1739)二「ヤイ娘、親を当に思ふても吟味が強い。背中に腹はかへられぬ。主人の供してとっとと失せふ」＊歌舞伎・色一座梅椿(1812)四幕「銭貫ひをするよりは、小やすく囲ひ者か、マア、向うに当を拵らへるがよい」＊多情多恨(1896)〈尾崎紅葉〉前・四「彼は月給を当(アテ)の其月暮(そのつきぐらし)で」③借金をするとき、それが返せない場合、貸し手が自由に処分してよいとする保証の物。抵当。＊史記抄(1477)一二・范蔡「樻質はあての事ぞ」＊春雨文庫(1876–82)〈松村春輔〉一「お前達が鋪(しい)て居る布団(ふとん)を抵当(アテ)に貸たのだから今日金が出来ないと言やア布団を引剝(ひっぱい)で持て帰るから」＊社会百面相(1902)〈内田魯庵〉貴婦人・下「此指環(と金剛石入を抜いて)を抵当(アテ)に少し貸して頂戴な」④物を打ったり切ったりなどする時、下に置く台。＊書紀(720)雄略一三年九月(前田本訓)「石を以て質(アテ)と為(し)、斧(てをの)を揮(とり)て」＊新撰字鏡(898–901頃)「椹 礩也 阿氐」＊名語記(1275)六「木をきるしたにをく木をあてとなづく、如何。あつればあて也。当也。字には礩とかける歟」＊俳諧・鷹筑波(1638)五「大地をわって入とこそみれ まさかりをあてよりわきへ打はずし〈還跡〉」⑤補強したり保護したりするためにあてがうもの。「肩当て」「胸当て」「腹当て」等と熟して用いることが多い。＊浄瑠璃・本朝二十四孝(1766)四「ひらりと付け入る勝頼を、さしつたりと真の当(アテ)、たぢたぢたぢと後じさり」⑥こぶしで、相手の急所を突くこと。当て身。＊人情本・貞操婦女八賢誌(1834–48頃)初・一一回「丁(ちゃう)と踏み出す足先に、まつはる如く邪魔となれば、いらって蹴返す左足(さそく)の当(アテ)、急所を蹴られて即死せり」⑦(宛) 文書や手紙などの差し出し先。＊近世紀聞(1875–81)〈染崎延房〉四・二「御憐察遊さるるやう歎願なせる趣きを右小弁家の宛(アテ)にして最(いと)約(つづま)やかに記されたり」⑧食事のおかずをいう、演劇社会などの隠語。＊浮世草子・当世芝居気質(1777)一・一「ホヲけふは何とおもふてじゃ大(やっかい)な菜(アテ〈注〉さい)ぢゃな」＊南水漫遊拾遺(1820頃)四「歌舞妓楽屋通言〈略〉あて 飯のさい」＊滑稽本・浮世床(1813–23)二・上「朝のじんだい(みそしる)のあまりときら(香の物)とおしぐすり(唐がらし)をあて(菜の物)にして」⑨酒のさかな。つまみ。＊大坂繁花風土記(1814)悪鬼めかして粋がる詞「酒の肴を、あて」⑩馬術で、馬の心を動かしたり、驚かすもの。あてもの。⑪木材の一部分だけが、反りやすく、抗力の弱くなったもの。また、質の悪い木材。〔日本建築辞彙(1906)〕⑫檜(ひのき)で作った火縄。＊随筆・甲子夜話(1821–41)三〇「檜の火縄をアテと名づく。軍用によし。足軽は竹火縄たるべし。人数多ければなり。檜は出来易からざるゆゑ上分の所用とするとぞ」⑬すりや強盗などが犯行に用いる小形の刃物をいう、盗人仲間の隠語。かみそり、のみ、その他錠前破りの器具など。転じて、強盗犯をいう。〔日本隠語集(1892)・隠語輯覧(1915)〕⑭犯罪当時の事情などについての新聞記事をいう、盗人仲間の隠語。〔隠語輯覧(1915)〕⑮(⑪より転じて) みにくい女をいう、大工仲間の隠語。〔日本建築辞彙(1906)〕⑯金銭をかけてあて物をすること(賭博)をいう、博徒仲間の隠語。〔特殊語百科辞典(1931)〕 ━〘接尾〙(宛) ①品物などを等量配分することを表わす。㋑配分する物を示す数詞の下につく。ずつ。＊宇津保(970–999頃)藤原の君「あたらしくとも人は十五人。漬豆を一さやあてに出だすとも、十まり五つなり」＊ロドリゲス日本大文典(1604–08)「イチモンメ ate (アテ)、または、ヅツ」㋺配分を受けるものの単位を示す数詞の下につく。あたり。＊縮図(1941)〈徳田秋声〉裏木戸・二「一人あて千五百円の金が」②文書や手紙などの差し出し先を表わす。「会社あての文書」 方言 ━〘名〙❶木を切る時、切り倒そうと思う側に、まずおので深く切り込みを入れておくこと。奈良県南大和683 ❷樹木の日の当たらない側。樹木の北側。東京都西多摩郡054 神奈川県津久井郡316 新潟県東蒲原郡368 京都府竹野郡622 和歌山県日高郡054 徳島県三好郡054 ❸樹木の日の当たる側。樹木の南側。三重県北牟婁郡584 奈良県吉野郡685 徳島県那賀郡810 ❹斜面にある樹木の谷に面した側。新潟県東蒲原郡368 静岡県磐田郡546 愛知県北設楽郡054 奈良県吉野郡686 ❺斜面にある樹木の山に面している側。新潟県東蒲原郡368 静岡県榛原郡521 ❻木の根元が曲がっているため、膨れ出た側とへこんだ側とで木質の堅さが異なる時、その堅い側。青森県上北郡082 ❼立ち木の一面の堅くてもろい部分。茨城県多賀郡190 ❽材木の特別堅い所。東京都八王子311 ❾内部にひずみがあって木質の悪いこと。山形県139 ❿役に立たない部分。見通しに外れたことがら。山形県139 新潟県東蒲原郡368 長野県南部062 奈良県宇陀郡680 佐賀県052 熊本県南部933 ⓫不毛の土地。千葉県君津郡301 東京都八王子311 ⓬土や木のない岩山。栃木県安蘇郡208 ⓭山の反対側。長野県南佐久郡493 ⓮日陰。栃木県安蘇郡・那須郡198 ⓯辺り。辺。徳島県美馬郡054 ⓰方角。埼玉県秩父郡251 ⓱海上の船が山の形から船の位置や漁場を確かめる観測方法。新潟県佐渡356 長崎県西彼杵郡054 ⓲航路の標識になる木。◇あてのき〔―木〕 島根県益田市725 ⓳酒の肴(さかな)。食事の副食物。三重県度会郡062 大阪市368 ⓴水車小屋で使うわら製のきね当て。◇わて 長野県佐久484 下伊那郡492 ㉑櫓臍(ろべそ)。静岡県浜名郡545 ㉒予定。島根県隠岐島038 ㉓償いとなるもの。代償。かた。宮城県栗原郡114 ━〘接尾〙❶ずつ。◇わて 富山県砺波398 石川県河北郡404 鳥取県712 島根県724 徳島県809 香川県827 愛媛県840 ◇わって 島根県724 ◇わあて 島根県美濃郡725 那賀郡736 ◇わち 宮崎県日向955 ❷ある金額に相当する意。分(ぶん)。岩手県気仙郡100 宮城県仙台市121 山形県135 新潟県東蒲原郡368 ◇あてえ 山形県東田川郡139 ◇やて 山形県最上郡139 ◇らて 青森県上北郡082 語源説 (1)アテ(彼手)の義〔言元梯〕。(2)アテ(充)の義、また、アタヒ(直)の約〔和訓栞〕。(3)アタテの転〔名語記〕。発音〈なまり〉タテ〔淡路〕ヤテ・ワーテ〔島根〕ワテ〔石川・島根・広島〕〈標ア〉0〈ア史〉平安・鎌倉●●〈京ア〉ア 辞書字鏡・色葉・名義・饅頭・黒本・日葡・書言・ヘボン・言海 表記 充(饅・黒) 当(へ・言) 椹(字) 礩(色) 椹(名) 鑕・櫍椹・礁・鉄砧・砧板(書) 宛(言)

あてが違(ちが)う 「あて(当)が外れる②」に同じ。＊浄瑠璃・心中刃は氷の朔日(1709)上「アノ平兵衛めは是の店を任せる程の久しいもの。〈略〉平兵衛がまねしたら、うぬらあてがちがふぞ」＊滑稽本・浮世風呂(1809–13)前・下「コレ、酔やアしねへぞ。酔たと思たらほんの事(こっ)たア、当(アテ)が違(チガ)ふぞ」＊雪中梅(1886)〈末広鉄腸〉上・三「幾ら催促しても原稿代をよこさず、夫れで大分目的(アテ)が違ひ」

あてが付(つ)く ①物事について、こうであろうという推測ができあがる。見当がつく。＊春迺屋漫筆(1891)〈坪内逍遙〉壱円紙幣の履歴ばなし・八「チラと見た背姿小みけと見たは僻目か敵手は誰だ、ヲヤマア早いこと、当てごらんなさい、コウット小みけの敵手と、多過ぎて当(アテ)がつかぬ」＊魔風恋風(1903)〈小杉天外〉前・大決断・一「推測(アテ)が付かねば、お波は唯小さい胸を痛める計りであった」＊札幌(1908)〈石川啄木〉「蓋許り沢山あって、中には甚麼美味い饅頭が入ってるんか、一向アテが付かない」②盗みの目当ての場所が定まってその準備にかかることをいう、盗人仲間の隠語。〔隠語輯覧(1915)〕

あてが外(はず)れる ①ぶつけようとした目当ての物に当たらずにはずれる。＊人情本・春色梅美婦禰(1841–42頃)二・九回「当(アテ)がはづれて喜助の脇の所に居たる芸者の皃(かほ)へあたる」②見込みがはずれる。予期に反する。あてが違う。＊滑稽本・七偏人(1857–63)三・下「一番ヤンヤと請(うけ)る気の当が外れて」＊浮雲(1887–89)〈二葉亭四迷〉一・

一一「文三が免職に成った計りでガラリト宛が外れたので、それで失望したに相違ない」

あてにする 見込みをたてて頼みとする。信用して頼りとする。＊浮世草子・風流曲三味線(1706)六・四「江戸に色友達の念比(ねんごろ)に申越しをあてにして、俄に思ひ立てお江戸に下り」＊狂歌・吾妻曲狂歌文庫(1786)「こころほそく住る山家はあらしまでただ一軒をあてにしてふく」＊当世書生気質(1885–86)〈坪内逍遙〉三「此月末に入要(いりえう)のモネイだが、それを承知なら用立やう。しかし、きっと当(アテ)にして居るから頼むヨ」

あてになる 信頼して頼りにすることができる。＊石山本願寺日記-顕如上人文案・天正六年(1578)九月三日「此間敵相働之風聞必定に候はば、其方よりの番衆は中(あて)に成まじく候へども」＊滑稽本・浮世風呂(1809–13)四・上「シタがおめへは虚誕(うそつき)の問屋だから的(アテ)にならねへ」＊当世書生気質(1885–86)〈坪内逍遙〉三「守袋の中に黄金(ごうるど)の像でもあれば、ちっとは当(アテ)になるはなしだけれど」

あての辻(つじ)が違(ちが)う 期待や見込みがはずれる。＊歌舞伎・独道中五十三駅(1827)四幕「併し、夫婦連れで来られては、少し当(ア)ての辻(ツジ)が違(チガ)ふやうな心持ちぢゃて」

あての槌(つち) (釘や杭(くい)などを目がけて槌で打つことの意から) 目当て、または見込みなどをつけることの意にいう。多く「あての槌が違う」「あての槌が外れる」などの形で、当てがはずれる、見込み違いになることにいう。＊浮世草子・御前義経記(1700)六・三「亭主はくるわへとんぼ帰りして、行(ゆく)とおもへばあてのつちがちがひぬるにや、ぐんにゃりとした顔」＊咄本・軽口独機嫌(1733)四・田舎出家の料理好み「椀共のふたを取て見らるるにみな精進仕立にて、腥気といふものはけがになく、あてのつちが違ふて」＊洒落本・田舎芝居(1787)二立目「外の村でほたくとはあての横槌(よこづち)がちがひ申すぞ」

あての方(ほう) 材木の部分をいう語。生えていたとき日当りがよく、生長がよかった側。

あても無(な)い ①(頼りにする目標がない意から) 頼みがいがない。また、頼りとする相手がいない。＊浄瑠璃・心中二枚絵草紙(1706頃)中「その上おまへはあてもない、花車や娘中居に迄、仕着(しきせ)をしてとらしょふと約束ばかりで参らぬ故」＊洒落本・水月ものはなし(1758)上・無馴染「先宿を出るからが、さきに誰といふあてもなければ、物事そわそわして」 ②何の役にもたたない。＊黄表紙・江戸生艶気樺焼(1785)上「両ほうの腕、指のまたまで二三十ほど、あてもなきほりものをし」

あてを付(つ)ける ①こうだろうと推測する。見当を付ける。＊鎌倉夫人(1902)〈国木田独歩〉下「材木座なら多分光明館と当(アテ)をつけ今朝早く長谷なる我宿を出た」 ②あてこすりを言う。＊洒落本・御膳手打翁曾我(1796か)「此子なざァまだ一の鳥居をこさねへからと当(アテ)をつけても、祐成は腹をたたぬが気質にて」

あて【貴】『形動』①身分や家柄などが高く貴いさま。高貴だ。↕いやしい。＊竹取(9C末–10C初)「世界の男、あてなるもいやしきも、いかで此のかぐや姫を得てしがな、見てしがなと、音に聞きめでてまどふ」＊伊勢物語(10C前)四一「一人はいやしき男のまづしき、一人はあてなる男もたりけり」＊源氏(1001–14頃)乙女「わかんどほり腹にて、あてなる筋は、おとるまじけれど」 ②人の容姿、態度などが上品でみやびやかなさま。目立たないものや弱小なものに品格のある美しさが感じられるさま。＊宇津保(970–999頃)嵯峨院「容姿(かほかたち)清らならばあてにらうらうしき人といへど」＊枕(10C終)四二・あてなるもの「あてなるもの。薄色に白襲(がさね)の汗衫(かざみ)。かりのこ。削り氷(ひ)にあまつら入れて、あたらしき金鋺(かなまり)に入れたる」＊読本・雨月物語(1776)蛇性の婬「人々花やぎて出ぬれど、真女子(まなご)が麗(アテ)なるには似るべうもあらずぞ見えける」 [語誌]王朝文化では身分の卑賤が美意識と対応するという理念があり、「あて」は身分や家柄が高貴であり、容姿や態度が上品で優美なことの双方を意味する。ただし、①の意では、「やんごとなし」のような第一級の尊貴を表わすことはない。また、②の意では外形の美しさではなく、親しみのある、あたたかい上品さをいう。 [方言]結構なさま。きれいなさま。 ◇あで 静岡県榛原郡541 [語源説](1)ウハテ(上様)の約。ウヘ(上)→エ(兄)も同例か〔和訓栞・大言海・日本語源＝賀茂百樹〕。(2)アナ–タヘ(妙)と嘆美した語。タヘの反テ〔和訓栞〕。(3)ウツ(貴)の音通〔雅言考〕。(4)アタヘ(直)の転。直は姓(かばね)の一つ〔名言通〕。(5)アタカ(彌尊)の転〔言元梯〕。(6)アはイタの約、テはタフトメの約。つまりいたく尊めの意〔和訓集説〕。(7)アサタヘ(浅妙)の反〔名語記〕。 [発音]〈標ア〉[ア][テ] 〈京ア〉[ア] [辞書]色葉・日葡・書言・言海 [表記]厼(色) 関々(書) 高貴(言)

あて『名』上の方。かみて。＊蜻蛉(974頃)中・天祿元年「ちかく車よせて、あてなるかたに幕などかきおろして、みなおりぬ」 [語誌]「うわて(上手)」の変化した語かというが不明。語義も明確でなく、ほかに、「あちら」の意、また、「さっぱりとした」の意とする説、あるいは「あとなるかた」「あうよるかた」などの誤写と考える説などがある。 [方言]❶上の方。上手。高い所。 長野県下伊那郡054 静岡県520 ❷山の上。山頂。 長野県飯田市012 下伊那郡492 静岡県磐田郡543 ❸(「山手」に対して)川手の方。 奈良県吉野郡683

あて『名』(「高貴」の意から) 父上。＊栄花(1028–92頃)ゆふしで「あては麿(まろ)をば恋しとは思ひ給はぬか。など、いと久しく渡らせたまはぬ」 [方言]熊本県球磨郡(上流の語)919 ◇あてえ 熊本県球磨郡(中流以下の語)054

あて『名』植物「あすなろ(翌檜)」の異名。＊仮名草子・尤双紙(1632)下・三八「にたる物の品々〈略〉あてはひの木に似り」＊本草一家言(18C前–中)二「当檜(あてび) 又呼二阿天一為二屋柱一。俗呼二丸太一。従二丹波一来」 [方言]❶あすなろ(翌檜)。 加州†034 和州†034 富山県390 石川県003 福井県008 滋賀県036 京都府003 島根県隠岐島036 岡山県美作008 ◇あてのき 富山県東礪波郡402 ❷せんだん(楝)。 伊豆君沢郡†013

あて『代名』自称。私。女性が用いることが多い。＊善心悪心(1916)〈里見弴〉「一奴はん、あんたあてをあなづっとゐるゑなあ」＊大阪の宿(1925–26)〈水上滝太郎〉五・三「三田公、あて酔払っちゃったよ」 [方言]❶自称。私。 千葉県夷隅郡040 神奈川県足柄下郡054 福井県大飯郡447 滋賀県大津市607 彦根609 京都府620 629 633 大阪府大阪市(中流以下の女子の語)638 中河内郡643 兵庫県明石郡665 神戸市670 淡路島(女性語)671 和歌山県690 (主として一四、五歳くらいの女子が用いる)054 岡山県児島郡763 徳島県海部郡810 高知県860 (主として幼児の語)864 高知市(主として女子の語)867 ❷対称。お前。 京都府620 [語源説]ワタクシの略転。アタイの約〔大言海〕。

あで【艶】『形動』(「あて(貴)」の変化した語) なまめかしいさま。あでやか。「あで姿」「あで人」などの語をつくる。 [発音]〈京ア〉⓪ [辞書]〈ボン〉

あで『副』(「なぜ」の変化した語) なぜ。＊迦具土(1901)〈服部躬治〉「鰹船となりの浜につきぬとかアデわがせこは帰り来まさぬ」

あて-あい〔ひ〕**【当合】**『名』互いに当てること。あてっこ。＊断橋(1911)〈岩野泡鳴〉一五「五銭白銅をころがし、おもてか裏かの当て合ひで、こないだ、小拾円も巻きあげてやったことを白状した」 [発音]〈標ア〉⓪

あて-あて【宛宛・当当】『名』(多く「に」を伴って) それぞれに割り当てること。割り付け。分担。＊宇津保(970–999頃)俊蔭「この殿は、ひはだのおとど五、らう、わた殿、さるべきあてあてのいたやどもなど」＊源氏(1001–14頃)澪標「かの院のつくりざま、なかなか見所多く今めいたり。由ある受領(ずらう)などをえりて、あてあてに催し給ふ」 [発音]〈標ア〉⓪ 〈京ア〉[テ]/⓪

あてあて-し【当当】『形シク』あてこすりをするさまである。あてつけがましい。＊四河入海(17C前)一八・一「長が短程に、さて短李と云ぞ。されどもあまりあてあてしき云い事で有るぞ」＊日葡辞書(1603–04)「Ateatexij (アテアテシイ) コトヲ ユウ〈訳〉不快な、つまり相手の気にさわるようなことを言う」＊浮世草子・好色二代男(1684)六・一「『虫の命をさへ哀みたまふ御心に、人間の命は何とてすくひましまさぬぞ』と、あてあてしく申せば、此びくにしばしさしうつむきて」＊浄瑠璃・猫魔達(1697頃)三「手のうら返す馳走ぶり、よそに見る目もあてあてし」 [辞書]日葡

あてあて-し【貴貴】『形シク』(「あて(貴)」を重ねた語) きわめて高貴である。非常に上品である。＊俳諧・鬼貫句選(1769)上・春「ゆかしさのあてあてしきや雉子(きじ)の声」

あ-てい【阿弟】『名』弟を親しんでいう語。＊実業論(1893)〈福沢諭吉〉「多年の間阿弟(アテイ)と共に経営して遂に一大家の基を開きたるは偶然に非ずと雖も」＊楊維楨-銅将軍詩「阿弟柱国秉二国鈞一、僭逼二大兄一称二孤君一」 [補注]「唐話纂要-五」に「阿弟 アデイ ヲトト」とある。

アディオス『感動』(スペ adios) スペイン語で、別れるときにいう言葉。さようなら。 [発音]〈標ア〉⓪

あてぃげえふう『名』 [方言] ⇩あてがい(宛行)

アディゲ-ご【—語】『名』(アディゲは Adyghe) 北西カフカス諸語に属する言語。ロシア連邦南部のアディゲ自治州を中心に話されている。 [発音]アディゲゴ〈標ア〉⓪

あて-いし【当石】『名』①金(きん)の真贋を試す石。かねつけいし。試金石。 ②当糸(あてよま)に結びつける重りの石。

アディスアベバ ⇩アジスアベバ

アティック『名』⇩アチック

あ-ていぼく【亜低木】『名』「しょうていぼく(小低木)」に同じ。 [発音]アテイボク〈標ア〉[テ]

あて-いれ【当入】『名』女性の自慰行為のこと。〔日本性語大辞典(1928)〕

あて-うた【当歌】『名』ある物の名を特にうたい込んである歌。＊洒落本・粋好伝夢枕(1829)「三味線出(いだ)してその名の当歌(アテウタ)を弾(ひい)てうけたりさしたりさしつ押へつ仕て居る其中へ」 [方言]人へのあてこすりとしてうたう歌。 宮崎県東諸県郡954

あて-うま【当馬】『名』①牝馬(ひんば)の発情の有無をしらべるために、牡馬(ぼば)を近づけてみること。また、その牡馬。＊最新百科社会語辞典(1932)「あてうま 当馬 又試験馬といふ」 ②相手の様子を探るために仮の者を表面に出すこと。また、その者。＊真理の春(1930)〈細田民樹〉森井コンツェルン・二二「自分が当座のみじめな『あて馬(ウマ)』に過ぎないことは、少しも知らないのであった」＊秋の一夜(1954)〈中野重治〉「昔の師範学校からきたような人がいて、なるほど悪い意味のボスで不愉快なときがある。すると学生が、選挙に木村を立ててアテ馬に使う」 ③恋愛の仲介者をいう、てきや仲間の隠語。〔隠語構成様式并其語集(1935)〕 [発音]アテウマ〈標ア〉⓪〈京ア〉⓪

あて-え〔ゑ〕**【当絵】**『名』①見る人に、何を描こうとしているか当てさせる目的でかく絵。 ②一枚の紙に、絵や紋を多く描き並べ、他人にその中の一つにしるしをつけさせ、へやを隔ててそれを言い当てる遊戯。介

添え役が太鼓を打ったり拍子をとったりして答を暗示する。 補注 ①の用例に「大鏡-三・伊尹」の「あて御ゐあそばしたりし、興あり」をあてる説があるが、この「あて」は「さて」の意の接続詞とする説が有力である。

あてえ『名』方言 ⇩あて(当)

あて-おお・す【宛課】『他サ下二』租税、労役などを割り当て、取りたてる。＊太平記(14C後)二五・持明院殿御即位事「武家是を施行して、国々へ大嘗会米を宛課(アテオホ)せて、不日に責めはたる」＊御成敗式目仮名抄(室町末)三「公事を庄保にあて課国司にあらすして国務をさまたげ」

あて-おこない【宛行・充行】『名』あておこなうこと。特に、所領や俸禄を処分し、給与することにいう。あてがい。＊財政経済史料-五・財政・諸費・親族給費・文政元年(1818)一一月「向後何も初清水向之者共男女末々迄、保之丞殿より被ㇾ下候御宛行、其外公儀より相渡来候分」＊護持院原の敵討(1913)〈森鷗外〉「三右衛門の家名相続被仰附、宛行(アテオコナヒ)十四人扶持被下置」

あておこない-じょう【宛行状・充行状】『名』中世、荘園制の下において、土地、財物、権利などを譲与する旨を記した証文。また、武家が家臣に土地または年貢(ねんぐ)などの知行を給与する時に出す文書をいう。あてがいじょう。あてぶみ。宛状(あてじょう)。

あて-おこな・う【宛行・充行】『他ハ四』①割り当てて事を行なわせる、または与える。割りふる。＊落窪(10C後)四「内へ参るべき日見せ、とかくせさすべきことあておこなふとても」＊大鏡(12C前)五・道長上「つねにつかうまつるものは、衣裳をさへこそあてをこなはしめ給へ」＊仮名草子・伊曾保物語(1639頃)上・二「旅行におもむかせ給ふに、下人どもに荷物をあておこなふ」②当て用いる。充用する。＊太平記(14C後)三三・崇徳院御事「我崇徳院の御領を落して、軍勢の兵粮料所に充行(アテヲコナヒ)しに依て重病を受けたり」③所領や俸禄を処分し、給与する。特に、荘園のもとで、領主が荘民(作人)などに土地を給与する。田畑、米銭などの財産を門弟、子息に譲与、分配する。また、荘官職(しょうかんしき)、預所職(あずかりしょしき)などの諸職を与える。＊大和春日神社文書-文治二年(1186)七月八日・大和高田領主等施入状(鎌倉遺文一・一二六)「当庄之内分出田畠三町、所ㇾ宛二行下司田一也」＊東寺百合文書-に・寛正四年(1463)一〇月一〇日・榎木慶徳書状(大日本古文書二・二六七)「くもん方へしまの事は大いしすへおき申候はんずる、かうせんあんへあておこなわれ候よし」＊仮名草子・身の鏡(1659)下「かたがたの奉公いかでか無にならん。国をのぞみにあておこなふべき」＊浄瑠璃・出世景清(1685)五「此上はたすけ置(おき)、ひうがの国宮崎の庄をあておこなふと、御こんせいの御詞に御はんをそへて給はりける」 発音 文 アテォコノーとも〈標ア〉ナ ノ〈京ア〉0 辞書 易林・日葡・書言・ヘボン・言海 表記 宛行(書・言)充行(易)当行(ヘ)

あて-おと・す【当落】『他サ四』①ぶつけて落とす。また、自ら手をくだして相手を討ちはたす。＊太平記(14C後)二二・畑六郎左衛門事「鐙(あぶみ)の鼻に充(アテ)落され蹄の下にころぶをば、首を取っては馳せ通り」＊明徳記(1392-93頃か)中「人手にもかけず、御自あて落さんと思食ける故とぞきこえし」②相手の急所を突いて気を失わせる。あて身で落とす。

あて-おに【当鬼】『名』子供の遊びの一つ。鬼が目かくしをして人を追い捕え、その名を言い当てると鬼を交替する遊び。

あて-おび【宛帯・当帯】『名』狩衣(かりぎぬ)系の装束に用いる帯。腰にあてて前に回し、前身を繰り下げて結ぶ。普通その衣と同じ地質を用いるが、替帯(かえおび)といって、下襲(したがさね)の地質を用いることもある。当腰(あてごし)。＊当時装束抄-上(古事類苑・服飾一五)「狩衣〈略〉宛帯、友地〈略〉を用ゆべし」

宛帯

あて-おまえ【貴御前】『名』高貴な方をさしていう語。＊梁塵秘抄(1179頃)二・二句神歌「若宮のおはせん世にはあておまへ、錦を延(は)へて床(とこ)と踏ません」

あでか【艶】『形動』「あでやか(艶)」の変化した語。＊俳諧・七番日記-文化七年(1810)八月二一日「名月の御皃あでかな茶のけぶり」

あてがい【宛行・充行】■一『名』(動詞「あてがう(宛行)」の連用形の名詞化)①割り当てて与えること。また、そのもの。㋑品物、食物などを適当に与えること。また、相手の要求によらないで、適当に見積もって与えること。また、そのもの。＊信長公記(1598)一五「在陣中兵粮つづき候様に、あてがい簡要に候」＊浮世草子・傾城色三味線(1701)湊・三「路銀も旦那からのあてがいにて候はば、どの道にも損のゆかぬ事にて候間」＊浄瑠璃・淀鯉出世滝徳(1709頃)下「アアアア有がたい神仏のあてがいかと、いただきいただきひっそばめ」＊旧主人(1902)〈島崎藤村〉一「私は奥様のお古か何かで着せて頂いて、其外は相応な晴衣の御宛行(アテガヒ)といふ約束(きめ)に願って出ました」㋺ある状態にしてやること。ある状態が与えられること。また、その状態。＊雑俳・軽口頓作(1709)「めいようじゃ・産むとたる乳はおあてがひ」＊浄瑠璃・傾城島原蛙合戦(1719)二「思ふ夫と比翼連理、仏神のあてがひ」＊滑稽本・浮世床(1813-23)初・中「『しかしおれがやうな、じじむさい女房を持居(もって)る者も損だよ』『それには又それだけのおあてがひがあるはな』」㋩所領、俸禄などを与えること。あておこない。近世では領主から家臣へ下給される知行、扶持、また、雇い主から雇い人へ渡される手当て。岡山藩や日本海側の諸藩では、貧しい武士に与えた、生活保障的な暫定的禄をいう。＊仮名草子・清水物語(1638)上「賢人をもとむるには、よくふかき小人のあてかいにてはちかよらす」＊浮世草子・新色五巻書(1698)五・三「月に十五匁づつのあてがい受けて裏屋住ひ」＊浄瑠璃・夏祭浪花鑑(1745)七「月々のあてがひ取るがよさに、目を眠ってゐる中」＊随筆・耳嚢(1784-1814)二・堀部彌兵衛養子の事「養父母は老人にて、主人の高弁(ならびに)宛行の処先達て師に咄し候に少しも相違なし」＊付焼刃(1905)〈幸田露伴〉三「僕の小遣銭まで制限してアテガヒにして渡す外は何程(いくら)歎願したって哀訴したって一厘も呉れないのだから」②心をくばること。配慮。とりはからい。＊風姿花伝(1400-02頃)二「これ上方の御目に見ゆべからず。若見えば、余りに賤しくて、面白き所あるべからず。此あてがひを能々(よくよく)心得べし」＊菅浦文書-上・寛正四年(1463)九月二日近江大浦下庄訴状案「名田をかんらくめさるべき御あてがい、あまり御なさけなき事候」＊三体詩幻雲抄(1527)二「其故は、此花を空山にをいて主もなければ風思ふままに吹落させて、馬蹄にふまするあら比興の春のあてかいや」■二『接尾』数量を表わす語に添えて、それだけの数量のものを割り当てる意を表わす。＊甲陽軍鑑(17C初)品三二「越後衆、陣の時、一人に三人あてがひに、朝食を調させをき候」 語誌 動詞「あてがふ」は平安時代から用いられ、社会の公的な場面において、上位者が下位者の状況を見計らって、人や物などを配分する行為を表わした。その連用形名詞「あてがい」の例が室町時代まで下るのは、武士社会における従属と報酬という契約の概念の成立と関連すると考えられる。当初は上位者が行なう思慮の面に焦点が当り、「配慮・推量・判断」を意味していたが、次第にその実践的行為である下位者への「待遇・処置・配分」といった具体的な動きを表わす表現に移行する。そして、さらに進んで、上位者から下位者に一方的に与えられる物そのものに焦点が移り、特に「給与・所領」を意味するようになったと考えられる。 方言 ❶まくら。新潟県347 ❷いろりの隅に据えておくまき割り台。青森県津軽075 ❸官給。徳島県海部郡823 ❹思いがけない恵み。広島県高田郡779 ❺目分量。新潟県東蒲原郡368 岐阜県郡上郡504 ❻当て推量。当てずっぽう。新潟県東蒲原郡368 富山県389 397 岐阜県飛騨502 兵庫県淡路島671 和歌山県東牟婁郡704 大分県938 ◇あてぃげえふう 沖縄県首里993 ◇あてがいずっぽう・あてがいでっぽう 新潟県西頸城郡385 ❼いいかげんなさま。ずさんなさま。石川県415 ◇あてがいすっぽ 富山県砺波398 語源説 アテカヒ(充養)の義〔和訓栞〕。 発音 アテガイ〈標ア〉0〈京ア〉0 辞書 黒本・ヘボン・言海 表記 率(黒)当合(ヘ)宛行(言)

あてがい-うり【宛行売】『名』割りふって売ること。また、そのもの。＊歌舞伎・いとなみ六方(1674頃)「三文三もんそれぞれに、あてがいうりの物なれば」

あてがい-ざいく【宛行細工】『名』いいかげんな見当をつけてした細工。寸法などをいいかげんに見当をつけて物を作ること。

あてがい-じょう【宛行状・充行状】『名』「あておこないじょう(宛行状)」に同じ。

あてがい-ぜたい【宛行世帯】『名』一定の生活費をあてがわれ、自由のきかない暮し。あてがい扶持(ぶち)の生活。＊浮世草子・西鶴置土産(1693)二・一「あたら身躰をつぶし、若盛(わかさかり)にあてがひ世帯(ゼタイ)うごうごと生きて居て」＊浮世草子・西鶴織留(1694)一・一「一生擬(アテガ)ひ世帯(セタイ)にして、毎月六百めづつ晦日(つごもり)に相渡し」

あてがい-ぶち【宛行扶持・充行扶持】『名』①所領、俸禄などを与えること。あてがい。のちには領主または雇主が使用人の望みには関係なく、一方的に決めた。②先方の要求に関係なく、与える側が一方的な条件で与えること。また、そのもの。＊雑俳・柳多留-一五(1780)「初会にはあてがひぶちをくってゐる」＊福翁自伝(1899)〈福沢諭吉〉一身一家経済の由来「大本(おほもと)の著訳者は当合扶持(アテガヒブチ)を授けられると云ふのが年来の習慣である」＊付焼刃(1905)〈幸田露伴〉三「何程(いくら)人が好いと言ったって女房に当飼扶持を頂戴してゐる奴も無いものじゃないか」 辞書 言海 表記 宛行扶持(言) 発音 アテガイブチ〈標ア〉0〈京ア〉0

あてがい-よう【宛行様】『名』物事に対する考えのあて方。見込みの立て方。＊平家(13C前)五・福原院宣「御房も勅勘の身で人を申しゆるさうどのたまふあてがいやうこそ、おほきにまことしからね」

あてがい-りょうじ【宛行療治】『名』患者の病態に応じた治療をせずに、薬方にあわせて、あてずっぽうの治療をすること。＊談義本・世間万病回春(1771)二・気常病評「やぶいしゃの配剤にて病者の虚実は不がてんながら薬方から先へさがし、是かあれかのあてがひ療治(リャウジ)に似て」

あてが・う【宛行・充行】『他ワ五(ハ四)』①割り当てて与える。分配する。また、相手の要求によらないで、適当に見積もって与える。㋑場所、品物、金銭などを与える。また、人を先方にさしむける。＊栄花(1028-92頃)玉の飾「枇杷殿には、内の御有様のおぼつかなさをさへ苦しうおぼさる。宮の御装束、女房の事などしげうおぼしあてがう」＊愚管抄(1220)七「新院、当今、又二宮、三宮の御子など云ひて、数しらずをさなき宮々、法師法師にと、師共のもとへあてがはるめり」＊浮世草子・好色万金丹(1694)三・二「『是(これ)ほそい目をさまして執筆(しゅひつ)さんせ』と、文台(ぶんだい)あてがへば」＊浄瑠璃・孕常盤(1710頃)二「平家の大敵は法皇様、それに金をあてがひ、敵の城へ兵粮こめながら」＊青年(1910-11)〈森鷗外〉一六「我々は廊下続きで、障子を立て切った部屋を当(ア)てがはれてゐる」㋺役目、仕事、任務などをきめて与える。＊天草本伊曾保(1593)イソポの生涯の事「セメテ ノウニンノ ショサヲ ナリトモ ategauôzuto (アテガワウズト) ヲモイ サダメ」＊日葡辞書(1603-04)「ヤクヲ ategŏ (アテガウ)」＊浮世草子・西鶴織留(1694)四・二「殊更むつかしき病生(びゃうしゃう)あてがはれ、すいりゃうの療治をするも心おそろしき事なり」＊やみ夜(1895)〈樋口一葉〉五「身にあふほどの用事を彼れ此れと宛(アテ)がひて」＊あらくれ(1915)〈徳田秋声〉六四「『これのまとめが一つで十三銭づつです』小野田がさう云って配(アテガ)っていった仕事を」㋩相手として適当と考えて異性を連れ添わせる。＊浮雲(1887-89)〈二葉亭四迷〉一・三「早く相応な者を宛(アテ)がって初孫の顔を見度(みたい)とおもふは親の私としてもかうなれど」＊社会百面相(1902)〈内田魯庵〉犬物語「剛情で我儘で浮気で嫉妬(やきもち)で其上に少々抜けてる醜面(すべた)を当てがって懲らしてやるが好いのさ」②適当なものとしてさしあてる。うまくあてはめる。また、あれこれ考えあわせて、それと決める。＊米沢本沙石集(1283)一〇本・八「物たくはへ利分して百年の用意して遁世の身とならんなと愚なる人はあてかふにや」＊風姿花伝(1400-02頃)六「この分目をばあてがはずして、ただ幽玄にせんと斗(ばかり)心得て、物まね疎かなれば、それに似ず」＊こんてむつすむん地(1610)一・一四「なにたるさいはいをも人にあてがはず、ただばんじをでうすにあてがひ奉る也」＊雑俳・柳多留拾遺(1801)巻八上「くびったけとはあてがったくどきやう」③ある物を何かに、ぴったりと当ててくっつける。＊虎明本狂言・麻生(室町末-近世初)「よひ比のてぎをあたまへあてがう程に、よひきもをつぶゐた」＊和英語林集成(初版)(1867)「オオキイカ チイサイカ ategatte (アテガッテ)ミル」＊あひゞき(1888)〈二葉亭四迷訳〉「青銅の框を嵌めた眼鏡を外套の隠袋から取り出して、眼へ宛がはふとしてみた」＊肉体の門(1947)〈田村泰次郎〉「伊吹は懸命に、咽喉頸にあてがった刃を動かして」方言❶見計らう。岩手県気仙郡102 山形県西置賜郡152 新潟県佐渡352 ❷配分する。配当する。岩手県気仙郡102 新潟県佐渡352 ❸限度を決めて任せる。島根県725 ❹人に任せる。新潟県佐渡358 島根県隠岐島725 ❺付ける。着ける。ぴったり付ける。縫い付ける。岩手県気仙郡102 山形県西置賜郡152 新潟県佐渡352 ❻比較する。富山県390

語源説 (1)カフは行なうの意〔大言海〕。(2)アテカフ(当交)の意〔日本語源=賀茂百樹〕。(3)アテクワフ(当加)の意〔両京俚言考〕。(4)アテ(当)ウカガフか〔和句解〕。

発音 アテガウ 文 アテゴーとも〈なまり〉アテゴ〔鹿児島方言〕〈標ア〉0〈ア史〉室町◍◍◍◍〈京ア〉0 辞書 色葉・和玉・文明・饅頭・易林・日葡・書言・ヘボン・言海 表記 擬(玉・文) 擬作(易・書) 率(色) 犠(文) 擬宜(饅) 充行・揣(書) 当合(へ) 宛行(言)

あて-がき【充書・宛書】〘名〙①「あてどころ(充所)①」に同じ。②封書、葉書などの表に書いた相手(受取者)の氏名および住所の部分。上書き。表書き。発音 アテガキ〈標ア〉0

あて-がき【当掻・当拚】〘名〙特定の異性を想像しながらする自慰。転じて、むなしい行ないのたとえ。＊滑稽詩文(16C後-17C前)「窺二玉簾之一目隙一。面々感二情振一。慰二心於当拚之間一」＊洒落本・無量談(1771)「孔子の言葉に不可其幾(それあててすべからず)とあれば、思拚(アテガキ)をばいましめ給ふにや」＊滑稽本・風来六部集(1780)痿陰隠逸伝「或は将門関東に駄魔羅を怒(おや)せば、純友四国にあて手弄(ガキ)をなし」

あて-かじ【当舵】〘名〙①船が方向を変えている時、回転する惰力をおさえるために舵を反転すること。②風、潮流などによる横流がある時、進路を保つためにとる舵。

あて-かわ【当川】〘名〙新潟県の魚野川で行なわれる鮭の網漁の一つ。＊随筆・北越雪譜(1836-42)初・下「鮭漁(さけとり)の類術 当川(あてかは)三角なるあみにてとるをいふ」

あてか-をし⇨あじかおし

あて-き【━木】〘名〙方言 反っている木。内部にひずみのある木。岩手県気仙郡100 山形県西置賜郡139 栃木県198 新潟県東蒲原郡368

あて-き【当気】〘名〙わざと人目をひく言動をしようとする気持。評判になろうとする気持。＊思出の記(1900-01)〈徳富蘆花〉四・一八「尤も恩人の子息に雷同するの阿諛に近きを思ふて故意(わざと)激烈の論鋒を用ゐたかもしれぬ、若い内は此様(こん)なアテ気が多くて困るのだ」＊我が生涯と文学(1945)〈正宗白鳥〉五「新聞にこんな当て気のない小説を平然として掲げてゐたのは」

あて-ぎ【当木】〘名〙物に当て添える木。方言❶木を割るのに使う木製の台。山形県庄内052 ◇あちえぎ 宮崎県東諸県郡954 ❷炉縁。山形県139 ◇あてぎぶち〔━縁〕秋田県雄勝郡・平鹿郡130 山形県139 ◇あてくぶち 秋田県平鹿郡130 発音 アテギ〈標ア〉0

あて-ぎれ【当切】〘名〙木版刷りで版木の動揺を防ぐため、水に湿らせ、版木の四隅の下と摺り台との間に入れる布切れ。やわら。＊日本製品図説「綿布碗子の四片はあてぎれと唱ふる者には必ず彫版の裏面の四端に築きて摺成の時版の動かざるが為に用いる」

あて-ぎわ【当際】〘名〙予定の時期。期限。＊浮世草子・世間手代気質(1730)四・三「当際(アテギハ)は江戸から上(のぼ)せ銀(かね)のほども存ぜば、畏ったとも申されませぬ」

あて-く【当句】〘名〙人の心を傷つけ悩ますような言葉。あてつけの言葉。＊虎明本狂言・富士松(室町末-近世初)「あふぎにてあたまをはる『あて句でござるか』」補注「日葡辞書」の見出しは「Atecŭ」とあるが「Atecu」の誤りであろう。辞書 日葡

あて-ぐ【宛具】〘名〙語義未詳。印を押すとき、当てる定規か。印矩(いんく)。＊儀式(872)一〇・飛駅儀「内記持二宛具一、主鈴持二函及封緘調度一」

あて-くさ【当草】〘名〙鷹狩りの際、鷹に追われた鳥が落ちた所の、目じるしになる草。＊和訓栞(1777-1862)「あてくさ 鷹詞に鳥の落たる所の草をいへり」

あて-くだ・す【宛下・充下】〘他サ四〙「あておこなう(宛行)③」に同じ。＊高野山文書-年未詳(室町)八月一六日・鞆淵範景書状(大日本古文書四・六〇)「御分に一円に被二宛下一候上者、親候人も、又我らも其下にて可レ得二扶持一候」

あて-くち【当口】〘名〙「あてこすり(当擦)」に同じ。＊随筆・賤のをだ巻(1802)「だんだんと当て口をいひ出して、後は居たたまれぬやうになる故」

あて-くちまい【当口米】〘名〙「あてまい(宛米)」に同じ。＊因伯受免由来(1872)「貢米と地利米を一所にしたる何石何斗は、即ち当口米なり」方言 借地料米。借地料。◇あてくちとも。高知県862

あて-くび【貴首】〘名〙(首は、美人をいう明和頃の流行語)上品な美女。＊浄瑠璃・箱根霊験躄仇討(1801)七「貴辺の様なあて首が、久しい物ぢゃが唐にも有ろか」

あて-くら【当競】〘名〙「あてくらべ(当競)」の略。＊雑俳・柳多留-二(1767)「産んだ乳のあてくらをする長局」発音〈標ア〉0

あて-くらべ【当競】〘名〙①だれがうまく言い当てるか競うこと。あてっこ。あてっくら。＊俳諧・文化句帖-三年(1806)二月「来る人を当くらべせん梅花」②相手の隠したものを考えて言い当てる遊戯。謎の類。あてもの。発音〈標ア〉ク

あで-くりかえ・す【━繰返】〘動〙方言 しまってあるものを乱雑に取り出す。肥後†131 福井県大野郡062 ◇あてがえす・あてがやす 和歌山県東牟婁郡690 704 〔方言の補注〕「あて」は「足手」〔菊池俗言考〕。

あて-こ【当子】〘名〙方言❶子供の腹掛け。山形県139 149 新潟県北蒲原郡367 東蒲原郡368 ◇あてんこ 新潟県中魚沼郡062 ◇あて 新潟県062 348 長野県480 484 493 ❷腹掛け。腹巻き。秋田県130 134 ◇あてんこ 新潟県347 三島郡374 ❸よだれ掛け。◇あてんこ 新潟県373 ❹自然木三脚のまき割り台。広島県山県郡054

あて-ごし【当腰・宛腰】〘名〙直衣(のうし)や狩衣(かりぎぬ)を着る時、腰に当てて結ぶ帯。その衣と同じ布を用いる。＊言国卿記-文明一三年(1481)三月二七日「親王御方夏御直衣千疋分にて、御あてこし、御色付事まで可二申付一由在レ之」

あて-こすり【当擦】〘名〙ほかのことにかこつけて、悪口や皮肉をいうこと。また、その言葉。皮肉。あてくち。あてこと。＊雑俳・柳多留-八(1773)「死ぬものがそんとは後家へあてこすり」＊滑稽本・七偏人(1857-63)二・下「跂助(はねすけ)で下太公(へたこう)とは身共へのお当こすりで御座るか」＊浮雲(1887-89)〈二葉亭四迷〉三・一五「いづれ宛擦(アテコス)りぐらゐは有らうとは思ってゐたが、かうまでとは思ひ掛けなかった」方言❶マッチ。広島県高田郡779 大分県大分郡・大分市941 ❷見当をつけず、いいかげんにする言動。また、怒ってつんつんする時の言動。高知県860 発音〈なまり〉アテコスィ〔鹿児島方言〕〈標ア〉0〈京ア〉0 辞書 ヘボン・言海 表記 当擦(言)

あてこすり-ぼうず【当擦坊主】〘名〙マッチをいう、盗人仲間の隠語。〔隠語全集(1952)〕

あて-こす・る【当擦】〘他ラ五(四)〙相手の面前で、ほかのことにかこつけて、それとなく悪口や皮肉をいう。あてつけていう。＊俳諧・延享廿歌仙(1745)二〇「入聟を古い小唄であてこすり 金が溜ると猪牙を一艘」＊俳諧・七柏集(1781)雪中菴興行「寄添ふて行を口々あてこすり〈和水〉 さてはやり手と恋をするよな〈蓼太〉」＊社会百面相(1902)〈内田魯庵〉電影・七「貴郎(あなた)の事を当てこすって叱言(こごと)を云ふんですもの」発音〈標ア〉ス〈京ア〉0 辞書 ヘボン・言海 表記 当擦(言)

あて-こと【当言】〘名〙(「あてごと」とも)①だいたいこれくらいと、あて推量でいうこと。＊日蓮遺文-題目彌陀名号勝劣事(1264)「設ひ大師先徳の釈の中より出たりとも、且は観心の釈歟、且はあて事歟、なんど心得べし」②あてこすっていう言葉。いやみ。皮肉。また、そのような言葉を言うこと。＊日葡辞書(1603-04)「Atecotouo (アテコトヲ) ユウ」＊仮名草子・仁勢物語(1639-40頃)下・四九「恥かしやなどあてことの言の葉ぞ面目なくも思ひけるかな」＊浄瑠璃・烏帽子折(1690頃)一「人でなしとしり給はず頼みに召つれ給ふゆへ、ふかくの御さいごぜひもなしと堪忍ならぬあてことし」＊浮世草子・世間娘容気(1717)一「こちのは尾の多い烏賊幟で尻があがらぬと、鼻が当言(アテコト)いふもきかざるの稗もんだ良して」＊付焼刃(1905)〈幸田露伴〉三「其様に当言(アテゴト)を仰ゃったり乱暴をなさったりなさるのです、さあ其事を伺ひませう」③それとなく遠まわしに言う言葉。＊浄瑠璃・山崎与次兵衛寿の門松(1718)中「将棊にことよせ、金銀出してあつかひ、与次兵衛命助けよといふあてこと、合点(がてん)せぬおぬしでなし」＊和訓栞(1777-1862)「あてこと 俗に風諌の意味にいふ詞也あてことばといへり又譏誚の意もいへり」発音〈標ア〉0〈京ア〉0 辞書 日葡

あて-こと【当事】〘名〙①それとあてて、頼みにすること。あてにすること。心あて。目算。期待。＊咄本・醒睡笑(1628)四「はじめは富みて世を過しける人、俄かに落ちぶれたれば〈略〉、なにのあてことはなけれど田舎にくだり」＊談義本・世間万病回春(1771)三・疱瘡神

評「歴々たる家には本胎ひとりのあてことにては家系相続の安堵覚束なし」 ＊黄表紙・莫切自根金生木(1785)上「御返済の御あてことがござっては」 ②ある物事に背景となる意味や根拠があること。また、何らかにあてこすること。 ＊玉塵抄(1563)一「そこにあてことあっていわうぞ。童謡はかくしことばが多ぞ」 ＊玉塵抄(1563)五「花ムの世界に百十の城あり。一百十城と云なり。又は百城とも云たぞ。百の数もあてことあり」 ③謎(なぞ)などを考えて言い当てること。あてもの。 ＊或る女(1919)〈有島武郎〉後・三四「あなたはあて事がお上手だから岡さんを譲って上げたらうまく中(あた)ったわ」 発音〈標ア〉⓪〈京ア〉⓪ 辞書言海 表記当事(言)

あてことと=越中褌(えっちゅうふんどし)[=畚褌(もっこふんどし)]は向(む)こうから外(はず)れる 越中ふんどしが前からはずれやすいのと同様に、とかくあてにしていることは先方の都合ではずれることが多いということ。

あてことも無(な)い (見込みはずれだ、予想しないの意から)途方もない。とんでもない。 ＊俳諧・曠野(1689)員外「姥ざくら一重桜も咲残り〈越人〉 あてこともなき夕月夜かな〈野水〉」 ＊談義本・根無草(1763-69)後・四「鬼瓦からつりを取る、あてこともないしゃっ面(つら)で、身の程しらなひ色ぜんさく」 ＊滑稽本・浮世風呂(1809-13)四・中「秤や算盤(そろばん)で買居(かって)て間尺に合ふもんか、あてこともねへ」 ＊浮雲(1887-89)〈二葉亭四迷〉二・八「宛事(アテコト)も無い邪推」 方言❶途方もない。見当もつかない。とんでもない。 山形県米沢市149 栃木県198 群馬県204 219 244 埼玉県秩父郡251 千葉県東葛飾郡276 君津郡301 新潟県佐渡352 東蒲原郡368 石川県能美郡062 長野県上田475 佐久484 静岡県志太郡535 榛原郡541 島根県那賀郡725 ◇あってこともない 栃木県198 ◇あたこおもない 島根県那賀郡725 徳島県811 ◇あてもない 秋田県南秋田郡・平鹿郡130 山形県飽海郡139 ◇あてんなか・あちぇんなか 鹿児島県961 ❷途方もなく多い。たくさんだ。 茨城県稲敷郡193 群馬県230 千葉県香取郡062 静岡県藤枝062 安倍郡540 愛知県北設楽郡556 ❸でたらめだ。分別がない。 静岡県榛原郡529 愛知県556 島根県邑智郡・那賀郡725 ◇あたこおもない 島根県那賀郡725

あて-ことば【当言葉】〘名〙当てこすりの言葉。あてこと。壁訴訟。 ＊甲陽軍鑑(17C初)品一三「みる度にあて言(コトバ)を申といへとも、能者は憶意定たるにより、少々の事は取あはず」 ＊雑俳・高天鷺(1696)「我妻の障子隔てあて言葉」 ＊人情本・貞操婦女八賢誌(1834-48頃)初・二回「無念に思ふ其上に、しかと云はねど当言葉(アテコトバ)、犬同然と云はれたる時には、ぐっと急込(せきこ)みしが」

あて-こばん【当小判】〘名〙小判の破損を防ぐため、小判と同じ大きさに作った、小判より厚みがある真鍮または素銅の板金。宝永(一七〇四～一一)頃から、小判金の薄くなるのに従い、何枚かの小判を重ねた両端に当てるのに用いられた。

あて-ごま【当独楽】〘名〙こまを回して互いにぶつけ合い、回転の早く止まった方を負けとする遊戯。 ＊歌舞伎・網模様燈籠菊桐(小猿七之助)(1857)二幕「子供遊びも前表(ぜんぺう)に、実に当独楽(アテゴマ)の乞食より天下を取るといふことは、後にぞ思ひ知られける」 ＊明治世相百話(1936)〈山本笑月〉わんぱく遊び列伝「かね胴のあて独楽、これなどもよく怪我をした」

あて-こみ【当込】〘名〙①あてにすること。期待すること。また、あてにするものや場所。めあてのものや所。 ＊歌舞伎・怪談月笠森(笠森お仙)(1865)序幕「おいらの茶断は少し当込(アテコ)みのあることだ」 ＊歌舞伎・好色芝紀島物語(1869)六幕・大詰「小金井の桜から玉川の鮎でも取る気で、この頃府中で評判の上総屋(かづさや)を当込(アテコ)みに参りましたものでござりまする」 ＊西洋道中膝栗毛(1870-76)〈仮名垣魯文〉七・下「おほかた、女の夜ばひが当込(アテコミ)だらう」 ＊東京年中行事(1911)〈若月紫蘭〉二月暦「道筋には人通りを当込(アテコ)みの壺焼屋おでん屋なんど、一二町毎に腰掛場を設けて客を呼んで居る」 ②人の受けをねらうこと。演劇などで、最近の事件や話題などを、脚本または、せりふ、しぐさにそれとなく取り入れて客受けをねらうこと。場当たり。 ＊俳諧反故籠(1897)〈正岡子規〉「人を模倣せず当込をなさず点を取らんと思はず虚名を得んと思はず」 ＊現代小説の描写法(1911)〈岩野泡鳴〉「浅薄な自己知らずの教訓的小説や、当て込み的創作をするなといふ戒めにしか値うちしない」 ＊道草(1915)〈夏目漱石〉六三「誇張した身振だの、仰山な言葉遣だの、当込(アテコミ)の台詞(せりふ)だのは、それ程多く出て来なかった」 ③目星、見込みをつけた家の検分、偵察をすることをいう、盗人仲間の隠語。〔隠語輯覧(1915)〕 発音〈標ア〉⓪〈京ア〉⓪

あて-こ・む【当込】〘他マ五(四)〙①あてにする。うまい結果になることを期待する。また、それを期待して行動する。 ＊西洋道中膝栗毛(1870-76)〈仮名垣魯文〉三・上「定めし内にゐる女も英人だらうと思って当込(アテコ)んだ処が」 ＊義血侠血(1894)〈泉鏡花〉四「翌年の初夏金沢の招魂祭を当込みて、白糸の水芸は興行せられたりき」 ②「あてこみ(当込)②」をする。 ＊歌舞伎・神有月色世話事(縁結び)(1862)「『道行にゃあ可笑しい装だな』『これは五右衛門を当込んだのだ』」 ＊都会の憂鬱(1923)〈佐藤春夫〉「スティヴンソンの流行当時、その作風を当て込んで書いたものであったらう」 ＊シェイクスピア(1952)〈吉田健一〉エリザベス時代の演劇「新たに注意を喚起された観衆に当て込んで書かれ、熱狂的な人気を博した」 ③(剣道などで)相手に当たるぐらいに打ち込む。 ＊歌舞伎・偽織大和錦(お峰慶十郎)(1876)二幕「幼年ながら御子息の太刀筋がよろしきゆゑ、下地のある武家方の門弟達を当節にては当(あ)てこむほどの手なみとなり」 ④被害者をさがすことをいう、てきや仲間の隠語。 発音〈標ア〉コ〈京ア〉⓪

あて-さ【貴―】〘名〙(「さ」は接尾語)貴(あて)であるさま。また、その度合。上品な美しさ。 ＊源氏(1001-14頃)東屋「額つき、まみの薫りたる心地して、いとおほどかなるあてさは、ただそれとのみ思ひ出でらるれば」

あて-さき【宛先】〘名〙手紙、書類などを受け取る先方。あて名や、あて名の場所。 ＊蟹工船(1929)三〈小林多喜二〉「同じ苗字の女名前がその宛先きになってゐる小包や手紙が」 発音〈なまり〉アテサッ〔鹿児島方言〕 〈標ア〉⓪〈京ア〉⓪

あて-さく【当作】〘名〙耕作者を指名して作らせること。百姓の「上り田地」などの場合にいう。 ＊嗇録(1706)「力なき百姓は皆田を売り、質に置き、其余はやふやふと当作を作り」 ＊浮世草子・本朝藤陰比事(1709)七・無理を知て下男が無法「私方へあてさく仕り候か、売渡し候やうに急度被㆓仰付㆒被㆑下候はば難㆑有可㆑奉㆑存候」

あてさく-まい【宛作米】〘名〙「あてまい(宛米)」に同じ。 ＊革島家文書‐元禄元年(1688)・地方意通心得「一、壱反の斗代、上・中・下に免相を割付け、口米・役米その外村の物入用一切の出米算用の上け、宛作米を引き見る時は、百姓作徳分そのまま知れ申すべき事なり」

あて-じ【当字・宛字】〘名〙漢字本来の意味に関係なく、その音、訓だけを借りて、ある語の表記に当てる漢字の用法。借字。「浅増(あさまし)」「目出度(めでたし)」「矢張(やはり)」「野暮(やぼ)」の類。 ＊名語記(1275)九「むつかし、如何。六借とかきあひたるは、あて字歟」 ＊河海抄(1362頃)六「吾嬬とかきてあづまとよむ也。東は宛字也」 ＊評判記・色道大鏡(1678)九「あて字(ジ)仮名ちがひある自筆ぞ、見る度(たび)に有難(ありがた)く辱(かたじけなき)物なりとかきたり」 発音〈標ア〉⓪〈京ア〉⓪ 辞書〈ポン・言海〉 表記当字(ヘ・言)

あてしこ〘名〙尻あて。腰を掛けて休息するため尻のあたりに下げている一種のわらぶとん。 ＊坑夫(1908)〈夏目漱石〉「『是を尻の所へ当てるんだ』〈略〉『それが、アテシコだ。好しか』」 方言宮城県栗原郡114 秋田県鹿角郡132 ◇あてしか 秋田県雄勝郡012

あて-じまい【当仕舞】〘名〙(形動)(ある事にちょうどあてはめて処置する意からか)①ちょうどあてはめたようなこと。わざとあてつけたようなこと。また、そのさま。こじつけ。 ＊歌舞伎・関東小六今様姿(1698)一「されば住吉の神主に姫松さへをかしいに、岸太夫とはあてじまいな名でござります」 ＊浮世草子・傾城禁短気(1711)三・二「いかに気転なればとて、芸子の居る町に、痔(ぢ)の療治の看板も、あんまりあてじまいと気疎(けうと)がりぬ」 ②あてずっぽうにやってしまうこと。いいかげんなこと。また、そのさま。 ＊随筆・独寝(1724頃)上・六〇「奈良のけいこはあてじまひ多し。はやしかたには評のいらぬ事のみ有」 ＊滑稽本・風来六部集(1780)放屁論後編「いかに畜類じゃとて、毛を織て国家の益にもなる物を、らしゃめんなんどあてじまいな名をつけ、〈略〉綿羊(めんよう)の手前も気毒(きのどく)なり」

あて-じょう【宛状・充状】〘名〙①「あてぶみ(宛文)」に同じ。 ＊東寺百合文書‐応安六年(1373)八月七日・妙蓮売券(大日本史料六・三九)「本所充状一通・手継証文三通を相そへて売渡候」 ＊大乗院寺社雑事記‐長禄二年(1458)一〇月一六日「代々御宛状にも外河庄一円被㆓宛行㆒之」 ＊親元日記‐寛正六年(1465)八月一日「御料所若州富田楽音寺より申宛状遣㆑之、堤新左被㆑申㆑之」 ＊日葡辞書(1603-04)「Atejŏ(アテジャウ)すなわち アテブミ」 ②宛名を特定の人にしないで、「各位」「御中」などの披露状の体裁をとった内々の書状。 ＊随筆・貞丈雑記(1784頃)九「披露状、宛(アテ)状〈充状とも書なり〉付状と云、各差別あり左の如し〈略〉宛状と云は書札法式抜萃に云充状の事、披露状も直に献ずる心有て、猶其憚を存せず、文体披露状の如くにして、或人々御中、或御宿所などと申次の位により脇付あるべく候。是を充状と云、又内状とも号し候。披露状より猶うやまふ体也」 発音アテジョー〈標ア〉⓪ 辞書日葡

あて-ず【当図】〘名〙機会。めあて。目的。 ＊和英語林集成(再版)(1872)「Atedzu(アテヅ)ガ カズレタ(改正増補ではハズレタ)」 辞書〈ポン〉

あて-ずい【当推】〘名〙(形動)「あてずいりょう(当推量)」の略。 ＊浮世草子・けいせい洗髪(1703)一・三「南木は女、柊七は男と、遠目からの当(アテ)ずい、たがいにあゆみを付てみれば、七十ばかりの年ばへ成」 ＊人情本・春色辰巳園(1833-35)九・六条「意気な姿の婦多川に、おもひ辰巳(たつみ)の風俗も、さぐりかねたる作者の当推(アテスヰ)」 ＊歌舞伎・処女評判善悪鏡(白浪五人女)(1865)四幕「悟市さんお前もあんまり当(ア)て推(ズヰ)な人ぢゃあないか、按摩さんを捉(つかま)へてお初さんが情(いろ)だなんぞと」

あて-ずいりょう【当推量】〘名〙(形動)はっきりした根拠もなしに、勝手におしはかること。また、そのさま。証拠もないあやふやな推量。あてずっぽう。臆測。 ＊敬説筆記(18C前)「聖賢の意あて推量となる。たまたまあたっても、まぐれあたり也」 ＊唐詩選国字解(1791)付言「その如く詩の本体を見ぬくことがならぬゆへに、ただあて推量に論選しておいた」 ＊滑稽本・浮世風呂(1809-13)前・上「物を食して吐すものを膈(かく)と云ふは、俗物も当推量(アテズイリャウ)にいふテナ」 発音アテズイリョー〈標ア〉ズ リョ〈京ア〉ズ

あで-すがた【艶姿】〘名〙(「あで」は「あて(貴)」の変化したもの)女性のなまめかしく、つやっぽい姿。あ

でやかな姿。 発音アテスガタ〈標ア〉ス〈京ア〉ス

あて-ずっぽ『名』(形動)(「あてすっぽ」とも)「あてずっぽう」に同じ。＊小鳥の巣(1910)〈鈴木三重吉〉上・一三「ただかうした当てすっぽに縫ふだけよの」＊大道無門(1926)〈里見弴〉徴症・二「もう大抵出て来る時分だと思って、あてずっぽにかけさせてみたんだって仰有(おっしゃ)ってたが」＊青い月曜日(1965-67)〈開高健〉二・小さな旅行「本を読んでるときはこうやろう、ああやろうとあてずっぽで読む」 発音〈標ア〉0ポ

あて-ずっぽう『名』(形動) はっきりした成算もなしに事を行なうこと。また、そのさま。当て推量。でたらめ。＊浄瑠璃・那須与市西海硯(1734)道行「あてづっぽうに声を懸け」＊滑稽本・東海道中膝栗毛(1802-09)二・下「わづらってでもゐるだんべいと、おもったばかしで、使きくべいにもあてづっぽうなり」＊あらくれ(1915)〈徳田秋声〉七六「お島は当素法(アテズッパフ)な見積を立てて」 語源説 (1)アテズッパウ(当寸法)から〔俗語辞海・上方語源辞典＝前田勇〕。(2)アテズヰリャウ(当推量)の擬人化であるアテズヰバウ(当推坊)の急呼転〔大言海〕。(3)目当て無しに打ち出す鉄砲などから出た語か〔両京俚言考〕。 発音アテズッポー〈なまり〉アテスッポ〔福井・神戸・鹿児島方言〕アテズッポ〔埼玉方言〕アテヂッポー〔岩手〕〈標ア〉0ポス〈京ア〉0

アテスト『名』(英 attest) ゴルフで、競技終了後マーカーがスコアカードにサインし、各ホールの打数が正しいことを証明すること。

あて-た・ぶ【宛賜】『他バ四』 身分の上の者が下の者に職や知行などを与える。＊日葡辞書(1603-04)「Atetabi, u (アテタブ)。すなわち アテタマワル」 辞書日葡

あて-たまわ・る【宛賜(たまはる)】『他ラ四』 主君が臣下に特に知行、物品などを与える。＊サントスの御作業(1591)二・第二〇「アクワウ コレ ヲ キイテ、ソレニゾ ヤスキ ノゾミ ナレ トテ サントス ヲ ate tamauaru (アテ タマワル)」＊日葡辞書(1603-04)「Atetamauari, ru, atta (アテタマワル)」 辞書日葡

あて-ちがい【当違(ちがひ)】『名』 推測が外れること。見当違い。＊大発見(1909)〈森鷗外〉「独逸婦人を奥さんにしてをられるといふことだから、所謂ハイカラアの人だらうと思ったところが、大当違で、頗る蛮風のある先生である」 発音アテチガイ〈標ア〉チ

あて-ちゃり『名』(「ちゃり」は打ち棄てる意の「ちゃる」の連用形の名詞化) 犯行に使った凶器などを捨てることをいう、盗人仲間の隠語。〔隠語輯覧(1915)〕

アテチョコ『名』(英 artichoke から)「アーチチョーク」のなまった言い方。チョウセンアザミ。＊母子叙情(1937)〈岡本かの子〉「『アテチョコですの?』『お好き?』」 発音〈標ア〉0

あてつ【阿哲】 岡山県の北西部の郡。中国山地の南麓にあり、広島・鳥取両県に接する。明治三三年(一九〇〇)阿賀・哲多の二郡が合併して成立。

あてっ-くら【当競】『名』「あてくらべ(当競)」の変化した語。＊雑俳・柳多留-一五七(1838-40)「田甫来る客二階から当っくら」 発音〈標ア〉0

あて-つけ【当付】『名』 あてこすること。ほかのことにかこつけて皮肉な態度をとること。＊社会百面相(1902)〈内田魯庵〉新妻君・上「散三(さんざ)諷刺(アテツケ)を云はれた」＊土(1910)〈長塚節〉六「勘次にはそれが当てつけにでもされるやうに心に響いた」＊悲しき玩具(1912)〈石川啄木〉「本を買ひたし、本を買ひたしと、あてつけのつもりではなけれど、妻に言ひてみる」 発音〈なまり〉アテスケ〔島根〕〈標ア〉0〈京ア〉0

あてつけ-がまし・い【当付―】『形口』(「がましい」は接尾語) あてつけるような態度である。＊歌舞伎・四天王楓江戸粧(1804)二番目「人の居るところで当てつけがましい」＊其面影(1906)〈二葉亭四迷〉一六「つい其処に居る誰やらに諷刺(アテツケ)がましく娘がいへば」＊三畳と四畳半(1909)〈高浜虚子〉六「其翌日から当てつけがましく別の壺に糠味噌を拵へた」 発音アテッケガマシイ〈標ア〉シ

あてつけがまし-さ【当付―】『名』(形容詞「あてつけがましい」の語幹に接尾語「さ」の付いたもの) いかにもあてつけるような様子、態度。＊湯葉(1960)〈芝木好子〉「歌の当てつけがましさを聞くと」 発音アテッケガマシサ〈標ア〉シマ

あて-つ・ける【当付・宛付】『他カ下一』文あてつ・く『他カ下二』①あてがう。割り当てる。特に、所領・所職を割り当てる。＊古今著聞集(1254)一〇・三七七「田に水まかする比(ころ)、村人水を論じて、とかく争ひて、おほゐ子が田にはあてつけざりける時」＊矢田地蔵縁起(矢田寺蔵)(14C前か)下「武者所可知行所帯の下司職を、継父うばひとりて、武者所にあてつけず」＊太平記(14C後)二六・執事兄弟奢侈事「諸寺諸社の所領、一処も本主に充(アテ)付ず、殊更天王寺の常燈料所の庄を押へて知行せしかば」＊玉塵抄(1563)二三「譚をせこめて、何事も此国えあてつくるぞ」②ほかのことにかこつけて皮肉な態度をとる。また、悪口や皮肉をほのめかす。＊日葡辞書(1603-04)「アテテ、または、Ateçuqete (アテツケテ) ユウ〈訳〉人をとがめだてする。気にさわることを強く言う」＊滑稽本・風来六部集(1780)里のをだ巻評「客の前にて呵き合ひ、一字はさみであて付たり、哥の唱哥の耳こすり」＊夢酔独言(1843)「おれのなりをやたらに見ていろいろ世上のゆうだものの事をもってあて付るよふに聞ゆるから」＊にごりえ(1895)〈樋口一葉〉七「夫(それ)はお前無理だ、邪推が過る、何しにお前に当(アテ)つけよう」③(男女の仲のいいのなどを)見せつける。見せびらかす。④(「つける」を接尾語的に用いて) よく当てる。いつも当たりをとっている。＊浮世草子・傾城禁短気(1711)二・三「狂言に憂(うれ)いあてつけてゐる物師(ものし)なれば」 発音〈標ア〉ケ〈京ア〉0 文『あてつく』〈標ア〉ツ〈京ア〉0 辞書日葡・言海 表記 当付(言)

あてっ-こ【当―】『名』①だれがうまく言い当てるか競争すること。あてくらべ。あてっくら。＊滑稽本・四十八癖(1812-18)四「此大平(おほひら)を当(アテ)っこといふも古し」＊落語・旅日記(1894)〈四代目橘家円喬〉「『中ァ何んだか当てッこをしやう』『当てッ子(コ)を仕無へでも中ァ梅干しに極ってらア』」＊黒潮(1902-05)〈徳富蘆花〉一二・五「何時にいらっしゃるか、当っこをしませう、と云って」＊羽鳥千尋(1912)〈森鷗外〉「周囲では得点順序の当(ア)てっこをして、誰が一番、誰が二番などと云ってゐた」②だれが目標にうまくぶつけるか競争すること。 発音〈標ア〉0〈京ア〉ツ ツ

あてっ-こすり【当擦】『名』「あてこすり(当擦)」の変化した語。＊人情本・三日月於専(1824)三回「風評(アテッコスリ)の仇口も、煩縟(しつこ)う云はれりゃ腹が立つ」＊虞美人草(1907)〈夏目漱石〉一八「僕は当(アテ)っ擦(コス)り抔(など)を云って、人の弱点に乗ずる様な人間ぢゃない」 発音〈標ア〉0

あてっ-こす・る【当擦】『自ラ五(四)』「あてこする(当擦)」の変化した語。＊滑稽本・人間万事虚誕計(1833)後・水茶屋のまこと「時々あてッこすってやっても、うぬぼれが強いから、ちっとも気がつかねえ」＊人情本・糸柳(1841か)初・四回「例の金を未だ返さねえから、手前に当(アテ)っこするのだア」＊われから(1896)〈樋口一葉〉一一「悪く当(アテ)っ擦(コス)りなさる、耳が痛いでは無いか」 発音〈標ア〉ス

あてっ-つら【当面】『名』方言❶当てつけがましい顔。群馬県勢多郡236 ❷当てこすり。 ◇あてつら 山形県139

あてっ-ぽう【当―】『名』方言❶目的なしに行なうこと。 ◇あてっつぽう 茨城県新治郡・猿島郡188 ◇あてんぽし 山口県玖珂郡800 ❷当て推量。いいかげんなこと。新潟県岩船郡366 岡山県054 748 767 山口県大島801 愛媛県宇和島855 福岡市877 ◇あてす 島根県益田市・邑智郡725 ◇あてずっぽなし 福島県東白川郡157 ◇あてすっぽら 栃木県河内郡197 ◇あてすんぽう 高知県860 ◇あてちっぽ・あてちっぽう 香川県829 ◇あてつ 岡山県745 苫田郡748 ◇あてっぱち 香川県三豊郡829 ◇あてっぱり 香川県伊吹島829 ◇あてっぷしぎゃあ 佐賀県040 ◇あてっぽ 鳥取県711 島根県725 香川県827 ◇あてっぽうず 新潟県373 ◇あてっぽか 愛媛県840 ◇あてっぽかい 鳥取県711 島根県大原郡725 ◇あてっぽがい 香川県西部829 ◇あてっぽくさあ 千葉県山武郡270 ◇あてっぽこ 岡山県児島郡763 ◇あてっぽさ 愛媛県840 ◇あてっぽす 新潟県361 和歌山県西牟婁郡690 福岡市879 ◇あてっぽなし 北海道064 岩手県上閉伊郡097 宮城県仙台市121 秋田県鹿角郡132 ◇あてぽなし 宮城県石巻120 秋田県鹿角郡132 ◇あてんぽう 島根県鹿足郡・益田市725 山口県大島801 福岡県881 ◇あてんぽす 島根県鹿足郡・美濃郡725 ❸おおよそ。 ◇あてちっぽ・あてちっぽう 香川県829 ◇あてっぱあ 山口県阿武郡795 ◇あてっぱち 香川県三豊郡829 ◇あてっぽ 山口県阿武郡795 香川県三豊郡・小豆島829 ◇あてんぽう 山口県阿武郡795

あてっぽう-もない 方言❶思いがけない。とんでもない。 ◇あてすっぽもない 島根県隠岐725 ◇あてつぽない 山形県北村山郡144 ◇あてほうもない 仙台†059 ❷当てにならない。 ◇あてつぽない 山形県139 ◇あてつもない 山形県東田川郡139

あて-づもり【当積】『名』 おしはかること。臆度(おくたく)。臆測。＊西国立志編(1870-71)〈中村正直訳〉五・八「億度(アテヅモリ)思想の迂遠なるが如きものも、後来実用の根抵と為るもの、多くこれあり」

あて-ど【当所】『名』①当てる所。当てるべき所。＊保元(1220頃か)上・為義最後の事「相伝の主の頸を斬らん事心うくて、涙にくれて太刀のあてども覚えねば」②めあて。心あたり。目的。＊三体詩素隠抄(1622)二・三「さらば、其の墳を行て見とをもひてたづぬれども、墳のあり処がどこともあてどがないぞ」＊咄本・一休咄(1668)三・八「いでいでたづねゆきてみんとて、思ふあてどをとひ給へば」＊浮世草子・日本永代蔵(1688)二・二「当所(アテド)のかならず違(ちが)ふものは世の中」＊真景累ケ淵(1869頃)〈三遊亭円朝〉六〇「是から何処へ行きなさる。当所(アテド)がありますかえ」 発音〈標ア〉0〈京ア〉0 辞書ポン・言海 表記 当所(へ・言)

あてども無(な)い めあてもない。心あたりもない。＊浮世草子・好色五人女(1686)二・二「薬代の当所(アテト)もなく、手づからやくゎんにてかしらせんじのあがる時」＊浄瑠璃・用明天皇職人鑑(1705)四「ハテ彌あてどもないこと」＊読本・春雨物語(1808)樊噲・上「ここよいづちへともあてどなくて、野にふし山に隠れてあるくほどに」＊めぐりあひ(1888-89)〈二葉亭四迷訳〉一「併(しかし)ながら、もう以前のやうに、宛途(アテド)もなくもどかしがるやうな事は無かった」

あて-どころ【充所・宛所・当所】『名』①(充所・宛所) 古文書学の用語。宛名(あてな)のこと。文書を差し出す相手。通常文書の受取者となる。書状、奉書形式の場合は文書の奥、日付の後に「殿」などの敬語を添えて書かれるが、符、牒、移、下文などの公文書では文書の袖の書き出し第一行に書かれる。充所には充名のほか、上所(あげどころ)、敬語、脇付を加えることもある。充書(あてがき)。＊親元日記-寛正六年(1465)一一月六日「一色五郎殿鮭に御状在ㇾ之。御返事充所恒屋」＊大館常興書札抄(1510-11頃)「あて所に名字、官まで書て御宿所とも進覧候とも人々御中とも進候共書事はつねの儀也」＊咄本・醒睡笑(1628)三「物かく者をたのみ、文一つあつらへ、宛処をとへば」②(当所) 打ち

当てる所。当てるべき所。＊風姿花伝(1400–02頃)別紙口伝「年寄りぬればその拍子のあてどころ、太鼓、歌、鼓の頭(かしら)よりは、ちちと遅く足を踏み」 ③(当所) 意図する所。心あたり。目的。＊至花道(1420)闌位の事「上手は非と心得ながらするを、初心は、これを是と見妄(けんまう)して似するほどに、たがひのあて所(ドコロ)、黒白の違いなり」＊天草本平家(1592)読誦の人に対して書す「ミギノ シガンノ atedocoroni (アテドコロニ) ヲウジ、シノ メイニ シタガッテ、アザケリヲ バンミンノ シトウニ ウケンコトヲ カエリミズ」＊日葡辞書(1603–04)「Atedocoro (アテドコロ)〈訳〉意図、目的」 ④ものごとを成功させる場所。＊浮世草子・傾城禁短気(1711)六・四「江戸も抓取(つかみどり)の当所(アテドコロ)にはならず」 発音〈標ア〉0 ド 辞書日葡・ヘボン 表記当所(へ)

あて-どり【当取】〘名〙 郷質(ごうしち)を取ること。＊大乗院寺社雑事記-文明一四年(1482)一一月二七日「坪江郷御綿到来之処、於㆓木津庄㆒狭川披官人押留取㆑之了。子細は請取之当取也云々」

あて-な【宛名・当名】〘名〙 ①手紙や書類などに書く先方の氏名、または住所氏名。宛先の名。＊浮世草子・好色五人女(1686)一・二「当名(アテナ)皆清さまと有て、うら書は違ひて」＊歌舞伎・お染久松色読販(1813)中幕「『善六へ、多三郎』との当名(あてな)故」＊思出の記(1900–01)〈徳富蘆花〉四・一〇「宛名の者は先頃何処かへ行ってしまって、受取者(うけとりにん)が無いとの事である」 ②あだな。＊歌舞伎・与話情浮名横櫛(切られ与三)(1853)五幕返し「面体からだへ数ケ所の手疵、それ故に宛名をばきられ与三郎ととなへるよし」 発音〈なまり〉アダナ〔岩手〕〈標ア〉0 〈京ア〉0 辞書ヘボン・言海 表記当名(へ) 宛名(言)

アテナ（Athēna）《アテネ》 ギリシア神話の女神。オリンポス十二神の一。アテナイの守護神。ゼウスの頭から武装した姿のまま生まれ、知性、技術、戦争をつかさどる。別名パラス。ローマ神話のミネルバに当たる。発音〈標ア〉ア 〈京ア〉ア

アテナイ（ギリシア Athēnai） ギリシア共和国の首都。アッチカ半島の西側にある。紀元前八世紀頃、都市国家を形成。紀元前五世紀、古代ギリシア文化の中心地となった。パルテノンの神殿など古代遺跡に富む。アテネ。発音〈標ア〉テ

アテナイオス（Athēnaios） 二〇〇年頃のギリシアの散文作家。エジプトに生まれる。現存する「デイプノソフィスタイ(賢者の宴会)」一五巻は文学や風俗に関する貴重な資料。発音〈標ア〉ナ

あてな-いんさつき【宛名印刷機】〘名〙 郵便物などの特定多数の宛名を印刷する機械。発音〈標ア〉ツ サ

アデナウアー（Konrad Adenauer コンラート―） ドイツの政治家。第二次世界大戦後キリスト教民主同盟を創立、総裁に就任。西ドイツの初代首相(在職一九四九～六三)を務めた。(一八七六～一九六七) 発音〈標ア〉ナ

あて-なが・す【当流】〘他サ四〙 打ちあてて横に斬りはらう。＊御伽草子・鴉鷺合戦物語(室町中)「えもなぎなたもおれくだけよとあてながしてやれば」

あてな-こうこく【宛名広告】〘名〙 特定の人々に名ざしで郵送する広告。また、その印刷物。ダイレクトメール。発音アテナコーコク〈標ア〉コ 〈京ア〉コ

あて-なし【当無】〘名〙 ①めあてのないこと。一定の目的のないこと。＊いさなとり(1891)〈幸田露伴〉四七「顔を外向(そむ)けて的(アテ)なしに見開き居る眼の何物も能くは見ざる淋しさ」＊われから(1896)〈樋口一葉〉六「左れども当(ア)て無(ナ)しに苦労は出来ぬもの」＊労働者誘拐(1918)〈江口渙〉「つぶれかけてゐる銀山なんかへ行って、あてなしの仕事を見つけて歩くよりか」 ②目的もなく遊び歩く者。＊浄瑠璃・傾城八花形(1703)三「私所のあてなしが、此中はけしからず内をせはってせたせたと、俄にいぢると思ひしが、能々聞ばごけ狂ひ」 発音〈標ア〉0 シ 〈京ア〉ナ

あてな-にん【宛名人】〘名〙 手紙などを差し出す相手。手紙などの受け取り人。＊若い人(1933–37)〈石坂洋次郎〉上・二二「間崎はふとその名前が、いつか学校でミス・ケートが校僕に出させた手紙の宛名人であったことを思ひ出し」＊ボロ家の春秋(1954)〈梅崎春生〉「手にして見ると、宛名人不明の符箋がついてゐて、つまり発信人に差戻しの手紙なのですが、その宛名を見て僕はあっと驚いた」 発音〈標ア〉0

あて-にげ【当逃】〘名〙 自動車、船などが、他の自動車、船と衝突事故を起こしたのち、そのまま逃げ去ること。発音アテニゲ〈標ア〉0

アデニン〘名〙(英 adenine) ヌクレオチドや核酸の構成成分となる有機塩基。DNAではチミンと、RNAではウラシルと塩基対をつくる。発音〈標ア〉ア テ

あて-ぬの【当布】〘名〙 ①着物の裏に当てる布。②物を肩に担ぐ時など、肩に当てる布。③アイロンをかける時、衣服などの上に当てる布。発音〈標ア〉0

アテネ 一(Athēnē) ⇨アテナ。二(ラテン Athenæ) ⇨アテナイ。発音〈標ア〉ア 〈京ア〉ア

アテネ-フランセ（Athénée Français） 東京都千代田区神田駿河台にある外国語専門学校。大正二年(一九一三)、東京帝国大学文学部講師ジョゼフ=コット(一八七五～一九四九)が東京・神田の東京外国語学校内で「高等仏語」の名でフランス文学の講義を始めたのが起こり。発音〈標ア〉ラ

アデノイド〘名〙(英 adenoid growths ドイツ adenoide vegetation =腺様増殖症の略称) 鼻の奥にある咽頭扁桃の肥大した状態をいう。鼻づまり、言語不明瞭、難聴などの症状を示す。小児、特に学童に多く、成人にはまれ。＊白い壁(1934)〈本庄陸男〉五「耵聹栓塞、アデノイド、帯溝胸(たいこうきょう)―ふん!」＊母子叙情(1937)〈岡本かの子〉「鼻が詰って口で息をするものだから〈略〉すると、喉にアデノイドがあるといふのだよ」 発音〈標ア〉ノ 〈京ア〉ノ

アデノウイルス〘名〙(ドイツ Adenovirus)《アデノビールス》 かぜや咽頭結膜熱、流行性角結膜炎などの病原体。一九五三年、人体から摘出された扁桃腺(アデノイド)から発見された。発音〈標ア〉イ

あて-の-かわ【当皮】〘名〙 陰部にあてがう皮。鬼や雷神などが締めているという皮のふんどし。

あてのかわ が 外(はず)れる （「あてがはずれる」と「あてのかわ」すなわち、ふんどしがはずれることをかけことばにしたしゃれ） 見込みがはずれる。期待がはずれる。

アデノシン〘名〙(英 adenosine) アデニンとリボース(糖)とが結合したもの。RNAの構成成分。

アデノシン-さんりんさん【―三燐酸】〘名〙(英 adenosine tri-phosphate の訳語) アデニン、リボース、三分子の燐酸から成るヌクレオチド。生物体内のほとんどの場所に存在し、体内でエネルギーを貯えたり、放出したりするのに最も重要な働きをする。ATP。発音〈標ア〉ノ

あて-のみ【当飲】〘名〙 他人の銭や酒をあてにして飲むこと。＊俳諧・雲喰ひ(1680)下「宛呑(アテのみ)の筈が違ふた女方 こちの思ひを五すい三熱〈西波〉」＊洒落本・風俗八色談(1756)三「熊坂長範も当飲(アテノミ)をばしたれども」＊雑俳・川柳評万句合-寛政元(1789)袖二「あてのみにすみそを入れるつりのふね」＊随筆・麓の花(1819)下「三道明訓抄夢碁物語の条に、黒法師 ちるもあり今さくら花先手後手 白法師 長半是もあてのみ花見酒」 発音〈標ア〉0

あて-はか〘形動〙(「はか」は接尾語) 上品で優雅なさま。あてやか。＊伊勢物語(10C前)一六「人がらは、心うつくしくあてはかなることを好みて」＊蜻蛉(974頃)下・天禄三年「いとらうたげにて、かしらつきをかしげにて、様体(やうたい)いとあてはかなり」＊源氏(1001–14頃)夕顔「そこはかとなく書きまぎらはしたるも、あてはかにゆゑづきたれば」 語誌(1)「はか」は他に「あさはか」しか例を見ないため、「はか」そのものの意味するところは不明。「あて」とは違って身分についていう例はない。(2)類義語「あてやか」との差異は微妙だが、「源氏物語」等では、都を遠く離れた地方で長年暮らしていた人々について使われ、品位など期待していなかったのに、案に相違して品位があるように見えるという場面に多く見られる。(3)「あてやか」が「あでやか」と変化しながらも現在まで残っているのに対し、「あてはか」は中世以降用例が見えない。発音〈標ア〉0 テ 辞書書言 表記唯妍(書)

あて-はか・る【当量】〘他ラ四〙 おしはかる。推量する。＊観智院本名義抄(1241)「擬 アテハカル」 辞書名義 表記擬・擬宜(名)

あてばく-も-ない〘連語〙 目的がはっきりしない。役に立たず無駄である。「あてばくもない金の使いようをする」＊仙台方言(1817頃)「あてばくもない。あてもない。ほうづもないと云如し」

あて-はずれ【当外】〘名〙 予想、期待、見込みなどがはずれること。＊百鬼園随筆(1933)〈内田百閒〉無恒債者無恒心・二「原稿料を受取ると同時に、それ等の不足、不義理、或はあて外れが、みんな一時に現実になって」＊動物の葬礼(1975)〈富岡多恵子〉「文句をいおうと勢いこんでいたのがアテはずれになった」 発音〈標ア〉ハ 〈京ア〉0

あて-はま・る【当嵌】〘自ラ五(四)〙 ある物事が他のものの中にぴったりおさまる。うまく合う。適合する。適応する。＊当世書生気質(1885–86)〈坪内逍遙〉九「此(この)文明の世の中には、とても不可適(アテハマラぬ)教(をしへ)なれども」＊行人(1912–13)〈夏目漱石〉塵労・一六「元々此方(こっち)で勝手なプログラムを拵へて置いて、それに当(ア)てはまるように兄を自由に動かさうといふんだから」 発音〈標ア〉マ 〈京ア〉0

あて-ば・む【貴―】〘自マ四〙(「ばむ」は接尾語) 上品に見える。高貴な様子をしている。＊浜松中納言(11C中)一「山のふもとなる家のくちをしからぬ、あてばみたるさまして」 辞書言海

あて-はめ【当嵌】〘名〙 当てはめること。適用すること。＊比興詩を論ず(1905)〈角田浩々歌客〉五「詞句譬喩のあてはめの見当違ひなるものある拙とに証し得るなり」 発音〈標ア〉0

あて-は・める【当嵌】〘他マ下一〙図あては・む〘他マ下二〙 ①あるものを他のものの中にうまくおさめ入れる。また、ある物事を他に適用する。ある条件、規範などに合わせる。＊百学連環(1870–71頃)〈西周〉聞書・総論「術の字は、一つの其目的となす所ありて、道を行くの行の字より生ずるものにして、即ち術の形ちをなし、都合克くあてはめるといふ辞義なり」＊竹沢先生と云ふ人(1924–25)〈長与善郎〉後・竹沢先生の散歩・六「自分の理想とする典型を常に前において、自分をそれに当て嵌めよう、その型の如き人格にならうとして」 ②あてておく。見込んでおく。あてにする。＊浄瑠璃・傾城反魂香(1708頃)上「七百町をぬしづかんと、あてはめて置た物」＊和英語林集成(初版)(1867)「コノ カネワ シャッキンニ atehame (アテハメ) テ アル」＊歌舞伎・浮世清玄廓夜桜(1884)序幕「ちっと此方に当(ア)てはめた金策もござりますから、どうぞ明朝(みゃうあさ)まで待って下さいまし」 発音〈標ア〉メ 〈京ア〉0 辞書ヘボン・言海

あて-ばん【当盤】〘名〙 ①物を打つ時、その下に置く台。当型(あてがた)。②物を切る時、その下に置く台。まないた。切盤(きりばん)。方言まな板。福井県大

飯郡447 大分県北海部郡941 ◇あて 福井県大飯郡447 京都府629 大分県大野郡・大分市941

あてひ【明檜】〘名〙植物「あすなろ（翌檜）」の異名。＊教言卿記‐応永一三年（1406）三月二日「車宿材木五六、あてひ七支〈代一貫九百六十〉」＊本草一家言（18C前‐中）二「当檜（アテビ）又呼二阿天一為二屋柱一。俗呼二丸太一。従二丹波一来。当檜（アテヒ）者即明日奈郎宇（あすならう）木」方言◇あてび 新潟県036 石川県能登003 福井県036 岐阜県036 静岡県036 京都府003

あて‐び【当日】〘名〙日光が当たること。日光を当てること。また、日光の当たる日。＊俳諧・雀子集（1662）五・霜「霜柱けさるるそらのあて日哉〈月潭〉」

あて‐び【当火】〘名〙火を当てること。虫などを、焼いたり追い払ったりするために、物を燃やした火や煙などを近づけること。また、その火や煙。＊俳諧・捨子集（1659）二「蚊柱にあらてあて火はけふり哉〈栄之〉」＊俳諧・破篭（1677）夏「蚊ばしらやあてびとなせる夕烟〈空好〉」

あて‐びと【貴人】〘名〙高貴な人。上品な人。貴族。＊宇津保（970‐999頃）祭の使「これはみなあて人、すきものども」＊源氏（1001‐14頃）帚木「こまやかにをかしとはなけれど、なまめきたるさまして、あて人と見えたり」＊大鏡（12C前）五・道長上「もとのあて人におはするに、又かくよをひびかす御孫のいでおはしましたる、なきあとにもいとよし」発音〈標ア〉0 辞書 言海 表記 貴人（言）

あで‐びと【艶人】〘名〙（「あてびと（貴人）」の変化した語）あでやかな人。濃厚な美しさをもった人。なまめかしい人。

あてひ‐なわ ‥なは **【明檜縄】**〘名〙アスナロの樹皮を砕いて作る火縄。補注「木曾山雑話（宝暦九年）」に「槇皮は水道方、船方御用に相成、明檜皮は火縄御用之為仕出し申候」とある。

あて‐ぶ【貴】〘自バ上二〙①上品にふるまう。優雅なさまをする。＊源氏（1001‐14頃）東屋「若き君達とて、すきずきしくあてびても、おはしまさず」②上品ぶる。高慢である。＊改正増補和英語林集成（1886）「Atebi, uru アテブル」語源説 アテオブ（貴帯）の約〔大言海〕。発音〈標ア〉テ

あて‐ぶし【当節】〘名〙浄瑠璃語りなどが聴衆の喝采を博そうとして、勝手に節をつけたり、または力を入れて大げさな語り方をすること。＊雑俳・塵手水（1822）「我一に当てぶしかたる風呂太夫」

あて‐ぶみ【宛文・充文】〘名〙①物資、土地などを官から給与する場合の通達書。＊朝野群載‐八・寛治八年（1094）五月二〇日・民部省宛文「民部省位田宛文、民部田所 改二給従五位上藤原朝臣一位田拾町事」②官職などに補任する辞令。＊権記‐長保四年（1002）一〇月六日「去夕使部持二来仁王会行事僧供充文一」＊兵範記‐久寿三年（1156）二月五日「宛文書様 兵部省移左衛門府、正三位藤原朝臣基実 右人今月廿八日補任督訖」③荘園領主が、作人の申請に対し、特定土地の用益を割りあてる文書。↕請け文。＊東寺百合文書‐せ・応徳二年（1085）五月一四日・東寺領伊勢国川合大国荘司解（平安遺文四・一二三七）「将仰二正理之貴一、令レ弁二官物未進一、兼任二充文旨一、令二耕作番殖一矣」④費用を割り当てる文書。割当高を記した文書。配符。＊吾妻鏡‐建久元年（1190）六月二六日「知行八ケ国宛文幷返抄等、載二別目録一注二進之一」⑤中世、所領をあてがう文書。あておこないじょう。あてがいじょう。＊高野山文書‐寛元三年（1245）六月二八日・高野嶺荒川庄畠地充文（大日本古文書三・七一二）「右件畠者、以二勝慶阿闍梨宛文一行善知行之処、前妻丹生守又取二勝慶之宛文一、可レ令二領掌一之由」＊高野山文書‐正和四年（1315）二月一日・大法師長然田地充文（大日本古文書三・七一九）「右件田地者、任二先師長帳之旨一所レ宛二行于円寂房一也、無二他妨一可レ被二知行一、仍相二副本券五通一、所レ放二宛文一如レ件」⑥敬意を表するために、書状を受け取るべき人に直接宛てないでその下位の人に宛て、目的の人にその内容が伝わるようにした書状。＊日葡辞書（1603‐04）「Ate-bumi（アテブミ）。または、アテジャウ〈訳〉位の高い人に対する書状であるが、その人に対する敬意を表わして、内容を伝えてもらうため、下位の人に宛てたもの」⑦論義の課題となった経疏の文章。＊東大寺続要録（1281‐1300頃）「保延二年始行〈略〉以二大乗義章一為二宛文一分二二百余科一」発音〈標ア〉0 テ 辞書 日葡・言海 表記 充文（言）

あて‐ぶり【当振】〘名〙舞踊で、歌の文句に合わせて、その内容を身振り、物まねで示すこと。あてぶりおどり。＊歌舞伎・御摂勧進帳（1773）四立「これ、そのないわいなの当振りは、此の色男はゆかぬぞや」＊随筆・一話一言（1779‐1820頃）補遺・七「工夫の振あり。あて振も有。何れ振付師と相談の上でなければならぬ事なり」＊人情本・春色辰巳園（1833‐35）九・五条「三味せんのばちが新孝にあたりゃア、新孝の当（アテ）ぶりをお岩ぼうが望むし」

あてぶり‐おどり ‥をどり **【当振踊】**〘名〙「あてぶり（当振）」に同じ。＊洒落本・青楼五雁金（1788）一「市さんのあてぶりおどりは、多之介さんよりおかしくって奇妙（きめう）でござります」

あてぶり‐まい ‥まひ **【当振舞】**〘名〙「あてぶり（当振）」に同じ。＊都新聞‐明治二九年（1896）一月二四日「古式に依り当振舞を催さんと昨今支度中のよし、右古式の当振舞は明治二年守田座の顔見世興行の節ありし後絶えてなき事なりと」発音〈標ア〉0 リ

あて‐へし【当減】〘名〙鍛造工具、「へし（減）」の一種。その下部の平面が縦三〇ミリメートル、横一五ミリメートルほどの長方形で、製品の小さい面をならし、段をつけ、あるいは角を作るのに用いられる。

あて‐ぽん〘名〙あてがはずれること。＊雑俳・丹舟評万句合（1704‐11）「かすと見た金もあてポンぶしゃう者」

あて‐まい【宛米】〘名〙村が村内の一筆ごとの田畑に定めた公定の収益量。宛米から年貢などの上納額を差し引いた量が、田畑所有者、または耕作者の収益となる。＊革島家文書‐宝暦二年（1752）「田畑宛米帳」

あて‐み【当身】〘名〙①柔道の技の一つ。こぶし、ひじ、足先などで相手の急所を突き、または打って一時気絶させること。また、そのわざ。当て技。＊評判記・吉原すずめ（1667）上・ふる事「あなたよりあてみいづるとも、やはらにあへしらふべし」＊浄瑠璃・大経師昔暦（1715）下「忰（せがれ）の時より柔（やはら）あて身を稽古して」＊随筆・独寝（1724頃）上・六〇「稽古したちのやはらとり、〈略〉我こそあて身おぼへたる合点にて、つかつかとより」②あてつけの言動をすること。＊洒落本・富賀川拝見（1782）尾竹屋の段「だんだん酒もまはり、おたよがかほを見るたびかんしゃくおこる。少しづつあて身になる」③身ぶりでさまざまの人物や物事を表わす芸。＊洒落本・六丁一里（1782）少年国「幇漢府あてみもつ まねる」④（歌舞伎関係者の隠語から）品物の代金や飲食の料金を支払わないで取り寄せたり食べたりすること。また、代金を他人に払わせること。たかり。＊滑稽本・戯場粋言幕の外（1806）下「そこら中う当身（アテミ）をきめて、グットうにや桜でゐたら、怨霊に責ぬかれるぜ」＊劇場新話（1804‐09頃）上「芝居ものかくし言葉〈略〉あて身 物を買て銭をやらず借る事」＊歌舞伎・四天王櫓礎（1810）四立「アア、寒くなった。鴨蕎麦を当て身と出かけよう」＊歌舞伎・法懸松成田利剣（1823）大詰「おれもこの頃は顔が悪くなって、さっぱり当身（アテミ）が利かねえが、西の宮の御用を口説いて見ようか」発音〈標ア〉0〈京ア〉0 辞書 言海 表記 当身（言）

あてみ の 権助（ごんすけ） 物を買った代金を他人に立て替えさせること。また、借金を帳消しにすること。＊歌舞伎・時桔梗出世請状（1808）二幕「親重代の五枚兜を、疵物にしたその代り、二朱一本は当（ア）て身（ミ）の権助（ゴンスケ）だぞ」＊歌舞伎・戻橋背御摂（1813）序幕「そそった帰りに山鯨を六膳、酒を三合、当身の権助サ」補注「当て身」は④の意であるが、同じ芝居通語の「権助（奴の意）」を添えて、「当身（柔術）の得意な権助」の意をきかした表現。

あてみ‐おどり ‥をどり **【当身踊】**〘名〙「あてみぶり（当身振）」に同じ。＊人情本・契情肝粒志（1825‐27）三・上「芸者幇間も程宜く招きて、酒宴の一興に流行の滑稽を尽くし、藤八五文の当身踊（アテミヲドリ）、同じ調子の流行唄（はやりうた）」

あて‐みぶり【当身振】〘名〙踊りの型や、作法にかまわず、歌の中の人物や物事の様子をまねて踊ること。あてぶり。あてみおどり。＊洒落本・辰巳之園（1770）「梅太夫さんに、此間はやる、おいらを狐が、はらませたと云唄を、あて身ぶりをさせなんせ」

あて‐みや【貴宮】「宇津保物語」に出てくる人物。源正頼の娘。絶世の美人で東宮の妃となり、仲忠をはじめ多くの求婚者を落胆させる。

あてみ‐わざ【当身技】〘名〙柔道で、相手の、こめかみ、みけん、みずおち等の急所をこぶし、ひじ、足先などで打ったり、突いたり、蹴ったりする技。禁手とされる。当て身。当て技。発音〈標ア〉テ

あて‐め【当目】〘名〙（当てにした賽（さい）の目の意）物事を行なうにあたって、目的とすることがら。めあて。＊雑俳・丹舟評万句合（1704‐11）「盗人のこぬをあてめの家ふしん」＊都鄙問答（1739）一「親の財宝を以て父母を養ひ、其余を我身の養の期（アテメ）にせる心あらば、父母の短命を待つに似たり」＊松翁道話（1814‐46）二・上「どうぞ此の病苦をたすけてやりたいとおもうて薬をやると、どうぞ此の病人本腹さして我手がらにせんと思うて薬をやるとは、同じ期（アテメ）で大きに違ふところがある」方言 期待。当て。秋田県鹿角郡「あてめが外れる」132 辞書〈ボン〉表記 当目（へ）

あて‐めん〘名〙「あてみ（当身）①」に同じ。＊両京俚言考（1868‐70頃）「あてみ、あてめんは人体の気管を一と打ち当てて気絶せしむるなり。みは身なり。めんはみより転じたる訛りならん」

あて‐もう・く ‥まうく **【当設】**〘他カ下二〙あてにして用意する。＊観智院本名義抄（1241）「擬 アテマウケテ」辞書 名義 表記 擬（名）

あて‐もく〘名〙ねじれちぢんでいる木目。発育不順が原因で、木材の背部に多く生ずる。松、杉、槇（まき）などに見られる。

あて‐もの【当物・中物・宛物】〘名〙[一]①当てること。また、当てる対象となる物。＊ぎやどぺかどる（1599）上・二・一「初めは彼等に憐みの御眼を懸給ふといへども、今は御罰のあて物となし給ふ儀也」②隠してある物、なぞなどを考えて言い当てること。当て事。＊浅草（1931）〈サトウハチロー〉金網模様の青空「『程!! ゐないぞお前より長いのはゐないぞ』と、いふと、『看守さん、あてものですよ、わかりませんか、これわからないと駄目ですね』」③駄菓子屋などで、くじを引かせ、当たると代金以上の菓子や玩具などを与えるもの。＊銀の匙（1913‐15）〈中勘助〉前・三〇「水飴（あめ）のほかにあてものや駄菓子などももってゐるので」＊読書放浪（1933）〈内田魯庵〉読書放浪・九「但し『明和伎鑑』や『傾城觽』のやうな戯作まで引用して役者や遊女の紋、小児の泥面子や一文菓子屋の当て物の紋づけまでも引張り出したのは」④射芸の一つで、挾物（はさみもの）といって、くしに挾んだ折敷（おしき）、草木の葉、アワビの貝がらなどを的として射あてるもの。＊今昔（1120頃か）二五・六「此の様の当物などは、今は箭（や）の落る所も思え不候」＊後鳥羽院宸記‐建保二年（1214）四月二三日「於二宿所一西面射二中物一、謂折敷破

等類也」＊随筆・貞丈雑記(1784頃)一二「中物(アテモノ)と云事式の挟物」⑤近世末期にみられた門付(かどづけ)の一種。願人坊などが「出ました当て物」と市中を呼び歩き、商店の門口に立ってなぞを自問自答して、金銭をもらい歩くもの。⑥馬の気持を動揺させたり、驚かしたりするもの。あて。㊁物をあてがうこと。また、その物。①物を打ち、また、切りなどする時、道具や素材を保護するために下にあてがうもの。または、物を収納、包装する時、中身にあてがうもの。②能面をかぶる時、左右の頰に張り付けて、面が顔にじかに当たるのを防ぐ枕状のもの。③芝居の舞台の左右にある大臣柱の外側の張り物。関西で道具方が用いる語。かこい。④酒、しょうゆなどの醸造の時、廃水を出す際に中の白米、大豆などが流れ出ないように桶の内側に沿ってあてがう物。発音〈標ア〉⓪〈京ア〉⓪ 辞書 言海 表記 中物(言)

あてもの-や【当物屋】〔名〕相場が思惑どおりに動いて、大きな利益をあげた者。当たり屋。

あて-もんく【当文句】〔名〕それとなく皮肉まじりに当てこすって言うことば。あてこと。＊歌舞伎・貞操花鳥羽恋塚(1809)四立「なんの此方は先刻(さっき)から、待って潮来(いたこ)の当(ア)て文句(モンク)」

あて-やか【貴―】〔形動〕(「やか」は接尾語) 人柄や容姿、態度、物の様子などが上品で美しいさま。あてはか。貴(あて)。＊竹取(9C末-10C初)「心ばへなどあてやかにうつくしかりつる事を見ならひて、恋しからんことの耐へがたく」＊枕(10C終)一九〇・八月ばかりに、白き単「紫苑の衣のいとあてやかなるをひきかけて」＊源氏(1001-14頃)蓬生「ひたぶるにものつつみしたるけはひのさすがにあてやかなるも心にくくおぼされて」＊日葡辞書(1603-04)「Ateyacana (アテヤカナ)」＊仮名草子・都風俗鑑(1681)三「匂ひやかに又どこやらきっとしたる様は、木つき見事なる梅の古木より八重ひとへに咲みだれ、匂ひあてやかなるがごとし」＊浮世草子・近代艶隠者(1686)二・二「可愛(うつくしく)柯怜(アテヤカ)なる女」語誌 (1)人のけはい、衣ずれの音、髪などの品格美をいう。「あて」よりも一段低い優美さで、類義語「あてはか」よりは品位あるさまという。中世以降用例は激減するが、江戸時代にも雅語として残っていた。(2)「あでやか」に変化した時には、もはや身分や血筋の高貴さとは無縁となり、内的な心の上品さとは異なる、表層の華美を意味するようになった。→あて(貴)。発音〈標ア〉テ 辞書 名義・日葡・書言・言海 表記 貴(名・書) 関々(書)

あで-やか【艶―】〔形動〕(「あてやか(貴―)」の変化した語) 女性の容姿、態度が、上品で美しいさま。また、はなやかでなまめかしいこと。＊談義本・風流志道軒伝(1763)一「何も初め卵(かいこ)の中より出でたる女にもまさりてあでやかなるに」＊湯島詣(1899)〈泉鏡花〉一六「麗艶(アデヤカ)に微笑んで」＊行人(1912-13)〈夏目漱石〉兄・三四「色の眼に付くあでやかな姿」発音〈標ア〉テ〈京ア〉ヤ 辞書 ボン

あてやか-さ【貴―】〔名〕(「さ」は接尾語) あてやかなこと。また、その度合。＊新体詩抄(1882)ブルウムフォールド氏兵士帰郷の詩〈外山正一訳〉「苔の席を眺むれば 緑の色の青青と 其美さあてやかさ」発音〈標ア〉カ ヤ

あでやか-さ【艶―】〔名〕(「さ」は接尾語) あでやかなこと。また、その度合。＊社会百面相(1902)〈内田魯庵〉電影・四「内輪同志の取繕は又一層の嬋娟(アデヤカ)さを増したので」＊蓼喰ふ虫(1928-29)〈谷崎潤一郎〉三「人形ながら何処か小春に比べると淋しみが勝ってあでやかさに乏しいのも」発音〈標ア〉ヤ カ

あて-やま【宛山】〔名〕山の草木採収のとりきめの一つ。請山(うけやま)のこと。＊明治一六年六月判決録(第二五九号、高谷山所有権引直一件所引、大坂上等裁判所判文)(1883)「蓋し入会と宛山とは貢租納受の点に於て異なるものにして、〈略〉宛受山は唯其宛米を地元村に交付する迄にして、官衙の公認を受けざるものなり」

アデュー (フランス adieu)《アディユー》㊀〔感動〕フランス語で、別れるときにいう言葉。さよなら。ごきげんよう。＊新らしい言葉の字引(1918)〈服部嘉香・植原路郎〉「アディュー Adieu〔仏〕さやうなら、さらば」＊黄金伝説(1946)〈石川淳〉「そのひとの背はアディユともいはずにわたしのはうに向けられてゐて」㊁〔名〕別れること。別れ。＊東京エロオンパレード(1931)〈西尾信治〉「ウヘヘ…僕、アデューするよ」＊若い人(1933-37)〈石坂洋次郎〉上・二二「思ひ出の東京にアデューを告げて昨夜は鎌倉に宿りました」発音〈標ア〉デュ〈京ア〉デュ

あて-よま〔名〕(「よま」は釣り糸、紐の意) 釣りや八つ手網漁の時、当て石に結んで海中に垂らす糸。魚群の有無、多少、動静、種類を判別するのに用いるもの。綴縄(とじなわ)。

あて-よみ【当読】〔名〕いいかげんに推量して読むこと。＊西洋道中膝栗毛(1870-76)〈仮名垣魯文〉八・下「書てある通り読んだのを、そらよみだの、あてよみだのと」

あてら・し〔形ク〕あさはかなことをいう。山梨、長野県地方の古い方言。＊甲陽軍鑑(17C初)品五一「信長はいまみあてらやいひはざま、城をあけちとつげのくし原と謡ひ候事は、甲州信濃の下劣の詞に、てあさなる事をば、あてらき事かなんど申し候故」

あて-・られる【当―】〔連語〕(動詞「あてる(当)」の未然形に受身の助動詞「られる」が付いた語) ⇨あてる(当)㊀⑧⑩

アデリー-ペンギン〔名〕(英 adelie penguin) 中形のペンギン。体長七五センチメートル、体重六キログラムに達する。頭部と背面が黒く胸腹部は白い。目のまわりにも白い部分がある。南極大陸付近の流氷海域にすむ。学名は Pygoscelis adeliae 発音〈標ア〉ペ

あ・てる【当・中・充・宛】〔他タ下一〕文あ・つ〔他タ下二〕㊀人や動物、物に、他のあるものを接触させる動作・行為全般をいう。この場合、その速度・強さは大きい場合もあれば、小さい場合もある。①勢いよくぶつける。打ちつける。＊大智度論天安二年点(858)一〇〇「執金剛神杵を以て之に擬(アツ)」＊平家(13C前)一一・弓流「平家の兵ども馬には乗らず、大略かち武者にてありければ、馬にあてられじと引き退いて、みな船へぞ乗りにける」＊太平記(14C後)二四・依山門嗷訴公卿僉議事「牛童命に随て水牛に車を懸け、一鞭を当(あて)たれば」＊虎寛本狂言・真奪(室町末-近世初)「今しっぺいをあてて遣らう」＊日葡辞書(1603-04)「ツエヲ atçuru (アツル)」②触れさせる。くっつける。あてがう。＊土左(935頃)承平五年二月六日「みな人々、おんな、おきな、ひたひに手をあてて喜ぶことふたつなし」＊枕(10C終)一〇四・淑景舎、東宮にまゐり給ふほどのことなど「廂(ひさし)の柱にうしろをあてて、こなた向きにおはします」＊大鏡(12C前)二・時平「もちひのいと大なるをば一、ちひさきをば二を焼きて、やき石のやうに御身にあてて持ち給へりけるに」＊徒然草(1331頃)一四九「鹿茸(ろくじょう)を鼻にあてて嗅ぐべからず。小さき虫ありて、鼻より入りて脳を食(は)むといへり」③風、光、熱などにさらす。＊古事記(712)中・歌謡「三栗のその中つ土(に)を 頭(かぶ)衝(つ)く 真火には阿弖(アテ)ず」＊枕(10C終)二九二・成信の中将は、入道兵部卿の宮の「紙のまたいみじう赤きに、ただ『あらずとも』と書きたるを、廂(ひさし)にさし入りたる月にあてて、人の見しこそをかしかりしか」＊拾遺(1005-07頃か)別・三二〇「露にだにあてじと思ひし人しもぞ時雨ふるころ旅にゆきける〈壬生忠見〉」＊車屋本謡曲・鉢木(1545頃)「この鉢の木をたいてあて申さうずるにて候」＊咄本・昨日は今日の物語(1614-24頃)下「汝を母が産みおとしてより此かた、あらき風にもあてじとして」④ある状態に直面させる。＊宇津保(970-999頃)俊蔭「もしかかること世にきこえば、きんぢらをさへ罪にあてむといましめ給ひて」＊滑稽本・浮世床(1813-23)初・中「親は子が可愛(かはゆ)いから罰(ばち)をあてる気はなけれど」⑤人を扱う。＊浮世草子・傾城禁短気(1711)二・三「幼少より、兄弟子の太夫達に、つらくあてられた事なく」⑥他のことにかこつけたりして遠まわしに悪口を言う。非難する。あてこする。＊日葡辞書(1603-04)「Atete (アテテ)、または、atetçuqete (アテツケテ) ユウ」＊咄本・醒睡笑(1628)三「僧俗寄りあひての物語に、今程はことの外鮒(ふな)がやすきよし、坊主のいはれけるを、俗いふ『奇特なことや、こちさへ知らぬ』とあてたれば、『いや、われは知らぬ。寺中の取沙汰ぢゃ』と」＊人情本・春色梅児誉美(1832-33)後・七齣「お長さん、男といふものはどうもたのみになるやうで頼にならないもんだ。のう梅次さんトすこし丹次郎にあてる」⑦交渉してととのえる。調達する。＊歌舞伎・法懸松成田利剣(1823)大詰「剣菱を五合、青蕃椒の奴豆腐で、一杯けづらう。其うち、夕河岸も来るであらう。ちょっと五合、あてて来さっし」⑧飲食物や寒、暑、毒、不快な事や言葉などが、からだや気持に害を与える。多く「あてられる」の形で用いる。＊地蔵十輪経元慶七年点(883)一「種々の毒薬に中(アテ)らるることを被(かが)ふらむに」＊俳諧・江戸広小路(1678)「孔子は鯉魚のさしみにあてられ 夜起する糞土の垣に月更て〈芭蕉〉」＊人情本・英対暖語(1838)四・二一章「左様(そん)ならば言ますがネ、かならず気に障(アテ)て被下(おくんな)さいますなへ」＊余興(1915)〈森鷗外〉「余興に中(ア)てられなすったのぢゃなくって」＊新しい言葉の泉(1928)〈高谷隆〉「あてられる 不愉快な思をさせられる、いやな事を聞かせられる、『どうも御馳走様』『もう沢山』などの意味にとれる」⑨相手の急所を打って一時気絶させる。＊浄瑠璃・唐船噺今国性爺(1722)上「きうび先の息合にはたと当(アテ)たる当身のこぶし」＊歌舞伎・梅柳若葉加賀染(1819)四立「立廻りの仕組みよろしく、中間またかかるを、提灯を奪ひ取り、一つ当(ア)てる。中間、見事に水へ落ちる」⑩男女が、仲のよいところを見せつける。また、のろけ話を聞かせる。多く「あてられる」の形で用いる。＊歌舞伎・鼠小紋東君新形(鼠小僧)(1857)三幕「『腹の中に籌を立てておきなすって』『当(ア)てられましたかね』『松山も口が悪くなったの』」＊蓼喰ふ虫(1928-29)〈谷崎潤一郎〉一「『行けばきっとアテられてよ』『仕方がない、それも親孝行だと思って、一時間か二時間アテられに行くさ』」⑪(②の意が、特殊な場合に用いられて) ㋑座ぶとんを敷く。「どうぞおあてください」㋺測るために物さしなどを物にあてがう。＊笠懸聞書(1792)「定木をあつるに中くほなる処定木ありにくき程に、定木を中くほにたむる也」㋩剃刀(かみそり)で毛をそる。＊文明開化(1873-74)〈加藤祐一〉初・上「決してあたまに剃刀はあてぬがよい事でム(ござ)る」＊アパアトの女たちと僕と(1928)〈龍胆寺雄〉一〇「M・さんは奇麗に剃刀をあてた、むくむくした桃色の大きな頤を、柔らかさうな手のひらで撫でて」⑫人に損をかけることをいう、芝居関係者の言葉。＊南水漫遊拾遺(1820頃)四「歌舞妓楽屋通言〈略〉あてる 人に損をかける事」⑬強盗、窃盗をしたことをいう、盗人仲間の隠語。〔日本隠語集(1892)〕㊁ある物や人などを、ある状態、用途、方角などに対応させて用いる。また、ある役目、作業などを指示する。①物事をある目的に使うようにあてはめる。物をある目的、用途に使う。充当する。＊南海寄帰内法伝平安後期点(1050頃)一「凡そ水に浄触を分つ〈略〉浄をは非時の飲用に擬(アツ)」＊白氏文集天永四年点(11

13)四「内より金帛を出し馬の直に酬(アツ)」 *平家(13C前)八・妹尾最期「羶肉(なまぐさきしし)・酪(らく)のつくり水もって飢渇にあつ」 *日葡辞書(1603-04)「ゴホウコウニ atete (アテテ) スル〈訳〉君主やデウスへの奉公のために何かを行なう」 *火の柱(1904)〈木下尚江〉一七・一「校友の控所に充(ア)てられたる階上の一室には」 ②うまく対応するようにする。また、対応するように分け配る。 *落窪(10C後)三「あはれにたふとき経共とて、経一部を一日にあてて、九部なんはじめたりける」 *源氏(1001-14頃)橋姫「四季にあててし給ふ御念仏を〈略〉七日のほどおこなひ給ふ」 *大鏡(12C前)二・頼忠「夏、冬の法服をたび、供料をあてたびて我滅罪生善のいのり、又ひめぎみの御息災をいのり給ふ」 *曾我物語(南北朝頃)七・千草の花見し事「母の御心ざしをかなしみ、御菩提のため、三年胎内にして苦しめ奉りし日数千日にあてて、千間に御堂をたて給ひけり」 *風姿花伝(1400-02頃)一「此比(ころ)の稽古、やすき所を花にあてて、わざをば大事にすべし」 *日葡辞書(1603-04)「タ、ハタケ、ヤシキヲ atçuru (アツル)」 ③ある役目や仕事などを担当させる。 *宇津保(970-999頃)祭の使「かくて、その日の御節供(せっく)、よき御庄ある国々の受領(ずりゃう)にあてられたり」 *落窪(10C後)三「『此事ばかりは我が思ふやうにせよ』とて、あて給ひければ、いとめやすくしたり」 *日葡辞書(1603-04)「ヒトニ ヤクヲ atçuru (アツル)、または、アテヲコナウ」 *俳諧・三冊子(1702)白双紙「中にも月の座は名有(なある)所也。老分に当(あつ)べし」 ④場所がある方角にあるように位置をとる。 *平家(13C前)七・火打合戦「山をうしろにし、山をまへにあつ」 *太平記(14C後)一六・備中福山合戦事「水陸の敵を一処に待請(まちうけ)、帝都を後に当(アテ)て、合戦を致すべく候」 ⑤(「目をあてる」の形で用いる) ある物に視線を向ける。多く打消を伴って用いる。 *方丈記(1212)「くさき香(か)世界にみち満ちて、変りゆくかたちありさま、目もあてられぬこと多かり」 *右京大夫集(13C前)「御いほりのさま、御すまひ、ことがら、すべて目もあてられず」 ⑥何かをやらせたり、質問に答えさせるために指名する。 *彼岸過迄(1912)〈夏目漱石〉風呂の後・五「一回も下読を怠らずに、中(ア)てられさへすれば、必ず起立して訳をつけた」 ⑦郵便物の送り先の人を指定する。 *油地獄(1891)〈斎藤緑雨〉一「直ぐさま筆を執って出席の由を幹事へ宛(ア)てて申入れた」 *姉弟と新聞配達(1923)〈犬養健〉一「今夜はAさんに、何か国に宛(ア)てて書くべき急な手紙の用事のあることを見てとったので」 ㊂ねらいや望みをその通りに実現する。 ①矢や弾丸などをねらった所にうまくぶつける。命中させる。 *源氏(1001-14頃)若菜下「柳の葉を百(もも)たび射あてつべき舎人(とねり)どもの」 *平家(13C前)一・願立「我等なたねの二葉よりおほしたて給ふ神だち、後二条の関白殿に鏑箭(かぶらや)一つはなちあて給へ」 ②事実を正しく推測したり計算したりする。また、正しい答えを考えつく。 *洒落本・跖婦人伝(1753)「十露盤(そろばん)にあてて見れば」 *滑稽本・浮世風呂(1809-13)三・下「お初どん。おまへのお好(すき)を当(アテ)て見ませうか」 ③物事をうまくいかせる。事業、商売、興行などを予定どおりに成功させる。 *評判記・役者口三味線(1699)京・坂田藤十郎「どのしばゐにも、一あてづつあてる事、是藤十郎をまなぶにあらずや」 *歌舞伎・韓人漢文手管始(唐人殺し)(1789)一「おいらが太鼓を持て当(ア)てささにゃ成らぬ神事の趣向」 *人情本・英対暖語(1838)五・二七回「此場(ここ)で一つ思入れがあるが、それを一番当(アテ)てから、お前を本宅(うち)へ連て行ようにせうか」 ④くじや懸賞の催しで、当籤(とうせん)する。 *「佐久間ダム見学記について」(1955)〈杉浦明平〉「虫のいいことをねだったり、バクチで当てることをのぞんではならぬ」

方言 ❶水田に水を入れる。富山県砺波398 岐阜県郡上郡504 京都府竹野郡622 島根県725 広島県比婆郡774 高田郡779 徳島県811 ❷田畑を貸す。小作をさせる。三重県飯南郡590 岡山県邑久郡761 徳島県811 愛媛県840 高知市867 ❸当てにする。大分県臼杵市038 ❹大漁する。和歌山県690 ❺投げる。大阪府東成郡642 ❻打つ。軽く殴る。◇あてぃゆん 沖縄県首里933 ❼虐待する。高知県高岡郡864 ❽いやみや恨み言などを言う。宮崎県東諸県郡954 発音〈なまり〉ヤデル〔岩手〕アツイ・アッツ〔鹿児島方言〕〈標ア〉⓪〈京ア〉⓪ 文『あつ』〈標ア〉⓪〈ア史〉平安●●○ 鎌倉・江戸『あつる』●●●〈京ア〉⓪ 辞書 色葉・名義・和玉・文明・明応・天正・日葡・書言・〈ヘボン〉・言海 表記 充(色・名・文・明・天・書) 当(名・玉・文・ヘ・言) 中(名・文) 配(色・名) 値(名・玉) 酬(色) 蔽・十(玉) 弊(文) 任・償・御・匹・拄・薢・察・箭・鐘・期・科(名)

あて-レコ【当―】〘名〙(アフターレコーディング after recording と「当てる」を合成、省略した語) 映画やテレビ番組の制作で、映像に合わせて音声を入れること。外国の映画やテレビ番組などのせりふを日本語に吹き替えること。吹き替え。 *ひげとちょんまげ(1966)〈稲垣浩〉「このほかに非同時録音を編集で画にあてはめることを『当(ア)て録音(レコ)』というが」 発音〈標ア〉⓪

あて-わざ【当技】〘名〙「あてみ(当身)①」に同じ。

あ-てん【阿諂】〘名〙 他人にこびへつらうこと。阿諛(あゆ)。阿媚(あび)。 *改正増補和英語林集成(1886)「Aten アテン 阿諂」 *後漢書-袁紹伝「故九江大守辺譲、英才儁逸、以二直言正色一、論不二阿諂一、身被二梟懸之戮一、妻孥受二灰滅之咎一」

アデン(Aden) アラビア半島南西部、アデン湾に臨む都市。古くからの通商上の要地。一九三七年、イギリス直轄植民地。六七年、近隣地域と合わせ南イエメン人民共和国が成立。七〇年、イエメン民主人民共和国に改称するとともに、その首都となった。九〇年の南北統一後のイエメン共和国の首都はサヌア。 発音〈標ア〉ア

アテンション〘名〙(英 attention)《アッテンション》 注意。留意。「アテンションプリーズ(みなさまにお知らせいたします。アナウンスの初めのことば)」 *外来語辞典(1914)〈勝屋英造〉「アッテンション Attention〔英〕注意。心掛」

アテンダント〘名〙(英 attendant)《アッテンダント》 ①付き添い人。お供。また、参会者。出席者。 *外来語辞典(1914)〈勝屋英造〉「アッテンダント Attendant〔英〕出席者。参会者」 ②劇場やホテルなどの接客係。 *音引正解近代新用語辞典(1928)〈竹野長次・田中信澄〉「アッテンダント Attendant 英〈略〉劇場やホテル等の案内係の事にも云ふ」

アテンド〘名〙(英 attend「世話をする」の意) ①会社員などが、日本に来た外国人を接待すること。 ②企業などの海外駐在員が、日本からやって来る客を接待すること。 *新西洋事情(1975)〈深田祐介〉アテンド悲歌「現地での経済活動に加えて、日本各界からの旅行者の世話(アテンド)をする」 発音〈標ア〉テ

ア-テンポ〘名〙(イタリア a tempo) 音楽用語。曲の途中で変化させた演奏速度を、もとに戻すことを示す語。 発音〈標ア〉テ

あてん-ぼう〘名〙(形動) はっきりした理由、根拠もなしに、適当に考えたりきめたりすること。また、そのさま。あてずっぽう。あてずいりょう。 *黄表紙・福徳果報兵衛伝(1793)「羽に任せて飛行(とびゆき)、あてんぼうによい加減の所へ下りて」 *洒落本・遊僊窟烟之花(1802か)一「まかり違た所が、あてんぼうにあがって高が附馬(つけうま)にせうとおもやアいい」

あと【後】 ㊀〘名〙(「跡(あと)」の意義が拡大したものという) ①空間的なうしろ。進行方向を持つ移動体のうしろ。⇔さき。 ㋑後方。背後。うしろ。 *源氏(1001-14頃)末摘花「われも行く方あれど、あとにつきてうかがひけり」 *太平記(14C後)二三・大森彦七事「跡にさがりたる者共、大刀(たち)長刀(なぎなた)の鞘(さや)を放(はっ)し走寄て」 *説経節・説経さんせう太夫(佐渡七太夫正本)(1656)中「あらいたはしやなづし王殿は、あねご様おさきにたて、つくつくとあとから御らんじて、あねご様のかみが御ざなければ」 ㋺後方の守りをする軍勢。後衛。 *太平記(14C後)七・先帝船上臨幸事「定めて追手も、跡(アト)より懸り候ふらん」 ②時間的な後。時間の流れの中で、ある事柄が生じた時点を基準とした、後続の時間帯や時点。⇔さき。 ㋑ある事柄があった後。以後。のち。 *隆信集(1204頃)「横雲の晴れゆくあとの明けぼのに峰とびわたる初雁の声」 *新千載(1359)雑上・一七八七「月の入跡は小倉の山かげにひとりさやけきさをしかのこゑ〈法印弁教〉」 *浄瑠璃・夕霧阿波鳴渡(1712頃)中「はやもやもやと腹が立つ。後に悔みの出るは定(ぢゃう)」 ㋺特に、人の死後。死後の霊。亡きあと。また、死後に行く世界。後世。転じて、追善供養。 *源氏(1001-14頃)明石「更にのちのあとの名をはぶくとても、たけき事もあらじ」 *山家集(12C後)中・詞書「はかなくなりにける人のあとに、五十日のうちに一品経供養しけるに」 *増鏡(1368-76頃)一四・老のなみ「亡き人の重ねし罪も消えねとて雪の中にもあとをとふかな」 *謡曲・砧(1430頃)「標梅花の光を並べ、娑婆の春をあらはし、跡の知るべのともし火は、真如の秋の月を見する」 ③自分の過ごしてきた時間の流れの中で、現在、もしくはある時点より振返ってみた過去の時間帯や時点。以前。前(まえ)。⇔さき。 *寛永刊本江湖集鈔(1633)二「あとよりも、見事な花が開いたぞ」 *虎寛本狂言・地蔵舞(室町末-近世初)「是と存た成らば、跡の宿(しゅく)でやどをとらう物を」 *浮世草子・好色一代男(1682)六・五「引ふねの女は、あとにかへし、禿(かぶろ)計(ばかり)を召つれ」 *滑稽本・人間万事虚誕計-後(1833)「これでも四五年も跡(アト)までは、ちっとは水気(みづけ)があったから」 *西洋道中膝栗毛(1870-76)〈仮名垣魯文〉初・下「四五日以前(アト)おれが処へ来て」 *落語・思案の外幇間の当込み(1889)〈三代目三遊亭円遊〉「此頃ぢゃア斯う云ふ顔が流行(はやっ)て来ましたヨ。久しい已前(アト)北海道では大変気を持った顔で、膃肭臍(おっとせい)と云ったやうなアア云ふ質(たち)の顔なんで」 ④全体量に達する前の段階で、未然にとり残されている部分。 *人情本・春色梅児誉美(1832-33)初・一齣「分散残りの百両は、私が七十両、跡(アト)は外の者へつかはします」 *初恋(1889)〈嵯峨之屋御室〉「山奉行の森といふ人で、残(アト)の二人は山方中間であった」 *多情多恨(1896)〈尾崎紅葉〉前・六「お島は其と察して余(アト)は聞かずに」 ⑤行為や事件の結果として残った事柄。また、その状態。 *浮世草子・好色一代女(1686)六・一「此女も客を勧めてかなしうない事をないて、跡(アト)取置て、男は下帯もかかぬうちに立出で」 *浄瑠璃・新版歌祭文(お染久松)(1780)座摩社「さらばさらばと別るる。跡納めた勘六そろそろと死骸の傍へ立寄て」 ⑥家系、役目などを継ぐこと。また、その人。後継者。→跡(あと)⑧。 ㋑子孫。後裔(こうえい)。「あとが絶え果てる」 ㋺後任者。後継者。 ㋩後妻。のちぞい。 *多情多恨(1896)〈尾崎紅葉〉前・八「君だって長い間には何れ継聘(アト)を迎(もら)ふのだらう」 *土(1910)〈長塚節〉八「ええ塩梅(あんべえ)のが有んだが、後(アト)持ってもよかねえかえ」 ⑦浄瑠璃で、事件が一段落した切り場のあとに、後段の趣向の呼び出し、または伏線となる語り場の称。「仮名手本忠臣蔵-四段目・裏門の場」、「加賀見山旧錦絵-奥庭の場」などの類。落合(おちあい)。 ⑧深川などの遊里で、揚げられた遊女に入っている次の予約。→あと(跡)を付ける。 *洒落本・愚人贅漢居続借金(1783)「何さソレ初くわ〈とあとをいひさうにするを〉後はいわずとよし」 ㊁

〘副〙（数量を示す語を伴って）その数量が加われば、時間的、空間的または数量的に予定した何かを充たすことを示す。「あと一メートルでゴール」「あと一枚ある」「あと一時間かかる」「あと少しだ」。＊黒い眼と茶色の目(1914)〈徳富蘆花〉三・六「春休も最早あと二日になった日」 語誌 (1)類義の「うしろ」は「郵便局のうしろの小川」のように、静止体の空間的な背後を言うことができるが、この場合「あと」は使えず、移動体と認めたものの背後を言うのが特徴。従って「あと」は時間の流れに用いることができるが、「うしろ」をそのように用いて「冬のうしろに春が来る」などとは言えない。(2)「あと」の❶②は基準時点からの後続時間帯を、❶③は基準時点（現在）からの先行時間帯を、それぞれ指し、全く逆のようだが、②は時の流れを時間そのもののあゆみと把握した言い方、③は時の流れを話者自身の営為のあゆみと把握した言い方で、基準時点のうしろである点は変らない。(3)「あと三日でお正月」など（❷の用法）も、正月になった時点に基準を置いた言い方で、絶体絶命の「もうあとがない」の「あと」も同じ。 方言 ❶後産。青森県上北郡082 香川県三豊郡054 ❷産後。島根県隠岐島740 ❸牛を後退させる時に掛ける語。島根県出雲725 発音 〈標ア〉ア 〈京ア〉⓪ 辞書 日葡・ヘボン・言海 表記 後（へ・言）

同訓異字 **あと**【後・后・址・迹・痕・趾・跡・墟・踪・蹤・蹟・轍】

【後】（ゴ・コウ）固定した具体的な形をともなわず、時間的、空間的にのち、あと。「後刻」「後悔」「後退」「午後」「前後」《古 のち・うしろ・しりへ・おそし》

【后】（ゴ・コウ）君子の妻の意。后が君子に付き従うところから「後」と意味用法を共通にする。《古 のち》

【址・阯】（シ）建物などが昔あったあと。いしずえ。「旧址」「古址」「城址」《古 ふもと・もとゐ》

【迹】（シャク・セキ）「跡」と同字だが、用法は限られている。「垂迹」《古 あと》

【痕】（コン）何かが傷ついたり、染み付いたりして残ったあと。「痕跡」「血痕」「弾痕」《古 あと・きず》

【趾】（シ）あし。転じて「迹」などと同じく、あしあと。遺物のあと。「城趾」《古 あしあと》

【跡】（セキ）人の歩いたあと。あしあと。転じて、広く、前にあったものが残したあと。あとかた。「跡目」「足跡」「遺跡」。もとは「蹟・迹」と同字だが、用法は広く、人の行ないなどにも用いる。「行跡」《古 あと・あとつく》

【墟】（キョ）大きなおか。転じて、昔栄えて今荒れ果てた場所。「殷墟」「廃墟」《古 つちくれ・つか・をか》

【踪】（ソウ）蹤と同字。「失踪」

【蹤】（ショウ）あと。あしあと。転じて、ゆくえ。また、過去の行ない。「先蹤」《古 あと》

【蹟】（セキ）「跡・迹」と同字だが、用法は限られている。「聖蹟」《古 あと》

【轍】（テツ）車輪のあと。わだち。「車轍」《古 あと・みちあと・わだち》

あと から 後（あと）から 物事が引き続いて絶え間なく起こるさま。＊或る女(1919)〈有島武郎〉前・一八「素直な感傷的な涙が唯（ただ）訳もなく後から後から流れた」

あと から 後（あと）へ ある事柄が終わるとすぐ次の事というように、続けて行なうさま。つぎからつぎへ。＊銀の匙(1913−15)〈中勘助〉前・一六「気のながい伯母さんにあとからあとへと話させることもあった」

あと に する ある場所から離れて行く。去る。＊湯葉(1960)〈芝木好子〉「その一日が暮れると、やっと歌は腰をあげて機嫌よく向島をあとにした」

あと に 直（なお）す 妻の死後、かねて縁のあった女性を後妻として迎える。＊多情多恨(1896)〈尾崎紅葉〉前・一二「お島を後に直さうと云ふ肚（はら）に違無い」

あと に も 先（さき）にも構（かま）わぬ 前も後も問題にしない。周辺の状況などは考えない。＊政談(1727頃)四「世間不学なる故、何事も鼻の先にてらちさへ明けば、後にも先にも不ㇾ構と言は悲き事也」

あと の 後（あと）の千次郎（せんじろう） 縦に並んで、それぞれ前の子の帯に手をかけて長く連なり、中腰でにじり歩く「いもむし」と呼ぶ子供の遊戯で、先頭の子が、「いもむしころころ、ひょうたんぽっくりこ」というと、後に続く子が、「あとのあとの千次郎」と唱えながら行く、その言葉。また、その遊戯の別名。転じて動作が人より遅いことにいう。＊洒落本・客衆一華表(1789−1801頃)富岡之套「げいしゃ十四人、あとのあとの千次郎のやうにならぶ」＊滑稽本・浮世風呂(1809−13)前・上「おいらはモウ衣を脱（ぬ）いだよ。跡（アト）の跡（アト）の千次郎（センジロ）、おめへはおそい、おまへはおそい」＊歌舞伎・四天王産湯玉川(1818)五立「これはしたり、又跡（アト）の跡（アト）の千次郎（せんジラウ）を始めたか。否でも応でも、揉んでやるワ」

あと の 雁（かり・がん）が先（さき）になる あとから来たものが前のものの先になる。後輩が先輩を追い越したり、若い者が先に死んだりすることなどにいう。＊俳諧・鶉衣(1727−79)後・上・五八・弔不幸文「跡の雁先へとはたが秋の空」＊黄表紙・啌多雁取帳(1783)叙「画作ともに初舞台よき御評判に、後（アト）の厂（ガン）が先（サキ）へ行（ユカ）ば、本買ひとらしょ」

あと の 雁（かり・がん）より現太（げんた）の雀（すずめ） あてにならぬ良い物よりも、多少悪くても今すぐ手に入れられるもののほうがよいということ。＊綿(1931)〈須井一〉五「何のお婆ア、未来もへちまもあるもんか、後の雁より現太のすずめや。ほんとにお医者様の薬代だけでも無料にならんもんかいなう」

あと の 喧嘩（けんか）先（さき）でする 後日もめごとが起こらないように、前もってよく意見を戦わしておく。めんどうな用件を切り出す場合の前置きのことばとして用いる。

あと の 事（こと） なくなった人をとむらうさまざまの仏事。＊山家集(12C後)中・詞書「あとのことども果てて散り散りになりけるに、成範、脩憲、涙流して今日にさへ又と申しける程に」＊野菊の墓(1906)〈伊藤左千夫〉「取って返らぬことをいくら悔んでも仕方がないですから、跡の事を懇にしてやる外はない」

あと の シテ （能で、中入り後、扮装を変えて現われるのを後（のち）ジテと呼ぶところをあとジテと誤読して）遊郭の遊女が、盃事（さかずきごと）や酒宴の後、部屋着に着替えてくる色直しのこと。＊雑俳・柳多留−五(1770)「後のシテしごきでばたりばたり来る」

あと の 涼（すず）み 京都の四条河原で陰暦七月の一か月間行なわれる納涼の称。六月七日（のちには六日）から一八日まで催される納涼を「すずみ」とよぶのに対していう。「あとすずみ」とは別。

あと の 月（つき） 前の月。先月。あとげつ。＊浄瑠璃・曾根崎心中(1703)「かのあぶら屋の九平次が、あとの月のつごもりたった一日入こと有、三日の朝は返さふと一命かけて頼むにより」＊談義本・根無草(1763−69)後・一「跡の月頃田舎（いなか）から山出しと見えて、荷持瘤（にもちこぶ）の跡しゃちこばった黒鬼の長助」＊魔風恋風(1903)〈小杉天外〉前・依頼心「前月（アトノツキ）までは神田辺の学校に出る女教師が借りて居たが」 方言 千葉県印旛郡054 和歌山市691 島根県邑智郡・邇摩郡725 愛媛県周桑郡844

あと の 月（つき）の富（とみ）の札（ふだ）を買（か）うよう （先月すでに当否の決まってしまった富くじを買うようなものの意）ばかばかしい、むだなことのたとえ。＊浄瑠璃・源頼家源実朝鎌倉三代記(1781)七「何ぼかはいがらしゃっても、首のない男に心中立てるは、跡の月の富（トミ）の札を買様なものじゃ」

あと の 名（な） 死んだ後に伝わる評判。のちの名。＊源氏(1001−14頃)明石「さらにのちのあとの名をはぶくとても、たけき事もあらじ」

あと の 祭（まつり） ㊀①祭札の翌日。また、その日、神饌（しんせん）を下げて飲食すること。後宴。＊俳諧・鷹筑波(1638)四「八月十六日八幡へ参詣して、跡の祭（マツリ）するや臨時の放生会（はうじゃうゑ）」＊浮世草子・世間胸算用(1692)一・三「毎年京大坂へくるは、此神々に備へたる跡（アト）の祭り也」②（祭の済んだ後の山車（だし）の意から）物事が、その時機をはずして、無益なものになってしまうこと。手おくれ。＊虚堂録臆断(1534)五「死して後に紙銭を焼て不祥を除く也。をかしいこと也。無用処也。あとのまつり也」＊俳諧・毛吹草(1638)二「あとのまつり ほとけもなきだうへまいる」＊浄瑠璃・艶容女舞衣（三勝半七）(1772)下「コリャ宗岸が一生の仕損ひとサ悔（くや）んでも跡の祭」＊雑俳・川傍柳(1780−83)一「人にいいなさるなとは跡の祭り也」㊁（男女の交わりを、隠語で「おまつり」というところから）男色の異称。＊雑俳・末摘花(1776−1801)三「跡の祭りやろうのけいせいをあげ」 方言 祭礼の翌日。島根県八束郡・仁多郡725 辞書 言海 表記 後ノ祭（言）

あと の 物（もの） 「あとざん（後産）」に同じ。＊仮名草子・仁勢物語(1639−40頃)上・六「『かれは男か女子か』と男に問ひける。後の物遅く、夜も更（ふけ）にければ、鬼子（おにご）とも知らで」

あと の 厄（やく） 「あとやく（後厄）」に同じ。＊雑俳・末摘花(1776−1801)初「岡ばしょは後のやく迄させるとこ」＊雑俳・川柳評万句合−安永九(1780)宮三「後のやく袖うちふるもはつかしや」

あと は 野（の）となれ山（やま）となれ 当面のことさえ済めば、その先のことや、その結果はどうなってもかまわない。＊浄瑠璃・冥途の飛脚(1711頃)中「栄耀栄華も人の金、果は砂場をうち過ぎて、あとは野となれやまとぢや、足にまかせて」＊人情本・仮名文章娘節用(1831−34)後・五回「さっさおせおせ堀までつけろ。あとは野となれ山となれ。床（とこ）とったらねて帰れ」＊歌舞伎・梅雨小袖昔八丈（髪結新三）(1873)三幕「いや、後（アト）は野（ノ）となれ山（ヤマ）となれ、此の儘家へ帰らうわえ」

あと へ 引（ひ）く 相手と妥協して、自分の意見、立場を引っ込める。譲歩する。また、躊躇する。＊俳諧・西鶴大句数(1677)五「身動もならぬ八嶋のみだれにて 胸ぐらをいためあとへ引塩」＊人情本・英対暖語(1838)二・一二章「斯なって見りゃア、今更後（アト）へ引（ヒク）ものかネ」＊歌舞伎・茲江戸小腕達引（腕の喜三郎）(1863)序幕「ずたずたになるそれ迄ア、五分でも後へは引きゃあしねえ」＊春の潮(1908)〈伊藤左千夫〉六「自分が言ひだしたら跡へは引かぬといふことを自慢にしてきた人だ」

あと へ 回（まわ）す 先にすべき事柄を後にする。＊思出の記(1900−01)〈徳富蘆花〉五・七「人生の問題を兎角後へ廻はしたがるのである」

あと へ も 先（さき）へもやらぬ 身動きをさせない。その場を去らせない。＊狂言記・飛越新発意(1700)「いやいやとらぬにおいては、あとへもさきへもやることではないぞ」

あと へ も 先（さき）へも行（ゆ）かぬ 動きがとれなくなり、途方にくれる。にっちもさっちも行かぬ。進退きわまる。＊俳諧・物種集(1678)「跡へもさきへもゆかぬ往生 書置にこれまでのする石車〈西鶴〉」＊浮世草子・好色一代男(1682)八・二「さらばといへども跡（アト）へも先（サキ）へもゆかず、見るに笑しく」 *浄瑠璃・心中宵庚申(1722)上「ふと余国より御所望の時跡へも先へもいかず、国中を尋ても有合せず、おのづから殿様をうそつきにしてのける」 *人情本・春色梅児誉美(1832–33)初・二齣「ためったな業(こと)を仕出来して、後(アト)へも前(サキ)へも行(イカ)ねへよふなことをしてくれるなよ」

あとへ寄(よ)る (腹の皮が後へ寄るの意から)空腹になる。*浄瑠璃・源頼家源実朝鎌倉三代記(1781)七「水辛(みづから)や梅干で酒がいけるものかいの。そしてきつう跡へ寄った」

あとほど上(あ)がり 会席の作法であとから行く者ほど上座にすわること。*譬喩尽(1786)六「後程上(アトホドアガ)りとて前へ行より後から行人上座なり」

あとや先(さき) ①あとになり先になりして行くさま。*咄本・醒睡笑(1628)六「久我(こが)縄手(なはて)を葦毛馬、鹿毛(かげ)、河原毛(かはらげ)の三匹に荷を負ほせて行くに、宗長後や先とあゆまれし」 *俳諧・俳諧新選(1773)一・春「跡や先と子を守り行くや親すずめ〈它谷〉」 ②会話、文章、思考などが、前後とり乱れていてまとまりのないさま。*俳諧・笈の小文(1690–91頃)「わすれぬ所々、跡や先やと書集(かきあつめ)侍るぞ、猶酔(よへ)る者の妄語(まうご)にひとしく」 *洒落本・魂胆惣勘定(1754)中「ほうばい女郎にもしのびて、跡(アト)や先に成たる文を書て、半切の一巻も遣ひ」 *人情本・春色梅児誉美(1832–33)後・一〇齣「こどもごころのあとやさき、かくごしてもかなしくなり」

あとを収(おさ)む 事態が収拾される。物事が静まる。*俳句新派の傾向(1899)〈正岡子規〉「二三年前に流行したる乱調は漸く跡を斂めたりといへども初六字の中に五字の名詞を用うる事などは普通と為りて怪まざるに至れり」

あとを黒(くろ)む 戦いの際、背後の方を守る。後方から援護する。*天草本伊曾保(1593)鳥と獣の事「イザサラバ コンドワ ワレラガイチモン サキヲカケテ イクサヲ ハジミョウズル ヲノヲノ atouo curome(アトヲクロメ) サセラレイト」 *三河物語(1626頃)三「然ば、河之はたへ出させ給ふ事ならずは、此山さきまで押出して、あとをくろめ給へ」

あとをする ①他の人がすでにしたことをする。*日葡辞書(1603–04)「Atouo suru(アトヲ スル)」 ②軍陣に際して後備(あとぞな)えをする。↓あと(後)㊀①㋺。*日葡辞書(1603–04)「Atouo suru(アトヲ スル)。シッパライ スルという方がまさる」 方言❶後を継ぐ。◇あとする 香川県大川郡829 ❷人の後になる。遅れを取る。◇あとする 富山県砺波398 ❸足跡をたどって行く。◇あとする 奈良県吉野郡688

あとを詰(つ)む ①あとの事の約束を固める。後詰めとしてあと始末をする。*浄瑠璃・用明天皇職人鑑(1705)五「ふと頼まれ奉(たてまつ)り、しさいてはをかれず、裏壁(うらかべ)かやしてあとをつめんと思ひ」 *浄瑠璃・心中重井筒(1707)中「誰じゃ、房(ふさ)か。際(きは)の商(あきなひ)あとをつめやとよそよそしう」 ②遊里で、客が遊女を、翌朝まで買い切る。*浮世草子・傾城禁短気(1711)三・四「是から直ぐにそなた一所に宿替へして、外で潜かに遊ぶべしと、花車を呼びて小ざつが跡(アト)をつめて貰ひ」 *浄瑠璃・心中天の網島(1720)上「跡つめてしっぽりと小春様、しただる樽の生醤油(きじゃうゆ)」

あとを引(ひ)く 終わるはずの事柄がいつまでも続いてきまりがつかない。また、終えるはずの事柄をいつまでも続けてする。主に飲食や好みなどについて味をしめることをいう。*浮世草子・男色大鑑(1687)七・二「稀に逢(あひ)ぬる客も忘れがたくて、跡引(アトヒキ)て明暮恋にせめられ」 *浮世草子・けいせい伝受紙子(1710)四・三「又ふたたびと出ざるは、まことに類なき若ものやと、べんべんだらりと跡(アト)を引(ヒク)、町人心に合して人皆是を感ぜし也」 *歌舞伎・早苗鳥伊達聞書(実録先代萩)(1876)三幕「三合はいい五合はいいと、無暗に跡(アト)を引(ヒ)いて見ろ」 *湯葉(1960)〈芝木好子〉「歓楽の果ての名残り惜しい寂寥があとを引いた」 辞書 言海 表記 後ヲ引ク(言)

あと【跡】〘名〙①足。また、足もと。足のあたり。↕枕。*書紀(720)継体七年九月・歌謡「阿都(アト)取り 端(つま)取りして 枕取り 端取りして 妹(いも)が手を 我に枕(ま)かしめ」 *万葉(8C後)五・八九二「父母(ちちはは)は枕の方に 妻子(めこ)どもは 足(あと)の方に 囲(かく)み居て 憂(うれ)へ吟(さまよ)ひ〈山上憶良〉」 *古今(905–914)雑体・一〇二三「枕よりあとより恋のせめくればせんかたなみぞとこなかにをる〈よみ人しらず〉」 *幸若・十番斬(室町末–近世初)「助経を見て有ければ跡も枕も見もはかず、されども死骸を引あげ、空顔をつくつくと見て」 ②特に、獣のうしろ足。*大友記(17C前)豊州勢高城を責事「馬は足のとどかざる処にては竿立に立ってあとばかりにて渡る」 ③足を下ろした所に残る形。足跡(そくせき)。㋑あしがた。あしあと。*仏足石歌(753頃)「丈夫(ますらを)の進み先立ち踏める阿止(アト)を見つつ偲はむ直(ただ)に逢ふまでに正(まさ)に逢ふまでに」 *万葉(8C後)四・五四五「わがせこが跡(あと)踏みもとめ追ひゆかば紀の関守いとどめてむかも〈笠金村〉」 *後撰(951–953頃)恋二・六三五「跡見れば心なぐさのはまちどり今は声こそきかまほしけれ〈よみ人しらず〉」 *書陵部本名義抄(1081頃)「足趾 最行云阿刀」 *名語記(1275)三「はひあるきたる趾の様にいりくみたる」 ㋺人が行き来した足あと。歩いた形跡。往来。*源氏(1001–14頃)手習「黒谷とかいふ方よりありく法師のあとのみ、まれまれは見ゆるを」 *新古今(1205)冬・六五九「ふる雪にまことに篠家(しのや)いかならんけふは都に跡だにもなし〈藤原基俊〉」 ④去って行った道や方向。行方。*古今(905–914)離別・三九一「きみがゆくこしのしら山しらねども雪のまにまにあとはたづねん〈藤原兼輔〉」 *源氏(1001–14頃)明石「猶これより深き山を求めてや、あとたえなましとおぼすにも」 ⑤過ぎてしまった現象や、事件、事物のことがうかがわれるしるし。痕跡(こんせき)。遺跡。*万葉(8C後)三・三五一「世の中を河に譬へむ朝びらき漕ぎいにし舟の跡(あと)なきごとし〈満誓〉」 *百法顕幽抄平安中期点(900頃)「車の蹤(アト)を轍と曰ふ」 *白氏文集天永四年点(1113)三「箭の孔、刀の痕(アト)、枯骨に満てり」 *平家(13C前)五・月見「名所の月をみんとて、或は源氏の大将の昔の跡をしのびつつ」 *俳諧・奥の細道(1693–94頃)平泉「夏草や兵(つはもの)どもが夢の跡」 ⑥手本とすべき過去の事柄。先例。故実。ためし。しきたり。*書紀(720)雄略二三年四月(前田本訓)「是歳、百済の調賦(みつきもの)、常の例(アト)に益れり」 *源氏(1001–14頃)帚木「臨時のもて遊びものの、そのものとあとも定まらぬは」 *南海寄帰内法伝平安後期点(1050頃)二「京洛の諸師、亦た斯の轍(アト)に遵ふもの有り」 ⑦筆跡。筆のあと。*源氏(1001–14頃)絵合「今の浅はかなるも、昔のあとに恥なく賑はしく」 *狭衣物語(1069–77頃か)一「御手などは、古の名高かりける人のあとは千歳を経れど変らぬに」 ⑧家の名跡。また、家の名跡をつぐ者。家督。遺産。遺領。遺産相続人。跡式(あとしき)。*書紀(720)欽明二年七月(寛文版訓)「人の後(つき)を為す者は、能く先(おや)の軌(アト)を負荷(にな)ひ」 *愚管抄(1220)六・順徳「鎌倉は将軍があとをば母堂の二位尼総領して」 *御湯殿上日記–文明一三年(1481)四月二三日「五条のあとになるへきちこはしめてしゆつし」 *浮世草子・日本永代蔵(1688)一・二「此親仁〈略〉頓死の枕に残る男子一人して、此の跡(アト)を丸どりにして」 *譬喩尽(1786)六「阿斗(アト)若君を云ふ」 *大つごもり(1894)〈樋口一葉〉下「家督(アト)は妹娘の中にとの相談」 ⑨取引所で売買取引の終わったあと。引け跡。 語誌(1)ア(足)ト(処)が原義。上代には、足の方、足を踏んだ所、広がって、過ぎ去ったものの痕跡をいう。(2)以前の存在・行為・現象の結果、現状に残ったしるしの意味では、「跡」「痕跡」「形跡」が類義的関係にある。特に「人が歩いたあとがある」の例文のように、「しるし」が具体的・即物的なものであると考えられる場合、文体的な差はあるが、どれでも用いられ、使用が重なる。このうち「痕跡」がもっとも具体的であり、かすかな「しるし」のニュアンスもある。(3)それに対して、「彼が嘘をついた～がある」のように、「しるし」が態度・言動・状況など、より抽象的なものになると、「形跡」しか用いられない。したがって「この部屋で犯罪が行なわれたあとがある」では、「跡」「痕跡」は、具体的な証拠に基づいていると考えられるのに対して、「形跡」は、それもあるが、部屋の全体的な雰囲気や勘に基づいているようなニュアンスも持つことになる。この点、「どうもここに誰かいたあとがある」など、「形跡」は疑いの意味の副詞と結び付く表現にも適している。(4)また、「跡」は「成長のあとが著しい」などと用いられるが、この意味では「痕跡」「形跡」は用いられない。「形跡」「痕跡」は、一回的な出来事についていうのに対し、「跡」は連続的・過程的な出来事についてもいえ、その点では使用が重ならない。 語源説(1)アシト(足所・足処)の略〔古事記伝・和訓栞・大言海・国語の語源とその分類=大島正健・日本語源=賀茂百樹〕。(2)アト(足止)の義〔和句解・日本釈名・萍の跡〕。 発音〈標ア〉ア 〈ア史〉平安来○● 〈京ア〉0 上仮名 アト・アト アト ア(足)とト(所)の結合した語かともいわれ、そうであればアトが正しいが、実際にはアト・アトの両形がある。音節としてのト・トの混同が早くから起こったことを反映するものだろう。 辞書 字鏡・色葉・名義・下学・和玉・文明・明応・天正・黒本・易林・日葡・書言・ヘボン・言海 表記 蹤(色・名・玉・文・明・天・易・書) 跡(色・下・玉・文・明・天・易・書・ヘ・言) 痕(色・名・玉・文・天・黒・易) 迹(色・名・玉・文・易・書) 蠋(色・名・文) 踑・軌・武(色・名・玉) 塵(玉・文) 蹄(字・名) 蹞・軨・斗・臬(色・名) 轍(色・玉) 蹠(色・文) 蹟・蹾(名・玉) 迒・趕・躪・遠・蹴(色・名) 瘢(玉) 蹣・址(書)

あと打(う)った鳥(とり) (鳥が飛び立ったあとへ鉄砲をうつの意から)してもかいのないこと。または、間の抜けたことにいう。

あとが付(つ)く 逃亡した者のゆくえがばれる。身をくらました場所が明らかになる。*真景累ケ淵(1869頃)〈三遊亭円朝〉一二「剣術の修業をして身を潜めて居りましたが、城中に居りましたから、頓と跡が付きません」

あとからはげる うそ、おせじなどが、すぐにそれとばれてしまう。*浮世草子・西鶴織留(1694)一・三「こんなぬり物やへかたられて、跡(アト)からはげる事を、念仏講の同行(どうぎゃう)平野屋の久斎様にだまされた」 *浄瑠璃・用明天皇職人鑑(1705)四「おっかない偽り、跡からはげるはげあたま親は是を誠(まこと)と思ひ」 *浄瑠璃・仮名手本忠臣蔵(1748)四「人の心を悦(よろ)こばさふ迚(とて)、武士に似合ぬ、ぬらりくらりと跡から兀(ハゲ)る正月詞」

あと白波(しらなみ) ①船の通ったあとに立つ波。②(「しらなみ」を「知らない」にかけて)去ってしまって、行方が知れなくなること。また、見えなくなることにいう。*謡曲・舟弁慶(1516頃)「なほ怨霊は慕ひ来るを、追っ払ひ祈り退け、〈略〉また引く潮に揺られ流れて、跡白波とぞなりにける」 *浄瑠璃・卯月の潤色(1707頃)道行「かひも有るかやしじみが跡しらなみとぞ成にける」 *洒落本・辰巳婦言(1798)発語「船は別れて、〈略〉跡白波(アトシラナミ)に

音(ね)而已(のみ)聞ゆる」 発音〈標ア〉アシ

あと知(し)る (「知る」は、領有するの意) 家督、財産を相続する。＊浮世草子・好色五人女(1686)五・三「其死人の弟をすぐに跡しらすなど、又は一門より似合(にあは)しき入縁(いりゑ)取(とる)事」＊浮世草子・真実伊勢物語(1690)三・二「子のない人のかなしさはあとしる人もなくして」

あととす 物事を決め行なう時に、あることを先例とする。手本とする。＊続日本紀-慶雲四年(707)四月一五日・宣命「是を以ちて令文(のりのふみ)に所載(のせ)たるを跡止為(あとトして)て」＊書紀(720)安閑元年閏一二月(寛文版訓)「永く為鑑戒(アトトし)て、別に狭井田六町を以て大伴大連に賂(まひな)ふ」 辞書色葉・名義 表記趾(色・名)

あとの白波(しらなみ) 「万葉集-三・三五一」の沙彌満誓の歌の異伝である、「拾遺集-哀傷・一三二七」の「世の中を何にたとへむ朝ぼらけ漕ぎゆく舟のあとのしら浪」による引き歌。はかない情趣、また、はかないもののたとえにも用いられる。＊枕(10C終)三〇六・日のいとうららかなるに「はし舟とつけて、いみじう小さきに乗りて漕ぎありく。〈略〉あとの白浪は、まことにこそ消えもて行け」＊方丈記(1212)「若(もし)、あとのしらなみに、この身を寄する朝(あした)には、岡の屋にゆきかふ船をながめて、満沙彌(まんしゃみ)が風情(ふぜい)を盗み」＊平家(13C前)二・大納言流罪「跡(アト)のしら波(ナミ)へだつれば都は次第に遠ざかり」

あとの標(しるし) 遺骨、遺体を葬ったしるし。墓標。墓。＊謡曲・井筒(1435頃)「この寺の本願在原の業平は世に名を留めし人なり、さればその跡のしるしもこれなる塚の蔭やらん」

あとの間(ま) ①次の間。＊浄瑠璃・鎌田兵衛名所盃(1711頃)名所屏風「鎌田殿は、跡の間に酒を呑して、庄司殿が討るる筈と」②物事が、その期を逸していること。手おくれ。あとの祭。＊浄瑠璃・夏祭浪花鑑(1745)一「親の罰(ばち)銀(かね)の罰身の程忘れた罰で、襤褸(つづれ)着る様に成(なっ)たとは今では合点がいても跡の間」 発音〈標ア〉ア

あとのまま 物事の先例に従ってすること。また、定まった手法のとおりにすること。＊儀式(872)四・践祚大嘗祭儀・下「供二奉大嘗会一雑用料、依例(アトノママ)所レ充如レ件」＊源氏(1001-14頃)若菜下「このことは、まことにあとのままに尋ねとりたる昔の人は、天地を靡(なび)かし、鬼(おに)神の心をやはらげ」＊桃花蘂葉(1480)読様事「任例 アトノママ」＊言継卿記-永禄一二年(1569)正月一四日「三きつちやう十ほん、あとのままして上いたし候」

あとの闇路(やみじ) すぐれた師に先立たれた者の不安と絶望に満ちた前途。＊私聚百因縁集(1257)七・三「別離の雲を厚くし誰か跡闇路(アトノやみヂ)を歎かざらん」

あとも無(な)し 存在や事実の跡かたも無くなって、何も残らない。無常ではかない意を含む場合が多い。＊万葉(8C後)一五・三六二五「行く水の 還(かへ)らぬ如く 吹く風の 見えぬが如く 安刀毛奈吉(アトモナキ) 世の人にして〈丹比大夫(名未詳)〉」＊源氏(1001-14頃)夢浮橋「めづらかにあともなくきえうせにしかば」＊新古今(1205)春下・一三四「桜色の庭の春かぜ跡もなしとはばぞ人の雪とだに見ん〈藤原定家〉」＊玉塵抄(1563)一二「あれはことをぬすみくうて云たことか、一もあともないほどにこえいではとあり」＊仮名草子・竹斎(1621-23)上「夕の風に誘はれ、露と消えつつ鳥辺野(とりべの)の煙となりてあともなし」

あとや枕(まくら) 寝ている人の足もとや枕もと。あとまくら。＊幸若・信太(室町末-近世初)「十一人の人々も、跡や枕に立寄て、いかがはせんとなげけども、つゐには叶はぬ生死の道」＊日葡辞書(1603-04)「Atoya macurani (アトヤ マクラニ) タチヨリテ」＊浮世草子・日本永代蔵(1688)四・四「息も引入時、内蔵の金子取出させて、跡(アト)や枕にならべ」 辞書日葡

あとを失(うしな)う ゆくえがわからなくなる。見失う。＊蝴蝶(1889)〈山田美妙〉二「さるを猶、この身だに斯くて御ん跡をも失ひつ。いづくに頼りて便りを得ん」

あとを埋(うず)む 「あと(跡)を隠す」に同じ。＊日葡辞書(1603-04)「アトヲ カクス、または、atouo vzzumu (アトヲ ウヅム)〈訳〉死骸を葬る。同語、世間をすっかりいとうて、誰にも知られない所に隠れる」＊読本・南総里見八犬伝(1814-42)八・七四回「重担(おもに)に撓(たゆま)ぬ足快(はや)く迹を埋(ウヅ)めて逃亡(うせ)けり」

あとを追(お)う ①先に行くものや去ってしまったものをあとから追って、ついて行く。＊日葡辞書(1603-04)「ヒトノ atouo vôte (アトヲ ヲウテ) マイル」＊浮世草子・世間娘容気(1717)一「かかさまゆかうかと声声に啼わめいて、跡追ふ子供を内にすて置」＊多情多恨(1896)〈尾崎紅葉〉前・七「『どうも変だ』と直(すぐ)に後を追って二階を下りたが」②ゆかりのある人が死んですぐ、あとを慕うようにして死ぬ。＊いさなとり(1891)〈幸田露伴〉九七「首縊(くく)りて可愛(かはい)我が子の後追はむかとまで、愚直なる心より世を果敢無(はかな)み」＊野菊の墓(1906)〈伊藤左千夫〉「私は民子の跡追ってゆきたい」③物事をするのに先人の手本に従う。＊太平記(14C後)二二・畑六郎左衛門事「弓は養由が跡(アト)を追しかば、弦を鳴して、遙なる樹頭の栖猿をも落しつべし」

あとを隠(かく)す ①(「あしあとを隠す」の意から) ㋑この世を去る。死ぬ。逝去する。＊性霊集-二(835頃)大唐青龍寺故三朝国師碑「溺子一何悲哉。医王匿レ迹、狂児憑レ誰解レ毒」㋺人目につかないようにゆくえをくらます。または、俗世間を離れて隠遁(いんとん)の境涯に入る。＊方丈記(1212)「いま、日野山の奥にあとをかくしてのち」＊俳諧・幻住菴記(1690頃)「かくいへばとて、ひたぶるに閑寂を好み、山野に跡をかくさむとにはあらず」＊俳諧・蕪村句集(1784)秋「跡かくす師の行方や暮の秋」②死骸を葬る。＊日葡辞書(1603-04)「Atouo cacusu (アトヲ カクス)、または、アトヲ ウヅム〈訳〉死骸を葬る。同語、世間をすっかりいとうて、誰にも知られない所に隠れる」＊仮名草子・竹斎(1621-23)下「我空しくなるならば、比程宿坊に頼みたる御僧に、刀(かたな)脇差(わきざし)参らせて、あとをかくせ」

あとを=暗(くら)くす[=暗(くろ)うす] 「あと(跡)を暗(くら)ます」に同じ。＊源氏(1001-14頃)絵合「いと、かう、まさなきまで、いにしへの墨書の上手ども、あとをくらうなしつべかめるは、かへりて、けしからぬわざなり」＊和漢朗詠(1018頃)下・閑居「跡(あと)を晦(くら)うして未だ苔径(たいけい)の月を抛(なげう)たず 喧(くゑん)を避ってはなほ臥せり竹窓(ちくさう)の風〈平佐幹〉」＊今昔(1120頃か)三〇・八「此の内舎人其の夜より跡を暗くして不見えざりければ」＊宇治拾遺(1221頃)三・一三「別当が妻、異男(ことをとこ)にかたらはれて、跡をくらうして失せぬ」 辞書下学 表記暗レ跡(下)

あとを=暗(くら)ます[=暗(くら)む=暗(くら)まかす] どこへ行ったのかわからないように姿を消す。ゆくえをくらます。跡を暗くす。暗む。＊古今著聞集(1254)一〇・三五八「兼弘あとをくらみて失せにけり」＊日葡辞書(1603-04)「Atouo curamacasu (アトヲ クラマカス)〈訳〉逃げる時に足跡や形跡を知られたり残したりしないようにする」＊詞葉新雅(1792)「アトヲクラマス あとをくらうなす」 辞書言海 表記跡ヲクラマス(言)

あとを差(さ)す 一つの寝具に、二人が反対の方向から足を差し入れ合って寝ること。＊日葡辞書(1603-04)「アトヲ ツガウ、または、atouo sasu (アトヲ サス)」＊浮世草子・好色五人女(1686)四・二「吉三郎様の事か、おれと今迄跡(アト)さして臥(ふし)ける」＊雑俳・大福寿覚帳(1711-16頃)「ひっぱってあとさしてねる一ツよぎ」＊浮世草子・浮世親仁形気(1720)五・一「奥丹波の猿と跡(アト)をさしてねた山家(やまが)ものが」

あとを慕(した)う 恋しく思ったり、逃げたりする者のあとを追って行く。また、人を敬い、その人に見習おうとする。＊史記抄(1477)七・高祖本紀「日本に追レ北を、あとをしたうと云様なぞ」＊日葡辞書(1603-04)「ヒトノ atouo xitǒ (アトヲ シタウ)〈訳〉ある人に随行してゆく。比喩として、人に追随する。または人の真似をする」＊説経節・説経苅萱(1631)中「くうかいはあとをしたいてをまいりある」

あとを知(し)らす 家督・財産を相続させる。跡をとらせる。＊浮世草子・世間娘容気(1717)五「息も引とらぬうちより後夫のせんさくを耳にかけ、其死人の弟をすぐに跡(アト)しらすなど」

あとを絶(た)つ ①主として男女が、交渉を絶つ。＊夜の寝覚(1045-68頃)一「行先をたのむやうにてあとをたつ気色ながら、うらめしきぞ、ことわりなきや」＊とりかへばや(12C後)下「いかばかりの心にて、これをかくみずしらず、あとをたちてやみなんと思ひはなれけん」②特定の時期を最後としてそのことが起こらなくなる。＊小説神髄(1885-86)〈坪内逍遙〉上・小説の変遷「寓言の書(ふみ)は次弟に衰へ竟(つひ)には跡(アト)をもたつことなるべし」＊花間鶯(1887-88)〈末広鉄腸〉下・一〇「官民の軋轢も迹(アト)を絶(タ)ち目出度く国会が開設になるであらう」③「あと(跡)を隠す①」に同じ。

あとを立(た)てる 当主が死んだ跡をついで、家督を相続する。または、相続させる。＊応永本論語抄(1420)憲問第十四「迹を立ててと申は、先祖の祀(まつり)をやさずして守ん為也」＊日葡辞書(1603-04)「Atouo tatçuru (アトヲ タツル)〈訳〉相続人に家督を相続させる。または他家を存続させる」＊浮世草子・好色一代男(1682)二・二「欲といふ物ありて、うきながら、跡(アト)立(タツ)るも身をおもふ故(ゆへ)ぞかし」＊思出の記(1900-01)〈徳富蘆花〉三・二一「其れは如何(どう)でも宜いが、兎に角乃公(わし)の跡を立てて貰いたいのじゃ」

あとを絶(た)ゆ ①(跡形がなくなるの意から) ゆくえをくらます。世間との交渉を絶つ。姿を隠す。また、浮き世を捨てて、隠遁(いんとん)の境涯に入る。＊宇津保(970-999頃)俊蔭「この山にまかり籠(こも)りしこと、五歳よりなり。其ののち、あとたえて、まかり出づることなし」＊源氏(1001-14頃)澪標「ふかき山にあとをたえたる人だにも」②人跡が絶える。人の行き来がなくなる。訪れる人もなくなる。＊源氏(1001-14頃)末摘花「おとなひきこゆる人もなかりけるを、まして、今は、浅茅わくる人もあとたえたるに」＊山家集(12C後)上「あとたえて浅茅しげれる庭の面(おも)に誰分け入りてすみれつみてん」③音信がとだえて、様子がわからなくなる。＊源氏(1001-14頃)橋姫「西の海のはてまで、取りもてまかりにしかば、京のことさへあとたえて」④姿が見えなくなる。存在しなくなる。また、絶滅する。＊平家(13C前)二・座主流「五障の女人跡たえて、三千の浄侶居をしめたり」⑤跡つぎがなくなる。家が断絶する。

あとを垂(た)る (「垂迹(すいじゃく)」の訓読)

①本地である仏、菩薩が衆生(しゅじょう)を救うため、かりに神や偉人となって此の世に現われる。＊源氏(1001-14頃)明石「住吉の神、ちかき境(さかひ)を鎮(しづ)め守り給、まことにあとをたれ給ふ神ならば、たすけ給へ」＊新古今(1205)神祇・一八九二「あとたれし神にあふひのなかりせば何にたのみをかけて過ぎまし〈賀茂重保〉」＊保元(1220頃か)上・将軍塚鳴動「南には八幡大菩薩、男山に跡をたれて帝都をまもり」＊日葡辞書(1603-04)「Atouo taruru(アトヲ タルル)」 ②その本来の居所と別の所に出現する。または、住むようになる。＊更級日記(1059頃)「これもさきの世にこの国にあとをたるべき宿世(すくせ)こそありけめ」＊仮名草子・浮世物語(1665頃)一・一〇「五条西の洞院には天神の御社、少彦名(すくなひこな)の御神の跡(アト)たれ給ふ所とて」 ③先人の行ないにならう。手本としてあとをしたう。＊仮名草子・元の木阿彌(1680)上「道哲といひし道心、万日の念仏をおこなひすまして居たる草庵なり。今にそのあとをたれて、昼夜怠る事なし」＊浮世草子・日本永代蔵(1688)五・二「彌陁次郎が跡(アト)たれて発心もならざれば」 ④模範として示し残す。範を垂る。 辞書 下学・易林・言海 表記 垂ㇾ跡(下・易) 跡ヲ垂ル(言)

あとを番(つが)う 「あと(跡)を差す」に同じ。＊日葡辞書(1603-04)「Atouo tçugǒ(アトヲ ツガウ)、または、アトヲ サス」

あとを継(つ)ぐ 前任者の役職や事業、遺産、流儀などを受け継ぐ。＊義経記(室町中か)二・遮那王殿元服の事「保元の合戦に叔父鎮西八郎名を流し給ひし事なれば、そのあとをつかん事よしなし」＊虎明本狂言・腰祈(室町末-近世初)「我らの行は役のうばそくの跡をつぎ、難行苦行をいたひて」＊日葡辞書(1603-04)「Atouo tçugu(アトヲ ツグ)〈訳〉他の人の地位や役職、遺産をひきつぐ」＊浮世草子・世間子息気質(1715)二・二「惣領は先腹(せんばら)ゆゑ、つがすべき親の跡を継(ツガ)せず」

あとを付(つ)ける ①去ったあとに足跡などの痕跡(こんせき)を残す。あとを残す。＊享和本新撰字鏡(898-901頃)「蹂 践也 阿止豆久」＊新古今(1205)冬・六七九「庭の雪にわが跡付けて出でつるをとはれにけりと人や見るらん〈慈円〉」＊菟玖波集(1356)雑四「誰かさて岩間に跡をつけつらん 我が身ぞおそく世をば捨てつる〈善阿〉」 ②人や鳥獣の行くあとについて行き、様子をさぐる。尾行する。追跡する。＊日葡辞書(1603-04)「アトヲ ツクル、または、Atouo tçuqete(アトヲ ツケテ) ユク」＊吾輩は猫である(1905-06)〈夏目漱石〉一一「一歩(ひとあし)運ぶ毎にがさがさするのが気にかかります。誰かあとをつけて来さうでたまりません」 ③江戸深川の岡場所で、他の遊客が揚げた芸妓があいたら、すぐにつづけて自分が揚げるために、玉(ぎょく)をつける。または、自分で揚げた芸妓の約束の時間が切れた後も、つづけて揚げる。＊洒落本・美地の蛎殻(1779)「昼おれが来て口をかけたら、無(ね)へと云ふから、跡でも付て来ひとたのめば」＊洒落本・仕懸文庫(1791)一「跡をつけて待あればなをして鼻をあかする有」＊人情本・春色辰巳園(1833-35)初「あとをつけくちをかけたる時鳥思ひ辰巳にあくまでもきく」 辞書 言海 表記 跡ヲツケル(言)

あとを訪(と)う ①なくなった人の霊を弔う。また、その仏事を行なう。＊山家集(12C後)中「あとをとふ道にや君は入りぬらんくるしき死出の山へかからで」＊天草本平家(1592)一・一二「ハマチドリノ ホカ ワ ato tǒ(アト トウ) モノ モ ナカッタ」＊仮名草子・薄雪物語(1632)下「嘆きてもかへる道にはあらず。能々(よくよく)あととひ給へとよ」 ②物事の跡をたずねる。遺跡をたずねる。

あとを閉(と)ず 「あと(跡)を隠す①」に同じ。＊有明の別(12C後)二「かかる草の庵(いほり)にあとをとぢ、とらおほかみを友として、いまはと、この世のことを思ひ給へまする事なきを」＊金刀比羅本保元(1220頃か)下・新院御経沈めの事「只(ただ)棘葎(むばら)垣をなす。浅茅(あさぢ)、蓬(よもぎ)跡(アト)を閉(トヅ)」

あとを留(とど・と)む ①この世に生き長らえる。＊源氏(1001-14頃)総角「いひ知らず、憎くうとましきものに、おぼしなすめれば、きこえむ方なし。いとど、世にあととむべくなむおぼえぬ」＊平家(13C前)三・城南之離宮「げに心あらむ程の人の、跡をとどむべき世ともみえず」＊右京大夫集(13C前)「ゆくへなくわが身もさらばあくがれんあととどむべきうき世ならぬに」＊あさぢが露(13C後)「我身もいつまでとのみあととむべうこそおぼえね」 ②以前あったままに残しておく。痕跡(こんせき)を残す。＊方丈記(1212)「つひにあととむる事を得ず、三十あまりにして、更にわが心と、一の菴(いほり)をむすぶ」＊平家(13C前)七・聖主臨幸「鳳闕むなしく礎をのこし、鸞輿(らんよ)ただ跡(アト)をとどむ」＊風雅(1346-49頃)春下・二二七「あしがらの山の嵐の跡とめて花の雪ふむ竹の下道〈藤原為相女〉」 ③ある場所にとどまる。逗留する。すみつく。＊天草本平家(1592)読誦の人に対して書す「Padre Irman コキャウヲ サッテ〈略〉ソクサン ヘンヂノ フサウニ atouo todome(アトヲ トドメ) テンノ ミノリヲ ヒロメ」

あとを尋(と)む (「とむ」は、尋ね求めるの意) ①行先を尋ねる。あとを追う。＊山家集(12C後)下「雪凌(しの)ぐ庵(いほり)のつまをさし添へて跡とめて来む人を止めん」＊新勅撰(1235)秋上・二七〇「叢雲(むらくも)の峰にわかるるあととめて山のはつかに出づる月影〈藤原道家〉」 ②昔のことや先人の事跡を尋ね求める。また、それに従って行動する。追随する。＊新古今(1205)雑中・一六四六「さがの山千代のふるみち跡とめて又露分くるもち月の駒〈藤原定家〉」＊新勅撰(1235)雑二・一一五三「あととめて古きを慕ふ世ならなん今もありへば昔なるべし〈西行〉」＊日葡辞書(1603-04)「Atouo(アトヲ) トムル」 辞書 書言 表記 躡ㇾ蹤(書)

あとを弔(とむら・とぶら)う 死者の霊を慰める。追善のために法事を行なう。＊義経記(室町中か)一・牛若鞍馬入の事「ただ法師になして、あとをもとぶらひて、など思ひて」＊虎明本狂言・塗師(室町末-近世初)「こなたにいつも御目にかかりたひと申されて御ざる、その執心がのこってま見えられたと存る程に、跡をとむらふてくだされひ」＊日葡辞書(1603-04)「Atouo tomurǒ(アトヲ トムラウ)〈訳〉故人のために葬式または儀式を行なう」＊仮名草子・伊曾保物語(1639頃)下・二九「必(かならず)極楽へ生(うま)れん事、いささかも疑ひ玉(たま)ふ事あらじ。われもろともにかの跡を懇(ねんごろ)にとぶらふべし」

あとを取(と)る 家督を相続する。あとを継ぐ。＊足利本論語抄(16C)為政第二「今の孝は父母を養て不ㇾ敬して、跡をとらんとするまで也」＊仮名草子・犬枕(1606頃)「知りて入らぬ物。跡とって死する人」＊随筆・孔雀楼筆記(1768)一「多財の家へは、多財の他姓の者来(きたっ)て跡(アト)をとる」＊人情本・春色梅児誉美(1832-33)初・三齣「もとこの家のあとをもとるべきものなりしを」 辞書 言海 表記 跡ヲ取ル(言)

あとを濁(にご)す (多く、打消の形で用いられる) 立ち去ったあとに醜い痕跡(こんせき)を残す。多く、関係のなくなったあとに不名誉な手落ちや過失、悪いうわさなどを残すことにいう。＊日葡辞書(1603-04)「タツトリモ atouo(アトヲ) ニゴサヌ」＊浄瑠璃・薩摩歌(1711頃)上「彌生(やよひ)は雁の出かはりに、しんざの燕(つばめ)置つけて、あとをにごさぬ水の面」

あとを踏(ふ)む ①前人の事跡に学び、それを手本として行なう。踏襲する。＊続拾遺(1278)雑上・一一四六「我山のさかゆく道を尋ねつついかで昔の跡をふままし〈慈助法親王〉」＊猿投本文選正安四年点(1302)一「掌を高し蹠(アトヲフム)ことを遠し」 ②隊列がうしろにさがる。後退する。＊仮名草子・諸虫太平記(1681-88頃)下「一足も跡(アト)を踏べからず、備を堅固に守、勝負を一戦の内に遂よ」 ③他人に先んじられる。立ち遅れる。＊俳諧・大坂独吟集(1675)下「まへ髪ごそり少年の春 親のあと踏ては惜む雪消て〈由平〉」 辞書 和玉・書言 表記 蹠(玉) 躡ㇾ蹤(書)

あとを守(まも)る ①親や夫の死後、または長い留守の間、残された者が家業を絶やさないよう、衰えないようにする。 ②師の死後、弟子がその学風、芸風を伝え絶やさないようにする。また、先例にちがわないようにしてゆく。＊玉くしげ(1789)「今の上(かみ)の御掟にそむかず、跡(アト)を守(マモ)りて執行ひたまふが、即(すなはち)まことの道の趣にして」 ③留守番をする。

あとを譲(ゆず)る 跡目を人に与える。ある人を自分の後継者、跡継ぎとする。＊日葡辞書(1603-04)「Atouo(アトヲ)、または、アトシキヲ、yuzzuru(ユヅル)〈訳〉ある人を後継者にする」＊咄本・昨日は今日の物語(1614-24頃)上「経をよまぬはくるしうもなひぞ。よき法花宗の下地ぢゃ。跡をゆづらふぞ」

あ-と【足音】『名』「あしおと(足音)」に同じ。

あ-と【阿堵】『名』(中国六朝時代の俗語で「あれ」「これ」の意) ①「あとぶつ(阿堵物)」の略。＊江都督納言願文集(平安後)二・同女御丈六堂「捨二阿堵於旦千一、瑩二良金於丈六一」＊蔗軒日録-文明一六年(1484)四月九日「付二阿堵一百一為二路資一」＊星巌集-丙集(1837)梨花村草舎支集・明星津石歌「巧偸豪奪吾何忍、阿堵千緡酬二汝意一」 ②(東晋の画家、顧愷之(こがいし)が、人を描いて目玉をつけないで、「伝神写照、正在阿堵中(この物の中にちゃんとある)」と言ったことから) 目玉のこと。＊随筆・山中人饒舌(1813)下「予蔵二宮本武蔵画布袋和尚像一。筆法雋穎、墨色沈酣、阿堵一点、奕々射ㇾ人」

あとの物(もの) 「あとぶつ(阿堵物)」に同じ。＊和訓栞(1777-1862)「せに 銭の音を転ぜし也といへり。〈略〉阿堵の物を訳せり」

あと『名』方言 ❶田の水を落とすための畔(あぜ)の切り口。長野県諏訪468 上伊那郡488 愛知県知多郡571 鳥取県気高郡717 島根県724 725 岡山県苫田郡748 川上郡765 広島県比婆郡774 ◇あとくち〔―口〕 島根県725 岡山県川上郡765 ❷田に水を入れたり、水を流し出したりする水口。飛州†094 岐阜県飛騨502 ◇あとのくち 岐阜県飛騨502 ❸田に水を引く入り口。岐阜県郡上郡504 愛知県宝飯郡062 ◇あとぐち 愛知県宝飯郡062

アト『語素』(英 atto-) 国際単位系で定められた一兆分の一の一〇〇万分の一を意味する語。単位の上につけて用いる。記号a 発音〈標ア〉ア

あ-ど【網所】『名』方言 ❶漁のため網をおろす所。漁場。石川県鳳至郡406 ❷水面に張った氷に穴をあけて行なう、氷引(こおりびき)漁業の漁場。長野県諏訪481 ❸白魚を捕る時に四つ手網をおろす足場の仕掛け。新潟県佐渡348 ❹鮎(あゆ)をとるもの。大分県日田郡939

あど『名』①相手に調子を合わせて受け答えをし、あいづちをうつこと。→あどを打つ。＊日葡辞書(1603-04)「Ado(アド)〈訳〉語ること、話すことについての適当な返事」＊仮名草子・悔草(1647)中「人のいろかほ、気もつかず、あどにのっては過言のみ」＊浄瑠璃・心中二つ腹帯(1722)三「老の繰言こまやかに、詞のあども針

を持つ姑はつこど声」 ＊浄瑠璃・関取千両幟(1767)一「綾繰り廻す狂言師もあどにこまりし最中へ」 ②(「アド」と書くことが多い) 能狂言で、狂言の脇師(わきし)をいう。主役であるオモあるいはシテの相手をする役。↔オモ・シテ。＊虎明本狂言・鍋八撥(室町末‐近世初)「あどはさきへいる、してはほうろくうちはりいり候」 ＊わらんべ草(1660)一「それは、いるまやうをのけてと云は、のけいでと云事を、あどが心得ずして、ありやうに申たるにより」 ＊浄瑠璃・伽羅先代萩(1785)三「ヱヱ覚(おぼえ)の悪い人。マア一度初手(しょて)から仕直そふ。〈略〉そんならあどを致しませう」 ③芸事などをともにするときの相手方。＊洒落本・彌味草紙(1759)「中居たいこのわきまへもなきものをあどにして、れんがの会にてでがらをとり」 [語源説](②について) (1)アドモフ(率)のアド、又はアヒウド(相人)の転か〔大言海〕。(2)挨拶フルの略言アド(挨答)〔狂言不審紙〕。(3)シテの跡を踏むの意か〔演劇百科大事典〕。 [発音]〈標ア〉[ア] 〈京ア〉[ア] [辞書]日葡・書言・言海 [表記]挨答(書)

あどの大夫(たゆう) 「あど②」に同じ。「三番叟」の場合に限り用いる。＊森藤左衛門本狂言・三番叟(室町末‐近世初)「物に心得たる、呼答(アド)の大夫殿に見参申さう」 ＊長唄・翁三番叟(1856)「アドの太夫殿に申すべき事の候」 ＊狂歌・卜養狂歌集(1681頃)春「うさいわうよろこびありや悦びあれあどの太夫にすずなまいらしょ」

あどを打(う)つ 人の話に調子を合わせて応答する。あどうつ。＊大鏡(12C前)六・道長下「ただ殿のめづらしう興ありげにおぼしてあとをよくうたせ給ふにはやされたてまつりて」 ＊広本拾玉集(1346)一「さぞといはばまことにさぞとあとうちてなやうやといふ人だにもがな」 ＊天草本平家(1592)四・二八「ドコデモ コノ モノガタリニ ヲイテワ、コナタモ ミゴト adouo vtaxerareô (アドヲ ウタセラリョウ) ホドニ、チョウホウデ ゴザル」 ＊浮世草子・御前義経記(1700)八・二「わざと顔をかくし下女にあどをうたせ、よそながら物語を聞給ふ」 [語源説]ウツ(打)はウク(受)というべきである〔名語記〕。 [辞書]言海

あど〘名〙 踵(きびす)。かかと。＊物類称呼(1775)一「跟 きびす くびす 関西にて、きびすと云、関東にて、かかとと云〈略〉九州にて、あどと云」 [方言]㈠❶足のかかと。長崎県南高来郡904 熊本県919 大分県939 宮崎県040 鹿児島県054 奄美大島・加計呂麻島991 沖縄県990 宮古島054 ◇**ああどぅ** 鹿児島県沖永良部島975 ◇**あしのあど**〔足―〕 長崎県南高来郡905 宮崎県040 947 948 ◇**あぞ** 大分県大分市・大分郡941 ◇**あとぅ** 沖縄県鳩間島・新城島996 ◇**あどぅ** 鹿児島県喜界島・徳之島・与論島991 沖縄県975 991 993 ◇**あどぅう** 沖縄県国頭郡974 ◇**あどぅびら** 沖縄県与那国島991 ◇**あどげん** 宮崎市040 ◇**あとじい** 宮崎県西諸県郡947 鹿児島県961 揖宿郡969 ◇**あどじい** 鹿児島県揖宿郡(児童)969 ◇**あどっす** 熊本県阿蘇郡919 ◇**あどど** 鹿児島県961 ◇**あどぼうず**〔―坊主〕 熊本県918 919 ◇**あどんげ・あどんげり・あどんげん** 宮崎県東諸県郡040 954 ◇**あどんちょ** 長崎県南高来郡905 ◇**かど** 鹿児島県奄美大島975 ◇**かどぅ** 沖縄県西表島975 ◇**どげん** 鹿児島県肝属郡054 ❷靴のかかと。長崎県南高来郡038 宮崎市040 ㈡❶庭。岡山県川上郡745 ❷仕事をした後の締めくくり。島根県出雲725 ❸はっきりした記憶。島根県出雲725

あど〘名〙 [方言] ⇩あぜ(畔)

あど〘副〙 ①疑問に用いる。いかに。何と。どう。＊万葉(8C後)一四・三三七九「わが背子を安杼(アド)かも言はむ武蔵野(むざしの)のうけらが花の時無きものを〈東歌・武蔵〉」 ＊万葉(8C後)一四・三四六五「高麗錦紐解き放(さ)けて寝(ぬ)るが上(へ)に安杼(アド)為(せ)ろとかもあやに愛(かな)しき〈東歌〉」 ②下に、反語の助詞「か」を伴って反語に用いる。どうして。＊万葉(8C後)一四・三三九七「常陸なる浪逆(なさか)の海の玉藻こそ引けば絶えすれ阿杼(アド)か絶えせむ〈東歌・常陸〉」 [語誌]『万葉集』では、巻一五に一例見られるが、巻一四の東歌に七例と用例が偏しており、東国語であったと考えられる。上代東国語では、疑問詞「なぜ」に相当する「あぜ」があり、「あぜ」と「と」との融合といわれる。また、「あに」と「と」との融合、「など」の転ともいう。 [語源説](1)アゼトの融合か〔万葉集辞典＝折口信夫〕。(2)ナゼの意のナドの転。アゾとも転じる〔大言海〕。 [上代仮名]アド

アド ㈠〘語素〙(アメリカ ad 英 advertising の略) 広告。「アドバルーン」「アドマン」 ＊外来語辞典(1914)〈勝屋英造〉「アド Ad.(英) Advertisement 又は Advertising の略。『広告』の義」 ㈡〘名〙 ①「アドレナリン」の略。＊アパアトの女たちと僕と(1928)〈龍胆寺雄〉七「僕は彼から鳶色のアドレナリンの空瓶を受け取ると、だまってポケットへ突ッ込んだ。〈略〉『〈略〉アドもやっぱり這入(へえ)った方が効くなア』」 ②(「アドレス(英 address)」の略) 住居、家、かくれがをいう左翼用語。＊アルス新語辞典(1930)〈桃井鶴夫〉「アド 英 ad.〈略〉住所、即ちアドレス address の略」 ＊党生活者(1933)〈小林多喜二〉二「こんなに早く太田が私の家(アド)を吐かうなどとは考へもだに及ばなかったから」 ＊故旧忘れ得べき(1935‐36)〈高見順〉三「地方の左翼組織から中央へ報告を送ってくるアドに当てられてゐたので」

あと‐あがり【後上・跡上】〘名〙 近世の男子の髪の結い方の一つ。月代(さかやき)を小さく剃り、髻(もとどり)を高く結った髪型。もと、奴(やっこ)風の糸鬢(いとびん)に対して上品なものであったが、天和、貞享(一六八一〜八八)期にはすでに古風でやぼったいものとされた。うしろあがり。↔後下がり。＊浮世草子・本朝二十不孝(1686)三・四「其比若宮八幡の前に才覚らしき男鬢付(びんつき)跡(アト)あがりにして、上髭子細らしく置(をき)て」 ＊浮世草子・日本永代蔵(1688)一・一「風俗律義(りつぎ)に、あたまつき跡(アト)あがりに」 [発音]アトアガリ 〈標ア〉[ア][2]

あと‐あし【後足・後脚】〘名〙 ①獣などの、尻に近い方の両あし。うしろあし。↔まえあし。＊日葡辞書(1603‐04)「Atoaxi(アトアシ)〈訳〉獣の後脚」 ＊尋常小学読本(明治三六年)(1903)六・一六「これは兎のゐなり。〈略〉前足は短くして、後足(アトアシ)は長し」 ②芝居で、馬のうしろ足となる役。またその人。転じて下等の役者。＊雑俳・柳多留‐一一(1776)「馬の跡足ははねるがしうちなり」 ＊落語・武助馬(1897)〈三代目柳家小さん〉「『前足か…』『後足(アトアシ)です〈略〉熊右衛門さんと云ふのが前足(まいあし)をします』」 [方言]後方。後ろの方。青森県津軽075 [発音]〈標ア〉[ト] 〈京ア〉[0] [辞書]日葡・言海 [表記]後足(言)

あとあしで砂(すな)をかける 世話になった人の恩義を裏切るばかりか、去りぎわにさらに迷惑をかけてかえりみないたとえ。＊歌舞伎・芽出柳緑翠松前(1883)四幕「御暇(おいとま)の出た其時に、下世話(げせわ)で申す後足(アトアシ)で砂(スナ)をかけて参った奴」 ＊弔花(1935)〈豊田三郎〉「後足で砂をかけて行きやがる女房に金の無理算段をしてやる、実に見さげ果てた男だと思ふだらうな」

あと‐あし〘名〙 [方言]鳥。❶あとり(獦子鳥)。香川県829 仲多度郡004 愛媛県周桑郡004 ❷ちどり(千鳥)の類。香川県高見島・佐柳島829 ❸おおはむ。愛媛県温泉郡007 ❹かいつぶり(鸊鷉)。宮城県遠田郡007 ❺あび(阿比)。岡山県007 香川県007 愛媛県007 ❻かもめ(鷗)。愛媛県大三島848

あと‐あじ【後味】〘名〙 ①飲み食いの後、口の中に残る味。あとくち。＊今年竹(1919‐27)〈里見弴〉昼の酒・三「うまいものを食べたあとの、舌に残ってゐる後味を楽しむやうに」 ②物事が済んだあとに残る感じ、気分。＊蓼喰ふ虫(1928‐29)〈谷崎潤一郎〉一二「帰り道に一ぺん青空を見た方が後味がさっぱりとするし」 ＊競馬(1946)〈織田作之助〉「寺田は何か後味が悪く、やがて競馬が小倉に移ると、1の番号をもう一度追ひたい気持にかられて九州へ発った」 [発音]〈標ア〉[0][ト] 〈京ア〉[0]

あとあし‐さがり【後足下】〘名〙 うしろ向きに引き下がること。あとずさり。＊化銀杏(1896)〈泉鏡花〉一五「銀杏返(いてふがへし)の背向(うしろむき)に、あとあし下りに入り来て」

あと‐あと【後後・跡跡】〘名〙 ①のちのち。以後。将来。＊浮世草子・世間胸算用(1692)二・四「何とぞ借銭もなして跡(アト)々にて人にも云(いひ)出さるるやうに」 ＊西国立志編(1870‐71)〈中村正直訳〉一〇・一九「平日安穏に過活し、且後来(アトアト)の掛慮もなかるべし」 ②いままで。従来。前々。＊御触書寛保集成‐二〇・寛永一九年(1642)五月「一御年貢米跡々より如二申触候、粗糠砕無レ之様に能々念を入、可二申付一候事」 ＊禁令考‐前集・第五・巻四三・寛永一九年(1642)「跡々も申渡候通、郷中に而諸入用之儀 小百姓帳を作り」 [発音]〈標ア〉[0] 〈京ア〉[ト]/(ト)

あと‐あとげつ【後後月】〘名〙 先月のさらに前の月。先先月。 [方言]長崎県南高来郡905 鹿児島県屋久島・種子島975

あと‐あゆみ【後歩】〘名〙 うしろ向きにあるくこと。あとずさり。＊読本・本朝酔菩提全伝(1809)二・二「犬ども其心を察しけるにや、後歩(アトアユミ)して前(さき)に進まざるを」

あとい〘名〙 警察署長をいう、盗人仲間の隠語。〔隠語輯覧(1915)〕

あどい〘形〙 [方言] ⇩あどない

あとい‐さき【後先】〘副〙 [方言] ⇩あとさき(後先)

あとい‐ざり【後躄】〘名〙 [方言] ⇩あとじょり(後―)

あと‐いり【後入・後妻・後夫】〘名〙 ①(後入) 後から入って来ること。また、その人、物。＊歌舞伎・浮世柄比翼稲妻(1823)三幕「さうしなさい。先きのは替り替り。あと入(イ)りは、続いて続いて」 ②後妻、また後添いの夫。＊自然と人生(1900)〈徳富蘆花〉写生帖・雨後の月「叔母は如何様な心でしたか広島の者で人の好くない四十男を後夫(アトイリ)にしたので」 ＊犬の仔(1951)〈井伏鱒二〉「つまり後入りに似た体裁で料理屋のおかみを離れに引きとってゐたが」 [方言]❶後妻。後添い。三重県松阪市584 名張市585 兵庫県佐用郡・赤穂郡054 岡山県747 762 763 広島県776 779 783 徳島県054 810 811 香川県829 愛媛県840 長崎県西彼杵郡054 熊本県924 925 936 大分県941 宮崎県延岡・西臼杵郡947 ◇**あっとぅとぅん** 沖縄県与那国島996 ◇**あといりさん** 香川県829 愛媛県周桑郡054 松山846 ◇**あといれ** 兵庫県赤穂郡054 山口県大島801 愛媛県840 熊本県天草郡936 ◇**あとぅとぅじ**〔後刀自〕 鹿児島県奄美大島975 沖縄県宮古島050 国頭郡974 八重山996 ◇**あとぅどぅみ・あとぅどぅめえい** 沖縄県首里993 ◇**あとぅとぅん** 沖縄県石垣島996 ◇**あとぅんとち** 鹿児島県奄美大島974 ◇**あとがあさん**〔後母―〕 新潟県佐渡352 ◇**あとかか**〔後嬶〕 青森県津軽075 宮城県仙台市125 秋田県仙北郡130 山形県139 福島県相馬郡156 新潟県佐渡352 宮崎県西諸県郡947 鹿児島県種子島054 屋久島981 ◇**あとかさま** 福島市161 ◇**あとがわり**〔後替〕 島根県725 ◇**あとこさい** 岐阜県飛驒502 ◇**あとごさい**〔後後妻〕 岐阜県吉城郡498 ◇**あとぞい**〔後添〕 新潟県佐渡352 香川県829 熊本県天草郡936 大分市941 宮崎県延岡947 ◇**あとぞえ** 福井県坂井郡433 愛知県北設楽郡553 三重県阿山郡585 兵庫県赤穂郡054 香川県829 熊本県天草郡937 ◇**あとどい** 香川県屋島054 ◇**あととり**〔後取〕 広島県771 香川県直島・広島829 長崎県西彼杵郡054 ◇**あとのおまあ** 鹿児島県種子島054 ◇**あとはいり** 秋田県雄

勝郡130 ◇**あとより** 福岡市879 大分県938 ◇**のちずれ**〔後連〕島根県725 ◇**のちより** 大分県大分市・大分郡941 ❷継母。まま母。熊本県玉名郡058 ◇**あとおっかはん**〔後御母―〕鹿児島県鹿児島郡968 ◇**あとがあさん** 新潟県佐渡352 ◇**あとかか** 山形県139 新潟県佐渡352 鹿児島県963 ❸先夫の死後、その家に入った夫。後添いの夫。愛媛県松山846 ◇**あといりさん** 愛媛県松山846 ◇**あとおやじ**〔後親父〕青森県津軽054 ◇**あとはいり** 秋田県雄勝郡130 ◇**あとぞい** 新潟県佐渡352 ◇**あとむこ**〔後婿〕青森県津軽054 ❹継父。まま父。熊本県玉名郡058 ◇**あとおやじ** 山形県（卑語）139 ❺配偶者の死後、再縁の家に入る者。◇**あとよ** 山口県豊浦郡798 ❻嫡子。岡山県倉敷市763

あといれさきだし‐ほう【後入先出法】 〔発音〕〈標ア〉⓪ 『名』（英 last-in first-out method の訳語）棚卸し資産の評価方法の一つ。後から仕入れた商品が先に払い出されると仮定して払い出し品の単価を計算する方法。略称、LIFO ↔先入れ先出し法

あと‐いん【後印】『名』絵に作者以外の者が、後から押した印章。後落款（あとらっかん）。

あ‐とう【丫頭】『名』（「丫」は、あげまきの意）頭をあげまきにした年少の侍女、小間使。丫鬟（あかん）。＊浮世草子・古今堪忍記（1708）五・一「花面丫頭十二三、春来綽約として人に向ふ時と、列賓客がいひたりしも、かくやとおもふばかり」＊音訓新聞字引（1876）〈萩原乙彦〉「丫頭 アトウ コヲンナ」＊輟耕録‐丫頭「呉中呼二女子之賤者一為二丫頭一、劉賓客寄二贈小樊一詩、花面丫頭十二三、春来綽約向レ人時」

あ‐とう【阿党】『名』（「阿」は、おもねる、「党」は、くみするの意）①権力などをもつ者におもねり、その仲間になること。また、そのような仲間。一味徒党。×令義解（718）僧尼・任僧綱条「阿党朋扆〈謂阿党者。阿曲朋党也〉」＊日本後紀‐延暦二三年（805）正月癸未「諸寺学生、就二三論一者少、趣二法相一者多。遂使二阿党凌奪、其道疎浅一」＊高野山文書‐嘉元二年（1304）七月日、金剛峰寺衆徒一味契状（大日本古文書三・八二〇）「若為二彼等一被レ致二阿党一之時者」＊太平記（14C後）二五・自伊勢進宝剣事「宝剣執奏の事、委細に尋ね承り候へば、一向資明が阿党（アタウ）の所より事起て候ふなる」＊日葡辞書（1603‐04）「Atǒ（アタウ）。クミスル トモガラ」＊布令字弁（1868‐72）〈知足蹄原子〉五「阿黨 アトウ ヲモネリヘツラフトモガラ」＊礼記‐月令「是察二阿党一、則罪無レ有二掩蔽一」②相手に悪意をもった行動をすること。＊吾妻鏡‐元仁元年（1224）七月一八日「下官為二政村一更不レ挿二害心一。依二何事一可レ存二阿党一哉之旨、返答給云々」＊近衛家本式目追加条々‐建長五年（1253）一〇月一日（中世法制史料集一・追加法二九三）「右、或以二非法一上二取名田畠一、追二出其身一、或成二阿党一煩二民烟一」〔辞書〕色葉・文明・日葡 〔表記〕阿党（色・文）

あとうを成（な）す 「あた（仇）をなす」に同じ。＊吾妻鏡‐治承四年（1180）九月二九日「相摸・伊豆両国凶徒輩、奉レ成二阿党於源家一之余、定挿二害心一歟之由」＊高野山文書‐建治元年（1275）五月日・阿弖河庄上村百姓等訴状案（大日本古文書五・一一三〇）「当地頭殿条々非法上、彌成二阿党一、加二増悪行一無レ術事」〔補注〕慣用で、阿党を「あた」と訓ずることもある。

あと・う【能】『自ハ四』⇨あたう（能）

あと・う【聘・誂】『他ハ下二』①結婚を申し込む。妻として迎える。＊書紀（720）履中即位前（図書寮本訓）「納采（アトフル）こと既に訖りて住吉（すみのえ）仲皇子を遣（つかは）して吉日を告げしめたまふ」＊書紀（720）武烈即位前（図書寮本訓）「時に、物部麁鹿火（あらかひ）大連の女影媛を聘（アトヘ）欲（む）と思ほして媒人（なかだち）を遣して影媛が宅へ向し」②誘う。＊書紀（720）雄略三年四月（前田本訓）「武彦を廬（いほ）城河に誘（アトヘ）率（たし）ひて、偽（あさむ）きて使鸕鶿没水補魚（うかはするまね）して、因て其不意（ゆくりもなく）して打ち殺しつ」③頼む。注文する。あつらえる。そそのかす。あとらう。＊書紀（720）履中即位前（寛文版訓）「瑞歯別皇子陰（ひそか）に刺領巾を喚（め）して之に誂（アトヘ）て曰はく『我が為に皇子を殺せ。吾（あれ）必ず敦く汝に報（むくい）ん』といふ」＊天理本金剛般若経集験記平安初期点（850頃）「波若に非じかと慮りて、此の使人を求（アトフ）」＊古今六帖（976‐987頃）四・恋「ほととぎす春をなけともあとふとも人の心をいかがたのまん〈紀貫之〉」〔語源説〕(1)アツラフ、アトラフと語基を同じくする語〔時代別国語大辞典‐上代編〕。(2)相問の義〔和訓栞〕。〔発音〕〔文〕アトーとも〈標ア〉ト

あ‐どう【下堂】『名』（「あ」は、「下」の唐宋音）仏語。禅宗で、僧が法堂または僧堂から退いて、各自の寮に帰ること。＊永平道元禅師清規（13C中）赴粥飯法「即打二下堂鐘一三下」＊禅林象器箋（1741）叢軌「下堂粥飯畢、下二僧堂一。此謂二下堂一。与三上間下間、称二上堂下堂一別」〔発音〕アドー〈標ア〉⓪

あ‐どう【丫童】『名』髪をあげまきに結った童子。少年。＊江戸繁昌記（1832‐36）三・永代橋「丫童茶を掌り、火を吹き鑪に当る」＊陸游‐舎北行飯書触目詩「小婦破レ煙撐二去艇一、丫童横レ笛喚二帰牛一」

あ‐どう【阿童】『名』（「阿」は親しみを表わす接頭語）わらべ。子供。＊帰省（1890）〈宮崎湖処子〉七「阿娘は葛粉を円め、阿童は雞羽を抜く為に多忙に、一家混雑の裡にありしと」〔発音〕アドー〈標ア〉ア

あどう‐がたり【―語】『名』（「あとうがたり」とも）①「あどがたり（―語）①」に同じ。＊改正増補和英語林集成（1886）「Atougatari アトウガタリ」②「あどがたり（―語）②」に同じ。＊後撰（951‐953頃）雑四・一二五九・詞書「あとうかたりの心をとりて、かくなむ申めると言ひ遣しける」＊僻案抄（1226）「あとうかたりとは、なぞなぞかたりといふ事か。拾遺にはなぞなぞがたりとかきたり」〔語源説〕(1)もとはアトガタリ。アトはシリと同義〔北辺随筆〕。(2)アトウガタリ（後憂談）の義〔山彦冊子〕。〔辞書〕言海

あと‐うけ【後浮・跡浮】『名』「あとばしり（後走）」に同じ。＊四井屋久兵衛覚之事（1804）「壱番仕立十弐艘之内、跡浮ケ六艘は廿二日出帆」

あとう‐さま『名』〔方言〕⇨ああとうとう（鳴呼尊）

あと‐うす【後臼・跡臼】『名』幾臼か、ついた米や餅などで、後の方についたもの。＊俳諧・七番日記‐文化一〇年（1813）閏一一月「迹臼は鳥のもちや四方寺」

あと‐うた【後歌】『名』箏曲（そうきょく）や地唄の楽曲構成上の用語。手事（てごと）という長い間奏をはさんで、それより後に奏される歌。手事が二か所にある曲では、あとの手事の次に奏される歌。前の手事の次は中歌（なかうた）という。↔前歌。＊残月（1941）〈内田百閒〉六「後歌にかかる前の最後の散らし一段も今日の稽古で終はる筈である」＊地唄（1956）〈有吉佐和子〉「後唄（アトウタ）をつけて何度繰返したことか」〔発音〕〈標ア〉ト

あと‐うち【後打】『名』①剣道で相手の背後から打つこと。＊歌舞伎・富士三升扇曽我（1866）序幕「凡そ剣術の立合に後打（アトウチ）なすは卑怯至極」②顔見世興行の総役者が初めて寄り合うこと。寄初（よりぞめ）。〔発音〕〈標ア〉⓪

あと‐うち【後打】『名』〔方言〕歩く時に泥土が跳ね上がって衣服の後ろや脛などに付着すること。また、その泥。跳ね。長崎県対馬911 壱岐島914 熊本県玉名郡058 ◇**あどうち** 熊本県玉名郡926 ◇**あとばね**〔後跳〕・**あとちり**〔後散〕愛媛県840 ◇**あどばね** 大分県938 〔方言の補注〕「あどうち」「あどばね」の「あど」は、かかとの意か。

あど‐う・つ『連語』⇨「あど」の子見出し「あどを打つ」

アトウッド‐の‐きかい【―器械】『名』（アトウッドは考案者、イギリスの G. Atwood から）摩擦の少ない軽い滑車と分銅を用い、落体の加速度を調べる実験装置。＊外来語辞典（1914）〈勝屋英造〉「アトウッド・ノ・キカイ（アトウッドの器械）Atwood's machine（英）落下の定律を説明するに用うる器械」

あとぅとぅじ【後刀自】『名』〔方言〕⇨あといり（後入）

あと‐うら【蹠】『名』足のうら。また、足。＊読本・稚枝鳩（1805）五・九「鮮血ながれて蹠（アトウラ）を漫（ひた）し」＊読本・南総里見八犬伝（1814‐42）二・一七回「指（および）より蹠（アトウラ）まで、泣（なく）をも管（かま）はず引伸（ひきのば）し、うちかへしつつとくと見て」

あと‐え【後―】『名』〔方言〕⇨あとおい（跡追）

あとえ【誂】『名』結婚の際の贈り物、婚礼の進物〔改正増補和英語林集成（1886）〕。

あと‐え【後絵】『名』「あとえつけ（後絵付）」に同じ。

あと‐えだ【後肢】『名』（「えだ」は手、足の意）獣の後脚。＊日葡辞書（1603‐04）「Atoyeda（アトエダ）獣の後脚。下（しも）の語」〔辞書〕日葡

あとえ‐つけ【後絵付】『名』陶磁器の染め付けがある素地に、のちに、さらに絵付けをしたもの。後絵。

あと‐おい【後笈・後負】『名』山伏、行脚僧などが背負う笈（おい）。仏具、書物、食器、衣服などを入れて背負う箱。＊浄瑠璃・碁盤太平記（1710）「跡おひおほたる高野ひじり」

あと‐おい【跡追・後追】『名』①先に行くもののあとから追って行くこと。また、先人のしたことをひきついだり、まねたりすること。＊評判記・野郎立役舞台大鏡（1687）大和屋甚兵衛「六法のふりだし嵐が跡（アト）をいとわ此人なるべし」＊浮世草子・好色万金丹（1694）二・四「一切埒が明かねば、業平のあとをひして、武蔵野の方に赴く事、幾人（いくたり）といふ数を知らねども」＊蘭を焼く（1969）〈瀬戸内晴美〉「後追いしたり、涙ぐんでだまって見つめ、男を引きとめたりすることが、可憐で似合わしい年齢は」②著作、出版物などで、あとからつけ加えて発表するもの。おいつぎ。追加。補遺。明暦四年（一六五八）七月「京童」に対する寛文七年（一六六七）九月の「京童跡追」、延宝七年（一六七九）三月の「難波雀」に対する同年五月の「難波雀跡追」の類。〔方言〕❶子供が、外出に同行したいと言ってだだをこねたり泣いたりすること。後を追い慕うこと。佐賀県040 長崎県対馬913 壱岐島914 ◇**あとえ** 新潟県中頸城郡383 長崎市906 鹿児島県鹿児島郡968 ◇**あとお** 岐阜県大野郡502 ◇**あとおわえ** 新潟県佐渡352 ◇**あとぼえ** 岩手県九戸郡088 気仙郡100 ◇**あとはたり**〔後徴〕青森県073 ❷子供が、おいしいものの味をしめてさらにねだること。また、ないことを知りながら、その食物をせがむこと。◇**あとはたり** 青森県073 ◇**あとほり**〔後欲〕福岡市879 ❸一人の行動の後、それを追うように他の人が行なうさま。愛知県名古屋市562 〔発音〕〈なまり〉アトエ〔長崎〕アドボエ〔岩手〕〈標ア〉⓪

あとおい‐こごと【後追小言】『名』済んでしまったことに対して、小言を言うこと。＊幻談（1938）〈幸田露伴〉「飽（あく）までも練れた客で、『後追（アトオ）ひ小言（コゴト）』などは何も言はずに吉の方を向いて」〔発音〕アトオイコゴト〈標ア〉コ

あとおい‐しんじゅう【後追心中】『名』相愛の人の死を悼み、その後を追って自殺すること。＊遠方の人（1941）〈森山啓〉六「くに子の葬式後に後追ひ心中を企てたりしたのは、持ち前の劇（はげ）しい、気早な、真直で折れやすい性分のためもあらうが」＊雪の涯の風葬（1969）〈高井有一〉七「いいんだ、気にするな。後追ひ心中はしないから」〔発音〕アトオイシンジュー〈標ア〉シ

あと‐おうて【後王手】『名』将棋で、自分の駒

を動かそうとすると、しぜんに相手が王手となること。＊洒落本・娼妓絹籭(1791)序「或は飛車手、王手の義理に纏(からめ)られ、或は後(アト)王手の借金に苦(くるしむ)」＊滑稽本・古今百馬鹿(1814)上「ヲットヲット、跡王手(アトワウテ)だ、跡王手だ。とれず、とれず」

あと-おくれ【後遅】『名』出産の時、胞衣(えな)の出るまでに時間のかかること。秋田県鹿角郡には、産婦の寝床へ他の妊婦が行くと、忌み負けしてこうなるという俗信がある。方言 秋田県鹿角郡132

あと-おさえ【後押・跡押】『名』行列や行軍などの最後尾となって警護すること。また、その役や人。しんがり。＊浄瑠璃・仮名手本忠臣蔵(1748)一「あすの我身の敵共、しらぬ塩谷が後押さへ」＊雑俳・柳多留-五(1770)「あと押へ通るときねをふりあげる」＊滑稽本・狂言田舎操(1811)下「順よく乗込も済だ。作十どん、主(にし)イ後殿(アトオセヘ)か」方言 食事の終わった後に酒を飲んだりものを食べたりすること。また、その酒や食物。長崎県対馬911 913 発音〈標ア〉オ 辞書 言海 表記 後押〔言〕

あと-おし【後押・跡押】『名』①後ろから押して助けること。特に、荷車などのあとを押して、ひき手を助けること。また、その人。＊落語・思案の外幇間の当込み(1889)〈三代目三遊亭円遊〉「高台の挽車(くるま)、綱曳き跡押しで威勢能くガラガラガラと転がして来たのは」＊にごりえ(1895)〈樋口一葉〉四「ましてや土方の手伝ひして車の跡押(アトオシ)にと親は生みつけても下さるまじ」＊神の道化師(1955)〈椎名麟三〉二「親切な兄さんになってブランコの後押しをしてやったり」②かげにあって力添えをしたり、そそのかしたりすること。また、その事柄や人。後楯(うしろだて)。尻押(しりおし)。＊雪中梅(1886)〈末広鉄腸〉下・七「此の度のことには叔父に跡押しがあるに違ひないと思ひますし」＊竹沢先生と云ふ人(1924-25)〈長与善郎〉竹沢先生東京を去る・二「もう一つ別の大きな動機が後押しをしているもんなんだ」③通行人を尾行して、追い抜く瞬間に懐中物などを盗むこと、また、混雑した場所で後ろから押すように見せかけて、財布などを盗むことをいう、すり仲間の隠語。〔隠語輯覧(1915)〕発音〈標ア〉ト〈京ア〉オ

あとおし-ぼう【後押棒】『名』荷車、そりなどに、後部から押せるようにとりつけた棒。また、それを押す人。＊破戒(1906)〈島崎藤村〉二三・三「一人の生徒は橇(そり)の後押棒に摑った」＊千曲川のスケッチ(1912)〈島崎藤村〉一〇・山の上へ「梶棒と後押棒とあって人夫が二人掛りで引いたり押したりする」発音 アトオシボー〈標ア〉シ

あと-おやじ【後親父】『名』方言 ⇨あといり(後入)

アドオン-しき【━式】『名』(アドオンは英 add on) 貸付金を割賦返済で回収するときの利息計算方法の一つ。元金に利率と貸出期間を掛けて利息金額を算出し、この利息と元金の総和を均等分割返済するもの。発音〈標ア〉0

あと-がえり【後帰】『名』(「あとかえり」とも)「あともどり(後戻)①」に同じ。＊最暗黒之東京(1893)〈松原岩五郎〉五「行き止まりの所に突き当れば、天窓を掻きて跡返(アトカヘ)りするは、常に拠所なき処に建られたる此の社会の総後架とか言ふ共同の便所なり」＊坑夫(1908)〈夏目漱石〉「打って変った一種の温味を帯びた心持で後帰(アトガヘ)りをしたのは何故だか分らない」＊渦巻ける烏の群(1928)〈黒島伝治〉六「コーリャは、窓の方へ来かけて、途中、ふとあとかへりをして、扉(ドア)をぴしゃっと閉めた」＊百鬼園随筆(1933)〈内田百閒〉梟林漫筆・八「又後がへりをして電車道に出た」

あと-がえり【後覆】『名』歌舞伎俳優のする技の一種。後ろ向きのまま、もんどりをうつこと。とんぼがえり。

あと-がえ・る【後返】『自ラ五(四)』向きが変わる。後ろ向きになる。＊茶話(1915-30)〈薄田泣菫〉欧陽詢と石碑「手綱を引張て、馬を後返(アトガヘ)らさうとする」発音 アトガエル〈標ア〉ガ

あと-かか【後嬶】『名』方言 ⇨あといり(後入)

あと-がかり【跡懸】『名』江戸時代、分散(破産)に加入しないで、配当を受けなかった債権者が、将来債務者が資力を回復した時に、債務の弁済を求めること。このため、債権者は分散の行なわれる際、債務者から、身上(しんしょう)持ち直し次第弁済する旨を記した出世証文を取得した。＊禁令考-後集・第二・巻一八・元文五年(1740)一二月「以来は不得心之もの可請取割合も惣高え入割賦申付、追而一同に跡懸り可申付旨」

あと-かき【後舁】『名』棺の後棒をかつぐこと。また、その人。喪主以外の最も近親の者がこれにあたる。方言 棺の後ろ側を持つ人。三重県志摩郡585

あと-がき【後書】『名』手紙、文書、著述などの最後に書き添える文章。奥書(おくがき)。跋(ばつ)。⇔端書(はしがき)・前書(まえがき)。発音 アトガキ〈標ア〉0〈京ア〉0

あと-がくし【跡隠】『名』方言 ❶根雪になる最初の雪。福島県耶麻郡012 ❷吹雪。福島県南会津郡012 ❸一二月二三日の大師講の夜降る雪。弘法大師が自分の不自由な足の足跡を隠すために降らせるという。◇あとかくし 岐阜県大野郡502

あと-がくもん【後学問】『名』事後に得た知識。体験したことを後に研究して得た知識。跡知(あとしり)。跡発明。⇔前学問。＊颶風新話(航海夜話)(1857)二・下・八回「それじゃから、貴様が自分の前学問を段々用ひをったなら、卒には後学問が手に入て来るであらうがノ」発音〈標ア〉ク

あと-かけ【後掛】『名』方言 後掛草履(あとかけぞうり)。兵庫県神戸市054 岡山市762

あと-がけ【跡掛・跡懸】『名』水中で魚を捕える網の一種。竹に網を張ったもの。＊俳諧・本朝文選(1706)二・賦類・湖水賦〈李由〉「大網、巻網、四手、跡懸(アトガケ)、手丸(たま)、唐網」

あとかけ-ぞうり【後掛草履】『名』鼻緒に紐を結いつけ、かかとの背後を縛って、脱げることのないようにしたぞうり。小児にはかせる時などにする。＊忠臣蔵五段目口合文句(1830-44頃)「あとさき遠く山びこの あとかけざうり山びとの」方言◇**あどかけぞうり**〔━草履〕熊本県八代郡・芦北郡933〔方言の補注〕「あどかけぞうり」の「あど」はかかとの意か。

あと-ガス【跡瓦斯】『名』(ガスは オラ・英 gas) 坑内でのガス爆発、炭塵爆発、発破などのあとに発生する有毒ガス。一酸化炭素や炭酸ガスなど。

あと-かた【後方】『名』①あとのほう。うしろ。しりえ。こうほう。＊類従本讃岐典侍(1108頃)下「殿のあとかたに寄り奉らせ給ひしかば、そのままにて候はんは、なめげに見苦しくおぼえしかば」②後のこと。また、死後のこと。＊真景累ケ淵(1869頃)〈三遊亭円朝〉六八「花車重吉は江戸へ帰りました。跡方は惣吉といふ取って十歳の子供とお隅に母親と、多助といふ旧来家にゐる番頭様(やう)の者ばかりで」方言 ❶先般。先日。せんだって。◇あところ〔後頃〕とも。島根県出雲・隠岐島725 ◇あとごろ 鳥取県東伯郡057 島根県出雲・隠岐島725 ◇あとにごろ 岡山県苫田郡748 ❷後妻。鹿児島県硫黄島054 ◇あとうっかた〔後内方〕鹿児島県963 発音〈標ア〉0

あと-かた【後肩】『名』乗物の輿(こし)、駕籠(かご)などの、後方の棒をかつぐ人足。あとぼう。⇔先肩。＊浄瑠璃・源氏冷泉節(1710頃)上「をのれ先肩(さきがた)かけ、あとがたは此の法眼(ほうげん)」＊歌舞伎・蝶々孖梅菊(1828)二幕「向うより提灯(ちょうちん)を下げし四つ手駕籠(かご)、先肩は与兵衛、好みの拵(こしら)へ、後肩(アトカタ)は甚兵衛にて出て来り」発音〈標ア〉0 辞書 言海 表記 後肩〔言〕

あと-かた【跡形】『名』(何かが)あったというしるし。あとに残ったしるしや形、証拠、印象など。形跡。痕跡(こんせき)。→あとかた(も)無い。＊玉塵抄(1563)四「ここにそれがいたと云あとかたはあれども、どちえいたともしりがたいぞ」＊隣語大方(18C後)五「彼所に行て見れば、館の跡形が折節は御座るにより大躰は知れまする」＊めぐりあひ(1888-89)〈二葉亭四迷訳〉一「面貌(かほだち)を見識ってゐればゐるほど、浮びにくくて、其印象(アトカタ)が判然しない」＊思出の記(1900-01)〈徳富蘆花〉三・三「下枝の梨や柿の実におり前歯の痕形(アトカタ)が残って居て」発音〈標ア〉0 ア〈ア史〉江戸○○●●〈京ア〉0 辞書 日葡・ヘボン 表記 跡形〈へ〉

あとかた（も）無（な）い ①何かのあったという様子が全然ない。形跡がない。痕跡(こんせき)もない。＊浜松中納言(11C中)三「住み給ひし家などのあとかたもなくなり」＊今昔(1120頃か)二九・三二「驚き怪(あやし)び思て、人に馬を借て忩(いそ)ぎ返て見ければ、其の家跡形も无(な)かりければ」＊方丈記(1212)「あまりさへ疫癘(えきれい)うちそひて、まささまに、あとかたなし」＊玉塵抄(1563)一五「礼儀も徳行も小人ははじめぎらめきにして後にはあとかたもないぞ」＊日葡辞書(1603-04)「Atocatamo nai (アトカタモ ナイ) コト」＊良寛歌(1835頃)「わがやどは越(こし)の白山(しらやま)冬ごもり往き来の人のあとかたもなし」②わけがわからない。筋道が立たない。＊拾遺愚草(1216-33頃)上「秋の夜は雲路をわくる雁がねのあとかたもなく物ぞ悲しき」＊三五記(14C初か)鷲本「よまむよまむとせむ程に、あとかたなき歌ざまによみなすべし」③根拠がない。根も葉もない。＊東寺百合文書-は・建治二年(1276)七月一四日阿性房静俊陳状(大日本古文書一・二九)「東山女房に無跡形申付無実て煩せ候之由被訴申候」＊高野山文書-応永三一年(1424)三月日・鞆淵庄下司範景支状案(大日本古文書四・五五)「剰範景被官人之小家、構要害由申上云々、無跡形次第也」＊浄瑠璃・女殺油地獄(1721)中「おかちに入婿(むこ)取といふは跡かたもないこと。エエ無念な」＊俳諧・俳諧世説(1785)四・涼菟辞世の説「跡かたもなき説有て、みだりがはしければ、其正しきものをしるす」発音〈標ア〉ナ〈京ア〉0 辞書 言海 表記 無跡形〔言〕

あと-かたち【跡形】『名』「あとかた(跡形)」に同じ。＊咄本・昨日は今日の物語(1614-24頃)上「目さめてかの金をさぐりて見れ共金はあとかたちもなくて」

あと-かたづけ【跡片付・後片付】『名』物事の終わったあとをかたづけること。あとしまつ。＊小公子(1890-92)〈若松賤子訳〉前編・一「帰って来た時には、もう一切(いっさい)、跡片着(アトカタヅケ)は済んでゐて」＊夜明け前(1932-35)〈島崎藤村〉第二部・上・四・二「その日一日の後片付に下女等までが大掃除の後のやうな顔付でゐる」発音〈標ア〉カ〈京ア〉カ

あとかた-なし【跡形無】『名』何かがあったという様子が全然ないこと。形跡、痕跡がないこと。＊良人の自白(1904-06)〈木下尚江〉続・一九・三「寧(いっ)そ父の存命の間に早く迹方(アトカタ)なしにして仕舞ふ方が可い」発音〈標ア〉ナ タ

あと-がたみ【跡形見・後形見】『名』かたみ。あとの記念。

あど-がたり【━語】『名』①相手に調子を合わせて語ること。相づちを打ちながら話すこと。あどうがたり。＊宇津保(970-999頃)藤原の君「さて、ものがたらひもうち聞えんか。知れるどちこそあどがたりもすなれ」②問答または、なぞの類。なぞなぞがたり。あど

うがたり。語源説アドはアドヲ打ツのアド〔大言海〕。

あと-がね【後金】『名』契約の金額のうち、手付金または内金を支払った残りの金。残金。あときん。＊浄瑠璃・関取千両幟(1767)二「五百両といふ金まで渡し、跡金の二百両才覚する其内に、太夫殿を外の手へ渡しては」＊歌舞伎・韓人漢文手管始(唐人殺し)(1789)一「何のお前。手附証文は廓でお渡し申(まうし)まする。跡金揃ひ次第、名山をあなたへ遣します」発音アトガネ〈標ア〉[0]〈京ア〉[0]

あと-かばね【後姓】『名』血筋を引いた人。子孫。名跡(みょうせき)。後裔(こうえい)。＊大鏡(12C前)六・道長下「かねすけの中納言、もろきの宰相も、いままであとかばねだにいませず」

あと-かぶ【跡株】『名』江戸時代、本百姓が居村を失踪するか、または一家断絶した場合に生ずる空き株。どちらも村内の親類かゆかりの者かにその空き株を引き受けさせることになっていたが、適当な相続者がない場合の田畑は、村中の百姓の惣作になった。＊地方凡例録(1794)七「相続人無レ之者の跡株は、親類引請可レ致二相続一〈略〉跡株相続人於レ無レ之は、建家、家財は入札いたし」

あと-がま【後釜・跡釜】『名』①かまどに、残り火があるうちに次の釜をかけること。また、その釜。②前人の退いたあとの地位。また、その地位につく人。㋑後任。後任者。あとがわり。＊最暗黒之東京(1893)〈松原岩五郎〉九「八百屋を業とせる店に一人の買出し方、近日逃亡して甚だ不自由を感ずる折から、其跡釜(アトカマ)として早速雇入たしとの事実にてありき」＊社会百面相(1902)〈内田魯庵〉電影・其二「日本人の傭教師を追出して露西亜人を跡釜に棲込ませる算段をする」＊破戒(1906)〈島崎藤村〉二・二「他の学校へ移すとか、後釜へは―それ、君の気に入った人を入れるとかナ」㋺家督をとるはずの者。あととり。あとつぎ。㋩後添いの妻。後妻。＊歌舞伎・四天王楓江戸粧(1804)二番目「こなさん遠(とほ)に跡釜(アトガマ)に引摺り込む相談に、極めてあらうがな」＊人情本・春色雪の梅(1838-42頃か)四・二四回「もうお宮の跡釜(アトガマ)をかけたと見えて、おつなのが居るの」＊黴(1911)〈徳田秋声〉五五「此頃後釜に田舎から嫁が来ていると云ふ事情なども、お銀は能く知ってゐた」③単に、その次の者。兄に対して弟をいう類。おつぎ。＊雑俳・末摘花(1776-1801)三「跡(あと)釜を仕込み総領やせるなり」＊雑俳・柳多留-三三(1806)「跡釜が出来ると兄は飯を喰い」④ある物事のあとに続いて行なう物事。＊滑稽本・八笑人(1820-49)三・追加下「夏の趣向の跡(アト)がまをかけてそばから焚(たき)つけられ」＊滑稽本・七偏人(1857-63)初・下「是は吸もの是は鍋と直にしかける肴の後釜(アトガマ)」語源説アトガマへ(後構)の略〔大言海〕。発音アトガマ〈標ア〉[0][マ]〈京ア〉[0]

あと-がま【後窯】『名』①陶磁器を本窯(ほんがま)で焼いた後、さらに錦窯(にしきがま)で絵模様を焼き付けすること。釉上彩色着画のこと。②茶人の間でいわれていた茶入れの窯分けの名。千利休、古田織部、小堀遠州にわたる時代に、瀬戸または京都で作られた瀬戸風の茶入れ、すなわち京瀬戸をさす。発音アトガマ〈標ア〉[ト][0]

あど-かわ【跖皮】『名』皮膚の固くなること。また、その箇所。たこ。＊改正増補和訳英辞書(1869)「Callosity 掌又跖皮(アドカワ)ノコハリ」

あと-がわり【後替】『名』前の人にかわって、その位置につくこと。また、その人。あとつぎ。あとがま。＊浮世草子・世間娘容気(1717)一「町の年寄先月はてられ、其跡(アト)がはりの役目をつとめさせふ人なし」＊談義本・穴意探(1770)「夫(それ)はそふと、けふは跡替(アトカハ)りの相談なれば」方言後妻。後添い。島根県725 発音アトガワリ〈標ア〉[ガ]

あと-かん【後燗】『名』酒を追加して燗をつけること。＊彼女とゴミ箱(1931)〈一瀬直行〉浅草の胴体「顔なじみの客は月末払ひ、それでも主人はいやな顔をしないで、アト燗(カン)をつける」発音〈標ア〉[0]

あと-かんじょう【後勘定】『名』物事が終わって、支払い残した金。払い残し。＊落語・錦の嚢鼻褌(1897)〈四代目橘家円蔵〉「お祭の時は皆心が此浮々(うかうか)致して居りますから、お祭の相談内至は跡(アト)勘定」＊社会百面相(1902)〈内田魯庵〉代議士・下「撰挙の後勘定(アトカンヂャウ)が中々容易に済まんで、何時までも祟りおる」発音アトカンジョー〈標ア〉[カ]

あと-ぎ【跡着】『名』「あとぎこそで(跡着小袖)」の略。＊洒落本・嘶之画有多(1780)太夫格子並遊女を傾城といふ事「享保のころ京町二丁目めうがやにおうぎしといへるゆふ女〈略〉ある正月のあとぎに白むくをちやくし」＊洒落本・孔雀そめき(1789-1801)葦庵晒落「けいせいが跡着のはきかけにしたゑんしうどんすのきれののこりを」＊洒落本・夜廓行燈(1804-18頃)寄茶屋恋「舞鶴やの春風、あとぎのいしょうあざやかに、つゐのしんぞうかぶろを引つれ」＊風俗画報-三七号(1892)漫録「三日よりは跡着(アトギ)となづけて」

あとぎ-こそで【跡着小袖】『名』江戸新吉原の遊女などが、正月の元日、二日に抱え主の出す仕着せで年礼をした後、三日から着る各自好みの小袖。あとぎ。＊洒落本・百安楚飛(1779)「客よりものずきにて、金銀をちりばめ、もよふの趣向をあらそひ、我おとらじと着かざる、是を跡着小袖(アトギコソデ)といふ也」

あと-きず【跡傷・跡疵】『名』あとまで残っているきず。疵跡。＊咄本・醒睡笑(1628)一「かしこの馬、皮を剝(は)ぎても背のあと瘡(かさ)の跡疵(アトキズ)のみにて、何の役にもたたぬ物を」

あと-きとう【跡祈禱】『名』(「あとぎとう」とも)出棺後、あとぎよめのため、神官、山伏などが祈禱をすること。跡祓(あとばらえ)。＊雑俳・柳多留-七(1772)「あとぎとうどふかじゃけんな仕方也」＊雑俳・川柳評万句合-天明元(1781)・桜三「跡(あと)きとうらしくかこひの御客来る」＊洒落本・深川手習草紙(1785)下「サア帰るから跡祈禱(アトギトウ)に料理番でも呼ばっせへ」

あと-きはい【後気配・跡気配】『名』相場で、取引所の立ち会い終了後の人気の動向。大引(おおびけ)後の気配。

あと-きゃく【後客】『名』正式には招待されず、正客の後に来合わせた客。＊茶話(1915-30)〈薄田泣菫〉焼肴は右か左か「幾ら後客(アトキャク)にしても魚の小さいのを見るのは、余り気持がいいものではないて」方言❶正式の客をすました後の客。◇あとぎゃく 香川県三豊郡054 ❷正客より遅れて膳(ぜん)につく客。◇あとぎゃく 和歌山県日高郡690 ❸嫁入りの翌日、友人や遠い親戚(しんせき)を招いてごちそうすること。◇あとぎゃく 島根県八束郡729

アド-キャンペーン『名』(英 advertising campaign から)一定の期間、マスコミを総合的、集中的、継続的に利用して行なう広告活動。発音〈標ア〉[ペ]

あと-きょうげん【跡狂言】『名』歌舞伎興行において、開演後観客の不入りとか俳優の病気等の事情のため、追加したり差し替えたりする別の狂言。また、江戸では稲荷祭を行なう二月初午の日(都合によっては別の日)から、初春狂言のほかに、その続き、または別に二、三幕位の追加の幕をつけた、その狂言の称。跡出し。＊劇場新話(1804-09頃)上「二月初午、跡狂言の初日也」発音アトキョーゲン〈標ア〉[キョ]

あと-ぎよめ【跡浄・後浄】『名』葬式の時、棺を送り出したあと、僧侶、神官、山伏などを招いて、祓い浄めること。あとばらえ。＊雑俳・川柳評万句合-安永八(1779)礼九「跡(あと)ぎよめらしくいろにのきゃく衆見え」＊語彙(1871-84)「あとばらひ㊗ あとぎよめ 喪家出棺の後、巫僧を請じて其室を祓ひ清むるを云なり」発音アトギヨメ〈標ア〉[ギ] 辞書ヘボン 表記後浄禳(へ)

あと-きん【後金】『名』①「あとがね(後金)」に同じ。＊是は是は(1889)〈幸田露伴〉一「一千円を手付けにして跡金(アトキン)今日までに間に合はす約束を定め」②品物を受け取ったあとで代金を払うこと。また、その金。あと金払い。↔前金。発音〈標ア〉[0][ト]〈京ア〉[0]

あと-くさらかし【跡腐】『名』「あとくさらし(跡腐)」に同じ。＊雑俳・柳多留-四(1769)「跡くさらかしとは下々の言葉也」＊雑俳・柳多留-二五(1794)「跡くさらかしの友達親仁入れ」＊狂歌・千紅万紫(1817)「雪は豊年の貢物(みつぎもの)とはいへど、つめたく跡くさらかしもうるさしと、明阿彌陀仏の文にも書けり」

あと-くさらし【跡腐】『名』あとを面倒にさせるもの。なりゆきにまかせて、後はどうなろうとも、全然顧みないために起こる面倒なこと。あとくさらかし。＊洒落本・玉之帳(1789-1801頃)二「インニャもふ言いやすめへ、あとくさらしだ」

あと-くされ【後腐】『名』(「あとぐされ」とも)物事の済んだあとが、きれいにかたづかないで、ごたごたや悪影響の残ること。また、あとまで残った悪影響や面倒な問題。＊寄笑新聞(1875)〈梅亭金鵞〉九号「芋問屋の借りが後腐(アトクサ)れとは成りけらしを」＊波(1928)〈山本有三〉子・三・一七「僕は後腐れのないのが一番いいな」＊或殺人(1962)〈森茉莉〉「李にユリスの素性を訊したのも、後(アト)ぐされを防ぐためであったのは知れてゐたし」発音〈標ア〉[0]〈京ア〉[0]

あと-ぐすり【後薬】『名』病人が死んだ後の薬。物事が済んでから処置しても効果のないことのたとえ。のちぐすり。発音アトグスリ〈標ア〉[グ]

あと-くち【後口】『名』①二回以上にわたって同様のことがある、また、同様のことをする場合の、あとの方。㋑残ったあとの方。「あとくちが千円支払い残になっている」㋺(申し込みや約束事などで)あとの方のもの。あとからの申し込み。あとにつづく約束。＊歌舞伎・当穐八幡祭(1810)二幕「庄八玉屋に跡口(アトクチ)が懸って居ります」＊腕くらべ(1916-17)〈永井荷風〉一五「待たせた揚句(あげく)に、来ればすぐ電話で後口(アトクチ)でせう」㋩あとにつづく者。あとがま。「あとくちが控えている」②飲食したあとの口。また、飲食したあと、口に残る感じ。比喩的に、何か言ったりしたりしたあと。また、そのときの気分。あとあじ。＊一兵卒の銃殺(1917)〈田山花袋〉一〇「さも旨かったと言ふやうに、かれはあと口を舐め廻しながら」＊あにいもうと(1934)〈室生犀星〉「兄さんだってあひると同じで生み放しにして置いて母さんにあと口を何時もふいて貰ってばかりゐるぢゃないか」＊苦笑風呂(1948)〈古川緑波〉文芸時評「かうした纏ったのを読むと、やっぱりいいものを読んだ、あと口のよさ、里見弴は健在だ」発音〈標ア〉[ト][0]〈京ア〉[0]

あとくち 開(あ)かす 相手の裏をかいて呆然(ぼうぜん)とさせる。＊浮世草子・傾城歌三味線(1732)四・三「どうぞ此返しに、をのれにはあと口(クチ)があかせたいと、様々思案した所へ」

あとくち に 苦(にが)いもの 事の終わった後に苦悩があることにいう。

あとくらい-かんのん【後暗観音】『名』(観音の縁日は、陰暦の一八日から二三日までで、その後は暗夜になるところから)うしろが暗い、すなわち、疑わしい感じがすること。尻暗観音(しりくらいかんのん)。＊随筆・嬉遊笑覧(1830)九・下「薬師の前地蔵の後、『新撰狂歌集』さる寺に地蔵院は女を好き薬師院は若衆を好ければ、すきずきは地蔵やくしの前うしろへだつ処は蟻のとわたり、この諺は暗夜を云なり。地蔵の縁日は廿四日薬師の縁日は八日なればなり。柳亭云後暗(アトクラヒ)観音と云も地蔵の後といふに同じ」

あと-くろもじ 『名』 橇(かんじき)の輪をいう。＊物類称呼(1775)四「越前にて山の雪崩れて落る時は、山人声を発して跡くろもじに端(ナ)はぜの木、あめうしの革で八尋延(やひろばへ)といひいひ其処を逃去るとなり、かく呼ぶ時は、其難を遁るると云つたへたりとかや。跡くろもじとはかじきの輪をいひ」

あど-け 『名』(「あどけない」の「あどけ」が分離して、名詞と意識された語か)「あどけが(の)無い」の形で用いられる。わるぎ。邪心。＊多情多恨(1896)〈尾崎紅葉〉後・二「仇気(アドケ)の無い、芝居の娘形を摸(うつ)したやうな風なのが」

あと-げつ【後月】『名』(「あと」は、前、以前の意) ①先月。前月。あとの月。＊咄本・鹿野武左衛門口伝はなし(1683)下・八「その新助はあと月、ぢがいをしられましたといふ」＊咄本・都鄙談語(1773)牽頭「さればそこが江戸だは。跡月(アトゲツ)から、さる大尽の定供をして、座敷でもちょっちょっと貰ふ」＊洒落本・恵比良濃梅(1801)一「『ときにここは近頃のみせだな』『あとげつから出しました』」＊滑稽本・浮世風呂(1809-13)二・上「最(もう)跡月(アトゲツ)帯を致しましたはな」＊沢村田之助曙草紙(1880)〈岡本起泉〉「先月(アトゲツ)廿五日其夜も更て」 ②先月分の家賃。＊雑俳・柳多留-初(1765)「跡(あト)月をやらねば路次もたたかれず」 方言 ❶先月。前月。 宮城県仙台市054 山形県東置賜郡・東村山郡139 千葉県印旛郡054 東京都八王子311 神奈川県津久井郡317 富山県砺波397 長野県上田475 諏訪481 三重県志摩郡585 京都市621 大阪市638 兵庫県664 665 670 鳥取県岩美郡・気高郡716 島根県725 山口県玖珂郡800 香川県829 高知県861 長崎県南高来郡905 宮崎県947 鹿児島県975 ❷来月。 長野県佐久493 発音 アトゲツ 〈標ア〉ト 〈京ア〉ト 辞書 ポン・言海 表記 後月(ヘ・言)

あど-けな・い 『形口』文 あどけな・し『形ク』(子供の態度、様子などが)無心で愛らしい。無邪気である。することが幼い。わるぎがない。あどない。いわけなし。＊洒落本・交代盤栄記(1754)「菊その〈略〉此御かたしっぽりとしてあどけなき所ありて娘かたぎなれども、発明なる御かた故、客衆の取廻し能、遊びにうまみ有てよし」＊雑俳・柳多留-二三(1789)「あどけない商人筆をおっ付ける」＊洒落本・傾城買四十八手(1790)しっぽりとした手「とかくけいせいはあどけなきをしゃうびすべし」＊滑稽本・浮世床(1813-23)二・上「あのくれへそらったばけて、あどけねへまねをしたがる者も又あるめへ」＊真景累ケ淵(1869頃)〈三遊亭円朝〉一九「お前のやうに子供みたいにあどけなくっちゃァ困るね」 語誌 (1)中世から「無邪気だ」「子供っぽい」の意で用いられていた「あどなし」に、近世後期、「あぢけなし」「いとけなし」などとの類推で、「け」が入り「あどけなし」となったものか。特に、意味的に関連のある「いとけなし」との類推による可能性が高いと思われる。(2)近世後期以降「あどなし」は、文献に例を確認できないことから、中央語としては用いられなくなったものと思われるが、方言では現代でも紀伊半島、四国、南九州に分布している。 語源説 (1)アドナシ(稚呆)にケ(気)の加わったもの〔大言海〕。(2)アドの気が無いこと〔和訓栞・国語の語根とその分類＝大島正健〕。(3)アダケ(他気)ナシの転〔勇魚鳥・大言海〕。(4)アダオクケナシ(他置気無)の義〔日本語原学＝林甕臣〕。(5)アヒテケナシ(相手気無)の義〔名言通〕。(6)アヂキナシの転訛か、あるいは阿堵物(あとぶつ)の阿堵であるともいう〔和訓栞〕。 発音 〈なまり〉アゾナイ・アダナイ〔紀州〕 アドナイ〔和歌山〕 〈標ア〉ナ 〈京ア〉ケ 辞書 ポン・言海

あどけな-げ 『形動』(形容詞「あどけない」の語幹に接尾語「げ」の付いた語) あどけないさま。 発音 アドケナゲ 〈標ア〉ナ

あどけな-さ 『名』(形容詞「あどけない」の語幹に接尾語「さ」の付いた語) あどけないこと。また、その度合。＊雑俳・さくら鯛(1823-24)二「あどけない・中にかぶろのあどけなさ」＊人情本・英対暖語(1838)二・九回「前後そぐはぬ書ぶりも、歳のゆかざるあどけなさ」＊くれの廿八日(1898)〈内田魯庵〉一「浜は年の行かぬ無邪気(アドケナ)さに遠慮もなく言掛けたが」 発音 〈標ア〉ナ 〈京ア〉0

あと-けん【跡間】『名』炭坑における坑道掘進作業の請負方法の一つ。一定の幅、高さの坑道を一間掘り進むのを単位に、請負金額を定める。延間(のびけん)。

あとこ 『代名』 方言 あそこ。 大分県西国東郡939 ◇あんとこ 静岡県520 島根県石見724 広島県771 ◇あっとこ 岐阜県恵那郡514 静岡県520 和歌山県有田郡690 大分県西国東郡939 ◇あっとんとこ・あっつこ 静岡県520 ◇あっく 栃木県芳賀郡203

あと-こうけん【跡後見】『名』前の後見人が手を引いた、その跡を引き継いだ後見人。＊間敷地主印鑑(古事類苑・政治六六)(1806)「仲雄勝手に付後見相離、跡後見に同く悴為仲に致させ候旨届有之 文化三寅年正月廿四日」

あと-こうしゃく【後講釈】(カウシャク)『名』(「あとごうしゃく」とも) ものごとの結果を見たあとで理屈をつけて説明すること。また、その説明。 発音 アトコーシャク 〈標ア〉コ

あと-ごし【後輿】『名』輿のあとのほうをかつぐこと。また、その人。↔前輿(さきごし)。＊浄瑠璃・女殺油地獄(1721)下「兄弟の男の子に先ごし・跡ごしかかれて」 方言 葬列に加わった近親者が棺の裏へ手を回して押してゆくこと。 新潟県佐渡356

あと-ごと【跡事】『名』先例。＊続日本紀-天平元年(729)八月二四日・宣命「今めづらかに新しき政にはあらず、本ゆり行ひ来し迹事(あとごと)ぞと詔ふ敕(おほみこと)を聞きたまへと宣ふ」

あどこ・ぶ【跨】『自バ上二』「あふどこぶ(跨)」の変化した語。＊書紀(720)顕宗三年是歳(図書寮本訓)「紀生磐(おひいは)宿禰、任那に跨(アトコヒ)拠(よ)りて高麗(こま)に交通(かよ)ふ」＊大慈恩寺三蔵法師伝承徳三年点(1099)八「亦誇(アトコヒ)競ひて自ら媒(なかだ)ちて搢紳(しんしん)の推仰を獲たるをば聞か未(ず)」＊猿投神社蔵帝範臣軌南北朝期点(1294頃)「郡に跨(アトコヒ)州を連ぬ」 語源説 (1)アフトコフ・アフトコム・アブドコブ・アフツコム等、語形に動揺があった。アフドは、カカト(踵)をアクイト・アクイ・アクツ・アクト等というのと関連があるかという〔時代別国語大辞典-上代編〕。(2)アトコフのアトは足、コフは越ゆるの意〔日本釈名〕。アトコユはアトコユ(足跡越)の義〔南留別志・大言海〕。

あとごみ-ほう【後込砲・後装砲】(ウハ)『名』元込めの装置を備えた大砲。＊米欧回覧実記(1877)〈久米邦武〉二・三三「此外に未だ成就せざる大砲も、亦十余門ありき。其内に新発明の後装(アトゴミ)砲あり」 発音 アトゴミホー 〈標ア〉ミ

あとこ・ゆ【跨】『自ヤ下二』⇨あどこぶ(跨)

あと-ざ【後座・跡座】『名』能舞台で、舞台後方の幅三間(約五・五メートル)奥行一間半(約二・七メートル)の板張りの部分。板の張り方が舞台の縦に張った張り方と直角に、横に張った板張りになっており、橋懸りに続く。正面に囃方(はやしかた)、向かって左隅に後見がすわる。 発音 〈標ア〉ト

あと-さがし【後探】『名』縁日のあとや営業終了後の商店街などを歩き回って、金目の物をあさること。＊あの道この道(1928)〈十一谷義三郎〉一「中年のアト探し(夜、京橋日本橋などの問屋筋を歩いて、荷のゴミとか金物を拾ひ、或は縁日のあとへ出かけて落し物を漁る)」 発音 アトサガシ 〈標ア〉サ

あと-さがり【後下・跡下】『名』①後ろの方に下がっているさま。また、あとになるに従って程度が低くなっていくさま。うしろさがり。＊仮名草子・御伽物語(1678)三・一三「其うちに亭主が声漸々(ぜんぜん)にきゆるがごとくあとさがりになる」＊兄の立場(1926)〈川崎長太郎〉四「家と云ふ家が皆あとさがりして小さく並んで、野道のやうに広々とした故郷の街を私は実家へと急いだ」 ②鬢(びん)の形を、後方が低くなるように月代(さかやき)をそった髪形。近世、天和、貞享(一六八一～八八)頃に流行した風俗。うしろさがり。↔後上がり・後高。＊浮世草子・懐硯(1687)五・五「玉むし色の繻子(しゅす)の広袖を着て、厚鬢跡(アト)さがりに剃(そり)なし」＊浮世草子・俗つれづれ(1695)一・四「月代(さかやき)を剃りすまして跡(アト)さがりのあたまつき、死(しん)でも人の目に立ち」 方言 前を向いたままで後ろに下がること。後ずさり。 香川県829

あと-さき【後先・跡先】『名』①場所、時間のあととさき。前後。また、過去と現在。＊四河入海(17C前)一二・四「我が如きものは牛馬走ぞ。大史公は坡自比ぞ。走は奴僕ぞ。人のあとさきにつきあるくものぞ」＊日葡辞書(1603-04)「Atosaqi (アトサキ)カラ キコユル〈訳〉前後のことから了解される」＊浮世草子・新可笑記(1688)二・五「其夫婦先後(アトサキ)四日の中に相果られ」＊人情本・春色梅美婦禰(1841-42頃)二・一〇回「娘二人、〈略〉前後(アトサキ)に歩行(あゆむ)は」＊駅夫日記(1907)〈白柳秀湖〉四「列車は前後(アトサキ)が三等室で、中央(まんなか)が一二等室、見ると後の三等室から」 ②細長いものの一方の端と他方の端。初めと終わり。先端と末端。＊談義本・当世穴穿(1769-71)三・楊弓の高慢「私は御当地に名高ひ正継の中ほこ、跡先(アトサキ)は仕だし物」＊尋常小学読本(1887)〈文部省〉三「紙よりの真中にて封をつけ、あとさきを切り捨て」 ③物事の始めから終わりまですべて。また、話や考えなどの一貫すべき筋道。＊古文真宝笑雲抄(1525)五「いかにあとさきあふたことなりとも語らんも、片糸の寄り合ふ事も定めなし。限りならねば、跡さきの事をば語り申也」＊浄瑠璃・山崎与次兵衛寿の門松(1718)中「そんなりゃ、跡さき首尾(しゅび)がよい」＊人情本・春色梅児誉美(1832-33)初・四齣「前後(アトサキ)わからぬお長(てう)が娘心と察して、ふかくとがめ給ふことなかれ」＊静物(1960)〈庄野潤三〉一四「もう少し後先のことを考えてくれなければ」 ④順序が入れかわること。また、話の筋道があわないこと。食い違いを生じること。＊俳諧・犬子集(1633)一・帰鴈「かへり点の文字か跡先帰鴈〈貞徳〉」＊浮世草子・世間娘容気(1717)二「旦那の仰付られと、口上もあとさきにせき切て申しければ」＊滑稽本・戯場粋言幕の外(1806)序「踪先(アトサキ)もなき趣向を探(さぐ)って、本屋の口に糊すれば、夫(それ)で作者のお役は済む」＊歌舞伎・謎帯一寸徳兵衛(1811)大切「居ると云うたはわたしが後先(アトサ)き」＊蘭東事始(1815)下「誤(あやまり)唱ふるも多しと見ゆれば、跡先ながら、覚え居たりし昔語(むかしがたり)をかくは書捨ぬ」 ⑤花ガルタで行なうばくちの一種。勝負の最初から一定の金額をかけ、そのあとでまたかける。また、札の一～一二月の数のうち九(菊＝九月)が最強、一〇(紅葉＝一〇月)はゼロで最弱、一(松＝一月)と一一(雨＝一一月)はともに一とし、場にくばった二枚の札を「あと」と「さき」に決め、どちらかに賭ける、という別の説もある。＊浮世草子・御前義経記(1700)八・一「後(のち)には三枚がるたのおせおせ、四郎三郎は血気にまかせ、銭の有たけ跡(アト)さきにはり」＊模範新語通語大辞典(1919)〈上田景二〉「アトサキ 花札を用ゐてする一種の勝負事」 方言 ❶順序が逆になること。あべこべ。反対。 愛媛県840 ◇あとぅさち 沖縄県首里993 ◇あといさき 愛媛県840 ◇あといさきい 岡山県苫田郡749 ◇あてえさきい 岡山県小田郡767 ❷一組の蒲団の両端から

入って二人が寝ること。三重県志摩郡585 ❸年齢などを表わす語に付いて、それにごく近いことを示す語。前後。秋田市135 ❹往復すること。島根県725 ❺交際すること。島根県出雲・隠岐島725 [発音]〈標ア〉[ア] 〈京ア〉(ト) [辞書]日葡・ヘボン・言海 [表記]後先（ヘ・言）

あとさき構（かま）わず 物事の順序や道理を無視して。また、無分別なこと。また、その人。後先見ず。＊大本神諭‐火之巻（1920）〈出口ナオ〉大正六年旧九月五日「日本の国には誠の者が二分残る仕組であれど、向ふの国はまだ約らん仕組をダラダラと致して、キマリの無い行り方で、行ける所まで行く、後前構はずで、何時まで掛りても頓着は致さず」

あとさき締（し）む 前後の事をよく考える。＊浄瑠璃・牛若千人斬（1679）三「難波、妹尾腹を立、ゑゑ尼公奴があとさきしめぬ訴人故かどって落ちしと覚えたり」

あとさき知（し）らず 前後の事情を解しない。周囲を気にしない。＊曾我物語（南北朝頃）三・兄弟を母の制せし事「乳母が申しなしと覚えたり、更にあとさきもしらぬ事なり」＊浮世草子・傾城色三味線（1701）湊・一「是はいと心やすき事と、跡先しらずの大気な末社共にいひつけ」＊浄瑠璃・博多小女郎波枕（1718）長者経「小女郎は跡先しらず、惣七にひっ添ふて二人の目元（めもと）に気をくばる」＊随筆・耳嚢（1784‐1814）五・勘忍工夫の事「大勢の内には其身を不知（しらざる）愚昧も多く、跡先知らぬ血気者も有りて」

あとさき揃（そろ）わぬ 「あとさき（後先）詰まらぬ①」に同じ。＊浄瑠璃・持丸長者金笄剣（1794）一「跡先揃はぬ詔り」

あとさき詰（つ）まらぬ ①話の筋道が首尾一貫しない。あとさき揃わぬ。＊浄瑠璃・那須与市西海硯（1734）二「鎌倉中の取沙汰と、跡先（アトサキ）つまらぬ詞を」②普通のやり方でない。地道（じみち）でない。③先の見込みがない。成るか成らぬかわからぬ。＊浄瑠璃・後三年奥州軍記（1729）四「後先（アトサキ）つまらぬ恋の路、だますに手なしと中を引分け」

あとさき＝無（な）しに［＝無（な）く］ 前後のことを考慮しないで。でたらめに。＊寛永刊本蒙求抄（1529‐34）五「又義に稽は考也。かんがゆるぞ。みだるならば、えかんがえぬぞ。あとさきなう云て、えかんがへぬぞ」＊浮世草子・御前義経記（1700）八・一「なんでも旦那衆の銭は我らがものと、札（ふだ）きる手もとはしかう、跡（アト）さきなしに、壱貫の銭ほんとにはる」＊人情本・春色辰巳園（1833‐35）四・七条「わざわざおくる一筆は、悪態書の前後（アトサキ）なく、腹立つ恋のはたし状」＊或る女（1919）〈有島武郎〉前・一二「葉子は前後（アトサキ）なしにかう心の中で叫んだが三日も口には出さなかった」

あとさきになる ①あとになったり、先になったりする。前後が入れかわる。＊熊野千句（1464）一「浦遠き霧に小舟のこぎ別〈宗祇〉跡さきになる道の行ぶり〈盛長〉」＊千鳥（1906）〈鈴木三重吉〉「影の如き漁船が後先（アトサキ）になって続々帰る」②前後の順序が逆になる。順序がでたらめになる。食い違いが生じる。＊人情本・春色恵の花（1836）二・一二回「内所のもめに此糸と、はかりし事も前後（アトサキ）に、なりゆく浮世の定めなさ」＊日本橋（1914）〈泉鏡花〉四二「話が前後（アトサキ）に成ったんだがね」[辞書]言海 [表記]後先ニナル（言）

あとさきの＝考（かんが）え［＝勘弁（かんべん）］（も）無（な）い 事を行なう場合に前後のことをよく考えない。＊滑稽本・浮世風呂（1809‐13）三・上「何を申すも若い人たちだから、跡先（アトサキ）の勘弁（カンベン）なしでござります」＊魔風恋風（1903）〈小杉天外〉後・親子「最う二十五にも成って、前後（アトサキ）の考も無く此様な」

あとさき踏（ふ）まえる あとさきの事について配慮する。周囲の事情をよく考える。十分に見込みをつける。＊浮世草子・世間胸算用（1692）四・四「此男は長崎の買物、京うりの箏用して、すこしも違ひなく、跡さきふまへてたしかなる事ばかりにかかれば」＊浄瑠璃・右大将鎌倉実記（1724）三「狼狽者（うろたへもの）後先踏まへぬ無道人」＊浄瑠璃・三浦大助紅梅靮（1730）四「お名の恥辱を雪ぎたさ跡先ふまへぬ出放題」

あとさき見（み）ず 前後を顧みない無分別なこと。また、その人。＊世話詞渡世雀（1753）上「跡先見ずの猪の獅子武者とは此たぐひの形気なるべし」＊人情本・閑情末摘花（1839‐41）二・八回「若いお方の前後（アトサキ）見ずに、可惜（あたら）命を亡す人も」＊腕くらべ（1916‐17）〈永井荷風〉二二「余り後先（アトサキ）見（ミ）ずの不量見は出さねえがいいぜ」[発音]〈標ア〉[キ] 〈京ア〉(ミ) [辞書]言海 [表記]後先見ズ（言）

あとさきを踏（ふ）む 「あとさき（後先）踏まえる」に同じ。＊甲陽軍鑑（17C初）品四〇上「信玄公仰らるるは、無分別の人の事也。子細は、彼無分別人、跡先（アトサキ）をふまず、口に任せ、手に任、法外の仕形あり」

あと‐ざき【後咲】〘名〙春の花が初冬の小春のころに咲くこと。返り咲き。＊俳諧・独吟一日千句（1675）第三「後咲の花や時雨の亭に見て いづれ小春も春のやうにぞ」[発音]〈標ア〉[0]

あと‐さく【後作】〘名〙ある作物を収穫したあとの田畑に栽培する作物。裏作。[発音]〈標ア〉[0][ト] 〈京ア〉[0]

あと‐さし【跡差】〘名〙（「あと」は足、「さし」は差し違え、入れ違えの意）同じ夜具にふたりが反対の方向から入ること。後と前と互い違いに交差すること。↓あと（跡）を差す。＊松翁道話（1814‐46）三・上「狼やうはばみと跡さしでねるやうなものぢゃ」[方言]宮城県仙台市123 兵庫県加古郡664 和歌山県690 鳥取県711 岡山県苫田郡749 ◇あとつぎ 岩手県気仙郡100

あと‐ざしき【後座敷】〘名〙[方言] ⇨あとぶるまい（後振舞）

あと‐さす【跡差】〘動〙[方言]一つの寝具に、二人が反対の方向から足を差し入れ合って寝る。富山県砺波398 徳島市043 ◇あとずかる 群馬県多野郡246 ◇あとやう 岡山市762

あと‐さま【後様】〘名〙（「あとざま」とも。「に」を伴って用いる事が多い）①後ろ向きになるさま。＊詩学大成抄（室町末）三「華山を見に驢馬に乗りて思ほど見て、帰りさまには又驢にあとさまに乗りて山を見たぞ」②後ろの方。また、後もどりするさま。うしろざま。＊俳諧・笈の小文（1690‐91頃）「まず越人に消息して、鳴海より跡ざまに二十五里尋（たづね）かへりて、其夜吉田に泊る」＊俳諧・井華集（1789）「あとさまに小魚流るる清水哉」

あと‐さま〘名〙[方言] ⇨ああとうと（嗚呼尊）

あとさり‐べこ【後去―】〘名〙[方言] ⇨あとじょり（後―）

あとさり‐むし【後去虫】〘名〙昆虫「ありじごく（蟻地獄）」の異名。[方言]青森県南部071 奈良県山辺郡675 ◇あとざりむし 青森県南部085 ◇あとざりむしこ 青森県三戸郡083

あと‐さん〘名〙[方言] ⇨ああとうと（嗚呼尊）

あと‐ざん【後産】〘名〙胎児を分娩（ぶんべん）した後、胎盤が卵膜やへその緒とともに排出されることをいう。分娩の第三期に当たる。こうざん。後（あと）の物。のちざん。＊浄瑠璃・弓勢智勇湊（1771）道行恋の道草「浪々の身の其中に我女房が懐胎、産落せしは女の子。跡産（ザン）のもつれにて我妻はあへなき最期」[発音]〈標ア〉[ト] 〈京ア〉[0]

あとさん‐まま【―飯】〘名〙[方言]❶仏前に供える飯。熊本県058 ❷米の飯。幼児語。◇あとまま・あとまんま・あとめし・あとやん 長崎県南高来郡905 ◇あっとまんま 岩手県気仙郡100

あと‐しき【跡式・跡職】〘名〙①相続の対象となる家督または財産。また、家督と財産。分割相続が普通であった鎌倉時代には、総領の相続する家督と財産、庶子の相続する財産をいったが、長子単独相続制に変わった室町時代には、家督と長子に集中する財産との単一体を意味した。江戸時代、武士間では単独相続が一般的であったため、原則として家名と家祿の結合体を意味する語として用いられたが、分割相続が広範にみられ、しかも、財産が相続の客体として重視された町人階級では、財産だけをさす場合に使用されることもあった。＊今川仮名目録‐追加（1553）一一条「父の跡職、嫡子可二相続一事勿論也」＊天草本伊曾保（1593）イソポの生涯の事「サテ カノ Esopo ガ atoxiqi（アトシキ）ヲ バ ロンズル モノモ ナウ カノ ヤウジガ コレヲ シンダイ イタイタ」＊三河物語（1626頃）一「松平蔵人殿舎弟の十郎三郎殿御死去なされければ、御跡次（あとつぎ）の御子無しと仰せ有つて、其の御跡式（アトシキ）を押領（をうれう）し給ふ」＊御触書寛保集成‐一八・寛永一九年（1642）一二月「養子跡職一円には被下間敷由被仰出之」＊俳諧・天満千句（1676）三「かたみの小袖のこる跡職〈武仙〉御広間へ荷なひ出せるかわ葛籠〈西似〉」＊浮世草子・西鶴諸国はなし（1685）二・七「はや跡識（アトシキ）をあらそひ、諸道具両方へわけとる」＊律令要略（1741）一・跡式・養子縁組・後家「一夫之極置候跡式を、夫死後後家心之儘に外え譲分へき筋無之」②「あとしきそうぞく（跡式相続）」に同じ。＊公事方御定書（1742）下巻・三条「怪敷儀も無之におゐては、譲状之通、跡式可申付」③家督相続人。遺産相続人。跡目。あとつぎ。＊俳諧・大坂独吟集（1675）下「頓死をなげく鶯の声 跡識の公事は霞てみとせまで」＊律令要略（1741）一・跡式・養子縁組・後家「一父跡式於不極置は、血筋近きもの可為続之」＊浄瑠璃・近頃河原達引（おしゅん伝兵衛）（1785）上「先喜左衛門殿死去の後、此あとしきを立てかねぬ」[方言]❶跡継ぎ。相続人。広島県高田郡779 愛媛県840 大三島848 ❷家督。遺産。新潟県下越361 大阪市638 [発音]〈標ア〉[0][ト] 〈京ア〉[0] [辞書]日葡・書言・ヘボン・言海 [表記]迹式（書・ヘ）迹職（書）跡式（言）

あと‐じき【後敷】〘名〙和船の後部にある底板。艫敷（ともしき）。艫航（ともがわら）。

あとしき‐そうぞく【跡式相続・跡職相続】〘名〙父や兄から家督、遺産を譲り受け、相続人となること。家督相続。跡目相続。跡式。跡目。＊浮世草子・本朝藤陰比事（1709）三・明て悔しき家の重宝「向後さやうの心底をあらため、親子むつまじく愛礼を致し、跡職相続仕れと仰渡されければ」＊律令要略（1741）一九・跡式・養子縁組・後家「一養子致家出、養父死後立帰、跡式相続之願は難レ立」

あとしき‐そうろん【跡式争論】〘名〙「あとしきでいり（跡式出入）」に同じ。＊浄瑠璃・双生隅田川（1720）三「下々の跡式相論の様に、見苦しき悪口雑言の相手には成申さず」[発音]アトシキソーロン〈標ア〉[ソ]

あとしき‐でいり【跡式出入】〘名〙跡式相続に関する争い。家督争いと遺産争いとの両者が含まれた。跡目論。家督争い。＊禁令考‐後集・第一・巻八・元文四年（1739）一一月「播州繁昌村佐助跡式出入之儀、領主仙石陽之助方に而申付候通可申渡」

あとしき‐ねがい【跡式願】〘名〙「あとめねがい（跡目願）」に同じ。

あと‐じさり【後退】〘名〙（「あとしさり」「あとしざり」とも。「しさり」は動詞「しさる」の連用形の名詞化）①「あとずさり（後退）①」に同じ。＊承応神事能評判（1653）八嶋「あとしざりに退きし間」＊浄瑠璃・心中刃は氷の朔日（1709）上「平兵衛色かはり、只ははは と斗（ばかり）にて跡しさりにぞ成にけり」＊人情本・

恋の花染(1832–34)三・八回「眼に角立つれば、下女はもぢもぢ後巡(アトジサ)りして」＊和英語林集成(初版)(1867)「ato-shizari アトシザリ 却退」＊別れ霜(1892)〈樋口一葉〉三「うるさいはと叱りつけられて我知らずあとじさりする意久地なさ」＊即興詩人(1901)〈森鷗外訳〉露宿・わかれ「われは却歩(アトシザリ)して」＊足跡(1909)〈石川啄木〉「忠一は徐々(そろそろ)と後退(アトシザリ)に出て行った」＊茶話(1915–30)〈薄田泣菫〉美術家と駅長「貨車はまたごとごとと音を立てて、後退(アトシサ)りを始めた」②「あとずさり(後退)②」に同じ。＊書言字考節用集(1717)九「逡巡 アトシザリ」＊俳諧・古今俳諧明題集(1763)春「春もまだ後じさりしてけさの雪〈入楚〉」＊人情本・縁結娯色の糸(1839–48)三・一七回「まだ言葉さへしみじみと、交さぬ人に馴々しくするは何やらうしろめたくて、後逡巡(アトジサリ)をする其の手を捕へ」＊泥人形(1911)〈正宗白鳥〉四「いざ結婚となると何時も後退(アトジサ)りしてゐたものが」③昆虫「ありじごく(蟻地獄)」の異名。④動物「かにむし(擬蠍)」の異名。発音〈標ア〉ジ〈京ア〉ジ 辞書 書言・ヘボン・言海 表記 逡巡・郤行(書) 却退(へ) 後退(言)

あと-じさ・る【後退】〘自ラ五(四)〙(「あとしざる」とも)①「あとずさる(後退)①」に同じ。＊滑稽本・七偏人(1864)五・上「怐(びっくり)しながら後(アト)じさり」＊満韓ところどころ(1909)〈夏目漱石〉三三「恐ろしい砂地である。〈略〉一足毎に後(アト)しざる様で歯痒(はがゆ)くなる」＊秋立つまで(1930)〈嘉村礒多〉「小机をかかへて一歩後しざったが」＊古典と現代文学(1955)〈山本健吉〉源氏物語・一「すべての事件が遠く後じさって行くように思えるし」②「あとずさる(後退)②」に同じ。＊門三味線(1895)〈斎藤緑雨〉五「未(まだ)ほんとに知らねえものと此れには困りて逡巡(アトジサ)るを、何だのここではにかみは要らぬ話」発音〈標ア〉サ

あと-じっさり【後退】〘名〙「あとじさり(後退)」の変化した語。＊雑俳・柳多留‐九(1774)「上ぞうり跡(あト)しっさりに客へかし」

あと-しっつぁり【後退】〘名〙方言 ⇨あとじょり(後―)

あと-して【後仕手】〘名〙(「のちして(後仕手)」を誤読した語) 能楽や狂言などで、中入りの後に出るシテ。

あと-じまい【後仕舞・跡仕舞】〘名〙「あとしまつ(後始末)」に同じ。＊門三味線(1895)〈斎藤緑雨〉一二「吸物拵へるにも、跡仕舞(アドジマヒ)をかけてつひ一日は費えます」＊生(1908)〈田山花袋〉八「毎日、朝の跡仕舞を済ますと」方言❶整理すること。後の処理をすること。後始末。岩手県気仙郡100 ❷食事の後かたづけ。山形県139 熊本県玉名郡058 ❸祭りやふるまいの行事の翌日に近所の人などを招いて開く宴。山口県見島797 発音〈標ア〉ジ〈京ア〉ジ

あと-しまつ【後始末・跡始末】〘名〙ものごとが済んだあとの処置、また、整理をすること。あとかたづけ。しめくくり。＊地獄の花(1902)〈永井荷風〉一九「専心に一家の後始末に過度の疲労(つかれ)を辞さなかった」＊破戒(1906)〈島崎藤村〉二〇・二「弁護士は残って後仕末(アトシマツ)を為(し)て居たとやら」発音〈標ア〉シ〈京ア〉シ

あとしゃり-かっこ【後去―】〘名〙方言 ⇨あとじょり(後―)

あとじゃり-むし【後去虫】〘名〙方言 ⇨あとじょり(後―)

あと-しゅだん【後手段】〘名〙物事の済んだ後でとるてだて。善後策。発音〈標ア〉シュ

あ-どじょう【亜土壌】〘名〙表面土壌と基岩との中間の土層。大小多数の岩屑からなり、生物はほとんど存在しない。＊英和和英地学字彙(1914)「Adojō subsoil 亜土壌」

あと-じょうご【後上戸】〘名〙あとになるほど酒が強くなること。また、話や行ないがあとほど盛んになること。＊歌舞伎・染繦竹春駒(1814)大詰「あそこからも爰からも、向うで招けば川しげで、この頃は逢はぬぞえ、一口飲んで行かんせと、話も例の後上戸(アトジャウゴ)」発音アドジョー〈標ア〉ド

あと-じょうり【後―】〘名〙(「あとじょり」の変化した語)「あとずさり(後退)」に同じ。＊浄瑠璃・生玉心中(1715か)中「嘉平次は、あとじゃうりして入かはり」

あと-じょり【後―】〘名〙(「あとじさり」の変化した語)「あとずさり(後退)①②」に同じ。＊浄瑠璃・吉野都女楠(1710頃か)一「いとしかはいといはんした言(こと)の葉はうそかいな、ヲヲしんき、跡じょりさんすは、はや秋風か」＊浄瑠璃・義経千本桜(1747)一「さりとては片意路な坊(ぼん)様、〈略〉跡ぢょり計致されます」＊雑俳・かがみ磨(1814)「なぐさみに猫に跡ぢょりさす妾」方言❶前を向いたままで後ろに下がること。後ずさり。上方312 三重県志摩郡585 愛媛県840 ◇あすとひざり 福岡県三井郡038 ◇あといざり〔後躄〕新潟県佐渡352 西頸城郡385 ◇あといっさり 岐阜県恵那郡498 ◇あとぅすぃじちゃあ 沖縄県首里993 ◇あとざくり・あとざっくり 岐阜県飛驒502 ◇あとさり〔後去〕徳島県那賀郡810 香川県826 ◇あとざり 新潟県西頸城郡385 ◇あとしじろき〔後退〕・あとしぞり 愛媛県840 ◇あとしっちゃり・あとしっつぁり 栃木県198 ◇あとしゃり 埼玉県川越市255 入間郡257 千葉県夷隅郡288 ◇あとじゃり 栃木県198 新潟県062 347 385 ◇あとじり 新潟県中魚沼郡062 愛媛県840 ◇あとしるき・あとしろき 香川県826 ◇あとじろき 香川県829 ◇あとしろけ・あとしろし 香川県826 ◇あとしんどろき 山口県大島801 ◇あとすだり 大阪府泉北郡646 島根県石見・隠岐島725 岡山県苫田郡749 広島県芦品郡776 高田郡779 山口県大島801 福岡市877 鹿児島県961 ◇あとすっさり 富山県砺波397 ◇あとすんだり 京都府竹野郡622 ◇あとせさり 新潟県佐渡352 ◇あとせざい 鹿児島県種子島979 ◇あとっさり 香川県826 ◇あとっしぞり 愛媛県840 ◇あとっちゃり・あとっつぁがり 栃木県198 群馬県佐波郡242 ◇あとひざい 鹿児島県963 ◇あとひざり 三重県志摩郡585 ◇あとひだり 島根県邇摩郡725 ◇あとびっしゃり 東京都312 長野県佐久493 ◇あとびっちゃり 山梨県453 ◇あとびっつぁり 神奈川県中郡320 ◇あとんじゃり 新潟県中魚沼郡062 ◇うしろじぁぇっこ 秋田県鹿角郡132 ◇うしろしんどろき 山口県大島801 香川県826 ❷しりごみすること。◇あとぅすぃじち・あとぅすぃじちゃあ 沖縄県首里993 ◇あとざり 新潟県佐渡351 西頸城郡382 ◇あとじゃり 新潟県岩船郡366 中頸城郡383 ❸(後退しながら引くところから)網を引く漁師。◇あとすだり 島根県益田市725 ❹虫、ありじごく(蟻地獄)。愛媛県西条840 ◇あといじい 広島県倉橋島771 ◇あとさりかっこ 長野県054 469 484 ◇あとさりべこ 青森県上北郡082 ◇あとしっつぁり 神奈川県高座郡314 ◇あとしゃりかっこ 長野県054 469 484 ◇あとじゃりむし〔―去虫〕新潟県中蒲原郡361 ◇あとじょろ・あとしりぞき 愛媛県840 ◇あとっちゃりむし 栃木県那須郡198 ◇あとんじょり 奈良県山辺郡675

あと-しり【跡知】〘名〙事の跡をたどって得る知識。体験したことの跡を調べてみて得た知識。後学問。↔前知り。＊颶風新話(航海夜話)(1857)二・八回「此跡知(アトシリ)即ち跡発明と名付くべきものが、相違なく極々大きな直打のある証拠じゃ」

あと-じり【後尻】〘名〙(「あとしり」とも)①うしろの方。しり。＊人情本・湊の月(1844–47)前・二回「不見末聞(みずしらず)の女が、彼様(あんな)にお前の迹尻(アトシリ)を付けまはす訳もねへはな」＊黒潮(1902–05)〈徳富蘆花〉七・九「総理大臣に御なりの時分は、御勝手に人民の後尻を御追ひになるが宜(よろし)い」②近世、吉原遊郭で張見世(はりみせ)の後方のところ。見世と勝手との間を仕切るために襖を立てたところで、張見世の時、遊女はこれを背景にして並んだ。＊随筆・洞房語園異本考異(1789頃)上・二「跡尻 見世と勝手の間、仕切て障子立たる所をいふ」＊洒落本・穴可至子(1802)「そんなら正面にいる跡しりから二ばんめの紫を着て本を見て居る女郎衆」発音〈標ア〉ト

あとじり を 病(や)む 「あとはら(後腹)病む」に同じ。＊雑俳・千枚分銅(1704)「跡しりをやまぬ四井をつかはしめ」

あと-じろ【後白】〘名〙うしろ脚の白い馬。珍しかったため神聖視され、神馬になることが多かった。方言熊本県玉名郡058

あと-すえ【後末】〘名〙過ぎてきた後と、行く末と。過去と未来。＊謡曲・高砂(1430頃)「舟路のどけき春風の、幾日(いくか)来ぬらん、跡末もいさ白雲の遥ばると」発音〈標ア〉ア

あと-ずさり【後退】〘名〙(「あとすさり」「あとすざり」とも。「すさり」は動詞「すさる」の連用形の名詞化)①前を向いたままで後ろにさがること。あとじさり。＊農具便利論(1822)中「此源五兵衛耒耜の用やうは、〈略〉あとすざりに一通りひけば、鍬をもてうち和げたるよりむらなく土も深く和らぎ」＊歌舞伎・囃雑石尊贐(1823)二幕「嬉しいのと怖いのとで、物さへ云へず跡ずさり」＊滑稽本・八笑人(1820–49)初・一「跡(アト)ずさりするはづみに」＊浮雲(1887–89)〈二葉亭四迷〉三・一七「用心しながら退却(アトスザリ)をして」＊破戒(1906)〈島崎藤村〉一四・一「入るや否や思はず一歩(ひとあし)逡巡(アトズサリ)した」＊土(1910)〈長塚節〉一四「苗を少しづつ取って後退(アトズサ)りに深い泥から股引の足を引き抜き引き抜き植ゑ退く」＊途上(1932)〈嘉村礒多〉「二三歩後すさりに引っ張った」②思いきって行動しないで、ぐずぐずすること。しりごみ。逡巡(しゅんじゅん)。＊読本・椿説弓張月(1807–11)続・三六回「人夫等は応(いらへ)も得せで、互(かたみ)に面(おもて)をあはしつつ、逡巡(アトスサリ)して立もあがらず」③近世の和船が荒天の時、安全を保つためにとる処置。船尾をさきにして船首から風波をうけるようにして流される状態をいう。その際、船首から碇(いかり)をつけた綱を数条「たらし」に引かせ、方向の安定を保つ。逆艫(さかども)。＊東航紀聞(1851)「碇二頭を舳の左右へ二房綱にして、跡すさりにし」語誌(1)「後にさがる」意の「すさる」「しさる」は、中世から併用されていた。「後」をより明確化した「あとずさり」「あとじさり」とも近世から用例が見られる。(2)方言では、全国的には「あとずさり」類と「あとすざり」類が優勢だが、北関東では「あとっさり」類が、東海地方では「あとびさり」類が、また山陰や四国南部では「あとしざり」が、北九州では「あとひざり」がそれぞれ固有の分布を持っている。概して言うと、東日本では三音節目が濁音に、西日本では逆に清音になる傾向が見られる。発音〈なまり〉アストヒザリ〔NHK(福岡)〕アトイッサリ〔岐阜〕アトシッチャリ・アトッシャリ・アトッチャリ〔栃木〕アトシッツァリ〔栃木・埼玉方言〕アトジャリ〔越後・新潟頸城〕アトジョリ〔志摩・大阪〕アトスザイ・アトズサイ・アトズサッ・アトスダイ・アトヒザイ〔鹿児島方言〕アトスザリ〔鳥取・島根・伊予〕アドスジャリ〔岩手〕アトスダリ〔鳥取・島根〕アトッサリ〔讃岐〕アトヒダリ〔島根〕アトビッシャリ〔東京〕アトフザリ〔鳥取〕『あとずさりする』アトジシャリスル〔埼玉方言〕〈標ア〉ズ〈京ア〉ズ 辞書 言海 表記 後退(言)

あと-ずさ・る【後退】〘自ラ五(四)〙(「あとすさ

る」「あとすざる」とも）①前を向いたままで後ろにさがる。＊良人の自白（1904–06）〈木下尚江〉前・七・二「人影に気が付いてか、男も女も驚いて、後去（アトスサ）った」＊病院の窓（1908）〈石川啄木〉「一町程先方から提燈が一つ来るので、渠は一二歩後退（アトズサ）った」＊橇（1927）〈黒島伝治〉七「大隊長が三四歩あとすざって合図の手をあげた」②思いきって行動しないで、ぐずぐずする。しりごみする。逡巡する。③物事の程度が後退する。＊頭書大全世界国尽（1869）〈福沢諭吉〉一・亜細亜洲「仁義五常を重じて、人情厚き風なりとその名も高かく聞えしが文明開化後過去（アトスサリ）風俗次第に衰て」 発音〈標ア〉サ〈京ア〉0

あと-すずみ【後涼】『名』近世、京都祇園町のくるわことば。陰暦六月一八日から（期間不定）の納涼の称。芸妓の練り物などがあってにぎわった。六月七日（のちには六日）から一四日までの祇園会の期間を大涼みと呼ぶのに対する。六月七日から一八日までにぎわう四条河原の夕涼みは、一般には単に「涼み」と呼び、「あとの涼み」とは別。＊洒落本・くたまき綱目（1761）水辺之詞「床（ゆか）。川（かは）。床几（せうぎ）。跡涼（あとすずみ）」

あと-すだれ【後簾】『名』車や輿（こし）の後方にかけるすだれ。⇔前簾

あと-すぼまり【後窄】『名』うしろの方がせまく小さくすぼまること。また、始めのうちは勢いよく、終わりになるにつれて衰えること。しりすぼまり。しりび。 発音〈標ア〉ス

あと-すぼり【後窄】『名』「あとすぼまり（後窄）」に同じ。＊詞葉新雅（1792）「アトスボリニ　しりびに。いとしりびに人わろきそやと源梅にあり」

あと-ずり【後刷】『名』以前使用したことのある版木・版型で再び刷ること。木版本・木版画の場合に多くいう。のちずり。⇔初刷（はつずり）。＊読書放浪（1933）〈内田魯庵〉出版上の道徳「初摺りこそ少いが後摺りは到る所に山積して、必要があれば五ダースや六ダースは即時に集める事が出来る」 発音〈標ア〉0

あとずり-ぼん【後刷本】『名』初刷（はつずり）りした版木・版型で再び刷って作った本。のちずり本。後印本（ごいんぼん・こういんぼん）。 発音〈標ア〉0

あと-せ【後世】『名』①跡目を継ぐ人。相続人。②後添いの夫。後夫（ごふ）。 発音〈標ア〉0

あと-ぜい【後勢・跡勢】『名』後方に続く軍勢。後詰めの軍勢。＊当代記（1615頃か）「慶長十九年十一月六日将軍永原に暫逗留し給、跡勢待給」＊三河物語（1626頃）三「天野宮内右衛門尉けた之郷より出て、あとぜいにしきつてしたい付」 発音アトゼイ〈標ア〉ト0

あと-ぜき【後急】『名』方言 危急なことが済んだ後で、それを思い出して催す動悸（どうき）。宮崎県東諸県郡954 鹿児島県肝属郡970

あと-ぜめ【後攻】『名』「こうこう（後攻）」に同じ。＊熱球三十年（1934）〈飛田穂洲〉終篇「角力のうけて立つのとは違ふけれども、多少かうした気持から、私は先攻（さきぜめ）よりも後攻（アトゼメ）を欲した」 発音〈標ア〉0

あと-ぜり【後―】『名』「あとずさり（後退）」に同じ。＊雑俳・替狂言（1702）「自ら旅の枕もあとぜりに」

あと-ぞい【後添】『名』方言 ⇨あといり（後入）

あと-ぞえ【後添】『名』華道で、中心となる枝のうしろに添えて生ける枝。

あと-そで【後袖】『名』牛車（ぎっしゃ）や腰輿（ようよ）の車箱の後部の口の左右の部分。＊餝抄（1238頃）下「賀茂祭使車。〈略〉後袖〈左方彫透〉」

あと-ぞなえ【後備】『名』本陣の後方の防備軍。後方の襲撃に備えるとともに、本軍の予備軍とする。あとおさえの軍。後詰め。のちぞなえ。後陣（ごじん）。＊甲陽軍鑑（17C初）品・三二「御出陣にをひては、御跡備（アトソナヘ）をくろめ申べき覚悟にて、所望申処に」＊浄瑠璃・源頼家源実朝鎌倉三代記（1781）二「佐々木高綱三浦の助御乗物の前後を囲（かこみ）、跡備（ゾナ）へは大庭景義、馬場先狭しと打って通る」 発音〈標ア〉ゾ 辞書 言海 表記 後備（言）

あと-ぞめ【後染】『名』でき上がった織物をあとから染色すること。⇔先染。 発音〈標ア〉0

あとぞめ-おりもの【後染織物】『名』製織後に染色した織物。⇔先染織物。 発音〈標ア〉リ オ

あと-だか【後高・跡高】『形動』鬢（びん）の形が後ろ上がりになるように月代（さかやき）をそること。後ろ上がり。あとあがり。⇔あとさがり・後ろさがり

あと-だけ【後竹】『名』伏せ竹の弓で、弓づるをはったとき外側になる部分。外竹（とだけ）。⇔内竹。＊今川大双紙（15C前）弓法之次第之事「はづし弓。白木をば前竹を下にして、後竹を上にして、本活の方をまいらせべき也」

あと-だし【後出・跡出】『名』①（後出）じゃんけんなどで、相手よりおくれて出すこと。②（跡出）「あときょうげん（跡狂言）」に同じ。 発音〈標ア〉0

あと-たずね【跡尋】『名』嫁入りの時、嫁の父親が同行せず、婚礼のあと初めて婚家を訪問して饗応（きょうおう）を受けること。長野県でいう。

あと-たち【後太刀】『名』⇨のちだち（後太刀）

あと-だち【後立・跡立】『名』①行列の最後部に立つこと。また、その人。⇔先立。＊滑稽本・浮世風呂（1809–13）三・下「おまへさんがたは、どなたも能くお並びなすった。私は跡立（アトダチ）だよ。前駈（さきだち）衆は尻（おゐど）が低い」②他の人のあとから旅に出ること。また、その人。＊俳諧・文化句帖‐元年（1804）一月「跡立は雨に逢ひけりかへる鴈」＊改正増補和英語林集成（1886）「Atodachi（アトダチ）ニ スル」 発音〈標ア〉0 辞書 ボン 表記 跡立（へ）

あと-たちあい【後立会】『名』江戸時代、大坂堂島米相場の帳合米商（ちょうあいまいあきない）における立会の一種。同商の午後の立会では、開始のときに点じた火縄の燃え終わるまでに一定の値段を決めることになっており、このようにして決められた値段を火縄値段と呼んだが、火縄値段が決定しない（これを自然止（しぜんやみ）という）ときは、すぐあとで立ち会うことが許され、この立会を後立会と称した。

あと-たづな【後手綱】『名』後方に引く手綱。後ろ髪を引かれて、未練が断てないことをたとえていう。＊歌舞伎・花街模様薊色縫（十六夜清心）（1859）四幕「思ふことかなはねばこそ憂（う）きことの恋と義理との後（アト）たづな」

あと-だのみ【後頼】『名』①後のことの処置を依頼すること。②今後のことをあてにし、頼みにすること。将来に希望を託すること。＊浮世草子・世間手代気質（1730）四・三「重ねてもよき仕合のあらんと、後（アト）だのみして油断し」 発音〈標ア〉ダ

あと-ち【跡地】『名』家屋、施設などが不要になって取り払われた後の敷地。 発音〈標ア〉ト0

あと-ぢえ【後知恵】『名』必要な時には出ないで、済んでしまってから出る知恵。⇔げす（下衆）の後知恵。 発音〈標ア〉0

あと-ちゅうもん【後注文・跡注文】『名』あとから付け加えられた注文。追加注文。＊当世商人気質（1886）〈饗庭篁村〉四・二「景気よくして跡注文の出る時は此の半価にて積み込めば」 発音アトチューモン〈標ア〉チュ

あと-つき【後付】『名』①前の人が詠んだ詩や歌のあとに続けてよむこと。他人の詠んだ詩歌の最後の文字をとり、その文字を次の詩歌の最初に置いて詠むこと。また、その詩歌。あとつけ。②「あとつぎ（後継）」に同じ。

あと-つき【跡月】『名』「あとげつ（後月）」に同じ。＊滑稽本・古今百馬鹿（1814）上「跡月（アトツキ）買ったのだぜ、最う倦きたか」＊改正増補和英語林集成（1886）「Atotsuki アトツキ アトゲツ」 方言 秋田県由利郡130 和歌山県海草郡690 和歌山市691

あと-つぎ【後継】『名』（「あと」は、胞衣（えな）、「つぎ」は、切るの忌み詞）産後、へその緒を切ることの忌み詞。＊簾中旧記（1521頃か）御産所の事「御あとつぎには、御産所へなり候て公方さま御ゐなを御つぎ候」＊武家名目抄（19C中か）儀式部・上・あとつき「按、あとつきは臍の緒をきるを忌てしかいひしなり」

あと-つぎ【跡継・後継】『名』①家督を継ぐこと。また、その人。よつぎ。あととり。家督相続人。＊難太平記（1402）「我等上意に叶て、故殿隠居のいとま申されて為二跡続一めしつかはれし也」＊寛永刊本蒙求抄（1529–34）六「昭帝又崩御あって、子がなかったほどに、戻太子の子の進の子の王夫人の生れた十八歳でいらしむを、霍光等が昭帝のあとつぎに定て宣帝と申ぞ」＊書言字考節用集（1717）四「後胤 アトツギ」＊良人の自白（1904–06）〈木下尚江〉続・五・二「此の相続者（アトツギ）の決まらない中は、私も安心して死ぬことが出来ないだよ」②前任者のあとを引き受けること。また、その人。後任。＊玉塵抄（1563）六「あとつぎの弟子ぢゃほどに、返事をせられたぞ」＊阿部一族（1913）〈森鴎外〉「天岸和尚と号して跡続（アトツギ）になるのである」③学問、技芸などで、師匠のあとを引き継ぐこと。また、その人。後継者。＊評判記・野郎虫（1660）山本小勘「ゆくすゑはこかん太郎が跡つぎになをる座敷もしとやかにして」＊社会百面相（1902）〈内田魯庵〉老作者「芝居道にしろ寄席芸人にしろ今の名人達が死ぬと継続者（アトツギ）が在（ごは）せんから」 発音アトツギ〈標ア〉ト〈京ア〉0 辞書 日葡・書言・ボン・言海 表記 後胤（書）後嗣（へ）後継（言）

あと-つけ【後付・跡付】『名』（「あとづけ」とも）①江戸時代、客人を乗せた馬の尻へつける荷物。重量三貫目を限って許される荷物で、武士の乗る場合は多く刀箱であったので、刀箱のことをもいう。＊咄本・百物語（1659）上・三二「先づ二つつけけるか、次にあとつけのり敷つけけるか」＊俳諧・宗因七百韵（1677）「秋風をはらひかねたる薬箱〈似春〉　笠に木葉のをもき跡付〈幽山〉」＊浮世草子・武道伝来記（1687）六・四「親より給はりし新羅琴（しらぎこと）、跡付（アトツケ）に長国（をさくに）国宗（くにむね）の大小はなさず」＊浄瑠璃・丹波与作待夜の小室節（1707頃）中「与作は荷物もあと付もそこここに投げおろし」②（①の刀箱の形に似ているところから）芸者などが付き添いの者に持たせる三味線箱。＊雑俳・柳多留‐一四（1779）「跡付（あとつケ）を持せて芸者船へ来る」③人のうしろからついて行くこと。また、その人。㋑護衛をかねて監督のために歌舞伎役者や遊女などのうしろからついて行く者をいう。＊浮世草子・好色一代男（1682）三・六「住家（すみか）四五丁は、帷子（かたびら）の上張（うはばり）、置手拭して、跡（アト）つけの男を待合（まちあわせ）」＊評判記・野郎立役舞台大鏡（1687）竹中藤三郎「むかしは竹中初太夫とて名高き人中比はちやうちん持口上ゆいの跡（アト）づけなりしが去年八九月の時分より俄にあぢをやらるる也」㋺太鼓持ち。幇間（ほうかん）。＊評判記・色道大鏡（1678）一「跡付（アトヅケ）、同、太鼓持の事なり。〈略〉本客のあとにつくといへる心なるべきか。此名、太鼓持にはおもはしからず、元是哥舞妓若衆に付来る役者をいひたりしなり。今いはば、太夫のつれありく付物などをいふべき事也」④他人が詠んだ詩歌の末の字を始めにおいてさらに詠むこと。尻取り式に詩歌を作ること。＊随筆・秉穂録（1795–99）一・下「酒譜に、今人多以二文句首末二字一相聯謂二之粘頭続尾一と。今も戯にするあとつけと云なり」＊随筆・皇都午睡（1850）初・上「江戸にては尻取附廻しと云、京摂にては跡附と云有、句の下の詞を次の句の上に置事なり〈略〉

上方『稲荷の鳥居に猿の尻』『のしりのしりと上下で』⑤（④から転じて）一人が言ったことばの最後の一音を、次の人が語頭において別のことばを言い続けて行く遊び。尻取り。⑥一応まとまっている物事へ、さらに追加すること。また、そのもの。㋑遊女を揚げたあと、さらに翌日、早朝一定時間を追加すること。上方の遊里語。＊歌舞伎・五大力恋緘（1793）三幕「今夜は爰（ここ）の揚（あげ）、しかも跡付（アトツケ）にまでしてあるもの」＊洒落本・うかれ草紙（1797）斗量の座しき「跡付（アトヅケ）になるによって店からあげたのぢゃはへ」㋺食事に添えて出す酒。＊雑俳・軽口頓作（1709）「さあびしい・ゑゑあとづけはないかいの」㋩書籍の本文のあとにつける後記など。⑦物事の変化の跡をたどり、確かめること。＊小林多喜二問題（1947）〈小田切秀雄〉二「これの立ち入った跡づけは、ここでのわたしの主題ではない」＊私の詩と真実（1953）〈河上徹太郎〉詩と人生の循環「指導理論の跡づけとかを目指してゐるものではない」発音〈標ア〉⓪〈京ア〉⓪

あとづけ-ぞうり【跡付草履】『名』紐を通すための小さい輪の乳（ち）と紐の部分を布で作ったわらじ。ごんずわらじ。＊物類称呼（1775）四「江戸にて云ごんずわらぢを、関西にて、あとづけざうりといふ」

あとつけ-ばんづけ【跡付番付】『名』歌舞伎の辻番付の一種。興行の途中から跡狂言を追加する時、その追加狂言を宣伝するための番付。追番付（おいばんづけ）。

あと-づ・ける【跡付】『他カ下一』①物事の変化していった跡をたどり、確かめる。追跡調査をする。＊思ひ出す事など（1910–11）〈夏目漱石〉一五「我は此懸け離れた二象面（フェーゼス）を、何（ど）うして同性質のものとして、其関係を迹付（アトヅ）ける事が出来ようか」＊近代絵画（1954–58）〈小林秀雄〉ルノアール・二「画家の成長過程をはっきりと跡づけようとする試みは」②ある場所の跡を確かめる。＊島へ（1962）〈島尾敏雄〉「人臭さが、接岸して水路をあとづけながらゆれ進む船の上から感じとれる」発音〈標ア〉ケ〈京ア〉⓪

あと-づれ【後連】『名』後妻。のちぞい。＊浄瑠璃・賀古教信七墓廻（1714頃）一「兄を出家にせぬからは、後づれの子の花二郎せめて法師（ほうし）にせん物を」

あとと『名』方言 ⇩ああとうとう（鳴呼尊）

あと-どころ【跡所】『名』足で踏んだあと。あしあと。また、残ったしるし。遺跡。＊仏足石歌（753頃）「三十（みそち）余り二つの相（かたち）八十種（やそくさ）と具足（そだ）れる人の踏みし跡所（アトドコロ）稀にもあるかも」＊万葉（8C後）七・一二六七「ももしきの大宮人の踏みし跡所（あとところ）沖つ波来寄せざりせば失（う）せざらましを〈古歌集〉」＊新撰字鏡（898–901頃）「蹟 跡迹同 安止止己呂」発音〈標ア〉下〈京ア〉㊦ 辞書字鏡 表記蹟・蹠・跡・迹（字）

あとど-しらず【後戸不知・跡戸不知】『名』いったん開けて出入りした戸障子を開け放しにして気がつかないこと。また、そのような後始末の悪い人。＊雑俳・柳籠裏（1783–86）三「碁盤をば跡戸しらずがかりて行」

あと-とぶらい【後弔・跡弔】『名』「あととむらい（後弔）」に同じ。＊落語・三年目の幽霊（1891）〈三代目三遊亭円遊〉「まだ二十才（はたち）に漸（やう）やくなったばかり、水の出ばなの御新造も仕方がない訳で冥土の客（かく）になったから若旦那も大嘆き、落胆（がっかり）して仕舞（しま）って跡弔（アトトブラ）ひをして、初七日から卅五日四十九日百ヶ日を済ましたが」発音〈標ア〉ト2

あと-とむらい【後弔】『名』人の死後、日がたって行なう追善供養。あととぶらい。＊湯島詣（1899）〈泉鏡花〉一九「工面をしてくれた若干金とで、やうやう後弔（アトトムラヒ）も出来た位、梓の家は窮して居た」発音〈標ア〉ト2

あと-とも【跡供】『名』大名行列などで、あとに従う供のもの。＊俳諧・八番日記-文政三年（1820）三月「迹供は霞引けり加賀の守」＊歌舞伎・宇都宮紅葉釣衾（宇都宮釣天井）（1874）四幕「これぞ即ち愚臣が計策、お跡供（アトトモ）の内よりして面体知れざる者を見立て」

あと-とり【後取】『名』餅（もち）をつく時、きねを持つ人のかたわらにいて、餅をこね返すこと。また、その人。こねどり。

あと-とり【跡取】『名』跡を継ぐ人。後継者。相続人。あとつぎ。＊俳諧・鷹筑波（1638）五「鶯の跡とりの子かほととぎす 暑き時分の能はおかしし〈重利〉」＊浮世草子・本朝桜陰比事（1689）二・七「其子跡（アト）取の礼義にして野辺のおくりを仕舞ける」＊俳諧・曠野（1689）員外「いそがしと師走の空に立出て〈芭蕉〉ひとり世話やく寺の跡とり〈越人〉」＊滑稽本・浮世風呂（1809–13）二・上「二ばん目のお兄（にい）さんは、丁度能（よい）お跡（アト）とりさ」発音〈なまり〉アトトー〔鳥取〕アトトイ〔鹿児島方言〕〈標ア〉ト1〈京ア〉⓪ 辞書ポン・言海 表記跡取（へ・言）

あととり-じょろう【跡取女郎】『名』女郎が自分の跡取りにしようとして、特別に世話をしている年下の女郎。妹女郎。＊雑俳・川傍柳（1780–83）五「名代（みょうだい）に跡取女郎さづけとく」

あととり-つまどり-して【足取端取―】『連語』（「あと」は「足」の意で、「まくら」の対。「足の端取りして」を二句に分けて歌ったものという）着物の、足の方の端を取って。＊書紀（720）継体七年九月・歌謡「阿都図唎（アトトリ） 都麼怒唎絁底（ツマドリシテ）枕取り 端取（つまどり）して 妹（いも）が手を 我に枕（ま）かしめ」

あととり-むすこ【跡取息子】『名』家の跡を継ぐことになっているむすこ。嗣子（しし）。＊浄瑠璃・仮名写安土問答（1780）「大事の大事の跡取息子（あととりムスコ）。達者て長生しをる様」＊すみだ川（1909）〈永井荷風〉一「相模屋と云ふ質屋の後取息子（アトトリムスコ）であったが、勘当の末若隠居の身となった」発音〈標ア〉ム〈京ア〉ム

あととり-むすめ【跡取娘】『名』家の跡を継ぐことになっている娘。＊微温（1909）〈水野葉舟〉一「六十を越した父の末の子で、姉が他家へ嫁（い）った跡、この家の跡取り娘になって居る」発音〈標ア〉ム

あど-な（形容詞「あどない」の語幹）あどけないこと。感動表現などに用いられる。＊歌謡・落葉集（1704）六・子之日の松「松のはごしにかげこぼす、はつうぐひすのなく音あどなやしほらし」

あど-な・い『形口』文あどな・し『形ク』あどけない。無邪気だ。純真だ。また、たわいない。子供っぽい。＊古今著聞集（1254）二〇・六九六「あからさまにも、あとなきことをばすまじきことなり」＊日葡辞書（1603–04）「Adonai（アドナイ） ヒト〈訳〉あることを、不注意にも容易に信じたり大きな声で言ったりする、単純な人」＊説経節・さんせう太夫（与七郎正本）（1640頃）下「さてもあどないづし王や」＊狂言記・今悔（1660）「さてもさても、人間といふものはあどないものぢゃ。おぢぼうずにばけて、いけんをしたればまんまとだまされて御ざる」＊歌舞伎・薄雪今中将姫（1700）三「何をあどない事をいやる」＊浄瑠璃・八百屋お七（1731頃か）中「逢いたい見たい行たいと、形も乱れ気も乱（みだれ）乱れ心のあどなくも」方言❶あどけない。無邪気で愛らしい。子供らしい。上方†114 三重県松阪市584 北牟婁郡588 和歌山県690 702 ◇あぞない 和歌山県690 ◇あずない 香川県829 ◇あどい 和歌山県有田郡・日高郡690 ❷幼稚で思慮分別がない。考えがあさはかだ。子供っぽい。ばかだ。和歌山市691 ◇あぞない 和歌山県690 ◇あずない 徳島県811 ◇あざない 奈良県南大和683 ◇あだない 山口県豊浦郡798 ◇あどい 徳島県811 阿波郡810 香川県仲多度郡829 ❸不確実でおぼつかない。また、十分知らずにいいかげんなことを言うさま。◇あずない 高知県長岡郡869 ◇あどしない 高知県幡多郡863 ◇あどい 香川県仲多度郡829 ❹ばかげている。鹿児島県屋久島981 語源説（1）アトド（跡処）ナシの約か〔大言海〕。（2）味気無シから〔日本語源＝賀茂百樹〕。発音〈なまり〉アゾナイ・アダナイ〔紀州〕辞書日葡・ポン・言海

あどな-さ『名』（形容詞「あどない」の語幹に接尾語「さ」の付いた語）あどけないこと。無邪気なこと。また、その度合。＊浮世草子・紅白源氏物語（1709）一「まだそのわけの道とては、ゆめにもしらぬあどなさの、色をはなれしたはぶれぞよ」＊洒落本・禁現大福帳（1755）二「馴染を案じる無阿堵（アトナ）さはせめて今の代までも残りし遊女風」＊人情本・英対暖語（1838）初・四回「おぼこ娘のあどなさを、思へば不便」

あと-な・し【跡無】『形ク』①跡が残らない。あとかたもない。＊万葉（8C後）三・三五一「世の中を何に譬へむ朝開き漕ぎ去（い）にし船の跡無（あとなき）ごとし〈満誓〉」＊金葉（1124–27）夏・一一五「郭公あかで過ぎぬる声により跡なき空を眺めつるかな〈藤原孝善〉」＊読本・雨月物語（1776）一・菊花の約「家眷（いへのこ）ども立騒ぐ間（ひま）にはやく逃れ出て跡なし」②（跡が残らないところから）むなしい。効果がない。＊万葉（8C後）一一・二三八五「あらたまの五年経れどわが恋ふる跡無（あとなき）恋の止まなくも怪し〈人麻呂歌集〉」③人の往来が絶えている。人の訪れがない。＊山家集（12C後）上「とへな君夕暮れになる庭の雪をあとなきよりはあはれならまし」＊教家本月清集（1204頃）下「住みすてて人は跡なき岩の戸に今も松風庭はらふなり」④根拠がない。あてにならない。また、ばかげている。でたらめだ。＊雑談集（1305）八・持律坐禅事「迷心の跡（アト）なき事真如の不遠事。迷悟ただ一性にて」＊徒然草（1331頃）五〇「はやく跡なき事にはあらざめりとて、人を遣りて見するに、おほかた逢へる者なし」＊読本・春雨物語（1808）樊噲・上「けふは雨降りて、野山のかせぎゆるされ、午時よりあつまり来て、跡無きかたり言してたのしがる中に」⑤跡を継ぐ者がないほどに巧妙だ。比べようがなくすぐれている。＊俳諧・おらが春（1819）「心のうち一点の塵もなく、名月のきらきらしく清く見ゆれば、迹なき俳優見るやうに、なかなか心の皺を伸しぬ」発音〈標ア〉ア〈京ア〉ナ/ナ

あとなし-ごと【跡無事】『名』①語義未詳。なぞのこと、先例の無いこと、難問の意か。一説に、②と同意。＊書紀（720）朱鳥元年正月（北野本訓）「朕王卿に問ふに、無端事（アトナシコト）を以てす。仍りて対へて言すに実を得ば、必ず賜ふこと有らむ」②根拠の無いこと。道理に合わないこと。とりとめの無いこと。＊ささめごと（1463–64頃）上「跡なし事につれなしづくり侍るも、罪深きわざなるべし」＊俳諧・随斎諧話（1819）乾「もとより跡なしごとなれば、必それらにすかされ給ふなといふに」語源説（1）アトナシゴト（无例事）の義〔和訓栞・大言海〕。（2）アテナシゴトの転〔日本古語大辞典＝松岡静雄〕。発音アトナシゴト〈標ア〉シ

あどなし-ごと【―事】『名』あどけないこと。たわいないたわむれ。＊兼良本方丈記（1212）「武者独子（ひとりこ）の六七ばかりに侍りしが、築地の覆ひの下に、小家を作りて、はかなげなるあとなし事をして、遊び侍りしが」補注「方丈記」の用例は流布本系にだけ見える。嵯峨本などでは「跡なし事」と表記され、また、中世、古くは「あどなし」の確例が認められないから、あるいは「跡無し事」の例か。発音アドナシゴト〈標ア〉シ

あとなし-はなし【跡無話】『名』根拠のない話。とりとめもない話。＊怪化百物語（1875）〈高畠藍泉〉上「愕（こは）がる丁稚を驚（おど）さんと、無根虚説（アトナシハナシ）の怪力乱神、世に妖魔（ばけもの）といふ者

が、有か無かは白絞(しらしぼり)」 発音〈標ア〉八

あとなし-びと【跡無人】〘名〙宿所もなく流浪する人。放浪者。跡無し者。＊義経記(室町中か)二・義経鬼一法眼が所へ御出の事「去んぬる春の比より御入り候とは見参らせ候へども、いかなるあとなし人にてわたらせ給ふやらんと、思ひ参らせ候へば」 発音〈標ア〉シ

あとなし-もの【跡無者】〘名〙「あとなしびと(跡無人)」に同じ。＊源平盛衰記(14C前)二四・両院主上還御事「又いかなる跡(アト)なし者(モノ)の立てたりけるやらん、太政入道の福原の門前に札に書きて」

あと-なわ【後縄】〘名〙馬具の名。馬をつなぐ縄。差差縄(さしさしなわ)。

あと-に【後荷・跡荷】〘名〙①あとから追加したり送ったりする荷。あと荷物。＊歌舞伎・歳市廓討入(1863)「昨日一荷持って来たが売切ってしまったから、跡荷(アトニ)を担いで来たのさ」②荷車などで、後方に積みすぎて平衡がとれない荷物。発音〈標ア〉〇

アトニー〘名〙(ドイ Atonie 英 atony)非活動的状態を意味するギリシア語アトニアから)収縮性器官の弛緩をいう。無力性体質に多く、「胃アトニー」が代表的。＊行人(1912-13)〈夏目漱石〉友達・一三「消化器病の書物などを引繰(ひっく)り返して、アトニーとか下垂性とかトーヌスとかいふ言葉を使った」＊仮装人物(1935-38)〈徳田秋声〉七「彼は酷い胃のアトニイに罹った」

あと-に-から【後―】〘連語〙方言 前々から。先日から。 奈良県宇智郡683 和歌山市691 発音〈標ア〉ア〈京ア〉ア

あと-にぎやかし【後賑】〘名〙「あとにぎわい(後賑)」に同じ。＊浄瑠璃・傾城反魂香(1708頃)中「一家の太夫天神かこひ葛城(かつらぎ)様さらばやさらばでござんす。門迄送れ跡にぎやかし。打ったり舞ふたり舞鶴屋伝三が万(よろず)受込んだ」＊和英語林集成(初版)(1867)「Atonigiyakashi アトニギヤカシ 跡賑」

あと-にぎわい【後賑】〘名〙旅立ちや嫁入りを送り出したあと、残った人を慰める気持で親類縁者などが開く酒宴。＊日葡辞書(1603-04)「Atoniguiuai(アトニギワイ) スル」 辞書〈ボン〉 表記 跡賑(へ)

あと-にぎわかし【後賑】〘名〙「あとにぎわい(後賑)」に同じ。＊浮世草子・国姓爺明朝太平記(1717)四「今夜(こよひ)は御嫁入の跡(アト)にぎはかしと、下々までも悦びの酒盛させ」 辞書 日葡

あと-にぎわし【後賑】〘名〙「あとにぎわい(後賑)」に同じ。＊日葡辞書(1603-04)「Atoniguiuaxi(アトニギワシ)、または、アトニギワイ」＊俳諧・犬子集(1633)二・桜「行春の跡にぎはしか遅ざくら」＊浄瑠璃・神霊矢口渡(1770)一「兵粮のコレコレコレコレ此提重幸(さいわい)の幕の内。跡賑(ニギ)はしに呑みかけふ」 辞書 日葡

あと-に-ごろ【後―頃】〘副〙方言 ⇩あとかた(後方)

あと-にしん【後鰊】〘名〙その年の最盛期を過ぎた頃にとれたニシン。ニシンの漁期は普通は晩春だが、その年によって変化がある。《季・春》

アドニス(Adonis)ギリシア神話で、女神アフロディテに愛された美青年。狩りでイノシシに突き殺された時、その血からアネモネが、女神の涙からバラが生じたという。発音〈標ア〉ア

あと-にもつ【後荷物・跡荷物】〘名〙あとから追加したり送ったりする荷物。あとに。＊浄瑠璃・仮名手本忠臣蔵(1748)一〇「又お頼申した跡荷物(あとニモツ)も、彌(いよいよ)今晩で積仕廻いか、お尋申せと申し渡しましてござります」

あど-にんぎょう【アド人形】〘名〙(「アド」の役の人形の意)人形芝居などで、脇役を務める人形。＊俳諧・投盃(1680)八「柿右衛門袖に泪の海ちかくあど人形や松の夕風 箱ひとつうしろに廻す須磨の山」 発音〈標ア〉ニ

あと-ぬし【跡主】〘名〙(足跡を残した人の意から)特に、釈迦如来のこと。＊仏足石歌(753頃)「この御足跡(みあと)を 廻りまつれば 阿止奴志(アトヌシ)の玉の装ほひ 思ほゆるかも 見る如もあるか」

あと-ねだり【後強請・跡強請】〘名〙物を一度もらった後で、再びねだること。＊雑俳・川柳評万句合-安永七(1778)仁一「跡(あと)ねだりしやるなと母壱分出し」＊歌舞伎・恋闇鵜飼燎(1886)五幕「お前の方からあの晩に、釣を出してもいい程な礼は十分してある筈、まだ其上に跡(アト)ねだりを仕ようなどとは虫がいい」＊婦系図(1907)〈泉鏡花〉前・六「お菜(かず)のあとねだりをするんぢゃないと云ふに」

あとねり-おりもの【後練織物】〘名〙生糸で織った後、精練した織物。羽二重、縮緬など。↕先練織物。発音〈標ア〉ネ

あと-の-かえり【後返】〘連語〙方言 ❶次回。またの日。 岩手県気仙郡100 宮城県石巻120 山形県139 ❷後ずさり。 ◇あとかえり 山形県北村山郡・西田川郡139 ◇あとがえり 香川県826 発音〈標ア〉リ〔2〕オ

あと-の-すずみ【後涼】⇩「あと(後)」の子見出し

あと-のり【後乗・跡乗】〘名〙①行列などに供奉(ぐぶ)して、最後に騎馬で行くこと。また、その人。↕先乗り。＊雑俳・柳多留-初(1765)「跡乗の馬は尾斗(ばかり)ふって居る」＊雑俳・柳多留拾遺(1801)巻一「跡のりはさまざまな事思ひ出し」②後陣となって城に乗り入れること。＊武家名目抄(19C中か)軍陣部・跡乗「愚耳旧聴記云〈略〉雑兵五六百にて、跡乗をぞしたりける」③つき従って援助すること。あとおし。＊湯武論(1718)「なぜ其様な不義をだまって居て、あまつさへ武王の跡乗をせられたぞ」 発音〈標ア〉〇 辞書 言海 表記 後乗(言)

あと-ば【後歯】〘名〙①下駄の二本の歯のうち、後ろの方のもの。↕前歯。＊随筆・守貞漫稿(1837-53)二七「近年緒長きを好み、後歯の後に二孔を穿つ」②前部を駒下駄のように作りつけ、後ろだけ歯を入れた下駄。＊随筆・守貞漫稿(1837-53)二七「跡歯一種 此形の跡歯男子用も有レ之。甲前歯桐一材後歯のみ赤樫を用ふ」＊東京風俗志(1899-1902)〈平出鏗二郎〉中・七・履物及び傘笠「日和下駄は角形・丸形(外方形)・つま切(吉原下駄)共に行はるれど、女は特に丸形を用ひ、又後歯(アトバ)を用ふるなり」＊縮図(1941)〈徳田秋声〉時の流れ・九「前の狭い通りの石畳に、後歯の軋(きし)む音がして」 発音〈標ア〉ト

後歯②〈守貞漫稿〉

あと-ば【跡場・後場】〘名〙①定期取引きの終わった後で、取引所員などが仲間内で別に売買すること。〔取引所用語字彙(1917)〕②背部をいう、てきや、盗人仲間の隠語。〔隠語輯覧(1915)〕

アドバートリアル〘名〙(英 advertorial advertisement(広告)と editorial(論説)の合成語)《アドバトリアル》論説型の広告。編集記事風に作られたPR広告。アディトリアル(aditorial)とも。

アドバイザー〘名〙(英 adviser, advisor)《アドバイサー・アドヴァイザー》忠告者。助言者。顧問。カウンセラー。＊内地雑居未来之夢(1886)〈坪内逍遙〉一一「到底(つまり)顧問官相当だな。どうも Advicer(アドバイサア)(助言者)の資格だ」＊ユーモア・モダン語辞典(1932)モダン語「アドヴァイザー 顧問、相談役、忠告者」 発音〈標ア〉リ

アドバイザリー-ボード〘名〙(英 advisory board)顧問委員会。監査役会。 発音〈標ア〉バ

アドバイス〘名〙(英 advice)《アドヴァイス》助言。忠告。勧告。＊魔風恋風(1903)〈小杉天外〉後・自炊・三「貴女のアドバイスを斥(しりぞ)ける様で済まないけれど」＊愛の渇き(1950)〈三島由紀夫〉三「悦子さんの味方としてアドヴァイスしたいんだけどね」 発音〈標ア〉バ〈ア〉〈京ア〉バ

あと-はか〘名〙(下に否定の形を伴う)(通ったという)手掛かりになる足跡。しるしとなる足跡。跡形。↓あとはかなし。＊古今(905-914)冬・三二九「雪降りて人もかよはぬ道なれやあとはかもなく思ひ消ゆらん〈凡河内躬恒〉」＊蜻蛉(974頃)下・天延二年「たづぬらんかひやなからん大空のくもぢは通ふあとはかもあらじ」＊篁物語(12C後か)「あとはかもなくやありにし浜千鳥おぼつかなみに騒ぐところか」

あとはか-な・し〘形ク〙①痕跡(こんせき)がない。さがす手掛かりがない。跡形もない。＊源氏(1001-14頃)若紫「僧都の御許にも尋ねきこえ給へど、あとはかなくて、あたらしかりし御かたちなど恋しく悲しとおぼす」＊とりかへばや(12C後)上「いはむ方なく心憂く、まことに今ぞあとはかなくもゆきかくれぬべき心地する」②心細く頼りない。とりとめがない。はかない。＊源氏(1001-14頃)玉鬘「行くさきも見えぬ浪路に舟出して、風にまかする身こそ浮きたれ。いとあとはかなき心地して、うつぶし伏し給へり」＊浜松中納言(11C中)三「親ときこえし人、世にあるかひと思ふさまにこそ物し給はざりしかど、あとはかなからぬほどにて、立ち添ひ給へりしに」＊更級日記(1059頃)「いとかうあとはかないやうに、はかばかしからぬ心地に夢見るやう、清水の礼堂に居たれば」 語誌「あとはか(もなし)」も含め、用例は「古今集」以後の中古例が主で、平安時代の和文特有語といえる。 語源説 (1)アトハカリナシの略。ハカはハカリ(許)で程の意〔大言海〕。(2)アトハカ(跡量)モナシの義〔古今集註〕。(3)遺迹も墳墓もないことを喩えていう〔和訓栞〕。 発音〈標ア〉ナ 辞書 言海

あと-ばこ【後箱・跡箱】〘名〙江戸時代、大名行列で、乗馬または駕籠の後について持って行く挟み箱。↕先箱。 発音〈標ア〉〇ト

あと-はさみばこ【後挟箱・跡挟箱】〘名〙「あとばこ(後箱)」に同じ。＊雑俳・柳多留-二六(1796)「跡はさみ箱がおめかけ不足也」

あと-ばしり【後走・跡走】〘名〙江戸時代、上方から江戸まで新酒を樽廻船によって競争で運送する行事で参加船の多い場合に二回に分けて出帆させた、その後組の船。後浮け。二番浮け。↕先走り。

あと-はずか・し【跡恥】〘形シク〙以前のことを振り返ってみると恥ずかしい。顧みて恥ずかしい。＊浮世草子・西鶴織留(1694)一・一「さりとは跡恥(アトハヅ)かしき親の心入是人間と形を見へる甲斐なし」

あと-ばた【疥迹】〘名〙天然痘をわずらったあと。＊読本・近世説美少年録(1829-32)二・一四回「大(いた)く顔瘡(おもぐさ)を患しかば、主君に姑(しばら)く暇を賜り、有馬の温泉に浴みしつ、辛くして愈たれども、まだ疥迹(アトバタ)の耗(うせ)ざれば」

アドバタイザー〘名〙(英 advertiser)《アドヴァータイザー》広告主。法人、個人を問わず、広告料を支払って、広告活動を実施することを依頼する主体。＊新らしい言葉の字引(1918)〈服部嘉香・植原路郎〉「アドヴァータイザー Advertiser〔英〕広告する人、披露主(ひろうぬし)の意味である」

アドバタイジング〘名〙(英 advertising)《アドヴァタイズィング》広告。広告活動。主として広告物のことをいうアドバタイズメント(advertisement)に対し、広く広告活動の全般をいう場合に使う。アド。＊モダン語漫画辞典(1931)〈中山由五郎〉「アドヴァタイズィング 英 Advertising これは『広告』のことだ。新聞に出てゐるものだらうが街で見かけるものだらうが、何でも構はず商品等の宣伝をするものを指して言ふのだが」 発音〈標ア〉タ

アドバタイズメント〘名〙(英 advertisement)

《アドヴァータイズメント》広告で、広告表現、広告作品のこと。＊尖端語百科辞典(1931)〈早坂二郎・松本悟朗〉「アドヴァータイズメント advertisement 〔新〕広告」 発音〈標ア〉タ

あと-はたり【後徴】『名』方言 ⇨あとおい(後追)

あと-はら【後腹】『名』①(「あとばら」とも) 出産したあとの腹。特に腹痛を伴う場合にいう。児腹痛(じふくつう)。児枕痛(じちんつう)。＊仮名草子・似我蜂物語(1661)中「あとはらのかぶりけるはひへかと存候」＊浮世草子・武道伝来記(1687)一・二「此母児枕(アトハラ)なやませられ、さまざま医術をつくせるかひもなく」＊人情本・仮名文章娘節用(1831-34)前・発端「悪血(あっけつ)さへもをりかねて、あと腹のしきりにかぶり、そのなやみの堪がたきと」②(多く「あとばら」) 後妻の産んだ子。↔先腹。＊俳諧・類船集(1676)久「さきばら後ばらの子はたがひにいどみあふ事とぞ」 方言 後妻の産んだ子。◇あとばら 岩手県九戸郡088 気仙郡100 新潟県佐渡352 ◇あとっぱら 岩手県気仙郡100 ◇あとぅば 沖縄県首里993 発音〈標ア〉0〈京ア〉0 辞書 書言・ヘボン・言海 表記 産後腹・児枕痛(書) 後腹(ヘ・言)

あとはら が 病(や)める (「病める」は自動詞)「あとはら(後腹)病む」に同じ。＊浄瑠璃・安倍宗任松浦簦(1737)一「御辺手に懸け首討って捨られよ、さすればいっそ跡腹(アトバラ)やめず、どちらも外さぬ鎹(かすがひ)分別」＊歌舞伎・心謎解色糸(1810)二幕「どうすれば跡腹(アトバラ)が病めぬの」＊西洋道中膝栗毛(1870-76)〈仮名垣魯文〉四・下「どうせいはれるこことだから、一時にいわれてしまやア、あとばらがやめねへ」

あとはら 病(や)む ①出産したあとの腹が痛む。＊浄瑠璃・松風村雨束帯鑑(1707頃)うばぞろへ「鍋取り公家の子は産めど、あとはら病(や)まずの片破(わ)れ舟」②(比喩的に用い) 事が一段落ついた後で、なお好ましくないことが引き続いて迷惑する。事後に面倒が残って苦しむ。＊浮世草子・好色一代女(1686)五・四「智恵の有(ある)男を頼み、跡腹(アトハラ)やまずに仕切銀(しきりがね)のうち弐貫目出して」＊読本・南総里見八犬伝(1814-42)三・二五回「そが上に亦結果(おしかたづく)るは、堕胎患(アトハラヤマ)ぬ為なれども、為損(しそん)じたりとて害にはならず」

あと-ばらい【後払】『名』代金を後で支払うこと。↔前払い。＊紀文大尽(1892)〈村井弦斎〉石合戦「それはモー貴郎(あなた)の事なら極くお安くして代金も跡払(アトバラ)ひで差上ますから」＊あにいもうと(1934)〈室生犀星〉「りきが請負の後払ひを先に廻すことに人気を得て」 発音〈標ア〉バ〈京ア〉0

あと-ばらえ【後祓】『名』「あときよめ(跡浄)」に同じ。

あと-ばり【跡張・後張】『名』あとから張ること。賭博で、金銭をあとからかけること。また、その金銭。＊俳諧・口真似草(1656)「寒ささへ後ばりになる氷かな〈一武〉」＊浮世草子・御前義経記(1700)八・一「三郎左衛門は年比にはぢてかしらに十文、跡(アト)ばり三十の銭にもひだりの手をかけ、うん吉ならばなかなかはなすまじき風情」

あとばり-の-おおくち【後張大口】『名』「うしろばりのおおくち(後張大口)」に同じ。↔前張りの大口

アド-バルーン『名』(洋語 ad balloon)《アドバルン》①広告用の文字や絵をつり下げて空中に揚げる軽気球。広告気球。＊吸血鬼(1930-31)〈江戸川乱歩〉飛ぶ悪魔「宣伝好きの興行主任が、看板がはりのアドバルーンを採用してゐた」＊花冷え(1938)〈久保田万太郎〉三「あたまの上のアドバルンをながめてゐた正平が」②(あることを行なう前に)反応を見るために小出しにしたり、意図的に漏らしたりする情報、意見、行動など。バロンデッセ。「アドバルーンを上げる」 語誌 (1)アドは、アドバタイジングあるいはアドバタイズメント(いずれも広告の意)の略。バルーンは風船、軽気球の意で、アドバルーンは和製英語。(2)広告気球は一九〇七年に日本で初めて考案され、一九一三年、東京・日本橋の上空に揚げられたのが実用化の第一号。一九二一年、広告気球専門会社設立。当時「広告気球」「宣伝気球」と呼んでいた。一九三一年頃から都会の風物として流行し、「アドバルーン」と呼ばれ流行歌にも歌われた。(3)一九三三年刊の「モダン流行語辞典」〈喜多壮一郎・麹町幸二〉には、「アド・バルーン 一九三一年春頃から帝都の空に黄色又は銀色の風船の下に広告文字をぶら下げる新しい広告が見え出したが、その暢気な格好が、鋭角的な都会生活の眼には愉快な一つのユーモアとして見え、盛んに流行した」と記されている。 発音〈標ア〉バ

あと-はん【後版】『名』木版で再版以後の印刷。あとずり。のちずり。 発音〈標ア〉0

あと-ばん【後番】『名』何かをするときの順番で、後の方。特に、勤務、作業などが交替制で行なわれる場合のあとの番。遅番。＊仮名草子・智恵鑑(1660)三・四「舟にのるもの共、先番・後番をあらそひ喧嘩(けんくわ)して」 発音〈標ア〉0

アドバンス『名』(英 advance)《アドヴァンス》前払い金。また、前貸し金。＊舶来語便覧(1912)〈棚橋一郎・鈴木誠一〉「アドヴァンス 前金 Advance 〔英〕我国にては前金又は立換の義に多く用ゐらる」 発音〈標ア〉アバ

アドバンテージ『名』(英 advantage)《アドヴァンテージ》①有利な立場、条件。優位。利益。＊外来語辞典(1914)〈勝屋英造〉「アドバンテージ Advantage 〔英〕〈略〉(一)利益。(二)甲斐」②硬式庭球で、ジュース後に、いずれかが一点を得ること。③サッカー、ラグビー、ハンドボールなどで、プレー中に反則行為があっても、そのまま競技を続行させたほうが反則を受けたチームにとって有利であると審判が判断したとき、反則をとらないでそのままプレーを続けさせること。アドバンテージルール。 発音〈標ア〉バテ

あと-び【後火】『名』嫁入りの時に行列が嫁の生家を出た後、また、葬式の時に葬列が門を出た後、再び戻らぬようにと門前でたく送り火。 方言 岡山県042 岡山市762 御津郡764 発音〈標ア〉ト

あとび の 火箸(ひばし) 葬式の時に、出棺のあとでたく後火に用いた火箸。不吉なものとして忌みきらわれたところから、使い道のないものをいう。＊枕(10C終)一四一・とり所なきもの「あと火のひばしといふこと、などてか、世になき事ならねど」

アトピーせい-ひふえん【─性皮膚炎】『名』(アトピーは 英 atopy) 激しいかゆみを伴う湿疹が生じる皮膚疾患。気管支ぜんそく、アレルギー性鼻炎などアレルギー性疾患を起こしやすい体質の遺伝的な素因によると考えられ、乳児型、小児型、成人型それぞれに発症の部位と症状が異なる。アトピー性湿疹。 発音 アトピーセイヒフエン〈標ア〉フ

あと-ひき【後引】『名』満足しないで次々とほしがること。多く、酒についていう。＊雑俳・柳多留-五三(1811)「一つ瓢の飲んで跡引のみたらず」＊合巻・金儲花盛場(1830)下「のんで見せずとよいから、もふいいかげんにしておかへりなさい。おまへのあとひきには、あやまりこのとろろじるだ」＊歌舞伎・恋闇鵜飼燎(1886)八幕「それも二合か三合でしまひますとよいけれど、呑出しますと跡引(アトヒキ)で、直(ぢき)一升になりますから」 方言 客をもてなしたあとで、手伝い人などの慰労のためにする宴。秋田県鹿角郡132 ◇あとびき 長野県佐久493 発音〈標ア〉ト 辞書 言海 表記 後引(言)

あと-びき【後引】『名』①酒をつぐ時、酒が銚子(ちょうし)の口を伝わってしたたること。また、そのしたたり。②邦楽で、最後のうたの終了後に弾く三味線の伴奏。後奏。小唄に多い。 発音〈標ア〉0

あとひき-こうじょう【後引口上】『名』落語や講談などで、聴衆に次回の展開を期待させ、ひきつづき聞きたいと思わせるための口上。＊当世書生気質(1885-86)〈坪内逍遙〉二「其弁舌に聴とれつつ〈略〉柳枝が得意(おはこ)の釣客告条(アトヒキコウテウ)扨はこれからは如何なりませうか」

あとひき-じょうご【後引上戸】『名』①後引きの癖のある酒飲み。＊雑俳・歌羅衣(1834-44)一「跡引上戸の荷主に呑せ」＊歌舞伎・菊模様法の燈籠(傾城玉菊)(1857)二幕「後引上戸(アトヒキジャウゴ)の玉菊が、この盃は助(す)けるわいな」＊行人(1912-13)〈夏目漱石〉友達・四「どうも後引上戸(アトヒキジャウゴ)で困ります」②いつまでもだらだらと続くことのたとえ。＊人情本・春秋二季種(1844-61頃)五・自序「拾遺の種を巻返し御高覧の程を願たしと是も梅彦(さくしゃ)が跡引上戸(アトヒキゼウゴ)ヲット此序文も長いは却而(かへって)御退屈」 発音 アトヒキジョーゴ〈標ア〉ジョ

あと-ひけし【跡火消】『名』江戸時代、火事の鎮まったあと、焼け跡の火の取り締りにあたること。また、その者。町奉行配下の与力が指揮をとり、跡火消し人足がおかれた。跡火消し人足は、火事の場合、火事場より二、三町離れた場所に待機していたが、享保五年(一七二〇)に廃止された。＊禁令考-前集・第三・巻二九・享保五年(1720)八月二七日「一只今迄有之候跡火消人足は、向後相止め可申事」＊随筆・洞房語園(1720)一「山王神田両所の御祭礼、并出火の節、跡火消等の町役御免の事」

あと-びさり【後─】『名』①(「あとじさり(後退)」の変化した語)「あとずさり(後退)①」に同じ。＊雑俳・川柳評万句合-宝暦一二(1762)仁五「差汐にするせんごりは跡ひさり」＊歌舞伎・助六廓夜桜(1779)「本舞台へ通れて来る。七兵衛跡びさりにて引かれる」＊吾輩は猫である(1905-06)〈夏目漱石〉六「今年の気候はあとびさりをするんですよ」②蛛形(しゅけい)類、カニムシ目に属する小動物の俗称。木の皮や落葉の下などにすみ、小昆虫を捕食し、危険を感じると「あとずさり」するのでこの名がある。ダニに似ているが、サソリのように大形のはさみ形の触手をもつ。本州に広く分布。③昆虫「ありじごく(蟻地獄)」の異名。 発音〈標ア〉ビ 辞書 言海 表記 後退(言)

あと-びしょり【後─】『名』「あとずさり(後退)」に同じ。〔改正増補和英語林集成(1886)〕

あと-びっさり【後─】『名』(「あとびさり」の変化した語)「あとずさり(後退)」に同じ。＊雑俳・川柳評万句合-明和四(1767)春楽「上(うは)草り跡(あと)びっさりに客へかし」 辞書 言海

あと-びっしゃり【後─】『名』①(「あとびさり」の変化した語)「あとずさり(後退)①」に同じ。＊今昔較(1874)〈岡三慶〉下「船制も千石限りと、厳に限を立られしより、船制復古(アトビッ)しゃりして、爾後二百余年間は、造船の法一歩も進まざりし也」＊落語・巌流島(1927)〈六代目春風亭柳橋〉「皆顔を見合せて後(アトビッ)しゃり」②「あとずさり(後退)②」に同じ。＊落語・三人無筆(1895)〈三代目柳家小さん〉「人に物を頼まれて嫌だのオうだのと言って後退(アトビッ)しやりしたことのねエ職人だ」③「あとずさり(後退)③」に同じ。 発音〈標ア〉ビシャ

あと-びん【後鬢】『名』頭の後方の髪の毛。後ろ髪。＊妹背貝(1889)〈巌谷小波〉春「少しばかり残った後鬢(アトビン)の髪を撫(なで)て、肩上げの昔時(むかし)を羨むも人情か」 発音〈標ア〉0

あと-ふき【後─】『名』旅立つ人を送る宴のあと

で、残った人が無事を祈ってする宴。＊菅江真澄遊覧記(1784–1809)迦須牟巨麻賀多「つとめて常雄、こまの荷鞍の旅よそひして、行道をいさなひて行ぬ。旅立の跡寿(あとふき)とてまた盃とりぬ」方言❶冠婚葬祭の本膳(ほんぜん)の後の宴会。二次会。青森県津軽054 上北郡082 新潟県上越361 中頸城郡383 富山県砺波397 岐阜県飛驒502 ◇**あとしき** 新潟県中頸城郡383 ❷祝儀、不祝儀などの後かたづけの宴のとき、親しい者などが来て参加し飲食がさらに長引くこと。青森県三戸郡083 八戸市085 ❸冠婚葬祭などの宴の後、手伝いの人たちや身内の者たちで行なう慰労の宴。秋田県平鹿郡130 新潟県上越市382 富山県砺波398 福井県430 大野郡438 長野県佐久493 岐阜県飛驒502 ❹祝儀の宴の後、宴に招かれなかった老人や近所の人などを招いてする宴。山形県139 ❺祭やふるまいの行事の翌日に、近所の人などを招いて開く宴。群馬県吾妻郡219 新潟県岩船郡366 ❻祭礼後に行なう神事。富山県砺波397 岐阜県飛驒502

あと-ぶさ【―房】〘名〙大きな房のついた馬の鞦(しりがい)。〔改正増補和英語林集成(1886)〕

あと-ふだ【後札・跡札】〘名〙①一度興行したあとで、新たに催すときの前売りの入場券。また、一度約束を果たした人に、再び新しい約束を持ち込むたとえにもいう。＊雑俳・なつこだち(1695)「此界はあと札なしの旅芝居」＊雑俳・柳多留-七(1772)「十五夜は跡(あと)札のつくもん日也」＊滑稽本・叶福助略縁記(1805)「御存の南京操、いらっしゃい、いらっしゃい、今が虎狩大夫揃、はじまったのはまけます、跡札(アトフダ)跡札」②葬式の出棺後、すぐに死体を安置してあった部屋を掃き出し、室内の四方に貼るお札。死霊の戻ってくるのを防ぐ呪法(じゅほう)で、家の入り口に貼る家もある。青森県野辺地(のへじ)地方の風習。

あと-ぶつ【阿堵物】〘名〙(中国、六朝時代の俗語で、「このもの」「こんなもの」の意であるが、晉の王衍(おうえん)が金銭を忌んで「このもの」と言ったところから) 金銭のこと。阿堵。阿堵の物。＊蔗軒日録-文明一六年(1484)五月二八日「是日諸隣賀儀之阿堵物、不レ受而返レ之」＊鹿苑日録-長享元年(1487)閏一一月二日「山名刑部大輔見来。携二阿堵物千銭一」＊寛永刊本蒙求抄(1529–34)二「後人が王衍が料足をいろうを見て、指レ銭阿堵物を挙るやと云たを、さては料足の事ぢゃと心得たぞ」＊運歩色葉(1548)「銭 セニ〈略〉阿堵物」＊雪中梅(1886)〈末広鉄腸〉上・四・頭注「一たび阿堵物を見れば、言語一変して、其の諂諛を極む」

あと-ふところ【後懐・跡懐】〘名〙(親の亡きあと、その子をふところに抱いて育てるの意で) 養い親が実子同様に育てること。また、養い親の手もと。＊平家(13C前)四・大衆揃「聊(いささ)かゆかり候ふあひだ、跡ふところで生(おほ)したてて」＊波形本狂言・武悪(室町末-近世初)「傍輩(はうばい)多い中にも不阿久とは、あとふところにもぬるやうにしたに」＊幸若・つるぎ讃嘆(室町末-近世初)「七歳にて此の寺へ上りつつ、十六まではいささかもおり上る事もなくあとふところにそだてをき」

あと-ぶね【後船】〘名〙(「あとふね」とも) ①次に入港する船。また、次に出る船。＊島津家文書-二「御城米御番之儀、弁跡船に御米つみ、着岸たるへく候条」＊落語・巌流島(1890)〈四代目三遊亭円生〉「ヤイ、往けねェ往けねェ、後船(アトフネ)を待つンだ、頓(とん)だ宜(い)い居残だ」②江戸時代の劇場で、二階正面の観客席の後方をいう。普通引舟(ひきふね)といわれる桟敷(さじき)の後方に位置するところからの名称。＊雑俳・柳筥(1783–86)四「先船壱貫後舟(アトブネ)五百なり」＊戯場訓蒙図彙(1803)二「引船 むかふ桟敷の前通りにはり出たるをいふ 但し中船跡船の名あり」③二度目の妊娠をいう俗語。

あと-ぶるまい【後振舞】〘名〙方言❶冠婚葬祭などの宴のあとで、手伝いの人たちや身内の者たちで行なう慰労の宴。千葉県安房郡025 岐阜県飛驒502 ◇**あとざしき**〔後座敷〕新潟県中蒲原郡361 ◇**あとごぜん**〔後御膳〕富山県東礪波郡402 ❷祭りやふるまいの行事の翌日に、近所の人などを招いて開く宴。新潟県佐渡352

あと-べ【後方・脚辺】〘名〙(古くは「あとへ」) ①寝ている足のほう。↔枕辺(まくらべ)。＊書紀(720)神代上「則ち、頭辺(まくらへ)に匍匐(はらば)ひ、脚辺に匍匐ひて哭泣(なきいさち)、流涕(かなしび)たまふ。〈略〉脚辺、此をば阿度陛(アトヘ)と云ふ」②後方。しりえ。＊滑稽本・七偏人(1857–63)五・上「キャアッと声たて一度に後方(アトベ)へ筋斗(とんぼがへる)拍子に」＊桐一葉(1894–95)〈坪内逍遙〉二・二「ぞっと身をふるはせ、あとべを見かへりほっと息」語源説 足の辺の義〔神代史の新研究＝白鳥庫吉〕。発音〈音史〉上代は『あとへ』と清音。〈標ア〉0 ベ 〈ア史〉平安○●●○と○●●の両様 鎌倉○●● 〈京ア〉0 辞書 言海 表記 後方(言)

あと-べ【跡部】〘名〙①大化前代、狩りの時に鳥獣の足跡を見つけてその行方をさぐることを職業とした者。跡見(とみ)。＊和訓栞(1777–1862)「あとべ〈略〉倭名抄郷名及古姓に跡部あり。是狩に獣の跡を認る者にて万葉集に跡見(とみ)といひ左伝に迹人と見えたり」②質の悪い厚紙の名。

あとべ【跡部】 姓氏の一つ。発音〈標ア〉ア

あとべ-よしあきら【跡部良顕】 江戸中期の神道家。号は重舒斎。徳川家旗本の出身。伴部安崇に出会い山崎闇斎の崎門(きもん)学を知る。一時佐藤直方に師事するが、神道排斥の是非をめぐり決別。享保三年(一七一八)に正親町(おおぎまち)公通から垂加神道を伝授される。江戸を中心に垂加神道の普及につとめた。闇斎の学説をまとめた「垂加文集」「垂加翁神説」などを刊行し、南朝正統論を主張する。「南山編年録」などを著した。名は「よしあき」とも。万治元～享保一四年(一六五八～一七二九)

あと-へん【足偏】〘名〙①(「跡」の部首であるところから)「あしへん(足偏)」の古称。＊寛永刊本蒙求抄(1529–34)一〇「去蹤之足とはあとへんをすてては束の字也」＊運歩色葉(1548)「𧾷 アトヘン」＊落葉集(1598)小玉篇「𧾷 あとへん」②(跡偏・跡篇)「事のあと」また「あと」を、足偏にかけていう。㋑事のすんだあと。手おくれ。あとの祭。＊浄瑠璃・浦島年代記(1722)一「泊瀬の皇子都へ入らば何をしても跡へん、女御の御産を急ぐより外思案なし」＊滑稽本・浮世風呂(1809–13)二・序「六日の菖蒲湯流行に後れ、残暑の桃湯蹟篇(アトヘン)なるべし」㋺後から来た者。また、後衛。＊談義本・艶道通鑑(1715)四・一一「鼻冗(はなおこつき)て席(むしろ)に尻のつかぬは今日の花軍の魁人(さきがけ)と見ゑ、頭(づ)を傾て縁に煙草呑のは跡扁(アトヘン)の一の筆と推(すい)せらる」㋩以前。過去。＊鳩翁道話(1834)二・下「昔はものを思はざりけり、せんぐりせんぐり跡(アト)へんが恋しうなる」方言 時機に遅れること。手遅れ。後の祭。香川県829 愛媛県大三島「あとへんくー(後の祭の目に遭う)」848 長崎県五島054 発音〈標ア〉0

アドベンチャー〘名〙(英 adventure) 冒険。↓アバンチュール。＊外来語辞典(1914)〈勝屋英造〉「アドベンチュア(adventure)〔英〕」＊随筆寄席第二集(1954)〈辰野・林・徳川〉五「ドイツの淫売が回数券を呉れたそうだ。『次回有効』というのを一枚もらったそうだ。僕のアドヴェンチュアではない」発音〈標ア〉ベ 〈京ア〉ベ

アドベンチャラー〘名〙(英 adventurer) 冒険を好む者。冒険者。冒険家。＊門(1910)〈夏目漱石〉一六「主人は卒然『冒険者(アドベンチュアラー)』と、頭も尾(しっぽ)もない一句を投げる様に吐いた」発音〈標ア〉ベ

アドベント〘名〙(英 Advent) ⇨たいこうせつ(待降節)

あと-ぼう【後棒】〘名〙駕籠の棒の、後の人が担ぐ部分。また、それを担ぐ人。後肩(あとかた)。↔先棒・端棒(はなぼう)。＊雑俳・川傍柳(1780–83)五「跡棒は肩にくらべて切たやう」＊咄本・無事志有意(1798)玉「駕(かご)がゆれる拍子に、かの尻尾(しっぽ)のきせる筒が羽織合から出るを、跡棒(あとボウ)が見付て」＊随筆・耳嚢(1784–1814)六・心ざしある農家の事「日坂、懸川の間にて賀籠の跡棒をかつぎける男」発音 アトボー〈標ア〉0 〈京ア〉0 辞書 言海 表記 後棒(言)

あとぼうを担(かつ)ぐ 主謀者の手助けとして事に加わる。一役買う。

あと-ぼえ【後―】〘名〙方言 ⇨あとおい(後追)

アド-ホック(ラテン ad hoc「その場限りの」「臨時の」「特別の」の意) 特別の目的のために委員会などが設置されること。「アドホック委員会」

あと-まく【後幕】〘名〙①ある幕の次に演じられる狂言。＊洒落本・廓節要(1799)「そこは一番こっちのしかけそのあと幕は私が作者」＊滑稽本・東海道中膝栗毛(1802–09)四・巻首「見物猶跡幕の遅(おそき)に手を打事頻(しきり)なるものは」②(①から転じて)次にする仕事。また、次に展開する情景。＊洒落本・辰巳婦言(1798)四つ明の部「よくよくこの跡幕をこころみ給へ、なんともしおそろしいやつだネ」③事の終わったあと。発音〈標ア〉ト

あと-まくら【足枕・後枕】〘名〙寝た時の足の方と頭の方。足もとと枕もと。＊書紀(720)雄略即位前(前田本訓)「反側(こいまろび)呼号(よばひおら)びて頭脚(アトマクラ)に往還(かよ)ふ」＊狭衣物語(1069–77頃か)二「人知らば消(け)ちもしつべき思さへあとまくらとも責むる頃かな」＊平家(13C前)六・入道死去「男女(なんにょ)の君達(きんだち)あと枕にさしつどひて、いかにせんとなげきかなしみ給へども」＊御伽草子・横笛の草紙(室町末)「後枕(マクラ)に聞けば鹿の声、夜寒(よさむ)に弱る虫の音も」発音〈標ア〉マ

あとまくらも＝知(し)らず[＝覚(おぼ)えず] (物事の前も後も判断できない意から) どうしてよいかわからない。前後も知らず。＊狭衣物語(1069–77頃か)三「母代(ははしろ)、責(せた)めに寄りたるに、隠したるを見つけて、あと枕もしらず泣き嘆きて、泣き入りて臥せり」＊撰集抄(1250頃)七・三「病まざらんすら命もつぎがたきに、ましてあとまくらもおぼえねば、命も絶えぬべくこそ侍る」＊増鏡(1368–76頃)一三・秋のみ山「かの頼基(よりもと)入道も病(やまひ)つきて、あとまくらもしらずまどひながら」

あとまくら-べ【後枕辺】〘名〙(「べ」は、付近の意) 頭の先から、足の先まで。＊平家(13C前)八・緒環「岩屋の内より臥だけは五六尺、跡枕べは十四五丈もあるらむとおぼゆる大蛇にて」

あと-またじ【後―】〘名〙方言 後始末。後片付け。岐阜県飛驒502 ◇**あとまたい** 富山県砺波397 補注「あと(後)まっと(全)うす」の転か〔飛驒のことば〕。

あと-まつり【後祭】〘名〙方言❶祭の翌日。新潟県東蒲原郡368 愛知県尾張567 島根県724 大分県北海部郡941 ❷祭の翌日、仕事を休んで祝うこと。新潟県東蒲原郡368 ❸時機に遅れること。後の祭。島根県飯石郡・大田市725 ◇**あとのまい**〔後舞〕広島県高田郡779

あと-まま【―飯】〘名〙方言 ⇨あとさんまま(―飯)

あと-まる【後丸】〘名〙後ろの方を丸く作った下駄。＊当世書生気質(1885–86)〈坪内逍遙〉一八・上「後円(アトマル)畳附の柾(まさ)に、黒天の鼻緒の附た駒下駄」＊東京風俗志(1899–1902)〈平出鏗二郎〉中・七・履物及び傘笠「下駄も種類多くして〈略〉粋肌には後丸(アトマル)あり」方言 後部が丸く削ってあって、後ろの歯が半円形をした下駄。栃木県198 鳥取県岩美郡・気

高郡716 島根県那賀郡725

あと‐まわし【後回・後廻】〘名〙 行なったり、考えたりする順番を、後の方に回すこと。＊多情多恨(1896)〈尾崎紅葉〉後・六・二「自身の事は後廻(アトマハシ)に務を大事と心懸ける中に」＊福翁自伝(1899)〈福沢諭吉〉一身一家経済の由来「子供を後廻(アトマハ)しにして中上川彦次郎を英国に遣りました」 発音〈標ア〉マ〈京ア〉0 辞書言海 表記後廻(言)

あと‐まわり【後回・後廻】〘名〙 ①物の後に回ること。＊和英語林集成(再版)(1872)「Atomawari アトマワリ ヲ スル」 ②順序が後になること。することが遅くなること。＊滑稽本・和合人(1823‐44)初・下「又おれに三本もって、壱本は跡廻(アトマハリ)になって呉れろではねへかしらんの」＊和英語林集成(再版)(1872)「アサネヲ スルト ヨウジガ atomawari (アトマワリ) ニ ナル」 発音〈標ア〉マ 辞書ヘボン 表記後延(へ)

アド‐マン〘名〙(英 adman) 広告業に携わる人。＊新らしい言葉の字引(1918)〈服部嘉香・植原路郎〉「アドマン Ad-man〔英〕広告係」＊現代経済を考える(1973)〈伊東光晴〉Ⅰ・2「多くのアドマンたちは頭の切れる、できる、非常に勤勉な人間たちである」 発音〈標ア〉ア

あと‐み【後身】〘名〙 人のうしろ。背後。＊人情本・春色恋白波(1839‐41)二・一二回「西の国から鎌倉まで、己(うぬ)が後身(アトミ)を付けて来た」

あと‐み【跡見】〘名〙「あとみ(跡見)の茶事(ちゃじ)」の略。＊宗湛日記‐天正一五年(1587)正月九日「宗湛あと見にと被仰候。依て内にて食をくい、客人被立候後に表にまわり」＊随筆・槐記(茶道古典全集所収)‐享保一八年(1733)一一月二五日「今の跡見と云ことは、今日御茶ありと聞し、御残りあらば参り度しと云の儀なり」＊茶道筌蹄(1816)一・茶会「跡見は朝茶正午の後に限る。夜咄には跡見なし」

あとみ の 茶事(ちゃじ)［＝茶(ちゃ)の湯(ゆ)・茶(ちゃ)］ 茶事七式の一つ。朝の茶事または正午の茶事の後、引き続き行なうもの。参会できなかった招待者、または当日招待しなかった人々の申込みにより、前の茶事の趣向や道具をそのまま見せる。跡見。＊茶道便蒙抄(1680)四「跡見之茶之湯之事」＊随筆・槐記‐享保一五年(1730)三月二二日(茶道古典全集所収)「跡見の茶のことを申上げて、頃日吉田某〈庸軒流〉が去方へ跡見の茶に参りたりしに」

あとみ【跡見】 姓氏の一つ。 発音〈標ア〉0

あとみ‐かけい【跡見花蹊】 女性教育家。大坂出身。名は滝野。大坂、京都などで開塾。明治三年(一八七〇)東京に移って跡見学校を創設。天保一一～大正一五年(一八四〇～一九二六)

あとみがくえん‐じょしだいがく【跡見学園女子大学】(あとみガクエンヂョシダイガク) 埼玉県新座市にある私立の大学。明治八年(一八七五)跡見花蹊創立の跡見学校に始まる。跡見女学校、跡見高等女学校を経て昭和二五年(一九五〇)短大を設け、同四〇年に大学を創設。

あとみず‐しょうぎ【跡不見将棋】〘名〙 敵陣に攻め入ることばかり考えて、手前の形勢を顧みないような、素人将棋。また、その指し方。＊浮世草子・新小夜嵐(1715)四・二「世話に跡見ず将棋といふごとく、さきへさきへと心をはせて、手前がるすになる事をしらず」 発音アトミズショーギ〈標ア〉ショ

あとみず‐そわか【後不見蘇波訶】〘連語〙 物事を捨てて顧みないときにいう言葉。→あとみよそわか。＊随筆・甲子夜話(1821‐41)二一「予が封内の俗言に何事にても放着して顧みず捨去るときは必ず、アトミズソワカと言へり」

アトミズム〘名〙(英 atomism)「げんしろん(原子論)」に同じ。＊外来語辞典(1914)〈勝屋英造〉「アトミズム Atomism〔英〕」 発音〈標ア〉ミ

アトミック〘語素〙(英 atomic) 原子の、原子力の、の意で、他の語と複合して用いる。「アトミックエージ(原子力時代)」「アトミッククロック(原子時計)」 発音〈標ア〉ミト

アドミッション〘名〙(英 admission) 入場や入団を許可すること。また、入場料。入会金。＊外来語辞典(1914)〈勝屋英造〉「アドミッション〔英〕認諾。入るを許すこと。入場料」＊銀座二十四帖(1955)〈井上友一郎〉四・三「必ず堂々とアドミッションだけは払って入れよ」 発音〈標ア〉ミ

アドミッタンス〘名〙(英 admittance) 電気回路内の、交流電流の流れやすさを表わす量。並列回路の計算によく用いるインピーダンスの逆数。単位ジーメンス(S) 発音〈標ア〉ミ

あとみ‐の‐ちゃじ【跡見茶事】 ⇨「あとみ(跡見)」の子見出し

あとみよ‐そわか【後見蘇波訶】〘連語〙(「あとを見よ」を経文らしくいう語) 席を立つ時、忘れ物などしないように、または、物事をしたあと、その結果がどうか、よく見よと注意を促すために唱える語。おんあとみそわか。＊合巻・後看世蘇和歌(1824)「悪だくみあるこころこそ鬼よ蛇よ何になるかやあと見よ蘇和歌」＊あとみよそわか(1948)〈幸田文〉あとみよそわか「起(た)って歩きかけると『あとみよそわか』？とふりかえると『女はごみっぽいもんだから、もういいと思ってからももう一度よく、呪文をとなえて見るんだ』と云った」

アドミラル〘名〙(英 admiral) 提督。海軍大将。＊西国立志編(1870‐71)〈中村正直訳〉一・一三「水師提督(アドミラル)河伯孫(ホブソン)は、〈略〉勇将なりしが」＊田舎教師(1909)〈田山花袋〉五六「アドミラル、トオゴーの勇しい名が、世界の新聞雑誌に記載せらるる頃であった」 発音〈標ア〉ミ

アトム〘名〙(英 atom ギリシア語 atomos「分割できないもの」の意から) 原子。＊明六雑誌‐二二号(1874)化学改革の大略〈清水卯三郎〉「右に挙る表は酸素を孤陰の端とし『ケイシオム』を独陽の端とす。其各箇質点(アトム)は其上に在る質点に孤陰たり」＊改正増補物理階梯(1876)〈片山淳吉〉一・二「理学者の言に拠れは更に其一微塵を打砕して止まさるときは終にはアトーム〈極微分子の義〉と謂へるに至るへしと」 発音〈標ア〉ア〈京ア〉ア

あ‐と・む〘他マ四〙 物事を詳しく調べる。さぐりだす。＊名語記(1275)八「ことをさぐりいだす様なるを、あとむといへり、如何。答、あととむ也。欧覓也」

あと‐むかし【後昔】〘名〙 茶摘みの第二日目に摘んだ葉から製した抹茶の銘。初昔(はつむかし)に次ぐ良い茶の銘とされている。のちむかし。＊随筆・槐記(茶道古典全集所収)‐享保一二年(1727)一一月一〇日「濃茶に、初むかし、後むかしと云名を付て、昔の字に様々の説ありと申す〈略〉初後は初て芽を出したる真を摘みたるが初なり。其次をかかへたるを、二番に摘みたるが後なり」＊狂歌・若葉集(1783)上「恋中もいまははなれて後むかし茶よりもうきを身にぞつまるる」

アトム‐ばん【――判・――版】〘名〙 写真の乾板やフィルムパックの大きさの呼称の一つ。現在は使われていない。横四・五センチメートル、縦六センチメートル。＊現代術語辞典(1931)「アトム板 写真種板の大きさ」 発音〈標ア〉0

あと‐め【後妻】〘名〙 のちぞいの妻。ごさい。 方言 山形県139 福島県南会津郡155 群馬県勢多郡222 千葉県山武郡270 新潟県東蒲原郡368 長野県諏訪481 佐久493 静岡県磐田郡546 兵庫県佐用郡054 赤穂郡660 徳島県811 沖縄県宮古島054 ◇あとめおっか〔―御母〕 山形県東置賜郡139

あと‐め【跡目・後目】〘名〙 ①中、近世、当主の死亡または隠居により相続されるべき家の地位、身分、家名、家産など。→跡式(あとしき)。＊日葡辞書(1603‐04)「Atomeuo (アトメヲ) ウケトル〈訳〉遺産の引渡しを受ける」＊浄瑠璃・心中万年草(1710)中「お国の親ご御隠居で、あとめをお継ぎなさる筈で」＊浮世草子・世間子息気質(1715)二・二「惣じて世間の大法なれば、家の跡(アト)目は惣領に継すが極たる事なれ共」＊歌舞伎・幼稚子敵討(1753)二「到頭勘当受て二親は死去めさるる。跡目潰されたる故、をのれを身が屋敷へ入置」 ②①を相続すること。跡目相続(あとめそうぞく)。家督相続。跡式相続。＊御当家令条‐一・御旗本諸法度・寛文三年(1663)八月五日「一跡目之儀、養子は存生之内可ㇾ致二言上一」＊浄瑠璃・頼光跡目論(1661‐73頃)一「三条の大納言光季卿をもって御跡めの儀を奏聞なされ候へば」＊洒落本・擲銭青楼占(1771)「まおとこを見付られて其出入に金をとられて、あとめのくじにまけた白(かほ)つきなり」 ③①を相続する人。相続人。転じて、一般に後継者、後任者。＊文明本節用集(室町中)「嫡 アトメ」＊玉塵抄(1563)三「成王、殷をしりけて武庚をころして微子啓をたすけて殷のあとめにせられたぞ」＊御当家令条‐二三・関東御料所下知状・寛文六年(1666)一一月一一日「前々よりの百姓相果、跡目於ㇾ無之は、其趣申聞、不ㇾ依二男女一其筋目之者を取立」＊浮世草子・世間子息気質(1715)二・三「跡(アト)目にたつべきものもなくて、一家の中より養子をし」＊歌舞伎・お染久松色読販(1813)序幕「おの様に髪をおろしたも、世間から跡目を入れる相談に乗るまい為のあの姿」 ④あと。うしろ。しり。＊源平盛衰記(14C前)二一・兵衛佐殿隠臥木「御方(みかた)の者共、多く跡目(アトメ)に附いて来り集る」 語源説 アトベ(後方)の転〔大言海〕 発音〈標ア〉メ0〈京ア〉0 辞書文明・日葡・書言・ヘボン・言海 表記嫡(文) 迹目(書) 跡目(へ・言) 後目(言)

あとめ 継(つ)がぬ法(ほう)も有(あ)れ 命令や約束にそむいた場合は、家督を継げなくてもいたしかたがないの意。武将などの誓いに用いることば。誓って。＊歌舞伎・桑名屋徳蔵入船物語(1770)二「誓言で承りたい」『武将の跡目継がぬ法も有れ』『先づもって安堵いたした』」

あとめ‐あらそい【跡目争】〘名〙 家督相続の争い。跡目論。＊勢州軍記(1636頃)下・光秀騒動・九・柴田羽柴事「信孝様、信雄様、依二御迹目御争一、任二御誓紙一立二信忠様之若君一御両殿可ㇾ有二御守立一之由相定処」 発音〈標ア〉ア2

あと‐めし【―飯】〘名〙 方言 ⇨あとさんまま(―飯)

あとめ‐そうぞく【跡目相続】〘名〙 ①中世、先代の財産を相続すること。鎌倉時代には、惣領(そうりょう)の相続する家督と財産と庶子の相続する財産とに分割され、ともに跡職(あとしき＝跡目)と呼ばれた。室町時代には、長子が家督と財産を集中して相続した。 ②近世、先代の死後、その跡式を引き継ぐこと。当主の隠居による家督相続とは法制上は区別されていたが、実際は混用された。＊真景累ケ淵(1869頃)〈三遊亭円朝〉六五「私もハア此年になって跡目相続をする大事な忰にはア死別れ」＊夜明け前(1932‐35)〈島崎藤村〉第二部・上・三・四「吉左衛門が代を跡目相続の半蔵に譲る前の庄屋に帰って」 発音アトメソーゾク〈標ア〉ソ〈京ア〉ソ

あとめ‐ねがい【跡目願】〘名〙 跡目相続を願い出ること。また、その書類。近世、幕府法上は死亡相続の場合に跡目の語を用い(万石以上は遺領相続という)、隠居相続の場合には家督の語を用いる建前であったが、実際は混用された。武士の封禄(ほうろく)は本来一代限りのもので、相続に際しては、新たに主君より再給の許可を得なければならなかった。百姓についても領主に相続願いを提出させた藩もある。＊禁令考‐前集第二・巻一七・弘化元年(1844)五月一六日「家督跡目願の儀に付達、家督相願候者幷家督未二仰付一候者、最前進達いたし候跡目願之趣相認可ㇾ被二差出一候」 発音ア

トメネガイ〈標ア〉ネ

あとめ-ひろう【跡目披露】〘名〙跡目を相続する人を広く知らせること。また、そのための催し。＊安吾巷談(1950)〈坂口安吾〉東京ジャングル探検「碁席を当日休業にして、この広間で、跡目披露をやったこともあるし」 発音〈標ア〉ヒ

あどめ-も-な・い〘連語〙とりとめもないさま。無邪気である。＊役者論語(1776)あやめぐさ「男の身にて傾情(けいせい)のあどめもなく、ぼんじゃりとしたる事は、よくよくの心がけなくてはならず」

あどめる〘動〙方言❶ものをまとめたり整理したりする。始末する。かたづける。福井県遠敷郡445 大飯郡447 鳥取県東部711 長崎県対馬913 ◇あとめる 福井県大飯郡448 ❷蓄える。京都府加佐郡629

あとめ-ろん【跡目論】〘名〙「あとめあらそい(跡目争)」に同じ。＊俳諧・西鶴大矢数(1681)第三三「頼光大きに騒がせたまふ 咲花と入月影と跡目論」＊浄瑠璃・文武五人男(1694)一「御身の父頼信、あとめろんの遺恨(ゐこん)にて、頼光を調伏(てうぶく)し、国をうばひとらんため」

あども-い-た・つ【率立】〘他タ下二〙(「立つ」は接尾語)「あどもう(率)」に同じ。＊万葉(8C後)九・一七八〇「夕潮の 満のとどみに 御舟子(みふなこ)を 阿騰母比立(アドモヒたて)て 呼びたてて〈虫麻呂歌集〉」

あども・う【率】〘他ハ四〙ひきつれる。ともなう。＊万葉(8C後)二・一九九「大御身に 大刀取り帯かし 大御手に 弓取り持たし 御軍士(いくさ)を 安騰毛比(アドモヒ)給ひ〈柿本人麻呂〉」 補注 声を掛け合って、調子、隊伍などを整える意とする説もある。 語源説 (1)アトドモヒ(後伴)の義〔和訓栞〕。(2)アトモヨホシ(後催)の義〔鐘のひびき〕。(3)アトモヒ。アは接頭語、ヒは活用語尾。トモは伴で部隊の古語だからトモヒは部隊編成の意となる〔日本古語大辞典＝松岡静雄〕。(4)語根はアト(後)か。また、アツムの再活用か〔万葉集辞典＝折口信夫〕。 上仮名 アドモフ 万葉には、例外的にドを用いてアドモヒテを表記した「足利思代」の例があるが、これは同じ歌に詠み込まれた地名アド「足速」と表記の上で類似する字面を作り上げるために「足利」と書いたものか、地名アドとの語呂合わせを行なったものかいずれかだろう。 辞書 言海

あど-もえ-か〘連語〙(疑問の副詞「あど」に動詞「おもう(思)」の已然形が付いた「あどおもへ」が変化したものに、助詞「か」が付いたもの)何と思ってか。どう思うからか。＊万葉(8C後)一四・三五七二「安杼毛敝可(アドモヘカ)阿自久麻(あじくま)山のゆづる葉の含(ふふ)まる時に風吹かずかも〈東歌〉」＊万葉(8C後)一五・三六三九「波の上に浮寝せし宵安杼毛倍香(アドモヘカ)心悲しく夢(いめ)に見えつる〈遣新羅使人〉」 上仮名 アドモヘカ・アドモヘカ へをへとするものとへとするものと一例ずつあるが、モへはオモフ(思)の已然形だからへが正しい。東国語形か。

アトモスフィア〘名〙(英 atmosphere)《アトモスフェーヤ・アトモスフェア》ある物のまわりをとり巻く空気、大気。周囲の雰囲気、気分。＊雲は天才である(1906)〈石川啄木〉二「其断片を遶(めぐ)る不可見の大気(アトモスフェーヤ)」＊旅-昭和五年(1930)八月号・水の名所三島から〈夕暮旅人〉「昔のままの家並が多く、目抜きの場所に、芸妓屋があるなど、今尚、宿場気分がタップリしてゐて、これは旅する者にとっては、嬉しいアトモスフィアです」 発音〈標ア〉フィ〈京ア〉ア／ス

あと-もどり【後戻】〘名〙①来た方へ引き返すこと。逆行。背進。＊松翁道話(1814-46)二・下「むかうへはこはがりて能うゆかず、後戻りする」＊思出の記(1900-01)〈徳富蘆花〉四・七「半里(はんみち)ばかり宇和島の方へ後戻りして、往還から横にきれ込み」②物事が、それまでの状態より悪くなること。退歩。＊人情本・花筐(1841)三・一八回「久しく煩ったり何かでネ、大きに跡戻(アトモド)りが仕たのサ」＊歌舞伎・勧善懲悪覗機関(村井長庵)(1862)序幕「折角御全快になる所、跡戻(アトモド)りが致しましては」＊雁(1911-13)〈森鷗外〉一四「こんな事を繰り返し繰り返し思っては、何遍か思想が初の発足点に跡戻(アトモドリ)をする」 発音〈標ア〉モ〈京ア〉モ 辞書 言海 表記 後戻(言)

あと-もの【跡者】〘名〙大名行列で、合羽箱(かっぱばこ)などをかついで歩く供の者。馬のあとについて歩く供の者。＊歌舞伎・色一座梅椿(1812)三幕「『合羽箱、どろどろどろとかしこまり』『ハハア、跡者の下座ぢゃな』」

あと-やく【後厄】〘名〙①厄年の次の年。男は数え年二六歳、四三歳など、女は二〇歳、三四歳など。↔前厄。＊随筆・蒼梧随筆(1800)六「俗間厄年とて恐れつつしむ年期あり。〈略〉剰へ四十一を前厄とし、四十三を後厄など名を憚恐れ」＊手投弾(1923)〈秋田雨雀〉「二十六…後厄ですな」②一生のうち二度あるという厄年のうち、後のほうの厄年。男は四二歳、女は三三歳。↔前厄。 発音〈標ア〉0ト〈京ア〉00

あと-やく【跡役・後役】〘名〙①前任者の役や権利を引き継ぐこと。また、その人。後任。後任者。＊政談(1727頃)三「無二是非一大目附などに役かへをさせて、外の人を後役に申付るとき」＊地方凡例録(1794)七「関東名主病死か又は退役して、跡やく極の儀前々其村々の郷例に任せ」＊開化問答(1874-75)〈小川為治〉初・上「また足下の御論では公方様の頃役人には大名旗本の み携って家柄格式を以てその跡役(アトヤク)を受継だことをよきやうに思て居られるが」②後始末をする役。また、その人。＊浮世草子・武家義理物語(1688)一・五「式部は跡役(アトヤク)あらため来(きたっ)て、川の気色(けしき)を見渡し水かさ次第につのれば」 発音〈標ア〉0

あと-やま【後山・跡山】〘名〙㊀(後山)①掘り出した石炭や鉱石を運搬したりして採炭夫を助ける仕事をする坑夫。↔先山。②鉱山、炭坑で、後から入って経験の浅い鉱夫。↔先山。㊁(跡山・後山)航海中の船の船尾の方向に見えて目標となる山。↔先山。＊廻船安乗録(1810)船頭心掛の事「洋(なだ)へ乗出しては磁針(はり)の遣方(つかいかた)専一なり。風候、潮候を考へ、跡山(アトヤマ)、先山をきわめ、針を居(すへ)べし」 方言 山の木を伐採する先山(さきやま)に対して、切り出された材木を受け取る、樽丸(たるまる)職人などをいう。奈良県吉野郡683 発音〈標ア〉0〈京ア〉0

あと-やり【後槍・跡槍】〘名〙戦場で、先頭に立って進みながらすぐには槍を入れないで、敵の前陣が乱れてから槍を入れること。↔先槍。＊松隣夜話(1647頃)上「年寄て先頭に進(すすみ)、若(わかく)して跡鑓を仕たる者も、又多候」

あと-ようし【跡養子・後養子】〘名〙跡継ぎとして養子に入ること。＊良人の自白(1904-06)〈木下尚江〉続・四・七「お高様にや、お前、最早後養子(アトヤウシ)の相談があるだもの」 発音 アトヨーシ〈標ア〉ヨ

あと-ようじょう【後養生】〘名〙けがや病気がややよくなってから、なおいっそうよく治すために静養すること。＊城の崎にて(1917)〈志賀直哉〉「山の手線の電車に跳飛ばされて怪我をした、其後養生(アトヤウジャウ)に〈略〉城崎温泉へ出掛けた」

あと-より【後寄】〘名〙①後ろへさがること。後退。あともどり。＊十六歳の日記(1925)〈川端康成〉五月八日「命さへあったら、ああ、一生に一ぺんでもあの老人(大隈)に会ひたい。あとより(後へさがること)ばかりしてたら、あかひん」②前後に並ぶものの後の方。後方。 発音〈標ア〉0

アドラー(Alfred Adler アルフレート―)オーストリアの精神医学者。フロイトの性欲中心の学説に反対して、人間活動の最大の動機を優越欲求(力への意志)に求め、「個人心理学」を樹立した。主著「個人心理学の実践と理論」。(一八七〇～一九三七)

アド-ライター〘名〙(洋語 ad＋英 writer)広告文案を作る人。コピーライター。＊新らしい言葉の字引(1918)〈服部嘉香・植原路郎〉「アド・ライター Ad-writer (英)欧米各国の商店に於て需要盛(さかん)な広告文案図案掛」 発音〈標ア〉ア

あとら・う【誂】〘他ハ下二〙相手に、誘いかける。頼んで自分の思うようにさせようとする。あつらえる。＊書紀(720)履中即位前(図書寮本訓)「刺領巾、其の誂(アトラへ)たまふ言を恃(たの)む」＊観智院本名義抄(1241)「誂 アトラフ〈略〉溽 アトラフ」 語源説 (1)アトフ(誂)の延〔大言海〕。(2)アタリアヘ(当敢)の約か〔日本古語大辞典＝松岡静雄〕。 発音 文 アトローとも〈標ア〉ラ(回) 辞書 名義 表記 溽・誂(名)

あとらえ【誂】〘名〙(動詞「あとらう(誂)」の連用形の名詞化)相手に誘いかけること。さそい。＊書紀(720)履中即位前(寛文版訓)「刺領巾其の誂(アトラヘ)を恃(たの)みて、独り矛を執て、以て仲皇子の厠に入るを伺ひて刺し殺しつ」 発音〈標ア〉0

アトラクション〘名〙(英 attraction「ひきつけるもの」の意)《アットラクション》①人を引きつける力。吸引力。魅力。＊緑簑談(1888)〈須藤南翠〉前篇・二〇「兄も実は先様の引力(アットラクション)に余程(よっぽど)引寄せられて居たに違ひ有ませんが」＊それから(1909)〈夏目漱石〉「両性間の引力(アットラクション)に於て」②催し物において、人を呼び集めるために添えられた演芸。余興。また、映画館で、映画の幕あいに行なわれる実演。＊アルス新語辞典(1930)〈桃井鶴夫〉「アットラクション 英 attraction 演芸の呼び物」＊残夢(1939)〈井上友一郎〉八「映画のほかに軽いアトラクションのやうなものを一緒に演(や)ってゐる小屋であった」＊黯い潮(1950)〈井上靖〉二「講演会のアトラクションに、幾つかの流行歌を唄った」 発音〈標ア〉ラ〈京ア〉ラ

アトラクティブ〘形動〙(英 attractive)《アトラクチブ・アトラクティーヴ》人目を引く。魅力的。＊外来語辞典(1914)〈勝屋英造〉「アトラクティヴ(Attractive)〔英〕興味ある。引力ある。目につく」＊櫛田民蔵宛河上肇書簡-大正一二年(1923)七月五日「拝見した範囲では、あまりアトラクチーヴな創刊号ではないと思ひます」＊鉛筆ぐらし(1951)〈扇谷正造〉新聞学校カリキュラム・六「リードの書き方は、一口にいうと、くすんでいて、しかもアトラクティブ(魅力的)なのがいいんだよ」 発音〈標ア〉ラ

アトラクト〘名〙(英 attract「(注意、興味などを)引く」の意)《アットラクト》引き付けること。牽引。誘引。＊青春(1905-06)〈小栗風葉〉春・九「男女間の愛も単に一方の異性全体と、他の異性全体との牽引(アットラクト)に過ぎなかった」 発音〈標ア〉ラ

アトラス ㊀(Atlas)ギリシア神話の巨人神。タイタン族の一人。オリンポスの神々と争って敗れ、その罰として両手で天を支えることを命じられた。㊁〘名〙(英 atlas)(ベルギーの地理学者メルカトルの地図帳(一六五一年刊)の口絵に㊀の姿がえがかれて以来、その習慣が引き継がれたところから)地図帳。また、地図。＊新らしい言葉の字引(1918)〈服部嘉香・植原路郎〉「アトラス Atlas (英)地図。地図集」 発音〈標ア〉ア〈京ア〉ア

アトラス-さんみゃく【―山脈】(アトラスは Atlas)アフリカ北西部の海岸と平行に走る褶曲(しゅうきょく)山脈。モロッコ、アルジェリア、チュニジアにまたがり、第三紀層から成る。ギリシア神話のアトラスが住んでいた所とされる。最高峰はトゥブカル山で、標高四一六五メートル。 発音〈標ア〉サ

あと-らっかん【後落款・跡落款】『名』依頼して描かせた書画、または落款のない古人の書画に、偽って他の名家の署名を記入し、雅号の印を押すこと。後印（あといん）。発音〈標ア〉ラ

アトランタ（Atlanta）アメリカ合衆国、ジョージア州の州都。南北戦争の激戦地で、小説「風と共に去りぬ」の舞台。発音〈標ア〉ラ

アト-ランダム『形動』⇩アットランダム

アトランチス（Atlantis）《アトランティス・アトランテス》ジブラルタル海峡の外側の大海中にあったといわれる大きな島。プラトン著「対話篇-断片」中に記載されており、豊かな土地で高度の文化を誇った一種の理想郷であったが、大地震と洪水のため一夜で海中に没したという。発音〈標ア〉ラ

あとり【獦子鳥・花鶏】『名』アトリ科の鳥。スズメよりやや大きく、全長約一六センチメートル。胸から肩にかけて赤褐色、腹部は白色、そのほかは黒い。ヨーロッパ、シベリアの北部で繁殖。一〇月頃日本に渡来し、山地の雑木林に群生。あっとり。学名は Fringilla montifringilla《季・秋》＊万葉（8C後）二〇・四三三九「国巡る阿等利（アトリ）鴨鳬（かまけり）行き廻り帰り来までに斎（いは）ひて待たね〈刑部虫麻呂〉」＊新撰字鏡（898–901頃）「猟子鳥又云臈觜鳥　阿止利」＊博物図教授法（1876–77）〈安倍為任〉二「花雞（アトリ）は深山に産し秋の末に多く群飛し『カハラヒワ』等と同く来る」語源説 (1)アツトリ（集鳥）の略〔和名抄・大言海〕。(2)アマトリ（天鳥）の略〔名言通〕。(3)アトモヒトリ（引率鳥）の義〔言元梯〕。(4)アセムレトリ（急群鳥）の義〔日本語原学＝林甕臣〕。(5)ワタリ（渡）の転訛か〔日本古語大辞典＝松岡静雄〕。発音〈標ア〉0〈ア史〉平安○○○〈京ア〉0 上仮名 アトリ 辞書 字鏡・和名・色葉・名義・易林・書言・言海 表記 獦子鳥（和・色・名・易・言）臈觜鳥（字・和・色・名）鴛（色・名・書）獵子鳥（字・書）胡雀（色）鶬鶊・臈觜（名）

アドリア-かい【―海】（アドリアは Adria）地中海北部の海。イタリア半島とバルカン半島に囲まれた細長い入り海。沿岸にベネチア、トリエステなどの都市がある。発音〈標ア〉ア2

アドリアノープル（Adrianople）トルコ北西部の都市、エディルネの旧名。イスラム教の聖地。発音〈標ア〉ノ

アトリー（Clement Richard Attlee クレメント＝リチャード―）イギリスの政治家。一九三五年、労働党党首。首相（一九四五～五一）となり、重要産業の国有化、社会保障の充実に努力した。（一八八三～一九六七）発音〈標ア〉ア

アトリウム『名』（ラテン atrium）建築用語。前室または前庭。古代ローマの住宅における玄関部の広間、初期キリスト教時代のバシリカ式教会堂の前庭など。発音 アトリューム〈標ア〉リュ

アトリエ『名』（フランス atelier）画家、彫刻家、工芸家、写真家などの仕事場。画室、工房、スタジオなどともいう。＊うたかたの記（1890）〈森鷗外〉上「けふ此のミュンヘンの府に来て、しばし美術学校の『アトリエ』借らむとするも」＊魔風恋風（1903）〈小杉天外〉前・画工の家・二「間際（しきり）の襖を明ければ〈略〉即ち恭一のアトリエなのである」＊若い詩人の肖像（1954–56）〈伊藤整〉七・三「二十畳敷きほどの広さのアトリエ」発音〈標ア〉リ 0〈京ア〉ト 0

あとり-か【獦子鳥科・花鶏科】『名』鳥類のスズメ目中で嘴（くちばし）の太く短い種子食性の小鳥の総称。オーストラリアとマダガスカルを除く全世界に分布し、アトリ類、ヒワ類、マシコ類、シメ類、ウソ類など約一二五種が含まれる。学名は Fringillidae 発音〈標ア〉0

アド-リビトゥム『名』（ラテン ad libitum「自由に」、「随意に」の意）《アドリビッツム》音楽用語。①演奏速度や発想を演奏者の意思に任せること。＊外来語辞典（1914）〈勝屋英造〉「アド・リビツム Ad libitum（伊）音楽上の奏法の一種。拍手等を演奏者の随意に任ずるをいふ」②指示した声部や楽器のパートを加えても、はずしてもかまわないこと。発音〈標ア〉リ

アド-リブ『名』（英 ad lib ラテン ad libitum の略）音楽で、楽譜を離れて自由に演奏すること。また、演劇で、台本にないせりふや演技を、その場の雰囲気に合わせて即興で挿入すること。↓インプロビゼーション。＊古川ロッパ日記-昭和二八年（1953）八月二五日「然し、ハモンドのアドリブ式伴奏の物語といふのは、いける、これ亦一つ新分野開拓だ」＊革命芸術と伝統（1959）〈花田清輝〉「たとえば音楽や演劇におけるアド・リブのように、状況に即応した口から出まかせの表現が」発音〈標ア〉0 リ〈京ア〉リ

アドルノ（Theodor Wiesengrund Adorno テオドール＝ビーゼングルント―）ドイツの哲学者、社会学者、美学者。ホルクハイマーと並ぶフランクフルト学派の指導者。ナチスに追われてアメリカに亡命。戦後、ホルクハイマーとの共著「啓蒙の弁証法」を出版し、著「権威主義的パーソナリティー」でファシズムを分析。ドイツへ帰国後も、現代文明のさまざまな分野における問題を社会批判の形で説いた。著に「否定的弁証法」「ミニマモラリア」「音楽社会学序説」など。（一九〇三～六九）

アドルム（Adorm）短時間型の催眠剤エチルヘキサビタールカルシウムの商標名。白色の粉末で、服用後約三〇分で効き始め、短時間持続する。＊自由学校（1950）〈獅子文六〉「アドルムでも飲んだように、神経がシビれるのである」＊第4ブラリひょうたん（1954）〈高田保〉習慣性「アドルムという名、日本語のまどろむに通じる。うまい名をつけたものだと感心したのだが、アドルムの語原には睡眠という意味があるらしい」発音〈標ア〉ド〈京ア〉ド/ド

アトレウス（Atreus）ギリシア神話のミケーネの王。王位争いで弟テュエステスに異母弟を殺させ、王位についたが、神にのろわれて、甥（おい）に殺された。発音〈標ア〉レ

アドレス『名』(一)（英 address）《アドレッス・アッドレス》①郵便物などに書く、あて先の所番地。＊米欧回覧実記（1877）〈久米邦武〉一・一三「市店を過ぎ物品を買ふとき、評価定まれば、持届ける『アッドレス』を請ふ（『アッドレス』とは居住を記せる名札なり）」＊ある対位（1926）〈ささきふさ〉四「半年も音信を通じないでゐた女だといふことは、附箋の下のアドレスを見ても明かだった」＊細雪（1943–48）〈谷崎潤一郎〉「アドレス聞いて見るわ」②あいさつの言葉、文章。＊修辞及華文（1879）〈菊池大麓訳〉序「今上に示す所の修辞の範囲に属すべき対言（アドレッス）の首たる種類を左に掲ぐ」＊随筆寄席第二集（1954）〈辰野・林・徳川〉六「そのため一九三五年の国際生理学会のアドレスであんなことを言ったんだ、という邪推をバブキンはしてるわけです」③コンピュータの記憶装置の中の一語ごとにつけられた番号。番地。(二)（英 addressing the ball の略）ゴルフ用語。ボールの手前にクラブを構えて、ねらいを定めること。発音〈標ア〉ア ド〈京ア〉ア

アドレス-ブック『名』（英 address book）知人や取引先などの住所や電話番号を書き留めた帳面。住所録。＊虚実（1968–69）〈中村光夫〉小さなキャベツ「楠は僕が旅先でわたした所書きを保存して、あまり厚くないアドレス・ブックに加へてくれたのです」発音〈標ア〉ブ

アドレッセンス『名』（英 adolescence）思春期。青春期。＊改訂増補や、此は便利だ（1918）〈下中芳岳〉四・二「アドレッセンス Adresscence 青年期、春機発動期。男ならば十四五歳から、女ならば十二三歳から成熟期までをいふ」発音〈標ア〉レ

アドレナリン『名』（ドイツ Adrenalin）《アドリナリン》動物の交感神経および副腎髄質から分泌されるホルモン。分子式 $C_9H_{13}NO_3$ 交感神経を刺激して心臓や血管の収縮力を高める作用をする。明治三四年（一九〇一）、高峰譲吉が初めて副腎髄質から抽出し命名した。止血剤、強心剤などとする。日本薬局方ではエピレナミン、アメリカ薬局方ではエピネフリンと呼ばれる。＊時事新報-明治三六年（1903）三月一九日「高峰博士の発見に係るアドリナリンは」発音〈標ア〉ナ〈京ア〉ナ

あと・れる『自ラ下一』ほれぼれさせられる。うっとりさせられる。感嘆する。＊両京俚言考（1868–70頃）「あとれる　みとれるとあきれるとが野合してこのあとれるを産みしならん」＊改正増補和英語林集成（1886）「Atore, ru アトレル」＊和訓栞後編（1887）「あとれる　俗語也　あはて蕩ける義なるべし」方言❶見とれてぼうっとしている。香川県伊吹島829 ❷あきれる。ろうばいする。愛知県西尾市062

あと-れん【後連】『名』後から来る連中。遅れてやってくる仲間の者。＊評判記・赤烏帽子（1663）下村左源太「利発也、しらうとのあとれん若衆也」＊歌舞伎・月宴升毬栗（1872）（散切お富）三幕「そりゃあさうと後連（アトレン）は何うしたらう」＊春酒屋漫筆（1891）〈坪内逍遥〉梓神子・七「巫の顔色見る見るかはりていふやうは我れは近松門左衛門の霊なるが後連（アトレン）雲霞の如く扣（ひか）へたれば」

アトロピネ『名』（ドイツ Atropine）「アトロピン」に同じ。＊改訂増補や、此は便利だ（1918）〈下中芳岳〉四・二「アトロピネ Atropine ―独〈略〉此の薬は、今日まで独逸から輸入して居たが、今回の戦争にて輸入絶えたる為非常なる高価となった」発音〈標ア〉ロ

アトロピン『名』（英 atropine）チョウセンアサガオやハシリドコロなど、ナス科植物に含まれているアルカロイドの一種。中枢神経や副交感神経に作用し、瞳孔の散大、平滑筋の弛緩などを示す。鎮痙剤、止汗剤、散瞳剤などとして用いる。＊外来語辞典（1914）〈勝屋英造〉「アトロピン Atropine〔英〕又『アトロピア』。白色有毒の有機塩基にして鎮痙又は瞳孔拡張に用ゐて効あり。亜篤羅必湦」＊痴人の復讐（1925）〈小酒井不木〉「患者の両眼に、二三滴づつ、アトロピンを点じたのでありま す」発音〈標ア〉0 ロ

あと-わ【後輪】『名』①馬具の名。鞍骨（くらぼね）の後部の高くなっているところ。しずわ。しりわ。↕前輪。＊三河物語（1626頃）三「馬之かしらのかたへうしろをして、あとのかたへまへをして、頸がねをはめて、あとわにゆい付て」＊続武家閑談（18C前）「彌兵衛が鞍の後輪より、彌兵衛共に前輪に射抜きて」②後方の車輪。発音〈標ア〉0

あどん『代名』方言 ⇩わら（我等）

あな【穴・孔】『名』①低くくぼんだ所。また、うつろに貫いた所。特に、鼻孔、陰門、また獣などがすむ洞穴や落とし穴、墓穴をもいう。＊古事記（712）上「其の矢を取りて、其の矢の穴より衝（つ）き返し下したまへば」＊万葉（8C後）一二・三一一八「門たてて戸は閉したれど盗人のほれる穴より入りて見えけむ〈作者未詳〉」＊霊異記（810–824）下・一九「其の体人に異なり。閪（しなたりくぼ）無くして嫁ぐこと無く、唯尿（ゆまり）を出す竇（あな）有り。〈真福寺本訓釈　竇　穴〉」＊竹取（9C末-10C初）「やみの夜に出てもあなをくじりかひま見まどひあへり」＊十巻本和名抄（934頃）二「孔竅　唐韻云竅〈孔竅並阿奈〉穴也」＊大慈恩寺三蔵法師伝院政期点（1080–1110頃）一「帝城は桀跖の窠と為り、河洛は豺狼の穴（アナ）と為れり」＊今昔（1120頃か）一一・一「此、幸也。我が死なむ日は穴を同くして共に可埋（うづむべ）し」＊説経節・説経さんせう太夫（佐渡七太夫正本）（1656）下「こくぶんじのひろにはに、五尺にあなをほりて、かたより下をうづみ、竹のこぎりにて、子共にひかせとの御でう也」②欠けたためにできた空白状態。欠陥や損失。㋑金銭上の損失。会計上の欠損。＊雑俳・

柳多留-二四(1791)「借金の穴へ娘をうめるなり」＊雑俳・柳多留拾遺(1801)巻一〇「よし町のあなに後住は肝をけし」＊歌舞伎・青砥稿花紅彩画(白浪五人男)(1862)三幕「これまで明けたおれが穴(アナ)を算(かぞ)へたって言はれたら、手代敵のあたりまへ」＊家(1910–11)〈島崎藤村〉上・三「後から後から大きな穴が開いた」㋺あるはずの物や人間が欠けたために生じた空白状態。＊滑稽本・八笑人(1820–49)四・追加・下「詞のチョボまで語れど彌五郎出ざれば、穴をふさがんと」③不完全な点。欠点。欠陥。過失。あら。＊談義本・教訓不弁舌(1754)序「まことに今、人の抜めのなき世に、人の仕落したる事をから名に穴と唱ふ」＊人情本・春色梅美婦禰(1841–42頃)初・一回「偽娘(くわせもの)とかおふかめものとか、誘(そしり)て穴をならべ立」＊当世書生気質(1885–86)〈坪内逍遙〉七「なにね、貴君の穴をあばかうと思って」＊吾輩は猫である(1905–06)〈夏目漱石〉八「主人の論理には大なる穴がある」④人の性癖、また、世間の裏面や内情などを広くさす江戸後期の流行語。＊洒落本・風俗七遊談(1756)二・遊女の譚「女郎衆の穴(アナ)を見附て悪くいふが、金も持ぬ客の癖に、山売同前に括り付るとは、無心物日の事と思はれんす」＊洒落本・水月ものはなし(1758)上・上粋「執行の上の事とはおもへど、いっち上段にも中段にも至り、ゐかなる穴も知らふと思へば、自由になる」＊談義本・根無草(1763–69)前・三「世間の穴を能く知って、堺町とは気が付いたり」＊黄表紙・文武二道万石通(1788)下「穴をくわしくさがしましたれど、見物にはいちいちわかりかねます」＊洒落本・青楼昼之世界錦之裏(1791)序「蓋(けだし)妄作(むだがき)の茶表紙も、年々歳々穴相似て、歳々年々趣向新しからざれば」⑤人に知られていない所や物事。㋑人の知らない重要な点。急所。要点。こつ。＊浄瑠璃・蝶花形名歌島台(1793)三「何でも惚れささうと思へば、女の好(すき)へ持って行くが色事の穴(アナ)」＊俚言集覧(1797頃)「穴 事情の要所を云」㋺隠れ家。隠れている秘密の場所。特に情人のところ。＊人情本・仮名文章娘節用(1831–34)前・三回「お帰んなすったとぞんじましたら、また、ここの穴へお這入なさいましたネ」＊歌舞伎・月梅薫朧夜(花井お梅)(1888)四幕「今日で五日のその間、出先の穴(アナ)が知れませんので」＊浮雲(1887–89)〈二葉亭四迷〉三・一七「何処か穴でも出来たんぢゃないかね」㋩釣りや遊び場などで、人の知らない良い場所。穴場。＊七つの街道(1957)〈井伏鱒二〉ささやま街道「おかげで私は釣のアナを確保できたとはいへ」⑥劇場用語。㋑芝居小屋の見物席で土間の一間(ひとま)。一枡(ひとます)。＊東京風俗志(1899–1902)〈平出鏗二郎〉下・一〇・演劇「客席は総べて枡形に劃れば、これを枡または穴(アナ)といふ。(多くは平土間についていへり)」㋺芝居や寄席などで、大入り満員の際、ぽっかりあいた空席。＊伝奇作書(1851)後集・上「中古江戸三座通詞の事〈略〉穴とは(土間桟敷の明てある事)」㋩芝居で花道の切り穴をいう。すっぽん。⑦競馬、競輪などで番狂わせの勝負。また、番狂わせで勝ちそうな馬や選手。＊冬の宿(1936)〈阿部知二〉一四「彼の買ひ方は穴といふやうな馬を、つねに単式で買ひ」＊競馬(1946)〈織田作之助〉「あの男はこの競争(レース)は穴が出さうだと、厩舎のニュースを訊き廻ったが」 方言 ❶トンネル。隧道(すいどう)。山形県139 ❷魚介類や海藻類の多く採れる所で、初めに見付けた人のものとして他人がこれを侵さない場所。静岡県賀茂郡025 語源説 (1)アクナカ(開中)の義か〔和句解・名言通〕。(2)アナ(空)の転〔言元梯〕。(3)アダ(徒)と通う〔国語の語根とその分類=大島正健〕。(4)暗い空洞を見て驚き発した叫び声か〔日本語源=賀茂百樹〕。 発音 〈標ア〉ナ 〈ア史〉平安・鎌倉○○ 〈京ア〉⓪ 辞書 和名・色葉・名義・和玉・文明・明応・天正・黒本・易林・日葡・書言・ヘボン・言海 表記 穴(色・名・玉・文・明・天・黒・易・書・へ・言) 孔(和・色・名・玉・文・易・書) 竅(和・色・名・玉・書) 竇(色・名・玉・書) 坑(色・名・玉・文) 竉(名・玉・易) 窟(色・名・玉) 穽・空・阱(色・名) 坎・穿(色・玉) 埳・壍・堁・窖・窣・崘・隍・竅・坔(名・玉) 塖・栞・奥・匿空・匿孔・塖坎(色) 窠(文) 届(易) 鑿(書)

同訓異字 **あな【穴・孔・坑・坎・堀】**

【穴】(ケツ) 底があるあな。「穴居」「虎穴」「洞穴」あるはずの底が抜けたものもいう。「穴隙」「孔穴」《古 あな・つちむろ・うがつ》

【孔】(コウ・ク) 底のないあな。通り抜けできるあな。「孔穴」「鼻孔」「気孔」多く小さなものに用いる。《古 あな・あひだ・かよふ・むなし》

【坑】(コウ) ほらあなや坑道のような大きなあな。「坑夫」「坑口」「炭坑」《古 あな・たに・うづむ》

【坎】(カン) 掘って作ったあな。落ちこんだあな。くぼんだ所。「坎穽」《古 あな・あなほる》

【堀】(クツ) 窟に通じる。いわや。ほらあな。《古 ほる・つちむろ》

あなが開(あ)く ①損失、不足などが生ずる。欠損した状態になる。＊洒落本・野路の多和言(1778)「去年は千両の穴(アナ)があくと今年は五千両の穴があき」＊俳諧・鶉衣(1727–79)続中・一四三・拾扇説「金銀を拾ふはことに幸の甚しきに似たれど、それは落したる人に穴があきて、身上破滅に及ぶもあれば」＊黄表紙・文武二道万石通(1788)下「路銀には、どうしたあなのあく事と、身にぞしらるる、湯場つらや」＊縮図(1941)〈徳田秋声〉素描・一八「手術を怠けるので、県立病院にも穴があき」②手順どおり事がうまく運ばないで、空虚な時間や、間の抜けた場面ができる。③定員の一部が欠けたり担当者がいなくなったりする。＊白く塗りたる墓(1970)〈高橋和巳〉三「第一、三崎の場合は出張していたりしては隔日ごとの時事解説番組に穴があく」

あなが埋(う)まる ①損失、不足などが補われる。また、欠員が補充される。＊滑稽本・古朽木(1780)一「むだ遣ひの穴が埋らぬから」＊老車夫(1898)〈内田魯庵〉「此四五日続いて酸ッぺヱんだから漸と円助(たらすけ)二枚に有附いたッて穴(アナ)が埋(ウマ)らねヱや」②手順どおり事がうまく運ばないででき た、空虚な時間や間の抜けた場面が補われる。

あなき笛(ふえ)は耳(みみ)より外(ほか)に音(ね)を聞(き)くべし 具体的に、説明されたり、見せられたりしなくても物事の本質を見抜け。無声の声を悟れ。＊随筆・還魂紙料(1826)序「孔なき笛は耳よりほかに音を聞べし、絃なき琴は指ならずして調べしとは、禅機の活法也」

あなにす 穴に埋める。生き埋めにする。＊金沢文庫本群書治要文永四年点(1267)二四「儒を坑(アナニセ)し」＊社会百面相(1902)〈内田魯庵〉附録「秦皇を学んで書を焚き文士を坑(アナ)にするも亦為し難きにあらず」＊史記-秦始皇本紀「犯㆑禁者四百六十余人、皆坑㆓之咸陽㆒、使㆔天下知㆓之」

あなの開(あ)くほど じっと見つめる。特に他人の顔を凝視する形容に用いる。＊俳諧・独吟一日千句(1675)第七「腟かふり思はせぶりの八重霞 穴のあく程見る立すがた」＊浮世草子・傾城色三味線(1701)鄙・三「よう見ておいて、こんど迄わすれさせ給ふなと、穴(アナ)のあくほどゆびざしして、とくと和子に見せまして」＊談義本・艶道通鑑(1715)四・一一「水茶屋の娘を穴(アナ)のあくほどながめて五文には掘出しとおもへば」＊浄瑠璃・国性爺後日合戦(1717)五「大王の鼻の先、穴の明(アク)ほど打まもり」＊多情多恨(1896)〈尾崎紅葉〉後・一〇「不相変の眼色(めざし)で孔の穿(ア)くほど視てゐられる」

あなの穴(あな) 奥の奥。秘密のうちでも特に大切な秘密。＊洒落本・傾城買指南所(1778)叙「傾城の意(こころいき)と其土地の風俗と、穴の穴事、手段(てくだ)事」＊洒落本・辰巳婦言(1798)四つ明の部「又穴の穴までほって聞たくば、わけをはなしてきかせやせふ」

あなの端(はた・へた) 墓穴のふち。死期の近いことにいう。穴端(あなばた)。＊俳諧・物種集(1678)「年はよれどもよくふかき人 穴のはたのぞきのかねをつかはれて〈保友〉」＊浮世草子・好色一代女(1686)四・三「何事も若い時、年よりてはならぬ物ぞ。親仁(おやじ)も科(とが)でないと、穴(アナ)のはたちかき無常観じ行に」＊浮世草子・色里三所世帯(1688)上・三「穴(アナ)の端(ハタ)眈(のぞき)かかれる人も後世咄聞様にはなしとぞ」

あなの貉(むじな) (「同じ穴の貉」「一つ穴の貉」の略) どちらにしても同類であること。ぐるであること。＊雑俳・柳多留拾遺(1801)巻一四・中「昨夜は御くろうと穴のむじな来る」＊歌舞伎・敵討櫓太鼓(1821)三幕「誠に、穴(アナ)の貉(ムジナ)と云はうか。殊に高金な奉公人を、玉を見ずに相談する馬鹿者が、どこの国にあるものか」

あな＝の[＝の中(うち)の]貉(むじな)を＝値段(ねだん)する[＝値打(ねうち)する] (まだつかまえもしない、穴の中のムジナの値を胸算用するの意) あてにならないことを予定に入れていい気になることをあざけっていう言葉。とらぬたぬきの皮算用。＊随筆・独寝(1724頃)下・八三「なんぞや穴なる貉(ムジナ)を直(ね)だんするとやらんにて、面(かお)をも見ず心だてもしらず」＊譬喩尽(1786)六「穴(アナ)の中(ウチ)の貉(ムジナ)を直打(ネウチ)する」

あなへ陥(は)まる (落とし穴に落ちる意から) だまされる。相手の思うとおりにされる。また、心を奪われて我を忘れる。＊黄表紙・文武二道万石通(1788)上「是がほんのあなへはまったといふのだ。あなにくやあなにくや」

あなへも入(はい)りたい 大変恥ずかしいと思う気持をいう語。隠れてしまいたいほど恥ずかしい。＊浄瑠璃・烏帽子折(1690頃)名尽し「ハア南無阿彌陀仏と地にひれふし、あなへも入たきふぜい也」＊歌舞伎・因幡小僧雨夜噺(1887)序幕「千種様が御親切なるそのお詞を聞くにつけても穴へでも這入り度い」

あなを開(あ)ける ①欠損、損失を生ぜしめる。特に、金を使い込む。＊滑稽本・六阿彌陀詣(1811–13)二・下「只むだ遣ひにやみを盗みかけるやつは、おさきまっくらになって、とほうもない穴(アナ)をあけるもの」＊人情本・春色江戸紫(1864–68頃)二・中「柳橋の唄女(げいしゃ)に首丈、大造(たいそう)穴(アナ)を明(ア)けたれども」＊家(1910–11)〈島崎藤村〉下・九「正太と手を組んで、大きな穴を開けたと聞いた」②事が手順どおり運ばないで、空虚な時間や間の抜けた場面を作ってしまう。③必要な人員でありながら参加しないで欠員を生じさせる。

あなを言(い)う 人が見過ごしている物事の本質的なことを裏面や側面からとらえたり、欠陥、矛盾、癖などを指摘したりしていう。＊談義本・当世花街談義(1754)四・品七「人の穴(アナ)をいひたがるゆへ、にくまるるなり」＊談義本・風流志道軒伝(1763)五「志道軒と名を改め、浅草の地内において、をどけ咄に人を集め、浮世の穴をいひ尽して」＊咄本・気のくすり(1779)通り者「初会は通りものも心づかひな物といへば、『そのやうに穴(アナ)を言なんせんが通り者サ』」

あなを入(い)れる 鉄道など乗り物の切符にパンチを入れる。切符を切る。＊或る女(1919)〈有島武郎〉前・一「改札は馬鹿になったやうな顔付をしながら、それでもおめおめと切符に孔(アナ)を入れた」

あなを＝穿(うが)つ[＝掘(ほ)る] とかく気づかないでいる物事の本質的なことを側面や裏面からと

らえたり、矛盾、欠陥などを指摘したりする。うがちをいう。穴をいう。穴をさぐる。＊黄表紙・稗史億説年代記(1802)「各々流儀の癖と穴を穿(ウガ)ちたるに非ず、ただ画の形を似せたるのみにして、近くたとへば役者の声色をつかふが如し」＊洒落本・通客一盃記言(1807)「わたしらァしゃれ本のやうに人のあたりや穴をほっていふなァきつゐきれへさァ」方言 人のあらを捜す。長野県下伊那郡492

あなを埋(う)める ◇あなをほる ①損失、欠損を補う。穴埋めをする。＊洒落本・通人三国師(1781)発端「もふ此末いくいくら勤ても穴をうめるさんだんはなし」＊倫敦消息(1901)〈夏目漱石〉三「英国はトランスヴハールの金剛石を掘り出して軍費の穴を塡(ウ)めんとしつつある」＊澪(1911-12)〈長田幹彦〉三「初めは前の年の穴を埋める位の意気込みでゐたが」②事がうまく運ばないでできた空虚な時間や間の抜けた場面をうまく補う。③必要な人員が欠けている時にその代理をする。穴場を埋める。＊歌舞伎・与話情浮名横櫛(切られ与三)(1853)八幕「こなたは居合せたがふせうだ、穴をうめてやるがいひ」

あなを探(さぐ)る 「あな(穴)を穿(うが)つ」に同じ。＊人情本・春色辰巳園(1833-35)序「よくその穴(アナ)をさぐること、川太郎も終に及ばず」＊人情本・春色恵の花(1836)二・八回「其身其身(てんでん)にきいた風な口をきいても、世間の穴はさぐられめへ」

あな〘名〙(「あら(新)」の変化した語) 人形浄瑠璃社会の隠語で、新しいこと。「このムキ(衣装)はアナや」

あな〘名〙方言 ⇩あない

あな〘形動〙方言 ⇩やな

あな〘感動〙何ごとかに感動したり驚いたりしたときに発する言葉。ああ。あれ。＊古事記(712)上「阿那(アナ)邇夜志愛袁登古袁(にやしえをとこを)」＊宇津保(970-999頃)祭の使「さは、琴弾きつるは、聞きつらんな。あな恥づかしや」＊源氏(1001-14頃)須磨「あな、かたはや。〈略〉まさに、かく怪しき山賤(やまがつ)を、心とどめ給ひてんや」＊平家(13C前)二・烽火之沙汰「『あなふしぎ、火もあれ程おほかりけるな』とて、其時初てわらひ給へり」＊バレト写本(1591)「ana(アナ)カシマシヤ シズマレト」＊読本・雨月物語(1776)吉備津の釜「あな哀れ。わかき御許(おもと)のかく気疎(けうと)きあら野にさまよひ給ふよ」語誌 中古には「あなおぼえず」〔宇津保-蔵開中〕、「あな痴(し)れや」〔宇津保-国譲下〕、「あなはらはら」〔源氏-空蟬〕、「あなむもれや」〔源氏-横笛〕などの特異な呼応例もあるが、一般には状態性を含む体言・準体言、形容詞・形容動詞の語幹と呼応する。この呼応形式は中世以後に擬古文化し、代わって感動詞としては「あら」が進出する。語源説 (1)アもナも感動詞〔大言海〕。(2)つらさ、悲しさを訴える感嘆詞か。オヤと驚く意からでたのか。または、アヤの転か。あるいは、ア(彼)に感嘆語尾のナを添えたものか〔万葉集辞典=折口信夫〕。(3)アアナ。ナは助語〔名言通〕。発音〈標ア〉ア 〈ア史〉平安・鎌倉○○か 江戸●●か 〈京ア〉ア 辞書 字鏡・色葉・日葡・書言・ヘボン・言海 表記 阿那(書・ヘ)

あな とうと ⇩親見出し

アナ〘名〙①「アナウンサー」の略。＊舗道雑記帖(1933)〈高田保〉人釣り道楽業「AKのアナ君の松内さんなどもその一人で有名だが」＊いろは交友録(1953)〈徳川夢声〉わ「彼がアナとして、私が放送する時など、スタジオに現れて、私と然るべき挨拶などした場合も」②「アナーキズム」または「アナーキスト」の略。＊モダン用語辞典(1930)〈喜多壮一郎〉「アナ アナーキスト、又はアナーキズムの略。これに対してボルシェビズムをボルと云ふ」＊人生実験(1948)〈平林たい子〉「松子は〈略〉自分はA(アナ)かB(ボル)かを一人考へたりするのであった」発音〈標ア〉ア

あな-あき【穴明】〘名〙穴があいていること。また、欠番が出るなど予定が実行されない状態を例えていう。＊東京朝日新聞-明治四四年(1911)二月七日「相撲は浦ノ浜と太刀ノ音の勝負限りにて、土俵は穴明きとなり」＊足摺岬(1949)〈田宮虎彦〉「夜になると薬売りは鞄の中から十銭や五銭の穴あきのアルミ貨をとりだして、それをざらざらと数えた」発音〈標ア〉0

アナーキー〘名〙(英 anarchy)《アナルキー》政治的な秩序が失われて混乱した状態。無政府状態。無秩序。＊東京日日新聞-明治一五年(1882)八月七日「況んや今日の朝鮮は我より之れを見て無政府(アナルキー)と認むべきか」＊花間鶯(1887-88)〈末広鉄腸〉下・八「暴力が勝利を得て『アナーキー』になるか」＊現代国家批判(1921)〈長谷川如是閑〉二・一「『無政府(アナーキー)』の思想と『独裁(デクテターシップ)』の思想とは、政治思想の両極端を占める主観的態度である」＊鉛筆ぐらし(1951)〈扇谷正造〉ゲンマン記者・四「けれども漢口で長年売ったレッテルと、敗戦後のアナルキーな居留民の浪費癖とにめぐまれて、店は物すごい繁昌ぶりであった」発音〈標ア〉ナ

あなあき-いし【穴明石】〘名〙穴のあいている石。俗信の対象の一つ。眼病や耳の聞こえない者が、これを仁王様や薬師様などに奉納して祈ると治るなどという。穴石。＊浮世草子・好色産毛(1695頃)一・五「穴明石(アナアキイシ)が数奇(すき)じゃとあれば、しかも七つまで穴の明たる石をあげまする。何が気にいらいでかなへては下さりませぬぞ」＊雑俳・軽口頓作(1709)「ちっとづつ・穴あき石のおかげ様」発音〈標ア〉キ

あなあき-じゃくし【穴明杓子】〘名〙「あなじゃくし(穴杓子)」に同じ。

アナーキスティック〘形動〙(英 anarchistic)《アナーキスチック・アナキスチック》無政府主義的。アナーキズム的。＊ガトフ・フセグダア(1928)〈岩藤雪夫〉二「多少アナキスチックであったとは云へ」＊真理の春(1930)〈細田民樹〉森井コンツェルン・一三「盲目的な乱舞で、虚無的にアナアキスチックに、酒と踊とキネマと、さうして輝かしく理論づけた『享楽』に、ひたすら身を持ち崩して喜んでゐるのである」＊ある対話(1950)〈三好十郎〉「あなたの思想はひどくアナーキスティックだが」発音〈標ア〉キ

アナーキスト〘名〙(英 anarchist)《アナキスト》アナーキズムを信奉する人。無政府主義者。アナルシスト。アナ。＊日本の労働運動(1901)〈片山潜・西川光二郎〉一・二「吾人は極力以てアナーキストとナイヒリストに反対する者なり」＊文芸的な、余りに文芸的な(1927)〈芥川龍之介〉一〇「しかしアナアキストの世界となっても、〈略〉到底幸福に終始することは出来ない」発音〈標ア〉キ 〈京ア〉ナ/キ

アナーキズム〘名〙(英 anarchism ギリシア語のアナルキヤ・アナルコス(主人のいない人民または国家の状態の意)に由来)《アナキズム・アナルキズム》国家権力などすべての政治的権力を否定し、個人の自由を絶対化する思想。プルードン、ゴドウィン、バクーニン、クロポトキンなどが主な思想家。無政府主義。アナ。＊幸徳秋水を襲ふ(1909)〈杉村楚人冠〉下「無政府主義といひアナーキズムといふ名が如何にも殺伐に聞えるのと」＊外来語辞典(1914)〈勝屋英造〉「アナーキズム Anarchism (英)無政府主義。無政府論」＊島原半島(1953)〈火野葦平〉「権力というもののまったくない平和世界を作ろうというのがアナキズムであるから」語誌 (1)日本のアナーキズム運動は明治一五年(一八八二)にシュティルナー(ドイツ)の影響を受けた樽井藤吉の設立した東洋社会党を初めとする。当初、アナーキズムおよび無政府主義の語は使用されず、しばらく外国の作家、作品の紹介文などに見られるにとどまった。(2)幸徳秋水、大杉栄のアナーキズムはバクーニン、クロポトキン(ともにロシア)の影響下にあり、日本の労働運動のアナーキズムもその延長線上にある。幸徳がアメリカから帰国した明治三九年(一九〇六)頃からこの語が用いられるようになったが、主義者たち自身が使うことはまれで、文献上の用例は少ない。発音〈標ア〉キ 〈京ア〉ナ/キ

あなあき-せん【穴明銭】〘名〙円形で中央に四角な穴のあけられている銅銭または鉄銭。明治四年(一八七一)五月公布の新貨条例で貨幣はすべて円形で穴のあけられていないものに統一されてから、江戸時代に通用していた穴のあいている貨幣を民間で呼んだもの。孔銭。＊少年行(1907)〈中村星湖〉五「自在鍵には大鍋がかかり、鍵の中程に何かの禁厭(まじなひ)に吊した杓子と穴明銭(アナアキセン)とが立ちのぼる湯気と火の気で動かされて鉢合せをする」＊銀の匙(1913-15)〈中勘助〉前・五「孔あき銭がからからとおちてゆくのが面白い」発音〈標ア〉0

あなあき-まゆ【穴明繭】〘名〙カイコの寄生虫が脱出したり、カツオブシムシによって穴があけられたまゆ。主に真綿をつくる原料とする。

あなあき-れんたん【穴明練炭】〘名〙円筒形で、蓮根(れんこん)状に多くのあなをあけた練炭。蓮(はす)練炭。発音〈標ア〉レ

あな-あけ【穴明】〘名〙①穴をあけること。また、穴をあける道具。＊越前竹人形(1963)〈水上勉〉一「固い竹材に穴あけをするのに便利なように出来ている」②使い込むこと。金銭上の損失をかけること。＊雑俳・柳筥(1783-86)二「あなあけすぽんの手代付けのぼせ」③(レンズに穴を明けてつるを付けるところから)縁なし眼鏡(めがね)をいう。眼鏡屋の隠語。〔模範新語通語大辞典(1919)〕発音〈標ア〉ケ

あな-あげ【穴上】〘名〙鴨居の溝。＊日葡辞書(1603-04)「Anaague(アナアゲ)〈訳〉鴨居のくぼんだところ」辞書 日葡

あな-あみ【穴醬蝦】〘名〙エビに似た形のきわめて小さな動物。＊重訂本草綱目啓蒙(1847)四〇・魚「備前に一種あみより至て小く三分の一なる者あり。あなみと云又あなあみと云〈略〉穴居して色黒」

アナール-がくは【―学派】〘名〙(フランス L'école des Annales の訳語) 現代フランス歴史学の主要な学派。事件史を中心とした従来の伝統的な歴史学に対して、民俗学などの成果を取り入れ、人間の生活文化のすべてを視野に入れた総合的な歴史学を目指す。マルク=ブロックとリュシアン=フェーブルが一九二九年に創刊した「Annales d'histoire économique et sociale (社会経済史年報)」に因む呼び名。主な業績としては、フェーブルの心性史、ブロックの社会経済史、ブローデルの資本主義史などが知られている。

あ-ない【案内】〘名〙(「あんない」の撥音が表記されなかった語)「あんない(案内)」に同じ。発音〈標ア〉ナ 辞書 書言・言海 表記 案内(書・言)

あない 申(もう)そうのう (「のう」は念を押す時に用いる終助詞) 家のうちに案内をたのむ時の挨拶語。おたのみします。

あない〘形動〙あのよう。多く「あないな」「あないに」の形で用いられるが、「あない」だけで副詞的にも用いられる。＊俳諧・西鶴五百韻(1679)何鞠「飛蛍あないな尻は生れつき〈西吟〉 栄螺のからは野辺のすて菴〈西鶴〉」＊洒落本・睟のすじ書(1794)五貫目つかひ「よふあないいへるナア」＊滑稽本・東海道中膝栗毛(1802-09)七・上「あの片小鬢のはげさんした所までが、あないにも似るものかいな」＊内地雑居未来之夢(1886)〈坪内逍遙〉一〇「あないな現実に違ふた事は」方言 ━〘形動〙❶あのよう。あんな。多く「あないな」「あないに」の形で用いられるが、「あない」だけで用いられることもある。大阪†116 富山県西部396 398 石川県鹿島郡411 福井県大飯郡447 三重県北牟婁郡038 松阪市584 滋賀県彦根

609 京都府620 629 632 大阪府638 642 646 兵庫県050 664 668 奈良県南大和683 和歌山県054 691 703 徳島県811 823 香川県三豊郡829 愛媛県840 846 ◇あいつげ 山形県米沢市062 ◇あえずげ・あえずげだ 秋田県平鹿郡130 山形県村山139 ◇あえっかえ・あえっけ 山形県139 ◇あえっげ 福島県中部155 ◇あが 山形県138 139 滋賀県東浅井郡607 和歌山県054 東牟婁郡703 島根県724 725 岡山県児島郡763 広島県比婆郡038 愛媛県大三島848 高知県860 862 高知市(下流)867 ◇あがあ 山梨県南巨摩郡038 463 奈良県吉野郡683 島根県725 726 岡山県備中745 766 768 広島県771 774 785 山口県阿武郡796 高知県吾川郡860 鹿児島県種子島054 ◇あかい 和歌山県690 ◇あがん 岡山県備中752 768 776 広島県双三郡778 長崎県038 904 908 熊本県玉名郡926 天草郡936 ◇あぎ 東京都三宅島322 ◇あぎゃ 山形県山形市・村山138 島根県能義郡723 熊本県下益城郡930 ◇あぎゃあ 鳥取県気高郡・岩美郡716 岡山県苫田郡748 ◇あぎゃあん 熊本県鹿本郡925 下益城郡930 ◇あぎゃい 山形県西置賜郡139 兵庫県赤穂郡660 ◇あげ 山形県038 138 139 東京都御蔵島322 愛知県062 558 569 三重県584 585 586 和歌山県690 703 鳥取県西伯郡718 日野郡720 島根県724 725 広島県高田郡779 愛媛県840 福岡県872 876 877 長崎県対馬038 壱岐島915 熊本県阿蘇郡923 大分県938 宮崎県西臼杵郡951 鹿児島県963 宝島054 939 ◇あげえた・あげた 山形県139 ◇あげなか 福岡県糸島郡872 ◇あげゆう 和歌山県海草郡690 ◇あげん 新潟県佐渡352 愛知県知多郡545 三重県志摩郡585 度会郡586 島根県出雲047 岡山県児島郡763 福岡県038 872 876 佐賀県887 神埼郡891 長崎県905 907 915 熊本県阿蘇郡922 天草郡936 大分県938 宮崎県西臼杵郡951 鹿児島県038 961 宝島054 ◇あけんか 福岡県872 ◇あだえ 山形県139 ◇あっがえ 新潟県北魚沼郡062 南魚沼郡378 ◇あっぎ 秋田県河辺郡134 新潟県下越387 ◇あつナ 山形県村山138 新潟県373 376 377 ◇あつげ 新潟県下越387 ◇あっけえ 新潟県中魚沼郡062 ◇あつけた 山形県村山139 ◇あつけん 山形県村山138 新潟県373 376 377 ◇あっじぇげだ 山形県村山「あっじぇげだな」138 ◇あな 山形県東田川郡139 新潟県上越382 京都府葛野郡631 徳島県811 香川県829 愛媛県周桑郡054 845 高知県土佐郡866 ◇あなん 香川県827 829 ◇あにゅん 鹿児島県961 ◇あのい 京都府620 629 岡山県津山市753 愛媛県喜多郡845 ◇あのう 山形県東田川郡139 新潟県佐渡352 高知県050 ◇あのがい 仙台†057 ◇あのげ 山形県139 ◇あのん 新潟県佐渡352 ◇あれえ 広島県安佐郡・西能美島771 ◇あれがい 広島県倉橋島054 ◇あれげえ 群馬県碓氷郡227 ◇あんが 徳島県三好郡054 美馬郡810 香川県佐柳島829 ◇あんぎゃ 福島県中部155 京都府620 徳島県美馬郡810 三好郡815 香川県佐柳島・志々島829 ◇あんぎゃあ 広島県芦品郡776 ◇あんぎゃい 山形県西置賜郡・東村山郡139 ◇あんげ 山形県西置賜郡・庄内139 新潟県352 372 384 高知県862 宮崎県宮崎市・延岡市947 鹿児島県薩摩053 ◇あんげえ 山形県置賜・庄内138 長崎県西彼杵郡907 ◇あんげちゃ 山形県西置賜郡139 ◇あんげん 長崎県062 904 906 ◇あんない 静岡県520 和歌山県那賀郡690 ◇あんなん 新潟県佐渡351 上越382 静岡県庵原郡534 兵庫県神戸市670 和歌山県東牟婁郡690 徳島県那賀郡810 ◇あんね 新潟県中頸城郡384 長野県佐久493 岐阜県498 499 504 三重県585 592 ◇あんねえ 山梨県456 長野県諏訪481 ◇うがあ 東京都八丈島325 ◇うがん 東京都八丈島325 343 ◇うごん 東京都八丈島335 ◇はげん 熊本県葦北郡872 ◇んげ 山形県139 ◇んげだ 山形県山形市・西村山郡139 ❷そのよう。そんな。そう。◇あが 島根県邇摩郡・大田市725 ◇あがあ 島根県石見038 725 広島県佐伯郡038 山県郡054 ◇あがん 広島県比婆郡038 ◇あげ 福岡県築上郡038 ◇あげん 島根県出雲728 熊本県天草郡038 鹿児島県上甑島038 ◇あねえる・あねる 沖縄県首里993 ◇あん 沖縄県石垣島996 ◇あんねえたる・あんねえる 沖縄県首里993 ❸相手の言葉に対する同意、肯定を表わす時に用いる。そう。さよう。◇あがあ 島根県石見725 ◇あげ 島根県出雲038 728 ◇あん 沖縄県首里993 ◇あんげ 三重県志摩郡586 ㊁『感動』相手の言葉に応答して肯定の気持を表わす。さよう。しかり。◇あがああがあ 島根県石見725

あな-いい ひぃ【穴言】『名』人が気づかないでいる物事の本質的なことを裏からとらえたり、癖、欠陥、矛盾などを指摘したりして言うこと。また、その人。*洒落本・擲銭青楼占(1771)水山蹇「客 一、此卦の客は穴いひにてものにならず」*洒落本・駅舎三友(1779頃)出立「なんでも惣体いきにして、一言いふもむだ矢なし、穴(アナ)いいのすごひ所を見せつけさっせへ」 発音 アナイー〈標ア〉⓪

あない-しゃ【案内者】『名』(「あんないしゃ(案内者)」の撥音が表記されなかった語)「あんないしゃ(案内者)」に同じ。*滑稽本・東海道中膝栗毛(1802-09)八・中「ほろ酔きげんとなり、心おもしろげにうかれ立て、案内者(アナイシャ)の佐平次にひかれ」

あな-いち【穴一】『名』子供の遊びの一種。地上に直径一〇センチメートルくらいの穴を掘り、その前一メートルほどの所に一線を引き、そこに立ってムクロジ、ぜぜ貝、小石、木の実などを投げる。穴に入った方が勝ちとなるが、一つでも入らないのがあったら、他のムクロジ、ぜぜ貝などをぶつけて、当てたほうが勝ちとなる。銭、穴一銭を用いるようになって、大人のばくちに近くなった。後には、地面に一メートル程の間を置いて二線を引き、一線上にぜぜ貝などをいくつか置いて他の一線の外からぜぜ貝など一つを投げて当たったほうを勝ちとする遊びをいうようになった(随筆・守貞漫稿(1837-53)二五)。*俳諧・天満千句(1676)二「高札書て入捨にして〈利方〉穴一の一文勝負なりとても〈直成〉」*浄瑠璃・心中万年草(1710)上「糠袋(ぬかぶくろ)はおれに下され、きんちゃくにしてあないちのつぶ入ます」*談義本・当世下手談義(1752)三・足屋の道千、売卜に妙を得し事「門弟の子共が穴一(アナイチ)して居るも見ぬふりして通る衆、沢山なれば」*雑俳・川傍柳(1780-83)一「あないちに野郎の交(まざ)るみともなさ」 語誌 「洒落本・風俗問答-序」に「擲畝子買羽子(アナイチこまどりはねをつく)也」が春の遊びとして挙げられている。しかし、「狂文・四方のあか-上・児戯賦」には凧(いかのぼり)・菖蒲打・唐独楽・貝まはし・鬼ついぼ・かくれん房・草履かくし・こまどり・ちんがらこ・てんぐるま・竹馬・大道めぐりなどを子供の遊びとして述べた後に「むくろげのむくつけきあそびも、あな一のいちはやきかけごとにかはれば」とその博奕的な要素に目が向けられ、「前訓-口教・二」に「一、惣体遊び事にもあしき事はなされぬものにて候。そのあしき遊びごとのあらかた其品をいはば 一、あないち、其外諸勝負事、銭あつかひ、かたくなされまじく候」とあるように、宝引とともに、大人からはあまり歓迎されない遊びでもあったようである。 方言 岐阜県大野郡502 和歌山県日高郡054 高知県長岡郡869 ◇あねええじ 岩手県上閉伊郡097 ◇あないれ〔穴入〕 奈良県678 語源説 (1)穴が一つの義〔和訓栞〕。(2)アナウチ(穴打)の転〔守貞漫稿・大言海〕。(3)アナインヂ(穴印地)か〔俗語考〕。(4)穴一は双六の采の目の一をいう語で、その形がこの遊びの穴と似ているから〔嬉遊笑覧(1830)〕。 発音〈標ア〉⓪ 辞書〈ボン・言海〉 表記 穴一(言)

あないち【天名地鎮】『名』神代文字(じんだいもじ)の一種。江戸末期、鶴峰戊申(つるみねしげのぶ)が、「嘉永刪定神代文字考」でその存在を主張した。縦横斜の直線と点とを用い、一二三などの数字と、五つの母音と一〇の子音とを示す形の組み合わせによる四七音の音標文字とから成る。四七音は「ヒフミ」の順に配列されている。朝鮮のハングルなどの影響で後世に作られたもので、仮名以前の古代文字とは考えられない。*文芸類纂(1878)〈榊原芳野編〉一「天名地鎮(アナイチ)怪しむべき者なれど其字体を見めすのみ」

あないち-せん【穴一銭】『名』近世、児童の遊戯であった穴一に使われた銅製の玉。銭貨型であるため呼ばれた。

あな-いと【穴糸】『名』よりをかけた太い絹糸。ボタン穴のかがりなどに用いられる。*青春(1905-06)〈小栗風葉〉春・一四「櫛やら鏡やらハンケチやら、黒の穴糸で編んだハアト形の手提嚢へ一緒に詰込んで」 発音〈標ア〉⓪〈京ア〉⓪

あないと-あみ【穴糸編】『名』穴糸で編んだ編み物。*青春(1905-06)〈小栗風葉〉秋・九「黒の穴糸編(アナイトアミ)の手提を持更へ、傘を窄(すぼ)めて、目映しさうに北小路に会釈する」 発音〈標ア〉⓪

あな-いり【穴入】『名』女や遊び場に入りびたること。*歌舞伎・四天王楓江戸粧(1804)二番目「どこにおれが穴入(アナイ)りをした」

あな-う【—憂】『連語』(感動詞「あな」と形容詞「うし」の語幹「う」をつづけて用いた語)ああつらいことよ。*古今(905-914)物名・四二六「あなうめに常なるべくも見えぬかな恋しかるべき香はにほひつつ〈よみ人しらず〉」*古今(905-914)雑下・九三六「しかりとてそむかれなくに事しあればまづなげかれぬあなう世中〈小野篁〉」*仮名草子・伊曾保物語(1639頃)下・一八「『あなう』と思へど、恩愛にほだされて、痛きをもかへりみず抜かれにけり」*俳諧・安永六年春興帳(1777)「春もややあなうぐひすよむかし声」 発音〈標ア〉㋐

アナウ-いせき セキ:ヰ【—遺跡】(アナウは Anau)トルクメニスタンにある四層から成る丘状遺跡。層ごとに新石器、銅石併用、銅器、鉄器の諸期に分かれている。 発音〈標ア〉㋑

あな-うさぎ【穴兎】『名』ウサギ科の哺乳類。カイウサギの原種。体長四〇センチメートルほど。後脚がノウサギより短く、跳躍力は弱い。背は灰色を帯びた褐色。草原や森に群生し、深い穴を掘ってすむ。イベリア半島および北アフリカが原産地で、紀元前にヨーロッパ西部に移入された。学名は Oryctolagus cuniculus 発音 アナウサギ〈標ア〉㋒

あな-うち【穴打】『名』「あないち(穴一)」に同じ。*和漢三才図会(1712)一七「俗云穴伊知 穴撃之訛乎」*随筆・羇旅漫録(1802)下「あないちを、あなうちといふ」*随筆・守貞漫稿(1837-53)二五「あないちはあなうちの訛也。穴打を本とす」

あな-うつぎ【穴空木】『名』 方言 植物。❶うつぎ(空木)。新潟県036 石川県036 福井県036 岐阜県036 兵庫県036 ◇あなのき〔穴木〕 三重県鳥羽市036 ◇あなぐさ〔穴茸〕 福井県大野郡036 ◇あなぶと 福井県大飯郡036 京都府船井郡964 ◇あなそ 和歌山県有田郡692 ◇あなっそ 和歌山県伊都郡692 ◇あなっぽ 和歌山県伊都郡・有田郡692 ❷いたどり(虎杖)。◇あなっぽ 和歌山県北部692

あな-うと『名』植物「うつぎ(空木)」の古名。*丹波通辞(1804-11)「楊櫨(うつき) あなうと」 方言 ◇あなうど 福井県小浜市036

あな-うど【穴—】『名』穴。*幡多方言(1828)「穴をうどと云又穴うどと重ても云」

あな-うま【穴馬】『名』競馬で番狂わせの勝ちをしそうな馬。また、番狂わせで勝った馬。ダークホース。*モダン語漫画辞典(1931)〈中山由五郎〉先端人心得帳「競馬は穴馬を捜すべし」*冬の宿(1936)〈阿部知二〉一四「やはり穴馬の一種であるにはちがひなかった」 発音 アナウマ〈標ア〉⓪

あな-うめ【穴埋】『名』①穴を土などで埋めること。②損失、消費を償うこと。*社会百面相(1902)〈内田魯庵〉宗教家「牧師をしてゐては迚(とて)も千円の穴埋は出来ないよ」*続あにいもうと(1934)〈室生犀星〉「僕は会社で雑用で引かれる金をよそから借りて来てうまく穴埋めをして」 ③欠点、短所、不行届などを補いつくろうこと。＊堕落(1965)〈高橋和巳〉四「関係者全員が式典やパーティに出席するわけにもいかなかったその穴埋めを」 ④あきや空欄のできた時、それを補うこと。特に、印刷の際、組版の都合で生じた余白を、カットや文章で埋めること。また、そのカット、文章。＊漫談集(1929)笑かす話〈大辻司郎〉「何処の新聞社でも此の御係りは余程気のねれた物事に驚かない上に親切で、穴埋(アナウメ)記事のお上手な人がやってゐると見えて」＊旅-昭和一八年(1943)終刊号・「旅」と私〈渡辺公平〉「いろんなペンネームを使って穴埋(アナウメ)原稿を書いたこともある」 ⑤ある物事を行なうことのできなくなった人に代わってその物事を行なうこと。また、その人。特に、休演者の代わりに出演すること。また、その出演者。＊ヰタ・セクスアリス(1909)〈森鷗外〉「鴇介は〈略〉父親の失った子の穴塡をして、父親に安心させねばならないやうに思ふのである」＊蟹の爪(1973)〈津村節子〉「それほど店に義理を尽す必要があるのか、友達が勝手にやめた穴埋めをきみがすることがあるのか」 ⑥試験問題などで問題文の一部にいくつかの空欄を設けてそれを答で埋めさせる出題方式。また、その空欄に答を記入すること。 [発音]アナウメ 〈標ア〉[0][メ] 〈京ア〉(ヴ)

あなうめ-おに【穴埋鬼】〘名〙 遊戯の一つ。多くの子供が円形を作って内面に向かって立ち、鬼が外周を回って一人の背を叩くと、叩かれた者は輪を出て鬼と反対方向に列の後方を回り、互いに一巡してその空所に入った者を勝ちとし、負けた者が次の鬼となる遊び。穴鬼。

あ-な-うら【蹠】〘名〙(「あ」は「足」、「な」は「の」の意) 足のうら。あしうら。＊大智度論天安二年点(858)八九「足の趺(アナうら)高く平に好く」＊十巻本和名抄(934頃)二「蹠 説文云跖〈音尺字亦作蹠阿奈宇良〉足下也」＊観智院本三宝絵(984)上「千輻輪の趺(アナウ)らは、歩くに土を離れ給へり」＊日蓮遺文-主師親御書(1255)「獄卒棒を以て頭よりあなうらに至るまで皆打ちくだく」＊浄瑠璃・鑓の権三重帷子(1717)下「右の跟(きびす)を跏(アナウラ)かけずっぱと切れ共覚へばこそ」 [語誌](1)「新撰字鏡」に見られる「足乃宇良」が、掌を指す「たなうら」からの類推で「あなうら」に変わったものとも考えられる。(2)中古では、「あなうら」と「あしのうら」との両形が行なわれていた。「あなうら」は男性語として一般語化していったが、女性の間では、「あしのうら」が好まれていたようである。中世以降、「あしのうら」が一般語化していき、「あなうら」は、主に雅語的な表現で用いられるようになった。 [発音]〈標ア〉[0] 〈史〉平安○○◍○ 〈京ア〉[0] [辞書]和名・色葉・名義・和玉・文明・伊京・饅頭・黒本・易林・日葡・書言・言海 [表記]趺(玉・文・伊・饅・黒・易) 跏(色・玉・文・伊・黒) 跖(和・名・玉・書) 蹠(和・色・名) 跗(名・文) 趺・蹉(名) 跟(易) 足裏(言)

あなうら 結(むす)ぶ 両の足の裏をうちちがえてあぐらをかく。結跏趺座(けっかふざ)する。＊栄花(1028-92頃)玉のうてな「草菴に目を塞ぐ間は、即ち蓮台にあなうらをむすぶ程なりけり」＊類聚名物考(1780頃)仏教部・六・修行「結跏趺坐 あなうらむすぶ」

あな-うろ【穴虚】〘名〙 木の幹の空洞になった部分。＊仮名草子・為愚痴物語(1662)五・二「鴷(けらつつき)といふ鳥、世の中に多きむしけらをはまず。木のあなうろを、かうべもくだくるばかり一日つつき」

アナウンサー〘名〙(英 announcer) ①ラジオ、テレビなどでアナウンスをする人。アナ。＊予言者ヨナ(1928)〈高橋新吉〉「其の為にラジオの放送は今夜はもう中止ですとアナウンサーが言った」＊百鬼園随筆(1933)〈内田百閒〉百鬼園先生幻想録「アナウンサーが一通りの修業さへ積めば、後は晴雨に拘らず又季節に構はず、野球や相撲の放送をする事が出来る」 ②悪口などをいいふらす人、おしゃべりな人をいう女学生間の隠語。〔かくし言葉の字引(1929)〕 [語誌]大正一四年(一九二五)に始まったラジオ放送とともに普及した。しかし、当初この語はNHK内部では「放送員」と呼ばれ、役所への届け出は「告知者」であった。なお、日本最初のアナウンサーは大羽仙外と京田武男の二人で、いずれも新聞社出身であった。 [発音]〈標ア〉[ウ] 〈京ア〉㋤/㋒[ウ]

アナウンス〘名〙(英 announce) 劇場、デパート、競技場など人が大勢集まる所で、拡声器を用いて伝達事項を告げること。また、ラジオ、テレビでニュースなどを告げること。＊モダン辞典(1930)「アナウンス〔ラ〕ラジオを放送する事」＊新種族ノラ(1930)〈吉行エイスケ〉大世界「恋の風俗鑑」「ラヂオでは彼女たちのアナウンスする辣腕な肉慾に触れるやうな歌声によって」＊俘虜記(1948)〈大岡昇平〉新しき俘虜と古き俘虜「敵の投降勧告ビラ或ひはアナウンスを聞いて」 [発音]〈標ア〉[ウ] 〈京ア〉㋤/㋒[ウ]

アナウンスメント〘名〙(英 announcement)「アナウンス」に同じ。＊雪の宿(1973)〈加賀乙彦〉「駅名のアナウンスメントでとつぜん決心し」 [発音]〈標ア〉[ナ][ウ]

あ-なえ・ぐ(へぐ:な)**【蹇】**〘自ガ四〙「あしなえぐ(蹇)」に同じ。

あなえ-こなえ〘副〙 [方言] ❶かれこれ。あれやこれや。山口県大島801 ◇**あねえこねえ** 島根県鹿足郡・益田市725 山口県793 豊浦郡798 ◇**あがえこがえ** 山口県大島801 ◇**あげこげ** 島根県石見725 ◇**あがあこがあ** 島根県出雲・隠岐島725 ◇**あげんこげん** 福岡市879 ❷あちこち。あちらこちら。 ◇**あんげこんげ** 熊本県下益城郡930 大分県938 ◇**あまんかいこまんかい** 琉球†035 ❸ああして、こうして。 ◇**あがいこがい** 愛媛県西宇和郡849

あな-おがみ(がみ:を)**【穴拝】**〘名〙(「穴」は墓穴の意) 葬礼諸式のうち、墓で行なう儀式。墓葬礼(はかぞうれい)。内葬礼、庭葬礼に対していう。

あな-おと【蹠跡】〘名〙(「あ(足)な(の)あと(跡)」の変化した語か) 素足をいうか。＊新撰字鏡(898-901頃)「蹠跡 阿奈於止又波太志」 [辞書]字鏡 [表記]蹠跡(字)

あな-おに【穴鬼】〘名〙 子どもの遊戯。「あなうめおに(穴埋鬼)」に同じ。

あなか〘代名〙 [方言] ⇩あんなく

あな-かい(ひ:か)**【穴買】**〘名〙 競馬や競輪などで、高配当を得るために番狂わせを狙って券を買うこと。穴狙い。＊大道無門(1926)〈里見弴〉遠雷・二「素人のくせに、生意気に穴買(アナカ)ひか」 [発音]〈標ア〉[0]

あな-かがり【穴縢】〘名〙 ボタンや紐を通すための穴の縁を、糸でほつれないようにかがること。＊あらくれ(1915)〈徳田秋声〉六四「毛布にホックや釦をつけたり、穴かがりをしたりすることに」＊他人の顔(1964)〈安部公房〉白いノート「胸元の小さな緑色のボタンの、枯葉色の穴かがりの辺に目をこらしながら」 [発音]アナカガリ 〈標ア〉[カ] 〈京ア〉㋕

あなかがり-いと【穴縢糸】〘名〙 穴かがりに用いる糸。三〇番カタン糸、穴糸などが多く用いられる。 [発音]アナカガリイト 〈標ア〉[イ]

あな-かくし【穴隠】〘名〙 穴や不体裁な部分を覆って隠すこと。また、そのもの。ぼろ隠し。＊野分(1907)〈夏目漱石〉三「暖炉は塞いだ儘の一尺前に、二枚折の小屏風が穴隠(アナカク)しに立ててある」 [発音]〈標ア〉[カ]

あな-かしく〘連語〙(「あなかしこ」の変化した語)「あなかしこ④」に同じ。＊根来要書-中(永治二年)(1142)三月六日・源為義書状案(平安遺文九・四七一五)「こまかに仰つかはすべく候、あなかしく」＊金沢文庫古文書-弘安七年(1284)七月二一日・北条顕時書状(一・三)「御さたあるべく候、あなかしく」＊饅頭屋本節用集(室町末)「穴賢 アナカシク」 [補注]「志不可起-巻六」に「あなかしこ」の「かしこ」を「かしく」というのは、ちらし書きに「かしこ」とくずして書いた「こ」の部分を「く」と誤まったものであろう、といっている。 [発音]〈標ア〉[ア][カ] [辞書]天正・饅頭 [表記]穴賢(天・饅)

あな-かしこ〘連語〙(「あな」は感動詞、「かしこ」は形容詞「かしこし(畏)」の語幹。「穴賢」と書くのはあて字。恐れ慎み、恐縮する感情などを、感動的に表わす慣用句) ①恐れ慎む気持を表わす。㋑(尊いものに対して)ああおそれ多いことよ。もったいないことよ。＊竹取(9C末-10C初)「うべ、かぐや姫のこのもしがり給ふにこそありけれとのたまひて、あなかしことて、箱に入れ給て」＊宇津保(970-999頃)俊蔭「あなかしこ。この山をたづぬること、はげしきいはほむらいづるまでけだもののはげしき中をわけいづる時は」＊源氏(1001-14頃)若紫「あなかしこや、一日召し侍りしにやおはしますらむ」㋺(恐るべきものに対して)ああ恐ろしいことよ。ああこわいことよ。＊源氏(1001-14頃)行幸「少々の人はえ立てるまじき殿の内かな。あなかしこ、あなかしこ」 ②相手に対する呼び掛けの言葉。恐れ入りますが。失礼ですが。＊紫式部日記(1010頃か)寛弘五年一一月一日「左衛門の督『あなかしこ。このわたりに、わかむらさきやさぶらふ』とうかがひ給ふ」＊コンテムツスムンヂ(捨世録)(1596)三・五「ヒトアッテ ワレニ ムカイ anacaxico(アナカシコ) コレヲ シラスル ナリ。コノコトヲ イカニモ ヲンミツ シテ」 ③相手の言動をたしなめ規制する気持を表わす。そんな憚(はばか)り多いことを言ってはいけない。そのようなことは慎みなさい。とんでもないことです。また、下の禁止表現と呼応して、ゆめゆめ、決して、の意を表わす場合があり、これを副詞とする説もある。＊宇津保(970-999頃)楼上上「あなかしこ。ゆめ聞き入るな。しも人はさぞあなる」＊源氏(1001-14頃)若紫「あなかしこ。もののついでに、いはけなくうち出で聞えさせ給ふな」＊栂尾明恵上人伝記(1232-50頃)下「私の望み心、穴賢(アナカシコ)持ち給ふべからず」＊平家(13C前)五・咸陽宮「この事あなかしこ、人に披露すな」＊浮世草子・けいせい伝受紙子(1710)二・五「近日師直が館へ乱入し武蔵守を討取筈。あなかしこ相かまへて人に沙汰せらるな」 ④(おそれ多く存じます、の意で手紙文の文末に用いられて形式化したもの) 相手に敬意を表わす仮名書状の用語。多く文言の終わりにおかれるがまれに初めにおかれることもあり、男女ともに用いた。恐惶謹言(きょうこうきんげん)。かしこ。かしく。＊宇津保(970-999頃)楼上下「『つきせずおもひ給ふる、あなかしこ』ときこえ給ふ」＊源氏(1001-14頃)宿木「よろづは候ひてなむ、あなかしこ、とすくよかに白き色紙のこはごはしきにてあり」＊明衡往来(11C中か)中本「若有御暇者可枉花軒。莫及外聞。穴賢々々。謹言」＊東寺百合文書-よ・久寿二年(1154)一二月二〇日・藤原教子譲状案(平安遺文二・四七五)「いろいろの御仏をこなはせ給べく候。あなかしこ」 ⑤(多く文末に置くところから) 終末をいう。＊雑俳・梅柳(1836)一「好色な坊主で平家穴かしこ」 ⑥浄土真宗で御文様(おふみさま)を誦(じゅ)する時、一節ごとに必ず唱える句。＊雑俳・柳多留-一一三(1831)「いい宗旨酒と肴と穴かしこ」 [語誌](1)④のように古来、手紙の書止語として用いられたが、まれに頭語として用いられることもある。「書札作法抄」に、武家の書簡の用語であり、主家から家人への書状に用いるとされている。(2)はじめ男女ともに用いたが、後に女性の書状の書止語となり、近代に至った。ただ、本居宣長の雅文体の書状に書止語として見え、「消息文例」にも「さとび言」の「恐惶謹言」に対する「雅言」として「あなかしこ」を挙げているように、近世においては雅文体書簡の場合、男性も用いた。 [語源説](1)アナタカシコシの意〔名語記〕。(2)穴居時代、土の穴を賢くふさいで悪虫を防いだことから、相構えて賢かれという義〔壒囊鈔・秉燭譚〕。

あながち【強】 🈩〘形動〙 ①周囲や相手にかまわず、ひたすら自分の意志を通そうとするさま。㋑強引なさま。むりやりなさま。＊書紀(720)景行四〇年七月(北野本訓)「汝(いまし)が欲(ほっ)せざらむを、豈(あに)強(アナガチニ)遣(また)せむや」＊源氏(1001-14頃)空蟬「あながちに、かかづらひたどりよらむも、人悪かるべく、まめやかにめざまし」＊大鏡(12C前)五・道長上「ちちおとどのあながちにしはべりしことなれば、いなびさせ給はずなりにしこそ侍れ」＊天草本伊曾保(1593)イソポの生涯の事「トコロノシュゴ anagachini(アナガチニ) シャメンヲ コワルルニヨッテ」＊読本・昔話稲妻表紙(1806)四・一四「鹿抹の斎(とき)を供養せん。あながちにとどめ申す」㋺一途(いちず)なさま。ひたむきなさま。＊竹取(9C末-10C初)「あながちに心ざしを見えありく」＊曾丹集(11C初か)「播磨なるしかまに染むるあながちに人をつらしと思ふころかな」＊源氏(1001-14頃)宿木「たちまちの我心のみだれに任せて、あながちなる心をつかひてのち、心安くもはあらざらんものから」＊狭衣物語(1069-77頃か)三「我心の、あながちに尽し染めてしひとかたよりほかに」＊日蓮遺文-持妙法華問答鈔(1263)「しゐてあながちに電光朝露の名利をば貪るべからず」＊十六夜日記(1279-82頃)新中納言よりの音信「人には聞かれじと、あながちにつつみ給ひしかど」㋩身勝手なさま。いい気なさま。＊源氏(1001-14頃)紅葉賀「物語などして、うちゑみ給へるが、いとゆゆしう美しきに、我身ながら、これに似たらむに、いみじういたはしうおぼえ給ふぞ、あながちなるや」＊和泉式部日記(11C前)「おろかに過ぎにし方さへくやしうおぼさるるもあながちなり」㊁頑強なさま。頑固なさま。＊狭衣物語(1069-77頃か)二「この人にもさやうの景色を見せて、あながちならん関守を破らんも、なほ煩はしくおぼへ給へば」㋭欲が深いさま。貪欲なさま。＊日葡辞書(1603-04)「Anagachina(アナガチナ) ヒト、モノ。〈訳〉食べものなどにたいして貪欲な人」②異常なほどきわだっているさま。非常に。＊枕(10C終)二三七・よろづのことよりも「説経などはいとよし。罪うしなふことなれば。それだになほあながちなるさまにては見ぐるしきに、まして祭などは見でありぬべし」＊源氏(1001-14頃)夕顔「立ちさまよふらむ下つかた思ひやるに、あながちにたけたかき心地ぞする」＊たまきはる(1219)「あながちに、にほひうつくしげなる御ぞは」③(下に打消を伴って)一概に。むやみに。＊栄花(1028-92頃)玉の村菊「これはさきの斎宮と聞えさすれば、あながちに恐しかるべき事にもあらねど」＊仮名草子・浮世物語(1665頃)三・六「盗人といふ者、あながちに外より来りて物を取るばかりにはあらず」🈔〘副〙(下に打消を伴って)一概には。必ずしも。＊静嘉堂文庫本和歌九品(1009頃か)「名を得たる人は、あながち明歌にあらずはよみだにまさりてははばかるまじき也」＊平家(13C前)一〇・首渡「範頼、義経が申状、あながち御許容あるべからず」＊吾妻鏡-建長三年(1251)閏九月一七日「常度之変穴勝不レ可レ及ニ御沙汰一之趣、司天等申レ之」＊仮名草子・薄雪物語(1632)下「あながち柑子をよく取るべきにあらねども、歌のあまりおもしろさに今一つ」＊浄瑠璃・平仮名盛衰記(1739)五「主の為に仇を報ぜんとはかる忠臣の心、あながち罪科とも云がたし」＊武蔵野(1887)〈山田美妙〉下「此様な時には涙などもあながち出るとも決って居ず」

語誌 (1)「あな」は自己、「かち」は勝ちか。自分勝手に物事を一方的に押し進めて、他を顧みないさまが原義と思われる。(2)類義語「しいて(強)」が相手の意志にさからって事を進める意で、古代の和歌や散文に用いられているのに対して、「あながち」は自己の内部の衝動によっていちずに動く意。客観的に見ればわがままという情態性を表わすが、「源氏物語」に百例以上も用いられている以外はあまり頻用されない。(3)連用形「あながちに」は以後徐々に情態性を失い、程度性の強い語へと変化していく。平安末から否定表現と呼応する用法が多くなり、中世には語尾の落ちた「あながち」に否定を伴った形が現われ、陳述副詞のように用いられた。

語源説 (1)アナカチ(嗟勝)の義〔国語本義・和訓栞・大言海〕。(2)アナガチ(己勝)か〔時代別国語大辞典-上代編〕。(3)アナウガチ(孔穿)の義〔雅言考〕。(4)アナヤと思うほどガッと力を用いること〔本朝辞源=宇田甘冥〕。

発音 アナガチ 〈標ア〉[0] 〈ア史〉平安・室町●●○○ 江戸●●○○と●○○○の両様 〈京ア〉[ナ] 辞書 色葉・名義・下学・和玉・文明・伊京・明応・天正・饅頭・黒本・易林・日葡・書言・ヘボン・言海 表記 強(色・名・下・玉・文・伊・明・天・饅・黒・易・書・ヘ) 頒(名・玉) 猛・微(色) 倞・竸・忞・勍・勉・剴・勁(名) 剛(玉)

あながち-げ【強―】〘形動〙(「げ」は接尾語) ひたむきであるさま。＊高倉院厳島御幸記(1180)「『あらぬ別も』など、あながちげに申たりける人のわりなさに」

あながち-ぬすびと【強盗人】〘名〙(「今昔-一九・三五」に「強(アナガチ)の盗人」という言い方があり、それが一語になったもの) 強盗。＊虎明本狂言・舎弟(室町末-近世初)「『あながちぬす人をしゃていと云ではないか』『あながちぬす人ではなひが、いづれもそのやうな事じゃ』」

あな-かぶ【穴株】〘名〙 一般にはあまり知られていないで、きわめて有望、有利な株式。 発音 〈標ア〉[0]

あな-かぶり【穴冠】〘名〙「あなかんむり(穴冠)」に同じ。＊運歩色葉(1548)「穴 アナカフリ」 辞書 ヘボン 表記 穴字頭(ヘ)

あな-かま〘連語〙(「あな」は感動詞、「かま」は形容詞「かまし」の語幹か。後世は「あながま」とも) ああ、やかましいことよ。静かにしなさいという気持をこめて、他をとがめ制止するのに用いる。＊風俗歌(9C前-11C中か)鳴り高し「あなかま、子供や、密(みそ)かなれ」＊宇津保(970-999頃)国譲下「あなかまや。聞きにくし」＊今昔(1120頃か)二八・三八「其の、物は宣ふなるは。穴鎌。何事を宣ふぞ、聞々(きけきけ)」＊新古今(1205)冬・六八五「み狩する交野(かたの)のみ野にふる霰(あられ)あなかままだき鳥もこそ立て〈崇徳院〉」＊読本・椿説弓張月(1807-11)後・一八回「あながまや。いたくな騒ぎそ」 発音 〈音史〉近世には『あながま』とも。〈標ア〉[ア]〈京ア〉[0] 辞書 言海 表記 噫喧(言)

あなかま給(たま)え(「給え」は、静まり給えの意) やかましい、静まりなさい。＊源氏(1001-14頃)浮舟「あなかまたまへ。夜声はささめくしもぞ喧(かしかま)しき」＊今昔(1120頃か)二〇・二「いで、穴かま給へ。痛くなの給ひそ」

あな-がま【穴窯・窖窯】〘名〙 陶窯(すえがま)の一形式。古墳・古代・中世には一般的な窯体。小高い丘の傾斜面を掘り、天井を構築したもの。単室が多い。半地上式窯。

あな-がみ【穴神】〘名〙 洞穴にまつられた神。狐など、穴の中に住む神。また、陰門、肛門を穴というのにきかせて、女色、男色の守り神とする。＊浮世草子・風流曲三味線(1706)六・五「男女の道を守る女道衆道二つの穴神」

あな-かむり【穴冠】〘名〙「あなかんむり(穴冠)」に同じ。＊落葉集(1598)小玉篇「穴 あなかむり」

あな-かんむり【穴冠】〘名〙 漢字の冠の一つ。「空」「究」「窓」などの、「穴」の部分をいう。穴冠をもつ字は多く字典の穴部に属する。＊俳諧・桜川(1674)春一「穴冠ぬきてのり初や午のとし〈作者不知〉」 発音 〈標ア〉[カ] 辞書 言海 表記 穴冠(言)

アナクサゴラス(Anaksagoras) 古代ギリシアの哲学者。万物は異質な無数の元素すなわちスペルマタ(種子)の混合によって生じ、その混沌状態にヌース(精神)が秩序と運動をもたらすと説いた。(前五〇〇頃～前四二八頃) 発音 〈標ア〉[ゴ]

アナクシマンドロス(Anaksimandros) 古代ギリシアのイオニア学派の哲学者。万物のアルケー(始源、原理)は不死不滅で永遠に自己運動するアペイロン(無限なもの)であると考えた。(前六一〇頃～前五四六) 発音 〈標ア〉[ド]

アナクシメネス(Anaksimenes) 古代ギリシアの哲学者。万物は原質としての空気の濃淡によって生成すると考えた。(前五八五頃～前五二八頃) 発音 〈標ア〉[メ]

あなぐす〘名〙 魚「うきごり(浮吾里)」の異名。

あな-くち【穴口】〘名〙 穴の入り口。穴のあいている所。＊愚管抄(1220)五・二条「よくかきうづみたりと思けれど、穴口に板をふせなんどしたりける、見出してほり出たりければ」＊大乗院寺社雑事記-文正元年(1466)一二月二九日「東北院之穴口放火。仍つゐ垣半町計焼失了」

あな-ぐま【穴熊】〘名〙(「あなくま」とも) ①イタチ科の哺乳類。タヌキ(イヌ科)と混同してムジナと称する地方もある。ユーラシア大陸に広く分布し、日本では本州、四国、九州の森林中に穴居。夜行性で雑食する。体長七〇～八〇センチメートルで、四肢は太い。手の爪は長く頑丈で、穴掘りに適応する。背は褐色で霜降り状、腹と四肢は黒褐色。毛や肉を利用。あなほり。ささぐま。まみ。みだぬき。むじな。学名は Meles meles ＊博物図教授法(1876-77)〈安倍為任〉二「貛(アナクマ)は山中に穴居し昼は蟄し夜出て食物を求む。多く果実を好むものなり」＊生物学語彙(1884)〈岩川友太郎〉「Meles 貛(アナグマ)属」＊改正増補和英語林集成(1886)「Anakuma アナクマ」

穴　熊①

②冬季、穴に蟄居(ちっきょ)している熊。《季・冬》＊俳諧・続猿蓑(1698)冬「穴熊の出ては引込時雨かな〈為有〉」③いかさま賭博の一味で、賭場の床下に潜んでいて、あらかじめ床にあけた穴から、盆茣蓙(ぼんござ)として敷いてある白布の上のさいころを、針でつついて都合のよい目を出す者。〔特殊語百科辞典(1931)〕④将棋で王将の囲い方の一つ。香車(きょうしゃ)を一ます進めた跡に王将が入り、金将、銀将で守りを固めるもの。⑤享保(一七一六～三六)以前、甲斐国(山梨県)で淫売婦をいう称。＊随筆・独寝(1724頃)下「惣嫁といふ事をあなくまと云なり」 発音 アナグマ 〈標ア〉[0]〈京ア〉[0] 辞書 言海 表記 穴熊(言)

あなぐま-うち【穴熊打】〘名〙 冬、穴にこもっている熊を追い出して捕えること。また、その猟人。古くは槍で突いてとることが多かったので、「熊突き」ともいう。《季・冬》＊俳諧・芭蕉庵小文庫(1696)冬「はち巻や穴熊うちの九寸五分〈史邦〉」 発音 アナグマウチ 〈標ア〉[0][マ]

あなぐま-がり【穴熊狩】〘名〙 冬、穴居中の熊を捕える方法。熊の穴に柴などを入れて、入り口近く出てきたところを鉄砲などで撃つ狩猟法。 発音 アナグマガリ 〈標ア〉[0]

あなぐま-けづな【穴熊毛綱】〘名〙「あなぐま(穴熊)③」に同じ。＊風流仏(1889)〈幸田露伴〉三・下「ぴんからきりまで心得て穴熊毛綱(アナグマケヅナ)の手品(てづま)にかかる我ならねば」

あな-ぐも【穴蜘蛛】〘名〙「じぐも(地蜘蛛)」の異名。＊日葡辞書(1603-04)「Anagumo(アナグモ)〈訳〉すまいの穴の中で行動している蜘蛛」 辞書 日葡・言海 表記 穴蜘(言)

あな-ぐら【穴蔵・穴倉】〘名〙 ①地下に穴を掘

り、木または石で囲んだ蔵。江戸では、大きい箱を地中に埋めて造った。物を貯蔵するのに用い、特に火災の場合に財宝、証文類を入れる。＊親長卿記‐文明一〇年(1478)一二月二五日「今夜有二火事一、〈略〉及二予近辺一、具足等収二納穴蔵一畢」＊浮世草子・好色五人女(1686)四・一「穴蔵(アナグラ)の蓋とりあへずかかる物をなげ込しに、時の間の煙となって」＊随筆・我衣(1825)「江戸穴蔵の始は、明暦二年丙申年、本町三丁目、和泉屋九左衛門と云呉服屋が始なり」②地下室。また、寒地で冬季藁仕事などする、地下に掘った仕事場。＊三四郎(1908)〈夏目漱石〉二「穴倉(アナグラ)だから比較的涼しい」③女陰をいう。＊雑俳・紀玉川(1819‐25)一「穴蔵を急度守って堅い後家」 方言 ❶トンネル。隧道(すいどう)。山形県中部139 千葉県夷隅郡040 288 ❷冬の間、藁仕事をするために、五、六〇センチメートルほど地を掘って作る小屋。長野県諏訪054 発音 アナグラ〈標ア〉⓪〈京ア〉⓪ 辞書 日葡・書言・ヘボン・言海 表記 窖(書・ヘ) 窖(書) 穴蔵(言)

あなぐら-だいく【穴蔵大工】〔名〕穴蔵の内側の箱などを造るのを専門とする大工。穴大工。＊東京朝日新聞‐明治二一年(1888)七月一〇日「明石屋長八といふ穴蔵大工(アナグラダイク)があり」

あなぐら-つばめ【穴蔵燕】〔名〕鳥「あまつばめ(雨燕)」の異名。＊重訂本草綱目啓蒙(1847)四四・原禽「燕〈略〉俗におほつばめと云〈略〉あなぐらつばめ 勢州」

アナグラム〔名〕(英 anagram) ことばのつづり換え、また、その遊び。単語をばらばらに崩すことで、全く別の単語を作る。LIVE が EVIL に、TIME が EMIT にの類。発音〈標ア〉グア

あなぐら-や【穴蔵屋】〔名〕穴蔵を掘るのを業とする人。＊浮世草子・昼夜用心記(1707)四・三「むかし牛込近きあたりに、泥鏝(こて)右衛門とて、上手なる穴蔵(アナグラ)屋あり」＊随筆・守貞漫稿(1837‐53)四「窖工 俗に穴蔵屋と云。虚厳島川口町に此工多し」

あなぐり-うが・つ【索穿】〔他タ四〕人の気づかないでいるような点に大いに工夫をこらす。＊滑稽本・七偏人(1857‐63)初・上「才子ぶって座付の菓子から酒の肴、都(すべ)て穴ぐり穿って奇絶妙と、めづらしがらせる積りで出した奴を」

あなぐり-せなぐり【索—】 方言 ❶〔副〕ていねいに細かく探すさまを表わす語。長崎県対馬913 ◇あなぐいえんぐい 鹿児島県肝属郡970 ❷〔名〕穴探し。◇あなぐりえぐり 福岡市878

あなぐり-だ・す【索出】〔他サ四〕探し出す。＊史記抄(1477)一一・申韓「我とはやわるいと知た事をこちからわるい処をあなぐりだいてはぢかかせて」

あなぐり-ばん【孔刳盤】〔名〕工作機械の一つ。仕上げ面のよい孔をつくるために、きりで下孔をあけ、リーマで仕上げる機械。リーマ盤。えぐり機。

あなぐり-もと・む【索求】〔他マ下二〕厳しく探し求める。＊足利本論語抄(16C)九・陽貨第十七「人蔵す事をあなぐり、求て知りたがって言ふ者、是を我正直とする者を悪む也」＊随筆・折たく柴の記(1716頃)上「ここかしこに人をわかちてあなぐりもとむれども、もとめ得ず」＊滑稽本・八笑人(1820‐49)五・中「其所(そこ)よ此所(ここ)よと、八笑人をあなぐりもとめ」＊仮名の会の問答(1883)〈大槻文彦〉「不便利なりといふ理由の説明を穴繰り求むるに」

あな-ぐ・る【探・索】〔他ラ四〕さぐる。探し求める。また、さぐり調べる。穿鑿(せんさく)する。＊書紀(720)舒明即位前(図書寮本訓)「乃ち出でて畝傍(うねひ)山に入る。因りて以て山を探(アナクル)」＊霊異記(810‐824)中・九「黒斑(まだら)なる犢(こうし)に生まれ、自ら碑文を負ひたり。斑文を探(アナクルニ)謂はく〈国会図書館本訓釈 探 アナクルニ〉」＊大唐三蔵玄奘法師表啓平安初期点(850頃)「彼岸に登り、妙道を捜(アナクリ)て、法門を闢(ひら)けり」＊打聞集(1134頃)慶筭聖弘仏法事「此唐人立道は空事知死事能かむかへあなぐる」＊観智院本名義抄(1241)「捜 サグル アサル アナグル」＊源平盛衰記(14C前)四一・義経関東下向「在所をあなぐられて、遂に搦め捕られけり」＊増鏡(1368‐76頃)九・草枕「国々のありさま、人の愁(うれ)へなど、くはしくあなぐり見聞かんの謀(はかりこと)にてありける」 方言 ❶探し求める。探索する。また、穿鑿(せんさく)する。愛媛県大三島848 ❷細かいことをほじくる。❸疑って問いただす。長崎県壱岐島915 ◇あなぐゅん 沖縄県首里993 語源説 (1)アナクル(穴刳)の義か〔和訓栞・大言海・日本語源＝賀茂百樹〕。(2)アナは穴、クルはクグル(潜)に同じ〔古言類韻＝堀秀成〕。(3)アナガチニサグルの略〔安斎随筆〕。発音 アナグル〈標ア〉グ〈ア史〉平安○○●○〈京ア〉⓪ 辞書 字鏡・色葉・名義・和玉・文明・易林・ヘボン・言海 表記 括(字・色・名) 捜(色・名・玉) 索(色・名・文) 覈・覈・撽・核(字) 詢・攡・鼓(色) 撿・獵・捝(名) 捺(玉) 捜聚(易) 探(へ)

アナクレオーン(Anakreon) ギリシアの抒情詩人。イオニアに生まれ、酒と恋とを歌った。のちにアナクレオーン風とよばれる追随者を出した。詩集は伝わらず古人の引用による断片が現存。(前五七二頃～前四八二頃) 発音〈標ア〉レク

アナクロ〔名〕〔形動〕(「アナクロニズム」の略) 時代をとりちがえていること。また、そのさま。＊時間(1969)〈黒井千次〉一「本気なら、少なくとも課長である君にとってはアナクロの感じだし」＊埋葬(1971)〈立原正秋〉三「私のかたわらを歩いている従姉が、なんであんな旗とか六道なんてアナクロなものを掲げるのかしら、と呟くように言った」 発音〈標ア〉⓪

アナクロニズム〔名〕(英 anachronism) 時代の新旧をとりちがえること。特に、その時代の傾向と大きく食い違ったり、逆行したりしていること。時代錯誤。アナクロ。＊三四郎(1908)〈夏目漱石〉一一「先生は、歩調に於て既に時代錯誤(アナクロニズム)である」＊縮図(1941)〈徳田秋声〉二「昼間の銀座では、時代錯誤(アナクロニズム)の可笑(をか)しさ身すぼらしさをさへ感じさせたこともあったが」 発音〈標ア〉ニ〈京ア〉ニ

あな-ご【穴子・海鰻】〔名〕アナゴ科の海魚の総称。形はウナギに似る。多くの種が温帯から熱帯にすみ、わが国では北海道以南の日本各地で見られる。内湾から沖合いの砂泥地にすむ。日中は砂泥中にもぐり、夜間活動する。わが国で最も普通にみられるのはマアナゴで、体側に白点が一列に並ぶのでハカリメという。このほか、オキアナゴ、クロアナゴ、ギンアナゴ、ゴテンアナゴなどがある。

穴　子

《季・夏》＊御湯殿上日記‐天文九年(1540)八月一四日「あんせんし殿よりあな御やきまいる」＊大和本草(1709)一三「あなご(和品)鰻鱺に似て可レ食。味うなぎに不レ及。海うなぎとも云」＊和漢三才図会(1712)五一「阿名呉(アナゴ) 正字未詳 阿奈古状似二海鰻一而色浅二於海鰻一」＊生物学語彙(1884)〈岩川友太郎〉「Conger 海鰻鱺(アナゴ)属」＊あむばるばりあ(1933)〈西脇順三郎〉失楽園・林檎と蛇「入れ歯の如くさんらんたるあなごのテンプラを食う」 語源説 (1)ナガウオ(長魚)の変化した語で、ウナギ(鰻)と同根か〔日本語を考える＝柴田武〕 (2)古く水中の或種の霊物をNとGの子音で表示する風習があった〔魚王行乞譚＝柳田国男〕。(3)アナゴ(穴魚)。穴に居るから〔言元梯・日本語源＝賀茂百樹〕。(4)アナゴモリ(穴籠)の義〔日本語原学＝林甕臣〕。発音 アナゴ〈標ア〉⓪〈京ア〉⓪ 辞書 ヘボン・言海 表記 海鰻(へ) 穴子(言)

あな-ごと【穴事】〔名〕人が気づかないでいる、物事の本質的なことや、欠陥、癖など。その道の通人だけが指摘できるような事柄。＊随筆・吉原大全(1768)序「なんでも穴事ばかりいいの、鬼ぶでやりつけ、ずいぶん女郎がおそろしいと思ふて、口のきけぬほどすごみを見しらせねばならぬ」＊洒落本・傾城買指南所(1778)「此やうな穴事は、一どには言つくされぬ」 発音 アナゴト〈標ア〉⓪

あなご-どんぶり【穴子丼】〔名〕丼物の一種。蒲焼(かばやき)にしたアナゴを丼の飯の上にのせ、つけ汁をかけたもの。発音 アナゴドンブリ〈標ア〉ド

あなご-なべ【穴子鍋】〔名〕鍋料理の一種。背を開いて白焼きにしたアナゴを三センチメートルほどに切り、裂葱(さきねぎ)を加えて、だし汁、しょうゆ、みりんなどで煮たもの。発音 アナゴナベ〈標ア〉ナ2

あな-こなや(「あな」は感動詞。「こなや」は不明であるが、「や」は感動の終助詞か) 全体で、はやし詞として用いられている。＊神楽歌(9C後)明星・酒殿歌「祈りしことは今日の日のため、あなこなや、我がすべ神の神ろぎのよさこ」

あなご-なんばん【穴子南蛮】〔名〕かけそばの一種。アナゴの蒲焼(かばやき)と裂葱(さきねぎ)とをそばの上にのせ、汁をかけたもの。近世から明治の初め頃の料理。

あな-こぼこぼ【穴—】〔名〕方言 虫、ありじごく(蟻地獄)。奈良県生駒郡678 ◇あなっぽぽ 島根県飯石郡725 ◇あなずきほおほ 山形市139

あな-ごもり【穴籠】〔名〕①ある種の動物が土の穴や木のほらなどに籠って冬を越すこと。＊随筆・北越雪譜(1836‐42)初・上「熊は和獣の王、〈略〉山蟻を掌中(てのひら)に擦着(すりつけ)、冬の蔵蟄(アナゴモリ)にはこれをなめて飢を凌ぐ」＊雨の日ぐらし(1891)〈山田美妙〉坑夫「鼹鼠(むぐら)ならぬに穴ごもり」②隠れて暮らすこと。＊歌舞伎・天衣紛上野初花(河内山)(1881)六幕「晴れて世間の歩けねえ捜されて居るおれが体、それゆゑ廓(なか)へも足を抜き、久しく麻布の狸穴(まみあな)に、穴籠(アナゴモ)りをして居たのだ」 発音 アナゴモリ〈標ア〉ゴ

あな-ごや【穴小屋】〔名〕崖(がけ)などに穴を掘って造った小屋。＊断橋(1911)〈岩野泡鳴〉一一「渠等は冬になると、その結構な家を物置き同様につかって、却って、別なところへ半ば穴小屋の様なものを造り、そのなかに住ひする」 発音 アナゴヤ〈標ア〉⓪

あなごん【阿那含】〔名〕(梵 anāgāmin の音訳。阿那伽彌、那含とも表わし、不来、不来相、不還と訳す) 仏語。小乗仏教で説く、聖者としての、四つの修行階位の第三。欲界の修惑を断じ終わり、再び欲界に生まれ還ることがなくなることで、その途上にある状態を阿那含道、その完成した状態を阿那含果という。＊大乗義章‐一一「阿那含者此名二不還一、小乗法中更不レ還二未欲界一受ゞ身、名二阿那含一」

あなごん-か【阿那含果】〔名〕(梵 anāgāmi-phala の音訳。不還果、不来果と訳す) 仏語。欲界に再び生まれて来るようなことのなくなった状態。→阿那含。＊宇治拾遺(1221頃)一三・一四「弟子の僧、生きたるにもあらず、死にたるにもあらずおぼえけり。かくのごとく、罪を懺悔してければ、あな含果をえつ」

アナコンダ〔名〕(英 anaconda) ボア科の水生の巨大なヘビ。中南米の熱帯の密林にすみ、無毒だが鋭い歯をもち、水辺の動物を食べる。体長六メートル内外。ウォーターボア。発音〈標ア〉コ

あなごん-どう【阿那含道】〔名〕仏語。阿那含果への修行過程。→阿那含。＊宴曲・宴曲集(1296頃)五・閑居釈教「さてもあらまほしく、うら山敷類は、須陀洹斯陀含、阿那含道阿羅漢果菩薩の位を証すとも、この独処仙林阿練若樹下石上の棲(すみか)なり」

あな-さがし【穴探】〔名〕人がうっかり見過ごしているような事実や、人の癖、欠点などを探し出すこと。また、その人。あらさがし。＊洒落本・契情買虎之巻(1778)叙「凡滑稽向(しゃれむき)、穴探(アナサガシ)な

どいへる、其類(たぐ)ひ世に多しといえども」＊当世書生気質(1885-86)〈坪内逍遙〉はしがき「批評家(アナサガシ)の尤物株(おやだまかぶ)なり」＊黒潮(1902-05)〈徳富蘆花〉七・八「未だ藤沢さんのあとをつけて穴探しをして歩く程堕落はせぬから」方言❶人の欠点を探し出すこと。あら捜し。山口県豊浦郡798 ❷小さな穴からも粉雪が吹き込む大吹雪。粉雪の吹雪。鳥取県東部711 ◇あなもとめ〔穴求〕福井県敦賀郡443 発音アナサガシ〈標ア〉[サ]〈京ア〉[サ]/[サ]

あな-さらし【穴晒】『名』江戸時代、鋸挽(のこぎりびき)刑の執行に付加された特殊な晒のこと。普通の晒は陸晒(おかさらし)といわれ、地上に晒されたのに対し、これは科人(とがにん)を箱に入れ、穴を掘って埋め、首だけ晒すもので、そのそばに鋸と血を塗った竹鋸が置かれた。＊刑罪大秘録(1814か)鋸挽晒之事「一小屋懸ケ縄張等、谷之もの非人人数等は、穴晒陸晒同様別儀無レ之」

あなざわ-りゅう【穴沢流】『名』薙刀(なぎなた)術、棒術の流派。安土桃山時代から江戸初期にかけての薙刀の達人穴沢主殿助(とのものすけ)盛秀が開く。発音アナザワリュー〈標ア〉[0]

あな-し【穴師】『名』①芝居茶屋の使用人で、茶屋の主人の代わりに劇場内の見物席の割り当てをする役の者。穴役。＊都新聞-明治三六年(1903)一月二九日「今の主人は以前この家の穴師なりしが、有名の老母が死去後娘の後見として、夫婦にて附添ひ営業せるにて」②汲み取り口などから忍び入る盗人をいう、盗人仲間の隠語。

あなし【穴師】㊀兵庫県姫路市飾磨(しかま)区、市川河口の阿成(あなせ)付近の古称で、穴師神社所属の民戸が多かったため呼ばれた。古く穴師(穴无・穴無)郷が置かれた。㊁大阪府泉大津市我孫子(あびこ)付近の日称。泉穴師神社がある。痛脚(あなし)。＊今昔(1120頃か)二〇・三〇「和泉の国の和泉の郡、下の痛脚村に、一人の男有けり」㊂奈良県桜井市の地名。垂仁、景行両天皇の皇居があったところ。巻向山に発し、三輪山の北を流れる痛足川(あなしがわ=巻向川)がある。痛背(あなせ)。＊古今(905-914)神あそびの歌・一〇七六「まきもくのあなしの山の山人とひともみるがに山かづらせよ」発音〈標ア〉[ナ] 辞書和名・文明・書言 表記穴無(和) 穴師(文・書)

あな-じ【穴痔】『名』痔瘻(じろう)の俗称。＊日葡辞書(1603-04)「Anagi(アナヂ)〈訳〉ある種の痔」＊咄本・露休置土産(1707)五・一二「しからば、あなぢか。穴痔(アナジ)なれば、さっそくなをる灸じゃ」辞書日葡・ヘボン・言海 表記牝痔(へ) 穴痔(言)

あな-じ『名』「あなぜ」に同じ。《季・冬》＊後拾遺(1086)羇旅・五三二「あなし吹く瀬戸のしほあひに舟出してはやくぞ過ぐるさやがた山を〈藤原通俊〉」＊俊頼髄脳(1115頃)「あなしといへる風あり、いぬゐの風とかや。しなどの風といひて、中臣祓にある風はすなはちこれなり」＊俳諧・毛吹草(1638)五「あふぎぬる風はかなめのあなじ哉〈作者不知〉」＊浮世草子・好色万金丹(1694)五・四「穴師(アナジ)の風に時雨(しぐれ)を誘へば」方言❶北西の風。兵庫県赤穂郡660 島根県054 740 844 岡山県762 764 844 広島県771 787 844 山口県797 801 844 香川県014 844 愛媛県844 長崎県対馬054 伊王島907 大分県844 941 宮崎県東臼杵郡・南那珂郡844 ◇あなず 島根県能義郡・簸川郡844 ◇あなで 兵庫県赤穂郡660 大分市941 鹿児島県硫黄島054 ◇あなだ 大分県大野郡941 ◇あなごろ 宮崎県南那珂郡844 ◇あなじにし〔―西〕広島県走島771 ❷北の風。島根県那賀郡・邑智郡725 ❸西の風。島根県益田市・那賀郡・隠岐島725 ◇あなぜ 熊本県919 ❹西北西の風。◇あなじにしとも。香川県小豆島829 ❺南西の風。島根県鹿足郡739 岡山県小田郡844 広島県倉橋島054 鷺島771 香川県綾歌郡829 大分県012 941 ❻南南西の風。香川県男木島829 ❼南の風。香川県島嶼829 ❽南南東の風。香川県豊島829 ❾南東の風。香川県小豆島829 ❿北東の風。長崎県対馬910 大分県941 ⓫北北西の風。愛媛県宇摩郡844 宮崎県児湯郡054 ◇あなじきた〔―北〕香川県小豆島829 ◇あなじぎた 岡山県邑久郡014 ⓬冬の季節風。島根県簸川郡725 岡山県邑久郡014 ◇あなじぎた 岡山県邑久郡014 語源説(1)アナは驚きを表わす感動詞。ジはアラシのシ、コチのチと同じく風のこと〔海上文化=柳田国男・日本語源=賀茂百樹〕。(2)アナはイヌ(戌)の転訛。シは風〔碩鼠漫筆・大言海〕。(3)イヌヰ(戌亥)ノ-カゼ(風)のこと〔袖中抄・名語記〕。(4)アメナシ(雨無)の略〔日本釈名・関秘録・和訓栞〕。(5)アナイキ(穴気)の義〔松屋棟梁集〕。(6)アラシの転訛〔音幻論=幸田露伴〕。(7)アナシ(穴風)の義〔名言通〕。辞書日葡・書言・言海 表記不周風(書)

あなじ-かぜ【―風】『名』「あなぜ」に同じ。＊一目玉鉾(1689)四・二「柱の神の御子蛭児(ひるこ)と申せし今戎(ゑびす)とぞあがめける、北西穴師(アナシ)風に汐掛りよし」方言❶北西の風。島根県隠岐島725 八束郡844 山口県豊浦郡844 愛媛県840 越智郡844 ❷冬の季節風。島根県仁多郡725

あなじ-け『名』西北の風が吹いて、雨雪などを催す気配をいうか。＊永久百首(1116)冬「奥山のならひとなればあなしけの雪より先に薪(たきぎ)こりつむ〈藤原仲実〉」

あなしにますひょうす-じんじゃ【穴師坐兵主神社】奈良県桜井市穴師にある神社。旧県社。祭神は兵主神、若御魂(わかみたま)神、大兵主神。垂仁天皇二年の創祀と伝える。大和五社の一つ。大兵主神社。穴瀬明神。

あな-じゃくし【穴杓子】『名』金杓子(かなじゃくし)に細かい穴を数多くあけたもの。汁の中から煮物やだしがらなどをすくい上げるのに用いる。あなあきじゃくし。あなあきお玉。

あな-じゃこ【穴蝦蛄】『名』十脚目アナジャコ科の節足動物。北海道以南の各地で、干潮線付近の浅海の砂地に穴を掘ってすむ。体長約一〇センチメートルに達する。食用とはしない。発音〈標ア〉[0]

あな-しり【穴知】『名』物事の急所や欠陥、人の癖や裏の事情などによく通じていること。また、その人。＊随筆・吉原大全(1768)序「たつみあがりの穴しりじまんには、四人のはなしもしばらくやみぬ」＊洒落本・吉原楊枝(1788)「されば穴しりには成り安く、わけしりにはなりがたし」発音〈標ア〉[リ]

あな-じるし【穴印】『名』熊の穴を見つけた時、目印のため近くの木の幹を削ってつけておく印。秋田マタギ(狩猟専業者)の用語で、組によって記号がちがう。

あな-じん【穴甚】江戸時代、江戸の上野広小路にあった鰻屋(うなぎや)。庶民に愛好されたという。＊滑稽本・八笑人(1820-49)五・上「弐朱あるなら、穴甚(アナジン)か安達屋か、ちと廻りだが大和屋へでも」

あ-な-すえ【足末】『名』(「あ」は足、「な」は「の」の意)①足の先。爪先。↔手末(たなすえ)。＊宇津保(970-999頃)忠こそ「多くのものを尽して、頭(かしら)よりあなすゑただに綾錦を裁ち切りて」＊水戸本乙日本紀私記(1678)神代上「足端 安那須恵」②子孫。末裔(まつえい)。後裔(こうえい)。＊播磨風土記(715頃)美嚢・歌謡「青垣の 山投(やまと)に坐しし 市辺の 天皇が 御足末(みあなすゑ) 奴僕らま」＊書紀(720)顕宗即位前(図書寮本訓)・歌謡「天万(あめよろつ)国万、押磐尊の御裔(みアナスヱ)の僕(やっこ)らま」＊平中(965頃)一「同じ帝の母后の御あなすゑにて」発音〈標ア〉[0] 辞書言海 表記足末(言)

あなすえ の 凶棄物(あしきらいもの) 罪や穢(けが)れを祓い清めるために捨て去る足の爪。↔たなすえ(手末)の吉棄物(よしきらいもの)。＊書紀(720)神代上(水戸本訓)「已にして罪を素戔嗚尊に科(をほ)せて、其の祓具(はらへつもの)を責(はた)る。是を以て、手端吉棄物(たなすゑのよしきらひもの)、足末凶棄物(アナスヱノアシキラヒもの)有り」

アナスチグマート『名』(ドイ Anastigmat) 非点収差を補正して広い範囲を鮮明に写せるようにしたレンズ系。一八九〇年、ドイツ人ルドルフが初めて製作。発音〈標ア〉[マ]

あな-ずまい【穴住】『名』穴の中に住むこと。また、そのすまい。穴居。＊雨の日ぐらし(1891)〈山田美妙〉坑夫「しばし浮き世をしのばんと、それよりここに穴住ひ」＊落語・出世の鼻(1892)〈禽語楼小さん〉「大変の奴だ。穴住いをする人間か。何者ぢゃ」発音〈標ア〉[ズ]

あな-ずみ【穴住】『名』「あなずまい(穴住)」に同じ。＊書紀(720)神武即位前(北野本訓)「民の心朴素なり。巣棲(すすみ)穴住(アナスミ)し、習俗(しわざ)惟れ常(つね)となりたり」

あなずら。し【侮】『形シク』軽蔑している。軽視している。＊随筆・胆大小心録(1808)一三三「世をも君をも、あなづらしくて在しかば、ついにつみなはれしも」

あなずら。わ。し【侮】『形シク』①たいして尊重する必要がない。とかく馬鹿にしたく思う。軽蔑したい。＊枕(10C終)二四・おひさきなく、まめやかに、えせざいはひなど見てゐたらん人は、いぶせくあなづらはしく思ひやられて」＊源氏(1001-14頃)玉鬘「よからぬなま者どもの、あなづらはしうするも、かたじけなき事なり」＊狭衣物語(1069-77頃か)四「『数ならぬ際』と、あなつらはしかりしかど、かかる人の類も他(こと)になかりければ」＊大唐西域記長寛元年点(1163)七「人の惕(アナツラハシキ)心有て此の池に濯ひする者は、金毗羅獣多く之が為に害す」②遠慮しないでよい。気がおけない。＊宇津保(970-999頃)俊蔭「けはひなつかしう、童にもあれば、すこしあなづらはしくやおぼえけむ」＊夜の寝覚(1045-68頃)一「ゆかりはなれずあなづらはしき人をば、ただ御簾のうちにこそいれさせ給べけれ」＊栄花(1028-92頃)浦々の別「ただ右近をば、むつまじうあなづらはしき方にて」語源説(1)アナヅルの未然形アナヅラを形容詞に活用〔大言海〕。(2)アナ-ツラシ(辛)の義〔和訓栞〕。発音〈標ア〉[ワ]

あなずらわし-げ【侮―】『形動』(形容詞「あなずらわし」の語幹に接尾語「げ」の付いた語)あなずらわしいさま。＊源氏(1001-14頃)椎本「ながめ給ふ有りさまなどおしはかりあなづらはしげにもてなすはめざましうて」＊狭衣物語(1069-77頃か)四「宮の御もてなしの、いとあなづらはしげに思し召したりしかば」＊栄花(1028-92頃)もとのしづく「東宮をばあなづらはしげにぞ思ひきこえさせ給へる」発音アナズラワシゲ〈標ア〉[シ]

あなずらわし-さ【侮―】『名』(形容詞「あなずらわしい」の語幹に接尾語「さ」の付いた語)あなずらわしいこと。また、その度合。＊源氏(1001-14頃)夕霧「年月にそふるあなつらはしさは、御心ならひなべかめり」＊有明の別(12C後)一「かやうのほども、その人きこえぬあなづらはしさも、あいなさに」発音〈標ア〉[ワ]

あなずり【侮】『名』(動詞「あなずる(侮)」の連用形の名詞化)あなどること。軽蔑すること。あなどり。＊古事談(1212-15頃)四・満仲発心出家事「家人以下あなづりもぞし侍るとて作二眼躰一不レ称二保由一」＊世俗諺文鎌倉期点(1250頃)「兄弟内に鬩(せめ)くと雖も、外に侮(アナツリ)を禦ぐ」発音〈標ア〉[リ][0][ズ]

あなずり-がお【侮顔】『名』「あなどりがお(侮顔)」に同じ。＊甲陽軍鑑(17C初)品三一「皆、勝千世殿あなづりがほにぞ見えにける」

あなずり-がまし・い【侮―】『形口』(「がましい」は接尾語)いかにも軽蔑しているらしい。馬鹿にするきらいがある。＊歌舞伎・傾城金秤目(1792)序幕

「近頃あなづりがましいが、貧苦に迫る今の話し」＊歌舞伎・お染久松色読販(大南北全集所収)(1813)序幕「余りコレ蔑(アナヅ)りがましいが、半纏の破れた替りにこの古着」 発音 アナズリガマシイ〈標ア〉シ

あなずり-ごと 【侮事・侮言】〔名〕軽蔑するような言いぐさ。馬鹿にしたようなこと。＊大鏡(12C前)一・後一条「このきかせ給はん人々も、あなづりごとには侍れど、なにごとともおぼさざらんものから」 発音 アナズリゴト〈標ア〉0リ

あなずり-ざま 【侮様】〔形動〕あなどるようなさま。とかく軽蔑しがちであるさま。＊源氏(1001-14頃)東屋「人の、かく、あなづりざまにのみ、思ひ聞えたるを」

あなずり-そ・む 【侮初】〔他マ下二〕初めから軽蔑する。最初から馬鹿にする。＊源氏(1001-14頃)若菜下「『なにばかりのほどならず』と、あなづりそめて、心やすき物に思ひしを」

あなずり-もの 【侮者】〔名〕人が馬鹿にする者。人に馬鹿にされる人。＊浄瑠璃・卯月の紅葉(1706頃)上「内の手代や庭宝(にはたから)の、あなづりものになしはてて」

あなず・る 【侮】〔他ラ四〕(「あなどる(侮)」の古形) 馬鹿にする。軽蔑する。あなどる。＊霊異記(810-824)上・九「皆心を同じくして凌ぎ蔑(アナツリ)て曰はく〈興福寺本訓釈 蔑 安奈都利天〉」＊大智度論天安二年点(858)七四「心憍慢を生して、人を陵易(アナツル)」＊落窪(10C後)一「若くめでたき人は、多くかやうのまめわざする人や少なかりけん、あなづりやすくて、いとわびしければ」＊枕(10C終)二七・人にあなづらるるもの「人にあなづらるるもの。築土のくづれ。あまり心よしと人にしられぬる人」＊十訓抄(1252)三・不可侮人倫事「或人云。人をあなづる事は、色かはれども必有事也」＊日葡辞書(1603-04)「Anazzuri, uru, utta(アナヅル)。アナドルと言う方がまさる〈訳〉嘲弄する、軽んじ侮る」 語誌 →「あなどる(侮)」の語誌。 方言 ❶馬鹿にする。軽蔑する。侮る。山形県東村山郡139 富山県390 砺波398 石川県鳳至郡409 河北郡414 福井県遠敷郡445 大飯郡447 長野県佐久493 滋賀県彦根609 京都府629 632 大阪市637 兵庫県654 神戸市054 和歌山県690 鳥取県711 長崎県南高来郡058 伊王島907 ❷油断する。島根県江津市725 語源説 (1)アダヅル(徒釣)の転か〔大言海〕。(2)アダツレル(徒連)の転〔名言通〕。(3)アナドル(穴取)、またはアナニツラシ(痛強)からか〔日本語源＝賀茂百樹〕。(4)オサナヤ、タルラスの反〔名語記〕。 発音 〈標ア〉ズ〈ア史〉平安●●●○ 鎌倉・江戸●●●●〈京ア〉0 辞書 色葉・名義・伊京・明応・天正・日葡・言海 表記 慢(色・名・伊・明・天)侮(色・名・伊・明)媟・易・狎・黷・玩・悝・務・欺(色・名)尊如(伊・天)蔑・軽・陵・瀆(色)蚩・恷・謾・驕(名)惸(天)

あなずる 葛(かずら)に倒(たお)さる 相手を馬鹿にして、かえって思わぬ不覚をとることをいう。あなずる(侮)金木(かなき)で目をつく。＊御伽草子・鴉鷺合戦物語(室町中)「先度の合戦、余に敵をたやすくおもひて、あなづるかづらにたをれす」

あなずる 葛(かずら)にたわぶれす 相手を馬鹿にしてよけいな手出しをすることをたとえていう。＊十訓抄(1252)三・不可侮人倫事「いふまじき言をもいひ、すまじきわざをもふるまふほどに、あなづるかつらにたはぶれして、思はざるほかの辱かましき事にもあひ」

あなずる =金木(かなき)[=杭(くい)]で目(め)をつく (「かなき」は細い木の意)「あなずる(侮)葛(かずら)に倒さる」に同じ。

あなずる 〔動〕方言 ❶命令されたことを互いに押しつけ合う。責任を他に転嫁する。島根県那賀郡054 ❷探る。長崎県北松浦郡(中流以下)899

あな-ぜ 〔名〕(「あな」は感動詞、「ぜ」は風の意) ①西北風。しばしば船を苦しめる悪い風。吹いたあとは平穏となるともいう。《季・冬》＊歌舞伎・桑名屋徳蔵入船物語(1770)口明「西北風(アナセ)かと思やまぜなり」＊物類称呼(1775)一「風 かぜ 畿内及中国の船人のことばに、西北の風をあなぜと称す」②南東の風。〔日葡辞書(1603-04)〕 方言 ❶北西の風。伊豆八丈島†077 大阪府泉南郡844 兵庫県660 671 844 和歌山県和歌山市695 日高郡698 島根県邇摩郡844 岡山県浅口郡844 徳島県811 板野郡844 香川県大川郡844 愛媛県伊予郡844 高知県844 869 長崎県054 908 916 熊本県919 大分県844 941 宮崎県北諸県郡・南那珂郡844 鹿児島県種子島054 揖宿郡969 ◇あなぜにし 鹿児島県鹿児島郡968 肝属郡970 ❷北の風。熊本県玉名郡919 ❸西の風。熊本県919 ❹南西の風。長崎県南高来郡905 熊本県玉名郡058 鹿本郡919 ❺南東の風。熊本県下益城郡・葦北郡919 ❻北東の風。熊本県919 ❼北北東の風。和歌山県那賀郡・有田郡690 辞書 日葡・言海

あなぜ-かぜ 【―風】〔名〕「あなぜ」に同じ。＊俳諧・細少石(1668)夏「夏の夜や吹尺八のあなせ風〈定重〉」 方言 ❶北西の風。◇あなぜんかぜ 熊本県919 936 ❷南西の風。◇あなぜんかぜ 熊本県玉名郡・飽託郡919 ❸南東の風。熊本県下益城郡919

あな-せぎょう 【穴施行】〔名〕寒中、小豆餅や油揚げ、豆腐がらなどを辻や祠(ほこら)に供える、キツネの害を防ぐための行事。寒施行(かんせぎょう)。狐施行(きつねせぎょう)。《季・冬》＊俳諧・季寄新題集(1848)冬「一二月〈略〉穴施行 食物を狐狸にほどこす事」

あな-ぜんじょお 【穴―】〔名〕方言 ⇩あなっこ(穴―)

あ-な-た 【彼方・貴方】〔代名〕㊀他称。話し手、聞き手両者から離れた方向、時、人などを指し示す(遠称)。かなた。①あちら。向こうのほう。＊古今(905-914)冬・三三〇「冬ながらそらより花のちりくるは雲のあなたは春にやあるらむ〈清原深養父〉」＊伊勢物語(10C前)八二「山崎のあなたに、水無瀬(みなせ)といふ所に宮ありけり」＊謡曲・卒都婆小町(1384頃)「あなたの玉章(たまづさ)こなたの文(ふみ)」＊看聞御記-永享七年(1435)八月二四日「但中御門、中山両人は障子之あなたに候」②以前。過去。＊枕(10C終)二九二・成信の中将は、入道兵部卿の宮の「昨夜(よべ)も、昨日の夜も、そがあなたの夜も」＊源氏(1001-14頃)蓬生「さる方にありつきたりしあなたの年ごろは、言ふかひなきさびしさに目なれてすぐし給ふを」＊観智院本名義抄(1241)「以往 アナタ」③未来。＊源氏(1001-14頃)若菜上「この君の生まれ給ひし時に契ふかく思ひ知りにしかど、目の前に見えぬあなたの事はおぼつかなくこそ思ひわたりつれ」④あのかた。あちらの人。対等または上位者に対して用いた。＊落窪(10C後)一「いなや、この落窪の君のあなたにの給ふことに従はず、あしかんなるはなぞ」＊源氏(1001-14頃)蜻蛉「我がもとにあれかし。あなたももて離るべくやはとの給へば」＊虎明本狂言・文荷(室町末-近世初)「なんとしてぞ、此文をあなたへとどけずはなるまいが、どうしてよからふな」＊浄瑠璃・夕霧阿波鳴渡(1712頃)中「御一門の中でもあなたはかたい」＊歌舞伎・新皿屋敷月雨暈(魚屋宗五郎)(1883)中幕「これ、貴方(アナタ)のお陰でお前の命が、今助かったのでござんすから」㊁対称。対等または上位者に用いた。宝暦(一七五一～六四)頃から用例が見られる。貴男、貴女なども書く。現在では、対等あるいは下位の者に用い、また、妻が夫に対して用いることもある。＊歌舞伎・傾城天の羽衣(1753)序幕「あられもない所はお免なされ升ふ、殿さま、どふぞあなたのお取なしで」＊浄瑠璃・難波丸金鶏(1759)勝間堤「夫に付てのあなたへ御無心」＊滑稽本・当世阿多福仮面(1780)「わっちがきはへ来て、あなたは何処からの御見物だと聞きやした」＊団団珍聞-五一号(1878)「或る教師先生〈略〉放心(うっかり)したる書生に向ひ若し足下(アナタ)少し気を付ねば成ませぬぜ」＊浮雲(1887-89)〈二葉亭四迷〉一・三「『何故貴君(アナタ)、今夜に限ってさう遠慮なさるの』『デモ貴嬢(アナタ)お一人っ切りぢゃア』」＊落語・成田小僧(1889)〈三代目三遊亭円遊〉「阿父(おとっ)さんが鳶で尊公(アナタ)が鷹だてエますぜ」＊東京風俗志(1899-1902)〈平出鏗二郎〉下・九・婚入「恥し盛りの花娵の、『あなた』と呼ぶさへ極り悪げなれば」 語誌 (1)上代に遠称として離れた場所・方向・時・人などを表わした「かれ」「かなた」などに替わって中古から用いられた。「あち」「あちら」などの類縁語を生みながら明治初期まで続き、その後は文章語となった。このうち第三者をさす代名詞の用法は対等以上の敬意で使われた。(2)近世からは「おまえ」に替わって最高段階の敬意を表わす対称代名詞の用法が、上方では宝暦(一七五一～六四)ころから、江戸では明和(一七六四～七二)ころから見られる。文化(一八〇四～一八)ころからは敬意の下限がさがり、近世末期には対等に使われる例もあるが、大正・昭和の初期までは比較的高い敬意を保った。しかし、今日では敬意が低下し、目上の者に対しては使われない。そのため、今日では、上位者に対しては「…さん」のように名前を用いたり、「…先生」「…部長」のように役職者名を用いたりすることが多い。 方言 ㊀〔代名〕他称。あの人。香川県829 ㊁〔名〕❶他家を訪問した時や、路上で人に会ったりした時の挨拶の言葉。こんにちは。御免ください。島根県鹿足郡725 ❷目上の人に対する挨拶の言葉。◇ああた 熊本県玉名郡928 ❸「おはよう」、「こんにちは」などの挨拶の言葉の後に付けて用いる。長崎県南高来郡905 ◇ああた・あた・あたあ 長崎県南高来郡905 ❹話の切れ目に付けて用いる。特に意味はない。◇あんたなあ 大分県北部938 ◇たなあ 大分県宇佐郡938 語源説 (1)アノカタの約〔名語記・日本釈名・和訓栞〕。(2)「遐如地」の別音 A-Na-ta〔日本語原考＝与謝野寛〕。 発音 〈なまり〉アータ〔NHK(長崎)・島原方言・豊後〕アガ・アンター〔鹿児島方言〕アダ〔津軽語彙〕アタン〔島原方言〕アナチャ〔壱岐・壱岐続〕アンタ〔埼玉・埼玉方言・千葉・石川・佐賀・熊本南部〕アンダ〔秋田〕アンテ〔紀州〕〈標ア〉㊀はア ナ ㊁はナ〈ア史〉㊀は鎌倉●●○と●○○の両様 室町・江戸●●○〈京ア〉ア 辞書 色葉・名義・天正・易林・日葡・書言・ヘボン・言海 表記 以往(色・名・易・書) 彼方(へ・言) 已往(天) 何方(易) 彼辺(書)

あなた を 祝(いわ)えばこなたの怨(うら)み 一方の幸福は、他方の不幸になること。両方がよいということにはならないの意。＊俳諧・毛吹草(1638)二「あなたをいはへばこなたのうらみ」

あなた 〔名〕方言 ❶太陽を敬っていう語。お日様。おてんとう様。岩手県上閉伊郡097 新潟県佐渡358 三重県志摩郡054 島根県726 隠岐島725 ◇あなたさま〔―様〕新潟県佐渡352 三重県志摩郡585 島根県出雲市・簸川郡・隠岐島725 香川県826 大川郡829 ◇あなたさん 島根県725 ◇あなたはん 香川県大川郡829 ❷八月十五夜のお月様。◇あなたさま 青森県津軽054 ❸神仏。神様。岩手県上閉伊郡097 三重県志摩郡054 島根県那賀郡054 ◇あなたさま 三重県志摩郡585 ❹亡くなった人を敬っていう語。故人。熊本県玉名郡058 ❺阿彌陀如来(あみだにょらい)。兵庫県赤穂郡061

あな-だいく 【穴大工】〔名〕「あなぐらだいく(穴蔵大工)」に同じ。

あなた-おもて 【彼方面】〔名〕間を隔てている物のあちら側。向こう側。＊古今(905-914)雑上・八八三「あかずして月のかくるる山もとはあなたおもてぞこひしかりける〈よみ人しらず〉」＊草径集(1863)下「嶺(ね)つづきに過ぎ行く鹿の数みゆるあなたおもては月や出づらむ」

あなた-がた 【彼方方・貴方方】〔代名〕㊀他称。①「あなた(彼方)㊀①」に同じ。＊枕(10C終)一

四三・殿などのおはしまさで後「宮の辺には、ただあながたに言ひなしてそら言(ごと)なども出で来べし」 ＊歌舞伎・曾我三巴(1705)一「あなたがたが御通しなされませぬゆへ、すけつねかりやへはまだ参りませぬ」 ②「あなた(彼方)㊀④」の複数。あの方々。＊歌舞伎・傾城若紫(1705頃)中「『奥に女中が数多見えまするが、御一門様方で御座りますか』『イヤ彼方(アナタ)がたは古へのお主筋ぢゃ』」 ＊歌舞伎・幼稚子敵討(1753)二「今日迄暮して居るは、皆あなた方の大恩」 ＊滑稽本・東海道中膝栗毛(1802-09)四・下「次兵さん、マアあきなひをしょまいか。あなたがたがまってござらっせる」 ㊁対称。①「あなた(彼方)㊁」の複数。＊歌舞伎・三十石艠始(1759)序「いやもう貴方(アナタ)がたを手ばなしまするど、一向方図がござりませぬ」 ＊滑稽本・東海道中膝栗毛(1802-09)序「あなた方のおかげで、かやうにいたしておりますものを」 ＊虞美人草(1907)〈夏目漱石〉一一「『貴所方(アナタガタ)は』と糸子を差し置いて藤尾が振り返る」 ②相手を尊敬していう語。あなた様。＊人情本・閑情末摘花(1839-41)初・五回「どふも貴君(アナタ)がたのお尋なさらうといふ人達ではございますまい」 方言 ㊀《代名》❶他称。あの方たち。尊敬語。香川県高松市062 ❷対称。相手を尊敬して言う。あなた様。◇あなたほう 香川県木田郡・高松市829 ❸あなたの方。◇あんたがた 宮城県石巻120 ◇あんたほ 宮城県石巻120 仙台市121 ㊁《名》あなたの家。◇ああたかた 熊本県玉名郡928 発音 アナタガタ〈なまり〉アータガタ〔島原方言〕アータンカタ・アンタンガタ〔福岡〕〈標ア〉⓪〈京ア〉タ1 辞書〈ボ〉

あなた-がち【彼方勝】《形動》(「がち」は接尾語)こちらよりも向こうにいるほうが多いさま。＊源氏(1001-14頃)絵合「うちとけたる御わらはあそびにひるなどわたらせ給ふことはあなたがちにおはします」

あな-だこ【穴蛸】《名》方言 ❶動物、てながだこ(手長蛸)。防州†122 長州†122 山口県大島801 ❷飯蛸(いいだこ)に似ていて、毒のある蛸(たこ)。勢州†039

あなた-こなた【彼方此方】《代名》他称。あちらこちら。ほうぼう。＊宇津保(970-999頃)春日詣「宮よりはじめ奉りて、女みこたち、あまたの北の方、あなたこなたあはせてここの所」 ＊有明の別(12C後)二「あなたこなた立ちめぐり給ふに御身もすくみぬべし」 ＊虎寛本狂言・秀句傘(室町末-近世初)「此間のあなたこなたの御参会は、おびただしい事で御座る」 発音〈標ア〉コ〈京ア〉ア=コ 辞書 文明・天正・饅頭・黒本・日葡・書言 表記 東西(文・天・饅・黒・書) 那辺這辺・両辺・左右(書)

あなた-さま【彼方様・貴方様】《代名》(「さま」は接尾語) ①他称。話し手、聞き手両者から離れた人を指し示す(遠称)。＊浄瑠璃・妹背山婦女庭訓(1771)二「これからはなほあなた様も帯紐といておかくまひ申しよいといふ物ぢゃ」 ＊松翁道話(1814-46)一・下「あなた様方は、大体御苦労なものぢゃない」 ②対称。上位者に用いる。宝暦(一七五一～六四)頃から用例が見られる。＊歌舞伎・傾城天の羽衣(1753)序幕「あなた様が細川家より御養子に御出被」成」 ＊浄瑠璃・難波丸金鶏(1759)勝間堤「サアあなた様あれへお越」 ＊われから(1896)〈樋口一葉〉九「此やうのお人達みな貴郎(アナタ)さまの御友達かと思ひますれば」 語誌 ①②とも「あなた」より敬意が高い。ただ、②に関しては、対称の「あなた」に「さま」がついたものではなく、①が②に転じ、その後「さま」のない対称の「あなた」が成立したという説がある。 発音〈なまり〉アータサマ〔壱岐・島原方言〕アーッサン〔壱岐〕アナッサン〔福岡〕〈標ア〉ナ

あなた-ざま【彼方様】《名》(「ざま」は方向を表わす接尾語)あちらのほう。向こうのほう。＊蜻蛉(974頃)中・天禄元年「『あなたざまに』ときくにも、ましてあさまし」 ＊源氏(1001-14頃)橋姫「わが御時、もてかしづきたてまつり給ひける騒ぎに、あいなく、あなたざまの御なからひには、さし放たれ給ひにければ」 ＊弁内侍(1278頃)寛元元年五月二三日「あなたざまに誰か候ふ、いざとはん」 発音〈標ア〉⓪

あなた-さん【彼方様・貴方様】《代名》(「さん」は接尾語) ①他称。話し手、聞き手両者から離れた人を指す(遠称)。上位者に用いる。＊洒落本・娼註銚子戯語(1780)「もしへ、あなたさんはたちばな丁のおかたさんで」 ②対称。上位者に用いる。＊洒落本・阿蘭陀鏡(1798)四「イヤもうあなたさんのお噂はかねがね大夫(たゆ)さんのお咄(はなし)で承っておりますが」 発音〈標ア〉ナ

あなた-しだい【彼方次第】《名》(形動) 相手の意向にもっぱら従うこと。先方に一任すること。また、そのさま。＊浮世草子・傾城禁短気(1711)六・一「初対面からしこなし顔にてふらるる也。京も大坂も替る事なし。始ての床は、あなた次第に物いはぬがよし」 発音〈標ア〉シ

あなた-づよ《形動》 あちらを大事にするさま。あちらに味方をすること。＊とりかへばや(12C後)中「ひたぶるに、ひとかたに思ひゆるし給ふも、あなたづよにこそあらめ」

あな-だま【穴玉】《名》 紐を通すために穴をあけた玉。＊古事記(712)上・歌謡「天なるや 弟棚機(おとたなばた)の 項(うな)がせる 玉の御統(みすまる) 御統に 阿那陀麻(アナダマ)はや」 発音〈ア史〉平安・鎌倉〇〇〇〇

あなた-まいり【彼方参】《名》 遠い所へ行くこと。極楽や地獄に行くこと。＊談義本・当世穴穿(1769-71)二・さがの釈伽もんどう「必(かならず)々あなた参りは思ひとまりやれ」

あなた-まかせ【彼方任・貴方任】《名》 ①他人に頼って、その通りにすること。先方に一任すること。なりゆきに任せること。＊松翁道話(1814-46)二・中「あなたまかせにしてゐると、よいことばっかりがふえる」 ＊縮図(1941)〈徳田秋声〉日蔭に居りて・四「総てを貴方まかせといふ風にしてゐればゐられないこともないので」 ②浄土真宗で、阿彌陀如来の本願にすべてを任せること。他力本願。＊俳諧・おらが春(1819)「ねがはずとも仏は守り給ふべし。是則当流の安心とは申也。穴かしこ。ともかくもあなた任せのとしの暮」

あな-つぎ【穴継】《名》 衣類などの破れて穴があいた部分に布をあてて、つぎをすること。 発音〈標ア〉マ

あなっ-こ【穴―】《名》 方言 ❶穴。洞穴。福島県西白河郡181 茨城県真壁郡191 稲敷郡193 栃木県197 198 群馬県226 241 242 埼玉県054 251 258 千葉県長生郡287 君津郡301 和歌山県690 ◇あなぐる 富山県東礪波郡398 ◇あなぐるま 富山県射水郡394 ◇あなこ 山形県西置賜郡152 茨城県稲敷郡・新治郡188 ◇あなご 和歌山県東牟婁郡・有田郡690 島根県邇摩郡725 ◇あなごと 徳島県809 海部郡・阿南市811 ◇あなこんぼ 奈良県宇陀郡678 ◇あなぜんじょお 茨城県062 千葉県香取郡265 ◇あなっこち 島根県仁多郡・能義郡725 ◇あなった 和歌山県日高郡690 ◇あなっぽ 福島県大沼郡175 栃木県198 群馬県山田郡240 桐生市241 千葉県山武郡270 島根県725 ◇あなっぽん 熊本県(小さな穴)918 ◇あなでんじょお 千葉県香取郡267 ◇あなど 高知県862 ◇あなぽ 山形県西村山郡(小穴)139 ◇あなぼっこ 埼玉県北葛飾郡258 ◇あなほら 青森県津軽075 ◇あなぼれ 岐阜県稲葉郡498 ◇あなぽん 佐賀県887 ◇あなむろ 千葉県山武郡270 ◇あなめっちょ・あなめっつこ 埼玉県北足立郡054 ◇あなもろ 千葉県印旛郡054 山武郡270 ◇あなんこ 長野県佐久493 奈良県南大和683 和歌山県690 香川県829 ◇あなんご 群馬県群馬郡224 島根県石見725 739 高知県861 ◇あなんごお 広島県賀茂郡782 ◇あなんごす 愛媛県喜多郡845 ◇あなんと 香川県827 小豆島829 ◇あなんど 高知県862 高知市(やや品のない語)867 ◇あなんぼ 福井県427 和歌山県東牟婁郡704 ◇あなんぽ 和歌山県690 香川県829 ◇あなんぼお 山梨県461 南巨摩郡463 ◇あなんぼこ 福井県大飯郡447 ◇あなんぼす 山梨県461 ◇あなんぽつ 香川県829 ◇あまんごお 静岡県田方郡530 ❷トンネル。隧道(すいどう)。❸堀。掘り割り。千葉県山武郡270 ❹薩摩芋(さつまいも)などを貯蔵するための穴。◇あながま 熊本県玉名郡058 ◇あまんぼお 東京都三宅島・御蔵島333 ❺落とし穴。◇あなごら 山形県東置賜郡139 ❻穴に住む狸(たぬき)の一種。◇あなっぽ 紀州†028

あな-づたい【穴伝】《名》 窓、天窓、床下などから忍び込むこと、また、その者をいう、盗人仲間の隠語。〔隠語輯覧(1915)〕

あなっ-ぱいり【穴這入】《名》(「あなばいり(穴這入)」の変化した語)「あなばいり(穴這入)②」に同じ。＊洒落本・通客一盃記言(1807)「そうぼうづがせっこんで穴っぺへりやうすると、ゐてこびん先きかぼんのぼの皮をすりむくものよ」 ＊人情本・春色梅美婦禰(1841-42頃)五・二八回「今まで何処へ穴っ這入(パイリ)をしてお在(いで)だ」 ＊長唄・たぬき(昔噺たぬき)(1864)「オヤ源さん何処へ穴(アナ)っぺいりをしておいでだえ、もしちょっとお寄りナ」 ＊歌舞伎・出来穐月花雪聚(真田幸村)(1871)序幕「大方今頃はどこぞへ立寄り、穴(アナ)っ這入(パヒ)りをしてござるであらう」

あなっ-ぷさぎ【穴塞】《名》 方言 ⇩あなふたぎ(穴塞)

あなっ-ぷさげ【穴塞】《名》「あなふさぎ(穴塞)」に同じ。＊歌舞伎・勧善懲悪覗機関(村井長庵)(1862)四幕「お前の息子が女郎買の穴(アナ)っぷさげに、やらかしたのだ」

あなっ-ぽ【穴―】《名》 方言 ⇩あなうつぎ(穴空木)

あな-づり【穴釣】《名》 ①ウナギを釣る一漁法。針にミミズなどの餌をつけて、これを竹の先にかけ、ウナギの隠れていそうな穴にさし込んで釣る。＊随筆・嬉遊笑覧(1830)一二下「うなぎ穴釣 ふとき蚯蚓を貫き〈略〉五尺計の竹の先に結付」 ＊雑俳・柳多留-一二四(1833)「穴釣りのやうにりゃう治のさし薬」 ②ワカサギを釣る一漁法。冬季、結氷した湖で、氷面に三〇センチメートルほどの穴をあけて、サシ(サバ虫)などを餌に釣る。 発音〈標ア〉⓪リ

あな-と【穴門】《名》「いよかん(伊予柑)」の異名。

あな-と【穴門・穴戸】 ㊀関門海峡の古称。あなど。 ㊁長門国の古称。あなど。＊古事記(712)中「帯中日子(たらしなかつひこ)の天皇、穴門(あなど)の豊浦宮と筑紫の訶志比宮とに坐しまして、天の下治らしめしき」 語源説 (1)穴のようなウナド(海戸)という意〔古事記伝〕。(2)アナノクニノミナト(穴国水門)の義〔日鮮同祖論=金沢庄三郎〕。(3)アナト(穴所)即ち穴居地の神〔日本古語大辞典=松岡静雄〕。 発音〈標ア〉⓪

あなとうと【安名尊】 催馬楽、呂(りょ)の歌の曲名。「楽家録-巻之六・催馬楽歌字」所収の「あなたふと、けふのたふとさや」で歌い出されるもの。＊増鏡(1368-76頃)一三・秋のみ山「左の大臣(おとど)の安名尊(アナタフト)、伊勢の海限りなくめでたくきこゆ」 発音 アナトート〈標ア〉ア

あな-とうと《感動》(感動詞「あな」に形容詞「とうとし(尊・貴)」の語幹がついたもの)「あらとうと」に同じ。＊催馬楽(7C後-8C)呂歌「安名多不止(アナタフト)今日の尊とさや」 ＊宇治拾遺(1220頃)二・一「『めしつべくは、いくらもめせ』といへば、『あな貴と』とて、うちゐざりうちゐざり折つつ、三町をさながら食つ」

アナトール-フランス (Anatole France) フランスの作家。格調のある文体と皮肉や風刺が特色。思想的には懐疑的合理主義だが、社会主義的傾向も持った。小説「シルヴェストル=ボナールの罪」「タイス」「赤い百

合」「白い石の上で」などの著作がある。(一八四四～一九二四)

アナトキシン 『名』(英 anatoxin) ジフテリアの予防接種液。ジフテリア毒素液に少量のホルマリンを加え、その毒性を除き抗原性のみを保持するようにしたもの。トキソイド(変性毒素)の一種。 発音〈標ア〉ト

あなとのとよら-の-みや 【穴門豊浦宮】 仲哀天皇の皇居。山口県豊浦郡豊浦町にあったといわれる。

あなとやま-じんじゃ 【穴門山神社】 岡山県川上郡川上町にある神社。旧県社。祭神は天照大神(あまてらすおおみかみ)、倉稲魂神(うかのみたまのかみ)ほか二柱。名方浜宮。赤浜宮。 発音〈標ア〉ジ

あなどり 【侮】『名』(動詞「あなどる(侮)」の連用形の名詞化) 他を見下げてばかにすること。軽蔑。＊日葡辞書(1603-04)「Anadori(アナドリ)」＊伊蘇普物語(1873)〈渡部温訳〉一一「狎昵(こころやすだて)は軽侮(アナドリ)を生ず」＊草枕(1906)〈夏目漱石〉四「口元に侮(アナ)どりの波が微かに揺れた」 発音〈標ア〉リ 0 ド 〈京ア〉0 辞書 下学・伊京・天正・黒本・日葡・ヘボン・言海 表記 侮(下・伊・天・黒・へ・言)

あな-どり 【穴鳥】『名』 ミズナギドリ科の小形の海鳥。全長約二七センチメートル、翼開長約六五センチメートル。全身黒褐色。離島の地中に穴を掘って産卵する。太平洋のハワイ諸島、小笠原諸島、硫黄列島、大西洋のアゾレス、カナリーなどの熱帯海域の島で繁殖する。学名は Bulweria bulwerii 発音〈標ア〉ナ

あなどり-がお ‥がほ 【侮顔】『名』 ばかにしたような顔つき、様子。＊うもれ木(1892)〈樋口一葉〉二「同じ画工の侮(アナド)り顔(ガホ)する奴を、兄さまの前に両手つかせたく」

あなどり-ご 【侮語・慢語】『名』(英 obloquy の訳語) 悪口。＊慶応再版英和対訳辞書(1867)「Obloquy 謗言葉 慢り語」

あなどり-もの 【侮物・侮者】『名』 あなどり、あざけられる物、または人(日葡辞書(1603-04))。 辞書 日葡

あなど・る 【侮】『他ラ五(四)』 他人を見下げてばかにする。軽蔑する。みくびる。あなずる。＊新撰字鏡(898-901頃)「傲 阿奈止留 又志乃久 又也志牟」＊太平記(14C後)三五・北野通夜物語事「災変起れば国土乱る。是上慎まず、下慢(アナト)る故也」＊寸鉄録(1606)「己(おのれ)におごり、人をあなどることあるぞ」＊仮名草子・伊曾保物語(1639頃)下・三二「これによって、いかほども人にはあなづらるる共、われ人をあなどる事なかれ」 語誌 上代・中古は、「あなづる」が優勢であり、この形が古形であると言われる。中世になり、次第に「あなどる」の用例が増加する。室町末の抄物類や「甲陽軍鑑」などでは併用されているが、「天草本平家物語」や「天草本伊曾保物語」などのキリシタン資料には「あなどる」だけが見え、「あなづる」はこの頃を境に衰えていったと考えられる。ただし、「日葡辞書」には両形見えるが「あなどる」の方がまさる旨の記述がある。 語源説 (1)アナヅルの転〔大言海〕。(2)人の穴を取って軽蔑することと〔国語本義・両京俚言考〕。(3)アハトル(淡取)の転〔言元梯〕。(4)アはアシキ(悪)か、アタか。ナは名。トルはトル(取)〔和句解〕。 発音〈なまり〉アナズル〔石川〕アナズイ・アナズッ〔鹿児島方言〕〈標ア〉ド 〈京ア〉0 辞書 字鏡・和玉・文明・天正・饅頭・黒本・易林・日葡・書言・ヘボン・言海 表記 侮(字・玉・饅・黒・へ・言) 慢(玉・文・黒・易) 軽(玉・文・天) 謾(玉・易・書) 傲(字・玉) 傲・贒(字) 無・嫚・務・僟・駮(玉) 侵(文) 蔑・易(書)

同訓異字 **あなどる**【侮・弄・狎・欺・傲・慢・謾】

【侮】(ブ) 相手を見くびってあなどる。「侮辱」「侮蔑」「軽侮」《古 あなどる・あなづる・かろむ》

【弄】(ロウ) 相手を馬鹿にしもてあそぶ。「愚弄」《古 もてあそぶ・たわぶる》

【狎】(コウ) 相手になれ親しんで馬鹿にする。「狎弄」《古 なれたり・ちかづく》

【欺】(ギ) だましてあなどる。「欺瞞」《古 あざむく・いつはる・あなづる・たぶらかす》

【傲】(ゴウ) おごり高ぶって相手を見下す。「傲慢」「倨傲」《古 おごる・ほこる・あなどる》

【慢・謾】(マン) 好きかってに振る舞い、人を人とも思わない。自分だけいい気になって人をあなどる。「慢心」「傲慢」《古 あなどる・あざむく・いつはる・あざける・おごる》

あなない あなない 『名』 助けること。支えること。特に、高い所に上がるための足がかり。足場。あししろ。あぐら。＊新撰字鏡(898-901頃)「麻柱 阿奈々比須」＊竹取(9C末-10C初)「まめなる男(をのこ)ども廿人ばかりつかはして、あななひにあげ据ゑられたり」＊十巻本和名抄(934頃)五「麻柱 弁色立成云麻柱 阿奈々比」＊古本説話集(1130頃か)四七「ただいま上げば、あなない結ふべし」 語源説 (1)アナナヒ(足並)の義〔和訓栞〕。(2)アニナヒ(足荷)の義〔日本語源＝賀茂百樹〕。 発音〈標ア〉0 ナ〈京ア〉0 辞書 字鏡・和名・色葉・名義・言海 表記 麻柱(字・和・色・名)

あなな・う あなな ふ『他ハ四』(「たすく(助)」と併用されることが多い) 助ける。補佐する。＊続日本紀-慶雲四年(707)七月一七日・宣命「彌(いや)務めに彌結(しま)りに阿奈々比(アナナヒ)奉り、輔佐(たすけ)奉らむ事に依りて」＊三代実録-元慶四年(880)一二月四日「忠貞の心を持ちて御世御世与り天下の政を相安奈々比(アナナヒ)助け奉る事も久しくなりぬ」 補注 用例は「続日本紀」と「三代実録」だけである。「あなない」はこの名詞形と考えられるが、明らかではない。 語源説 (1)アは発語。アーニナフ(担)の転か〔大言海〕。(2)アニナフ(足荷)の転〔日本古語大辞典＝松岡静雄〕。 辞書 言海

あな-なし 【穴無】『名』 女性の性器の障害。また、その人。特に、小野小町が性的な障害者であったという俗説から、その異称。＊雑俳・川柳評万句合-明和二(1765)礼六「穴なしといふわる口は百日目」＊雑俳・柳多留-三八(1807)「丁百の中へ穴なしかぞへこみ」 発音〈標ア〉0 辞書 言海

アナナス 『名』(ラテン ananas 南米の土語に由来する) パイナップル科アナナス属に属する植物の総称。食用にされるパイナップルのほか、葉形、斑紋が変化に富み、美しい苞(ほう)を持った観賞用として栽培されるサンゴアナナス、インコアナナスなど種類が多い。学名は Ananas ＊万国政表(1860)三「甘蔗。『アナナス』〔果名〕。玉蜀黍。椰子」＊日本植物名彙(1884)〈松村任三〉「アナナス 鳳梨」 発音〈標ア〉ナ 0 〈京ア〉ア 辞書 言海 表記 鳳梨(言)

あななみ 【穴醤蝦】『名』「あなあみ(穴醤蝦)」に同じ。

あな-に 『感動』(「あな」は感動詞、「に」は感動の助詞) 強く感動した時にいう。ああほんとうに。まことに。あやに。＊万葉(8C後)八・一四二九「国のはたてに 咲きにける 桜の花の にほひはも安奈爾(アナニ)〈作者未詳〉」＊万葉(8C後)一六・三八八三「彌彦(いやひこ)おのれ神(かむ)さび青雲のたなびく日すら小雨そほ降る 一云、安奈爾(アナニ)神さび〈作者未詳〉」 語源説 ああ心地よいという意のアナニヤ(研哉)の略。アナ・ヤは感動詞。ニは、ニギ・ニコの語幹で暢適の意〔日本古語大辞典＝松岡静雄〕。

あなに-え-や ‥ゑ‥『感動』(「え」「や」は、感動の助詞) ああ。ああすばらしい。あなにや。＊書紀(720)神代上「妍哉可愛(え)少男(をとこ)を〈略〉妍哉可愛(え)少女(をとめ)を〈妍哉、此をば阿那而恵夜(アナニヱヤ)と云ふ〉」＊浄瑠璃・傾城島原蛙合戦(1719)五「聟は心の浮橋に、嫁入御寮のあなにへや、うまし雑煮も味甘の」＊雑俳・さくら鯛(1823-24)二「あなにゑや・いはんや人においてをや」 語源説 (1)アナニは感動詞。ニ(瓊)は美しい意か。ヱ、ヤは感動詞〔大言海〕。(2)アナニーヱ(笑)ヤの義〔和訓栞〕。(3)アは吾、ナニは二人称敬語。ヱヤは歓喜を表わす〔日本古語大辞典＝松岡静雄〕。

あな-にく 『連語』(「あな」は感動詞。「にく」は形容詞「にくい(憎)」の語幹) ああにくらしい。とてもしゃくだ。あやにく。あらにく。＊蜻蛉(974頃)下・天延二年「なほあらんよりは、あなにくとも聞き思ふべけれど」＊枕(10C終)一〇八・方弘はいみじう人に「御返しとく、といふを、あなにくの男や。などかうまどふ。竈(かまど)に豆やくべたる」＊源氏(1001-14頃)蓬生「あなにく、ことごとしや」 発音〈標ア〉0 〈ア史〉江戸●●○○ 辞書 色葉・文明・伊京・天正・易林・書言・言海 表記 生憎(文・天・易・書) 何由(色・伊) 生怕・赤憎(書)

あな-に・す 【坑―】『連語』 ⇩「あな(穴)」の子見出し

あなに-や 『感動』(「や」は感動の助詞)「あなにえや」に同じ。＊書紀(720)神武三一年四月「妍哉乎、国を獲つること。〈妍哉、此をば鞅奈珥夜(アナニヤ)と云ふ〉」

あなに-や-し 『感動』(「や」は感動の助詞、「し」は強めの助詞) ああ。ああすばらしい。＊古事記(712)上「阿那邇夜志(アナニヤシ)愛(え)男を〈略〉阿那邇夜志(アナニヤシ)愛(え)女(をとめ)を」 語源説 (1)アナは感動詞。ニ(瓊)は美しい意か。ヤシは添えた辞〔大言海〕。(2)アは吾、ナニは二人称敬語、ヤシは感動詞〔日本古語大辞典＝松岡静雄〕。

あなぬき-ばん 【孔貫盤】『名』 板金に孔をあける工作機械。圧穿機(あっせんき)。

あな-ねずみ 【穴鼠】『名』 穴ごもりしているネズミ。穴の中に住んでいるネズミ。世間からひきこもっていることのたとえにも用いる。＊和歌色葉(1198)下「つくづくと入りこもりたるあなねずみ世のふることを引きぞあつむる」＊土御門院集(1231頃)「世を忍ぶ心のうちのあなねずみやすく出づべき道もあるらし」＊毛利家文書-(年月日未詳)(室町)毛利元就自筆書状(大日本古文書二・六四〇)「たた今もと就老もうに付而、あなねすみ故」

あな-ねらい ‥ねらひ 【穴狙】『名』 競馬、競輪などのかけごとで、一般に予想されていない当たりをねらうこと。また、その人。＊新語新知識(1934)「勝ちさうもない馬をねらって万が一勝った時に、沢山配当金を貰ふことを穴(アナ)ねらひといふのです」＊安吾巷談(1950)〈坂口安吾〉今日われ競輪す「競輪は大穴がでる、穴狙いにかぎる、という見方が定まって、穴狙いの専門家が続出すると」 発音〈標ア〉ネ

あな-の-いんきょ 【穴隠居】『名』 江戸時代、牢内における囚人の役名の一つ。牢屋台所をつかさどるもの。＊歌舞伎・四千両小判梅葉(1885)大切「此次に穴(アナ)の隠居(インキョ)丸蔵住ひ、上の方一畳に若隠居四人住ひ」＊牢内深秘録(1831か)口絵「穴隠居」

あな-の-き 【穴木】『名』 方言 ⇩あなうつぎ(穴空木)

あな-ば 【穴場】『名』 ①舞台で、予定していた出演者が出られなくなって生じた空白。 ②競馬や競輪で、馬券や車券の売り場。＊雪夫人絵図(1948-50)〈舟橋聖一〉黴醸「馬券を買いに穴場へ降りていった」 ③人が見過ごしているよい場所。よい行楽地や店などで人にあまり知られていないところ。＊青べか物語(1960)〈山本周五郎〉水汲みばか「釣りの穴場を知っている点では」 発音〈標ア〉0 バ

あな-ばいり ‥ばひり 【穴這入】『名』(「あなはいり」とも) ①穴に這い入ること。穴に入り込むこと。＊黄表紙・化物太平記(1804)上「どふでもへびめは、あなばいりするがゑてものだから」 ②情婦のもとや遊里などに入り込むこと。道楽をすること。あなっぱいり。＊浄瑠璃・那須与市西海硯(1734)道行富士せんげん「穴這入

(アナバイリ)する平家蟹、引出して見せうぞと、走りかかって一間の襖(ふすま)、明けんとするを」 *黄表紙・富士之人穴見物(1788)「どうらくをすることをあなばいりをするといふも、これよりのたとへなり」 *歌舞伎・四天王楓江戸粧(1804)二番目「穴入(アナバヒ)りもいい加減にしなさいよ」 ③墓穴に入ること。*売卜先生糠俵(1777)後・上「此盆前の蓮の葉は破れかぶれの穴這(アナハ)いり」

あな-はじかみ【薑】『名』植物「しょうが(生薑)」の古名。*十巻本和名抄(934頃)四「薑　乾薑附　膳夫経云空腹勿食生薑〈居良反　久礼乃波之加美　俗云阿奈波之加美〉」 発音〈標ア〉八 辞書和名・色葉・名義・言海 表記薑(和・色・名) 生薑(和・色・名)

あな-はぜ【穴鯊】『名』方言魚。❶どんこ(鈍甲)。日向†010 ❷かじか(鰍)。日州†039 ◇あなごお 土州†039

あな-ばた【穴端】『名』穴のふち。特に、墓穴のふちをいい、死期をさすことが多い。→あな(穴)の端。*俳諧・八番日記−文政二年(1819)一二「穴はたに片足かけて夕すずみ」

あなばた に 腰(こし)をかける 墓穴のへりに腰をかける。死期が近づく。*雑俳・柳多留−一二六(1796)「穴はたの腰を卒都婆へかける也」 *諺苑(1797)「穴端に腰をかくる 老人自謂詞なり」

あなばたった【阿那婆達多】 仏語。「あのくだっち(阿耨達池)」に同じ。*法華文句−二・下「阿那婆達多、従レ池得レ名此云二無熱一。無熱池。長阿含十八云。雪山頂有レ池、名二阿耨達池一、中有二五柱堂一」

あなばたった-りゅうおう【阿那婆達多龍王】(…リュウワウ) 仏語。「あのくだつりゅうおう(阿耨達龍王)」に同じ。*車屋本謡曲・春日龍神(1465頃)「難陀龍王、跋難陀龍王、娑伽羅龍王、和修吉龍王、徳叉迦龍王、阿那婆達多龍王、百千眷属引きつれ引きつれ」 *法華経−序品「有二八龍王一、難陀龍王〈略〉阿那婆達多龍王、摩那斯龍王、優鉢羅龍王等」 発音アナバタッタリューオー〈標ア〉オ

あな-ばち【―鉢】『名』(「あな」は、「あら(新)」の変化したもの)「あらばち(新鉢)①」に同じ。方言愛知県知多郡570 兵庫県淡路島671 長崎県壱岐島914 熊本県玉名郡058 下益城郡930

あなばち 割(わ)る 「あらばち(新鉢)を割る」に同じ。〔隠語構成様式幷其語集(1935)〕 方言処女を奪う。処女と交わる。愛知県知多郡570 奈良県北葛城郡679 徳島県美馬郡816 愛媛県宇和島855 高知県吾川郡・高知市860 長崎県壱岐島914 熊本県下益城郡930

あな-ばち【穴蜂・地龍】『名』アナバチ科のハチ。土中、木の幹の穴などに巣をつくるハチの総称。集団生活をしないで、幼虫の食料にキリギリス、ツユムシ、アブラムシなどを捕獲して貯える。クロアナバチ、コクロアナバチなどがある。*元和本下学集(1617)「蒲盧 アナハチ。細腰の蜂也」 方言虫、つちばち(土蜂)。周防†122 長門†122 発音〈標ア〉ナ〈京ア〉ナ 辞書下学・言海 表記蒲盧(下) 穴蜂(言)

あなはちまん-じんじゃ【穴八幡神社】 東京都新宿区西早稲田にある神社。旧村社。祭神は応神天皇、仲哀天皇、神功皇后。慶安元年(一六四八)徳川家光が建立、幕府の祈願所となる。江戸八所八幡の一つ。牛込鎮守。 発音〈標ア〉ジ

あなばとうた-ち【阿那婆答多池】(アナバタフタ…) 「あのくだっち(阿耨達池)」に同じ。*西域記−一「則瞻部洲之中地者、阿那婆答多池也。在香山之南大雪山之北、周八百里矣」

あな-はとり【穴織】 ㊀『名』応神天皇の時代に呉(中国江南地方)から来朝したと伝えられる機織り女。あやはとり。*書紀(720)応神三七年二月(北野本訓)「呉(くれ)の王(こしき)、是に、工女(ぬいめ)兄媛(えひめ)、弟媛(いろとひめ)、呉織(くれはとり)、穴織(アナハトリ)四(よたり)の婦女(をむな)を与(たてまつ)る」 *水戸本丙日本紀私記(1678)応神「穴織　安奈波止利」 ㊁枕同音の繰り返しで「あな」にかかる。*袖中抄(1185−87頃)五「などてかくつれなかるらんあなはとりあなあやにくの君が心や」 語源説(1)アナはアヌ(漢)の転か〔東雅・大言海〕。(2)アヤハトリと音通〔和訓栞・日本古語大辞典=松岡静雄〕。 発音〈標ア〉八 辞書書言 表記漢織(書)

あな-ばん【孔版】『名』「こうはん(孔版)」に同じ。*巷談本牧亭(1964)〈安藤鶴夫〉梅雨また…「いつものように帳場から、孔版(アナバン)でつくったプロをとると」 発音〈標ア〉0

あな-ばん【穴番】『名』歌舞伎劇場で、舞台の下にいて、せり出しなどの仕事に従事した人。奈落番(ならくばん)。*滑稽本・戯場粋言幕の外(1806)下「あなばんだそうじゅつをたくから、此場はせり出しがあると見えた」 *劇場新話(1804−09頃)上「穴番 舞台縁の下の掛り也。せり出しがんとう〈略〉切穴さしかねものなどに行く道を掃除し、かんてらをともし菰を敷いろいろ用あり」

あ-な-ひら【跗・趺】『名』(「あ」は足、「な」は「の」、「ひら」は平の意) 足の甲。足のひら。↔あなうら。*新撰字鏡(898−901頃)「趺 足上也 脚踝也 豆夫不志又豆夫奈支 又安奈比良」 *十巻本和名抄(934頃)二「跗 儀礼注云趺〈方倶反 字亦作跗 阿奈比良〉足上也」 語誌(1)院政期の「医心方天養二年点−一〇・二〇」には、「先従足趺(アナヒラ)腫」とあって「趺」の上に「足」を補っており、この頃すでに「あなひら」の語源意識は薄れていたか。(2)「あなうら」の他に、「あしのひら」「あしのこう(かふ)」など「足」をアシと明示する語形もあり、近世以降は「あしのこう(かふ)」が一般化していった。 方言秋田県鹿角郡132 語源説アシヒラ(足枚)の義〔箋注和名抄・和訓栞〕。 発音〈ア史〉平安○○●○〈京ア〉0 辞書字鏡・和名・色葉・書言 表記趺(字・和・色・書) 跗(字・和・色)

アナフィラクシー『名』(ドイ Anaphylaxie) アレルギーの一種。異種蛋白などの抗原性をもつ物質を動物に注射し、一定の期間をおいて、再び同じ物質を注射すると、前回とは異なって平滑筋の痙攣(けいれん)性収縮を主とする激しいショック状態を起こす現象をいう。 発音〈標ア〉ラ

あな-ふさぎ【穴塞】『名』穴をふさぐこと。また、不足のものを補うこと。穴埋め。あなふたぎ。*夢声半代記(1929)〈徳川夢声〉楽屋籠城「穴閉(アナフサ)ぎに色々な物が張ってあるが」

あなふさぎ の 祝(いわ)い 一〇月の刈り納めに、赤飯を炊いて神に供え、隣近所に配る行事。〔諸国風俗問状答(19C前)伊勢国白子領〕

あな-ふたぎ【穴塞】『名』①「あなふさぎ(穴塞)」に同じ。②新しく開いた畑に大豆をまくこと。古風な農法の一種。方言❶夏至の三日前、村中一斉に大豆の種まきをすること。愛知県渥美郡578 ❷麦まきや大豆、玉蜀黍(とうもろこし)などの種まきが済んだ後の祝い。◇あなっぷさぎ 群馬県勢多郡236 ◇あなっぷさげ 長野県佐久493 ❸麦まき終了後の祝い餅(もち)。◇あなっぷさげ 長野県佐久484 ◇あなっぷさぎもち〔―餅〕 群馬県勢多郡236 ❹間作。◇あなっぷさげ 長野県佐久493

あな-ぶろ【穴風呂】『名』崖をくりぬき、周囲を石で囲んだ蒸風呂。→石風呂。*宇和旧記(1681)南方殿之事・栗の浦「穴風呂之事 外の廻り、九尋弐尺五寸。内の高さ七尺五寸、并竪横同前。内の廻り五尋壱尺五寸」 *愛媛面影(1867)五・宇和郡「穴風呂 栗浦に在り〈略〉内にて火を焚、其温に依て汗を発治療なるべし」

アナペスト『名』(英 anapaest, anapest) ヨーロッパの詩の形式の一つ。ギリシア詩、ラテン詩では「短音、短音、長音」の連続で構成され、英詩では「弱音、弱音、強音」の連続で構成される。 発音〈標ア〉ペ

あな-へび【穴蛇】『名』冬眠しているヘビ。家に閉じこもってあまり外に出ないことのたとえ。*一国の首都(1899)〈幸田露伴〉「単に逍遙散歩するをば『犬川』などといひて卑む傾きあるはその実甚しき風尚の過りにて、『犬川』に比して『竈猫』『穴蛇』の卑むべく悪むべき幾層なるを知らず」 発音〈標ア〉0

あな-ぼこ【穴―】『名』穴、くぼみをいう俗語。*白痴(1946)〈坂口安吾〉「どこに住む家があるのだか、眠る穴ぼこがあるのだか、それすらも分りはしなかった」 *文法学者も戦争を呪詛し得ることについて(1948)〈渡辺一夫〉「孔(アナ)ぼこだらけで依然として塵棄て場を兼ねている街路は」 発音〈標ア〉ナ〈京ア〉0

あな-ほぜり【穴―】『名』あなほり。*雑俳・都とり(1741)「北向(むけ)ば雪吹が鼻の穴ほぜり」

あなほ-の-みこ【穴穂皇子・穴穂御子】 安康天皇の名。

あなほ-や【穴穂箭】『名』矢の名。穴穂皇子(安康天皇)が作って用いたもので鉄の鏃(やじり)をつけた矢。軽太子による銅鏃の軽箭(かるや)に対していう。*古事記(712)下「穴穂御子も亦兵器(つはもの)を作りたまひき。〈此の王子の作りたまひし矢は、即ち今時の矢なり。是を穴穂箭と謂ふ〉」

あなほ-やはず【穴穂箭筈】『名』「あなほや(穴穂箭)」に同じ。*書紀(720)安康即位前(図書寮本訓)「穴穂皇子、復兵を興して戦は将とす。故穴穂栝(アナホヤハス)の箭、軽栝(かるやはす)の箭(や)、始めて此の時に起(おこ)し」

あな-ほら【穴―】『名』方言⇩あなっこ(穴―)

あな-ほり【穴掘】『名』①穴を掘ること。また、その人。*談義本・当風辻談義(1753)三・無縁坂の法界寺書状の反詞せし事「門番の鉛介は、稲荷橋辺の分限者の息子、墓所の穴堀(アナホリ)は大工の呑倒れ、何れも傾城狂ひや」 *雑俳・柳多留拾遺(1801)巻一〇「穴ほりは花いけなどへ火をはたき」 *坑夫(1908)〈夏目漱石〉「人だか土塊(つちくれ)だか分らない抗掘(あなほり)になり下る目的の逃亡」 ②「あなほりだいく(穴掘大工)」の略。〔東京語辞典(1917)〕 ③「あなぐま(穴熊)」の異名。《季・冬》 *重訂本草綱目啓蒙(1847)四七・獣「貛 あなほり 駿州」 ④寄席の出囃子(でばやし)の名。→あなほり(穴掘)の合方。方言❶動物、あなぐま(穴熊)やたぬき(狸)の類。駿州†028 ❷鳥、きつつき(啄木鳥)。大分県大分市・大分郡941 ❸魚、そこはりごち(底針鯒)。備前児島†030 発音〈標ア〉リ ホ〈京ア〉ホ 辞書言海 表記穴掘(言)

あなほり の 合方(あいかた) 歌舞伎の下座音楽の合方の一つ。「隅田川続俤(すみだがわごにちのおもかげ)」の二幕目、向島三囲土手の場で、法界坊が落とし穴を作ろうとして穴を掘る場合に使われる。おどけた旋律なので、これを寄席の出囃子に用いた。あなほり。

あなほり-ざけ【穴掘酒】『名』村落共同体に属する人が輪番で葬式の手伝いをする時、墓穴掘りの役目の人に出す酒。

アナボリズム『名』(英 anabolism) 「どうかさよう(同化作用)」に同じ。

あなほり-だいく【穴掘大工】『名』木材に穴を掘ることだけを仕事とする大工。転じて、技術的に未熟な大工。あなほり。*城(1965)〈水上勉〉六「貫だけつくる大工など、いわゆる『穴掘り大工』とよばれる下級大工」

アナ-ボル『名』(「アナーキズム」の略と「ボルシェビズム」の略をつないだ語) アナーキズムとボルシェビズム。アナーキズム対ボルシェビズム。 発音〈標ア〉0

アナボル-ろんそう【―論争】(…ロンサウ)『名』大正一〇年(一九二一)前後、労働組合に対する共産党の指導を排除しようとしたアナルコ-サンジカリズム派と、中央集権的組織を作ろうとしたボルシェビキ派との論

争。発音 アナボルロンソー〈標ア〉ロ

あな-まき【穴播】『名』耕起やうね立てをせずに適当な間隔に穴をあけて種をまく方法。きわめて省力的で、焼き畑などで多く行なわれる。発音〈標ア〉0

あ-な-また【足股】『名』①足の指のまた。＊色葉字類抄(1177-81)「足陽明 アナマタ」②指のまた。指の間のくぼみ。＊色葉字類抄(1177-81)「手明陽 テノアナマタ」＊日葡辞書(1603-04)「Anamata(アナマタ)」方言❶足の指のまた。長崎県対馬910 鹿児島県肝属郡052 ❷手足の指のまた。熊本県玉名郡058 ❸足指のまたのただれ。山口県玖珂郡800 辞書色葉・日葡 表記足陽明(色)

あなまた-ぐさり【足股腐】『名』足の指の間の皮と肉がはがれること(日葡辞書(1603-04))。方言足指の股のただれや、くさなどの皮膚病。長崎県壱岐島914 ◇あなまたくされ 宮崎県東諸県郡954 ◇あなまたぐされ 熊本県058 930(水虫)933 辞書日葡

あな-まど【穴窓】『名』鉄砲を撃ったり弓を射たりするために、城壁などにあけられた穴。銃眼。狭間(はざま)。＊城(1965)〈水上勉〉一〇「狭間とは塀にかぎらず、天守の外壁に設けられた穴窓のことで」発音〈標ア〉0マ

あな-まどい【穴惑】『名』①(ヘビは冬眠するため秋の彼岸の頃に穴に入るという俗信から)ヘビが彼岸を過ぎても穴に入らないでいること。また、そのヘビ。《季・秋》＊歌舞伎・染繙竹春駒(1814)三幕「どうでも秋の末は道端へ、穴(アナ)まどひの蛇が出ャァがって、夜道はもうもう嫌(いや)やの嫌やの」＊俳諧・発句題叢(1820-23)秋「樋竹をのりたりありくや穴惑〈都雀〉」②動物がその巣穴のあたりで、とまどっていること。また、比喩的にまごつくこともいう。＊俳諧・毛吹草(1638)六「明残る月や鼠の穴(アナ)まどひ〈宗朋〉」＊評判記・野郎大仏師(1667-68)松本左源太「面てい風俗もよく似給へりとは松本小ざらしをいはれつるこそ。和光同塵のまぎれに此君と取ちがへあなまどひせられたさうなり」発音〈標ア〉マ

あな-み【穴見】『名』欠点を見つけようとすること。あらさがし。あなさがし。＊歌謡・伊勢音頭二見真砂〈歌謡集成本〉(19C前)歌仙客「文屋の主の其様、言はばよき衣著たる商人と、人の穴見の目水晶」

あな-みす『連語』(「あな」は、感動詞。「みす」は、かまびすし、ひすかし、などの「ひす」と関係ある語か)ああ、やかましい。＊豊後風土記(732-739頃)大野「其の蕩人(かりびと)の声、甚だ讙(かまびす)し。天皇、勅(の)りたまひしく、『大讙〈阿那美須(アナミス)〉と謂ふ』とのりたまひき」

アナムネーシス『名』(ギリシア anamnēsis「記憶、回想」の意) 哲学用語。真理の認識は、われわれが生まれる前から与えられているイデアの認識を想起することであるとするプラトン初期の説。想起説。＊いろは引現代語大辞典(1931)「アナムネーシス Anamnesis (英) 記憶。想起。回想の意」発音〈標ア〉ネ

あな-め【穴布】『名』褐藻類コンブ科の海藻。青森県以北の太平洋沿岸に生える。暗褐色で乾くと緑色を帯びる。長さ二〇〜九〇センチメートル、幅一〇〜三〇センチメートルの扁平な長楕円形か楕円形で大小不定の中肋(ちゅうろく)があり、全面に多数の穴が散在する。質はかたく食用にはなりにくいが、カリウム、アルギン酸をとる原料とされる。学名は Agarum cribosum 発音〈標ア〉0

あな-め【穴目】『名』①穴のあるもの。また、その穴。＊春夏秋冬-冬(1903)〈河東碧梧桐・高浜虚子編〉「木枯や芋の枯葉の穴目吹く〈茶山人〉」②(穴のあいていることから)銭のこと。③戸や障子などの穴からのぞき見をすること。＊雑俳・柳多留-一二四別(1833)「障子の穴目さりとてはわるい子だ」方言❶眼窩(がんか)の深い目。くぼんだ目。大分県938 ❷すが目。大分県速見郡941 発音〈標ア〉メ

あな-め 一『連語』(小野小町の髑髏(どくろ)の目に薄(すすき)が生え、「あなめあなめ」と言ったという伝説から)ああ目が痛い。また、ああたえがたい。あやにくだ。＊小町集(9C後か)「秋風の吹くたびごとにあなめあなめ小野とはなくし(てカ)薄おひけり」＊江家次第(1111頃)一四・御即位付后宮出車「在五中将〈略〉到二陸奥国一向二八十島一求二小野小町尸一夜宿二件島一終夜有レ声曰、秋風之吹仁付天毛阿那目阿那目、後朝求レ之、髑髏目中有二野蕨一、在五中将涕泣曰、小野止波不成薄出計理、即斂葬」＊袖中抄(1185-87頃)一六「顕昭云、あなめあなめとはあな目いたいたと云也」＊俚言集覧(1797頃)「あなめ〈略〉あなにくもあなめも如レ同の言故に重ねて義訓せるなり」二『名』①(穴目に通じさせて)穴。＊歌舞伎・浮世柄比翼稲妻(鞘当)(1823)大詰「身は野晒しのしゃれかうべあなめあなめに生えかかる、その餅草に人知れず」②「あななし(穴無)」に同じ。＊雑俳・柳多留拾遺(1801)巻一二下「をのが身をあなめあなめと呼ぶすすき」辞書書言 表記哥耐・悲(書)

あなめ-き【穴止木】『名』群馬県利根川上流の熊狩りで、熊穴の入り口に立てて熊がとび出さないようにする木をいう。

あな-めど【穴―】『名』「あな(穴)①」に同じ。＊物類称呼(1775)一「穴あな 東国にて、めどと云〈略〉あなめど又転(てん)して、みづと云。針の穴をみづといふが如き是也」方言茨城県真壁郡188 千葉県夷隅郡(土穴)040

あな-もの【穴物】『名』(「あなもん」とも) 他人をだますための手段として使う道具。＊雑俳・川柳評万句合-安永元(1772)桜三「ここがあなもんだとむす子宿の月」＊雑俳・柳多留-五一(1811)「穴物で寺の男は安く生み」

あなもり-いなり【穴守稲荷】東京都大田区羽田にある神社。祭神は豊受(とようけ)大神。文政年間(一八一八〜三〇)の創建。穴守さん。発音〈標ア〉イ

あな-もん【穴門】『名』築地(ついじ)、石垣などを切りあけて作った、低く小さい門。埋門(うずみもん)。＊隔蓂記-万治二年(1659)六月二日「東方の穴門開き、これより内に入る」＊浮世草子・男色大鑑(1687)一・一「穴門(アナモン)のきびしきに、相鎰(あいかぎ)こしらへ」＊滑稽本・東海道中膝栗毛(1802-09)八・中「難波御堂の穴門(アナモン)より、御境内を順拝しながら」＊家屋雑考(1842)四「薬医門 鎌倉御殿絵図、ともに薬医門あり。或は役居門ともしるせり。武家雛形に図あれども、其名の由て起るところを詳にせず。拎門(アナモン) 拎門の名、また右におなじ」発音〈標ア〉0

あな-や『感動』(「あな」は感動詞、「や」は感動の助詞) 強い驚きのことば。あれえっ。ああっ。＊伊勢物語(10C前)六「鬼はやひとくちに食ひてけり。『あなや』といひけれど、神鳴るさわぎにえ聞かざりけり」＊読本・雨月物語(1776)吉備津の釜「顔の色いと青ざめて、たゆき眼(まなこ)すざましく、我を指(さし)たる手の青くほそりたる恐しさに、『あなや』と叫んでたをれ死す」＊高野聖(1900)〈泉鏡花〉一六「小犬ほどな鼠色の小坊主が、ちょこちょことやって来て、呵呀(アナヤ)と思ふと、崖(がけ)から横に宙(ちう)をひょいと、背後(うしろ)から婦人(をんな)の背中へぴったり」発音〈標ア〉ア〈京ア〉ア

あな-やく【穴役】『名』「あなし(穴師)〔名〕①」に同じ。

あなやま【穴山】姓氏の一つ。発音〈標ア〉0

あなやま-のぶきみ【穴山信君】甲斐武田氏の一族。出家して梅雪(ばいせつ)を名のる。妻は信玄の女見性院。父、信友の跡を継いで武田領国の一角、河内領(甲斐と駿河の境、現在の南巨摩郡・西八代郡あたり)の支配にあたった。今川氏の没落とともに、江尻城をもおさめたが、武田氏の滅亡により、徳川家康に降伏し、以後、家康に従い、織田信長に謁見した折に、本能寺の変に遭遇、その帰途に一揆に討たれた。天文一〇〜天正一〇年(一五四一〜八二)

あ-なや・む【足悩】『自マ四』難儀しながら歩く。歩きわずらう。発音〈標ア〉ヤ

あ-なゆ・む【足悩】『自マ四』「あなやむ(足悩)」に同じ。＊万葉(8C後)一四・三五三三「人の子のかなしけしだは浜す鳥安奈由牟(アナユム)駒の惜しけくもなし〈東歌〉」＊あこがれ(1905)〈石川啄木〉人に捧ぐ「愁ひの谷をしたどりて足悩(アナユ)みつれ」語源説(1)アナヤム(足悩)の東国語形か〔時代別国語大辞典-上代編〕。(2)アナユム(足萎)の意〔万葉集辞典=折口信夫〕。

あなら『副』惜しいことに。＊大唐西域記巻十二平安中期点(950頃)「空(アナラ)千里に鑿ること徒らに博望の地と聞けり」

アナライザー『名』(英 analyzer, analyser)《アナライザ》①ラジオ、テレビなどで、聴視者の好みや反応を記録して、分析する装置。②学級の児童、生徒の反応を押しボタンによって授業者に伝え、学習作業の達成度を分析する装置。

あ-・なり『連語』(動詞「あり」に伝聞推定の助動詞「なり」の付いた「ありなり」の音便「あんなり」の「ん」が表記されなかった形) あるようだ。あるそうだ。あるという。＊竹取(9C末-10C初)「するがの国にあなる山のいただきに」＊枕(10C終)三五・小白河といふ所は「いとにくくゆゆしき者にこそあなれ」＊源氏(1001-14頃)若紫「ききしらぬやうにやとてゐざりいづる人あなり」＊徒然草(1331頃)八九「猫のへあがりて猫またに成りて、人とる事はあなる物を」発音〈標ア〉ラ

アナリシス『名』(英 analysis) 分析。分解。＊外来語辞典(1914)〈勝屋英造〉「アナリシス Analysis (英) 分析」発音〈標ア〉ア

アナリスト『名』(英 analyst「分析家」の意) ①精神分析医。②会社証券、産業界、企業について調査分析を行ない、投資に有益な情報を導く専門家。証券分析家。発音〈標ア〉リ

アナリチック『形動』(フランス analytique 英 analytic)《アナリティック》分析的、分解的であるさま。＊考へるヒント(1959-64)〈小林秀雄〉哲学「氏の論述は、ディアレクティックといふよりむしろアナリティックな性質の勝ったものであり」発音〈標ア〉リ

アナル『名』(英 anal) 肛門。アヌス。発音〈標ア〉0

アナルコ-サンジカリズム『名』(フランス anarcho syndicalisme) サンジカリズム(急進的労働組合主義)におけるアナーキズムに相通じる一つの立場。国家、組合、階級などによるいっさいの政治権力を否定し、労働者による生産管理を実現しようとするもの。二〇世紀初頭から第一次大戦前後にかけて、スペイン、フランス、イタリアで盛んだった。労働無政府主義。＊モダン辞典(1930)「アナルコ・サンヂカリズム〔社〕無政府主義的傾向のサンヂカリズムの事」＊寒村自伝(1960)〈荒畑寒村〉世界革命運動の潮流「幸徳氏の直接行動論がアナルコ・シンディカリズムの影響をうけたことは明らかで」発音〈標ア〉リ

アナルシスト『名』(フランス anarchiste)「アナーキスト」に同じ。＊生の創造(1914)〈大杉栄〉五「吾々は此の努力と闘争との最も偉大なるものを、今日、アナルシストとセンディカリストとの運動に見出した」発音〈標ア〉シ

アナル-セックス『名』(英 anal sex) 肛門性交。

アナローギッシュ『形動』(ドイツ analogisch) 類似したさま。似通ったさま。＊女房的文学論(1947)〈平野謙〉「すえすぼまりの道ゆきとまさしくアナローギッシュな関係にある」発音〈標ア〉ロギ

アナログ『名』(英 analog, analogue) 数値を長さや角度あるいは電流といった連続した物理量で示すこ

と。文字盤の上に針で時を示す時計や、水銀柱の長さで温度を示す温度計は、この方式に基づくものである。↔デジタル。発音〈標ア〉0

アナログ-けいさんき【─計算機】〘名〙計算機の一種。計算しようとする数式と同じ数式で記述される物理量を考え、その量を実際に観測することによって計算結果を求めるというのがその原理である。計算しようという数式と物理系とのアナロジー（類似）を利用するのでこの名がある。計算尺は最も簡単なアナログ計算機である。↔デジタル計算機。発音アナログケイサンキ〈標ア〉サ

アナロジー〘名〙（英 analogy）①ある事柄をもとに他の事柄をおしはかって考えること。特に、論理学で、物事の間の特定の点での類似性から、他の点での類似性を推論すること。類推。類比。＊思ひ出す事など（1910–11）〈夏目漱石〉三「具体的の事実を土台として、類推（アナロジー）で哲学の領分に切り込んで行く所を」＊学生と教養（1936）〈鈴木利貞編〉学生に対する一般的助言〈安倍能成〉五「あらゆる物理的運動に於て遠心的な力と求心的な力とが働いて居る如く、精神的文化的現象に於ても亦そのアナロジーが適用され得るやうである」②生物学で、異種の個体内で器官の形態、機能が類似すること。鳥の羽と蝶のはねはその例。類似。③言語学で、類推による表現。＊国語のため第二（1903）〈上田万年〉形容詞考「かかる甲種のまがりが普通となりし時に、語根に『し』を以て終る形容詞の一体あるときは、アナロジーの大法によりて、玆に乙種のまがりの生ずべきは論なかるべし」発音〈標ア〉ナ〈京ア〉ナ

アナロジカル〘形動〙（英 analogical）類推によるさま。発音〈標ア〉ロ

あなん【阿南】徳島県東部の地名。那賀（なか）川河口に位置する。富岡城の城下町として発達。牟岐（むぎ）線、国道五五号が通じる。昭和三三年（一九五八）市制。発音〈標ア〉ア

あなん【阿難】（梵 Ānanda の音訳）釈迦十大弟子の一人。釈迦のいとこ。釈迦入滅までの約二五年間常に侍従した。経文の基となった教説を仏弟子中で最もよく記憶したとされる。また、女人出家の道を開いた。阿難陀。＊霊異記（810–824）中・四二「昔、仏と阿難と、墓の辺よりして過ぎしに」＊源氏（1001–14頃）紅梅「ほとけのかくれ給ひけむ御なごりにはあなんが光はなちけんを」発音〈標ア〉ア

阿　難〈京都府 大報恩寺蔵〉

あなん-・ず【坑】〘他サ変〙（「あなにす」の変化した語）穴に押し込む。穴に埋める。＊史記秦本紀永万元年点（1165）「尽くに坑（アナンシ）殺しつ」

あなんだ【阿難陀】（梵 Ānanda）「あなん（阿難）」に同じ。＊易林本節用集（1597）「阿難陀 アナンダ」発音〈標ア〉ナ 辞書易林 表記阿難陀（易）

あなん-ど【穴─】〘名〙方言 ⇩あなっこ（穴─）

あに【兄】〘名〙①親を同じくする者同士で、年上の男子。実兄。え。せ。いろせ。このかみ。しょうと。いろえ。↔弟。＊伊勢物語（10C前）七九「あにの中納言行平（ゆきひら）のむすめの腹なり」＊源氏（1001–14頃）夕顔「惟光があにの阿闍梨、いと尊き人にて」＊虎明本狂言・舎弟（室町末–近世初）「某はあにを一人もってござるが、某が名をば申さいで、しゃていしゃていとばかりいつも申」②妻や夫の兄弟で、妻や夫より年上の男子、姉の夫など。義兄。義理の兄。＊青春（1905–06）〈小栗風葉〉夏・一五「義兄（アニ）だって貴方、左に右く医者ですし、許すなんて到底も駄目だわ！」＊城のある町にて（1925）〈梶井基次郎〉手品と花火「『あ。どうも』と云ふと、義兄（アニ）は笑ひながら、『はっきり云ふとかんのがいかんのやさ』と姉に背負はせた」③長子。長男。＊書紀（720）安閑即位前（寛文版左訓）「勾大兄広国押武金日天皇は男大（をほ）迹天皇の長子（アニみこ）なり」④男が他の者より年長であること。＊浮雲（1887–89）〈二葉亭四迷〉一・一「今一人は、前の男より二つ三つ兄らしく」＊良人の自白（1904–06）〈木下尚江〉前・一・三「年は白井よりも一つ二つの兄であらう」⑤年配者が若い男を親しんで呼ぶ語。また、若者のうちで年長者、実力者。＊随筆・胆大小心録（1808）一三八「兄々といふて、関とりも関分も、小どもあしらいした事じゃ」⑥（「はなのあに（花兄）」の略）梅の花。＊雑俳・柳多留–三七（1807）「兄ははや盛りが過て吉野山」⑦古くなった魚をいう、魚屋の用語。〔かくし言葉の字引（1929）〕方言❶長男。跡継ぎ。青森県津軽（敬称）075 秋田県鹿角郡（農家の父母が呼ぶ）132 山形県東田川郡（結婚して三〇歳くらいまでの男性）054 新潟県東蒲原郡358 西蒲原郡（下流でいう。戸主または嫡子）370 岐阜県郡上郡（親から呼ぶ）504 三重県上野市585 奈良県吉野郡687 ❷婿。青森県南部050 秋田県130 132 ❸夫。主人。青森県三戸郡083 山形県庄内050 ❹息子。坊ちゃん。青森県三戸郡（中流以下の農家で、若者になった息子を親が他人に対していう）083 山形県東田川郡054 三重県阿山郡596 ❺青年。秋田県平鹿郡・雄勝郡130 ❻父。三重県志摩郡054 ❼下男。奉公人。青森県上北郡082 三戸郡（大農家の奉公人の若者）083 秋田県鹿角郡132 神奈川県藤沢市319 三重県南牟婁郡603 和歌山県690 語源説(1)アノエ（吾兄）の約転か〔大言海〕。(2)アは大の意〔東雅・国語の語根とその分類＝大島正健〕。(3)長子は大いに父に似るという義〔関秘録〕。(4)カミの音転〔日本釈名〕。(5)アト（後）ニの義。あとに弟を持つから〔和句解〕。(6)アはアガムル、ニは陽〔日本声母伝〕。(7)ワガニギシ（我和）の義〔名言通〕。(8)ウヒハラナリ（初腹生）の義〔日本語原学＝林甕臣〕。(9)アアとほめるほどニコヤカ（和）なもの〔本朝辞源＝宇田甘冥〕。(10)アネから分派した語〔日本古語大辞典＝松岡静雄〕。(11)ア（阿）は親愛の冠詞、ニは爾〔日本語原考＝与謝野寛〕。発音〈なまり〉アェナ〔秋田鹿角〕アナ〔岩手・秋田〕アナー・アヌ・アンナ〔岩手〕アニー〔栃木・埼玉方言・東京・伊豆大島・山梨奈良田・島根〕アニィ〔山梨〕アニャ〔山形・福島〕アニュ・アニョ・アニョー・アネオ・アンニョ・アンニヨ・ンニョ〔熊本分布相〕アニョ・アニョー〔鹿児島方言〕アネ〔瀬戸内〕アヤン〔埼玉方言〕アン〔鳥取〕アンシャン・アンサン〔埼玉方言〕アンニ〔栃木〕アンニア〔愛知〕アンニー〔埼玉方言・伊豆大島・静岡・愛知〕アンニャ〔栃木・岐阜・静岡・石川・徳島〕アンニャ〔山形〕アンニャー〔茨城〕アンニョー〔栃木〕アンヤ〔岩手・岐阜〕アンヤー〔静岡〕インナ〔八丈島〕ニー〔埼玉方言・神奈川・静岡・南知多・徳島〕〈標ア〉ア〈ア史〉江戸○◓〈京ア〉⓪／㊁ 辞書色葉・名義・和玉・文明・明応・天正・饅頭・黒本・易林・ヘボン・言海 表記兄（色・名・玉・文・明・天・饅・黒・易・ヘ・言）昆（文・黒）罤（玉）嫡（文）

あにの仇（あだ）には兵（へい）に反（かえ）らず（「礼記–曲礼上」の「兄弟之讐不ㇾ反ㇾ兵」から。「兵」は武器）兄の仇を見かけたら、武器を取りに帰らず、その場で討ち果たす。＊江戸繁昌記（1832–36）五・品川「兄の仇には兵に反らずと。情の急なる所、心の激する所、死の差別を較し、国の法禁を顧みるに暇あらざる者あり」

あに【何】〘代名〙（「なに（何）」の変化した語）不定称。関東近辺でいう。＊洒落本・呼子鳥（1779）やました八景「あにをいわしゃる」＊俚言集覧（1797頃）「下総にて何をアニといふ」＊滑稽本・東海道中膝栗毛（1802–09）四・上「にしたちゃあ、あにもしらずにうっぱしって仕合だァのし」

あに【豈】〘副〙①反語表現に用いる。どうして。何として。㋑推量の助動詞「む」に助詞「や」を添えた形をあとに伴う場合。まれに「や」のつかない例もある。＊万葉（8C後）三・三四五「価無き宝といふとも一坏（ひとつき）の濁れる酒に豈（あに）まさめやも〈大伴旅人〉」＊小川本願経四分律平安初期点（810頃）甲「可（アニ）現世に大（いた）く財富を得て、事少くあらむ」＊西大寺本金光明最勝王経平安初期点（830頃）一〇「豈に斯の如き大苦の事を見ましや」＊今昔（1120頃か）二・三〇「大王、過无くして善人共を殺せり、豈に恨に非ざらむや」＊平家（13C前）五・勧進帳「あに閻羅獄卒の責をまぬかれんや」㋺打消の助動詞「ず」に助詞「や」を添えた形をあとに伴う場合。＊大乗広百論釈論承和八年点（841）「豈空といふ論も此と過亦斉（ひとし）きにあらずや」＊平家（13C前）三・城南離宮「これ豈博覧清潔にして世を遁れたるにあらずや」＊当世書生気質（1885–86）〈坪内逍遙〉七「是豈（アニ）甚しく誤らずや」②（あとに打消表現を伴って）決して。＊書紀（720）仁徳二二年正月・歌謡「夏蚕（なつむし）の 蝱（ひむし）の衣 二重著て隠（かく）み宿（やだ）りは 阿珥（アニ）良くもあらず」＊続日本紀–天平宝字八年（764）九月二〇日・宣命「政を行ふに豈障（さはる）べき物にはあらず」＊万葉（8C後）四・五九六「八百日（やほか）行く浜の沙（まなご）もあが恋に豈（あに）まさらじか沖つ島守〈笠女郎〉」語誌(1)上代語では「なに」の異形と見られ、「あに」の呼応は反語にする例も見えるが、打消と呼応し平叙する例が多い。(2)中古以降は、漢文訓読関係の文脈にのみ固定して用いられ、和文脈には用いられなくなる。「豈」字を訓で読み、字義は反語表現の用法が圧倒的に多いが、疑問の用法もある。(3)訓読文脈の「あに」に対立する和文脈の副詞は「まさに」「などか」などである。語源説(1)ナニ（何）の転〔大言海〕。(2)朝鮮語から〔嘉良喜随筆・日本古語大辞典＝松岡静雄・日本語の系統＝服部四郎〕。(3)イカニの転〔和訓集説・名言通〕。(4)ア、ニともに歎辞〔日本語源＝賀茂百樹〕。(5)アニ（兄）と同語からでた〔和句解〕。発音〈標ア〉ア〈ア史〉室町○◍ 江戸◍○〈京ア〉ア 辞書色葉・名義・和玉・文明・饅頭・黒本・易林・日葡・書言・ヘボン・言海 表記豈（色・名・玉・文・饅・黒・易・書・ヘ・言）青・悵・謀（色）可・者・其・詎（名）

あに＝図（はか）らん（や）〔＝図（はか）りきや〕（反語の副詞「あに」に、動詞「はかる」、助動詞「む」、助詞「や」が連なったものが呼応し、それが一つの言いまわしとして固定したもの）次に来る文で表現される事態が予想外の時に使う。①（「…とは」「…と」「…ことを」などという表現を伴って）そんなことを予想しただろうか。＊枕（10C終）一六一・故殿の御服のころ「あにはかりきや、太政官の地の今やかうの庭とならんことを」＊平家（13C前）七・聖主臨幸「豈図きや、忽に礼儀の郷を責いだされて」＊当世書生気質（1885–86）〈坪内逍遙〉一二「豈（アニ）図（ハカ）らんや思はざりき、桐山、宮賀と同伴して、同じ席亭に来会せんとは」②（「…とは」との呼応がなくなり副詞的に）思いがけないことには。＊近世紀聞（1875–81）〈染崎延房〉五・二「豈（アニ）計（ハカ）らん神断意外に出させられ」＊落語・お節徳三郎恋の仮名文（1889）〈禽語楼小さん〉「今まで好（い）いお天気と思ひきや豈図（アニハカ）らんやズイと曇って来やした」辞書書言 表記豈料（書）

あに【阿仁】秋田県北秋田郡の南部の地名。江戸時代から阿仁鉱山とともに盛衰を繰り返してきた。銅山は昭和五三年（一九七八）に閉山。発音〈標ア〉ア

あにい【兄】〘名〙①あにき。あに。＊落語・ちきり伊勢屋（1893–94）〈禽語楼小さん〉「今度吉原の方も落着（かた）が付いて永年苦海の勤めを為て居たが、愈々兄い悦んで呉んねへ、来月んなれば那（あ）の女ア引取る事ん成った」＊少年行（1907）〈中村星湖〉四「さうは云っちょやい、阿哥（アニイ）も、お前商売をして居りゃア、多少（いくらか）屈托もあらあナ」②勇み肌の若者。また、その若者を呼ぶ語。多く江戸、東京地方で用いる。＊洒落本・禁現大福帳（1755）序「山手の惣領（アニ

イ)が、惣勘定といふ高慢らしい赤本を貸て行しゆへ」＊滑稽本・浮世風呂(1809–13)前・上「男なら持て見や。兄(アニイ)が違はア」＊塩原多助一代記(1885)〈三遊亭円朝〉三「小平哥々(アニイ)失錯(へまあ)遣ちゃアいけねへぜ」＊婦系図(1907)〈泉鏡花〉後・二六「粋(いなせ)な兄哥(アニイ)で、鼻唄を唱へばと云っても学問をするのではない」③あまり賢くない若者を呼ぶ語。＊談義本・風流志道軒伝(1763)序「夫馬鹿の名目一ならず。〈略〉但同じ詞にて兄イといへば、少しやさしく、利口にないといへば、人めったに腹を立てねど」＊雑俳・笠袋(1751–64頃)「ちょこちょこと夜のあにいがあいにくる」＊俚言集覧(1797頃)「あにい 若きもののぬるきをあにいと云、総領の甚六といふ意也」④刑事をいう、盗人仲間の隠語。〔特殊語百科辞典(1931)〕方言❶兄。兄さん。常陸†064 群馬県吾妻郡221 群馬郡224 埼玉県秩父郡251 千葉県276 282 301 東京都大島326 三宅島333 神奈川県津久井郡317 山梨県456 461 静岡県田方郡530 ◇あにいさん 香川県825 ◇あにいま 長野県下伊那郡492 ◇あにいやん 大分県大分郡941 ◇あにいよ 鹿児島県961 ❷婿。山梨県461 ❸夫。主人。多くは妻が夫を呼ぶのにいう。東京都利島323 ❹兄、弟ともにいう。東京都利島331 ❺若い男。青年。埼玉県秩父郡(やや軽んじていう場合にも使う)251 ◇あにいま 長野県下伊那郡492 ❻独身の男。年取った男にもいう。群馬県吾妻郡219 ❼息子。子息。◇あにいま 長野県下伊那郡492 ❽下男。男の奉公人。作男。神奈川県中郡317 東京都大島(他の島から奉公に来た若者)326 山梨県456 ❾まぬけ。ばか。江戸†060 発音アニー〈標ア〉[ニ] 辞書日葡

あにい-ぶ・る【兄振】〔自ラ五(四)〕兄貴分のように振る舞う。兄貴風を吹かせる。また、勇み肌の若者のように振る舞う。＊落語・三軒長屋(1894)〈四代目橘家円喬〉「汝は下戸だから一人で肴を荒しゃアがったら、こウ兄いぶるなイ」＊落語・入黒子(1898)〈六代目桂文治〉「此(この)野郎阿兄打(アニイブ)って居やがるな…手前は嫌に向ふの肩持つぢゃ無いか」発音〈標ア〉[ブ]

あにいもうと 小説。室生犀星作。昭和九年(一九三四)発表。放蕩(ほうとう)者の兄と身をもちくずした妹との愛憎の葛藤を生々しく描く。発音アニイモート〈標ア〉[ア]

あに-うえ【兄上】〔名〕兄を敬っていう語。＊浄瑠璃・出世景清(1685)二「なふ兄上そもや御身はほんきにての給ふか」＊浄瑠璃・用明天皇職人鑑(1705)三「『いもうとか』『兄上様かめづらしや』」＊大つごもり(1894)〈樋口一葉〉下「兄上(アニウヘ)と捧げて竈(かまど)の神の松一本も我が託宣を聞く心ならば」発音〈標ア〉[ニ]〈京ア〉㊀

あに-おと【兄弟】〔名〕「あにおとと(兄弟)」に同じ。＊書紀(720)神代下(水戸本訓)「始め兄弟(アニヲト)二人(ふたはしら)、相謂(かたら)ひて曰(のたま)はく」

あに-おとと【兄弟】〔名〕(「おとと」は「おとうと(弟)」の変化した語)兄と弟。はらから。きょうだい。＊伊勢物語(10C前)六六「あにおとと、友達ひきゐて、難波の方に行きけり」＊多武峰少将物語(10C中)「あにおとと、おこなひなんよくよくし給ひける」発音〈標ア〉[ア] 辞書書言 表記昆弟・兄弟(書)

あに-おや【兄親】〔名〕(弟は兄を親のように尊べという「親兄(しんきょう)の礼」に基づく)親とも尊ぶべき兄。親代わりの兄。＊浮世草子・本朝二十不孝(1686)二・四「あに親(ヲヤ)の事なれば随分御心に随ひ世わたりを精に入」＊浄瑠璃・松風村雨束帯鑑(1707頃)三「位といひ、影(かげ)をも踏まぬ兄親を、沓(くつ)にかけたる此冥罰(めうばつ)」＊歌舞伎・四天王楓江戸粧(1804)二番目「わりゃ兄親の存意を反故にするか」方言親がいなくなったために、親代わりをする兄。新潟県西頸城郡382

あに-おやかた【兄親方】〔名〕「あにおや(兄親)」に同じ。＊浄瑠璃・義経東六法(1711頃)中「九郎さまは律儀(りちぎ)にて、あにおやかたへの諸礼ぞと、うきよの義理(ぎり)はやぶれねど」

あに-か【何―】〔副〕(「なにか(何―)」の変化した語)何か。＊滑稽本・東海道中膝栗毛(1802–09)三・上「あにかしちむづかしいことをいわっしゃるが」

あに-がい【兄甲斐】〔名〕兄であることの価値。兄である利益(りやく)。＊浄瑠璃・以呂波物語(1684頃)二「若き者なれば少の越度(をちど)有とても、兄がひにはおとなしく異見(ゐけん)をも加へずし」発音アニガイ〈標ア〉[0]

あに-がお【兄顔】〔名〕①兄らしい顔つき。兄であることを強調する顔つき。兄貴づら。＊浄瑠璃・凱陣八島(1685頃)五「兄がほをしていらざるりきみ、さあ口程あらばとめてみよと」②兄分株、勢力を持った仲間をいう、てきや、盗人仲間の隠語。〔日本隠語集(1892)〕発音アニガオ〈標ア〉[0]

あにが-さて〔副〕(「なにがさて」の変化した語)何はさておき。ともあれ。＊滑稽本・東海道中膝栗毛(1802–09)二・下「あにが扨(サテ)、まいにちまいにち、とひゃうもなく風がふいて」

あに-かぜ【兄風】〔名〕「あにきかぜ(兄貴風)」に同じ。＊うもれ木(1892)〈樋口一葉〉三「米味噌醤油に追ひ使はるるお蝶、思へば兄風(アニカゼ)も吹かされねど」

あに-き【兄貴】〔名〕(「あにぎみ(兄君)」の変化した語か。「貴」はあて字)①兄を敬って、また、親しんでいう語。にいさん。＊俳諧・玉海集(1656)一・春「野と山の花のあにきや腹がはり〈知円〉」＊歌舞伎・心中鬼門角(1710)上「サア此上にも思ひ切れば兄気へ立っとふじゃ」＊浄瑠璃・心中天の網島(1720)下「扨は兄きと治兵衛は身動きもせず猶忍ぶ」＊随筆・貞丈雑記(1784頃)一五「今時人の兄をあにきといひ伯父ををぢきなどと云事、あにきみをちきみといふ事をみの字を略して云也」＊里芋の芽と不動の目(1910)〈森鷗外〉「お袋は早く兄きが内へ帰られるやうにといふので」②若者またはやくざ仲間などで年長の者、勢力のある者を呼ぶ敬称、愛称。＊咄本・聞上手三篇(1773)兄貴「なんと兄貴(アニキ)、あの卯月といふのが先か、彌生といふがさきでござるか」＊読本・南総里見八犬伝(1814–42)四・三三回「哥々(アニキ)が今までかへり来ざるは、脱れがたきよしあればならん」＊花間鶯(1887–88)〈末広鉄腸〉中・一「兄貴(アニキ)何んぞ善い分別はネーカ」＊窮死(1907)〈国木田独歩〉「兄公(アニキ)は一日休むが可(い)い」③男が他の者より年長であること。＊多情多恨(1896)〈尾崎紅葉〉前・二「君は僕より年長(アニキ)だし、経験にも富むどるし」④比較的高級の官吏、または刑事をいう、盗人仲間の隠語。〔隠語輯覧(1915)・隠語構成様式并其語集(1935)〕方言長男。跡継ぎ。岐阜県郡上郡(親から呼ぶ)504 島根県隠岐島741 語源説アニギミ(兄君)の略〔かた言・大言海・上方語源辞典＝前田勇〕。発音〈なまり〉アキ〔岩手〕アネキ〔熊本分布相〕〈標ア〉[ア] 辞書ヘボン・言海 表記兄(へ)

あにき-がお【兄貴顔】〔名〕「あにがお(兄顔)①」に同じ。＊いさなとり(1891)〈幸田露伴〉二九「今宵は勿体らしく兄顔(アニキガホ)して意見などと出掛て来たか可笑(をかし)やと」発音アニキガオ〈標ア〉[0]

あにき-かぜ【兄貴風】〔名〕兄、年長者ということでいばるような様子。普通「兄貴風を吹かす」の形で用いる。＊大道無門(1926)〈里見弴〉反射・一「兄貴風(アニキカゼ)を吹かすとか、監督者ぶるとか」発音〈標ア〉[キ]

あにき-かぶ【兄貴株】〔名〕やくざ仲間などの中で、重んじられる身分の男。あにいかぶ。＊老車夫(1898)〈内田魯庵〉「道楽仲間ぢゃア寒帷子の甚平って少(ちっ)とは顔の売れた阿哥株(アニキカブ)だ」＊日本の下層社会(1899)〈横山源之助〉二・四「今日職人社会にて棟梁たり親方たるには、腕の勝るるを要せず兄貴株なるを要せず」発音〈標ア〉[キ]

あにき-はだ【兄貴肌】〔名〕若者ややくざ仲間などで、年長者や勢力のある者が持つ、人を従わせるような気質や気性。＊日本の下層社会(1899)〈横山源之助〉二・二「職人気質に於ても出職人は悉く膾は酢で持つ男は気で持つ兄貴肌にして」発音〈標ア〉[キ]

あに-ぎみ【兄君】〔名〕兄を敬っていう語。＊多武峰少将物語(10C中)「あにぎみのなりいで給はむしりにたちてありかむとこそ思ひしか」＊源氏(1001–14頃)若菜下「かむの君の御腹のあに君」＊浄瑠璃・用明天皇職人鑑(1705)一「アアさなの給ひそ兄君、正法にきどくなし」＊思出の記(1900–01)〈徳富蘆花〉八・五「故郷土州須崎の兄君の事を云ったりせられた事」発音アニギミ〈標ア〉[ニ]

あに-くじ【兄籤】〔名〕近世、頼母子講(たのもしこう)や無尽講で抽選する際、あらかじめ人数よりも一本多く籤を作っておき、最後に残った籤の一つ上の番号のものを当たり籤と定めるやり方、すなわち大坂籤で、当たり籤のこと。＊雑俳・柳多留‐三六(1807)「大坂は真田兄くじあたりなり」

あにくやしづし〔連語〕語義未詳。＊万葉(8C後)一四・三四一一「多胡の嶺に寄せ綱延(は)へて寄すれども阿爾久夜斯豆之(アニクヤシヅシ)その顔よきに〈東歌・上野〉」補注語義については諸説あり、㋑あ憎や沈石(しづし)＝ああ憎い。沈石のように重く、私に寄らずの意、㋺豈(あに)来や静し＝どうして来ようか、来はしない。静まりかえっているの意、㋩あに悔(くや)しづし＝ああくやしいの意、㊁豈(あに)来や沈(しづ)く(「沈く」の「く」は、原文「之」とあるが、元暦校本による)＝どうして来ようか、来はしない、落ちついていての意、など。

あに-ご【兄御】〔名〕(「ご」は接尾語)兄を敬っていう語。兄御前(あにごぜ)。↔弟御。＊曾我物語(南北朝頃)三・兄弟を母の制せし事「おぼえぬ父ごとやらんの恋しきは、かやうに心のすごからん。あにごは何とかおはする」＊狂言記・兄弟諍(1700)「『兄御(アニゴ)内にか内にか』『舎弟来たか』」＊浄瑠璃・持統天皇歌軍法(1713)三「兄ごなら弟御なら、女ごの惚(ほ)れるまっ最中」方言❶兄。兄さん。新潟県(尊称)347 愛知県碧海郡574 岡崎市575 ❷戸主。または嫡子。下流の語。新潟県西蒲原郡370 発音アニゴ〈標ア〉[ニ][0] 辞書ヘボン・言海 表記兄御(言)

あに-ごぜ【兄御前】〔名〕(「ごぜ」は接尾語)「あにご(兄御)」に同じ。＊大石寺本曾我物語(南北朝頃)四「宮藤一郎とやらんに射られ死に給ひぬと、兄御前は語らせ給ふぞや」＊大観本謡曲・望月(1586頃)「弟の箱王は、本尊をつくづくとまもりて、いかに兄御前聞しめせ」発音アニゴ(ゴ)ゼ〈標ア〉[ゴ]([ゴ])

あに-さま【兄様】〔名〕(「さま」は接尾語)兄を敬っていう語。＊咄本・鹿の巻筆(1686)五「兄(あに)様の了簡(りゃうけん)」＊大つごもり(1894)〈樋口一葉〉下「それ兄様(アニサマ)のお帰りと言へば、妹ども怕がりて〈略〉何事も言ふなりの通るに」方言❶兄。兄さん。愛知県名古屋市(中流以上)562 ❷夫。主人。多くは妻が夫を呼ぶのにいう。三重県南牟婁郡603 ◇あにやさま 越後†081 発音〈なまり〉アーヤン・アニーサン〔讃岐・鹿児島方言〕アイジョー・アッチ・アチョ・アンジ・アンジー・アンジョー・アンゾ・アンゾー・アンヅ〔鹿児島方言〕アイヤン・アンジョ〔熊本分布相〕アニサ・アニマ・アンニャマ〔岐阜〕アニサマ・アニーチャン〔埼玉方言〕アニハン〔愛媛周桑〕アニヤン〔讃岐〕アネサン・アネヤン〔瀬戸内〕アンサ〔青森・津軽語彙・福島・岐阜・飛騨・愛知・紀州〕アンサマ〔青森・津軽語彙・秋田・福島・石川・岐阜・飛騨〕アンサン〔秋田・千葉・伊賀・紀州・讃岐・鹿児島方言〕

アンシャ〔信州上田〕アンシャン〔山梨・信州上田・福岡・長崎〕アンシャマ〔長崎〕アンチア・アンヤ〔愛知〕アンチャ〔青森・津軽ことば・津軽語彙・秋田・山形小国・福島・静岡〕アンチャー・アンツァマァ〔福島〕アンチャメ・アンチョアナ〔秋田〕アンチャン〔福島・千葉・東京・山梨・南知多・讃岐・福岡〕アンチョ〔青森・津軽ことば・津軽語彙〕アンツァ〔秋田・福島〕アンツァマ〔山形小国〕アンツアン〔仙台方言〕アンニャサン〔福岡〕アンニャン〔讃岐・瀬戸内・福岡〕アンニャン〔伊賀〕アンマ〔岐阜・飛騨〕アンヤン〔埼玉方言・千葉・山梨・伊賀・瀬戸内・熊本分布相・熊本南部・鹿児島方言〕〈標ア〉二

あにさま-ほんだ【兄様本多】『名』近世の男子の髪の結い方で、本多髷(ほんだまげ)といわれるものの中の一種。本多八体の中で最も上品な髷で、商家の息子などが結ったもの。＊洒落本・当世風俗通(1773)極上之息子風「頭髪(かみ)是はものいひ無しに本田、もっとも若干(そくばく)髪あり いわゆる兄様本多、剃(めくり)本多、蔵前本多」

兄様本多〈守貞漫稿〉

あに-さん【兄様】『名』(「さん」は接尾語)①兄を親しみ敬っていう語。＊洒落本・妓者呼子鳥(1777)三「げいしゃのあにさんは大かたていしさ」＊塩原多助一代記(1885)〈三遊亭円朝〉三「其時向ふ山を通り掛けたのは貴女(あんた)の兄(アニ)さんで」＊わかれ道(1896)〈樋口一葉〉上「母親(おふくろ)や父親(おやぢ)や姉(あね)さんや兄(アニ)さんの様に思はれて」②江戸の遊里で、引手茶屋や船宿のむすこなどをいう語。＊洒落本・魂胆惣勘定(1754)上「あにさんとは、茶屋船宿のむすこ。或は兄弟の事なり」＊洒落本・遊子方言(1770)宵の程「御亭(ごて)さん御出なんし。兄(アニ)さん、どふなんした」＊滑稽本・浮世床(1813-23)二・序「舟師(ふなやど)の老兄(アニサン)、櫓(ろ)を押ながら曰(いはく)」③落語家など芸人の間で、兄弟子や先輩などを呼ぶ語。方言❶長男。跡継ぎ。奈良県吉野郡683 ❷若主人。若だんな。長野県上伊那郡488 三重県志摩郡585 ❸青年。徳島県810 ❹成年男子。愛媛県周桑郡844 発音〈標ア〉二

あに-じゃ【兄者】『名』「あにじゃひと(兄者人)」に同じ。＊歌舞伎・和哥浦片男浪(1692か)三「なふたま、をりをり其方の、あにじゃといふてあひに来り給ふは、其方のおっとなるよし、何しにかくし給ふぞ」＊歌舞伎・日本八葉峯(1703)二「やい女ばう、今のは慥にそなたの兄じゃと見た」発音〈標ア〉ア二

あにじゃ-ひと【兄者人】『名』(兄である人の意。「者」はあて字)兄を敬っていう語。兄様。＊虎寛本狂言・舎弟(室町末-近世初)「『なうなう兄じゃ人、内に御座るか、居さしますか』『イヤ、舎弟が参たと見へた』」＊歌舞伎・助六廓夜桜(1779)「こりゃ兄ぢゃ人、祐成どの」＊思出の記(1900-01)〈徳富蘆花〉一〇・三「妹と妹の事を御馳走貌に僕の耳に振舞ふ兄者人も」方言徳島県809 発音〈標ア〉ジャア

あにじゃ-もの【兄者者】『名』「あにじゃひと(兄者人)」に同じ。＊虎明本狂言・舎弟(室町末-近世初)「御ぞんじのごとく、某があにじゃ者が、身共を名をば申さいで、いつもしゃてい、しゃていと申」

あに-じょう【兄丈】『名』⇩あにんじょう(兄丈)

あに-じんじゃ【安仁神社】岡山市西大寺一宮にある神社。旧国幣中社。神武天皇の兄、彦五瀬命(ひこいつせのみこと)ほか二柱をまつる。備前国二の宮。久方宮。発音〈標ア〉ジ

アニス『名』(英 anise)セリ科の一年草。ギリシア、エジプト原産で、地中海地方に広く栽培されている。高さ約六〇センチメートル。夏、黄色みを帯びた白い花がまばらに集まって咲く。実は長さ約五ミリメートルの扁平な卵形で、揮発性のアニス油を含有し、薬用とするほか、粉末にして香料とする。学名は Pimpinella anism ＊薬品名彙(1873)〈伊藤謙〉「Anise 遏泥子」発音〈標ア〉ア

アニス-ゆ【―油】『名』(アニスは英 anise)アニスの果実を水蒸気蒸留して製した精油。甘い特有の芳香をもつ無色、淡黄色の液体でアネトールを主成分とする。常温以下では容易に固化する。せっけん、髪油、食品等の香料、医薬品に用いられる。＊薬品名彙(1873)〈伊藤謙〉「Oil of anise 遏泥子油」発音〈標ア〉0ス

あに-だ・つ【兄―】『自タ四』(「だつ」は接尾語)兄、または年長者らしくふるまう。＊いさなとり(1891)〈幸田露伴〉九七「女を我(わし)が世話せんに思案は何(どう)ぢゃと、円蔵が兄立ちての勧め」

あに-でし【兄弟子】『名』自分より先に同じ師について学んだ人。同門の先輩。また、人以外で、同系列の中での上下関係をいう。↔弟弟子。＊御湯殿上日記-天文元年(1532)九月一五日「みののくにあんやう寺とて浄土しゆあり。〈略〉かうゐの事申。いつれの門徒ともしろしめさす御ふしんあるに、下京にもおなし名の寺あり。それとあに弟子なり」＊浮世草子・世間胸算用(1692)五・二「明くれ読(よみ)書に油断なく、後には兄弟子どもにすぐれて能書に成ぬ」＊浄瑠璃・心中刃は氷の朔日(1709)上「又してはおのれらがそしりはしりに、兄でしの中言(なかごと)を言いおるか」＊大道無門(1926)〈里見弴〉影法師・一「ええ、兄弟子(アニデシ)、…姉弟子(あねでし)ですかしら…」発音〈なまり〉アンデシ〔京言葉・和歌山県・和歌山・紀州〕〈標ア〉0〈京ア〉0/0 辞書〈ボン・言海〉表記兄弟子(へ)兄弟子(言)

あに-てだい【兄手代】『名』兄分(あにぶん)にあたる手代。＊雑俳・松の雨(1750か)「衣裄へも羽織はかけて兄手代」

あにね『名』姉の意か。＊随筆・烹雑の記(1811)前・上「佐渡の方言に〈略〉土官(ところのおさ)の女児(むすめ)を美人といふ。又びいさまといふ。〈びいは美人の転語なり〉又あにねといふ。〈あにねは姉なり〉」

あに-はん【兄判】『名』兄が保証人になって押した判。また、兄名義で判を押すこと。＊歌舞伎・敵討櫓太鼓(1821)二幕「あの女の兄判(アニハン)をついた、伝吉といふ奴は、大の正直者」

あに-ふうふ【兄夫婦】『名』兄とその妻。＊柿二つ(1915)〈高浜虚子〉二・三「Kが下宿営業に取りかかったといふのも、もと兄夫婦(アニフウフ)を助けるが主意であり」＊寝顔(1933)〈川端康成〉「B子は兄夫婦と三人ぼんやりと火鉢に坐ってをりました」発音アニフーフ〈標ア〉フ1

あに-ぶん【兄分】『名』①かりに兄と定めた人。実兄になぞらえて敬う人。義兄。先輩。＊歌舞伎・四天王楓江戸粧(1804)二番目「有明炭団の物事丸くする気か。のう、兄分」＊和英語林集成(初版)(1867)「Anibun アニブン 義兄」②男色関係での年長者。念者(ねんじゃ)。＊俳諧・貝おほひ(1672)二番「兄分に梅をたのむや児桜(ちござくら)〈蛇足〉」＊浮世草子・好色五人女(1686)四・五「さしあたっての迷惑我ぞかし。兄分(アニブン)かへられてのうへに其(その)身はいかやうともなりぬべき事こそあれ」＊浄瑠璃・心中万年草(1710)上「若衆(わかしゅ)のたしなみ是第一、兄ぶんに恥(はぢ)かかすな」発音〈標ア〉二〈京ア〉二 辞書〈ボン〉表記義兄(へ)

あに-ぼんさん【兄坊様】『名』方言⇩あんこ(兄―)

あに-ま【兄―】『名』方言⇩あんこ(兄―)

アニマ『名』(ラテン anima)①キリシタン用語。霊魂。精神。＊どちりなきりしたん(一六〇〇年版)(1600)一「此あにまはしきしん(色身)にいのちをあたへ、たとひしきしんはつち(土)はい(灰)になるといふとも此あにまをはる事なし」＊こんてむつすむん地(1610)一・一〇「みだりなるのぞみをはなれて、あにまをぶじにしんだいすべきために、うへきのねにおのをくだしてたつべし」＊聖教初学要理(1872)〈ベルナルド＝プチジァン〉切支丹来歴之略「其上天神(アンジョ)に似たる霊魂(アニマ)を与へ給ひし物也」②男性の心の奥にある無意識な女性的要素。スイスの心理学者ユングの用語。女性が無意識にもつ男性的要素はアニムス animus という。発音〈標ア〉ア

アニマート『名』(イタリア animato)音楽で、演奏表現を示す語。活発なさま。生き生きとしたさま。＊洋楽手引(1910)〈前田久八〉諸記号及楽語「発想標語〈略〉Animato. アニーマトー 生気を附けて」発音〈標ア〉マ

アニマチズム『名』(英 animatism)(アニマティズム)無生物にも意識があるとする説。また、ある種の事物は生きているとした原始宗教の一段階。アニミズムにつながる。プレアニミズム。発音〈標ア〉チ

アニマリズム『名』(英 animalism)道徳的批判を無視し、本能的欲望を満たすことを第一とする主義。自然主義、象徴主義の文学に見られる。わが国では、岩野泡鳴の評論「神秘的半獣主義」などが代表的作品。野獣主義。＊改訂増補や、此は便利だ(1918)〈下中芳岳〉五・二「アニマリズム Animalism 動物主義。物欲にのみ支配せられる人物を嘲り呼ぶに用ふ」発音〈標ア〉リ

アニマル『名』(英 animal)①動物。＊外来語辞典(1914)〈勝屋英造〉「アニマル Animal (英) 動物。獣」②転じて、動物的行動に走る人間をいう。「エコノミック-アニマル」発音〈標ア〉ア

アニミズム『名』(英 animism「霊魂・生命」の意のラテン anima から)自然界のあらゆる事物に、霊魂があると信ずること。イギリスの民族学者タイラーが宗教の起源をこの語で説明した。有霊観。万物有魂論。＊音引正解近代新用語辞典(1928)〈竹野長次・田中信澄〉「アニミズム Animism 英 万有精神論、生気主義、精霊崇拝教等と云ふ」＊現代のヒューマニズム(1948)〈中島健蔵〉二「汎神論的な、アニミズムのにおいの残っている未開人の思惟である」発音〈標ア〉ミ

あに-みや【兄宮】『名』兄である宮。兄にあたる宮。＊往還の記(1963-64)〈竹西寛子〉二一「宮もまた若くして兄宮と同じ運命を辿っている」発音〈標ア〉0二

アニムス『名』(ラテン animus)ユング説で、女性の無意識の中にある男性的要素。↔アニマ。発音〈標ア〉ア

あに-むすこ【兄息子】『名』一番年上の息子。年かさな息子。＊言国卿記-文明一〇年(1478)一二月一五日「今夜まん所二郎三郎に女房むかゆると云々。衛門かあにむすこなり」＊日葡辞書(1603-04)「Ani musuco(アニムスコ)〈訳〉年上の息子」＊咄本・昨日は今日の物語(1614-24頃)上「叱りければ、あにむすこ申けるは」＊浄瑠璃・心中天の網島(1720)中「母(かか)様一人(ひとり)戻(もど)ったと、走帰る兄むすこ」発音〈標ア〉ム 辞書日葡

アニメ『名』「アニメーション」の略。＊にんげん動物園(1981)〈中島梓〉九八「マンガだけでいってしまった子は、とにかく活字をよむ思考回路がなくなってしまう。ことにアニメはそうだと思う」発音〈標ア〉ア0

アニメーション『名』(英 animation)画像の位置、形などを少しずつ変えた多数の絵をひとこまずつ写したり、人形の姿勢を少しずつ動かしながらひとこまひとこま撮影して、映写した時に、それらの像が動いているように見せる映画。動画。アニメ。＊アメリカひじき(1967)〈野坂昭如〉「日本のアニメーション技術は、向うでも高く買ってますからねえ」発音〈標ア〉メ

アニメーター『名』(英 animator)アニメーションを作る人。動画家。発音〈標ア〉メ

アニュス-デイ(ラテン Agnus Dei「神の小羊」の意)ミサ通常文五章の中の最後の章。また、それにつけられた音楽。発音〈標ア〉ア

あ-にょう【阿娘】『名』女の子を呼ぶ語。＊和

訓栞(1777-1862)「あにゃう 阿娘の呉音也。伊勢の俗、あんにゃといふもあにゃうの訛成へし」 方言 ❶姉。姉さん。佐賀県(下流)887 藤津郡895 ❷自分の妻。肥前大村†090

あに-よめ【兄嫁・嫂】〘名〙兄の妻。＊文明本節用集(室町中)「嫂 アニヨメ」＊寛永刊本蒙求抄(1529-34)三「顔美なれどもあによめを盗れてと云てそしったぞ」＊咄本・軽口露がはなし(1691)三・五「今日は拙者が兄嫁(アニヨメ)や妹むこの舅(しうと)の日で御ざる」＊松翁道話(1814-46)一・中「兄嫁の死んだ時さへ泣かなんだものが」 発音〈標ア〉[二]〈京ア〉[0]/[0] 辞書 文明・伊京・天正・饅頭・黒本・易林・日葡・書言・ヘボン・言海 表記 嫂(文・天・饅・黒・易・書・ヘ) 娚(伊) 姒・家婦(書) 兄娵(言)

あによめ の 水(みず)に溺(おぼ)るとも手(て)を以(もっ)てせず（「孟子-離婁上」の「淳于髠曰、男女授受不ㇾ親、礼与、孟子曰、礼也、曰、嫂溺則援ㇾ之以ㇾ手乎、曰、嫂溺不ㇾ援、是豺狼也、男女授受不ㇾ親、礼也、嫂溺援ㇾ之以ㇾ手者、権也」による「兄嫁が水に溺れた時、手を以てこれをたすけるのは臨機の処置で、当然すべきことである」の意を誤って解したもの）男女の間では、疑いをもたれるような行為は慎まなければならないということ。＊浄瑠璃・曾我五人兄弟(1699頃)道行「兄嫁水にをぼるる共手をとってあげぬは外典(げでん)のいましめ」＊浄瑠璃・関八州繋馬(1724)一「兄嫁水におぼるる時手をもってせざるの理に違ひ」

あによめ-がい【兄嫁甲斐】〘名〙兄嫁としての価値。＊浄瑠璃・大塔宮曦鎧(1723)四「それなら物を順道(じゅんだう)にしませう。嫂(アニヨメ)がひに今夜は蓬生、明日の夜は呉服(くれは)様、今宵一夜は辛抱して去(い)んで寝て下され」

あによめ-ご【兄嫁御】〘名〙(「ご」は接尾語)兄嫁を敬っていう語。＊浄瑠璃・信州川中島合戦(1721)三「お勝(かち)さまにも始てあひしが尋常(じんじゃう)な気(け)高い嫂御(アニヨメゴ)」 発音 アニヨメゴ〈標ア〉[メ]

あによめ-なおし【兄嫁直】〘名〙未亡人となった兄嫁を、亡夫の弟と結婚させること。方言 長野県佐久493 発音〈標ア〉[ナ]

あにら-たいしょう【頞儞羅大将】（「あにら」は 梵 Anila の音訳。摩尼羅、安涅羅、安怛羅などとも音訳する）仏語。薬師十二神将の第五。夜叉の大将の一つで、七千の眷属(けんぞく)を従え、薬師如来の信者を守護する。十二支では午に相当する。＊薬師琉璃光如来本願功徳経「爾時衆中有二十二薬叉大将一倶在二会坐一、所謂、〈略〉頞儞羅大将」 発音 アニラタイショー〈標ア〉[タ]

頞儞羅大将〈奈良県 興福寺蔵〉

アニリン〘名〙(英 aniline ドイツ Anilin)《アニリネ》ベンゼンから誘導されるアミンの一つ。特有の臭気をもつ無色透明の液体。空気中で酸化され徐々に黄色を帯びる。毒性があり、吸入、皮膚吸収などで中毒症状を起こす。合成染料の原料。アミノベンゼン。フェニルアミン。＊東京日日新聞-明治一八年(1885)一〇月二七日「一旦瓦斯缶を据附るときは当然の瓦斯は勿論コークスも多く産出し、又た其の外にアニリンを製出する利益あり」＊機械(1930)〈横光利一〉「アニリンをかけた真鍮の地金をアルコールランプの上で熱しながら」 発音〈標ア〉[0][二]

アニリン-せんりょう【―染料】〘名〙(アニリンは 英 aniline)アニリンを原料とした塩基性染料の総称。初期の合成染料の多くがアニリンを原料としていたことから、広義には合成染料の総称としても用いられる。＊英和商業新辞彙(1904)〈田中・中川・伊丹〉「Aniline Dyes アニリン染料 此は『コールター』等から製造された染料であって」 発音 アニリンセンリョー〈標ア〉[セ]

アニリン-ぞめ【―染】〘名〙(アニリンは 英 aniline)アニリン染料で染めること。また、その染め物。＊東京年中行事(1911)〈若月紫蘭〉五月暦「色染科では中形浴衣地のアニリン染(ゾメ)などを実地にやって居る」＊星座(1922)〈有島武郎〉「園は右手の食指に染みついてゐるアニリン染色素をぢっと見やった」 発音〈標ア〉[0]

アニリン-ブラック〘名〙(英 aniline black)①アニリンを酸化縮合させて得られる黒色染料。一八六三年、イギリスのライトフットが工業的製法を発明。木綿の黒染めなどに用いる。②顔料の一つ。アニリンを酸化して作った黒色粉末。絵の具、ゴム長靴、合成樹脂成型品に用いる。 発音〈標ア〉[ラ]

あにん-じょう【兄丈・兄上】〘名〙(近世、九州地方、とくに筑紫、薩摩地方の方言か。「あにじょう(兄丈)」の変化した語)兄上。兄さま。＊浄瑠璃・平家女護島(1719)二「声こそは薩摩なまり〈略〉康頼様は兄(あにン)丈(ヂャウ)、俊寛様は爺(てて)様と拝みたい」＊咄本・無事志有意(1798)俊寛「てて様よ、せなや兄丈(アニンゼウ)はどこへいきめした」 補注「じょう(ぢゃう)」は、年長者に対する尊称である「丈人」の「丈」であるという。〔近松語彙〕

あぬ〘代名〙自称。私。僕。＊袖中抄(1185-87頃)一五「顕昭云ふ、あぬは戯奴〈変云和気〉あぬもわけもともに我れと云ふ詞也。筑紫の者は、我れをばあぬと申せば」 方言 筑紫†035 ◇あぬう 沖縄県与那国島975 ◇あん 沖縄†139

アヌイ(Jean Anouilh ジャン―)フランスの劇作家。「貂(てん)」「泥棒たちの舞踏会」「アンチゴーヌ」「ひばり」「ベケット」など。(一九一〇～八七) 発音〈標ア〉[ア]

アヌス〘名〙(ラテン anus)肛門。アナル。 発音〈標ア〉[ア]

あぬ-まい〘連語〙(「あるまい」を「なむまいだ(南無阿彌陀)」に似せていった語)あるまい。あってはならない。＊浄瑠璃・吉野都女楠(1710頃か)二「只今か様の責め念仏にあふことも、出家の身にはあぬまいこと。あぬまい、あぬまい、アアぬまいだ」

あぬみ-じんじゃ【阿沼美神社】愛媛県松山市味酒(みさけ)町にある神社。旧県社。祭神は大山積命(おおやまつみのみこと)ほか二柱。江戸時代には味酒神社と称した。 発音〈標ア〉[ジ]

あね【姉】〘名〙①親を同じくする者同士で、年上の女性。実姉。いろね。⇔妹。＊古事記(712)上「又『汝の兄弟(はらから)有りや』と問ひたまへば、『我が姉、石長比売在り』と答へ白しき」＊書紀(720)継体元年三月(前田本訓)「三(みたり)の女(ひめみこ)を生めり。長(アネ)を神前皇女と曰す」＊伊勢物語(10C前)一六「としごろあひ馴れたる妻(め)、やうやう床(とこ)はなれてつひに尼になりて、あねのさきだちてなりたる所へ行くを」＊十巻本和名抄(934頃)一「姉 爾雅云女子先生為姉〈音止一云女兄和名阿禰日本紀私記与兄同〉」②妻や夫の姉、兄の妻など。義姉。義理の姉。＊アパアトの女たちと僕と(1928)〈龍胆寺雄〉六「義母(はは)も義姉(アネ)たちも異分子として僕を認めるほどの関心すら、僕には持たなかった」③ひろく女性を親しんで呼ぶ称。＊涅槃経集解巻十一平安初期点(850頃)「姉(アネ)と、我も亦是のごとし」④女性が他の者よりも年長であること。＊あさぢが露(13C後)「しきぶの大夫うせて後いま七八年のあねなれどもかたらひつきて」＊御伽草子・福富長者物語(室町末)「幼かりしより契りし人あり。藤太には十余りがあねにや侍りつらんかし」＊二人女房(1891)〈尾崎紅葉〉上・一「常に物案じ貌(がほ)なる陰性(いんしゃう)に、年齢(とし)よりは更けて年長(アネ)の様なり」⑤「あねじょろう(姉女郎)」の略。＊河東節・灸すへ巌の置夜着(1726)「世話になるをば姉といひ、うきを語るを妹と、名を呼かはす世界なり」＊雑俳・柳多留拾遺(1801)巻一二上「客の無い姉へ反哺(はんほ)のかんさまし」⑥芸者、酌婦、また、一番土蔵をいう、盗人仲間の隠語。〔隠語輯覧(1915)・特殊語百科辞典(1931)〕 語誌 (1)「正倉院文書-大宝二年・筑前国嶋郡川辺里戸籍(寧楽遺文)」および「同-大宝二年・豊前国仲津郡丁里戸籍(寧楽遺文)」に、弟からみた姉を「姉」で表示した例があり、「同-大宝二年一一月・御野国味蜂間郡春部里戸籍(寧楽遺文)」では、同じ女性名の要素を「姉」とも「阿尼(アネ)」とも書いている。しかも、アネを要素とする名の人は長女が多い。これらから、年上の女性を指す「あね」という語が古くから存在し、姉の呼称として用いられたことがわかる。(2)意味・用法の③④や、各地の方言で主婦を指すのは、あるいは原義に近いものかもしれない。(3)姉妹を指す語として、年齢を区別しない「いも」「いもうと」もあり、平安時代までは「あね」とも「いもうと」とも呼んだ。例えば「源氏物語」の空蟬(うつせみ)という女性は、弟の小君(こぎみ)から両方の語でよばれている。その場合、「あね」は法制的な続柄、「いもうと」は近しく暮らす間柄という違いであったらしい。→いも・いもうと。 方言 ❶兄の妻。長男の嫁。兄嫁。青森県津軽075 秋田県鹿角郡・雄勝郡130 千葉県山武郡270 新潟県054 352 374 岐阜県飛騨(配偶者の姉をもいう)502 ❷嫁。花嫁。お嫁さん。青森県津軽075 秋田県130 山形県東田川郡(息子の妻。三〇歳ぐらいまで)054 福島県福島市(舅姑が嫁を指していう)158 大沼郡(舅姑が嫁を指していう)175 新潟県347 352 (舅姑が自家の嫁を他人に対していう)368 佐渡(主婦権を渡した後、姑が嫁を呼ぶ)356 愛知県北設楽郡054 島根県隠岐島740 長崎県五島(敬称)054 熊本県球磨郡928 ❸他人の妻。既婚婦人。主婦。青森県上北郡(若い主婦)074 秋田県南秋田郡(農家の主婦)130 山形県東田川郡(若い主婦)054 新潟県西蒲原郡(中流の下以下の家庭の若妻)371 岐阜県飛騨502 京都府054 島根県隠岐島(若い主婦)725 ❹自分の妻。青森県津軽075 山形県庄内050 ❺長女。長姉。青森県071 075 秋田県(河内郡では年少時の称)130 134 山形県最上郡(弟妹が呼ぶ称)139 新潟県361 東蒲原郡368 上越382 島根県隠岐島725 熊本県919 新潟936 ❻年若い女。娘。少女。青森県津軽(敬称)075 秋田市(敬称)062 山形県139 新潟県361 佐渡352 岐阜県飛騨502 三重県名張市585 度会郡599 島根県隠岐島740 長崎県五島054 ❼処女。秋田県平鹿郡130 ❽年上の女。目上の女。長野県佐久493 ❾女。婦人。信州†035 甲州†035 北海道松前郡(三〇～三五歳)038 青森県上北郡(成人した女の意)082 新潟県下越(軽い敬称)387 ❿母。山形県飽海郡139 ⓫伯母。叔母。三重県志摩郡585 ⓬下女。女中。女の使用人。青森県上北郡082 秋田県062 山形県139 千葉県夷隅郡040 山武郡270 新潟県佐渡358 長野県小県郡475 和歌山県西牟婁郡706 鳥取県712 西伯郡718 島根県出雲・隠岐島725 福岡県872 熊本県919 宮崎県西臼杵郡951 ⓭子守女。子守娘。鳥取県西伯郡719 島根県八束郡725 熊本県919 931 ⓮遊女。女郎。娼妓(しょうぎ)。山形県北村山郡・西田川郡139 長崎市(芸妓仲間で名前に付けて「…あね」と呼ぶ)906 語源説 (1)アニ(兄)の転語〔日本釈名・和訓栞〕。(2)アはア(吾)で接頭語。ネは美称〔雅言考・言元梯・日本古語大辞典＝松岡静雄・日本語源＝賀茂百樹〕。(3)男女の区別を表わすのに、ニとネの音を用いた〔関秘録〕。(4)アニメ(兄女)の約〔国語蟹心抄・箋注和名抄・国語本義・名言通・大言海〕。(5)アは兄、ネはネル(寝)〔和句解〕。(6)ア(阿)は親愛の冠詞。ネ(嬭)は字書に姉、之を嬭と謂うとある〔日本語原考＝与謝野寛〕。 発音〈なまり〉アーネ〔富山県〕アウネー〔飛騨〕アニェ・アニョ〔鹿児島方言〕アネイ・インネ・インネー〔八丈島〕アネー〔埼玉方言・千葉・東京・八丈島・山梨・山梨奈良田・岐阜・飛騨・愛知・鳥取・島根・島原方言・鹿児島方言〕アネン〔島原方言〕アンニャ〔石川〕アンネ〔栃木・埼玉・八丈島・越後・信

州読本・岐阜・飛騨・愛知・徳島・伊予・福岡・島原方言・鹿児島方言〕アンネー〔東京・飛騨・静岡・愛知・佐賀・鹿児島方言〕ニャー〔石川〕ネー〔栃木・埼玉方言・神奈川・静岡・南知多・瀬戸内・鹿児島方言〕ンネ〔志摩・徳島・熊本分布相〕〈標ア〉[0]〈ア史〉平安・鎌倉・江戸●●〈京ア〉[0] [辞書]和名・色葉・名義・下学・和玉・文明・伊京・明応・天正・饅頭・黒本・易林・書言・ヘボン・言海 [表記]姉（和・色・名・下・玉・文・伊・明・天・饅・黒・易） 女兄（色） 姒（天） 妭・阿姐（書） 姉（ヘ・言）

あねい【姉】〔名〕「あねえ（姉）」に同じ。＊歌舞伎・傾城金秤目（1792）序幕「此あねいは勅使を知らないか」＊人情本・明烏後正夢（1821-24）四・一九回「こんなゐら美しい姉（アネ）イの言ふこんだァものを」

アネイス〔名〕（オランダ anijs）植物「イノンド」に同じ。＊遠西医方名物考（1822）一六「遏泥子（アネイス）蘭、『アニシュム』羅。〔形状〕此草洋芹（オランダセリ）の一種にして形状甚だ相似たり」 [発音]〈標ア〉[ア]

あね-いもと【姉妹】〔名〕①姉と妹。しまい。＊書言字考節用集（1717）四「姉妹 アネイモト『白虎通』女子先生為ㇾ姉後生為ㇾ妹」＊人情本・英対暖語（1838）初・六回「姉妹（アネイモト）二個（ふたり）とも発明にて」②一番土蔵と二番土蔵をいう、盗人仲間の隠語。〔隠語輯覧（1915）〕 [発音]〈標ア〉[ト][イ] [辞書]書言 [表記]姉妹（書）

あね-うえ【姉上】〔名〕姉を敬っていう語。＊龍潭譚（1896）〈泉鏡花〉大沼「あまりよく似たれば、姉上と呼ばむとせしが」＊童謡・稲田の稲（1926）〈杜仙之介〉「姉上さまは、お嫁に行った」 [発音]〈標ア〉[ネ]〈京ア〉[ネ]

あねえ【姉】〔名〕（「あね（姉）」の変化した語）①「あね（姉）①」に同じ。＊雑俳・柳多留-二九（1800）「あねへは女郎弟は角兵へ獅々」②若い女を親しんで、また、気軽に呼ぶ語。ねえさん。＊洒落本・多佳余宇辞（1780）「どうだ姉（アネ）ヱかわる事もねへか」＊歌舞伎・名歌徳三舛玉垣（1801）三立「そんならここで御祝儀、大和屋のあねへ、めでたく一つしめよふか」＊歌舞伎・名誉仁政録（1852）五幕「勝見姐（アネ）えの伯父と云ふも、その十兵衛どのの家来筋だよ」＊安愚楽鍋（1871-72）〈仮名垣魯文〉三・下「ヲイヲイあねへ、親方にラウスを大切（おほぎり）にして焼鍋を一枚あつらへてくんな」③妻を呼ぶ語。＊洒落本・箴の千言（1812頃）下「姉ヱ〈女房の事也〉茶碗壱つくれ」 [方言]❶兄の妻。長男の嫁。兄嫁。青森県南部084 新潟県佐渡348 岐阜県飛騨（配偶者の姉をもいう）502 ❷嫁。花嫁。お嫁さん。東京都利島331 岐阜県郡上郡（姑からいう）504 島根県益田市725 ❸他人の妻。既婚婦人。主婦。東京都八丈島（名前に付けて「…あねえ」と呼ぶ）042 岐阜県飛騨502 ❹次女以下の娘。妹娘。東京都利島331 ❺年若い女。娘。少女。甲府†088 秋田県平鹿郡130 山梨県453 岐阜県飛騨502 ❻年上の女。目上の女。伊豆八丈島†075 新潟県佐渡348 山梨県456 ❼女。婦人。伊豆八丈島（敬称。接尾語のように用いる）†080 群馬県吾妻郡（嫁に行かない女）219 東京都八丈島（敬称。接尾語のように用いる）「にょこ（長女）あねへ」337 石川県輪島062 716 717 ❽下女。女中。女の使用人。群馬県勢多郡・吾妻郡040 千葉県夷隅郡288 君津郡301 東京都大島326 鳥取県062 716 717 島根県724 725 731 高知県長岡郡050 [発音]アネー〈標ア〉[ネ]

あねえ〔形動〕（「あない」の変化した語）あのよう。＊洒落本・通言総籬（1787）二「三まいの早かごが来るが、いまじぶんなぜあねへにいそがせるだろうの」＊洒落本・繁千話（1790）「なぜあねへに色が黒いねへ」 [方言]❶（多く「な」「に」を伴って用いられる）あのよう。あんな。兵庫県神戸市665 島根県石見724 725 岡山県749 760 763 広島県高田郡779 山口県793 795 798 長崎県対馬909 ◇あね 三重県度会郡599 京都府宇治郡633 島根県松江市727 ◇あねん 新潟県佐渡358 奈良県678 吉野郡054 岡山県倉敷市763 山口県都濃郡038 長崎県壱岐島915 ❷相手のことばに対する同意、肯定を表わす時に用いる。左様。そのよう。沖縄県「あねーあやびらん（左様ではございません）」990 首里993

あねえ-かぶ【姉株・姐株】〔名〕やくざの社会など、ある一部の仲間に尊重される女。姉御。

あね-おとと【姉妹】〔名〕（「おとと」は、姉に対し、同性の年少者をいう）姉と妹。しまい。＊更級日記（1059頃）「あねおととの中に、つとまとはれて」＊今鏡（1170）一・雲井「国母も后（きさき）もあねおとどにおはしませば、いとたぐひなき御栄えなるべし」 [発音]〈標ア〉[ト]2[オ]

あね-おもい【姉思】〔名〕姉を大切にすること。また、そういう気持の強いさま。＊人情本・恩愛二葉草（1834）三・七章「執成す妹が姉思（アネオモ）ひ、母はとんと気に入らず」 [発音]〈標ア〉[オ]

あね-おもと【姉御許】〔名〕姉を敬っていう語。＊源氏（1001-14頃）玉鬘「ただ松浦（まつら）の宮の前の渚と、かのあねおもとのわかるるをなむ、かへり見せられて、悲しかりける」 [語誌](1)「おもと」はこの場合代名詞ではなく、女性に軽い敬意を添える語。(2)平安散文での「あねおもと」は主に女房階級の長女に親愛の意をもって用いられており、貴族の姫君の長女をいう「あねぎみ」「おほいぎみ」よりも敬意が低い。(3)姉を表わす敬称は、中世では「あねご」「あねごぜ（ん）」、近世になると「あねき」「あねぢゃひと」が加わっていく。

あね-がい【姉甲斐】〔名〕姉であることの価値。姉としての甲斐。＊浄瑠璃・曾我虎が磨（1711頃）下「せめて姉がひに冥途（めいど）のたびのさきがけ」

あねがこうじ【姉小路】姓氏（家名）の一つ。㈠藤原北家閑院（公季）流左大臣三条実房の男公宣を祖とし、鎌倉初期に成立した公家。公宣から五代後の実広の代には途絶するが、慶長一八年（一六一三）に、阿野実顕の三男公景により再興される。家格は羽林家。近世の家禄は二〇〇石。㈡藤原北家小一条左大臣師尹の男済時を家祖とするといわれ、南北朝期（鎌倉期とする説もある）にいたり、家綱の時に飛騨国司に任じられたことから、飛騨国司家とも呼ばれる。元来、飛騨国に所領をもっていたともいわれ、遙任ではなく在国し、その後も飛騨国司の職を世襲し勢力をもった。南北朝の動乱では、飛騨国にあって主に南朝に属して戦った。一六世紀には、古河の姉小路家が絶えたのを期に、三木氏がそれを嗣ぎ、飛騨一国を制圧したが、豊臣秀吉によって滅ぼされた。 [発音]アネガコージ〈標ア〉[コ]

あねがこうじ-きんとも【姉小路公知】幕末の公卿。尊王攘夷を主張し、日米修好通商条約の勅許に反対。三条実美（さねとみ）の副使として江戸に下って攘夷断行を幕府に求める。のち京都朔平門外で暗殺された。天保一〇～文久三年（一八三九～六三）

あね-が-こうじ【姉小路】京都市中京区を東西に走る通り。三条通の北、御池通（旧三条坊門小路）の南にあり、鎌倉時代以後針屋の多いことで知られた。＊俳諧・玉海集（1656）付句・上・春「春たつは衣の棚のかすみかな　あねか小路の針の永日〈貞徳〉」＊浮世草子・西鶴織留（1694）六・四「同じ京にありても、姉が小路（コウヂ）の針屋の弟子と成（なる）身は」 [発音]アネガコージ〈標ア〉[コ]〈京ア〉[ガ] [辞書]下学・文明・伊京・明応・天正・饅頭・黒本・易林 [表記]姉小路（下・文・伊・明・天・饅・黒・易）

あねがこうじしき【姉小路式】「てにをは」研究の初期の語学書。室町時代頃成立か。著者不詳。一三巻から成る。 [発音]アネガコージシキ〈標ア〉[ジ]

あねがさき【姉ケ崎】「あねさき（姉崎）」に同じ。＊俳諧・五元集（1747）元・夏「姉が崎の野夫、忠功孝心をきこしめされて、祿を給はりたる事世にきこえ侍るを」 [発音]アネガサキ〈標ア〉[ガ]

あねがさき-じんじゃ【姉崎神社】千葉県市原市姉崎（あねさき）にある神社。旧県社。祭神は級長戸辺神（しなとべのかみ）。日本武尊（やまとたけるのみこと）が東征の時、海路の無事を願ってまつったという。延喜式内社。あねさきじんじゃ。姉崎明神。 [発音]アネガサキジンジャ〈標ア〉[ジ]

あね-かとく【姉家督】〔名〕長男に姉がある場合に、その姉に婿養子をとらせて家督を相続させること。主として東北地方の農村で労働力の補充などのため行なわれた。 [発音]〈標ア〉[カ]

あね-かぶり【姉被】〔名〕「あねさんかぶり（姉様被）」に同じ。＊万両（1931）〈阿波野青畝〉「糸取や蠅の居しがむ姐被り」

あね-がわ【姉川】滋賀県琵琶湖東岸に注ぐ川。伊吹山地を源とし、高時川を合わせて養蚕地帯の三角州をつくる。元亀元年（一五七〇）姉川の戦いの古戦場。 [発音]アネガワ〈標ア〉[0] [辞書]書言 [表記]姉川（書）

あねがわ-の-たたかい【姉川の戦】元亀元年（一五七〇）織田信長、徳川家康の連合軍が、浅井長政、朝倉義景の連合軍と近江の姉川の川原で戦い、大勝した。浅井、朝倉両氏の滅亡の端緒となった戦い。 [発音]アネガワノタタカイ〈標ア〉[0]

あね-き【姉貴】〔名〕（「あねぎみ（姉君）」の変化した語か。「貴」はあて字）①姉を敬って、また、親しんでいう語。ねえさん。＊類従本仙源抄（1381）「いぬき。犬公也〈略〉世俗にあねき、をぢきと云同心」＊歌舞伎・傾城壬生大念仏（1702）上「あねきは奥へ入り、姫と中よふし給へ」＊歌舞伎・東海道四谷怪談（1825）四幕「成る程、気が揉めるも無理はない。たった一人の姉貴（アネキ）がひょんな」＊鱧の皮（1914）〈上司小剣〉七「お前の酒飲むことは、姉貴も薄々知ってるが」②女が、他の者より年上であること。また、その女。 [方言]❶姉。姉さん。宇治山田†101 静岡県駿河002 三重県001 585 徳島県809 香川県高松062 ❷兄の妻。長男の嫁。兄嫁。奈良県宇陀郡（義理の姉）678 ❸長女。長姉。三重県志摩郡585 ❹年若い女。娘。少女。和歌山県伊都郡690 [発音]〈標ア〉[0]

あね-ぎみ【姉君】〔名〕姉を敬っていう語。＊宇津保（970-999頃）蔵開中「あねぎみはおほきになり給へりや」＊落窪（10C後）三「あね君たち、我が許（もと）にもの給へかし」＊源氏（1001-14頃）帚木「此のあね君や、真人（まうと）の後の親」＊御伽草子・文正草子（室町時代物語集所収）（室町末）下「あねきみのに劣らぬ、うつくしき物そへて、をくられける」 [発音]アネギミ〈標ア〉[ネ]

アネクドート〔名〕（英 anecdote）ある話に関連はするが本筋には関係のない、あまり表立って語られないような、おもしろいかくされた話。奇談。逸話。＊百物語（1911）〈森鷗外〉「可笑（をか）しいアネクドオト交りに舞踏の弊害を列べ立てて」＊外来語辞典（1914）〈勝屋英造〉「アネクドート Anecdate（英）逸事。奇聞。珍談」 [発音]〈標ア〉[ド]

アネクメーネ〔名〕（ドイツ Anökumene）非住域。非居住地域。通常、極地・高山・砂漠・海洋など人間の居住していない地球上の地域。↔エクメーネ。 [発音]〈標ア〉[メ]

あね-げいしゃ【姉芸者】〔名〕経験、年齢などが自分より上の芸者。先輩格の芸者。＊一と踊（1921）〈宇野浩二〉四「彼女は、そのゆめ子の姉芸者でありながら、ふいにあらはれて、さうして鳶のやうに私をさらった事も思ひ出すであらう」 [発音]アネゲイシャ〈標ア〉[ゲ]

あね-こ【姉―】〔名〕（「こ」は接尾語）①「あねご（姉御）①」に同じ。②「あねご（姉御）②」に同じ。＊熱田縁起（890）「日本武尊、於二甲斐坂折宮一、有レ恋二宮酢媛一、即歌曰、阿由知何多、比加彌阿彌古（アネコ）波、和例許牟止止許佐留良牟也、阿波礼阿彌古（アネコ）乎」＊曾丹集（11C初か）「神まつる冬はなかばになりにけりあねこがねやにさかき折りしき」＊新撰六帖（1244頃）一「冬来てはあねこが閨の竹簀垣（たかすがき）幾夜すきまの風が寒けき〈藤原知家〉」 [方言]❶姉。姉さん。北海道函館062 青森県南部085 岩手県気仙郡（卑称）103 秋田県130 136 新潟県佐渡352 富山県389 下新川郡391 三重県志摩郡585 島根県八束郡730 大分県速見郡941 ◇あいしゃん 長崎県壱岐島（敬称。弟妹から）914 ◇あうね

え 岐阜県飛驒502 ◇あえちゃ 山形県(幼児語)139 ◇あえつぁ 山形県村山139 ◇あっつぁ 秋田県平鹿郡・雄勝郡130 ◇あに 佐賀県神埼郡891 鹿児島県961 ◇あにぇ 鹿児島県961 ◇あにやん 新潟県佐渡348 福井県431 432 ◇あにょご〔姉御〕宮崎県(敬称)955 ◇あぬん 鹿児島県鹿児島郡968 ◇あねえじょお〔姉女〕山梨県南巨摩郡463 ◇あねえっこ 長野県佐久493 ◇あねおなご〔姉女子〕青森県上北郡082 ◇あねさ 青森県三戸郡083 岩手県九戸郡088 宮城県牡鹿郡119 秋田県由利郡(敬称)130 山形県139 新潟県東蒲原郡054 中頸城郡383 長野県諏訪481 佐久493 岐阜県飛驒502 三重県員弁郡592 大分県大野郡941 ◇あねちゃ 青森県上北郡082 秋田県130 山形県(自分の姉)139 ◇あねちゃさま 青森県上北郡082 ◇あねちゃん 宮城県石巻120 千葉県山武郡270 ◇あねつぁ 秋田県130 山形県北村山郡・最上郡139 ◇あねつぁん 宮城県栗原郡114 遠田郡118 ◇あねっちゃ 秋田県雄勝郡130 仙北郡136 福島県会津166 ◇あねっつぁ 秋田県仙北郡130 ◇あねはん 岩手県磐井郡050 山形県139 富山県050 兵庫県加古郡(上品な語)664 島根県出雲(中流)062 徳島県810 香川県(他人の姉の軽い敬称)829 宮崎県西諸県郡947 ◇あねび 岐阜県揖斐郡507 ◇あねや 新潟県南魚沼郡378 ◇あねやん 福島市158 新潟県佐渡062 福井県大飯郡447 山梨県461 三重県志摩郡(敬称)585 奈良県(卑称)675 鳥取県西伯郡718 島根県簸川郡・出雲市(下流)725 広島県(敬称)779 (他人の姉)786 香川県(他人の姉の軽い敬称)829 高知県(敬称)864 熊本県919 大分県大分市・大分郡941 ◇あねよい 三重県志摩郡585 ◇あねん 熊本県葦北郡919 鹿児島県鹿児島郡968 ◇あねんこ 三重県志摩郡585 ◇あの 鹿児島県川辺郡973 ◇あやん 鹿児島県961 ◇あんがあ 沖縄県宮古島050 ◇あんぐぁあ 沖縄県首里993 ◇あんご 熊本県天草郡919 ◇あんごん 熊本県葦北郡・八代郡933 ◇あんしゃん 福岡市878 佐賀県887 熊本県玉名郡919 ◇あんじょ 大分県大分市・大分郡941 鹿児島県961 ◇あんぞ 鹿児島県揖宿郡969 ◇あんちゃ 福島県相馬161 会津(名前に付けて「…あんちゃ」と呼ぶ)166 ◇あんちゃん 福岡県872 長崎県北松浦郡900 ◇あんど・あんどお 東京都八丈島(名前に付けて「…あんど」「…あんどお」と呼ぶ)040 335 337 ◇あんにゃあ 大分県大野郡939 ◇あんにゃはん 福井県427 ◇あんにゃま 石川県404 福井県431 432 ◇あんにゃん 新潟県佐渡352 福岡市(卑下語)877 鹿児島県961 ◇あんにんぼ 福井県坂井郡427 ◇あんね 岩手県088 097 100 秋田県鹿角郡050 山形県米沢市・東置賜郡139 福島県050 062 158 茨城県北相馬郡195 栃木県200 204 205 埼玉県秩父郡251 北葛飾郡258 東京都八丈島341 新潟県南魚沼郡378 富山県389 長野県480 481 491 岐阜県497 502 516 愛知県557 (中流以下)562 563 三重県度会郡599 徳島県809 高知県幡多郡870 佐賀県藤津郡(下流)895 長崎県054 912 917 熊本県玉名郡(下流)926 天草郡936 宮崎県西諸県郡063 鹿児島県種子島979 ◇あんねさ 長野県諏訪468 西筑摩郡491 ◇あんねさん 岩手県気仙郡100 佐賀県神埼郡891 藤津郡(上流)895 熊本県天草郡919 ◇あんねっこ 岩手県上閉伊郡097 ◇あんねやん 佐賀県藤津郡(中流)895 ◇あんの 滋賀県高島郡050 ◇あんやん 広島県能美島771 長崎県902 914 917 熊本県玉名郡・宇土郡919 ◇いねさん 和歌山県東牟婁郡・西牟婁郡690 ◇いんね・いんねえ 伊豆八丈島†077 †080 東京都八丈島038 ◇うね 山形県庄内139 ◇うんね 鹿児島県(小児語)961 ◇えねぼ 兵庫県淡路島671 ◇おおねさま〔御姉様〕愛知県名古屋市(上品な語)562 ◇んね 山形県庄内050 兵庫県淡路島(小児語)671 和歌山県西牟婁郡・東牟婁郡690 ◇んねえ 鹿児島県口之永良部島982 ❷兄の妻。長男の嫁。兄嫁。岩手県岩手郡089 ◇あにやん 新潟県佐渡348 ◇あねさ 岩手県九戸郡088 気仙郡100 山形県139 福島県東白川郡157 石川県河北郡062 ◇あねつぁ 山形県北村山郡・最上郡139 ◇あねはん 山形県山形市・東村山郡139 ◇あねやん 新潟県佐渡348 ◇あねよめ〔姉嫁〕沖縄県宮古島050 ◇あんね 富山市近在(中流以下)392 ◇おあねつぁん 宮城県栗原郡(敬称)114 ❸嫁。花嫁。お嫁さん。◇ああねさん 北海道函館062 ◇あうねえ 岐阜県飛驒(若い嫁)502 ◇あねえさま 岩手県九戸郡088 ◇あねえし 群馬県吾妻郡219 ◇あねえじょお 山梨県南巨摩郡463 ◇あねさ 青森県三戸郡(だんな衆階級の嫁を目上の者が呼ぶ)083 新潟県(家族の者が自家の嫁を指していう)368 富山県砺波(卑称・三人称)398 石川県珠洲郡408 能美郡419 岐阜県郡上郡(姑からいう)504 ◇あねちゃ 秋田県130 山形県(呼び掛ける時にいう)139 ◇あねちゃま 新潟県東蒲原郡(家族の者が自家の嫁を指していう)368 ◇あねちゃん 山形県山形市・南村山郡(呼び掛ける時にいう)139 ◇あねはん 富山県砺波(やや上流の嫁)398 ◇あねやん 新潟県直江津382 ◇あんにゃま 富山県389 398 石川県江沼郡(新婦)422 ◇あんね 山梨県453 461 岐阜県飛驒(若い嫁)502 ◇いねさん 石川県石川郡038 ◇おあねはん 富山県砺波(上流の嫁)398 399 ◇おあんねえさん 山梨県461 ❹他人の妻。既婚婦人。主婦。おかみさん。山形県(若妻)139 ◇あにま 石川県河北郡062 ◇あねえさま 岩手県九戸郡(若い主婦)088 東京都八丈島042 ◇あねえさん 山梨県455 460 462 福岡県企救郡875 ◇あねえどの 伊豆八丈島(大家の妻)†080 ◇あねさ 青森県南部(若い主婦)084 岩手県気仙郡(実権を持たぬ若い主婦)100 山形県(若い主婦)139 新潟県368 (中流の上の若い嫁)371 (若妻)384 富山県砺波(中流以下の中年の主婦)397 石川県能美郡404 長野県南部062 岐阜県飛驒(中流以下の中年の主婦)499 502 ◇あねつぁ 秋田県南部(若い主婦)130 ◇あねはん 山形県054 139 愛媛県周桑郡844 ◇あねやん 新潟県中頸城郡(中流の若い主婦)383 ◇あや 青森県上北郡(中老の主婦)074 新潟県三島郡(年取った主婦)050 西蒲原郡(中流家庭の主婦)371 ◇あやあ 北海道松前郡(五〇歳前後の婦人)038 ◇あんな 沖縄県宮古島050 ◇あんにゃさま 石川県江沼郡(二人称。また商家の妻をいう)404 ◇あんにゃま 石川県江沼郡・石川郡(三〇歳以下くらいの主婦)404 ◇あんね 岐阜県飛驒(若い主婦)502 ◇おわねさん 宮城県石巻(敬称)120 ❺女主人。また、それを敬って呼ぶ語。平民が士族の既婚婦人に対して用いた。奥様。◇あいめえ 沖縄県那覇市975 ◇あやあめえ 沖縄県首里993 ❻貴族の嫁が姑(しゅうとめ)を呼ぶ語。◇あいめえ・あやめえ 沖縄県首里993 ❼自分の妻。◇あんねさ 長野県諏訪481 ❽長女。長姉。青森県津軽071 宮城県栗原郡(父母から長女を指していう)114 秋田県鹿角郡(農家の父母から長女を指していう)132 山形県東田川郡054 ◇あねさ 新潟県上越(中流)382 ◇あねちゃ 新潟県上越(中流)382 ◇あねちゃま 新潟県東蒲原郡368 ◇あねちゃん 新潟県上越(上流)382 熊本県天草郡936 ◇あねび 岐阜県揖斐郡507 ◇あねやん 新潟県佐渡351 ◇あんね 新潟県上越382 富山県射水郡394 熊本県天草郡936 ❾次女以下の娘。妹娘。秋田県北秋田郡130 ◇あねがま 沖縄県宮古島(末姉の意)050 ◇あんがあ 沖縄県宮古島(仲姉の意)050 ◇あんががま 沖縄県宮古島(末姉の意)050 ❿年若い女。娘。少女。青森県069 071 078 岩手県089 098 (下輩の若い女)106 宮城県114 (やや卑称)120 121 秋田県(中流以下の娘)130 132 山形県139 福島県福島市158 相馬郡(卑語)161 新潟県佐渡(三〇代以下の女をやや侮る語)352 東蒲原郡368 ◇あうねえ 岐阜県飛驒502 ◇あにやん 新潟県佐渡351 ◇あねえさま 岩手県九戸郡088 ◇あねさ 岩手県九戸郡088 気仙郡(親しんで呼ぶ)100 福島県東白川郡157 新潟県西蒲原郡371 中頸城郡383 ◇あねそん 新潟市(軽い敬称)361 ◇あねちゃ 青森県南部084 秋田県北秋田郡130 山形県東田川郡054 ◇あねちゃん 宮城県石巻120 ◇あねどん 熊本県球磨郡919 ◇あねはん 徳島県809 ◇あねら・あねんこ 三重県志摩郡585 ◇あんぐぁあ 沖縄県首里993 ◇あんにゃま 石川県404 ◇あんね 新潟県中越373 富山市近在(主に中流以下)392 山梨県453 461 鹿児島県屋久島(名前に付けて「…あんね」と呼ぶ)981 ◇あんねさん 熊本県天草郡(敬称)936 ◇んね 鹿児島県屋久島(名前に付けて「…んね」と呼ぶ)981 ⓫処女。秋田県鹿角郡130 ◇あっつぁ 秋田県平鹿郡・雄勝郡130 ◇あねつぁ 秋田県南部130 ◇あねら 三重県度会郡586 ⓬年上の女。目上の女。◇あにやん 新潟県佐渡348 ◇あねさ 岩手県気仙郡100 ◇あねはん 山形県(女性語)135 ◇あねやん 新潟県佐渡351 ⓭中年婦人。◇あねさ 新潟県中越373 377 ⓮女。婦人。青森県(成人した女の美称)082 084 岩手県東磐井郡106 ◇あねちゃ 青森県南部084 ◇んね 山形県東田川郡(二〇~三〇代の女で主に家つき娘をいう)054 兵庫県淡路島(他人への呼び掛け。下品な語)671 ⓯母。◇ああや 埼玉県北葛飾郡258 東京都江戸川区308 ◇ああやん 群馬県桐生市241 長野県054 493 三重県志摩郡584 度会郡586 ◇あに 沖縄県宮古島(養母に呼び掛ける語)050 ◇あや 青森県073 074 秋田県山本郡・南秋田郡(主として下流の語)130 山形県139 新潟県347 368 375 ◇あやあ 沖縄県那覇(士族の語)054 中頭郡975 首里993 ◇あやん 新潟県佐渡358 ◇あんな・あんなあ 沖縄県宮古島(士族階級の語)050 ◇あんに 沖縄県小浜島996 ◇あんね 岐阜県飛驒502 ◇いねかく 福井県大野郡428 ◇うね 庄内†001 出羽†025 山形県庄内138 新潟県佐渡356 ◇うめぁ・うめぇ・んね 新潟県佐渡356 ⓰祖母。老婆。◇あねぃい 鹿児島県喜界島983 ◇あねぃんかあ 鹿児島県喜界島(祖父母の姉妹)983 ◇あや 鹿児島県奄美大島975 ⓱下女。女中。女の使用人。北海道函館062 岩手県気仙郡103 秋田県雄勝郡・仙北郡130 山形県139 ◇あいしゃん 長崎県壱岐島914 ◇あねえじょお 山梨県南巨摩郡463 ◇あねえや 島根県仁多郡725 ◇あねさ 岩手県気仙郡(他家の下女)100 ◇あねどん 熊本県919 ◇あねや 宮城県石巻120 仙台市121 新潟市361 島根県出雲(主婦から下女を呼ぶのにいう)725 熊本県阿蘇郡923 ◇あねやん 福岡県浮羽郡872 ◇あんちい 福岡県久留米市(見下げていう)883 ◇あんちゃん 福岡県872 久留米市(下女を呼ぶのにいう)883 ◇あんにゃま 石川県鹿島郡411 ◇あんにゃん 福岡県872 ◇あんね 岩手県気仙郡100 山形県米沢市139 神奈川県藤沢市319 山梨県453 460 461 福岡県872 佐賀県唐津市893 藤津郡895 長崎県902 905 906 熊本県天草郡919 ◇あんねさん 岩手県気仙郡100 ◇あんねどん 長崎市906 ◇あんねやん 佐賀県藤津郡895 ◇あんやん 和歌山県新宮702 長崎県壱岐島914 ◇いねさ 和歌山県新宮703 ◇んねさ 和歌山県新宮702 ⓲子守女。子守娘。山形県139 ◇あねや 宮城県石巻120 ◇あねやん 熊本県阿蘇郡919 ◇あねん 熊本県葦北郡・八代郡933 ◇あのお 東京都八丈島(名前に付けて「…あのお」と呼ぶ)337 ◇あや 新潟県062 347 383 ◇あやさ 新潟県上越市382 中頸城郡383 ◇あんしゃん 福岡市878 ◇あんどお 東京都八丈島(名前に付けて「…あんどお」と呼ぶ)337 ◇あんにゃん 福岡市877 ◇あんね 山形県米沢市・東置賜郡139 山梨県453 460 461 熊本県919 ◇あんやん 熊本県919 ◇いんねえ 東京都八丈島(子が名前に付けて「…いんねえ」と呼ぶ)337 ⓳遊女。女郎。娼妓(しょうぎ)。秋田県平鹿郡130 山形県西村山郡・北村山郡139 ◇あねや 新潟市361 ⓴魚や野菜などを売り歩く行商の女。新潟県佐渡349 ㉑表面の態度と心の中が全く違う人。うわべはにこにこしていても心は反対であるような人。青森県津軽075 ㉒動物、ねずみ(鼠)。◇あねさ 新潟県中越373 ㉓植物、ぬすびとはぎ(盗人萩)。◇あねこぐさ〔―草〕とも。秋田県北秋田郡131 ↓ねえ(姉)

あね‐ご【姉御・姐御】〘名〙(「ご」は接尾語)①姉を敬っていう語。姉御前(あねごぜ)。姉上。*曾我物語(南北朝頃)二・時政が女の事「まことに不思議の夢なり、あねごは知らせたまふべし」*日葡辞書(1603-04)「Anego (アネゴ)」*浄瑠璃・生玉心中(1715か)上「聞けば姉御さん、堺筋の塩町辺に縁づきしてごんすとや」②女を親しみ敬って呼ぶ語。＊歌謡・宗安小歌集（1599–1615頃か）「おれは明年十四になる、しにせうすらうあぢきなや。あねこへ申候。あねの思出にあねこのとごが所望なの」＊歌舞伎・幼稚子敵討（1753）二「さふでござりまする。サア姉子（あねご）様、御出（おいで）なされませい」＊滑稽本・浮世風呂（1809–13）三・序「江戸の奶奶（アネゴ）が唇紅（くちべに）兀（はが）して礫野郎（はっつけやらう）とは似気（にげ）なき悪態」＊こがね丸（1891）〈巖谷小波〉二回「臨終（いまわ）の際（きわ）に只一事、阿姐（アネゴ）に頼み置き度き件（こと）あり」③やくざ仲間などで、親分、兄貴分の妻、または、女親分をいう語。あねえかぶ。＊雑俳・柳多留‐一一（1776）「どやのかかあねごあねごとたてられる」＊歌舞伎・与話情浮名横櫛（切られ与三）（1853）二幕「モシモシ姐御、向ふにも、子分の手合（てあい）が待ってゐる様子」＊吾輩は猫である（1905–06）〈夏目漱石〉一〇「洗髪の姉御が立膝で、長烟管（ながぎせる）を黒柿の縁へ叩きつける」［方言］❶姉。姉さん。栃木県198 群馬県234 242 245 埼玉県秩父郡251 千葉県市原郡282 東京都八王子311 神奈川県津久井郡317 愛知県碧海郡062 徳島県809 大分県大分郡941 ❷嫁。花嫁。山梨県453 461 ❸他人の妻。既婚の婦人。新潟県西蒲原郡（下流の若妻の軽い敬称）371 ❹次女以下の娘。妹娘。千葉県夷隅郡040 ❺年の若い女。娘。徳島県809 ❻中年の婦人。江戸†114 ［発音］アネゴ 〈標ア〉①②は［0］［ネ］③は［0］ 〈京ア〉［ネ］ ［辞書］日葡・ヘボン・言海 ［表記］姉御（言）

あね-こうこう【姉孝行】‥カウカウ『名』姉を、親のように大切に扱い、よく仕えること。＊浄瑠璃・堀川波鼓（1706頃か）中「姉様去って下されと言ふてやったは姉孝行」

あね-ごころ【姉心】『名』姉としての思いやりのある心。＊人情本・春色梅美婦禰（1841–42頃）二・九回「妹を思ふ姉心」

あね-ごぜ【姉御前】『名』（「ごぜ」は接尾語）姉を敬っていう語。姉上様。＊大観本謡曲・竹雪（室町末）「われのみならず母上も姉御前（あねごぜ）も思ひは、長松の風、身にしむばかり更（ふ）くる夜の」［発音］アネゴ（ゴ）ゼ 〈標ア〉［ゴ］（［ゴ］）

あね-ごぜん【姉御前】『名』「あねごぜ（姉御前）」に同じ。＊幸若・信太（室町末‐近世初）「いささせ玉へ姉こせん、常陸の国へ打越、うらめしき小山がかうべをはね」＊日葡辞書（1603–04）「Anegojen（アネゴゼン）」［辞書］日葡

あねこ-むし【姉虫】『名』［方言］❶虫、てんとうむし（天道虫）。青森県津軽076 宮城県仙台市121 ◇**あねっこむし** 岩手県紫波郡093 ❷虫、てんとうむしだまし（天道虫騙）。青森県津軽073 ❸蜻蛉（とんぼ）の幼虫。水蠆（やご）。◇**あねもし** 富山県390

あねさき【姉崎】千葉県市原市の地名。木更津街道の宿場町として発達。ノリ・貝の養殖地を埋め立てて石油化学工業の進出が盛ん。姉ケ崎。

あねざき【姉崎】姓氏の一つ。［発音］〈標ア〉［ネ］

あねざき-ちょうふう【姉崎嘲風】宗教学者。評論家。本名は正治。京都生まれ。東京帝国大学教授。高山樗牛（ちょぎゅう）と親交があり、芸術評論にも活躍した。著「根本仏教」「切支丹伝道の興廃」など。明治六～昭和二四年（一八七三～一九四九）

あね-さま【姉様】『名』①姉を敬っていう語。あねさん。＊浄瑠璃・心中宵庚申（1722）中「アア忝い父様（ととさま）あねさまも悦（よろこ）んで下さんせと」＊不言不語（1895）〈尾崎紅葉〉三「心には奥様をば姉様（アネサマ）とも思ひて」②若い女性を親しんで呼ぶ語。＊にごりえ（1895）〈樋口一葉〉一「緋の平ぐけが背の処に見えて言はずと知れし此あたりの姉（アネ）さま風なり」＊東京の三十年（1917）〈田山花袋〉KとT「好いあねさまゐるだで、この頃はよく出かけるんだべ」③「あねさまにんぎょう（姉様人形）」に同じ。＊咄本・鳶稚獅子（1774）あめ細工「親父見て、『何をかってきた。鳶口（とびくち）か、ひゃうたんか』『インニャ、おら、あね様をかって来た』『ヱヱべらぼうめ。男のやうでもなひ』」＊滑稽本・浮世風呂（1809–13）二・上「もみ紙でこしらへた島田、丸まげ、島田くづし、片はづしなどのあねさまへ附木で拵た櫛がうがいをさし」＊歌舞伎・御国入曾我中村（1825）三幕「人形町へ行て、よい姉様（アネサマ）買うて来てやりませう」＊たけくらべ（1895–96）〈樋口一葉〉一五「何時までも何時までも人形と紙雛（アネ）さまとをあひ手にして飯事（ままごと）許りして居たらば」［方言］❶姉。姉さん。山形県（敬称）139 新潟県下越（上・中流）387 富山県390 岐阜県北飛騨（上・中流）499 愛知県名古屋市（上・中流）562 和歌山県海草郡・有田郡690 長崎市906 熊本県天草郡936 大分県直入郡（中流以上）939 ❷兄の妻。兄嫁。長野県下伊那郡492 ❸嫁。花嫁。お嫁さん。青森県三戸郡083 新潟県東蒲原郡（家族の者が自家の嫁を指していう）368 富山県砺波（三人称）398 ❹他人の妻。既婚の婦人。岩手県気仙郡（若い主婦）103 山形県（若妻）139 米沢市062 西村山郡（地主の奥様）139 千葉県東葛飾郡（まだ子供のいない若妻）040 新潟県西蒲原郡（上流の若主人または嫡子の妻）371 富山県砺波（中流以上にいう）397 石川県（大家の妻）062 404 長野県東筑摩郡480 下伊那郡492 岐阜県飛騨郡502 ❺年若い女。娘。少女。青森県南津軽郡038 三戸郡（中流以上の娘の称）083 栃木県塩谷郡200 千葉県東葛飾郡040 新潟県東蒲原郡368 石川県珠洲郡408 ❻年上の女。目上の女。長野県東筑摩郡480 長崎市906 ❼中年婦人。新潟県中越373 377 ❽女性。婦人。山形県139 千葉県東葛飾郡277 ❾芸者屋などの中年くらいまでの女将。長崎市906 ❿動物、ねずみ（鼠）。福島県062 ［発音］〈なまり〉アイシャン・アイヤン・アンヤン〔壱岐〕アエッア・アネッア〔山形〕アッチヤ・アッツァ〔秋田〕アネサン〔秋田・鹿児島方言〕アネンマ〔秋田〕アネサ〔秋田・飛騨・紀州〕アネシャマ〔長崎〕アネチャ〔秋田・山形小国〕アネッァ・アネッチャ〔秋田・福島〕アネハマ〔岩手〕アネジョ・アネゾ・アンジョー・アンゾ〔鹿児島方言〕アネハン〔岩手・山形・福島・徳島・讃岐〕アネマ〔岐阜〕アネヤン〔福島・山梨・福岡〕アンシャン〔埼玉方言・福岡・佐賀〕アンチャン〔福岡〕アンネー〔埼玉方言〕アンニャ・アンニャマ・アンマ〔石川〕ネーマ〔愛知〕〈標ア〉［0］

あねさま-あそび【姉様遊】『名』「あねさまごっこ（姉様―）」に同じ。＊閨秀（1972）〈秦恒平〉一「例によってつねの姉様遊びを面白そうに覗いていた」［発音］〈標ア〉［ア］2

あねさま-え【姉様絵】‥ヱ『名』女児のおもちゃ用の絵。女の姿を描いた絵で、切り抜いたり、貼り合わせたりして遊ぶ。

あねさま-かぶり【姉様被】『名』「あねさんかぶり（姉様被）」に同じ。＊富岡先生（1902）〈国木田独歩〉六「姉様冠（アネサマカブリ）の花嫁中腰になって張物をして居る」＊夢の女（1903）〈永井荷風〉一四「手拭を姉様冠（アネサマカブ）りにして」［発音］〈標ア〉［カ］

あねさま-ごっこ【姉様―】『名』女の子が姉様人形などで遊ぶこと。あねさまごと。あねさんごっこ。＊門三味線（1895）〈斎藤緑雨〉一「姉（アネ）さまごっこ鬼ごっこ昼はおまへが所で遊んだれば」［発音］アネサマゴッコ 〈標ア〉［ゴ］

あねさま-ごと【姉様事】『名』「あねさまごっこ」に同じ。＊歌舞伎・盲長屋梅加賀鳶（1886）二幕「をばさんが相手をして、姉（アネ）さま事（ゴト）してやりませう」＊当世商人気質（1886）〈饗庭篁村〉四・三「古（いに）しへは姉さまごとの遊びにて奢りがましき事もなかりしが」

あねさま-ずくし【姉様尽】‥づくし『名』女の子が人形で遊ぶこと。人形遊び。＊銀の匙（1913–15）〈中勘助〉後・二「千代紙やあね様づくしなどは影をかくして」

あねさま-とうなす【姉様唐茄子】‥タウなす『名』女が手拭いで頭を丸く包み、かぶること。また、その頭のさま。＊われから（1896）〈樋口一葉〉一一「一同手に手に打冠（かぶ）り、姉（アネ）さま唐茄子（トウナス）、頬かぶり、吉原かぶりをするも有り」

あねさま-とんぼ【姉様蜻蛉】『名』［方言］虫。❶いととんぼ（糸蜻蛉）。千葉県長生郡287 ◇**あねさんとんぼ** 千葉県261 ◇**あねさどんぼ** 新潟県西蒲原郡371 ◇**あねこだんぶり** 青森県上北郡082 ❷おはぐろとんぼ（御歯黒蜻蛉）。新潟県東蒲原郡368 ◇**あねはんとんぼ** 富山県390 射水郡394 ◇**あねさとんぼ** 新潟県中越373 ❸あきあかね（秋茜）。◇**あねさどんぼ** 富山県東礪波郡402

あねさま-にんぎょう【姉様人形】‥ニンギャウ『名』女児のおもちゃの一種。縮緬紙（ちりめんがみ）で髷（まげ）を作り、千代紙、布などで着物を作った花嫁姿の雛（ひな）人形。あねさま。あねさん。＊日本橋（1914）〈泉鏡花〉四六「大人の手に遊ばれる姉（アネ）さま人形も同じ事」［発音］アネサマニンギョー 〈標ア〉［ニ］

あね-さん【姉様】『名』①「あねさま（姉様）①」に同じ。＊咄本・再成餅（1773）こん礼「おまへのあねさんが、どけいかござったそうでございす」＊洒落本・廻覧奇談深淵情（1803）其次「蛾山さんはわたくしの本とうのあねさんでおすからね」＊滑稽本・浮世風呂（1809–13）前・下「『芝居も見ねへ癖に』『ヱヱ、いつか行やした。姉（アネ）さんの宿下の時に行ったア』」＊幼学読本（1887）〈西邨貞〉一「あねさんは内をはくから、わたくしは外をはきませう」②「あねさま（姉様）②」に同じ。＊滑稽本・浮世風呂（1809–13）三・下「ホホヲ姉（アネ）さん、今来なすったか」＊草枕（1906）〈夏目漱石〉一「赤い腰巻の姉（アネ）さんや、時には人間より顔の長い馬に迄逢ふ」③「あねご（姉御）③」に同じ。④「あねさまにんぎょう（姉様人形）」に同じ。［方言］❶姉。姉さん。秋田県鹿角郡050 岩手県気仙郡103 千葉県山武郡270 新潟県佐渡348 静岡県志太郡535 愛知県愛知郡563 三重県志摩郡585 鳥取県西伯郡054 島根県725 香川県（他人の姉の軽い敬称）829 福岡県粕屋郡876 福岡市877 長崎県壱岐島050 熊本県919 大分県941 ❷兄の妻。兄嫁。千葉県香取郡040 山武郡270 新潟県佐渡348 長野県上伊那郡488 ❸嫁。花嫁。秋田県130 千葉県千葉郡（嫁にいく女性）275 ❹他人の妻。主婦。佐渡（町家の妻）†085 岩手県和賀郡095 気仙郡（若い主婦）100 秋田県北秋田郡（若い主婦）130 山形県庄内（若い主婦）138 群馬県勢多郡・吾妻郡040 千葉県山武郡（若い主婦）270 石川県加賀404 鳳至郡409 長野県上伊那郡488 三重県志摩郡585 熊本県球磨郡（上流の主婦）054 鹿児島県曽於郡（呼びかける時にいう）054 ❺長女。長姉。新潟県上越（上流）382 島根県隠岐島725 熊本県飽託郡・八代郡919 ❻年の若い女。娘。佐渡†085 三重県志摩郡585 島根県安濃郡・邇摩郡724 隠岐島（敬称）725 熊本県球磨郡919 ❼処女。秋田県130 和歌山県日高郡690 ❽年上の女。目上の女。新潟県佐渡348 ❾中年の婦人。新潟県中越373 377 ❿下女。女中。和歌山県日高郡・東牟婁郡690 ［発音］〈標ア〉［0］

あねさん-かぶり【姉様被】『名』婦人の手拭いのかぶり方の一つ。手拭いの中央を額にあて、その両端を左右から後ろへまわして、一方の端をさらに頭へのせてはさむかぶり方。あねかぶり。あねさまかぶり。＊三人妻（1892）〈尾崎紅葉〉後・一「花香り、人は出盛る中を、姉様冠（アネサンカブ）りに目鬘（めかづら）して」＊初すがた（1900）〈小杉天外〉一二「坊主頭に浅黄の手拭を締りなく姉様冠（アネサンカブ）りにして」＊月山（1974）〈森

姉様被り
〈喜多川歌麿　炊事美人より〉

敦〉「姉さんかぶりは山の女の礼儀とされ、その手拭いを新しくするのは衣服を改めるほどの意味があるそうですが」 発音〈標ア〉カ〈京ア〉カ

あねさん-ごっこ【姉様―】〖名〗「あねさまごっこ(姉様―)」の変化した語。*東京風俗志(1899–1902)〈平出鏗二郎〉下・一一・児戯「姉(アネ)さんごっこは、専ら女児の遊びにして、紙・布片などにて女の形(姉さま)を作り、屏風などを飾りたてて、飯ごとなどをして遊ぶをいふなり」 発音アネサンゴッコ〈標ア〉ゴ

あねさん-にょうぼう【姉様女房】〖名〗「あねにょうぼう(姉女房)」に同じ。 発音アネサンニョーボー〈標ア〉ニョ

あねさん-ぶ・る【姉様振】〖自ラ五(四)〗(「ぶる」は接尾語) 姉であることを特に示すような態度をとる。姉らしくふるまう。*社会百面相(1902)〈内田魯庵〉貴婦人・下「裏小路夫人は姉(アネ)さん振った口吻で」 発音〈標ア〉ブ

あね-し【姉師】〖名〗強盗の前科のある者を、多少尊敬の気持を含んで呼ぶ、盗人仲間の隠語。〔隠語輯覧(1915)〕

あね-じゃ【姉者】〖名〗「あねじゃひと(姉者人)」に同じ。*歌舞伎・櫓雑石尊贐(1823)大切「姉者の討たれし上は、志津摩が敵の助太刀も」

あねじゃ-ひと【姉者人】〖名〗(姉である人の意。「者」はあて字) 姉を敬っていう語。姉様。*かた言(1650)三「姉(アネ)じゃ人、叔父じゃ人、伯母じゃ人などとは云ふべき歟」*歌舞伎・和哥浦片男浪(1692か)一「是々あねじゃ人しのぶがあのやうに申はづが有」*浮世草子・新色五巻書(1698)三・四「それ姉(アネ)じゃ人に汁代へて進ぜ」*歌舞伎・彩入御伽草(1808)小平次内の場「わが姉者人(アネジャビト)の雌龍(めりう)の印(いん)を奪ひしは」 発音〈標ア〉ジャ

あねじゃ-もの【姉者者】〖名〗(「姉である者」の変化した語)「あねじゃひと(姉者人)」に同じ。*俳諧・鷹筑波(1638)五「おいおいといふ声ばかりきくあねじゃもの二子を夢によろこびて〈重好〉」

あね-じゅうと【姉姑】〖名〗夫の姉。 方言秋田県鹿角郡132

あねじゅうとは鬼千匹(おにせんびき)小姑(こじゅうと)は鬼十六(おにじゅうろく)にむかう 嫁の身にとっては、夫の姉や妹は鬼の千匹、十六匹にもあたるもので、なかなか仲よくすることがむずかしいということ。

あね-じょ【姉女】〖名〗「あね(姉)」に同じ。 方言❶姉。姉さん。熊本県(敬称。中流以下)058 919 宮崎県東諸県郡954 鹿児島県963 ◇あねじょお 島根県石見(敬称)725 大分県(親愛の称)938 ❷年上の女。目上の女。島根県隠岐島725 ◇あねじょお 島根県石見725

あね-じょろう【姉女郎】〖名〗姉分にあたる女郎。先輩格の遊女。⇔妹女郎。*浮世草子・好色盛衰記(1688)一・四「姉(アネ)女良の三舟が手振をうつすがゆへなるべし」*雑俳・柳多留拾遺(1801)巻一四・上「姉女良三の糸ほと口をきき」*滑稽本・東海道中膝栗毛(1802–09)二・下「ここの内のあね女郎、名はとこなつ」 発音アネジョロー〈標ア〉ジョ

アネックス〖名〗(英annex) ①付録。②別館、離れなど、主屋の機能を補足する建物。 発音〈標ア〉ネ

あねっ-こ【姉子】〖名〗①娘。*滑稽本・田舎草紙(1804)四「大身さアのあねっこでもよめんじょにおっとるべいもんでもない」②姉の子供。*イボタの虫(1919)〈中戸川吉二〉「姉は、姉子(アネッコ)の小さな達坊を私が抱くために来たのか、お金がなくなってやって来たのかを、敏感に察した」 方言❶姉。姉さん。岩手県上閉伊郡097 長野県475 485 491 ❷娘。岩手県088 093 097 長野県上田475 佐久484 ❸女性。婦人。北海道松前郡(三〇~三五歳)038 函館066

あ-ねったい【亜熱帯】〖名〗(「亜」は、次ぐの意)気候帯の一つ。温帯と熱帯の中間にあり、緯度二〇度から三〇度あたりの地域。アフリカ北部、中国南部、北アメリカ南部、南アメリカ中部、オーストラリア南部などが属す。⇔亜寒帯。*英和和英地学字彙(1914)「A-nettai Subtropical 亜熱帯」 発音〈標ア〉0ネ〈京ア〉ネ

あねったい-きこう【亜熱帯気候】〖名〗亜熱帯に一般的な気候。熱帯的な夏とはっきりした冬がある。一般に乾燥しているが季節によって貿易風や偏西風の影響も受ける。 発音アネッタイキコー〈標ア〉キ

あねったい-こううりん【亜熱帯降雨林】〖名〗暖温帯の多雨地方に生育する常緑森林。ビロウ、ヒルギ、ソテツなどが生育する。わが国では九州南端、沖縄などにみられる。亜熱帯雨林。 発音アネッタイコーウリン〈標ア〉ウ

あねったい-こうきあつ【亜熱帯高気圧】〖名〗南北両半球とも、その亜熱帯地方に地球をとりまくようにして存在する高気圧。この南側は東よりの貿易風帯であるのに対し、その北側は偏西風帯になっている。 発音アネッタイコーキアツ〈標ア〉キ

あねったい-しゅうそくせん【亜熱帯収束線】〖名〗北赤道海流と西風海流が北太平洋の亜熱帯付近で交わる帯状の水域。南半球の海洋にも対称的な位置に存在する。亜熱帯収斂線(しゅうれんせん)。 発音アネッタイシューソクセン〈標ア〉0ク

あねったい-しょくぶつ【亜熱帯植物】〖名〗亜熱帯に主として分布する植物の総称。日本では主に南西諸島や小笠原諸島に分布する。耐寒性が劣る。ヒメツバキ、シュロ、ソテツなど。 発音〈標ア〉ク

あねったい-りん【亜熱帯林】〖名〗亜熱帯地方に成立する森林。日本では九州の南部や小笠原諸島にある。 発音〈標ア〉タイ

あね-ど【―戸】〖名〗杉板を用いて、五本の桟(さん)に目板を打ち付けた戸。*浮世草子・立身大福帳(1703)七「杉のふし戸といふに、一間にて四匁五分の戸あり、此上にあね戸といふて、同じ五本ざんに、め板打て五匁五分」 ト

アネトール〖名〗(ドイツ Anethol)《アネソール》大茴香油(だいういきょうゆ)、アニス油などの精油中に含まれている香料成分。菓子や飲料などの香料、健胃剤、去痰剤(きょたんざい)などにも用いられる。 発音〈標ア〉ト

あね-にょうぼう【姉女房】〖名〗夫より年上の妻。姉さん女房。*俳諧・庵の記(1707)初発心「種蒔じゃとてわざと塩魚〈十竹〉 つばくらの唇うすき姉女房〈藤乃〉」*笹まくら(1966)〈丸谷才一〉七「砂絵屋の姉女房は(もうこのときは、自分が姉女房であることを彼女は知っていた)興奮して」 方言奈良県宇智郡683 徳島県三好郡814 ◇あねがか〔姉嚊〕 愛媛県周桑郡・喜多郡845 ◇あねかかさ 愛知県北設楽郡054 ◇あんねえかっかあ 静岡県榛原郡541 発音アネニョーボー 〈ナマリ〉アネニョー〔和歌山〕〈標ア〉ニョ〈京ア〉ニョ

あねにょうぼうは身代(しんだい)〔=世帯(しょたい)〕の薬(くすり) 夫より妻の方が年上なものは、家政をうまくおさめ、また、夫によく仕えるので家庭が円満であるということ。*雑俳・雪の笠(1705)「しまつする・しょたいの薬あね女房」

あね-はづる【姉羽鶴】〖名〗ツル科中、最小の種で全長約九五センチメートル。全身灰色で、首の前面は黒色。目の後方には白い房状の飾り羽がある。ヨーロッパ南東部からアジア中部に分布。日本には迷鳥として渡来したことがある。学名はAnthropoides virgo《季・秋》*大和本草(1709)一五「鶴〈略〉あねはつる、黒より甚小也。形色はまなづるに似たり」*重訂本草綱目啓蒙(1847)四三・水禽「鶴〈略〉一種あねはづるは陽鳥(くろづる)より甚小く形色鶬鶏に似たり」 発音〈標ア〉ハ 辞書言海 表記姉羽鶴(言)

あね-ばな【姉花】〖名〗 方言植物。❶おみなえし(女郎花)。山形県北村山郡139 ❷あじさい(紫陽花)。◇あんさんばな 石川県鳳至郡062 ◇あんさ 新潟県佐渡352 ◇あんしい 長崎県壱岐島914 ◇あんせぁ 秋田県平鹿郡130 ❸しゅんらん(春蘭)。◇あんさんばな 石川県珠洲郡407

あね-は-の-まつ【姉歯松】 宮城県北部、金成(かんなり)町姉歯にあった松。小野小町の姉あるいは松浦佐用姫(まつらさよひめ)の姉の墓上に植えた五葉松といわれる。歌枕。*塗籠本伊勢物語(10C前)一四「栗原のあねはのまつの人ならば都のつとにいざといはましを」*宇津保(970–999頃)内侍督「きく人はあねはのまつの風なれやむかしのこゑを思ひいづるは」*御伽草子・小町草紙(室町末)「あこやの松やあねはのまつ人ならば都の旅に誘ふべきと」 発音〈標ア〉マ

あね-び【姉―】〖名〗 方言⇩あねこ(姉―)

あね-びと【姉人】〖名〗「あね(姉)」に同じ。

あね-ふうふ【姉夫婦】〖名〗姉とその夫。*疑惑(1913)〈近松秋江〉「二階で姉夫婦と私達と四人で話をした」 発音アネフーフ〈標ア〉フ

あね-ぶ・る【姉―】〖自ラ五(四)〗(「ぶる」は接尾語) 姉らしい様子をする。あねさんぶる。*思出の記(1900–01)〈徳富蘆花〉九・三「尤(もっと)も当人は時々姉ぶって困ったが」*葉書(1909)〈石川啄木〉「甲田は、そんな風な姉ぶった言振(いひぶり)をするのを好まなかった」 発音〈標ア〉ブ

あね-ぶん【姉分】〖名〗かりに姉と定めた人。姉として敬う人。*浮世草子・新色五巻書(1698)三・四「よしや姉分(アネブン)にして此所に置けば、旦那衆への言い分けも立事也」*和英語林集成(初版)(1867)「A-nebun アネブン 義姉」*矢島柳堂(1925–26)〈志賀直哉〉赤い帯「彼方から『赤い帯』がもう一人の姉分らしい白粉を塗った女と一緒に帰って来る」 発音〈標ア〉ネ0 辞書〈ヘボン〉 表記義姉(ヘ)

あねま【女郎】〖名〗女郎(じょろう)を東北地方でいう。*筆満可勢(1841–42)一・文政一二年一〇月一〇日「酒田女郎の詞づくし〈略〉アネマ。女郎の事をいふ」*風俗画報-一六〇号(1898)言語門「あねまは娼婦の一異称にて姉様(あねさま)の略言也」 方言❶姉。ねえさん。山形県庄内(他人の姉)049 138 新潟県西蒲原郡(上流。弟妹が呼ぶ語)371 富山県050 石川県408 414 418 岐阜県飛騨(敬称)502 三重県南牟婁郡603 和歌山県東牟婁郡690 ❷兄の妻。あによめ。富山市近在(中流以下)392 ❸嫁。山形県東田川郡139 新潟県東蒲原郡(家族が自家の嫁をいう)368 富山県389 399 砺波(自分の家以下の他家の嫁に、また、姑が嫁に対していう)398 石川県珠洲郡408 岐阜県郡上郡(しゅうとめからいう)504 ❹他人の妻。主婦。おかみさん。山形県西田川郡・飽海郡139 富山県砺波(中流以下の中年の主婦)397 岐阜県飛騨502 ❺長女。長姉。新潟県東蒲原郡368 ❻若い女。娘。主に他家の娘。新潟県新潟市(軽い敬称)361 東蒲原郡368 富山県下新川郡038 石川県河北郡414 岐阜県郡上郡(中流)504 ❼下女。ねえや。山形県庄内138 福島県中部155 ❽娼妓。女郎(じょろう)。秋田県由利郡130 山形県049 054 139 福島県中部155 富山県高岡市395 ❾鼠の隠語。富山市近在392

あね-みや【姉宮】〖名〗姉である宮。姉にあたる宮。*源氏(1001–14頃)総角「ありしやうにあね宮をも思ひきこえ給はず」*苔の衣(1271頃)一「あねみやは、いまだ幼くよりさい宮にゐ給へりしが」 発音〈標ア〉0ネ

あね-むこ【姉婿】〖名〗姉の夫。*古活字本毛詩抄(17C前)三「譚公はあねむこか妹むこかであるぞ」*日葡辞書(1603–04)「Anemuco(アネムコ)〈訳〉姉と結婚した人」*評判記・色道大鏡(1678)一一「姉聟(アネムコ)の身にかかりたる事にてはなし」*浮世草子・日本永代蔵(1688)二・二「姉婿(アネムコ)にあづけて月に八拾目づつ利銀わたし」*雑俳・柳多留-四(1768)「姉むことよもやは母の手ぬけ也」 発音〈標ア〉ム〈京ア〉

ム 辞書 日葡・ヘボン・言海 表記 姉婿(へ) 姉聟(言)

あね-むすめ【姉娘】〘名〙上の娘。長女。年上の娘。↕妹娘。＊日葡辞書(1603-04)「Ane musume (アネムスメ)〈訳〉年上の娘」＊咄本・八行整版本昨日は今日の物語(1614-34頃)上「姉娘(アネムスメ)申やうは」＊人情本・英対暖語(1838)初・六回「姉娘は年十八才、名は紅楓(もみぢ)、妹娘は年十七才」 発音〈標ア〉ム〈京ア〉 ム 辞書 日葡・ヘボン 表記 長女(へ)

アネモネ〘名〙(英 anemone) キンポウゲ科ニリンソウ属のこと、または同属の多年草の総称。北半球に約九〇種あり、ふつうには観賞用に栽培される約三〇種ほどをさす。高さ三〇センチメートル内外。葉は細かく羽状に分かれる。春、茎が出て、先端に直径三〜六センチメートルほどの花が咲く。赤、青、紫、白などの色があり、八重咲きもある。ぼたんいちげ。あかやえアネモネ。アメリカおきなぐさ。学名は Anemone《季・春》＊外来語辞典(1914)〈勝屋英造〉「アネモネ Anemone (英) おきな草。白頭翁。秋牡丹」＊縮図(1941)〈徳田秋声〉「夜店ものアネモネや、桜草の鉢などがおいてある干場の竿に」 発音〈標ア〉0〈ネ〉[1]〈京ア〉0

アネモメーター〘名〙(英 anemometer) 風速計。 発音〈標ア〉メ

アネロイド-きあつけい【—気圧計】〘名〙(アネロイドは英 aneroid「非液体」の意) 気圧計の一種。薄い金属でできた真空の箱が気圧の変化に伴って、へこんだりふくらんだりする動きを指針に伝えて気圧を示すようにしたもの。空盒(くうごう)気圧計。アネロイド晴雨計。アネロイドバロメーター。 発音 アネロイドキアッケイ〈標ア〉0

アネロイド-バロメーター〘名〙(英 aneroid barometer aneroid は非液体の意)《アネロイドバロメートル》「アネロイドきあつけい(—気圧計)」に同じ。＊舶来語便覧(1912)〈棚橋一郎・鈴木誠一〉「アネロイドバロメートル 無液晴雨計 Aneroid-barometer〔英〕」

あ-の【彼—】〘代名〙方言 他称。あの人。あの方。彼。岡山県苫田郡748 香川県829 ◇**あなさん** 島根県隠岐島724 ◇**ああさん** 島根県出雲728 ◇**あのっさあ** 鹿児島県(敬称)963 ◇**あのすっさん** 富山県(敬称)390

あの【安濃】㊀三重県の中央部にあった郡。昭和三一年(一九五六)河芸(かわげ)郡と合併して安芸(あげ)郡となる。＊二十巻本和名抄(934頃)五「伊勢国〈略〉安濃〈安乃〉」 ㊁島根県の中北部にあった郡。安農とも書いた。昭和二九年(一九五四)大田市に編入されて消滅。＊二十巻本和名抄(934頃)五「石見国〈略〉安濃」 辞書 和名・色葉・文明・易林 表記 安濃(和・色・文・易) 安農(文)

あの【阿野】姓氏(家名)の一つ。藤原北家閑院(公季)流、滋野井家の支流。滋野井実国の男公佐(実父は藤原成親、母は藤原俊成の女)が、院政期末〜鎌倉初頭に一家を興したことにはじまる。鎌倉後期にでた実廉は、後醍醐天皇の後宮に仕えた廉子(新待賢門院)とは兄弟で、廉子が後村上天皇をはじめ恒良親王らを生んだことから、実廉はもとより季継(実廉の弟で、実廉の後継)・実村・実為は相次いで南朝に仕えている。家格は羽林家、近世の家禄は四七八石。

あの〘名〙「あのう(穴生)㊁」に同じ。＊和訓栞(1777-1862)「あの。近江地志に、石垣を築く者を、あのといふは、近江阿野の里人始て築きしよりの名也といへり」 発音〈標ア〉0 ア

あの〘名〙天、空をいう。盗人仲間の隠語。〔日本隠語集(1892)〕

あ-の㊀〘連体〙(彼)(代名詞「あ」に格助詞「の」の付いた語。古くは連語) ①代名詞「あれ」の指し示す範囲の事柄を修飾する。かの。㋑話し手、聞き手両者から離れた事物、人などを指し示す。＊竹取(9C末-10C初)「さし籠めて、守り戦ふべきしたくみをしたりとも、あの国の人をえ戦はぬなり」＊蜻蛉(974頃)上・安和元年「『あの御方にもて参れ』とてかへしつ」 ㋺過去の経験や目の前にない事物、人など、話し手、聞き手両者に共通の話題を指し示す。かの。いつかの。＊虎明本狂言・今参(室町末-近世初)「いつのならひに、あのあらくもしひ弁慶と判官殿のおちぎりやった事が有ぞ」＊坊っちゃん(1906)〈夏目漱石〉七「そらあの、あなたを此所へ世話をして御呉(おく)れた古賀先生なもし—あの方の所へ」 ②念を押し、または叱責の意を込めて、感動詞的に用いる。＊虎明本狂言・入間川(室町末-近世初)「あのたらしが、やるまひぞやるまひぞ」＊虎寛本狂言・粟田口(室町末-近世初)「『岩巖石成り共かみ砕いて御目に掛うと仰られい』『あのそなたが』」＊滑稽本・浮世床(1813-23)初・中「アノ涕垂(はなたれ)めがすっ込(こん)で居い」 ㊁〘感動〙①はやしことばとして用いる。＊風俗歌拾遺(承徳本古謡集所収)(11C頃)陸奥風俗「名取川幾瀬か渡るや七瀬とも八瀬とも知らずや夜し来しかば安乃(アノ)」＊梁塵秘抄(1179頃)二・法文歌「法華経八巻は一部なり、二十八品其の中に あの 読まれたまふ 説かれたまふ 寿量品ばかり あはれに尊きものは無し」 ②話につまったり、ためらったりした時の、つなぎのことば。あのう。＊洒落本・妓者呼子鳥(1777)三「『サアおとみぼうさしやせう。〈略〉』『アノこれでかへ』」＊安愚楽鍋(1871-72)〈仮名垣魯文〉二・下「モシねへさんアノごめんだうながら生(なま)でたべるのだから精肉(いいとこ)をうす切にして」 発音〈なまり〉アド〔岩手〕アヌ〔壱岐〕アン〔千葉〕〈標ア〉0〈ア史〉室町・江戸●○と●●の両様〈京ア〉0 辞書 日葡・ヘボン・言海 表記 彼(へ・言)

あの 声(こえ)で蜥蜴(とかげ)くらうか時鳥(ほととぎす) (江戸時代の俳人、榎本其角の句) ホトトギスは、その魅力ある声に似ず毛虫のようないやな昆虫類を食べる。転じて、物事は外見と違う場合が多いことをいうたとえ。＊俳諧・五元集拾遺(1747)夏「あの声で蜥(トカゲ)くらふかほととぎす」

あの 手(て)この手(て) (目的を遂げるために用いる)いろいろな方法、手段。＊贅沢貧乏(1960)〈森茉莉〉「年に一回出す本が、一万円の生活を支へてゐるだけだから、贅沢代はあの手この手で捻り出すのである」＊他人の顔(1964)〈安部公房〉灰色のノート「暗示するような言葉を、あの手この手とはさみ込んでみるのだが」

アノア〘名〙(anoa) ウシ科の哺乳類。スラウェシ(セレベス)島特産の森林にすむ小形の水牛。体長約一八〇センチメートル、尾長約四〇センチメートル、体高約八五センチメートル。体は全体に黒みがちで、角は三〇センチメートル前後と短くまっすぐで外方に向かう。原始的な特徴をもつうえ数が少ないので珍獣とされる。なお山岳域には近縁の別種ヤマアノアが生息する。学名は Bubalus(= Anoa) depressicornis 発音〈標ア〉ア[1]

あの-あら〘感動〙方言 ⇨あのない

あのい〘形動〙方言 ⇨あない

あのう【穴生】㊀㊀奈良県吉野郡西吉野村の古地名。後村上天皇が北朝の吉野攻略の難を避けて皇居を置いてからは、賀名生と表記した。＊太平記(14C後)二六・芳野炎上事「今夜急ぎ天(てん)の河の奥賀名生(アナウ)の辺へ御忍び候ふべしと申して」＊浮世草子・近代艶隠者(1686)一・二「我に益なき友ひとり、ふたり、しめやかに世の変易(へんがい)身の述懐などささやき、あなふの奥を尋ん事を願ふも興ありし」 ㊁滋賀県大津市の地名。景行、成務、仲哀の三代の天皇の皇居となった志賀高穴穂宮(しがのたかあなほのみや)のあったところ。穴太。穴多。 ㊁〘名〙石垣を築くことを専門とした石工。近江国(滋賀県)穴生にすぐれた石工が多く居住していたところからいう。→穴生築(あのうつき)。＊俚言集覧(1797頃)「穴夫 石垣を築く工人江州穴夫に住る故にいふと云り。土佐にてあなふのふを口語にをと呼り穴納の字を用う」＊和訓栞(1777-1862)「あなふ 穴生と書り 石切の事也といへり」 発音 アノー〈標ア〉0〈京ア〉0

あのう〘感動〙次の言葉へのつなぎとして、言葉の初めや中間にはさんで言う言葉。＊滑稽本・浮世風呂(1809-13)二・上「あのう、おとっざんがね。お客があるから、あのう、早くおあがりと」＊人情本・春色梅児誉美(1832-33)初・二齣「アノウおゐらん了」＊浮雲(1887-89)〈二葉亭四迷〉一・三「此頃は貴君(あなた)といふ親友が出来たから、アノー大変気丈夫になりましたわ」 発音 アノー〈標ア〉0

あのう-つき【穴生築】〘名〙(「あのうづき」とも) 石垣の築き方の一種。穴生の石工の築いたもの。〔明良洪範(1688-1704頃か)〕

あのう-りゅう【穴太流】〘名〙仏語。天台密教十三流の一つ。行厳の弟子の大慈房聖昭が、行厳より仏頂流を受け継ぎ、さらに院昭より智泉流を伝え、この両流を総合して樹立したもの。聖昭が比叡山麓の穴太(あのう)に住んだところからいう。現在に伝わっている。＊山家正統学則(1794頃)上「一には穴太(アナフ)流、此は院尊闍梨を元祖とす。穴太の聖照闍梨の一流なり」 発音 アノーリュー〈標ア〉0

あの-おかた【彼御方】〘代名〙他称。話し手、聞き手両者から離れた人を指し示す(遠称)。上位者に用いる。＊浄瑠璃・傾城反魂香(1708頃)中「只よそながらあのおかたの為に成、お命を助けるこそ我おっとへの奉公と」＊人情本・清談若緑(19C中)初・二回「夫れはまた彼(ア)のお方が引廻して下さるだらう」 発音〈標ア〉0

アノード〘名〙(英 anode) 電子や陰イオンが移動する方向にある電極。電解、気体放電などの場合は陽極、電池や腐食反応などでは陰極にあたる。真空管の場合は特にプレートという。↕カソード。＊物理学術語和英仏独対訳字書(1888)〈山口鋭之助〉「Anōdo Anode.〈略〉アノード」 発音〈標ア〉ノ

あの-かた【彼方】〘代名〙他称。話し手、聞き手両者から離れた人を指し示す(遠称)。上位者に用いる。＊日葡辞書(1603-04)「Ano cata (アノ カタ)〈訳〉代名詞。あの人、またはあの所」＊浄瑠璃・傾城二河白道(1705頃か)上「全く以てあの方(カタ)の、不義がましきことはなし」＊人情本・春色江戸紫(1864-68頃)三・一六回「彼(ア)の仁(カタ)とお二人限(ぎり)ぢゃア」＊吾輩は猫である(1905-06)〈夏目漱石〉二「全体あの方は洋行なすった事があるのですかな」 発音〈標ア〉タ カ〈京ア〉カ 辞書 日葡

あの-きみ【彼君】〘代名〙「あのくん(彼君)」に同じ。＊破戒(1906)〈島崎藤村〉一八・三「彼(ア)の君(キミ)の為(す)ることを見ると」

あのく【阿耨】「あのくだっち(阿耨達池)」に同じ。＊本朝無題詩(1162-64頃)九・秋日青龍寺述懐〈藤原敦基〉「林擬菩提摸奈苑、池移阿耨省蓮宮」＊唐順之雪詩和蘇韻「葱嶺未消阿耨水、珠林忽散鬘陀花」

あの-ぐ〘連語〙あのよう。あのごとく。＊随筆・裏見寒話(1753)付録「あのぐこのぐ あのやうこのやうといふ事」 方言 ◇**あのぐに** 山梨県452 長野県諏訪468 ◇**あのくに** 山梨県453 長野県北安曇郡476

あのく-かんのん【阿耨観音】仏語。三十三観音の一つ。法華経普門品に、観音が世の人々の姿に応じて三十三種の身を現わして、これを導き救うと説く経文に基づいて発案された俗間の観音。図像としては、岩の上にすわって海を見る姿勢が描かれる。

阿耨観音〈仏像図彙〉

あの-くさ〘感動〙方言 ⇨あのない 発音〈標ア〉カ

あのくだつ【阿耨達】「あのくだっち(阿耨達

池)」に同じ。＊神皇正統記(1339–43)上・序論「此の海中に四大洲あり。〈略〉南洲の中心に阿耨達(あノクタツ)と云ふ山あり。山頂に池あり〈阿耨達こゝには無熱(ぶねつ)と云ふ〉」

あのくだっ-ち【阿耨達池】 仏語。阿耨達龍王(あのくだつりゅうおう)が住むという池。瞻部洲の中央、香山の南、大雪山の北にあって、周囲八百里、金、銀、瑠璃などがその岸を飾る。四つの河を分出して、清冷水により全世界を潤すという。阿那婆達多(あなばだった)。＊勝鬘経義疏(611)一乗章「従㆓世尊如阿耨達池㆒以下。会㆓所生㆒」＊正法眼蔵(1231–53)袈裟功徳「糞掃衣は、むかし阿耨達池にして浣洗せしに、龍王讃歎雨㆑華礼拝しき」＊浄瑠璃・聖徳太子絵伝記(1717)楚宮伽藍「つがひの亀のすむ水はあのくだっちの流れと知れ」＊長阿含経‐世記経閻・浮提洲品「阿耨達池東有㆓恒伽河㆒従㆓牛口㆒出、従㆓五百河㆒入㆓于東海㆒」発音〈標ア〉ダ

あのくだつ-りゅうおう【阿耨達龍王】（梵 Anavatapta-nāga-rāja の訳）仏語。八大龍王の一つ。阿耨達池(あのくだっち)に住み、一切馬形の龍王で、徳が最もすぐれているとされる。阿那婆達多龍王。＊大楼炭経‐一「阿耨達龍王宮在㆓其水中㆒宮名㆓般闍兜㆒阿耨達龍王在㆑中止」発音アノクダツリューオー〈標ア〉オ

あのくたら-さんみゃく-さんぼだい【阿耨多羅三藐三菩提】〘名〙（梵 anuttara-samyak-sambodhi の音訳。無上正遍知、無上正等覚とも訳す）仏語。仏の悟り。真理を悟った境地。この上なくすぐれ正しく平等である悟りの境地。阿耨菩提。＊顕戒論(820)上「此三菩薩必㆓定阿耨多羅三藐三菩提㆒不㆑退㆓無上智道㆒」＊梁塵秘抄(1179頃)二・二句神歌「阿耨多羅三藐三菩提の仏達、我が立つ杣(そま)に冥加あらせたまへ」＊教行信証(1224)二「言㆓速得阿耨多羅三藐三菩提㆒是得㆓早作㆑仏也。阿名㆑无、耨多羅名㆑上、三藐名㆑正、三名㆑編、菩提名㆑道、統而訳㆑之、名為㆓无上正偏道㆒」＊太平記(14C後)二・南都北嶺行幸事「契あれば此山もみつ阿耨多羅(アノクタラ)三藐(ミャク)三菩提(ボダイ)の種や植けん」＊般若波羅蜜多心経「三世諸仏依㆓般若波羅蜜多㆒故得㆓阿耨多羅三藐三菩提㆒」辞書文明 表記阿耨多羅三藐三菩提(文)

あのく-ち【阿耨池】「あのくだっち(阿耨達池)」に同じ。＊出定後語(1745)上・経説異同「勝鬘云、摩訶衍出㆓生二乗法㆒如㆓阿耨池出㆓八大河㆒」

あのく-ぼだい【阿耨菩提】〘名〙仏語。「あのくたらさんみゃくさんぼだい(阿耨多羅三藐三菩提)」の略。＊顕戒論(820)中「汝但発㆓阿耨菩提心㆒」＊往生要集(984–985)大文二「若有㆓衆生㆒得㆑聞㆓我名㆒於㆓阿耨菩提㆒不㆓復退転㆒」＊正法眼蔵(1231–53)弁道話「諸仏如来、ともに妙法を単伝して、阿耨菩提を証するに」＊玉葉(1312)釈教・二六二六「何もみな厭はぬ山の草木には阿耨菩提の花ぞ咲くべき」＊艸山集(1674)二四・十楽詩「唯願、没㆑歯、長在㆓雲山深処㆒、一生即得㆑究㆓竟阿耨菩提㆒、佗生必法界為㆑機、広度㆓一切㆒」＊大智度論‐三四「衆生聞㆓我名㆒者、必得㆓阿耨菩提㆒」発音〈標ア〉ボ

あの-くらい〘副〙あれほど。あれだけ。あんなに。＊滑稽本・浮世床(1813–23)二・上「あのくれへそらったばけて、あどけねへまねをしたがる者も又あるめへ」発音〈標ア〉0〈京ア〉0

あの-くん【彼君】〘代名〙他称。話し手、聞き手両者から離れた人を指し示す(遠称)。同輩の者に用いた。＊苦の世界(1918–21)〈宇野浩二〉三・二「あの君(クン)はこのごろ毎日かんしんに朝も早くから起きて」方言あの人。彼。奈良県南大和683

あの-こ【彼子】㊀〘代名〙対称。①近世、遊郭で、遊女が禿(かむろ)をさして呼ぶ語。＊洒落本・客衆肝照子(1786)「コレサあの子や、あと尻におゐらんのかけすずりがあるから持て来や」＊洒落本・青楼昼之世界錦之裏(1791)「あの子やそこへしんぜろ、と一文なげ出す」②子供に呼びかける語。＊黄表紙・敵討女鉢木(1777)「これさ、あの子(コ)くりばしの膳は禁物だぞ」＊滑稽本・東海道中膝栗毛(1802–09)二・下「ハアそふか。コウあの子、団子がふたつあまった。ソレくいな」㊁〘連語〙特定の子供や若い女性をさしていう。近年、若い男性をさしてもいうことがある。＊モダン用語辞典(1930)〈喜多壮一郎〉「あの子〈略〉なんとはなしに親しみと可憐さとを持たせる女」方言他人の子を親しんでいう語。高知県幡多郡860 発音〈標ア〉ノ〈京ア〉0

あのこ どこの子(こ) 見知らぬ子をはやす言葉。たとえば鳥取県の「あの子どこの子、ひょうたんげの子、杓子(しゃくし)ひっつけて糠団子」など。

あ-の-ごと【案如】〘連語〙(「あん(案)の如(ごと)」の撥音が表記されなかった形) 思っていたとおり。案の定(じょう)。＊青表紙一本源氏(1001–14頃)蛍「ほのかなれど、そびやかに臥し給へりつるやうだいの、をかしかりつるを、あかず思して、げに、あのごと御心にしみにけり」＊河内本源氏(1001–14頃)若菜下「あのごと桐壺の御かたよりつたへて」

あの-さあ-なあ〘感動〙方言⇨あのない

あの-さま【彼様】〘代名〙近世語。他称。話し手、聞き手両者から離れた人を指し示す(遠称)。主として遊女が客をさしていった。＊歌舞伎・景政雷問答(1700)三「『是々(これこれ)そちが深い馴染(なじみ)の客といふはどれぢゃ』『あの様(サマ)でござんす』」＊椀久物語(1899)〈幸田露伴〉四「人さんが眼には風吹烏、乞食坊主に見ゆるか知らねど、妾が眼にはたった一人の好い男に見ゆる彼(ア)の様(サマ)に会ふて、積もる談(はなし)を仕ませう」

あの-さん【彼様】〘代名〙①「あのさま(彼様)」に同じ。＊浄瑠璃・傾城反魂香(1708頃)中「あのさんに腹切らせ、恩を受た四郎二郎、いづくの浦で聞付てもよもや生きてはゐられまい」＊浄瑠璃・冥途の飛脚(1711頃)中「是々あのさんには逢ひともない」②対称。近世、主として遊里で用いられた。＊洒落本・恵世物語(1782)そのあと「あのさんがた、二階へ御上りなされませ」方言他称。あの人。あの方。島根県出雲・隠岐島(敬称)725 ◇あのっさん 富山県氷見市056 東礪波郡397 石川県石川郡421 福岡県山門郡872

あの-し【彼衆】〘代名〙方言⇨あのしゅ(彼衆)

あのじ-せん【ア字銭】〘名〙江戸末期慶応年間(一八六五〜六八)鋳造と思われる寛永通宝鉄四文銭の一種。裏面に「ア」の字が表示されているところからいう。アを安芸国のアと解して、広島藩に関係があると考えられているが、鋳造地や鋳造期などを知る記録が発見されていない。

あの-しゅ【彼衆】〘代名〙方言他称。❶あの人。あの方。彼。和歌山県東牟婁郡690 鳥取県西伯郡718 ◇あのしい 島根県飯石郡725 ◇あのし 奈良県吉野郡687 島根県725 長崎県壱岐島(漁村の語)915 熊本県玉名郡(軽い敬称)058 宮崎県東諸県郡(自分の夫を指していう)954 ◇あにし 長崎県壱岐島(漁村の語)915 ◇あんし 大分県938 ◇あなし 青森県津軽(卑しめていう)075 ◇あのしっつぁん 佐賀県887 ◇あんじぇ 東京都大島326 ◇あんじょ 熊本県玉名郡926 ◇あひと〔彼人〕島根県邑智郡725 ◇あぐひと・あごしと 長崎県対馬909 913 ◇あぬちゅう 沖縄県国頭郡974 ◇あぬっちゅ 沖縄県首里(自分の夫を指してもいう)993 ◇あんちゅあ 鹿児島県奄美大島974 ❷あの人たち。彼ら。◇あのしょ 新潟県上越市382 島根県隠岐島723 ◇あのしょう 長野県佐久493 ◇あのし 島根県隠岐島723 宮崎県東諸県郡954 鹿児島県961 ◇あのしゃ・あのしら 香川県三豊郡829 ◇あんし 鹿児島県961 鹿児島郡968 ◇あんじゅ 飛騨1094 ◇あぬちゅたあ 沖縄県首里974 ◇あんちゅんきゃ・あっつぁ 鹿児島県奄美大島974 ◇あんなし 広島県高田郡779 ◇あんなち 広島県771

あの-じょうさん【彼丈様】〘代名〙近世語。他称。男性に対して用いる。＊洒落本・南遊記(1800)一「此間鈍八さんが言じゃ事には、アノ丈さんは金剛山の御本尊じゃといふてで有たさかい」

あの-じん【彼仁】〘代名〙他称。話し手、聞き手両者から離れた人を指し示す(遠称)。近世、多く対等または上位の者に用いた。＊浄瑠璃・五十年忌歌念仏(1707)上「あの仁(ジン)から一筆とって置ならば、我も旦那の手前が立(たち)」方言岐阜県498 ◇あんじん 熊本県下益城郡930

あのそろ〘感動〙方言言葉のはじめに置いて相手の注意を促したり、次の言葉が出ない時につなぎとして言ったりする語。あのそれ。ほら。和歌山県西牟婁郡706 ◇あのそお 静岡県520 志太郡535 奈良県南大和683 ◇あのほろ 和歌山県東牟婁郡・西牟婁郡690 ◇あのほお 静岡県志太郡535

あのつ【安濃津】(「あののつ」とも)三重県津市の古称。対明貿易で栄えた。博多津、坊津とともに日本三津の一つ。＊熱田本平家(13C前)一・鱸「清盛未だ安芸守為りし時、伊勢国阿野津(あのつ)より舟にて熊野へ参られけるに」＊俳諧・陸奥衛(1697)二「月は更たか吸ものの音〈衣吹〉阿野の津の祭に伊賀も打交(まじり)〈桃鄰〉」＊俳諧・幣ぶくろ(1774)「安濃津の里ちかくみゆるほど、雨しきりにくだり」発音〈標ア〉0

あのつ-の-はちまんまつり【阿濃津八幡祭】〘名〙毎年一〇月一五日に三重県津市の阿濃津神社で行なわれる祭礼。安濃津は津の古名。《季・秋》＊俳諧・手挑灯(1745)中「阿野津(アノツ)八幡祭 十五日伊勢」補注「増山の井‐八月」には「阿野乃津の八幡祭 十五日 伊勢」とある。発音〈標ア〉マ2

あの-てやい【彼手合】〘代名〙方言他称。❶あの人。彼。◇あのてえ 埼玉県秩父郡258 ❷あの人たち。あいつら。宮城県登米郡(卑称)115 ◇あのてえ 栃木県上都賀郡197

あ-の-と【足音】〘名〙あしおと。＊廃園(1909)〈三木露風〉推移・闇「たましひ幾つ吹かれ消ゆ人の跫音(アノト)に」補注「万葉‐一一・二六五四」の「君に恋ひ寝ねぬ朝明に誰が乗れる馬の足音そ我に聞かする〈作者未詳〉」の「足音」を「あのと」と訓む説が多い。

あの-とう【彼党】〘代名〙対称。対等または下位の複数の者にいう。＊十訓抄(1252)一〇・可庶幾才能事「あの党や、今はさたに及ばずとぞ。何物をも取たまへ」

あの-な〘感動〙次の言葉へのつなぎとして、言葉の初めなどに入れる言葉。「あの、あのう」などよりやや意味が強い。＊滑稽本・浮世床(1813–23)初・中「アノナ初(はじ)めて下(くだ)った折(をり)に、どこやらの家(いへ)へ娼妓買(おやまかひ)に往(いた)」方言⇨あのない。発音〈標ア〉ナ

あの-なあ-よ〘感動〙方言⇨あのない

あのない〘感動〙方言人にものを話しかける時の語。また、次の言葉へのつなぎとしても用いる。あのね。あのねえ。福島県会津166 新潟県西蒲原郡371 石川県鳳至郡407 長野県上田475 佐久493 岐阜県恵那郡514 和歌山県690 ◇ああんん 香川県827 ◇ああんな 香川県829 ◇あのあら 青森県三戸郡(女性・小児語)083 ◇あのえしな 青森県072 ◇あのえす 秋田県南秋田郡130 ◇あのえも 岐阜県稲葉郡498 ◇あのおふ 福井県428 ◇あのおんす 秋田県雄勝郡130 ◇あのかい 滋賀県蒲生郡612 ◇あのくさ 福岡県粕屋郡876 福岡市879 ◇あのくさい 福岡県872 ◇あのけのお 石川県珠洲郡404 ◇あのさ 青森県072 岩手県上閉伊郡098 秋田県130 鹿角郡132 香川県三豊郡829 ◇あのさあな 秋田県鹿角郡132 ◇あのさあなあ 静岡県田方郡526 ◇あのさぇ 青森県三戸郡083 ◇あのし 青森県津軽075 岩手県気仙郡100 ◇あのしっせぇ 秋田県雄勝郡130 ◇あのしやな 秋田県仙北郡136 ◇あのす 秋田県河辺郡134 ◇あのせ 青

森県上北郡082 秋田県山本郡130 ◇あのせぁ 秋田県130 ◇あのせぁなあ 秋田県由利郡130 ◇あのせぁなんし 秋田県北秋田郡130 ◇あのせえ 青森県上北郡074 新潟県西蒲原郡371 ◇あのせにし 青森県上北郡(敬っていう)082 ◇あのせら 新潟県西蒲原郡371 ◇あのっさ 岩手県東磐井郡(目上または同輩に対していう)040 ◇あのなあえ 滋賀県蒲生郡612 犬上郡615 奈良県宇智郡683 ◇あのなあし 長野県上伊那郡488 下伊那郡492 岐阜県本巣郡498 恵那郡514 滋賀県蒲生郡606 彦根609 ◇あのなあよ 山梨県南巨摩郡463 滋賀県南部606 ◇あのなあれえ 福島県相馬161 ◇あのないよ 奈良県南大和683 ◇あのなえあ 岩手県上閉伊郡098 ◇あのなえか 富山県下新川郡(女性語)392 ◇あのなし 秋田県鹿角郡132 東京都大島326 滋賀県蒲生郡606 彦根609 ◇あのなす 青森県南部072 京都府620 ◇あのなっす 岩手県中通068 気仙郡100 ◇あのなっは 岩手県紫波郡093 ◇あのなむし 岩手県気仙郡100 ◇あのなむほい 長野県上伊那郡488 ◇あのなも 岐阜県062 498 510 愛知県尾張549 ◇あのなもし 岐阜県羽島郡498 本巣郡510 愛媛県松山(年長者に対する最上の尊敬語)846 ◇あのなよ 栃木県198 千葉県東葛飾郡278 ◇あのなら 三重県志摩郡062 ◇あのなれ 山形県139 ◇あのなん 岐阜市498 愛知県岡崎市575 ◇あのなんし 岩手県下閉伊郡091 秋田県平鹿郡130 岐阜県本巣郡498 愛知県549 ◇あのなんす 岩手県上閉伊郡097 ◇あのに 和歌山県東牟婁郡690 ◇あのにいよ 和歌山県西牟婁郡・東牟婁郡690 ◇あのにし 青森県上北郡082 ◇あのにゃ 三重県度会郡599 ◇あのにゃあよ・あのによ 奈良県南大和683 ◇あのねぁす 岩手県気仙郡102 ◇あのねぁんす 岩手県気仙郡100 ◇あのねえか 富山県下新川郡(女性語)392 和歌山県伊都郡690 ◇あのねえや 滋賀県彦根609 犬上郡615 ◇あのねえよ 奈良県南大和683 和歌山県690 ◇あのねさ 秋田県秋田市・河辺郡130 ◇あのねし 滋賀県彦根・神崎郡607 ◇あのねす 秋田県秋田市・河辺郡130 ◇あのねや 滋賀県606 愛媛県846 高知県050 ◇あのねんや 愛知県西尾市062 ◇あののい 岐阜県恵那郡514 愛知県岡崎市575 和歌山県690 愛媛県845 ◇あののお 長野県佐久475 岐阜県羽島郡498 徳島県809 高知県050 熊本県玉名郡058 ◇あののおし 岐阜県加茂郡509 恵那郡514 高知県050 ◇あののきゃ・あののけ 石川県珠洲郡407 ◇あののし 新潟県西蒲原郡371 和歌山県690 ◇あののもし 愛媛県845 ◇あのはえ 青森県津軽075 ◇あのもしや 秋田県仙北郡130 ◇あのんししゃ 秋田県雄勝郡130 ◇あのんな・あのんの 香川県小豆島829 ◇あん 福岡県浮羽郡・京都郡872 ◇あんくさい 福岡県朝倉郡872 ◇あんさ 千葉県市原郡040 ◇あんさり 佐賀県東松浦郡038 ◇あんなあもし 長崎県対馬911 ◇あんなあやよ 長崎県対馬910 ◇あんなあよ 奈良県宇陀郡678 長崎県対馬909 ◇あんなあれ 香川県志々島829 ◇あんない 茨城県稲敷郡193 長野県上田475 和歌山県東牟婁郡690 ◇あんなよ 埼玉県南埼玉郡054 千葉県東葛飾郡278 ◇あんなれ 山形県山形市138 村山139 三重県志摩郡062 ◇あんにいよ 和歌山県東牟婁郡690 ◇あんにゃい 岐阜県武儀郡498 ◇あんねえし 長崎県対馬(同輩または目上の者にいう)909 910 ◇あんねえしょ 長崎県対馬911 ◇あんねす 宮城県仙台市121 ◇あんねや 奈良県吉野郡683 ◇あんねよ 栃木県198 ◇あんの 和歌山県東牟婁郡704 香川県829 ◇あんのい 三重県志摩郡585 ◇あんのお 京都府629 奈良県吉野郡683 和歌山県新宮702 島根県隠岐島724 ◇あんのおこお 島根県隠岐島724 ◇あんのおま 長崎県対馬(目下の者にいう)909 ◇あんのおや 長崎県対馬910 ◇あんのし 新潟県西蒲原郡371 ◇あんのしや 福岡県浮羽郡・朝倉郡872 ◇あんのんし 和歌山県日高郡690

あの-なし〘感動〙方言 ⇩あのない

あのなむ-ほい〘感動〙方言 ⇩あのない

あのなむ-もし〘感動〙方言 ⇩あのない

あの-なれ〘感動〙方言 ⇩あのない

アノニム〘名〙(英 anonym) 匿名者。また、匿名の著作物。転じて、人格性のない無記名の世界。発音〈標ア〉アノ

あの-ね〘感動〙人にものを話しかける時のことば。また、次のことばがすぐ思い出せない時や、言うことをためらうような時に、つなぎとして言うことば。おもに女性や子供が用いる。あのねえ。＊洒落本・傾城買二筋道(1798)冬の床「あのね、外山さんがおすせいす」＊雑俳・柳多留拾遺(1801)巻一四「かけて来て禿あのねを三ついひ」＊滑稽本・浮世風呂(1809-13)二・上「あのね。あのう、おとっさんがね。お客があるから、あのう、早くおあがりと」＊不如帰(1898-99)〈徳富蘆花〉上・五「あのね、川島の老母(おばあさん)がね、僂麻質斯(リウマチ)で肩が痛むでね」＊戯作三昧(1917)〈芥川龍之介〉一四「『あのね』『うん』『浅草の観音様がさう云ったの』」発音〈標ア〉ネ

あの-ねえ〘感動〙「あのね」に同じ。

あの-ねや〘感動〙方言 ⇩あのない

あの-の〘感動〙人にものを話しかける時の言葉。言葉のつなぎとして用いることもある。＊滑稽本・浮世風呂(1809-13)前・下「あのの、あすこの内の階子(はしご)での、傘を持てギックリとにらんだらの」方言山形県庄内139 大阪府泉北郡646 和歌山県690 愛媛県松山846

あのの-この〘連語〙「あののものの」に同じ。

あのの-もの〘連語〙「あののものの」に同じ。＊洒落本・契情買虎之巻(1778)五「あののものとまぎらして、一ども帯はときゃしいせぬ」

あのの-ものの〘連語〙(「あのの」の「あの」「の」ともに相手に呼びかけたり、言うことをためらったりする時に用いる感動詞。「ものの」の「もの」も言うことをためらう時の言葉で、これに「の」を添えて、「あのの」にそろえて語勢を強めたもの) なんのかのと言うこと。また、そのさま。あれこれと文句を言うこと。なにやかやと要領を得ないこと。なんのかのと噂をすること。あののこのの。＊浮世草子・好色貝合(1687)下「あののもののとぬれかける」＊歌舞伎・小栗十二段(1703)三「久し振でお前と照手様があののもののとしげらしゃんしょと思うて」＊浄瑠璃・薩摩歌(1711頃)夢分舟「あののもののがやかましい、ちょっともどってさらりっと、らちをあけてきませふか」

あの-ひと【彼人】㊀〘代名〙対称。近世、対等以下の人をさしていった。＊浄瑠璃・夏祭浪花鑑(1745)四「『此乳母になぜ物を隠さしゃる』『ヲヲあの人の隠すとは何をかくす』」＊洒落本・廓の池好(1796)「『申し、あの人さん』『なんじゃ』」＊歌舞伎・お染久松色読販(1813)序幕「コレコレアノ人、壱荷皆買ふが、幾らだ幾らだ」㊁〘連語〙①話し手、聞き手から離れたところにいる人をさす。＊多武峰少将物語(10C中)「つれづれのながめに、すまひさへかはりたれば、あの人の影も見えねば心細きを」＊歌舞伎・唐崎八景屏風(1703)三「イヤそれはあの人が盗んで参られました」②現代では、特に恋人や自分の夫をさしていう。発音〈なまり〉アーンヒト〔千葉〕アシト・アヒト・アヒトン・アンシト〔島原方言〕アノシ〔埼玉方言〕アノシト〔島原方言・壱岐続〕アンシ〔鹿児島方言〕アンヒト〔千葉・山梨奈良田・鹿児島方言〕アンフト〔島原方言・熊本南部〕〈標ア〉ノト〈京ア〉ヒ/0

アノフェレス-か【─蚊】〘名〙(アノフェレスはラテン Anopheles)「はまだらか(翅斑蚊)」に同じ。＊旅‐昭和三二年(1957)二月号・歌と踊りにひそむ南海の郷愁〈宮良高夫〉「熱病のマラリヤを媒介するアノフェレス蚊も退治され」発音〈標ア〉ス

あの-まえ【彼前】〘代名〙方言 他称。あの人。あの方。島根県出雲(敬称)724 725 ◇あのまええ 岡山県吉備郡766 ◇あのまえさん 島根県出雲724 ◇あのおまえ 島根県飯石郡・八束郡723 ◇あのみ 三重県度会郡599

アノミー〘名〙(フランス anomie) ①社会学で、行為を規制する共通の価値や道徳基準を失った混沌状態。社会学者デュルケームが用い始めた語。②心理学で、不安、自己喪失感、無力感などに見られる不適応現象。

あの-もしや〘感動〙方言 ⇩あのない 発音〈標ア〉ア

あの-もの【彼者】〘代名〙「あのひと(彼人)㊁①」に同じ。＊御伽草子・物くさ太郎(室町末)「あらあさましや、あのものをうち殺さんも恐ろしや」方言他称。❶あの人。彼。岩手県気仙郡(軽べつしていう)102 岐阜県揖斐郡498 ◇あぬむぬ 沖縄県国頭郡974 ◇あんもの 千葉県山武郡270 ◇あんもん 千葉県山武郡270 長生郡286 ❷あの人たち。彼ら。◇あんもんどん 千葉県山武郡270

あの-よ【彼世】〘名〙①人が死んでから赴くと考えられている世界。死後の世界。来世。冥途(めいど)。後世(ごせ)。かの世。⇔この世。＊宇津保(970-999頃)国譲下「かく数ならず思はれたりとならば、この世にも、あのよにも深くつらしと思はん」＊苔の衣(1271頃)三「ただいかさまにしてもあのよのかぎりをましきこえむとのいとなみ給ふに」＊浄瑠璃・丹波与作待夜の小室節(1707頃)中「来世でゆるりとあはふ迄あの世から来てあの世へ帰る戻(もどり)馬やろい」＊当世書生気質(1885-86)〈坪内逍遥〉四「七月の末つかたに、竟(つひ)に他界(あのよ)の人となりぬ」②(①を基準としていう語) 前に過ごした世界。現世。娑婆(しゃば)。＊談義本・根無草(1763-69)前・一「宇津の山部の現(うつつ)にも、逢れぬ事を苦に病みて、むなしくあの世を去りけるが」＊新内・道中膝栗毛(1848-60頃か)赤坂の段「魂魄(こんぱく)あの世へ帰るなら今一度嚊(かかあ)の顔見たや」発音〈標ア〉0〈京ア〉0

あのよ此世(このよ)の界(さかい) 生死の境。生きるか死ぬかのせとぎわ。現世と冥界の境。＊仮名草子・東海道名所記(1659-61頃)三「此さきに大堰川あり、駿河と遠江の境なり。又あの世、此世のさかひをも見るほどの大河なり」＊浮世草子・世間胸算用(1692)三・三「あの世この世の堺を見せける」辞書日葡

あのよ千日(せんにち)此世(このよ)一日(いちにち) 死後の千日の楽しみよりは、現世の一日の楽しみのほうがよい。

あのよの使(つかい) 死後の世界からの迎えの使者。＊新内・道中膝栗毛(1848-60頃か)市子の段「あの世の使がしげければ、彌陀の浄土へ帰り中と、口寄が冥土の道からくら闇の」

あの-よう【彼様】〘形動〙あのとおり。あんな。ああいう。＊虎明本狂言・薩摩守(室町末-近世初)「さてさて世上にはちひな人が御ざる。あのやうな人があればこそ、我らがやうな行脚(あんぎゃ)のものがたびがなれ」＊物類称呼(1775)五「あのやうに このやうにといふを 勢州長島及出雲辺 又は播磨などにて あがいこがいと云。九州にて、あんがい こんがいと云。総州にて、あげへに こげへにといふ。又 あんな こんなといふは あのやうな このやうな也」＊咄本・無事志有意(1798)蓮牡丹「あのよふなめづらしい蓮がある物か」発音〈なまり〉アノヨー「…な」アナナ〔徳島〕「…に」アナイ・アナニ〔徳島〕〈標ア〉0

アノラック〘名〙(英 anorak 元来はエスキモー語) 防風、防寒用のフードつき上着。木綿、ナイロンなどの防水生地で作る。スキー、登山などに用いる。《季・冬》＊ピーター・パン(1965)〈三浦朱門〉三「旧日本軍の銃で武装し、アノラックのような服を着た中共兵が」発音〈標ア〉ラ〈京ア〉ラ

あのり-ざき【安乗崎】 三重県志摩半島中央部にある岬。太平洋に面し、的矢湾(まとやわん)の入り口南側を形成。断崖に打ちつける激浪の景観で知られる。

発音〈標ア〉リ

あ‐は【感動】⇨あわ

あ‐ば【浮子・網端】【名】（網の端の意）魚網を浮かすための木片、樽（たる）の類。時におもりにする石の類をもいう。あんば。＊和訓栞（1777‐1862）「あば 猟師の語に、網にあるいはをいへり。あばがはなるるといふは、網のわかるる也」方言一【名】❶漁網の上部につけて浮かせておく、桐（きり）や漆の木で作った浮き。浮標。北海道065 青森県上北郡082 岩手県上閉伊郡097 気仙郡101 千葉県夷隅郡054 海上郡268 新潟県蒲原364 静岡県賀茂郡521 浜名郡545 愛知県知多郡570 三重県北牟婁郡054 度会郡599 兵庫県淡路島671 和歌山市695 島根県益田市・邇摩郡725 岡山県小田郡014 御津郡764 広島県安芸郡786 山口県大島801 徳島県811 香川県829 高知県861 長崎県904 915 917 大分県北海部郡054 宮崎県児湯郡054 鹿児島県屋久島981 ◇**あんば** 静岡県焼津市054 志太郡521 ❷川流しの木材の流失を防ぐために張った綱や網。流れにワイヤーを渡して丸太を浮かべることもある。また、その場所。北海道065 奈良県吉野郡685 686 徳島県811 ❸川魚を捕らえるための網へ突っ張る杭（くい）。和歌山県日高郡054 ❹（浮きの材料とするところから）植物、ぬるで（白膠木）。◇**あばぎ・あばんき** 千葉県安房郡036 ❺植物、きり（桐）。◇**あばのき** 石川県鹿島郡411 二【接尾】網漁で網を投げる度数を示す助数詞。長崎県壱岐島915 五島917 語源説(1)アミイハ（網石）の変化したものか〔大言海〕。(2)アミバ（網歯）か〔和訓栞〕。

あ‐ば【網場】【名】小鳥や魚に対して網を仕掛けたり、投げ入れたりする場所。→網場（あみば）。辞書日葡

あば【名】方言⇨あっぱ

あば【名】方言⇨あまめ

あば【名】方言新しいこと。また、新しいもの。新品。熊本県「あば洋服」「あば手拭い」054 058 930 宮崎県047 947 ◇**あばうち** 熊本県葦北郡・八代郡933 954

あば【感動】（「あばあば」の略）幼児語。人と別れる時に言い交わす言葉。あばよ。さようなら。あばあば。＊合巻・比翼紋松鶴賀（1823）「坊（ぼん）さまアバで御座りますと、暇乞ひさへ其処々々に」＊和英語林集成（再版）（1872）「Aba アバ 子供と別れる時に用いられる。さようなら。あばあば。あばよ」方言一【感動】人と別れる時に言い交わす言葉。福井県大野郡（児童語）427 山梨県453 長野県東筑摩郡480 岐阜県武儀郡498 郡上郡504 三重県員弁郡592 ◇**ああば** 静岡県521 ◇**あいば** 佐賀県040 藤津郡（下流の語）895 長崎県東彼杵郡057 ◇**あっぱ** 長崎県東彼杵郡057 ◇**あばあ** 岩手県和賀郡095 三重県度会郡599 ◇**あばえ** 岩手県紫波郡093 新潟県西頸城郡（小児または親しい者に言う）385 岐阜県郡上郡（目上に言う）038（小児語）504 恵那郡（同輩に言う）498 ◇**あばええ** 岐阜県吉城郡038 ◇**あばえな** 岐阜県飛騨050 益田郡503 ◇**あばえも** 岐阜県恵那郡（目上に言う）498 愛知県西春日井郡558 名古屋市（女性語）562 ◇**あばな** 埼玉県大里郡252 北葛飾郡（小児語）258 長野県東筑摩郡・長野市（小児語）054 愛知県知多郡（小児語）570 三重県度会郡599 愛媛県松山（小児語）846 温泉郡847 ◇**あばね** 埼玉県北葛飾郡258 千葉県印旛郡271（小児語）273 新潟県373 377 385 山梨県453 長野県東筑摩郡054 静岡県磐田郡521 ◇**あばよい** 岐阜県郡上郡498 ◇**あんば** 秋田県由利郡130 福井県坂井郡427 長野県下伊那郡（小児語）492 滋賀県東浅井郡・坂田郡606 ◇**あんぱ** 岩手県和賀郡095 ◇**あんばあ** 秋田県河辺郡（小児語）130 福島県若松市（児童語）171 大沼郡（児童語）175 鹿児島県上甑島038 ◇**あんばあんば** 秋田県仙北郡130 長崎県東彼杵郡057 ◇**あんばえ・あんばや** 秋田県130 ◇**あんばよ** 秋田県仙北郡130 滋賀県伊香郡606 東浅井郡607 ◇**あんやえ** 岩手県江刺郡096 二【名】人と別れること。また、手を振って別れる動作。長野県東筑摩郡480 辞書ポン

あばあ【感動】方言驚いた時に思わず発する語。おやまあ。おやおや。石川県珠洲郡404 ◇**あばや** 山形県庄内・置賜138 ◇**あばよ・あばあば・やばあやばあけ** 鹿児島県種子島979 ◇**あっぱ・あっぱよ** 長崎県五島917

アパート【名】（アパートメントハウスの略）「アパートメントハウス」に同じ。＊アパアトの女たちと僕と（1928）〈龍胆寺雄〉三「僕をアパアトの蔦のからんだ粗末なポオチへ迎へると」＊日本三文オペラ（1932）〈武田麟太郎〉「彼の三階建の家屋はアパートとして経営されてゐるのである」発音〈標ア〉パ〈京ア〉パ

アパートメント【名】（アパートメントハウスの略）「アパートメントハウス」に同じ。＊あめりか物語（1908）〈永井荷風〉旧恨「彼女はハドソン河に近いアッパートメントに住んで居ると云ふので」＊写生紀行（1922）〈寺田寅彦〉「こんなにしなくても市中の地の底へ何層楼のアパートメントでも建てた方がよささうに思はれる」＊アパアトの女たちと僕と（1928）〈龍胆寺雄〉二「友人の木村と風変りな生活をして居る、淀橋のある小さなアパアトメントに、彼女たちも一緒に居たので」発音〈標ア〉パ

アパートメント‐ハウス【名】（英 apartment house）一棟（むね）の建物の内部を、何世帯もの人々が住むように、多数の区画に仕切ってあるもの。また、その区画。＊新しき用語の泉（1921）〈小林花眠〉「アパートメント・ハウス Apartment house（英）一つの大きな建物の中に、多くの部屋が仕切られてあって、各部屋には独立に生活し得るやうな設備のある住宅」＊アヱ・マリア（1923）〈谷崎潤一郎〉五「此の近所で尋ねれば直ぐに分る大きなアパートメント・ハウスだ」語誌(1)明治末から大正にかけて、西洋風な共同住宅として、その実物並びに名称がアメリカから移入されたが、初めは高級な住宅として認識されていた。(2)昭和初期には、数の増加とともにアパートメント及びその省略形であるアパートの二つの語形が競合し、次第に高級なものをアパートメント、そうでないものをアパートと呼び分けるようになった。戦後は、アパートの名称が主流で、一方、昭和三〇年代後半の高度経済成長期以降に建てられたビルディング状のものは、マンションと呼ばれることが多い。発音〈標ア〉ハ

あは‐あは【感動】口をあいて笑う時の声。特に無遠慮に笑う声。＊当世書生気質（1885‐86）〈坪内逍遥〉一七「『それに相違ないぜ』といひつつアハアハと打笑へば」＊浮雲（1887‐89）〈二葉亭四迷〉一・一「フム乙う山口を弁護するネ、矢張（やっぱり）同病相憐れむのか、アハハアハハ」

あば‐あば【感動】幼児語。人と別れる時に言い交わす言葉。さようなら。あば。＊和訓栞（1777‐1862）「小児の人に別るるをあばあばといへり」＊滑稽本・浮世風呂（1809‐13）三・下「ハイ、さやうなら。お鮫（サメ）さんあばあば」＊雑俳・柳多留‐一二八（1833）「哀さは墓にあはあはして帰り」方言一【感動】人と別れる時に言い交わす言葉。長野県東筑摩郡480 岐阜県郡上郡（幼児語）504 愛知県名古屋市（小児語）562 知多郡（小児語）570 鳥取県711 二【名】手を振って別れる動作をいう。長野県東筑摩郡（小児語）480 鳥取県（小児語）711

あ‐ばい【名】「あんばい（塩梅）」の変化した語。＊歌舞伎・三人吉三廓初買（1860）五幕「どんな事を書いて遣るか、大方落し咄でよく言ふ、あばいが悪い類だらう」＊歌舞伎・契恋春粟餅（1861）「もし、花魁からお前にと言はれて嬉しく見る文に、あばいが悪い、ひこでると、字余り字たらずちゃちゃむちゃく」

あば・い【形口】（「やばい」の変化した語）危険であることをいう、てきや、盗人仲間の隠語。〔特殊語百科辞典（1931）〕方言群馬県多野郡246

あばい【形】方言⇨あっぱい／まばいい（目映）

あばい‐あ・う（あばひあふ）【奪合】【他ハ五（四）】奪い合う。＊和英語林集成（再版）（1872）「Abai-ai, au, atta アバイアフ（ubaiau ウバイアウの口語）」辞書ポン

あばう【奪】【動】方言❶競って奪い合う。大騒ぎして取り合う。新潟県東蒲原郡368 静岡県榛原郡541 ◇**あばむ** 長野県下伊那郡492 ◇**あばらう** 静岡県520 535 536 ◇**あばつる** 長野県上田475 ❷欲ばる。新潟県東蒲原郡368 静岡県榛原郡541 ◇**あばる** 新潟県東蒲原郡368 ◇**あばらう** 新潟県中越373 南魚沼郡378 ❸独占する。山形県東田川郡139 ❹干渉する。じゃまする。山形県鶴岡市139

あば・う（あばふ）【他ハ四】かばう。防ぐ。守る。＊撰集抄（1250頃）六・一「むらがれる虎にあひて、食ひ奉らんとしけるに〈略〉錫杖にてあばへりければ」＊雑俳・川柳評万句合‐安永二（1773）叶一「持参金手をつけるのを母あばい」＊滑稽本・狂文捧歌撰（1785）「其身をあばう恋ころも」＊人情本・仮名文章娘節用（1831‐34）後・四回「いはれておゆきは気のどくそうに、顔をあかめて猶あばい」方言❶いたわりかばう。守る。神奈川県津久井郡314 岐阜県飛騨502 ❷用心する。気をつける。岐阜県郡上郡038 奈良県吉野郡675 ◇**あばなう** 奈良県吉野郡038 ❸心配する。処置する。新潟県岩船郡366 辞書ポン

アバウト【形動】（英 about）いいかげんなさま。大まかなさま。俗な言い方。補注英語の副詞を転用した日本語用法。発音〈標ア〉バ

あばえ‐こ【―子】【名】方言❶甘ったれ。だだっ子。新潟県西蒲原郡371 ◇**あばえこき** 三重県南牟婁郡603 ◇**あばえた** 和歌山県690 ◇**あばいくさり** 新潟県西頸城郡382 ❷暴れん坊。◇**あばえごろ** 鹿児島県鹿児島郡968 ❸甘えたものの言い方。怠惰（たいだ）な物言い。◇**あばえたごえ**【―声】和歌山市691 ◇**あばえた** 和歌山県東牟婁郡705

あば・える【他ア下一】金品を所持することをいう、盗人仲間の隠語。〔隠語輯覧（1915）〕方言❶甘える。甘ったれる。新潟県347 348 371 富山県391 395 397 石川県鹿島郡038 三重県志摩郡054 奈良県吉野郡683 和歌山県690 ◇**あばれる** 青森県上北郡074 ◇**あべえる** 新潟県三島郡374 中魚沼郡379 ◇**あべる** 新潟県361 ◇**あばえくさる** 新潟県上越市382 ◇**あべくさる** 新潟県高田市047 ◇**あばえちょくく** 新潟県上越361 ❷甘えて、むずかったり、騒いだりする。新潟県佐渡352 ◇**あばえくさる** 新潟県上越市382 ◇**あばれる** 茨城県稲敷郡193 千葉県印旛郡274 三重県志摩郡585 滋賀県蒲生郡612 兵庫県淡路島671 島根県邑智郡731 徳島県809 香川県826 愛媛県周桑郡844 長崎県898 大分県941 ◇**あばるる** 福岡県872 熊本県菊池郡054 大分県速見郡・日田郡939 宮崎県延岡947 ◇**あんばれる** 山形市138 ◇**あんばれこったく** 山形県西村山郡139 ❸ふざけて冗談などを言う。三重県南牟婁郡603 ❹しかる。◇**あばれるとも**。長崎県対馬038 ❺苦しまぎれに叫ぶ。◇**あべる** 愛媛県伊予市840

あば‐おろし【―下】【名】方言新品。おろしたての服飾類。熊本県葦北郡・八代郡933 宮崎県東諸県郡954

あば‐かかり【―掛】【名】方言❶子供などが調子に乗って、年長者にふざけかかっていくこと。身のほどをわきまえず、到底かなわぬ人に向こう見ずに挑みかかること。青森県072 津軽075 宮城県仙台市123 ◇**あばがかり** 埼玉県秩父郡251 ◇**あぱかかり** 青森県津軽073 ❷軽率に仕事に着手すること。あれこれとできそうにもない仕事に手を出し、どれもうまくいかないこと。◇**あぱかかり** 青森県津軽073 岩手県気仙郡102

あばか・す【動】方言❶人を陥れる。だます。欺く。鳥取県西伯郡718 島根県723 725 739 ◇**あっぱかす** 鳥取県米子市718 ❷赤ん坊の機嫌を取る。あやす。山形県139 149 ◇**あばやかす** 新潟県佐渡352

あば‐かた【浮子方・網端肩】【名】（「浮子方」は常用のあて字）①漁網の上部の浮（うき）のついている部分。②引き網の時に浮子縄（あばな）の方を引き上げる役。浮子側（ふしがわ）。肩。↔沈子方（いわかた）

あばかん【連語】方言（「処理できない」の意から）非常に多いさまにいう。たくさん。島根県松江市724 福岡

県872 876 877 熊本県052 057 918 ◇**おばかん** 福岡県粕屋郡876

あはき【檍】〘名〙⇩あわき（檍）

あば‐ぎ【浮子木・網端木】〘名〙網につける木製の浮（うき）。浮子（あば）。方言神奈川県江の島054 ◇**あばき** 徳島県811

あばき‐が‐とれん〘連語〙方言身動きできない。多過ぎて始末にこまる。処理ができない。↓あばく〔動〕。島根県725 岡山県児島郡763 広島県709 高田郡779 徳島県811 ◇**あばきがつかん** 兵庫県加古郡664 725 徳島県811

あばき‐た・てる【発立】〘他タ下一〙（「立てる」は「さかんに…する」の意）他人の秘密、失敗、悪事などをしきりにさぐって公表する。＊竹沢先生と云ふ人（1924‐25）〈長与善郎〉竹沢先生東京を去る・三「美人も亦糞をすると云ふ事実におどろく低能だけがそれをあばき立てて何か大発見のやうに思ふ」＊浅草紅団（1929‐30）〈川端康成〉一四「梅吉の恋愛懺悔は、十五歳からいよいよ犯罪の色が濃くなる。それをここにあばき立て（タ）て、諸君の温かい寝床の夢を破ることはつつしまう」発音〈標ア〉0テ

あはき‐はら【檍原】⇩あわきはら（檍原）

あばき‐もと・む【発求】〘他マ下二〙きびしく、ことにあたる。＊寛永刊本蒙求抄（1529頃）一〇「它守ー此間の守吏が発き求めて、そとした家まで吏をやりて、あそこへ行け、ここへ行け、年貢の何のと云てせむるぞ」

あば・く【発・暴】〘他カ五（四）〙（隠されたもの、中にこもっているものなどを）開くこと、あらわにすることをいう。①土を掘って、中から物を出す。発掘する。＊続日本紀‐和銅二年（709）一〇月癸巳「若彼墳隴、見発堀者、随即埋斂」＊白氏文集天永四年点（1113）四「一朝に盗、墳陵を掘（アハイ）破りつ」＊観智院本名義抄（1241）「撥 ハラフ ヒラク アバク」＊史記抄（1477）五・秦始皇本紀「北山にある石椁を大義を立てあはいたる事こそありつらうぞ」②閉じたもの、束縛されたものなどを、開く、くずす、斬り放つ。＊古今著聞集（1254）一七・六〇四「はやくしばらんとするにこそと思て、剣をぬきてこれをあばくに、葛みなきられてのきにけり」＊歌舞伎・盟三五大切（1825）大詰「ヤヤ、忰は腹をあばきし様子」＊和英語林集成（初版）（1867）「コーズイガ ドテヲ abaita（アバイタ）」③雲や霞などをおし開く。＊大慈恩寺三蔵法師伝院政期点（1080‐1110頃）六「万里の山川、煙霞を撥（アハイ）て影を進む」＊浄瑠璃・自然居士（1697頃）五「ざいしゃうのくもへだたり、姿はさらにみもわかず、爰にやおはせんかしここにやもしやと思ふ心にて、あばきありかせ給ひしが」④人の秘密、失敗、悪事などを探って明るみに出す。暴露する。＊書陵部本名義抄（1081頃）「訐（アハク）ニ群臣之徳失」〔顔氏〕」＊和英語林集成（初版）（1867）「インジヲ abaku（アバク）」＊狐の裁判（1884）〈井上勤訳〉一〇「罪あるを罰し虚なるを訐（アバ）くは、これ陛下の明徳なり」＊即興詩人（1901）〈森鷗外訳〉神曲・我友なる貴公子「わが秘事は訐かれたり」＊吾輩は猫である（1905‐06）〈夏目漱石〉三「妻君は飛んだ所で旧悪を暴く」語源説(1)アーハグル（剝）の他動〔大言海〕。(2)アハク（散放）の義〔日本語源＝賀茂百樹〕。(3)アはアラハス（顕）、バは破り開く、クは付止めの語〔国語本義〕。(4)アナムキアケク（穴剝開来）の義〔日本語原学＝林甕臣〕。(5)アタフタカルの反〔名語記〕。発音〈標ア〉バ〈ア史〉平安○○◐〈京ア〉0 辞書色葉・名義・和玉・文明・天正・易林・書言・〈ボン〉・言海 表記発（色・名・文・書・ヘ・言）許（色・名・文）掘（色・玉・天）訐（名・玉・易）撥（色・名）堀（名・玉）攫・撤・徹（名）

同訓異字 **あばく【発・訐・摘・暴】**
【発】（ハツ・ホツ）気づかなかったもの、隠されていたものなどを見つけて明らかにする。表に出す。「発覚」「発見」「摘発」《古 ひらく・あばく・あきらか・あらはる》
【訐】（ケツ）人の欠点や罪などをあばきたてる。《古 あばく・ひらく》
【摘】（テキ）摘む意から、転じて、人の秘密や悪事をつまみ出す。探し出してあらわにする。「摘出」「摘発」《古 とる・つむ・さぐる・むしる》
【暴】（バク・ボウ）中にあるものを表に出して、さらす。人目に触れるようにする。「暴露」《古 さらす・あらはす》

あば・く【褫】〘自カ下二〙（古くは「あわく（あはく）」か）①はげる。くずれ落ちる。崩壊する。↓褫（あば）ける。＊霊異記（810‐824）中・一七「取りて牽（ひ）き上げ見れば、観音の銅像なり。〈略〉塗れる金褫（アハケ）落つ」〈国会図書館本訓釈 号（「褫」の誤）音大伊 阿波計〉」＊妙法蓮華経天喜六年点（1058）二「牆、壁圮れ坼け、泥、塗褫（アハケ）落つ」＊日葡辞書（1603‐04）「ハレモノガ abaquru（アバクル）〈訳〉はれものが自然に破裂する」②気がゆるむ。油断する。＊名語記（1275）一〇「あはけたり、如何。淡気たり也」＊源平盛衰記（14C前）四二・義経解纜四国渡「船も通はじなんど思て打ち解けあはけたらん所へ、するりと渡りてこそ、敵をば誅すれ」語誌五（四）段活用の他動詞「あばく（発）」と関連のある語。第二音節は、清濁両形が見られる。古く清音であったものが後に濁音となったものとも考えられるが、未詳。発音〈標ア〉バ〈京ア〉0 辞書色葉・名義・易林・日葡 表記褫（色・名）陁・頽（名）褫（易）

あば・く〘自カ四〙①収まる。一般に、否定形で、収まりきらないの意に用いられる。＊日葡辞書（1603‐04）「コノ ニンジュガ コノ ザシキニ abacanu（アバカヌ）〈訳〉この人々はこの座敷に入りきらない」②（肯定形のままで）余る。あふれる（日葡辞書（1603‐04））。方言❶人やものが、座敷や容器などに入りきる。十分収められる。一般に否定形で、収まりきらないの意に用いられる。肥後†131 佐賀県887 唐津市893 長崎県対馬913 熊本県玉名郡058 八代郡921 大分県938 鹿児島県喜界島983 ❷処置がつく。処理できる。品物がさばける。水がはける。多く否定形で用いられるが、どうにもならない、たまらないの意にもいう。兵庫県加古郡664 鳥取県西伯郡719 島根県725 徳島県811 香川県829 長崎県壱岐島915 ❸かたづける。処理する。さばく。愛媛県840 鹿児島県肝属郡970 ❹仕事などがはかどる。◇**あばっ** 鹿児島県鹿児島郡968 ❺水などがいっぱいになる。あふれる。長崎県北松浦郡899 ❻風に吹かれてばたばたする。山口県大島801 ❼炎が揺れる。香川県伊吹島829 辞書日葡

あば‐くち【―口】〘名〙方言❶大きな口。また、大きく口を開けること。宮城県石巻120 仙台市121 山形県139 ◇**あばぐち** 宮城県栗原郡114 山形県東村山郡・山形市139 ◇**あば** 宮城県仙台市121 ◇**あんば** 宮城県栗原郡114 ❷悪口。憎まれ口。福島県相馬058 ◇**あばぐち** 青森県津軽075 岩手県九戸郡088 福島県相馬郡156 ◇**あぶぐち** 新潟県岩船郡366 ❸大言壮語する者。悪口雑言を吐く者。岩手県気仙郡100 ❹ひょうきんな言葉。冗談。岐阜県飛驒502

あばくれ‐もの【暴者】〘名〙あばれ者。おとなしくしない人。＊洒落本・虚実柳巷方言（1794）上「ちんぷんかんの漢語をつかひ、豪傑はあばくれもの、君子といふは足らぬ人」

あばけ【褫】〘名〙（動詞「あばく（褫）」の連用形の名詞化）堤などの、洪水のためにこわれたもの。＊和訓栞（1777‐1862）「あばけ 俗語也。堤などの洪水に損毀したるをいへり。あはくの転語也」方言❶池の堤の少し切り下げた所。三重県阿山郡596 ❷大木にできる空洞。岐阜県揖斐郡507

あばけ〘名〙ふざけること。冗談。＊一茶方言雑集（1819‐27頃）「あばけ 上だん事也」方言❶戯れに言ったりしたりすること。本気でないこと。冗談。山形県米沢市149 長野県東筑摩郡480 愛知県宝飯郡062 ◇**あばけっこ** 長野県佐久493 ❷勝負事の時、本気で勝敗を争わず、遊びですること。新潟県糸魚川市382

あばけ‐もの【―者】〘名〙言葉づかいなどに注意を払わない、軽率な者（日葡辞書（1603‐04））。方言こっけいなことを言ったりしたりする者。◇**あばけもん** 熊本県球磨郡919 辞書日葡

あば・ける【褫】〘自カ下一〙腫れ物や灸（きゅう）のあとなどが化膿したりただれたりする。くちをあく。↓褫（あば）く。＊日葡辞書（1603‐04）「ハレモノガ abaquru（アバクル）」＊浜荻（久留米）（1840‐52頃）「あばける 灸などの愈えかねたるをいふ。いぼう」方言❶はれ物や灸（きゅう）の跡などが化膿（かのう）したりただれたりする。はれ物のくちがあく。筑前†128 山口県豊浦郡798 福岡市879 長崎県対馬054 911 ◇**あばくる** 九州†001 大分県938 ◇**あばく** 熊本県058 ❷はれ物が次から次とできる。◇**あばくる**とも。大分県938 941 ❸灸（きゅう）のかさぶたがはげ落ちる。◇**あばくる** 長崎県壱岐島915 辞書日葡

あばける〘動〙あばれる。もがく。＊青べか物語（1960）〈山本周五郎〉貝盗人「そこから逭れ出ようとしていたずらにあばけるのだという」方言㊀❶ふざける。甘えて戯れる。調子に乗って悪ふざけをする。山形県053 138 139 福島県会津155 群馬県吾妻郡221 佐波郡242 新潟県347 367 383 長野県050 471 480 岐阜県恵那郡498 ◇**あんばける** 秋田県平鹿郡・雄勝郡130 ◇**ばける** 福島県059 茨城県188 191 千葉県東葛飾郡064 ❷おどける。山形県米沢市・北村山郡139 岐阜県恵那郡498 ❸暴れる。乱暴する。山形県138 144 神奈川県054 山梨県南巨摩郡463 長野県佐久493 ◇**ばける** 新潟県佐渡348 ㊁❶多くの人やものが、家などに収容できる。収まりきる。徳島県美馬郡811 ❷品物などが売り切れる。さばける。はける。徳島県美馬郡・三好郡811 ❸水がはける。島根県石見725 岡山市762 ◇**ばける** 島根県邑智郡725 ❹処理できないでいる。仕事などを持て余す。長野県諏訪468 ❺水などがあふれる。香川県829 ㊂むかむかして嘔吐（おうと）しそうになる。山形県東村山郡139

あばさける〘動〙方言子供が甘えてはしゃぐ。ふざける。調子に乗って、いたずらしたり暴れたりする。栃木県西部198 群馬県邑楽郡245 福井県427 ◇**あばっさける** 茨城県猿島郡・北相馬郡188 ◇**あばっつぁける** 茨城県062 ◇**あばしゃける** 千葉県下総040 285 ◇**あばさかる** 徳島県811

アパシー〘名〙（英 apathy）①「アパテイア」に同じ。②無感動。無神経。＊この神のへど（1953）〈高見順〉七「共鳴、共に感じるのがシムパシイ。アパシイはその反対で、共に感じない」③政治機構の拡大、政治現象の複雑化による個人の無力感と非政治的消費傾向の膨脹とによって生み出される政治的無関心。

あばじゃれる【戯】〘動〙方言ふざける。静岡県520 ◇**あばされる** 長野県東筑摩郡480

あばしり【網走】㊀北海道東部の地名。網走支庁所在地。オホーツク海に注ぐ網走川の両岸にあって、オホーツク海漁場の根拠地。貞享二年（一六八五）内地人が漁場を直営。モヨロ貝塚、桂ケ岡砦（チャシ）跡、刑務所がある。昭和二二年（一九四七）市制。㊁北海道一四支庁の一つ。旧北見国の南半分を占める。支庁所在地は網走市。㊂北海道北東部、網走支庁の郡。網走川・女満別（めまんべつ）川の流域にある。明治二年（一八六九）北見国の一郡として成立。語源説Apa は出入り口、Shiri は国土の意であるから国の出入り口の意。またアパは沼沢地の意があるから、沼沢の多い国の意もある〔アイヌ語より見たる日本地名研究＝バチェラー〕。発音〈標ア〉バ

あばしり‐こ【網走湖】北海道東部、オホーツク海沿岸の湖。冬期は海水が逆流し、汽水湖となる。面積

三二・三平方キロメートル。 発音〈標ア〉リ

あばしり-こくていこうえん【網走国定公園】（コクテイコウエン） 北海道東部、オホーツク海に面する国定公園。サロマ湖、能取（のとろ）湖、網走湖、濤沸（とうふつ）湖などの湖とそれをとりまく砂丘、湿原を特色とする。冬期は結氷、流氷が見られる。昭和三三年（一九五八）指定。

あばずく〘動〙方言 子供などが甘えて、騒いだり暴れたりする。 青森県三戸郡083 ◇**あばつく** 新潟県佐渡352 ◇**あんばずく** 秋田県平鹿郡・雄勝郡130

あば-ずれ【阿婆擦】〘名〙〘形動〙 ① 悪く人ずれがして、厚かましいこと。また、そのような者、および、そのさま。現在では女にいうが、古くは男女ともにいった。すれっからし。莫連（ばくれん）。＊浮世草子・当世芝居気質（1777）一・一「皆それぞれにわるい事は、おぼえよく〈略〉播州から備中の宮内へたたきまはる時分には、もう悪（アバ）ずれになり」＊随筆・癇癖談（1791か）上「身もくづるるばかりに心づくしすれど、とにかくにあばずれにてたのもしげなく、うたて疎むべきふしも多かりけり。〈作者注〉あばづれとは淡々しきに過たるといふなり。水くさきといふよりいささか深し」＊楽屋図会拾遺（1802）下「あばつれ是は伊勢の方言にして、実は阿波蹉（あはすれ）なり。阿州の人勢州に至り逗留の内古市にあそび酒興のたわむれもよく人にすれたるをもって此里にて阿波蹉と呼しなり。あばずれとはあやまり也」＊滑稽本・浮世床（1813－23）初・中「またあばづれいふかいの。爰な亭主の口といふたらトットかなはん」 ② 乱暴な言動。また、ふざけた行為。＊浄瑠璃・三荘太夫五人嬢（1727）三「腹立声も当座のきてん、心に思はぬ拵（こしらへ）りんき、真顔にうつす手くだのあばずれ、畳叩いて煮返へる」＊随筆・皇都午睡（1850）三・中「あばずれするなをふざけなアンな」 語誌 「擦れ」は、「擦れっ枯らし」や「人擦れ」などの「すれ」だが、「あば」については語源が明確ではない。「楽屋図会拾遺」の流行語の項に「あばつれ」があり、また、「大坂繁花風土記」の「今世はやる詞遣ひ」の一つに挙げられており、享和・文化期の流行語であることが分かる。当時は男女いずれに対しても性格や人格のみならずその行為についても用いられた。 方言 戯れに言ったりしたりすること。本気でないこと。 広島県比婆郡040 語源説 (1)アバレ者から出た語〔両京俚言考〕。(2)オ場ズレの転か、または世話ズレの上略か〔大言海〕。(3)アバは中国語の、父母と同列以上にある血族関係の婦人をいう阿婆から。これに擦れからしのスレをつけたもの。または悪場ズレの略か〔すらんぐ＝暉峻康隆〕。 発音〈標ア〉０〈京ア〉０⓪

あばずれ-おんな【阿婆擦女】（…ヲンナ）〘名〙 悪く人ずれがして、厚かましい女。身持ちの悪い女。＊竹沢先生と云ふ人（1924－25）〈長与善郎〉竹沢先生の花見・四「あるあばずれ女が自分に出来た子を白隠の仕業にして」

発音〈標ア〉オ〈京ア〉オ

あばずれ-ぐい【阿婆擦食】（…グヒ）〘名〙 わざと粗暴な食べ方をすること。＊戯場楽屋図会（1800）上「まづ初日かかさぬ粋客たちは、〈略〉茶屋より運ぶ酒肴鹿の子餅のあばづれ喰（グヒ）」

あばずれ-もの【阿婆擦者】〘名〙 厚かましく人ずれがしている者。身持ちの悪い者。現在では女性にいう。＊英国孝子之伝（1885）〈三遊亭円朝〉四「此の婆々は元は深川の泥水育ちの悪場摺（アバヅレ）もので」＊火の柱（1904）〈木下尚江〉一〇「女性の霊魂を引っ裂れた自暴女（アバズレモノ）」

あば-ず・れる【阿婆擦】〘自ラ下一〙 人ずれがして厚かましい行動をする。慎みなく、ふざける。＊歌舞伎・龍三升高根雲霧（因果小僧）（1861）序幕「あばずれたことをいふやうだが」＊春酒屋漫筆（1891）〈坪内逍遥〉壱円紙幣の履歴ばなし・一二「白銅貨の面附生白くて銀貨めかしたるいと気障なりと見しが聽て思ひかへし彼等の恍惚にして自ら信ずるの厚きは小紙幣の悪摺（アバヅ）れて奴隷根性もちたるには優れり」＊鳥影（1908）〈石川啄木〉四・七「富江の阿婆摺れた噪（はしゃ）ぎ方が、不愉快で不愉快でならなかった」 発音〈標ア〉０ノ 方言 ❶子供などが戯れ騒ぐ。ふざけて冗談などを言う。 上方†114 広島県向島771 徳島県祖谷054 愛媛県大三島848 ◇**あばすれる** 広島県比婆郡772 ❷乱暴する。 広島県庄原市040 比婆郡774 ◇**あわすれる** 鳥取県東部711 ◇**あばすれる** 岡山県苫田郡748 ❸慎みのない行動をする。

あばた【痘痕】〘名〙 天然痘がなおったあと、顔面に残る発疹の跡。また、そのような形状のもの。いも。じゃんこ。みっちゃ。＊俳諧・炭俵（1694）下「夏草のぶとにさされてやつれけり〈其角〉 あばたといへば小僧いやがる〈孤屋〉」＊雑俳・柳多留－八（1773）「持参金あばた多少にわりがあり」＊滑稽本・浮世床（1813－23）二・上「岩おこしほどな大粒な痘痕（アバタ）があるけれど、上塗に工数（くかず）がかかったから見えねへ」＊一茶方言雑集（1819－27頃）「かぶっ面 アバタミッチャナドニ同」 語源説 (1)梵語 arbuda（かさぶた）の転〔碩鼠漫筆・猫も杓子も＝楳垣実〕。(2)アザハタの略か。また、アトハタで瘡の迹という義か〔俚言集覧・燕石雑志〕。(3)イモアト（痘跡）の約転か。また、アバタ（荒畑）の義か〔俗語考〕。(4)武田信玄の家臣小幡某が極めて痘痕の多い容貌であったという。ヲハタでは差支えがあるのでアバタといい習わしたという〔両京俚言考〕。 発音〈なまり〉アガタ〔伊予〕アボタ〔神奈川〕〈標ア〉０〈京ア〉⓪／０ 辞書 〈ボン・言海〉 発音〈標ア〉０レ

あばた も 靨（えくぼ） 表記 痘斑（へ） （好きになると相手のあばたでもえくぼのように見える意から）ほれていると相手の欠点も欠点とは見えないで、長所のように見えるものだということ。また、ひいき目で見れば醜いものも美しく見える意にいう。＊洒落本・伊賀越増補合羽之龍（1779）通庵内之だん「巖石にひとしき菊石（アバタ）も壱っによってゑくぼと成り」＊人情本・郭の花笠（1836）二・八回「好けば痘痕（アバタ）も靨（エクボ）と見ゆれど、あきては靨が痘痕と見え」＊泥人形（1911）〈正宗白鳥〉五「惚れた女に対してさへ痘（アバタ）を靨（ヱクボ）に見ることの出来ぬ彼れは」

あばた-がお【痘痕顔】（…ガホ）〘名〙 「あばたづら（痘痕面）」に同じ。＊黒い眼と茶色の目（1914）〈徳富蘆花〉二・二「痘痕顔（アバタガホ）の隠岐さんの膝に二時間も泣伏した」 発音 アバタガオ〈標ア〉０

あばた・す〘他サ四〙 光にあてる。露光する。〔改正増補和英語林集成（1886）〕

あばたっ-つら【痘痕面】〘名〙 「あばたづら（痘痕面）」の変化した語。＊滑稽本・寒紅丑日待（1816－26）おもしろい事「『アノいもがほのお方なら』『おめいゆくきか』『アイ』『あんなふけいきなあばたっつらに』」＊吾輩は猫である（1905－06）〈夏目漱石〉九「あばたっ面を有して生息して居る人間は何人位あるか知らんが」

あばた-づら【痘痕面】〘名〙 あばたのある顔。＊雑俳・柳多留－七（1772）「朝がへりあばたづらめといひつのり」＊田舎教師（1909）〈田山花袋〉二「村長は四十五位で痘痕面（アバタヅラ）で」 発音〈標ア〉０〈京ア〉⓪ 辞書〈ボン〉 表記 麻臉（へ）

あばた-ぬり【痘痕塗】〘名〙 あばたの醜さを隠すために、女性がおしろいを厚く塗ること。＊雑俳・柳多留－一一四（1831）「勘略はでけんと京の菊石塗」

アバダン（Abadan） イラン南西部、ペルシア湾奥の都市。大精油所があり、イラン南部油田からのパイプラインの終点で石油輸出港。 発音〈標ア〉ア

あ-はつ【下鉢】〘名〙（「あ」は「下」の唐宋音）仏語。鉢を下ろすこと。禅宗で、朝、昼の食事の時、僧堂にいる衆僧が、上方の鉤（かぎ）にかけてある食器を下ろして食事につく支度をすること。＊永平道元禅師清規（13C中）赴粥飯法「次聞二廚前雲版鳴一。大衆一時下鉢」＊永平道元禅師清規（13C中）赴粥飯法「下鉢之法。挙身安祥起二立定一」 発音〈標ア〉０

あば-づけ【浮子付・網端付】〘名〙 浮子を浮子用の綱に結びつけること。

アパッシュ〘名〙（フランス apache）ならず者。もとパリのモンマルトルを根城として、夜間市内に出没する無頼漢。粋で、愛嬌があり、無邪気なのを特色とする。＊放浪記（1928－29）〈林芙美子〉「かつて、本郷の街裏で見た、女アパッシュの群れ達の事が胸に浮んできた」＊古川ロッパ日記－昭和九年（1934）一月一四日「『黄門』の中には、渡辺篤と二人のアパッシュがある」 発音〈標ア〉パ

アパッチ〘名〙（英 Apache）アメリカ-インディアンの一部族。アサバスカン諸族のうち、アリゾナ州・ニューメキシコ州からテキサス州にかけて住む諸族の総称。 発音〈標ア〉パ

アパテイア〘名〙（ギリシア apatheia 本来「パトスのないこと」の意）情念や欲情に支配されない、超然とした境地。ストア学派はこれを生活の理想とした。アパシー。

アパトサウルス〘名〙（ラテン Apatosaurus）龍盤目の恐龍。北アメリカ・ヨーロッパのジュラ系地層から化石が産出。全長二五メートル、体重三〇トン以上。首と尾が長く、頭骨は小さい。草食。

あば-な【浮子縄・網端縄】〘名〙 漁網を浮かせるため、浮子のつけてある網。建て網ではかた縄、トロール網ではヘッドロープという。

あ-はなち【畔放】〘名〙 田の畔（あぜ）を切り放して、入れておくべき水を落とすこと。「天つ罪」の一つで、古代、共同体に対する重大な犯罪とされた。＊古事記（712）中「更に国の大ぬさを取りて、生剝（いきはぎ）、逆剝（さかはぎ）、阿離（アはなち）、溝埋（みぞうめ）、屎戸（くそへ）、上通下通婚（おやこたはけ）、馬婚（うまたはけ）、牛婚（うしたはけ）、鶏婚（とりたはけ）、犬婚（いぬたはけ）の罪の類を種種（くさぐさ）求（ま）ぎて」＊古語拾遺（807）「種々に凌侮（あなづ）る。所謂、毀畔古語、阿波那知（アハナチ）、埋溝 古語、美曾宇美（みぞうみ）」＊御巫本日本紀私記（1428）神代上「塡渠毀畔〈美曾宇免安波奈知須（みぞうめアハナチす）〉」

あば-なわ【浮子縄】（…ナハ）〘名〙 「あばな（浮子縄）」に同じ。 方言 新潟県西頸城郡382 大分県北海部郡054 宮崎県児湯郡054 ◇**あばの** 長崎県西彼杵郡054 ◇**あばかかり**〔網端掛〕 岩手県気仙郡101

あばね・し【遍】〘形ク〙 「あまねし（遍）」に同じ。＊法華義疏長保四年点（1002）序「人天六趣並（アハネク）皆仏と成るといふことを表はす」＊蘇悉地羯羅経寛弘五年点（1008）上「其の福徳の件所見の処に随ひて相ひ助けて之を作し周（アハネク）偹へ使む」＊観智院本名義抄（1241）「徇 アハネシ」 辞書 色葉・名義 表記 遍（色） 徇・徧（名）

あばねわ・す【遍】（アバネハス）〘他サ四〙 「あまねわす（遍）」に同じ。＊観智院本名義抄（1241）「辨 アハネハス」 辞書 名義 表記 辨（名）

あはは〘感動〙 口を大きくあけて高く笑う声。＊滑稽本・浮世床（1813－23）初・上「『べらぼうめ頭巾（づきん）を冠（かぶ）って居（ゐ）るはい』『アハハハハ』」＊当世書生気質（1885－86）〈坪内逍遥〉二「アハハハハハ。それぢゃア、百九十人ばかりですネ」＊露団々（1889）〈幸田露伴〉一二「あはは、多少不愉快に思って居るに相違ないが、いくら不平でもかまはない」 発音〈標ア〉八［2］〈京ア〉０

あはは の 三太郎（さんたろう） ⇨あわわの三太郎

あばば〘名〙 方言 ⇨あぶあぶ

あばば〘名〙 「あわわ」に同じ。

あばばい〘形〙 方言 ⇨まばいい（目映）

あばば-じごく【阿婆婆地獄】（…ヂゴク）〘名〙 仏語。八

寒地獄の一つ。激しい寒気に耐えかねて、「あばば…」と叫ぶところから名づけられたという。＊北本涅槃経‐一一「八種寒氷地獄、所謂阿波波地獄、阿吒吒地獄、阿羅羅地獄、阿婆婆地獄、優鉢羅地獄、波頭摩地獄、拘物頭地獄、分陀利地獄」＊大智度論‐一六「八寒氷地獄者、一名頞浮陀〈略〉四名阿婆婆亦患寒声」

あば-ひき【浮子引】〘名〙地引き網などの浮子縄（あばな）を引く役。

あば-まき【浮子巻・網端巻】〘名〙漁網の浮子（あば）の下につけて、水面の潮切りをよくし、浮子を引き寄せやすくする網地。潮切（しおきり）。

あば・む〘他マ下二〙⇩あわむ（淡）

あ-はや【足速】〘形動〙足の速いさま。移動する速度が速いさま。「の」を伴って用いられる。あしはや。＊万葉（8C後）七・一四〇〇「島伝ふ足速（あはや）の小舟風守り年はや経なむあふとは無しに〈作者未詳〉」＊白羊宮（1906）〈薄田泣菫〉師走の一日「み冬となりぬ、日暮れぬ、ひねもす森にあらびし　脚早（アハヤ）の野分（のわき）は」

あば-や〘感動〙別れる時の、くだけたあいさつとして発する言葉。あばよ。＊洒落本・玉之帳（1789～1801頃）一「（女）あがり口に立て見てゐて『せんどんいってきなよ』是はゐんぎに舟頭へどこの内でもかういふ（舟頭）『あばや。日傘でもかさねへか』」方言 秋田県河辺郡134 新潟県中越373 長岡市377 岐阜県恵那郡（目下にいう）498

あば-よ〘感動〙（さらばをまねた幼児語あば、あばあばの「あば」に終助詞「よ」が付いたもの）別れのあいさつ。別れを軽く告げ合う時に使う言葉。さようなら。あばや。＊滑稽本・浮世床（1813～23）初・上「藤（とう）さんお大事になさいましヨ。ハイあばよ」＊銀の匙（1913～15）〈中勘助〉前・四九「『あばよ、しばよ』といってさっさと帰りかけた」＊唐人お吉（1928）〈十一谷義三郎〉四「足掛け四ヶ月して此の海港を『あばよ』していった」語源説(1)マタアハ（又逢）バヤの転〔俗語考〕。(2)サアラバヨ、サラバヨの約略〔大言海〕。(3)人を見送る時の言葉ア（彼）ハの濁ったアバにヨがついたもの〔毎日の言葉＝柳田国男〕。(4)赤児が始めて発する正音ア、バの二音を互いに言い合って別れを告げる言葉とした〔両京俚言考〕。発音〈なまり〉アバ・アバエ・アバエモ・アバヤ〔岐阜〕アバー・アバエァ・アバヤ〔岩手〕アバエ〔岩手・新潟頸城・愛知〕アンバ・アンバー・アンバエ・アンバヤ〔秋田〕アンバヨ〔秋田・信州読本〕〈標ア〉ア〈京ア〉ア

あばら【肋】〘名〙①「あばらぼね（肋骨）」の略。＊浄瑠璃・菅原伝授手習鑑（1746）二「油断太郎が弓ン手のあばら突込（つっこむ）刀に」＊浄瑠璃・源平布引滝（1749）三「又廻り逢（あふ）印（しるし）にと相添置きたる此剣（つるぎ）。廻り廻りて我体（からだ）、豁（アバラ）をかけて金刺（かなざし）となったも孫めが、不便（ふびん）さ故」＊破戒（1906）〈島崎藤村〉一〇・四「一人の屠手は鋸を取出した。脊髄（アバラ）を二つに引割り始めたのである」②「あばらぎ（肋木）」の略。＊工学字彙（1886）〈野村龍太郎〉「Rib 彎梁。肋」＊春迺屋漫筆（1891）〈坪内逍遙〉政界叢話・二三「さる船は先づ漏ざらんが為に数多の船茹を詰こむべき要あり扨後更に板張るべき要あり次には肋材（アバラ）を新しくすべき要あり」方言❶わき腹。福島県岩瀬郡176 ❷胸。新潟県刈羽郡381 ❸船の肋材（ろくざい）。◇あばらぼね〔―骨〕とも。静岡県浜名郡545 発音〈標ア〉0〈京ア〉0 辞書〈ポン・言海

あばら 三枚（さんまい）①あばら骨の上から三つめにあたる部分の意で、心臓。転じて、心。肋骨の三枚目。＊俳諧・大坂独吟集（1675）上「骨うづき定なき世のならひなり　あばら三まひ化野のはら〈三昌〉」＊俳諧・西鶴大矢数（1681）第三九「殊に空月の夕に懸かったは　あはら三まい哀なる露」②「あばら（肋）三枚へ障る」の略。補注②について「戯場粋言幕の外‐下」に「もし逢たら、はばら三枚（サンメヘ）をいってふんねへ」とあるのは「あばら三枚」の間違いか。

あばら 三枚（さんまい）**へ障**（さわ）**る**　「肋骨（あばらぼね）の三枚目に障る」に同じ。＊滑稽本・酩酊気質（1806）下「つい虫の居所が悪かったから、あばら三枚（サンメエ）へさはったといふやつさ」

あばら【荒・疎】㊀〘形動〙①すきまが多いさま。あけひろげたさま。まばら。＊古今（905～914）恋五・七四七・詞書「こぞを恋ひて、かの西の対（たい）に行きて、月のかたぶくまで、あばらなる板敷にふせりてよめる」＊平家（13C前）七・篠原合戦「高橋心はたけく思へども、うしろあばらになりければ、力及ばで引き退く」②家などの破れくずれてすきまが多く、荒れているさま。荒れて戸障子などのないさま。＊伊勢物語（10C前）六「雨もいたう降りければ、あばらなる蔵（くら）に、女をば奥におし入れて」＊曾丹集（11C初か）「かこはねど蓬（よもぎ）のま垣夏来ればあばらの宿をおもがくしつつ」＊宇治拾遺（1221頃）三・一「やはら歩みよりてみれば、あばらなる屋の内に、火ともしたり」＊日葡辞書（1603～04）「カキ、カベ abarani（アバラニ）シテ　アメ、カゼ　タマラヌ」③人の態度やふるまいなどが心のこもっていないさま。＊名語記（1275）四「人のふるまひのあばらなるをそけなしとそしる」㊁〘名〙①「あばらや（荒屋）①」に同じ。＊新撰字鏡（898～901頃）「客亭　无ㇾ壁之屋也　客人屋　阿波良」＊観智院本名義抄（1241）「客亭　アハラ」②「あばらや（荒屋）②」に同じ。＊拾遺（1005～07頃か）雑秋・一一一一「秋風は吹きな破りそ我宿のあばらかくせる蜘（くも）のすがきを〈曾根好忠〉」＊大唐西域記長寛元年点（1163）七「形勝の故墟（アバラ）魚鱗のごとくに間（まま）に峙てり」方言❶強いさま。露骨なさま。◇あっぱらとも。新潟県中魚沼郡062 ❷おてんば。千葉県夷隅郡289 語源説(1)アバレ（荒廃）の転〔大言海〕。(2)アハラ（荒散）の意〔日本語源＝賀茂百樹〕。発音〈標ア〉0〈ア史〉平安・鎌倉●●●〈京ア〉0 辞書字鏡・和名・色葉・名義・易林・日葡・言海 表記客亭（字・名）亭（和・色）歩欄・庑・榭（字）場（色）豁（易）荒（言）

あばら-いえ【荒家】〘名〙屋根や壁などのくずれ破れて、荒れ果てた家。あばらや。＊雑俳・もみぢ笠（1702）「わが庵は鍋（なべ）で月見るあばら家」

あばらう〘動〙方言⇩あばう（奪）

あばら-がけ〘名〙列を崩しあちらこちらと駆けて敵を攻撃すること。辞書日葡

あばら-ぎ【肋木・豁木】〘名〙①和船の部材名称。大型弁才船で上棚（うわだな）を重ね継ぎした場合、船首寄りの上棚外面に設ける数本の肋材。包み板を打ちつけるためのもの。まつら。②西洋型構造船の肋骨の和名。寛永一二年（一六三五）完成した巨船安宅丸の船体は、龍骨に多数の肋木で構成されていた。＊安宅御船仕様帳（1711）「豁木槻、敷之真より棚揃迄三尺間に壱本宛入」

あばら-きん【肋筋】〘名〙鉄筋コンクリート造りの梁（はり）や桁（けた）において、主筋となる鉄骨を連絡して箱形にめぐらした鉄筋。梁の剪断（せんだん）応力を補強するもの。ろっきん。

あばら-こまいもの【疎小舞物】〘名〙建築で棰（たるき）の上に化粧小舞をのせ、その上に化粧裏板をまばらに張った軒構造。〔日本建築辞彙（1906）〕

あばら-さがり【肋下】〘名〙（主として剣や刀で）肩の上から肋骨（ろっこつ）の辺りにまで切り下げること。＊浄瑠璃・曾我五人兄弟（1699頃）五「祐成は一の太刀（たち）弓手の肩より、あばらさがりに斬（き）りつくる」

あばら-しょうじ【荒障子】〘名〙紙の破れた障子。破れ障子。＊俗語考（1841）「紙の破れたる障子を、あばら障子といひ」

あばら-す【荒巣】〘名〙「あばらや（荒屋）②」に同じ。＊落語・茶碗屋敷（1891）〈三代目春風亭柳枝〉「御覧の通り破（アバ）ら巣（ス）にて何（なん）にも御坐らぬが」発音〈標ア〉ラ0

あばら-すど【荒簾戸】〘名〙①破れた簾戸。②戸のない家。荒廃した建物。＊俗語考（1841）「戸のなき家をあばら素戸（スド）と云」

あばら-すどう【荒廃堂】〘名〙（「あばらすど（荒簾戸）」が変化して、「堂」の意に考えられた語か）荒廃した建物。＊滑稽本・小野篤譃字尽（1806）通神の縁起幷祭の行列「あばら素胴（スドウ）のお神輿は、是がほんのよいよいよいと、多くの人にはやされ」＊初恋（1889）〈嵯峨之屋御室〉「見る影もないアバラス堂で、稗史（よみほん）などによく出て居る山中の一軒家といふ書割であった」＊白羊宮（1906）〈薄田泣菫〉鷄の歌「古き御寺（みてら）の　頽廃堂（アバラスダウ）の奥ぶかに」

あばら-だけ【疎竹】〘名〙まばらに並んで生えている竹。また、その垣根。＊新撰六帖（1244頃）六「数ならぬしづが囲ひのあばら竹末をりかけて世をやつくらん〈藤原信実〉」

あばら-だるき【疎垂木】〘名〙建築で、間隔のまばらなたるき。まばらだるき。〔日本建築辞彙（1906）〕

アパラチア-さんみゃく【―山脈】（アパラチアは Appalachia）アメリカ合衆国東部の山脈。大西洋岸に沿い、ニューヨーク州からアラバマ州中央部までの数列の山脈から成る。アパラチア山脈を形成した造山運動のあとがみられる。

あばら-ぼね【肋骨】〘名〙胸から左右の脇へ連なって内臓を保護する骨。左右合わせて二四本あり弓形に並行し、前端は胸骨に、後端は脊柱につづく。ろっこつ。＊太平記（14C後）一八・金崎城落事「右の脇のあばら骨二三枚懸て搔破り其刀を抜いて宮の御前に差置て」＊波形本狂言・胸突（室町末～近世初）「此やうにあばら骨（ボネ）をつきおらせて、敵（かたき）を取てくれいやい」＊仮名草子・仁勢物語（1639～40頃）上・二「うち笑ひて、あばらぼねも痛きに、面（つら）の歪（ゆが）むまで笑ひて」＊書言字考節用集（1717）五「肋　アバラボネ、膳　同」＊旧約全書（1888）創世記・二「ヱホバ神アダムより取たる肋骨（アバラボネ）を以て女を成り之をアダムの所に携きたりたまへり」語源説(1)アバラはすき間のあることをいい、梵語の菴婆羅（空の意）から〔名言通・和訓栞・外来語の話＝新村出〕。(2)アバラボネ（荒骨）の義。アバラはアバレ（荒廃）の転〔大言海〕。(3)アバラはウハハラ（上腹）の転〔日本語源＝賀茂百樹〕。(4)アバク（毀壊）と同言。肉筋がなく、骸骨となって離れ離れになる所であるから〔俗語考〕。(5)「腋勝」の別音（A-Ban）の語尾がラ行に転じたもの。腋の両側の義〔日本語原考＝与謝野寛〕。発音〈なまり〉アガラボネ〔愛知〕〈標ア〉0〈京ア〉0 辞書和玉・天正・日葡・書言・〈ポン・言海 表記肋（玉・天）肋・膳（書）肋骨（へ・言）

あばらぼね の 三枚目（さんまいめ）**に障**（さわ）**る**　癪（しゃく）にさわること。→あばら（肋）三枚。＊滑稽本・酩酊気質（1806）下「吸物を出せばって、どん尻へ廻されちゃァ、あばら骨（ボネ）の三枚目（サンメエメ）へ障（サハ）らァ」

あばら-まがき【疎籬】〘名〙まばらに結った、すきまの多い垣根。＊新撰六帖（1244頃）二「我庵のあばら籬に柴そへておいらくのこば立ちもかくれん〈藤原知家〉」

あばら-もの【荒者】〘名〙態度や行動に心のこもっていない者。＊足利本論語抄（16C）先進第十一「由は麁俗也。あばらものと云心ぞ」

あばら-や【荒屋・亭】〘名〙①（亭・客亭）東屋（あずまや）造りなどで、人の休むために設けた、四方あけはなしの小さな建物。ちん。あばら。＊十巻本和名抄（934頃）三「亭　釈名云亭〈音停　弁色立成云客亭　阿波

良夜 遊子息処小屋也〉人所二停集一也」 *観智院本名義抄(1241)「亭 アバラヤ」 ②(荒屋・荒家) 荒れ果てた家。廃屋。破れ屋。自分の家の卑称としても用いる。*源氏(1001-14頃)澪標「人知れぬあばら屋にながむる心細さなれば、深うも思ひたどらず」 *太平記(14C後)一三・北山殿謀叛事「蓬(よもぎ)の矢射る所もなきあばら屋(ヤ)に、透間の風冷(すさま)じけれども」 *仮名草子・犬枕(1606頃)「淋しき物〈略〉あばら屋」 *爛(1913)〈徳田秋声〉六「ごらんの通りの廃屋(アバラヤ)で、…私も悉皆(すっかり)零落(おちぶ)れてしまひましたよ」 語源説 (1)アバラ(アバレの転)ナ家〔大言海〕。(2)アバラ骨の形の家〔箋注和名抄・伊勢物語私記=折口信夫〕。(3)アキアバ(開壊)いた家〔俗語考〕。(4)アはアク(開)、ハラは広い家〔筆の御霊〕。 発音〈標ア〉ラ 〈ア史〉平安●●●● 〈京ア〉0 辞書 和名・色葉・名義・和玉・文明・天正・日葡・書言・ヘボン・言海 表記 亭(和・色・名・玉・文・天・書) 荒屋(書・言) 草亭(名) 露屋・白屋・草亭(書) 敗宅(ヘ)

あばら-やね【荒屋根】〘名〙破れくずれて荒れ果てた屋根。*雑俳・西国船(1702)「あさましや菖蒲さされぬあばら屋根」

あばら-わり【疎割】〘名〙建築で、棰(たるき)の間隔が密でない配置。まばらわり。〔日本建築辞彙(1906)〕

あ-ばり【網針】〘名〙(「あみばり(網針)」の変化した語) 網を手編みするのに用いる竹製または木製の針。平たく細長く、特異な形で糸巻きを兼ねる。ミシンのふね、織機の杼(ひ)にあたる。あみすきばり。*書言字考節用集(1717)七「網針 アバリ」 *和英語林集成(初版)(1867)「Abari アバリ 網針」 辞書 書言・ヘボン・言海 表記 網針(書・ヘ・言)

あば・る【荒】〘自ラ下二〙荒れ果てる。荒れくずれる。荒廃する。すたれ果てる。*宇津保(970-999頃)楼上上「一丁なれどいみじうあばれて、いとかすかなり」 *源氏(1001-14頃)帚木「淋しくあばれたらむ葎(むぐら)の門(かど)に思ひの外(ほか)にらうたげならむ人の」 *書陵部本名義抄(1081頃)「圮 ヤブル 玉抄云 ヒハル アハル」 *宇治拾遺(1221頃)三・一「めぐりもあばれ、門などもかたかたは倒れ」 *ロドリゲス日本大文典(1604-08)「Abareta (アバレタ) ヒト〈訳〉生活や習慣のでたらめな人」 語源説 (1)アラハ(顕)ニナル意か〔大言海〕。(2)アラハラ(荒原)ラルの反か〔名語記〕。(3)アラブの転訛〔東方言語史叢考=新村出〕。 発音〈標ア〉パ 〈京ア〉0 辞書 名義 表記 圮(名)

あば・る【暴】〘自ラ下二〙⇨あばれる(暴)

アバル-ご【―語】〘名〙(アバルは Avar) 北東カフカス諸語に属する言語。ロシア連邦南部ダゲスタン共和国を中心に話されている。アバール語。 発音 アバルゴ〈標ア〉0

アパルトヘイト〘名〙(アフリカーンス apartheid「分離・隔離」の意) 南アフリカ共和国の人種差別制度およびその政策。一九一三年の原住民土地法に初めて登場した語で、参政権、居住、結婚、就職などあらゆる面での差別が行なわれてきたが、九一年に隔離政策関連の法律が廃止。九四年に全人種が参加する議会選挙が行なわれた。 発音〈標ア〉ヘ

アパルトマン〘名〙(フランス appartement)「アパートメントハウス」に同じ。*巴里祭(1938)〈岡本かの子〉「エッフェル塔の影が屋根に落ちる静かなアパルトマンに」 *河(1959)〈堀田善衛〉「それは普通の町角のアパルトマンらしい建物であったが」 発音〈標ア〉パ

あばれ【暴】〘名〙①あばれること。乱暴。荒れた行ない。*俳諧・破篭(1677)春・桜「折やつをあばれとおもへ山ざくら〈宗俊〉」 *浄瑠璃・女殺油地獄(1721)下「ねづみのあばれはしづまりぬ」 *わかれ道(1896)〈樋口一葉〉中「吉ちゃんの様な暴(アバ)れ様(さん)が大好き」 ②「あばれぐい(暴食)」に同じ。*浮世草子・好色三代男(1686)二・二「いでや手蕎麦(てそば)のあばれ、大のみ、早ぐひ、勝手しらず」 ③歌舞伎、長唄などの囃子(はやし)で、太鼓を主奏楽器とした演奏。荒事師の出や立ち回りに用いる。*歌舞伎・貞操花鳥羽恋塚(1809)三立「トあばれになり、雷雲、羽織衣裳の形(なり)にて、天秤棒(てんびんぼう)に大福帳の荷を附け」 方言 ❶乱暴者。いたずらっ子。おてんば。 香川県829 愛媛県周桑郡844 宮崎県954 ◇あんばれ 山形県139 ◇あばれぼう〔―坊〕 大分県941 ◇あふぁぶくらむぬ〔―者〕 沖縄県与那国島996 ❷幼児が寝起きにむずかること。◇あんばれ 山形県東村山郡139 発音〈標ア〉0

あばれ-い・る【暴入】〘自ラ四〙あばれながら入る。乱入する。どやどや入り込む。なだれ込む。*朝鮮板伊路波(1492)「あるいわ、あるいわ、さんぞくかいぞくのともがら、あるいわ、ようちがうだうのともがら、あばれいり候ずるじぶんわ」

あばれ-うま【暴馬】〘名〙荒れ狂う馬。気性のはげしい馬。 発音 アバレヴマ〈標ア〉レ 〈京ア〉アバレウマ レ

あばれ-か【暴蚊】〘名〙夏の終わり頃の蚊で、特に群がり飛んで人を激しく刺すもの。あばれっ蚊。あぶれ蚊。残る蚊。*読本・本朝酔菩提全伝(1809)一・一「根笹にすだくあばれ蚊の、女の膚(はだ)の珍しげに袷越(あはせごし)さへ面憎(つらにく)く」 *俳諧・おらが春(1819)「あばれ蚊のついと古井に忍びけり」

あばれ-がき【暴描】〘名〙乱暴な筆致で絵を描くこと。*落語・嵩谷(1890)〈禽語楼小さん〉「雲州公の御前に於いて墨画(すみゑ)の鍾馗の暴れ描(ガキ)を致すと云ふお馴染の滑稽のお話で有りますが」 発音 アバレガキ〈標ア〉0

あばれ-がわ(はが)【暴川】〘名〙大雨が降るとすぐに氾濫して、水害をもたらす川。 発音 アバレガワ〈標ア〉レ0

あばれ-きゃく【暴客】〘名〙店であばれる客。乱暴な客。*浄瑠璃・曾我虎が磨(1711頃)上「買ふて見せんと局の妻戸こぢはなせば、すはあばれ客こそ入りたれと、上を下へと返(かへ)しける」 発音〈標ア〉レ

あばれ-ぐい(ひ:ぐ)【暴食】〘名〙無茶に食うこと。むさぼり食うこと。あばれ。暴飲暴食。*評判記・秘伝書(1655頃)大身と、又、ばっくん小身とみて、あいらひの事「物くい、さけのむにも、むさと、あばれぐいすべからず」 *浮世草子・武道伝来記(1687)八・四「命惜(をし)からずと胴辛焼(とうからやき)、かしら迄あまさずあばれ喰(クヒ)の中に」 *滑稽本・浮世風呂(1809-13)二・上「さんざっぱらあばれ食(グヒ)をして」 方言 欲しくないのに食べること。空腹でないのに間食をすること。 岡山県児島郡763

あばれ-ぐち【暴口】〘名〙乱暴な行為。乱暴なやりかた。*俳諧・二つ盃(1680)「又、高政入道、并同宿のうき蔵主とび小僧共があばれ口をもやめさせ」 方言 口の利き方が下品であること。下品な物言い。 愛媛県840

あばれ-ぐみ【暴組】〘名〙暴力をもちいる無法者の仲間。無頼漢の徒党。暴力団。*浮世草子・本朝二十不孝(1686)三・二「夜も明がた成に此所放埒組(アハレグミ)、後より八五郎を切て」 *浮世草子・懐硯(1687)二・三「ここに其比のあばれ組(グミ)、家中の二番生、天田新七、小須万七、水橋岩右衛門、類を引友七八人」

あばれ-こ・む【暴込】〘自マ五(四)〙暴れながら家や人ごみの中へ押し入る。*雑俳・柳多留-四一(1808)「音楽の中へ門覚あばれこみ」 *福翁自伝(1899)〈福沢諭吉〉始めて亜米利加に渡る「水戸の浪人が掃部様(かもんさま)の邸に暴込(アバレコ)んだと云ふやうな事ではないか」 発音〈標ア〉コ 〈京ア〉0

あばれ-さが・す【暴―】〘自サ四〙(「さがす」は「してまわる」「しまくる」の意の接尾語) あばれまわる。あばれまくる。*咄本・諺臍の宿替(19C中)一二「きょろきょろぬかすと、是から親るいや近所中へいて、あばれさがしてやるぞ」

あばれ-ざけ【暴酒】〘名〙「あばれのみ(暴飲)」に同じ。*浄瑠璃・女殺油地獄(1721)下「僭上たらだらあばれ酒、暫く時をぞ移しける」 発音〈標ア〉レ

あばれ-じょうご(:ジャウゴ)【暴上戸】〘名〙酒に酔うと暴れる癖のある人。また、その癖。*稲熱病(1939)〈岩倉政治〉四「うっかり語気を強くして、ハッと思ったときには、もう八三郎の暴れ上戸(ジャウゴ)らしい返答がかへって来た」 発音 アバレジョーゴ〈標ア〉ジョ

あばれ-せっちん【荒雪隠】〘名〙荒れ果てた便所。*談義本・医者談義(1759)二・配剤大小之談義「壁をむしり招(こまい)を折取あのごとくあばれ雪隠にして」

あばれ-たんぜん【暴丹前】〘名〙①歌舞伎で乱暴者に扮する役者が着る丹前。また、そのような暴れ者。*洒落本・船頭部屋(19C初)鳥居町舟宿の套「どふせひまなからだなり。あばれ丹前で乗出そふか」 ②笛と太鼓とで奏する歌舞伎囃子(ばやし)の一つ。①の出端(では=登場音楽)の時などに行なう。*戯場訓蒙図彙(1803)三「あばれ丹前(タンゼン)なまず坊主にあり」 発音〈標ア〉タ

あばれっ-か【暴蚊】〘名〙「あばれか(暴蚊)」の変化した語。

あばれっ-こ【暴子】〘名〙おとなしくない子供。いたずらっこ。やんちゃ。

あばれ-なき【暴泣】〘名〙乱暴な振る舞いをしながら泣きわめくこと。*一家団欒(1966)〈藤枝静男〉「二時間も暴れ泣きをして、うちじゅうを困らしたっけが」 発音〈標ア〉0

あばれ-のし【暴熨斗】〘名〙熨斗をかたどった文様の一つ。他の熨斗文様が端正なのに比べ複雑怪奇な相なので名付けられたらしい。江戸前期、型染文様として流行。

暴れ熨斗

あばれ-のみ【暴飲】〘名〙酒などを無茶に飲むこと。はめをはずして飲むこと。暴飲。*浄瑠璃・信濃源氏木曾物語(1698頃)一「乱酒(らんしゅ)になれし五人のねいじん、入みだれ入みだれあとさき知らぬあばれのみ」 *落語・洒落小町(1898)〈三代目春風亭小柳枝〉「暴れ飲みに酒を飲んで、何うもツイ癇癪を起こします」

あばれ-まわ・る(はる:ま)【暴回】〘自ラ五(四)〙乱暴な行為をして歩く。転じて、勇ましく活躍する。あばれまくる。*河霧(1898)〈国木田独歩〉「小学校から帰路(かへりみち)、此家の少年(こども)を餓鬼大将として荒(アバ)れ廻った処である」 *家(1910-11)〈島崎藤村〉上・二「ウンと一つ今年は暴れ廻って呉れるぞ」 発音〈標ア〉ワ 〈京ア〉0

あばれ-むすこ【暴息子】〘名〙親の手に負えないいたずらな男の子。やんちゃ坊主。また、酒色にふけったりして、品行がよくない息子。どらむすこ。極道息子。放蕩(ほうとう)息子。

あばれ-もの【暴者】〘名〙乱暴な行動をする者。無法な行為をする者。*日葡辞書(1603-04)「Abaremono (アバレモノ)〈訳〉しつけが悪く、素行がよくないなど、秩序を重んじない者」 *狂言記・見物左衛門(1700)「何といふ。某をあばれ者といふか」 *浄瑠璃・心中天の網島(1720)上「障子(しゃうじ)越しに抜身(ぬきみ)を突き込あばれ者」 *社会百面相(1902)〈内田魯庵〉破調・上「妾(わた)くしの暴れものは本島さんが能く御存じです」 発音〈標ア〉0 ノ 〈京ア〉0 辞書 日葡・書言・ヘボン・言海 表記 狡猾(書)

あばれ-やつ【暴奴】〘名〙乱暴者をののしっていう語。乱暴者め。*浄瑠璃・鬼一法眼三略巻(1731)二「ヤアここなあばれ奴(ヤツ)」

あばれ-やろう(ラウ:ヤ)【暴野郎】〘名〙粗暴な男。血気にはやる若者。乱暴者。また、素行のよくない若者。酒色

にふけって品行がおさまらない男。

あば・れる【暴】〘自ラ下一〙文あば・る〘自ラ下二〙①乱暴な行為をする。㋑人や器物に暴力を振るったりして、騒ぎたてる。無法なことをする。＊玉塵抄(1563)二一「豪放なあはれたうでこきをたつる者をみじきくだいたぞ」＊日葡辞書(1603-04)「コノ ワランベガ abarete (アバレテ) タマラヌ」＊浮世草子・懐硯(1687)四・一「隣国にあばれし夜盗六人、此庵に押入て」＊書言字考節用集(1717)九「暴破 アバルル 又作狂破、許 同」㋺常識からはずれた行為をする。暴飲暴食など度を越した無茶なことをする。＊仮名草子・仁勢物語(1639-40頃)上・二二「古よりも暴(アバ)れてなん食らひける」＊浮世草子・西鶴織留(1694)三・四「釣たるはぜを丸焼にして、数(かず)喰事を手がらに、おのおのあばれける中にも」㋩激しく身体を動かす。あちこちとはげしく動きまわる。＊小学読本(1873)〈田中義廉〉一「此鳥は、馴れたりや、又は、暴るることありや」＊芭蕉(1922)〈吉田絃二郎〉「あまり鼠があばれて仕方がないものですから」②勇ましく大胆に行動する。大活躍する。＊歌舞妓年代記(1811-15)三・延享元年「両人の紋付たる扇を遣り、来年中は随分あばれ候へ」語源説(1)アラベルから転訛した語か。またはアラブル(荒)からか〔東方言語史叢考＝新村出〕。(2)アは接頭語、バレルは物の散ずる意〔語簏・俚言集覧〕。発音〈なまり〉アバエル〔津軽語彙〕アバケル〔津軽語彙・山形・神奈川〕アバゲル〔岩手〕アバラケル〔神奈川〕アバルイ・アバルッ〔鹿児島方言〕アブリル〔NHK(石川)〕バルル〔福岡〕ヤバル・ヤブレル〔福島〕〈標ア〉0〈京ア〉0 文『あばる』〈標ア〉0〈京ア〉0 辞書日葡・書言・ヘボン・言海 表記暴破・狂破・許(書) 暴乱(へ) 荒(言)

アパレル〘名〙(英 apparel 「服装」の意) 服装、装いなど衣服の総称。衣服産業、既製服を扱う業種の総称として使われる。「アパレル産業」発音〈標ア〉ア0

あばれん-ぼう【暴坊】〘名〙(「あばれんぼ」とも)①しばしば乱暴な行動をする人。乱暴者。＊ガトフ・フセグダア(1928)〈岩藤雪夫〉二「二人共飲んだくれで暴れん坊だったがそれは彼等が悪るかったのではない、境遇がさうさせたんだ」②自由奔放に振る舞い、その分野で先鋭的に活躍している人。＊十五年間(1946)〈太宰治〉「『こいつらは主として宗教の自由を叫んで、あばれてゐたらしいです』『なんだ、あばれんぼうか』とかっぽれは案外だといふやうな顔で言ふ」発音アバレンボー〈標ア〉0

アバン-ギャルド〘名〙(フランス avant-garde 軍隊用語で「前衛」の意)《アバンガルド・アヴァンギャルド・アヴァンガルド》①第一次世界大戦頃から、フランスなどで起こった芸術運動。既成の芸術観念や形式を否定し、革新的芸術をつくり出そうとした。立体派、未来派、抽象画派、超現実派などの総称。前衛派。＊荷風随筆(1927-28)〈永井荷風〉正宗谷崎両氏の批評に答ふ「新文壇の所謂アヴァンガルドに立って陣鼓(タンブール)を鳴らさせるためであった」＊日本の伝統(1956)〈岡本太郎〉民族の生命力「造型要素に転化せしめ、ついには空間そのものを彫刻したのが二十世紀のアヴァンギャルド」②芸術の世界で先端的な活動をする人。前衛。＊第2ブラリひょうたん(1950)〈高田保〉絹代の勇気「観念の上では随分とアヴァン・ギャルドがいて、あれこれ理屈を並べているのだが」発音〈標ア〉ギャ〈京ア〉ギャ

アバン-ゲール〘名〙(フランス avant-guerre 「戦前」の意)《アヴァンゲール》本来は第一次世界大戦前の芸術思潮、すなわち自然主義、現実主義、印象主義などをさしたが、第二次大戦後は、戦前の考え方、生活態度、価値観などを持ち続けている者をいう。戦前派。↔アプレゲール。＊旅‐昭和二六年(1951)六月号・糸へん交響楽「戦後派がほとんど姿を消し損をしながらも地盤と古い信用でアバンゲールがどうにか苦境を切り抜けたという話もうなずける」＊現代風俗帖(1952)〈木村荘八〉私の東京・名人会「近頃としまのひとに好もしい風俗があると云はれた。所詮アヴァン・ゲールであらう」発音〈標ア〉ゲ〈京ア〉ゲ

アバンチュール〘名〙(フランス aventure 「意外なできごと」「冒険」の意で、英語のアドベンチャー adventure と同義)《アヴァンチュール》恋の冒険。火遊び。日本では主として男女関係に使われる語。＊青年(1910-11)〈森鷗外〉一〇「あの時の心持は妙な心持であった。或る aventure (アワンチュウル)に遭遇して見たい。その相手が女なら好い」＊大道無門(1926)〈里見弴〉隣人・一「まア、軽く云へば、アヴンテュール(あぶない遊び)だがね」＊面影(1969)〈芝木好子〉七「アルスター湖のまわりの舗道をアバンチュールを求めて歩いている自分」発音〈標ア〉チュ〈京ア〉チュ

あひ〘名〙「あひる(家鴨)」に同じ。〔語彙(1871-84)〕方言㊀〘名〙❶鳥、あひる(家鴨)。青森県南部050 085 岩手県九戸郡088 群馬県佐波郡242 千葉県山武郡270 宮崎県日向947 ◇あっぴ 山形県138 139 144 ◇あひら 沖縄†139 ◇あふぃら 沖縄県鳩間島996 ◇あふぃらあ 沖縄県首里993 ◇あぴら 沖縄県石垣島・新城島996 ◇あっぴら 沖縄県石垣島996 ◇あある 神奈川県高座郡321 ◇あへら 沖縄†139 ◇あふぇら 沖縄県竹富島996 ◇あへろ 新潟県中魚沼郡379 京都府634 ◇あへっ 長崎県五島917 ◇あせろ 長野県上高井郡471 ❷(❶の歩き方に似ているところから) 立った時に、足の先が内側に向く足つき。鎌足(かまあし)。仙台†058 ❸(❶の足の形に見立てて) 三つまたの鍬(くわ)。山口県豊浦郡798 ㊁〘感動〙家鴨(あひる)を呼ぶ語。◇あひあひ 岩手県九戸郡088 辞書言海

あび【阿比】〘名〙①アビ目アビ科の水鳥の総称。潜水して魚を捕え、水中では脚をスクリューのように使って泳ぐ。そのため、脚は体の後端近くにあり、陸上を歩くのはきわめて不器用である。北半球北部に五種が分布し、日本には、アビ、オオハムなど四種が冬に渡来する。学名は Gaviidae ＊生物学語彙(1884)〈岩川友太郎〉「Loon アビノ類(鳥)」②アビ科の海鳥。全長約六〇センチメートルで、くちばしが細長く鋭い。北極周辺で繁殖し、冬に日本近海に渡来。潜水が巧みでイカナゴを好んで食べる。かずくとり。へいけどり。学名は Gavia stellata ＊語彙(1871-84)「あび 俗 鳥名、おほばんに似て黒質にして白斑あり」発音〈標ア〉ア

あ-び【阿媚】〘名〙人の気に入るようなことを言ったりしたりして、きげんをとること。こびへつらうこと。＊社会百面相(1902)〈内田魯庵〉失意政治家・上「金も力も無い色男なら文明のお化粧をして面縦阿媚(アビ)するも止を得ないが」

あび【阿鼻・阿毘】〘名〙(梵 avīci の音訳。無間(むけん)と訳す)①「あびじごく(阿鼻地獄)」の略。＊本朝文粋(1060頃)一二・施無畏寺鐘銘〈兼明親王〉「上従有頂、下抵阿鼻」＊梁塵秘抄(1179頃)二・僧歌「毘盧(びる)の身土(しんど)の卑しきを、凡下(ぼんげ)の一念超えずとか、阿鼻の依正(えしゃう)の卑しきも、聖の心に任せたり」＊謡曲・正尊(1541頃)「このこと偽りこれあらば、この誓言のご罰を当たり、来世は阿鼻に堕罪せられんものなり」＊浄瑠璃・碁盤太平記(1710)「あびの苦患(くげん)は受くるとも」②大声でわめくこと。さけぶこと。＊オキナワの少年(1971)〈東峰夫〉五「(はあもう!早く草刈りにいかんとならんがあ!)そう阿鼻(アビ)しているうちに、胆がホトホトしてきて、ヒイッーヒイッーヒイッー。泣かされてしまっていた」＊翻訳名義集‐二「阿鼻、此云無間。〈略〉成論明五無間。一趣果無間、捨身生報故。二受苦無間、中無楽故。三時無間、定一劫故。四命無間、中不絶故。五形無間、如阿鼻相。縦広八万由旬、一人多人皆遍満故」発音〈標ア〉ア 辞書言海 表記阿鼻(言)

あびの釜(かま) 阿鼻地獄で罪人を煮るという釜。＊浮世草子・元禄大平記(1702)四・難波の色は埒もないもの「いつぞや阿鼻(アビ)の釜(カマ)の中にて、椀久直(ぢき)にかたり侍る」

あびの業(ごう) 阿鼻地獄で責められるような深い罪業。五逆の罪。＊塩山和泥合水集(1386)「一刹那の間に阿鼻の業滅して」＊抜隊禅師仮名法語(1387頃)「刹那に滅却す阿鼻の業」

あびの炎(ほのお) 阿鼻地獄で罪人を責める炎。業火(ごうか)の炎。＊梁塵秘抄(1179頃)二・僧歌「万を有漏(うろ)と知りぬれば、あびのほのをも心から、極楽浄土の池水も、心澄みては隔て無し」＊日蓮遺文‐立正安国論(1260)「提婆達多之殺蓮華比丘尼也、久咽阿鼻之焔」

あび〘名〙方言植物。❶きいちご(木苺)。伊豆八丈島†071 東京都一部030 三宅島・御蔵島333 ◇あゆび・あぶ・あびんば 東京都三宅島333 ❷いちご(苺)。伊豆八丈島†072 東京都一部030 八丈島343

アピア(Apia) 南太平洋、サモア独立国の首都。ウポル島北岸に位置し、「宝島」の著者スチーブンソンの墓などがある。

あひ-あひ〘感動〙方言⇩あひ

アピアランス〘名〙(英 appearance)《アッピアーランス》①(人の)外観。容姿。様子。＊音引正解近代新用語辞典(1928)〈竹野長次・田中信澄〉「アッピアーランス Appearance 英 出現、外見、外観、容貌、風采、体裁」＊日本ロォレライ(1948)〈井上友一郎〉三「窓はすでに暗くなって、女の姿は少しも見えない。けれど、明らかにゴロちゃんに聴かせてやらうとする女らしいアピアランスで、その歌はうたはれてゐる」②(スポーツの競技会などに)出場すること。また、出演すること。「アピアランスマネー」発音〈標ア〉ピ

あひい〘名〙母。＊町人嚢(1692)三「あひい 母をいふ。阿妣なるべし。妣は母をいへり」＊物類称呼(1775)一「母 はは。〈略〉長崎にて、あひいと云」方言長崎県壱岐島050

アピール〘名〙(英 appeal)《アッピール》①広く他人に向かって自分の考えなどを訴えかけること。また、その訴え。また、強調して注意や関心を向けるようにすること。＊音引正解近代新用語辞典(1928)〈竹野長次・田中信澄〉「アッピール Appeal 英 訴へると云ふ意」＊党生活者(1933)〈小林多喜二〉八「私たちはビラやニュースで、戦争に反対しなければならないことをアッピールしてきたが」＊風にそよぐ葦(1949-51)〈石川達三〉前・七「その読者にアピールして行かなくてはならんと思う」②人を強くひきつけること。また、その魅力。＊銀座細見(1931)〈安藤更生〉九・カフェ奇人伝「若い者が見ると何処か藤間房子に似てゐて、大した興味(きょうみ)も感じないのだが、何か老人にはアッピールするものがあるらしい」③スポーツ、特に野球で審判に抗議すること。発音〈標ア〉ピ〈京ア〉ピ

アビオニクス〘名〙(英 avionics) 電子工学を応用した航空工学と宇宙飛行学の両分野にまたがる学術。発音〈標ア〉ニ

あび-か・く【浴掛】〘他カ下二〙「あびせかける(浴掛)」に同じ。＊浄瑠璃・平家女護島(1719)四「水舟に飛び入って、頭をひたし身にあびかけ熱さを凌(しのぐ)有様は」

あ-びき【網引・網曳】〘名〙①地引き網などの網を引いて魚をとること。＊万葉(8C後)三・二三八「大宮の内まで聞こゆ網引(あびき)すと網子(あご)ととのふる海人(あま)の呼び声〈長奥麻呂〉」＊神楽歌(9C後)明星・朝倉「〈本〉朝倉や をめの湊(みなと)に 安比支(アビキ)せば 玉の童女(めざし)に 網引きあひにけり」＊草根集(1473頃)一一「夕日さす磯屋の蜑の釣竿にあさでかけ干しあひきする見ゆ」＊清元・青海波(1897)「月の出潮に、網引(アビキ)の声の節も拍子も一様に」②令制において、大膳職(だいぜんしき)に属し

た品部(ともべ)の一つ。網を引いて魚をとって貢した。＊令集解(868)職員・大膳職条「釈云。別記云。〈略〉網引百五十戸。右三色人等。経ㇾ年毎ㇾ丁役。為二品部一。免二調雑徭一」 方言 案内すること。手引き。島根県益田市725 発音〈標ア〉0 キ 辞書 書言 表記 網引(書)

あびき〘名〙 方言 ❶入り江などで波の強い時に寄せたり引いたりする水の流れ。千葉県夷隅郡054 長崎県西彼杵郡054 ❷波の引く力。神奈川県葉山059 ❸底波。三重県志摩郡062 ❹船の通った後に起こる波。長崎県五島917 ◇あぶき 三重県北牟婁郡054 徳島県811 ❺余波。山口県笠戸島054 鹿児島県肝属郡970 ◇あぶき 和歌山県693 695 長崎県西彼杵郡908 ❻海岸や川などのさざなみ。◇あぶき 和歌山市691 高知県860 ◇あぶく 和歌山市691 ❼潮がだんだん満ちてくること。長崎県対馬913 ❽他に波及すること。影響。とばっちり。長崎県対馬898 913

あびき-ちょう【網引長・網曳長】〘名〙 大化前代、網引(あびき)の部民を率いた首長。その部民は品部(ともべ)となり、令制にいたっても、長のもとに大膳職(だいぜんしき)に隷属した。＊三代格-四・延暦一七年(798)六月二五日・太政官符「網曳長一人 江長一人 已上元隷二大膳職一 右被二大納言従三位神王宣一偁件長等宜二改隷二内膳司一」

あびき-べ【網引部】 古代の氏(うじ)の名。神別で、物部氏(もののべし)と同じく、饒速日命(にぎはやひのみこと)を祖とする。その名の示すとおり、網を引いて魚を取ることを業とする部民から出たものであろう。→網引(あびき)。＊新撰姓氏録(815)和泉国神別「物部 同神(饒速日命のこと)六世孫伊香我色雄命之後也。網部 同上」

あび-きょうかん【阿鼻叫喚】〘名〙 ①阿鼻地獄と叫喚地獄。両者とも八大地獄の一つ。また、とくに阿鼻地獄のことを指すこともある。＊浄瑠璃・義経千本桜(1747)二「多くの官女が泣さけぶは、あびけうくはん。陸(くが)に源平戦ふは取りもなをさず修羅道の苦しみ」＊出発は遂に訪れず(1962)〈島尾敏雄〉「阿鼻叫喚(アビキョウカン)の様相に襲われていなければ筋道が立たない」 ②(阿鼻地獄に陥った者の泣き叫ぶさまから)非常な惨苦に陥って、号泣し救いを求めるさま。＊天国の記録(1930)〈下村千秋〉一「女達の叫び声が、地獄の底から漏れて来る阿鼻叫喚(アビケウクヮン)に聞えた」＊黒い雨(1965)〈井伏鱒二〉「幾十万にも及ぶ広島在住の無辜の民を一瞬にして阿鼻叫喚の地獄に晒したということであります」 語誌 仏教の地獄思想は、平安中期の源信が「往生要集」で八大地獄を詳述し、また中世以降「今昔物語集」等の説話や、「地獄草紙」等の図説によって、人心を深くとらえた。そして、「平家物語」をはじめとする軍記物や浄瑠璃・歌舞伎の時代物で、戦場等の悲惨な状況を各地獄と比較して描写したところから地獄の名が比喩として用いられるに至った。「阿鼻(無間)地獄」は最も責め苦が辛いので、ことさらに用いられやすかったと思われる。 発音 アビキョーカン〈標ア〉ア〈京ア〉ア=0

あびきょうかん-じごく【阿鼻叫喚地獄】〘名〙「あびじごく(阿鼻地獄)」に同じ。

あ-び・く【網引】〘自カ四〙 引き網を引く。→網引(あびき)。＊黄表紙・莫切自根金生木(1785)中「先からもっと、づっつとあびかっせへ」 発音〈標ア〉ビ

あびこ【我孫子】(網引(あびき)の音転といわれる) 千葉県北西部、手賀沼沿岸の地名。水戸街道の小金と取手の間の宿駅としてにぎわった。常磐線と成田線の分岐点。昭和四五年(一九七〇)市制。 発音〈標ア〉0

アビケンナ(Avicenna) アラビアの哲学者、医学者イブン=シーナーのラテン名。

あびこ〘名〙 とかげの一種(和英語林集成(初版)(1867))。 辞書〈ボン〉 表記 石龍(ヘ)

あび-こ〘名〙「あみ(醤蝦)」の異名。＊房総志料(1761)「周集郡人見の海人、あびこと云ふ物を取りて常膳に充つ。又干して円糞とす。此の物、魚類に非ず。海虫なり」 方言 千葉県261 275 282

あび-ごく【阿鼻獄】〘名〙 仏語。「あびじごく(阿鼻地獄)」に同じ。＊秘蔵宝鑰(830頃)中「第四〈略〉謗ㇾ人謗ㇾ法定堕二阿鼻獄一、更無二出期一」＊愚迷発心集(1213頃)「阿鼻獄より、上有頂に至るの益にも漏たり」＊正法眼蔵(1231-53)山水経「無想天はかみ、阿鼻獄はしもとせるにあらず」

あ-ひさん【亜砒酸】〘名〙 ①水に三酸化二砒素を溶解したとき生ずる酸。化学式 H_3AsO_3 弱い酸性を示し有毒。 ②三酸化二砒素の通称。紀元一世紀頃から知られ、天然のものは砒石、砒華などともいう。白色の粉末で猛毒だが、少量は強壮剤とするほか、殺虫剤、ガラスの色消し剤、補血剤などに用いられる。無水亜砒酸。酸化第一砒素。酸化砒素(Ⅲ)。＊薬品名彙(1873)〈伊藤謙〉「Arsenious acid 亜砒酸」＊浅草紅団(1929-30)〈川端康成〉二五「一粒に〇、〇〇〇五の亜砒酸(アヒサン)を含んでるのよ。一瓶五百粒で何人死ねるでせう」 発音〈標ア〉ヒ 0〈京ア〉ヒ

あひさん-どう【亜砒酸銅】〘名〙 亜砒酸水素銅。鮮緑色の有毒性粉末。水には溶けない。古くから緑色顔料のシェーレ緑として知られたが、エメラルドグリーンができてからはあまり用いられない。 発音 アヒサンドー〈標ア〉サ

あび-じごく【阿鼻地獄】〘名〙(「阿鼻」は梵 avīci の音訳。無間(むけん)と訳す) 仏語。八大地獄の一つで、現世で五逆などの最悪の大罪を犯した者が落ちる、地獄の中で最も苦しみの激しい所。阿鼻。無間地獄。＊霊異記(810-824)中・七「師を煎熬(いら)むが為の阿鼻地獄なり」＊金槐集(1213)「ほのほのみ虚空にみてる阿鼻地獄行方もなしといふもはかなし」＊正法眼蔵(1231-53)三時業「この三逆罪によりて、阿鼻地獄におちぬ」＊運歩色葉集(1548)「阿鼻地獄 アヒヂコク」＊法華経-法師功徳品・一九「下至二阿鼻地獄一、上至二有頂一」 発音 アビジゴク〈標ア〉ジ〈京ア〉ジ 辞書 日葡・書言・〈ボン〉・言海 表記 阿鼻地獄(書・ヘ・言)

アビシニア(Abyssinia)「エチオピア」の別名。 発音〈標ア〉シ

アビシニア-こうげん【―高原】(アビシニアは Abyssinia)「エチオピアこうげん(―高原)」の別名。 発音 アビシニアコーゲン〈標ア〉コ

アビシニアン〘名〙(英 Abyssinian) イエネコの品種の一つ。エチオピアの原産とされる。短毛で、一本の毛が、二、三色に分かれている。 発音〈標ア〉シ

あびしゃ【阿比舎・阿尾奢】〘名〙(梵 āveśa の音訳。「遍入」と訳す) 仏語。子どもの身体に鬼神を入れて、病気の軽重、寿命の長短などを予言させたりする外道の修法。＊拾遺往生伝(1111頃)下「有ㇾ勅行二阿比舎之法一。読ㇾ呪未ㇾ乃二十遍一、呪縛二二人之童男一」＊瑜祇経-下「若加二持男女一、能令二阿尾捨一、三世三界事、尽能知二休咎一」

アビジャン(Abidjan) アフリカ西部、コートジボアール共和国の旧首都。港湾都市。 発音〈標ア〉ビ

あび-しょうねつ【阿鼻焦熱】〘名〙 仏語。「あびしょうねつじごく(阿鼻焦熱地獄)」の略。＊浄瑠璃・八百屋お七(1731頃か)下「あの柱へくくり付、四方から焼き立(たて)て、あびしゃうねつの苦しみをまじまじと見て居られふか」＊浄瑠璃・釜淵双級巴(1737)道行「油は次第に煮えあがり、五体もあからむ呵責の責、阿鼻(アビ)焦熱を此世から見る親よりも見せる子に」 発音 アビショーネツ〈標ア〉ア

あびしょうねつ-じごく【阿鼻焦熱地獄】〘名〙(その猛火の激しいところから) 阿鼻地獄と焦熱地獄、両者とも八大地獄の一つで、地獄の責め苦を代表させていう。

あびせ-か・ける【浴掛】〘他カ下一〙 文 あびせか・く〘他カ下二〙 ①水などを上からかける。→浴びせる①。＊吾輩は猫である(1905-06)〈夏目漱石〉二「霜柱の崩れた奴を吾輩の頭へばさりと浴びせ掛(カケ)る」 ②相手に対し、激しく物事をしかける。→浴びせる②。＊吾輩は猫である(1905-06)〈夏目漱石〉八「熾(さかん)に北側の空地に向って砲火を浴びせかける」 ③激しい調子の言葉を相手に投げかける。また、強い感情や態度を相手に示す。→浴びせる③。＊坊っちゃん(1906)〈夏目漱石〉五「おれは皿の様な眼を野だの頭の上へまともに浴びせ掛けてやった」＊暴風(1907)〈国木田独歩〉九「不明亮(ふめいりゃう)な言語(ことば)で愚痴と厭味(いやみ)を止め度なく浴(アビ)せかけられる」 発音〈標ア〉ケ〈京ア〉0

あびせ-たおし【浴倒】〘名〙 相撲のきまり手の一つ。相手を土俵際まで追いつめて、こらえるところを上からのしかかるようにして倒すこと。＊新時代用語辞典(1930)相撲用語〈長岡規矩雄〉「あびせ倒し 敵の土俵際に堪へるを、上よりのしかかる形にアビセるものである」 発音〈標ア〉0〈京ア〉0

あびせ-つ・ける【浴付】〘他カ下一〙 文 あびせつ・く〘他カ下二〙「あびせかける(浴掛)」に同じ。＊やみ夜(1895)〈樋口一葉〉八「あのやうの物知らずは真向から浴(アビ)せつけずは何事も分るまじとてつけつけと憎くまれ口はばかりなく」 発音〈標ア〉ケ

あびせ-まきえ【浴蒔絵】〘名〙 蒔絵の一技法。線を用いないで、面の構成で模様を施すこと。桃山時代頃から行なわれる。

あび・せる【浴】〘他サ下一〙 文 あび・す〘他サ下二〙 ①湯や水などをからだにかぶらせる。㋑湯水でからだを清めさせる。浴びさせる。＊京大本宇治拾遺(1221)一三・九「坊の下種法師ばら、念仏の僧に、湯わかしてあびせたてまつらんとて」＊寛永刊本蒙求抄(1529-34)九「鄴の人家の好女を、河伯のめになさうと云て、湯をもあひせ髪をもあらはするぞ」＊仮名草子・仁勢物語(1639-40頃)上・六「女をば奥に押し入て、男湯を湧かひて、浴びせをり」 ㋺湯水などを他にかける。＊利休客之次第(1587)「にじりのあがりの上に花などをいけて、水をあびせたる人もありし也」＊狂言記・河原新市(1700)「いかに、たきのみじゃといふて、あたまへ酒をあびせをるか」＊滑稽本・浮世風呂(1809-13)前・下「ヤイ、こちらの男、ナゼ、ころんで水をあびせた」 ②相手に激しく打撃を与える。㋑目的物に砲撃や銃撃を集中的に加える。「十字砲火を浴びせる」 ㋺刀で上から切りつける。＊歌舞伎・浮世柄比翼稲妻(鞘当)(1823)二幕返し「『うぬ権八』トかかる。立廻り、権八、一太刀浴せる」＊改正増補和英語林集成(1886)「Abiseru アビセル〈略〉〈訳〉刀で一太刀をくわえる」＊護持院原の敵討(1913)〈森鷗外〉「背後(うしろ)から一刀(いったう)浴せられたのである」 ㋩スポーツなどで、相手を激しく攻めたてる。「連続ホームランを浴びせた」 ③激しい調子の言葉を相手に投げかける。また、強い感情や態度を相手にとる。＊日本橋(1914)〈泉鏡花〉一七「『何だい、盗人猫のやうに、〈略〉』と摺違ひに毒気を浴びせて」＊蓼喰ふ虫(1928-29)〈谷崎潤一郎〉一二「『あんまりぢゃぞえ!』と、浴びせられると」 ④責任、悪評、難問などを他に負わせる。＊歌舞伎・絵本合法衢(1810)五幕「催促しても今以て、勘定しないは家来筋、どうもしないと高を括って、わたしに浴せる気と見えるワ」＊良人の自白(1904-06)〈木下尚江〉前・一三・七「如何(どんな)難題を浴せられるか」 ⑤相撲などで相手に自分の体をのしかける。 ⑥取引相場で、売り方が買い方に対して大量の売り物を続々と出す。〔取引所用語字彙(1917)〕 語誌 古い形は「あむす」または「あぶす」で、「あびせる」が一般化したのは、近世以降である。 方言 赤ん坊を湯に入れて体を洗う。沐浴(もくよく)させる。栃木県198 発音〈なまり〉アブセル〔徳島〕〈標ア〉0〈京ア〉0 辞書〈ボン〉・言海 表記 潑(へ) 浴(言)

あびーだいじごく【阿鼻大地獄(チゴクダイ)】〘名〙「あびじごく(阿鼻地獄)」に同じ。＊源平盛衰記(14C前)二六・入道得病「既(すでに)五逆罪(ぎゃくざい)を犯せり。永く阿鼻大地獄(アビダイヂゴク)に堕ちて無間(むけん)の重苦を受くべき」＊十善法語(1775)一「もしは尊尚有恩の境にをいて違害の心をおこせば阿鼻大地獄あるも、信ずべき理なり」

あびーたいじょう【阿鼻大城(ジャウタイ)】〘名〙仏語。「あびじごく(阿鼻地獄)」に同じ。＊日蓮遺文-持妙法華問答鈔(1263)「冥(くら)きより冥きに入て、阿鼻大城の苦患争か免れん」＊太平記(14C後)一〇・鎌倉兵火事「阿鼻大城(アビダイジャウ)の罪人が、獄卒(ごくそつ)の槍(しもと)に駆られて、鉄湯の底に落入覧も、角やと思ひ知られて」＊御伽草子・ささやき竹(室町末)「たとひらいせはならくのそこにしづむとも、此姫に一やのなさけをかけてともにむけん、あび大じゃうの苦しみをうけん事二世のおもひでとなるべし」

アビタシオン〘名〙(フランス habitation 「住居」の意) 中高層建築の集合住宅の呼称の一つ。マンション。発音〈標ア〉タ

あびだつま【阿毘達磨】〘名〙(梵 abhidharma の音訳。経典のうちで智慧(ちえ)によって真理を明らかにしていくものの意) 三蔵の一つである論蔵のこと。対法。大法。勝法。あびだるま。＊今昔(1120頃か)四・一一「此の商人(あきびと)の中に一人有て、阿毗達磨と云ふ法門を読む」発音〈標ア〉ダ

あびだつまくしゃろん【阿毘達磨倶舎論】「くしゃろん(倶舎論)」に同じ。発音〈標ア〉ダ

あびだつまーぞう【阿毘達磨蔵(ザウ)】〘名〙「あびだつま(阿毘達磨)」に同じ。＊八宗綱要(1268)上「次其三蔵者何。答。一素坦覧蔵〈略〉此翻二契経一〈略〉三阿毘達磨蔵 古云二阿毘曇一 此云二対法一」

あびだるま【阿毘達磨】〘名〙「あびだつま(阿毘達磨)」に同じ。

あーひつ【亜匹】〘名〙ほぼ匹敵すること。ほとんど肩を並べること。＊米欧回覧実記(1877)〈久米邦武〉一・二「『ニューヘヴン』の『エールコルレヂ』も之に亜匹する大校なりと云」

あーひつ【堊筆】〘名〙白墨。チョーク。また、クレヨンのこと。

あびーて【浴手】〘名〙(「あび」は酒を浴びるほど飲むことの意) 酒を飲む代金。酒手(さかて)。江戸時代、雲助などの用いた隠語。＊滑稽本・東海道中膝栗毛(1802-09)二・上「ゑいハ、其代(そんだい)あび手が四十(あんどん)に五十(げんこ)はふんだくるべい〈略〉あびてといふは、さかての事也」

アビト〘名〙(ポルトガル hábito)《アイト》キリシタンの僧侶の僧衣。法服。＊南蛮寺興廃記(1638頃)「ウルカン破天連、身にはアイトと云物を着す。毛氈の様なる類なり。裾短く袖長し」＊南蛮寺物語(1638頃)「髪ひげきいろに、いるいはあびと、これもしたてまへのとをりなり」＊仮名草子・吉利支丹物語(1639)上「身にはあびととい ふものをきたり。此あびとと申物は、〈略〉さながらこうもりのはねをひろげたるににたり」発音〈標ア〉ア

アピトン〘名〙(マライ apitong) フタバガキ科の常緑高木の材をいう。フィリピン、ボルネオ、マライ産の有用な散孔材で、木口面に多数の管孔があり、色は淡黄色から暗褐色。材質は硬い。土木、建築、車両、船舶、家具などに用いられる。発音〈標ア〉ア

アビニョン(Avignon) フランス南部、ローヌ川左岸の都市。中世の遺跡が多く、一三〇九年から七七年にかけて、ローマ教皇庁と対立したフランス国王が、教皇庁を強制的にこの地に移しその支配下においた「アビニョン捕囚」の事件で知られ、その旧法王城がのこる。発音〈標ア〉ビ

あびばっち【阿鞞跋致】〘名〙(梵 avaivartika の音訳。阿惟越致(アユイオッチ)とも) 仏語。菩薩の、仏になることが決定し、その悟りの地位から退落することがない状態。不退転。不退とも訳される。＊顕戒論(820)「我一説二法時、無量阿僧祇菩薩、皆得二阿鞞跋致一」

あび・ひる〘自ハ上一〙口がすっぱくなるほど話す。くどくどと言う。＊浄瑠璃・行平磯馴松(1738)三「皇子様のお心にお随ひなされと、あびひるやうに勧めたは幾度」＊歌舞伎・傾城忍術池(1785)発端「先刻(さっき)にから、あびひる程云うた事を貴様聞かんか」

あびーようちん【阿鼻永沈(チンヤウ)】〘名〙阿鼻地獄のこと。また、そのような所へ永く落ちていること。永沈。＊浄瑠璃・主馬判官盛久(1687頃)地獄絵とき「一百三十六地獄(ぢごく)無間叫喚(むけんけうくゎん)あびやうちん」＊歌謡・新編歌祭文集(1688-1736頃)一八・はゑや心中・下「人を導く師の教、刃にかかる後の世は。阿鼻永沈(エウチン)に永く落ち」

あびらうん【阿毘羅吽】〘名〙「あびらうんけんそわか(阿毘羅吽欠娑婆呵)」の略。＊雑俳・十八公(1729)「文盲ではやらす占もあびら運」＊俳諧・七番日記-文化一二年(1815)一〇「はつ霜や女の声のアビラウン」

あびらうんけん【阿毘羅吽剣・阿味羅餠欠】〘名〙「あびらうんけんそわか(阿毘羅吽欠娑婆呵)」の略。＊大観本謡曲・禅師曾我(室町末)「御本尊に向ひて阿毘羅吽欠(アビラウンケン)につなぬかれ」＊俳諧・犬筑波集(1532頃)春「手をにぎりてもあひらうんけん なまゆてのわらひはかめとこひめきて」＊説経節・説経苅萱(1631)中「いてかいてみせんとて、とふくもに、あひらうんけんといふもしをおすへある」＊大日経-三・悉地出現品「爾時毘盧遮那世尊、又復住二於降伏四魔金剛戯三昧一、説下降二伏四魔一解二脱六趣一。満二足一切智智一金剛字句上。南麼三曼多勃駄喃、阿味囉餠欠」

あびらうんけんーそわか【阿毘羅吽欠娑婆呵(ハカソ)】〘連語〙(梵 a vi ra hūṃ-khaṃ svāhā) 胎蔵界大日如来に祈る時の呪文(じゅもん)。「阿毘羅吽欠」は宇宙一切の生成要素である地水火風空を表わし、大日如来の内証を表わす真言。「娑婆呵」は呪文の結句で成就吉祥という意味。＊車屋本謡曲・黒塚(1465頃)「おんころころせんだりまとうぎ、おんあびらうんけんそはか、うんたらたかんまん」

アビラーむら【一村】(アビラは Ávila スペインの中央部にある県および県都の名) 昭和初期に、東京の上落合に画家たちが多く集まり住んだときに、その一帯を指していった語。地勢がスペインのアビラに似ているところからいった。＊音引正解近代新用語辞典(1928)〈竹野長次・田中信澄〉「アビラ村 東京市外上落合にある美術家村を云ふ」発音〈標ア〉ビ

アビリティー〘名〙(英 ability) 能力。技量。＊明治文学管見(1893)〈北村透谷〉四「アビリチーの栄光漸くあらはれ来れり」発音〈標ア〉〇

アビリンピック〘名〙(洋語 Abilimpic 英 ability ＋英 Olympic から) 肢体不自由者の全国技能競技大会。一九八一年の国際障害者年に初の世界大会が日本で開催された。発音〈標ア〉ピ

家鴨①

あひる【家鴨・鶩】〘名〙①ガンカモ科の家禽。マガモを家禽化したもので種類が多いが、普通見られるのはアオクビと色の白いペキンアヒルなどである。脂肪が多く、カモに似た形で食用とする。足が短く、不格好な姿で、飛べない。あひろ。＊雲形本狂言・縄綯(室町末-近世初)「後ろすがたをつくづくと見てゐましたれば、あひるのありく様にゑたゑたゑたゑたと」＊咄本・当世口まね笑(1681)一・一六「やれ、此鷺(さぎ)はどんな鷺だ。あひるのやうなと仰らるるを」＊雑俳・柳多留-七(1772)「はねの有いひわけ程はあひるとぶ」＊小学読本(1884)〈若林虎三郎〉三「蛙は趾間に薄き皮膜を有すれども人は之を有せず 蛙の趾間の膜は恰も鶩の蹼に似たり」②背が低くて、尻が大きく、アヒルのような不格好な女をあざけっていうことばで、多く下女をいう。＊雑俳・へらず口(不及子編)(1734)「家鶏(アヒル)まで鶴のかうがひ鷗髱(かもめづと)」＊雑俳・柳多留拾遺(1801)巻八・上「はなよめの供はあひるとやくゎんかし」＊洒落本・素見数子(1802)三「ゑどに居て見なせへ、おめへなんざア、じきに鶩(アヒル)だの薬鑵(やくゎん)だのと供につれてあるかアな」③江戸深川の七つの岡場所のうち、佃島(つくだじま)にあった私娼窟。また、そこの私娼。上総国(千葉県)畦蒜(あひる)郡の女が江戸佃島に移って来て船頭相手に商売したからとも、揚銭の少ないのを「銭(あし)短し」といったからともいい、その他諸説がある。＊洒落本・禁現大福帳(1755)一「今の世の色事人(いろし)は家鴨(アヒル)と化名(あだな)呼ぶも能(よか)らんか」＊洒落本・玉之帳(1789-1801頃)三「『モシ旦那、タア家鴨(アヒル)をおいにめいりました』『なぜに戸橋をあひるといふの』『弐百の事をガアと申ます。ガアを二ツで一本になりますから、泊(とまり)が出来ます。ガアガアといふものは、家鴨より外ござりません』」＊歌舞伎・心謎解色糸(1810)序幕「帰りはまた、有象無象(うざうむざう)にとっつかれて、鶩(アヒル)でも買はにゃアならねえ」＊雑俳・柳多留-八三(1825)「ガアガアといふ筈女房元家鴨」＊随筆・守貞漫稿(1837-53)二〇「佃町 俗にあひる、四六店切見世ともにあり」④尻の大きい女。安産だといわれる。＊雑俳・長ふくべ(1731)「家鴨にはとり上げばばも塩がない」⑤(「乙」の字形がアヒルに似ているところから) 成績が「乙」であること。⑥(英 duck の訳語) 軍隊で、水陸両用に使う軍用トラック。上陸作戦などに使用することが多い。⑦人力車の一種。＊東京開化繁昌誌(1874頃)〈高見沢茂〉二・腕車「人智進歩し、其巧を逞し、其製を換ふ、三輪と云ひ、家鴨(アヒル)と云ひ、双乗(ににんのり)と云ひ、何と曰ひ」⑧(ゆっくり歩きまわるところから) 制服巡査をいう、盗人、不良仲間の隠語。〔隠語輯覧(1915)〕＊いやな感じ(1960-63)〈高見順〉二・六「巡査の隠語がアヒルとは俺は知らなかった。『アヒルとお巡りは、ゆっくり歩き廻るからな』と隣りの男が言った」⑨免職されることをいう、盗人仲間の隠語。〔日本隠語集(1892)〕語誌 平安中期以降、語頭以外のハ行音はワ行音化するのが原則だが、この語は「あいる」とならなかった。その理由としては、この語が、「足広」と解しうるアヒロも並存していたこともあずかってか、「あーひる」というふうに切れ目があるように意識されていたこと、ワ行音化が終束しつつあった室町時代頃にできた語であること、などによる。方言 鳥、あいがも(間鴨)。上方312 ◇あいひる 和歌山県西牟婁郡699 語源説 (1)アシヒロ(足広)を略したアヒロの転〔本草綱目啓蒙・大言海・日本語源＝賀茂百樹〕。(2)アシヒロゲユキ(脚広行)の義〔日本語原学＝林甕臣〕。(3)くちばしが広いものから、ハシヒロの転〔和語私臆鈔〕。(4)アヒはイヘ(家)の転でルは朝鮮語の鴨(Ori)から〔国語学通論＝金沢庄三郎〕。発音〈なまり〉アイヒル〔和歌山県・和歌山〕アィル〔岐阜・志摩〕アシュ・アフィロ〔秋田〕アシル〔津軽語彙・岩手・東京〕アシロ〔津軽語彙〕アッピ・アピ〔山形〕アヒ〔岩手・千葉〕アヒイ・アフィル・アヘル〔鹿児島方言〕アヒー〔鳥取・鹿児島〕アヒロ〔岩手・秋田〕アヘル〔石川・岐阜・志摩・伊賀・播磨・大和・福岡・佐賀〕ヒル〔和歌山県・紀州〕〈標ア〉〇〈京ア〉〇 辞書 文明・日葡・書言・ヘボン・言海 表記 鶩(文・書・言) 下鴨(文) 家鴨(書・ヘ) 鵏鴟・舒凫(書)

あひるが文庫(ぶんこ)**を背負**(せお)**う** (文庫は文箱か、あるいは文庫結びの帯か) 背が低く、尻の大きい不格好な女の歩く姿をいう。〔東京語辞典(1917)〕

あひるの火事見舞(かじみまい) 背の低い人、特

に女が尻を振り振り急いで歩く姿をあざけっていうことば。〔東京語辞典(1917)〕

あひる の 木登(きのぼり) あり得ないこと、不可能なことのたとえ。＊歌舞伎・紋尽五人男(1825)序幕「『すりやァノ、雁金組の丁稚めと』『里見の姫君、どうして色にならうぞい』『田作(ごまめ)の歯ぎしり、家鴨(アヒル)の木登(キノボ)り』『燈心で釣鐘か』」

あひる の 脚絆(きゃはん) ①アヒルはたとえ脚絆をはいても、なお水にはいるように、天性は変えることがむずかしいこと。②アヒルの足が短いことから、短いものをたとえていう。〔東京語辞典(1917)〕 ＊雑俳・柳多留-一四六(1838)「家鴨の脚半沙亀の灸へはき」

あひる を 追(お)**う** 「あひる③」を揚げて遊ぶ。＊雑俳・柳多留-六七(1812)「みじっかなおあしであひる追に行き」 ＊歌舞伎・盟三五大切(1825)序幕「コレコレ、てまへ達が鶩(アヒル)を追(オ)ひに行くなら、附合ひだ、おれも一緒に行かう」

あひる【畔蒜】 上総国(千葉県)西部の旧郡名。小櫃川の上・中流域にあたる。江戸時代、望陀(もうだ)郡の一部となり消滅。＊二十巻本和名抄(934頃)五「上総国〈略〉畔蒜〈阿比留〉」 辞書 和名・色葉・文明 表記 畔蒜(和・色・文)

あ・びる【浴】〔他バ上一〕文あ・ぶ〔他バ上二〕 ①湯、水などを体にかぶる。浴(あ)む。＊枕(10C終)二五・すさまじきもの「寝おきてあぶる湯は、はらだたしうさへぞおぼゆる」 ＊寛永刊本蒙求抄(1529-34)八「澡洗(そうせい)すとは水をあぶる心なるべし」 ＊ロドリゲス日本大文典(1604-08)「ミヅヲ aburu (アブル)」 ＊俳諧・曠野(1689)六・雑「水あびよ藍干(ほす)上を踏ずとも〈釣雪〉」 ②湯をかぶる。転じて、風呂に入る。＊今年竹(1919-27)〈里見弴〉夏霜枯・九「ひと風呂あびるから、支度をしてくれ」 ③光、ほこりなどを全身に受ける。また、非難、称賛などをまともに受ける。＊良人の自白(1904-06)〈木下尚江〉前・一六・二「土蔵の横手に、権作爺の女房が夕日を浴びて」 ＊茶話(1915-30)〈薄田泣菫〉雄弁家の親孝行「雷(らい)のやうな聴衆の喝采を浴(ア)びながら、得意のお喋舌(しゃべり)をし続けた」 ＊大阪の宿(1925-26)〈水上滝太郎〉一六・一「あたりの人の好奇心に輝く視線を残らず身に浴びながら」 ④刀、弾丸などで、全身に攻撃を受ける。比喩的に激しく攻撃を受ける場合にもいう。＊人情本・明烏後正夢(1821-24)初・六回「見返るひまも情なや、ばッさりあびる一太刀の、深手にウ、ウーンと反返る」 ⑤大いに飲む。鯨飲する。＊滑稽本・東海道中膝栗毛(1802-09)六・上「『〈略〉なぜかこよひは酒がのみたくねへ。お盃ばかり。ハイそれへあげませう』『あがらんのかな』『ナニあびるくらいさ』」 ＊大阪の宿(1925-26)〈水上滝太郎〉二・六「手酌でコップ酒を浴びて居る」 方言 泳ぐ。水泳をする。岩手県九戸郡088 気仙郡100 宮城県玉造郡116 栃木県198 埼玉県川越市255 入間郡257 千葉県香取郡267 山武郡270 長野県佐久493 岐阜県大垣市512 滋賀県彦根609 大阪府泉北郡646 兵庫県但馬062 加古郡664 岡山市762 徳島県810 香川県829 愛媛県越智郡062 福岡県小倉050 福岡市879 熊本県918 ◇あべる 岩手県九戸郡088 新潟県西頸城郡385 富山県砺波397 石川県062 414 424 長野県481 488 493 岐阜県飛騨502 郡上郡504 島根県725 岡山市762 広島県771 779 山口県阿武郡796 愛媛県越智郡062 宮崎県延岡947 ◇あぶる 秋田県鹿角郡133 新潟県368 377 380 石川県鹿島郡404 三重県志摩郡586 ◇あめる 奈良県吉野郡054 ◇あみゆん 沖縄県首里993 発音〈なまり〉アビイ・アビッ〔鹿児島方言〕アブル〔津軽語彙・千葉・和歌山県・紀州・鳥取〕アプル・ヤップル〔秋田〕アベル〔岩手・新潟頸城・福井・岐阜・飛騨・静岡・南伊勢・和歌山県・島根・岡山・広島県・長門・伊予・愛媛周桑〕アメル〔大和〕アップル〔仙台方言・秋田〕〈標ア〉⓪〈ア史〉江戸『あぶる』◍〇〇〈京ア〉⓪ 文『あぶ』〈標ア〉⓪〈京ア〉⓪ 辞書 日葡・書言・〈ヘボン〉・言海 表記 浴(書・へ・言)

あびる=ほど〔=くらい〕飲(の)**む** 酒を著しく多量に飲む。鯨飲する。

あひる-あし【家鴨足】〔名〕病気あるいは外傷などのために足が正常でなく、歩行が困難であること。＊腕くらべ(1916-17)〈永井荷風〉二〇「病気らしい十二三の男の児の片足俗に云ふ家鴨足になったのを連れ」

あひる-げた【家鴨下駄】〔名〕表付きの下駄で、歯が低く、前後の歯の間が狭いもの。＊随筆・守貞漫稿(1837-53)二七「家鶏(アヒル)下駄、形堂島にて低く前後歯間甚狭くす表打を専とす」

あひる-じり【家鴨尻】〔名〕女の大きな尻をたとえていう。＊俳諧・広原海(1703)一八「相傘に丘隅はなきや鶩尻」

あひる-とび【家鴨飛】〔名〕あひるのように、飛び立とうとして飛ぶことができず、尻を振って進む様子をあざけっていうことば。＊浄瑠璃・愛護若塒箱(1715頃)三「杖にはぐれし座頭の坊、滅多(めった)無性(むしゃう)の家鴨(アヒル)飛び、殿を後に畏る」

あひる-ながや【家鴨長屋】〔名〕「あひる(家鴨)③」に同じ。

あひる-なべ【家鴨鍋】〔名〕鍋料理の一つ。アヒルの肉を野菜などと煮ながら食べる料理。＊家鴨飼(1908)〈真山青果〉五「家鴨を一羽譲って貰ひ、葱(ねぎ)や牛蒡(ごばう)をドッサリにして、家鴨鍋を突付かうと云ふ事に決った」

あひる-もじ【阿比留文字】〔名〕古代、漢字の渡来以前にすでに存在していたという神代文字の一つ。日文(ひふみ)と呼ばれる文字の異称。対馬国卜部阿比留氏に伝わったとされるところからいう。諺文(おんもん)に類似する。平田篤胤によって積極的に主張された。

アヒレス-けん【―腱】〔名〕(アヒレスは Achilles)「アキレスけん(―腱)」に同じ。＊現代術語辞典(1931)「アヒレス腱 踝の後ろにある腱(身体中最も強大な腱)」

あひろ【家鴨】〔名〕「あひる(家鴨)①」に同じ。＊多識編(1631)四「鶩 安比呂、古人云加毛非也」 ＊俳諧・江戸八百韻(1678)何笛「岩切たてて下水に勢有り〈来雪〉月は尾上片陰にして鶩(アヒロ)鳴く〈幽山〉」 ＊随筆・嬉遊笑覧(1830)一二「かり屋は仮屋ならず鴨屋なり。かりは今いふあひろのこととみゆ」 語源説 (1)アヒロ(足広)の義〔箋注和名抄・名言通〕。(2)アヒロ(足濶)の義〔東雅〕。 辞書 言海 表記 鶩(言)

あ-ふ【亜父】〔名〕(「あ(亜)」は「次」の意) ①父に次いで尊敬する人。父のごとく尊ぶ人。＊史記抄(1477)六・項羽本紀「亜父とは亜は次なり。尊敬して次レ父と云心ぞ」 ＊広益熟字典(1874)〈湯浅忠良〉「亜父 アフ チチノ如クヲモヘルヒト」 ＊史記-項羽本紀「項王項伯東嚮坐。亜父南嚮坐。亜父者、范増也」 ②血のつながりのない父。ままちち。継父。→亜母。＊西国立志編(1870-71)〈中村正直訳〉五・三五「小児の時、其父死し、其母再嫁(さいか)してその亜父に養はる」 発音〈標ア〉ア

あ-ふ【阿父】〔名〕(「阿」は親しみを表わす接頭語) 父または叔父(おじ)を親しんでいう語。→阿母。＊南史-謝晦伝「被髪徒跣、与レ晦訣曰、阿父、大丈夫当二横屍戦場一」

あ-ふ【阿付】〔名〕阿諛(あゆ)して付き従うこと。へつらい従うこと。＊明極楚俊遺稿(14C中か)山中雑言・十章「我無二阿附意一、我忘二妍醜形一」 ＊日本詩史(1771)一「後阿二附左相一而傾二菅公一」 ＊随筆・鑑禅画適(1852)浅深異意「又好レ怪喜レ奇の人、画理の所レ在をしらず、群焉これに阿附し、遂に其狂怪を成就す」 ＊漢書-王尊伝「皆阿附、畏二事顕一不二敢言一」

あぶ【虻・蝱】〔名〕①ハエ(双翅)目の昆虫のうち、カ、ガガンボ、ブユ、ハエなどの類を除いたもの。ハエに似た形をしているが、やや大形。羽は二枚なのでハチとは区別できる。雌が牛、馬など家畜から吸血し、伝染病を広めることもある。幼虫はウジ状で水田、水辺の土中などにすみ、小動物などを食べるものと植物の腐ったものを食べるものとがある。ウシアブ、ウマアブ、ムシヒキアブ、ハナアブなど種類が多い。あむ。《季・春》 ＊十巻本和名抄(934頃)八「虻 説文云虻〈莫衡反 与亡同字亦作蝱 阿夫〉囓人飛虫也」 ＊将門記承徳三年点(1099)「草露の身には、蚊(アフ)、虻(はへ)を仇とす」 ＊俳諧・犬子集(1633)七・春「雲井にたかく経を読声 花ざかり梢の虻の鳴いでて」 ＊俳諧・白雄句集(1793)一「舞すくむ虻や地にそふ影久し」 ②(うるさく食いつかれるものという事から) 自分の子をいう、てきや、盗人仲間の隠語。〔隠語輯覧(1915)〕 方言 虫、べっこうばえ(鼈甲蠅)。香川県829 語源説 (1)アは発語。ブは羽音〔和句解・雅言音声考・和訓栞・大言海〕。(2)アムの転〔東雅〕。(3)ウマホス(馬欲)の反。馬の血を欲しがって馬牛に食いつくから〔名語記〕。 発音〈音史〉上代は『あむ』、平安以後『あぶ』と変化。〈なまり〉アーブ〔島原方言〕アッ・アッベ・ブ〔鹿児島方言〕アボ〔神奈川・岐阜・静岡・島原方言〕アンブ〔志摩〕〈標ア〉ア〈ア史〉平安・江戸〇◓〈京ア〉(ブ) 辞書 和名・色葉・名義・下学・和玉・文明・伊京・明応・天正・饅頭・黒本・易林・日葡・書言・〈ヘボン〉・言海 表記 虻(和・色・下・文・伊・明・天・饅・黒・書・へ) 蝱(和・色・玉・言) 虻(名・玉・易) 蝸(玉・易) 蜩(色) 蚫(下)

あぶ の 経(きょう) (虻の羽音を読経の音にたとえ) 音だけで意味のわからないことをいう。＊俳諧・広原海(1703)一八「弁慶も勧進帳は虻の経」

あぶ の 目(め) 虻の目が銀色のところから小粒銀をさしていう。＊雑俳・笠付類題集(1834)「たまらんぞ・せんぐり飛ンだ虻の目じゃ」 方言 ❶母親が子供を連れずに外出したい時など子供の目をくらますこと。奈良県678 宇智郡683 ❷五銭白銅貨。和歌山県伊都郡690

あぶ の 目(め)**が 抜**(ぬ)**ける** どうしたらよいかわからず、まごまごする。また、おもだった人が抜けて張り合いなく寂しいことのたとえ。＊愚管抄(1220)五・二条「かかりける程に内裏には信頼・義朝・師仲、南殿にてあぶの目ぬけたる如くにてありけり」 方言 新潟県佐渡348

あぶ も 取(と)**らず 蜂**(はち)**も 取**(と)**らず** 「あぶはち(虻蜂)取らず」に同じ。＊俳諧・吾妻舞(1741)「虻も取らず蜂も取らず・女衒も泣き」 ＊滑稽本・東海道中膝栗毛-発端(1814)「爰(ここ)で十五両のかねがねへと、しくぢって虻(アブ)もとらず蜂(ハチ)もとらずだから、どふぞおたのみ申やす」 ＊歌舞伎・お染久松色読販(1813)中幕「下死人(げしにん)の代りに取るか、二つ一つと思ったら、あぶもとらずはちもとらず、へんちきな目に逢ったが」

あぶ も 蜂(はち)**も 失**(うしな)**う** 「あぶはち(虻蜂)取らず」に同じ。＊内地雑居未来之夢(1886)〈坪内逍遥〉一〇「つまらぬ場合にて士族肌を現はし、竟にアぶも蜂(ハチ)も失(ウシナ)ふが故也」

あぶ【阿武】 山口県の北東部の郡。日本海に面する。古くは「あむ(あん)」とも。 補注 「二十巻本和名抄-五」には「長門国〈略〉阿武」とある。

あぶ〔名〕方言 ❶子供を肩にまたがせること。肩車。飛騨†094 岐阜県吉城郡498 ◇あぶこ 福井県430 岐阜県武儀郡498 飛騨502 ◇あぶんこ 岐阜県吉城郡500 飛騨502 ◇あぶど・あぶどう 沖縄県新城島975 996 ◇あぼ・おぶ・あぶく・あぶと・あぶのこ・あぶんど 岐阜県飛騨502 ◇あぶらんこつつこ 岐阜県大野郡502 ❷灯。幼児語。山形県西置賜郡152 ❸わらごもの編み目の数。山形県東置賜郡139 ❹舌。東京都利島323 ❺祖父。老爺(ろうや)。沖縄県与那国島996 ◇あぶじ 沖縄県石垣島・竹富島・鳩間島996 ❻母。沖縄県西表島・鳩間島・黒島996 ❼穴。洞穴。沖縄県与那国島996 ◇あぶた 沖縄県石垣

島・新城島996 ◇あぶあな〔―穴〕 沖縄県竹富島996 ❽大きな縦穴。 鹿児島県喜界島983 ❾(❽の転) 大酒飲み。 鹿児島県喜界島983 ❿鰤(ぶり)の幼魚で、いなだより小さいもの。 静岡県浜名郡545 ◇あぶご 三重県志摩郡054 宇治山田市591 ◇あぶこ 三重県志摩郡585

あぶ〘名〙(「あぶれる」の略とも、「虻蜂(あぶはち)取らず」の略ともいう) 釣りで一匹も釣れないこと。あぶれ。「あぶを食った」

あ・ぶ【浴】〘他バ上二〙⇩あびる(浴)

あぶ〘動〙方言 ⇩あゆぶ(歩)

あぶ-あぶ〘副〙(「と」を伴って用いることもある) ①水におぼれて苦しむさま。ぶくぶく。あっぷあっぷ。＊名語記(1275)九「水に、をあれて、あぶあぶ、如何。これは、あはふくの反は、あふ也」＊浄瑠璃・天神記(1714)二「水をくらふてあぶあぶと、浮きあがれば」＊人間嫌ひ(1949)〈正宗白鳥〉「現実の文壇は濁流に浮んでゐるのだが、我々文壇の魚くづどもは、濁流のなかであぶあぶしてゐてもよかったのだ」 ②あやぶむ気持のはなはだしいさま。恐れ気づかうさま。はらはら。ひやひや。＊浄瑠璃・曾我虎が磨(1711頃)中「いか成讒言(ざんげん)、ささへ言(ごと)、何時何がな起こらんと、明暮あぶあぶあぶと、底なき舟に乗(のる)心」＊浄瑠璃・長町女腹切(1712頃)下「マア待ちゃ。帰られふかと思ひ、あぶあぶする」＊歌舞伎・謎帯一寸徳兵衛(1811)大切「徳兵衛も白刃を合せる。お辰もあぶあぶしながら、其処にある枕屏風にて白刃を押へ」 方言㊀❶水におぼれること。また、そのさま。 岩手県気仙郡100 新潟県佐渡352 兵庫県加古郡664 ◇あっぷ 宮城県仙台市121 新潟県東蒲原郡368 長岡市377 ◇あばあば 新潟県佐渡(幼児語)352 岐阜県稲葉郡498 兵庫県加古郡664 ◇あばば 新潟県佐渡(溺死)844 富山県射水郡390 砺波397 長野県下伊那郡(幼児語)492 岐阜県040 498 ◇あぼぼ 岐阜県飛驒499 ◇あっぽあっぽ 島根県725 ◇あぱかぱ・あっぱかっぱ 山形県139 ◇あぶかっか 長野県諏訪481 ◇あぶっか 神奈川県中郡320 ❷魚が死にかけて水面に浮いて息をするさま。 ◇あふあふ 青森県三戸郡083 ◇あぷあぷ 長崎市906 ◇あっぽあっぽ 島根県725 ◇あふらあふら 青森県三戸郡083 山形県139 ◇あふらとふら 山形県139 ◇あふらたふら 山形県西村山郡・山形市139 ❸ふろ。ふろに入ること。幼児語。 島根県益田市・仁多郡725 ◇あっぷあっぷ 岩手県気仙郡100 ◇あっぷ 福島県相馬郡156 ◇あっぽ 新潟県東蒲原郡368 ◇あぶ 島根県725 ◇あぼ 島根県出雲724 ❹顔を洗うこと。幼児語。 ◇あぷあぷ 山形県東村山郡・山形市139 ◇あっぷ 山形県139 ◇あっぷう 山形県東村山郡139 ◇えっぷ 山形県飽海郡139 ◇あぽや 山形県西置賜郡139 ◇あっぺろ 青森県津軽071 ◇あっぽろん 青森県三戸郡083 ◇あっぺろちょ 青森県上北郡082 ❺子供の顔をなでること。 ◇あっぺろん 岩手県気仙郡「あっぺろんのこちょこちょ(子供を笑わせるための文句)」100 ❻稲などが水をかぶること。 ◇あぶっか 神奈川県中郡320 ❼水が満ちあふれるさま。 新潟県佐渡352 ❽水。湯。幼児語。 ◇あっぷ 福島県相馬郡156 ◇あぶ 島根県725 ❾ものを大口に食べるさま。 ◇あっぷあっぷ・あっぽあっぽ 島根県出雲725 ❿火にあぶること。幼児語。 山形県139 ㊁❶衣服などが大きくて体に合わず、すきのあるさま。だぶだぶ。ぶかぶか。 新潟県佐渡352 ◇あふあふ 新潟県西蒲原郡371 ◇あぷあぷ 長崎市906 ◇あっぷあっぷ 島根県石見725 ◇あぽあぽ・あっぽあっぽ 島根県725 ◇あぱあぱ 長崎県北松浦郡899 ◇あっぱこっぱ 新潟県西蒲原郡371 ◇あぱかぱ 山形県飽海郡139 ◇あぶんだぶん 新潟県佐渡352 ❷着物をだらしなく着るさま。 ◇あばあば 富山県砺波397 ❸恐れ気遣うさま。はらはら。 香川県伊吹島829

あぷ-あぷ〘副〙①水中などで呼吸が苦しくなり、口を大きく開閉して吸ったり吐いたりするさま。＊西洋道中膝栗毛(1870-76)〈仮名垣魯文〉五・上「みづをのむことおびただしく〈略〉アプアプいふてくるしむを」＊嗚咽(1919)〈加藤武雄〉「大きな奴に、ぎゅうぎゅうと上から押しつけられて、真赤に充血した顔を奇妙にひきゆがめ乍(なが)ら、口をあぷあぷさせて、奇妙な声を挙げる」 ②困難に苦しむさま。＊セルロイドの塔(1959)〈三浦朱門〉六「先生みたいな有能でない人間は、結婚なんてどうでもいいことにあふられて、あぷあぷするんですよ」

あぶい【危】〘形〙方言 危ない。危険だ。 栃木県(幼児語)198 ◇あべえ 長野県佐久493 ◇あんめえ 新潟県佐渡(小児語)352 ◇あぶせえ 群馬県勢多郡236 佐波郡242 ◇あぶしない・あんぶしない 秋田県河辺郡130 134 ◇あぶか 福岡県久留米市872 ◇あんなか 鹿児島県961 ◇あっなか・あっね 鹿児島県鹿児島郡968 ◇あんばか 長崎県長崎市(小児語)906 ◇あぶねしか・あべしか 長崎県壱岐島914

あぶ・い〘形口〙寒いことをいう幼児語。＊滑稽本・浮世風呂(1809-13)二・上「ヲヲ、あぶいぞ、あぶいぞ。ヤレヤレヤレあぶかったのう坊や。ヤレヤレ、内へ這入(はい)ったら温(あった)になったぞ」＊滑稽本・浮世風呂(1809-13)三・下「ヲヲ、さむくなったぞ。坊は留桶の中だからよいが、おっかさんはあぶうございます」 発音〈標ア〉ブ

アフェア〘名〙(英 affair)《アフェーア》事柄。事件。できごと。＊外来語辞典(1914)〈勝屋英造〉「アフェーア Affair (英) 事。事件」＊アルス新語辞典(1930)〈桃井鶴夫〉「アフェーア 英 affair 事件、何々の件。恋愛事件はラヴ・アフェーア love affair である」 発音〈標ア〉フェ

アフォリズム〘名〙(英 aphorism) 警句のような短い形式に深い思考による真理を含ませた文。たとえば、ヒポクラテスの「芸術は長く、人生は短し」の類。格言。箴言(しんげん)。＊煤煙(1909)〈森田草平〉「その日送りの頓智や警句(アフォリズム)でお茶を濁して生涯何もせずに仕舞ふ者は」＊歯車(1927)〈芥川龍之介〉「まづ記憶に浮んだのは『侏儒の言葉』の中のアフォリズムだった」 発音〈標ア〉リ

あぶかし・い【危】〘形口〙文あぶか・し〘形シク〙「あぶなっかしい(危)」に同じ。＊狂歌・蜀山百首(1818)雑「あふかしい一葉にのれる蜘蛛をみて舟をつくりし無分別もの」 方言 岩手県胆沢郡105 高知県862 土佐郡866 ◇あぶこしい 徳島県054 810 811 ◇あぶゆかしい 岩手県東磐井郡106 宮城県登米郡115

あぶかし-が・る【危―】〘他ラ五(四)〙(形容詞「あぶかしい」の語幹に、接尾語「がる」の付いたもの) 危なっかしく思う。危ぶみ、おそれる。危惧(きぐ)する。＊人さまざま(1921)〈正宗白鳥〉「家を大切にするのはいいが、少しでも新奇なことをすると、危かしがって御機嫌が悪いんだ」＊生まざりしならば(1923)〈正宗白鳥〉「喜怒哀楽の昂進した時のおそでの挙動の物狂ほしさを、彼れは危かしがってゐたのであった」 発音アブカシガル〈標ア〉ガ

あぶかし-さ【危―】〘名〙(形容詞「あぶかしい」の語幹に接尾語「さ」の付いたもの) あぶなっかしいさま。あぶなっかしい度合。＊雑俳・川柳評万句合-寛政元(1789)誠二「あぶかしさ若後家こしへかぎをつけ」

アフガニスタン (Afghanistan) 中央アジア、イラン高原の北東部を占める国。現正式名称はアフガニスタン・イスラム国。一八世紀中頃アフガン族が建国し、一八三八年アフガニスタン王国が成立。一九一九年、英国保護領から独立、七三年クーデターにより王制から共和制に移行。七八年軍事クーデターが起き、親ソ政権が成立、ソ連の軍事介入が行なわれた。ジュネーブでの和平合意に基づき、八九年ソ連軍は撤退した。首都カブール。 発音〈標ア〉ニ

あぶかわし・い(あぶかはしい)【危】〘形口〙文あぶかは・し〘形シク〙「あぶなっかしい(危)」に同じ。＊洒落本・傾城買杓子規(1804)一「『よしさ南幸といふおもりがついてる』(とはいへどもやっぱりあぶかわしきおもり也)」 発音〈標ア〉ニ タ〈京ア〉ス

アフガン ㊀(Afghan「阿富汗」とも書いた)「アフガニスタン」のこと。㊁〘名〙①「アフガンじん(―人)」の略。②(英 afghan) アフガン編みの防寒用製品。膝掛け、ショール、マフラー、マントなどに多い。＊上海(1928-31)〈横光利一〉一一「アフガンの厚ぼったい緋の絨氈」

アフガン-あみ【―編】〘名〙(アフガンは英 afghan) 手編みの一つ。先がかぎになった棒針(アフガン針)を用いて、往路は棒針編み、復路はかぎ針編みのようにする編み方。地厚で立体的な織物のような編み地となり、型くずれがなく、配色が容易である。 発音〈標ア〉0

アフガン-じん【―人】〘名〙(英 Afghan の訳語) アフガニスタンに住む民族。アフガン。 発音〈標ア〉ガ

アフガン-しんこう【―侵攻】(アフガンは Afghan) 一九七九年一二月、ソ連軍がアフガニスタンへ侵攻した事件。ソ連は前年調印した友好協力善隣条約に基づくアフガニスタン政府の要請によるとして首都カーブルを占領、アミン大統領を殺害し、親ソ派のカルマル政権を擁立した。しかし、反政府派の激しい抵抗と厳しい国際的非難を受け、八九年に全面撤退した。 発音アフガンシンコー〈標ア〉ア シ

アフガン-せんそう(―センサウ)【―戦争】(アフガンは Afghan) イギリスとアフガニスタンの三度にわたる戦争。第一次(一八三八～四二)、第二次(一八七八～八〇)の戦争を通じて、イギリスがアフガニスタンの保護国化に成功したが、第三次(一九一九)の戦争では、ラワルピンディ条約でアフガニスタンの独立が認められた。＊将来之日本(1886)〈徳富蘇峰〉三「余は清国戦争、クリミヤ戦争、アフガン戦争、ズール戦争、埃及戦争の如き、皆其決して得策に非るを論じたり」 発音アフガンセンソー〈標ア〉セ

あぶき〘名〙方言❶岩などが覆いかぶさるようになった所。 新潟県西頸城郡385 ❷岩窟(がんくつ)。 長野県上水内郡012 北安曇郡742 ❸吹雪などで雪が橋のようにかかった所。 長野県上水内郡012 北安曇郡474 ❹貝、とこぶし(常節)。 伊豆八丈島†071 東京都八丈島338 ❺貝、あわび(鮑)。 伊豆八丈島†072 東京都八丈島042 ◇あおき 鹿児島県961

あぶく【泡】〘名〙①あわ。水のあわ。＊随筆・松屋筆記(1818-45頃)一〇五・五四「俗にあぶくといふはあわぶくの略也」＊草枕(1906)〈夏目漱石〉四「必要もないのに鞠躬如(きくきゅうじょ)として、あぶくを飲んで結構がるものは所謂茶人である」 ②「あぶくぜに(泡銭)」の略。＊怪化百物語(1875)〈高畠藍泉〉下「元が羸余金(アブク)だから、商業(みせ)へさはるやうなことはマアありませんのさ」 語源説(1)アワブク(泡沫)の約〔大言海〕。(2)アワウク(泡浮)の約転〔言元梯〕。(3)ブクブクという音からか〔音幻論=幸田露伴〕。 発音〈標ア〉ク〈京ア〉0 辞書〈ボン・言海〉 表記 泡(ヘ・言)

あぶく〘動〙方言❶おぼれる。 神奈川県中郡320 ◇あっぷく 岩手県和賀郡095 ❷稲などが水をかぶる。 神奈川県中郡320 ❸岩などがえぐれて、覆いかぶさるようになる。 新潟県西頸城郡385

あぶく-がね【泡金】〘名〙「あぶくぜに(泡銭)」に同じ。＊裸に虱なし(1920)〈宮武外骨〉帝陵に擬せんとする藤田家の墓所「世の富豪なる者は、其アブク金(ガネ)の使ひ途に窮して、兎角馬鹿気た事をしたがるものである」 発音アブクガネ〈標ア〉0

あぶく-ぜに【泡銭】〘名〙正当な労働によらないで手に入れた金銭。苦労しないで得た金銭。悪銭。＊怪談牡丹燈籠(1884)〈三遊亭円朝〉一七「素より水泡銭(アブクゼニ)の事なれば身につく道理のあるべき訳はなく」＊歌舞伎・四千両小判梅葉(1885)序幕「とても蒔散

らすあぶく銭なら、所を替へ北廓(なか)へでも押込んで」＊社会百面相(1902)〈内田魯庵〉貧書生「殊に縁日商人位泡沫銭(アブクゼニ)の儲かる者は無い」 発音〈標ア〉ゼ〈京ア〉ゼ

あぶく-そうば【泡相場】『名』 根拠がなく一時的な人気によって騰貴した相場。

あぶく-たらし【泡吹垂】『名』 植物「あわぶき(泡吹)」の異名。〔語彙(1871-84)〕 方言 植物。❶あわぶき(泡吹)。岩手県036 福島県036 栃木県日光003 ◇あぶくったらし 群馬県勢多郡036 ◇あぼこったらし 栃木県塩谷郡036 ◇あわぶきたらし 静岡県524 ◇あわぼくたらし 甲斐†010 埼玉県秩父036 ◇ああぶくたらし 神奈川県津久井郡316 ◇あんぶくたらし 岩手県036 宮城県036 埼玉県036 神奈川県036 静岡県036 ◇あわたらし 山梨県北都留郡・南都留郡036 ◇あんぶくだし〔泡吹出〕 神奈川県036 静岡県036 ◇あぶくたらり 栃木県日光市・下都賀郡198 ❷りょうぶ(令法)。◇あんぶくたらし 埼玉県秩父郡251

あぶくま【阿武隈】「あぶくまがわ(阿武隈川)」の略。また、その川沿いの地方。＊古今(905-914)東歌・一〇八七「あぶくまにきりたちくもりあけぬともきみをばやらじまてばすべなし〈みちのくうた〉」＊蜻蛉(974頃)上・天徳元年「悲しきことは みちのくの 躑躅の岡の くまつづら くるほどをだに 待たでやは 宿世たゆべき あふくまの あひ見てだにと 思ひつつ」＊義経記(室町中か)二・伊勢三郎義経の臣下にはじめて成る事「かくて夜を日について下り給ふ程に武限の松、あぶくまと申す名所々々過ぎて」 発音〈標ア〉0〈ア史〉鎌倉〇〇〇◉

あぶくま-がわ【阿武隈川】 福島県と栃木県境にある三本槍岳に発し、郡山・福島盆地を北流して宮城県亘理町の荒浜で太平洋に注ぐ川。かつては「おおくま」ともいい、曲折が多かった。峡谷や滝の景勝地が多く、福島盆地南縁、阿武隈高地北西部には蓬莱(ほうらい)峡がある。全長二三九キロメートル。＊後撰(10C中)恋一・五二〇「世とともにあぶくま河のとほければそこなる影を見ぬぞわびしき〈よみ人しらず〉」＊俳諧・奥の細道(1693-94頃)須賀川「とかくして越行ままに、あぶくま川を渡る」 辞書 文明・易林・書言 表記 阿武隈川(文・書) 阿隈川(易) 発音 アブクマガワ〈標ア〉マ〈京ア〉マ

あぶくま-こうち【阿武隈高地】 茨城県北部から福島県東部を貫き、宮城県の南部に広がる高原状の山地。一定した固有名がなかったが、明治初期に阿武隈川の名をとって高地名とした。最高峰は大滝根山(一一九二メートル)。阿武隈山地。 発音〈標ア〉コ

あふ-げいごう【阿付迎合】『名』 権力のある人にへつらい従って、気に入られるようにふるまうこと。

あぶご『名』 方言 ⇩あぶ

アプザイレン『名』⇩アップザイレン

あぶさ-う【余―】『連語』(動詞「あぶす(余)」の未然形に継続、反復の意を表わす助動詞「う(ふ)」の付いた語) あます。残す。あまさう。＊万葉(8C後)一九・四二五四「食国(をすくに)も 四方の人をも 安夫左波(アブサハ)ず めぐみたまへば〈大伴家持〉」 補注 諸本「安天左波」であるが、「天」は「夫」の誤写と考えられる。また、「天」を「末」の誤写として、「あまさふ(余さふ)」の未然形とする説もある。

アブサン『名』(フランス absinthe)《アブサント・アプサン・アプサント》 洋酒の一種。色は緑色。ニガヨモギの花、または葉からしぼりとった液に、茴香(ういきょう)、アニス、アルコールを混ぜて蒸留して作ったアルコールを七〇パーセント含む、強いリキュール酒。スイスで発明され、ヨーロッパ諸国で製造されたが、中毒性が強いため多くの国で禁止され、現在はニガヨモギを含まないもの(四五度)が出まわっている。＊新聞雑誌-七一号・明治五年(1872)一二月「当時仏蘭西辺にて『アブサン』と申す酒稍行はれ」＊邪宗門(1909)〈北原白秋〉朱の伴奏・狂人の音楽「草場には青き飛沫(しぶき)の茴香酒(アブサント)冷えたちわたる」＊銀座細見(1931)〈安藤更生〉二・街衢観賞の発生「フランス象徴派の詩人は夜毎にアブサントを煽っては巴里の巷に酔ふと伝へられた」＊人間失格(1948)〈太宰治〉第三の手記・一「自分の眼前に、その飲み残した一杯のアブサンがちらついて来て」 発音〈標ア〉ア〈京ア〉0/ア

あぶし『名』 方言 ❶田畑の畔(あぜ)。 山口県大島801 鹿児島県喜界島・沖永良部島・奄美大島・与論島975 沖縄県首里993 竹富島・鳩間島996 ◇あぶうし 鹿児島県加計呂麻島975 ◇あぶす 鹿児島県徳之島975 沖縄県石垣島975 ◇あぼし 長崎県壱岐島914 ❷土手。堤。 鹿児島県徳之島975 沖縄県974 975 ◇ああぶし 鹿児島県沖永良部島975 ◇あぶす 沖縄県宮古島062

アブシジン-さん【―酸】『名』(英 absisic acid の訳語) 植物の成長機能を調節する、植物ホルモンの一種。葉などの器官の脱離を促進するほか、苗条の伸長や種子、頂芽などの発芽の抑制、気孔の閉運動の促進、といった生理機能を持つ。 発音〈標ア〉0

あふして 語構成、語義未詳。木の実の名、また「余(あぶ)して(=捨てて)」と解する説などがある。＊琴歌譜(9C前)あふして振「阿布之弖(アフシテ)拾(ひり)ひたくさはぬものを 旨(うま)らに食(を)せ 叔母(をば)が君 うまらに睡(ね)や」

あふして-ぶり【阿夫斯弖振】『名』 上代歌謡の曲調の名。＊陽明文庫本琴歌譜(9C前)「阿夫斯弖(アフシテ)振」

アブジャ(Abuja) ナイジェリア連邦共和国の首都。一九九一年、それまでのラゴスに替わり新首都になる。

アブシンベル-しんでん【―神殿】(アブシンベルは Abu-Simbel) ナイル川中流西岸、ヌビアのアブシンベルにある古代エジプトの岩窟(がんくつ)神殿遺跡。アスワン-ハイ-ダムの建設に伴い、遺跡全体が西寄りの丘に移転された。

あぶ・す【余・溢】『他サ四』 あます。残す。棄てる。→あぶさう。＊源氏(1001-14頃)玉鬘「さしも深き御心ざしなかりけるをだに、おとしあぶさず、とりしたため給ふ御心長さなりければ」＊南海寄帰内法伝平安後期点(1050頃)一「牀の上に坐して、菜食足の辺に棄(アフス)に非ずといふことを明らけし」＊観智院本名義抄(1241)「遺 アフス」＊幸若・高たち(室町末-近世初)「されどいかなるふしぎにや、しがいもやぶれそむぜず、やかむの者もあふさずし、まむずる月にたんじゃうある」 辞書 名義・文明・言海 表記 遺(名) 溢(文) 発音〈標ア〉0〈ア史〉平安◉◉○ 鎌倉◉◉◉ 発音〈標ア〉シ2

あぶ・す【浴】 ■一『他サ四』 ①湯水などをからだにかける。あむす。＊愚管抄(1220)五・二条「湯わかしてあぶさんとしけるに」 ②(刃物をあびせる意から)傷つける、殺すことをいう、盗人仲間の隠語。〔特殊語百科辞典(1931)〕 ■二『他サ下二』⇩あぶせる(浴)。 補注「色葉字類抄」の「浴 アム音欲又アフス 渥沐淵 已上同 又アフス」の例は四段活用か下二段活用かの判別のできない例である。→「浴びせる」の語誌。 発音〈標ア〉0 辞書 色葉・言海 表記 浴(色・言) 渥・沐・淵(色)

アプス『名』(英 apse) 中世の教会堂建築において、末端の内陣部を形成する突出部分。多くは半円形、まれに多角形のプランをもつ。ローマのバシリカ建築における裁判官席がその原形。 発音〈標ア〉ア

アブストラクト『名』(英 abstract) ①(形動) 抽象すること。抽象されたこと、もの。また、抽象的。＊外来語辞典(1914)〈勝屋英造〉「アブストラクト Abstract (英) (一)抽象的の。(二)高尚なる」＊禅(1962)〈久松真一〉三「ここにまた徹底したアブストラクトと徹底したエックスプレッションの一体不二の根拠があるのであります」 ②(英 abstract art の略) 一九一〇年頃より起こった芸術思潮。絵画等を制作する際、説明的要素を排し、純粋に造型要素としての線、面、色の配合によって構成するもの。抽象美術。＊近代絵画(1954-58)〈小林秀雄〉セザンヌ・四「セザンヌをキュービスムやアブストラクトの運動の先駆者とする一面的な考へは」＊砂漠の花(1955-57)〈平林たい子〉空蟬・一「彼の絵の教養は、デッサンの修業時代をとび越えて、いきなり素人(しろうと)からアブストラクトにとびこんでいる」 ③文献を要約したもの。摘要。＊現代歴史学の課題(1962)〈林健太郎〉問題はマルクス主義に「『〈略〉』というような要約がある。『こういうアブストラクトはどうも無意味だと思うが』といわれると」 発音〈標ア〉ラ〈京ア〉ラ

あぶ-ずり【鐙摺】『名』「あぶみずり(鐙摺)」に同じ。

あぶせ『名』(「あびせる(浴)」の意か) 犯罪行為の邪魔になる犬に餌を与え、食べている間にその犬をなぐり殺すこと。転じて、野犬捕獲員をもいう、盗人仲間の隠語。〔隠語輯覧(1915)〕

あぶせ-か・く【浴掛】『他カ下二』 あびせかける。＊俳諧・暁台句集(1809)秋「夜あらしをあふせかけたり虫のこゑ」

あぶせ-もの【浴者】『名』 にせもの。＊浄瑠璃・艤方武士鑑(1772)七「イザ大星様よりお出あれと、似ても似付ぬあぶせ者、先に押立上燗屋、打連立って急ぎ行」

あぶ・せる【浴】『他サ下一』図あぶ・す『他サ下二』 ①湯水などをからだにかける。あむす。あびせる。＊年中行事歌合(1366)一三番・判詞「灌仏は〈略〉仏に水をあぶせ奉る也」＊咄本・諺臍の宿替(19C中)五「水をあぶせるなら水あぶせると、さきへこたへてかけてくれぬかヱ」 ②責任を他に負わせる。負担をかける。あびせる。＊浄瑠璃・心中二枚絵草紙(1706頃)下「弟の善次郎は兄にあぶせてかねぬすみ」 ③刃物などで切りつける、人を殺傷することをいう、盗人仲間の隠語。〔日本隠語集(1892)〕 方言 ❶湯や水などを浴びせる。 福井県大飯郡447 山梨県456 兵庫県淡路島671 和歌山県690 徳島県811 香川県827 829 長崎県対馬913 ◇あっすっ 鹿児島県961 ◇あびす・あみす 沖縄県宮古島054 ❷上からかぶせる。かぶらせる。おっかぶせる。 長野県東筑摩郡480 徳島県811 ❸責任を負わせる。その人のせいにする。 香川県829 ❹ののしる。 山梨県456 発音〈標ア〉0 辞書 →あぶす(浴)

あぶそ-ふう【安富祖風】『名』 琉球音楽の三線(さんしん)楽の一派。安富祖正元(一七八五〜一八六五)に始まる。野村風とともに三線楽の二大楽風。安富祖流。嘉陽風。 発音 アブソフー〈標ア〉0

アブソリューティズム『名』(英 absolutism) 絶対主義。＊尖端語百科辞典(1931)〈早坂二郎・松本悟朗〉「アブソリューティズム absolutism 〔政〕絶対主義、専制主義、専制政治」 発音〈標ア〉ティ

アブソリュート『形動』(英 absolute)《アブソルート》 絶対的なさま。完全無欠であるさま。＊外来語辞典(1914)〈勝屋英造〉「アブソリュート Absolute (英) 絶対の」＊瀬山の話(1924)〈梶井基次郎〉「―何と云ったらいいか、つまり条件的(コンディショナル)ではない絶対的(アブソリュート)な寂寥、孤独感―まあその様なものだった」 発音〈標ア〉リュ

アブソルバン『名』(フランス absorbant)《アブソルバント》 布地が油絵の具の油を吸収するようにつくられたカンバス。吸収画布。＊新らしい言葉の字引(1918)〈服部嘉香・植原路郎〉「アブソルバント Absorbante (仏) 吸収画布」 発音〈標ア〉0 ソ

アフタ『名』(英 aphtha) くちびる、ほお、舌、歯ぐきの粘膜などに斑点のできる口内炎の一種。円形または楕円形のあわ粒大の斑点で、中央に白または白黄色の部分があり、その周囲が赤く縁どられる。痛みが激しく、呼気が臭くなる。月経時や妊娠時、子供では栄養不

良や病後に、成人では過労、胃腸障害、風邪などの全身衰弱のときにできやすい。アフタ性口内炎。発音〈標ア〉ア

あぶた【虻田】 北海道南西部、後志(しりべし)・胆振(いぶり)支庁の郡。内浦湾北東岸を占める。明治二年(一八六九)胆振国の一郡として成立。同四三年北半部が後志支庁に編入され、南半部は大正一一年(一九二二)胆振支庁の所属となる。

あぶた 〘名〙方言 ⇩あずくみ

あぶだ【頞浮陀】 〘名〙「あぶだじごく(頞浮陀地獄)」の略。*大智度論‐一六「八寒氷地獄者、一名二頞浮陀一、少多有レ孔」

アフター 〘語素〙(英 after) 名詞の上につけて、「のち」「あと」の意を表わす。「アフターサービス」

アフター-イメージ 〘名〙(英 afterimage) 刺激を取り去っても、短い間その感覚が意識の中に残っていること。また、その像。多く、視覚についていう。残像。後像。*嗚咽(1919)〈加藤武雄〉「極度の恐怖に慄(ふる)へ乍らぢっとこちらを見上げた二つの眼と、同じその刹那に、ぱっと眼の前に漲った方一尺ほどの赤い靄との後象(アフタアイメエジ)を、強ひてかきのけるやうにしながら」発音〈標ア〉メ イ

アフター-ケア 〘名〙(英 aftercare) ①病気が治った人の、その後の生活法を指導して健康の回復をはかること。また、それを行なう施設。②犯罪者の出獄後の指導や監督。③「アフターサービス」に同じ。発音〈標ア〉ケ〈京ア〉ケ

アフター-サービス 〘名〙(洋語 英 after ＋ 英 service) 物品や生産物を販売後に、販売店やメーカーが修理などについて、買い手にサービスすること。アフターケア。*新西洋事情(1975)〈深田祐介〉鎮魂・モスクワ郊外六十キロ「そこへゆくと、外国車、それもドイツ車、北欧のボルボ、SAABあたりの車は、性能といい、アフター・サービスといい、抜群である」発音〈標ア〉サ〈京ア〉サ

アフター-ダーク 〘名〙(英 after dark ダークは「夕方」の意) 昼間に着るドレスに対して、カクテルドレスやイブニングドレスなど夕方以降に着る服をいう。アフターファイブ。発音〈標ア〉ダ

アフター-バーナー 〘名〙(英 afterburner) ターボジェットで、タービンから出るガスに燃料を噴射して再燃焼させる装置。発音〈標ア〉バ

アフター-ファイブ 〘名〙(英 after five) ①午後五時以降。仕事が終わったあとの私的な時間をいう。②夕方からの集まりに着ていくきちんとした服装。アフターダーク。発音〈標ア〉ファ

アフター-マーケット 〘名〙(英 aftermarket) 製品を販売したあとの、その使用に付随するサービス需要をビジネス化した市場。

アフター-レコーディング 〘名〙(英 after recording) 映画、テレビなどで、画面を先に撮影し、あとで画面に合わせて音声部分を録音すること。アフレコ。*ヂンタ以来(1935)〈堀内敬三〉映画音楽の問題「舞踏の場面などもアフターレコーディングを使って足音を消してゐる」発音〈標ア〉コ〈京ア〉レ

あぶだ-じごく【頞浮陀地獄】 〘名〙(頞浮陀は梵 arbuda の音訳。「もがさ」の意) 八寒地獄の一つ。この地獄に落ちた者は、氷寒に触れて身体にもがさを生ずるところからいう。→疱瘡(あばた)。*大智度論‐一六「若人堕二頞浮陀地獄中一其処積レ氷毒風来吹、令二諸罪人皮毛裂落筋肉断絶骨破髄出一。即復完堅受レ罪如レ初」発音アブダジゴク〈標ア〉ジ

アフタヌーン 〘名〙《アフターヌーン》①(英 afternoon) 午後。*外来語辞典(1914)〈勝屋英造〉「アフタヌーン Afternoon (英) 午後」②(「アフタヌーンドレス」の略) 婦人用の服の一種。昼間のパーティーや外出のためのもの。*火の鳥(1949‐53)〈伊藤整〉四・一「腰にフレアのついた黒のアフタヌーンを着た」*ボッチチェリの扉(1961)〈森茉莉〉「あの日の濃い猩猩緋のジョオゼットのアフタアヌンよりこの方が似合ふ」発音〈標ア〉ア〈京ア〉ヌ

アフタヌーン-ドレス 〘名〙(英 afternoon dress)《アフタヌンドレス》「アフタヌーン②」に同じ。*アヱ・マリア(1923)〈谷崎潤一郎〉二「身ぎれいなアフタヌン・ドレスに着換へて」発音〈標ア〉ド

アブダビ (Abū Dhabi) アラブ首長国連邦を構成する七首長国の一つ。首都はアブダビで、連邦の首都もかねる。ペルシャ湾の南岸にある。

あぶ-たま【油玉・油卵】 〘名〙油揚げを細く切り、とき卵を混ぜて、しょうゆで煮たもの。発音〈標ア〉0 *歌舞伎・日月星享和政談(延命院)(1878)六幕「『その稲荷様に縁のある、播磨屋の油玉(アブタマ)で』『今夜は思ふ様(さま)饒舌(しゃべ)らうぜ』」*改進新聞‐明治一七年(1884)九月一四日「家並三まがりに曲りて廓を顕わさずといふ大門外の五十軒も、播磨屋の油卵(アブタマ)とともに一時は全く衰微して只其の形を残すのみであったが」

あふち【棟】 〘名〙⇩おうち(棟)

あふち【煽】 〘名〙⇩あおち(煽)

あぶち 〘名〙方言 ⇩あおち(煽)

あぶ-ちゃん 〘名〙(「あぶらやさん(油屋様)」の変化した語か) よだれ掛けをいう東京語。方言 東京都 040 静岡県加茂郡 521

あふ・つ【煽】 〘他タ四〙⇩あおつ(煽)

あぶつ 〘動〙方言 ⇩あおつ(煽)

あぶっかし・い【危】 〘形口〙(形容詞「あぶかしい」の変化した語)「あぶなっかしい(危)」に同じ。*雑俳・柳筥(1783‐86)二「御免をかふむりあぶっかしい桟敷」方言 静岡県 520 528 540

あふづく・む【跨】 〘自マ四〙「あふどこぶ」に同じ。*大唐三蔵玄奘法師表啓平安初期点(850頃)「千古に跨(アフツクム)て以て声(〈注〉名)を飛ばし、百王を掩(おほ)ひて実を騰(あ)げたり」

あぶ-つけ 〘名〙(「あぶみつけ(鐙付)」の変化した語か) 乗り掛け馬の両脇に付けた荷物。また、そのように荷物を付ける事。*俳諧・沙金袋(1657)夏「あぶつけのあるによりてや夏の蠅〈素白〉」*御触書寛保集成‐二二・正徳三年九月(1713)「あぶつけ軽尻之儀、五貫目と相定有レ之に付」*浄瑠璃・心中二つ腹帯(1722)一「八つが鳴る、あぶつけ、跡付、蒲団張り、早う早うと呼び立つれば」*浮世草子・風俗遊仙窟(1744)一「上方に使して、虻付(アブヅケ)を西首(にしかしら)にあゆます」辞書 書言 表記 鐙著(書)

あぶつ-に【阿仏尼】 鎌倉中期の女流歌人。平度繁(のりしげ)の養女。安嘉門院に仕え、安嘉門院四条ともいう。のちに藤原為家の側室となり、冷泉為相(れいぜいためすけ)、為守を産む。領地相続の訴訟のため鎌倉へ下ったときの紀行文「十六夜日記」のほか、歌論「夜の鶴」「庭の訓」や日記「うたたねの記」などがある。弘安六年(一二八三)没。発音〈標ア〉ツ

あぶと【阿伏兎・阿武戸】 広島県東部、沼隈半島の岬。田島との間に阿伏兎瀬戸をつくる。毛利輝元の建立になる磐台寺(阿伏兎観音)がある。観音崎。*浄瑠璃・平家女護島(1719)四「あすは都も程ちかく、あぶと、見たらい、くろく島、右手(めて)は四国のうみづらを」発音〈標ア〉0

アブドゥル-ラフマーン-いっせい【―一世】 (Abd al Rahmān I) イスラム帝国の後ウマイヤ朝の創始者(在位七五六〜七八八)。前ウマイヤ朝がアッバス朝に滅ぼされたため、スペインにのがれ、コルドバを首都として王朝を再興。(七三一〜七八八)

あふどこ・ぶ【跨】 〘自バ四〙股にかけて越える。またがる。また、足をそろえておどりあがる。あふどこむ。あふづくむ。あつどこぶ。あどこぶ。*書紀(720)舒明九年是歳(北野本訓)「汝(いまし)が祖等(おやたち)蒼海(あをうなばら)を渡り、万里(とほきみち)を跨(アフトコヒ)て、水表の政を平(む)けて」*法華義疏長保四年点(1002)序「越三界といは、慧は生滅を踰(こ)え、道は三有を跨(アフトコフ)なり」*書陵部本名義抄(1081頃)「跨上 アフドコブ〔選〕」*大慈恩寺三蔵法師伝承徳三年点(1099)一〇「詳玄造微の功、生融(ゆう)に跨(アフトコヒ)て更に遠し」語誌 (1)訓点資料に特有の語。古くは「あふどこむ」「あふづくむ」であったかと考えられる。「あ」は足の意と思われるが、「ふどこむ」「ふづくむ」については未詳。「どこ」と「づく」とはuとoとの交替であろう。(2)その後、語尾「む」が「ぶ」に転じて「あふどこぶ」の語形を生じ、さらに、「ふ」の撥音化「ム」表記である「あむどこぶ」となり、促音化して「あつどこぶ」「あどこぶ」と表記されたものと考えられる。辞書 色葉・名義 表記 跨(色・名) 躡・誇(色)

あふどこ・む【跨】 〘自マ上二〙「あふどこぶ」に同じ。*新撰字鏡(898‐901頃)「躇跨 斉足而踊之皃 又越也 阿不止己牟 又平止留」辞書 字鏡 表記 躇跨(字)

アプト-しき【―式】 〘名〙(アプトは Abt)《アプト式》スイス人、ローマン＝アプトが発明した登山用鉄道の一方式。走行用レールの間に、のこぎりのように歯のついた特殊レール(ラックレール)を設けて、これと機関車、電車に取りつけた歯車とをかみ合わせ、急坂でも滑らずに上下することができるようにしたもの。日本では明治二六年(一八九三)、信越本線の横川、軽井沢間の碓氷(うすい)峠に設けられ、昭和三八年(一九六三)まで用いられた。*東京日日新聞‐明治二六年(1893)一月二五日「横川より軽井沢迄の間彼のアプト式機関車の試運転を行ひ」発音〈標ア〉0〈京ア〉0

あふどふ・む【距】 〘他マ四〙またいで越える。→あふどこぶ。*大日経義釈延久承保点(1074)八「法爾として影生ず。来れども距(アフトフム)(〈注〉越也)べからず」

あふな 〘名〙植物「ぼたんづる(牡丹蔓)」の異名。

あぶな【危】 ㊀(形容詞「あぶない」の語幹) あぶないこと。*平家(13C前)八・法住寺合戦「あぶなながら年暮れて、寿永も三とせになりにけり」*宇治拾遺(1221頃)一一・六「『あなあぶなのめくらや』といひたりけるを」㊁〘名〙①「あぶなえ(危絵)」の略。*随筆・嬉遊笑覧(1830)六下「あやふや人形〈略〉明和安永頃女画に股など出したるをあぶなといへり」②数の「九」のことをいう、てきやなどの符丁。〔日本隠語集(1892)〕→あぶない

あふな-あふな 〘副〙めいめいの力量に応じて。それぞれの分に応じて。おおなおおな。*伊勢物語(10C前)九三「あふなあふな思ひはすべしなぞへなく高きいやしき苦しかりけり」語誌「おほなおほな」と表記される語と同一語とする説もあるが、別語ともいわれる。「伊勢物語真名本」の該当部分は「随分」と表記する。語源は「合ひな合ひな」(「な」は「朝な朝な」の「な」に同じ)のウ音便形の転じたものとする説、「あぶなあぶな」と読んで「あぶなし(危)」の語幹の畳語とする説などがある。

あぶな-あぶな【危危】 〘副〙おそるおそる。おっかなびっくり。*史料編纂所本人天眼目抄(1473)七「怖異ありと云は、あぶなあぶな蹈だぞ」*古活字本荘子抄(1530)六「危行はあふなあふな行く」*役者論語(1776)あやめぐさ「身もふるふほどにあぶなあぶなかかり、敵役がどっとつっこんだ悪言をいふた跡にて、それよりきっとすべし」補注 平安時代の「あふなあふな」との関係は未詳。

あぶない 〘名〙(「九」を「がけ」「きわ」ともいうところから「危険」の意にかけたしゃれ) 江戸の芝居仲間で九の数をいう符丁。のちに、商人なども隠語として用いた。*洒落本・品川楊枝(1799)「『ぬしゃア芝居の事がくはしひから芝居のふちゃうを咄しねへ』〈略〉『九文を

あふなひ文』」

あぶな・い【危】『形口』文あぶな・し『形ク』望ましくない結果が予想されて気がかりな状態をいう。①危害または損害を受けそうで気がかりだ。はらはらさせられる。危険だ。＊右京大夫集(13C前)詞書「内裏ちかき火の事ありてすでにあぶなかりしかは」＊玉塵抄(1563)一五「此はあぶないなりぞ。いそいで走て虎の頭をふむことか」＊虎明本狂言・鍋八撥(室町末-近世初)「やれやれあぶなひ事をした、是はめでたいかみのかたひなべじやほどに」＊書言字考節用集(1717)九「雲踏(アブナシ)俗字 浮雲 同」②じきにだめになりそうだ。死、破産、消滅などの状態に近づいている。＊古今著聞集(1254)一五・四九六「次第に大事になりて〈略〉存命あぶなく見えければ」＊浮世草子・本朝桜陰比事(1689)五・五「あぶなき物は筆の命毛」＊今年竹(1919-27)〈里見弴〉小さな命・五「貞徳の病気があぶないと聞いた瞬間の」③望むことが実現するかどうかわからない。確実ではない。あてにならない。＊歌舞伎・お染久松色読販(1813)序幕「小癪(こしゃく)娘の有る内へ、同じ小癪な若旦那、差置(さしおき)まするも〈略〉危(アブナ)いものと存(ぞんず)れど」＊義血侠血(1894)〈泉鏡花〉二〇「捕ったところで、易(うま)く金子(かね)が戻るだらうか。未可信(アブナイ)ものだ」＊真空地帯(1952)〈野間宏〉七・三「向うへつくかどうか、あぶないもんやというてるな」④好ましくない状態が今にも起こりそうだったという気持を表わす。↓危なく。＊滑稽本・大千世界楽屋探(1817)上「ヤレヤレひやいな目にあふた。肝魂が天井持(てんじょもち)したはい。既のことに、向ひの岩で天窓(あたま)浮雲(アブナシ)ぢゃ」＊大阪の宿(1925-26)〈水上滝太郎〉一六・一「あぶない、あぶない。もう少し寝てゐたら間に合はないところだった」＊親友交歓(1946)〈太宰治〉「俺だって、実は、東京時代に、あぶないところまでいった事があるんだ」⑤安定していない。「危ない足どり」＊門三味線(1895)〈斎藤緑雨〉四「調子あぶなく、何やら弾いて居る四十あまりの盲女」 語誌 (1)古くは、明確に危険が感じられるさまを意味して、対象が自壊しそうで不安である意の「あやうい」とは区別されていたらしい。「日葡辞書」には両形あるが、「虎明本狂言・鳴子」では「あやふき所をおりてこまひく、われらは爰にてなるこ引」のようなやや特殊な例以外「あぶない」が専ら用いられるなど、実際には「あぶない」がより一般的だったと思われる。それに対して「あやうい」は、「アヤウイ イノチヲ」〔天草本伊曾保-パストルと、狼の事〕ほか「天下・国家・民」などにかかわる一種固定的な表現での用例が目につく。(2)現代語では、①の物理的な危険、③の実現の困難などについてはほとんど「あぶない」に限られる。一方「あやうい」は文章語的で、副詞的な「あやうく助かった」など「あぶない」には見られない用法がある。 語源説 (1)アブはアヤブシ(危)の語根の略か。ナシはナシ(甚)の義〔語簏・大言海・日本語源=賀茂百樹〕。(2)アヤブミナシの略。案否無の意〔名語記・和句解〕。(3)アフナシ(足踏无)の義〔言元梯〕。(4)オボツカナイの転略〔両京俚言考〕。 発音 〈なまり〉アッネ〔鹿児島・鹿児島方言〕アブイ〔栃木〕アブシネァ・アップシネァ〔秋田〕アブナー〔伊予・瀬戸内〕アブナッカ〔壱岐続〕アブネー〔埼玉方言〕アブレェ〔津軽語彙〕アブレー〔NHK(青森)〕アブンナイ〔新潟頸城・静岡〕アムナー〔伊予大三島・瀬戸内〕アムナイ〔岐阜・京言葉・鳥取・広島・徳島・伊予〕オブネー〔埼玉方言〕〈標ア〉[0]〈京ア〉[ブ] 文『あぶなし』〈標ア〉[ナ]〈京ア〉[ナ] 辞書 易林・日葡・書言・〈ヘボン〉・言海 表記 浮雲(易・書・ヘ・言) 雲踏・阽(書)

あぶない 加減(かげん) あぶないところで。すんでのところで。少しのところで危険な状態や困った状況にならないですむことにいう。＊浄瑠璃・津国女夫池(1721)三「やれやれ、あぶないかげんに子を拾ひ、子は命をひろふたな」＊雑俳・末摘花(1776-1801)二「あぶないかげんぬくときに下女よばれ」

あぶない 事(こと)**は怪我**(けが)**のうち** けがをすることがわかっているようなあぶないことには近づかないほうがいいの意にいう。

あぶない 橋(はし)**を渡**(わた)**る** 危険な行き方をする、危険な手段を用いる、危険すれすれのことを行なう場合などにいう。＊歌舞伎・月梅薫朧夜(花井お梅)(1888)序幕「まあ女の体が抵当替りと思って、あぶねえ橋(ハシ)を渡(ワタ)らう」＊売花翁(1893)〈斎藤緑雨〉「豈料らんや師匠の倅、彼女(かのをんな)とは我家へ来ぬ前より、わしゃ何ぼでも離れはせず左るお屋敷に御奉公と師匠が入智恵に、あぶない橋(ハシ)を渡(ワタ)ること一通りの代物にあらず」

あぶな-えヱ:【危絵】『名』浮世絵で、女性の湯上がり、更衣、階段の上り降り、または風に着衣の翻るさまなどを描いた、エロチックなきわどい絵。江戸中期の鈴木春信の頃からみられ、江戸末期にもしばしば描かれた。春画とは異なる。＊超モダン用語辞典(1931)〈斎藤義一〉隠言葉用語篇「あぶな絵 猥せつな絵。風俗壊乱的絵画」＊風信帖(1981)〈石原八束〉「危な絵を隠す蔵建て冬籠り」 発音 〈標ア〉[0][ナ]

あぶなかし・い【危】『形口』「あぶなっかしい(危)」に同じ。＊内地雑居未来之夢(1886)〈坪内逍遙〉八「病はいや増しに重るのみにて、やうやう危(アブ)なかしく成(なり)もてきつ」＊明暗(1916)〈夏目漱石〉一七〇「すぐ海に続いてゐる勾配の急な山の中途を危(アブ)なかしくがたがた云はして駆けるかと思ふと」 発音 アブナカシイ〈なまり〉アブカシー〔仙台方言〕アブッカシー〔静岡〕アップカシー〔仙台音韻〕〈標ア〉[シ][0]

あぶな-が・る【危―】『他ラ五(四)』(形容詞「あぶない」の語幹に接尾語「がる」の付いたもの) あぶないと思う気持を持ち、それを外に表わす。あぶないと思う様子を見せる。あやうがる。あやぶむ。＊増鏡(1368-76頃)二・新島守「院の御心の軽き事を、あぶながり給」＊評判記・吉原呼子鳥(1668)いこく「しん中にきたなき所のあるやうにてわろし、市郎右衛門も、あぶながらいで、ちとひといきみいだし候へかしといふ」 発音 アブナガル〈標ア〉[ガ]〈京ア〉[0] 辞書 〈ヘボン〉

あぶなく【危】『副』①少しでも状況が違っていたら。もう少しで。まかりまちがえば。すんでのことに。あやうく。＊人情本・春色梅美婦禰(1841-42頃)三・一六回「あぶなく私も留守の言解(いひわけ)に、まごつく処でございましたは」＊子をつれて(1918)〈葛西善蔵〉一「あぶなく鑵を取落しさうにした」②あぶなかったが、やっと。やっとのことで。かろうじて。あやうく。＊春窓綺話(1884)〈高田早苗・坪内逍遙・天野為之訳〉五「百錬千磨の正義刀に敵すべきにあらず、忽に負傷して険些(アブナク)児身を以て遁れ」＊あの道この道(1928)〈十一谷義三郎〉二「眉を寄せかけてあぶなく微笑の挨拶を装(つく)った奥さんの小造りの顔と」 方言 (「あぶなく…した」の形で)もう少しで…するところだったが危うく免れた、の意に用いる。宮城県栗原郡「あぶなく負けたやぁ(危うく負けるところだったがようやく勝った)」114 発音 〈標ア〉[0]〈京ア〉[ナ]

あぶな-げ【危気】(形容詞「あぶない」の語幹に接尾語「げ」の付いたもの) 一『名』(多く「あぶなげ(が)ない」の形で用いる) あぶなそうなこと。不安に思う点、また、不安に思う気持。あやうげ。＊土井本周易抄(1477)三「復せうずと云も、よろづの道に順て、あぶなげもないぞ」＊浮世草子・好色破邪顕正(1687)中「氷はかたくして、所によりて氷の橋とて、人馬幾千のかよひ路、わたるにあぶなげなき程かたく」＊浄瑠璃・絵本太功記(1799)一〇日「そんなら年寄はうかうか京の町には居られぬ。兎角危(アブナ)げのないやうに、こんな在所へきてゐるか、大出来大出来」＊草枕(1906)〈夏目漱石〉一「間三尺も隔てて居れば落ち付いて見られる。あぶな気なしに見られる」 二『形動』あぶなそうで、不安なさま。＊書陵部本春のみやまぢ(1280)一一月一五日「馬はいと脚弱きに、あぶなげなれど」＊近世紀聞(1875-81)〈染崎延房〉一〇・三「兵士等其陰(かげ)を通行して持場に交番倣(な)すさへも最(いと)危険気(アブナゲ)に思はるるに」＊道(1910)〈石川啄木〉「二人は其の上の橋の、危なげに丸太を結った欄干に背を靠(もた)せて列んだ」 発音 アブナゲ〈標ア〉[0][ナ]〈京ア〉[ナ]

あぶな-さ【危―】『名』(形容詞「あぶない」の語幹に接尾語「さ」の付いたもの) あぶないこと。また、その度合。＊日葡辞書(1603-04)「Abunasa(アブナサ)」＊仮名草子・浮世物語(1665頃)五・一「先も見えねばあぶなさ言ふはかりなし」＊浄瑠璃・国性爺合戦(1715)三「若(もし)や我親か、何ゆへ尋給ふぞと、心もとなさあぶなさに、なつかしさも先立て」 発音 〈標ア〉[0][ナ]〈京ア〉[0] 辞書 日葡・〈ヘボン〉 表記 浮雲(ヘ)

あぶな・し【危】『形ク』⇨あぶない(危)

あぶなっかし・い【危】『形口』(「あぶなかしい(危)」の変化した語) いかにもあぶなげである。確実性や安定性がなく、信頼できない。あぶない。あぶなっかしい。＊雑俳・柳多留-一五(1780)「あぶなっかしい女房をあばたもち」＊社会百面相(1902)〈内田魯庵〉投機・七「是だけが財産なら此会社も危(アブ)なっかしいもんです」＊今年竹(1919-27)〈里見弴〉茜雲・五「『八景』の砧(きぬた)の合方を、ものうげに、あぶなっかしく弾いてゐる」 語源説 アブナコシ(危濃)の急呼の転〔大言海〕。 発音 アブナッカシイ〈標ア〉[シ][0]〈京ア〉[カ]

あぶなっかし-が・る【危―】『他ラ五(四)』(形容詞「あぶなっかしい」の語幹に、接尾語「がる」の付いたもの)「あぶながる(危―)」に同じ。 発音 アブナッカシガル〈標ア〉[ガ]

あぶなっかし-げ【危―】『形動』(形容詞「あぶなっかしい」の語幹に接尾語「げ」の付いたもの) あぶなっかしいさま。あぶなげな様子。＊読書放浪(1933)〈内田魯庵〉読書放浪・九「且其の研究は些の危なッかしげが無く、ドンナ問題に対しても快刀乱麻を断つ如き明快なる答弁を与へて」 発音 アブナッカシゲ〈標ア〉[シ]

あぶなっかし-さ【危―】『名』(形容詞「あぶなっかしい」の語幹に接尾語「さ」の付いたもの) あぶなっかしいこと。あぶなっかしいさま。また、その度合。＊温泉宿(1929-30)〈川端康成〉四「この『売値』と『修身教科書』とが、一つになった危っかしさは、彼女の小憎らしい魅力だった」＊婉という女(1960)〈大原富枝〉四「空しく花を萎ませてゆく、女のいのちの一つの極点にあるような危なっかしさ、脆さが、わたくしのなかで揺れ止まない」 発音 〈標ア〉[カ]〈京ア〉[0]

あぶな-もの【危物】『名』(「あぶなもん」とも) 危いもの。頼みにならないもの。あてにならないもの。＊浄瑠璃・津戸三郎(1689)一「是勝負(せうぶ)は老少によるべからず、兄とは生れ給へどもはれ軍はあぶなもの」＊雑俳・柳多留-二三(1789)「詠(よ)もふとて花を盗むもあぶなもの」＊滑稽本・狂言田舎操(1811)下「浮雲物(アブナモン)だ打止(ぶっちゃめ)ろ〈略〉穏当な馬にしろさ」 発音 〈標ア〉[0]

アブノーマル『形動』(英 abnormal)《アブノルム》人や社会のありさまが正常でないさま。病的。変態的。↕ノーマル。↓アブノルマル。＊煤煙(1909)〈森田草平〉二七「自分の方へ引附けたさに、この女をアブノーマルのものにした」＊放浪記(1928-29)〈林芙美子〉「アブノーマルな山っ気」 発音 〈標ア〉[ノ]〈京ア〉[ノ]

あぶ-の-め【虻目】『名』ゴマノハグサ科の一年草。本州以西の水田や湿地に生える。高さ一五～二〇センチメートル。茎は中空で、やわらかく、押しつぶすとパチパチと音がする。葉は肉質で小さく、対生する。夏、淡紫色で長さ四～五ミリメートルの筒形の花が咲く。実は球形のさやとなり、小さい種子を多数もつ。ぱちぱちぐさ。学名は Dopatrium junceum ＊日本植物名彙(1884)〈松村

任三〉「アブノメ　パチパチグサ」 発音〈標ア〉ア

アブノルマル 〘形動〙「アブノーマル」をフランス語めかした語。＊パノラマ島綺譚(1926–27)〈江戸川乱歩〉二四「あの小説にはRAといふ男が彼のアブノルマルな好みから、コンクリートの大円柱を立てる際に」＊若い人(1933–37)〈石坂洋次郎〉上・一一「偶然犯した暴行のあとのアブノルマルな精神状態」 発音〈標ア〉ノ

アブノルム 〘形動〙(ドイツ abnorm)《アブノルム》「アブノーマル」に同じ。＊学生時代(1918)〈久米正雄〉文学会「君も矢張りアブノルムな仲間だね」 発音〈標ア〉ノ

アブハズ-ご【―語】〘名〙(アブハズは Abkhaz)北西カフカス諸語に属する言語。カフカス山脈南のアブハズ共和国の公用語。 発音アブハズゴ〈標ア〉0

あぶ-はち【虻蜂】〘名〙①虻と蜂。小さいが、攻撃力のあるものの代表としていう。＊漢書列伝竺桃抄(1458–60)「あふはちの驥に附くやうにならうとはなにか思わうぞ」＊清原国賢書写本荘子抄(1530)五「あふはちの辛労してなくが如し」＊玉塵抄(1563)一〇「をそろしい虎なれどもくらわいでうたがうてしあんしていたは、あぶはちのひょっときて、じかと人をさいたにをとったぞ」②向かって来る敵を卑しめののしっていう語。むしけら。＊浄瑠璃・日本武尊吾妻鑑(1720)四「事々し、あぶはち共、サア来(こ)い来いと大手をひろげ」 発音〈標ア〉0

あぶはち 取(と)らず あれもこれもと、両方をねらってどちらもだめになる。あまり欲を深くしてかえって失敗すること。虻も取らず蜂も取らず。虻も蜂も失う。＊人情本・花の志満台(1836–38)四・一九回「悪くすると虻蜂(アブハチ)取らずに、ならうも知れねえやス」＊新体詩抄(1882)社会学の原理に題す〈外山正一訳〉「揉みに揉めたる其上句　虻蜂取らずの丸潰れ　秩序も建たず自由なく　泥海にこそなるべけれ」＊真理の春(1930)〈細田民樹〉手形の手品師・三「考へると、やはり大資本家のでくになって、汗水たらして虻蜂(アブハチ)とらずでした」 発音〈標ア〉ト〈京ア〉ト

あぶ-はち-とんぼ【虻蜂蜻蛉】〘名〙髪形の一種。前髪、まげの刷毛(はけ)先、左右のびんの毛先を細く出し、中央へ向けたもの。＊落語・狸(1895)〈四代目橘家円喬〉「抑々(そもそも)髪の結い始めは虻蜂蜻蜓(アブハチトンボ)、夫れからお煙草盆に化け蝶蝶髷に化け」＊明治世相百話(1936)〈山本笑月〉開化頭の変遷史「十四五年頃まではちょん髷もずゐぶん多くアブ、ハチ、トンボの小僧さんもたくさん見うけた」 発音〈標ア〉ト

あ-ぶみ【鐙】〘名〙(足(あ)で踏むものの意)①馬具の名。鞍の両脇に垂れて、乗る時に足を踏みかけ、また、乗馬中に乗り手の足を支えるもの。形状により、各種ある。輪に袋を設けた壺鐙、唐様の輪鐙、壺の下に続けた踏み込みの舌の長いものを舌長、短いものを舌短または半舌という。また、材質や製作地により、木鐙、鉄鐙(かなあぶみ)、七条鐙、上総鐙、那波鐙、武蔵鐙などの名がある。＊万葉(8C後)一七・四〇二四「立山の雪し消らしも延槻の川の渡り瀬安夫美(アブミ)浸かすも〈大伴家持〉」＊十巻本和名抄(934頃)五「鐙　蔣魴切韻云〈都鄧反　阿布美〉鞍両辺、承ㇾ脚具也」＊日葡辞書(1603–04)「Abumiuo (アブミヲ) カクル」＊説経節・をぐり(御物絵巻)(17C中)六「くら、あふみと、おこいある」②「むさしあぶみ(武蔵鐙)」の略。＊雑俳・柳多留-六六(1814)「鐙にて踏みしめ給ふ天が下」 語誌わが国には古墳時代に輪鐙が伝来した後、五世紀以後には、壺鐙が使われるようになる。これは落馬に際して足が鐙に引っ掛かるのを防ぐために爪先部に覆いを付けたものだが、戦闘的というよりは装飾的な性格が強い。奈良平安時代になると、踏みよいように短い舌を付けたわが国独特の半舌鐙が作られ、平安末期には踵まで乗せることができる舌長鐙が生み出されて、以後江戸時代まで長く使われるに至る。明治以降は輪鐙の一種の洋鐙が用いられている。 語源説(1)アシフミ(足踏)の略〔名語記・和句解・東雅・大言海〕。(2)アヒフム(相踏)の意〔名言通・和訓栞〕。 発音〈標ア〉0〈ア史〉平安○○○　江戸●●○と●○○の両様〈京ア〉0 上仮名アブミ 辞書字鏡・和名・色葉・名義・下学・和玉・伊京・明応・天正・饅頭・黒本・易林・日葡・書言・ヘボン・言海 表記鐙(字・和・色・名・下・玉・伊・明・天・饅・黒・易・書・へ・言) 錠(名・玉・天) 鞖(字・書) 輅・輢(字) 鑣(伊)

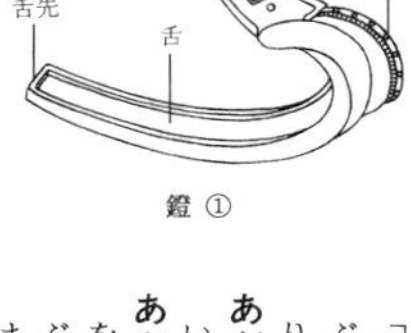

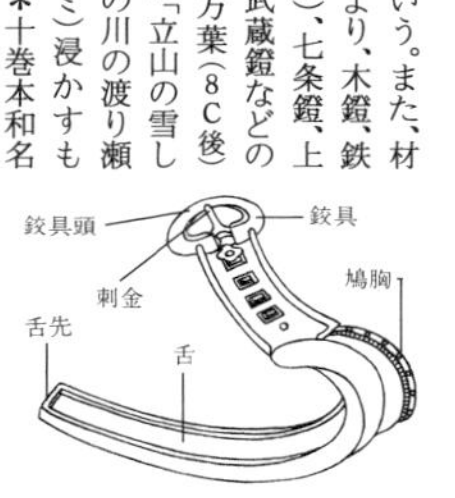

鐙 ①

あぶみ の 鉸具(かこ) 鐙の首の部分の名称(日葡辞書(1603–04))。→鉸具(かこ)。＊壒嚢鈔(1445–46)一「鐙のかこと云字は何ぞ。鉸具又は銙具と書く。鐙の頸にかぎらず、公家の装束の中、石帯等の具也。鐙の頸の逆靼(ちからかは)を懸る所。彼の形を模する故に鉸具と云云也」

あぶみ の 沓込(くつごみ) 鐙の、足を置く場所(日葡辞書(1603–04))。

あぶみ の 舌先(したさき) 鐙の先端(日葡辞書(1603–04))。

あぶみ の 力金(ちからがね) 鐙革をとめる締め金(日葡辞書(1603–04))。

あぶみ の 鳩胸(はとむね) 鐙の、前のほうの部分(日葡辞書(1603–04))。

あぶみ の 鼻旋毛(はなのつむじ) 馬の脇腹の、鐙の先端が当たるところにある旋毛。乗鐙(じょうとう)。

あぶみ の 靼金(みつおがね) 鐙の部分名。鞍に鐙をつなぐ力革の孔(みつ)に通す鐙の鉸具(かこ)の刺金(さすが)。＊義経記(室町中か)八・兼房が最期の事「長崎太郎が右手の鐙の草摺半枚かけて、膝の口、あぶみのみつをかね、馬の打骨五枚かけて斬りつけたり」

あぶみ の 柳葉(やないば) 鐙の舌の部分を取り巻いている鉄の縁飾り(日葡辞書(1603–04))。

あぶみ 踏張(ふんば)る ①立ち上がるために鐙を足の支えにする。＊平家(13C前)四・宮御最期「あぶみふんばりたちあがり、大音声あげて名乗りけるは」＊日葡辞書(1603–04)「Abumiuo (アブミヲ) フンバル」②できるかぎり頑張る。＊洒落本・太平楽巻物(1782)「月三十日うりつめて、あぶみふんばり、十両あまり」＊諺苑(1797)「鐙ふんばって　強て十里か十一里と云べきをあぶみふんばって十里か十一里などと云」

あぶみ-いた【足踏板】〘名〙建築工事などで、足場としてかけ渡し、かりの通路に用いる板。あゆみいた。 発音〈標ア〉イ

あぶみ-がしら【鐙頭】〘名〙後ろの部分が出っ張った頭。さいづち頭。＊今昔(1120頃か)二八・二一「頭の鐙頭也ければ、纓は背に不付(つか)ずして、離れてなむ被振(ふられ)ける」＊宇治拾遺(1221頃)一一・二「頭のあぶみがしらなりければ」 語源説舌長鐙の鳩胸に見立てていうか〔大言海〕。 発音アブミガシラ〈標ア〉ガ

あぶみ-がね【鐙金】〘名〙旧陸軍の輜重車(しちょうしゃ)に取り付けられた鉄製の台で、車に乗るものが足をかけるためのもの。 発音アブミガネ〈標ア〉ミ

あぶみ-がわ【鐙革】〘名〙鐙を鞍に吊り下げるのに用いる革の紐。力革。逆靼革(ちからがわ)。あぶみつり。

あぶみ-がわら【鐙瓦】〘名〙屋根瓦の一つ。平瓦と丸瓦とを交互に並べた本瓦葺(ほんがわらぶき)で、丸瓦の軒先になる瓦。形が馬具の壺鐙に似るところからいう。軒先の円板(瓦当)に、蓮花、巴(ともえ)、定紋(じょうもん)などの装飾が施してある。文様によって巴瓦(ともえがわら)、花瓦(はながわら)、軒丸瓦という。＊正倉院文書-天平勝宝八年(756)八月一四日・造東大寺司牒解(寧楽遺文)「鐙瓦参伯枚」＊延喜式(927)三四・木工寮「宇瓦廿八枚鐙瓦廿三枚」＊十巻本和名抄(934頃)三「花瓦　弁色立成云花瓦〈鐙瓦也　阿布美加波良〉」 語源説舌長鐙の形に似ていることから〔箋注和名抄・家屋雑考〕。 発音アブミガワラ〈標ア〉ガ 辞書和名・色葉・名義・書言・ヘボン・言海 表記花瓦(和・色・名・書・へ) 鐙瓦(色・言)

あぶみ-ぎわ【鐙際】〘名〙鐙のすぐ近く。戦(いくさ)の折、大将などの指揮官の側近く。＊人情本・貞操婦女八賢誌(1834–48頃)三・二五回「定正は、馬上にありて那れ是れの、有様を篤(とく)と見つ、鐙際(アブミギハ)に従ふたる、近臣何某を近付けて、如此々々(しかじか)と下知するにぞ」

あぶみ-ぐわ【鐙鍬】〘名〙鐙の形に似ている厚い鉄製の鍬。開墾や雑草の根切りをするのに用いる。唐鍬(とうぐわ)。＊和漢三才図会(1712)三五「鐙鍬、阿布美久波、今云₂唐鍬₁」＊和英語林集成(再版)(1872)「Abumikuwa (アブミクワ) 鐙鋤」 方言長崎県壱岐島915 辞書ヘボン 表記鐙鋤(へ)

鐙鍬〈和漢三才図会〉

あぶみ-こつ【鐙骨】〘名〙耳小骨の一つ。中耳の鼓室内にある、鐙の形をした骨で、一端は砧骨(きぬたこつ)に、他端は内耳の卵円窓に接する。鼓膜から、槌骨(つちこつ)、砧骨を介して伝わった振動を内耳に伝える働きをする。 発音〈標ア〉ミ

あぶみ-し【鐙師】〘名〙鐙を作ることを職業とする工人。＊和英語林集成(初版)(1867)「Abumishi アブミシ 鐙工」 辞書ヘボン 表記鐙工(へ)

あぶみ-ずり【鐙摺】〘名〙①馬の横腹の前部で、鐙の当たる所。また、鐙が当たってできたたこ。あぶずり。＊十巻本和名抄(934頃)七「承鐙肉　李緒相馬経云承鐙肉欲垂　俗云阿布彌須利」＊壒嚢鈔(1445–46)一「馬病にたりと云字は何ぞ　鶬と書也　此類の字　背瘡(たこ)、夜眼(よめ)、承鐙肉(アブミスリ)」②近世の武具のすね当てで、鉸具(かこ)の当たる部分。鐙のために摺れるのを防ぐために、内側下方の部分を切り欠いて、馬革を当てた。鉸具摺(かくずり)。③泥障(あおり)の下の鐙の当たる部分。近世は、泥障全体をもいう。播磨革(はりまがわ)などで作った簡単な泥障。＊和訓栞(1777–1862)あぶみずり「武士の騎馬出立といふにも泥障さすべからず。但あぶみすりは苦しからずといふ事あり。泥障とは毛皮をいひ、鐙磨とは播磨革のまる作をいふよし註したれば、鐙磨といひしは今の板泥障といふ物の類にやといへり」④乗馬の鐙がすれるほど、左右に岩石などが迫った狭い道。あぶずり。転じて、多く地名ともなる。＊吾妻鏡-寿永元年(1182)一一月一〇日「広綱、奉ㇾ相₂伴彼人₁〈略〉到₂于大多和五郎義久鐙摺宅₁云々」＊和訓栞(1777–1862)あぶみずり「地名に、鐙磨を、あぶずりといふ、鎌倉にあり、名古江の浜より、杜戸に至る山路也」 発音〈標ア〉ミ〈ア史〉平安○○○○○〈京ア〉0 辞書和名・色葉・名義・書言・言海 表記承鐙肉(和・色・書) 承鐙(名) 鐙磨(言)

あぶみ-つり【鐙釣】〘名〙馬具の名。鐙を吊る革の紐。力革。鐙革。

あぶみ-や【鐙屋】〘名〙①鐙を作る人、または店(日葡辞書(1603–04))。②現在の山形県酒田市本町にあった船問屋鐙屋惣左衛門家。戦国末以後酒田に住み、近世を通じて酒田町年寄を勤めると同時に、手広く船問屋を営み、近世中期、本間氏が台頭するまで、酒田一の長者として著名。＊浮世草子・日本永代蔵(1688)二・五「鐙屋といへる大問屋住けるが、昔は纔(わづか)

なる人宿せしに、其身才覚にて近年次第に家栄へ諸国の客を引請(ひきうけ)、北の国一番の米の買入、惣左衛門といふ名をしらざるはなし」 辞書日葡

あぶやま-こふん【阿武山古墳】 大阪府茨木市、高槻市を界する阿武山の丘陵を利用して築かれた終末期の古墳。横穴式石室の内部に乾漆棺をおく。藤原鎌足の墓ともいわれる。 発音〈標ア〉コ

あ-ふよう【阿芙蓉】〘名〙 植物「けし(芥子)」の異名。＊薬品手引草(1778)下「阿芙蓉(アフヨウ) あへん也」＊重訂本草綱目啓蒙(1847)一九・穀「阿芙蓉 阿片通名 けしのやに けしのしる」＊有明集(1908)〈蒲原有明〉茉莉花「阿芙蓉(アフヨウ)の萎(な)え嬌(なま)める」 発音アフヨー〈標ア〉フ 辞書言海 表記阿芙容(言)

あふよう-ゆ【阿芙蓉油】〘名〙 ケシからとった油。芥子油(けしゆ)。

あぶら【油・脂・膏】〘名〙 動物の脂肪、植物の実や種子、鉱物などからとれる、水に溶けない可燃性の物質。灯火用、食用、薬用、燃料用などに広く用いられる。普通液体のものをいうが、脂肪のように、常温では固体のものもある。漢字表記は「油」を用いるが、特に、常温で液体のものを「油」、固体のものを「脂」、また肉のあぶらを「膏」と書き分けることがある。㊀動物性および植物性の油脂。①植物性の油。脂肪油。＊十巻本和名抄(934頃)四「油 禱押附 四声字苑云油〈以周反 阿布良〉迮麻取脂也」＊宇津保(970-999頃)藤原の君「烏胡麻(うごま)〈略〉あぶらにしぼりて売るに、多くの銭いでく。その糟(かす)、味噌代へ使ふによし」＊日葡辞書(1603-04)「Aburauo (アブラヲ) シボル」＊滑稽本・浮世床(1813-23)初・下「鬢(びん)さんけふはちっと油(アブラ)をつけてもらはうぜ」②動物性の脂肪。㋑動物の体内にあって、肉などについている一種の粘液。＊書紀(720)神代上(水戸本訓)「譬へば浮べる膏(アフラ)の猶(ごと)くして漂蕩(ただよ)へり」＊大智度論元慶元年点(877)三〇「脂(アフラ)尽きて、炷滅せむときを、乃し滅と称すべきが」＊南海寄帰内法伝平安後期点(1050頃)一「洗ひて、膩(アフラ)无(な)から令(し)めよ」＊五重塔(1891-92)〈幸田露伴〉一「人の膏血(アブラ)はよき食なり、汝等剣に飽まで喰はせよ」㋺体内から皮膚を通して分泌した脂肪。＊落梅集(1901)〈島崎藤村〉労働雑詠「流るる汗と膩(アブラ)との 落つるやいづこかの野辺に」＊それから(1909)〈夏目漱石〉一六「肱掛に、手から膏(アブラ)が出た」③酒の上にぎらぎらと浮き上がっているもの。酒膏(さかあぶら)。転じて、酒。＊古事記(712)下・歌謡「捧がせる 瑞玉盞(みづたまうき)に 浮きし阿夫良(アブラ) 落ちなづさひ」＊十巻本和名抄(934頃)四「酒膏 同〔文選〕注云醪敷〈佐加阿布良〉酒膏也」㊁石油など鉱物からとれるもの。また、植物からとれ、おもに香料となる精油。＊魔風恋風(1903)〈小杉天外〉後・まよひ「石油(アブラ)買ふお銭もね?」㊂比喩的用法。①(火に油をかけるとよく燃えるところから)おだてること。おせじ。へつらい。追従(ついしょう)。→あぶらを言う・あぶらを掛ける。＊浄瑠璃・源頼家源実朝鎌倉三代記(1781)七「口先でちょっぽ草津から取寄ましたと油半分」＊狂詩・二大家風雅(1790)贈歌者阿富乞予詩「伝語頻交油 吾詩所望預」＊談義本・養漢裸百貫(1796)四「柔和な上にも柔和にして、褒媚詞(アブラ)といふて追従軽薄もいはねばならず」＊歌舞伎・木間星箱根鹿笛(1880)二幕「『大層売れるさうでござんす』『お前が流行るやうなものさ』『おやお上さん、油過ぎますよ』」②活動の原動力になるもの。活動のみなもと。エネルギー。「油がきれて動けない」＊油地獄(1891)〈斎藤緑雨〉一四「爾(さう)とも知らぬ女が、最些としたら貫へませうと慰めるのも油(アブラ)になって」＊野分(1907)〈夏目漱石〉五「趣味は社会の油(アブラ)である。油なき社会は成立せぬ」③(汗やあぶらを出して働くところから)人の労苦、骨折り。また、それによって得た産物。＊浄瑠璃・祇園女御九重錦(1760)三「纔(わづか)の畔(あぜ)の作り物、農業の脂(アブラ)を盗む、天の冥罰立所に」＊人情本・風俗粋好伝(1825)後・上「さればお岩が銭遣ひの荒きも、皆お仮名が身の油(アブラ)なりしが、尚絞り足らず、飽くまで強慾の罪報い来て」＊江戸繁昌記(1832-36)五・鳶烏雀、大鶴「一啄万粒、三農辛苦の膏を湊(あつ)めて、一生遊翼之味(くちばし)を濡(うるほ)す」④俄(にわか)狂言で、その始終を勝手なことばを使ってひきのばすこと。＊古今俄選(1775)一「あぶら、是は其俄の始終のうちを、出放題にことばにて引張る事也。あぶらを取といふ事なるべし」⑤(「油虫」の意から)他人にたかって遊興する者。また、芝居の無銭入場者など。＊浮世草子・諸道聴耳世間猿(1766)四・二「番付にない名をいふてくろとがるの油」＊劇場新話(1804-09頃)下「でんぼう。あぶら虫の事、又油ともいふ」⑥盗人仲間の隠語。㋑屋内に忍び込もうとするとき、音がしないように、敷居などに小便をかけること。また、転じて、雨。雨の降る日。〔隠語輯覧(1915)〕㋺(「油を売る」から)なまけること。なまけ者。〔隠語輯覧(1915)〕㋩男色。〔特殊語百科辞典(1931)〕㋥ひぐち(火口)。〔日本隠語集(1892)〕㋭(「油汗が出る」というところから)日照り。また暑さのひどい日。〔隠語輯覧(1915)〕㊃①「あぶらもち(油持)」の略。＊随筆・貞丈雑記(1784頃)四「油持とあるは車の軸にさすべき油を持行く役人也」②「あぶらぜみ(油蟬)」の略。＊銀の匙(1913-15)〈中勘助〉後・一三「あぶらはやかましいばかり」③「あぶらぎっちょう(油螽蟖)」の略。 語誌(1)原材料や形態、用途は変わっても、一貫して脂肪性のものの一般的名称として広く用いられてきた。従って、鬢付油・灯火用燃料・動力用燃料・潤滑油・食用油・体からの分泌物など、時代や社会・場面によって、直接に指し示すものは様々である。(2)平安時代には、「おほとのあぶら」「おほとなぶら」「おほとなあぶら」「みとのあぶら」「みとなぶら」といった形で、明かりを意味する語としても用いられた。(3)近年、「あぶら」を「オイル」ということが、潤滑油をはじめ食用油(多く複合語として)にも及んでいる。 方言❶追従(ついしょう)。おべっか。大阪†116 ❷余分。岐阜県不破郡513 ❸魚、あいなめ(鮎並)。香川県木田郡829 ❹魚、くじめ(久慈目)。淡州†030 ❺虫、ぎんやんま(銀蜻蜓)。岡山県邑久郡761 ❻虫、あぶらぜみ(油蟬)。香川県826 ❼虫、あぶらむし(油虫)。紀州†110 ❽植物、あぶらもも(油桃)。山形県一部030 ❾植物、えごま(荏胡麻)。青森県一部030 岩手県030 宮城県栗原郡113 秋田県030 山形県030 139 ❿椿(つばき)の実。島根県隠岐島040 725 741 語源説(1)アブル(炙)から転じた語〔和句解・日本釈名・東雅・和訓栞・国語の語根とその分類=大島正健〕。(2)アフレ(溢)からか〔言元梯・大言海〕。 発音〈なまり〉アムラ〔土佐〕アルバ〔富山県・石川〕〈標ア〉0 〈ア史〉平安・鎌倉○○● 江戸●○○ 〈京ア〉ア 辞書和名・色葉・名義・和玉・文明・明応・天正・黒本・易林・日葡・書言・ヘボン・言海 表記油(和・色・名・玉・文・明・天・黒・書・へ・言) 脂(和・色・玉・文・黒・易・書) 膏・肪(色・名・玉・易・書) 膩(易・書) 腴・脂綿・腓・膋・肪腓(名) 髄・骱・膠・膭・腥(玉)

同訓異字 **あぶら【油・脂・膏・肪】**

【油】(ユ) 形状や質などを問わず、いろいろなあぶらをいう。特に、常温で液状のあぶら。「油脂」「油性」「香油」「石油」「菜種油」《古 あぶら》

【脂】(シ) 常温で固体の動物のあぶら。今日では植物のものもいう。やに。「脂質」「脂肪」「獣脂」「樹脂」また、化粧用のあぶらから転じて、べに。「脂粉」《古 あぶら・あぶらさす・あぶらつぐ・まつやに》

【膏】(コウ) 肥えて体にたまったあぶら。肉のあぶら。白いあぶら。「油」のねばっこいもの。薬用とされたことから、油の入ったくすり。あぶらぐすり。「膏薬」「軟膏」《古 あぶら・あぶらさす・あぶらつぐ》

【肪】(ボウ) 脂がついて肥える。あぶらぎる。また、動物の体のあぶら。「脂肪」《古 あぶら》

あぶら が 切(き)れる ①油がなくなる。脂肪分が抜ける。＊土(1910)〈長塚節〉一「油の切れた埃だらけの赤い髪の毛を扱きあげるやうにして」②精力が続かなくなる。元気がなくなる。

あぶら が 乗(の)る ①身体に脂肪が富んで、栄養十分である。とくに魚や鳥などの脂肪が増して味のよいさま。また、転じて色気のあるさまをもいう。＊人情本・春色梅児誉美(1832-33)初・五齣「精進もののこんだてはマア儘にして、ちっと悪毒天麩羅か、黒漫魚(まぐろ)のさしみで油(アブラ)の乗(ノッ)た、あいさつが聞てへの」②物事に興味を覚えて乗り気になる。調子が出て物事がおもしろいようにはかどる。＊浄瑠璃・椀久末松山(1710頃)中「今時分三枚がたておすやつもあろ。一中が咄も油がのる最中」＊滑稽本・七偏人(1857-63)三・上「年増のはうは自己(おいら)に十分油が乗(ノッ)て居るといふ証拠は熬(ぢれ)ったいよと言ながら措(つめ)られた痣(あざ)が是見ねへな」＊小公子(1890-92)〈若松賤子訳〉前編・二「段々侯爵、伯爵の談話に油(アブラ)が乗って来てから」＊それから(1909)〈夏目漱石〉一三「実は此側(このがは)から彼の心を動かして、旨く油(アブラ)の乗った所を」

あぶら こぼさず おだやかで実直な人がらのたとえ。〔世説故事苑(1716)〕

あぶら 尽(つ)きて火(ひ)消(き)ゆ 物事の根源となるものが尽きると、それによってもたらされる物事が自然に消滅するというたとえ。生命力の盛んな若い時には煩悩に迷うが、年をとると次第に落ちつきを得ることなど。＊浮世草子・一夜船(1712)三・四「めいこんは火のごとく、ごうりきは油(あぶら)のごとし、油つきて火のきゆるがごとし。今はまうしはれてうらむべきかたなし」

あぶら で 煮染(にし)めたよう 衣服などがひどくあかじみ、汚れて、黄褐色となったさま。＊滑稽本・浮世床(1813-23)初・上「油でにしめたやうなる太織(ふとり)の綿入」

あぶら に 火(ひ)の付(つ)いたよう 「あぶらがみ(油紙)へ火の付いたよう」に同じ。

あぶら に 水(みず) 「あぶら(油)に水の交じるごとし」に同じ。＊浮世草子・新色五巻書(1698)三・五「同宿(どうしゅく)二三人の中に女壱人(ひとり)は油(あぶら)に水(みづ)のまじはり」＊浮世草子・御前義経記(1700)二・一「女郎の能に男まじるは油(アブラ)に水(ミヅ)、それじゃ程もない」

あぶら に 水(みず)の交(ま)じるごとし しっくりとなじまないたとえ。油に水。＊俳諧・毛吹草(1638)二「あぶらにみづのまじるごとし」＊和漢古諺(1706)上「木に竹をつぐごとし 油に水のまじるごとし」＊浄瑠璃・傾城思升屋(1715頃)中「とと様は後連(のちづれ)、母様一人がほんの親何所(どこ)やら油に水交(マジ)る」

あぶら に 水(みず)を注(そそ)ぐよう 「あぶらがみ(油紙)に水を注ぐよう」に同じ。＊多情多恨(1896)〈尾崎紅葉〉後・九・二「油に水を注いだように、お種は全然取合ひさうにも為(せ)ぬ」

あぶら に 物(もの)を画(えが)く 消えやすくて効果のないことのたとえ。

あぶら の かちん 揚げ餅をいう女房詞。＊御湯殿上日記-天正一五年(1587)六月二五日「みなせよりあふらのかちんまいる」＊宝鏡寺日記-承応二年(1653)一一月三〇日「土佐より杉の折御こふ、やきかちん、あふらのかちんしん上」

あぶら の 利(き)いた口車(くちぐるま) 舌がよくまわること。口先うまくしゃべりまくること。多弁。＊洒落本・廓中美人集(1779)異見の段「此様に油

の利(キキ)た口車で、わりつくどひのいふても、まだこなた衆が真実が見へませぬ」

あぶらの地獄(じごく)「あぶらじごく(油地獄)」に同じ。＊浄瑠璃・女殺油地獄(1721)下「お吉が身をさくつるぎの山、目前(もくぜん)油の地ごくのくるしみ、軒のあやめのさしもげに」

あぶらの涙(なみだ)（しぼるような思いで流す涙の意）非常に悲しく、つらく、苦しい時の涙。＊浄瑠璃・薩摩歌(1711頃)上「命なたねにあぶらのなみだ」

あぶらを言(い)**う** おせじを言う。おべっかを使う。あぶらを掛ける。＊随筆・羇旅漫録(1802)中・五九「祇園町の方言に、江戸にてつやをいふ、せじをいふといふことを、あぶらをいふといふ」＊滑稽本・東海道中膝栗毛(1802–09)八・中「ヲホホホホホ。ゑらいあぶらいひなます。さよなら十のじのおかたへあぎよわいな」＊浪花聞書(1819頃)「あぶら云　謙退也」＊歌舞伎・繰返開花婦見月(三人片輪)(1874)二幕「そんなに油(アブラ)をおっしゃらずと、まあお急ぎならいらっしゃいまし」

あぶらを売(う)**る**（江戸時代、髪油を売り歩く者が婦女を相手に話し込みながら商ったところから）仕事を怠けてむだ話をする。また、仕事の途中で時間をつぶして怠ける。＊雑俳・柳多留拾遺(1801)巻一九「江戸の水のむと油をうりたがり」＊滑稽本・浮世床(1813–23)初・上「すてきと油(アブラ)を売(ウッ)たぜ」＊歌舞伎・早苗鳥伊達聞書(実録先代萩)(1876)三幕「手前の家は酒ばかりだのに、そんなに油(アブラ)を売(ウ)って居たら、家へ帰って叱られるぞ」語源説(1)油売りが柄杓で油を別の器に移す時、液が筋を引くところから長引くという意〔大言海〕。(2)油売りが油の雫のきれるまでのんびりと世間話などしながら待っている。商いはしているのだが、サボっているように見えるところから〔すらんぐ=暉峻康隆〕。(3)江戸時代の歌舞伎役者が、専業外に化粧油店を営んで、女相手に悠長な商売をしたところに由来する〔語義考証=中村幸彦〕。

あぶらを押(お)**す**（押して油をしぼる意から）苦しみのはなはだしいことのたとえ。＊今昔(1120頃か)二・一「身を迫る事、油を押すが如し」

あぶらを掛(か)**ける** おだてる。おせじを言って扇動する。あぶらを言う。あぶらをそそぐ。＊歌舞伎・善悪両面児手柏(妲妃のお百)(1867)七幕「『ほんにぬしにゃあ、誰でも惚れるよ』『これさ油(アブラ)をかけちゃあいけねえぜ』」＊西洋道中膝栗毛(1870–76)〈仮名垣魯文〉九・下「情人(いいひと)のうわさから傍で油(アブラ)をかけられると〈あぶらをかけるとはうれしがらせる事也〉」

あぶらを差(さ)**す** ①「あぶらさす(油差)」に同じ。＊日葡辞書(1603–04)「Aburauo sasu (アブラヲ サス)。すなわち、アブラヲ ツグ」②(油を注いで火勢を盛んにさせるところから) 元気づける。また、人を扇動する。おだてる。＊雑俳・壬生の雨(1742頃)「咄したら悦ばんしょと油さす」＊吾輩は猫である(1905–06)〈夏目漱石〉二「『御承知の通り、文学美術が好きなものですから…』『結構で』と油を注す」辞書日葡

あぶらを絞(しぼ)**る**（油を取る時、しめ木にかけて押しつぶすところから）①無理やりに、あるいは、骨身を削るような苦労を重ねて収益や財産を手に入れる。＊歌舞伎・梅柳若葉加賀染(1819)大切「どうで主達(ぬしたち)の、油(アブラ)を絞(シボ)って貯(た)めた金、勘定しようが、明日(あす)まで待ちな」②他者にさんざん苦労させて、その利益を自分のものにする。＊応永本論語抄(1420)為政第二「臨時課役を懸て民の油をしほれば、財宝も尽て」＊人情本・貞操婦女八賢誌(1834–48頃)五・四五回「予て荘夫(ひゃくしゃう)の油(アブラ)をしぼり、貯へ置きし金銀にて」③人の失敗や欠点を厳しく叱ってこらしめる。ぎゅうぎゅうという目に会わせる。とっちめる。あぶらを取る。＊生(1908)〈田山花袋〉三二「それで、娘は母親からしたたか油を絞られて居るのである」＊爛(1913)〈徳田秋声〉四九「いつか側に引著けて、油を搾ったときのお今の様子などが、思返された」

あぶらを注(そそ)**ぐ**（火に油を注ぐと火勢がいっそう盛んになるところから）人の感情や行動をさらにあおりたてる。人をほめそやしておだてる。火に油を注ぐ。＊世間知らず(1912)〈武者小路実篤〉二「自分は油を注がれないでもいい加減に興味をもってゐた所を油をそそがれて帰って来た」＊冬の宿(1936)〈阿部知二〉六「一方でまつ子の惑乱と狂信とに油を注ぐやうなことをしてゐるかも知れぬ」

あぶらを継(つ)**ぐ** キセルにタバコをつめることをいう、盗人仲間の隠語。〔日本隠語集(1892)〕

あぶらを取(と)**る** ①「あぶら(油)を絞る③」に同じ。＊談義本・教訓続下手談義(1753)一・八王子の臍翁手代への説法「呼付て油取りてこます」＊黄表紙・文武二道万石通(1788)下「今日はしたたか、油(アブラ)をとられるとみへる。なんときめられても、一言もない」＊浮雲(1887–89)〈二葉亭四迷〉二・一一「先頃免職が種で油を取られた時は」②おだてる。おべんちゃらを言う。＊人情穴探意の裡外(1864頃)二「送ってゆくみちみち、あぶらとってやったら、よいかと思て御恐悦ぢゃ」③仕事などの手抜きをする。骨惜しみをして怠ける。＊南水漫遊拾遺(1820頃)四「油とる　付目取事」＊新撰大阪詞大全(1841)「あぶらとるとは、てぬきすること」方言❶主人の目を盗んで怠ける。道草を食ったり手抜きをしたりする。◇あぶらとる　京都府054 623　大阪市638　奈良県南大和683　❷遊ぶ。◇あぶらとる　愛知県一宮市「あの人はあぶらばっかとる」549　❸しかり責める。懲らしめる。油を絞る。愛知県碧海郡564　島根県725　◇あぶをとる　島根県石見725　❹人をこき使う。島根県725

あぶらを流(なが)**した様**(よう) 海などの水面がとろりとした感じで、波が立たないで静かなさまをたとえていう。＊海へ(1918)〈島崎藤村〉一・八「そこには油を流したやうな海があった」

あぶらを流(なが)**す** 人をうれしがらせる。＊洒落本・浪花花街今今八卦(1784)「初め素気なふあしらふても、二会(ど)三会とかへりある客には徐々(そろそろ)艶語(アブラ)を流(ナガ)し」＊洒落本・傾城情史(1832)一〇「二世かけあなたと夫婦に候などと油(アブラ)ながすが妓女のならひなり」

あぶらを嘗(な)**める** 遊女などが、客がなくて主人に損をかける。また、仕事をなまける。＊洒落本・風俗八色談(1756)五・妙音尼が物語の事「其時分には、遊女の衣類、絹郡内八丈嶋丹後嶋などを着たれど、隙で油(アブラ)を嘗(ナメル)に一人もなかりし也」

あぶらを乗(の)**せる** ①相手の気に入るようなことを言う。おべっかを使う。＊評判記・役者口三味線(1699)京・よし沢あやめ「こりゃ川原の水(すい)めと、ほめそやされて、大じんあくまであぶらをのせ、なんと是からはなしをやめて、切(きり)なしのむしゃう酒のむまいかといひ出せは」＊浄瑠璃・山崎与次兵衛寿の門松(1718)下「誠にそうよおめづらし、先お茶煙草と軽薄に、油のせたる燈台もはや立かはらうそくの」＊歌舞伎・黒手組曲輪達引(黒手組助六)(1858)三幕「わたしが人が好いと思って、油(アブラ)を乗(ノ)せておくれでないよ」②調子づいて物事を誇張して言う。＊浮世草子・諸道聴耳世間猿(1766)五・一「かの川獺が口拍子にあぶらをのせての面白さに」＊浄瑠璃・道中亀山噺(1778)二「それを枕かはせしなど、油を乗せて申したは、若い者の中での咄し」

あぶらを剝(は)**ぎて髄**(ずい)**を＝椎**(つい)**す**〔＝**推**(お)**す**〕 飽くことを知らないほど貪欲で、次第に害を及ぼすことのたとえ。＊読本・夢想兵衛胡蝶物語(1810)前・貪婪国「糠を舐(ねぶ)りて米に及ぼし、脂を剝ぎて髄を推すものは、その心豕(ゐのこ)の如し。設し夫れ糸毫(いささか)の利に走りて、その汗れを厭はざるは所謂糞中の蟲なり」＊韓愈–鄆州谿堂詩序「剝レ膚椎レ髄」

あぶらを以(もっ)**て油烟**(ゆえん)**を落**(お)**とす** 同種、同性の物を利用して効果を上げることのたとえ。＊滑稽本・田舎草紙(1804)「わが方便は、愚痴の教を以て、愚痴の迷を解く、油を以て油烟を落すの術也」

あぶら‐あか【油垢】〘名〙油じみてしみついた垢。＊雑談集(1305)四・瞋恚の重障たる事「愛欲の心は油垢(アブラアカ)の如し。染(そみ)やすく落ちがたく除きがたき煩悩也」＊俳諧・独吟一日千句(1675)第一「油垢ひゆる水ゆく芳野川　月こそ移れ姥がふところ」＊西国立志編(1870–71)〈中村正直訳〉六・一五「歯刷を以てこれを揩摩すれば、油垢除き去るべしと」＊青年(1910–11)〈森鷗外〉二一「襦袢の白衿には大ぶ膩垢(アブラアカ)が附いてゐたが」発音〈標ア〉0 ラ

あぶら‐あげ【油揚】〘名〙①野菜、魚肉などを油で揚げたもの。あげもの。＊日葡辞書(1603–04)「Abura ague (アブラ アゲ)、または、Abura agueno (アブラ アゲノ) モノ」＊虎明本狂言・釣狐(室町末–近世初)「わかねずみを油あげにしすまひておひたは、かかったが道理じゃ」＊浄瑠璃・国性爺合戦(1715)三「おしるはあひるの油あげ、豚(ぶた)のこくせう羊(ひつじ)のはまやき」＊雑話筆記(1719–61)上「精進ならば精進でおるはづが、水あゑでもしたり油(あぶラ)あげでも喰ゑば」②薄く切った豆腐を油で揚げたもの。あぶらげ。あげどうふ。あげ。＊評判記・役者評判蚰蜒(1674)藤田小平次「一から十までぬけのなき口上のおとなしやかにしみじみとしたる事は、露をふくめる油あげのごとく」＊俳諧・類船集(1676)己「油上(あぶらアゲ)は調菜のことによろしかりし物也」＊咄本・当世口まね笑(1681)二・七「おれは此程あまりにあぶらあげがくふてみたかったゆへ」＊雑俳・柳多留–二〇(1785)「油あげ弐度めの使おとなとなり」③演劇に使う三角形に作った木の台。一辺は三尺か六尺が多い。④(形が似ているところから) ふとんをいう、盗人仲間の隠語。あぶらげ。あぶらげどうふ。〔日本隠語集(1891)〕語誌(1)肉野菜類などを油で揚げた食品は、室町時代に現われたと見られる。一方、精進料理として、豆腐を薄く切って油で揚げることが行なわれ、江戸時代にはこれが「あぶらあげ」として一般化した。江戸中期には、「あぶらげ」また単に「あげ」とも称した。(2)「虎明本狂言・釣狐」では、鼠の油揚げが狐の好むものとされ、豆腐の油揚げも稲荷明神に供えられるようになった。そのために油揚げを用いた鮨(すし)は「稲荷鮨」「狐鮨」などと呼ばれる。方言魚や野菜に衣をつけて油で揚げたもの。宮城県栗原郡114　秋田県鹿角郡132　島根県石見・隠岐島725　発音アブラアゲ〈なまり〉アブラギ〔鹿児島〕アブリャーゲ〔広島県〕〈標ア〉①は0 ②はラ〈京ア〉ラ　辞書日葡・書言・言海　表記浴油(書)　油揚(言)

あぶらあげ‐どうふ【油揚豆腐】〘名〙「あぶらあげ(油揚)②」に同じ。＊随筆・守貞漫稿(1837–53)五「焼豆腐油あげとうふともに各二文」発音アブラアゲドーフ〈標ア〉ド

あぶら‐あさだ〘名〙植物「やぶにっけい(藪肉桂)」の異名。方言高知県808　発音〈標ア〉ア2

あぶら‐あし【脂足】〘名〙あぶら性の人の足、または足のうら。足の裏に脂肪分の分泌の多い足。＊浄瑠

璃・持統天皇歌軍法(1713)五「ゆききの岡によめりして、うまずの徳には身の露を、一度ももらさぬ油足」＊竹沢先生と云ふ人(1924-25)〈長与善郎〉竹沢先生とその兄弟・六「畳の上を歩くとバリバリバリと二カハを剝すやうな音がする程膏(アブラ)足である彼は」 発音〈標ア〉ラ 〈京ア〉ラ 辞書〈ボン・言海 表記 膩足(へ) 脂足(言)

あぶら-あせ【油汗・脂汗】〘名〙①暑い時、じっとりとにじみ出る汗。《季・夏》＊破戒(1906)〈島崎藤村〉四・二「顔に流れる膏汗(アブラアセ)を拭いた」＊すみだ川(1909)〈永井荷風〉三「恐しく蒸暑くなって来て、自然と浸(し)み出る脂汗」②苦しい時や精神が極度に緊張した時などににじみ出る汗。＊雑俳・柳多留-一一七(1832)「油汗親父しぼるに息子売」＊浮雲(1887-89)〈二葉亭四迷〉二・一〇「油汗を鼻頭(はなさき)ににじませて、下唇を喰締めながら、暫らくの間口惜しさうに」 発音〈標ア〉ア²ラ 〈京ア〉ラ

あふら-あふら〘副〙ぶらぶらとしているさま。悠長な動作の形容。＊人情本・吾嬬春雨(1832)前・四回「悠長らしく、あふらあふらと遊んで居(ゐ)るのだ」 方言❶怠けているさま。遊び歩いたり、あてなくふらついたりするさま。ぶらぶら。岩手県気仙郡100 宮城県石巻120 仙台市121 山形県139 ◇あほらあほら 山形県東村山郡139 ◇あふあふ 宮城県石巻120 ◇あおらあおら 山形県東置賜郡・飽海郡139 ❷疲れきっているさま。疲労した体で歩くさま。また、疲れて頭がぼんやりしているさま。ふらふら。岩手県気仙郡100 ◇あふらとふら 岩手県気仙郡102 宮城県玉造郡116 ◇あふたらとふたら 岩手県気仙郡102 ◇あふあふ 岩手県気仙郡100 ◇あおらあおら 新潟県上越市382 ❸長居をして酒や茶などを多量に飲むさま。長野県諏訪468 東筑摩郡480 ◇あくらあくら 長野県諏訪468

あぶら-あぶら〘名〙海藻「ながみる(長海松)」の異名。

あぶら-あらためじょ【油改所】〘名〙寛保元年(一七四一)江戸本船町に設けられた油の関所。江戸へ送り込まれる油はことごとくここで改められた後、仲買人へ売り渡されることに定められた。→油寄せ所。＊諸色調類集-水油生蠟之部・天保一二年(1841)一〇月二四日・油問屋行事井筒屋某答書之内節録「仲買へ油売候儀は、寛保元酉年より文政二卯年六月中迄、本船町油改所にて問屋日々相集、油一式日々相庭直段取極売買仕候」

あぶら-いい(ひ:い)**【油飯】**〘名〙麻の実の油を入れて炊いた飯。＊十巻本和名抄(934頃)四「油飯 楊氏漢語抄云膏味〈阿布良以比〉麻油炊飯也 一云玄熟」 辞書 和名・色葉・名義 表記 油飯(和・色) 膏味(和・名)

あぶら-いし【油石・膏石】〘名〙①黄色で、油の色に似た石。＊語彙(1871-84)「あぶらいし㊐ 美濃の国河辺に産す。黄色にして油の色に似たる石なり」②黒褐色で、油を塗ったようにつやのある石。岐阜県大垣市の金生山に産する珪質粘板岩を特にいうことがある。＊語彙(1871-84)「あぶらいし㊐〈略〉又美濃赤坂金生山に産す。黒褐色光沢ありて油を塗たるが如し」③米の中に混じっている油色の小石。＊語彙(1871-84)「あぶらいし㊐ 油色の小石、米中に雑れるものをいふ」④「せきたん(石炭)」の異名。＊重訂本草綱目啓蒙(1847)五・石「石炭〈略〉あぶらいし 播州」⑤㋑長野県松本地方で盆の精霊の送り迎えにたく樺の皮の火の中でいぶした石。しもやけや歯痛の時、紙に包んで患部をこする。㋺長野県上伊那郡辰野町横川では、黒石と書いて、あぶらいしと読ませ、建築に使うと火事の時に水が出て消えるという。 方言❶方解石の黄色のもの。岐阜県美濃005 ❷玄武岩質の硬い黒石。石碑や墓石などに用いる。新潟県佐渡352 ❸玄武岩質の滑らかなつるつるした黒い小石。青森県津軽075 ❹すべすべした硬い石。新潟県西頸城郡382 ❺淡青色、または淡黒色の火打ち石。岐阜県郡上郡・加茂郡005 ❻安山岩の一種。島根県浜田市725 ❼島根県益田市の飯浦海岸から出る青色の石。飯浦石。島根県益田市725 ❽石炭。播州†028 辞書 言海 表記 膏石(言)

あぶら-いため【油炒】〘名〙食物を油で炒めて調理すること。また、その食物。あぶらいり。＊オキナワの少年(1971)〈東峰夫〉一九「おとうは、なにもいわないで、油いための味噌を箸でえぐりとっていたよ」 発音〈標ア〉イ 〈京ア〉イ

あぶら-いち【油市】〘名〙油を売る店が多く集まって、市をなしている所。＊東京風俗志(1899-1902)〈平出鏗二郎〉上・二・市場・勧工場「また神田岩本町に古着市場あり、日本橋兜町に油市あり」 発音〈標ア〉ラ

あぶら-いと【油糸】〘名〙油分五パーセント以上を含む落綿で紡績した糸。第二次大戦中生産された。紡毛糸。

あぶら-いど(ど:ゐ)**【油井戸】**〘名〙石油を採るために掘った井戸。油井(ゆせい)。＊新聞雑誌-一二五号・明治四年(1871)一二月「水内郡にて不図草生津(くそうづ)の油井戸を探り出したり」

あぶら-いり【油熬】〘名〙「あぶらいため(油炒)」に同じ。＊日葡辞書(1603-04)「Aburairi(アブライリ)〈訳〉油で揚げたもの。油でいったもの」＊開化問答(1874-75)〈小川為治〉初・下「身体には窄袖細袴を纏ひ、食物は牛の油煎(アブライリ)がよいの」 方言◇あぶらいびりとも。栃木県198 辞書 日葡

あぶら-いり-ケーブル【油入─】〘名〙(ケーブルは英cable)超高圧送電用のケーブル。ケーブル内部に油道をつくり、油圧を加えた絶縁油を封入したもの。コンクリートの管路に入れて地中に埋設する。OFケーブル。

あぶら-いり-へんあつき【油入変圧器】〘名〙鉄心、巻線等を冷却、絶縁するために油に浸した変圧器。主として、大電力、大容量用。

あぶら-いれ【油入】〘名〙油を入れる器。油壺。＊松屋会記-久好茶会記・慶長二年(1597)九月一一日「利休所持の油入とて、土のほうわう、たんけいのふたをくり明て、くひ長く出て有也」 発音〈標ア〉ラ

あぶら-いろ【油色】〘名〙菜種油の色。赤みがかった黄色で透きとおるような色。＊万金産業袋(1732)三「不滅といふ唐貝あり。蛤貝の至極大き成やうの貝、外は油色にて内はなはだ白し」 発音〈標ア〉0 〈京ア〉0 辞書 言海 表記 油色(言)

あぶら-いわい(は:ひい)**【油祝】**〘名〙陰暦一一月一五日の、油気のものを食べる行事。主として関東から東北一帯に行なわれる。

あぶら-うお(を:う)**【油魚】**〘名〙魚「だぼはぜ」の異名。＊重訂本草綱目啓蒙(1847)四〇・魚「だぼはぜ 江戸〈略〉あぶら魚 江州・山田」 方言魚。❶てんぐだい(天狗鯛)。和歌山県田辺694 ❷きはっそく(木八束)。高知県高岡郡865 ❸るりはた(瑠璃羽太)。高知県高岡郡・高知市865 ❹すずめだい(雀鯛)。和歌山県西牟婁郡694 ❺おやびっちゃ。高知県高岡郡865 ❻つばめうお(燕魚)。高知県高岡郡865 ❼しらこだい(白子鯛)。和歌山県田辺694 高知県高岡郡865 ❽げんろくだい(元禄鯛)。◇あぶらいお 熊野日置浦†030 讃州八島†030 ❾たまかます。高知市865

アプラウト〘名〙(ドイ Ablaut)「ぼいんこうたい(母音交替)」に同じ。

あぶら-うり【油売】〘名〙①点灯用の種油を売り歩くこと。また、その行商人。藍色の綿服に、渋染めの胸当てや前垂れ兼用のものを掛け、油のついた手をふく打ちわらを持ち歩き、油を入れた丸桶をてんびん棒でになって、夕刻から売り歩いた。＊七十一番職人歌合(1500頃か)七番「宵ごとに都に出づるあぶらうり更てのみ見る山崎の月」＊四河入海(17C前)八・二「日本の油売の、銭を入るやうなるものぞ」＊浮世草子・西鶴織留(1694)五・三「是は此里へかよふ髪の油売(アブラウリ)が思案して人のしらぬ徳を取ける」＊雑俳・柳多留-四(1769)「油うりまげに大戸を下げて行」②無駄話ばかりしている者。怠け者。また、定職につかず一日中勝負事にふけっている者をいう、てきや、盗人仲間の隠語。〔日本隠語集(1892)〕＊滑稽本・四十八癖(1812-18)三「どれもどれも油売(アブラウリ)の先生だよのう」 方言❶主人の目を盗んで怠けること。共同作業の時、熱心に働かないこと。また、その人。怠け者。岩手県気仙郡100 胆沢郡105 山形県139 山梨県455 長野県470 492 493 岐阜県飛驒502 三重県飯南郡590 ◇あうらうり 広島県山県郡054 ❷用事がなくて暇な人。閑人。新潟県岩船郡366 ❸よくしゃべる者。おしゃべり女。岩手県気仙郡100 発音〈標ア〉ラ

油売り ①〈七十一番職人歌合〉

あぶら-うるし【油漆】〘名〙①油と漆。②きわめて仲のよいこと、交情の細やかなことのたとえ。膠漆(こうしつ)。＊歌謡・新大成糸の調(1801)三四一・越後獅子「もつれもつるるくさうらの、あぶらうるしとまじはりて、するまつやまの、しらぬのの」

あぶらうるし-ぶぎょう【油漆奉行】(ブギャウ)〘名〙「うるしぶぎょう(漆奉行)」に同じ。

あぶら-え【油荏】〘名〙 方言植物。❶えごま(荏胡麻)。福島県一部030 会津155 大沼郡175 埼玉県一部030 石川県一部030 山梨県一部030 長野県一部030 岐阜県飛驒502 ◇あぶらげ 岐阜県飛驒502 ◇あぶらこ 青森県一部030 ❷ごま(胡麻)。長野県一部030

あぶら-え(ヱ:)**【油絵・油画】**〘名〙①近世、髪結床の腰障子などに、胡麻油などで描いた絵。＊俳諧・新増犬筑波集(1643)油糟・雑「かしらも髭もぬれ渡りけり 獅子やぎさうさても書たる油画(アブラヱ)に」＊雑俳・柳多留-一二五(1794)「油絵の障子を明けてどくをいひ」②漆で塗った面に、朱丹、黄土、緑青などの顔料に油と密陀僧(一酸化鉛)を混ぜた物で描いた絵。硯蓋や重箱に描き、駿河国府中(静岡市)の名産とした。密陀絵。＊洒落本・龍虎問答(1779)「又髪のさし物は、一本の鼈甲(べっこう)を二本に見せんと、油絵(アフラヱ)の唐女におぼしき、まげの下へならべていただき」＊滑稽本・東海道中膝栗毛-発端(1814)「彌次郎は又国元にて習覚(ならひおぼへ)たりしあぶら絵(ヱ)などをかきて、其日ぐらしに春米(つきごめ)の当座買」③油を媒剤とした絵の具で描いた西洋画。通常、カンバス、板などの上に筆で描かれる。混色、重色の効果が大きく、また画面は堅牢である。一五世紀初め、フランドルのバン=アイク兄弟が技法を確立したといわれ、近世以降、西洋絵画技術の主流となった。＊西国立志編(1870-71)〈中村正直訳〉六・一五「沙不爾士(シャープルス)その後、油画を作る事を学ばんと欲して、カンバスを買ひ」＊三四郎(1908)〈夏目漱石〉八「三四郎の目には唯油絵(アブラヱ)と水彩画の区別が判然と映ずる位のものに過ぎない」 発音〈標ア〉ラ 〈京ア〉エ/0 辞書〈ボン・言海 表記 油画(へ・言)

あぶらえ-かき(あぶら ヱ:)**【油絵描】**〘名〙油絵を専門とする画家。＊小説神髄(1885-86)〈坪内逍遙〉上・小説の主眼「熱心なる油絵師(アブラヱカキ)は」＊苦の世界(1918-21)〈宇野浩二〉五・一「私の職業であるところの、油絵(アブラヱ)かきなんて、これほど貧乏してしまって、商売道具の絵具もカンヴスもなくなったら、まったくつまらないなァ」

あぶらえ-し(あぶら ヱ:)**【油絵師】**〘名〙「あぶらえかき(油絵描)」に同じ。＊横浜毎日新聞-明治八年(1875)一二月二二日「五姓田芳松は、現今本港山手に居留なす英国の

画家ウワクマン氏愛顧の門人にして、同氏許して、日本基立の油絵師なりと称せり」 発音〈標ア〉エ

あぶら-えのぐ【油絵具】〔名〕油絵を描くのに用いる絵の具。主として鉱物質、ついで植物質、まれに動物質の顔料を、亜麻仁油または罌粟(けし)油、テレビン油などの乾燥性の植物油で練ったもの。＊和蘭字彙(1855-58)「oliverf.〈略〉油画ノ具」＊慶応再版英和対訳辞書(1867)「Oil-colour 油絵具」＊或る女(1919)〈有島武郎〉前・六「是れは昨日古藤が油絵具と画筆とを持って来て書いてくれたので」 発音アブラエノグ〈標ア〉エ〈京ア〉エ

あぶらえ-ふで【油絵筆】〔名〕油絵用の絵筆。大きく分けて、平筆と丸筆の二種がある。それぞれ毛の柔らかさ、長短などでさらに種類がある。

あぶら-おうぎ【油扇】〔名〕油紙を張った扇。油引扇。＊洒落本・無駄酸辛甘(1785)「みなと鼠のへんてつに、大きな油扇(あふらあふキ)をかざしながら」＊洒落本・田舎芝居(1787)序開「五十三ん次の駄賃附を摺りたる油扇をかざし」＊俳諧・季寄新題集(1848)六月「あふら扇」

あぶら-おけ【油桶】〔名〕油を入れておく桶。①古く婦人が常用の髪油を貯えておく桶。＊大乗院寺社雑事記-長禄二年(1458)九月三〇日「一斗 油桶代六升四合 吉書餅代」＊御伽草子・猿の草子(室町末)「垢取櫛、毛抜、鋏にあぶらおけ」＊婚礼道具諸器形寸法書(1793)地「油桶 一対、高二寸四分、径九分五厘」②油売りが油を入れて前後にかつぎ歩いた、蓋付きの丸くて丈の高い二個の桶。＊俳諧・西鶴大矢数(1681)第四〇「油桶にも通ふ亀風〈内喜〉 文の字の厂金落る銭の穴」＊浮世草子・日本永代蔵(1688)五・目録「朝(あした)の塩籠夕の油桶(アフラオケ)」＊浄瑠璃・女殺油地獄(1721)中「絞り取られて元も利もかすも残らぬ油桶」

あぶら-おとこ【油男】〔名〕油を売り歩く行商人。＊慶長見聞集(1614)二「彩は秋の月ゑめるまなしりには金谷の花くんじ、此油男の袖の移り香も是他生の縁ぞかし」

あぶら-かい【油買】〔名〕油を買うこと。また、その人。多く、点灯用の油を買うことにいう。＊雑俳・柳多留-七(1772)「四つ打って来た油かい拝むなり」＊童謡・こんこんこぎつね(1924)〈浜田広介〉「こんこんこぎつね あぶら買い」

あぶら-がい【油貝】〔名〕褐色のハマグリをいう。びんつけがい。＊俳諧・東日記(1681)乾・春「けふぞ塩干腎水かれて油貝〈也斎〉」＊和漢三才図会(1712)四七「文蛤(はまぐり)〈略〉又有ニ純褐色者一、名ニ油貝一」＊重訂本草綱目啓蒙(1847)四二・蚌蛤「文蛤〈略〉全殻紫黒色にして花斑なき者を、あぶらがひと云、又びんつけがひと云」 発音アブラガイ〈標ア〉ラ 辞書書言 表記油蛤(書)

あぶら-かいしょ【油会所】〔名〕油商人の組合事務所。＊歌舞伎・お染久松色読販(1813)中「どりや、油会所へ行って来よふか」＊諸色調類集-水油生蠟之部・天保一二年(1841)一〇月二四日・油問屋行事井筒屋某答書之内節録「其節右油会所も相止候様被ニ仰付一候」

あぶらかけ【油掛】 京都市伏見区京橋の東の地名。上、中、下に分かれる。下油掛町の西岸寺に、除災祈願の者が油をかける油掛地蔵がある。＊浄瑠璃・鑓の権三重帷子(1717)下「ハテ三栖が鼻か油かけか、そろそろ京へ成共のぼらふ」 発音〈京ア〉カ/0

あぶら-がし【油菓子】〔名〕油で揚げて作った菓子。＊俳諧・鷹筑波(1638)一「すぢりもぢれる心むつかし かくなはにする山崎の油菓子(アブラグハシ)〈日如〉」

あふら-か・す〔他サ四〕あふれさせる。＊改正増補和英語林集成(1886)「Afurakashi, su アフラカス」

あぶら-かす【油粕・油糟】〔名〕大豆、油菜、亜麻、落花生など、植物の種から油を抜きとったあとのかす。江戸時代以降、家畜の飼料、または作物の肥料とする。＊梵舜本沙石集(1283)三・三「『山海の珍物数をつくされたり。只なき物とては油糟ばかりなり』と云ふ」＊随筆・北越雪譜(1836-42)中「さてかれが好く油滓(アブラカス)などをちらしおき、かの穴にも入れおく、さて夜ふけ人静りたるころ狐ここにきたり、ちらしおきたるを喰ひ尽し」＊思出の記(1900-01)〈徳富蘆花〉四・一九「何でも店は油でも搾(し)めるかして油糟を夥しく積むであった」 発音〈標ア〉カ〈京ア〉ラ 辞書ポン・言海 表記油枯餅(へ) 油粕(言)

あぶらかす【油糟】 江戸前期の俳諧集「新増犬筑波集」の上巻の題。下巻の「淀川」と一冊をなす。松永貞徳著。寛永二〇年(一六四三)刊。宗鑑の「犬筑波集」の前句二六〇に貞徳が付句をし、自派の付方、作風を示したもの。巻末に和歌一〇首を添える。 発音〈標ア〉カ

あぶら-か・す〔他サ四〕職業を失わせる。＊改正増補和英語林集成(1886)「Aburakashi, su アブラカス」

あぶら-ガス【油瓦斯】〔名〕(ガスは 英 gas) 原油、軽油などを高温で分解したガス。オイルガス。

あぶら-かぜ【油風】〔名〕陰暦二月頃に吹く風。また、四月頃に吹く風(水上語彙)。晩春の温暖な日和に南ないし南西から吹く風。主として、東海、近畿、瀬戸内海で船人が用いる。あぶらまじ。あぶらまぜ。《季・春》

あぶらかた-どうしん【油方同心】〔名〕江戸幕府の職名。油漆奉行の支配下にあって城内や諸役所の灯油、ごま油などの出納を受け持った役人。＊吏徴(1845)別録下・御目見以下「油方御同心寛文十一年辛亥十二月廿三日、始置ニ二員一、宝暦二年壬申八月十一日、毎月雑用金弐分を賜ふ」

あぶら-がため【油固】〔名〕髪などが乱れないように油で固定させること。また、その髪。＊鶏(1909)〈森鷗外〉「下太りのかぼちゃのやうに黄いろい顔で頭のてっぺんには、油固めの小さい丸髷が載ってゐる」

あぶら-がね【脂金】〔名〕脂汗を流して得た金。苦労をしてかせいだ金銭。＊浮世草子・子孫大黒柱(1709)六・一「この世悴まことはひろひ子にて実子にあらず、ひろひし時金子十両そへありて、この金我身の油金にあらず」

あぶら-がみ【油紙】〔名〕(「あぶらかみ」とも) 桐油(とうゆ)、または、荏油(えのあぶら)を塗った美濃紙。防水用として、荷造り、または雨具、医療用などに用いる。桐油紙。ゆし。＊日葡辞書(1603-04)「Aburagami(アブラガミ)」＊浮世草子・西鶴織留(1694)一・三「でっちに行燈掃除させて、其油紙にて煙管を琢(みが)かせ」＊滑稽本・東海道中膝栗毛(1802-09)初「乞食坊主の菅笠を見るよふに、所々(ところどころ)に油紙(アブラガミ)のふたがしてある」＊滑稽本・浮世床(1813-23)二・下「ぺらぺらぺらぺらと油紙(アブラガミ)へ何(なん)とかやらだ」 発音アブラガミ〈標ア〉ラ〈京ア〉ガ ガ 辞書日葡・ポン・言海 表記桐油紙(へ) 油紙(言)

あぶらがみ に 水(みず)を注(そそ)ぐよう 油紙に水をかけても吸い込まないではじいてしまうことから、他人の言うことを全然聞き入れず、取り合わないことのたとえ。＊浮雲(1887-89)〈二葉亭四迷〉二・一二「お政は油紙に水を注ぐやうに、跳付けて而巳(のみ)ゐてさらに取合はず」

あぶらがみ へ 火(ひ)の付(つ)いたよう ものをよくしゃべるさま。油に火の付いたよう。＊歌舞伎・梅雨小袖昔八丈(髪結新三)(1873)序幕「柄(え)のねえ所へ柄(え)をすげて油(アブラ)っ紙(カミ)へ火(ヒ)がつくやうにべらべら御託(ごたく)をぬかしゃアがりゃア」

あぶらがみ-やど【油紙宿】〔名〕江戸時代、宿駅で油紙にいろは号を書いたものを貼り出した人夫宿。木賃宿。＊藪宿岡田家文書(江戸)「御下宿五拾四軒 外八軒分宿。内弐拾軒油紙宿」

あぶら-がめ【油瓶】〔名〕油(灯油)を入れる瓶。あぶらつぼ。あぶらさし。あぶらつぎ。＊十巻本和名抄(934頃)四「油瓶 内典云爾時復有諸沙門等手自作食執持油瓶〈阿布良賀米〉」＊岩瀬本大鏡(12C前)二・頼忠「又のつとめて、さぶらひに、あぶらがめを持たせて、女房のつぼねまでめぐりて」＊延宝八年合類節用集(1680)六「油注子 アブラツギ アブラガメ 油瓶也」 発音アブラガメ〈標ア〉ラ〈ア史〉平安○○○○● 〈京ア〉ガ 辞書和名・色葉・名義 表記油瓶(和・色・名)

あぶら-がや【油茅・油萱】〔名〕カヤツリグサ科の多年草。日本各地の山地や丘などの湿地に生える。高さ一メートル。葉は長さ四〇〜六〇センチメートル、幅一センチメートルぐらいの線形で、秋、茶褐色で油のような匂いをもつ花穂をつける。なき。かにがや。みちくさ。学名は Scirpus wichurai ＊重訂本草綱目啓蒙(1847)九・山草「黄茅はあぶらがや、〈略〉かやに似て葉狭くして厚く光あり茎の末に花叢垂して蜀黍(とうきび)の穂の如くにして黄褐色又穂に油の香あり故に、あぶらがやと云」＊日本植物名彙(1884)〈松村任三〉「アブラガヤ 薊草」 発音アブラガヤ〈標ア〉ラ 辞書言海 表記油茅(言)

あぶら-からだ【脂体】〔名〕脂肪分の多い人の身体。また、脂ぎった身体。

あぶら-がれい【油鰈】〔名〕カレイ科の海魚。体長七〇センチメートルに達する。体は扁平な長楕円形。肉は脂質に富み、ビタミン油の原料となる。底曳網で漁獲されるが、美味ではないので揚げ物などにして食する程度。茨城県以北に分布する。学名は Atheresthes evermanni 方言魚。❶まこがれい(真子鰈)。加賀†028 ◇あぶらがれ 兵庫県神戸市・武庫郡016 ❷あさば(浅場)。兵庫県城崎郡015 発音アブラガレイ〈標ア〉ガ

あぶら-かわ【油皮】〔名〕皮の脂肪分の多い部分。＊新撰会席しっぽく趣向帳(1771)「雁のいり皮は鍋へ油皮をいりつけとくと油を出し」＊いさなとり(1891)〈幸田露伴〉四二「油皮(アブラカハ)の小切り、油煎じ、間太郎改むる探り番」 辞書ポン 表記膜(へ)

あぶら-かわらけ【油土器】〔名〕(「あぶらがわらけ」とも) 油を入れる器。油皿。＊俳諧・類船集(1676)加「牡丹畑には油かはらけをく也」＊浮世草子・世間胸算用(1692)五・二「同し思ひ付きにて油がはらけと油樽と人の智恵ほど違ふたる物はなかりし」＊重訂本草綱目啓蒙(1847)三四・器物「燈盞 あぶらつぎ あぶらがはらけ あぶらざら 江州」 発音〈標ア〉カ

あぶら-き【油木】〔名〕①その実などから、油を絞り取る木。＊読本・椿説弓張月(1807-11)続・三二回「又紅櫻櫨(あかしゅろ)、黒櫻櫨と称(となふ)る油樹(アブラキ)あり、その子(み)を油に搾る」②植物「あぶらぎり(油桐)」の異名。＊重訂本草綱目啓蒙(1847)三一・喬木「罌子桐 あぶらぎり あぶらぎ 播州、あぶらのき 江州」＊続春夏秋冬(1906-07)〈河東碧梧桐選〉夏「油木の匂ひ満ちたり夏木立〈八重桜〉」③植物「しろだも」の異名。＊重訂本草綱目啓蒙(1847)三〇・香木「天竺桂〈略〉一名しろたぶ 筑前、うらじろ 奥州、つづのき あぶらき 薩州」④植物「しらき(白木)」の異名。＊重訂本草綱目啓蒙(1847)三一・喬木「しらき 江州 は一名しろき〈略〉あぶらき 江戸」⑤植物「うしかば(牛樺)」の異名。＊重訂本草綱目啓蒙(1847)三二・灌木「一種めぶくらあり一名くろぎ 城州・鞍馬、あぶらき 紀州」 方言植物。❶あぶらチャン(油瀝青)。栃木県西部003 群馬県東部003 ◇あぶらぎ 栃木県西部198 徳島県三好郡811 ❷あぶらぎり(油桐)。長門†122 石川県加賀003 福井県越前003 今立郡964 静岡県駿河003 島根県003 鹿児島県003 ◇あぶらぎ 播州†028 周防†122 石川県加賀008 島根県出雲008 宮崎県北諸県郡008 鹿児島県008 ◇あぶらのみ〔油実〕福井県一部030 ◇あぶらこし 滋賀県北部008 ◇あぶらだく 和歌山県008 ❸こしあぶら(漉油)。青森県上北郡008 滋賀県008 ◇あぶらぎ 北海道003 青森県003 岩手県003 ◇あぶらこ 北海道003 青森県

008 ◇あぶらっこ 青森県003 秋田県003 山形県008 ◇あぶらぽお 長野県上田003 ❹いちい（一位）。◇あぶらぎ 静岡県524 駿河008 ❺くろもじ（黒文字）。◇あぶらぎ 広島県比婆郡773 高知県808 ❻ずいな（瑞菜）。◇あぷらぎ 高知県土佐郡・高岡郡808 ❼しらき（白木）。江戸†028 ◇あぶらぎ 徳島県美馬郡808 愛媛県上浮穴郡808 ❽こくさぎ（小臭木）。三重県員弁郡036 ◇あぶらぎ 三重県鈴鹿郡036 ◇あぶらは〔油葉〕三重県員弁郡036 ❾むくげ（木槿）。◇あぶらくさ〔油草〕岐阜県恵那郡036 ❿ぼろぼろのき（幌幌木）。◇あぶらっき 静岡県志太郡535 ⓫あおぎり（青桐）。◇あんらぎ 沖縄県国頭郡964 ⓬たかのつめ（鷹爪）。◇あぶらくさ 鹿児島県964 ⓭ホルトそう（—草）。◇あぶらこ 青森県東津軽郡・南津軽郡008 埼玉県008 静岡県008 三重県南部008 滋賀県008 大阪府008 兵庫県008 奈良県008 和歌山県008 鳥取県008 島根県008 岡山県008 広島県008 高知県008 ⓭ホルトそう（—草）。防州†122 ◇あぶらぐさ 長州†122 ⓮あかそ（赤麻）。◇あぶらぐさ 長野県北佐久郡485 ⓯あきぎり（秋桐）。◇あぶらこ 山形県酒田市・飽海郡139 ⓰つめくさ（爪草）。◇あぶらくさ 伊豆八丈島†072 ⓱椿（つばき）の実。◇あぶらきのみ〔—実〕・あぶらもも〔油桃〕・ももあぶら〔桃油〕・あぶらのもの〔油物〕島根県隠岐島040 725 741 ◇あぶらのみ 島根県隠岐島741 香川県仲多度郡829 発音〈標ア〉ラ

あぶら-きかん【油機関】『名』ガソリン、灯油、軽油、重油、アルコールなどを燃料とする内燃機関。蒸気機関、タービンに対していう。発音〈標ア〉カキ

あぶら-ぎく【油菊】『名』①キク科の多年草。近畿地方以西の日当たりのよい山地などに生える。栽培菊の祖先の一つと見られ、秋、直径二センチメートルほどの黄色い頭状花が咲く。花を油に漬けて薬用とする。しまかんぎく。はまかんぎく。たいわんかんぎく。学名は Chrysanthemum indicum《季・秋》*日本植物名彙(1884)〈松村任三〉「アブラギク 野菊」②「あわこがねぎく（泡黄金菊）」の別名。*大和本草批正(1810頃)地「野菊〈略〉和名あぶらぎく、昔よりかもめ入の油に用ゆ。故に此名あり」発音アブラギク〈標ア〉ラ 辞書言海 表記油菊（言）

あぶら-ぎっちょう【油螽蟖】『名』昆虫「きりぎりす（螽蟖）」の異名。*重訂本草綱目啓蒙(1847)三七・化生「螽斯はぎす 京、きりぎりす〈略〉俗にあぶらと呼 あぶらぎっちゃう 尾州」辞書言海

あぶら-きぬ【油絹】『名』（「あぶらぎぬ」とも）油を塗った絹布。*書紀(720)斉明元年五月（北野本訓）「空中（おほそら）にして龍（たつ）に乗（の）れる者有り。貌（かたち）唐人（もろこしびと）に似たり。青き油絹（アブラキヌ）の笠（かさ）を着て、葛城嶺（たけ）より馳せて胆駒（いこま）山に隠る」*延喜式(927)二八・隼人司「凡毎年造進油絹六十疋 緋卌疋、縹廿五疋、白五疋」*類聚雑要抄（室町）二「重硯筥敷物料、油絹一帖」

あぶら-きゃく【油客】『名』（油虫のような客の意）ただで馳走になる客。*雑俳・鶯宿梅(1730)「手伝て・非時にあげ麩の油客」

あぶらき-やま【油木山】『名』実から油をとる目的で油木を植えつけた山。山陰地方から北陸地方へかけての海沿いの山に多かった。

あぶら-きゅう【油灸】『名』灸の方法の一つ。肌にあてた一文銭の孔に、油を浸ませた灯心を置いて火をつける。

あぶら-きり【油切】『名』金網などを使い、揚げ物を上にのせて、余分の油を切る道具。*青べか物語(1960)〈山本周五郎〉朝日屋騒動「揚げ鍋や金網つきの油切りや、幾つかの壺や皿」発音〈標ア〉ラ〇

あぶら-ぎり【油桐】『名』トウダイグサ科の落葉高木。中国原産で、古く日本に入り、南部には自生状態となったものもある。高さ約一〇メートル。初夏、淡紅白色で五弁の花が円錐状に集まって咲く。材はやや紫色を帯びた灰褐色で柔らかく、下駄、箱材などに用いる。種子から絞った油は桐油（とうゆ）と呼ばれ、油紙、雨傘、印刷インクなどに、また、昔は灯料としても用いられた。いぬぎり。学名は Aleurites cordata ▼あぶらぎりの花《季・夏》▼あぶらぎりの実《季・秋》*書言字考節用集(1717)六「荏桐 アブラキリ」*大和本草(1709)一二「罌子桐（アフラキリ）又荏桐とも油桐とも云」*和漢三才図会(1712)八三「油桐（アブラギリ）」*日本植物名彙(1884)〈松村任三〉「アブラギリ 罌子桐」発音アブラギリ〈標ア〉ラ〈京ア〉ラ 辞書書言・ポン・言海 表記荏桐（書・へ）油桐（言）

あぶら-きりぎりす【油螽蟖】『名』昆虫「きりぎりす（螽蟖）」の異名。*重訂本草綱目啓蒙(1847)三七・化生「螽斯はぎす 京、きりぎりす〈略〉ほんぎっちょう あぶらきりぎりす 阿州」

あぶら-ぎ・る【脂—】『自ラ五（四）』（「あぶらきる」とも）①表面にあぶらがたくさん浮かんで、ぎらぎらする。*古文真宝桂林抄(1485頃)乾「水のあぶらきったるは早朝に面を洗たる水をすつるによってぞ」*日葡辞書(1603-04)「Aburaguitta（アブラギッタ）ユ、シルなど」〈訳〉脂を含んだ湯とか汁」*浮世草子・好色一代男(1682)一・三「かきわたる湯玉油（アブラ）ぎりてなん」*吾輩は猫である(1905-06)〈夏目漱石〉七「何でも薬湯とか号するのだそうで、石灰を溶かし込んだ様な色に濁って居る。〈略〉膏ぎって、重た気に濁って居る」②脂肪分が多く、皮膚がぎらぎらする、つやつやする。また、脂肪がのって太っている。*玉塵抄(1563)四五「膏はあふらきった味のうまい心か」*日葡辞書(1603-04)「Aburaguiru（アブラギル）、または、Aburaquiri, u, itta（アブラキル）〈訳〉肥満している、でっぷりしている、つやつやしている。〈略〉Aburaguitta（アブラギッタ）ヒト、または、aburaqitta（アブラキッタ）ヒト」*浮世草子・好色一代女(1686)四・二「其身のうるはしくしろじろと肥もせずやせもせず、灸の跡さへなくて脂（アブラ）きったる有様を見て」*鹿狩(1898)〈国木田独歩〉「炉の火が其膩（アブラ）ぎった顔を赤く照らしてゐる」③（比喩的に）精力的である。また、欲深く野心的である。*自由学校(1950)〈獅子文六〉都会の谷間「彼のような巨体が、それに比例する体慾を伴うと考えるのは、偏見である。肥満は、必ずしも、アブラぎった内容を意味しない」④全体に油じみた感じにくすむ。*或る女(1919)〈有島武郎〉前・七「叔母一家の住まふ下座敷は変に油ぎって汚れてゐた」語源説(1)アブラミナギル（脂漲）の意〔大言海〕。(2)アブラコル（脂凝）の転〔国語拾遺語原考＝久門正雄〕。発音アブラギル〈標ア〉ギ〈京ア〉〇 辞書日葡・ポン・言海 表記油切（へ）

あぶら-ぎれ【油布】『名』機具などを磨くための、油をしみこませた布切れ。*真空地帯(1952)〈野間宏〉四・五「初年兵たちはしんとして頭をうつむけたまま、油布（アブラギレ）をにぎった手をただうごかした」発音アブラギレ〈標ア〉ラ

あぶら-くさ・い【油臭】『形口』文あぶらくさ・し『形ク』油の匂いが鼻につくさま。油が強く感じられるさま。特に、女性の髪油の匂いが臭く感じられるさま。*観智院本名義抄(1241)「臊 ナマグサシ アサシ アフラクサシ」*浮世草子・好色一代男(1682)四・二「黄楊（つげ）の水櫛落てげり。あぶら臭（クサ）きは女の手馴し念記（かたみ）ぞ」*歌舞伎・名歌徳三舛玉垣(1801)三立「いやでござる。秀則、生得（しゃうとく）あぶらくさい女は嫌いだ。求めますまい」*いさなとり(1891)〈幸田露伴〉四二「身を亡きものとおもへば油臭いも暑いも忙しいも頓着なく」*社会百面相(1902)〈内田魯庵〉労働問題・上「油臭い労働服の職工に同情するといふわけに行くまい」発音〈標ア〉サ 辞書名義・和玉 表記臊（名・玉）

あぶら-ぐすり【膏薬・脂薬】『名』脂肪油類に種々の薬物を加えて作った薬。塗り薬、貼り薬など外用薬として用いる。擦剤（さつざい）などの類。こうやく。*滑稽本・八笑人(1820-49)四・追加・上「ひとりなら油薬は一と貝、頭取りからわたしたらよからう」*門三味線(1895)〈斎藤緑雨〉二一「痛まいでも疵は疵、油薬（アブラグスリ）塗（つ）けて置きや」発音アブラグスリ〈標ア〉グ〈京ア〉グ

あぶら-ぐち【油口】『名』べらべらとよくしゃべる巧みな口先。また、巧みな口上。追従（ついしょう）。*仮名草子・可笑記(1642)二「出頭人御もつなどといはるるめんめんが、あぶらぐちのすべるにまかせて追腹をきるべいの、御用に立べいのと」*俳諧・桜川(1674)夏一「海松を髪に取なし発句やあふら口〈未及〉」*浄瑠璃・浦島年代記(1722)三「底意（そこゐ）の悪を座興になし、言ひすべらする油口」方言❶おしゃべり。饒舌家（じょうぜつか）。鹿児島県奄美大島975 ◇あぶらじょお 鹿児島県種子島981 ◇あばふつぃ 沖縄県石垣島・小浜島996 ◇あばふつぁ 沖縄県黒島996 ◇あばふちゃあ 沖縄県石垣島（卑語）996 ❷おせじのうまいこと。また、おべっか者。◇あんだぐち 沖縄県首里993 ◇あんだぐちしゃ〔—者〕沖縄県国頭郡974 発音アブラグチ〈標ア〉ラ

あぶら-ぐも【油雲】『名』さかんに湧き起こる雲。*じゆりあの・吉助(1919)〈芥川龍之介〉三「一団の油雲が湧き出でて、程なく凄じい大雷雨が、沛然として刑場へ降り注いだ」補注漢語に「油雲（ゆううん）」があり、「文選‐陸機」に「油雲鬱高岑」とある。

あぶら-ぐら【油倉】『名』①油を貯蔵しておく倉庫。*五大力(1913)〈泉鏡花〉九「大問屋の、あの、油蔵（アブラグラ）の中ですわ」*江戸から東京へ(1921)〈矢田挿雲〉七・九三・上「十六日午前十時佃島で鎮火したが、其の時監内の油庫（アブラグラ）へ火が附きさうになった」*放浪時代(1928)〈龍胆寺雄〉一・二「油店だった時分に、油倉（アブラグラ）だったといふこの隠気なコンクリートの建物は」②中世、東大寺における勧進所の異称。*大乗院寺社雑事記‐応仁二年(1468)一一月二日「年預五師方に仰二遣之一。則申二付油倉に一云々」

あぶら-け【油気・脂気】『名』①油が多く付いていたり、多く含んでいたりするさま。あぶらっぽさ。あぶらっけ。*南海寄帰内法伝平安後期点(1050頃)一「其の脣吻を拭ひて、膩気（アフラケ）無からしめよ」*中楽談儀(1430)補遺「声の薬には、正気散を用ひられき。味噌気、あぶらけ、ことに嫌はる」*日葡辞書(1603-04)「Aburaqeno（アブラケノ）モノ〈訳〉油の混じった、また油で作った物。Aburaqega（アブラケガ）スル〈訳〉油の匂いや味がする」*滑稽本・浮世床(1813-23)初・上「たばねとよぶ名は、俗にかかアたばねといへりしを略したるもの歟。これは油気なくて手拭をかしらへまくにこころよきためとぞ」②脂肪分を含むさま。脂肪がのってつやつやしている様子。あぶらっぽさ。*談義本・教訓雑長持(1752)一・海鹿の九蔵天狗に逢ひし事「少しも油気（ケ）のあるをば、木の葉共の、独身な者にあてがふべし」*俳諧・春鴻句集(1803頃)祭くさ・上「いつの頃の事にかありけんむかしなりしを、白魚も食ふべき油気のなきにや、そのをこのままにてはやりけるを見出されて」*五重塔(1891-92)〈幸田露伴〉三「美味きもの食はぬに膩（アブラケ）少く肌理（きめ）荒れたる態（さま）あはれにて」*明暗(1916)〈夏目漱石〉六〇「此叔母のやうに膏気（アブラケ）が抜けて行くだらうとは考へられなかった」③口先の上手なこと。追従（ついしょう）の気持。艶気（つやけ）の意にも用いられる。*随筆・独寝(1724頃)下・九五「当分油けの男にほだされて、かかる薬をのみなどする時は、一生のかたはになる事」*浄瑠璃・伊賀越道中双六(1783)六「上手な娘の饗応（もてなし）に、ころりとなれば、お枕

と油気はない真味の馳走」④元気の尽きないようす。方言❶鱒（ます）の小さいもの。滋賀県彦根609 ❷おせじ者。神奈川県平塚市054 発音〈標ア〉0〈京ア〉ラ 辞書日葡・〈ボン〉・言海 表記油気（へ・言）

あぶらげ【油揚】〘名〙（「あぶらあげ（油揚）」の変化した語）①「あぶらあげ（油揚）②」に同じ。＊雑俳・軽口頓作（1709）「取付て・いやあぶらげの青ゆでの」＊咄本・無事志有意（1798）無筆「なが三文、八文あぶらげ、四文子（こ）」＊滑稽本・浮世床（1813-23）二・下「チョッどうするものか油揚（アブラゲ）でも買（かっ）て上（あげ）やな」②「あぶらあげ（油揚）④」に同じ。〔特殊語百科辞典（1931）〕＊いやな感じ（1960-63）〈高見順〉二・一「アブラゲ（蒲団）が敷いてある横で」方言❶魚や野菜に衣をつけて油で揚げたもの。岩手県宮古市038 上閉伊郡097 長崎県南高来郡905 ❷麦粉を水でこねて油で揚げた菓子。◇あんだあぎい 沖縄県首里993 ◇あんらぎい 沖縄県那覇市992 ❸小児の着物の背中に付ける長方形の赤い布きれ。群馬県館林245 ❹（葬式で油揚げの料理が出るところから）死人のあること、または、葬式をいう。岐阜県恵那郡514 ❺あばた。富山市近在392 発音アブラゲ〈標ア〉ラ〈京ア〉ラ 辞書〈ボン〉・言海 表記油煎（へ）油揚（言）

あぶらげ-うり【油揚売】〘名〙江戸中期頃、油揚げ豆腐をさげ籠に入れ、市中を売り歩いた者。＊随筆・塵塚談（1814）上「あぶら揚売童の事、我等二十才頃迄は貧民の子ども十才十二三才なるが提籠へ油揚のみを入、売歩行しが近年絶てなし。其頃見苦しき童を見ては皆人あぶらげ売のやうだといひけり」発音アブラゲウリ〈標ア〉ゲ

あぶらげ-ずし【油揚鮨】〘名〙「いなりずし（稲荷鮨）」に同じ。＊報知新聞-明治三六年（1903）七月一三日「先代は村橋松五郎と云ひ、今を去る百余年前、深川安宅町で油揚鮓（稲荷鮓）を売って居た職人だが」発音アブラゲズシ〈標ア〉ゲ

あぶらげ-どうふ【油揚豆腐】〘名〙①「あぶらあげ（油揚）②」に同じ。②「あぶらあげ（油揚）④」に同じ。〔特殊語百科辞典（1931）〕発音アブラゲドーフ〈標ア〉ド

あぶらげ-ぼん【油揚本】〘名〙（表紙の色が油揚げに似ているところから）小型の咄本（はなしぼん）の俗称。＊狂文・春夏帖（1816）春「小松百亀の聞上手など、舌のまはれる油揚本、小本におとしばなしとなりしも」＊随筆・戯作者小伝（1856）恋川行町「落し咄 百福物語（小本俗に油揚本と云ふ）春町、喜三二ゆき町掛合の作あり」発音アブラゲボン〈標ア〉0

あぶらげ-めし【油揚飯】〘名〙細く切った薄揚げと、しょうゆ、みりん、砂糖などでつくっただし汁とを入れて、炊き混ぜた飯。また、炊き上がった飯に、細く切って味をつけた薄揚げを混ぜたもの。狐飯。信田飯（しのだめし）。発音アブラゲメシ〈標ア〉ゲ0

あぶらげ-や【油揚屋】〘名〙油揚げを売る店。また、売る人。＊雑俳・柳多留拾遺（1801）巻一九「あぶらけや出るよりはやく手者に逢」＊随筆・耳嚢（1784-1814）五・かたり事にも色々手段ある事「彼油揚屋は兼て神とのみ心得居ける故、其不足を聞て調達をなしなんと言へど、曾て承知せず」発音アブラゲヤ〈標ア〉0

あぶら-こ【油子】〘名〙①魚「あいなめ（鮎並）」の異名。＊易林本節用集（1597）「魴 アブラコ」＊俳諧・毛吹草（1638）四「魴（アブラコ） 川魚 鮒に似当国に多」＊浜荻（庄内）（1767）「あいなめを あぶらこ又しんじやう」②魚「めだか（目高）」の異名。＊物類称呼（1775）二「めだか〈略〉土佐にて あぶらこ」方言[一]（油が水と混ざらないのに似ているところから）❶本当の仲間でなくて、仮に仲間に加えられたもの。山形県139 ◇あぶらしこ・あぶらひこ 山形県西村山郡・南村山郡139 ❷幼少のため遊戯の仲間に入れない子。足手まといの子。みそっかす。山形県東村山郡・庄内139 ◇あぶらっこ 埼玉県北葛飾郡258 ◇あば 新潟県347 ❸醵金（きょきん）しないで仲間に入ったもの。山形県139 [二]魚。❶めだか（目高）。高知県050 861 ◇あべらこ 高知県吾川郡861 ◇あびらこ 高知県861 864 ◇あぶらんこ 高知県香美郡864 ◇あびらんこ 高知県高岡郡861 ◇あびら 高知県中央部865 ❷あいなめ（鮎並）。庄内†061 北海道函館016 山形県飽海郡139 鶴岡145 ❸くじめ（久慈目）。山形県酒田市016 新潟県北部016 ❹かじか（鰍）。山口県厚狭郡016 ❺血鯛（ちだい）の雌。◇あぶらっこ 東京都016 [三]虫、あぶらむし（油虫）。山形県139 辞書饅頭・易林・書言 表記魴（饅・易・書）

あぶら-こ【油蚕】〘名〙カイコの皮膚が半透明で、パラフィン紙の感じがするもの。

あぶら-こ・い【油濃】〘形口〙文あぶらこ・し〘形ク〙①「あぶらっこい（油濃）①」に同じ。＊新猿楽記（1061-65頃）「油濃茹物」＊観智院本名義抄（1241）「膩 アブラコシ」＊玉塵抄（1563）一四「けっこうなうまい膏粱のあぶらこい肉や白い米の飯をうてて食することぞ」＊俚言集覧（1797頃）「油こき 油気のつよきをいふ」②「あぶらっこい（油濃）②」に同じ。＊仮名草子・智恵鑑（1660）一〇・一四「あぶらこくくらひこゑたる大坊主が、大のまなこにかどをたて、むなくらおっとり、すでにしめころさんとする所に」＊浄瑠璃・菅原伝授手習鑑（1746）一「学問所の注連（しめ）が目に見へぬか、油こい女子はやられぬ」③「あぶらっこい（油濃）③」に同じ。＊雑俳・伊勢冠付（1772-1817）「隣の悦声に目を覚し・油こふ聟どのを呼」発音〈標ア〉コ 辞書名義 表記膩（名）

あぶら-こうじ【油小路】（「あぶらのこうじ」とも）京都市の市街を南北に走る通り。西洞院（にしのとういん）通と堀川通の間にある。＊義経記（室町中か）四・土佐坊義経の討手に上る事「六条の坊門（ばうもん）あぶらの小路へは何方（いづかた）へ行くぞ」＊俳諧・此ほとり（1773）序「いとど雨さへしきりなれば、窓の燈かけもなつかしき油小路なりける幽居を敲て」発音アブラコージ〈標ア〉コ〈京ア〉ラ／ア 辞書下学・文明・天正・饅頭・易林 表記油小路（下・文・天・饅・易）

あぶらこうじ【油小路】姓氏の一つ。藤原北家魚名の三男末茂の流をくむ、四条家の庶流。西大路隆政の男隆蔭が、鎌倉末～南北朝期に一家を興したことにはじまる。当初は、四条ないし大宮を家号とした。家格は、おおむね権大納言を極官とする羽林家。家禄は一五〇石。近世後期に出た隆前は、武家伝奏となっている。発音アブラコージ〈標ア〉コ

あぶら-こうもり【油蝙蝠】〘名〙ヒナコウモリ科の哺乳類。体長約四～五センチメートルで、体色は黒褐色または灰褐色。北海道を除く日本各地に見られ、人家にすみ、夕方から飛び出して小動物を捕食する。一二月～三月頃まで冬眠する。いえこうもり。あぶらむし。学名はPipistrellus abramus

あぶら-こき【油扱】〘名〙染めて油をひいた麻糸。＊語彙（1871-84）「あぶらこき 俗 麻糸をそめて油を塗（ひき）たるものなり」辞書言海 表記油扱（言）

あぶら-ごけ【脂後家】〘名〙あぶらののった好色な後家。＊雑俳・さざれ石（1730）「築山で白髪抜する油後家」

あぶらこ-さ【油濃―】〘名〙（形容詞「あぶらこい」の語幹に接尾語「さ」の付いた語）あぶらけの強いこと、また、その度合。あぶらっこさ。発音〈標ア〉コ

あぶら-こし【油漉】〘名〙ブリキなどでふるい状に作り、揚げ物をしたあとの油をこして、そのかすなどを取り除く道具。発音〈標ア〉ラ

あぶら-ごま【油胡麻】〘名〙ゴマの品種のうち種子の色が淡黄色のもの。きんごま。＊重訂本草綱目啓蒙（1847）一八・穀「胡麻〈略〉其子微黄色なるをあぶらごまと云」方言えごま（荏胡麻）。青森県一部030 辞書言海 表記油胡麻（言）

あぶら-ざ【油座】〘名〙鎌倉、室町時代、主として灯油用の荏胡麻（えごま）油を扱った商人の座。京都の離宮八幡宮を本所とする大山崎の油座、奈良の大乗院を本所とする符坂（ふさか）油座など。方言搾油稼業の家。また、造り酒屋をもいう。新潟県361

あぶらざか-いせき【油坂遺跡】朝鮮咸鏡北道の輪城川河口にある貝塚遺跡。櫛目文（くしめもん）土器などを出土。

あぶら-さし【油尺】〘名〙桶などの中にある油の量をはかる物差し。＊語彙（1871-84）「あぶらさし 俗 桶にある油の升数を知る為に用ゐる尺なり」

あぶら-さし【油差】〘名〙①行灯（あんどん）などの油皿に、補給する油を入れる容器。また、油を入れる人。容器は瀬戸物、また銅器もある。あぶらつぎ。あぶらがめ。＊日葡辞書（1603-04）「Aburasaxi（アブラサシ）。すなわち、アブラツギ〈訳〉油を注ぐのに用いる容器」＊浮世草子・日本永代蔵（1688）六・二「そもそもより、摺鉢九つ、さかな鉢十三、皿四十五枚（まい）、天目二十、徳利七つ、油（アブラ）さし二つ、三年あまりにひとつも売（うれ）ず」＊和漢三才図会（1712）三二「油瓶 俗云阿布良左之」②遊女屋で、遊女部屋などに灯油をつぎまわる男。＊雑俳・柳多留-四四（1808）「おきゃアがれ油さしめが上ざうり」③工場などで機械類に油を差すこと。また、その道具。あるいはそれをする人。あぶらつぎ。＊海に生くる人々（1926）〈葉山嘉樹〉二「油差しは、動揺のために、機械と機械との狭い部分に入り込むのに、神秘的な注意を払った」＊潮騒（1954）〈三島由紀夫〉一六「油差やラムプや油の缶のある油くさい一階には、発動発電機が轟音を立てて動いてゐたが」発音〈標ア〉ラ〈京ア〉サ 辞書日葡・〈ボン〉・言海 表記注子（へ）油差（言）

あぶら-さ・す【油差】〘自サ四〙（「あぶらざす」とも）器具などに油や油脂を塗る。灯火用などとして油を注入する。＊蘇悉地羯羅経略疏寛平八年点（896）二「車の鎋に膏（アブラサシ）、敗傷せざらしめて、至到する所有るがごとく」＊白氏文集天永四年点（1113）四「烏（くろ）き膏（あぶら）唇に注（アフラサイ）て、唇泥の如し」＊日葡辞書（1603-04）「Aburazaxi, su, aita（アブラザス）〈訳〉油や油脂を塗る。文書語」発音〈標ア〉サ 辞書色葉・名義・下学・和玉・文明・日葡 表記脂（色・名・下・玉・文）膏（玉）

あぶら-ざめ【油鮫】〘名〙「あぶらつのざめ（油角鮫）」に同じ。＊試みの岸（1969-72）〈小川国夫〉黒馬に新しい日を「猟師が油鮫の腹を裂いていた」方言青森県弘前市016 宮城県塩竈市016 福島県石城郡016 茨城県那珂郡016 富山県下新川郡016

あぶら-ざら【油皿】〘名〙灯油を盛って灯心を入れ、火をともす小さな皿。灯蓋（とうがい）。油坏（あぶらつき）。＊寛永刊本江湖集鈔（1633）二「又油が尽きて油皿などを焼くぞ」＊書言字考節用集（1717）七「燈釭 アブラザラ 燈盞 同」＊重訂本草綱目啓蒙（1847）三四「燈盞 あぶらつぎ、あぶらがはらけ、あぶらざら 江州」発音〈標ア〉ラ 辞書書言・〈ボン〉・言海 表記燈盞（書・へ）燈釭（書）油皿（言）

あぶら-し【油師】〘名〙機械の注油係（改正増補和英語林集成（1886））。

あぶら-しき【油敷】〘名〙（油単（ゆたん）を利用したところから）ものをつつむ布。ふろしきの類。＊秋長夜話（1781-1801頃）「此国にて袱（つつみもの）を油単（あぶらしき）といふは本此油単を取て物を包みはしめけるなるへし」

あぶら-じごく【油地獄】〘名〙地獄で、罪人などが煮立った油の中で責め苦しめられること。また、その地獄。発音アブラジゴク〈標ア〉ジ

あぶら-しちょう【油紙帳】〘名〙油紙でつくった蚊帳（かや）。＊歌舞伎・阿国御前化粧鏡（1809）

五立「よき所に油紙帳（アブラシチャウ）を吊り、笈（おひ）を置き、六部野宿の体」＊読本・本朝酔菩提全伝（1809）一・一「一睡せばやと油紙帳（アブラシチャウ）をたれて夜露をしのぎ、雨衣を敷物とし」

あぶら-しで【油四手】『名』[方言]植物。❶いぬしで（犬四手）。山梨県003　静岡県003 524　❷さわしば（沢柴）。岐阜県大野郡008　❸みねばり（峰榛）。長野県005

あぶら-しば【油芝】『名』カヤツリグサ科の多年草。本州中部以西の山地の砂礫（されき）地に生える。高さ一〇〜三〇センチメートル。春から夏に花茎を出し、黄褐色で光沢のある花穂をつける。学名はCarex satsumensis ＊重訂本草綱目啓蒙（1847）九・山草「黄茅は、あぶらがや、あぶらしば」＊日本植物名彙（1884）〈松村任三〉「アブラシバ」[発音]〈標ア〉[ラ]　[辞書]言海　[表記]油芝（言）

あぶら-しば【油柴】『名』[方言]植物、やぶにっけい（藪肉桂）。徳島県海部郡808　◇あぶらじい〔油椎〕徳島県811　◇あぶらこが　静岡県524

あぶら-しぼり【油絞】『名』①油を絞ること。②「あぶらしぼりにんそく（油絞人足）」の略。＊玉塵抄（1563）一「油しぼりは岡桐と云ぞ」＊俳諧・犬子集（1633）七・春「ただうつくしき椿をぞおる　谷川へ油しぼりの春行て」[方言]大きくなっても親の援助を受けること。新潟県西頸城郡382　[発音]〈標ア〉[シ]

あぶらしぼり の 運上（うんじょう）　江戸時代、大宰府の座主が油絞り業者から一戸につき一升の油を運上として収納した税。＊経済問答秘録（1833）二三「或邦に油絞の運上は、太宰府座主より一戸に油一升づつ納む」

あぶらしぼり-うた【油絞唄】『名』油を絞る時、杵（きね）でたたいて圧搾する拍子に合わせてうたう唄。長崎県南高来郡、徳島県勝浦郡、三重県名賀郡などに分布する。たとえば三重の「油やのやの彌の助さんが、油足らいで身を絞る」など。

あぶらしぼり-にんそく【油絞人足】『名』油絞りに従事する人足。江戸の人足寄場での作業は、多く油絞りのため、寄場人足の大部分がこれにあたった。

あぶらしぼり-みょうが【油絞冥加】『名』江戸時代、油製造業者に、冥加金として営業の大小に応じて課せられた一種の免許料。油船運上。あぶらしめみょうが。

あぶら-じみ【油染】『名』あぶらじみること。また、油一般や身体の汗、脂肪がしみついてできたよごれ。＊日葡辞書（1603-04）「Aburajimiuo（アブラジミヲ）スル。Aburajimiga（アブラジミガ）ヲトス」＊五重塔（1891-92）〈幸田露伴〉一三「煤けし紙に針の孔油染（アブラジ）みなんど多き行燈の小蔭に」＊道程（1914）〈高村光太郎〉おそれ「煤烟と油じみの停車場も」[発音]〈標ア〉[0]　[辞書]日葡

あぶら-じ・みる【油染】『自マ上一』[文]あぶらじ・む『自マ上二』油類、また、からだの汗や脂肪がしみついてよごれる。＊慶長見聞集（1614）二「身に着たる木綿布子は油じみて肩さへもわかず」＊滑稽本・和合人（1823-44）初・序「島田まげの油じみたるを藁（わら）もて結ぶが如く」＊西洋道中膝栗毛（1870-76）〈仮名垣魯文〉六・下「むらさき糸のあぶらじみたるが」＊酒虫（1916）〈芥川龍之介〉四「色光沢（いろつや）の悪い皮膚が脂じみたまま、険しい顔の骨を包んで」[発音]〈標ア〉[ミ]〈京ア〉[0]　[文]『あぶらじむ』〈標ア〉[ジ]〈京ア〉[0]

あぶら-じ・む【油染】『自マ五（四）』「あぶらじみる（油染）」に同じ。＊絵本（1930）〈永井龍男〉「倒れる。お前は額を打ってその儘動かない。タキシの捨てていった油染んだぼろのやうだ」

あぶら-しめ【油締・油搾】『名』（「あぶらじめ」とも）①油をしぼること。また、その職人。＊歌舞伎・三千世界商往来（1772）五「雲助したり板屋橋、油（アブラ）しめとはまだな事、厄払（やくばら）ひにも行く心」＊滑稽本・大師めぐり（1812）上・中「油〆（アブラシメ）にも雇はれたり」＊雑俳・塵手水（1822）「元朝でも裸でくらすあぶらじめ」②「あぶらしめぎ（油搾木）」に同じ。[方言]❶胡麻（ごま）の実から油を取った後のかす。宮城県仙台市121　❷椿（つばき）の実をしぼって油を取ること。鹿児島県肝属郡970　❸（昔、種油を絞った日であるところから）一一月一五日の祝日。団子を作るなどする。福島県会津165　❹一一月一五日の、油製造業者の祝日。岩手県気仙郡101　山形県東置賜郡139　❺年の暮れに、娘の嫁ぎ先へ麻油を送り、送られた家では餅（もち）を作って両家が合同で正月を祝うこと。陸奥柳川†035　❻植物、カボチャ（南瓜）。秋田県一部030　❼虫、たがめ（田鼈）。岡山県邑久郡761　[発音]〈標ア〉[0]　[辞書]書言・〈ボン〉　[表記]榨（書）　油窄（ヘ）

あぶら-しめぎ【油搾木】『名』果実や種子などを圧搾して、油をしぼり取る器械。あぶらしめ。＊仮名草子・尤双紙（1632）「かしましき物の品々〈略〉あぶらしめぎの音」＊俳諧・曠野（1689）二・暮春「永き日や油しめ木のよはる音〈野水〉」＊浄瑠璃・今宮心中（1711頃）下「瓦（かわら）屋橋とや油屋の、あぶらしめ木のをとに聞、お染にそめし久松は」＊思ひ出（1911）〈北原白秋〉柳河風俗詩・ふるさと「なつかし、沁みて消え入る　油搾木（アブラシメギ）のしめり香」

油　搾　木〈製油録〉

あぶら-しめじ【油占地】『名』担子菌類フウセンタケ科の食用きのこ。秋に北海道、本州の広葉樹林の地上に発生する。かさの直径五〜一〇センチメートル。表面は粘土褐色。肉は白色で、汁の実、煮つけとする。ぬるりんぼう。学名はCortinaris elatior　[発音]〈標ア〉[シ]

あぶらしめ-みょうが【油締冥加】『名』「あぶらしぼりみょうが（油絞冥加）」に同じ。

あぶら-しゅう【油衆】『名』おせじを言う人。へつらいの心の強い人たち。とりまきの連中。

あぶら-じゅうもんじ【油十文字】『名』髪の油を指につけ柱などに十文字を書いて約束をたがえない誓いをたてること。→油証文。＊洒落本・傾城買談客物語（1799）一「ほんざいますかへ。そんなら油十文字親のあたまへ松三本をしなんし」

あぶら-じゅす【油繻子】『名』つやのある南京繻子（なんきんじゅす）。[補注]「随筆・譚海—一四」の底本では、「繻子は五色ともに織色也。つやあるを第一とす。南京より渡るをほうひしてあぶうじゅすといふ」のように「あぶうじゅす」となっているが、これは「あぶらじゅす」の誤植であろう。

あぶら-しょう【脂性】『名』脂肪の分泌が過剰のため、いつも皮膚の表面が脂ぎっている体質。↔荒れ性。＊花ちる夜（1900）〈永井荷風〉四「私なんぞは本統に脂肪性（アブラシャウ）だから、毎日入浴（はいい）らなくっちゃ、心持が悪くって為様がありゃ為ない」[発音]アブラショー〈標ア〉[ラ][0]〈京ア〉[ラ]

あぶら-しょうじ【油障子】『名』油を塗って防水性をもたせた障子。雨のかかる出入口、窓などに使用された。雨（あま）障子。＊随筆・鳩巣小説（18C前か）下「一度御能有之筈の処、俄に雨天に相成候て、油障子を可申付由、牧野備後守どの申され候」＊歌舞伎・心謎解色糸（1810）大切「よき折にしゃちの縄どうづきの道具、長鳶（ながとび）。纏（まとひ）といふ字の油障子（アブラシャウジ）をたて」＊滑稽本・浮世床（1813-23）初・上「間口二間に建列（たてつらな）る腰高の油障子（アブラシャウジ）」[発音]アブラショージ〈標ア〉[ショ]〈京ア〉[ショ]　[辞書]言海　[表記]油障子（言）

あぶら-じょうもん【油証文】『名』近世、子供などが約束をたがえないしるしに、髪の油を指につけ、柱などに押したこと。また、押したもの。＊滑稽本・浮世風呂（1809-13）前・下「今度（こんどっ）から中の能（いい）やうに、油証文（アブラゼウモン）しな。喉に大の字、親のあたまに松三本、フッ、フフ、フッ」＊随筆・嬉遊笑覧（1830）六・下「小児約束をして違へじといふ印に油証文とて髪の油を指に付て柱などに押ことあり。証文の印肉よりおもひよれるにや」＊歌舞伎・東京日新聞（1873）序幕「金打（きんちゃう）をして誓言立てたは、子供同士の約束に油証文（アブラショウモン）した昔」[発音]アブラジョーモン〈標ア〉[ジョ]〈京ア〉[ジョ]

あぶら-じり【脂尻】『名』鳥の、尾に近いところの脂肪の多い肉。ひたれ。＊十巻本和名抄（934頃）七「臎〈略〉説文云臎〈今案如許慎説者俗所謂、阿布良之利是也〉鳥尾上肉也」＊色葉字類抄（1177-81）「臎　アフラシリ　又ヒタレ」[発音]〈標ア〉[0]〈ア史〉平安○○○●○と○○○●●の両様〈京ア〉[0]　[辞書]和名・色葉・名義・和玉・書言　[表記]臎（和・色・名・玉・書）

あぶら-すぎ【油杉】『名』マツ科の常緑針葉高木。台湾、中国中西部およびインドシナ半島の日当たりのよい山地に生える。日本でも暖地で公園などに植えられる。樹皮は暗灰褐色で縦に割れ目がある。材は建築、土木、また棺などに用いられる。漢名、油杉。鉄杉。ゆさん。しまもみ。かたもみ。たいわんもみ。あかすぎ。学名はKeteleeria davidiana　[発音]アブラスギ〈標ア〉[ラ]

あぶら-すげ【油菅】『名』植物「くろぐわい（黒慈姑）」の異名。＊重訂本草綱目啓蒙（1847）二九・蓏「烏芋　くろぐわゐ〈略〉あぶらすげ　仙台」[方言]植物。❶くろぐわい（黒慈姑）。仙台†034　❷あぶらがや（油茅）。山形県北村山郡139

あぶら-すさ【油莇】『名』菜種油を絞る時に用いた麻袋の廃品を切断し、ときほぐしてつくった莇（すさ）。油分を含むので防水の効果をもつ。屋根、壁などの漆喰（しっくい）に用いられる。あぶらつた。〔日本建築辞彙（1906）〕

あぶら-すすき【油薄・油芒】『名』イネ科の多年草。全国各地の山野に生える。高さ一〜二メートル内外。秋、茎の頂に暗緑色の大形でまばらな円錐形花穂を出し、上部はやや下垂する。芒（のぎ）は紫褐色。漢名、狼尾草。学名はEccoilopus cotulifer ＊日本植物名彙（1884）〈松村任三〉「ヂョロカヤ　アブラススキ」[発音]〈標ア〉[ス1]

あぶら-すまし【油清汁】『名』赤みそにしょうゆを入れてすり混ぜたものに、いったん煮てさましたごま油を加え、水をさして煮立てたもの。これを裏ごしして温め、葱飯や葱そばなどにかける。＊新しき用語の泉（1921）〈小林花眠〉「油清汁（アブラスマシ）」

あぶら-ずみ【油墨】『名』堅油に油煙の粉を混ぜ、練って作った墨。顔料の一つで、歌舞伎役者や奴（やっこ）などが眉（まゆ）や作りひげなどをかくのに用いる。黒油。＊俳諧・桜川（1674）春一「水掛や聟まつ暮のあぶら墨〈富長〉」＊浄瑠璃・傾城反魂香（1708頃）上「お供の奴（やっこ）の髭にぬる油ずみ」＊滑稽本・八笑人（1820-49）四・追加・下「油墨（アブラズミ）をこせへて前歯（めへば）を一っほんかかうか」[発音]〈標ア〉[ラ]〈京ア〉[0]　[辞書]易林　[表記]油炭（易）

あぶら-ぜに【油銭】『名』灯明用の種油を買う代金。油代。＊浮世草子・世間胸算用（1692）五・三「中々灯明（とうみゃう）の油銭（アブラゼニ）も御座らねば、せっかく口をたたいても世の耗（ついへ）なり」＊俳諧・名物かのこ（1733）中「天台の花の鐘撞あふら銭〈叉鱗〉」[発音]〈標ア〉[ゼ]

あぶら-ぜみ【油蝉】『名』セミ科の昆虫。体長（翅端まで）五・六〜六センチメートル。日本各地で最も普通に見られるセミで、全体に黒く背腹に白粉がつき、はねは褐色で不透明、濃淡のまだらがある。幼虫期間は六〜七年で、七月の初め頃羽化し、ジージーと鳴く。成虫は樹皮を通して汁液を吸う。あかぜみ。あきぜみ。

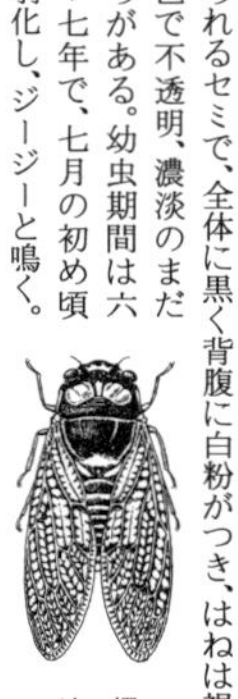
油　蝉

おおぜみ。学名は Graptopsaltria nigrofuscata《季・夏》＊雑俳・俳諧觿‐一九(1809)「しぼり出すごくねちの日の油蟬」＊露団々(1889)〈幸田露伴〉二「若葉の林間より音づるる油蟬(アブラゼミ)の声高く」＊吾輩は猫である(1905〜06)〈夏目漱石〉七「蟬にも油蟬、みんみん、おしいつくつくがある」 発音〈標ア〉ラ〈京ア〉ゼ 辞書言海 表記油蟬(言)

あぶら-ぜめ【油責】〘名〙大罪人を油の沸騰する釜の中に入れて殺す刑。油地獄。＊浄瑠璃・太平記忠臣講釈(1766)九「たぎる油は釜入の、此世からなるあび地獄、油責とは胴欲(どうよく)な」 発音〈標ア〉0

あふら・せる【溢】〘他サ下一〙文あふら・す〘他サ下二〙こぼれるほどいっぱいにする。＊悲しき配分(1922)〈鷹野つぎ〉「父の腕に一人づつ抱き上げられ、序(ついで)に二三度ふり廻されると、もう信じきった歓びを顔に溢(アフ)らせて」 発音〈標ア〉セ

あぶら-せん〘名〙「あぶらぎり(油桐)」の異名。＊書言字考節用集(1717)六「荏桐 アブラキリ アブラセン」 方言植物。❶あぶらぎり(油桐)。筑前†040 佐賀県008 長崎県対馬008 ❷こしあぶら(漉油)。長崎県東彼杵郡008 辞書書言 表記荏桐(書)

あぶら-せんじ【油煎】〘名〙動物の皮などを煮つめて、油を取り除くこと。＊いさなとり(1891)〈幸田露伴〉四二「漸く世話して貰ふて大納屋の内の働き、油皮(あぶらかは)の小切り、油煎(セン)じ、間太郎改むる探り番」 発音〈標ア〉セ

あぶら-ぞうきん【油雑巾】〘名〙油をしみ込ませた雑巾。板の間、敷居、柱などを磨くのに用いる。＊人情本・春色袖之梅(1837〜41)二・九回「油雑巾にて光をなす腰障子の木目は」＊雁(1911〜13)〈森鷗外〉七「二三本寄せて植ゑた梧桐(あをぎり)の、油雑巾(アブラザフキン)で拭いたやうな幹が見えてゐる」 発音アブラゾーキン〈標ア〉ゾ

あぶらそうば-かいしょ【油相場会所】〘名〙江戸時代、油問屋および仲買などが集まって相場を立て売買取引を行なった所。寛文年中(一六六一〜七三)大坂京橋五丁目に油相場所が設けられ、天保の改革によりいったん廃止されたが、嘉永六年(一八五三)再興され、明治四年相場取引の許可とともに油相場会所として開商社構内に設けられた。

あぶら-た【油田】〘名〙社寺で灯明の油料の資として定められた田。その田租などを油の料にあてがうもの。＊高野山文書‐弘安二年(1279)正月二五日・光広御影堂燈炉油田寄進状(大日本古文書二・二〇二)「右田地者〈略〉任二親父遺言一、為二現当二世悉地円満一、寄二進石燈炉御油田一畢」

あぶら-だい【油代】〘名〙「あぶらぜに(油銭)」に同じ。＊思出の記(1900〜01)〈徳富蘆花〉七・四「此も一は燈油(アブラ)代の節倹である」

あぶら-だけ【油竹】〘名〙油を塗ってつやを出した竹。＊俳諧・平安二十歌仙(1769)一七「焼立てる囲炉裡の上の油竹〈随古〉眉濃き娘人の結ばん〈嘯山〉」＊滑稽本・和荘兵衛(1774)三・好古国「床にはあぶら竹の簾に、黒漆にて科斗(かへるのこ)のやうに書たる蒼頡の一行物をかけ」

あぶら-だま【油玉・脂球】〘名〙油が玉のようになって、水の上などに浮き上がっているもの。

あぶら-だまり【油溜】〘名〙(機械などで)一定の箇所にたまった余分の油。＊煤煙の臭ひ(1918)〈宮地嘉六〉三「自分の機械をも、今日からはまた自分の物といふ気で油だまりを拭ひ取ったり」 発音〈標ア〉ダ

あぶら-だも〘名〙植物「やぶにっけい(藪肉桂)」の古名。＊重訂本草綱目啓蒙(1847)三〇・香木「天竺桂 やぶにっけい〈略〉あぶらだも」

あぶら-だる【油樽】〘名〙油を入れる樽。内側に紙を貼り、その上から漆を塗ったもの。＊日葡辞書(1603〜04)「Aburadaru(アブラダル)」＊浮世草子・世間胸算用(1692)五・二「油がはらけと油樽(あぶらダル)と」 辞書日葡・ヘボン・言海 表記油樽(へ・言)

あぶら-ち【膏血】〘名〙あぶらと血。転じて、人が努力の結果得た利益。＊守護国界主陀羅尼経巻八平安初期点(900頃)「百姓の膏血(アフラチ)は、甚だ得やすしと為す」

あぶら-ちゃせん【油茶筅】〘名〙歌舞伎の鬘(かつら)の一種。梳油(すきあぶら)で固め、光沢を出した茶筅髪。＊新しき用語の泉(1921)〈小林花眠〉「油茶筅(アブラチャセン)」

あぶら-チャン【油瀝青】〘名〙クスノキ科の落葉低木。本州、四国、九州の山野に生える。高さ三〜六メートル。樹皮は灰褐色。葉は長さ四〜七センチメートルの卵形または楕円形で先が次第に細くなってとがる。雌雄異株。材は器具、燃料とする。むらだち。ずさ。じしゃ。学名は Lindera praecox ＊日本植物名彙(1884)〈松村任三〉「ムラダチ アブラチャン コヤスノキ」 方言植物。❶むらだち。江戸†040 ❷えごのき。鹿児島県肝属郡003 発音〈標ア〉ラ

油瀝青

あぶらチャン-ゆ【油瀝青油】〘名〙アブラチャンの果実、また、樹皮、枝葉から採れる油。黄褐色で樟脳(しょうのう)に似た香気があり、昔は灯油や髪につける油として用いた。

あぶらっ-かお【脂顔】〘名〙脂肪分が表面に浮き出ている顔。＊大道無門(1926)〈里見弴〉隠家・二「寝起きの脂(アブラ)っ顔(カホ)が恥ぢらはれて、ブルンとひとつ撫でおろしたが」 発音〈標ア〉0

あぶらっ-かみ【油紙】〘名〙「あぶらかみ(油紙)」の変化した語。＊落語・素人芝居(1896)〈四代目橘家円喬〉「盗られると不可ねへ、油っ紙へ包んで頭へ載せて這入らァ」 発音〈標ア〉ラ

あぶら-つき【油坏・油盞】〘名〙(「あぶらづき」「あぶらつぎ」とも)「あぶらざら(油皿)」に同じ。＊十巻本和名抄(934頃)四「燈盞 唐式云毎城燈盞七枚〈燈盞 阿布良都岐〉」＊今昔(1120頃か)四・七「裳の裾、此の油坏に懸(かかり)たり。其の時に油塵許泛(こぼれ)たり」＊観智院本名義抄(1241)「燈盞 アブラヅキ」＊太平記(14C後)五・中堂新常燈消事「根本中堂の内陣へ山鳩一番(つがひ)飛び来て、新常燈の油錠(アフラツキ)の中に飛入てふためきける間」＊咄本・当世口まね笑(1681)四・一七「其方のあたまのさらは、あふらつぎにも似やう程に、ふるとうだいといふた」＊重訂本草綱目啓蒙(1847)三四・器物「燈盞 あぶらつぎ、あぶらかはらけ、あぶらざら 江州」 発音〈標ア〉ラ〈ア史〉平安〇〇〇〇● 〈京ア〉ツ 辞書和名・色葉・名義・和玉・文明・伊京・明応・天正・饅頭・黒本・易林・日葡・言海 表記油盞(文・伊・明・天・饅・黒) 燈盞(和・色・名・易) 缸(玉・伊) 油坏(言)

あぶら-つぎ【油注】〘名〙①「あぶらさし(油差)①」に同じ。＊日葡辞書(1603〜04)「Aburatçugui(アブラツギ)、または、アブラサシ」＊俳諧・犬子集(1633)一七「白き物こそ黒くなりけれ 取かへよ古かはらけのあふらつぎ〈貞徳〉」＊歌舞伎・東海道四谷怪談(1825)二幕「ト油注(アブラツ)ぎを取って『まだまだ、帰ってくるまではござりませうよ』」②「あぶらさし(油差)②」に同じ。＊柳亭種彦日記‐文化一三年(1816)八月一四日「らうかばたばたきたかとみれば 大べらぼうめあぶらつぎ そこでもって一人あくびか やれ百ばかり」 発音アブラツギ〈標ア〉ラ 辞書名義・日葡・書言・ヘボン・言海 表記錁(名) 油注子・油瓶(書) 油釭(へ) 油注(言)

あぶら-づき【油月】〘名〙にぶい光を放っている月。月の周囲に油を引いたように見えるのでいう。《季・秋》＊俳諧・犬子集(1633)五・月「油月はあんどんげなる光かな〈春可〉」＊俳諧・遠近集(1666)五・秋下「さしそへて内くらからぬ油月〈守久〉」

あぶらっ-きり【油切】〘名〙(油絞りはぎりぎりまで絞りきることから)ぎゅうぎゅうの目に会わせるたとえ。＊雑俳・柳多留‐三四(1806)「下女が文油っきりににじる也」 発音〈標ア〉ラ

あぶら-づ・く【脂付・油付】〘自カ四〙①物に油がつく。油がついたように光沢がある。＊四河入海(17C前)一一・四「寒具は油餠ぞ。寒具をとって食した手で書にいらうたれば、書本があぶらついたぞ」＊三体詩素隠抄(1622)三・一「今は戦もなければ、馬をかふ事を疎略にするほどに、馬がやせて其の毛いろもあぶらつかず、寒毛卓竪(しゆ)していたましく見へたとぞ」②皮膚につやがある。健康な肌である。＊石山寺本瑜伽師地論平安初期点(850頃)二三「肥え膩(アフラツキ)〈略〉精妙なる飲食を食噉しては」＊徒然草(1331頃)八「手足、はだへなどのきよらに肥えあぶらづきたらんは、外の色ならねば、さもあらんかし」③肥える。＊守護国界主陀羅尼経平安中期点(1000頃)一〇「百姓に有らゆる膏(アフラツケ)る血を以て、用て愛馬に塗る」＊蘇悉地羯羅経寛弘五年点(1008)中「三籔多の時杓を以て遍く其の物を霑ほす皆潤膩(アフラツカ)しむ」④脂肪や油が衣服などに付く。また、油が水に混じる。＊古文真宝笑雲抄(1525)一「渭水があぶらついて流は宮女がびん水をすつるがをいほどに」＊日葡辞書(1603〜04)「Aburazzuqi, u, uita(アブラヅク)〈訳〉汗や脂肪が衣服に付く」⑤比喩的に、物事に熱中する。＊日葡辞書(1603〜04)「Aburazzuqi, u, uita(アブラヅク)〈訳〉〈略〉また、時には比喩として、〈略〉自分が習っている事や好きな事に愛着を感じて、それに熱中する」 発音〈標ア〉ズ 辞書色葉・名義・和玉・文明・易林・日葡 表記膏(色・名・玉・文・易) 膩(色・玉・易) 脂(玉・文) 肪(色) 潤(玉)

あぶらっ-け【油気】〘名〙(「あぶらけ(油気)」の変化した語)①油のついている様子。＊大道無門(1926)〈里見弴〉白緑紅・一「髪は〈略〉黒くたっぷりと而も素直なのを油(アブラ)っ気(ケ)なしに、左から搔きあげるように分けたのが」②脂肪分を含むさま。また、精力。男女それぞれの体気。＊都会(1908)〈生田葵山〉荒野「脂肪気(アブラッケ)の無い者が、脂肪気の多い女房を持ったのが不幸福(ふしあわせ)」＊道草(1915)〈夏目漱石〉三五「今の兄は全く色気が抜けてゐた。其代り膏気(アブラッケ)もなかった」 発音〈標ア〉0〈京ア〉ラ

あぶら-づけ【油漬】〘名〙ニシン、カタクチイワシなどを軽く塩漬け、または蒸し煮にして、これをオリーブ油に漬けこむこと。また、その食品。多くはかん詰、もしくはびん詰とする。＊風俗画報‐一三四号(1897)人事門「缶詰屋の店頭には何れも缶詰の外に酢漬、糖蔵、蜜漬、油漬、煮膏(じゃむ)、凍膏(ぜりー)等の諸物を備えあれども」 発音〈標ア〉0〈京ア〉0

あぶらっ-こ・い【油濃・脂濃】〘形口〙①食品などのあぶらけが強く、味がしつこい。＊或る女(1919)〈有島武郎〉後・三四「このサラダは愛姉さんがお酢(す)とオリーブ油を間違って油を沢山かけたから屹度油っこくってよ」＊蓼喰ふ虫(1928〜29)〈谷崎潤一郎〉一二「三四日振りに脂っこい物を昼食に取り」②(油のような)とろりとした感じや油臭さが強い。＊紫衣の夫人(1930)〈龍胆寺雄〉「油(アブラ)っこく鷹揚(おうやう)にうねって居る波の」＊途上(1932)〈嘉村礒多〉「汗くさい軍服の臭ひ、油っこい長靴の臭ひ」③性質や態度があっさりしていなくて、しつこい。つやっぽく濃厚である。＊人情本・春色梅児誉美(1832〜33)後・七齣「わざとあぶらっこくいふは、まだはじまらぬお長がこころのいろをとりひしぐつもりとみえたり」＊人情本・春色辰巳園(1833〜35)三・一二条「成就(じゃうじゅ)したらば、お礼参りは二人連か。チット油濃(アブラッコイ)の」＊可能性の文学(1946)〈織田作之助〉「脂っこい小説に飽いてお茶漬け小説でも書きたくなったという

ほど」 発音〈標ア〉コ 〈京ア〉ラ 辞書言海

あぶらっこ-さ【油濃―】〖名〗「あぶらこさ（油濃―）」の変化した語。＊異形の者（1950）〈武田泰淳〉「そこに出てゐるはずの老人の感情にも、すでに人間の油っこさが失せてゐた。全身が漂白されてしまった、とも言へた」

あぶら-つち【油土】〖名〗油で練った粘土。乾燥によって固化することがない。＊超モダン用語辞典（1931）〈斎藤義一〉美術用語「油土〔彫〕彫刻材料。原型を造るとき粘土と共に最も多く使用されてゐる」

あぶら-づち【油槌】〖名〗油搾木（あぶらしめぎ）にさしてある長いくさびを打ち込む槌。＊浮世草子・西鶴織留（1694）二・一「うち出の小槌は目前の油槌（アフラツチ）と心得て、楠の木分限といふ物にちくちく延（のび）て朽（くつ）る事なく」

あぶら-づつ【油筒】〖名〗油を入れる筒。近世には、婚礼用具の一つとして用い、上下に金物をつけ、横に金物の輪を打ち、紅の緒などをつけた。＊山科家礼記－長禄元年（1457）一二月二二日「あふらつつ一〈九合、代は一度申て候也〉」＊狂言記・二人大名（1660）「あぶらづつをさげたように、なんとしたもちやうをするぞ」＊俳諧・去来抄（1702－04）同門評「干鮭（からざけ）となるなる行（ゆく）や油づつ〈雪之〉」 辞書易林・日葡 表記油筒（易）

あぶら-つつじ【油躑躅】〖名〗ツツジ科の落葉低木。本州各地の山地に生える。幹は高さ一～三メートルになり、なめらかで灰色を帯びる。葉は細い枝先に輪生状につき、質はやや薄く、長さ三センチメートル位の楕円状で、両端がとがり、縁に細かい鋸歯（きょし）がある。初夏、枝先から、緑白色の花を総状に下垂して開く。花冠は長さ三～五ミリメートルのつぼ状で、縁は小さく五裂し、そりかえる。果実は赤褐色でつやがある。葉の裏面がなめらかで光沢があり、油を塗ったように見えるところからいう。学名はEnkianthus subsessilis ＊日本植物名彙（1884）〈松村任三〉「アブラツツジ」 方言植物、りょうぶ（令法）。 埼玉県入間郡036 発音〈標ア〉ツ 2

あぶらっ-て【油手・脂手】〖名〗（「あぶらて」の変化した語）「あぶらで（油手・脂手）②」に同じ。＊滑稽本・浮世風呂（1809－13）四・上「鍛冶（かぢや）のお鉄さんは脂掌（アブラッテ）だから、手（てヱ）ひかれてもねばねばするは」＊玄鶴山房（1927）〈芥川龍之介〉四「甲野は静かに油（アブラ）っ手（テ）を拭き」 発音〈標ア〉ラ

あぶら-づの【油角】〖名〗車軸などにさす油を入れる容器。＊十巻本和名抄（934頃）三「輠 唐韻云輠〈胡果反 上声之重又音果 漢語抄云車乃阿不良豆乃〉車脂角也」＊観智院本名義抄（1241）「車載 アブラヅノ」 発音〈標ア〉ラ 辞書和名・色葉・名義・書言 表記輠（色・書） 車輠・車載（名）

あぶら-つのざめ【油角鮫】〖名〗ツノザメ科の海魚。体長一・五メートルに達する。体は細長く、灰褐色で、背側に小さい白斑がある。全世界の熱帯から寒帯に至る海域にすみ、群れて回遊することが知られている。底曳網や延縄（はえなわ）で大量に漁獲される。肉はかまぼこなどの材料、肝臓からはビタミンAを多く含む鮫油がとれる。あぶらざめ。学名はSqualus acanthias 発音〈標ア〉ノ

あぶらっ-ぴ【油日】〖名〗方言薄曇りの日。千葉県東葛飾郡021 山梨県南巨摩郡463

あぶら-つぼ【油壺】 ㊀〖名〗①油、とくに髪油を入れておく壺。＊今昔（1120頃か）三一・三四「我が躰（すがた）を見むと思（おぼ）さば、明日其の持給へる櫛（くし）の箱の中に有る油壺の中を見給へ」＊満佐須計装束抄（1184）二「あぶらつぼにあぶら綿いれて」＊滑稽本・東海道中膝栗毛（1802－09）初「縄すだれと油坪は、むかふへゆづりて、なにひとつ取のこしたるものもなく」②ランプの石油を入れておく部分。＊野分（1907）〈夏目漱石〉三「油壺を拭き、ほやを拭き、最後に心の黒い所を好い加減になすくって」＊俳諧師（1908）〈高浜虚子〉三九「石油が油壺（アブラツボ）の中に注がれる」③機械の一定の位置に備えつけた潤滑油を給油するための容器。オイルカップ。④油絵用の絵の具を溶くのに用いる油の容器。⑤鋼を焼き入れする場合に、熱した鋼を投げ入れる油の容器。㊁神奈川県三浦半島南西端の湾。深い湾入で波がなく油を入れた壺のようであるというところからいう。国土地理院の験潮所、熱帯植物園、水族館（東京大学臨海実験所）などがある。また、海が静かなのでヨットハーバーとして利用される。 補注㊁については、戦国時代三浦氏一族が全滅した時、血膏が湾内に満ちたからという伝説もある。 方言❶ものごとの核心。もののかなめの所。食物の最も美味な部分。長崎県対馬911 ❷枢要な地域。富豪の集まった所など。長崎県対馬913 発音〈なまり〉アブラツンボー〔静岡〕〈標ア〉ラ 〈京ア〉ラ 辞書日葡・ヘボン 表記油壺（ヘ）

油　壺 ㊀①〈和国百女〉

あぶらつぼ から=出（だ）すよう［=出（で）たよう］ つやつやとして美しいさま。＊浮世草子・元禄曾我物語（1702）一・一「御姿を見申すに、油壺（アブラツボ）から出（ダ）す様（ヤウ）な男」＊浄瑠璃・鑓の権三重帷子（1717）下「鑓の権三は伊達者でござる。あぶらつぼから出す様な男。しんとんとろりと見惚（と）れる男」＊雑俳・柳多留拾遺（1801）巻八上「地脊うり油つぼから出てあるき」

あぶらっ-ぽ・い【油―・脂―】〖形口〗（「ぽい」は接尾語）あぶらを含んでいるようである。あぶらぎっている。あぶらっこい。＊放浪時代（1928）〈龍胆寺雄〉二・五「皮膚の荒んだ不快なある三十女の顔を思ひ浮かべて、脂（アブラ）っぽいおくびを胃の奥に感じた」＊蟹工船（1929）〈小林多喜二〉四「つまみ上げると、皮膚の脂肪（アブラ）っぽいコロッとした身体の感触がゾッときた」＊青い月曜日（1965－67）〈開高健〉二・奇妙な春「青くねばねばした学生たちのあぶらっぽい体液をすみずみまで吸いこんだこの部屋は」 発音〈標ア〉ポ

あぶら-で【油手・脂手】〖名〗（「あぶらて」とも）①（油手）油のついた手。油でよごれた手のひら。＊俳諧・深川（1693）深川夜遊「祝ひ日の冴（さへ）かへりたる小豆粥（あづきがゆ）〈岱水〉 ふすま摑（つか）むで洗ふ油手（あぶらて）〈嵐蘭〉」＊雑俳・柳多留－九（1774）「油手でこたつへあたりしかられる」＊二人女房（1891）〈尾崎紅葉〉下・四「前髪を理（なほ）して、延紙（のべがみ）で油手（アブラデ）を拭いて」②（脂手）脂性の人の手、または手のひら。あぶらぎった手。あぶらって。＊落語・猫の忠信（1897）〈六代目桂文治〉「恐ろしい、まー…油手（アブラテ）だな。巫山戯（ふざけ）やがって。手前（てめへ）は毛無垢（けむく）ぢゃらの手だな」＊星座（1922）〈有島武郎〉「湯気を立てんばかりな平べったい脂手が」 発音〈標ア〉ラ 〈京ア〉0／⓪ 辞書ヘボン 表記膩手（へ）

あぶら-てぬぐい【油手拭】〖名〗油でよごれた手拭い。＊歌舞伎・蔦紅葉宇都谷峠（文彌殺し）（1856）二幕「おきくさん、御面倒ながら、どうぞ油手拭（アブラテヌグヒ）を洗濯（せんだく）して下さりませ」

あぶら-でり【油照】〖名〗風がなく、薄日がじりじりと照りつけて蒸し暑い天候。八月前半に多い。あぶらひでり。《季・夏》＊俳諧・崑山集（1651）六・夏下「さしぬるも暑き日笠や油照〈重吉〉」＊俳諧・白雄句集（1793）三「つれなしや秋立ころのあぶら旱（テリ）」＊家族会議（1935）〈横光利一〉「家中ではここが一番涼しいので、油照りのじりじりした暑中は、多く泰子はここにゐた」＊秋風琴（1955）〈石原八束〉「血を喀いて眼玉の乾く油照り」 方言晴れるでも降るでもないどんよりとした曇り天気。奈良県南大和678 ◇あぶらこてんき〔油―天気〕 青森県三戸郡083 発音〈標ア〉0 〈京ア〉⓪

あぶら-といし【油砥石】〖名〗きめの細かい珪酸（けいさん）質の硬質砥石。水のかわりに油を用い、金属製品を研ぐのに用いる。人造油砥石もある。 発音〈標ア〉ト

あぶら-どいや【油問屋】〖名〗江戸時代、油を扱う問屋。平安末期以来、離宮八幡宮の神人である大山崎の油座によって独占販売されていたが、江戸時代には大坂に中心が移り、以後、明治初年まで種々の形で続いた。＊俳諧・西鶴大矢数（1681）第一一「三尺さし鯨の時は波にすむ〈西親〉 油問屋の光利ある月〈西印〉」＊正宝事録－二六〇一・寛保元年（1741）九月二六日「御当地油問屋之外、仲買幷素人之面々、大坂表油屋共仕入金致し、荷物引請候故」 発音〈標ア〉ド

アフラトキシン〖名〗（英 aflatoxin）ピーナッツなどに生えるコウジカビの一種が生成する毒素。発癌性の物質で、肝臓障害を起こす。

あぶら-どくり【油徳利】〖名〗油を入れておくとっくり。灯油を入れるのに用いた。 発音〈標ア〉ド

あぶら-とり【油取】〖名〗①女房詞。真綿を延ばし広げて作った帽子。綿帽子。＊女房躾書（室町末）「わたぼうしをばあふらとりといふ」②「あぶらとりがみ（脂取紙）」に同じ。③他人の労苦の成果を横取りして、自分の手柄にすること。また、その人。あぶらぬすびと。＊両京俚言考（1868－70頃）「あぶらとり おのれ骨をしみ労力を盗みてえたり皃するをいふ。他人のあぶらをとるといふ義ならん。労力は人の汗脂の原素なればさもいふべし」④監督者にわからないように怠ける者。＊女工哀史（1925）〈細井和喜蔵〉一六・五四「油とり―怠けること（誰々は―や）」 方言主人の目を盗んで怠けること。また、その者。怠け者。三重県名賀郡585 京都府054 竹野郡622 発音〈標ア〉ラ 〈京ア〉①②はト ③はト

あぶらとり-がみ【脂取紙】〖名〗化粧用品の一つ。顔に浮き出た脂肪を取るのに用いる紙。白紙または唐紙に白土、その他の塗料を塗って、脂肪を吸収するようにしてある。あぶらとり。 発音アブラトリガミ 〈標ア〉リ

あぶら-な【油菜】〖名〗アブラナ科の一、二年草。西アジア原産といわれ、中国を経て渡来し、種子から菜種油を採るため広く各地で栽培された。高さ約一メートル。根ぎわの葉は大きく、長さ四〇～六〇センチメートルの倒卵形。春、枝先に黄色い四弁の花が開く。実は細長いさやとなり、中に粒状の種子が並ぶ。熟すと、種子は黒褐色となり、さやは裂ける。若苗、つぼみは食用となる。なたね。なのはな。あつち。うんだい。学名はBrassica rapa var. nippo-oleifera《季・春》＊多聞院日記－天正二〇年（1592）四月二七日「さうめん・はうはん・菜〈はゐ ゐり こふ あふらな〉」＊和爾雅（1688）七「蕓薹（なたね）油菜。蕓芥」＊農業全書（1697）三・四「油菜、一名は蕓薹、又胡菜と云。其始だったんより来る。ゆゑに胡菜と云ふなり」＊俳諧・滑稽雑談（1713）二月「蕓薹乃油菜也、形色微似白菜」＊日本植物名彙（1884）〈松村任三〉「アブラナ ナタネナ 蕓薹」 方言植物。❶やまかしゅう（山何首烏）。甲州河口†070 ❷えごま（荏胡麻）。岩手県一部030 秋田県一部030 岐阜県一部030 発音〈標ア〉ラ 〈京ア〉⓪ 辞書ヘボン・言海 表記油菜（ヘ・言）

油　菜

あぶらな-か【油菜科】〖名〗双子葉植物の科名。世界に約三七〇属、三千余種。草本。花は通常総状花

序、両性、放射相称。大根、白菜、クレッソン、ワサビなどの蔬菜、ストック、アリッサムなどの花卉(かき)のような有用植物が多い一方、ナズナ、マメグンバイナズナ、イヌガラシ、タネツケバナなどの雑草も多い。ジュウジバナ科、ジュウジカ科、ナタネ科の異名がある。学名は Cruciferae または Brassicaceae 発音〈標ア〉0

あぶら-なぎ【油凪】〘名〙油を流したように、波風が穏やかな海面。光り凪。＊水の上の会話(1965)〈阿川弘之〉「きのうと同じ油凪(アブラナギ)だが、きのうと違って、海が緑色に如何にも浅そうになった」方言❶油を流したような静かな凪(なぎ)。全くの無風状態。香川県塩飽諸島829 長崎県対馬054 ◇あぶらながしなぎ〔油流凪〕新潟県西頸城郡382 ❷風もなく穏やかな暖かい状態。◇あぶらなんぎとも。青森県津軽075 発音アブラナギ〈標ア〉0

あぶら-なべ【油鍋】〘名〙油を使う料理に用いる鍋。また、油のはいっている鍋。＊初すがた(1900)〈小杉天外〉二「拍手の音が宛然(まるで)大きな油鍋(アブラナベ)の中に水でも零(さ)した様に、ぱちぱちと起った」発音〈標ア〉ナ

あぶら-なみ【油波】〘名〙油を流したようにゆるく寄せる波。＊川のほとり(1925)〈古泉千樫〉海辺に帰りて「川口にせまりかがやくあぶら波(ナミ)音をひそむる昼のさびしさ」

あぶら-なめ【油嘗】〘名〙①ろくろっくびの女が夜中に行灯(あんどん)の油をなめるという伝説から出た化け物。②(転じて)顔ばかり美しくて、客に好かれぬ遊女をののしっていう語。＊洒落本・深彌満於路志(1782)捨金錦之客古事「貞(かほ)ばかりうつくしく客のすくなひあり、是等を油嘗(アブラナメ)と言」

あぶら-にく【脂肉】〘名〙「あぶらみ(脂身)」に同じ。＊安愚楽鍋(1871-72)〈仮名垣魯文〉三・上「ヲイヲイそして油肉(アブラニク)をたんとヨ」発音〈標ア〉ラ〈京ア〉ラ

あぶら-ニス【油―】〘名〙「あぶらワニス(油―)」に同じ。

あぶら-ぬき【油抜・脂抜】〘名〙①油をしぼり出す道具。＊和英語林集成(初版)(1867)「Aburanuki アブラヌキ 油抜」②食品の脂肪分を減らし、または油のくさみをとるように処理すること。また、その食品。③料理の一種。豆腐を油で揚げ、熱湯に通して油気を抜き、それをゆでてねりみそをかけたもの。④運動をして、からだの脂肪を減らすこと。⑤洋風陶画の一手法。上絵付けをする時に、油を用いて模様を白地に抜く方法。発音〈標ア〉0

あぶら-ぬぐい【油拭】(ぬぐひ)〘名〙小銃、機関銃などの銃腔内を清掃する用具。針金を縄のようにより合わせ、合わせ目にぼろ布などをからませたもの。辞書〈ボン〉表記油抜(へ) 発音アブラヌグイ〈標ア〉ヌ

あぶら-ぬすびと【油盗人】〘名〙「あぶらとり(油取)③」に同じ。＊浮世草子・傾城色三味線(1701)大坂・四「あんな奴がかごかきの油盗人(アブラヌスビト)といふものぢゃ」

あぶらぬすびと-の-き【油盗人木】〘名〙植物「たぶのき」の異名。＊物類称呼(1775)三「楠 たふのき和名たものき〈略〉土佐にて、あぶらぬすびとのきといふ」

あぶら-ぬの【油布】〘名〙つやのある布か。＊宗五大草紙(1528)衣装の事「ただ男は若も老たるもしろきかたびら似合候。其外は梅ぞめなど能候。せすりあぶら布など同前」＊随筆・貞丈雑記(1784頃)三「せうふあぶらぬのと云物条々聞書にあり照布油布二色の布の名也。(頭書)天文十一年日々記云七月十三日貴殿え照布一端私え油布一端云々」

あぶら-ねずみ【油鼠】〘名〙①油で揚げた鼠。狐を釣る餌とする。＊浄瑠璃・津国女夫池(1721)三「野狐が油ねずみの餌につらるるたぐひ。我もせがれが知行の餌ばにかかって」＊浮雲(1887-89)〈二葉亭四迷〉三・一九「罠のと知りつつ、油鼠(アブラネズミ)の側を去られん老狐(ふるぎつね)の如くに、遅疑しながらも」②心を奪われて離れられないもの。＊雑俳・ぎんかなめ(1729)「あぶらねづみで美僧還俗」発音〈標ア〉ネ

あぶら-ねずり【油舐】〘名〙(「ねずり」は「なめる」の意の近世上方語)「あぶらねぶり(油舐)」に同じ。＊滑稽本・滑稽雌黄(1759)一「朝夕燈明を点じ、仏龕(ぶつだん)の内を照らせば、汝が後光の徳はなし。是ぞ日本の油舐(アブラネズリ)なり」

あぶら-ねぶり【油舐】〘名〙①(油をなめるものの意)化け猫。＊松翁道話(1814-46)二・上「たとへ真実の子でも、親御の御存命の内から、どうしてかうしてとおもうてゐるがある。これが跡とり、異名を油ねぶりというて、尾が二つにわかれてある」②主人の目を盗んで自分の職務を怠ること。＊浄瑠璃・本朝二十四孝(1766)四「今日、留守番の中間小者、百物語も親方の油ねぶりと知られける」

あぶら-ねんど【油粘土】〘名〙粘土に油またはグリセリンを混合したもの。固くならないので繰り返して使用できる。発音〈標ア〉ネ

あぶら-の-いちくら【油鄽】〘名〙平安京の東市(ひがしのいち)および西市(にしのいち)に設けられた店舗の一つ。油を売る店。＊延喜式(927)四二・東西市司「油鄽〈略〉右五十一鄽東市〈略〉油鄽〈略〉右卅三鄽西市」＊俚言集覧(増補)(1899)「油のいちくら 市にて油をうるみせなり」

あぶら-の-き【油木】〘名〙植物「あぶらぎり(油桐)」の異名。＊重訂本草綱目啓蒙(1847)三一・喬木「罌子桐 あぶらぎり あぶらぎ 播州、あぶらのき 江州」方言江州†028 宮崎県008 北諸県郡947

あぶら-の-つかさ【主油司】〘名〙令制における官司の一つ。宮内省(みやのうちのつかさ)の所管で、諸国から調(みつぎ)の副物(そわつもの)、つまり付加税として上納する膏油(こうゆ)のことをつかさどった。寛平八年(八九六)九月、主殿寮(とのもづかさ)に併合された。しゅゆし。＊令義解(833)職員・主油司条「主油司 正一人。〈掌二諸国調膏油事一〉」＊三代格・四・寛平八年(896)九月七日・太政官符「応下併二置諸司一并省中官員上事〈略〉主油司併二主殿寮一」

あぶら-の-み【油実】〘名〙方言⇨あぶらき(油木)

あぶら-の-やく【油役】〘名〙武家の役名。室町時代、殿中で、灯油、灯心、灯台を管理する役。＊伊勢貞久武雑記(1570頃か)「油の役事。二人して遣る也。一人は燈心と油と。一人は燈台。是は添てなり」

あぶら-は【油葉】〘名〙方言⇨あぶらき(油木)

あぶら-バーナー【油―】〘名〙(バーナーは英 burner)重油、軽油、灯油などを細かい粒にし、空気と混合してよく燃焼させる装置。ボイラー炉、製鋼、窯業など工業的な大型装置に用いられる。発音〈標ア〉バ

あぶら-ばえ【油鮠】〘名〙「あぶらはや(油鮠)」に同じ。＊日葡辞書(1603-04)「Aburabaye (アブラバエ)〈訳〉鯉科の魚に類する川魚の一種」＊大和本草(1709)一三「もろこ はえに似て頭小きに腹少ひろく、形まるし。西州にあぶらめと云。又あぶらはえと云」辞書日葡

あぶら-はぜ【脂沙魚】〘名〙①脂ののったハゼ。②魚「かまつか」の異名。＊重訂本草綱目啓蒙(1847)四〇・魚「鯊魚 かまつか 京〈略〉あぶらはぜ 津軽」③魚「かじか(鰍)」の異名。＊重訂本草綱目啓蒙(1847)四〇・魚「杜父魚 かじか〈古歌〉仙台〈略〉あぶらはぜ 予州西条」方言魚。❶いしぶし(石伏)。関東†010 ❷かまつか(鎌柄)。津軽†029 ❸かじか(鰍)。予州西条†028 発音〈標ア〉ハ

あぶら-ばな【脂鼻】〘名〙脂の浮かんだ鼻。脂ぎった鼻。＊アパアトの女たちと僕と(1928)〈龍胆寺雄〉一〇「彼は手巾(ハンカチ)を出して脂鼻の辺をぐるぐるとこすって、ふと床敷(ゆかじき)のはしへ妙な思案顔をしてしょんぼり立って居る鞆絵を振向いて」発音〈標ア〉ラ0

アブラハム(Abraham)「旧約聖書-創世記」に出てくるイスラエル民族の始祖。「信仰の父」と呼ばれる。前名アブラム。イサクの父。神の命でカナンの地に行き、神と契約を結んだ。神がアブラハムの信仰を試みるため、イサクを犠牲としてささげることを命じた時、アブラハムは神の命令に従ったので、神はイサクの命を救った。発音〈標ア〉ラ

あぶら-はや【油鮠】〘名〙コイ科の淡水魚。形はウグイに似て、体長約一五センチメートル。多く山地の川や湖にすむ。あぶらばえ。《季・春》方言魚。❶どんばい(鈍鮠)。香川県仲多度郡829 ❷はや(鮠)。◇あぶらばよ 山形県139 ◇あぶらばい 山形県東村山郡・山形市139 ❸もろこ(諸子)。◇あぶらはえ 西州†005 筑紫†032

あぶら-はんぶん【油半分】〘名〙(形動)うそ半分。口前うまく、おせじ半分に並べ立てること。＊浄瑠璃・源頼家源実朝鎌倉三代記(1781)七「やいのと念比(ねんごろ)ぶり口先でちょっぽ草津から取寄ましたと油半分(あぶらはんぶん)」発音〈標ア〉八

あぶら-ひ【油火】〘名〙(「あぶらび」とも)灯心に油を浸してともす火。ともしび。灯火。あむらび。＊万葉(8C後)一八・四〇八六「安夫良火(アブラひ)の光に見ゆる我がかづらさゆりの花のゑまはしきかも〈大伴家持〉」＊御伽草子・猿源氏草紙(室町末)「あぶら火(ヒ)かすかにかきたてて、さゑもんとおぼしくて、ぜんごもしらずふしてあり」＊日葡辞書(1603-04)「Aburafi(アブラヒ)」＊幸若・夜討曾我(室町末-近世初)「やたてまきもの取りいだし、あぶらひすごく書きたて」発音〈音史〉後世は『あぶらび』とも。〈標ア〉ラ 辞書名義・日葡・書言・〈ボン〉・言海 表記燈(名) 油燈(書・へ) 油火(言)

あぶら-びえ【脂冷】〘名〙布などに体の脂や汗などが染みついて、冷たい感じがすること。＊久本氏(1907)〈真山青果〉三「脂冷(アブラビエ)のする薄い更沙蒲団を出してすすめた」

あぶら-ひかず【油不引】〘名〙①上等の刻みタバコ。下等のタバコには、刻みやすいように包丁や葉の面に引いた油の臭気が残っているが、上等のものにはそれがないところからいう。↔油引きタバコ。＊浮世草子・御前義経記(1700)六・一「わづか残るうちにて、七文の油(アブラ)ひかず、十二文でのべ一折」＊浄瑠璃・嫗山姥(1712頃)二「袖は涙のかはごりを今は身過とひっかたげ、刻たばこ、油引ずとうりありく」②(転じて)上等なもの。＊洒落本・無頼通説法(1779)「極上飛びきり、あぶら引ずの大通と申は、姿かたちを以ていわず」＊黄表紙・悦贔屓蝦夷押領(1788)大言「此六義をさとりて、大極上々油不引(アブラヒカズ)、思付(つき)の体を作す」③「うたびくに(歌比丘尼)」の別称。＊浮世草子・傾城新色三味線(1718)四・江戸・二「何国にても歌びくにを丸女(まるた)と云けり。〈略〉又、油ひかずとも云ひ」発音〈標ア〉0

あぶら-びかり【油光・脂光】〘名〙油または汗やあかなどがついて黒く光っていること。＊わかれ道(1896)〈樋口一葉〉中「四季押とほし油(アブラ)びかりする目くら縞の筒袖を」＊椀久物語(1899)〈幸田露伴〉四「脂光(アブラビカ)りの赤顔に円なる眼をぎらつかせて」＊薄明(1946)〈太宰治〉「それから、五月、六月、そろそろ盆地特有のあの炎熱がやって来て、石榴の濃緑の葉が油光りして」

あぶら-ひき【油引】〘名〙(「あぶらびき」とも)①油を物に塗ること。また、油の塗ってあるもの。＊万金産業袋(1732)一「丸てうちんは〈略〉張おろしと油ひき二品あり」＊わかれ道(1896)〈樋口一葉〉上「傘屋の油引(アブラヒ)きが一番好いのだ」②油を塗る

ための刷毛(はけ)。 ③「あぶらひさぎ(油販)」に同じ。＊色葉字類抄(1177-81)「翁伯 アフラヒキ アフラヒサキ」 発音〈標ア〉ラ 辞書色葉 表記翁伯(色)

あぶら-びき【刷毛】〘名〙水鳥が羽毛を整えること。また、その羽毛。はづくろい。＊二十巻本和名抄(934頃)一八「毳 刷附〈略〉四声字苑云刷〈所劣反 文選刷蕩読 波都久呂比 漢語抄云刷毛 阿布良比岐〉鳥理毛也」＊観智院本名義抄(1241)「刷毛 アブラビキ 鳥躰」 辞書和名・色葉・名義 表記刷毛(和・名) 毼(色)

あぶらひき-おうぎ【油引扇】〘名〙「あぶらおうぎ(油扇)」に同じ。＊談義本・教訓乗合船(1771)二・神道者田舎学者の弁「胴の間に安座して、琉球まがひの、あぶら引扇子(あふぎ)取直し」

あぶらひき-タバコ【油引煙草】〘名〙(タバコはポルトガル tabaco)タバコの葉を刻むとき、油を引いて刻んだもの。油のにおいのする刻みタバコ。粗悪、下等な刻みタバコ。↔油引かず。＊洒落本・戯言浮世瓢箪(1797)四「油引多葉粉(アブラヒキタバコ)のんで幕中(まくうち)の相談」

あぶら-ひさぎ【油販】〘名〙油を販売すること。また、その人。あぶらひき。あぶらびと。＊色葉字類抄(1177-81)「翁伯 アフラヒキ アフラヒサキ」＊猿投本文選正安四年点(1302)「若し夫れ翁伯(アフラヒサキ)濁質張里之家には鐘を撃ち斷(かなへ)にして食む」 辞書色葉・名義・伊京 表記翁伯(色・名・伊)

あぶら-びしゃく【油柄杓】〘名〙①油を汲み出すのに用いる柄杓。＊婚礼道具諸器形寸法書(1793)地「油柄杓、径五分、高五分、柄二寸一分」②茶の湯で、柄杓を扱う様子がぶざまなのをあざけっていう語。油売りが油を汲み出す格好にたとえていう。また、したたりを切るために、柄杓の合(ごう)を上下に振ること。

あぶらび-じんじゃ【油日神社】滋賀県甲賀郡甲賀町にある神社。旧県社。祭神は油日神ほか二柱。神体は油日岳。油の祖神とされる。社殿は国重要文化財。 発音〈標ア〉ジ

あぶら-ひでり【油旱】〘名〙「あぶらでり(油照)」に同じ。＊高野聖(1900)〈泉鏡花〉二六「油旱(アブラヒデリ)の焼けるやうな空に」

あぶら-びと【翁伯】〘名〙(「翁伯」という表記は、脂を売って大きな富を得た、漢の羽伯の故事による)「あぶらひさぎ(油販)」に同じ。＊伊呂波字類抄(鎌倉)「翁伯 アフラヒサキ アフラヒト 漢貨殖伝有翁伯」

あぶら-ひや【油火箭】〘名〙矢先に、鉄砲の火薬をしかけた火箭の一種。＊一歩集(1651)「油火箭は不」立しとらす不」切不」乾程の間、鉄砲の薬を、えの油にてしめし用鋭にはねさせずして用なり」

あぶら-びょうし【油拍子】〘名〙(油をまいた上で足拍子をとるとすべりやすいところから)危なげな足どり。＊咄本・醒睡笑(1628)一「そちがゐねぶりするあひだ、油びゃうしを踏むとてとりはづし、ひとり落ちにき」＊俳諧・崑山集(1651)一三・冬「をし鳥のならふはあぶらひゃうし哉〈安明〉」

あぶら-びれ【脂鰭】〘名〙サケ、マス、アユなどの背鰭と尾鰭の間にある鰭状の突起。鰭条を持たない。

あぶら-ふだ【油札】〘名〙(幅六、七分の紙に油をひいたものを用いたところからいう)江戸時代、大井川その他の川越えに際し、川会所から発行した川越え切符の一つ。 発音〈標ア〉ラ

あぶら-ぶとり【脂太・脂肥】〘名〙からだの脂肪分が多くて、太っていること。また、その人。脂肪太り。＊あたらよ(1899)〈内田魯庵〉「銅臭は道行く人の鼻を撲って辟易せしむる脂肪肥(アブラブトリ)の黒紋附株紳士」＊兵隊の宿(1915)〈上司小剣〉二「お梅の脂(アブラ)肥りの赤い手を見ながら」 発音〈標ア〉ブ² 〈京ア〉ブ²

あぶらふね-うんじょう【油船運上】〘名〙江戸時代、油絞りを業とする者が油船の数に応じて上納した税。油絞冥加(あぶらしぼりみょうが)。＊地方凡例録(1794)五「油船運上、是は油しぼり渡世の者、油船一艘に何ほど上納と云といへども」

あぶら-ペイント【油―】〘名〙(ペイントは英 paint)顔料をボイル油、乾性油などと練り合わせた塗料。固練りペイント、調合ペイントがある。建築物、機械類などに用いる。油性ペイント。ペンキ。 発音〈標ア〉ペ

あぶら-べに【油紅】〘名〙梳油(すきあぶら)に紅を練り込んだもの。芝居で、皮膚などにつけて、血に見せかけるのに用いる。＊歌舞伎・狭間軍記鳴海録(桶狭間合戦)(1870)五幕「額へはすに手傷を負ひし油紅(アブラベニ)を附け、手負の拵へ」＊歌舞伎・音聞浅間幻燈画(1888)二幕「初蔵乱れし鬘鉢巻諸所へ疵を受けし心にて、油紅(アブラベニ)をつけ、屋根へ這ひ出で」 発音〈標ア〉ベ

あぶら-へらし【油減】〘名〙(灯火の油を無駄に減らしているの意で)なんの役にも立たないこと。また、その人。＊雑俳・柳多留-四七(1809)「油へらしがまだ居ると素見いい」

あぶら-ぼう【油坊】〘名〙妖怪の一種。滋賀、大阪、新潟などで春の末から夏にかけて、夜分に出現するという怪火。油を盗んだ僧侶の話などと結びついていることが多い。

あぶら-ほうしゃ【油硼砂】〘名〙青に黒みがかった油状光沢をもつ硼砂。天然硼砂で脂肪物質を含んだもの。 発音アブラホーシャ〈標ア〉ホ

あぶら-ぼうず【油坊主】〘名〙①仏前の灯明に油を差す役目の僧。＊歌舞伎・貞操花鳥羽恋塚(1809)三立「内より、油坊主(アブラバウズ)の形(なり)をしたる男、青菅笠、黒衣の形にて」②アブラボウズ科の海魚。体色は暗青褐色。背びれは二基で、体長は一メートル以上に達する。寒帯性で北太平洋の深海の岩礁域にすむ。肉は脂肪に富み、食べ過ぎると下痢をする。学名は Erilepis zonifer 方言❶幼くて遊びに入れてもらえない子供。みそっかす。埼玉県北葛飾郡258 島根県邑智郡725 ❷茸(きのこ)の一種。表面にぬめりのあるもの。山形県飽海郡139 ❸植物、うつぼぐさ(靫草)。 発音アブラボーズ〈標ア〉ボ

あぶら-ほね【脂骨】〘名〙鳥の尾の部分の名。料理をする場合の名所(などころ)の一つ。

あぶら-ぼり【油堀】東京都江東区深川から富岡八幡宮の裏を通り木場に達する堀。油蔵が多かった。＊洒落本・辰巳之園(1770)「是より又油堀(アフラホリ)の、孫兵衛か貸蔵(かしぐら)が見せたい」 発音〈標ア〉ボ

あぶら-ポンプ【油―】〘名〙(ポンプはオランダ pomp)①高度の真空をつくるためのポンプ。ピストンポンプ形式と回転ポンプ形式とがあり、油の蒸気流によって空気を引き出すしくみになっている。②船や自動車のエンジンなどに油を送るために用いられるポンプ。ふつう、歯車ポンプが多く使用される。送油ポンプ。 発音〈標ア〉ポ

あぶら-まじ〘名〙陰暦三月の土用の少し前頃から吹く南風。《季・春》＊物類称呼(1775)一「風〈略〉伊勢の国鳥羽、或は伊豆国の船詞に〈略〉三月土用少し前より、南風吹。あぶらまじといふ」 方言どんより曇った日の南風。愛媛県南宇和郡・日振島840

あぶら-ます【油枡】〘名〙油を計量するための枡。＊多聞院日記-天正一三年(1585)八月一日「油升に七升入て持せ礼に出了」

アフラ-マズダ(Ahura Mazda)ゾロアスター教の主神。現世と未来を創造し、光明、善の神として全宇宙を支配する。悪神アーリマンとの抗争の結果、勝利して新しい世界をもたらすとされる。 発音〈標ア〉マ

あぶら-まぜ〘名〙陰暦四月、南西から吹く風。＊物類称呼(1775)一「風 畿内及中国の船人のことばに〈略〉四月未(ひつじ)の方より吹風を、あぶらまぜと云」

あぶら-まつ【油松】〘名〙松脂(まつやに)が多くて、燃やすと黒煙を多く出す薪。蠟松(ろうまつ)。＊雑俳・柳多留-二五(1794)「竈払じだんだをふむ油松」

あぶら-まみれ【油塗】〘名〙油にまみれていること。油だらけになるさま。＊青い月曜日(1965-67)〈開高健〉二・町工場「寒い風にふるえつつ油まみれで送風器を組みたてているのを見て」 発音〈標ア〉マ

あぶら-み【油実】〘名〙①油桐の実。油をしぼる。＊重訂本草綱目啓蒙(1847)三一・喬木「罌子桐 あぶらぎり〈略〉あぶらみ 江州」②植物「しらき(白木)」の異名。＊重訂本草綱目啓蒙(1847)三一・喬木「婆羅得〈略〉しらき 江州 は一名しろき〈略〉あぶらみ 城州貴舟」

あぶら-み【脂身】〘名〙肉のうち脂肪の多い部分。おもに魚、鳥、獣の肉にいう。＊雑俳・すがたなぞ(1703)「油身も同じ直段で取あんま」＊小僧の神様(1920)〈志賀直哉〉一「そろそろお前の好きな鮪(まぐろ)の脂身(アブラミ)が食べられる頃だネ」 発音〈標ア〉ラ〈京ア〉ラ 辞書〈ボン・言海〉 表記膏肉(へ) 脂身(言)

あぶら-みがき【油磨】〘名〙①金属や木材などに、つやを出すため、油をつけて磨くこと。＊古今著聞集(1254)二〇・六九五「其の蛇の有りけるしたの裏板は、あぶらみがきなどをしたるやうにて、きらめきたりけり」＊六物図抄(1508)「油はあぶらみかき也」②金具を磨く時に、最後に油をひいて磨く仕上げ方。③油でみがいてつやを出した板で張った床。＊鎌倉殿中以下年中行事(1454か)正月十一日「御評定始〈略〉御評定所は十五間、中は油磨紫縁之御畳廻敷にて」＊俳諧・竹馬狂吟集(1499)一〇「王も位もすべるとぞ聞く 縁までも油みがきの院の御所」 発音アブラミガキ〈標ア〉ミ 辞書日葡

あぶらみ-がや【油実榧】〘名〙植物「いぬがや(犬榧)」の古名。＊和訓栞(1777-1862)「へべ〈略〉犬がやともいひ〈略〉勢州にて油みがやともいへり」 方言勢州

†015

あぶら-みせ【油店】〘名〙近世、主として結髪用の油、ことに伽羅(きゃら)油を売った店。多くは白粉、洗い粉など婦人用の化粧品を兼ねて売る。江戸で役者が内職として開いたこともあった。＊浮世草子・風流曲三味線(1706)六・四「伽羅(きゃら)の油見世を出してにつごらしきくらし」＊雑俳・柳多留-三(1768)「悪方は油見世など思ひきり」＊随筆・我衣(1825)「寛文年中〈略〉糀町へ谷島主水といへる女方、油見世を出す。是油みせの元祖なるべし」

あぶら-みそ【油味噌】〘名〙なめみその一種。砂糖、みりんを加えたこしみそに、ごまあぶらでいためた麻(お)の実を入れ、しばらく煮たもの。 発音〈標ア〉ラ

あぶら-みぞ【油溝】〘名〙機械の、注油がよく行きわたるように、すり合わさる面に刻んだみぞ。

あぶら-むし【油虫】〘名〙①セミ(半翅)目、アブラムシ科とそれに近縁な科に属する昆虫の総称。体長は五ミリメートル以下で、体色は緑、黄、橙、茶、黒など。腹の側に長い口吻(こうふん)をもつ。園芸植物、果樹、野菜などに群生し、汁液を吸ってその発育を害する。春、雌の単為生殖で雌の幼虫を胎生して盛んに増殖し、秋になると雄が生まれ有性生殖により多数の卵を産む。排出物に糖分を多く含み、これを吸うためにアリが好んで集まる。アリはアブラムシの外敵を追い払うため、共生関係の好例とされる。俗称ありまき。蚜虫。《季・夏》＊塵袋(1264-88頃)四「はぎのえだなどにつくあふらむしと云ふあをきむしのをとなしくなりてはねのおひたるを、ふようひとなつけてかしらにぬる」＊日葡辞書(1603-04)「Aburamuxi(アブラムシ)」②「ごきぶり(蜚蠊)」の俗称。《季・夏》＊日葡辞書(1603-04)「Aburamuxi(アブラムシ)〈訳〉ごきぶり」＊浮世草子・西鶴織留(1694)四・一「又かうじ屋から蟬の大きさした

る油虫(アブラムシ)ども、数千疋(すせんびき)わたりきて」 *俳諧・延享廿歌仙(1745)二〇「かうろぎの臑をかぢるやあぶら虫〈黙斎〉」 *七曜(1942)〈山口誓子〉「油虫走せゐしが夜雨降りいづる」 ③「あぶらこうもり(油蝙蝠)」の異名。 ④昆虫「こがねむし(黄金虫)」の異名。 *重訂本草綱目啓蒙(1847)三七・化生「金亀子 こがねむし〈略〉あぶらむし 防州」 ⑤人につきまとい、害を与えたり、無銭で飲食、遊楽などしたりするのを常習とする者をあざけっていう語。たかり。 *評判記・剝野老(1662)序「前がみのむかしをしたふはつもとゆひふり袖のかほりゆかしきわかむらさき 是にそまるとんてきのたましゐは楽やのあぶらむしとなりておもひにもえさすらふ」 *雑俳・柳多留-初(1765)「太神楽ぐるりはみんな油むし」 *随筆・耳嚢(1784-1814)八・油むし呪の事「物見・芝居など銭を出さず見物するを油虫と諺に言る」 *浪花聞書(1819頃)「青(虫喰)芝居抔え無銭にて見るものを云江戸て云油虫のことなり」 ⑥遊郭などでひやかしの客をあざけっていう。ひやかし。 *評判記・吉原讃嘲記時之大鞁(1667か)にくきもの「一あぶらむしのからさわぎ」 *雑俳・柳多留-三七(1807)「本名は素見あざ名は油むし」 方言㊀虫。❶こがねむし(黄金虫)。茨城県稲敷郡062 鳥取県日野郡712 島根県仁多郡725 鹿児島県961 鹿児島郡968 ◇あぶらもし 島根県出雲725 ◇あぶらけし 茨城県北相馬郡195 ❷かなぶん(金蚉)。青森県三戸郡083 ◇あぶらがね〔油金〕 奈良県宇智郡683 ❸どうがねぶいぶい(銅鉦蚉蚉)。鹿児島県966 ❹てんとうむし(天道虫)。熊本県天草郡936 ❺こおろぎ(蟋蟀)。熊本県天草郡936 ❻おかまこおろぎ(御竈蟋蟀)。新潟県東蒲原郡368 兵庫県052 岡山県052 ❼きりぎりす(螽蟖)。熊本県天草郡936 ❽かまきり(蟷螂)。熊本県天草郡936 ❾みずすまし(水澄)。宮崎県東諸県郡040 ㊁貝、なめくじ(蛞蝓)。鹿児島県沖永良部島975 ㊂❶木戸銭を払わずに寄席や芝居小屋などに入り込んで見物する者。無銭で興行物を見る者。京都†114 岩手県上閉伊郡098 愛知県名古屋市062 島根県石見725 福岡市877 熊本県918 ❷よその宴会に入りこんだり他人にたかったりして、無銭で飲食する者。茨城県稲敷郡193 山梨県南巨摩郡463 465 愛知県名古屋市062 ❸ならず者。無頼漢。大阪市638 ❹子供の遊びで、一人前として扱われない年少の者。青森県三戸郡083 山形県東置賜郡139 栃木県198 201 ❺役に立たない者。無能力者。栃木県198 福岡市879 ❻仕事中に時間をかすめて怠ける者。岐阜県飛驒502 ❼怠け者。のらくら者。岐阜県飛驒502 島根県那賀郡725 発音〈なまり〉アブラモシ〔鳥取〕〈標ア〉ラ〈京ア〉ラ 辞書日葡・書言・ヘボン・言海 表記竹虱・天厭子(書) 滑蟲(書・へ) 油蟲(言)

あぶら-め【油身魚】〘名〙①魚「あいなめ(鮎並)」の異名。 *物類称呼(1775)二「鮎魚女あいなめ 奥州にてねうをといひ又しんじょと云 同国南部にてはあぶらめと云」 *病牀六尺(1902)〈正岡子規〉二九「海の小海老を用ゐるものは小鯛釣、メバル釣、アブラメ、ホゴ其外沖の雑魚釣」 ②魚「いたちうお(鼬魚)」の異名。 *和漢三才図会(1712)四九「油身魚 俗云阿布良女魚又云伊太知以乎」 ③「さんしょううお(山椒魚)」の異名。 方言㊀魚。❶あいなめ(鮎並)。盛岡†054 岩手県上閉伊郡097 新潟県佐渡348 岐阜県益田郡498 大阪府016 兵庫県015 鳥取県016 山口県下関016 香川県829 愛媛県松山市016 熊本県八代郡016 ❷くじめ(久慈目)。淡州†030 紀州†030 新潟県016 石川県016 福井県016 和歌山県西牟婁郡694 岡山県御津郡764 ◇あぶらげ 石川県鹿島郡016 ❸もろこ(諸子)。西州†005 近江†020 ❹むつ(鯥)。周防†122 長門†122 ❺べら(遍羅)の一種。備後†030 讃岐†030 兵庫県加古郡664 ❻めだか(目高)。岩手県002 ❼川魚の一種。六〜一五センチ㍍ほどで斑点のないもの。熊本県球磨郡054 ㊁動物、さんしょううお(山椒魚)。鹿児島県肝属郡970 辞書言海 表記油女(言)

あぶらめ-やすり【油目鑢】〘名〙最終仕上げに用いられる最も目の細かいやすり。 発音〈標ア〉ヤ

あぶら-めん【油—】〘名〙方言❶蜻蜓(やんま)の雌。羽根が透明でなく褐色であるところから言う。周防†122 長門†122 ◇あぶらめんと 予州†039 ❷虫、ぎんやんま(銀蜻蜓)。◇あぶら 岡山県邑久郡761 ❸大形の蜻蛉(とんぼ)の一種。高知県864

あぶら-もち【油持】〘名〙公卿が牛車(ぎっしゃ)に乗って外出する際、車の軸にさす油を持って供奉する召具の役。あぶら。 *随筆・貞丈雑記(1784頃)四「油持とあるは、車の軸にさすべき油を持行く役人也、油とばかり書たるもあり」

あぶら-もの【油物】〘名〙油で揚げたり、いためたりした食べ物。 *名語記(1275)五「菓子の油物に、ぶと」 *文明本節用集(室町中)「油糉 アフラモノ」 *俳諧・竹馬狂吟集(1499)三「油物すべる落葉のもみぢかな」 *言継卿記-天文二年(1533)正月二一日「旧冬無音之間、一度に済々到、神供油物巻数火箸等到、則夕方返事遣候了」 発音〈標ア〉0 辞書文明・天正・黒本・易林・日葡・書言 表記油糉(文・天・黒・易・書) 油物(黒)

あぶら-もり【油守・灯守】〘名〙平安時代、後宮の殿司(とのもりつかさ)に属する女官。ひもり。 *延喜式(927)一二・中務「殿司燈守(あふらもり)四人」

あぶら-や【油屋】㊀〘名〙①灯油など、油を製造したり、売ったりする家。また、その人。 *日葡辞書(1603-04)「Aburaya(アブラヤ)〈訳〉油を売ったり、作ったりする家」 *浮世草子・日本永代蔵(1688)五・二「身業(みすき)の種は親代からの油(アフラ)屋なりしが、家職の槌の音を嫌ひ」 *浄瑠璃・女殺油地獄(1721)上「本天満町河内屋徳兵衛といふ油屋の、二番息子」 *歌謡・新編歌祭文集(1688-1736頃)八・おそめ久松心中種油上「所は都の東堀、聞いて鬼門の角屋敷、瓦橋とや油屋の。一人娘にお染とて」 *童謡・こんこんこぎつね(1924)〈浜田広介〉「こんこんこぎつね あぶら買いにいそぎの野みちは お寺うら 町のあぶら屋 つきあたり木の葉であぶらを 買いました」 ②髪油を売る店。また、その人。油店(あぶらみせ)。 *雑俳・さざれ石(1730)「鳥甲(とりかぶと)まづ鬢付屋(アブラや)の詠(ながめ)あり」 *雑俳・柳多留-五(1770)「油屋のかいで出すのは直が高し」 ③「あぶらやさん(油屋様)」に同じ。 *東京風俗志(1899-1902)〈平出鏗二郎〉中・七・服装「四五歳に至るまでは、衣の汚れを防ぐが為めに、油屋(アブラヤ)と称へて、胸当と前掛とを併せたるが如きものを着けしむるもあり」 ④文楽の人形の動作の型。老人の人形によく用いられ、相手をからかう気持を表わす軽妙な動作をいう。「義経千本桜」のすし屋で彌左衛門、「菅原伝授手習鑑」の佐太村で白太夫が演ずる型など。㊁歌舞伎の「伊勢音頭恋寝刃」の第三幕の通称。この場を常磐津節にした曲の通称にも用いる。 方言怠け者。栃木県塩谷郡200 発音〈標ア〉0〈京ア〉0/ラ 辞書日葡・ヘボン 表記油屋(へ)

あぶらや の 銭箱(ぜにばこ) 背丈の高いことをたとえていう。 *洒落本・二蒲団(1801)「べらぼうにせいがたけへぜ。なんのこたアねへ、地蔵様の花立か、あぶら屋の銭筥(ゼニバコ)をみたやうだぜ」

あぶらや-おこん【油屋お紺】 歌舞伎「伊勢音頭恋寝刃」の女主人公。伊勢古市油屋の遊女。愛人福岡貢(みつぎ)の求めている名刀の折紙を得るために、貢に心にもない愛想づかしを言う。 発音〈標ア〉コ

あぶらや-かたつき【油屋肩衝】 大名物唐物茶入れの銘。明代のものとされる。秀吉や家康などが所持した。

あぶら-やき【油焼】〘名〙①料理法の一種。魚、鳥、獣肉、野菜などの材料に油を塗りつけながら焼く方法。また、鍋(なべ)や鉄板に油を引き、その上で焼く方法。オイル焼き。 *料理物語(1643)一「鰤 あぶらやき」 ②焼入れの一方法。高温に加熱した鋼材を油の中に入れて冷却する焼入れの仕方。油焼入れ。 発音〈標ア〉0

あぶらや-ぎぬ【油屋絹】〘名〙絹織物の名称。京都室町通鯉山町の羽二重大坂呉服問屋、油屋太兵衛の店で織り出したものかという。 *浮世草子・好色盛衰記(1688)三・三「油屋絹(アフラヤキヌ)の本もろ半疋」 *浮世草子・日本永代蔵(1688)五・二「油屋絹(アフラヤキヌ)の諸織(もろをり)を、けんぼう染の紋付袖口薄綿にしてみつ重ね」

あぶら-やけ【油焼】〘名〙魚類の干物などで、含まれている油脂が酸化分解して、色が褐色になり、味が渋くなること。

あぶらや-さん【油屋様】〘名〙(近世、油売りが使用した渋染めの、胸当てを兼ねた前垂れに似ているところからいう) 小児が用いる胸当てやよだれ掛け。あぶらや。あぶちゃん。 *明治大正見聞史(1926)〈生方敏郎〉憲法発布と日清戦争・三「胸まである物で子供の掛ける前掛けだと云ふから、私達が五つ六つまで掛けた『油屋さん』と類似の物だらうと私達は想像した」 方言静岡県賀茂郡521

あぶら-やし【油椰子】〘名〙ヤシ科の常緑高木。西アフリカ原産で、東南アジアでも、栽植する。幹は分枝せず高さ二〇㍍に達する。葉は幹の上部につき、長さ三〜五㍍の羽状で叢生する。果実は径四センチ㍍程の卵形で、数百個着生する。果実からパーム油が採れ、マーガリンの原料などにされる。学名は Elaeis quineensis *現代術語辞典(1931)「油椰子 アフリカ産の椰子の一種」 発音〈標ア〉ヤ

あぶら-よせどころ【油寄所】〘名〙江戸時代、天保三〜一三年(一八三二〜四二)大坂内本町橋詰町および天保三〜八年(一八三二〜三七)江戸霊岸島に設けられた油の取引所。油改所の後身。 *禁令考-前集・第六・巻五八・天保三年(1832)油絞草弁絞油売買主法改革「一 此度大坂内本町橋詰町に油寄せ所取建、出油屋江戸口京口油問屋共、一同油問屋と名目を改、右寄せ所え向相廻し、油問屋共え可売渡候」

あぶら-よつで【油四手】〘名〙方言動物。❶たこのまくら(蛸枕)。周防†122 ❷ひとで(人手)の一種。香川県小豆島829

あぶら-わた【油腸】〘名〙動物の内臓で特に油の多い部分。 *黄表紙・一粒万金談(1781)「どくをくってしなんとふぐのあぶらわたてうぐるみにてもちゐ」

あぶら-わた【油綿】〘名〙①昔、香油を浸しておき、髪につけるのに用いた綿。 *十巻本和名抄(934頃)六「沢 釈名云 沢〈俗用脂綿二字 阿布良和太〉人髪恒枯悴 以此令濡沢也」 *満佐須計装束抄(1184)二「左の髪をよく梳りて、あぶらわたつけなでなどして」 *今物語(1239頃)「ともし火の尽きたりけるに、あぶらわたをさしたりければ、よにかうばしく匂ひけるを」 *古今著聞集(1254)一六・五三〇「髪を短かくきりて、あぶらわたを塗られたりければ」 *多聞院日記-天正二年(1574)五月一七日「頭のしらくほには、狼の白きふんを黒焼にして、油わたにときて付吉」 ②(油のしみているものが多いところから) 綿糸紡績工場での落綿(らくめん)。ガラ紡糸の原料とする。 発音〈標ア〉ラ〈ア史〉平安○○○●○〈京ア〉ラ 辞書和名・色葉・名義・易林 表記脂綿(和・色・名・易) 沢(和・色・名)

あぶら-ワニス【油—】〘名〙(ワニスは 英 varnish) 天然樹脂または合成樹脂を乾性油とともに加熱縮合して乾燥剤を加え、テレビン油、石油などでうすめたワニス。建具などの塗料。油ニス。油性ワニス。 発音〈標ア〉ワ

あふり【煽】〘名〙⇩あおり(煽)

あふり【障泥・泥障】〘名〙⇩あおり(障泥)

あぶり【焙・炙】〘名〙①火にあてて焼くこと。 *咄本・日待ばなしこまざらひ(1684-88)中「弟子師匠をしたひてあぶりをせしゆへに扨こそあしすり寺といふといへば」 ②火にあてて暖め乾かすこと。 ③武

家時代の刑罰の一つ。罪人を焼き殺すもの。火あぶり。＊歌舞伎・夢物語盧生容画(1886)六幕「ひょっと耳になった日には又も御用になった上、罪に落ちりゃあ焙(あぶ)りの凶状」発音〈標ア〉リ

あぶり-いお【炙魚】〘名〙あぶった魚。＊日葡辞書(1603-04)「Aburijuo (アブリイヲ)。ただしヤキイヲという方がよい」方言焼き魚。長崎県南高来郡905 ◇あぶいいお 鹿児島県日置郡975 辞書日葡

あぶり-うお【炙魚】〘名〙「あぶりいお(炙魚)」に同じ。辞書書言 表記炙魚(書)

ア-プリオリ〘名〙(形動)(ラテン a priori 原義は「より先のものから」の意) ①スコラ哲学で定義や原理から始める議論の進め方。↔ア-ポステリオリ。＊百一新論(1874)〈西周〉下「物理はア、プリオリと云って先天の理とし、心理はア、ポステリオリと云って後天の理なれば」②カントの認識論で、経験や事実に先立つ条件のこと。先天的。↔ア-ポステリオリ。＊音引正解近代新用語辞典(1928)〈竹野長次・田中信澄〉「アプリオリ a priori 羅 先天的又は先天性と訳されて居る」＊文化と宗教の理念(1942)〈吉満義彦〉三「しかしてそれは具体的にいって恩寵的な文化の実現のア・プリオリともいふべきものを」＊歌仙(1952)〈石川淳〉「社会構造のあらゆる変更はことばが発展するところの条件の変化に依ってあらはされるだらうといふことは、アプリオリにさうあるべきものと見られる」発音〈標ア〉プ

アフリカ【阿弗利加・亜弗利加】(英 Africa オランダ・ドイツ Afrika) ❶六大州の一つ。ユーラシア大陸の南西にあり、東はインド洋、西は大西洋、北は地中海に面する世界第二の大陸。赤道がほぼ中央を走り、熱帯、亜熱帯気候を呈する。一六、七世紀以来ヨーロッパ諸国の植民が行なわれ「植民地大陸」の名で呼ばれたが、第二次世界大戦以後民族独立運動が起こり相次いで独立国が誕生した。＊随筆・火浣布略説(1765)「凡世界を四つにわり、ゑろっぱ、あぢや、あふりか、あしりかといふ」＊解体新書(1774)一「分之為四大洲、一云亜斉亜、二云欧羅巴、三云亜弗利加(アフリカ)、四云亜墨利加」＊尋常小学読本(1887)〈文部省〉七「東大陸は、亜細亜 亜非利加 欧羅巴の三大洲に分れ、濠太剌利大陸は、只濠太剌利の一大洲より成れり」❷〘名〙欠席裁判で判決を言い渡されることをいう、盗人仲間の隠語。〔日本隠語集(1892)〕語誌(1)古くはアフリカのことを「リビア」と呼んでいた。漢字表記の「利未亜」は利瑪竇(マテオ＝リッチ)の「坤輿万国全図」(一六〇二)に見られ、日本にも伝わり、新井白石の「采覧異言-二」(一七一三)などにも用いられている。(2)「アフリカ」の音訳としては、「坤輿万国全図」に「小亜非利加」があり、アフリカの北西にある地域名であった。「職方外紀」(一六二三)では「亜非利加」が大陸名として用いられた。(3)日本では「童蒙階梯西洋往来」(一八六八)など、「非」という表記も一時期用いられていたが、一九世紀末期から次第に見られなくなった。「亜弗利加」「亜払利加」「亜夫利加」「阿弗利加」などとも書き、いずれも日本独自の当て方かと思われる。なかでも、「亜弗利加」は一八世紀後期にすでに用例が見え、最も広く用いられた漢字表記である。発音〈標ア〉0

アフリカーナ〘名〙(アフリカーンス Afrikaaner) 南アフリカ共和国のヨーロッパ系白人。特にアフリカーンスを話すオランダ系白人。発音〈標ア〉カ

アフリカーンス〘名〙(アフリカーンス Afrikaans) 南アフリカ共和国の公用語の一つ。アフリカーナの言語で、一七世紀のオランダ語を母体としている。発音〈標ア〉ア カ

アフリカ-ぎく【―菊】〘名〙「はごろもぎく(羽衣菊)」に同じ。

あぶり-かご【焙籠】〘名〙炭火の上に伏せておき、その上に衣類をかけて、あぶり乾かすための竹製の籠。焙籠(あぶりこ)。伏籠(ふせご)。方言自在かぎに掛けて、衣類を干すのに用いる竹かご。岩手県気仙郡100

アフリカ-こくじんしゅ【―黒人種】〘名〙サハラ以南のアフリカの大部分に住んでいる黒色人種。住む地方および身長の高低、皮膚の濃淡、毛髪、顔面的特徴により、スーダン人、ギニア人、コンゴ人、南アフリカ人、ナイロティック人の五亜人種に分類されている。メラノ-アフリカ人種。発音〈標ア〉ジ

アフリカ-さい【―犀】〘名〙アフリカに分布するサイの総称。上唇の先が馬のように扁平なシロサイ(学名は Ceratotherium simum)と、くちばし状に突き出たクロサイ(Diceros bicornis)の二種があり、角はどちらも二本。二角犀。発音〈標ア〉カ

アフリカ-しゅう【―州】「アフリカ❶」に同じ。＊遠西観象図説(1823)中・地球「三を亜弗利加(アフリカ)州と云ふ。厄日多(エゲプト)、為匿亜(グイネヤ)、福島(カナリヤ)等、皆なこれに属す」発音アフリカシュー〈標ア〉カ

アフリカ-しょご【―諸語】〘名〙アフリカ大陸内にみられる諸語の総称。マダガスカル島の諸言語や南アフリカのアフリカーンス、公用語として用いられる旧宗主国の言語などを除く。これらの言語の主な分類としては、(1)アフロ・アジア語族(アラビア語、ベルベル語、アムハラ語、ソマリ語、ハウサ語など)、(2)ニジェール・コンゴ語族(ヨルバ語、スワヒリ語、ズールー語など)、(3)ナイル・サハラ語族(ディンカ語、マサイ語など)、(4)コイサン語族(ブッシュマンとホッテントットが話す諸語)の四語族に分けることが多い。しかし、現地調査の進展によって、未知の言語の発見や分類の再検討の可能性がある。発音アフリカショゴ〈標ア〉ショ

アフリカ-じんしゅ【―人種】〘名〙アフリカを主な居住地とする人種。発音〈標ア〉ジ

アフリカ-すみれ【―菫】〘名〙イワタバコ科の多年草「セントポーリア」の異名。発音〈標ア〉ス

アフリカ-ぞう【―象】〘名〙ゾウ科の哺乳類。サハラ砂漠以南のアフリカのサバンナに分布。肩の高さは三メートル、体重五トン以上で、インドゾウより大きく、特に耳は三倍近く大きい。性質は荒く人に慣れにくい。象牙のため乱獲され、生息数が激減している。学名は Loxodinta africana 発音アフリカゾー〈標ア〉カ

アフリカ-たんぽぽ【―蒲公英】〘名〙植物「ガーベラ」の異名。発音〈標ア〉タ

アフリカ-とういつきこう【―統一機構】(英 Organization of African Unity の訳語) アフリカ諸国の地域協力機構。一九六三年創設。本部はアディスアベバ。略称OAU 発音〈標ア〉キ

あぶり-がね【焙金】〘名〙肉などをあぶるための焼き網。＊コリャード西日辞書(1631)「Aburi gane (アブリガネ)」

あぶり-から・す【焙乾】〘他サ四〙あぶって乾かす(日葡辞書(1603-04))。辞書日葡

あぶり-かわか・す【焙乾】〘他サ四〙火にあててかわかす。あぶりからす。＊太平記(14C後)二〇・結城入道堕地獄事「至極あぶり乾(カハカシ)て後、又俎の上に推しひらめて、鑾刀(らんたう)に鉄(くろがね)の魚箸(まなばし)を取り副へて」＊日葡辞書(1603-04)「Aburicauacasu (アブリカワカス)」辞書日葡・〈ボン〉 表記焙乾(へ)

あぶり-かわらが・す【焙乾】〘他サ四〙「あぶりからす(焙乾)」に同じ(日葡辞書(1603-04))。辞書日葡

あぶり-かわら・ぐ【焙乾】〘他ガ下二〙「あぶりからす(焙乾)」に同じ(日葡辞書(1603-04))。＊日葡辞書(1603-04)「キルモノ ナドヲ ヒデ aburi cauaraguru (アブリ カワラグル)」辞書日葡

あぶり-ぐい【炙食】〘名〙火にあぶって食べること。＊俳諧・続一夜松前集(1785)「花の盛に岐蘇の旅して〈楚山〉立ながら桜うぐひのあぶり喰〈几董〉」

アプリケ〘名〙⇩アップリケ

アプリケーション〘名〙(英 application) ①適用すること。応用すること。また、実用化。＊モダン辞典(1930)「アプリケーション 適用、評価」②「アプリケーション-ソフトウェア」の略。発音〈標ア〉ケ

アプリケーション-ウェア〘名〙(英 application ware) コンピュータの応用技術。発音〈標ア〉ウェ

アプリケーション-ソフトウェア〘名〙(英 application software) ワープロソフト、表計算ソフト、データベースソフトなど、特定の仕事をするためのソフトウェア。アプリケーションソフト。アプリケーション。↓システムソフトウェア。発音〈標ア〉ウェ

アプリケーション-プログラム〘名〙(英 application program)「アプリケーション-ソフトウェア」に同じ。発音〈標ア〉グ

あぶり-こ【焙籠・焙子・炙籠】〘名〙(「こ」は、「かご」の意) ①「あぶりかご(焙籠)」に同じ。＊延喜式(927)二八・隼人司「凡応供大嘗会竹器熟笥七十二口。楪(あふり)籠七十二口」＊ぎやどぺかどる(1599)下・一・四「サンロレンソは焙籠の上に乗給ひて涼しき火焰かなと宣ふ事は」＊書言字考節用集(1717)七「焙熿 アブリコ」＊浄瑠璃・摂州合邦辻(1773)下「炬燵の櫓や焙銅(アブリコ)の様な字ばかりで一つも読めねど」②餅などを焼くのに用いる鉄の網または棒。あぶりだな。＊石山本願寺日記-証如上人日記・天文五年(1536)一二月二五日「鍛冶権守佳例あぶりこ、又火箸到来候間、弐十疋遣候」＊俳諧・桜川(1674)春・二「あぶりこに花をもむ也さくらのり〈久友〉」＊随筆・耳嚢(1784-1814)四・呪に奇功ある事「水に漬し餅或ひは草あんぴなど唱へ候品、あぶりこの上に乗せて焼くに」＊御国通辞(1790)「あみ あぶりこ」③茶などを入れて炒(い)る大きめの竹籠(日葡辞書(1603-04))。方言餅、魚などを焼く金網。もち網。青森県上北郡050 岩手県気仙郡100 宮城県栗原郡114 石巻120 秋田県鹿角郡132 茨城県062 新潟県佐渡348 富山県389 東礪波郡402 奈良県吉野郡688 和歌山県690 香川県高松829 長崎県壱岐島038 対馬911 熊本県天草郡936 ◇あぶりご 岩手県気仙郡100 ◇あぶいこ 鹿児島県961 ◇あぶるこ 岩手県紫波郡093 ◇あぶるご 青森県南部084 ◇あぶるぐ 岩手県気仙郡102 ◇あぶっこ 島根県隠岐島725 ◇あぶりこお 和歌山県690 ◇あぶいくう 沖縄県首里993 辞書日葡・書言・〈ボン〉・言海 表記焙熿(書) 焙籠(へ・言) 発音〈標ア〉0

あぶりこ-うり【焙籠売】〘名〙伏せ籠売りの行商。あるいは焼き網の焙子(あぶりこ)売りのことか。＊雑俳・玉みがき(1729)「引かけて・あぶりこ売の懐手」

あぶり-こが・す【焙焦】〘他サ四〙①火にあてて焦げるようにする。＊日葡辞書(1603-04)「Aburicogaxi, su, aita (アブリコガス)〈訳〉あぶって狐色に焦がす。または、そのようにあぶる」②日射が強く、物を焦がすようにじりじりと照りつける。＊玉塵抄(1563)九「あつう日がてりかかやき、あぶりこかいて草木もやけかれて」辞書日葡・〈ボン〉 表記焙灼(へ)

アプリコット〘名〙(英 apricot) ①アンズ。「アプリコットジャム」②あんず色。赤みがかった黄色。＊若いセールスマンの恋(1954)〈舟橋聖一〉八・二「アプリコットのオープン・カラアの下に、〈略〉キッスマークが覗かれた」発音〈標ア〉コ

あぶり-こぶ【炙昆布】〘名〙あぶった、幅の広い海藻(昆布)で、卑語(日葡辞書(1603-04))。辞書日葡

あぶり-ころ・す【焙殺】〘他サ五(四)〙火で焼き殺す。火あぶりにする。＊大鏡(12C前)三・伊尹「われをあぶりころさんとおぼすにこそあれ」＊日葡辞書(1603-04)「Aburicoroxi, su, oita (アブリコロス)〈訳〉人を生きたまま火あぶりにする」辞書日葡・〈ボン〉 表記梗殺(へ)

あぶり-ざかな【炙魚】〘名〙①海草などをあぶって酒の肴にしたもの。＊料理物語(1643)二「搗和布(かぢめ) ひや汁。あぶりざかな。〈略〉甘苔(あまのり)、

ひや汁。あぶりざかな」 ②火にあてて焼いた魚。焼き魚。＊小説神髄(1885–86)〈坪内逍遥〉下・小説法則総論「羹(あつもの)といひ炙魚(アブリザカナ)といひ、鱠といひ塩(しほもの)といひ、料理に関する慣習ありて」

あぶり-じんじゃ【阿夫利神社】 神奈川県伊勢原市大山(おおやま)、一名雨降(あふり)山にある神社。旧県社。祭神は大山祇命(おおやまつみのみこと)ほか二柱。崇神天皇の代の創祀と伝える。古くから雨乞いの祈願所。修験道場となり、近世には「大山参り」といって大山講が流行した。大山阿夫利神社。石尊権現。大山さま。 発音〈標ア〉ジ

あぶり-ぜめ【焙責】〘名〙火にあぶって責めること。拷問(ごうもん)の一方法。火責め。＊評判記・古今役者物語(1678)「いたはしやひめ君を、たかてこてにいましめて、大にはにすみの火をおこし、あぶりぜめにぞしたりけり」

あぶり-だし【焙出】〘名〙乾くと消えるような薬品などで、字や絵をあらかじめ書いておいた紙を、火にあぶって、その字や絵を現わす遊び。また、その紙。酒や明礬(みょうばん)、塩化コバルトの溶液、ミカンの汁などを用いる。焼き絵。＊随筆・嬉遊笑覧(1830)三・上「これ今のあぶり出しと云もの也。ここにてするは酒をもて物を書き火にあぶる異国の方よりも簡易なり」＊光と風と夢(1942)〈中島敦〉一九「数年間まるで忘却してゐた過去の或る情景などが、焙(アブ)り出しの絵の様に、突然ありありと、其の色や匂や影まで鮮やかに頭の中に蘇って来る」 発音〈標ア〉0〈京ア〉0 辞書言海 表記炙出(言)

あぶり-だ・す【焙出】〘他サ五(四)〙火にあぶって、かくれた文字や絵などを映しだす。＊虞美人草(1907)〈夏目漱石〉一五「記憶の紙に炙(アブ)り出(ダ)すのみか」 発音〈標ア〉0 ダ〈京ア〉C

あぶり-だな【炙棚】〘名〙食物を火にかけて、あぶったり焼いたりするのに用いる器具。＊観智院本名義抄(1241)「鏊 鏊〈略〉煎餅盤 アフリタナ」 辞書名義 表記鏊・鏊・前餅盤(名)

あぶり-つ・ける【焙付】〘他カ下一〙文あぶりつ・く〘他カ下二〙焦げるように焼く。焦がす。＊二筋の血(1908)〈石川啄木〉「それはそれは暑い日で、空には雲一片なく、脳天を焙(アブ)りつける太陽が宛然(まるで)火の様で、習(そよ)との風も吹かぬから、木といふ木は皆死にかかった様に其葉を垂れてゐた」 発音〈標ア〉ケ 0 ブ

あぶり-どうふ【炙豆腐】〘名〙火で両面をあぶり焦がした豆腐。やきどうふ。＊東寺執行日記-文明七年(1475)一一月一五日「於二鎮守一者一献〈こふ、のり、大こん〉、二こん〈あふりたうふ〉、酒有レ之。いものかしのなき計也」＊日葡辞書(1603–04)「Aburidôfu(アブリドウフ)〈訳〉火であぶった豆腐」＊俳諧・両吟一日千句(1679)第一・霞「医者呼にそふる扇の風のよし〈西鶴〉あぶり豆腐を此たびゆるす〈友雪〉」 辞書日葡

あぶり-にく【炙肉】〘名〙火で焼いた肉。焼き肉。＊糸くづ(1898)〈国木田独歩訳〉「燃ゆる火鉢からは、炙肉(アブリニク)の甘(うま)さうな香」 発音〈標ア〉リ

あぶり-の【焼篦】〘名〙曲がりを直すために火を通して矢竹をあぶったもの。これを砂で磨いたものを白篦(しらの)といい、その上に漆を塗ったものを塗篦(ぬりの)という。

あぶり-はしゃが・す〘他サ四〙茶、薬などを火で乾燥する、または湿気をとる(日葡辞書(1603–04))。 辞書日葡

あぶり-はまぐり【炙蛤】〘名〙食物の一つ。蛤をあぶったもの。焼き蛤。＊読本・南総里見八犬伝(1814–42)九・一三三回「我にも一碗、又一碗と、累る上頓(じょうこ)は章魚(たこ)の脚。炙(アブリ)蛤己が心心(しじ)飲つ啖(くら)へば下頓も亦、醴(あまさけ)団子煎茶さへ」

あぶり-ほ・す【焙乾】〘他サ四〙火にあてて乾燥させる。＊万葉(8C後)九・一六八八「炙干(あぶりほす)人もあれやも濡れ衣を家にはやらな旅のしるしに〈人麻呂歌集〉」＊日葡辞書(1603–04)「Aburifoxi, su, oita(アブリホス)〈訳〉ある物を火で乾かす」 辞書日葡

アフリマン(Ahriman)⇨アーリマン

あぶり-め【炙和布】〘名〙火であぶったワカメ。もんでこまかくし、飯にふりかける。いりめ。＊名語記(1275)三「あぶりめのばらばら、如何。くへばなる、をとのばらばらときこゆれば、ばらばらとありといへる也」＊類聚名物考(1780頃)飲食四・総類・雑品「あふりめ 和布を火にてあぶりし物なり引干といへるもこの類に似たり」

あぶり-もち【炙餅】〘名〙①火であぶった餅。焼き餅。＊日葡辞書(1603–04)「Aburimochi(アブリモチ)〈訳〉あぶった餅」＊俳諧・鷹筑波(1638)五「火桜にまじるやあぶり餅つつじ〈定主〉」＊俳諧・本朝文選(1706)一〇・讃賛類・団扇賛〈荊口〉「その傍の炙餅(アブリモチ)、いかなる人も一串はあんばいよしに賛して曰く」 ②京都市北区紫野の今宮神社境内の茶店で売っている名物の餅。神事に用いた青竹を割ったくしの先に、指頭大の白餅をつけてあぶり、溶いた白みそを塗ったもの。この餅を食べると病気にかからないという。勝の餅。あぶりもちい。＊風俗画報-九四号(1895)京名物「西陣辺の信仰尤厚し門前此の『あぶり餅(モチ)』を売れる茶店あり実に妙味ある焼餅なれど」 発音〈標ア〉リ 辞書日葡

あぶり-もちい【炙餅】〘名〙「あぶりもち(炙餅)」に同じ。＊京雀(1665)五・須磨町通「焼豆腐、炙餅(アブリモチヰ)、酒肴いろいろ店屋物あり」

あぶり-もの【炙物】〘名〙火であぶったもの。特に、火で焼いた魚肉。焼きざかな。＊十巻本和名抄(934頃)四「炙 唐韻云炙〈之夜反 又之石反 阿布利毛乃〉」＊易林本節用集(1597)「炙魚 アブリモノ」＊仮名草子・むさしあぶみ(1661)上「五躰(たい)焼めぐり。縦横(たてよこ)に肉(ししむら)さけて。魚(うお)のあぶりもののごとくなるもあり」＊俳諧・春鴻句集(1803頃)秋「口淋し雁わたる夜のあぶりもの」＊青年(1910–11)〈森鴎外〉一一「料理は小鳥の炙(アブリ)ものに萵苣(ちさ)のサラダ」 方言焼き魚。京都010 発音〈標ア〉ノ モ 0〈京ア〉0 辞書和名・色葉・名義・下学・和玉・文明・伊京・明応・天正・饅頭・黒本・易林・日葡・書言・言海 表記炙(和・色・名・玉・伊・明・天・黒・易) 炙物(下・文・饅・書・言) 鐇(色・名) 烘(色・玉) 熮(色・伊) 燔(名・天) 炚(色) 煉・熬・炰(名) 炮・燭・熇(玉) 燔物(文) 炙魚(易) 膫(書)

あぶり-やき【炙焼】〘名〙(食べ物などを)直火にかざして焼くこと。また、そのもの。＊最暗黒之東京(1893)〈松原岩五郎〉一「蜀黍(もろこし)の焙(アブ)り炙(ヤキ)を食ひつつ疲れて殆んど歩めざる足を曳づりて踣(こ)け転びつ」＊連環記(1940)〈幸田露伴〉「炒(アブ)り焼きして心見よ、と云ふと、情無い下司(げす)男は、其言葉通りにして見て、これはことの外に結構でござる、生身(いきみ)の炒り焼きは、死したるのよりも遥かに勝りたり、などと云った」 発音〈標ア〉0

あふり-やま【雨降山・阿夫利山】(頂上に霧や雲がたちこめると、間もなく雨が降りだすというところから)神奈川県丹沢山地東南端、大山(おおやま)の異称。あふりさん。＊俳諧・春秋稿(1780–85)天「雨降山にて 杖をならす御山ふかしや雲のみね〈帆江〉」＊合巻・修紫田舎源氏(1829–42)一九・序「富士の高根の彌(いや)白く、雨降(あふりの)山は青やかなり」 発音〈標ア〉0

あふ・る【溢】〘自ラ下二〙⇨あふれる(溢)

あぶ・る【炙・焙】〘他ラ五(四)〙①火で焼く。特に、食物をほどよくこがす。＊聖語蔵本成実論天長五年点(828)一八「金の師の金を治(う)つときに、或は炙(アブリ)、或は漬し、或る時には捨置す」＊新撰字鏡(898–901頃)「焚 以物入火之皃 保須 又阿夫留 又也久」＊太平記(14C後)二〇・結城入道堕地獄事「炎の上に是を立てて、打ち返し打ち返し炮(アブ)る事、只庖人の肉味(にくみ)を調するに異らず」＊日葡辞書(1603–04)「ヒデ モノヲ aburu(アブル)」＊尋常小学読本(1887)〈文部省〉六「此実を取りて、火にてあぶり、外皮を去りて食するに」 ②火などで暖めたり、乾かしたりする。＊枕(10C終)二八・にくきもの「火桶、すびつなどに、手のうらうち返しうち返し、おしのべなどして、あぶりをるもの」＊日葡辞書(1603–04)「キルモノ ナドヲ ヒデ aburi(アブリ) カワラグル」＊日本読本(1887)〈新保磐次〉二「子猿はかはるがはる炉の火に手をあぶりて、一と夜親猿をあたためけり」＊草枕(1906)〈夏目漱石〉四「煦々(くく)たる春日に背中をあぶって、椽側に花の影と共に寝ころんで居る」 方言❶餅(もち)などを焼く。◇えびる 山形県139 ❷食物を蒸し焼きにする。◇えびる 山形県東置賜郡139 ❸キセルや火ばしなどを火の中へ入れてかき回す。◇えびる 青森県津軽071 ❹火にかざして乾かす。岩手県気仙郡100 新潟県東蒲原郡368 ❺悪口を言う。富山県砺波397 語源説(1)アツブル(熱触)の略〔大言海〕。(2)アツフル(熱振)の意〔和句解〕。(3)アツヒイル(熱火入)の転略か〔両京俚言考〕。(4)熱火触レ然の義〔日本語原学＝林甕臣〕。(5)アツベアル(熱方有)の義〔名言通〕。(6)アヒフル(彌火触)の反〔言元梯〕。(7)アフル(溢)から〔日本語源＝賀茂百樹〕。(8)アはアラハルル(顕)、アラハス(顕)。ブは拡がり進む意〔国語本義〕。 発音〈なまり〉アブイ・アブッ〔鹿児島方言〕〈標ア〉ブ〈ア史〉平安○●○か○○◐か 鎌倉○○● 江戸●○○〈京ア〉0 辞書字鏡・色葉・名義・和玉・文明・伊京・易林・日葡・書言・〈ボン〉・言海 表記炙(色・名・文・伊・易・言) 焙(色・名・文・書) 炮(色・名・文) 烘(名・玉・へ) 煬(名・玉) 燔(玉・書) 焚・炙・熿(字) 燈(色) 燉・爆・溢・播・瀹・潘・渉・墳(名) 煎・熯・焮・炕・熇・焜(玉) 爇(書)

同訓異字 **あぶる【炙・焙・炒・炮・煬・煎】**
【炙】(シャ・セキ) 炭火などであぶって焼く。転じて、近づき親しむ。「膾炙」「親炙」《古 あぶる・あぶりもの・やく・こかす》
【焙】(バイ・ホウ・ホイ) あぶって水分を取り除く。いる。「焙煎」「焙炉(ホイロ)」「焙烙(ホウロク)」《古 あぶる・ふすぶる》
【炒】(ショウ) いためる。いる。「炒飯(チャーハン)」《古 いる》
【炮】(ホウ) 包んで焼く。毛がついたまま肉を焼く。「炮烙(ホウロク)」《古 あぶる・あぶりもの・つつみやき》
【煬】(ヨウ) 火を盛んに燃やしてあぶる。《古 あぶる・やく・てる》
【煎】(セン) 火にあぶって調理する。いる。「煎餅」「香煎」《古 いる・あぶる・にる》

あぶっ たり 叩(たた)いたり 方言災難や不運が重なってくること。重ねてひどい目に遭うこと。京都府竹野郡622 ◇あぶってたたかれる 新潟県佐渡352 ◇あぶった上(うえ)へたたく 長崎県対馬913

あぶ・る【溢】〘自ラ下二〙(「あぶれる(溢)」の文語形)⇨あぶれる(溢)

あぶれ【溢】〘名〙(動詞「あぶれる」の連用形の名詞化。「あふれ」とも)①水などがいっぱいになってこぼれること。物がこぼれ出ること。また、そのもの。おこぼれ。＊黒潮(1902–05)〈徳富蘆花〉一・八・九「御庫(おくら)のあふれを攘(かす)むることばかり知って、誰一人諫言申す者も無いとは」②活動、感動、才気などがこぼれんばかりに満ちていること。③無法なふるまいをすること。乱暴すること。また、その人。＊幸若・未来記(室町末–近世初)「あぶれ源氏のすゑすゑをたねをたってほろぼすべし」＊浮世草子・諸国心中女(1686)五・二「おっといふて六棹たて、此あふれをおやぢ聞つけ、

後ともいはせず勘当、丸はだかで追出す」＊歌舞伎・謎帯一寸徳兵衛(1811)大切「印しは知れたあぶれ息子」④仕事、客などにありつけないこと。手もちぶさたなこと。また、その人。＊雑俳・柳多留-四(1769)「伏勢のあぶれはのろりのろり来る」＊当世書生気質(1885-86)〈坪内逍遙〉一「手を空うする不得銭(アブレ)多く、また郷関をたちでる折」＊最暗黒之東京(1893)〈松原岩五郎〉二七「『あれから其方如何した』『からもう意久地のネエあぶれよ』」⑤「あぶれじょろう(溢女郎)」の略。＊滑稽本・素人狂言紋切形(1814)下「龍蔵一人のおいらん、ひけ前(めへ)のあぶれにある面(おか)だ」⑥駕籠(かご)かきなどの賃仕事で、契約解除、延期などで仕事がなくなったときの違約金。＊洒落本・古契三娼(1787)「よしはらのかご屋にもふてうがおすよ。〈略〉ふりまし、をもたまし、みちまし、あぶれなど言ひす」＊歌舞伎・敵討噂古市(正直清兵衛)(1857)三幕「駕籠を一挺すやしても、百文のあぶれは出さにゃならねえ」＊歌舞伎・船打込橋間白浪(鋳掛松)(1866)二幕「駕籠屋にあぶれをやらねえ積りだ」⑦釣りや狩猟などで、獲物が得られないこと。＊風俗画報-二五三号(1902)動植門「終日釣り廻りて全然アブレとなる事多し。其代り釣機(をり)のよき時は随分目ざましき大釣を為す」＊女ひと(1955)〈室生犀星〉くちなはの記「へびと幹の間に竿をずり込ませて、ゑぐって見ようとしたが、〈略〉竿の先がすべってあふれをくらふくらゐであった」発音〈音史〉近世は『あふれ』『あぶれ』両様か。現代では①②は『あふれ』、④⑥は『あぶれ』と区別して用いる。〈標ア〉レ〈京ア〉0

あぶれ【溢】『名』⇩あふれ(溢)

アプレ『名』「アプレ-ゲール」の略。＊丘は花ざかり(1952)〈石坂洋次郎〉経済白書「僕達アプレの青年は勉強が足りないとか礼儀を知らないとか」＊銀座二十四帖(1955)〈井上友一郎〉一五「『日本三景って、何よ?』『三景を知らねえか。アプレだなあ』」発音〈標ア〉ア0〈京ア〉0/ア

アプレイウス(Lucius Apuleius ルキウス―) 二世紀のローマの哲学者、散文作家。思想的には折衷的プラトン主義を奉じる。代表作「転身譜」(別名「黄金のろば」)。発音〈標ア〉レ

あふれ-い・ず【溢出】『自ダ下二』「あふれでる(溢出)」に同じ。＊にごりえ(1895)〈樋口一葉〉六「溢(アフ)れ出(イヅ)る涙の止め難ければ」

あぶれ-おとこ【溢男】『名』「あぶれもの(溢者)」に同じ。＊評判記・吉原すずめ(1667)序「しれたるあぶれ男の」

あぶれ-か【溢蚊】『名』最盛期を過ぎて、元気のなくなった蚊。残る蚊。後れ蚊。《季・秋》＊俳諧・滑稽雑談(1713)八月「溢蚊 是和俗云『八月のあぶれ蚊、割肉』と云世話により、近来秋に許用す」＊妻木(1904-06)〈松瀬青々〉秋「あぶれ蚊に所そしるや小盗人」発音〈標ア〉レ

あぶれ-かご【溢駕籠】『名』客をひろいそこなった駕籠。＊雑俳・柳多留-四(1769)「あぶれ駕かね四つ迄は見世をはり」＊雑俳・柳多留-五(1770)「根津へでも遣りたいといふあぶれ駕」

あぶれ-ぐい【溢食】『名』無茶食い。あばれぐい。＊雑俳・替狂言(1702)「肩脱で腹くらべするあぶれ食い」

アプレ-ゲール『名』(フラ après-guerre「戦後」の意) 戦後、特に第二次大戦後に育った、昔からの考え方や習慣にとらわれない人たちをいう。そのうち特に退廃的な、無責任で割り切った考えや行動をとる者や、基礎的な知識が身についていない者などに対して、非難の気持をこめて使う場合が多い。戦後派。アプレ。⇔アバン-ゲール。＊山のかなたに(1950)〈石坂洋次郎〉交換会「どうもアプレ・ゲール(戦後派)の中学生という奴は、僕らの時代とだいぶ感じが違うので面くらうよ」＊自由学校(1950)〈獅子文六〉不同調「どうもあのアプレ・ゲールにも困ったものだ」語誌(1)フランスでは第一次大戦後、戦前の文化に対する青年の反逆が起こり、広がってこの語が一般的となった。(2)日本では第二次大戦後の一九四七年、「近代文学」に拠る青年作家が自らの小説双書にこの名称を冠したのが始まりで、野間宏や埴谷雄高ら戦後に出てきた新人作家たちを指した。その後、それまでの価値観と異なった行動をする若い人たちの意味に転じ、昭和二〇年代の数年間、盛んに使われた。発音〈標ア〉ゲ〈京ア〉ゲ

アフ-レコ『名』(「アフターレコーディング」の略) 映画やテレビなどで、画面を先に撮影しておき、あとでせりふや音楽を録音すること。⇔プリ-レコ。＊古川ロッパ日記-昭和九年(1934)九月二〇日「JOのアフレコの仕事を、十月にはしたいと言ってゐる」＊初稿・エロ事師たち(1963)〈野坂昭如〉一「トーキーはアフレコやろ。男に『アンタッチャブル』のネス隊長の声」発音〈標ア〉0〈京ア〉0

あぶれ-こ・む【溢込】『自マ四』無法に入り込む。押し込む。＊歌舞伎・桑名屋徳蔵入船物語(1770)二「処々へあぶれ込み、旗本大名はいふに及ばず、町人百姓に無心を云ひかけ」

あぶれ-さかずき【溢杯】『名』余分なさかずき。飲み余りの杯。＊雑俳・柳多留-二五(1794)「あふれ盃つんほうへころんでく」

あぶれ-じょろう【溢女郎】『名』売れのこった女郎。客をとりそこねた遊女。あぶれ。＊雑俳・柳多留-七(1772)「あぶれ女郎夜食をくふが思ひ也」

あふれ-だ・す【溢出】『自サ五(四)』液体などがあふれて、外に流れ出す。＊二百十日(1906)〈夏目漱石〉二「(満槽の湯は)ざあっざあっと音がして、流しへ溢れだす」＊童謡・秋のお庭(1925)〈川路柳虹〉「お池の水はあふれ出し」発音〈標ア〉0ダ〈京ア〉0

あぶれ-つわもの【溢兵・溢強者】『名』無鉄砲な兵士。乱暴な武士。あぶれむしゃ。＊浄瑠璃・文武五人男(1694)二「頼義を御宿し、御馳走のていにて討取らんと、あぶれ兵七百余騎、隠し置て待所に」

あふれ-・でる【溢出】『自ダ下一』いっぱいになって外に出る。＊帰去来(1901)〈国木田独歩〉一八「拭ふても拭ふても涙は溢(アフ)れ出(デ)る」＊雪国(1935-47)〈川端康成〉「駒子の生き方が、彼女自身への価値で、凛と撥の音に溢れ出るのであらう」発音〈標ア〉0テ〈京ア〉0

アプレ-は【―派】『名』「アプレ-ゲール」に同じ。＊旅-昭和二六年(1951)六月号・糸へん交響楽「廊下トンビ(アプレ派)組は繊維局だの払下物資だのと飛び廻り、それも顔の商売で派手にやらかしたわけだ」発音〈標ア〉0

あぶれ-びと【溢人】『名』「あぶれもの(溢者)」に同じ。＊仮名草子・水鳥記(1667)一一「其の外いひきらひ酒丸などといへるあぶれ人、かずをつくしてよせたまふよし」＊俳諧・文化句帖-元年(1804)一二月「梅咲や去年は越後のあふれ人」

あふれ-みず【溢水】『名』あふれ出た水。＊妻木(1904-06)〈松瀬青々〉夏「蟻塚やうつほ柱のあふれ水」＊断橋(1911)〈岩野泡鳴〉一一「薄暗くなっては来るし、道路にはまた雨後の溢れ水が一杯だ」

あぶれ-むしゃ【溢武者】『名』「あぶれつわもの(溢兵)」に同じ。＊浄瑠璃・源頼家源実朝鎌倉三代記(1781)四「唯一人(いちにん)のあぶれ武者臆すなかかれと声々に」

あぶれ-もの【溢者】『名』(「あふれもの」とも) ①無頼で、持て余されている者。ならず者。ごろつき。＊狭衣物語(1069-77頃か)四「今はさやうなるあぶれもの、出でくまじげなる世にこそ」＊太平記(14C後)八・四月三日合戦の事「富田判官が一党、並びに真木、葛葉(くずは)の溢(アフ)れ者共を加へて」＊信長記(1622)一五上・武田四郎御追伐のために信濃の国へ発向の事「ほいなき事なりとぞ若き溢(アフレ)ものともは申あへりける」＊浮世草子・宗祇諸国物語(1685)三・盗賊歌和「行先にてあぶれものの刃にかけて命を失い身を損ずる事も有なんに」＊談義本・桃太郎物語(1753)二「在所に阿ぶれものときこえけるは、暗(やみ)の夜に人をおどす犬山の三郎」②仕事にありつけない者。失業者。浮浪者。＊洒落本・山下珍作(1782)任風貌者「さけのあふれものがでたの」＊洒落本・不仁野夫鑑(1787)「皆身のよるべなき世に草莚者(アフレモノ)のあつまりなる故」＊彼女とゴミ箱(1931)〈一瀬直行〉隅田公園「それをベンチに腰かけたアブレ者(モノ)が、弁当の梅干の種子(たね)をしゃぶりながらみてゐる」発音〈標ア〉ノモ0 辞書伊京・日葡・書言・ヘボン・言海 表記迯者(伊) 狡猾(書) 溢者(ヘ)

あふ・れる【溢】『自ラ下一』文あふ・る『自ラ下二』(「あぶれる」とも) ①水などがいっぱいになってこぼれる。＊書紀(720)允恭元年一二月(図書寮本訓)「此の時に当り秀冬の節(をり)にして風亦烈(はげ)しく寒し。大中姫の捧(ささ)げたる鋺(まり)の水溢(アフレ)て腕(たぶさ)に凝(こ)れり」＊書陵部本名義抄(1081頃)「溢 アブル」＊名語記(1275)八「あまれる物をあふるといへり如何。溢也」＊浄瑠璃・児源氏道中軍記(1744)二「涙の淵、岸にあぶれる如くなり」＊造化妙々奇談(1879-80)〈宮崎柳条〉二編・二「子宮膨展(ひろが)り。血溢(アブ)れて注ぐが如く。産婦暈然として気絶する者あり」②こぼれるかと思われる程にいっぱいになる。また、感情や才気などがいっぱいに満ちている。＊平家(13C前)二・烽火之沙汰「あぶれゐたる兵共、或はよろひ着ていまだ甲をきぬもあり」＊日葡辞書(1603-04)「ザイザイショショニ ツワモノ afure (アフレ) イル」＊破戒(1906)〈島崎藤村〉四・四「古甕のいくつか並べてあるは、地酒が溢れて居るのであらう」＊ぢいさんばあさん(1915)〈森鷗外〉「眉や目の間に才気が溢(アフ)れて見える」③余り者になる。おちぶれる。零落して放浪する。＊源氏(1001-14頃)橋姫「行末遠き人はおちあふれてさすらへんことこれのみこそげに世を離れんきはのほだしなりけり」＊源氏(1001-14頃)東屋「見苦しきさまにて世にあふれんも知らず顔にて聞かんこそ心苦しかるべけれ」④法を外れた言動をする。無法なふるまいをする。あばれる。暴力をふるう。＊浄瑠璃・蝶花形名歌島台(1793)七「其頃浪花(なにわ)の市中をあぶれありく五人男といふ者あり」＊読本・春雨物語(1808)樊噲・上「今はあぶれにあぶれて親も兄も谷の流れにけおとして」⑤仕事、獲物などにありつけない結果になる。㋑余されて使ってもらえなくなる。仕事にありつけなくなる。買い手がつかないで残る。＊随筆・麓の色(1768)三「おちゃをひくをあふれるといふはあまれるなり。水の器物にあまるを溢るといふより出でたる詞なるべし」＊滑稽本・古朽木(1780)三「サア此木はあぶれたから買ってくれろと、仲間などへ突出しては」＊歌舞伎・東海道四谷怪談(1825)四幕「イヤ大さうに稼ぐな。それに引かへ、おらア今日はあぶれてしまった」＊高架線(1930)〈横光利一〉「職業紹介所からあぶれて来た老人連がだんだん多くなって来た」㋺狩猟や釣りで、獲物がとれない。＊澪(1911-12)〈長田幹彦〉三「他所で聞いたのとはまるで反対に、何処の漁場もみんなひどくアブれてゐた」語源説(1)ハフル(溢)と通ずる〔言元梯・大言海〕。(2)アフル(被散放)の義〔日本語源=賀茂百樹〕。(3)アメフル(天経)の義か〔和訓栞〕。(4)アマリフエアルル(余殖荒)の義〔日本語原学=林甕臣〕。(5)アマリヘル(余減)の義〔名言通〕。(6)アマリコボル(余溢)の約〔雅言考〕。(7)アマレル(余)の意〔麓の色〕。発音〈音史〉平安頃まで『あぶる』と濁音か。近世は清濁両様らしく、現代は①②は『あふれる』、⑤は『あぶれる』と区別して用いる。〈なまり〉アクー

レル・アクル〔秋田鹿角〕アグレル〔秋田〕〈標ア〉レ〈京ア〉0 文『あふる』〈標ア〉フ〈ア史〉鎌倉『あふるる』●●●●室町『あふるる』●●●と●●○○の両様〈京ア〉0 辞書 字鏡・色葉・名義・和玉・文明・易林・日葡・書言・ヘボン・言海 表記 溢（色・名・玉・文・易・書・へ・言）泆（色・書）楽・築（字）散・蔽・適・敗・浹・迺（色）霧・渝・溟（玉）

あぶ・れる【溢】〘自ラ下一〙文あぶ・る〘自ラ下二〙⇩あふれる（溢）。方言 ❶おぼれる。愛媛県840 宇和島市850 ❷余る。売れ残る。千葉県夷隅郡040 ❸失敗する。目的が外れる。栃木県河内郡204 長野県諏訪468 ◇あんぶれる 秋田県平鹿郡130 ◇あふれる 長野県諏訪468 ◇あぶられる 岐阜県武儀郡498 ❹仕事を怠る。また、浪費する。◇あぷれる 茨城県久慈郡188

アフロ（英 Afro）一〘語素〙アフリカの、アフリカ系の、の意を表わす語。他の語の上に付いて用いられる。二〘名〙「アフロ-ヘア」の略。発音〈標ア〉ア0

アフロ-アジア-ごぞく【―語族】〘名〙中東地域を中心にアフリカ・アジア両大陸にまたがって分布する互いに親族関係にある可能性が強い諸言語の総称。セム-ハム語族とも。アラビア語、エジプト語、チュニジア語、アルジェリア語、モロッコ語、ハッサン語、エチオピア語などが含まれる。発音〈標ア〉ゴ

アプローチ〘名〙（英 approach「接近」の意）①学問研究において、対象にせまること。また、その方法。研究法。おもに社会科学についていう。＊日本の思想(1961)〈丸山真男〉I・まえがき「なぜそういう動向が戦後あらためて勃興したかということはそれ自体興味ある問題だが、広い意味ではそうしたアプローチはヨーロッパの思想史学では必ずしもめずらしいものではなく」②敷地の入り口や門から特定の場所や建物に通じる小道。③スキーのジャンプ競技や、走り幅跳び、走り高跳びなどで、スタートから踏み切りまでの間。④ゴルフで、グリーン近くからピン（旗）にボールを寄せようとする打ち方。アプローチ-ショット。＊家族会議(1935)〈横光利一〉「高之のアプローチは次第に見事に極って来た」⑤登山口、または登攀（とうはん）ルートの取り付きまでの行程。発音〈標ア〉ロ

アプローチ-ショット〘名〙（英 approach shot）①テニスで、ネットプレーに出ていくときに放つ打球。相手コート深くに打ち込む。②ゴルフで、グリーン近くからピンにボールを寄せようとする打ち方。発音〈標ア〉ショ

アプローチ-ライト〘名〙（英 approach light）「しんにゅうとう（進入灯）」に同じ。発音〈標ア〉ラ

アフロ-キューバン〘名〙（英 Afro-Cuban「アフリカ系キューバの」の意）黒人色の濃いキューバ音楽、またはラテンアメリカ諸国のダンスリズムをとり入れた演奏様式をさす。発音〈標ア〉キュ

あぶろじ〘名〙昆虫「あぶらむし（油虫）」の異名。＊重訂本草綱目啓蒙(1847)三七・化生「竹蝨 ありまき 京、あぶろじ 同上」方言 虫。❶あぶらむし（油虫）。京都†028 京都002 兵庫県加古郡664 ◇あぶろおじ 福井県敦賀郡443 ❷まめはんみょう（豆斑猫）。◇あぶれじ 和州†039

アフロディテ（ギリシア Aphroditē）《アフロヂテ・アフロディット》ギリシア神話で、美と愛の女神。海の泡から立ち上がったので、アフロディテ（「泡から生まれた者」の意）と名づけられたとも、ゼウスとディオネとの子ともいわれる。ローマ神話のビーナス。＊即興詩人(1901)〈森鷗外訳〉猶太をとめ「色好なる我すらかかる女子を見しことなし。大理石もて刻めるアフロヂテの神か」＊桜の樹の下には(1928)〈梶井基次郎〉「水のしぶきのなかからは〈略〉薄羽かげろふがアフロディットのやうに生れて来て」発音〈標ア〉ロ

アフロ-ヘア〘名〙（洋語 Afro hair）アフリカ系のアメリカ人としての自覚の中から生まれたアメリカ黒人独特のヘアスタイル。また、それを模したもの。細かく縮れて量感のある、まるい髪形。発音〈標ア〉ヘ

あぶんこ〘名〙方言 ⇩あぶ

あぶんな・い【危】〘形口〙「あぶない（危）」の変化した語。＊滑稽本・東海道中膝栗毛(1802–09)四・上「『コレ馬士どん、おおろし申させへよ』『ヲットだんなさま、ソリャおつぶりがあぶんない』」

あべ【安倍】静岡県の中央部にあった郡。明治二九年（一八九六）有渡郡を合併。同四二年以降、静岡、清水市に順次編入され、昭和四四年（一九六九）消滅。＊二十巻本和名抄(934頃)五「駿河国〈略〉安倍」辞書 和名・色葉・易林 表記 安倍（和・易）上倍（色）

あべ【阿拜】三重県の北西部にあった郡。古くは阿閇・阿辨・阿倍・阿盃などと書き、近世初頭には綾（あや）郡とも称した。また、阿拝を「あえ」「あはい」とも読んだ。明治二九年（一八九六）山田郡と合併して阿山郡となる。＊二十巻本和名抄(934頃)五「伊賀国〈略〉阿拝〈安倍国府〉」辞書 和名・色葉・文明・易林 表記 阿拝（和・色・易）阿部（文）

あべ【阿倍・阿部・安倍・安部】姓氏の一つ。発音〈標ア〉0

あべ-いそお【安部磯雄】社会運動家、政治家。同志社・早稲田大学教授。明治三四年（一九〇一）幸徳秋水らと社会民主党を結成。大正一五年（一九二六）社会民衆党委員長。第二次大戦後は日本社会党結成に参加。学生野球の普及にもつとめる。慶応元～昭和二四年（一八六五～一九四九）

あべ-こうぼう【安部公房】小説家、劇作家。東京の生まれ。本名、公房（きみふさ）。「近代文学」などに拠り、前衛的な手法で戦後文学に新生面を開いた。代表作に、小説「砂の女」「他人の顔」「燃えつきた地図」、戯曲「友達」など。大正一三～平成五年（一九二四～一九九三）

あべ-しょうおう【阿部将翁】江戸中期の本草学者。盛岡の人。幕府に仕え、諸国をまわって薬草を採集し、薬草園を管理。著「本草綱目類考」「採薬使記」など。宝暦三年（一七五三）没。

あべ-じろう【阿部次郎】哲学者、評論家。山形県出身。東京帝国大学卒。夏目漱石の門下。人格主義、理想主義的評論で知られる。東北帝国大学教授。著作「三太郎の日記」「倫理学の根本問題」「人格主義」。明治一六～昭和三四年（一八八三～一九五九）

あべ-ともじ【阿部知二】小説家、評論家、英文学者。岡山県生まれ。新興芸術派の作家として出発、のち「行動」創刊に参加。主著「冬の宿」「黒い影」など。明治三六～昭和四八年（一九〇三～七三）

あべ-の-うだいじん【阿部右大臣】「竹取物語」で、かぐや姫に求婚する貴公子の一人。姫に望まれた火鼠の皮衣を得ようとして失敗した。

あべ-の-さだとう【安倍貞任】平安後期の武将。陸奥厨川（くりやがわ）に住み、厨川二郎と称する。父頼時とともに朝廷にそむき、源頼義、義家の追討を受け、厨川柵（き）で敗死。歌舞伎「奥州安達原」などの題材となる。寛仁三～康平五年（一〇一九～六二）

あべ-の-せいめい【安倍晴明】平安中期の陰陽家。陰陽、暦術、天文の術に精通。「簠簋内伝金烏玉兎集（ほきないでんきんうぎょくとしゅう）」「占事略決（せんじりゃくけつ）」などの著者といわれる。伝説的な易占の名人。延喜二一～寛弘二年（九二一～一〇〇五）→安倍晴明判

あべ-の-なかまろ【阿倍仲麻呂】奈良時代の遣唐留学生。養老元年（七一七）、吉備真備（きびのまきび）らと共に唐に渡り、玄宗に仕え、朝衡（ちょうこう）と改名。天平勝宝五年（七五三）、帰国しようとしたが海難のため果たせず、在唐五十余年、七二歳で客死した。「あまの原ふりさけみれば」の歌は有名。文武二～宝亀元年（六九八～七七〇）

あべ-の-ひらふ【阿倍比羅夫】飛鳥時代の武将。斉明天皇の時、たびたび日本海岸の蝦夷（えぞ）、粛慎（みしはせ）の討伐におもむく。天智天皇二年（六六三）、百済（くだら）増援のため出向いたが、白村江（はくすきのえ）で新羅（しらぎ）と唐の連合軍に敗れた。阿倍引田（ひけた）比羅夫。生没年不詳。

あべ-のぶゆき【阿部信行】陸軍大将、政治家。昭和一四年（一九三九）、内閣を組織、外相を兼任する。明治八～昭和二八年（一八七五～一九五三）

あべ-の-むねとう【安倍宗任】平安後期の武将。頼時の子。貞任の弟。鳥海（とりのみ）三郎と称する。父、兄とともに朝廷にそむき、追討軍と戦う。降伏して伊予に流され、さらに大宰府に移されたという。女は奥州藤原氏二代目の基衡の室。秀衡の母である。歌舞伎「奥州安達原」などの題材となる。生没年不詳。

あべ-の-やすな【安倍保名】浄瑠璃「蘆屋道満大内鑑（あしやどうまんおおうちかがみ）」中の人物。平安時代の天文学者安倍晴明の父として登場。狐との間にもうけた一子が、のちの晴明となる。

あべ-まさひろ【阿部正弘】幕末の老中。備後福山藩主。水野忠邦の失脚後、老中首座となる。鎖国を解いてペリーと和親条約を締結。洋学所、軍艦教授所を創設するなど進歩的政策をとった。文政二～安政四年（一八一九～五七）

あべ-よししげ【安倍能成】評論家、哲学者、教育家。愛媛県出身。夏目漱石門下。京城帝国大学教授。一高校長。第二次大戦後、文相、学習院院長を歴任。主著に「西洋近世哲学史」。明治一六～昭和四一年（一八八三～一九六六）

あべ〘名〙方言 植物。❶ひよぐり。周防†122 ❷まき（槇）。岡山県042

あ-べい〘連語〙「あべき」の音便形。→あべし。＊源氏(1001–14頃)朝顔「御心などうつりなば、はしたなくもあべいかな」＊更級日記(1059頃)「今ゆくすゑは、あべいやうもなし」＊栄花(1028–92頃)様々のよろこび「殿、すべてあべい事にもあらずとおぼいたり」

あべいちぞく【阿部一族】短編小説。森鷗外作。大正二年（一九一三）発表。「阿部茶事談」などに拠って、武士社会のモラルと意地の悲劇を描く。

アペイロン〘名〙（ギリシア apeiron「限定のないもの」の意）ギリシアのアナクシマンドロスが世界の根源の実在について用いた哲学概念。発音〈標ア〉ペ

あ-べう〘連語〙「あべく」の音便形。→あべし。＊栄花(1028–92頃)花山たづぬる中納言「いままであべうも思はざりつれど」

アペール（Nicolas Appert ニコラー）フランスの料理人、醸造家。かん詰の原理の考案者。熱で殺菌した食品をびん詰にする方法を案出した。（一七五二～一八四一）

あ-べかこ〘名〙（「あべかこう」の変化した語）子供などが、指先で下瞼（したまぶた）を返して赤い裏面を見せることで、不同意や拒絶の意をあらわす。べかこう。あかんべい。＊浮世草子・新色五巻書(1698)四・四「訳（わけ）もない放さんせ。今のように云ふたを幸（さいわい）。まあなりますまい、あべかこ」補注「べかこう」に「あ」の付いたもので、「あ」は感動詞「ああ」であるという説がある。また、一説に、「あるべき事か」の変化したものともいう。発音〈標ア〉ペ

あべかこの新助（しんすけ）発音〈標ア〉0「あべかこ」を擬人名化した語。「新助」は知らないの意をかけたものとも、「あべかこ」を安部川餅にかけ、「新助」は糝粉（しんこ）にかけたしゃれともいう。＊浄瑠璃・山崎与次兵衛寿の門松(1718)上「手をたたいてほっほらほこちゃ知らぬ。あべかこの新介と走て内へかけ込（こめ）ば」

あ-べかこう〘名〙「あべかこ」に同じ。＊狂歌・後撰夷曲集(1672)一「所望する一えをくれぬのみなら

ずこのめむきつつあべか紅梅」＊浄瑠璃・曾我虎が磨(1711頃)上「なめ過たりやと虎御前、あべかこうとて顔をふる」＊浄瑠璃・鑓の権三重帷子(1717)上「やはらかな内を一口くふてせせりさがして置かふや、そりゃ成りませぬアア、あべかこふとぞわめきける」発音アベカコー〈標ア〉カ

あべ-かみこ【安倍紙子】〘名〙「あべかわかみこ(安倍川紙子)」の略。＊俳諧・桜川(1674)冬二「しぐれてや市人さはぐ安倍帋子〈好元〉」

あ-べか-めり〘連語〙(動詞「あり」に助動詞「べし」「めり」の付いた「あるべかるめり」の音便形「あんべかんめり」の「ん」が表記されなかった形)ありそうに思われる。あるはずだと思われる。＊蜻蛉(974頃)下・天延二年「ここには、御ゆるされあらんところより、さぞあらんときこそは、わびてもあべかめれ」＊落窪(10C後)一「二の巻にぞことごともあべかめる」＊源氏(1001-14頃)朝顔「かひなくてはかなき世にさすらへ給ふもあべかめり」＊更級日記(1059頃)「いとはしたなく悲しかるべきことにこそあべかめれと思へど」

あべ-かわ【安倍川・安部川】❶静岡県安倍川流域の地名。江戸時代は遊郭町として栄えた。＊俳諧・鷹筑波(1638)五「かさぬるや破れかみこに紙頭巾ふ弁するがの安部川に住〈正康〉」＊浮世草子・武道伝来記(1687)四・一「吸付若莨(たばこ)の煙富士を見る女郎町、安倍川のさはぎ三嶋屋が格子の前に立かさなり」❷〘名〙「あべかわもち(安倍川餅)」の略。＊歌舞伎・鳴神(1742か)「阿部川ならば大好じゃ」＊滑稽本・浮世風呂(1809-13)三・下「おかちんをあべ川にいたして去る所でいただきましたから」＊都新聞-明治三五年(1902)一月二四日「中村芝翫は風月のレモン入りの西洋菓子と阿部川が好物」＊ロッパ食談(1955)〈古川緑波〉珍食記Ⅱ「何と言っても、しるこや、安倍川を食ひながらのことだ」発音〈なまり〉❷アベカ・アベッカ〔千葉〕〈標ア〉0〈京ア〉0 辞書言海

あべかわ-かみこ【安倍川紙子】〘名〙駿府(静岡市)安倍川流域から産出した紙衣。＊隔蓂記-寛永一九年(1642)九月一二日「土産として、杉原拾帖、安部川紙子壱面これを恵まるる也」＊浮世草子・日本永代蔵(1688)三・五「此人、親代にはわづかの身袋(しんだい)なりしが、安部(アベ)川紙(カミ)子に縮緬(ちりめん)を仕出し、又はさまさまの小紋を付、此所の名物となり」＊歌謡・落葉集(1704)四・阿部川紙子「お江戸土産に阿部川紙子阿部川紙子、ありゃこりゃよい」

あべかわ-なすび【安倍川茄子】〘名〙静岡県安倍川の付近で産するなすび。近世以来早作りで知られる。＊浮世草子・好色敗毒散(1703)五・一「但安部川茄子(アベカハナスビ)ぢゃと申事に候以上としるしぬ。是は珍説なり、此安部川茄子とは、合点がゆかぬといふを〈略〉それははやう出るといふ事なりと埒明けたるもおかし」

あべかわ-もち【安倍川餅】〘名〙(駿府(静岡市)安倍川の名物であったことから)焼いた餅を湯にひたして、砂糖のはいったきな粉をまぶしたもの。あべかわ。＊滑稽本・東海道中膝栗毛(1802-09)二・下「爰は名におふあべ川もちの名物にて、両側の茶屋、いづれも奇麗に花やかなり」＊雑俳・柳多留-一四〇(1835)「阿部川餅の跡へ喰ふとろろ汁」＊風俗画報-二五三号(1902)人事門「帰路例の名物安倍川餅(アベカハモチ)を食するなどは罪なき奢にして最も賞すべしゆめ双街(にちゃうまち)あればとて之れに」＊吾輩は猫である(1905-06)〈夏目漱石〉四「富子令嬢が安倍川餅を無暗に召し上がるる事や」発音〈標ア〉ワ〈京ア〉ワ 辞書言海
表記安倍川餅(言)

あ-へき【堊壁】〘名〙①白い、石灰をこねて塗った壁。うわ塗りをした壁。しらかべ。＊南京新唱(1924)〈会津八一〉自序「伽藍寂寞、朱柱たまたま傾き、堊壁ときに破れ、寒鼠は梁上に鳴き」②粘土を塗ったままの壁。あらかべ。

あべ-ぐち【―口】〘名〙方言❶上唇より下唇が突き出ている口つき。受け口。青森県津軽075 秋田県鹿角郡133 ❷口角が下がりへの字に結んだ口。また、曲がった口。青森県073 ❸大きい口。また、口の大きい者。青森県073 084

あべ-くぬぎ【―櫟】〘名〙植物「あべまき」の異名。

あべ-こき〘名〙方言⇨あめこき(飴―)

あべ-こべ〘名〙(形動)①物事の順序、位置、関係などが本来の逆になっていること。また、そのようなさま。さかさま。＊洒落本・無頼通説法(1779)「愚そうが大通とはアベコベでござる」＊滑稽本・浮世風呂(1809-13)前・下「あの人も若い内苦労したから老(としよ)って楽をする。今の若者(わけへもの)は老てから苦労する。身持が大きにあべこべだ」＊落語・二人癖(1896)〈三代目柳家小さん〉「下戸の癖に旨く遣ってる飲めるな、と遂云ったんで。反対(アベコベ)に五十銭取られて仕舞った」＊道草(1915)〈夏目漱石〉六五「己の批評の正しさ加減が解らないからそんなあべこべを云ふのだ」②物事のやり方や方向、位置などが、ある物、ある考えとくらべて、単に反対であるさま。＊落語・素人茶道(1893)〈三代目春風亭柳枝〉「和郎(あなた)の被仰(おっしゃ)る事は皆反対(アベコベ)だ」＊破戒(1906)〈島崎藤村〉一八・一「高柳を見送って、反対(アベコベ)な方角へ一町ばかりも歩いて行った頃」＊門(1910)〈夏目漱石〉四「細君から斯う反対(アベコベ)に相談を掛けられて見ると」③米を売ったあと相場が上がり、買ったあとに相場が下がって損をすることをいう、大阪堂島の米市用語。＊稲の穂(大阪市史・五)(1842-幕末頃)「売ば上る、買ば下る、此度々に煎余し投げの商内して損したを、アベコベと言」方言❶話が食い違うこと。言うことがちぐはぐでつじつまの合わないこと。ちぐはぐ。滋賀県犬上郡615 ❷損益が平均すること。滋賀県犬上郡615 語源説(1)アベコベ(彼辺此辺)の意〔和訓栞〕。(2)アベコベ(彼方此方)の意〔俗語考〕。(3)アチラベコチラベの略〔両京俚言考〕。発音〈なまり〉アゲコゲ〔和歌山県・紀州〕アッペコッペ〔北海道〕アペアッペ〔津軽ことば〕アペコ〔飛騨〕アペコペ〔茨城〕〈標ア〉0〈京ア〉0 辞書ヘボン

あ-べし〘連語〙(動詞「あり」に推量の助動詞の付いた「あるべし」の音便形「あんべし」の「ん」が表記されなかった形)あるだろう。あるはずだ。あるべきだ。↓あべい・あべう。＊平中(965頃)二七「いかがはあべき」＊蜻蛉(974頃)下・天延二年「そのころ、院の賭弓(のりゆみ)あべしとてさわぐ」＊枕(10C終)一〇三・雨のうちはへ降るころ「これがままに仕うまつらば、ことやうにこそあべけれ」＊源氏(1001-14頃)帚木「をかしくもあはれにもあべかりける事の」＊更級日記(1059頃)「この人のあべからむさま、夢に見せ給へ」

あべしまやま【阿部島山・阿倍島山】諸説あって未詳。大阪市阿倍野区あたりのこととも、兵庫県加古川市付近とも、奈良県桜井市阿部ともいわれる。＊万葉(8C後)一二・三一五二「玉かつま安倍嶋山の夕露に旅寝得せめや長きこの夜を〈作者未詳〉」

あべ-しんとう【安倍神道】〘名〙江戸時代初期、安倍家の陰陽道を伝える土御門泰福(つちみかどやすとみ)とその門人渋川春海が、垂加神道を学び家業と習合して起こした神道。天文、有職(ゆうそく)を中心とし、方角や吉凶などの俗信と結びつき、広く行なわれた。安家(あんけ)神道。天社神道。土御門神道。発音アベシントー〈標ア〉シ

アベスタ(ペルシア Avesta)《アヴェスタ》ゾロアスター教の聖典。祈禱語、儀礼、讃歌、神話などを集めたもので三世紀頃に編集。その一部がイラン、インドの教徒間に残る。発音〈標ア〉ベ

アベスタ-ご【―語】〘名〙ゾロアスター教の聖典アベスタで用いられた言語。古期イラン語派の言語で、インド語派の最古の姿を示す「リグ-ベーダ」の言語に近い。発音アベスタゴ〈標ア〉0

アベセ〘名〙①(フランス a b c)フランス語のアルファベット。②(オランダ a b c)オランダ語のアルファベット。＊蘭学階梯(1783)下「彼文字は僅に二十六。アベセレッテルと云ふ。アベセは、二十六字の首めの字を挙て名とす。此方にて平仮名四十八字をいろはと云ふが如し」＊紅毛雑話(1787)三「彼邦の国字をアベセといふ。吾邦のいろはの如し。父字二十字に、母字五字をつづりて、万の音をしるす」発音〈標ア〉セ

あべた【痘痕】〘名〙方言疱瘡(ほうそう)が治った後に残る跡。あばた。滋賀県彦根609 大分県東国東郡・速見郡941 ◇あがた 神奈川県054 兵庫県赤穂郡・佐用郡054 ◇あぼた 愛媛県新居郡841 ◇あべ 茨城県稲敷郡「あべつら」193 大分県941 ◇あば 愛媛県840

アペタイザー〘名〙(英 appetizer)食欲を促すもの。食前酒や前菜の類。↓アペリチフ

あべ-たちばな【阿倍橘】〘名〙⇨あえたちばな(阿倍橘)

あべ-ちゃ【安倍茶・阿部茶】〘名〙静岡県安倍川(あべかわ)の流域に産する茶。近世には多く江戸に出荷された。足久保茶。＊浮世草子・好色一代女(1686)四・二「中間買の安部茶(アベチャ)、飯田町の鶴屋がまんぢう」＊浮世草子・色里三所世帯(1688)下・一「安倍茶(アヘチャ)の荷ひ売と見えしが」＊東海道名所図会(1797)四「名産阿部茶(アベチャ)府中の北二里許、足久保より出る。多くは江戸にて用ゆ。上み方宇治・信楽(しがらき)に類す」

アベック〘名〙(フランス avec「…と共に」の意)《アヴェック・アヴェク》①一対の男女がいっしょに組んで行動すること。また、その男女。二人づれ。＊モダン用語辞典(1930)〈喜多壮一郎〉「アヴェク Avec 仏『同伴』といふ意味のハイカラな気取った用法。〈略〉これを使ふ日本のモダン人達は特に『婦人と同伴する』意味に限って用ひる」＊縮図(1941)〈徳田秋声〉山荘・一一「隅っこのボックスに納まって、ストロオを口にしてゐる、乳くさい学生のアベック」＊自由学校(1950)〈獅子文六〉悪い日「『おれは、アベックを見たら、タダで置かねえ男だ』〈略〉『じゃア、仕方がねえ。その代り、ちょいと、おれと、アベックしな』」②二人、もしくは二つのものが同一の行動をすること。「アベックホームラン」語誌日本で用いられる二人連れの意味は、大正末期に大学生に使われたのが始まりとされる。昭和初年頃より流行語・モダン語として広まった。現在は「カップル」が用いられる。発音〈標ア〉ベ〈京ア〉ア/ツ

アベック-シート〘名〙(洋語 フランス avec ＋ 英 seat)一組みの男女が並んで座れるように作られた座席。＊私のもの(1963)〈遠藤周作〉「アベック・シートと言うのか、二等車の客席のように並んだ椅子に若い会社員や学生たちが女の子と体をくっつけて腰かけている」発音〈標ア〉シ

アベック-とうそう【―闘争】〘名〙国家予算でまかなわれていた公社、現業官庁で、賃上げの予算を獲得するために使用者側と労働者側とがなれあいで行なった闘争。昭和三二年(一九五七)春闘における公労協の闘争で用いられた語。発音アベックトーソー〈標ア〉ト

アヘッド〘名〙(英 ahead)野球などの試合中に、相手より得点が多いときにいう。リード。発音〈標ア〉ヘ

あべ-とうげ【安倍峠】静岡県と山梨県との境にある峠。古くは身延山への参詣道。標高一四一六メートル。発音アベトーゲ〈標ア〉ト

あべ-どうふ【安部豆腐】〘名〙水気を切った豆腐に小麦粉をまぶし、少量の酒、しょうゆで味をつけ、ぎんなん、きくらげ、しょうろなどを加えて、油をひいた平鍋(ひらなべ)でこげめがつくほど焼いた料理。厚焼

き豆腐。

あべなし 発音アベドーフ〈標ア〉ド

あべなし【名】方言❶心に締まりがないこと。富山県婦負郡396 ❷金銭に締まりのないこと。ものを惜しげもなく手放すこと。また、その人。富山県砺波397 ◇**あぼなし** 秋田県仙北郡136 ◇**あぼけなし** 福井県427 ◇**あんぽなし** 山形県東田川郡054

アベナ-テスト【名】(英 avena test) アベナ(燕麦)の芽生えの伸長を利用した、オーキシンの微量定量法。発音〈標ア〉テ

アベニュー【名】(英 avenue)《アヴェニュー》町などの並木道。大通り。＊蒼氓(1935-39)〈石川達三〉二「まだ明るいアヴェニュの深緑の葉のあひだに黄色い電灯がつくと」発音〈標ア〉ベ ア〈京ア〉ア

アペニン-さんみゃく【―山脈】(アペニンは英 Appennine) イタリア半島を南北に走る山脈。最高峰コルノ山二九一四メートル。アペニノ山脈。

あべの【安倍野・阿倍野・安部野・阿部野】発音〈標ア〉サ
㈠大阪市南部の上町(うえまち)台地南部の地名。中世に熊野街道で知られた古道が通じ、古墳が多い。北畠顕家が戦死した所といわれる。＊平治(1220頃か)上・六波羅より紀州へ早馬を立てらるる事「ここに悪源太三千余騎にて、安部野に待つと聞えければ」＊太平記(14C後)一九・青野原軍事「五月二二日和泉の境安部野(アベノ)にて討ち死にし給ひければ」＊光悦本謡曲・松虫(1514頃)「是は摂津国あへ野のあたりに住居仕る者にて候」㈡(阿倍野) 大阪市の行政区の一つ。昭和一八年(一九四三)住吉区から分区成立。

あべ-の-いそ【安部磯】【名】よく日干しにしたワカメを細かく刻み、砂糖、しょうゆ、飴、とうがらしを混ぜた汁で煮たのち、さらに日干しにした食品。三重県の特産。発音〈標ア〉0

あべの-じんじゃ【阿部野神社】大阪市阿倍野区北畠にある神社。旧別格官幣社。北畠親房(ちかふさ)・顕家父子をまつる。明治二〇年(一八八七)明治天皇の勅許により造営・鎮座。

あべのせいめい-はん【安倍晴明判】【名】陰陽道の呪符の称を採った紋様。平安時代の陰陽博士安倍晴明の名からつけられた。魔除として用いられる。ペンタグラマ。晴明鱗。晴明桔梗。晴明九字。発音〈標ア〉ジ

安倍晴明判

アベベ (Abebe Bikila ―ビキラ) エチオピアのマラソン選手。皇帝親衛隊将校。一九六〇年ローマ-オリンピックに、はだしで走って優勝。六四年東京オリンピックでも優勝し、史上初のマラソン二連勝をなしとげた。(一九三二～七三)

あべ-まき【―槙】【名】ブナ科の落葉高木。本州中部以西、主に山陽地方の山地に生える。高さ二〇メートルに達する。樹皮には深い縦の割れ目があり、約一〇センチメートルに達する厚いコルク層をもつ。初夏、黄褐色の小さい花が尾状の穂となって咲く。樹皮はコルクとして利用され、材は器具、薪炭材とするほかシイタケ栽培の原木ともなる。あべくぬぎ。コルクくぬぎ。おくぬぎ。わたくぬぎ。わたまき。くりがしわ。学名は Quercus variabilis ＊日本植物名彙(1884)〈松村任三〉「アベマキ」 発音〈標ア〉ア

アベ-マリア【名】(ラテン Ave Maria)《アヴェーマリヤ》キリスト教で、聖母マリアを祝福賛美して、「マリアに栄えあれ」と祈ることば。また、これをテーマとした歌曲。天使祝詞。＊どちりなきりしたん(一六〇〇年版)(1600)四「弟 びるぜんさんたまりやに申あげ奉るさだまりたるおらしょありや。師 あべまりやといふおらしょなり」＊青銅の基督(1923)〈長与善郎〉七「『アベ・マリア、アーメン・デウス！』女達は無理にむき開いた眼で天を仰ぎ乍ら唱へた」〈標ア〉0

あべ-もんじゅいん【安倍文殊院・阿部文殊院】奈良県桜井市阿部にある華厳宗の寺。山号は安倍山。大化年間(六四五～六五〇)阿倍倉梯麻呂の創建。本尊の文殊菩薩は知恵授けの文殊として著名。日本三大文殊の一つ。安部寺。崇敬寺。発音〈標ア〉マ〈京ア〉マ

あべや-ざらし【安部屋晒】【名】石川県羽咋(はくい)郡志賀町の安部屋、上野付近で産する晒麻布。能登晒。現在は衰亡している。あぶやざらし。発音〈標ア〉ジュ

あべや-ちぢみ【安部屋縮】【名】石川県羽咋(はくい)郡志賀町の安部屋を主産地とする麻の縮織。紺地、白地のかすり、縞(しま)を織り出す。能登上布。現在あまり行なわれていない。あぶやちぢみ。

アベラール (Pierre Abélard ピエール―) フランスのスコラ哲学者、神学者。普遍論争において概念論の立場をとり、普遍は各個物の中にあると説いた。エロイーズとの恋愛は有名で、その往復書簡は「愛と教導の書簡」として知られる。(一〇七九～一一四二) 発音〈標ア〉ラ

アペリチフ【名】(フランス apéritif)《アペリティフ》西洋料理の正餐において、食欲を増進させるために食前に飲む酒。食前酒。＊ふらんす物語(1909)〈永井荷風〉雲・一「フランス人が食慾をつけるとか云って、きまって食事の前に飲むアペリチフの一杯」＊母子叙情(1937)〈岡本かの子〉「キャフェの卓で、大勢の客がアペリチーフを飲みつつ」発音〈標ア〉ペ

あべ-りゅう【安部流】【名】剣道の流派の一つ。江戸前期、肥前秋月藩士安部頼任の創始。発音アベリュー〈標ア〉0

あべる【動】方言 ⇩あばえる

アベレージ【名】(英 average)《アヴェレージ・アベレッジ》①(形動) 平均。一般標準なみ。②野球の打率。安打の数を打数で割って出す。＊銀座二十四帖(1955)〈井上友一郎〉一三「試合回数が少いから、そんなアベレージ(率)が出とるンだよ」③ボウリングで、一〇ゲーム以上の得点の平均。発音〈標ア〉ア〈京ア〉ア

アベロエス (Averroes) ⇩イブン-ルシュド

あ-へん【阿片・鴉片】【名】(英語では opium という。もと中国の音訳) ①代表的な麻薬。ケシの未熟な果殻から出る乳液を乾燥してつくった茶褐色の粉末が生アヘンで、多種のアルカロイドを含む。最も多く含まれるものはモルヒネ。鎮痛、催眠作用があり、医薬品として有用。常習的に麻薬として吸飲すると習慣性がつき有害で、各国で医薬用以外は禁止されている。オピウム。＊采覧異言(1713)三「瓜哇(ジャワ)〈略〉俗好啖二阿片一。若レ嗜二烟酒一然」＊書言字考節用集(1717)六「阿片 アヘン。本名阿芙蓉。時珍云米嚢花之津液也」＊医語類聚(1872)〈奥山虎章〉「Opium 阿片」＊酒ほがひ(1910)〈吉井勇〉PAN「酒よりも女を好み女よりも鴉片を好む人なりしかな」＊本草綱目-穀部・阿芙蓉・釈名「阿片、時珍曰、俗作鴉片、名義未詳、或云、阿方音称レ我也。以二其花色一似二芙蓉一而得二此名一」②正常な感覚を麻痺(まひ)させ、陶酔状態におちいらせるもののたとえ。＊社会変革途上の新興仏教(1933)〈妹尾義郎〉自序「その観念的福音主義のごときは、現代大衆運動にとっては憎むべきアヘンである」＊懺悔道としての哲学(1946)〈田辺元〉「宗教はかくて民衆を陶酔せしめるアヘンとなる」語誌 (1)英語 opium の語源は、ラテン語の opium、ギリシア語の opion (ケシの汁、アヘン)によるが、中国語では「阿」は a または wo と発音され、「片」は pien と発音される。①に挙げたように、明代の李時珍の「本草綱目」にみえる。(2)日本では挙例の「書言字考節用集」が古いが、「和漢三才図会-一〇三」では「阿片(アヘン)、鴉片、阿芙蓉」とある。ちなみに、「阿芙蓉」はアラビア語のアフィユーン(Afyun)を中国で音読したものといわれる。現代中国語では「鴉片」が定着している。発音〈標ア〉ア 0〈京ア〉ア 辞書書言・ヘボン・言海 表記 阿片(書・ヘ・言) 鴉片(言)

あへん-いん【阿片癮】【名】「あへんちゅうどく(阿片中毒)」に同じ。＊烟鬼(1900)〈永井荷風〉一「那麼(ああ)鴉片斗(ばかり)喫って居ちゃ、早晩に鴉片癮(アヘンヰン)にならなきゃア可いが」

あへん-えん【阿片煙】【名】「あへんタバコ(阿片煙草)」に同じ。＊朝野新聞-明治一七年(1884)一月一一日「其量目四十六ポンド、鴉片煙吸器を取押へられたること十一回なりとぞ」＊風俗画報-二四七号(1902)漫録「土人は家に小児の生るるや啼て止まされは阿片烟を小児の口に吹掛けて」＊刑法(明治四〇年)(1907)一三六条「阿片煙を輸入、製造又は販売し、若くは販売の目的を以て之を所持したる者は六月以上七年以下の懲役に処す」

あへん-か【阿片花・鴉片花】【名】ケシの花の異称。アヘンを採るところからいう。《季・夏》 発音〈標ア〉ヘ

あへん-くつ【阿片窟】【名】アヘンを吸飲させる秘密の場所。＊現代語大辞典(1932)〈藤村作・千葉勉〉「あへんくつ 阿片窟 其の筋の眼を盗んで阿片を喫飲させる所」＊堕落(1965)〈高橋和巳〉三「神戸の港町、と大阪のこの貧民窟近くの歓楽街にだけ、阿片窟があると彼は聞いていた」発音〈標ア〉ヘ〈京ア〉ン

あへん-せんそう【阿片戦争】一九世紀にアヘン問題を直接の原因としたイギリスと中国(清朝)との戦争。清朝が対英貿易でアヘンの輸入を禁止したことから起きた。清国は敗れて南京条約を結び、香港(ホンコン)を割譲したほか、広東(カントン)、上海(シャンハイ)など五港を開港した。発音アヘンセンソー

あへん-タバコ【阿片煙草】【名】吸煙用のアヘン。生アヘンを水に溶かして不溶分を取りのぞき、濃縮したもの。特別のキセルを用い、小さなランプの火でつけて、タバコのように吸煙する。阿片煙。＊随筆・目さまし草(1815)「左の図は、清商(あきなひたうじん)阿片煙(あへんタバコ)を吸ふ状(やうす)なり。阿片を交へたるタバコを、短烟管(みぢかきキセル)に盛り、灯火(あぶらび)にて吸つけ、臥床(とこ)に臥して心を鎮め吃ひ服すること」＊随筆・甲子夜話(1821-41)続・二五「清商の渡来するもの、舶中に阿片タバコと云ものをのむ」＊太政官日誌-慶応四年(1868)閏四月「阿片煙草(アヘンタバコ)は人の精気を耗し命数を縮め候品に付」〈標ア〉セ〈京ア〉セ

あへん-ちゅうどく【阿片中毒】【名】アヘンによる中毒症状。軽症では、悪心、嘔吐、めまい、顔面紅潮、発汗などが現われ、重症では、皮膚蒼白、眼光鈍化、瞳孔縮小、チアノーゼなどを起こす。神経症状としては飢餓、渇きを訴え、常習者がアヘン吸飲をやめると禁断症状を示して苦しがり、発汗、呼吸および心臓の機能障害などを現わす。＊医語類聚(1872)〈奥山虎章〉「Meconismus 阿片中毒」＊烟鬼(1900)〈永井荷風〉二「彼が異様なる顔色眼付、一見怖る可き鴉片中毒の癮者なる」発音〈標ア〉タ 辞書言海 表記 鴉片烟草(言)

アペンディックス【名】(英 appendix)《アッペンディックス・アペンディクス》①付属物。付加物。付録。＊外来語辞典(1914)〈勝屋英造〉「アッペンディックス Appendix (英) 附録。増補」②虫垂。＊夢の浮橋(1970)〈倉橋由美子〉中秋無月「おなかのアペンディックスを切って捨てるようにはいかないのね」発音アペンチュードク〈標ア〉チュ

あ-へんど【相返答】【名】(「あへんどう」の変化した語)「あいへんどう(相返答)」に同じ。＊浄瑠璃・傾城三度笠(1715頃)中「忠兵衛は無常気であへんどうたず戯れず、炬燵に顔を倚(もた)せつつ、つくづく物を思ひけり」＊浄瑠璃・心中二つ腹帯(1722)三「宵から今迄三人が取付け引付け、頤のかいだるい程詑びれども、あへんども打たれぬは侮(あなど)っての儀か」方言人に対する受け答え。返答。挨拶。青森県津軽075 富山県390 発音〈標ア〉ディ

395 398 福井県坂井郡433 香川県827

あ-へんどう ダフヘン【相返答】『名』(「あへんとう」とも)「あいへんどう(相返答)」の変化した語。＊浮世草子・諸芸袖日記(1743)五・三「その下々のいふ、あへんどうにのりて譏(そし)りける程に」＊浄瑠璃・極彩色娘扇(1760)二「乗らぬ此場のあへんとう」

あ-ほ【亜父】『名』「あふ(亜父)」に同じ。

あ-ほ【阿呆】『名』(形動)「あほう(阿呆)」の変化した語。＊雑俳・軽口頓作(1709)「わすれやせぬ・めしばっかりはあほじゃない」＊滑稽本・東海道中膝栗毛(1802-09)七・上「あほよあほよ。向ふさじきのもうろくのあほうヤアイ」＊浪花聞書(1819頃)「あほ べらぼう也、あほう也、をろか也、江戸で馬鹿とも云処に遣ふ」方言植物、みょうが(茗荷)。滋賀県一部030 京都府一部030 辞書言海

あ-ほ『名』方言⇩あわ(泡)

あぼ【安保】姓氏の一つ。武蔵七党の一つ丹党の一流。秩父基房の二男綱房を祖とするともいわれるが、諸系図の一致するのは、その子実光の代で、その実光は源平の争乱で、源頼朝に従い、関東御家人となり、北条氏とも姻戚関係を結んだ。鎌倉幕府の滅亡に際して、嫡流は幕府方に属し滅亡、倒幕方についた庶流の光泰の系統は、嫡家の所領を恩賞として与えられ、以後嫡流となった。南北朝期には、北朝方に属し、その所領(所職)は、名字の地である武蔵国賀美郡安保郷をはじめ、備中・出羽・信濃・播磨など、計一〇か所が確認される。室町期には、関東公方にくみし、戦国期には後北条氏につき、本貫地安保郷(武蔵と上野国境の要衝)の警固にあたったが、天正期には没落した。発音〈標ア〉ア

あ-ぼ【亜母】『名』血のつながりのない母。ままはは。継母。→亜父

あ-ぼ【阿母】『名』①母を親しんでいう語。おかあさん。→阿父(あふ)。＊水流雲在楼集(1854)上・題新宮涼庭西遊日記後「嘗聞胎教日、阿母故虔祈」＊花柳春話(1878-79)〈織田純一郎訳〉四五「子が阿母は恙なきや」＊古詩-為焦仲卿妻詩「上」堂拝「阿母」、阿母怒不」止」 ②乳母の異称。＊新撰字解(1872)〈中村守男〉「阿母 アボ ハハヲヤノコト ウバノコト」＊史記-倉公伝「故済北王阿母、自言足熱而懣」方言❶母。◇あぽとも。鹿児島県961 揖宿郡969 ◇あほお・あぼい 熊本県球磨郡054 ◇あぼん 鹿児島県961 ❷祖母。下品な語。◇あぽ 鹿児島県肝属郡970

あぼ【阿呆】『名』方言愚か者。ばか。あほう。奈良県南大和683 徳島県811 大分市941 ◇あっぱ 福島県155 愛媛県840 ◇あっぱあ 静岡県520 ◇あっぱっぱ 神奈川県藤沢市319 ◇あっぽ 香川県827 ◇あっぽ 山形県村山・最上郡139 新潟県東蒲原郡368 長野県佐久484 三重県阿山郡596 兵庫県神戸市670 奈良県(幼児語)678 和歌山県(幼児語)690 704 香川県829 ◇あっぽう 和歌山県690 ◇あっぽうず 長野県佐久493 滋賀県蒲生郡612 ◇あっぽけ 三重県志摩郡585 和歌山県691 ◇あっぽち 和歌山県那賀郡690 ◇あっぽなし 秋田県平鹿郡130 ◇あっぽん 新潟県東蒲原郡368 大分県941 ◇あば 和歌山県東牟婁郡690 香川県827 小豆島829 ◇あはあ 三重県志摩郡054 兵庫県但馬062 ◇あはあたれ 兵庫県但馬654 ◇あほうだま 岡山市762 ◇あほうたん 大分県北海部郡939 ◇あほかす〔―滓〕福井県427 ◇あぼす 石川県能美郡419 ◇あぼだぼ 三重県志摩郡054 ◇あほだま 三重県度会郡599 徳島県板野郡810 ◇あほたらめ 茨城県真壁郡188 ◇あぽたれ 福岡市879 ◇あほたん 三重県北牟婁郡588 岡山県児島郡763 大分県東部941 ◇あんぼ 徳島県(幼児語)810 822 香川県827 829 ◇あんぽ 山形県139 石川県江沼郡404 島根県八束郡724 徳島県811 名西郡822 香川県大川郡829 ◇あんぽう 島根県那賀郡725 ◇あんぼけ 兵庫県淡路島671 ◇あんぽけ 和歌山県691 ◇あんぽす 福岡市877 長崎県対馬913 熊本県玉名郡058 ◇あんぼつ 岡山県042 ◇あんぼへえ 常陸†064 ◇あんぼん 徳島県(幼児語)810

あぼ『名』方言⇩あんこ(兄―)

あぼ『名』方言⇩あっぱ/あんも(餡餅)/いお(魚)

あぼ『名』方言❶子供。山形県139 ◇あんぼ 富山県砺波397 ◇あぽ 島根県隠岐島(幼児)725 ❷嬰児(えいじ)。乳飲み子。熊本県919 ◇あんぼ 岩手県九戸郡088 ◇あぼさん 熊本県918 919 ◇あぼんさん 熊本県葦北郡919

アポ『名』「アポイントメント」の略。「アポをとる」発音〈標ア〉ア

あほ-いも【阿呆薯】『名』方言植物。❶ジャガいも(―芋)。和歌山県日高郡698 ❷つくねいも(捏芋)。新潟県一部030

アポイント『名』「アポイントメント」の略。発音〈標ア〉ポ

アポイントメント『名』(英 appointment)(日時と場所を決めた会合・訪問などの)約束。取り決め。アポイント。アポ。＊蒼ざめた馬を見よ(1966)〈五木寛之〉二「どうしても会いたいとおっしゃるんなら公式のアポイントメントをお取りになってくださいな」＊新西洋事情(1975)〈深田祐介〉フランス式「蛙思考」のふしぎ「『今ちょうどアポイントメントのお客が着いたから』とか『これから約束があってでかけるんでね』とかいい加減な口実を使って」発音〈標ア〉ポ

あ-ほう【阿呆・阿房】㊀『名』(形動)①知能が劣っているさま。また、そのような人、行動。おろか。たわけ。ばか。あほ。＊発心集(1216頃か)八・聖梵永朝離山住南都事「臨終にさまざま罪ふかき相どもあらはれて『彼のあはうの』と云ひてぞ終りにける」＊玉塵抄(1563)一四「物もしらぬ、しろい黒をもわきまえぬたくらだ、ここらにあはうと云やうな心ぞ。うつけ、あやかりと云心ぞ」＊虎明本狂言・鈍太郎(室町末-近世初)「いやいやしんだらば、いよいよあほうじゃと云てわらはれう」＊日葡辞書(1603-04)「Afôuo (アハウヲ) ユウ」＊寒川入道筆記(1613頃)愚痴文盲者口状之事「右のあはうにましたる程のウツケモノ近所にあり」＊浄瑠璃・心中重井筒(1707)上「女(をなご)同士に恥(はぢ)を見せ、男(おとこ)は寐取られ、寐間帳台(ちゃうだい)は見さがされ、あほうの数々よみつくされ」＊読本・南総里見八犬伝(1814-42)二・二〇回「固(もと)よりをのが志を、傍輩(ほうばい)に尚(すら)しらせば、人みな嘲(あざ)みて愚蠢(アホウ)といふ」＊和英語林集成(初版)(1867)「ahō アホウ 阿呆」②人をののしることば。ばか。たわけ。＊談義本・世間万病回春(1771)五・時山医評「扨もあほふなおやじめかな」＊俳諧・芭蕉葉ぶね(1817)「おほよそにこれをかたりなば、阿房ともうつけとも誹りにあづかるべかめれど」＊吾輩は猫である(1905-06)〈夏目漱石〉七「左向をした鳥が阿呆と言った」③制服の巡査をいう、盗人仲間の隠語。〔日本隠語集(1892)〕㊁『副』無上に。むやみに。大変に。＊随筆・裏見寒話(1753)付録「あほふ 物の至極の事譬へば、…見事、…美しいといふ」語誌(1)語源については、諸説があり不明であるが、江戸時代には、秦の始皇帝の造った「阿房宮」に結びつける説が一般的であった。この語源説に支えられてか、漢字表記は、「阿房」の例が多い。「阿呆」と表記する例は、近代になってから見られるが、これは、おろかの意の「呆」を音によってあてたものか。(2)方言では、関東のバカ(馬鹿)に対比させ関西のアホと言われるように、アホ(ウ)は、関西を中心に分布している。関西でもバカを使わないわけではないが、アホ(ウ)よりも、強いニュアンスとなることが多い。方言『副』❶程度が甚だしいさま。たいへん。非常に。山梨県062 長野県468 東筑摩郡480 岐阜県飛驒502 郡上郡504 静岡県志太郡532 安倍郡540 ❷(下に打消の語を伴って)あまり。たいして。長野県下伊那郡492 岐阜県郡上郡504 ❸たいへん大きいさま。また、非常に多いさま。木曾†037 語源説(1)中国江南地方で「おばかさん」を意味する方言「アータイ(阿呆)」を、五山の禅僧が漢籍を通じて取り入れ、日本語読み「アハウ」で用いるようになったものか〔全国アホ・バカ分布考=松本修〕。(2)アワツ(狼狽)の語根を擬人化したアワ坊の約音アワウ。またはアバウ〔大言海〕。(3)アハ(淡)からか〔日本語源=賀茂百樹〕。(4)アホウ(阿保=乳母)を付けておかねばならぬようなうつけ者の意〔色道大鏡〕。(5)秦の始皇帝が阿房宮を造って国を亡ぼしたことから〔物類称呼・俚言集覧・海録〕。(6)ヲコ(烏乎)から分化した語〔不幸なる芸術=柳田国男〕。発音アホー〈なまり〉アッポ〔神戸・和歌山県・和歌山〕アッポー〔石川〕アッポン〔豊後〕アポ〔大和・豊後〕アポン〔長崎〕アンポ〔石川〕アンポー〔岡山〕オホ〔伊賀〕〈標ア〉ア ホ〈京ア〉ホ 辞書日葡・書言・ヘボン・言海 表記阿房(書・言) 唖方(書) 阿呆(へ)

あほう が 酢(す)に酔(よ)ったよう しまりがなく、だらしのないさま。とりとめのないさまのたとえ。

あほう と 鋏(はさみ)は使(つか)いようで切(き)れる 愚かなものでも使い方さえよければ役に立つ。ばかと鋏は使いよう。

あほう に 付(つ)ける薬(くすり)はない 愚かな人間をなおす方法はない。ばかに付ける薬はない。＊雑俳・軽口頓作(1709)「ままにする・付けるくすりのないあほう」＊雑俳・倭風俗(1755)「あほうには付ける薬の内義呼ぶ」

あほう にも 一芸(いちげい) どんな愚かなものでも一つぐらいはとりえがあるものだ。愚者も一得。

あほう の 足元使(あしもとづか)い 愚かな人間は、足もとにある物を取るのにさえ人を使う。自分でできるつまらないことに、いちいち他人の手を借りるほどの愚かさをいう。

あほう の 三杯汁(さんばいじる) 愚か者の大食なたとえ。また、汁のおかわりは一回だけはよいが、三杯目からは不作法だという意。ばかの大食い。

あほう の 鼻毛(はなげ)で蜻蛉(とんぼ)をつなぐ ばかが鼻毛を長くのばしていることのたとえ。この上もなく愚かなさま。＊俳諧・鶉衣(1727-79)前・中・一九・鼻箴「あほうの延せる鼻毛には、蜻蛉もつらるるためし、わざはひ蕭墻(せうしゃう)より起るときけば、つつしむべきは鼻のさきなるべし」

あほう の 話(はなし)食(ぐ)い 愚かな人間は、自分の力量のほども考えず、人から話に聞いたことをすぐ行なおうとする意。

あほう の 一(ひと)つ覚(おぼ)え 愚かな人間は、一つだけ聞き覚えたことを、どんな時にでも得意になって持ち出すこと。ばかの一つ覚え。＊世相(1946)〈織田作之助〉七「体系や思想を持たぬ自分の感受性を、唯一所に沈潜することによって傷つくことから守らうとする走馬燈のやうな時の場所のめまぐるしい変化だけが、阿呆の一つ覚えの覘(ねら)ひであった」

あほう の 横好(よこず)き ばかなくせに、物にこって好むこと。なんでも好んでするが、少しも上達しないこと。下手(へた)の横好き。＊浮世草子・鬼一法眼虎の巻(1733)七・二「阿呆(アハウ)の横好(ヨコスキ)と、何時の比よりか無上に狂言を好(すか)せられ」

あほう は 風邪(かぜ)をひかぬ ばかな人間は心配ごとや気苦労がないので、概してからだが丈夫である。＊譬喩尽(1786)六「信天翁風不」引(アホウカゼヒカズ)」

あほう を 使(つか)えば苦(く)を使(つか)う 愚かな人間を使うことは、むずかしいので、主人はかえって苦労をする。＊歌舞伎・傾城浅間嶽(徳川文芸類聚所収)(1698-1704)「主をつかふか慮外者、あほうをつかへば苦をつかふ、主の前共はばからず、其懐手

はなんじゃぞと」＊歌舞伎・傾城天の羽衣(1753)三幕「イヤイヤあいつばかりは心もとない、ヱヱ行ざ成まい、あほうを使へば苦を使ふじゃ」

あほう を 使(つか)えば棒(ぼう)を使(つか)う 愚かな人間を使うのは大変むずかしいことのたとえ。棒を扱うようなもので、使う者がそのためにひどい目にあうことがある。＊雑俳・軽口頓作(1709)「たたかるる・あほうつかへば棒つかふ」

あほう を 尽(つ)くす ふざけた、または愚かな行為をやりたいだけやる。ばかを尽くす。＊浮世草子・傾城色三味線(1701)京・一「其となりはよい年をして、白髪ぬくを仕事にしてあほうをつくし」＊談義本・華鳥百談(1748)四・由良の浜にて龍神碁を打し事「正月是をすれば、蚊にくはれぬとあほうを尽(ツクシ)」＊古今集遠鏡(1793)二「秋の野でどれやこちもあの花を賞翫してともどもにみだれてあはうをつくさう」

あ-ほう【阿保】〘名〙母または乳母のこと。＊随筆・夏山雑談(1741)三「阿保とは、乳母の事を云ふなり。これを、古より、あこと訓ずるなり、ほとこと同音、通ずるにや、西国辺にて、母をあほうと云ふ所もあり、是に因るなるべし」＊広益熟字典(1874)〈湯浅忠良〉「阿保 アホウ ツキモリ」＊史記-范雎伝「居二深宮之中一、不レ離二阿保之手一、終レ身迷惑、無レ与二昭姦一」

あ-ぼう【阿防・阿傍】〘名〙(「あほう」とも)地獄の獄卒の一つ。頭と足は牛、手と胴体は人間、力は山を抜くほど強く、三つまたの鉄叉(てっさ)で人間をかまの中に投げ込んで責めるという。阿防羅刹(らせつ)。速疾鬼(そくしつき)。＊太平記(14C後)三三・新田左兵衛佐義興自害事「新田左兵衛佐義興、長二丈計なる鬼に成て、牛頭(ごづ)馬頭(めづ)阿放(アハウ)羅刹共十余人前後に随へ」＊御伽草子・仏鬼軍(国文東方仏教叢書所収)(室町中)「しかれども獄卒阿防等、心をたおさずはつみ出てぞたたかひける」＊五分律-二八「有二諸比丘一、臨レ欲二命終一、応下堕二地獄一、悉見中地獄諸相阿傍在上レ前」 発音 アボー 〈音史〉古くは『あはう』と清音にも。〈標ア〉ア

あぼう〘名〙小児。子供。＊菊池俗言考(1854)「あぼふ 小児をあぼうと云へり言の意は髪置までは坊主なれは彼坊(あのほう)此坊(このほう)など言しが何(いつ)と無く称(しょう)になりてあぼうと云か」 方言 ❶兄。兄さん。 ◇あぼ 長崎県南松浦郡054 南高来郡905 熊本県宇土郡・天草郡919 大分県南海部郡941 宮崎県東臼杵郡953 ◇あぼうさん・あぼさん 熊本県天草郡919 ❷長男。跡継ぎ。 ◇あぼ 長崎県南高来郡905 熊本県天草郡936 ❸息子。子息。 ◇あぼうさん 熊本県天草郡919 ◇あぼさん 熊本県天草郡936 ❹男の子。少年。 ◇あぼう 熊本県天草郡919 ❺下男。男の奉公人。 ◇あぼ・あぼやん 長崎県南高来郡905 ◇あぼ・あぼどん 熊本県天草郡919

あほう-いも【阿房芋】〘名〙植物「ジャガいも」の俗称。手入れが悪くても芋をたくさんつけることからいう。ばかいも。 発音 アホーイモ 〈標ア〉ホ

あほう-うちぎ【阿呆内気】〘名〙(形動)極端に遠慮深いこと。また、そのような性格。また、内気すぎて気がきかないこと。＊浮世草子・猿源氏色芝居(1718)五「こくめんなおやぢの目、あほううちぎなるむすこ」

あほう-かたぎ〘名〙愚かな性質。＊浮世草子・西鶴織留(1694)二・二「いそがしき中に汁粥を好み、一門づきあひにも阿頬(あボウ)形気(カタキ)に見られ」

あほう-かつら【阿呆鬘】〘名〙(「あほうかづら」とも)演劇で、ばかに扮する役者がかぶるかつら。 発音 アホーカツラ 〈標ア〉カ

あほう-がらす【阿呆烏】〘名〙(鳴き声から)カラスを卑しめののしっていう語。転じて、愚かな者にたとえていう。＊浄瑠璃・用明天皇職人鑑(1705)三「まっと寝よふと思ふまに、あほうがらすのがあがあは」＊洒落本・禁現大福帳(1755)一「阿房烏(アホウガラス)のカアカアと黄昏に我家へ帰らず」＊歌舞伎・韓人漢文手管始(唐人殺し)(1789)二「日脚も未だなんなんと、ねぐらに迷ふ頃にもあらず。ハテ、ありふれたあほう烏め」 発音 アホーガラス 〈標ア〉ガ

あぼう-きゅう【阿房宮】 一(一)中国、秦の始皇帝が渭水(いすい)の南、長安の西北の阿房に建てた宮殿。始皇帝はここに宮女三千人を置き、日夜遊楽にふけったという。＊蕉堅藁(1403)読杜牧集「赤壁英雄遺二折戟一、阿房宮殿後人悲」＊仮名草子・心友記(1643)上「阿房宮(アホウギウ)の賦(ふ)にも、『一人の心は千万人の心なり』と、杜牧之が書き置きしも理(ことは)りや」＊浮世草子・好色二代男(1684)八・五・目録「一 新町阿房宮(あボウキウ)より広きこと」＊書言字考節用集(1717)二「阿房宮 秦始皇所建咸陽宮前殿」＊浄瑠璃・伽羅先代萩(1785)一「極楽世界と喜見城。彼唐土(もろこし)の阿房宮(アボウキウ)。三千世界に有るとあらゆる結構づくしをあつめても、又と有るまい指向(さしむか)い」＊史記-秦始皇本紀「阿房宮未レ成、成、欲下更択二令名一名上レ之、作二宮阿房一、故天下謂二之阿房宮一」 (二)(阿房宮が美女三千人を入れたというところから)遊女三千を数えた江戸吉原をたとえていう。＊雑俳・柳多留-一〇七(1829)「行燈に烟出しのある阿房宮」 二〘名〙植物「菊」の園芸品種。頭花は黄色。八重の大輪で径は約一五センチメートルに達す。香気と甘味とに富み、煮たり、または乾燥したりして賞味する。青森県八戸市の名産。 発音 アボーキュー 〈標ア〉ボ 辞書 書言 表記 阿房宮(書)

あほう-ぐさ【阿呆草】〘名〙タバコの異称。タバコには忘れ草の名があるところから、阿呆の物忘れに通わせてしゃれた言い方。＊雑俳・削かけ(1713)「あいそがないのまずにいるのもあほう草」＊雑俳・柳多留-七一(1819)「あほう艸うかうかと呑一家中」 方言 周防†122

あほう-くさ・い【阿呆臭】〘形口〙いかにもばかげている。ばかくさい。あほくさい。＊浄瑠璃・生玉心中(1715か)上「茶屋の見世へ腰かければ、売物と思やるか、あほうくさいと叱(しか)られて」＊浄瑠璃・壇浦兜軍記(1732)五「目の見えぬ人の首取って、言訳になるか、手柄になるか、阿呆臭(アハウクサ)いと恥かかすれば」 発音 アホークサイ 〈標ア〉サ

あほう-ぐち【阿呆口】〘名〙ばかげたことをしゃべること。つまらないおしゃべり。＊浮世草子・新竹斎(1687)一・一「『あさましや女の身なれば、一夜で落てと読しも此滝』とあはう口いひつづくるを」＊浄瑠璃・曾根崎心中(1703)「そこな九平次のどうずりめ、あほうぐちをたたいて人が聞ても不審(ふしん)が立」＊松翁道話(1814-46)一・中「大口いうたり、あほう口いうたり」 発音 アホーグチ 〈標ア〉ホ

あほう-ぐるい【阿呆狂】〘名〙女狂いをすること。放蕩(ほうとう)。悪所狂い。＊俳諧・西鶴大矢数(1681)第三〇「あはう狂ひ雰重って友達故 一つ残した山てもたまらぬ」＊浄瑠璃・心中天の網島(1720)中「あほうぐるひする者の起請(きしゃう)誓紙は方々先々。かき出し程かきちらす」

あほう-げ【阿呆—】〘形動〙(「げ」は接尾語)(1)ばかのようなさま。おろかに見えるさま。＊虎明本狂言・老武者(室町末-近世初)「あほうげにまふ」＊日葡辞書(1603-04)「Afóguena (アハウゲナ)」＊仮名草子・仁勢物語(1639-40頃)下・六五「尺八をいと面白く吹て、声はおかしうてあほうげに歌ひける」＊いさなとり(1891)〈幸田露伴〉六八「三十越して児童(こども)らしき喧嘩騒ぎも阿房気(ゲ)なりと」(2)むやみなさま。たいへんだ。＊雑俳・太箸集(1835-39)五「梅屋敷、雪隠阿房けに遠い」 方言 ❶ばかばかしいさま。京都府竹野郡622 鳥取県711 ◇あんぼげ 香川県綾歌郡・仲多度郡829 ◇あほたれげ 京都府竹野郡622 ◇はあげ 兵庫県但馬040 ❷惜しいさま。残念なさま。京都府与謝郡622 中郡623 兵庫県但馬653 ◇あはあげ・はあげ 兵庫県但馬653 ❸痛ましいさま。気の毒なさま。悔やみの挨拶などに言う。京都府竹野郡「まんだお若いのにあほーげなことしなはったそーで」622 発音 アホーゲ 〈標ア〉ホ 辞書 日葡

あほう-げた【阿呆下駄】〘名〙その天候、道の状態などにふさわしくない下駄。「阿呆げる」にかけていう。＊雑俳・花笠(1705)「からからと道の堅ひにあはう下駄」＊雑俳・揉闥題折句(1751-64頃)「あたら雪なぜ踏ちらす安方下駄」

あほう-げた〘名〙ばか者の頰(ほお)骨。「あほう」の「ほう」と「頰桁(ほおげた)」の「ほお」をかけていう。＊浄瑠璃・曾我虎が磨(1711頃)傾城十番斬「洒落(しゃれ)だてをけと手のひらにて、はたはたと打つ程に、是はならぬとあはうげた、さすりさすりぞ引にける」

あほう-・げる【阿呆—】〘自ガ下一〙ばかげる。＊俳諧・誹諧猿黐(1680)「いかに誹言なればとて、かかるあほうげたる句作り腹筋也」＊寄合ばなし(1874)〈榊原伊祐〉初・下「ドロンドロンと芝居でする様な、お化が出たりなんぞするものとおもふは、余りあほうげたはなし」 方言 備前†002 備中†002 ◇あおげる 新潟県佐渡352 ◇あほげる 兵庫県加古郡664

あほう-ざけ【阿呆酒】〘名〙大酒をののしっていうことば。＊浮世草子・子孫大黒柱(1709)四・三「つねづねすべき奉公は勤めず、小やど這入してあほう酒をくらい、酔まぎれに一味せしものと見へたり」

あほう-じに【阿呆死】〘名〙おろかな死にざま。犬死に。＊浄瑠璃・夕霧阿波鳴渡(1712頃)上「傾城に悋気(りんき)してあほうじにと言はれては、いよいよ男の名を出すと」

あほう-じん【阿呆人】〘名〙おろかな人。たわけ者。うつけ。＊三河物語(1626頃)二「氏真は扨も扨も、あほう人哉。抑々(そもそも)、竹千代様を駿殿に帰ると云ほうやく哉」

あほう-ぢから【阿呆力】〘名〙人よりなみはずれて強い力。馬鹿力。＊浄瑠璃・曾我会稽山(1718)一「あほう力の曾我の五郎時宗といふ飢(かつゑ)浪人」 発音 アホージカラ 〈標ア〉ジ

あほう-つかい【阿呆遣】〘名〙人形浄瑠璃で、あほうの役を演じる人形をつかう者。＊俳諧・西鶴大矢数(1681)第九〇「分入れば鼻毛茂りて谷深し〈西光〉あはうつかひの跡の薄雲〈西窓〉」

あほう-づら【阿呆面】〘名〙間の抜けた顔つき。おろかな顔つき。ばかづら。人をののしっていうときのことば。＊浄瑠璃・五十年忌歌念仏(1707)中「あの立野のあほうづら、敷銀(しきがね)に目がくれて、嫁にとらふといやらしい」＊二十歳(1933)〈川端康成〉「阿呆面で深寝してゐる相手」＊鮫(1963)〈真継伸彦〉二「夕には通行人のなかに阿呆づらの者、臆病そうな者、足弱の者をみつけてそっと後をつけ」 発音 アホーズラ 〈標ア〉0

あぼう-とうげ【安房峠】 長野、岐阜両県境の峠。焼岳の南側にあり、江戸時代は、飛驒山脈を横断し松本と高山を結ぶ道として利用された。標高一八一二メートル。 発音 アボートーゲ 〈標ア〉ト

あほう-どり【信天翁・阿房鳥】〘名〙(陸上での歩き方が不器用で人を恐れないことからとも、簡単にとらえられるので名づけられたともいう)(1)アホウドリ科の鳥の総称。大形の外洋性の海鳥で、イカなどを主食とする。南半球に一〇種、北太平洋に三種が分布し、日本の近くで船から見られるのは白っぽいコアホウドリと全身黒色のクロアシアホウドリの二種である。学名は Diomedeidae (2)アホウドリ科に属する海鳥。翼はひろげると二メートルにも達する。海上の風を利用して羽ばたかずに飛ぶ。幼鳥は黒いが、成鳥は白く翼、尾羽の先端などが黒褐色を帯びる。大きなくちばしで海上の浮遊魚を捕食。羽毛製品のために乱獲され、伊豆

諸島の鳥島にわずかに残るだけで、国際保護鳥、特別天然記念物に指定されている。あおどり。しんてんどり。ばかどり。おきのたいふ。アルバトロス。いわとり。ばか。とうくろう。学名は Diomedea albatus ＊和爾雅(1688)六「信天翁 アホウドリ」＊俳諧・杜撰集(1701)下・一夜歌仙「春吹くものと希有な風の名〈嵐雪〉 のさのさと面さへかへるあほう鳥〈仙化〉」＊米欧回覧実記(1877)〈久米邦武〉一・一「其形は鳶に似て瘠せ、飛翔の姿は、鵜に似たり。翅長く、三折して畳まる。我邦にては振天翁、又あほう鳥と呼ぶものなり」③制服巡査をいう、不良仲間の隠語。〔隠語全集(1952)〕 [発音]アホードリ〈標ア〉[ホ]〈京ア〉① [辞書]言海 [表記]阿房鳥(言)

信天翁②

あほう-ばなし【阿呆話】『名』ばかばかしい話。また、ばかに関する話。＊義残後覚(1596)六・又次郎の事「あはうばなしの一ばんには、御身が事をいふなり。ちとこころをもちなをしたしなみて見給へ」

あほう-ばらい【阿呆払】『名』[方言]❶ばか扱いにすること。徳島県809 810 ❷何一つ与えずに追い出すこと。長崎県対馬913 ❸当ての外れること。◇**あほばらい** 和歌山県日高郡690 ❹金品を消費したり、あるいは、失い尽くしたりすること。長崎県壱岐島914

あほう-ばらい【阿房払】(アハウばらひ)『名』江戸時代、武士に対する刑の一つ。両刀を取り上げ、はだかにして割り竹でたたき、古着に縄の帯をしめさせて追放すること。はだかにしたり、しばったりして人々にあざけられるような姿で追放することを広くいう場合もある。方薬払い。おどけ者払い。＊仮名草子・可笑記(1642)三「知行召しあげられ、あはうばらひに追放せられ」＊俳諧・中庸姿(1679)「売物と札付てをく甲斐がねは〈高政〉 信玄公よりあはうばらひに〈如風〉」＊浮世草子・新色五巻書(1698)三・四「其女めをくくり付てあほうばらいにせよ」＊歌舞伎・傾城仏の原(1699)一「急ぎ町人への見せしめに、刀を奪ひ取り、阿房払に致すべし」＊歌舞伎・猿若万代厦(1786)序幕「町人の悲しさは、極意の所が勘当、阿房払ひ、おれが家の定紋付き着せて置く事もうならぬ」[辞書]言海 [表記]阿房払(言)

あほう-ひげ【阿呆髭】『名』ばかのはやすような、間抜けた感じの無精髭。＊評判記・古今役者物語(1678)「つくりはなげにあほうひげ、どっとわらはす其ふぜい」[発音]アホーヒゲ〈標ア〉[ホ]

あほう-ぼう【阿呆坊】(ウ:バ)『名』「あほう(阿呆)」に同じ。＊歌謡・若みどり(1706)四・七・むらた「ずんど恥をしらぬはあほうぼう、むら田はんぴゃうゑを見たか」

あほう-ぼこ【阿房鉾】(アハウ:)『名』京都の祇園会(ぎおんえ)の際、新町通四条上ル小結棚町(こゆいだなちょう)から出る放下鉾(ほうかぼこ)の異名。真木(しんぎ)が一二間五尺あり、祇園会の山鉾中最高といわれる。洲浜鉾(すはまぼこ)。＊俳諧・続山の井(1667)夏上「つのめたつ警固やらせつあほう鉾〈重香〉」＊浮世草子・本朝桜陰比事(1689)四・目録「童子に小刀持す人は安房鉾をつくれる事」＊花洛細見図(1704)六・山鉾「放下鉾 世にあほうほこといふ」[補注]「嬉遊笑覧」に「函谷関の鉾をあほうぼことといふとぞ」とあるが、函谷鉾(かんこぼこ)の異名とするのは誤り。

あほう-もの【阿呆者】『名』ばか者。たわけ者。＊浄瑠璃・淀鯉出世滝徳(1709頃)上「一門一家町年寄庄屋迄ふれあるいて、蔵々(くらぐら)に封をつけさせてあほうものにしてくれた」＊人情本・風俗粋好伝(1825)後・中「両親には苦労を懸け、女房には気を揉ませ、義理も情も知らざりし阿房者(アハウモノ)」[発音]アホーモノ〈標ア〉[0][ノ]

あほう-やくしゃ【阿房役者】(アハウ:)『名』芝居の道化方。＊雑俳・住吉おどり(1696)「なぶられて・あほう役しゃも身過ぎゆへ」[発音]アホーヤクシャ〈標ア〉[ヤ]

あほう-やまい【阿呆病】(まひやう)『名』ばかになる病気。＊読本・椿説弓張月(1807-11)残・六七回「決水(けっすい)は〈略〉中に人魚多かり。〈略〉四足あり。その音(こえ)嬰児(みどりご)の如し。食へば痴疾(アホウヤマヒ)なし」

あほう-らし・い【阿呆―】『形口』[文]あほうら・し『形シク』(「らしい」は接尾語)ばかばかしい。あほらしい。＊日葡辞書(1603-04)「Afôraxij(アハウラシイ)」＊浄瑠璃・冥途の飛脚(1711頃)下「あほうらしいとひきのけて、夫婦にふるみのふるがさや、雨のあしべも乱るる心」＊長唄・拙筆力七以呂波(1828)瓢箪鯰「瓢箪鯰の根くらべ、をかし珍し阿呆らし」[方言]いまいましい。不本意だ。残念だ。京都府中郡623 [発音]アホーラシイ〈標ア〉[シ] [辞書]日葡・ヘボン [表記]阿呆敷(ヘ)

あぼう-らせつ【阿防羅刹・阿傍羅刹】(アバウ:)『名』(阿防の暴悪さは羅刹に等しいところからいう。「あほうらせつ」とも)「あぼう(阿防)」に同じ。＊百座法談(1110)六月二六日「閻魔王の使ひ阿妨羅刹、牛頭、馬頭、目をいからかし、牙(き)をちがへたるもの多し」＊平家(13C前)二・小教訓「或は浄頗梨(じゃうはり)のかがみにひきむけて、罪の軽重(きゃうぢう)に任(まかせ)つつ、阿防羅刹が呵嘖(かしゃく)すらんも、これには過ぎじとぞみえし」＊謡曲・砧(1430頃)「獄卒阿防羅刹の、笞(しもと)の数の隙もなく、打てや打てやと報ひの砧(きぬた)」＊日葡辞書(1603-04)「Afôraxet(アハウラセツ)」[発音]アボーラセツ〈標ア〉[ラ]〈京ア〉[ラ] [辞書]文明・饅頭・日葡・書言 [表記]阿防羅刹(文・饅・書)

あほう-りちぎ【阿呆律義】『名』(形動)度をはずれて正直であること。正直すぎてかえってばかげていること。ばか正直。愚直。＊浄瑠璃・国性爺後日合戦(1717)二「其のあほう律義(リチギ)では、道に落(おち)て有物も、ひろふ事は成まい」＊咄本・軽口出宝台(1719)五・八「其中に一人すぐれて愚かなる男あり。是なんあほうりちぎといふ成(なる)べし」[発音]アホーリチギ〈標ア〉[リ]

あほおだら『名』[方言]植物、はりぎり(針桐)。美濃†091 岐阜県美濃005

アボカド『名』(英 avocado)《アボガド・アボガード》クスノキ科の常緑高木。熱帯アメリカ原産で、果実を食用とするために栽培される。果実は球形、西洋ナシ形があり、長さ一〇センチメートル内外。表皮は緑色で凹凸があり、果肉は黄色、大きな種子を持つ。果肉に油分を多く含むので「森のバター」と呼ばれ、サラダ、ソースなどに用いる。鰐梨(わになし)。[発音]〈標ア〉[0]

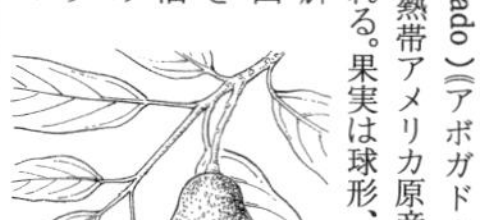
アボカド

アボガドロ(Amedeo Avogadro アメデオー)イタリアの化学者、物理学者。一八一一年「アボガドロの法則」を発表して、初めて分子の概念を導入し、分子と原子とを区別した。(一七七六～一八五六)

アボガドロ-ていすう【―定数】『名』物質量一モルを構成する粒子数で、質量数一二の炭素の同位体一二グラム中に含まれる炭素原子の数として定義される。その値は 6.02×10^{23} である。イタリアの物理学者アボガドロにちなんで名付けられた。[発音]アボガドロテイスー〈標ア〉[ス][テ]

アボガドロ-の-ほうそく【―法則】(ハフソク)『名』(アボガドロは発見者 Avogadro から)気体に関する法則の一つ。同温、同圧、同体積の気体は、すべて同数の分子を含む、というもの。[発音]アボガドロノホーソク〈標ア〉[ガ]

アポカリプス ㊀『名』(英 apocalypse)黙示。啓示。㊁(Apocalypse)新約聖書「ヨハネ黙示録」のこと。[発音]〈標ア〉[カ][ポ]

あほ-くさ【阿呆臭】(形容詞「あほくさい(阿呆臭)」の語幹)いかにもばかげているさまを表わす語。感動詞的に用いる。＊冷え物(1975)〈小田実〉「アホくさ、こっちはこないに心配して一生懸命やっとるのに」[発音]〈標ア〉[サ]

あほ-くさ・い【阿呆臭】『形口』「あほうくさい(阿呆臭)」に同じ。＊両京俚言考(1868-70頃)「あほらしあほくさい」＊髑髏の皮(1914)〈上司小剣〉五「阿呆臭(アホクサ)い、それやと全(まる)で此方からお頼み申して戻って貰ふやうなもんやないか」＊牛部屋の臭ひ(1916)〈正宗白鳥〉二「お前さんは阿呆臭いことばかり云うて」[発音]〈標ア〉[サ]〈京ア〉[ク]

アポクリファ『名』(ラテン・英 Apocrypha 元来ギリシア語で「隠された」に由来)聖書正典に対する外典。↓外典(がいてん)。[発音]〈標ア〉[ク]

アポクリン-かんせん【―汗腺】『名』(アポクリンは英 apocrine)汗を分泌する腺の一種。腋窩(えきか)部に最も多く、乳首、外耳道、肛門の周囲、鼻翼、下腹部など皮膚の特定の部位にある。大汗腺ともいわれる。特有な臭気がある。[発音]〈標ア〉[カ]

アポクロマット『名』(英 apochromat)《アポクロマート》色収差をなくした、高級レンズ。写真機、顕微鏡、望遠鏡などに用いられる。[発音]〈標ア〉[マ]

あほ-げ【阿呆―】『形動』「あほうげ(阿呆―)」の変化した語。＊両京俚言考(1868-70頃)「あほげに長き弁解をあほらしいとも思はで」[方言]❶惜しいさま。残念なさま。香川県829 ❷たくさん。非常に。法外に。また、無意味に。栃木県198 滋賀県蒲生郡612

あほ-・げる【阿呆―】『自ガ下一』「あほうげる(阿呆―)」の変化した語。＊骨董(1926)〈幸田露伴〉「悪口を云へば骨董は死人の手垢の附いた物といふことで、〈略〉大博物館だって盗賊の手柄くらべを見るやうなものだが、そんな阿房(アホ)げた論をして見たところで、野暮な談(はなし)で世間に通用しない」＊連環記(1940)〈幸田露伴〉「釈迦の弟子の中で迦留陀夷(かるだい)といふのが、教壇の上で穢語(ゑご)を放って今に遺り伝はってゐるが、迦留陀夷のはただ阿房(アホ)げてゐるので」[発音]アホゲル〈標ア〉[ゲ]

あぼしま-うり【―瓜】『名』植物「しろうり(白瓜)」の異名。

あぼ-しんのう【阿保親王】(ワウ:シン)平城天皇の皇子。薬子(くすこ)の変に関係して一時、大宰権帥(だざいのごんのそち)に左遷。天長三年(八二六)上奏して、子行平、業平などに在原姓を与えられた。延暦一一～承和九年(七九二～八四二)[発音]アボシンノー〈標ア〉[ノ]

アボス『名』「アポストロン」の略。＊語彙(1871-84)「あぼす(俗)吸出膏薬の名なり」[発音]〈標ア〉[ア] [辞書]言海

アーポステリオリ『形動』(ラテン a posteriori「より後のものから」の意)①スコラ哲学で、認識の順序が結果から原因へ、帰結から原理へさかのぼるさま。帰納的。↔アープリオリ。＊百一新論(1874)〈西周〉下「物理はア・プリオリと云って先天の理とし、心理はア・ポステリオリと云って後天の理なれば」②カントの認識論で、経験から得られたものをさす。後天的。↔アープリオリ。＊音引正解近代新用語辞典(1928)〈竹野長次・田中信澄〉「アポステリオリ a posteriori 羅 後天的又は後天性と訳す」＊学生と教養(1936)〈鈴木利貞編〉教養と倫理学〈倉田百三〉五「カントが道徳律を全然形式的のものとして、実質的のものを斥けたのは実質はすべてアポステリオリでアプリオリのものは形式のみと考へたためであるが、実質的価値はアプリオリである」[発音]〈標ア〉[テ]

アポストロ『名』(ポルトガル apostolo)キリシタン用語。キリストが布教のために特に選抜した一二人の直弟子。使徒。＊ぎやどぺかどる(1599)上・二・七「あぽすとろ

あり」 ＊どちりなきりしたん（一六〇〇年版）(1600)六「これをつらね玉ふあぽすとろ十二人なるごとく、そのかずも十二かでう也」 発音〈標ア〉ポ

アポストロフ〘名〙（フランス apostrophe）フランス語の表記に用いられる符号「，」。英語の「アポストロフィー」にあたる。 発音〈標ア〉ポ

アポストロフィー〘名〙（英 apostrophe）〘アポストロフ〙 英語または日本語のローマ字による表記などに用いられる符号「，」。英語においては、縮約形・所有格であることを示す。ローマ字では tan'i（「単位」。tani「谷」と読み違えないために）のように、撥音の n を示したり、A'（アッ）のように促音を表わすために用いる。 ＊新らしい言葉の字引(1918)〈服部嘉香・植原路郎〉「アポストロフ Apostrophe（英） 英語の省略記号又は所有格のサイン」 発音〈標ア〉ロポ

アポストロン〘名〙（語源未詳） 江戸時代に用いられた吸い出し膏薬の一つ。アボス。 ＊浄瑠璃・御所桜堀川夜討(1737)二「直しておませう。女房ども、アポストロンに、アルマンスを些（ち）と混ぜて付けておましゃれ」 ＊譬喩尽(1786)六「阿慕寸登呂牟 アポストロム 蛮語也」 発音〈標ア〉ト

あほ-だら【阿呆陀羅】〘名〙 ①「あほだらきょう（阿呆陀羅経）」の略。 ②阿呆（あほ）を強めていう関西地方の語。大馬鹿者。あほんだら。ばかたれ。 ＊歌舞伎・傾城天の羽衣(1753)五幕「あほだらめ、爰で死（しぬ）るは本望じゃ」 語源説 阿房を擬人化したアホタラ（阿房太郎）から〔大言海〕。 発音〈標ア〉0

あほだら-きょう【阿呆陀羅経】〘名〙（馬鹿という意の上方語「あほだら」を仏典の陀羅尼、曼陀羅などにこじつけて経文めかした語） 乞食坊主が小さな二個の木魚をたたき、または扇子で拍子を取りながら、世上の事件などに取材して作った八八調の文句を、「仏説あほだら経」という唄い出しで唄った俗謡。また、それを唄って戸ごとを巡り、あるいは街頭で演じて銭を乞うた乞食坊主。宝暦以後、大坂に起こり、のち江戸にも伝わった。また、大道芸としてだけでなく、明治以降、寄席芸としても行なわれるようになった。 ＊洒落本・意気客初心(1836)上「安保陀羅経に曰く、武士（さぶらひ）は二本ざし猟師は鳥さし芸子は証（こけ）さし才領は貫ざし茶人は水さし商人（あきうど）は物さしといふ」 ＊かくれんぼ(1891)〈斎藤緑雨〉「変るは塵の世の虫けらどもが栄枯窮達一度が末代とは阿房陀羅経（あほだらきゃう）も亦之れを説けり」 方言 愚か者。ばか。あほう。 鳥取県気高郡・岩美郡716 発音 アホダラキョー〈標ア〉0〈京ア〉0

あほだら-よみ【阿呆陀羅読】〘名〙 阿呆陀羅経（あほだらきょう）を唄って銭を乞うた乞食坊主。 ＊日本の下層社会(1899)〈横山源之助〉一・六「往来を流しあるく飴屋かんちゅりん、男女打揃ふかっぽれ、あほだら読みの如き時に一円内外を得来ることあれども、通例三四十銭内外なるが如し」 発音〈標ア〉0ラ

あほ-たれ【阿呆垂】〘名〙 馬鹿者。愚か者。あほたん。あほう。 ＊安吾新日本地理(1951)〈坂口安吾〉道頓堀罷り通る「新大阪のアホタレがタネに困ってデッチあげたもんらしいわ」 ＊神の道化師(1955)〈椎名麟三〉一「この間、裏の河へ喰うに困って死んだ土左衛門があがったけど、お前もああなるのが落ちなんやぞ。身のほど知らずが、阿呆（アホ）たれ」 発音〈標ア〉0〈京ア〉タ

あぼちゃ〘名〙 方言 ❶植物、カボチャ（南瓜）。出羽置賜郡1025 島根県709 723 ◇あばちゃ 島根県鹿足郡739 ◇あぶちゃ 沖縄県小浜島996 ◇あぶっちゃ 沖縄県黒島996 ❷頭。 島根県725

あぼ-ちんたん〘名〙 愚か者をあざ笑っていう語。愚か者。馬鹿者。あほたん。

アポトーシス〘名〙（英 apoptosis） 生物を構成する細胞が、自分の役目を終えたり不要になったりするとみずから死ぬ現象。 発音〈標ア〉ト

あぼ-の-おおかみ【阿菩大神】 出雲神話系の神。出雲国式内社伊佐賀神社の祭神。「播磨風土記」に、大和の畝火（うねび）・香具・耳梨（みみなし）三山の争いを見にくる途中、播磨国揖保（いいぼ）郡上岡の里に鎮座したという話がみえる。伊保大明神。 発音 アボノオーカミ〈標ア〉ア

アホム-ご【―語】〘名〙 一三～一八世紀にインドのアッサム地方を支配したタイ系民族の言語。ヒンドゥー教徒に同化した現在の住民はインド-アーリア諸語の一つであるアッサム語を話し、アホム語は死語となった。 発音 アホムゴ〈標ア〉0

あほ-らし・い【阿呆―】〘形口〙文あほら・し〘形シク〙「あほうらしい（阿呆―）」に同じ。 ＊雑俳・銭ごま(1706)「あほらしい・隠居の仕よが早かった」 ＊滑稽本・浮世床(1813-23)初・上「今おもふて見れば、あほらしうて、其痴（たはけ）さがたまらんはい」 ＊松翁道話(1814-46)四・中「其様なあほらしい事に暇費やしている暇はない」 方言 ❶いまいましい。不本意だ。残念だ。福井県大飯郡448 京都府竹野郡622 ❷恥ずかしい。 京都府宇治郡633 発音 アホラシイ〈標ア〉シ〈京ア〉ラ

あほらし-げ【阿呆―】〘形動〙（形容詞「あほらしい」の語幹に接尾語「げ」の付いた語） ばからしいさま。 発音 アホラシゲ〈標ア〉シ

あほらし-さ【阿呆―】〘名〙（形容詞「あほらしい」の語幹に接尾語「さ」の付いた語） ばかばかしいこと。ばからしいこと。 ＊「佐久間ダム見学記について」について(1955)〈杉浦明平〉「『ダム・サイト』のあほらしさは従前の生活を牧歌的に描き、醇風美俗のうしなわれてゆくのをセンチメンタールになげいている点にあった」 発音〈標ア〉ラ〈京ア〉0

アポリア〘名〙（ギリシア aporia 「道のないこと」の意） ①哲学で一つの問いに対して、互いに矛盾する二つの結論が出ること。 ②一般に、解決困難な問題。 発音〈標ア〉0ポ

あほり-くさい【阿呆臭】〘形〙 方言 いかにもばかげている。ばからしい。あほらしい。 奈良県吉野郡683 ◇あおくさい 新潟県佐渡352 ◇あほくさらし 和歌山県和歌山市・海草郡690

アボリジニー〘名〙（英 Aborigine）〘アボリジン〙 オーストラリア大陸の先住民。人種的にはオーストラロイドに属する。二〇世紀初頭まで、石器時代同様の採集・狩猟生活を続けて来た。一九六七年、国民投票により市民権が認められた。 発音〈標ア〉リ

アボリショニズム〘名〙（英 abolitionism アボリションは「廃止」の意） アメリカ合衆国におこった奴隷制廃止運動。とくに一八三〇年代以後北部で活発になり、南北戦争勃発の一因となった。

アポリネール（Guillaume Apollinaire ギョーム―） フランスの詩人・小説家。前衛芸術の旗手となり、超現実主義への道を開いた。著に詩集「アルコール」「カリグラム」など。（一八八〇～一九一八） 発音〈標ア〉ネ

アポロ（ラテン Apollo）「アポロン」のラテン語形。 ＊恋慕ながし(1898)〈小栗風葉〉八「アポロの聖殿に一生を捧げて、一管の清音を生命としてゐる青春可憐の楽師に向って」 ＊風土(1935)〈和辻哲郎〉四・二「ニオベの若い娘が背中にアポロの矢を射込まれて」 発音〈標ア〉ア〈京ア〉ア

アホロートル〘名〙（スペイン axolotl 「水に遊ぶ怪物」の意） 両生綱有尾目のマルクチサラマンダーの数種のうち、幼形成熟したものをいう。メキシコサラマンダーなどは、幼生のままの状態で成長し、大きさは二〇センチメートルほどで、外鰓（がいさい）があるのに産卵する。学名は Ambystoma spp. 発音〈標ア〉ロ

アポロ-がた【―型】〘名〙（アポロは Apollo）〘アポロン型〙 ニーチェが唱えた芸術の類型の一つ。秩序や調和を作品の特徴とするアポロ的な型。↔ディオニソス型。 ＊音引正解近代新用語辞典(1928)〈竹野長次・田中信澄〉「アポロン型 Appollonian type 英〈略〉哲学者ニーチェの創唱した芸術論上の語である」 ＊夏目漱石論(1960)〈荒正人〉「例えば、アポロ型とディオニソス型でも異ろう」 発音 アポロガタ〈標ア〉0

アポロギア ㊀〘名〙（ギリシア apologia） 弁明。弁解。アポロギー。 ㊁（Apologia）「ソクラテスのべんめい（弁明）」に同じ。 発音〈標ア〉ロ

アポロギー〘名〙（ドイツ Apologie）「アポロギア㊀」に同じ。 ＊森鷗外(1954)〈高橋義孝〉五「諷刺の体裁を持ったアポロギーには、作品に『ル・パルナス・アンビュラン』〈略〉などがあり」 発音〈標ア〉ロ

アポロ-キャップ〘名〙（アメリカ apollo cap） アメリカ航空宇宙局で用いられた作業帽の名。野球帽型で、ひさしが長い。アポロ計画からの名。 発音〈標ア〉キャ

アポロ-けいかく【―計画】〘名〙 米航空宇宙局（NASA）の有人による月探査計画。一九六二年開始、六九年アポロ一一号が、史上初の月面着陸に成功。一七号で打ち切られた。 発音 アポロケイカク〈標ア〉ケ

アポロ-てき【―的】〘形動〙（アポロは Apollo）〘アポロン的〙 ニーチェが「悲劇の誕生」の中で唱えた芸術の類型づけの一つ。ディオニソス的に対し、一般に、静的・知的な秩序や調和を作品の特徴とするギリシアの造型美術や叙事詩などがこれに属するとした。↔ディオニソス的。 ＊青年(1910-11)〈森鷗外〉二〇「この打（ぶ）っ付かって行く心持が Dionysos 的だ。〈略〉精神の自由を牢（かた）く守って、一歩も仮借しない処が Apollon（アポルロン）的だ」 ＊風土(1935)〈和辻哲郎〉二・三・一二「アポロン的な心とファウスト的な心との区別は」 発音〈標ア〉0

アポロニオス（ギリシア Apollōnios）〘アポロニウス〙 ㊀前三世紀のギリシアの叙事詩人。アルゴー船の伝説を題材にした長編詩「アルゴナウティカ」がある。 ㊁古代ギリシアの数学者。「円錐曲線論」全八巻は古代最高の科学書の一つ。（前二六二頃～前一八〇頃） 発音〈標ア〉二

アポロニオス-の-えん【―円】〘名〙（アポロニオスは Apollōnios） 平面上の線分 AB を $m:n(m \neq n)$ に内分する点と外分する点とを直径とする円。A、B からの距離の比が $m:n$ に等しい点の軌跡である。 発音〈標ア〉二=エ

アポロン（ギリシア Apollōn）〘アポローン〙 ギリシア神話のオリンポス十二神の一つ。ゼウスとレトとの子。アルテミスの双生の兄。美しく男性的な青年の神で、詩歌・音楽・予言・弓術・医術をつかさどる。のちに太陽神と同一視された。デルフォイの神殿で与える神託は、古代ギリシア人の生活を規定したほど有力であった。ローマ神話のアポロは、ギリシアから移入したもの。アポロ。 ＊あむばるばりあ(1933)〈西脇順三郎〉紙芝居 Shylockiade「我が二つの眼は二人のアポロンである」 発音〈標ア〉ア

あほん-だら〘名〙「あほだら（阿呆陀羅）②」の変化した語。 ＊夫婦善哉(1940)〈織田作之助〉「だし抜けに、荒々しく揺すぶって、柳吉が眠い眼をあけると、『阿呆んだら』そして唇をとがらして柳吉の顔へもって行った」 ＊真空地帯(1952)〈野間宏〉一・六「あほんだらやなあ…お前はほんとにどこまであほにできてるんや…」 発音〈標ア〉0〈京ア〉ダ

あま【天】 ㊀〘名〙（「あめ」の古形といわれる） ①ひろびろとした大空。日、月、星などが運行し、神々のいる天。あめ。→あまの・あまつ。 ＊書紀(720)推古二〇年正月・歌謡「やすみしし 我が大君の 隠ります 阿摩（アマ）の八十蔭（やそかげ） 出で立たす 御空（みそら）を見れば」 ＊万葉(8C後)三・二四〇「ひさかたの天（あま）ゆく月を網に刺しわご大王（おほきみ）は蓋（きぬがさ）にせり〈柿本人麻呂〉」 ＊御伽草子・唐糸草子（室町末）「あま吹きおろす松風の、岩が根騒ぎあたるをば、人やあるかと疑はれ」 ②建物の天井。 ＊八丈実記（18

48-55)方言「天井を　あま」 ③かまどの上のほうの煙のかかる所。また、かまどの上に釣った棚。台所の上に作られた物置。＊体源鈔(1512)六「あまと云物にさし上げてありければ、煤(すす)ばみたりけれども、聊(いささか)不ㇾ損也」＊俳諧・犬子集(1633)一七「白き物こそ黒くなりけれ 餅花をあまにつるせばすすたれて〈徳元〉」＊譬喩尽(1786)三「つし京詞、あま田舎詞、これ竈上に釣棚也、揚ㇾ薪」 ㊁〔語素〕天に関する事物、また、高天原(たかまがはら)に関する事物に冠して用いる。「天雲」「天路(あまじ)」「天人(あまびと)」「天降(くだ)る」「天霧(ぎ)る」など。 語誌(1)「あめ(天)」の母音交替形。アマ…、アマノ…、アマツ…などの形で複合語を作ることが多い。上代では、アマ…はアマカケル・アマギラフ・アマクダル・アマザカル・アマテル・アマトブなど動詞の例がめだつ。「天」と表記される場合、アマノかアメノか決めがたいことが多い。「天の香具山」はアメノが古く、のちアマノに変った。(2)「あま・あめ(天)」は天上・天空をさすが、類義語「そら(空)」は空中・虚空をさす。「天」には高天原(たかまがはら)・天つ神にかかわる意味があるが、「空」にはない。平安初期の「あめつちの詞」の「あめつちほしそら」のように、天の対語は地であり、空は星と並ぶものである。(3)「天つ空」「天つ御空(みそら)」は大空の意。アマ・アメは平安朝ではほとんどが和歌の中に複合語として現われるにすぎず、代わってソラが一般に多く用いられるようになった。 方言❶高い所。静岡県520 ❷天井。梁(はり)。青森県津軽080 秋田県河辺郡134 東京都八丈島053 343 石川県江沼郡422 静岡県054 521 532 京都府加佐郡629 山口県見島797 ◇おおあま〔大―〕石川県羽咋郡406 ❸天井裏。屋根裏。物置とするほか、養蚕やわら仕事などに使う。東京都八丈島040 富山県392 397 401 石川県金沢市・江沼郡404 静岡県520 534 540 愛知県北設楽郡553 山口県防府市802 ◇あまこ 静岡県520 ◇あまど 島根県邇摩郡・邑智郡724 ❹二階。秋田県河辺郡(土間の上の二階)130 富山市近在(二階または三階)392 静岡県520 浜松市521 ❺草ぶき屋の二階にした物置部屋。 ◇あまど 島根県邑智郡・邇摩郡725 ◇あまだや 島根県邑智郡725 ❻いろりの上方につるした、すのこや竹を並べた棚、または板。火の粉が天井に入るのを防ぎ、ぬれたものを乾かすのにも用いられる。石川県鳳至郡406 福井県429 長野県下伊那郡054 岐阜県498 502 504 島根県邑智郡725 徳島県那賀郡812 長崎県対馬054 ◇あまざら 新潟県佐渡356 ❼いろりの自在かぎの下がっている綱についている薄い板。 ◇あまど 島根県邑智郡725 ❽かまどの上につるした板。三重県飯南郡590 語源説(1)アメ(天)の転〔俚言集覧・碩鼠漫筆・日本古語大辞典=松岡静雄・大言海〕。(2)アマ(開間)の義。アメの転という説は誤り〔国語の語根とその分類=大島正健〕。(3)アヲマ(青間)の略〔言元梯〕。(4)アマネシの義か〔和句解〕。(5)ウハムナ(上空)の反〔名語記〕。(6)ウミ(海)の転。広大な場、間という意。マ、メ、ミは場、間の意。アは接頭語〔神代史の新研究=白鳥庫吉〕。 発音㊀は〈標ア〉ア 〈ア史〉平安・鎌倉〇〇 〈京ア〉ア 辞書文明・日葡・ヘボン・言海 表記天(文・へ)

あまの… ⇨「あまの(天―)」の子見出し

あま【尼】〘名〙①(パーリ語 ammā「母・女性」の意から)出家して仏門に入った女性。具足戒を受け、中古ごろは頭髪を肩のあたりでそぎ、のちには剃るようになった。敏達天皇一三年に善信尼らが出家したのが日本での始まりとされる。尼僧。尼法師。比丘尼。＊書紀(720)敏達一三年九月(前田本訓)「司馬達等の女(むすめ)嶋を度(いへで)せ令む。善信尼(アマ)と曰(い)ふ」＊伊勢物語(10C前)一六「年ごろあひ馴れたる妻(め)、やうやう床(とこ)離れて、つひにあまになりて」＊平松家本平家(13C前)一・義王「義王、二十一にて尼になり、嵯峨の奥なる山里に、柴の庵をひきむすび」②①の自称。＊梁塵秘抄(1179頃)二・四句神歌「あまはかくこそさぶらへど、大安寺の一万法師もをぢぞかし」＊徒然草(1331頃)一八四「その男、尼が細工によもまさり侍らじ」③平安時代以後、髪を肩のあたりで切りそろえた①の髪。また、そのような童女の髪。尼削(あまそぎ)。→あま(尼)に削(そ)ぐ。＊とりかへばや(12C後)中「うれしきままに、かしらあはせなどして、髪もかき垂れなどしてみれば、あまのほどにふさふさとかかりたり」④肩のあたりで髪を切りそろえた童女。おかっぱあたまの少女。親しみの気持をこめていうことがある。室町時代以降に使われた。＊咄本・軽口露がはなし(1691)三・七「内にあまを寝させてきたが、もし声のたかきに目がさめれば迷惑」⑤(「阿魔」「阿摩」とも)特に関東で、近世以降、少女または女性をいやしめて呼ぶ語。あまっこ。あまっちょ。＊浜荻(庄内)(1767)「庄内にて年のゆかぬ下女をあまといふ。江戸にてはののしる辞とす。それ故あまと呼るればことの外腹を立る也」＊雑俳・柳多留‐四(1769)「おやぶんは美しひのをあまよばり」＊滑稽本・浮世床(1813‐23)初・上「ソレ、えてよ。此中(こんぢう)、附(つけ)をよこした女(アマ)よ」＊随筆・守貞漫稿(1837‐53)三「江戸の小民他人を卑めて野郎(やろう)と云、婦女を尼と云」⑥ほおべに。＊俳諧・崑山集(1651)六夏上「色木の実あまのことぞや梅法師〈正陳〉」＊随筆・嬉遊笑覧(1830)六・下「今も女のことをあまといへることありて女の頬紅とみても通ずべし。昔の女はほほべにさしたり。此故に少女椿の葩を頬また額に粘(はる)戯れあり」⑦めすの犬。牝犬。＊読本・夢想兵衛胡蝶物語(1810)前・色欲国「牝狗(アマ)を追ふ白黒は、乱走して水をかけらるるを厭(いと)はず」⑧キリスト教の修道女。＊えすぱにや・ぽるつがる記(1929)〈木下杢太郎〉ハビエルノ城「そのうちに、彼の呼びにやった尼さんが二人来た」⑨狂言面の一つ。尼を表わす。「泣き尼」に用いる。＊わらんべ草(1660)四「一尼(アマ) 一比丘尼比丘定にきる」 語誌(1)尼はパーリ語の ammā やサンスクリット語 abma から来るとする説が有力である。パーリ語の biksuni の中国語の音写の尼(ni 女性語尾)に「あま」の訓がついたらしい。(2)平安時代に入ると寺院の尼僧以外では③の意味が普通となる。⑤の意味の近世の関東での蔑称語は、中世末からの勧進比丘尼が売笑とかかわったことと関係するか。

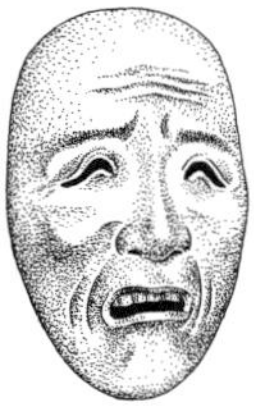

尼⑨

方言❶女。千葉県市原郡040 新潟県373 三重県度会郡599 北牟婁郡601 熊本県玉名郡919 ◇あんま 和歌山県東牟婁郡687 ◇あまあ 伊豆大島†071 ◇あまこ 神奈川県足柄上郡314 ◇あまご 出羽田川郡†025 ◇あまった 和歌山県那賀郡690 ◇あまっちゃく 長野県長野市・上水内郡054 ◇あまっちょろ 三重県北牟婁郡601 ◇あまつぶり 山形県庄内139 ◇あまのち 和歌山県西牟婁郡690 ❷少女。娘。山形県西田川郡139 東京都大島326 利島331 石川県能美郡404 福井県大野郡436 長野県上田475 諏訪481 愛知県名古屋市(下流の子をいう)561 三重県志摩001 南牟婁郡(自分の女児を呼ぶ称)603 滋賀県伊香郡(中流以下の子をいう)606 奈良県675 和歌山県690 高知県(下流の語)062 大分県大分郡094 ◇あまあ 三重県志摩郡585 ◇ああま 東京都新島(女性語)050 ◇あんま 石川県河北郡・鹿島郡404 ◇あんまあ 静岡県520 ◇あまこ 山形県西田川郡050 神奈川県足柄上郡314 三重県志摩郡585 高知県安芸郡860 ◇あまのこ 三重県南牟婁郡586 和歌山県海草郡・日高郡690 ◇あまっちっ 長野県上田475 ◇あまっちゃく 長野県長野市・上水内郡054 ◇あまつぶれ 山形県庄内139 ◇あまのせがれ〔―倅〕和歌山県那賀郡・有田郡690 ◇あまのへた 和歌山県伊都郡690 ❸若い女。 ◇あんま 東京都三宅島333 石川県河北郡(一七、八から二二、三歳の女をいう)062 (目下に対していう)404 羽咋郡(若く卑しい女)412 ◇あんまあ・あんまあさま〔―様〕東京都三宅島333 ◇あまあね〔―姉〕東京都新島(女性語)050 ❹女あるいは少女を卑しめたり、ののしったりしていう語。関東†069 江戸†060 福島県東白川郡157 栃木県河内郡204 群馬県勢多郡236 埼玉県川越255 東京都三宅島333 神奈川県317 新潟県366 371 379 富山市近在392 長野県上田475 佐久493 岐阜県497 静岡県520 愛知県碧海郡062 名古屋市(多く子供が用いる)562 三重県志摩郡054 奈良県678 和歌山県日高郡054 ◇あむ 沖縄県(下輩にいう)054 ◇あまこ 茨城県188 ◇あまのこ 和歌山県西牟婁郡706 ◇あまんじょお 静岡県520 ◇あまっちゃく 静岡県志太郡532 ◇あまたれ 大阪府泉北郡646 ◇あまだれ 愛知県知多郡570 ◇あまくた 三重県志摩郡585 ◇あまめ 栃木県198 ◇あまのひちきれ・あまのびんだれ 奈良県吉野郡683 ❺少女を敬愛の気持を込めていう語。お嬢さん。福井県坂井郡・丹生郡427 高知県862 ◇あまこ 高知県高岡郡861 ◇あまちゃん・あまさん 高知県863 ◇あんま・あんまあっこ 東京都三宅島333 ❻母。鹿児島県薩摩050 沖永良部島985 ◇ああま 鹿児島県沖永良部島985 ◇あんま 新潟県西頸城郡382 富山県390 福井県428 坂井郡432 三重県志摩郡585 高知県幡多郡054 鹿児島県奄美大島・加計呂麻島975 喜界島983 沖縄県本島(下流の語)062 974 竹富島996 ◇あんまあ 沖縄県首里(母と同年輩の女にもいう)054 993 ◇あんまちゃん 新潟県西頸城郡(中流の語)382 ❼祖母。 ◇あんまあ 鹿児島県喜界島983 ◇あむ 鹿児島県奄美大島(下流の語)974 ❽姉。三重県志摩郡054 南牟婁郡603 沖縄県波照間島996 ◇ああま 沖縄県小浜島996 ◇あんま 東京都三宅島322 石川県河北郡062 鹿島郡411 沖縄県八重山974 石垣島・西表島975 ◇あんまあ 東京都三宅島333 ◇あまべ 三重県志摩郡585 ❾末の姉。沖縄県石垣島・西表島・鳩間島996 ◇あんまあ 沖縄県竹富島・西表島996 ❿四番目の姉。小さい姉。 ◇あんまま 沖縄県石垣島996 ◇あんまあま 沖縄県石垣島・鳩間島996 ⓫末の妹。 ◇あんま 沖縄県石垣島975 ◇あんまあ 沖縄県西表島975 ⓬兄嫁。 ◇あんまあ 沖縄県竹富島996 ⓭百姓の妻。 ◇あむ 沖縄県†139 ⓮娼家の抱え主。やりてばば。 ◇あんまあ 沖縄県首里993 ⓯下女。女中。庄内(年若い下女)†060 山形県庄内・東置賜郡139 ◇あまさん 兵庫県神戸市(西洋人の家の女中)670 ◇あんま 石川県羽咋郡(二人称)404 鹿島郡411 ⓰子守。子守女。 三重県志摩郡585 ◇あんま 沖縄県石垣島996 ⓱乳母。 ◇あんま 愛媛県840 ◇あんまあ 沖縄県首里974 ◇あんめえ 沖縄県首里993 ⓲雌牛。東京都三宅島333 三重県志摩郡585 語源説(1)梵語 Ambā (女の意)から〔釈日本紀・万葉代匠記・日本釈名・嘉良喜随筆・南屏燕語・和訓栞〕。(2)頭の上のかざり(髪のこと)をとればむなしくなるので、ウハムナの反〔名語記〕。(3)アマリメ(余女)の下略〔紫門和語類集〕。(4)ウサミルの約。うき事を見て髪をそぐから〔和訓集説〕。(5)阿彌陀まかせの意〔和句解〕。(6)アミの転。アは接頭語。ミは女性の尊称〔日本古語大辞典=松岡静雄〕。 発音〈標ア〉ア 〈ア史〉平安・江戸〇◉か 〈京ア〉⓪ 辞書色葉・名義・和玉・文明・伊京・天正・饅頭・黒本・易林・日葡・書言・ヘボン・言海 表記尼(色・名・玉・文・伊・天・饅・黒・易・書・へ・言)

あまに=削(そ)ぐ〔=はさむ〕 (古くは尼僧が肩のあたりで髪を切り揃えていたところから)女子の髪を尼③のようにする。あまそぎにする。あまそぐ。＊平中(965頃)三八「いと長き髪をかきなでてあまにはさみつ」＊能因本枕(10C終)一五五・うつくしきもの「あまにそきたるちごの、目に髪のおほひたるを、かきはやらで」

あま【甘】 ㊀〔語素〕名詞や形容詞の上に付けて「甘い」の意を表わす。「あまかす」「あまざけ」「あまぐり」「あまずっぱい」など。 ㊁〘名〙①砂糖をいう盗人仲間の隠語。〔日本隠語集(1892)〕 ②頭の鈍い者をいう、てきや、盗人仲間の隠語。〔特殊語百科辞典(1931)〕

方言 ❶容易なさま。たやすいさま。岡山県浅口郡768 愛媛県大三島033 848 ❷水、または湯。幼児語。山形県139 ◇**あんま** 山形県062 139 新潟県中頸城郡383 ◇**あまこ** 秋田県由利郡130 ◇**あまご** 山形県最上郡・山形市139 ❸甘酒。岐阜県高山市502 ◇**あんま** 秋田県仙北郡130 ❹酒。岐阜県飛驒(児童語)502 ◇**あんま** 高知県高岡郡863 ❺魚。また一般に食べ物。幼児語。◇**あんも** 福島県相馬郡156 ❻飯。◇**あんま** 高知県幡多郡864 ❼菓子の総称。◇**あんま** 石川県江沼郡404 能美郡419 福井県427 岐阜県北飛驒(児童語)499 高知県幡多郡864 ◇**あんめ・あんめえ** 静岡県520 ❽明治のころ、生まれた直後の赤ん坊に、胎毒を下させるために飲ませたもの。蕗(ふき)の根と甘草をせんじたもの、または砂糖湯が用いられた。◇**あまあま** 京都府竹野郡622 ❾乳。乳汁。◇**あんま** 富山県389 石川県鳳至郡409 山梨県062 461 兵庫県佐用郡659 赤穂郡660 島根県大根島732 愛媛県845 ◇**あも** 富山県下新川郡039 ❿乳房。◇**あんま** 富山県下新川郡(中流以下)391 ◇**あんも** 富山県下新川郡039 ⓫生まれたばかりの子。乳飲み子。和歌山県伊都郡690 ◇**あんま** 島根県八束郡(幼児語)725 ⓬杉材などの外側の白く柔らかい部分。青森県上北郡082 秋田県鹿角郡132 山形県西置賜郡・飽海郡139 新潟県佐渡356 東蒲原郡368 ⓭木の甘皮。山形県139 ⓮魚、いら(伊良)。和歌山県東牟婁郡016 ⓯魚、あまだい(甘鯛)。島根県浜田市725 ⓰虫、あぶらむし(油虫)。和歌山県690

あま【雨】〘語素〙名詞などの上に付けて雨の意を表わす。「雨具」「雨雲」「雨乞(あまごい)」「雨隠(あまごもり)」「雨だれ」「雨戸」「雨夜」など。＊名語記(1275)六「雨をあまなにといへり。如何。めは、まに通ずればあまと云也」 補注「あめ(雨)」の古い形は「あま」であり、それが複合語中に残っている、という説がある。 辞書 日葡・言海

あま【海】 ㊀〘名〙うみ。 ㊁〘語素〙他の語の前の部分として、「うみ(海)」の意をそえる。「あまへた(海浜)」「あまはた(海浜)」など。＊名語記(1275)六「海にあまのよみある故はあはむらの反。海上のしほあひは淡のむらたつ也」＊神社覈録(1902)〈鈴鹿連胤〉五一「海神社三座 海は安麻と訓(よむ)べし」 語源説 (1)アヲミ(蒼海)の転語〔名言通・和訓栞・言葉の根しらべ=鈴江潔子・大言海〕。(2)ウミ(海)の転音〔神代史の新研究=白鳥庫吉〕。(3)アはアク(開)、マはマ(間)から〔国語の語根とその分類=大島正健〕。 辞書 言海 表記 海(言)

あまの戸(と) 海の狭くなっている所。海峡。＊浄瑠璃・用明天皇職人鑑(1705)五「あまのとわたる商人(あきびと)の筑紫(つくし)がよひに」

あ-ま【亜麻】〘名〙アマ科の一年草。中央アジア・アラビア原産で、ヨーロッパでは紀元前から栽培されていた。日本への渡来は元祿時代で、亜麻仁油をとるために栽培された。繊維用の栽培は明治時代に入って、北海道で開拓使によって成功したのが最初である。亜麻仁油用の品種は、やや寒地の粘土質を好み、繊維用のものは熱帯を好む。北海道・東北地方で栽培され、高さ約一メートル。葉は長さ二～三センチメートルの線形またはササの葉形。夏、青紫色または白色の五弁の花が咲く。実は球形のさやとなり、種子は黄褐色の扁平な長楕円体で、亜麻仁油を搾る。茎からとれる繊維は、麻布地原料の大半を占める。ぬめごま。あかごま。いちねんあま。学名は Linum usitatissimum ▼あまの花《季・夏》＊薬品手引草(1778)「鵶麻(アマ)ゑごたなり 亜麻(アマ)同」＊重訂本草綱目啓蒙(1847)一八・穀「亜麻 ぬめごま、あかごま〈略〉亜麻は蛮国より来り外科に用ゆる所の者なり」＊日本植物名彙(1884)〈松村任三〉「アマ」 方言 植物、からむし(苧麻)。徳島県海部郡811 語源説 (1)アサ(大麻)にツ(亜)グ意〔大言海〕。(2)ラテン語の amania を中国で阿麻とあてた〔外来語辞典=荒川惣兵衛〕。 発音〈標ア〉ア〈京ア〉ア 辞書 言海 表記 亜麻(言)

亜　麻

あま【海人・海士・海女・蜑】 ㊀〘名〙①(海人・蜑) 海または湖で魚類、貝類、海藻などを取るのを業とする人。上代には諸所に置かれた海人部(あまべ)に属し、海産物を朝廷に貢納し、航海にも従事した。漁夫。漁人。あまうど。あまびと。いさりびと。りょうし。＊古事記(712)下・歌謡「大魚(おふを)よし 鮪(しび)突く阿麻(アマ)よ 其(し)が離(あ)れば うら恋(こほ)しけむ 鮪突く志毘(しび)」＊万葉(8C後)一・二三「打ち麻(そ)を麻続王(をみのおほきみ)白水郎(あま)なれや伊良虞(いらご)の島の玉藻刈ります〈作者未詳〉」＊古今(905-914)恋五・八〇七「あまのかるもに住む虫の我からとねをこそ泣かめ世をばうらみじ〈藤原直子〉」＊十巻本和名抄(934頃)一「泉郎 日本紀私記云 漁人〈阿末〉弁色立成云 泉郎〈和名同上、楊子漢語抄之説又同〉万葉集云 海人也」 ②海人部の略称。海産物を朝廷に貢納していた部民。あまべ。＊書紀(720)応神五年八月(北野本訓)「海人(アマ)及(をよ)び山守部(やまもりへ)を定(さた)む」 ③(海士・海女) 海にもぐってアワビなどの貝類や、テングサなどの海藻を採取するのを仕事とする人。海士(おとこあま)と海女とがあり、主として生理的な理由から、しだいに海女の活躍が著しくなった。海岸近くで操業する徒海女(かちあま)と、船で沖へ出て潜水する沖海女(おきあま)とがある。かずきのあま。かずきめ。あまおとめ。《季・春》＊万葉(8C後)三・二九三「塩干(しほかれ)の三津の海女(あま)のくぐつ持ち玉藻刈るらむいざ行きて見む〈角麻呂〉」＊枕(10C終)三〇六・日のいとうららかなるに「まいてあまのかづきしに入るは憂きわざなり。腰に着きたる緒の絶えもしなば、いかにせんとならん」＊謡曲・松風(1423頃)「松風、村雨(むらさめ)とて、二人(ににん)の海人の旧跡にてありけるぞや」＊六百五十句(1955)〈高浜虚子〉昭和二三年「海女(アマ)沈む海に遊覧船浮む」 ㊁㊀龍宮珠(たま)取り伝説の海女。藤原不比等(ふひと)が、龍神に奪われた明珠をとりもどそうと、讃岐の志度の浦の海女と契りをこめた。海女は藤原房前(ふさき)を生み、その恩愛にひかされて龍宮へ行き、明珠を奪い返したが、追われてそれを乳の下を切って隠し、龍に害されながら明珠だけは無事不比等に伝えた、という伝説。「志度寺縁起」に載る。＊雑俳・柳多留-三三(1806)「いいかくし所に海士は気が付かず」 ㊂(海士・海人) 能楽。五番目物。各流。世阿彌改作。㊀の伝説を脚色したもの。 ㊂(海士) 島根県、隠岐諸島の島前(どうぜん)東部の中ノ島にあった郡。「海夫」「海部」とも書いた。昭和四四年(一九六九)隠岐郡に統合されて消滅。 補注「二十巻本和名抄-五」には「隠岐国〈略〉海部」とある。 語誌 (1)㊀は古代の都人にとっては日常からかけ離れた存在の象徴であったらしい。「万葉集」では③の挙例のように、「いざ行きて見む」と異国への憧れを歌う場合もあるが、旅にある自分を「海人とや見らむ」といって旅愁を歌うのが目につく。(2)平安時代になると、流謫の愁いを「思ひきや鄙の別れに衰へてあまの縄焚き漁りせむとは〈小野篁〉」〔古今-雑下・九六一〕「わくらばに問ふ人あらば須磨の浦に藻しほたれつつ侘ぶとこたへよ〈在原行平〉」〔古今-雑下・九六二〕などと表現するようになる。名を問われた女性が「海人の子」と答えて名のらないのも相手とかけ離れた身の程を意識し卑下するからである。それは海人の労働が海藻を刈り潮を焼く、辛く苦しいものであるからだが、常に濡れそぼれるというところから和歌ではままならぬ恋に苦しむ我身を擬すようにもなる。(3)「海人・海士・白水郎・泉郎」などと表記されるが、「白水郎」については会稽山白水郎との関連が指摘されている。 語源説 (1)アマヒトの下略〔大言海〕。(2)アヲミ(蒼海)の転語アマ(海)から転じた〔和訓栞〕。(3)アはアヲウミ(蒼海)、マはスマヰ(住居)の略〔日本釈名・関秘録〕。(4)ウナベ(海部)の約転か〔雅言考〕。(5)アマへ(蜑戸)の略〔名言通〕。(6)アフギマネク(仰招)の意〔和句解〕。 発音〈標ア〉ア〈ア史〉平安・鎌倉○○ 室町・江戸◎○か〈京ア〉ア 辞書 和名・色葉・名義・下学・文明・天正・饅頭・易林・日葡・書言・言海 表記 海人(色・名・下・書・言) 海士(天・饅・易・書) 漁人(和・色・名・書) 蜑(文・天・易・書) 泉郎(和・色) 白水郎(名・書)

あまなれや己(おの)**が物**(もの)**から泣**(ねな)**く** ふつうの人は欲しいものを持たないから泣くのに、あまは自分の持っている物を人が貰ってくれないことで泣く。自分の物が原因で泣く人があったとき、それを冷やかす意で使った諺か。＊古事記(712)中「是に大雀命と宇遅能和紀郎子と二柱、各天の下を譲りたまふ間に、海人、大贄(おほにへ)を貢る。爾に兄は辞びて弟に貢らしめ、弟は辞びて兄に貢らしめて、相譲りたまふ間に、既に多(あまた)の日を経。如此相譲りたまふこと、一二時に非ず。故、海人既に往き還に疲れて泣く。故、諺に曰はく『海人乎、因己物而泣(あまなれやおのがものからねなく)』といふ」＊書紀(720)仁徳即位前(前田本訓)「故諺に曰はく『有海人耶(アマナレヤ)因己物以泣(オノカモノカラネナク)』といふは、其れ是の縁(ことのもと)なり」

あまの漁(いさり) 「あま(海人)の漁火(いさりび)」に同じ。＊万葉(8C後)一五・三六七二「ひさかたの月は照りたりいとまなく安麻能伊射里(アマノイザリ)はともし合へり見ゆ〈遣新羅使人〉」＊拾遺(1005-07頃か)物名・三五八「わたつ海の沖中にひの離れ出でて燃ゆと見ゆるはあまのいさりか〈伊勢〉」 発音〈ア史〉古くは『あまのいざり』と濁音。

あまの漁火(いさりび) (古くは「あまのいざりひ」) 漁夫が夜間、漁をするときに船上でたくともし火。あまのいさり。＊万葉(8C後)一二・三一六九「能登の海に釣する海部之射去火(あまのいざりひ)の光にいませ月待ちがてり〈作者未詳〉」＊伊勢物語(10C前)八七「やどりの方を見やれば、あまのいさり火多く見ゆるに」＊曾丹集(11C初か)「夕闇にあまのいさり火見えつるは籬(まがき)の島の蛍なりけり」

あまの石舟(いしぶね) 漁夫の網または釣り舟のおもしに用いる石を積んだ舟。

あまの磯屋(いそや) いそに作った漁師の小屋。岩がちの海岸に作られた漁師の粗末な小屋。＊壬二集(1237-45)「藻汐やく海士の礒屋のたぐひかは波にぬれても胸こがす哉」＊浮世草子・懐硯(1687)二・二「雲に霞に見わたせば、蜑(アマ)の礒屋(イソや)の立ならび」

あまの浮縄(うけなわ) 歌語で、釣針のたくさん付いている釣り糸。釣縄。あまのたくなわ(日葡辞書(1603-04))。 辞書 日葡

あまの＝少女(おとめ)【＝少女子(おとめご)】 漁夫の娘。また、漁をする若い女。あまおとめ。＊万葉(8C後)一五・三六二七「わたつみの 沖辺(おきへ)を見れば 漁(いざり)する 安麻能乎等女(アマノヲトメ)は 小船(をぶね)乗り つららに浮けり〈遣新羅使人〉」＊新古今(1205)雑中・一六一二「けふとてやいそな摘むらん伊勢島や一志(いちし)の浦のあまのをとめご〈藤原俊成〉」

あまの小舟(おぶね) 漁夫が漁のために乗る小さな舟。あまおぶね。＊万葉(8C後)一七・四〇〇六「葦(あし)刈ると 安麻乃乎夫禰(アマノヲブネ)は 入り江漕ぐ 楫(かぢ)の音高し〈大伴家持〉」＊新勅撰(1235)羇旅・五二五「世の中は常にもがもな渚(なぎさ)漕ぐあまのをぶねの綱手かなしも〈源実朝〉」＊俳諧・奥の細道(1693-94頃)末の松山「蜑の小舟こぎつれて、肴(さかな)わかつ声々に」

あまの刈(か)**る藻**(も) あまの刈り取る海藻。和

歌では「乱る」の序に使われることがある。＊古今(905-914)雑下・九三四「いく世しもあらじ我が身をなぞもかくあまのかるもに思ひみだるる〈よみ人しらず〉」＊伊勢物語(10C前)五七「恋ひわびぬあまのかるもにやどるてふ我から身をもくだきつる哉」＊讃岐典侍(1108頃)上「心のうちばかりにこそあまのかる藻に思ひみだれしか」

あまの子(こ)　①漁夫の子供。時に娘をいう。多くいやしい身分の者であることを述べるのに用いる。＊万葉(8C後)五・八五三「漁(あさ)りする阿末能古(アマノコ)どもと人はいへど見るに知らえぬ良人(うまひと)の子と〈大伴旅人〉」＊源氏(1001-14頃)夕顔「まことに、あまのこなりともさばかり思ふを知らで、へだて給ひしかばなん、つらかりし」②(船に住んで世をすごす意から)遊女。あそびめ。うかれめ。ながれめ。＊和漢朗詠(1018頃)下・遊女「白浪のよするなぎさに世をすぐすあまのこなれば宿もさだめず〈海人詠〉」＊六百番歌合(1193頃)三番「たれとなき浮き寝をしのぶあまの子も思へば浅き恨なりけり〈藤原家隆〉」　発音〈標ア〉ア

あまの囀(さえず)**り**　(聞き馴れない都の人には、鳥のさえずるようにかしましく、意味を聞き分けられないところから)平安時代、漁村の人たちのことばをたとえていう。＊源氏(1001-14頃)松風「鵜飼ども召したるに、あまのさへづり、思し出でらる」

あまの塩屋(しおや)　磯に作った漁師の小屋。あまのいそや。あまのとまや。＊春のみやまぢ(1280)「由比といふ所過て、又あまのしほ屋五六ばかりなる所に木蔭あり」

あまの捨草(すてぐさ)　①あまに捨てられたままかえりみられない海藻。不用でかえりみられず、むなしく朽ちていくもののたとえ。＊俳諧・笈の小文(1690-91頃)「供御(くご)はこぼれて、うろくづの餌となり、櫛笥(くしげ)はみだれて、あまの捨草となりつつ」＊和歌呉竹集(1795)八「我こひはあまのすてくさいたづらに朽まさり行果(はて)をみせばや」②⇩親見出し

あまの捨舟(すてぶね)　漁夫の乗り捨てた舟。たよるもののない、はかない身の上をたとえていうこともある。＊光明峰寺摂政家歌合(1232)「いかなりし風のしるべの浪の間に思はぬ方のあまの捨舟〈藤原信実〉」＊新千載(1359)恋二・一一八六「いたづらにあはでの浦に寄るべなき我が身ぞいまはあまの捨舟〈藤原為世〉」

あまの焼残(たきさし)　⇩親見出し

あまの栲縄(たくなわ)　①あまが海中に入る際、縄の一端を舟に、他の一端を自分の腰に結びつけて、危急の場合の命綱としたもの。＊元真集(966頃か)「うたがひになほもたのむかいせの海のあまのたくなはくりかへしつつ」②多くの釣り針のついた釣り糸、あまのうけなわ(日葡辞書(1603-04))。③漁網を引いたり、上げたりするときに引く綱(日葡辞書(1603-04))。　発音〈標ア〉ア　辞書日葡・書言　表記泉郎栲縄(書)

あまの栲縄(たくなわ)**の栗駮**(くるぶち)　(「あまのたくなわの」は序詞で、「くるぶち」のこと)馬の毛の一種。栗毛のまだらのもの。くりぶち。＊康保三年順馬毛名歌合(966)「右、海乃多久奈者返留淵(アマノタクナハノクルブチ)」

あまの焼藻(たくも)　漁夫の焼く、波にうち上げられた塵や芥(日葡辞書(1603-04))。＊夫木(1310頃)一九「すまの浦や海士のたくものいさり火ややがてしほやくたよりなるらむ〈寂蓮〉」　辞書日葡

あまの焼(た)**く藻火**(もび)　波にうち上げられた藻を漁夫が焚くたき火。＊深養父集(平安中)「おのれたきおのれけぶたき思ひ哉こやわれからのあまのたくも火」

あまのつむ磯菜草(いそなぐさ)　(「あまのつむいそ」は序詞で、「なぐさ」のこと)馬の毛色の一種。全体が淡褐色に黄を帯び、四脚は白色の黄ばんだもの。＊康保三年順馬毛名歌合(966)「左、あまのつむいそなぐさ、須磨の蜑のあさなあさな摘むいそなぐさ今日かちぶちは波ぞうちつる」

あまの釣舟(つりぶね)　漁夫が釣りをする舟。海の景物として和歌によまれることが多い。＊万葉(8C後)三・二五六「飼飯(けひ)の海の庭好くあらし刈薦(かりこも)の乱れ出づ見ゆ海人釣船(あまのつりぶね)〈柿本人麻呂〉」＊万葉(8C後)一八・四〇四四「浜辺よりわがうち行かば海辺より迎へも来ぬか安麻能都里夫禰(アマノツリブネ)〈大伴家持〉」＊古今(905-914)羇旅・四〇七「わたの原八十島(やそしま)かけて漕ぎいでぬと人には告げよあまのつり舟〈小野篁〉」

あまの刀禰(とね)　海部(あまべ)の神社に奉職する神官。＊神楽歌(9C後)明星・湯立歌「〈本〉伊勢志摩の 安末乃止禰(アマノトネ)らが 焼(た)く火(ほ)の気 おけおけ」

あまの苫屋(とまや)　苫で屋根をふいたり周囲をかこったりした、粗末な漁夫の家。＊後撰(951-953頃)雑二・一一九三「物思ふと行きても見ねばたかかたのあまのとまやは朽ちやしぬらん〈よみ人しらず〉」＊源氏(1001-14頃)須磨「松しまのあまのとまやもいかならむ須磨の浦人しほたるるころ」＊北国紀行(1487)「京洛にして相馴し正方法師を尋て、あまの苫屋に夜を重ぬ」＊俳諧・奥の細道(1693-94頃)象潟「闇中に莫作(もさく)して雨も又奇也とせば、雨後の晴色又頼母敷(たのもしき)と、蜑の苫屋に膝をいれて、雨の晴(はるる)を待(まつ)」

あまの友舟(ともぶね)　連れ立って行く漁船。＊堀河百首(1099-1104)春「春霞しかまの海をこめつればおぼつかなしや海士の友舟〈藤原公実〉」＊出観集(1170-75頃)「月清み塩干のかたのかぜなきにこぎはなれぬるあまの友舟」

あまの濡(ぬ)**れ衣**(ぎぬ・ごろも)　①漁夫の着ている、潮に濡れた着物。＊源氏(1001-14頃)夕霧「松島のあまのぬれぎぬなれぬとてぬぎかへつてふ名を立ためやは」②(あまは、常にぬれ衣を着るところから)ぬれ衣を着る、すなわち、無実の罪をこうむることをたとえていう。聖武天皇の頃筑紫の守(かみ)の佐野近世の娘が、継母に憎まれて、あまの濡れた衣服を寝室に置かれて盗人の汚名を着せられたという伝説もある。→ぬれぎぬ(濡衣)を着せる。＊敦忠集(10C後)「なにたつとあまのぬれぎぬくやしきをほさではやまむものならなくに」＊狭衣物語(1069-77頃か)三「同じくは着せよなあまのぬれごろもよそふるからに憎からずとや」＊和訓栞(1777-1862)「海人は皆ぬれぎぬきたれは汚名を被ふるなどいふ意に海人のかづきによせてぬれ衣とはいひそめたる成へし故事にはあらし」

あまの笛(ふえ)　長い時間海中に潜っていたあまが、浮上して口を細めてする息が口笛のように鳴るのをいう。磯なげき。《季・春》

あまの両手肩(まてがた)　(「まてがた」の「ま」は完全の意。「まてがた」は両手両肩の意)あまが潮水を汲み入れて運んだり、または、藻塩草を刈り集めたりなどするとき、両手両肩を使って忙しく働くこと。「いとまなみ」「かきあつむ」などに、また、同音で「待て」などが続く。＊後撰(951-953頃)恋五・九一六「伊勢の海のあまのまてがたいとまなみながらへにける身をぞうらむる〈源英明〉」＊新撰六帖(1244頃)三「伊勢の海のあまのまてがたかきつめて幾たび同じ藻塩垂るらん〈藤原家良〉」＊宴曲・宴曲集(1296頃)三・龍田河恋「知らず幾世か玉の緒の ながらへにける伊勢の海 海人のまてがた待てしばし」語誌(1)語源およびかかり方には ㋑藤原定家の「三代集之間事」では、藤原基俊の説として、海人がマテ(馬蛤)という貝をとるのは、砂に出来たマテのもぐった跡を目印にして取るので馬蛤形といい、その労働はわずかの暇に忙しく貝をとるので「いとまなみ」と続ける。㋺藤原清輔の「奥義抄」や顕昭の「六百番陳状」の説では、「まてがた」は「まくかた」の誤りで、製塩後、砂を潟に播くことをいい、これを干潮の間に急いで行なうので「いとまなみ」と続ける。㋩「まてがき」の誤りで、あまが泳ぐときには左右の手で休みなく水を播くので、「いとまなし」と続けるなど、諸説ある。(2)「日葡辞書」には、「製塩用の道具」という説明がある。　辞書日葡

あまのまでぐし　貝を取る道具(日葡辞書(1603-04))。　辞書日葡

あまの宰(みこともち)　(「みこともち」は「みこと」すなわち、天皇の命令に従って赴任し、統治する者の意)海人部(あまべ)を治める長官。＊書紀(720)応神三年一一月(北野本訓)「則ち阿曇連(あづみのむらじ)の祖(ををぢ)大浜宿禰(すくね)を遣(まだ)して、其の訕哤(さわめき)を平(たへら)ぐ。因(よ)て海人之宰(アマノミコトモチ)と為(す)」

あまの邑君(むらぎみ)　漁夫のかしらになる者。＊山家集(12C後)下「いはの根にかたおもむきに並(な)み浮きて鮑(あはび)をかづくあまのむらぎみ」

あま【海部】　㊀愛知県の南西部の郡。平安時代以後、海東・海西の二郡に分かれたが、大正二年(一九一三)両郡を合併し再び海部郡となる。＊二十巻本和名抄(934頃)五「尾張国〈略〉海部〈阿末〉」㊁和歌山県の北西部にあった郡。明治二九年(一八九六)名草(なくさ)郡と合併して海草(かいそう)郡となる。＊二十巻本和名抄(934頃)五「紀伊国〈略〉海部〈安末〉」㊂豊後国(大分県)の南部にあった海部(あまべ)郡の古称。＊豊後風土記(732-739頃)海部郡「此の郡の百姓は、並(みな)、海辺の白水郎(あま)なり。因りて海部の郡といふ」＊二十巻本和名抄(934頃)五「豊後国〈略〉海部〈安萬〉」　発音〈標ア〉ア　辞書和名・色葉・文明　表記海部(和・色・文)

あま【案摩・安摩】　雅楽。林邑楽(りんゆうがく)に属する。もと沙陀調(さだちょう)で、いまは壱越調(いちこつちょう)の曲。舞人は二人(時には一人)で、衣冠に笏(しゃく)を持ち、案摩の面(おもて)という特殊な雑面(ぞうめん)をつけ、地鎮の意をかたどった舞をする。答舞を二の舞といい、男は笑ったさま、女は腫れたさまの面をつけ、案摩の舞をまねる。＊二十巻本和名抄(934頃)四「沙陀調曲 案摩〈有囀〉」＊教訓抄(1233)二「案摩〈准大曲・古楽〉乱序三段、囀三度、左笏一段、急吹三段、此曲は承和御門の御時、奉ㇾ勅大戸清上作ㇾ之」＊教訓抄(1233)七「案摩きびしく、木を折をくがごとくに舞なり」　発音〈標ア〉ア　辞書和名

案　摩〈舞楽図説〉

あまの面(おもて)　①舞楽の案摩の舞に用いる雑面(ぞうめん)という紙製の仮面。厚紙に目、鼻、口などを幾何学模様風に描いたもの。②矢羽根(やばね)の斑(ふ)の一種。鷲の白羽で、上に黒い山形、下に黒い鱗形の斑のあるもの。斑の模様が①のそれに似ているところからいう。あまのめ。＊長門本平家(13C前)一六・義経自関東始参事「河越太郎重頼〈略〉大きりふの征矢(そや)のうはやに、あまのをもてはぎたるをおひたりけり」＊太平記(14C後)一三・藤房卿遁世事「蒔絵の平鞘(ひらざや)の太刀を佩(は)き、

あまの面の羽付たる平胡簶(ひらやなぐひ)の箙(えびら)を負ひ」 ③能楽に使う面。「尼の面」「天の面」などとも書く。＊わらんべ草(1660)一「又金春座には、〈略〉又尼〔天の字か〕の面一面あり。是は自ㇾ天降(ふる)と云説あり。故に天(アマ)の面と名付也云々」

あま の 舞(まい) 「あま(案摩)」に同じ。 発音〈標ア〉ア

あま の 目(め) 「あま(案摩)の面(おもて)②」に同じ。＊羽形図(1652頃か)「あまのめ上」

あま 〘名〙 方言 ⇩あんこ(兄―)

あま 〘名〙 水上を歩く軽捷な小虫(日葡辞書(1603-04))。 方言 ❶ふなむし(船虫)。和歌山県日高郡698 徳島県海部郡823 ❷あめんぼ(水黽)。新潟県佐渡356 ❸ごきぶり(蜚蠊)。和歌山県日高郡698 西牟婁郡699 大分県941 辞書 日葡

あま 〘名〙 ①夜半をいう、盗人仲間の隠語。〔隠語輯覧(1915)〕 ②盗品を処分することをいう、盗人仲間の隠語。〔隠語輯覧(1915)〕

あま 〘名〙 方言 ❶稗(ひえ)を入れる竹かご。宮崎県西臼杵郡948 ❷雨の時に船上に覆いを掛けるための、艫(とも)にある鳥居形の柱。かんだつ。和歌山県695 ❸鰹(かつお)船の帆柱の元を支える木。鹿児島県屋久島981 ❹船の艫に取り付けた四手網を水から上げるのに用いるてこ(はね木)の支柱。岡山県児島郡014 ❺船のかんぬきに差して網を掛けるための、二またになった桐(きり)の枝。愛媛県温泉郡054 ❻製材のくず。新潟県佐渡352

アマ 〘名〙「アマチュア」の略。↕プロ。＊にんげん動物園(1981)〈中島梓〉六・二「プロは、アマが逆立ちしてもできぬわざを見せるのがあたりまえ」 発音〈標ア〉ア 〈京ア〉ア

アマ 〘名〙(英 amah ポルトガル ama 中国 阿媽) ①日本や中国などに住んでいる外国人の家庭に雇われていた、その土地出身の女性。メイド。＊或る女(1919)〈有島武郎〉後・二二「西洋人の子供達が犢(こうし)程な洋犬やあまに附き添はれて事もなげに遊び戯れてゐた」＊アヹ・マリア(1923)〈谷崎潤一郎〉二「もっと気の利いた家に這入って、コックやアマの二三人位は使へさうなものではないか」＊魔の河(1957)〈火野葦平〉一五「母を助けて阿媽(アマ)として働いた」 ②外国航路の汽船で働く女性。 補注 中国語の「阿媽」はヨーロッパ語の a-mah, ama とは無関係かもしれない。 発音〈標ア〉ア

あま-あい(ひぁ) **【雨間】**〘名〙 雨が一時やんでいるあいだ。あまま。＊俳諧・別座鋪(1694)「紫陽草や藪を小庭の別座鋪〈芭蕉〉 よき雨あひに作る茶俵〈子珊〉」 発音〈標ア〉ア[2]0〈京ア〉0

あま-あかな 【甘赤菜】〘名〙 薬草「のだけ(野竹)」の異名。＊十巻本和名抄(934頃)一〇「茈胡 本草云茈胡〈乃世利 一云阿末安加奈〉蘇敬曰茈古紫字也」 補注 「本草和名」には「茈胡 和名乃世利 一名波末阿加奈」となっているから、あるいは「はまあかな」からの誤写によって生じた語か。 方言 植物、かわらさいこ(河原柴胡)。周防†122 辞書 和名・色葉・書言 表記 茈胡(和・色) 柴胡(書)

あま-あがり 【尼上】〘名〙 尼が還俗(げんぞく)すること。また、還俗した女性。＊雑俳・口よせ草(1736)「あまあがり・そろそろかゆき髪のうち」

あま-あがり 【雨上】〘名〙「あめあがり(雨上)」に同じ。＊俳諧・炭俵(1694)上「雨あがり珠数懸鳩の鳴出して〈孤屋〉 与力町よりむかふ西かぜ〈利牛〉」＊浄瑠璃・嫗山姥(1712頃)二「忘れもせぬ八月の、十八日の雨あがり」＊洒落本・百花評林(1747)歌児「雨(アマ)あがりの虹のごとし。色は見へながら、其色が手にとられず」＊雪中梅(1886)〈末広鉄腸〉下・三「雨後(アマアガリ)が却って涼しくって宜しい」 発音 アマアガリ〈標ア〉ア[2] 辞書 ポン・言海 表記 雨上(へ・言)

あまあがり の 薬缶照(やがんで)**り** 雨が晴れ上がった後に、かんかん照りの上天気になること。＊譬喩尽(1786)六「雨上(アマアガ)りの薬罐照(ヤグハンデリ)」

あま-あけ 【雨開】〘名〙 雨の上がること。雨上がり。＊林泉集(1916)〈中村憲吉〉棺車「雨開(アマア)けの海のひかりに見入りつつ眼(まなこ)のそこに痛みをおぼゆ」 発音〈標ア〉0

あま-あし 【雨足・雨脚】〘名〙 ①雨が降りながら通り過ぎていくこと。また、その速さ。 ②白い糸すじのように見える、地上に降り注ぐ雨。＊大道無門(1926)〈里見弴〉隣人・三「窓硝子に打ちつけて来る雨足(アマアシ)は、平たくなって、お互の厚みを重ね、不思議な紋様を描きながら流れくだった」＊伊豆の踊子(1926)〈川端康成〉一「雨脚が細くなって、峰が明るんで来た」 ③乱層雲、積乱雲から雨が降っているとき、遠くから見て雲が筋になって落ちているように見える部分。 語誌 杜甫、白居易等の唐詩に用いられる「雨脚」を日本で訓読し、中古の仮名文学で「あめのあし」という語形が生まれ、それが後世変化したもの。ただ、「あめのあし」に認められる「頻りに」「絶えまなく」の意味は、「あまあし」にはなく、もっぱら雨の降る様子に限って用いられる。 発音〈標ア〉0マ〈京ア〉0 辞書 言海 表記 雨足(言)

あまあし-だ・つ 【雨脚立】〘自タ五(四)〙 雨が白い糸のように地面に降り注ぐ。＊くさびら譚(1968)〈加賀乙彦〉七「広い道は、無数の刃を立てたように雨脚立っていた」 発音〈標ア〉ダ

あまあぽ 〘名〙(「あまっぽ」とも) 砂糖をいう、盗人仲間の隠語。〔日本隠語集(1892)〕

あまあま-し・い 【甘甘】〘形口〙(形容詞「あまい」を重ねた語) ことさらにやさしい表情をするさま。あまい。＊或る女(1919)〈有島武郎〉前・七「どこでもいいその娘に似たらしい所のある少女を見ると、内田は日頃の自分を忘れたやうに甘々しい顔付をした」 発音 アマアマシイ〈標ア〉シ

あまあま-と 【甘甘―】〘副〙 ひどく甘いさま。＊史記抄(1477)一二・李斯「慈母のあまあまとある様に七ごに、わるならうぞ」

あま-あやめ 【―菖蒲】〘名〙 植物「にわぜきしょう(庭石菖)」の異名。

あ-まい 【阿妹】〘名〙 妹を親しんでいう語。＊江戸繁昌記(1832-36)五・品川「阿妹言ふを休めよ 身世の苦なるを 天神海に沈む 時無からず」＊古詩-為焦仲卿妻作詩「悵然心中煩、挙ㇾ言謂㆓阿妹㆒」 補注 (1)「唐話纂要-五」に「阿妹 イモト」とある。(2)「江戸繁昌記」の例は、遊女に対して呼びかけた語。

あま-い 【雨衣】〘名〙「あまぎ(雨着)」に同じ。

あまい(ひあ) 〘名〙 語義未詳。＊古事記(712)上「故(かれ)、天神の御子の御寿(みいのち)は木の花の阿摩比(アマヒ)のみ坐(ま)しまさむ」＊書紀(720)神代下(鴨脚本訓)「故、其の生めらむ児は、必ず如木花(このはなのアマヒ)に、移落(ちりおち)なむ」 補注「あま」を「甘(あま)」と解し「もろくてはかないこと」の意とする説〔古事記伝〕、「あま」を「和(あまなう)」の「あま」と同じと解し「…と同じこと」の意とする説、また「あまひ」は「あはひ(間)」に通じると解し「間」の意とする説〔日本書紀通釈・大言海〕など、諸説ある。

あま・い 【甘】〘形口〙因あま・し〘形ク〙 ㊀味覚に関していう。↕辛(から)い。 ①砂糖や蜜など糖分の味がある。＊書紀(720)景行四〇年(北野本訓)「甘(アマク)味はひを食(みをしし)たまはじ」＊霊異記(810-824)中・二「噫乎(ああ)母の甜(アマキ)乳を捨てて我死なむか。〈国会図書館本訓釈 甜 阿万支〉」＊大唐西域記長寛元年点(1163)四「其の味甘美(アマシ)」＊浮世草子・日本永代蔵(1688)三・三「請売の焼酎、諸白(もろはく)、あまひも辛ひも人は酔(ゑは)されぬ世や」 ②塩気が薄い。辛くない。＊人麿集(11C前か)下「流れあふ湊の水のうまければかたへもしほはあまきなりけり」 ㊁心理的に砂糖や蜜の味のように感じられるさま。 ①(ことばに関していう) 人が聞いて気持がよくて、ついうかうかと欺されそうである。＊将門記(940頃か)「貞盛、人口の甘(あまき)に依り、本意に非ずと雖も暗に同類と為って」＊浄瑠璃・嫗山姥(1712頃)三「佞人(ねいじん)詞は甘きことみつのごとく、人をそこなふこと刃より猶すみやか也」＊土(1910)〈長塚節〉二「秋の頃から土方が勧誘に来て大分甘い噺をされたので」 ②愛情がこまやかである。男女の間の愛情についていうことが多い。＊どちりなきりしたん(一六〇〇年版)(1600)五「ふかき御あいれん、すぐれてあまくましますびるぜんまりやかな」＊歌舞伎・韓人漢文手管始(唐人殺し)(1789)二「彼(かの)廓で、もし粋とやら甘いとやら、色道の格式を後学の為、ちと教へてくりゃるまいか」 ③(音楽や香りやその他いろいろの物事に関していう) うっとりと快い。＊涅槃経集解巻十一平安初期点(850頃)「無我は苦き味なり。楽をば恬(アマキ)味と為す」＊隣語大方(18C後)九「興尽(つくれば)悲(かなしび)来(きたる)、苦尽甘(アマキこと)来と申ますするにより」＊邪宗門(1909)〈北原白秋〉魔睡・室内庭園「甘く、またちらぼひぬ、ヘリオトロオブ」 ㊂心理的に、塩気のきいていないような感じというところから、きびしさ、鋭さ、強さなどに乏しいさま。 ①なまぬるい。手ぬるい。また、愛情におぼれて厳格でない。＊土井本周易抄(1477)六「僧も房主の我はしかとして、同宿にはちっと甘まう当るがよいぞ」＊浄瑠璃・平家女護島(1719)三「あまいやつ、じろりと見た目にほやりと笑ひ」＊歌舞伎・浮世柄比翼稲妻(鞘当)(1823)大切「モシ、此方(こっち)も詞の甘(アマ)いうち、悪い事は云はねえ。マアマア、帰りなせえ帰りなせえ」＊安愚楽鍋(1871-72)〈仮名垣魯文〉三・上「あまいはおやのしをくりにておめしちりめんの二まいぞろい」＊魔風恋風(1903)〈小杉天外〉前・子爵家「子に慢(アマ)い夫人も此の時のみは腹を立ったらしく」＊他人の顔(1964)〈安部公房〉灰色のノート「そんな甘い期待をかけたりしているわけではない」 ②しっかりしていない。きっちりしていない。しまりがない。＊寛永刊本蒙求抄(1529-34)二「筋と肉とは、筋はつよいぞ。肉はをとったぞ。あまい方ぞ。うすふくれたやうなことぞ」＊浄瑠璃・百日曾我(1700頃)傾城請状「お預りの大事のめしうど、ふかふかと渡さるるは、猫にかつを武士ににあはぬあまい事」＊歌舞伎・白縫譚(1853)四幕「承はれば御子息の犬千代殿はお生れつき、御病身とも或は又あまいとやら辛いとやら、一家中噂とりどり」＊内地雑居未来之夢(1886)〈坪内逍遙〉八「其原(もと)が古手なるゆゑ、糸もあまく、織もあまく」＊竹沢先生と云ふ人(1924-25)〈長与善郎〉竹沢先生東京を去る・三「どうもこの名作の作因(モチーフ)までが少し甘(アマ)いやうな気がして」＊青い月曜日(1965-67)〈開高健〉二・仕事を見つける「この家は鍵が甘いぞ」 ③切れ味が悪い。＊落語・道具の開業(1891)〈三代目三遊亭円遊〉「この鋸はよっぽどあまいナア」 ④物価・株価がやや低い。また、低くなり気味である。〔取引所用語字彙(1917)〕 ⑤芝居などで、興行物の不入りなのにいう。「あまい入り」 語誌 (1)本来は味覚に関していう語であるが、次第に心理的・抽象的な事柄にも用いられるようになった。「観智院本名義抄」では「甘・甜・旨・美」などの漢字に「あまし」「む(う)まし」のいずれもが当てられている。これは、当時は「あまい」ものは快い味がする貴重品であり、「うまい」ものとされていたことを思わせる。現代方言で砂糖の味をウマイとする地域が東北北部や鹿児島・奄美のいわゆる辺地であることもこの証左となろう。(2)「あまい」の対義語「からい」は古くは塩気が強い味覚を表わす語であったところから、「あまい」が「塩気が薄い」ことをも表わす。この意味で用いられている例は「万葉集」からみられ、現代方言でも、全国的にみられ

る。(3)時代が下るにしたがって、快感をもたらす「あまい」は味覚から味覚以外の快感をもたらすものにも用いられるようになり、さらにその快感の裏に潜む危険性などの否定的な意味をも表わすようになった。それと平行して、「あまい」は塩気が薄いことから、塩気が不足していることに連なり、あるべきものの欠如や不徹底さなどの否定的な意味をも表わすようになった。 方言 ㊀〘形〙❶愚鈍だ。まぬけだ。青森県津軽077 山形県米沢市149 岡山市054 福岡市880 ❷ばからしい。ばかばかしい。茨城県稲敷郡193 熊本県玉名郡058 ❸寿命が短い。薄命だ。岡山市054 ❹土地の実際の面積が登記上より広い。富山市近在392 愛媛県大三島848 ㊁〘名〙❶菓子。三重県北牟婁郡588 飯南郡590 奈良県680 ◇あんまい 和歌山県伊都郡690 ❷甘酒。秋田県仙北郡130 ◇あまいじょうかん〔─上燗〕香川県高松市829 ❸間食。奈良県山辺郡583 ❹乳。◇あんまい 石川県鳳至郡404 語源説 (1)ウマシと通ず〔日本釈名・大言海〕。(2)アマはオモ(重)の転〔南留別志〕。(3)アアムマシの略〔本朝辞源=宇田甘冥・日本語原学=林甕臣〕。(4)アマリシキ(余如)の義〔名言通〕。(5)アラウマシの義〔和句解〕。(6)甘美な物を食べる口形から出た語〔国語溯源=大矢透〕。(7)アマはウママタ(熟全)の反〔名語記〕。 発音〈なまり〉アーマイ〔和歌山県〕アバイ〔石川〕アマ〔伊予〕アマー〔伊予・伊予大三島・瀬戸内〕アミ・アメ〔鹿児島方言〕アミァー〔愛知〕アミャー〔広島県〕アメー〔埼玉方言・瀬戸内〕アンメー〔瀬戸内〕アンマイ〔富山県・志摩・和歌山県〕〈標ア〉⓪〈京ア〉ア 文『あまし』〈標ア〉マ〈ア史〉平安●●◐ 鎌倉『あまき』●●◐〈京ア〉マ 上仮名 アマヒ 辞書 色葉・名義・和玉・文明・天正・黒本・易林・日葡・書言・〈ボン〉・言海 表記 甘(色・名・玉・文・天・黒・易・書・へ・言) 甜(色・名・天・易・書) 甛(色・名・玉) 熟(色・名・玉) 棠(名・文) 旨・美・蔗(名・玉) 濃・蕪(名) 饑・饗・旮・酏(玉) 蜜(文)

あまい 汁(しる)を吸(す)う 苦労しないで利益だけを得る。*社会百面相(1902)〈内田魯庵〉投機・一「見す見す世間の奴らに甘い汁を吸はせるよりは」*ノリソダ騒動記(1952-53)〈杉浦明平〉四「こいつこそおれたちより何層倍か甘い汁を吸いやがった奴じゃないか」

あまい 酢(す) みりんまたは砂糖を混ぜた酸味の少ない酢。転じて、考えや態度が甘いことにいう。いいかげんな考えや態度。甘口(あまくち)。*談義本・当世下手談義(1752)三・娯足斎園茗、小栗の亡魂に出逢ふ事「此小僧、目利(めきき)の通り、甘(アマ)い酢(ス)でいかぬ奴」*黄表紙・世上洒落見絵図(1791)「いまどきのにんげんのきゃくしゅはあまいすではいきんせん」*雑俳・柳多留-二四(1791)「あまい酢でくわれぬやつははつ鰹」

あまい 物(もの)に蟻(あり)がつく 甘いものに蟻が集まるように、利益のある所には人が集まることにいう。

あまく 見(み)る 物事を軽く見て、気を許したり軽蔑したりする。あなどる。なめる。*雑俳・柳多留-六三(1813)「甘く見ぬはづ日本の九合塩」

あま-いけ【雨池】〘名〙灌漑(かんがい)用水を溜める目的の人工池。溜井(ためい)。溜池。*地方品目解(名古屋叢書一〇)(1755)「雨(アマ)池 是は川無之所に池を掘り、雨水を溜め候を申候」

あまいだ〘名〙あまいだ節をうたいながら売り歩く飴売り。また、その飴の名。*咄本・譚嚢(1777)あまいだ「これこれ、このごろあまいだといふ飴が来る。あれをかならず買うな」*洒落本・粋町甲閨(1779か)「『粕に漬けた小梅さ』『わっちゃア又持遊びにしたあまいだの桶かと思ひましたよ』」

あまいだ-ぶし【─節】〘名〙江戸時代、安永年間(一七七二～八〇)に飴売りが売りながらうたったうた。*随筆・燕石雑志(1811)三「あまいだ節といふ小唄をうたひ、袴の浅黄なる頭巾を戴き、腰衣にて鉦をならし、二人して一荷の担(に)をさし担ひつつ、街頭を売りあるく飴商人ありき」

あま-いと【亜麻糸】〘名〙亜麻繊維を原料とする糸。極細糸はハンカチ地、細糸はシャツ地、中糸は服地、芯地、太糸は帆布などとする。 発音〈標ア〉⓪イ

あま-いぬ【天犬】〘名〙①「こまいぬ(狛犬)」の異称。*雑俳・幸々評万句合-安永二(1773)姿一「あま犬のやうにいり聟夜を更し」*筆の御霊(1827)前・六「あま犬といふ称は、見なれぬ状の獣なれば、天にはかかる獣も有るやうの事などを云もして、妄につけし名なるべし」②一対の狛犬を呼び分けるとき、牝(めす)の方をいう。牡(おす)を「こまいぬ」というのに対する。*滑稽本・江之島土産(1809-10)二・上「こなたが弘法大師御作の、あま犬(イヌ)こま犬」 方言 こま犬。青森県津軽073 岩手県気仙郡100 宮城県仙台市054 ◇あまえん 千葉県安房郡040 発音〈標ア〉⓪ 辞書 言海

あま-いのり【雨祈】〘名〙旱魃(かんばつ)時の雨乞いの祈り。*歌舞伎・法懸松成田利剣(1823)大詰「この松葉ケ谷(やつ)のほとりにて、民を救ひの雨祈(アマイノ)り、尊き僧の御座所ゆゑ、女を通す事罷(まか)りならぬ」 方言 神奈川県藤沢市319 発音〈標ア〉イ

あま-いも【甘芋】〘名〙植物「あまな(甘菜)⑤」の異名。*重訂本草綱目啓蒙(1847)九・山草「山慈姑 あまな〈略〉あまいも 同上加茂」 方言 植物、さつまいも(薩摩芋)。京都府一部030 兵庫県一部030 和歌山県一部030 島根県一部030 岡山県邑久郡761 愛媛県一部030 発音〈標ア〉⓪

あま-いり【海入】〘名〙 方言 ❶海中に潜って魚介を採る人。海女。海士(あま)。福井県坂井郡025 ◇あまはいり 山口県見島025 ❷海に潜って漁をすること。◇あまはいり 山口県見島797 ❸海女が仕事場についた日の祝い。また、海女の祭り。三重県志摩郡585

あま-いろ【亜麻色】〘名〙亜麻糸の色。黄色がかった薄い茶色。*めぐりあひ(1888-89)〈二葉亭四迷訳〉二「鶏冠(とさか)めかして亜麻色の前髪をたてた、快い曇眼(どんよりまなこ)の、背の高い、壮年の男」*放浪時代(1928)〈龍胆寺雄〉二・四「汚い亜麻色(アマイロ)の髪を乏しくひっ詰めに結った低い彼女の頭」 発音〈標ア〉⓪

あま-いわい【雨祝】〘名〙日照り続きの後に降雨があったとき、仕事を休んで祝うこと。あまよろこび。あめふりしょうがつ。《季・夏》*俳諧・享和句帖-三年(1803)一〇月二日「夕顔や兵共の雨祝」*俳諧・八番日記-文政四年(1821)九月「草よりも人のはかなき雨祝」 方言 山口県見島797 ◇あめのしゅうげん〔雨祝言〕京都府竹野郡622 発音〈標ア〉イ

あま・う【甘】〘自ハ下二〙(「あまゆ」の変化した語)「あまえる(甘)」に同じ。*仮名文字遣(1363頃)一四「あまふる 甘辛 甘苦」 辞書 言海

あま-うえ【尼上】〘名〙「あま(尼)」をいう尊敬語。特に、貴人の妻で出家した人。あまぎみ。あまぜ。*源氏(1001-14頃)手習「あまうへ、疾(と)う帰らせ給はなん」*浜松中納言(11C中)三「撫子の織物の袿(うちぎ)かさねて、あまうへの御料には、鈍色(にびいろ)の御衣に」 発音〈標ア〉マ

あま-うけ【雨承】〘名〙軒の雨水を受けるもの。雨樋(あまどい)など。 発音〈標ア〉⓪ケ

あまうけ-ばな【雨承鼻】〘名〙穴が上を向いた鼻。*色葉字類抄(1177-81)「尩 アマウケハナ」 辞書 色葉・言海 表記 尩(色)

あま-うし【尼牛】〘名〙 方言 雌牛。千葉県印旛郡054 新潟県上越市382

あま-うず【雨水】〘名〙「あまみず(雨水)」の変化した語。*日葡辞書(1603-04)「Amôzzu(アマウヅ)〈訳〉あまみず」 辞書 日葡

あま-うそ【雨鷽】〘名〙ウソの雌。雌は雨を呼び、雄は晴を呼ぶという。↔てりうそ。《季・春》*大和本草(1709)一五「うそ 雄をてりうそと云。紅し。鵙をあまうそと云。あかからず」 発音〈標ア〉ウ

あま-うた【海人唄】〘名〙漁師のうたう歌。*迦具土(1901)〈服部躬治〉「海人の子に海人唄一つをそはりて夕磯端をうたひつつぞくる」

あま-うち【雨打】〘名〙「あまうちぎわ(雨打際)」の略。*長門本平家(13C前)二・日吉神輿入洛間頼政問答事「二三十人ばかり引き具して、御所の雨うちの石にしりかけて、各々居並びて」 発音〈標ア〉⓪チ

あまうち-ぎわ【雨打際】〘名〙軒から落ちる雨だれが当たる所。雨打ち。雨落ち。あまおちぎわ。*源平盛衰記(14C前)二〇・八牧夜討事「雨打際(アマウチギハ)のくぼかりける所にて〈略〉頸(くび)を掻いてげり」 発音 アマウチギワ〈標ア〉⓪

あま-うま・い【甘旨】〘形口〙文 あまうま・し〘形ク〙①甘くておいしい。*書言字考節用集(1717)六「饗煎 ギャウセン アマムマイ」②上手である。*浄瑠璃・鶊山姫捨松(1740)二「此廻文に書いたやうには、あまうまいなんのさせましょ。気遣ひなされな」 辞書 書言 表記 饗煎(書)

あま-うり【甘瓜】〘名〙植物「まくわうり(真桑瓜)」の異名。《季・夏》*江家次第(1111頃)二〇・新任大臣饗「王卿着二穏座一〈略〉羞二肴物一〈暑月削氷甘瓜等云々〉」*梁塵秘抄(1179頃)二・四句神歌「清太が造りし御園生(みそのう)に、苦瓜(にがうり)あまうりの生(な)れるかな」 方言 北海道一部030 岩手県一部030 宮城県一部030 秋田県一部030 山形県一部030 福島県030 群馬県一部030 埼玉県一部030 新潟県030 367 377 富山県一部030 東礪波郡402 石川県一部030 福井県一部030 長野県030 475 493 京都府一部030 兵庫県030 広島県一部030 福岡県一部030 佐賀県一部030 長崎県一部030 大分県一部030 宮崎県一部030 発音〈標ア〉マ 辞書 書言 表記 甘瓜・甜瓜(書)

あまえ【甘】〘名〙(動詞「あまえる(甘)」の連用形の名詞化)①甘えること。気ままなこと。現代では、多く、下の者が上の者に甘えることをいう。*光と風と夢(1942)〈中島敦〉七「父に対する甘えが未だ自分に残ってをり」*笹まくら(1966)〈丸谷才一〉二「すくなくともそういう甘えが全然ないとは言えないような気がしてくる」②甘やかすこと。*和英語林集成(再版)(1872)「Amaye アマエ」 方言 ❶甘ったれ。甘えん坊。だだっ子。滋賀県彦根609 鳥取県気高郡717 島根県725 高知県860 ◇あまあっこ〔甘子〕山梨県南巨摩郡463 ◇あまいたこ 香川県大川郡829 ◇あまいぼ 長崎053 ◇あまえかんじょ 鹿児島県肝属郡970 ◇あまえがんす 島根県美濃郡・益田市(軽べつ語)725 ◇あまえご 千葉県270 283 286 東京都八丈島334 岐阜県飛驒502 島根県725 広島県比婆郡774 ◇あまえごず 島根県隠岐島725 ◇あまえごろ 鹿児島県鹿児島郡968 肝属郡970 ◇あまえさんしい・あまえさんしろう〔─三四郎〕島根県美濃郡・益田市725 ◇あまえそ 三重県名賀郡585 ◇あまえた 三重県585 大阪市638 奈良県宇陀郡678 徳島県811 香川県829 愛媛県松山846 ◇あまえたり 三重県名賀郡585 ◇あまえたれ 福井県敦賀郡443 山梨県456 島根県美濃郡・益田市725 香川県827 愛媛県松山846 ◇あまえちょ 三重県阿山郡585 ◇あまえべす 福井県大飯郡447 ◇あまえぼ 鹿児島県鹿児島郡968 ◇あまえみそ 三重県名賀郡585 ◇あまてご 島根県邑智郡725 ◇あめご 栃木県日光市198 ❷わんぱくな幼児。暴れん坊。いたずらっ子。◇あまいばち 鹿児島県054 ◇あまいばっきょ 鹿児島県961 ◇あまいばっちょ 宮崎県日向947 鹿児島県961 鹿児島郡968 ◇あまいばっちょお・あまえばっちょお・あまりばっちょお 鹿児島県種子島979 ❸甘えること。◇あまえご 千葉県市原郡283 東京都八丈島334 ❹甘えてものを言うこと。甘ったれた物言いをする人。奈良県678 徳島県809 ◇あまえたごえ〔─声〕京都市621 ❺容易なさま。簡単なさ

ま。◇あまてご 島根県邑智郡725 発音〈なまり〉アバエ〔富山県〕〈標ア〉0 辞書〈ボン〉

あまえ-いた・し【甘甚】〘形ク〙甘えがすぎて気がとがめる。また、きまりが悪い。親しみすぎてきままにふるまいすぎる。＊蜻蛉(974頃)中・天祿二年「いまはあまえいたくて、まかりかへらんこともかたかるべき心ちしける」＊狭衣物語(1069〜77頃か)三「『聞き給けるなめり』と、思せば、あまへいたくて」＊栄花(1028〜92頃)見はてぬ夢「かくておはしますも、さすがに甘へいたくやおぼされけん」 発音〈標ア〉イ

あまえ-かか・る【甘掛】〘自ラ五(四)〙甘えて頼りにする。＊もはや「戦後」ではない(1956)〈中野好夫〉「『戦後』という万能鍵に甘えかかっていたような気味が多分にあった」 発音〈標ア〉カ2

あまえ-ぐい【甘食】〘名〙犬や馬が親しみ、甘えて咬みつくこと(日葡辞書(1603〜04))。 辞書日葡

あまえ-ごえ【甘声】〘名〙年輩者にものを訴えたり請うたりするときなどの甘ったれた声。特に子供や女性にいう。＊日葡辞書(1603〜04)「Amayegoye(アマエゴエ)〈訳〉母親が心を動かしたり、ほかの人が何か物をくれたりするように心に訴えるような子供の声」＊俳諧・崑山集(1651)九・秋「夕霧に雲井の鴈やあまへ声」＊故旧忘れ得べき(1935〜36)〈高見順〉九「それは救ひを求める声といふより甘え声に近い響きをもってゐて」 発音アマエゴエ〈なまり〉アバエタゴエ〔和歌山〕〈標ア〉コ 辞書日葡

あまえ-ごころ【甘心】〘名〙甘える心。よく考えないでする心。＊禅鳳雑談(1513頃)中「『火宅の門をや出ぬらん』と申す事を我等口にてひるにてあまへ心遣り候てをかしく候」＊竹沢先生と云ふ人(1924〜25)〈長与善郎〉竹沢先生とその兄弟・二「自分をつくってくれたものに対する甘え心」

あまえ-ごと【甘言】〘名〙情け深い、やさしいことば(日葡辞書(1603〜04))。 方言子供などに対して、甘いことばを用いること。長崎市906 辞書日葡

あまえ-こ・む【甘込】〘自マ五(四)〙すっかり甘える。甘えきる。＊かくれんぼ(1891)〈斎藤緑雨〉「俊雄は十分あまへ込(コ)んで言ふ也次第の倶浮(ともうか)れ」 発音〈標ア〉コ

あまえじ〘名〙 方言 ⇒あやまち(過)

あまえ-た・れる【甘―】〘自ラ下一〙文あまえた・る〘自ラ下二〙「あまったれる(甘―)」に同じ。＊人情本・花の志満台(1836〜38)四・序「自分免許に自から、あまえ垂(タ)れたる端書は」 方言群馬県佐波郡243 辞書言海

あまえ-つ・く【甘付】〘自カ五(四)〙甘えてすがりつく。＊冬の宿(1936)〈阿部知二〉七「輝雄は、どうしたんだ、どうしたんだ、といってまつ子に喰ってかかりながら、甘えついてしばらく離さなかった」 発音〈標ア〉ツ

あまえっ-こ【甘子】〘名〙人から好意を得ようとする態度の子供。いつも甘ったれて、わがままに育っている子供。甘えんぼう。甘ったれっ子。＊忘却の河(1963)〈福永武彦〉二「小学生の頃の香代子は、甘えっ子で、我儘で、怒り出すと手がつけられなかった」 発音〈なまり〉アマアッコ〔山梨奈良田〕〈標ア〉0エ

あまえっ-た・れる【甘―】〘自ラ下一〙文あまえった・る〘自ラ下二〙(「あめえったれる」とも)「あまったれる(甘―)」に同じ。＊洒落本・船頭深話(1802)二「あめへッたれただをぬかすは」＊滑稽本・浮世床(1813〜23)二・上「一度一度に首を振(ふっ)て。あまへったれた言語(ものいひ)をするからつらがにくい」

あま-えび【甘海老】〘名〙ホッコクアカエビの俗称。日本近海では富山湾以北の日本海の水深二〇〇〜五〇〇メートルの所に分布。雄性先熟の性転換をするため、小形の若いものが雄、大形のものが雌。生食すると甘味がある。ナンバンエビ。＊にんげん動物園(1981)〈中島梓〉四四「ことにエビが好きで好きでたまらぬ。南蛮エビ、甘エビ。シュリンプ・カクテル、エビのチリソース〈略〉どれもうまい」 発音〈標ア〉エ

あまえ-やか【甘―】〘形動〙(「やか」は接尾語)いかにも甘えるようなさま。＊木椅子の上で(1940)〈田畑修一郎〉「それは善良な、甘えやかな、幸福さうな或る物だった」 発音〈標ア〉エ

あま・える【甘】〘自ア下一(ヤ下一)〙文あま・ゆ〘自ヤ下二〙(「甘(あま)」を活用させたもので、「甘い」状態である、また、そのような状態になるのをいう) ①甘味がある。甘いかおりがする。＊源氏(1001〜14頃)常夏「いとあまえたるたきものの香を、かへすがへすたきしめ居給へり」 ②相手の理解ないし好意を予想したうえで、なれ親しんだ行為をする。㋑親しんで、なれなれしくふるまう。なれ親しんで甘ったれる。現代では多く、下の者が上の者に対してふるまう場合にいう。＊源氏(1001〜14頃)末摘花「各契れる方にもあまえて、えゆきわかれ給はず」＊今昔(1120頃か)五・三〇「其の時に、舎脂夫人(しゃしぶにん)、あまへて帝釈と戯る」＊日葡辞書(1603〜04)「イヌガ シュジンニ amayuru(アマユル)」＊詞葉新雅(1792)「アマエル あまえて 彼ガ我ヲフカク思フヲシリテ、ミヅカラソコニノミナルル義ナリ」＊人情本・春色梅児誉美(1832〜33)初・六齣「ヨウ兄さんと少しあまへるもかわゆらし」＊草枕(1906)〈夏目漱石〉九「『何か御褒美を頂戴』と女は急に甘へる様に言った」 ㋺遠慮しないで、相手の理解や好意によりかかる。＊重刊改修捷解新語(1781)一「御こんいにあまゑまして」＊人情本・春色梅美婦禰(1841〜42頃)初・四回「情深ひお詞に便宜(アマヘ)まして」＊家族会議(1935)〈横光利一〉「どうも御厚意に甘えるやうですが」 ㋩親しんで得意になる。いい気になる。＊源氏(1001〜14頃)賢木「かくのごと罪侍りとも、おぼし捨つまじきを頼みにて、あまえて侍るなるべし」＊易林本節用集(1597)「驕 アマユル」＊歌舞伎・関取菖蒲絣(1797)四幕「忝(かたじけ)ない。頼もしい駕籠の甚兵衛。その上甘(アマ)へた事ながら、なんと渡しちゃくれまいか」 ③恥ずかしく思う。きまり悪く思う。はにかむ。てれる。＊源氏(1001〜14頃)竹河「『今宵は、なほ、うぐひすにも誘はれ給へ』とのたまひ出だしたれば、あまへて爪くふべき事にもあらぬをと思ひて」＊栄花(1028〜92頃)浦々の別「いとはしたなく言ひののしりければ、あまえて出でにけり」＊大鏡(12C前)六・道長下「遺根のわざをもしたりけるかなとて、あまえおはしましける」 方言甘え騒ぐ。ふざける。じゃれつく。奈良県吉野郡683 島根県鹿足郡724 広島県771 高田郡779 山口県祝島054 香川県826 小豆島054 語源説アマアエ(甘擬)の略か〔俗語考〕。 発音〈なまり〉アバイル〔富山県〕アバエル〔新潟頸城・和歌山県・和歌山・紀州〕アマイ・アマユイ・アマユッ〔鹿児島方言〕アマゲル〔飛驒〕アマゴエル〔伊豆大島〕〈標ア〉0エ〈京ア〉0 文『あまゆ』〈標ア〉0マ〈京ア〉0 辞書文明・饅頭・黒本・易林・日葡・〈ボン〉・言海 表記甘・甘苦・甘辛(文・黒) 驕(饅・易) 嬌(へ)

あま-えん【雨縁】〘名〙雨戸より外に張り出た縁。濡れ縁。 方言❶縁側。福井県427 長野県上伊那郡488 下伊那郡492 奈良県南大和683 香川県広島829 ❷ぬれ縁。岐阜県海津郡498 ❸廊下。茨城県稲敷郡193

あまえん-ぼう【甘坊】〘名〙人の助力や好意を得ようとして甘える人。甘えてわがままに育っている人。＊イタリアの歌(1936)〈川端康成〉「私すっかり甘えん坊になっちゃったわ」

あま-おい【雨覆】〘名〙「あまおおい(雨覆)」に同じ。＊日葡辞書(1603〜04)「amauoi(アマヲイ)。アマヲヲイという方がよい。〈訳〉雨を防ぐテント、または木陰」 辞書日葡

あま-おおい【雨覆】〘名〙①雨に濡れるのを防ぐために、布または油紙などで物をおおうこと。また、その布、油紙。あるいは、それで作った防水具、マントなど。＊玉塵抄(1563)一五「松が、枝をつらね葉をたれて、雨(アマ)をいになったぞ」＊俳諧・鶴のあゆみ(1735)「里々の麦ほのかなるむら緑〈仙化〉 我(わが)のる駒に雨おほひせよ〈李下〉」＊風俗画報‐五四号(1893)陸軍将校服制図第四「雨覆〈略〉日覆」＊鶏(1909)〈森鷗外〉「石田は防水布の雨覆を脱いで、門口を這入って、脱いだ雨覆を裏返して巻いて縁端に置かうとすると」 ②建物のある部分に雨がかかるのを防ぐ設備。 ③太刀のさやの峰の方をおおっている覆輪(ふくりん)。股(もも)寄せ。 ④和船の部材名称。垣立の最上部の縦通材のこと。垣立の柱の上部を覆うというところから生じた呼称。あまおさえ。＊和漢船用集(1766)一〇・船処名之部「雨覆(アマヲホヒ)。垣立の雨覆なり。左右舳真向廻りにあり。袖垣に付処、くり雨覆といふ」 ⑤鳥類の翼の羽毛の一部。風切羽を上下からおおうように生えているもので、翼の前半部にある。生えている部位によって、初列雨覆、大雨覆、中雨覆、下雨覆などに区分される。＊徒然草(1331頃)六六「大砌(みぎり)の石を伝ひて、雪に跡をつけず、あまおほひの毛を少しかなぐり散らして、二棟の御所の高欄に寄せ掛く」＊日葡辞書(1603〜04)「Amauouoi(アマヲヲイ)〈訳〉はやぶさや鷹のつばさの、ある羽」 方言ひさし。熊本県玉名郡919 発音アマオーイ〈標ア〉オ〈京ア〉オ 辞書日葡・書言・〈ボン〉・言海 表記雨覆(書・へ・言)

あま-おけ【海人桶】〘名〙あまが、もぐるときに海面に浮かべておく手桶。一息入れる時の浮(うき)と、獲物入れを兼ねる。

あま-おさえ【雨押】〘名〙①家屋などの建物で、雨の入りやすい部分に取り付けるもの。屋根と煙突とのすき間、屋根と壁、建具と壁とのとり合わせ部などに板、金属板、しっくいなどを用いる。＊随筆・守貞漫稿(1837〜53)二「雨押家宅に接す土蔵は家居の屋形に応じて造レ之」＊歌舞伎・樟紀流花見幕張(慶安太平記)(1870)大詰「上手後へ下げて杉皮竹の押縁(おしぶち)雨(アマ)おさへの付きし低き塀、此の前四ツ目垣山吹の盛り」 ②「あまおおい(雨覆)④」に同じ。 発音〈標ア〉オ 辞書言海 表記雨押(言)

あま-おち【雨落】〘名〙①屋根からの雨だれが落ちる所。軒先の真下で、石を並べて据え置くこともある。あまだれおち。雨打ち。雨打ちぎわ。＊義経記(室町中か)三・書写山炎上の事「ころころと転び落ち、あまおちの石たたきにどうど落つ」＊仮名草子・浮世物語(1665頃)五・七「書院の軒に上りて雨おちへ飛び下りければ、過ちて腰骨を打折り」＊小鳥の巣(1910)〈鈴木三重吉〉上・一一「十吉はいつの間にか壁の根に踞(こご)んで足下の雨落ちの窪みの砂を摘(つま)んでは」 ②近世の劇場の観客席で、舞台前面の土間の最前列。小一(こいち)。また、その上の舞台の天井のこと。＊戯場訓蒙図彙(1803)二「雨落(アマヲチ) 本舞台の前通りの土間を云ふ。水仕合か泥仕合の節、土間の見物こもを以て水泥をふせぐ時は、此所空棚となる。よって雨落と号く」＊歌舞伎・謎帯一寸徳兵衛(1811)序幕「本舞台、三間の間、山形に丸印しの附きし土蔵、二戸前並び、蔵の間(あはひ)、雨落(アマオ)ちの開き、打毀してあり」＊雑俳・柳多留‐一〇七(1829)「赤にしの客雨落でしゃれてゐる」 方言❶雨垂れ。群馬県吾妻郡218 長野県東筑摩郡480 ◇**あもおち** 山梨県南巨摩郡463 ◇**あもち** 長野県南安曇郡479 上伊那郡488 岐阜県飛驒502 ◇**あんもち・あもちゃ・あもちゃれ** 長野県東筑摩郡480 ◇**あもし** 和歌山県東牟婁郡704 ◇**あまんぼち・あまんぼちゃ** 長野県南佐久郡054 佐久493 ❷つらら。◇**あもおち** 長野県諏訪481 ◇**あまんぼち** 長野県東筑摩郡469 発音〈標ア〉0チ〈京ア〉0 辞書書言・〈ボン〉・言海 表記霤(書) 雨落(言)

あまおち の 細螺(きしゃご) 軒から落ちる雨だれに打たれてさらされているきしゃごの意で、「され(曝)」の変化した「しゃれ」から「しゃれ(洒落)」にか

よわせていう地口。＊洒落本・辰巳之園(1770)「『どのやうな客じゃ』『何だか、雨落のきしゃご見たやうに、しゃれのめすよ』」＊洒落本・意妓口(1789–1801頃)二「『きれいにしゃれるものはなんだらう』『雨おちのきしゃごかへ』」

あまおち-いし【雨落石】〘名〙雨だれで地面のくぼむのを防ぐために軒下に置く石。また、軒下に沿ってめぐらした石組み。発音〈標ア〉チ

あまおち-ぎわ【雨落際】〘名〙「あまうちぎわ(雨打際)」に同じ。＊人情本・明烏後正夢(1821–24)二・八回「さてもお松は玄関の、雨落際(アマオチギハ)にしょんぼりと、雨と涙にぬれぎぬの、衒(かたり)の名さへ口惜と」発音アマオチギワ〈標ア〉0

あまおち-びょうし【雨落拍子】〘名〙①軒から落ちる雨水のように、一定間隔の拍子で雅楽、謡曲を奏すること。②ピアノ、三味線などの習い初めの、ぽつぽつと切れてへたなのにいう。あまだれびょうし。発音アマオチビョーシ〈標ア〉ビョ

あま-おっこん【甘御九献】〘名〙甘酒の女房詞。「九献(くこん)」に接頭語「お」のついた「あまおくこん」が変化した語。幕末の頃の語。尼門跡では、「あまっこん」ともいう。

あま-おと【雨音】〘名〙雨の降る音。雨声(うせい)。発音〈標ア〉0ト〈京ア〉オ

あま-おとめ【天少女・天乙女】〘名〙「あまつ(天)少女(おとめ)」に同じ。＊光悦本謡曲・羽衣(1548頃)「白衣黒衣の天人の数を三五に分かって一月夜夜の天乙女、法事を定め役をなす」＊仮名草子・尤双紙(1632)上・二四「稀成物のしなじな〈略〉五人の天乙女(アマヲトメ)あまくだりて、舞をまひけると也」＊雑俳・柳多留–二四(1791)「舞(まう)て見せるによこしなと天乙女」発音〈標ア〉ト オ 辞書日葡・書言・言海 表記天乙女(書・言)

あま-おとめ【海人少女】〘名〙海で働く少女。年若いあま。あまおとめご。あまめ。＊万葉(8C後)三・三六六「ますらをの 手結(たゆひ)が浦に 海未通女(あまをとめ) 塩焼くけぶり〈笠金村〉」＊万葉(8C後)五・八六五「君を待つ松浦(まつら)の浦の娘(をとめ)らは常世の国の阿麻越等売(アマヲトメ)かも〈吉田宜〉」＊光悦本謡曲・呉服(1556頃)「くれはとりあやの衣の浦里に年へて住むや蜑乙女」発音〈標ア〉ト オ 辞書言海 表記海少女(言)

あま-おとめご【海人少女子】〘名〙「あまおとめ(海人少女)」に同じ。＊猿丸集(951–1007頃)「風をいたみ寄せくる波にあさりするあま乙女子が裳裾濡れぬる」

あま-おひら【甘—】〘名〙甘鯛(あまだい)の女房詞。＊御湯殿上日記–長享二年(1488)二月一六日「なかはしよりあま御ひら」

あま-おぶね【海人小舟】㊀〘名〙①漁夫の乗る小舟。＊万葉(8C後)二〇・四三六〇「浜に出でて 海原見れば 白波の 八重折るが上に 安麻乎夫禰(アマヲブネ) はららに浮きて〈大伴家持〉」＊無名抄(1211頃)「夕なぎに由良のと渡るあまをぶね霞の内に漕ぎぞ入りぬる」＊説経節・まつら長者(1661)四「はまなのはしの入しほに、ささねどのぼるあまをぶね、こがれて物をやおもふらん」②「あまおぶねがい(海人小舟貝)」に同じ。＊重訂本草綱目啓蒙(1847)四二・蚌蛤「蛤蜊〈略〉あまをぶねは紀州海浜に多し」＊和訓栞(1777–1862)「あまをぶね 蜑小船也。あまぶねともよめり。眉公雑字に蜑家船と見ゆ。貝の名によふは形の似たる也」㊁枕 船が停泊することを「泊(はつ)」ということから、同音の「はつ」にかかり、船に「乗り」ということから、「法(のり)」にかかる。＊万葉(8C後)一〇・二二三四七「海小船泊瀬(はつせ)の山にふる雪の日(け)長く恋ひし君が音そする〈作者未詳〉」＊成尋母集(1073頃)「あまをふねのりとるかたもわすられぬみるのなぎさのうらみするまに」＊金葉(1124–27)雑下・六三一「うきよをし渡すと聞けばあま小船のりに心をかけぬ日ぞなき〈懐尋〉」＊新勅撰(1235)恋五・九六五「あまをふねはつかの月の山の端(は)にいさよふまでも見えぬ君かな〈藤原家隆〉」発音〈標ア〉オ〈ア史〉江戸◍◍◍○○〈京ア〉オ 辞書日葡・書言・言海 表記漁舟(書)海小舟(言)

あまおぶね-がい【海人小舟貝】〘名〙アマオブネガイ科の巻き貝。房総以南からインド洋、西太平洋に広く分布。殻は高さ約二・五センチメートルの半球状で、黒色の地に黄白斑がある。あまおぶね。

あま-おみな【海人女】〘名〙漁業を職業としているうら若い女性。＊春のことぶれ(1930)〈釈迢空〉気多はふりの家・気多はふりの家「蜑をみなの 去(い)にしを思ふ。あしがたの、いつまでもある門のしきゐ」

あま-おもて【案摩面】〘名〙「あま(案摩)の面(おもて)②」に同じ。＊浮世草子・忠孝永代記(1704)五「諸民の歎きをやすんじたまへと、むら重籐の弓に、海士おもてにてはいだる矢、三人張に十五束、よっ引て放つ」

あま-おりど【雨折戸】〘名〙家の外回りや入口に立てて、雨を防いだり、夜の警備にあてたりするための折り戸。＊読本・本朝酔菩提全伝(1809)三・五「蔀(しとみ)雨折戸(アマヲリド)の崩れたるを荒縄にて繕(つくろひ)」

あま-おりもの【亜麻織物】〘名〙亜麻糸で織った織物の総称。着尺織物、広幅織物等がある。発音〈標ア〉リ オ

あま-か【亜麻科】〘名〙双子葉植物の科名。世界に約一二属二九〇種あり、広く世界に分布し、日本には一属二種が生える。主に草本、少数の低木がある。葉は対生または互生し、腺様の托葉(たくよう)があるかまたはない。無散花序か二出集散花序をなす花は時として、円錐花序のように見える。両性で放射相称。ふつうは五数性。がくと花冠は五個ずつ。雄ずいは五または一〇個か、時には多数あり、花糸の下部で合着し筒状となる。子房は上位で、三～五室またまれに多室になることがある。種子は各室に一～二個ある。この科には栽培して種子から油を採るものがある。学名はLinaceae 発音〈標ア〉0

あま-がい【甘貝・蜑貝】〘名〙①アマオブネガイ科の巻き貝。本州中部以南の潮間帯の岩礁や転石帯にすむ。殻径が約二センチメートルで半球状。螺塔(らとう)は低く、表面には螺肋(らろく)がない。黒色に三角形の黄白斑が散在する。殻は貝細工に用いることもある。学名はHeminerita japonica ＊御伽草子・岩屋(室町時代物語集所収)(室町末)下「しくれにをとする、いたかい、物くねりする、あまかい」②アワビの貝殻。＊俳諧・渡し船(1691)「ぬれ畳揚たる下のわすれ草〈才麿〉 暮てはひかる蚫貝(アマがひ)のから〈椿子〉」＊物類称呼(1775)二「鰒魚 あはび〈略〉泉州境にて此貝の殻(から)をあま貝と云。これは海士のとる貝なれば 海士貝と云か」＊雑俳・名付親(1814)「肩ぬいで・あま貝さがすのぼり立(たて)」③損じやすいものをいう隠語。＊洒落本・浪花色八卦(1757)花菱卦「あたってくれなんすな、あま貝じゃといふは、そんじものじゃといふ事か、陸では聞なれぬ隠し詞で遊ぶ所へ」方言❶(「海人の採る貝」の意か) 貝、あわび(鮑)。畿内†036 ❷貝、からすがい(烏貝)。山形県村山139 ◇あっけぁ 静岡県安倍郡521 ◇あべっかい 静岡県志太郡521 発音アマガイ〈標ア〉マ 辞書言海

あまがい〘名〙方言魚、うみどじょう(海泥鰌)。熊野†030 和歌山県西牟婁郡690

あま-がいとう【雨外套】〘名〙雨で濡れるのを防ぐために用いる、防水した布で作られたコート。雨合羽(あまがっぱ)。レインコート。＊多情仏心(1922–23)〈里見弴〉眠られぬ夜・一「主人が常用の黒の雨外套と、鳥打帽子とが、失はれてゐることが判った」発音アマガイトー〈標ア〉ガ〈京ア〉ガ

あま-がいる【雨蛙】〘名〙⇨あまがえる(雨蛙)

あま-がえし【雨返】〘名〙いったん雨が降りやんで、また、天候が荒れること。＊葛飾砂子(1900)〈泉鏡花〉九「曇って来た。雨返しがありさうだな」方言❶雨が降った後にくる暴風。青森県073 074 ❷冬、雨が降って暖かくなった後に襲う吹雪。青森県上北郡054 ❸ひさし。◇あまげえし 沖縄県那覇市・中頭郡975 ◇あまんがいし 沖縄県小浜島975 ◇あまんがいす 沖縄県石垣島975 ◇あまんがし 沖縄県竹富島・黒島996 ◇あまはじ 沖縄県国頭郡975 ◇あまぎちい 沖縄県与那国島996 発音アマガエシ〈標ア〉ガ

あま-がえる【雨蛙】〘名〙(「あまかえる」「あまがいる」とも)①アマガエル科のカエル。特にニホンアマガエルのこと。アオガエルに似ているが、さらに小さく体長約三～四センチメートル。体色は黄緑、緑、灰褐色など周囲の色に応じて変化し、頭側には黒い帯状の筋がある。四肢の指には吸盤が発達し、多く樹上にすむ。雄はのどに鳴きぶくろを持ち大声で鳴く。日本各地に分布。皮膚が湿度に敏感で、雨が降りそうになると高い枝に登って鳴いたりするのでこの名がある。あまごい。あまごいむし。あまびき。あまごいびき。学名はHyla japonica《季・夏》＊享和本新撰字鏡(898–901頃)「蛙黽 阿万加戸留」＊十巻本和名抄(934頃)八「蛙黽 本草云蛙黽〈莫耿反 阿末加倍流〉形小如蝦蟇而青色者也」＊類従本長能集(1009頃)「雨蛙鳴や梢のしるべとてぬれなんものを行やわがせこ」＊咄本・百物語(1659)下・四九「いまに子ともまでも、あまがへるなどのはいつ死給ひたなどいひて、とふらはれけると語りし」＊俳諧・猿蓑(1691)二・夏「麦藁の家してやらん雨蛙〈智月〉」②(「尼帰る」にかけて)尼から還俗した女性をいう。尼の出もどり。＊蜻蛉(974頃)中・天禄二年「山籠りの後は、あまがへるといふ名をつけられたりければ」③江戸時代、寛文(一六六一～七三)の頃、京都四条中島東門前北側にあった南京操り芝居の異名。当時小芝居は屋根のないのがふつうであったが、この芝居だけは板屋根があり、雨天でも休まなかったところからいう。＊歌舞妓事始(1762)一・歌舞妓芝居来歴「右四条中島にありし時、芝居類焼し、雨(アマ)がいるといへる、南京あやつりの小芝居一軒のこれり」④(雨蛙はよく変色するところから)心の変わりやすい人をいう、花柳界や学生間の隠語。〔かくし言葉の字引(1929)〕⑤取引相場で、値が下がり気味であること。発音アマガエル〈なまり〉アマガール〔島根〕アマガイロ〔南伊勢〕アマギャル・アメガイル〔播磨〕アマゲァエル〔福島〕アマゲーロ〔埼玉方言・鳥取〕アマンガエル・アメガエル〔鳥取〕アマゲロ・アマンゲロ〔栃木〕アマンガェル〔岡山〕アンマイガイル・アンマガエル〔静岡〕〈標ア〉ガ〈ア史〉平安○○○◍◍と○○◍○の両様 鎌倉○○○◍○〈京ア〉ガ 辞書字鏡・和名・色葉・名義・易林・日葡・書言・ヘボン・言海 表記蛙黽(和・易) 蛙鼃(字) 蛙亀(色) 蛙黿(名) 螻蟈・土鴨(書) 雨蛙(へ・言)

あまがえる の 家(いえ) 子供の遊びで、蛙を入れたり、また、その死を弔ったりするために麦わらで作った小さな家。転じて、小さな家。＊浮世草子・好色一代男(1682)二・一「里の童部(わらんべ)ねぢ籠・あまがへるの家(イヱ)などして」＊随筆・嬉遊笑覧(1830)六・上「小児の戯にあまがへるの家とて作ることあり。小みせものの小屋の小きに准(なぞ)らへて云なり」

あまがえる の 芝居(しばい)「あまがえる(雨蛙)③」に同じ。＊浮世草子・西鶴置土産(1693)三・一「惣じての太夫本木戸の者、あまがへるの芝居成こみせ物の猿までも、お良(かほ)を見知ってゐぼしをぬぎぬ」＊浮世草子・西鶴名残の友(1699)四・三「あまかへるの芝居(シバヰ)といふ小見せ物の木戸番ども集りて」

あま-がお ほ:が【尼顔】〘名〙（尼は化粧しないことから）化粧をしない顔、または、化粧をしたことのない顔。すがお。＊無名抄（1211頃）「中頃のさしもなき歌を、この世の歌に並べて見れば、けさうしたる人の中に、あまがほにてまじはれるに異ならず」＊俳諧・鷹筑波（1638）一「をやにしかられ迷惑やする 尼がほに付たるべにをかいぬぐひ〈日能〉」

あま-かか【尼嚊】〘名〙卑しい婦女。また、女性を卑しんでいう語。＊咄本・狂歌咄（1672）二「あまかかのあさ草とるやあさはたけ」＊浮世草子・世間娘容気（1717）二「お出入の尼嚊々（アマカカ）に着おろしを下されし」＊読本・雨月物語（1776）貧福論「さるを富貴は前生（さきのよ）のおこなひの善りし所、貧賤は悪かりしむくひとのみ説（とき）なすは、尼媽（アマカカ）を蕩（とら）かすなま仏法ぞかし」

あま-がかり【天掛・雨懸】〘名〙①和船の帆柱の部分の名称。帆柱を立てた時、船体の筒ばさみの上部に棕櫚縄（しゅろなわ）でくくりつける箇所。あまがらみ。＊和漢船用集（1766）一一・用具之部「雨掛 剣形の上を云。雨かこみする処」②「あまがらみなわ（雨搦縄）」に同じ。＊辰生丸道具品数扣「あま掛 壱房」

あま-がき【甘柿】〘名〙木になっているままで甘くなる柿。渋味のない柿。↔渋柿。《季・秋》＊多聞院日記-慶長四年（1599）九月一五日「甘柿〈十五〉遣申候」＊自分について（1949）〈高見順〉「人から嫌われがちな渋柿的作家の方がいい仕事をする。そして実生活においては甘柿的作家を『いい人だ』という」〖方言〗❶植物、いちじく（無花果）。岡山県岡山市762 御津郡764 ❷信濃柿（しなのがき）の一種。東国†039 〖発音〗アマガキ〈標ア〉〖0〗〈京ア〉〖マ〗

あま-がく【雨―】〘名〙〖方言〗⇩あまがち（雨―）

あま-がくれ【雨隠】〘名〙ものかげにはいって雨に濡れるのを避けること。雨宿り。＊今昔（1120頃か）一一・二二「僧自ら、蓑笠を着て道行く人の木蔭に雨隠（あまがくれ）したる様に、木の本に窃（ひそか）に抜足に寄て、木の空（うつほ）の傍に窃に居ぬ」＊広本拾玉集（1346）四「晴れぬるか森の下枝にあまかくれまだひぬ露に蟬の鳴くなる」〖発音〗アマガクレ〈標ア〉〖ガ〗

あま-がけ【雨掛】〘名〙雨が降る時、濡れるのを防ぐために着物などの上にかけておおうもの。＊昔ばなし（1794）「寛延、宝暦の頃までは、浴衣を雨がけに著たり」＊歌舞伎・四天王楓江戸粧（1804）三立「大宅の太郎、福助人形の雨掛（アマガ）けの荷をかつぎ、深草焼の商人にて出てくる」

あま-かけ・る【天翔】〘自ラ四〙（「あまがける」とも）神、霊魂、鳥などが天空を飛びかける。＊万葉（8C後）五・八九四「天地（あめつち）の 大御神たち〈略〉ひさかたの 天（あま）の御空ゆ 阿麻賀気利（アマカケリ）見渡し給ひ〈山上憶良〉」＊宇津保（970-999頃）俊蔭「わが宿世ののがれざりけるを、あまかけりてもいかに甲斐なく見給ふらむ。親のおはせし時、まづ死なましものを」＊源氏（1001-14頃）澪標「降り乱れひまなき空に亡き人のあまかけるらむ宿ぞかなしき」＊日葡辞書（1603-04）「Amacaqeri, qeru, qetta（アマカケル）」〈訳〉歌語。天を飛びかける」＊「細雪」の褒貶（1950）〈山本健吉〉「氏にあっては、芸術上の理想とは、実生活上の理想を離れて天駆（アマガ）けるものではない」〖発音〗〈音史〉後世は『あまがける』とも。〈標ア〉〖ケ〗〈京ア〉〖0〗〖辞書〗日葡

あま-がさ【雨笠】〘名〙①雨で濡れるのを防ぐために頭にかぶる笠。＊延喜式（927）五・神祇・斎宮寮「初斎院装束〈略〉笠二枚〈一日笠、盛二緑袋一。一雨笠、盛二油絁袋一。並加二志部一〉」＊経覚私要鈔-嘉吉三年（1443）四月九日「雨笠〈入二黄袋一、座法師持レ之〉」＊俳諧・崑山集（1651）一〇・秋「あま笠をかぶるは月の鼠哉〈如心〉」②時によって月の周囲に見える輪状の薄光。月のかさ。雨の前兆という。＊混効験集（1711）下坤「あまがさ 頓而雨降らんとする時月に大なる暈（かさ）をかふるやうにみゆるを云」〖方言〗月の周りに光がにじんだようになっている輪。月の暈（かさ）。宮崎県宮崎郡・東諸県郡947 沖縄県首里993 石垣島996 ◇あみがさ 鹿児島県喜界島983 ◇あまんがさ 沖縄県石垣島996 〖発音〗アマガサ〈標ア〉〖ガ〗〖辞書〗〈ボン〉〖表記〗雨笠（へ）

あま-がさ【雨傘】〘名〙雨で濡れるのを防ぐために用いる柄のついた傘。＊宗五大草紙（1528）からかさの事「雨がさは、公方様御参内、八幡御社参以下、きとしたる時は、布衣の人さし被レ申候」＊評判記・色道大鏡（1678）四「然るに此比見れば、雨傘（アマカサ）を日傘にもちゆ、是非なき次第にあらずや」＊門（1910）〈夏目漱石〉二三「背戸に干した雨傘（アマガサ）に、小犬がじゃれ掛かって、蛇の目の色がきらきらする所に」〖発音〗アマガサ〈標ア〉〖ガ〗〈京ア〉〖ア〗〖辞書〗日葡・書言・〈ボン〉・言海〖表記〗雨傘（書・へ・言）

あまがさき【尼崎】（海士が崎、海士之幸の転か）兵庫県南東端の地名。古くから漁業・水路の重要港で、中世には尼崎城が築かれ、近世には戸田・青山・松平諸氏の城下町として繁栄。中国街道の宿場でもあった。阪神工業地帯の中核をなす臨海工業都市。源義経船出の大物浦（だいもつのうら）跡などがある。大正五年（一九一六）市制。＊太平記（14C後）三四・新将軍南方進発事「都合其の勢七万余騎、大嶋・渡辺・尼崎（アマガサキ）・鳴尾・西の宮に居余りて」＊浮世草子・新可笑記（1688）二・二「うき世の望み絶て尼が崎うらの初しまに身をかくれ」〖発音〗アマガサキ〈標ア〉〖ガ〗〈京ア〉〖0〗〖辞書〗文明・天正〖表記〗尼崎（文・天）

あまがさき-かいこぎぶね :かいこ ぎぶね【尼崎貝漕船】〘名〙尼崎沖合を中心に大坂湾内で鳥貝をとった打瀬船（うたせぶね）。約三〇石積みの船体で、近世の漁船では大型に属し、漁労時は風に対して船体を横向きとし、三本の帆柱に帆をあげて網を引いた。貝漕船。鳥貝船。＊玉田文書（1746）諸事之留帳「尼崎貝漕船と申候は、三拾石積程之船に帆をかけ〈略〉艫と舳に彌帆をかけ、都合帆数三つかけ候而」〖発音〗アマガサキカイコギブネ〈標ア〉〖ガ〗＝〖ブ〗

あまがさき-だい【尼崎台】〘名〙（尼崎に漂着した唐船に積んであったところから名づけられた）天目茶碗をのせる台の一つ。黒塗で、底の内にある模様から百足（むかで）台、星台、梅鉢台に大別する。＊宗湛日記-天正一五年（1587）正月一一日「台はあまか崎だい也」

あまがさき-とかい【尼崎渡海】〘名〙近世、大坂と尼崎の間を毎日往復した貨客用の乗合船。渡海船としては最も小型で、屋形も垣立もない簡素な造りのもの。帆走よりも櫓を主用とした。あまとかいぶね。あまぶね。＊和漢船用集（1766）四・海船之部「尼崎渡海 西宮渡海より小し、日々大坂に往来す」

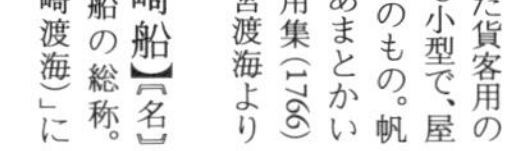
尼崎渡海〈和漢船用集より〉

あまがさき-ぶね【尼崎船】〘名〙①尼崎在住船主の持ち船の総称。②「あまがさきとかい（尼崎渡海）」に同じ。

あまがさ-へび【雨傘蛇】〘名〙コブラ科の有毒ヘビ。一二種ほどがいる。野原や水辺、人家の近辺などにすみ、毒性は強く、かまれると死亡率が高い。横縞のある種が多く、体長約二㍍に達する。学名は Bungarus ssp. ＊谿間にて（1959）〈北杜夫〉二「百歩蛇だのアマガサ蛇だのっていうのがざらにいる」〖発音〗アマガサヘビ〈標ア〉〖ヘ〗

あま-がし【―樫】〘名〙〖方言〗植物。❶つくばねがし（衝羽根樫）。和歌山県008 熊本県036 人吉市003 ❷しりぶかがし（尻深樫）。和歌山県西牟婁郡・東牟婁郡692 熊本県003 ◇あかがし 宮崎県西諸県郡003

あまかし-の-おか か:を【甘樫岡】奈良県橿原市（かしはらし）の南方、明日香村豊浦の小丘。允恭（いんぎょう）天皇が氏姓の乱れを正すため諸氏を集めて盟神探湯（くがたち）を行なった地。蘇我蝦夷（そがのえみし）、入鹿（いるか）父子の邸宅のあった所。向山。甘檮岡。味橿丘。〖発音〗〈標ア〉〖0〗

あま-かす【甘糟・甘粕】〘名〙昔の製法による堅練りの甘酒。粥（かゆ）を甕（かめ）に入れてさまし、同量の麹（こうじ）を入れてかきまぜてつくる。また、かすをこさない酒。とめかす。＊新撰字鏡（898-901頃）「糟 粕二字訓同 阿万加須」＊本草和名（918頃）「甜糟 和名阿末加須」＊九暦-九条殿記・荷前・承平六年（936）一二月一六日「造酒司候二建礼門北方一、大臣以下羞二寸糟肴物等時也」〖方言〗❶甘酒。秋田県068 福島県中部155 ❷五月五日の端午の節句に作る甘酒の一種。沖縄県首里993 〖発音〗〈標ア〉〖0〗〖辞書〗字鏡・言海〖表記〗糟・粕・醴（字）甘糟（言）

あまか・す〘他サ五（四）〙（甘粕事件から）左翼の間で思想に弾圧を加えることをいう。〔特殊語百科辞典（1931）〕

あま-かずき :かづき【海人潜】〘名〙海人が水にもぐること。＊俳諧・本朝文選（1706）二・賦類・鎌倉賦〈許六〉「苔、磨砂、海老、柴胡（さいこ）すべて魚鼈（ぎょべつ）の類、あまかづき、いとまあらず」

あまかす-じけん【甘粕事件】大正一二年（一九二三）九月、関東大震災の戒厳令下の混乱に乗じて、憲兵大尉甘粕正彦らが、無政府主義者大杉栄とその妻伊藤野枝、および甥の橘宗一を憲兵隊に連行し、殺害した事件。甘粕は軍法会議で懲役一〇年の判決を受けたが、三年で出獄し、のち満州国で要職に就いた。〖発音〗〈標ア〉〖ジ〗

あま-かずら :づら【甘葛】〘名〙植物「あまちゃづる（甘茶蔓）」の異名。＊妙一本仮名書き法華経（鎌倉中）三・薬草喩品第五「山川険谷の、幽邃に、おひたる、ところの、卉木薬草、大小の、もろもろのき、百穀苗稼、甘蔗（カンシャ）〈注〉アマカツラ」＊和玉篇（15C後）「蘡アマカヅラ」＊日葡辞書（1603-04）「Amacazzura（アマカヅラ）」〖発音〗〈標ア〉〖カ〗〖辞書〗和玉・日葡・書言〖表記〗蘡（玉）甘蔗（書）

あま-かぜ【雨風】〘名〙雨が降りだしそうな、湿気を含んだ風。また、雨を伴って吹く風。＊源氏千鳥抄（1388か）「藤の裏葉〈略〉あま風 雨気の風也」〖方言〗❶雨気（あまけ）を含んだ風。兵庫県加古郡664 ❷夕立の時に吹いてくる風。新潟県西頸城郡382 ❸東風。奈良県吉野郡・宇陀郡678 ❹東北風。三重県名張市・阿山郡585 〖発音〗〈標ア〉〖マ〗〖0〗

あま-かぜ〘名〙植物「けんぽなし（玄圃梨）」の異名。＊重訂本草綱目啓蒙（1847）二七・夷果「枳椇 けんぽなし 京〈略〉あまかぜ 南部」〖方言〗盛岡†054 青森県上北郡008 岩手県003 ◇あまかじょ 青森県西津軽郡008 ◇あまがつのき（―木）山形県北村山郡139 ◇あまざけ 青森県上北郡008 ◇あまざき 青森県三戸郡008 ◇あまじゃ 岩手県上閉伊郡008 ◇あまかんぞ 青森県003

あま-かぞう そ:かう【天数】〖枕〗⇩そらかぞう（空数）

あまがたり-うた【天語歌】〘名〙上代歌謡。宮廷寿歌の一種で、天語連（あまがたりのむらじ）の伝えたものか。「事の語りごとも是をば」という終句をもち、「古事記-下」に三曲見える。従来は、多く「あまことうた」と呼ばれていた。＊古事記（712）下「此の三歌は天語歌（あまがたりうた）ぞ」〖語誌〗一説に、天語連と海語連とを同氏姓の異表記として、天語歌は伊勢の海人語部（あまがたりべ）が伝えたもの、とする。なお、同じ終句をもつものに、神語（かんがたり）がある。↓神語（かんがたり）

あま-がち【雨―】〘名〙〖方言〗❶動物、あまがえる（雨蛙）。埼玉県入間郡054 ◇あまがき 鹿児島県961 ◇あまがく 鹿児島県種子島979 ◇あまがけげえろ 群馬

県佐波郡242 ◇あまがちがえる〔雨蛙〕 群馬県山田郡240 ◇あまがちげえろ 埼玉県大里郡252 ◇あまがっ 鹿児島県961 鹿児島郡968 ◇あまぎゃいる 香川県三豊郡829 ◇あまぎゃわず〔雨蛙〕 富山県西礪波郡397 ◇あまげえろ 千葉県東葛飾郡276 ◇あまげちがえろ・あまげらげえる 群馬県山田郡240 ◇あまげろ 栃木県198 ◇あまんぎゃく 新潟県347 西蒲原郡371 ◇あまんげえろ 群馬県佐波郡242 千葉県君津郡301 ◇あまんげっちょ 埼玉県北葛飾郡258 ◇あまんげろ 栃木県198 ◇あまんじゃ 千葉県夷隅郡040 ◇あんまいがえる 静岡県520 小笠郡537 ◇あんまがえる 静岡県520 奈良県南大和683 ❷雨の降る前に蛙(かえる)に似た声で鳴く虫。また、なんでもわざと反対する者。あまのじゃく。 ◇あまがく・あまがかあとも。 沖縄県首里993 〔方言の補注〕❷については、親の言いつけの反対のことばかりをする子が、墓は河原に作れという遺言だけは守り、雨が降りそうになると大水を心配して泣いたという昔話から、あまのじゃくのことを雨降り前に鳴く虫の名で呼ぶようになったという。

あまがち-がえる【雨蛙】〘名〙 方言 ⇩あまがち(雨―)

あま-がつ【天児】〘名〙 守りとして幼児のそばに置き、凶事を移し負わせる形代(かたしろ)の役をさせる人形。木や竹で丁字形を作り、首をすげて衣裳を着せる。三歳になるまで用いるという。後世、絹の縫いぐるみで幼児の這う姿をかたどった這子(ほうこ)をもいうようになった。 ＊九暦-逸文・天暦四年(950)七月二八日「今日男方始供御膳、女蔵人爰阿末加都御析如例」 ＊賀茂女集(993-998頃)「大幣(おほぬさ)にかき撫でならすあまがつはいくその人の淵を見つらむ」 ＊源氏(1001-14頃)若菜上「ちごうつくしみし給御心にてあまがつなど御てづからつくりそそくりおはすも」 ＊竹むきが記(1349)下「今年、この君真魚の事あり〈略〉太刀・あまがつ、二小袖五具、この外色々あまた入る」 ＊産所之記(1521頃)「あまがつ一つ。ほうこの事也」 ＊随筆・貞丈雑記(1784頃)八「あまがつと云物は、小児の守り也。ねりの絹にて人形を縫ひ、綿を入たる物也」 語誌 「九暦-逸文」や「江家次第」によれば、幼宮の食事の際にも「阿末加都」が傍にあったという。使用年限は「仙源抄」によれば「三歳まで用レ之」とある。江戸時代には、「男子のは、十五歳の時、産土神の社へ納」め、「女子のは、よめ入の時も、老年になり給ふ迄も」身から離さず用いるもの〔御産之規式〕、とされた。その形は挙例の「貞丈雑記」にあるように、人形に綿を入れ、小児が這う姿をかたどった「這子(ほうこ)」と同じ縫いぐるみ形と、木や竹を丁字形に組んで頭を付けた形とがある。↓おとぎぼうこ(御伽這子)。 語源説 (1)アマガツビ(天禍津霊)の約略〔大言海〕。(2)目勝(アマカツ、あるいはマナカツとよむか)の義。一説にアヅマワラハ(東豎子)を摸すともいう〔和訓栞〕。(3)アマガタ(女母形)の転〔嬉遊笑覧〕。(4)アメガチゴの約転〔貞丈雑記〕。(5)アマガツ(天勝)の義〔名言通〕。(6)オモガタ(母像)の転か〔日本語源＝賀茂百樹〕。 発音 アマガッ〈標ア〉0 辞書 書言・言海 表記 天倪・禹歩(書) 天児(言)

天 児

あま-ガッパ【雨合羽】〘名〙(カッパは ポルト capa) 雨で濡れるのを防ぐために着る、マント状の防水服。雨着。レインコート。 ＊俳諧・毛吹草(1638)四「雨紙羽(アマカッパ)」 ＊仮名草子・かなめいし(1663)上・九「竹のはしらを縄がらみにし、上には渋紙雨葛帔(アマカッハ)をひきはり」 ＊万金産業袋(1732)五・衣服「紙、絹、さらしにてひとへに製し、油をひきたる、是を雨油衣(アマガッハ)といふ」 ＊秘密(1911)〈谷崎潤一郎〉「深い饅頭笠に雨合羽を着た車夫の声」 発音 〈標ア〉ガ 〈京ア〉ガ 辞書 〈ボン・言海〉 表記 雨合羽(へ・言)

あま-かつら【海女鬘】〘名〙(「あまかづら」とも) 歌舞伎で、あまの役に用いるかつら。 発音 〈標ア〉カ

あま-がね【海女金】〘名〙 あまがアワビなどを岩からはがすのに用いる道具。磯金(いそがね)。 発音 アマガネ〈標ア〉0

あま-が-べに【天紅・尼紅粉】〘名〙 日の沈む頃にたなびく赤い雲。夕焼け雲。おまんがべに。 ＊俳諧・崑山集(1651)七・秋「尼がべにつけて稲妻待夜哉〈道清〉」 ＊俳諧・玉海集(1656)三・秋「下紅葉空にうつすや天が紅粉〈朝慶〉」 ＊随筆・用捨箱(1841)下・一四「夕陽の暉く赤雲をあまがべにといふは、天の紅なり。又一種、女僧の尼の字を書くべきあり。是は今絶たる童話ありて、童謡にもうたひしやうにおもはる」 補注 挙例の「随筆・用捨箱」にいう童謡は、「長唄・隈取安宅松」に「後へ退るはおほかみ狐、尼が紅(べに)付けて父や母に言はうよ」とひかれている。 発音 アマガベニ〈標ア〉ア 辞書 言海 表記 天之紅(言)

あま-かまえ【雨構】〘名〙 雨降りの時の用意。雨具を準備すること。 ＊木工権頭為忠百首(1136頃)郭公「ほととぎすなか声いかでかけとめん笠とり山にあまかまへして〈源仲正〉」

あま-がみ【雨紙】〘名〙 雨を防ぐための油紙。 ＊御伽草子・酒呑童子(室町末)「ささへと名(なづけ)て酒を持、火うち、つけだけ、あまがみをおいの上にぞ取つけて」 ＊ロドリゲス日本大文典(1604-08)「Amagami(アマガミ)」 方言 岐阜県大垣市512 辞書 日葡

あま-かむり【雨冠】〘名〙「あめかんむり(雨冠)」に同じ。 ＊落葉集(1598)小玉篇「雨 あまかむり」 発音 〈標ア〉カ

あま-かゆ【甘粥】〘名〙 方言 甘酒。 青森県津軽068 宮城県栗原郡114 福島県中部155 栃木県198 ◇あまがゆ 新潟県東蒲原郡368 山口県見島797 ◇あまかい 青森県津軽068 福島県中部155 新潟県東蒲原郡054 熊本県球磨郡054 ◇あまがい 新潟県東蒲原郡368 広島県比婆郡774 高田郡779 熊本県球磨郡054 下益城郡930 ◇あまがえ 山口県大島801

あま-から【甘辛】〘名〙 甘みと辛み。また、甘みと辛みの両方の味を持っていること。特に砂糖と醤油とで味付けをしたもの。また、そういう味付けの食品。 ＊巷談本牧亭(1964)〈安藤鶴夫〉女あるじ「一袋二十円のせんべいに、豆板を一枚とか、薄荷糖をひとつとか買って、それであまカラの味を味わって、お中入りの休憩時間に、しずかに茶をのむのである」 発音 〈標ア〉0 〈京ア〉0/⓪

あまから・い【甘辛】〘形口〙 文 あまから・し〘形ク〙 甘みと辛みの両方の味を持っている。「甘辛く煮つける」 発音 〈標ア〉0ラ

あまから-せんべい【甘辛煎餅】〘名〙 砂糖をとかした醤油を塗ったせんべい。また、砂糖の衣を付けた塩せんべい。 発音 アマカラセンベイ〈標ア〉セ

あまから-に【甘辛煮】〘名〙 砂糖と醤油で甘辛く煮つけたもの。 発音 〈標ア〉0

あま-がらみ【雨搦】〘名〙 和船で、帆柱を立てる際に筒挟みに結びつけること。また、その縄やその箇所。あまがかり。 ＊日葡辞書(1603-04)「Amagaramiuo(アマガラミヲ)スル〈訳〉帆柱に大綱を結びつける」 ＊廻船必用(19C初)「雨搦二房 是は檣を筒へからみ付たる物也」 辞書 日葡

あまがらみ-なわ【雨搦縄】〘名〙 和船の綱道具の一つ。帆柱を船の筒挟みの雨搦みに固定するために結びつける縄で、棕梠(しゅろ)の皮でつくるもの。あまがらみ。

あま-が・る【甘―】〘自ラ五(四)〙(形容詞「あまい」の語幹に、接尾語「がる」の付いた語) ①甘いと思う。また、そういう気持を態度に表わす。 ＊西洋道中膝栗毛(1870-76)〈仮名垣魯文〉初・上「夢中で寝言のやうな答へをして女郎に意(はら)で甘(アマ)がられたらう」 ②甘えるような態度をとる。 ＊今年竹(1919-27)〈里見弴〉夏霜枯・八「互にその苔むした心の底の底まで識りぬいてみれば、強がったり甘がったりも空々しく」

あま-かわ【甘皮】〘名〙 ①樹木または果実の、外皮の内側にある薄い皮。甘肌。⇔荒皮(あらかわ)。 ＊和訓栞(1777-1862)「あまかは 材木又は子実の粗皮の内に又甘皮といふあり」 ＊一刹那(1889-90)〈幸田露伴〉三「栗のあま皮(カハ)にて編たるかますを小脇にして」 ＊白羊宮(1906)〈薄田泣菫〉江ばやし「蝙蝠(かはほり)はうつぼ樹に、膜(アマカハ)か味嘗(な)むる」 ②爪の根元を包む薄い柔らかい皮膚の部分。 方言 樹木の表皮。 新潟県岩船郡366 発音 〈標ア〉0 〈京ア〉0 辞書 言海 表記 甘皮(言)

あま-かわ【雨皮】〘名〙(「あまがわ」とも) ①中古、雨天の際、輦(れん)、牛車(ぎっしゃ)、輿(こし)などをおおったもの。生絹または厚紙に油を塗って作る。 ＊西宮記(969頃)一七・車「雨皮 公卿以上車張之」 ＊蜻蛉(974頃)下・天禄三年「やがてそこもとに、あまがははりたる車さしよせ」 ＊台記-保延二年(1136)一〇月一日「着座之時雨、此定宜は不レ可レ張二雨皮一也」 ＊物具装束鈔(1412頃か)「雨皮事。面練薄青染レ之差レ油。裏白生絹。近代面裏練レ之。薄青染不レ差レ油。為二公平一云々。公卿以上僧綱用レ之」 ②桐油を引いた厚紙で作ったかっぱ。山伏などが着用した。油単(ゆたん)。 ＊謡曲・安宅(1516頃)「笈(おひ)の上には、雨皮肩箱とり付けて」 ＊ロドリゲス日本大文典(1604-08)「ミノ ミクビ、カラカサ サンボン、ユタン ama-gawa(アマガワ) ゴマイ」 ＊随筆・貞丈雑記(1784頃)八「是は山伏の雨皮也。惣て雨皮と云は雨降の用意の油単の事也」 語源説 (1)根本は毛皮を用いたのでいうか〔貞丈雑記〕。(2)皮は包む意〔大言海〕。 発音 〈標ア〉0 辞書 易林・言海 表記 雨皮(易・言)

アマカワ【阿媽港・亜媽港・天川】㊀中国にあるポルトガル領マカオ(澳門)の古称。室町時代、ポルトガル人がここで貿易をはじめ、長崎と交通した。アマ。 ＊南蛮寺興廃記(1638頃)「然るに南蛮と号することは、この国の従属の亜媽港、呂宋など、日本の南方に当れり。故に南蛮と号するもの歟。アマカハ、ルスン等は、日本より里程八百里にて、殊に日本より南に当り」 ＊増補華夷通商考(1708)四「亜媽港(あまかう〈注〉アマカハ) 唐韻アマカン、日本にてアマカウ、俗因て天川の字を用てアマカワと云り」 ＊西洋紀聞(1725頃)中「マカーヲは、我俗にアマカワといふ」 ＊契利斯督記(1797)「女房子男女三百人長崎の湊にて船に乗せ、天川え被レ置候、吉利支丹御政道被レ成始にて候」 ㊁〘名〙(多く「アマカワの玉」の形で) マカオから渡来した上質の大珊瑚珠(さんごじゅ)。アマカワ珊瑚珠。 ＊浮世草子・好色二代男(1684)五・二「長崎通ひの商人より調置(ととのへをき)し、天川(アマかは)の玉ひとつ有」 ＊浮世草子・傾城色三味線(1701)大坂・六「金岡時代の、筆捨松の高蒔絵の平ゐんろうに、袋うちの長緒あまかわの二つ玉」 語源説 亜媽港を略した媽港をアマカン、アマカウと発音し、これに天川と字をあててアマカハと呼ぶ〔大言海〕。 発音 〈標ア〉0 辞書 書言・言海 表記 阿媽港(書) 亜瑪港(言)

あまかわ-おどり【天川踊】〘名〙 沖縄の郷土舞踊の一つ。近世の初期、本土に伝えられた。その伴奏の謡に「天川の池に遊ぶおしどりのおもい羽の契りよそや知らぬ」とあるところから名づけられた。 発音 〈標ア〉オ

アマカワ-ごき【阿媽港御器】〘名〙 マカオから輸入した碗型陶器。南蛮焼、島物などと呼ばれるものの一つで、実際は中国産の下等品かともいわれる。 発音 〈標ア〉ゴ

アマカワ-さんごじゅ【阿媽港珊瑚珠】〘名〙「アマカワ(阿媽港)㊁」に同じ。＊浄瑠璃・傾城反魂香(1708頃)中「御物蒔絵の印籠天川(アマカハ)さごじゅはさもなくて、大疵五ケ所肝先に止め有と委細に書付」発音アマカワサンゴジュ〈標ア〉ゴ

あまかわ-つけ【雨皮付】(あまかは:)〘名〙輦(れん)・輿(こし)・牛車(ぎっしゃ)の付属金具。轅(ながえ)にとりつけた鐶(かん)で、これに雨皮を結びつける。

あまかわ-ばり【雨皮張】(あまかは:)〘名〙貴人の行列などのとき、雨が当たらないように傘や練り絹などをさしかけること。また、その役目やその役の人。あまかわもち。

アマカワ-ぶね【阿媽港船】〘名〙マカオを経由して長崎にやって来たポルトガル船。＊契利斯督記(1797)「寅年天川船日本渡海停止の旨被㆓仰付㆒」

あまかわ-もち【雨皮持】(あまかは:)〘名〙貴人の行列のとき、雨皮を管理する召具の従者。あまかわばり。＊吾妻鏡‐建久元年(1190)一二月一日「右大将家御拝賀也。〈略〉路次行列〈略〉次、笠、雨皮持」＊随筆・貞丈雑記(1784頃)八「古書に参内などの行列に雨皮持とあるは右の雨皮を持つ役人也」

あま-かんむり【雨冠】〘名〙「あめかんむり(雨冠)」に同じ。発音〈標ア〉カ

あま-き【甘木】〘名〙植物「かんぞう(甘草)」の古名。＊本草和名(918頃)「甘草 一名蜜甘〈略〉一名大苦一名薷、和名阿末岐」方言植物。❶ぎょぼく(魚木)。沖縄県003 ◇あまぎ 鹿児島県肝属郡003 ❷くさぎ(臭木)。◇あまぎ 丹波†115 語源説(1)甘い木の義〔古今要覧稿〕。(2)キはキザス(芽萌)の意〔大言海〕。発音〈標ア〉0 辞書和名・色葉・名義・書言・言海 表記甘草(和・色・名・書・言) 蜜草(色・名) 甘蔗(書)

あまぎ【甘木】福岡県中南部の地名。甘木安長の建立した甘木山安長寺にちなんで呼ばれた。江戸時代、豊後街道の宿場町・市場町として発達。昭和二九年(一九五四)市制。発音アマギ〈標ア〉0

あま-ぎ【雨着】〘名〙衣服の上に着て雨などを防ぐもの。雨衣。合羽(かっぱ)やレインコートの類。＊春の城(1952)〈阿川弘之〉七「或る夕方外出しようとしていた木原が、雨衣(アマギ)が見つからないと云って」発音アマギ〈標ア〉ギ0マ〈京ア〉0/ア 辞書言海 表記雨着(言)

あまぎ-さん【天城山】静岡県、伊豆半島中央部の成層火山。最高峰、万三郎岳は標高一四〇六メートル。スギ、マツ、ヒノキなどの原生林が茂り、江戸時代は幕府の御料地。近辺で、ワサビが栽培される。あまぎやま。天城連山。天城火山群。発音アマギサン〈標ア〉ギ〈京ア〉ギ

あまぎ-しぼり【甘木絞】〘名〙福岡県甘木市の甘木に産する浴衣地用の木綿の絞り染め。発音アマギシボリ〈標ア〉シ

あま-きす〘名〙(「きす」は酒のこと)甘酒をいう、てきや、盗人仲間の隠語。〔隠語輯覧(1915)〕

あまぎ-ずみ【天城炭】〘名〙静岡県天城山で焼く炭。良質の堅炭で、近世、江戸では最上品とされた。＊随筆・松屋筆記(1818‒45頃)六四・二八「今江戸にて所ㇾ用の炭は伊豆の天城炭を上品とす これ堅炭にて石竈を築て焼炭也」発音アマギズミ〈標ア〉ギ

あまき-だ【甘田】〘名〙近世、検地帳に実面積より反別を少なく登録された田地。多く検地の際の誤測や、検地人の手加減によって生じたもの。普通、一般の田地に比して売買値段が高かった。

あまぎ-とうげ【天城峠】(:たうげ)静岡県天城山西側の峠。下田街道の途中にあり、川端康成の小説「伊豆の踊子」で知られる。標高八三〇メートル。二本杉峠。発音アマギトーゲ〈標ア〉ト

あま-ぎぬ【雨衣】〘名〙衣服の上に羽織って雨などを防ぐのに用いた衣。古くは、表は白絹に油をひいて作り、裏は油をひかない白絹であったという。今日のレインコートに相当する。雨着。あまごろも。＊十巻本和名抄(934頃)六「雨衣 唐式云三品以上若遇雨聴着雨衣氈帽至殿門前〈雨衣 阿万岐沼 今案一云油衣〉」＊西宮記(969頃)八・行幸「雨降者、五位已上着㆓市女笠雨衣㆒」＊塵袋(1264‒88頃)七「雨衣とかきては、あまきぬとよむ。今の世に雨ふれは帷をかつくか如くあめふる時きる物の名也又油衣と云」＊読本・昔話稲妻表紙(1806)一・二「雨衣(アマギヌ)をだに身につけねば、濡衣足にまとひつきて歩みがたく」発音アマギヌ〈音史〉古くは『あまきぬ』と清音にも。〈標ア〉0ギ〈ア史〉平安○○○◎〈京ア〉0 辞書和名・色葉・名義・和玉・書言・言海 表記雨衣(和・色・名・書・言) 油衣(色) 羅(玉)

あま-きび【甘黍】〘名〙方言植物。❶さとうきび(砂糖黍)。岐阜県一部030 兵庫県030 愛媛県一部030 佐賀県一部030 長崎県一部030 大分県一部030 宮崎県一部030 ◇あまき・あましん 岐阜県一部030 ◇あまじ 愛知県一部030 ◇あまさ・あまだ 沖縄県与那国島996 ◇あましな 沖縄県波照間島・石垣島996 ◇あまつぃな 沖縄県波照間島996 ◇あまぼお 静岡県一部030 ◇あまかんしょ〔甘甘蔗〕高知県一部030 ❷さとうもろこし(砂糖蜀黍)。新潟県一部030 徳島県一部030 香川県一部030 愛媛県一部030 長崎県一部030 熊本県一部030 大分県一部030 宮崎県一部030 鹿児島県一部030 ◇あまぎ・あまと 岐阜県一部030 ◇あまときび〔甘唐黍〕鹿児島県一部030 ◇あまじ 愛知県一部030

あまきび【名】かまきり。＊日葡辞書(1603‒04)「Amaqibi(アマキビ)。すなわち、タウラウ〈訳〉かまきり」辞書日葡

あま-ぎみ【尼君】〘名〙高貴の女性で、尼になった人を敬っていう語。尼上(あまじょう)。尼御前(あまごぜ)。尼公(にこう)。＊源氏(1001‒14頃)夕顔「あま君のとぶらひにものせんついでに、垣間見(かいまみ)せさせよ」＊更級日記(1059頃)「雪の日をへて降るころ、吉野山に住むあまぎみを思ひやる」発音アマギミ〈標ア〉マ〈京ア〉マ 辞書日葡・書言 表記尼公(書)

あま-ぎょう【雨行】(ギャウ)〘名〙旱魃(かんばつ)時に雨を降らせるために行なう僧・山伏等の修法。＊歌舞伎・法懸松成田利剣(1823)大詰「本舞台、正面山幕、真中に九尺の藁葺(わらぶ)き屋体(やたい)、三方へ伊予簾。松葉ケ谷雨行(アマギャウ)の体(てい)」

あまぎら-・う【天霧─】(:ふ)〘連語〙(動詞「あまぎる(天霧)」の未然形に継続の意を表わす助動詞「ふ」の付いた語)空一面に霧や雲が広がって、どんよりしている。＊万葉(8C後)六・一〇五三「さを鹿の 妻呼ぶ秋は 天霧合(あまぎらふ) しぐれをいたみ〈福麻呂歌集〉」＊万葉(8C後)七・一二三一「天霧相(あまぎらひ)日方吹くらし水茎の岡のみなとに波立ちわたる〈古集〉」発音アマギラウ 文アマギローとも〈標ア〉ラ(ロ) 辞書言海 表記雨霧(言)

あまぎら-・す【天霧】〘他サ四〙空を一面に曇らせる。＊万葉(8C後)八・一六四三「天霧之(あまぎらし)雪も降らぬかいちしろくこのいつ柴に降らまくを見む〈若桜部君足〉」＊万葉(8C後)一〇・二三四〇「一目見し人に恋ふらく天霧之(あまぎらし)降り来る雪の消ぬべく思ほゆ〈作者未詳〉」＊教長集(1178‒80頃)「しら鳥のさぎさか山にふる雪はなのまにまにもあまきらす哉」発音アマギラス〈標ア〉ラ 辞書言海 表記雨霧(言)

あま-きり【天切】〘名〙屋根を破って忍び入ること、またその人をいう、盗人仲間の隠語。〔隠語輯覧(1915)〕

あま-ぎり【雨霧】〘名〙小雨のような霧。また、霧のように細かい小雨。霧雨。＊万葉(8C後)一二・三〇三六「思ひ出づる時は術(すべ)なみ佐保山に立つ雨霧(あまぎり)の消(け)ぬべく思ほゆ〈作者未詳〉」語誌挙例の「万葉集」の歌に朝霧や朝霞の歌とならんで載っている。「雨霧」はその類の呼称で、佐保山に立つという具体性をもつ。一説に、「万葉‐一三・三二六八」に「あまぎらふ(天霧)」を「雨霧相」と表記した例があるので、「雨霧」も天霧の意であったかという。別に「天つ霧」の語もあり、アマギルの名詞形とも解されるからである。雨と霧は「かき霧(き)らし雨の降る夜」〔万葉‐九・一七五六〕のように並べて使われた例もある。発音アマギリ〈標ア〉マ 辞書言海 表記雨霧(言)

あま-きりう【案摩切斑・案摩切生】(:きりふ)〘名〙雅楽「案摩」の面に描く形に似た斑(ふ)のある矢羽。＊羽形図(1652頃か)「上々品 あまきりふと云ふ又まきりふと云ふ」

あま-ぎ・る【天霧】〘自ラ四〙雲、霧などがかかって、空が霞み渡る。空一面にどんよりと曇る。＊古今(905‒914)冬・三三四「梅花それとも見えず久方のあまぎる雪のなべてふれれば〈よみ人しらず(左注・人麻呂)〉」＊新古今(1205)春下・一〇三「花の色にあまぎる霞立ちまよひ空さへにほふ山桜哉〈藤原長家〉」＊拾遺愚草(1216‒33頃)下「吹き乱る雪の雲間をゆく月のあまぎる風に光そへつつ」＊日葡辞書(1603‒04)「Amaguiru(アマギル) ユキ〈訳〉詩歌語。空が暗くなって、つまり、霧が立ちこめて降る雪」語誌歌語として知られるのは挙例の「古今集」の雪の歌以後であるが、「万葉集」でも雪やしぐれの降るさまについて天霧ラフ・天霧ラスといった。アマは天と表記するのが普通であるが、「万葉‐一三・三二六八」の「との曇り雨は降り来(き)ぬ雨霧相(あまぎらひ)風さへ吹きぬ」では雨と表記しているのは、雨が風を伴ってしぶく意を表わしたものか。アマギルの原義が天・雨のいずれであったかは未詳。歌学書では「そらのきる也」〔奥義抄〕という解釈が行なわれたが、中世の和歌では霞や月の曇ったさまにも用いられているから、「天遮(あまぎ)る」とする解釈も行なわれたか。→あまぎり(雨霧)。発音アマギル〈標ア〉ギ 辞書易林・日葡・書言・言海 表記聳(易・書) 雨霧(言)〈ア史〉鎌倉○○○◎ 室町◎◎◎◎〈京ア〉0

あま-ぐ【雨具】〘名〙雨の日に身につけるレインコート、傘、雨靴、高げたなど、雨よけの衣類や道具の総称。＊詩学大成抄(1558‒70頃)一「天に雲ないに雨具(グ)を持たせられたぞ」＊日葡辞書(1603‒04)「Amagu(アマグ)」＊俳諧・奥の細道(1693‒94頃)草加「ゆかた、雨具、墨、筆のたぐひ」＊読本・雨月物語(1776)仏法僧「雨具(アマグ)うち敷き座をまうけて、閑(しづか)に念仏(ねぶつ)しつつも」＊花間鶯(1887‒88)〈末広鉄腸〉中・二「三人手々(てんで)に雨具(アマグ)を携へ」発音アマグ〈なまり〉アマグィ〔富山県〕アマゴ〔山形小国・福島・新潟頸城・信州上田〕〈標ア〉マ〈京ア〉ア 辞書日葡・ヘボン・言海 表記雨具(ヘ・言)

あま-くこん【甘九献】〘名〙(「九献」は酒をいう女房詞)甘酒をいう女房詞。甘九文字(あまくもじ)。＊御湯殿上日記‐享祿三年(1530)正月七日「すけ殿よりあまくこんまいる」＊女重宝記(元祿五年)(1692)一・五「あまざけは、あま九こん」

あまくさ【天草】熊本県南西部の天草諸島からなる郡。また、天草諸島の通称。天草島。＊二十巻本和名抄(934頃)五「肥後国〈略〉天草〈安万久佐〉」＊天草本伊曾保(1593)「Amacusani(アマクサニ) ヲイテ〈略〉コレヲ ハンニ キザム モノナリ」発音〈標ア〉0マ〈京ア〉0 辞書和名・色葉・文明・易林 表記天草(和・色・文・易)

あま-くさ【甘草】〘名〙植物。①「かんぞう(甘草)」の異名。《季・夏》＊俳諧・西鶴大句数(1677)八「今のやうすはしらぬ嶋原 恋草に又あま草やましぬらん」＊俚言集覧(増補)(1899)「あまくさ 草名あまきに同じ「異本大同類聚方‐残篇」阿末支(一名安万久差)味大に甘く微香」②「あまちゃづる(甘茶蔓)」の異名。方言植物。❶いのもとそう(井之許草)。熊本県天草郡964 ❷しば(芝)。奈良県高市郡683 発音〈標ア〉0 辞書言海 表記甘草(言)

あま-くさ・い【甘臭】〘形口〙文あまくさ・し〘形ク〙①甘く臭い。＊洒落本・華里通商考（異本）（1770頃）「身に自然と香気ありて皆人鼻毛を伸す。口少し甘臭（アマクサ）し」＊開化の入口（1873〜74）〈横河秋濤〉四「其火で尻を烘（あぶ）ったら黄色な煙が鼻へ通って甘臭（アマクサ）い事であったエへへへ」②いかにも甘い。うまい。方言愚鈍だ。まぬけだ。青森県津軽073 発音〈標ア〉サ

あまくさ-いし【天草石】〘名〙熊本県天草島下島に産する陶石。石英粗面岩の陶土化したもので、天草焼や天草すずりの原料。天草陶石。天草土。茶碗石。発音〈標ア〉サ

あまくさ-いっき【天草一揆】寛永一四年（一六三七）に益田四郎時貞を首領とする、天草・島原のキリシタンが起こした乱。一時幕府勢は苦戦したが、同一五年鎮圧。天草の乱。島原の乱。＊仮名草子・浮世物語（1665頃）一・五「肥前の天草一揆（アマクサいっキ）のとりこもりし島原の城のごとく」発音〈標ア〉イ

あまくさ-がし【天草樫】〘名〙植物「いちいがし」の異名。

あまくさ-くずれ【天草崩】文化二年（一八〇五）天草の数か村で、五千余人のキリシタン信仰が露顕した事件。信者は禁宗のキリシタンではないと主張し、奉行もまた、穏便な処置をとった。発音〈標ア〉ク₂

あまくさ-しだ【天草歯朶】〘名〙シダ類イノモトソウ科の多年草。千葉県以西の暖地で山中の樹林下などに生える。葉は根茎から束になって生じ、高さ三〇〜七〇センチメートル。学名は Pteris dispar ＊日本植物名彙（1884）〈松村任三〉「アマクサシダ」発音〈標ア〉シ

あまくさ-じま【天草島】「あまくさしょとう（天草諸島）」に同じ。発音〈標ア〉0〈京ア〉0

あまくさ-しょとう【天草諸島】熊本県南西部の島々。上島、下島、大矢野島ほか、一二〇余の島々から成る。室町時代末以後キリスト教が広がり、島原の乱の後は幕府直轄地となる。雲仙天草国立公園の一部。天草島。発音アマクサショトー〈標ア〉ショ〈京ア〉ショ

あまくさ-しろう【天草四郎】⇨ますだときさだ（益田時貞）

あまくさ-すずり【天草硯】〘名〙熊本県天草島から産出する天草石で作った硯。＊浄瑠璃・本田善光日本鑑（1740）一「奴が頰（つら）は天草硯」

あまくさ-つち【天草土】〘名〙「あまくさいし（天草石）」の別称。

あまくさ-ど【天草砥】〘名〙熊本県天草島に産する天然砥石（といし）。主として砂岩よりなる目の粗い褐色の硬い石で、粗砥に用いられる。＊風俗画報‐一〇四号（1895）人事門「新身打をろしの研やうは一番とぎ天草砥（アマクサド）アラト也是にて刀背稜鋒（むねしのききっさき）切り刃ともに」辞書言海 表記天草砥（言）

あまくさ-とうせき【天草陶石】〘名〙「あまくさいし（天草石）」に同じ。発音アマクサトーセキ〈標ア〉ト

あまくさ-なだ【天草灘】熊本県天草下島西方の海域。北を西彼杵（にしそのぎ）半島、西を五島列島に限られる。対馬暖流が北上し、カツオ、サバなどの漁場。発音〈標ア〉サ

あまくさ-の-らん【天草の乱】「あまくさいっき（天草一揆）」に同じ。発音〈標ア〉ラ〈京ア〉ラ

あまくさ-ばん【天草版】〘名〙近世初期、イエズス会の人々によって、天正一八年（一五九〇）から慶長一九年（一六一四）までの間に熊本県天草島で出版された活字本。キリシタン版。「どちりなきりしたん」「平家物語」「伊曾保物語」「金句集」「羅葡日辞書」「羅典文典」など。発音〈標ア〉0

あまくさ-ぼん【天草本】〘名〙天草版の本。発音〈標ア〉0

あまくさ-やき【天草焼】〘名〙熊本県天草島から産する陶磁器。天草石を原料とし、主に茶器、菓子器、花瓶などを製する。発音〈標ア〉0

あま-ぐさ・る【雨腐】〘自ラ五（四）〙雨で腐る。雨腐れる。＊家鴨飼（1908）〈真山青果〉一「真四角な、黒く雨腐った茅葺（かやぶき）の大屋根が見えるのだ」発音アマグサル〈標ア〉サ

あま-ぐさ・れる【雨腐】〘自ラ下一〙「あまぐさる（雨腐）」に同じ。＊南小泉村（1907〜09）〈真山青果〉七「雨腐れて重さうな茅葺（かやぶき）」発音アマグサレル〈標ア〉レ

あま-ぐし【尼櫛】〘名〙在家の、髪をおろさないで髪をそいだだけの尼が使う櫛。＊類聚雑要抄（室町）二「尼櫛、是昔尼所ㇾ指之櫛名也」

あま-くだ・す【天降】〘他サ四〙天上界から地上界に下しつかわせる。＊書紀（720）神代下（丹鶴本訓）「稜威（いつ）の道別（ちわ）き道別きて日向の襲（そ）の高千穂の峰（たけ）に天降（アマクダシ）たまふ」＊古道大意（1813）下「上もなき天照大御神、高皇産霊神の御意とは申しながらも別段に君を御天降（アマクダ）し遊ばさるるに付いては、一と通りの事ではまゐらぬ訳ゆゑに」発音〈標ア〉ダ 辞書言海 表記天降（言）

あま-くだり【天降】〘名〙①天上界から地上界に降りること。また、その人。＊源平盛衰記（14C前）三・澄憲祈雨事「院の御気色に依りて若き殿上人〈略〉あまくたりあまくたりと拍（はや）す。是は尼の生たる子と云心をはやす也」＊美貌の皇后（1950）〈亀井勝一郎〉飛鳥路「天香久山ははじめ天上に在り、それが大和のこの地に天降（アマクダ）りしたといふ信仰が古くからある」②上役から下役へ、あるいは、官庁から民間への強制的なおしつけ、命令。また、そのようにして任命された人。〔通人語辞典（1922）〕＊大阪の宿（1925〜26）〈水上滝太郎〉一〇・五「加之（しかのみならず）此の天降（アマクダ）りがおとなしく従来のしきたりを踏襲して行かない」＊明治大正見聞史（1926）〈生方敏郎〉憲法発布と日清戦争・三「軍人後援会などいふものの勧誘は、主に知事から郡長へ郡長から町村長へと天降りで来たので」③官僚がそれまでの仕事と関連のある民間の会社、または団体などの高い地位に再就職すること。↓天降人事。方言南風の吹く雨天の日。福井県丹生郡025 発音〈標ア〉①はク0 ②は0〈京ア〉0

あまくだり-あん【天降案】〘名〙上役から一方的に申し渡された、また、回付された案や案文。発音〈標ア〉リ

あまくだり-じんじ【天降人事】〘名〙人事が上層部で勝手に決められ、それが強制的に下へ押し付けられること。また、官庁の職員が、民間会社などの重要な地位に横すべりして就任すること。発音〈標ア〉ジ₁

あまくだり-びと【天降人】〘名〙天上界から地上界に降りて来た人。天人。＊枕（10C終）八八・めでたきもの「もてなし、やむごとながり給へるさまは、いづこなりしあまくだり人ならんとこそ見ゆれ」発音〈標ア〉リ

あま-くだ・る【天降】〘自ラ五（四）〙①天上界から地上界に降下する。あまつくだる。＊万葉（8C後）一八・四〇九四「葦原の 瑞穂の国を 安麻久太利（アマクダリ） 知らしめしける 天皇（すめろき）の 神の命（みこと）の〈大伴家持〉」＊源氏（1001〜14頃）手習「いみじき天人のあまくだれるを見たらむやうに思ふもあやふき心地すれど」＊金葉（1124〜27）雑上・六一七「天の川苗代水にせきくだせあまくだります神ならば神〈能因〉」＊倭姫命世記（1270〜85頃）「天祖の降跡（アマクダリ）まして自り以逮（このかた）、今に一百七十九万二千四百七十余歳なりと」＊太平記（14C後）一二・大内裏造営事「地に降下（アマクタッ）ては塩梅（えんばい）の臣と成て」＊浄瑠璃・宇治の姫切（1658）三「こくうに、いきゃうくんし、ゆきけのそらのくもはれ、さもやんごとなき天にん、あまくたらせ給ひつつ」＊糸女覚え書（1923）〈芥川龍之介〉「金色の十字架の天下（アマクダ）るさまを夢のやうに眺め候よし」②天降り人事によって就任する。＊社会百面相（1902）〈内田魯庵〉青年実業家「濡手で粟の御用商人か、役人の古手の天下（アマクダ）ったのか」＊第3ブラリひょうたん（1951）〈高田保〉雲をつかむ「各省それぞれに半官半民的な仕事場もつくって、いざとなればそこへ天降る用意もしていたものである」発音〈標ア〉0〈ア史〉鎌倉○○○◎ 辞書天正・易林・日葡・書言・〈ボン〉・言海 表記天降（易・書・へ・言）降臨・跧（書）降（天）

あま-くち【甘口】〘名〙（「あまぐち」とも）①酒、みそ、しょうゆなどの食品の口あたりが甘いこと。また、そのもの。＊俳諧・見花数寄（1679）「霧はにこせと又京の水 菊の露甘口辛口とりどりに〈元順〉」＊安愚楽鍋（1871〜72）〈仮名垣魯文〉初・序「虚（うそ）と実（まこと）の内外を西洋風味に索混（あへまぜ）て、世に克（よく）熟（なれ）し甘口（アマクチ）とは、作者が例の自己味噌（てまへみそ）」②甘い味のものを好むこと。また、その人。下戸（げこ）。甘党。＊人情本・英対暖語（1838）二・序「下戸の作者が甘口に、仮用（かり）て題号（なづけ）し英対暖語は、美言（せじ）で丸て艶画（うはき）で製本（こねて）、上餡（こしあん）の細かき真情」③（形動）人の気をひくような言い方。口先だけのうまい言葉。また、そのさま。＊談義本・当風辻談義（1753）五・開帳の本尊住寺の言訳し給ふ事「此方や孔子の意は、慈悲を土台にして、其者の気に応じ、教も段々、甘口（アマクチ）を好（このむ）があれば、ぴんとしたを望もあり」＊歌舞伎・戻橋脊御摂（1813）三立「へへ、甘口（アマグチ）にも並べたな」＊人情本・春色辰巳園（1833〜35）三・五条「いやいやそんなあまくちは請（うけ）ねへ」＊寄笑新聞（1875）〈梅亭金鵞〉四号「干心太（かんてん）で固めた羊羹などを賄賂（まいない）となし甘口（アマクチ）なる話を持かけて居るを聞つけ」④（形動）優しい言葉。穏やかな口ぶり。＊歌舞伎・助六廓夜桜（1779）「おきゃあがれ、おれがさっきから甘口に言やあ付き上がりがして」＊談義本・つれづれ睟か川（1783）三「かりそめの口癖にも妓（おやま）はただだますものじゃなどと、甘（アマ）口な異見では、今の息子は合点せず」⑤（形動）状態がごくありふれていること。態度などが手ぬるいこと。また、そのさま。＊談義本・当世下手談義（1752）二・八王子の臍翁、座敷談義の事「万一養父母に不孝めさると、二目と見る親仁でござらぬ。商売の米屋でいふではないが、七生迄の勘当とはあまくち」＊浄瑠璃・神霊矢口渡（1770）四「じゃが、甘（アマ）口ではいけまいと、水銀奴（みづがねやっこ）からの思ひ付きで、船の底をくり抜いて」＊咄本・鹿の子餅（1772）唐様「つがもない、またあまくちなことはいやです。何ぞがうぎな事が書てもらいたうごんす」＊洒落本・二日酔巵觶（1784）「こいつアあま口な怪我じゃあねへ。起請を書たか。爪をはがしたか」＊団団珍聞‐二五号（1877）「甘口な母が内証で借（かす）ステーラ 木一庵」⑥（形動）間が抜けていること。思慮の浅はかなこと。また、そのさま。お人よし。愚鈍。＊浮世草子・諸道聴耳世間猿（1766）五・二「越中屋善次郎とて、ちとあま口な男なれば」＊談義本・当世穴噺（1771）二・古道具相論「そんな甘口（アマクチ）な野良（やらう）だと思ふかい」＊春雨文庫（1876〜82）〈松村春輔〉二〇回「愛敬は翻（こぼ）れても甘口（アマクチ）に見えぬ厳然（はっきり）した代物（しろもの）、男に為ればまア自己（おいら）の様な風サ」語誌多く用例が見られるのは江戸中期以降で、当時から⑤のような比喩的な用法で用いられている。しかし、既に平安時代中期に「甘口」を語構成上の成分とする「甘口鼠」（「和名抄」「石山寺本法華経玄賛平安中期点」）という語も見えることから考えると、「あまし」からこの語が派生したのはさらに早い時期であろう。方言❶

愚か者。ばか。お人よし。茨城県真壁郡188 北相馬郡195 岡山県児島郡763 愛媛県840 ◇あまくさ 徳島県809 ◇あま 福岡県浮羽郡872 ❷おせじ者。香川県高見島829 ❸相手の気を引くうまい言葉。甘言。沖縄県首里993 ◇あまぐち 沖縄県首里993 ◇あまちょこ 福岡市877 ❹酒もタバコも飲まない人。岡山県児島郡763 発音〈標ア〉0 〈京ア〉0 辞書 言海 表記 甘口(言)

あまくち-ねずみ【甘口鼠】〘名〙「はつかねずみ(二十日鼠)」の古称。＊新撰字鏡(898-901頃)七「鼷 甘口鼠」＊十巻本和名抄(934頃)七「鼷鼠 説文云鼷鼠〈音奚 阿末久知禰須美〉小鼠也 食人及鳥獣雖至尽不痛今謂之甘口鼠」＊龍光院本妙法蓮華経平安後期点(1050頃)「狖(いたち)、狸、鼷鼠(アマクチネズミ)諸の悪虫の輩ひ、交横馳走す」＊塵袋(1264-88頃)四「あまくちねずみは毒ある物也何の故にかあまくちと云ふや」＊玉塵抄(1563)二六「こねずみを韻会には、甘口の鼠としたぞ。此の心でか和名に鼷(けい)の字をあまくちねすみとよむぞ」＊随筆・独寝(1724頃)下・一一九「甘口鼠といふものあり。はつかねずみ ともいふ也」語源説 甘口は食われても痛くない意。説文に見えるカンコウソ(甘口鼠)の訓読語か〔和名抄・塵袋・和訓栞・大言海〕。発音〈標ア〉ネ 〈ア史〉平安●●●●●○ 〈京ア〉ネ 辞書 和名・色葉・名義・和玉・天正・易林・書言・言海 表記 鼷鼠(和・色・書) 鼷(名・玉・天・易) 甘口鼠(書・言)

あま-ぐつ【雨靴】〘名〙雨を防ぐためにはく靴。レインシューズ。＊花間鶯(1887-88)〈末広鉄腸〉中・四「鳶色(とびいろ)の背広の上に小(ちいさ)き縞(しま)のある外套を重ね長き雨履(アマグツ)をはけり」＊人間の壁(1957-59)〈石川達三〉上・貧しさの中で「廊下に腰をかけて白いゴムの雨靴をぬいでいた」発音 アマグッ 〈標ア〉マ 〈京ア〉マ

あま-くに【天国】わが国の刀工の祖といわれ、大宝年間(八世紀初め)大和国(奈良県)にいたという名工。また、その鍛えた刀剣。平家重代の名剣小烏丸もこの天国の作といわれている。彼の作った剣は、抜けば必ず雨が降るといわれた。大和物の名刀であるが、現在では年代を平安時代の後期とみるのが定説。＊宗五大草紙(1528)公方様諸家へ御成の事「御物に成り候太刀の銘、神息、天国」＊大観本謡曲・小鍛冶(1537頃)「豊葦原を探り給ひし御矛より始まれり。その後、南瞻僧伽陀国(なんせんそうかたこく)、波斯(はし)、彌陀尊者よりこの方、天国ひつきの子孫に伝へて今に至れり」＊相州兵乱記(1573-1600頃)四・上杉敗北并龍若最後「憲政、景虎を養子にして、上杉重代の太刀〈天国〉并系図を渡し、関東の管領を譲り玉ふ」＊随筆・天明紀聞(1789頃)「五月ロ、亀井戸天神の宝物、天国の剣をぬき候に付、雨ふり候由世上評判喧し」＊雑俳・柳多留-九八(1828)「天国は一降りほしき時に出し」発音〈標ア〉マ 辞書 書言 表記 天国(書)

あま-ぐみ【阿麻組】〘名〙寺院の和様建築の一手法。柱の上部だけに組み物を置き、柱と柱の中間の壁面には間斗束(けんとづか)、蟇股(かえるまた)をもってする。発音 アマグミ 〈標ア〉0

あま-ぐも【天雲】〘名〙(古くは「あまくも」)空の雲。→あまぐもの。＊万葉(8C後)二〇・四二九六「安麻久母(アマクモ)に雁そ鳴くなる高円の萩の下葉は黄葉(もみち)あへむかも〈中臣清麻呂〉」＊宇津保(970-999頃)祭の使「ひびけどもつれなき人はおどろかであまぐものみもさわぐべきかな」＊謡曲・山姥(1430頃)「それ山といっぱ塵泥(ちりひぢ)よりおこって、天雲掛かる千畳の峰」発音 アマグモ 〈音史〉上代は『あまくも』と清音か。〈標ア〉0 グ 〈ア史〉鎌倉○○○○ 辞書 和玉・言海 表記 天(玉) 天雲(言)

あま-ぐも【雨雲】〘名〙雲の和名の一つ。乱層雲のこと。黒く、厚い雲で、空の低いところにあり、雨や雪を降らせることが多い。＊枕(10C終)二五五・雲は「雲は、白き。むらさき。黒きもをかし。風吹くをりのあま雲」＊源氏(1001-14頃)浮舟「かきくらし晴れせぬ嶺のあまぐもに浮きて世をふる身をもなさばや」＊俳諧・崑山集(1651)一〇・秋「あま雲になるやしるこの望月夜」発音 アマグモ 〈標ア〉0 グ 〈京ア〉0 辞書 日葡・書言・言海 表記 油雲(書) 雨雲(言)

あま-くもじ【甘九文字】〘名〙(「あまくこん(甘九献)」の文字ことば)甘酒をいう女房詞。＊御湯殿上日記-天正一四年(1586)一二月二八日「くわんしゆ寺よりあまくもしまいりてみなみなにたふ」

あまぐ-もち【雨具持】〘名〙他人のために雨具を携行する人。また、雨具を届ける人。＊雑俳・川傍柳(1780-83)三「菰(こも)の中から雨具持しかられる」

あまぐも-の【天雲—】枕 (古くは「あまくもの」)①雲が、ゆくえ定めず空を漂うところから、「たどきも知らず」「たゆたふ」「ゆくらゆくら」「浮く」などにかかる。＊万葉(8C後)一三・三二七二「天雲之 ゆくらゆくらに〈作者未詳〉」＊万葉(8C後)一五・三七一六「安麻久毛能(アマクモノ)たゆたひくれば九月のもみちの山も移ろひにけり〈遣新羅使人〉」＊万葉(8C後)一七・三八九八「大船の上にし居れば安麻久毛乃(アマクモノ)たどきも知らず歌乞我が背〈作者未詳〉」＊後撰(951-953頃)雑二・一一四二「あま雲のうきたることとききしかど猶ぞ心はそらになりにし〈女の母〉」②雲が、空のはるか遠いところにあるというところから、「奥処(おくか)も知らず」「はるか」「上(うわ)」などにかかる。＊万葉(8C後)一二・三〇三〇「思ひ出てすべなき時は天雲之奥処(おくか)も知らず恋ひつつそ居る〈作者未詳〉」＊土左(935頃)承平五年二月一六日「あまくものはるかなりつるかつらがはそでをひでてもわたりぬるかな」＊御伽草子・玉虫の草子(室町時代物語大成所収)(室町末)「あまくもの、うわのそらなるこひゆへに、うちまどろまぬひまもなく」③雲が、ちぎれて離れ離れになるところから、「別れ」「外(よそ)」などにかかる。＊万葉(8C後)四・五四七「天雲之外(よそ)に見しより吾妹子に心も身さへ縁りにしものを〈笠金村〉」＊万葉(8C後)九・一八〇四「天雲乃 別れし行けば 闇夜なす 思ひ迷(まと)はひ〈福麻呂歌集〉」＊伊勢物語(10C前)一九「あまぐものよそにのみしてふることはわが居る山の風はやみ也」④雲が、空を飛んで去ってしまうところから、「行く」「晴る」にかかり、飛び去っても再び戻って来るように見えるところから、「行き還(かへ)り」などにかかる。＊万葉(8C後)一三・三三四四「いづくにか 君が座さむと 天雲乃 行きのまにまに〈作者未詳〉」＊万葉(8C後)一九・四二四二「天雲乃行き還(がへ)りなむ物故に思ひそ吾がする別れ悲しみ〈藤原仲麻呂〉」＊古今(905-914)雑体・一〇〇一「我身はつねに あまぐもの はるるときなく〈よみ人しらず〉」発音〈音史〉上代は『あまくもの』と清音か。

あま-ぐもり【雨曇】〘名〙雨が降りそうな曇り方。＊堀河百首(1105-06頃)雑「鶴の子のすまふ入江に朝たてばあまぐもりするここちこそすれ〈藤原公実〉」＊言塵集(1406)四「雨〈略〉あましたたり あまぐもり 雨気」＊俳諧・俳諧新選(1773)五・雑「雨曇雁聞く夜や水の音〈梨一〉」発音 アマグモリ 〈標ア〉0 グ 〈京ア〉グ

あまぐら〘名〙方言 ⇩あまご

あま-ぐり【甘栗】〘名〙①干して甘くした栗。乾栗(ほしぐり)。搗栗(かちぐり)。平安時代、大臣の大饗(たいきょう)などに朝廷から賜わった。→甘栗の使。＊江家次第(1111頃)二・大臣家大饗「蔵人到二中門一、以二家司一令レ奉二蘇甘栗等一」②熱した砂利の中に入れて蒸し焼きにし、砂糖または果汁で甘味等を加えた栗の実。小粒の支那栗が最も賞美され、中国、天津の名産。＊道程(1914)〈高村光太郎〉甘栗「釜からあげた、清国名産甘栗の、やはらかい皮をむけば」＊浅草(1931)〈サトウハチロー〉僕の浅草・三「皆から『チイ坊イモ坊』と言はれて、おべんとう屋へお使ひに行ったり甘栗(アマグリ)を買ひに行ったりしてゐた子なのである」③(「甘い」ということから)女房に頭の上がらない亭主。また、お人好しをいう、女学生の間の隠語。〔特殊語百科辞典(1931)〕発音 アマグリ 〈標ア〉0 〈京ア〉グ

あまぐり の=使(つかい)〔=勅使(ちょくし)〕 平安時代、新任の大臣の大饗(たいきょう)などのとき、朝廷から賜わる酥(そ=牛などの乳を煮つめて濃くしたもの)と栗の実とを、大臣の邸に持参した勅使。大臣からの禄物を受けて復命した。六位の蔵人(くろうど)がその任に当たった。蘇甘栗勅使。蘇甘栗使。＊九暦-九暦抄・天暦三年(949)正月一一日「甘栗勅使禄袴染色過差」＊枕(10C終)八八・めでたきもの「大饗のをりのあまぐりのつかひなどに参りたる、もてなし、やむごとながり給へるさまは」＊台記-仁平二年(1152)正月二六日「今日、於二東三条一再行二大饗一〈略〉此間、甘栗使来、遣レ使催促」

あまぐり-ひがき【雨栗日柿】〘連語〙雨に恵まれた年は栗の出来がよく、日照りの多い年は柿がよく実るということ。日照りが続くと、栗のいがは成熟しないで落ちるものが多く、雨が多いと、柿は病害虫に犯されて不作となることによる。日柿雨栗。＊譬喩尽(1786)六「雨栗日柿(アマグリヒガキ)」方言 長崎県対馬913 ◇あめぐりひがき 奈良県吉野郡688

あま-ぐるい【尼狂】(ぐるひ)〘名〙尼姿の遊女に入れ揚げること。＊浮世草子・当世乙女織(1706)二・二「町色は中に及ばず、後家狂ひ、尼狂(アマぐるひ)、かこひものの、てかけ者」

あま-ぐるま【尼車】〘名〙尼僧の乗る車。ふつうは牛車(ぎっしゃ)が用いられ、内親王や摂関家出身の尼御所には手車(輦車=れんしゃ)が用いられた。＊能因本枕(10C終)二五六・関白殿、二月十日のほどに「御車ごめ十五、まづは尼車、一の御車は唐の車なり」

あま-ぐるま【雨車】〘名〙歌舞伎で、雨の降る音を表現するために用いる小道具。また、雨音。形は糸繰り車に似ていて、紙を張った中に小豆や砂利などを入れ、取手を回して音をだす。＊歌舞伎・傾城忍術池(1785)三段「鐘鳴る。ト明け六ツの半鐘打つ。雨車(アマグルマ)になる」＊滑稽本・八笑人(1820-49)五・中「松より松に仕懸けたる雨車(アマグルマ)にてばらばらと」発音 アマグルマ 〈標ア〉グ 〈京ア〉グ

あまくろ-つばめ【雨黒燕】〘名〙鳥「あまつばめ(雨燕)」の異名。

あま-け【甘気】〘名〙①甘い味の程度。甘味。②異性に対する思慕の気持。③しっかりしていない点。稚拙なこと。＊俳諧・貝おほひ(1672)一九番「から口とみえて、誠にあまけのさりたる句作り也」方言 愚か者。軽率な出しゃばり者。空元気を出して世話を焼く者。また、そのような気持。青森県津軽075 ◇あまこ・あまだしとも。発音〈標ア〉0 〈京ア〉0

あま-け【雨気】〘名〙雨が降り出しそうな天気。雨模様。雨景色。雨もよい。＊源氏(1001-14頃)藤裏葉「あはれなる夕のけしきに、いとど、うちしめりて、あまけありと、人々のさわぐに」＊梁塵秘抄(1179頃)二・四句神歌「あまけの候へば、物も着で参りけり」＊続千載(1320)雑・七四〇「空はまたあまけになれや春の夜の月も霞の袖がさをきて〈藤原実兼〉」＊日葡辞書(1603-04)「Amaqeni(アマケニ)ゴザル」＊仮名草子・かなめいし(1663)上・一「塵灰の立おほひたるやうにみえて、雨げの空にもあらず、夕立のけしきにもあらず」方言 ❶雨が降りそうな気配。雨模様。◇あまき 青森県南津軽郡038 ◇あまがて 沖縄†139 ◇あまうちげ 新潟県佐渡351 ❷雨天。雨降りの日。青森県津軽075 静岡県520 小笠郡537 岡山県南部761 762 764 ◇あまげ 和歌山県690 香川県佐柳島829 ◇あまげびより〔—日和〕香川県佐柳島829 ❸長雨。◇あまげ 三重県伊賀001 ❹雨を含んだ東寄りの風。◇あまうちげ 新潟県佐渡351 発音〈標ア〉ケ 〈京ア〉ア 0 辞書 日葡・言海 表記 雨気(言)

あまけ の ＝**糊仕事**(のりしごと)〔＝**糊細工**(のりざいく)〕 雨が降りそうな天気で、乾くはずもないのに、洗濯物の糊付けをしたりすること。適当でないときに事を行なうたとえ。＊譬喩尽(1786)六「雨気(アマケ)の糊仕事(ノリシゴト)」

あま-げ【甘―】〘形動〙(形容詞「あまい」の語幹に接尾語「げ」の付いた語) 甘いさま。甘そうなさま。 発音アマゲ〈標ア〉マ0

あまげ-がお ほ:が【雨気顔】〘名〙 今にも泣き出しそうな顔。＊浮世草子・世間母親容気(1752)三・三「都にてはかい垂目(だれめ)なりとて嫌ひしも、芙蓉の雨気顔(アマゲガホ)ともてなされ」

あま-げしき【雨景色】〘名〙 ①雨の降っている風景。雨中の景色。②雨の降りそうな天気。雨模様。雨気(あまけ)。 発音アマゲシキ〈標ア〉ゲ

あま-げた【雨下駄】〘名〙 方言 雨天用のげた。高げた。高足駄。島根県美濃郡・益田市725 愛媛県松山846 高知県東部864 大分県941 ◇**あまぼくり**〔雨木履〕 高知県安芸郡・香美郡864

あまけ-づ・く【甘気付】〘自カ四〙 異性へ愛情をいだくようになる。＊雑俳・雲鼓評万句合-寛延二(1749)「むすめごが貴様にとんとあまけづき」＊歌舞伎・男伊達初買曾我(1753)二「汁粉餅の化物を見る様な面で、えいかと思って、女太夫へ甘気(アマケ)づくとは太(ふて)い奴だ」

あまけ-づ・く【雨気付】〘自カ四〙 空が曇って雨が降りそうになる。雨の気配が感じられる。＊評判記・満散利久佐(1656)柏木「色くろく、せいひきく、顔うれへめきたり。雨気(アマケ)づきたるそらを見るやうにて、うっとうしし」＊俳諧・桜川(1674)夏二「雨けつくや朝日やけしま夏の空〈福胤〉」＊歌舞伎・桜姫東文章(1817)三幕「ハテ、ゆるりとお話しなされませな、殊にどうやら雨気づきました様子、今宵はお泊りなされてはどうでござりませう」 方言静岡県浜名郡545 発音〈標ア〉ズ 辞書〈ボン〉 表記雨気付(へ)

あま-こ【天子】〘名〙 白土(しらつち)の一種。＊文芸類纂(1878)〈榊原芳野編〉七「天子(アマコ)といふ白堊土を和したる下品なり亦広あり」

あまこ【尼子】 姓氏の一つ。 発音〈標ア〉0

あまこ-かつひさ【尼子勝久】 室町後期の武将。誠久(もとひさ)の子。京都東福寺の僧であったが還俗(げんぞく)して山中鹿之助らに助けられ、尼子氏再興をはかった。織田信長を頼ったが、播磨上月城で、毛利軍に攻められ自刃、尼子氏は滅亡した。天文二二～天正六年(一五五三～七八)

あまこ-つねひさ【尼子経久】 戦国大名。清定の子。出雲・隠岐の守護代。永正五年(一五〇八)、大内義興と共に前将軍足利義尹を奉じて上洛。のち義興と対立して将軍足利義澄と結び、山名氏の跡をうけて、安芸より因幡に至る山陰・山陽諸国を攻略。大内氏・毛利氏と対抗した。法名興国院月叟省心。長祿二～天文一〇年(一四五八～一五四一)

あまこ-はるひさ【尼子晴久】 戦国大名。経久(つねひさ)の孫。初め諱(いみな)を詮久といい将軍義晴の一字をもらって晴久と改名。富田城を根拠に、出雲、備前、因幡など、七国の守護を兼ねた。尼子氏の全盛期にあたる。法名天威心勢。永正一一～永祿五年(一五一四～六二)

あま-こ【雨子】〘名〙 梅雨期などに発生するシイタケ。

あま-こ〘名〙(甘い液を分泌するところから) 昆虫「あぶらむし(油虫)」の異名。＊重訂本草綱目啓蒙(1847)三七・化生「竹蝨 ありまき 京、あぶろじ 同上、あまこ 備前・讃州」 方言鳥取県西伯郡719 島根県725 岡山県749 762 767 香川県827 高松市829 ◇**あまご** 島根県709

あま-ご【尼御】〘名〙「あまごぜん(尼御前)」の略。＊御湯殿上日記-文明一〇年(1478)九月一九日「三位御あまこよりお野の物申事によりて、をり、御たるまいる」＊雑俳・西国船(1702)「よいものじゃ・白うみがいた尼御の歯」＊歌舞伎・隅田川花御所染(1814)中幕「うかうかと爰へ来て、尼御(アマゴ)の庵へ修行とは、其処が彼の博学多才の無縁坊」 発音アマゴ〈標ア〉マ0

あま-ご【甘子】〘名〙 ①降海性のサツキマスが陸封されたもの。ビワマスやサクラマスの陸封型のヤマメとは、同一種内の別亜種の関係にある。アマゴには、終生、体側に明瞭な朱点があることで、他の二亜種とは区別できる。河川の上流部にすみ、水棲昆虫などを食べる。釣り魚。美味である。＊重訂本草綱目啓蒙(1847)四〇・魚「やまべは津軽の方言にして京師にては あまごと云」 ②「はららご(鮞)」の異称。《季・秋》＊書言字考節用集(1717)五「鮞 ハララゴ 甘子。筋子。並仝 鮭子也」＊俳諧・俳諧歳時記(1803)下・八月「鮞(はららご)筋子甘子並に同じ鮏(さけ)の子也」＊蓼喰ふ虫(1928-29)〈谷崎潤一郎〉一四「『甘子(アマコ)はどうした？』『空揚げにせう思(おも)てますけど、どうどすやろ？』」 方言❶魚、やまめ(山女)。石川県能美郡012 岐阜県飛騨502 郡上郡504 滋賀県016 ◇**あもお** 岐阜県郡上郡504 ❷魚、いわな(岩魚)。島根県大田市725 ❸魚、あなはぜ(穴沙魚)。勢州髄柄浦1030 ❹鮭の筋子に塩を加えないもの。山形県東置賜郡・西置賜郡139 辞書言海 表記甘子(言)

あまご〘名〙 飯びつ。＊物類称呼(1775)四「飯櫃 めしびつ めしつぎ〈略〉安房にて、あまご」 方言❶白布に生ずる黒色のかび。高知県幡多郡863 ◇**あまぐら** 高知県863 ❷しょうゆに生ずるかび。愛媛県840 宇和島855 ❸植物、おどりこそう(踊子草)。山形県北村山郡139

あまこ・い【甘―】〘形〙 方言❶甘い。甘味がある。青森県三戸郡083 岩手県気仙郡103 宮城県遠田郡118 山形県149 福島県中部155 ◇**あまずっこい** 山形県139 ◇**あまずらい** 福島県東白川郡157 ◇**あまちけ** 秋田県由利郡130 ◇**あまちころい** 和歌山県690 ◇**あまちちこい** 和歌山県日高郡690 ◇**あまつらしい** 島根県隠岐島741 ❷甘味が強過ぎる。しつこく甘い。甘ったるい。青森県三戸郡083 南部084 ◇**あまくたらしい** 島根県725 ◇**あまじこい** 青森県南部085 茨城県稲敷郡193 ◇**あまじっこい** 山形県東置賜郡139 福島県東白川郡157 ◇**あまずったい** 山形県東置賜郡139 ◇**あまずらしい** 島根県隠岐島725 ◇**あまずらっこい** 静岡県榛原郡541 ◇**あまずれたい** 山形県置賜138 ◇**あまたいい** 島根県美濃郡・益田市725 ◇**あまたらい** 大阪府泉北郡646 ◇**あまたらこい** 愛知県愛知郡549 ◇**あまだらこい** 岐阜県吉城郡498 飛騨502 ◇**あまだらっこい** 長野県南部062 ◇**あまたるこい** 和歌山県690 ◇**あまちかい** 岡山県042 ◇**あまちごい** 新潟県佐渡352 島根県鹿足郡・邇摩郡725 ◇**あまちころい** 和歌山県690 ◇**あまちじこい** 和歌山県西牟婁郡699 ◇**あまちっこい** 茨城県稲敷郡188 ◇**あまちらこい** 和歌山県691 ◇**あまちろこい** 和歌山県那賀郡696 ◇**あまったるこい** 富山県砺波397 ◇**あまつべたい** 島根県鹿足郡725 ◇**あまつらしい** 島根県隠岐島725 ◇**あまつれたい** 山形県米沢市149 ◇**あまでらこい** 岐阜県飛騨499 ◇**あまとろい** 和歌山県和歌山市・日高郡690 島根県邑智郡725 ◇**あまどろい** 青森県上北郡082 三戸郡083 ◇**あまとろしい** 茨城県稲敷郡193 島根県725 岡山市054 ❸砂糖としょうゆをたくさん入れて煮つめた味にいう。◇**あまくどい** 富山県砺波397 ❹甘えてなれ寄り過ぎる。なれなれしい。◇**あまべたい** 石川県鹿島郡411 ❺おとなしく、ゆっくりしている。◇**あまちゅろい** 島根県鹿足郡725

あま-ごい ひ:こ【雨乞・雨請】〘名〙 ①日照り続きのとき、雨の降ることを神仏に祈ること。雨乞い踊り、雨乞い唄、奉幣、祈禱などの種々の様式がある。祈雨(きう)。請雨(しょうう)。あまひき。あまごいのまつり。↕日乞(ひごい)。《季・夏》＊書紀(720)天武六年五月(寛文版訓)「是の月、旱す。京及び畿内に雩(アマコヒ)す」＊小町集(9C後か)「だいごの御時に日でりのしければ、あまごひの歌よむべきせんじに」＊観智院本名義抄(1241)「雩 アマゴヒス」＊政基公旅引付-文亀元年(1501)八月二二日「万天者雖晴、当庄之上に有黒雲、則甘雨降〈略〉今日雨請三ケ日に当了、感涙難押者也」＊俳諧・炭俵(1694)上「雨乞の雨気こはがるかり着哉〈丈草〉」＊諸国風俗問状答(19C前)淡路国風俗問状答・六月・六四「雨乞の事、多くは神社仏閣にて読経、護摩を焚、真言念仏、或は踊・湯立・操芝居等あり」 ②「あまがえる(雨蛙)①」の異名。＊重訂本草綱目啓蒙(1847)三八・湿生「鼃〈略〉あまがへる 畿内東国 は一名たんがくびき 筑後、あまごひ 信州」 語誌多雨地帯を除く世界各地で広く認められる呪術的習俗であるが、農耕社会の日本では古くから年中行事として、「天王祭」「祇園」「夏越の祓」「風祭」「虫送り」などとともに、夏祭りの一環として位置づけられる。 発音アマゴイ〈会史〉アマギー・アマギャー〔熊本分布相〕アマゲー〔埼玉方言〕アマゴェー〔広島県〕〈標ア〉マゴ0〈ア史〉平安〇〇●〇〈京ア〉マ 辞書色葉・名義・和玉・文明・天正・日葡・書言・ボン・言海 表記雩(色・名・玉) 雩(文・天・書) 雨乞(へ・言)

あまごい の 使(つかい) 雨乞いのため、五龍祭を行なうとき、神泉苑や諸社に遣わされる勅使。＊続日本後紀-承和六年(839)四月壬申「是日。発遣雩使等於山城国宇治、綴喜、大和国石成、須知等社」＊月詣(1182-83)七「蔵人にてはべりけるにあまごひのつかひにて雨ふらして大内にまゐりければ」

あまごい の 祭(まつり)「あまごいまつり(雨乞祭)」に同じ。＊延喜式(927)三・神祇・臨時祭「祈雨(あまごひの)神祭八五座」

あまごい-いわ あまごひいは【雨乞岩】〘名〙 昔、そこで雨乞いをしたという伝承をもつ岩。また、現にそこで雨乞いをする岩をもいう。各地に点在する。

あまごい-うた あまごひ:【雨乞唄】〘名〙 雨乞いのときにうたう唄。＊俚謡・雨乞歌(明治-大正)埼玉県秩父郡「雨乞歌。あたらし山の黒雲、こっちへとってひっかけろー、黒雲ごめんとのしてくる。雨だんべーか、だめだんべー」 発音アマゴイウタ〈標ア〉イゴ

あまごい-おどり あまごひをどり【雨乞踊】〘名〙 雨乞いのために神仏に奉納する風流(ふりゅう)系の踊り。鉦(かね)を打ち太鼓を鳴らし、それに合わせて踊る。＊多聞院日記-元亀三年(1572)七月一六日「ふるの雨乞をとりの道具の事申間、宗五郎へ急調下了」＊諸国風俗問状答(19C前)異本淡路国風俗問状答・六四「阿万組上本庄村に、風流踊と申雨乞おどり先年より伝来にて、古風なる踊に候」＊寒山落木〈正岡子規〉明治二九年(1896)夏「月赤し雨乞踊見に行かん」 発音アマゴイオドリ〈標ア〉オ

あまごい おどり-うた あまごひをどり:【雨乞踊唄】〘名〙 雨乞い踊りにうたう唄。あまごいうた。＊歌謡・鄙廼一曲(1809頃)同じ(三野)国風俗「雨丐距唄。夕立雲が水巻上ぐる、笠ふり上て、乾(いぬゐ)を御覧(ごろ)じよ」＊俚謡・雨乞踊歌(明治-大正)愛媛県喜多郡「雨乞踊歌。〈略〉袖をふらねば雨がない。ふらねばぞ、ヤヨヨーホイ、ヨイヨイ」

あまごい-こまち あまごひ:【雨乞小町】 小野小町が勅命を受けて雨乞いの和歌を詠み、その徳で雨が降ったという伝説。これに基づいた長唄、浄瑠璃、歌舞伎などの作品がある。

あまごい-どり あまごひ:【雨乞鳥】〘名〙(この鳥が鳴くと雨が降るというところから) 鳥「あかしょうびん(赤翡翠)」の異名。＊大和本草(1709)一五「雨乞(ごひ)鳥〈和品〉。其形如雀。其毛如火焔之赤。性好水。天欲陰雨則仰天飛鳴。山中人占之以為雨兆」＊物類称呼(1775)二「魚狗 かはせみ 一名少微(しゃうび)〈略〉関西にて雨乞鳥と称するも此鳥なるべし」 方言鳥。❶あまつばめ(雨燕)。◇**あまこいどり** 群馬県007 静岡

県駿東郡007 ❷あかしょうびん(赤翡翠)。 ◇あまこいどり 岐阜県007 発音アマゴイドリ〈標ア〉ゴイ

あまごい-びき【雨乞蟇】『名』「あまがえる(雨蛙)①」の異名。〔語彙(1871-84)〕 発音アマゴイビキ〈標ア〉イゴ

あまごい-まつり【雨乞祭】『名』降雨を祈るため、神泉苑で行なわれた朝廷の臨時祭。あまごいのまつり。五龍祭。＊禁秘鈔(1221)下「先池辺石水灑。高声一同云。雨夕べ海龍王。此事無二所見一歟。近代如レ此。限二七日一。無レ験時替二蔵人一。〈略〉又陰陽師奉レ仕五龍祭一〈或於神泉祭之〉一名二雩祭一。三日斎籠。魚味。御衣。御鏡。共不レ用レ之」

あまごい-むし【雨乞虫】『名』「あまがえる(雨蛙)①」の異名。 発音アマゴイムシ〈標ア〉マ

あま-こう【尼講】『名』寺院での女性の信者の集会。女人講。＊雑俳・三尺の鞭(1753)「片寄て・尼講の中のうしろ帯」＊春夏秋冬-春(1901)〈正岡子規編〉「尼講の鉦叩き行く彼岸かな〈四明〉」 発音アマコー〈標ア〉イゴ

アマコウ【阿媽港・亜媽港】㊀「アマカワ(阿媽港)㊀」に同じ。＊増補華夷通商考(1708)四「亜媽港(アマカウ〈注〉アマカハ) 唐韻アマカン、日本にてアマカウ、俗因て天川の字を用てアマカワと云り」＊西洋紀聞(1725頃)中「天川は、即阿媽港(アマアカウ)、蕃語マカヲといふもの、広東の海口にある地名なり」㊁『名』「アマカワ(阿媽港)㊁」に同じ。 発音アマコー〈標ア〉マ

あま-ごえる【甘―】『動』方言甘える。 青森県三戸郡083 東京都大島326 静岡県520 540 島根県美濃郡724 鹿足郡725 広島市785 山口県796 797 801 ◇あまごいろ 東京都利島323 ◇あまげえる 静岡県田方郡528 ◇あまげる 静岡県520 駿東郡527 ◇あまばえる 静岡県志太郡535 榛原郡541 ◇あまぼえる 岐阜県恵那郡498 ◇あまべる 神奈川県足柄上郡054

あま-ゴート【雨―】『名』(コートは英 coat) 雨のとき着用する和服用のコート。＊大道無門(1926)〈里見弴〉隣人・三「三千子は、護謨引(ごむびき)の、薄い羽二重の雨(アマ)ゴートを着て」 発音アマゴート〈標ア〉ゴ

あま-ござ【雨茣蓙】『名』雨を防ぐために着るござ。ござで作った雨具。

あま-ごさん【尼五山】『名』「あまでらごさん(尼寺五山)」に同じ。 発音アマゴサン〈標ア〉ゴ

あまこ-じゅうゆうし【尼子十勇士】尼子氏滅亡後、勝久を擁して尼子氏再興に尽くした一〇人の勇士。山中鹿之介・秋宅庵之介・横道兵庫之介・早川鮎之介・尤道理之介・寺本生死之介・植田早稲之介・深田泥之介・藪中荊之介・小倉鼠之介で、みな「介」の字がつくので尼子十介とも呼ばれる。 発音アマコジューユーシ〈標ア〉ユ

あま-ごしょ【尼御所】『名』内親王や摂関家の女子が出家し、一寺の住持となった際の、その寺、またはその尼の敬称。この種の寺は近世に寺格を与えられ、その寺も一定された。明治四年に廃止された。比丘尼御所(びくにごしょ)。あまごそ。＊雑俳・日本国(1703)「尼御所や局も奥も同じ尼」＊授業編(1783)一〇「尼御所(アマゴショ)摂門主の御事又は留守司京尹(けいいん)などの如き其教に応じ」＊草茅危言(1789)一・皇子皇女事「中古より前条に述る如く尼となり給ふ事、次第に多くなり、後世尼御所のみ増て御幼齢より尼と定め給ふ事」 発音〈標ア〉ゴ

あま-ごしょう【甘胡椒】『名』方言植物。❶くこ(枸杞)。 久留米†127 ❷おにぐこ(鬼枸杞)。 筑後†039 ❸ピーマン。 岐阜県一部030 鳥取県一部030 島根県一部030 福岡県一部030 熊本県一部030

あま-ごしらえ【雨拵】『名』雨支度。雨の用意をした服装。＊匠材集(1597)三「あまつつみ 雨こしらへなり」＊歌舞伎・桜姫東文章(1817)三幕「白張りの傘(からかさ)の拵へたるを十本ばかり棒の先へ雨拵(アマゴシラ)へにて担ぎ出て来り」 方言雨を防ぐための用意。 奈良県南大和683

あま-ごぜ【尼御前】『名』「あまごぜん(尼御前)」に同じ。＊天草本平家(1592)三・八「コレ ワ コイケノ amagoje (アマゴゼ) ノ ヨリトモ ヲ タスケラレタ ニ ヨッテ」＊人情本・春色梅児誉美(1832-33)四・二二齣「入り来る姿は歳のころ、五十才(いそぢ)あまりの尼御前(アマゴゼ)にて、さも上品(おうよう)なるその出立」 発音アマゴ(ゴ)ゼ〈標ア〉ゴ(ゴ)〈京ア〉ゴ

あま-ごぜん【尼御前】『名』①(「御前」は、中世、女性に対して用いられた敬称の接尾語) 尼に対する敬称。あまごぜ。あまご。あまぜ。＊栂尾明恵上人伝記(1232-50頃)「阿難尊者の妹の尼御前(アマゴゼン)、迦葉尊者に対し奉りて腹を立て、地獄に堕(お)つと見へたり」＊正徹本徒然草(1331頃)四七「尼ごぜむ何事をかくはのたまふぞ」＊源平盛衰記(14C前)一二・静憲鳥羽殿参事「臣下も君の御気色に依て、尼御前(アマゴゼン)とは、かしづき呼ばはれけるを」②(建礼門院などを祭神とするところから) 水天宮をさしていう。＊雑俳・柳多留-九四(1827)「御代の雨風金毘羅と尼御前」 発音〈標ア〉ゴ

あま-ごそ【尼御所】『名』「あまごしょ(尼御所)」に同じ。

あま-こち【雨東風】『名』雨気を含んで東方から吹いてくる風。＊歌舞伎・天衣紛上野初花(河内山)(1881)四幕「鐘の音送る雨東風(アマコチ)も我が身に寒き半七が」

あまこと-うた【天語歌】『名』⇩あまがたりうた(天語歌)

あまこ-とりのこ【天子鳥子】『名』鳥の子紙の一種。摂津国名塩(兵庫県西宮市)から産出された。

あま-ごめ【―米】『名』水につけてふやかした米。福井県の一部では、二〇日も水につけた種もみの余りを鍋で炒(い)って、うすでもみを落とし、茶に入れて大きくふくらませたのをいう。

あま-ごもり【雨籠】㊀『名』雨天を嫌って家の中に籠っていること。㊁枕「雨に籠る御笠」の意から「御笠」と同音の「三笠の山」にかかる。＊万葉(8C後)六・九八〇「雨隠(あまごもり)三笠の山を高みかも月の出で来(こ)ぬ夜(よ)は更けにつつ〈安倍虫麻呂〉」

あま-ごもり【海人籠】『名』福岡県北部、玄海町鐘崎の海女たちの間で古く行なわれた旧暦六月一五日の祭。この日をあまのお籠りの機会とするところが多く、千葉などでは、漁期の始めと中ごろに忌み籠りをする。 発音アマゴモリ〈標ア〉ゴ 辞書言海

あま-ごも・る【雨籠】『自ラ四』雨が降るので家にとじこもる。雨に降りこめられる。＊万葉(8C後)八・一五六八「雨隠情(こころ)いぶせみ出で見れば春日の山は色づきにけり〈大伴家持〉」＊万葉(8C後)一五・三七八二「安麻其毛理(アマゴモリ)物思(も)ふ時に霍公鳥(ほととぎす)わが住む里に来鳴き響(とよ)もす〈中臣宅守〉」＊宇津保(970-999頃)菊の宴「春の雨徒然(つれづれ)に降る日、あまごもりて若き君達、父君を恋ひつつ」 発音アマゴモル〈標ア〉モ

あま-ごろも【天衣】『名』天人の着る衣。天人の羽衣。てんえ。てんい。＊古今六帖(976-987頃)二・山「あまごろもなづるちとせの岩ほをもひさしきものとわが思はなくに」＊光悦本謡曲・采女(1435頃)「万代とかぎらじものをあま衣、なづ共つきぬいはほならなむ」＊俳諧・犬子集(1633)五・月「天衣ぬけはそ月の丸はたか〈政直〉」 発音アマゴロモ〈標ア〉ゴ 辞書日葡・言海 表記天衣(言)

あま-ごろも【尼衣】『名』尼の着る法衣。＊源氏(1001-14頃)行幸「あかず悲しくて、とどめがたく、しほしほと泣き給ふあまごろもは、げに、心殊なりけり」＊源氏(1001-14頃)手習「あま衣かはれる身にやありし世の形見に袖をかけて忍はん」 発音アマゴロモ〈標ア〉ゴ

あま-ごろも【雨衣】㊀『名』雨などを防ぐために着る衣服。あまぎぬ。＊久安百首(1153)雑下「時雨にぬるる 袖の浦に しほたれまさる あまごろも〈待賢門院堀河〉」㊁枕雨よけに着るものの意から、「蓑(みの)」にかかる。＊古今(905-914)雑上・九一三「なにはがたしほみちくらしあま衣たみののしまにたづなきわたる〈よみ人しらず〉」＊金槐集(1213)恋「あまごろもたみの島に鳴くたづの声ききしより忘れかねつも」補注和歌では「海人衣」「尼衣」と掛けて用いることが多い。 発音アマゴロモ〈標ア〉ゴ 辞書言海 表記雨衣(言)

あま-ごろも【海人衣】㊀『名』海人の着る衣服。漁師等が着る衣服。＊神楽歌(9C後)大前張・難波潟〈本〉難波潟 潮満ちくれば 阿万古呂毛(アマコロモ)」＊古今六帖(976-987頃)三・水「すまのうらにたまもかりほすあまごろも袖みつしほのひる時やなき」＊新古今(1205)秋上・四〇二「こととはんのじまがさきのあま衣浪と月とにいかがしほるる〈七条院大納言〉」＊謡曲・海人(1430頃)「げに心なき海人衣、さらでもぬらす我が袖を、重ねてしほれとや」㊁枕「雨衣(あまごろも)」と同音であるところから、「田蓑(たみの)」にかかる。＊神楽歌(9C後)大前張・難波潟「〈末〉安万古呂毛(アマコロモ) 田蓑の島に 鶴(たづ)鳴きわたる」 発音アマゴロモ〈標ア〉ゴ 辞書言海

あま-さ【甘―】『名』(形容詞「あまい」の語幹に接尾語「さ」の付いたもの) 甘いこと。また、甘い度合。↓甘い。＊日葡辞書(1603-04)「アマイ〈略〉Amasa (アマサ)」＊珊瑚集(1913)〈永井荷風訳〉奢侈「堪へぬ甘味(アマサ)の花蔭より奏(かな)づる楽の音(ね)…消え行く心」＊道程(1914)〈高村光太郎〉甘栗「ワニラの酒(リキウル)に似た 舌ったるい甘さが」＊日本文化私観(1942)〈坂口安吾〉一「昨日の敵は今日の友といふ甘さが、むしろ日本人に共有の感情だ」 方言塩味の薄いこと。薄塩。 沖縄県石垣島996 発音〈標ア〉0〈京ア〉0 辞書日葡・ヘボン 表記甘(へ)

あまさ-う【余―】『連語』⇩あぶさう(余―)

あま-さえ【剰―】『副』(「あまっさえ」の促音を表記しなかった形) ①「あまっさえ(剰―)①」に同じ。＊蘇悉地羯羅経延喜九年点(909)「余(アマサヘ)諸の苦を忍びむ」＊落窪(10C後)四「子二三人婿取りたれど、今に我にかかりてこそ有りつめれ。あまさへうき恥の限りこそ見せつれ」＊東寺百合文書-と・正応二年(1289)三月二一日・大和平野殿庄下司清重申状(大日本古文書三・四四)「被召人夫役、あまさへ兵粮米被責堪候事」＊花鏡(1424)先聞後見「是を云事のすなはちにし、あまさへ言葉よりすすみて風情の見ゆる事あり」＊仮名草子・尤双紙(1632)上・二四「稀成物のしなじな〈略〉昔、唐橋の中将とて古来不双の美男の公家あり。あまさへ笛の上手たり」②「あまっさえ(剰―)②」に同じ。＊平家(13C前)一一・文之沙汰「さて女房、件(くだん)の文の事をの給ひいだしたりければ、判官あまさへ封をもとかず、いそぎ時忠卿のもとへおくられけり」 発音〈標ア〉アサ 辞書文明・伊京・饅頭・易林・言海 表記剰(文・伊・饅・易・言) 賸(文)

あま-さかさま【天逆様】『形動』理非の転倒しているさま。道理に合わないさま。不合理。＊平治(1220頃か)下・頼朝遠流に宥めらるる事「いかなるあまさかさまの仰せなりとも、たがへじとこそ存ずれ共」＊虎明本狂言・釣狐(室町末-近世初)「此人の云事は、あまさかさまなる事もがてんをいたいた程に」＊俳諧・毛吹草(1638)五「花の比はあまさかさまや帰鴈〈永治〉」＊浄瑠璃・淀鯉出世滝徳(1709頃)上「あまさかさまの事にても、主に踏まれて恨みはない」 方言善を悪にすること。

善悪が逆であること。福岡市877 語源説 アメノシタ（天下）サカサマの意〔大言海〕。 発音〈標ア〉サ1

あま-さが・る【天離・天下】〘自ラ四〙（「あまさかる」とも。枕詞を動詞化した語か）天から離れてくだる。＊藻塩草（1513頃）七・鄙「あまさかるひな 遠きゐ中は天にまがいて見ゆるゆへにあまさかると云々」＊日葡辞書（1603-04）「Amasacaru（アマサカル）ヒ、または、Amasagaru（アマサガル）ヒ〈訳〉歌語。傾き、沈みゆく太陽」＊浄瑠璃・用明天皇職人鑑（1705）道行「久方の天つ雲居をあまさがり」 辞書 日葡

あま-ざかる【天離】 枕（「あまさかる」とも）空遠く離れる意。①「向つ」にかかる。天から遠く離れたむこうの意によるか。＊書紀（720）神功摂政前（熱田本訓）「名は撞賢木（つきさかき）厳之御魂（いつのみたま）天疎（アマサカル）向津媛（むかつひめの）命」②「鄙（ひな）」にかかる。空遠く離れた田舎の意か。＊書紀（720）神代下・歌謡「阿磨佐箇屢（アマサカル） 鄙（ひな）つ女（め）の い渡らす迫門（せと） 石川片淵」＊万葉（8C後）四・五〇九「天佐我留（あまサガル）ひなの国へに〈丹比笠麻呂〉」＊万葉（8C後）一五・三六〇八「安麻射可流（アマザカル）鄙の長道（ながち）を恋ひ来れば明石の門（と）より家のあたり見ゆ〈作者未詳〉」＊謡曲・生田敦盛（1520頃）「山を越え海を渡り、暫しは天離がる鄙の住まひの身なりしに」＊談義本・世間万病回春（1771）三・疱瘡神評「是より男は天下はれて焼へきいはれあまさかる鄙（ひな）にひろかりて」＊滑稽本・古朽木（1780）二「あまさがる鄙の住居には」＊浄瑠璃・伽羅先代萩（1785）七「天（アマ）ざかる鄙（ひな）とはいへど風俗は、都に恥ぬはげし地の」 語誌 (1)この語の清濁は、時代によって異なるらしい。「日本書紀-歌謡」例はアマサカルとよめるし、「万葉集」のかな書きの例は、ただ一つアマサガルという例があるが、他の一六例はアマザカルである。「日葡辞書」では、アマサガルとアマサカルの両形があり、謡曲ではアマサガルといっていたらしい。「改正増補和英語林集成」には「Amasakaru アマザカル」とあり、ローマ字書きは清音、かな書きは「ザ」と濁音である。(2)意味としては、「あま」を都、中央の地をさすと考える説と、天、空とみる説がある。後者の場合も、天のかなたに遠く離れた田舎、天のように遠く離れている鄙、天遠く離れている日の意で鄙のヒにかけたとみる説、などが出されている。いずれにせよ、「万葉集」で「あまざかる」というときは、都を遠く離れた辺境の地、鄙にいるのが不本意で、都を懐かしみ、望郷の念を訴える歌であることが多く、都を中心・最高とする都人の観念が色濃く表われている。 発音〈標ア〉カ〈ア史〉平安○○○●と○○●●の両様 鎌倉○○●●● 〈京ア〉0 辞書 書言・言海 表記 天離（書・言） 天放（書）

あま-さぎ【尼鷺・甘鷺】〘名〙①サギ科の鳥。全長約五〇センチメートルで、体形はコサギに似ている。冬羽は全身白色、夏羽は頭部から背面にかけて橙色を帯びる。くちばしは黄、足は黒色。アジア・アフリカの熱帯地方に分布する。大形の獣や家畜と共にいることが多く、獣の動きで追い出された昆虫を食べる。日本には夏鳥として渡来し、他のサギ類と共に、または一種だけの集団で樹上に巣を作る。夏羽の羽色から、あめ色のサギという意味で名付けられたものか。しょうじょうさぎ。学名はBubulcus ibis ＊古今著聞集（1254）五・二一四「いづみなるしのだの杜のあまさぎはもとのふるえに立かへるべし」＊名語記（1275）九「あまさぎ如何。雨ふらむとて、なく鷺なれば、あまさぎ也。但、からすなどいへる秘義ある歟」＊寛永刊本蒙求抄（1529頃）一「後有鸛雀 あまさき也。漢書には鸛を冠の字をかいたぞ。又雀の字をもかいたぞ」＊大和本草（1709）一五「鷺〈略〉あまさぎ、小鷺より小也。夏間は、くび半赤し。野につなげる牛馬につく」②魚「わかさぎ（公魚）」の異名。《季・春》＊大和本草（1709）一三「わかさぎ（和品）又名あまさぎ、江河の中或海にも生ず。はえに似たり」＊物類称呼（1775）二「わかさぎ〈略〉若狭にてあまさぎと云」 方言 ❶鳥、ごいさぎ（五位鷺）。大分県大分市・大分郡941 ❷魚、わかさぎ（公魚）。出雲†036 新潟県佐渡348 鳥取県016 ❸魚、しらうお（白魚）。富山県390 発音 アマサギ〈標ア〉0 マ 辞書 伊京・日葡・言海 表記 鸛（伊）

あま-さく〘名〙植物「のげいとう（野鶏頭）」の異名。＊本草和名（918頃）上「青葙 子名草史明一名草蒿〈略〉和名宇末佐久一名阿末佐久」 補注「十巻本和名抄」および「色葉字類抄」は「あまくさ」となっている。 辞書 和名・名義 表記 青葙（和・名）

あま-ざくろ【甘石榴】〘名〙石榴の栽培品種。花は紅色、単弁。果実は鮮紅色で、種子は淡紅色を帯び、味は甘い。あまざく。＊本草色葉抄（1284）「天漿〈注〉アマサクロ」＊日葡辞書（1603-04）「Amazacuro（アマザクロ）〈訳〉甘い柘榴」＊俳諧・誘心集（1673）「花盛人にはつげよあまざくろ〈豊冬〉」 発音〈標ア〉ザ 辞書 日葡

あま-ざけ【甘酒・醴】〘名〙①米を柔らかいかゆの程度に炊き、少し冷えたときに麹（こうじ）を加えて混ぜ合わせ、発酵以前に飲む飲料。また、酒かすを溶かし、甘味をつけたものもいう。ひとよざけ。こざけ。《季・夏》＊令集解（701）職員・造酒司条「古記云。醴甘酒。多麹少米作。一宿熟也」＊新撰字鏡（898-901頃）「醪醴 酒未漉也。酔飽也。阿万佐介」＊玉塵抄（1563）一三「地醴泉を出し、醴はあまさけとよむぞ」＊咄本・戯言養気集（1615-24頃）上「あま酒を出したれば、しるわんでつづけざまに、三ばいにやひて」＊和漢三才図会（1712）一〇五「醴（アマサケ） 按醴酒造一宿熟者也 味甚甜」＊俳諧・蕪村句集（1784）夏「愚痴無智のあま酒造る松が岡」＊滑稽本・浮世風呂（1809-13）前・上「唐銅の釜を担て来る、醴（アマザケ）でも呑せるくらゐな事さネ」②「あまざけ（甘酒）を舐めさす②」の略。＊洒落本・契情買虎之巻（1778）五「たあことをつくと、あまさけだぞ」 方言 ❶濁り酒。どぶろく。 山梨県南巨摩郡463 奈良県吉野郡688 和歌山県日高郡054 ❷白酒。 徳島県811 ◇あまだけ 長崎県南高来郡905 ❸ビール。 薩摩†136 ❹酢。 ◇あまざき 沖縄県首里993 石垣島996 ❺（花を取って子供が甘酒遊びをするところから）植物、いぬたで（犬蓼）。 兵庫県美嚢郡964 発音〈標ア〉0 〈京ア〉ア 辞書 字鏡・名義・和玉・文明・天正・饅頭・易林・日葡・書言・ヘボン・言海 表記 醴（玉・文・天・易・へ） 酤（名・玉・易） 甘酒（易・書・言） 酪（易・書） 醪醴（字） 酪醴（饅） 醴酒（書）

あまざけ 進（しん）じょ（「進じょ」は「進ぜう」の変化した語。「進上」は当て字）子供の遊びで、敵方になった者や鬼になった者をはやしたり、また、幼児を呼び寄せたりするときに使うことば。「甘酒進じょ、ここまでおいで」などといい、からかいの意味を含むことが多い。＊雑俳・柳筥（1783-86）一「あまざけしんじょと大ぼやどぶへ落」＊読本・夢想兵衛胡蝶物語（1810）後・食吉郷「『爰までござれ、醴しんじょ』と囃しながら手を叩けば」＊今弁慶（1891）〈江見水蔭〉発端「甘酒進上（アマザケシンジャウ）此所（ここ）まで来よと、傍よりの囃子（はやし）なくとも」

あまざけ の 上手（じょうず）（甘酒に硬作りと軟らか作りの二通りがあり、前者は甘味が強く、後者は弱いところから、「硬入れ」に「肩入れ」をかけ）肩入れしているという意のしゃれことば。下に「肩入れ」「肩入れじゃ」と続ける。役者をひいきにしたり、女にほれて親切を尽くしたりするときの、自他の行為にいう。あまざけ屋の上手。

あまざけ 箸（はし）に刺（さ）す 無理なことのたとえにいう。＊浮世草子・好色敗毒散（1703）一・三「『せめて大夫が俤（おもかげ）を、幻（まぼろし）に今一たび見えしならば、何か思ひのあるべき』と醴（アマザケ）箸（ハシ）にさす口説言（くどきごと）」＊譬喩尽（1786）六「醴（アマザケ）箸（ハシ）に串（サソ）」

あまざけ を=舐（な）めさす[=振（ふ）る舞（ま）う] ①おだてて、いい気にさせておくことのたとえ。飴を舐めさせる。＊歌舞伎・御摂勧進帳（1773）三立「此奴（こいつ）が此奴が、太い奴ぢゃアないか。甘酒を舐めさせておけば、喰らひそばへて、色々な事を吐（ぬ）かしゃアがる」②ひどいめにあわせることの逆説的な言い方。甘茶を舐めさせる。あまざけ。

あまざけ〘名〙方言 ⇩あまかぜ

あまざけ-うり【甘酒売】〘名〙甘酒を売り歩くこと。また、その人。室町時代からあるが、広く庶民の飲み物として売られたのは近世に入ってからで、前の箱に茶碗、盆などを入れ、掛行灯（かけあんどん）をつるし、後ろの箱に甘酒の釜を据えて、天秤棒（てんびんぼう）でかついで行商した。《季・夏》＊咄本・座笑産（1773）あま酒「仲間、さむき夜に使に出、むかふから、あま酒うり来る」＊俳諧・力すまふ（1786）下「ひとしぐれ瓦のしめる夜の門〈文遊〉あまざけ売のおとづれてゆく〈甫尺〉」＊随筆・守貞漫稿（1837-53）五「甘酒売。醴売也。京坂は専（もっぱ）ら夏夜のみ売之〈略〉江戸は四時ともに売之。〈略〉江戸は真鍮を用ひ、或は鋳釜をも用ふ。鋳釜の者は、京坂と同く筥中にあり京坂必ず鋳釜を用ゆ故に釜皆筥中にあり」 発音〈標ア〉ケ

甘酒売り〈守貞漫稿〉

あまざけ-かずら【甘酒葛】〘名〙植物「いわがらみ（岩絡）」の異名。〔語彙（1871-84）〕 発音〈標ア〉カ

あまざけ-づけ【甘酒漬】〘名〙①ナスの漬物の一種。玄米を蒸して麹（こうじ）と塩とを混ぜ、これにナスを漬けたもの。②魚肉の漬物。しょうゆにみりんを混ぜ、甘酒の練り固めたものをすり入れて、魚肉を漬け込んだもの。 発音〈標ア〉0

あまざけ-に【甘酒煮】〘名〙煮物の下地に甘酒の固練りをすり込み、それで煮た料理。

あまざけ-ばばあ【甘酒婆】〘名〙夜中に甘酒はないかと家ごとに戸をたたいて歩くという妖怪。現在も青森県でいう。年寄りの婦人をののしっていう時に使われる。＊歌舞伎・四天王産湯玉川（1818）三立「さあ、あま酒婆（ザケババ）アめ、化（ばけ）の皮を現はせ」

あまざけ-まつり【甘酒祭】〘名〙①甘酒を作り供え、また、客にふるまうことを特色とする祭り。各地にあり、特に秋祭りにこの名のものが多い。＊諸国風俗問状答（19C前）大和国高取領風俗問状答・九月・八五「あま酒を入れて親類知音互に取かわし、家毎に是をもてはやす。あま酒祭といふ」②「おはらざし（大原志）」の異称。この祭りの日に甘酒を神前に供えるところからいう。《季・夏》＊俳諧・滑稽雑談（1713）五月「大原志、〈略〉此祭には醴を酌て神にも備へ、参詣の男女にもこれを饗し、又は店屋にも是を商ふ。俗に『甘酒祭』といふは此神事なり」③芝神明祭の俗称。この祭りの日に氏子の家同士で甘酒を作ってやりとりし、また、客に勧めたところからいう。 方言 ❶甘酒を飲んで収穫を祝う祭り。九月九日鎮守の社殿で行なう。 ◇あまさけまつり 埼玉県北葛飾郡258 ❷甘酒ぐらいですます簡単な祭礼。 奈良県南大和683

あまざけ-まんじゅう【甘酒饅頭】〘名〙まんじゅうの一種。甘酒を入れて発酵させた皮にあんを包んだまんじゅう。近世、大坂の虎屋の饅頭にはじまる。甘酒皮饅頭。酒（さか）饅頭。 発音 アマザケマンジュー〈標ア〉マ2

あまざけ-や【甘酒屋】〘名〙甘酒を売る店。または、売り歩く商売。また、その人。甘酒売り。＊雑俳・柳多留-三二（1805）「不二山にかたを並へるあまざけや」＊雑俳・柳多留-三四（1806）「あまさけや郭巨が釜をかがやかし」＊人情本・閑情末摘花（1839-41）初・五回「大きな夜食茶碗を持て駈来り、ヲイヲイ甘酒（アマザケ）

やさん十二銭がおくれ」＊東京の三十年(1917)〈田山花袋〉その時分「真鍮の大釜を光らせた甘酒屋、さういふ屋台の向うには」 発音〈標ア〉0

あまざけや の 釜前(かままえ) **の 面**(つら) 怒って熱くなった顔。＊洒落本・嘉和美多里(1801)「醴屋(アマザケヤ)の釜前(カマメエ)の面(ツラ)をみるようふに、あつくなって居てもつまるめへ」

あまざけや の 上手(じょうず) 「あまざけ(甘酒)の上手」に同じ。＊すい言葉廓流行(1830-44頃)「甘酒屋の上手で、かたいれじゃ」

あまざけや の 荷(に) (甘酒売りの荷は、後ろに釜を置いた箱、前に茶碗などを入れた箱があり、一方が熱くもう一方が冷たいところから) 片思いをたとえていう。

あま-ざや【雨鞘】『名』雨露を防ぐため、刀や槍などの鞘をおおう革の袋。＊仮名草子・武者物語(1656)上「宵にすこしくもりつる故、雨さやを掛けてまかり出候」

あま-ざら【天皿】『名』方言 ⇩あま(天)

あま-ざらし【雨曝】『名』①(―す) 雨にさらすこと。雨にあてて、ぬらすこと。あまざれ。＊頼政集(1178-80頃)上「うの花のかきねなりけり五月雨のあまざらしする布とみつるは」 ②おおうものもなく、雨などにぬれるのにまかせておくこと。また、長期間、露天に放置しておくこと。あまざれ。＊多情多恨(1896)〈尾崎紅葉〉前・六「雨曬(アマザラシ)の榛(しらき)に五寸角、是が類さんの今の姿か」＊あめりか物語(1908)〈永井荷風〉夜半の酒場「男は雨曝(アマザラ)しの帽子に襟(カラー)もなく」＊桑の実(1913)〈鈴木三重吉〉一二「白く雨ざらしになった大きな貝殻が」 発音〈標ア〉ザ〈京ア〉ザ 辞書言海 表記雨晒(言)

あまさる『動』方言 ⇩あまされる

あまされ『名』方言 ❶甘えっ子。甘やかされて手のつけられない子。◇**あまさり** 長野県南部062 ◇**あまされもっこ** 青森県三戸郡083 ❷いたずらっ子。やんちゃ。きかん坊。青森県三戸郡083 新潟県347 ◇**あまされこ**〔―子〕宮城県仙台市121 ◇**あまさりもの** 神奈川県三浦郡054 静岡県伊豆062 ❸世間からもてあまされ、のけ者にされる者。相手にされない者。不品行な者や暴れ者など。厄介者。◇**あまされもっけ** 青森県三戸郡083 ◇**あまされがき**〔―餓鬼〕岩手県紫波郡093

あま-ざれ【雨曝】『名』「あまざらし(雨曝)」に同じ。＊雑俳・折句俵(1793)「雨晒格子沙汰に乗た碁」＊婦系図(1907)〈泉鏡花〉後・四〇「朦朧と、雨曝(アマザレ)の木目の高い、門の扉(と)に映って」

あまされ-もの【余者】『名』邪魔にされて、仲間に入れてもらえない者。仲間はずれにされた者。余計者。きらわれもの。のけもの。＊滑稽本・大千世界楽屋探(1817)口絵「三げへばんれへのあまされもんだから、しゃうれうのたなをもたずに、どこへでもぶっつかりの居候さ」＊男五人(1908)〈真山青果〉一「ここへ来た当座おせんは、家中の余され者であった」＊天鵞絨(1908)〈石川啄木〉三「十九にもなって独身でゐると、余(アマ)され者だと言って人に笑はれたものであるが」 方言❶世間からもてあまされ、のけ者にされる者。厄介者。岩手県気仙郡102 新潟県岩船郡366 ❷いたずらっ子。きかん坊。岩手県気仙郡100

あまされる『動』方言❶甘える。新潟県東蒲原郡368 佐渡844 ◇**あまさる** 新潟県佐渡351 静岡県520 田方郡526 島田市536 ❷いたずらする。図に乗ってふざける。暴れる。岩手県盛岡市092 秋田県鹿角郡132 東京都大島326 新潟県361 静岡県志太郡532 安倍郡540 ◇**あまさる** 静岡県田方郡530 ❸からかう。子供が憎まれ口を利く。新潟県中部047 東蒲原郡368 ❹嫌われる。のけ者にされる。北海道065 岩手県紫波郡093 宮城県仙台市123 ❺からかわれる。新潟県東蒲原郡368 ❻引っ張っていた綱が切れてしりもちをつく。また、乗り物が動き出したり止まったりする時に乗客が倒れる。島根県八束郡・隠岐島725 ◇**あまさえる** 島根県隠岐島741 ❼迷惑する。◇**あまっせゃある** 静岡県川根534 〔方言の補注〕❷について、「悪さをすると人にもてあまされるぞ」と戒めた語からの転用という〔鹿角方言考・越後方言七十五年〕。❻について、「綱を力一杯引張って居たのに本を切断せられたから自分の力に余されての意」という〔隠岐島方言の研究〕。

あま-ざ・れる【雨曝】『自ラ下一』雨ざらしになる。風雨にさらされて破損する。＊俳諧・七番日記-文化七年(1810)三月二八日「茶店が竈の所々に雨されて」＊小鳥の巣(1910)〈鈴木三重吉〉下・八「雨ざれた、ぼろぼろした石切れの側にこごまって」 発音〈標ア〉レ

あま-ざわり【雨障】『名』雨に降りこめられて外出しないこと。雨に降られ濡れるのをきらって外出をひかえること。あまつつみ。発音〈標ア〉ザ

あまし【余】『接尾』「あまり(余)四①」に同じ。＊続俳諧師(1909)〈高浜虚子〉七二「もう彼此十日余(アマ)しも毎晩のやうに起きてらっしゃるのです」

あま-し【海師】『名』方言❶潜水夫。愛媛県八幡浜市840 ❷じょうずな海女。福井県坂井郡025

あま-し【亜麻子】『名』「あまに(亜麻仁)」に同じ。

あま・し【甘】『形ク』⇩あまい(甘)

あま-じ【天路】『名』①天へ行く道。天にのぼる道。＊万葉(8C後)五・八〇一「ひさかたの阿麻遅(アマヂ)は遠しなほなほに家に帰りて業(なり)を為(し)まさに〈山上憶良〉」＊日葡辞書(1603-04)「Amagi (アマヂ)〈訳〉空中の道」 ②天上にあると考えられる道。天上の道。＊万葉(8C後)一〇・二〇一〇「夕星(ゆふつづ)も通ふ天道(あまぢ)を何時までか仰ぎて待たむ月人壮(つきひとをとこ)〈人麻呂歌集〉」 ③仏教でいう、六道の一つ。天上にあると考えられる世界。天趣。天道。＊万葉(8C後)五・九〇六「布施置きてあれは乞ひ禱(の)むあざむかず直に率去(ゐゆ)きて阿麻治(アマヂ)知らしめ〈作者未詳〉」 ④空にある道。鳥や月・日などの通る道。空。＊車屋本謡曲・羽衣(1540頃)「声今さらにはつかなる、雁がねの帰り行く、天路を聞けば懐しや」＊仮名草子・尤双紙(1632)下・五「めぐるもののしなじな〈略〉二六時中天路をめぐるは、日月」 発音〈標ア〉マ0 辞書日葡

あま-じお【甘塩】『名』①塩気の薄いこと。特に魚肉などを薄く塩漬けにすること。また、そのもの。うすじお。＊北山抄(1012-21頃)四・皇太子加元服儀「殿上記云〈略〉各置中折櫃十合、就中二合菓子、二合鮮物、二合甘塩魚、二合干物、一合塩梅、一合土器箸等」＊東寺百合文書-と・延応元年(1239)一二月・伊予弓削島庄所当等注文(大日本古文書三・五)「あましをのたい百こん」＊日葡辞書(1603-04)「Amajiuo (アマジヲ)」「Amajiuono (アマジヲノ) ウヲ」＊俳諧・あめ子(1690)「入日をすぐに西窓の月〈之道〉甘塩の鰯かぞふる秋のきて〈珍碩〉」＊歌舞伎・因幡小僧雨夜噺(1887)序幕「卜蕎麦(そば)を拵(こしら)へる。此内忠次はあたりへ思入あって『甘塩(アマシホ)がいいぜ』」 ②全くのうぶではないこと。少し異性体験のあること。→無塩(ぶえん)。＊評判記・もえくゐ(1677)「さあればとてさすが、やさかたに、きゃしゃにあまじほの女御、更衣や、無塩の后などのやうに、物事大様なるふりなれば」 ③前髪立ちの若衆(わかしゅ)。＊洒落本・田舎芝居(1787)かけ合せりふ「『次に出はったた甘塩(アマジホ)は。〈前がみの事〉』舎弟の箱王でっかく成て、曾我の五郎時宗と云申す」 方言角前髪(すみまえがみ)。肥前佐賀1020 発音〈標ア〉0〈京ア〉0 辞書日葡・ヘボン・言海 表記淡塩(ヘ)

あま-しげ・し【雨繁】『形ク』雨の降ることが多い。＊日葡辞書(1603-04)「Amaxiguei (アマシゲイ) トコロ」＊評判記・野郎大仏師(1667-68)橋本千勝「さりながら此比の雨(アマ)しげいには鄭の鄙人がやうにかうくゎひはめされずや」 辞書日葡

あま-じし【余肉】『名』(あまり肉(じし)の意) いぼ、こぶなどのように、皮膚に突き出ている肉。こくみ。＊石山寺本大般涅槃経平安初期点(850頃)一三「七は瘡中の息肉(アマシシ)のごとし」＊十巻本和名抄(934頃)二「瘜肉 説文云瘜〈音息、又為臆肉阿万之々又古久美〉寄肉也」＊観智院本名義抄(1241)「瘜 アマシシ コクニ」＊蠅(1923)〈横光利一〉九「一匹の蠅は馬の腰の余肉(アマジシ)の匂ひの中から飛び立った」 方言皮膚にできたいぼ状の突起で、長いもの。鹿児島県肝属郡970 発音〈標ア〉ジ〈ア史〉平安○●○○ 辞書和名・色葉・名義・和玉・言海 表記瘜肉(和・色) 瘜(名・玉) 臆(色)

あましじ-み『連語』(「あましじ」は、「編(あ)むましじ」の変化したものか。「ましじ」は「まじ」の古形、「み」は、理由を表わす) 編めないだろうから。＊書紀(720)武烈即位前・歌謡「大君の 八重の組垣 懸(か)かめども 汝(な)を阿摩之耳彌(アマシジミ) 懸かぬ組垣」 補注「あま」は、甘、で鈍い意、「しじみ」は、顔をしかめる意の四段動詞「しじむ」の連用形、とする説もあるが非。なお、この語を従来「あましみに」と訓んできたのは、誤訓である。 上仮名 アマシジミ

あま-しずく【雨雫】『名』「あめしずく(雨雫)」に同じ。方言あまだれ。福島県福島市158 新潟県中越373 発音〈標ア〉シ

あま-じたく【雨支度・雨仕度】『名』外出するときに、雨にぬれないための用意。雨の降る中をでかける時の身支度。また、その道具。あまよそい。あまそうぞく。発音〈標ア〉ジ〈京ア〉ジ 辞書言海 表記雨支度(言)

あま-したたり【雨滴】『名』「あましだり(雨滴)」に同じ。＊伊呂波字類抄(鎌倉)「霤 アマシタタリ 雨滴」＊応仁略記(1467-70頃か)上・武衛方擲執濫觴の事「泰山の霤(アマシタタリ)巌をうがつ」 辞書書言 表記霤(書)

あま-しだり【雨滴】『名』(「あましたり」とも) 雨のしずく。雨だれ。あましたり。＊十巻本和名抄(934頃)一「霤 潦等附 説文云霤〈和名阿末之太利〉屋簷前雨水流下也」＊作庭記(1040頃か)「雨しだりのあたる所に、石を立つべからず」＊和泉式部続集(11C中)下「五月許雨も降りやみて月のさしでたるに、あましたりのなるを聞きて」＊観智院本名義抄(1241)「霤 アマシダリ アラレ」＊改正増補和英語林集成(1886)「Amashitari アマシタリ」 方言岩手県気仙郡100 ◇**あましだれ** 岩手県気仙郡100 山形県139 語源説アマシタタリ(雨下垂)の約〔和訓栞・大言海〕。 発音〈標ア〉シ 辞書和名・名義・言海 表記霤(和・名) 雨滴(言)

あましで-に『副』方言不意に。油断しているすきに。京都府竹野郡622 兵庫県652

あまし-の-みょうじん【雨師明神】 奈良県吉野郡東吉野村にある丹生川上神社(にうのかわかみじんじゃ)の別称。

あま-じまい【雨仕舞】『名』建物で、雨水の浸入や雨漏りを防ぐ方法のこと。また、その施工箇所。〔日本建築辞彙(1906)〕 発音〈標ア〉ジ

あま-しみ『連語』⇩あましじみ

あま-じみ【雨染】『名』雨水のしみたあとのよごれ。あめじみ。＊婦系図(1907)〈泉鏡花〉前・二九「虫蝕(むしくひ)と、雨染(アマジ)みと」＊桐畑(1920)〈里見弴〉恋愛戦・三「雨(アマ)じみの廻った軒さきと、黒板塀とに」 発音〈標ア〉ジ0ミ〈京ア〉0

あま-じ・む【雨染】『自マ四』雨水のしみがつく。＊浮世草子・諸道聴耳世間猿(1766)二・三「幸田嘉兵衛といふ狂言師の表札も雨じみし引たて戸」

あま-じめり【雨湿】『名』雨のためにしめり気をおびること。＊草根集(1473頃)四「ふらぬまも曇る五月のあましめり袂やおもき蝉のは衣」 発音〈標ア〉ジ 辞書言海 表記雨湿(言)

あまし-もの【余物・余者】〘名〙①もてあました品物。無用な品物。また、残した物。＊俳諧・沙金袋(1657)夏「余花こそは人のきらはぬあまし物〈友之〉」＊和訓栞後編(1887)「あましもの 長物をよめり。老子経、註に、余食、贅行、皆長物也、と見ゆ」②もてあまされた人。始末にこまる人。＊文明本節用集(室町中)「余者 アマシモノ」方言❶手に余るしたたかな者。持て余し者。高知県862 ❷品行の悪い者。乱暴者。◇**あましたむん** 沖縄県首里993 発音〈標ア〉ノ〇モ 辞書文明 表記余者(文)

あま-じゃくろ【甘石榴】〘名〙甘いザクロ(日葡辞書(1603-04))。辞書日葡

あま-しゃり【甘舎利】〘名〙(「しゃり」は食物の隠語) 菓子類、パン、ぜんざいなどをいう、てきや、盗人仲間の隠語。〔隠語輯覧(1915)〕＊いやな感じ(1960-63)〈高見順〉二・六「みんなで金を出し合って、あましゃり(菓子)を夜の就眠前に食おうということになった」

あま-じゃ・れる【雨曝】〘自ラ下一〙「あまざれる(雨曝)」に同じ。＊雑俳・川柳評万句合-明和三(1766)礼六「あまじゃれた四ツ手でかへる根津の客」

あまし-ゆ【亜麻子油】〘名〙「あまにゆ(亜麻仁油)」に同じ。

あま-じょう【尼上】〘名〙(「上」は、「上臈(じょうろう)」の下略で、女性を表わす語に付ける接尾語)尼を敬っていう語。＊浄瑠璃・義経千本桜(1747)一「二位の尼上(アマジャウ)御供し」

あま-しょうぐん【尼将軍】❶尼でありながら、将軍同様の実権がある者の意で、源頼朝の死後、その妻政子が尼となって幕府の政治を見、勢力をふるったところから、その異名となる。＊鎌倉北条九代記(1675)六・二位禅尼逝去「頼朝卿薨去の後天下の後見として政務の進退みなこの禅尼の才智をもって危き世を執り静め諸人皆おそれ随がひ尼将軍と申せしが」＊雑俳・登梯子(1705)「日本は尼将軍は只一度」❷〘名〙転じて、権力をふるう未亡人。一家をきりまわす後家。女性の実力者。＊雑俳・柳多留拾遺(1801)巻一九「帳箱に尼将軍はひぢをつき」＊滑稽本・浮世風呂(1809-13)四・中「女房は尼将軍(アマシャウグン)の差図(さしづ)で里へ預(あづけ)たのさ」発音アマショーグン〈標ア〉ショア〈京ア〉ショ

あま-しょうじ【雨障子】〘名〙雨などを防ぐために、紙に油をひいたあかり障子。油障子。＊随筆・安斎随筆(1783頃)三〇「雨障子 雨障子をはるには糊に酢を少し加へたるがよし」＊歌舞伎・霊験曾我籬(1809)序幕「本舞台、三間の間、向う一面牡丹畑、雨障子(アマシャウジ)のかかりたる花壇」＊歌舞伎・群清滝贔屓勢力(1867)大切「本舞台三間の間御祭礼といふまたぎの大提灯、梅の花打市松の雨障子(アマシャウジ)」発音アマショージ〈標ア〉ショ 辞書〈ボン〉・言海 表記雨障(へ) 雨障子(言)

あま-しょうぞく【雨装束】〘名〙「あまそうぞく(雨装束)」に同じ。＊滑稽本・八笑人(1820-49)四・追加上「馬鹿なつらな、雨装束(アマシャウゾク)に編笠をかぶるといふがあるものか」発音アマショーゾク〈標ア〉ショ

あま-しょく【甘食】〘名〙①(「あましょくパン」の略) 菓子パンと食パンの中間程度の甘味をもった円錐形のパン。二個一組で売られることが多い。＊悦ちゃん(1936-37)〈獅子文六〉婚約・五「婆やは甘(アマ)ショクをのせたお皿と、麦湯のコップを運んできた」②いつもふたり仲よくくっついている人をいう俗語。〔最近百科社会語辞典(1932)〕〔隠語構成様式幷其語集(1935)〕発音〈標ア〉〇〈京ア〉〇

あま-しょくパン【甘食―】〘名〙(「パン」はポルトガル pão)「あましょく(甘食)①」に同じ。＊私の東京地図(1947)〈佐多稲子〉下町「餡パンや甘食パンや」発音〈標ア〉パ

あます〘名〙方言イノシシが萱(かや)などを集めてつくる寝床。福島県石城郡178 神奈川県足柄上郡059

あま・す【余】〘他サ五(四)〙①余分なものとして残す。＊古事記(712)下・歌謡「御諸(みもろ)に 築くや玉垣 つき阿麻斯(アマシ) 誰(た)にかも寄らむ 神の宮人(みやひと)」＊大唐西域記長寛元年点(1163)五「城の傍に故き伽藍有り。唯、基趾を余(アマセ)り」②ある範囲からもらす。のがす。逃がす。＊平治(1220頃か)中・待賢門の軍の事「但し大将は、もとの重盛ぞ。已前こそもらすとも、今度においてはあますまじ」＊日葡辞書(1603-04)「Amaxi, su, aita (アマス)〈訳〉逃がす。」＊浄瑠璃・国性爺合戦(1715)千里が竹「おのれ老ぼれあまさじと一もんじに切りかかる」③除外する。㋑(主として受身の形で用い) もてあます。＊方丈記(1212)「時を失ひ、世にあまされて、期(ご)する所なきものは愁へながら止まり居り」㋺除外してあとに残す。置きざりにする。捨ててかえりみない。＊俳諧・ひさご(1690)「染て憂(うき)木綿袷のねずみ色〈里東〉 撰あまされて寒きあけぼの〈探志〉」＊歌舞伎・好色伝受(1693)上「いやいや大事の殿御様を余(アマ)しまして、妾(わし)が乗りましょ様(やう)は御座りませぬ」＊俳諧・三冊子(1702)白双紙「詩歌連俳はともに風雅也。上三のものには余す所も、その余す処迄俳はいたらずと云所なし」＊義血侠血(1894)〈泉鏡花〉二七「弁護士は渠(かれ)の冤(えん)を雪(そそ)がむ為に、滔々(たふたふ)数千言を陳(つら)ねて、幾(ほとん)ど余す所あらざりき」④ある範囲からあふれ出させる。㋑あふれさせる。こぼす。とび出させる。＊保元(1220頃か)中・白河殿攻め落す事「馬は屏風をたふすごとく、がはとたふるれば、主は前へぞあまされける」＊観智院本名義抄(1241)「溢 アブル コボス アマス」＊俳諧・夜半楽(1777)春風馬堤曲「憐みとる蒲公(たんぽぽ)茎短して、乳を浥(アマセリ)」㋺言葉などを必要以上に用いる。また、歌句が字余りになるようにする。＊能因本枕(10C終)四・ことことなるもの「下衆の言葉に、かならず文字あましたる」＊俳諧・三冊子(1702)赤双紙「木がらしの身は竹斎に似たる哉〈略〉『古枯』、初は『狂句木がらしの』と余していへり」⑤ある限度に達するまでのゆとり、余地を残す。＊妾の半生涯(1904)〈福田英子〉八・二「数万の見物人及び出迎人にて、左しもに広き梅田停車場も殆んど立錐の地を余さず」＊虞美人草(1907)〈夏目漱石〉一七「一筋を前後に余(アマ)して、深い谷の底を鉄軌(レエル)が通る」＊泥人形(1911)〈正宗白鳥〉八「重吉は四月中にと答へて置いたが、その四月は幾日も余さなくなった」⑥囲碁用語。㋑初めに確実な地をとっておいて、あとは相手の攻めを受け流して勢力を役立たせないように打つ。㋺終局して互いの地を数えあったとき、相手より何目か勝っている。残す。⑦(動詞の連用形に付いて補助動詞的に用いる)…しおおせないで残す。十分…しても尽くせない。＊四河入海(17C前)一五・三「或はいねをかりあます者もあり、或は衣を裁しはてて機杼を只をく者もこそあるに」方言❶持て余す。厄介者視する。困る。宮城県仙台市123 福島県東白川郡157 愛媛県840 高知県862 ❷嘔吐(おうと)する。吐く。戻す。岩手県気仙郡100 秋田県南秋田郡130 山形県139 茨城県062 188 193 栃木県198 千葉県夷隅郡040 東京都八丈島(動物についていう)334 343 和歌山県690 徳島県811 香川県829 ◇**あまだす** 山形県西田川郡・飽海郡139 ◇**あんます** 秋田県南秋田郡130 ❸川へ流す。高知県860 高知市867 ❹見逃す。許す。了見する。香川県西部829 ❺冗談を言う。島根県江津市725 ❻誤って火を出す。火災を起こす。和歌山県690 698 ❼人の気持をそらす。栃木県足利市198 発音〈標ア〉マ〈ア史〉平安〇〇◐〈京ア〉〇 辞書名義・和玉・文明・日葡・〈ボン〉・言海 表記余(文・へ・言) 乗・溢(名) 飫・剰・贅(玉)

あまさず洩(も)らさず 「あます(余)所なく」に同じ。＊洒落本・風俗八色談(1756)四・出家の喧嘩の事「私は仏学はきらい、儒学は窮屈な、神道は面倒也。我等が本寺は洛陽鞍馬山の多門天なり。多くの門を貰ひあるき〈略〉あまさず洩(モラ)さぬ八宗兼学」辞書書言 表記不レ余不レ泄(書)

あます所(ところ)なく 残らず。ことごとく。すっかり。＊罪と罰(1948)〈花田清輝〉「それを道徳的ないしは詩的にあますところなくとらえようと努めた点にあり」

あま-ず【甘酢】〘名〙みりん、砂糖などを加え、甘みを多くした三杯酢。＊病牀六尺(1902)〈正岡子規〉八一「然るに茶の料理も之れを料理屋に命ずれば矢張千篇一律なり。曰く味噌汁、曰く甘酢、曰く椀盛、曰く焼物と」＊夜明け前(1932-35)〈島崎藤村〉第二部・下・一四・三「同じ大根おろしでも甘酢にして」発音〈標ア〉〇〈京ア〉〇

あま-ず・い【甘酸】〘形口〙「あまずっぱい(甘酸)」に同じ。＊日葡辞書(1603-04)「Amazui (アマズイ)」＊多情多恨(1896)〈尾崎紅葉〉後・八「沈丁花の甘酢(アマズ)い香(にほひ)」＊助左衛門四代記(1963)〈有吉佐和子〉二・一「特有の甘酸(アマズ)い滋味があり」発音〈標ア〉ズ 辞書日葡

あま-すがた【尼姿】〘名〙尼になった姿。尼としての姿。＊源氏(1001-14頃)若菜上「あますがたいとかはらかにあてなる様して」発音アマスガタ〈標ア〉ス

あま-ずき【甘好】〘名〙甘いものや菓子類を好む人。甘党。＊東京風俗志(1899-1902)〈平出鏗二郎〉上・二・営生諸業「特に夥しきは菓子屋にして、六千六百八十余戸あり。都人がなべて甘好(アマズキ)なる徴証をも爰に表するものの如し」発音〈標ア〉〇

あま-すけ【甘助】〘名〙①女に甘い男をあざけっていう語。②お人よしな人間をあざけっていう語。あまちゃん。発音〈標ア〉マ

あま-ずっぱ・い【甘酸】〘形口〙①甘みとすっぱみとがまじった味やにおいである。あまずい。＊黴(1911)〈徳田秋声〉五二「お産の時のあの甘酸っぱいいやうな血腥いやうな臭気(にほひ)が、時々鼻を衝(つ)いて来るやうに思へてならなかった」＊津軽の野づら(1935)〈深田久彌〉あすならう「焚火の中へ一つづつ林檎をくべて、シュウと甘(アマ)ずっぱい香をたてて焼けるのを待ってゐた」②うっとりと快い気持と、感傷的な気持が入りまじって、やるせない感じである。＊今年竹(1919-27)〈里見弴〉水神・三「志村の胸は、甘酸っぱく締めつけられた」＊愚弟は愚弟(1936)〈獅子文六〉三「豚の腸詰の前に畏怖した夫婦は、甘酸(アマス)っぱい顔をしたのみでした」発音〈標ア〉〇パ〈京ア〉ズ

あま-ずら【甘葛】〘名〙①深山に生える、つる草の一種。また、それから採った甘味料。秋か冬に、切り口から液汁を採取する。「延喜式」に諸国からの貢進が見えている。古名、とどき。味煎(みせん)。甘葛煎(あまずらせん)。＊十巻本和名抄(934頃)四「千歳虆汁〈略〉蘇敬曰即今之蘡薁藤汁是也〈蘡薁二音嬰育 和名阿末都良本朝式云甘葛煎〉」＊枕(10C終)四二・あてなるもの「削り氷(ひ)にあまづら入れて、あたらしき金鋺(かなまり)に入れたる」＊古今著聞集(1254)一八・六三八「二月の事なりけるに、雪にあまづらをかけて、二品にすすめられけり」②薫物(たきもの)の材料の一つ。香料を練り合わせるために①を煮詰めて粘度を高めたもの。＊薫集類抄(1165頃か)下「蜜はかうばしけれど、虫の出で来るときあり。あまづらはよし」＊類聚雑要抄(室町)四「甘葛煎方。器用二石鍋又銅物一是等に入て、固炭をおこして、炭に埋て〈略〉夜日七日許煎レ之」＊重訂本草綱目啓蒙(1847)一四下・蔓草「千歳虆〈略〉香煎(あはせこう)を調ふこと香の書にいづ。その甘葛煎はあまちゃを用て製すと云。今のあまちゃにあらず」語源説(1)甘蔓の意〔箋注和名抄・言元梯〕。ツラはツル(蔓)

と同語で語源はツラ(連)〔大言海〕。(2)ツラはカツラの義〔名語記・和訓栞〕。発音〈標ア〉0 辞書字鏡・和名・色葉・名義・下学・和玉・文明・伊京・明応・天正・黒本・易林・日葡・書言・言海 表記甘蔗(名・下・文・伊・明・天・黒・易)甘葛(色・文・伊・天・黒・易・言)千歳蘽汁(和・色・名・文)千歳蘽(和・色・書)蔗(名・玉・文)藷(字・名)蘽蕪(色・名)甘葛煎・蘡薁(色)蘡薁藤(名)藟(玉)

あまずら の 使(つかい) 古く、甘味料のあまずらを運送するために中央から派遣された使。＊権記－長保二年(1000)正月七日「秋田城立用不動可レ作官符、付二甘葛煎使一、送二出羽守義理朝臣許一」

あまずら-せん【甘葛煎】『名』①「あまずら(甘葛)①」に同じ。＊正倉院文書－天平八年(736)薩摩国正税帳〈寧楽遺文〉「運府甘葛煎担夫参人」＊延喜式(927)三三・大膳「諸国貢進菓子。〈略〉古依二前件一〈其数臨時増減〉随レ到撿収附二内膳司一。但甘葛煎直進二蔵人所一」＊西宮記(969頃)一三・御読経「夏引茶仰内蔵薬殿〈四位行水五位引茶、甘葛煎所茶薬殿〉」②「あまずら(甘葛)②」に同じ。

あまずら-みせん【甘葛味煎】『名』甘葛から採った液で作った甘味料。昔、砂糖の代用にした。あまずらせん。みせん。＊芋粥(1916)〈芥川龍之介〉「新しい白木の桶に『あまづらみせん』を汲んで釜の中へ入れるもの、皆芋粥をつくる準備で、眼のまはる程忙しい」

あま-・ずる【雨為】『自サ変』因あま・す『自サ変』もう少しで雨が降りそうになる。＊幻談(1938)〈幸田露伴〉「雨(アマ)ずった空が初は少し赤味があったが、ぼうっと薄墨になってまゐりました」

あま-せ【天背】『名』屋根をいう、盗人仲間の隠語。〔日本隠語集(1892)〕

あま-ぜ【尼前】『名』「あまごぜん(尼御前)」の略。＊たまきはる(1219)「昔みしあまぜなども」＊平家(13C前)三・法皇被流「御車の尼には、あまぜ一人参られたり。この尼ぜと申すは、やがて法皇の御乳(おち)の人、紀伊二位の事也」＊御伽草子・福富長者物語(室町末)「御簾の内には御妹の尚侍(ないしのかみ)、おばのあまぜ、御台所、おのおの集ひおはしける」発音〈標ア〉マ〈ア史〉江戸○◍○ 辞書書言・言海 表記尼前(書)

あま-せえ【雨—】『名』方言雨がやむこと。雨やみ。雨晴れ。山梨県062 452 ◇あまっせ 山梨県456 ◇あまっせえ 山梨県455 461 ◇あまっさえ 静岡県520 ◇あまっさい 山梨県453

あま-そうぞく【雨装束】『名』雨などに濡れないための身支度。雨支度。あましょうぞく。＊檜垣嫗集(10C後か)「むかへ人、みの笠などあり。ただとくとくといそがせば、まかりまうしもしあへぬまで、いそぎたちて、あまさうぞくなどしさして」発音アマソーゾク〈標ア〉ソ

あま-そぎ【天削】『名』高い峰。＊喜撰式(10C中－後)「若詠高峰時、あまそぎと云」＊八雲御抄(1242頃)三「嶺〈略〉あまそぎ」語源説(1)アマソグ(天退)の義か〔和訓栞〕。(2)アマ(天)ソソルと通ずるか〔大言海〕。

あま-そぎ【尼削】『名』①尼となった人が、肩のあたりで髪を切りそろえること。＊暮笛集(1899)〈薄田泣菫〉尼が紅「頸(うなじ)にかかるあまそぎの 姿をかしと指ざすな」②女の子の髪を、尼のように肩や、背中で切りそろえること。また、その髪の形をいう。＊枕(10C終)一五一・うつくしきもの「頭(かしら)はあまそぎなる児(ちご)の、目に髪のおほへるをかきはやらで、うちかたぶきて物など見たるもうつくし」＊源氏(1001－14頃)薄雲「この春よりおほす御ぐし、あまそぎのほどにて、ゆらゆらとめでたく」発音アマソギ〈標ア〉0 語源説余りをそぐことから〔河海抄〕。

尼削ぎ②
〈源氏物語絵巻〉

あま-そ・ぐ【尼削】『他ガ四』尼の髪形に髪の末を切りおとす。あまそぎにする。＊栄花(1028－92頃)衣の珠「いみじう美しげに、あまそぎたる児(ちご)どもの様にておはします」発音アマソグ〈標ア〉ソ

あま-そそぎ【雨注】『名』(古くは「あまそそき」)あまだれ。雨のしずく。また、霧雨。＊催馬楽(7C後－8C)東屋「東屋の 真屋のあまりの その安万曾々支(アマソソキ) 我立ち濡れぬ 殿戸開かせ」＊源氏(1001－14頃)紅葉賀「立ちぬるる人しもあらじあづまやにうたてもかかるあまそそきかな」＊とはずがたり(14C前)一「神な月のはじめの八日にや、しくれの雨のあまそそき、露とともにきえはて給ぬときけは」＊日葡辞書(1603－04)「Amasosoqiga(アマソソキガ) スル」発音アマソソギ〈音史〉室町頃まで『あまそそき』と清音。〈標ア〉ソ[1] 辞書日葡

あま-そそ・る【天聳】『自ラ四』天に高く聳える。そそり立つ。＊万葉(8C後)一七・四〇〇三「白雲の千重を押し別け 安麻曾々理(アマソソリ) 高き立山」〈大伴池主〉＊葬列(1906)〈石川啄木〉「公孫樹(いてふ)の葉、—新山堂の境内の天聳(アマソソ)る母樹の枝から」発音〈標ア〉ソ[2]

アマゾナイト『名』(英 amazonite)青緑色の長石の一種。花崗岩質ペグマタイト中に産し、研磨して飾り石となる。最初の産地ブラジルのアマゾンに由来する名だが、アメリカ、カナダ、ブラジル、ロシアなど各地に産する。発音〈標ア〉ナ

アマゾニア(Amazonia)アマゾン川流域のブラジル・ベネズエラ・コロンビア・エクアドル・ペルー・ボリビアにまたがる地域の総称。南アメリカ大陸の熱帯雨林地帯。

アマゾネス(フラ amazones)「アマゾン(一)」に同じ。

あま-ぞら【雨空】『名』雨が降りそうな、くもり空。また、雨が降っている空。＊歌舞伎・花街模様薊色縫(十六夜清心)(1859)序幕「雲足早き雨空も、思ひがけなく吹きつれて」＊童謡(1935)〈川端康成〉「雨空は吹き寄せられるやうに晴れて来た」発音〈標ア〉ゾ 0〈京ア〉0

あま-そり【尼削】『名』「あまそぎ(尼削)」に同じ。＊栄花(1028－92頃)峰の月「禿(かぶろ)におはしましし折はあまそり居丈(ゐだけ)にこそ見奉りしか」

アマゾン (一)(ギリ Amazōn)《アマゾーン》ギリシア神話で、女性ばかりからなるという民族。戦いと狩りを好み、弓を射る邪魔にならないように右の乳房を取り除いていたので、アマゾーン(「乳なし」の意)と呼ばれたという。アマゾネス。＊希臘思潮を論ず(1895)〈上田敏〉「アマゾオンの戦を彫りたる物を見るに」(二)「アマゾンがわ(—川)」の略。発音〈標ア〉ア

アマゾン-がわ【—川】(アマゾンは Amazon)南アメリカ北部の大河。アンデス山脈に源を発し、ブラジル北部を東流して大西洋に注ぐ。流域は熱帯多雨で密林を形成。全長六三〇〇キロメートル。水量、流域面積は世界第一位、長さは世界第二位。アマゾン。発音アマゾンガワ〈標ア〉ゾ〈京ア〉ン

あまた【天田】京都府の中西部の郡。由良川の支流土師(はぜ)川・牧川の流域にある。＊二十巻本和名抄(934頃)五「丹波国〈略〉天田〈安萬多〉」辞書和名・文明・易林 表記天田(和・文・易)

あまた【天田】(「あまだ」とも)姓氏の一つ。発音〈標ア〉ア

あまだ-ぐあん【天田愚庵】歌人。旧姓、甘田。幼名、久五郎。本名、天田五郎。出家して万葉調の歌をよむ。子規と交わり影響を与えた。著「愚庵全集」など。安政元～明治三七年(一八五四～一九〇四)

あま-た【数多】『副』(名詞的に用いられる場合もある)①(主として形容詞にかかる)程度のはなはだしいさま。非常に。大変。＊万葉(8C後)八・一五二二「たぶてにも投げ越しつべき天の川隔てればかも安麻多(アマタ)すべなき〈山上憶良〉」＊万葉(8C後)一二・三一八四「草枕旅行く君を人目多み袖振らずして安万田(アマタ)悔しも〈作者未詳〉」②数量の多いさま。数多く。たくさん。㋑単独で連用修飾語となる。＊書紀(720)允恭八年二月・歌謡「ささらがた 錦の紐を解きさけて、阿麻哆(アマタ)は寝ずに ただ一夜のみ」＊万葉(8C後)一七・四〇一一「鷹はしも 安麻多(アマタ)あれども〈大伴家持〉」＊石山寺本金剛般若経集験記平安初期点(850頃)「見れば一の大なる亀あり。身は一にして頭は数(アマタ)なり」＊源氏(1001－14頃)桐壺「女御更衣あまたさぶらひ給ひける中に」＊小学読本(1874)〈榊原・那珂・稲垣〉五「二人共互に劣らぬ身上となりて、婢僕あまた召使ひ、其言ひし如くなりけるとぞ」㋺直接または「の」を介して、下の体言を修飾する。＊宇津保(970－999頃)藤原の君「あまたの人のよろこびをなさむに、我一の願ひ満たじやは」＊大唐西域記長寛元年点(1163)一「伽藍の北の嶺の上に数(アマタ)の石室有り」＊天草本伊曾保(1593)ネテナボ帝王イソポに御不審の条々「Greçia ノ クニカラ amatano(アマタノ) ザウヤクヲ ヒキヨセタガ」＊浮世草子・日本永代蔵(1688)三・二「それより上方への船商ひ、あまた手代にさばかせ」＊集義外書(1709)一「道にたがいたる事をもほめ、にくければ、よきをもあしきと申なし候。此余多のあやまりにしたがひ候へば」＊滑稽本・麻疹戯言(1803)麻疹与海鹿之弁「許多(アマタ)の海鹿をゆり起して、皆水中へ転入るといへり」＊小学入門(甲号)(1874)〈民間版〉「庭にあまたの花を栽ゑ、池に多くの魚を畜(か)ふ」㋩多くのもの、人などの意で、格助詞「が」「に」等を伴う、名詞的用法。＊古今(905－914)夏・一三六「あはれてふことをあまたにやらじとや春におくれてひとり咲くらん〈紀利貞〉」＊土左(935頃)承平五年一月九日「これかれたがひに国のさかひのうちはとて見送りに来る人、あまたがなかに」＊大唐西域記長寛元年点(1163)四「群臣慶を称(し)、衆庶(アマタ)悦予す」＊史記抄(1477)八・孝文本紀「諸呂とて、あまたが一同なれども、其中で呂産が首(かしら)ぢゃほどに」＊浮世草子・本朝桜陰比事(1689)一・八「後家無用の云分(いひわけ)にあまたに難儀をかくる曲者なれども」語誌(1)「あまる」「あます」などの語幹と同じ語源をもつ「あま」と接尾語「た」の付いたものという。原義は、数量、程度などが普通の状態以上であるさまを表わすものと考えられる。奈良時代(特に「万葉集」)では、数量、程度ともに表わしていたが、平安朝以降はほとんど数量を表わす例に限られてくる。「あまた」の表わす数量はきまらないが、「源氏」「平家」「徒然草」などの例は、多くは人数で、一、二に止まらないという程度の複数を意味し、「今昔－一・二九」の「数(あまた)の倉に多くの財を積めり」、同じく「今昔－一・二九」の「衆多(いくさ)雲の如く集まりぬ」などの例では大きな数を表わしている。(2)「観智院本名義抄」では、「衆・数」を「あまた」と訓むが、漢語として、「衆」はかなりの数の多さを、「数」は若干の意味を持つ。現代における慣用的表記の「数多」は古く奈良時代からある。「多」は「数」に添えて、「た」の音を表わしたもので、「あまた」の「た」の部分に「多い」という意味があるわけではない。近世の読本類には「許多」、近代の作品には「夥」「夥多」を当てた例が多い。語源説(1)アママタ(余又)の約か〔俚言集覧・大言海〕。(2)アマタ(余手)の義か〔和訓栞〕。(3)アは接頭語、マはモモ(百)、モロ(諸)のモと同語、タは接尾語〔日本古語大辞典＝松岡静雄〕。発音〈標ア〉ア〈ア史〉平安・鎌倉○○◍ 室町来◍○○〈京ア〉ア 辞書色葉・名義・文明・天正・饅頭・黒本・易林・日葡・書言・ヘボン・言海 表記数多(文・天・饅・黒・易・書・へ)数(色・名・文・天)余多(文・書)夥・諸・万(色)衆(名)残多(文)無数(書)許多(言)

あま-だ【天—】『名』「あまだな(天棚)」に同じ。

方言❶天井。梁（はり）。鳥取県伯耆042 711 島根県725 広島県佐伯郡771 高田郡779 ❷天井裏。屋根裏。鳥取県711 島根県石見724 広島県山県郡054 比婆郡774 ❸草ぶき屋の二階にした物置部屋。島根県石見725 ❹いろりの上方につるした棚。島根県邑智郡725 長崎県壱岐島914 ❺いろりの自在かぎの下がっている綱についている薄い板。島根県石見725

あま-だい【―台】〘名〙方言針箱。針刺し。福井県431 岐阜県大垣市512 三重県名賀郡584 阿山郡596 滋賀県甲賀郡608 京都府宇治郡633 奈良県675 ◇あまむろ 滋賀県甲賀郡606

あま-だい【甘鯛】〘名〙アマダイ科の海魚の総称で、現在五種が知られている。体長約四〇センチメートルで、体はやや細長く、強く側扁している。前頭部が隆起して、頭部の前背縁がほぼ方形であるのが特徴。本州中部以南に分布し、水深五〇～三〇〇メートルの底層にすむ。肉はやや水っぽいが、粕漬け、みそ漬け、干物などにすると美味。こずな。くずな。おきつだい。《季・冬》＊本朝食鑑（1697）八「江都盛賞、之名曰甘鯛或曰奥津鯛、是駿之奥津多産也」＊随筆・甲子夜話（1821‒41）五「或人より聞く、駿海産の甘鯛を生干にしたるをオキツ鯛と称して名品の一なり」＊生物学語彙（1884）〈岩川友太郎〉「Latilus 馬頭魚（アマダイ）属」方言魚、いら（伊良）。和歌山県和歌山市016 日高郡690 発音〈標ア〉0〈京ア〉⓪ⓜ 辞書言海 表記甘鯛（言）

あまだい-かんのん【阿摩提観音】仏語。三十三観音の一つ。種々の畏怖を取り去って救おうという徳があるから、無畏観自在菩薩ともいう。密教で、この菩薩は𑖀（a）または𑖭（sa）という梵字で象徴され、鳳あるいは箜篌（くご）を持物とする。発音〈標ア〉カ

阿摩提観音〈図像抄〉

あま-だいこん【甘大根】〘名〙方言植物、さとうだいこん（砂糖大根）。奈良県一部030 和歌山県一部030 山口県一部030 香川県一部030

あま-だいだい【甘橙】〘名〙「オレンジ①」に同じ。

あま-だおし【亜麻倒】〘名〙ヒルガオ科ネナシカズラ属の一年草。ヨーロッパおよび北部アジア原産で、明治時代以降の帰化植物。春、黄白色の小さい花が咲き、実は小形のさやとなる。多くアマ科植物に巻きついて寄生し、その植物に害を与える。学名は Cuscuta epilinum 発音〈標ア〉ダ

あまた-かえり【数多返】〘名〙（「かえり」は回数の意）多くの回数。何度も。くりかえし。あまたたび。＊源氏（1001‒14頃）総角「御文は、明くる日毎に、あまたかへりづつ奉らせ給ふ」

あまた-かけ【数多―】〘名〙（「かけ」は一人で背負える程度の量をいう）多くのかけ。いくつもの荷。＊源氏（1001‒14頃）明石「御よそひは、言ふべくもあらず、御衣櫃（みぞびつ）あまたかけたまはす」

あまた-くだり【数多領】〘名〙衣装の幾そろい。多くのそろい。＊源氏（1001‒14頃）乙女「年の暮には、正月（むつき）の御装束など〈略〉あまたくだりいと清らにしたて給へるを」＊源氏（1001‒14頃）宿木「女の装束（さうぞく）どもあまたくだりに〈略〉取り具し給ふ」

あまた-くに【数多国】〘名〙多くの国。諸国。＊枕（10C終）一八六・位こそ猶めでたき物はあれ「受領（ずらう）などもみなさこそはあめれ。あまた国にいき、大弐や四位、三位（さんみ）などになりぬれば」

あま-だくみ【天工】〘名〙（「てんこう（天工）」の訓読み）天下を治める仕事。また、自然のわざ。＊随筆・多波礼草（1789）一「おほやけのあまだくみともにし給ふかたがたは、かかる事をこそ、よそに思ひ給ふまじきなるにと」

あまたけかなかや-じんじゃ【天健金草神社】島根県隠岐郡都万（つま）村にある神社。旧県社。祭神は大屋津媛命（おおやつひめのみこと）、抓津媛命（つまつひめのみこと）。神功皇后が新羅（しらぎ）征討の途中、立ち寄ったと伝えられる。延喜式内社。あまたけるかなくさじんじゃ。発音〈標ア〉ジ

あま-だし【尼出】〘名〙新しく尼とすること。また、新しく尼になった人。＊俳諧・篗纑輪前集（1707）四「端女（はした）が廻す新宗旨（アマダシ）の旅」

あまた-たび【数多度】〘名〙（多く副詞的に用いる）多くの回数。何度も。たびたび。あまたかえり。＊続日本紀‒天平宝字八年（764）一〇月九日・宣命「池田親王は此夏馬多く集へて事謀ると聞し召しき。如是在（かかる）事阿麻多太比（アマタタビ）所奏（まをせり）」＊古今（905‒914）羇旅・四一六「夜をさむみおく初霜をはらひつつ草の枕にあまたたび寝ぬ〈凡河内躬恒〉」＊源氏（1001‒14頃）桐壺「相人驚きて、あまたたび傾きあやしぶ」＊大唐西域記長寛元年点（1163）四「如来世に在ししときには屢（アマタタビ）此の国に遊びて法を説きたまひし処なり」＊談義本・教訓雑長持（1752）二・大天狗藪医師を教戒し給ふ事「雲中で歯を喰しばり、こぶしをにぎりし事余多度」発音〈標ア〉0タ[1]〈ア史〉平安・鎌倉○○◍○○ 辞書色葉・名義・文明・天正・日葡・書言・言海 表記数度（文・天・書）数・万（色・名）数箇（名）数回（書）許多度（言）

あま-たっけえ【甘―】〘形口〙あまったるい。また、塩けが薄い。＊真景累ケ淵（1869頃）〈三遊亭円朝〉三八「お前塩の甘たっけえのを、江戸では斯う云う旨（うめ）え物（もん）喰って居るからって、食物ア大変八釜（やかま）しい」

あまた-ところ【数多所】〘名〙①多くの所。＊源氏（1001‒14頃）紅葉賀「参座（さむざ）しにとても、あまた所もありき給はず」＊古本説話集（1130頃か）三五「おなじやうに書かせ給ひて、あまた所へ遣（つか）はしたりける」＊寛永刊本蒙求抄（1529‒34）三「是ををものにしてあるくぞ。したれば、あまた処の守護になったぞ」②大勢の方たち。＊大鏡（12C前）三・兼通「その腹に、宮たちあまたところおはします」

あまた-とし【数多年】〘名〙多くの年。長い年月。＊蜻蛉（974頃）中・安和二年「あまたとしこゆる山べにいへゐして綱ひく駒もおもなれにけり」＊源氏（1001‒14頃）葵「あまた年今日あらためし色衣きては涙ぞふるここちする」

あま-だな【天棚】〘名〙①炉の上に天井からつるした棚。火棚。天皿（あまざら）。火天（ひあま）。火高。あまだ。②天井の上をいう。転じて二階のこと。あまだ。あまごこ。方言いろりの上につるした棚。新潟県佐渡356 長野県西筑摩郡491 山口県玖珂郡800 発音〈標ア〉0

あまだな【尼店・尼棚】東京都中央区室町一丁目付近の旧俗称。江戸時代には漆器問屋が多かった。尼ケ崎店。尼ケ崎町。＊浮世草子・日本永代蔵（1688）四・三「舟町の魚市、米柯枝（こめがし）の売買（うりかい）、尼棚（アマダナ）の塗物問屋、通り町の繁昌（はんじゃう）、此御時なるべし」発音〈標ア〉0

あまた-ひと【数多人】〘名〙多くの人。＊浮世草子・日本永代蔵（1688）六・四「大釜の下より大束の葭（よし）もへしさりしに、あまた人庭に有ながら是をさしくべる人もなくて」

あまだ-ぶり【天田振】「古事記」に見える、上代歌曲の曲名。歌い出しの語句によって名づけられている。＊古事記（712）下「此の三歌は、天田振（あまだぶり）ぞ」

あま-だま【神珠】〘名〙琥珀（こはく）のこと。＊伊呂波字類抄（鎌倉）「明玉 神珠 アカタマ又名アマタマ」

あま-だむ 枕「かる」「かり」にかかる枕詞。＊古事記（712）下・歌謡「阿麻陀牟（アマダム） 軽のをとめ いた泣かば 人知りぬべし」補注「あまとぶ（天飛）」の変化したもの、と解く説〔古事記伝・和訓栞〕がある。発音〈ア史〉平安○○○◍〈京ア〉0

あまだむ-ぶり ⇨あまだぶり（天田振）

あまた-よ【数多夜】〘名〙多くの夜。幾夜。＊万葉（8C後）一四・三五四五「明日香川塞（せ）くと知りせば安麻多欲（アマタヨ）も率寝（ゐね）て来ましを塞くと知りせば〈東歌〉」

あま-たらし・い【甘―】〘形口〙味が甘すぎる。あまったるい。＊菊池俗言考（1854）「あまたらしい 甘足（あまたらし）なり 甘きに過たるを云へり」方言静岡県田方郡530 愛知県知多郡549 島根県東部725 発音アマタラシイ〈標ア〉シ

あま-たら・す【天足―】〘連語〙（「す」は尊敬の助動詞）天一杯に充満しておられる。＊万葉（8C後）二・一四七「天の原振り放（さ）け見れば大君の御寿（みいのち）は長く天足有（あまたらしたり）〈倭太后〉」発音〈標ア〉ラ

あま-だり【雨垂】〘名〙①「あまだれ（雨垂）①」に同じ。＊水鏡（12C後）上・二五代「ふたりあひぐして、こほりのつかさのいへにおはして、あまだりのもとにゐ給へりしかば」＊園太暦‒貞和二年（1346）正月一六日「あめこのままにふり候はば、あまだりのみつ、こんらう、きゃう殿のつちのまなどは、ながれ入候はんずる」＊日葡辞書（1603‒04）「Amadari（アマダリ）」＊俳諧・紅梅千句（1655）九・雪「不図（ふと）夢さます滝波のをと〈安静〉 あまだりやことの外なるよるの雨〈可頼〉」②あまだれの落ちる所。あまおち。あまだれおち。＊宇治拾遺（1221頃）一・一七「あたらしき不動尊、しばし雨だりにおはしませといひて、かきいだきて、雨だりについ据ゆと思ひしに」＊古今著聞集（1254）一五・四九九「楼門のしたにて、あまだりの外へいでずしてつかうまつりたる事」③あまだれによってつくられた溝のこと。＊大乗院寺社雑事記‒寛正六年（1465）一〇月二日「公方四足のあまたりより内にて輿下乗事不可然、あまたりより外にて可乗下云々」語誌平安時代は「あましただり」または「あましだり」であったが、挙例の「水鏡」「宇治拾遺」「園太暦」に見られる通り、鎌倉時代になると、「あまだり」が、それに取って代わる。しかしその後、本来四段に活用していた自動詞「たる（垂）」が、室町時代中期以後、下二段化し、一般化するのに伴って、さらに、「あまだれ」に変化した。方言❶雨の滴。あまだれ。三重県志摩郡585 沖縄県石垣島996 ◇あめだれ 三重県渡会郡599 ◇あめたり 京都府竹野郡622 兵庫県但馬652 ◇あまどろ 三重県志摩郡586 ◇あまざり・あまざれ 愛知県碧海郡564 ◇あまだればち 山形県西置賜郡139 ◇あめたりしずく 兵庫県但馬652 ◇あもおたれ 広島県佐伯郡771 ❷軒。軒端。ひさし。鹿児島県徳之島975 沖縄県石垣島・波照間島996 ◇あまだい 沖縄県竹富島996 ❸つらら。新潟県佐渡352 ◇あもだれ 長野県諏訪469 ◇あもおだれ 長野県南佐久郡054 ◇あまだれぼう〔―棒〕長野県上伊那郡469 発音〈標ア〉0 辞書和玉・饅頭・日葡・ヘボン・言海 表記霤（玉・ヘ）澑（饅）溜（玉）雨垂（言）

あまだり の 石（いし） あまだれで軒先の下の土が掘れるのを防ぐために置く石。＊梵舜本沙石集（1283）八・一一「坊主が秘蔵の水瓶を、あまだりの石に打あてて、打破てをきつ」＊とはずがたり（14C前）五「とかくうかかひて、あまたりの石のへんにて、ちゃうもんするにも」

あまだり-うけ【雨垂受】〘名〙あまだれを受ける樋（とい）。＊書言字考節用集（1717）二「承霤 アマダリウケ トヰ」＊和英語林集成（再版）（1872）「Amadari-uke アマダリウケ 承霤」発音〈標ア〉0 辞書書言・ヘボン

表記 承霤(書・ヘ)

あまだり-びょうし【雨垂拍子】『名』ぽつりぽつりと、軒から雨水の落ちるように、あまり勢いのあがらぬこと。また、単調なこと。あまだれびょうし。＊春雨文庫(1876-82)〈松村春輔〉二編之自序「不破の関屋の板びさし。大方は漏していはず。と細雨(さいう)書屋の雨(アマ)たり拍子(ビャウシ)。漸く序文の代るになん」

あま-た・る・い【甘―】『形口』文あまたる・し『形ク』(「あまだるい」とも)①味が度を過ぎてあまい。ねっとりとあまい感じにいう。あまったるい。＊俳諧・風やらい(1801)「あまたるき口をさまさん松の月〈満左之〉」＊門(1910)〈夏目漱石〉二・二「甘垂(アマタ)るい金玉糖を幾切か頬張った」②声、態度などが、ひどくあまえかかるような感じである。多く男女間の愛情の表現に、親しさ・色っぽさが感じられるのをいう。＊雑俳・柳多留-四(1769)「あまだるい声で殿様おっかける」＊浮雲(1887-89)〈二葉亭四迷〉三・一七「お勢はおそろしく顔を皺めて、甘たるい声で『よう、放して頂戴と云へばねえ…』」＊或る女(1919)〈有島武郎〉前・一三「気を許した女からばかり聞かれるやうな甘たるい親しさが籠ってゐた」③性格や考え方などがきりっとしていない。どこか間が抜けている。おっとりしすぎている。＊随筆・胆大小心録(1808)九三「ただ今のはやり物なれど、買はぬが鑑定の力なるべし。買うては皆かづきのあまたるき人也」④雰囲気などが、悩ましく、だるい感じである。＊俳諧・篇突(1698)「あまたるう春も暮けり干大根〈千川〉」発音〈なまり〉アマタイー・アマッタリー〔島根〕アマタリー〔鳥取・島根〕アマダルイ〔神戸〕アマダレ・アマドレ〔岩手〕〈標ア〉0〈京ア〉タ 文『あまたるし』〈標ア〉ル〈京ア〉ル 辞書 言海

あま-だれ【雨垂】『名』(「あまたれ」とも)①軒先や木の枝などから、雨のしずくがしたたり落ちること。また、そのしずく。あましずく。あましだり。あまだり。＊太平記(14C後)七・千剣破城軍事「作り双(なら)べたる役所の軒に継樋(つぎどひ)を懸けて、雨ふれば、霤(アマダレ)を少しも余さず、舟にうけ入れ」＊文明本節用集(室町中)「霤 アマダレ シタタリ 玉篇云雨屋水流下」＊玉塵抄(1563)二四「雨のふってあまだれのきれずしてさがるを紳のさがったにたとえて云ぞ雨だれは白ほとに玉と云たぞ」＊日葡辞書(1603-04)「Amadare (アマダレ)、または、amatare (アマタレ)〈訳〉軒端から落ちるしたたり」＊雑俳・柳多留-二四(1791)「雨だれは首を仕廻て通り抜け」②「あまだれちょうし(雨垂調子)」に同じ。③感嘆符の俗称。＊最新百科社会語辞典(1932)「あまだれ〔印〕校正の用語。エックスクラメーション・マークの俗称。即ち(!)(!!)(!!)のこと」語誌 →「あまだり(雨垂)」の語誌。方言❶軒下のあまだれが落ちる所。島根県石見725 広島県352 ◇あみだい 沖縄県首里993 ◇あまだれした〔―下〕 新潟県中頸城郡382 富山県砺波397 ◇あまだれぐち〔―口〕・あまだれぶち〔―縁〕 新潟県佐渡351 ◇あまだれぼち 香川県仲多度郡014 ◇あまぶち〔雨縁〕 新潟県佐渡351 上越市382 ◇あまぐっち 長野県佐久493 ◇あますずり 山形県139 ❷軒。軒端。ひさし。栃木県198 広島県352 ◇あまだら 沖縄県鳩間島996 ◇あみだい 沖縄県首里993 ◇あまんだれ 静岡県川根534 ◇あまだれぐち 島根県725 ◇あみだれぐち 石川県能美郡420 ◇あまたれじた 富山県390 ❸雨どい。岡山県児島郡763 ❹つらら。福島県安達郡062 新潟県佐渡351 長野県469 ◇あまだり・あまだね 新潟県佐渡352 ◇あまんだれ 長野県上田475 ◇あめんだら 長野県469 上田475 佐久493 ◇あめんだれ 長野県佐久493 発音〈なまり〉アマザリ・アマザレ〔愛知〕アマダー・アマダエ・アマタリ・アマタレ〔鳥取〕アマダイ〔佐賀〕アマダリ〔志摩・伊賀・鳥取〕アマダラ〔島原方言〕アマンダレ〔栃木・埼玉方言・千葉・新潟頸城・信州上田〕アミダレ〔石川〕アメンダレ〔信州上田〕アミダレ〔石川〕〈標ア〉0〈京ア〉ダ 辞書 和玉・文明・伊京・天正・易林・日葡・書言・言海 表記 霤(文・天・易・書) 瘤(玉・伊) 雨垂(言)

あまだれ 石(いし)を穿(うが)つ (一定の場所に落ちるあまだれは、長い間に下にある石に穴をあける意から)わずかなことでも、たび重なれば大きな事になる。小さな力でも根気よく続ければ成功することのたとえ。＊尋常小学読本(1887)〈文部省〉六「猶よく其石を見るに、丁度あまだれのあたる所に、指のはひる程の穴ありしかば、曾て聞き居たる、『あまだれ、石を穿つ』と云へる諺を思ひ出せり」＊枚乗-諫呉王書「泰山之霤穿レ石、単極之絎断レ幹、水非二石之鑽一、索非二木之鋸一、漸摩使二之然一也」

あまだれ に 石 窪(くぼ)む 「あまだれ(雨垂)石(いし)を穿(うが)つ」に同じ。＊譬喩尽(1786)六「霤(アマダレ)に石(イシ)窳(クボム)」

あまだれ-おち【雨垂落】『名』軒下などの、あまだれが落ちて当たる所。あまうち。あまおち。＊草枕(1906)〈夏目漱石〉一一「雨垂れ落ちの所に妙な影が一列に並んでゐる」＊煤煙(1909)〈森田草平〉四「正面の雨垂れ落ちに鋳物の天水桶が据ゑてある」方言 新潟県上越市382 発音〈標ア〉0〈京ア〉0

あまだれ-ぎわ【雨垂際】『名』あまだれが落ちる所。また、そのそば。雨垂れ落ち。＊史記抄(1477)一二・平虞「録々は碌々ぞ。漢書には、作碌々ぞ。雨たれきわにある、まるい石ぞ」

あまだれ-ちょうし【雨垂調子】『名』(まるであまだれが落ちるような調子であるところから)未熟な人が、ピアノや琴を一定したリズムがなくぽつんぽつんとひくこと。へたな人の、まのびした調子。発音 アマダレチョーシ〈標ア〉チョ

あまだれ-びょうし【雨垂拍子】『名』①規則正しく落ちるあまだれの音のように、雅楽や謡曲の拍子を一定の間隔で奏でること。謡曲では、地拍子の基本と考えられ、実際には変化をつけて奏する。＊諺苑(1797)「霤拍手(アマタレヒャウシ)」＊灰燼(1911-12)〈森鷗外〉一「雨垂拍子に読む経の文句と共に、上腭と下腭とが開いては又合ふ」②「あまだれちょうし(雨垂調子)」に同じ。③物事の進みぐあいがとぎれがちで、一定していないこと。＊五重塔(1891-92)〈幸田露伴〉三〇「仕事が雨垂拍子(アマダレビャウシ)になって出来べきものも仕損ふ道理」発音 アマダレビョーシ〈標ア〉ビョ

あま-た・れる【甘―】『自ラ下一』あまえて、相手に気持の上でよりかかる。馴れ親しんで人なつっこい態度をとる。あまったれる。＊二人女房(1891)〈尾崎紅葉〉上・五「『否だあ』と甘垂(アマタ)れたやうに言ふ」＊かくれんぼ(1891)〈斎藤緑雨〉「兄さまと呼ぶ妹の声迄が貴郎(あなた)やとすこし甘(アマ)たれたる小春の声と疑はれ」方言❶甘え騒ぐ。ふざける。じゃれつく。香川県826 丸亀市・綾歌郡829 ❷味が甘くなり過ぎる。香川県丸亀市・綾歌郡829 発音〈標ア〉0

あま-たろう【甘太郎】『名』坊っちゃん育ちの甘い男、また、女に甘く鼻の下の長い男の擬人名。発音 アマタロー〈標ア〉マ

あま-ちこ【甘―】『名』方言 植物、ちがや(茅萱)。また、その根。かむと甘い。山形県酒田市・飽海郡139 新潟県047 愛媛県840 ◇あまちか・あまた 愛媛県840 ◇あまちゃ 和歌山県東牟婁郡692 ◇あまちゅう 大分県北海部郡941

あま-ちこ・い【甘―】『形口』態度、性格、考え方などがあまえている。安易である。手ぬるい。あまたるい。＊浄瑠璃・鬼一法眼三略巻(1731)四「コレ仰しゃるな、常盤様。あまちこい減(へら)ず口聞いて居る主でないぞえ」＊浄瑠璃・平仮名盛衰記(1739)三「ヤアあまちこいならぬならぬ。当歳子(とうさいご)でも男の餓鬼(がき)生け置ては後日の仇(あた)。繰言(くりごと)いはずとサア渡せ」方言❶厳重でない。徳島県811 ❷甘い。甘味がある。和歌山県690 山口県大島801 香川県062 ❸甘味が強過ぎる。甘ったるい。青森県三戸郡083 和歌山県691 岡山市054 香川県高松市833

あま-ちゃ【甘茶】『名』①アマチャ、またはアマチャヅルの葉を乾燥させて作ったあまい茶。夏から秋にかけて新芽をとり、蒸してよくもみ、青汁をとり除いてから乾燥させる。黄褐色で甘味が強くかおりがよいので、中古以来、香湯の代用として愛用された。四月八日の灌仏会(かんぶつえ)に、釈迦の像に注ぐ風習がある。甘茶水。《季・春》＊多聞院日記-天正一七年(1589)一〇月二四日「甘茶一袋引レ之」＊日葡辞書(1603-04)「Amacha (アマチャ)」＊咄本・醒睡笑(1628)八「その中に一人の若衆、甘茶(アマチャ)をのぞみ、多く飲む」＊雑俳・柳多留-八〇(1824)「あたまから仏にあま茶なめさせる」②ユキノシタ科の落葉低木。ヤマアジサイの一変種。高さ一メートル前後。山地に自生するが、長野、奈良、山口などの各県では栽培もされている。あまちゃのき。学名は Hydrangea serrata var. thunbergii ＊重訂本草綱目啓蒙(1847)一四下・蔓草「千歳虆〈略〉今のあまちゃに草木の二種あり」＊日本植物名彙(1884)〈松村任三〉「アマチャ 土常山」③植物「あまちゃづる(甘茶蔓)」の異名。④(形動)やり方、考え方、気持などがあまいこと。てぬるいさま。情にもろいさま。＊雑俳・三国志(1709)「あまちゃあまちゃな・小判でわしを切といな」＊談義本・華鳥百談(1748)四・談義坊主鮹に生れし事「其方事は破戒なんどのあまちゃな科人(とがにん)にあらず」＊浄瑠璃・糸桜本町育(1777)四「マア案じるより産むが安いとあまちゃな母者人」＊随筆・摂陽奇観(1833)八「はさみ箱より乗物を出し、人をのせて人形にかかす事をなす。よろづ今比にくらべて昔をおもへばあま茶な事なり」方言㊀植物。❶あじさい(紫陽花)。山形県西田川郡・飽海郡139 山口県大島794 ❷こあじさい(小紫陽花)。静岡県磐田郡036 ◇あまちゃうつぎ〔―空木〕 埼玉県秩父郡・入間郡036 ◇あまちゃばな〔―花〕 三重県鈴鹿郡036 ❸あまちゃづる(甘茶蔓)。山形県飽海郡139 ❹あまずら(甘葛)。伊豆八丈島1071 ❺すいかずら(忍冬)。東京都八王子311 ❻ぼけ(木瓜)。青森県073 岩手県上閉伊郡008 ❼けんぽなし(玄圃梨)。香川県三豊郡829 ❽かたばみ(酢漿草)。山形県北村山郡139 ❾おどりこそう(踊子草)。山形県東置賜郡139 ❿やぶえんごさく(藪延胡索)。山形県西田川郡139 ⓫くさねむ(草合歓)。㊁❶一月八日ごろに行なった道祖神を祭る行事。長野県佐久493 ❷考えの甘いさま。香川県小豆島829 ❸たやすいさま。容易。島根県725 ◇あまちゃく 島根県725 ◇あまちょろ 島根県邇摩郡725 ❹おとなしいさま。聞き分けのよいさま。従順。◇あまちゃく 島根県石見725 発音〈標ア〉0〈京ア〉0 辞書 日葡・書言・ヘボン・言海 表記 千歳虆・虆蕪(書) 甘茶(へ・言)

甘 茶 ②

あまちゃ を 嘗(な)めさす ①「あまちゃ(甘茶)を飲ます」に同じ。＊滑稽本・古今百馬鹿(1814)上「ひょっと負けた所(とこ)が、それは甘茶(アマチャ)をなめさせるのだ」②(逆説的に)ひどい目にあわせる。＊滑稽本・浮世床(1813-23)初・下「うぬらは皆天窓(あたま)をつかめへられてゐるから、骸(からだ)を動かす事もならねへ。甘茶(アマチャ)を嘗(ナ)メさせようと、おれさまが好次第(すきしだい)だ」＊人情本・郭の花笠(1836)二・一二回「往来の真中で、痴話喧嘩をおっ始めあがらァ。やい甘茶(アマチャ)でも嘗(ナ)めさせろえ」

あまちゃ を 飲(の)ます 表面だけうまいことを

言ったりしたりして、ひとのきげんをとることのたとえ。飴を舐めさせる。甘酒を舐めさす。＊歌舞伎・天衣紛上野初花（河内山）（1881）五幕「初めのうちは甘茶（アマチャ）を呑（ノ）ませ、段々大きく張込んで膏（あぶら）の乗った所にて、根こそげこっちへせしめる手筈」方言はじめはうまいことを言って人の歓心を買い、あとでひどい目にあわせるような行為に言う。◇あまちゃのませる 青森県三戸郡083

あま-ちゃ〘名〙方言❶唾液。つばき。千葉県山武郡270 安房郡302 岡山県邑久郡761 ◇あまっちょ 千葉県山武郡270 ◇あまちょこ 千葉県山武郡040 ❷雨でとけかかった雪。雨に打たれて泥にまみれた雪。石川県加賀418 滋賀県伊香郡608

あまちゃ-そだち【甘茶育】〘名〙あまやかされて育ったこと。＊浮世草子・諸道聴耳世間猿（1766）一・三「ひとり息子七三郎はあま茶育（ソダチ）にて、釈迦でもくはぬいき過者」

あま-ちゃちゃ【甘茶茶】〘形動〙（「茶々」は上方語で「茶」の意）「あまちゃ（甘茶）④」に同じ。＊浄瑠璃・刈萱桑門筑紫𨏍（1735）四「そんなあまちゃちゃには、嵌（はま）らぬ我等」

あまちゃ-づる【甘茶蔓】〘名〙ウリ科の多年草。日本各地の山野のやぶ地に生える。茎はつる性で巻きひげによって他のものによじのぼる。葉は五枚の小葉からなる掌状複葉。雌雄異株で夏から秋にかけて黄緑色の小さい花が集まって咲く。実は直径六～八ミリメートルの球形で、上方に一本の横線をもち、黒緑色に熟す。つるあまちゃ。あまくさ。あまかずら。＊日本植物名彙（1884）〈松村任三〉「アマチャヅル 絞股藍」方言あまづる（甘蔓）。香川県綾歌郡808 発音〈標ア〉チャ 辞書言海 表記甘茶蔓（言）

甘茶蔓

あまちゃ-でら【甘茶寺】〘名〙四月八日の花祭に、甘茶を入れて参詣人を接待する寺。《季・春》

あまちゃ-の-き【甘茶木】〘名〙「あまちゃ（甘茶）②」に同じ。方言植物。❶あじさい（紫陽花）。宮崎県延岡947 ❷すいかずら（忍冬）。徳島県811 発音〈標ア〉キ

あまちゃ-ぶつ【甘茶仏】〘名〙四月八日の花祭の日に、釈迦の誕生像に甘茶をかけるが、その仏像をいう。《季・春》＊山廬集（1932）〈飯田蛇笏〉「山寺や花さく竹に甘茶仏」＊川端茅舎句集（1934）春「甘茶仏杓にぎはしくこけたまふ」発音〈標ア〉チャ

あまちゃ-みず【甘茶水（つ…み）】〘名〙「あまちゃ（甘茶）①」に同じ。＊俳諧・八番日記-文政四年（1821）五月「山寺や蝶か受取甘茶水」発音〈標ア〉チャ

あまちゃ-ら【甘茶―】〘名〙〘形動〙「あまちゃ（甘茶）④」に同じ。＊浄瑠璃・大内裏大友真鳥（1725）一「ヤア甘茶（アマチャ）らな口彌（わな）に釣らるる熊主ならず」

あま-ちゃん【甘―】〘名〙女性に甘い男。また、考え方の甘い人やぼんやりした人、甘えるような話し方や態度をする人などをいう俗語。〔東京語辞典（1917）〕＊大道無門（1926）〈里見弴〉反射・一「解って貰はふと思ふのがそもそもこっちの甘ったれ根性で、つまり買被りだ、甘（アマ）ちゃんなんだ！」＊浅草紅団（1929-30）〈川端康成〉二五「こんなもので、私が、あんたをおどかしてるとでも思ってるの？ 甘（アマ）ちゃんね。私のおもちゃだわよ」＊銀座細見（1931）〈安藤更生〉一二・ステッキガール「そんなバカバカしいことが行はれ得ると考へて居る奴等のアマチャンなイケヅウヅウしい気持を断然軽蔑したくなるよ」発音〈標ア〉0

アマチュア〘名〙（英 amateur）職業としてではなく、趣味として、物事を行なう人。愛好者。しろうと。アマ。↔プロフェッショナル。＊海底軍艦（1900）〈押川春浪〉一八「本国横浜のアマチューア倶楽部の先生方には負けぬ積で御坐る」＊東海道五十三次（1938）〈岡本かの子〉「アマチュアの有職故実家（いうそくこじつか）であったが」発音〈標ア〉マ0 〈京ア〉0

アマチュア-むせん【―無線】〘名〙（アマチュアは英 amateur）短波による非営利の私設の無線通信。→ハム。発音〈標ア〉ム

アマチュア-むせんぎし【―無線技士】〘名〙（アマチュアは英 amateur）国家試験による無線従事者の資格のうち、第一級アマチュア無線技師・第二級アマチュア無線技師・第三級アマチュア無線技師・第四級アマチュア無線技師の俗称。

アマチュアリズム〘名〙（英 amateurism）芸術、芸能、スポーツなどで、営利を目的とせず、あくまで楽しみのためにするという態度。アマチュア精神。発音〈標ア〉ギ

あま-ちゅう【甘酎（ウ…チ）】〘名〙焼酎と味醂（みりん）とを混ぜ合わせたものをいう俗語。＊新しい言葉の泉（1928）〈高谷隆〉「甘酎（アマチュウ）〈略〉主として伊勢で作らる」

あま-ちょ【尼―】〘名〙「あまっちょ（尼―）」に同じ。＊落語・美人局（1895）〈四代目橘家円喬〉「此（この）女（アマ）チョを家に引摺込むにゃア番町の屋敷ア打棄（うっちゃ）っ仕（ち）舞ひ」

あま-ちょろ【甘―】〘名〙考えなどが浅く、しっかりしていないこと。また、その人。甘ちゃん。＊時間（1969）〈黒井千次〉一「ぼくはその若い奴に言ってやったんです。お前は甘チョロだって」発音〈標ア〉0

あま-ちょろ・い【甘―】〘形口〙（「あまっちょろい」とも）①考えなどが、浅くて安易である。いいかげんである。深みがない。＊人間が機械になることは避けられないものであろうか？（1948）〈渡辺一夫〉「ヒューマニズムとかいう甘ちょろい思想の機械になっているのであろう」②人がいい。うすのろである。発音〈標ア〉0ロ 〈京ア〉チョ

あま-つ【天―】㊀〘連語〙（「つ」は、「の」の意の格助詞）①天の。天上の。空の。空にある。「天つ風」「天つ雁」「天つ御空」など。②高天原の。天つ神の。「天つ国」「天つ罪」など。→国（くに）つ。③（一般的な神や、神に関する事物をあらわして）神の。神事の。「天つ祝詞」「天つ菅麻（すがそ）」など。④（広く尊敬の意をあらわしたり、ほめたたえる意をあらわして）神聖な。尊い。おそれ多い。清浄な。「天つ日嗣（ひつぎ）」「天つ領巾（ひれ）」「天つ御食（みけ）」など。＊歌謡・松の葉（1703）四・元服曾我「生れ生るる世よかけて、変り給ふなかはらじと、結ぶ誓のしたひ髪、あまつかざしの花よりも、分けて目離（めかれ）ず眺めしに」㊁〘名〙（一語と考えられて）天。＊仙覚抄（1269）「伊勢国風土記云〈略〉天津（あまつ）の方に国有り」発音〈標ア〉ア 〈京ア〉ア 辞書〈ポ〉

あまつ 嵐（あらし）空を吹くあらし。空吹く風。＊壬二集（1237-45）「すずか山あまつあらしやすてごろもかはせの浪に花ぞしほるる」

あまつ 磐境（いわくら）「あまつ（天）磐境（いわさか）」に同じ。

あまつ 磐境（いわさか）（「あまつ」は「天つ神の」の意、「磐（いわ）」は、「堅固な」または、「石造りの」の意、「境（さか）」は「さかい」の意）天つ神がいる神聖な場所。また、天つ神を祭る岩石の壇。＊書紀（720）神代下（水戸本訓）「吾は則ち天津神籬（ひもろき）及び天津磐境（あまツイハサカ）を起（をこ）し樹（た）てて、当に吾孫（すめみま）の為に斎（いは）ひ奉（まつ）らむ」

あまつ 枝（えだ）（「あまつ」は「天皇の」の意。「枝」は「連枝」のことで、貴人の兄弟姉妹の意）皇子や親王。＊八雲御抄（1242頃）三「親王、あまつ枝」＊和訓栞（1777-1862）「あまつえだ。天皇の連枝の意。親王を中奉るといへり。漢に、金枝玉葉などいふも同意也」

あまつ 少女（おとめ）①天上に住むと考えられる少女。てんにん。てんにょ。あまおとめ。あまびと。あめびと。＊有明の別（12C後）三「七人の一人（ひとり）のあまつをとめ、花のかづらひとふさをつみ折りて」＊東関紀行（1242頃）興津より車返「富士のねの風にただよふ白雲を天つをとめの袖かとぞ見る」＊浮世草子・好色一代男（1682）七・一「其時の風情（ふせい）天津（アマツ）乙女の妹などと是をいふべし」②（天女のように、美しく舞うところから）五節（ごせち）の舞姫のこと。＊後撰（951-953頃）雑一・一一〇一「悔しくぞあまつをとめとなりにける雲地尋ぬる人も無き世に〈藤原滋包女〉」＊永久百首（1116）冬「曇なき豊の明に見つるかな天つ乙女の舞のすがたを〈六条院大進〉」発音〈標ア〉ア ト 辞書日葡・言海 表記天津乙女（言）

あまつ 少女子（おとめご）「あまつ（天）少女（おとめ）」に同じ。＊木工権頭為忠百首（1133-36）雑「入日さすよし野の宮のことのねに袖ふり初しあまつをとめご〈源頼政〉」

あまつ 影（かげ）（「影」は「光」の意）日の光。日光。太陽。あまつひかげ。＊評判記・難波の㒵は伊勢の白粉（1683頃）三「鵜（う）のまねの烏三足の天津影（アマツカケ）踏（ふみ）かぶらしたためしもあり」

あまつ 霞（かすみ）空に立つ霞。＊草根集（1473頃）一一「久方の天津霞の橋立を空にもかくるよさのうら浪」

あまつ 風（かぜ）空を吹く風。＊古今（905-914）雑上・八七二「あまつかぜ雲のかよひぢ吹きとぢよをとめのすがたしばしとどめん〈遍昭〉」＊宇津保（970-999頃）俊蔭「親天上し給てのち、あまつかぜにつけてもおとづれ給はず」＊栄花（1028-92頃）御裳着「あまつ風雲吹き払ふ常よりもさやけさまさる秋の夜の月」発音〈標ア〉ア ツ 辞書言海 表記天津風（言）

あまつ 縚（かとり）（「縚」は、地を細かく固く織った絹の布）美しいかとりの絹。＊浄瑠璃・釈迦如来誕生会（1714）一「天つ縚（カトリ）の妙色衣、御腰にまつはれて」

あまつ 金木（かなき）（「あまつ」は「神聖な」の意。「かな（金）」は「かたい」の意）神聖な、堅くて小さな木。木の上下を切り去り、中間を小さく切ったものを数多くの台にのせて、祓いの儀式に用いる。＊延喜式（927）祝詞・六月晦大祓「かく出でば、天つ宮事もちて、大中臣、天津金木を本うち切り末うち断ちて」

あまつ 神（かみ）高天原の神。また、高天原に属する神。およびその子孫。あまつみかみ。→国（くに）つ神。＊続日本紀-天平一五年（743）五月・歌謡「阿麻豆可未（アマツカミ）、御孫（みま）の命（みこと）の取り持ちてこの豊御酒（とよみき）をいかたてまつる」＊延喜式（927）祝詞・六月晦大祓「如此（かく）宣らば、天津神は天の磐門（いはと）を押し披（ひら）きて」＊読本・椿説弓張月（1807-11）前・一四回「君は寔（まこと）に人間にはあらず、天神（アマツカミ）にて在（まし）ます也」語誌古代の「天（あめ）」と「地（つち・くに）」の観念に由来する語で、「天つ神」が「天」から降臨し、その直系の末裔である天皇が「地」を統治するという観念を導入することによって、天皇の統治を正統化したもの。発音〈標ア〉ア ツ 辞書書言・言海 表記天神（書）天津神（言）

あまつ 神（かみ）**の御子**（みこ）高天原の神の子。また、その子孫である天皇。＊続日本紀-文武元年（697）八月一七日・宣命「天都神（あまツかみ）の御子随（ながら）も天に坐す神の依さし奉りし随（まにま）聞し看し来つる此の天つ日嗣（ひつぎ）高御座の業と」＊古事記（712）上「恐（かしこ）し。此の国は、天神之御子に立奉（たてまつ）りたまへ」＊書紀（720）神武即位前甲寅年一〇月（北野本訓）「天神子（あまつかみノミコ）来（いでま）すと聞（うけたば）はりて、故

(ことに即ち迎(むか)へ奉(たてまつ)る」

あまつ 神の寿詞(よごと)　(天つ神が天皇を寿(ことほ)ぎ祝う詞の意)　天皇が即位する日、または大嘗祭(だいじょうさい)の時に中臣氏がとなえた、天つ神の祝いのことば。中臣の寿詞。あめのかみのよごと。＊令義解(718)神祇・践祚条「凡践祚之日。中臣奏二天神之寿詞一」＊台記別記-康治元年(1142)一一月一六日・中臣寿詞「現つ御神と大八島国知ろし食す大倭根子天皇が御前に、天神乃寿詞を称辞(たたえごと)定めまつらくと申す」

あまつ 神代(かみよ)　「神代(かみよ)」と同意。特に天神七代をさす。＊久安百首(1150)雑歌下「しきしまや やまとのうたの つたはりを きけばはるかに ひさかたの あまつ神代に はじまりて〈崇徳院〉」

あまつ 雁(かり)　空を飛ぶ雁。飛んでいる雁。《季・秋》＊玉葉(1312)雑一・一八六四「霧わけて秋は越路の天つ雁帰る雲居もまた霞むなり〈後伏見院中納言典侍〉」＊俳諧・曠野(1689)員外「落着に荷兮(かけい)の文や天津雁〈其角〉三夜さの月見雲なかりけり〈越人〉」＊浄瑠璃・平家女護島(1719)二「こがれても さけびても、哀とぶらふ人迚(とて)も、鳴音は鴫、天津雁、さそふはおのが友衛(ともちどり)」　発音〈標ア〉

あまつ かりがね　「あまつ(天)雁(かり)」に同じ。＊風雅(1346-49頃)秋中・五三一「朝ぼらけ霧の晴れ間のたえだえに幾つら過ぎぬ天津かりがね〈伏見院〉」＊新続古今(1439)春上・一〇三「名残あれや霞の袖に塩なれて帰るいせをのあまつかり金〈藤原雅縁〉」

ア　辞書 日葡

あまつ かわほし　天の川の星。＊水戸本丙日本紀私記(1678)神功「星辰〈安末豆加波保志〉」　補注「書紀-神功摂政前」の例「星辰」は、通常「あまつみかほし」と訓み、「天にある神威の大きな星」の意に解する。

あまつ 岸(きし)　天上にあるとされる、想像上の岸。天上の岸。＊実家集(1182-86)「雲の波ひとつにみゆる沖の船あまつきしにぞ漕ぎかくれぬる」

あまつ 狐(きつね)　天上にいる狐の意で、流星などの自然現象を天上の妖怪にたとえたもの。＊書紀(720)舒明九年二月(北野本訓)「大きなる星、東より西に流る。便ち音(おと)有りて雷に似たり。〈略〉是に僧旻僧(ほふし)が曰はく、流星にあらず、是れ、天狗(アマツキツネ)なり、其の吠(ほ)ゆる声雷に似たらくのみ、といふ」＊和訓栞(1777-1862)「あまつきつね。舒明紀に、天狗をよめり。星の名なり。其疾如レ風、其声如レ雷、震動可レ畏なとも 諸書に見えたり。されば、かかる妖怪によりて、狐とは訓ずる成べし」

補注「漢書-天文志」に「天鼓有レ音、如レ雷非レ雷。天狗状如二大流星一」とある。

あまつ 君(きみ)　天皇の別称。＊浄瑠璃・大職冠(1711頃)一「我日のもとの天つ君、孝徳天皇の御宇にあたって」

発音〈標ア〉ア

あまつ 霧(きり)　天の霧。空に立ちこめる霧。＊万葉(8C後)七・一〇七九「まそ鏡照るべき月を白たへの雲か隠せる天津霧かも〈作者未詳〉」＊宝治百首(1248)秋「関こゆる道たづたづし足柄の山べをかくすあまつ霧かも〈藤原定嗣〉」

あまつ 奇(くす)**し護言**(いわいごと)　(「くすし」は「霊妙な」の意)　神聖な斎(いわ)いのことば。＊延喜式(927)祝詞・大殿祭(九条家本訓)「汝(なむち)屋船の命に天津奇護言(アマツクスシイハヒコト)〈古語に久須志伊波比許登といふ〉をもちて言寿(ことほ)き鎮(しづ)め白(まを)さく」

あまつ 国(くに)　①高天原。天上の国。あめのくに。→根の国・下つ国。＊書紀(720)神代上(水戸本訓)「請ふ、姉(なねのみこと)、天国(アマツくに)に照臨(てらしのぞ)みたまふこと、自らに可平安(さきくま)しませ」　②天国。＊讃美歌(昭和六年)(1931)四一五「神よわがくにを 潔(きよ)めにきよめて あまつ国(クニ)のごと 御旨をなさしめ」　発音〈標ア〉ア

ツ　辞書 言海　表記 天津国(言)

あまつ 国魂(くにたま)　高天原の、国土の神霊。天の国魂。＊書紀(720)神代下(水戸本訓)「天国玉(アマツクニタマ)の子天稚彦、是れ壮士(たけきひと)なり」

あまつ 雲(くも)　空の雲。雲ゆき。＊書紀(720)宣化元年五月(寛文版訓)「是を以て海表(わたのほか)の国は、海水(うしほ)を候(さもら)ひて来賓(まうき)、天雲(アマツクモ)を望で貢(みつぎ)奉る」

あまつ 雲居(くもい)　①空の、雲のある所。空。大空。＊西宮左大臣集(982頃)「空にもや人は知るらん夜とともにあまつ雲ゐを詠めくらせば」＊山家集(12C後)上「秋風や天つ雲ゐをはらふらむ更けゆくままに月のさやけき」　②(「雲の上」の意から)禁中。宮中。朝廷。＊拾遺愚草(1216-33頃)上「照らすらん神路(かみぢ)の山の朝日かげあまつくもゐをのどかなれとは」

あまつ 位(くらい)　天皇の位。天位。皇位。＊古事記(712)序「清原(きよみはら)の大宮にして、昇りて天位(あまつくらゐ)に即(つ)きたまひき」＊続日本紀-天平元年(729)八月二四日・宣命「此の間に天都位(あまツくらゐ)に嗣ぎ坐すべき次として皇太子」

あまつ 声(こえ)　空に聞こえる声。＊書陵部本恵慶集(985-987頃)「かりがねはみふねの山やこえつらんかぢかけたりとあまつこゑする」

あまつ 木枯(こが)**らし**　空を吹くこがらし。＊草根集(1473頃)二「戸ざしせぬ月の氷の関越えてよはに吹きくる天津木からし」

あまつ 琴(こと)　空の琴。天上でかきならす琴。空吹く風の音を琴にたとえたもの。＊歌仙本伊勢集(平安中)「故中務の宮の琴をかり給ひて 天つ琴春の調をかりしかば返す物とも思はざりけり」

あまつ さ霧(ぎり)　「あまの(天)さ霧(ぎり)」に同じ。＊御巫本日本紀私記(1428)神代上「立于天霧之中〈安末津左岐利乃奈可爾太太之女弖〉」

あまつ 時雨(しぐれ)　しぐれのこと。＊夫木(1310頃)一六「うらさぶる心さまみし久方のあまつ時雨のながれあふ見れば〈よみ人しらず〉」　補注「万葉集-一・八二」の歌に見える「天之四具礼」の、中世における訓。

あまつ 表(しるし)　①天つ神の子孫としての証拠の品。皇位のしるし。＊書紀(720)神武即位前戊午年一二月(熱田本訓)「長髄彦、其の天表(アマツシルシ)を見て益(ますます)踧踖(をそれかしこまること)を懐(うだ)く」＊水戸本丙日本紀私記(1678)神武「天表〈安末津志流之〉」　②天上の神から示されるめでたいしるし。＊書紀(720)仁徳元年正月(前田本訓)「今朕が子と大臣の子と、同じ日に共に産(うま)れたり。並に瑞(みづ)有り。是れ天之表(アマツシルシ)なり」　③天上にある、越えてはならない境の目じるし。天上にある境界線。＊万葉(8C後)一〇・二〇〇七「ひさかたの天印(あまつしるし)と水無(みなし)川隔てて置きし神代し恨めし〈人麻呂歌集〉」＊万葉(8C後)一〇・二〇九二「天地と 別れし時ゆ ひさかたの 天験(あまつしるし)と 定てし 天の河原に〈作者未詳〉」

あまつ 菅麻(すがそ)　(「あまつ」は「神聖な」の意。「菅麻」は、スゲを細く裂いたもの)　神聖なスゲの細片。祓いをするとき、からだのけがれなどを取り除くために、まき散らしたもの。＊延喜式(927)祝詞・六月晦大祓「天津菅曾(あまツすがソ)を本苅り断ち末苅り切りて」

あまつ 袖(そで)　天人の着る衣の袖。羽衣の袖。ふつう、五節(ごせち)の舞のときの舞姫の袖をさす。＊源氏(1001-14頃)乙女「昔、御目とまり給ひしをとめの姿を、おぼしいづ。〈略〉をとめ子も神さびぬらしあまつ袖ふるき世のともよはひ経ぬれば」＊千五百番歌合(1202-03頃)一〇一〇番「あまつ袖ふるしら雪にをとめ子が雲のかよひぢ花ぞちりかふ〈藤原家隆〉」

あまつ 空(そら)　①天。空。大空。あまつみそら。＊古今(905-914)恋五・七五一「久方のあまつそらにもすまなくに人はよそにぞ思ふべらなる〈在原元方〉」＊源氏(1001-14頃)薄雲「あまつ空にも、例に違へる、月、日、星の光みえ、雲のたたずまひありとのみ、世の人驚く事おほくて」＊金槐集(1213)春「ゆく春のかたみと思ふに天つ空ありあけの月に影もたえにき」　②(空のように遠い、というところから)時間的・空間的にはるか遠い所。遠くかけ離れた世界。また、まったく縁がないこと。＊古今(905-914)恋一・四八四「ゆふぐれは雲のはたてに物ぞ思ふあまつそらなる人をこふとて〈よみ人しらず〉」　③(雲の上というところから)宮中。禁中。朝廷。天皇。＊古今(905-914)雑体・一〇〇三「人まろこそは うれしけれ 身はしもながら ことの葉を あまつそらまで きこえあげ すゑのよまでの あととなし〈壬生忠岑〉」＊有明の別(12C後)一「かのあまつそら、ひびかし給ひしよの御ふえは」＊新古今(1205)恋一・一〇〇四「あまつ空とよのあかりに見し人の猶面影のしひて恋しき〈藤原公任〉」　④(空に浮いているように)心がふわふわして落ち着かないさま。うわのそら。うちょうてん。＊万葉(8C後)一二・二八八七「立ちて居てたどきも知らず吾が心天津空なり土は踏めども〈作者未詳〉」　発音〈標ア〉ア　辞書 書言・言海　表記 天津空(書・言)　碧空・碧落・雲漢・蒼天(書)

あまつ 高御座(たかみくら)　(「高御座」は玉座の意)　帝位。皇位。＊延喜式(927)祝詞・大殿祭(九条家本訓)「皇御孫命(すめみまのみこと)を、天津高御座(アマツタカミクラ)に坐(ま)して天つ璽(しるし)の剣鏡を」＊台記別記-康治元年(1142)一一月一六日・中臣寿詞「皇孫尊は、高天原に事始て、〈略〉天都日嗣の天津高御座に御坐て」

あまつ 次(つ)**いで**　神代からひきつづいて伝えてきたこと。天上からのきまったこと。高天原以来のきまり。＊延喜式(927)祝詞・出雲国造神賀詞(九条家本訓)「神の礼自、臣の礼自と、恐み恐みも、天津次(あまツツイテ)の神賀(かむほめ)の吉詞(よきことば)白し賜はくと奏す」

あまつ 使(つか)**い**　天からの使い。天使。＊一夜の瞑想(1905)〈綱島梁川〉「霊(く)しき翼もてる天つ使や、〈略〉浄厳の世界を眼のあたりに見たり」

あまつ 罪(つみ)　①古代の罪の一種。諸説あるが、一般には共同体における農耕に関する罪を意味すると解されている。また、素戔嗚尊が神話において犯した罪をさすともいわれる。→国(くに)つ罪。＊古語拾遺(亮順本訓)(807)「天種子命〈天児屋命の孫〉をして、天罪(アマツツミ)、国罪(くにつつみ)の事を解除(はらへ)へ令む」＊延喜式(927)祝詞・六月晦大祓「天津罪(あまツつみ)と、畔放(あはなち)、溝埋(みぞうみ)、樋放(ひはなち)、頻蒔(しきまき)、串刺(くしざし)、生剝(いけはぎ)、逆剝(さかはぎ)、屎戸(くそへ)、ここだくの罪を天津罪(あまツつみ)と法(のり)別けて、国津罪と、〈略〉ここだくの罪出でむ」＊順集(983頃)「夏草にはらへかくれど久かたにあまつつみとは露やけぬらむ」＊米沢本沙石集(1283)一・一「素戔鳥尊天つ罪みを犯し給し事をにくませ給て」　②(漢語「天罰」の訓読みか)　朝廷の命による罰。天罰(うちつつみ)。＊書紀(720)雄略九年三月(前田本訓)「王師(みいくさ)を以て薄伐(せめう)ちて、天罰(あまツツミ)をも龔(つつし)み行へ」＊書紀(720)継体二一年八月(前田本訓)「大将は民の司命(いのち)

なり。社稷の存亡(ほろびほろびざらむこと)、是に在り。勗(つと)めよ。恭(つつし)みて天罰(アマツツミ)を行へ」 語誌 記紀神話には「天つ罪」「国つ罪」の別がなく、挙例の「延喜式」で、その別が示される。両者の区別については、スサノオ神話に関係づける説(真淵・宣長)や罪の軽重に由来すると見る説(金子武雄)などがあるが、農耕と祭祀とにかかわるものであろう。この祝詞の「罪」は加害よりも被害に重きが置かれて災いや穢(けが)れと認識され、それを祓(はら)い除くという発想に基づいている。 発音〈標ア〉ア ツ[2]

あまつ 戸(と) ⇩あまの(天)戸(と)

あまつ 祝詞(のりと) (「あまつ」は「神聖な」の意) 祝詞の美称。神聖で、りっぱな祝詞。 *延喜式(927)祝詞・六月晦大祓「天津菅曾を本苅り断ち末苅り切りて、八針(やつはり)に取り辟(さ)きて、天津祝詞の太祝詞事を宣れ」

あまつ 橋(はし) 七月七日の夜、牽牛星と織女星とが会うとき、カササギが翼を並べて天の川を渡すという、想像上の橋。かささぎのはし。 *俳諧・綾錦(1732)中「天津橋時の間にあへ鳥羽大工〈周竹〉」

あまつ 日(ひ) 天の日。太陽。日。 *玉葉(1312)雑五・二五九三「天つ日のひかりは清く照らす世に人の心のなどか曇れる〈後伏見院〉」 *読本・椿説弓張月(1807–11)続・三五回「真鶴は、はじめて天日(アマツヒ)を瞻(みる)ここちしつ」 発音〈標ア〉ア 辞書日葡

あまつ 日影(ひかげ) 太陽の光。日光。 *勇敢なる水兵(1895)〈佐佐木信綱〉「煙は空を立ちこめて 天(アマ)つ日(ヒ)かげも色くらし」

あまつ 光(ひかり) 空からさす日光。 *四吟百首(16C末)「春たつと思ふ心の長閑さや天つ光の色をそふらむ〈紹巴〉」 *あらたま(1921)〈斎藤茂吉〉大正二年・黒き蛼「ふり灑(そそ)ぐあまつひかりに目の見えぬ黒き蛼(いとど)を追ひつめにけり」

あまつ 日高(ひこ・ひだか) 天つ神の子孫に対する尊称。天つ神の子孫である天皇系の男子。 *古事記(712)上(道祥本訓)「是に天津日高(アマツヒダカ)日子番能邇邇芸能命、笠紗御前に麗美人(うるわしきひと)に遇へり」

あまつ 日嗣(ひつぎ) 天つ神の位、系統を受け継ぐこと。皇位を継承すること。また、皇位。あまのひつぎ。 *古事記(712)上「唯、僕(やつがれ)が住む所のみをば、天神の御子の天津日継知ろしめすとだる天の御巣如(な)して」 *書紀(720)仁徳即位前(前田本訓)「時に、太子(ひつぎのみこ)菟道稚郎子、位を大鷦鷯尊に譲りまして即帝位(アマツヒツギしろしめ)さず」 *書紀(720)推古即位前(岩崎本訓)「群臣、渟中倉太珠敷天皇の皇后額田部皇女に請(まう)して践祚(アマツヒツギしら)せまつらむとす」 *拾遺愚草(1216–33頃)下「久かたの あめつちともに かぎりなき あまつひつぎを ちかひおきし 神もろともに まもれとて」 *保元(1220頃か)上・将軍塚鳴動「既に七十四代の天津日次を受け給ふ」 *車屋本謡曲・国栖(1534頃)「此君と申すに御ゆづりとして、あまつ日つぎを受くべき所に、御伯父大伴の王子に襲はれ給ひ」 語誌 (1)「続日本紀」宣命では、一詔「天津日嗣」三詔「天豆日嗣」など二七例に及ぶが、「万葉集」には用例がなく、「天乃日嗣・天乃日継(あまのひつぎ)」の形で大伴家持に限って使用されることが注目される。(2)日の神の後裔とする日継説に対し、聖なる火の管理者の後裔とする火継説があるが、「日」は甲類、「火」は乙類なので、上代特殊仮名遣の点から、火継説は成り立たない。 発音アマツヒツギ 〈標ア〉ア 辞書書言・言海 表記宝祚・鴻基・登極(書) 天津日嗣(言)

あまつ 人(ひと) 天の人。天人。あめびと。あまびと。 *いほぬし(986–1011頃)「天津人巌(いはほ)をなづる袂にや法の塵をばうち払ふらん」 発音〈標ア〉ア

あまつ 神籬(ひもろき) (「あまつ」は「神聖な」の意。「ひもろき」の「き」は、上代、中古では清音) 神の降臨の場所として特別に設ける神聖な場所。屋内、屋外のいずれにも造る。 *書紀(720)神代下(水戸本訓)「吾は則ち天津神籬(あまツヒモロキ)及び天津磐境(いはさか)を起(をこ)し樹(た)てて、当に吾孫の為に斎(いは)ひ奉(まつ)らむ」

あまつ 日霊神(ひるめのかみ) 「あまてらすおおみかみ(天照大神)」の別称。 *中務内侍(1292頃か)「すべらぎのやほ万代と祈るらし天津ひるめの神ぞ知るらん」 語誌「ひるめ」は単に日の女神の意であるが、七世紀後半、皇祖神として確立されると、天照大御神をさすようになる。「万葉」に「天照日女之命」、「神楽歌」に「阿万天留也 比留女乃加見」とあるが、「あまつひるめ」の語形は後の造語で上代には見られない。

あまつ 領巾(ひれ) 天女の肩や首にかけた飾りの布。 *万葉(8C後)一〇・二〇四一「秋風の吹きただよはす白雲は織女(たなばたつめ)の天津領巾(あまつひれ)かも〈作者未詳〉」 *有明の別(12C後)三「言ひしらずめづらしきさましたるはなの女、七人をりきて、〈略〉ひとかへり舞ひたる袖の、風にひるがへるほど、あまつひれ吹きまよはされて」 発音〈標ア〉ア

あまつ 太祝詞(ふとのっと) (「ふと」は「りっぱな」の意) 祝詞の美称。 *浄瑠璃・日本振袖始(1718)一「神鏡いだき奉り頭(かうべ)にささげ、口には天津太諄(アマツフトノット)、悪女が眉間(みけん)にさしむけさし当て」

あまつ 星(ほし) 天にある星。星。特に、たなばた星をさすこともある。 *古今(905–914)秋下・二六九「久方の雲のうへにてみる菊はあまつほしとぞあやまたれける〈藤原敏行〉」 *花山法皇東院歌合(10C後)「天津星(アマツホシ)つねよりことに見えつるは空に飛び交ふ蛍なりけり〈藤原尚忠か〉」 *新撰菟玖波集(1495)発句・下「あふ夜半やことし二の天津星〈宗祇〉」 発音〈標ア〉ア

あまつ 星合(ほしあい) (「星合」は、陰暦七月七日の夜、牽牛・織女の二つの星が会うという伝説) 七夕の夜、天の牽牛・織女の二星が会うこと。 *新古今(1205)秋上・三二六「花山院御時、七夕歌つかうまつりけるに、袖ひぢて我が手に結ぶ水の面に天(あま)つほしあひの空をみるかな〈藤原長能〉」 *弘長百首(1261)秋「久方の雲居はるかに待ちわびし天つ星合の秋もきにけり〈藤原為家〉」

あまつ 御祖(みおや) (「あまつ(天)」は「高天原の」の意) 高天原の先祖。高天原の皇祖。 *書紀(720)神武即位前(熱田本訓)「昔我が天神(あまのかみ)高皇産霊尊・大日霊尊、此の豊葦原瑞穂国を挙(のたまひあ)げて、我が天祖(アマツミヲヤ)彦火瓊々杵尊に授(さづ)けたまへり」 *水戸本丙日本紀私記(1678)神武「天祖〈阿末津美乎也〉」

あまつ 水影(みかげ) 「あまつ(天)水影(みずかげ)」に同じ。 *水戸本丙日本紀私記(1678)仲哀「天津水影〈安末豆美加介〉」

あまつ 御門(みかど) 皇居の御門。転じて、皇居。 *万葉(8C後)二・一九九「明日香の 真神(まかみ)の原に ひさかたの 天都御門(あまツみかど)を かしこくも 定めたまひて〈柿本人麻呂〉」

あまつ みか星(ほし) (「みか」は、「み(御)いか(厳)」の変化した語か) 天にある、神威の大きな星。 *書紀(720)神代下(水戸本訓)「天に悪しき神有り。名を天津甕星(あまつミカほし)と曰ふ」 *書紀(720)神功摂政前(北野本訓)「且(また)阿利那礼河(ありなれかは)の返(かへ)て逆(さかさま)に流(なが)れ及(をよ)び河(かは)の石昇(のぼ)て星辰(アマツミカホシ)と為(な)らむを除(お)きて」 補注「釈日本紀‐一一・述義」には「星辰〈私記曰、師説、大星謂二美加保志一〉」とある。

あまつ 御神(みかみ) 「あまつ(天)神(かみ)」に同じ。 *壬二集(1237–45)「おしなべて苗代(なはしろ)水にしめはへてあまつみかみに祈る民かな」

あまつ 御食(みけ) 神の召し上がる食べ物。 *延喜式(927)祝詞・大嘗祭(出雲板訓)「今年十一月の中の卯の日に、天都御食(ミケ)の長御食の遠御食と、皇御孫の命の大嘗聞し食さむ為の故に」

あまつ 御子(みこ) (天つ神の御子、神の子の意から) 天皇。天子。 発音〈標ア〉ア

あまつ 尊(みこと) 「あまてらすおおみかみ(天照大神)」の別名。 *万代(1248–49)春下「岩戸あけし天津みことのそのかみに桜をたれか植ゑはじめけむ〈西行〉」

あまつ 水(みず) ⇩親見出し

あまつ 水影(みずかげ) (「あまつ」は「高天原の」の意) 高天原において、水に映る影。あまつみかげ。 *水戸本甲日本紀私記(1678)仲哀「如天津水影押伏〈アマツミツカケのことくをしふせて〉」

あまつ 御空(みそら) 大空。天空。あまつそら。 *万葉(8C後)一〇・二三二二「はなはだも降らぬ雪ゆゑこちたくも天三空(あまつみそら)は曇らひにつつ〈作者未詳〉」 *永久百首(1116)春「雲晴て天つみ空に遊糸のよるよるはなど見えぬなるらむ〈源兼昌〉」 *光悦本謡曲・羽衣(1540頃)「あるひは、あまつみそらの緑の衣、または春立つ霞の衣」 *日葡辞書(1603–04)「Amatçumisora (アマツミソラ)。すなわち、アマツソラ、すなわち、ヲウゾラ」 辞書日葡

あまつ 御量り(みはかり) (「あまつ」は「天つ神の」の意) 天つ神のはかりごと。天つ神の取り計らい。神慮。 *延喜式(927)祝詞・大殿祭(出雲板訓)「天津御量(あまつみハカリ)を以て事問ひし磐根木の立ち、草のかき葉をも言止めて」

あまつ 宮(みや) 天上にある宮殿。 *書紀(720)斉明二年是歳(北野本訓)「復、嶺上(たけうへ)の両の槻(つき)の樹の辺に、観(たかどの)を起(た)つ。号けて両槻宮(ふたつきのみや)と為。亦は天宮(アマツみや)と曰ふ」 *万葉(8C後)二・二〇四「ひさかたの 天宮(あまつみや)に 神ながら 神と座(いま)せば〈置始東人〉」 発音〈標ア〉ア

あまつ 宮(みや)**の事**(こと) 天つ宮で行なう行事。 *延喜式(927)祝詞・六月晦大祓(出雲板訓)「如此(かく)出でば、天津宮事(あまツみやノコト)を以(も)て、大中臣、天津金木(かなき)を本(もと)打切(うちき)り末(すゑ)打断(うちき)りて」

あまつ 社(やしろ) (「あまつ」は「天つ神の」の意) 天つ神をまつる神社。→国(くに)つ社(やしろ)。 *書紀(720)神武即位前戊午年九月(北野本訓)「弁(あは)せて厳瓮(いつへ)を造りて、天神(アマツヤシロ)、地祇(くにつやしろ)を敬(ゐやま)ひ祭(まつ)れ」 *延喜式(927)祝詞・祈年祭(九条家本訓)「皇睦(すめむつ)神ろきの命(みこと)、神ろみの命(みこと)を以て、天社(アマツヤしろ)、国社と称辞(たたへごと)を竟へ奉(まつ)る皇神等(すめかむだち)の前に白さく」 *十巻本和名抄(934頃)一「天神 周易云天神曰ㇾ神〈食隣反 和名賀美 日本紀私記云 安末豆夜之呂〉」 *国基集(1102頃)「住吉のあまつ社のうれへには心よせなれくものうへ人」 *保元(1220頃か)上・将軍塚鳴動「昔、崇神天皇の御時、天津社(あまつやしろ)、国津社を定めおかれてより此かた」 辞書和名・名義・書言 表記天神(和・名・書)

あまつ 命(よさし) 天の命令。天命。あめのよさし。 *書紀(720)允恭即位前(図書寮本訓)「夫れ帝(みかど)の位は、久に曠しくある可からず。天命(アマツヨサシ)は、謙(ゆづ)り距(ふせ)ぐ可からず」 補注漢語「天命」の訓読により生じた語か。もし、元来和語で

あったものとすれば、「あまつ」は「天つ神の」の意。

あま‐つぎ【雨次】〘名〙雨が降り続くこと。雨続き。＊俳諧・西鶴大矢数(1681)第三五「雨次のよい所をばところ懸 抑竜は里に千年」発音アマツギ〈標ア〉0

あまつ‐くだ・る【天降】〘自ラ五(四)〙(「あまつ」は、天の意)「あまくだる(天降)」に同じ。＊薤露行(1905)〈夏目漱石〉四「天(アマ)つ下(クダ)れるマリヤの此寺の神壇に立てり」

あまつくめ‐の‐みこと【天津久米命】記紀に見える神。久米直(くめのあたい)等の祖神。天孫降臨に随伴し、天忍日命(あまのおしひのみこと)とともに武具を携え、瓊瓊杵尊(ににぎのみこと)の前に立った。天久米命(あまのくめのみこと)。天槵津大来目(あめくしつのおおくめ)。発音〈標ア〉ク

あま‐づけ【甘漬・味漬】〘名〙①塩けを薄くして漬けた漬物。甘塩の漬物。＊延喜式(927)三九・内膳司「漬年料雑菜 蕨二石〈略〉瓜味(あま)漬一石」＊色葉字類抄(1177‐81)「味漬 アマツケ」②大根を軽く干し、薄塩とこうじで漬けたもの。あさづけだいこん。＊本朝食鑑(1697)二「甘漬者此亦九十月用二好肥蘿蔔根百箇一洗浄略乾用二不春粳飯八升麹八升白塩一升六合一拌匀一重蘿蔔一重飯麹塩漬二塡于桶一圧レ盖除レ水過二三十日余一而熟」発音〈標ア〉0〈京ア〉0 辞書色葉 表記味漬(色)

あまっ‐こ【尼子】〘名〙女の子。少女。また、広く女性。軽蔑、ののしりの気持を含めて用いられる。＊雑俳・柳多留‐一〇(1775)「あまっ子を未練の無いかかいに来る」＊洒落本・倡客竅学問(1802)三「しんぞう衆かあまっ子かしらねへが」＊滑稽本・浮世風呂(1809‐13)四・上「あの小娘(アマッコ)はしんどきにするがいい」＊社会百面相(1902)〈内田魯庵〉電影・七「村の佳人才子たる女(アマ)っ子(コ)兄(せな)アが屈竟の出合場処として」方言❶女。埼玉県入間郡256 ❷少女。娘。群馬県利根郡217 千葉県安房郡302 東京都八王子311 大島326 神奈川県三浦郡054 津久井郡317 長野県上田475 佐久493 静岡県520 ❸女あるいは少女を卑しめたり、ののしったりしていう語。茨城県猿島郡・新治郡188 埼玉県川越(多く子供にいう)255 千葉県市原郡040 山梨県456 長野県佐久493 岐阜県可児郡498 静岡県520 発音〈標ア〉マ

あまっ‐さい【剰—】〘副〙「あまっさえ」の変化した語。＊滑稽本・東海道中膝栗毛(1802‐09)二・下「ふと夏上がたさアへかせぎに行とって、出たなりけりで、かへらぬとおもひなさろ。あまっさいその時、わしが娘はおっぱらんではいるし」

あまっ‐さえ【雨—】〘名〙方言⇩あませえ(雨—)

あまっ‐さえ【剰—】〘副〙(「あまりさえ」の変化した語。古くは「に」を伴うこともある。現代では「あまつさえ」)①物事や状況がそれだけでおさまらないで、さらによけいに加わる意を表わす。そればかりか余分に。その上。おまけに。あまりさえ。あまさえ。＊太平記(14C後)四・備後三郎高徳事「越王を楼より出し奉るのみにあらず、剰(アマッサヘ)越の国を返し与へて」＊虎明本狂言・柿山伏(室町末‐近世初)「此しゅせうなかけでの山ぶしを、鳥類畜類にたとへ、あまっさへとびじゃと云程に」＊天草本平家(1592)一・九「クヮングン ミナ ウチ ホロボサレ、amassaye(アマッサエ)タイシャウグン リショウケイ マデ イケドラレタ」＊仮名草子・伊曾保物語(1639頃)下・二五「つゐに飽き足る事なふて、あまっさへに宝をおとして其身をもほろぼすもの也」＊浄瑠璃・嫗山姥(1712頃)二「今比はおなかに帯をも結ぶはづを、あの右大将づらめにさまたげられ、あまっさへお行衛しれず」②(事態の異状なことなどに直面して)驚いたことに。あろうことか。＊土井本周易抄(1477)一「剰(アマッ)さへ負る丮(のみ)ならず、尸(し)をのせてかへらうぞ」＊説経節・あいごの若(山本九兵衛板)(1661)「君の御きしょくよきままに、御てんのちしょくをかへり見す、あまっさへよしなき事をくはたて、われにむほんをたくむとや」＊幼学読本(1887)〈西邨貞〉二「しかるに彼れ等は少しも我れにしたしまずして、かへって我れを嫌ひ、あまつさへ、ややもすれば我れをころさんとす」語誌「剰」は唐の時代に行なわれた助字で、わが国では「あまりさへ」と訓読された。中世まで一般に「あまさへ」と表記されるが、これは「あまっさへ」の促音無表記。「落窪」には落窪の君の父の言葉に「あまさへ」の語が見えるところから、「あまっさへ」は平安時代にはすでに男子の日常語になっていたと考えられる。近世には「あまっさへ」と表記されるようになり、近代以降は文字に引かれて「あまつさへ」となった。語源説(1)アマリソヘ(余添)の義〔名言通〕。(2)アマリサヘの急呼〔俗語考・大言海〕。(3)アマリテサへの義〔紫門和語類集〕。(4)アマルサへの意〔和句解〕。発音〈音史〉近世頃まで『あまっさえ』と促音だが、現代はふつう『あまつさえ』と発音される。〈標ア〉ア サ〈ア史〉室町・江戸◎○○○○〈京ア〉サ 辞書和玉・文明・明応・天正・黒本・日葡・書言・ヘボン・言海 表記剰(玉・文・明・天・黒・書・ヘ・言)賸(天・黒・書)纔(玉)贈(明)

あまつ‐さえ【剰—】〘副〙⇩あまっさえ(剰—)

あま‐つし【甘—】〘名〙渋柿の皮をむいて、軒の下やかまどの上などにつるし、干して甘くしたもの。甘干し。つるしがき。つるし。＊御伽草子・柿本氏系図(類従所収)(室町末)「ひたすらむまれかはりたる心ちして、見る人これをあまつしとでもてはやしけり」＊俚言集覧(増補)(1899)「あまぼし あまつし、なまぼし、皮をさり日に晒したる柿なり」

あまつ‐じんじゃ【天津神社】新潟県糸魚川市一の宮にある神社。旧県社。祭神は瓊瓊杵尊(ににぎのみこと)、太玉命(ふとたまのみこと)、天児屋根命(あまのこやねのみこと)。稚児舞とよばれる舞楽(国重要無形民俗文化財)を伝える。

あま‐づた・う【天伝】■一〘自ハ四〙空を伝う。空をめぐる。＊万葉(8C後)三・二六一「大殿のうへに ひさかたの 天伝(あまづたひ)来る 雪じもの 往きかよひつつ いや常世まで〈柿本人麻呂〉」■二枕 天を伝って動く日の意から、「日」「入日」、またそれと同音のことばにかかる。＊万葉(8C後)二・一三五「渡らふ月の 惜しけども 隠らひ来れば 天伝 入日さしぬれ〈柿本人麻呂〉」＊万葉(8C後)七・一一七八「印南野(いなみの)は行き過ぎぬらし天伝(あまつたふ)日笠の浦に波立てり見ゆ〈作者未詳〉」発音■一は 文アマズトーとも〈標ア〉タ ト

あまっ‐たらし・い【甘—】〘形口〙「あまったるい(甘—)」に同じ。＊虚夢譚(1969)〈金石範〉「彼女のくくっと断続的に長くひきつっていく泣き声さえもいまは甘ったらしく、突然笑い声に似てくる」方言甘ったるい。島根県725 発音アマッタラシイ〈標ア〉シ

あまっ‐たる・い【甘—】〘形口〙文あまったる・し〘形ク〙(形容詞「あまたるい」の変化した語)①「あまたるい(甘—)①」に同じ。＊落語・三都三人絵師(1891)〈禽語楼小さん〉「オヤオヤ甘ったるい、アクの脱けない大変な菓子を喰って居るナ」＊新世帯(1908)〈徳田秋声〉二六「『マア一口…』と言って、初手に甘っ弛(タル)い屠蘇(とそ)を飲まされた」②「あまたるい(甘—)②」に同じ。＊艶魔伝(1891)〈幸田露伴〉「甘ったるき語気に男をなでつけ、ぴんしゃんしたる語気に男をぢらさせ」＊酒中日記(1902)〈国木田独歩〉五月一四日「『ねえ最早(もう)帰りましょうよ。母上(おっか)さんが待って居るから』と甘(アマ)ったるい声」③「あまたるい(甘—)③」に同じ。＊当世書生気質(1885‐86)〈坪内逍遥〉一「弁舌があまり爽快(さはやか)ならねば、ただ何となく甘(アマ)ったるく聞えて」＊玄武朱雀(1898)〈泉鏡花〉九「甘ったるい、押の強い、間の伸びた、六十七十まで生きようといふ田舎気質の持たない相で」④「あまたるい(甘—)④」に同じ。＊桐畑(1920)〈里見弴〉帰路・三「甘(アマ)ッたるくて、静かで、そしてなんとなく神秘的な初夏の夜の空が」方言うす甘い。淡い甘味がある。福島県東白川郡157 語源説アマタユシ(甘弛)の急呼か〔大言海〕。

あまったる‐さ【甘—】〘名〙(形容詞「あまったるい」の語幹に、接尾語「さ」が付いたもの)あまったるいこと。また、その度合。＊洒落本・当世穴知鳥(1777)廓中の諸訳「此ように洒しほだくさんに責るから此あまったるさ」＊大道無門(1926)〈里見弴〉一番雛・二「常に変らない甘(アマ)ったるさでねばりついて来たが」発音〈標ア〉0 ル〈京ア〉タ

あまっ‐たれ【甘—】〘名〙(形動)あまえて、気持の上で人によりかかること。また、そういう人。あまえんぼう。＊世間知らず(1912)〈武者小路実篤〉二〇「あまったれで、何処までもつけ上る」＊大道無門(1926)〈里見弴〉反射・一「甘(アマ)ったれの駄々っ子根性をまる出しにして了(しま)ふ」発音〈標ア〉0〈京ア〉タ

あまったれっ‐こ【甘子】〘名〙「あまえっこ(甘子)」に同じ。＊学校の花(1933)〈川端康成〉二「甘ったれっ子ね、それでしくしく泣いたのね」発音〈標ア〉レ 0

あまっ‐た・れる【甘—】〘自ラ下一〙「あまたれる(甘—)」の変化した語。＊艶魔伝(1891)〈幸田露伴〉「自分より年上の男には十一二の女の児が兄に物をねだるやうにあまったれ」＊黒潮(1902‐05)〈徳富蘆花〉一・一四・二「一つ世話をやいて貰はうなんか甘ったれた根性を出してはいけないぞ」＊暗夜行路(1921‐37)〈志賀直哉〉一・六「此の女の人は未だ甘ったれ方を知らぬ赤児よりも遥かに上手に甘ったれてゐると思った」発音〈標ア〉0〈京ア〉0

あま‐つち【甘土】〘名〙方言❶(下層の「にがつち」に対していう)上層の耕作に適した土。耕土。京都府竹野郡622 ❷焼畑作りのできる山地。福井県大野郡010 ❸(地主の土地所有権の意の「そこじ(底地)」に対していう)小作人の持つ小作権。香川県829

あまっ‐ちょ【尼—】〘名〙女の子。また、広く女性をいう。ののしりの気持を込めて用いられることが多い。尼っ子。あまちょ。＊洒落本・辰巳婦言(1798)四つ明の部「忝くも藤さんのおよびなすったあまっちょを、盗(ぬすみ)とかかられちゃア面白くねへ」＊滑稽本・浮世風呂(1809‐13)三・上「湯の中中(なかぢう)を口だらけにして、いけ騒々しいあまっちょめらだ」＊怪談牡丹燈籠(1884)〈三遊亭円朝〉一〇「大方先きの亜魔女(アマッチョ)が何かお前に怖(こは)もてでいやアがったんだらう」＊田舎教師(1909)〈田山花袋〉三〇「ヤア、学校の先生があまっちょに酷(いぢ)められて居る！」方言❶女。群馬県吾妻郡221 長野県472 482 ❷少女。娘。栃木県198 埼玉県秩父郡251 千葉県安房郡302 東京都八王子311 大島326 神奈川県横浜市054 津久井郡317 長野県054 514 静岡県田方郡530 愛知県名古屋市561 和歌山県690 高知県吾川郡860 ❸女、あるいは少女を卑しめたり、ののしったりしていう語。江戸(貧乏人の下品な語)†114 栃木県塩谷郡201 群馬県勢多郡236 桐生市241 埼玉県川越(多く子供にいう)255 北葛飾郡258 東京都三宅島333 長野県東筑摩郡480 佐久493 岐阜県可児郡498 愛知県碧海郡062 三重県志摩郡585 大阪府泉北郡645 奈良県678 和歌山県新宮702 語源説(1)アマヂョ(尼女)の急呼〔大言海〕。(2)アマヂョ(阿妹女)のなまり〔日本語原考＝与謝野寛〕。

あまっ‐ちょ【甘—】〘名〙「あまったれ(甘—)」に同じ。方言微温的な人。中途半端ではっきりしない人。滋賀県蒲生郡612

あまっ‐ちょう【尼—】〘名〙「あまっちょ(尼—)」の変化した語。＊洒落本・船頭深話(1802)四「ふ甲斐(げへ)ねへ娼妓(アマッテウ)だと思はれるのもくやしんぼうだ」＊人情本・春色辰巳園(1833‐35)初・四回「ドレドレおばさんが起て直してやろう。やれやれせわのやけるあまってうだぞ」＊歌舞伎・与話情浮名横櫛(切られ与三)(1853)五幕「モシ、どなたも御めんなせへ、と

んだあまってうがお内へ舞ひ込みましたねへ」 方言 ❶少女。娘。親しんでいう。静岡県520 ❷女、あるいは少女を卑しめたり、ののしったりしていう語。埼玉県秩父郡251 静岡県520

あまっ-ちょろ・い【甘―】〘形口〙「あまちょろい(甘―)」の変化した語。*海と毒薬(1957)〈遠藤周作〉一・二「医者には甘っちょろいセンチなど禁物やぜ」*傷ついた葦(1970)〈曾野綾子〉二・三「神学者たちはその甘っちょろい表現を好まぬであろうが」 方言 ❶甘い。甘味がある。新潟県佐渡352 ❷たやすい。滋賀県彦根609 発音〈標ア〉ロ 0

あまっ-ちょろ-こ・い【甘―】〘形口〙「あまちょろい(甘―)」に同じ。*洒落本・青楼松之裡(1802)二「そんな、あまっちょろこい女じゃアねへは」

あま-つづき【雨続】〘名〙「あめつづき(雨続)」に同じ。*浄瑠璃・冥途の飛脚(1711頃)上「此中の雨(アマ)つづき、川々に水が出ますれば」

あま-つつみ【雨障】〘名〙①雨に降られて外に出られず、とじこもっていること。雨ごもり。*万葉(8C後)四・五一九「雨障(あまつつみ)常する君はひさかたのきその夜の雨に懲(こ)りにけむかも〈大伴女郎〉」*万葉(8C後)一一・二六八四「笠無みと人には言ひて雨乍見(あまつつみ)留(とま)りし君が姿し思ほゆ〈作者未詳〉」*散木奇歌集(1128頃)秋「雁がねもはねしぼるらんますげ生ふるいなさ細江にあまつつみせよ」②(「あまづつみ」とも) 雨から身を包むもの。雨具。*言塵集(1406)四「あまづつみ 是雨の装束也」*菅江真澄遊覧記(1784-1809)楚堵賀浜風「あまつつみ通るばかり雨いよよふりて、ここしき浪風に、澳なる船は柱のみたてり」*壬戌紀行(1802)「よべより雨ふれば、雨つつみの用意すとて人々たちさはぐ」 補注 (1)「万葉」例は「あまさはり」と訓む説もある。なお、四段動詞「あまつつむ」を想定する考えもある。(2)②の用法は、「つつみ」が障りの意であるという原義が忘れられて、「包み」への類推から生じたものと思われる。

あま-つばくら【雨燕】〘名〙 方言 鳥。❶あまつばめ(雨燕)。岩手県和賀郡・盛岡市007 山形県007 ◇あまつんばくら 山形県東村山郡007 山梨県中巨摩郡007 奈良県宇陀郡007 ◇あまつば 岩手県岩手郡007 福島県007 ◇あまつぼ 岩手県岩手郡007 ◇あめつばめ 奈良県宇陀郡007 鹿児島県007 ❷いわつばめ(岩燕)。◇あまつば 神奈川県津久井郡317 ❸うみつばめ(海燕)。◇あまつばめ 岩手県九戸郡・下閉伊郡007

あま-つばめ【雨燕】〘名〙①アマツバメ科に属する鳥の総称。ツバメに似ているが、さらに翼が長く、鳥の中でも最も空中飛行に適した形をもっている。繁殖時以外にはほとんど飛びながら過ごし、飛びながら眠ることさえし、昆虫を空中で捕食する。世界中に約七〇種あり、日本にはアマツバメ、メヒメアマツバメ、ハリオアマツバメの三種がいる。雨燕類。学名はApodidae ②アマツバメ科の鳥。全長約二〇センチメートル。ツバメに似て大きく、黒褐色で、のど・腰の部分は白い。アジア東北部で繁殖し、冬にはヒマラヤやオーストラリアに渡る。日本には夏鳥として四月頃渡来し、海岸や山地の絶壁に巣をつくる。曇天や雨降りの前などによく目につくところからいう。あまどり。あまくろつばめ。あなぐらつばめ。学名はApus pacificus《季・夏》*本朝食鑑(1697)五「石燕〈訓二阿末豆波米一〉〈略〉石燕即土燕乳二于巌穴一者也大二於燕一」 発音〈標ア〉ツ 辞書 言海 表記 雨燕(言)

あま-つび【雨粒】〘名〙(「つび」は「つぶ」の古形) あめつぶ。*石山寺本大般涅槃経平安初期点(850頃)一二「天雨渧(ツヒ)を降すこと車軸のごとくする」*東大寺本大般涅槃経平安後期点(1050頃)二四「春の月に天甘き雨を降す。其の渧(アマツヒ)微く緻しくして」*観智院本名義抄(1241)「滴 シタダル アマツヒ、渧 シタダル アマツヒ 水ツミ」 辞書 名義 表記 滴・渧・雫(名)

あまつひこね-の-みこと【天津彦根命】 記紀に見える神。天安河(あまのやすのかわ)で、素戔嗚尊(すさのおのみこと)と天照大神が誓約(うけい)を行なった際生まれた、五男神中の一神。凡河内直などの祖神。 発音〈標ア〉ア

あまつひこひこほのににぎ-の-みこと【天津彦彦火瓊瓊杵尊】 ⇨ににぎのみこと(瓊瓊杵尊)

あまつひこひこほほでみ-の-みこと【天津日高日子穂穂手見命】 ⇨ひこほほでみのみこと(彦火火出見尊)

あま-つぶ【雨粒】〘名〙「あめつぶ(雨粒)」に同じ。 発音〈標ア〉0 ツ 〈京ア〉マ

あまっ-ぷり【雨降】〘名〙 方言 ⇨あめふりばな(雨降花)

あまっぷり-かざっぷき【雨降風吹】〘名〙(「雨降り風吹き」を威勢よくいった奴(やっこ)ことば) 雨が降り風が吹くこと。また、そのようなとき。*浄瑠璃・加増曾我(1706頃)一「あまっぷりかざっぷきには、生きだかだあ、死んだかだあと、お問ひやってたもり申す」

あまっ-ぽ・い【甘―】〘形口〙(「ぽい」は接尾語) 甘い感じがする。甘いようである。*婉という女(1960)〈大原富枝〉「牛馬のいばりの甘っぽいにおいの体に染みつくようなこの仮住居に」 発音〈標ア〉ポ 0

あま-つぼろ〘名〙 植物「あまな(甘菜)①」の異名。*重訂本草綱目啓蒙(1847)九・山草「山慈姑 あまな〈略〉あまつぼろ 京鳥羽村」

あまつまら【天津麻羅】「古事記」に見える鍛冶の神。天の岩屋戸に隠れた天照大神を導き出すため、伊斯許理度売命(いしこりどめのみこと)とともに、祭祀用の鏡を作った。天目一箇神(あめのまひとつのかみ)と同じ神ともいわれる。天津真浦とも。

あま-つ-みず【天水】 一〘名〙天上の水。天にあるという神聖な水。また、天から降る水、すなわち雨水。*万葉(8C後)一八・四一二二「雨降らず 日の重なれば〈略〉緑児の 乳乞ふがごとく 安麻都美豆(アマツミヅ) 仰ぎてそ待つ〈大伴家持〉」*台記別記-康治元年(1142)一一月一六日・中臣寿詞「皇御孫尊の御膳つ水は、うつし国の水に天都水を加へて奉らむと申せ」 二 枕 (日照り続きの時、空を仰いで雨の降るのを待つというところから)「仰ぎて待つ」にかかる。*万葉(8C後)二・一六七「四方(よも)の人の 大船の 思ひ憑(たの)みて 天水(あまつみづ) 仰ぎて待つに〈柿本人麻呂〉」 発音〈標ア〉ア

あま-づら【案摩面】〘名〙舞楽に用いる腫れた顔をした女面。また、それをかたどったもの。あまのおもて。*日葡辞書(1603-04)「Amazzura(アマヅラ)。すなわち、アマノ ザコノ ツラ」*語彙(1871-84)「あまづら俗 器物の環紐(くゎんつき)などに用る形なり」 辞書 日葡

あまづら の 環付(かんつ)け (環付けは器物にある取手の一種) 案摩面のような格好をした取手のこと。*日葡辞書(1603-04)「Amazzurano quantçuqe(アマヅラノクヮンツケ)〈訳〉釜を持ちあげるための環が差しこまれている、茶の湯の釜の取手。動物(天の邪鬼)の渋面が描かれている」 辞書 日葡

あまつ-りゅう【天津流】〘名〙手裏剣術の一派。会津国蒲生(がもう)家の士、天津小源太を始祖とする。 発音 アマツリュー〈標ア〉0

あま-づる【甘蔓】〘名〙①ブドウ科の落葉つる植物。本州中部以西・四国・九州の山野に生える。三角状卵形で低い波状の鋸歯(きょし)のある葉を互生する。巻きひげは葉と対生に出る。夏、葉と対生して長さ数センチメートルの柄をもつ小円錐の花序を出し、多数の淡黄緑色の小花をつける。果実は直径五ミリメートルほどの球形の液果で黒く熟する。おとこぶどう。学名はVitis saccharifera ②植物「つた(蔦)」の異名。 方言 植物、あまずら(甘葛)。紀伊牟婁郡†110 発音〈標ア〉0

あまつわけとよひめ-じんじゃ【天別豊姫神社】 広島県深安郡神辺(かんなべ)町にある神社。旧県社。祭神は豊玉姫命(とよたまひめのみこと)ほか。神辺大明神。

あま-て【甘手】〘名〙手ぬるい方法。あまい手段。*浮雲(1887-89)〈二葉亭四迷〉三・一八「恐喝(おどし)てみたが、昇は一向平気なもの、なかなか其様(そんな)甘手ではいかん」*真理の春(1930)〈細田民樹〉面会・一三「逆手を使ひ、何でも白状させようとするんだが、さういふ甘手(アマテ)にはのらないから、気を悪くしないがいいよ」

あま-で【尼出】〘名〙尼の姿をよそおうこと。また、その姿をした売春婦。尼比丘尼。*浄瑠璃・義経千本桜(1747)一「御所出尼出囲(かこひ)者、大海小海と名を付け」*随筆・癇癖談(1791か)上「夜ばかり、人目をしのぶ尼出のくがい、四尺ぼうしの浅黄ざくら、この春ばかりのすみぞめか」

あまて-がれい【―鰈】〘名〙 方言 魚、まこがれい(真子鰈)。兵庫県明石市・揖保郡016 香川県大川郡829 ◇あまてがれ 兵庫県加古郡016 香川県大川郡・伊吹島829 愛媛県温泉郡016 ◇あまてかれ 香川県直島829 ◇あまがれ 兵庫県明石市・揖保郡016 香川県大川郡829 ◇あまて 兵庫県加古郡016 広島県安佐郡・御調郡771 香川県829 愛媛県温泉郡016 ◇あま 香川県大川郡829

あま-でら【尼寺】〘名〙①尼の住む寺。比丘尼寺(びくにでら)。キリスト教の修道女の住む修道院をもいうことがある。*書紀(720)舒明即位前「唯し兄子(このかみ)にあたる毛津のみ、尼寺の瓦舎(かはらや)に逃げ匿(かく)る」*観智院本三宝絵(984)中「置染臣鯛女はなら乃尼寺の上座の尼の娘也」②神奈川県鎌倉市の東慶寺の称。縁切寺として有名であった。*雑俳・柳多留-五(1770)「あまでらに行って我身にして帰り」*人情本・春色梅美婦禰(1841-42頃)四・二〇回「アノ、鎌倉の尼寺へ参るには、何様(どう)参ったら宜(よ)うござゐませう」 発音〈なまり〉アンテラ〔富山・愛知〕〈標ア〉マ 0 〈京ア〉テ 辞書 ボン・言海 表記 尼寺(へ・言)

あまでら-ござん【尼寺五山】〘名〙室町時代に、禅宗の五山にならって京都の尼寺五か所を選んで称したもの。景愛寺・通玄寺・檀林寺・護念寺・恵林寺の五つ。鎌倉でも同様に、太平寺・東慶寺・国恩寺・護宝(法)寺・禅明寺の五寺が選ばれた。尼五山。*易林本節用集(1597)「又於二尼寺五山一者、景愛寺、護念寺、檀林寺、恵林寺、通玄寺也」*雍州府志(1684)四「尼寺五山今不レ詳二其処一」 発音〈標ア〉ゴ

あまてら・す【天照―】〘連語〙(動詞「あまてる(天照)」に尊敬の助動詞「す」の付いた語。「あまでらす」とも)「天照る」の尊敬語。①天にあって照っていらっしゃる。天に輝いておられる。*万葉(8C後)一八・四一二五「安麻泥良須(アマデラス) 神の御代より 安の河 中にへだてて〈大伴家持〉」*皇太神宮儀式帳(804)「天照坐皇太神宮儀式 幷 神宮院行事壱条」*経信集(1097頃)「よろづよと月をあかなくちぎるかなあまてらします神に祈りて」②支配者として、天下におのぞんでおられる。天下に君臨しておられる。*三代実録-天慶四年(941)一一月四日・宣命「朕が食国を平く安く天照之治聞食す故は此大臣の力なり」 発音〈會史〉古くは『あまでらす』と濁音にも。〈標ア〉ア ラ 辞書 日葡・言海 表記 天照(言)

あまてらす-おおみかみ【天照大神・天照大御神】(「あまてらすおおんかみ」とも) 記紀などに見える、王権を保証する天上他界の主神。日の神。伊奘諾尊(いざなきのみこと)の娘。誕生には、水生・胎

生・鏡生の三伝承がある。弟の素戔嗚尊（すさのおのみこと）の粗暴なふるまいを怒って天の岩屋戸に隠れた神話や、日月離反の神話が伝わる。伊勢皇太神宮にまつられ、皇室の祖神。大日孁貴（おおひるめのむち）。天照神（あまてるかみ）。発音アマテラス＝オーミカミ 〈標ア〉ア＝ミ[1] 〈京ア〉ミ[1] 辞書書言 表記天照太神（書）

あま-て・る【天照】〘自ラ四〙（「あまでる」とも）大空にあって照る。空に輝く。＊万葉（8C後）七・一〇八〇「ひさかたの天照（あまてる）月は神代にか出でかへるらむ年は経につつ〈作者未詳〉」＊万葉（8C後）一五・三六五〇「ひさかたの安麻弖流（アマテル）月は見つれども吾が思ふ妹に逢はぬころかも〈遣新羅使人〉」＊曾丹集（11C初か）「夏の日は空さへ長くなればにやあまてるかげの過ぎがてにする」発音〈音史〉古くは『あまでる』と濁音にも。〈標ア〉ア

あまてる-かみ【天照神】（「あまてるおんかみ」「あまてるおおんかみ」とも）「あまてらすおおみかみ（天照大神）」の別称。平安時代に称した。＊道綱母集（1008頃か）「今ぞ知る河伯と聞けば君がためあまてる神の名にこそ有けれ」＊更級日記（1059頃）「あまてる御神を念じませ」＊狭衣物語（1069～77頃か）三「まことに、天照神も驚かせ給はぬやうはあらじ」＊新撰六帖（1244頃）六「諸人のかくる日蔭の心葉にあまてる神の恵をぞみる〈藤原家良〉」＊曾我物語（南北朝頃）一・神代のはじまりの事「あまてるおおん神」辞書伊京・書言 表記天照大神（伊・書）

あまてる-や【天照─】枕（「や」は間投助詞）大空に照り輝く日という意味で「日」にかかる。＊万葉（8C後）一六・三八八六「天光夜（あまてるヤ）日の気（け）に干し さひづるや から碓子（うす）につき〈乞食者〉」

あまてる-やま【天照山】伊勢神宮内宮南方の山。神路山（かみじやま）の別称。発音〈標ア〉0

あま-ど【雨戸】〘名〙家屋の窓や縁、出入口の外側に建てる戸。戸締まり、風雨の防止、また、保温などのためのもの。＊俳諧・犬子集（1633）三・五月雨「五月雨の雲は月日のあま戸哉〈氏重〉」＊浄瑠璃・心中重井筒（1707）中「あまどの戸袋を、そっとふまへる足もとも」＊家屋雑考（1842）五「雨戸 書院造の家には、必雨戸あり。敷居、鴨居を一溝にして、繰戸にする事は、書院造といふ事出来てよりも、やや後の事と見えたり」発音〈標ア〉マ 〈京ア〉ア 辞書書言・ヘボン・言海 表記雨戸（書・ヘ・言）

あまどに 合栓（あいせん）**合枢**（あいくろろ）（浄瑠璃「仮名手本忠臣蔵‐九」の「用心きびしき高の師直〈略〉雨戸に合栓合枢、こぢてははづれず」による語）戸締まりの厳重なことをいう。＊雑俳・柳多留‐二五（1794）「雨戸にあひせんあひくろろやきもち」＊咄本・詞葉の花（1797）「家の様子を見れば丁寧な普請、雨戸にあひせんあひくろろ、盗人の用心はよしと」

あま-どい【雨訪】ひど〘名〙大雨の後に人を見舞いに行かせることをいう、九州地方の語（日葡辞書（1603-04））。辞書日葡

あま-どい【雨樋】ひど〘名〙①屋根などの雨水を受けて流す細長い樋。＊恋慕ながし（1898）〈小栗風葉〉三一「左（と）も右（かく）も雨樋（アマドヒ）の受筒を結び留めた四分の銅線（はりがね）を捩復（ねぢもど）して」②歌舞伎で用いる擬音用具の一つ。渋紙で底をはった、すべり台の形のもの。その上に小豆をすべらせて、雨の音に似せる。発音〈標ア〉マ ド 〈京ア〉マ

あま-どい【雨桐油】〘名〙（「とい」は「とうゆ」の変化した語）雨をよけるために用いる桐油紙（とうゆがみ）。＊浄瑠璃・生玉心中（1715か）上「かごの雨外樋（アマトイ）打明て」

あま-とうウ:タ**【甘党】**〘名〙酒類よりは、甘いものや菓子類を好む人。↔辛党。＊春潮（1903）〈田山花袋〉四「甘党の舌をうれしがらせる土地特有の松風といふ饅頭もあって」＊竹沢先生と云ふ人（1924‐25）〈長与善郎〉竹沢先生とその兄弟・二「僕はあまいものは嫌ひだと思ってたでせう。ところが僕はかう見えて中々甘党なんですよ」発音アマトー 〈標ア〉0 〈京ア〉0

あま-とうがらし【甘唐辛子】〘名〙方言植物。❶ピーマン。埼玉県一部030 三重県一部030 滋賀県一部030 千葉県一部030 岐阜県一部030 鳥取県一部030 島根県030 岡山県030 大分県一部030 奈良県一部030 ◇あまとう 岐阜県一部030 島根県一部030 ◇あまとん 岐阜県一部030 ◇あまがらし 静岡県一部030 ◇あま 愛媛県一部030 ◇あまし 愛媛県一部030 ◇あまなんばん（甘南蛮） 茨城県一部030 新潟県一部030 石川県一部030 山梨県一部030 長野県一部030 愛知県一部030 ❷くこ（枸杞）。◇あまとんがらし 和歌山県那賀郡692

あま-どうしんダウ:シン**【尼道心】**〘名〙女の道心者。＊浄瑠璃・椀久末松山（1710頃）上「座頭の久都（いち）二人つれお出入の尼道心、町代夜番の子持かか、足をつまはしり出」＊合巻・雷太郎強悪物語（1806）前「おつるがまことにあまどうしんになるならば」発音アマドーシン 〈標ア〉ド

あま-どうふく【雨胴服・雨道ウダ**服】**〘名〙「あまばおり（雨羽織）」に同じ。＊武家名目抄（19C中か）衣服部・一一・雨胴服「続武家閑談云、〈略〉高力与次郎木綿の雨胴服を秀康卿にきせ奉る」

アマトール〘名〙（英 amatol）硝安とTNTを混合してつくった爆薬。第一次世界大戦中、炸薬（さくやく）として大量に使用された。発音〈標ア〉ト

あま-とかいぶね【尼渡海船】〘名〙「あまがさきとかい（尼崎渡海）」に同じ。＊糠直売買差止め出入一件（1828）「尼渡海船にて他所直売被致候段、慥に見請候故」

あま-どころ【甘野老】〘名〙ユリ科の多年草。各地の山野に生える。高さ五〇センチメートル。葉は長楕円形で裏面は緑白色。初夏、細長い鐘形の白い花が、葉腋（ようえき）から二個または一個ずつ垂れ下がる。地下茎からでんぷんを採るほか、すり下ろして腰痛、打撲傷に外用する。漢名、萎蕤。いずい。からすゆり。えみぐさ。学名は Polygonatum odoratum var. pluriflorum ▼あまどころの花《季・夏》＊書言字考節用集（1717）六「甘野老 アマトコロ」＊重訂本草綱目啓蒙（1847）八・山草「萎蕤 ゑみくさ〈和名鈔〉〈略〉あまどころ〈略〉はねうま 阿州」＊広益国産考（1859）四「是を川萆薢（せんひかい）と称し、和名あまどころといふ」＊日本植物名彙（1884）〈松村任三〉「アマドコロ 萎蕤」方言植物。❶なるこゆり（鳴子百合）。佐渡†082 木曾†091 ❷おにどころ（鬼野老）。信州†034 ❸しおで（牛尾菜）。木曾†091 発音〈標ア〉ド 辞書書言・言海 表記甘野老・黄精（書） 甘萆薢（言）

甘 野 老

あま-どし【雨年】〘名〙いつもより雨の多い年。＊詩学大成抄（1558‐70頃）一「蛙の声を聞てあま年ひでりの年をうらなうてしると云なり」＊俳諧・毛吹草追加（1647）上「世を海の雨（アマ）年となす五月哉〈長治〉」

あまどじ〘名〙サツマイモをいう、盗人仲間の隠語。〔隠語輯覧（1915）〕 発音〈標ア〉マ 0

あま-と・ぶ【天飛】〘自バ四〙大空を飛ぶ。＊古事記（712）下・歌謡「阿麻登夫（アマトブ）鳥も使そ 鶴（たづ）が音の 聞こえむ時は 我が名問はさね」＊万葉（8C後）一一・二六七六「ひさかたの天飛（あまとぶ）雲にありてしか君をあひ見む落つる日なしに〈作者未詳〉」＊新撰六帖（1244頃）一「ひさかたの天とぶ雲のいかにして照る日の影を立ちへだつらん〈藤原家良〉」発音〈標ア〉ア

あまど-ぶくろ【雨戸袋】〘名〙方言戸袋。宮城県仙台054 島根県美濃郡・益田市725 ◇あまどばこ〔雨戸箱〕 熊本県球磨郡919

あまとぶ-や【天飛─】枕（「や」は間投助詞）空を飛ぶ意から、「鳥」「雁（かり）」に、また「雁」と同音で地名の「軽（かる）」にかかる。＊万葉（8C後）二・二〇七「天飛也（あまとぶヤ） 軽の路は 吾妹子（わぎもこ）が里にしあれば〈柿本人麻呂〉」＊万葉（8C後）五・八七六「阿麻等夫夜（アマトブヤ）鳥にもがもや都まで送り申して飛び帰るもの〈山上憶良〉」＊万葉（8C後）一〇・二二三八「天飛也（あまとぶヤ）雁のつばさの覆羽（おほひば）のいづく漏りてか霜の降りけむ〈作者未詳〉」発音〈ア史〉鎌倉○○●●●

あまどまわし-かなものあまどま はし:**【雨戸回金物】**〘名〙建具金物の一つ。回り縁に雨戸を送るとき、出隅（ですみ）で雨戸を回転させるために敷居と鴨居に取り付けた金物。〔日本建築辞彙（1906）〕

あま-どり【雨鳥】〘名〙「あまつばめ（雨燕）②」に同じ。＊新撰字鏡（898‐901頃）「鵜 山鳥又阿万止利」＊十巻本和名抄（934頃）七「胡鷰 兼名苑注云鷰有胡越二種〈楊氏漢語抄云胡鷰子阿万止利〉」＊観智院本名義抄（1241）「胡鷰子 アマドリ」方言鳥。❶あまつばめ（雨燕）。富山県007 静岡県007 愛知県東春日井郡007 ◇まどり 熊野†107 ❷うみつばめ（海燕）。富山県007 ❹おなが（尾長）。愛知県丹羽郡007 ❸うみすずめ（海雀）。紀伊†110 発音〈標ア〉マ 〈ア史〉平安○○●○ 〈京ア〉マ 辞書字鏡・和名・色葉・名義・和玉・易林・書言・言海 表記鵜（字・易） 胡鷰（和・色） 鵡鸚・鴾（色） 胡鷀子・胡鷰・鴐・鵜（名） 鷵（玉） 胡燕（書） 雨鳥（言）

あま-どりのこ【雨鳥子】〘名〙白く薄い紙の一種（日葡辞書（1603‐04））。辞書日葡

あま-な【尼名】〘名〙尼になってからの名前。＊合巻・教草女房形気（1846‐68）九・初段「妻のお節髪を切りそぎ尼名（アマナ）も妙節とあらため」

あま-な【甘菜】〘名〙①味の甘い菜。ナズナなどの類。↔辛菜（からな）。②植物「あまどころ（甘野老）」の古名。《季・夏》＊十巻本和名抄（934頃）一〇「女蔵蕤 拾遺本草云女蔵蕤〈略〉一名黄芝〈恵美久佐 一云安麻奈〉」＊色葉字類抄（1177‐81）「女蔵蕤 ヱミクサ 又アマナ」③植物「まおう（麻黄）」の古名。＊本草和名（918頃）「麻黄 一名龍沙〈略〉和名加都禰久佐 一名阿末奈」＊色葉字類抄（1177‐81）「麻黄 カツネクサ又アマナ」④植物「なるこゆり（鳴子百合）」の古名。＊新撰字鏡（898‐901頃）「黄精 安万奈 又云恵禰」⑤植物「ふなばらそう（舟腹草）」の古名。＊本草和名（918頃）「白薇 一名白幕〈略〉和名美奈之古久佐 一名久呂女久佐 一名阿末奈」⑥ユリ科の多年草。本州中部・四国・九州の草原に生える。地下に長さ二～三センチメートルの卵形の鱗茎（りんけい）がある。春に葉間から出て一五ないし三〇センチメートル近くの花茎を出し、その先端に白くて少し紫色がかった六弁の花をつける。地下茎は食用となり、また滋養強壮剤にする。あまいも。とうろうばな。なんきんずいせん。まつばゆり。むぎくわい。学名は Tulipa edulis《季・春》＊和漢三才図会（1712）九二「山慈姑（さんじこ） 俗云灯籠花 又云愚知 又云阿末奈」＊重訂本草綱目啓蒙（1847）九・山草「山慈姑 あまな とうろうばな」＊日本植物名彙（1884）〈松村任三〉「アマナ ムギグワヰ 山慈姑」⑦植物「ぎぼうし（擬宝珠）」の異名。＊重訂本草綱目啓蒙（1847）一三・毒草「玉簪〈略〉和名ぎぼうし〈略〉あまな 越後」⑧植物「かんぞう（萱草）」の異名。＊重訂本草綱目啓蒙（1847）一二・隰草「萱草 わすれぐさ〈延喜式・和名鈔〉〈略〉あまな 播州」方言植物。❶つりがねにんじん（釣鐘人参）。木曾†091 江州†039 岐阜県飛騨502

甘 菜 ⑥

❷つるにんじん（蔓人参）。木曾†091 ❸やぶかんぞう（藪萱草）。福島県東白川郡157 長野県469 493 広島県比婆郡773 ❹うばゆり（姥百合）。賀州†015 ❺ふだんそう（不断草）。福井県一部030 三重県一部030 滋賀県一部030 徳島県一部030 愛媛県一部030 ❻ひおうぎ（檜扇）。岡山県苫田郡748 ❼とうな（唐菜）。岡山県一部030 ❽くすけぐさ（ー草）。長野県下水内郡470 ❾だいこん（大根）。長野県佐久493 発音〈標ア〉0 〈ア史〉平安●●● 〈京ア〉0 辞書 字鏡・和名・色葉・名義・言海 表記 白薇・麻黄・女葳蕤（和・色・名） 黄精（字） 黄芝・女萎（色） 麻草（名） 甘菜（言）

あまない-か・う【和買】〘他ハ四〙買い手が売り手から折り合った値で買う。＊色葉字類抄（1177-81）「和市 アマナヒカフ」 辞書 色葉 表記 和市（色）

あま-な・う【和・甘】 一〘自ハ四〙（「なう」は、ある事を行なう、ある状態にするの意の接尾語）①（和らぐ状態になるのをいうか）和合する。和解する。仲よくする。また、同意する。＊書紀（720）仁徳一六年七月（前田本訓）「玖賀媛を以て速待に賜ふ。明日（くるつひ）の夕（よ）、速待、玖賀媛が家に詣りぬ。而れども、玖賀媛、和（アマナハ）ず」＊書紀（720）継体二三年四月（前田本訓）「奏（まう）す所を推ね問ひて、相ひ疑ふことを和解（アマナハシム）」＊観智院本名義抄（1241）「和 アマナフ」 ②そのことに甘んずる。満足する。＊大智度論平安初期点（850頃か）一三「一切世人の甘（アマナヒ）て刑罰残考掠を受くることは、寿命を護るを以てなり」＊大日経義釈延久承保点（1074）一三「其の情に愜（アマナフ）に因りて、方便化導して、其をして仏恵に安住せしむ」＊中華若木詩抄（1520頃）中「此菴に、尤甘ない得たることのあるは」 二〘他ハ四〙①それをよしとする。㋑甘んじて受け入れる。甘受する。＊四季物語（14C中頃か）一一月「まいて後の世のありがたきすぐせ、たれか此たのしみをあまなはんや」＊太平記（14C後）一・無礼講事「悲しむらくは、公の只古人の糟粕を甘（アマナッ）て、空しく一生を区々の中に誤る事を」＊玉塵抄（1563）二六「顔回などは貧をあまないたのしうたぞ」＊日葡辞書（1603-04）「ヒガショクニ ヲモムイテ シクヮヲ amanǒ（アマナウ）〈訳〉火を愛し、あるいは求めて、夏の虫があかりの中に飛込む、その火が虫を滅してしまう」＊俳諧・昔を今（1774）序「あやしき舎りして市中に閑をあまなひ」＊読本・雨月物語（1776）菊花の約「清貧を慰（アマナ）ひて、友とする書（ふみ）の外はすべて調度の絮煩（わづらはしき）を厭（いと）ふ」㋺うまいとして飲食する。＊俳諧・鶉衣（1727-79）後・中・七一・与舎螯子文「今より左に餅を持し、右に煎茶を甘なひて」＊俳諧・鶉衣（1727-79）後・中・七三・濯老井賦「此井の水を甘なふ人は、仮令（たとひ）無風雅の腸なりとも、忽三石のなら茶を思ふべし」＊譬喩尽（1786）五「五穀（ごこく）を甘（アマナ）ふ」 ②（言い方などを）柔らかくする。甘くする。へつらう。＊サントスの御作業（1591）一・サンタヘブロニア「タトイツワモノ ドモ コト ヲ amanai（アマナイ）、ヲモテヲ ヘツラウ トユウ トモ」＊日葡辞書（1603-04）「Amanai, ǒ, ǒta（アマナウ）〈訳〉人の好意を得ようとして、ことばを柔らげたり微笑を作ったりする。コトヲ amanai（アマナイ） ヲモテヲ ヘツラウ〈訳〉微笑を作ったり親切にしたり、あるいはお世辞を言う」 三〘他ハ下二〙和合させる。仲よくさせる。同意させる。＊書紀（720）応神四〇年正月（北野本訓）「二（ふたり）の皇子（すめみこ）の意（みこころ）を和（アマナヘ）たまはむと欲（おもほ）す」 語誌 奈良時代の仮名書き例はなく、平安時代の例も漢文を訓読した文献に限って現われる。「あま」の語源は未詳だが、「書紀」古訓に見える例からすると、原義は「和合する」「仲よくする」で、そこから「満足する」「それをよしとする」の意が生じ、「甘」と意識されるようになり、「甘んず」と同義語となっていったと思われる。 発音 文 アマノーとも 〈標ア〉ナ ノ 辞書 色葉・名義・和玉・文明・伊京・日葡・ヘボン・言海 表記 甘（名・玉・文・ヘ） 和（色・名） 和市（色・伊） 甘心（色） 適（名）

あま-なし【甘梨】〘名〙甘いヤマナシ。甘棠（かんどう）。《季・秋》＊和玉篇（15C後）「棠 ナシ アマナシ カラナシ」＊俳諧・唐人躍（1677）三・秋・菓「あまなしに打ことなかれ空礫〈同水〉」＊書言字考節用集（1717）六「甘棠 アマナシ 杜梨 同」 発音〈標ア〉マ 0 辞書 和玉・書言 表記 棠（玉） 甘棠・杜梨（書）

あま-なずな【甘薺】〘名〙アブラナ科の一年草。ヨーロッパ原産の帰化植物で、各地の原野に生える。高さ三〇～六〇センチメートル。葉は披針形で、葉脚はほこ形。初夏、黄色い四弁花が総状花序に咲く。たまなずな。学名は Camelina sativa ＊日本植物名彙（1884）〈松村任三〉「アマナヅナ タマナヅナ」 発音〈標ア〉ナ

あま-なつ【甘夏】〘名〙ふつうの夏蜜柑（みかん）より酸味が少ないように改良した夏蜜柑。甘夏柑。 発音〈標ア〉0

あま-なつかん【甘夏柑】〘名〙「あまなつ（甘夏）」に同じ。 発音〈標ア〉0

あま-なっとう【甘納豆】〘名〙（「あまななっとう（甘名納豆）」の変化した語）アズキ、ササゲ、インゲンマメなどの豆類をゆでて糖蜜で煮つめ、砂糖をまぶした菓子。明治の初年、東京日本橋西河岸の菓子商、栄太楼細田安兵衛がはじめて製造したもの。遠州名物「浜名納豆」に対して「甘名納豆」としたという。＊当世書生気質（1885-86）〈坪内逍遙〉四「甘なっとうの豆々しき」 発音〈標ア〉ナ 〈京ア〉ナ

あまな-なっとう【甘名納豆】〘名〙「あまなっとう（甘納豆）」に同じ。＊東京風俗志（1899-1902）〈平出鏗二郎〉中・八・菓子「日本橋栄太楼の甘名納豆（アマナナットウ）・村時雨、下谷岡野（栄泉堂）の最中」

あま-なり【尼成】〘名〙尼になること。＊栄花（1028-92頃）衣の珠「来年の除目（ぢもく）の事や、大宮のあまなりの事やなど〈略〉きこえさせ給ふほどに」

あまなわ【甘縄・海士縄】（「あまなう」とも）神奈川県鎌倉市長谷（はせ）の東方の地名。＊義経記（室町中か）四・義経平家討手に上り給ふ事「梶原あまなふの宿所に帰りて、偽（いつはり）申さぬ由起請（きしゃう）を書きて参らせければ」＊浄瑠璃・最明寺殿百人上臈（1699）上「きぬばり山のもんがく屋敷、遠藤四郎に給はる所、あまなはのもり長屋敷はゆふきの友重」 発音〈標ア〉0

あまに【女萎】〘名〙植物「ぼたんづる（牡丹蔓）」の異名。＊本草和名（918頃）「女萎 一名馬薫 一名黄芝 和名恵美久佐 一名阿末爾」＊医心方（984）一「女萎〈和名恵美久佐又阿末爾〉」

あま-に【甘煮】〘名〙甘く煮ること。また、甘く煮たもの。＊いさなとり（1891）〈幸田露伴〉三三「高慢な望みをたてずと南瓜（たうなす）の甘煮（アマニ）でも喰（くら）って居よ」＊疑惑（1913）〈近松秋江〉「一寸慈姑の甘煮を一つ立ったまま摘んで」 発音〈標ア〉0

あま-に【亜麻仁】〘名〙亜麻の種子。亜麻仁油の原料となる。亜麻子。あまにん。＊医語類聚（1872）〈奥山虎章〉「Limseed 亜麻仁」 発音〈標ア〉0 〈京ア〉0

あまに-ゆ【亜麻仁油】〘名〙亜麻の種子から取れる油。黄褐色の濃厚な液体で、空気中で固化しやすい。ペンキ、絵の具、リノリウム、ワニス、亜麻仁油せっけんなどに用いられる。あまにん油。亜麻子油。＊五国対照兵語字書（1881）〈西周〉「Huile de lin〈略〉亜麻仁油」＊どなたにもわかる洋髪の結ひ方と四季のお化粧（1928）〈早見君子〉「亜麻仁油と石灰水とを等分に混じたものを塗布すること」 発音〈標ア〉0 二 〈京ア〉0

あま-にゅう【甘―】〘名〙セリ科の多年草。北海道・本州中部以北の山地や原野の日当りのよいところに生える。茎は高さ二～三メートル。夏、茎上に大きな複散形花序を出し多数の白い小花をつける。茎に甘味があるところからいう。まるばえぞにゅう。学名は Angelica edulis 発音 アマニュー 〈標ア〉マ

あま-にゅうどう【尼入道】〘名〙在家のまま髪を剃って仏門に入った女性。尼女房。＊一枚起請文（1212頃）「たとひ一代の法を能々学すとも、一文不知の愚どんの身になして、尼入道の無知のともがらに同して、智者のふるまひをせずして」＊愚管抄（1220）六・土御門「不可思議の愚痴無智の尼入道によろこばれて」＊咄本・一休咄（1668）一・六「我も我もとはがみして追かけけるが、尼入道（アマニウダウ）はよりあひて」 発音 アマニュードー 〈標ア〉ニュ

あま-にょうぼう【尼女房】〘名〙「あまにゅうどう（尼入道）」に同じ。＊梵舜本沙石集（1283）八・七「坂東の習、尼女房も、口取なけしさ馬にのるもあることにて」＊蓮如御文章（1461-98）五「夫在家の尼女房たらん身は、なにのやうもなく一心一向に阿彌陀仏をふかくたのみまいらせて」 発音 アマニョーボー 〈標ア〉ニョ

あま-にん【亜麻仁】〘名〙「あまに（亜麻仁）」に同じ。

あまね【甘根】〘名〙植物「てんつき（天衝）」の異名。 方言 ❶植物、ちがや（茅萱）。また、その根。静岡県524 和歌山県691 692 兵庫県赤穂郡660 岡山県岡山市762 児島郡764 香川県綾歌郡829 熊本県929 930 964 ◇あまみ 防州†122 ◇あまめ 和歌山県691 698 ❷芝の根。愛知県知多郡570 ❸植物、うしころし（牛殺）。秋田県964 ◇あまみ 秋田県北秋田郡131 ❹植物、なるこゆり（鳴子百合）。広島県比婆郡773

あまねき-かど【普門】〘名〙（仏語「普門（ふもん）」の訓読み）①観音などが、広く衆生を済度しようとする広大な慈悲の門。＊公任集（1044頃）「世を救ふうちには誰か入らざらむ普き門を人しささねば」＊梁塵秘抄（1179頃）二・法文歌「観音誓ひし広ければ、あまねきかどより出でたまひ、三十三身に現じてぞ、十九の品にぞ法は説く」 ②観音などをまつる寺をいう。＊浄瑠璃・心中二つ腹帯（1722）道行「女はいとど罪深く、従ふ道も忘れ水〈略〉あまねき門（カド）に立寄るも、爰ぞ一念重願寺、念彼観音の、力ぼし助け給へと諸共に、心をこめて願ひぼし」

あまね・く【遍・普】〘副〙（形容詞「あまねし」の連用形の副詞化）すべてにわたって広く。一般に。→あまねし。＊色葉字類抄（1177-81）「洽聞 アマネク」＊布令字弁（1868-72）〈知足蹄原子〉初「普 アマネク ゾクニイエバ 一トウトモ 一サイトモイフニ同ジ」 発音〈標ア〉ネ 〈京ア〉ネ 辞書 色葉・名義・下学・和玉・饅頭・日葡・書言・ヘボン 表記 周（名・饅・書） 普（下・書・ヘ） 洽聞（色） 辯（名） 旁（玉） 遍・洽・彌・一切・徧（書）

あまね・し【遍・普】〘形ク〙すみずみまで広くゆきわたっている。現代語では連用形だけが、副詞として使われている。あばねし。＊大唐三蔵玄奘法師表啓平安初期点（850頃）「慕（ねが）ひを懐きて遍（アマネク）殊の方を歴（へ）、遠く皇威に頼（よ）りて期せる所咸く済（な）したり」＊大唐西域記巻十二平安中期点（950頃）「政を為ること不平に有り。徳洽（アマネカラ）ざること有るか」＊家持集（11C前か）秋「このゆふべ秋風吹きぬ白露にあまねく花はあすも咲きなむ」＊源氏（1001-14頃）乙女「年ごろ世の中にはあまねき御心なれど、このわたりをばあやにくに情無く」＊大日経治安二年点（1022）五「四方の相重なり普（アマネシ）」＊方丈記（1212）「火の光に映じて、あまねく紅なる中に」＊太平記（14C後）二八・慧源禅巷南方合体事「労せる兵を助け、化を普（アマネ）く施して、人の心を和（くゎ）せし故也」＊サントスの御作業（1591）一・サンタヘブロニア「カイキュウ タ ニ コトニ、イキヲイ ヤウヤク テンカ ニ amaneqi（アマネキ） モノ ナリ」＊仁説問答師説（1688-1710）宝永三年講「親切の心はなうなりて、相愛せぬになりて、薄ねひ処へゆきたたぬ」 語誌 (1)確例は平安時代初期にしかみられないが、「万葉-八・一五五三」の

「時雨の雨 間無くし降れば三笠山木末(こぬれ)歴(あまねく)色づきにけり〈大伴稲公〉」と読まれている例などを考えると、上代にも存した可能性は高い。類義語「まねし」「さまねし」は上代に例があるが、数が多いの意で使用されており、「あまねし」とは微妙に異なる。「まね」を朝鮮語 man (多)と同源とし、「あまねし」「さまねし」を「まねし」に接頭語「あ」「さ」のついた語と考える説もあるが、意味の違いなどを考えると、「あまた」「あまる」の「あま」と同源と考え、「あまねし」がもとで、「まねし」は語頭母音脱落形、「さまねし」は接頭語「さ」のついた語形ということも考えられよう。(2)第二音節「ま」が「ば」と交替した「あばねし」の形が一一世紀初頭にみられるのは、「さみし」「さびし」と併行する現象である。(3)「日葡辞書」には「Amanei(アマネイ)」「Amaneô(アマネウ)」の形も存するが、現代語ではアマネクの形のみで、文語的ニュアンスが強く、一般には「広く」が用いられる。 語源説 (1)アは発語。マネシは数の多い意〔大言海〕。(2)アマナベシ(天並)の転か〔和訓栞〕。(3)アマは天のひろく覆って外なき意。ネシは助語〔日本釈名〕。(4)アマリヌの転か〔俚言集覧〕。(5)アは発語のア(息)。アマナシ(間無)か。また、アメ(雨)より起これる語か〔日本語源=賀茂百樹〕。(6)アマリナシか。また、アはアケ(明)、マネはマナブ(学)か〔和句解〕。(7)天に得しという義〔国語本義〕。(8)アマナシ(天造)の転〔和語私臆鈔〕。 発音〈標ア〉ネ マ 〈ア史〉平安○○○◐ 鎌倉『あまねき』○○○◐ 室町・江戸『あまねき』●●○○ 〈京ア〉ネ 辞書 色葉・名義・和玉・文明・伊京・天正・易林・日葡・言海 表記 遍(色・名・玉・文・天・易・言) 普(色・名・玉・文・易) 周(色・文・天・易・言) 洽・傍・浹(色・名・玉) 徧(色・玉・易) 歴・湛・皆・傅・氾・鋪・汎・宣・均(色・名) 帀・賑(色・玉) 編・徇・禰(祢)(名・玉) 一切(名・伊) 菩(玉・天) 博・洤・迊・可・縛・亘・扚・滂・満・平・豆(色) 偏・旁・瞷・決・遂・巡・播・滂(名) 溥・徧・彌・切・頒・倭・付・凋・阿・円・浸(玉) 衆(文)

同訓異字 **あまねし**【遍・普・汎・周・歴】
【遍】(ヘン) 一通りすみずみまで及んでいる。「遍在」「遍歴」「遍路」《古 あまねし・ひろし・みつ》
【普】(フ) 全体にまんべんなく行きわたる。「普衍」「普及」「普遍」《古 あまねし・みな・おほきなり》
【汎】(ハン) 水に浮かんでただよう。転じて、あちこちに通じて広く行きわたる。「汎用」「汎論」「広汎」《古 あまねし・ひろし》
【周】(シュウ) 一面に漏れることなく手厚く行きわたる。「周知」「周到」《古 あまねく・くま・きわむ・いたる・ひろし》
【歴】(レキ) 経て行くものを一つ一つ欠かさず数え上げる。「歴訪」「歴代」「遍歴」《古 あまねし・ふ・つたふ》

あまねわ・す(あまねはす)【遍】〔他サ四〕(形容詞「あまねし」の動詞化) 残るところなく、広く及ぼす。あばねわす。＊西大寺本金光明最勝王経平安初期点(830頃)一○「示現して能く十方に周(アマネハシ)たまふ」＊大唐西域記長寛元年点(1163)四「医薬を儲け、鰥寡(やもめ)に恵施し、孤独に周(アマネハシ)給ふ」 辞書 字鏡・名義・言海 表記 儭(字) 辨・周(名)

あま-の【天―】〔連語〕(「あめの」とよまれる場合もある) ①天上の。天の。空の。「天の白雲」「天の原」など。②高天原の。天つ神の。「天の岩屋」「天の高市(たけち)」「天の斑駒(ふちこま)」「天の安河(やすのかわ)」など。③(広く敬い、ほめたたえる意を表わして) 神聖な。尊い。おそれ多い。清浄な。「天の足夜(たりよ)」「天の鳥船」「天の瓊矛(ぬほこ)」「天の日嗣(ひつ)ぎ」など。④(近世の用法で、意味を強める) 全くの。「天の幸(さいわ)い」「天の余所(よそ)」など。 発音〈標ア〉ア 〈ア史〉平安・鎌倉○○○ 室町●●○ 〈京ア〉ア

あまの 命(いのち) 天からの授かり物の命。多く「拾う」「授かる」などの語と共に用い、命拾いをすることにいう語。もと「天命(てんめい)」を訓読した語かという。＊虎明本狂言・腥物(室町末-近世初)「なうさてもきもをつぶいたに、あまの命をさずかった」＊天草本伊曾保(1593)獅子と鼠の事「ネズミワ amano inochiuo(アマノ イノチヲ) タスカッテ」＊浄瑠璃・本朝二十四孝(1766)二「畢竟身代りが遅くなって、間に合はなんだりゃこそあまの命」＊諺苑(1797)「あまの命を拾ふ」 方言 兵庫県淡路島671 徳島県811 辞書 書言 表記 余命(書)

あまの 岩門(いわかど) 「あまの(天)岩戸(いわと)」に同じ。＊小侍従集(1202頃)「夜もすがらたたく水鶏(くひな)に驚きてあけぬと見ゆるあまのいはかど」

あまの 磐樟(いわくす) 「あまの(天)磐樟船(いわくすぶね)」に同じ。＊俳諧・七百五十韵(1681)五「気(け)がついて社壇をゆする女神(をんながみ)〈仙菴〉 天(アマ)の磐樟(イハクス)おかちんの舟〈如泉〉」

あまの 磐樟船(いわくすぶね) (「磐(いわ)」は「堅固な」の意) クスノキで作ったといわれる堅固な船。「古事記」「日本書紀」では、伊邪那岐、伊邪那美の二神が、子の蛭児(ひるこ)をこの船に乗せて棄て流したと伝えている。とりのいわくすぶね。あめのいわくすぶね。＊書紀(720)神代上(寛文版訓)「次に蛭児(ひるこ)を生む。已に三歳になるまで、脚猶立たず。故(かれ)、天磐櫲樟船(アマノイハクスブネ)に載せて、順風(かぜのまにま)に放ち棄つ」＊御巫本日本紀私記(1428)神代上「天磐櫲樟船〈安末乃伊波久須乃布禰〉」

あまの 磐座(いわくら) (「磐(いわ)」は「堅固な」の意。「座(くら)」は「神のよりつく座所」の意) 高天原にある堅固な座所。あめのいわくら。＊書紀(720)神代下「皇孫、乃ち天磐座(アマノイハクラ)を離(おしはな)ち〈天磐座、此をば阿麻能以簸矩羅(アマノイハクラ)と云ふ〉」＊光悦本謡曲・鉄輪(1488頃)「伊弉諾伊弉冊の尊、天の磐倉にして、みとのまぐはいありしより、男女夫婦の語らひをなし、陰陽の道ながくつたはる」 補注 ふつうには高天原における天孫の座をさすが、高天原における伊邪那岐、伊邪那美二神の座をさすことがある。

あまの 石楯(いわたて) ①(「石(いわ)」は「堅固な」の意) 石のように堅固な楯。あめのいわたて。＊出雲風土記(733)意宇「布都努志命の天石楯(あまのいはたて)を縫ひ置き給ひき。故(かれ)、楯縫(たてぬひ)と云ふ」 ②(「石(いわ)」は「石造の」の意) 楯の形の岩石、岩山。古代の祭壇の一種かともいう。＊釈日本紀(1274-1301)九「登天磐盾〈あまノイハタテにのぼりて〉」

あまの 岩戸(いわと) ①高天原にあったとされる岩窟の堅固な戸。高天原の入口にあると信じられていた。天の岩門。天の岩屋戸。天の戸。あめのいわと。＊書紀(720)神代下(寛文版訓)「天磐戸(アマノイハト)を引き開(あ)け、天八重雲(あめのやゑくも)を排分(をしわ)けて、奉降(あまくだります)」＊朝忠集(966頃)「雲まにはいとどながめぞまさりけるあまのいはとにひまや見ゆると」＊宇津保(970-999頃)あて宮「めづらしき君に逢ふ夜は春霞あまのいはとをたちもこめなん」＊源氏(1001-14頃)行幸「中将もあまのいはとさしこもり給ひなんや」＊狭衣物語(1069-77頃か)一「夜もすがら物や思ふとほととぎす天の岩戸を明け方に鳴く」 ②伊勢神宮の外宮の南方、高倉山の上にある大きな岩穴。＊俳諧・本朝文選(1706)五・紀行類・南行紀〈李由・許六〉「天の岩戸に入れば、灯明かがやかし。常闇(とこやみ)のむかし思ひ出られ、有難き事かぎりなし」＊滑稽本・東海道中膝栗毛(1802-09)三・上「北にべんくう鏡の社、あまのいはと大日如来」 ③女陰の異称。また、それを見せる見世物。＊滑稽本・魂胆夢輔譚(1844-47)三・中「天(アマ)の岩戸(イハト)をお開きなさるぞ」＊歌舞伎・因幡小僧雨夜噺(1887)序幕「盛り場は大繁昌で、今見た天の岩戸などは、実に八文ちゃ安いものぢゃ」 発音〈標ア〉ア 辞書 日葡・書言・言海 表記 天磐戸(書) 天岩戸(言)

あまの 磐笛(いわふえ) 古代の遺品として、山陰道、北陸道地方から発見される、中空で円孔の一つある石をさすか。本来中国の楽器の壎(けん)と同種で、一種の吹奏楽器としても用いられたという。

あまの 磐船(いわふね) (「磐(いわ)」は「堅固な」の意) ①空中を飛行する堅固な船。「日本書紀」では、高天原から下界に降りる際に用いた船として伝えている。あめのいわふね。＊書紀(720)神武天皇即位前甲寅年「東に美(よ)き地(くに)有り。青山四(よも)に周(めぐ)れり。其の中に亦、天磐船(あまのいはふね)に乗りて飛び降る者有りといひき」＊日本紀竟宴和歌-延喜六年(906)「そらみつに阿麻能伊婆布然(アマノイハフネ)くだししはひじりの御代を渡すとてなり〈藤原忠紀〉」＊風雅(1346-49頃)神祇・二一二三「久方のあまの岩舟漕よせし神代のうらや今のみあれ野〈賀茂遠久〉」 ②天の川にあるという想像上の船。＊堀河百首(1105-06頃)秋「彦星のあまの岩ふねふなでして今夜(こよひ)や磯にいそ枕する〈藤原顕仲〉」 語誌 「いわ」のように堅固な船との解釈が、「天磐櫲樟船」(書紀)「鳥之石楠船」(古事記、書紀)から成り立つ一方で、石棺をこれに見立てた例が、「住吉神代記」「朝野群載」にあるから、神話伝説世界では、饒速日命、天探女などの神が高天原から降った船や、七夕伝説における天の川の船は岩製であると考えられていたと見てよい。神が船に乗って降臨するという古代人の考え方がよく表われているが、古墳造営における高度な土木技術という現実も、神は岩製の船を用いたとする信仰を助長したか。

あまの 岩屋(いわや) 高天原にあったとされる岩窟。あめのいわや。＊書紀(720)神代上(丹鶴本訓)「此に由りて、発慍(いかり)りまして、乃ち天石窟(あまノイハヤ)に入りまして、盤戸(いはやと)を閉(さ)して幽居(かくれま)す」＊浜松中納言(11C中)四「いみじからんあまのいはやよりも、ただ我が心につきて、思ふさまならん人をだに見つけ」 発音〈標ア〉ア

あまの 岩屋戸(いわやど) 天の岩屋の戸。あめのいわやど。＊古事記(712)上「故(かれ)是に天照大御神見畏みて、天岩屋戸(あまのいはやど)を開きてさしこもり坐(ま)しき」＊御巫本日本紀私記(1428)神代上「立於天石窟戸之前〈安万乃伊波也止乃万倍爾阿良波爾太知天〉」 辞書 言海 表記 天岩屋戸(言)

あまの 磐靫(いわゆき) (「磐(いわ)」は「堅固な」の意) 堅固な靫(ゆき)。あめの磐靫。＊書紀(720)神代下(水戸本訓)「背(そびら)には天磐靫(あまのイハユキ)を負ひ、臂(ただむき)には稜威(いつ)の高鞆(たかから)を着(は)き」

あまの 浮橋(うきはし) 天上と地上との通路として、かかっていると信じられていた橋。あめの浮橋。＊続後撰(1251)春上・一一「神代よりかはらぬ春のしるしとてかすみわたれるあまのうきはし〈後嵯峨院〉」＊太平記(14C後)二五・自伊勢進宝剣事「伊弉諾(いざなぎ)伊弉冊(いざなみ)の男神女神の二神(ふたはしら)、天(アマ)の浮橋(ウキハシ)の上にして」＊御巫本日本紀私記(1428)神代上「立於天浮橋之上〈安末乃宇岐波志乃宇倍爾太知万志天〉」＊浮世草子・好色一代男(1682)一・一「是をたとへて、あまの浮橋(ウキハシ)のもと、まだ本の事もさだまらずして、はや御こころざしは通ひ侍ると」 補注 「はし」は「梯(はし)」の意かともいわれている。 辞書 言海 表記 天浮橋(言)

あまの 海(うみ) 「あめの(天)海(うみ)」に同じ。＊夫木(1310頃)一三「かつら男(を)の月の舟漕ぐあ

まの海を秋はあかしの浦といはなん〈聖信〉」

あまの 押草(おしくさ) （「あまの(天)」は「神聖な」の意）神聖なおしくさ。＊古語拾遺(嘉禄本訓)(807)「宜く、麻柄を以て拵(かせひ)に作りて拵(かせ)げ、乃ち其の葉を以て掃ひ、天押草(あまノヲシクサ)を以て押し、烏扇を以てあふげ」

あまの 尾羽張(おはばり) （「尾羽張」は鳥の尾羽のようにぴんと張っている刀の意か）「古事記-上」に見える刀の名で、伊邪那岐命(いざなぎのみこと)が迦具土神(かぐつちのかみ)を斬った刀とされている。あめのおはばり。＊古事記(712)上「故(かれ)、斬りたまひし刀の名は、天之尾羽張(あまのをはばり)と謂ふ。亦の名は伊都之尾羽張(いつのをはばり)と謂ふ」

あまの 垢(かお・かたち) ⇩「あめの(天)」の子見出し

あまの 垣田(かきた) 高天原で、周囲に垣をめぐらして仕切った田。かきつた。＊書紀(720)神代上(水戸本訓)「日神尊、天垣田(アマノカキた)を以て御田(みた)と為(し)たまふ」

あまの 加久矢(かぐや) 「あまの(天)真鹿児矢(まかこや)」に同じ。＊古事記(712)上「即ち天若日子、天神の賜へる天之波士弓と天之加久矢(あまのカクや)とを持ちて其の雉を射殺す」＊藻塩草(1513頃)一七・矢「あまのかぐ矢〈鴆羽の矢也〉」

あまの 香具山(かぐやま) ⇩親見出し

あまの 鹿児弓(かこゆみ) 「日本書紀」に見える弓の名で、鹿などを射る立派な弓の意かとされているが、語義未詳。天の真鹿児弓。あめのかこゆみ。＊御巫本日本紀私記(1428)神代下「天鹿児弓〈安万乃加古由美〉」 **辞書** 書言 **表記** 天鹿児弓(書)

あまの 堅石(かたしわ) 高天原にある、堅い岩石。＊古事記(712)上「天安河の河上の天堅石(あまのかたしは)を取り」

あまの 川(がわ) ⇩親見出し

あまの 河霧(かわぎり) （天の川の川霧の意で）雲をたとえていう。＊後撰(951-953頃)秋中・三三六「秋風にいとどふけゆく月影を立ちなかくしそあまの河ぎり〈藤原清正〉」＊続後撰(1251)雑上・一〇五九「明けぬともあまのかは霧立ちこめてなほ夜をのこせ星合の空〈平泰時〉」

あまの 河路(かわじ) 天の川の道筋。天の川の航路。＊万葉(8C後)一〇・二〇〇一「大空ゆ通ふわれすら汝(な)がゆゑに天漢道(あまのかはぢ)をなづみてぞ来し〈人麻呂歌集〉」

あまの 河瀬(かわせ) 天の川の川瀬。牽牛がここにさおさして織女のもとに渡るという。＊万葉(8C後)八・一五一九「ひさかたの漢瀬(あまのかはせ)に船浮(う)けて今夜(こよひ)か君が我許(わがり)来まさむ〈山上憶良〉」＊長承三年顕輔歌合(1134)「秋の夜も天の川瀬や氷るらむ月のひかりのさえわたるかな〈藤原道経〉」＊新古今(1205)恋二・一一二九「忍びあまりあまのかはせにことよせんせめては秋を忘れだにすな〈藤原経家〉」

あまの 河津(かわづ) （「津」は渡船場、また、港）天の川の船着き場。＊万葉(8C後)一〇・二〇一九「古ゆ挙げてし機(はた)も顧みず天河津(あまのかはづ)に年ぞ経にける〈人麻呂歌集〉」＊万葉(8C後)一〇・二〇七〇「ひさかたの天河津(あまのかはづ)に舟浮(う)けて君待つ夜らは明けずもあらぬか〈作者未詳〉」

あまの 河門(かわと) （「河門」は、川の両岸が迫って狭くなっている所で、船が渡るのに都合がいいところから渡り場をいう）天の川の船の渡り場所。＊万葉(8C後)一〇・二〇四〇「彦星と織女(たなばたつめ)と今夜(こよひ)逢ふ天漢門(あまのかはと)に波立つなゆめ〈作者未詳〉」＊海人手子良集(970頃)「秋の夜の月影うかぶ水のおもやあまの川ともみえわたる覧」

あまの 河波(かわなみ) 天の川に立つ波。＊輔親集(1038頃)「雲まより星合の空をみ渡せばしづ心なき天の川なみ」＊更級日記(1059頃)「ちぎりけむ昔のけふのゆかしさに天の河なみうち出でつるかな」＊金葉(1124-27)春・五〇「初瀬山雲井に花の咲きぬれば天の河波立つとこそみれ〈大江匡房〉」

あまの 河船(かわふね) 天の川に浮かぶという想像上の船。＊賀茂女集(993-998頃)「七夕のあまのかはふね秋ごとにいかなる雲か綱手引くらむ」＊続千載(1320)秋上・三五六「契ありておなじ文月の数そはば今夜もわたせ天の川舟〈藤原定房〉」＊新千載(1359)雑中・一八五一「久かたの月のかつらの梶をたえ更けてとわたる天の川ふね〈藤原公明〉」

あまの 河辺(かわべ) 天の川のほとり。＊更級日記(1059頃)「たち出づるあまの河辺のゆかしさに常はゆゆしきことも忘れぬ」＊続後撰(1251)秋上・二五四「久方のあまの河へに舟よせてこよひか君がわたりきまさん〈山上憶良〉」

あまの 河道(かわみち) 天の川の道筋。天の河路。＊赤人集(11C初か)「空よりも通ふ我すら誰ゆゑにあまのかはみちなげきてぞくる」

あまの 河守(かわもり) 天の川にいる川の番人。＊久安百首(1153)秋上「織女のあまの川守心あらばかへさ渡すなかささぎの橋〈小大進〉」

あまの 川依田(かわよりだ) 高天原で、川に沿ってあった田。川の増水などによる被害を受けやすく不良な田と考えられていた。川依田(かわよりだ)。＊書紀(720)神代上(水戸本訓)「其の素戔嗚尊の田、亦三処有り。号けて天樴田(あまのくひだ)、天川依田(あまのカハヨリだ)、天口鋭田(あまのくちとだ)と曰ふ。此れ皆磽地(やせどころ)なり。雨(あめふ)れば則ち流れぬ、旱(ひで)れば則ち焦(や)けぬ」

あまの 河原(かわら) ①高天原にある天安河(あまのやすのかわ)の河原。＊万葉(8C後)二・一六七「ひさかたの 天河原(あまのかはら)に 八百万(やほよろづ) 千万(ちよろづ)神の 神集ひ〈柿本人麻呂〉」＊万葉(8C後)三・四二〇「ひさかたの 天川原(あまのかはら)に 出で立ちて 潔身(みそぎ)てましを 高山の〈丹生王〉」②天の川の河原。＊万葉(8C後)八・一五二八「霞立つ天河原(あまのかはら)に君待つとい行きかへるに裳の裾ぬれぬ〈山上憶良〉」＊伊勢物語(10C前)八二「狩り暮らしたなばたつめに宿からむあまのかはらに我は来にけり」 **方言** 天の川。銀河。 静岡県富士郡012 広島県比婆郡774 宮崎県西臼杵郡947 ◇**あまんかわら** 熊本県球磨郡919 宮崎県西臼杵郡947 鹿児島県揖宿郡969 ◇**あまんかあら** 高知県861 鹿児島県鹿児島郡968 ◇**あまのがわら** 山形県139 三重県志摩郡585 ◇**あまのがあら** 静岡県庵原郡534 ◇**あまねがわら** 長野県諏訪481 ◇**あまごおら** 長崎県壱岐島975 ◇**あまごら** 鹿児島県加計呂麻島975 ◇**あまくら** 鹿児島県奄美大島975 ◇**あめんくらごお** 鹿児島県奄美大島031 ◇**あもじがわら** 三重県志摩郡585 ◇**あまずがわ**〔天―川〕 三重県一志郡584 志摩郡585 ◇**あまやすごわ** 東京都八丈島335

あまの 河原毛(かわらげ) 馬の毛色の名。＊康保三年順馬毛名歌合(966)「左あまのかはらげ 久方のつきげそこより渡るともあまのかはらげ影とどめてむ」

あまの 樴田(くいだ) 高天原で、木の切り株などがある田。不良な田と考えられていた。樴田(くいだ)。＊書紀(720)神代上(水戸本訓)「其の素戔嗚尊の田、亦三処有り。号けて天樴田(アマのクヒタ)、天川依田(あまのかはよりだ)、天口鋭田(あまのくちとだ)と曰ふ。此れ皆磽地(やせどころ)なり。雨(あめふ)れば則ち流れぬ、旱(ひで)れば則ち焦(や)けぬ」

あまの 口鋭田(くちとだ) 高天原で、不良な田と考えられていた田。水の流入・流出が急な田とも、稲の損傷が早い田とも説かれているが未詳。口鋭田。＊書紀(720)神代上(水戸本訓)「其の素戔嗚尊の田、亦三処有り。号けて天樴田(あまのくひだ)、天川依田(あまのかはよりだ)、天口鋭田(あまのクチトだ)と曰ふ。此れ皆磽地(やせどころ)なり」

あまの 国魂(くにたま) 「あまつ(天)国魂(くにたま)」に同じ。＊書紀(720)神代下(寛文版訓)「天国玉(アマノクニタマ)の子天稚彦、是れ壮士(たけきひと)なり」

あまの 熊人(くまひと) ⇩「あめの(天)」の子見出し

あまの 快楽(けらく) 天上界での快楽。天上の楽しみ。＊仮名草子・伊曾保物語(1639頃)上・一六「天人二体天降らせ給ひ、われを召し具して、あまのけらくをかうむると見し」

あまの 小菅(こすげ) 菅にはけがれを清める力があると信じたところから、「天の」をつけて呼んだことば。＊神楽歌(9C後)明星・酒殿歌「天の原 ふりさけ見れば 八重雲の 雲の中なる 雲の中どの 中臣の 天の 小菅を 柝(さ)き祓ひ 祈りしことは」

あまの 事(こと) ⇩親見出し

あまの 衣(ころも) 天人の着ている衣。薄くて、空を飛ぶのに用いる。天の羽衣。＊能宣集(984-991)「うらみゆるあまのころももわづらはし忘れ貝をも拾ひてしがな」＊光悦本謡曲・西王母(室町末)「立ち舞ふや袖の羽風天つ空の衣ならん天の衣なるらむ」

あまの 幸(さいわ)**い** 願ってもない幸運。もっけのさいわい。＊浄瑠璃・後三年奥州軍記(1729)三「臆病者と油断は治定、天の幸ひ月毛の駒、乗出す向ふへ命を的」

あまの 逆手(さかて) 呪術(じゅじゅつ)の一つで、普通とは逆の柏手の打ち方をすること。呪いの動作とされているが、具体的にどういう打ち方をするかについては未詳。＊古事記(712)上「即ち、其の船を蹈み傾けて、天逆手(あまのさかて)を青柴垣(あをふしかき)に打ち成して、隠りき」＊伊勢物語(10C前)九六「かのをとこは、あまのさかてをうちてなむのろひ居るなる」＊長秋詠藻(1178)上「いかにせむあまのさかてを打返しうらみても猶あかずもある哉」

あまの 逆鉾(さかほこ) ①神代鉾(ほこ)である「あまのぬほこ(天瓊矛)」の後世の呼び名。＊播磨風土記逸文(釈日本紀所載)(1274-1301)「其の土を天之逆桙に塗りて、神舟の艫舳に建て」＊神皇正統記(1339-43)上・神代「国常立尊、伊弉諾、伊弉冊の二神に勅しての給はく〈略〉とて、即天瓊矛(あまのぬほこ)をさづけ給。此矛又は天の逆戈とも、天魔返(アマノサカ)ほこともいへり」＊史記抄(1477)三・三皇本紀「日本の天照大神のあまのさかほこを以てとよあしわらをかりはらうて」＊日葡辞書(1603-04)「Amano sacafoco(アマノサカホコ)」②男性性器の異称。＊歌舞伎・幼稚子敵討(1753)二「マア、女夫といふものは、伊弉諾(いざなぎ)、伊弉冉(いざなみ)の尊、あまのさかほこにて御所(みと)の交合(まくばい)なされしより」＊雑俳・柳多留-八二(1825)「小間物屋天の逆鉾までしこみ」＊人情本・春色辰巳園(1833-35)後・七回下「それだっても夫婦より合(あひ)てまんまんたるわたずみ、あまのさかほこおろさせたまひつサ」 **語源説** サカホコ(栄鉾)の義か〔大言海〕。 **辞書** 日葡・易林・言海 **表記** 天逆杵(易) 天逆鉾(言)

あまの さ霧(ぎり) 高天原に生じた霧。また、単に霧の美称ともいう。あまつさぎり。あめのさぎり。＊書紀(720)神代上(水戸本訓)「伊弉諾尊、伊弉冉尊、二(ふたはしら)の神、天霧(アマノサギリ)の中に立たして曰はく」

あまの 狭田(さなだ) （「な」は助詞「の」の意） 高天

原において、神稲を植える田。あめのさなだ。＊書紀(720)神代上(寛文版訓)「即ち、其の稲種を以て、始めて天狭田(アマノサナダ)及び長田(ながた)に殖(う)ふ」 補注「さ」は、稲作の種まきの時期に関係ある語か。また、別に「狭田」を「さだ」とよみ、狭い田の意に解する説もある。

あまの 小夜橋(さよはし) 七夕に牽牛と織女の二星が会うとき、天の川にかささぎが翼を連ねて渡すという想像上の橋。行合(ゆきあい)の橋。かささぎの橋。＊改正増補和英語林集成(1886)「Amano-sayohashi アマノサヨハシ」

あまの 邪鬼(じゃき) ⇩親見出し

あまの 邪鬼(じゃく) ⇩親見出し

あまの 邪鬼(じゃこ) ⇩親見出し

あまの 白雲(しらくも) 空に浮かぶ白い雲。＊万葉(8C後)一五・三六〇二「青によし奈良の都にたなびける安麻能之良久毛(アマノシラクモ)見れど飽かぬかも〈作者未詳〉」

あまの 透垣(すいがき) 宮中にある透き間のある垣。＊源平盛衰記(14C前)四・京中焼失事「天の透垣(アマノスイガキ)龍の少路〈略〉諸司、八省までも皆焼け亡びぬ」

あまの 関守(せきもり) 高天原の関所の番人。天の岩戸の番をして夜と昼との境目をつかさどっていると考えられている関守。＊曾丹集(11C初か)「岩戸山よにあけがたき冬の夜のあまの関守たれか据ゑけん」

あまの 工(たくみ) (「書経-皐陶謨」の「天工人其代ㇾ之」から出た語) 人が、天に代わってとり行なう事柄。天皇が政治にたずさわることなどについていう。＊浄瑠璃・浦島年代記(1722)三「泊瀬(はつせ)の皇子即位有〈略〉天のたくみを請継(うけつぎ)、四海を撫(な)づる功(いさをし)に」

あまの 高市(たけち) 高天原で、諸神が集会する場所となっていた小高い所。天安河(あまのやすのかわ)の近くであったと考えられている。＊書紀(720)神代上(寛文版訓)「故(かれ)八十万(やそよろづ)の神(かみたち)を天高市(アマノタケチ)に会(かんつどへつど)へて問はしむ」＊延喜式(927)祝詞・遷却崇神(享保板訓)「神ろき、神ろみの命を以て天之高市(アマノタケチ)に八百万の神等を神集(つど)へに集へ給ひ神議りに議り給ひて」

あまの 玉櫛(たまぐし) 神聖なたまぐし。あめのたまぐし。＊台記別記-康治元年(1142)一一月一六日・中臣寿詞「天忍雲根神、天の浮雲に乗て、天の二上に上坐て、神漏岐神漏美命の前に申せは天乃玉櫛を事依奉て」

あまの 甜酒(たむざけ) 「日本書紀」に見える酒の名で、味が良いとされた酒。のちに、神酒(みき)の称の一つともされた。＊書紀(720)神代下(水戸本訓)「卜定田(うらへた)を以て号けて狭名田と曰ふ。其の田の稲を以て天甜酒(あまノタムサケ)を醸(か)み嘗(にはなひ)す」＊御巫本日本紀私記(1428)神代下「醸天甜酒〈安万乃佗牟左介爾加美天〉」

あまの 足夜(たりよ) (「天の」は美称) 満ち足りた気持で過ごす夜。すばらしい一晩。あめのたりよ。＊万葉(8C後)一三・三二八〇「現(うつつ)には君には逢はず 夢(いめ)にだに 逢ふと見えこそ 天之足夜(あまのたりよ)を〈作者未詳〉」

あまの 血垂(ちだり) 空飛ぶ鳥が血などを垂らすこと。鳥が口にした餌の血などを空から落とすのをけがれとして嫌う風習があった。あめのちだり。＊延喜式(927)祝詞・大殿祭(出雲板訓)「高天原は、青雲の靄く極み、天能血垂(チタリ)飛ぶ鳥の禍なく」

あまの 巷(ちまた) 天上の街頭。天の浮橋を言い換えたもの。＊謡曲・歌占(1432頃)「それ歌は天地(あめつち)開けし始めより、陰陽の二神天の巷に行き逢ひの、さ夜の手枕結び定めし、世をまなび国を治めて、今も道ある妙文たり」

あまの 戸(と) ①「あま(天)の岩戸①」に同じ。＊万葉(8C後)二〇・四四六五「ひさかたの 安麻能刀(アマノト)ひらき 高千穂(たかちほ)の 岳(たけ)に天降(あも)りし〈大伴家持〉」＊俳諧・犬子集(1633)三・時鳥「天の戸や夜はにほとほととぎす〈利清〉」 ②(大空を海にたとえていった語で、「戸」は水流の出入りする所の意) 大空。天。＊古今(905-914)秋上・一二二「秋風に声をほにあげてくる舟はあまのとわたるかりにぞありける〈藤原菅根〉」 ③(銀河を川にたとえていった語で、「戸」は両側の狭くなっている所の意) 七夕に牽牛、織女の二星が渡る、天の川の川戸。＊後撰(951-953頃)秋上・二二八「織女(たなばた)のあまのと渡る今夜(こよひ)さへをち方人のつれなかるらん〈よみ人しらず〉」＊高野本平家(13C前)一・祇王「秋の初風吹きぬれば、星合の空をながめつつ、あまのと渡る梶の葉に、思ふ事かく比なれや」 ④(夜が明けることにたとえていった語で、「の」「を」を伴って「明く」の枕詞的に用いられることが多い) 夜と昼との間にある戸。夜。空。あまのとざし。＊古今六帖(976-987頃)二・宅「あまのとのさもあけがたくみえしかなこや夏の夜の短かりける」＊和泉式部続集(11C中)下「ほの見えて入りぬる月よ天の戸の明けはつるまでながめつるかな」＊詞花(1151頃)夏・六四「よもすがらたたく水鶏はあまの戸をあけて後こそ音せざりけれ〈源頼家〉」＊浄瑠璃・井筒業平河内通(1720)怨霊振分髪「君に逢ふ夜は天(アマ)の戸のあくるを恨みかたらひし」 発音〈標ア〉ア 辞書日葡

あまの 戸河(とがわ) 「あまのがわ(天川)①」に同じ。＊小町集(9C後か)「千はやぶる神もみまさば立ちさわぎあまのとがはの樋口あけ給べ」

あまの 戸鎖(とざし) (夜がまだ明けないのを戸が閉まっていることにたとえた語で、「とざし」は戸を閉める意) 夜と昼との間の戸が閉まっていること。夜。空。あまのと。＊蜻蛉(974頃)下・天祿三年「夢ばかりみてしばかりにまどひつつあくるぞおそきあまのとざしは」＊壬二集(1237-45)「月影のあまのとざしは明け果てて出づる朝日ぞここにうつろふ」

あまの 鉾(とぼこ) 日本神話の神、伊邪那岐命、伊邪那美命が、国土を造りかためる際に用いた鉾。また、神の祭礼に用いる鉾(日葡辞書(1603-04))。辞書日葡・書言 表記瓊瓊矛(書)

あまの 鳥琴(とりごと) 琴の美称。美しい音色を鳥のさえずりにたとえたものか。あめの鳥琴。＊常陸風土記(717-724頃)行方「天之鳥琴、天の鳥笛は、波に随ひ、潮を逐ひて、杵嶋の唱曲を七日七夜遊び楽び歌ひ舞ひき」

あまの 鳥笛(とりぶえ) 笛の美称。美しい音色を鳥のさえずりにたとえたものか。あめの鳥笛。＊常陸風土記(717-724頃)行方「天の鳥琴、天之鳥笛は、波に随ひ、潮を逐ひて、杵嶋の唱曲を七日七夜遊び楽び歌ひ舞ひき」

あまの 鳥船(とりふね) (「天の」は美称) 鳥が飛ぶように速く走る船。あめの鳥船。＊古事記(712)上「次に生みませる神の名は、鳥之石楠船神(とりのいはくすぶねのかみ)亦(また)の名は天鳥船(あまのとりふね)と謂(まを)す」＊書紀(720)神代下(寛文版訓)「又、汝が往来(かよひ)て海に遊ぶ具(そなへ)の為(ため)に、高橋、浮橋及び天の鳥船(アマノトリフネ)も亦供造(つく)らん」＊浄瑠璃・国性爺合戦(1715)道行「風はなけれどあまの小舟、天の鳥舟岩舟(いはぶね)の空はしり行ごとくにて」

あまの 長田(ながた) (「天の」は美称) 「ながた」は広く長い田の意とも、生命の長い田の意ともされる。＊書紀(720)神代上(水戸本訓)「即ち其の稲種(いなたね)を以て、始めて天狭田及び長田(ナカタ)に殖う」

あまの 名種(なぐさ) 七月七日の夜に、七夕に手向けたささげもの。＊匠材集(1597)三「天のなくさ 七夕に手向の物なり 天名種」＊難波鑑(1680)四「同七日、万の宝物を舟車につみて、七夕に手向たてまつる。是を天の名種といふ。けふはとて天の名種のとりどりに、舟と車や七夕のもの」

あまの 新巣(にいす) 高天原に新築した住居。あめのにいす。＊古事記(712)上「是の我が燧(き)れる火は、高天の原には神産巣日御祖命の、とだる天之新巣(あまのにひす)の凝烟〈凝烟を訓みて州須(すす)と云ふ〉の八拳(やつか)垂るまで焼き挙げ」

あまの 瓊琴(ぬごと) (「瓊」は、玉の意) 玉で飾った立派な琴の意か。この琴は、天つ神の託宣を請う際に用いたものか。あめのぬごと。＊古事記(712)上「即ち其の大神の生(いく)大刀と生(いく)弓矢と、及(また)其の天沼琴(あまのぬごと)を取り持ちて逃げ出でます時に、其の天沼琴(あまのぬごと)樹に払(ふ)れて地動鳴(とどろ)き」 補注右の「古事記-上」の用例は、諸本の間で表記に異同があり「天詔琴」とする本文を採用して、「あま(め)ののりごと」とよみ、天つ神の詔(のりごと)を請うときに用いる琴、と解する説もある。

あまの 渟名井(ぬない) (「渟」は瓊(たま)の意。「名」は助詞「の」と同じ) 高天原にあり、玉のように澄んだ水が湧くとされた井戸。＊書紀(720)神代上(水戸本訓)「已にして素戔嗚尊、其の頸(くび)に嬰(うな)げる五百箇(いをつ)の御統(みすまる)の瓊(に)を天渟名井(アマノヌなゐ)、亦の名は去来之真名井(いざのまなゐ)に濯(ふりすす)ぎて食(を)す」＊書紀(720)神代上(丹鶴本訓)「素戔嗚尊、乃ち轠轤然(をさくるは)に其の左の髻(みもとどり)に纏(まかせる五百箇の統(みすまる)の瓊の綸を解(ひきと)き、瓊響(ぬなと)も瑲瑲(ゆら)に天渟名井(あまノヌナヰ)に濯(すす)き浮(うごか)し」

あまの 瓊矛(ぬほこ・にほこ) 玉で飾った立派な矛(ほこ)。「古事記」「日本書紀」では、伊邪那岐、伊邪那美二神の国産みに際して用いられたものとされる。＊古事記(712)上「是のただよへる国を修理(つく)り固め成せ、と天沼矛(あまのぬほこ)を賜ひて、言依(ことよ)さし賜ひき」＊書紀(720)神代上(水戸本訓)「伊奘諾尊・伊奘冉尊、天浮橋(あまのうきはし)の上に立たして、〈略〉廼(すなは)ち天之瓊〈瓊は玉なり。此をば努(ヌ)と云ふ〉矛(アマノヌホコ)を以て、指し下(をろ)して探(かきさぐ)る」＊謡曲・金札(1384頃)「天地開けし国の起こり、天の瓊矛(にほこ)の直(すぐ)なるや」

あまの 詔(のりごと) 天つ神のおおせごと。神の託宣。神託。あめの詔。

あまの 詔琴(のりごと) 天つ神の詔(のりごと)を請うときに用いたと信じられた和琴(わごん)。あめの詔琴。＊改正増補和英語林集成(1886)「Amano-norigoto アマノ ノリゴト」 補注「古事記-上」に、諸本の間で表記に異同のある語「天沼(詔)琴」があるが、これは「あま(め)のぬごと」と解するのが妥当であると考えられる。→あまの(天)瓊琴(ぬごと)

あまの はえきりの剣(つるぎ) (「はえ(へ)」は、蛇の意の「はは」と関係ある語。「きり」は「斬り」の意) 「あまの(天)ははきり」に同じ。＊書紀(720)神代上(水戸本訓)「素戔嗚尊、乃ち天蠅斫之剣(アマノハヘキリのつるぎ)を以て彼の大蛇を斬りたまふ」＊御巫本日本紀私記(1428)神代上「以天蠅斫之剱〈安万乃波倍支里乃津留支毛知天〉」

あまの 羽車(はぐるま) 神の遷宮や渡御のとき、神霊を納め奉る乗輿(じょうよ)。宮中賢所の御料は御

羽車といい、輦(れん)の制を示す。「旧事紀」に見える、大己貴神が天羽車大鷲に乗ったという伝説からいうか。

あまの 羽衣(はごろも) ①天人の衣装。元来は天人の資格を表わすもので、飛行するためのものではないが、後世、これによって空をかけめぐるもののように解された。あめの羽衣。＊竹取(9C末-10C初)「天人の中に持たせたる箱あり。あまのは衣入れり〈略〉衣著つる人は心ことになるなりといふ」＊伊勢物語(10C前)一六「これやこのあまのは衣むべしこそ君がみけしとたてまつりけれ」＊古今六帖(976-987頃)五・服餝「そらにとぶあまのはころもえてしかなうきよのなかにかくものこさじ」＊書陵部本名義抄(1081頃)「天衣 アマノハゴロモ〈遊〉」②天皇が大嘗会(だいじょうえ)、神今食(じんごんじき)や新嘗祭(にいなめまつり)などの祭事で沐浴(もくよく)されるときに身につける湯かたびら。＊西宮記(969頃)一一・大嘗会「主殿供御湯〈略〉天皇着天羽衣浴之如常」＊江家次第(1111頃)一〇・新嘗祭「主殿寮供御湯縫司供天羽衣」＊建武年中行事(1334-38頃)六月一一日・神今食「御舟に御湯かたびらめしていらせ給。三杓めして、天の羽衣〈御ゆかたびらをいふなり〉舟のうちにぬぎすてて、更にくられうの御ゆかたびらをめしてあがらせ給」 [語誌]「竹取物語」の用例では、天人たる資格を表わすものであるが、近江風土記の逸文と見られる伊香小江の話では、「天衣」とあり、天人が空を飛ぶための道具である。ただし、風土記の逸文と確定できないため、飛行機能が古くからのものかどうかは断定できない。むしろ、②との関係から、人間が人間でないものに変身するための機能を根本と見るべきか。 [発音]アマノハゴロモ〈標ア〉[ア]〈ア史〉平安・鎌倉○○○=●●●○〈京ア〉[ア]=[八] [辞書]色葉・名義・言海 [表記]天衣(色・名) 天羽衣(言)

あまの 羽衣(はごろも)**撫**(な)**ず** 非常に長い時間が経過することのたとえ。天人が百年に一度ずつ四〇里四方の石を羽衣で撫で、それでもその石がすり減ってなくなってしまうよりもっと長い時間をいう。＊拾遺(1005-07頃か)賀・二九九「君が世はあまのは衣まれにきてなづとも尽きぬいはほならなん〈よみ人しらず〉」＊太平記(14C後)一一・越中守護自害事「恋ひ悲しみし月日は、天(アマ)の羽衣(ハゴロモ)撫(ナデ)尽くすらん程よりも長く」

あまの 櫨弓(はじゆみ) 櫨(はじ)で作った、神聖な弓。あめのはじゆみ。＊古事記(712)上「即ち、天の若日子、天神の賜へる天之波士弓(あまのハジゆみ)と天のかく矢とを持ちて、其の雉を射殺しき」＊書紀(720)神代下(鴨脚本訓)「手には天梔弓(あまノハシユミ)と天のはは矢とを捉り、八目の鳴鏑(かぶら)とを副持(とりそ)へ」＊水戸本甲日本紀私記(1678)神代下「天梔弓〈アマノハシユミ〉」

あまの 羽袖(はそで) 天人の羽衣の袖。転じて、五節(ごせち)の舞姫の衣の袖。あまつそで。＊源氏(1001-14頃)乙女「日影にもしるかりけめやをとめ子があまのは袖にかけし心は」＊大観本謡曲・泰山府君(1423頃)「あはれ一枝を天の羽袖に手折りて、月をもともに眺めばやの」

あまの 鳩船(はとぶね) (鳩のように速く走る船の意)「熊野(くまの)の諸手船(もろたぶね)」の別名とされている船の名。＊書紀(720)神代下(寛文版訓)「故(かれ)、熊野諸手船(くまののもろたぶね)〈亦の名は天鴿船(アマノハトブネ)〉を以て使者(つかひ)稲背脛を載せて遣(や)って」

あまの ははか 神聖な、ははか。「ははか」は、木の名。あめのははか。＊古事記(712)上「天香山の真男鹿の肩をうつ抜きに抜きて、天香山之天波波迦(あまのハハカ)〈此の三字は音を以ゐる。木の名ぞ〉を取りて、占へ令めまかなは令めて」

あまの ははきり (「天の」は美称、「はは」は蛇の意。「きり」は「斬り」の意) 蛇を切ることに基づいた剣の名。素戔嗚尊(すさのおのみこと)の大蛇退治の神話にある。あまのはえきりのつるぎ。＊書紀(720)神代上(丹鶴本訓)「時に彼処に人を呑む大蛇有り。素戔嗚尊、天蠅斫(アマノハハキリ)の剣を以て、彼の大蛇を斬りたまふ」＊古語拾遺(807)「天十握剣〈其名、天羽斬。今、石上神宮に在り。古語に大蛇、之を羽々と謂ふ。蛇を斬ると言ふなり〉を以て八岐大蛇を斬りたまふ」 [語誌]「はは」は「はぶ」「へみ」などと同根の語。「蠅」を「はは」と訓むのは、さけ(乙類)→さか(酒)、あめ(乙類)→あま(雨)、たけ(乙類)→たか(竹)などによって、はへ(乙類)→はは(蠅)と認められることによる。

あまの ははきりの剣(つるぎ) 「あまの(天)ははきり」に同じ。

あまの はは矢(や) 語義未詳。見事な矢羽のついた、神聖な矢の意か。あめのははや。＊古事記(712)上「故、爾に天のまかこ弓、天之波々〈此の二字は音を用ゐる〉矢(あまのハハや)とを以ちて天若日子に賜ひて遣はしき」＊書紀(720)神代下(寛文版訓)「手には天梔弓(はじゆみ)・天羽羽矢(あまノハハヤ)を捉(と)り」

あまの はは弓(ゆみ) 語義未詳。あめのははゆみ。「あまの(天)はは矢」を射る弓の意か。＊先代旧事本紀(806-936頃)五・天孫本紀「饒速日尊以夢教於妻御炊屋姫云、汝子如吾形見物。即、天璽瑞宝矣。亦天羽々弓、天羽々矢」

あまの はは鷲(わし) 語義未詳。羽の幅広く大きな鷲の意か。あめのははわし。＊出雲風土記(733)島根「出雲の郡(こほり)、杵築(きづき)の御埼に蜛蝫(たこ)有りき。天羽々鷲掠(と)り持ちて、飛び燕(ひるが)へり来て、此の嶋に止みき」

あまの 羽鞴(はぶき) 皮などで作ったふいご。＊書紀(720)神代上(兼方本訓)「又、真名鹿の皮を全剝(うつはぎ)にはぎて天羽鞴(あまノハブキ)に作る」

あまの 早車(はやぐるま) 速く走る車。＊神道集(1358頃)一〇・五〇「尤も此義謂れ在とて、天早車を奉らる」

あまの 早船(はやふね) 速く行く船。＊神道集(1358頃)一〇・五〇「他国へ移らんとて天早船を設震旦の南、平城国へぞ超らる」

あまの 原(はら) ⇩親見出し

あまの 日嗣(ひつぎ) 「あまつ(天)日嗣(ひつぎ)」に同じ。＊万葉(8C後)一八・四〇八九「高御座(たかみくら) 安麻乃日継(アマノひつぎ)と すめろきの 神のみことの きこしをす 国のまほらに〈大伴家持〉」＊拾遺(1005-07頃か)神楽歌・六〇八「とどこほる時もあらじな近江なるおものはまのあまのひつぎは〈平兼盛〉」

あまの 平瓮(ひらか) (瓮(か)は、容器の意) 土製の平たい容器で、祭器としても用いられたもの。あめのひらか。＊書紀(720)神武即位前戊午年九月「天平瓮(あまのヒラカ)八十枚(やそち)を造り〈平瓮、此をば毗邏介(ヒラカ)と云ふ〉、幷せて厳瓮(いつへ)を造りて」＊高山寺本名義抄(鎌倉初)「天平賀 アマノヒラガ」 [辞書]色葉・名義 [表記]天平賀(色・名)

あまの 平田(ひらた) (「平田」は、凹凸(おうとつ)のない平らな田の意) 日神(ひのかみ)の田の名で、高天原にある良田の一つと考えられていた。＊書紀(720)神代上(水戸本訓)「是の後に日の神の田(みた)三処(みところ)有り。号(なづ)けて天安田(あまのやすだ)、天平田(アマノヒラた)、天邑幷田(あまのむらあはせだ)と曰ふ。此れ皆良き田なり」

あまの 二上(ふたかみ) 高天原にあるとされる二峰並立の山。神漏岐(かむろき=男の皇祖神)、神漏美(かむろみ=女の皇祖神)二神の座所という。あめのふたかみ。＊台記別記-康治元年(1142)一一月一六日・中臣寿詞「天忍雲根神を天乃二上に上せ奉りて、神ろき、神ろみの命の前に受け給はり申ししに」

あまの 斑駒(ふちこま) 高天原にいたという、まだら毛の馬。あめのふちこま。＊書紀(720)神代上(水戸本訓)「時に素戔嗚尊、〈略〉秋は則ち天斑駒(アマノフチコマ)を放ちて田の中に使伏(ふす)」＊御巫本日本紀私記(1428)神代上「剝天斑馬〈阿万乃不知古末乎佐加波岐爾巴支弖〉」

あまの 神庫(ほくら) ⇩「あめの(天)」の子見出し

あまの 真鹿児矢(まかこや) 「古事記」に見える矢の名で、語義未詳。一説に、鹿などを射る立派な矢の意。あまのかぐや。あめのまかこや。＊古事記(712)上「故(かれ)、爾(ここ)に天忍日命と天津久米命と二人、天の石靫(いはゆき)を取り負ひ、頭椎(くぶつち)の大刀(たち)を取り佩(は)きて、天の波士(はじ)弓を取り持ち、天之真鹿児矢(あまのまかこや)を手挟(たばさ)みて御前に立ちて仕へ奉りき」

あまの 真鹿児弓(まかこゆみ) 「古事記」に見える弓の名で、語義未詳。一説に、鹿などを射る立派な弓の意。あまの(天)鹿児弓(かこゆみ)。あめのまかこゆみ。＊古事記(712)上「故(かれ)、爾(ここ)に天之麻迦古弓(あまのマカコゆみ)と天のはは矢とを以ちて天若日子に賜ひて遣はしき」

あまの 益人(ますひと) ①(「天の」は、美称) 一人前の立派な人。あめのますひと。＊延喜式(927)祝詞・六月晦大祓(出雲板訓)「安国と、平らけく知し食さむ国中に、成出(なりい)でむ天之益人(あまのマスヒト)等が過ち犯しけむ雑雑の罪事は」②(「天の」は「天つ神の意による」の意) 数が増して栄える人民。百姓。＊神皇正統記(1339-43)上・大日孁尊「陰神うらみて『此国の人を一日に千頭ころすべし』との給ければ、陽神は『千五百頭を生べし』との給けり。よりて百姓をば天の益人(マスひと)とも云」

あまの 真名井(まない) 高天原にある神聖な井。あめの真名井。＊古事記(712)上「十拳剣を乞ひ度して、三段に打ち折りて、奴那登母母由良爾、天之真名井(あまのまなゐ)に振り滌ぎて」＊書紀(720)神代上(水戸本訓)「是に、天照大神、乃ち、素戔嗚尊の十握剣(とつかのつるぎ)を索取(こひと)り、打折(うちを)りて三段(みきた)に為(な)し、天真名井(アマノマナゐ)に濯(ふりすす)きて」 [補注]井と玉とを結びつけた説話が多いので、「まない」は「真瓊な井(まぬない)」の変化したものとする説がある。

あまの 真魚咋(まなぐい) (「天の」は「高天原の、天神の」の意。「ま」は、立派なの意の接頭語。「な」は食用の魚の意) 天つ神の召し上がり物とする立派な魚料理。あめのまなぐい。＊古事記(712)上「口大の尾翼鱸〈鱸を訓みて、すずきと云ふ〉さわさわに、控き依せ騰げて、打竹のとををとををに、天之真魚咋、献る」

あまの 眼(まなこ) 天にいる神が見ていること。また、そのまなざし。＊青表紙一本源氏(1001-14頃)薄雲「罪おもくて、天のまなこおそろしく思給へらるることを、心にむせび侍りつつ」

あまの 御饗(みあえ) (「天の」は「神聖な」の意) 神聖なお食事。神饌。あめのみあえ。＊古事記(712)上「水戸神の孫櫛八玉神を膳夫と為て、天御饗を献りし時に」

あまの 御舎(みあらか) (「天の」は「神聖な」の意) 神聖な御殿。あめのみあらか。＊古事記(712)上「如此く白して、出雲国のたぎしの小浜に、天之御舎を造りて」＊延喜式(927)祝詞・遷却崇神(享保板訓)「安国と平けく知し食さむ皇御孫之尊の天御舎(あまのミアラカ)の内に坐す皇神等(たち)は」

あまの 御飯田(みいいだ) (「天の」は「天つ神の」

の意）天つ神に供えるための米を耕作する田。あめのみいいだ。＊出雲風土記(733)楯縫「天下造らしし大神の命、天御飯田（あまのみいひだ）の御倉を造り給はむとする処を覓ぎ巡行（めぐ）り給ひき」

あまの 御蔭（みかげ）（「天の」は「天（てん）の」の意。天をおおって蔭を作ることから）壮大な宮殿。天皇の御殿。天の八十蔭。あめのみかげ。＊延喜式(927)祝詞・祈年祭（九条家本訓）「皇御孫命の瑞（みづ）の御舎（みあらか）を仕奉（つかむまつ）りて天御蔭（アマノミカゲ）日御蔭と隠れ坐（ま）して」

あまの 瓺わ（みかわ）（「天の」は「神聖な」の意）神聖な瓶（かめ）。あめのみかわ。＊延喜式(927)祝詞・出雲国造神賀詞（出雲板訓）「天能瓺和（あまノミカワ）に斎（い）みこもりて、志都宮（しつみや）に静（しつ）め仕へ奉りて」

あまの みこと 天帝。あめのみこと。＊良寛歌(1835頃)「かけまくも あやにたふとし 言はまくも 畏（かしこ）きかも ひさかたの あまのみことの みかしらに 白髪（しらかみ）生ふる」

あまの 御領田（みしろた）（「天の」は「天つ神の」の意）天つ神の御領である田。あめのみしろた。＊出雲風土記(733)出雲「天下造らしし大神の御子、和加布都怒志命、天地の初めて判れし後に、天御領田（あまのみしろた）の長仕へ奉り坐しき」

あまの 御巣（みす）天つ神の住む高天原の御殿。あめのみす。＊古事記(712)上「唯、僕（やつかれ）が住所（すみか）をば天神の御子の天つ日継（ひつぎ）知ろしめすとだる天之御巣（あまのみす）如（な）して、底つ石根に、宮柱ふとしり」

あまの 御空（みそら）（「み」は美称の接頭語）天空。あまつみそら。＊万葉(8C後)五・八九四「天地（あめつち）の 大御神たち 大和の 大国霊（おほくにみたま） ひさかたの 阿麻能見虚（アマノみそら）ゆ天翔（あまかけ）り 見渡し給ひ〈山上憶良〉」＊古今六帖(976〜987頃)一・天「はなはだもふらぬ雨ゆゑこちたくもあまのみそらのくもりあひつつ」＊出観集(1170〜75頃)冬「吹きまよふ風にまがひて雪ふれば天のみ空にいさごみなぎる」

あまの 御量（みはかり）（「天の」は「高天原の」の意）高天原の尺度。天上界で定めた物差し。あめのみはかり。＊出雲風土記(733)楯縫「此の天御量（あまのみはかり）持ちて、天下造らしし大神の宮を造り奉れ」＊古語拾遺（亮順本訓）(807)「二はしらの神を令（し）て、天御量（あまノミハカリ）〈大小の斤（はかり）雑器等の名なり〉を以て、大峡（かひ）、小狭（をさか）の材を伐りて瑞殿〈古語、美豆能美阿良可（みづのみあらか）〉を造り」

あまの 御柱（みはしら）天を支える柱。あめのみはしら。＊古事記(712)上「其の島に天降り坐して、天之御柱を見立て、八尋殿を見立てたまひき」＊延喜式(927)祝詞・龍田風神祭（享保板訓）「我が御名は天乃御柱（アマノミハシラ）の命、国の御柱の命と御名（みな）をば悟し奉りて」＊御巫本日本紀私記(1428)神代上「化堅天柱〈安末乃美波志良奈美太川〉」＊夫木(1310頃)三四「すずか山神ぢの宮ゐふりはへてよをたてそめしあまのみはしら〈藤原行能〉」

あまの 邑幷田（むらあわせだ）日の神の田の名で、高天原にある良田の一つと考えられていた。邑幷田は、語義未詳であるが、一説に、多くの邑（むら）が共同で耕作した広い田の意かという。＊書紀(720)神代上（水戸本訓）「是の後に日の神の田（みた）三処（みところ）有り。号（なづ）けて天安田（あまのやすだ）、天平田（あまのひらた）、天邑幷田（アマノムラアハセだ）と曰ふ。此れ皆良き田なり」

あまの 邑君（むらぎみ）高天原における村の長。＊書紀(720)神代上（水戸本訓）「又因て天邑君（アマノムラキミ）を定む。即ち其の稲種（いなたね）を以ちて始めて天狭田（あまのさだ）と長田（ながた）とに殖う」＊御巫本日本紀私記(1428)神代上「天邑君〈安万乃牟良岐見〉」 辞書 書言・言海 表記 稲納人（書）天邑君（言）

あまの 村雲（むらくも）「あまの（天）叢雲剣（むらくものつるぎ）」の略。＊浄瑠璃・嫗山姥(1712頃)一「我神国の天（アマ）の村雲百王護国の御守りのゐふす民こそ、めでたけれ」

あまの 叢雲剣（むらくものつるぎ・むらくもものけん）「日本書紀」一書に見える剣の名で、「草薙剣（くさなぎのつるぎ）」のもとの名とされる。あめのむらくものつるぎ。あまのむらくも。＊書紀(720)神代上（丹鶴本訓）「草薙剣、此をば倶娑那伎都留伎（くさなぎのつるぎ）と云ふ。一書に云はく、本、天叢雲剣（アマノムラクモノツルギ）と名づく。蓋し大蛇居る上に常に雲気有り。故以て名（なづ）くるか」＊太平記(14C後)二五・自伊勢進宝剣事「尊怪みて剣を取直し、尾を立様に割きて見給へば、尾の中に一の剣あり、此所謂天叢雲剣（アマノムラクモノつるぎ）也」 辞書 文明・言海 表記 天叢雲剣（文・言）

あまの 群早稲（むらわせ）神代に高天原で作られたとされる多数の早稲。＊藤谷集(1328頃)「古の神のみとしろ跡しあれば今も種まけあまのむらわせ」＊大観本謡曲・飛鳥川(1466頃)「種蒔（ま）きしその神の代ぞ久方の天の村早稲種継ぎて」

あまの 八井（やい）（「天の」は「神聖な」の意）神聖な多くの井。この井の水を天孫の供御（くご）の料に用いた。あめのやい。＊台記別記‐康治元年(1142)一一月一六日・中臣寿詞「如此（かく）告らば、まちは弱韮にゆつ五百篁生ひ出でむ、其の下より天乃八井（あまノやゐ）出でむ。此を持ちて天つ水と聞し食せと事依さし奉りき」

あまの 八重雲（やえぐも）⇩「あめの（天―）」の子見出し

あまの 八重棚雲（やえたなぐも）⇩「あめの（天―）」の子見出し

あまの 八女（やおとめ）八人の天女。天上の神仙境にいる八人の仙女。あめのやおとめ。＊帝王編年記‐養老七年(723)癸亥「天之八女、倶為二白鳥一、自レ天而降、浴二於江之南津一」

あまの 安田（やすだ）「日本書紀」に見える日の神の田の名で、高天原にある良田の一つと考えられていた。安田は、安らかに実る田、の意か。＊書紀(720)神代上（水戸本訓）「是の後に日の神の田（みた）三処（みところ）有り。号（なづ）けて天安田（アマノヤスダ）、天平田（あまのひらた）、天邑幷田（あまのむらあはせだ）と曰ふ。此れ皆良き田なり」

あまの 安河（やすのかわ）（「天の」は「高天原の」の意。「安（やす）」は、「八瀬（やせ＝瀬が多いの意）」の変化したものとする説もあるが、未詳）高天原にあるとされた川の名。あめのやすのかわ。＊古事記(712)上「故（かれ）、爾に各（おのもおのも）天安河（あまのやすのかは）を中に置きてうけふ時に」＊書紀(720)神代上（水戸本訓）「日神、素戔嗚尊と天安河（アマノヤスカハ）を隔てて、相ひ対ひて、乃ち立ちて誓約（うけ）ひ」

あまの 安河原（やすのかわら）「天（あま）の安河（やすのかわ）」の河原。高天原において、神々の会合する場所とされた。あまの八十河原（やそのかわら）。あめのやすのかわら。＊古事記(712)上「是を以ちて八百万の神、天安之河原（あまのやすのかはら）に神集（かむつど）ひに集ひて」＊書紀(720)神代上（水戸本訓）「復剣の刃（は）より垂（しただ）る血（ち）是れ天安河辺（アマノヤスノカハラ）に在（あ）る五百箇磐石（いほついはむら）と為（な）る」＊御巫本日本紀私記(1428)神代上「会於天安河辺〈阿万能耶須乃可巴良爾加美豆止比爾都止比天〉」

あまの 八十蔭（やそかげ）（「やそ」は、「広大な」の意。「かげ」は、日蔭になる所の意）天皇の住む広く立派な宮殿。あまの御蔭（みかげ）。＊書紀(720)推古二〇年正月・歌謡「やすみしし我が大君の隠（かく）ります、阿摩能椰蘇河礙（アマノヤソカゲ）」

あまの 八十河原（やそのかわら）「あまの（天）安河原（やすのかわら）」に同じ。＊書紀(720)神代上（水戸本訓）「軻遇突智を斬る時に、其の血激越（そそ）いで天八十河中（アマノヤソノカハラ）に在（あ）る五百箇磐石（いほついはむら）を染（そ）む」

あまの 八十びらか（やそびらか）（「天の」は「神聖な」の意。「やそ」は「数多くの」の意）神聖な、数多くの平瓮（ひらか）。あめのやそびらか。＊古事記(712)上「櫛八玉神、鵜（う）に化（な）りて海の底に入り、底のはにを咋（く）ひ出でて天八十毗良迦（あまのやそビラカ）を作りて」＊古事記(712)中（兼永本訓）「天之八十毗羅訶（あまノヤソビラカ）を作り、天神（あまつかみ）地祇（くにつかみ）の社（やしろ）を定（さだ）め奉りたまひか」

あまの 八衢（やちまた）（「八（や）」は「数多くの」の意。「衢（ちまた）」は、「道の分かれるところ」の意）天上で、数多くの道が分かれる所。高天原から葦原中国（あしはらのなかつくに）に下る道の途中にあったとされる。あめのやちまた。＊古事記(712)上「爾に日子番能邇邇芸命、天降りまさむとする時に、天之八衢（あまのやちまた）に居て上は高天原を光（てら）し、下は葦原の中つ国を光す神、是に有り」＊書紀(720)神代上（鴨脚本訓）「一の神有り。天八達之衢（あまノヤチマタ）に居て、其の鼻の長さ七咫（あた）、背（そびら）の長さ七咫余り」＊談義本・風流志道軒伝(1763)跋「猿田彦の大神、天（アマ）の八衢（ヤチマタ）にしてみゆきの路を遮（さへぎり）玉ふ」

あまの 命（よさし）（「天の」は「天（てん）の」の意）「あまつ（天）命（よさし）」に同じ。あめのよさし。＊書紀(720)顕宗元年正月（図書寮本訓）「天命（あまノヨサシ）属（つ）くこと有り。皇太子、推（お）し譲（ゆづ）る」 補注 漢語「天命」の訓読により生じた語か。もし、元来和語であったものとすれば、「天の」は「天つ神の」の意であると考えられる。

あまの 吉葛（よさずら・よそずら）（「よさ」は「吉（よ）し」の変化した語。「ずら（づら）」は、つる草の意で、かずらの意）高天原にある良い質のかずら。「日本書紀」に神格化された植物の名で見える。＊書紀(720)神代上「其の神退（かむさ）りまさむとする時に、則ち水神罔象女（みつはのめ）と土神埴山姫（はにやまびめ）とを生み、又天吉葛を生みたまふ。天吉葛、此をば阿摩能与佐図羅（アマノヨサヅラ）と云ふ。一に云はく、与曾豆羅（ヨソヅラ）と云ふ」

あまの 余所（よそ）（「天空の向こうにいる」の意から）すっかり疎遠になっているさま。あまりにも冷淡であるさま。＊浄瑠璃・自然居士(1697頃)道行「あまのよそ成君故に、是迄（ここまで）あくがれ参（まゐ）りし也」

あまの【天野】 一 大阪府河内長野市の北部の地名。後村上天皇の皇居となった金剛寺がある。＊太平記(14C後)三四・和田楠軍評定事「此の比（ころ）吉野の新帝は、河内の天野（アマノ）と云ふ処を皇居にて御座有りければ」 二 和歌山県伊都郡の地名。高野山の西谷、野上川の水源地。＊発心集(1216頃か)六・西行女子出家事「さてさて此むすめ、尼に成て、高野のふもとに天野（アマノ）と云ふ所にさいだちて母が尼になりて居たる所に行て」 三〘名〙「あまのざけ（天野酒）」の略。＊尺素往来(1439〜64)「酒者柳一荷、加之天野、南京之名物、兵庫、西宮之旨酒」＊蔭凉軒日録‐文正元年(1466)三月四日「成知客持二小樽一来。仍問レ之。曰、天野之吉味、尤為二妙味一也。不レ可レ不レ賞也」＊仮名草子・仁勢物語

(1639-40頃)下・九六「かの男は天野の酒手を負ひてなん隠れ居るなる」 発音〈標ア〉0 辞書文明・伊京・明応・天正・黒本・易林 表記天野(文・伊・明・天・黒・易)

あまの【天野】 姓氏の一つ。

あまの-さだかげ【天野信景】 江戸前期の国学者。尾張藩士。号残翁。歴史、神道、文学、有職故実、博物、風俗に通じた博学者として知られ、実証的な立場で百種をこえる著述を残した。主著に「塩尻」の他、「尾張国人物志」など。寛文三～享保一八年(一六六三～一七三三)

あまの-そうほ【天野宗歩】 江戸後期の棋士。江戸の人。五歳で第一一代大橋宗桂に入門。近代将棋の定跡の基礎をつくり、棋聖と称される。文化一三～安政六年(一八一六～五九)

あまの-ためゆき【天野為之】 経済学者、教育家。東京出身。明治一五年(一八八二)東京帝大卒業。同年東京専門学校(早稲田大学の前身)創設と同時に同校専任講師となる。また、同二三年の第一回総選挙で衆議院議員に当選。大正六年(一九一七)いわゆる早大騒動で学長、教授を辞任。早稲田実業学校の創設にも尽力、没するまで校長の職にあった。主著「経済原論」「商政標準」。万延元～昭和一三年(一八六〇～一九三八)

あまの-ていゆう【天野貞祐】 哲学者、教育家。文博。神奈川県出身。京都帝大卒業。のち、同大学教授。カント哲学を研究し、「純粋理性批判」を翻訳、「道理の感覚」などを著わす。甲南高校・一高校長、第三次吉田内閣の文相、日本育英会会長などを歴任。のち独協大学学長。明治一七～昭和五五年(一八八四～一九八〇)

あまの-とうりん【天野桃隣】 江戸前期の俳人。本名藤太夫、別名桃翁、太白堂。伊賀上野の人。芭蕉の従弟とも。江戸に出て芭蕉に学ぶ。編著「陸奥衛(むつちどり)」など。寛永一六～享保四年(一六三九～一七一九)

あまのいわとわけ-じんじゃ【天石門別神社】 岡山県英田(あいだ)郡英田町滝宮にある神社。旧県社。祭神は天石門別命(みこと)。美作国三の宮。あめいわとわけじんじゃ。滝宮神社。作州滝の宮。お滝さん。

あまのいわとわけ-の-かみ【天石門別神】 「古事記」「土佐風土記」逸文などに見える神。石門を守る神。天孫降臨の時、瓊瓊杵尊(ににぎのみこと)に従って天降る。櫛石窓神(くしいわまどのかみ)。豊石窓神(とよいわまどのかみ)。

あまのうずめ-の-みこと【天鈿女命】 記紀などに見える神。猿女(さるめ)氏の祖神。天照大神が天の岩屋戸に隠れた時、岩屋戸の前で踊った女神。天孫降臨の際、天の八衢(やちまた)に立っていた猿田彦神を懐柔して、道案内をさせた。鈿女。 発音〈標ア〉ア

あまのうわばる-の-みこと【天表春命・天上春命】 「先代旧事本紀」などに見える神。思兼神(おもいかねのかみ)の子神。信濃阿智祝部、武蔵秩父国造の祖神。天孫降臨の時、守護神として従う。 発音〈標ア〉ア

あまのおしひ-の-みこと【天忍日命】 記紀などに見える神。高天原の武神。大和朝廷の軍事を担当した大伴氏の祖神。天孫降臨の時、天津久米命(あまつくめのみこと)とともに弓、矢、剣を携えて瓊瓊杵尊(ににぎのみこと)を先導した。 発音〈標ア〉ア

あまのおしほみみ-の-みこと【天忍穂耳命】 記紀などに見える神。天の安河で、素戔嗚尊と天照大神が誓約(うけい)を行なった際生まれた、五男神中の一神。瓊瓊杵尊(ににぎのみこと)の父神。正哉吾勝勝速日(まさかあかつかちはやひ)天忍穂耳命。天忍骨命(あまのおしほねのみこと)。 発音〈標ア〉ア

あまの-がき【天野柿】〘名〙 大阪府河内長野市天野に産する名物の柿。

あま-の-かぐやま【天香具山・天香山】 一 (二)(古くは「あめのかぐやま」) 奈良県橿原(かしはら)市東部にある小丘。畝傍(うねび)山、耳成(みみなし)山とともに大和三山と呼ばれる。高山。賀久山。歌枕。*散木奇歌集(1128頃)夏「とをちには夕立すらし久かたのあまのかく山雲かくれゆく」 *俳諧・本朝文選(1706)六・銘類・西の銘〈許六〉「天(アマ)の香来山(カクヤマ)の衣をたち、布引の機物(はたもの)をはえたる糸すじも、皆是ほそみより出たる女の手わざならん」 発音アマノカグヤマ 〈標ア〉ア 〈京ア〉ア=0 辞書文明・書言 表記天香久山(文) 余香久山(書)

あまのかぐやま-の-みこと【天香山命】 「日本書紀」などに見える神。尾張連(おわりのむらじ)等の祖神。天火明命(あめのほあかりのみこと)の子。神武天皇の東征の時、韴霊剣(ふつのみたまのつるぎ)を献上した高倉下命(たかくらじのみこと)と同神という。

あま-の-かごやま【天香具山】 「あまのかぐやま(天香具山)」に同じ。平安時代には香具山を「あまのかごやま」ということが多い。*古今六帖(976-987頃)二・山「いにしへのことはしらぬをわれみても久しくなりぬあまのかご山」 発音アマノ=カゴヤマ 〈標ア〉ア=0

あま-の-かゆ【一粥】〘名〙 正月一五日につくる、あずきがゆを、兵庫県各地でいう。

あまのかるも【海人刈藻】 物語。四巻。作者未詳。中宮藤壺と三位中将(中納言から権大納言に昇る)の悲恋をあつかう。趣向、文体とも「源氏物語」「狭衣物語」の模倣とされる。現存本は鎌倉時代の改作本。 発音〈標ア〉ア

あまのかわ【天の川】 吉岡禅寺洞を中心とする俳句雑誌。大正七年(一九一八)創刊、昭和一九年(一九四四)休刊、同二二年復刊。「ホトトギス」系俳誌として出発。昭和一〇年代に新興俳句の有力誌となり、戦後は口語自由律に転じた。

あまの-かわ【天野川】 (「あまのがわ」とも) 滋賀県東部、米原(まいばら)町・近江町を流れる川。伊吹山の南裾に発して琵琶湖に注ぐ。古来、川沿いに交通が開け、朝妻、筑摩の要港があった。全長一九キロメートル。天の川。 発音〈標ア〉ノ

あま-の-がわ【天川・天河】〘名〙(古くは「あまのかわ」とも) ①銀河の異称。天空の川に見たてる。七月七日の夜、牽牛と織女がこの天の川を渡って年に一度逢うという、七夕の伝説が有名。銀漢。天漢。《季・秋》 *万葉(8C後)一五・三六五八「夕月夜(ゆふづくよ)影立ち寄り合ひ安麻能我波(アマノガハ)漕ぐ舟人を見るが羨(とも)しさ〈遣新羅使人〉」 *十巻本和名抄(934頃)一「天河 兼名苑云天河一名天漢〈今案又一名漢河又一名銀河也 和名阿万乃加波〉」 *源氏(1001-14頃)東屋「あまのかはを渡りても、かかる彦星の光をこそ待ちつけさせめ」 *日葡辞書(1603-04)「Amanogaua(アマノガワ)」 *俳諧・奥の細道(1693-94頃)越後路「荒海や佐渡によこたふ天河」 ②「たなばた(七夕)」、また「たなばたまつり(七夕祭)」のこと。*雑俳・柳多留-一八(1783)「四方からふでをつっこむ天の川」 *雑俳・柳筥(1783-86)一「白い短冊はまま子の天の川」 発音アマノガワ 〈なまり〉アマスガー〔八丈島〕アマネガワ〔津軽語彙・岩手〕アマノカワ〔長崎〕アマンカワ・アメノカワ〔熊本分布相〕 〈標ア〉ノ 〈ア史〉平安・鎌倉○○○◎○ 〈京ア〉ノ 辞書和名・色葉・名義・和玉・文明・伊京・明応・天正・饅頭・黒本・易林・日葡・書言・ヘボン・言海 表記天河(和・色・名・伊・明・天・饅・黒・易・書・言) 銀河(名・伊・天・易) 銀漢(色・名・天・書) 漢河(色・名) 天漢(文・伊・ヘ) 銀璜(色) 漢(玉) 銀浦(伊) 銀潢(書)

あまのがわ の 席(せき) 茶室の一形式。点前(てまえ)畳を天の川と見たてて、その両側に客畳を敷いたもの。久田流三世宗全が考案。

あまのがわ を かき流(なが)す よう 雄弁なことをたとえていう。*大鏡(12C前)五・道長上「ぬしのたぶ事も、あまのがはをかきながすやうに侍れど、をりをりかかるひが事のまじりたる」

あまの-がわ【天之河・天野川】 大阪府枚方(ひらかた)市を流れる淀川の支流。妙見山の南に発する。また、枚方市禁野(きんや)付近の地名。歌枕。*伊勢物語(10C前)八二「この酒を飲みてむとて、よき所を求めゆくに、あまの河といふ所にいたりぬ」 *後京極殿御自歌合(1198)「物へまかりけるに、天川といふ所を過ければ　むかしきく天の川原に尋きて跡なき水をながむ許ぞ」 *俳諧・御傘(1651)七「天河のあふ瀬〈略〉河内の名所に天の川有」 *浮世草子・好色一代男(1682)三・二「旅のこころを書つづけて行に、左に天野川(アマノがは)、礒嶋といへるにも、舟子の瀬枕、しのび女有所ぞかし」 発音アマノガワ 〈標ア〉ノ 辞書文明 表記天

川(文)

あまのかわ-ぼし【天川星】〘名〙 方言 ❶白鳥座の十字形の頭にあって、その星座の中で最も明るい星、デネブ。京都府宮津市031 ◇あまのがわぼし 岐阜県揖斐郡031 ❷牽牛星(けんぎゅうせい)・織女星の二星。◇あめんくらぶし 鹿児島県奄美大島031

あまのぐち【天野口】 和歌山県北部、高野山西の大門から、かつらぎ町の丹生都比売(にぶつひめ)神社(天野大社)に至る道をいう。 発音アマノグチ 〈標ア〉0

あまのくまひと-の-みこと【天熊人命】 「日本書紀」に見える神。天照大神の命令で、月夜見尊に殺された保食神(うけもちのかみ)の死体から生じた、五穀、牛馬、蚕などを持ち帰った。天熊大人(あまくまのうし)。

あまのくめ-の-みこと【天久米命】 ⇨あまつくめのみこと(天津久米命)

あまの-くもじ【天野九文字】〘名〙(「九文字」は「九献」の文字詞) 天野酒をいう女房詞。あまくもじ。*御湯殿上日記-慶長三年(1598)五月二三日「ひろはし大納言ほつくにて、御ちやのこのおり、御たる、あまのくもしまいる」

あま-の-こと【天事】〘名〙 たわむれごと。冗談。*俳諧・崑山集(1651)一三・冬「あまの事や匂ふは柴の雪の花〈加友〉」 *浄瑠璃・三浦大助紅梅靮(1730)三「父様(ととさん)とした事が仰山な物の云様(いひやう)、あまの事でと打笑ひ」

あまのこやね-の-みこと【天児屋命】 記紀などに見える神。中臣氏の祖神。紀によれば興台産霊(こごとむすび)の子神。天照大神が天の岩屋戸に隠れた時占いを行ない、祝詞を唱えた。天孫降臨に従った五部神(いつとものおのかみ)の一神。 辞書文明 表記天児屋禰命(文)

あま-の-さぐめ【天探女】(「あまのさくめ」とも) 記紀・万葉集などに見える神。表面には表われていない意味を探り出すのに長じている女神。記紀によれば、葦原中国平定の天命にそむいた天稚彦(あめのわかひこ)の責任追及のため高天原から遣わされた雉(きじ)の鳴き声を解して天稚彦に射殺すよう進言した。「天邪鬼(あまのじゃく)」はこの神の名から出たという民間語源説がある。*古事記(712)上「爾に天佐具売〈此の三字は音を以ゐよ〉此の鳥の言ふことを聞きて、天若日子に語りて言ひしく」 *十巻本和名抄(934頃)一「天探女 日本紀私記云天探女〈阿万乃佐久女 俗云阿万佐久女〉」 語源説 (1)サグはサグル(探)の語根〔古事記伝・大言海〕。(2)サグはこましゃくれるという意のサクジルと同義〔俚言集覧〕。(3)サグメは巫女の名であろう〔日本古語大辞典=松岡静雄〕。 辞書和名・名義 表記天探女(和・名)

あまの-ざけ【天野酒】〘名〙 大阪府河内長野市の天野山金剛寺の僧坊でつくった酒。中世(室町時代)以

後、品質第一等の名酒として名高かった。江戸時代、明暦（一六五五～五八）頃、醸造中止。あまの。＊雪玉集（1537頃か）「飲むことはかたのに近きあまの酒河とたたへて人のたべかし」＊玉塵抄（1563）一「ここらに天野（アマノ）酒、奈良のみぞれ酒などと云つれなり」＊仮名草子・仁勢物語（1639－40頃）上・三九「うち食ひて帰（かへり）ぬべかりける間に、あまの酒の色のよきを、檜の小樽に入て」 辞書 書言・言海 表記 天野酒（書・言）

あま-の-ざこ【天邪古】〘名〙「あまのじゃく（天邪鬼）①」に同じ。＊日葡辞書（1603－04）「Amanozaco（アマノザコ）〈訳〉物を言うと言われるある獣の名。比喩、サシデガマシイモノ」＊俳諧・珍重集（1678）「塩の山さし出者とやおもふらん〈宗因〉 あまのさこさへ夜はに友呼〈葎翁〉」 語源説 (1)アマノサグメの転〔梅村載筆・古事記伝〕。(2)天の邪鬼の転か〔大言海〕。 辞書 日葡・言海

あまの-さん【天野山】 大阪府河内長野市天野町にある真言宗御室派の寺、金剛寺の山号または通称。女人高野天野山。

あま-の-じゃき【天邪鬼】〘名〙「あまのじゃく（天邪鬼）」に同じ。＊浄瑠璃・天神記（1714）天尽し「国土の悪鬼、天（アマ）の邪気（ジャキ）」＊歌舞伎年代記（1811－15）一・享保六「天の邪鬼（ジャキ）の貌（かたち）に成て入込しを」

あま-の-じゃく【天邪鬼】〘名〙①民話などに悪役として登場する鬼。天探女（あまのさぐめ）に由来するといわれるが、瓜子姫（うりこひめ）の話に見えるものなど変形は多い。あまのざこ。あまのじゃき。あまのじゃこ。あまんじゃく。＊俗語考（1841）「あまのじゃく あまのざこことも。〈略〉此言天探女を訛り伝へたる詞なるべし」②（形動）何事でも人の意にさからった行動ばかりをすること。また、そのような人、さま。ひねくれ者。つむじまがり。＊評判記・赤烏帽子（1663）中村蔵人「人のなせそといふことを、別而好まるるは、天（アマ）のじゃくの氏子にはなきかとおほさる」＊人情本・娘太平記操早引（1837－39）初・四回「豆八さん、お前は誠に天邪鬼（アマノジャク）だね」＊雑俳・柳多留－一四六（1838）「あまのじゃくだと塞翁が女房言」＊吾輩は猫である（1905－06）〈夏目漱石〉一〇「『人が右と云へば左、左と云へば右で、何でも人の言ふ通りにした事がない、－そりゃ強情ですよ』『天探女（アマノジャク）でせう。叔父さんはあれが道楽なのよ』」＊世相（1946）〈織田作之助〉二「この小説もまた『風俗壊乱』の理由で闇に葬られるかも知れないと思ったが、手錠をはめられた江戸時代の戯作者のことを思へば、いっそ天邪鬼な快感があった」③仏像で、仁王や四天王の足下に踏みつけられている小悪鬼。また、毘沙門（びしゃもん）の鎧の腹についている鬼面の名。＊壒嚢鈔（1445－46）一〇「毘沙門の鎧の前に鬼面あり。其名如何 常には是を河伯面と云。〈略〉或書に云。河伯面、是を海若（アマノジャク）と云」＊虎明本狂言・仏師（室町末－近世初）「『にわうはなにとあらふぞ』『それはふだん、お前に参るに、何とやらあたまをはられさうでわるひ』と云『ざわうは』『いやといふ『あまのじゃくは』』」④昆虫「じむし（地虫）」の異名。＊随筆・嬉遊笑覧（1830）一二「又あまのじゃくという虫あり」 語誌 (1)上代神話に登場する巫女神、天探女（あまのさぐめ）の転訛とする説が有力。天探女が他者の邪念を探ってそそのかしたことから、人の意向に逆らう邪悪な存在、心理を表わす言葉に転じたか。(2)瓜子姫譚を始め数多くの民間説話にも、負け滅びる悪役や、相手の意に逆らう悪戯者として登場する。中でも他者の意を測り（サグル）、それを模倣する（モドク）ことで相手に違和感や反発を覚えさせる型のものが、上代神話における天探女と、人に逆らう、素直でないものという現在の意味とに連なるとされる。 方言 ❶架空の怪物。なんとなく恐ろしいもの。秋田県鹿角郡132 ❷いろりの灰の中などにいるという妖怪。青森県三戸郡083 ◇あまのしゃく 岩手県上閉伊郡098 ❸人のまねをすること。また、その者。◇あまのしゃく 山形県西置賜郡・西村山郡139 ❹なんにでも口出ししたりよけいな手出しをしたりする人。◇あまのしゃく 山形県東田川郡054 西置賜郡139 ❺大きな建物の中などで声を出したときに返ってくる反響。◇やまのじゃく 長野県下水内郡470 ❻こだま。山びこ。◇あまのしゃく 秋田県由利郡012 平鹿郡130 ❼蝶類などのさなぎ。東京都八王子311 神奈川県津久井郡317 ◇あまのしゃく 山形県中部144 語源説 アマノサグメ（天探女）の転という〔壒嚢鈔・俗語考・大言海〕。 発音〈なまり〉アマヌシャグメ〔壱岐〕アマノジャコ〔和歌山・伊予〕アマンシャグ〔長崎〕アマンジャク〔茨城・埼玉方言・神奈川〕アマンシャグマ〔長崎・壱岐〕アマンシャクメ〔大隅〕アマンジャコ〔神戸・徳島〕アマンジャッメ〔鹿児島方言〕〈標ア〉ノ〈京ア〉0／ノ／ノ 辞書 書言・言海 表記 海若・烏摩妃（書）

天　邪　鬼③
〈多聞天像部分　西大寺蔵〉

あまのじゃくを出（だ）す 気分をそこねて、ひねくれる。つむじを曲げる。＊海を見に行く（1925）〈石坂洋次郎〉「嬉しかった。が、口まで出かかった言葉をさきに室田が言ってしまったので、私はスグ天邪鬼（アマノジャク）を出した」

あま-の-じゃこ【天邪鬼】〘名〙「あまのじゃく（天邪鬼）」に同じ。＊俳諧・鷹筑波（1638）二「月の前（まへ）にさし出る雲やあまのじゃこ〈信相〉」＊仮名草子・仁勢物語（1639－40頃）下・六五「あまのじゃこ重きに耐へし我（われ）が身も音をこそ泣かめ人は恨みじ」＊浄瑠璃・聖徳太子絵伝記（1717）三「折がな折がなサア爰（ここ）じゃと思へば、そばにきっとあまのじゃこ、ええ面倒な、あまのじゃこの無い時節を時節をと、天からふる時節を待てば」 方言 ❶女性をののしっていう語。和歌山県西牟婁郡・東牟婁郡690 ❷虫、じむし（地虫）。予州†028 ❸魚、あまめ。紀伊牟婁郡†110 辞書 言海

あま-の-すがそ【天菅麻】〘名〙白紙を切って人の形を作り、これに名を書きしるし、身をぬぐったり息を吹きかけたりしてけがれを除き、のちに川へ流すもの。人形（ひとがた）。撫物（なでもの）。

あま-の-すてぐさ【蜑捨草】〘名〙①植物「まんねんぐさ（万年草）」の異名。〔語彙（1871－84）〕② ⇩「あま（海人）」の子見出し。 方言 植物、めのまんねんぐさ（雌万年草）。常陸真壁郡†063 周防†122

あま-の-ぞき【天覗】〘名〙「とうがらし（唐辛子）」の異名。＊俳諧・本朝文選（1706）五・序類・番椒序〈野坡〉「とうがらしの名を、南蛮がらしといへるは、かれが治世、南蛮にて久しかりしゆへにや。〈未詳〉酸醤子（ほうづき）、天覗（ノゾ）き、空見、八（やつ）なりなどいへるは、おのがかたちを好める人々の、翫びて付たるなるべし」 発音〈標ア〉ノ

あまの-たきさし【海人焼残】 横笛の銘。海人が塩をたいた残り灰の中から見つけた竹で作ったと伝えられている名笛。＊教言卿記－応永一三年（1406）六月一二日「予違例、訪二（大神）景秀来、次景吉相伝器（アマノ焼サシ、富士丸）両管譲二渡景秀一云々」＊謡曲・敦盛（1430頃）「これは須磨の塩木の、海人の焼残と思しめせ」＊日葡辞書（1603－04）「Amanotaqisaxi（アマノタキサシ）〈訳〉笛の名」 発音〈標ア〉ア 辞書 日葡・書言 表記 海人焼残（書）

あまのたぢからお-の-みこと（あまのたぢからを…）【天手力雄命・天手力男命】 記紀などに見える神。天照大神が天の岩屋戸に隠れたとき、岩屋戸を開いて大神を連れ出した大力の神。天孫、瓊瓊杵尊（ににぎのみこと）の降臨に従う。手力雄命。

あまのたねこ-の-みこと【天種子命】「日本書紀」などに見える、中臣氏の祖神。天児屋命（あまのこやねのみこと）の孫。神武天皇の東征に従い、祭祀をつかさどった。天多禰伎命（あまのたねきのみこと）。

あまの-だる【天野樽】〘名〙①河内国（大阪府）天野産の酒を入れる樽。片側に柄をつけてある。＊慶長日件録－慶長一一年（1606）正月二六日「次片主膳より天野樽二、昆布五束、鯛十被レ送レ之」＊随筆・安斎随筆（1783頃）一八「天野樽 河内国天野の酒入るる樽なり」②（のちに①から転じて）「柄樽（えだる）」「角樽（つのだる）」の異名。＊随筆・嬉遊笑覧（1830）二・下「柄の長きを柄樽とも角樽ともいへど此はもと河内国天野酒を入るる樽にて天野樽といふもの也とぞ」

あまのとこたち-の-かみ【天常立神】 記紀などに見える神。「古事記」では国土が未だ形成されない時、生まれた神々の中の神。「日本書紀」では別伝にしか見えない。

あまのとみ-の-みこと【天富命】「日本書紀」などに見える、斎部（忌部）氏の祖神。天太玉命（あまのふとだまのみこと）の孫神。神武天皇に仕える。祭祀をつかさどり、橿原（かしはら）宮の造営に携わって、種々の神宝を製作した。

あまのぬなはらおきのまひと-の-みこと【天渟中原瀛真人尊】 天武天皇の名。

あま-の-はしだて【天橋立】 京都府宮津市、宮津湾西岸の江尻から対岸の文珠に向かって突き出る砂嘴（さし）。日本三景の一つ。白砂青松の美しさで知られる。江尻の背後の成相山には西国二八番札所の成相寺がある。全長約三キロメートル、幅四〇～一〇〇メートル。＊曾丹集（11C初か）「うちわたし岸べはなみにくづるともわがなはつきじあまのはしだて」＊今鏡（1170）七・ありすがは「八橋とあまのはしだてといづれかまさりておぼえさせ」 発音〈標ア〉ア ア＝0〈京ア〉ア＝0 辞書 文明・易林・書言 表記 天橋立（文・易・書）

あまのはしだて-まつり【天橋立祭】〘名〙毎年七月二四日、京都府宮津市で行なわれる祭。古くは、火をたいた大がかりな祭であったが、現在では、智恩寺で施餓鬼会（せがきえ）を行なうにとどまる。橋立祭。《季・夏》＊俳諧・改正月令博物筌（1808）六月「丹後あまの橋立祭」 発音 アマノ＝ハシダテマツリ〈標ア〉ア＝マ〈京ア〉ア＝マ

あま-の-はら【天原】㊀〘名〙①（「はら」はひろびろとした平らな所をさす語）広く大きな空。＊万葉（8C後）一五・三六六二「安麻能波良（アマノハラ）ふりさけ見れば夜そふけにけるよしゑやし一人寝（ぬ）る夜は明（あ）けば明けぬとも〈遣新羅使人〉」＊万葉（8C後）一八・四一二五「安麻乃波良（アマノハラ）ふりさけ見つつ言ひ継ぎにすれ〈大伴家持〉」＊古今（905－914）羇旅・四〇六「あまの原ふりさけみればかすがなるみかさの山にいでし月かも〈安倍仲麿〉」②天つ神が統治する天上界。高天原。＊書紀（720）神代上（水戸本訓）「弟（なせのみこと）来ませる所以（ゆへ）は是れ善き意に非（あら）じ。必ず当に我が天原（アマノはら）を奪（うば）はむとならむ」＊万葉（8C後）二・一六七「天皇（すめろき）の 敷きます国と 天原（あまのはら） 磐門（いはと）を開き 神あがり あがり座（いま）しぬ〈柿本人麻呂〉」＊御巫本日本紀私記（1428）神代上「挙二於天上一〈安末乃波良爾遠久里安介津〉」㊁〘枕〙（富士山が天に高くそびえ立っているところから）「富士」にかかる枕詞。また、「空」の枕詞としても用いる。＊万葉（8C後）一四・三三五五「安麻乃波良（アマノハラ）富士の柴山木の暗（くれ）の時移（ゆつ）りなば逢はずかもあらむ〈東歌・駿河〉」＊拾遺（1005－07頃か）冬・二四二「あまの原そらさへさえや渡るらん氷と見ゆる冬の夜の月〈恵慶〉」＊金槐集（1213）冬「あまのはらそらをさむけみうば玉の夜わたる月に松かぜぞふく」 発音 ㊀は〈標ア〉ノ ア〈京ア〉ノ 辞書 日葡・書言・〈ボン〉・言海 表記 天原（書・言）

天京〈へ〉

あまのはらの事（こと）　高天原におけるすべてのこと。天上界のこと。あめのこと。＊書紀（720）神代上（丹鶴本訓）「自（をのつか）ら当に早く天（あめ）に送（をく）りまつらむと授くるに天上之事（アマノハラノコト）を以てすべし」＊御巫本日本紀私記（1428）神代上「以二天上之事一〈安末乃波良乃古止遠毛知弖須〉」

あまのひなどり-の-みこと【天夷鳥命】「日本書紀」「出雲国造神賀詞（いずものくにのみやつこのかむよごと）」などに見える神。出雲氏の祖神。高天原から天降り、葦原中国の国を平定した。武夷鳥命（たけひなどりのみこと）。建比良鳥命（たけひらとりのみこと）。

あまのひわし-の-みこと【天日鷲命】「日本書紀」「古語拾遺」などに見える神。阿波の斎部（いんべ）氏の祖神。天照大神が天の岩屋戸に隠れた時、木綿（ゆう）で、祈禱用の和幣（にぎて）を作る。その子孫は木綿、麻の栽培を仕事とした。麻植神（おえのかみ）。

あまのふとだま-の-みこと【天太玉命】　斎部（いんべ）氏の祖神。天の岩屋戸に隠れた天照大神の怒りを和らげるため、榊（さかき）に玉、鏡、和幣（にぎて）を掛けて祈禱を行なう。天孫降臨に従った五部神（いつとものおのかみ）の一神。太玉命。布刀玉命（ふとだまのみこと）。

あまのほあかり-の-みこと【天火明命】　記紀などに見える神。天忍穂耳命（あまのおしほみみのみこと）の子神。尾張連（おわりのむらじ）の祖神。天照国照彦火明命（あまてるくにてるひこほあかりのみこと）。天照玉命（あまてるたまのみこと）。

あまのほひ-の-みこと【天穂日命】　記紀などに見える神。天安河（あまのやすのかわ）で、素戔嗚尊が天照大神に誓約（うけい）を行なった際生まれた、五男神中の一神。出雲臣などの祖神。

あま-のぼ・る【天昇】〘自ラ五（四）〙①天にのぼる。空高くあがって行く。＊火の柱（1904）〈木下尚江〉二四・三「感謝の声の天（アマ）のぼり　琴の調（しらべ）に入らん時」　②キリスト教で、死んだのち天上の神のもとへ召されて行く。昇天する。＊讃美歌（1903頃）第二「われらもあまのぼり」　発音〈標ア〉0

あまのまひとつ-の-かみ【天目一箇神】「日本書紀」「古語拾遺」などに見える神。鍛冶（かじ）、金工の神。一つ目で、「古語拾遺」によれば、天照大神が天の岩屋戸に隠れた時、刀剣、斧（おの）、鉄鐸（さなぎ）などの祭具を作ったとされる。また「日本書紀」一書には、国譲りをした大己貴神（おおあなむちのかみ）を祭る際、作金者（かなだくみ）に任命されたとある。天津麻羅（あまつまら）と同神ともいう。天之麻比止都禰命（あまのまひとつねのみこと）。天久斯麻比止都命（あまのくしまひとつのみこと）。

あまのみかげ-の-みこと【天之御影命】「先代旧事本紀」「新撰姓氏録」などに見える神。凡河内直（おおしこうちのあたい）らの祖神。

あまのみくまり-の-かみ【天之水分神】「古事記」に見える神。水を分けほどこす神。

あまのみなかぬし-の-かみ【天御中主神】　記紀に見える神。高天原に最初に出現した造化三神中の一神。天の中心に位置する最高の始原神。中国の道家思想で北極星をいう「天皇大帝」の影響を受けて、天皇の権威の象徴として観念的に作られた神と考えられる。

あまのみはしら-の-かみ【天御柱神】　国御柱神とともに龍田神社の祭神。風の神。「龍田風神祭祝詞」に見える。龍田神、龍田風神などとも呼ばれる。

あまの-やぐら【天野櫓】〘名〙将棋の駒組みの名。王将のまわりを固めてこれを守る、櫓の一種。近世、天野宗歩が始めたところから、この名があるという。片櫓（かたやぐら）。半櫓。

あまのや-りへえ〔ヘヱ：リ〕**【天野屋利兵衛】**　江戸中期の大坂の商人。赤穂藩主浅野家に出入りし、のちの義士討ち入りの際、兵器を調達したといわれる。実在は疑問。「仮名手本忠臣蔵」では天川屋儀平の名で登場する。

あま-のり【甘海苔】〘名〙紅藻類ウシケノリ科の海藻の属名。小柄を持ち、岩、貝殻などにつく。体は紙状で種類や環境によって線形、長楕円形、円形など。黒紫色、赤紫色で、アサクサノリ、ツクシアマノリなどの多くの種類を含む。学名は Porphyra《季・春》＊十巻本和名抄（934頃）九「神仙菜　崔禹食経云紫菜〈楊氏漢語抄云阿末乃利俗用甘苔〉状加紫帛凝生石上是物有三四種以紫色為勝俗呼曰神仙菜」＊宇津保（970-999頃）蔵開下「壺四つ奉り給へり。〈略〉開けて見れば、鰹・火焼きの鮑・海松・あまのりなど見ゆ」＊色葉字類抄（1177-81）「神仙菜　アマノリ　甘苔　同　俗用之　紫菜　同」＊堤中納言（11C中-13C頃）よしなしごと「天の橋立の丹後和布（たごめ）、出雲の浦のあまのり、みのはしのかもまがり」＊俳諧・誹諧初学抄（1641）中春「一時宗躍念仏　二月彼岸也。〈略〉ひがん桜、ふきのたう〈略〉わかめ、青のり、あまのり、田にし、みまく、ねはん二月十五日也」　方言 藻、あさくさのり（浅草海苔）。宇治山田†101　新潟県佐渡352　三重県伊勢001　志摩郡584　和歌山県日高郡692　岡山県岡山市762　御津郡764　発音〈標ア〉マ　〈ア史〉平安●●●　○〈京ア〉ノ ノ　辞書 和名・色葉・名義・下学・文明・伊京・天正・饅頭・易林・日葡・書言・言海　表記 紫菜（色・名・下・文・伊・天・饅）神仙菜（和・色・名・易・書）甘苔（色・名・饅・易）海苔（天）甘海苔（書・言）

あまは【天羽】　千葉県の南西部にあった郡。明治三〇年（一八九七）君津郡に統合されて消滅。＊二十巻本和名抄（934頃）五「上総国〈略〉天羽〈阿末波〉」　辞書 和名・色葉・文明・易林　表記 天羽（和・色・文・易）

あま-ばおり【雨羽織】〘名〙雨のときに着るラシャ、木綿などの羽織。天胴服（あまどうふく）。＊俳諧・毛吹草（1638）五「元日雨ふりければ　春のけふきたる霞や雨ばおり〈一正〉」＊浮世草子・武道伝来記（1687）八・二「宿を出（いで）さまに時雨のしたれば雨羽織（アマハヲリ）着ながら頭巾ふかく被（かぶ）り」＊物類称呼（1775）四「雨衣　あまぎぬ〈和名〉〈略〉中国四国ともに、あまばをりといふ」＊随筆・嬉遊笑覧（1830）二・上「木綿等のカッパはもと道服より起る古画に今の木綿合羽の如きものを着たるかたあり是道服なり後これを雨羽織ともいへり」＊筑紫方言（1830頃）「木綿（もめんがっぱ）袖がっぱなど云物を　あまばをり」

あま-ばかま【雨袴】〘名〙雨の時、はく袴。絹または紙に油をひいてつくる。＊書言字考節用集（1717）六「雨袴　アマハカマ」　辞書 書言　表記 雨袴（書）

あま-ばき【雨吐】〘名〙①雨水を流してやるところ。②「あまはけ（雨捌）」に同じ。

あま-はけ【雨捌】〘名〙雨水がたまらないで、よく流れること。また、そのようにしたところ。あまばき。　発音〈標ア〉0

あま-はこ【篋】〘名〙竹などで編んだ四角な携帯用の箱。＊霊異記（810-824）上・三五「時に担（にな）ふ篋（アマハコ）の、樹上に在るを見るに、即ち種々の生物の声、篋の中より出づるを聞く。〈興福寺本訓釈　篋　安万波古〉」＊新撰字鏡（898-901頃）「簿篋　笥也、箱也、方曰レ篋、円曰レ莒、阿万波古」　上仮名 アマハコ　辞書 字鏡・名義　表記 簿篋・簏・篆（字）篋（名）

あま-はし〘名〙他人にさずけること、または、依頼すること、の意か。＊高山寺本名義抄（鎌倉初）「付　ツクサツク　アマハシ」　辞書 名義　表記 付（名）

あま-ばし【天橋】〘名〙①天にかよう橋。あめのうきはし。「はし」を、「はしご」の意とする説もある。＊万葉（8C後）一三・三二四五「天橋（あまばし）も　長くもがも　高山も　高くもがも」　②梯子（はしご）の総称。＊八丈実記（1848-55）方言「階子を　あまばし」　方言 ❶天井へ行くためのはしご。伊豆八丈島†1080　東京都八丈島335　◇あまばしご〔天梯子〕東京都八丈島（脚立形のもの）335　❷はしご。　◇あんばし　東京都八丈島335　発音〈標ア〉0

あま-ばしり【雨走】〘名〙近世の兜の眉庇（まびさし）の俗称。＊類聚名物考（1780頃）武備部一・雨走「雨走、あまばしり、目庇の板の上の方、屋の廂の如く片たれにて四阿（あつまや）に似たれば雨走といふ。四阿の、雨そそぎ有るが如きに譬ふるなり」

あま-はせづかい〔：はせづかひ〕**【―馳使】**〘名〙語義未詳。＊古事記（712）上・歌謡「いしたふや　阿麻波勢豆加比（アマハセヅカヒ）事の　語りごとも　こをば」　語誌 (1)「あま」を「天」とし、㋑天皇の走り使いをする者の意とする説、㋺天空を馳（は）せ（駆け）て走り使いをするもの（例えば鳥）の意とする説、(2)「あま」を「海人」とし、海人部（あまべ）出身の、宮廷神事や雑役の走り使いをする者の意とする説、などがある。「はせ」は他動詞「はす」（下二段）の連用形、「つかひ」も他動詞であり、使役する側からの呼称である点を考慮すれば、(2)説が妥当か。「海部駈使丁」は、海部から仕丁として出され、宮廷の雑役に駆使される者。「二十巻本和名抄-六」の「伊勢国〈略〉朝明郡〈略〉杖部〈鉢世都加倍〉」を踏まえれば、伊勢の地方豪族「天語連」に隷属する海部から貢進された駈使丁とする説が有力視される。

あま-はた【海浜】〘名〙「あまへた（海浜）」に同じ。

あま-はだ【甘肌】〘名〙①樹木や果実などの肉を包んでいる薄い皮。あまかわ。＊日葡辞書（1603-04）「Amafada（アマハダ）」＊俳諧・口真似草（1656）三・秋「しぶかはやむけばあまはだつるし柿〈盛成〉」　②檜（ひのき）などのあまかわを砕いたもの。舟や桶（おけ）の漏水をふせぐのに用いる。まいはだ。　③身体の表面の下にある真皮。＊仮名草子・似我蜂物語（1661）中「灸のなをりかねたる薬には、蔞（つばな）の穂を取てかげぼしにして、すぢも取、うつくしくしろき所を、灸なをりかぬるあまはだへ付也」　④肌着類をいう、盗人仲間の隠語。〔日本隠語集（1892）〕＊いやな感じ（1960-63）〈高見順〉二・七「俺は風呂屋へ行って、裸かになって、きたないアマハダ（肌着類）をひとまとめにした」　方言 ❶果実の皮と実との間の薄皮。あまかわ。和歌山県691　❷木の粗皮を取り去ったあとのやわらかい皮。奈良県吉野郡683　発音〈標ア〉0　辞書 日葡・言海　表記 甘肌（言）

あま-ばた【雨畑】〘名〙①「あまばたいし（雨畑石）」の略。＊随筆・好古小録（1795）下「就中、土佐、石王寺、雨端（アマバタ）の類上材也」　②「あまばたすずり（雨畑硯）」の略。＊雑俳・柳多留-八一（1824）「雨はたの海へゆゑんの早手雲」＊雑俳・柳多留-一三三（1834）「雨ばたの海をかいほす是善卿」

あまばた-いし【雨畑石】〘名〙山梨県南巨摩郡富士川筋から採れる、色の黒い粘板石。硯石（すずりいし）として名高い。あまばた。＊甲斐叢記（1851-93）四・河内路「七面山を西へ下れば、雨畠村と云ふ処あり〈略〉村西なる稲腰山と云る処の谷より硯石を出す、是を雨畠石と云」　発音〈標ア〉タ　辞書 言海　表記 雨畑石（言）

あまばた-すずり【雨畑硯】〘名〙雨畑石で作った硯。あまばた。＊随筆・守貞漫稿（1837-53）一六「雨畑硯　雨畑は甲の山名」

あま-ばらし【雨晴】〘名〙雨後の雲を吹きはらい、晴天にする風。＊言塵集（1406）四「かざかけ　かざかくれ　世俗に云には西返し　あまはらしなど云も同事歟是等風の事之」　方言 雨上がりの晴れて暑い天気。山形県139　辞書 日葡

あま-ばり【雨晴】〘名〙降りそそぐ雨のあいだの晴れ間〔改正増補和英語林集成（1886）〕。

あま-はれ【雨晴】〘名〙（「あまばれ」とも）雨が止んで空が晴れること。雨あがり。あめばれ。＊万葉（8

C後)一〇・一九五九「雨晴の雲にたぐひてほととぎす春日を指して此ゆ鳴き渡る〈作者未詳〉」＊赤人集(11C初か)「あまはれのこむまにたぐひ時鳥こずかをさして今鳴き渡る」＊日葡辞書(1603-04)「Amabare(アマバレ)」 発音〈標ア〉0 辞書日葡

あまび〘名〙 方言 ⇩あまめ

あま-びえ【雨冷】〘名〙雨が降って冷えこむこと。《季・秋》＊俳諧・五元集(1747)秋「雨冷(アマヒヘ)に羽織や夜の蓑ならむ」＊俳諧・俳諧新選(1773)三・秋「雨冷をさな驚きそきりぎりす〈習先〉」 発音〈標ア〉0

あま-ひき【雩】〘名〙(「あま」は、雨の意。「ひき」は、引き寄せるの意か)「あまごい(雨乞)①」に同じ。＊書紀(720)持統二年七月(北野本訓)「秋七月の丁巳の朔、丁卯、大きに雩す。旱なればなり。丙子、百済の沙門道蔵に命て請雨(アマヒキ)す」＊観智院本名義抄(1241)「雩 アマゴヒス アマヒキ」 辞書名義 表記雩(名)

あま-ひき【亜麻引】〘名〙亜麻の収穫をいう。夏の終わりごろ株ごと引き抜く。《季・夏》

あま-びき【雨蟇】〘名〙「あまがえる(雨蛙)①」の異名。＊物類称呼(1775)二「蝦蟆〈略〉関東及畿内にて土鴨(あまがへる)と云 九州にてほとけびき又あまびきといふ」 方言❶あまがえる(雨蛙)。奈良県吉野郡688 鹿児島県961 ◇あまびっき 山形県西置賜郡139 ❷あおがえる(青蛙)。九州†020 宮崎県947 954 鹿児島県961 ◇あまんびき 岡山県御津郡764 発音〈標ア〉ビ

あま-びく【尼比丘】〘名〙「あま(尼)①」に同じ。

あま-ひこ【天彦】〘名〙「日」の異称。＊八雲御抄(1242頃)三「日 あまひこ。異名なり」

あま-ひこ〘名〙 方言防寒用の頭巾(ずきん)。外套(がいとう)についたもの、または防空頭巾のような形をしたもの。秋田県平鹿郡130 鹿角郡132 ◇あまひこずきん〔―頭巾〕秋田県鹿角郡132

あま-びこ【天彦】〘名〙音の反響。こだま。やまびこ。一説に、天人。＊貫之集(945頃)六「逢ふことのあまびこにしてよそならば人目も我はよきずぞあらまし」＊林葉集(1178)夏「あま彦はこたへつたへよ足曳の山郭公ほかに鳴なり」＊菟玖波集(1356)発句「あま彦か谷と峰との郭公〈救済〉」＊日葡辞書(1603-04)「Amabico(アマビコ)。すなわち、コタマ。Amabicoga(アマビコガ) コタユル」 方言◇あまひことも。沖縄†139 語源説(1)ヒコ(彦)は男神に対する称。神霊の所為と考えての名〔冠辞考続貂〕。(2)ヤマビコの転〔古今集註・和訓栞〕。(3)ヒコはヒビキの略転〔大言海〕。 発音〈ア史〉鎌倉○○●●と○○●○の両様〈京ア〉0 辞書日葡・言海 表記天彦(言)

あま-びこ【雨彦】〘名〙(雨後によく目につくところから)動物「やすで(馬陸)」の古名。ムカデに似た小さい虫。《季・夏》＊新撰字鏡(898-901頃)「蛹 阿万比古」＊本草和名(918頃)「馬陸 一名百足〈略〉和名阿末比古」＊堤中納言(11C中-13C頃)虫めづる姫君「けらを、ひきまろ、いなかたち、いなごまろ、あまびこなむなどつけて、召し使ひ給ひける」＊龍光院本妙法蓮華経平安後期点(1050頃)二「守宮(ゐもり)、百足(アマヒコ)〈略〉交横馳走す」 方言◇あまひこ 京都†099 発音〈標ア〉マ〈ア史〉平安○○●●〈京ア〉0 辞書字鏡・和名・色葉・名義・書言・言海 表記馬陸(和・色・名) 百足(色・名) 蛹(字) 蜥蜴・石龍子(書) 雨彦(言)

あまびこ-の【天彦―】 枕 (「あまびこ」はこだまの意)「あまびこの音」というつづきで同音の「おと」をふくむ動詞「おとづる」および地名「音羽(おとは)」にかかる。＊古今(905-914)雑下・九六三「あまびこのおとづれじとぞ今は思ふ我か人かと身をたどる世に〈小野春風〉」＊古今(905-914)雑体・一〇〇二「あまびこの 音羽の山の 春霞〈紀貫之〉」＊夫木(1310頃)二六「みなかみや雲井なるらんあまびこの音羽の滝ぞ空にきこゆる〈藤原行家〉」

あま-びたい【尼額】〘名〙髪を尼そぎにした人の額。さげ髪を肩のあたりで切り揃えた形で、尼のほか、少女もこの髪型にすることが多い。＊源氏(1001-14頃)乙女「御あまびたい引きつくろひ、うるはしき御小袿(こうちぎ)など奉り添へて」＊源氏(1001-14頃)手習「さだすぎたるあまびたいの見つかぬに」＊細流抄(1525-34)七「あまびたい さげあまの事なり」 発音〈標ア〉ビ

あま-びと【天人】〘名〙(「てんにん」の訓読み)天上界の人。①天女(てんにょ)。てんにん。あめびと。織女のことをもいう。和歌では「海人」と掛けることもある。＊赤人集(11C初か)「こまにしきひもとけやすきあまびとのつままくるよぞわれもおもはん」＊栄雅千首(1420)「あま人の衣のぬきのうす霞まだたちなれぬ浦風ぞ吹く」＊良寛歌(1835頃)「あま人のつたふ御衣(みけし)かひさかたの雲路を通ふ心地こそすれ」②登仙した人。仙人。＊書陵部本清輔集(1177頃)「あま人のむかしの跡をきてみればむなしきゆかをはらふ谷風」

あま-びと【海人】〘名〙あま。漁をする人。＊恵慶集(985-987頃)「あさりする与謝の海士人誇るらむ浦風ぬるく霞渡れり」＊栄花(1028-92頃)岩蔭「釣に年経るあま人も船流したる年月も」＊説経節・さんせう太夫(与七郎正本)(1640頃)上「けふのしほをはゐくまいて、おけとひしゃくをなみにとられて、あま人のなさけにくんで給はりたか」＊浄瑠璃・平家女護島(1719)三「あら痛はしや蜑人(アマビト)は。海上にうかみ出。乳(ち)のしたをかき切玉を押込申たり」 発音〈標ア〉マ0〈ア史〉鎌倉○○○● 辞書文明・日葡・言海 表記海人(文・言)

あまひぼし〘名〙蝦夷で、獣をとるために、夜、縄を張って毒矢をしかけたもの(和訓栞(1777-1862))。

あま-ひめぎみ【尼姫君】「浜松中納言物語」に出てくる女性。左大将の大君。式部卿宮との縁談が決まった後、主人公の中納言と契りを結び女児を産む。中納言の渡唐中、尼となり、帰朝後はその世話を受ける。 発音アマヒメギミ〈標ア〉メ

あま-ひゃくめ【甘百目】〘名〙柿の栽培品種。関東地方で広く栽培される。果実は縦がやや長い円形。一つが百匁(約三七五ｸﾞﾗ)ほどのものもある。甘柿で肉質は柔らかく、多汁。甘百目柿。比丘尼丸(びくにまる)。橙丸。東京柿。江戸一。くろくま。 発音〈標ア〉ヒャ

あま-ひゃくめがき【甘百目柿】〘名〙「あまひゃくめ(甘百目)」に同じ。

あま-びより【雨日和】〘名〙雨の降りそうな天気。 辞書日葡

あまびら〘名〙昆虫「ちょう(蝶)」の異名。＊物類称呼(1775)二「蝶 てふ〈略〉信濃にて、あまびらと云」＊俳諧・おらが春(1819)「あまびらをおどろかさじと青麦にほどよき風の吹すぐるかな」＊一茶方言雑集(1819-27頃)「蝶 あまびら 南部 ちびら」 方言虫。❶ちょう(蝶)。長野県長野市・上水内郡054 ❷が(蛾)。長野県長野市・上水内郡054

あまびら-か・す〘他サ四〙火でこがす。＊一茶方言雑集(1819-27頃)「あまびらかす 焦す事也」 方言長野県佐久493

あま-びる【雨蛭】〘名〙「こうがいびる(笄蛭)」の異名。《季・夏》＊重訂本草綱目啓蒙(1847)三八・湿生「馬陸〈略〉度古 かうがいびる〈略〉あまびる 播州」＊俚言集覧(増補)(1899)「あまびる 播磨の方言、虫名かうがいびるをいふ」 発音〈標ア〉0 辞書言海 表記雨蛭(言)

あま-ひれ【天領巾】〘名〙(「ひれ」は上代、女性がうなじから肩へかけた装飾用の布)①たなびく白雲のたとえ。あまつひれ。＊万葉(8C後)二・二一〇「かぎろひの 燃ゆる荒野に 白栲(しろたへ)の 天領巾(あまひれ)隠(がく)り 鳥じもの 朝立ちいまして 入日なす 隠りにしかば〈柿本人麻呂〉」②天女の羽衣。＊あこがれ(1905)〈石川啄木〉暁鐘「無縫の天衣(アマヒレ)ふり雲輦(うんれん)音なく軋らす曙(あけ)の神」 語誌葬送のときに棺(ひつぎ)のまわりを囲った幕、また、葬送のときに立てる旗、火葬の煙、天女の羽衣をいう、等の諸説がある。

あまびれ〘名〙 方言 ⇩あまめ

あまびれっ-くさい【―臭】〘形〙 方言焦げるにおいがする。焦げ臭い。長野県469 ◇あまぶれっくさい 長野県469 475 ◇あまぶれくさい 長野県佐久493 ◇あまずれっくさい 長野県北安曇郡469

あまびれる〘動〙 方言焦げる。長野県469 ◇あまぶれる 長野県469 493 ◇あまずれる 長野県北安曇郡・南安曇郡469

あま-ふ【亜麻布】〘名〙亜麻糸で織った布。＊明治月刊(大阪府編)(1868)四「独り亜麻布に至りてはまた製造するものあるを聞かず」

あま-ぶし【甘節】〘名〙謡曲の謡い方の一つ。章句の内容と謡い方とを照応させて、おもむき深い気持をこめてうたう節。＊五音三曲集(1460)「節之事。〈略〉甘節とは、あまきふしなれば、あまかるべきなれども、さのみあまければ濃き味はいにてわろし。さるほどに、みづみづといひなせば、幽玄におもしろく聞ゆる也」 発音〈標ア〉0

あま-ぶた【雨蓋】〘名〙①雨よけのために設けた、おおい。垣の笠木(かさぎ)の類。②上着やコートなどのポケットにつけた、ふた。フラップ。③笠をいう山言葉。わかぶた。 方言❶蒲(がま)で編んだ短い笠(かさ)。編みがさ。山言葉。会津†062 福島県南会津郡012 ◇あまふた 青森県南津軽郡079 ❷傘。山言葉。山形県西置賜郡・南置賜郡139 ❸天。山言葉。青森県西津軽郡010 ❹苗代などに緑色の藻などが浮いて、ふたをしたようになること。山形県飽海郡139

あまぶた-がわら【雨蓋瓦】〘名〙切妻屋根の端の瓦が、軒近くで他の側の瓦と合するところを覆う半球形の瓦。上に動植物をかたどった装飾をつけることが多い。〔日本建築辞彙(1906)〕 発音〈標ア〉0

あま-ふなとう【海人船人】〘名〙 方言 ⇩ふなと(船人)

あま-ぶね【尼船】〘名〙「あまがさきとかい(尼崎渡海)」に同じ。＊和漢船用集(1766)五「尼舟と呼ぶは、尼崎舟也、多く四十石船也」

あま-ぶね【海人舟】〘名〙漁夫の乗る舟。いさり舟。漁舟。海人小舟(あまおぶね)。平安以後の和歌では「尼」を掛け、尼の比喩としていうこともある。＊万葉(8C後)一七・三九九三「布勢(ふせ)の水海(みづうみ)に 阿麻夫禰(アマブネ)に 真楫(まかぢ)かい貫き〈大伴池主〉」＊源氏(1001-14頃)松風「かの岸に心よりしあま舟のそむきしかたに漕ぎかへる哉」＊前田家本小侍従集(1202頃)「とふ人もなみにただよふあまふねのうらみはいまぞこぎかへりぬる」＊平家(13C前)八・水島合戦「小船一艘いできたり。あま舟釣舟かと見るほどに」 発音〈標ア〉0ブ〈ア史〉鎌倉○○○● 江戸●○○ 辞書日葡

あまぶら〘名〙 方言 ⇩あまめ

あまふり-かざま【雨降風間】〘名〙「あめふりかざま(雨降風間)②」に同じ。＊落語・お節徳三郎連理の梅枝(1893)〈三代目春風亭柳枝〉「然(そ)んな奴でも雨降風間(アマフリカザマ)には婆アさんと思ひ出しちゃア話して居るのサ」 発音〈標ア〉マカ

あま-べ【余戸】〘名〙「あまるべ(余戸)」に同じ。＊浮世草子・好色一代男(1682)七・二「其跡にて、はちひらき、紙屑拾ひが集て、あまべに帰る」 語源説(1)アマリベ(余戸)の略〔閑田耕筆・俚言集覧・和訓栞〕。(2)アマベは海部をさす。余戸はアマリベとよむのが正しい〔日本古語大辞典=松岡静雄〕。

あま-べ【余部・天部】〘名〙中世、奈良の郷(町)内の一区画。また、その住人。＊お茶の水図書館成簣堂文庫大乗院文書-大乗院奉行引付・文和三年(1354)九月「アマヘハ七郷トヒトシキ所也」＊大乗院寺社雑事記-

文明一三年(1481)六月二八日「七郷之内餅飯殿郷之内天部在レ之。〈略〉天部之内一人申ニ子細一条、不レ可レ然」

あまべ【海部】 大分県の南部にあった郡。古くは「あま」。北は別府湾、南は日向国(宮崎県)に接し、豊後水道に面していた。明治一一年(一八七八)北海部・南海部の二郡に分割されて消滅。 辞書 文明・易林・書言 表記 海部(文・易・書)

あま-べ【海人部】〘名〙大化前代、阿曇連(あずみのむらじ=海人の長)の領有支配をうけて、海産物を大和政権に貢納した集団。淡路、阿波、吉備、紀伊などに分布した。応神天皇五年八月に、山守部と共に諸国に定めた(日本書紀)。*古事記(712)中「此の御世に、海部(あまべ)、山部、山守部、伊勢部を定め賜ひき」 上仮名 アマ・べ|

あま-へた【海浜】〘名〙海のほとり。海岸。うみべた。あまはた。*書紀(720)雄略二三年八月(前田本訓)「是を以て、尾代、空しく弾弓弦(ゆみつるうち)す。海浜(アマヘタ)の上に踊り伏しし者二隊(ふたたむら)を射死す」

あま-ぼ【甘坊】〘名〙菓子、さつまいもをいう、盗人仲間の隠語。〔日本隠語集(1892)・隠語輯覧(1915)〕

あま-ほうし【尼法師】〘名〙①出家して尼となった女。比丘尼(びくに)。*狭衣物語(1069-77頃か)三「はやうはやう、あまほうしになり給ひね」*俳諧・崑山集(1651)一一・秋「あまほうし科に落たやつるし柿〈貞徳〉」②尼と法師。*栄花(1028-92頃)花山たづぬる中納言「又いかなる頃にかあらん、世の中の人いみじく道心起してあまほうしになり果てぬとのみ聞ゆ」*増鏡(1368-76頃)一六・久米のさら山「さらでも、老たるも、尼法師、あやしき山賤(やまがつ)までたち込みたるさま」*浄瑠璃・心中天の網島(1720)橋尽し「うき世をのがれし、あまほうし、夫婦のぎりとは俗(ぞく)のむかし」 発音 アマホーシ〈標ア〉ホ 辞書 言海 表記 尼法師(言)

あま-ほこり【雨埃】〘名〙「ほこりたけ(埃茸)」の一種か。*和泉往来(平安末)「平茸 苦茸 雨徬(アマホコリ)」 辞書 易林 表記 雨誇(易)

あま-ぼし【甘干】〘名〙(「あま」はゆるいの意)①渋柿の皮をむいて、少し乾すこと。また、その柿。あまぼし柿。あまつし。《季・秋》*御湯殿上日記-長享元年(1487)一〇月一七日「大つうゐんよりあまほしまいる」*俳諧・七百五十韵(1681)六「生前出し茶一盃の露〈正長〉物とては烏柿(アマボシ)ばかり残るらん〈如泉〉」*洒落本・遊婦里会談(1780)「この日のあたる、せうじの中に、あまぼしじゃアあるめへし」②魚などを、なま干しにしたもの。③醤(ひしお)をいう女房詞。*女言葉(1722)「ひしほの事 あまほし」④砂糖をいう、盗人仲間の隠語。〔隠語構成様式幷其語集(1935)〕 方言 ❶干し柿の類。皮をむいて少し乾かしたもので、つるし柿、串柿、烏柿などのこと。岐阜県稲葉郡498 滋賀県滋賀郡606 兵庫県赤穂郡660 愛媛県840 844 ◇あまいぼし 愛媛県840 松山846 ◇あまんぼし 島根県725 ◇あまんぼおし 島根県邑智郡・邇摩郡725 ◇あまんぼ 岐阜県養老郡498 島根県725 ◇あんぼし 熊本県葦北郡・八代郡933 ◇あまぶし 新潟県東蒲原郡368 ❷柿の実の、樹上で熟させたもの。滋賀県坂田郡・東浅井郡606 ❸首をくくること。首つり。岐阜県稲葉郡498 ◇あまんぼ 島根県出雲724 発音〈標ア〉0〈京ア〉0/0 辞書 日葡・書言・〈ボン〉・言海 表記 塔柿(書)

あまぼし-がき【甘干柿】〘名〙「あまぼし(甘干)①」に同じ。*随筆・飛鳥川(1810)「あまぼし柿、家根板の様なるふたのなき箱に、十づつ入て売」*尋常小学読本(1887)〈文部省〉五「味甘き柿となる、之をあまぼし柿と云ふ」

あま-ま【雨間】〘名〙雨の降りやんでいる間。あまあい。あめま。晴間。*万葉(8C後)一〇・一九七一「雨間(あまま)あけて国見もせむを故郷の花橘は散りにけむかも〈作者未詳〉」*万葉(8C後)一二・三二一四「十月(かみなづき)雨間(あまま)もおかず降りにせばいづれの里の宿か借らまし〈作者未詳〉」*書陵部本輔親集(1038頃)「あまませる五月のやみのこがくれてほたるのみこそひかりみえけれ」*新古今(1205)八・七五九「桜散る春の末には成りにけりあままもしらぬながめせしまに〈藤原兼輔〉」*俳諧・口真似草(1656)一「なぐさみはあまま風間(かざま)の花見哉〈重利〉」*夜明け前(1932-35)〈島崎藤村〉第一部・上・五・二「雨間(アママ)といふものがすこしもなく」 語誌 例に挙げた「万葉-一二・三二一四」の歌は、雨が降り続くことを「あままもおかず」と表現する例であり、大伴家持の「卯の花の過ぎば惜しみか霍公鳥(ほととぎす)雨間(あまま)もおかずこゆ鳴き渡る」〔万葉-八・一四九一〕や「久方の雨間(あまま)もおかず雲隠り鳴きそ行くなる早稲田雁がね」〔万葉-八・一五六六〕は、ここから生じた比喩的用法で、動作(ここでは鳥が鳴くこと)が絶え間なく行なわれることを表現している。 発音〈標ア〉0 辞書 日葡・〈ボン〉・言海 表記 雨間(へ・言)

あま-まど【雨窓】〘名〙近世の劇場の、二階桟敷(さじき)の上部後方にある雨戸つきの明り窓。演出上、場内を暗くする必要がある時はこの雨戸を閉めて日の光をさえぎった。*歌舞伎・彩入御伽草(おつま八郎兵衛)(1808)小平次内の場「誂(あつら)への物凄(すご)き鳴り物にて、雨窓(アママド)をおろし」*歌舞伎・隅田川花御所染(1814)三立「又ドロドロ、雨車(あまぐるま)、大石(たいせき)の降る音、雨窓(アママド)暗くなる」

あま-まゆ【雨眉・尼眉】〘名〙牛車(ぎっしゃ)の眉の一種。*花鳥余情(1472)六「凡車は唐庇、檳榔庇、毛車等はみな檳榔をもてふく。尼眉(アママユ)、半蔀(はじとみ)、網代(あじろ)等にはみなあじろをはれり」*桃花蘂葉(1480)「檳榔庇。〈有レ庇〉太閤之時乗レ之。此車知足院殿長承比始而廻ニ意巧一令レ造給。眉は常の眉の角入たる也。凡家太政大臣之時或用レ之。眉如ニ唐棟一、故是をも号ニ尼眉一云々」 語源説 アママユ(緩眉)の義で、唐搏風の湾曲の緩い意か〔大言海〕。

あままゆ-の-くるま【雨眉車】〘名〙牛車の一種。屋形の屋根が唐破風制(からはふづくり)に似た網代の造りで、白地に漆絵で小文(こもん)を描いたもの。院、親王、摂関、大臣等が、直衣(のうし)を着たときに乗る。網代庇車(あじろびさしのくるま)および檳榔庇車(びろうひさしのくるま)の種類がある。*物具装束鈔(1412頃か)「一、車事 尼眉車〈関白太政大臣乗レ之〉」*蛙抄(15C中か)「雨眉車。或雨字作レ尼非也。網代庇車同物」 発音〈標ア〉0 マ2

あま-み【甘味】〘名〙(「み」は程度、状態を表わす接尾語)①甘い味。甘いこと。また、その度合。あまさ。*俳諧・類題発句集(1774)秋「甘みなき薄に胡蝶あはれなり〈和及〉」*滑稽本・浮世風呂(1809-13)二・自序「稗官野史は水飴の甘味(アマミ)なり」*巡査(1902)〈国木田独歩〉「沢之鶴も可いが私どもにゃア少し甘味(アマミ)が勝って居るやうで」②甘い味のもの。特に菓子。かんみ。*落語・侍の素見(1896)〈四代目橘家円喬〉「ヲヲ向ふに見へるのは菓子屋だな、酒の跡で甘味と云ふ物も甘(うめ)へものだ」③知恵の足りないこと。間が抜けていること。*歌舞伎・忠臣蔵年中行事(1877)一〇月「『この伊吾助は不断から』『甘味甘味と申しまして、余程足りなう御座ります』」④長所、利点の意。*談義本・教訓乗合船(1771)一・六十六部の話「さのみ善事も甘味(アマミ)もなけれども、又すつる程にもあらず」 発音〈標ア〉0〈京ア〉0/0

あまみ【奄美】㊀「あまみおおしま(奄美大島)」の略。㊁「あまみしょとう(奄美諸島)」の略。 発音〈標ア〉ア

あま-み【雨見】〘名〙雨を見ること。予定した月見が雨になったのをしゃれていった語か。*俳諧・文政句帖-五年(1822)八月「十五夜の萩に芒に雨見哉」

あまみ〘名〙方言 ❶酢。鹿児島県970 975 ❷植物、えのき(榎)。茨城県008

あまみい〘名〙方言 ⇩あまめ

あまみ-おおしま【奄美大島】 鹿児島県奄美諸島の主島。加計呂麻(かけろま)島ほかの属島を含み、名瀬市を中心とする。サトウキビ、パパイヤ、パイナップルを栽培し、特産物に大島紬(つむぎ)がある。阿麻彌島。海見島。大島。奄見。 発音 アマミオーシマ〈標ア〉オ〈京ア〉オ

あま-みかん【甘蜜柑】〘名〙方言 植物。❶うんしゅうみかん(温州蜜柑)。長崎県一部030 大分県一部030 ❷きしゅうみかん(紀州蜜柑)。徳島県一部030

あまみきゅ 沖縄の開闢(かいびゃく)神話に登場する始祖神。女神。男神「しねりきゅ」とともに天降り、沖縄の国土を形成したと伝えられる。

あまみぐんとう-こくていこうえん【奄美群島国定公園】 鹿児島県、奄美諸島の海岸部を主とする国定公園。奄美大島南部のリアス式海岸とマングローブ林、湯湾岳の亜熱帯広葉樹林、喜界島の隆起サンゴ礁、沖永良部島の鍾乳洞などがある。昭和四九年(一九七四)指定。 発音 アマミグントー＝コクテイコーエン〈標ア〉グ＝コ2

あまみ-しょとう【奄美諸島】 鹿児島市南方海上の島々。奄美大島、喜界島、徳之島、沖永良部(おきのえらぶ)島、与論島などから成る。慶長一四年(一六〇九)琉球(りゅうきゅう)領から薩摩藩領となる。気候は亜熱帯性で、ソテツ・ガジュマルなどが繁茂する。特産物に大島紬(つむぎ)、黒砂糖がある。奄美群島。奄美。 発音 アマミショトー〈標ア〉ショ

あま-みず【雨水】〘名〙降る雨の水。また雨が降って地面にたまった水。*類従本赤染衛門集(11C中)「雨水に色はかへれと紅のこさも増さらず撫子(なでしこ)の花」*色葉字類抄(1177-81)「潦 アマミツ」*観智院本名義抄(1241)「潦 ニハタヅミ アマ水」*心敬集(1468頃)「天水をこぼすごとくに降る雨ははるるぞ安き夕立の空」*俳諧・太祇句選(1772-77)冬「雨水も赤くさび行く冬田かな」 発音〈標ア〉マ〈京ア〉マ 辞書 色葉・名義・和玉・日葡・書言・〈ボン〉・言海 表記 雨水(書・へ・言) 潦(名・書) 潦水(色) 滀(玉)

あま-みそ【甘味噌】〘名〙塩けが薄く甘みのある、みそ。江戸味噌。⇔辛味噌。*東京風俗志(1899-1902)〈平出鏗二郎〉中・八・飯及び惣菜「味噌は白味噌・赤味噌・甘(アマ)味噌・田舎味噌・料理味噌・仙台味噌等の類あり」 発音〈標ア〉0〈京ア〉0

あま-みぞ【雨溝】〘名〙雨水などを流し去るために設けた小さなみぞ。*俳諧・俳諧新選(1773)二・夏「雨溝に流れて淋し栗の花〈珍志〉」*小鳥の巣(1910)〈鈴木三重吉〉上・一六「その下の雨溝に犬蓼(いぬたで)に似た草なぞが生え詰ってゐる」 発音〈標ア〉0

あま-みぞれざけ【甘霙酒】〘名〙酒の一種。酒の中に蒸したもち米が霙のように混じっている甘みのある酒。

あま-みだい【尼御台】〘名〙「あまみだいどころ(尼御台所)」の略。*雑俳・松の雨(1750か)「延紙御用隙に成ったる尼御台」*浮雲(1887-89)〈二葉亭四迷〉二・七「然うか、尼御台(アマミダイ)に油を取られたのでもなかったか、アハハハハ」 発音〈標ア〉ミ

あま-みだいどころ【尼御台所】〘名〙尼になった御台所。貴人(大臣、大将、将軍など)の妻で尼になった人の尊称。特に、北条政子をさしていうことが多い。*吾妻鏡-正治元年(1199)七月六日「今日姫君御仏事、於ニ墳墓堂一被レ修レ之尼御台所渡御」*承久軍物語(1240頃か)一「かまくらには三代将軍の跡たえ、しょくをつぐべき君だちもましまさねば、あまみだい所、しばらくせいだうをきこしめしけり」 発音〈標ア〉ド

あまみつ-つき【天満月】〘名〙満月。*謡曲・海

人(1430頃)「天満つ月も満ち潮の、海松布(みるめ)をいざや刈らうよ」

あまみつ-ほし【天満星】〘名〙天に満ちている星。＊謡曲・輪蔵(1541頃)「天満つ星の巡るなる、輪蔵(りんざう)を開きて、静かに拝み給へや」

あま-みの【雨蓑】〘名〙雨をふせぐために身につけるみの。＊ロドリゲス日本大文典(1604‒08)「Amamino(アマミノ)」

あまみ-の-くろうさぎ【奄美黒兎】〘名〙ウサギ科の哺乳類。一属一種で、古いタイプのウサギとされる。体長四〇～五〇センチメートル。ノウサギより小さく、とくに耳と足が短い。全身黒褐色。奄美大島と徳之島だけに分布する世界的珍獣。水辺に近い森林に穴を掘ってすみ、夜行性で植物の葉、茎などを食べる。特別天然記念物。あまみうさぎ。学名は Pentalagus furnessi 発音アマミノ＝クロウサギ〈標ア〉ア＝ウ

あまみ-はぎ〘名〙東北地方から北陸地方にかけて行なわれる正月の行事で、鬼の姿をした若者が家々を訪れるもの。秋田県男鹿半島地方では「なまはげ」という。《季・新年》

あまみ-ばし・る【甘味走】〘自ラ四〙(「にがみばしる(苦味走)」をもじって、その反対をしゃれていう語) 知恵の足りないさまである。間が抜けている。＊滑稽本・七偏人(1857‒63)三・下「此方人等(こちとら)が五分月代(さかやき)に成と、地体(ぢてへ)の面が甘みばしって居るのだから移りが悪い」

あまみめ〘名〙方言 ⇩あまめ

あま-みや【尼宮】〘名〙尼となった皇女。＊源氏(1001‒14頃)柏木「あま宮は、おほけなき心も、うたてのみ思されて、世に長かれとしも、おぼさざりしを」＊源氏(1001‒14頃)宿木「故朱雀院(すざくゐん)の、取りわきて、このあま宮の御事をば、聞えおかせ給ひしかば」 発音〈標ア〉マ

あまみや【雨宮】 姓氏の一つ。 発音〈標ア〉マ

あま-みょうしん【甘妙心】(ミメウシン)〘名〙知識や見識が浅薄であること。悟りが生半可であること。＊玉塵抄(1563)一六「なりのうつくしうないをば婦人のあま妙心もみてをかしがったぞ」

あま-むし【―虫】〘名〙①昆虫「あめんぼ(水黽)」の異名。＊重訂本草綱目啓蒙(1847)三八・湿生「水黽 みづくも 江戸〈略〉あまむし 能州」②昆虫「かまどうま(竈馬)」の異名。＊重訂本草綱目啓蒙(1847)三七・化生「竈馬〈略〉あまむし 勢州」方言 あめんぼ。静岡市522

あま-むし【甘蒸】〘名〙(「むし」はみその女房詞) 醤(ひしお)をいう女房詞。＊婦人養草(1689)食類の事「ひしほは あまむしと」＊女重宝記(元祿五年)(1692)一・五「ひしほは あまむし」

あま-むすめ【尼娘】〘名〙尼になった娘。＊浜松中納言(11C中)四「いとどこの世の人には、心も留まらざんめるに、大将の朝臣(あそん)のあまむすめこそ心にくけれ。今はさま異になりぬるとも思ひはなたず」 発音〈標ア〉ム

あま-め【海人女】〘名〙「あまおとめ(海人少女)」に同じ。補注「万葉‐三・二九三」の「しほかれの三津の海女(あま)のくぐつ持ち玉藻刈るらむいざ行きて見む〈角麻呂〉」の「海女(あま)」を、「あまめ」とよむ説がある。

あまめ〘名〙火に当たっていて皮膚に生じる斑紋。火だこ。＊名語記(1275)八「下臈のはぎのまだらなるを、あまめのつきたるといへり、如何。あかむらみえの反。あかむやませの反、同。あまりに火にちかくやきこがせる也」＊評判記・秘伝書(1655頃)「やまひいでたるときは、てあしあれ、あまめ、あかがり、七くせともにあるなり」方言新潟県佐渡351 中魚沼郡361 富山県東礪波郡398 石川県江沼郡424 福井県坂井郡025 長野県上水内郡・北安曇郡469 三重県志摩郡585 京都府竹野郡622 奈良県吉野郡688 島根県石見・隠岐島725 山口県791 795 徳島県811 熊本県下益城郡930 ◇あまみ 新潟県東蒲原郡368 富山県砺波397 福井県敦賀郡443 島根県鹿足郡・邑智郡725 ◇あまま 新潟県岩船郡366 ◇あもめ・あもみ 新潟県東蒲原郡368 ◇あまび 長野県469 静岡県磐田郡546 島根県石見・隠岐島725 ◇あまべ 長野県469 東筑摩郡480 岐阜県郡上郡498 島根県隠岐島725 ◇あまんべ 島根県簸川郡725 ◇あまんぼ 島根県飯石郡725 ◇あまびれ 長野県東筑摩郡469 ◇あまんびれ 長野県469 ◇あまぶれ 長野県東筑摩郡・南安曇郡469 ◇あまぶら 高知県861 ◇あまはだ〔―肌〕 徳島県811 ◇あばめ 島根県邑智郡725 広島県高田郡779 ◇あばみ 岐阜県飛騨502 島根県大田市725 ◇あばね 島根県那賀郡・邑智郡725 ◇あぼめ 熊本県玉名郡058 下益城郡930 ◇あばた 愛媛県840 ◇あば 愛媛県840 845

あまめ〘名〙①昆虫「あぶらむし(油虫)」の異名。＊日葡辞書(1603‒04)「Amame(アマメ)〈訳〉〈略〉油虫」＊物類称呼(1775)二「あぶらむし 伊勢にて、ごきくらひむしと云 薩摩にて、あまめと云」＊重訂本草綱目啓蒙(1847)三七・化生「蜚蠊 つのむし〈和名鈔〉あぶらむし〈略〉ごきくらひむし 勢州、あまめ 同上山田・薩州・肥前」②「ふなむし(船虫)」に同じ。＊日葡辞書(1603‒04)「Amame(アマメ)〈訳〉フナムシに同じ」③植物「そらまめ(空豆)」の異名。＊重訂本草綱目啓蒙(1847)二〇・穀「蚕豆 そらまめ〈略〉あまめ 土州」方言㈠❶動物、ふなむし(船虫)。東京都三宅島333 長崎県906 914 917 ◇あまみ 東京都三宅島・御蔵島333 ◇いそあまめ〔磯―〕 鹿児島県肝属郡970 ◇いそあま 和歌山県海草郡693 ❷魚、いわな(岩魚)。島根県大田市725 ❸植物、そらまめ(空豆)。土州†039 ㈡虫。❶じむし(地虫)。紀州†039 ❷あぶらむし(油虫)。長崎県五島054 長崎市906 ❸ごきぶり(蜚蠊)。三重県志摩郡054 宇治山田市591 奈良県吉野郡688 和歌山県南部690 703 長崎県053 熊本県葦北郡・八代郡933 大分県大分市・南海部郡941 宮崎県日向947 都城956 鹿児島県961 ◇あまみい 鹿児島県喜界島975 ◇あまみめ 東京都八丈島338 ◇あまべ 山口県大島801 辞書日葡

あまめ-がき【―柿】〘名〙方言植物、まめがき(豆柿)。埼玉県一部030 神奈川県津久井郡317 ◇あまめのき〔―木〕 群馬県多野郡246 ◇あまめ 群馬県多野郡230

あま-めろう【甘女郎】(ラウ)〘名〙軟弱な男をののしっていう語か。＊玉塵抄(1563)五〇「契丹を伐てしそこなうてにげくづいたぞ。さて薛を婆と云ぞ。ここらに弓矢方あまうにぶいをばあまめらうなどと云ぞ」

あま-も【甘藻】〘名〙ヒルムシロ科の海水生の多年草。日本各地の浅海で泥土に群生する。茎は扁平で淡緑色。根茎は横に長くはい、節からひげ根を出す。葉は長さ五〇～一〇〇センチメートル、幅一センチメートルほどの線形で縦脈がある。初夏、さや状の総包の中で淡黄色の小さい花が咲く。幼茎、根茎に甘味があるためこの名がある。もしおぐさ。あじも。おおも。うみやなぎ。りゅうぐうのおとひめのもとゆいのきりはずし。＊重訂本草綱目啓蒙(1847)一五・水草「海藻〈略〉大葉藻 あまも あぢも 播州、むくしほ 勢州、もしほぐさ 同上二見」＊日本植物名彙(1884)〈松村任三〉「アマモ モシホグサ 大葉藻」方言藻、あさくさのり(浅草海苔)。佐州†084 発音〈標ア〉0 辞書言海

あま-もの【甘物】〘名〙①味の甘い物。②初生児に飲ませた甘葛(あまずら)の湯。また、母乳の足りない乳児にも与えた。甘々(あまあま)。胞衣蕗(いやぶき)。＊俳諧・沙金袋(1657)「あま物や天のあたふる仏生会〈善種〉」＊評判記・色道大鏡(1678)二六「母ゆきてあまものとりきてとらせんと、敲(たた)きつけてふさしめ、ひそかに宿を出るぞ物あはれなる」＊浄瑠璃・津国女夫池(1721)三「御台(みだい)所の御身さへこぼれかかれる当(あた)り月。清滝が懐(ふところ)に、はやめ薬やあま物や、五かうの天もあけぬ夜に」③小豆をいう女房詞。＊女房躾書(室町末)「あつきをはおあか共あまもの共、いろのまる共云」＊女中言葉(1712)「色の丸 あまもの あか 小豆の事」④俗受けをねらった出し物をいう演劇用語。方言出産直後、授乳の前に生児に飲ませる漢方薬。香川県三豊郡054 発音〈標ア〉0

あま-もやい【雨催】(モヤヒ)〘名〙「あまもよい(雨催)」に同じ。＊清元・梅柳中宵月(清心)(1859)「またもやくもる雨催(アマモヤ)ひ」＊風と死者(1969)〈加賀乙彦〉「雨もやいの暗い夜だ」 発音〈標ア〉モ

あま-もよい【雨催】(モヨヒ)〘名〙雨が降りそうな空のようす。雨模様。あめもよおし。あめもやい。あめもよい。＊匠材集(1597)三「雨もよひ 雨ふらんとする事也」＊浄瑠璃・十二段(1698頃)二「かくまで近きあまもよひ、月もかさ召すおぼろかげ」＊当世書生気質(1885‒86)〈坪内逍遥〉一〇「月はあれども雨催(アマモヨ)ひ、浮雲多き空景色」＊徽(1911)〈徳田秋声〉九「暗い雲の垂下った雨催(アマモヨ)ひの宵であった」 発音〈標ア〉モ〈京ア〉モ 辞書〈ボ〉 表記雨催(へ)

あま-もよう【雨模様】(ヤウ)〘名〙「あめもよう(雨模様)」に同じ。＊花間鶯(1887‒88)〈末広鉄腸〉上・三「今宵は殊更雨模様(アマモヤウ)にて、天色暗く」 発音アマモヨー〈標ア〉モ〈京ア〉モ

あまも-よに【雨―】〘副〙「あめもよに(雨―)」に同じ。

あま-もり【雨漏】〘名〙①屋根や天井などから雨が漏って来ること。また、時に、その雨水や跡もいう。あめもり。＊書言字考節用集(1717)二「屚 アマモリ 屋穿雨下也」＊雑俳・柳多留‐八二(1825)「雨もりを大屋の前へぶちこぼし」＊滑稽本・七偏人(1857‒63)四・中「張子のお達磨(だる)さんへ雨漏(アマモリ)のかかったところを」＊吾輩は猫である(1905‒06)〈夏目漱石〉三「ありゃ雨洩りか、板の木目か、妙な模様が出て居るぜ」②「あまもりで(雨漏手)」の略。 発音〈なまり〉アマムリ〔秋田〕アマモイ〔鹿児島方言〕〈標ア〉マ〈京ア〉モ 辞書書言・ヘボン・言海 表記屚(書) 雨漏(へ・言)

あまもり-で【雨漏手】〘名〙陶器を長年使用しているうち、釉(うわぐすり)のひびわれから化学成分が入り、雨漏りのしみのような効果が現われたもの。茶碗の見所の一つとして重視される。朝鮮茶碗の堅手(かたで)、粉引(こひき)、熊川(こもがい)等に多い。雨漏り。

あま-や【―屋】〘名〙方言❶物置小屋。納屋。青森県南部068 福島県中部・会津155 茨城県稲敷郡193 栃木県198 山梨県456 ❷軒下の、物置き場や物干し場にしている所。北海道小樽062 青森県三戸郡083 山形県飛島140 ❸土間。げた脱ぎの土間。山形県庄内052 飛島139 ❹門口。入り口。山形県東田川郡139 ❺冬の間、防雪のために家の入り口に継ぎ足して建てる、茅(かや)などで囲った仮の建物。山形県西置賜郡139

あま-や【尼屋】〘名〙尼の住んでいる家。尼の住む坊。＊書紀(720)天武九年四月(寛文版訓)「橘寺の尼房(アマヤ)に失火(みつてかれ)して、十の房を焚く」

あま-やか【甘―】〘形動〙(「やか」は接尾語) 甘い感じがするさま。＊源氏一滴集(1440)ははき木「あてはか あまやかにはかなき也」＊銀の匙(1913‒15)〈中勘助〉前・四三「友情の若草がふたたび春の光にあって甘やかに蘇るであらうことをねがってゐたし」＊真理の春(1930)〈細田民樹〉この歓び・一一「何やら、結婚の前晩にでも感じたやうな、あやしい甘(アマ)やかなせつなさが、時々彼女の胸をかすった」

あま-やかし【甘―】〘名〙(動詞「あまやかす(甘―)」の連用形の名詞化) 甘やかすこと。きびしくなく取り扱うこと。＊浄瑠璃・釈迦如来誕生会(1714)三「其あまやかしがどくに成」 発音〈標ア〉0

あまやかし-ご【甘子】〘名〙甘やかされている子供、また、甘やかされて育った子供(日葡辞書(1603‒04))。 辞書日葡

あま‐やか・す【甘─】〘他サ五(四)〙甘えるようにさせる。特に、子供をかわいがるあまりにきびしくしつけない。相手が勝手気ままな行動をするのを許す。＊十訓抄(1252)七・序「愚かなるたぐひ、親のあまやかし、乳母(めのと)のもてなすにしたがひて〈略〉なりたたん末の事も弁へぬ也」＊史記抄(1477)一二・李斯「慈母が子をあまやかいて、むさうかるは、子の毒ぞ」＊虎明本狂言・右近左近(室町末‐近世初)「そのうへ此間あまやかひておひたに依て、そのつれな事をぬかす」＊談義本・教訓不弁舌(1754)二・老夫浮世物語「父親(ててや)も娘子息子限らず、稚(おさない)よりあまやかし育つるはいふに及ばず」発音〈なまり〉アハエカス・アマーカス・アマヤーカス〔鳥取〕アバヤカス〔和歌山県・紀州〕アマエカス〔鳥取・愛媛周桑・対馬〕アマヤカシ〔鹿児島方言〕〈標ア〉カ0〈京ア〉0 辞書日葡・ヘボン・言海

あま‐やき【尼焼】〘名〙楽焼の一種。後柏原天皇の大永年中(一五二一～二八)、帰化人宗慶の妻、妙慶が尼となって、亡夫の遺法を伝えつくったもの。＊楽家陶彙(古事類苑・産業一三)「飴也 朝鮮国人也、来朝して陶器を造る、即、楽焼家の元祖也、妻は日本人にて、後、剃髪し、男長治郎、幼少なるにより、自ら陶器を造る、是を尼焼と云ふ」発音〈標ア〉0

あま‐や・ぐ【甘─】〘自ガ四〙(「やぐ」は接尾語) 甘い感じになる。

あま‐やげ【甘気】〘形動〙どことなく甘いさま。きびしさ、鋭さ、強さなどに乏しいさま。＊人間と真実の問題(1938)〈窪川鶴次郎〉島木健作論・三「島木氏の感情が酷烈なのに反して林氏の感情が『甘やげ』に見えるのは」発音アマヤゲ〈標ア〉0ヤ

あま‐やど【雨宿】〘名〙「あまやどり(雨宿)」に同じ。＊俳諧・昼礫(1695)「雨舎(あまやド)に窨借(かり)し雷嫌ひ」＊雑俳・二重袋(1728)「雨やどもせずに来るほど寺嫌ひ」

あま‐やど【海女宿】〘名〙海女たちの合宿所。福岡県沿海地方でいう。

あま‐やどり【雨宿】〘名〙①雨にあった時、軒下や木陰などに休んで晴れるのを待つこと。あまやみ。あまよけ。あまやど。＊催馬楽(7C後‐8C)婦が門「安万也と利(アマヤトリ) 笠やどり 舎(やど)りてまからむ郭公(しでたをさ)」＊詞花(1151頃)秋・一三九「いづ方へ秋のゆくらん我が宿に今宵ばかりはあまやどりせよ〈藤原公任〉」＊徒然草(1331頃)一五四「この人、東寺の門にあまやどりせられたりけるに」＊雑俳・柳多留‐初(1765)「本ぶりに成て出て行雨やどり」②サトザクラの園芸品種。花が垂れ下り、白色で径四センチメートル位。花弁は三～四列になる。表記雨休(へ)雨宿(言) 発音〈標ア〉ヤ〈京ア〉ヤ 辞書日葡・ヘボン・言海

あま‐やみ【雨止】〘名〙①雨のやむこと。また、その間。雨上がり。＊近世紀聞(1875‐81)〈染崎延房〉七・一「将士等(しゃうしら)虚(むな)しく諸駅に宿りて只雨止(アマヤミ)を竢(ま)つのみなれば」＊羅生門(1915)〈芥川龍之介〉「一人の下人が、羅生門の下で雨やみを待ってゐた」②雨がやむのを待ちうけること。雨宿り。＊歌舞伎・霊験曾我籬(1809)二幕「『文蔵は跡になったか。なぜに早く来ぬ事ぢゃやら。早う参らぬかやい』ト雨(あま)やみをしてゐる」＊人情本・花筐(1841)四・二一回「私は俄雨で誠に難義いたすもの。些との間雨止(アマヤ)みを、させてお呉んなさいまし」＊落語・宮戸川(1890)〈三代目春風亭柳枝〉「頓(やが)て雷神(かみなり)門の檐下(のきした)へ這入り、雨止(アマヤミ)をしながら」発音〈標ア〉ミ0ヤ〈京ア〉0 辞書言海 表記雨止(言)

あま‐ゆ【甘─】〘名〙方言 甘酒。岩手県068 佐賀県東松浦郡054 長崎県壱岐島914

あま・ゆ【甘】〘自ヤ下二〙⇨あまえる(甘)

あま‐ゆう【甘世】〘名〙方言 豊年。「にがゆう(凶年)」に対していう。沖縄県首里993 ◇**あまよお** 沖縄†139

あま‐ゆき【雨雪】〘名〙方言 雨混じりの雪。みぞれ。岩手県和賀郡095 秋田県012 130 島根県725 大分市941 鹿児島県肝属郡012 ◇**あめゆき** 青森県075 082 083 岩手県九戸郡088 新潟県佐渡351 石川県能美郡012 徳島県三好郡051 愛媛県054 840 長崎県南高来郡905 ◇**あまみぞれ**(雨霙) 秋田県由利郡012 島根県725 ◇**あまみんぞれ** 秋田県由利郡130 ◇**あまみぞり** 山形県飽海郡012 ◇**あまみそ** 島根県出雲725 ◇**あまめそ** 島根県能義郡725

あまゆん〘動〙方言 ⇨あまる

あま‐よ【雨夜】〘名〙雨の降る夜。雨降りの夜。＊万葉(8C後)一六・三八八九「人魂(ひとだま)のさ青(を)なる君がただ独り逢へりし雨夜(あまよ)の葉非左し思ほゆ〈作者未詳〉」＊風俗歌(9C前‐11C中か)常陸「常陸にも 田をこそ作れ あだ心 や かぬとや君が 山を越え 阿末与(アマヨ)来ませる」＊浮世草子・西鶴織留(1694)二・四「すこしの事に気をつけて、渋油にきらを引て、雨夜(アマヨ)のちゃうちんといふをはじめて」発音〈標ア〉マ〈京ア〉ア 辞書日葡・ヘボン・言海 表記雨夜(へ・言)

あまよ の 品定(しなさだ)**め** ①「源氏物語‐帚木(ははきぎ)の巻」で、夏の雨の夜に、物忌みのため宿直(とのい)していた光源氏のもとへ、頭中将(とうのちゅうじょう)、左馬頭(ひだりのうまのかみ)、藤式部丞(とうしきぶのじょう)が来て、女性の品評をし、理想像を論じ、さらに各自の体験談を語ったのをいう。＊源氏(1001‐14頃)夕顔「ありしあま夜のしなさだめの後いぶかしく思ほしなるしなじなあるに」＊無名草子(1198‐1202頃)源氏物語「『帚木』のあまよの品さだめ、いと見どころ多く侍るめり」②(転じて) 人の品評をすること。＊其面影(1906)〈二葉亭四迷〉二二「母子(おやこ)鼻を突合せて雨夜(アマヨ)の品定めをやった後で」

あまよ の 対物語(ついものがたり) 「源氏物語‐帚木(ははきぎ)の巻」にみえる「雨夜の品定め」になぞらえて遊女の評判をすること。物尽くしの形式をかり、遊女の特徴とそれに似たものとを一対にして並べあげる趣向のもの。＊浮世草子・好色盛衰記(1688)三・目録「雨夜(アマヨ)の対物語(ツキモノガタリ)新町の末社智恵なき神の事」

あまよ の 月(つき) (雨降りの夜の月の意で) ①あっても、目には見えないたとえ。また、想像だけで、実現しないことのたとえ。＊詞花(1151頃)恋上・二〇七「影見えぬ君はあまよのつきなれや出でても人に知られざりけり〈覚雅〉」＊頼輔集(1182)「君はさはあまよの月か雲居より人に知られで山へ入りぬる」＊大観本謡曲・綾鼓(室町末)「出でもせぬ雨夜(あまよ)の月を待ちかぬる、心の闇を晴らすべき時の鼓も鳴らばこそ」②雨のために見ることのできない中秋の名月。雨の月。《季・秋》

あまよ の 星(ほし) (雨降りの夜の星の意で) あっても見えないたとえ。また、きわめてまれなたとえ。＊浄瑠璃・卯月の潤色(1707頃)中「こちと女夫(めをと)はあまよのほし、どこにあるやらないやらで」＊狂歌・徳和歌後万載集(1785)九「むすぶべき縁の綱火の折をえてあふは雨夜の星くだりかも」＊諺苑(1797)「雨夜(アマヨ)の星 有べからざる喩」

あまよ の 物語(ものがたり) 「源氏物語‐帚木(ははきぎ)の巻」の「雨夜の品定め」の折の物語のこと。転じて、退屈な時の暇つぶしの雑談の意にも用いる。＊源氏(1001‐14頃)行幸「かのいにしへの、あまよの物がたりに色々なりし御むつごとの定めをおぼしいでて」＊謡曲・羅生門(1516頃)「つれづれと降りくらしたる宵の雨、これぞ雨夜の物語。品々言葉の花も咲き」＊読本・椿説弓張月(1807‐11)後・一七回「童どもが、雨夜(アマヨ)の物(モノ)がたりにはすなれど、実にしかるやしからずや」

あま‐ようい【雨用意】〘名〙雨に備える用意。雨具の用意。＊言経卿記‐天正一六年(1588)四月一〇日「又雨よをいして舟に相乗了」＊俳諧・毛吹草(1638)六「旅の空か月も笠持雨用意〈重正〉」発音アマヨーイ〈標ア〉ヨ

あま‐よけ【雨避】〘名〙①物が雨で濡れるのを防ぐための覆い。屋根や庇(ひさし)をいうこともある。あまおおい。＊和英語林集成(再版)(1872)「Amayoke アマヨケ 雨除」＊或る女(1919)〈有島武郎〉前・九「葉子の頭の上に張り渡された雨よけの帆布(ほぬの)の端から」②雨に濡れないように避けること。雨宿り。表記雨除(へ)雨避(言) 発音〈標ア〉ケ0ヨ〈京ア〉0 辞書ヘボン・言海

あま‐よそい【尼装】〘名〙男が女の装いをすること。女装。＊奇想凡想(1920)〈宮武外骨〉男色を好みし平賀源内「其変りたる尼装(アマヨソヒ)の美貌が殊の外際立ちて映じたる様子なれば」発音〈標ア〉ヨ

あま‐よそい【雨装】〘名〙雨の中を行く時のよそおい。雨着を付けた、いでたち。雨装束。＊書紀(720)敏達一四年三月(前田本訓)「是の日に、雲無くて風ふき雨ふる。大連(おほむらじ)被雨衣(アマヨソヒ)せり」発音〈標ア〉ヨ 辞書言海 表記雨装(言)

あま‐よばい【雨呼・雩】〘名〙「あまごい(雨乞)①」に同じ。＊玉塵抄(1563)二三「雩はあまごいとよむぞ。あまよばいとよむ人もあり」

あま‐より【甘撚】〘名〙糸やこよりなどのより方がゆるやかなこと。また、そのもの。＊最新実用衣服と整容法(1928)〈青木良吉〉「保温性は、〈略〉強撚の綿は少なく、甘撚(アマヨリ)の綿布は多いのであります」

あま‐よりいと【甘撚糸】〘名〙糸のよりの程度が比較的少ないもの。一メートル当たり千回程度。弱撚りの糸。

あま‐よろこび【雨喜】〘名〙「あまいわい(雨祝)」に同じ。＊申楽談儀(1430)「南都あまよろこびの能のこと」＊政基公旅引付‐文亀元年(1501)八月一三日「今日入二山田四ケ村一於二滝宮一〈当村之鎮守〉雨喜之風流、大千之時雨乞、降雨之後此作法恒規也」＊随筆・橘窓自語(1801)五「夏天雨ふらざる比、雨ごひして雨ふりぬれば、雨よろこびとて、百姓いはひけることあり」方言 大阪府泉北郡646 奈良県南葛城郡683

あまら‐か・す【余─】〘他サ四〙(「かす」は接尾語) 余るようにする。＊日葡辞書(1603‐04)「Amaracaxi, su, aita(アマラカス)」方言 富山県砺波397 石川県408 412 419 辞書日葡

アマランサス〘名〙(ラテン amaranthus の英語よみ)「アマランス①」に同じ。発音〈標ア〉ラ

アマランス〘名〙(英 amaranth しぼまない花の意) ①植物、「はげいとう(葉鶏頭)」のこと。＊それから(1909)〈夏目漱石〉四「鉢植のアマランスの赤い弁(はなびら)をふらふらと揺(うご)かした」②酸性、アゾ染料の一つ。赤紫色の粉末。酸溶液中で紫ないし淡紅色を呈し、羊毛、絹の染色、飲食物、医薬品の着色に用いる。発音〈標ア〉ラ

あまり【余】㊀〘名〙(動詞「あまる(余)」の連用形の名詞化) ①必要な分を満たした残り。残余。余分。超過分。＊古事記(712)下・歌謡「枯野(からの)を 塩に焼き 其(し)が 阿麻里(アマリ) 琴に作り」＊源氏(1001‐14頃)総角「ことわりは返す返す聞こえさせても、あまりあらば、つみしひねらせ給へ」＊大唐西域記長寛元年点(1163)五「歯を浄め其の遺(アマリ)の枝を棄てたり」＊平家(13C前)三・御産「『心ざしのいたりか、徳のあまりか』とぞ人申しける」＊徒然草(1331頃)一一三「国のため君のために、止むことを得ずしてなすべき事おほし。そのあまりの暇、幾(いくばく)ならず」②(上に行動や気持などを表わす連体修飾句が付いて) 行動や気持などが普通の程度を超えること。過度になった結果。＊古今(905‐914)仮名序「よろづのまつりごとをきこしめすいとま、もろもろの事をすて給はぬあまりに、

いにしへの事をも忘れじ、ふりにし事をもおこし給ふとて」＊土左(935頃)承平五年二月五日「京の近づくよろこびのあまりに、あるわらはのよめる歌」＊源氏(1001-14頃)桐壺「わりなくまつはさせ給ふあまりにさるべき御あそびの折々、何事にも故ある事のふしぶしには、まづまうのぼらせ給ふ」＊平家(13C前)四・南都牒状「勝にのるあまり、去年の冬十一月、太上皇のすみかを追補し」＊徒然草(1331頃)五三「酔ひて興に入るあまり、傍なるあしがなへをとりて頭にかづきたれば」③割り算で、割り切れないで出た残り。割り切れるときは、「0」を余りとする。④ある限度に達するまでのゆとり、余地。使わない、または達しないで残っている部分。⑤酢をいう忌み詞。また、発酵の過程でいったん甘くなることからいうともする。＊七十一番職人歌合(1500頃か)七一番「さもこそは名におふ秋の夜半ならめあまり澄たる月の影哉〈略〉あまりといひて、すとは聞えたるを、かさねてすとよめるやいかが」＊随筆・嘉良喜随筆(1750頃)五「詹々言〈略〉酢を日暮て買うことを忌む。若し求むればあまりと云こと、職人尽歌合に出づ」 □二『形動』必要、期待以上であるさま。程度のはなはだしいさま。「の」を伴う場合もある。あんまり。＊万葉(8C後)一八・四〇八〇「常人の恋ふといふよりは安麻里(アマリ)にてわれは死ぬべくなりにたらずや〈大伴坂上郎女〉」＊蜻蛉(974頃)上・天徳元年「これかれ、『いと情なし、あまりなり』などものすれば」＊源氏(1001-14頃)夕顔「女はいと物をあまりなるまで思しめしたる御心ざまにて」＊平家(13C前)九・坂落「余りのいぶせさに、目をふさいでぞおとしける」＊徒然草(1331頃)五四「あまりに興あらんとする事は、必ずあいなきものなり」＊土井本周易抄(1477)一「余りに位高ければ下って卑(いやし)きわざを難レ成と云様也」＊日葡辞書(1603-04)「Amarina (アマリナ)」または Amarino (アマリノ)〈略〉Amarino (アマリノ) コトニ」＊説経節・説経苅萱(1631)下「あまりになげくものならば、あのいしとうかさとるらんと、しのびなみだをしとどめ」＊たけくらべ(1895-96)〈樋口一葉〉一三「何を憎んで其やうに無情(つれなき)そぶりは見せらるる、〈略〉余(アマ)りな人とこみ上るほど思ひに迫れど」 □三『副』①物事の程度が、必要、期待以上に及ぶさまにいう。度を過ぎて。非常に。あんまり。＊枕(10C終)二七・人にあなづらるるもの「あまり心よしと人にしられぬる人」＊源氏(1001-14頃)桐壺「まうのぼり給ふにも、あまりうちしきる折々は」＊更級日記(1059頃)「里遠みあまり奥なる山路には花見にとても人来ざりけり」＊平家(13C前)七・倶梨迦羅落「あまりにくきに、其の法師をばまづきれ」＊俳諧・続猿蓑(1698)春「ちり椿あまりもろさに続て見る〈野坡〉」②(下に打消の語を伴って)それほど。たいして。あんまり。＊枕(10C終)三一・こころゆくもの「いとあまりむつまじうもあらぬまらうどの来て」＊源氏(1001-14頃)若菜下「みこ、あまり恨み所なきをさうざうしと思せど」＊古今集遠鏡(1793)一「人がしゃうくゎんせぬとて、あまりつらう思うない、おれが見はやしてやらうほどに」＊吾輩は猫である(1905-06)〈夏目漱石〉一「強い許りでちっとも教育がないからあまり誰も交際しない」 □四『接尾』①数量を表わすことばに付いて、それよりもいくらか多い意を表わす。＊書紀(720)神代下(水戸本訓)「鼻の長さ七咫(あた)、背の長さ七尺(ひろ)余(アマリ)」＊源氏(1001-14頃)帚木「ななとせあまりがほどに」＊方丈記(1212)「よそぢあまりの春秋をおくれるあひだに」②一〇以上の数を表わす場合に、数詞と数詞の間に入れて用いる。＊仏足石歌(753頃)「みそち阿麻利(アマリ)ふたつのかたち」＊土左(935頃)承平四年一二月二一日「それの年のしはすの二十日あまりひとひの戌の時に、門出す」 語誌 (□一について)(1)「あまり」は、ある必要量を超えた部分を広くいうのに対して、「のこり」は、必要量とは関係なく、何事かなされるべきものとしてとらえられている量的なものの、まだ、なされていない部分をいう。「のこりの仕事(借金)」「仕事(借金)ののこり」が「あまり」に言い替えられないのは、「仕事」や「借金」が、常に最後までかたをつけるべきものととらえられるからである。(2)ある部分が「必要量を超えた部分」か、「なされていない部分」かは、とらえ方によりどちらともなる場合がある。したがって「あまり」とも「のこり」とも言えるものもある。たとえば、「会費の…」「…の会費」は、「あまり」とも「のこり」とも言える。ただし、ニュアンスに差がある。「あまり」の場合、とりあえずその使途などを問題とせずに、単に必要額を差し引いた部分の意味でいうことが多いが、「のこり」は、同じ必要額を差し引いた部分を、メンバーに返すか、次回の会費の足しにするかなど、その処分・使途を意識においての表現となると考えられる。 方言 □一『名』酢。福井県大飯郡447 滋賀県蒲生郡(花柳界の語)612 奈良県675 広島県771 走島054 愛媛県宇摩郡049 長崎県五島054 壱岐島914 宮崎県日向955 ◇あまん 宮崎県日向947 鹿児島県049 968 969 沖縄県990 ◇あまむ 鹿児島県宝島980 沖縄県975 ◇あま 鹿児島県姶良郡967 □二『副』非常に。たいそう。宮城県仙台市121 山形県139 米沢市053 ◇あんま 新潟県西蒲原郡371 静岡県520 発音 〈なまり〉アンマ〔岩手・飛騨・静岡〕アンマー〔鳥取・島根〕アンマイ〔佐賀・鹿児島方言〕アッマシ〔秋田〕アンマシ〔仙台方言・東京・静岡・鳥取・島根〕アンマラ〔石川〕アンマリ〔秋田・栃木・埼玉・埼玉方言・千葉・東京・岐阜・飛騨・徳島・福岡〕アンマレ〔福島・島根・NHK(徳島)・伊予・愛媛周桑〕アンメリ〔富山県〕インマリ・ウンマリ〔岐阜・飛騨〕エンマ〔新潟頸城〕 □一は〈標ア〉リ 〈ア史〉平安・鎌倉○○○ 江戸●●○ 〈京ア〉ア □二は〈標ア〉リマ 〈ア史〉鎌倉○○○ 江戸●●○ 〈京ア〉0 □三は〈標ア〉0 〈ア史〉江戸●●●と●●○と両様か 〈京ア〉0 辞書 色葉・名義・和玉・文明・明応・天正・饅頭・黒本・易林・日葡・ヘボン・言海 表記 余(色・玉・文・明・天・饅・黒・易・へ・言) 杇・壜・縁・糶・有(名) 殘・賖・嬴・孑・贍(玉) 于」余(文) 奇(天)

あまり 有(あ)る 余分がある。残りがある。㋑(…しても)まだ及ばない。…しきれない。＊続後撰(1251)雑下・一二〇五「ももしきや古きのきばのしのぶにも猶あまりある昔なりけり〈順徳院〉」＊随筆・東遊記(1795)五「つつじに色を争ひながら浮み出て遊行するさま、不思議といふもあまりあり、面白さ限なくて守り居るに」＊唱歌・水師営の会見(1910)〈文部省唱歌・佐佐木信綱〉「厚意謝するに余(アマ)りあり」㋺余裕が残る。十分である。＊随筆・独寝(1724頃)下・九八「武門に生るると、もはや主のために命を捨(すて)ねばならぬといふ事を合点しているうへは、武の道にあまりあり」＊行人(1912-13)〈夏目漱石〉帰ってから・五「でも立派な講義さへ出来りゃ、凡(すべ)てを償って余(アマリ)あるから好(い)いでさあ」 発音 〈標ア〉ア 2リ 〈京ア〉ア

あまり 寒(さむ)さに風(かぜ)を入(い)る 矛盾することのたとえ。わざと反対のことをいったもの。＊御伽草子・福富長者物語(室町末)「夜寒の床、明かしかねつつ、軒も垣ほも此為に毀ち取りて、あまり寒さの風をいれける」＊俳諧・真如本犬筑波集(1532頃)雑「あまり寒さに風を入れけり 賤の女があたりの垣を折りたきて」＊諺苑(1797)「あまり寒(サムキ)に風を入(イル)」

あまり と 言(い)えば あまりにも。程度のひどいさまにいう。＊いさなとり(1891)〈幸田露伴〉三六「あまりといへば阿房(あはう)な人で汝(そなた)に気の毒な目をみせた」＊多情多恨(1896)〈尾崎紅葉〉後・三・二「他人がそれまでに心配をしてゐるものを、〈略〉義理も人前も構(かま)はず、始終苦々しい顔をしてゐるのは、余りと云へば世話効(せわがひ)の無い」

あまり の 心(こころ) 歌論の上で用いる語。表現以外に自然とにじみ出た情趣や気分。言外の気配。＊和歌九品(1009頃か)「これはことばたへにして、あまりの心さへある也」

あまり へいへい 親(した)しからず あまりにも慇懃(いんぎん)で謙遜しすぎると、親しみにくいものであるの意。＊滑稽本・八笑人(1820-49)四・下「余(アマ)りヘイヘイしたしからずと申て、どうも打(う)ちとけませんで、いっそ気がつまって」

あまり【甘利】 姓氏の一つ。 発音 〈標ア〉ア

あまり-いい【余飯】『名』食べ残しの飯。＊新撰字鏡(898-901頃)「餕 餕余 阿万利伊比 乃己留」＊観智院本名義抄(1241)「餕 アマリイヒ イヒノコル」 辞書 字鏡・名義 表記 餕(字・名)

あまり-かぜ【余風】『名』余分の風。弱く吹く風を、どこかで時雨を降らせてきたあまりの風としゃれた語か。＊俳諧・落柿舎日記(1774)「戸障子や何所の時雨のあまり風〈魯町〉」

あまり-がたち【余形】『名』囲碁用語。①むりやり相手を攻め立て、打ち過ぎて後の処置に困るような石の形。②攻めてはみたが地合いの足りなくなった形勢。

あまり-ぎれ【余切】『名』服などを作ったあとに残った余分の布地。＊絵合せ(1970)〈庄野潤三〉六「あまりぎれのぼろ、ない?」＊私の浅草(1976)〈沢村貞子〉こぎれやさん「色町の人たちは、反物をつもらず、そのまま仕立てに出すから、裁ったあとのあまりぎれは、仕立屋さんの、ほまち(役得)になる」 発音 アマリギレ 〈標ア〉リ

あまり-ごと【余事】『名』①余分なこと。行き過ぎたこと。＊今昔(1120頃か)五・二〇「象許(ばかり)に乗て糸(いと)善かりつるを、師子(しし)に乗るが余り事にて有る也」＊今昔(1120頃か)一九・一八「此の宮には此様に信の御(おはし)けるに、此ぞ少し余り事にて無心(むしん)なる事にて有ける」②過分なこと。あまりに虫のいいこと。もうけもの。＊枕(10C終)八七・職の御曹司におはします頃、西の廂にて「昨日の夕ぐれまで侍りしは、いとかしこしとなん思う給ふる。今日まではあまりことになん」＊青表紙一本源氏(1001-14頃)真木柱「『いかに面目(めいぼく)あらまし』と、あまり事をぞ思てのたまふ」 発音 アマリゴト 〈標ア〉0 ト 辞書 文明 表記 余事(文)

あまり-さえ【剰―】 □一『連語』(名詞「あまり(余)」に助詞「さえ」の付いた語) 数量がある基準を超えることを強めた言葉。＊大唐西域記長寛元年点(1163)五「精舎に宝の函アリ。中に仏身有り。長さ余(アマリ)サへ寸半」 □二『副』(□一が一語化した語) 物事がそれだけでおさまらずに さらによけいに加わる意を表わす。それればかりか余分に。そのうえ。おまけに。あまっさえ。あまつさえ。あまさえ。＊方丈記(1212)「明くる年は立ち直るべきかと思ふほどに、あまりさへ疫癘(えきれい)うちそひて」＊愚管抄(1220)六・土御門「それらがあまりさへ云はやりて、〈略〉京田舎さながらこのやうになりける程に」＊観智院本名義抄(1241)「剰 アマリサヘ」＊志濃夫廼舎歌集(1868)松籟草「またにはかにめされて、あまりさへ遠きところへはるばる物し給ふこととなりけるわかれに」 辞書 名義・言海 表記 剰(名・言) 賸(名)

あまり-し・い【余】『形口』文 あまり・し『形シク』(名詞「余り」を形容詞に活用させた語) あんまりだ。ひどすぎる。＊上杉家文書-(年月日未詳)(室町)直江兼続自筆書状(大日本古文書二・七六一)「御心元なく候はは、いかやうのきしゃうに而も、かき指上可申候、乍推参、あまりしき御諚共候」＊談義本・地獄楽日記(1755)一・二「これは余(アマ)りしき御はからひ」 方言 仙台1057

あまり-ちゃ【余茶】『名』茶筒に残っている茶。ま

た、急須や茶碗などに残っている茶。＊俳諧・沙金袋(1657)「大ぶくのあまり茶のまでや若夷〈勝直〉」 発音〈標ア〉リ

あまりちゃに福(ふく)がある 人が残した物に、かえって思いがけない利益があるというたとえ。余り物に福あり。＊浄瑠璃・平仮名盛衰記(1739)三「余り茶には福が有る、呑(のん)でお休みなされや」＊俳諧・風狂文草(1745)三・茶の説「余(アマ)り茶に福(フク)ありとは、元朝(ぐゎんてう)の大福に本づけるなるべし」＊浄瑠璃・伊賀越道中双六(1783)七「是はきつい御馳走、余り茶に福がある。然らば今一つ」

あまりちゃを飲(の)めば年(とし)がよる 人が残したような物には手をつけるなという諺(ことわざ)。＊随筆・柳亭記(1826頃か)下「今はあまり茶には福があるといひ、昔はあまり茶を呑ば年がよるといふ」

あまりっ-かえる【余返】〘動〙方言 あり余る。十分過ぎるほどある。つぐなって余りある。栃木県198 ◇あまりっける 栃木県安蘇郡・上都賀郡198 ◇あまってかえる 和歌山県691 ◇あまってげえる 千葉県匝瑳郡040

あまり-つ・く【余付】〘自カ四〙身に余りすぎる。＊歌舞伎・奴江戸花槍(1819)「お姫様から其やうな、あまりついた御意を蒙り」

あまり-て【余—】〘連語〙(動詞「あまる(余)」の連用形に助詞「て」が付いた語。副詞的に用いられる)…しても、しきれないで。度を過ごして。あまりにも。＊後撰(951-953頃)恋一・五七七「あさぢふの小野の篠原しのぶれどあまりてなどか人の恋しき〈源等〉」＊壬二集(1237-45)「秋はまだ遠山鳥のしだりをのあまりて惜しき有明の空」 発音〈標ア〉リ

あまり-なえ【余苗】〘名〙田植えの時に、植え残った稲の苗。《季・夏》＊俳諧・韻塞(1697)乾「菩薩とはならでや道の余り苗〈乙州〉」 発音〈標ア〉ナ

あまり-に【余】 ⇨あまり(余)㊁

あまり-はちこく【余八石】〘名〙方言 満ち足りること。あり余るさま。山形県米沢市149 新潟県佐渡352 福岡市877 長崎県壱岐島915

あまり-ぶ【余歩】〘名〙近世、田畑、屋敷を検地する際、慣例によって控除した面積。全体の一〜二割にあたる控除分。よぶ。＊地方凡例録(1794)二「検地余歩之儀は、古検は二割、新検は壱わり五分の余歩を差加、畔ひき一尺、畔際一尺づつ除き、両方にて三尺ひきて」

あまり-べ【余戸】〘名〙「あまるべ(余戸)①」に同じ。

あまり-まい【余米】〘名〙夏、土用の欠損米の補いとして、一俵の本石(関東では三斗五升入)に二升ずつ増量する米。これを加えた一俵は三斗七升となる。よまい。計立出目(はかりたてでめ)。＊地方凡例録(1794)四「三斗五升入一苞に付て二升づつの余米を加へ、これを土用欠と名づけ」

あまり-もの【余物】〘名〙使った後で残ったもの。余分のもの。また、あっても必要とされず役に立たないもの。いらない物。＊大斎院前御集(11C前)「かづくべきほどすぎぬればよものうらのあまりものにやならんとすらむ」＊古活字本荘子抄(1530)九「帝王の天下国家を治る功は聖人の余り物にて治也」＊滑稽本・浮世床(1813-23)二・上「おうれんも椽の下で生れてゐから毎日の余り物(モンノ)。ぶちんよぶちんよと可愛がられてんな」＊落語・墓違ひ(1895)〈柳家禽語楼〉「彼の女が煮〆の残肴(アマリモノ)を其処に集めて彼娼とお取膳で乃公が飯ィ喰った」 発音〈標ア〉ノ モ 0 〈京ア〉0 辞書 和玉 表記 穴(玉)

あまりものに福(ふく)あり 人の残したもの、または最後に残ったものに利益がある。人が目もくれないものを手に入れると、意外な利益や幸福を得ることのたとえ。余り茶に福がある。残り物に福あり。＊浮世草子・傾城歌三味線(1732)三・二「あまり物(モノ)には福(フク)があると申せば、ふせうながらももらふて下され」＊諺苑(1797)「あまり茶に福あり あまりものに福ありとも云」

あまり-もの【余者】〘名〙①人からもてあまされている者。邪魔になる者。役に立たない者。＊史記抄(1477)一七・滑稽列伝「子に比すれは壻はそはつらな者ぢゃほどに人の身にとらば、疣贅の如なぞ。あまりものと云心ぞ」＊日葡辞書(1603-04)「Amarimono(アマリモノ)〈訳〉意地の悪い青年など、手にあまる者」＊仮名草子・浮世物語(1665頃)三・二「これ誠の道心者にあらず。世に捨てられたるあまりものなり」②客がなくて、置き屋に残っている遊女、芸妓など。お茶ひき。＊浮世草子・好色一代男(1682)五・七「目と鼻さへ有(ある)女郎ならば勘忍すると、あまりもの有ほど呼にやる」 発音〈標ア〉ノ モ 0 辞書 日葡

あまり-や【余矢】〘名〙①射残した矢。残りの矢。②目的物を射ぬき、なお勢い余って飛ぶ矢。＊浮世草子・武道伝来記(1687)六・二「引しほりてはなつ矢、真ただ中を射抜て〈略〉あまり矢(ヤ)、向ひの尾に遊びし大石半九郎が右の肩骨より心もと迄篦深(のぶか)にたちまち絶入(せつじゅ)して」

あま-りゅう【雨龍】〘名〙「あまりょう(雨龍)」に同じ。

あま-りょう【雨龍・螭龍】〘名〙①中国における想像上の動物。雨を起こすといわれる。龍の一種で、とかげに似ているが、大形で、角がなく、尾は細く、全身青黄色という。うりょう。あまりゅう。みずち。＊俳諧・毛吹草追加(1647)上「雨龍(アマレウ)や吟じておこる花の雲〈正良〉」＊交隣須知(18C中か)二・水族「蛟龍 アマリョフガ デタニヨリ キリガカロフヨフニナッタ」＊虞美人草(1907)〈夏目漱石〉一三「結んだ口元をちょろちょろと雨龍(アマリョウ)の影が渡る」②キノボリトカゲなど熱帯産のトカゲの称。昔、長崎に渡来し、飼育されていたという。＊浮世草子・世間胸算用(1692)四・四「定まってよいものは今まで見せぬ螭龍(アマレウ)の子」＊浮世草子・万の文反古(1696)四・一「将又(はたまた)爰元にて風聞仕候は艮龍(アマリャウ)のこがい御座候よし」③①を図案化した紋所の名。龍紋の一種。＊人情本・春色辰巳園(1833-35)後・一〇回下「帯は黒の唐純子(とうどんす)に、雨龍(アマリャウ)の丸く飛々に織いだせし九寸巾」＊人情本・春色恵の花(1836)二・七回「黒のごろふくに雨龍(アマリャウ)の飛形(とびがた)を、すがぬひにさせたらばどふだろふと」＊開化のはなし(1879)〈辻弘想〉二「年紀(とし)の頃五十(いそぢ)に近き老人身に黒紋付の色は哺時(ななつ)過なる外套を被ひ、腰に蛟龍(アマリョウ)を雕(ゑ)りたる木剱(博覧会の出品)を佩び」 発音 アマリョー〈標ア〉マ 辞書 書言・言海 表記 螭龍(書) 雨龍(言)

雨　龍 ①〈和漢三才図会〉

アマリリス〘名〙(英 amaryllis)①ヒガンバナ科の多年草。南アフリカ原産。高さ約五〇センチメートル。地下に大きな卵形の鱗茎(りんけい)がある。葉は舌状で縦みぞをもつ。花は淡紅色のユリの花形で茎の頂に数個咲き、強い芳香がある。アマリリス-ベラドンナ。学名は Amaryllis belladonna ②中央、南アメリカ産のヒガンバナ科ジャガタラズイセン属の属名または同属数種を母種とする園芸種の総称。高さ六〇〜七〇センチメートル。葉は長さ四〇〜五〇センチメートルの舌状。花はユリに似た形で茎の頂に数個つき横向きに開く。色は品種によって赤、橙、白、縞模様などがある。花弁は原種に近いほどとがっている。春に球根を植えると夏に咲く。学名は Amaryllis《季・夏》＊邪宗門(1909)〈北原白秋〉魔睡・室内庭園「噴水(ふきあげ)の水はしたたる…そのもとにあまりりす赤くほのめき」＊あむばるばりあ(1933)〈西脇順三郎〉「僕の煙りは立ちのぼりアマリリスの花が咲く庭にたなびいた」

アマリリス ②

あま・る【余】〘自ラ五(四)〙①数量がある基準を超える。＊常陸風土記(717-724頃)行方「囲み、大きなる竹の如く、長さ一丈に余(あまり)き」＊竹取(9C末-10C初)「翁、年七十にあまりぬ」＊源氏(1001-14頃)須磨「忍び給へど御袖よりあまるも、所せうなん」②才能、勢い、気持などが、ある範囲からあふれ出る。ある程度以上にはなはだしくなる。＊古事記(712)下・歌謡「大君を 島に放(はふ)らば 船(ふな)阿麻理(アマリ)い帰り来むぞ 我が畳ゆめ」＊古今(905-914)仮名序「在原業平は、その心あまりて詞たらず」＊源氏(1001-14頃)夕顔「あさましと言ふにもあまりてなむある」＊大鏡(12C前)六・道長下「心だましひすぐれかしこうて日本にはあまらせ給へり」＊徒然草(1331頃)一七二「若き時は、血気うちにあまり、心、物に動きて、情欲おほし」③能力を超える。分に過ぎる。＊伊勢物語(10C前)八七「田舎人の歌にては、あまれりや、たらずや」＊大鏡(12C前)四・道隆「よろづのこと身にあまりぬる人の、もろこしにも、この国にもあるわざにぞ侍なる」＊愚管抄(1220)六・後鳥羽「手にあまりたる事かなともや思ひけん」＊太平記(14C後)二二・義助朝臣病死事「目に余る程の大勢也と聞て」＊日葡辞書(1603-04)「シアンニ amaru(アマル) コト」＊俳諧・猿蓑(1691)五「乗出して肱(かひな)に余る春の駒〈去来〉」＊門(1910)〈夏目漱石〉一三「分別に余(アマ)って当惑してゐた」④ある基準を超えて余分が出る。必要を満たして残りが生じる。＊枕(10C終)六・おなじことなれどもきき耳ことなるもの「げすの詞には、かならず文字あまりたり」＊源氏(1001-14頃)若菜上「御髪(みぐし)の〈略〉裾のふさやかにそがれたる、いとうつくしげにて、七八寸ばかりぞあまり給へる」＊浮世草子・けいせい伝受紙子(1710)三・二「旦那はいはねど四相をおさとりなさるる。おさばきが諸事あまるは」＊狐の裁判(1884)〈井上勤訳〉一「此の皮を以て帽子を作り、残余(アマレ)る皮にて」⑤割り算で、割り切れないで残りが出る。⑥ある程度に達するまでのゆとり、余地がある。使わない、到達しない部分があとに残る。＊昇天(1923)〈十一谷義三郎〉六「彼は懐から蟇口をとり出した。中には払ひに余るほど這入ってる筈だ」⑦(②から転じて)子供などがさわぐ。ふざけすぎる。＊菊池俗言考(1854)「あまるな 余勿(あまるな)なるへし若年の者なとの元気溢れて悪(わろび)事なとするを阿万留と云は元気の余ると云事なるへし」 語誌 ①に挙げた例のような「AがBにあまる」「AがBよりあまる」というのが本来の使い方。単に「Aがあまる」「Bにあまる」と表現されてもある基準を超えるということに変わりはないが、超えた分に力点が移ると④の使い方となる。現在では⑥のように、ある基準に達するまでのゆとりをいう新しい意味が生じている。 方言 ❶たくさんある。青森県上北郡074 島根県隠岐島741 ❷洪水になる。秋田市135 ❸火が燃え移る。奈良県吉野郡688 語源説 (1)アマタル(天足)の義〔俚言集覧・和訓栞〕。(2)アマアリ(彌間有)の転〔言元梯〕。(3)アリモタル(有持)の意〔名言通〕。(4)アマウマル(天生)の義〔国語本義〕。(5)アナミタ(穴満)レリの反。満ちれば必ずあまるから〔名語記〕。(6)アはアメ(雨)、リはシタタリ(滴)か。また、あまたの残りか〔和句解〕。(7)オモル(重)の転声〔和語私臆鈔〕。(8)マルはハリ(放)の転〔日

本語源＝賀茂百樹」。(9)アム(奄)の転音であるアマ(天)から生まれた動詞〔日本語原考＝与謝野寛〕。発音〈標ア〉[マ]〈ア史〉平安○○◓ 鎌倉○○● 江戸●○○ 〈京ア〉[0] 辞書 色葉・名義・和玉・文明・日葡・書言・ヘボン・言海 表記 余(色・名・玉・文・書・ヘ・言) 羨・羸(玉・書) 雉(名・玉) 遺・有・贍・賸・烈・湎・渾・緒・賽・義・冗・序・列・残・肄(名) 穴・蘖・涵・溢・輸(玉)

同訓異字 あまる【余・衍・剰】

【余】(ヨ) 余分にある。一定の程度や範囲を越えて広がり出る。多すぎて一定の所からはみ出す。「余剰」「余白」「余分」「残余」《古 あまれり・あまり・あまる》

【衍】(エン) 水が一杯になってあふれ出る。転じて、物事が一定の範囲を越えて外に広がり行く。余分なものがある。「衍義」「衍文」「布衍」《古 みつ・ゆたかに・ひろし・ほしいまま》

【剰】(ジョウ) 必要以上にある。十分に過ぎる。「剰員」「剰余」「過剰」《古 あます・あまりさへ・あまつさへ》

あま・る【自ラ四】雷が落ちる。落雷する。＊御湯殿上日記‐長享三年(1489)六月一〇日「大夕たちして神おとろおとろしうなる。あまるよしきこゆる」＊御湯殿上日記‐永禄六年(1563)四月二日「このあか月、とう寺のたう、かみなりあまりて、その□にてやけ候」方言❶雷が落ちる。落雷する。仙台†058 備後†124 岐阜県497 498 514 鳥取県711 島根県725 739 岡山県054 761 762 広島県向島054 徳島県809 海部郡813 香川県829 愛媛県840 845 846 高知県864 高知市867 大分県941 宮崎市955 ◇あまらっしゃる 香川県志々島054 大分県941 ◇あまらっしゃれる 大分県941 ◇あまっしゃる 大分県大分市・大分郡941 ❷子供などがふざけて騒ぐ。戯れる。肥後†131 佐賀県887 長崎県904 906 907 熊本県058 931 933 宮崎県日向955 鹿児島県961 沖縄県062 ❸暴れる。荒れる。熊本県玉名郡926 ◇あまゆい・あまうい 鹿児島県喜界島983 ◇あまゆん 沖縄県首里993 ❹子供がだだをこねる。島根県鹿足郡725 ❺いたずらをする。悪さをする。宮崎県東諸県郡954 鹿児島県肝属郡970 ❻もてあそぶ。いじる。いじり回す。栃木県大田原市・那須郡198 ❼腐る。飯などが腐敗する。岡山県758 760 766 ❽大声でどなる。しかりつける。島根県725 ◇あまゆん 鹿児島県沖永良部島975 〔方言の補注〕❷～❻は「甘える」と同語源か。❼は、腐り始めの時期に食物が甘く感じられるところからいうか。語源説 アモル(天降)の転か〔大言海〕。

アマルガム【名】(英 amalgam ソフラ amalgame) ①水銀と他の金属との合金の総称。白金・鉄・コバルト・ニッケル・マンガンなどを除く、ほとんどの金属と合金を作る。歯科用のものは主に銀とスズの合金のアマルガムを使う。＊博物学階梯(1877)〈中川重麗訳〉「水銀は流動体の金属にして家常要用の晴雨計、寒暖計及び玻瓈鏡の裏面に塗布する『アマルガム』を製すべし」＊敗北者(1950)〈檀一雄〉「白い歯。アマルガムの義歯が一本」②(比喩的に)複数の異種のものが融合したものをさしていう。＊福音的基督教(1927)〈高倉徳太郎〉五「しかし彼の主張した基督教もまた聖書の宗教と当時のドイツ文化との合金(アマルガム)のごときもので」＊仮面の告白(1949)〈三島由紀夫〉三「今まで私は子供らしい好奇心と偽はりの肉感との人工的な合金(アマルガム)の感情を以てしか女を見たことがなかった」語誌 江戸時代末期の文献(馬場貞由「泰西七金訳説」)には「アマルガマ」という形が見えている。これはオランダ語(amalgaam, amalgama)に由来するもの。明治になると英語 amalgam から「アマルガム」が学校の教科書などに現われ、一般化する。発音〈標ア〉[マ][ル]〈京ア〉[マ]

アマルナ(Amarna) 古代エジプトの都市(今日のテル‐エル‐アマルナ)。アメンホテップ四世(のちイクナートンと改名)がここに遷都した。→アマルナ時代・アマルナ文書。発音〈標ア〉[マ]

アマルナ‐じだい【━時代】(アマルナはAmarna) BC一四世紀中頃、エジプト第一八王朝のイクナートン王が、アトンの一神教による宗教改革を図り、アマルナに都を定めた時代。美術史上でも、伝統を破った独特の自然主義的精神によるアマルナ芸術として知られる。発音〈標ア〉[ジ]

アマルナ‐もんじょ【━文書】(アマルナは A-marna) エジプトのテル‐エル‐アマルナの王宮付属文庫跡で発見されたBC一四世紀の外交書簡、およびその他の文書群。楔形(くさびがた)文字で書かれたバビロニア語の粘土板約三八〇通からなる。発音〈標ア〉[モ]

あまる‐べ【余戸】【名】①令制下の村落制度。五〇戸を一里として里を編成するとき、五〇戸にあまる端数の戸で編成した里。また、その戸。人口が増えて五〇戸になれば正規の里名をつけた。あまりべ。＊出雲風土記(733)総記「玖の郡、郷は陸拾弐、余戸(あまるへ)は肆、駅家は陸、神戸は漆なり」＊令集解(868)戸令・定郡条「朱云。令釈云。若余戸不レ足ニ百戸一者。随レ宜隷ニ他郡一者。未レ知」②江戸時代、貧民や乞食が住んでいた村。あまべ。＊名物六帖(1727‐77)人品箋「丐戸 アマルベ コジキムラノモノ」

あまるべ【余部】兵庫県北部、日本海に面する香住町の地名。但馬御火浦(たじまみほのうら)や鎧ノ袖の海崖がある景勝地。高さ四一・五メートル、長さ三一〇九メートルの山陰本線鉄橋が有名。あまべ。余戸。発音〈標ア〉[ル]

あま‐わらび【甘蕨】【名】灰汁(あく)抜きをしないで食べられる蕨。また、それにまつわる弘法伝説の一つ。旅の僧(多くは弘法大師)がある家に立ち寄り、出された蕨のめんどうな料理法を知って、お礼のために甘蕨をさずけたという伝説。全国に広く分布する。発音〈標ア〉[ワ]

あまん【余】【名】「あまり」の変化した語。＊浄瑠璃・国性爺後日合戦(1717)一「女に余(アマン)の布有、男に余の粟(あは)あり、国家さかんに富(とみ)、上下(しゃうか)交(こもごも)足(たる)」＊洒落本・駅舎三友(1779頃)きぬきぬ「わが身をして大通と胸にあまんの我慢高慢、ぐっとみおろす心から」補注「国性爺後日合戦」の例は、「孟子‐滕文公・下」の「農有ニ余粟一女有ニ余布一」による。辞書 ヘボン

あまん【名】動物「やどかり(寄居虫)」の異名。＊重訂本草綱目啓蒙(1847)四二・蚌蛤「寄居虫〈略〉やどかり〈大和本草〉〈略〉あまん 琉球」方言 動物、やどかり。鹿児島県奄美大島975 沖縄県990 首里993 黒島・波照間島996 ◇ああまん 沖縄県石垣島996 ◇あまむ 鹿児島県奄美大島054 沖永良部島975 沖縄県宮古島054 ◇あまみ 鹿児島県喜界島975 ◇あまあみ 鹿児島県加計呂麻島975 ◇あまんつぁ 沖縄県竹富島・鳩間島996 ◇あまんつぁあ 沖縄県新城島996 ◇ああまんつぁあ 沖縄県石垣島996 ◇あまんぶ 沖縄県与那国島996 ◇あもう 沖縄県西表島996 ◇あもま 沖縄県小浜島996 ◇あままあ 鹿児島県喜界島975 沖縄県島尻郡975

あまん‐じゃく【天邪鬼】【名】「あまのじゃく(天邪鬼)」の変化した語。＊歌舞伎・松竹梅湯島掛額(お七吉三)(1856)「そのあまんじゃくの剣のありかは」＊童謡・にしゃどっち(1926)〈横瀬夜雨〉「白髪太郎のあまんじゃく、網の牢屋に押し籠められた」方言㊀❶架空の怪物。なんとなく恐ろしいもの。島根県隠岐島740 ❷人のまねをすること。また、それをする者。人まね。群馬県山田郡240 富山県砺波398 ❸無理難題を言うこと。また、その人。非常識者。新潟県佐渡352 島根県美濃郡・益田市725 山口県玖珂郡800 ❹女性をののしっていう語。茨城県061 静岡県532 540 543 島根県隠岐島725 ❺おてんば。だだっ子。富山県下新川郡391 島根県美濃郡・益田市725 広島県高田郡779 ❻がむしゃらなさま。むちゃくちゃ。島根県西部725 ❼大きな建物の中などで声を出した時に返ってくる反響。茨城県稲敷郡193 群馬県邑楽郡244 富山県高岡市付近062 ◇あまんしゃく 富山県389 ❽こだま。山びこ。福島県南会津郡012 富山県390 静岡県田方郡530 ◇めめんじゃく 富山県下新川郡390 ❾雨を喜ぶこと。また、旅行などの時、よく雨に降られる人。群馬県勢多郡236 ❿険しい所。地名にもある。島根県邑智郡725 ⓫雨のしずく。雨垂れ。群馬県勢多郡236 新潟県中越373 ⓬雹(ひょう)。広島県771 ⓭蝶(ちょう)などのさなぎ。幼虫をいうこともある。茨城県稲敷郡062 栃木県198 群馬県山田郡240 静岡県志太郡535 ㊁虫。❶ありじごく(蟻地獄)。岡山県御津郡764 香川県塩飽諸島829 ❷いらむし(刺虫)。群馬県佐波郡242 神奈川県中郡320 ❸じむし(地虫)。岡山市762 ❹うじ(蛆)。千葉県東葛飾郡064 ❺あめんぼ(水黽)。島根県那賀郡725 ❻みずすまし(水澄)。島根県益田市725 ㊂鳥、きたたき(木叩)。また、かけす(懸巣)。長崎県対馬911

あまん‐じゃこ【天邪鬼】【名】①「あまのじゃく(天邪鬼)」に同じ。＊浄瑠璃・京羽二重娘気質(1764)七「ムム、俺ゃ又隠居親爺のあまんじゃこに、偉う叱られる夢を見て居た最中」＊譬喩尽(1786)六「阿摩邪鬼(アマンジャコ)俗片言也 仏在世釈尊曰正月十五日可レ休由也。邪鬼答曰正月卅日盆十五日可レ過只三日而盆一日半可レ然申上云々」②昆虫「じむし(地虫)」の異名。＊語彙(1871‐84)「あまのじゃこ あまんじゃこ あまうじゃ あまじゃ〈略〉つぼむし しじまひむし ぢむし おんばむし」方言❶無理難題を言うこと。また、その人。徳島県809 ❷どちらでも都合のよいほうにつくこと。兵庫県神戸市670 ❸おてんば。だだっ子。兵庫県佐用郡047 神戸市061 ◇あまりじゃこ 大分県大分市・別府市938 ❹虫、ありじごく(蟻地獄)。岡山県邑久郡761 ❺虫、しゃくとりむし(尺取虫)。香川県827

あまん・じる【甘】【自ザ上一】「あまんずる(甘)」に同じ。＊日本文化私観(1942)〈坂口安吾〉二「彼等は貧困に甘んじることをもって生活の本領としたのではない」＊他人の顔(1964)〈安部公房〉白いノート「じたばたせずに現状に甘んじるべきなのではあるまいか」発音〈標ア〉[ジ]〈京ア〉[0]

あまん‐ずる【甘】㊀【他サ変】文あまん・ず【他サ変】(「あまみする」の変化した語) ①与えられたものを、満足して、また、しかたがないものとして受ける。＊守護国界主陀羅尼経平安中期点(1000頃)「我れ此の苦を甘(アマムシ)て、終に菩提の心を捨てじ」＊俳諧・奥の細道(1693‐94頃)跋「一たびは坐して、まのあたり奇景をあまんず」＊義血侠血(1894)〈泉鏡花〉四「渠(かれ)は又貴族的生活を喜ばず、好みて下等社会の境遇を甘んじ」＊社会百面相(1902)〈内田魯庵〉貧書生「警部長の内命を受けたが、大丈夫(だいじゃうふ)豈田舎侍を甘(アマ)んぜんや」②(「味わいを甘んずる」の形で)食物をよく味わい、おいしく思う。＊文明本節用集(室町中)「食スルトキハ不レ甘レ味(アジワイヲアマンゼズ)〔漢書〕」＊仮名草子・智恵鑑(1660)四・九「われ此ふたりの美人なければ、食物の味ひをもあまんぜざる間、宥免ありて殺さるる事は無用なりと仰下さるる時」㊁【自サ変】文あまん・ず【自サ変】与えられた状態に満足する。また、しかたがないものとして我慢する。安んずる。＊西国立志編(1870‐71)〈中村正直訳〉一〇・四「然るに往々工人自らその身を重んずるを知らず、甘じて下流の人となるもの多きは、独り何事ぞや」＊経国美談(1883‐84)〈矢野龍渓〉前・一四「人民は益々奸党の治下に甘んぜずして痛く彼等をぞ悪みける」＊露団々(1889)〈幸田露伴〉一〇「酒を喜び白湯(さゆ)に甘(アマ)んじ、錦もきれど葛(くず)もいとはず」＊野分(1907)〈夏目漱石〉一一「奴隷を以て甘んずるのみならず、争って奴隷たらんとするものに」＊田舎教師(1909)〈田山花袋〉二九「寧ろ自分は平凡なる生活に甘んずる」発音〈標ア〉[ズ]〈京ア〉[0] 文『あまんず』〈標ア〉[マ]〈京ア〉[0] 辞書 名義・文明・ヘボン・言海 表記 甘(名・文・ヘ・言)

あまんど【海人】【名】「あまびと(海人)」の変化し

た語。＊唐大和上東征伝院政期点(1150頃)「白水郎(アマムト)」

アマンド【巴旦杏】〔名〕(フランス amande)「アーモンド」に同じ。＊ふらんす物語(1909)〈永井荷風〉祭の夜がたり「橄欖(オリブ)、杏実(アマンド)の果樹園も」＊近代絵画(1954–58)〈小林秀雄〉ゴッホ・一「美しい巴旦杏(アマンド)の花盛りを描いてゐて、彼は、突然、獣の様に倒れる」発音〈標ア〉マア

あまんどお〔名〕方言 植物、まめがき(豆柿)。山梨県461(甘い小柿)462(小指の先ぐらいの小さな実がなる野生の柿で渋をとる)465 ◇あまんど 山梨県一部030

あまんぼ〔名〕方言 ⇩あめんぼう(飴棒)

あまんぼお〔名〕方言 ⇩あなっこ(穴一)

あみ【網・編】〔名〕(動詞「あむ(編)」の連用形の名詞化)㊀(網)①糸、縄、針金などで目をあらく編んだもの。㋑魚や鳥獣を捕るための糸、縄製のもの。＊書紀(720)神代下・歌謡「片淵に 阿彌(アミ)張りわたし 目ろ寄しに 寄し寄り来ね」＊万葉(8C後)一七・三九一七「ほととぎす夜声なつかし安美(アミ)ささば花は過ぐともかれずか鳴かむ〈大伴家持〉」＊宇津保(970–999頃)祭の使「御まへの池に、あみおろし、鵜おろして」＊不空羂索神呪心経寛徳二年点(1045)「羂(アミ)を擲げて獣を取る時のごときに至りては」＊日葡辞書(1603–04)「Amiuo (アミヲ) ヒク」㋺魚、餅などを焼くための金網。また、防御などの目的で用いる金網。＊百座法談(1110)三月一日「一人は鉄のあみをかつぐ。あみのめよりかかるほのほ熱くたへがたし」＊平家(13C前)五・咸陽宮「四方にはたかさ四十丈の鉄の築地をつき、殿の上にも同く鉄(くろがね)の網をぞ張たりける」②仏が衆生を救済する慈悲をたとえていう語。＊海道記(1223頃)東国は仏法の初道「三十三身の尊、大悲弘誓の網を垂て苦海の沉物をすくふ」＊車屋本謡曲・俊寛(1456頃)「ひとり誓ひの網にもれて、沈みはてなむ事はいかに」③①㋑によって魚を捕えること。＊咄本・蝶夫婦(1777)魚の寸法「おれは此中網(アミ)にいって、大きなこちをとったとおもやれ」④事を行なうために張りめぐらしたもの。㋑犯罪者など、ねらいをつけた人をとらえるための手段。→網を張る。＊黒い眼と茶色の目(1914)〈徳富蘆花〉四・二「此真率な青年も次平さん同様おくら婆さんの網(アミ)にかかるに造作はなかった」㋺網の目のように、系統的、組織的に作られたもの。＊青春(1905–06)〈小栗風葉〉秋・二「然も無ければ詐欺染みた、儲ける為めなら平気で法律の網も潜りさうな言草」＊独身(1910)〈森鷗外〉一「巧に郵便の網を天下に布いてから、手紙の往復に不便はない筈ではあるが」⑤「あみのりもの(網乗物)」の略。＊雑俳・柳多留-五〇(1811)「鷹の羽を網へぶちこむ不慮な事」⑥賭場。＊歌舞伎・お染久松色読販(1813)中幕「ふとした網に引かかり、がらら百両打込(ぶちこ)んだが、モシ、此間中五両三両積金にして、質屋の内へ預けました」⑦蜘蛛(くも)の巣。⑧紋所の名。漁労の投網(とあみ)を立てかけて干した形状を図案化したもの。⑨「あみがしら(網頭)」に同じ。＊落葉集(1598)小玉篇「网 あみ」⑩印刷で、「あみてん(網点)」「あみはん(網版)」の略。㊁(編)編むこと。また、編んだものの状態。編み方。＊白い柵(1952)〈永井龍男〉「荒い編みの、ジャケツを着込んだ他は、昼間と同じ服装の若者が、灯を浴びて間近かに立ってゐる」方言 編んで作った袋。弁当などを入れる。新潟県中蒲原郡012 長野県下高井郡012 語源説 (1)アム(編)の名詞形〔和句解・東雅・和語私臆鈔・俚言集覧・箋注和名抄〕。(2)アラメ(荒目)の義〔名言通・和訓栞・本朝辞源=宇田甘冥・言葉の根しらべ=鈴江潔子〕。(3)アは大の意、ミはメ(目)の転。衆目の義〔東雅〕。(4)アナミチ(穴満)の反〔名語記〕。発音〈ア史〉平安○○〈京ア〉ア〈ナマリ〉アメ・アム〔石川〕アン〔鹿児島方言〕〈標ア〉ミ 上仮名 アミ 辞書 和名・色葉・名義・下学・和玉・文明・明応・天正・饅頭・黒本・易林・日葡・書言・〈ボン〉・言海 表記 網(色・名・下・玉・文・明・天・饅・黒・へ・言)罘(和・色・名・玉・書)罟(和・色・玉・文・書)羅(色・名・玉・天・書)罿(色・名・玉・書)罠(和・色・名)罝(和・色・玉)罾(玉・明・天)羃・罛(色・名・玉)罦(色・玉)罬・罩(名・玉)罧・纚・罨(色)羅(名)罞(玉)罒(易)

あみ置(お)く 「あみ(網)を張る」に同じ。＊観智院本名義抄(1241)「罝 アミオク」辞書 名義 表記 罝(名)

あみが上(あ)がる ①事件が解決する。事が落着する。かたがつく。あみの手が上がる。＊歌舞伎・河原噂京諺(1806)二幕「『ハテ、もうあみは上(あ)がってござりますわいの』『あみがあがったとは、病人には縁起の悪い』」②隠し事がばれる。あみの手が上がる。＊浄瑠璃・七小町(1727)三「散りて二度(ふたたび)回(かへ)らぬ命、取留うにも助けうにも、網(アミ)の上った道ならぬ恋路」＊浮世草子・御伽名代紙衣(1738)一・二「網(アミ)のあがったときは彌三郎殿為にならぬゆゑに、つれなう返事をしますとの断(ことはり)」

あみが下(お)りる 悪事が露見して、捕り手の役人に逮捕される。＊二篇おどけむりもんどう(1818–30頃か)「水でもなくてすむのすまんのとはいかに、魚もなくて網がおりるといふがごとし」

あみ呑舟(どんしゅう)の魚(うお)を洩(も)らす (網の目があらいために、舟を呑むほどの大魚までものがすの意から) 法の規定が大まかなため、大罪人をのがしてしまうことのたとえ。＊史記-酷吏列伝「網漏二於呑舟之魚一而吏治烝烝不レ至二於姦一」

あみ無(な)くて淵(ふち)をのぞくな (「抱朴子-勖学」の「夫不レ学而求レ知、猶二願レ魚而無一レ網焉。心雖レ勤而無レ獲矣」による) 十分の用意がなくては物事を行なってはならない。努力をしないでは、何事もうまくいかないことや、何もしないで他人の成功をうらやんではならないことをいう。＊俳諧・毛吹草(1638)二「網なうてふちなのぞみそ しなだまとるにもたねがなければならず」＊浮世草子・日本永代蔵(1688)五・二「何とも埒(らち)の明ぬ世渡り。小橋の下に魚はあれど、網(アミ)なふて淵(フチ)を睨(ノゾ)き」

あみにかかった魚(うお) どうにものがれられないことのたとえ。あみのうお。＊人情本・清談若緑(19C中)一二・二四回「お政は今宵の仕儀、網(アミ)に掛(カカ)りし魚(ウヲ)ならずば、籠に盛られし鳥に似て」

あみの錘(いわ) 「あみいし(網石)」に同じ。＊袋草紙(1157–59頃)下「無動寺歌合〈略〉左恋 隆実 人しれぬ身のみおもへばうしまどにひきほすあみのいはですぎぬる〈略〉俊頼云、あみのいはですぎぬと云事全不レ知。暫為二右勝一。基俊云、あみのいはで古歌にみえず」

あみの魚(うお) 「あみ(網)にかかった魚(うお)」に同じ。＊読本・椿説弓張月(1807–11)続・四〇回「近づく討手の軍兵(ぐんぴゃう)、脱(のが)しは得せじ、網(アミ)の魚(ウヲ)」

あみの浮子縄(うけなわ) 漁具の一種。漁網と浮子(うけ)をつなぐ綱。浮木縄。

あみの浮子船(うけぶね・うきぶね) 漁具の一種。たらいのような桶で、定置網のへりにつけて浮子(うけ)とする。うけぶね。＊散木奇歌集(1128頃)雑「ひく島の網のうけ舟浪間よりかうてふさすとゆふしてかく」＊夫木(1310頃)一三「なにはがた浦の朝ぎり晴れもせでよるほど見えぬあみのうき舟〈菅原在長〉」＊和漢船用集(1766)六・河海江湖猟船之部「網のうけ舟 大網には船をもてうけとするゆへかくよめり、網の浮舟、沖のうけ舟などよめるもおなし」

あみの手(て)が上(あ)がる 「あみ(網)が上がる」に同じ。＊歌舞伎・傾城黄金鱐(1782)序幕「ハアコリャ、もふあみの手があがった」

あみの一目(ひとめ・いちもく) (「淮南子-説山訓」の「有レ鳥将レ来、張レ羅而待レ之、得レ鳥者羅之一目也。今為二一目之羅一、則無二時得一レ鳥矣」による。実際に魚や鳥をとらえるのは、網の一目によってだが、それだけではとらえることができないの意から) 協力して初めて実をあげることができるものだの意にいう。＊神皇正統記(1339–43)上・天津彦々火瓊々杵尊「魚をうることは網の一目によるなれど、衆目の力なければ、是を得る事かたきが如し」＊摩訶止観-五・上「一目之羅不レ能レ得レ鳥。得レ鳥者羅之一目耳」

あみの袋(ふくろ) 魚の集まる、網の袋になったところ(日葡辞書(1603–04))。辞書 日葡

あみの目(め) ⇩親見出し

あみの者(もの) 網で漁をする人。漁師。あみうど。＊俳諧・炭俵(1694)下「網の者近づき舟に声かけて〈利牛〉 星さへ見へず二十八日〈孤屋〉」

あみの物(もの) 網でとった魚類。＊浄瑠璃・義経千本桜(1747)二「宿かり客の料理拵(ごしらへ)、所がら迚網(アミ)の物塩がらな塩梅も」

あみを掛(か)ける ①「あみ(網)を張る」に同じ。＊洒落本・商内神(1802)「なじみのきゃくが、中のてうにきていることを、さきほどしんぞうが知らしてきたゆへ、そろそろとあみをかけておくせりふ也」＊文学の根本問題(1958–59)〈中島健蔵〉七「網をかけたつもりでも、いつも一ばん大切なものが抜け出してしまうことになる」②印刷で、網版の方法を用いて濃淡の諧調をつける。「網を伏せる」ともいう。

あみを張(は)る ①鳥や魚などを捕えるために網を張りめぐらす。あみ置く。＊日葡辞書(1603–04)「Amiuo faru (アミヲ ハル)〈訳〉鶉などの鳥を捕るため、野原に網を仕掛ける」②犯人などねらう人物を捕えるために、手はずをととのえて待ち受ける。あみを掛ける。＊歌舞伎・四天王産湯玉川(1818)五立「飛んだ替へ玉を喰ってつまらぬゆゑ、人足繁きこの所に網(アミ)を張(ハ)って待って居る」＊歌舞伎・青砥稿花紅彩画(白浪五人男)(1862)四幕「迷児を捜す体(てい)に見せ、幾組となく手分をなし、網(アミ)を張(ハ)って待ってゐたのだ」＊真景累ケ淵(1869頃)〈三遊亭円朝〉一三「森田の金太郎と云ふ捕者(とりもの)の上手、かねて網を張って待ってゐた処だから」＊腕くらべ(1916–17)〈永井荷風〉一四「運悪く丁度その夜不良少年の検挙で網を張ってゐた刑事に見咎められ否応なく拘留された」辞書 日葡

あみ【阿彌】〔名〕人名の下に付ける阿彌陀号。中世以降、浄土系の宗派、特に時宗で用いられた。阿彌陀仏と付けたり、単に「阿」とだけ付けることもある。能楽の観阿彌、世阿彌、造園の善阿彌、相阿彌などにみられるのは、かれらが浄土宗や時宗に属したためとみられる。阿号。阿彌号。＊仮名草子・仁勢物語(1639–40頃)上・三一「何あみとか云ひけん『よしや殺生(せっせう)よ、南無釈迦彌陀(なむさかみた)』と云ふ」発音〈標ア〉ア〈京ア〉0

あみ【醬蝦・海糠】〔名〕甲殻類アミ目アミ科に属する種類の総称。一見エビに似た小動物で、大きさは二〜三センチメートル。雌が保育嚢をもち、胸部後方節を露出することなどでエビ類と異なる。塩辛、佃煮として食用にするほか、魚類のえさ、漁のまきえに用いる。東京湾、浜名湖、伊勢湾などが産地。こませ。あみえび。あみざこ。あみじゃこ。ぬかえび。＊新撰字鏡(898–901頃)「鱭 阿彌」＊山家集(12C後)下「立て初むるあみ採る浦の初さをは罪の中にも優れたるかな」＊名語記(1275)六「魚類にあみ如何。あかむしの反。こえびのやうなる虫の赤きをあつめたるをいふ也」＊俳諧・曠野(1689)二・暮春「行春のあみ塩からを残しけり〈野水〉」＊赤い自転車(1952)〈阿川弘之〉「彼はあみの佃煮と梅干の弁当

を開いた」 語源説(1)中国語「蝦米」から〔外来語辞典=荒川惣兵衛〕。(2)アミエビの下略〔守貞漫稿・大言海〕。(3)ウナムシ(海虫)の義〔和訓栞・言葉の根しらべ=鈴江潔子〕。(4)アカムシの反〔名語記〕。(5)イマウミエビ(今産蝦)の義〔日本語原学=林甕臣〕。 発音〈標ア〉ミ 平安・鎌倉◎◎ 〈京ア〉ア 辞書字鏡・和名・色葉・名義・和玉・易林・日葡・書言・ヘボン・言海 表記海糠魚(和・色・名・易・書) 餅(玉・易・書) 鱶(字) 鰛(色) 䲃(玉) 醤蝦(書)

あみ〘名〙植物「い(藺)」の古名。＊重訂本草綱目啓蒙(1847)一一・隰草「燈心草 ゐ 古名、ゐぐさ 仙台、ゆぐさ 南部、あみ 勢州」 方言伊勢†039

あみ〘名〙方言❶伯母。沖縄県与那国島996 ❷山手。奈良県吉野郡683

アミ〘名〙(フランス ami 男の友人 amie 女の友人)《アミー》親しい異性の友だち。特に、女友達。＊モダン用語辞典(1930)〈喜多壮一郎〉「アミ Ami 仏 友達のこと。近頃巴里で『これは僕のアミだ』等と紹介したりする時は、この女は僕の恋人だと云ふ意味に用ひられている」＊ブウランジェ将軍の悲劇(1935-36)〈大仏次郎〉将軍の出発「クレマンソオは、女優で女友(アミイ)だったレオニイド・ルブランと並んでオペラ座の桟敷にゐた」＊生々流転(1939)〈岡本かの子〉「これからの御交際は近頃でいふ言葉のアミでございますかな」 発音〈標ア〉ア

あみ-あが・る【編上】〘自ラ五(四)〙編み物などが仕上がる。＊記念碑(1955)〈堀田善衛〉「肩掛けとも何ともつかぬものが編み上ったら」＊さい果て(1964-71)〈津村節子〉一「もう少しで編み上ると思うと、電燈を点けに立つわずかの手間が惜しくて、かえって手が離せない」 発音アミアガル〈標ア〉0

あみ-あげ【編上】〘名〙①下から上へ編んでゆくようになっているもの。＊大津順吉(1912)〈志賀直哉〉一・四「こんな風に毛バ立った制服にあみ上げの靴を穿いてゐた私が」②「あみあげぐつ(編上靴)」の略。＊仏国風俗問答(1901)〈池辺義象〉小供の服装及び小学生徒の褒絓章「帽子も、大黒頭巾のごとくにして〈略〉履は編上多し」＊虞美人草(1907)〈夏目漱石〉一「切り石の鋭どき上に半(なか)ば掛けたる編(ア)み上(ア)げの踵(かかと)を見下ろす途端」 発音アミアゲ〈標ア〉0〈京ア〉0

あみあげ-ぐつ【編上靴】〘名〙足の甲や脛(すね)にあたる部分をひもでしっかりからげてはく半長靴。靴ひもをホックにかけて×字形に編み上げるようにする。へんじょうか。あみあげ。＊此ぬし(1890)〈尾崎紅葉〉二「編上靴(アミアゲグツ)の紐をそこそこに結びも敢ず駆出(かけい)でむとすれば」＊黒潮(1902-05)〈徳富蘆花〉四・一「木の下には十四五の男児(をのこ)の編上げ靴が脱いである」＊婦系図(1907)〈泉鏡花〉前・二七「さあ、何うぞ、と先方(さき)は編上靴で手間が取れる」 発音アミアゲグツ〈標ア〉ゲ〈京ア〉ゲ

あみ-あ・げる【編上】〘他ガ下一〙①編み物を仕上げる。また、下から上へ編む。＊火の点いた煙草(1927)〈横光利一〉「編み上げますと、私には一生こんなものが入らないと気がつきました」②〈転じて〉計画などを編むように作り上げる。＊行人(1912-13)〈夏目漱石〉塵労・三〇「我々の編(ア)み上(ア)げた旅程も」 発音アミアゲル〈標ア〉0ゲ

あみ-あし【網足】〘名〙①漁網の下の方の部分。②菱形に網目を編んでゆく際の各菱形の四辺に当たる四本の糸。あし。

あみ-あな【網穽】〘名〙謀略。しかけたわな。＊書紀(720)欽明二年七月(寛文版訓)「爰に恐るらくは、誣(し)ひ欺(あさむ)ける網穽(アミアナ)に陥(を)ち罹(かか)りて」

あみ-あぶら【網脂】〘名〙牛、豚、羊などの内臓回りについている網状の脂肪で、包み焼きや巻き揚げに用いる。 発音〈標ア〉ア[2]

あみ-あんどう【網行灯】〘名〙金網張りの行灯。方形に組んだ鉄骨に金網を張りめぐらして、前方に扉を付けて開閉する。あみあんどん。＊そめちがへ(1897)〈森鴎外〉「同じ二階の四畳半に網行燈(アミアンドウ)微暗く」

網行灯

アミーゴ〘名〙(スペイン amigo) 親しい男性の友達。

あみ-いし【網石】〘名〙網を水中に張るときにつけるおもしの石。あみのいわ。＊和訓栞(1777-1862)「いは 磐〈略〉小網(網欺)にいはといふも、重石(おもし)なり、大網にては、直に網石といへばいはも石の義成べし」＊英和和英地学字彙(1914)「Amiishi Fenestella 網石」

あみ-いた【編板】〘名〙「あおだ(傍輿)」に同じ。＊十巻本和名抄(934頃)五「傍輿 漢書注云傍輿〈上音鞭 阿美以太〉編竹木為輿也」＊観智院本名義抄(1241)「傍輿 アミイタ アウダ」 辞書和名・色葉・名義・書言・言海 表記傍輿(和・色・名) 籃輿(書) 編板(言)

あみ-いだ・す【編出】〘他サ四〙「あみだす(編出)」に同じ。＊小説神髄(1885-86)〈坪内逍遙〉上・小説総論「一大奇想の糸を繰りて〈略〉さまざまなる結果をしもいと美(うるは)しく編(アミ)いだして」 発音〈標ア〉ダ

あみ-いと【網糸】〘名〙魚網や鳥網などを作るのに用いる糸。大麻、綿、ラミー、マニラ麻、絹などの糸や棕梠(しゅろ)縄を用い、多くは二子撚(ふたこより)にして用いる。＊宝くらべ(1688-1704頃)上「女房は又夜にもなれば松をあかしとしてあみいとをより、ひるはひめもすはまにいでていそ物をとりなどしてうき世をわたりけるが」＊東京大正博覧会出品之精華(1914)〈古林亀次郎〉五・鰤大敷網糸「鰤大敷網並に同網糸、鮪、鰹、鰤、鯖、流網同網糸、岩糸及ロープ」 発音〈標ア〉0

あみ-いと【編糸】〘名〙①細い糸や繊維を何本より合わせた糸。＊新撰六帖(1244頃)六「かりてほすよどのまこもあみいとのすきめおほきを我心かなど〈藤原信実〉」②編み物に使用する毛糸やレース糸など。 発音〈標ア〉0

アミーバ〘名〙⇒アメーバ

あみいり-ガラス【網入硝子】〘名〙(ガラスは オランダ glas) 板ガラスの一種。製造の際、とけたガラスの中に格子形や亀甲形などの金網を入れて作ったもの。ショックを受けても比較的割れにくく、また割れても破片が飛び散りにくい。 発音〈標ア〉ガ

アミール〘名〙(アラビア amir「指揮者・司令官」の意) イスラム世界で支配者や王族の称号。

あみ-うけ【網受】〘名〙近世から明治にかけて、伊勢神宮の参拝者が宇治橋の上から投げる銭を、橋下の浅瀬にいて、竹竿の先につけた網で受け止める、ものもらい。

あみ-うち【網打】〘名〙①投網(とあみ)を打って魚をとること。また、その人。あみぶち。＊書言字考節用集(1717)四「網師 アミウチ」＊談義本・教訓雑長持(1752)一・海鹿の九蔵天狗に逢ひし事「網打(アミウチ)に出て、大きな石へ打かけ、はねても切てもとればこそ」＊俳諧・蕪村句集(1784)夏「網打の見へずなり行涼かな」＊安愚楽鍋(1871-72)〈仮名垣魯文〉二・下「尾州愛智郡(あいちごほり)、中の中村の百姓、筑網(ちくあみ)といふあみうちの漁師(りゃうし)の子でサ」②網地をはたきのように床に打ちつけて網目をそろえること。編んだばかりの新しい網地は網目が不ぞろいなために行なう。③相撲のきまり手の一つ。相手の腕をとって、投網を打つように投げるわざ。＊新時代用語辞典(1930)〈長岡規矩雄〉相撲用語「網打ち 敵の腕を押へて逆に投げる型が投網を打つ状態に似た故この名があるが本来は逆投げである」④被覆した電線を保護し、取り扱いに便利なように、絹、綿、麻などの糸を細かく編み合わせて、その外部に巻きつけること。⑤警察の非常警戒をいう、盗人仲間の隠語。〔特殊語百科辞典(1931)〕 発音〈標ア〉チ ウ〈京ア〉ウ 辞書書言・言海 表記網師(書) 網打(言)

あみうち-ば【網打場】江戸深川、松村町にあった下等な岡場所。＊洒落本・婦美車紫鹿子(1774)九蓮品定・下品中生之部「深川網打場(チョンノマ半・平家)此浄土髪のふう人から大ていどふ店に類す。引事勝れて甚し」＊洒落本・辰巳婦言(1798)昼遊の部「廻しの女来りてお定りことすみ、船頭も網打場とはづして」＊随筆・守貞漫稿(1837-53)二〇「昔町の西北に網打場と云有。切見世と云。本名松邑町也」 語誌網打場の地名の起こりについて、「御府内備考-一一七」には、「松村町、〈略〉町内里俗網打場と相唱候。右者町内北之方同所一色町裏通りに而廻船碇網打候場所に御座候故此近辺右之通相唱候儀と奉存候」とあるが、一説に、将軍御新葬の折、この町からおろし網を上納したところからいうとする。また、もと「網打場(つなうちば)」と称したのが、後に「網打場」といわれるようになったとも、「網」は「綱」の誤記、誤読で、「あみうちば」という地名は存在しなかったともいう。

あみうち-ぶね【網打船】〘名〙「あみぶね(網船)」に同じ。＊和漢船用集(1766)六・河海江湖猟船之部「罨罩(えんたく)舟〈略〉小船にして、網をうちて魚を取舟也。今唐網(とうあみ)船と云、網打船と呼」＊咄本・楽牽頭(1772)水中の恋「ひれとひれとをからみ付け、網(アミ)うち船へひらりとはねこむ」

あみ-うど【網人】〘名〙(「あみゅうど」とも)「あみびと(網人)」の変化した語。＊平家(13C前)三・有王「片手にはあらめをひろひもち、片手には網うどに魚(うを)をもらふてもち」＊天草本平家(1592)一・一「カタテ ニワ amiûdo (アミュウド) ニ ウヲ ヲ モラウテ モチ」＊日葡辞書(1603-04)「Amiûdo (アミュウド)〈訳〉漁師」 方言漁師。◇あみゅうど 広島県安芸郡783 ◇あみっと 岩手県上閉伊郡097 辞書日葡

あみ-え【編衣】〘名〙仏語。麻糸で編んだ十徳のような僧服。肩抜きにして襟が長い。＊随筆・好古日録(1797)五八「あみ衣 仏家にあみ衣(エ)と云服あり」

あみ-えび【—蝦】〘名〙「あみ(醤蝦)」の異名。＊大徳寺文書-三六・永正一三年(1516)一一月一四日(中世法制史料集二・追加法三九五)「今宮四座商売物、擁剣蛤編海老、此外一切可停止事」

アミエル(Henri Frédéric Amiel アンリ=フレデリック—) スイスの哲学者、文学者。死んだ翌年、遺言によって出版された二六歳から死に至るまでの記録「日記」で知られる。(一八二一〜八一) 発音〈標ア〉ア

あみ-お【編緒】〘名〙編み合わせた緒。組み緒。また、ものを編みつづる緒。＊新撰字鏡(898-901頃)「傣 縄也 毛乃阿美乎」＊大鏡(12C前)一・三条院「御簾のあみおのみゆるなどもおほせられて」＊観智院本名義抄(1241)「縄 アミヲ」 発音〈標ア〉0 辞書字鏡・色葉・名義 表記編(色) 縄(名)

あみ-おり【網織】〘名〙古い漁網を切断して緯(よこいと)に織り込んだ織物。茶人向きの着尺または羽尺(はじゃく)。着物または羽織用。 発音〈標ア〉0

あみ-おろし【網卸・網下】〘名〙①新調した漁網を初めて使用すること。②漁期に初めて網を下ろすときの祝い。恵比寿祝。網玉(おうだま)起こし。

あみ-がい【網貝】〘名〙触手動物、アミコケムシ科に属する種類の総称。群体には多くの小孔があり、網の目のようにみえる。色は赤色、橙黄色などで、個々の小虫は角質の殻におさまる。日本各地の浅海の岩石や貝などに付着する。ミサキアミコケムシ、ベニアミコケムシなどがある。＊生物学語彙(1884)〈岩川友太郎〉 発音〈標ア〉ガ

「Retipora アミガヒ属」 発音アミガイ〈標ア〉ミ 辞書言海 表記編貝(言)

あみ-がき【網垣】〘名〙漁網を干す棚。

あみ-かけ【網掛】〘名〙①物の上に網をかけること。また、網の覆い。②女性の結髪の一種で、束髪の一つ。髪を三組に組み、渦巻状にまとめ、周囲をピンで留めて網をかぶせてくずれないようにしたもの。③網を用いて鳥をとること。*京童跡追(1667)四・天満天神「茶壺もや網(アミ)かけといはん鷹の爪〈重教〉」*俳諧・風やらい(1801)「もらはるる網掛の鳥の活て居て〈乙桂〉四民のしもにくらすうれしさ〈処一〉」④印刷で、網版の方法で諧調をつけること。発音〈標ア〉ケ カ

あみかけ-のりもの【網掛乗物】〘名〙「あみのりもの(網乗物)」に同じ。*浮世草子・自笑楽日記(1747)三・三「科人(とがにん)弐人の網掛乗物(アミカケノリモノ)」

あみ-かご【編籠・網籠】〘名〙竹、つる、針金などを編んで作ったかご。*満韓ところどころ(1909)〈夏目漱石〉三〇「プラットフォームに大きな網籠(アミカゴ)があった。其中に鶏の生たのが一杯這入って」発音アミカゴ〈標ア〉0ミ

あみ-がさ【編笠】〘名〙①菅(すげ)、藺草(いぐさ)、木の皮、竹の皮などを編んで作った笠の総称。日よけや顔をかくすために男女ともに用いた。台笠、菅笠、藺笠、檜笠(ひのきがさ)、筍笠(たけのこがさ)、熊谷笠その他がある。《季・夏》*新撰六帖(1244頃)五「ますらをのすげのあみがさ打ちたれてめをもあはせず人の成行く〈藤原家良〉」*義経記(室町中か)六・関東より勧修坊を召さるる事「腹巻ばかりに太刀帯(は)きて、あみがさと云ふ物打ち著(き)、万事頼むとおはしたりしかば」*日葡辞書(1603-04)「Amigasa(アミガサ)」*俳諧・誹諧通俗志(1716)時令・四月「編笠 日傘 新茶」②口造りが編み笠のような形をした茶碗をいう。③深くつつみかくすこと。遊里で使われた隠語。*読本・綟手摺昔木偶(1813)三・七「漢(もろこし)の花街(くるわ)に隠語(かくしことば)といふことあり〈略〉今は此花街にも流行(おこなはれ)、深くつつむを編笠(アミガサ)といひ」発音アミガサ〈標ア〉ガ〈京ア〉ア 辞書文明・伊京・明応・饅頭・黒本・易林・日葡・書言・ヘボン・言海 表記網笠(文・伊・明・饅・黒)編笠(文・易・書・ヘ・言)羅簦(書)

あみがさ 一蓋(いっかい) 編み笠ひとつのほかには何も持たないこと。身軽さ、無一物の境涯、無産状態のたとえ。手振り編み笠。傘(からかさ)一本。

あみがさ の 窓(まど) 深編み笠などで、目に当たる部分を粗く編んでのぞき窓のようにしたところ。*俳諧・文政句帖-六年(1823)九月「編笠の窓から見るや萩の花」

あみがさ-おどり【編笠踊】〘名〙盆踊りなどで、編み笠をかぶって踊ること。また、その踊り。*俳諧・遠近集(1666)四・秋・上「見物もわれもあみ笠をどり哉〈初大夫〉」発音アミガサオドリ〈標ア〉オ

あみがさ-がい【編笠貝】〘名〙ヨメガカサガイ科の巻き貝。殻長約三センチメートル。ベッコウガサガイにおける一型で、波の強くあたるところにすみ、殻が高く放射肋が顕著なものをいうが、両者の中間型もあり、明確には区別できない。ベッコウガサガイは北海道南部から九州の潮間帯岩礁に普通に見られる。あみだがさ。学名は Cellana grata forma stearnsi *語彙(1871-84)「あみがさがひ㊗ ききょうがひ 介名、状蘭笠に似て黒色、裡面の文理は松蕈の襴に似たり」発音アミガサガイ〈標ア〉サ 辞書言海 表記網笠貝(言)

あみがさ-ごし【編笠越】〘名〙かぶった編み笠を通して言ったり見たりすること。*浄瑠璃・壇浦兜軍記(1732)三「目顔を忍ぶ格子の先。編笠越しに健(まめ)にあったか」発音アミガサゴシ〈標ア〉0

あみがさ-じり【編笠尻】〘名〙方言尻の細く弱い牛。編み笠を二つに折った形からの連想。山口県見島797

あみがさ-ぜに【編笠銭】〘名〙編み笠などをかぶった物乞いがもらう銭。また、転じて、ごく少額の銭。こぜに。*浮世草子・浮世親仁形気(1720)三・一「人だちの所へ出し、太平記の講釈さする思案であらうが、一文二文の編笠(アミガサ)銭は、はかどらぬ物ぞ」

あみがさ-そう【編笠草】〘名〙植物「えのきぐさ(榎草)」の異名。*語彙(1871-84)「あみがささう㊗ えのきささう 野草、茎の高さ尺許、葉朴に似て、茎梢あみがさの如き苞を生し、小黄花をひらく」*日本植物名彙(1884)〈松村任三〉「エノキグサ アミガササウ」方言新潟県037 発音アミガサソー〈標ア〉0

あみがさ-たけ【編笠茸】〘名〙子嚢(しのう)菌類のキノコ。初夏、竹やぶなどの陰湿地に発生する。高さ約一〇センチメートル。頭部は褐色の球形または卵形。フランスでは食用とされる。学名は Morchella esculenta 発音アミガサタケ〈標ア〉サ

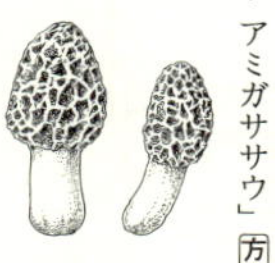

編笠茸

あみがさ-だんご【編笠団子】〘名〙①小麦粉を原料とし、編み笠の形に作った団子。近世、京都の七条で売った。また、糝粉(しんこ)を用いて、円形を二つに折り、編み笠の形に作り、中にあんを包んだもの。あみがさもち。*俳諧・毛吹草(1638)四「七条に編笠団子 小麦にてあみ笠のなりにする也」②大阪府豊能郡能勢町の田尻で、旧暦四月八日の「ようかび」に、月に供える編み笠形の団子。

あみがさ-ぢゃや【編笠茶屋】〘名〙近世、遊里で遊客に、顔をかくすための編み笠を貸した茶屋。京都島原では丹波口、江戸新吉原では大門外にあり、大坂新町では、大門の門番が番所で兼業しており、編み笠茶屋と称していた。新吉原では元文(一七三六~四一)ごろから明和年間(一七六四~七二)まで存続していたという。あみがさどころ。*浮世草子・好色二代男(1684)二・四「入口の茶屋に弐歩、泥町の編笠(アミガサ)茶屋に一歩」*随筆・吉原大全(1768)二「あみがさ茶やといふは、大門の外五十間道の内、左右に十軒づつ二十軒あり」*歌舞伎・助六廓夜桜(1779)「せかれて間夫は編笠茶屋、意地と張との仲の町」発音アミガサジャヤ〈標ア〉ジャ〈京ア〉ジャ

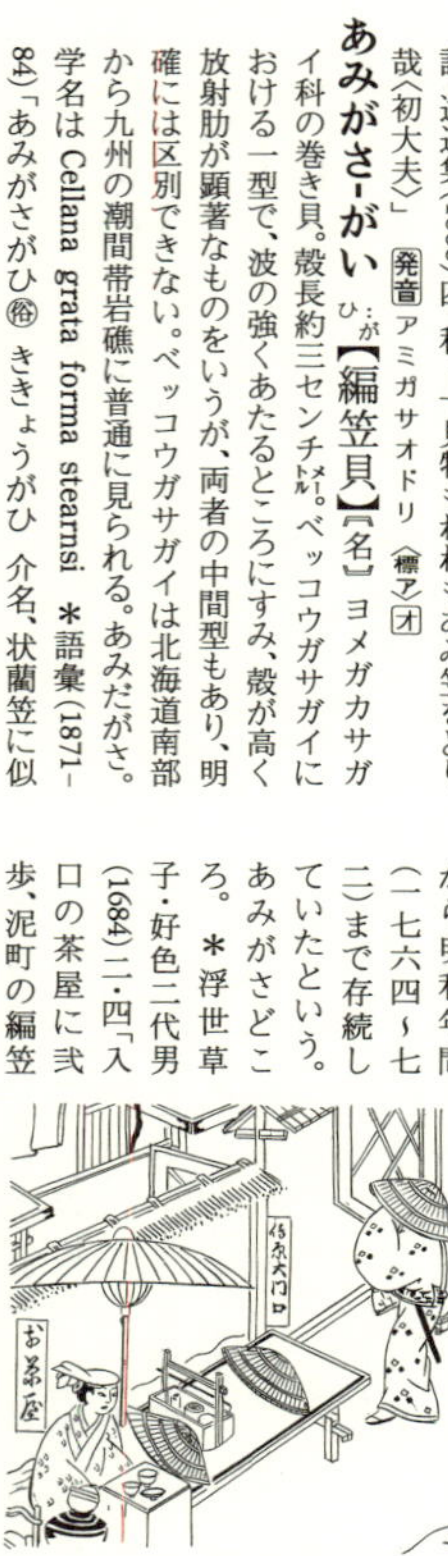

編笠茶屋〈人倫訓蒙図彙〉

あみがさ-どころ【編笠所】〘名〙「あみがさぢゃや(編笠茶屋)」に同じ。*浮世草子・好色産毛(1695頃)五・四「『人目しのぶの編笠所(アミガサどころ)、これが亭主』と引あはせば」

あみがさ-ぶし【編笠節】〘名〙天正(一五七三~九二)から慶長(一五九六~一六一五)頃流行した小唄の曲節の一つ。ほとんど四、五句の短章で、隆達節(りゅうたつぶし)と共通の歌詞が大部分を占める。隆達節と同じく、一節切(ひとよぎり)に合わせて歌ったものらしい。隆達節よりも古いものとも、あるいは、隆達節の異称ともいわれる。*歌謡・編笠節唱歌(1812頃)「右編笠ぶし文化九申年葉月一掬庵にて写し候」補注編み笠をかぶった物乞いが歌うところからいうか。発音アミガサブシ〈標ア〉0

あみがさ-もち【編笠餅】〘名〙「あみがさだんご(編笠団子)」に同じ。*随筆・守貞漫稿(1837-53)三一「天保比迄は芝居に出す菓子は図の如き編笠餅と云を用ひ、其後は下品席にのみ用レ之が、近年更に不レ用レ之」方言尾張1099 和歌山県691 辞書言海 表記編笠餅(言)

あみがさ-ゆみそ【編笠柚味噌】〘名〙食物の一つ。柚子(ゆず)一個を二片に切り、熱湯に入れたのちわかして、柚子みそをその中に盛り、包んでよく蒸したもの。*俳諧・滑稽雑談(1713)九月「近世編笠ゆみそと云物を作る、柚一箇二片となし、弁核を去、熱湯に投じて輭ならしめ、取出し乾かし置て、柚みそに用る所の味噌を其片に盛り、包て押編み、能蒸して用」

あみがさ-ゆり【編笠百合】〘名〙植物「ばいも(貝母)」の異名。《季・春》*重訂本草綱目啓蒙(1847)九・山草「貝母 ははくり〈略〉あみがさゆり」*日本植物名彙(1884)〈松村任三〉「バイモ アミガサユリ 貝母」辞書言海 表記編笠百合(言)

あみ-がしら【網頭・罔頭】〘名〙漢字の頭(かしら=冠)の一つ。「置」「罪」「署」「罵」などの「罒」の部分をいう。網頭の字の多くは、字典の网部に属する。あみ。補注「网」は「網」字の古形で、これが字の頭に用いられると、「罒」のほか、「罕」では「⺳」、「罟」では「罓」の形をとる。発音アミガシラ〈標ア〉ガ

あみ-かぶ【網株】〘名〙漁業者の組織、網組の構成員が分有する固定した権利義務。網組が任意の漁業者によって構成される場合の権利義務は、資金や資材や労働力の提供、利益、損失の分配、補塡(ほてん)などを内容とし、網組が村の総百姓によって構成される場合には、以上に加えて漁場の占有利用権を含むことが少なくなかった。

あみ-かわ【網皮】〘名〙植物「やまはんのき(山榛木)」の異名。方言表面が網の目状をした杉の皮。奈良県吉野郡683

あみ-き【編木】〘名〙田楽などに用いた楽器の一つ。数十枚の薄板の一端にひもを通して、伸縮させて音を出すもの。びんざさら。*類従本撰集抄(1250頃)五・厳島弁宇佐宮事「ささらをすりて心をすまし〈略〉編木するなりとの給はするを」発音〈標ア〉0

あみ-き【編機】〘名〙編み物をする機械。発音〈標ア〉ミ

あみ-ぎぬ【阿彌衣・網衣】〘名〙①網の目のように粗く織った布でつくった粗末な衣服。経帷子(きょうかたびら)や僧侶や尼の衣服など。*経信集(1097頃)「桂女(かつらめ)の鮎にはあらずあまひとのかづくあみぎぬけふにあふひぞ〈源顕房〉」*随筆・松屋筆記(1818-45頃)一二〇・三八「阿彌衣は経帷子に用る荒きモジの類の網に似たる故の名歟」②時宗で用いる十二道具の一つ。阿彌は網に通じ、阿彌陀仏の無碍光(むげこう)がすべてを救いとることを意味し、時宗の徒はこれを心として身にまとった。時に棺の覆いにもして野袈裟(のげさ)ともいう。馬衣(うまぎぬ)。*一遍聖絵(1299)一〇「十二道具の持文をかき給。南無阿彌陀仏〈一遍弟子〉当信用十二道具心〈略〉一阿彌衣」方言刺草(いらくさ)の繊維を織ってつくった、粗末なそでなしの衣服。信州下水内郡1087

あみ-きょう【阿彌経】「あみだきょう(阿彌陀経)」の略。*百座法談(1110)三月九日「阿彌経はただ阿彌仏の名号をあるいは耳にふれあるいは口にとなふるにみな極楽に往生するよしを説ける経也」

あみ-ぎょぎょう【網漁業】〘名〙網漁具によって行なう漁業の総称。

あみ-ぎょぐ【網漁具】〘名〙網地を主体とする漁具の総称。建網(たてあみ)、刺し網、引き網、巻き網、敷き網、掩網(かぶせあみ)、抄網(すくいあみ)、張り網などがある。網道具。

あみ-ぎょせん【網漁船】〘名〙漁網を引いたり打ったりして漁をするのに用いられる船。あみぶね。

あみ-ぐ【網具】〘名〙漁網の網の部分と付属品である浮(うき)、錘(おもり)、肩縄、筋縄、引き網などのロープ類の総称。発音アミグ〈標ア〉ミ〈京ア〉ミ/ア

あみ-ぐみ【網組】〘名〙網漁業のための漁業者の組

織。漁船や漁網、労働力などを調達する必要から、漁業者が組を作って経営に当たった。任意の漁業者によって構成されるものと、村または集落民によって構成されるものとの二種がある。

あみ-ぐら【網倉】『名』漁網をしまっておく倉庫。壁を二重にして密閉し、湿気や鼠の害を防ぐように配慮してある。

あみ-こ【網子】『名』網漁の際、網を引く者。網漁の経営者である網主に労力を提供し、実際の漁労に従う者。網主の子方関係にたつ場合もある。網主は多く村の最有力者であるので、地縁関係、血縁関係、社会経済的関係などにより強い隷属関係に置かれていることが多かった。あご。おご。↔網元。＊浄瑠璃・浦島年代記（1722）一「浦手の網子数十人」 ＊俳諧・新類題発句集（1793）冬「網子むれて踏みつぶしたる生海鼠哉〈作者不知〉」 方言 ❶網漁の際、網を引く者。網を引く漁師。広島県豊田郡786 宮崎県児湯郡054 ◇あみご 島根県隠岐島725 ◇あこ 青森県上北郡082 ❷漁師。◇あんご 静岡県田方郡530 ❸地引き網について下働きの役に当たる子供。網の重りを運んだり、漁師たちの弁当を持ったりの雑用をする。◇あんご 静岡県浜名郡545 ❹網を引く漁師の手助けをする臨時の手伝い。◇あんこ 島根県725 発音〈標ア〉コ0〈京ア〉0

あみ-ごう【阿彌号】『名』「あごう（阿号）」に同じ。

あみ-ごころ【網心】『名』（もとは、「網、心あれば…」と切って言っていたのが、一語になったもの）相手の心をひこうという下心。他の愛情を得ようとする心。＊雑俳・西国船（1702）「情を出す・網心あれややとひか」

あみごころ あれば魚心（うおごころ）相手の出方しだいで、こちらにも応じ方があるという意にいう。相手が自分に思いをかける心があれば、それに応ずる心があること。魚心あれば水心。＊浄瑠璃・主馬判官盛久（1687頃）馬子唄「あみ心、あればいを心ありと、世話（せわ）にいふも是ならん」

あみ-こ・む【編込】『他マ五（四）』模様や図案などを他の色の毛糸などで編んで組み込む。編み入れる。＊或る女（1919）〈有島武郎〉前・八「模様の周囲に藍と白とを組み合せにした小さな笹縁（ささべり）のやうなものを浮き上げて編み込んだり」 発音〈標ア〉0コ

あみ-ごも【編薦】『名』編んで作ったこも。＊延喜式（927）三八・掃部寮「神事料〈略〉織席一枚編薦二枚、細縄十五丈」

あみ-ざいく【編細工】『名』「あみもの（編物）」に同じ。＊慶応再版英和対訳辞書（1867）「Network 網細工」

あみ-さげ【編下】『名』髪などを編んで垂らしたもの。＊東京風俗志（1899‐1902）〈平出鏗二郎〉中・七・女髷「洋風に傚うてさばき髪のままに『リボン』の裂（きれ）にて髻を結び（お下げ）、或は南京編〈又編下げ〉にするもあり」 発音 アミサゲ〈標ア〉0

あみ-さ・げる【編下】『他ガ下一』文あみさ・ぐ『他ガ下二』髪などを編んで垂らす。＊灰燼（1911‐12）〈森鷗外〉三「はでな湯帷子に赤い帯をして、小さい足に白足袋を穿いてゐる。二つに分けて編み下げた髪が長く背後に垂れてゐる」 発音 アミサゲル〈標ア〉0ゲ

あみ-ざこ【醤蝦雑魚】『名』「あみ（醤蝦）」に同じ。＊本朝食鑑（1697）九「鮮 訓ニ阿美一或曰ニ阿美佐古（アミザコ）一」 ＊俳諧・鶉衣（1727‐79）前・上・鍋蓋額賛「是をたつきとしろなしける哀は、あみざこ売る人にもまさりて思はるるに」 発音〈標ア〉0 辞書 言海

あみざこ-うり【醤蝦雑魚売】『名』醤蝦（あみ）などの類を売り歩く行商人。＊歌舞伎・いとなみ六方（1674頃）「それあみざこうりにいとく有」

あみ-さし【網刺】『名』①「あみすき（網結）」に同じ。＊狂歌・万紫千紅（1818）「士に鷹飼、鷹生あり、農に網さし、せこの者、工は鷹ほこの寸法をきはめ、商は鷹秤をはかる」 ②鳥や魚をとるために網を張ること。＊いさなとり（1891）〈幸田露伴〉四二「沖番に従（つ）く網指（アミサシ）」 発音〈標ア〉シサ

あみ-さし【編止】『名』（「さし」は接尾語）編むのを中断したままであること。あみかけ。＊茶話（1915‐30）〈薄田泣菫〉狂人「夫人が編（アミ）さしの韈（くつした）を、膝の上に引伸ばして」 発音〈標ア〉0

あみ-さ・す【網―】『連語』（「さす」は張り渡す意）鳥を捕えるために網を張る。＊万葉（8C後）一七・三九一八「橘のにほへる苑にほととぎす鳴くと人告ぐ安美佐散（アミササ）ましを〈大伴家持〉」 ＊神楽歌（9C後）大前張・猪名野「裏書云 おもしろき鴫が羽の音や おもしろき鴫が羽の音や ゐや 猪名（ゐな）の柴原（ふしはら）や あいそ安見佐須（アミサス）や 我が夫（せ）の君の幾ら獲りけむや 幾ら獲りけむや」 発音〈標ア〉0サ

あみ-さばき【網捌】『名』漁網が乱れないように手で解き分かつこと。漁網をすぐに使えるように整えておくこと。＊蟹工船（1929）〈小林多喜二〉三「網さばきが終って、何時からでも蟹漁ができるように準備が出来た」 方言 漁網を干す作業。宮崎県児湯郡054 発音〈標ア〉サ

あみ-し【網師】『名』「あみひき（網引）①」に同じ。＊経済要録（1827）一二「網師・蜑戸・漁士・鬼主（うつかひ）等を始めとし、統て魚を捉ることを業とするを漁撈と名く」

あみ-じ【網地】『名』網糸で連続的に網目を構成したもの。発音〈標ア〉0〈京ア〉0

あみ-じ【編地】『名』編み目から成り立っている布状生地の総称。

あみ-しおから【醤蝦塩辛】『名』アミエビを材料にして作った塩辛。あみんじよから。＊和漢三才図会（1712）五一「海糠魚 あみ、あめじゃこ 和名阿美 俗云阿女〈略〉夏糠鰕 自ニ立夏一至ニ立秋一出、其大者不レ過ニ四五分一、色白帯ニ微赤一、備前海上、多以ニ布網一取レ之作レ醢、名ニ糠鰕塩辛（アミシホカラ）一」 ＊滑稽本・諸芸独自慢（1783）五「あみ塩辛（シホカラ）を一合八文で買ひ」 発音〈標ア〉シ

あみじ-ぐさ【網地草】『名』褐藻類アミジグサ科の多年生の海藻。各地の沿岸の岩礁上に着生する。体は高さ約三〇センチメートルの扁平で分枝する。表面は黄褐色で細かい網目状の模様がある。学名は Dictyota dichotoma 発音 アミジグサ〈標ア〉ジ

あみ-しだ【網歯朶】『名』シダ類ウラボシ科の常緑多年草。紀伊半島以南の暖地で樹林下の湿った岩上、崖などに生える。高さ三〇～六〇センチメートル。根茎は短く、葉とともに全体に短毛がある。葉は暗緑色の長三角形で、最下位の羽片は大きい。葉脈は細かい網目状となり、両面ともに少し浮き出ている。胞子嚢（ほうしのう）は裏面の脈上に沿って生ずる。学名は Stegnogramma griffithii var. wilfordii 発音〈標ア〉0

あみじま【網島】大阪市都島区南端の地名。漁師が多く、軒に網を干したところから名づけられた。大川（淀川）と寝屋川が合流する所で、大阪一の風景といわれ、別宅や料亭が多かった。近松門左衛門の「心中天の網島」で知られる。＊滑稽本・東海道中膝栗毛（1802‐09）八「網島（アミジマ）の鮒卯（ふなう）に酔をもよほし」 発音〈標ア〉0

あみ-じゃくし【網杓子】『名』目の細かい金網で作ったしゃくし。汁の実、だしがらなどをすくうのに用いる。＊隔蓂記‐慶安四年（1651）一月一日「唐物屋七左衛門網杓子一柄持ち来る」 ＊俳諧・誘心集（1673）春「汁ぞ小鳥かかる霞の網杓子〈昌盛〉」 方言 篩（ふるい）。青森県津軽076 発音〈標ア〉ジャ〈京ア〉ジャ

あみ-じゃこ【醤蝦雑魚】『名』（「あみざこ」の変化した語）「あみ（醤蝦）」の異名。発音〈標ア〉0 辞書 言海

あみ-シャツ【網―】『名』（シャツは英 shirt）網目のように織った布地のシャツ。夏の肌着に用いる。《季・夏》 ＊情歌一大座（1901）〈野暮鶯編〉「網シャツあみの肌着に包んだぬしの胸に有るやう魚ごころ」 発音〈標ア〉0〈京ア〉シャ0

あみ-ジュバン【網襦袢】『名』（ジュバンはポルトガル gibão）《あみジバン》①綿糸、絹糸、麻糸などを、網の目にあんだ襦袢。夏、汗取りのために着る。＊洒落本・甲駅新話（1775）「白あさのゑりをかけたあみじゅはん嶋ちりめんの帯を〆め」 ＊和英語林集成（初版）（1867）「Ami-jiban アミジバン 網襦」 ②筒袖の上に網をかけた襦袢。歌舞伎で、武士や盗賊の扮装として用いられる。＊新時代用語辞典（1930）〈長岡規矩雄〉歌舞伎用語「網襦袢 仇討の場に出る武士や、千代萩の仁木などが下へ着る網の筒袖で、下には多く白の絹（もみ）がついてゐる」 発音〈標ア〉ジュ 辞書〈ボン〉 表記 網襦（ヘ）

あみ-しょうじ【網障子】『名』障子に紙の代わりに網を張ったもので、風を通し、虫を防ぐために用いる。《季・夏》

あみ-しろ【網代】『名』漁業経営で、漁獲高のうち漁網に対する配分をいう。方言 漁獲高のうち、網主に対する配当。三重県北牟婁郡054 和歌山県693

あみ-じんじゃ【阿彌神社】茨城県稲敷郡阿見町竹来にある神社。旧県社。祭神は健御雷之男命（たけみかずちのおのみこと）ほか二柱。和銅年間（七〇八～七一五）の創祀と伝えられる。延喜式内社。旧信太郡二の宮。竹来明神。

あみ-・す【浴】『自サ四』水をあびる。水浴する。＊二十五絃（1905）〈薄田泣菫〉天馳使の歌「『あみす』族（やから）の裸子（はだかご）は、椰子の木かげに腹這ひて」 方言 湯や水などを浴びせる。沖縄県宮古島054 発音〈標ア〉ジ

あみ-・す【網】『他サ変』①網を張る。網をかける。＊大慈恩寺三蔵法師伝院政期点（1080‐1110頃）八「蛛蝥の、棘林の罹り易きを観て、亦扶桑を網（アミシツ）べしと謂はむに異ならむや」 ＊極楽遊意長承四年点（1135）「なほ遊糸の春風に従ひ、蜘蛛の重樹に網（アミセ）るがごとし」 ②魚や鳥などを網で捕える。網にかける。転じて、人を捕えることにもいう。＊俳諧・笈の小文（1690‐91頃）「きすごといふうをを網して真砂の上にほしちらしけるを」 ＊東京新繁昌記（1874‐76）〈服部誠一〉初・人力車「君子を欺くに其方を以てするも、小人を罔するに其術を施す勿れ」 ＊孟子‐梁恵王・上「及レ陥ニ於罪一、然後従而刑レ之、是罔レ民也」 発音〈標ア〉ミ 辞書 文明 表記 網（文）

あみ-すか・す【編透】『他サ四』粗い目のむしろを編む（日葡辞書（1603‐04））。辞書 日葡

あみ-すがり【網鏈】『名』葉茶壺を入れる網袋。紅または紫色の太い撚糸（よりいと）で亀甲（きっこう）形か七宝形に編んだもの。すがり。

あみ-すき【網結】『名』網を編んで作ること。また、それを生業にしている人。＊宇津保（970‐999頃）吹上上「鵜飼、〈略〉あみすきなど、日つぎの贄（にへ）たいまつれり。男ども集りて、俎（まないた）たてて魚（いを）鳥つくる」 ＊歌謡・松の葉（1703）三・あみすき「分くるは〈略〉網を五色に結き分くる、まんまん又兵衛があみすき」 ＊勇魚取絵詞（1829）上「御崎の納屋場にて、網作（アミスキ）あるひは網組（つなうち）をはじめ」 方言 岩手県気仙郡100 辞書 言海 表記 網結（言）

あみすき-ばり【網結針】『名』網を編むのに用いる針。竹や木、鯨鬚（くじらひげ）などで作り、扁平な船形をしている。あみばり。あばり。辞書 言海 表記 網結針（言）

あみ-ずきん【編頭巾】『名』毛糸などで編んだずきん。形には四角、丸など種々のものがある。＊童

謡・木馬(1932)〈サトウハチロー〉「木馬の お耳に風が吹く かぶしてあげましょ あみずきん」 発音〈標ア〉ズ

あみ-すそ【網裾】〘名〙漁網の下部で、おもりの網石をつけるところ。すそ。

あみすて-かご【編捨籠】〘名〙竹籠の一種。中央を籠のように編んで周囲は編みかけたままにしてある。魚肉などがくずれたり、焦げつかないように煮るために用いる。しきざる。

あみ-せんどう【網船頭】〘名〙小船を操りながら、網を打って魚を捕る人。＊幻談(1938)〈幸田露伴〉「網船頭(アミセンドウ)なぞといふものは尚のことさうです。網は御客自身打つ人もあるけれども先づは網打ちが打って魚を獲るのです」 発音アミセンドー〈標ア〉セ ド

あみ-そ【網麻】〘名〙網を編む材料として用いる麻糸。＊和英語林集成(再版)(1872)「Amiso アミソ 網苧」 方言❶網を編むことなどに用いる太い麻糸。青森県三戸郡083 ◇あみのそ 大分県北海部郡054 ◇あんじょ 青森県三戸郡083 南部085 岩手県北部087 ◇あんじょお 岩手県九戸郡088 ❷太い木綿糸。網を編むのに用いたり、たこ糸にしたりする。◇あんじょ 青森県南部084 ❸網を編むのに用いる細い糸。◇あんじょ 青森県南部073 ◇あじょ 青森県073 ❹下等な麻。栃木県198 ❺繭を引いて枠に掛けた糸を枠から外す時に、乱れないように掛けておくもの。群馬県勢多郡236 [方言の補注]❶について。「あみそ」は「あんじょ」よりさらに太い糸をいう〔青森県五戸語彙〕。 辞書〈ボン・言海〉 表記網苧(へ) 網麻(言)

あみ-そ・う【編添】〘他ハ下二〙①編み加える(日葡辞書(1603-04))。②書物を書き加える(日葡辞書(1603-04))。＊日葡辞書(1603-04)「Amisoye, uru, eta (アミソユル)」 辞書日葡

あみ-ぞこ【網底】〘名〙漁網の底になっている部分。地引き網では、袋網の地に接する部分をいう。

あみ-ぞめ【網染】〘名〙漁網を染料で染めること。

阿彌陀㊀〈図像抄〉

あみだ【阿彌陀】㊀(梵 Amita の音訳。Amitābha 無量光、または Amitāyus 無量寿を略したものという) 西方浄土の仏の名。いっさいの衆生を救うために、四八(または四七)の誓いをたてて仏となったという。もとの名は法蔵菩薩。平安中期、源信の「往生要集」の前後から、この仏の信仰が流行し、のちの浄土宗、真宗などでは本尊となって、この仏を信じ、その名を唱えれば、死後ただちに極楽浄土に生まれると信じられた。脇士として観音菩薩と勢至菩薩を従える。また、九品の定印をもち、九体仏、四十九仏などの造像が盛んに行なわれた。彌陀。阿彌陀仏。あみだぶ。阿彌陀如来。あみだほとけ。無量寿仏。無量光仏。無碍(むげ)光仏。清浄光仏。尽十方無碍光如来。浄土の主。＊続日本紀-天平宝字五年(761)六月庚申「各於国分尼寺奉造阿彌陀丈六像一軀。脇侍菩薩像二軀」 ＊源氏(1001-14頃)松風「月ごとの十四五日つごもりの日行はるべき普賢講(ふげむかう)、あみだ、釈迦(さか)の念仏の三昧をばさるものにて」 ＊方丈記(1212)「北によせて障子をへだてて阿彌陀の絵像を安置し、そばに普賢をかき」 ㊁〘名〙①「あみだかぶり(阿彌陀被)」の略。＊雑俳・卯花衣(1834)「編笠をあみだにやって通りけり」 ＊草枕(1906)〈夏目漱石〉一二「帽子が額をすべって、やけに阿彌陀となる」 ②「あみだがさ(阿彌陀笠)」の略。③「あみだくじ(阿彌陀籤)」の略。＊歌舞伎・百千鳥鳴門白浪(1797)四段「『サア、阿彌陀(アミダ)ぢゃ阿彌陀ぢゃ』〈略〉『なんぢゃ。琉球芋を、かぶりかぶり戻るに当った』」 ＊思出の記(1900-01)〈徳富蘆花〉五・三「其れから例のあみだは室毎に行はれて」 ④(あみだにかぶることから) 笠をいう。盗人仲間の隠語。〔日本隠語集(1892)〕 ⑤(遊女が頭髪を笄(こうがい)や簪(かんざし)などで飾りたてたのが阿彌陀の後光に似ているところから) 遊女。＊雑俳・柳多留-一〇七(1829)「北国の阿彌陀御光を質に置」 ⑥(轂(こしき)に輻(や)が集まっているさまが、阿彌陀の光背に似ているところから) 人力車の車輪の、輪金などをはめた回りの木。＊落語・夢の株式(1897)〈三代目三遊亭円遊〉「綱引(つなびき)の車で出ると、車の阿彌陀が壊れてどたりと投げ出される」 ⑦昆虫「あめんぼ(水黽)」の異名。＊重訂本草綱目啓蒙(1847)三八・湿生「水黽 みづくも 江戸 がはぐも あめんぼう 備後府中〈略〉あみだ 姫路」 語誌(1)平安中期までは阿彌陀仏や阿彌陀経など、本来の意味で用いられた語だが、浄土宗が一般に広く浸透するにつれて様々な意味や用法が生まれた。特に近世以降は、阿彌陀仏の絵や像にある放射状の光背から、㊁①〜⑥のようなさまざまな意を派生した。(2)「弁阿彌」「観阿彌」など、僧名に阿彌陀号を使うことは鎌倉初期頃から行なわれたが、念仏の「南無阿彌陀仏」は「なんまいだぶ」「なんまいだ」などの語形を生み、死ぬことや尽きることをも意味するようになって、近世には「お陀仏」という語も生まれた。 方言❶(阿彌陀如来の光背に似ているところから) 真桑瓜を輪切りにした時の中心部。高知県長岡郡869 ❷子供の目隠し遊びの時、仲間を離れて傍観する者。新潟県佐渡349 発音〈標ア〉⓪〈ア史〉江戸◎◎◎〈京ア〉⓪ 辞書易林・日葡・ボン・言海 表記阿彌陀(へ・言) 阿弥陀(易)

あみだに被(かぶ)る 阿彌陀の光背のように、帽子などを後ろに傾けてかぶる。あみだかぶりをする。＊落紅(1899)〈内田魯庵〉一「阿彌陀(アミダ)に被った中折帽の下から金壺眼を光らして」 ＊黒い眼と茶色の目(1914)〈徳富蘆花〉二・三「いつもの古びた茶の中折帽を阿彌陀(アミダ)に冠って」

あみだの籤(くじ) 「あみだくじ(阿彌陀籤)」に同じ。＊明治大正見聞史(1926)〈生方敏郎〉政府の恐露病と日露戦争・一「皆で阿彌陀の籤を引いて金を出し合ひ、パン菓子などを買って来て、よくコンパニーをやったものだ」

あみだの三尊(さんぞん) 阿彌陀を中心に、左右に観世音、勢至の二菩薩を脇士とする三体。一般には左に観世音、右に勢至を配置する。阿彌陀三尊。＊栄花(1028-92頃)玉の飾「銀(しろがね)の御ぐどもして、阿彌陀の三尊をぞつくり奉らせ給ひける」 ＊曾我物語(南北朝頃)一二・虎いであひ呼び入し事「三間に作りたるを、二間をば道場にこしらへ、阿彌陀の三ぞんを東向に懸け奉り」

あみだの三昧耶形(さんまやぎょう) 仏語。密教で、阿彌陀仏の誓いを象徴する蓮華。

あみだの大呪(だいじゅ・だいず・だいす) 阿彌陀をたたえた陀羅尼(だらに)。天台宗、真言宗などで用いる「無量寿如来根本陀羅尼」。＊能因本枕(10C終)一九二・経は「経は〈略〉尊勝陀羅尼、阿彌陀の大呪、千手陀羅尼」 ＊源氏(1001-14頃)鈴虫「我も忍びてうち誦(ずん)じ給ふ。阿彌陀の大すいと尊くほのぼの聞ゆ」 補注「枕草紙杠園抄-二三」に「真言家には大咒(タイス)とすみてよめり。〈略〉読くせ口伝」とある。

あみだの光(ひかり) 「あみだくじ(阿彌陀籤)」に同じ。＊言継卿記-大永七年(1527)五月二五日「今日連歌於此方あり。〈略〉夕方汁申付候。中酒阿彌陀光也」 ＊俳諧・犬筑波集(1532頃)雑「一すぢにあみだの光たのむ也 ちゃわむのはたのすみぞめの袖」 ＊石山本願寺日記-証如上人日記・天文二一年(1552)二月九日「去七日あみだの光をし、以其物今日夕飯〈於北殿也〉調食之」 ＊歌舞伎・百千鳥鳴門白浪(1797)四段「『オオ、その阿彌陀(アミダ)の光(ヒカ)りをせうかい』『それよからう』『サア阿彌陀ぢゃ阿彌陀ぢゃ』」

あみだの光(ひかり)も金程(かねほど)〔＝建立次第(こんりゅうしだい)〕 「あみだ(阿彌陀)も銭程光る」に同じ。＊黄表紙・金々先生栄花夢(1775)「あみだのひかりも金ほどにて、山ぶき色をまきちらすゆへ、みな金金先生ともてはやしける」 ＊評判記・学者角力勝負付評判(1788)「阿彌陀の光りも建立次第とやら能ひ御弟子有って大慶大慶」

あみだの聖(ひじり) ㊀空也上人の異称。阿彌陀聖。市の聖。㊁阿彌陀の名号を唱えて市中に教えを広め歩いた僧。特に空也上人が行なった踊念仏にならって鹿の角をつけたつえをつき、金鼓(こんく)をたたいて歩いた。また、そのようにすること。＊栄花(1028-92頃)峰の月「御先に僧ばかり先だてて、あみだのひじりの、『南無阿彌陀仏』と、くもくさう遙かに声うちあげたれば」 ＊今昔(1120頃か)一七・二「而る間、世に阿彌陀の聖と云ふ者有けり、日夜に行(ある)き、世の人に念仏を勧むる者也」 ＊二度本金葉(1124-25)雑下・六三〇・詞書「八月ばかり、月の明かりける夜、あみだの聖の通りけるを呼びよせさせて」

あみだも銭程(ぜにほど)光(ひか)る (阿彌陀のご利益さえも、賽銭(さいせん)の多少によって影響されるという意から) 金銭の威力が大きいことをいう。＊仮名草子・竹斎(1621-23)下「誠に貧は諸道の妨げ、あみだもぜに程ひかる故なり」 ＊かた言(1650)一「阿彌陀(アミダ)は銭(ゼニ)ほど光るなどやうのいやしく拙きこと葉は」 ＊浮世草子・傾城色三味線(1701)鄙・四「今は阿彌陀でも銭のひかりが、なしの木の花、素(しろい)見物も其やうにはくふまじ」

あみだを入(い)る 阿彌陀に誓いを立てる。＊四座役者目録(1646-53)下「毛頭他言申間敷とて、阿彌陀を入れ、誓言ゆへ」

あみだを蹴(け)る 通行中の荷車の上の品物を盗むことをいう、盗人仲間の隠語。〔日本隠語集(1892)〕

アミタール-めんせつ【―面接】〘名〙(アミタールは Amytal) バルビタール系の催眠剤アミタールを与え、患者を催眠状態にして面接を行ない、心理分析をすること。神経病症状や緊張病昏迷の治療を目的とする。発音〈標ア〉メ

あみ-だいく【網大工】〘名〙漁網を作ったり修繕したりすることを業とする人。特に、その作業の頭(かしら)だった者。あみすき。あみとうりょう。＊勇魚取絵詞(1829)上「網張るわざなどもするなり。そが中巧者一人を網大工(アミダイク)と号(なづけ)」 ＊いさなとり(1891)〈幸田露伴〉六八「中にも巧者なるは網大工(アミダイク)と取り立てられ」 方言❶網漁の統率者。島根県隠岐島038 八束郡729 ◇あんじゃく 鹿児島県肝属郡970 ❷鯨取りの網を作る職人。長崎県壱岐島915

あみだ-いけ【阿彌陀池】大阪堀江の、善光寺の本尊が捨ててあった池。池畔に常念仏堂があった。西区北堀江の和光寺境内にある。＊雑俳・青木賊(1784)「斯ふ仕て見い・あのこちらのがあみだ池」 発音〈標ア〉ダ

あみ-タイツ【網―】〘名〙(タイツは英 tights) 網目のように織ったタイツ。＊空中ブランコ(1971)〈津島佑子〉「銀色の網タイツに包まれた足が肌寒く」 発音〈標ア〉タ

あみだ-うお【阿彌陀魚】 阿彌陀が化したという伝説上の大魚。天竺(てんじく)の執師子国に現われ、その住民を仏道に入れたという(三宝感応要略録)。＊百座法談(1110)三月九日「しまのうちにひとりものこらず往生しにければ、往生のしまとなむいひ、魚をば阿彌陀魚となむなつけける」 ＊俳諧・晴小袖(1672)「あみだ魚も爰によらなん川せがき〈一雪〉」 発音〈標ア〉ダ

あみだ-がき【阿彌陀―】〘名〙植物「しゃじくそう(車軸草)」の異名。

あみだ-がさ【阿彌陀笠】〘名〙①笠をあおむけかげんにして笠の内側の骨が阿彌陀の光背にみえるようにかぶること。また、そのようにかぶった笠。あみだ。

*俳諧・犬子集(1633)五・月「西へ行月のきるをや阿彌陀笠〈休音〉」 *仮名草子・都風俗鑑(1681)二「びんはをし出してゆひたれども、あみだ笠(ガサ)をきたるやうなも有なり」 *浄瑠璃・冥途の飛脚(1711頃)下「後(うしろ)しぶきに降る雨はかたげて急ぐあみだがさ」 ②「あみがさがい(編笠貝)」の異名。 発音アミダガサ 〈標ア〉ガ 辞書言海 表記阿彌陀笠(言)

あみだ-かぶり【阿彌陀被・阿彌陀冠】〘名〙阿彌陀の後光のように、笠や帽子などを、後頭部の方を引きさげてかぶること。あみだ。 *狂文・四方のあか(1787か)上・なつくさ「うらちかく水くむうばのたけのかさ、あみだかぶりし」 *星を造る人(1922)〈稲垣足穂〉「オペラハットをあみだ冠りにした燕尾服姿の人物がひょっくり現はれて」 発音〈標ア〉カ 〈京ア〉カ

あみだ-が-みね【阿彌陀峰】 京都市東山区、東山三十六峰の一つ。山腹と山すそに阿彌陀堂があったところからいう。山頂に豊臣秀吉の墓がある。標高一九六メートル。豊国山。鳥辺山。 *太平記(14C後)一七・山門牒送南都事「四国の勢を阿彌陀(アミダ)が峰へ差向けて、夜々篝(かがり)をぞ焼(た)かせられける」 発音アミダガミネ 〈標ア〉ガ

あみだ-きょう【阿彌陀経】 ■一 浄土三部経の一つ。姚秦(ようしん=四世紀初)の鳩摩羅什(くまらじゅう)訳。阿彌陀の極楽浄土のすがたをたたえ、この仏の名を称えて、その浄土に往生することを勧めた経典。浄土宗、真宗で用いる。小無量寿経。小阿彌陀経。四紙経。小経。阿彌経。 *落窪(10C後)三「無量寿経、阿彌陀経などそひたる、一日あてたる也けり」 *源氏(1001-14頃)鈴虫「あみだ経、唐の紙はもろくて、朝夕の御手ならしにもいかがとて」 *古本説話集(1130頃か)七〇「山、三井寺、ならの僧まゐりあつまりて、あみだ経をよむこと山ひびくばかり也」 *黄表紙・三筋緯客気植田(1787)中「ハハハア、うつくしくならんだの、かなんだのとは、あみだきゃうの文句であった」 ■二〘名〙①(阿彌陀経の中に「若(にゃく)一日〈略〉若(にゃく)七日」と「ニャークウ」という音が、くりかえし出てくるところから)こんにゃくをいう、僧侶、てきや、盗人仲間などの隠語。〔隠語輯覧(1915)〕 ②乳房、女陰のことをいう、僧侶仲間の隠語。 発音アミダキョー 〈標ア〉0

あみだきょう の 持者(じしゃ) 阿彌陀経を常に読誦(どくじゅ)する者。 *古今著聞集(1254)二〇・七〇一「先生(せんじゃう)阿彌陀経の持者の畜生道に入りにけるにや。あはれなる事也」

あみだ-くじ【阿彌陀籤】〘名〙(阿彌陀の後光のように放射状に線を引いたことから)線のはしに金額を書いて隠し、各自が引き当てた金額を出しあうくじ。また、線のはしに当たりはずれなどを書いて隠し、各自が引き当てるくじ。今日では、平行に引いた線の間に横線を入れることが多い。あみだ。あみだのひかり。 *国民性十論(1907)〈芳賀矢一〉五・楽天洒落「子供の遊を鬼ごっこといひ、鬮をすれば阿彌陀鬮といふ」 *病院の窓(1908)〈石川啄木〉「阿彌陀鬮をやってお菓子を買はうと云ふ相談をして居て」 発音〈標ア〉クダ 〈京ア〉0

あみだ-くようほう【阿彌陀供養法】〘名〙仏語。阿彌陀を本尊として修する密教の秘法。阿彌陀法。 *日本往生極楽記(983-987頃)真覚「従レ師受二両界法阿彌陀供養法一、三時是修、一生不レ廃」 発音アミダクヨーホー 〈標ア〉0ヨ

あみ-たけ【網茸】〘名〙担子菌類アミタケ科の食用きのこ。夏から秋に各地の松林に群生する。かさの直径五〜一〇センチメートルで、ほぼ平開する。かさの表面は粘液におおわれ、はじめ赤褐色のち黄褐色となる。裏面は黄泥色で、大小ふぞろいのたくさんの浅い孔があり網目状。肉は白く柔らかい。すどおし。しばたけ。あみもたせ。学名は Suillus bovinus 発音〈標ア〉ミ

あみだ-けか【阿彌陀悔過】〘名〙仏語。阿彌陀を本尊として、犯した罪やあやまちを懺悔する、儀式化された法会(ほうえ)、またはその式文。昌海に「阿彌陀悔過」の著がある。悔過(けか)。 *高野山文書-久安四年(1148)閏六月二六日・御室御所高野山御参籠日記・四・二〇〇「二十六日壬午〈略〉其後客僧等行二阿彌陀悔過一」 発音〈標ア〉ケ

あみ-だこ【網蛸】〘名〙アミダコ科のタコ。相模湾、鹿島灘などに産する。雌は体長約五二センチメートル、雄はそれより小さく体長約一六センチメートル。胴は卵形で、腹面や側面には、多数の小乳頭が散在し、それらが低い隆起で網目状に連なっている。いぼだこ。学名は Ocythoe tuberculata 発音〈標ア〉0

あみだ-こう【阿彌陀講】〘名〙阿彌陀をたたえ、その来迎(らいごう)を願う法会(ほうえ)。迎え講。 *後拾遺往生伝(1137-39頃)中「亦可レ請二雲居寺瞻西上人一者〈略〉令レ行二阿彌陀講一」 *百練抄-治承二年(1178)一二月二三日「於レ院被レ行二阿彌陀講、有二管絃、朗詠、今様等一、兼日結構也」 *古今著聞集(1254)五・一五五「先づ阿彌陀講を修せられける」 発音アミダコー 〈標ア〉0

あみだ-ごう【阿彌陀号】〘名〙中世以降、浄土宗や時宗の僧、信者の名前の下に「阿彌陀仏」「阿彌陀」「阿彌」「阿」などと付けた法号の一種。仏師、画工、能役者などにも付けられた。「世阿彌」「行阿」など。阿号。 発音アミダゴー 〈標ア〉ダ

あみだ-ごま【阿彌陀護摩】〘名〙「あみだほう(阿彌陀法)」に同じ。 *中右記-大治四年(1129)七月一〇日「於二白川新阿彌陀堂一、被レ行二九僧阿彌陀護摩一也」 *古今著聞集(1254)二・五九「又四十八壇の阿彌陀護摩も有りけり」 発音〈標ア〉ダ

あみだ-ざし【阿彌陀挿】〘名〙遊女が笄(こうがい)を阿彌陀の後光のように、後頭部に傾けてさすこと。また、そのさし方。 *洒落本・意妓口(1789-1801頃)三「つむりはふめるべっかうのもののあみだざしに」 *滑稽本・寒紅丑日待(1816-26)うれしい事「『みみつくぢりぼうを、蛸の足のやうに、おっさしてござるが、おもたかんべいに〈略〉』『こりゃああみだざしともうしす』」

あみだ-さま【阿彌陀様】(「あみださん」とも) ■一 阿彌陀■一を尊んでいう語。 ■二〘名〙①金銭のこと。人さし指と親指で丸い輪を作り、ほかの三本の指を直立させて、阿彌陀如来の印相(いんぞう)の形をまねていった。銭をまるということからこじつけたもの。②阿彌陀くじを引いて、買い物に行く役を引き当てた人。 発音〈標ア〉マ サ

あみだ-さんぞん【阿彌陀三尊】「あみだ(阿彌陀)の三尊」に同じ。 *小右記-万寿四年(1027)一〇月二八日「阿彌陀三尊〈銀鋳〉安置仏殿」

あみだ-ざんまい【阿彌陀三昧】〘名〙(「あみださんまい」とも) 仏語。ひたすら阿彌陀経を読誦し、念仏供養する法会。 *宇津保(970-999頃)俊蔭「仏渡り給て、すなはち孔雀にのりて花のうへにあそび給時に、あそび人ら、阿彌陀三昧を琴にあはせて七日七夜念じたてまつる時に、仏あらはれての給はく」 *竹むきが記(1349)下「面々諷誦を捧ぐべし。導師三福寺也。御布施二両、単襲・生絹の衣なり。西園寺にはあみだ三まいあり。二位殿より御沙汰なるべし」 *醍醐寺文書別集(応永三三年)(1426)八月一九日・大僧正義賢書状(大日本古文書別集一・四七一)「兼又理趣三昧乃至阿彌陁三昧等と申事候。此三昧儀は何篇に付候哉」 発音〈標ア〉ザ

あみだ-じ【阿彌陀寺】 ■一 山口県下関市阿彌陀寺町にあった真言宗の寺。山号は聖衆山。建久二年(一一九一)後鳥羽天皇の勅宣により建立。安徳天皇をまつる。明治八年(一八七五)赤間宮(現赤間神宮)と改められ、現在は地名だけが残る。 ■二 山口県防府市にある真言宗御室派の寺。山号花宮山。建久八年(一一九七)造東大寺使重源が創建。国宝の鉄製多宝塔がある。 ■三 京都市上京区にある浄土宗の寺。山号蓮台山。開基は清玉。織田信長の帰依(きえ)をうけ永祿一〇年(一五六七)近江坂本に創建。本能寺の変ののち、信長の遺骨を収めた。 ■四 京都市左京区大原古知平町にある浄土宗の寺。山号は光明山。慶長一四年(一六〇九)木食僧(もくじきそう)弾誓(たんぜい)が開く。毎年正月、大原念仏(大原雑居寝)の遺風がある。 発音〈標ア〉0ダ

あみだ-しぼり【阿彌陀絞】〘名〙阿彌陀の輪後光(わごこう)に似た模様の絞り染め。 *洒落本・一事千金(1778)戯化品「ひとへものは、ちりめんのあみだしぼり」 *洒落本・孔雀そめき(1789-1801)草庵晒落「じゅばんはちりめんのあみだしぼり、おなんど茶のしびどんすの帯」 発音〈標ア〉シ

あみ-だ・す【編出】〘他サ五(四)〙①編み始める。②自分でくふうして新しい物事や方法を考え出す。また、作り出す。 *改正増補和英語林集成(1886)「Amidashi, su アミダス」 *藤十郎の恋(1919)〈菊池寛〉二「彼は、団十郎が一流編み出したと云ふ荒事を見て」 *独創と賭の意識(1956)〈山本健吉〉二「独創とは近代の芸術家の自我の倨傲があみ出した迷妄ではないのか」 発音〈標ア〉0ダ 〈京ア〉0

あみだ-せんぼう【阿彌陀懺法】〘名〙仏語。阿彌陀を本尊とし極楽往生を願って、悪業罪過を懺悔する法。念仏懺法、西方懺法、西方懺悔法などともいう。早くから比叡山で行なわれたが、のち浄土宗の法式となる。 発音アミダセンボー 〈標ア〉セ

あみ-た・つ【編立】〘他タ下二〙①編纂する。編集する。 *実隆公記-文明一六年(1484)九月六日「密々都護・政行等相談云、先四季等以二此間出現之和歌一大概可二編立一哉之由、以二吉日一可レ伺二時宜一歟云々」 *どちりなきりしたん(一六〇〇年版)(1600)序「此小経をあみたてなづけてどちりいな きりしたんといふ」 *日葡辞書(1603-04)「キャウヲ アム、または、amitaçuru(アミタツル)〈訳〉書物を編集する」 *仮名草子・ぬれぼとけ(1671)中「釈迦は三世浄土を立、あまたの経意をあみたてて」 ②くふうして作り出す。手段・方法などを考え出す。編み出す。 *仮名草子・都風俗鑑(1681)二「其ほどほどにつけてのおもはせぶりあり。又一重こして手だてをあみたてたるのは」 辞書日葡

あみだ-どう【阿彌陀堂】〘名〙①阿彌陀を本尊として安置した堂。彌陀堂。浄土宗、真宗では阿彌陀仏を本尊とするため、本堂または阿彌陀堂と呼び、宗祖の像を安置する御影堂と区別する。 *栄花(1028-92頃)音楽「阿彌陀堂の南の廊には関白殿の上おはします」 *増補本増鏡(1368-76頃)烟の末々「本堂にて御誦経あり、御導師まうでてのち、あみだだう、御経蔵、懺法堂まで、ことごとく御覧わたす」 ②茶釜の形の一つ。利休が豊臣秀吉の供をして、摂津の有馬温泉に入湯したとき、阿彌陀堂で大きな湯釜を見つけ、その形状を取り、釜師辻与二郎に指図して作らせたもの。あみだどうがま。あみだどうふろ。 *宗湛日記-文祿三年(1594)三月六日「ゐろり 釜 あみだたう 水指 わげもの 今やき茶椀道具入てめんつう」 *浮世草子・好色敗毒散(1703)三・二「糸竹の音を阿彌陀堂の熱(へに)にやつし、炉路に水うち花なげ入れて」 *和訓栞後編(1887)「あみだ〈略〉釜に阿彌陀堂あり、豊太閤摂州有馬の温泉に浴せし時、阿彌陀堂前に茶亭を構へし節に用ひたる釜のかたなりといへり」 発音アミダドー 〈標ア〉0

あみだどう-がま【阿彌陀堂釜】〘名〙「あみだどう(阿彌陀堂)②」に同じ。

あみだどう-ふろ【阿彌陀堂風炉】〘名〙「あみだどう(阿彌陀堂)②」に同じ。 *茶道筌蹄(1816)三・風炉之部「尻張風炉〈略〉、阿彌陀堂風呂 右に同じ。但し灰山あり」

あみ-だな【網棚】〘名〙電車、バスなどで、手荷物をのせるための、網を張ってつくった棚。 *落梅集(1901)〈島崎藤村〉利根川だより「手荷物洋傘などは網棚に

乗せぬ」＊暗夜行路(1921-37)〈志賀直哉〉三・九「大(おほき)い男人形を上の網棚(アミダナ)へのせ」 発音〈標ア〉0〈京ア〉ミ

あみだ-にじゅうごぼさつ【阿彌陀二十五菩薩】(ニジフゴボサツ) 仏語。阿彌陀と二五人の菩薩。臨終に際し、念仏を唱える人のもとに現われて、極楽浄土に連れて行くとされる。そのさまを描いたものを阿彌陀二十五菩薩来迎図といい、古来多く描かれた。

あみだ-にょらい【阿彌陀如来】㊀「あみだ(阿彌陀)㊀」に同じ。＊権記-寛弘八年(1011)六月二五日「金色等身釈迦像、阿彌陀如来像、彌勒慈尊像各一軀」＊富岡本栄花(1028-92頃)玉のうてな「仏を見奉れば、丈六のあみだ如来、光明最勝にして第一無比なり」＊百座法談(1110)閏七月一一日「阿彌陀如来法蔵比丘のいにしへたて給ふところの卌八の願の中において、いづれとしても慈悲利生ならずといふことなし」＊領解文(15C中-後)「一心に阿彌陀如来、我等が今度の一大事の後生御たすけさふらへとたのみまうしてさふらふ」 ㊁〘名〙美人または女陰のことをいう、僧侶仲間の隠語。＊いやな感じ(1960-63)〈高見順〉二・六「『瑠璃光如来を拝みに行きたいよ』阿彌陀如来とも言うし、単に如来とも言う。女のヤチのことだ」 発音〈標ア〉ニョ〈ア史〉江戸●●●○○○〈京ア〉ニョ

あみだのむねわり【阿彌陀胸割】古浄瑠璃の最古の作品の一つ。本地物。六段。慶長一九年(一六一四)上演の記録があるが、現存最古の正本は慶安四年(一六五一)刊。天竺(てんじく)の長者の娘が、他人の難病を治すため、自分の生肝(いきぎも)を捧げようとすると、阿彌陀が身替わりになって胸から血が流れていたという筋。 発音〈標ア〉0

あみだ-ひじり【阿彌陀聖】「あみだ(阿彌陀)の聖(ひじり)〔一〕」に同じ。＊日本往生極楽記(983-987頃)空也「常唱二彌陀仏一。故世号二阿彌陀聖一。或住二市中一作二仏事一。又号二市聖一」＊発心集(1216頃か)七・同人脱衣奉松尾大明神事「常に阿彌陀を唱へてありき給ひければ、世の人是を阿彌陀ひじりと云ふ」

あみだ-ぶ【阿彌陀仏】(「あみだぶつ(阿彌陀仏)」の変化した語) 〔一〕「あみだ(阿彌陀)㊀」に同じ。〔二〕口に唱える阿彌陀の名号。＊成尋母集(1073頃)「あみだぶの絶間苦しき尼はただいをやすくこそ寝られざりけれ」＊二度本金葉(1124-25)雑下・六三〇「あみだ仏ととなふる声に夢さめて西へかたぶく月をこそ見れ〈選子内親王〉」＊前田本方丈記(1212)「舌根をやとひて不惜のあみだぶ両三返をまうしてやみぬ」 発音〈標ア〉ダ〈ア史〉江戸●●●○

あみだ-ぶち【阿彌陀淵】〘名〙大水の時、そこで阿彌陀を発見した、あるいはそこで雨乞いをしたなどの伝承をもつ淵。また、その伝説。長野県各地、京都府の一部などにある。

あみだ-ぶつ【阿彌陀仏】㊀〔一〕「あみだ(阿彌陀)㊀」に同じ。＊続日本紀-天平宝字五年(761)六月辛酉「十七日間 請二僧十人一礼二拝阿彌陀仏一」＊今昔(1120頃か)一九・一四「此(ここ)より西に多の世界を過て仏在(まし)ます、阿彌陀仏と申す」＊梵舜本沙石集(1283)一・一〇「或浄土宗の僧、地蔵菩薩供養しける時、阿彌陀仏のそばに立給へる」＊書言字考節用集(1717)三「阿彌陀仏 アミダブツ」 〔二〕口に唱える阿彌陀の名号。㊁〘名〙「あみ(阿彌)」に同じ。＊徒然草(1331頃)八九「何阿彌陀仏とかや、連歌しける法師の、行願寺の辺にありけるが」 発音〈標ア〉ダ〈京ア〉ダ 辞書書言 表記阿彌陀仏(書)

あみだぶつ-れんが【阿彌陀仏連歌】〘名〙各句の頭音をつなげると「南無(なも)阿彌陀仏」になるように詠みつらねる連歌。主として追善や祈禱(きとう)のために行なう。名号連歌。＊弁内侍(1278頃)建長二年八月一五日「なごりに阿彌陀仏連歌ただ三人せむと仰せごとあり」＊梵舜本沙石集(1283)五末・七「或る処にて、阿彌陀仏連歌のありけるに、名のりていづる郭公かな、と云ふ句の、難句なりけるに」 発音アミダブツレンガ〈標ア〉レ

あみだ-ほう【阿彌陀法】(ホフ)〘名〙仏語。密教で、阿彌陀を本尊として行なう秘法。敬愛、鉤召(くしょう)あるいは滅罪などのために修する。阿彌陀護摩。＊覚禅鈔(1213頃か)六・阿彌陀上「阿彌陀法は敬愛に之を行ふ。髄なる説なり。但し七者の料には鉤召に之を修す」 発音アミダホー〈標ア〉0ダ

あみだ-ほとけ【阿彌陀仏】「あみだ(阿彌陀)㊀」に同じ。＊源氏(1001-14頃)朝顔「うちにも御心のおににおぼすところやあらむ、とおぼしつつむほどに、あみだほとけを心にかけて念じたてまつり給ふ」＊古本説話集(1130頃か)一「三尺の阿彌陀ほとけにむかひまゐらせさせたまひて、法華経をあけくれよませ給ひけり」 発音〈標ア〉ホ

あみ-だま【網玉】〘名〙(「たま」は南日本で狩や漁の獲物の分け前の意) 漁獲高のうち、網主の取り分。網代(あみしろ)。

あみだ-まんだら【阿彌陀曼茶羅】〘名〙仏語。密教で、阿彌陀を主尊として建立された曼茶羅。法利因語の四親近を配する理趣釈曼茶羅、八曼茶羅、九品曼茶羅など多種がある。また、別に阿彌陀五尊曼茶羅は阿彌陀仏を中心に観音、勢至、地蔵、龍樹の四尊を配する。 発音〈標ア〉マ

あみだ-やすり【阿彌陀鑢】〘名〙刀のつばの面につけてある模様の一種。鑢目が、切羽台より外側に向かって、阿彌陀の後光のように四方に放射状につけてあるもの。＊雑俳・小倉山(1723)「鍔にさへあみだやすりの寺小姓」

あみ-だり【編垂】〘名〙方言 ❶便所などの入り口に、戸の代わりに垂らしておく、竹を簀(す)に編んだもの。長崎県壱岐島916 ❷貧しい農家などで、戸口の建具の代わりに垂らしておく、萱(かや)で厚く編んだこも。◇あんだれ 長崎県五島054 ❸干しがき。◇あみだれ 三重県伊勢001 ❹串柿(くしがき)。◇あみだれ 宇治山田†101

あみ-た・る【編垂】〘自ラ下二〙編み進むうち、編んだものが次第に下の方へ垂れ下がる。＊日葡辞書(1603-04)「Amitare, ruru (アミタルル)」 辞書日葡

あみ-だれ【編垂】〘名〙戸口や窓の前にかけた目のあらいすだれ。＊神道集(1358頃)八・四六「此女房編垂を少し引開て見給へば」＊日葡辞書(1603-04)「Amidare (アミダレ)〈訳〉戸口や窓の前に取りつける目のあらい簾」 辞書日葡

あみだれ-じとみ【編垂蔀】〘名〙竹、板などを編んだものを垂らして、蔀格子の代用とした粗末なもの。＊宇津保(970-999頃)藤原の君「寝殿は端はづれたる小さき萱屋、あみたれじとみ、一間あげて、蘆すだれ掛けたり」＊筆の御霊(1827)後・二「編垂蔀といふもあり、そは立蔀とは殊なれど、猶しとみの中なり。〈略〉そは簾などの如く、あみて垂るるしとみなり。然あめるしとみを、壁のふせぎに付もしたるが、今しとみと云物の本なり」 発音〈標ア〉ジ

あみだ-わさん【阿彌陀和讃】〘名〙阿彌陀の功徳などをたたえた和讃。 発音〈標ア〉ワ

あみだ-わり【阿彌陀割】〘名〙町の道路の割り方で、中央から大道を阿彌陀の後光のように、諸方に放射状に設けるもの。＊東京風俗志(1899-1902)〈平出鏗二郎〉上・一・街坊「俚俗に京都は碁盤割、江戸は阿彌陀割といへども」 発音〈標ア〉0

あみ-ちょき【網猪牙】〘名〙猟船として用いる猪牙船(ちょきぶね)。＊歌舞伎・霊験曾我籬(1809)八幕「上手屋台の障子に、屋根船、網猪牙、荷足、と書き」

あみ-ちょく【網猪口】〘名〙「あみでちょく(網手猪口)」に同じ。＊人情本・明烏後正夢(1821-24)二・一一回「中皿の脇へ南禅寺の網猪口(アミチョク)添へ」

あみ-つ・く【編付】〘他カ下二〙容易に物がばらばらにならないようにつないで編む。＊御伽草子・愛宕地蔵之物語(室町時代物語集所収)(室町末)「そのあみ衣〈略〉よく見てありければ、編み目ごとに三世の諸仏、十方の聖衆をあみつけてたびければ」＊日葡辞書(1603-04)「Amitçuqe, quru, qeta (アミツクル)〈訳〉物がかんたんに解けないように、結びつけて編み合わせる」 発音〈標ア〉0ツ 辞書日葡

あみ-つ・ぐ【編継・編次】〘他ガ五(四)〙①糸や糸状のものを編みつらねる。編んでつなぐ。＊寛永刊本蒙求抄(1529頃)六「紙も札もない程に緝は韵会に続也。柳をあみついでと云心ぞ」②(「へんじ(編次)」を訓読みした語) 順序を追って編集する。＊人情本・貞操婦女八賢誌(1834-48頃)五・四九回「偖(さて)是れまでは前巻に、編次(アミツ)いだる事ながら、再び這所(ここ)に説き出せしは」

あみ-づな【網綱】〘名〙①網につけて網のあげおろしをする綱。曳網につけた綱。あみなわ。＊御触書天保集成-九四・寛政二年(1790)二月「御勘定奉行え〈略〉網綱に用ひ候麻苧之類、其外船道具等諸色直段引上」＊俳諧・春鴻句集(1803頃)春「網綱や岬に霞むかすの人」＊勇魚取絵詞(1829)上「網綱(アミヅナ)はいと太くして、造るにたやすからねば」②和船に用いる綱の一種。古い鯨網の糸でつくるもので、使い方は加賀苧綱(かがおつな)と同様。いばら綱。＊和漢船用集(1766)一一・網類之部「網綱(アミツナ)是は猟師の古網を以てうつ、鯨網の古を用ひ作る者也。是をいはらと云」 発音〈標ア〉0 辞書言海 表記網綱(言)

あみ-つら・ねる【編連】〘他ナ下一〙文あみつら・ぬ〘他ナ下二〙糸や糸状のものを編んでつなぐ。＊寛永刊本蒙求抄(1529頃)六「母ををいて我は学文処に居たぞ。柳葉(りょうよう)をあみつらねて物を書ぞ」

あみ-つり【網釣】〘名〙網で魚をとること。＊百座法談(1110)三月九日「あみつりにてえとらざりつる魚、たた阿彌陀仏にすくはれてのみとられければ」 発音〈標ア〉0

あみ-つ・れる【編連】〘自ラ下一〙文あみつ・る〘自ラ下二〙糸などを編んだように一つになる。「編み連れた身」の形で、離れられない身の上の意にいう。＊虎明本狂言・宗論(室町末-近世初)「『そなたがいそぐに依て身共もいそぐ』『そなたと身どもとあみつれたみか』」＊諺苑(1797)「編連(アミツレ)た身」

あみ-で【網手】〘名〙①網目模様を染め付けた磁器。中国明代末天啓ごろの直径二〇センチメートル前後の皿や、伊万里の瓶、皿などに多い。＊合巻・出世奴小万伝(1833)「よい鳥をかけるつもりであみ手(テ)の猪口」＊雑俳・柳多留-一三四(1834)「干網の目は網手の猪口と見へ」②更紗(さらさ)模様の名。地に網状の模様のあるもの。＊歌舞伎・浮世清玄廓夜桜(1884)大詰返し「上手(かみて)より大勢万字に網手(アミデ)の揃衣(そろひ)、先達大きな木魚を首へかけ」 発音〈標ア〉0

あみで-ちょく【網手猪口】〘名〙地に網目の模様がある小杯。あみちょく。＊雑俳・柳多留-一三五(1834)「網手猪口阿漕につのる裏櫓」

あみ-てん【網点】〘名〙印刷物で、濃淡のある画像などに見られる網目状の点。規則的に並んだ大小の点が肉眼では濃淡に見える。あみ。→あみはん(網版)。 発音〈標ア〉0

あみ-ど【網戸】〘名〙①金網など、網状のものを張った戸。現代では、虫が入るのを防ぐためにガラス戸の外側に入れたりするが、近世では、土蔵の入り口の、内側に金網を張った扉をさすことが多い。《季・夏》＊歌舞伎・お染久松色読販(1813)中幕「下手紙張(もぢばり)の障子弐牧(まい)立て、小脇は張物の壁。上の方土蔵の入口、網戸明け立有り」＊雪国(1935-47)〈川端康成〉「北風が来て網戸の蛾が一斉に飛んだ」②三味線音

楽の用語。「あみどぶし（網戸節）」に同じ。 発音〈標ア〉ミ 〈京ア〉ミ／ア 辞書 ボン・言海 表記 網戸（へ・言）

あみ-ど【編戸】〘名〙 竹や葦（あし）、また、薄い木の板などを編んで作った戸。＊散木奇歌集（1128頃）夏「夏来れば幾夜水雞（くひな）にはかられて竹のあみ戸をあけて問ふらん」＊新古今（1205）雑上・一五二六「ながめわびぬしばのあみどの明けがたに山のは近く残る月かげ〈猷円〉」＊日葡辞書（1603-04）「Amido（アミド）〈訳〉管状の植物（竹、籐など）または木の枝などで作られた格子戸」 発音〈標ア〉ミ 〈京ア〉ミ 辞書 日葡・書言・言海 表記 編戸（書・言）

アミド〘名〙（英 amide）①アミノ基 $-NH_2$ が酸基と結合して RCONH- になった基。②アンモニアの水素をアシル基で置換した化合物。化学式 $RCONH_2$ 酸アミド。＊外来語辞典（1914）〈勝屋英造〉「アミド Amid（英）『アンモニア』中の水素の一部若しくは全部を酸基を以て置換して得たる化合物。礦基」③アンモニアの水素原子の一つを金属原子で置換した化合物。白色の結晶性物質。水を加えるとすぐ分解する。 発音〈標ア〉ア

あみ-どうぐ【網道具】〘名〙「あみぎょぐ（網漁具）」に同じ。＊紀文大尽（1892）〈村井弦斎〉気味が悪い「此辺の漁場に釣道具や網道具（アミドウグ）が払底（ふってい）になったと聞きました故」

あみ-とうりょう【網棟梁】〘名〙「あみだいく（網大工）」に同じ。

あみど-かべ【編戸壁】〘名〙 竹などであや模様に編んだ戸で、壁をも兼ねたもの。＊妙好人伝（1842-52）初・上・摂州治郎右衛門「竹の柱に蓬（よもぎ）の編戸壁（アミドカベ）も」

あみ-とだな【網戸棚】〘名〙 蠅などを防ぎ、通風をよくするために、金網を張った戸棚。蠅帳（はいちょう）。＊洒落本・一向不通替善運（1788）「あみ戸だなからてうあしのぜんをとり出して」

あみ-とつ【網凸】〘名〙 印刷用語。ハイライト版の通称。

あみど-ぶし【網戸節】〘名〙（もと浄瑠璃物語十二段の文句「柴の網戸を押しひらき」に付けた節であるところからいう）浄瑠璃の節の名。網戸かかり、半網戸、上戸網戸、やつし網戸などの種類がある。あみど。＊浄瑠璃・平家女護島（1719）四「アミドフシ ユリ ちどりひとりは泣こがれ、かりそめに親とたのみし俊寛（しゅんくゎん）を跡に残して」＊浄瑠璃・心中二つ腹帯（1722）道行「アミドブシ 蛍かすかに飛びつるる、身より思ひの余ればや」＊音曲口伝書（1773）「網戸節の事 これもやはり十二段の文句の中に、柴のあみ戸を押ひらき、といふ所に付たるふし也。別にあみと節といふ音曲あるにはあらず」 発音〈標ア〉0

あみ-とり【網取】〘名〙 網で魚、鳥などを捕えること。＊万葉（8C後）一九・四一八二「霍公鳥（ほととぎす）聞けども飽かず網取（あみとり）に獲（と）りて懐（なつ）けな離（か）れず鳴くがね〈大伴家持〉」 発音〈標ア〉リト

あみ-どり【網鳥】〘名〙①網にかかった鳥。＊小馬命婦集（980-983頃か）「たつやどぞ待ちて経にける網鳥の問はれ初めてはかかるべしやは」②（「万葉-一九・四一八二」の「霍公鳥（ほととぎす）聞けども飽かず網取に獲（と）りて懐（なつ）けな離（か）れず鳴くがね」の「網取」を「網鳥」にかけていったものか）「ほととぎす（杜鵑）」の異名。《季・夏》＊和歌呉竹集（1795）八「あみ鳥、ほととぎすの異名なり。遠山の雲のあみ鳥さまざまにかくれあらはれ降れる五月雨」＊俳諧・俳諧歳時記（1803）上・四月「沓直鳥〈略〉網（アミ）鳥」＊語彙（1871-84）「〔雑和集-中〕あみどりといふは昔人云この鳥を網にてかけてとり置て明年初音を早く鳴せばやといへるより名付」 発音〈標ア〉ミ

あみどり-の-そなえ【網鳥備】〘名〙 陣形の一種。鳥を捕えるため、樹間に網を張って待つ、その形をかたどった陣形。まず敵の通路に伏勢を置き、丘の上などの目立つ場所におとりを出し、敵を誘い寄せてこれを討ち取る。＊兵法神武雄備集（1651）二四・変陣一〇ケ条（古事類苑・兵事部二）「網鳥の備の事、私に云ふ、鳥をとるべきが為に、林木にかたよりて網を張り、其の不意にかかるを待、是をかたどりて備ふる陣法也」

あみ-ない【網綯】〘名〙 網をなうこと。＊潮騒（1954）〈三島由紀夫〉八「これでは、漁具の修理や網綯（ナ）ひもできず、青年会の鼠とり作業もできないだらう」 発音〈標ア〉0ナ

あみ-なわ【網縄】〘名〙「あみづな（網綱）①」に同じ。＊建長八年百首歌合（1256）「霞さへたなびきにけり春ごまのみまきの浦のあまのあみなは〈藤原家良〉」 辞書 言海 表記 網縄（言）

あみ-にょらい【阿彌如来】「あみだにょらい（阿彌陀如来）㊀」に同じ。＊百座法談（1110）六月一九日「されば日月星宿は阿彌如来のましますかたへはいるなりとぞ須彌四城経に説かる」

あみ-ぬし【網主】〘名〙「あみもと（網元）①」に同じ。＊御触書天保集成-九四・寛政二年（1790）二月「御勘定奉行え〈略〉船道具等諸色直段引上、沖合水主給金も高金相望、浦々網主共令難儀候旨相聞、不埒に候」＊末枯（1917）〈久保田万太郎〉「そこのある網主の娘に扇朝はすっかり思ひつかれた」

あみの【網野】 姓氏の一つ。 発音〈標ア〉ア

あみの-きく【網野菊】 小説家。東京生まれ。日本女子大学卒。志賀直哉に師事し、大正一五年（一九二六）短編集「光子」で文壇に登場。身辺に材を求めた私小説を発表する。ほかに「汽車の中で」「さくらの花」「一期一会（いちごいちえ）」「ゆれる葦」など。明治三三～昭和五三年（一九〇〇～七八）

あみのき〘名〙 植物「せんだん（栴檀）」の異名。

アミノ-き【―基】〘名〙（アミノは 英 amino）第一アミンやアミノ酸に含まれる基。記号 $-NH_2$ これをもつ化合物（アミノ化合物）は一般に水に溶けにくく、特有のにおいがある。

アミノき-てんいこうそ【―基転移酵素】〘名〙（アミノは 英 amino）「トランスアミナーゼ」に同じ。 発音 アミノキーテンイコーソ 〈標ア〉ノ-コ

アミノ-さん【―酸】〘名〙（英 amino acid の訳語）分子中にアミノ基とカルボキシル基とをもち、タンパク質の加水分解によって生じる化合物の総称。広く動植物界に存在するが、人工的にも多くの合成法、分離法があり、グルタミン酸、アミノ酸しょうゆ、合成酒、栄養剤などとして用いる。＊科学-大正一五年（1926）一月号・海産生物の栄養物摂取に就いて〈浅野彦太郎〉「蛋白質は分解してアミノ酸となる」 発音〈標ア〉0 〈京ア〉ノ

アミノさん-しょうゆ【―酸醬油】〘名〙 脱脂大豆、油かす、魚かすのようなタンパク質を多く含む原料を塩酸などで化学的に分解してアミノ酸を作り、種々の処理を施して造ったしょうゆ。現在は単独の形ではほとんど市販されていない。＊元帥（1950）〈檀一雄〉二〇「アミノ酸醬油と、水石鹸でこの頃巨万の富を積んだらしい」 発音 アミノサンショーユ 〈標ア〉ショ

アミノ-じゅし【―樹脂】〘名〙（アミノは 英 amino）アミノ基を含む化合物とアルデヒドの縮合によって得られる合成樹脂の総称。ユリア樹脂、メラミン樹脂、アリニン樹脂、スルホンアミド樹脂など。アミン樹脂。 発音〈標ア〉ジュ

あみの-じんじゃ【網野神社】 京都府竹野郡網野町にある神社。旧村社。祭神、日子坐王（ひこいますのみこ）、住吉大神、水江浦島子（みずのえのうらしまこ）。享徳二年（一四五三）延喜式内社の網野明神と住吉大神、熊野神社を合わせ現在地に奉還。浦島大明神。 発音〈標ア〉ジ

あみ-の-て【網手】〘名〙①網の形の模様。網の目の模様。＊浮世草子・西鶴織留（1694）五・二「今朝の松茸の焼（たき）ましたが、網（アミ）の手の砵（はち）に入れまして」＊黄表紙・憎口返答返（1780）「あみのての茶碗でお茶を一つ上げませう」②紋所の名。魚網を干した形を図案化したもの。＊幸若・夜討曾我（室町末-近世初）「家々のまくのもむをぞ見たりける。〈略〉いたらがいは岩永たう、あみの手はすがひたう」＊浄瑠璃・曾我五人兄弟（1699頃）紋尽し「あみの手は須貝党」＊随筆・足薪翁記（1842頃）二「石だたみ、あみの手等紋の名なり」 発音〈標ア〉テノ

アミノ-ピリン〘名〙（英 aminopyrine）鎮痛解熱剤の一つ。においのない、無色または白色の結晶。あるいは白色の結晶性粉末。 発音〈標ア〉ピ

あみ-の-め【網目】〘名〙①網の、編んである糸と糸、または、針金と針金とに囲まれたすきまの部分。また、そのように張りめぐらされた状態のたとえ。あみめ。＊東大寺本百法顕幽抄平安中期点（900頃）「網（アミ）の目（メ）斉整（ととのほ）りぬ」＊続古今（1265）恋二・一一〇〇「恋すてふ袖師の浦に引網のめにたまらぬは涙なりけり〈藤原成実〉」②（網の目のように）多い人目。また、他人からの監視の目。→あみのめ（網目）を潜（くぐ）る。＊盲獣（1931-32）〈江戸川乱歩〉鎌倉ハム大安売「張りめぐらされた警察の網（アミ）の目（メ）を、どこをどうして逃れたのか」③「あみのめ（網目）から手」の略。＊雑俳・川傍柳（1780-83）二「網の目へ断（ことわり）出羽の郡司いい」＊雑俳・柳多留-二二（1786）「あみの目を大方うめて能しまひ」 発音〈標ア〉メノ 〈京ア〉ノ 辞書 言海 表記 網目（言）

あみのめ＝から［＝より・に］手（て）（多く「網の目から手が出る（手を出す）」の形で用い）方々から手を出すこと、所望する人が多いこと、引く手あまたなことのたとえに用いる。＊浮世草子・風流比翼鳥（1707）一〇「されどあみのめより手を出すほどの文づかひ、返事云もむづかし」＊雑俳・川柳評万句合-明和六（1769）信二「あみの目に手だと仲人せかすなり」＊諺苑（1797）「網の目から手を出すやう」＊人情本・春色江戸紫（1864-68頃）二・九回「何もお前ばかりが女ではなし、善次郎が嫁に致（し）やうとおもへば網（アミ）の目から手の出るほどあるがネ」

あみのめ に 風（かぜ）たまらず（網を張っても、風は目を吹き抜けて、風の防ぎにはならないというところから）そのかいのないこと、無駄なこと、のたとえ。＊散木奇歌集（1128頃）恋上「思はんと頼めしことはあみのめにたまらぬ風の心なりけり」

あみのめ に 風（かぜ）＝たまる［＝とまる］ ①ありえないこと、不可能なこと、かいのないことのたとえにいう。＊古今六帖（976-987頃）四・恋「あみのめに吹きくるかぜはとまるとも人の心をいかが頼まん〈紀貫之〉」②わずかばかりでも効果が期待できることの意にいう。＊浄瑠璃・源平布引滝（1749）三「源五郎鮒打ちにいかれました。網（アミ）の目に風溜ると惣々（そうぞう）の息精（いきせい）でも、お産を安うさせまするると」

あみのめ に さえ恋風（こいかぜ）がたまる 不人情な人でさえ、恋には全く無関心ではいられないたとえ。遊女にもまれには真実の恋があるなどの場合に用いる。＊浄瑠璃・長町女腹切（1712頃）道行「流れわたりのなさけであろと、あみのめにさへ恋風がたまる。おぎの、おぎの上風（うはかぜ）身にしみじみと、せめて一夜はうそなしに」

あみのめ を 潜（くぐ）る ①網の目のように多い人目の中を避けるように通る。＊雑俳・柳多留-初（1765）「網の目をくぐってあるく娵（よめ）の礼」②捜査網や、他人からの監視などをたくみに避ける。＊大寺学校（1927）〈久保田万太郎〉四幕「それで

もなほときどきは、その網の目をくぐって一寸一寸(ちょいちょい)寄合をつけた」

あみ-の-め〖名〗植物「のみのつづり(蚤綴)」の異名。〔語彙(1871-84)〕

あみのめ-ばん【網目版】〖名〗「あみはん(網版)」に同じ。＊観念の自己増殖(1952)〈埴谷雄高〉「作家によって現実からひきちぎられてきた網の目版のような映像の向う側に」 発音〈標ア〉[0]

あみ-のりもの【網乗物】〖名〗近世、士分以上の重罪人の護送に用いた駕籠(かご)。上から網をかけて、自由に出入りできないようにしたもの。あみ。＊浄瑠璃・仮名手本忠臣蔵(1748)三「塩谷判官は閉門仰附けられ、網乗物にてたった今帰られし」＊歌舞伎・音響千成瓢(1876)三幕返し「花道より立廻りの軍兵六人網乗物を昇(か)き、これを前後より警固して出来り」 発音〈標ア〉[ノ] 辞書 言海 表記 網乗物〈言〉

あみ-は【阿彌派】〖名〗水墨画の画派の一つ。室町時代、同朋衆(どうぼうしゅう)であった能阿彌(真能)、芸阿彌(真芸)、相阿彌(真相)の三代の画系をいう。作風は繊細な柔らかさがあり、枯淡な趣がある。 発音〈標ア〉[0]

あみ-ば【網場】〖名〗①魚や鳥を捕えるために網を仕掛ける所。＊東寺百合文書-に・乾元二年(1303)五月一八日・伊予弓削島荘領家地頭和与状案(大日本古文書一・下・六)「網場参箇所内壱所嶋尻者、一円可レ為二預所分一」＊日葡辞書(1603-04)「Amiba(アミバ)〈訳〉魚や鳥を捕るために網を仕掛ける所。漁場」＊日本山海名産図会(1799)三・鰤「市場は宮津にありて、是より網場(アミバ)の海上に迎へて積帰るなり」②「あみほしば(網干場)」に同じ。＊和英語林集成(初版)(1867)「Amiba アミバ 網場〈訳〉網を干すための場所」 発音〈標ア〉[バ] 辞書 日葡・ヘボン 表記 網場〈ヘ〉

あみ-ばこ【編箱】〖名〗竹、木の小枝などで編んだ箱。＊延喜式(927)二三・民部下「越中国〈略〉編笥三百十九合。織筥廿八合」

あみ-ばり【網針】〖名〗「あみすきばり(網結針)」に同じ。 発音〈なまり〉アンパーリ〔岩手〕 辞書 言海 表記 網針〈言〉

あみ-ばり【網張】〖名〗障子や戸などに、金網などが張ってあること。また、その物。＊童謡(1935)〈川端康成〉「金彌は網張りの障子につかまって立ちながら」

あみ-ばり【編針】〖名〗編み物に使う、竹、プラスチック、金属などの針。→編み棒。＊三四郎(1908)〈夏目漱石〉三「手に編針(アミバリ)を持ってゐる」＊或る女(1919)〈有島武郎〉前・八「出来上りが近づくと葉子は片時も編針を休めてはゐられなかった」 発音〈標ア〉[0]

あみはり-ば【網張場】〖名〗(魚網などの)網を張る場所。＊ハタハタ(1969)〈吉村昭〉二「自分たちの得た網張り場をうばわれることをおそれて」 発音〈標ア〉[0]

あみ-はん【網版】〖名〗濃淡の諸調を、網目状の点の大小であらわす製版方法。肉眼では個々の網点を識別できず、点の大小は濃淡として目にうつるため、凸版印刷やオフセット印刷の写真版にもっぱら用いられる。あみめ。あみめばん。あみ。＊日本-明治三八年(1905)一二月二七日「殆ど巴里の特技の如く製版に多くの労力を要するばかりか、又た普通の網版についで珍重されてをったのである」 発音〈標ア〉[0]

あみ-ばん【網番】〖名〗(猟、漁業などで)網の見張り番をすること。また、その人。＊思出の記(1900-01)〈徳富蘆花〉二・五「網番をして、攻め寄する勢子の叫びの最早(もう)間近になるに、兎のうの字もかけて来ず」

あみ-ひき【網引・網曳】〖名〗①網を引いて魚を捕ること。また、その人。網師。＊元亀本運歩色葉(1571)「網引 アミヒキ」＊日葡辞書(1603-04)「Amifiqi(アミヒキ)〈訳〉網で魚をとる漁師」＊仮名草子・うす雲恋物語(1659)上「そのいにしへを尋ぬるに、その所の、あみひきなりしが、おひたる二人のおやぞ、もち侍る」＊浄瑠璃・用明天皇職人鑑(1705)三「舟長(ふなおさ)、馬かた〈略〉あみ引、ふな引、塩焼、あま人老若男女数千人」②人をだます者(日葡辞書(1603-04))。 発音〈標ア〉[キ][ミ] 辞書 日葡・書言・ヘボン 表記 網師〈書〉 網引〈ヘ〉

あみひき-うた【網引唄】〖名〗漁網を引くときの作業唄。 発音〈標ア〉[キ]

あみひき-ば【網引場】〖名〗網引きをする場所。定置網を引きあげる際の砂浜。＊俳諧・談林十百韻(1675)上「今度の訴訟白洲をまくら〈ト尺〉 網引場月の出はには西にあり〈松意〉」＊浄瑠璃・天神記(1714)三「塩焼場から網引場、二年も立ぬに棒に振り、せめても残った隠居屋敷」 発音〈標ア〉[0][バ]

あみ-びく【網魚籠】〖名〗網で作ったびく。

あみ-びと【網人】〖名〗網を引いて漁をする人。漁夫。網子。網引き。＊百座法談(1110)三月九日「ただあみ人のみ住む島なりけり」＊古今著聞集(1254)二〇・七〇八「かしこに、かつらはざまの大工といふあみ人有り。魚を引かんとてうかがひありきけるに」

あみ-ひび【網篊】〖名〗アサクサノリを養殖するための荒い網を張ったそだ。古くは竹の小枝を用いた。

あみ-ひも【網紐】〖名〗網目状に織ったひも。＊社会百面相(1902)〈内田魯庵〉電影・二「鶸色絹(ひわいろぎぬ)の網紐をバンドウ代りに仰々しく房(ふっ)さりと締めてゐた」

あみ-ぶぎょう[:ブギャウ]【網奉行】〖名〗江戸幕府職制の一つ。鷹狩りのときの網をつかさどった。天和二年(一六八二)には廃止され、小普請組に加えられた。＊徳川実紀-大猷院殿御実紀・寛永一五年(1638)一二月二日「大手門の内にて、鷹師の子十人。網奉行の子二人拝し奉る」 発音〈標ア〉[ミ][0]

あみ-ぶくろ【網袋】〖名〗網状のもので作ってある袋。＊俳諧・崑山集(1651)一・春「けふとしの緒ですげ霞のあみ袋〈吉行〉」＊勇魚取絵詞(1829)「あみ袋 水夫の食事道具等を入るなり」＊思出の記(1900-01)〈徳富蘆花〉二・五「木の根草の上に足投げ出して、網袋の握飯にかぶりつく時の心地」 方言 漁網を繕うための小道具を入れる小さな網の袋。◇あみふくろ 宮崎県児湯郡054 発音〈標ア〉[ブ]

あみ-ぶち【網打】〖名〗「あみうち(網打)①」に同じ。＊落語・おふみ(1890)〈二代目古今亭今輔〉「これから網打(アミブチ)に往くべエで船へ乗って、網打(アミブチ)しながらモコモコへ上(あが)って」

あみ-ぶつ【阿彌仏】「あみだぶつ(阿彌陀仏)㊀」の略。＊百座法談(1110)三月九日「阿彌経はただ阿彌仏の名号をあるいは耳にふれ、或はくちにとなふるに、みな極楽に往生するよしをとける経也」

あみ-ぶね【網船】〖名〗網を引く船。また、投網(とあみ)を打つ船。《季・夏》＊謡曲・蘆刈(1430頃)「御津の浜に、網子(あご)ととのふる網舟の」＊俳諧・毛吹草(1638)六「一葉や網舟(アミぶね)となす蛛(くも)の糸〈作者不知〉」＊日本山海名産図会(1799)三「三艘の一つをかつら船といひ、二を中船と云ひ、先に進むを網船といふ」 方言 中央に生簀(いけす)を設けていない、漁網を積むための船。三重県北牟婁郡054 ◇あんぶね 三重県北牟婁郡054 和歌山県日高郡690 香川県827 発音〈なまり〉アンブネ〔岩手・和歌山県・鹿児島方言〕〈標ア〉[ブ][0]〈京ア〉[ブ][0]

あみ-ぶね【編船】〖名〗二艘以上の船を並べて組み合わせ、一艘の船として使うもの。三艘、四艘を組む場合もあり、組船(くみぶね)ともいう。平安、鎌倉時代には、主に貴族の牛車(ぎっしゃ)、輿(こし)の渡河用や屋形船として用いられた。近世以降では、祭礼用の船に使うことが多い。＊小右記-寛仁元年(1017)九月二四日「山崎河渡船装束播磨守広業一向奉仕、編船四艘、造レ屋葺二檜皮一、又造レ廊、始レ自レ簾至二障子一、屏風鋪設、臥内雑具、尽レ善尽レ美」

あみ-ぼう【編棒】〖名〗編み物に用いる棒状の用具。特に現在では、鉤針(かぎばり)編みなどに用いる先の鉤状になっているものを編み針、毛糸などを編む棒状のものを編み棒という。＊思出の記(1900-01)〈徳富蘆花〉七・九「袂から毛糸編棒をとり出し、悠々と枕頭(まくらもと)の椅子に腰かけながら」＊田舎教師(1909)〈田山花袋〉四「編棒(アミボウ)と毛糸とを動かして歩いて来る十二三の娘もあった」 方言 俵を編むのに用いる横木。山形県139 発音 アミボー〈なまり〉アンボー〔飛騨〕〈標ア〉[ミ]〈京ア〉[ミ]

あみ-ぼうし【編帽子】〖名〗毛糸などで、編んで作った帽子。＊若い人(1933-37)〈石坂洋次郎〉上・二二「ややこしく縮れた赤毛の上に黒い編帽子を戴き」

あみ-ぼし【網星】星の名。二十八宿の一つ。乙女座のなかの東方に位置する星。亢(こう)。亢宿。 発音 アミボーシ〈標ア〉[ボ] 発音〈標ア〉[ミ]

あみほし-ば【網干場】〖名〗漁網を干すための場所。網場。＊禁令考-前集・第六・巻五九・享保一九年(1734)三月「網干場築出し願之儀、平生浪当強処に而、築出し候而も、難レ保場所に候間」＊洒落本・禁現大福帳(1755)四「網干(アミホシ)場の目を遁れ出て堀の方へ出たまへ」 発音〈標ア〉[0][バ]

あみ-ぼんぼり【網雪洞】〖名〗風よけの部分に金網が張ってある手燭(てしょく)。＊歌舞伎・夢物語盧生容画(1886)六幕「此の内奥より丁稚(でっち)網雪洞(アミボンボリ)を持ち出て来る」

あみ-まえだれ[:まへだれ]【網前垂】〖名〗網の図柄の染模様のあるまえだれか。＊浮世草子・好色一代男(1682)八・四「遊女三十五人おもひおもひの出立、紅ゐの網前(アミマヘ)だれ、より金の玉だすき」

あみ-まく【網幕】〖名〗古く、船軍(ふないくさ)のとき、漁網を幾重にも幕のように張って、敵の矢などを防ぐために用いたもの。

あみ-まど【網窓】〖名〗窓にガラスの代わりに網を張ったもの。風を通し、虫を防ぐため用いる。《季・夏》 発音〈標ア〉[0]

あみ-みどろ【網美泥】〖名〗緑藻類の淡水藻。各地の池、沼、水田などに浮遊している。長さ一〇センチメートル内外の袋状で、円柱状の細胞が規則正しく結合して、網目をつくっている。夏、非常によく繁殖して水田などに害を与えることがある。学名は Hydrodictyon reticulatum

あみ-め【網目】〖名〗①網の、編んである糸と糸とに囲まれた部分。また、そのような部分があって、網のような状態になっているものや、その模様。あみのめ。＊道程(1914)〈高村光太郎〉淫心「われら共に超凡、すでに尋常規矩の網目を破る」＊蓼喰ふ虫(1928-29)〈谷崎潤一郎〉二「表紙の背を摑んでゐる指には網目に編んだサファイヤ色の絹の手袋が嵌(は)まってゐて」②「あみはん(網版)」に同じ。 発音〈標ア〉[メ]〈京ア〉[0]

あみ-め【編目】〖名〗①物を編み合わせたすきま。＊万葉(8C後)一一・二五三〇「あらたまの伎倍(きへ)が竹垣編目(あみめ)ゆも妹し見えなば吾恋ひめやも〈作者未詳〉」＊後撰(951-953頃)雑二・一一五七「玉だれのあみめの間より吹く風の寒くはそへて入れむ思ひを〈よみ人しらず〉」＊日葡辞書(1603-04)「Amime(アミメ)〈訳〉すだれや帽子の織り方。同語。同様な物の縁や末端の飾り」②特に、編み物の単位になる、糸と糸とを編み合わせた目。＊毛糸編物独案内(1888)〈浜田兼次郎〉「編目はあまり堅く緊(し)むべからず又た緩るすぎるもよろしからず」＊放浪時代(1928)〈龍胆寺雄〉一・一「靴下の編目(アミメ)が一箇所のびて孔(あな)になって」 発音〈標ア〉[メ]〈京ア〉[0]/[ア] 辞書 日葡・言海 表記 編目〈言〉

あみめ-あみ【網目編】〘名〙目移しの方法で、レースのような透かし目をつくるメリヤスの編み方。透かし編み。発音〈標ア〉0

あみめ-おり【網目織】〘名〙簡単な平織り、斜文織りなどの無地または縞(しま)織物の地の上に別の経(たていと)、緯(よこいと)で網目を織り出したもの。

あみめ-せいげん【網目制限】〘名〙刺網(さしあみ)、底引き網で、漁網の網目をある大きさ以上に制限すること。資源保護のため、食用にならない稚魚が網にかからないようにするもの。

あみめ-ばん【網目版】〘名〙「あみはん(網版)」に同じ。*新らしい言葉の字引(1918)〈服部嘉香・植原路郎〉「網目版」*浮世絵の曲線(1933)〈寺田寅彦〉「西洋人の書いた、浮世絵に関する若干の書物の挿画、それも大部分は安っぽい網目板の複製について」

あみ-もっこうで【網木瓜手】(:モクカウで)〘名〙更紗(さらさ)模様の名。木瓜形に網のある模様。発音アミモッコーテ〈標ア〉コ

あみ-もと【網元・網本】〘名〙①漁網の所有者、または漁労の経営者。船を使う網漁では船元(ふなもと)を兼ねることがあり、網子を使って漁業を行なう。網主。↔網子。②漁網の中心部。また、その近辺。*慶長見聞集(1614)一「早舟一艘に水手六人づつ、七艘に取乗、大海へ出て網をかけ、両方三艘づつ、引分て大網を引、一艘はことり船と名付網本に有て左右の網の差引する」発音〈標ア〉0ト〈京ア〉0

あみ-もの【網物】〘名〙語義未詳。網でとるような小さな魚を干したものか。*虎明本狂言・察化(室町末-近世初)「するめ、あみ物、ひだら、ひだこなど取まらする」

あみ-もの【編物】〘名〙繊維をからみ合わせて物を作ること。特に毛糸、もめん糸、レース糸などで、セーター、靴下などの衣類やテーブル掛けなどの装飾品を編んで作ること。また、編んで作ったもの。編み細工。*言経卿記-天正一六年(1588)七月一二日「糸屋妻あみ物一連持来了」*浮雲(1887-89)〈二葉亭四迷〉三・一八「そのうちにお勢が編物(アミモノ)の夜稽古(よげいこ)に通ひたいといひだす」*夜行巡査(1895)〈泉鏡花〉三「渠(かれ)は編物の手袋を嵌(は)めたる左の手に」発音〈なまり〉アンモノ〔福井大飯・徳島〕〈標ア〉ミ〈京ア〉ミ

あみもの-いと【編物糸】〘名〙編み物に用いる糸。毛糸、もめん糸、レース糸、絹糸、ししゅう糸、リリヤン糸の類。発音〈標ア〉イ

あみもの-き【編物機】〘名〙編み物をする機械。編み物を能率よくできるようにした機械。発音〈標ア〉ノ

あみもようとうろのきくきり(あみモヤウトウロのキクきり)**【網模様燈籠菊桐】**歌舞伎「小猿七之助(こざるしちのすけ)」の本名題。

あみ-やき【網焼】〘名〙火の上に金網をのせ、その上で焼くこと。また、そのように焼いた料理。*夢の浮橋(1970)〈倉橋由美子〉五月闇「折角の鮑の網焼きが冷えてしまうわよ」発音〈標ア〉0〈京ア〉0

あみ-やく【網役】〘名〙江戸時代、漁労者から取り立てた役銭(永、銀)。一度査定された額は漁獲の多少にかかわりなく、定納の小物成(こものなり)として年々徴収された。*辻六郎左衛門上書(18C前か)網役之事「是は浜辺又は大川通魚猟をいたし、運上出す(を)網役といふ」

あみ-ゆ【浴湯】〘名〙体を洗うための湯。*唱歌・寄宿舎の古釣瓶(1901)〈作詞者不明〉「幾その侠児(チャンピオン)が脊中の汗を　洗ひて落さん浴湯(アミユ)となりぬ」

アミューズメント〘名〙(英 amusement)娯楽。楽しみ。慰み。「アミューズメント-パーク」*外来語辞典(1914)〈勝屋英造〉「アミューズメント〈略〉慰み。娯楽」*古川ロッパ日記-昭和一五年(1940)一〇月五日「何か新しいもの、新しい享楽をアミュズメントを探し出すことだ」発音〈標ア〉ミュ〈京ア〉ミュ/ミュ

あみ-ようじ【編楊枝】(:ヤウジ)〘名〙兵庫県の有馬温泉の名産の染め楊枝。クロモジを一〇本ほどわらで編み、温泉につけて色を染めたもの。*俳諧・江戸十歌仙(1678)「秋果ぬれば湯山(ゆのやま)の月〈似春〉あみ楊枝きのふは峰の薄紅葉〈春澄〉四五文ほどが露時雨るらん〈芭蕉〉」

アミラーゼ〘名〙(ドイツ Amylase)動植物、微生物界に広く分布するでんぷん分解酵素の総称。動物の消化液に多量に含まれる。工業的に、麦芽、カビ、細菌などから培養、分離してつくられ、消化剤、飴、ビールの製造などに用いる。でんぷん糖化酵素。↓ジアスターゼ。*外来語辞典(1914)〈勝屋英造〉「アミラーゼ　Amylase(独)『ヂアスターゼ』に同じ」

あみ-りょう【網漁】(:レフ)〘名〙網を使って魚類をとる漁業の総称。*幻談(1938)〈幸田露伴〉「客に魚を与へることを多くするより、客に網漁(アミレフ)に出たといふ興味を与へるのが主です」発音アミリョー〈標ア〉ミ

アミル-アルコール〘名〙(英 amyl alcohol)化学式 $C_5H_{11}OH$ 八種の異性体があるが、一般にはイソアミルアルコールをさし、油状で水に溶けにくく不快な刺激臭をもつ。酢酸アミルの製造原料、溶剤、可塑(かそ)剤などに用いる。ペンタノール。発音〈標ア〉ア[2]

アミロイド-しょう【—症】(:シヤウ)〘名〙(英 Amyloidosis の訳語。アミロイドは「類デンプン体」の意)生理的には存在しないアミロイドと呼ばれる一種のタンパク質が種々の臓器に沈着することによっておこる疾患。慢性感染症の結果生ずる全身性アミロイド症と局所性アミロイド症とがあり、前者では特に脾臓、肝臓、腎臓に顕著な変性を生じ、後者はまれであるが、筋肉におこって運動障害をおこすことがある。発音アミロイド=ショー〈標ア〉0ド

アミロース〘名〙(英 amylose)アミロペクチンとともにでんぷんの主成分の一つ。でんぷん成分の二〇〜二五パーセントを占める。多糖類の高分子化合物。発音〈標ア〉ロ

あみ-ろく【網録】〘名〙加賀藩の漁業制度。入会(いりあい)漁場の占有利用権に対する総百姓の持分をいう。

アミロプシン〘名〙(英 amylopsin)消化酵素アミラーゼの一つ。すい臓より分泌され、でんぷんを麦芽糖に分解する。すい臓アミラーゼ。

アミロペクチン〘名〙(英 amylopectin)でんぷんを構成する主成分の一つ。グルコースの鎖が複雑に分枝・結合したもの。もち米に特に多く含まれる。発音〈標ア〉ロ

あみ-わけ【編分】〘名〙編んで作ったひも類。分けた糸の束で組み合わせて編んであるもの。羽織のひもなどに多く用いられる。*当世書生気質(1885-86)〈坪内逍遙〉二「珍らしくもなき編分(アミワケ)の引懸紐を、珍らしさうに見てゐる」

あみ-わたし【網渡】〘名〙魚、餅などを焼くのに用いる金網。焼き網。あぶりこ。方言青森県三戸郡083　宮城県仙台市121　山形県139　新潟県361　発音〈標ア〉0

アミン〘名〙(英 amine)アンモニア NH_3 の水素原子を炭化水素基で置換した化合物の総称。アニリンがその代表例。塩基性を示し、酸と作用して塩をつくる。発音〈標ア〉ア

あむ【虻】〘名〙「あぶ(虻)」の古名。*古事記(712)下・歌謡「手腓(たこむら)に 阿牟(アム)かき着き その阿牟(アム)を 蜻蛉(あきづ)早(はや)咋(ぐ)ひ」*新訳華厳経音義私記(794)「蚊蚋虻蠅〈略〉上二字加安、下二字阿牟」語源説(1)アは発語。ムはミの転で嚙むことの意か〔東雅〕。(2)羽音から生まれた名〔雅語音声考〕。〈ア史〉平安○◐ 発音〈音史〉上代は『あむ』、平安以後『あぶ』と変化。

あ・む【浴】㊀〘他マ上二〙①湯や水などをあびる。あびる。*古今(905-914)離別・三八七・詞書「源のさねが、筑紫へ湯あみむとてまかりける時に」*能因本枕(10C終)二二・すさまじきもの「寝起きてあむる湯は腹だたしくさへこそおぼゆれ」*殿暦-康和四年(1102)八月七日「仍水をあみて着₂束帯₁、下₂庭拝即了」*人情本・清談若緑(19C中)四・二二回「何とぞ無事になさしめ給へと、密に起て水を浴(ア)み、祈ることさへ多かりけり」②光などをいっぱいに受ける。*有楽門(1907)〈森鷗外〉「日光を浴(ア)みたる白き掌(たなぞこ)は」㊁〘他マ四〙㊀に同じ。*書紀(720)雄略即位前(前田本訓)「穴穂天皇、沐浴(みゆアマ)むと意(おぼ)して山宮に幸(いでま)す」語誌全身にあまねく降り注ぐものを受けとめるような動作をいうのが原義であろう。古代には、身を清めたり、癒したりするような水(湯)浴をさすことが多いが、光が降りかかる場合にも使われるように広がっていく。「あむ」から「あぶ(あびる)」へ語形変化し、過渡期の中古では両語がみえる。発音〈標ア〉0〈ア史〉平安○◐ 鎌倉○◍〈京ア〉0 辞書色葉・名義・言海 表記渥(色・名) 浴(色・言) 沐・淵(色) 沐浴・濯・淹(名)

あ・む【編】〘他マ五(四)〙①糸、竹、籐(とう)、針金などを互い違いに組み合わせる。*万葉(8C後)一三・三二二三「息長(おきなが)の 遠智(をち)の小菅 連(あ)まなくに い刈り持ち来〈作者未詳〉」*新訳華厳経音義私記(794)「連膚 連、訓安牟 下波太 音普」*小川本願経四分律平安初期点(810頃)「六群比丘、辺を編(アメ)る革屣を著けり」*日葡辞書(1603-04)「スダレヲamu(アム)」②材料を集めて本をつくる。編集する。編纂(へんさん)する。*霊異記(810-824)中・序「文を編(ア)み造りては句を乱る〈国会図書館本訓釈 編 阿无〉」*日葡辞書(1603-04)「キャウヲ amu(アム)、または、アミタツル」*俳諧・曠野(1689)「集を編て名をあらのといふ」*小説神髄(1885-86)〈坪内逍遙〉上・小説の裨益「完全無欠の好稗史を編(ア)むべき手段を定めずもあらば」③ばらばらになっているものをまとめて組織あるものにする。編成する。*近世紀聞(1875-81)〈染崎延房〉七・一「新たに兵を編(アム)に至り、務めて門閥の弊を棄て」*経国美談(1883-84)〈矢野龍渓〉後・一五「軍団を編み将校を撰ましめ」語源説(1)荒目の義のアミ(網)を動詞にした語〔和訓栞・国語溯源-大矢透〕。(2)アハセムスブ(合結)の義〔和句解・俚言集覧〕。(3)アクム(彌掴)の義〔言元梯〕。(4)アはアヒ(相)又はアツム(集)から。ムはム(群)の意〔日本語源=賀茂百樹〕。発音〈標ア〉ア〈ア史〉平安○◐〈京ア〉0 辞書色葉・名義・和玉・文明・日葡・ヘボン・言海 表記編(色・名・玉・文・へ・言) 緝・綆・貫(色) 糺・縵・篇(名) 篿・辮・禁(玉)

あむ-あむ〘副〙口の中でものをかむさま。幼児語。方言岩手県気仙郡100　宮城県仙台市121　◇あもあも　長崎市906

アムール〘名〙(フランス amour)愛情。恋。*モダン辞典(1930)「アムール(俗・性)仏語で、恋愛」*現代風俗帖(1952)〈木村荘八〉現代風俗帖・皇居前広場「そこに集まった人々は、『恋情』といふか、ずばりと『色情』と云はうか、それ一本槍の、何れもこれに陶酔したもののやうでした。他に何の思ひ患ふところもない。アムールに酔ってゐる人人です」発音〈標ア〉ム

アムール-がわ【—川】(:がは)(アムールは Amur「黒い川」の意)ロシアと中国の国境付近を流れる大河。モンゴル北部のオノン川とシルカ川を源流とし、東流してタタール海峡に注ぐ。全長四三五〇キロメートル。黒龍江。黒河。発音アムールガワ〈標ア〉ル〈京ア〉ル

アム-がわ【—川】(:がは)(アムは Amu)パミール高原南東部に源を発し、トルクメニスタン、ウズベキスタ

ンの国境付近を流れてアラル海に注ぐ川。全長二五四〇キロメートル。ギリシア名オクソス。アムダリヤ。発音アムガワ〈標ア〉ム

あむぐい【距】〘名〙「あごえ(距)」に同じ。＊名語記(1275)九「鶏のあむくい、如何。距とつくれり。あごえといふ歟。又云、あしくゐといへる義あり。足杭の義也」

あむ-こ【網子】〘名〙「あみこ(網子)」の変化した語。＊梁塵秘抄(1179頃)二・僧歌「法華経八巻は網なれや、無量義経を泛子(うけ)として、観音勢至をあむことし、救ひたまへ罪人を」

あむし〘名〙方言 天然痘が治った後、顔に残るくぼみ。あばた。兵庫県050 650 661 徳島県811 ◇あむしゃ・あもしゃ 徳島県811 ◇あむしくしゃ 兵庫県佐用郡658 ◇あむしくっちゃ 兵庫県赤穂郡661 ◇あむでぃ 沖縄県宮古島974

あ-むしろ【簟】〘名〙竹または葦で編んだ目のあらいむしろ。網代(あじろ)。＊天理本金剛般若経集験記平安初期点(850頃)「籧篨(アムシロ)を以て舎と為す」＊新撰字鏡(898〜901頃)「簟 席也 阿牟志呂」＊十巻本和名抄(934頃)六「籧篨 〈略〉方言曰江東謂之籧篨〈渠除二音 阿无師路〉」 語源説 アミムシロ(編席)の約〔箋注和名抄・和訓栞・大言海〕。 発音〈ア史〉平安●●●● 〈京ア〉◯ 辞書 字鏡・和名・色葉・名義・言海 表記 籧篨(和・色・名) 簟(字・名) 篨(字) 網代・籧篨(色) 編席(言)

あむ・す【浴】❶〘他サ四〙湯水などをからだにかける。あびせる。あぶす。＊万葉(8C後)一六・三八二四「さし鍋に湯沸かせ子ども櫟津(いちひつ)の檜橋より来む狐(きつね)に安牟佐(アムサ)む〈長奥麻呂〉」＊宇津保(970〜999頃)蔵開上「かにといふ物ゆめばかりつき給はぬこそなけれ。ふた月あむしたてまつりたるやうにこそおはすめれ」＊南海寄帰内法伝平安後期点(1050頃)二「経を読み像を浴(アムシ)、具に香花を設けて」❷〘他サ下二〙❶に同じ。＊夜の寝覚(1045〜68頃)二「御湯など召して、姫君にもあむせ奉りて」＊宇治拾遺(1221頃)一三・九「念仏の僧に、湯沸かして、あむせ奉らんとて」 語誌 (1)「あむす」から「あぶす」→「あびす」と語形変化したが、第一の変化はmとbとの子音交替によるもので、「あむ」→「あぶ」の変化と軌を一にし、変化の時期は平安時代末期から鎌倉時代と思われる。第二の変化は「あぶ」の上一段化によって、語幹が「あび」で安定したことに伴うもので、室町末期から江戸時代に起こった。(2)四段活用のほうが古いが、「観智院本名義抄」の「沐浴(アムス)」、「三宝絵-下」の「大に湯をわかしてあまねく僧にあむす」、「名語記-八」の「湯水をあむす、如何」などは、❶か❷かの判別のできない例である。→あびせる(浴)。 発音〈標ア〉◯ 辞書 名義・言海 表記 沐浴・浚(名) 浴(言)

アムステルダム (Amsterdam) オランダの憲法上の首都(実質的な首都はハーグ)。一三世紀、漁民がアムステル川にダムを設けて定住したことに由来する名で、アイセル湖に臨み、一七世紀から東洋貿易の拠点、世界金融市場の中心として繁栄した。 発音〈標ア〉テ 〈京ア〉テ

アムステルダム-じょうやく【―条約】(‥デウヤク) 一九九七年一〇月に調印されたEUの基本条約。マーストリヒト条約をさらに進め、加盟各国のアイデンティティを尊重しながら、政治的、経済的、社会的により密接に統合された単一ヨーロッパの実現を目指す。

アム-ダリヤ (露 Amu Darya ダリヤは「河」の意)「アムがわ(―川)」に同じ。 発音〈標ア〉ダ

あむ-つち【射垜】〘名〙「あずち(垜)」に同じ。＊十巻本和名抄(934頃)二「射垜 唐韻云垜〈略〉楊子漢語抄云射垜〈以久波土古路 世間云 阿无豆知〉」＊観智院本名義抄(1241)「垜 アムツチ」 辞書 和名・名義・言海 表記 射垜(和) 垜(名)

あむっ-と〘副〙方言 口を大きく開けてものを食べるさま。また、一息に多く飲むさま。あんぐりと。幼児語。宮城県仙台市121 山形県東置賜郡139 ◇あもっと 青森県三戸郡083

あむどこ・ぶ【跨】〘自バ上二〙「あふどこぶ(跨)」の変化した語。＊大慈恩寺三蔵法師伝承徳三年点(1099)九「少林の伽藍閑(かん)居寺等有り。皆巌壑(かむかく)に跨(アムトコヒ)枕(よ)りて、林泉を縈(けい)帯せり」

あむな・い【危】〘形口〙「あぶない(危)」の変化した語。＊大阪の宿(1925〜26)〈水上滝太郎〉八・五「あ、あむない」 発音〈標ア〉◯

アムネスティ-インターナショナル (英 Amnesty International 「アムネスティ」は大赦の意) 不当に逮捕、投獄された政治思想犯の釈放、待遇改善、死刑廃止などを目的とする国際的な人権擁護組織。一九六一年創設。本部ロンドン。 発音〈標ア〉ネ=ナ1

アムハラ-ご【―語】〘名〙(アムハラは Amhara) セム語族の南西セム語派に属する言語。エチオピアの公用語で、文字は南アラビア文字から派生したエチオピア文字を使う。話者数は一五〇〇万人以上と推定される。 発音アムハラゴ〈標ア〉◯

あむ-はんし【阿武半紙】〘名〙長門国(山口県)から産出した半紙。＊万金産業袋(1732)一「同国 アム半紙 仁王半紙 吉(三十)敷(四十)郡(五十)」

あむ-びと【網人】〘名〙「あみびと(網人)」の変化した語。＊大唐西域記長寛元年点(1163)七「大悲世尊、漁人(アムヒト)を度したまひし処なり」

あむら-び【油火】〘名〙(「あむら」は「あぶら」の変化した語)「あぶらひ(油火)」に同じ。＊かた言(1650)四「油火(あぶらひ)を あむら火」

アムリツァル (Amritsar) インド北西部、パンジャブ州の商工業都市。パキスタンへ通じる交通の要衝で、シーク教の本山ゴールデンテンプル(黄金寺院)がある。

アムンゼン (Roald Amundsen ローアルー) ノルウェーの探検家。一九〇三〜〇六年に北西航路を完全に航行。一一年、南極へ最初に到達。二六年、飛行船で北極を通過した。イタリアのノビレ探検隊が北極海で遭難した時、水上機で捜索に向かったが、そのまま消息を絶つ。(一八七二〜一九二八)

あめ【天】〘名〙(複合語をつくる場合「あま」の形となることが多い。→あまつ・あまの) ①天。空。↔地(つち)。＊古事記(712)下・歌謡「雲雀は 阿米(アメ)にかける」＊万葉(8C後)一七・三九〇六「御園生の百木(ももき)の梅の散る花の安米(アメ)に飛び上り雪と降りけむ〈大伴書持(旧本大伴家持)〉」＊神楽歌(9C後)小前張・賤家の小菅「末・安女(アめ)なる雲雀 寄り来(こ)や雲雀」＊醍醐寺本遊仙窟康永三年点(1344)「実に天(アメ)の上の霊のあやしくめづらし」＊日葡辞書(1603〜04)「Ame(アメ) ヨリ クダル ウロノ メグミ」 ②天つ神のいる処。高天原。また、神のいると信じられた天上界。＊古事記(712)上・歌謡「阿米(アメ)なるや おとたなばたの うながせる たまのみすまる」＊万葉(8C後)六・九八五「天(あめ)にます月読壮子(つくよみをとこ)幣(まひ)はせむ今夜の長さ五百(いほ)夜継ぎこそ〈湯原王〉」＊古今(905〜914)仮名序「久方のあめにしては、したてる姫に始まり」＊源氏(1001〜14頃)乙女「あめにますとよをかびめの宮人も我が志すしめを忘るな」 ③日本神話に登場する、高天原に属する神やものの美称をつくる。「あめ…」「あめの…」の形で用いる。また、複合語をつくる場合「あま」を用いることが多い。「あめ金機(かなばた)」「あめの香具山(かぐやま)」など。 ④宮殿の屋根のあたり。＊万葉(8C後)一九・四二七四「天(あめ)にはも五百(いほ)つ綱延(は)ふ万代に国知らさむと五百つ綱延ふ〈石川年足〉」 語源説 (1)ウハミエ(上見)の反〔名言通〕。(2)アヲミエ(蒼見)の反〔名語記〕。(3)イカミエ(大見)の約〔和訓集説〕。(4)アオギミエ(仰見)の略訓〔桑家漢語抄〕。(5)アミ(阿水)の意〔紫門和語類集〕。(6)天を仰ぎ見る時に自然に出る感嘆の声〔言葉の根しらべ=鈴江潔子・日本語源=賀茂百樹〕。(7)ウカミ(所浮)の義か。また、あまりの義か〔雅言考〕。(8)「奄」の音Amの転音〔日本語原考=与謝野寛〕。 発音〈標ア〉ア 〈ア史〉平安・鎌倉・江戸◯◐ 〈京ア〉ア 上仮名 アメ 辞書 色葉・名義・和玉・黒本・日葡・ヘボン・言海 表記 天(色・名・玉・黒・へ・言)

あめ に 跼(せくぐま・せかがま)り地(つち)に蹐(ぬきあしにふ)む (「詩経-小雅」の「謂天蓋高、不敢不局。謂地蓋厚、不敢不蹐」から) 天地の間に小さくなって、恐れ慎むさまにいう。＊書紀(720)推古一五年二月九日(北野本訓)「曩者(むかし)我が皇祖(みおや)の天皇等(たち)の世を宰(をさ)めたまへること、天に跼(セクグマ)り地に蹐(ヌキアシニフ)みて、敦(あつ)く神祇を礼びけり」

あめ に 縦(ゆる)さる 天から許されて、物事を自由になし得る。生まれながらにして、極めてすぐれている場合にいう。＊書紀(720)推古二九年二月(岩崎本訓)「日本国に聖人(ひしり)有(ま)します。上宮豊聡耳皇子と曰(まう)す。固(まこと)に天(アメ)に縦(ユルサ)れたり」

あめの ⇨親見出し「あめの(天―)」

あめの… ⇨「あめの(天―)」の子見出し

あめ【雨・下米】〘名〙①大気中の水蒸気が冷えて水滴となり、地上に落下してくるもの。また、それが降る天候。雨天。＊古事記(712)下・歌謡「大前(おほまへ)小前(をまへ)宿禰(すくね)が かなと蔭(かげ) かく寄り来ね 阿米(アメ)たちやめむ」＊万葉(8C後)一七・四〇一一「との曇り 安米(アメ)のふる日を 鳥(と)狩すと〈大伴家持〉」＊十巻本和名抄(934頃)一「雨 説文云雨〈音禹〉水従雲中而下也〈和名阿女〉」＊言経卿記-文禄元年(1592)九月二九日「晴、午刻より下米」 ②たえまなくたくさん落ちそそぐもの、身にふりかかるものをたとえていう。㋑涙のあふれでるたとえ。＊源氏(1001〜14頃)幻「せきがたき涙の雨のみ降りまされば」＊玄玉(1191〜92頃)三「世の中を思ひは入れじ袖の雨にたぐはば月の曇りもぞする〈藤原公衡〉」＊読本・椿説弓張月(1807〜11)後・二三回「聞く毎に、且感じ、且悼(いた)み、狭き袂を漏るあめに、なほ潮垂るる腰簑の」＊浮雲(1887〜89)〈二葉亭四迷〉三・一四「何を云っても敵手(あひて)にならぬのみか、此上手を附けたら雨になりさうな」㋺物がたくさんふりかかること、あるいは、身に及ぶ行為が連続してくり返されることのたとえ。＊いさなとり(1891)〈幸田露伴〉四一「口がききたくば拳(こぶし)で物云へと云ふたが最後拳固(げんこ)の雨」＊芝刈(1921)〈寺田寅彦〉「枝も何も弾丸の雨に吹き飛ばされて」＊唐人お吉(1928)〈十一谷義三郎〉三「『酒場』には酔払ひ唐人の手から、ドルラルの雨が降った。(此の時一弗は当時の二十五銭)」＊浅草(1931)〈サトウハチロー〉ボクの街・B「とび上った彼女は、刑事増山君の首っ玉にかじりついて、頬といはず、額と言はず、唇といはず、キッスの雨(アメ)を降らした」 ③広くゆきわたって人々をうるおすもののたとえ。＊謡曲・芭蕉(1470頃)「花待ち得たる芭蕉葉の、み法(のり)の雨も豊かなる、露の恵みを受くる身の」 ④「あめがすり(雨絣)」の略。 ⑤(①が描いてあるところから) 花札の一一月の札。＊歌舞伎・小袖曾我薊色縫(十六夜清心)(1859)二幕「いや、雨(アメ)は真平だ。坊主を消しやす」 ⑥映画などでフィルムが古くなり、縦筋の傷が入って雨の降っているように見える状態。→あめ(雨)が降る②・雨降(あめふり)④。 ⑦(長雨が五月に降るところから) 数の五をいう、関西の青果商間の隠語。 語誌 (1)「天(あめ)」と同源。(2)複合語の前項として用いられる時は、「あま傘」「あま水」のようにアマの形をとることが多く、複合語の後項として用いられる時は、「大あめ」「通りあめ」また「霧さめ」「氷(ひ)さめ」のようにアメ・サメの形をとる。(3)アメとサメとのいずれが古形であ

るかは、両説あり未詳。(4)自然現象の雨は「万葉集」では「苦しくも降り来る雨(あめ)か三輪の崎狭野の渡りに家もあらなくに〈長奥麻呂〉」〔三・二六五〕というように難儀なものともとらえられているが、平安時代になると人事とかかわって詠まれるようになる。「雨となる」は、雨に神威や霊性をみる古代の民俗的信仰を基に、中唐詩人、劉禹錫の「成レ雨成レ雲今不レ知」〔有所嗟〕を踏まえて「見し人の雨となりにし雲井さへいとど時雨にかきくらす比」〔源氏‐葵〕と降る雨に亡き人の魂を偲ぶもの。「かずかずに思ひ思はず問ひがたみ身を知る雨はふりぞまされる〈在原業平〉」〔古今‐恋四・七〇五〕以来、「身を知る雨」は我が宿命を知るものとされ、「窓打つ雨」は白居易の「蕭々暗雨打レ窓声」〔上陽白髪人〕を踏まえた「恋しくば夢にも人を見るべきに窓打つ雨に目をさましつつ〈大弐高遠〉」〔後拾遺‐雑三・一〇一五〕以来、夜の孤独を慰めるものとして詠まれていく。語源説 (1)アマミヅ(天水)の約転〔名語記・東雅・言元梯・名言通・和訓栞・大言海・国語の語根とその分類=大島正健〕。(2)アム(浴)の転〔嚶々筆語〕。(3)アマモレ(天降)の約〔和訓集説〕。(4)アメ(天)と同語〔和句解・日本釈名・日本古語大辞典=松岡静雄〕。(5)「滰」の別音 Am の転音〔日本語原考=与謝野寛〕。発音 〈なまり〉アミ〔富山県・鹿児島方言〕アメン〔豊後〕アンメ〔石川・伊予〕〈標ア〉ア〈ア史〉平安来○◐〈京ア〉メ 上仮名 アメ 辞書 字鏡・和名・色葉・名義・下学・和玉・文明・伊京・明応・天正・饅頭・黒本・日葡・書言・〈ボン〉・言海 表記 雨(和・色・名・下・玉・文・伊・明・天・饅・黒・書・へ・言) 下米(文・伊・天・黒・書) 雺・霏・霙・霅・雩・霤・霦(玉)

あめ落(お)とす 雨を降らせる。空や雲を主体とした表現。＊風雅(1346-49頃)雑中・一七六六「遠方の山は夕日の影はれて軒端の雲は雨おとすなり〈伏見院〉」

あめが上(あ)がる 雨が降りやむ。雨がやむ。＊魔風恋風(1903)〈小杉天外〉後・遺書・三「未だ雨の収(アガ)らぬのを幸ひ、昨夜の生乾きの袴を着けて出た」

あめが降(ふ)る (ものごとを雨の降るのにたとえた言い方) ①雨の降るように流れる。雨の降るように見える。＊浮世草子・好色五人女(1686)一・五「間もなく泪(なみだ)雨ふりて」＊俳諧・続猿蓑(1698)上「八九間空で雨降る柳かな〈芭蕉〉」 春のからすの畠ほる声〈沾圃〉」 ②映画のフィルムなどに傷がついて、画面に雨が降っているように見える。＊蟹工船(1929)〈小林多喜二〉五「どれも写真はキズが入ってゐて、ひどく『雨が降った。』それに所々切れてゐるのを接合させたらしく、人の動きがギクシャクした」＊ふたりとひとり(1972)〈瀬戸内晴美〉「女はいつか、どこかの映画館で、画面に雨のいっぱい降る旧いこんな場面を見たように思う」

あめが降(ふ)ろうと槍(やり)が降(ふ)ろうと どんなことがあっても。いったん決心した以上は、たとえどんな障害があろうと、必ずやりとげようとの固い決意をいう。

あめ＝降(くだ)る［＝零(こぼ)る］ 雨が降る。＊蜻蛉(974頃)下・天禄三年「今日は二十七日。あめ、昨日のゆふべよりくだり、風ののこりの花をはらふ」＊風雅(1346-49頃)秋下・六五〇「吹きみだし野分に荒るる朝あけの色こき雲に雨こぼるなり〈花園院一条〉」

あめこんこん 雨が降ること、また、雨をいう幼児語。＊童謡・鳥小舎の雨(1925)〈サトウハチロー〉「外であそんでゐた ひよこ『ママ パパ 雨こんこん 雨こんこん』」 発音 〈標ア〉ア

あめ車軸(しゃじく)の如(ごと)し (雨脚を車軸に見立てて) 大粒の雨が激しく降ること。また、そのさま。豪雨のさま。＊源平盛衰記(14C前)二九・礪並山合戦事「さらぬだに五月の空はいぶせきに、降る雨(アメ)は車軸(シャジク)の如(ゴト)く」＊浄瑠璃・八百屋お七(1731頃か)下「八歳の龍女様、雨しゃじくしてたび給へ」＊浄瑠璃・日吉丸稚桜(1801)三段切「久吉も絞る袂(たもと)の雨車軸、四人が涙谷川へ、落込む水の逆落(さかおと)し」＊王安石‐夢中作詩「独龍注二雨如二車軸一、不レ畏不レ售畏不レ続」 辞書 書言

あめつちくれを＝破(やぶ)らず［＝動(うご)かさず・犯(おか)さず］ (「塩鉄論‐水旱」から) 降る雨が静かで、土をいためない。世の中がよく治まっているたとえ。＊兼盛集(990頃)詞書「雨はつちくれをやぶれず、世の中もたのしければ、今日の御幸も有りますなり」＊宴曲・宴曲集(1296頃)二・祝言「四海波閑かにして、九州風治まり雨つちくれを犯さず」＊大観本謡曲・代主(1595頃)「久方の雨塊を動かさず、安く楽しむ時とかや」＊塩鉄論‐水旱「天下太平、国無二夭傷一、歳無二荒年一、当二此之時一、雨不レ破レ塊、風不レ鳴レ条、旬而一雨、雨必以レ夜」

あめに沐(かみあら)い風(かぜ)に櫛(くしけず)る 雨や風を身に浴びて苦労する。世の中のさまざまな苦労を体験することのたとえ。風にくしけずり雨にかみあらう。櫛風沐雨(しっぷうもくう)。＊荘子‐天下「沐二甚雨一、櫛二疾風一、置二万国一」

あめに蛙(かわず) とりあわせのよいことのたとえ。＊門三味線(1895)〈斎藤緑雨〉一七「好きな筆様と余人交へず、雨(アメ)に蛙(カハズ)うれしげに手を取合ひ、三人仲よしの箸の儂(わたし)まで捨てて と」

あめにしおれし海棠(かいどう)の花(はな) 憂いを含んだ美人の形容。＊滑稽本・浮世床(1813-23)二・上「そりゃア浄瑠璃の文句にもあるはさ、雨にしほれし海棠の花のアア何とか云(いっ)た」

あめにつけ風(かぜ)につけ 雨が降っても風が吹いても。いつでも。どんなときでも。年がら年じゅう。＊人情本・三日月於専(1824)六・一〇回「雨(アメ)につけ風(カゼ)につけ言ひ出で給ひて」＊怪談牡丹燈籠(1884)〈三遊亭円朝〉一九「雨につけ風につけお前の事ばかり少しも忘れた事はござらん」

あめに濡(ぬ)れてつゆ恐(おそ)ろしからず 大きな災難にあった者は、小さな災難を恐れないということのたとえ。＊日葡辞書(1603-04)「Ameni nurete tçuyu vosoroxicarazu (アメニ ヌレテ ツユ ヲソロシカラズ)」 辞書 日葡

あめの脚(あし) (「雨脚」の訓読み) ①白い糸のように見える雨のすじ。また、雨の降るさま。雨脚(あまあし)。＊蜻蛉(974頃)中・天禄元年「今日の昼つ方より、雨いたうはらめきて、あはれにつれづれとふる。〈略〉あめのあし同じやうにて」＊源氏(1001-14頃)須磨「あめのあし当る所とほりぬべくはらめき落つ」＊小島のくちずさみ(1353)「雨のあし当る所は、皆徹りぬべうはらめき、笠も取りあへず慌しければ」＊浄瑠璃・仮名手本忠臣蔵(1748)五「さらばさらばと両方へ立別れてぞ急ぎ行。又もふりくる雨の足人の足音とぼとぼと」 ②(雨のすじが切れめなく見えるさまから) たえまのないさま、ひんぱんなさまなどのたとえ。＊宇津保(970-999頃)国譲下「朱雀院の御使は、ふるあめのあしごと、参りては立ちなみてあめのあしよりもけにしげし」＊源氏(1001-14頃)夕顔「うちよりの御使、あめのあしよりもけにしげし」 語誌 (1)杜甫・白居易などの唐詩に見える詩語「雨脚」がわが国に輸入されたもので、早く菅原道真の詩文に用いられている。これが訓読されて「あめのあし」という語が生まれ、平安朝の仮名文学作品に用いられ、さらに和歌にも詠まれるようになった。(2)②の用法は「あめの脚音(あしおと)」のように歌語としては人間の足音をたとえる表現へと展開したが、近世以降は、天候についていう場合に限られるようになった。

あめの脚音(あしおと) 雨の降る音。和歌などでは人間の足音にたとえていう。＊散木奇歌集(1128頃)恋下「隙もなく漏りくる雨のあし音を我が遠妻と思はましかば」＊浄瑠璃・曾我会稽山(1718)四「雨の足音さっさっさ、人の足音どろどろどろ」

あめの糸(いと) 筋をなして降る雨を、糸に見立てていう。＊雪玉集(1537頃か)「かきくらし乱れぞまさるあめのいとのよるの思ひも空に知られて」＊改正増補和英語林集成(1886)「Amenoito アメノイト」＊杏の落ちる音(1913)〈高浜虚子〉一「ざあざあと降る雨の糸も時々光って見えた」

あめの祈(いの)り 雨を降らせてくれるように、神仏に祈ること。雨乞い。祈雨(きう)。《季・夏》＊大観本謡曲・絃上(1506頃)「されば一年雨の祈りの御時、神泉苑(しんぜんねん)にして、琵琶の秘曲を遊ばされしかば」

あめの神(かみ) 雨をつかさどる神。龗(おかみ)。＊易林本節用集(1597)「雨師 アメノカミ」 辞書 易林・書言 表記 雨師(易・書) 玄冥(書)

あめの気(け) 雨の降ってくる気配。

あめの白玉(しらたま) 日の光を受けて白い玉のように見える雨滴。＊夫木(1310頃)九「夕立の雲間の空を見渡せば日かげにまじる雨のしら玉〈藤原光俊〉」

あめの底(そこ) 雨の降っている下の土地。＊草根集(1473頃)一三「古郷は思ひ晴せぬ雨の底いくよの人の雲おほふらん」

あめの月(つき) 陰暦八月一五日の夜、雨が降って、月がはっきり見えないこと。雨月(うげつ)。《季・秋》＊俳諧・曠野(1689)一・月「雨の月どこともなしの薄あかり〈越人〉」＊俳諧・蘿葉集(1767)初・前書讃物「雨の月常の夜明をなくからす」＊俳諧・鬼貫句選(1769)三・秋「燈火やおのれがほなる雨の月」

あめの露(つゆ) 雨のしずく。草木などに降りかかった雨が露のように玉となって見えることのたとえ。＊金槐集(1213)春「山ざくらあだに散りにし花の枝にゆふべのあめのつゆの残れる」

あめの手数(てかず) (「雨のあし」というのに対して、手といったもの) 雨がひどく降ること。雨が草木に降りかかるのを、雨が手数をかけると見立てたもの。「数」はただ量を表わすとする説もある。＊為忠集(鎌倉中か)「降りそむる雨の手かずにあふ花の色の深さを見ましこそすれ」＊語彙(1871-84)「あめのてかず 雨の脚といふよりして手ともいひその雨の手のしげきを手数(てかず)といへるなり」

あめの花(はな) 雨中の花。雨中の桜の花。《季・春》＊俳諧・曠野(1689)八・釈教「木履はく僧も有けり雨の花〈杜国〉」

あめの降(ふ)る程(ほど) たくさんあるさま。多いことを雨が降るのにたとえたもの。降るほど。＊室町殿日記(1602頃)一「城中よりは弓鉄炮を雨の降ほとうたせける」＊はやり唄(1902)〈小杉天外〉四「近頃申込まるる縁談の口は、其れこそ雨の降る程にあるのだが」

あめの盆(ぼん) 富山県婦負郡八尾町で行なわれる盆の行事。毎年九月一日から三日間全町の人々が踊り明かすので知られる。台風の災厄を払い除こうとする信仰からきたもの。風の盆。《季・秋》

あめの間(ま) 降り続く雨がしばらくやんでいる時。あまま。あまあい。＊小侍従集(1202頃)「あめのまにおなじ雲井は出でにけり もりこばなどか月におとらむ」

あめの宮(みや)風(かぜ)の神(かみ) ①「あめ(雨)の宮風の宮①」に同じ。＊浮世草子・西鶴置土産(1693)四・三「いよいよ雨(アメ)の宮(ミヤ)風の神(カミ)をいのりけるが、其夜に入て空はれて」 ②「あめ(雨)の宮風の宮③」に同じ。＊滑稽本・大師めぐり(1812)上・中「もとはどこの雨(アメ)の宮(ミヤ)やら風(カゼ)の神(カミ)やら、あもとふもともしれ

んやつじゃないかい」

あめの宮(みや)**風**(かぜ)**の宮**(みや) ①伊勢神宮百二十末社の中の雨の神、風の神をまつった宮。雨の宮風の神。＊虎明本狂言・禰宜山伏(室町末-近世初)「中にもあら神と見えさせ給ふ、雨の宮風の宮」＊浄瑠璃・日本武尊吾妻鑑(1720)五「内宮の宮が八十末社、外宮の宮が四十末社、中にもたっとき荒神とあらはれ給ふが、雨のみやかぜのみや、月よみ日よみ」②(伊勢神宮は末社が数多く、賽銭(さいせん)や案内銭などが多くかかることから) あれやこれやと出費がかさむこと。また、出費がかさむさま。＊茶屋諸分調方記(1693)四「きもいりがもとにいたる間のはんまい代。一りんも軽めなしに引おとし、あめの宮風の宮のと云ふておやの取銀わずかならではなし」＊浮世草子・御伽名代紙衣(1738)三・一「利息算用に指を折りて、月よみ日よみ雨のみや風のみやと、かかりものを言ひ立て」＊諺苑(1797)「雨宮(アメノミヤ)風(カゼ)の宮 厄介の衆多なるを云又引(ひけ)道の多きを云」③(末社③の意から) とりまき連中。雨の宮風の神。＊滑稽本・続膝栗毛(1810-22)一一・下「雨(アメ)の宮(ミヤ)風のみやどもを大ぜいこしにひっつけて仲の町での大さわぎ」④雨や風。＊浮世草子・諸道聴耳世間猿(1766)一・二「雨(アメ)の宮(ミヤ)風の宮に崩れし窓に、科戸の風を防ぎかねて」

あめの名月(めいげつ) 中秋の夜、雨が降ってはっきりと見られない月。その姿を想像したり、雨間にほの見えたりするのを、風情として受けとったもの。雨の月。月の雨。無月。《季・秋》

あめの恵(めぐ)**み** 日照りで枯れようとする草木をよみがえらせるような、雨がもたらす自然の恩恵。雨のおかげ。転じて、厚い恩。＊河東節・千年の枝(1745)「照つづくなる暑き日を、風の姿としほれしも、神の恵はおりおりの、草木に雨のめぐみぞと」

あめの漏家(もりや) 雨の漏る家。＊夢想国師御詠草(15C頃)詞書「有馬の温泉に浴したまひける時、其山の麓に堂のありけるが、旧損して雨もたまらずもりけるを御覧じて、寺ふりて雨のもりやと成りにけり仏のあだをいまやふせがむ」補注「広本拾玉集-三」の「法のあだを跡まではらふ寺にきて雨にもりやをみぬよしもがな」のように、和歌では、仏敵と考えられている物部守屋をかけることが多い。

あめの宿(やどり) 雨やどり。また、現世を無常ではかないものとして雨やどりにたとえてもいう。＊俳諧・猿蓑(1691)五「雨のやどりの無常迅速〈野水〉昼ねぶる青鷺の身のたふとさよ〈芭蕉〉」

あめは花(はな)**の父母**(ふぼ・かぞいろ) 花は雨の恵みによって咲くことをいう。＊諺苑(1797)「雨は花の父母(カゾイロ)」語誌「和漢朗詠-上・雨」の「養ひ得ては自ら花の父母たり、洗ひ来っては寧ろ薬の君臣を弁へんや〈紀長谷雄〉」より出たもので、「光悦本謡曲・熊野」などにも、「草木は雨露のめぐみ、やしなひえては花の父母たり」などと見える。

あめ晴(は)**れて笠**(かさ)**を忘**(わす)**る** 困難が去ると、その時に受けた恩をすぐに忘れてしまうことのたとえ。暑さ忘れて蔭忘る。＊読本・南総里見八犬伝(1814-42)九・一〇〇回「鄙語(ことわざ)にいふ、雨霽(アメハレ)て笠を忘るる愚民の身勝手」

あめ降(ふ)**って地**(じ)**固**(かた)**まる** 雨の降ったあとはかえって地面が堅固になるところから、変事の後は、かえって事態が落ち着いて、基礎がかたまることをいう。＊月菴酔醒記(1573-92)中「世語〈略〉雨降て地かたまる」＊俳諧・毛吹草(1638)二「雨ふりて地かたまる」＊評判記・吉原すずめ(1667)上・くせつの事「おもふ中の小いさかひ、雨ふりてぢかたまるなどと、おさだまりのあいさつにて」＊随筆・常山紀談(1739)一五・加藤清正治乱を論ぜられし事「石田が乱は雨ふりて地かたまるといふに同じ。此れより静謐(せいひつ)ならん、と仰せ有りしに」

あめ降(ふ)**らずして地**(じ)**固**(かと)**うする** (「雨降って地固まる」を転じて) まちがいのないうちに身をおさめるべきことのたとえにいう。＊洒落本・傾城買二筋道(1798)自跋「されば吉原へは入ぬこそ、実の通意(すい)と高雄が金言、雨降ずして地固ふするは、此書に足る事を知らば、何ぞ心の雪解に、泥す愁ひなからん」

あめ降(ふ)**らば降**(ふ)**れ風**(かぜ)**吹**(ふ)**かば吹**(ふ)**け** どうにでもなれと、なりゆきにまかせる意。＊咄本・一休咄(1668)一・三「有漏路(うろぢ)より無漏路へかへる一休(ひとやすみ)雨ふらばふれ風ふかばふけ」＊浄瑠璃・蟬丸(1693頃)道行「雨ふらばふれ風吹かば吹け、山の奥こそ住みよけれ」

あめ盆(ぼん)**を=覆**(くつが)**えす**[=傾(かたむ)**くる]が如**(ごと)**し** (盆の中の水を一度に流すことから) 雨がさかんに降るたとえ。＊随筆・胆大小心録(1808)三三「白蛇たちまちに雲をよびてのぼる。雨盆をくつがへすが如し」

あめや霰(あられ)**と** 雨や霰のように。矢や弾丸などがたえまなく激しく飛んでくるさま。＊俳諧・西鶴大矢数(1681)第一五「大悲の弓次第にあなたへ引力 雨や雹と啼ふならいま」＊浄瑠璃・烏帽子折(1690頃)四「くり石を追(を)っ取追っ取、つぶて打、雨やあられと投げかくる」

あめや雨(さめ) (「さめ」は雨に関する語を作る語素) 雨が降りしきるように、ひどく涙を流して泣くさまのたとえ。＊日葡辞書(1603-04)「Ameyasameto (アメヤサメト) ナク」＊咄本・醒睡笑(1628)三「姥文を見て、雨やさめと泣き」＊浄瑠璃・花屋(1634)三「さながらきへいるばかりにて、ほうほうとして、ただあめやさめとぞなかれける」＊俳諧・鷹筑波(1638)五「なけやなけあめやさめたれ郭公〈正頼〉」辞書日葡

あめを祈(いの)**る** 「あめ(雨)を乞う」に同じ。＊続日本紀-大宝三年(703)七月丙午「近江国山火自焚、遣₂使祈₃雨于名山大川₁」＊続日本後紀-承和六年(839)四月壬申「遣₂従五位下高原王等₁、奉₃幣於伊勢大神宮₁、令₂祈₁雨」＊新儀式(963頃)「祈₂雨祈₁霽事」

あめを植(う)**ゆる** (「うゆる」は「うえ(ゑ)る」の変化した語) 雨の中で田植えをする。農夫の苦労をいう語。＊天草本伊曾保(1593)大海と野人の事「コウリヲ タガエシ ameuo vyuru (アメヲ ウユル) コトワ カヤウノ リョウケンヲ ワキマエヌ ユエヂャ」

あめを売(う)**る** 取引相場で、米の収穫期近くの長雨などのため、米の不作が予想され、米相場が上がってきたとき、雨がやむのを見越して売る。足駄(あしだ)履(は)いて米売れ。↕雨を買う。〔取引所用語字彙(1917)〕

あめを帯(お)**びたる=桃李**(とうり)[=**桃桜**(ももさくら)]**・花**(はな)] 雨にぬれている桃や李(すもも)、または、桜の花。多く美貌の形容に用いる。「長恨歌」の「梨花一枝春帯₂雨」から来た表現。＊宴曲・宴曲集(1296頃)一・花「楊貴妃が容貌、雨を帯びたる花の枝」＊歌舞伎・韓人漢文手管始(唐人殺し)(1789)二「雨をおびたる桃李の粧ひ。はて、あてやかな」＊歌舞伎・名歌徳三舛玉垣(1801)五立「『年も十六(いざよ)ふ月の顔、柳の眉の貴(あて)やかさ』『雨を帯びたる桃桜』」

あめを買(か)**う** 取引相場で、米の収穫期近くの長雨などのため、米の不作が予想され、米相場が上がることを見越して買う。↕雨を売る。〔取引所用語字彙(1917)〕

あめを乞(こ)**う** 日照りつづきのとき、雨が降るように神仏に祈り請う。雨乞いをする。雨を祈る。《季・夏》＊俳諧・二篇しをり萩(1770)「雨を乞ふ田へ降かかる柳哉〈旦鳥〉」

あめを=止(や)**める**[=**休**(やす)**める**] 雨宿りをする。雨を避ける。＊歌舞伎・㦮雑石尊贐(1823)三立・返し「あそこで雨を休めてゆかう」＊歌舞伎・船打込橋間白浪(鋳掛松)(1866)三幕「向うの家の軒下で、ちっと雨を止(ヤ)めて行かう」

あめ【筒】〘名〙 関西方面で、糸をつむぐために綿を筒状に細長くしたものをいう。糸車にかけて糸を引き出すのに用いる。＊物類称呼(1775)四「綿筒 わたあめ〈略〉尾張にて、あめ」＊和訓栞(1777-1862)「あめ〈略〉綿筒を伊勢の俗にあめといふ」＊風俗画報-九五号(1895)人事門「関西にては棒飴に似たれば単にアメと称う又古綿を打直すこともあり」

あめ【飴】〘名〙 ①米、あわ、いもなどの澱粉質を糖化させた、粘りけのある甘い食品。水飴、固飴など、いろいろの種類がある。たがね。＊正倉院文書-天平一〇年(738)月日・但馬国正税帳(寧楽遺文)「糯〈阿米〉料米壱升 充稲弐把」＊十巻本和名抄(934頃)四「飴 説文云飴〈音怡阿女〉米糵為之」＊閑居友(1222頃)下・うらみふかき女いきながら鬼になる事「あたりちかくあめいれたるおけのありけるをとりつつ」＊寛永刊本蒙求抄(1529頃)一〇「飴(アメ)」之とは蜡(さう)にあめをぬりて味にするぞ」＊俳諧・曠野(1689)員外「はづかしといやがる馬にかきのせて〈落梧〉 かかる府中を飴ねぶり行く〈野水〉」②「あめいろ(飴色)」の略。＊観智院本三宝絵(984)中「其夜乞食の夢にあめなる牛きたりて云」＊幸若・烏帽子折(室町末-近世初)「あれに候あめなるうしは、とねりどもがはったとにくむで、くさをも水をもかはぬ也」＊白羊宮(1906)〈薄田泣菫〉望郷の歌「稲搗(いなき)をとめが静歌(しづうた)に黄(アメ)なる牛はかへりゆき」③うそをつくこと。うまいことを言ってだますこと。↓飴を食わす・飴を舐(ねぶ)らせる。＊新撰大阪詞大全(1841)「あめとは、たぶらかすこと」④人を喜ばせ、乗り気にさせるもののたとえ。＊現代経済を考える(1973)〈伊東光晴〉Ⅲ・二・三「その実現を促進するためのアメとして、補助金政策をある程度くみこむことは、現実政策としてはありうることと考えている」⑤詐欺や賭博で、相手を乗り気にさせるために、わざと負けることをいう、博徒、てきや仲間の隠語。〔特殊語百科辞典(1931)〕語誌(1)「千歳飴」のように口の中で嘗めて溶かす固飴、「すはま」「求肥飴」のような柔らかい練り菓子など多様であるが、江戸時代以降粘りけのある褐色の水飴(江戸時代の上方では「汁飴」)が一般的で、「飴状」「飴色」などの「飴」も水飴のことである。(2)砂糖で作るものは西洋で発達し、南蛮菓子として一六世紀末にポルトガルなどから伝えられたが、「コンペイ糖」「アルヘイ糖」のように多く「糖」の字が用いられ、「飴」とは区別されていた。「たがね」は「あめ」の古語だが、餅の類とする見方もある。方言❶菓子類の総称。青森県南部084 福島県157 179 181 新潟県東蒲原郡368 長野県南部062 静岡県520 三重県伊賀585 滋賀県蒲生郡062 神崎郡616 兵庫県多紀郡668 奈良県吉野郡683 和歌山県690 高知県長岡郡869 ❷梅の木の幹や根元などから出る、粘りけの多い液。◇あめこ 青森県津軽075 ❸虫、あめんぼ(水黽)。城州伏見†039 周防†122 長門†122 神奈川県津久井郡316 島根県隠岐島741 宮崎県西諸県郡947 ◇あまちゃ 大分県大分郡941 ◇あまったれえ 神奈川県津久井郡316 ◇あめいろお 島根県益田市725 ◇あめうい 鹿児島県肝属郡970 ◇あめしょっぱい 長野県002 ◇あめそ 薩州†039 ◇あめたか筑紫†005 筑前†039 ◇あめたかそお 筑前†039 ◇あめたれ・あめったれ 神奈川県津久井郡316 ◇あめっちょ 和歌山市691 ◇あめてんこ 新潟県下越387 ◇あめふりばば 宮崎市947 ◇あめむし〔―虫〕 加州†039 勢州†039 静岡市521 ◇あめやさん 長崎県南高来郡905 長崎市906 熊本県天草郡936 ◇あめりか 静岡県沼津市・田方郡521

兵庫県赤穂郡660 加古郡664 奈良県678 島根県江津市・出雲725 ◇あめんた 宮崎県東諸県郡947 ◇あめんたばしょ 宮崎県東諸県郡954 ◇あめんちゃ 京都府054 ◇あめんちゃん 鹿児島県鹿児島郡968 ◇あめんちょ 熊本県918 大分市941 ◇あめんちょお 熊本県926 931 936 ◇あめんとり 三重県名張市585 奈良県宇陀郡678 語源説 (1)アマ(甘)の転〔日本釈名・東雅・箋注和名抄・言元梯・言葉の根しらべ=鈴江潔子・日本古語大辞典=松岡静雄〕。(2)アマナメ(甘滑)の約〔俗語考〕。(3)アマケ(甘食)の転〔名言通〕。(4)アは甘、メはなめて食べるからか〔和句解〕。(5)アメ(雨)と同言。雨は万物を養うことからいう〔古言類韻=堀秀成〕。(6)アマミチ(甘満)の反〔名語記〕。 発音 〈なまり〉アミ〔富山県〕アンメ・アンメー〔静岡〕 〈標ア〉0 〈ア史〉平安●● 〈京ア〉0 上仮名 アメ 辞書 字鏡・和名・色葉・名義・下学・和玉・文明・伊京・明応・天正・饅頭・黒本・易林・日葡・書言・〈ヘボン〉・言海 表記 飴(和・色・名・下・玉・文・伊・明・天・黒・易・書・へ・言) 餳(字・色・名・玉・文・伊・明・天・黒・易・書) 糖(字・色・名・玉・文) 餹(字・色・書) 饊(字・名) 糛(字・玉) 粭(色・名) 餔・溏・粡(字) 粘・餃(名) 䬦(玉)

あめが過(す)ぎる 甘やかし過ぎる。*歌謡・松の葉(1703)三・馬方「ここな馬めはあめがすぎたか、ほてっ腹め、歩めや歩め」

あめで餅(もち) 飴をつけて餅を食うように、うますぎる話。きわめて都合のよいこと。*浮世草子・新小夜嵐(1715)四・二「まだたたかはぬさきから、敵をとりひしがんと思ふは、下郎のたとへにいへる飴で餅、あまり甘過て喰違ひたるものなり」

あめと鞭(むち) しつけなどをする時に、甘い面と厳しい面と両方そなえていることのたとえ。転じて、おだてとおどしの両方で人を支配すること。にんじん(人参)と鞭。「飴と鞭の政治」

あめにす 甘く見る。ないがしろにする。なめる。*浮世草子・傾城歌三味線(1732)五・一「其吾妻女郎が手管(てくだ)を見出して、此(この)津の客が飴(アメ)にしをった所を恥かかせてやらふと」

あめに乗(の)せる 方言 ⇨あめ(飴)を食わす

あめの茶碗(ちゃわん) 方言 俳優などの隠語。外見は立派で傲慢に構えているものの、祝儀は出さない客のことをいう〔新しき用語の泉(1921)〕。

あめの鳥(とり) ①飴細工(あめざいく)の鳥。葦の茎の先に飴をつけ、吹いてふくらませながら鳥の形を造って色をつけたもの。転じて、飴細工の総称。*浄瑠璃・菅原伝授手習鑑(1746)二「サアサア子供衆買(かふ)たり買たり。飴(アメ)の鳥じゃ飴の鳥」*洒落本・浪花色八卦(1757)桔梗卦「髪も折にはぐるぐる巻にて、黒繻子(くろじゅす)の牛のくそ、若きはあめの鳥のやうなるもありて、にくてらひし仕立」*随筆・守貞漫稿(1837–53)五「昔は鳥形を専とする歟、今世も飴の鳥と云て、飴細工の惣名とす」②飴細工の鳥のように、外見だけよくて、味や内容のないもののたとえ。また、ぶざまにふくらんだもののたとえ。

あめの餅(もち) 薄く平たく延ばした餅で水飴をくるんだもの。子育て飴。遠江国(静岡県)小夜の中山の名産。*滑稽本・東海道中膝栗毛(1802–09)三・上「やうやうとさよの中山たてばにいたる。ここは名におふあめのもちのめいぶつにて、しろきもちに、水あめをくるみていだす」*歌舞伎・吾嬬下五十三駅(天日坊)(1854)六幕「こちらの屋根が飴の餅の因縁の観音堂でござりますか」

あめを食(く)う 相手の甘言などにつられていい気になる。*歌舞伎・吉様参由縁音信(小堀政談)(1869)二幕「火箸の折れの曲った根性、手前(てめえ)達の飴(アメ)を喰(ク)ふものか」 方言 だまされる。◇あめくう 山形県139

あめを食(く)わす[=くれる] 勝負事などでわざと負けて相手を喜ばせる。また、甘言などを用いて人をだます。飴を舐(な)めさせる。飴を舐(ねぶ)らせる。飴をしゃぶらせる。*人情本・春色淀の曙(19C中)四・三回「二人揃って真面目になって、言ふのは飴(アメ)を食(ク)はして置いて、後で笑ふといふでもあるまい」 方言 ❶甘言を用いて人を欺く。おだてるなどしてだます。◇あめをくわせる 山口県豊浦郡798 ◇あめかせる 山形県139 ◇あめ呉(く)れる 山形県東置賜郡139 ◇あめ嘗(な)めらせる 山形市139 ◇あめに乗(の)せる 愛媛県松山846 ◇あめがたくわせる 島根県出雲725 ❷相手を油断させる。勝負事の時、はじめに負けてやって油断を誘い、あとで勝つ。◇あめこかへる 青森県津軽073 ◇あめをくれる 群馬県佐波郡242 山梨県南巨摩郡465 ◇あめなめさせる 新潟県刈羽郡380 上越市382 ◇あめをなめらす 茨城県稲敷郡193 ❸勝負事で、わざと負けて相手を喜ばせる。また、条件をよくしてやったり、点を甘くしたりする。◇あめこかへる 青森県津軽073 ◇あめくれる 新潟県352 368 371 辞書 言海 表記 飴ヲ食ハス(言)

あめをたれる 甘える。甘ったれる。*洒落本・格子戯語(1790)「もふいくつ寝るとかかさんや正月だと、あめをたれる子供とはきつい違なり」 方言 人にへつらう。おせじを言う。◇あめ垂(た)れる 富山県砺波397 ◇あめこく 富山県389 390 391 ◇あめ掛(か)ける 愛媛県喜多郡845

あめを舐(な)めさせる 「あめ(飴)を食わす」に同じ。

あめを舐(ねぶ)らせて口(くち)をむしる 甘言などを用いて、相手の口から手がかりを引き出す。*浄瑠璃・冥途の飛脚(1711頃)下「十七軒の飛脚問(どひ)屋あるひは順礼古手買(ふるてがひ)、節季候(せきぞろ)に化けて家々を覗きのからくり飴売と、子供にあめをねぶらせてくちをむしるや罠(わな)の鳥」

あめを舐(ねぶ)らせる[=しゃぶらせる] 「あめ(飴)を食わす」に同じ。*狂歌・卜養狂歌集(1681頃)冬「例のあめをやるとて、ふみは来てあめはまいらず侍りければ、甲州とまことまいらぬ御ゐんしん、あめねふらせてだまし給ふか」*諺苑(1797)「飴(アメ)をねぶらする」*滑稽本・浮世風呂(1809–13)前・下「一番糖(アメ)をねぶらせると、本気で勝(かっ)たつもりで居る」 方言 勝負事で、わざと負けたり、点を甘くしたりして相手を喜ばせる。◇あめねぶらす 香川県829

あめ【鯇・水鮭】〖名〗魚「びわます(琵琶鱒)」の異名。*十巻本和名抄(934頃)八「鯇 爾雅集注云鯇〈胡本反上声之重字亦作鯶 阿米〉似鱒者也」*名語記(1275)六「魚の名にあめ、如何。鯇也」*俳諧・毛吹草(1638)二「江鮭(アメ) 鮭〈同梁〉鰍梁」*料理物語(1643)三「水鮭(アメ) 汁。ひでりなます。すし。やきて」 方言 魚。❶びわます(琵琶鱒)。江州010 高知県土佐郡866 ❷やまめ(山女)。長野県上伊那郡012 静岡県磐田郡546 奈良県南大和683 語源説 (1)雨の魚。雨の日によくとれるから〔名言通・和訓栞〕。(2)ウハムケの反〔名語記〕。 発音 〈ア史〉平安○○ 〈京ア〉0/⓪ 辞書 和名・色葉・名義・下学・文明・伊京・明応・天正・饅頭・黒本・易林・日葡・書言・言海 表記 鯇(和・色・名・下・文・伊・明・天・饅・黒・易・書・言) 鯶(和・色・書) 江鮭・水鮭(色・易・書) 鰍(下・文) 鮇(色・伊) 鰀(書)

あめ【灝】〖名〗しょうゆや、みそをつくるために大豆を煮たときに出る汁。肥料や家畜のえさに用いる。*和訓栞(1777–1862)「あめ〈略〉豆汁を俗にあめといふ」 方言 ❶みそやしょうゆをつくるために、大豆を煮た時に出る汁。東京都八王子311 神奈川県314 山梨県南巨摩郡465 長野県481 488 493 兵庫県加古郡364 島根県石見725 香川県仲多度郡059 長崎県壱岐島915 熊本県葦北郡・八代郡933 ◇あめみず[—水] 埼玉県北葛飾郡054 ❷薩摩芋(さつまいも)の煮汁。熊本県葦北郡・八代郡933 ❸麻の皮を焼いてできた灰を灰汁に垂らして煮て、結晶となったもの。洗濯に用いる。島根県邑智郡725 語源説 ナメ(滑)の転か〔大言海〕。 辞書 和玉・書言 表記 灝(玉・書)

あめ〖名〗貝「よめがかさ(嫁笠)」の異名。〔語彙(1871–84)〕 辞書 言海

あめ〖名〗魚「あみ(醤蝦)」の異名。*和漢三才図会(1712)五一「海糠魚〈アミ アメジャコ〉和名阿美俗云阿女」

あめ〖名〗蜆(しじみ)の色彩変異で、砂の中にいて黄色のものをいう。*重訂本草綱目啓蒙(1847)四二・蚌蛤「蜆 しじみ〈略〉沙中に生する者は色黄なり あめ 江州と云」

あめ〖名〗方言 ❶弱虫。泣き虫。青森県津軽075 ❷幼児が、人見知りすること。茨城県188 ❸虫、ごきぶり(蜚蠊)。和歌山県西牟婁郡690

あめ-あかり【雨明】〖名〗雨に光があたって感じる明るさ。*不在地主(1929)〈小林多喜二〉八「何時も薄暗い家の隅までが、雨明りで明るく見えた」 発音 〈標ア〉ア[2]

あめ-あがり【雨上】〖名〗雨のはれあがったあと。雨後。あまあがり。*空知川の岸辺(1902)〈国木田独歩〉二「雨上(アメアガリ)の路はぬかるみ、水溜には火影うつる」*田舎教師(1909)〈田山花袋〉八「雨(アメ)あがりの空は稍(やや)曇って、時々思ひ出したやうに薄い日影が射した」 発音 アメアガリ 〈標ア〉ア[2] 〈京ア〉ア[2]/ア[2]

あめあがりのあひる (雨にぬれたあとのアヒルの意から)容姿のみにくいさまをいう。*洒落本・契情買虎之巻(1778)一「あのかかアめが〈略〉何をいうにも雨あがりのあひるときてゐるから、ただやるといっても売れやせぬ」

あめ-あげく【雨挙句】〖名〗雨上がり。*青春(1905–06)〈小栗風葉〉春・一八「薄紅の花片が雨挙句(アメアゲク)の土に穢れて黏着いた雨落から」 発音 アメアゲク 〈標ア〉ア[2]

あめ-あし【雨足】〖名〗「あまあし(雨脚)」に同じ。*真理の春(1930)〈細田民樹〉この歓び・一二「空！ 雨足(アメアシ)の大胆な広い大空！」 発音 〈標ア〉0

あめ-あたま【—頭】〖名〗方言 はげあたま(禿頭)。山形県置賜・庄内139 新潟県387 ◇あめたあたま 新潟県西蒲原郡371 ◇あめつむり[—頭]・あめつぶり 山形県東田川郡139 ◇あめてんこ 山形県西置賜郡139 新潟県東蒲原郡368 下越387 ◇あめとこ 新潟県長岡市377 ◇あめとろ 新潟県中越373 ◇あめころ 新潟県東蒲原郡368 ◇あめ 新潟県東蒲原郡368 三島郡374

あめ-あと【雨跡】〖名〗①雨が降った跡。*良人の自白(1904–06)〈木下尚江〉前・二〇一「破れは畳に雨痕(アメアト)の輪を描くばかり」②雨だれで、石の表面などにできたくぼみ。 発音 〈標ア〉0

あめ-あられ【雨霰】〖名〗①雨とあられ。②雨やあられのように弾丸などがさかんに降りそそぐこと。*光悦本謡曲・田村(1428頃)「一度はなせば千の矢さき、あめあられとふりかかって」*浄瑠璃・雪女五枚羽子板(1708)下「雨あられととびくる矢を」*黄表紙・十四傾城腹之内(1793)「丸薬粉薬、咽喉のあなより雨霰と降り下る」*当世書生気質(1885–86)〈坪内逍遥〉四「俄然(にわか)に上野に戦争起りて、鉄砲玉の雨霰(アメアラレ)、ふりかかりたる不思議の災厄(さいやく)」 発音 〈標ア〉ア[1] 〈京ア〉メ=0

あめ-あん【飴餡】〖名〗なまの餡に砂糖、水飴をまぜて練り上げた、やわらかく粘りけのある餡。焼き菓子などに使う。

あ-めい【蛙鳴】〖名〗カエルが鳴くこと。

あめ-いし【飴石】〖名〗石の一種。表面はあらいが、砕くと、中は水飴色をしている半透明の石。佐賀県唐津、高島などで産出の橄欖(かんらん)石のこと。あめの

いし。辞書言海　表記飴石（言）

あめい-じゃくそう【蛙鳴雀噪】〘名〙「あめいせんそう（蛙鳴蟬噪）②」に同じ。＊大策士（1897）〈福地桜痴〉二七「して見れば彼奴等が囂々（がうがう）するのは、蛙鳴雀噪（アメイジャクサウ）で、毫も気に掛ける所は無い」　発音アメイジャクソー〈標ア〉ア=0

あめい-せんそう【蛙鳴蟬噪】〘名〙①カエルやセミが鳴きさわぐこと。＊蘇軾-出都来陳所乗船上有題詩「蛙鳴青草泊、蟬噪垂楊浦」②議論や文章などがへたなことのたとえ。騒がしいばかりで何の役にも立たないこと。無駄な言いまわしが多くて、内容がとぼしいこと。＊小学読本（1874）四〈榊原・那珂・稲垣〉「日に千巻の書を読み万言の語を誦すとも所謂蛙鳴蟬噪に均しくして又何の益あらんや」＊明治廿三年後の政治家の資格を論す（1884）〈徳富蘇峰〉一「成程彼輩に於ては二十三年迄は国会とか憲法とか蛙鳴蟬噪するの自由を有することもあるべし」＊儲欣-平淮西碑評「段文昌以二駢四儷六蛙鳴蟬噪之音一易二鈞天之奏一、直不レ知三人間有二羞恥事一」　発音アメイセンソー〈標ア〉ア

あめ-いち【飴市】〘名〙正月に種々の飴を売ることを特色とする市。新潟県出雲崎町、山形市、松本市などのものが知られる。《季・新年》＊風俗画報-二二四号（1901）諸国正月行事「信濃国松本辺にて飴市といふあり。是は嘗て北条が武田を窘しめんとて。塩を甲信二州へ輸入するを禁じたるとき上杉氏其不義を憤り北越より輸入せしむ。是が松本に到着せしは正月十一日なり」

あめ-いり【雨入】〘名〙①雨が降っているように見える模様。雨絣（あめがすり）の模様。＊そめちがへ（1897）〈森鷗外〉「朝餐（あさめし）と午餉（ひるめし）とを一つに片付けたる兼吉が、浴衣脱ぎ棄てて引っ掛くる衣は紺にあめ入（イ）りの明石、唐繻子の丸帯うるさうに締め畢り」②映画のフィルムなどに傷がついて画面に雨が降っているように見えること。雨降り。＊漫才読本（1936）〈横山エンタツ〉自序伝「今スクリーンで雨入（アメイ）りのチカチカする写真で見たその儘の場面が展開してゐて」　発音〈標ア〉0

あめ-いろ【飴色】〘名〙水飴のような色。薄い黄褐色で、すきとおった感じの色。あめ。＊運歩色葉（1548）「飴色　アメイロ」＊宗湛日記-天正一五年（1587）正月一八日「肩衝は薬黒めにあめいろの心に、土は紫のくろいろにあり」＊洒落本・傾城買杓子規（1804）一「あめいろの茶碗へついでやる」＊はやり唄（1902）〈小杉天外〉一「飴色（アメイロ）の西洋犬が」　発音〈標ア〉0〈京ア〉0　辞書日葡・言海　表記飴色（言）

あめ-いわい【雨祝】〘名〙「あまいわい（雨祝）」に同じ。方言京都府竹野郡622

あめ-うお【鯇魚】〘名〙「あめのうお（鯇魚）①」の異名。方言魚、たなびら。木曾†091

あめ-うし【黄牛・牝牛】〘名〙（古く「あめうじ」とも）①飴色をした牛。上等な牛とされた。あめまだら。あめだうし。＊書紀（720）垂仁二年是歳（北野本訓）「黄牛（アメウシ）に田器（たつはもの）を負せて田舎に将往（ゆ）く」＊十巻本和名抄（934頃）七「黄牛　弁色立成云阿米宇之」＊宇津保（970-999頃）吹上上「少将にくろげのむま、たけななきばかりなるあかきむま四、いかめしきあめうし四」＊枕（10C終）四五・にげなきもの「月のあかきに、屋形なき車のあひたる。また、さる車にあめうしかけたる」＊観智院本名義抄（1241）「黄牛　アメウジ　アメマタラ」＊日葡辞書（1603-04）「Ameuji（アメウジ）、または、アカウジ」＊読本・青砥藤綱摸稜案（1812）前・三・牽牛星茂曾七が青牛主の屍を乗して帰りし事「年来二匹の牛をもてり、一つは黄牛（アメウシ）にて牡なり、一つは青牛（さめうし）にて牝なり」②牝牛の異称。＊文明十一年本下学集（1479-1505）「牸　アメウシ」＊ロドリゲス日本大文典（1604-08）「Ameuji（アメウジ）、または、メウジ」＊物類称呼（1775）二「牛〈略〉牝（め）牛は諸国ともに、あめうじと呼なり」　語誌(1)「御堂関白記」や「吾妻鏡」など記録類に、御所などが移転する時に黄牛を牽いたという記事が多数見られ、「左経記-長元五年四月四日」の記事によれば、陰陽道の地の神である土公神をしずめるために黄牛を牽くという習俗があったと知られる。なぜ黄牛なのかは不詳であるが、この事から、上等な牛、縁起のいい牛という意味で、贈り物にされたり、細工物に作られたりしたのであろう。(2)古辞書類の多くは「黄牛」にアメウジの訓を付し、飴色の毛色の牛の意と解されるが、「新撰字鏡」や「観智院本名義抄」でアメマタラの訓が付され、あるいは中世以降「犊」（黄色で虎の紋様のある牛）字にアメウシの訓を付すものもあり、まだら模様のものも含まれたようである。(3)牝牛を意味する「牸」字にアメウシの訓を付す例が「文明十一年本下学集」に見られ、中世のある時期以降、牝牛も意味するようになったものと思われる。方言❶めうし。宮崎県東諸県郡954　❷赤みがかった茶色の牛。大分県大分市・大分郡941　◇あべうし　愛媛県840　語源説(1)飴色の毛から〔言元梯・和訓栞〕。(2)アカマゼ（赤交ぜ）の反〔名語記〕。(3)アメは「黄」の別音Ameの転音〔日本語原考=与謝野寛〕。　発音〈音史〉平安から近世までは多く『あめうじ』と濁音。上代は不明。〈標ア〉メ0〈ア史〉平安○○○○〈京ア〉メ　辞書和名・色葉・名義・和玉・文明・伊京・天正・饅頭・黒本・易林・日葡・書言・言海　表記黄牛（和・色・名・文・伊・天・饅・黒・易・書）牸（玉）犉（書）飴牛（言）

あめうし に 腹（はら）**突**（つ）**かる**　角がなくておとなしい牝牛に腹を突かれるということから、ばかにしていた相手にやりこめられることをいうことわざ。＊十訓抄（1252）三・俊綱下播磨大宮先生義定詠尾上松歌事「『我のみと思ひこしかど高砂の尾上の松もまだ立てりけり』人々感じあへり。良暹、その所にありて、妻牛（アメウシ）に腹つかれぬるわざかなとぞ言ひける」

あめ-うた【飴唄】〘名〙飴売りのうたう歌。＊馬鈴薯の花（1913）〈中村憲吉〉明治四四年「飴唄のいき継ぐ見ればくしゃくしゃの顔ほどけ来て目鼻ひらきぬ」

あめ-うり【飴売】〘名〙飴を売り歩くこと。また、その人。子供の興味をひくために、変わった服装をしたり、楽器など用いたりした。近世は、中国服を着て、チャルメラを吹くなどする者が多かった。あめや。＊俳諧・類船集（1676）安「神社仏閣の場には飴うりとて大なる傘をひろげて市をなせり」＊浄瑠璃・冥途の飛脚（1711頃）下「家々をのぞきのからくりあめうりと、子共にあめをねぶらせて」＊和訓栞（1777-1862）「あめ〈略〉あめうりのふえを吹事は古く西土より伝はれり。詩箋に簫編二小竹管一如二今売餳者所一吹也と見えたり」＊すみだ川（1909）〈永井荷風〉九「遠くの方から飴売の朝鮮笛が響き出した」　方言虫、あめんぼ（水黽）。静岡県田方郡521　島根県安来市725　隠岐島741　宮崎市947　◇あめおり　島根県安来市725　発音〈標ア〉リ0ウ〈京ア〉ウ　辞書言海　表記飴売（言）

あめうり の 笛（ふえ）　近世、街頭で飴を売る商人が吹いた笛。チャルメラ。唐人笛。中国あたりから渡来した風俗。

あめうる-ばな【飴売花】〘名〙方言⇩あめふりばな（雨降花）

アメーバ〘名〙（英 amoeba）《アメーバー・アミーバ・アミーバー》根足虫類アメーバ目に属する原生動物の総称。体は単細胞からなり、大きさは〇・〇二～〇・五ミリメートル。透明な寒天状で、たえず体の形を変える。偽足とよばれる原形質の突起を出して運動し、食物をとる。沼、池などにすむほか、人体に寄生するものもある。オオアメーバ、ナメクジアメーバなどがある。あめむし。＊文芸の哲学的基礎（1907）〈夏目漱石〉「昏々濛々としてアミーバの様な生活を送ります」＊宗教座談（1900）〈内村鑑三〉七「最初にまずアメーバのやうな原生動物が出でてから」＊人間万歳（1922）〈武者小路実篤〉一「それならアミーバーでも一疋地球の水のなかに入れて見たらいいだらう」　発音〈標ア〉メ〈京ア〉メ

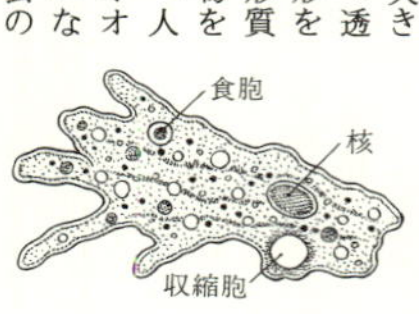

アメーバ

アメーバじょう-うんどう【─状運動】〘名〙細胞が、原形質流動によって行なう移動運動。アメーバなど根足虫類や、脊椎（せきつい）動物の、原生殖細胞、白血球などにみられる。進行方向に仮足とよばれる原形質の突起を出し、それに原形質全体が流れこんで移動する。仮足運動。アメーバ運動。原形質運動。　発音アメーバジョーウンドー〈標ア〉ウ

アメーバ-せきり【─赤痢】〘名〙（「アミーバせきり」とも）赤痢アメーバを病原体とする赤痢の一種。一日数十回にも及ぶ下痢を起こし、慢性で再発しやすい。法定伝染病の一つに定められていたが、平成一一年（一九九九）の伝染病予防法に代わる感染症法の施行に伴い、四類感染症に分類された。＊青春と泥寧（1947-49）〈火野葦平〉一「アミーバ赤痢〈略〉にかかっている者もあり」＊鉛筆ぐらし（1951）〈扇谷正造〉新聞記者さまざま「二ヶ月目から、バッタリ、記事を送って来なくなった。アメーバ赤痢にやられて、臥っているともいい」　発音〈標ア〉セ

あめ-えび【─蝦】〘名〙方言動物、あみ（醤蝦）。雲州†039　島根県725　◇あめび　島根県八束郡725　◇あめっこ　静岡県浜名郡545　◇あめ　島根県石見725　◇あなな　備前†029

あめ-お【飴緒】〘名〙飴色の鼻緒。＊洒落本・遊客年々考（1757）六〇の条「おもき事をもかる口と、あめ緒の雪踏（せった）でさらばさらば」

あめ-おこし【飴粔籹】〘名〙菓子の一種。もち米を蒸して乾燥させ、炒（い）って水飴を加えて固めた菓子。おこし。粔（おこ）し米（ごめ）。＊俳諧・山之端千句（1680）下「月も出にさゝるねり物もへる〈翁〉　まらまらと晴行空の飴おこし〈春〉」＊滑稽本・古朽木（1780）二「四ツ辻の飴おこし、一服一銭の口取菓子、一山三文の薩摩芋」＊洒落本・通気粋語伝（1789）上「やきもちがしに、やきだんご、枝豆、すいくは、あめをこし、土手につらなる、やたいみせ」　発音〈標ア〉コオ

あめおす-の-かみ【天圧神】威徳のある神の意か。神武天皇のこと。＊書紀（720）神武即位前（北野本訓）「天圧神（アメオスノかみ）至（い）ますと聞きて」　発音〈標ア〉カ

あめ-おち【雨落】〘名〙「あまおち（雨落）」に同じ。

あめ-おとこ【雨男】〘名〙その人が出かけたり、やって来たりすると、雨が降るといわれる男性。女性の場合は「雨女」。↔晴れ男。＊木の都（1944）〈織田作之助〉「帰らうとすると、また雨であった。なんだか雨男になったみたいですなと私は苦笑して、返すために持って行った傘をその儘また借りて帰ったが」　発音〈標ア〉オ

あめ-おんな【雨女】〘名〙その人が出かけたり、やって来たりすると、雨が降るといわれる女性。男性の場合は「雨男」。　発音〈標ア〉オ

あめ-がし【飴菓子】〘名〙菓子のうち、飴の類のもの。また、飴を原料として作った菓子。＊東京日日新聞-明治一四年（1881）一二月二七日「異類異形の行装で飴菓子をうるは近頃の一流行なり」＊歌舞伎・恋闇鵜飼燎（1886）序幕「大磯の棒鼻で飴菓子草鞋を見世へ置き、ほんの女衒（ぜげん）は片手業（かたてわざ）で」　発音アメガシ〈標ア〉カ

あめ-が-した【天下】〘名〙①「あめのした（天下）」に同じ。＊平家（13C前）三・赦文「入道相国の御むすめ建礼門院、〈略〉御悩とて、雲のうへ天が下の歎きにてぞありける」＊太平記（14C後）三・主上御没落笠置

事「さして行く笠置(かさぎ)の山を出しよりあめが下には隠家(かくれが)もなし」＊虎寛本狂言・素襖落(室町末‐近世初)「何から何までも行届いた、あの様な御方が、恐らく天が下に又と二人はあるまい、などと申て」②菊の一種で、花が群がって、傘を開くように咲かせたもの。＊重訂本草綱目啓蒙(1847)一一・隰草「菊〈略〉土州にて あめがしたと云」方言天。三重県志摩郡585 発音アメガシタ 〈標ア〉ア 辞書伊京・明応・天正・黒本・易林・日葡・書言・言海 表記天下(明・天・黒・易・書・言) 宇宙・国家(天・書) 六合(伊) 御宇(天) 普天卒土・八紘・宇内(書)

あめがした 知(し)る 天下を治める。＊信長公記(1598)一五「西坊にて連歌興行、発句 維任日向守、ときは今あめが下知る五月哉〈光秀〉」＊雑俳・柳多留拾遺(1801)巻一七「けして又あめが下しる五月とは」

あめがした-ゆり【―百合】〘名〙植物「はるすかしゆり(春透百合)」の異名。

あめ-かす【飴滓】〘名〙飴をしぼったあとに残るかす。牛、豚などの飼料にする。＊病牀六尺(1902)〈正岡子規〉二九「餌とすべきものは甚だ種類が多い。フカシイモ、ウドン、ゴカイ、ムキミ、ミミズ、サナギを飴糟にて練りたるもの、などを用ゐる」 発音〈標ア〉0

あめ-かす〘名〙昆虫「あめんぼ(水黽)」の異名。＊物類称呼(1775)二「水黽 てふま 畿内にて、みづすまし〈略〉遠江にて、あめかす」＊重訂本草綱目啓蒙(1847)三八・湿生「水黽〈略〉あめかす 遠州」

あめ-がすり【雨絣】〘名〙絣柄(かすりがら)の一種。経(たていと)に絣糸だけを使い、模様を不規則に配列して雨の降るさまを形としたもの。 発音アメガスリ 〈標ア〉ガ

あめ-かぜ【雨風】 ㊀〘名〙①雨と風。＊土左(935頃)承平五年一月三〇日「卅日、あめかぜふかず」＊蜻蛉(974頃)中・天禄元年「あめ風にも障らぬ物とならはしたりし物を」＊徒然草(1331頃)一九「折しも雨風うちつづきて、心あわたたしく散り過ぎぬ」②風が加わって雨の降ること。雨まじりの風。吹き降り。＊和泉式部日記(11C前)「雨かぜなどいたうふり吹く日しもおとづれ給はねば」＊更級日記(1059頃)「その夜、雨風、岩も動く許(ばかり)降りふぶきて」＊宇治拾遺(1221頃)一・三「雨風はしたなくて、帰るに及ばで、山の中に、心にもあらずとまりぬ」③(上方落語「雨風」に、酒を水、餅を風に考えてしくんだとあるところから)酒も菓子も好むこと。また、その人。両刀づかい。江戸時代、天保頃から使われたことば。あめかぜどうらん。＊咄本・新板一口ばなし(1839)三「酒のみが夕立にあうて、おばこへ入った。雨風(アメカゼ)ぢゃ」＊父の婚礼(1915)〈上司小剣〉四「あんたは、雨風やなア、執方(どっち)もいけるんやさかいえらい。…わたへは其の甘いもんは、見ただけで胸がむかつきますわい」㊁在原行平中納言が愛した須磨の松風、村雨姉妹を略していったもの。＊雑俳・柳多留‐三九(1807)「面白く雨風にあふ中納言」方言❶酒と甘いものの両方を好むこと。また、その人。富山県砺波397 兵庫県神戸市054 ❷なんでも好き嫌いなしによく食べる人。愛媛県大三島848 発音〈標ア〉ア 〈京ア〉0メ

あめかぜ-しょくどう【雨風食堂】(ショクダウ)〘名〙(雨風は菓子類、酒類の意で大阪地方で用いる語)菓子、飯、うどん、酒など、なんでも食べさせる食堂。

あめかぜ-どうらん【雨風胴乱】〘名〙(胴乱は革などで作った方形の袋で、薬や印を入れて腰にさげるもの。雨風にも損傷しないところから)①胴乱の異称。②(転じて)「あめかぜ(雨風)㊀③」に同じ。＊滑稽本・東海道中膝栗毛(1802‐09)五・上「イヤおめへも雨風(アメカゼ)どうらんだ。いいかげんにしなせへし」補注②は、丈夫な入れ物の意とも、胡麻胴乱、松風胴乱などの菓子になぞらえていったものともいう。方言京都府竹野郡622

あめかぜ-まつり【雨風祭】〘名〙風雨の害をさけるため、ふつう男女二体の形代(かたしろ)の人形を村境まで送って行き、捨てたり焼いたりする呪術的な行事。東北地方でいう。

あめ-かた〘名〙昆虫「あめんぼ(水黽)」の異名。飴のにおいがするという。＊俳諧・蕘纑輪(1753)「五月〈略〉水黽 水馬虫之〈略〉筑紫にてあめかたと云」＊物類称呼(1775)二「水黽 てふま〈略〉西国にてほうり又、あめだか又、あめかた」＊重訂本草綱目啓蒙(1847)三八・湿生「水黽〈略〉しほうり 西国若州、あめだか あめかた、じょうせんかよう 共同上」方言◇あめがた 東京都八丈島338 鳥取県西伯郡712 長崎県南高来郡905 ◇あめがたうい〔―売〕佐賀県藤津郡895 長崎県南高来郡905 ◇あめがたうり 長崎県南高来郡904 熊本県玉名郡929 大分県大分郡941 宮崎県児湯郡947 ◇あめがたねぶり〔―舐〕大分県別府市941

あめ-がた【飴―】〘名〙小麦、その他で作った飴の一種で薄片にしたもの(日葡辞書(1603‐04))。方言飴(あめ)。京都†113 鳥取県西伯郡718 島根県石見724 出雲725 福岡県三井郡・三潴郡872 佐賀県唐津市893 長崎県904 911 熊本県918 芦北郡935 大分県941 宮崎県児湯郡947 917 ◇あめんちょ 熊本県葦北郡935 ◇あめんとり・あめんとろ 愛知県東春日井郡559 ◇あんだん 岡山県備中北部745 辞書日葡

あめ-かため【飴固】〘名〙固めた飴。かたあめ。＊出観集(1170‐75頃)詞書「崇徳院の法金剛院におはしましけるに、あめかためを奉り給て」

あめがた-や【飴形屋】〘名〙(「あめがた」は、福岡県柳川市で産する飴の一種)飴の一種を売る店。＊思ひ出(1911)〈北原白秋〉わが生ひたち・二「ひとり飴形屋(飴形は飴の一種である。柳河特殊のもの)の二階に取り残された旅役者の女房」

あめ-がち【雨勝】〘形動〙雨の降っている時が晴れている時よりも多いさま。晴天の日よりも雨天の日が多い場合や、一日中で雨の降っている時の方が多い場合にいう。＊蜻蛉(974頃)下・天延元年「朔日(ついたち)よりあめかちになりにたれば」＊枕(10C終)九九・五月の御精進のほど「ついたちより、雨がちに曇りすぐす」＊俳諧・発句題叢(1820‐23)冬「雨がちな冬や朝々藪の鳥〈梅間〉」

あめ-かなばた【天金機】〘名〙(「天」は美称で「立派な」の意)金属を用いた立派な機織り機。また、堅固な機織り機であるともいう。＊書紀(720)仁徳四〇年二月・歌謡「ひさかたの 阿梅箇儺麼多(アメカナバタ) 雌鳥が 織る金機(かなばた) 隼別(はやぶさワケ)の御襲(みおすひ)が料(ね)」 発音アメガチ 〈標ア〉0 〈京ア〉0

あめか-ひよりか【雨日和】〘名〙子供の遊戯の一つ。下駄を空中に投げ上げ、落ちた時、表になったら晴れとし、裏になったら雨と決め、それにいろいろな条件をつけて遊んだもの。 発音〈標ア〉ア

あめ-かぶり【雨冠】〘名〙①「あめかんむり(雨冠)」に同じ。＊運歩色葉(1548)「雨 アメカフリ」②花ガルタの出来役の一つ。二〇点と一〇点との雨の札(柳＝一一月の札)がそろったこと。

あめ-かんむり【雨冠】〘名〙漢字の冠の一つ。「雷」「電」「霜」などの「雨」の部分をいう。雨冠の字の多くは雨部に属する。あめかぶり。あまかむり。あまかんむり。 発音〈標ア〉カ 〈京ア〉カ

あめ-きり【雨桐】〘名〙花ガルタの雨と桐を引きあてたこと。また、だらしなく遊びにふけることのたとえ。＊婦系図(1907)〈泉鏡花〉前・一三「在学中も雨桐(アメキリ)はじめ鳥金(からすがね)の絶倍で、屢々かいがんに及んだのみか、卒業も二年ばかり後(おく)れた」

あめ-きり〘名〙昆虫「あめんぼ(水黽)」の異名。＊重訂本草綱目啓蒙(1847)三八・湿生「水黽〈略〉なゐとり讃州丸亀、あめきり 同上・高松」

あめ-きんごく【雨禁獄】 白河法皇が、法勝寺(ほっしょうじ)で金泥(こんでい)一切経の供養をしようとしたが、雨のために延期すること三度に及び、さらに供養の当日もなお雨が降ったので、怒って雨を器に入れて獄舎に下したという故事。「古事談‐一」に見える。

あ-め-く〘自カ四〙(「あ」は感動詞。「めく」は接尾語)大声をあげる。わめく。さけぶ。＊枕(10C終)二八・にくきもの「酒飲みてあめき、口をさぐり、髭あるものはそれを撫で」＊宇治拾遺(1221頃)五・一一「そこら集まりたる大衆、異口同音にあめきて、扇をひらきつかひたり」＊塵袋(1264‐88頃)一「嗚呼とかくはああとよむ人の口を開てあめく也 よろこびもなげきもたえぬときはあめく」 発音〈標ア〉メ

あめ-ぐすり【飴薬】〘名〙陶磁器の表面に施された飴色(黄褐色)の釉(うわぐすり)。古くから用いられ、特に鎌倉末期の古瀬戸に多くみられる。＊現代術語辞典(1931)「飴釉(アメグスリ) 陶器を焼く時に用ひる飴色のうはぐすり」

あめくにおしはらきひろにわ-の-みこと(あめくにおしはらきひろにはの)**【天国排開広庭尊】** 欽明(きんめい)天皇の名。

あめ-ご〘名〙魚「やまめ(山女)」の異名。＊重訂本草綱目啓蒙(1847)四〇・魚「やまべは津軽の方言にして京師にては あまごと云一名みづぐも、あめご 伊州」方言魚。❶やまめ(山女)。奈良県吉野郡016 四国016 徳島県811 ❷びわます(琵琶鱒)。土佐†125 三重県名賀郡585 奈良県吉野郡683 徳島県三好郡054 美馬郡816 高知県山間部865 土佐郡866

アメ-こう【―公】〘名〙(「アメ」はアメリカの略、「こう」は接尾語)アメリカ人を軽蔑していう語。＊薪能(1964)〈立原正秋〉八「親父が三十四歳でアメ公に殺されたマーケット、あそこに毎晩ではいりしているが」 発音アメコー 〈標ア〉コ

あめ-こき【飴―】〘名〙方言おせじを言う者。へつらい者。◇あめたれとも。富山県390 ◇あべこき 福井県431

あめこめ〘副〙方言たまに。まれに。時々。青森県津軽054 秋田県山本郡130 山形県飽海郡139

あめ-ごり〘名〙醤蝦(あみ)より小さくて、穴居する白や黒の魚。＊重訂本草綱目啓蒙(1847)四〇・魚「鰕〈略〉あみより至て小く三分一なる者あり あななみと云 又 あなあみと云一名あめごり 加州、つちあみ 長州、穴居して色白黒味美なれども甚臭し」方言あみ(醤蝦)。石川県河北郡062

あめ-ざいく【飴細工】〘名〙①飴で、人、鳥獣、魚、草花などの形を作ったもの。また、それを売る人。＊雑俳・名付親(1814)「紅付て・さし合ひいかす飴細工」＊随筆・守貞漫稿(1837‐53)五「飴細工 同前諸物の形を模造す。蓋飴細工は皆必ず葭茎の頭に粘す。又飴丸を葭頭に粘し吹〻之て中虚の大丸とするあり。専ら藍紅等を以て彩〻之、諸形共に飴細工は製後彩〻之也。又昔は鳥形を専とする歟。今世も飴の鳥と云て、飴細工の惣名とす」＊雁(1911‐13)〈森鷗外〉四「その親爺は秋葉の原に飴細工(アメザイク)の床店(とこみせ)を出してゐる、と云ふ事などを知った」②外見だけで、内容のない、つまらない物。見かけだけ立派で、さほど役に立たないもの。また、その場限りの粗雑な仕事。〔かくし言葉の字引(1929)〕方言不完全でこわれやすい細工。徳島県810 発音〈標ア〉ザ 〈京ア〉ザ 辞書言海 表記飴細工(言)

あめざいく の 鶯(うぐいす)**の尻尾**(しっぽ) 簡単に消えてゆくさまのたとえにいう。＊黄表紙・金々先生造化夢(1794)「金々先生の夢の見やう、飴細工(アメザイク)の鶯(ウグヒス)の尻尾の如し」

あめざいく の 狸(たぬき) 腹が大きくふくらんでいるところが飴細工の狸に似ているので、臨月に

近い女性をからかっていう。飴狸(あめだぬ)。

あめざいく の 鳥(とり) 外見は美しいが、うまみのないものをたとえていう。＊浄瑠璃・女殺油地獄(1721)上「色はあれど数の子程うみひろげ、所帯じうて気がこうとうよい女房にいかひ疵。見かけ斗(ばかり)でうまみのない、飴ざいくの鳥じゃと笑ひける」

あめざいく-や【飴細工屋】〘名〙 飴細工を作ったり売ったりする人。また、その店。＊雁(1911-13)〈森鷗外〉四「飴細工屋(アメザイクヤ)の爺(ぢ)いさんの家に、或る朝戸が締まってゐて」

あめ-し【飴師】〘名〙(「師」はあて字。それを専門にする人の意) 飴を作る人。＊人倫訓蒙図彙(1690)六「飴師(アメシ) 菅飴 桂里名物也、其外七条東洞院の西にこれをつくる。江戸桜あめ、芝田町、ぶぜん小倉」

飴　師〈人倫訓蒙図彙〉

あめ-じおうせん【飴地黄煎】〘名〙 麦芽で作った菓子。近世には、乳の出に効があるといわれた。

あめ-しずく【雨雫】〘名〙 雨のしずく。雨のしたたり。多く、涙をたくさん流すさまや、さめざめと泣くさまをたとえていう。あましずく。＊閑居友(1222頃)上・清水のはしのしたの乞食の説法の事「あめしづくとなきけり」＊十訓抄(1252)一〇・小大進依歌蒙北野神助事「馳せて参りて見るに、小大進は雨しづくと泣きて候ひけり」＊広本拾玉集(1346)一「かきくらし晴れぬ思ひのひまなさにあめしつくともなかれけるかな」 発音〈標ア〉アシ

アメジスト〘名〙(英 amethyst)《アメシスト・アメチスト》 紫水晶。＊牧羊神(1920)〈上田敏訳〉薔薇連禱「紫水晶(アメチスト)色の薔薇の花」＊上海(1928-31)〈横光利一〉三二「アメシストの指環を抜きとった」 発音〈標ア〉ジ

あめ-しのぎ【雨凌】〘名〙 雨をしのぐこと。また、それができるもの。＊あひゞき(1888)〈二葉亭四迷訳〉「地上わづか離れて下枝の生へた、雨凌ぎになりさうな木立を見立てて」 発音アメシノギ〈標ア〉シ

あめ-じみ【雨染】〘名〙「あまじみ(雨染)」に同じ。＊婦系図(1907)〈泉鏡花〉後・一四「口の裂けた白黒まだらの狗(いぬ)の、前脚を立てた姿が、雨浸(アメジミ)に浮び出でて朦朧とお札の中に顕れて活(いけ)るが如し」 発音〈標ア〉0

あめ-じめり【雨湿】〘名〙 雨のために湿りけを帯びること。＊散木奇歌集(1128頃)夏「雲はれぬ五月きぬらしたま衣むつかしきまであめじめりせり」

アメ-しゃ【―車】〘名〙(「アメ」は「アメリカ」の略) アメリカ製の自動車。

あめ-じゃこ【醬蝦雑魚】〘名〙(「あみざこ(醬蝦雑魚)」の変化した語)「あみ(醬蝦)」の異名。

あめ-しょう【雨性】〘名〙 外出すると、よく雨に降られる質(たち)。＊雑俳・川傍柳(1780-83)初「雨性な娘袖からふって出る」＊雑俳・俳諧觿‐後編(1770)「着飾て出る嫁の雨性」 発音アメショー〈標ア〉メ

アメ-しょん〘名〙(「アメリカ」の略に「しょんべん(小便)」の略が付いた語) アメリカ合衆国へほんの短い期間渡って、何も得るところなく帰国すること。また、その人。大正の頃よりいわれた。＊続珍太郎日記(1921)〈佐々木邦〉八「アメションといふのは西洋人ぢゃない。アメリカへ行って小便をして来ただけの奴といふ事さ」 発音〈標ア〉0

あめしら-・す【天知―】〘連語〙(「知る」は治めるの意、「す」は上代の尊敬の助動詞。天をお治めになるの意で) 天におのぼりになる。崩御なさる。おかくれになる。神去る。＊万葉(8C後)二・二〇〇「ひさかたの天所知(あめしらし)ぬる君ゆゑに日月も知らず恋ひわたるかも〈柿本人麻呂〉」＊万葉(8C後)三・四七六「吾が大君天所知(あめしらさ)むと思はねばおほにそ見ける和豆香(わづか)杣山(そまやま)〈大伴家持〉」 発音〈標ア〉ア

あめしる-や【天知―】 枕 天を治め支配する日の意で、「日」にかかる。「や」は間投助詞。＊万葉(8C後)一・五二「高知るや 天の御蔭(みかげ) 天知也(あめしるや) 日の御蔭の 水こそば 常にあらめ〈作者未詳〉」

あめ-すくい【雨掬】〘名〙 方言 凹面を上に向けている三日月。雨の時にいう。神奈川県愛甲郡・足柄上郡026 静岡県駿東郡・賀茂郡026 岡山県御津郡026 山口県佐波郡026 愛媛県周桑郡026 福岡県箱崎026

あめ-すだれ【黄牛簾】〘名〙 黄牛(あめうし)で、白い斑(ふ)が簾のように入ったもの。轜車(じしゃ＝ひつぎぐるま)を引くのに用いた。

あめ-ずみ【飴炭】〘名〙(飴のように軟らかで、光沢があるところからいうか)「けしずみ(消炭)」の異称。＊俳諧・崑山土塵集(1656)「神無月ふるあめ炭やおき火燵〈永雪〉」

あめ-せったい【雨接待】〘名〙 雨に見舞われること。降りこめられること。＊歌舞伎・梅雨小袖昔八丈(髪結新三)(1873)三幕「雨接待(アメセッタイ)ぢゃあ此の間、吉の二階で懲々(こりこり)しやした」

あめ-そうじょう【雨僧正】 真言宗小野流の始祖、仁海(にんかい)の別称。雨乞いの祈禱を得意としたためこのようにいわれる。→仁海

あめだ【黄牛】〘名〙(「あめだうし(黄牛)」の略)「あめうし(黄牛)」に同じ。＊浄瑠璃・丹生山田青海剣(1738)四「ゆなを引いて参ろもの、しかも山田で遣ひ入れ、丈夫なあめだ」

あめ-たいふう【雨台風】〘名〙 台風のうち、特に雨の量や影響が大きいもの。＊故郷忘じがたく候(1968)〈司馬遼太郎〉「途中、雨台風のあとで道が悪く」＊清経入水(1969)〈秦恒平〉二「烈しい雨台風が丹波へ来た」 発音アメタイフー〈標ア〉タ

あめだ-うし【黄牛】〘名〙「あめうし(黄牛)」に同じ。＊浄瑠璃・関八州繫馬(1724)詠歌の前道行「ヤアねっそりの牛盗人、ちょろい工(たくみ)のあめだ牛、もう外に同類ないか」＊浄瑠璃・大内裏大友真鳥(1725)四「ヤイ助八、此春のあめだ牛、博労から何程で買った」 方言 飴(あめ)色をした牛。和歌山県有田郡040

あめ-だか〘名〙 昆虫「あめんぼ(水黽)」の異名。＊物類称呼(1775)二「水黽 てふま 畿内にて、みづすまし〈略〉西国にてしほうり又あめだか」 方言 飴(あめ)。長崎県五島917

あめ-だき【飴炊】〘名〙「あめに(飴煮)」に同じ。

アメダス【AMeDAS】〘名〙(Automated Meteorological Data Acquisition System の略) 気象庁で昭和四九年(一九七四)から始めた地域気象観測。雨のみの観測点四六〇、雨・気温・風・天気(日照)の四要素の観測点約八四〇よりなる。観測は自動的で、NTTの通信網を利用し東京に集められる。このデータは地方気象管署や報道機関に配信され利用されている。 発音〈標ア〉ア

あめ-だぬ【飴狸】〘名〙「あめざいく(飴細工)の狸(たぬき)」の略。

あめ-だま【飴玉】〘名〙 球状にまるめた、固形の飴。＊親友交歓(1946)〈太宰治〉「油一合買ってくれた人には、飴玉一つ景品としてやったんだ」 発音〈標ア〉0〈京ア〉0

あめ-ぢまき【飴粽】〘名〙(「あめちまき」とも) ①粽の一種で、その色が飴に似ているもの。《季・夏》＊謡曲・嵐山(1520頃)「大口峠うち過ぎて、なほ行く先は橋中のあめぢ牧をもよそに見て」＊御伽草子・酒茶論(古典文庫所収)(室町末)「ちゃ請のめんめん〈略〉そのせいをそろえけり。〈略〉まんぢう、やうかん、おこしごめ、とちまめ、しとぎ、こころぶと、やうひまめ、あめぢまき」＊饅頭屋本節用集(室町末)「餹粽 アメヂマキ」＊日葡辞書(1603-04)「Ameqimaqi(はじめのqはgの誤り アメヂマキ)〈訳〉餅米で作った甘い粽」＊俳諧・毛吹草追加(1647)上「わらつとにこがね色なりあめ粽〈近吉〉」＊本朝食鑑(1697)二「一種有飴(アメ)粽者用糯米蒸熟搗作餅裹稲草外以稲草縛定而甑中蒸熟取出剝去稲草則黄白色如飴色故名味美有微香」 ②(形の類似から) 交趾焼(こうちやき)の壺の花瓶をいう。＊随筆・鳴呼矣草(1806)三・五九「本朝粽と称するものは、茅萱を以巻し故ちまきの名あり。根元は和州箸中の郷より、飴粽と云ものを初て制すといえり。〈略〉交趾(かうち)焼の壺の花生(はないけ)を飴茅巻(アメチマキ)といえるは、形の似たる故なり」 辞書 饅頭・易林・日葡・書言 表記 餹粽(饅・易・書)

あめ-ちょこ【飴―】〘名〙(「ちょこ」は小さいの意) 小さい固形の飴。一説にチョコレート入りの飴の意であったが、飴菓子全体の称となったという。また、キャラメルのこともいった。＊モダン学十二講(1933)ランデ・ブウ〈島秋子〉「飴チョコは、あまり持って行かなくてよろしいが『カオール』のやうな口中清涼剤は必要なことは、お判りでせう」＊篠笛(1941)〈舟橋聖一〉「キャラメルの前身に当るアメチョコも」 発音〈標ア〉0

あめ-つし【天地】〘名〙「あめつち(天地)」にあたる上代東国方言。＊万葉(8C後)二〇・四三九二「阿米都之(アメツシ)のいづれの神を祈らばかうつくし母にまたこととはむ〈大伴部麻与佐〉」＊万葉(8C後)二〇・四四二六「阿米都之(アメツシ)の神に幣(ぬさ)置き斎(いは)ひつついませわが背な吾(あれ)をし思(も)はば〈防人の妻〉」

あめ-つち【天地】〘名〙 ①天と地。乾坤(けんこん)。宇宙、世界の全体。＊万葉(8C後)五・八一四「阿米都知(アメツチ)の共に久しく言ひ継げとこの奇御魂(くしみたま)敷かしけらしも〈山上憶良〉」＊宇津保(970-999頃)俊蔭「天地一に見ゆるまで、また世界なきに、琴の音に通へるひびきのするは、いかなるぞ」＊日葡辞書(1603-04)「Ametçuchi(アメツチ) ヒラキ ハジマッテ ヨリ」 ②天の神と地の神。天地の神。天神地祇。＊万葉(8C後)二〇・四四八七「いざ子どもたはわざなせそ天地(あめつち)の固めし国そやまと島根は〈藤原仲麻呂〉」＊古今(905-914)仮名序「ちからをもいれずして、あめつちをうごかし、めに見えぬ鬼神をも、あはれとおもはせ」 ③「あめつち(天地)の詞(ことば)」の略。＊口遊(970)書籍門「大為爾伊天奈徒武和礼遠曾〈略〉衣不爾加計奴 謂之借名文字、今案世俗誦阿女都千保之曾、里女之訛説也、此誦為勝」＊相模集(1061頃か)詞書「ある所に庚申の夜天地をかみしもにてよむとてよませし十六首」 ④天地の詞を書くのに主として用いた字体の意か。万葉がな字体とも、行書体ともいわれ、諸説がある。＊宇津保(970-999頃)国譲上「青き色紙に書きて松に書きたるはさうにてなつの字。赤き色紙に書きて卯の花につけたるはかな。はじめにはをとこにてもあらず、をんなにてもあらず、あめつちぞ。そのつぎにをとこで、はなちがきに書きて」 語源説 アメはウカミ(所浮)、ツチはトマミ(所止)の義。また、アメはアマリ、ツチはツヅマリの義か〔雅言考〕。 発音〈標ア〉ア〈京ア〉メ 辞書 饅頭・日葡・書言・言海 表記 天地(饅・書・言) 乾坤・堪輿・玄黄・天壌(書)

あめつち の 歌(うた) 天地の詞の一字ずつを、第一字にまたは第一字と最後の字とに用いて作った和歌。＊順集(983頃)「あめつちの歌四十八首、もと藤原有忠あざな藤あむよめる返しなり。もとのうたはかみのかぎりにそのもじをすゑたり。これはしもにもすゑ、時をもわかちてよめる也。春。あらさじとうち返すらし小山田の苗代水にぬれて作るあ」

あめつち の 神(かみ) 天地の神。天神地祇。＊万

葉(8C後)四・五四九「天地之神(あめつちのかみ)も助けよ草枕旅ゆく君が家に至るまで〈作者未詳〉」

あめつち の 詞(ことば) 「あめつち」以下の四八字から成り、おもに手習い用教材として用いられたと思われ、四七字の「いろは歌」「大為爾(たいに)歌」に先立って平安初期に作られたとみられる。全文を伝えるものは「源順集」だけで、それにより集めると、「あめ(天)、つち(地)、ほし(星)、そら(空)、やま(山)、かは(河)、みね(峰)、たに(谷)、くも(雲)、きり(霧)、むろ(室)、こけ(苔)、ひと(人)、いぬ(犬)、うへ(上)、すゑ(末)、ゆわ(硫黄)、さる(猿)、おふせよ(生ふせよ)、えのえを(榎の枝を)、なれゐて(馴れ居て)」の四八字となる。かっこ内は普通の解だが、最後の十一字を「良箆(江野)、愛男、汝、偃(率て)」と解し、全て二音節語からなるとする説もある。「え」以外は同じかなを二度繰り返すことがないので、製作当時の清音節を網羅したものと思われ、「え」を重出するのは、ア行のエ(e)とヤ行のエ(ye)との発音上の区別のあった時代(平安初期)を反映して作られたと考えられている。

あめつち の 袋(ふくろ) 女子が新年に幸福を多く取り入れ、逃さぬようにと上下を縫い合わせて作る祝いの袋。春袋。→天地を袋に縫う。《季・春》 *大納言為光石名取歌合(10C後)「あめつちのふくろの数し多かれば思ふことなき今日にもあるかな」 辞書 言海 表記 天地袋(言)

あめつち の 道(みち) 天と地、すなわち陽(男)と陰(女)の筋道。自然の道理。 *書紀(720)神代上(水戸本訓)「乾坤之道(アメツチノミチ)相参(あひまじは)りて化(な)す。所以(このゆゑ)に、此の男(をとこ)女(をんな)を成(な)す」

あめつち の 寄合(よりあい)**の極**(きわ)**み** 天地開闢(かいびゃく)によって分かれた天と地とが再び寄り合う限りまで。天地のあらん限り。遠い果てまで。未来永劫(えいごう)。 *万葉(8C後)二・一六七「葦原の 瑞穂の国を 天地之 依相之極(あめつちの よりあひのきはみ) 知らしめす 神の命(みこと)と〈柿本人麻呂〉」 *万葉(8C後)六・一〇四七「天地乃依会限(あめつちの よりあひのきはみ) 万世(よろづよ)に 栄え行かむと 思へりし〈福麻呂歌集〉」

あめつち を 袋(ふくろ)**に 縫**(ぬ)**う** 年の始めに誦(ず)する言寿(ことほぎ)歌のことば。天地を袋に縫ってそれに幸福を入れる、の気持か。→天地の袋。 *蜻蛉(974頃)中・安和二年「としたちかへるあしたにはなりにけり。〈略〉はらからとおぼしき人、まだふしながら、物きこゆ。『あめつちを、ふくろにぬゐて』と誦ずるに、いとをかしくなりて」 *狭衣物語(1069-77頃か)三「『あめつちをふくろにぬひて』などあるは、『母代が、ならはし聞えたる祝言(いはひごと)なめり』と見ゆるに」 *随筆・比古婆衣(1847-61)四「『女房私記』といふ書に〈略〉『禁中様女中御祝の次第、正月御鏡のもちひ祝ふ時の歌とて三首ある末に、天地を袋に縫ひて幸を入れてもたればおもふことなし』とありて右の歌ども三べんよむべし」

あめつち‐やも【天地八方】〘名〙 四方八方。全世界。 *続日本紀‐天平元年(729)八月五日・宣命「この天高御座(あまつたかみくら)に坐(ま)して天地八方(あめつちやも)を治め賜ひ調へ賜ふ事は」

あめ‐つつ〘名〙 語義未詳。「あめ」は「雨燕(あまつばめ)」、「つつ」は「鶺鴒(つつどり=せきれい)」で、鳥名を列挙した語か。一説にはまた、「天地(あめつち)」の変化した語ともいう。 *古事記(712)中・歌謡「阿米都々(アメツツ) 千鳥ま鵐(しとと) 何ど開(さ)ける利目(とめ)」 上仮名 アメッツ

あめ‐つづき【雨続】〘名〙 雨が降り続くこと。長雨であること。 *大塩平八郎(1914)〈森鷗外〉五「五月から雨続(アメツヅキ)で、冬のやうに寒く」 *湖畔手記(1924)〈葛西善蔵〉「温泉の効能も、この冷めたい雨続きの天候には敵はないのだ」 発音〈標ア〉ツ〈京ア〉ツ

あめ‐つぶ【雨粒】〘名〙 雨のしずく。雨滴(うてき)。あまつぶ。 *思出の記(1900-01)〈徳富蘆花〉五・七「風にまじって葡萄大ほどの雨粒(アメツブ)ぽつり真額(まっかう)を打つ」 発音〈標ア〉ツ〈京ア〉メ

あめ‐つゆ【雨露】〘名〙(「雨露(うろ)」の訓読か)雨と露。万物を潤すところから広大な恵みにたとえていうこともある。 *名語記(1275)五「あめつゆの草木をうるほす徳のごとくなる故に、雨露の恩となづけたる也」 *俳諧・井華集(1789)「雨露の舎あればぞ法の秋」 *小公子(1890-92)〈若松賤子訳〉一一「屋根の下に雨露(アメツユ)を凌ぐ」 発音〈標ア〉ア〈京ア〉メ

アメ‐とう【―唐】〘名〙(「アメ」は「アメリカ」、「唐」は「唐ちりめん」の略。唐は海を渡って来たの意)アメリカから渡来したちりめん、モスリンのこと。 *安愚楽鍋(1871-72)〈仮名垣魯文〉三・上「あめとうは見ばばかりであらひはりがきかず」

あめとよたからいかしひたらしひめ‐の‐みこと【天豊財重日足姫尊】 皇極天皇(のちに斉明天皇)の名。

あめ‐どり【―鳥】〘名〙 海鳥(日葡辞書(1603-04))。方言 鳥。❶あび(阿比)。福岡県007 熊本県007 ❷あいさ(秋沙)類の総称。長崎県五島004 ❸しめ(鴲)。奈良県高市郡004 辞書 日葡

あめ‐なべ【飴鍋】〘名〙 飴を作るときに用いる鍋。 *堤中納言(11C中-13C頃)よしなしごと「とむ片岡に鋳るなる鉄鍋にもあれ、あめなべにもあれ、貸し給へ」

あめ‐なる【天在】 枕 「天にある日」というつづきで、同音のヒをふくむ「姫菅原(ひめすがはら)」「ひとつ棚橋」にかかる。 *万葉(8C後)七・一二七七「天在(あめなる)姫菅原(ひめすがはら)の草な刈りそね蜷(みな)の腸(わた)か黒き髪に芥(あくた)し付くも〈人麻呂歌集〉」 補注 挙例は「あめにある」ともよまれる。また、この原や橋を、天上に実在するものとして、枕詞とはみない説もある。「万葉‐一三・三二四六」の「天有(あめなる)や月日の如くあが思へる君が日にけに老ゆらく惜しも〈作者未詳〉」などは、天上のものとしてよまれている。

あめなる‐ひばりかげ【天在鶴鹿毛】〘名〙(「あめなる」は枕詞)馬の毛色の名。黄色のひばり毛が褐色の毛に混じっているもの(伴信友注)。 *康保三年順馬毛名歌合(966)「右、あめなるひばりかげ、名に高くふりてあめなるひばりかげいとどあらくぞまさるべらなる」

あめ‐に【飴煮】〘名〙 料理の一つ。コイ、フナその他の川魚、小魚、あるいは芋などを、煮汁に水飴、砂糖などを加えて甘辛く煮ること。または、飴のようにつやよく、糸を引くようになるまで煮ること。また、その煮た物。あめだき。 *記念碑(1955)〈堀田善衛〉「朱塗りの御膳にはダツの飴煮、うなぎの蒲焼き」 *火垂るの墓(1967)〈野坂昭如〉「飴煮の芋糸ひいてんのを」 発音〈標ア〉0〈京ア〉0

あめ‐に‐ある【天―在】 枕 ⇨あめなる(天在)

アメニティー〘名〙(英 amenity「心地の良さ」の意)場所、建物、気候、風景などの快適な状態のこと。主に都市計画用語として用いられていたが、近年は、単に環境の快適さといった意味で広く使われる。 発音〈標ア〉メ

あめ‐にんぎょう【飴人形】〘名〙 飴細工の人形。 *雑俳・うき世笠(1703)「立て居て日なたでこけるあめ人形」

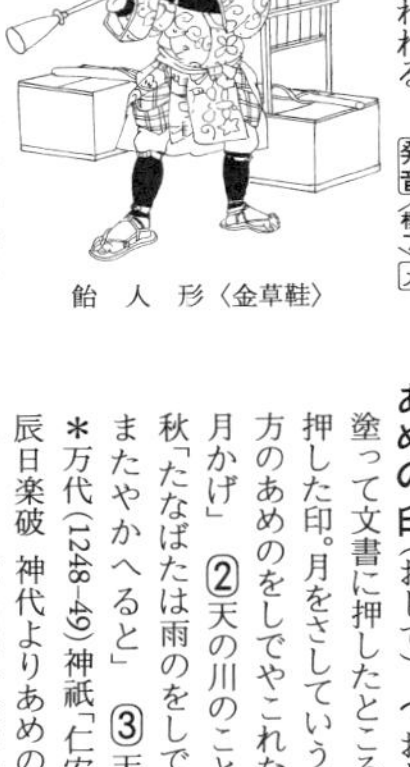

飴 人 形〈金草鞋〉

あめ‐の【天―】〘連語〙(「あまの」とよまれる場合もある) ①天上の。天の。空の。「天の海」「天の露霜」「天の火」など。 ②高天原(たかまのはら)の。天つ神の。「天の御孫」「天の宮」など。 ③(広く敬い、ほめたたえる意を表わして)神聖な。尊い。おそれ多い。清浄な。「天の益人(ますひと)」「天の御門(みかど)」など。 発音〈標ア〉ア

あめの 磐樟船(いわくすぶね) 「あまの(天)磐樟船(いわくすぶね)」に同じ。 *水戸本甲日本紀私記(1678)神代上「天盤櫲樟船 アメノイハクスフネ」

あめの 磐座(いわくら) ⇨「あまの(天―)」の子見出し

あめの 石楯(いわたて) ⇨「あまの(天―)」の子見出し

あめの 岩戸(いわと) ⇨「あまの(天―)」の子見出し

あめの 磐船(いわふね) ⇨「あまの(天―)」の子見出し

あめの 岩屋(いわや) ⇨「あまの(天―)」の子見出し

あめの 岩屋戸(いわやど) ⇨「あまの(天―)」の子見出し

あめの 磐靫(いわゆき) ⇨「あまの(天―)」の子見出し

あめの 浮橋(うきはし) ⇨「あまの(天―)」の子見出し

あめの 中(うち) 天地の中。世の中。 *多武峰少将物語(10C中)「いづくへもあめのうちよりはなれなばよかはに住めばそでぞぬれます」

あめの 海(うみ) 大空の青く広大なのを海にたとえていうことば。あまのはら。天海(てんかい)。 *万葉(8C後)七・一〇六八「天海(あめのうみ)に雲の波立ち月の船星の林に漕ぎ隠る見ゆ〈人麻呂歌集〉」 *万葉(8C後)一〇・二二二三「天海(あめのうみ)に月の船浮(う)け桂楫(かつらかぢ)かけて漕ぐ見ゆ月人壮子(をとこ)〈作者未詳〉」

あめの 上(え) 天の上。天上界。 *醍醐寺本遊仙窟康永三年点(1344)「実に天上(アメノヘ)の霊奇とあやしくめづらしき、乃ち、人門(よのなか)の妙絶とたへにすぐれたるなり」

あめの 掟(おきて) 天にいる神の定めたきまり。天上の規則。 *宇津保(970-999頃)俊蔭「娘は天道にまかせ奉る。天のをきてあらば国母婦女ともなれ。おきてなくは山がつ、民子ともなれ」

あめの 印(おしで) (「おしで」は、掌に朱、墨などを塗って文書に押したところから、印をいう) ①天に押した印。月をさしていう。 *清輔集(1177頃)秋「久方のあめのをしでやこれならん秋のしるしと見ゆる月かげ」 ②天の川のこと。 *散木奇歌集(1128頃)秋「たなばたは雨のをしでの八重霧に道ふみまどへまたやかへると」 ③天皇の印。御璽(ぎょじ)。 *万代(1248-49)神祇「仁安三年大嘗会主基方備中国辰日楽破 神代よりあめのおしてのうごきなき印にたてしいはや山かな〈藤原清輔〉」 *改正増補和英語林集成(1886)「Amenooshite アメノヲシテ〈訳〉天子の印」

あめの 尾羽張(おはばり) ⇨「あまの(天―)」の子見出し

あめの 垢(かお・かたち) 天上界の人らしい顔かたち。あまのかたち。 *書紀(720)神代下(鴨脚本訓)「若し天より降れらば当に天垢(アメノカホ)有るべし。地より来れらば当に地垢(つちのかほ)有るべし」 *御巫本日本紀私記(1428)神代下「当有天垢〈末左爾安女乃形〉」 補注 「かお」は、容顔には何らかの汚れ、くもりがあるとする考えに基づき「垢」字を訓読したとする説や、「垢」は「㕛(「厚」の古字)」に同じで姿形の意を有するとする説などがあるが、未詳。

あめの 羅摩船(かかみぶね) (「あめの」は美称)ガガイモの実を割って作った舟。上代神話で少名毘古那神(すくなびこなのかみ)が乗ってきたと伝え

る。「和名抄」に「蘿摩子」に「加々美(カカミ)」の訓がある。＊古事記(712)上「波の穂より天之羅摩船(あめのかかみぶね)に乗りて鵝の皮を内剝(うつはぎ)に剝(は)ぎて衣服(きもの)に為(し)て、帰(よ)り来る神有り」

あめの 壁(かき)　地平線の果てで空が直立しているように見えるのをたとえていう語。「天の壁立ち」「天の壁立つ極み」と熟して、国土の限り、の意で用いられる。＊出雲風土記(733)意宇「神須佐乃烏命、天壁立(あめのかきたち)廻り坐しき」＊延喜式(927)祝詞・祈年祭(享保板訓)「皇神(すめおほむかむ)の見霽(みはるか)し坐す四方の国は、天能壁(カキ)立つ極(きは)み、国の退(そ)き立ち限(かぎ)り」

あめの 加久矢(かぐや)　「あまの(天)真鹿児矢(まかこや)」に同じ。＊古事記(712)上「天の若日子、天つ神の賜へりし天之波士弓、天之加久矢(あめのカクヤ)を持ちて、其の雉を射殺しき」

あめの 鹿児弓(かこゆみ)　⇩「あまの(天—)」の子見出し

あめの 堅石(かたしわ)　⇩「あまの(天—)」の子見出し

あめの 神(かみ)　「あまつ(天)神」に同じ。＊水戸本丙日本紀私記(1678)神武「以皇天之威　安女乃加美乃以支保以乎毛氐」＊読本・雨月物語(1776)白峰「そも保元の御謀叛は天(アメ)の神(カミ)の教給ふことわりにも違はじとておぼし立たせ給ふか」

あめの 神(かみ)の寿詞(よごと)　「あまつ(天)神の寿詞」に同じ。＊書紀(720)持統四年正月(北野本訓)「四年の春正月の戊寅の朔、物部麿朝臣、大盾(おほたて)を樹(た)つ。神祇伯中臣大嶋朝臣、天神寿詞(あめノかみノヨゴト)読む」＊釈日本紀(1274–1301)二二「天神寿詞　アメノカミノヨゴト」

あめの 熊人(くまひと)　(「くま」は、神に奉る稲をいう)　高天原で、稲作に奉仕する人。＊書紀(720)神代上(水戸本訓)「陰(ほと)に麦及び大豆(まめ)小豆(あつき)生れり。天熊人(アメノクマヒト)悉に取り持ち去(ゆ)いて奉進(たてまつ)る」

あめの 子(こ)　羽をつけ、天上を舞うという子供の天人。＊舞姫(1906)〈与謝野晶子〉「朝ぼらけ羽ごろも白の天(アメ)の子が乱舞するなり八重桜ちる」

あめの 事(こと)　「あまのはら(天原)の事」に同じ。＊書紀(720)神代上(水戸本訓)「自(みづか)ら当(まさ)に早(すみやか)に天(あめ)に送(をく)りあげむとして、授(さづ)くるに天上之事(アメのこと)を以てすべし」＊書紀(720)神代上(寛文版訓)「月夜見尊(つきよみのみこと)は、日に配(なら)べて天事(アメノコト)を知(しら)す可し」

あめの 逆大刀(さかだち)　(「あめの」は美称)「さかだち」は栄える大刀の意か。また、呪術を意味する逆(さか)の大刀の意か。＊倭姫命世記(1270–85頃)「上天従りして投降し坐ひし天之逆大刀(あめのさかだち)、逆鉾(さかほこ)、金鈴等是なり」

あめの 狭田(さなだ)　⇩「あまの(天—)」の子見出し

あめの 時雨(しぐれ)　天から降る時雨。＊万葉(8C後)一・八二「うらさぶる情(こころ)さまねしひさかたの天之四具礼(あめのシグレ)の流れあふ見れば〈長田王〉」

あめの 下(した)　⇩親見出し

あめの 玉櫛(たまぐし)　⇩「あまの(天—)」の子見出し

あめの 足夜(たりよ)　⇩「あまの(天—)」の子見出し

あめの 血垂(ちだり)　⇩「あまの(天—)」の子見出し

あめの 露霜(つゆしも)　天から降る露や霜。一説に「露霜」は秋の薄霜ともいう。＊万葉(8C後)七・一一一六「ぬばたまのわが黒髪に降りなづむ天之露霜(あめのつゆしも)取れば消につつ〈作者未詳〉」＊万葉(8C後)一一・二三九五「行き行きて逢はぬ妹ゆゑひさかたの天露霜(あめのつゆしも)濡れにけるかも〈人麻呂歌集〉」

あめの 戸(と)　⇩「あまの(天—)」の子見出し

あめの 時(とき)　天が与えてくれる好機会。天運。てんのとき。＊読本・雨月物語(1776)貧福論「いにしへに富める人は天(アメ)の時に合(かな)ひ、地(くに)の利をあきらめて産を治めて富貴となる」

あめの 鳥琴(とりごと)　⇩「あまの(天—)」の子見出し

あめの 鳥笛(とりぶえ)　⇩「あまの(天—)」の子見出し

あめの 鳥船(とりふね)　⇩「あまの(天—)」の子見出し

あめの 新巣(にいす)　⇩「あまの(天—)」の子見出し

あめの 瓊琴(ぬごと)　⇩「あまの(天—)」の子見出し

あめの 詔(のりごと)　⇩「あまの(天—)」の子見出し

あめの 詔琴(のりごと)　⇩「あまの(天—)」の子見出し

あめの 羽衣(はごろも)　⇩「あまの(天—)」の子見出し

あめの 櫨弓(はじゆみ)　⇩「あまの(天—)」の子見出し

あめの ははか　⇩「あまの(天—)」の子見出し

あめの ははきり　⇩「あまの(天—)」の子見出し

あめの はは矢(や)　⇩「あまの(天—)」の子見出し

あめの はは弓(ゆみ)　⇩「あまの(天—)」の子見出し

あめの はは鷲(わし)　⇩「あまの(天—)」の子見出し

あめの 火(ひ)　天から降ってくる火。神秘な天上の火。＊万葉(8C後)一五・三七二四「君がゆく道の長手をくりたたね焼きほろぼさむ安米能火(アメノひ)もがも〈狭野弟上娘子〉」

あめの 人(ひと)　天界に住む人。天人(てんにん)。あまびと。あめひと。＊竹取(9C末–10C初)「翁のいはく、かくばかり守るところに、天の人にも負けむやといひて」

あめの 平瓮(ひらか)　⇩「あまの(天—)」の子見出し

あめの 二上(ふたかみ)　⇩「あまの(天—)」の子見出し

あめの 斑駒(ふちこま)　「あまの(天)斑駒」に同じ。＊虎明本狂言・牛馬(室町末–近世初)「さて日(ひの)本に名をえしは、あめのぶちごまはじめとして」

あめの 神庫(ほくら)　(「あめの」は美称。「ほ」は、天空にそびえる意)　神宝を納める高い倉庫。＊書紀(720)垂仁八七年二月「吾は手弱女人(たをやめ)なり。何ぞ能く天神庫(あめのホクラ)に登らむ〈神庫、此をば保玖羅(ホクラ)と云ふ〉〈略〉故、諺に曰はく、『天之神庫も樹梯(はしだて)の随(まにま)に』と」

あめの 真鹿児矢(まかこや)　⇩「あまの(天—)」の子見出し

あめの 真鹿児弓(まかこゆみ)　⇩「あまの(天—)」の子見出し

あめの 禍津日(まがつひ)　(「あめの」は、高天原神話に関する、の意か。「まが」は「曲」で、よくないこと、わざわいの意。「ひ」は霊威を表わす語)　災禍の神の名。＊延喜式(927)祝詞・御門祭「四方四角(よもよすみ)より疎(うと)び荒び来(きたら)む、天能麻我都比(あめノマガツヒ)と云ふ神の言はむ悪事(まがこと)に〈古語に麻我許登といふ〉相まじこり、相口会ひ賜ふ事無く」

あめの 益人(ますひと・ましひと)　「あまの(天)益人(ますひと)」に同じ。＊聞書集(12C後)「うきよとて月すまずなることもあらばいかにかすべきあめのまし人」

あめの 真名井(まない)　⇩「あまの(天—)」の子見出し

あめの 真魚咋(まなぐい)　⇩「あまの(天—)」の子見出し

あめの 御饗(みあえ)　⇩「あまの(天—)」の子見出し

あめの 御舎(みあらか)　⇩「あまの(天—)」の子見出し

あめの 御飯田(みいいだ)　⇩「あまの(天—)」の子見出し

あめの 御蔭(みかげ)　「あまの(天)御蔭」に同じ。＊万葉(8C後)一・五二「高知るや　天之御蔭　天知るや　日の御蔭の　水こそば　常にあらめ　御井のま清水〈作者未詳〉」＊延喜式(927)祝詞・祈年祭(出雲板訓)「皇御孫命の瑞(みづ)の御舎(みあらか)を仕奉(つかへまつ)りて天御蔭(アメノミカケ)日の御蔭と隠坐(かくれま)して」

あめの 御門(みかど)　朝廷。転じて、天皇の尊称。＊万葉(8C後)二〇・四四八〇「畏きや安米乃美加度(アメノミカド)をかけつれば哭のみし泣かゆ朝夕にして〈作者未詳〉」＊古今(905–914)恋四・七〇二・詞書「このうたは、ある人、あめのみかどのあふみのうねめにたまひけるとなむ申す」＊観智院本三宝絵(984)中「天朝(アメノミカド)ふかくたうとび給て」

あめの みかび　語義未詳。「あめの」は美称。「みかび」は「御冠(みかぶり)」説(和訓栞)や「御加気(みかげ)＝木綿(ゆう)」説などがある。＊延喜式(927)祝詞・出雲国造神賀詞「いつ幣(ぬさ)の緒結び、天乃美賀秘(あめノミカビ)冠りて、いつの真屋(まや)に麁草(あらくさ)をいつの席(むしろ)と刈り敷きて」

あめの 瓱(みか)**わ**　⇩「あまの(天—)」の子見出し

あめの みこと　⇩「あまの(天—)」の子見出し

あめの 御領田(みしろた)　⇩「あまの(天—)」の子見出し

あめの 御巣(みす)　⇩「あまの(天—)」の子見出し

あめの 道(みち)　(漢語「乾道」の訓読によって生じた語か)　陰陽における陽、男女における男、天地でいえば天にあたる道。＊書紀(720)神代上(水戸本訓)「乾道(アメノミチ)独(ひと)り化(な)す。所以(このゆゑ)に此の純男(をとこのかきり)を成せり」

あめの 御量(みはかり)　⇩「あまの(天—)」の子見出し

あめの 御柱(みはしら)　「あまの(天)御柱」に同じ。＊書紀(720)神代上(水戸本訓)「二神彼(か)の嶋に降居(くだりま)し、八尋(やひろ)の殿(との)を化作(みたつ)つ。又、天柱(アメノミハシラ)を化堅(みた)つ」

あめの 御孫(みまご)　天照大神(あまてらすおおみかみ)の子孫。天皇。＊続千載(1320)神祇・九〇七「かたぶかぬ速日の峰に天くだるあめのみまごの国ぞ我が国〈後宇多院〉」

あめの 宮(みや)　天上界にあるという想像上の宮殿。＊神皇正統記(1339–43)上・神代「五十鈴の河上に霊物をまぼりおける所をしめし申ししに、かの天の逆矛、五十鈴、あめのみやの図形ありき」

あめの 叢雲剣(むらくものつるぎ)　⇩「あまの(天—)」の子見出し

あめの 八井(やい)　⇩「あまの(天—)」の子見出し

あめの 八重雲(やえぐも)　大空に幾重にも重なっている雲。あまのやえぐも。＊書紀(720)神代下(丹鶴本訓)「且、天八重雲(あめのヤヘクモ)を排(をしひら)き、稜威(いつ)の道別(ちわき)に道別きて、日向の襲(そ)の高千穂峰(たけ)に天降(くだ)します」＊延喜式(927)祝詞・六月晦大祓(享保板訓)「草の片葉(かきは)をも語止(ことや)めて、天の磐座(いはくら)を放ち、天之八重雲(あめのヤヘクモ)をいつの千別(ちわけ)に千別て、天降し依さし奉りき」＊新勅撰(1235)神祇・五七〇「あまつかぜあめのやへくも吹きはらへはやあきらけき日のみかげみむ〈卜部兼直〉」

あめの 八重棚雲(やえたなぐも)　大空に幾重にもたなびく雲。あまのやえたなぐも。＊古事記(712)上「天の石位(いはくら)を離れ、天之八重多那雲(あめのやへタナぐも)を押し分けて」 *書紀(720)神代下(水戸本訓)「天八重雲(あメノヤヘタナクモ)を排分(おしわ)けて」

あめの 八女(やおとめ) ⇩「あまの(天―)」の子見出し

あめの 安河(やすのかわ) ⇩「あまの(天―)」の子見出し

あめの 安河原(やすのかわら) ⇩「あまの(天―)」の子見出し

あめの 八十(やそ)**びらか** ⇩「あまの(天―)」の子見出し

あめの 八衢(やちまた) ⇩「あまの(天―)」の子見出し

あめの 命(よさし) ⇩「あまの(天―)」の子見出し

あめの 災(わざわい) (「あめの」は「天つ神の」の意) 天つ神がくだす自然の災害。てんさい。↕土の災い。 *書紀(720)欽明二三年七月(北野本訓)「夫れ妖祥(つちのわざはひ)は、行(しわざ)を戒(いまし)むる所以(ゆへ)なり。灾異(アメノワサハヒ)は人に悟らしむる所以なり」

あめ-の-いお を:い**【鯇魚】**〔名〕「あめのうお(鯇魚)①」に同じ。 *本福寺跡書(1560頃)「野洲川の江鮭魚(あめのいを)、九月九日より前に食せず」 *俳諧・増山の井(1663)八月「江鮭(アメノイヲ) 或人江の蛙といひて秋の季也といへり。是江鮭を書あやまれるをみて又誤れる也」

あめ-の-うお を:う**【鯇魚・江鮭・雨魚】**〔名〕① サケ科の淡水魚。ビワマスの別称で、とくに産卵期に第二次性徴を現わしたものの呼称。全長約五〇センチ㍍に達する。琵琶湖およびその流入河川の特産であるが、近年では各地に移殖されている。背は蒼黒色で小さな黒斑が散在し、腹は銀白色。一一月頃河川に遡上し、産卵する。あめます。あめうお。あめのいお。《季・秋》 *延喜式(927)三一・宮内省「諸国例貢御贄〈略〉近江〈郁子、氷魚、鮒、鱒、阿米魚(アメのうを)〉」 *尺素往来(1439-64)「多楽。名吉。雨の魚。剣魚(たちの)。鯵(あぢ)」 *御伽草子・猿の草子(室町末)「八目うなぎにあめのうを」 *浮世草子・本朝二十不孝(1686)三・三「水底夏さへ氷を破(わり)ぬ。此川に江鮭(アメ)の魚住けるに武太夫水練をえて是に入手どらへにして」 *俳諧・安永四年句稿(1775)「瀬田降て志賀の夕日や江鮭」 *重訂本草綱目啓蒙(1847)四〇・魚「鯇魚 あめのうを、あめ、みづさけ〈和名鈔〉」 ② 魚「きす(鱚)」の異名。 *物類称呼-二(1775)「幾須古 きすご 関西に きすご、江戸にてきすと云。伊勢ノ白子にて あめの魚と云 雨ふる日多くとる魚也 故に名とす 然とも別也」 方言 魚。❶びわます(琵琶鱒)。 紀伊日高郡†110 滋賀県彦根609 奈良県吉野郡685 高知県山間部865 ◇あめのゆお 奈良県宇陀郡678 ❷やまめ(山女)。 紀州†030 長野県上伊那郡012 滋賀県琵琶湖016 奈良県吉野郡016 和歌山県694 四国016 徳島県811 愛媛県松山846 ◇あめのいお 奈良県吉野郡688 ◇あめのよ 長野県上伊那郡・飯田市付近012 ◇あめっこ 静岡県磐田郡(幼魚)546 ❸かわむつ(川鯥)。 和歌山県那賀郡069 694 ❹いわな(岩魚)。 大和吉野郡†118 島根県大田市725 ❺池などにいる小魚。 和歌山県那賀郡・有田郡690 発音〈標ア〉ノ 〈京ア〉0/0=0 辞書 和玉・日葡・言海 表記 鯇(玉・言) 鮮(玉)

あめ-の-かぐやま【天香久山・天香具山】「あまのかぐやま(天香久山)」に同じ。 *古事記(712)上・歌謡「ひさかたの 阿米能迦具夜麻(アメノカグヤマ)」 *万葉(8C後)一・二八「春過ぎて夏来たるらし白妙の衣ほしたり天之香来山〈持統天皇〉」 発音 アメノカグヤマ〈標ア〉ア

あめ-の-かわ【飴皮】〔名〕方言 (飴を包むのに用いたところから) 竹の皮。 佐渡358 島根県出雲727 愛媛県840 ◇あめんかわ 新潟県佐渡351

あめ-の-さい【天才】〔名〕天から与えられたすばらしい才能。生まれつき持っているすぐれた才能。また、それに恵まれた人。てんさい。 *みだれ髪(1901)〈与謝野晶子〉春思「天(アメ)の才(サイ)ここににほひの美しき春をゆふべに集(しふ)ゆるさずや」

あめ-の-した【天下】〔名〕(漢語「天下(てんか)」の訓読か。また、「高天原(たかまのはら)の下にある、この国土」の意もこもるか) ① 地上の世界全部。天に対していう。 ㋑(政治的に、その勢力の及ぶ範囲すべてをいう) この国全部。日本の国土。全国。特に、この全世界。てんか。 *万葉(8C後)一八・四一二二「天皇(すめろき)の 敷きます国の 安米能之多(アメノシタ) 四方の道には〈大伴家持〉」 *霊異記(810-824)上・序「軽嶋の豊明の宮に宇(アメノシタ)御(をさめたまひし)誉田(ほむだ)の天皇〈興福寺本訓釈 宇 阿米乃之多〉」 *宇津保(970-999頃)藤原の君「みかどとなり給ひ、くにしり給はましかば、あめの下ゆたかなりぬべき君なり」 ㋺(一般的に) 地上のすべて。この世の中。この世界。また、この世間一般。 *万葉(8C後)一七・三九二三「天下(あめのした)すでにおほひて降る雪の光を見れば尊くもあるか〈紀清人〉」 *宇津保(970-999頃)嵯峨院「天女くだり給ふらん世にや、わが妻子(めこ)の出でこん。あめのしたには、わが妻子にすべき人なし」 *源氏(1001-14頃)夕顔「世に類なくゆゆしき御有様なれば、世に長くおはしますまじきにやと、あめのしたの人の騒ぎなり」 ② 国中の人。世間の多くの人。天下の人々。 *宇津保(970-999頃)藤原の君「財には、ぬし避くとなむ申すなる。あめのしたそしり申すこと侍るなり」 *源氏(1001-14頃)若菜上「春宮かくておはしませば、いとかしこき末の世のまうけの君と、あめのしたのたのみ所にあふぎ聞えさするを」 ③ 朝廷。また、朝廷の政事。 *書紀(720)推古一二年四月(岩崎本訓)「此に因りて国家(アメノシタ)永久(とこめづら)にして、社稷(くに)危きこと勿(な)し」 *書紀(720)大化元年八月(北野本訓)「方に始めて万国(くにくに)を修(をさ)めむとす。凡そ国家(アメノシタ)の有する所の公民」 *源氏(1001-14頃)玉鬘「中将殿は〈略〉まして今はあめのしたを御心にかけ給へる大臣にて」 ④ 世の中、国中で最も程度が高いことを強調していう。 ㋑(「天の下の」の形で) 天下に比類がないさま。天下第一。 *伊勢物語(10C前)三九「あめのしたの色好み、源の至といふ人」 *源氏(1001-14頃)藤裏葉「君は、末の世には余るまで、あめのしたの有識にものし給ふめるを」 *栄花(1028-92頃)月の宴「醍醐の聖帝と申して、世の中に天の下めでたき例にひき奉るなれ」 ㋺(副詞的に「天の下において」の意で) 日本中のどこでもすべて。また、どこにいったい。 *宇津保(970-999頃)内侍督「あめのした、こよひの御おくり物よりこえて、さらにさらにせじ。これよりいつかあらん。〈略〉あめのした、これよりこえたる心にくさ、いつかあらん」 発音〈標ア〉ア 辞書 名義・言海 表記 宇(名) 天下(言)

あめのした=知(し)らしめす[=知(し)ろしめす] 「あめのした(天下)知らす」に、さらに尊敬の補助動詞「めす」をつけたもの。 *万葉(8C後)二〇・四三六〇「天皇の 遠き御世にも おしてる 難波の国に 阿米能之多 之良志売之(アメノシタ シラシメシ)きと〈大伴家持〉」

あめのした=知(し)らす[=知(し)ろす] (「しらす」は、治めるの意の「しる」に、尊敬の助動詞「す」の付いたもの) この国土をお治めになる。天下を御統治なさる。 *書紀(720)仁徳即位前(前田本訓)「纏向玉城宮(まきむくのたまきのみや)に御宇(アメノシタシラシ)し天皇の世(みよ)に」 *書紀(720)大化元年七月(北野本訓)「明神御宇(あらみかみとアメノシタシラス)日本(やまと)の天皇の詔旨(おほむことらま)とのたまはく」

あめのした 知(し)る 「あめがした(天下)知る」に同じ。 *匠材集(1597)三「あめのしたしる 御宇なり」

あめのした 申(もう)す (朝廷の政治を天皇に奏上し、執り行なうの意で) 天皇に代わって、天下の政治を執り申す。天下の政を執奏する。大臣、大納言などが政治を行なうことに用いる。 *万葉(8C後)二・一九九「やすみしし わが大王(おほきみ)の 天下(あめのした) 申(まをし)給へば〈柿本人麻呂〉」 *万葉(8C後)五・八七九「万世に いましたまひて 阿米能志多麻乎志(アメノシタマヲシ)給はね 朝廷(みかど)去らずて〈山上憶良〉」

あめのした=を 逆(さか)さまになす[=逆(さか)さまになる] 天地をひっくりかえす、ひっくりかえる。世の中をさかさにする、さかさになる。現実にありえないことや、なしえないことをたとえていう。 *宇津保(970-999頃)忠こそ「あめのしたさかさまになるとも、かかることあらじ、と思へども」 *源氏(1001-14頃)須磨「あめのしたを、さかさまになしても、思う給へよらざりし御あり様を見給ふれば、よろづ、いと、あぢきなくなん」

あめ-の-しゃぐま【天―】〔名〕他人の言動に逆らう人。あまのじゃく。 *菊池俗言考(1854)「あめのしゃぐま 人に悖(さかひ)て心悪き人を云天探女(あめのさぐめ)の謂(いひ)なるへし」 方言 ❶意地を張ったり、何にでも反対したりする人。わざと人と違うことをする人。あまのじゃく。つむじ曲がり。変人。 ◇あまんしゃぐま 熊本県918 芦北郡・八代郡933 ◇あまんしゃくま 鹿児島県961 ◇あまぬしゃぐめ 宮崎県西臼杵郡063 ◇あまんしゃくめ 鹿児島県961 肝属郡970 ◇あまんじゃぐめ 熊本県八代郡919 ◇あまんさっめ 鹿児島県鹿児島郡968 ◇あまんしゃしみゃ 長崎県五島917 ❷何にでも口出ししたりよけいな手出しをする人。 ◇あまんしゃくま 熊本県918 ❸心のねじけた女。 ◇あまんしゃぐめ 熊本県八代郡921 鹿児島県962 ❹やかましい女房。 ◇あまんしゃがん 長崎県対馬913 ❺蝶類のさなぎ。 ◇あまんしゃぐめ 長崎県壱岐島915 ❻鳥、きたたき(木叩)。 ◇あまのじゃくま 長崎県対馬913 ❼動物、かえる(蛙)。 ◇あまんしゃぐめ 長崎県壱岐島915

あめ-の-ひぼこ【天日槍】 記紀、「播磨風土記」などに見える、新羅(しらぎ)国王の子。来朝時は、「日本書紀」によれば垂仁天皇三年とされる。「播磨風土記」では葦原志挙乎命(あしはらしこおのみこと)や伊和大神と土地占有の争いをする神として描かれる。来朝に際し、八種の神宝を伝える。帰化して但馬(たじま)の娘、前津見(まえつみ)と結婚。

あめ-の-みや【雨宮】〔名〕雨の神をまつった宮。伊勢神宮の末社など。風の宮と併称されることが多い。→あめ(雨)の宮(みや)風の宮。 *俳諧・毛吹草(1638)五「雨の宮に申子なれやいせ椿〈作者不知〉」 *浮世草子・西鶴織留(1694)四・三「雨の宮より風の宮へぬけ」 *雑俳・柳多留拾遺(1801)巻一四「雨の宮と聞いて下駄屋は手を合せ」 発音〈標ア〉ア 辞書 書言 表記 雨宮(書)

あめのみや-じんじゃ【天宮神社】 静岡県周智郡森町天宮にある神社。旧県社。祭神は宗像(むなかた)三神。欽明天皇の時、九州の宗像神社を勧請(かんじょう)。歴代武将の崇敬をうけた。 発音〈標ア〉ジ

あめのもり【雨森】 京都の車屋町二条下ルにあった膏薬屋(こうやくや)。雨の森の無二膏として有名であった。中国へも輸出したという。 *雑俳・梅柳(1836)初・六「唐までも吸出しに行く雨の森」 *咄本・新板一口ばなし(1839)四「家主の膏薬屋へ往て普請をしておくれ屋根が損じました、雨のもり」

あめのもり-ほうしゅう ハウシウ**【雨森芳洲】** 江戸中期の儒学者。京都の人。名は俊良。木下順庵に学ぶ。朝鮮語、中国語に通じ、対馬藩の文教と対朝鮮外交を担

当。主著「橘窓(きっそう)文集」「橘窓茶話」「朝鮮践好沿革志」等。寛文八～宝暦五年(一六六八～一七五五)

あめ-の-わかひこ【天稚彦・天若日子】記紀に見える神。天孫降臨に先だち、葦原中国を平定するため高天原(たかまのはら)からつかわされた神。天国玉(あまつくにたま)の子。命を果たさず、責任を追及しにきた雉(きじ)を矢で射殺したが、その矢を高皇産霊尊(たかみむすびのみこと)に射返されて死んだ。あめわかひこ。発音〈標ア〉カ

あめ-ばくち【飴博打】〖名〗投げ銭博奕の一種である「けし」の別名か。→けし。＊俳諧・談林十百韻(1675)上「なぐる一銭霜に寒ゆく〈在色〉今日の月宿かる橋にあめ博奕〈志計〉」

あめ-ばこ【飴箱】〖名〗縁日の商人などが、飴細工の飴を入れておく箱。＊俳諧・当世男(1676)付句・秋「目がねによする一葉の舟 飴箱にたくみて月も作りたり〈鶴遊〉」＊雑俳・たから舟(1703)「しくんだり・飴箱の中だんの浦」＊雑俳・柳筥(1783-86)一「飴箱の上へ長柄を一本のせ」

あめ-ばち【飴蜂】〖名〗ヒメバチ科の一群の総称。体は飴色。羽は透明で翅脈(しみゃく)は濃褐色。日本各地に分布。オオアメバチ、コンボウアメバチなど種類が多い。いずれも幼虫が主にチョウ目の幼虫に寄生する。方言みつばち(蜜蜂)。青森県073 発音〈標ア〉0

あめ-ばれ【雨晴】〖名〗雨がやんで、空がきれいに晴れわたること。あまはれ。＊赤い船(1910)〈小川未明〉天使の御殿「雨晴(アメバ)れのした夏の日のこと」発音〈標ア〉0

あめ-ひと【天人】〖名〗①天上界の人。てんにん。あまびと。＊万葉(8C後)一〇・二〇九〇「高麗錦(こまにしき)紐解き交し天人(あめひと)の妻問(どふ)夕(よひ)ぞわれも偲(しの)はむ〈作者未詳〉」＊琴歌譜(9C前)天人振「阿米比止(アメヒト)の 作りし田の石田は いなゑ 石田は 己男(おのを)作れば」②都の人。＊万葉(8C後)一八・四〇八二「天ざかる鄙(ひな)の奴(やっこ)に安米比度(アメヒト)しかく恋すらば生ける験(しるし)あり〈大伴家持〉」③天孫系の人。天皇の統治下にある人。大和朝廷の統治に服さない土着人、荒賊(あらぶるにしもの)、国栖(くず)などの異人に対していう。＊常陸風土記(717-724頃)行方「若し天人(あめひと)の烟(けぶり)ならば、来て我が上を覆へ。若し荒ぶる賊(にしもの)の烟ならば、去りて海中に靡け」発音〈標ア〉ア 上仮名アメヒト「万葉一八・四〇八二」の「安米比度」の「度」はトの仮名だが、この例は、後世の損傷とそれに対する補修を経たと推定されている巻一八にあるもので、異例。辞書言海 表記天人(言)

あめひと-ぶり【天人振】古代歌謡。平安初期に成立した琴歌譜中に見られる。＊琴歌譜(9C前)「天人扶理(あめひとブリ)」

アメ-フト〖名〗「アメリカンフットボール」の略。発音〈標ア〉0

あめ-ふらし【雨降・雨虎】〖名〗①アメフラシ科のナメクジ状の巻き貝。またはこの科に属する種類の総称。体は柔らかいが、外套(がいとう)膜中に退化的な殻をもつこともある。大きさはふつう二〇～三〇センチメートルで、頭部に二対の触角がある。北海道南部から本州、四国、九州の沿岸にすんでいて、海藻を食べ、春に「うみぞうめん」と呼ばれる卵を産む。昔からアメフラシをいじめると雨が降ったり、海がしけになるといい伝えられている。うみしか。うみうさぎ。あめふり。ひょりじけ。うじこ。学名は Aplysia kurodai ＊生物学語彙(1884)〈岩川友太郎〉「Sea-hare 雨虎(アメフラシ)」②薩摩国(鹿児島県西部)の山中にすみ、雨が降ると現われたという伝説上の虫。＊重訂本草綱目啓蒙(1847)三五・卵生「雲師 雨虎 雲師は詳ならず 雨虎は薩州山中にあめふらしと呼者あり雨中に出形石決明に似て痩て殻なし」方言❶植物、ふじき(藤木)。大分県大野郡008 ❷植物、きぶし(木五倍子)。大分県大野郡008 ◇あめぼっち 秋田県仙北郡131 ❸植物、くまのみずき(熊野水木)。長崎県西彼杵郡036 ❹植物、ひるがお(昼顔)。◇あめふらせばな〔―花〕山形県飽海郡139 ❺鳥、おなが(尾長)。宮城県栗原郡007

雨降 ①

あめ-ふり【雨降】〖名〗①雨の降ること。雨が降っている間。雨天。雨中。＊俳諧・犬筑波集(1532頃)雑「ひとをもぬらしわれもぬれけり あめふりにたかひの礼にかさぬぎて」＊仮名草子・犬枕(1606頃)「きたなき物〈略〉雨ふりのはだし」＊志都の岩屋講本(1811)上「またた雨ふり風吹きばかりでなく、人の現(うつつ)に致すこととても、約(つづ)まる処は、皆神の御心」＊松翁道話(1814-46)五・上「天気のよいが雨ふりとなり、此のことをせんと思ふ内に彼のことがさはりとなり」＊童謡・雨降りお月さん(1925)〈野口雨情〉「雨降りお月さん雲の蔭 お嫁にゆくときゃ 誰とゆく ひとりで傘(からかさ) さしてゆく」②「あめふりぼし(雨降星)」の略。③裁判所や警察署をいう、盗人仲間の隠語。〔隠語輯覧(1915)〕④映画でフィルムが古くなり、縦筋の傷が入り雨の降っているように映るもの。雨入り。方言植物。❶ひるがお(昼顔)。仙台†018 野州†035 越後†035 ❷あかめがしわ(赤芽柏)。島根県隠岐島740 ❸たまみずき(玉水木)。鹿児島県北薩036 発音〈標ア〉フ 辞書言海 表記雨降(言) 辞書〈ボン・言海 表記雨降(へ・言) 発音〈標ア〉メ〈京ア〉フ

あめふり の 太鼓(たいこ) どうにもならないという意味のしゃれことば。雨のため太鼓の革がしめって鳴らないことを、胴鳴らない、どうにもならないとしゃれた表現。

あめふり の 鶏(にわとり) 小首をかしげて思案にふける人のようすのたとえ。＊洒落本・倡客竅学問(1802)四「雨(アメ)ふりのにはつとり(鶏)を見るよふに、首をかしげて」

あめふり-あがり【雨降上】〖名〗降っていた雨があがること。雨あがり。＊童謡・おさうぢたうばん(1939)〈与田準一〉「雨ふりあがりのお天気に、くさとり虫とりうれしいな」発音アメフリアガリ〈標ア〉ア²

あめふり-かざま【雨降風間】〖名〗①風雨の強い日。＊滑稽本・浮世風呂(1809-13)二・上「いへ又、雨降風間(アメフリカザマ)には、転(ころ)んだり何角(なにか)致さぬで」＊英国孝子之伝(1885)〈三遊亭円朝〉三「車を挽いても雨降り風間(カザマ)には仕事がなく」②(雨が降るにつけ風が吹くにつけての意で)その時々。折々。あまふりかざま。＊雑俳・川傍柳(1780-83)三「雨ふり風間おもひ出す御帰路後」＊落語・松枝宿の子殺し(1890)〈三遊亭新朝〉「雨降風間(アメフリカザマ)には若い者を集てチョンガレ節抔をやるが旨へもんだヨ」方言雨降りや強風のために出漁できない日に、網の繕いなどをすること。東京都大島326 発音〈標ア〉メ

あめふり-ぐさ【雨降草】〖名〗植物「ひるがお(昼顔)」の異名。方言植物、ほたるぶくろ(蛍袋)。長野県南安曇郡469

あめふり-しょうがつ【雨降正月】〖名〗「あまいわい(雨祝)」に同じ。方言❶日照りの続いた後の降雨を喜んで、仕事を休みにすること。◇あめっぷりしょうがつ 埼玉県川越255 入間郡257 ❷雨が降ったために、仕事がなくなって休むこと。天気が続いて疲れたところ、雨のおかげで骨休めをすること。静岡県志太郡535 ◇あめふりどんたく 香川県小豆島829

あめふり-にわか【雨降俄】〖名〗遊郭で、両三日雨降りのため、または雨あがりで道が濡れているために俄狂言を休む夜、これに参加する男芸者が、屋台を引き出さずに屋内で、不意に蠟燭数本をつけて、当意即妙の俄を演じること。

あめふり-ばな【雨降花】〖名〗植物「ひるがお(昼顔)」の異名。＊物類称呼(1775)三「鼓子花 ひるがほ 陸奥及上野下野越後にて、あめふりばなと云」＊重訂本草綱目啓蒙(1847)一四・上・蔓草「ひるがほ〈略〉あめふりばな 仙台」方言植物。❶ひるがお(昼顔)。佐渡†084 青森県南部085 宮城県玉造郡116 秋田県131 山形県139 福島県062 栃木県198 埼玉県入間郡257 新潟県361 長野県469 ◇あめっぷりばな・あめばな 長野県北安曇郡469 ◇あめふりばんな 秋田県平鹿郡130 ◇あめふりあさがお〔雨降朝顔〕宮城県仙台市121 山形県139 栃木県198 群馬県多野郡246 東京都南多摩郡310 長野県469 ◇あめあさがお〔雨朝顔〕埼玉県北足立郡062 新潟県下越387 ◇あめうるばな 仙台†034 ❷はまひるがお(浜昼顔)。新潟県直江津市037 ◇あめふりあさがお 山形県飽海郡・北村山郡139 ❸こひるがお(小昼顔)。秋田県131 ◇あめふりあさがお 群馬県佐波郡242 ❹ぐんばいひるがお(軍配昼顔)。鹿児島県奄美大島964 ❺ほたるぶくろ(蛍袋)。上州妙義山†065 木曾†091 青森県三戸郡083 岩手県上閉伊郡097 宮城県玉造郡116 群馬県勢多郡236 長野県469 佐久493 ◇あめっぷりばな・あめっぷり 長野県469 ◇あまっぷり 山梨県南巨摩郡465 ◇あめっぽり・あまっぽり 長野県下伊那郡469 ◇あめっぷる 長野県上伊那郡469 ◇あめっぶり 長野県西筑摩郡491 ◇あまのばな 長野県北佐久郡485 ◇あめふりかっこ 岩手県気仙郡100 ❻たにうつぎ(谷空木)。岩手県釜石市036 新潟県中頸城郡036 長野県036 ◇あめっぷり 長野県上水内郡036 ❼うつぼぐさ(靫草)。山形県鶴岡市139 ❽むくげ(木槿)。山形県飽海郡139 ❾むらさきけまん(紫華鬘)。山形県鶴岡市・飽海郡139 ❿すみれ(菫)。秋田県北秋田郡054 ◇あめふりばなこ 秋田県仙北郡054 ⓫りんどう(龍胆)。群馬県山田郡240 ⓬きつねのぼたん(狐牡丹)。長野県下伊那郡492 ⓭たますだれ(玉簾)。◇あめふりそう〔雨降草〕三重県宇治山田市591 ⓮ごんずい(権萃)。◇あめふりのき〔雨降木〕長崎県壱岐島036 ⓯くまのみずき(熊野水木)。◇あめふりのき 長崎県平戸市036 ⓰きすげ(黄萱)。◇あまのばな 長野県北佐久郡485 ◇あまのはな 長野県佐久493 〔方言の補注〕❶と❺について。花をとってはねると雨が降る、花をとると雨が降る、花が咲くと雨が降る、雨降りの日によく花が咲く、梅雨の季節に花が咲くなどの諸説や言い伝えによる。語源説雨に濡れたさまがひときわ美しいところから。一説に飴売花から。花の形が飴売のチャルメラ笛に似ているので呼ばれた〔古今要覧稿〕。

あめふり-ぼし【雨降星】星の名。二十八宿の一つ。牡牛座の首星アルデバランを含む中央部。畢(ひつ)。あめふり。発音〈標ア〉リ

あめふり-ぼん【雨降盆】〖名〗「あまいわい(雨祝)」に同じ。《季・夏》方言富山県砺波398

あめふれ-ば【雨降―】枕 雨が降れば笠を取るということから、「笠取る」と同音の地名「笠取山」にかかる。＊古今(905-914)秋下・二六三「あめふればかさとり山のもみぢばは行きかふ人の袖さへぞてる〈壬生忠岑〉」

あめ-ぼう【水黽】〖名〗「あめんぼ(水黽)」に同じ。

あめ-ほうびき【飴宝引】〖名〗子供相手の飴売りが飴を賞品にして子供に引かせる福引き。《季・新年》＊雑俳・三尺の鞭(1753)「能ひ日和・あめ宝引も一里出る」＊随筆・賤のをだ巻(1802)「あめ宝引とて、辻々、橋際などに、初春あめやどもが〈略〉縄をいく筋も出して、だいだいをふんどんにして、あめを宝引にしたり」発音アメホービキ〈標ア〉ホ

あめ-ま【雨間】〖名〗⇩あまま(雨間)

あめ-まさり【雨勝】〖名〗雨が降るよりもはげしいこと。はげしく泣くようすをたとえていう。＊浄瑠璃・蟬丸(1693頃)道行「涙のしづくあめまさり、あめに

はあらでや、これの木々の木々の木葉がはらりほろり」っていること。

あめ-まじり【雨交】『名』雪や風などに雨がまじっていること。＊万葉(8C後)五・八九二「風まじり 雨ふる夜の 雨雑(あめまじり) 雪ふる夜は すべもなく〈山上憶良〉」＊他人の顔(1964)〈安部公房〉序「蜜をとかしたような雨まじりの風が」

あめ-ます【鯇鱒】『名』魚「あめのうお(鯇魚)①」に同じ。《季・秋》[方言]魚。❶びわます(琵琶鱒)。奈良県吉野郡685 ❷やまめ(山女)。周防†122 新潟県361 富山県016 徳島県811 [辞書]言海 [表記]鯇鱒

あめ-まだら【飴斑・黄斑】『名』牛の毛色が、飴色でまだらのあるもの。＊新撰字鏡(898–901頃)「犛 阿女万太良」＊観智院本名義抄(1241)「黄牛 アメウジ アメマタラ」[発音]〈標ア〉[マ] [辞書]字鏡・名義 [表記]犛(字)黄牛(名)

あめ-まんじゅう【飴饅頭】『名』近世の駄菓子の一種。白飴であんを包んで、くしや割り箸を刺したもの。

あめ-みおや【天御祖】『名』「あまつ(天)御祖(みおや)」に同じ。＊古語拾遺(嘉祿本訓)(807)「其の高皇産霊神(たかみむすひのかみ)の生(あ)れます女(みむすめ)の女(みな)を栲幡千々姫命(たくはたちぢひめのみこと)天祖(アメミヲヤ)天津彦尊(あまつひこのみこと)の母(いろは)なり」

あめ-みこ【天御子】『名』「あめみま(天孫)」に同じ。＊書紀(720)皇極四年六月(図書寮本訓)「豈、天孫(アメミコ)を以て鞍作に代へむや」

あめみことひらかすわけ-の-みこと【天命開別尊】天智天皇の名。

あめ-みま【天孫】『名』天つ神の子孫。あめみこ。あめみまご。てんそん。＊書紀(720)皇極四年六月(北野本訓)「豈、天孫(アメミマ)を以て鞍作に代へむや」

あめ-みまご【天孫】『名』「あめみま(天孫)」に同じ。＊書紀(720)神代上(丹鶴本訓)「汝が三はしらの神、宜しく道の中に降り居して、天孫(アメミマゴ)を助け奉りて、天孫の為に祭(いつか)れよ」

あめみや【雨宮】姓氏の一つ。[発音]〈標ア〉[メ]

あめ-めいげつ【雨名月】『名』「あめ(雨)の月」に同じ。《季・秋》

あめ-もよい【雨催】『名』「あまもよい(雨催)」に同じ。＊詞林三知抄(1532–55頃)上・雑「雨催 あめもよゐ 雨ふらんとする也」＊人情本・毬唄三人娘(1862–65)初・五回「憎き娘と怒るさへ、果は涙の雨催(アメモヨ)ひ」＊それから(1909)〈夏目漱石〉八「其夜は雨催(アメモヨヒ)の空が地面と同じ様な色に見えた」[発音]〈標ア〉[モ]〈京ア〉(モ)

あめ-もよう【雨模様】『名』雨が降りだしそうなようす。あまもよう。雨催(あまもよい)。＊朱雀日記(1912)〈谷崎潤一郎〉嵯峨野「雨模様の空が鼠色に曇って」＊浅草紅団(1929–30)〈川端康成〉一九「雨模様(アメモヤウ)の真暗な空だったわ」[発音]アメモヨー〈標ア〉[モ]〈京ア〉[モ]/(モ)

あめ-もよおし【雨催】『名』「あまもよい(雨催)」に同じ。＊落語・お節徳三郎連理の梅枝(1893)〈三代目春風亭柳枝〉「雨催(アメモヨホ)し故真の暗夜(やみ)、一寸先も見えませんからポカリと衝突(つきあた)った人が御坐ります」[発音]アメモヨーシ〈標ア〉[モ]

あめも-よに【雨―】『副』雨が間断なく勢いよく降るうちに。あまもよに。＊後撰(951–953頃)恋六・一〇一一「をとこのまで来で、ありありて雨の降る夜〈略〉月にだに待つほど多くすぎぬれば雨もよにこじと思ほゆるかな〈伊衡女いまき〉」＊元真集(966頃か)「ある所にて雨のうちの紅梅をしみて文つくり歌よむに 紅の梅の花がさあめもよにけふを惜しまず花ぞ散らまし」＊蜻蛉(974頃)下・天延元年「あめもよにあれば、すこし情ある心ちして、まちみる」＊源氏(1001–14頃)椎本「御使は、木幡(こはた)の山のほども、あめもよに、いとおそろしげなれど」[語誌]平安中期から鎌倉初期にかけて和歌を中心に用いられた。「雪もよに」「汗もよに」の形もある。「雨も夜に」「雨催ひに」の説もあるが、「よ」は、雨・雪・汗が水に関わること、この語の見える和歌の詞書に「雨のいたうふりける夜」「雨のいたうふる夕暮に」〔和泉式部続集‐上〕とあることから、水などが間断なく注ぎ、流れ落ちる意の副詞「よよ」の略と思われる。

あめ-もり【雨漏】『名』「あまもり(雨漏)」に同じ。＊洒落本・契情実之巻(1789–1801)一「たのむ木の間に雨漏(アメモリ)し、心して神も仏もなんのその」

あめ-や【飴屋】『名』飴をつくり、あるいは売る家。また、その行商人。飴売り。＊俳諧・鶴のあゆみ(1735)「鵙(もず)の一声夕日を月にあらためて〈文鱗〉 糺(ただす)の飴(アメ)屋秋さむきなり〈李下〉」＊雑俳・柳多留‐二九(1800)「売れるほど飴屋は頬をふくらかし」＊田舎教師(1909)〈田山花袋〉八「頭に番台を載せて、上に小旗を無数にヒラヒラさしたあめ屋が太鼓を面白く叩きながら遣って来る」[方言]虫、あめんぼ(水黽)。静岡県庵原郡・賀茂郡521 [発音]〈標ア〉[0]〈京ア〉[0]

あめや-かんぞう『名』昆虫「あめんぼ(水黽)」の異名。＊重訂本草綱目啓蒙(1847)三八・湿生「水黽〈略〉しほ 高田、あめやかんざう 共、同上、新潟、加州」

あめ-やすみ【雨休】『名』雨が降った日にとる休み。雨降り盆。雨祝(あまいわい)。《季・夏》＊俳諧・季寄新題集(1848)夏「六月〈略〉雨祝 雨やすみ」[発音]〈標ア〉[ヤ]

あめや-の-おかつ『名』昆虫「あめんぼ(水黽)」の異名。＊重訂本草綱目啓蒙(1847)三八・湿生「水黽〈略〉あめやのおかつ 同上、小倉」

あめや-ぶし【飴屋節】『名』飴屋が売り歩く時にうたった唄。鉦(かね)や太鼓に合わせてうたう。近世には土平節(明和)、あんけらこんけら節(安永)、玄女節(寛政)、勇節(文化)、よしこの節、かんかん節(文政)など種々あり、明治時代は「よかよか飴屋のかかなれば…」というのがもっぱらうたわれた。＊歌舞伎・滑稽俄安宅新関(1865)「きのふ三人抱(かか)へしは、ラッパの音にすててこ踊り 又一昨日の五人の者は、どんどこせいの飴屋節(アメヤブシ)」

あめ-やま【天山】『名』天や山のように高いこと。転じて副詞的に用い、大いに、はなはだ、の意。「あめやまかたじけなし」の形で使われることが多い。＊平家(13C前)四・源氏揃「湛増は平家の御恩を天やまとかうむったれば、いかでか背きたてまつるべき」＊サントスの御作業(1591)二・パトリアルカジョセフ「ヲイタルチチガ ウレシサワ ame yamatotemo (アメ ヤマトテモ) ナヲ アサシ」＊日葡辞書(1603–04)「Ameyama (アメヤマ) カタジケナイ」＊仮名草子・竹斎(1621–23)上「我が身の眼(まなこ)を明(あき)らかにして給り候事は、あめ山忝(かたじけ)なくは候へども、今は却りて恨(うらめ)しく候」＊浄瑠璃・朝長(1637)三「ともなか殿の御をんしゃう、雨山にかうむりて」＊浄瑠璃・心中二つ腹帯(1722)二「お二人様をば誠の親より大切に思ひまゐらせ候〈略〉今迄の御憐み、天山(アメヤマ)忝く思ひまゐらせ候」[辞書]日葡

あめや-やき【阿米屋焼】『名』永正年間(一五〇四～二一)、中国、明の帰化人、阿米屋(初名阿米也)宗慶の造った楽焼き。

あめ-ゆ【飴湯】『名』①水飴を湯に溶かし、少量の肉桂を加えたもの。腹の薬、また、暑気払いによいとして、夏の飲料とされ、水泳で冷えた体を温める場合などにも用いられた。《季・夏》＊随筆・塵塚談(1814)下「飴湯の事、小児には忌べき物也」＊東京年中行事(1911)〈若月紫蘭〉六月暦「夏の暑い日に冷たいものを飲むと云ふよりも、寧ろ暑いものを飲むと云ふ風が有って、麦湯とか、甘酒とか、飴湯(アメユ)とか云ふやうなものが一般に用ひられた」＊川端茅舎句集(1934)夏「飴湯のむ背に負ふ千手観世音」②「あめゆうり(飴湯売)」の略。《季・夏》[方言]くず粉に黒砂糖を混ぜ、水に溶いて煮たもの。温かいうちに生薑(しょうが)を入れて飲む。香川県829 [発音]〈標ア〉[0]

あめゆ-うり【飴湯売】『名』飴湯を売ること。また、その人。天秤棒(てんびんぼう)で、釜と箱とをになって、夏季に売り歩いた。あめゆ。《季・夏》＊痩せた花嫁(1925)〈今東光〉「港見物の田舎者や、油をうってゐる小僧や、飴湯売りの老人や、供待ちの車夫や、異人相手の淫売婦などが」

あめ-ゆき【雨雪】『名』[方言]⇩あまゆき(雨雪)

あめ-よこ【飴横】(「あめやよこちょう(飴屋横丁)」の略。ふつう「アメ横」と書く) 東京都台東区、JR上野駅と御徒町(おかちまち)駅間の商店街の通称。第二次大戦後、闇市が開かれ、芋飴を売る店やアメリカ進駐軍の放出物資、横流し品を扱う店が多かったところからの称。現在は外国製品や食料品などの店が多い。[発音]〈標ア〉[0]

あめ-よろこび【雨喜】『名』日照りが長く続いて困っているとき降る雨。《季・夏》

あめよろず-くによろず【天万国万】『連語』万事に立派な。固有名詞に付ける賞辞の一つ。＊書紀(720)顕宗即位前・歌謡(図書寮本訓)「市辺の宮に 天下治(しら)しし 天万(アメヨロヅ)国万(くによろづ) 押磐尊(おしはのみこと)の 御裔(みあなすゑ) 僕(やっこ)らま」

あめよろずとよひ-の-みこと【天万豊日尊】孝徳天皇の名。

アメラカ-つけぎ【―付木】『名』(アメラカはアメリカのなまりか) マッチの異称。[方言]◇あめらかとも。秋田県河辺郡134

アメ-ラグ『名』(洋語 American rugby (「アメリカのラグビー」の意)から) 「アメリカンフットボール」をいう俗称。[発音]〈標ア〉[0]

あめ-らくしょ【雨落書】『名』特定の人物を犯人として指摘した誓約書。落書起請の一種で、公正無私に記すことを神に誓ったことから無想落書ともいった。＊東大寺文書‐(年月日未詳)(南北朝)盗人罪科記録「雨落書五通以上、若雖レ為二一通一有二分明之実証一者」

あめらん『名』最初であること、初めてであることをいう、賭博者仲間の隠語。〔隠語全集(1952)〕

あ-・めり『連語』(動詞「あり」の連体形に推量の助動詞「めり」がついた「あるめり」の撥音便形「あんめり」の「ん」が表記されなかった形) あるように見える。あるらしい。＊竹取(9C末‐10C初)「かばかり心ざしおろかなる人々にこそあめれ」＊蜻蛉(974頃)上・康保元年「けがらひもひとつにしなしためれば、おのがじし、ひきつぼねしつつあめるなかに」＊源氏(1001–14頃)帚木「親などたちそひ、もてあがめておひさきこもれる窓のうちなる程は、ただかたかどを聞きつたへて、心をうごかす事もあめり」[発音]〈標ア〉[メ]

アメリカ【亜米利加・亜墨利加】(America) [一]南北アメリカ大陸の総称。米州。＊解体新書(1774)一「分レ之為二四大州一。一云二亜斉亜一。二云二欧羅巴一。三云二亜弗利加一。四云二亜墨利加一」＊和蘭天説(1795)凡例「二百九十年始めて見出したる地を亜墨利加(アメリカ)洲にして、南北に国あり、是にて四大洲なりしを」＊西国立志編(1870–71)〈中村正直訳〉八・二六「迫(せま)りて人を船に乗せて、亜墨利加(アメリカ)に送り、人種を植う」＊文明論之概略(1875)〈福沢諭吉〉一・二「今世界の文明を論ずるに、欧羅巴(ヨーロッパ)諸国並に亜米利加(アメリカ)の合衆国を以て最上の文明国と為し」[二]アメリカ合衆国の略称。米国。＊古道大意(1813)下「オロシヤ、アメリカなど云ふ、殊の外大きなる国が数々有って」＊新聞雑誌‐一五号・明治四年(1871)一〇月「『英吉利(イギリス)』『白耳義(ペルギ

ー)』『仏蘭西(フランス)』『合衆国(アメリカ)』等」 ＊造化妙々奇談(1879)〈宮崎柳条〉一「英国(イギリス)及び花旗(アメリカ)に於て」 ＊わかれ(1898)〈国木田独歩〉「先づ亜米利加に遊ぶべし」 ㊁〘名〙①被告人が不在のまま下される判決をいう、盗人仲間の隠語。アフリカ。〔隠語輯覧(1915)〕 ②(アメリカを「米国」などというところから) 米をいう、闇屋仲間の隠語。〔隠語全集(1952)〕 語誌(1)「アメリカ」という名称は、イタリアの探検家アメリゴ=ベスプッチ(Amerigo Vespucci)のラテン名 Americus Vespucius にちなみ、ドイツの地理学者ミュラーが命名したもの。(2)「坤輿万国全図」にある「亜墨利加」は一九世紀までに広く用いられており、「亜米利加」は一九世紀中頃から見える。ほかに「亜美利加」「阿米利加」などの表記もあった。一方、「メリケン」系の表記として「新訂外蕃旗譜」の「米利幹」、「航米日録-五」の「米利堅」などがあり、いずれも一九世紀の中頃から見られる。また、国名として「合衆国」、更に旗の模様から来た「花旗国」の呼称もある。 方言❶植物、オクラ。 新潟県一部030 ◇あめりかろねり 岡山県一部030 ❷植物、やまゆり(山百合)。 島根県江津市725 ❸植物、まつばぼたん(松葉牡丹)。 ◇あめりかひょお 山形県東置賜郡・西置賜郡139 ◇あめりかぼたん〔ー牡丹〕 山形県東田川郡139 新潟県361 ❹植物、ひめじょおん(姫女苑)。 ◇あめりかぐさ〔ー草〕 大分県直入郡964 ❺すべて欧米人をいう。 青森県上北郡082 発音〈標ア〉0 〈京ア〉0

アメリカーナ-ひゃっかじてん【アメリカーナ百科事典】(Encyclopedia Americana) アメリカの百科事典。一八二九〜三三年、フランシス=リーバーがドイツの「ブロックハウス百科事典」を基に編集。 発音〈標ア〉カ

アメリカ-アリゲーター〘名〙(英 American alligator から) ワニ目アリゲーター科の爬虫類。北アメリカ東南部に分布し、冬眠することもある。全長約五・四メートルに達する。保護策が功を奏し、現在最も個体数の多い種類のワニとみなされている。ミシシッピワニ。学名は Aligator mississippiensis 発音〈標ア〉ゲ

アメリカ-ありたそう【ー有田草】〘名〙「ありたそう(有田草)①」の異名。 発音アメリカアリタソー〈標ア〉0

アメリカ-いも【ー芋】〘名〙サツマイモの栽培品種のうち、江戸末期から日本で栽培されていた品種に対し、新たに明治になってアメリカから入った品種。芋は主に白色で、収量も多く、後に在来品種と交配され、多数の品種が作られた。 方言植物。❶さつまいも(薩摩芋)。 岡山県邑久郡761 広島県江田島771 香川県826 愛媛県840 高知県長岡郡869 ❷ジャガいも(ー芋)。 山口県大島057 ❸きくいも(菊芋)。 秋田県一部030 山形県西置賜郡139 福島県一部030 発音〈標ア〉カ

アメリカ-インディアン〘名〙(英 American Indian から)《アメリカ-インデアン》 南北アメリカ大陸に住む、エスキモー、アレウトなどを除く先住民の総称。「インディアン」はコロンブスがアメリカ大陸をインドの地と誤認したところからの称。現在では「ネイティブアメリカン」(Native American)と呼ばれることが多い。人種的にはモンゴロイド(黄色人種)に属し、新生児の臀(でん)部には蒙古斑(もうこはん)がある。目、毛髪は黒い。洪積世(こうせきせい)末期の氷期にベーリング海峡を経てアジア大陸から移動したものと考えられる。形態的特徴によりいくつかに分類される。インディアン。 発音〈標ア〉イ

アメリカインディアン-しょご【ー諸語】〘名〙北アメリカ、中央アメリカ、南アメリカ(西インド諸島をふくむ)の先住民であるインディアン(あるいはインディオ)の言語の総称。類型的にはきわめて多様な言語をふくむ。系統的にもこれは一つの語族をなすというにはほど遠く、北アメリカだけでも、三〇の語族とこれにほぼ同数の系統関係不明の孤立言語がある。この系統的多様性はラテンアメリカも大同小異である。また、死滅したあるいは死滅の危機に瀕している言語も多い。 発音アメリカインディアンショゴ〈標ア〉ショ

アメリカ-えいご【ー英語】〘名〙(英 American English の訳語) アメリカ合衆国で話されている英語。また、その各方言。イギリス英語と本質的には同じだが、発音、単語に多少の相違があり、つづりが簡略化される傾向がある。東部、南部、西部の三方言に分かれる。 発音アメリカエイゴ〈標ア〉エ

アメリカ-おだまき【ー苧環・ー小田巻】〘名〙キンポウゲ科の多年草。ヨーロッパ原産の栽培種。高さ約六〇センチメートル。茎、葉ともに細毛が密生する。初夏、紫、青または白色の花が下向きに咲く。園芸品種には赤、淡紅色、絞りなどがある。 学名は Aquilegia vulgaris ＊日本植物名彙(1884)〈松村任三〉「アメリカヲダマキ」 発音〈標ア〉ダ

アメリカ-がくは【ー学派】〘名〙(英 American school の訳語) 経済学の学派の一つ。一八二〇〜六〇年頃、アメリカにおいて、レーモンド、リスト、レー、ケアリーなどによって説かれた国民主義的な経済学。アメリカ産業資本の確立のため、国内市場の保護、開発政策を主張した。 発音〈標ア〉ガ

アメリカ-がっしゅうこく【ー合衆国】(英 United States of America の訳語) 北アメリカ大陸にある連邦共和国。大陸中部の四八州に、アラスカ、ハワイを加えた五〇州と一首都地区(コロンビア特別区)からなる。首都ワシントン。一五世紀末大陸発見以来、ヨーロッパ諸国により植民地化。一七七六年、一三のイギリス植民地が革命後に独立を宣言。一七八三年独立が承認された。米国。 発音アメリカガッシューコク〈標ア〉シュ 〈京ア〉0=シュ

アメリカ-ご【ー語】〘名〙英語。またはアメリカ合衆国で話されている英語。米語(べいご)。 ＊真理の春(1930)〈細田民樹〉森井コンツェルン・二六「流暢なアメリカ語(ゴ)で道化役を勤めてゐるのは、例の中岡左内であった」 発音アメリカゴ〈標ア〉0

アメリカ-ごけ【ー後家】〘名〙①夫がアメリカ合衆国へ出稼ぎに行っていて、あとに残された妻。〔辞林(明治四四年版)(1911)〕 ＊新らしい言葉の字引(1918)〈服部嘉香・植原路郎〉「アメリカ後家 夫がアメリカに出稼ぎ中内地に留ってゐる妻をいふ」 ②出稼ぎ人の妻。また、夫と別居している妻。〔東京語辞典(1917)〕 発音〈標ア〉カ

アメリカ-ごま【ー胡麻】〘名〙植物「とうごま(唐胡麻)」の異名。

アメリカ-ゴロ【ー呉絽】〘名〙(「ゴロ」は「ゴロフクレン」の略) 毛織物の一種。幕末から明治にかけて、アメリカから盛んに輸入されたところからいう。→ゴロフクレン。 ＊歌舞伎・神有月色世話事(縁結び)(1862)「それエ元手にあめりか呉絽の帯屋でも初めべい」 発音〈標ア〉カ ゴ

アメリカ-さつまいも【ー薩摩芋】〘名〙「アメリカいも(ー芋)」に同じ。

アメリカ-ざりがに【ー蝲蛄】〘名〙アメリカザリガニ科に属するエビの一種。淡水産。アメリカ合衆国から食用ガエルのえさとして輸入されたものが、本州各地の水田、川、沼などに繁殖した。体色は赤黒色または土色で、大きなはさみを持つ。ジストマ類の中間宿主ともなる。えびがに。学名は Procambarus clarkii 発音アメリカザリガニ〈標ア〉リ[2]

アメリカ-しろひとり【ー白灯蛾】〘名〙ヒトリガ科のガ。北アメリカの原産で、第二次大戦後日本に侵入。幼虫はクワ、サクラ、プラタナスなど植物の葉を食害する。はねには白地に褐色の小斑点があり、五〜六月と八月頃の二回、市街地の街路樹に多く発生する。本州から九州に分布する。学名は Hyphantria cunea 発音〈標ア〉ヒ

アメリカ-じん【ー人】〘名〙アメリカ合衆国の国籍を持つ人。 ＊西洋道中膝栗毛(1870-76)〈仮名垣魯文〉四・下「楼上(にかい)にゐる亜墨利迦人(アメリカジン)の女房(かかア)は、がうぎに美麗(うつくしい)ぜ」 ＊三四郎(1908)〈夏目漱石〉七「丁度亜米利加人(アメリカジン)の金銭に対して露骨なのと」 発音〈標ア〉カ 〈京ア〉カ

アメリカ-すぎ【ー杉】〘名〙①ヒノキ科の常緑大高木。北アメリカ西部の海岸地方の原産で、カナダのバンクーバーに多い。高さ六〇メートル、直径四メートルに達する。樹冠はとがった円錐形。樹皮は赤褐色で薄く鱗状(りんじょう)にはげる。葉は卵形の鱗片状で先がとがり暗緑色をしているが、冬には黄褐色になる。材は暗褐色で、建築、土木、器具用とする。あかすぎ。米杉(べいすぎ)。学名は Thuja plicata ②スギ科の大高木セコイアの異名。 発音アメリカスギ〈標ア〉カ

アメリカ-すずかけのき【ー篠懸木】〘名〙スズカケノキ科の落葉高木。北アメリカ原産。庭木や街路樹として栽植される。高さ五〇メートルに達する。スズカケノキに似ているが葉の切れ込みが浅く樹皮ははげない。初夏、淡黄緑色の小花が多数集合して直径約二・五センチメートルの球状に咲く。果実は細長く、多数集合した小球形で、この球状果序が長柄の先に一個だけつく点もスズカケノキと異なる。ボタンのき。学名は Platanus occidentalis 発音〈標ア〉キ

アメリカスペイン-せんそう【ー戦争】(アメリカ-スペインは America-Spain) 一八九八年、キューバの独立運動を契機に起こったアメリカ合衆国とスペインとの戦争。アメリカが勝利を収め、パリ条約によって、プエルトリコ、グアムおよびフィリピンを得、キューバは保護領となる。米西戦争。 発音アメリカスペインセンソー〈標ア〉セ

アメリカ-すもも【ー李】〘名〙方言植物、せいようすもも(西洋李)。 新潟県一部030 ◇あめりかもも〔ー桃〕 福岡県一部030 鹿児島県一部030

アメリカ-せんだんぐさ【ー棟草】〘名〙キク科の一年草。北アメリカ原産で、帰化植物として各地の路傍や空地にきわめてふつうに生える。高さ約一メートル。茎はやや四角柱状で暗紫色を滞びる。葉は対生し、三出ないし二回三出複葉で、小葉は長さ六センチメートル内外の披針形で鋸歯(きょし)がある。九〜一〇月、葉の上部で多く枝を出し、先端に頭花をつける。長さ約一センチメートルの総苞片が七〜一〇枚あって放射状に開き、中心に長さ約七ミリメートルの黄色の花が集まっている。果実は長さ六〜一三ミリメートルの扁平なくさび形で先端に二本の鋭い突起があり、突起には微小な逆刺があるため、果実が動物や衣服に付着することが多い。せいたかたうこぎ。学名は Bidens frondosa

アメリカ-そう【ー草】〘名〙植物「まつばぼたん(松葉牡丹)」の異名。 方言三重県宇治山田市591 島根県出雲725 山口県阿武郡794

アメリカ-だちょう【ー駝鳥】〘名〙南アメリカ特産のダチョウに似た鳥。レア。 発音アメリカダチョー〈標ア〉ダ

アメリカ-タバコ【ー煙草】〘名〙(洋語 英 America＋ポルトガル tabaco) アメリカ製のタバコ。 ＊満韓ところどころ(1909)〈夏目漱石〉三五「脂(やに)の強い亜米利加煙草(アメリカタバコ)を吹かしてゐた」 発音〈標ア〉タ

アメリカ-つけぎ【ー付木】〘名〙方言昔の火つけ木に対してマッチのこと。 青森県南部085 秋田県平鹿郡130 山形県置賜139 福島県安積郡050 新潟県371 高知県長岡郡869

アメリカ-でいご【ー梯姑】〘名〙マメ科の高木。ブラジル原産で、日本では観賞用として栽植される。幹

は高さ二メートルくらいだが、熱帯では一三メートルに達する。枝と葉に刺があり、葉は柄が長く、長楕円形の三小葉からなる。春、蝶形で濃紅色の美しい花が咲く。海紅豆(かいこうず)。学名は Erythrina crista-galli

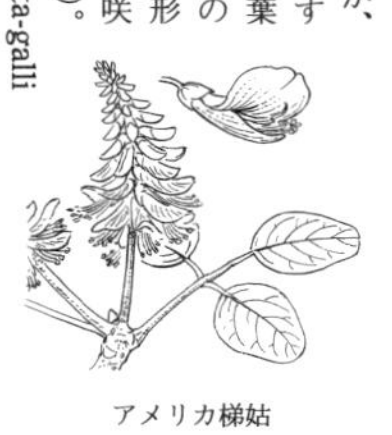
アメリカ梯姑

アメリカ-どくりつかくめい【―独立革命】 一七七五から八三年にかけて、アメリカの一三の植民地がイギリスの支配から独立を達成し、共和制国家を建設した革命。アメリカ独立戦争。発音アメリカドクリツカクメイ〈標ア〉カ2

アメリカナイズ〘名〙(英 Americanize)アメリカ合衆国風、アメリカ合衆国的にすること。米国化すること。＊アルス新語辞典(1930)〈桃井鶴夫〉「アメリカナイズ 英 Americanize 米国化する。思想又は動作がアメリカかぶれすることをいふ」＊鉛筆ぐらし(1951)〈扇谷正造〉新聞学校カリキュラム「日本人は、まだ、そこまで日常生活がアメリカナイズ(米国化)されてないんだ」発音〈標ア〉ナ〈京ア〉メナ

アメリカ-なすび【―茄子】〘名〙方言 植物、トマト。山口県大島801 ◇あめりかなす 山梨県一部030 岡山県一部030

アメリカ-なでしこ【―撫子】〘名〙ナデシコ科の多年草。ヨーロッパ原産で観賞用に栽培され、日本へは江戸末期に渡来した。高さ三〇〜六〇センチメートル。初夏、直径一センチメートルほどの紅色で中心の濃い花が茎の頂にたくさん集まって咲く。ひげなでしこ。びじょなでしこ。スウィート-ウィリアム。学名は Dianthus barbatus ＊日本植物名彙(1884)〈松村任三〉「アメリカナデシコ」発音〈標ア〉テ

アメリカニズム〘名〙(英 Americanism)①アメリカ合衆国精神。米国風。アメリカ人気質。＊紐育(1914)〈原田棟一郎〉二一「それまでは事々に倫敦巴里(ロンドンパリー)を真似たものが、其の頃より漸次アメリカニズムを発揮し出した」＊或る女(1919)〈有島武郎〉後・三〇「僕は旅行の用意は何等(なんら)してゐなかったが、ここにアメリカニズムがあるのだと思ってそのまま同行する事にしました」＊暗黒日記(1954)〈清沢洌〉昭和一八年七月一〇日「そこへ京都派の哲学者の座談会があって、それが気に入らず、また清水幾太郎のアメリカニズムの研究その他が悪い」②アメリカ合衆国びいき。親米主義。＊外来語辞典(1914)〈勝屋英造〉「アメリカニズム(Americanism)〔英〕(一)米国贔屓」発音〈標ア〉ニ〈京ア〉メニ

アメリカ-にんじん【―人参】〘名〙ウコギ科の多年草。北アメリカに生えるチョウセンニンジンとの近縁種。北アメリカやカナダの西部地方で栽培し、ニンジンの代用品として中国に輸出している。カントンにんじん。学名は Panax quinquefolium 発音〈標ア〉ニ

アメリカ-ねり〘名〙植物「オクラ」の異名。方言 秋田県一部030 埼玉県一部030 富山県一部030 岐阜県一部030 鳥取県一部030 岡山県一部030

アメリカ-ひこぞう【―彦蔵】 ⇩はまだひこぞう(浜田彦蔵)

アメリカ-ひのき【―檜】〘名〙ヒノキ科の常緑大高木。北アメリカ西部の山地に生える。高さ五〇メートル、直径一・七メートルに達する。葉は鱗状(りんじょう)で小さく、樹冠は狭円錐形。材質はヒノキに似て、土木、建築、家具材に用いる。米檜(べいひ)。学名は Chamaecyparis nootkatensis 発音〈標ア〉ヒ

アメリカ-ふう【―風】〘名〙アメリカの趣があること。アメリカ式。＊牛肉と馬鈴薯(1901)〈国木田独歩〉「矢張上村君の亜米利加風(アメリカフウ)の家は僕も大判の洋紙に鉛筆で図取(づとり)までしました」＊星座(1922)〈有島武郎〉「亜米利加風の規模と豊富だった木材とがその長屋を岩丈な丈け高い南京下見(したみ)の二階家に仕立てあげた」発音アメリカフー〈標ア〉0

アメリカ-ふよう【―芙蓉】〘名〙アオイ科の多年草。アメリカ南部の沼地に野生し、園芸種として栽培される。茎は高さ二〜二・五メートルになるが、冬、地上部は枯れる。葉は卵形で先がとがり、長い柄がある。夏、茎の上部の葉腋に長柄のある直径約一二センチメートルの淡紅色の大輪の花を開く。学名は Hibiscus moscheutos 発音アメリカフヨー〈標ア〉フ

アメリカ-ぼうふう【―防風】〘名〙セリ科の一、二年草。ヨーロッパおよびシベリアの原産で根や若葉を食用とするため栽培される。高さ約一メートル。夏、黄色い小さな花が傘状に集まって咲く。パースニップ。学名は Pastinaca sativa 発音アメリカボーフー〈標ア〉ボ

アメリカ-ぼたん【―牡丹】〘名〙方言 ⇩アメリカ

アメリカ-まつ【―松】〘名〙マツ科の常緑大高木。高さ一〇〇メートル、直径一三メートルに達する。枝は水平に出て、長さ約二・五センチメートルの葉を二列につける。建築材または鉱山の支柱材にする。アメリカ東部および西部に産する。米松(べいまつ)。ダグラスもみ。アメリカとがさわら。学名は Pseudotsuga menziesii 発音〈標ア〉カ

アメリカ-メキシコ-せんそう【―戦争】(アメリカ-メキシコは America-Mexico)一八四六年、アメリカ合衆国テキサス州とメキシコとの境界紛争が原因で勃発した戦争。一八四八年、アメリカは勝利を収め、カリフォルニアに至る地域を領有。米墨戦争。発音アメリカメキシコセンソー〈標ア〉セ

あめりかものがたり【あめりか物語】 短編小説集。二四編。永井荷風作。明治四一年(一九〇八)刊。主としてアメリカ遊学中に書かれたもので、荷風の移動に沿った旅行記風のものと創作とがある。発音アメリカモノガタリ〈標ア〉ガ

アメリカ-らくだ【―駱駝】〘名〙「ラマ」に同じ。発音〈標ア〉ラ

アメリカ-わに【―鰐】〘名〙ワニ目クロコダイル科の爬虫類。北アメリカ南端部から南アメリカにかけて分布する。全長三・七〜七メートルに達する。アメリカアリゲーターよりも吻(ふん)がとがり、色彩が淡い。発音〈標ア〉カ ワ

アメリカン(英 American)㊀〘語素〙他の外来語の上について、「アメリカ合衆国の」「アメリカ合衆国式」「アメリカ合衆国風の」の意の複合語をつくる。「アメリカンフットボール」＊俘虜記(1948)〈大岡昇平〉労働「日本人がアメリカン-スタイルの理髪を行ふのを珍らしがり」㊁〘名〙①「アメリカじん(―人)」に同じ。＊舶来語便覧(1912)〈棚橋一郎・鈴木誠一〉「アメリカン 亜米利加人 American(英)」②「アメリカンコーヒー」の略。発音〈標ア〉メ

アメリカン-コーヒー〘名〙(洋語 American coffee)豆を浅く炒り、薄めにいれたコーヒー。アメリカン。発音〈標ア〉コ ヒ

アメリカン-ドリーム〘名〙(英 American dream)アメリカの夢。米国建国の理想で、自由・平等・民主主義に立脚するもの。

アメリカン-フットボール〘名〙(英 American football)サッカーとラグビーから考案されたフットボール。競技時間は六〇分で一五分ずつの四クオーターからなり、攻撃と守備が明確に分かれている。一チームは一一名。全選手に体当たり攻撃でき、防具をつけることなどが特徴。一八七〇年頃アメリカに始まり、わが国には昭和九年(一九三四)に紹介された。米式蹴球。鎧(がい)球。アメフト。アメラグ。＊スポーツを語る(1932)〈鳩山一郎〉一「新興亜米利加の精神が、アメリカン・フットボールに依って養はれつつある事を知ったなら」発音〈標ア〉ボ

アメリカン-リーグ(英 American League)アメリカプロ野球の二大リーグの一つ。一九〇〇年結成。→ナショナルリーグ。発音〈標ア〉リ2

アメリゴ-ベスプッチ(Amerigo Vespucci)⇩ベスプッチ

アメリシウム〘名〙(英 americium)《アメリシューム》超ウラン元素の一つ。記号 Am 原子番号九五。原子量二四三。銀白色の金属で天然には存在せず、一九四九年、アメリカのシーボーグらが人工的につくった。発音〈標ア〉シ《シュ》

あ・める【饐】〘自マ下一〙食物が腐敗する。すえる。＊御国通辞(1790)飲食「すゑる あめる」方言❶飯や煮物などの食べ物が腐敗して酸味を帯びてくる。腐る。すえる。北海道065 松前050 青森県075 083 岩手県097 秋田県132 三重県586 ◇あめくさる 青森県三戸郡083 ❷緊張した気分がなくなって、だらける。ものごとが長引いて、疲れたり飽きたりする。北海道065 青森県津軽075 三戸郡083 ❸子供がむずかって泣く。◇あめくさるとも。青森県三戸郡083 ❹雨などのために行事が中止になる。青森県南部084 ❺仕事にあぶれる。三重県飯南郡590 ❻泥酔する。新潟県佐渡348 ❼果実などが熟さないうちに落ちる。新潟県西蒲原郡371 ❽野菜の苗などが、移植の時期を失したために育ち過ぎて長くなる。富山県砺波398 語源説 アメ(豆汁)を動詞に活用した語〔和訓栞〕。

あ・める〘自マ下一〙はげる。＊改正増補和英語林集成(1886)「Ame, ru アメル。アタマガ ameru(アメル)」方言❶頭がはげる。山形県庄内138 西置賜郡139 新潟県371 ❷衣類などの布地が、すり減って薄くなる。新潟県東蒲原郡368 ❸雪道が踏み固められて、鏡のように滑らかになる。新潟県361 ❹残しておく。余しておく。奈良県宇智郡683

アメン(Amen)エジプトの神「アモン」の異称。発音〈標ア〉ア

あめんた〘名〙方言 いただくこと。両手を重ねて額の前に差し上げる動作。筑前†128 ◇あめった 長野県南部(幼児語)062

あめんたばしょ〘名〙方言 ⇩あめ(飴)

アメンチア〘名〙(ラテン amentia)意識が錯乱してはっきりしない症状。精神錯乱。発音〈標ア〉メ

あめんど〘名〙昆虫「あめんぼ(水黽)」の異名。＊重訂本草綱目啓蒙(1847)三八・湿生「水黽〈略〉じゃうせん江州、しほんしほ あめんど 共同上、予州大洲」

あめんどう〘名〙昆虫「あめんぼ(水黽)」の異名。＊重訂本草綱目啓蒙(1847)三八・湿生「水黽 みづくも江戸〈略〉あめそ 薩州、あめんどう かはせんどう 共同上」方言 周防†122 薩摩†020 静岡県榛原郡521 島根県浜田市・江津市725

アメンドウ【巴旦杏】〘名〙(ポルトガル amendoa (単数) amendoas (複数))《アメンドース(複数形から)》①「アーモンド」に同じ。江戸時代、ポルトガルから渡来。現在では、英名のアーモンドが普通用いられる。＊大和本草批正(1810頃)地・一〇「からもも〈略〉〔あめんとうす〕巴旦杏は核のみ渡る。あんずの核より大にして、仁大きく生食すべし。からももの仁は桃の如し。食ふべからず」＊重訂本草綱目啓蒙(1847)二五・五果「巴旦杏 あめんどう あめんどうす」＊日本植物名彙(1884)〈松村任三〉「アメンドウ 扁桃」②植物「からもも(唐桃)」の異名。＊大和本草(1709)一〇「からもも 桃に似たり。筑紫にて、あめんたうすと云。されどもあめんたうすにはあらず。からももは京の方言也。是寿星桃なるべしと若水云へり」＊書言字考節用集(1717)六「寿星桃、アメンダウ又云婆淡杏」＊重訂本草綱目啓蒙(1847)二五・五果「巴旦杏〈略〉又別にあめんどうと云あり」

語誌 ↓「アーモンド」の語誌。 方言 植物。❶あんず(杏)。三重県一部030 ◇**あめんとうす** 筑紫†035 ❷あんず(杏)の一種。滋賀県東浅井郡・坂田郡606 ❸にほんすもも(日本李)。三重県一部030 熊本県一部030 ❹せいようすもも(西洋李)。三重県一部030 大分県一部030 ❺すもも(李)の一種。◇**あめんじょ** 奈良県吉野郡686 ❻いぬびわ(犬枇杷)。山口県阿武郡036 語源説 (1)ポルトガル語 amendoa より転じた〔磐水夜話・俚言集覧〕。(2)アメントウ(飴桃)の意〔名言通〕。 発音 アメンドー 〈標ア〉0 辞書 書言・ヘボン・言海 表記 寿星桃(書・ヘ) 巴旦杏(書)

あめんぼ【水黽・水馬】〘名〙アメンボ科の昆虫。体長約一一〜一五ミリメートル。体は黒褐色で細長く、腹面には銀色の毛が密生し水に濡れないようになっている。あしは三対あるが、うしろの二対はきわめて長く、池や沼の水面を滑走し、小昆虫を捕食する。捕えると水飴のにおいがするというところからいう。あめんぼう。あめ。かわぐも。あしたか。みずぐも。学名は Gerris paludum《季・夏》 *重訂本草綱目啓蒙(1847)三八・湿生「水黽〈略〉庄太郎 大洲、あめんぼ 共同上、吉田・讃州丸亀」 *落語・錦魚の御拝謁(1893)〈三代目三遊亭円遊〉「ウムー好(い)い衣物(きもん)だねへ。上着が水にアメンボの模様で鳥渡(ちょいと)高尚(ぢゃうひん)な拵へだな」 *童謡・五十音(1922)〈北原白秋〉「水馬(アメンボ)赤いな、ア、イ、ウ、エ、オ」 方言 虫、みずすまし(水澄)。東京都002 新潟県中越373 発音 〈標ア〉0

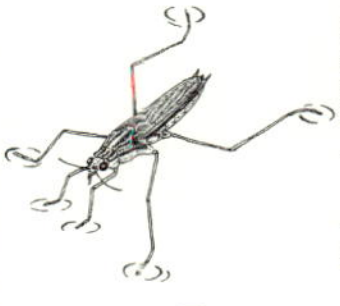
水 黽

あめんぼう【水黽・水馬】〘名〙昆虫「あめんぼ(水黽)」に同じ。《季・夏》 *雑俳・歌羅衣(1834-44)五「流見て涼し出茶屋にあめんぼう〈路蝶〉」 *俳諧・俳諧歳時記栞草(1851)夏・五月「水馬虫(すいはむし)〈略〉其身細長く五六分ばかりの黒き虫也。長さ四足あって身は水につかず。水上を駈るごとし。依て水馬と名つく。〈略〉一説に此虫味甘く、餳(あめ)に似たり。故に餳売。今江戸の方言にアメンボウといふ」 *生物学語彙(1884)〈岩川友太郎〉「Hydrometra 水黽(アメンボウ)属」 方言 虫、みずすまし(水澄)。東京都002 発音 アメンボー 〈なまり〉アメンドー〔島根〕 〈標ア〉0 辞書 言海

あめん-ぼう【飴棒】〘名〙①駄菓子の一種。堅い飴を棒状に作ったもの。 *歌舞伎・御摂勧進帳(1773)六立「此奴(こいつ)あめん棒でも貰ふやうに、首をたやすく遣られるものか」 *雑俳・柳多留-一五(1780)「もろこしのおんきょくでうるあめんぼう」 *俳諧・享和句帖-三年(1803)四月一一日「飴ん棒横に加へて初袷」 *門三味線(1895)〈斎藤緑雨〉四「上げたつもりで飴(アメ)ん棒(ボウ)でも買ふ事買ふ事と取合はず」 ②愚かな人。間抜け。 ③理髪店の看板として掲げる、赤白青の三色の螺旋(らせん)状にいろどった棒。 *吾輩は猫である(1905-06)〈夏目漱石〉九「状袋が紅白のだんだらで、飴ん棒の看板の如くはなやかなる真中に珍野苦沙彌先生虎皮下と八分体で肉太に認(したた)めてある」 ④文章などを、飴を延ばすようにむやみと長くすることをいう俗語。 *現代語大辞典(1932)〈藤村作・千葉勉〉「あめんぼう 飴ん棒 棒のやうな延ばした飴。又、文章などを無暗に引延ばすこと」 方言 つらら。茨城県051 栃木県197 群馬県230 埼玉県001 258 千葉県山武郡270 千葉郡275 東京都001 310 神奈川県高座郡・足柄上郡054 新潟県佐渡356 山梨県455 460 462 長野県上伊那郡(幼児語)012 諏訪481 ◇**あめんぼ** 栃木県河内郡051 埼玉県北足立郡062 入間郡257 千葉県山武郡270 新潟県佐渡351 長野県469 ◇**あめんぽう** 長野県東筑摩郡480 ◇**あめんぼろ** 新潟県佐渡350 ◇**あまんぼう** 埼玉県秩父郡054 山梨県461 ◇**あまんぼ** 福島県中部・南部155 埼玉県秩父郡251 発音 アメンボー 〈標ア〉0 〈京ア〉0 辞書 言海

アメンホテップ-よんせい【―四世】(Amenhotep Ⅳ) 古代エジプト第一八王朝の王(在位前一三七九〜前一三六二年)。太陽神アトンだけを強く信奉し、自らをイクナートン(アトンに愛される者)と改名し、アマルナを新たな主都とした。異端王とも呼ばれる。→アマルナ。 発音 〈標ア〉ホ=ヨ

あも【母】〘名〙上代語。母。おも。 *書紀(720)雄略二三年八月・歌謡「道に闘(あ)ふや 尾代(をしろ)の子 阿母(アモ)にこそ 聞えずあらめ 国には 聞えてな」 *万葉(8C後)二〇・四三八三「津の国の海のなぎさに船よそひ立(た)し出(で)も時に阿母(アモ)が目もがも〈丈部足人〉」 語誌 (1)「書紀‐歌謡」の例のほかは「万葉集」では防人歌に見えるところから、「おも」の古形が東国方言に残ったと見られる。(2)中央語「ちちはは」に対する「あもしし」あるいは「おもちち」は、母が先にくるところから、古代母系制の名残と見る説もある。 語源説 オモ(母)の転〔大言海〕。 発音 〈ア史〉平安・鎌倉○◐か

あも【餅】〘名〙もちをいう幼児や女性のことば。あんも。かちん。 *日葡辞書(1603-04)「Amo(アモ)。モチ」 *仮名草子・仁勢物語(1639-40頃)下・六八「歩(あゆ)み行て気草臥(くたび)れしにあも食ふと腹の減りたも住吉の浜」 *浄瑠璃・奥州安達原(1762)二「わが身の好(すき)の茶粥の中へ、餅(アモ)入れて焚いた程に、梅干に添へて、一口くややと母親の、詞に漸う枕を上げ」 *物類称呼(1775)四「餻 もち 和名もちひ。関西にて、あもと云。江戸にては小児に対して、あもといふ」 方言 ❶餡(あん)を中に入れたり、まわりにつけたりした餅(もち)。備後†124 島根県出雲062 ❷餅(もち)。江戸(小児語)†020 関西†020 京都†069 大坂†116 新潟県佐渡(幼児語)356 福井県遠敷郡428 大飯郡448 三重県585 586 600 滋賀県蒲生郡062 彦根609 京都府629 京都市632 大阪府泉北郡646 兵庫県062 666 669 奈良県(うるちともち米を合わせてついたもの)675 大和高田市062 吉野郡685 和歌山県690 島根県邇摩郡725 出雲726 広島県山県郡(幼児語)054 山口県793 福岡県小倉市874 大分県938 ❸団子。長崎県壱岐島050 語源説 (1)甘き義〔和訓栞〕。(2)関西でアモというのは、アンモチ(餡餅)の略〔俚言集覧・嬉遊笑覧〕。 辞書 日葡

あも〘名〙 方言 ❶男児の陰部。秋田県平鹿郡130 ❷稲架(はさ)を設ける時に両端に立てる柱。秋田県平鹿郡132 ❸蕨(わらび)やジャガ芋からでんぷんを取る時、沈殿したでんぷんの上にたまる黒いかすのようなもの。青森県上北郡082 三戸郡083 ❹犬などが食いつくこと。幼児語。長崎市906

アモイ【廈門】中国福建省南部の廈門島にある地名。付近の島々とともに元、明代には海賊、倭寇(わこう)の根拠地となり、また鄭成功(ていせいこう)の根城ともなった。南京条約により開港。シアメン。 発音 〈標ア〉ア

あ-もう【阿蒙】〘名〙(「阿」は親しんでいう語。「蒙」は人名。呂蒙(りょもう)の故事による) 進歩のない人物。学識のない、つまらぬ者。→呉下(ごか)の阿蒙。 *薩長土肥(1889)〈小林雄七郎〉結論「戊辰以来薩長土肥が丘垤視し阿蒙視したる政治社会は、仰ぎ見る許りなる峻嶺と為り」

あも-うど【海人】〘名〙(「あまうど」の変化した語) ⇨あまびと(海人)

あもお〘名〙 方言 ⇨あもこ

あもかい〘名〙家畜を盗むこと、また、その犯人をいう、盗人仲間の隠語。〔隠語輯覧(1915)〕

あも-かさね【餅重】〘名〙(「あも」は、餅の幼児、女性語) 重ね餅のように、二人が重なり倒れること。 *浄瑠璃・蛭小島武勇問答(1758)三「あご突上れば、ぱたぱたぱた、追れてどっこい片家の土俵とまる所を、ちょんかけな、あも重ねとぞ見へにける」

あも-がみ【―神】〘名〙天神のことか。 *俳諧・玉海集(1656)四・冬「あも神の宮笥やきねにうけら餅〈元知〉」

あ-もく【亜目】〘名〙生物の分類学上、必要に応じて目の下に設けられる分類単位。 発音 〈標ア〉ア 〈京ア〉ア

あもこ〘名〙 方言 ❶怪物。お化け。幼児語。青森県南部082 岩手県二戸郡040 ◇**あもんこ** 岩手県岩手郡089 ◇**あんもおこ・あんもおじいこ** 岩手県九戸郡088 ◇**あもじこ** 岩手県087 ◇**あもお** 熊本県球磨郡054 ◇**あもじょ** 長崎市906 ◇**あもじょお** 長崎県壱岐島914 ❷信用の置けない人。 ◇**あも・あもお**とも。青森県三戸郡083 〔方言の補注〕「あ」は感嘆詞、「もこ」は「蒙古」で、蒙古の来襲以来、怖いものの代名詞となったという〔教育適用南部方言集〕。

あも-こうせん(カウセン)【―香煎】〘名〙蕨(わらび)の繊維をさらして粉をとり、それをこがして香煎としたもの。 *随筆・兎園会集説(1825頃)奥州南部癸卯の荒饑「あも香煎(是は蕨の屑を叩き、晒粉を取り申し候糟をささめといふ。細かなるをあもと言ふ由)」 方言 でんぷんを取ったかすを粉にして香煎にしたもの。凶作時の食糧とした。青森県三戸郡083

あもし-ぎ【余木】〘名〙(もてあます木の意) 枝が広がり節などが多くて、用材とならない木をいう山ことば。秋田、山形地方でいう。

あも-しし【母父】〘名〙(「しし」は「ちち(父)」の変化した語) 父母、の意の上代東国方言。両親。おもちち。→母(あも)。 *万葉(8C後)二〇・四三七六「旅ゆきに行くと知らずて阿母志々(アモシシ)に言申さずて今ぞ悔しけ〈川上老〉」 *万葉(8C後)二〇・四三七八「月日(つくひ)よは過ぐは往(ゆ)けども阿母志々(アモシシ)が玉の姿は忘れ為(せ)なふも〈中臣部足国〉」

あもしっぺい〘名〙オットセイの子。 *俳諧・毛吹草(1638)四「胡獱(とど) ねっふ あもしっへい 膃肭臍(おっとせい)」 *和漢三才図会(1712)三八「膃肭臍(ヲットセイ)〈略〉其小者名二阿毛悉平(アモシッヘイ)一虚寒人食二其肉一暖二腰足一松前人以為二美饌一」

あもじゃ〘名〙 方言 虫、じむし(地虫)。 ◇**あもじょ**とも。熊本県玉名郡929 ◇**あもおじゃ** 久留米†127 ◇**あもじょお** 長崎県壱岐島914

アモスしょ【―書】(原題 ラテン Amos)「旧約聖書」中の一書。預言者アモスによる預言集。 発音 〈標ア〉ス

あも-つき【餅搗】〘名〙(「あも」は餅の意) 餅をつくこと。転じて、房事のたとえにいう。 *浄瑠璃・関八州繋馬(1724)二「今宵(こよひ)はお寝間(ねま)でしっぽりと、おふたりのあもつき」 *浄瑠璃・義経千本桜(1747)三「粋(すい)なととさんはなれ座敷は隣しらず、餅(アモ)つきせうとぉかし」 *歌舞伎・紋尽五人男(1825)二幕「年寄りのあもつきで、肝腎の時に役に立たぬぞえ」

あ-もと【足元・足下】〘名〙①あしもと(足元)。②その人の家柄や身分。 *日葡辞書(1603-04)「Amoto(アモト) アル モノヂャ」 辞書 日葡

あもと正(ただ)し 身元や由緒がしっかりとして正しい。 *俳諧・正章千句(1648)四・郭公「霞まぬは麓の小田の譲り状 あもとただしき聟やとるらむ 高札の立名を恥る色もなし」

あ-もと【畦元】〘名〙苗代で、外周のあぜに沿ったところにある苗。一般に、外側の苗のない部分からも養分を吸収できるために生育がよい。 方言 三重県伊賀585 香川県829

あもと〘名〙 方言 ❶橋のたもと。宮城県栗原郡114 ❷基部。高知県長岡郡869 ❸藻、あらめ(荒布)。三重県志摩郡591 ❹藻、かじめ(搗布)。三重県志摩郡585

あも-とじ【母刀自】〘名〙(「刀自」は一家の主婦を尊敬してつける語) 上代東国で、母を尊敬していう。ははとじ。→母(あも)。 *万葉(8C後)二〇・四三七七「阿母刀自(アモトジ)も玉にもがもやいただきてみづらの中にあへまかまくも〈津守小黒栖〉」

あもと-ふもと【足元踏元】〘名〙(同義同韻の語

を重ねて「あもと」の意を強めたもの） 身もと。素性。あもと。＊日葡辞書(1603-04)「Amoto fumoto (アモトフモト)」＊俳諧・崑山集(1651)九・秋「鹿と聞やあもとふもとの野辺の秋〈清之〉」＊浄瑠璃・天鼓(1701頃)二「あもとふもとも御存じなく、夫婦とは誠しからず」 辞書 日葡

あもとふもとも知(し)れず 身元や素性がはっきりしない。どこの馬の骨とも知れない。＊浄瑠璃・木下蔭狭間合戦(1789)五「あもとふもとも知(シレ)いでよい」＊滑稽本・大師めぐり(1812)上・中「もとはどこの雨の宮やら風の神やら、あもとふもともしれんやつじゃないかい」

アモラル 『形動』(（フランス） amoral)《アモラール》 道徳的観念のないさま。道徳心を欠いたさま。＊学生と教養(1936)〈鈴木利貞編〉教養と倫理学〈倉田百三〉一「倫理的なるものに反抗し、否定するアンチモラールはまだいい。最も許し難いのは倫理的なものに関心を持たぬアモラールである」＊文学のふるさと(1940)〈坂口安吾〉「童話といふものは大概教訓、モラル、といふものが有るものですが、この童話には、それが全く欠けてをります。それで、その意味から、アモラルであるといふことで」 発音〈標ア〉モ

あもり【天降】『名』(動詞「あもる(天降)」の連用形の名詞化) 神などが、天上から地上に降ること。＊海潮音(1905)真昼〈上田敏訳〉「『夏』の帝の『真昼時』は、大野が原に広ごりて、白銀色の布引に、青天(あをぞら)くだし天降(アモリ)しぬ」

あもり-つく【天降付】 枕 (大和の天香具山(あまのかぐやま)と伊与郡の天山(あめやま)とは一つの山が二つに分かれて天から降ったという「伊予国風土記逸文」伝説から)「天香具山」「神の香具山」にかかる。＊万葉(8C後)三・二五七「天降付(あもりつく) 天の香具山 霞立つ 春に至れば〈鴨足人〉」＊万葉(8C後)三・二六〇「天降就(あもりつく) 神の香具山(かぐやま) 打ち靡く 春さり来れば〈鴨足人〉」

あもり-な・し 『形ク』 思慮分別が浅い。たわいもない。＊名語記(1275)八「正躰なげなるものを、あもりなしといへるあもり如何。答、あは案歟、もりはもとれりの反、案しかへす思慮もなげなりといへる心歟ときこえたり」 方言 人の容貌風采がしまりのない。 ◇**あもりがない** 愛知県名古屋市562

アモル (Amor) ローマ神話の恋の神クピドの別名。ギリシア神話のエロスにあたる。

あも・る【天降】『自上二』(「天(あま)降(お)る」の変化したもの) ①天上から地上に降下する。あまくだる。＊万葉(8C後)一九・四二五四「天雲に 磐船浮かべ 艫(とも)に舳(へ)に 真かいしじ貫き いこぎつつ 国見しせして 安母里(アモリ)まし〈大伴家持〉」＊万葉(8C後)二〇・四四六五「ひさかたの 天の戸開き 高千穂の 岳に阿毛理(アモリ)し すめろきの 神の御世より〈大伴家持〉」 ②天皇がおでましになる。行幸する。＊万葉(8C後)二・一九九「高麗剣(こまつるぎ) 和蹔(わざみ)が原の 行宮(かりみや)に 安母理(アモリ)いまして〈柿本人麻呂〉」 語誌 (1)用例が連用形に限られているので、活用の種類を四段と説くものもあるが、「天(あま)+降(おる)」の変化と見られ、「降る」の活用から上二段とする。(2)類義語「あまくだる」があるが、クダルは上から下へ一気に直線的に移動する意であるのに対し、オルは注意を払いながら下まで下がる意であるといわれる。(3)「あもる」は用例が上代に限られているが、沖縄方言に、天女が天から下ることを意味するアマウリ・アマリ・アモリなどの語が残っている。なお、雷が落ちる意のアマルは、アモルと関連があるか。 語源説 (1)アマオリ(天降)の約〔和訓栞・日本語源=賀茂百樹〕。(2)アマクダルの約〔冠辞考〕。 辞書 言海 表記 天降(言)

アモルファス 『名』(英 amorphous「無定形の」の意) 原子(または分子)が結晶と違って規則正しく配列しないで集合している固体物質をいう。ゴムやガラス状態の固体など。硫黄も各種のアモルファスが知られている。 発音〈標ア〉モ ル

アモルファス-きんぞく【―金属】『名』 金属が、溶けている状態から急冷し、原子配列が不規則のまま固体となったもの。 発音〈標ア〉キ

アモルファス-ごうきん【―合金】『名』 合金でアモルファスとなっているもの。 発音 アモルファスゴーキン〈標ア〉ゴ

あ-もん【亜門】『名』 生物の分類学上、門の下の段階の分類単位。動植物の分類学には七つの分類単位が使われているが、必要に応じて各単位に「亜」という接頭語をつけて一段下の分類単位をつくり、段階の数をふやしている。これは自然の類縁関係をなるべく詳しく表わすために便宜的に設けられたもの。＊植物学語鈔(1886)〈松村任三〉「Subclass Amon 亜門」 発音〈標ア〉ア

アモン (Amon) 古代エジプト神話の神でテーベ市の守護神。しばしば太陽神ラーと結合してアモンラーとよばれる。アメン。

あや【文・紋・綾・絢】 ㊀『名』[一](文・紋・綾) ①ななめに線が交錯している綾織りの模様。斜線模様。また、一般に物の面に現われたさまざまな形、模様をいう。＊十巻本和名抄(934頃)三「綾 紋附 野王案綾〈音陵 阿夜 有就線綾、長連綾、二足綾、花文綾、平綾等名〉似綺而細者也」＊土左(935頃)承平五年二月一日「さざれ波よするあやをば青柳のかげの糸して織るかとぞみる」＊後撰(951-953頃)春上・一一「水の面(おも)にあや吹き乱る春風や池の氷を今日はとくらむ〈紀友則〉」＊源氏(1001-14頃)胡蝶「鴛鴦(をし)の、波のあやに紋をまじへたるなど、物の絵やうにもかき取らまほしき」 ②(模様や色彩の美しさから) いろどり。美しさ。見事さ。おもむき。＊読本・昔話稲妻表紙(1806)三・一一「頭(かしら)に似合ぬ振袖の、綾(アヤ)の小袖の模様さへ」＊人情本・春色辰巳園(1833-35)後・序「色の湊の夕景色、道のかきがら踏わけて、陸歩(おかぶら)ながら此里の、穴を穿(さぐ)りし筆の綾(アヤ)」＊金色夜叉(1897-98)〈尾崎紅葉〉前・一「彼の整へる面(おもて)は如何なる麗はしき織物よりも文章(アヤ)ありて」＊有明集(1908)〈蒲原有明〉智恵の相者は我を見て「香(にほひ)の渦輪、彩(アヤ)の嵐に」 ③物事の筋目。条理。理屈。理由。→あやない。＊平中(965頃)二七「あなさがな。などて寝られざらむ。もし、あやややある」＊大唐西域記長寛元年点(1163)四「質(すがた)堅く、きびしく理(アヤ)あり」 ④文章や言葉のかざり。修辞。いいまわし。表現の仕方。＊俳諧・三冊子(1702)白双紙「ことば書、その書やう、和にならひなし。漢には其綾(あや)も有事となり」＊十善法語(1775)五「あやあることば、正しからぬことばを綺語と名づく」 ⑤音楽の曲節。ふしまわし。節奏。＊俳諧・鷹筑波(1638)二「声のあやあくめもなひぞねり雲雀(ひばり)〈良徳〉」＊浄瑠璃・平家女護島(1719)三「小歌うたふか何いふぞ、顔見ぬ先の声のあや」 ⑥木や草のかたい筋。葉脈。木目。＊石山寺本法華経玄賛平安中期点(950頃)六「薪を折るに、其の木の理(アヤ)に随ふときには、柁に作れり」＊日葡辞書(1603-04)「Aya (アヤ)〈訳〉葉脈、または木や竹の内側にある固い筋」 ⑦よごれ。汚点。しみ。→あや(文)が抜ける。＊評判記・野郎大仏師(1667-68)松本小太夫「座はいちとぜひなひきざし也お手におぼえずせっしゃうをするあや有」 ⑧両者の間に立って連絡をとる人。仲介人。仲裁人。とりもち役。＊日葡辞書(1603-04)「Ayani (アヤニ) ナル〈訳〉和合させるために、不和になっている人たちの間で仲裁人となる」 ⑨長期にみた相場の動きの中での特別な理由のない小さな変動。「あや押し」「あや戻し」＊現代術語辞典(1931)「綾(アヤ) 相場の曲折のこと」 [二](綾・絢) ①綾模様を織り出した絹。綾織りの絹地。＊万葉(8C後)九・一八〇七「錦(にしき)綾(あや)の 中につつめる 斎(いは)ひ児も 妹にしかめや〈虫麻呂歌集〉」＊宇津保(970-999頃)藤原の君「あやの屏風、しとね、うはむしろ敷きたり」＊源氏(1001-14頃)若菜上「夏冬の御装(よそひ)御衾(ふすま)など例のごとく、紫のあやのおほひども、うるはしく見えわたりて」 ②「あやとり(綾取)」の略。＊雑俳・柳多留-三二(1805)「遣り手が綾いく度取っても猫俣」＊雑俳・柳多留-八二(1825)「手の先で智恵を織出す綾の糸」＊和英語林集成(初版)(1867)「Aya (アヤ)ヲ トル」 ③「あやだけ(綾竹)」の略。 ④「あやおり(綾織)④」の略。 ㊁「あやのこうじ(綾小路)㊀」に同じ。＊雑俳・柳多留-一二(1788)「らく中はあややにしきの中を行」＊雑俳・柳多留-七一(1819)「着倒れの地名に叶ふ綾錦」 方言 ❶模様。紋様。鹿児島県喜界島983 沖縄県石垣島996 ❷縞(しま)。しま模様。沖縄県首里993 ❸陶器などのひび。鹿児島県喜界島983 ❹お手玉。青森県津軽076 福島県相馬161 高知県長岡郡864 ◇**あやことり** 青森県津軽075 ◇**あやほり** 高知県香美郡864 ◇**あやじりっこ** 岩手県九戸郡088 ◇**あやこ** 青森県054 073 077 秋田県南秋田郡130 新潟県佐渡351 ◇**あやこつき〔―突〕** 青森県三戸郡083 ❺具合。拍子。調子。茨城県062 ❻決着。きまり。岡山県苫田郡749 ❼うそ。虚言。長野県佐久493 ❽乱暴。また、乱雑なこと。◇**あやくちゃ** 島根県725 ❾不審なところ。神奈川県314 語源説 (㊀[一]②について) (1)アザヤカの略〔日本釈名・紫門和語類集〕。(2)アヒヨラス(相寄)の義〔名言通〕。(3)もとは驚嘆辞のアヤ〔和句解・和訓栞・日本語源=賀茂百樹〕。(4)アヤシ、アヤカル、アヤマチなどと同系語〔口承文芸史考=柳田国男〕。(㊀[二]について) (1)アヤ(漢)の織物アヤ(綾)から、その紋(文)をもアヤというようになった〔日本古語大辞典=松岡静雄〕。(2)アナハトリ(穴織)の織った織物〔東雅〕。(3)アヤオリモノ(文織物)の略〔日本釈名・和訓栞・大言海〕。(4)ウハユタの反〔名語記〕。 発音〈なまり〉アエ〔鳥取〕〈標ア〉ヤ〈ア史〉平安・鎌倉○○〈京ア〉ア 辞書 字鏡・和名・色葉・名義・下学・和玉・文明・明応・天正・饅頭・黒本・易林・日葡・書言・ヘボン・言海 表記 綾(和・色・名・下・玉・文・明・天・饅・黒・易・書・へ・言) 文(色・名・玉・文・易・書・へ・言) 紋(色・名・玉・文) 絢(名・文) 綺(字) 畫・理(名) 亀(玉)

同訓異字 **あや【文・紋・綾・絢・彩・綺】**
【文】(ブン・モン) 図柄や装飾、また語句・文章その他広く学芸・教養等におけるあや。「文飾」「文様」「縄文」「無文」《古 あや・かざる・いろどる・またら・うるはし》
【紋】(モン) 織物のあや。また、広く、物の面にあるあや。「紋様」「斑紋」「風紋」《古 あや》
【綾】(リョウ・リン) あやおりの絹。あやぎぬ。「綾羅」「綾綺」「綾子(リンズ)」《古 あや・あやきぬ》
【絢】(ケン) 織物の美しいあや。「絢服」転じて、きらびやかな美しさ。「絢爛」《古 あや・まだら》
【彩】(サイ) いろどり。また、そのあざやかさ。「彩雲」「彩色」「色彩」《古 いろ・いろどる・ひかり・うるはし》
【綺】(キ) あやぎぬ。「綺羅」「綾綺」転じて、華やかな美しさ。「綺語」「綺麗」《古 かんばた・うすもの・いろふ》

あやがきるる 方言 精根が尽き果てる。宮崎県東諸県郡954 ◇**あやがひっきれる** 熊本県葦北郡・八代郡933

あやが切(き)れぬ (区別がはっきりしないの意から) 鳥の鳴き声や、言葉の発音などが、はっきりしない。あやぎれがしない。＊日葡辞書(1603-04)「Ayano (アヤノ) キレヌ ヒトヂャ」＊浮世草子・新色五巻書(1698)五・一「せりふ忙(せは)しくあやのきれぬに見物思ひつかぬは不仕合」

あやがない 方言 ❶部屋などが乱雑で始末がつかない。整理されていない。島根県725 ◇**あやあない**

島根県石見725 ◇あやくちゃがない 鳥取県西伯郡719 島根県725 ❷言うことに筋が通っておらず、訳が分からない。また、酔って正体がない。島根県出雲・隠岐島725 726 ◇あやくちゃもない 島根県出雲728 ◇あわくちゃがない 島根県仁多郡725 ❸けしからん。言語道断だ。鳥取県東伯郡711 ❹気力がない。根気がない。張り合いがない。熊本県葦北郡・八代郡933 鹿児島県963 鹿児島郡968 ◇あやも気根(きこん)もない 鹿児島県肝属郡970 ❺あいきょうがない。そっけない。◇うやがない 高知県863

あやが抜(ぬ)ける 潔白である。疑いが晴れる。やましいところがない。＊浄瑠璃・双蝶蝶曲輪日記(1749)六「与五郎様の事に就いて長五郎が侍を殺したと、あやがぬけいで、お二人ながら揚屋(あがりや)へお入りなされた」＊浄瑠璃・桂川連理柵(おはん長右衛門)(1776)下「お前方の氏素性も、あんまりあやはぬけぬぞへ」＊歌舞伎・伊勢音頭恋寝刃(1796)二幕「下坂の刀質に取った、あやの抜(ヌ)けぬ山田の町人、必然(きっと)詮議を」

あやが悪(わる)い 方言❶間が悪い。拍子が悪い。茨城県188 千葉県夷隅郡040 島根県出雲728 ❷縁起が悪い。◇あやわるい 富山県砺波398 ❸きまりがつかない。決着がつかない。岡山県苫田郡749

あやにかける 物と物とを交差させる。＊別れ霜(1892)〈樋口一葉〉二「松沢が隆盛をたのみてあやにかけたる許嫁の縁(えに)し親なり子なり同舅同士(あひやけどし)なり」

あやに取(と)る 紐、綱などを交差させる。打ちちがいにする。＊滑稽本・東海道中膝栗毛(1802–09)七・下「手綱をあやにとって、あないな手つきしてゐおる」＊真景累ケ淵(1869頃)〈三遊亭円朝〉四七「窃(そっ)と襟の間へ細引を挟み、また此方(こちら)へ綾に取って」

あやの冠(かんむり) 模様などのほどこしてある冠。＊西宮記(969頃)一七・冠「五位以上、六位蔵人及新冠、著用二綾冠一。更衣時弁暑月、着二白下襲一、着二无文冠一〈近代五位以上雖二更衣一用レ綾〉」

あやの師(し) 「あやとりのし(挑文師)」に同じ。＊続日本紀‐神護景雲三年(769)八月丙辰「丙辰、始置二大宰府綾師一」

あやの火打(ひうち) 綾絹で作った火打を入れる袋。＊俳諧・徳万歳(1800)「長斎、五明は帋衣に綾の火打をとりて」

あやもなし 理屈に合わない。とるにたりない。とりとめもない。＊東遊(10C後)駿河舞「千鳥ゆゑに安也毛奈支(アヤモナキ) 小松が梢(うれ)に 網な張りそや 網な張りそ」＊枕(10C終)一四二・なほめでたきこと「冠(かうぶり)衣の領(くび)など、手もやまずつくろひて、『あやもなきこま山』などうたひ舞ひたるは」＊浄瑠璃・伽羅先代萩(1785)八「おぼこそだちのあやもなく、訳も涙にくれ居たる」＊めぐりあひ(1888–89)〈二葉亭四迷訳〉二「婦人は自分の黒白(アヤ)もなき弁解を聞いてゐた」方言とりとめもない。らちもない。◇あやもない 岡山県045 苫田郡748 749

あやも分(わ)かず 「あやめ(文目)も分(わ)かず」に同じ。＊新内・鬼怒川物語(累身売)(1772–81頃か)「ハテ怪しやと思へども、綾(アヤ)も分らぬ真の闇」

あやを切(き)る 美しい声でさえずる。きれいな声で鳴く。＊俳諧・毛吹草(1638)五「鳴かいやか声あやをきれ杜鵑〈貞盛〉」

あやを繰(く)る 言葉たくみである。いろいろな言い回しをする。＊浄瑠璃・関取千両幟(1767)一「綾(アヤ)繰(ク)り廻す狂言師も、あどにこまりし最中へ」

あやを取(と)る ①綾取りをする。＊洒落本・魂胆惣勘定(1754)下「其時此方よりも、少しいたづらか、こよりなどにてあやなど取るていをすべし」＊雑俳・柳多留‐二(1767)「御さいの子もへぎの紐であやを取」＊読本・夢想兵衛胡蝶物語(1810)前・少年国「又小むすめにあやをとらするは、織物に巧みならん為なり」＊田舎教師(1909)〈田山花袋〉九「綾(アヤ)を取ったり、御手玉を弄んだりして居る」②舞で、足を斜めに交差させる。＊集成本狂言・八幡祭(室町末‐近世初)「れんがくあやを取り、並びに伶人の舞を奏し、神慮をすずしめ申す御神拝なり」③言葉や文章を巧みに使う。＊椀久物語(1899)〈幸田露伴〉四「妾は慾も願ひも云はぬ、何様なと好いたやうに捌いて粋の手本と云はれさんせ、と文(アヤ)を取ったる云ひ廻しは、うづ高くして人に圧されぬ太夫だけある賢さなり」

あやをなす ①交差する。互い違いになる。＊或る女(1919)〈有島武郎〉前・一「乗客一同の視線は綾をなして二人の上に乱れ飛んだ」②「あやなす」に同じ。＊日葡辞書(1603–04)「コエ ayauo(アヤヲ) ナス」

あや【奇・怪】〘形動〙①(「目もあや」の形で)見て不思議に思うさま。驚くばかりだ。＊源氏(1001–14頃)若菜上「いと、目もあやにこそ、清らに物し給ひしか」＊和泉式部日記(11C前)「『参りけるにもおはしまいてこそむかへさせ給ひけれ』『すべて目もあやにこそ』」＊浜松中納言(11C中)一「岸にそひて、ひとへにもものの木のはるばるとうるはしく並(な)み立ちて、ひらけ渡りたるさま、目もあやなり」＊御伽草子・秋の夜の長物語(南北朝)「急持ちて行きたるに律師目もあやに悦て、誠にあられぬ様なり」②あやしいの意の学生用語。＊隠語辞典(1956)〈楳垣実〉「[怪]あやしい。くさい。『あの二人、どうもあやなんだ』」語誌上代の副詞「あやに」から転じたものか。「目も」を受ける用法に限られ、見て驚くさまを表わすのは同形語「あや(文=彩)」への類推があったか。多くの場合、賛美する表現の中で用いられる。

あや【漢】〘名〙「あやうじ(漢氏)」に同じ。＊書紀(720)応神二〇年九月(熱田本訓)「倭の漢(アヤの)直の祖阿知使主(おむ)、其の子都加(とかの)使主」

あや【阿野】 香川県の中央部にあった郡。古くは「あの」とも。綾・阿夜・安益とも書いた。明治三二年(一八九九)鵜足(うた)郡と合併して綾歌郡となる。＊二十巻本和名抄(934頃)五「讃岐国〈略〉阿野〈綾〉」辞書和名・色葉 表記阿野(和・色)

あ-や【阿爺】〘名〙(「阿」は親しみをあらわす。「爺(や)」は中国における「父」の俗称) 父を親しんでいう称。阿父。＊随筆・驢鞍橋(1660)上「阿爺(アヤ)の下頷(あがん)と成す者也」＊南郭先生文集‐二編(1737)五・雪中作「少女頗能言、渾似二阿爺鬢一」＊江戸繁昌記(1832–36)四・麴街「阿爺言ふ、『手如し快く上らば、汝が所望、以て賞せん。十件も也た容れん。百件も也た依らん』」＊木蘭詩「阿爺無二大児一、木蘭無二長兄一」

あや〘名〙方言⇩あねこ(姉―)／あんこ(兄―)

あ-や〘感動〙(感動詞「あ」と「や」が結合した語) 物事に感じて発することば。＊義経記(室町中か)三・弁慶義経に君臣の契約申す事「弁慶が大長刀を打ち流して、手並みのほどは見しかば『あや』と肝を消す」補注「古事記‐上」の「妹阿夜(アヤ)訶志古泥(かしこね)の神」は、神名の一部として用いられている。方言㊀〘感動〙❶驚いた時、また感動した時に発する語。おや。あら。岩手県気仙郡102 秋田県仙北郡・平鹿郡130 山形県鶴岡市・東田川郡139 新潟県東蒲原郡368 三重県志摩郡585 ◇あやあ 新潟県東蒲原郡368 長崎県壱岐島(主に女の子)914 ◇あやっ 青森県三戸郡083 ◇あややや 青森県三戸郡083 岩手県上閉伊郡098 ◇あやあや 岩手県九戸郡088 ❷肯定の返事に言う語。はい。そうです。◇あやなあとも。秋田県山本郡130 ㊁〘助〙命令する言葉に付けて、強調する語。新潟県北蒲原郡347 語源説(1)驚き嘆く声〔古事記伝〕。(2)アは接頭語。ヤは彌〔日本古語大辞典=松岡静雄〕。辞書書言・ヘボン・言海 表記吐嗟(書)

あや-あい〘名〙語義未詳。能楽で、うまくとった間(ま)、じょうずな間合(まあい)の意か。または技巧と間の意か。＊舞正語磨(1658)下・評判「又能をすく人は、はやし物も行儀よきとて板仏の皷を打つやうに手ばかりうごかして、まさかりにて木をわるがごとくに打つけたるも物賤しく、其癖とかしまし過て、あやあひみだれて感もなし」発音〈標ア〉0

あやあ-な【彼様―】〘連語〙方言⇩あいな

あやあ-めえ〘名〙方言⇩あねこ(姉―)

あや-いがさ【綾藺笠】〘名〙藺草(いぐさ)を綾の組織にならって編み、裏に絹を張って作った笠。中央に突出部がありそこに髻(もとどり)を入れるようになっていて、その根元のところから、紫や紅の皮を細く裂いた風帯が、数本垂れている。武士が狩り、遠行、流鏑馬(やぶさめ)などの際に着用し、田楽法師なども使用した。あやがさ。＊今昔(1120頃か)二五・五「綾藺笠を著て、征箭(そや)卅許(ばかり)、上指(うはざし)の鴈胯(かりまた)二(そへ)指たる胡簶(やなぐひ)を負て」＊梁塵秘抄(1179頃)二・四句神歌「武者(むさ)を好まば小胡簶(こやなぐひ)、狩を好まばあやゐがさ」＊増鏡(1368–76頃)一四・春の別れ「資朝も山伏のまねして、柿の衣にあやい笠といふ物着て、東の方へ忍びて下れりしは」＊運歩色葉(1548)「綾藺笠 アヤイガサ」発音アヤイガサ〈標ア〉ガ 辞書伊京・易林・書言・言海 表記綾藺笠(伊・易・言)編藺笠(書)

綾藺笠〈石山寺縁起絵〉

あや-いと【綾糸】〘名〙①美しいいろどりの糸。＊あこがれ(1905)〈石川啄木〉「歌の彩糸(アヤイト)捲きかへす舞の花輪は、これやこれ」＊少年(1911)〈谷崎潤一郎〉「幾千の細かい想像の綾糸で、幼い頭へ微妙な夢を織り込んで行く不思議な響きは」②綾取りに用いる糸。③布を織る時、機(はた)の経(たていと)をまとめる糸。＊物類称呼(1775)四「機躡 まねき〈略〉かざり〈梭(ひ)みちをわくる糸也〉。関西にて、かざり〈略〉下総にて、あやいと」＊女工哀史(1925)〈細井和喜蔵〉一四・四三「綾糸の手入法」発音〈標ア〉0

あやいと-おり【綾糸織】〘名〙絹織物の一種。綾組織で織った糸織。市楽織(いちらくおり)、高貴織はこの一種。発音〈標ア〉0〈京ア〉0

あやう【危】〘名〙(形容詞「あやうい」の語幹から) 近世、民間の「かな暦」の中段にしるされ、日々の吉凶を示した一二の言葉の一つ。その月の干支(えと)より八つ目の日をいう。この日、家作、婚礼、祭典、酒造、種まきには吉、登山、渡海には凶という。あやぶ。あやうにち。＊仮名暦注解(18C中)「危 高に登るべからざる日なり」＊東京風俗志(1899–1902)〈平出鏗二郎〉下・九・縁談「太陰暦の中段にかかづらひて、結納を贈るには、なる、おさんの両日を吉日とし、やぶる、のぞく、あやふ、重日、復日の五日を忌み」

あやう・い【危】〘形口〙文あやふ・し〘形ク〙①危害が及びそうなさま。危険が迫っているさま。あぶない。＊新撰字鏡(898–901頃)「阽 臨危也 阿也不志」＊土左(935頃)承平五年二月「もはら風やまで、いやふきに、いやたちに、かぜなみのあやふければ」＊大唐西域記巻十二平安中期点(950頃)「国鎮を失ふときは則ち危(アヤフシ)」＊源氏(1001–14頃)夕顔「かくあやしき道に出で立ちても、あやうかりし物懲りに、いかにせむとおぼしわづらへど」＊平家(13C前)一・鹿谷「雷火飫(おびたたし)う燃えあがって、宮中既にあやうく見えけるを」＊天草本伊曽保(15

93) 鹿の事「ヌキサシモ カナワイデ スデニ ayavy(アヤウイ) トキ」 *寸鉄録(1606)「みだれあやうきをみかけて」 *尋常小学読本(1887)〈文部省〉五・二「『ああ危かりし、若しも君が居らずば、我は打ち殺されしならん』と云ひて、深く謝したり」 ②(だめになりそうで)不安だ。気がかりだ。心配だ。*書紀(720)継体六年一二月(前田本訓)「然も縦(ゆるし)賜ひて国を合(あはせ)ても、後世に猶危(アヤふ)からむ」 *落窪(10C後)一「よき人ならば、もて出でやし給はんとあやふくて」 *枕(10C終)一七九・宮仕人の里なども「『夜ふけぬ。御門(みかど)あやふかなり』などわらひて出でぬるもあり」 *源氏(1001-14頃)若紫「消えむ空なき、とありし夕べおぼし出でられて、恋しくも、また、見ば劣りやせむとさすがにあやふし」 *曾我物語(南北朝頃)五・五郎、女に情かけし事「五郎ある時、かのもとにゆき、たづねけれどもあはざりけり。何によりけるやとあやうくて、友の遊君にとひければ」 ③望むことが、実現するかどうかわからない。確実ではない。あてにならない。*平家(13C前)五・富士川「平らかに帰りのぼらむ事もまことにあやうき有さまどもにて」 *増鏡(1368-76頃)二・新島守「『まことにしかなり。又親の顔拝まむこともいとあやうし』と思ひて、泰時も鎧の袖をしぼる」 語誌 現代語では「あやうい」と「あぶない」はほぼ同義で、「あやうい」は文語的な言い方である。原義は、危害が及びそうなさま、また、そのような状態で不安に思うさまをいい、他に被害を与えそうなさまをいう「あぶなし」とは区別されていたものと考える説もある。→「あぶない(危)」の語誌。 語源説 (1)アヤは哀嘆する意〔和訓栞〕。(2)動詞アユ・アヤス(零)のアヤを語根とする形容詞〔山彦冊子〕。(3)アはアシ(悪)の語根。ヤは形容語尾。アヤフはアヤに活用語尾ミのついたアヤミの音便〔日本古語大辞典=松岡静雄〕。(4)アシヨハシ(足弱)か〔和句解〕。(5)アヤウシ(文得)の義〔紫門和語類集〕。(6)アヤシフミシ(怪踏如)の義〔日本語原学=林甕臣〕。(7)アヤマリフムシキ(誤踏如)の義〔名言通〕。 発音〈標ア〉0 ウ〈京ア〉ヤ 文『あやふし』アヤウシ〈標ア〉ウ〈ア史〉平安●●●◐ 鎌倉『あやふき』●●●◐ 江戸『あやふき』●●●○〈京ア〉ウ 辞書 字鏡・色葉・名義・和玉・文明・天正・易林・日葡・書言・ヘボン・言海 表記 危(色・名・玉・文・天・易・書・ヘ・言) 殆(名・玉・文・書) 厲・険(名・玉) 阽(字) 兢・汔・非常・厄・殄・駭・慨・嘺・砌・堕・幾・惕・富(名) 巇・怪・恠・譏・幾・譟・阨・隟・隍(玉) 圾(書)

同訓異字 あやうい【危・殆】
【危】(キ) 危険がまさに迫っている。あぶない状況にある。「危疑」「危険」「安危」《古 あやふし・あやぶむ》
【殆】(タイ) あぶなっかしくて不安だ。危険が近づいている。「危殆」「思ひて学ばざれば則ち殆し」《古 あやふし・あやまち・ちかし》

あやうき を 踏(ふ)む 危険な状態にある。危険にさらされている。*太平記(14C後)一・資朝俊基関東下向事「資朝俊基が囚はれし後、東風猶未だ静ならず、中夏常に危(アヤウキ)を蹈む」

あやうき を 見(み)て命(めい)を=致(いた)す[=授(さず)く] 危難に際して、一命をなげうって忠義を尽くす。*太平記(14C後)五・大塔宮熊野落事「危(アヤウ)きを見て命(メイ)を致(イタ)すは、士卒の守る所に候」 *論語‐憲問「子曰、見ﾚ利思ﾚ義、見ﾚ危授ﾚ命」 辞書 文明

あやう-が・る【危─】〔他ラ五(四)〕(「がる」は接尾語) あぶないと思う。また、その気持を態度に表わす。気がかりに思って警戒する。あぶながる。*枕(10C終)一四四・正月十よ日のほど「木の本を引きゆるがすに、あやふがりて、猿のやうにかいつきてをめくもをかし」 *源氏(1001-14頃)手習「例の心弱さは、一つ橋あやうがりて、帰り来たりけん物のやうに、わびしくおぼゆ」 *寛永刊本蒙求抄(1529頃)七「有識は物知た者ぞ。太平にあるまいとてあやうかるぞ」 *読本・春雨物語(1808)樊噲・上「母あやうがりて、『〈略〉よく拝みて、御ゐやまひ申して、兄と連れだちてお山にはのぼれ』と云ひてゆるさず」 発音 アヤウガル〈標ア〉ガ

あやう-く【危】〔副〕(形容詞「あやうい」の連用形から) ①少しでも状況が違っていたら、もう少しで。まかりまちがえば。すんでのことで。*人情本・貞操婦女八賢誌(1834-48頃)初・一回「既に危(アヤフ)く組敷くを、潜(くぐ)り抜けつつ」 *社会百面相(1902)〈内田魯庵〉附録「人情の描写といふ垣を越えて危ふく猥褻に近づくやうな憂は」 *普賢(1936)〈石川淳〉八「あやふく甚作に躍りかかって咽喉を締めつけようとしかけるのを」 ②果たしてどうなるか、あぶなかったがやっと。かろうじて。*大阪の宿(1925-26)〈水上滝太郎〉一五・三「あわてて自分で口を押へて『〈略〉』とあやふくきり抜けた」 *親友交歓(1946)〈太宰治〉「妻子を引き連れ、さほど豊かでもないこの町に無理矢理割り込ませてもらって、以てあやふく露命をつなぐを得てゐる」 発音〈標ア〉0〈京ア〉ウ

あやう-ぐさ【危草】〔名〕崖など、危い場所に生えている草。*枕(10C終)六六・草は「あやふぐさは、岸の額に生ふらんも、げにたのもしからず」 *和訓栞(1777-1862)「あやぶくさ 枕草紙に見ゆ。危草の義にや。〈略〉根なし草の類成へし」 補注「枕草子」の文句は、「和漢朗詠‐下・無常」の「観身岸額離根草 論命江頭不繋舟〈厳維〉」の詩に拠っている。

あやう-げ【危─】〔形動〕(形容詞「あやうい」の語幹に接尾語「げ」の付いたもの) 危険なさま。また、危険が感ぜられて不安なさま。物騒なさま。あぶなそう。*源氏(1001-14頃)東屋「ここは又かくあばれて、あやうげなる所なめり」 *宇治拾遺(1221頃)二・一〇「さいふものありと聞くぞ。あやうげに、希有(けう)のやつかな」 発音 アヤウゲ〈標ア〉ウ0〈京ア〉ウ

あやう-さ【危─】〔名〕(形容詞「あやうい」の語幹に接尾語「さ」の付いたもの) 危険なこと。また、その度合。*竹取(9C末-10C初)「天下の事は、と有りとも、かかりとも、み命のあやうさこそ、大きなる障りなれば」 *源氏(1001-14頃)紅葉賀「なか絶えばかごとや負ふとあやうさにはなだの夢をとりてだに見ず」 *大鏡(12C前)一・花山「東三条殿は、『もしさる事やし給ふ』とあやうさに」 発音〈標ア〉ウ0〈京ア〉0 辞書 日葡

あやう・し【危】〔形ク〕⇨あやうい(危)

あや-うじ【漢氏】〔名〕古くわが国に渡来した漢民族の子孫と称する集団の総称。東漢氏(やまとのあやうじ)と西漢氏(かわちのあやうじ)の二族があるが、西漢氏は早く衰退し、発展しなかった。東漢氏は応神天皇二〇年に、阿直使主(あちのおみ)、都加使主(つかのおみ)父子が一七県の党類を率いて渡来したのに始まるといわれ、経済力、武力にすぐれていた。雄略天皇から直(あたえ)の姓(かばね)を与えられ、のち、川原直、坂上直、文直などの枝氏に分かれながらも、文筆、外交、財務などの分野に大きな役割を果たした。天武天皇一三年の八色姓(やくさのかばね)の制では忌寸(いみき)姓を与えられ、坂上忌寸、文忌寸などのように呼ばれた。あや。→漢部(あやべ)・漢人(あやひと)。 語源説 (1)アナ・アヤは三韓の方言〔東雅〕。(2)アヤはカヤ(迦耶)の転呼か〔日本古語大辞典=松岡静雄〕。 発音〈標ア〉ヤ

あやうし・い【危】〔形口〕(形容詞「あやうし」から派生した語)「あやうい(危)」に同じ。*応永本論語抄(1420)一四「有道の時は、言行ともに危しくすべし」 *史記抄(1477)一一・弟子「魯我か父母の国ぢゃが此ほどあやうしいになぜに二三子は出てなんともして、不伐魯様にせぬぞ」 *玉塵抄(1563)一四「みちのけわしくあやうしいなり」

あやうし-さ【危─】〔名〕(形容詞「あやうしい」の語幹に接尾語「さ」の付いたもの) あやういこと。また、その度合。*両足院本毛詩抄(1535頃)一八「辛車にのる時あやうしさに取付て乗る索ぞ」

あや-うすはた【綾薄機・綾羅】〔名〕綾織りにしたうすもの。柄を織り出したうすもの。*書紀(720)推古一六年八月(岩崎本室町時代訓)「亦衣服(よそひ)は皆錦(にしき)、紫、繡(ぬひもの)、織(をりもの)、及び五色の綾羅(アヤウスハタ)を用ゐる」 *釈日本紀(1274-1301)一九「亦〈略〉五色(いついろ)の綾羅(アヤウスハタ)を用(もち)ゐる」

あやうた【綾歌】 香川県の中部の郡。明治三二年(一八九九)阿野(あや)郡と鵜足(うた)郡が合併して成立。

あやう-にち【危日】〔名〕(「あやぶにち」とも)「あやう(危)」に同じ。

あや-おどし【綾威】〔名〕甲冑の威の材料による名称。綾の織物を裁って細くたたみ、芯(しん)に麻を入れた緒で威すこと。また、そのもの。*浄瑠璃・日本両武将始(1684-88頃か)三「せんだんくさり あやおどし 竹に虎のさうの こて」 *武家名目抄(19C中か)七・甲冑八・目次「綾威 今无」

あや-おどり【綾踊】〔名〕郷土芸能の一つ。棒を綾に打ち合わせる踊りで、鹿児島、宮崎の棒踊り、高知、愛媛の花取踊りや太刀踊り、福島県相馬のホーサイ踊りなどがある。*諸国風俗問状答(19C前)伊勢国白子領風俗問状答・六月・六四「菅笠を着、渋団扇様の物など持て踊るなり。太鼓をうち、甚々面白き拍子なり。御殿踊、あや踊、御伊勢踊など様々あり」 発音〈標ア〉オ

あや-おり【綾織】〔名〕①「あやおりもの(綾織物)」に同じ。*今昔(1120頃か)三一・五「姫君達の装束はたら綾織を撰(えらび)つつ織せ物しを尋ね語ひて染させければ」 *いさなとり(1891)〈幸田露伴〉五「縮緬(ちりめん)やら綾織(アヤオリ)やらの坐蒲団に坐らせらるる窮屈さ」 ②あやを織る人。*栄花(1028-92頃)若水「廿三日なれば、残りの日も侍らぬなり。人々の唐衣、表著の織物どもは、あやおり召して仰せ侍りぬ」 *光悦本謡曲・呉服(1556頃)「それは昔の君が代に、唐国よりも渡されし、綾織二人の人なるが」 ③織物の基本組織の一つ。斜文組織。④放下師(ほうかし)などのする曲芸の一種。数本の竹を手玉に取ったり三味線に拍子を打ち合わせたりする技。また、それに用いる竹。あやおりだけ。*人倫訓蒙図彙(1690)七「文織(アヤオリ)〈略〉二つ三つ四つの竹をもって、上下へあげおろす手品をいふ也」 *俳諧・皮籠摺(1699)坤「生壁のにほひに朝日さし入て〈空牙〉 あや織やうに木の小割する〈乙由〉」 *俳諧・本朝文選(1706)三・賦類・揚揮豆賦〈毛紈〉「又あや折の竹にからめき、張鼓の糸につながるるも」 *浄瑠璃・鎌倉三代記(1716)三「取りわけて今日は、放下もあり能もあり、くも舞あやをり八ちゃうがね」 *風俗画報‐一〇〇号(1895)太神楽「太神楽の所作はあやおり、曲鞠、さらまはし、ひらき万度、何くれとなく面白き技を演じて」 ⑤「あやふり(綾振)①」に同じ。 方言 おてだま。長野県下水内郡470 高知県864 語源説 (④について) 綾を織る足のつかいように似た手さばきで奏するから〔嬉遊笑覧〕。 発音〈標ア〉0〈京ア〉0 辞書 日葡

綾織④〈人倫訓蒙図彙〉

あやおり-うた【綾織歌】〔名〕小切子(こきりこ)で拍子をとりながら歌う歌曲の一種。*俳諧・望一後千句(1652)五「引ならすつれ三絃に糸をかけ あやおり哥をうたふふしぶし」 *随筆・嬉遊笑覧(1830)四下「あやおりはこきりこにてする曲なり」 発音〈標ア〉リ

あやおり-だけ【綾織竹】〔名〕赤青の紙を細かに切り、竹に螺旋(らせん)形に巻いて張り、両端に同じ色

紙の房をつけた、二尺ばかりの竹。元は舞踊に、後に綾織りの曲芸に用いた。あやだけ。→綾織り④

あやおり‐て【綾織手】〘名〙「あやとりて（綾取手）」に同じ。＊原中最秘鈔(1364)上・紅葉賀「狛氏流云入綾也。舞手に綾引手とも云、綾取手共云、綾織手とも云」

あや‐おりもの【綾織物】〘名〙①模様を織り出した美しい絹織物。朝廷では五位以上の者の朝服に限り許されたが、蔵人(くろうど)は六位でも着用を許された。あやおり。あや。＊竹取(9C末‐10C初)「内々のしつらひには、いふべくもあらぬ綾をり物に絵をかきて、誠はりたり」＊枕(10C終)八八・めでたきもの「六位の蔵人。いみじき君達なれど、えしも着給はぬあやおりものを、心にまかせて着たる」＊虎明本狂言・磁石(室町末‐近世初)「きんらんどんすどんきん、にしき、あやおり物、そめ物、扨も扨もおびたたしひうり物じゃ」②斜文組織の織物。経(たていと)が斜め方向に畝(うね)をなし、綾線を表わす。糸密度は多く、地質はやや柔軟。片面綾と両面綾がある。綾綿布。葛城。サージ。ギャバジン。発音〈標ア〉リ オ 〈京ア〉オ

あや‐か〘形動〙①美しいさま。優雅なさま。＊宇津保(970‐999頃)蔵開下「女ならば、琴(きむ)をもならし、をかしきものをもとらせて、あやかなるまじらひもやすると思はめ」＊玉塵抄(1563)一二「こえてあやかな美物をさいて、はうちゃうさせまうすと云心か」＊日葡辞書(1603‐04)「Ayacani（アヤカニ）〈訳〉美しく、見事に」②きゃしゃなさま。はかないさま。＊浜松中納言(11C中)四「いみじういまだあやかなりと見ゆれど、子など有けるは、今始めたる中にはあらざりけり」＊浜松中納言(11C中)四「かく久しうわづらひたまへれば、いとどあやかに心苦しく、なよなよとして」発音〈標ア〉ア 辞書日葡

あや‐がいき【綾甲斐絹】〘名〙綾織りの甲斐絹(かいき)。蒲団地または裏地とする。

あや‐がき【綾垣】〘名〙(「かき」はしきり、かこいの意) 布帛(ふはく)で作った帳(とばり)。殿内、室内のへだてにしたもの。きぬがき。＊古事記(712)上・歌謡「阿夜加岐(アヤカキ)の ふはやが下に むしぶすま にこやが下に」

あや‐がさ【綾笠】〘名〙「あやいがさ(綾藺笠)」に同じ。＊随筆・貞丈雑記(1784頃)八「あやゐ笠は綾藺笠(アヤイカサ)と書て、畳の表に織る藺といふ草にて組たる笠也。今の世のあみ笠也、但今のあみ笠はふかし。あやゐ笠はふかからず。一名ひでり笠とも云。又あや笠とも云」

あや‐がさね【綾襲】〘名〙綾織物のかさね。＊延喜廿一年京極御息所褒子歌合(921)序「搔練(かいねり)どもはおとな童いとめでたうて、あやがさねにて着たり」＊宇津保(970‐999頃)春日詣「ゑがにおはしたる人々にあやがさねの女のさうぞくひとぐづつ、五位よりしもは、白きうちばかまを給ける」

あやかし〘名〙①海に現われる妖怪。あやかり。＊光悦本謡曲・舟弁慶(1516頃)「いかに武蔵殿、此の御船には、あやかしがつきて候」＊雑俳・柳多留‐一五(1780)「あやかしがついて屋ね船堀へこぎ」＊譬喩尽(1786)二「海船に怪(アヤカシ)といふものあり、美女など現はるるなり」②不思議で怪しいこと。また、そのもの。妖怪。＊甲陽軍鑑(17C初)品五七「あやかしのつきたる勝頼公御備へなり」＊浮世草子・武家義理物語(1688)一・四「其(その)科(とが)今おもひしれと焼捨けるに、煙の中にて最期わきまへ狂ひぬ。物のあやかし、かやうの事ぞ」＊浄瑠璃・椀久末松山(1710頃)上「汝が家のあやかしは、狐狸のわざにもなく、逆柱有家にもなし」＊浮世草子・傾城禁短気(1711)六・三「太鼓持に貧乏神のあやかしが付いたと、観念すべし」③能面の一つ。男性の怨霊(おんりょう)を表わした男面。「船弁慶」「鵺(ぬえ)」「碇潜(いかりかずき)」「錦木(にしきぎ)」などの後ジテに用いる。また、三日月、鷹などの幽霊面の総称。④魚「こばんざめ(小判鮫)」の異名。＊重訂本草綱目啓蒙(1847)四〇・魚「こばんざめ一名こばんうを、こばんいただき、ふなしとぎ、あやかし、わらじざめ 水戸」＊和訓栞(1777‐1862)「あやかし〈略〉海中にて舟にあやかしといふ魚がつけば、必ず覆すといふ。小判鮫の事也といへり」⑤愚か者。馬鹿者。＊江湖集抄(1561)下「古人皆十年二十年参禅をして辛労したは、あやかし共よ」＊バレト写本(1591)「シタヨリミル ヒト アレワ ナニ トテ ayacaxino（アヤカシノ）ヨニ スルゾ」＊咄本・醒睡笑(1628)二「やすきほどの御用なれど、それへ小袖を貸したらば、人の聞きて、われをあやかしといはん」⑥(形動)弱々しいこと。やわらかいさま。柔弱。＊土井本周易抄(1477)五「めひつじを羸豕と云ぞ。をんな豕は、つかれてあやかしな者ぞ」＊両足院本毛詩抄(1535頃)一九「あやかしにはない人ぢゃよ、こわいぞ」⑦(形動) 事実が明白でないこと。また、そのさま。＊和訓栞(1777‐1862)「俗に事実明白ならさるをあやかしなといへり」方言❶海上に現われる妖怪(ようかい)。山口県見島797 長崎県対馬911 ◇あいかし 島根県益田市725 ◇ややかし 愛媛県大三島848 ❷だますこと。愛知県名古屋市062 ❸ぼんやり者。ばか。◇あやかす 福井県坂井郡433 語源説(1)動詞アヤカルと同義か〔和訓栞〕。(2)血をアヤカスという語から不祥の意に移ったものか〔大言海〕。(3)アナオソロシの義〔俚言集覧〕。(4)アヤフカシの約〔言元梯〕。(5)アカシマの訛〔燕石雑志〕。発音〈標ア〉0 辞書日葡・書言・言海 表記罔像・霊舀・海魂(書)

あやかし・い〘形口〙図あやか・し〘形シク〙①弱々しい。＊両足院本毛詩抄(1539)一八「番々は勇武の皃ぞ。あやかしさうな体はなうて、けなげさうに有たぞ」②明白でない。はっきりしない。＊改正増補和英語林集成(1886)「Ayakashiki, ku アヤカシキ〈訳〉暗い。はっきりしない。不明瞭な。疑わしい。怪しい」方言❶言葉や動作などが確かでない。はきはきしない。しっかりしない。不確かだ。兵庫県加古郡664 ◇あやくろしい 愛媛県越智郡040 ◇あやこい 兵庫県美方郡012 ❷あどけない。無邪気だ。子供っぽい。香川県伊吹島829 高知県861 ❸こみいっていてよく分からない。ややこしい。はっきりしない。◇あやこしい 香川県丸亀829 ◇あやこおしい 岡山市762 ◇あやくろしか 長崎県壱岐島915 ❹取り留めもない。みだらだ。卑猥(ひわい)だ。高知県862

あやかし‐げ〘形動〙(形容詞「あやかしい」の語幹に接尾語「げ」の付いたもの) 弱々しそうな状態である。＊京大二十冊本毛詩抄(1535頃)一八「馬はあやかしげな馬ではないぞ」

あやかし‐びと【―人】〘名〙どっちつかずの人、中途半端の人の意か。＊俳諧・続五論(1699)跋「さるものは一生おのれが本情をしらず、人にほめられ人にそしらるる、あやかし人といふべし」

あやか・す〘他サ五(四)〙(名詞「あやかし」の動詞化か) だます。あざむく。＊俳諧・北国曲(1722)六・旧筆讃「正風自在の世中に、いささか邪風の種こぼれて、人をあやかす類ありと」＊桐の花(1913)〈北原白秋〉白猫「心から人を見くびりせせら笑ひ影の影から操(アヤ)かし瞞(たぶ)らかすやうな」方言❶だます。ごまかす。欺く。新潟県東蒲原郡368 岐阜市511 愛知県561 567 570 山口県防府市802 ◇あやす 岐阜市511 ❷狐(きつね)などが人を化かす。愛知県名古屋市562 ❸迷わす。山口県大島801 ❹からかう。なぶる。新潟県東蒲原郡368 岐阜県可児郡497 愛知県062 三重県志摩郡054 員弁郡592 和歌山県伊都郡054 東牟婁郡704 ❺子供の機嫌を取る。あやす。山形県西置賜郡・東村山郡139 新潟県佐渡352 東蒲原郡368 長野県諏訪481 岐阜市498 静岡県志太郡535 愛知県名古屋市062 三重県志摩郡585 和歌山県690 香川県伊吹島829 ◇えやす 茨城県稲敷郡188 ◇ええす 長野県諏訪481 ◇あえす 山形県山形市138 東置賜郡139 新潟県西頸城郡385 ❻どうける。おどける。岐阜県大垣市498 ❼世話を掛ける。じゃまをする。三重県名賀郡057 大阪市638 奈良県675 発音〈標ア〉0カ

あやかす〘動〙方言⇩あやす(零)

あや‐がすり【綾飛白】〘名〙綾織りのかすり。＊俳諧・俳諧師手鑑(1676)「繡かすり針山の木木の色〈元隣〉」発音アヤガスリ〈標ア〉ガ

あや‐カナキン【綾金巾】〘名〙(カナキンはポルトガル canequim) 目を堅く細かく織った薄地の広幅綿布で、綾織りにしたもの。綾織りのカナキン。シャツ地、蒲団地、カーテン地などにする。

あやから・す【肖】〘他サ五(四)〙あやかるようにさせる。＊浄瑠璃・源平布引滝(1749)二「汝等も死出の供、源氏の武士にあやからさん」発音〈標ア〉ラ

あやかり【肖】〘名〙(動詞「あやかる(肖)」の連用形の名詞化) ①揺れ動いて変化すること。動揺すること。＊三体詩絶句鈔(1620)五「去程に飲ㇾ酒て要ㇾ忘ㇾ憂ぞ。宴飲して樽前にてばし梅花落の失寵曲をばし歌ふな。あやかりかせうずらう」②感化されて、似たような状態になること。＊朝倉宗滴話記(16C後)「其故は少々の事をも、神仏のとがめぞと思なし、心のあやかりに成ものに候」＊文明開化(1873‐74)〈加藤祐一〉二・下「神々でも、よみの国の穢れのあやかりで、かの御禊(みそぎ)の時に、禍ひの神や、病ひの神などがなり出ました事で」

あやかり〘名〙①海に現われる妖怪。あやかし。＊謡曲・舟弁慶(1516頃)「いかに武蔵殿、このお舟にあやかりが憑(つ)いて候」②不思議で怪しいこと。あやかし。＊三体詩幻雲抄(1527)「天は御あやかりをするもの也」③愚か者。馬鹿者。あやかし。＊玉塵抄(1563)一五「世間の者がみきいてあやかり愚人と思てわらうたぞ」＊日葡辞書(1603‐04)「Ayacari（アヤカリ）〈訳〉馬鹿者」＊三河物語(1626頃)一・七代清康「御馬の水付に取付ければ、あやかりめはなせとて、さいはいを取なをし給ひて」方言❶海上に現われる妖怪(ようかい)。愛媛県大三島848 ❷怪しむべきことのあること。怪。◇あや 長崎県対馬913 ❸ぼんやり者。ばか。まぬけ。福井県南条郡442 三重県志摩郡584 京都府竹野郡622 和歌山県日高郡698 新宮702 福岡市878 長崎県対馬912 ◇あやかれ 福井県427 ◇あいかり 三重県南牟婁郡586 奈良県吉野郡683 長崎県壱岐島914 五島917 ◇ありかり 長崎県899 908 914 ◇あやかりもの【―者】和歌山県日高郡690 ◇あいかりほうし【―法師】奈良県吉野郡683 ◇あや 福井県427 432 ◇あやぼ 福井県432 ❹お調子者。そこつ者。◇あいかり 和歌山県東牟婁郡690 ◇あやかりもの 尾張宮111 辞書文明・饅頭・易林・日葡 表記霊躰(文・饅・易) 絞蒐(文)

あやかり‐げ〘形動〙(「げ」は接尾語) 愚かなさま。＊御伽草子・乳母の草紙(古典文庫所収)(室町末)「又心にてまことばかりをほんとし候へば、正ぢきすき□ふ程やま人やらんのやうにあやかりげにみへ候」

あやかり‐ごと【肖事】〘名〙高貴な人の所作にならうこと。＊飯尾宅御成記(1466)「公方様御盃被ㇾ下之。仍御あやかり事とて、上様此盃を被二聞召一過分至極也」発音アヤカリゴト〈標ア〉0ゴ

あやかり‐ばな【肖花】〘名〙古代の相撲(すまい)の節会(せちえ)で、勝相撲にあやかるため、前の勝ち力士から受け継ぐ挿頭(かざし)の花。左方の力士は葵(あおい)の花を、右方の力士は夕顔の花を、それぞれ挿頭にした。勝花(かちばな)。

あやかり‐もの【―者】〘名〙愚か者。馬鹿者。＊三河物語(1626頃)一「普代之主のせんどをみつぎ、妻子けんぞくを帰見ずして、一命を主に奉らんと申而、岡崎にいたるあやかり者供社(こそ)、一本鑓立寄も千万心にくく存知候と仰ければ」

あやかり‐もの【肖者】〘名〙同じようになりたいと、こちらが思うほどのしあわせな人。また、しあわせな人に似て、しあわせになった人。果報者。＊運歩色葉(1548)「似者 アヤカリモノ」＊咄本・狂歌咄(1672)四「綾の小袖あやかり物と誰もみんかさばあやかしつきやしぬべき」＊浮世草子・日本永代蔵(1688)一・二「其身一代に弐千貫目しこためて、行年八十八歳、世の人あやかり物とて舛搔(ますかき)をきらせける」＊浄瑠璃・平仮名盛衰記(1739)三「門を家と遊びやるを見ては、あやかりものじゃとうらやんだ子が、何として又此やうに色白に疲(やせ)こけて」発音〈標ア〉[0][ノ]〈京ア〉[0]

あやか・る【肖】〘自ラ五(四)〙①揺れ動いて変化する。動揺する。変化する。＊拾遺(1005〜07頃か)雑恋・一二五一「風はやみ峰のくず葉のともすればあやかりやすき人の心か〈よみ人しらず〉」＊林葉集(1178)恋「たのめおきし夜半と思ひてくれは鳥何にあやかる心成らん」＊海人刈藻物語(1271頃)二「女御殿はとくまゐらせ給へとあれど、人々は『あやかりやすき御さまを、今少し見奉り給へ』と聞え給へど」＊両足院本毛詩抄(1535頃)八「大勢の者が物をいへば、心があやかる程にぞ思もよらぬ処を打つようぞ」②感化されて、同様な状態になる。似る。多くは、しあわせな人に似て、自分もしあわせになるなど良い状態についていう。＊八幡愚童訓(甲)(1308〜18頃)上「皇后御合戦の時、御腕に鞆を書て御弓を引給しに肖(アヤカ)て、皇子の御腕に鞆の形あり」＊寛永刊本蒙求抄(1529頃)五「是れに依って、温の字を取て、温―に、あやかるやうにと云ふて、付けたぞ」＊虎明本狂言・財宝(室町末〜近世初)「此年になりまらすれ共、名がござなひ程に、お年にも、御くゎほうにもあやかるやうに、三人の者共に、名を付て下されひ」＊易林本節用集(1597)「似 アヤカル」＊浮世草子・好色五人女(1686)一・二「お子を清十郎にいだかせ、膝へ小便(しし)しかけさせ、こなたも追付あやかり給へ」＊雑俳・軽口頓作(1709)「たまらぬは・あの中乗にあやかりたい」＊文明開化(1873〜74)〈加藤祐一〉二・下「其外に我がもとめぬ幸ひを受け、我がなした事でもないに、たたりを受る事などがある、夫は俗にあやかるといふ様な事で」③(疫病が)流行する。＊多聞院日記‐弘治二年(1556)正月一三日「目赤はいかにもふさきて養生すへし。人にうつる物也。あやかるもの也」＊俳諧・類船集(1676)以「疫癘(えきれい)のあやかるをいみては必家を出て外にやどるとかや」方言❶似る。似てくる。三重県志摩郡584 和歌山県690 ❷とうもろこしや豆類などで、異種類間の交配が自然に行なわれて雑種を生ずる。長野県下伊那郡492 ❸表面だけをよく見せる。心をこめてしないで、うわべを飾る。岩手県盛岡市092 語源説(1)アエ(肖)カカルの約〔俗語考・大言海〕。(2)アエカル(肖仮)の義〔名言通・和訓栞〕。(3)アヤはアヤシのアヤ。カルはコガルル、アクガルのカルで、引付けられること〔槇のいた屋〕。(4)綾糸のアヤをカ(借)り、美しい錦を織らんとの意〔両京俚言考〕。(5)アヤは奇怪。アヤカル(奇仮)の義〔和語私臆鈔〕。(6)アヘカル(和仮)の義。交わることによって似る意〔志不可起〕。(7)アエカハル(肖変)の義〔日本語原学=林甕臣〕。(8)アヒヤ(相屋)ヲ‐カル(借)の義か〔和句解〕。発音〈標ア〉[カ]〈ア史〉平安○○●○ 鎌倉○○○●〈京ア〉[0] 辞書名義・文明・饅頭・易林・日葡・書言・ヘボン・言海 表記似(文・饅・易) 㝵(名・文) 㝵(名) 呵(易) 類・自似(書) 肖(ヘ)

あや‐ぎ【―木】〘名〙たきぎにする雑木。＊浮世鏡(1688)「京にて薪(たきぎ)の柴(しば)といふを〈略〉中国にてはあや木といふ也」方言土佐†125 愛媛県845 846 848

あや‐ぎぬ【綾絹】〘名〙綾織りの絹。また、それで作った衣服。あやけん。＊浄瑠璃・井筒業平河内通(1720)五「三笠山のふもとに勝負の地をしめ、土俵をつかせ、北は黄に南は青く東しろ、にしくれないの綾衣に、四本柱をよそほひて」＊多情多恨(1896)〈尾崎紅葉〉前・二「綾絹の白い手巾(ハンカチーフ)を火燵の上に出せば」＊落梅集(1901)〈島崎藤村〉労働雑詠「ああ綾絹(アヤギヌ)につつまれて 為すよしも無く寝(い)ぬるより」発音アヤギヌ〈標ア〉[ギ][0]〈京ア〉[0]

あや‐ぎり【文桐】〘名〙植物「あおぎり(青桐)」の異名。《季・夏》＊風情集(1178頃)「あやぎりのよにたちめぐるそらぞなきあはぬおもひのはれまなければ」発音アヤギリ〈標ア〉[ヤ]

あやぎり【綾切】雅楽。右舞、壱越調(いちこつちょう)。四人舞。古くは女人の舞であったらしいが、近世では、男性が女性的な面をつけて、特殊な鳥甲(とりかぶと)をつけて舞う。愛妓女(あいぎじょ)。愛嗜(あいきり)女。綾箱舞。＊二十巻本和名抄(934頃)四「高麗楽曲〈略〉阿夜岐理」＊教訓抄(1233)七「綾切 アヤキリ 在面、愛者云、一説牟子、一説鳥甲」＊古今著聞集(1254)一九・六四九「其後舞を奏す。〈略〉右方綾切、右衛門府秦良佐・近衛身高つかうまつる」発音アヤギリ〈標ア〉[ヤ]

綾 切〈舞楽図説〉

あや‐ぎれ【文切】〘名〙①鳥の鳴き声や、ことばの発音などがはっきりしていること。音声の歯切れのよいこと。＊浮世草子・好色一代女(1686)一・三「八雲立(やくもたつ)国中(こくちう)の男女、言葉のあやぎれせぬ事のみ多し」＊浮世草子・本朝桜陰比事(1689)三・九「三光ありありと声のあやぎれしたる鳥の、柳の枝に留高ふとまって」＊談義本・艶道通鑑(1715)三・七「物うちいひたる安堵(あど)無く、あやぎれありて、声澄み耳うれしきほどの品なりし」②筋道がはっきりしていること。明確であること。＊浄瑠璃・山城国畜生塚(1763)一「それに御座る初花殿、拙者が妻(さい)に申請度、表向より使者を以て申すと雖も、呑むとも噛むともあや切(キ)れのせぬ返答」＊歌舞伎・傾城忍術池(1785)発端大序「サア、あやきれのせぬ兄弟の名乗り、今一度証拠が聞きたい」③敏腕で能力のあること。すぐれていること。＊松翁道話(1814〜46)二・下「格別あや切れのした人でもなければ、死ぬると」発音アヤギレ〈標ア〉[0]

あや‐ぎ・れる【文切】〘自ラ下一〙音声がはっきりしている。歯切れよく発音する。＊浮世草子・男色大鑑(1687)六・二「口も動さずして言葉のあやきれて、聞(き)くに情含(ふくみ)、いやといはれぬ笑ひ」

あやくしゃ〘形動〙方言⇨あやほや

あや‐くず【綾葛】〘名〙綾織りの葛布(くずふ)。また、それで作った衣服。＊散木奇歌集(1128頃)雑下「あしのしのやの 賤機に 織りしなへたる あやくずの」＊続古事談(1219)二・臣節「宇治にては、水干装束を着合ひたるに、清輔おとなしき人にて、あやくずかみしもを着たりけるに」

あやくた〘名〙ごみ。あくた。わらくず。＊俳諧・西鶴大矢数(1681)第八三「大溝の底は川浪水に月〈一毛〉 あやくたとなる草のうらかれ〈西忠〉」＊浮世草子・宇都山小蝶物語(1706)四「胸に恋慕のあやくたをはきためすごしぬるを、剛者が見たらはがゆかろに」方言わらを乱したもの。滋賀県甲賀郡611

あや‐ぐも【彩雲】〘名〙朝日や夕日などを受けて美しく染まって見える雲。さいうん。＊若菜集(1897)〈島崎藤村〉相思「目にながむれば彩雲(アヤグモ)のまきてはひらく絵巻物」＊暮笛集(1899)〈薄田泣菫〉燕の賦「東風(こちかぜ)かろき城の春、花の彩雲(アヤグモ)穿ち来て」発音アヤグモ〈標ア〉[0][グ]

あやくる〘動〙方言⇨あえくる(和)

あや‐くるし・い〘形口〙手足などがだるく感ずる。また、中風を病む人などの、動作や言葉が確かでない。＊筑紫方言(1830頃)「手足などのたゆく覚るといふ事をあやくるしい 江戸にてだるいなど云事也又中風をやむ人の手足の不随(かなはぬ)なる言語(ものいひ)の自在ならぬなどをもしか云あやにくるしきといふことなるへし」

あやくろしい〘形〙方言⇨あやかしい

あやくろしか〘形〙方言⇨あやかしい

あやける〘動〙方言❶思いがけなくて呆然(ぼうぜん)とする。驚く。あきれる。徳島県811 愛媛県840 周桑郡845 高知県862 高知市867 ❷慌てる。ろうばいする。うろたえる。群馬県吾妻郡218 長野県054 468 487

あや‐けん【綾絹】〘名〙「あやぎぬ(綾絹)」に同じ。＊浮世草子・好色一代男(1682)六・四「去(さる)太夫は、肌にあやけんの巾着はなさず」

あや‐こ【綾子】〘名〙①江戸末期、北海道江差町で、浜辺に丸太小屋を建て、漁師や船頭などを客にした女性。＊俚謡・江差追分節(1894〜95頃)「あや子(コ)よければ、座敷がもめる、揉める座敷は、ケンリョ節」②「あやこおどり(綾子踊)」の略。

あやこ〘名〙方言❶子猫や子犬などのじゃれること。青森県075 083 ◇あえこ 岩手県九戸郡088 岩手郡089 ❷⇨あや(文)

あやご【綾語】沖縄の宮古島の古謡。この島の伝説や歴史などを叙事的にうたったもので、神前に仕える女神官の間に伝えられている。

あやこ‐おどり【綾子踊】新潟県柏崎市女谷に伝わる民俗芸能で、踊り、囃子舞(はやしまい)、狂言がある。綾子舞。あやこ。

あや‐こくら【綾小倉】〘名〙綿織物の一種。斜線状の模様を織り込んだ小倉織。学童服、学生服に用いられる。

あや‐こま【綾小間】〘名〙機(はた)の綜絖(そうこう)の経(たていと)をさしこむ部分にある小形の目の字状の枠。発音〈標ア〉[コ]

あやこ‐まい【綾子舞】「あやこおどり(綾子踊)」に同じ。

あや‐ゴロ【綾呉呂】〘名〙綾織りのゴロフクレン(呉絽服連)のこと。＊英和商業新辞彙(1904)〈田中・中川・伊丹〉「Lasting 綾呉呂 横糸を数本毎に透して織ったものを呉呂と云ふので、これの綾織になっておるのを綾呉呂と云ふ」

あや‐ごろも【綾衣】〘名〙綾織りの衣服。綾絹で作った衣服。＊大斎院前御集(11C前)下「ここのへにいまはきなれぬあやごろもなみだにのみやかけてみるらむ」＊浜松中納言(11C中)三「さぶらふ人々の料には、あやごろも、くれなゐこまごまと取り具して」発音アヤゴロモ〈標ア〉[ゴ]

あや‐さん【―様】〘名〙(「あいかたさん(相方様)」の変化した語)客の相手をする遊女をていねいにいう言い方。おてきさん。＊洒落本・婦美車紫鹿(1774)夜中の口舌「それはそふだけれど、あのあや様(さン)がわるふありんす」

あや‐し【漢氏】〘名〙⇨あやうじ(漢氏)

あや‐し【怪】〘形シク〙⇨あやしい(怪)

あや‐じ【綾地】〘名〙綾織物の地合(じあい)。

あや‐し・い【怪・妖・奇】〘形口〙文あや・し〘形シク〙(驚きの声「あや」を活用させた語)正体のはっきりわからない物事、普通でない物事に対して持つ奇異な感じをいう。発音〈標ア〉[0]〈京ア〉[0] ①人の知恵でははかれないような不思議さである。神秘的な感じである。霊妙である。＊書紀(720)神武即位前戊午一二月(北野本訓)「金色(こがね)の霊(アヤシキ)鵄(とび)有て、飛来て皇弓(みゆみ)の弭に止れり」＊万葉(8C後)一七・四〇〇三「ここしかも 巌(いは)の神さび たまきはる 幾代経にけむ 立

ちて居て　見れども安夜之(アヤシ)〈大伴池主〉」 ＊霊異記(810-824)上・四「凡夫の肉眼には賤しき人と見え、聖人の通眼には隠身と見ゆと。斯れ奇異(めづら)しき事なり。〈興福寺本訓釈　奇　米川良之久　又云アヤ之久〉」 ＊古今(905-914)仮名序「山の辺のあか人といふ人ありけり。歌にあやしく、たへなりけり」 ＊うたたね(1240頃)「にはかに太秦に詣でてんと思ひ立ぬるも、かつうはいとあやしく、仏の御心の中恥づかしけれど」 ＊太平記(14C後)五・相模入道弄田楽并闘犬事「されば彼の媚者が天王寺の妖霊星と歌ひけるこそ怪(アヤ)しけれ」 ＊雪国(1935-47)〈川端康成〉「彼女の眼は夕闇の波間に浮ぶ、妖しく美しい夜光虫であった」 ②普通と違うところがある。変わっている。珍しい。 ＊西大寺本金光明最勝王経平安初期点(830頃)一〇「函には舎利有り。色妙にして異常(アヤシ)」 ＊古今(905-914)恋一・五四六「いつとても恋しからずはあらねども秋のゆふべはあやしかりけり〈よみ人しらず〉」 ＊伊勢物語(10C前)八一「陸奥(みち)の国にいきたりけるに、あやしくおもしろき所々多かりけり」 ＊源氏(1001-14頃)夕顔「何の響きとも聞き入れ給はず、いとあやしう、めざましきおとなひとのみ聞き給ふ」 ＊大唐西域記長寛元年点(1163)一「形容偉(アヤシク)大にして志性尫怯(をぢなし)」 ＊徒然草(1331頃)一二一「めづらしき禽、あやしき獣、国に育(やしな)はず」 ＊御伽草子・蓬萊物語(室町時代物語集所収)(室町末)上「なじかはこの世にたくひあらん。そののちあやしきけだもの、めづらしき鳥かずかず生産す」 ＊衆妙集(1671)雑「更に今みるぞあやしきいにしへのその八重垣も杉のしるしも」 ③物の正体、物事の真相、原因、理由などがはっきりとつかめない状態である。いぶかしい。変だ。 ＊万葉(8C後)一四・三三六四「足柄の箱根の山に粟まきて実とはなれるを逢はなくも安夜思(アヤシ)〈東歌・相模〉」 ＊竹取(9C末-10C初)「かくや姫を養ひ奉る事二十余年になりぬ。かた時との給ふにあやしく成り侍ぬ」 ＊枕(10C終)二六八・男こそ、なほいとありがたく「男こそ、なほいとありがたくあやしき心地したるものはあれ。いと清げなる人を捨てて、にくげなる人を持たるもあやしかし」 ＊平家(13C前)七・実盛「今は定て白髪にこそなりぬらんに、鬢髭(びんぴげ)の黒いこそあやしけれ」 ＊徒然草(1331頃)八七「日暮れにたる山中に、あやしきぞ。とまり候へ」 ＊浮世草子・好色一代男(1682)四・二「人の足音を聞て、隠るる事のあやしく」 ＊日本読本(1887)〈新保磐次〉三「かく云はば、あやしき物とおもふならん。然れどもあやしき物にはあらず、蚕と云ふ虫なり」 ＊蟹工船(1929)〈小林多喜二〉五「そんな時は急に誰でも、バタバタと心が『あやしく』騒ぎ立った」 ④普通であればしないような、道理や礼儀にはずれたことをしていて、非難されるべきである。けしからん。よくない。 ＊枕(10C終)二八・にくきもの「遣戸をあらくたてあくるもいとあやし」 ＊源氏(1001-14頃)桐壺「ここかしこの道にあやしきわざをしつつ、御送り迎への人のきぬの裾堪へがたくまさなきこともあり」 ＊宇治拾遺(1221頃)一一・七「ただ給(た)ばん物をば給はらで、かく返し参らする。あやしきことなり」 ＊竹むきが記(1349)下「宇治のわたりにいとあやしき事なんありとて、その夜は俄にしゅせん僧正が坊に泊る」 ＊無刊記刊本長恨歌抄(17C前)「春の面白き時分は、此春をあだにくらさんは怪きとて、春を賞して一日あそびくらす」 ⑤(貴族の目から見て理解しがたく、奇異なさまである意から) ㋑乱雑だったり、粗末だったりして見苦しい。みすぼらしい。 ＊土左(935頃)承平四年一二月二二日「かみなかしも、酔(ゑ)ひあきて、いとあやしく潮海のほとりにてあざれあへり」 ＊枕(10C終)二七八・関白殿二月二一日に「つくろひ添へたりつる髪も、唐衣の中にてふくだみ、あやしうなりたらん」 ＊源氏(1001-14頃)浮舟「あやしき硯めしいでて手習ひ給ふ」 ＊徒然草(1331頃)四四「あやしの竹のあみ戸のうちより」 ＊御伽草子・こほろぎ物語(室町時代物語大成所収)(室町末)「あやしのいほの草枕、しばしはここにかり寝して」 ㋺身分が低い。素姓がはっきりしない。いやしい。 ＊枕(10C終)三三・説教の講師は「あやしからん女だに、いみじう聞くめるものを」 ＊源氏(1001-14頃)明石「あやしき海士(あま)どもなどの、たかき人おはする所とて、集まり参りて」 ＊大鏡(12C前)六・道長下「その御時に生れあひて候けるは、あやしの民のかまどまで、やむごとなくこそ」 ＊徒然草(1331頃)一〇九「あやしき下臈なれども、聖人のいましめにかなへり」 ＊義経記(室町中か)二・伊勢三郎義経の臣下にはじめて成る事「姿こそあやしの民にて候とも、此身が候はんずる程は御宿直仕り候べし」 ⑥物事が十分信頼できない状態である。おぼつかない。 ＊西洋道中膝栗毛(1870-76)〈仮名垣魯文〉六・下「人力車で飛せべし。しかし、『コスト』があやしいはへ」 ＊懇親会(1909)〈森鷗外〉「酒はそろそろ燗ざましが雑って来ても味神経の識別が怪しくなってゐるのであらう」 ＊行人(1912-13)〈夏目漱石〉兄・一六「昇降器へ乗るのは好いが、ある目的地へ行けるか何うか夫(それ)が危(アヤ)しかった」 ＊方丈記私記(1970-71)〈堀田善衛〉四「次第に雲行きが怪しくなっているのである」 ⑦ある男女の間に、秘密な関係がありそうだ。 ＊御伽草子・小式部(室町時代物語大成所収)(室町末)「いづみしきぶときどき哥のだひじどもをならひければ、すでにあやしきうたがひをゐたりしほどに、人々ざんそうによりて、ほうしゃうすこしすさみ給ふ」 ＊落語・ズッコケ(1891)〈三代目三遊亭円遊〉「全体お前さんは忌(いや)に嚊(かか)アの肩を持つねヱ、何だかお前と家(うち)の嚊アと怪しいや」 ＊良人の自白(1904-06)〈木下尚江〉後・五・四「私が白井さんと何か怪しい次第(わけ)でもあると仰しゃるんですか」 ＊あきらめ(1911)〈田村俊子〉三「三輪さんも、繁に妾の許へ来る間に、兄さんと怪しいと姉さんが騒ぎ出したので、其れが原因で来なくなって了った」

語誌 (1)本来、①のような不可思議で、理解しがたい現象などに対する畏敬の心情を示した語であったかと思われる。それが客観的な判断を交えて、②のような普通ではないの意味ともなり、さらに、③のように普通ではない現象に対して、いぶかしく思う気持を示す語ともなった。中世に入って、③の対象をいぶかしく思う気持が、さらに悪いものを予想する意味にも変化していくようである。これは、現代語で用いられる、対象の正体が不明で、それを悪いものと判断する例にも通じると考えられる。 (2)普通とは異なると判断した対象に対する感情を表わす点で「けし(怪)」と共通するが、「けし」が、もっぱらそのような対象に対してマイナスの評価しか行なわないのに対して、「あやし」は、場面によってプラスにもマイナスにも評価が変わってくる点が、大きく異なるところである。 方言 危うい。危ない。 静岡県520 ◇あやっさん 沖縄県首里993 ◇あやっさあん 沖縄県石垣島996 語源説 (1)感動詞のアヤを活用した語〔俚言集覧・和訓栞・大言海〕。(2)アヤ(文)シキで、文目がまぎらわしい意から〔名言通・紫門和語類集〕。(3)アシ(悪)の語幹に形容語尾ヤの付いたアヤを語根として形容接尾語シの付いたもの〔日本古語大辞典＝松岡静雄〕。 発音 アヤシイ〈なまり〉アヤス・アヤッカス〔千葉〕オカシ〔鹿児島方言〕 〈標ア〉0 〈京ア〉ヤ 文『あやし』〈標ア〉ヤ 〈ア史〉平安○○◒ 鎌倉『あやしき』○○○◒ 室町『あやしき』●●○○ 江戸『あやしき』●●●○ 〈京ア〉ヤ 辞書 色葉・名義・和玉・文明・易林・日葡・書言・〈ヘボン〉・言海 表記 奇(色・玉・文・書) 異(色・玉・易・書) 怪(玉・文・書・ヘ) 神・詭(色・名・玉) 恠・譎・瓌・霊(色・名) 偉(色・玉) 奇・阽(名・玉) 魄・竅(色) 耶・嗟・却・惜・緩・猗・偉・儻・夔・殷・覇・玫瑰(名) 傀・傷・僕・踠・倬・涸・渥・絢・険・翅・灌・隻・緹・絀・裓・泰・厝(玉) 傀(書)

同訓異字 あやしい【怪・妖・奇・異】

【怪】(カイ・ケ) 世にありそうもなくあやしい。不可解で薄気味悪い。「怪奇」「怪物」「妖怪」《古 あやし・あやふし》

【妖】(ヨウ) なまめかしくあやしげだ。薄気味悪く人を惑わすようなようすだ。多く女性や化け物などについていう。「妖艶」「妖怪」「妖気」「面妖」《古 うるはし・なまめいたり・かほよし・わさはひ・たふろかす》

【奇】(キ) めったになくあやしい。めずらしくて不思議だ。変わっている。「奇怪」「奇遇」「奇妙」「珍奇」《古 あやし・あやしふ・めつらし・まれなり・いつはる》

【異】(イ) 他とことなっていてあやしい。「異形」「異様」「怪異」《古 ことに・あやし・あやしむ・めづらし》

あやしき者(もの)にとまる えり好みをすると、かえってつまらないものをつかむことが多いということ。 ＊宇津保(970-999頃)俊蔭「賤しき者をとりすゑて、いふかひなくまつはされ給ふぞ。〈略〉あやしきものにとまるとはなど、めやすからずきこえける」

あやしきを見(み)て怪(あや)しまざれば＝怪(あや)しみ却(かえ)って破(やぶ)る〔＝怪(あや)しき事無(ことな)し〕 「あやしみ(怪)を見て怪しまざれば怪しみ却って破る」に同じ。 ＊浄瑠璃・関八州繋馬(1724)一「あやしきを見てあやしまざれば、怪却而破(アヤシミカヘッテヤブル)とかや」 ＊読本・本朝酔菩提全伝(1809)六・一一「怪(アヤシキ)を見て怪(アヤシ)まざれば、怪事(アヤシキコト)なしともいへり」 ＊夷堅三志-姜七家猪「姜佛然曰、畜生之言何足ㇾ為ㇾ信、我已数月来知ㇾ之矣、見ㇾ怪不ㇾ怪、其怪自壊」

あやし-が・る【怪―】〘他ラ五(四)〙(形容詞「あやしい」の語幹に接尾語「がる」の付いたもの) 怪しく思う。変だと思う気持を、外に表わす。 ＊竹取(9C末-10C初)「その竹の中に、もと光る竹なん一筋ありけり。あやしがりてよりて見るに、筒の中光りたり」 ＊土左(935頃)承平五年二月五日「いとおもひのほかなる人のいへれば、人々あやしがる」 ＊古本説話集(1130頃か)四〇「さて、このさぶらひに、三日みえざりければ、あやしがり、守(かみ)、たづねさせければ」 語誌「あやしむ(ぶ)」が漢文訓読の用語に多用されたのに対して、「あやしがる」は専ら和文に見える。 発音 アヤシガル 〈標ア〉ガ 〈京ア〉0

あやし-げ【怪―・妖―・奇―】〘形動〙(形容詞「あやしい」の語幹に接尾語「げ」の付いたもの) ①不思議だ、変だと思うさま。また、そう思わせるような物事のさま。 ＊蜻蛉(974頃)中・天禄元年「あふ者、見る人、あやしげに思ひて、ささめきさわぐぞいとわびしき」 ＊落窪(10C後)二「物うちいひたる声けはひ、ほれぼれしくおくれたれば、女君、蔵人の少将などに聞きあはするに、あやしげなれば」 ＊古事談(1212-15頃)三・玄賓救伊賀国郡司事「侍所に居並たる輩皆はあやしげに思て」 ＊身のかたみ(室町中頃)「くすしいとあやしげにうちかたぶきつつ」 ＊天草本平家(1592)四・一〇「ヨソノ　ヒトメモ　ayaxigue nareba(アヤシゲ　ナレバ)ソラ　ヲソロシュウ　ヲモウテ　イソギ　ダイカクジエ　タチカエッタ」 ②みすぼらしいさま。卑しいさま。 ＊宇津保(970-999頃)楼上上「いひしらぬやまざとのやうになりたるはべり。御らんぜんにも、いとあやしげになむはべる」 ＊源氏(1001-14頃)宿木「例のいかにあやしげにふるめきたりけんと思ひやれば」 ＊太平記(14C後)一八・先帝潜幸芳野事「主上をば怪(アヤシ)げなる張輿(はりごし)に召替させ進(たてまつ)って」 ③えたいのしれない感じであるさま。 ＊めぐりあひ(1888-89)〈二葉亭四迷訳〉「怪気な『レース』を付け、古びた手袋をはめた、繰言の好きな domino(ドーミノ〈注〉仮面舞踏会に着る衣裳)連の附纏ふ」 ＊出産(1908)〈徳田秋声〉「壁にかかった怪しげな裸体美人の画だけは昔のままだが」 発音 アヤシゲ 〈標ア〉0 シ 〈ア史〉江戸●●●○ 〈京ア〉シ

あやし-さ【怪―・妖―・奇―】〘名〙（形容詞「あやしい」の語幹に接尾語「さ」の付いたもの）①不思議に思うこと。また、その度合。＊伊勢物語（10C前）六四「みそかに語らふわざもせざりければ、いづくなりけん、あやしさによめる」＊拾遺（1005〜07頃か）物名・三六一「植ゑてみる君だに知らぬ花の名を我しもつけん事のあやしさ〈よみ人しらず〉」＊苔の衣（1271頃）上「いとどこの御けしきをさればよとあやしさまさりて」②みすぼらしいこと。また、その度合。＊今鏡（1170）一・序「若く侍し昔は、しかるべき人の子など三四人生みて侍しかど、この身のあやしさにや、みな法師になしつつ」③正体、真相などがわからず、疑わしいこと。＊一人の平和主義者から福田恒存へ（1955）〈中島健蔵〉三「旅行者として見た外国の姿には、近視眼的なあやしさがあるというのも事実である」④不思議な魅力。霊妙な感じ。＊青鬼の褌を洗ふ女（1947）〈坂口安吾〉「若さのおのづからの妖（アヤ）しさもあったが」 発音〈標ア〉0シ〈京ア〉0 辞書日葡・ヘボン 表記怪（へ）

あやしし-おとこのすけ（…をとこのすけ）【怪男之助】〘名〙歌舞伎「伊達競阿国戯場（だてくらべおくにかぶき）」およびそれを取り入れた「伽羅（めいぼく）先代萩」に登場する荒獅子男之助をもじったしゃれ。特に後者の御殿床の場に鼠を踏まえて登場し、「怪しやなあ」とせりふを言うところから、怪しい男の意で用いる。＊洒落本・後編姫意忙思（1802）羅甦紋「庄さん、なんでも今夜の客もあやしし男之介だ」

あやし-ば・む【怪―】〘自マ四〙（形容詞「あやしい」の語幹に接尾語「ばむ」の付いたもの）怪しく見える。怪しいようすをしている。＊古事談（1212〜15頃）四・満兼清水帰途遭敵人事「六道辻に、人待とおぼしくて、あやしばみたる輩侍也」＊平家（13C前）一二・泊瀬六代「この辺にあやしばうだる旅人のとどまったる所やある」

あやしび【怪】〘名〙（動詞「あやしぶ（怪）」の連用形の名詞化）怪しむこと。怪しみ。＊今昔（1120頃か）二〇・一〇「佐（あやし）びを成して、其の郡の司に強（あなが）ちに志を運（めぐら）して」 発音〈標ア〉ビ0

あやし-び【怪火】〘名〙その原因や実体が何であるかわからない火。①原因不明の火事。不審火。②狐火など化け物がもたらすという火。＊春鳥集（1905）〈蒲原有明〉鑛斧「黒水（くろみづ）の昼はよどみて朽沼の夜の怪火（アヤシビ）」 辞書言海 表記怪火（言）

あやし-・ぶ【怪】〘他バ上二〙「あやしむ（怪）㊀」に同じ。＊続日本紀-神護景雲元年（767）八月一六日・宣命「此を朕自らも見行し又侍ふ諸人等も共に見て、怪備（あやしビ）喜びつつ在る間に」＊東大寺諷誦文平安初期点（830頃）「但、奇侅（アヤシブ）らくは、鳳皇其の当に翔らず」＊石山寺本金剛般若経集験記平安初期点（850頃）「衆人咸く驚きて異（アヤシブ）」＊源氏（1001〜14頃）桐壺「相人驚きて、あまたたびかたぶきあやしぶ」＊書陵部本名義抄（1081頃）「佐之 アヤシブ〔集〕」 語誌上二段活用の「あやしぶ」の例が平安初期から見られ、これが四段活用の「あやしぶ」を経て、四段活用の「あやしむ」となったと推定する説がある。「あやしむ」の例も平安初期から見られるが、一般化するのは院政期以降で、「ぶ」と「む」の交替の可能性も考えられる。→「あやしむ」の語誌。 発音〈標ア〉シ〈ア史〉平安○○●○〈京ア〉0 辞書名義・言海 表記器・譏・詭・記・謝・奇・砌・佐・快・魁（名）

あやしみ【怪】〘名〙（四段動詞「あやしむ（怪）」の連用形の名詞化）怪しむこと。不審。疑い。＊平家（13C前）一・殿上闇討「貫首以下あやしみをなし、『うつほ柱よりうち、鈴の綱のへんに、布衣の者の候ふはなに者ぞ。狼藉なり。罷り出でよ』と六位をもって言はせければ」＊宇治拾遺（1221頃）九・一「八人の郎等、とりどりあやしみをなして見るに」＊曾我物語（南北朝頃）五・呉越のたたかひの事「若し重ねて戦はば御方にはあやしみ多かるべし」 発音〈標ア〉ミ0〈ア史〉室町●●●●〈京ア〉0 辞書ヘボン・言海 表記怪（へ・言）

あやしみを見（み）て怪（あや）しまざれば怪（あや）しみ却（かえ）って破（やぶ）る 怪しい事を見ても気にかけさえしなければ、怪しい事が自然に消えるという意。↔疑心暗鬼（あんき）を生ず。＊徒然草（1331頃）二〇六「『あやしみを見てあやしまざる時は、あやしみかへりて破る』といへり」＊浄瑠璃・つれづれ草（1681）一「あやしみを見てあやしまざれば、あやしみかへってやぶるとかや」＊夷堅三志-姜七家猪「姜佛然曰、畜生之言何足レ為レ信、我已数月来知レ之矣、見レ怪不レ怪、其怪自壊」

あやし-・む【怪】㊀〘他マ五（四）〙（形容詞「あやし」の動詞化）物の正体や、物事の真相、原因などがわからなくて不思議だと思う。また、変だと思ってとがめだてをする。うたがう。いぶかる。あやしぶ。＊天理本金剛般若経集験記平安初期点（850頃）「其の僧等此の事を見て、稍や異（アヤシム）」＊源氏（1001〜14頃）夢浮橋「この月ごろ、うちうちにあやしみ思う給ふる人の御事にやとて」＊平家（13C前）五・咸陽宮「秦舞陽わなわなとふるひければ、臣下あやしみて」＊観智院本名義抄（1241）「異 コトニ アヤシム」＊徒然草（1331頃）五三「道すがら人のあやしみ見る事限なし」＊俳諧・奥の細道（1693〜94頃）出羽三山「日月行道の雲関に入かとあやしまれ、息絶、身こごえて」＊尋常小学読本（1887）〈文部省〉四「お清は、何故に、子鼠の再び出で来らざるかと、あやしみ居たるに、間もなく、前の子鼠は、おや鼠を座敷の中へ伴ひ来り」㊁〘他マ下二〙①態度などにはっきりしない点があって変だと思う。変だと思ってとがめだてをする。＊太平記（14C後）二四・三宅荻野謀叛事「此勢一所に集らば、人に佐（アヤ）しめらるべしとて」＊謡曲・安宅（1516頃）「すはわが君を怪しむるは、一期の浮沈極まりぬと、皆一同に立ち帰る」＊天草本伊曾保（1593）イソポの生涯の事「ナニゴト ナレバ、ケシカラヌ サカテダウグノ カイヤウゾト ayaximureba（アヤシムレバ）」＊俳諧・奥の細道（1693〜94頃）尿前の関「旅人稀なる所なれば、関守にあやしめられて、漸として関をこす」②叱ったりしてひどく当たりちらす。＊浮世草子・本朝二十不孝（1686）五・三「さまざま養生する程に、早敢（はか）どらずして我と心腹たてすこしの事に人をあやしめければ、下々おそれて」③相手を卑しいものとして応対する。＊仮名草子・伊曾保物語（1639頃）中・三二「一旦の栄華に誇って、人をあやしむる事なかれ」 語誌(1)㊀は「あやしぶ」とともに平安時代初期から使用されているが、院政期頃を境に「あやしむ」が多用されるようになった。平安時代にはおもに漢文訓読系の文献で用いられている。和文での使用は稀で「源氏物語」では挙例の横川の僧都の会話の一例だけである。和文で多用される「あやしがる」と比べて、態度・言動を伴わない内面的な心理作用のみの描写に用いられることが多い。このために、具体的動作の描写を通して内面の心理を描こうとする和文物語では用いられにくかったとする見方もある。(2)「文鏡秘府論保延四年点」（一一三八移点）には「アヤシムル」という例がある。㊁の下二段活用の古い例と見ることもできるが、「あやしぶ」には上代・平安時代初期に上二段の例があるところから、「あやしむ」も古く上二段活用を有していたものとも考えられる。→「あやしぶ」の語誌。 発音〈標ア〉シ〈ア史〉㊀は江戸●●●●と●○○の両様 ㊁は室町『あやしむる』●●●○○〈京ア〉0 辞書名義・和玉・文明・明応・天正・饅頭・黒本・日葡・ヘボン・言海 表記怪（文・明・天・饅・黒・へ・言） 異（名・玉） 羨（玉） 妖・奇・惑（文）

あやしめ【怪】〘名〙（下二段動詞「あやしむ（怪）」の連用形の名詞化）怪しむこと。とがめだて。＊仮名草子・恨の介（1609〜17頃）上「わごぜたちまであやしめの参る事は、よもあらじ」

あや-しらきぬ【綾白絹】〘名〙綾と、白い上等の練り絹。＊書紀（720）武烈八年三月（図書寮本訓）「日夜常に宮人（をむなども）と酒に沈湎（ゐひさまた）れて、錦繍を以て席（しきゐ）と為。綾紈（アヤ白絹）を衣（き）たる者衆し」

あや-しわ【文皺】〘名〙しわが入り混じって模様のようになっているもの。

あや・す【零】〘他サ四〙（「あゆ（零）」の他動詞形）①血や汗などをしたたらす。ぽたぽたとたらす。＊宇津保（970〜999頃）春日詣「爪もとより血をさしあやして、かく書きつく」＊平家（13C前）一〇・横笛「口おしきに、この身さへとらはれて、父のかばねに血をあやさん事も心うし」＊太平記（14C後）一六・日本朝敵事「依レ之第六天の魔王忿りを休めて、五体より血を出（アヤ）し」＊歌舞伎・御国入曾我中村（1825）一番目「鳥類たりとも社内に於て血をあやさば神への恐れ、その身の冥罰」②果実などを落とす。＊日葡辞書（1603〜04）「Ayaxi, su（アヤス）〈訳〉シモ（下）では、果実を叩き落す。また、果実などのごとく、落すの意」＊山彦冊子（1831）三「今も西国にては、木になりたる菓の類をおしとるを安夜須（アヤス）といひ、おのづからおつるを安要流（あえる）といへる」 方言❶落ちるようにする。落とす。また、知らぬ間に落とす。遺失する。筑後柳川†129 岡山県749 756 766 福岡県872 長崎県053 長崎市906 大分県北海部郡939 ◇あやかす 長崎市906 熊本県葦北郡・八代郡933 鹿児島県963 ◇あやかし 鹿児島県鹿児島郡968 ❷木の実、果物などを落とす。兵庫県佐用郡047 山口県793 長崎県対馬910 熊本県阿蘇郡924 大分県941 鹿児島県肝属郡970 ◇ああすん 沖縄県宮古島・石垣島975 ◇ああしん 沖縄県石垣島996 ❸木の実を、熟して落ちるようにする。長崎県対馬909 ❹あごなどを外す。◇ああしん 沖縄県石垣島996 ❺血、汗などを流す。◇ああすん 沖縄県宮古島・石垣島975 ❻はれ物などをつぶして膿（うみ）を絞り出す。乳をもんで乳汁を出す。滴らす。鳥取県気高郡717 ◇ああしん 沖縄県石垣島996 ◇ええしゅん 沖縄県首里993 ◇ええしゅい 鹿児島県喜界島983 ◇あやかす 鳥取県西伯郡718 島根県725 ❼つぶして内容を柔らかにする。◇あやかす 島根県簸川郡・大原郡725 ❽穀物の籾（もみ）を、たたいて取る。熊本県球磨郡054 ↓あえる（零）。 発音〈標ア〉ヤ 辞書饅頭・日葡・ヘボン・言海 表記出（饅） 落（へ）

あや・す〘他サ五（四）〙①きげんをとってなだめる。また、手なずける。＊雑俳・柳多留-七（1772）「ねかす子をあやしてていしゅしかられる」＊雑俳・歌羅衣（1834〜44）二「安しん 出ると早く帰って愛やし〈寛坊〉」＊或る女（1919）〈有島武郎〉前・五「この角ばった返答は男を手もなくあやし慣れてゐる葉子にも意外だった」②愛玩（あいがん）する。かわいがる。＊滑稽本・浮世床（1813〜23）二・上「此頃まで手飼にして愛（アヤ）した物を。番木鼈（まちん）を食せて殺すとは」＊何処へ（1908）〈正宗白鳥〉一四「婦人は口笛を吹いたり、何か早口に云って、犬を綾（アヤ）してゐたが」③だます。ごまかす。＊黄表紙・茶歌舞妓茶目傘（1787）「わっちがうちかけをかけてあやしておきんす」 語源説アヤナスの略か〔俚言集覧・大言海〕。 発音〈なまり〉アイスル〔岩手〕アエス〔山形・福島・新潟頸城〕アエスル〔秋田〕エース〔福島・信州上田〕エャス〔茨城〕ヤース・ヤス〔千葉〕〈標ア〉ヤ〈京ア〉0 辞書ヘボン・言海

あやすい〘形〙 方言容易だ。たやすい。岐阜市498 愛知県549 558 570 滋賀県神崎郡616

あや-すぎ【綾杉】〘名〙①（葉がよじれてあやになっているところからいう）ヒノキ科の小高木でサワラの園芸品種。枝繁く、葉は線形でやわらかく、裏が白色。檜杉（ひむろ）。＊檜垣嫗集（10C後か）「千はやふるかすひの宮のあやすぎはいくよか神のみそぎなるらん」＊拾遺（1005〜07頃か）神楽歌・五九二「おひ繁れ平野の

原のあやすぎよ濃き紫にたち重ぬべく〈清原元輔〉」＊浄瑠璃・暦(1685)道行「いゑもあらなくにみわがさき、あやすぎめぐむこのまより、神のひもろぎ物さびて」＊浮世草子・真実伊勢物語(1690)一・三「ちうもんのあやすぎのかげより、たちをはきゑぼしをかづき」 ②杉の園芸品種、「えんこうすぎ(猿猴杉)」の異名。③杉の薄板を、あじろのように編んで、垣にしたもの。＊随筆・安斎随筆(1783頃)五「綾杉 あじろの組目に同じ。昔は杉のうす板をあじろの如くくみて垣にするなり」＊家屋雑考(1842)三「檜垣、小檜垣、綾杉などいふ類、皆組垣の名なり」 ④鼓の筒や、三味線の胴の内側に彫刻されたジグザグを重ねた模様。音波の差によって生ずる音のボヤケを防ぐためのもの。＊洒落本・娼妓絹籭(1791)二「むくのすそもやうも、こいつア、あんした。あやすぎに二葉葵か。べちゃアねへ。芝居の木戸が蓮池へ身を投(な)げたといふもやうだ」＊新浦島(1895)〈幸田露伴〉一七「紫檀棹に花櫚胴(くゎりんどう)、いづれ裏には文杉(アヤスギ)のあるべしと思はる好き音色の三味線取り出して」 方言 刺し子の刺し方の一つ。網代(あじろ)の編目のように刺すもの。 青森県上北郡054 発音 アヤスギ 〈標ア〉ヤ 辞書 書言・言海 表記 文杉(書・言)

あや-すげがさ【綾菅笠】『名』菅を斜めにうち違えて編んだ笠。＊御伽草子・美人くらべ(室町時代物語集所収)(室町中)「あさのさごろも、うへにめしかへ、あやすげがさにて、かほかくし」＊謡曲・安宅(1516頃)「綾菅笠にて顔をかくし」 補注「嬉遊笑覧‐二・中」に「菅をあやに編るにや恐らくはあやゐ笠の誤ならむ」とある。

あや-すじ【綾筋】『名』獅子口(ししぐち)の前面で、経巻状の円筒の下につけた山形の線条模様。綺筋。〔日本建築辞彙(1906)〕

あや-ずり【―摺】『名』「あいずり(藍摺)」に同じ。

あやせ【綾瀬】 ㊀綾瀬川のこと。上代の荒川の分流で、埼玉県草加付近から南流し中川放水路に注ぐ。＊滑稽本・浮世風呂(1809‐13)四・上「三十人が揃(そろ)ひの浴衣(ゆかた)を頂戴(てうだい)で、綾瀬(アヤセ)の月を観た事がごぜへましたっけネ」 ㊁東京都足立区の地名。綾瀬川の下流域を呼び、江戸時代は鷹狩の場所になった。 ㊂神奈川県中部の地名。相模原台地の中南部にある。かつては水田農業地帯だったが、第二次大戦後、近郊都市として宅地化が進み、工業団地が進出。隣接の大和市にかけて厚木航空基地がある。昭和五三年(一九七八)市制。 発音〈標ア〉ア

あや-だけ【綾竹】『名』①機織り道具の名。経(たていと)の糸のさばきをよくするために機(はた)の綜絖(そうこう)と間丁(けんちょう)の間に入れた竹の棒。あぜたけ。あや。＊俳諧・文化句帖‐元年(1804)七月「あや竹に鳴合せたるいとど哉(かな)」 ②「あやおりだけ(綾織竹)」に同じ。＊仮名草子・竹斎(1621‐23)上「遊女(ゆふぢょ)、遊君集(あつま)りて、若(わか)き人々打交(まじ)り、三味線(しゃみせん)、胡弓(こきゅう)にあや竹や、調(しら)べ添(そ)へたるその中に」＊歌舞伎・北条九代名家功(高時)(1884)中幕・上「綾竹(アヤダケ)などを面白う扱ふ業(わざ)をいたしますが」 ③引き窓の引き綱をかけるために横に渡した竹。〔日本建築辞彙(1906)〕 方言 経(たていと)の糸のさばきをよくするために機(はた)の綜絖(そうこう)と間丁(けんちょう)の間に入れた竹の棒。 東国1020

あや-だすき【綾襷】『名』たすきを綾に取ること。背中で十文字になるようにたすきを結ぶこと。＊近世紀聞(1875‐81)〈染崎延房〉一〇・三「白き鉢巻を結び襠高袴(まちだかばかま)に綾襷(アヤダスキ)何れも身軽き扮装(いでたち)にて」

あや-ち【文道】『名』①筋道。言葉のわけ。＊歌舞伎・三十石艠始(1759)序幕「エエ狂言の稽古であやちがしれぬ。もそっと大きな声でお聞せ下されい」＊洒落本・列仙伝(1763)「何やらあやちもきこへぬ事いふて、うがちくるは竹田唐軒にて」 ②区別。判別。差異。＊浄瑠璃・三荘太夫五人嬢(1727)粟の段夢物狂「一生分らぬ五音(ごゐん)のあやち、ありありと聞えしは、疑ひもない唖(おし)の一声、言始めの言納めであったか」＊浄瑠璃・源平布引滝(1749)一「あやちの知れぬしゃっ頬(つら)。滝壺(つぼ)で洗ふて見んと」 方言 言葉や、色、模様などについて、筋道や輪郭がはっきりしていること。明瞭に区別されること。差異。区別。けじめ。多く「あやちが分からぬ」の形で用いられる。 大阪市638 兵庫県加古郡664 奈良県吉野郡683 和歌山県691 東牟婁郡704 ◇あゃあち 京都府竹野郡622

あやち が 立(た)つ 区別がつく。分明である。＊浄瑠璃・加賀国篠原合戦(1728)二「馬の事やらわしが身やら、あやちが立ぬともたせぶり」

あやち 無(な)し すじが通らない。また、区別がつかない。＊浄瑠璃・生写朝顔話(1832)宿屋の段口「詫(わ)びる詞(ことば)もあやちなく、笑ひ薬の利目(ききめ)とは知らぬ祐仙」

あや-ちりめん【綾縮緬】『名』絹織物の一種。普通の縮緬に斜線状の模様を織り込んだもの。 発音〈標ア〉0 チ

あ-やつ【彼奴】『代名』他称。第三者をののしっていう。あのやつ。あいつ。きゃつ。＊十訓抄(1252)一・肥後守盛重心藻優被登用事「主(あるじ)の殿(との)、あやつとらへよと、みすの内よりいひ出だし給ひたりければ」＊塵袋(1264‐88頃)五「あやつはあのやつなり」 発音〈標ア〉0 辞書 ヘボン・言海 表記 彼奴(言)

あや-つき【文槻】『名』木目の文様のある槻(つき)の材木。＊東大寺要録(1134)七・雑事章「厨子一口 赤漆文槻木古様作金銅作鉄具」

あや-づ・ける【綾付】『他カ下一』物事の入り組んだ状況に筋道を立てる。また、無理やり関係づける。こじつける。＊歌の条件(1946)〈小田切秀雄〉「時局向きに自身の感情を綾づけて事足れりとした状態は」 発音〈標ア〉ケ

あやつ-こ『名』魔よけのためのまじないのしるし。多くは赤子の初出(ういで)のとき、額に鍋墨で「・」や「×」をつける。女児に紅で同様のしるしをつけたり、犬の文字を書くのはその変化。 語源説 アヤはアヤカシ、アヤカリのアヤ。人力以上というところからか〔方言覚書=柳田国男〕。

あや-つばき【綾椿】『名』枝上にヒノキバヤドリギが寄生しているツバキ。ひのきつばき。＊古今要覧稿(1821‐42)三〇七「ひのきつばきは、一名をあやつばきといふ。此樹は伊勢国鈴鹿郡つばきの神社の境内(けいだい)及び同郡高宮村などに多し。即(すなわち)椿(つばき)の枝に檜(ひのき)の枝さしまじりて、花は常のつばきなり。されども紅白の二種あり」 発音〈標ア〉ツ

あや-つむぎ【綾紬】『名』紬糸(つむぎいと)を用いて、綾織りにした絹布。＊宗五大草紙(1528)衣装の事「公方(くぼう)様御服と申すは、織物〈色御紋不定〉白きあや又は、綾つむぎ」

あやつり【操】『名』(動詞「あやつる(操)」の連用形の名詞化) ①操ること。巧みに扱うこと。また、そのしかけ。からくり。＊とりかへばや(12C後)上「つくりいづる文のかたにも、歌の道にも、はかなくひきわたす筆のあやつりまで、世にたぐひなく打ちふるまひ」＊観智院本名義抄(1241)「機 アヤツリ」＊中華若木詩抄(1520頃)下「あやつりを以てすれば、一日に百畦にそそかんともまま也」＊玉塵抄(1563)一二「両方陣をすえてとりつめたあいだに、かちまけはかりごとの心のあやつりをばあんじ定めてもつぞ」＊日葡辞書(1603‐04)「Ayatçuri(アヤツリ)〈訳〉工夫すること。また技巧をこらすこと」＊仮名草子・浮世物語(1665頃)一・三「賽に操(アヤツリ)を仕出し、人を抜きて金銀を取る事」 ②「あやつりにんぎょう(操人形)」または「あやつりしばい(操芝居)」の略。＊花鏡(1424)万能綰一心事「棚の上の作り物のあやつり、色々に見ゆれ共、まことには動く物にあらず」＊浄瑠璃・堀川波鼓(1706頃か)下「討たり敵(かたき)、妻敵討咄(はなし)の通まっすぐにいへばいはるる舌三寸の、あやつりの御評判とぞ成にける」＊雑俳・柳筥(1783‐86)二「あやつりのげびは木戸から太鼓也」＊苦の世界(1918‐21)〈宇野浩二〉二・二「『あやつり』がはじまりました。ご案内しませう」 ③「あやつりいた(操板)」の略。 ④先に釘のついた竹竿などを使って、洗濯物、室内の衣服などを盗むことをいう盗人仲間の隠語。〔隠語輯覧(1915)〕 発音〈標ア〉リ ツ 〈京ア〉0 辞書 名義・天正・日葡・書言・言海 表記 操(名・言) 機(名・天) 機関(書)

あやつり-いた【操板】『名』糸操りで、人形の頭、手、足に結び付けた、数本の操り糸を付け、人形を上からつって踊らせる、うちわ形の板。あやつり。

あやつり-いと【操糸】『名』操り板と人形を結び付け、これを引いたり放したりして操り人形を踊らせる糸。＊雑俳・柳多留‐八二(1825)「立身の操(アヤツリ)糸は上で引き」＊日本橋(1914)〈泉鏡花〉五一「数千の操糸(アヤツリイト)を掛けたより、もっと微妙な」 発音〈標ア〉イ

あやつり-かた【操方】『名』人形浄瑠璃で人形を操る人。＊談義本・穴意探(1770)「今度の浄るり操(アヤツリ)かたから望が有げな」 発音〈標ア〉0

あやつり-からくり【操機関】『名』操り人形または、その舞台の装置などを応用したからくり細工。 発音〈標ア〉カ

あやつり-きょうげん【操狂言】『名』①操り人形による芝居。→操り芝居。②人形浄瑠璃を歌舞伎化した狂言。義太夫狂言。＊絵本戯場年中鑑(1803)中・四月「操狂言(アヤツリケフゲン) 義太夫節五段続十段続をとり組て出す。京大坂には多く、江戸にはまれなりしが、年々多くなるは残念也。この狂言は見くらべものなれば、立者揃(たてものぞろひ)でなくては、大々当りはなき事也」 発音 アヤツリキョーゲン〈標ア〉キョ

あやつり-ざ【操座】『名』操り芝居を演じる一座。また、その劇場。操り人形座。＊南水漫遊拾遺(1820頃)一「東西の芝居盛なりし頃の操座は夜七つ頃より見物詰懸」＊滑稽本・浮世床(1813‐23)二・上「それだから操座(アヤツリザ)の楽屋でつかふ隠語(かくしことば)をば、よヲく覚居(おぼえて)た」 発音〈標ア〉0

あやつり-さんにんがかり【操三人懸】『名』一体の操り人形を三人でつかうこと。享保一九年(一七三四)に、「蘆屋道満大内鑑」で吉田文三郎の考案より始まるという。現在は、主(おも)遣い、左遣い、足遣いの三つの役に分かれる。三人遣い。

あやつりさんば【操三番】 歌舞伎所作事。長唄。嘉永六年(一八五三)、前年大坂で行なわれたものを、篠田瑳助が歌詞を改め、四世杵屋彌十郎と坂東定次郎が合同で作曲して、江戸河原崎座で初演。本名題「柳糸引御摂(やなぎのいとひくやごひいき)」。翁(おきな)、千歳(せんざい)をゼンマイ人形の所作で、三番叟(さんばそう)を糸操りの所作で踊るもの。のちに翁、千歳は人間の所作になった。操三番叟。 発音〈標ア〉サ

あやつり-し【操師】『名』操り人形をつかう人。操り芝居の人形つかい。 発音〈標ア〉リ

あやつり-しばい【操芝居】『名』三味線の伴奏で、浄瑠璃を語るのに合わせて、操り人形を演技させる人形劇。また、その劇場。人形浄瑠璃。操り浄瑠璃。操り人形芝居。あやつり。＊俳諧・西鶴大句数(1677)四「平家は大豆源氏は米を積かさね 銀元のつくあやつり芝居」＊浮世草子・けいせい伝受紙子(1710)五・四「されば当所に珍らしき操芝居(アヤツリシバヰ)のあるよし。あはれ取よせて見物仕りたき」＊南水漫遊拾遺(18

20頃)一「大阪あやつりの最初は京都より左内宮内といふ浄瑠璃太夫折々大阪へ下り〈略〉操芝居繁昌に及びしゆへ」＊随筆・守貞漫稿(1837-53)二一「操芝居操、あやつりと訓ず。京師操の始りは下の声曲類纂の京師芝居図の刊本の前後にかけて上村日向掾の伝にて操りの始原も西宮傀儡師のことも〈略〉京都元和中七櫓の芝居ありしことも詳か也」語誌 (1)室町時代には、台の上に人形を置いて糸などで動かすものを「操り」「操り物」と呼んでいた。これと浄瑠璃とが結びついて成立した。慶長(一五九六〜一六一五)の頃、京都に発生し、江戸に移り、のち大坂で栄えた。(2)人が演ずる歌舞伎に対して、人形を動かして演ずるところから、「操狂言」「操浄瑠璃」「人形浄瑠璃」「人形芝居」などとも呼ばれたが、明治時代以降は「人形浄瑠璃」と呼ぶことが一般的となった。竹本座、豊竹座から文楽座に受け継がれ、現在では文楽とも呼ばれる。発音〈標ア〉シ

操り芝居〈人倫訓蒙図彙〉

あやつり-じょうるり ジャウルリ【操浄瑠璃】〘名〙①「あやつりしばい(操芝居)」に同じ。②人形を操るために太棹の三味線に合わせて語る浄瑠璃節。特に義太夫節をいう。発音 アヤツリジョールリ〈標ア〉ジョ

あやつり-しんしょう シャウ【操身上】〘名〙いろいろとやりくりをしてやっと暮らしてゆく程度の財産。＊別れ霜(1892)〈樋口一葉〉二「機械仕掛のあやつり身上(シンシャウ)松沢も最早下り坂よと囃されんは」発音 アヤツリシンショー〈標ア〉シ

あやつり-そうば サウバ【操相場】〘名〙大手筋の買占めや売り崩し、また、取引買の連合によって、人為的に変動させる相場。〔国民百科新語辞典(1934)〕発音 アヤツリソーバ〈標ア〉ソ

あやつり-て【操手】〘名〙操り人形を操る人。転じて、自分の思い通りに人、物、ことば、情報などを使いこなす人。＊清原国賢書写本荘子抄(1530)五「能思惟してみるに、あやつりてがありて、運転して不レ止也」＊金(1926)〈宮嶋資夫〉一「夫(それ)があの若い血に燃え、戦ひに陶酔してゐる、一個傀儡の操(アヤツ)り人(テ)だ」＊塔(1946)〈福永武彦〉「僕は夢のない眠りを眠る人、操(アヤツ)り手を欠いた傀儡たるにすぎなかった」発音〈標ア〉0 テ

あやつり-どうぐ ダウグ【操道具】〘名〙①操り芝居に用いる諸道具。②特に、操り芝居の大道具をいう。背景、高欄、屋台の枠など。

あやつり-とうろ【操灯籠】〘名〙あやつり仕懸けで作られた灯籠。＊看聞御記-永享四年(1432)八月七日「自二内裏一あやつり燈爐一被レ下。一谷合戦鵯越馬追下風情也。殊勝あやつり言語道断驚レ目了」発音 アヤツリトーロ〈標ア〉ト

あやつり-にんぎょう ニンギャウ【操人形】〘名〙①手足などを動かす人形。特に、傀儡(くぐつ)に用いた人形。操り物。＊役者論語(1776)佐渡島日記「元来操(アヤツリ)人形は、首ばかりにて着物を打きせ、手も足も遣ひ人の手にて仕たるもの、近来まで子供の翫(もてあそ)びに、でこのぼうといへる物是なり」②操り芝居に用いる人形。また、その芝居。操り。＊随筆・甲子夜話(1821-41)続篇・一八「嘗聞くこの近国の香取明神と云大社あるに何つか祭礼のとき操(アヤツ)り人形ありて近郷群集す」＊小説神髄(1885-86)〈坪内逍遥〉上・小説の主眼「機関人形(アヤツリニンギャウ)といふ者に似たり」＊思出の記(1900-01)〈徳富蘆花〉九・一「妙に操人形(アヤツリニンゲフ)になった様に、手も足も吾有(わがもの)ではない様な心地」③他人の言うとおりに、どうにでも動く人。傀儡(かいらい)。＊ユリアとよぶ女(1968)〈遠藤周作〉「自分が権力者の一操り人形にすぎず、哀れな傀儡(かいらい)にすぎぬという感情は長い間、行長の鬱積した心のなかにひそかに蓄えられていた」発音 アヤツリニンギョー〈標ア〉二〈京ア〉二 辞書 言海 表記 操人形(言)

あやつりにんぎょう-ざ あやつりニンギャウ【操人形座】〘名〙「あやつりざ(操座)」に同じ。＊武江年表(1848)天保一三年二月「去年十月堺町、葺屋町の芝居焼失後、両座幷に操人形座、浅草山の宿に出候御下屋敷へ引移るべき旨の公命ありしが、当二月三日、同所にて替地を下し賜はる」

あやつりにんぎょう-しばい あやつりニンギャウしばゐ【操人形芝居】〘名〙「あやつりしばい(操芝居)」に同じ。

あやつり-ぶたい【操舞台】〘名〙操り芝居の舞台。特に人形浄瑠璃の舞台をいうことが多い。

あやつり-もの【操物】〘名〙①巧妙な装置を施した物。＊看聞御記-永享四年(1432)一二月二日「自二禁裏一被レ下あやつり物、勧修寺申出之間遣レ之」＊日葡辞書(1603-04)「Ayatçurimono(アヤツリモノ)〈訳〉技巧をこらした物。また、巧みに作られた物」②「あやつりにんぎょう(操人形)①」に同じ。＊撮壌集(1454)下・遊楽「操物 アヤツリモノ」＊中華若木詩抄(1520頃)上「真の人と同し者也。あやつり物のやうにない也」発音〈標ア〉0 辞書 日葡

あやつ・る【操】〘他ラ五(四)〙①巧みに操作する。うまく取り扱う。また、言葉を巧みに使う。＊朝光集(995頃)「織るとはた思はざりけり唐錦あやつる声の音ところそ聞け」＊源平盛衰記(14C前)三・殿下事会事「高範車を廻して、あやつり禦(ふせ)ぎけるを」＊玉塵抄(1563)四「きにあわうとてあやつって、こちをそこなうことをついせうに云ぞ」＊俳諧・去来抄(1702-04)先師評「いか様にさしてなき事を、句上にてあやつりたる処有」＊小学読本(1873)〈田中義廉〉三「如何にして、舟を進むるや、櫂を操りて、舟を進むるなり」＊門(1910)〈夏目漱石〉一四「非常に能弁な京都言葉を操(アヤツ)る四十許の細君がゐて」②楽器をひく。楽器をうまく奏する。＊白氏文集天永四年点(1113)三「始めて楽懸に就きて雅音を操(アヤツル)」＊色葉字類抄(1177-81)「操 アヤツル 操琴」＊方丈記(1212)「水の音に流泉の曲をあやつる」③糸をつけ、物陰から引いて、その物を動かす。＊看聞御記-応永二八年(1421)七月一五日「石井念仏拍物、今夜有二風流一。茶屋を立。其屋に人形〈喝食〉、金打あやつりて金を打舞」＊花鏡(1424)万能綰一心事「あやつりたる糸のわざ也」＊中華若木詩抄(1520頃)上「此傀儡は、木を刻んで、それを糸にてあやつりて」④人を上手に扱う。特に、裏面で、他人を使って自分の思う通りにさせる。陰で糸を引く。＊日葡辞書(1603-04)「ヒトヲ ayatçuru(アヤツル)」＊人情本・英対暖語(1838)三・一四章「知らぬ顔にてわれを側へ引付おき、紅楓に物思ひをさせ、我内心に苦しむを推量してあやつりしか」＊星座(1922)〈有島武郎〉「伊藤が政友会を率いて如何元老輩をあやつるかが見ものだよ」⑤逮捕することをいう、やくざ仲間の隠語。〔隠語全集(1952)〕方言 やりくり算段でやっと生活する。富山県砺波398 語源説 (1)アヤツル(文吊)の義〔大言海〕。(2)アヤトル(綾取)の転〔夏山雑談・嬉遊笑覧・演劇百科大事典〕。(3)アヨ(動)の夕行活用で、アヤツル(動釣)〔日本語源＝賀茂百樹〕。(4)アヤツル(怪釣)から〔国語本義〕。発音〈標ア〉ツ〈ア史〉平安○○◍○〈京ア〉0 辞書 色葉・名義・和玉・文明・伊京・饅頭・黒本・易林・日葡・ヘボン・言海 表記 操(色・名・玉・文・伊・饅・黒・易・へ・言)撡・隠・埒(色・名)態(色)撊・攦・抑・慈・風(名)埒・技・擭・擪・悋・悦・弋(玉)

あや-とおし ほしと【綾通】〘名〙機(はた)の綜絖(そうこう)の目に経(たていと)を引き込むのに用いる器具。また、その作業。

あや-とり【綾取】〘名〙①遊戯の一種。輪にした糸を両手首や指先にかけて、橋、琴、鼓、川などの形を作りながら互いにやりとりする女児の遊戯。糸取り。あや。＊俳諧・廿日月(1801)「女等があやとり習ふ唐にしき〈東鳥〉すずしきばかり薄けはひして〈松人〉」＊随筆・守貞漫稿(1837-53)一〇「江戸にてあやとり、京坂にては糸取と云戯也〈略〉琴形、鼓形、目鑑形等、二女各互相譲りて為レ之の戯也」＊黒潮(1902-05)〈徳富蘆花〉四・二「ね、道子さん、此で綾取をしませう」

綾取り①〈守貞漫稿〉

②(「あやどり」とも)近世、竹に綱をつけ、まりなどを投げ上げては受け止める曲芸。また、その芸人。＊浄瑠璃・右大将鎌倉実記(1724)三「五尺の身体を曲鞠(きょくまり)の、兵具も空に乱れ散り、あやとりなんどの如くなり」＊浄瑠璃・一谷嫩軍記(1751)二「大勢一度にどっと寄る。引摑(ひっつか)んでは人礫(つぶて)、あやどりなんどを見る如く目覚しかりける次第なり」＊随筆・守貞漫稿(1837-53)六「綾取 是は竹へ綱を付右を色々に投受候義を致候者也当時は無レ之」③舞楽で足を斜めに打ち違えるようにすること。④「あやとりのし(挑文師)」に同じ。語誌 ①の実際が見られる古い文献は「浮世草子・好色一代男-一・五」であるが、「糸取(いととり)」と記されている。「随筆・守貞漫稿-一〇」に「江戸にてあやとり、京坂にては糸取」とあるところから、東西で異なる語形を用いていたようである。方言 お手玉。新潟県東蒲原郡368 発音〈なまり〉イートリ〔長崎〕〈標ア〉トリ〈京ア〉ト

あやとり-て【綾取手】〘名〙舞いながら舞台から退くこと。綾引手。綾織手。入綾(いりあや)。＊原中最秘鈔(1364)上・紅葉賀「狛氏流(こまうちのりゅう)云入綾也。舞手に綾引手とも云、綾取手共云、綾織手とも云。さまざまの秘説あり〈略〉以二是等之意一案レ之以二入舞一号二入綾一之義無(非歟)二其謂一歟」

あやとり-の-し【挑文師】〘名〙令制において、大蔵省織部司に属した技術者。大初位下に相当。定員四人。錦、綾、羅等の高級織物の織機の設計や技術指導を任とした。また、地方に出張して機織りの指導にもあたった。師の下には挑文生(あやとりしょう)八人が置かれ、品部が付属した。あやのし。あやとり。＊続日本紀-和銅四年(711)閏六月丁巳「遣二挑文師于諸国一、始教三習折二錦綾一」＊令義解(718)職員・織部司条「挑文師四人。〈掌レ挑二錦綾羅等文一〉挑文生八人」

あやとる〘動〙方言 重いものを巧みに扱う。手玉に取る。操る。青森県津軽075

あや-ど・る【文取・綾取】〘他ラ五(四)〙㊀(古くは「あやとる」)①巧みに操作する。あやつる。＊中華若木詩抄(1520頃)中「弄すると云は、機をあや取るやうな心ぞ」＊俳諧・鶉衣(1727-79)前・下・四三・音曲説「今三線(しゃみせん)にあやどるたぐひは、流行しばらくもとどまらず」＊俳諧・堅田集(1798)成秀庭上松を誉むること葉「風、琴をあやどり、雨をよび波をおこす」②たすきなどを十文字に結ぶ。＊浄瑠璃・伽羅先代萩(1785)道行「操どるごとき細道を、分つつ来つつ、行がてに、在(ざい)の女夫(めおと)が打まじり」＊近世紀聞(1875-81)〈染崎延房〉六・一「殿下を初め公卿方には衣冠の上に襷を綾取(アヤド)り御前(ごぜん)に相詰居らるるに」㊁(模様、文章などを)美しく飾る。美しくいろどる。＊日葡辞書(1603-04)「ブンシャウヲ ayadoru(アヤドル)」＊断橋(1911)〈岩野泡鳴〉一一「義雄は青、黄または紅色であや取った大風景の中を進んでゐる」発音〈標ア〉ド 辞書 伊京・明応・天正・日葡・書言・ヘボン・言海 表記 操(伊・明・天・書・へ・言)

あや-な【文無】（形容詞「あやない」の語幹）あやないと感じること。多く感動表現に用いられる。＊古今(905-914)春下・一二三「山吹はあやなな咲きそ花見んと植ゑけん君がこよひこなくに〈よみ人しらず〉」＊山家集(12C後)上「心せんしづが垣根の梅はあやな由(よし)なくすぐる人とどめけり」＊金槐集(1213)恋「待つ宵のふけゆくだにもあるものを月さへあやなかたぶきにけり」＊草根集(1473)一二「とはぬまの印もあやな宿にきてみし年月をすぎならぬ松」＊浄瑠璃・曾根崎心中(1703)道行「きくに心もくれはどりあやなやきのふけふ迄も、よそにいひしが明日よりは」 発音〈標ア〉ヤ 辞書日葡

あや-な【名】（「あやなし」の略）うまく扱うこと。うまくあしらうこと。＊洒落本・芳深交話(1778)「そふいふ役者にやァ猶よくして。あやながかんじんた。手まへはどふも附合のきどりが悪ひよ」

あや-な・い【文無】【形口】文あやな・し【形ク】①筋が通らない。理屈に合わない。不条理なことである。無法である。＊古今(905-914)春上・四一「春の夜のやみはあやなし梅の花色こそ見えね香やはかくるる〈凡河内躬恒〉」＊源氏(1001-14頃)藤袴「すべて、かかる事の心苦しさを、みすぐさで、あやなき、人の恨み負ふ、かへりては、かるがるしきわざなりけり」＊増鏡(1368-76頃)二・新島守「いかでか三皇今上あまたおはします都の、いたづらに亡ぶるやうはあらんと、頼もしくこそ覚えしに、かくいとあやなきわざの出で来ぬるは」＊浄瑠璃・鬼一法眼三略巻(1731)四「又殿様のあやない事。いやなうお京女郎。あの様な事仰ある愚かしいお生れ付」②そうする理由がない。そうなる根拠がない。いわれがない。＊古今(905-914)恋一・四七七「知る知らぬなにかあやなくわきていはん思ひのみこそしるべなりけれ〈よみ人しらず〉」＊土左(935頃)承平五年二月五日「祈りくる風間(かざま)と思ふをあやなくもかもめさへだに波と見ゆらん」＊源氏(1001-14頃)末摘花「くれなゐの花ぞあやなくうとまるる梅のたち枝はなつかしけれど」＊うたたね(1240頃)「憂きを忘るるたよりもやと、あやなく思ひ立ちぬ」＊太平記(14C後)三七・身子声聞、一角仙人、志賀寺上人事「仙人も岩木にあらざれば、あやなく后に思ひしみて」③無意味である。あっても意味がない。かいがない。とるにたりない。つまらない。＊後撰(951-953頃)恋二・六二三「思へどもあやなしとのみ言はるればよるの錦の心ちこそすれ〈よみ人しらず〉」＊拾遺(1005-07頃か)雑下・五七二「あやめぐさ あやなき身にも 人なみに かかる心を 思ひつつ〈大中臣能宣〉」＊源氏(1001-14頃)明石「さすがに、心とどめて恨み給へりし折々、などて、あやなきすさび事につけても、さ思はれ奉りけむ」＊七十一番職人歌合(1500頃か)一番「左の歌、さけすむ月とよくつづけたれども、うた合には、かたぶく月あやなくきこゆ」④物の判別もつかない。あやめもわからない。不分明である。はっきりしない。＊浄瑠璃・八百屋お七(1731頃か)下「向ふの方より久兵へは歎きにかるい思ひとも、いづれあやなししばらくも宿に独はいられづと」＊浄瑠璃・平仮名盛衰記(1739)三「風もはげしき、夜半の空星さへ雲におほはれて、道もあやなく物すごき裏は田畑(たばた)を隔の大藪」⑤（副詞的に用いて）あっけないさま。＊幸若・つるき讃談(室町末-近世初)「かくあやなくもわかれておもひをせむとしらずや」＊仮名草子・諸虫太平記(1681-88頃)「寄手は今日手合の軍に無益(アヤナク)討勝、勢飛竜天に有がごとく」 語誌(1)会話文に用いられる場合、女性が話者であることはないという。物事に対して理に合わないとか根拠がないとかいうように、割り切った判断をくだすのに用いられるため、女性の語としては、和歌の中で機知をきかせるのに留まったのが原因か。(2)和語として上代に用例が見いだせないのは、漢語に由来する可能性を示唆するとも考えられる。例えば、「本朝文粋-三・立神祠〈三善清行〉」に「無文之秩紛然」とあり、この「無文」は形容詞「あやなし」の語義に近いものがある。 方言❶筋が通らず、何が何やらはっきりしない。鳥取県倉吉市040 ❷愛想がない。あっけない。鳥取県倉吉市・東伯郡040 語源説(1)アヤナシ(文理無)から〔類聚名物考・雅言考・和訓栞〕。(2)アヤクナシ(彌益無)の義〔言元梯〕。(3)アヤは驚きの辞。ナは無の意ではなく、強めのナシ(痛)の意〔日本語源=賀茂百樹〕。 発音〈標ア〉ナ 〈京ア〉ヤ 文『あやなし』〈標ア〉ヤ ナ 〈京ア〉ナ 辞書文明・易林・日葡・書言・言海 表記無レ益(易・書) 無レ紋(文) 無レ詮(書) 無文(言)

あやな-さ【文無―】【名】（形容詞「あやない」の語幹に、接尾語「さ」の付いたもの）あやないこと。また、その度合。＊源氏(1001-14頃)帚木「ささがにのふるまひしるき夕暮れにひるますぐせといふがあやなさ」＊久安百首(1153)雑下「むなしき名をば、おのづから、のこさむことも、あやなさこに〈藤原俊成〉」 発音〈標ア〉ナ

あや-なし【名】（動詞「あやなす」の連用形の名詞化）あやなすこと。また、その人。＊洒落本・魂胆惣勘定(1754)中「いか程わざを尽したり共。勝負のわかれに成て。さっそく刀を拭(のご)ふ事をいそがば。是あやなしなりとしるべし」＊洒落本・風俗八色談(1756)二「色白に厚鬢(あつびん)で豊後ぶしをかたり、あやなしを第一にして金もなき客を色にして大事がるゆへ」＊雑俳・柳多留拾遺(1801)巻一四中「あやなしの初手はせなかを二つ三つ」

あや-な・し【文無】【形ク】⇨あやない(文無)

あやなし-どり【文無鳥】【名】鳥「ほととぎす(杜鵑)」の異名。

あや-な・す【他サ五(四)】①美しく飾る。美しくいろどる。あやどる。＊詩学大成抄(1558-70頃)三「絢は論語にあやなすとよんだぞ。あやなすと云は、画をかくに色々えのぐを以ていろどるぞ。それをあやなすと云なり」＊日葡辞書(1603-04)「Ayanaxi, su (アヤナス)。すなわち、アヤヲ ナス、または、モンヲ アラスル」＊若菜集(1897)〈島崎藤村〉二つの声「彩(アヤ)なす雲にうちのりて」＊山吹(1944)〈室生犀星〉二「綾なす織物を踏むやうに起ってゐた」②巧みにあつかう。うまくあしらう。まるめこむ。あやつる。＊洒落本・魂胆惣勘定(1754)中「女郎のあやなすといふ事あり。是客たる物の心を付(つく)へき事なり」＊洒落本・禁現大福帳(1755)一「随分大切に綾(アヤ)なすべき一客(いちきゃく)なり」＊歌舞伎・貞操花鳥羽恋塚(1809)四立「客と名が付きゃ按摩(あんま)でも、折助(をりすけ)さんでも、あやなして、可愛可愛(かわいかわい)と締めつけて、泣かせて帰すが奥の手の」＊人情本・春色辰巳園(1833-35)四・序「破軍の剣先(けんさき)言語(くちさき)で、あやなすあれば信実に、極意をあかす情もあり」＊浮雲(1887-89)〈二葉亭四迷〉一・三「其頃はお政も左様さネと生返事、何方(どっち)付かずに綾なして月日を送る内」③すかして取る。だまし取る。＊洒落本・当世穴知鳥(1777)土手のゆききの附見立「かあいそうに一年にたった三分弐朱の給金で勤るやつの物を色をしかけて、かんざしをあやなすといふ事がある物か」④こぼす。したたらす。流す。零(あや)す。＊滑稽本・八笑人(1820-49)二・下「了簡(りょうけん)のならぬ奴なれど、血をあやなさば社参のけがれ」 語源説(1)アヤナス(文成す)の意〔大言海〕。(2)アは、アアといって愛する意。ヤス、ヤナスは活用語尾〔俚言集覧〕。 発音〈標ア〉ナ 辞書日葡・言海

あや-に【奇―】【副】（感動詞「あや」に助詞「に」がついてできた語。言葉に表わせないほど、また、理解できないほどの感動をいう）なんとも不思議に。わけもわからず。むやみに。→め(目)もあや。＊古事記(712)中・歌謡「この御酒(みき)の 御酒の 阿夜邇(アヤニ)転楽(うただの)し」＊万葉(8C後)一七・四〇〇六「そこをしも 安夜爾(アヤニ)ともしみ〈大伴家持〉」＊鈴屋集(1798-1803)九「見まつればあやにゆゆしくかなしきろかも」 語誌「あやに」の「あや」は、「あやし」「あやしぶ」などの「あや」と同源。ともに、普通の理解を超えるような物事に接した時の感動を表わす「あや」に基づく。同じ語構成の語に「あなに」がある。上代にも既に程度の副詞としての用法が見えるが、時代が下るにつれて、「目もあやに」の形など固定化された修辞的な用法が主となる。 発音〈標ア〉ア 〈ア史〉平安・鎌倉○○● 〈京ア〉ア 辞書言海 表記奇(言)

あやに-あやに【奇奇】【副】「あやに」を繰り返して感嘆の意を強調した語。＊万葉(8C後)一四・三四九七「川上の根白高がや安也爾阿夜爾(アヤニアヤニ)さ寝さ寝てこそ言に出にしか〈東歌〉」

あや-にく【生憎】一【形動】そうなっては困るような場合に、そう思う気持や予想に反して、好ましくないことが起こるさま。また、思うようにならないで好ましくなく感ずるさま。「の」を伴っても用いられる。①予期に反してまが悪いさま。おりあしく不都合だ。＊新撰字鏡(898-901頃)「嗟 憎也 責也 阿也爾久」＊蜻蛉(974頃)上・天徳元年「出でんとするに、時雨(しぐれ)といふばかりにもあらず、あやにくにあるに、なほいでんとす」＊落窪(10C後)一「暗うなるままに、雨いとあやにくに、頭(かしら)さし出づべくもあらず」＊源氏(1001-14頃)若紫「くらぶの山にやどりも取らまほしげなれど、あやにくなる短夜(みじかよ)にて」②予期に反して思うにまかせないさま。思いどおりにならないで困る。＊源氏(1001-14頃)宿木「さらに見ではえあるまじくおぼえ給ふも、かへすがへすあやにくなる心なりや」＊愚管抄(1220)三・桓武「淳和と嵯峨は、あやにくに御中よくて」＊長享二年正月二十二日水無瀬三吟百韻(1488)「むかしよりただあやにくの恋の道〈肖柏〉 わすられがたき世さへうらめし〈宗長〉」③予期に反して程度のはなはだしいさま、はげしいさま。＊枕(10C終)八四・里にまかでたるに「さらに知らぬよしを申ししに、あやにくにしひ給ひし」＊源氏(1001-14頃)桐壺「かれは人の許されざりしに、御心ざしあやにくなりしぞかし」＊大鏡(12C前)二・時平「みかどの御をきて、きはめてあやにくにおはしませば、この御子どもを同じかたにつかはさざりけり」④状態ややり方が思いのほかであるさま。意地悪いさま。＊落窪(10C後)一「『さらば人にけしき見せで、この御文奉るわざし給へ』といへば『いで』とて、取りて、あやにくに、かの部屋にいきて『これあけん、これあけん、いかで』といへば、北の方いみじくさいなみて」＊山家集(12C後)上「惜しまれぬ身だにも世にはあるものをあなあやにくの花の心や」＊佐野のわたり(1522)「心細さもいやまさりゆくに、主のあやにくに発句一つ、とあれば」 二【副】（「と」を伴っても用いる）具合の悪いことに。おりあしく。あいにく。＊日葡辞書(1603-04)「Ayanicu (アヤニク)〈訳〉副詞。望むこと、あるいは期待することにそむいて」＊滑稽本・東海道中膝栗毛(1802-09)三・下「あやにく、しょぼしょぼ雨がふり出したはなさけない」＊人情本・恩愛二葉草(1834)二・五「素(もと)より捨てた此命、生憎(アヤニク)と蘇生(よみがへ)り」＊多情多恨(1896)〈尾崎紅葉〉後・五・三「生憎(アヤニク)保(たもつ)の啼声がするので」＊それから(1909)〈夏目漱石〉三「母が生憎(アヤニク)祭で知己(ちかづき)の家へ呼ばれて留守である」 語誌(1)感動詞「あや」と形容詞「にくし」の語幹から成るとするのが通説であるが、副詞「あやに」との関係を考えるべきだとする反対論もある。(2)「新撰字鏡」に「憎也」とあり、「にく」が「にくし(憎し)」に通ずるという理解は平安時代に存し、後の「生憎」の表記にもつながるが、「天憎」は節用集に見られ、「生憎」は「盧照鄰-長安古意詩」に「生憎帳額繍二孤鸞一」とあるように漢籍に例がある。(3)「観智院本名義抄」では「咄」（意外な事態に驚いて発する

声」の字が当てられているところから、「あやにく」で一語の感動詞のように用いられ、やがて形容動詞に進んだ経緯を暗示するとも見られる。(4)近世末から明治にかけ「あいにく」が併用されるようになり、大正以後は「あいにく」が一般化する。 方言 〘副〙あいにく。折あしく。宮城県仙台市062 静岡県庵原郡534 語源説 (1)アヤニクシ（嗟嘆憎し）の語根〔大言海〕。(2)アヤニク（文悪）の意〔語簏〕。(3)アヤはアナイタまたはアヲヤカの反。ニクは悪〔名語記〕。 発音 〈標ア〉⓪ 〈ア史〉平安●●●● 〈京ア〉⓪⓪ 辞書 字鏡・名義・文明・伊京・饅頭・日葡・ヘボン・言海 表記 天憎（文・饅） 生憎（ヘ・言） 咥（字） 咄・眚・肎（名） 齟齬（伊）

あやにく-が・る【生憎―】〘自ラ四〙（「がる」は接尾語）思うままにならないでいやだと思う。また、その態度をとる。意地を張って人に逆らい、てこずらせる。＊落窪（10C後）一「『腹だち給ふを見るがいと苦しげなり』とて、猶縫ふに、あやにくがりて、火をあふぎ消ちつ」＊枕（10C終）一二五・むとくなるもの「あやにくがりつる程こそ、寒さも知られざりつれ、やうやう夜の更くるままに、寒くもあれど」＊讃岐典侍（1108頃）下「あやにくがりて　とみにも御手もふれさせ給はざりし物を」＊大鏡（12C前）四・道兼「東三条殿の御賀に、このきみ舞をせさせたてまつらんとて、ならはせたまふほども、あやにくがり、すまひ給へど」 発音 アヤニクガル 〈標ア〉ガ

あやにく-げ【生憎―】〘形動〙（「げ」は接尾語）いかにも思うようにならないというさま。＊栄花（1028-92頃）鳥辺野「御もののけを四五人にかりうつしつつ、各々僧どものののしりあへるに、この三条院の隅の神のたたりといふ事さへ、出で来て、その気色いみじうあやにくげなり」 発音 アヤニクゲ 〈標ア〉ク

あやにく-ごころ【生憎心】〘名〙（思いどおりにならない困った心の意）意地を張って人を困らせようとする気持。強情で困る心。＊源氏（1001-14頃）行幸「又『などか、さしもあらむ』とやすらはるる、いとけしからぬ御あやにく心なりかし」＊狭衣物語（1069-77頃か）一「『かくまで、思ふべきことかは』と、あやしう心づきなくおぼえて、あやにく心もつきて」 発音 アヤニクゴコロ 〈標ア〉ゴ

あやにく-さ【生憎―】〘名〙（「さ」は接尾語）思いどおりにならないこと。また、その度合。＊夜の寝覚（1045-68頃）一「いみじく心ぐるしかりける有様にならべたらましかば。などてひきたがへしあやにくさぞとよ」 発音 〈標ア〉ニ

あや-にく・し【生憎】〘形ク〙（「あやにく（生憎）」を形容詞に活用させたもの）思うようにならないでぐあいが悪い。＊宇津保（970-999頃）楼上下「『さもあやにくきめを見るかな』と、をかしき声してよみかけておはしぬ」＊俳諧・若みどり（1691）「腰簑に陘あや憎し蜑乙女」 発音 〈標ア〉ニ

あやにく-だ・つ【生憎立】〘自タ四〙（「だつ」は接尾語。思いどおりにならない、困った様子を帯びるの意で）強引なことをして他を困らせる。意地を張る。＊枕（10C終）一五二・人ばへするもの「あなたこなたに住む人の子の四つ五つなるは、あやにくだちて、もの取り散らしそこなふを」＊源氏（1001-14頃）東屋「あやにくだち給へりし人の御けはひも、さすがに思ひ出でられて」＊夜の寝覚（1045-68頃）四「いつもいつもただかくて添ひきこえたらまほしきに、あまりあやにくだつやうなる、かたはらいたきやうなれば」 発音 〈標ア〉ダ

あやにく-もの【生憎者】〘名〙（思いどおりにならない人の意で）意地っ張りで人を困らせる人。強情な人。＊宇津保（970-999頃）内侍督「すまふまじき涼にかくいふ、ましてかのあやにくものは、まさに聞きてんや」

あや-にしき【綾錦】〘名〙①綾と錦。＊源氏（1001-14頃）若菜上「御きちゃうよりはじめてここのあやにしきをまぜさせ給はず」＊ぎやどぺかどる（1599）上・一・二「身に綾錦をまとひ、口に百味を味はひ、万宝蔵にみつといふとも」＊談義本・風流志道軒伝（1763）四「いろいろの綾錦（アヤニシキ）に金玉を以て餝（かざり）たる、天子の装束を台に載せ」②美しい衣装やぜいたくな衣服。また、紅葉などを形容していう語。綾羅。＊宇津保（970-999頃）俊蔭「故おとどおはしまさましかば、あやにしきにまつはれて、生ひ出でたまはまし」＊春夢草（1515）発句・夏「いく村も山は若ばのにしきかな　綾錦など一端二たんをば一むら二村などといへり」＊読本・雨月物語（1776）浅茅が宿「綾錦（アヤニシキ）にも裹（つつ）める京女䕺（みやこぢょろう）にもまさり」③紅色藻類。コノハノリ科の海藻。本州中部以南の低潮線あたりから漸深帯の波の静かな岩上などに生える。体は軟かい膜質で長さ五～一五センチメートルになる。形は変化に富むが、円形の葉状で数裂し、先端は網状になる。学名は Martensia denticulata ④江戸時代から明治時代頃まで行なわれた女性の髷の形の一つ。＊日本-明治三七年（1904）一二月一日「其他綾錦、三つ輪、天神髷等も往々見かくる事あれども、今は衰態の極なるべきか」 発音 〈標ア〉ニ 〈京ア〉ニ

あや-ぬけ【綾抜】〘名〙（「あやぬけがする」の形で使われ、否定表現をとるのが普通）①すっきりすること。話がわかること。＊浄瑠璃・傾城阿波の鳴門（1768）七「我も又とっぱ株の武太六というて、ぐずり仲間（なかま）の粋方なれど、余り綾抜（アヤヌケ）のせぬ台詞」②潔白であること。やましいところがないこと。＊歌舞伎・三千世界商往来（1772）四つ目「イヤサ、滅多にあっちの体も、綾抜（アヤヌ）けのしたものぢゃないて」＊歌舞伎・法懸松成田利剣（1823）六立「云はぬは互ひに悪仲間、云へと云ってもおれが身も、綾抜（アヤヌ）けのせぬ肥前坊」

あや-ぬの【綾布】〘名〙綾織りの布のこと。倭文布（しずぬの）。＊古語拾遺（807）「天羽槌雄（あめのはつちのうすの）神〈倭文の遠祖なり〉をして、文布（アヤヌノ）を織らしむ」 辞書 言海 表記 文布（言）

あや-の-こうじ【綾小路（うぢ）】㊀平安京の中央部を東西に走る通り。四条大路の南、五条坊門小路の北。㊁京都市下京区の地名。四条通の南。仏光寺通の北。 発音 アヤノコージ 〈標ア〉コ 辞書 下学・伊京・天正・黒本・易林 表記 綾小路（下・伊・天・黒・易）

あやのこうじ【綾小路（あやのこうぢ）】姓氏の一つ。江戸時代の羽林家。代々、郢曲（えいきょく）・和琴・笛などの師範家。 発音 アヤノコージ 〈標ア〉コ

あやのこうじ-さだとし【綾小路定利】鎌倉時代の刀工。京都の綾小路に在住したと伝えられる。

あやのこうじ-りゅう【綾小路流（あやのこうぢリウ）】〘名〙①歌披講（うたひこう）の作法の一流派。綾小路家に伝わるもの。宮中の御歌会で用いられる。②郢曲（えいきょく）の歌い方の流派。今日まで続いている唯一の歌い方で、綾小路家に伝わる。 発音 アヤノコージリュー 〈標ア〉⓪

あやのたいこ【綾太鼓】謡曲。散佚曲。作者不詳。「綾鼓」「恋重荷（こいのおもに）」の原作。＊三道（1423）「凡、近代作書する所の数々も、古風体を少し模（うつ）し取りたる新風也。〈略〉恋の重荷、昔、あやの大こ也」

あやのつづみ【綾鼓】謡曲。四番目物。宝生、金剛、喜多流。作者不詳。原作「綾太鼓」を改めたもの。女御に対する及ばぬ恋に狂う卑しい庭掃きの老人の執念を描く。→恋重荷（こいのおもに）。 発音 〈標ア〉ア

あや-は【彩羽】〘名〙美しい色彩の羽。さいう。＊恋衣（1905）白百合〈山川登美子〉「扇なす彩羽（アヤハ）の孔雀鳥の王おごりの塵を吹く春の風」＊あこがれ（1905）〈石川啄木〉おもひ出「新創（にひきづ）を空想（おもひ）の羽の彩羽（アヤバ）もてつくろひかざり」

あや-は【漢織】〘名〙「あやはとり（漢織）」の略。＊俳諧・独吟一日千句（1675）第二「簱をまかする風わたるなり　夕くれはくれはあやはの壁隣」＊浄瑠璃・艶狩剣本地（1714）四・剣の本地「くれはあやはの二人の織姫きたりんず、きんらんどんすを織ひろめ」

あやはえる（あやはへる）〘名〙昆虫「あげはちょう（揚羽蝶）」の異名。＊重訂本草綱目啓蒙（1847）三六・卵生「蛺蝶てふ〈略〉あやはへる　琉球　これは大小に拘らず斑ある蝶の総名なり」

あやは-がさ【綾羽笠】〘名〙檜（ひのき）の薄板を網代（あじろ）に組んだ笠。山伏のかぶるもの。＊随筆・松の落葉（1829）四「さて又世をすてたる人のきる笠にあやはがさといふあり　ます鏡春のわかれの巻にすぎしころ資朝も山伏のまねして柿の衣にあやはがさといふものきてといへり」 補注 もと「あやゐがさ（綾藺笠）」が「あやいがさ」と書かれて、「い」を「ハ」と誤ったものか。

あや-ばかま【綾袴】〘名〙綾織物で仕立てた袴。綾の袴。＊石清水臨幸記（1260）「左将曹秦兼友。立文綾袴。有二菊閉一」

あやはこまい【綾箱舞（あやはこまひ）】雅楽「あやぎり（綾切）」の別称。＊楽家録（1690）二八・高麗曲「高麗壱越調綾切〈略〉又号二綾箱舞一」

あや-ばち【綾撥】〘名〙太神楽（だいかぐら）などで、太鼓の撥を両手に二本ずつ持って囃子（はやし）に合わせて曲取りすること。 発音 〈標ア〉⓪

あやは-ども〘連語〙上代東国方言。あぶないけれどの意か。＊万葉（8C後）一四・三五四一「崩岸辺（あずへ）から駒の行このす安也波刀文（アヤハドモ）人妻児ろを目（ま）ゆかせらふも〈東歌〉」 補注 「万葉」例、「あやはとも」（「危ないとしても」）の意の上代東国方言とよむ説が多い。 上仮名 アヤハドモ

あや-はとり【漢織】〘名〙（「はとり」は「はたおり」の変化した語）大化前代の渡来人系の品部（しなべ＝ともべ）の一つ。漢氏（あやうじ）に属していたとみられ、呉服（くれはとり）とともに機織りに従事した。あやは。＊書紀（720）雄略一四年正月（前田本訓）「呉の国の使と共に、呉の献（たてまつ）れる手末（てひと）の才伎、漢織（アヤハトリ）、呉織（くれはとり）及び衣縫（きぬぬひ）の兄媛（えひめ）、弟媛（おとひめ）等を将（ゐ）て、住吉（すみのえ）の津に泊（とどま）る」＊光悦本謡曲・呉服（1556頃）「又あやはとりとははたものの、糸をとりひくたくみ故、綾の紋をもなす故に、あやはとりとは申す也」＊洒落本・大抵御覧（1779）「待乳山へ至りければ、夕こえくればあやはとり、きりはたりきりはたりと音する家を立寄てうかがひ見れば」＊読本・椿説弓張月（1807-11）後・一七回「皆是往昔（いにしへ）、呉織（くれはどり）、漢織（アヤハドリ）の遺法にして、徐福とともに渡り来し、女の童より伝（つたへ）たり」＊改正増補和英語林集成（1886）「Ayahatori アヤハトリ」 発音 〈標ア〉ハ 辞書 文明・書言 表記 綾服（文） 漢織（書）

あや-はなむしろ【綾花筵】〘名〙綾織りの花筵。藺（い）を織った模様が斜めにあらわれている花筵。

あやは-の-まつり【穴織祭】〘名〙「あやはまつり（穴織祭）」に同じ。《季・秋》＊俳諧・骨書（1787）下「秋もはやくれはあやはの祭かな〈写涼〉」

あや-はぶたえ【綾羽二重（あや…はぶたへ）】〘名〙斜線状の模様を織り込んだ羽二重。両面綾で経（たていと）、緯（よこいと）に撚っていない生糸を使う。洋服の裏地に用いる。

あやは-まつり【穴織祭】〘名〙（「穴織（あやは）」は「漢織（あやはとり）」の意）大阪府池田市にある穴織社の祭。毎年、陰暦九月一七日に行なわれた。《季・秋》＊俳諧・毛吹草（1638）二「九月〈略〉呉服　十八日、あやは祭は十七日摂津池田を云」＊俳諧・増山の井（1663）九月「呉服祭　十八日　あやはまつりは十七日也　津の国池田にあり」＊俳諧・たちえ（1804）「月代の方より星のしらみ行〈后車〉　綾羽祭はまず済にけり〈呂兆〉」

あや-ひがき【綾檜垣】『名』檜(ひのき)の薄板や皮で、組み目に綾文様を表わすように作った垣。＊今昔(1120頃か)三一・五「其の内に綾檜垣を差廻(さしめぐら)して、其の内に小(ちひさ)やかなる五間四面の寝殿を造て」＊実家集(1182-86)「あやひがきたてへだてたるあなたにてはたおるむしの声ぞ聞ゆる」

あやひき-て【綾引手】『名』「あやとりて(綾取手)」に同じ。

あや-ひと【漢人】『名』①大化前代、大陸系渡来人の一系統。漢氏(あやうじ)の部下となり、支配下の品部(ともべ)である漢部(あやべ)を監督した者の称。その姓(かばね)は村主(すぐり)が多い。元来は五世紀初頭に朝鮮から来た技術民がこう呼ばれたが、のち中国系と称する渡来人を意味するようになった。→東漢氏(やまとのあやうじ)・漢部(あやべ)。＊播磨風土記(715頃)餝磨「漢部(あやべ)の里〈土は中の上なり〉。右、漢部(あやべ)と称(い)ふは、讃芸(さぬき)の国の漢人(あやひと)等、到来(き)たりて此処に居りき。故(かれ)、漢部(あやべ)と号(なづ)く」＊書紀(720)神功摂政五年三月(熱田本訓)「乃ち新羅に詣(いた)りて蹈鞴(たたら)の津に次る。草羅(さわら)城を抜きて還る。是時に俘人(とりこ)等あり。今の桑原、佐糜、高宮、忍海、凡て四の邑の漢氏(アヤヒト)等が始祖なり」＊釈日本紀(1274-1301)一九「秦人(はたひと)、漢人(アヤヒト)」②姓(かばね)に準ずる呼称。中国系の渡来人の系統であることを意味する。＊書紀(720)推古一六年九月(岩崎本室町時代訓)「唐国に遣(つかは)す学生(ふむやわらは)倭(やまとの)漢(あやの)直(あたい)福因(ふくいん)〈略〉高向(たかむこの)漢人(あやひと)玄理(けんり)、新(いまきの)漢人(アヤヒト)大国」

あやびらん『連語』方言(「有り侍らぬ」の意か)否定の意を表わす応答語。いいえ。目上に対して用いる。鹿児島県喜界島983 沖縄県974 990 ◇あやべらぬ 沖縄†139

あやぶ【危】『名』「あやう(危)」に同じ。＊雑俳・末摘花(1776-1801)三「水あげはやぶるあやぶをのぞく也」

あやぶ・い【危】『形口』「あやうい(危)」に同じ。＊浮世草子・けいせい洗髪(1703)一・三「死てそのまま生れくるといふも、思へば思へばあやぶい事」方言兵庫県神戸市054 奈良県南大和683

あや-ふじぎぬ【綾富士絹】『名』絹織物の一つ。経(たていと)、緯(よこいと)に絹紡糸を用いた綾織りの織物。ワイシャツ、婦人服地用。発音アヤフジギヌ〈標ア〉ギ

あやぶ-にち【危日】『名』「あやうにち(危日)」に同じ。＊浄瑠璃・大経師昔暦(1715)暦歌「よしなき女のりんきゆへ、なんのとがなきそなた迄、あれ不義者とあやぶ日ついに命のほろぶ日」

あや-ぶね【紋船・綾船】『名』①模様のある船。＊言塵集(1406)六「船〈略〉綾舟とは 文の有舟也 足はや舟也」②室町時代から琉球国が薩摩国島津氏の世主嗣立に際し、祝儀言上のために一代一度を正規として派遣した使節船。船首に青雀黄龍を描くなど美しく装飾してあるところからいう。薩摩では俗に龍舟と呼んだ。文明一三年(一四八一)まで一三回の来船があった。＊薩州旧伝記(江戸中)「何の頃よりか、あや船と申候て絹巻物なと積載たる船、琉球より薩摩へ毎年参り、時之大守へ御礼申たる由候処」＊琉球国事略(17C後-18C前)「薩摩の国琉球と隣国の好を通ぜし事年代既に久しく彼国より綾船と名づけて毎年に物を贈る事絶へず」

あやぶみ【危】『名』(動詞「あやぶむ(危)」の連用形の名詞化したもの)あやういと思うこと。悪い結果にならないかと気をもむこと。不安に思うこと。また、あやういと思われること。危険なこと。危難。＊書紀(720)雄略八年二月(熱田本訓)「然して国の危(アヤフミ)殆卵を累(かさ)ぬるに過ぎたり」＊栄花(1028-92頃)音楽「念仏して極楽をのぞむ人も、参る事あやぶみあらば、薬師如来、二菩薩添へて極楽に送れと告げ給ふなり」＊将門記承徳三年点(1099)「府中の道俗も酷く害せらるる危(アヤフミ)に当る」＊徒然草(1331頃)一四六「傷害の恐れおはしますまじき御身にて、仮にもかくおぼし寄りて尋ね給ふ、これ既に、そのあやぶみの兆(きざし)なり」＊月菴酔醒記(1573-92)中「等面木之次第同頌詞哥〈略〉九役の鐘死して不生あやぶみ多」＊志都の岩屋講本(1811)上「薬は茶袋ほどになり、其の上にあやぶみが多くて、中々療治ははかどらず」発音〈標ア〉ミブ 辞書名義 表記厄(名)

あやぶ・む【危】㊀『他マ五(四)』危険だと思う。不安で気がかりに思う。また、不確かで実現しそうもないと思う。＊書紀(720)継体七年一二月(前田本訓)「朕天緒(あまつひつぎ)を承けて、宗廟(くにいへ)を保つこと獲て、兢兢(おそ)り業業(アヤブム)」＊源氏(1001-14頃)浮舟「宇治橋のながき契りは朽ちせじをあやふむ方に心さわぐな」＊将門記承徳三年点(1099)「夜は則ち弓を枕して、以て敵心の励む所を危(アヤフム)」＊頼政集(1178-80頃)春「かけわたす木曽路の橋の絶間より、あやふみながら花を見る哉」＊太平記(14C後)二九・小清水合戦事「今日の軍如何あらんずらんと危(アヤ)ぶみけるが、果して軍に打負ぬ」＊日葡辞書(1603-04)「Ayabumi, mu, ûda(アヤブム)〈訳〉疑いをかける〈略〉疑う。ヒトノ ココロヲ ayabumu(アヤブム)〈訳〉ひとの心または精神に疑いをいだく」＊小学読本(1874)〈榊原・那珂・稲垣〉五「府中の人々危ふみて彼は固より盗なるをいかでかくは信じ賜へるぞと諌めしに」＊暗夜行路(1921-37)〈志賀直哉〉三・二「謙作にははっきりした理由なしに、それが危ぶまれた」㊁『他マ下二』あぶない状態にする。危険なめにさらす。あぶなくする。＊史記呂后本紀延久五年点(1073)「兵を関中に擁し、劉氏を危(アヤブメ)て、自立せむと欲す」＊平家(13C前)五・福原院宣「国家をあやぶめんとする物、みなもって敗北せずといふ事なし」＊米沢本沙石集(1283)九・九「人をあやぶめては、己がおちん事を思へといへり」＊徒然草(1331頃)一七二「身をあやぶめてくだけやすき事、珠を走らしむるに似たり」語源説(1)アヤフシ(危)の語根の動詞化〔大言海〕。(2)薄氷を踏むことの危ういことからアヤブム(危踏)か〔両京俚言考〕。発音〈標ア〉ブ〈ア史〉㊀は平安●●●○〈京ア〉0 辞書色葉・名義・和玉・日葡・書言・ヘボン・言海 表記危(色・名・書・ヘ・言)嶢・傷(色・名)厲(色・書)脆・殆・汔・幾・堕・戹(色)懍・殆・戹(玉)阽(書)

あやぶめば咎無(とがな)し 危険を知って自戒すれば、失敗を免れる。＊江戸繁昌記(1832-36)四・角乗「伎極めて危険、然も未だ曾て其左股を夷り、右肱を折るを見ず。謂はゆる厲めば咎なき者」

あや-ふや ㊀『形動』①物事の確かでないさま。あいまいで判断のつかないさま。いずれとも決定しないさま。＊江都二色(1773)「半面は美人やら又悪女やら、この人形のかほのあやふや」＊雑俳・蘂姑柳(1785)六月一五日「姉女郎あやふやてない啌(うそ)を突」＊多情多恨(1896)〈尾崎紅葉〉前・七・二「決して那様(そんな)理(わけ)ぢゃないとか何とか曖昧(アヤフヤ)なことを言って、狼狽(まごまご)するに違無い」＊坑夫(1908)〈夏目漱石〉「今迄あやふやに不精不精に徘徊して居た惰性を」②たよりないさま。うすぼんやり。＊雑俳・柳多留-二一(1786)「あやふやな主とりをする黒い猫」＊新世帯(1908)〈徳田秋声〉一八「小野なんざアヤフヤで駄目です」㊁『副』疑わしいさま。また、たよりないさま。しっかりと定まらないさまを表わす語。＊雑俳・柳多留-五三(1811)「あやふやと家名の替る三代目」＊洒落本・箱まくら(1822)中「そふそふ、あやふやしたものじゃ」＊百鬼園随筆(1933)〈内田百閒〉百鬼園新装「さはれば、ずるずるしさうな、あやふやした色が」㊂『名』入浴をいう、盗人仲間の隠語。〔日本隠語集(1892)〕語源説(1)アヤシ(不審)の語根により、ウヤムヤ、フヤフヤ、ムニャムニャ等の語呂に寄せてできた語か〔大言海〕。(2)アヤ(危)ブムから出た語〔嬉遊笑覧・両京俚言考〕。発音〈なまり〉アヤフシャ〔仙台方言〕アヤホヤ〔飛驒・和歌山県〕〈標ア〉0〈京ア〉0

あやふや-にんぎょう(ニンギャウ)【──人形】『名』目のまわりだけあいている奇特頭巾(きどくずきん)で、容貌の美醜がわからない人形。＊随筆・嬉遊笑覧(1830)六・下「あやふや人形 あやふやの人形気儘頭巾を着たる『江戸二色』に出たり。是元禄の俤にて其時代をしるべきものなり」

あや-ふり【綾振】『名』①女児の遊びの一種。数個のまり、お手玉などを交互に投げ上げて、片手または両手で落とさないように受け取ることを繰り返すもの。綾揺り。綾織り。②生糸を枠に巻き取る時に、糸の配列が枠の全体に平均して巻き付くようにする操作。方言お手玉。愛媛県840

あや-べ【漢部】『名』①大化前代、中国より渡来した漢氏(あやうじ)の部民(べのたみ)の総称。農業部と品部(ともべ)に大別できるが、その数は多く、いずれも漢人(あやひと)によって統括されて、労役奉仕と生産物貢献に従事した。品部には錦部(にしごりべ)、鞍部(くらつくりべ)、金作部(かねつくりべ)などがあった。→漢氏(あやうじ)・漢人(あやひと)。＊書紀(720)雄略一六年一〇月(前田本訓)「詔して漢部(アヤヘ)を聚めて其の伴造の者を定めよ、とのたまへり」＊播磨風土記(715頃)餝磨「漢部の里〈略〉右、漢部(あやべ)と称(い)ふは、讃芸(さぬき)の国の漢人等(あやひとら)、到来(き)たりて此処に居(を)りき。故(かれ)、漢部(あやべ)と号(なづ)く」②漢氏の部民が住み着いた地を呼んでいう。発音〈標ア〉リ

あやべ【綾部】 京都府中部の地名。綾織を職とする漢部(あやべ)が居住したため呼ばれた。古来養蚕製糸の中心地として知られ、江戸時代は九鬼氏二万石の城下町。明治以後製糸業を中心に発展。第二次世界大戦前は大本教の本部が置かれた。昭和二五年(一九五〇)市制。発音〈標ア〉ア

あやべ【綾部】 姓氏の一つ。発音〈標ア〉ア〈京ア〉ア

あやほか-ど『連語』(「あやふけど」の上代東国方言)あぶないけれど。＊万葉(8C後)一四・三五三九「崩岸(あず)の上に駒をつなぎて安夜抱可等(アヤホカド)人妻子ろを息に我がする〈東歌〉」補注「万葉集」の東歌、防人歌では、形容詞の未然形、または已然形の語尾に、中央語の「…け、…しけ」の代わりとして「…か、…しか」の形が時折現われる。同じ連体形語尾の「…け」とともに、古い時代の形容詞の活用形のなごりとみる説もある。上仮名アヤホカド

あやほや『形動』方言確かでないさま。あいまいなさま。いずれとも決定しないさま。あやふや。飛驒†094 石川県鳳至郡410 奈良県南大和683 和歌山県690 ◇あやもや 愛媛県周桑郡844 ◇あやふしゃ 山形県南置賜郡139 米沢市149 ◇あやくしゃ 宮城県栗原郡114 ◇あにゃふにゃ 千葉県山武郡270

あやま【誤】「あやまる(誤)」または、「あやまった」の略。＊滑稽本・口豆飯茶番楽屋(1816)上「あやまった、あやまった、銀女(ぎんじょ)かんにしたまへ。銀女、あやまあやま」

あやま【阿山】 三重県の北西部の郡。布引山地西斜面、滋賀県・京都府・奈良県と接する。明治二九年(一八九六)阿拝(あべ)郡と山田郡が合併して成立。

あや-ま【綾間】『名』綾の間。綾のようになっている、その間。＊夫木(1310頃)五「雲井より雁かへるらしこしの海のなみのあやまにかける玉章(たまづさ)〈源忠季〉」

あや-まき【綾巻】『名』砧(きぬた)の部分の名。衣

または織物を巻き付ける円い棒。転じて、砧そのものをもいう。《季・秋》＊俳諧・増山の井(1663)八月「衣ぅつ〈略〉あやまき」＊和国百女(1695)「あやまきにてきぬをうちてなぐさまんとて」＊俳諧・滑稽雑談(1713)八月「碪、綾巻〈略〉和俗また綾巻とも云」＊俚言集覧(1797頃)「あやまききぬたの道具、其折縮を巻きて打つもの、巻木也」

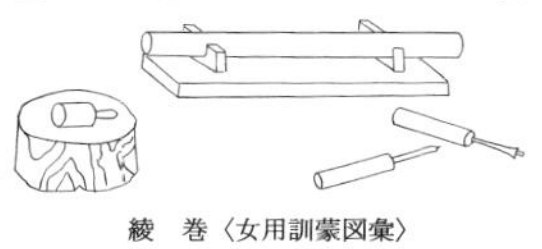
綾　巻〈女用訓蒙図彙〉

あやまき-つち【綾巻槌】『名』砧(きぬた)に用いる槌。＊俳諧・山の井(1648)秋「擣衣碪 四手うつしころうち あやまき槌」

あやまち【過・誤】『名』(動詞「あやまつ(過)」の連用形の名詞化) ①物事をやりそこなうこと。㋑ふとしたやりそこない。失敗。失策。しくじり。＊万葉(8C後)一五・三六八八「家人(いへびと)の 斎(いは)ひ待たねか 正身(ただみ)かも 安夜麻知(アヤマチ)しけむ〈遣新羅使人〉」＊今鏡(1170)七・うたたね「『皇后宮の大夫殿おはしますぞ。あやまち仕うまつるな』と言ひければ、惑ひ下りて」＊徒然草(1331頃)一〇九「降るる時に、軒たけばかりに成りて、『あやまちすな。心して降りよ』と言葉をかけ侍りしを」㋺(知らず知らずに犯した)まちがったこと。正しくないこと。まちがい。＊書紀(720)斉明四年一一月(北野本訓)「天皇、所治(しらす)政事に三の失(アヤマチ)有り」㋩過失として非難されるべきこと。罪。とが。＊元良親王集(943頃か)「わするる身はわれからのあやまちになしてだにこそ思ひたえなめ」＊源氏(1001-14頃)夕霧「末の世までものしき御有様を、わが御あやまちならぬに、大空をかこちて見奉り過ぐすを」＊私聚百因縁集(1257)二・八「老母定めて此の思ひに歎き死し給はん浅猿(あさまし)さよ。不孝の失(アヤマチ)なるべし」㊁男女間の過失。でき心によって成立した、道徳にはずれた男女関係。＊古今(905-914)雑上・八八五・詞書「田邑(たむら)の帝の御時に、斎院に侍りけるあきらけいこのみこを、母あやまちありといひて、斎院をかへられんとしけるを」＊源氏(1001-14頃)帚木「すきたわめらむ女には、心おかせ給へ。あやまちして、見む人のかたくななる名をも立てつべきものなり」②けが。負傷。きず。＊平家(13C前)四・信連「左兵衛尉長谷部信連が候ぞ。近う寄ってあやまちすな」＊中楽談儀(1430)世子と霊夢「橘倉(たちばなくら)の亭、あやまちより大事に成りて、罷るべき時、稲荷の明神憑(つ)き給ひて、観世に能をさせて見せば平癒あるべき、と神託にて」＊浮世草子・西鶴織留(1694)三・一「気ちがひのぬきたる脇指にてあやまちをせぬ物なり」＊俚言集覧(1797頃)「過 信濃及常陸にて怪我を云」③江戸時代、過失犯を示す法律用語。不念(ふねん)の犯罪(重過失)、不斗(ふと)の犯罪(軽過失)の両過失犯以外に、不慮の事実も含まれていたが、後期には、不慮の事実によるあやまちは犯罪から除かれた。＊禁令考-後集・第四・巻三一・寛保元年(1741)「怪我にて相果候もの相手御仕置之事。一弓鉄炮を放、あやまちにて人を殺候もの 吟味之上、あやまちに無紛幷怪我人之親類存念相尋候上 遠島」 方言 ❶けが。負傷。青森県054 075 084 岩手県088 097 105 宮城県玉造郡116 遠田郡118 秋田県130 山形県062 139 福島県155 179 181 群馬県佐波郡242 埼玉県秩父郡251 新潟県050 062 385 富山県390 394 397 石川県404 409 415 長野県054 488 岐阜県498 502 514 静岡県062 520 532 愛知県549 550 570 三重県062 585 和歌山県日高郡054 鳥取県西伯郡719 島根県723 725 728 岡山県054 749 761 高知市867 福岡県872 佐賀県887 長崎県南高来郡905 伊王島907 ◇やあまち 静岡県庵原郡534 島根県隠岐島741 佐賀県887 長崎県905 宮崎県西臼杵郡063 ◇やまち 島根県隠岐島741 佐賀県藤津郡895 長崎県南高来郡904 熊本県玉名郡872 天草郡936 ◇やまつ 長崎県南高来郡905 ◇やまず 秋田県平鹿郡・雄勝郡130 ◇あまえじ 青森県津軽076 ◇あめんじ 青森県津軽054 ❷突然の事故。災難。静岡県志太郡535 島根県出雲725 ◇やあまち 島根県隠岐島725 ❸偶然の幸い。まぐれ当たり。僥倖(ぎょうこう)。鳥取県西伯郡719 岡山市762 ◇あまえじ 青森県津軽075 ❹過失。失敗。◇あまえじ 青森県津軽076 ◇あやまい・あやまいぐとぅ〔—事〕沖縄県首里993 語源説 (1)アヤマリタガヒ(誤差)の転略〔名言通〕。(2)機織りで綾を引き違えた際、織り人の手待ちのひまをアヤマチといった〔両京俚言考〕。(3)アヤマリマチヨブの義〔和句解〕。 発音〈なまり〉アーマチ〔岐阜・鳥取〕アーマツ・アイマツ・アエマツ・アマイチ〔鳥取〕アイマジ〔岩手・静岡〕アェーマズ〔仙台方言〕アエマジ〔山形小国〕アエマズ〔岩手・秋田・鳥取〕アェマチ・アェマチ・アェマツ・エアマチ・エーマチ〔福島〕アエマチ〔新潟頸城・鳥取・岡山〕アエマチ・アエマッ〔山形〕アマニジ〔津軽ことば〕アメジ・アメンズ〔津軽語彙〕アメッズ〔青森〕イァマズ・エァマジ・エァマズ・エーマジ〔岩手〕ウエーマチ〔福岡〕エーマチ〔埼玉方言〕エマチ〔島原方言・宮崎実態〕ヤマズ〔秋田〕ヤマッ〔島原方言〕ヤマッチ〔NHK(長崎)〕〈標ア〉チ マ 0 〈ア史〉平安○○○○ 江戸●●●○ 〈京ア〉0 辞書 色葉・名義・下学・和玉・文明・伊京・明応・天正・饅頭・黒本・易林・日葡・書言・〈ボン〉・言海 表記 愆(名・下・玉・文・伊・明・天・黒) 過(下・玉・文・饅・易・書・へ・言) 咎(名・下・文・伊・明・饅・黒) 尤(名・玉・文・易・書) 眚(色・名・文) 佚(名・玉) 謬(下・文) 訛(玉・易) 僁・僣・怙・詭・罪・侳・殆(名) 錯(下) 僨・慲・試・迦(玉) 虞(文) 非(天) 眚・僻(書)

あやまち したる 雁(かり) (列をなして飛んでいる一群から、誤って離れてしまう雁があることから)仲間に遅れることをいう。＊宇津保(970-999頃)俊蔭「皆人の棄(す)てておはしにしかば、あやまちしたるかりの心地してなむ」

あやまち の 功名(こうみょう) 失敗したことがかえって幸いして、良い結果を生むことになること。何気なしにやったことが、たまたま良い結果を生むことになることをもいう。怪我(けが)の功名。＊俳諧・世話尽(1656)曳言之部「あやまちの高名(カウミャウ)」＊俳諧・眉斧日録(1752-56)五「あやまちの高名は皆十五迄」＊読本・椿説弓張月(1807-11)続・三五回「その身(み)さへ命婦(みゃうふ)の列(なみ)に入(いれ)られしは、常言(ことわざ)にいふ、愰(アヤマチ)の功名(コウミャウ)なり」

あやまち を 文(かざ)る (「論語-子張」の「小人之過也必文」による)あやまちを改め反省することなく、かえってつくろいごまかす。＊布令必用新撰字引(1869)〈松田成己〉「飾ㇾ過 アヤマチヲカサル テヲチヲトリツクロフ」＊楊惲-報孫会宗書「若ニ逆ㇾ指而文ㇾ過、黙而息乎、恐違ニ孔子各言ニ爾志ニ之義上」

あやまち を 見(み)て ここに 仁(じん)を 知(し)る (「論語-里仁」の「人之過也、各於ニ其党ニ、観ㇾ過斯知ㇾ仁矣」による)人の過失もその動機を観察すれば、その人の人間性を知ることができる。＊文明本節用集(室町中)「観ㇾ過斯知ㇾ仁矣 アヤマチヲミテココニジンヲシル〔里仁篇〕」＊随筆・折たく柴の記(1716頃)中「『あやまちを見て仁をしる』ともいふなり」＊江戸繁昌記(1832-36)三・外宅「過ちを観て仁を知る、且く之を密にせよ」 辞書 文明

あやまち-ご【過児】『名』 方言 私生児。新潟県中蒲原郡361 北蒲原郡367 ◇あんまだんご 青森県津軽075

あやまち-りょう【過料】『名』過失、怠慢などの罪に対して科する金品のこと。かりょう。

あやま・つ【過・誤】『他タ四』①しそこなう。やり損じる。過失をする。まちがえる。＊新訳華厳経音義私記(794)「誤錯 二字安夜末知」＊西大寺本金光明最勝王経平安初期点(830頃)一〇「非威儀を離れて、進と止とに謬(アヤマツ)こと無し」＊能因本枕(10C終)一〇〇・ねたきもの「げにあやまちてけりとは言はで、口かたうあらがひたる」＊愚管抄(1220)七「これは将軍が内外あやまたざらんを、ゆゑなくにくまれむことのしからんずるやうをこまかに申也」②他のものと見まちがえる。見て勘違いをする。＊古今(905-914)春上・三四「やど近く梅の花うゑじあぢきなく待つ人のかにあやまたれけり〈よみ人しらず〉」＊平家(13C前)灌頂・大原御幸「池の蘋(うきくさ)浪にただよひ、錦をさらすかとあやまたる」③とりきめなどを守らない。言われたとおりにしない。そむく。＊竹取(9C末-10C初)「此の御子に申し給ひし蓬萊の玉の枝を、ひとつの所あやまたずもちおはしませり」＊源氏(1001-14頃)桐壺「故大納言のゆいごんあやまたず、宮仕への本意深くものしたりしよろこびは」＊今昔(1120頃か)一二・一「雷(いかづち)の誓ひ錯(あやま)つ事无(な)し」④道徳や法律に違反する。宗教上のきまりなどにそむく。不義をする。宗教上の罪を犯す。㋑(知らず知らず)道徳や法律に違反する。特に男女が過失をする。＊源氏(1001-14頃)須磨「やむごとなき御妻(め)どもいと多く持ち給ひて、そのあまり、しのびしのび、帝(みかど)の御妻(め)さへあやまち給ひて、かくも騒がれ給ふなる人は」＊源氏(1001-14頃)夢浮橋「仏の制し給ふかたの事を、わづかにも聞きおよばんことは、いかであやまたじとつつしみて」㋺法律や規則にそむく。法的な罪を犯す。＊今鏡(1170)二・御法の師「重くあやまちたる者の、おはします近きあたりにこもりたりければ、うちつつみたりけるに」⑤そこなう。損害を与える。㋑健康をそこなう。＊青表紙一本源氏(1001-14頃)夕霧「一夜の御山風にあやまち給へるなやましさなりと」㋺身を傷つけ、そこなう。殺傷する。殺す。＊今昔(1120頃か)二三・一五「此の度我は被錯(あやまたれ)なむと為(す)る、仏神(ぶつじん)助け給へ」＊平家(13C前)一〇・維盛出家「おのおの腰の刀に手をかけて腹を切らんとし給ひけるが、近づきけれども、あやまつべきけしきもなくて〈略〉通りければ」＊仮名草子・伊曾保物語(1639頃)中・二六「これ人のしわざにあらず。われとわが身をあやまつなり」㋩器物をそこなう。破損する。損壊する。＊平家(13C前)五・文覚被流「いかにこれほどの大願おこいたる聖が乗ったる船をば、あやまたうどはするぞ」㊁身を破滅させる。人の将来をだめにしてしまう。＊徒然草(1331頃)一七二「好けるかたに心ひきて、ながき世がたりともなる。身をあやまつことは、若き時のしわざなり」＊日葡辞書(1603-04)「シンミャウヲ ayamatçu (アヤマツ)」 発音〈標ア〉マ 〈ア史〉平安○○●○ 江戸●●○○ 〈京ア〉0 辞書 字鏡・色葉・名義・和玉・文明・日葡・〈ボン〉・言海 表記 過(色・文・へ・言) 脱(色・名・玉) 瑕・闕(色・名) 侳・偽・僁・悖・基・僭・僮・失・軼・詵・蕢・誤・愆・眚・詿・諎(字) 僻・錯・撒・惩・僣・佚・跌・紕・郄・僭・訛・忒・綢・差・悞(色) 尤・話・誑・跛・眚・脊(名) 譺(玉)

あやまた ず (動詞「あやまつ(過)」に打消の助動詞「ず」の付いたもの) ①(連用修飾語を受けて用いる)…のとおりに。…にたがわず。→過つ③。②(副詞的に用いる)ねらったとおり正確に。ねらいたがわず。＊平家(13C前)一一・那須与一「あやまたず扇のかなめぎは一寸ばかりをいて、ひいふっとぞ射切ったる」＊増鏡(1368-76頃)二・新島守「大臣の車より降るる程を、さしのぞくやうにぞ見えける。あやまたず首をうちおとしぬ」③(副詞的に用いる)予想、指示、気配どおりに物事が起こるさまにいう。そのとおりに。はたして。案の定。＊徒然草(1331頃)八九「音に聞きし猫また、あやまたず足許へふと寄り来て、やがてかきつくままに」＊曾我物語(南北朝頃)四・三浦の片貝が事「『十郎よべ』とて、よばせけり。あやまたずかへりきぬ」＊随筆・孔雀楼筆記(1768)一「何とやらん怖(おそろ)しかりければ、足はやく立帰る。あやまたず疾風、黒雲、怒雨、驚雷これに従ふ」 辞書 文明・書言 表記 不ㇾ愆(文) 不ㇾ僁(書)

あやまた ぬ (動詞「あやまつ(過)」に打消の助動詞

「ず」の連体形「ぬ」の付いたもの）正真正銘の。まぎれもない。＊平家(13C前)二・西光被斬「父子共に過分のふるまひするとみしにあはせて、あやまたぬ天台座主(てんだいざす)流罪(るざい)に申しおこなひ」 補注「無実な」という解もあり、語義は決定しがたい。

あやまって謝(あやま)るに篩(ふる)う事(こと)勿(なか)れ (「ふるう」はよりわけるの意) 過失を犯したらあれこれためらうことなくすぐにあやまれ。＊歌舞伎・桑名屋徳蔵入船物語(1770)口明「よう思ひ廻して見ると皆こなたが悪るい。これ過(アヤマ)って謝(アヤマ)るに篩(フル)ふ事なかれぢゃ。どうぞ詫言なされませ」

あやまって改(あらた)むるに憚(はばか)ること勿(なか)れ (「論語‐学而」の「主二忠信一、無ㇾ友二不ㇾ如ㇾ己者一、過則勿ㇾ憚ㇾ改」による) 過失を犯したらためらうことなく改めなければいけない。＊文明本節用集(室町中)「過則勿ㇾ憚ㇾ改 アヤマッテハスナワチアラタムルニハバカルコトナカレ〔学而篇〕」＊天草版金句集(1593)「Ayamatteua aratamuruni fabacarucotonacare(アヤマッテワ アラタムルニ、ハバカルコト ナカレ)」＊浄瑠璃・桂川連理柵(おはん長右衛門)(1776)下「親父様の有りがたい異見といひ、ハテ誤(アヤマ)って憚(ハバカ)らぬおれが身の上、何にも案じる事はない」＊黄表紙・孔子縞于時藍染(1789)上「『過(アヤマ)って改(アラタ)むるに憚(ハバカ)る事なし』と、いっかふに不承知なり」 辞書 文明

あやまって改(あらた)めざる是(これ)を過(あやまち・か)という (「論語‐衛霊公」の「過而不ㇾ改、是謂ㇾ過矣」による) 過失を犯したら、すぐ反省して改めるべきであって、それを怠ると真の過失を犯したことになる。＊文明本節用集(室町中)「過而不ㇾ改是謂ㇾ過矣 アヤマテアラタメズ、コレヲクヮトイフ〔衛霊公篇〕」＊春秋穀梁伝‐僖公二二年「其知ㇾ過而不ㇾ改、又之、是謂二之過一」 辞書 文明

あやま‐はり【―針】『名』「按摩鍼(あんまはり)」というあんまの呼び声をもじって、単にあやまるの意にいうしゃれ。＊歌舞伎・心謎解色糸(1810)四幕「コレ、少(ちっ)とつら山の武者所、あやま針(ハリ)の料簡(れうけん)がならないといふ奴(やつ)だの」＊滑稽本・浮世床(1813‐23)二・下「ホイお陀仏(だぶつ)のほうちんたん、あやま針の療治」

あやまり【誤】『名』(動詞「あやまる(誤)」の連用形の名詞化) ①道理からはずれたこと。正しくないこと。また、正当でないこと。まちがい。＊百法顕幽抄平安中期点(900頃)「後の時に、仏と成るといふに、何の爽(アヤマリ)がある」＊私聚百因縁集(1257)序「愚者も亦、之を開かば僻(アヤマリ)を捨てて直きに入れ」＊徒然草(1331頃)一五九「みなむすびといふはあやまりなり」＊小説神髄(1885‐86)〈坪内逍遥〉上・小説総論「或は美術の本義に関して論理の謬誤(アヤマリ)なきを保たず」 ②正しくない行為。まちがった行為。特に男女間での倫理的なまちがい。過失。＊源氏(1001‐14頃)紅葉賀「宮の、御心の鬼にいと苦しく、人の見奉るも、あやしかりつるほどのあやまりを、まさに人の思ひとがめじや」＊源氏(1001‐14頃)梅枝「いささかの事のあやまりもあらば、かろがろしきそしりをや負はむとつつみしだに、なほすきずきしきとがを負ひて」＊洒落本・美地の蛎殻(1779)「わっちにてへしてあやまりが有るから、それでそうなせへすの」 ③(「心あやまり」「心地あやまり」の形で) 病気などのために、心が異常な状態になること。常軌を逸すること。気ぐるい。＊伊勢物語(10C前)一〇三「いとまめにじちようにて、あだなる心なかりけり。〈略〉心あやまりやしたりけむ、親王(みこ)たちの使ひ給ひける人をあひいへりけり」＊源氏(1001‐14頃)蜻蛉「修法(ずほう)、読経、まつり、はらへと道々に騒ぐは、この人をおぼすゆかりの、御心地のあやまりにこそはありけれ」 ④けが。＊栄花(1028‐92頃)月の宴「東宮いとうたてき御もののけにて、ともすれば御心地あやまりしけり」＊浮世草子・西鶴諸国はなし(1685)二・二「少人(しゃうじん)にあやまりも、あればとぞんじ、左の袂に、しるしを付置(つけをく)のよし、申あぐる」 ⑤やりそこない。失敗。失策。あやまち。＊咄本・当世はなしの本(1684‐88)「かのかみゆひをよびよせ、さかやきをそらせける。もとよりかみゆひ、さかやきはめいじん也。すこしもあやまりなかりけり」＊人情本・春色梅美婦禰(1841‐42頃)五・二八回「此方(こっち)が夫(それ)に迷って気を揉むのが誤りサ」＊多情多恨(1896)〈尾崎紅葉〉前・一一「其が失(アヤマリ)でした！ 軽い内に滔々(どんどん)薬を飲ましたら、何でもなかったです」 語誌(1)広い意味で「正しく」ないことを表わす名詞に「誤り」「過ち」「間違い」などがある。このうち「間違い」が最も意味が広く、「誤り」「過ち」の両方を覆う。(2)「誤り」は、文章や図形などの表現、また人の行動を部分や手順などに分解して見たとき、個々の部分・手順がその表現・行動の目的にとってふさわしくないと判断されたときに用いる。交通事故を例にとると、事故そのものを「誤り」ということはなく、事故の過程を分析した上で「ハンドルの操作法(運転計画の立て方)に誤りがあった」などという場合に用いる。(3)「過ち」は主に人の行為についていうもので、行為自体や行為の結果が不正であり、その責任が行為の主体に求められる場合に用いる。「誤り」は訂正すれば正しい姿にすることができるが、「過ち」は一回一回の出来事であり、繰り返さないようにすることはできても、訂正することはできない。(4)「間違い」は「誤り」「過ち」の両方と交替可能であるが、なお広く、本人の責任外の不都合も含めることがある。例えば「旅先で間違いがなければよいが」などと言うとき、本人の責任による失敗の外に、事件・事故や災害に巻き込まれることを含んでいる。 語源説 アはア(悪)の語幹、ヤは形容語尾。それに形容接尾語ミを添えたアヤミアリの約〔日本古語大辞典＝松岡静雄〕。 発音〈標ア〉リ マ 〈ア史〉平安〇〇〇〇 〈京ア〉〇 辞書 名義・和玉・文明・伊京・明応・天正・日葡・書言・ヘボン・言海 表記 誤(名・文・伊・明・天・書) 過(名・伊・明・天・ヘ) 謬(名・文・伊・明・天・書) 逸(名) 繆・愆・舛(玉) 虐(文) 咎(天) 愆・諐・訛(書)

あやまり【謝】『名』(動詞「あやまる(謝)」の連用形の名詞化) ①人のあやまちを許すこと。謝罪すること。②自分の犯したまちがいをわびること。謝罪すること。＊日葡辞書(1603‐04)「Ayamariuo(アヤマリヲ) コウ〈訳〉誤ちのゆるしを乞う」＊いさなとり(1891)〈幸田露伴〉四六「盛潰したは妾(わたし)の罪であったに謝罪(アヤマリ)を其方で云ふて我(ひと)を困らする」＊魔風恋風(1903)〈小杉天外〉後・許嫁・四「三回(ど)も謝罪(アヤマリ)の手紙を遣ったってぢゃ無いか?」 発音〈標ア〉リ マ 〈京ア〉〇 辞書 日葡・言海 表記 誤(言)

あやまり‐い・る【謝入】『自ラ五(四)』心から恐縮、謝罪、敬服などをすることにいう。恐れ入る。＊歌舞伎・幼稚子敵討(1753)口明「コレ、武士が手を下げまする。誤り入ましてござる」＊黄表紙・莫切自根金生木(1785)「おれはマアどうした因果で、このやうに金に縁があるか、あやまりいった」＊うもれ木(1892)〈樋口一葉〉三「頭も上げず詫(アヤマ)り入(イ)る体(てい)」

あやまり‐こうじょう【謝口状】『名』謝罪のための口上。また、書状。＊松の操美人の生埋(1886)〈三遊亭円朝〉二九「それを又謝(アヤマ)り口状云ってよこすなんざあほれてるてえものは妙なもんでねえ」

あやまり‐じょう【謝状】『名』「あやまりじょうもん(謝証文)」に同じ。 発音アヤマリジョー〈標ア〉〇 リ

あやまり‐じょうもん【謝証文・誤証文】『名』過失をわび、今後慎むことを誓った証文。過状(かじょう)。怠状(たいじょう)。謝り状。誤り手形。＊禁令考‐後集・第一・巻一〇・享保五年(1720)八月「誤証文之儀御尋に付申上候書付 評定所一座 公事相に付、誤証文為致候儀、其公事相之道理決断いたし、得心之上裁許申付候得者」＊随筆・梅窓筆記(1806)二「昔し怠状と云は、今の過証文なり。失錯あるとき怠状を奉ることあり。又かへし玉ふこともあり」＊滑稽本・浮世風呂(1809‐13)四・上「両方から誤証文(アヤマリジャウモン)を出させてス」 発音アヤマリジョーモン〈標ア〉ジョ 辞書 言海 表記 誤證文(言)

あやまり‐たが・う【誤違】『自ハ四』まちがう。原理、法則などに合わない。＊書紀(720)崇神一二年三月(寛文版訓)「是を以て陰陽(ふゆなつ)謬錯(アヤマリタガ)て寒く暑きこと序を失ふ」＊宇津保(970‐999頃)楼上下「琴をならひ給へる、いと二(に)なく、いささかあやまりたがへる所もなくひき給へり」

あやまり‐つた・える【誤伝】『他ア下一(ハ下一)』間違って伝える。違ったように伝える。＊滑稽本・浮世床(1813‐23)初・中「お礼申すといふ所へいやをまうしてなどとつかってあるから、やっぱり能事(いいこと)と思って誤伝(アヤマリツタ)へるのよ」 発音〈標ア〉エ

あやまり‐てがた【誤手形】『名』「あやまりじょうもん(謝証文)」に同じ。＊雑俳・松の雨(1750か)「短尺に誤手形花ぬすみ」

あやまり‐やく【謝役】『名』もっぱらわびることにあたること。また、その人。＊血(1927)〈岡田三郎〉「『見れや解るぢゃないか? ゆうべは僕あやまり役(ヤク)だったんだ。』と云って笑ったが」 発音〈標ア〉〇

あやま・る【誤】 一『自ラ五(四)』①道理からはずれる。正常でなくなる。また、当を得ない。＊書紀(720)白雉元年二月(北野本訓)「又、王者の祭祀、相踰(アヤマラ)ず」＊蘇悉地羯羅経略疏寛平八年点(896)「稀に錯(アヤマれ)る真言を写す」＊徒然草(1331頃)一九四「達人の人を見る眼(まなこ)は、少しもあやまる所あるべからず」＊風姿花伝(1400‐02頃)二「わざ物などの翁形(おきなかたち)をしよせぬれば、やがて上手と申事、これ校(アヤマリタル)批判なり」＊邪宗門(1909)〈北原白秋〉例言「幻想なき思想の骨格を求めむとするは謬れり」 ②過失を犯す。まちがえる。㋑不注意のために失敗する。しそこなう。＊石山寺本金剛般若経集験記平安初期点(850頃)「上章達らず。もし鎖(アヤマレ)る字有るか」＊地蔵十輪経元慶七年点(883)序「謬(アヤマル)に千里を以てせり」＊宇津保(970‐999頃)楼上下「かんのおとど、〈略〉弾かせ奉り給に、いささかあやまらず」＊尋常小学読本(1887)〈文部省〉三「あやまりて、丹後守が、ひさうの松の枝を打ち折りたり」 ㋺(男女間で)まちがいを起こす。＊神楽歌(9C後)大前張・我妹子「〈本〉我妹子(わぎもこ)にや 一夜肌触れあいそ 安也万利(アヤマリ)にしより 鳥も獲られず 鳥も獲られず や」＊仮名草子・犬枕(1606頃)「詰る物〈略〉あやまる身を若衆に根問(ねどひ)せらるる時」 ㋩(「あやまって」「あやまりて」の形で副詞的に用いる)そのようにしようとは思わないのにそうなってしまう。＊浜松中納言(11C中)四「化粧(けしゃう)しつくろひたるはめもたたず、あやまりてけうとき心地せられぬべくおぼされて」＊今昔(1120頃か)二〇・一七「此の放生せる人、従者と共に山に入て薪を伐るに、枯たる栢の木に登て、錯(あやまり)て木より落て死(しに)ぬ」 ③(「心地あやまる」の形で) 気分を悪くする。心が乱れる。病む。＊源氏(1001‐14頃)真木柱「いとど御心地もあやまりて、うちはへ臥しわづらひ給ふ」＊源氏(1001‐14頃)若菜上「今朝の雪に心地あやまりていと悩ましく侍れば、心やすき方にためらひ侍り」 二『他ラ五(四)』①約束、時間など決められたことをたがえる。＊伊勢物語(10C前)一二二「むかしをとこ、契

れることあやまれる人に」＊西国立志編(1870-71)〈中村正直訳〉四・一七「斯格的(スコット)は、定規を立て時刻を愆(アヤマラ)ざる人なり」＊大日本帝国憲法及び皇室典範制定の御告文‐明治二二年(1889)二月一一日「此の憲章を履行して、愆らざらむことを誓ふ」②だましとる。＊浄瑠璃・冥途の飛脚(1711頃)下「根性に魔がさいて大ぶん人の金をあやまり」③人を傷つける。殺傷する。＊曾我物語(南北朝頃)五・三浦与一をたのみし事「狩場にても、旅宿にても、あやまりては、ひとまどもおつべきものか」④なすべきことや進むべき方向などをまちがえる。よくない方へ導く。ふみはずす。＊中華若木詩抄(1520頃)上「行人は、路をあやまるにあらず。〈略〉梅花があるほどに、行て見んために、はるばるゆく也」＊西洋道中膝栗毛(1870-76)〈仮名垣魯文〉七・下「今の世にかかるともがらおほくありて、をり重大の事をあやまるにいたる」＊破戒(1906)〈島崎藤村〉二・二「今日の新しい出版物は皆な青年の身をあやまる原因(もと)なんです」語誌(1)「あやまる」は、「あや・あやに(奇)」「あやし・あやしむ(怪)」「あやふし・あやぶむ(危)」などとともに、不思議・不確実・不安定などの意をもつと思われる「あや」を語根とするか。「そうであるべき道筋をはずれて、目標を見失い、あらぬ方向に及ぶ」意味で、類義語「たがふ」が、「離れるべきでない二つが離反すること」(「初め終りたかふやうなる事など」〔源氏‐椎本〕)を表わすのと異なる。「思ひ乱れ給ふに、いとど御心地もあやまりて、うちはへ臥しわづらひ給ふ」〔源氏‐真木柱〕、「思ひ乱れ給ふに、心地もたかひて、いと悩ましくおぼえ給ふ」〔源氏‐総角〕のように、相似た文型で用いられた例も、前者が狂わんばかりの状態になることを指すのに対し、後者は単に不機嫌になることを指す。(2)「たがふ」はやがて「ちがふ」と交替し、「ちがふ」はさらに「まちがふ」に変化するが、「あやまる」は、これら日常語に対する文章語として一貫して対立関係を保ち、現代語でも、重大・深刻なニュアンスを帯びて用いられやすい。例えば、「おつりをまちがう」のような日常的な場面に「あやまる」を使うのは不自然で、「計算を誤り計画に支障をきたす」のような深刻な文脈に「まちがう」を使うことは普通ではない。(3)さらに「あやまる」は、正しい道からはずれた重大・深刻な「過失」を指すことが多いところから、取り返しのつかない過失を犯したという後悔を伴うことにもなり、そこから悔い改める心をもって自らの非を認めること、すなわち「謝罪」の気持を帯びる場合が生じ、中世末期以後、「あやまる(謝)」が分立することになる。語源説(1)アヤはアハヤの略で感動詞。マルはマカル(罷)の意の動詞語尾〔両京俚言考〕。(2)アヤムル(傷害)事を、自らしでかした意か〔大言海〕。(3)アヤメアル(綾目有)の約〔名言通〕。(4)アヤシミトドマルの中略〔紫門和語類集〕。(5)アヤウクマガルの義〔和句解〕。発音〈標ア〉マ〈ア史〉平安○○●○ 鎌倉○○○● 室町●●○○と●●●●の両様〈京ア〉⓪ 辞書名義・和玉・文明・饅頭・黒本・易林・日葡・ボン・言海 表記錯・謬(名・玉・文・黒・易) 誤(名・文・饅・易・言) 過(名・黒・へ) 縒・繆・惧(名・玉) 迤・尤・僻・愆・読・咼・噴・失・息・愉・紕繆・銷・鋪・又・行・諫・論・載・更(名) 性・惕・造・鏵・賺・紕(玉) 訛(文)

同訓異字 **あやまる**【誤・失・訛・過・跌・錯・謬】

【誤】(ゴ) 真実と合わない言葉。大言。転じて、本来のことやものと食い違う。まちがえる。しそこなう。「誤解」「誤算」「誤読」「正誤」《古 あやまつ》

【失】(シツ) しくじる。やりそこなう。「失言」「失策」「失敗」「過失」《古 あやまつ・うしなふ》

【訛】(カ) 言葉や文字をまちがえる。ないことをあるように言う。「訛言」「訛伝」「訛謬」《古 あやまち・あやまれり・いつはる・たかふ》

【過】(カ) 悪意がないまま悪いことをする。気付かないで犯す。「過誤」「過失」「罪過」「大過」《古 とか・あやまち・あし・おこたる》

【跌】(テツ) 踏みはずしてつまずく。予定や考えなどがつまずいて思うようにいかない。「蹉跌」《古 つまづく・たふる・たかふ》

【錯】(サク) 入り乱れていてまちがえる。あれとこれと食い違って合わない。取り違える。「錯誤」「錯覚」「失錯」《古 みだる・みだりがはし・あやまる・たがふ》

【謬】(ビュウ) 筋の通らないことを言う。転じて、道理にあわない。証拠がない。「謬見」「謬言」「誤謬」「訛謬」《古 あやまる・いつはる・いかさま》

あやま・る【謝】『自ラ五(四)』(「あやまる(誤)」と同源) ①過失の許しを求める。わびる。謝罪する。＊虎寛本狂言・鬮罪人(室町末‐近世初)「鬼の責る勢ひで御座るに依て、ちと強う当た事も御ざらう。其所で、まっぴらあやまったと申まする」＊浄瑠璃・嫗山姥(1712頃)一「喜之介にうらうらと涙ぐみ、ララあやまった、こらやこらや」＊浄瑠璃・源平布引滝(1749)五「事新敷(あたらしき)一言(ごん)。誤れなんどといふ事は、武士の降参も同じ事。マアそんな面倒な事いふ様なおれじゃない。誤らねば又何とする」＊今戸心中(1896)〈広津柳浪〉四「私が悪かったら謝罪(アヤマ)るから」②降参する。おそれいる。閉口する。まいる。＊歌舞伎・幼稚子敵討(1753)二「『サア、なんと』『誤りましたハさ』」＊黄表紙・江戸生艶気樺焼(1785)下「そとをあるくと日にやけるであやまる。こまったものだ」＊滑稽本・浮世風呂(1809-13)四・下「兎角(とかく)素人は、狂歌も落首もおなじ様に心得るから、是にてあやまる」③ごめんこうむる。辞退する。＊洒落本・通言総籬(1787)一「五丁ひももあやまるとかいって、黒のひらうちのちょんがけ」＊洒落本・志羅川夜船(1789)西岸世界「おらアめしはあやまらう、酒をのんだらちとのぼせてきた」＊多情多恨(1896)〈尾崎紅葉〉後・二「『それぢゃ西洋料理と為(し)やう』『貴方(あなた)も?』『俺は謝る』」語誌(1)「誤る」から「誤りを認める、誤りを許すことを請う」意に転じたものと思われる。「日葡辞書」にはこの意味の「謝る」の項目はないが、「あやまりを請う」を「罪過あるいは間違いを赦してもらうように願う」としており、過渡期的な様相がうかがわれる。古い例で「謝罪」の意味に近いものとしては「石山寺本金剛波若経集験記平安初期点」に「虔(アヤマル)誠」という例があり「つつしみ敬う」意と考えられるが、この意味が一般的になるのは、下って中世末から近世にかけてである。(2)現代語では、自分のしたことが悪かったと認め、相手に許しを求める意味において、「あやまる」は「わびる」「謝罪する」と類義的な関係にある。㋑許しを求める原因となった失敗の大小や相手についてみると、「あやまる」は、足を踏んだとか、約束を忘れるとか、個人的で小さな失敗の場合が多いが、「わびる」「謝罪する」は、個人的であっても、大きな失敗であったり、許しを求める相手も、世間や社会である場合が多い。㋺日常的に広く用いられるのは「あやまる」である。「謝罪する」は、文章語的で表立った場面で用いられる。「わびる」は「おわびします」の形では、「謝罪する」と同じような場面で用いられるが、それ以外の用法では、現代語ではやや古風な表現となっている。方言白状する。鹿児島†134 発音〈なまり〉アイマル〔岐阜〕〈標ア〉マ〈京ア〉⓪ 辞書ボン・言海 表記過(へ) 誤(言)

あやまった稲荷(いなり) (稲荷の社の前の石づくりの狐がうつむきかげんでいるところからか) 心にやましいことや遠慮することなどがあって、小さくなって頭が上がらないでいるさまにいう。＊浮世草子・諸道聴耳世間猿(1766)五・一「こんくはいのたらだらいふて誤(アヤマ)った稲荷様の三人が体」＊浄瑠璃・桂川連理柵(おはん長右衛門)(1776)上「アレ見や、嫁入を否(いや)といふて、誤(アヤマ)った稲荷(イナリ)様見るやうに仕(し)て居る」＊洒落本・遊僊窟烟之花(1802か)三「跡のいっぺいが過たといふもんだからあやまったいなりさまで、へんな顔をしていらあ」方言他家を訪問した者などが、隅に小さくなってかしこまっているさまを、主人側の者などがいう語。◇あやまったいなりさま 青森県三戸郡083

あや・む【危】『他マ下二』⇨あやめる(危)

あや-・む【怪】『他マ下二』(形容詞「あやし」を動詞化したもの) 怪しむ。怪しく思う。不審に思う。いぶかる。＊夜の寝覚(1045-68頃)一「近くしのびやかならんけはひなどは、いまだ聞きもしらねば、あらずとも、え聞きもあやめず」＊狭衣物語(1069-77頃か)四「これはあやめ給ふべきにもあらず。女(むすめ)の一つ書きなれば、『散らさじ』とて」＊堀河百首(1105-06頃)夏「軒ちかきはな橘のうつり香につつまぬ袖も人ぞあやむる〈隆源〉」辞書言海

あや-むしろ【綾筵】『名』綾の織り方にならって仕立てた筵(むしろ)。《季・夏》＊万葉(8C後)一一・二五三八「独り寝(ぬ)と薦(こも)朽ちめやも綾席(あやむしろ)緒になるまでに君をし待たむ〈作者未詳〉」＊清輔集(1177頃)「ふる里をしき忍ぶにもあやむしろをになる物と今ぞ知りぬる」発音〈標ア〉ム

あや-め【文目】『名』①綾織物の織り目。また、模様。あや。＊朝光集(995頃)「おぼつかな錦もみえぬ闇の夜に何のあやめをおるにかあるらん」＊源氏(1001-14頃)蛍「常の、色もかへぬあやめも、けふはめづらかに」＊源氏(1001-14頃)竹河「夕暮れの霞のまぎれはさやかならねど、つくづくと見れば、桜色のあやめもそれと見分きつ」②視覚などによって識別すべき模様や物のかたち。物の区別。けじめ。あいろ。「あやめも分かぬ」などと、下に打消の語を伴う場合が多い。＊宇津保(970-999頃)楼上下「あがほとけ、なほ見せ給へ。内侍のすけの聞えしは、見ぐるしう、まだあやめも見えざりしをだに」＊枕(10C終)二〇一・心にくきもの「御前ちかく御物語などあるほどは、大殿油も消ちたるに、長炭櫃の火に、もののあやめもよく見ゆ」＊源氏(1001-14頃)総角「けさぞ、もののあやめ見ゆるほどにて、人々のぞきて見奉る」③物事の論理的な筋道。また、物事を順序立てて考えること。条理。分別。「あやめも知らず」などと下に打消の語を伴うことが多い。＊源氏(1001-14頃)帚木「五月の節に、いそぎ参るあした、なにのあやめも思ひしづめられぬに」＊あさぢが露(13C後)「なにのあやめもなく、御ひなあそびなどにまじらひ給ひしほども恋しく」④ハモのすり身を、豆腐と一緒に田楽にして、皿に盛り、葛餡(くずあん)をかけた料理。補注②③は和歌では「菖蒲(あやめ)」にかけて用いることが多い。語源説アヤはアタヤカの反。メは目〔名語記〕。発音〈標ア〉⓪〈ア史〉鎌倉○○○〈京ア〉⓪ 辞書日葡・ボン・言海 表記文目(へ・言)

あやめも知(し)らず 物の道理、善悪の区別などがわからない。＊古今(905-914)恋一・四六九「ほととぎすなくやさ月のあやめぐさあやめもしらぬ恋もする哉〈よみ人しらず〉」＊新古今(1205)哀傷・七七〇「けふくれどあやめもしらぬ袂かな昔をこふるねのみかかりて〈上西門院兵衛〉」＊易林本節用集(1597)「不レ知二善悪一 アヤメモシラス」辞書下学・文明・易林・書言 表記善悪不レ知(下・文) 不レ知二善悪一(易・書)

あやめもつかず 「あやめ(文目)も分かず①」に同じ。＊鉄路に近く(1956)〈島尾敏雄〉「遠くに重なり、正確にのびて行って、あやめもつかぬあたりに」

あやめも分(わ)かず ①暗かったりして、物の模様や形などをはっきり識別できない。物の区別がわからない。＊匠材集(1597)三「あやめも分ぬ 黒白も分ぬ心之。綾目と書之」＊浄瑠璃・傾城反魂香(1708頃)上「みけんにふったるたうがらし、ヲヲから、ヲヲから唐錦(からにしき)。あやめもわかずひっかへす」＊読本・椿説弓張月(1807-11)前・四回「燈燭(と

もしび)滅(きえ)て善悪(アヤメ)もわかず」＊当世書生気質(1885-86)〈坪内逍遙〉八「あたりをしばしば見回せども、文目(アヤメ)もわかぬ暗(やみ)の夜なれば」②判断力の不足などで、物事を筋道立てて考えられない。わけがわからない。分別がつかない。＊源氏(1001-14頃)蛍「あらはれていとど浅くも見ゆるかなあやめもわかずなかれけるねの」＊琵琶・奇縁(明治か)「母諸共に生捕られ、未だ文目(アヤメ)もわかぬ身の、出家になれとて行先も、鞍馬寺にぞ送られける」 辞書 書言 表記 不レ別ニ黒白一(書)

あやめ【菖蒲】〔名〕①アヤメ科の多年草。山野に自生するほか、観賞用として、庭、池辺などに栽培される。高さ三〇～六〇センチメートル。葉は剣の形で、基部は淡紅色をおび、さや状。初夏、紫や白などの花が咲く。外花被は花弁状で垂れ下がり、基部に黄と紫の虎斑(とらふ)模様がある。内花被は細く直立する。漢名、菖蒲、渓蓀は誤用。古名(白菖と区別する必要があったため)はなあやめ。学名は Iris sanguinea《季・夏》＊花譜(1698)中「菖蒲花(はなあやめ)〈略〉古歌に、あやめとよめるは、沢におふる菖蒲とて、端午に家をふく物をいふ。此あやめにはあらず」＊日本植物名彙(1884)〈松村任三〉「アヤメ ハナアヤメ 渓蓀」＊舞姫(1906)〈与謝野晶子〉「日は暮れぬ海の上にはむらさきの菖蒲(アヤメ)に似たる夕雲のして」②サトイモ科のショウブの古名。初夏に、黄色の細花が密集した太い穂を出す。葉は剣の形で、香気が強いので邪気を払うとされ、五月五日の節句には、魔除けとして軒や車にさし、後世は、酒にひたしたり、湯に入れたり、種々の儀に用いられる。菖蒲の枕、菖蒲の鬘、菖蒲の湯、菖蒲の兜、菖蒲刀の類。一方、根は白く、長いものは四、五尺に及ぶので、長命を願うしるしとする。また、根合わせといって、その長さを競う遊びもある。歌では「根」を「音」にかけ、「鳴く」「泣く」などの語を導いたり、物の文目(あやめ)に言いかけたりして詠まれることが多い。あやめぐさ。＊蜻蛉(974頃)中・天祿二年「『おはしまさずとも、しゃうぶふかでは、ゆゆしからんを、いかがせんずる』といひたり。〈略〉世の中にある我が身かはわびぬればさらにあやめもしられざりけり」＊八雲御抄(1242頃)三「菖蒲 あやめ草。抑只あやめとばかりも云り」＊文明本節用集(室町中)「菖蒲 アヤメ」＊俳諧・江戸広小路(1678)夏「あやめ生り軒の鰯のされかうへ〈芭蕉〉」③襲(かさね)の色目の名。表は青、裏は紅梅(桃華蘂葉)。一説、表は白(西三条装束抄)。女房の五つ衣には、上に二つ青の濃淡、次に白、次の二つ紅梅の濃淡で、下に単(ひとえ)の白生絹(しろすずし)をつける(雅亮装束抄)。陰暦五月に用いる(女官飾抄)。④香木の名。分類は羅国(らこく)。香味は苦辛甘。六十一種名香の一つ。＊新札往来(1367)上「新渡之名香。〈略〉神楽、新無名、蓬・菖蒲、林鐘」⑤五月の異称。＊仮名草子・尤双紙(1632)上・二九「あをき物のしなじな〈略〉彌生には、誰見ぬ嶋のよもぎもち、あやめにいはふかざり粽(ぢまき)」＊浮世草子・好色一代男(1682)七・六「花のしほるることく、湯水もたって、いつとなく、延宝五の年、あやめ八日の曙に、空しくなりぬ」⑥「あやめぞめ(菖蒲染)」の略。＊手鑑模様節用(1789か)「あやめ あゐがちたるを桔梗といふ。赤みがちたるを菖蒲といふ」⑦「あやめだんご(菖蒲団子)」の略。＊滑稽本・浮世風呂(1809-13)前・上「商人諸声『あやめあやめ』『金時、湯出大角豆』」⑧花ガルタの札の名。アヤメの花を描いたもの。五月に配する。一〇点、五点札、各一枚、滓札(かすふだ)二枚。 方言 ❶三月三日の節句に雛(ひな)に供える菓子の名。 徳島県810 ❷魚、ほしがれい(星鰈)。 三重県宇治山田市591

◇**あやめがれ**〔—鰈〕とも。

語源説 (1)葉脈から、文目の義〔名言通・古今要覧稿・大言海〕。(2)アヤベ(漢部)の輸入した草だからか〔日本古語大辞典=松岡静雄〕。(3)漢女草の義〔和訓栞〕。(4)アヤはあざやか、メは見える意。他の草より甚だうるわしくあざやかに見えることから〔日本釈名〕。(5)菖蒲の冠をした女が蛇になったという天竺(てんじく)の伝説から、蛇の異名であるアヤメを花の意とする〔古今集註・和句解〕。(6)アヲイヤメ(青彌芽)の義〔日本語原学=林甕臣〕。(7)アハヤと思いめでる花の意から〔本朝辞源=宇田甘冥〕。

発音 〈標ア〉0 〈京ア〉0 辞書 和玉・文明・伊京・明応・天正・饅頭・黒本・易林・日葡・書言・〈ボン〉・言海 表記 菖蒲(文・伊・明・天・饅・黒・易・書・ヘ) 菖(玉・文) 渓蓀(書)

菖蒲①

あやめ被(かず)く 菖蒲の鬘(かずら)で飾る。↓菖蒲の鬘。《季・夏》＊俳諧・増山の井(1663)五月「五日の節会〈略〉あやめかつく」

あやめが軒(のき) 五月五日、ショウブを葺(ふ)いた軒。＊壬二集(1237-45)「薫りあふ庭のあふちの花散りてあやめがのきを過ぐる夕風」

あやめ刈(か)る 五月五日の端午の節句に使うためにショウブを刈る。あやめ引く。《季・夏》＊伊勢物語(10C前)五二「人のもとよりかざり粽(ちまき)おこせたりける返事(かへりごと)に、『あやめかり君は沼にぞまどひぬる我は野に出でてかるぞわびしき』とて、雉をなむやりける」＊俳諧・西華集(1699)坤「百姓の隙や菖蒲を苅日迄〈似仙〉」

あやめと杜若(かきつばた) アヤメとカキツバタとが見分けにくいように、物の区分のつけがたいたとえ。いずれ菖蒲か杜若。＊滑稽本・浮世床(1813-23)二・下「色恋と一緒(ひとくち)に云けれど、色と恋とは菖蒲(アヤメ)と杜若(カキツバタ)ス」

あやめの占(うら) 女子の遊戯の一種。五月五日の端午の節句に、「思うこと軒のあやめにこと問わんかなわばかけよささがにの糸」と軒先のショウブにとなえ、自分の思いがかなうときは、クモがその上に巣をかけるという。あやめうら。《季・夏》＊俳諧・俳諧歳時記栞草(1851)夏・五月「菖蒲(アヤメ)の占(ウラ)『三潮草』女児の戯(たはふれ)にあやめを結び唱へていふ。〈略〉願ふところ成るものは、蜘蛛あって網を菖蒲の上に曳(ひ)く」＊妻木(1904-06)〈松瀬青々〉夏「しるしなき菖蒲の占を恨みかな」

あやめの珮(おもの) 古く、五月五日に身につけて邪気を払ったショウブの作りもの。そうぶのおもの。

あやめの挿頭(かざし) 「あやめ(菖蒲)の鬘(かずら)」に同じ。《季・夏》＊俳諧・手挑灯(1745)中「菖の節供、あやめふく、あやめのかさし」

あやめの鬘(かずら) 端午の節会(せちえ)に用いる、ショウブで作った頭につける飾り。糸所より宮中に献じ、天子、群臣ともに男は冠につけ、女は髪にさした。邪気を払うためという。あやめの挿頭。あやめかずら。そうぶのかずら。《季・夏》＊弁内侍(1278頃)建長四年五月五日「あやめのかづらかけ」＊俳諧・山の井(1648)夏「五月五日〈略〉くすだまやあやめのかづらかけまはる人々のけはひ、しゃうぶ刀や小長刀もて印地にまかる馬鹿者の気色などすべし」

あやめの門(かど) 五月五日の端午の節句に、ショウブを屋根に葺(ふ)いた門。＊浄瑠璃・曾我虎が磨(1711頃)中「人やあやめのかどの内、おくをはるかに見入しに、けふの粽(ちまき)の為とてや」

あやめの兜(かぶと) ショウブを結び合わせて作ったかぶと。五月五日の端午の節句に、男の子が邪気払いとして被った。近世、檜(ひのき)の経木でも作られるようになった。しょうぶかぶと。かぶとのはな。

あやめの衣(きぬ) たてしぼのある帷子(かたびら)のようなものか。《季・夏》＊梵燈庵主袖下集(1384か)「十二月衣名事〈略〉五月。上。あやめの衣。夏ひきの衣」＊日葡辞書(1603-04)「Ayameno qinu(アヤメノ キヌ)〈訳〉あやめの葉の形の織り目をもったある種の絹織物」＊俳諧・毛吹草(1638)二「初夏〈略〉卯花衣 あやめの衣」 辞書 日葡

あやめの車(くるま) 「あやめ(菖蒲)の輿(こし)」に同じ。《季・夏》＊草根集(1473頃)一「長き根のあやめのくるま世々かけて誰九重に引き始めけん」

あやめの蔵人(くろうど) 平安時代、五月五日の節会(せちえ)に、糸所から献上したショウブ、ヨモギなどの薬玉(くすだま)を、親王や公卿(くぎょう)に分けて配る女蔵人(にょくろうど)。＊枕(10C終)八九・なまめかしきもの「五月の節のあやめのくら人。菖蒲(さうぶ)のかづら、赤紐の色にはあらぬを、領布(ひれ)、裙帯(くたい)などして、薬玉、親王(みこ)たち、上達部(かんだちめ)の立ち並み給へるに奉れる、いみじうなまめかし」

あやめの輿(こし) 端午の節会(せちえ)の時、宮中で飾ったもので、ショウブをおもな材料として小殿形または輿形に作った。あやめの御殿。あやめの車。そうぶのこし。《季・夏》＊正治後度百首(1200)春「色かへぬためしをけふはひきそへてあやめのこしのすゑもはるかに〈宮内卿〉」＊御湯殿上日記-天文一〇年(1541)五月四日「あやめふきまいらする。あやめの御こしまいる」＊後水尾院当時年中行事(1681)上「五日〈略〉清涼殿の東庭おにの間のとほりに高らんに添てさうふの御殿とかいふ物をたつ。あやめのこし成へし」＊俳諧・増山の井(1663)五月「献(たてまつる)菖蒲 三日あやめの輿(コシ)」

菖蒲の輿〈年中行事絵巻〉

あやめの小袖(こそで) 表青、裏紅梅の小袖。＊御伽草子・和泉式部(室町末)「産衣(うぶぎぬ)あやめの小袖(こそで)のつまに、一首の歌を書(かき)、鞘(さや)なき守刀(まもりがたな)を添へて捨てけるを」

あやめの御殿(ごてん) 「あやめ(菖蒲)の輿(こし)」に同じ。

あやめの杯(さかずき) 五月五日の端午の節句に、ショウブを浸した酒を飲み交わして祝うこと。また、その杯。《季・夏》＊浄瑠璃・生玉心中(1715か)中「親子兄弟あやめの盃する迚(とて)、けふの節句は、嘉平次の顔が見へぬと」

あやめの酒(さけ) 「あやめざけ(菖蒲酒)」に同じ。＊浄瑠璃・曾我虎が磨(1711頃)中「今日の祝儀のあやめの酒も、我が為めには涙の酒、うれひをはらふと伝へしが」

あやめの=節句(せっく)〔=節会(せちえ)〕 五月五日の端午の節句の異称。ショウブを軒にさしたり、飾ったりするところからいう。《季・夏》＊俳諧・山の井(1648)夏「五月五日〈略〉あやめの節供(セック)は、あさかのぬまつく泥にまぶれて」＊浄瑠璃・賀古教信七墓廻(1714頃)三「五月あやめのせっくには、深いお客の御かたより、のぼり、かぶとを御進上」

あやめの机(つくえ) 五月五日の端午の節会(せちえ)に用いる菖蒲を、六衛府および典薬寮から宮中にさし上げるために載せて持ち運んだ机。しょうぶの机。《季・夏》＊九暦-九条殿記・五月節・天慶七年(944)五月小五日「宮内省菖蒲机立誤事」＊西宮記(969頃)三・供菖蒲「無ニ節会一之時、典薬供ニ菖蒲机四脚一」＊俳諧・増山の井(1663)五月「五日の節会 あやめのかづら あやめの机(ツクエ)」

あやめの根合(ねあ)わせ 平安時代、左右に分かれて、ショウブの根の長短を比べ、歌を作って勝負をした遊び。あやめあわせ。しょうぶあわせ。そうぶあわせ。しょうぶねあわせ。《季・夏》＊今鏡(1170)七・

ねあはせ「寛治七年五月の五日(いつか)の日、あやめのねあはせせさせ給ひて、歌合の題五つ、あやめ、ほととぎす、さみだれ、祝、恋なん侍りける」＊古今著聞集(1254)一九・六五五「永承六年五月五日、内裏に菖蒲の根合ありけり」

あやめ の 鉢巻(はちまき)　五月五日の端午の節句に、子供が布で鉢巻をし、そこにショウブをさして飾ったもの。しょうぶのはちまき。

あやめ の 日(ひ)　五月五日の端午の節句の日。《季・夏》＊俳諧・続明烏(1776)夏「誰が子ぞ太刀よく似合菖の日〈大魯〉」＊俳諧・半化坊発句集(1787)夏「四辻や匂ひ吹みつあやめの日」

あやめ の 枕(まくら)　五月五日の夜、邪気を払うまじないにショウブを短く切って薄い紙で包んだ枕。そうぶのまくら。＊千五百番歌合(1202-03頃)四一四番「たち花にあやめの枕かほる夜ぞむかしをしのぶかぎりなりけり〈藤原俊成〉」＊後水尾院当時年中行事(1681)上「あやめの枕〈薄やうにつつむ〉一対にゆひ御枕本にあり」＊古今要覧稿(1821-42)五三「あやめのまくら〈菖蒲枕〉五月五日菖蒲をもて枕にしく事は中むかしよりはじまれる事也」

あやめ の 湯(ゆ)　ショウブを入れた湯。五月五日の端午の節句に、邪気を払うために入浴する。そうぶのゆ。しょうぶゆ。

あやめ の 浴衣(ゆかた)　「あやめゆかた(菖蒲浴衣)❶」に同じ。

あやめ 引(ひ)**く**　「あやめ(菖蒲)刈る」に同じ。《季・夏》＊為相本曾丹集(11C初か)「あやめひくしづのさはかまぬれぬれも時にあふとぞ思ふべらなる」＊俳諧・誹諧通俗志(1716)時令・五月「幟飾る　あやめ引」＊俳諧・我菴(1767)下・夏「あやめひくや子供あぶなき池の端〈虎岡〉」

あやめ 葺(ふ)**く**　五月五日の端午の節句の行事として、五月四日の夜、軒にショウブをさす。邪気を払い火災を防ぐという。古く宮中で行なわれたが、後、武家、民間にも伝わった。《季・夏》＊山家集(12C後)上「空はれて沼の水嵩(みかさ)を落さずはあやめもふかぬ五月(さつき)なるべし」＊徒然草(1331頃)一九「五月、あやめふく比、早苗とるころ、水鶏(くひな)のたたくなど、心ぼそからぬかは」＊俳諧・増山の井(1663)五月「あやめふくは四日也」＊俳諧・文化句帖-四年(1807)五月「あやめ葺ておのおの昔びいき哉」

あや-め【漢女・文女】〘名〙綾錦を織り、縫う技術をもった渡来人系の女性。＊催馬楽(7C後-8C)大宮「大宮の　西の小路に　安也(アヤ)め子産(む)だり、さ漢女(やめ)子産だり　たらりや　りんたなり」＊万葉(8C後)七・一二七三「住吉(すみのえ)の波豆麻(はづま)の君が馬乗衣(うまのりころも)さひづらふ漢女(あやめ)をするゑて縫へる衣ぞ〈人麻呂歌集〉」＊光悦本謡曲・呉服(1556頃)「応神天皇の御宇かとよ。呉国の勅使此国にはじめてきたりたまひしに、あやめいとめの女婦をそへ、万里の蒼波を凌ぎきて」

あやめ〘名〙うつけもの。あほう。ばか。＊かた言(1650)三「うつけたる者を　鼻毛　たいげん　あやめ　ふんちう　はなだら　あほう　ほれものなどと仮初にも云べからず。先第一　さもしう　よろしからざること葉なり」 発音〈標ア〉ア 方言 富山県西礪波郡390　砺波398　石川県江沼郡404　鳳至郡409　福井県432

あやめ〘名〙「へび(蛇)」の異名。＊和歌童蒙抄(12C前)七「あやめとは、めのわらはべがくちなはなどをこそいへと、右大臣殿は難じ給ひける」＊壒嚢鈔(1445-46)一「五月五日の菖蒲は昔平舒王の臣楚の屈原字は霊均、讒言に依て流罪せらる。江の畔にして遂に身を投げ死す。怨を含んで、毒龍と成て国を亡さんとす。〈略〉あやめと云は彼毒龍の名也」

あやめ-あわせ【菖蒲合】〘名〙「あやめ(菖蒲)の根合(ねあわせ)」に同じ。《季・夏》

あやめ-いだ・す【怪出】〘他サ四〙不審に思い始める。不思議に思い始める。＊愚管抄(1220)五・安徳「暁にこの事あやめ出して、六波羅さわぎて」

あやめ-いんじ【菖蒲印地】〘名〙五月五日の端午の節句に、子供が双方に分かれて、小石を投げ合い、切り合いのまねなどをして勝負を争う遊び。しょうぶいんじ。→印地打ち。《季・夏》

あやめ-うち【菖蒲打】〘名〙五月五日の端午の節句にする子供の遊びの一つ。ショウブの葉を三つ打ちに平たく編んで棒のようにし、互いに地上に叩きつけて、その音の大きさを争ったり、また、切れたのを負けなどとした。しょうぶうち。しょうぶたたき。《季・夏》＊狂文・四方のあか(1787か)上・児戯賦「ほととぎすなくや五月のあやめうちは幟の紋のあやめもわかず」＊俳諧・発句題叢(1820-23)夏「君か代や印地すたれてあやめ打〈保吉〉」

あやめ-うら【菖蒲占】〘名〙「あやめ(菖蒲)の占(うら)」に同じ。 発音〈標ア〉0

あやめ-うり【菖蒲売】〘名〙五月五日の端午の節句に用いるショウブを売り歩くこと。また、その人。しょうぶうり。《季・夏》＊俳諧・古今俳諧明題集(1763)夏「泥足の京でかはくやあやめうり〈麦林〉」＊俳諧・白雄句集(1793)二「長々と肱(ひじ)にかけたりあやめ売」

あやめ-おどり【菖蒲踊】　茨城県行方郡潮来(いたこ)町で、芸者の歌う潮来節に合わせて踊る舞踊。潮来節の「潮来出島のまこもの中に菖蒲咲くとはしおらしや」という文句から名づけられたという。 発音〈標ア〉オ

あやめ-か【菖蒲科】〘名〙単子葉植物の科名。世界に約六〇属八〇〇種あり、アフリカ南部と熱帯アメリカに分布の二大中心があるが、広く世界の熱帯および温帯に分布する。花は集散花序、まれに単生し、両生。放射相称または左右相称。ハナショウブ、カキツバタ、イチハツ、グラジオラス、フリージア等、多くの種が観賞用に栽培されている。また、サフランは薬用、香辛料として知られている。学名はIridaceae 発音〈標ア〉0

あやめ-がお【―顔】〘名〙いぶかり顔。怪訝顔(けげんがお)。＊とりかへばや(12C後)上「なにとてわが身はれいのやうならで、たれにもあやめがほならんとおもひ侍りしかば」

あやめ-がさね【菖蒲襲】〘名〙「あやめ(菖蒲)③」に同じ。 発音 アヤメガサネ〈標ア〉ガ

あやめ-かずら【菖蒲鬘】〘名〙「あやめ(菖蒲)の鬘(かずら)」に同じ。＊俳諧・清鉋(1745頃)一「五月〈略〉菖かつら」 発音〈標ア〉カ

あやめ-がた【菖蒲形】〘名〙生田流の箏で、普通に用いる秋霧形よりやや小型のもの。裏穴の一方の形が円で、あやめの花弁に似ているところからいうか。虬箏(きゅうそう)。

あやめ-がたな【菖蒲刀】〘名〙五月五日の端午の節句に子供が太刀代わりに腰にさしたり、採物(とりもの)として手に持ったり、菖蒲打ちに用いたりしたショウブ。近世は木製となり、飾りものとしての金銀彩色のそりの深い木太刀をいう。しょうぶがたな。あやめだち。《季・夏》＊俳諧・毛吹草(1638)二「五月〈略〉菖蒲刀　同甲　同のほり」 発音 アヤメガタナ〈標ア〉ガ

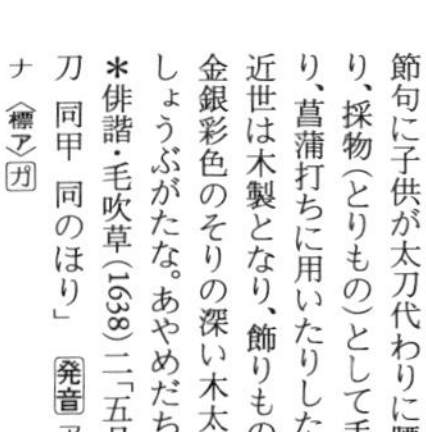
菖　蒲　刀〈守貞漫稿〉

あやめ-かたびら【菖蒲帷子】〘名〙古く五月の端午の節句の時季に着る一重の着物。しょうぶかたびら。＊俳諧・誹諧初学抄(1641)中夏「菖蒲かたひら　同刀」

あやめ-かり【菖蒲刈】〘名〙五月五日の端午の節句に、軒に葺(ふ)くためのショウブを刈り取ること。また、その人。《季・夏》＊俳諧・毛吹草追加(1647)上「あやめかりぬまぬましたる手足哉〈作者不知〉」＊雑俳・柳多留-二(1767)「あやめ苅どじゃう汁とは出来ごころ」 発音〈標ア〉メ

あやめ-ぐさ【菖蒲草】❶〘名〙「あやめ(菖蒲)②」に同じ。＊万葉(8C後)一八・四〇三五「ほととぎすいとふ時なし安夜売具左(アヤメグサ)蘰(かづら)にせむ日こゆ鳴き渡れ〈田辺福麻呂〉」＊本草和名(918頃)「昌蒲　一名昌陽　一名渓蓀〈略〉昌蒲者水精也、菖蒲一名菖陽注云石上者名之蓀、一名荃、和名阿也女久佐」＊栄花(1028-92頃)岩蔭「いひやらぬまのあやめくさ長きためしにひきなして」＊新撰菟玖波集(1495)夏「むつまじきまでなれる袖の香　いつくともしらぬにひきしあやめ草〈肖柏〉」＊俳諧・奥の細道(1693-94頃)仙台「あやめ草足に結ばん草鞋(わらぢ)の緒」❷ 枕 同音反復によって「あや」にかかり、また、「根」を賞するところから「ね」にかかる。＊古今(905-914)恋一・四六九「ほととぎすなくやさ月のあやめぐさあやめもしらぬこひもする哉〈よみ人しらず〉」＊拾遺(1005-07頃か)雑下・五七二「あやめぐさ　あやなき身にも　ひとなみにかかる心を　おもひつつ〈大中臣能宣〉」＊二度本金葉(1124-25)夏・一二七「あやめ草ねたくも君が訪(と)はぬかな今日は心にかかれと思ふに〈源有仁〉」 発音 アヤメグサ〈標ア〉メ〈ア史〉平安・鎌倉○◎◎◎○〈京ア〉メ 上仮名 アヤ|メグサ 辞書 和名・色葉・名義・言海 表記 昌蒲(和・名) 昌蒲(色・名) 敗蒲(色) 臰蒲・堯時韮(名) 菖蒲草(言)

あやめ-ざけ【菖蒲酒】〘名〙ショウブの根や葉を切って漬けた酒。五月五日端午の節句に用いた。邪気を払い、万病を治すといわれた。しょうぶざけ。《季・夏》＊俳諧・毛吹草(1638)二「五月〈略〉菖蒲酒」＊俳諧・寄垣諸抄大成(1695)四季之詞合類・五月「菖蒲酒(アヤメサケ)、ちまき」 発音〈標ア〉メ

あやめ-ずいせん【菖蒲水仙】〘名〙アヤメ科の多年草。南アフリカ原産の園芸植物フリージアの園芸品種。高さ三〇～四五センチメートル。花は淡黄色で、内側に黄褐色の斑点がある。 発音〈標ア〉ズ

あやめ-ぞめ【菖蒲染】〘名〙染色の名称。あやめ。＊浮世草子・風流夢浮橋(1703)一・一「あやめそめの大振そで、御所ぬり笠に浅き紐」＊俚言集覧(1797頃)「あやめ染　芳沢あやめと云芝居役者の着しより流行したる染也」 発音〈標ア〉0

あやめ-だち【菖蒲太刀】〘名〙「あやめがたな(菖蒲刀)」に同じ。＊俳諧・手挑灯(1745)中「菖の節供〈略〉あやめの輿　あやめ太刀　あやめ引」＊俳諧・靭随筆(1759)三「切れるほど似たりやにたりあやめ太刀〈祇亟〉」

あやめ-たむ〘名〙植物「われもこう(吾木香)」の古名。＊本草和名(918頃)「地楡　一名玉豉〈略〉和名阿也女多牟　一名衣比須禰」＊色葉字類抄(1177-81)「地楡　アヤメタム　又エヒスネ」 辞書 和名・色葉・名義・言海 表記 地楡(和・色・名) 玉豉(色・名)

あやめ-だんご【菖蒲団子】〘名〙団子の一種。先を四つに裂いた竹のひとつひとつに小さく平たい団子をさし、アヤメの花にかたどったもの。のちには糸切り団子をさしていう。あやめ。＊狂歌・若葉集(1783)上「菖蒲団子うる商人にあたふ、この団子かをとて人のより政やほんにあやめのまへうしろから」＊黄表紙・天道浮世出星操(1794)「そっちのはしからずっとならんだあたまは、てんとざとうの川わたり、あやめだんごときている」＊狂歌・近世商賈尽狂歌合(1852)「あやめ団子　毎年如月比より売、〈略〉団子をよく春ぬき、細ながく延し、小口切にして五つづつ串にさし、四本四文にてうりし」 方言 ❶先を四つに裂いた竹の一つ一つに小さく平たい団子を四つずつさし、あやめの花をかたどったもの。　新潟県佐渡348 ❷じゅうぶんについて作った団子。　岩手県上閉伊郡098 辞書 言海 表記 菖蒲団子

(言)

あやめ-どり【菖蒲鳥】〘名〙鳥「ほととぎす(杜鵑)」の異名。

あやめ-にんぎょう【菖蒲人形】〘名〙①ショウブで作った人形。しょうぶにんぎょう。＊俳諧・俳諧歳時記(1803)上・五月「菖蒲人形〈略〉菖蒲刀は菖蒲(あやめ)を以て飾るゆゑの名之。菖蒲人形も又同じ。此人形は力士の形を摸して作れる多し」②端午の節句に、男の子を目当てに売られた玩具の人形。兜人形などの類。＊読本・新累解脱物語(1807)二・四「端午も既にちかければ、菖蒲人形(アヤメニンギャウ)を売らんとて、夥(あまた)の木偶を傘の裏に結さげ」

あやめ-のぼり【菖蒲幟】〘名〙五月五日の端午の節句に飾る幟。《季・夏》＊俳諧・毛吹草(1638)二「菖蒲刀、同甲、同のほり」＊俳諧・俳諧師手鑑(1676)「賑ふや菖蒲のぼりに町くだり〈可頼〉」

あやめ-はちじょう【菖蒲八丈】〘名〙菖蒲色(紫色)に染めた八丈縞。＊浮世草子・好色一代男(1682)一・五「嶋原の着おろし、あやめ八丈(シャウ)から織のふる着も、此里におくりて、よき事に似せけると申侍る」＊浮世草子・好色一代女(1686)四・一「肌にりんずの白無垢中に紫がのこの両面うへに菖蒲八丈(アヤメハチジャウ)に紅(もみ)のかくし裏を付(つけ)て」

あやめ-ふき【菖蒲葺】〘名〙五月四日の夜、端午の邪気を払うため、家々の軒にショウブをさすこと。また、その人。→菖蒲葺く。＊雑俳・柳多留-二(1767)「はごの子の干物を拾ふあやめふき」＊雑俳・柳多留-五(1770)「あやめふき人にだかれる年(とし)でなし」 発音〈標ア〉メ

あやめ-ぼうし【菖蒲帽子】〘名〙野郎帽子の一つ。元禄(一六八八〜一七〇四)の頃、女形俳優の初代芳沢あやめが工夫し、用い始めた紫帽子。＊役者全書(1774)下・紫帽子「菖蒲帽子、元祖芳沢あやめよりはじむ」

あやめ-ゆかた【菖蒲浴衣】㊀〘名〙昔、五月五日の端午の節句に着たゆかた。あやめゆかたびら。しょうぶゆかた。＊長唄・菖蒲ゆかた(1859)「今日の晴着に風薫る、菖蒲浴衣(アヤメユカタ)の白がさね」㊁長唄。二世杵屋勝三郎作曲。作詞者不明。安政六年(一八五九)初演。五世芳村伊三郎と勝三郎との和解の記念曲。初夏の風物をうたう。 発音〈標ア〉ユ

あやめ-ゆかたびら【菖蒲湯帷子】〘名〙「あやめゆかた(菖蒲浴衣)」に同じ。＊俳諧・毛吹草追加(1647)上「著長(きだけ)もや五尺の菖蒲湯絺(カタビラ)〈貞盛〉」

あや・める【危】〘他マ下一〙図あや・む〘他マ下二〙危害を加える。殺傷する。＊虎明本狂言・胸突(室町末-近世初)「そのやうにして、人をころすものはあるまひ、人をあやめてくるしうなくば、ぜひに及ばぬ」＊慶長見聞集(1614)九「少し血の出るさへ、御奉行所にて瑕帳に付られたり。かほとまて血をあやめし人達なれば、〈略〉きつ帳に付べしと云」＊浮世草子・好色一代男(1682)四・一「押(をし)入有て物を取(とる)のみならず人をあやめて迯(にげ)てゆく」＊俳諧・父の終焉日記別記(1801)「穴に鬼ありて我をあやむると、互ひに摑みあひけるに」 方言❶人を陥れる。名誉を傷つける。長崎県対馬913 ❷柿(かき)の実などを木から落とす。兵庫県佐用郡658 語源説(1)アヤウシ(危)のアヤを他動詞に活用した語〔大言海〕。(2)ナヤマシメルの転略〔両京俚言考〕。 発音〈標ア〉メ 〈京ア〉〇 文『あやむ』〈標ア〉ヤ 〈京ア〉〇 辞書ヘボン・言海

あやめ-ろ【綾目絽】〘名〙もじり織の一種。紗(しゃ)と絽とを組み合わせ、もじり目を斜めに表わし、織物に綾線を出す。

あや-めんぷ【綾綿布】〘名〙綾織りの綿織物の総称。綾木綿。

あや-もよう【綾模様】〘名〙綾織りの模様。斜線模様。＊蝴蝶(1889)〈山田美妙〉二「その余光を味はふといふ有様で反射の綾模様を浮織にしてゐる苫屋の板びさし」＊頑な今日(1963)〈島尾敏雄〉「すきまや節穴から外にもれて道の方にまであや模様をこしらえている」 発音アヤモヨー〈標ア〉モ

あや-ゆり【綾揺】〘名〙「あやふり(綾振)①」に同じ。 方言お手玉。愛媛県840

あや-ラシャ【綾羅紗】〘名〙(ラシャはポルトガル raxa)綾織りのラシャ。＊内地雑居未来之夢(1886)〈坪内逍遙〉一「薄き綾羅紗(アヤラシャ)の半マンテルも」＊多情多恨(1896)〈尾崎紅葉〉前・三「此頃は夫婦の情合の深いのと綾羅紗の合羽が行(はや)るのだから為方がないよ」

あやわし〘形〙方言⇩あよわしか

あゆ【鮎・年魚・香魚】〘名〙アユ科の淡水魚。北海道南部以南の河川にすみ、美味で、古来より、食用として珍重されている。体は細長く、二〇〜三〇センチメートルに達する。背面は緑褐色で腹面は白い。背鰭(せびれ)の後方に小さな脂鰭(あぶらびれ)があり、鰓蓋(えらぶた)の後方に黄色斑がある。うろこはきわめて小さい。秋、川を下って中流域の砂利底に卵を産む。稚魚はいったん海へ下り、早春に全長四〜七センチメートルに成長して再び川をさかのぼる。ふつう寿命は一年で、海中ではプランクトンを、川へ入ってからは主として付着藻類を食べる。鵜飼い、友釣り、どぶ釣りなど、わが国独特の漁法がある。あい。学名は Plecoglossus altivelis《季・夏》＊書紀(720)天智一〇年一二月・歌謡「み吉野の 吉野の 阿喩(アユ)」＊万葉(8C後)五・八五五「松浦川川の瀬光り阿由(アユ)釣ると立たせる妹が裳の裾ぬれぬ〈大伴旅人〉」＊本草和名(918頃)「鮧魚 一名鯷魚 一名鮎魚〈略〉和名阿由」＊源氏(1001-14頃)常夏「西河よりたてまつれるあゆ、近き河のいしぶしやうのもの、お前に調じて参らす」＊俳諧・曠野(1689)三・仲夏「声あらば鮎も鳴らん鵜飼舟〈越人〉」 語誌(1)「年魚」の字は、一年で生を終えることによる。また、「鮎」は、神功皇后がこの魚を釣って征韓の勝敗を占ったこと(書紀・肥前風土記など)から、占魚の合字で国字(中国では「鮎」はナマズの意)。(2)「万葉集」では、初夏の景物として若鮎(わかゆ)・年魚子(あゆこ)が好んで歌われた。奈良県の吉野川は古代の名産地。肥前(佐賀県)松浦(まつら)の鮎は、(1)の神功皇后の伝説と結びつくことで知られる。諸国の風土記や延喜式の記事から産地は全国に広くおよんでいたことがわかる。塩焼き、日干し、鮨(すし)、塩漬など、調理保存の方法もさまざまであった。(3)秋冬の稚魚は氷魚(ひお)と呼ばれ、平安時代にも宇治川の網代(あじろ)漁が盛んに行なわれ、以降「雑談集」や「徒然草」に見え、また俳諧の季語としても好んで用いられている。 語源説(1)動詞アユルから〔日本釈名〕。(2)愛すべき魚の意からか〔鋸屑譚・和訓栞〕。(3)アは小、ユは白の意〔東雅〕。(4)イハヨルの反〔名語記〕。(5)アヘ(饗)の転呼か〔日本古語大辞典＝松岡静雄〕。(6)酢酒塩などで、アヘテ食べてヨキウヲという義か〔和句解〕。(7)アアヨ(呼々吉)の転〔言元梯〕。(8)アヲユルミ(青緩)の転〔名言通〕。 発音〈なまり〉アー・ヤー〔鳥取〕アィ〔岩手・栃木・埼玉方言・神奈川・石川・福井・福井大飯・飛騨・南知多・志摩・南伊勢・大阪・淡路・神戸・播磨・和歌山県・和歌山・紀州・鳥取・広島県・徳島・土佐・福岡・長崎・対馬・大分・鹿児島〕アエ〔津軽語彙・秋田・栃木・埼玉方言・富山県・石川・福井・鳥取・島根・岡山〕アヨ〔山形・富山県〕エー〔福島・鳥取〕〈標ア〉ア 〈ア史〉平安・鎌倉〇◒ 〈京ア〉アイ イ 辞書和名・色葉・名義・下学・和玉・文明・伊京・日葡・書言・ヘボン・言海 表記鮎(和・色・名・下・玉・文・伊・書・へ・言) 年魚・細鱗魚(色・名・書) 銀口魚・鮧魚・鯷(色・名) 鯩(名) 鮧・鰦(玉) 鰷・鮰(書)

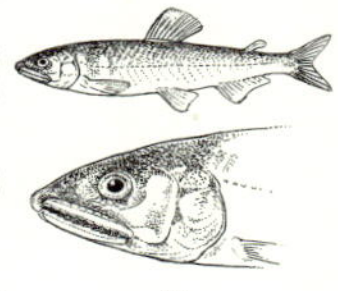

鮎

あゆ 落(おつ) 八、九月頃、水底の砂や小石の間に産卵した鮎が川を下る。《季・秋》＊俳諧・夜半叟句集(1783頃か)「鮎落て宮木とどまる麓かな」＊続春夏秋冬(1906-07)〈河東碧梧桐選〉秋「鮎落ちぬ草庵の硯凹みけり〈碧梧桐〉」

あゆ 汲(く)む 鮎または鮎の子をすくいとる。鮎汲みをする。鮎子くむ。《季・春》＊俳諧・一楼賦(1685)「五日経ぬあすは戸無瀬の鮎汲まん〈去来〉」＊俳諧・春秋稿(1780-85)吉野紀行「吉野川の川上夏箕川をわたりて。鰷(アユ)くむや桜うぐひも散る花も」

あゆ の 飴煮(あめだ)き 飴を加えて小鮎を佃煮(つくだに)のように煮たもの。琵琶湖地方の名産。

あゆ の 筏膾(いかだなます) 柳の葉をいかだのように皿に並べ、その上に、鮎をおろして細く作ったものを盛った料理。＊随筆・貞丈雑記(1784頃)六「鮎(あゆ)のいかだ鱠の事是も酢塩(すしほ)うすぬた也 大豆をぬたにすべき也 かい敷は柳の葉なるべし 折敷は筏(いかだ)を二行にならぶる也 筏秘事也 鮎のさびぬ時斗也」

あゆ の 皮引(かわひ)き 鮎の皮をはいだもの。＊河海抄(1362頃)一一「夏の泉の会には鮎のかはひき、雪の朝には鴨壺熬を必賞翫すべき者也云々庖丁譜に見ゆ」

あゆ の 子(こ) 春、白魚のように見える体長三〜六センチメートルほどの鮎。海から川へのぼる。小鮎。《季・春》＊俳諧・御傘(1651)七「鮎 夏也。若鮎は春也。さび鮎、おち鮎は秋也。鮎の子は春也」＊俳諧・続猿蓑(1698)春「鮎の子の心すさまじ滝の音〈土芳〉」 発音〈標ア〉ア

あゆ の 小判漬(こばんづ)け 卵をはらんでいる鮎のかす漬け。その腹部を横に切ると、卵が小判の形に似て並んでいるところからいう。

あゆ の 塩焼(しおや)き 鮎に塩をふりかけて焼いた料理。特に、ひれや尾が焼けてくずれないように化粧塩をする。

あゆ の 白干(しらぼ)し 鮎に塩をふらないでそのまま干したもの。＊雑談集(1305)二・妄語得失事「或上人、鮎の白干(シラボシ)を紙に裹(つつ)みて、剃刀(かみそり)と名つけて、かくし置きて食しける」＊徒然草(1331頃)一八二「鮭のしらぼし、何条(なでう)事かあらん、あゆのしらぼしはまゐらぬかは」＊浄瑠璃・信州川中島合戦(1721)三「帰るさの道には木曾川あゆのしらぼし、信濃(しなの)の梅の梅干」

あゆ の 鮨(すし) 「あゆずし(鮎鮨)」に同じ。＊古今著聞集(1254)一八・六四四「又一人鮎のすしといふ物を、五六十ばかりをかしらおして、それも銀の鉢にもりておきたり」＊天理本狂言・地蔵舞(室町末-近世初)「又あゆのすしがなくいたいと云てとむるもあるなり」＊俳諧・誹諧初学抄(1641)末夏「鮎のすし」

あゆ の すもじ (「すもじ」は、「すし」の女房詞)「あゆずし(鮎鮨)」に同じ。＊御湯殿上日記-享祿元年(1528)九月二六日「しゆこうより御あゆのすもしまいる」

あゆ の 煮浸(にびた)し 焼いた鮎をしょうゆとみりんでやわらかく煮たもの。＊滑稽本・東海道中膝栗毛(1802-09)四・下「やがてあゆのにびたしをつけてぜんをもちきたる」

あゆ の 宿(やど) 鮎料理を売り物とする料理屋、宿屋。＊露団々(1946)〈山口青邨〉「鮎の宿おあいそよくて飯遅し」

あゆ【東風】〘名〙東の風。あゆのかぜ。とうふう。こち。＊万葉(8C後)一八・四〇九三「英遠(あを)の浦に寄する白波いや増しに立ち重(し)き寄せ来(く)安由(アユ)をいたみかも〈大伴家持〉」＊万葉(8C後)一九・四二一三「安由(アユ)を疾(いた)み奈呉(なご)の浦廻(うらみ)に寄する波いや千重しきに恋ひ渡るかも〈大伴家持〉」 語源説(1)海に珍しいものが流れて来たり、

木の実が熟して落ちることをアユ、アエルといい、それを約束する風であることから〔風位考＝柳田国男〕。(2)アは雨、ユは由。雨気の風の意〔歌林樸樕〕。(3)アユはウ(卯)の延言。卯の方の風の意〔和訓集説〕。(4)アヤといふ間に吹く意か〔日本語源＝賀茂百樹〕。

あゆの風(かぜ)「あゆ(東風)」に同じ。＊万葉(8C後)一七・四〇〇六「安由能加是(アユノカゼ) いたくし吹けば 水門には 白波高み 妻呼ぶと 洲鳥は騒く〈大伴家持〉」＊連珠合璧集(1476頃)上「こちとあらば、(こちは東風也。朝こちなどいふ)氷をとく。〈略〉又あゆの風といふも東風なり」＊物類称呼(1775)一「風〈略〉北国にては東風を、あゆの風といふ」 辞書 書言 表記 東風・谷風(書)

あ-ゆ【阿諛】〘名〙(「阿」はおもねる、「諛」はへつらうの意) おべっかをつかうこと。相手の気に入るようなことを言ったり、そのような態度をとったりすること。＊空華集(1359-68頃)一二・序勝上人詩巻「是三者之党。烏合蟻屯。阿諛附会。而領ニ袖之一。羽ニ翼之一。交攻弗ㇾ已」＊政談(1727頃)三「無理に推て上へ合せて仕込たることにて、阿諛諂佞の仕方のみ也」＊思出の記(1900-01)〈徳富蘆花〉四・一八「尤も恩人の子息に雷同するの阿諛に近きを思ふて故意(わざと)激烈の論鋒を用ゐたかもしれぬ」＊史記-封禅書「然則怪迂阿諛苟合之徒、自ㇾ此興、不ㇾ可ㇾ勝数ㇾ也」 発音〈標ア〉ア 〈京ア〉ア 辞書 ヘボン 表記 阿諛(へ)

あ・ゆ【肖】〘自ヤ下二〙似る。あやかる。あえる。＊書紀(720)応神即位前「是、皇太后の雄しき装を為たまひて鞆を負(は)きたまへるに肖(アエ)たまへり〈肖、此をば阿叡(アエ)と云ふ〉」＊源氏(1001-14頃)帚木「そのたなばたの裁ち縫ふ方をのどめて長き契にぞあえまし」＊色葉字類抄(1177-81)「肖 似也、アユ アエタリ」 語源説 (1)イヤヨル・アタヤクの反〔名語記〕。(2)アアイヤウ(噫彌得)の約〔日本語原学＝林甕臣〕。 発音〈標ア〉ア 〈ア史〉平安○◐ 〈京ア〉0 辞書 色葉・名義・言海 表記 肖・似(色・名・言)

あ・ゆ【和・韲】(「あふ(和)」から転じて室町時代頃から用いられた語。多くの場合、終止形は「あゆる」の形をとる) ㊀〘他ヤ下二〙「あえる(合)㊀③」に同じ。＊塵袋(1264-88頃)一〇「調美にものをあゆると云ふと人の物にあゆると云ふは、同じ事歟。調美に物をあゆると云ふは、つねには酤の字なり。酤(アユ)るに春の梅を以てすなどいへり。和の字を用る事もあり」＊咄本・昨日は今日の物語(1614-24頃)上「すず鉢にて、なますをあゆる所へ人の来る」 ㊁〘自ヤ下二〙「あえる(合)㊁」に同じ。＊日葡辞書(1603-04)「Aye, uru, eta (アユル)〈訳〉ナマス、あえものなど、料理が作られてから多くの時間が経過したために風味がなくなる」

あ・ゆ【零】〘自ヤ下二〙⇨あえる(零)

あ-ゆい【足結・脚結】〘名〙①上代の男子の服飾の一つ。武装したり、旅行、労働などの際、動作しやすいように、太い袴をひざの下辺りで袴の上から結ぶ紐。鈴、玉などを紐につけることもある。あしゆい。あよい。↕手結(たゆ)い。＊古事記(712)下・歌謡「宮人の 阿由比(アユヒ)の小鈴(こすず) 落ちにきと 宮人響(とよ)む 里人もゆめ」＊万葉(8C後)一七・四〇〇八「若草の 安由比(アユヒ)手装(たづく)り 群鳥(むらとり)の 朝立ち去なば〈大伴池主〉」 ②(脚結) 江戸後期の国学者富士谷成章(なりあきら)が、その著「脚結抄」で分類した品詞の一つ。今日の助詞、助動詞などに相当するもの。＊あゆひ抄(1773)おほむね・上「名をもて物をことわり、装(よそひ)をもて事をさだめ、挿頭(かざし)、脚結(あゆひ)をもてことばをたすく」 発音〈標ア〉0 〈ア史〉平安○◍○ 〈京ア〉0 辞書 言海 表記 足結(言)

あゆい-おっち【阿惟越致】〘名〙(梵 avaivartika の音訳)「あびばっち(阿鞞跋致)」に同じ。

あゆい-しょう【脚結抄】 江戸後期の語学書。五巻六冊。富士谷成章(なりあきら)著。安永七年(一七七八)刊。国語の品詞を名(な)、装(よそい)、挿頭(かざし)、脚結の四つに分類し、そのうちの脚結(現在の助詞、助動詞、接続詞)について、古歌を引用して詳細に解説した書。中に装図(よそいのかた)として、成章独特の活用表が載せられている。 発音 アユイショー 〈標ア〉ユ イ

あゆい-は【脚結派】〘名〙本居宣長の玉緒派に対して、語学書「脚結抄」の著者富士谷成章(なりあきら)をはじめ、富士谷御杖(みつえ)、保田光則らの一派をさしていう。 発音〈標ア〉0

あ-ゆ・う【足結】〘自ハ四〙上代、袴を着けたひざの下辺りを紐でくくる。足結いをする。＊万葉(8C後)七・一一一〇「ゆ種蒔く新墾(あらき)の小田を求めむと足結(あゆひ)出で濡れぬこの川の瀬に〈作者未詳〉」 発音 アユウ 〈標ア〉ユ

あゆうた-の-あいかた【鮎歌合方】〘名〙歌舞伎下座音楽の一つ。鮎の鵜飼歌、漁(すなどり)歌を入れた合方。＊歌舞伎・恋闇鵜飼燎(1886)七幕「鮎歌(アユウタ)の合方(アヒカタ)水音礁を冠せ」 発音〈標ア〉ユ

あゆか【阿輸迦】 アショカ王の漢名。 補注「輸」の漢字音ユは元来は誤りでシュが正しく、「あしゅか」とよむべきものである。→アショカ。

あゆ-かいきん【鮎解禁】〘名〙アユの成長期を保護するための禁漁期間が解けること。また、その日。多く六月から七月にかけて解禁になる。 発音〈標ア〉ア

あゆかい-はちまんぐう【鮎貝八幡宮】 山形県西置賜郡白鷹町鮎貝にある神社。旧県社。祭神は応神天皇、倉稲魂命(うかのみたまのみこと)。康平三年(一〇六〇)源義家が錦の御旗を神体として、応神天皇を勧請(かんじょう)したという。近世は上杉家の祈願所であった。 発音 アユカイハチマングー 〈標ア〉マ

あゆ-かがり【鮎篝】〘名〙アユをとるためのかがり火を盛る鉄の籠。＊宇津保(970-999頃)国譲中「かかる折のれうとて、あゆかかり、いとをかしげに作りおかせ給へり」 発音 アユカガリ 〈標ア〉カ

あゆ-かけ【鮎掛】〘名〙鮎を引っかけて釣ること。また、その針。鮎の掛釣り。《季・夏》＊続春夏秋冬(1906-07)〈河東碧梧桐選〉夏「鮎掛や浅間も低き山の中〈碧梧桐〉」＊鳥影(1908)〈石川啄木〉四・五「主人と巡査と校長の間に持上った鮎釣(アユカケ)の自慢話」 方言 ❶鮎釣り。岩手県気仙郡100 ❷友釣り。◇おあゆかけ〔御―〕島根県鹿足郡・益田市725 発音〈標ア〉ユ

あゆかけ-ばり【鮎掛鉤】〘名〙鮎の掛釣りに用いるはり。いかりのような形をしていて、鮎を引っかけて釣る。 発音〈標ア〉パ

あゆ-かご【鮎籠】〘名〙口の部分が狭く、底の部分がふくれている竹かご。昔、京都の桂川の鮎漁に用いたといわれる。桂籠(かつらかご)。現在は花器としても用いる。《季・夏》 発音 アユカゴ 〈標ア〉ユ

あゆが・す【揺】〘他サ四〙ものを動かす。ゆるがす。＊拾遺(1005-07頃か)物名・四一〇「はし鷹のをき餌にせんとかまへたるおしあゆがすなねずみとるべく〈藤原輔相〉」＊類従本赤染衛門集(11C中)「すべらぎのしりへの庭の石ぞこは拾ふ心ありあゆがさでとれ」＊綾小路俊量卿記(1514)「丑日〈略〉びんたたらを、あゆがせばこそ、あきゃうついたれ、やれことうとう」 発音 アユガス 〈標ア〉ガ 辞書 言海 表記 揺(言)

あゆ-がり【鮎狩】〘名〙「あゆりょう(鮎漁)」に同じ。《季・夏》＊御湯殿上日記-延徳三年(1491)七月七日「山くにより御あゆかり御あゆともまいりて、御くはりせらるる」＊人情本・春色恋廼染分解(1860-65)二・一一回「玉川へ鮎狩(アユガリ)にとて連れだちし、此の一群は」＊大道無門(1926)〈里見弴〉反射・一「そのとき今日の鮎(アユ)狩りに誘はれたわけだが」

あゆかわ【鮎川】 姓氏の一つ。 発音〈標ア〉ユ

あゆかわ-のぶお【鮎川信夫】 詩人、評論家。東京出身。本名、上村隆一。早稲田大学英文科中退。昭和二一年詩誌「荒地」を創刊。戦争体験を踏まえた現代詩の方法を追求した。代表作「死んだ男」「現代詩とは何か」など。大正九～昭和六一年(一九二〇～八六)

あゆ-ぎょう【鰻鱺】〘名〙(後世「あゆぐ」とも)⇨あいきょう(鰻鱺)

あゆ・く【揺】〘自カ四〙揺れ動く。また、気持や感情が動揺する。ゆれる。あよく。＊書紀(720)崇峻即位前(図書寮本訓)「衛士等、詐(あざむ)か被(れ)て、揺(アユク)竹を指して馳せて言はく」＊承徳本古謡集(9C後)気比の神楽「道の口 限坂山の や 葛(くず)の葉の 安由介(アユケ)る我を 夜(よる)独り寝よとや 神の 夜独り寝よとや おけ」＊拾遺(1005-07頃か)物名・四〇九「雲まよひ星のあゆくと見えつるは蛍の空に飛ぶにぞありける〈藤原輔相〉」＊御伽草子・伊豆箱根の本地(室町時代物語集所収)(鎌倉末)「ひはちに、すみおこして、すみのひを、いたに、あゆきつけさせ給へば」＊白羊宮(1906)〈薄田泣菫〉難波うばら「いま月しろの上じらみ、ほのかに動(アユ)ぐ宵の間を」 発音〈標ア〉ユ 辞書 言海 表記 揺(言)

あゆ・ぐ【歩】〘自ガ四〙「あゆむ(歩)」に同じ。＊源家長日記(1216-21頃)「かかる御代にむまれあひて侍と、あゆくあしごとにつぶつぶと同じ事をよろこびてまかり出でぬ」 語源説 アアユグ(歩揺)の約か〔大言海〕。 発音 アユグ 〈標ア〉ユ 〈ア史〉鎌倉○○◍ 〈京ア〉0 辞書 言海 表記 歩(言)

あゆ-くみ【鮎汲】〘名〙三、四月ごろ、川をさかのぼる若鮎を、上流から網で一か所に追い集め、さで網などですくいとること。《季・春》＊俳諧・晋明集(1772-89頃)二「鮎汲(あゆくミ)や喜撰ケ岳に雲かかる」＊俳諧・新五子稿(1793)「鮎汲の終日岩に翼かな」＊妻木(1904-06)〈松瀬青々〉春「鮎汲みや桶に挿める岩つつじ」 発音〈標ア〉ユ

あゆ-こ【鮎子】〘名〙鮎の子。若鮎。または、鮎の愛称。＊万葉(8C後)三・四七五「山辺には 花咲きををり 河瀬には 年魚小(あゆこ)さ走り〈大伴家持〉」＊万葉(8C後)五・八五九「春されば吾家(わぎへ)の里の川門(かはと)には阿由故(アユコ)さ走る君待ちがてに〈大伴旅人〉」

あゆこ 汲(く)む 鮎の子をすくいとる。鮎汲みをする。＊散木奇歌集(1128頃)夏「かがり火のほかげに見ればますらをは袂いとなくあゆこくむらし」＊俳諧・増山の井(1663)三月「若鮎 あゆこくむ」

あゆ-さけ【和酒・韲】〘名〙集団への新規加入者が、その集団にとけ込むために提供する酒。＊冷泉町記録-天正一三年(1585)正月・京冷泉町掟「あゆ酒出可ㇾ申也」

あゆ-さし【鮎刺】〘名〙鳥「こあじさし(小鰺刺)」の異名。主として鮎その他の小魚を捕食するところからいう。地方により、鮎鷹(あゆたか)、雑魚鳥(ざっこどり)、白燕(しろつばめ)などともいう。《季・夏》＊松籟(1940)〈富安風生〉「鮎さしの鳴く音はやさし雨もやさし」 発音〈標ア〉ユ

あゆ-しゃ【阿諛者】〘名〙おべっかをつかう人。相手の気に入るようなことを言ったり、そのような態度をとる人。追従者。＊俘虜記(1948)〈大岡昇平〉「彼はサンホセ駐屯中上官の前でよく働き、屡々上等兵の勤務をとった。私は彼を阿諛者として嫌ってゐたが」＊朝飯(1975)〈中村光夫〉一「金持は阿諛者にはことかかない」 発音〈標ア〉ユ

あゆ-ずし【鮎鮨】〘名〙塩、酢に漬けた鮎の腹に、飯を詰めて作った鮨。江戸時代に最も知られたのは、尾張藩のもので、自領長良川の鵜飼(うかい)で獲れた良型の鮎を材料とした。幕府や禁裏では、これを第一級の献上品として受けた。あゆのすもじ。《季・夏》＊鈴鹿家記-応永六年(1399)六月六日「追付素麺十把鮎すし一桶

被越候」＊親元日記‐寛正六年(1465)七月七日「土岐濃州より就御成鮎鮓五桶貝蚫一折例年之儀云々」 発音〈標ア〉ユ

あゆ‐たか【鮎鷹】〘名〙鳥「こあじさし(小鯵刺)」の異名。鮎刺(あゆさし)。《季・夏》 発音〈標ア〉ユ

あゆだ‐ぶり【阿遊陀扶理】〘名〙上代歌曲の名。白馬(あおうま)の節会(せちえ)に歌われたもの。琴歌譜に三首採録されている。＊琴歌譜(9C前)「七日阿遊陁扶理(アユダブリ)」 発音〈標ア〉0

アユタヤ(Ayutthaya) タイ中部、メナム(チャオプラヤ)川下流に位置する古都市。一三五〇年の建設以来、ビルマに侵略される一七六七年まで、歴代タイ国の首都。一六世紀から諸国の商船が同地を訪れ、日本人町が栄え、山田長政が活躍した。アユチャ。 発音〈標ア〉ユ

アユタヤ‐ちょう(ウ:テ)**【―朝】** アユタヤを都としたタイの王朝。一三五〇年、ウトン侯(ラーマ=ティボディ一世)が創始。鎖国以前は江戸幕府とも交渉があり、山田長政の活躍が知られる。一七六七年、ビルマの侵略をうけて滅亡。 発音アユタヤチョー〈標ア〉0

あゆち【年魚市・吾湯市】 愛知県愛知郡の古名。年魚道(あゆぢ=万葉集)。阿由知(熱田縁起)。＊書紀(720)神代上(水戸本訓)「是を草薙剣と号く。此は今、尾張の国吾湯市(アユち)村に在(ま)す」＊書紀(720)景行五一年八月(熱田本訓)「初め日本武尊の佩(は)か所(せ)る草薙横刀は是れ今尾張の国の年魚市(アユチ)の郡の熱田の社に在り」＊万葉(8C後)一三・三二六〇「小治田(おはりだ)の 年魚道(あゆぢ)の水を 間なくそ 人は汲むといふ 時じくそ 人は飲むといふ〈作者未詳〉」 語源説 チは風を表わす語。アユチは、めでたいものをもたらす風の意で、尾張の風や潮の流れから蓬萊の仙境が夢想されたものか〔海上の道=柳田国男〕。

あゆち‐がた【年魚市潟】 名古屋市南区あたりにあった入り海。歌枕。＊万葉(8C後)三・二七一「桜田へ鶴(たづ)鳴き渡る年魚市潟(あゆちがた)潮干にけらし鶴鳴き渡る〈高市黒人〉」 発音アユチガタ〈標ア〉チ

アユチャ ⇨アユタヤ

あゆ‐つり【鮎釣】〘名〙鮎を釣ること。掛釣り、友釣り、どぶ釣りのほか、いろいろな釣り方がある。《季・夏》＊俳諧・古今俳諧明題集(1763)夏「あゆ釣りや陽(ひなた)の石へ投げてやる〈湖帆〉」＊交隣須知(18C中か)二・水族「銀口魚 アユツリニ ユコウ」＊六百五十句(1955)〈高浜虚子〉昭和二一年「鮎釣の夕かたまけて去(い)に支度」 発音〈標ア〉ユ

あゆつり‐ばり【鮎釣鉤】〘名〙鮎を釣るのに用いるはり。毛鉤と掛け鉤との二種がある。 発音〈標ア〉バ

あゆ‐どうふ【鮎豆腐】〘名〙おろした鮎をうらごし豆腐ではさみ、板につけて蒸した料理。椀盛(わんもり)の実に用いる。また、うらごし豆腐に魚のすり身をまぜ、だし汁、卵、くず粉を加え、みりん、しょうゆ、塩で味つけしてすりまぜ、おろしてみりん、しょうゆにつけこんだ鮎を並べて蒸した料理。一尾ずつ切り分け、汁をかけて供する。鮎寄(あゆよせ)。

あゆ‐どき【鮎時】〘名〙鮎のもっともうまい時節。夏の土用の入りから約二〇日間で、鮎の体長が二〇～三〇センチメートルになる時期。《季・夏》＊俳諧・俳林一字幽蘭集(1692)上「鮎時に貞室おもへみやこどり〈沾徳〉」 発音〈標ア〉0

あゆとり‐の‐しんじ【鮎取神事】〘名〙「あゆまつり(鮎祭)」に同じ。＊俳諧・新季寄(1802)五月「神釈〈略〉三日 鮎とりの神事」

あゆ‐なえ(へ:な)**【鮎苗】**〘名〙放流するため採取、または孵化させた稚鮎。 発音〈標ア〉0ナ

あゆ‐なます【鮎膾】〘名〙鮎をさき、骨を抜いてなますにしたもの。普通、蓼酢(たです)で食す。＊仮名草子・尤双紙(1632)上・二九「あをき物のしなじな〈略〉せいじのさらにあゆなます、藍よりあをきたでずをかけ」＊俳諧・毛吹草(1638)五「鮎なます藍(あゐ)より青き蓼酢(たでず)哉〈徳元〉」＊俳諧・笈日記(1695)中・岐阜「又やたぐひ長良(ながら)の川の鮎なます〈芭蕉〉」

あゆ‐なめ【鮎魚女】〘名〙魚「あいなめ(鮎並)」に同じ。 発音〈標ア〉0 辞書言海 表記鮎並(言)

あゆび【歩】〘名〙(動詞「あゆぶ(歩)」の連用形の名詞化)①「あゆみ(歩)①②」に同じ。 ②「あゆみいた(歩板)①②」に同じ。＊洒落本・見通三世相(1796か)序「頗男女後門(おいど)を抓るの戒とせんには、是より近道の済板(アユビ)はなけん」＊人情本・英対暖語(1838)四・序「毎度(いつも)込合(こみあふ)大桟橋〈略〉歩行(アユビ)を貰って魁(さきがけ)し」＊滑稽本・八笑人(1820‐49)五・下「あゆびを掛けて置きやしたから、此方へお出なせヱ」 ③「あゆみ(歩)③⑤」に同じ。 辞書言海 表記歩(言)

あゆび‐い・る【歩入】〘自ラ四〙「あゆみいる(歩入)」に同じ。＊今昔(1120頃か)二七・三八「此(か)く互に語ひ行(ある)く程に、近衛の御門の内に歩び入ぬ」

あゆ‐ひしゃく【鮎柄杓】〘名〙鮎汲みに用いる柄杓。＊俳諧・俳諧筆真実(1787)三月「若鮎 汲鮎 鮎柄杓」

あゆび‐よ・る【歩寄】〘自ラ四〙「あゆみよる(歩寄)①」に同じ。＊今昔(1120頃か)二七・三七「然(さ)らば今少し歩び寄て射させ給へ」＊今昔(1120頃か)二八・六「殿上人の車の許に歩び寄る」

あゆ・ぶ【歩】〘自バ四〙①「あゆむ(歩)①」に同じ。＊百座法談(1110)六月一九日「鵜よろこびて太子のおまへにあゆびいたるに」＊散木奇歌集(1128頃)秋「吹く風にあたりの空を払はせてひとりもあゆぶ秋の月かな」＊滑稽本・浮世風呂(1809‐13)二・下「『チョッ。さきへ歩行(アユビャア)がれ』ト子をしかりながらいで行」 ②同行する。出かける。また、特に、遊里通いする。あよぶ。＊洒落本・遊子方言(1770)発端「吉原へ行く。あゆばないかとゆったれば」＊洒落本・卯地臭意(1783)「今夜あたりャア、中洲がにぎやかだらふ。あゆばねへか」＊滑稽本・七偏人(1857‐63)初・下「サア一所に往て遣(やる)から歩行(アユビ)なせへ」 方言歩く。歩いて行く。歩いて来る。静岡県520 富山県038 和歌山県東牟婁郡690 福岡県872 佐賀県藤津郡895 長崎県南高来郡904 熊本県天草936 宮崎県東諸県郡954 鹿児島県961 ◇あんぶ 秋田県平鹿郡・雄勝郡130 ◇あぶ 青森県071 083 岩手県中通068 宮城県068 秋田県068 山形県049 068 138 神奈川県中郡054 ◇あふ 秋田県河辺郡134 ◇えぶ 山形県139 新潟県東頸城郡382 ◇やあぶ 福島県相馬郡156 栃木県198 群馬県利根郡215 千葉県海上郡268 新潟県中頸城郡383 静岡県安倍郡520 530 540 ◇やえぶ 新潟県中頸城郡383 ◇やぶ 栃木県197 198 埼玉県川越市255 北葛飾郡258 千葉県下総021 040 268 新潟県東頸城郡382 ◇やむ 東京都八丈島040 343 ◇あゆぬん 沖縄県首里993 発音〈標ア〉ユ 辞書名義・言海 表記道(名) 歩(言)

あゆまい(あゆまひ)**【歩】**〘名〙歩きぶり。歩き方。足の運び方。＊源氏(1001‐14頃)行幸「たけだち、そぞろかに物し給ふに太さも合ひていと宿徳(しうとく)に、おももち、あゆまひ、大臣と言はむに足らひ給へり」

あゆ‐まつり【鮎祭】〘名〙伊勢神宮の昔の年中行事の一つ。陰暦五月五日、外宮(げくう)の禰宜(ねぎ)が、神に供えるために、宮川に出て鮎をとる行事。鮎取りの神事。現在では、五月三日に、神宮奉納鵜飼いが行なわれ、岐阜の鵜匠たちが宮川に舟を浮かべ、鮎をとって神宮に供え、川の幸が豊かであるように祈願する。＊俳諧・季寄新題集(1848)夏「五月〈略〉鮎まつり いせ宮川にてあゆをつり神供にする之」

あゆみ【歩】〘名〙(動詞「あゆむ(歩)」の連用形の名詞化)①足を動かして進むこと。歩行。＊万葉(8C後)六・一〇〇二「馬の歩(あゆみ)押へとどめよ住吉(すみのえ)の岸の黄土(はにふ)ににほひて行かむ〈安倍豊継〉」＊竹取(9C末‐10C初)「あゆみとうする馬をもちて走らせ迎へさせ給ふ」＊源氏(1001‐14頃)浮舟「明けたてば、川の方を見やりつつ羊のあゆみよりもほどなき心地す」＊俳諧・幻住庵記(1690頃)「高すなごあゆみくるしき北海の荒礒にきびすを破りて」＊多情多恨(1896)〈尾崎紅葉〉前・四「賑しい往来(ひとどほり)の中を行くので、柳之助も我を忘れて歩行(アユミ)が果取(はかど)る」 ②物事の進み具合。物事の運び方。進行。＊浮世草子・傾城禁短気(1711)二・三「野郎に能筆は稀(まれ)也。女郎は下品下尖の局井(つぼねばさつ)迄、筆のあゆみの悪しきはなし」＊浮雲(1887‐89)〈二葉亭四迷〉一・五「朝飯の膳に向ったが、胸のみ塞がって箸の歩みも止まりがち」＊戯作三昧(1917)〈芥川龍之介〉五「いくら鳶が鳴いたからと云って、天日の歩みが止まるものではない」 ③和船の上部構造の部材。帆柱の受材である筒挟から船尾の笠木(かさぎ)にかけて渡す二本の並行材。水夫がこの上を歩場として歩くところからいう。帆柱を起倒する際、この二本の間を通すので、この間を「合の道」ともいう。ふつう、海船での呼称で、川船では「はさみ」という場合が多い。また関船では船首の車立(しゃたつ)にかけても渡すものがあり、これを舳(おもて)歩みという。＊和漢船用集(1766)一〇・船処名「歩(アユミ)挟とも言、二名一物也。海舟にて歩と云、川舟にて挟と云」＊今西氏家舶縄墨私記(1813)坤「アユミとアユミの間を合の道と」＊青べか物語(1960)〈山本周五郎〉おらあ抵抗しなかった「船の舳先や艫や、船室の周囲のあゆみで、人が右に左に走りまわってい」 ④「あゆみいた(歩板)①②」に同じ。＊雑俳・柳多留‐二六(1796)「つういついあゆみを渡り芸子乗り」＊牛部屋の臭ひ(1916)〈正宗白鳥〉六「『誰も居らんからわれを乗せてやらう』と、岩の上へ歩板(アユミ)を掛けて、招いた」 ⑤劇場で、土間を仕切った枡形の木を幅広くしたてて、客や売り子が通れるようにしたもの。客席から舞台へ向かって右の方にあるものを仮花道として用いる場合を東の歩みといい、本花道と仮花道を、正面二階の桟敷(さじき)の下でつなぐ狭い板の通路を中の歩みという。あゆみいた。＊歌舞伎・御摂勧進帳(1773)四立「直井隔て、無理に東の歩みへ連れ這入る」＊劇場新話(1804‐09頃)上「中の間は花道より東へ行あゆみの側也」＊雑俳・柳多留‐五六(1811)「あゆみまで下女来は来たが土間ぐれる」＊歌舞伎・隅田川花御所染(1814)三立「中の間のあゆみを渡り、本花道へかかる」 ⑥(比喩的に)中に立ってとりもつもの。なかだち。＊読本・南総里見八犬伝(1814‐42)四・三五回「淀(よど)なかりける弁舌は、心の憂ひに濁さず澄まず、辞(ことば)の歩水(アユミ)渡しかけし、げに船長(ふなをさ)の母なりけり」 ⑦等間隔に並んでいる木材などの中心線から中心線までの距離。〔日本建築辞彙(1906)〕 ⑧ねじの山と山との間隔。ピッチ。＊物理学術語和英仏独対訳字書(1888)〈山口鋭之助〉「Ayumi (Neji, Hagurma etc.) Pitch〈略〉歩ミ」 ⑨取引相場で、一つの立会中での相場の動き方。株価の変動。〔取引所用語字彙(1917)〕 語誌 (1)類義語に「あよみ」がある。これは「あゆみ」が変化したものであり、古くは「あゆみ」が優勢。(2)中世末の「甲陽軍鑑」では、「あゆみ」は書き言葉、「あよみ」は話し言葉として使用されていて、「日葡辞書」では、動詞の「Ayomu(アヨム)」「Ayumu(アユム)」の過去形はともに「Ayôda(アヨウダ)」とあり、このことから、「あよむ」の方がより口語的であることがうかがえる。 方言馬の肩下部の骨。熊本県058 発音〈なまり〉アユキ〔NHK(熊本)〕アユビ〔NHK(富山)〕〈標ア〉ミ〈ア史〉室町●●○ 江戸●○○〈京ア〉0 辞書日葡・ヘボン・言海 表記歩(ヘ・言)

あゆみ の 板(いた) ①「あゆみいた(歩板)①」に同じ。＊続古事談(1219)一「道悪しかりける所にあゆみの板を三四枚ばかり敷き渡したりけるに」 ②「あゆみいた(歩板)②」に同じ。＊平家(13C前)八・

水島合戦「中にむやゐを入れ、あゆみの板（いた）を引並べ引並べ渡ひたれば」＊太平記（14C後）三九・自太元攻日本事「大舶舳艫を双べて、もやいを入れて、歩（アユミ）の板を渡して、陣々に油幕（ゆばく）を引き」＊浮世草子・好色一代男（1682）三・二「御ゐんがあらばと、あゆみの板（イタ）をあげて、取かぢになをしてはや二三里も出て」

あゆみ を 運（はこ）ぶ ①出かける。わざわざ行く。歩行する。＊今昔（1120頃か）四・二五「年老い身羸（つか）れて、歩を運ぶと云へども、其の道堪難（たへがた）し」＊洒落本・里のをだ巻評（1774）「木場の岡釣には太公望も歩（アユミ）をはこび、三十三間堂の大矢数には養由基も汗を流す」＊真鶴（1920）〈志賀直哉〉「子供ながらに不機嫌な皺を眉間に作って、さも厭々に歩みを運んで居た」②神仏などに参詣する。参拝におもむく。＊平家（13C前）一〇・熊野参詣「我朝の貴賤上下歩（アユミ）をはこび、かうべをかたむけ、たな心をあはせて、利生にあづからずといふ事なし」＊車屋本謡曲・放下僧（1464頃）「あゆみをはこふ神墻や、隔てぬ誓たのまん」＊仮名草子・浮世物語（1665頃）一・一〇「五条西の洞院には天神の御社、〈略〉年に一度節分の夜のみ京中の貴賤あゆみをはこびて」 辞書 色葉・文明 表記 運歩（色・文）

あゆみ-あい ひぁ【歩合】『名』「あゆみより（歩寄）」に同じ。＊新しき用語の泉（1921）〈小林花眠〉「歩合（アユミア）ひ 商用語として、商品の代価其の他の点について意見を異にする売買者双方が、譲り合って取引を完結すること。又、何事によらず、互に譲り合って事を定めること」 発音〈標ア〉0〈京ア〉0

あゆみ-あ・う ふぁ【歩合】『自ワ五（ハ四）』「あゆみよる（歩寄）」に同じ。 発音 文 アユミオーとも〈標ア〉0 ア²オ〈京ア〉0 辞書〈ボン〉 表記 歩合（ヘ）

あゆみ-あり・く【歩歩】『自カ四』歩きまわる。＊枕（10C終）四三・虫は「蟻はいとにくけれど、軽びいみじうて、水の上などを、ただあゆみにあゆみありくこそをかしけれ」＊枕（10C終）一五八・うらやましげなるもの「ものなど言ひ、思ふ事なげにてあゆみありく人見るこそ、いみじう羨ましけれ」 発音〈標ア〉0 リ

あゆみ-い・ず づい【歩出】『自ダ下二』歩いて出る。立ち去る。↔歩み入る。＊蜻蛉（974頃）上・康保三年「のる所にも、かつがつとあゆみいでたれば」＊源氏（1001-14頃）空蝉「やをらあゆみいでて、簾のはざまにいり給ひぬ」＊百座法談（1110）閏七月九日「こはいかなる事にてかくひと所けうとむみは城のほかにはあゆみいでておはするぞ」

あゆみ-いた【歩板】『名』①通行するために、物の上に掛け渡した板。あゆみのいた。あよみいた。あゆみ。あゆび。＊延喜式（927）五・神祇・斎宮寮「造備雑物〈略〉歩板（あゆみいた）十枚」＊夫木（1310頃）二一「みちのくの小川の橋のあゆみ板の君しそむかば我もそむかん〈よみ人しらず〉」②船具の名。船から船へ、また、船から陸へ渡して、人が通れるようにした板。渡り板。あゆみのいた。あゆみ。あゆび。あよび。＊和漢船用集（1766）一一・用具之部「艞板（アユミイタ）〈略〉或曰、舟岸に泊に岸を去ること丈ばかり、長板を船の首に置て岸と接して往来を通すと見へたり。是和に用る処と同じ。〈略〉今歩板と書」＊滑稽本・東海道中膝栗毛（1802-09）六・上「船頭があゆみ板わたすを、打わたりて岸にのぼり、ふな宿にいたるに」③「あゆみ（歩）⑤」に同じ。④「あぶみいた（足踏板）」に同じ。 発音〈標ア〉イ〈京ア〉ミ 辞書 易林・書言・ボン・言海 表記 歩板（易・書・ヘ・言）

あゆみ-い・る【歩入】『自ラ四』歩いて入る。あゆびいる。↔歩み出ず。＊大和（947-957頃）一七三「あゆみいりて見れば、階（はし）の間に梅（むめ）いとをかしう咲きたり」＊源氏（1001-14頃）浮舟「えぼうし直衣の姿あらまほしく、清げにてあゆみいり給ふよりはつかしげに」＊増鏡（1368-76頃）一四・春の別れ「中門まで筵道を敷きてあゆみいらせ給ふ」 発音〈標ア〉0 イ

あゆみ-かえ・る へるか【歩帰】『自ラ四』歩いて帰る。＊落窪（10C後）二「人騒がしく突いたふしつべくありきちがへば、侘しくあゆみかへる心地も、ただ思ひやるべし」

あゆみ-かか・る【歩掛】『自ラ四』歩きだす。歩きはじめる。＊今昔（1120頃か）二三・二一「相撲（すまひ）共打群て昨日の様に歩み懸りたりければ」 発音〈標ア〉0 カ²

あゆみ-かた【歩方】『名』「あるきかた（歩方）」に同じ。＊尋常小学読本（1887）〈文部省〉五「狐、これを見て、嘲りながら云ひけるは、『蟹よ、汝の歩み方は、進むのか、退くのか』」 発音〈標ア〉0 カ

あゆみ-くだ・る【歩下】『自ラ五（四）』歩いて下る。＊愚管抄（1220）七「この道理の道を、劫初より劫末へあゆみくだり、劫末より劫初へあゆみのぼるなり」

あゆみ-こう・ず【歩困】『自サ変』歩き疲れて、これ以上は歩けない。足が進まない程、苦しい様子になる。＊古本説話集（1130頃か）五八「あゆみこうぜさせ給て、御のどのかはかせ給て、水めさんと仰せらるるに」

あゆみ-じ ぢ【歩路】『名』歩いている道。とおりみち。＊赤光（1913）〈斎藤茂吉〉細り身「宵浅き庭を歩めばあゆみ路のみぎりひだりに蟋蟀なくも」

あゆみ-す・ぐ【歩過】『自ガ上二』歩いて通りすぎる。＊堤中納言（11C中-13C頃）貝あはせ「『内より人や』と、心ときめきし給へど、さもあらぬは口惜しくて、あゆみすぎたれば」＊讃岐典侍（1108頃）下「くらへやをあゆみ過て、今も少しのぼる」

あゆみ-そうば ウさば【歩相場】『名』取引用語。歩み売買によって成立した相場。〔取引所用語字彙（1917）〕

あゆみ-ぞめ【歩初】『名』「あしいれ（足入）」に同じ。 方言 長崎県壱岐島915

あゆみ-ちかづ・く【歩近付】『自カ四』人が歩いて近づいてくる。＊平家（13C前）三・有王「われ餓鬼道に尋来るかと思ふ程に、かれも是も次第にあゆみちかつく」＊日葡辞書（1603-04）「Ayumichicazzuqi, u, uita（アユミチカヅク）」 辞書 日葡

あゆみ-つか・る【歩疲】『自ラ下二』歩き疲れる。＊日葡辞書（1603-04）「Ayumitçucare, uru, eta（アユミツカルル）」 辞書 日葡

あゆみ-つき【歩付】『名』歩くときの様子。あゆみぶり。あるきぶり。あるきつき。＊滑稽本・八笑人（1820-49）初・二「ナンのおれが歩行形（アユミツキ）より、おめへがむづかしさうだア」

あゆみ-つ・ぐ【歩継】『自ガ四』先の人のあとについて歩く。＊今昔（1120頃か）一・一二「努々（ゆめゆめ）我が前喬（まへそば）に不可立（たつべから）ず、只、我後に歩み継て可入（いるべ）し」

あゆみ-つづ・く【歩続】『自カ四』次から次へと続いて歩く。列をなして、とぎれることなく歩く。＊宇津保（970-999頃）楼上下「うへのみこ、かんだちめ、左右わけて御しりにあゆみつづきたり」＊栄花（1028-92頃）音楽「二省、弾正〈玄蕃〉など、左右に列ひきてあゆみつづきたり」＊増鏡（1368-76頃）一四・春の別れ「今日も御まゐりありて、御子たちあゆみつつかせ給へる、いとおもしろし」

あゆみ-つ・る【歩連】『自ラ下二』つれだって歩く。＊栄花（1028-92頃）御裳着「ふた宮の侍ども、長どもあゆみつれ仕うまつれり」＊梵舜本沙石集（1283）三・八「あまた歩みつれて、高雄の栂尾へ参りて」

あゆみ-なら・ぶ【歩並】『自バ四』並んで歩く。列をなして歩く。＊紫式部日記（1010頃か）寛弘五年一一月二二日「いかならむなど心もとなくゆかしきに、あゆみならびつついできたるは」

あゆみ-の・く【歩退】『自カ四』歩いて立ちのく。歩いてその場をさけるように去る。＊青表紙一本源氏（1001-14頃）末摘花「われと知られじと、ぬき足にあゆみのき給ふに」＊大鏡（12C前）四・道隆「ふとりたまへる人にて、すかやかにもえあゆみのきたまはで」

あゆみ-のぼ・る【歩上】『自ラ四』歩いてのぼる。＊蜻蛉（974頃）下・天禄三年「あなおもしろと言ひつつ、あゆみのぼりぬ」＊源氏（1001-14頃）梅枝「いと清げにて御階（みはし）さまよくあゆみのぼり給ふほど、うちにも人々のぞきて見たてまつる」

あゆみ-ばいばい【歩売買】『名』取引所相場で、売り方、買い方が相互に相手をみつけて行なう売買。寄り付きと大引け以外の立会時間中に行なわれる。ざら場。

あゆみ-ぶり【歩振】『名』「あゆみつき（歩付）」に同じ。＊評判記・剣野老（1662）伊藤小太夫「舞台にてのわらいがほあゆみぶりよしやあししや」＊浄瑠璃・傾城島原蛙合戦（1719）二「坂東武士のあらそだちも此比京にすみ前髪、深編笠のあゆみぶり」＊人情本・春色袖之梅（1837-41）上・一回「歩行風俗（アユミブリ）さへ自然（おのづから）艶姿（いろけ）つくろふ情の里の」 発音〈標ア〉0

あゆみ-まわ・る はるま【歩回】『自ラ五（四）』「あるきまわる（歩回）」に同じ。＊尋常小学読本（1887）〈文部省〉六「されど、彼方、此方と歩みまはりはせずして、多くは、流れに近きやぶの中に潜み居り」

あゆみ-より【歩寄】『名』①互いに歩いて近寄ること。②訴訟や交渉などで、双方が条件や主張を近づけ合うこと。ゆずり合って物事をきめること。あゆみあい。＊芸術運動に於ける前衛性と大衆性（1929）〈勝本清一郎〉「無論この両方からの歩みよりの運動から脱落してゆくべき芸術現象も沢山あるに違ひない」＊文学の根本問題（1958-59）〈中島健蔵〉八「そしてこのような歩みよりを可能にしたものは、各国に共通する植民地主義への激しい憎悪であった」③取引相場で、双方が折れ合って売買の取りきめをすること。あゆみあい。 発音〈標ア〉0〈京ア〉0

あゆみ-よ・る【歩寄】『自ラ五（四）』①歩いて近寄る。互いに近づき合う。＊平中（965頃）一七「かかりければ、この男、をかしきやうに思ひて、あゆみよりてあれば」＊蜻蛉（974頃）下・天延二年「妻戸をひきあけて、これよりといふめれば、あゆみよるものから、又たちのきて」＊源氏（1001-14頃）東屋「障子をいとみそかに押しあけ給ひて、やをらあゆみより給ふも人知らず」＊古本説話集（1130頃か）一「人ふたりばかりあゆみよりて、けしきばめば」②意見、主張などを互いに譲歩する。折り合いをつける。＊天国の記録（1930）〈下村千秋〉一一「さう言はずに、何とか歩み寄ったらどうだね。千両もちと高えやうだが、百両もあんまり可哀相だね」③双方の取引値段が次第に寄りつく。双方の値段が折り合う。〔取引所用語字彙（1917）〕＊最新現代語辞典（1933）〈大島秀雄〉「アユミヨル 歩み寄る 相場で売方買方が互に譲歩して取極めをすること」 発音〈標ア〉0 ヨ〈京ア〉0 辞書 文明・日葡 表記 歩寄（文）

あゆみ-わた・る【歩渡】『自ラ四』歩いて通る。歩いて通り過ぎる。＊源氏（1001-14頃）蜻蛉「御前をあゆみわたりて、西ざまにおはするを」＊夜の寝覚（1045-68頃）一「例のすみよりあゆみわたりて、御簾のまへについ居給へり」

あゆ・む【歩】『自マ五（四）』①足を動かして進む。歩行する。あるく。あゆぐ。あえぶ。あゆぶ。あよぶ。あよむ。↓ありく。＊万葉（8C後）一四・三四四一「ま遠くの雲居に見ゆる妹がへに何時か到らむ安由売（アユメ）あが駒〈東歌〉」＊枕（10C終）二五・すさまじき物「宵よりさむがりわななきをりける下衆男、いと物うげにあゆみくるを」＊源氏（1001-14頃）末摘花「われと知られじと抜き足にあゆみ給ふに」＊方丈記（1212）「若（も

し)、ありくべき事あれば、みづからあゆむ」 *天草本伊曾保(1593)獅子と、馬の事「イカニモ シズカニ ニュウナンナ フリデ ウマノ ソバニ ayunde (アユンデ)キ」 *小学読本(1884)〈若林虎三郎〉二「馬車人力車に乗るあり或は歩むあり」 ②転じて、物事が進行、進展する。 *最暗黒之東京(1893)〈松原岩五郎〉一六「一家族が中等の階級より下等に落るの際、或は下等の或る階級より或階級に転ずるの際には必らず彼の居食又は売喰といへる一の事実を通じて歩(アユ)むものにして」 語誌 (1)類義語「あるく」「ありく」が、足の動作にとどまらぬ移動全体を表わすのに対し、「あゆむ」は、一歩一歩足を進めていく動作に焦点がある。「あるく」「ありく」が、散漫な移動や方々への徘徊をも表わすのに対し、「あゆむ」は一点を目標にした確実な進行を意味する。(2)「あゆぶ」「あよぶ」も同義であるが、中世の説話を中心に用いられている。 語源説 (1)アヨム(足数・足読)の転〔和句解・菊池俗言考・嫁が君=楳垣実〕。(2)アユマヒ(足緩)の義〔和訓栞〕。(3)アシユフ(足結)の約転〔名言通〕。(4)アシフム(足踏)の略〔和語私臆鈔・本朝辞源=宇田甘冥〕。(5)アシユルキ(足動)の略〔両京俚言考〕。 発音〈なまり〉アーム〔鹿児島方言〕アイブ〔仙台方言・福島・富山県・NHK(山梨)・飛驒・静岡・和歌山県・紀州・鹿児島方言〕アイン〔島根〕アエブ〔山形・茨城・新潟頸城・飛驒〕アエム・アヨム〔富山県〕アブ〔岩手・山形〕アユブ〔和歌山県・紀州〕アヨブ〔山形・静岡・石川・飛驒〕アッブ・アンブ〔秋田〕エァーッブ〔仙台方言〕エァブ〔岩手・福島〕エァプ〔岩手〕エーブ〔福島・信州読本・信州上田〕エブ〔岩手・山形・埼玉方言〕ヤーブ〔埼玉方言・千葉・静岡〕ヤブ〔埼玉方言・千葉〕『あゆめ』アイベ〔福島・山梨・岐阜〕アイベー・アェバエ・アェベ・アンパエ・アンベ・エァベ・ヤンベ〔岩手〕アエベ〔山形・福島・茨城〕アベ〔北海道・青森・津軽ことば・津軽語彙・岩手・仙台方言・秋田・山形・福島・山梨・静岡〕アユベ・エイベ・エーベ・エンベ・エンベエ・ヤーベ〔福島〕アユン〔鹿児島方言〕アッベ〔秋田〕アンベベー〔山形〕ヤエーベ〔茨城〕ヤベ〔岩手・福島〕 〈標ア〉ユ 〈ア史〉平安○○◐ 江戸◍○○ 〈京ア〉0 辞書 色葉・名義・和玉・文明・明応・天正・黒本・日葡・書言・ヘボン・言海 表記 歩(色・名・玉・文・明・天・黒・書・へ・言) 躧・懇(色・名) 渉(色・玉) 行(色) イ・趂(名)

あゆ-もどき【鮎擬】『名』①ドジョウ科の淡水魚。体形はアユに似るが、口ひげが三対ある。体長約一五センチメートル。岸近くの礁や石垣の間、河川の下流などにすむ。日本の特産で、琵琶湖、淀川水系と岡山県の一部にだけ分布する。近年減少が著しく、国指定の天然記念物。うみどじょう。学名は Leptobotia curta *俳諧・毛吹草(1638)四「大井川(おほゐがはの)鮎(アユ)もどき」 *大和本草(1709)一三「あゆもどき其形色恰如レ鱵にして、口に泥鰌の如なるひげあり。〈略〉凡大井川に、あゆ、ます、いだ、あめのうを、あゆもどき、みこ魚などあり」 ②豆腐料理の一種。豆腐を細長く切って、油で軽く揚げ、塩焼きの鮎を食べるように、蓼酢(たです)をかけて食べる料理。 発音〈なまり〉アェモドケ〔岡山〕〈標ア〉モ 辞書 言海

あゆ-やく【鮎役】『名』江戸時代、鮎漁を業とする者、またはその村方に課した小物成(こものなり)。この時代の小物成の多くは後年金納に改められるが、これは後まで鮎の現物で取り立てられるのを普通とした。 *国制摘要(江戸末か)「鮎役は寛永八未、小里領鮎一年六千づつ、折橋村八郎と云る者、諸受負納たり」

あゆ-やな【鮎簗】『名』秋に落ち鮎を捕るために川に仕掛ける簗。 *俳諧・俳諧四季部類(1780)七月「鮎簗(アユヤナ) うなぎ簗」 補注「誹諧初学抄-中秋」に、「うなぎやな 同鮎、鮭」とある。

あゆ-よせ【鮎寄】『名』「あゆどうふ(鮎豆腐)」に同じ。 *会席料理細工庖丁(1806)夏「鮎(アユ)よせ、ひじき、是はあゆ塩少し当置、やきて扨玉子を前のごとくわら煮にして、其中、右之鮎をならべ、よくよく煮たる時、玉子とも小口切にして八寸などに組み出すべし」 発音〈標ア〉0

あゆ-りょう【鮎漁】『名』釣り針、網、簗(やな)、鵜(う)などを使用して鮎をとること。鮎狩り。《季・夏》 *風俗画報-二五六号(1902)動植門「五箇年間の允可を得鮎漁の鑑札を附与することとなせり」 *大道無門(1926)〈里見弴〉反射・一「涼みがてらうちぢうで玉川へ鮎漁(アユレフ)に出かけることにしたが」 発音 アユリョー 〈標ア〉ユ

あゆる『動』方言 ⇩あえる(零)

あよ『名』方言 ❶足。小児語。あんよ。 新潟県佐渡348 長野県上田475 ◇あんにょ 長野県上田475 佐久493 ◇あんぎょ 山梨県456 長野県上田475 佐久493 ◇あんしょ 千葉県安房郡302 ◇あんじょ 長野県下伊那郡054 ❷歩くこと。小児語。あんよ。 ◇ああい 福岡県三池郡372 ◇あんじょ 長野県南部062 ◇あよあよ 新潟県佐渡348 352 ◇あゆあゆ 福岡県久留米市872 ❸肝。 沖縄†139 ◇あより 沖縄†139 沖縄県首里995

あよ『代名』方言 ⇩わい(代名)

あよ『感動』方言 ❶驚いた時や感動した時などに発する語。おや。あら。まあ。 鹿児島県上甑島・下甑島038 ◇あよお 西国†035 滋賀県神崎郡616 ❷人に呼びかける時に言う語。 千葉県東葛飾郡276 ❸誘ったり促したりする時に言う語。同等以下の者に対して用いる。 ◇あよお・あよでぁとも。 青森県三戸郡083

あよ-あよ『感動』ああ、ああと嘆く時のことば。 *出雲風土記(733)大原「その時、男(をのこ)の父母(かぞいろ)、竹原の中に隠りて居りし時に、竹の葉動(あよ)げり。その時、食(くら)はるる男、『動動(あよあよ)』といひき。故(かれ)、阿欲(あよ)といふ」 補注 動詞「あよく(揺)」の語幹「あよ」と語源的に関連があるといわれる。 方言 岩手県九戸郡088 上仮名 アヨアヨ

あ-よい【足結】『名』「あゆい(足結)①」に同じ。 *書紀(720)雄略即位前・歌謡「臣(おみ)の子は 栲(たへ)の袴を 七重をし 庭に立たして 阿遙比(アヨヒ)なだすも」 *書紀(720)皇極元年一二月・歌謡「大和の 忍のひろ瀬を 渡らむと 阿庸比(アヨヒ)たづくり 腰作らふも」 発音〈標ア〉0 〈ア史〉平安○◍○ 〈京ア〉0 上仮名 アヨヒ

あよう【危】『名』⇩あやう(危)

あ-よう【彼様】『形動』あのよう。 *洒落本・傾城買二筋道(1798)冬の床「ほんに今更に、仮初(かりそめ)ならぬ三年(みとせ)の恩、またもかけがへあるやうに、なぜあよふにした事かと」

あ-よう【阿容】『名』①(「阿」はおもねる、「容」はいれるの意) 人に気に入られるようにすること。また、他者のおもねりをいれること。 *日本後紀-延暦二三年(804)正月丁亥「此乃僧綱甫択所レ失、国司阿容任レ意」 *延喜式(927)二二・民部「凡任官叙位及薨卒〈略〉皆量レ便給レ之。不レ得二阿容一」 *小右記-天元五年(982)三月一九日「以二綾羅一為二衣裳裏一所レ被二禁遏一、而不レ拘二其制一、間有二違法一、是撿非違使等忘二憲法一也、有司阿容可レ停」 *玉葉-承安五年(1175)二月一一日「奉行外記沙汰懈怠、各成二阿容一、不レ顧二公事陵夷一、不レ恐二神事違例一」 *三代制符-建久二年(1191)三月二二日・宣旨「而近代宰吏、偏依二阿容之浅深一、不レ顧二上奏之有無一。初任雖レ申二停廃之宣旨一、後年還成二免除之国判一」 *高野山文書-正応五年(1292)五月六日・高野山年預明豪書状案(大日本古文書五・九五四)「剰又彼偽陳状御許容候之条、一寺失二面目一候了、所詮彼等之謀陳無二阿容之儀一、急速被二注進一」 *楚辞-九歎・离世「羣阿容以晦レ光兮、皇輿覆以幽辟」 ②一味として庇護すること。 *公家新制-弘長三年(1263)八月一三日・宣旨「可レ停二止博奕一事〈略〉縦不二下手一、若令二阿容一者、処二同罪一」 ③悪意をもった行動をすること。阿党。 *新編追加-文暦二年(1235)五月二三日・関東御教書(中世法制史料集一・追加法七一条)「被レ仰二付彼等一、互為レ顕二其短一、不レ可レ致二阿容一也」 辞書 色葉 表記 阿容(色)

あ-よう【唖羊】『名』(梵 edamūka の漢訳) 仏語。声の出ない羊。愚者のたとえとして用いる。 *弟子僧往来集(鎌倉か)「而以二亜羊之身一、適応二其選一」 *新編覆醬集(1676)三・寄贈林春斎依僧徒之訴獄同両三官奉承台命上金剛峰寺「五十長亭伝馬逸、三千余院唖羊驚」

あ-よう【痾恙・痾癢】『名』病気。やまい。 *本朝文粋(1060頃)二・答入道前太政大臣辞大臣并章奏等表勅〈紀斉名〉「素性潔而執二清謙一、痾恙侵而辞二重秩一」 *童子問(1707)上・二一「夫人之与レ我、異レ体殊レ気。其疾痛痾癢、皆不二相関一」 *庾信-謝滕王集序啓「比年痾恙彌留、光陰視息」

あよう-そう【唖羊僧】『名』仏語。愚かで知恵のない僧の意。愚者を声の出ない羊にたとえたもの。 *参天台五台山記(1072-73)七「至二于成尋一者日本国无智无行亜羊僧也」 *十善法語(1775)六「愚痴の比丘を呵して唖羊僧と名づく」 *大方広十輪経-五「云何名二唖羊僧一。不レ知二根本罪一、不レ知二犯不犯一、不レ知二軽重一」

あよう-にち【危日】『名』「あやう(危)」に同じ。

あ-よく【鴉浴】『名』入浴時間の短いこと。からすの行水。 *江戸繁昌記(1832-36)二・混堂「隅に踞して盤を前にし、犢鼻を洗濯す知る可し、曠夫〈注〉ひとりもの)なること。男にして女様、糠を用ひて精滌し〈略〉人にして鴉浴、一洗、径に去る」

あよ・く【揺】『自カ四』ものや気持などがゆらぐ。ゆれ動く。あゆく。 *書紀(720)敏達元年五月(前田本訓)「愀然(みこころアヨキ)たまひて歎きて曰はく」 *万葉(8C後)二〇・四三九〇「むらたまの枢(くる)にくぎさし固めとし妹が心は阿用久(アヨク)なめかも〈刑部志加麻呂〉」 補注 語幹「あよ」は、感動詞「あよ」と語源的に関連があるといわれる。 上仮名 アヨク

あよび【歩】『名』(動詞「あよぶ(歩)」の連用形の名詞化) 「あゆみ(歩)」に同じ。 *玉塵抄(1563)一三「王のほめて曹子建は七あよひの間に作たぞ。柳はみあよひに作たとをしなったぞ」

あよ・ぶ【歩】『自バ四』①「あゆむ(歩)①」に同じ。 *宇治拾遺(1221頃)九・八「聟、顔をかかへて『あらあら』と言ひて臥しまろぶ。鬼はあよび帰りぬ」 *土井本周易抄(1477)「しりの皮の破た者は、いたうであよばれぬぞ」 *四河入海(17C前)二三・一「小足にあよふ馬に美人たちを騎て、多くつれて溝山谷遊ぞ」 ②同行する。出かける。あゆぶ。 *浄瑠璃・博多小女郎波枕(1718)中「隣が町の会所、サアサアあよびやとわめけ共」 *滑稽本・東海道中膝栗毛(1802-09)八・下「是からどこぞ遊びにつれてあよびなせへ」 発音〈標ア〉ヨ 辞書 言海 表記 歩(言)

あよみ【歩】『名』(動詞「あよむ(歩)」の連用形の名詞化) 「あゆみ(歩)①」に同じ。 *発心集(1216頃か)五・乞児物語事「ひま行く駒はやくうつり、羊の歩(アヨミ)屠所にちかづけば」 *うたたね(1240頃)「これやかつらのさとの人ならんとみゆるに、ただあよみにあゆみよりて」 *ロドリゲス日本大文典(1604-08)「Nana ayomi (ナナアヨミ)」 辞書 日葡

あよみ を 運(はこ)ぶ「あゆみ(歩)を運ぶ」に同じ。 *書陵部本草根集(1473頃)二「けふぞ猶あよみをはこぶ人あらば神にまことの心みえまし」 *日葡辞書(1603-04)「アユミ、または、ayomiuo facobu (アヨミヲ ハコブ)」

あよ・む【歩】『自マ四』「あゆむ(歩)①」に同じ。 *大唐三蔵玄奘法師表啓平安初期点(850頃)「婆陁とあれとも陟(アヨ)むべし」 *花鏡(1424)時節当感事「橋がかりにあよみとまりて、諸方をうかがひて」 *草根集(1473頃)六「しるかりき里通ひしてまじれども旅ゆく人のあよむ姿は」 *天草本平家(1592)三「ウマシダイニ ayomaxeta (アヨマ セタ)ニ」 発音〈標ア〉ヨ 辞書 饅頭・易林・日葡 表記 歩(饅・易) イ(易)

あよわし・か『形』方言 ❶危うい。危なっかしい。おぼ

つかない。長崎市906　熊本県玉名郡058　◇あやばしか・あやわし　佐賀県887　❷体が弱々しい。か弱い。長崎県南高来郡904　熊本県玉名郡058　◇あやわしか　熊本県葦北郡・八代郡933

あら【荒・粗】 ㊀〘語素〙主として名詞の上について、これと熟合する。①勢いのはげしいさまを表わす。㋑勇ましい。たけだけしい。また、乱暴な。粗暴な。「荒馬」「荒武者」など。＊書紀（720）神功摂政前九月「和魂。此をば珥岐瀰多摩（にきみたま）と云ふ。荒魂。此をば阿邏瀰多摩（アラみたま）と云ふ」＊万葉（8C後）一一・二六九六「荒熊（あらくま）の住むといふ山のしはせ山責（せ）めて問ふとも汝（な）が名は告（の）らじ〈作者未詳〉」＊大鏡（12C前）二・師尹「荒三位（あらざんみ）道雅の君」㋺荒っぽい。激しい。「荒波」「荒海」「荒行」「荒療治」など。＊万葉（8C後）一三・三二八〇「さ夜ふけて荒風（あらし）の吹けば立ち待てる我が衣手に降る雪は凍（こほ）り渡りぬ〈作者未詳〉」＊保元（1220頃か）上・新院御所各門々固めの事「為朝が申す様以ての外の荒儀なり。年の若きが致す所か」②出来具合が精密でないさまをいう。㋑人手の加わっていない、自然のままの。「あらたま」「あらかね」など。＊万葉（8C後）一四・三四四七「草陰の阿努（あの）な行かむと墾（は）りし道阿努は行かずて阿良（アラ）草立ちぬ〈東歌〉」＊浄瑠璃・源平布引滝（1749）二「心詞（ことば）も木曽育（そだち）、荒木を切て投出したり」㋺十分に精練されていないさま。粗製の。雑な。細かでない。すきまの多い。「荒妙（あらたえ）」「荒炭」「荒垣」「荒薦（あらこも）」など。㋩ととのっていないさま。荒れはてたさま。＊書紀（720）皇極四年正月（岩崎本訓）「板蓋宮の墟（アラところ）と為らむ兆なり」＊万葉（8C後）九・一八〇六「あしひきの荒山中（あらやまなか）に送り置きて帰らふみれば心苦しも〈福麻呂歌集〉」㋥おおよその。大体の。あらまし。「あら削り」「あら筋」「あらづもり」「あら塗り」「あら彫り」など。㊁〘名〙よい部分を大体取ってしまった残りをいう。①米などのぬか。もみぬか。あらぬか。＊観智院本名義抄（1241）「糠　ヌカ　アラ」②魚鳥獣などの肉を料理に使って、あとに残った肉のついている骨や頭や臓物。粗骨（あらぼね）。＊俳諧・江戸新八百韻（1756）「琴箱やまどろむ橋にかかるらん〈龍眠〉　麁（アラ）のすましを望む有明〈米仲〉」＊雑俳・柳多留‐三（1768）「あらを煮て杓子（しゃくし）果報にしろと出し」＊滑稽本・続膝栗毛（1810‐22）一一・下「ホンニ雉子（きじ）のあらがございさア」＊和英語林集成（初版）（1867）「Ara　アラ　骨。Ara（アラ）　ハ　イヌニ　ヤレ」＊最暗黒之東京（1893）〈松原岩五郎〉二二「蓮根、芋、筍子の皮、鰯、鯖、鮪等の敗肉（アラ）は皆一所に掃溜めて」③粗製のもの。雑なもの。＊梅津政景日記‐慶長一七年（1612）三月二九日「山田村御米五十六表之内、あら御座候米之由」④欠点。おちど。特に人の小さな欠点をいう。＊政談（1727頃）三「親類・知人にも折々は出合ふて、話をも聞、下のあらも是に依て知り」＊雑俳・柳多留‐一〇〇（1828）「咄し家は世間のあらで飯を食ひ」＊滑稽本・八笑人（1820‐49）三・追加・上「そして、斯（か）うそばでしげしげ見れば、路考だとってちっとの荒（アラ）は見えるだらう」＊評判記・三題噺作者評判記（1863）春廼屋幾久「おいらもなんぞあらを目付てわる口を聞うと思ふけれ共」＊黴（1911）〈徳田秋声〉五七「是迄に触れて来た女の非点（アラ）ばかりを捜して行った」 語誌 (1)㊀は、動詞「あらく〔下二〕」「あらす〔四〕」「あらびる〔上二〕」「あらぶ〔上二〕」、形容詞「あらし」「あらけなし」などを派生し、「あらわ（は）」「あらあら」「あらまし」などをもつくる。動詞と熟合して「あらだつ」などともなる。なお、上代では、「いそ（磯）」や「うみ（海）」と熟合する時は、「ありそ」「あるみ」の形となる。動詞の「ある（荒）〔下二〕」と同根の語で、また、動詞「ある」には、下二段活用で生まれる意、四段活用で産む意を表わすものがあり、それとも深い関係があると思われる。したがって、「あら（現）」の意も、「あら（新）」の意も、この②㋑の意を含んで連続しており、「あらわる」「あらわす」などの語とも共通の要素があると考えられる。(2)与謝野寛「日本語原考」、松岡静雄「日本古語大辞典」では「悪（ア・ワ）と関連のある語」、大島正健「国語の語根とその分類」では「ある（在）から出た」、「名語記‐九」では「あさらかの反」などともいわれている。 方言 ❶粒の大きいもの。粒の粗いもの。◇あらあ　沖縄県首里993　❷もみ殻のついたままの米。もみ米。籾（もみ）。青森県津軽054　上北郡074　山形県西置賜郡152　長野県佐久493　❸玄米または白米の中に混じっているもみ米。青森県津軽075　宮城県栗原郡114　秋田県鹿角郡132　山形県139　茨城県062　栃木県198　埼玉県北葛飾郡258　東京都八王子311　新潟県東蒲原郡368　中頸城郡384　愛知県東加茂郡565　奈良県南大和683　和歌山県690　長崎県壱岐島915　◇ああら・ああらむこぅ　沖縄県石垣島996　❹ついた穀物の中に混じっている、籾（もみ）その他の雑物。沖縄県首里993　❺もみ殻。栃木県198　❻稲こきをする時に、穂のままでこき落とされたもの。新潟県佐渡351　❼使われなくなった材木など。廃材。新潟県東蒲原郡368　❽暴行。長野県東筑摩郡480　❾奔流が岩に砕けるような川の状態。埼玉県秩父郡251　❿川水の流れが速く、波の立っている所。急流。静岡県521 534　⓫おおよそ。だいたい。ざっと。兵庫県加古郡664　発音 ㊁は〈標ア〉ラ〈ア史〉平安・鎌倉◎○〈京ア〉ア０　辞書 字鏡・色葉・名義・書言・ヘボン・言海　表記 麁（字）糟・籾（色）粗（字・ヘ・言）骨（色・ヘ）糠（名）糲（書）荒（言）

あらが高（たか）い 方言 ❶米の中に籾（もみ）が多い。宮城県登米郡115　栗原郡116　茨城県062　栃木県河内郡204　◇あらたかい　和歌山県有田郡・日高郡690　◇あらがたい　栃木県198　❷（「あら」は骨の意）やせて骨ばっている体を形容していう。兵庫県加古郡664

あら【現】〘語素〙名詞の上について、世に現われている、目に見える形で存在する意を表わす。「現神（あらがみ）」「現人神（あらひとがみ）」など。

あら【新】 ㊀〘語素〙名詞の上について、新しいものであることを表わす。「あら身」「あら物」「あら手」など。→「あら（荒・粗）」の語誌。＊俳諧・江鮭子（1690）「時々に花も得咲ぬ新畠（アラはたけ）〈之道〉　昼茶わかして雲雀かたむく〈珍碩〉」＊浮世草子・新色五巻書（1698）五・三「こなたは今を初めの新開（アラばち）、それとは知らいで無情（むいき）に仕りぬ」㊁〘名〙①新しいもの。新品。＊雑俳・続折句袋（1780）「新をしめるも神は手伝ふ」＊門（1910）〈夏目漱石〉九「たかだか新（アラ）の鉄瓶位しか、彼（あ）んな所ぢゃ買へたもんぢゃありません」②特に、処女または童貞をいう。＊雑俳・末摘花（1776‐1801）三「あらは来れども摺（すり）こ木にあらはまれ」 方言〘名〙❶ものごとの初め。最初。兵庫県加古郡664　淡路島671　島根県美濃郡・益田市725　岡山県苫田郡749　徳島県054 809　香川県829　愛媛県840　大三島848　❷以前。昔。岡山県児島郡763　❸（「あらから」「あらに」の形で、否定の語を伴って用いる）全然。元々。兵庫県加古郡664　愛媛県840　語源説 アル（生）の名詞形アレの転〔国語本義・大言海〕。発音 ㊁は〈標ア〉ア〈京ア〉ア　辞書 ヘボン・言海　表記 新（ヘ・言）

あら【鯇】〘名〙スズキ科の海産魚。スズキに似た魚で体長一メートルに達し、えらぶたに鋭いとげがある。幼魚には体側を走る三本の褐色縦帯がある。成魚の背は一様な灰紫褐色を帯びる。北海道以南、フィリピンまで分布し、沖合いの深い岩礁域にすむ。冬が美味。おきすずき。はた。学名はNiphon spinosus《季・冬》＊観智院本名義抄（1241）「鯇　アラ」＊運歩色葉（1548）「鯇　荒」＊古今料理集（1670‐74頃）二「あら　上魚賞翫也」＊大和本草（1709）一三「あら　鯛に似て、鯛よりよこせばく長し」 発音〈標ア〉ア　辞書 言海

あら〘名〙（荒の意か）①監房内での取り調べをいう。盗人仲間の隠語。〔特殊語百科辞典（1931）〕②刃物をいう盗人仲間の隠語。〔隠語全集（1952）〕③箒（ほうき）をいうてきや、盗人仲間の隠語。〔隠語構成様式并其語集（1935）〕

あら〘名〙方言 ❶木材の、港または貯木場での売値。奈良県吉野郡686　❷わら。三重県度会郡599　和歌山県西牟婁郡690　❸なんでもないこと。かまわないこと。兵庫県淡路島671　❹鬼ごっこ。三重県北牟婁郡588　❺植物、ほおのき（朴木）。岡山県苫田郡748　❻魚、まはた（真羽太）。兵庫県明石市015　淡路島016　島根県浜田市725　山口県下関市016　長崎県016

あら〘感動〙物事に驚いたり、感動したりした時に発することば。現代では主として女性が用いる。あらあ。→ああ・あな・えっ。＊落窪（10C後）一「あらことごとし」＊宇治拾遺（1221頃）一三・一四「あらかなし。われをたすけ給へ」＊謡曲・班女（1435頃）「あら恨めしの人心や」＊三体詩幻雲抄（1527）三「どこもかしこも大水であらあふなの路や」＊浮雲（1887‐89）〈二葉亭四迷〉一・二「アラお世辞ぢゃア有りませんよ、真実（ほんとう）ですよ」＊雪国（1935‐47）〈川端康成〉「あら。来ないわよ。なにしに来るの？」 語誌 (1)従来の感動詞「あな」に交替する形で使用された。近世前期までは詠嘆表現を以下に続ける形を基本としており、特に形容詞類に助詞「や」を下接する形式や、「あらうたての殿や」のように「評価語＋の＋評価の対象＋や」の形式を後続させることが多かったが、男女を問わず使われていた。(2)現代のように、特に下接表現に制約もなくなり、女性が用いる感動詞として一般に使用されるようになるのは、近代以降である。発音〈標ア〉ア ラ〈京ア〉ア　辞書 日葡・ヘボン・言海　表記 嗚呼（ヘ）

あらあら ⇩親見出し「あらあら〔感動〕」

あら厭（いや）だ　相手のことばが意に満たない時、不快に思われる時などに発することば。また、逆説的に用いることも多い。女性用語。＊浮雲（1887‐89）〈二葉亭四迷〉二・七「ヲヤ厭だ…アラ厭だ…憎らしい本田さんだネー」＊吾輩は猫である（1905‐06）〈夏目漱石〉二「『あらいやだ、皆んなぶら下げるのよ』と又ちゃらちゃら鳴らす」 発音〈標ア〉ア

あらとうと ⇩親見出し「あらとうと〔感動〕」

あら何（なに・なん）ともな ①期待がはずれて失望したり落胆したりした気持を表わす。ああ、何とも言いようのない（ほどひどい）ことだ。＊謡曲・雲林院（1426頃）「枝を手（た）折り給へば、おことは花のためは風よりも辛き人や、あらなにともなの人や」＊幸若・満仲（室町末‐近世初）「あらなにともなや。弓馬の道にうまれては、左様の事をこそ心に懸て思ひしに。今さらわが身にあたって承る事の無用さよ」＊浄瑠璃・国性爺合戦（1715）四「あら何共なや、ひとりはもろこし人、ひとりはつくし人、女性（にょしゃう）の身にてもろこしへ渡るとは、恋しき人の有やらん」②心配したほどのこともなくほっとした気持を表わす。ああ、何事もなかった。＊俳諧・桃青三百韻附両吟二百韻（1678）延宝五之冬「あら何共なやきのふは過て河豚（ふくと）汁〈芭蕉〉　寒さしさって足の先迄〈信章〉」

あらまあ ⇩親見出し「あらまあ〔感動〕」

あらや ⇩親見出し「あらや〔感動〕」

あらあ〘感動〙「あら」に同じ。＊若い人（1933‐37）〈石坂洋次郎〉上・一四「あらあ、私そんなぢゃなくってよ」 発音 アラー〈標ア〉０ ア

アラー（アラビア Allah）《アッラー》イスラム教における唯一の神。アラビア人はもとから天地創造の神をアラーと呼んでいたが、マホメットはそれをうけつぎ、セム族の一神教をとりいれてイスラム教の唯一神にした。「コーラン」にはアラーの神の唯一性、全知全能、大慈大悲などの徳性の賛美がうたわれている。＊暴夜物語（1875）〈永峰秀樹訳〉驢牛雇夫の寓言「既に阿爾良（アルラ）

の神に誓を立たる上は、唯神の意に任せんのみ」＊流沙（1952）〈武田泰淳〉「沙漠の神アラアの暴力も忘れた」＊イスラーム（1958）〈蒲生礼一〉一「イスラームは信仰の対象として、アッラー以外の何物をも認めないという厳重な態度をとっています」 発音〈標ア〉ア

あらあぽ『名』菜漬をいう、盗人仲間の隠語。〔日本隠語集（1892）〕

アラーム『名』（英 alarm）①警報。警笛。また、警報器。＊外来語辞典（1914）〈勝屋英造〉「アラーム Alarm（英）〈略〉（二）警報。警報機」②目覚まし時計。また、目覚まし時計、腕時計などに組みこまれた注意信号を出す機能。＊瀬山の話（1924）〈梶井基次郎〉「けたたましい時計のアラームが登校前一時間に鳴り」

あら-あら【荒荒】『副』（多く「と」を伴って用いられる）荒々しいさま、乱暴なさま、粗雑なさまを表わす語。＊太平記（14C後）三九・光厳院禅定法皇行脚御事「猶雪の如くなる御足に、荒々（アラアラ）としたる鞋（わらぢ）を召されて立ち出させ給へば」＊謡曲・春栄（1435頃）「ただ今の者をば荒々と申して追っ帰して候ふ」＊信長公記（1598）二「あらあらと攻られ、抱へ難く存知、降参候て退散なり」＊三河物語（1626頃）二「又、有時は長沢え御働（はたらき）有て、鳥屋が根之城え押懸て荒々とあて給ふ」＊俳諧・伊勢山田俳諧集（1650）利清「舞納めたる袖は冷しあらあらと芝居に風の吹付て〈利清〉」 発音〈標ア〉ア^{2} 0 辞書日葡

あら-あら【粗粗】『副』①詳細、丁寧にではなく物事を行なうさまを表わす語。おおよそ。ざっと。概略。＊南海寄帰内法伝平安後期点（1050頃）一「少水を将て器に置きて、略（アラアラ）右の手を浄む」＊発心集（1216頃か）四・或人臨終不言遺恨事「さらば、紙と筆とを給へ。あらあら書付けん」＊太平記（14C後）一七・山門攻事「あらあら云て聞かせんとて」＊師郷記‐永享六年（1434）九月・一〇月紙背「たたあらあそはしてまいらせられ候へく候」＊本佐録（17C後）「我等得心仕候事を存出し次第、あらあら書付候也」＊浄瑠璃・伽羅先代萩（1785）一「ヲヲ夫（それ）夫覚ぬ覚ぬあらあら斯のごとくなり」＊人情本・春色梅美婦禰（1841－42頃）初・二回「心せわしく何事もあらあらしたため候へば」＊夢酔独言（1843）「おれが元いった時の容子をはなして、勤向の事も荒々知た事ははなしてやった」②（多く「と」を伴って）大まかなさま、きめがあらいさまを表わす語。＊名語記（1275）九「あらあら、如何。粗也。をろをろといへるも同詞歟」＊玉塵抄（1563）「粗竹席あらあらとあうた竹むしろそ」＊日葡辞書（1603－04）「Araarato（アラアラト）キザム〈略〉Araarato（アララト）クダク」＊浮世草子・好色一代女（1686）一・三「口ちいさく歯並あらあらとして白く」 方言おおよそ。だいたい。山形県東村山郡139 発音〈標ア〉ア^{2} 0 辞書色葉・名義・文明・饅頭・黒本・易林・日葡・書言・〈ヘボン〉・言海 表記粗（色・名・文・饅・黒・易）略（名・易・書）麁（色・書）粗粗（へ・言）龘（書）

あら-あら『感動』意外なことなどに驚いて発することば。現代では主として女性が用いる。あああ。ああ。＊落窪（10C後）二「辛うじてかいすゑてやるに、北の方『あらあら』とまどひ給へば、ねりつつやる」＊今昔（1120頃か）二三・一五「臥（ふし）ぬ仰（あふぎ）ぬして語り居れば、君達（きむだち）『あらあら』と云（いひ）て、問ひ聞けば、彌（いよいよ）狂ふ様にして語り居り」＊宇治拾遺（1221頃）九・八「鬼『さらば吸ふ吸ふ』と云（いふ）時に、聟、顔をかかへて、『あらあら』といひて、ふしまろぶ」＊浮雲（1887－89）〈二葉亭四迷〉三・一七「あらあら彼様（あんな）虚言（うそ）を吐（つ）いて…」 補注「落窪物語」の例については、車に乗っている北の方が、「車の走らせかたが荒々しい」と言っていると見る説もあるが、「宇治拾遺物語」や「今昔物語」の例を合わせ考えれば「あらあら」を感動詞と見るほうが妥当と思われる。 発音〈標ア〉ア^{1} 辞書日葡

あらあら-かしく『連語』「あらあらかしこ」に同じ。＊歌舞伎・幼稚子敵討（1753）三「あらあらかしく　大橋どのへ。有田伊与之助」＊雪中梅（1886）〈末広鉄腸〉下・一「あらあらかしく　月　日　春より、国野先生御もとへ」 発音〈標ア〉カ

あらあら-かしこ『連語』（粗略で意を尽くさず恐れ入るの意）女性の手紙文または女性あての手紙文の末尾に書き添える語。あらあらかしく。＊内地雑居未来之夢（1886）〈坪内逍遥〉六「まづは用事のみあらあらかしこ」 発音〈標ア〉カ

あらあら-。し【荒荒】『形シク』⇨あらあらしい（荒荒）

あらあら-。し【粗粗】『形シク』（「あらあらし（荒荒）」と同語源）作りかたなどが粗雑である。そまつである。＊源氏（1001－14頃）浮舟「はかなく作りたる家なりけり。まだいとあらあらしきに、網代屏風など御覧じも知らぬしつらひにて、風もことにさはらず」＊狭衣物語（1069－77頃か）三「少し離れたる所の、紙障子（かみさうじ）ばかりにて、あらあらしきかりそめの居所（ゐどころ）と見えたるよりぞ、山伏出できて」＊徒然草（1331頃）二八「倚廬の御所のさまなど、板敷をさげ、葦の御簾をかけて、布の帽額（もかう）あらあらしく、御調度どもおろそかに」＊歌舞伎・鳴神（1742か）「あらあらしきここの薄衣、浮世の垢を濯（すす）がんと存じましても」 発音〈標ア〉ラ^{2} 辞書名義・和玉・〈ヘボン〉・言海 表記粗（玉・へ）簡（名）猛（へ）粗粗（言）

あらあら-し・い【荒荒】『形口』文あらあら。し『形シク』（「あらあらし（粗粗）」と同語源）①物の動きや人の心、行動などが、あたりかまわず、はげしい。いかにも荒っぽい。ひどく乱暴だ。猛烈だ。＊宇津保（970－999頃）国譲上「いとかたじけなくあはれにも思ひきこゆれど、おそろしくあらあらしきを心もたまへるこそ」＊源氏（1001－14頃）夕顔「夜中も過ぎにけんかし、風のややあらあらしう吹きたるは」＊妙好人伝（1842－52）初・上・和州清九郎「聖人入御ありて危急の体を御覧ぜらるるところに呼吸の息あらあらしくてすでにたえなんとするに」＊油地獄（1891）〈斎藤緑雨〉一五「淀文の梯子を荒々（アラアラ）しく踏んで」②手ざわりなどが、ごつごつした感じである。＊能因本枕（10C終）四七・木は「枝ざしなどの、いと手触れにくげにあらあらしけれど、何の心ありて、あすは檜の木とつけけん、あぢきなきかねごとなりや」＊源氏（1001－14頃）手習「大きなる木の、いとあらあらしきによりゐて」＊寛永刊本蒙求抄（1529頃）二「磥砢は石多顔。磊落と同じ石は何かあらうぞ。節のある方ぞ。磊落としてあらあらしいなりぞ。あらあらしけれども、棟梁の用には此やうな人でなうてはぞ」③こまやかな心づかいがない。粗野だ。ぶこつだ。＊枕（10C終）二四五・一条の院をば今内裏とぞいふ「いみじくあらあらしくうたてあれば、殿上人、女房、『あらはこそ』とつけたるを」＊源氏（1001－14頃）浮舟「げにいとあらあらしくふつつかなる様したる翁の、声かれさすがに気色ある女房にものとり申さんと言はせたれば」＊徒然草（1331頃）一四一「この聖、声うちゆがみ、あらあらしくて」 発音アラアラシイ〈標ア〉シ〈京ア〉ラ^{2} 文『あらあらし』〈標ア〉ラ^{2}〈京ア〉ラ^{2} 辞書名義・〈ヘボン〉・言海 表記酷・掂・擢・権（名）猛・粗（へ）荒荒（言）

あらあらし-げ【荒荒─・粗粗─】『形動』（形容詞「あらあらし」の語幹に接尾語「げ」の付いたもの）①（荒荒）見るからにあらあらしいさま。＊源氏（1001－14頃）東屋「その守（かむ）のぬしいとあらあらしげなめり」＊増鏡（1368－76頃）一五・むら時雨「えもいはぬもののふどもうち散り、あらあらしげなるけはひに」②（粗粗）いかにもそまつなさま。＊更級日記（1059頃）「いと手はなちに、あらあらしげにて、苫（とま）といふものを一重うち葺きたれば」 発音アララシゲ〈標ア〉シ

あらあらし-さ【荒荒─】『名』（形容詞「あらあらしい」の語幹に接尾語「さ」の付いたもの）あらあらしいこと。また、その度合。 発音〈標ア〉ラ^{2}〈京ア〉0

あらい【洗】（あらひ）『名』（動詞「あらう（洗）」の連用形の名詞化）①洗うこと。洗濯。＊大和（947－957頃）二七「親のもとに、きぬをなむあらひにおこせたりけるを」＊母なるもの（1969）〈遠藤周作〉「写真は洗いがわるいせいか、縁が黄色く変色している」②（「洗魚」「洗膾」などの字も当てる）夏の料理の一種。コイ、タイなどの新鮮な肉を薄く切り、冷水または氷水で洗って縮ませたもの。酢みそ、わさびじょうゆなどで食べる。《季・夏》＊随筆・守貞漫稿（1837－53）二八「三都ともに洗ひと云あり。是は江戸も不列に盛る。あらひには鱸を好とす」＊二人女房（1891）〈尾崎紅葉〉上・四「洗魚（アラヒ）の摺山葵（すりわさび）を醤油皿の中に摘み込むで」＊田舎教師（1909）〈田山花袋〉一五「岡持に鯉のあらひを持って来る」③釜（かま）を洗い流すときに出る、底にこびりついていた飯。あらいながし。＊最暗黒之東京（1893）〈松原岩五郎〉七「アライとは釜底の洗ひ流しにして飯（めし）のあざれたるを意味するものにして」④溜池などより余った水を流してやる落とし口。はやくち。⑤処女、きむすめをいう花柳界の語。〔かくし言葉の字引（1929）〕⑥劇場などで、不正入場者を見つけて料金を徴収することをいう隠語。＊社交用語の字引（1925）〈鈴木一意〉「あらひ　芝居の通語で、三等切符で一等席に入ってゐるやうなずるい客から追徴金をとることです」 方言❶座敷に上がるときに土足を洗うこと。◇あれ　鹿児島県963　肝属郡970　❷水などを浴びること。◇あれ　宮崎県東諸県郡954　❸ものごとの終わり。新潟県三島郡363 発音〈標ア〉0〈京ア〉0 辞書名義・〈ヘボン〉・言海 表記流（名）洗（へ・言）

あらい【新井】（あらゐ）新潟県南西部の地名。江戸時代、北国街道と飯山街道の分岐点にあたる宿場町、市場町として発達。化学・機械工業が盛ん。昭和二九年（一九五四）市制。 発音〈標ア〉0

あらい【新井・荒井・新居】（あらゐ）姓氏の一つ。 発音〈標ア〉0

あらい-せきぜん【新井石禅】曹洞宗の僧。福島県出身。曹洞宗専門学校卒業後、曹洞宗務院教学部長などを経て、総持寺独住五世の貫主となる。海外各地で布教。元治元～昭和二年（一八六四～一九二七）

あらい-にっさつ【新居日薩】江戸末期から明治の日蓮宗の僧。群馬県桐生の人。教部省への出仕、久遠寺の住持、一致派の管長等を歴任。宗名を日蓮宗とする官許を得るなど宗門興隆に尽力。天保元～明治二一年（一八三〇～八八）

あらい-はくが【新井白蛾】江戸中期の朱子学者、易学者。江戸の人。名は祐登。字は謙吉。通称織部。別号黄州。崎門学の父新井祐勝と菅野兼山に学び、漢宋を折衷する志向を示し、京都に出て易学を研究。晩年、金沢藩の明倫堂の学頭となった。蓋の中の物を推し測る射覆（せきふう）にも興味を示した。著「古周易経断」「古易一家言」「老子形気」など。正徳五～寛政四年（一七一五～九二）

あらい-はくせき【新井白石】江戸中期の儒者、政治家。名は君美（きんみ）。字は在中、済美。通称勘解由。木下順庵の高弟。徳川家宣、家継に仕え、側用人間部詮房とともに幕政を補佐。武家諸法度の改正、貨幣改鋳、朝鮮通信使礼遇の改革などに尽力。その学問は日本古代や近世史、地理などの方面で実証を重んずるものであり、イタリア人宣教師シドッチから西洋の知識をも得た。詩は盛唐詩に学んで、その典型の再現に成功している。「東雅」等に言語の歴史的変遷を論じてもいる。著「藩翰譜」「読史余論」「古史通」「西洋紀聞」「采覧異言」「折たく柴の記」「同文通考」など。明

暦三〜享保一〇年（一六五七〜一七二五）

あらい ゐあら【新居】静岡県南西部、浜名湖西岸の地名。太平洋の波が荒いの意でいう。東海道五十三次の宿場町として発展。新居関がおかれた所。荒井。新井。＊仮名草子・竹斎（1621-23）下「さて行さきはしらすかの、なみもあらひのわたし舟」＊俳諧・伊達衣（1699）上「あら井にてめしくふやうに師走哉〈晉子〉」＊浄瑠璃・丹波与作待夜の小室節（1707頃）道中双六「白須賀ちょいとこへて、手判ござるか、ふり袖にゃ此この、あらゐ今ぎれ」発音〈標ア〉0

あら‐い【新家】〘名〙方言 ⇨あらいえ（新家）

あら・い【荒・粗】〘形口〙文あら・し〘形ク〙整った、あるいは整えられた状態になく、調和のとれた理想的状態になっていない。緻密（ちみつ）でない。一（荒）①物事の勢いが強くはげしいさまにいう。㋑風や波などの自然現象や、呼吸、物音などがはげしい。猛烈である。＊書紀（720）推古一七年四月（岩崎本訓）「忽に暴（アラキ）風に逢ひて海の中に漂（ただよ）ふ」＊小川本願経四分律平安初期点（810頃）「暴（アラク）疾（はや）き諸の悪しき風を、是の如く障翳すること得（う）」＊土左（935頃）承平五年正月一八日「なほおなじところにあり。うみあらければ、ふねいださず」＊源氏（1001-14頃）明石「風いみじう吹き、潮高う満ちて浪の音あらき事」＊走れメロス（1940）〈太宰治〉「ぜいぜい荒い呼吸をしながら峠をのぼり、のぼり切って、ほっとした時、突然、目の前に一隊の山賊が躍り出た」㋺心、言葉遣いなど、心理状態や性格がおだやかでない。態度・行動・動作が普通でなく、あらあらしい。乱暴である。＊書紀（720）雄略九年三月（前田本訓）「狼（おほかみ）の子の野心（アラキこころ）ありて、飽（あ）いては飛（さ）り、飢ゑては附（つ）く」＊宇津保（970-999頃）俊蔭「この奉れる琴の声、あらき所あり。しばしひきならして奉れ」＊枕（10C終）二八・にくきもの「遣（やり）戸をあらくたてあくるもいとあやし」＊大鏡（12C前）二・師尹「あらく仰せられんもさすがにいとほしくて」＊浮世草子・武家義理物語（1688）五・二「何さま子細有べき女と、あらくあたらず」＊真景累ケ淵（1869頃）〈三遊亭円朝〉四一「妹が可愛い紛れに荒い意見をいふと」＊雁（1911-13）〈森鷗外〉一一「荒（アラ）い詞（ことば）なんぞは掛けないのですもの」㋩やり方が適度でない。処理のしかたがひどい。「人使いが荒い」＊滑稽本・浮世風呂（1809-13）三・上「元結油（もといあぶら）も麁末（そまつ）に遣ひますから、孔方（おあし）の遣ひ方が荒（アラ）うございます」＊浮雲（1887-89）〈二葉亭四迷〉二・七「真個（ほんと）に彼児（あのこ）の銭遣ひの荒いのにも困りますよ」㋥程度がはなはだしい。＊洒落本・真女意題（1781）「ムムあらくいい汁だ」＊洒落本・甲駅夜の錦（1801-04）「田植哥とは、あらく、ふしがちがふむし」㋭労力がいる。力を使う必要がある。＊落語・西京土産（1892）〈三代目三遊亭円遊〉「十日に十人扶持と云ふ様な理由（わけ）で余り楽を為過（しすぎ）ました処から荒い仕事は出来ません」＊雁（1911-13）〈森鷗外〉一一「貧しい中にも荒（アラ）い事をさせずに、身綺麗にさせて置いた積ではあったが」②荒れはてている。ととのえられないままになっている。また、道などがけわしい。＊万葉（8C後）一五・三六八八「やまとをも 遠くさかりて いはがねの 安良伎（アラキ）島根に やどりする君〈遣新羅使人〉」＊源氏（1001-14頃）蜻蛉「年ごろ、あはれと思ひそめたりし方にて、あらき山路を行き帰りしも」二（粗）①織物、編み物、縞模様などの目が大きい。＊白氏文集天永四年点（1113）四「疏（アラク）織り短く裁（た）ちて、疋の数に充（あ）つ」＊寛永刊本蒙求抄（1529頃）八「綈（てい）はあらい衣ぞ。をかしい玄色な如細な物をきるぞ」＊日葡辞書（1603-04）「Arai（アライ）イシャウ」＊安愚楽鍋（1871-72）〈仮名垣魯文〉三・下「ねづみのあらいしまのはんてんをひっかけ」＊多情多恨（1896）〈尾崎紅葉〉前・四「白茶地に疎（アラ）い飛形のショールを着た」②粒などが大きい。まばらである。粒や断片などが大きく、細やかでない。また、そのためにざらざらしている。なめらかでない。＊書紀（720）大化二年三月（北野本訓）「庶民（おほむたから）亡（し）なむ時には地に収埋めよ。其の帷帳等には麁（アラキ）布を用ゐるべし」＊日葡辞書（1603-04）「Arai（アライ）コ〈訳〉じゅうぶんに碾（ひ）いてない粉〈略〉Arai（アライ）フルイ」＊日本読本（1887）〈新保磐次〉四「諸君は茶碗、徳利の底を見しならん。其の色は光りなくして、これを撫づれば粗きを覚ゆ」③表現、つくり方などがおおざっぱである。洗練、精製されていない。粗末である。＊大唐三蔵玄奘法師表啓平安初期点（850頃）「此の蕪（アラキ）辞（ことば）を截（す）てて其の実録を採（と）らむ」＊延喜式（927）祝詞・鎮火祭（九条家本訓）「和（にこ）き稲、荒（アラキ）稲に至るまでに横山の如く置き高成して」＊中華若木詩抄（1520頃）上「時によりて詩があらいと云ことあり」＊浪化宛去来書簡‐元禄七年（1694）五月一三日付「尤（もっとも）、あらき言葉、下品（げぼん）の器も用ひこなし候が、作者の得分にて御ざ候」④（ウナギの蒲焼で）身が大きめである。＊歌舞伎・音聞浅間幻燈画（1888）四幕「宮下の藤屋へでもいって、荒（アレ）え所を焼かして来てくれ」＊たけくらべ（1895-96）〈樋口一葉〉九「さかなは好物の蒲焼を表町のむさし屋へあらい処をとの誂へ」＊婦系図（1907）〈泉鏡花〉後・二五「『余りあらくない中くらゐな処が好からうねえ』『私はヤケに大串（おほぐし）が可いけれど、お嬢さんは』」方言❶子供などが粗野だ。乱暴だ。秋田県130 長崎市906 ❷がまん強い。山形県139 発音〈なまり〉アリャア〔淡路〕アレ〔鹿児島方言〕アレー〔埼玉方言〕〈標ア〉0〈京ア〉ア 文『あらし』〈標ア〉ラ〈ア史〉平安●●◐ 鎌倉『あらき』●●●◐ 室町『あらき』●●●○ 江戸『あらき』●○○か〈京ア〉ラ 辞書色葉・名義・和玉・文明・黒本・易林・日葡・書言・ヘボン・言海 表記麁（色・名・玉・黒・易・言）荒（色・名・書・へ・言）暴（名・玉・易・書）壚・硬（色・名・玉）韊（色・文・言）怱（色・名）悪（色・玉）蕪（名・書）粗（玉・言）葶・蔓・曠・暴・地（色）傯・率・権・磺・璞・零・芭・庚・翁・鞕・梨（名）糲・佶・猛・楚・皷（玉）鹵（易）虐（書）

同訓異字 **あらい**【荒・粗・笨・疏・疎・麁・暴】

【荒】（コウ）土地があれはてる。作物がみのらない。「荒野」「荒涼」「荒れ地」転じて、心や行ないがすさむ。また、肌などがざらざらする。「荒淫」「荒廃」「手が荒れる」《古 ある・あらし・みだる・すさむ・むなし》

【粗】（ソ）もとのままで洗練されていない。「粗野」「粗暴」「精粗」《古 あらし・あらあらし》

【笨】（ホン）竹の内側の皮。転じて粗末、作りがあらい。「粗笨」

【疏】（ソ）「疎」に同じ。《古 うとし・まれなり・をろそかなり》

【疎】（ソ）まばら、おおまか、おおざっぱである。「疎密」「疎漏」

【麁】（ソ）鹿が離ればなれにいる。転じて、離れている、きめ細やかでない。「麁相」「麁略」《古 あらし・おろそか》

【暴】（ボウ・バク）暴れる、振る舞いが荒々しい。「暴威」「暴風」「粗暴」《古 あらし・ほしいまま・をかす》

あらき 風（かぜ）にも=当（あ）てず[=当（あ）たらず] だいじに守り育てて（育てられて）、苦労をさせない（していない）ことにいう。＊太平記（14C後）一七・瓜生判官心替事「幼少の一子にて坐（おは）すれば、一日片時も傍を離し給はず、荒（アラ）き風にもあてじとこそ、労（いたは）り哀み給ひしに」＊浄瑠璃・淀鯉出世滝徳（1709頃）上「腹の内から今日迄あらいかぜにもあたらぬお身」

あらき 水（みず） 洪水、豪雨など、物に害をなす水。大水。＊延喜式（927）祝詞・広瀬大忌祭（享保板訓）「かく奉らば、皇神等（たち）の敷き坐す山々の口より、さくなだりに下（くだ）し賜ふ水を、甘き水と受けて、天の下の公民（おほんたから）の取り作れる奥つ御歳を、悪しき風荒水（アラキミヅ）に相（あ）はせ賜はず」＊新撰字鏡（898-901頃）「瀑 疾雨也 甚雨也 布水也 荒支水 又水益留」辞書字鏡・名義 表記瀑（字）湏（名）

あら・い〘形口〙程度がいちじるしい。えらい。＊浄瑠璃・碁太平記白石噺（1780）七「私ら国サア奥州、〈略〉江戸サアはあらく盛る所だアと聞き」＊滑稽本・旧観帖（1805-09）三「ほんね。あらくさかる所だアな」＊仙台方言（1817頃）通用「あらく。あらい。沢山なる意に用ゆ。〈略〉あらい人が出た。あらいことあるなど云類なり。いかいと云ことなり」方言一〘形〙程度が甚だしい。ひどい。たいへんだ。常陸1025 山形県東部139 福島県相馬161 東白川郡157 徳島県三好郡811 二〘副〙程度が甚だしいさま。たいへん。山形県庄内062

あらいあげ‐ぐすり あらひあげ‥【洗上薬】〘名〙写真の焼き付けをするとき用いる定着液の古い俗称。次亜硫酸ソーダ液。＊写真鏡図説（1867-68）〈柳河春三訳〉初「次亜硫酸曹達液。即ち洗ひ上げ薬の事」

あらいあげ‐ばあ【洗上婆】〘名〙方言 ⇨あらいばば（洗婆）

あらい‐あ・げる あらひ‥【洗上】〘他ガ下一〙文あらひあ・ぐ〘他ガ下二〙①すっかり洗い終える。十分に洗う。また、汚れをすっかり取り除く。＊今鏡（1170）一七・薄花桜「女、家に入れて、あらひあげて、いとほしさにこそあひにけれ」＊歌舞伎・五大力恋緘（1793）三幕「お心をお改めさせ、洗上げた元の武士にして」＊塩原多助一代記（1885）〈三遊亭円朝〉一六「庭の清潔（きれい）な事〈略〉敷松葉から、霜除けの飾縄、打水を致し洗ひ上てあります」＊思出の記（1900-01）〈徳富蘆花〉九・八「昨日の雨で悉皆（すっかり）洗ひあげた空は」②残すところなく完全に示す。身もとや事情などをすっかり調べ上げる。＊浄瑠璃・本朝二十四孝（1766）一「頼み上げますと洗ひ上げたる心の誠、真実見えて道理なり」＊かのやうに（1912）〈森鷗外〉「先づ神話の結成を学問上に綺麗に洗（アラ）ひ上（ア）げて」＊今年竹（1919-27）〈里見弴〉あやめの客・六「細かな欠点まで一々意地悪く洗ひあげて」発音アライアゲル〈標ア〉ゲ〈京ア〉0

あらい‐いい あらひいひ【洗飯】〘名〙「あらいめし（洗飯）」に同じ。＊俳諧・手挑灯（1745）中「六月〈略〉水飯（すいはん） 洗い飯（イヒ）」

あらい‐いし あらひ‥【洗石】〘名〙庭の、池や流れなどのなかにある置き石で、水を少しかぶったり、水に表面を洗われている石。＊少年（1911）〈谷崎潤一郎〉「遣り水（みづ）、築山（つきやま）、雪見燈籠（ゆきみどうろう）、瀬戸物の鶴、洗ひ石などがお誂へ向きに配置されて」発音〈標ア〉0 イ1

あらい‐いと あらひ‥【洗糸】〘名〙洗革を浅紅色の染革と解して、同じ色の組み糸に用いた名称。

あらいいと‐おどし あらひいとをどし【洗糸威】〘名〙鎧の威の一種。革の代わりに、薄紅色の洗い糸で威したもの。あらいとおどし。＊易林本節用集（1597）「洗糸威 アラヒイトヲドシ」＊武家名目抄（19C中か）甲冑部・洗糸威「武者物語云、うす紅梅の糸にておどしたるを洗糸おどしといふ」発音〈標ア〉オ 辞書易林 表記洗糸威（易）

あらい‐いも あらひ‥【洗芋】〘名〙①「さといも（里芋）」の異名。あらいも。②サツマイモをおろし、水で十分にさらしたもの。なます、汁などに用いる。方言❶さといも（里芋）。長野県佐久493 ❷洗って皮をむいた里芋。愛媛県伊予市840

あら‐いえ【新家】〘名〙方言❶分家。別家。富山県西礪波郡400 ◇あらいべ 富山県390 392 394 石川県加賀418 ◇あらい 富山県砺波398 福井県432 坂井郡433 ◇あらべ 富山県射水郡394 ◇あれえ 山梨県456 ❷小

分限の家。身代の小さい家。富山県西礪波郡400

あらい-おけ あらひをけ【洗桶】〔名〕食器や野菜などを洗うのに用いる桶。また、風呂などで、からだを洗うときに用いる桶。＊抱擁家族(1965)〈小島信夫〉三「梅の上へ、いらなくなったフロの洗い桶をおいてその上に石をのせておいた」方言食後の食器洗い。台所仕事。静岡県志太郡535 発音〈標ア〉オ

あらい-おと・す あらひ:【洗落】〔他サ五(四)〕洗ってよごれなどを除く。＊十訓抄(1252)六・敏行不浄写経為冥途妨事「清書の料紙を書けがしけるとて、文字をあらひおとして」＊太平記(14C後)二〇・義貞自害事「血を洗(すす)ぎ土をあらひ落して是を見給ふに」＊日葡辞書(1603-04)「Araiuotoxi, su, ita(アライヲトス)」＊浄瑠璃・用明天皇職人鑑(1705)道行「ありしその夜のうつりがをあらひおとすなすもの草」＊いさなとり(1891)〈幸田露伴〉四九「此雨は我が罪の幾許(いくら)かを洗ひ落すものとおもへば厭ふべきにもあらず」発音〈標ア〉ト〈京ア〉0 辞書日葡・ヘボン 表記洗落(へ)

あらい-がえ あらひがへ【洗替】〔名〕洗ってかわくまでの間、代わりに着る衣服。＊桑の実(1913)〈鈴木三重吉〉二三「たてじまの木綿のが一枚だけで、洗ひ代(が)への不断着が一枚もおありにならないのである」発音アライガエ〈標ア〉0

あらい-かえし あらひかへし【洗返】〔名〕①もう一度洗うこと。洗いなおし。②着物などを洗って裏返しすること。また、その物。＊わかれ道(1896)〈樋口一葉〉中「私の家の洗ひかへしを光沢(つや)出しの小槌に、碪(きぬた)うちでも遣りに来て下され」③食器などを洗ってもとへもどすこと。＊歌舞伎・釣狐(1882)「お台所は仕出し屋が大勢参って居りますから、洗ひ返しの世話はなく、ただお給仕をするばかり」発音〈標ア〉0

あらいがえ-ほう あらひがへハフ【洗替法】〔名〕棚卸し資産を期末に低価法によって評価切り下げを行なった場合、次期首に切り下げられた簿価をいったん原始原価にもどす方法。↔切り離し法。発音アライガエホー〈標ア〉0ホ

あらい-がき あらひ:【洗柿】〔名〕染色の名。薄い柿色。薄柑子(うすこうじ)。＊俳諧・富士石(1679)二・夏衣「袖涼し夕日をかへすあらひ柿〈調窓子〉」＊浮世草子・好色一代男(1682)五・六「あらひがきの袷帷子(あはせかたびら)に、ふと布の花色羽織に」＊随筆・三省録(1843)六「本多柿、あらひ柿とも郡山染ともいふ。中ごろ本多内記郡山に住居申されしとき、多く世上へそめ出すゆゑに郡山そめといふ」

あらい-かご あらひ:【洗籠】〔名〕洗い物を入れるかご。＊虫(1970)〈黒井千次〉「洗いかごの食器や鍋の横を虫がすりぬける」発音アライカゴ〈標ア〉イラ

あらい-かた あらひ:【洗方】〔名〕①物を洗う方法。洗濯の仕方。＊吾輩は猫である(1905-06)〈夏目漱石〉二「あんな顔の洗ひ方をするものは一人も居らなかったよ」②人の身もとなどを調査すること。詮議、探索すること。＊洒落本・仕懸文庫(1791)三「気づけへしなせへすな。あらひかたはぢょせへねへわたしだから」＊歌舞伎・御国入曾我中村(1825)二幕「なんぼ別人でも、さうさう細かに洗(アラ)ひ方(カタ)も出来ねえ」＊常磐津・三世相錦繡文章(おその六三)(1855)序「コレ、女房ども、此奉公人の洗ひ方はお主がしたと云やったが」＊真景累ケ淵(1869頃)〈三遊亭円朝〉五〇「云はなけりゃア仏様を本堂へ持って行って詮議方(アラヒカタ)するといふから」③料理屋などで、食器類を洗う下働きの人。＊東京風俗志(1899-1902)〈平出鏗二郎〉上・二・奴婢「曰く何町の料理屋に洗方(アラヒカタ)を要す、給銀若干、如何」発音〈標ア〉0

あらい-かたびら あらひ:【洗帷子】〔名〕洗いざらしのひとえもの。＊浮世草子・好色産毛(1695頃)三・一「高宮嶋の洗帷子(アライカタビラ)に、心からともなき素足して」

あらい-かのこ あらひ:【洗鹿子】〔名〕染色の名。鹿の子絞りをして染めたのち、すぐ水洗いしてわざと紅の色をぼかした鹿の子染め。＊浮世草子・好色二代男(1684)四・四「其年も花月が仕出し、洗鹿子(アライカノコ)の虫づくし」＊浮世草子・日本永代蔵(1688)一・四「御所の百色染、解捨(ときすて)の洗鹿子(アラヒカノコ)。物好各別世界にいたりせんさく」

あらい-がみ あらひ:【洗髪】〔名〕①女性の洗った髪。また、洗った髪を結わないでそのまま解きさげたもの。《季・夏》＊俳諧・独吟一日千句(1675)第五「説経をとき櫛もって洗ひ髪 ひがしへ向ては風を待らん」＊俳諧・続猿蓑(1698)冬「門砂やまきてしはすの洗ひ髪〈里東〉」＊人情本・春色梅児誉美(1832-33)三・一八齣「歳齢(としごろ)二十一、二才、洗髪(アラヒガミ)の嶋田の髷(まげ)、ほつれて少し横にまがり」＊五重塔(1891-92)〈幸田露伴〉一「洗ひ髪をぐるぐると酷(むご)く丸めて」＊遠星(1947)〈山口誓子〉「妻とゐて匂ふは妻の洗ひ髪」②洗い髪をそのまま紅羽二重、白いさらし木綿などで結んだ遊女の風俗。＊随筆・独寝(1724頃)上・六四「大夫のあらひがみにして、手にきせるを持て、かぶろに煙草盆(たばこぼん)持(もた)せて」＊随筆・我衣(1825)「延宝貞享の頃より遊女洗髪を水をしぼりて髪先きを紅羽二重にて包て下げたり。元禄より結上る」③葉つきの小大根の三杯漬をいう江戸吉原の語。〔四季漬物塩嘉言(1836)〕発音アライガミ〈標ア〉0〈京ア〉イ

あらい-がわ あらひがは【洗革】〔名〕(「あらいかわ」とも)①白いなめし皮の表面を削って、もんで柔らかにしたもの。あらかわ。②「あらいかわおどし(洗革威)」の略。＊延喜式(927)四九・兵庫「修二理挂甲一領一料〈略〉洗革四半張」＊平家(13C前)一一・鶏合壇浦合戦「木蘭地の直垂(ひたたれ)にあらひかはの鎧きて、御まへに畏って候」＊虎明本狂言・鎧(室町末-近世初)「さて又、夏は卯の花のかきねの水にあらひがは」＊日葡辞書(1603-04)「Araigaua(アライガワ)〈訳〉牡鹿の、洗ったなめし皮」語誌「正倉院文書-天平勝宝八年六月二一日・東大寺献物帳(寧楽遺文)」に「一領 緋絁領裏、洗皮縁、白線組」という記載があり、「正倉院文書-天平一〇年・周防国正税帳(寧楽遺文)」にも「洗革料鹿皮伍張」の記載がある。埴輪や発掘挂甲から推定復元された古代の鎧は、革を札としてもいた。語源説アラヒゾメカハ(洗染革)の略〔大言海〕。発音〈標ア〉0〈京ア〉イ 辞書易林・日葡 表記洗革(易)

あらいかわ-おどし あらひかはをどし【洗革威】〔名〕鎧のおどしの一種。洗革で威したもの。あらかわおどし。＊軍用記(1761)三「洗革おどしは、洗革にておどすなり。洗かはは薄紅にてそめたるかはなり」発音〈標ア〉オ

あらいかわ-かたあかいと あらひかは:【洗革片赤糸】〔名〕鎧の威毛(おどしげ)の一種。鎧の左上隅の二、三段だけを赤糸で、他を洗革で威したもの。あらかわかたあかいと。

あらい-ぎ あらひ:【洗着】〔名〕何度も洗って色のあせた着物。＊たけくらべ(1895-96)〈樋口一葉〉八「薩摩がすりの洗(アラ)ひ着(ギ)に黒繻子の幅狭帯」

あらい-ぎぬ あらひ:【洗衣】一〔名〕洗った衣服。＊藻塩草(1513頃)一八・絹「あらは 洗絹也」＊俳諧・芭蕉桃青翁御正伝記(1841)貞徳翁十三回忌追善俳諧「奉公の隙も余所目の隙とみつ〈芭蕉〉こよと云やりきる浣絹〈正好〉」＊続春夏秋冬(1906-07)〈河東碧梧桐選〉夏「里川の蛭のつきけり洗ひ衣〈滴泉〉」二枕(着ている衣を洗った衣と取り替えて着る意から)「とりかふ(取替)」と類音の「とりかひ川(取替川・鳥養川)」にかかる。＊万葉(8C後)一二・三〇一九「洗衣(あらひきぬ)とりかひ河の川よどのよどまむ心思ひかねつも〈作者未詳〉」発音一はアライギヌ〈標ア〉キ

あらい-きよ・める あらひ:【洗清】〔他マ下一〕文あらひきよ・む〔他マ下二〕洗ってきれいにする。すすいで清浄にする。＊観智院本三宝絵(984)中「みづからきたるきぬをぬぎてあらひきよめて誦経をしつ」＊国基集(1102頃)「天の河といふ所にて日の暮れにしかば、とどまりて舟をあらひきよめてたなばたに貸すとて」＊太平記(14C後)四〇・最勝講之時及闘諍事「手負、死人共を取捨てさせ、血を濯(アラヒ)清めさせ」発音〈標ア〉メ

あらい-ぐすり あらひ:【洗薬】〔名〕目や傷口などを洗うのに用いる薬。せんやく。＊歌舞伎・心謎解色糸(1810)四幕「左様でござりまする。洗ひ薬(グスリ)も今日ぎり」＊和英語林集成(初版)(1867)「Araiguszri アラヒグスリ 洗薬」発音アライグスリ〈標ア〉グ 辞書ヘボン 表記洗薬(へ)

あらい-ぐつわ あらひ:【洗轡】〔名〕馬具の一種。馬を洗ったり、水をやったり、うまやにつないでおいたり初歩の練習をしたりするときに用いる、三筋の麻縄をつけただけの簡単なくつわ。つくりぐつわ。水勒(すいろく)。＊大内問答(1509)「鞍をばおろし、乗轡に而も又あらひ轡にても、引きて可レ被レ渡候」＊岡本記(1544)「あらいくつはにて馬のる事あるべし。此の時は両方のたづなの端をたづなほどに結び合はせて乗るべし」＊浄瑠璃・世継曾我(1683)四「御馬一疋拝借仕度と申せば、安き事それそれと、あらひぐつわにはだせ馬取物も取敢ず鶴が岡へと急ぎける」辞書易林・日葡・書言 表記洗轡(易・書)

あらい-ぐま あらひ:【洗熊】〔名〕アライグマ科の哺乳類。体長約六〇センチメートル。タヌキに似ているが、尾に黒い輪模様がある。北アメリカに分布。森林の水辺にすみ、雑食性で、小動物、果実などを洗って食べる習性がある。冬は木のほら穴で冬眠する。学名はProcyon lotor ＊生物学語彙(1884)〈岩川友太郎〉「Cercoleptes 浣熊(アラヒグマ)ノ一属」発音アライグマ〈標ア〉0

洗熊

あら-いげ【新湯気】〔名〕(「いげ」は「ゆげ」の変化した語)たきたての飯から立ちのぼる湯気。＊浄瑠璃・関取千両幟(1767)七「ソレあらいげのさめぬ内、釜から直に盛ってたも」

あらい-こ【洗─】〔名〕方言❶洗濯。岩手県九戸郡088 ◇あれえっこと〔洗事〕埼玉県秩父郡251 ◇あれえしくち(「しくち」は仕事の意)沖縄県首里993 ❷虫、みずすまし(水澄)。島根県隠岐島741

あらい-こ あらひ:【洗粉】〔名〕物を洗うのに用いる粉。洗顔、洗髪、入浴時などに用いる化粧用の粉をいう場合が多い。近世には、麦のふすまや米ぬかなどが広く用いられ、また、白小豆、緑豆の粉が上質として珍重された。明治以後は、小麦粉などのでんぷん質に、せっけん類、硼砂(ほうしゃ)、重曹などの無機物をまぜたものが多く用いられた。＊浮世草子・好色一代男(1682)三・一「髪はさねかづらの雫にすきなし、身はあらひ粉(コ)絶さず」＊滑稽本・浮世風呂(1809-13)三・上「春はあけぼの、やうやう白くなりゆくあらひ粉(コ)に、ふるとしの顔をあらふ初湯のけふり、ほそくたなびきたる女湯のありさま」＊随筆・嬉遊笑覧(1830)三・上「衣服の油を洗ふに無患子皮と白小豆を粉にして澡豆(アラヒコ)に用ふる故に白小豆をシャボン豆とも呼ぶ」＊人情本・春色梅児誉美(1832-33)三・一四齣「衿元(えりもと)雪より白く、あらひ粉(コ)にて磨きあげたる皃(かほ)へ、仙女香(せんぢょかう)をすりこみし薄化粧は」＊二人女房(1891-92)〈尾崎紅葉〉中・二「糠袋には平素(いつ)よりも多分の洗粉(アラヒコ)を仕込み」発音〈標ア〉0〈京ア〉0/⓪ 辞書ヘボン・言海 表記洗粉(へ・言)

あらい-ごい あらひごひ【洗鯉】〔名〕コイの新鮮な肉を冷水で洗って縮ませた料理。コイのあらい。《季・夏》＊料理切形秘伝抄(1642-59頃)銚子 鯉注「八十嶋詣の鯉〈略〉孔子、さては早き好(このみ)まで我沙汰する鯉は、洗(アライ)鯉と名付、次の鯉は泉と名付」＊俳諧・

西鶴大矢数(1681)第一一「結構過た水のあやつり 本膳に月があまって洗鯉」＊雑俳・柳多留-一七(1782)「あらい鯉くってつばなの直をねぎり」＊歌舞伎・お染久松色読販(1813)序幕「『是はお礼で痛み入り酒』『只今洗鯉(あらひごひ)が出来ます』」 発音アライゴイ〈標ア〉イ1

あらい-こ・す【洗越】『他サ四』川の水などが、物の上を洗って、流れ越す。＊山家集(12C後)上「五月雨に小田(をだ)の早苗やいかならん畔(あぜ)のうきつちあらひこされて」

あらい-こそで【洗小袖】『名』(「小袖」は、その小さい、昔のふだん着) 洗った小袖。洗いざらしの小袖。＊浮世草子・好色一代女(1686)四・三「不断(ふだん)は下に洗(アラ)ひ小袖、上に木綿着物(もめんぎるもの)に成て」＊浮世草子・西鶴置土産(1693)五・三「宇甚(うちん)といへる大臣、一生あらひ小袖(コソテ)を肌に付ざりしが」

あらいこ-ぶくろ【洗粉袋】『名』洗い粉を入れた袋。洗顔用、浴用とする。＊浮世草子・世間娘容気(1717)二・二「小豆の粉に麝香(じゃかう)入たる洗粉袋(アラヒコブクロ)」 発音〈標ア〉ブ

あらい-ざら【洗皿】『名』食器などを洗いすすぐのに用いる皿。洗盤。

あらい-ざらい【洗浚】『副』(「あらいざらえ」とも) 何から何まで全部。すべて残らずに。ことごとく。ありったけ。＊洒落本・神代相眛論(1780)「内幕あらいざらいぶちまけて」＊真景累ケ淵(1869頃)〈三遊亭円朝〉三九「家の物を洗ひざらひ持出して質に置き、水街道の方で遊んで」＊其面影(1906)〈二葉亭四迷〉三三「隠立しては却て為にならないよ。好いかえ? 洗ひ浚(ザラ)ひ言ってお了(しま)ひよ」＊銀の匙(1913-15)〈中勘助〉後・一七「魚屋へいってそこにあった鰈を洗ひざらひ買ってきたのであった」 発音〈なまり〉アラエッツァラエ〔栃木〕アレーザレー〔埼玉方言〕〈標ア〉0 ラ1ザ〈京ア〉0

あらい-ざらし【洗晒】『名』(「あらいさらし」とも) ① 衣服などの、幾度も洗って、色がすっかりさめていること。また、そのような衣服。＊今昔(1120頃か)二三・一五「无文(むもん)の袴に紺の洗曝(あらひさらし)の襖(あを)に、欵冬(やまぶき)の衣の袪と吉く被曝(さらされ)たるを着て」＊御伽草子・十本扇(古典文庫所収)(室町末)「かき浅黄の洗ざらしの小袖の引はりもなきを著て」＊吾輩は猫である(1905-06)〈夏目漱石〉一一「洗ひ晒しの不断着を縫ふ」 ② 妊産婦が死んだ時、赤い布を、川岸に作った棚にかけて、家人や通行人に水をそそいでもらうこと。百日晒し。 発音〈標ア〉0〈京ア〉0

あらい-さら・す【洗晒】『他サ五(四)』(「あらいざらす」とも) ① 衣服を色がさめるくらいにまで幾度も洗う。＊二人女房(1891-92)〈尾崎紅葉〉上・五「新八郎は洗晒(アラヒサラ)した阿波縮の浴衣に、寝ぼけ色の浅黄めりんすの三尺を前結びにして」＊にごりえ(1895)〈樋口一葉〉四「上にあがれば洗(アラ)ひ晒(ザラ)せしさばの裕衣(ゆかた)を出して、お着かへなさいましと言ふ」＊社会百面相(1902)〈内田魯庵〉投機・五「足袋(たび)までが洗(アラ)ひ晒(ざら)した古いのぢゃありませんか」 ② 雨風のあたるにまかせておく。＊先生への通信(1910-11)〈寺田寅彦〉巴里から・一「塔の頂の洗ひさらされた石材には貝殻の化石が一面について居る」 発音〈標ア〉ラ2〈京ア〉0

あらい-さ・る【洗去】『他ラ五(四)』すっかり洗ってなくしてしまう。よく洗って、きれいにする。＊西国立志編(1870-71)〈中村正直訳〉序「一陣の驟雨俄かに降り灑(そそ)ぎ石版に書したる数目を洗ひ去り」＊婦人従軍歌(1894)〈加藤義清〉「真白に細き手をのべて 流るる血しほ洗(アラ)ひ去(サ)り」＊義血侠血(1894)〈泉鏡花〉二六「渠(かれ)は其学識と其地位とに因りて、嘗(かつ)て御者(ぎょしゃ)たりし日の垢塵(こうぢん)を洗去(アラヒサ)りて」 発音〈標ア〉サ

あら-いし【荒石】『名』山から掘り出したり、石切り場から切り出したりしただけで、人手を加えていない石。野面石(のづらいし)。 発音〈標ア〉0

あらい-したた・む【洗拈】『他マ下二』(「したたむ」は、処置するの意) すっかり洗って、きれいにする。洗い流す。洗い去る。＊今昔(1120頃か)二三・一五「太刀欛(たちのつか)に血付たりけるなど吉く洗ひ拈(したた)めて、表の衣・指貫など着替て」

あらいし-づみ【荒石積】『名』石積み法の一つ。割ったままの荒石、または、自然のままの野石など加工してない石材を乱積みするもの。野石積み。

あらい-じま【洗縞】『名』洗った縞の着物。水をくぐった縞模様の古着。＊洒落本・睟のすじ書(1794)三拾文「かし「あらひ嶋のにをに、もめんのよにいとのひも也」 発音〈標ア〉0

あらい-しゅ【洗朱】『名』(「あらいじゅ」とも) ① べにがら色の、すこし黄ばんだ色。黄色みを帯びた、丹色に近い朱。＊俳諧・毛吹草(1638)六「紅葉はは洗朱(アラヒジュ)なれや龍田川〈重方〉」＊雑俳・勝句寄(1730)「はれはれと・波の洗朱出る旭」＊流れる(1955)〈幸田文〉「もしまあ着物のほういくらか寂しいとおっしゃるなら、金糸か色糸かで一ト針入れると明るく冴えますな。〈略〉このごろ洗ひ朱の松がはやりましてな、朝日の松というものですかな」 ② いくらかの朱をまぜた、漆。また、その漆でぬり、刷毛目(はけめ)をつけた角形で平たく浅い椀。＊日葡辞書(1603-04)「Araiju(アライジュ)〈訳〉若干の朱を混ぜた日本の漆」＊洒落本・通言総籬(1787)二「するがやの男、おくり物もち来る。朱のちんきんの丸ぼん、あらい朱のかくひらは、たまごほり」 発音〈標ア〉0 辞書日葡

あらい-しょうじ【洗障子】『名』紙を張りかえるために、水で洗った障子。＊凍港(1932)〈山口誓子〉「をちかたの洗ひ障子や日に燦と」 発音アライショージ〈標ア〉ショ

あらい-ず【洗酢】『名』酢で材料をさっと洗うようにしてしめたり、下味をつけたりすること。 発音〈標ア〉イラ

あらい-すすぎ【洗濯】『名』くりかえし水に通して、きれいにすること。せんたく。あらいそそぎ。＊花ごもり(1894)〈樋口一葉〉二「洗(アラ)ひすすぎに、襤褸(ぼろ)つつくりに、老ひの眼かすむ六七十を孫の守りして暮らさんも宜(よ)し」 発音アライススギ〈標ア〉0〈京ア〉0

あらい-すずき【洗鱸】『名』スズキを、あらいにした料理。スズキのあらい。《季・夏》＊俳諧・誹諧通俗志(1716)時令・四月「洗ひ鱸(スズキ)」＊俳諧・年浪草(1783)夏・二「洗鱸(アラヒススキ)〈略〉和俗、夏月其肉作二魚軒(さしみ)一洗浄浸二熬酒一食レ之、謂二之洗鱸一」＊俳句稿-明治三二年(1899)〈正岡子規〉夏「ビードロに洗ひ鱸を並べけり」

あらい-すす・ぐ【洗濯】『他ガ五(四)』(古くは「あらいすすく」) くりかえし水に通して、きれいにする。洗い清める。洗濯する。あらいそそぐ。＊万葉(8C後)一六・三八八〇「かしまねの 机の島の 小螺(したたみ)を い拾ひ持ち来て 石以ち 突(つつ)き破り 早川に 洗濯(あらひすすき) 辛塩に こごと揉み〈作者未詳〉」＊石山寺本瑜伽師地論平安初期点(850頃)二三「身心を盪(アラヒ)滌(ススキ)て、安住して慚愧して」＊日葡辞書(1603-04)「Araisusugui, u, suida(アライススグ)」＊わかれ(1898)〈国木田独歩〉「町人は皆な此小川にて様々のもの洗(アラ)ひすすげど」 補注「万葉集」の例は、「あらひそそぐ」とよむ説もある。 発音アライススグ〈標ア〉ス2 辞書日葡

あらい-す・てる【洗捨】『他タ下一』因あらひす・つ『他タ下二』洗って汚れを取り捨てる。＊十訓抄(1252)六・敏行不浄写経為冥途妨事「文字をあらひ捨たる水、黒大河と成て」＊日葡辞書(1603-04)「Araisute, tçuru, eta(アライスツル)」＊泥人形(1911)〈正宗白鳥〉二「見ても気の毒げな淋しい生活をも、洗捨てて新しい人となるには」 辞書日葡

あらい-すな【洗砂】『名』泥土、塩分、有機物、塵芥(じんかい)などを水で洗い流した砂。コンクリート骨材、道路舗装材料などに用いる。 発音〈標ア〉イ

あらい-すま・す【洗澄】『他サ四』じゅうぶんに洗う。洗ってきれいにする。＊四河入海(17C前)六・四「さて、眸子を明河の水で洗いすまいては何を見ぞなれば、世間人を看るぞ」＊虎明本狂言・鱸庖丁(室町末-近世初)「たとへは只今のすずきを、あらひすまひて、きりめじんじゃうなるまないたに」

あらい-ぜき【洗堰】『名』水流を横切って、川幅いっぱいに石を詰めて造る堰。川の流れを変え、または水位や水量を調節する目的のものと、灌漑給水の取入れ口に構築するものとがあった。尾濃三大川(木曾、長良、揖斐)の下流に国役(くにやく)普請をもって造られたものなど。＊県令須知(1752頃か)三「石川の洗堰に六七八尺の杭木を一尺間程宛乱に打、石を詰堅めて洗堰したるは何れよりもよく保もつなり」

あら-いそ【荒磯】『名』① 「ありそ(荒磯)」に同じ。＊拾遺(1005-07頃か)恋五・九五五「荒磯(あらいそ)のほか行く波のほか心われは思はじ恋ひは死ぬとも〈柿本人麻呂〉」＊東関紀行(1242頃)興津より車返「くきが崎といふなる荒磯の岩のはざまを行すぐるほどに」＊俳諧・猿蓑(1691)一「あら磯やはしり馴たる友鵆(ちどり)〈去来〉」 ② 「あらいそぎれ(荒磯切)」の略。＊俚言集覧(1797頃)「荒磯 古代切れ也、こい花色、もん、金にて波に鯉、大さ一寸余、黄段地銀らんもあり」＊歌舞伎・三人吉三廓初買(1860)三幕「荒事か荒磯か鯉は此方の持前だ。汝等(うぬら)の声に怖れるものか」 ③ 看守の巡視を知らせる合図をいう、囚人、盗人仲間の隠語。〔隠語輯覧(1915)〕 発音〈標ア〉0〈京ア〉0 辞書日葡・言海 表記荒磯(言)

あらいそ-いわ【荒磯岩】『名』「ありそいわ(荒磯岩)」に同じ。＊新撰六帖(1244頃)三「今ぞわれあらいそ岩の高波につちふみかねて袖ぬらしつる〈藤原光俊〉」＊壬二集(1237-45)「おきつかぜあらいそいはにたつつるのうはげもさむくあられふるなり」

あらいそ-かげ【荒磯陰】『名』荒磯の岩の陰。＊源氏(1001-14頃)松風「あらいそかげに心ぐるしう思ひきこえさせ侍りしふたばの松も」

あらいそ-ぎれ【荒磯切】『名』① 中国から渡来した古代切(こだいぎれ)の一つ。濃いはなだ色地に、金糸または銀糸で鯉と波の模様を織りだした布地。あらいそ。 ② 「あらいそどんす(荒磯緞子)」に同じ。

あらいそ-じま【荒磯島】『名』荒磯でかこまれた島。ありそじま。＊車屋本謡曲・俊寛(1456頃)「さもおそろしくすさまじき、荒磯島にただ独」＊車屋本謡曲・竹生島(1570頃か)「あら磯島の松かげを、便りによするあまを舟」

あらい-そそぎ【洗濯】『名』「あらいすすぎ(洗濯)」に同じ。＊花ごもり(1894)〈樋口一葉〉六「衣類の洗(アラ)ひそそぎ扨は縫はりの暇なく」＊行人(1912-13)〈夏目漱石〉帰ってから・三七「洗(アラ)ひ洒(ソソ)ぎをした」 発音アライソソギ〈標ア〉0

あらい-そそ・ぐ【洗濯】『他ガ四』(古くは「あらいそそく」)「あらいすすぐ(洗濯)」に同じ。＊改正増補和訳英辞書(1869)「Absterge 洗(アラ)ヒ濯(ソソ)ク。清クスル」 発音アライソソグ〈標ア〉ソ2

あらいそ-どんす【荒磯緞子】『名』萌黄(もえぎ)地に、波間におどる鯉の模様を織りだした緞子。荒磯切(あらいそぎれ)。＊洒落本・通俗雲談(1813か)二「黒しゅすにすそぬいのうちかけ、あらいそ純子(ドン

ス)のへりとりむくをきて」

あらいそ-なみ【荒磯波】〘名〙「ありそなみ(荒磯波)❶」に同じ。＊古今六帖(976-987頃)五・雑思「みさごゐるあらいそなみに袖ぬれてたがためひろふいけるかひそも」＊更級日記(1059頃)「袖ぬるるあらいそ浪と知りながら共にかづきをせしぞ恋しき」＊千載(1187)冬・四二六「岩こゆるあらいそ波にたつ千鳥心ならずや浦づたふらん〈道因〉」＊壬二集(1237-45)「ねざめして聞かぬを聞きてかなしきはあらいそなみの暁の声」発音〈標ア〉ソ

あらいそ-みち【荒磯道】〘名〙荒磯のほとりの道。＊弘長元年宗尊親王家百五十番歌合(1261)「夕さればさみねの島に鳴く千鳥あらいそみちに汐や満つらん〈藤原顕盛〉」

あらい-ぞめ あらひ…**【洗染】**〘名〙(紅の色を洗いおとしたような色ということか)「あらぞめ(荒染)①」に同じ。＊新撰字鏡(898-901頃)「退紅 洗曾女」＊江家次第(1111頃)八・相撲召仰「相撲長、左右、各二人、退紅袍」辞書字鏡 表記退紅(字)

あら-いた【粗板】〘名〙ひき割ったままで、まだかんなをかけていない板。発音〈標ア〉0

あらい-だい あらひだひ**【洗鯛】**〘名〙タイを、あらいにした料理。鯛のあらい。《季・夏》発音〈標ア〉イ1

あらい-だし あらひ…**【洗出】**〘名〙①れんがで作った壁の表面を、漆喰(しっくい)などをせずに、生地のまま出しておくこと。また、その壁。〔日本建築辞彙(1906)〕②壁や土間などで、表面がかわかないうちに、ブラシなどをかけ水洗いをして、砂利、細石を浮きあがらせたもの。＊落語・蓄音機(1899)〈初代三遊亭金馬〉「ズーッ…と入口の所が洗ひ出しの叩(たたき)になって居りまして」③板の木目を、ブラシなどをかけ水洗いをして、特に目立つようにしたもの。杉戸などに多く用いられる。＊歌舞伎・天衣紛上野初花(河内山)(1881)六幕「表口は洗(アラ)ひ出(ダ)しの化粧庇の意気な門だが、裏口はどこからはひるね」＊風俗画報-九一号(1895)遊芸門「看板を掲げ通し格子の洗(アラ)い出(ダ)しは家の作りに似げなく」＊秘密(1911)〈谷崎潤一郎〉「見事な洗ひ出しの板塀に囲まれた二階の欄干から」④調査によって、表面に現われていない事情をあきらかにすること。発音〈標ア〉0〈京ア〉0

あらい-だ・す あらひ…**【洗出】**〘他サ五(四)〙①洗って木の板目などを出す。＊夢十夜(1908)〈夏目漱石〉九「鼠色に洗(アラ)ひ出(ダ)された賽銭箱の上に、大きな鈴の紐がぶら下って」②雑巾などを洗って、よごれを取り去る。＊人情本・春色恋白波(1839-41)一・二回「雑巾を洗ひ出し拭て居る」③形や事情などをあきらかにする。＊天国の記録(1930)〈下村千秋〉三「ずらかりもんだからね、警察へ行ったらそいつを洗ひ出されるのが恐いんでせう」＊地を潤すもの(1976)〈曽野綾子〉二「名目は、反日分子を洗い出す、ということだったのです」

あらい-たて あらひ…**【洗立】**〘名〙①(「たて」は、動作が終わったばかりである、の意を表わす)洗い終わって、まだ時間があまりたたないこと。洗ったばかりであること。または、そのもの。＊ケーベル先生(1911)〈夏目漱石〉「洗(アラ)ひ立(タ)ての白いものが手と首に着いてゐるのが正装なら」＊大阪の宿(1925-26)〈水上滝太郎〉三・三「みなりの粗末なのに似ないで、いつも洗ひ立ての足袋を穿いてゐるのが、殊の外三田の好みに媚びた」②「あらいだて(洗立)」に同じ。発音〈標ア〉ダ〈京ア〉0

あらい-だて あらひ…**【洗立】**〘名〙他人の品行や悪事などの真相を探り出して、ことさらにあばき出すこと。穿鑿(せんさく)。あらいたて。＊雑俳・柳多留-七五(1822)「洗ひ立せぬがきれいな嫁姑」＊人情本・春色辰巳園(1833-35)三・一条「私(わちき)が紋の付た羽折がお気にさはって、泥に踏込で、まだ倦たらねへで、だいぶ丹さんに洗(アラヒ)だてをしなさるが」＊社会百面相(1902)〈内田魯庵〉破調・中「誰でも洗立てをしたなら汚ない根性を持ってます」＊かのやうに(1912)〈森鷗外〉「併(しか)しかう云ふことを洗立(アラヒダテ)をして見た所が」発音〈標ア〉0

あらい-た・てる あらひ…**【洗立】**〘他タ下一〙文あらひた・つ〘他タ下二〙(「あらいだてる」とも。「たてる」は、ことさらに…する、の意を表わす)①くりかえし念を入れて洗う。じゅうぶんに洗う。＊前田本枕(10C終)二〇〇・四月、ころもがへ「童べの、かしらばかりあらひたてつつ、なりはなえほころびがちにうちみだれて」＊たまきはる(1219)「髪うつくしく仕立てて、顔あらいたてて参りて、つとめて心ばかりは、かぎりなくしたてて」＊日葡辞書(1603-04)「Araitate, tçuru, eta (アライタツル)〈訳〉洗って整える。または、洗い終える」＊俳諧・韻塞(1697)極月「葱白く洗ひたてたるさむさ哉〈芭蕉〉」＊義血侠血(1894)〈泉鏡花〉一「沢庵を洗立(アラヒタ)てたるやうに色揚したる編片(あむぺら)の古帽子の下より」②他人の品行や悪事などの真相を探り出して、ことさらにあばき出す。内情をあばきたてる。＊青春(1905-06)〈小栗風葉〉秋・三「何んぞと云ふと二言目には那事(あのこと)を洗立(アラヒタ)てて」＊浅草紅団(1929-30)〈川端康成〉五六「お春の恋人―それには、お春の身元を洗(アラ)ひたててみないと分らない」発音〈標ア〉テ〈京ア〉0 辞書日葡

あらい-た・でる あらひ…〘他ダ下一〙文あらひた・づ〘他ダ下二〙木造船の舟底を火であぶる。船食虫を駆除したり、水分を除去して、船の寿命を長くし、また、船足を軽くするために行なう。＊日葡辞書(1603-04)「Araitade, zzuru (アライタヅル)。例、フネヲ araitazzuru (アライタヅル)、または、スリタヅル〈訳〉船を火で熱し、擦り洗いする」＊和英語林集成(初版)(1867)「Araitade, ru アラヒタデル」辞書日葡・ヘボン

あらい-ちぢみ あらひ…**【洗縮】**〘名〙衣服などが、洗ったあとに縮むこと。＊傷ついた葦(1970)〈曽野綾子〉一・二「洗い縮みしてしまったような古いセーターを着ていると」発音〈標ア〉チ0

あらい-ちゃきん あらひ…**【洗茶巾】**〘名〙茶の湯の点前(てまえ)の一つ。盛夏に薄茶平点前に限り行なう。普通、水屋でたたむ茶巾を、水の入った平茶碗に浸して持ち出し、客の前で絞ってたたむ。清涼感を与えるための扱い方。《季・夏》

あらい-つち あらひ…**【洗土】**〘名〙金属製の器物を洗うのに用いる粘り気のない土。みがきずな。

あら-いと【―糸】〘名〙太い絹糸、または毛屑の糸(日葡辞書)。＊書言字考節用集(1717)服食「糸頭 アライト 近世蕃商ノ所ニ齎売ノ者」辞書日葡・書言

あらいと-おどし …をどし**【洗糸威】**〘名〙「あらいいとおどし(洗糸威)」に同じ。辞書書言 表記洗糸威(書)

あらい-どら【洗―】〘名〙方言たわし。石川県鹿島郡064 兵庫県加古郡664 ◇あらいどお 石川県江沼郡422 ◇あらえどろ 富山市近在392

あらい-なお・す あらひなほす**【洗直】**〘他サ五(四)〙一度洗ったものをもう一度洗う。転じて、もとにもどって、もう一度調べなおす。再検討する。「容疑者を洗い直す」発音〈標ア〉オ

あらい-ながし あらひ…**【洗流】**〘名〙(水で、洗って流したものの意から)釜やおはちについていて、洗う時に流れ出る御飯つぶ。あらい。＊歌舞伎・処女評判善悪鏡(白浪五人女)(1865)五幕「洗(アラ)ひ流(ナガ)しやお余りで命を繋ぐ人間だと思やあがるか」＊東京語辞典(1917)〈小峰大羽〉「あらひ、ながし〔洗流〕釜或は飯櫃を洗ふ時、底に附著したる飯粒が水と共に流れ出づるをいふ。『―の糊』『―を乞食に与(や)る』」発音アライナガシ〈標ア〉0

あらいながし-しき あらひながし…**【洗流式】**〘名〙給水装置をつけて、汚物などを洗い流して処理する方式。水洗式。発音アライナガシシキ〈標ア〉0

あらい-なが・す あらひ…**【洗流】**〘他サ五(四)〙水で、よごれなどを洗って、きれいにする。よごれなどを、すっかり洗いおとす。また、ものをすっかり流し去る。＊太平記(14C後)二七・田楽事「終日終夜大雨、〈略〉昨日の河原の死人汚穢(をゑ)不浄を洗(アラヒ)流し」＊日葡辞書(1603-04)「Arainagaxi, su, aita (アライナガス)〈訳〉畑または近くの場所にある、ある物を、河の大水が持ち去る」＊浮世草子・好色一代男(1682)一・二「一とせの埃(ほこり)に埋(うづもれ)しかなあんどん、油さし、机、硯石を洗(アラ)ひ流(ナガ)し」＊読本・椿説弓張月(1807-11)残・六三回「涙は甲夜(よひ)の驟雨(むらさめ)より、なほ降そそげと身の錆を、洗(アラ)ひ流(ナガ)さんすべもなし」発音アライナガス〈標ア〉ガ〈京ア〉0 辞書日葡

あらい-なわ【洗縄】〘名〙方言わらを束ねて作る、たわし。兵庫県神崎郡038 ◇ありゃあなわ 京都府竹野郡622

あら-いぬ【荒犬】〘名〙①凶暴な犬。＊名語記(1275)二「あら馬、あら犬などにもきづなさす歟」＊太平記(14C後)三五・北野通夜物語事「道に荒狗(アライヌ)数十疋走(わしり)り追ひける間、阿難鉢を地に棄てて、這ふ這ふ帰り給ひしかば」②鷹狩り用としてはじめて仕込む犬。＊定家鷹三百首(1539)秋「あら犬の鷹にかかるをうちのけてさわぎとらふる野べの狩人」発音〈標ア〉0

あらい-の-せき あらゐ…**【新居関】**江戸時代、遠江国新居宿(静岡県新居町)に置かれていた、箱根関とともに並ぶ東海道の重要な関所。今切関(いまぎれのせき)とも。慶長六年(一六〇一)徳川家康が創設し、明治二年(一八六九)廃止された。

あらい-ば あらひ…**【洗場】**〘名〙野菜、食器、衣類などを洗う場所。また、風呂で体を洗う所。＊兵隊の宿(1915)〈上司小剣〉一「下の川端の洗ひ場で茎漬けにする菜を洗ひ上げて」＊蠅(1923)〈横光利一〉六「銭湯へ行ったとき、八百円の札束を鞄に入れて洗ひ場まで持って這入って」

あらい-ばし あらひ…**【洗箸】**〘名〙一度使った後、洗ってまた使用する箸。＊俳諧・乙二七部集・附録(1830-44)上「日表へ出せば蝶来るあらひ箸〈如水〉」発音〈標ア〉バ

あらい-は・つ あらひ…**【洗果】**〘他タ下二〙洗いおわる。すっかり洗う。＊寛永刊本蒙求抄(1529頃)七「湯をあび髪を洗ふ時、洗いはてたら御目にかからうと云へば」

あらい-ばば【洗婆】〘名〙方言❶産婆。助産婦。島根県725 ◇あらいばあ 島根県邑智郡725 ◇あらいばばさ 山形県西村山郡139 ◇あろいばばさ・あらいばんば・あらいかが〔洗嬶〕山形県北村山郡139 ◇あらいて〔洗手〕島根県鹿足郡725 ◇あらいあげばあ〔洗上婆〕山口県阿武郡010 ❷赤ん坊のむつきなどを洗う女。島根県簸川郡・能義郡725

あらい-はり あらひ…**【洗張】**〘名〙着物をほどいて洗い、のりをつけて、板に張ったり、籡(しんし)張りにしたりして、しわをのばし、かわかすこと。＊咄本・聞上手(1773)叙「洗張(アライハリ)、小刀細工もよむ人の腹(おなか)にあるべし」＊狂歌・徳和歌後万載集(1785)一「みよしのの山の葛の粉のりにして霞の衣あらひはりせり」＊雑俳・柳多留-一二五(1833)「異国でも誉る小町の洗ひはり」＊安愚楽鍋(1871-72)〈仮名垣魯文〉三・上「小うめとうざんの二た子をりらんたつじまのあらひはりをした羽をりに」＊当世書生気質(1885-86)〈坪内逍遙〉一「近日(ちかごろ)洗張(アラヒハリ)をしたりと見えて、襟肩もまだ無汚(きれい)なり」発音〈標ア〉ラ〈京ア〉0 辞書言海 表記洗帳(言)

あらいはり-や あらひはり…**【洗張屋】**〘名〙着物の、洗い

張りを職業とする家。また、その人。＊人情本・春色辰巳園(1833-35)三・二条「すぐに洗張(アラヒハリ)やへもたしてやったが、しみも疵(きず)もなしにきれいになるとヨ」＊滑稽本・八笑人(1820-49)四・上「『少し明(あき)地があれば出来る事だ』『ヘン、洗張屋(アラヒハリヤ)が見世を出すやうだ』」＊卍(1928-30)〈谷崎潤一郎〉二三「出入りの洗ひ張り屋の男」発音〈標ア〉0

あらい-ばん あらひ:【洗盤】『名』食器などを洗うのに用いる盤。あらいざら。＊延喜式(927)一・神祇・四時祭「春日神四座祭 祭神料〈略〉洗盤六口」＊朝野群載-四・嘉承二年(1107)一一月二八日・斎宮御帰京諸国所課支配状「伊勢斎王帰レ京国国所レ課 山城国〈略〉可レ弁備レ物〈略〉洗盤六口」

あらい-びん あらひ:【洗瓶】『名』化学実験や化学分析などに用いる容器。発音〈標ア〉0

あらい-ぶぎょう あらゐブギャウ【新居奉行・荒井奉行】『名』江戸幕府の遠国奉行の一つ。元和五年(一六一九)に設置、元禄一五年(一七〇二)廃止。遠江国(静岡県)新居関所の守衛のことをつかさどる。＊徳川実紀-元禄九年(1696)二月一四日「使番成瀬滝右衛門重章、船手頭佐野与八郎政信はともに荒井奉行になる。これより山田・荒井ともに奉行二員に定めらる」＊吏徴(1845)附録・廃職「荒井奉行弐人 元和五年己未三月九日始置二一人一」

あらい-ぶね あらゐ:【新居船・荒井船】『名』東海道の新居(静岡県浜名郡新居町)と舞坂(静岡県浜名郡舞阪町)との間の浜名湖を往復する渡し舟。海上一里、波が荒く、危険な渡しとして知られていた。＊俳諧・花月六百韻(1719)月「哀れ知れ垂(たれ)たけれども荒井船〈卓々〉わすれぬ時は女郎花見る〈李賦〉」

あら-いべ『名』方言 ⇩あらいえ(新家)

あらい-まき あらひ:【洗蒔】『名』籾(もみ)を水に浸しておかないで、ただ洗っただけで蒔くこと。＊和訓栞(1777-1862)「あらひまき 苗代の時、籾を水中に漬さず、洗ひそて蒔をいふ 砂石の田、新耕の田によろしといへり」

あらい-まて【洗─】『名』方言❶食後の食器類を洗いかたづけること。栃木県198 群馬県館林245 埼玉県北葛飾郡258 千葉県東葛飾郡280 ◇あれえまてえ 埼玉県秩父郡251 ◇あらいまた 栃木県那須郡・上都賀郡198 ❷ふき掃除。千葉県東葛飾郡276

あらい-まるた あらひ:【洗丸太】『名』杉の丸太を小砂とシュロの皮とで洗い、磨いたもの。柱や縁桁(えんげた)などに用いる。みがきまるた。

あらい-まわし【洗─】『名』方言食後に、食器などを洗いかたづけること。また、炊事。岐阜県岐阜市498 飛驒502 愛知県知多郡570 ◇あらいまし 山梨県南巨摩郡465 長野県佐久484

あら-いみ【荒忌】『名』①祭祀(さいし)の時、神事にあずかる者が真忌(まいみ)の前後に行なう物忌。この間は、諸司の政務は執るが、仏事にあずかり、喪をとむらい、病人を見舞い、肉を食う等のことを禁ずる。なお、音楽、死刑を停め、すべて穢(けが)れに触れないよう謹慎する。＊和泉式部集(11C中)上「契りしをたがふべしやはいつくしきあらいみまいみ清まはるとも」＊名語記(1275)三「あらいみ、まいみのふたつの儀式」②近親が死去した場合などに家にこもって喪に服すること。＊神祇道服紀令秘抄(1645)三五・暇之事「暇とは荒忌を云。此間は主君より暇を乞て、人に対面せずして引こもり居、故に暇と云也」方言❶分娩後二週間ほど、産婦が川または橋を渡るのを忌むこと。富山市近在392 ❷男児を出産した後の二一日間の忌みの期間。富山県砺波398 発音〈標ア〉ミ イ 辞書色葉・言海 表記散斎(色) 荒忌(言)

あらい-めし あらひ:【洗飯】『名』水をかけた飯。湯づけ飯に対する。また、水で洗ってさらした飯。水飯(すいはん)。水漬(みずづ)け。《季・夏》＊浮世草子・西鶴名残の友(1699)四・五「一重(ぢう)には香の物焼塩 又一重には洗(アラ)ひ食(メシ)に若菜こまかにして組合ける」＊俳諧・誹諧通俗志(1716)時令・六月「洗ヒ飯」＊続春夏秋冬(1906-07)〈河東碧梧桐選〉夏「筧して絶えずの清水洗ひ飯〈碧童〉」発音〈標ア〉0

あら-いも【荒芋】『名』方言❶洗って皮をむいた里芋。長野県東筑摩郡054 佐久484 和歌山県691 愛媛県伊予市840 ❷植物、さといも(里芋)。群馬県一部030 新潟県373 東蒲原郡368 山梨県456 長野県475 480 493 鳥取県西伯郡712 島根県鹿足郡739 広島県771 高田郡779 山口県玖珂郡794 徳島県一部030 香川県綾歌郡829 福岡県030 大分県一部030 豊前047 ❸植物、つくねいも(捏芋)。徳島県一部030

あらい-もの あらひ:【洗物】『名』①衣類や食器などの洗わなければならないもの。また、洗ったもの。＊評判記・色道大鏡(1678)一五「あらひものなどのときみだし、地配り、つぎあてがひ〈略〉中々人の妻女も及びがたく、縫物師にも超(こへ)たり」＊大津順吉(1912)〈志賀直哉〉六「洗物の多い頃で千代がよく其処で洗濯をしてゐた」②洗うこと。特に洗濯すること。＊二人女房(1891)〈尾崎紅葉〉中・四「洗物(アラヒモノ)でもさせると小桶の水に映る影を、撓めつ直(すが)めつ眺めてばかり」＊雁(1911-13)〈森鷗外〉二一「洗物(アラヒモノ)をさせるにも、雑巾掛をさせるにも、湯を涌かして使はせるのに」③「あらい(洗)②」に同じ。＊歌舞伎・小袖曾我薊色縫(十六夜清心)(1859)四立「何サ、生潮(なまうしほ)や洗(アレ)へものを好(このん)でくふのは意気がりさ」④瀬戸物の容器。＊西洋道中膝栗毛(1870-76)〈仮名垣魯文〉九・下「洗(アラ)ひ物(モノ)を持せて下え遣り〈あらひものとは、瀬戸物鉢の義也〉」発音〈なまり〉アライモン〔讃岐〕 アリァモノ〔岩手〕〈標ア〉0〈京ア〉0

あらいもの-し あらひもの:【洗物師】『名』(「し」は、サ変動詞「す」の連用形の名詞化で、それを職業とする者の意。「師」はあて字) 衣類などの洗濯を職業とする人。洗濯屋。洗物屋。＊浄瑠璃・傾城島原蛙合戦(1719)二「洗物師(アラヒモノシ)の蛇の目後家」

あらいもの-や あらひもの:【洗物屋】『名』「あらいものし(洗物師)」に同じ。＊雑俳・削かけ(1713)「見にはしる・あらいものやがとっぱかわ」

あらい-や あらひ:【洗矢】『名』先端に布または刷毛をつけて、銃の砲身内部を洗浄するのに用いる金属製の棒。＊軍隊病(1928)〈立野信之〉二「『何だ、この銃の手入の仕様(しさま)は！』と下士は真鍮の洗矢(アラヒヤ)で私の頭を打った」＊学校教練教科書(1940)一〇・一・四「腔中を拭浄するに洗矢を使用し能はざるときは、さく杖に補足さく杖を装著して手入を行ふものとす」＊真空地帯(1952)〈野間宏〉一・八「昨日は銃口の手入れをやらしたら洗矢(アライヤ)を二本とも折ってしまいやがるし」

あらい-やくし あらゐ:【新井薬師】東京都中野区新井にある真言宗豊山派の寺、梅照院の通称。発音〈標ア〉ヤ

あらい-よね あらひ:【洗米】『名』水で洗って清めた白米。神の供物などにする。かしよね。せんまい。＊色葉字類抄(1177-81)「粿米 アラヒヨネ」＊御湯殿上日記-文明九年(1477)五月二五日「あんせん寺殿より御あらひよねまいる」＊日葡辞書(1603-04)「Araiyone(アライヨネ)」＊浮世草子・浅草拾遺物語(1686)二・一「灯をかかけ洗米(アライヨネ)其外供物など土器に備へてひとへに神のごとく此ふしきさ」＊歌舞伎・梅柳若葉加賀染(1819)大切「御恩になったお方をば、身に引受けて籾糠(もみぬか)まで、搗(つ)き抜いた上白の、水道の水の洗(アラ)ひ米(ヨネ)」方言❶神に供えるための洗った米。鳥取県気高郡717 島根県那賀郡・鹿足郡725 ◇あらいね 香川県高見島・佐柳島829 ◇あらやね 三重県度会郡599 ◇あらいいね 香川県岩黒島829 ◇あれね 宮崎県東諸県郡954 ❷研いだ米。島根県邑智郡・隠岐島725 辞書色葉・伊京・日葡・書言・ヘボン・言海 表記粿米(色) 粇(伊) 洗米(書・ヘ・言)

あらい-りゅう あらゐリウ【荒井流】『名』放鷹(ほうよう)の一流派。信州諏訪の贄鷹(にえたか)奉仕の一派に属し、荒井豊前守を始祖とするもの。江戸幕府に仕え、御鷹方を世襲した。発音アライリュー〈標ア〉0

あら-う【荒鵜】『名』鵜飼いで、まだ飼い主になれていない鵜。使いなれない鵜。《季・夏》＊新撰六帖(1244頃)三「沖つ島浪のまもなくあらうとやほせど翅(つばさ)のかわかざるらん〈藤原知家〉」＊謡曲・鵜飼(1430頃)「鵜籠を開き取り出だし、島つ巣下ろし荒鵜ども、此の川波にばっと放せば」語源説アラはアラ(新)の義〔大言海〕。辞書言海 表記荒鵜(言)

あら・う あらふ【洗】『他ワ五(ハ四)』①水などでよごれを落とす。すすぎ清める。着物などを洗濯する。米などを研ぐ。＊万葉(8C後)一四・三四四〇「此の川に朝菜安良布(アラフ)児なれもあれもよちをそ持てるいで子たばりに〈東歌〉」＊東大寺諷誦文平安初期点(830頃)「仏は彼の所に至り自(おほみてつから)洗(アラヒ)着せたまひたり」＊枕(10C終)五・四月、祭の頃「童(わらはべ)の頭ばかりをあらひつくろひて、なりはみなほころび絶え」＊大唐西域記長寛元年点(1163)七「如来嘗(むかし)中にして器を滌(アラヒ)き」＊今鏡(1170)一〇・敷島の打聞「あらひたる仏供(ぶぐ)ふたかはらけ供へさせ給ふべき」②水や波が岸辺に寄せたり返したりする。＊散木奇歌集(1128頃)夏「伊勢のあまの苫屋の床のかぢ枕あらふさなみに目をさましつる」＊文づかひ(1891)〈森鷗外〉「ムルデの河波は窓の真下のいしずゑを洗ひて」＊真鶴(1920)〈志賀直哉〉「岸を洗ふ静かな波音が下の方から聴えて来る」③心を清める。心の中の不純なもの、有害なものを取り除く。＊太平記(14C後)一三・藤房卿遁世事「其言葉の引替て、今よりは心の垢を雪(きよめ)、憂世の耳を可レ洗(アラフべき)便りに成ぬと思給ひ」＊寛永刊本江湖集鈔(1633)二「無垢と思ふ一念をも洗てのけでは」＊聖ヨハネ病院にて(1946)〈上林暁〉「自分の妻ながら、きれいな心に僕は洗はれるやうであった」④(身元や犯罪事実など)隠れている事柄を調べる。糺(ただ)す。詮議する。取り調べる。＊洒落本・仕懸文庫(1791)三「それともよくあらってみてくんねへ」＊雑俳・末摘花(1776-1801)一「尻みやは洗(アラ)って見たと女衒いひ」＊塩原多助一代記(1885)〈三遊亭円朝〉二「貴君(あなた)も、元を洗へば同じ血統で」＊ノリソダ騒動記(1952-53)〈杉浦明平〉六「嫌疑者を洗い証拠をそろえる」⑤興行が二回以上の場合、一回ごとに入場者を入れ替えることをいう。興行界の隠語。⑥拾得物の中身を抜き取る、また、拾得物を横領することをいう。盗人、てきや仲間の隠語。〔隠語輯覧(1915)〕語誌現代語では、水や湯で汚れを落とす意味で「あらう」「すすぐ」「ゆすぐ」が類義的な関係にある。(1)「あらう」は、水や湯で汚れを落とすことに広くいい、どのようにして汚れを落とすかは問題ではない。これに対して、「すすぐ」「ゆすぐ」に、さらに、どのようにして汚れを落とすかが問題となる。この点、「すすぐ」や「ゆすぐ」は「あらう」のあり方の一つと考えられる。(2)「すすぐ」は、汚れた物に、水や湯を掛けることで汚れを落とすもの、「ゆすぐ」は、汚れた物を、水や湯の中に入れて、その中で汚れた物を動かすことで汚れを落とすものである。(3)口に砂などが入った時は、「口をすすぐ」とも「口をゆすぐ」ともいうが、「口をあらう」とは普通いわない。(4)不名誉、汚名などを返上するなどの抽象的な意味では、「すすぐ」が用いられる。(5)この他、「あらう」は「岸をあらう」など、波などが打ち寄せるの意味で、また「身元をあらう」など、隠れている事柄を調べるなどの意味で用いられるが、「すすぐ」「ゆすぐ」にはこれらの意味はない。方言魚を料理する。

佐渡†085 語源説 (1)アラ(新)を活用した動詞で、新たにする義〔大言海〕。(2)ハラフ(払)から〔和訓栞〕。(3)アル(生)の延〔名言通〕。(4)アは垢、ラフは追いやる意のナヤラフ、また、ハラフ(払)などの意〔名語記・和句解・日本語原学=林甕臣〕。 発音 文 アローとも 〈分布〉アラー〔埼玉方言〕 アラル〔NHK(青森)〕 アル〔鹿児島方言〕 アルー〔島原方言・壱岐続〕 〈標ア〉0 〈ア史〉平安●●○ 鎌倉来●●● 〈京ア〉0 辞書 字鏡・色葉・名義・下学・和玉・文明・明応・天正・饅頭・黒本・易林・日葡・書言・ヘボン・言海 表記 洗(色・名・下・玉・文・明・天・饅・黒・書・へ・言) 濯(色・名・玉・文・明・天・黒・書) 澣(下・玉・文・易・書) 浣・洒(色・名・玉・書) 汰(色・名・玉・文) 滌(色・名・易・書) 澡(色・名・玉) 浴(名・玉・文) 沐(文・黒・書) 瀬・漑・湅・灡(色・名) 湔(名・玉) 盥(玉・書) 潕・洽・溢・淅・否(色) 滲・漲・淹・湙・沢・洿・浣・瀚・沽・雪・談・飄・擯・揩・沐浴(名) 溺・洙・瀾・涸・潩・擩・傈・盎(玉) 洮・頮(書)

同訓異字 あらう【洗・沐・洒・浣・滌・澣・澡・濯】

【洗】(セン) 水でよごれを落としてきれいにする。「洗濯」「洗剤」「洗礼」「水洗」《古 あらふ・すます・きよし》

【沐】(モク) 水で髪をあらう。転じて、湯や水で体をあらう。ゆあみをする。「沐浴」《古 かしらあらふ・かみあらふ・あむ・あらふ・ゆする》

【洒】(サイ・シャ) 水をかけてすすいで、あらい清める。「洒掃」 転じて、余分なものをそそぎ落としてすっきりさせる。「洒脱」「洒落」《古 そそく・すすぐ・きよむ・あらふ・すます・さらす》

【浣】(カン) 衣服や体のよごれを水ですすぎ清める。「浣衣」「浣腸」《古 あらふ・すすぐ》

【滌】(ジョウ・テキ) 水をかけてよごれを落としてきれいにする。「洗滌」《古 あらふ・すすぐ・そそぐ・はらふ》

【澣】(カン) 「浣」に同じ。「澣衣」「上澣」《古 あらふ・すすく》

【澡】(ソウ) 布などでこすり落としてきれいにする。「澡浴」《古 あらふ・きよむ・すすぐ・きよし》

【濯】(タク) 水で布をあらう。すすぎあらいをする。「洗濯」《古 あらふ・すすく・あむ》

あら-うお を:う【荒魚】『名』 波の荒い海や、潮流の速いところにすんでいる魚。大海にすんでいる魚。＊虞美人草(1907)〈夏目漱石〉一三「只広海の荒魚(アラウヲ)も、三つ尾の丸っ子も、同じ箱に入れられれば、水族館に隣合の友となる」 発音〈標ア〉0

あら-うし【荒牛】『名』(古くは「あらうじ」とも) 凶暴な牛。あばれる牛。＊信明集(970頃)「荒牛のしたしの浦のゆかしさにとりて見つれば弾かれにけり」＊狭衣物語(1069-77頃か)一「あらうしにはあり、押しとどめても、やるべきに」＊日葡辞書(1603-04)「Arauji (アラウジ)〈訳〉荒々しい雄牛」 発音〈標ア〉0 辞書 日葡

あら-うず【荒渦】『名』 方言 ❶大雨が降って渦を巻き押し寄せてくる泥水。神奈川県津久井郡・愛甲郡314 ◇あらおず 群馬県勢多郡236 ◇あろおず 埼玉県秩父郡251 山梨県南巨摩郡463 ◇あらど 岩手県気仙郡101 ❷大雨の後、道路や屋敷内などを流れる水。神奈川県津久井郡316 ◇あろおど 静岡県榛原郡541 ◇あらど 静岡県磐田郡546

あら-うち【荒打・粗打】『名』 ①土蔵の壁を塗るとき最初に荒木田土を小舞の間に塗りこめて壁の下地をつくること。このとき、素人も少し隔たった所から土を打ちつけて祝うことが行なわれた。あらぬり。＊雑俳・柳多留-初(1765)「荒打に左官斗は本の良」＊雑俳・川柳評万句合-天明二(1782)信二「あら打のくらを取まくなわたすき」＊滑稽本・八笑人(1820-49)二・上「荒打(アラウチ)の足場から落ちまして難渋いたします」 ②鍛冶屋が鉄を粗く不完全に鍛えたり、大工などが手斧(ちょうな)で材木を粗削りすること。＊日葡辞書(1603-04)「Arauchiuo (アラウチヲ) スル」 ③弓を作る竹で、これから磨いたり曲げたりするもの(日葡辞書(1603-04))。 ④(形動) 態度、様子などが粗野なさま。＊日蓮遺文-撰時抄(1275)「我師伝教大師はいまだ此事をばくはしく習せ給ざりけり。漢土に久もわたらせ給ざりける故に、此の法門はあらうちにみをはしけるやとおぼして」＊玉塵抄(1563)二九「性があらうちにして、しっとりとないぞ」＊日葡辞書(1603-04)「A-rauchina (アラウチナ) ヒト」 発音〈標ア〉0 辞書 文明・日葡 表記 荒打(文)

あらう-なわ は:な【荒鵜縄】『名』 荒鵜をあやつる縄。＊浄瑠璃・津国女夫池(1721)三「井堰(いせき)にかかるあら鵜なは、もつれまとはれ、しどろ成」

あら-うま【荒馬】『名』 気が荒く、乗りこなすのがむずかしい馬。駻馬(かんば)。＊名語記(1275)二「あら馬、あら犬などにもきづなさす歟」＊曾我物語(南北朝頃)八・富士野の狩場への事「めしの御馬はなれたりしが、御庭せばしとはせまはる。日本一のあら馬なれば」＊仮名草子・仁勢物語(1639-40頃)上・四二「をかし、男、馬好みにて、あらむまを相持ちけり」＊羽尾記(1669頃か)「海野能登守は、強弓をひき、あら馬をよく乗り」 発音 アラウマ 〈標ア〉0 〈京ア〉0 辞書 日葡・言海 表記 荒馬(言)

あらうま の 轡(くつわ)**は前**(まえ)**から** あばれ馬は正面から向かって行って捕えるほうがよいということから、難事を処理するには小細工より、大胆に当たるほうがよいの意。

あら-うま【新馬】『名』 ①一歳の馬。牧場からあらたに引き出した馬。 ②(「うま」は月経帯の隠語) はじめての月経。また、それに用いる月経帯。＊雑俳・柳多留-三六(1807)「初花といふ新馬に娘乗り」

あらうま-のり【荒馬乗】『名』 荒馬をじょうずに乗りこなすこと。また、その人。＊平家(13C前)九・木曾最期「屈竟のあら馬のり、悪所落とし、軍(いくさ)と云へば」＊浄瑠璃・四天王女大力手捕軍(1678)初「力は五十人か力めいよのはやわざのあら馬のりの女むしゃ」 発音 アラウマノリ 〈標ア〉マ 辞書 日葡

あら-うみ【荒海】『名』 ①波が荒い海。あるみ。＊枕(10C終)二三・清涼殿の丑寅のすみの「北のへだてなる御障子は、あらうみの絵(かた)、生きたる物どものおそろしげなる、手長足長などをぞかきたる」＊源氏(1001-14頃)帚木「あらうみの怒れる魚(いを)の姿」＊俳諧・奥の細道(1693-94頃)越後路「荒海や佐渡によこたふ天河(あまのがは)」 ②歌舞伎の大道具に用いる浪幕(なみまく)を見立てていう。＊雑俳・柳多留-四二(1808)「荒海や闇を着て寝る楽屋番」 発音〈標ア〉ウ 〈京ア〉ラ 辞書 天正・日葡・言海 表記 荒海(天・言)

あらうみ-の-しょうじ ウジ:シャ【荒海障子】『名』 清涼殿の東広廂(ひさし)の北に立ててあった高さ約三メートルの布張りのついたて。表に山海経に描かれた荒海のほとりの手長、足長という怪物の図、裏に宇治の網代(あじろ)で氷魚(ひお)を捕る図を墨絵で描いてある。あらうみのそうじ。＊禁秘鈔(1221)上「弘廂、〈板九枚、北有二荒海障子一、南方、手長足長、北面、宇治網代布障子、墨絵也〉」＊平治(1220頃か)上・光頼卿参内の事「荒海の障子の北、萩の戸のほとりに、弟の別当惟方おはしけるを招きつつ」＊太平記(14C後)一二・大内裏造営事「荒海(アラウミ)の障子(シャウジ)をば、清涼殿に立てられ」

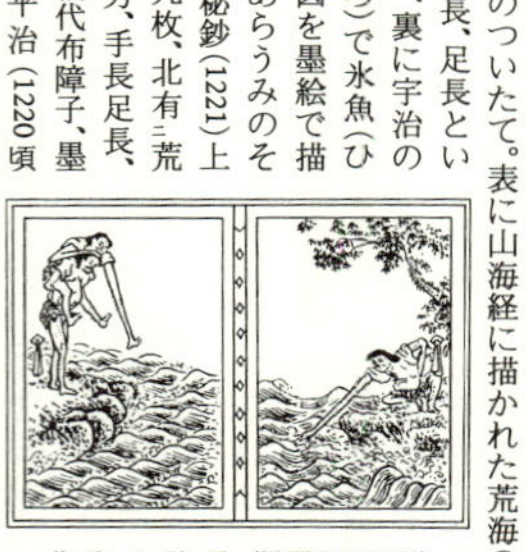
荒海の障子〈鳳闕見聞図説〉

あらうみ-の-そうじ ウジ:サ【荒海障子】『名』「あらうみのしょうじ(荒海障子)」に同じ。 辞書 言海 表記 荒海障子(言)

あら-うる『連体』「あらゆる(所有)」に同じ。＊御伽草子・熊野の本地(室町時代物語集所収)(室町末)「みなみな御こころをひとつにして、夜のうちにあらうる神ほとけにきせいし」＊日葡辞書(1603-04)「アラユル、または、arŏru (アラウル)〈略〉Arŏru (アラウル) コト〈略〉Arŏru (アラウル) ホトケ〈略〉Arŏru (アラウル) カミ」＊談義本・世間万病回春(1771)五・時山医評「通称(つふせふ)と別(べつ)称といふ事がありてあらふる芸能の弟子も師道(しどふ)といへど習はぬものは師とはいわず是別(べつ)称といふもの也」 辞書 日葡

アラウンパヤ-ちょう ウ:テ【—朝】 (アラウンパヤは Alaungpaya) 一七五二年アラウンパヤの創始したビルマ最後の王朝。最初の都の地からコンバウン朝とも。ビルマ史上最大の国土を領した。イギリスの侵略を受け、三度にわたるビルマ戦争で一八八五年滅亡。 発音 アラウンパヤチョー 〈標ア〉0

あら-え-し『連語』(動詞「あり(有)」の未然形に、上代の自発・可能の助動詞「ゆ」の連用形「え」、過去の助動詞「き」の連体形「し」の付いたもの) 存在したところの。＊東大寺本大般涅槃経平安後期点(1050頃)一八「迦葉仏の時に、所有(あらエシ)衆生は、貪欲微く薄くして、智慧滋く多かりき」

あら-えぞ【荒蝦夷】『名』「あらえみし(荒蝦夷)」に同じ。

あら-えびす【荒夷】 ㊀『名』 都の人が東国人を卑しめて言った語。荒々しい人、とくに、粗暴な東国人。また、勇猛な東国武士。＊浜松中納言(11C中)四「いみじからんあらえびすも泣きぬばかりに、あくまでなつかしう、心苦しきけしき添へ給へる人ざまなり」＊平家(13C前)八・法住寺合戦「ひたすらのあらえびすのやうなれども、したがひ奉て」＊徒然草(1331頃)一四二「あるあらえびすの恐しげなるが、かたへにあひて、御子はおはすやと問ひしに」＊日葡辞書(1603-04)「arayebisu (アラエビス)〈訳〉粗暴で野蛮な者」＊集義和書(1676頃)八「公家なくて幾度もかはりなば、二三百年の内には天竺南蛮にかはらぬあらゑびすと成侍べし」 ㊁ 兵庫県西宮市にある日吉(ひえ)山王の小社である夷社(えびすしゃ)のこと。また、その祭神。西宮神社。＊梁塵秘抄(1179頃)二・神分「八幡に松童善神、此所には荒夷」 発音〈標ア〉エ 〈京ア〉エ 辞書 日葡・書言・言海 表記 暴夷(書) 荒夷(言)

あら-えみし【荒蝦夷】『名』 ①上代、東北地方に住んでいた農耕民化していないえみし。あらえぞ。⇔にきえみし。＊書紀(720)斉明五年七月(北野本訓)「天子問ひて曰(のりたま)はく、蝦夷は幾種ぞや、とのりたまふ。使人謹みて答へまうさく、類三種有り、遠き者をば都加留と名づけ、次の者をば麁蝦夷(アラえみし)と名づけ、近き者をば熟蝦夷(にきえみし)と名づく、〈略〉とまうす」 ②中央政権に服従しない東国人。えみし。＊続日本紀-天平宝字四年(760)正月丙寅「然、今陸奥国按察使兼鎮守将軍正五位下藤原恵美朝臣朝猟等、教二導荒夷一、馴二従皇化一、不レ労二一戦一、造成既畢」 発音〈標ア〉エ

あら-え-む『連語』(動詞「あり(有)」の未然形に、上代の自発・可能の助動詞「ゆ」の未然形「え」、推量の助動詞「む」の付いたもの) 存在することができるだろう。また、その存在のすべて。あらゆる。＊東大寺本大般涅槃経平安後期点(1050頃)二四「国土に所有(あらエム)一切の衆生をして、寿命長きこと得しめ」＊蘇悉地羯羅経承保元年点(1074)中「残れるに随ひ所有(あラエム)ものを持来り還さは亦其の事を止めよ」

あら-える『連体』「あらゆる(所有)」の変化した語。＊史料編纂所本人天眼目抄(1473)六「一心より眼耳鼻舌身意と分け、在らへる諸縁を生じた程に別号と成るぞ」＊サントスの御作業(1591)一・サンエウスタキヨ「キンギン シュギョク ヲ ハジメ ト シテ arayeru (アラエル) ザイホウ ヲ コトゴトク トリツクセバ」

あらお をあら【荒尾】熊本県北西端の地名。隣接する大牟田市とともに明治末から炭鉱の開発により発展。境崎貝塚や四ツ山古墳がある。昭和一七年（一九四二）市制。発音〈標ア〉0

あら‐お を：【荒男・荒雄】『名』「あらしお（荒男）」に同じ。＊菅江真澄遊覧記（1784〜1809）辞夏岐野奔望図「あらおらの来かかりて、そのあはふくはどこから採りきしそなと、ことかはして過たり」補注「万葉‐一六・三八六九」の「大船に小船引き副（そ）へ潜（かづ）くとも志賀（しか）の荒雄（あらを）に潜（かづ）きあはめやも〈志賀白水郎の妻子〉」を含む「万葉‐一六・三八六〇〜六九」の「筑前国志賀白水郎歌十首」に見られる用例は、固有名詞として用いられている。

あら‐お を：【粗苧】『名』まだ精製していない麻苧（あさお）。＊師郷記‐永享六年（1434）正月一九日紙背「あらをの事、申され候ままつかはされ候。みなみな馬の事ともに召仕て候」＊日葡辞書（1603〜04）「Arauo（アラヲ）」辞書日葡

あら‐おこし【荒起・粗起】『名』耕土を細かく砕かないで、大きなかたまりのまま掘りおこすこと。また、その作業。＊玉塵抄（1563）一四「禹のあらをこしてをかれたを曾孫成王の修して田にせられたぞ」＊俳諧・曾波可理（1817）「桃咲や西瓜畠のあら起こし」＊耕作仕様考（1837）「荒起は如何にも春早く致し、土境沾深く打起可ㇾ申候」＊邪宗門（1965〜66）〈高橋和巳〉二部・四・二「田の粗起（アラオコ）しや水を引きこんでからの耕土のすきかえしを手伝い」方言❶最初の、田を荒く耕し起こす作業。富山県射水郡394 砺波397 岐阜県飛騨502 島根県那賀郡736 鹿足郡739 ❷牛および犂（すき）を使って、稲田の畝を盛り上げる作業。奈良県宇陀郡678 ❸春、堆肥（たいひ）を入れて牛ぐわで引く田の整地の第一段階。◇あらうがしとも。岡山県川上郡765 ❹田の二度目の耕耘（こううん）。岐阜県飛騨502 ◇あら 三重県北牟婁郡584 発音〈標ア〉オ0

あら‐おさ さ：を【荒筬】『名』機織りで、整経した経（たていと）を男巻に巻くときに使う目の粗い筬。経巻（たてまき）布の保持、経配分の均分、および綾送り等に使う。

あら‐おだ だ：を【荒小田・新小田】『名』（「小」は接頭語）荒れたまま、まだ手を入れていない田。一説に新たに開いた田。あらた。あらきだ。＊古今（905〜914）恋五・八一七「あらを田をあらすきかへしかへしても人の心を見てこそやまめ〈よみ人しらず〉」＊曾丹集（11C初か）「あらをだのこぞのふるあとのふるよもぎいまははるべとひこばえにけり」＊経信集（1097頃）「あらをだにほそたにがはをまかすればひくしめなはにもりつつぞゆく」発音〈標ア〉オ 〈ア史〉鎌倉◎◎◎○ 〈京ア〉0

あらおだ‐を あらを だ：【荒小田―】枕「荒れた田を鋤（すき）でうちかえす」という続きで、「かえす」にかかる。＊歌仙本貫之集（945頃）四「荒小田を返す今より人知れず思ひ穂に出でんことをこそ思へ」＊新古今（1205）春上・八九「春にのみ年はあらなんあらをだをかへすがへすも花を見るべく〈源公忠〉」

あら‐おとこ とこ：を【荒男】『名』荒々しく粗野な男。勇猛な男。あらおのこ。＊幸若・信太（室町末‐近世初）「小山の太郎行重をば、あらおとこかと思ひてあれば情のみあるものなり」＊仮名草子・むさしあぶみ（1661）下「いやしげにむくつけきあら男のまかり出」＊浮世草子・西鶴諸国はなし（1685）二・一「情といへど取あへずましませば、荒男（アラオトコ）の無理に手をさしてなやめる時、左右へ蛇のかしらを出し」＊武蔵野（1887）〈山田美妙〉下「むくつけい暴男（アラヲトコ）で」発音〈標ア〉オ

あら‐おとし【荒落】『名』強盗をいう、盗人仲間の隠語。〔隠語全集（1952）〕

あら‐おなみ なみ：を【荒男波】『名』高く勢いよく打ち寄せる荒波。＊歌謡・落葉集（1704）二・近江八景「波は舳板（へいた）を叩き上げ、叩く白波荒男波（アラヲナミ）。静かに漕げやそろそろ押せよ」

あら‐おのこ のこ：を【荒男子】『名』「あらおとこ（荒男）」に同じ。＊浄瑠璃・酒顚童子付頼光山入（1678）「したながけれ共我々迄。あらおのこのりきしやといわれしもの共が」＊説経節・天智天皇（1692）二「くっきゃうの、あらおのこ七八人、まっくろのしゃうぞく、ほくそづきん、引かふで」

あら‐おり【粗織】『名』そまつな糸で目をあらく織ること。また、その織物。＊帰省（1890）〈宮崎湖処子〉三「七艸は春秋両度に野に装ひ、春霞は連山を粗織（アラオリ）の蚊帳に変じ」発音〈標ア〉0 〈京ア〉0

あら‐か【殿】『名』（「在処（あらか）」の意。「御（み）」を伴って用いられることが多い）宮殿。居所。＊万葉（8C後）二・一六七「宮柱 太敷き座（いま）し 御在香（あらか）を 高知りまして〈柿本人麻呂〉」＊古語拾遺嘉禄本（807）「端殿 古語にはみづのみ阿良可（アラカ）といふ」＊延喜式（927）祝詞・大殿祭「皇御孫の命の天の御翳（みかげ）、日の御翳と造り仕へまつれる瑞の御殿〈古語には阿良可（アラカ）と云ふ〉」語誌(1)古く神、天皇の宮殿、居所をいい、多くは接頭語ミを伴う。「古語拾遺」に示されるように、当時すでに古語となっており、以後文献には、「日本書紀」の古訓にミヤラカなどと見えるぐらいである。(2)挙例の祝詞のように、美称を伴い、「瑞（みづ）の御殿」ともいわれ、「古語拾遺」に「瑞を菟田の径に顕はす」という表現が見られるところから、元来は瑞のあらわれるところ「顕処（あらか）」の意と考える説もある。発音〈標ア〉ア 〈ア史〉鎌倉◎◎○

あらがい あら がひ【争・諍】『名』（動詞「あらがう（争）」の連用形の名詞化）①相手のことばを否定して、自分の考えを言い張ること。言い争うこと。＊金光明最勝王経音義（1079）「諍 アラカヒ」＊古今著聞集（1254）八・三二二「君の御位の時、その年のそのころ、たれがしを御使にてめされて候ひしは、よも御あらがひは候はじ。②賭け事の争い。＊宇治拾遺（1221頃）一二・八「聖宝僧正の、わかき僧にておはしけるが、この上座の、もの惜しむ罪のあさましきにとて、わざとあらがひをせられけり」＊徒然草（1331頃）一三五「興あるあらがひなり。同じくは御前にて争はるべし。負けたらん人は、供御をまうけらるべし」＊日葡辞書（1603〜04）「Aragaini（アラガイニ）スル〈訳〉賭けをして争う」③力ずくで張り合うこと。抵抗すること。＊文学の饗宴（1941）〈岩上順一〉省察と抑制「歴史に於ける生活は、歴史的諸条件との絶えざるあらがひ、成長と抑制の流れにいろどられたものである」方言❶競い合うこと。競争。◇あらがあい・あらがあええ・あらがあ 沖縄県首里993 ❷口論。議論。◇あらがあい・あらがあ 沖縄県首里993 ❸賭け物。賭。佐賀県887 発音アラガイ〈標ア〉0ガ 〈ア史〉室町◎◎◎◎ 〈京ア〉0 辞書文明・饅頭・黒本・日葡 表記不良（饅・黒）争（文）

あらがい 木登（きのぼ）り川渡（かわわた）り 危険なこととして、避けるべきものをあげ、無益な行為に身をさらすことを戒めたもの。＊虎明本狂言・遺子（室町末‐近世初）「あらがひ木のぼり川わたり、是は人のせぬ物じゃ」＊日葡辞書（1603〜04）「Aragai qinobori, caua vatarito（アラガイ キノボリ カワワタリト）ユウテ セヌ コトヂャ」辞書日葡

あらがい‐かえ・す あらがひ かへす【争返】『自サ四』さからって言い返す。張り合って口ごたえする。＊能因本枕（10C終）一八二・宮にはじめてまゐりたるころ「そらごとなどのたまひかかるを、あらかひ返しなど聞ゆるは、目もあやに、あさましきにて、あいなく面ぞ赤むや」

あらがい‐かく・す あらが ひ：【争隠】『他サ四』事実に反したことを言い張って、真相をかくす。＊源氏（1001〜14頃）夢浮橋「うかがひ尋（たづ）ね給はんにかくれあるべきことにもあらず。中々あらがひかくさむにあいなかるべし」

あらがい‐ごと あらが ひ：【争事】『名』①あらそいごと。競争。＊枕（10C終）二四四・蟻通の明神「いかではかりてこの国討ちとらんとて、常に試みごとをし、あらがひごとをしておそり給ひけるに」②かけごと。賭博（とばく）。＊大鏡（12C前）四・道隆「この帥殿は花山院とあらがひごと申させ給へりしはとよ」発音アラガイゴト〈標ア〉0

あら‐かいじょう クヮイ ジャウ：【荒回請・荒廻請】『名』法会に職衆を招請する回請の草案。＊大乗院寺社雑事記‐文正元年（1466）一一月二八日「寺家卅講荒廻請今日成ㇾ之云々」

あらがい‐どころ あらが ひ：【争所】『名』言いひらき。申しひらき。弁解。弁明。＊夜の寝覚（1045〜68頃）二「『かかる匂ひに、あらがひ所なきしるしをばあらはさじ』と思へば、え参り見奉るまじきこと」

あらがい‐はる・く あらが ひ：【争晴】『他カ下二』言いあらそって疑いをとく。弁明する。＊源氏（1001〜14頃）夕霧「あらがひはるけむ言の葉もなくて、ただ打ち泣き給へる」

あらが・う あら がふ【争・諍】『自ワ五（ハ四）』①相手の言うことを否定して自分の考えを言い張る。言い争う。＊書紀（720）敏達一四年六月（前田本訓）「馬子宿禰諍（アラカヒ）て従はず」＊後撰（951〜953頃）恋二・七八一「ちはやぶる神ひきかけて誓ひてしこともゆゆしくあらがふなゆめ〈藤原滋幹〉」＊観智院本三宝絵（984）「汝が持たるものは是魚也、いかでか経とは言ふと言ふに、童、猶経也、魚にあらずとあらがふ」＊源氏（1001〜14頃）常夏「取り立ててよしとはなけれど、こと人とあらがふべくもあらず、鏡に思ひ合せられ給ふに」＊徒然草（1331頃）七三「わがため面目あるやうに言はれぬるそらごとは、人いたくあらがはず」＊日葡辞書（1603〜04）「Aragai, ŏ, ŏta（アラガウ）〈訳〉否定する」＊浄瑠璃・曾根崎心中（1703）「お町衆なら見知りもあらふ。コリャ是でもあらがふか」②賭け事で張り合う。賭で確かにこうなると主張する。＊枕（10C終）八七・職の御曹司におはします頃、西の廂にて「一日などぞいふべかりけると、下には思へど、さはれ、さまでなくとも、いひそめてんことはとて、かたうあらがひつ」＊平家（13C前）一一・那須与一「かけ鳥なんどあらがうて、三に二つは必ず射おとす物で候」＊宇治拾遺（1221頃）一二・八「心中に、さりともよもせじと思ひければ、かたくあらがふ」③力ずくで張り合う。争う。抵抗する。＊浄瑠璃・妹背山婦女庭訓（1771）一「その一巻ここへ出せば、苦痛せずに一思ひ、あらがふとなぶり殺し」＊いさなとり（1891）〈幸田露伴〉七二「小砂利の上に面（つら）押し当て幾度となく打ち敲けば、流石（さすが）に抵抗（アラガ）ふ力も抜けて」＊風立ちぬ（1936〜38）〈堀辰雄〉冬「抗（アラガ）ひがたい運命の前にしづかに頭を項低（うなだ）れたまま、互に心と心と、身と身とを温め合ひながら、並んで立ってゐる若い男女の姿」語誌広く優劣・勝敗などをめぐって互いに競合する意の類義語「あらそう」に対し、「あらがう」には、事の真偽・成否などをめぐって言葉で言い争い、強く言い立てる言語行為をさすという特徴がある。賭け事をして張り合うという意も、「あらがう」にはめだつが、賭に負けた場合に差し出す賭け物の約束なども、言葉で事の当否を張り合うための保証と見うる点で、やはり言語行為による争いの性格が強い。方言❶争う。言い争う。論争する。丹波†115 岩手県気仙郡100 山形県庄内139 新潟県佐渡352 徳島県海部郡811 愛媛県840 周桑郡845 ◇あらがる 青森県三戸郡083 ◇あらがあゆん 沖縄県首里993 ◇ありがう 愛媛県大三島848 ❷逆らう。新潟県佐渡352 広島県走島771 高田郡779 山口県793 徳島県海部郡811 ❸競う。競争する。◇あらがあゆん 沖縄県首里993 ❹からかう。嘲弄（ちょうろう）する。岩手県093 095 097 広島県

走島054 語源説(1)アラは争、ガフはゆきかう意のカフ(交)から〔雅言考・俗語考・大言海〕。(2)アラソフとカラカフの混合語〔両京俚言考〕。(3)アラゴエシアフ(暴声為合)の義〔日本語原学＝林甕臣〕。発音アラガウ 文アラゴーとも 〈なまり〉アラゴー〔岩手〕アリガウ〔瀬戸内〕 〈標ア〉ガ ゴ 〈ア史〉平安○○●○ 〈京ア〉0 辞書字鏡・色葉・名義・和玉・文明・天正・日葡・ヘボン・言海 表記争(色・名・天・言) 諍(字) 訟・諍(色) 伮(名) 論(玉) 鬩・詰(文)

あら-がき【粗垣・荒籬】〘名〙(「あらかき」とも) ①柱と貫(ぬき)の間隔をあらくまばらに作った垣根。＊催馬楽(7C後-8C)河口「河口の 関の安良可支(アラカキ)や 関の安良可支(アラカキ)や 守れども はれ 守れども 出でて我寝ぬや 出でて我寝ぬや 関の安良可支(アラカキ)」＊万葉(8C後)一一・二五六二「里人の言縁(ことよせ)妻を荒垣の外にやわが見む憎くあらなくに〈作者未詳〉」＊古今六帖(976-987頃)二・山「河口の関のあらかきいかなれば夜のかよひを許さざるらん」 ②とくに、清浄なものとして神社などの外側に設けられた目のあらい垣根。＊九暦-逸文・天慶九年(946)一〇月二八日「未レ入二給荒垣一之間、神祇権少副大中臣頼行奏下候二御麻一之由上」＊玉葉(1312)神祇・二七・左注「天照らす月の光は神垣や引くしめ縄のうちとともなし この歌は西行法師大神宮に詣でて、遙かにあら垣の外にて心の内に法施奉りて」＊大覚寺文書-天文元年(1532)一一月三〇日・摂津尼崎墓所掟「火屋荒墻 四方幕 内 地付一端宛聖方へ取レ之」＊匠家必用記(1756)下・玉垣の事(古事類苑・神祇一〇)「神社に因りて、二重三重にも設くる也、然る時は、内にあるを瑞垣と云ひ、外にあるを、玉垣とも荒垣とも云ふなり」 ③(荒籬) 朝鮮茶碗の銘。彫三島(ほりみしま)の類。檜垣の模様を刻してある。補注①の「万葉-一一・二五六二」の例を垣根を隔てた外の意で「よそ」、あるいは「ほか」にかかる枕詞とする説もある。発音アラガキ 〈標ア〉ラ 〈ア史〉鎌倉●●●● 室町●●○○か 辞書名義 表記墻(名)

あらがき-まゆみ 〘連語〙語義未詳。＊万葉(8C後)一四・三五六一「金門田(かなとだ)を安良我吉麻由美(アラガキマユミ)日が照(と)れば雨を待(ま)とのす君をと待(ま)とも〈東歌〉」補注(1)「荒垣間ゆ見」(荒垣の間から見るの意)とする説、(2)「荒掻き真斎み」(荒くたがやして、清浄にして斎むの意)とする説など、諸説ある。

あら-かご【荒籠・粗籠】〘名〙竹を粗く編んだ籠。川除(かわよけ＝堤防)に用いる蛇籠(じゃかご)の類。＊地方凡例録(1794)九「筑後の国にては堤を土居と云ふ、石出し、籠出し等を荒籠と云」

あら-かこう【荒加工・粗加工】〘名〙最終的に仕上げる前段階の、おおまかな加工。＊いつか汽笛を鳴らして(1972)〈畑山博〉一「荒加工をする工員と仕上加工をする工員との間には、貸し借りといおうか一種の従属関係みたいなものがあるが」発音アラカコー 〈標ア〉カ

あら-かし【粗樫】〘名〙ブナ科の常緑高木。本州中部以南の山野に生える。高さ一〇～二〇メートル。樹皮は暗灰色で平滑。若枝には褐色の毛が密生する。葉は長さ約一〇センチメートル、両端のとがった長楕円形で、縁にあらい鋸歯(きょし)があり、裏面は灰白色。四～五月ごろ、新枝の葉腋から褐色の小花のついた穂を下垂し、一〇月頃、長さ約一・五センチメートルのドングリ状の堅果が熟す。木材は堅く、器具、薪炭材にする。黒樫。ならばかし。犬樫。学名は Quercus glauca ＊日本植物名彙(1884)〈松村任三〉「アラカシ シリフカガシ」方言植物、あかがし(赤樫)。熊本県玉名郡929 発音〈標ア〉ラ

あらかし-じんじゃ【荒橿神社】 栃木県芳賀郡茂木(もてぎ)町にある神社。旧県社。祭神は国常立尊(くにのとこたちのみこと)、国狭槌命(くにのさつちのみこと)など。大同元年(八〇六)創立。延喜式内社。

あらかじめ【予】〘副〙①前々から。前もって。かねて。＊書紀(720)応神四〇年正月(北野本訓)「時に大鷦鷯尊、預(アラカシメ)天皇の色(みおもへり)を察(さと)りて」＊万葉(8C後)四・五五六「筑紫船いまだも来ねば予(あらかじめ)荒(あら)ぶる君を見るが悲しさ〈賀茂女王〉」＊蘇悉地羯羅経延喜九年点(909)「予(アラカシメ)食を作りて之を出し置くべし」＊土井本周易抄(1477)四「法を行てあらかしめかふ防ぐほどに悔亡ぞ」＊中華若木詩抄(1520頃)下「周易と云者は、あらかじめ、人の是非得失をトする者也」＊学問のすゝめ(1872-76)〈福沢諭吉〉一七・人望論「予め其人柄を当てにして世上一般より望を掛らるる人を称して」 ②物事のだいたいのところは。おおよそ。＊滑稽本・七偏人(1857-63)三・下「芋畑だの野猪だのと言ふ噺しまで大概(アラカジメ)聞やして」語誌(1)平安時代においては漢文訓読文に用いられ、和文にはほぼ同義の「かねて(より)」が用いられた。現代語では、「あらかじめ」はある事の始まる前に対処する意で時制にかかわりなく用いられるのに対し、「かねて」は過去のある時からその事を意識して現在にまで及ぶ意で過去のことにしか用いることができない。古典語では「かねて」にこのような制限はない。「古今-恋三・六二七」の「かねてより風にさきだつ波なれやあふことなきにまだき立つらん〈よみ人しらず〉」など。(2)現代語では、あることが起こることを前もって予測する場合(「あらかじめ誰に会うのかを知った」)と、ある(よくない)ことが起こるのを予測して、準備などをする場合(「失敗しないようあらかじめ予習した」)とがある。やや改まった表現。方言❶あらまし。およそ。ほとんど。岩手県気仙郡102 宮城県栗原郡113 栃木県198 群馬県勢多郡222 埼玉県入間郡054 新潟県361 西蒲原郡371 富山県西礪波郡401 兵庫県淡路島671 和歌山県691 広島県倉橋島054 山口県阿武郡795 ❷ほぼその状態になるさま。新潟県中頸城郡383 ❸全部。宮城県牡鹿郡119 語源説(1)アラ(有)ク-ハジメ(始)の義〔名言通・和訓栞・大言海〕。(2)アラカリシメ(略仮領)の転〔言元梯〕。(3)アラカはアララカ、シメはシムルか〔和句解〕。(4)アラカジメ(粗結)の意か〔古言類韻＝堀秀成〕。(5)アル(有)ガ-ハジメ(始)の約〔日本古語大辞典＝松岡静雄〕。発音〈標ア〉0 〈ア史〉平安●●○○ 室町○●○○ 〈京ア〉0 辞書色葉・名義・和玉・文明・伊京・易林・日葡・書言・ヘボン・言海 表記予(色・名・玉・文・伊・易・書・ヘ・言) 預(色・玉・易・書・言) 宿(色・名・文) 粗(色・名・伊) 逆(玉・文) 素(色) 洋・纇・絓(名) 稐(伊)

あら-かす【荒粕】〘名〙魚の頭部、背骨、尾、内臓などから作る肥料。

あら-かす【荒】〘動〙方言❶荒らす。島根県725 ◇あらばかす 島根県美濃郡・益田市725 ❷かき散らす。長野県上伊那郡488 ❸子供が他人の遊びを妨害する。兵庫県加古郡664

あら-かせぎ【荒稼】〘名〙①力わざによる仕事。荒仕事。 ②力ずくで他人の金品を奪い取ること。強盗や追いはぎなど。＊俚言集覧(1797頃)「あらかせぎ 白昼に暴猝に打擲しなどして物を奪ふを云」＊随筆・享和雑記(1823)二・二五「近頃あらかせぎといふ盗賊おこりて世の中静ならず」＊人情本・春色梅児誉美(1832-33)四・一九齣「この昼鳶(とんび)めヱ、何をするのだ。顔(つら)に似合ぬ荒(アラ)かせぎ」 ③手段を選ばず、短期間で多額の金品を手に入れること。ひどいもうけ仕事。＊雪国(1935-47)〈川端康成〉「この土地を荒稼ぎの温泉場と考へちがひしていらっしゃるのよ」発音アラカセギ 〈標ア〉カ 〈京ア〉0 カ 辞書ヘボン・言海 表記荒稼(言)

あら-かた【粗方】〘名〙①(形動) 気の配り方、手の入れ方などが細かい所まで行き届いていないさま。粗雑。＊玉塵抄(1563)一五「此の時に畢公に命、周公のみやこを洛えうつされた。あらかたにあったをねんごろにわけ定めさせられたぞ」＊四河入海(17C前)五「次公が注はあらかたなり」＊耳塵集(1757)上「あたらしき狂言の稽古、初日は相手も我も、せりふ覚へざるがゆへ、狂言の仕様あらかた也」 ②(副詞的に用いることが多い) ほとんど全部。だいたい。＊玉塵抄(1563)三五「方与にあらかた載せうぞ」＊日葡辞書(1603-04)「Aracata(アラカタ) トトノエタ」＊評判記・難波物語(1655)「只まのあたり見聞き侍べりし事共、あらかたばかり、語り侍べらん」＊滑稽本・浮世風呂(1809-13)前・上「開帳場(けへてうば)の大金もうけべいと思って、あらかた普請のうして、サア始べいとした所が」＊蓬莱曲(1891)〈北村透谷〉一・一「世のあやしき奥、物の理、世の態も、早や荒方(アラカタ)は窮め学びつ」発音〈標ア〉0 〈京ア〉0 辞書日葡・ヘボン・言海 表記荒方(へ) 粗方(言)

あら-がね【粗金・荒金】〘名〙(古くは「あらかね」) ①山から採掘したままで精錬してない金属。生金(なまがね)。鉱石。＊新撰字鏡(898-901頃)「鉟 鉱也、荒金也」＊東大寺本大般涅槃経平安後期点(1050頃)八「金の鉱(アラカネ)の消融する時に」＊書陵部本名義抄(1081頃)「礦 公云 アラカネ」＊日葡辞書(1603-04)「Aracane(アラカネ)」＊和英語林集成(初版)(1867)「Aragane アラガネ 荒金」 ②鉄の異称。＊本草和名(918頃)「鉄 和名阿良加禰」 ③(「土」にかかる枕詞「あらかねの」の転用) 土。大地。＊浄瑠璃・曾我五人兄弟(1699頃)三「浅く思ひし朝比奈もあさあさしくは侮(あなど)られず、力を入て引上る、猶(なを)も動かぬあらかねの、金輪際よりはへぬきし大盤石の如く也」方言❶精錬していない鉄。広島県山県郡054 ❷うるちを混ぜてついた餅(もち)。◇あらかねもち〔一餅〕とも。島根県725 ❸粒目の立った餅。島根県石見725 ◇あらかねもち 広島県山県郡054 語源説アララカナルモノノ根の中略〔関秘録〕。発音〈音史〉近世まで『あらかね』、明治以後『あらがね』か。〈標ア〉0 〈ア史〉平安・鎌倉・江戸●●●● 〈京ア〉0 辞書字鏡・色葉・名義・和玉・文明・伊京・明応・天正・黒本・易林・日葡・書言・ヘボン・言海 表記鉱(色・名・文・天・易) 新賀根(伊・明・天・黒) 鉟(字) 磺・鐵(名) 礦・鋌(玉) 樸(文) 鏷(書) 荒金(へ) 粗金(言)

あらがね-どうふ【粗金豆腐】〘名〙豆腐料理の一種。水気を切った豆腐をつぶし、油を用いないで、酒塩としょうゆでいりつけ、薬味として山椒(さんしょう)を添えたもの(豆腐百珍(1782))。

あらかね-の【粗金─】 枕 (後世「あらがねの」) 粗金が土の中にあるところから「土(つち)」にかかる。一説に、「金属を打ちきたえる鎚(つち)」というつづきで、同音の「土」にかかるともいう(随筆・年々随筆(1801-05))。＊昌泰元年亭子院女郎花合(898)「あらかねの土の下にて秋経しは今日の占手(うらて)を待つ女郎花(をみなへし)」＊古今(905-914)仮名序「世に伝はることは、ひさかたの天にしては下照姫(したてるひめ)にはじまり、あらかねの土にしては須佐之男命(すさのをのみこと)よりぞ起こりける」＊日葡辞書(1603-04)「Aracaneno(アラカネノ) ツチ」＊浮世草子・日本永代蔵(1688)五・三「鉱(アラカネ)の土割(つちわり)手づからに畑打ち、女は麻布を織延(をりのべ)」語誌(1)「土」と「あらかね」とはもと、同義に近かったともいう〔古今集註〕。(2)奈良時代に確例はなく、平安時代からみえる。発音〈音史〉近世まで『あらかねの』、明治以後『あらがねの』か。辞書日葡・書言・言海 表記現難(書) 粗金(言)

あら-かぶ【新株】〘名〙まだ新しい木の切り株や稲の刈り株。＊俳諧・記念題(1698)「旧里の道すがら しぐるるや田のあらかぶの黒む程」発音〈標ア〉0

あらかぶ〘名〙方言魚。❶かさご(笠子)。長崎県906 914 917 ❷あら(鯇)。筑前†030 ❸めばる(目張)。◇あらがぶ 肥前†030

あら-かべ【粗壁】〘名〙粗塗(あらぬり)をしただけで、仕上げをしていない壁。しっくい塗りや砂壁などの下地となる。＊俳諧・ひさご(1690)「火を吹て居る禅門の祖父(ぢぢ)〈正秀〉　本堂はまだ荒壁のはしら組〈珍碩〉」＊雑俳・銭ごま(1706)「ざらざらとあら壁をぬる泥鏝の音」 発音〈標ア〉0〈京ア〉0 辞書言海 表記粗壁(言)

あら-かべ【新壁】〘名〙新しく塗ったばかりの壁。塗りたての壁。＊俳諧・藤の実(1694)春「新壁や裏も返さぬ軒の梅〈素牛〉」 発音〈標ア〉0

あら-かましい【荒―】〘形〙方言 ⇩あらくましい(荒―)

あら-がみ【荒神】〘名〙①たけだけしく、霊験のあらたかな神。＊山家集(12C後)中「波につきて磯わにいますあらがみは潮ふむ宜禰(きね)を待つにやあるらん」＊虎明本狂言・禰宜山伏(室町末-近世初)「中にもあら神と見えさせ給ふ雨の宮風の宮」＊浄瑠璃・心中天の網島(1720)橋尽し「一首の歌の御威徳、かかるたっときあら神の、氏子と生れし身を持ちて」②荒々しく人にわざわいを及ぼす神。＊孟津抄(1575)一七・あけまき「能因歌枕　云人の中さへる神をばあらみさき又あらみけといふ荒神也」③伊勢神宮の末社の「雨の宮風の宮」の別名。④かまどの神。＊諸国風俗問状答(19C前)三河国吉田領風俗問状答・正月・二「さて大黒、蛭子、荒神〈竈の神の意〉には、大かたの家にて別に供ふ」 発音アラガミ〈標ア〉0

あら-がみ【現神】〘名〙「あらひとがみ(現人神)」に同じ。 辞書言海 表記現神(言)

あらかる〘動〙方言 ⇩あらける(散)

あらがる〘動〙方言 ⇩あらがう(争)

ア-ラ-カルト〘名〙(フランス à la carte「メニューによって」の意)(アラカート)数種の料理がセットになった定食やランチに対して、一品ずつ自由に選んで注文する料理。一品料理。お好み料理。＊大英游記(1908)〈杉村楚人冠〉後記・シベリア「夕餐(ゆふげ)はアラ、カルトで、勝手に好きな者をやる」＊音引正解近代新用語辞典(1928)〈竹野長次・田中信澄〉「アラカート　A'La Carte 仏　一品料理のこと」 発音〈標ア〉カ〈京ア〉カ

あら-かわ【洗革】〘名〙「あらいがわ(洗革)」に同じ。＊観智院本名義抄(1241)「皮　アラカハ」 辞書名義 表記皮(名)

あら-かわ【荒川】 ㊀埼玉県・東京都を貫流する川。関東山地の主峰甲武信ケ岳(こぶしがだけ)を源とし、秩父盆地を通って、長瀞(ながとろ)の峡谷美をつくり、川越付近で入間川を合わせて東京湾に注ぐ。旧下流を隅田川と呼ぶ。全長一六九キロメートル。＊俳諧・綾錦(1732)下「天の川かみは荒川すみだ川〈呉竹〉」＊風俗画報-一六一号(1898)隅田川「此川水上を荒川という。遠く信濃国より流れ来れり」㊁山形県西部から新潟県北部を流れる川。朝日山地に源を発し、小国盆地を貫流して峡谷美をつくり、日本海に注ぐ。全長八〇キロメートル。㊂東京都二三区の一つ。昭和七年(一九三二)南千住、三河島、尾久(おぐ)、日暮里(にっぽり)が合併して区制。荒川の水運を利用して、明治時代以降工業地帯となる。小塚原刑場跡、回向院(えこういん)などがある。 発音〈標ア〉0

あらかわ【荒川】姓氏の一つ。 発音〈標ア〉0

あら-かわ【荒皮・粗皮】〘名〙(「あらがわ」とも)①樹木や米穀類、タケノコなどの表皮。↕甘皮。＊浄瑠璃・浦島年代記(1722)二「仙人は木の実を食する者、此山にゐるならば、一つも残して置まいと、〈略〉行手の大木松のあらかは押削(けづり)」②コウゾ、ミツマタなどの外皮をはがして乾したもの。黒皮。③まだなめしていない動物の皮。↕作り皮。＊壒嚢鈔(1445-46)一「皮を毛かわに用ふ、依てあらかわと云也」＊日葡辞書(1603-04)「Aracaua(アラカワ)。すなわち、ツクラヌ　カワ」＊和英語林集成(初版)(1867)「Aragawa アラガハ　荒皮」 発音〈標ア〉0〈京ア〉0 辞書日葡・ヘボン・言海 表記荒皮(へ) 粗皮(言)

あら-かわ【新皮】〘名〙①花柳界のことばで、童貞のこと。②男色の初心者。〔日本性語大辞典(1927)〕

あらかわ-おどし【洗革威】〘名〙「あらいかわおどし(洗革威)」に同じ。＊書言字考節用集(1717)六「洗革威　アラカハヲトシ」 辞書書言 表記洗革威(書)

あらかわ-かたあかいと【洗革片赤糸】〘名〙「あらいかわかたあかいと(洗革片赤糸)」に同じ。

あらかわ-ほうすいろ【荒川放水路】荒川下流域の水害を防ぐため、東京都北区岩淵で分流させた水路。昭和五年(一九三〇)完成。昭和四〇年、荒川の本流とされた。全長約二四キロメートル。 発音アラカワホースイロ〈標ア〉ス

あらかん【阿羅漢】〘名〙(梵 arhat の音訳。応供(おうぐ)、殺賊(せつぞく)、不生などと訳す)①小乗仏教の最高の悟りに達した聖者。羅漢。もはや、学ぶべきものがないので「無学」ともいう。＊観智院本三宝絵(984)下「いま又仏にあひたてまつりて阿羅漢の位を得つ」＊往生要集(984-985)大文二「未レ得二阿羅漢一者、得二阿羅漢一」＊梁塵秘抄(1179頃)二・四句神歌「釈迦の説法終はりなば、摩訶や迦葉の大あらかん、鶏足山より慈尊の、出で給はう世に参り会はむ」＊太平記(14C後)二・三人僧徒関東下向事「帝其の故を阿羅漢(アラカン)に問給ふ。阿羅漢七日が間定に入て、宿命通を得て過現を見給ふに」＊勝鬘経-一乗章「阿羅漢辟支仏。成二就有量功徳一」②如来の十号の一つ。③江戸時代の劇場の羅漢台にいる見物人を見たてていう。＊雑俳・川傍柳(1780-83)四「あらかんの段々殖る大あたり」 語誌元来は倶舎論・大智度論などに定義されている仏教語。日本語に入ってからは、仏教関係の書で本来の意味(「悟りそのもの」及び「悟りを得た人」「悟りに到達して得る位」)に使われたほか、仏教説話や歌謡を通じて一般にも使われた。主に禅宗で崇拝されたため、鎌倉期以後「羅漢さん」として信仰が広まり、多くの派生語を生んだ。 発音〈標ア〉ラ〈京ア〉ラ 辞書日葡・言海 表記阿羅漢(言)

阿　羅　漢　①
〈東京国立博物館蔵〉

あらかん-か【阿羅漢果】〘名〙仏語。小乗の四沙門果の最高の位。阿羅漢としての修行を完成して到達した位で、煩悩を断って、再び生死の世界に流転しない位をいう。羅漢果。＊今昔(1120頃か)一・九「其後、仏許(もと)に参て、七日と云ふに阿羅漢果を得たり」＊伝光録(1299-1302頃)阿難陀尊者「時に阿難、密に思惟して、すみやかに阿羅漢果を証す」 発音〈標ア〉カ

あら-がんな【荒鉋】〘名〙(「荒仕上げ鉋」の略)材木をあらけずりするのに用いるかんな。 発音アラガンナ〈標ア〉ガ

あら-き【荒木】〘名〙①切り出したままで、まだ皮をとらない木。加工していない木材。＊万葉(8C後)一一・二六三九「葛城(かづらき)の襲律彦(そつびこ)真弓荒木にも憑(たの)めや君がわが名告(の)りけむ〈作者未詳〉」＊新撰字鏡(898-901頃)「樸　剞削也　木索也　未治　阿良木」＊筑波問答(1357-72頃)「さればとて、そのままにてまた稽古なからんには、ただ節皮(ふしかは)のある荒木にてぞやむべき」＊日葡辞書(1603-04)「Araqi(アラキ)〈訳〉矢を射る弓を作る竹で、まだ加工してなく、これから細工を施すもの」②のこぎりでひいたままでかんな削りをしていない木材。〔日本建築辞彙(1906)〕③雑木。そだ。＊雑俳・住吉おどり(1696)「跡先はあら木をつめる炭俵」④「あらき(荒木)の弓(ゆみ)」に同じ。＊運歩色葉(1548)「荒木　アラキ　弓」方言切ったままでまだ手を加えていない木材。奈良県吉野郡683 発音〈標ア〉0〈ア史〉鎌倉●●●〈京ア〉0 辞書字鏡・日葡・書言・言海 表記樸(字)　質木・新木(書)　粗木(言)

あらき に 弦(つる)をはぐがごとし「あらき」は、荒木の弓で、そのような強弓に弦を張るように、力が満ちあふれ、張り切っている様子をたとえたもの。一説に、「新木(あらき)」に弦を張ることで、やすやすとやってのけるさまともいう。＊狂言記・法師物狂(1660)「ほうしがははがのうには、あらきにつるをはくるがごとく、はるはわらびおり」

あらき の 弓(ゆみ)　荒木で作った弓。丸木弓。また、強弓をいう。あらゆみ。＊吾妻鏡-建暦二年(1212)一月一一日「被レ下二鎮西以下諸国進納之荒木弓等一賜レ之。一五度射之処、毎度其弦絶訖」＊新撰六帖(1244頃)五「弦馴れぬあらきの弓の反(そり)高みさていたづらに引く人ぞなき〈藤原知家〉」＊源平盛衰記(14C前)二二・衣笠合戦事「荒木の弓のいまだ削り治めざるを押張ってすびきしたりければ」

あらき【荒木】姓氏の一つ。 発音〈標ア〉ア

あらき-こどう【荒木古童】琴古流尺八の名家の芸名。二世。旧近江水口(みなくち)藩士。豊田古童、久松風陽に学ぶ。琴古流再興の祖といわれる。文政六～明治四一年(一八二三～一九〇八)

あらき-さだお【荒木貞夫】陸軍軍人、政治家。東京出身。犬養内閣、斎藤内閣の陸相。皇道派の中心人物。また第一次近衛内閣、平沼内閣では文相に就任、徹底した軍国主義教育を推進した。明治一〇～昭和四一年(一八七七～一九六六)

あらき-じっぽ【荒木十畝】日本画家。長崎県の人。寛畝の養子。文展審査員、日本芸術院会員。代表作「寂光」「渓流」。著「東洋画論」。明治五～昭和一九年(一八七二～一九四四)

あらき-そうたろう【荒木宗太郎】江戸初期の朱印船貿易商。本姓藤原。名は一清。のちに惣右衛門。肥後熊本の人。長崎を拠点に安南、シャムなどに渡航。安南王女を妻にした。寛永一三年(一六三六)没。→荒木船

あらき-またえもん【荒木又右衛門】江戸初期の剣客。柳生十兵衛三厳(みつよし)に剣を学ぶ。寛永一一年(一六三四)一一月、伊賀(三重県西北部)上野鍵屋の辻において、妻の弟渡辺数馬を助け、数馬の弟(一説に父)源太夫の仇河合又五郎らを討つ。伊賀越の仇討として、浄瑠璃「伊賀越道中双六」などに脚色された。慶長四～寛永一五年(一五九九～一六三八)

あらき-むらしげ【荒木村重】安土桃山時代の武将、茶人。摂津伊丹城主。織田信長に仕えたがそむいて敗れる。のち出家して茶道に専念し、豊臣秀吉の保護をうけた。号、筆庵道薫。天正一四年(一五八六)没。

あらき-むらひで【荒木村英】江戸中期の和算家。江戸の人。高原吉種、のちに関孝和に師事。関の遺著を整理して「括要算法」を刊行し、関流の正統とされた。寛永一七～享保三年(一六四〇～一七一八)

あら-き【荒気】〘名〙〘形動〙(「あらぎ(荒儀)」から変化した語か)荒々しい乱暴な気性、気持。また、荒々しく事を行なうさま。乱暴。＊歌舞伎・当穐八幡祭(1810)三幕「『のぶとい事を。早く立ちをらう』『コリャコリャ、荒気(アラキ)に致すな』」＊歌舞伎・四十七石忠矢計(十二時忠臣蔵)(1871)二幕「『父(とっ)さん、必ず荒気(アラキ)なことを』『ああこれ。気遣ひ致すな』」＊歌舞伎・芽出柳緑翠松前(1883)二幕「そんならわしが異見(いけん)を用ゐ、荒気(アラキ)を出して下さらぬとか」＊いさなとり(1891)〈幸田露伴〉九「昔時の荒気(アラキ)に打て替て温和(おとなし)づくり」 発音〈標ア〉0

あら-き【荒城・殯】〘名〙葬儀の準備や山陵造りが

整うまで死体を棺に納めてしばらく仮に置いておくこと。また、その所。期間は一定せず、大化前代では一年程であったが、後世では短縮された。もがり。＊万葉（8C後）三・四四一「大君の命かしこみ大荒城の時にはあらねど雲陰ります〈倉橋部女王〉」 [語誌]「殯」字が当てられるが、「殯」はアラキともモガリとも訓まれる。モガリは「日本書紀私記」に見えるが、その時代性に問題がある。一方アラキと訓む確例はないが、挙例のように、「万葉」に「大荒城」とある。字義は「新城」の意といわれ、墳墓をオクツキ（奥つ城）というのに対する。アラキは生死の境にいる者に対する招魂、蘇生の儀礼の行なわれる期間とみられ、生物的死から社会的死への通過期と考えられている。 [語源説](1)アラキ（新城・新棺）の義。キはオクツキ（奥城）の意〔大日本国語辞典・日本古語大辞典＝松岡静雄・大言海・日本語源＝賀茂百樹〕。(2)アラガキ（荒籬）の略〔万葉考・松屋筆記〕。 [発音]〈標ア〉[ア] [辞書]言海 [表記]殯宮（言）

あらき【荒城】 飛騨国（岐阜県）の旧郡名。鎌倉末期以降、吉城（よしき）郡の呼称と併用され、江戸期になり吉城郡に統一された。＊二十巻本和名抄（934頃）五「飛騨国〈略〉荒城〈阿良木〉」 [上仮名]アラ|キ [辞書]和名・色葉・易林 [表記]荒城（和・色・易）

あら-き【新墓】〘名〙新しい墓。人を埋葬したばかりの墓。＊山廬集（1932）〈飯田蛇笏〉「春さむき新墓の雪や野の平ら」 [発音]〈標ア〉[ア]

あら-き【新墾】〘名〙新たに開墾すること。また、その土地。＊豊後風土記（732–739頃）速見「此の野は広く大きく土地（つち）沃腴（こ）えたり。開墾（あらき）の便（たより）、此の土（ところ）に比（たぐ）ふもの無し」＊万葉（8C後）七・一一一〇「斎種（ゆだね）蒔く荒木（あらき）の小田を求めむと足結（あゆひ）出で濡れぬこの川の瀬に〈作者未詳〉」 [方言]❶新たに切り開いた田畑。また、開墾中の土地。開墾地。新田。青森県075 082 083 秋田県鹿角郡132 静岡県榛原郡541 鹿児島県種子島054 ◇あらく 岩手県気仙郡100 宮城県登米郡115 福島県南会津郡185 茨城県稲敷郡062 栃木県198 群馬県碓氷郡228 多野郡246 埼玉県秩父郡251 千葉県印旛郡054 東京都三宅島038 神奈川県054 316 長野県埴科郡032 静岡県田方郡530 ◇あらこ 岩手県気仙郡100 茨城県稲敷郡062 東京都三宅島333 長野県054 475 488 ◇あらぐ 千葉県印旛郡054 274 ◇あらち 宮城県栗原郡114 ◇あらっ 鹿児島県肝属郡054 ◇あらじ・あらじり 愛媛県840 ◇あらお 千葉県安房郡054 ◇あらとこ 新潟県岩船郡366 長野県上田475 佐久493 ◇あらしょ 広島県安芸郡783 ◇あらしの 鹿児島県肝属郡054 ◇あらきおこし〔—起〕 岩手県九戸郡088 ◇あらきばたけ〔—畑〕 青森県三戸郡083 ❷荒廃した土地。荒蕪（こうぶ）地。また、まだ耕していない荒れ地。処女地。 ◇あらく 茨城県稲敷郡193 群馬県佐波郡242 埼玉県秩父郡251 千葉県印旛郡040 山武郡270 新潟県佐渡356 山梨県南巨摩郡465 ◇あらぐ 千葉県印旛郡274 ◇あらくれ 千葉県香取郡（稲株田）267 山武郡（荒田）270 ◇あらけ・あらあけ 島根県隠岐島725 ◇あらとこ 長野県諏訪468 上伊那郡488 ◇あらすこ 長野県諏訪481 ❸雑木を切った跡地。 ◇あらじ 奈良県吉野郡686 ❹焼き畑の第一年。静岡県磐田郡546 熊本県球磨郡054 ◇あらく 福島県南会津郡185 山梨県南巨摩郡463 ◇あらどこ・あらおこし 福島県南会津郡165 ◇あらじ 東京都大島326 ◇あらしょ 東京都八丈島337 ◇あらなぎ 岐阜県大野郡010 ❺焼き畑。 ◇あらく 神奈川県津久井郡012 山梨県455 ◇あらはた 石川県能美郡012 ❻二、三年を経た焼き畑を鍬（くわ）で耕して作った畑。 ◇あらく 長野県埴科郡032 ❼麦と大豆の連作の弊を防ぐため、三年に一回、菜種と粟（あわ）とを作って畑地を新たにすること。長崎県壱岐島914 ❽開墾すること。 ◇あらく 青森県三戸郡083 岩手県上閉伊郡098 茨城県稲敷郡188 北相馬郡195 群馬県勢多郡236 東京都八王子311 長野県佐久493 ◇あらこ 茨城県稲敷郡188 群馬県勢多郡222 東京都三宅島333 長野県佐久493 ◇あらけ 和歌山県西牟婁郡690 ❾開墾する時の荒起こし。 ◇あらこ 長野県下伊那郡054 ❿開墾する時や、固い土地を掘り起こす時に用いる鍬（くわ）。 ◇あらく 群馬県勢多郡236 ◇あらくぐわ〔—鍬〕 長野県佐久493 ◇あらくてんが・あらくわ 群馬県勢多郡236 ⓫不毛地。 ◇あらく 静岡県富士郡521 ◇あらしょ 広島県江田島054 ◇あらしお 新潟県東蒲原郡368 [発音]〈なまり〉アラク・アラコ〔茨城〕アラグ〔岩手・仙台方言〕〈標ア〉[ア]〈京ア〉[ア] [上仮名]アラ|キ

あら-き〘名〙 [方言]❶物と物との間が隔たっていること。間隔。距離。山口県大島801 愛媛県840 ❷小作人が地主に対して盆暮れの付け届けのほかにする農作業の労働奉仕。石川県羽咋郡406

アラキ【阿刺吉】〘名〙（（オラ）arak）《アラック》江戸時代、オランダから渡来した蒸留酒。アルコールに香気をつけたもの、あるいは、丁子、肉桂、ういきょうなどを焼酎につけたものという。アラキざけ。＊俳諧・桃青三百韻附両吟二百韻（1678）「花に嵐あらきちんたをあたためて〈信章〉 胸につかへし霞はれ行く〈信徳〉」＊和訓栞（1777–1862）「あらき〈略〉酒にあらきといふは、本草焼酒（ちう）の下に阿刺吉と見えたり。蛮語なるへし。〈略〉草木子に阿刺基を酒露也ともいへり」＊邪宗門（1909）〈北原白秋〉魔睡・邪宗門秘曲「南蛮の桟留縞（サントメじま）を、はた、阿刺吉（アラキ）、珍酡（チンタ）の酒を」 [発音]〈標ア〉[ア] [辞書]言海 [表記]阿刺吉（言）

あら-ぎ【荒儀】〘名〙荒々しいやり方。乱暴な言行。＊保元（1220頃か）上・新院御所各門々固めの事「為朝が申す様、以ての外の荒義なり。年のわかきが致す処歟（か）」＊日蓮遺文–種々御振舞御書（1275）「つきたる弟子等もあらぎかなと思へども、力及ばざりげにてある程に」＊日葡辞書（1603–04）「Araguiuo（アラギヲ）ダス〈訳〉激怒して荒々しい言葉を発する」＊浄瑠璃・頼光跡目論（1661–73頃）三「さやうのあらぎは端武者（はむしゃ）の業（わざ）」＊浄瑠璃・唐船噺今国性爺（1722）上「つかみつかんくいつかん、いやいやあら気でいかぬこと、だましてのかんと思案をしかへ」 [方言]元気のよいこと。新潟県西蒲原郡371 [発音]アラギ〈標ア〉[0] [辞書]文明・日葡 [表記]荒儀（文）

アラキ-ざけ【阿刺吉酒】〘名〙「アラキ」に同じ。＊狂歌・卜養狂歌集（1681頃）「あら木さけといふさけを取出て、みな人のみけるに」＊和漢三才図会（1712）一〇五「焼酒〈略〉阿蘭陀之阿刺吉（アラキ）酒、琉球及薩摩之泡盛（あはもり）、酒皆彼国焼酎」 [辞書]書言 [表記]阿刺吉酒（書）

あら-きざみ【粗刻】〘名〙①タバコの葉などをあらく刻むこと。また、そのもの。②歯で物を切り刻むこと。＊文明本節用集（室町中）「㕮咀 アラキザミ 古無ﾚ刀以ﾚ歯食切也」 [発音]〈標ア〉[ミ][キ] [辞書]文明・饅頭・黒本 [表記]㕮咀（文・饅） 吠咀（黒）

あら-きず【新傷】〘名〙新たにうけた傷。 [発音]〈標ア〉[0][ラ]

あらきだ【荒木田】〘名〙（「荒木田土」の略）近世、武蔵国（東京都）豊島郡町屋、および尾久辺の荒川に沿った荒木田原が主産地であった赤土の粘土。粘着力が強く壁や、瓦ぶきの下に用いられ、園芸用にも使われる。＊雑俳・柳多留–二二（1788）「あらきだを百匁ほど出すなべいかけ」 [発音]〈標ア〉[0]〈京ア〉[0] [辞書]ヘボン・言海 [表記]荒木田（言）

あらきだ【荒木田】 姓氏の一つ。明治初年まで、代々伊勢の皇大神宮の禰宜（ねぎ）、権（ごんの）禰宜を世襲。江戸時代には国学者を輩出した。＊三代実録–元慶三年（879）五月二三日「伊勢国度会郡大神宮氏人神主姓二荒木田三字一」 [発音]〈標ア〉[0]

あらきだ-ひさおゆ【荒木田久老】 江戸後期の国学者、歌人。号五十槻園（いつきぞの）。賀茂真淵に学び、後に同門の宣長学派に対立。「万葉集」の研究にすぐれ、著に「万葉考槻之落葉」「日本紀歌之解」など。また、歌集「五十槻園集」がある。延享三～文化元年（一七四六～一八〇四）

あらきだ-もりたけ【荒木田守武】 室町後期の人。伊勢内宮の一禰宜長官。連歌を宗祇、宗長、兼載らに学び、のちに山崎宗鑑とともに連歌から俳諧を独立させる機運を作る。著「俳諧独吟百韻」「俳諧連歌独吟千句（守武千句）」「世の中百首」など。文明五～天文一八年（一四七三～一五四九）

あらきだ-れい【荒木田麗】 江戸後期の女流作家。初名隆。のちに麗と改め、以後麗女または麗子と称す。字は子奇。紫山、清渚と号す。伊勢大神宮の祠官の娘。南北朝から安土桃山時代までのできごとを雅文でつづった「池の藻屑」、平家一門の興亡を記す「月の行方」などの、歴史に取材した作品で知られる。享保一七～文化三年（一七三二～一八〇六）

あらき-だ【新墾田】〘名〙新たに開墾した田。＊万葉（8C後）一六・三八四八「荒城田（あらきだ）の鹿猪田（ししだ）の稲を倉にあげてあなひねひねし吾が恋ふらくは〈忌部黒麻呂〉」＊古今六帖（976–987頃）二・田「あらき田をあらすきかへしかへしても見てこそやまめ人の心を」 [発音]〈標ア〉[0]

あらきだ-つち【荒木田土】〘名〙「あらきだ（荒木田）」に同じ。

あらき-づくり【荒木作】〘名〙切り出したままの木で作ること。また、その物。＊浄瑠璃・後醍醐天皇（1658–61頃）四「たかのり、ゑ物ゑ物しやと、はまに有けるあらきづくりの舟のかぢをっとり」＊浄瑠璃・夕霧阿波鳴渡（1712頃）下「仏の三十二相とはあら木作りの卒都婆（そとば）を云」

あら-きどり【疎木取】〘名〙たるや、おけなどに用いる木。あらどり。 [発音]〈標ア〉[ス]

あらき-の-みや【荒城宮・殯宮】〘名〙殯（あらき）のための仮の宮殿。死者の住んでいた所や墓地と定められた所の近くなどに設けた。古くは喪屋（もや）を作ってあてたが、元明天皇以後は別に喪屋を作らないで、正室または寺院などを用いた。あがりのみや。もがりのみや。ひんきゅう。 [発音]〈標ア〉[ア]

あらき-はり【新墾治】〘名〙（「あらきばり」とも）新たに田を開墾すること。新墾（にいはり）。＊色葉字類抄（1177–81）「畄 アラキハリ」＊高山寺本名義抄（鎌倉初）「畄 アラキハリ」＊玉塵抄（1563）一一「うちをこすをあらきばりと云ぞ。墾（こん）の字をもあらきばりと云ぞ」＊改正増補和英語林集成（1886）「アレチヲオコシテ arakibari（アラキバリ）スル」 [語源説](1)キはキリ（伐）の語根、ハリはハルク（開）の義〔大言海〕。(2)新地開拓のために草木を焼いたことからアラヤキワル（新焼）の約か〔日本古語大辞典＝松岡静雄〕。(3)アラクワル（荒割）の転〔日本釈名〕。 [辞書]色葉・名義・和玉・文明・書言・ヘボン・言海 [表記]菑（色・玉・言） 載・畄（色・名） 畬（色・玉） 蕾（色） 緇（玉） 墾（文・へ） 新墾（書）

あらき-ぶね【荒木船】〘名〙長崎の朱印船貿易商荒木宗太郎の外国貿易船。元和五年（一六一九）安南渡海の朱印状を下付された。同八年にえがかれた図によれば、中国型ジャンクと西洋型帆船ガレウタとを折衷した構造と艤装の船で、同系統のシャム船よりも洋式化が強い。当時この種の船をミスツイス造りとか日本前と称した。およそ五〇〇トン前後の船と推定される。＊長崎縁起略記（1712）「奉書船といふは〈略〉長崎には末次

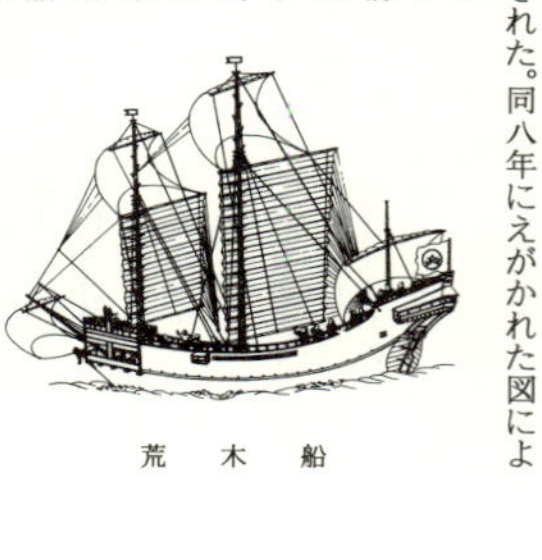
荒　木　船

平蔵船二艘、船本彌七郎、荒木船、糸屋随右衛門船なり」

あら-ぎも【荒肝】〖名〗(「荒」は、たけだけしいの意。一説に、「荒肝」の下に来る動詞を強める意とも)たけだけしい心。また、きも。肝魂(きもだましい)。どぎも。*雑俳・空つぶて(1712)「借銭に例のあらぎも出ぬ五郎」*狐の裁判(1884)〈井上勤訳〉三「己れ憎くき獣類(けだもの)め、可惜(あたら)荒胆(アラキモ)を寒(ひや)させしと」[発音]アラギモ〈標ア〉[0]〈京ア〉[0]

あらぎも 取(と)らる ひどく驚かされる。どぎもを抜かれる。*浄瑠璃・娥歌かるた(1714頃)三「きっと罪に行ひくれんずやっとの給ふこゑ、耳の根にこたへあら肝とられ、ただはっはっと斗うろたへて」*浄瑠璃・信州川中島合戦(1721)一「かみ付様成(なる)大音声、あらぎもとられ胴ふるへ共めいらぬ顔」*浄瑠璃・平仮名盛衰記(1739)三「『我は樋口の次郎兼光よ』と。いふに親子はあら肝取られ、あきれ果たる計(ばかり)なり」

あらぎも を=取(と)る[=抜(ぬ)く] 相手をひどく驚かす。どぎもを抜く。あらぎもをひしぐ。*漢書帝紀抄(1477-1515)「予謂禺言(かごと)、群臣のあらきもをとらうとて云也。よう云たぞ」*思出の記(1900-01)〈徳富蘆花〉二・二「賊も荒肝をぬかれて」*画の悲み(1902)〈国木田独歩〉「一見自分は先づ荒肝(アラギモ)を抜(ヌ)かれてしまった」[方言]人をひどく驚かしたり、困らせたりするような言動にいう。◇あらぎもとる 長崎県対馬913

あらぎも を 拉(ひし)ぐ 「あらぎも(荒肝)を取る」に同じ。*桐一葉(1894-95)〈坪内逍遙〉七「伊豆守が残兵ぬけがけなし、討手の荒胆をひしぎし為」*多情多恨(1896)〈尾崎紅葉〉後・二「『ええ。』とばかりに柳之助は荒胆を挫(ヒシ)がれた」

あらき-ゆみ【荒木弓】〖名〗「あらき(荒木)の弓(ゆみ)」に同じ。

あら-ぎょう【荒行】(…ギャウ)〖名〗修行者などが、非常な困難を耐えしのんでする修行。けわしい山を踏破したり、野宿したり、断食したり、寒天に冷水を浴びたり滝にうたれたりする。*平家(13C前)五「文覚荒行」*源平盛衰記(14C前)一八・龍神守三種心事「由なき文覚が荒(アラ)行立てて、墓なく成りぬる事よとて」*日葡辞書(1603-04)「Araguiŏ(アラギャウ)〈訳〉厳格な、また、堪えられないくらいひどい苦行」*浄瑠璃・娥歌かるた(1714頃)二「三七日のあら行(ギャウ)にて、受(うけ)さづかりし秘文(ひもん)なれ共」[発音]アラギョー〈標ア〉[0][ラ]〈京ア〉[ラ]/[0] [辞書]日葡・ヘボン・言海 [表記]荒行(ヘ・言)

あらぎょう-じゃ【荒行者】(あらギャウ…)〖名〗荒行をする行者。*源平盛衰記(14C前)一八・龍神守三種心事「此の文覚(もんがく)は〈略〉ゆゆしき荒行者(アラギャウシャ)にて、度々鍔金(はがね)顕したる者なり」[発音]アラギョージャ〈標ア〉[ギョ]

あらぎょう-どう【荒行堂】(あらギャウダウ)〖名〗荒行をする道場。

あら-ぎり【粗切・荒切】〖名〗①(―する)粗く切ること。大ざっぱに大ぶりに切ること。また、そのもの。*日葡辞書(1603-04)「Araguiri(アラギリ)〈訳〉粗雑に切ること。または、最も太い部分をあら削りすること」*薔薇くひ姫(1976)〈森茉莉〉「牛肉を買って帰って、キャベツの荒切りと一緒に繊維になるまで煮こみ」②(―する)(比喩的に)戦陣で、最初に敵陣にとびこんで突進して行くこと。*幸若・高たち(室町末-近世初)「弁慶が是を見て、いでいでむさしあらきりせむ。跡をばこなせ若武者共とて」*日葡辞書(1603-04)「Araguiri(アラギリ)スル〈訳〉また比喩的に、兵士らが敵を切ったり、傷つけたりして、最初に敵に突進して行くこと」③江戸時代、小判や分金、分銀などの製作段階で、規定の幅に鋳造された地金を適当の長さに切断すること。④粗く刻んだタバコ。特に、安永(一七七二~八一)頃にはやった、国分莨草などを五分切りにした上等品。ごぶぎり。*雑俳・柳多留-二(1767)「あら切は一と夜さ切(ぎり)のはれに買」[発音]アラギリ〈標ア〉[0] [辞書]日葡

あら-く【有―】(動詞「あり(有)」のク語法)物が、あること。人や動物などが、いること。*万葉(8C後)三・二五八「人漕(こ)がず有雲(あらくも)しるし潜(かづ)きする鴛鴦(をし)とたかべと船の上に住む〈鴨足人〉」*万葉(8C後)五・八〇九「直(ただ)に逢はず阿良久(アラク)も多くしきたへの枕さらずて夢(いめ)にし見えむ〈作者未詳〉」

あら-く【新―】〖名〗[方言]⇨あらき(新墾)

あらく〖副〗たくさん。大変。*俚言集覧(1797頃)「あらく 常陸の土人多いといふをあらくといふ」

あら・く【荒】〖自カ下二〗⇨あらける(荒)

あら・く【散・粗】[一]〖自カ下二〗⇨あらける(散)[一]。[二]〖他カ下二〗⇨あらける(散)[二]。[方言]❶間があく。離れる。すきまがあく。兵庫県加古郡664 淡路島671 島根県石見725 山口県大島801 徳島県809 香川県829 愛媛県840 高知県861 大分県938 ❷かけ離れている。大いに相違する。兵庫県淡路島671 ❸開墾する。神奈川県津久井郡054 静岡県520

あら・ぐ【荒】〖他ガ下二〗⇨あらげる(荒)

あら-くさ【荒草】〖名〗荒地に生える雑草。*万葉(8C後)一四・三四四七「草蔭の安努(あの)な行かむと墾(は)りし道安努は行かずて阿良久佐(アラクサ)立ちぬ〈東歌〉」*延喜式(927)祝詞・出雲国造神賀詞(出雲板訓)「天のみかび冠(かぶ)りて、いづの真屋(まや)に麁草(アラクサ)をいづの席(むしろ)と苅り敷きて」[補注]「延喜式・祝詞」の例は、新草(刈り出したままの草の意)とする説もある。

あらくさ-やぶ【荒草藪】〖名〗雑草のしげみ。*鷺(1940)〈川田順〉明一三陵「いささかは雑草叢(アラクサヤブ)のありければ鶉が啼きつこの石原に」

あら-ぐし【粗櫛】〖名〗目のあらい櫛。髪をとくのに用いる。ときぐし。*雑俳・柳多留-三二(1805)「あら櫛はふかくまま子の気にこたへ」*随筆・守貞漫稿(1837-53)八「先此粗歯の櫛を以て髪を梳る。是を俗にあらくしと云。荒櫛歟。粗なる物大略一寸の間に十歯ばかり。大さ櫛横四寸五七分高央にて一寸ばかり」*俳諧師(1908)〈高浜虚子〉三五「細君は癖直しをすませて又荒櫛(アラグシ)で梳き直す」[発音]アラグシ〈標ア〉[0] [辞書]言海 [表記]粗櫛(言)

あら-くた・い【荒―】〖形口〗荒々しい。乱暴である。*鮫(1963)〈真継伸彦〉四「おれはまだ言葉をろくに知らず、兇賊の、荒らくたい言葉で語りつづけていた」[方言]三重県054 599 600 京都市621 大阪市(職人言葉)638 奈良県678 683 和歌山県690 島根県出雲725 岡山県苫田郡749 徳島県811 美馬郡054 那賀郡810 香川県829 愛媛県周桑郡845 高知県861 ◇あらくたない 和歌山県691 ◇あらったい 香川県大川郡829

あら-くだし【暴痢】〖名〗はげしい下痢。*温故知新書(1484)「暴痢 アラクタシ」

あらくたまし・い【荒―】〖形〗[方言]⇨あらくましい(荒―)

あら-くち【新口】〖名〗醸造した酒を、初めて桶から酌み出して飲むこと。初飲み。《季・夏》[発音]〈標ア〉[0]

あら-ぐち【荒口】〖名〗あらっぽい言葉。乱暴な言い方。*東は東(1933)〈岩田豊雄〉「立居(たちゐ)がしづかで、荒口をききませぬ」

あら-くま【荒熊】〖名〗①凶暴な熊。*万葉(8C後)一一・二六九六「荒熊(あらくま)の住むと云ふ山のしはせ山責(せ)めて問ふとも汝(な)が名は告(の)らじ〈作者未詳〉」*拾遺愚草(1216-33頃)上「思ふにはおくれむものかあらくまの住むてふ山のしばしなりとも」*浄瑠璃・浦島年代記(1722)四「岩を飛こへ木の根をはねこへ、かけ来るあら熊むんずとつかみ」②江戸時代、「丹波国で生け捕った熊」などといって一人が顔に墨を塗り、他の一人がそれを引き回して銭を乞い歩いた乞食。*真景累ケ淵(1869頃)〈三遊亭円朝〉四「丹波の国から生獲(いけど)りましたと云ふ荒熊の様な妙な面(つら)になって往きゃア」[発音]〈標ア〉[0] [辞書]言海 [表記]荒熊(言)

あら-くまし・い【荒―】〖形口〗[文]あらくま・し〖形シク〗荒々しい。粗暴である。あらくもしい。あらこましい。*枕(10C終)四〇・花の木ならぬは「あすはひの木、この世にちかくもみえきこえず。〈略〉枝ざしなどは、いと手ふれにくげにあらくましけれど、なにの心ありて、あすはひの木とつけけむ」*虎寛本狂言・今参(室町末-近世初)「あのあらくましい弁慶と、いつ判ぐゎんの御契りやった事が有る」*仮名草子・東海道名所記(1659-61頃)一「家の内きたなくして、茶屋のかかも顔のかかりあらくましうて、貝がらのやうにみゆ」*浄瑠璃・鎌田兵衛名所盃(1711頃)名所屏風「一口返事にぎょっとして、こなたもよい年そふ也。物いひなどもあらくましい」[方言]❶動作などが荒々しい。乱暴だ。島根県隠岐島725 宮崎県東諸県郡954 ◇あらかましい 山口県玖珂郡058 愛媛県840 大三島848 長崎県対馬913 ◇あらがましい 香川県塩飽諸島829 ◇あらぐまし 岩手県気仙郡100 ◇あらくたましい 長崎県五島054 熊本県下益城郡930 ❷顔や体つきなどがごつごつしていて恐ろしげだ。◇あらぐましい・あらぐまし 岩手県気仙郡100 102 ❸粗雑だ。ぞんざいだ。◇あらかましい 山口県玖珂郡058 大島801 長崎県対馬911 ❹緻密(ちみつ)でない。皮膚などのきめが粗い。◇あらかましい 高知県長岡郡869 [語源説](1)荒熊しの義〔和訓栞後編〕。(2)アラ(荒)ガマシの転か〔大言海〕。[発音]アラクマシイ〈標ア〉[シ]〈京ア〉[マ] [辞書]黒本・言海 [表記]暴雲(黒)

あらくまし-げ【荒―】〖形動〗(形容詞「あらくましい」の語幹に接尾語「げ」の付いたもの)荒々しいさま。荒々しげ。*後拾遺(1086)雑四・一〇八一・詞書「実方朝臣女のもとに〈略〉女の心しらぬ人して、あらくましげに問はせて侍りければ」

あら-くもし・い【荒―】〖形口〗「あらくましい(荒―)」に同じ。*虎明本狂言・今参(室町末-近世初)「あのあらくもしひ弁慶と、判官殿のおちぎりやった事が有ぞ」[方言]❶動作などが荒々しい。徳島県811 ❷粗雑だ。ぞんざいだ。香川県三豊郡829

あらぐり〖名〗田植え前に田の代(しろ)ごしらえをする作業。あらくれ、すなわち大きな土の塊を、起こして砕き、水にひたして、かきならす作業。東北、関東、北陸などでいう。

あら-ぐるい【荒狂】(…ぐるひ)〖名〗きつい、あるいは怒りのこもった冗談、嘲笑(日葡辞書(1603-04))。[辞書]日葡

あら-くれ【荒―】〖名〗〖形動〗(動詞「あらくれる」の連用形の名詞化)気質や動作の荒々しいこと。乱暴なこと。また、そのさまやその人。*雨の日ぐらし(1891)〈山田美妙〉坑夫「仲間といふはあらくれの、人形(ひとがた)したる獣なり」*駅夫日記(1907)〈白柳秀湖〉一九「野獣のやうな土方や、荒くれな工夫が、此首領の下に」[発音]〈標ア〉[0]〈京ア〉[0]

あらくれ〖名〗[方言]❶粗い土の塊。島根県725 ❷第一回の田の馬鍬(まぐわ)起こし。長野県佐久493 ❸荒起こしの後、代かきに先んじて田の土を荒く砕く作業。福島県相馬161 ◇あらくり 富山県砺波398 富山市近在392 ❹水田の代かき。特に第一回のものをいう。岩手県気仙郡100 宮城県栗原郡113 山形県139 福島県石城郡054 栃木県河内郡204 埼玉県北葛飾郡258 新潟県361 岐阜県飛驒502 ◇あらくれかき〔―掻〕秋田県鹿角郡132 福島県石城郡054 新潟県東蒲原郡368 岐阜県飛驒502 ◇あらくれがえし〔―返〕島根県鹿足郡725 ◇あらくり 山形県西田川郡139 福島県石城郡178 埼玉県北葛飾郡258

新潟県東蒲原郡368 石川県珠洲郡406 ◇**あらくりかき** 新潟県東蒲原郡368 ❺田植えの前の田の三度目の耕作。◇**あらくり** 新潟県中頸城郡382 ❻最初に水を入れて耕した田。新潟県中頸城郡382 ❼田仕事。新潟県岩船郡366

あらくれ 掻(か)く 方言 田植え前に水田の土の塊などをほぐす。代かきをする。青森県三戸郡083 秋田県鹿角郡132 ◇**あらくりかく** 青森県津軽071 (第一回の代かき)075

あらくれ 小説。徳田秋声作。大正四年(一九一五)「読売新聞」に発表。結婚を強要され、養家を飛び出したお島を主人公に、本能のままに行動する女の流転を描く。

あらくれ-お【荒男】〖名〗「あらくれおとこ(荒男)」に同じ。*今弁慶(1891)〈江見水蔭〉三「何と詮方荒(アラ)くれ男(ヲ)も、命を運とあきらめて」 発音〈標ア〉0

あらくれ-おとこ【荒男】〖名〗気質や動作の荒々しい男。乱暴な男。無骨な男。あらくれお。*人情本・春色恵の花(1836)初・六回「『うしゃアがれ』と遠慮会釈もあらくれ男、親父を突退(つきのけ)」*経国美談(1883-84)〈矢野龍渓〉前・九「婢が姉の先に嫁したる荒くれ男に然も似たり」 発音〈標ア〉オ〈京ア〉オ

あらくれ-し【荒】〖形シク〗荒々しい。粗暴だ。*浄瑠璃・今川本領猫魔館(1740)二「御仁躰に似合ませぬ、荒(アラ)くれしい為され方」*歌舞伎・伊勢平氏栄花暦(1782)三立(暫)「『荒くれしき両人のをのこども』『此儘さしおかるるも如何(いかが)』」

あらくれ-だ・つ【荒立】〖自タ五(四)〗気質や動作が荒々しく乱暴な様子を帯びる。*彼女とゴミ箱(1931)〈一瀬直行〉新聞の売子「さう云った店には、荒(アラ)くれだった間に彼等の姿をよく見うける」

あらくれ-びと【荒人】〖名〗気の荒い人。粗暴な人間。あらくれもの。*酒ほがひ(1910)〈吉井勇〉PAN「恋がたき鱶に食はれて死ねと云ふあらくれびとをよしと讃へむ」 発音〈標ア〉ダ

あらくれ-ぶし【荒武士】〖名〗気の荒い武士。無骨なさむらい。*雑俳・柳多留-一一(1776)「能(よい)娘もってあらくれ武士に成」 発音〈標ア〉レ

あらくれ-もの【荒者】〖名〗あらくれた者。あらくれ。 発音〈標ア〉0〈京ア〉0 辞書言海

あらくれ-よみ【荒塊読】〖名〗陰暦二月の初め頃、鍬で田をかきならすこと。*成形図説(1804-06)四・田作「二月の初頃また耕を二番打起といふ。此時耙(くわ)をもて把平(かきならす)を荒塊読(アラクレヨミ)といふ。凡耙にて田土を砕くをよむといふは、行を遂て細に数へるをいふの詞なり」

あら-く・れる【荒―】〖自ラ下一〗文あらく・る〖自ラ下二〗荒々しい様子をする。粗暴にふるまう。多く「あらくれた」の形で粗野なさま、すさんださまをいう。*別れ霜(1892)〈樋口一葉〉一二「あらくれし詞に怒りを籠めて」*義血侠血(1894)〈泉鏡花〉一八「忽ち暴(アラク)れたる四隻(よつ)の手は、乱雑に渠(かれ)の帯の間と内懐とを撈(かきさが)せり」*破戒(1906)〈島崎藤村〉四・三「荒くれた男女の農夫は」 発音〈標ア〉レ〈京ア〉0 文『あらくる』〈標ア〉ク〈京ア〉0 辞書〈ボン・言海 表記 荒(へ)

あら-くろ・し【荒―】〖形シク〗黒くあらい。屈強で粗大な。からだについていう(和英語林集成再版(1872))。 辞書〈ボン

あらくろ-ずり【荒摺】〖名〗東北地方で小正月に行なう予祝行事の一つ。田植えの日に代田(しろた)を摺る作業を、雪の中で模擬的に演じ、豊作を祝う行事。

あら-くわ【荒鍬】〖名〗土を荒起こしするのに使う鍬。*浄瑠璃・四天王若さかり(1660)初「百せうのもてあつかうあらくわ、十枚ぢさんするゆつきの大力罷出」*浮世草子・好色二代男(1684)三・四「彌七荒鍬(アラクワ)を取てまいって、さあつかわるるかねをくださるると」 辞書和玉 表記 鏢(玉)

あらけ〖名〗方言 ❶田園の広々とした所。宮崎県日向(村落部)955 ❷郊外。鹿児島県961 ❸沖の方。和歌山県有田郡690 ❹庭先。和歌山県西牟婁郡706 ❺外。薩摩†136 †137 ❻座敷。客間。熊本県919 (次の間)933 ◇**あらく** 熊本県球磨郡919 ❼台所と奥座敷との間にある部屋。◇**あらき** 熊本県球磨郡054 ❽老人の隠居所に対して若夫婦の住む母屋。宮崎県東諸県郡954 鹿児島県961 肝属郡970 ❾月経。鹿児島県宝島054

あら-げ【荒―】〖形動〗(形容詞「あらい」の語幹に接尾語「げ」の付いたもの) 荒々しいさま。荒れている感じ。*土左(935頃)承平五年一月二二日「けふうみあらげにて、いそにゆきふり、なみの花さけり」*曾丹集(11C初か)「あらけにてやけふに見えし春の野もなつはいろいろ花さきにけり」 補注「土左日記」の例を「あらけ」と清音に訓んで、「散(あら)く」の連用形の名詞化したものとみ、波などの散ること、すなわち時化(しけ)、あるいは荒波と解する説もある。 発音アラゲ〈標ア〉ラ

あら-げ【荒毛】〖名〗稲の穂が荒く、育ちの悪い状態。*曾丹集(11C初か)「あらげなるおくての稲をまもるまに萩の盛はすぎやしにけん」

あら-げ【粗毛】〖名〗かたい毛なみ。こわい毛なみ。*暮笛集(1899)〈薄田泣菫〉絶句・獲物「敵は粗毛(アラゲ)の猿を得ぬと」

あらげ-きくらげ【粗毛木耳】〖名〗キクラゲ科の食用きのこ。本州以南の雑木林の枯れ木などに群生する。キクラゲに似ているが大きく、背面に灰白色から灰褐色の短毛が密生する。中国料理などに用いる。学名は Auriculata polytricha 発音アラゲキクラゲ〈標ア〉ク

あらけ・し【荒】〖形ク〗荒々しい。粗暴である。*梁塵秘抄(1179頃)二・四句神歌「樵夫(きこり)は恐ろしや、あらけき姿に鎌を持ち」

あら-けずり【粗削・荒削】〖名〗(形動) ①木などを、大ざっぱに削り、細かい仕上げをしてないこと。また、そのさま。*寛永刊本蒙求抄(1529頃)四「少尚質はあらけつりの心也。素も其のままなる者也」*日葡辞書(1603-04)「Araqezzuri(アラケヅリ)〈訳〉木を荒削りすること、または、最初に斧などで大まかに削ること」*幼学読本(1887)〈西邨貞〉二「鋸は木を引き切り、釿は木をあらけづりするに用ふ」*草枕(1906)〈夏目漱石〉二「あら削りの柱の如く聳えるのが天狗岩ださうだ」 ②十分ねり磨かれていないこと。野性的で洗練されていないこと。大ざっぱで完成にほど遠いこと。また、そのさま。*浮世草子・世間妾形気(1767)一・二「由良の舟乗伝三郎とて荒(アラ)けづりなる骨組が思はしと」*竹沢先生と云ふ人(1924-25)〈長与善郎〉竹沢先生と赤い月・五「何でも勢よくピンピン荒削りに画きさへすれや、自然の力が現はれると思ってるんだから」 発音〈標ア〉ケ〈京ア〉0 辞書日葡

あらけ-な・い【荒気―】〖形口〗文あらけな・し〖形ク〗(「ない」は、はなはだしい意をもつ接尾語) ひどく荒い感じである。荒々しい。粗暴である。また、そっけない。*平家(13C前)一一・重衡被斬「壇の浦にて海にいらせ給ひしかば、もののふのあらけなきにとらはれて、旧里に帰り」*車屋本謡曲・俊寛(1456頃)「僧都は舟に叶ふまじと、さもあらけなくいひければ」*虎寛本狂言・禰宜山伏(室町末-近世初)「扨何方(いづかた)でもお山伏と申者はあらけない者で御座る」*三体詩素隠抄(1622)一・三「それを今は武具をしたためて、あらけなき姿にてさわらば、ひやせひやせと云ぞ」*説経節・あいごの若(山本九兵衛板)(1661)三「こはもったいなき仰かな、たとい一めいすつる共、仰をいかでそむくべし、さりなから此事においては思ひとどまり給へと、あらけなくこそ申けれ」*浮世草子・好色一代男(1682)二・六「此事京に隠れもなく、勘当のよし、あらけなふ申来れり」 方言 ❶荒々しい。荒っぽい。乱暴だ。青森県073 074 083 岩手県二戸郡040 九戸郡088 秋田県鹿角郡132 富山県砺波397 398 石川県鹿島郡・羽咋郡404 山梨県456 岐阜県大垣市512 滋賀県彦根609 蒲生郡612 京都市054 大阪市638 鳥取県711 島根県美濃郡725 香川県大川郡829 愛媛県南宇和郡040 高知県長岡郡869 福岡県小倉市874 福岡市877 ◇**あらっけない** 富山県砺波398 石川県408 409 414 ❷数量が多い。おびただしい。また、程度が甚だしい。秋田県鹿角郡132 ◇**あらけんねえ** 福岡県872 ❸大きい。りっぱだ。また、大げさだ。石川県鹿島郡411 岐阜県498 滋賀県神崎郡616 ❹むやみにない。珍しい。富山県高岡市395 ❺粗末だ。青森県津軽075 語源説 (1)アラケは動詞アラク(荒)の名詞形、ナシはナシ(甚)〔大言海〕。(2)いたわり気のない意の、アタラシゲナシの略〔燕居雑話〕。 発音〈標ア〉ナ〈京ア〉ケ 文『あらけなし』〈標ア〉ケ 〈ア史〉江戸『あらけなき』●●●○○ 〈京ア〉ナ 辞書日葡・書言・〈ボン・言海 表記 強(書) 荒気(へ)

あらけな-げ【荒気―】〖形動〗(形容詞「あらけない」の語幹に接尾語「げ」の付いたもの) 荒々しいさま、感じ。*承応版狭衣物語(1069-77頃)二・下「『山おろしもいと荒けなげなんめるを、ふせぎ給へ』とて」*咄本・昨日は今日の物語(1614-24頃)下「『離し給へ』とあらけなげに申されける」 発音アラケナゲ〈標ア〉ナ

あらけな-さ【荒気―】〖名〗(形容詞「あらけない」の語幹に接尾語「さ」の付いたもの) 荒々しいこと。また、その度合。*日葡辞書(1603-04)「Araqenasa(アラケナサ)」 発音〈標ア〉ナ 辞書日葡

あらけ-もの【荒気者】〖名〗荒々しい者。*浄瑠璃・持統天皇歌軍法(1713)一「一途のあら気者、いやさ、貴殿は成人の子息達も有ゆへに、後を思ふ諂気(へつらひぎ)」 方言◇**あらけもん** 島根県出雲725

あらけ-やぶ・る【散破】〖自ラ下二〗戦いに敗れて散り散りになる。敵に追われて隊形がとける。*太平記(14C後)一九・青野原軍事「一陣、二陣あらけ破て、数騎の兵ども、思々にぞ成りにける」

あら・ける【荒】〖自カ下一〗文あら・く〖自カ下二〗荒々しくなる。さわぎになる。*大阪の宿(1925-26)〈水上滝太郎〉八・五「どっちにしてもあらけた結末になる事はたしかだった」 方言 ❶暴れる。乱暴する。岩手県和賀郡130 山形県139 栃木県塩谷郡198 新潟県佐渡348 長野県上田475 佐久484 島根県725 岡山県小田郡767 ❷ふざけ騒ぐ。山形県139 長野県佐久493 ◇**あられる** 岐阜県飛騨502 ❸落ちる。京都府620 兵庫県明石市061 ❹転がり落ちる。転がる。転げる。岩手県気仙郡102 長野県諏訪481 ◇**あられる** 宮城県牡鹿郡119 ❺坂やがけなどからものを転落させる。岩手県気仙郡100 辞書言海 表記 荒(言)

あら・ける【散・粗】(「粗(あら)」を動詞に活用させたもの) 一〖自カ下一〗文あら・く〖自カ下二〗①離れ離れになる。散り散りになる。ばらばらになる。*書紀(720)舒明九年三月(図書寮本訓)「是に、散(アラケ)たる卒(いくさ)更に聚る」*観智院本名義抄(1241)「散 アカツ アラク、散帰 アラケカヘル」*平家(13C前)五・都遷「楚章華(しゃうくゎ)の台をたてて黎民あらけ、秦阿房の殿をおこして、天下みだる」*太平記(14C後)一八・高野与根来不和事「大なる石を拾ひ懸て、十方より是を打に、投(なぐ)る飛礫(つぶて)の声、大日の真言(しんごん)に聞えて、曾(かつ)て其の身に中(あた)らず、あらけて微塵(みぢん)に砕け云る」*日葡辞書(1603-04)「テキガ araqeta(アラケタ)〈訳〉敵が退却する、あるいは、遠ざかる」 ②へだたりがある。相違する。*当世花詞粋仙人(1832)「大ぶんちがふと云を、あらく」 二〖他カ下一〗文あら・く〖他カ下二〗①道や場所をあける。また、家をあける、留守にする。*日葡辞書(1603-04)「トコロ、または、ミチヲ araquru(アラクル)〈訳〉占領したりじゃましたりして

いる物を取りのぞくようにして場所や道をあける」＊浄瑠璃・夏祭浪花鑑（1745）六「いかさま二三日此家をあうけ、あいつらに鼻明かでも魂胆」②間を離す。間隔をおく。ばらばらにする。＊真如観（鎌倉初）「又、分々に付て〈略〉名聞離れたる者なし。犬のうな毛をいからかし、かにの大づめを、あらけぬるが如し」＊玉塵抄（1563）四三「さしのけてあらけてうゆるぞ」＊浄瑠璃・天鼓（1701頃）二「そこらはをのさま機転をきかし、間（あひ）をあらけて寝てくだんせ」＊浄瑠璃・伊豆院宣源氏鑑（1741）二「サア支度は出来た検使殿、船をあらけて見物召せと」③火、灰などを掻き広げる。＊雑俳・をだまき集（1830-43）中「うけ出し女房、あらけなされと火ばし投（ほ）る」＊二人女房（1891）〈尾崎紅葉〉中・五「鉄瓶（てつびん）を下して火を撥（アラ）け」＊千曲川のスケッチ（1912）〈島崎藤村〉八・深山の燈影「ぶすぶす煙る雑木を大火箸であらけ、ぱっと燃え付いたところへ」方言❶間をあける。間隔を取る。間隔をさらに広げる。東京都大島326 兵庫県淡路島671 岡山県児島郡763 広島県江田島771 徳島県809 香川県大川郡829 愛媛県840 高知県861 ◇あらげる 愛知県南設楽郡038 ❷閉じているものを開ける。開く。愛知県知多郡570 ❸間があく。離れる。すきまがあく。大阪市638 山口県玖珂郡058 ◇あらかる 千葉県安房郡054 東京都大島326 三重県松阪584 和歌山県東牟婁郡690 新宮703 ❹かたづける。整理、整頓（せいとん）をする。じゃまなものなどを取りのけて広くする。掃除する。神奈川県中郡314 三重県054 584 599 兵庫県淡路島671 奈良県吉野郡688 和歌山県690 703 706 愛媛県840 南部054 高知県861 ◇あらくる 和歌山県日高郡・西牟婁郡690 ◇あらげる 和歌山県東牟婁郡690 ❺用を済ませる。処理する。高知市867 ❻草などをかき分ける。長野県下伊那郡492 ❼火をかきたてる。炭火をかき広げる。山梨県456 南巨摩郡455 長野県下伊那郡492 滋賀県蒲生郡612 和歌山県691 ❽ほじる。岐阜県飛騨502 大垣市512 ❾開墾する。新潟県岩船郡366 静岡県榛原郡541 ❿土地と土地との間に鍬（くわ）を入れて境界線を作る。和歌山県日高郡054 ⓫畑を粗略にうなう。静岡県榛原郡541 ⓬散らかす。取り散らす。かき回す。静岡県榛原郡534 541 ⓭残らず出す。ありったけをはたく。新潟県佐渡358 発音〈標ア〉ケ 〈ア史〉平安『あらく』○○● 鎌倉『あらくる』○○○● 辞書色葉・名義・和玉・文明・天正・日葡・書言・言海 表記散（色・名・文・天・書）紗・縄（色・名）宣（色）敉・澆・褫（玉）靈（文）半散・靡（書）

あら・げる【荒】〘他ガ下一〙文あら・ぐ〘他ガ下二〙（「あららげる（荒）」の変化した語）荒くする。物事を乱暴に行なう。＊浄瑠璃・山崎与次兵衛寿の門松（1718）中「声あらけても泣顔はかべより外にもれにけり」＊今昔較（1876）〈岡三慶〉下・質素と開化風「直に右の若侍を呼出し、声を荒らげて、〈略〉以来は気を付よと云て」＊小説日本銀行（1963）〈城山三郎〉二〇「声をあらげて、からんできた」発音アラゲル〈標ア〉ゲ0

あら-こ【新—】〘名〙方言 ⇩あらき（新墾）

あら-こ【粗粉】〘名〙①粗いみじん粉。②そば粉を作る際に、最初に粗く挽いたときに出るかす。＊蕎麦通（1930）〈村瀬忠太郎〉四「それに江戸向の蕎麦は、殻を全然排除して外皮のついた実を臼に入れ、最初に出るアラ粉を除き、一番粉二番粉三番粉四番粉と取分け」③こんにゃく。辞書言海 表記粗粉（言）

あら-こ【粗籠】〘名〙①編み目の粗いかご。＊竹取（9C末-10C初）「あらこに人をのぼせてつりあげさせて」＊御巫本日本紀私記（1428）神代下「大目麁籠〈平保末乃安良古爾〉」②筑後地方で、中に石を詰めて水を防ぐのに用いる竹のかごをいう。＊地方凡例録（1794）九「筑後の国にては堤を土居と云ふ、石出し、籠出し等を荒籠と云、在方普請奉行、役名を荒籠奉行と云」＊成形図説（1804-06）一二・農事「荒籠（アラコ）古事記作二八目荒籠一。取二其河石一合レ塩而裹二其竹葉一。又、如レ此石之沈一云々。八目の荒籠もて石を裹は、即今の石籠の漸なり。荒籠とは、其眼の粗大なるをいふ」方言目の粗いふるい。福井県大飯郡447 発音〈標ア〉コ 〈ア史〉鎌倉●●● 辞書言海 表記麁籠（言）

アラゴ（François Arago フランソアー）フランスの天文学者、物理学者。光の波動説の決定実験を提案。また電流による鉄の磁化の実験や、渦電流の実験装置である「アラゴの円板」の実験などを行なった。（一七八六〜一八五三）発音〈標ア〉ラ

あら-こうげ【荒高下】（カウゲ）〘名〙相場の騰貴と下落に大きな変動のあること。乱高下。＊歌舞伎・島衛月白浪（1881）四幕「荒高下（アラカウゲ）の其時は、何百円といふ金を儲かることもありますが、纔な高下の其時は、端た金を取りますのさ」

あら-ごえ【荒肥】〘名〙牛馬の糞や廐肥（きゅうひ）などの肥料。＊農稼業事（1830）後編・三・肥し心得の弁（古事類苑・産業三）「山芝、牛馬の糞、厩肥、是れをあら肥といふ」方言❶堆肥（たいひ）。香川県827 小豆島836 愛媛県840 熊本県玉名郡058 ❷厩肥（きゅうひ）。馬屋肥。岡山県小田郡767 ❸緑肥。刈り草。山口県大島801

あら-ごけ【新後家】〘名〙後家になりたての女。＊雑俳・柳多留-一二（1777）「あら後家へ出這りをして毒づかれ」

あら-ごし【粗漉】〘名〙①目のあらい水こし。②あらい目でこすこと。また、そのこしたもの。発音アラゴシ〈標ア〉0

あら-ごと【荒事】〘名〙①荒々しい行為のたとえにいう。＊文明本節用集（室町中）「荒事 アラコト」＊談義本・地獄楽日記（1755）一・三「流行（はや）り出した狂言を見るやうに、毎日毎日同じ荒事、ふつふつ倦じ果てました」＊雑俳・柳多留-四六（1808）「嫁のあら事鬼灯の首をぬき」②歌舞伎で、扮装と演技が象徴的に誇張された豪快な演出法。また、そういう脚本。元禄年間（一六八八〜一七〇四）、初代市川団十郎が金平（きんぴら）浄瑠璃の操りにヒントを得て創始、以来市川家の家芸となり、江戸歌舞伎の特色となる。⇔和事（わごと）。＊評判記・やくしゃ雷（1694）市川団十郎「あらことじつ事しあい諸事やつし事」＊評判記・野郎にぎりこぶし（1696）一「つよきをやぶりかたきをくだく、あら事にじつをこめて、あくにんをとっちめたるいきほひまた人ほかになし」＊滑稽本・浮世風呂（1809-13）四・下「芝居の狂言なども荒事（アラゴト）が第一なものだっけ」＊劇場漫録（1829）上「蒼鶻（アラゴト）は江戸狂言の主として市川家の名誉也。華を専らとして陽気なるをよしとす」語誌②は、享保（一七一六〜三六）頃までには「実事」「やつし事」などと同じように用語として定着した。発音アラゴト〈標ア〉0 ラ 〈京ア〉0 辞書文明・言海 表記荒事（文・言）

あらごと-し【荒事師】〘名〙歌舞伎の荒事を演じる俳優。市川系のほかに、中村伝九郎、松本幸四郎なども知られる。人形浄瑠璃では、単に立回りの多い役やその人形遣いをいう。⇔和事師（わごとし）。＊歌舞伎・暫（1714）「名に大太刀に三升の紋、柿の素袍（すはう）は本家本店、外にたぐゐも荒事師、これぞ日本市川家の、十八番の暫くだが」＊滑稽本・浮世風呂（1809-13）四・下「今ぢゃア荒事師（アラゴトシ）も少いが、荒事を見る人もすくない」発音アラゴトシ〈標ア〉ト 〈京ア〉ト 辞書言海 表記荒事仕（言）

あらごと-でたち【荒事出立】〘名〙荒事②の扮装。＊滑稽本・浮世風呂（1809-13）四・下「下から家橘が角鬘の荒事出立（アラゴトデタチ）で、両手をぐっとのばして、彼宝船をさし上ながらのせり出しさ」発音アラゴトデタチ〈標ア〉テ

あらこなし【地参】〘名〙草の名。救荒食物の一つ。葉は桑に、花は鈴に似て淡紅紫色。飢饉（ききん）のときなどに、根を食べる草。＊地方凡例録（1794）六「夫食貸、種貸之事〈略〉山牛房、ハコベ〈略〉山蘿蔔、地参〈略〉右の数品食して害なく、飢を凌ぐに甚便あり」

あら-ごなし【荒—・粗—】〘名〙①物を細かくする時、まずあらくくだいておくこと。彫刻をする時、のみで大体の形をほり出しておくことなど。＊両足院本毛詩抄（1535頃）一一「薪はあらこなしぞ」＊即興詩人（1901）〈森鷗外訳〉流離「四辺には既に刻める柱頭あり、粗（アラ）ごなししたる石塊あり」②仕事に本格的に取りかかる前に、ざっと手を加えておくこと。＊太閤記（1625）一九・元就群難之事「立華源太兵衛尉森脇豊前守相談し、あらこなしなどに達者なるを百廿人記し付」＊浄瑠璃・四天王若さかり（1660）初「跡よりつながふみぬくは、それは我があらごなししたるゆへと申」＊浮世草子・新色五巻書（1698）三・一「我等（わが）恋急げばとて主（しう）にあらごなしさせて、甘い所はそちがしてやったるに極まりぬ」発音アラゴナシ〈標ア〉0 ゴ 〈京ア〉ゴ

あら-こぶ【荒昆布】〘名〙まだよく精製されていない昆布。採取した昆布を一日だけ干して取り入れ、むしろを一晩かけておき、塩が浮き出した昆布。＊日本山海名産図会（1799）五・昆布「暮に納めて小家に積み、其上に筵を覆ふこと一夜にして汐浮きたるを荒昆布（アラコブ）と云」

あら-こま【荒駒】〘名〙まだ乗り馴らされていない馬。また、あばれ馬。＊歌謡・閑吟集（1518）「三津の御牧のあら駒を、ささがにのいともてつなぐとも」＊虎明本狂言・打たる舞（室町末-近世初）「まきより出るあらこまは、れんぜんあしげさびつげ」発音アラコマ〈標ア〉0

あら-こまし・い【荒—】〘形口〙「あらくましい（荒—）」の変化した語。＊浄瑠璃・夏祭浪花鑑（1745）六「生れ付きがあらこましい、喧嘩（けんくは）といへば一番駈け」

あら-ごみ【粗芥】〘名〙煤払いで払うような粗いごみ。＊雑俳・川柳評万句合-安永八（1779）桜四「あらごみの内は女の声はなし」発音〈標ア〉0 ラ

あら-ごめ【荒米】〘名〙きれいにしてない米。〔和英語林集成（初版）（1867）〕＊和玉篇（15C後）「糲 アラゴメ」方言質の悪い米。青森県三戸郡083 辞書和玉・ヘボン 表記糲（玉）荒米（へ）

あら-こも【荒薦・新薦】〘名〙（「あら」は清く新しいの意か）神事に敷物として用いる薦（こも）。＊玉葉-文治三年（1187）九月一八日「禊二葛野河一。〈略〉於二官庁一被レ行二此儀一〈略〉南庇東面柱内、敷二荒薦一、立二屏風一帖一」＊義経記（室町中か）四・土佐坊義経の討手に上る事「鎧腹巻唐櫃に入れ、あらこもに包み、注連（しめ）引き熊野の初穂物と云ふ札を付けたり」＊神道名目類聚抄（1699）三「荒薦（アラコモ）食薦（すごも）八封薦（やふごも）。神事に敷物に用る薦なり。荒薦とは清（きよき）こもの義なり」＊書言字考節用集（1717）七「新薦 アラコモ」辞書書言 表記新薦（書）

あら-こも【粗薦】〘名〙（「あらごも」とも）あらく編んだむしろ。＊弁内侍（1278頃）寛元四年一一月二二日「荒ごものやうなる物を敷きたれば、織物のきぬのすそはみな塵にぞなりし」＊日葡辞書（1603-04）「Aracomo（アラコモ）〈訳〉粗く粗末な藁筵」発音〈標ア〉0 〈京ア〉0 辞書日葡・言海 表記粗薦（言）

あらこもに裸（はだか）で寝（ね）る 肌ざわりや舌ざわりが悪いことのたとえ。＊洒落本・短華蘂葉（1786）「くしゃくしゃと、あらこもにはだかでねるよふな、さかなじゃナア」

あらこ-らくがん【粗粉落雁】〘名〙干菓子の一つ。粗粉でつくった落雁。＊歌舞伎・梅雨小袖昔八丈（髪結新三）（1873）二幕「これは荒粉落雁でござりますが、お小いのが手習ひからお帰りなさったら、上げて下さりませ」＊多情多恨（1896）〈尾崎紅葉〉前・三「何だい、有ますものは、粗粉落雁に翁飴、松風が少々、拾聚ものだな」発音アラコラクガン〈標ア〉ク

アラゴン（Aragon）スペイン北東部の地方。一〇三五年、アラゴン王国がサラゴサを首都として独立。一五一六年スペイン王国に編入された。発音〈標ア〉ア

アラゴン（Louis Aragon ルイー）フランスの詩人、小説家。ダダイズム運動、超現実主義運動を経て、共産主義に転向。第二次大戦中はレジスタンス（対独抵抗運動）に参加。主著「パリの農夫」「断腸」「コミュニストたち」など。（一八九七〜一九八二）発音〈標ア〉ア

あら-さ【荒―・粗―】〘名〙（形容詞「あらい」の語幹に接尾語「さ」の付いたもの）あらいこと。また、その度合。＊ロドリゲス日本大文典（1604〜08）「ムラ ムラニ ヲウル ソナエニ シラレケリ、タネ マキシ ヒノ カゼノ arasauo（アラサヲ）〈西行〉」発音〈標ア〉0〈京ア〉0 辞書日葡・ボン

あらさ〘名〙横糸を分けるためのまばらな歯をもつ織機に使用される棒（日葡辞書（1603〜04））。辞書日葡

あら-ざいく【粗細工】〘名〙粗雑に細工すること。また、その製作品。＊浄瑠璃・鵺山姫捨松（1740）一「いで鋳物師が荒細工（アラザイク）現はしてくれんずと飛かかるを」＊改正増補和訳英辞書（1869）「Bungle, ed, ing しゅーと云音をさする。粗細工スル」

あら-さがし【粗捜・粗探】〘名〙人の過失または欠点を探したてること。また、探し出して悪口を言うこと。あなさがし。＊茶話（1915〜30）〈薄田泣菫〉女の辛抱「心掛一つで疵探（アラサガ）しの皮肉家にはなれるものだ」＊父―その死（1949）〈幸田文〉菅野の記「意固地になって、まるであら捜しをするやうに一々文句をつけ、女中などは傍杖できっと泣かされてゐた」発音アラサガシ〈標ア〉サ〈京ア〉サ

あらさか-の〘連語〙語義未詳。「あらさか」については、「あら」は「新」、「さか」は「栄」「盛」の意とも、「顕栄」の意ともいわれる。「神」または「新酒」をほめたたえる言葉か。＊常陸風土記（717〜724頃）香島・歌謡「安良佐賀乃（アラサカノ）神の御酒（みさけ）を 飲（た）げと言ひけばかもよ 我が酔（ゑ）ひにけむ」

あらし【荒】〘名〙①にせ物を売ること、また、その人をいう、てきや仲間の隠語。〔隠語輯覧（1915）〕②博徒、無頼漢、強盗などをいう、盗人仲間の隠語。〔隠語輯覧（1915）〕③（接尾語的に用いて）乱暴をしたり、迷惑、損害などをかけること。また、その人。「道場荒らし」「総会荒らし」＊良人の自白（1904〜06）〈木下尚江〉前・二六・一「黒人ではお前さんの手に掛かる様な烏鹿が無くなったので、今度は素人（しろうと）荒らしと出直したの？」方言㊀❶焼き畑を三年作った後、土地が肥えるまでほうっておくこと。富山県西礪波郡398 ❷焼き畑にするためにほうってある土地。福井県大野郡（個人持ちの土地）438 ◇あらしっぱたけ〔―畑〕・あらしばたけ 福島県南会津郡165 ❸輪作のため、植えつけ時期を待って、作物を植えないでおく田畑。岡山市762 ❹雑草の茂った土地。荒れた耕地。草地。新潟県中頸城郡012 沖縄県石垣島996 ❺草畑。◇あらしばたけ 静岡県川根534 ❻田を乾かして作った野菜畑。福井県遠敷郡430 滋賀県野洲郡・栗太郡608 ❼平原。原。鹿児島県宝島980 ㊁❶血気盛んなこと。元気のよいこと。長崎県壱岐島915 ❷荒々しいこと。乱暴。◇あらち 沖縄県首里993

あら-し【嵐】㊀〘名〙①荒く吹く風。古くは、静かに吹く風に対し、荒い風、はげしく吹く風をいい、特に、山風や山おろしのことが多い。のち、暴風、烈風、もしくは颶風（ぐふう）などを含んで、広く強風の意に用いる。なお、和歌では「有らじ」と掛け詞にして用いることがある。＊万葉（8C後）七・一一〇一「ぬば玉の夜（よる）さり来れば巻向（まきむく）の川音（かはと）高しも荒足（あらし）かも疾（と）き〈人麻呂歌集〉」＊万葉（8C後）一一・二六七九「窓ごしに月おし照りて足ひきの下風（あらし）吹く夜はきみをしそ思ふ〈作者未詳〉」＊古今（905〜914）秋下・二四九「吹くからに秋の草木のしをるればむべ山風をあらしといふらむ〈文屋康秀〉」＊十巻本和名抄（934頃）一「嵐 孫愐切韻云嵐〈盧含反和名阿良之〉山下出風也」＊俳諧・冬の日（1685）「笠は長途の雨にほころび、帋衣（かみこ）はとまりとまりのあらしにもめたり」②特に、雨を伴う、はげしい風。暴風雨。＊類聚名物考（1780頃）天文部四・風「あらし 嵐をよめり〈略〉今世には風雨のあらきと覚えたるは誤なり」＊当世書生気質（1885〜86）〈坪内逍遙〉一〇「マアいいさ、所が其晩は風雨（アラシ）でネ」＊蓬莱曲（1891）〈北村透谷〉一・一「暴風雨（アラシ）吹き起り、秋の気躍り」③（比喩的に）社会、家庭、人生などでの、困難なことや争い、不和。また、大ゆれにゆれ乱れること。＊随筆・独寝（1724頃）下・一〇六「さだめてさだめてあいかたの女郎、身代のよいうちはうまくし給ひ、今はさぞあらしはげしく吹給らん」＊偸盗（1917）〈芥川龍之介〉七「心の中に吹き荒（すさ）ぶ感情の嵐」＊煙管（1933）〈新田潤〉「この時はこの地方の組織は見る蔭もない嵐を喰って、今村も勘作も既に検挙されてゐなかった」④電磁気の擾乱（じょうらん）の現象。磁気嵐。⑤「あらし（嵐）の日」に同じ。＊雑俳・川傍柳（1780〜83）二「嵐の前に傾城（けいせい）は気がもめる」＊雑俳・柳多留-三〇（1804）「あらしの庭へ雪のふるおもしろさ」㊁短編小説。島崎藤村作。大正一五年（一九二六）発表。男手一つで育ててきた四人の子供たちの巣立ちを適度の感傷をこめて描く。語誌(1)語源として「アラ（荒）＋シ（風）」と見るのが通説であるが、アクセントから「おろし」との関係を考える説もある。(2)「万葉」をはじめ歌の世界では、主に「山から吹き下ろす寒い風」をいい、「やまおろし」とほぼ同義に理解されていたらしい。(3)「嵐」字は本来「山気（もやのようなもの）」の意であったが、唐代には「山風」の意や、仏典の「毘嵐（猛迅風）」の表記などがあり、日本でも平安時代の初期には「あらし」と結びついていた。方言❶風。岩手県気仙郡101 広島県安芸郡783 香川県829 ◇あらせ 香川県三豊郡829 ❷海上での風。岩手県上閉伊郡097 ❸船の追い風。茨城県062 ❹強い風。◇あらせ 香川県香川郡・三豊郡829 ❺つむじ風。◇あらせ 香川県仲多度郡・三豊郡829 ❻寒い風。富山県上新川郡395 ❼微風。東京都八丈島335 香川県志々島829 三豊郡844 愛媛県越智郡844 ❽涼しい風。新潟県岩船郡366 ◇あらせ 兵庫県淡路島571 ❾夜または夕方の、涼しいそよ風。◇あらせ 香川県西部829 高知県吾川郡844 ❿日暮れと夜明けに起こる風。香川県小豆島844 ⓫夜、陸から海に吹く風。陸風。青森県南部084 新潟県361 香川県大川郡844 ◇あらせ 新潟県佐渡382 島根県石見725 愛媛県北宇和郡844 ⓬海から吹いてくる風。島根県八束郡・能義郡725 ⓭波を立てずに、海から吹く強い風。島根県725 ⓮谷風。福島県南会津郡012 新潟県北魚沼郡012 島根県能義郡012 ⓯山風。秋田県由利郡012 福島県南会津郡012 新潟県北蒲原郡012 長野県飯田市付近012 ⓰東風。兵庫県赤穂郡660 和歌山県（朝吹くもの）690 山口県大津郡844 ◇あらせ 新潟県岩船郡（夏の夜吹くもの）362 ⓱東南東の風。山口県大津郡844 ⓲南東の風。島根県邇摩郡844 ◇あらせ 徳島県811 香川県（漁民語）827 仲多度郡（朝晩一時だけ吹くもの）829 ⓳南風。新潟県中頸城郡383 福井県三方郡（夜吹くもの）444 島根県八束郡844 山口県見島797 愛媛県伊予郡（夜通し吹くもの）844 ◇あらせ 大分県北海部郡941 ⑳西風。三重県志摩郡584 鳥取県気高郡717 ◇あらせ 香川県三豊郡054 ㉑北風。広島県771 ㉒雹（ひょう）、または、あられ。栃木県198 ◇あらち 石川県能美郡（あられ）419 ㉓霜のために寒さが厳しいこと。島根県鹿足郡・美濃郡725 ㉔さざなみ。富山県390 ㉕炭焼き窯に空気を入れること。新潟県岩船郡366 和歌山県日高郡054 ◇あらしかけ 山形県139 ㉖炭焼き窯の穴。通風口。和歌山県日高郡054 ◇あらせ 岡山県真庭郡747 ◇あらしまど〔―窓〕青森県上北郡082 ◇あらしぐち〔―口〕・あらせぐち 高知県土佐郡866 語源説(1)アラシ（荒風）。シは風の意〔箋注和名抄・雅言考・和訓栞・大言海〕。(2)アラはアライキ（荒気）、シはイキ（息気）の意〔松屋棟梁集・紫門和語類集〕。(3)形容詞アラシ（荒）から〔和句解・滑稽雑談所引和訓義解・名言通〕。(4)アラ（荒）クーフ（吹）キシキル義〔桑家漢語抄〕。(5)アラ（荒）セリの反、またアタニクセリの反か〔名語記〕。(6)「悪颸」の別音A-Siに諸調のラ行音を挿んだ語。悪風の義〔日本語原考＝与謝野寛〕。発音〈なまり〉アラセ〔淡路・豊後〕〈標ア〉ア〈ア史〉平安・鎌倉○○○ 室町◎◎ 江戸◎◎と◎○の両様〈京ア〉ア 辞書和名・色葉・名義・下学・和玉・文明・天正・饅頭・黒本・易林・日葡・書言・ヘボン・言海 表記嵐（和・色・名・下・玉・文・天・饅・黒・易・書・へ・言）孟浪（色・名）荒風（書）

あらしが騒（さい） 嵐のさわがしさ。はげしい風雨。＊散木奇歌集（1128頃）釈教「そそぎする嵐かさゐにゆらされぬ迎へにきませみつのあま人」

あらしの跡（あと） 嵐が吹き過ぎた跡。また、そのあとかた。比喩的に、さわぎなどのしずまった状態にもいう。＊続千載（1320）春下・一六二「桜花散り残るらし吉野山あらしの跡にかかる白雲〈津守国冬〉」＊新千載（1359）冬・六〇七「しがらきの外山（とやま）をかけて雲払ふ嵐の跡も又しぐれつつ〈藤原為親〉」

あらしの上（うえ） 嵐の吹く上の方。↔嵐の底（そこ）。＊拾遺愚草（1216〜33頃）下「うちもねず嵐のうへのたび枕みやこのゆめにわくる心は」＊摂政家月十首歌合（1275）「嶺高き松のひびきも空澄みてあらしのうへに月ぞなりゆく〈藤原家経〉」

あらしの奥（おく） 嵐が吹いてくるもとの方。＊風雅（1346〜49頃）雑中・一六六二「ならび立つ松のおもては静かにて嵐のおくに鐘ひびくなり〈伏見院〉」

あらしの風（かぜ） 荒く吹く風。あらし。＊万葉（8C後）一一・二六七七「佐保の内ゆ下風（あらしのかぜ）の吹きぬれば還りは知らに嘆く夜そ多き〈作者未詳〉」＊和泉式部日記（11C前）「かれはてて我よりほかに問ふ人もあらしのかぜをいかが聞くらん」

あらしの末（すえ） 嵐の吹いて行くさき。＊千五百番歌合（1202〜03頃）八七五番「ふじのねや木のはなみよる清見かた嵐の末におきの友舟〈藤原忠良〉」＊続拾遺（1278）冬・三七八「冬の来て紅葉吹きおろす三室山あらしの末に秋ぞ残れる〈後鳥羽院〉」＊新後撰（1303）冬・四五四「散り果つる後さへ跡を定めぬはあらしの末の木の葉なりけり〈藤原為家〉」

あらしの底（そこ） 嵐の吹く下の方。↔嵐の上（うえ）。＊千五百番歌合（1202〜03頃）一四二六番「むかしきく野べのいは屋ぞあはれなるあらしのそこを夢にみえけん〈藤原俊成〉」＊続千載（1320）羇旅・八一二「暮はつるあらしの底にこたふ也宿とふ山のいりあひの鐘〈永福門院〉」

あらしの伝（つて） 嵐が吹いてくるついでに嵐が吹き伝えること。また、嵐に吹き伝えられること。＊千載（1187）秋下・三七三「立田山ふもとの里はとほけれどあらしのつてにもみぢをぞみる〈祝部成仲〉」＊風雅（1346〜49頃）春上・三三「たまらじと嵐のつてに散る雪にかすみかねたる槙の一村〈後伏見院〉」

あらしの日（ひ） （嵐の多い二百十日に当たることが多いところから）八朔（はっさく）、すなわち、陰暦八月一日をいう。その日吉原では遊女が白無垢を着る例があった。＊雑俳・川柳評万句合-明和六（1769）・天一「子は二かいおやじは屋根にあらしの日」＊雑俳・柳多留-八（1773）「あらしの日客さむさうにみへる也」

あらしの前（まえ）の静（しず）けさ （暴風雨の来る少し前、一時あたりが静まるところから）変事の起こる前のちょっとした間の無気味な静けさ。＊東京灰燼記（1923）〈大曲駒村〉一一「娼家の屋並が、何だか嵐の前の静けさのやうに森閑と納まり返って

ゐる」

あらし の 枕（まくら） 嵐の吹く中で寝ること。＊六百番歌合（1193頃）恋五・三〇番「故郷を出でしにまさる涙かな嵐の枕夢にわかれて〈藤原定家〉」＊新拾遺（1364）羇旅・七九三「松が根のあらしの枕ゆめ絶えて寝覚の山に月ぞかたぶく〈伏見院〉」

あらしを呼（よ）ぶ 大事件、大騒動を引き起こす。＊われら戦友たち（1973）〈柴田翔〉終・二「明日のデモはメーデー事件以来の嵐を呼ぶのだ」

あらし【嵐】 ㊀姓氏の一つ。㊁歌舞伎俳優の姓の一つ。嵐三右衛門に始まり、おもに上方で活躍。発音〈標ア〉ア

あらし-かんじゅうろう【嵐寛寿郎】 映画俳優。本名、高橋照市（照一とも）。京都出身。「鞍馬天狗」など時代劇の主役として活躍。「あらかん」の愛称で呼ばれた。明治三六～昭和五五年（一九〇三～八〇）

あらし-きちさぶろう【嵐吉三郎】 歌舞伎俳優。二世。初世の三男。屋号岡島屋。俳名璃寛（りかん）。立役で、義太夫物、力士物を得意とした。大璃寛。明和六～文政四年（一七六九～一八二一）

あらし-さんえもん【嵐三右衛門】 大坂の歌舞伎俳優。三世までは立役、以後女方となる。㊀初世。本名西崎三右衛門。前名丸小三右衛門。「小夜嵐」で「六方」を演じて好評を博し、以後この役は嵐家の家の芸となる。また、その狂言中の「花に嵐」というせりふにちなんで「嵐」を芸名とした。寛永一二～元禄三年（一六三五～九〇）㊁二世。初世の子。和事と「六方」が得意。寛文元～元禄一四年（一六六一～一七〇一）㊂三世。二世の子。和事と「六方」を得意とする。元禄一〇～宝暦四年（一六九七～一七五四）

あらし 『名』オイチョカブの役の一つ。子が同じ数の札を三枚引き当てること。ふつう子の勝ちとなり二倍の賭け金が得られる。

あらし 『名』方言❶山の斜面の、木材などを落とす所。山の、材木を落とす坂道。また、そのためにできた溝。神奈川県津久井郡317 長野県479 480 488 静岡県521 535 ◇あれし 長野県東筑摩郡480 ❷山崩れ。長野県飯田市付近012 ❸木の枝を結んで作った、ものを載せて運ぶもの。山梨県456

あ-らし【有—】 『連語』（動詞「あり（有）」に推量の助動詞「らし」の付いた「あるらし」の変化した語。一説にラ変動詞「あり」の形容詞化したものとも）あるらしい。あるにちがいない。＊万葉（8C後）一五・三六〇九「武庫の海の庭よく安良之（アラシ）いざりする海人（あま）の釣船波の上ゆ見ゆ〈作者未詳〉」＊万葉（8C後）一五・三六六七「わが旅は久しく安良思（アラシ）この吾が着（け）る妹が衣の垢（あか）づく見れば〈遣新羅使人〉」発音〈標ア〉ラ

あら・し【荒・粗】 『形ク』⇩あらい（荒）

あら-じ ⇩「ある（有）」の子見出し

あら-しあげ【荒仕上・粗仕上】 『名』だいたい仕上げること。ざっとの仕上げ。＊仕立屋マリ子の半生（1928）〈十一谷義三郎〉一「細い錐で煙の道を通し丸鑿で莨（たばこ）の盛り口をあけ、刀を入れて形を直し荒仕上げをする」発音アラシアゲ〈標ア〉シ

あらし-あめ【嵐雨】 『名』はげしい風とともに降る雨。暴風雨。＊一路（1924）〈木下利玄〉春動く「冬枯の桜木ゆすぶる嵐雨硝子戸ゆ見る今日なまあたたかく」＊川のほとり（1925）〈古泉千樫〉朝「あらしあめ晴れてすがしきこの朝や青栗の香のあまき匂ひす」発音〈標ア〉ア[2]

あらし-うち【嵐打】 『名』壁の下地用の小幅板を筋交いに打ち付けること。間柱（まばしら）の両側から筋違いの山形に打ち付けた拝打（おがみうち）をも含めていう。〔日本建築辞彙（1906）〕

あらし-お【荒男・荒雄】 『名』荒々しい男。強く勇敢な男。あらお。ますらお。＊万葉（8C後）一七・三九六二「かくしてや安良志乎（アラシヲ）すらに嘆き臥せらむ〈大伴家持〉」＊読本・南総里見八犬伝（1814-42）八・八四回「苫推抗（とまおしあげ）つ猛然と見（あらは）れ出る一個（ひとり）の暴男（アラシヲ）」＊いさなとり（1891）〈幸田露伴〉六六「生命（いのち）知らずの暴男（アラシヲ）等が気も自（おのづから）猛（たけ）り立ち」発音〈標ア〉0

あら-しお【荒潮】 『名』①荒海のうしお。荒い潮流。＊延喜式（927）祝詞・六月晦大祓（出雲板訓）「荒塩（アラシホ）の塩の八百道（やほち）の、八塩道（やしほち）の塩の八百会（あひ）に座す速開（はやあき）つひめと云ふ神」＊夫木（1310頃）三四「世の中をあめのみかげのうちになせあらしほあみてやほあひの神〈西行〉」＊読本・椿説弓張月（1807-11）拾遺・四六回「いそぐとすれど揺揚（ゆりあげ）られ、揺おろさるるあら潮（シホ）に、あとへあとへと吹戻す」②汲み上げたままの海水。なまの海水。＊菅江真澄遊覧記（1784-1809）楚堵賀浜風「たれ潮てふものは、磯におまします神の好給はねは、みな、かかる貝をねりてかまとなし、あら汐を其まま煎てけると。見ならはぬ、しほやのさまなり」発音〈標ア〉0

あら-しお【粗塩・荒塩】 『名』（「あらじお」とも）結晶のあらい、精製していない塩。＊最後の時（1966）〈河野多恵子〉「台所から壺ごと荒塩を持って行った」発音〈標ア〉0

あらしお-の【荒潮—】 枕 荒潮がうち寄せる意で、同音の「うつ」を含む語にかかる。＊古今六帖（976-987頃）三・水「あらしほのうつし心も我はなし夜ひる人を恋ひし渡れば」

あらしお-やき【粗塩焼】 『名』料理法の一つ。魚に白塩をして焼きあげ、かけ塩をする。＊料理物語（1643）一三「あらしほやき 鮒にしほばかりつけ、やきてかけしる、さかしほにかけをおとしかけ出し候也」＊料理早指南（1801-04）四「名目のやきものの部〈略〉あらしほやき あぢ、こはだ、ふな、あゆなどのるい、白しほにしてやきかけしほして出す事也」

あらしがおか【嵐が丘】（原題 英 Wuthering Heights）長編小説。エミリー＝ブロンテ作。一八四七年刊。荒涼たるヨークシャーの自然を背景に、ジプシーの捨て子ヒースクリフのキャサリンへの激しい愛憎を描いたもの。発音アラシガオカ〈標ア〉ガ

あらしか-おとこ【荒男】 『名』方言 じょうぶで強い壮年の男。長崎県対馬913 熊本県葦北郡・八代郡933 ◇あらしかもん〔荒者〕 鹿児島県963 ◇あらしかむん 宮崎県東諸県郡954 鹿児島県肝属郡970 ◇あらしか 宮崎県都城956

あらしか-むん【荒—】 『名』方言 ⇩あらしかおとこ（荒男）

あらし-ぐさ【嵐草】 『名』ユキノシタ科の多年草。本州中部以北の高山の草地に生える。高さ二〇～四〇センチメートル。葉身は半径五センチメートルほどのほぼ円形で掌状に中ほどまで裂け、縁には不規則な鋸歯（きょし）がある。夏、黄緑色の小さい花が茎の頂に集まって咲く。学名は Boykinia lycoctonifolia 発音アラシグサ〈標ア〉シ

あらし-ぐも【嵐雲】 『名』嵐の来る前の黒々とした雲。＊川のほとり（1925）〈古泉千樫〉山上・雷雨「あらし雲おほへる底よりくろぐろとむらがりきたる夕鴉かも」

あらし-こ【荒子】 『名』荒仕事を受けもつ下賤の男子。戦国時代からみえ、下級の雑兵（足軽、中間、小者の下位）や土工、大工、台所使用人等を称した。江戸時代には下作人をいうこともある。＊小早川家文書-天正一九年（1591）八月三日・豊臣秀吉法度（大日本古文書・五〇四）「奉公人、侍、中間、小者、あらし子に至る迄、去七月奥州へ御出勢より以後、新儀に町人、百姓に成候者在レ之者」＊甲陽軍鑑（17C初）品五三「信長勢悉敗軍して、跡先もなく夜逃に仕り、川を引こすとて歩（かち）あらしこ、流死するといへども」＊新編常陸国誌（1818-30頃か）方言「あらしこ 水など汲ものにて、台所方の小仕のものなり」＊浜荻（久留米）（1840-52頃）「あらしこ百姓の召遣下部也、荒動するものをいふ、荒卒（あらしこ）也」方言❶農家の下男。作男など。岐阜県郡上郡504 岡山市054 愛媛県840 周桑郡（若い者）845 熊本県阿蘇郡923 ❷荒仕事をする人。頑強な筋肉労働者。岡山県762 764 767 徳島県809 美馬郡816 香川県三豊郡054 高知県吾川郡863 ❸元気な若者。働き盛りの男子。岡山県苫田郡749 徳島県811 香川県大川郡829 愛媛県大三島848 大分県938 ❹労働者、農夫として、一人前の男。香川県三豊郡829 ❺体力を要する手荒い仕事。荒仕事。兵庫県淡路島671 香川県829 高知県長岡郡869 ❻農業労働。和歌山県690 ❼大飯食らい。岡山市762 語源説(1)アラシ（荒）の終止形からか。あるいは荒仕事をする者の意のアラシコ（荒仕子）か〔大言海〕。(2)アラセコ（荒勢子）の意〔名言通〕。発音〈標ア〉シ 辞書〈ボ〉・言海 表記 佃奴（へ） 荒子（言）

あら-しこ【荒仕子】 『名』木を粗削りすること。また、それに使用する鉋（かんな）。→中仕子・上仕子（じょうしこ）。＊和訓栞（1777-1862）「あらしこ、荒しごきの義、荒けづりのかんなをいへり」辞書〈ボ〉

あらしこ-おこし【荒子起】 『名』新しい田畑をあらしこが開墾すること。＊三河国岡崎領古文書-下・慶長一五年（1610）控「荒子おこし候もの作り候上は、田畠無二相違一其村之百姓請取可レ申事」

あら-しごき【荒扱】 『名』しごく動作をあらくすること。雑にしごくこと。

あら-しごと【荒仕事】 『名』①骨の折れる仕事。特に、激しい肉体労働。力仕事。＊浄瑠璃・当流小栗判官（1714頃）四「下の水仕（し）のあらしごと、あらいとをしき心也」＊雑俳・折句大全（1803）「大内は雪こかすのがあら仕事」＊行人（1912-13）〈夏目漱石〉兄・四四「車夫や職人のするような荒仕事（アラシゴト）に妙を得てゐた」②強盗、殺人などをいう、盗人仲間の隠語。〔隠語輯覧（1915）〕＊花間鶯（1887-88）〈末広鉄腸〉中・一〇「久しいこと荒仕事（アラシゴト）は止めて居たが〈略〉旦那タア知らずに『ピストル』を打掛けたのでありやしたが」発音アラシゴト〈標ア〉シ〈京ア〉シ 辞書 言海 表記 荒仕事（言）

あら-しし【荒猪】 『名』気性がはげしく、荒れた猪。＊江戸から東京へ（1921）〈矢田挿雲〉七・八「一匹の荒猪（アラシシ）が亀井侯の脚下を狙って肉迫したから平内猪の横面を擲り倒し」

あらし-しぼり【嵐絞】 『名』絞り染めの一つ。太い丸棒に布を巻き、糸を掛けて押し縮め染料に浸す。細い線が並列、交錯する柄。棒絞り。青柳絞り。

あらし-たがね【荒鏨】 『名』金属などの地肌をあらわすのに用いるのみ。先端面に縦横の溝がある。

あらし-づくり【荒作】 『名』方言 作物の手入れをせず放置すること。岩手県気仙郡100 京都府竹野郡622

あら-しね【荒稲】 『名』籾（もみ）のままの米の意か。もみごめ。↔和稲（にきしね）。＊延喜式（927）祝詞・広瀬大忌祭（出雲板訓）「瓱の腹満て双べて和稲（にきしね）荒稲（アラシネ）に、山に住む物は毛の和（にこ）き物、毛の荒き物」補注「しね」は「いね」の複合語中に現われる形。また、この語は「あらしいね」の変化した語かともいう。

あらし-の【荒野】 『名』作物を作らないで荒れている畑。休耕中の焼き畑。

あらし-の-うみ【嵐の海】（英 the Ocean of Storms の訳語）月面上の地名。地球から見て、表側の中央部西よりにある平坦部。「嵐の大洋」ともいう。発音〈標ア〉ア

あらし-の-やま【嵐山】 「あらしやま（嵐山）❶㊀」に同じ。＊新古今（1205）秋下・五二八「おもふ事な

くてぞみまし紅葉葉を嵐の山のふもとならずは〈藤原輔尹〉」 ＊あさぢが露(13Ｃ後)「時雨がちなるころ、あらしのやまのもみぢ、をぐらの山のこずゑさびしくなりぬらんと」 ＊太平記(14Ｃ後)二・俊基朝臣再関東下向事「紅葉の錦を衣(き)て帰る、嵐(アラシ)の山の秋の暮」 発音〈標ア〉ア

あら-しま【荒島】〘名〙荒涼とした島。＊大観本謡曲・逆矛(1432頃)「さて国々は荒島なれば、さながら嶮しき葦原なりしを」

あらし-ま【暴風】〘名〙(「あらしまかぜ(暴風)」の略)「あからしまかぜ(暴風)」に同じ。＊西洋道中膝栗毛(1870-76)〈仮名垣魯文〉二・上「追々気も平ぎ暴風(アラシマ)の難もなく」

あら-じま【粗縞・荒縞】〘名〙目のあらい縞模様。また、その布や着物。＊浮世草子・好色二代男(1684)五・五「あら嶋(シマ)にみる茶の裏を付、下に貫物の菜種色なるを着て」 ＊歌舞伎・天満宮菜種御供(1777)八「荒藤太、荒縞のやつしにて、白太夫に摑みかかってゐる」 ＊たけくらべ(1895-96)〈樋口一葉〉六「お前は透綾(すきや)のあら縞(ジマ)で意気な形(なり)をして」

あらしま-いし【荒島石】〘名〙島根県安来(やすぎ)市荒島町に産出する石。灰色、赤褐色の軟質の砂質凝灰岩。板石、土台、土木用石。 発音〈標ア〉０

あらしま-かぜ【暴風】〘名〙「あからしまかぜ(暴風)」に同じ。＊書紀(720)景行四〇年是歳(穂久邇文庫本訓)「海中に至るに暴風(アラシマカゼ)忽に起りて」 ＊古今打聞(1438頃)上「柴ふねも先き立つふねもなかりけり、あら島風の吹きすぐる間は〈略〉あら島風とは俄に吹く海の風なり」 発音〈標ア〉マ

あらし-まど【嵐窓】〘名〙能舞台で幕口の内にある鏡の間の壁に設けられる連子(れんじ)窓。奉行窓。物見窓。

あら-しまわ・る【荒回(はるま)】〘他ラ五(四)〙ほうぼうに損害、迷惑などをかける。＊子を貸し屋(1923)〈宇野浩二〉一「当時世界ぢゅうを荒らしまはった流行性感冒といふ病気にかかって」

あら-しめ【新注連】〘名〙新しいしめなわ。＊広本拾玉集(1346)一「山里の外面の小田のひとせまちあらしめはへて種まきにけり」 発音〈標ア〉マ ワ

あら-じめ【荒締】〘名〙加工材料の金属塊や板金などを、おおまかな形に、大鎚(おおづち)などで鍛え上げること。鍛造作業のうちでの最初の工程。 発音〈標ア〉０

あら-・しめる【有―】⇩「ある(有)」の子見出し

あらし-もよう【嵐模様(ヤウ)】〘名〙嵐になりそうな様子。＊或る女(1919)〈有島武郎〉後・二六「嵐模様の雲が恐ろしい勢で走ってゐた」 発音アラシモヨー〈標ア〉モ

あら-しゃば【新娑婆】〘名〙①寺社で行なわれる鬼やらいに初めて鬼の役で出る者。転じて、新参の俳優をいう芝居社会の語。＊滑稽本・素人狂言紋切形(1814)下「おめへ新娑婆(アラシャバ)だの〈あらしゃばとは、初舞台の事なり。芝居の方言〉」 ＊歌舞伎・舛鯉滝白旗(閻魔小兵衛)(1851)大切「『清公は今年初めてか』『あい、わっちは新娑婆(アラシャバ)さ』」 ＊東京語辞典(1917)〈小峰大羽〉「あらしゃば〔新娑婆〕素人が初めて俳優の群に入り未だ初級にある時を云ふ。劇場語」 ②転じて、はじめての経験であること。また、その人。＊洒落本・無駄酸辛甘(1785)跋「そこが突出し新造作者、新娑婆(アラシャバ)の書物(かきもの)なり」

あらし-やま【嵐山】□一□京都市西部にある山。北麓に保津川(桂川)が流れ、保津峡、または嵐峡と呼ばれる峡谷があり、山水の美で知られる。桜、紅葉の名所。歌枕。標高三八一メートル。あらしの山。らんざん。□二□謡曲。脇能物。各流。金春禅鳳(ぜんぽう)作。吉野から移された嵐山の桜をたたえて吉野の木守、勝手の二神と、蔵王権現が現われて歌舞を奏する。□三□〘名〙サトザクラの園芸品種。花は淡紅色の単弁で、径四センチメートルぐらいになる。[illegible] 発音〈標ア〉[illegible] 辞書 文明・書言 表記 嵐山(文・書)

あらしゅん【荒】〘動〙 方言 ⇩あらす(荒)

あら-しょ【新―】〘名〙 方言 ⇩あらき(新墾)

あら-しょうぶ【荒勝負】〘名〙はげしい戦い。猛烈な闘争。＊義残後覚(1596)四・与州大津の働の事「およそこのかっせんほどあら勝負はなかりしなり」 ＊甲陽軍鑑(17Ｃ初)品二五「馬上にて、きっておとし、度々のあら勝負をして、数ケ所の手を負」

あら-しょうや〘感動〙(室町時代の俗語)ああ、しかたがない。＊応永本論語抄(1420)子路第十三「猶者はあらしょうやとて退てせざる処あり」 ＊謡曲・熊坂(1514頃)「この者どもを手の下に、討つはいかさま鬼神か、人間にてはよもあらじ、盗みも命のありてこそ、あらしょうや引かん」 語誌「しょう」の語源として、「枝葉」「支用」が考えられているが〔錦芥抄・安斎随筆〕、この説は謡曲の古写本、幸若舞、抄物資料などの文字表記と意味とから考えられたものと思われる。「しょう」は早くは、「あら…や」という感動を表わす語と結びつき用いられているところから、形容詞の語幹か形容動詞の語幹ととらえるのが文法的には適当である。したがって「枝葉」「支用」では意味の共通性は認められるものの、文法的には当てはまりにくい。「しょう」の発生は、意味と文法面から「しょうし(笑止)」の「し」の誤脱した「しょう」が語形として固定したものか。

あら-じょうらい【新精霊(ジャウライ)】〘名〙「あらしょうりょう(新精霊)」の変化した語。＊浄瑠璃・曾我七以呂波(1698頃)道行「目口より血をはき、終にむなしく成てげり、さああらじゃうらいの玉祭、はすは笠に、麻茎(あさがら)づえ」

あら-しょうりょう【新精霊・新聖霊(シャウリャウ)】〘名〙(「あらじょうりょう」とも)死後、はじめての盆にまつられる死者の霊。また、それをまつる新盆(にいぼん)。あらぼとけ。あらそんじょう。あらそんりょう。あらじょうらい。＊浄瑠璃・大経師昔暦(1715)暦歌「けあげの水に名をながすおさん茂兵衛があらせうりゃう、恥かしながらたむけ草」 ＊談義本・化物判取牒(1755)三・炬燵妖怪「此長屋にて近き比(ころ)、新性霊(アラセウリャウ)もなきに、いかなるまよひのものにやと、つぶやきける」 ＊諸国風俗問状答(19Ｃ前)淡路国風俗問状答・七月・六九「十三四日より、魂棚そんしゃう棚と云、別に棚を拵へ、新聖霊の牌を安置して祭る」 発音アラショーリョー〈標ア〉ショ

あら-じょたい【新所帯・新世帯】〘名〙新しく構えた所帯。多く、新婚夫婦の家庭。あらぜたい。しんじょたい。＊人情本・恩愛二葉草(1834)三・七章「昨日引越して、此処に来れる新世帯(アラジョタイ)」 ＊語彙(1871-84)「あらじょたい㊗新に家を設けたる人をいふなり。しょたいは所帯の音なり」 発音〈標ア〉ジョ 辞書 言海 表記 新所帯(言)

あら-じり【新[illegible]】〘名〙 方言 ⇩あらき(新墾)

あら-じる【粗汁】〘名〙魚のあらを実とした汁。 方言 魚のあらをだしにした汁。青森県南部085 岩手県気仙郡100 江島煮(えのしまに)。

あら-しろ【粗代】〘名〙田植え前の水田に最初に行なう代掻き。中代(なかしろ)、植代(うえしろ)に対していう。 方言 ❶第一回の代かき。 ◇あらじろ 山形市139 長野県佐久493 ◇あらしろかき〔―掻〕熊本県玉名郡058 ❷代踏み(田植え前に、田の土を踏んでならすこと)の時、馬に踏ませること。 長野県上伊那郡011

あらす【新】〘名〙 方言 ❶新しい品物。新品。 茨城県062 長野県上伊那郡488 下伊那郡492 静岡県榛原郡541 愛知県名古屋市062 知多郡570 ◇あらしこ 愛知県宝飯郡062 ◇あらき 静岡県磐田郡546 ❷新しいさま。 愛知県558 563 564 ◇あらこ 三重県志摩郡054 ◇あらき 静岡県榛原郡541

あら・す【荒】□一□〘他サ五(四)〙①乱暴なやり方でそこなう。乱雑な状態にしたりこわしたりして、だめにする。また、いためたり傷つけたりする。＊書紀(720)用明元年五月(図書寮本訓)「朝庭(みかど)荒(アラサ)ずして、浄めつかまつること鏡の面の如くにして」 ＊俳諧・奥の細道(1693-94頃)忍ぶの里「しのぶもぢ摺の石〈略〉昔は此山の上に侍しを、往来の人の麦草をあらして、此石を試侍(こころみはんべる)をにくみて、此谷につき落せば、石の面下ざまにふしたりと云」 ＊二人比丘尼色懺悔(1889)〈尾崎紅葉〉奇遇「山を吾物(わがもの)に暴(ア)らす風」 ＊微光(1910)〈正宗白鳥〉九「洗濯なんかして、その柔かい手を荒しちゃ詰らないぢゃないか」 ＊雁(1911-13)〈森鴎外〉五「子供は別になってしまってから久しくなるので、家を荒(アラ)すやうな事はないが」 ②土地を、手入れをせず何も植えないままにしておく。建物などを、いたみそこなわれるままにほうっておく。＊万葉(8Ｃ後)二〇・四四七七「夕霧に千鳥の鳴きし佐保路をば安良之(アラシ)やしてむ見るよしをなみ〈円方女王〉」 ＊源氏(1001-14頃)匂宮「わが世にあらん限りだに此院あらさず、ほとりの大路など人影かれはつまじうとおぼしのたまはせて」 ＊とりかへばや(12Ｃ後)下「ここをあらしはて給はんことは、なほ心ぼそかりぬべくおぼさるれど」 ＊新古今(1205)羇旅・九三三「立ち帰り又も来て見ん松島や雄島の苫屋浪にあらすな〈藤原俊成〉」 ＊日葡辞書(1603-04)「タ、ハタケヲ arasu (アラス)」 ③言葉、気持などを勢いはげしいさまにする。平静でなくさせる。＊俳諧・袖草紙所引鄙懐紙(1811)元禄六年歌仙「懸乞(かけごひ)の来ては言葉を荒しける〈芭蕉〉 余所(よそ)よりくらき月の枝折戸(しをりど)〈濁子〉」 ＊めぐりあひ(1888-89)〈二葉亭四迷訳〉二「あれほど酷(むご)く心を悩まし又気を激(アラ)した、その婦人の傍に」 ④食べ物などを、あちこちつついて食べる。＊歌舞伎・梅雨小袖昔八丈(髪結新三)(1873)三幕「どれ、お肴でも荒(アラ)して来ようか」 ＊青年(1910-11)〈森鴎外〉一六「刺身が荒(アラ)された頃、所々から床の間の前へお杯頂戴に出掛けるものがある」 ⑤他の国、家、土地、店、領分などを乱し犯す。盗んで損失をあたえる。また、他人に迷惑をかける。平和を乱す。＊思出の記(1900-01)〈徳富蘆花〉五・四「詐(うそ)の名人、借倒しの大統領〈略〉平気に水菓子屋、小間物屋を荒らしてあるく『楽天的』の深水(ふかみ)」 □二□〘自サ五(四)〙風の吹く勢いが強くなる。嵐になってくる。＊日葡辞書(1603-04)「カゼガ a-rasu (アラス)」 方言 ❶土地を、何も植えないままにしておく。 奈良県吉野郡686 ❷数年使用した焼き畑を、地力を回復させるために放置する。 福島県南会津郡165 ❸石うすなどの目を立てる。 ◇あらしゅん 沖縄県首里993 発音〈標ア〉０ 〈ア史〉平安●●○ 江戸●●● 〈京ア〉０ 辞書 和玉・文明・日葡・ヘボン・言海 表記 荒(文・ヘ・言) 散(玉)

あら・す【産・生】〘他サ四〙(自動詞「ある(生)」の他動詞形)生む。産する。＊書紀(720)允恭七年一二月(図書寮本訓)「大泊瀬天皇を産(アラシ)ます夕(よひ)に適(あた)りて、天皇始めて藤原宮に幸(いでま)す」

あらす〘動〙 方言 ❶転がし落とす。特に木材を山の斜面から滑り落とさせる。 岩手県気仙郡048 長野県南部062 静岡県庵原郡521 志太郡535 ❷転がす。 長野県481 488 492 ◇あらかす 長野県諏訪481 上伊那郡488 ❸胎児をおろす。堕胎する。 岩手県気仙郡048 群馬県吾妻郡219 山梨県453 長野県上伊那郡488 下伊那郡492 ❹家畜が流産する。 秋田県133 ❺鳥獣を解剖する。 徳島県那賀郡810 ❻他人をくさす。ののしる。 広島県709 愛媛県840

あら-・ず【不有】⇩「ある(有)」の子見出し

あら-ずい【粗推】〘名〙「あらずいりょう(粗推量)」の略。＊雑俳・柳筥(1783-86)四「達者にまかせあらずいを式部書」

あら-すいぎょう【荒水行】『名』修行者などが、寒中に水を浴びたり、滝にうたれたりする荒行。

あら-ずいりょう【粗推量】『名』大ざっぱな推量。大体の見当。粗推（あらずい）。発音アラズイリョー〈標ア〉ズ

あらす-か『連語』（打消を表わす）あるはずがない。…であるものか。＊夜明け前（1932–35）〈島崎藤村〉第一部・上・二・二「俺は今まで畠にゐたが、餅草どころぢゃあらすか。けふのお通りは正五つ時だげな」

アラスカ（Alaska）北アメリカ北西端にあるアメリカ合衆国の州。州都ジュノー。一七四一年ロシアの探検家ベーリングが発見。はじめロシア領、一八六七年アメリカが買収、一九五九年四九番目の州となる。発音〈標ア〉0〈京ア〉0

アラスカ-はんとう【―半島】北アメリカ、アラスカ州南西部の半島。アリューシャン山脈が走り、火山が多い。発音アラスカハントー〈標ア〉八

あら-すきかえ・す【粗鋤返】『他サ四』あらく田をすき返す。＊古今（905–914）恋五・八一七「荒小田をあらすきかへしかへしても人の心を見てこそやまめ〈よみ人しらず〉」補注「古今集」上掲の歌の古注として、「古今和歌集聞書」に「あらすきをして、又すきかへす也」とある。

あら-すさ【粗莇】『名』藁（わら）などをあらく刻んで壁土のつなぎにするもの。多くは壁の粗塗りのときに使用する。

あら-すじ【粗筋】『名』①だいたいのすじみち。内容。概要。概略。②小説、演劇、また、事件、計画などのだいたいのすじ。梗概（こうがい）。＊殿村篠斎宛馬琴書簡‐天保二年（1831）八月二六日「あらすぢはところどころ覚居候へども、其外は見るよりはやくわすれ候故、抄録して遺忘に備へ申度候」＊社会百面相（1902）〈内田魯庵〉付録「未だ『破垣』を読まざる聴明の読者少からざるべしと信じて是等の読者の為に先づ其荒筋を語るべし」＊大発見（1909）〈森鷗外〉「粗筋（アラスヂ）をやっと書いて行く」発音〈標ア〉0〈京ア〉0

あらすずめ『名』方言動物。❶とかげ（蜥蜴）。岡山県阿哲郡745 広島県神石郡771 ❷かなへび（金蛇）。広島県比婆郡774

あら-すそ『名』欠点。弱味。あら。＊洒落本・南門鼠（1800）「茶屋のあらすそをいってやらふ」＊安愚楽鍋（1871–72）〈仮名垣魯文〉三・下「此せうばいじゃア人のあらすそをいふのは極しらうとだハネ」

あら-すだれ【粗簾】『名』あらく編んだすだれ。目のあらいすだれ。＊肥後集（12C初）「なにはめがまどほにあめるあらすだれすぎてよしなきものをこそおもへ」＊御伽草子・横笛の草紙（影印室町物語集成所収）（室町末）「かけひのみづのこゑごゑに、かけてならさぬあらすだれ、しばのあみ戸に松のはしら」

あら-すな【粗砂・荒砂】『名』小石と混じり合った粗い砂。＊御伽草子・蛤の草子（影印室町物語集成所収）（室町末）「せい所よりあらすなをとりて、一だんたかくこしらゑてぞおきまいらせる」＊日葡辞書（1603–04）「Arasuna（アラスナ）」方言❶小石の混じった海浜の粗い砂。京都†001 ❷砂利。小石。◇あらいし〔粗石〕鹿児島県奄美大島975 ◇あらしな 沖縄県国頭郡975 ❸砂。千葉県印旛郡054 辞書日葡

あら-すまい【荒相撲】『名』荒々しい相撲。乱暴な取り口の相撲。＊浄瑠璃・博多露左衛門色伝授（1708）三「きん中さまにもすまひのせちへと申事の候よし、それは男のあらすまひ、是は女郎のやさすまふ」

あら-すみ【荒炭】『名』堅炭の古い言い方か（和訓栞）。＊正倉院文書‐天平宝字六年（762）四月二日・東大寺鋳鏡用度注文（大日本古文書五）「荒炭十二斛　和炭六斛」＊霊異記（810–824）中・一八「強ひて位する者は、銅（あかがね）炭（アラスミ）の上に鉄丸を居（お）きて呑み〈国会図書館本訓釈　炭　アラスミ〉」＊仮名草子・祇園物語（1644頃）下「予譲（よじゃう）などは形をかへ、主のかたき打とて、あらすみを飲み」辞書字鏡・色葉・名義 表記炭（色・名）

あらすみ の 籠（こ）荒炭を入れるかご。辞書字鏡・名義 表記篭（字・名）

あら-ずみ【新炭】『名』木炭のうち、春先までに焼いて使い切ってしまうもの。一夏寝かせたものは旧炭（ひねずみ）という。《季・冬》発音〈標ア〉ラ

あらず-もがな『連語』（「もが」は願望を表わす助詞。「な」は感動の助詞。「無くもがな」の「無く」を「あらず」に置きかえて新しくつくり出した言い方か）ない方がよい。また、全体を体言のように用いて、ない方がよいさま。「あらずもがなのこと」＊改正増補和英語林集成（1886）「Moga または mogana モガ。アレバイイ〈略〉arazu mogana（アラズ モガナ）」＊黒い眼と茶色の目（1914）〈徳富蘆花〉三・七「敬二はあらずもがなに思ふた」発音アラズモガナ〈標ア〉モ〈京ア〉ラ

あら-せ【荒瀬】『名』流れが早く荒い瀬。急流。＊コシャマイン記（1936）〈鶴田知也〉一〇「鮭共は波立つ水面を破って跳ね上り、競って荒瀬を溯った」方言静岡県磐田郡546 奈良県吉野郡686 大分市941

あらせ『名』方言⇩あらし（嵐）

あらせいとう『名』（「あらせいと」とも。外来語と思われるが語源未詳）アブラナ科の多年草。南ヨーロッパ原産で、観賞用に世界各地で栽培され、園芸品種が多い。高さ三〇～九〇センチメートル。春に赤、紫、桃色、白などの四弁花が総状に咲く。学名は Matthiola incana《季・春》＊花譜（1698）中「荒世伊登宇（アラセイトウ）三月に、むらさき花をひらく」＊大和本草（1709）九「荒世伊登宇（アラセイトウ）〈略〉葉長し。色白く毛あるが如し〈略〉紅夷より来る」＊俳諧・新季寄（1802）三月「あらせいとの花」＊日本植物名彙（1884）〈松村任三〉「アラセイトウ　紫羅欄花」発音アラセイトー〈標ア〉0〈京ア〉0

あら-ぜたい【新世帯】『名』「あらじょたい（新所帯）」に同じ。＊富本・菜種裳（新夕霧）（1798）「よくなことじゃが極楽のはちすとやらのあらぜたい」＊雑俳・柳多留‐三五（1806）「新せたいこわめしにできかゆにでき」＊人情本・春色梅児誉美（1832–33）初・一齣「中に此ごろ家移（やうつり）か、万（よろづ）たらはぬ新世帯（アラゼタイ）」

あら-せつ【新節】『名』奄美大島地方の祭りで、陰暦八月の最初の丙（ひのえ）の日の行事。地元では火の神の祭りだというが、歴史的には、稲の収穫後の豊年感謝祭。

あら-ぜに【荒銭】『名』芝居小屋で、毎日の収入をいう。転じて、毎日入ってくる金。日銭（ひぜに）。あらせん。＊黄表紙・莫切自根金生木（1785）上「わたくしどもはあらぜにをとりますから、そのやうにいただきますと、冥利（めうり）がわるふござります」＊歌舞伎・八幡祭小望月賑（縮屋新助）（1860）四幕「今時分さう売れるとは、荒銭（アラゼニ）を取るところは違ったものだ」

あら-せ-られる【有―】⇩「ある（有）」の子見出し

あら-せん【荒銭】『名』「あらぜに（荒銭）」に同じ。

あら-せんぎ【荒詮議】『名』手荒い取り調べ。荒々しい吟味。＊幸若・信太（室町末‐近世初）「これこそよからぬせむきなれ。理を持ながらのあらせむぎは思もよらぬ事にて候」＊日葡辞書（1603–04）「Araxengui（アラセンギ）〈訳〉残酷な、つまり残酷な仕打ちや、危害を加える取り調べ」辞書日葡

あら-そ【粗麻】『名』カラムシの茎の繊維で作った麻糸で、未精製のもの。＊日葡辞書（1603–04）「Araso（アラソ）〈訳〉まだ精製してない麻苧」方言❶植物、あさ（麻）。秋田県一部030 岡山県一部030 御津郡764 ❷植物、からむし（苧）。兵庫県一部030 ❸植物、こうま（黄麻）。香川県一部030 ❹はいで乾かしただけの麻皮。熊本県球磨郡054 ❺まださらしていない麻。島根県725 ❻三椏（みつまた）の皮をはいだままのもの。島根県鹿足郡725 ❼大麻の皮をはぎ、それを糸に用いたもの。島根県簸川郡・出雲市725 ❽麻の皮。島根県隠岐島725 辞書日葡

あらそい【争・諍】『名』（動詞「あらそう（争）」の連用形の名詞化）①自分の気持を通そうとして張り合うこと。相手に勝とうとして競争すること。また、互いにすぐれていることを誇示しあうこと。いさかい。闘争。けんか。時に、口争い。口論。＊万葉（8C後）一九・四二一一「たまきはる　命も捨てて　相争（あらそひ）に　妻問ひしける〈大伴家持〉」＊源氏（1001–14頃）竹河「右に、心を寄せたてまつりて、西のお前に寄りて侍る木を、左になして、年頃の御あらそひの、かかれば、有りつるぞかし」＊金光明最勝王経音義（1079）「諍訟　アラソヒ」＊今鏡（1170）七・堀河の流「外記の車は、上臈の次第にこそ立つなるを、中将殿の車とて、牛飼一に立てて　あらそひなどぞしける」＊徒然草（1331頃）一三〇「されば、始め興宴より起りて、長き恨を結ぶ類多し。これみな、あらそひを好む失なり」＊世阿彌筆本謡曲・雲林院（1426）「二つの色のあらそい、柳桜をこきまぜて、都ぞ春の錦なる錦なる」②権利関係または事実関係の存否に関する、当事者間の意見、主張の不一致。＊民事訴訟法（明治二三年）（1890）五条・三「争ある時期に当る借賃の額に依る」発音〈標ア〉ソ0〈ア史〉室町・江戸◎◎◎〇〈京ア〉0 上仮名アラソヒ 辞書和玉・文明・日葡・ヘボン・言海 表記争（文・へ・言）諍（文）妬（玉）

あらそい＝終（お）わり［＝果（は）てて］の乳切木（「乳切木」はけんかなどに用いる棒）争いが終わったあとに、棒を持って来るということで、時機に遅れて役に立たないことをいう。諍（いさかい）果ててのちぎり木。喧嘩（けんか）過ぎての棒ちぎり。＊源平盛衰記（14C前）四三・湛増同意源氏事「二十三日に梶原已下の兵、屋嶋渚に著。諍終（アラソヒヲハリ）のちぎりぎの風情なりとて、人皆口をすくむ」

あらそい-ご【争碁】『名』勝敗に重大な結果が賭けられている碁の対局。そうご。発音アラソイゴ〈標ア〉ソイ

あらそい-ごころ【争心】『名』張り合う気持。競争心。＊源氏（1001–14頃）梅枝「人の御親げなき、御あらそひ心なり」

あらそい-ごと【争事】『名』相互に争うこと。また、争われている事柄。いさかい。けんか。「あらそいごとが絶えない」発音アラソイゴト〈標ア〉0ソ

あらそい-だて【争立】『名』むやみに人と争うこと。＊門三味線（1895）〈斎藤緑雨〉八「あがった種は是非もなし争（アラソ）ひ立（ダテ）は致しませぬ」発音〈標ア〉テ

あらそい-て【争手】『名』競争する相手。＊浄瑠璃・心中宵庚申（1722）上「争ふ者が有てこそ大事の弟を殺ふずれ。あらそひ手のない若衆山脇半兵衛があいさつ」

あらそい-の-き【争木】『名』遠くから見て松だ杉だと言い争い、近づいてみると違っていたので侍が恥じて自殺したという伝承とか、幹が二本に分かれて相争うように見えるなどの伝承をもつ木。神木にまつわる伝説で、東京西日暮里の道灌山のものが有名。発音〈標ア〉キ

あらそい-わかれ【争別】『名』けんかして別れること。また、けんかした状態で別れること。けんか別れ。＊連環記（1940）〈幸田露伴〉「其の気質だけは温和で無くて、強（きつ）い方だったらうことは、連添うた者と若い身そらで争ひ別れをしたことでも想ひやられる」発音〈標ア〉ワ

あら-そう【荒奏】『名』国司からの不堪佃田（ふかんでん＝荒廃して耕作できない田地）の坪付帳をそ

のまま天皇に奏上すること。→和奏(にごそう)。*権記‐長保六年(1004)五月七日「左大臣被ㇾ参、先被ㇾ奏㆓位禄、次有㆓官奏、去年不ㇾ能㆓荒奏㆒」 *江家次第(1111頃)九・官奏「不ㇾ堪㆓荒奏之度、不ㇾ結㆓内結緒、只抽㆓出目録㆒而結ㇾ之」 *台記‐康治二年(1143)一〇月二八日「去保延六年、当年不堪定也、件年、荒奏已了、和奏未ㇾ被ㇾ行、永治元年已後、荒奏、和奏、皆未ㇾ被ㇾ行、仍可ㇾ有㆓之代㆒也」

あらそ・う〔あらそふ〕【争・諍】 ㊀〔自ワ五(ハ四)〕①自分の気持を通そうとして抵抗する。いやだといって拒む。さからう。*古事記(712)中・歌謡「道の後(しり)古波陀嬢子(こはだをとめ)は 阿良蘇波(アラソハ)ず寝しくをしぞも 愛(うるは)しみ思ふ」 *万葉(8C後)一〇・二一〇二「此の夕(ゆふべ)秋風吹きぬ白露に荒争(あらそふ)芽子(はぎ)の明日咲かむ見む〈作者未詳〉」 *万葉(8C後)一四・三四七九「赤見山(あかみやま)草根刈り除(そ)け逢はすがへ安良蘇布(アラソフ)妹しあやに愛(かな)しも〈東歌〉」 *枕(10C終)四一・鳥は「鷺(さぎ)は〈略〉ゆるぎの森にひとりは寝じとあらそふらん、をかし」 ②相手と競う。張り合う。戦う。*万葉(8C後)二・一九九「行く鳥の 相競(あらそふ)間(はし)に〈一云〈略〉うつせみと 安良蘇布(アラソフ)はしに〉〈柿本人麻呂〉」 *西大寺本金光明最勝王経平安初期点(830頃)八「非法を以て人を教ふること国の内に流行せば、闘ひ諍(あらソヒ)つつ姧(かた)み偽ること多く」 *平家(13C前)四・永僉議「昔は源平左右(さう)にあらそひて、朝家の御まぼりたりしかども」 *観智院本名義抄(1241)「闘 タタカフ イサカフ アラソフ アフ」 ③自分の言い分を正しいとして、それを押し通そうとする。言い争いをする。議論する。言い合う。主張する。*新撰字鏡(898‐901頃)「諠議 以言捅力也〈略〉阿良曾不 阿比論須」 *源氏(1001‐14頃)絵合「心々にあらそふ口つきども、をかしと聞し召して」 *観智院本名義抄(1241)「訟 アラソフ ウッタフ」 *徒然草(1331頃)二一「ある人の『月ばかり面白きものはあらじ』と言ひしに、またひとり『露こそあはれなれ』とあらそひしこそをかしけれ」 *日葡辞書(1603‐04)「リヒヲ、または、ダウリヲ arasô(アラソウ)」 *浮世草子・好色盛衰記(1688)五・一「身ぬけのならぬ証拠あり。〈略〉まだ是にてもあらそひ給ふか」 ㊁〔他ワ五(ハ四)〕①何かをしようとして、また、何かを得ようとして、張り合う。互いに相手に勝とうとする。また、互いにすぐれていることを誇示しあって張りあう。競争する。戦う。「争いて(争うて・争って)」の形で副詞的にも用いる。*万葉(8C後)一・一三「香具山は 畝火(うねび)ををしと 耳梨と 相(あひ)諍競(あらそひ)き〈略〉うつせみも 嬬(つま)を 相挌(あらそふ)らしき〈天智天皇〉」 *源氏(1001‐14頃)蓬生「よもぎは、軒をあらそひて生ひのぼる」 *平家(13C前)一〇・千手前「昔もろこしに、漢高祖と楚項羽と位をあらそひて、合戦する事七十二度」 *日葡辞書(1603‐04)「クライヲ arasô(アラソウ)」 *人情本・春色恵の花(1836)初・三回「しかし今ぢゃアこの北里(さと)で、一二をあらそふ噂のおゐらん」 *東京年中行事(1911)〈若月紫蘭〉五月暦「商家の娘でも争(アラソ)ふて女学館だとか女子大学とかへ入学する様になった今日」 ②(特に、時を表わすことばを受けて)すこしの時間をも先行しようとする。事の成否がその時間にかかっている場合などに用いる。*開化自慢(1874)〈山口又市郎〉初・上「出船入舟半ときの、時間あらそふ行かひに、せこんどよりも目のまはる、府下のちまたぞいさましき」 *浮雲(1887‐89)〈二葉亭四迷〉三・一六「初める迄は一日(じつ)をも争ったが、初めてみれば、左程に勉強もしない」 *朝寝(1906)〈森鷗外〉「一分をも争ふ時の十分二十分は、常の日の数時間にも匹当すべし」 [語誌](1)類義語として「あらがう(抗)」「きおう(競)」「きそう(競)」「きしろう(軋)」「いさかう(諍)」「たたかう(戦)」などがある。このうち、同源と思われる「あらがう」「あらそう」は、自身を強く押し出して他者に対抗する意が共通するが、「あらがう」が他者の言動に直接向かう否定や拒否をいうのに対し、「あらそう」は自己の目的の実現のために他者と張り合うことをいう。したがって、「あらがう」は「北の方の御思ひやりを、あながちにもあらがひきこえ給はず」〔源氏‐夕霧〕のように「拒否の対象＋を」の形をとる。一方、「あらそう」は「しげき蓬は、軒をあらそひて生ひのぼる」〔源氏‐蓬生〕のように「目的とするもの＋を」の形をとり、また、「高きまじらひにつけても心乱れ、人にあらそふ思ひの絶えぬも」〔源氏‐若菜下〕のように「張り合う相手＋に」の形をとることになる。(2)「きおう」「きそう」「きしろう」は、他者と張り合うことを表わす点で「あらそう」と似ているが、「きおう」は他におくれ、負けまいと勢い込む意、「きそう」「きしろう」は他に勝ろうとする意で、いずれも他者と張り合うこと自体を問題にするのに対し、「あらそう」は目的が別にあってその実現に向かうにあたっての他者との張り合いをいう。(3)「いさかう」は言葉によって、「たたかう」は実力によって他者と対抗することを表わすが、「あらそう」は手段を問題にしない。[方言]わざと逆らったりしてからかう。ちょっかいを出す。岐阜県北飛騨499 岡山県苫田郡749 [語源説](1)アラシアフ(荒合)の約転〔日本古語大辞典＝松岡静雄・大言海・日本語源＝賀茂百樹〕。(2)アラキソフ(荒競)の約〔万葉代匠記・言元梯・名言通・和訓栞・古言類韻＝堀秀成〕。(3)アタラカ、シヤハムの反。アタは怨〔名語記〕。[発音][文]アラソーとも〈標ア〉[ソ]〈ア史〉平安○○●○ 室町・江戸●●○○と●●●●の両様〈京ア〉[0] [上仮名]アラソフ [辞書]字鏡・色葉・名義・和玉・文明・伊京・明応・天正・饅頭・黒本・易林・日葡・書言・〈ボン〉・言海 [表記]争(色・名・玉・文・明・天・饅・黒・易・書・へ・言) 諍(色・名・玉・文・易・書) 論(色・名・玉・文・伊) 訟(色・名・玉・書) 妏・角(名・玉・書) 譊・閧(名・玉) 諠議(字) 確論(色) 妬・諌・諳・竟・闘・鬮・揩・繆(名) 奪・講・売・鬩・表・鬮(玉)

あらそう 方(かた)なし 議論の余地がない。明らかにそうである。争えない。*帰省(1890)〈宮崎湖処子〉六「人語の響に俄かに家族の殖えけるは、争ふ方なき農家の日暮」

あらそう べからず (「べから」は助動詞「べし」の未然形で、可能の意を表わす)「あらそわ(争)れない」に同じ。*春潮(1903)〈田山花袋〉一〇「胸に各々蟠(わだか)まりの出来たのは、最早争ふべからざる事実で」 *それから(1909)〈夏目漱石〉二「平岡の一身上に急激な変化のあったのは争(アラソ)ふべからざる事実である」

あらそう 物(もの)は中(なか)＝より[＝から]取(と)る ふたりが相争っているときには、第三者が中にはいって、それを取る、また、預かっておくの意。①第三者が取って自己の利益とする場合。*天草本伊曾保(1593)獅子王と熊との事「リャウバウカラ arasô monouo nacacara dete torucotoua(アラソウ モノヲ ナカカラ デテ トルコトワ) ヲヲイ モノヂャ」 *歌舞伎・三人吉三廓初買(1860)二幕「『礼といふではなけれども、争ふ物は中よりと』『そりゃあこなたが納めて下せえ』」 *歌舞伎・千種花月氷(1877)「『それはおれが見附けたのだ』『馬鹿な事をいへ、おれが見附けたのだ』〈略〉ト両人争ふ。『いや、争ふものは中からと、こいつはおれが預かった』ト包みを引ったくる」 ②第三者が預かって、二人の間を調停する場合。*歌舞伎・小袖曾我薊色縫(十六夜清心)(1859)三幕「争ふものは中よりと、こりゃあ私が捌(さば)いて上げよふ」 *歌舞伎・月梅薫朧夜(花井お梅)(1888)五幕「どちらをどうとも言はれないから、争ふものは中よりと、此二品はあした迄、わたしに預けて下さいまし」

あらそえ＝ない[＝ぬ・ん] (「あらそう」の可能動詞「あらそえる」に打消の助動詞「ない(ぬ・ん)」の付いたもの)「あらそわ(争)れない」に同じ。*疲労(1907)〈国木田独歩〉「これは奇妙不思議だ、中西へ手紙をやらうとすると、お蝶さんがやって来る、争(アラ)そへんものだ」 *杏の落ちる音(1913)〈高浜虚子〉一〇「姉妹三人を並べてみると、どうしても一人素人であることは争へ無いお徳は」

あらそわ れ＝ない[＝ぬ・ん] (「れ」は可能の助動詞「れる」の未然形。「ない(ぬ・ん)」は打消の助動詞。言い争うことができないくらいはっきり結果が現われているということ) 否定することができない。隠せない。本当にそのとおりだ。はっきり現われている。あらそうべからず。あらそえない。*浮世草子・西鶴諸国はなし(1685)一・五「行人鳥足の、高あしだをはきて、道をしっかに歩行(あゆみ)。さてもさてもあらそはれぬ事ども也」 *浄瑠璃・源平布引滝(1749)三「全快の心通じ自然と孕(はらめ)るものならん。ハテあらそはれぬ天地の道理」 *二人女房(1891)〈尾崎紅葉〉下・二「どうしても氏(うぢ)といふ奴は争(アラソ)はれんよ」 *この子(1896)〈樋口一葉〉「此子(これ)が面(おも)ざしに争(アラソ)はれないほど似た処が御座いました」 *鳥影(1908)〈石川啄木〉三・一「遙(ずうっ)と若く見えるが、四十を越した証(しるし)は額の小皺に争はれない」

あらぞうり 〘名〙 沖縄の田植えは陰暦一二月から始まるが、その前月に、苗代から三本の苗をとって本田に移し植える予祝行事。田の神迎えの行事。

あら‐ぞく【荒俗】 〘名〙 荒々しい行ないをする人。乱暴をはたらく者。*地蔵菩薩霊験記(16C後)四・七「出羽国堺と云ふ所に無道(ぶだう)の荒俗(アラゾク)一人あり。身は夷狄(いてき)の如く心は木石に似たり」

あら‐そだち【荒育】 〘名〙 ①荒々しい風土、環境の中で育ったこと。粗野な育ちであること。また、その人。*浄瑠璃・傾城島原蛙合戦(1719)二「坂東武者のあらそだちも此比京にすみまへ髪」 ②荒々しい教育で育て上げられること。また、その人。[発音]〈標ア〉[ソ]

あら‐そば【新蕎麦】 〘名〙 その年の秋に収穫したそば粉で作ったそば。しんそば。《季・秋》 *俳諧・其袋(1690)秋「あらそばのしなのの武士はまぶし哉〈去来〉」 [発音]〈標ア〉[0]

あら‐ぞめ【荒染・退紅】 〘名〙 ①紅花で染めた薄紅色。あらいぞめ。*延喜式(927)一四・縫殿寮「退紅(あらそめ)帛一疋 紅花小八両 酢一合」 *色葉字類抄(1177‐81)「退紅 アラソメ」 ②薄紅に染めた布狩衣(ぬのかりぎぬ)の短いもの。仕丁の着用するもの。桃花布。*江家次第(1111頃)二・大臣家大饗「仕丁二人著㆓荒染㆒」 *海人藻芥(1420)仕丁装束の事「親王大臣家は退紅、公達等の家々白丁也」 [語源説](1)アラヒゾメ(洗染)の略〔安斎随筆・大言海〕。(2)一入染(ひとしおぞめ)で、荒く染めるから〔筆の御霊〕。[発音]〈標ア〉[0] [辞書]色葉 [表記]退紅(色)

あらぞめ‐ごろも【荒染衣】 〘名〙 あわい色に染めた衣。薄染衣(うすぞめごろも)。

あら‐そんじょう〔‥ジャウ〕【新尊聖】 〘名〙「あらしょうりょう(新精霊)」に同じ。*浮世草子・好色万金丹(1694)四・一「今年は荒尊聖(アラソンジャウ)なりとて古郷(ふるさと)に我魂を祀る故」 *浄瑠璃・道成寺現在蛇鱗(1742)二「果は憂目に新尊聖(アラソンジャウ)、祭らるる身とならしゃんしたは」 [方言]❶新仏。◇あらそんじょ 奈良県吉野郡683 685 ❷初めての精霊祭り。◇あらそんじょ 奈良県北葛城郡679

あら‐そんりょう〔‥リャウ〕【新尊霊】 〘名〙「あらしょうりょう(新精霊)」に同じ。*浮世草子・丹波太郎物語(1715)二・七「おのれがめいどにては無用のりきみ、新(アラ)そん霊(リャウ)に荷を持する先年より御作法をしらずやと」 *諸国風俗問状答(19C前)淡路国風俗問状答・七月・七〇「十六日の夜、新尊霊ある家の主は下の段、二年目の主は中の段、三年目の主は上の段、夫々肥松に火を付、彼山に登り」

あら-た【新】『形動』①今までと違って新しいさま。今までにないさま。＊万葉(8C後)一〇・一八八四「冬過ぎて春の来たれば年月は新(あらた)なれども人は古りゆく〈作者未詳〉」＊将門記承徳三年点(1099)「新(アラタニ)造ニ不治悔過一巻ニ」＊広本拾玉集(1346)五「敷島ややまとことわざ君が世にあらたになれる恵みをぞ知る」＊俳諧・奥の細道(1693-94頃)平泉「金(こがね)の柱霜雪に朽て、既(すでに)頽廃空虚の叢(くさむら)と成べきを、四面新に囲て、甍(いらか)を覆て風雨を凌(しのぐ)」＊航魯紀行(1866)〈森有礼〉「暫時の慰みを取りておのが身をよく新にし、后の日のもの学びにこころをそそぐぞこの国のならひなり」②(「あらたに」の形で) 改めて行なうさま。物事を新しくするさま。＊謡曲・金札(1384頃)「四海を治めし、おん姿、あらたに見よや、君守る、八百万代の、しるしなれや」＊読本・雨月物語(1776)菊花の約「賢弟が老母は即(やがて)吾母なれば、あらたに拝みたてまつらんことを願ふ」＊西洋道中膝栗毛(1870-76)〈仮名垣魯文〉初・上「さけさかなをあらたにいいつけふたりをもてなし」③見た目にはっきりとわかるさま。鮮やかで、ありありと見えるさま。＊類従本千里集(894)「雲もなく谷は山さへはれ行けば水の色こそあらた成けれ」＊大鏡(12C前)一・後一条院「すべらぎの跡もつぎつぎ隠れなくあらたに見ゆるふる鏡かも」＊世阿彌筆本謡曲・雲林院(1426)「あまりにあらたなりつる夢(ゆめ)なれば、急ぎ都に上り、かの所をも尋ねばやと思ひつつ」④(「灼」の字を当てることもある) 効果、結果などが著しいさま。特に神仏の霊験や、善悪の報いが、たちどころにはっきり現われるさま。あらたか。いやちこ。＊源氏(1001-14頃)玉鬘「初瀬なむ、日の本のうちにはあらたなるしるしあらはし給ふ」＊今昔(1120頃か)一二・七「昔は此様(かくやう)に下臈医師共の中にも、新たに此(かく)病を治し愈(いや)す者共なむ有ける」＊太平記(14C後)四・先帝遷幸事「八幡大菩薩と申すは、応神天皇の応化(おうげ)、百王鎮護の御誓ひ新(アラタ)なれば」＊浮世草子・好色五人女(1686)一・四「夜半とおもふ時、老翁枕神に立せ給ひ、あらたなる御告なり」＊俳諧・奥の細道(1693-94頃)塩釜「かかる道の果塵土の境まで、神霊あらたにましますこそ、吾国の風俗なれ」語誌(1)「万葉集」等の例で、「新」の意の語根アラタの存在は想定出来るが、「新」字をアラタと訓む確例は「史記孝文本紀延久点」が古く、アラタと訓み「新」の意とするのは漢文訓読文脈においてであり、和文脈では見られない。和文脈におけるアラタは、④の意であるが、これは近世後期にはアラタカとなる。(2)①②の「新」の意と、③④の「鮮・灼」の意とは、かけはなれたものではない。「新しく」て古ぼけていないものは、「鮮明」でもあり、はっきり現われもするからである。語源説(1)①②はアレタチ(生立)の約転、③④は現神の意のアラタチ(現立)の下略〔大言海〕。(2)アレキタル(生来)の義〔和訓栞〕。(3)アルル(生)から語幹のアラが出て、新の義となる。これに夕がついて形容形のアラタとなる〔国語の語根とその分類=大島正健〕。(4)アレナル(生成)の約転〔名言通〕。(5)アラ(荒・璞)に語尾夕が接続し、語義が分化したもの〔万葉集辞典=折口信夫〕。発音〈標ア〉ア〈ア史〉鎌倉○○● 室町●○○と●●●の両様〈京ア〉ア 辞書色葉・名義・和玉・文明・天正・饅頭・易林・日葡・書言・ヘボン・言海 表記新(色・名・玉・文・天・饅・易・書・へ・言) 鼎(玉)

あらた なる 月(つき) (白居易の「八月十五日夜禁中独直対月憶元九詩」の一節、「三五夜中新月色、二千里外故人心」に基づく) あざやかな月。特に陰暦八月十五夜のあざやかな名月をいう。仲秋の月。＊源氏(1001-14頃)鈴虫「今宵のあらたなる月の色には、げに、なほ、我が世のほかまでこそ、よろづ思ひながさるれ」

あらた に 涼(すず)し 夏から秋になる頃のはじめての涼気をいう。初めて涼し。《季・秋》＊俳諧・をだまき(元禄四年本)(1691)四季之詞・七月「初涼 新涼(アラタニススシ)」

あらた に 沐(もく)する 者(もの)は 必(かなら)ず 冠(かんむり)を 弾(はじ)く 髪を洗ったばかりの者は、かならず冠をはじいてちりを払ってからかぶる。わが身を潔白に保とうとする者は、外物によって汚されることを恐れ避けようとする。＊楚辞-漁父辞「新沐者必弾レ冠、新浴者必振レ衣」

あら-た【荒田】『名』荒れている田。収穫後、久しく耕していない田。耕す前の田。株田。あれた。＊拾遺(1005-07頃か)恋三・八一二「あづさゆみ春のあら田をうち返し思ひやみにし人ぞこひしき〈よみ人しらず〉」＊風俗歌(9C前-11C中か)荒田「安良田(アラタ)に生ふる富草の花 手に摘入て 宮へ参らむ なかつたえ」＊今昔(1120頃か)四・三五「道を行くに、荒田(あらた)耕(かへ)すとて、老たる翁一人、若き男一人と、二人有り」＊観智院本名義抄(1241)「畸 キコリノタ アラタ」＊夫木(1310頃)七「おしなべてうへぬあらたもなかりけりあめのうるひのみよのさなへは〈藤原為家〉」方言前年のまま、まだ耕さない田。収穫したままの田。青森県三戸郡083 島根県隠岐島725 岡山県邑久郡761 岡山市762 香川県仲多度郡・綾歌郡829 発音〈標ア〉0 辞書名義・文明・言海 表記荒田(文・言) 畸(名)

あら-た【新田】『名』新たに開墾した田。新しい田。＊六家集本山家集(12C後)上「真菅おふるあら田に水をまかすればうれしがほにもなく蛙哉」＊平家(13C前)四・還御「福原のところどころ歴覧ありけり。池の中納言頼盛卿の山庄、あら田まで御らんぜらる」＊新撰六帖(1244頃)二「山本のあらたのくはゐ手をたゆみかへすがへすもひろひやはせぬ〈藤原信実〉」＊俳諧・続猿蓑(1698)上「花のかげ巣を立雉子の舞かへり〈沾圃〉あら田の土のかはくかげろふ〈里圃〉」発音〈標ア〉0 表記〈ア史〉平安○○○〈京ア〉0 辞書名義・和玉・書言・ヘボン 畄(名) 畮(玉) 新田・菑・畬(書) 生田(へ)

あらた【新田・荒田】 姓氏の一つ。発音〈標ア〉ア

あらたあらた-に【新新―】『副』新しくなるたびごとに。常に新しいものに改まって。＊万葉(8C後)二〇・四二九九「年月は安良多安良多爾(アラタアラタニ)相見れどあが思(も)ふ君は飽き足(だ)らぬかも〈大伴村上〉」

あら-たえ【荒妙・粗栲】『名』①上代、織り目のあらい織物の総称。一般に、藤、カジノキなどの木の皮の繊維で織った粗末な布をいう。↔和妙(にきたえ)。＊万葉(8C後)五・九〇一「麁妙(あらたへ)の布衣(ぬのきぬ)をだに着せかてにかくや嘆かむせむすべをなみ〈山上憶良〉」＊古語拾遺(807)「天日鷲命の孫、木綿と麻と織布〈古語 阿良多倍〉とを造る」＊延喜式(927)祝詞・祈年祭(出雲板訓)「御服(みそ)は明妙(あかるたへ)、照妙(てるたへ)、和妙(にきたへ)、荒妙(アラタへ)に称辞竟へ奉らむ」②中古以降、麻織物のこと。絹織物を「にきたえ」というのに対する。＊延喜式(927)七・神祇・践祚大嘗祭「阿波国忌部所レ織麁妙服(あらたへ)〈神語所レ謂阿良多倍是也〉」＊北山抄(1012-21頃)五・大嘗会事「次忌部官一人、入奠ニ麁服案於同座上ニ」＊俳諧・江戸新八百韻(1756)「若竹を潜るや驢馬の耳も伏す〈龍眠〉皺も大きく夏のあらたへ〈麁布〉〈米仲〉」＊即興詩人(1901)〈森鷗外訳〉謝肉祭「常の衣の上に粗栲(アラタへ)の汗衫(じゅばん)を被りたるが」発音〈標ア〉0 辞書名義・書言・言海 表記麁妙服(名) 織布(書) 粗栲(言)

あらたえ-の【荒妙―・荒栲―】枕「あらたえ(繊維のあらい布)を作る材料である藤」というつづきで「藤」を含む地名「藤原」「藤井」「藤江」にかかる。＊万葉(8C後)一・五〇「荒妙乃(あらたへの)藤原が上に食(を)す国を めし給はむと〈藤原宮役民〉」＊万葉(8C後)一・五二「麁妙乃(あらたへの) 藤井が原に大御門(おほみかど) 始め給ひて〈作者未詳〉」辞書言海 表記粗栲(言)

あら-だおし【荒倒】『名』水田裏作の麦田の刈り跡を稲を作るために荒起こしすること。方言❶麦を刈った後の畝をすき分けて肥料を入れる作業。京都府竹野郡622 ❷田の麦を刈った後を、稲田にするため牛ですき倒す作業。島根県邑智郡734

あら-たか【新鷹・荒鷹】『名』捕えられたばかりで、まだ人になれていない若い鷹。網掛(あがけ)。黄鷹。若鷹。《季・秋》＊古今六帖(976-987頃)二・野「あらたかの今は雲井になりぬればきてもやゐると見するてだぬき」＊後京極殿鷹三百首(15C後-16C後)「けふむ月半ばになればあら鷹の山飛びこえて古巣にぞ入る」＊評判記・野郎虫(1660)玉木権之丞「手なれぬ、あらたかのごとくにて、さはがしき所もあれども」＊俳諧・続猿蓑(1698)秋「あら鷹の壁にちかづく夜寒かな〈畦止〉」辞書日葡・書言・ヘボン 表記新鷹(書・へ)

あらた-か『形動』(「あらた(新)」から) 神仏の霊験や薬のききめなどが著しく現われるさま。あらた。いやちこ。＊説経節・をぐり(御物絵巻)(17C中)一「みたひところは、おしへけむちくあらたかに、なな月のわつらひ、ここの月のくるしみ、あたると月と申には、御さんのひもを、おときある」＊滑稽本・浮世床(1813-23)二・上「あらたかや此時に、万の事を残なく、教(をしへ)給へや梓(あづさ)の神」＊真景累ケ淵(1869頃)〈三遊亭円朝〉八六「尤も有験(アラタカ)な観音様だと聞いてをりますから」＊うもれ木(1892)〈樋口一葉〉二「霊験あらたかなりと人もいふ、白金の清正公に日参の」＊牧羊神(1920)〈上田敏〉踏絵「この標(しるし)、世に克(か)つ標、あらたかの標ぞ」発音〈標ア〉ラ〈京ア〉タ 辞書ヘボン・言海

あらたか-さ【灼―】『名』(「さ」は接尾語)「あらたさ(灼―)」に同じ。発音〈標ア〉タカ

あら-たき【荒滝】『名』水勢のはげしい滝。＊夏目漱石句-明治二八年(1895)「あら滝や満山の若葉皆震ふ」

あら-だき【粗炊・粗煮】『名』「あらに(粗煮)」に同じ。＊夢の浮橋(1970)〈倉橋由美子〉花曇り「平造りにして、あとは潮にしてもらうか、しかし頭はあらだきもいいな」

あらた-ごめ【新米】『名』今年とれた米。しんまい。＊幸木(1948)〈半田良平〉昭和一九年「新嘗(にいなめ)の祭に炊けと新米(アラタゴメ)玄米(くろごめ)ながら配りてきたる」発音〈標ア〉0

あらた-さ【灼―】『名』(「さ」は接尾語) 神仏の霊験などが著しいこと。また、その度合。あらたかさ。＊日葡辞書(1603-04)「Aratasa(アラタサ)〈訳〉明示」＊俳諧・玉海集(1656)付句・下・神祇「満作な所務も祈禱の故ならし 領内にます神のあらたさ〈貞徳〉」辞書日葡

あらた-さ【新―】『名』(形容詞「あらたし」の語幹に接尾語「さ」の付いたもの) 新しいこと。また、その度合。＊日葡辞書(1603-04)「Aratasa(アラタサ)〈訳〉新しさ」辞書日葡

あらた。し【新】『形シク』「あたらしい(新)」に同じ。＊催馬楽(7C後-8C)新しき年「安良多之支(アラタシキ)年の始めに」＊万葉(8C後)二〇・四五一六「新(あらたしき)年の始めの初春の今日降る雪のいや重(し)け吉事(よごと)〈大伴家持〉」＊琴歌譜(9C前)片降「阿良多之支(アラタシキ)年の始めにかくしこそ千歳をかねて楽しきをへめ」＊地蔵十輪経元慶七年点(883)八「更に新(アラたしキ)悪不善の業を造らざるまでに心に厭倦无し」＊観智院本名義抄(1241)「新 アタラシ アラタシキ」語誌→「あたらしい(新)」の語誌。

発音〈標ア〉タ 辞書名義・文明・言海 表記新（名・文・言）

あらだ-じんじゃ【荒田神社】 兵庫県多可郡加美町にある神社。旧県社。祭神は少彦名命（すくなひこなのみこと）ほか二柱。天平勝宝元年（七四九）の創建といわれる。延喜式内社。播磨国二の宮。発音〈標ア〉ジ

アラタ-たい【―体】〘名〙（ラテン corpora allata の訳語）昆虫の脳後方にある内分泌腺の一つ。アラタ体ホルモン（幼若ホルモン）を分泌し、前胸腺ホルモンとの相互作用で、幼虫形質の保存や脱皮などに関係する。ハサミコムシ類を除いた無翅（むし）類の昆虫には存在しない。発音〈標ア〉0

あら-だた・す【荒立】〘他サ五（四）〙「あらだてる（荒立）③」に同じ。＊卍（1928–30）〈谷崎潤一郎〉二五「断っとくが、僕はお前の心持次第では決して事を荒立たさう思てエへん」発音〈標ア〉タ

あら-だたみ【新畳】〘名〙新しい畳。新しく替えた畳。＊俳諧・猿蓑（1691）五「新畳敷ならしたる月かげに〈野水〉ならべて嬉し十のさかづき〈去来〉」発音〈標ア〉ダ

あら-だち【荒立】〘名〙①荒くなること。荒々しくなること。＊今年竹（1919–27）〈里見弴〉渡風流水・二「気の荒立ちをとり収める良薬」②歌舞伎・演劇などで読み合わせの次にだいたいの動きをつけてする稽古。荒立て。＊忘却の河（1963）〈福永武彦〉三「もうじき読みが終って荒立（アラダ）ちになったら、とても早くは帰れなくなるわ」発音〈標ア〉0

あら-だち【粗裁】〘名〙洋裁で、余裕分をつけて、大まかに裁断すること。発音〈標ア〉0

あら-だ・つ【荒立】 ㊀〘自タ五（四）〙①（波風、人の心などが）荒くなる。荒れ始める。㋑風、波、天候などがおだやかでなくなる。＊千五百番歌合（1202–03頃）九〇七番「神無月夕日のかげになりにけりあらだちそむる沖つ白波〈宮内卿〉」㋺人の心がおだやかでなくなる。いらだつ。＊日葡辞書（1603–04）「Aradachi, tçu.（アラダツ）〈訳〉荒々しくなる。怒る」＊近世紀聞（1875–81）〈染崎延房〉八・二「乍（たちま）ち其家を打毀（うちこは）せしより人気（じんき）いよいよ荒立（アラダチ）て」＊別れた妻に送る手紙（1910）〈近松秋江〉「痛（つら）い心と、〈略〉荒立つ心とを凝乎（ぢっ）と取鎮めようとしてゐた」②荒々しくふるまう。乱暴なことをする。＊源氏（1001–14頃）帚木「いとやはらかにのたまひて、鬼神（おにがみ）もあらだつまじきけはひなれば」＊堤中納言（11C中–13C頃）逢坂越えぬ権中納言「宮はさすがにわりなく見え給ふものから、心つよくて、明けゆくけしきを、中納言もえぞあらだち給はざりける」＊宇治拾遺（1221頃）一四・一「この馬あらだちて、女さかさまに落ちぬ」③物事がまるく納まらず、ごたごたが表沙汰になる。物事がますますもつれる。＊歌舞伎・お染久松色読販（1813）序幕「アコレ、殊あらだってはかへっていかが」㊁〘他タ下二〙⇨あらだてる（荒立）。発音〈標ア〉ダ 辞書日葡・〈ボン〉・言海 表記荒立（へ・言）

あら-だて【荒立】〘名〙操り芝居などで、本読みのあと、楽屋でする稽古。荒立ち。＊楽屋図会拾遺（1802）上「荒立（アラタテ）楽屋の稽古なり。本読をはりて後人形つかいの部屋にて此義をなせり。此時作者本をひかへ正面に座し、狂言の文句をよむことなり。是にあふじて一人つかひの人形にてあらましのそなへを立るゆへにあら立（タテ）と呼ぶ」

あら-だ・てる【荒立】〘他タ下一〙文あらだ・つ〘他タ下二〙①荒くする。はげしくする。「声を荒立てる」②人を怒らせる。腹を立てるようにしむける。腹立たせる。＊落窪（10C後）一「にくし。な縫ひ給ひそ。今少しあらだてて惑はし給へ」＊虎寛本狂言・察化（室町末–近世初）「あの様な者をあらだつれば、あたを成す物じゃ」③物事をさらにもつれさせる。ごたごたもめていることなどを表沙汰にする。＊源氏（1001–14頃）真木柱「あはれと思ひつる心も残らねど『この頃、あらだてては、いみじきこと出できなむ』と思ししづめて」＊浄瑠璃・神霊矢口渡（1770）一「色男でも逭（さすが）の義岑、あら立てては事の破れと」＊暗夜行路（1921–37）〈志賀直哉〉四・二「事を荒立（アラダ）てる気にはならなかった」発音〈標ア〉テ〈京ア〉0 辞書日葡・〈ボン〉・言海 表記荒立（へ・言）

あら-だな【新棚】〘名〙新盆（にいぼん）を迎える故人を供養するための盆棚。はつだな。方言❶盆の新仏。◇あらたな 奈良県吉野郡683 ❷死後初めての盆。新盆。◇あらたな 大阪府泉北郡646

あらたなし【新―】〘感動〙方言新年の訪問をした時のあいさつの言葉。「ふっきばんぶく」と答える。◇やらたなしとも。東京都利島331

あらた-な・し【新―】〘形ク〙（「なし」は接尾語）新しい。あらたし。＊詞花（1151頃）雑下・三八三「うちむれて高倉山につむものはあらたなき世のとみ草の花〈藤原家経〉」補注右の用例は風俗歌「荒田」をふまえ、「荒田無し」をかけて用いたもの。

あらたに【新谷・荒谷】 姓氏の一つ。発音〈標ア〉ラ

あらたに-し【荒谷紙】〘名〙播州（兵庫県）産の杉原紙の一種。

あら-たま【荒魂】〘名〙荒々しい心。勇猛で男らしい魂。＊夏草（1898）〈島崎藤村〉新潮・一「げにその高き荒魂（アラタマ）は 敵に赴く白馬の 白き鬣（たてがみ）うちふるひ 風を破るにまさるかな」

あらたまを抜（ぬ）く 相手の思いもよらない手段で、相手の強い気力を奪い、負かす。＊無刊記刊本碧巌鈔（1620–40頃）四「上座麁ら魂を抜れて忘前失后して茫々とあきれはてて佇立（ちょりつ）する也」

あら-たま【粗玉・荒玉・新玉・璞】〘名〙①掘り出したままでまだ磨きをかけていない玉。＊十巻本和名抄（934頃）三「璞 野王案璞〈普角反 阿良太万〉玉未ㇾ理也」＊寛永刊本蒙求抄（1529頃）二「璞はまだみがかぬあら玉ぞ。渾金ぞ。あらかねぞ」＊日葡辞書（1603–04）「Aratama（アラタマ）」＊青年（1910–11）〈森鷗外〉二三「次第に璞（アラタマ）から玉が出来るやうに、記憶の中で浄められて」②すぐれた素質を持ちながら、まだそれを十分に発揮していない人。まだ、一人前でない者。＊雁（1911–13）〈森鷗外〉一一「爺いさんの記憶にあるお玉の姿は、まだ璞（アラタマ）の儘であった」③（「年」の枕詞「あらたまの」が、よく「あらたまの年の初め」と続けられるところから）新年。年のはじめ。正月。《季・新年》＊御伽草子・木幡狐（室町末）「その年も過ぎ、あらたま二月（きさらぎ）もたち」＊俳諧・毛吹草（1638）五「あら玉の祝義をへうせうしのとし〈作者不知〉」発音〈標ア〉0〈ア史〉平安・鎌倉●●●●〈京ア〉0 辞書和名・色葉・名義・和玉・日葡・書言・〈ボン〉・言海 表記璞（和・色・名・玉・書・へ）瑱・璿（玉）粗玉（言）

あらたま【麁玉】 静岡県の南西部にあった郡。明治二九年（一八九六）引佐（いなさ）郡に併合されて消滅。＊二十巻本和名抄（934頃）五「遠江国〈略〉麁玉〈阿良多末、今称有玉〉」辞書和名・色葉・文明 表記麁玉（和・色・文）

あらたま 歌集。斎藤茂吉著。大正一〇年（一九二一）刊。作者の第二歌集で写生短歌への方向を定めた。

あらたま-づき【新玉月】〘名〙正月。一月。あらたま。＊幸若・大臣（室町末–近世初）「かくて其年も打暮、あら玉月になりければ」発音〈標ア〉0

あらたま-の【荒玉―・新玉―】 枕 語義、およびかかり方未詳。①「年（とし）」「月（つき）」およびこれらを含む語にかかる。のちには「春」「一夜」にかかる例もある。＊古事記（712）中・歌謡「阿良多麻能（アラタマノ）年が来経れば 阿良多麻能（アラタマノ）月は来経（きへ）行く」＊万葉（8C後）三・四六〇「布細（しきたへ）の 家をも造り 荒玉乃（あらたまノ）年の緒長く 住まひつつ いまししものを〈尼理願〉」＊万葉（8C後）一一・二三八五「麁玉（あらたまの）五年（いつとせ）経れど吾が恋ふるあとなき恋のやまなくもあやし〈人麻呂歌集〉」＊万葉（8C後）一五・三六八三「君を思ひ吾（あ）が恋ひまくは安良多麻能（アラタマノ）立つ月ごとに避（よ）くる日もあらじ〈遣新羅使人〉」＊恵慶集（985–987頃）「あらたまの一夜ばかりをへだつるに風の心ぞこよなかりける」＊慈道親王集（14C初）「あらたまの春とはいへどひととせを霞ばかりやたちへだつらん」②「きへ」にかかる。＊万葉（8C後）一一・二五三〇「璞之（あらたまの）寸戸（きへ）が竹垣（たかがき）編目ゆも妹し見えなば吾恋ひめやも〈作者未詳〉」＊万葉（8C後）一四・三三五三「阿良多麻能（アラタマノ）伎倍（きへ）の林に汝（な）を立てて行きかつましじ眠（い）を先立たね〈東歌・遠江〉」語誌(1)「万葉集」では、「璞」の字、また「あら」に「荒」「麁」「未」、「たま」に「玉」「珠」の文字のみ用いられ、当時は、掘り出したままで、まだみがいてない玉の意識があったものと考えられる。そこで、①は荒玉をみがく砥（と）の意で、同音の「と」を含む「年」にかかるとか、荒玉に角があるところから「鋭（と）し」と同音の「年」にかかるとかいわれ、そこから「月」などにも転用されたと説かれる。この説は「と」が「砥・鋭し」では甲類音、「年」では乙類音で異なるという難点がある。そのほか、新月に魂のよみがえりを連想して、「新魂の月」といったのがもとであるとか、「あらたまる」の語幹と共通する〔仙覚抄〕とか、「あらたもの（新物）」の転称〔日本古語大辞典＝松岡静雄〕、「あたら」に関係ある語〔古事記伝〕、明玉の意で、「貴し」の約転としての「とし」に続く〔冠辞考〕など、多くの説がある。(2)②は、「阿良多麻能（アラタマノ）来経（きへ）行く年の限り知らずて」〔万葉–五・八八一〕、「阿良多麻乃（アラタマノ）来経行く年を年久に」〔熱田太神宮縁起〕のように、「来経行く年」の続きから生じたものと考えられるが、「万葉–一四・三三五三」の「あらたま」は遠江国の郡名として、枕詞とは見ない説〔冠辞考〕も有力である。また、地名の「あらたまのきへ」がもとで、「来経行く年」の続きを媒介として「年」に続くようになったという説も出されている。なお、時代が下るにしたがって「改まる」という意識で用いられるようになり、やがて「あらたま」だけで、新年、正月の意を表わすようにもなった。発音〈標ア〉0〈ア史〉鎌倉○○●○○ 室町●○○○○ 辞書言海 表記新玉（言）

あらたまの 月（つき）（「あらたまの年」にならったもの）正月。新年。＊俳諧・俳諧四季部類（1780）正月「あら玉の春 あら玉のとし、あら玉の月」

あらたまの 年（とし）（「あらたまの」は「年」の枕詞で、「あらたまの年の初め」とよく使われるところから）新年。正月。あらたま。《季・新年》＊栄花（1028–92頃）若水「あらたまのとしよりも、若宮の御有様こそ、いみじううつくしうおはしませ」＊太平記（14C後）四・笠置囚人死罪流刑事「新玉の年立返れば、公家の朝拝武家の沙汰始りて後」＊俳諧・鷹筑波（1638）一「あら玉の年たちかすむまなこ哉〈不竹〉」辞書日葡・書言 表記改年（書）

あらたまの 春（はる）（「あらたまの年の春」から転じたもの）年の初め。新春。新年。《季・新年》＊歌仙本忠見集（10C中）「あら玉の春をも知らで故郷は龍田の山の霞をぞ見る」＊太平記（14C後）三〇・吉野殿与相公羽林御和睦事「憂かりし正平六年の歳晩（くれ）て、あらたまの春立ぬれども」＊俳諧・増山の井（1663）正月「元日 けさの春〈略〉あらたまの春」辞書書言 表記新春（書）

あらたま-もの【新玉物】〘名〙正月に特に用いられる物。＊滑稽本・古朽木（1780）三「年始の御祝儀申入れますと僧俗混ぜしあら玉もの」発音〈標ア〉0

あらたま・る【改・革】『自ラ五(四)』①物事が新しくなる。古いものが新しいものに替わる。新しい段階に入る。入れ替る。変化する。＊万葉(8C後)二〇・一八八五「物は皆新(あらたまる)吉しただしくも人は古りゆくよろしかるべし〈作者未詳〉」＊類聚国史-七五・歳次六・曲宴・延暦一四年(795)四月一一日「いにしへの野中古道あらためは阿良多麻良(アラタマラ)むや野中古道」＊古今(905-914)春上・二八「ももちどりさへづる春は物ごとにあらたまれども我ぞふりゆく〈よみ人しらず〉」＊源氏(1001-14頃)浮舟「年あらたまりてなにごとかさふらふ」＊方丈記(1212)「人の心みなあらたまりて、ただ馬、鞍をのみ重くす」＊徒然草(1331頃)二五「花やかなりしあたりも人住まぬ野らとなり、変らぬ住家(すみか)は人あらたまりぬ」＊国語-魯語・下「其名未レ改、其衆未レ敗」②物事が改善される。前よりもずっとよくなる。面目が一新される。＊枕(10C終)四九・職の御曹司の西面の「『あらたまらざるものは心なり』とのたまへば」＊楚辞-離騒「不レ撫レ壮而棄レ穢、何不レ改二乎此度一也」③ことさらに態度を整えてきちんとする。堅苦しい他人行儀の態度やことばつきになる。また、「あらたまって」の形で副詞的にも用いる。＊歌舞伎・幼稚子敵討(1753)二「ヲヲ、改った願とは何事じゃ」＊滑稽本・浮世風呂(1809-13)前・下「おとなしき子には友だちのわんぱくものも、おのづからことばがあらたまるなり」＊浮雲(1887-89)〈二葉亭四迷〉二・一二「改って外出をする時を除くの外は」＊吾輩は猫である(1905-06)〈夏目漱石〉二「『少々先生に御願があって参ったので』と改まる」④(「革」の字の訓読語として)病気が重くなる。容態が悪化する。危篤になる。＊面影(1969)〈芝木好子〉四「透の病気が改まった時、駆けつけるのは自分だと考えていたことも」＊礼記-檀弓・上「子之病、革矣」⑤怠る。＊黒住教教書(1909-20)歌集「あらたまる心許さず一筋に誠ばかりで悪を去る年」 発音〈標ア〉[マ]〈京ア〉[0] 辞書 和玉・文明・日葡・〈ボン〉・言海 表記 改(文・へ・言) 悛・鮮(玉)

あらたまる 年(とし) 新たになった年。新年。

あらたまる 春(はる) 新しい年の初め。新春。＊小侍従集(1202頃)「あらたまる春はけさかと思ふより出づる日影もめつらしきかな」＊広本拾玉集(1346)一「あらたまる春にしなれば人ごとに年も若菜も摘むにぞ有りける」

あらた-み【新身】『名』清新な体。新しい生命を得た身。＊白羊宮(1906)〈薄田泣菫〉夢ざめしをり「わが新身(アラタミ)の厳(いづ)の真屋に」

あらた・む【改】『他マ下二』⇨あらためる(改)

あらため【改】『名』(動詞「あらためる(改)」の連用形の名詞化)①あらためること。新しいものに替えること。更改。変改。＊日葡辞書(1603-04)「Aratame(アラタメ)〈訳〉改正すること」②調べただすこと。江戸時代、公儀の役人が罪科の有無、罪人・違反者の有無などを吟味し取り調べること。取り調べ。吟味。＊日葡辞書(1603-04)「Aratame(アラタメ)〈訳〉取り調べ、訊問」＊浮世草子・日本永代蔵(1688)五・四「世の窂人改めに、皆々所を送りける」＊浄瑠璃・傾城反魂香(1708頃)上「旅人のあらため問屋のせんぎ、土をかへさぬばかり也」＊俳諧・寂砂子(1824)上「あらためのすんで厠へ縄をはる〈孤山〉すはった膝の見える帷子〈太笻〉」③江戸時代、両替屋で手形を正金に換える時、真偽を調べて受け取ること。これで受け取ったあとは悪貨があっても返すことができない。↔数丈(かずだけ)。 方言❶徴兵検査。新潟県佐渡352 岡山県北部745 苫田郡748 ❷検査。調査。◇あらたみ 沖縄県首里993 発音〈標ア〉[メ]〈京ア〉[0] 辞書 日葡・〈ボン〉・言海 表記 改(へ・言)

あらため-いそ・ぐ【改急】『他ガ四』(「急ぐ」は準備するの意)あらためて準備する。新たに準備する。＊源氏(1001-14頃)真木柱「うち捨て給へりつる御しつらひ、よろづの儀式を、あらためいそぎ給ふ」

あらため-いん【改印】『名』①検査の印。検査の済んだことを表わす印。検印。＊禁令考-前集・第六・巻五六・慶応元年(1865)一二月・布帛糸綿衣服「生糸并蚕種紙改印之儀に付御書付」②江戸時代、浮世絵版画などの出版物の検印。浮世絵などの発行者は仲間(同業組合)の行事(名主)に版下を提出し、その検印を受け、彫り師は絵面または絵の余白部分に検印を彫りこんで板行した。現存するものでは寛政年間(一七八九～一八〇一)の円印(印文「極」)が古く、以後年代によって変化するので錦絵の年代考証に役立つ。＊禁令考-前集・第五・巻四六・寛政五年(1793)八月一三日「板木屋仲間外に而板行彫立候儀に付申渡〈略〉本屋仲ケ間改印も不レ受売歩行候段、不埒之至に候」

あらためがかり-なぬし【改掛名主】『名』江戸時代、絵入り読本など書物の検閲に当たった名主。改め名主。絵入読本改掛(えいりよみほんあらためがかり)。＊市中取締類集-名主取締之部八冊之内二・一・天保一三年(1842)三月一二日「書面町年寄差出し候絵入読本絵類之義は、当時向方御吟味中之儀に付、改掛名主共掛御差免之儀も町年寄共より同所へ相伺候上」

あらためかた-なぬし【改方名主】『名』「あらためがかりなぬし(改掛名主)」に同じ。＊殿村篠斎宛馬琴書簡-文政五年(1822)閏一月一日「まづ稿本を三都の書林中へ不レ残見せ候て、いよいよ故障無レ之と申候を承り届、其上にて改方名主へ出し尚又改を受、又その上にて出板をゆるし候故」

あらため-かわ・る【改変】『自ラ四』すっかり変わる。まったく新しくなる。変化する。＊源氏(1001-14頃)匂宮「いづかたの御事をも、むかしの御心おきてのままに、あらためかはる事なく」

あらため-くわ・う【改加】『他ハ下二』もう一度新しくして加える。あらためて加える。＊源氏(1001-14頃)若菜上「かの、昔の御髪上(みぐしあげ)の具、ゆゑあるさまにあらためくはへて、さすがに、もとの心ばへも失はず」＊源氏(1001-14頃)若菜上「今めかしくもなりかへる御有様かな。昔を、今にあらためくはへ給ふほど、なか空なる身のため苦しく」

あらため-ざた【改沙汰】『名』あらためて沙汰すること。処分、訴訟、指令などをもう一度やり直すこと。＊御成敗式目(1232)一六条「但御家人之外為二下司庄官之輩一京方之咎縦雖二露顕一今更不レ能二改沙汰一之由去年被二議定一畢」＊御成敗式目仮名抄(室町末)「今更あらためさたにあたはさるよし去年議定(ぎちゃう)せられをはんぬ」

あらため-しつら・う【改―】『他ハ四』室内の飾りや道具を新しいものに替える。＊源氏(1001-14頃)梅枝「昔の御宿直(とのゐ)所、淑景舎(しげいさ)をあらためしつらひて」＊源氏(1001-14頃)藤裏葉「宮のおはしましかたをあらためしつらひて住み給ふ」

あらため-しょうや【改庄屋】『名』江戸時代、伊予国(愛媛県)松山藩の村役の一つ。元文年間(一七三六～四一)に大庄屋、改庄屋、小庄屋の三階級があり、庄屋寄合所で村政一般を協議した。＊松山領代官執務要鑑(江戸)一・御代官の第一に心得べき事「其師に相成者にどんな聖人御座候哉、郡之内帳見不レ申候人は、手代大庄屋改庄屋小庄屋は聖人之様に相見申候事也」

あらため-だし【改出】『名』江戸時代の検見法の一種。湖沼、池、堀、川端などの新田に対し、検地役人が推量をもって収穫高を定めたもの。多くは無届の新田であったが、村役人の見込み高による場合もあった。＊増補田園類説(1842)下「新田見取改出の心得方に、百姓は如何様の難場にても地主に成を悦び、当何年改新田と帳面出すもの也」

あらため-つく・る【改作・改造】『他ラ四』古いものに替えて新しいものを作る。作り替える。改造する。＊万葉(8C後)三・三一二・題詞「式部卿藤原宇合卿被レ使レ改二造難波堵一之時作歌一首」＊宇津保(970-999頃)楼上上「古き跡あらためつくられて、楼などめづらかなるさまに造りて」＊源氏(1001-14頃)桐壺「里の殿は、修理職(すりしき)、内匠寮(たくみづかさ)に宣旨くだりて、二なうあらためつくらせ給ふ」＊方丈記(1212)「その、あらため作る事、いくばくのわづらひかある」 辞書 文明 表記 改作(文)

あらため-て【改―】『副』(動詞「あらためる(改)」の連用形に助詞「て」の付いた語)①もう一度新しく。別の機会にまた。＊滑稽本・東海道中膝栗毛(1802-09)四・下「『ドレおれひらをふ』『あらためていこしゃれ』」＊当世書生気質(1885-86)〈坪内逍遙〉二「遅刻届をだして置いて、君の本証書は明日あらためてだせばえいサ」＊二人比丘尼色懺悔(1889)〈尾崎紅葉〉奇遇「新(アラ)ためて我とわが身をなく涙」②事新しく。正式にとりあげて。＊浮世草子・好色一代女(1686)一・一「隠しむすびの浮世髷(うきよもとゆひ)といふ事も我改めての物好み」＊俳諧・炭俵(1694)上「改て酒に名のつくあつさ哉〈利牛〉」＊羅生門(1915)〈芥川龍之介〉「饑死をするか盗人になるかと云ふ問題を、改めて持出したら」 発音〈標ア〉[タ]〈京ア〉[タ] 辞書〈ボン〉 表記 改而(へ)

あらため-どころ【改所】『名』江戸時代、生産品の出来具合を調べる所。製品の質のよしあしなどを検査する所。＊禁令考-前集・第六・巻五六・天明元年(1781)六月晦日「反物糸綿等改所相建候に付御触書〈略〉近来市場不取〆り而、買主損失も多き趣に付〈略〉反物并貫目改所十ケ所相建度旨」

あらため-なぬし【改名主】『名』「あらためがかりなぬし(改掛名主)」に同じ。＊戯作三昧(1917)〈芥川龍之介〉一二「馬琴は改名主(アラタメナヌシ)の図書検閲が、陋を極めてゐる例として」

あらため-ばんしょ【改番所】『名』通行人を取り調べ詮議する役人の詰め所。人改めをする小規模な役所。＊随筆・西遊記(新日本古典文学大系所収)(1795)一〇「肥前国嶋原領を通りし時は、所々に改め番所有て」

あらため-みとり【改見取】『名』見取場を改めて年貢の増徴をはかること。→定(じょう)見取

あらため-やく【改役】『名』通行人などを取り調べる役人。＊慶応再版英和対訳辞書(1867)「Exciseman 番所ニ居ル改役」

あらた・める【改・革】『他マ下一』[文]あらた・む『他マ下二』①変更を加える。前からあるものを新しいものに取り替える。新しくする。変える。＊類聚国史-七五・歳次六・曲宴・延暦一四年(795)四月一一日「いにしへの野中古道阿良多米波(アラタメは)あらたまらむや野中古道」＊宇津保(970-999頃)楼上上「そのかみにふりにし物をあらたむるこれこそ黄楊(つげ)の小櫛(をぐし)とは見れ」＊源氏(1001-14頃)澪標「やまひにしづみて返し申し給ひける位を、世の中かはりてまたあらため給ふに」＊山家集(12C後)上「水なしときてふりにし勝間田の池あらたむる五月雨(さみだれ)の比(ころ)」＊浮雲(1887-89)〈二葉亭四迷〉二・一一「決してその初の志を悛(アラタ)めないと定ってゐれば」＊渋江抽斎(1916)〈森鷗外〉一〇「辰盛は通称を他人(たひと)と云って、後(のち)小三郎と改(アラタ)め、又喜六と改めた」②改善する。過失や欠点などを、反省してなおす。よくする。＊源氏(1001-14頃)帚木「しばし懲(こ)らさむの心にて『しかあらためむ』ともいはず、いたくつなひきて見せし間に」＊大唐西域記長寛元年点(1163)三「是に弊(やぶ)れたるを沿(アラタメ)(別訓したがへ)、政を立て賢を表し患(うれへ)を恤(めぐ)む」＊釈日本紀(1274-1301)一八「方今悛二前過一修二理神宮一奉レ祭二神霊一」＊徒然草(1331頃)一五七「卒尓(そつじ)にして多年の非をあらたむる事もあり」＊日葡辞書(1603-04)「ギョウギヲ aratamuru（アラタムル）」　③威儀をただす。容姿や態度、言葉などをきちんととのえる。＊大唐西域記巻十二平安中期点（950頃）「簪（かみさし）を抽き服を革（アラタメ）て大谷持寺の薩婆多部の道岳（かく）法師の弟子と為（な）れり」　＊俳諧・奥の細道（1693‐94頃）白川の関「古人冠を正し、衣装を改し事など、清輔の筆にもとどめ置れしとぞ」　＊油地獄（1891）〈斎藤緑雨〉七「居ずまひを改（アラタ）め片腕組んで、烟草を新しく吸つけて居た」　④取り調べる。検査する。吟味する。　＊正法眼蔵（1231‐53）伝衣「西天より伝来せる袈裟、ひさしく漢唐につたはれることをあらためて」　＊仮名草子・竹斎（1621‐23）上「わかしゅたちの集まりて、源氏・万葉・伊勢物語、古今・論語に四書・五経の、難字不審（なんじふしん）をあらためて、あそばせ給ふその中に」　＊浮世草子・好色五人女（1686）二・三「是はおもひもよらぬ事を改めらるる。さらにおせん殿に心をかくるにはあらず」　＊浄瑠璃・心中天の網島（1720）中「おさんが持参の道具衣類（いるい）、数あらためてふう付んと」　＊魔風恋風（1903）〈小杉天外〉前・あらそひ・三「紙入の中検（アラタ）むれば、果して五十幾円の紙幣（さつ）がばらばらと落ちた」　⑤差し止める。禁止する。また、してはならないことをしないように監督する。　＊浮世草子・好色五人女（1686）二・一「此女もとは夫婦池のこさんとて、子おろしなりしが、此身すぎ世にあらためられて、今は其むごき事をやめて」　＊浮世草子・好色五人女（1686）四・三「其後はきびしく改（アラタメ）て恋をさきける」　⑥官職、所領などをとり上げ、他の人に替わらせる。改易する。　＊親元日記‐寛正六年（1465）八月二〇日「所詮禅盛法印依レ有二其科一、既被レ改二御師職一之上者」　＊上杉家文書‐永正一八年（1521）二月日・越後長尾氏被官連署契状（大日本古文書一・二六二）「於二許容領主一者、可レ被レ改二其所一事」　⑦新しく別の機会をつくる。　＊他人の顔（1964）〈安部公房〉灰色のノート「日をあらためるという手もあるにはあるが」　⑧（他動詞形を使って文の調子をととのえたもの）「あらたまる（改）」に同じ。　＊俳諧・奥の細道（1693‐94頃）松島「月海にうつりて、昼のながめ又あらたむ」　補注「あらた（新）」から派生したもの。アラタは訓読特有の語であるが、アラタムは平安時代の和文にも広く用いられる。　語源説 (1)アラタ（新）を他動詞に活用〔和句解・日本釈名・和訓栞・大言海〕。(2)アラタマ（新天）の転声〔和語私臆鈔〕。(3)アラトム（新求）の転〔言元梯〕。(4)アラタム（洗矯）の意〔紫門和語類集〕。(5)アラタメ（新目）から〔名言通〕。　発音〈標ア〉メ　〈京ア〉0　文『あらたむ』〈標ア〉タ　〈ア史〉平安○○●○　室町・江戸『あらたむる』●●○○　〈京ア〉0　辞書 色葉・名義・和玉・文明・明応・天正・饅頭・黒本・易林・日葡・書言・〈ヘボン〉・言海　表記 改（色・名・玉・文・明・天・饅・黒・易・書・ヘ・言）悛・革（色・名・玉・文・書）悔（色・名・玉）更（色・文・書）遷・翔・新・変・勒（色・名）悛（名・玉）憾（色）投・隆・懌・今（名）悼・朔（玉）

同訓異字 **あらためる【改・革・更・悛】**

【改】（カイ）もとのものを直して、しかるべき新しいものにかえる。「改憲」「改革」「改名」「更改」《古 あらたむ・あたらし》

【革】（カク）前からある古いものを取り除き、新しいものにとりかえてよくする。「革新」「革命」「変革」《古 あらたむ・あたらし・はじめ》

【更】（コウ）前のものをやめ、新しいものにとりかえる。「更衣」「更改」「更正」「変更」《古 あらたむ・かふ・かはる》

【悛】（シュン）心をいれかえて清く正しくする。「改悛」《古 あらたむ・かはる》

あらた‐よ【新代・新世】〔名〕旧に替わって新しくなった世。事あらたまった新時代。＊万葉（8C後）一・五〇「図（あや）負へる 神（くす）しき亀も 新代（あらたよ）と 泉の河に 持ち越せる 真木の嬬手（つまで）を〈藤原宮役民〉」　＊万葉（8C後）六・一〇四七「恃（たの）めりし 奈良の都を 新世（あらたよ）の 事にしあれば 大君の 引きのまにまに 春花の うつろひ易（かは）り〈福麻呂歌集〉」　発音〈標ア〉タ

あらた‐よ【新夜】〔名〕（日ごとに替わり改まってゆく夜の意から）夜ごと夜ごと。毎夜。＊万葉（8C後）一二・二八四二「わが心ともしみ思ふ新夜（あらたよ）の一夜（ひとよ）も落ちず夢（いめ）に見えこそ〈人麻呂歌集〉」　＊万葉（8C後）一二・三一二〇「今さらに寝めやわが背子荒田夜の全（また）夜も落ちず夢に見えこそ〈作者未詳〉」　発音〈標ア〉タ

あら‐ち【荒地】〔名〕「あれち（荒地）❶」に同じ。＊文明本節用集（室町中）「荒地 アラチ」　＊羅葡日辞書（1595）「Inexcultus〈略〉サウモクヲ ウエズ、タガエサザル ツチ、または、arachi（アラチ）」　辞書 文明・日葡　表記 荒地（文）

あらち【愛発】福井県敦賀市の地名。日本海と琵琶湖を結ぶ北陸街道の要所として古くから知られた。→愛発関（あらちのせき）。　語源説 アラチ（暴風）の義〔和訓栞〕。　発音〈標ア〉ア

あら‐ち【新血・荒血】〔名〕①刀傷などによる出血。はげしく出る生々しい血。鮮血。＊北野社家日記‐元和四年（1618）五月二八日「神前へあらちこほし申候」　＊浄瑠璃・卯月の潤色（1707頃）中「三十五日の新精霊（あらじゃうりゃう）あらちの上で死したる人」　②分娩（ぶんべん）時の出血。特に、出血過多をいうことがある。＊義経記（室町中か）六・静若宮八幡宮へ参詣の事「八幡（はちまん）はあらちを五十一日忌ませ給ふなれば、精進（しゃうじん）潔斎してこそ参り給はめ」　＊浄瑠璃・薩摩歌（1711頃）夢分船「刃（やいば）の上の往生（わうじゃう）か産（さん）のあらちか」　＊浄瑠璃・今川本領猫魔館（1740）小てふの夢「神の誓ひもあらちの穢（けが）れ、七十五日の忌（いみ）も明き」　方言 産前の下り物。奈良県南大和683　発音〈標ア〉0

あらち‐お【荒男】〔名〕気性などの荒い男。勇猛な男。また、特に狩人をいう。＊拾遺（1005‐07頃か）恋五・九五四「あらちおの狩（か）る矢の先に立つ鹿（しか）もいと我ばかり物は思はじ〈柿本人麻呂〉」　＊玉葉（1312）雑三・二二七四「荒ちをの狩りゆく野辺の草高み引くや真弓の末ばかり見ゆ〈従二位為子〉」　＊藻塩草（1513頃）一五・男「あらちお〈かりなどする者也〉」

あらち‐の‐せき【愛発関】伊勢の鈴鹿、美濃の不破とともに古代三関の一つ。北陸街道の要所として福井県敦賀市愛発山の北側に置かれた。恵美押勝（えみのおしかつ）の逃亡を防いだことで知られる。延暦八年（七八九）廃止。＊続日本紀‐天平宝字八年（764）九月壬子「遣二精兵数十一而入二愛発関一、授刀物部広成等、拒而却レ之」　発音〈標ア〉セ

あら‐ちゃ【荒茶・粗茶】〔名〕製したばかりで、まだふるい分けをしていない茶。⇔親茶。＊日本書紀兼倶抄（1481）上「磨（うす）は上は陰下は陽ぞ。陰は右へめぐるぞ。あら茶にまはすと云もこれぞ。上のうすを右へひけば二だたこぞ。〈略〉二の妻（め）うすを左へまはさば茶がおりぬぞ」　＊国民百科新語辞典（1934）〈新居格・木村毅〉「アラチャ 荒茶」　方言 最初に摘み取った茶。一番茶。◇あらっちゃ 静岡県榛原郡541

あらち‐やま【愛発山】福井県敦賀市にある山。古代、北側に愛発関が置かれた。歌枕。七里半越。愛発越。＊万葉（8C後）一〇・二三三一「八田の野の浅茅色づく有乳山（あらちやま）峰の沫雪寒く降るらし〈作者未詳〉」　＊義経記（室町中か）七・愛発山の事「判官は海津の浦を立ち給ひて、近江国と越前の境なるあらちの山へぞかかり給ふ」　発音〈標ア〉0　辞書 書言　表記 有乳山（書）

あらっ〔感動〕「あら」の強い言い方。非常に驚いた時に発することば。多く、女性が用いる。＊明暗（1916）〈夏目漱石〉三八「お延は『あらっ』と叫（さけ）んだ」　発音〈標ア〉ア ラ

あら・つ〔他タ四〕語義未詳。動詞「あらく（散・粗）」に対する他動詞ともいう。「粗い状態にする」というところから、引き離すの意になったものかといわれる。＊書紀（720）応神二二年四月・歌謡「淡路島 いや二並び 小豆島（あづきしま） いや二並び 宜（よろ）しき島々（しましま） 誰（た）か た去れ阿羅智（アラチ）し 吉備（きび）なる妹（いも）を 相見つるもの」

あらつか〔形動〕方言 ❶大まかなさま。粗雑なさま。また、軽率なさま。岡山県岡山市054 小田郡767 ❷気の荒いさま。乱暴なさま。岡山市054 ◇あらつこ 石川県江沼郡422

あら‐づか【新塚】〔名〕土を盛り上げてつくって、まだ間もない墓。＊人情本・恩愛二葉草（1834）初・二章「只今埋立てたる新塚（アラヅカ）の前に至りて」　発音〈標ア〉0

あら‐づかい【荒使・粗使】〔名〕荒っぽく使うこと。また、酷使すること。＊最暗黒之東京（1893）〈松原岩五郎〉三二「彼等の指頭が暖まらざる臥床と間断なき肢足の粗（アラ）づかひに依って胼胝（ひび）霜やけに脹、指針の働らきを失ふて」　発音〈標ア〉ズ

あら‐づかみ【粗掴・荒掴】〔名〕（形動）細かい点は気にしないで物事の大枠をとらえること。また、そのさま。＊社会百面相（1902）〈内田魯庵〉付録「男女の間を写すにも荒づかみで細かい人情の面白味などを書くだけの力量が無い」　発音〈標ア〉ズ 0

あら‐づくり【粗造・荒造】〔名〕完成ではなく、おおまかにつくってあること。下ごしらえのままで、まだ仕上げをしていないこと。また、そのもの。＊更級日記（1059頃）「丈六の仏の、いまだあらづくりにおはするが、顔ばかり見やられたり」　＊新撰六帖（1244頃）五「恐ろしやつげの枕（まくら）のあらづくりかどある人は友に頼まじ〈藤原家良〉」　＊三議一統大双紙（15C前）筆法門「連歌稽古の事、花鳥風月、述懐、恋等の句、共にあら作おして、常に持候へば」　＊いさなとり（1891）〈幸田露伴〉六・一「見れば粗造（アラヅクリ）にして大きなる座敷の中（うち）」　発音〈標ア〉ズ　〈京ア〉ズ　辞書 日葡

あらっ‐しゃ・る【有―】〔自ラ四〕（「あらせらる」の変化した語）「ある（有）」の子見出し「あら（有）せられる」に同じ。＊人情本・春色恵の花（1836）二・一〇回「藤さんはきれい好であらっしゃるから」　＊人情本・英対暖語（1838）初・一回「ヲヤお前さんは花衣の宗喜さんであらっしゃるヨ」　＊火の柱（1904）〈木下尚江〉二四・一「此の山の人（かた）で在（アラ）っしゃりますか」

あら‐つち【荒土・粗土】〔名〕①荒れた土。細かくこなれていない土。＊俳諧・枯尾花（1694）下「あら土の墓もはかなや霜ばしら〈胡風〉」　＊あらたま（1921）〈斎藤茂吉〉こがらし「祖母」其の二「あら土（ツチ）の霜の解（と）けゆくはあはれなり稚（をさな）きときも我は見にしが」　②粗壁に用いるための土。荒壁土。荒木田土。＊日葡辞書（1603‐04）「Aratçuchi（アラツチ）〈訳〉壁土として調える前のあらい土、または石の混った土」　＊黒い眼と茶色の目（1914）〈徳富蘆花〉三・六「荒土（アラッチ）の土塀に囲はれた長方形の荒れた園に、桃は褪（うつろ）ひ、李が白く咲いて居る」　③鋳型の外部の構造に用いる、質のあらい土砂。籾土（もみつち）、蔦真土（つたまつち）、および両者の混合土の三種がある。　発音〈標ア〉0　辞書 日葡

あらつち‐づくり【荒土造】〔名〕家屋や塀などが荒土を塗って造られていること。＊亜剌比亜人エルアフイ（改作）（1957）〈犬養健〉四「父の家は砂地の中庭を取り囲んだ粗土造（アラツチヅクリ）の平屋で、正門とでも云ふべき入口は乗馬のままでも入れるやうに高く穹形（ゆみなり）になってゐました」　発音〈標ア〉ズ

あら‐つば【新鍔】〔名〕新しい、刀のつば。＊俳諧・談林十百韻（1675）下「笹枕にぞたててしあら鍔〈志計〉 鑓持や夢もむすばぬ玉霰〈在色〉」　＊万金産業袋（1732）二

「丈夫に鍛(きた)ひおろしのあら鍔、皮柄(つか)に、皮の帯取」

あらっ-ぱ【荒─】〘名〙方言❶荒々しいこと。乱暴。また、乱暴者。山形県139 群馬県勢多郡236 埼玉県秩父郡251 ◇あらっぱぎ 埼玉県北足立郡054 ◇あらっぱち 島根県隠岐島725 ❷流れの荒い所。群馬県多野郡246

あらっ-ぽ・い【荒─・粗─】〘形口〙(「ぽい」は、接尾語)①荒々しい。手荒だ。乱暴だ。＊雑俳・柳多留-一五(1780)「あらっぽい仲人をする庄之介」＊花間鶯(1887-88)〈末広鉄腸〉中・二「どうも皆んな荒(ア)らっぽい様に見へやすから御用心をなさいやし」＊雪国(1935-47)〈川端康成〉「島村は〈略〉裏山を見上げると、それに誘はれるやうに荒っぽく登って行った」②おおざっぱである。おおまかだ。粗雑だ。＊滑稽本・八笑人(1820-49)四・上「だいぶ荒っぽい書(かき)やうだネ」＊落語・波天奈廼茶碗(1890)〈三代目春風亭柳枝〉「アハハハ惣纏頭(そうばな)を出してはならん、不可(いか)んなア暴(アラッ)ぽい事をしちゃア」＊行人(1912-13)〈夏目漱石〉帰ってから・一三「父は其男を斯荒っぽく叙述して置いて」 語源説 アラオホシ(荒多)の急呼〔大言海〕。 発音〈なまり〉アラッパシー・アラッポス〔千葉〕アラッペー〔埼玉方言・千葉〕アラペ〔秋田〕〈標ア〉ポ 0 〈京ア〉ラ 辞書 言海

あらっぽ-さ【荒─・粗─】〘名〙(形容詞「あらっぽい」の語幹に接尾語「さ」の付いたもの)荒々しいこと。おおまかなこと。手荒でおおざっぱなこと。また、その度合。＊二十歳(1933)〈川端康成〉「沖仲仕の日々の余りの荒っぽさで、ぼうと見失ってゐた自分といふものを」＊現文壇に与える(1954)〈中島健蔵〉三「人間観や社会観の荒っぽさに対して不満を示している」 発音〈標ア〉ポ〈京ア〉0

あらっぽし・い【荒─】〘形〙方言 荒々しい。荒っぽい。千葉県山武郡270 ◇あらぽしい 岩手県九戸郡088 ◇あらっぱしい 千葉県山武郡270 島根県出雲・隠岐島725 ◇あらっぱし 福島県東白川郡157

あら-づもり【粗積】〘名〙あらましを見積もること。だいたいの見当をつけること。概算。＊慶応再版英和対訳辞書(1867)「Reckon upon, on 荒積リスル」 発音〈標ア〉ズ 辞書〈ボン・言海〉 表記 荒積(へ) 粗積(言)

あら-つゆ【荒梅雨】〘名〙特に風雨の強まった梅雨。《季・夏》

あら-て【荒手・粗手】〘名〙①まばらなこと。編目などがあらいこと。②荒々しい者。荒武者。＊米沢本沙石集(1283)七・四「葛西兵衛と云て、あらてにて、鬼ごこめの様なりし和田が一門を、かけちらしたりし武士也」＊饅頭屋本節用集(室町末)「悪手 アラテ」③「あらてつがい(荒手番)」の略。④⇨あらて(新手)①。 方言 網の目の最もあらい部分。和歌山市695 発音〈ア史〉鎌倉●●● 辞書 饅頭・黒本 表記 悪手(饅・黒)

あら-て【新手・荒手】〘名〙①一般に、そのことに新しくたずさわる者。特に、これから戦闘を控え、まだ疲労していない軍勢をいう場合が多い。＊平治(1220頃か)中・待賢門の軍の事「前(さき)の五百騎をとどめおきて、荒手五百騎を相具して」＊太平記(14C後)六・赤坂合戦事「これをも痛まず荒(アラ)手を入れ替(か)へ入れ替へ、十三日までぞ責めたりける」＊易林本節用集(1597)「新手 アラテ」＊日葡辞書(1603-04)「Arateuo (アラテヲ) イレカユル」＊内地雑居未来之夢(1886)〈坪内逍遙〉一四「此時数十人の新手(アラテ)の巡査が右より左より馳つけつつ」②新しい手段や方法。「あらての詐欺」 方言〘形動〙新規なさま。静岡県榛原郡541 発音〈標ア〉0〈京ア〉0 辞書 文明・易林・日葡・書言・〈ボン・言海〉 表記 新手(易・書・へ・言) 荒手(文)

あらて-あみ【荒手網】〘名〙漁網の端、または上縁につける目のあらい網。

あらて-く・む【粗手組】〘他マ四〙あらく組む。ざっと組み立てる。＊堀河百首(1105-06頃)夏「あらてくむ賤(しづ)が垣根の霍公(ほととぎす)鳴けども汝(なれ)が声はやつれず〈藤原顕仲〉」＊夫木(1310頃)三一「あらてくむ賤の松垣花咲きてあな面白(おもしろ)の雪のあしたや〈藤原顕方〉」＊和訓栞後編(1887)「あらてくむ 賤か垣根と属けり 荒々しく組たてたるなり又あらてかくともいへり」

あら-てつがい【荒手番・荒手結】〘名〙(賭弓(のりゆみ)や騎射などの競技は射手二人が一番(ひとつがい)で行なうところから)毎年正月に行なわれる賭弓、五月に行なわれる騎射の勝負のため、近衛府の舎人(とねり)が行なう予行演習。→真手番(まてつがい)。《季・夏》＊小右記-天元五年(982)正月一三日「府荒手結、依レ穢不レ着」＊江家次第(1111頃)三・左右衛府手結「荒手結、正佐或丸緒、権佐平緒」＊俳諧・山の井(1648)夏「五月五日〈略〉昔は一条大宮の北南に、左右の近衛の馬場ありて、三日より六日まで、あらてつがひ、まてつがひとて馬にのる事侍しとぞ」

あら-てんぐ【荒天狗】〘名〙荒々しい天狗。＊謡曲・鞍馬天狗(1480頃)「姿も心も荒天狗を、師匠や坊主とご賞翫は、いかにも大事を残さず伝へて、平家を討たんと思(おぼ)しめすかや」＊日葡辞書(1603-04)「Aratengu (アラテング)〈訳〉残忍で悪事をなす悪魔」 辞書 日葡

あら-と【荒砥】〘名〙砥石の一種。きめがあらく柔らかい石を用いて刃物類の荒研(あらとぎ)に用いるもの。荒砥石。↔真砥(まと)。＊出雲風土記(733)島根「東(ひむがし)の辺(へ)に麁砥(あらと)有り」＊十巻本和名抄(934頃)五「礦 兼名苑云碈一名礪〈阿良度〉麁礪石也」＊浄瑠璃・五十年忌歌念仏(1707)中「心のさびもあら砥(ト)のとぎたて」 発音〈標ア〉0〈ア史〉平安●●● 〈京ア〉0 辞書 和名・色葉・名義・和玉・易林・日葡・書言・〈ボン・言海〉 表記 礦(和・色・名・玉・書) 碈(色・易) 礪(名・玉) 跨(玉) 麤礪(書) 礪石(へ) 粗砥(言)

あらと の 欠(か)け (形が似ているところから)高野豆腐をいう、盗人仲間の隠語。〔隠語輯覧(1915)〕

あらと〘名〙方言❶山、川、村里などの入り口。飛州†094 岐阜県北飛騨499 愛知県北設楽郡(山の出口)054 ❷村里の、山から遠ざかった所。愛知県宝飯郡062 ❸里近くの山。新潟県佐渡356 ❹住居の入り口。表口。入り口に近い所。東京都大島326 新潟県佐渡358 ❺端の間。家のとりつきの間。玄関の間。新潟県佐渡348 ◇あらとのま〔─間〕山梨県西山梨郡455 ❻炊事、食事などが行なわれ生活の中心となる、畳敷きの部屋。東京都大島322 新島332 ❼いろりのある部屋に続く居間で、主人夫婦の寝る部屋。東京都大島326 ❽原野の中の道。新潟県西蒲原郡371

あら-ど【荒─】〘名〙方言 ⇨あらうず(荒渦)

あら-といし【荒砥石】〘名〙「あらと(荒砥)」に同じ。 発音〈標ア〉ト

あら-どう【粗銅】〘名〙精製してない銅。製錬したままで、夾雑物(きょうざつぶつ)を含んでいる銅。粗銅(そどう)。 発音 アラドー〈標ア〉0

あら-どうぐ【荒道具】〘名〙①雑多な家庭用の道具類。あらもの。雑具(ぞうぐ)。＊浄瑠璃・卯月の潤色(1707頃)下「むじゃうのかぜのあら道具、みふたそろはぬはなれもの」＊浄瑠璃・博多小女郎波枕(1718)中「なべも釜もふすぼりぐはんすも、畳も上てあら道具、すのこの竹のこま道具」②やや大型の刃物など、危険な道具類。＊浄瑠璃・双蝶蝶曲輪日記(1749)六「商売の荒(アラ)道具、ひょんな物買合して、思ひも寄らぬ誤り」＊赤痢(1909)〈石川啄木〉「この鍛冶屋の重兵衛といふのは、〈略〉鉈、鎌、鉞(まさかり)などの荒道具が得意な代り、此人の鍛(う)った庖丁は刃が脆いといふ評判」 発音 アラドーグ〈標ア〉ド

あら-とうと〘感動〙(感動詞「あら」に形容詞「とうとし(尊・貴)」の語幹が付いたもの)物事に感銘した時に、特に感謝の意を込めて発することば。ありがとう。あなとうと。＊伊京集(室町)「阿刺蔑 アラタフト」＊俳諧・奥の細道(1693-94頃)日光「あらたうと青葉若葉の日の光」 辞書 伊京・天正 表記 阿刺蔑(伊) 阿羅天・仏々々(天)

あら-とおし【粗簁】〘名〙目のあらい篩(ふるい)。＊成形図説(1804-06)五・農事「次に芒毛(のげ)をはなしたるを粗簁にてゆり透し、殻の塵芥を去り除く」

あらと-おろし【荒砥卸】〘名〙荒砥でとぐこと。また、荒砥でといだもの。＊浄瑠璃・傾城無間鐘(1723)一「態度(とりなり)ばっとだんびら者、形(かたち)は匂(にほ)ふ三郎が、荒砥卸(アラトオロ)しの新身(あらみ)かや」

あら-とぎ【荒研】〘名〙ざっととぐこと。荒砥でといだままのこと。また、新しい刃物を初めてとぐこと。 発音 アラトギ〈標ア〉0

あら-とこ【荒床】〘名〙荒れた寝床。柔らかでない寝床。一説に、ものさびしい床。荒涼とした感じの床。＊万葉(8C後)二・二二〇「波の音の 繁(しげ)き浜べを 敷妙(しきたへ)の 枕(まくら)になして 荒床(あらとこ)に 自伏(ころふ)す君が〈柿本人麻呂〉」

あら-どこ【新床】〘名〙①畳を新調した床。②鉱山の、まだ手をつけていない鉱床。 発音〈標ア〉0 辞書 言海 表記 新床(言)

あら-ところ【荒所】〘名〙荒れ果てた所。荒廃した跡。＊書紀(720)皇極四年正月(岩崎本訓)「旧本(ふるふみ)に云はく、是歳京を難波に移す、而くして板蓋宮の墟(アラトコロ)と為らむ兆(きざし)なり」

あら-どし【新年】〘名〙葬式を出した家が、はじめて迎える正月。

あらと-の-ま【─間】〘名〙方言 ⇨あらと

あら-とら【荒虎】〘名〙荒々しい虎。猛虎。＊浄瑠璃・金平馬揃(1684-90頃か)一「雲龍(うんりゅう)雲を分け出(いづ)れば、竹の林にあらとらが、雲をにらんで爪(つめ)をとぎ」

あら-とり【─取】〘名〙①胴元などをおどして賭け金の一部を奪い取ること。また、仲間からいろいろの名目で金品を強要することなどをいう、博徒仲間の隠語。〔隠語輯覧(1915)〕②悪辣(あくらつ)な手段で、他人のもうけのうわまえをはねることをいう、興行界のことば。 補注「荒取」で、荒々しく取ることか。あるいは、「あら」は「あらける(散)」の語幹で、差額をいうのが原義か。

あら-とり【荒鳥】〘名〙野生の鳥。野禽(やきん)。＊日葡辞書(1603-04)「Aratori (アラトリ)〈訳〉まだ飼い馴らされていない野生の鳥」＊続百鬼園随筆(1934)〈内田百閒〉南蛮鴃舌「私が野鵐(のじこ)のあら鳥を飼ひ込んで、摺餌につけてゐたのを見て」 辞書 日葡

あら-どり【荒取・疎取】〘名〙①木材などを用途に応じて、山で大まかに切ってくること。＊玉塵抄(1563)二六「朴はあらどりの木なり。山でそまどりしたままの材木のことぞ」②(疎取)樽や桶などを作るための木。木取り。 方言❶材木の寸法を測り、粗削りすること。熊本県玉名郡058 ❷木地屋が椀(わん)などの大体の木取りをすること。和歌山県日高郡054 ❸げたの荒作り。新潟県東蒲原郡054

あら-・ない ⇨「ある(有)」の子見出し

あら-・なう ⇨「ある(有)」の子見出し

あら-なぎ【新─】〘名〙方言 ⇨あらき(新墾)

あら-な-く-に ⇨「ある(有)」の子見出し

あら-なみ【荒波・荒浪】〘名〙荒れ立つ波。勢いの激しい波。比喩的に、物事の激しさ、つらさなどを表わすこともある。＊万葉(8C後)二・二二六「荒浪(あらなみ)に寄りくる玉を枕(まくら)に置きわれここにありと誰(たれ)か告げけむ〈丹比真人(名未詳)〉」＊類従本赤染衛門集(11C中)「あら波のうち寄らぬまに住の

江の岸の松陰いかにして見ん」＊日葡辞書(1603–04)「Aranami（アラナミ）」 発音〈標ア〉0〈京ア〉0 辞書日葡・ヘボン・言海 表記荒波（へ・言）

あらなみ【荒浪】 江戸時代の力士、荒浪梶之助。俗説では、仙台侯が吉原の遊女、高尾に通いつめた際に常に供をしたという。歌舞伎「伽羅先代萩（めいぼくせんだいはぎ）」の荒灘（あらなだ）風之助のモデル。＊雑俳・柳多留‐一九(1784)「門兵衛と思ひ荒浪明けおろふ」 発音〈標ア〉0

あらなみだ【荒涙】〘名〙大粒の涙。＊浄瑠璃・義経千本桜(1747)四「絶（たへ）て久しき主君の顔、見るも無念のあら涙、指うつむいて詞なし」＊桐一葉(1894–95)〈坪内逍遙〉三・三「鬼神の如き貞政が大豆（あづき）の如き荒涙（アラナミダ）土にくひつき泣きければ」

あらなわ（は：な）**【荒縄】**〘名〙①たたいて柔らかくしてないわらで作った、手ざわりのざらざらしている縄。＊室町殿日記(1602頃)一〇「西行をとってふせ、たはらの中へをしこみ、あら縄にてしかとからげて」＊仮名草子・智恵鑑(1660)七・一七「亡者の髪をそりおとし、あら縄（ナハ）を以てかばねをくくりまはし」＊雑俳・柳籠裏(1783–86)五月三日「あら縄でしばられて居るけちな狆（ちん）」＊生(1908)〈田山花袋〉二「下には古雑誌や古原稿を荒縄で一括（ひとくく）りにからげたのを」②（形が似ているからいうか）蕎麦（そば）をいう隠語。さげなわ。＊雑俳・柳多留‐二三(1789)「あら縄をがっしゃうづつが根津でかひ」 発音〈標ア〉0〈京ア〉0 辞書言海 表記荒縄（言）

あらに【荒荷】〘名〙①木材、石材、竹材、石炭、鉄材、砂などの重量素材。②江戸時代の海運貨物のうち、上等品の「九店物（くたなもの）」に対して、陶磁器、畳表、縄、糠（ぬか）などの雑貨類をいう。荒物。＊四井屋久兵衛廻船記録(1827)口上之覚「新酒番船之儀者、樽仕立に相限り可ㇾ申候、自然荷不足之節者、荒荷積受可ㇾ申事」 発音〈標ア〉0

あらに【粗煮】〘名〙魚の粗（あら）の煮付け。＊洒落本・後編遊治郎(1802)発語「鯛の身どころを捨（すて）て、あら煮（に）と差礼（しゃれ）」＊歌舞伎・東海道四谷怪談(1825)序幕「鯛も野暮（やぼ）に身ばかりはないワ。あら煮（に）だワ」＊明治世相百話(1936)〈山本笑月〉味覚本意の食道楽「鯛はお定まりのうしほとあら煮だよ」 発音〈標ア〉0

あらにく【生憎】〘連語〙（感動詞「あら」に形容詞「にくし」の語幹「にく」の付いたもの）「あなにく」に同じ。＊温故知新書(1484)「生憎 アラニクヤ」 辞書文明・天正・書言 表記可憎（文・天）生憎（天・書）

あらにご【荒和】〘名〙「あらにごのはらえ（荒和祓）」の略。＊俳諧・文化句帖‐三年(1806)六月六日「あらにごにあひ奉る鷗哉」

あらにごのかみ【荒和神】〘名〙祈りなどによって、和らげられた神（改正増補和英語林集成(1886)）。

あらにごのはらえ（らへ：は）**【荒和祓】**〘名〙（古くは「あらにこのはらえ」）六月祓（みなづきばらえ）の異称。なごしのはらえ。《季・夏》＊堀河百首(1105–06頃)夏「荒和祓〈略〉さはべなるあさぢをかりに人なしていとひし身をもなづるけふ哉〈源俊頼〉」＊東野州聞書(1455頃)三「読の有題少々。荒和祓（アラニゴハラヒ）、賭弓」＊俳諧・増山の井(1663)六月「大祓〈略〉なごしのはらへ　あらにこのはらへ〈略〉荒ぶる神をはらへ和（なご）むる心にてなごしのはらへともあらにこはらへともいへり」＊俳諧・年浪草(1783)夏・四「名越秡（なごしのはらへ）荒和（アラニコノ）秡」 語源説(1)アラ（荒）い神をナゴ（和）メル意〔関秘録・和訓栞〕。(2)アラタヘ（荒栲）、ニギタヘ（和栲）を神に奉る意で、(1)説は誤解〔大言海〕。

あらにじょうじたてぶね（あらにヂャウじたて：：）**【荒荷定仕建船】**〘名〙江戸時代、九店（くたな）廻船仲間で仕立てた荒荷専用の廻船。荒荷建船。＊九店仲間差配廻船史料(1856)「右今般荒荷定仕建船に差出し候処」

あらにだて【荒荷建】〘名〙江戸時代、荒荷専用の廻船を仕立てること。

あらにたてぶね【荒荷建船】〘名〙「あらにじょうじたてぶね（荒荷定仕建船）」に同じ。

あらにゅうどう（ニフ：ダウ：）**【荒入道】**〘名〙たくましい入道僧。僧形（そうぎょう）の荒くれ者。荒法師。＊明徳記(1392–93頃か)下「髪をそり衣を着ながら武具をはなたず、荒入道共五人六人同道して」＊御伽草子・三人法師（室町末）「あらにうだう申すやう『〈略〉某が名をば三条のあら五郎と申す者にて候』」＊浄瑠璃・鎌倉三代記(1716)一「比企（ひき）能員（よしかず）とて、貪欲驕奢（どんよくけうじゃ）の荒入道（アラニフドウ）」

アラニン〘名〙（英 alanine）タンパク質の成分となるアミノ酸の一種。非必須アミノ酸の一つ。 発音〈標ア〉ラア

あらぬ【荒野】〘名〙（現在、「の」の甲類の万葉がなとされている「怒、努、弩」などを「ぬ」と読んだことからできた語）⇩あらの（荒野）

あらぬ〘連体〙（「あらず（不有）」の連体修飾用法が特殊化したもの）①（そうではないの意から）そのものとは違った。別の。＊枕(10C終)四九・職の御曹司の西面の「いとよくゑみたる顔のさし出でたるも、なほのりたかなめりとて見やりたれば、あらぬ顔なり」＊源氏(1001–14頃)若菜下「ものにおそはるるかとせめてみあげ給へれば、あらぬ人なりけり」＊徒然草(1331頃)一六七「一道に携（たづさは）る人、あらぬ道のむしろにのぞみて」②あたりまえのこととは違ったさまの。㋑そうであってはいけない。望ましくない。不都合な。＊狭衣物語(1069–77頃か)一「男といふものは、あやしきだに、身の程知らず、あらぬ思ひをつくるものとかや」＊古事談(1212–15頃)三・忠快加持北条時政女事「無ㇾ止之人依二一念之妄心一、あらぬ道に堕給事不便なれば」＊御伽草子・鉢かづき（室町末）「あらぬかたわのつきぬるを、よにいたはしく思ひしに」＊仮名草子・竹斎(1621–23)上「科もなき仏にも、あらぬ口舌（くぜつ）を申懸けたり」＊俳諧・犬子集(1633)五・菊「酔人やあらぬ口をもきくの酒〈西武〉」㋺思いもかけない。意外な。＊徒然草(1331頃)一八九「今日はその事をなさんと思へど、あらぬいそぎ先（まづ）出来てまぎれ暮し」㋩事実と違っている。迷惑なこと、不都合なことについていう。＊歌謡・隆達節歌謡(1593–1611)「逢ふは稀よ独寝はしげし、あの君故にあらぬ名の立つ」＊泥人形(1911)〈正宗白鳥〉八「あらぬ噂を立てられるからと気を揉んでゐた」 発音〈標ア〉ラ〈京ア〉0／ア 辞書名義・日葡・ヘボン 表記非（名）不有（へ）

あらぬ思（おもい） 思ってはならないのに、抑えることのできない思い。＊風雅(1346–49頃)恋一・九八三「月はただむかふばかりのながめ哉心のうちのあらぬおもひに〈祝子内親王〉」

あらぬ方（かた） 思いもよらない方向。とんでもない別の方面。＊続後拾遺(1326)恋三・八五八「陸奥のあだちの真弓末つひにあらぬ方にも引く心かな〈後深草院弁内侍〉」＊謡曲・弱法師(1429頃)「あらぬかたに逃げければ」＊腕くらべ(1916–17)〈永井荷風〉二〇「唯うっとりと有らぬ方を見詰めてゐる」 発音〈標ア〉ラ

あらぬ事（こと） ①あたりまえの状態とは違うこと。事実と違うこと。＊蜻蛉(974頃)上・天暦九年「うぐひすのあたに出ゆかん山べにもなく声きかばたづぬばかりぞ、などいふうちより、なほもあらぬことありて、春夏、なやみくらして」＊源氏(1001–14頃)乙女「かくれあるまじきことなれど、心をやりて、『あらぬこと』とだに言ひなされよ」②思いもよらぬこと。とんでもないこと。不都合なこと。＊仮名草子・浮世物語(1665頃)一・四「只我一人心腹を立て、家に帰りてはあらぬ事をも口説がましく言ひ罵る程に」＊浮世草子・御前義経記(1700)六・一「どなたかはぞんぜねど、あらぬ事を聞かしまして、近比恥かしき此身」＊随筆・折たく柴の記(1716頃)上「あらぬ事のたまひ出して、我父に給はりし禄奪ひ、〈略〉塗（みち）を禁じて家をば出されたる也」 発音〈標ア〉ラ

あらぬ様（さま） ①事実とは違っているさま。今までのあたりまえの状態とは変わった様子。＊源氏(1001–14頃)夕顔「御たたう紙にいたうあらぬさまに書きかへ給ひて」＊源氏(1001–14頃)御法「御かほの色もあらぬさまにいみじくたへかね、御涙のとまらぬを」＊栄花(1028–92頃)岩蔭「かくて御髪（ぐし）六月十九日辰のときに下しはてさせ給ひて、あらぬさまにておはします」＊山家集(12C後)上「年くれてそのいとなみは忘られてあらぬさまなるいそぎをぞする」②望ましくない様子。不都合なさま。＊新古今(1205)哀傷・八一九「なき人の跡をだにとて来てみればあらぬさまにも成りにけるかな〈慶暹〉」＊平家(13C前)七・経正都落「甲冑をよろひ、弓箭を帯し、あらぬさまなるよそほひに罷成りて候へば、憚存（はばかりぞんじ）候」＊浄瑠璃・丹波与作待夜の小室節(1707頃)夢路のこま「不奉公の天罰にてあらぬさまに成くだり」 発音〈標ア〉ラ 辞書日葡

あらぬ筋（すじ） 思いもよらぬ方面の事柄。＊新古今(1205)雑下・一七五六「うちたえてよにふる身にはあらねどもあらぬすぢにも罪ぞ悲しき〈慈円〉」

あらぬ所（ところ） ①世間から離れた場所。＊狭衣物語(1069–77頃か)三「『今はなほ、かやうのことも見ぬわざもがな』と、あらぬ所のなきもわびしう、思し乱れながら」＊右京大夫集(13C前)「なぐさむことは、いかにしてかあらんなれば、あらぬ所たづねがてら遠くおもひたつ事ありしにも」②適当でない、望ましくない場所。また、思いもよらぬ場所。とんでもない、不都合な場所。＊天草本伊曾保(1593)パストルと、狼の事「サレドモ カリュウド パストルノメヅカイヲ ミシライデ aranutocoroye（アラヌトコロエ） スギ ユイタレバ」＊仮名草子・浮世物語(1665頃)一・六「この程けしからず行通ひ給ふ所、よくよく聞けば嶋原とかや。あらぬ所に立入り給ふこそ良からぬ事なれ」＊俳諧・氷餅集(1774)「つつじ野やあらぬ所に麦畑〈蕪村〉」 補注①は「拾遺‐雑上・五〇六」の「世中にあらぬ所」や「源氏物語」に数例ある「浮世にあらぬ所」などの表現がもとになっている。

あらぬ外（ほか） とんでもないさま。不都合きわまりないさま。＊仮名草子・浮世物語(1665頃)五・五「惣じてあらぬほかの悪事をいたす」

あらぬ物（もの）**［＝者（もの）］** それとは違ったもの。別のもの。また、今までの様子とは変わったもの。＊枕(10C終)九・うへにさぶらふ御猫は「物くはせたれどくはねば、あらぬものにいひなしてやみぬる」＊浜松中納言(11C中)二「さばかり若うさかりなりし御かたちの、いみじうやせおとろへて、あらぬ物におもがはりし給ひつつ」＊栄花(1028–92頃)月の宴「かくて御法事過ぎぬれば、僧どもまかでぬ。宮の内あらぬものにひきかへたり」＊曾我物語（南北朝頃）五・五郎と源太と喧嘩の事「藤源次は、それがし見しりて候。これは、あらぬものにて候」

あらぬ世（よ） この世とはすっかり違っている世界。別世界。あの世、過去の世などの意にもいう。＊源氏(1001–14頃)手習「よろづのこと、夢の世にたどられて、あらぬ世に生れたらん人は、かかる心ちやすらんとおぼえ侍れば」＊栄花(1028–92頃)初花「あはれに心苦しうおぼしなげくも、ことわりにいみじう、あらぬよをあはれにのみおぼさるるも、げにとのみ見え聞ゆ」＊山家集(12C後)下「関に入りて、信夫（しのぶ）と申すわたり、あらぬよの事におぼえてあはれなり」＊右京大夫集(13C前)「あぢきなき事の

みまされば、あらぬ世の心ちして」 発音〈標ア〉ラ

あら-ぬか【粗糠】『名』稲の実を包んでいる部分。また、米からすり落としたもの。もみぬか。もみがら。＊十巻本和名抄(934頃)九「糠 麁糠附 爾雅注云糠〈音康 沼賀〉米皮也。唐韻云穭〈音会 阿良奴加〉麁糠也」＊観智院本名義抄(1241)「粳 アラヌカ 穭 アラヌカ」＊名語記(1275)三「あらぬかとも すりぬかともいへり。もみをすりたるからなり」＊新編常陸国誌(1818-30頃か)方言「あらぬか〈略〉江戸にてもみぬかと云ふ」 方言❶もみ殻。千葉県夷隅郡290 兵庫県加古郡664 ❷ぬか。千葉県山武郡270 発音〈標ア〉0 〈京ア〉0 辞書和名・色葉・名義・和玉・書言・言海 表記穭(色・名・玉・書) 糩(和・名) 粳(名) 稃・糠(玉) 麤糠(書) 粗糠(言)

あら-ぬの【粗布・荒布】『名』織り目の粗い布。粗妙(あらたえ)。一説にコウゾなど樹皮の繊維で織った布、すなわち、太布(たふ)。＊室町殿日記(1602頃)一〇「敷たる丸太もこもも荒布も粉灰(こっぱい)となりてあともなかりけり」＊浮世草子・男色大鑑(1687)七・三「年中丹波(たんば)かよひして、そのもどりには竹の皮、荒布(アラヌノ)に肩替(かたかへ)て、しづかなる心なく」＊改正増補和訳英辞書(1869)「Sacking 粗布(アラヌノ)風呂鋪袋などに用ゆる」 発音〈標ア〉0

あら-ぬり【粗塗・荒塗】『名』壁を塗るとき、木舞下地(こまいしたじ)に、荒土(あらつち)、砂、粗苆(あらすさ)を混ぜたものを下塗りとして、ざっと塗りつけること。また、下塗りをしただけの壁。あらうち。⇔上塗り。＊落語・弁天詣り(1893)〈三代目三遊亭円遊〉「婦人(をんな)の仕度は長いもんでゲス。荒塗りを為て中塗を終って上塗へ着手(かかる)と云ふんで茶室の壁を塗上げる様な訳で」＊城(1965)〈水上勉〉七「屋根がふきあがってはいたが、外壁は荒塗のままだったし」 発音〈標ア〉0 〈京ア〉0 辞書言海 表記粗塗(言)

あら-ねこ【荒猫】『名』荒々しい感じの猫。どらねこ。＊俳諧・続猿蓑(1698)冬「あら猫のかけ出す軒や冬の月〈丈草〉」

あら-ねた【新―】『名』新しい品物・商品をいう、てきや、露店商、盗人仲間の隠語。〔隠語全集(1952)〕

あら-ねつ【粗熱】『名』料理で、加熱調理した物の加熱直後の熱。「粗熱をとる」

あらね-ゆき【霰雪】『名』方言❶あられ。山形県139 ❷あられ混じりの雪。青森県三戸郡083 ❸主に、雪が降ってから降る小粒のあられ。◇あなれゆき 山形県西置賜郡139 ❹さらさらする雪。新潟県北魚沼郡012

あらね-よし 枕 ⇨ありねよし

あら-の【荒野・曠野】『名』荒れた野原。人けのないものさびしい野。あらのら。あらぬ。＊万葉(8C後)一・四七「ま草刈る荒野(あらの)にはあれどもみち葉の過ぎにし君が形見とそ来し〈柿本人麻呂〉」＊万葉(8C後)一四・三三五二「信濃なる須賀の安良能(アラノ)にほととぎす鳴く声聞けば時過ぎにけり〈東歌・信濃〉」＊山家集(12C後)中「雲雀(ひばり)たつあらののにおふる姫百合(ひめゆり)のなにに着くともなき心かな」＊伊呂波字類抄(鎌倉)「曠野 アラノ」＊春夢草(1515-16)付句・秋「あら野は名所にあらず、ただ荒たる野迄也」＊俳諧・鶴のあゆみ(1735)「理不尽(りふじん)に物くふ武者等六七騎〈芳重〉 あら野の牧(まき)の御召撰(をめしえら)みに〈其角〉」 発音〈標ア〉0 〈京ア〉0 辞書易林・言海 表記曠野(易) 荒野(言)

あらの の 煙(けぶり) 火葬の煙。また、火葬。野辺の煙。＊読本・雨月物語(1776)吉備津の釜「かくてはとて遂に曠野(アラノ)の烟(ケフリ)となしはてぬ」

あらの【阿羅野・曠野】 俳諧撰集。三冊。荷兮(かけい)編。元祿二年(一六八九)三月の芭蕉序。上・中を八巻に分け、一七九人の発句七三五句を集め、下巻に連句一〇巻を収める。「冬の日」「春の日」に続く俳諧七部集の第三集で、蕉風確立期の重要な作品。

あら-のみ【暴飲】『名』ぐいぐい、浴びるように飲むこと。＊色葉字類抄(1177-81)「暹 アラノミ 俄飲也」 辞書色葉・名義 表記暹(色・名)

あらの-ら【荒野―】『名』(「ら」は接尾語)「あらの(荒野)」に同じ。＊万葉(8C後)六・九二九「荒野等(あらのら)に里はあれども大君の敷きます時は京師(みやこ)となりぬ〈笠金村〉」＊二十巻本和名抄(934頃)一「曠野 日本私記云〈安良乃良〉」＊枕(10C終)一五七・名おそろしきもの「はやち、ふさう雲、ほこぼし、ひぢかさ雨、あらのら、がうだうまたよろづにおそろし」 辞書和名・色葉・名義・書言 表記曠野(和・色・書) 曠(名)

あら-のり【荒乗】『名』荒天の時に航海すること(日葡辞書(1603-04))。方言島根県石見・隠岐島725 辞書日葡

あら-は【荒刃】『名』鋼鉄を焼き入れたままの焼き刃。研摩する前の刃。

あら-は【荒端】『名』荒い海岸。海の波が荒く打ち寄せる所。＊日葡辞書(1603-04)「Arafa(アラハ)。すなわち、アライソ」 辞書日葡

あら-は【粗歯・荒歯】『名』櫛の目があらいこと。＊落語・鰍沢雪の酒宴(1889)〈四代目三遊亭円生〉「頭髪(あたま)を結ひ黄楊(つげ)の荒歯(アラハ)の櫛を差し」 発音〈標ア〉0

あらは『名』方言❶居間。長崎県西彼杵郡054 ❷村外れの風通しのよい広い所。◇あらぱ 山形県飽海郡139 ❸山中から、里近い所。新潟県岩船郡362

あら-ば【新場】『名』初めての場所をいう、盗人、不良仲間の隠語。〔隠語全集(1952)〕

あら-はえ はへ【荒南風】『名』(「はえ」は南風の意。「あらばえ」とも)六月ごろ吹く南風。また、本州太平洋岸の各地で、梅雨なかばに吹く風をいう。《季・夏》＊物類称呼(1775)一「畿内及び中国の船人のことばに〈略〉五月の南風をあらはへといふ」＊物類称呼(1775)一「伊勢の国鳥羽、或は伊豆国の船詞に、〈略〉五月梅雨に入て吹南風をくろはへといふ。梅雨半(なかば)に吹風をあらはへと云。梅雨晴る頃より吹南風を、しらはへと云」 補注現在では地方によっては季節による区別はあまりなく、南風の強さや、昼夜の別によって、くろはえ、あらはえ、しろはえを区別している所もあるという。 方言❶梅雨半ばに吹く風。船頭言葉。三重県志摩郡585 ❷梅雨明けに吹く強い南風。宮崎県東臼杵郡844

あらば-え『感動』(「さらばえ」の変化したもの)京都島原の遊女が客と別れる時に使った語。＊雑俳・千枚分銅(1704)「さらばゑも此身になればあらばゑじゃ」＊雑俳・軽口頓作(1709)「つれだちて・出口まで来てあらばゑヱ」

あら-はか【荒陵】『名』荒れ果てた御陵。＊書紀(720)仁徳五八年五月(前田本訓)「荒陵(アラハカ)の松林(まつばら)の南の道に当りて、忽に両(ふたつ)の歴木(くぬぎ)生ひたり」＊書紀(720)推古元年是歳(図書寮本訓)「始めて四天王寺を難波の荒陵(アラハカ)に造る」

あら-はか【新墓】『名』死者を葬ってまもない墓。新しくつくられた墓。＊怪談牡丹燈籠(1884)〈三遊亭円朝〉八「御堂の後に新墓(アラバカ)が有りまして、夫に大きな角塔婆が有て」＊新浦島(1895)〈幸田露伴〉七「苔まだつかぬ新墳(アラハカ)の樒(しきみ)枯れぬも却って眼につく淋しさの風情」

あらはご『名』方言植物。❶ちどりのき(千鳥木)。埼玉県秩父郡・入間郡003 ◇あらは 福島県岩瀬郡003 神奈川県西丹沢003 ◇あらご 武州三峰山†065 ◇あらはが 栃木県上都賀郡・安蘇郡003 ◇あらはがら 足尾銅山†063 茨城県003 ◇あらふぐ 群馬県甘楽郡003 ◇あらはだ 群馬県勢多郡003 ❷おがらばな(麻幹花)。埼玉県秩父郡251

あら-ばこ【荒筥】『名』①中古、穀粒をふるい分ける時に用いた農具で、目のあらい箱形の篩(ふるい)。後世の千石通しの類。＊延喜式(927)二・神祇・四時祭「鎮魂祭〈略〉大直神一座〈略〉右其日、御巫於官斎院春稲、簸以麁筥〈如柳筥〉也」＊観智院本名義抄(1241)「麁筥 アラバコ」②(清浄な箱の意とも、簡素な箱の意ともいう)中古、神事の供物や天皇の供御(くご)、諸国からの献上品などを納めた木箱。材は白木か。一合、二合と数える。相嘗祭(あいんべのまつり)の料は毎年因幡、伯耆両国から調進した。＊延喜式(927)三・神祇・臨時祭「凡因幡、伯耆両国所進相嘗祭料荒筥八十八合〈略〉毎年以神税交易」＊延喜式(927)三九・内膳司「年料〈略〉荒筥五十七合、〈十二合涼御飯料、四合洗納雑韲物料、四合洗納雑羹菜料、卅七合儲料〉」＊西宮記(969頃)五・釈奠「王卿以下着座〈昇南面東階相分着、〈略〉六位已下、各着東西堂、諸司調百度、以麁筥給之〉」＊大神宮儀式解(1775)一三「御筥は美波許とよむべし。これを荒筥ともいふ。長暦官符荒筥一合、寛正官符も同じ。調進式目荒筥一合、一尺四分四方とあり。今世も同じ」 辞書名義 表記麁筥(名)

あらはしゃならだ『名』a, ra, pa, ca, na, la, da に相当する悉曇(しったん)文字をひらがなにおきかえたもの。＊浄瑠璃・釈迦如来誕生会(1714)三「あたりとなりに子供も多い、七つ八つで手本をあげ、四十二字をちうでかく、をのれは此あらはしゃならだ手本たった一行(ひとくだり)、文字なら七字、十年余り教へて一字ろくに覚えぬ」 発音〈標ア〉ナ

あら-ばしり【荒走】『名』激しい風を受けて航行すること。また、水が荒れ狂って速く流れること。あるいは、荒い風の中を行くことか。＊日葡辞書(1603-04)「Arabaxiri(アラバシリ)〈訳〉烈しい風で航行すること、または走ること」＊仮名草子・為愚痴物語(1662)一・一六「大風にはかに来て、浪たかくあらはしりのときは、はやく是をおどろき」 辞書日葡

あら-ばしり【新走】『名』その年の新米で最も早く醸造した酒。最初に市場に出た新酒。《季・秋》＊日葡辞書(1603-04)「Arabaxiri(アラバシリ)〈訳〉日本の圧搾桶で搾り出される、最初の濁った酒」＊俳諧・年浪草(1783)秋・三「新酒、新走(アラバシリ)、中汲、浯(もろみ)、酴醿漉(どひろく)〈略〉新酒者以秋米醸新蒭贈人家是也。其尤謂早者曰新走(アラハシリ)」 発音〈標ア〉バ 辞書日葡

アラバスター『名』(英 alabaster)雪花石膏(せっかせっこう)。石膏の一種。半透明で縞目があり、彫刻または装飾品の素材として用いる。＊抒情歌(1932)〈川端康成〉「雪花石膏(アラバスタア)で出来てゐるかと思はれます大きい殿堂」＊仮面の告白(1949)〈三島由紀夫〉二「雲の筋肉は雪花石膏(アラバスター)のやうに蒼白であった」 発音〈標ア〉バ

あら-はた【荒畑】『名』「あらばたけ(荒畑)」に同じ。＊字鏡集(1245)「畬 アラハタ」

あらはた【荒畑】 姓氏の一つ。 発音〈標ア〉0 ラ

あらはた-かんそん【荒畑寒村】 社会主義運動家。本名は勝三。神奈川県出身。堺利彦・幸徳秋水の影響を受け、社会主義運動に参加。大正一一年(一九二二)日本共産党の創立にも参加し、労農派の中心として活動。戦後は、社会党左派の重鎮として活躍した。明治二〇〜昭和五六年(一八八七〜一九八一)

あら-はだ【荒肌・荒膚】『名』①きめの荒い皮膚。ざらざらした表皮。＊日葡辞書(1603-04)「Arafada(アラハダ)」＊海潮音(1905)〈上田敏訳〉大饑餓「かかりし程に、粗膚(アラハダ)の蓬起皮(ふくだみがは)のしなやかに 飢にや狂ふ、おどろしき深海底(ふかうみぞこ)のわたり魚」②よごれた肌。また、その人。＊文保記(1377頃)「女犯男。嫁夫女。男女共中三日忌之。始精進第五日可参宮也。荒膚等余社忌之歟、当宮者無其儀也」 発音〈標ア〉0 辞書日葡

あら-はだ【新肌・新膚】『名』初めて男と接する

女の肌。また、その女。にいはだ。＊御伽草子・諏訪の本地（室町時代物語集所収）（室町末）「下のみやはかうがの二郎にあだまれたまひしゆへに、ことさらあらはたをばいましめたまふ」＊和訓栞後編（1887）「あらはだ 新膚の義 西土に破瓜に作る」発音〈標ア〉0

あら-ばたけ【荒畑】『名』耕作されないで放置されている畑。あらはた。＊枕（10C終）一四四・正月十よ日のほど「えせものの家のあらばたけといふものの、土うるはしうもなほからぬ、桃の木のわかだちて」方言❶作物を取り入れた後、そのままになっている畑。◇あらばっけとも。長崎県壱岐島915 ❷第四等の山で、作っていた田畑を山にしたもの。愛媛県大三島848 発音〈標ア〉バ 辞書文明 表記荒畠（文）

あら-ばたらき【荒働】『名』力を必要とする激しい仕事。あらしごと。＊俳諧・西鶴五百韻（1679）何秤「おり湯しかけてくます若水〈西鶴〉荒働（アラハタラキ）だんどく山の朝霞〈西花〉」＊浮世草子・傾城色三味線（1701）鄙・三「俄に鋤鍬（すきくわ）のあらばたらきもならず」＊最暗黒之東京（1893）〈松原岩五郎〉七「俄かに斯る荒働（アラバタラ）きの仲間に入りたる事なれば其労苦は実に容易の事にあらず」＊人間嫌ひ（1949）〈正宗白鳥〉「私なども土地の人並に、或はそれ以上にいろいろな夫役を命ぜられて、荒働きをさせられるのであった」発音〈標ア〉バ

あら-ばち【新鉢】『名』（未使用の鉢の意から）①処女の性器。あなばち。＊浮世草子・好色床談義（1689）二・幼女の好色「古人、娘の新開を御所柿のあをきにたとへ給ふは尤なり」＊茶屋諸分調方記（1693）第四「当だいあらばちなる御かたはためしすくなし。大かたは何者のしわざにてか、事の外取ひろげたる御方おおし」②未婚の女性。処女。手入らず。＊咄本・八行整版本昨日は今日の物語（1614～34頃）「いにしへ、嫁入の時に着たる衣裳を取出して着るままに〈略〉男つくづくと見て、もとのあらばちの姿有」＊浮世草子・新色五巻書（1698）五・三「こなたは今をはじめの新開（アラバチ）。それとはしらいでむいきに仕りぬ」③処女と交わること。にいまくら。④まだ盗難を受けたことのない土蔵や人家。また、そこに忍び込んでする盗みをいう、盗人仲間の隠語。〔隠語輯覧（1915）〕発音〈標ア〉0

あらばち を 割（わ）る ①処女を奪う。処女と枕を交わす。＊浮世草子・枕童児抜差万遍玉茎（1751～64頃）「あらばちわってやらうと思案をきはめ」②まだ盗難を受けたことのない土蔵や人家に盗みに入ることをいう、盗人仲間の隠語。〔隠語構成様式并其語集（1935）〕

あら-ばなし【荒話】『名』人や物事の欠点、落ち度を取り立てていう話。＊漫談集（1929）〈大辻司郎〉演説苦笑「一体漫談家といふものは、薔薇の花を見ましても、いくら美しくても、美しいとは言ひたがらずに、刺のあることを云ひたがるものです。それで漫談をアラ話（バナシ）のやうにおっしゃる方もありますが、決してさうではございません」発音〈標ア〉バ

あら-はま【荒浜】『名』荒い浜べ。〔日葡辞書（1603～04）〕＊真理の春（1930）〈細田民樹〉縛られる・一「郷里の青い荒浜（アラハマ）で、海獣のやうにひょこひょこと、波にもまれてゐるエビの生舟（いけす）が浮かんですぐ消えた」辞書日葡

アラバマ（Alabama） アメリカ合衆国南部の州。州都モントゴメリー。一八一九年に二二番目の州となる。発音〈標ア〉0

あらはま-そだち【荒浜育】『名』荒い海の近くで育つこと。また、その人。＊滑稽本・浮世風呂（1809～13）三・下「下総唄に銚子のなき節といふをうたふこゑする〈略〉さまよ銚子のウ引、荒浜（アラハマ）そだち引」発音〈標ア〉ソ

あらび【荒】『名』（動詞「あらぶ（荒）」の連用形の名詞化）①荒れること。乱暴すること。＊歌舞伎・上総綿小紋単地（1865）四幕「鹿ケ谷の屋敷も平氏のあらびに追払はれ、母上童兄弟も、露の命をやうやうに」②俳諧で、あまり趣向を凝らさずに句を作ること。＊浪化宛去来書簡‐元禄七年（1694）五月一三日「『さるみの』三吟は、ちとしづみたる俳諧にて、悪敷（あしく）いたし候はば、古びつき可ㇾ申候まま、さらさらとあらび（〈傍書〉荒ビ）にておかしく可ㇾ被ㇾ遊候」方言二百十日に荒れること。静岡市521

アラビア【亜剌比亜】（Arabia）《アラビヤ》㊀アジア南西部、世界最大の半島。ペルシア湾、アデン湾、インド洋、紅海にかこまれ、大部分が砂漠。七世紀初頭、マホメットにより統一され、以後、イスラム帝国として繁栄。一六世紀にはトルコの支配下におかれた。一八世紀以降、民族運動が盛んとなり、サウジアラビア、クウェート、イエメンなどが独立した。埋蔵量の豊富な油田地帯がある。＊増補華夷通商考（1708）五「アラビヤ 南天竺の西、暹羅より三千余里」＊管蠡秘言（1777）「六大洲〈略〉亜細亜中にある諸国の名を、略左に記す。日本 琉球 蝦夷 支那 蒙古〈略〉曷剌未亜（アラビヤ）」㊁『名』からだの特に大きな人をいう、盗人仲間の隠語。〔隠語輯覧（1915）〕語誌古くは「史記」などに見られる「条枝」「条支」がアラビアに当たるという説もあるが、近世になって、マテオ＝リッチの「坤輿万国全図」では「曷刺比亜」という形で紹介された。のち、「亜剌皮亜」「亜辣比亜」「亜刺比亜」「亜拉比亜」などの漢字が当てられた。日本では「江戸大節用海内蔵」（一七〇四）の「万国大概之図」に、「亜剌比亜〈古方天国〉」と見えるのが早い。発音〈標ア〉0〈京ア〉0

アラビア-うま【―馬】『名』「アラブ㊁」に同じ。＊開化自慢（1874）〈山口又市郎〉初・上「口はアラビヤ馬（ムマ）に轡をはめて、賭乗でもしたかといふやうに、白泡を喰ひ出し」＊西洋道中膝栗毛（1870～76）〈仮名垣魯文〉六・上「あらびや馬の、太くたくましきにゆらりと股がり」＊社会百面相（1902）〈内田魯庵〉電影・三「栗毛の亜剌比亜（アラビヤ）馬」発音アラビアヴマ〈標ア〉ア2〈京ア〉0/ア2

アラビア-かい【―海】 インド洋北西部、インド半島とアラビア半島に囲まれた海域。発音〈標ア〉ア2

あら-びあけ【荒火明・荒忌明】『名』物忌みやけがれが薄れ、日常に戻る過程で、まず厳重な忌みの終わるとき。祭り、葬式、出産などから七日目を普通とする。

アラビア-ご【―語】『名』南西セム語に属する言語で、アラブ諸国の共通語。イラク、シリア、アラビア半島、北アフリカ諸国などに分布する。話し言葉では地域により方言差が大きい。文語は古典アラビア語と呼ばれ、イスラム教の聖典「コーラン」はこの古典アラビア語で書かれている。単語は一般に三個の子音から成り、基本的な意味がこれで決まり、間に入る母音によっていろいろな意味の単語が派生するという特徴がある。発音アラビアゴ〈標ア〉0

アラビア-ゴム『名』（オランダ Arabische gom から）①アフリカ産マメ科アカシア属植物の樹皮から得られる粘液状分泌物、およびそれを乾燥したもの。錠剤の結合剤、織物仕上げ、インク、菓子の粘着剤などに用いる。＊医語類聚（1872）〈奥山虎章〉「acacia 亜刺比亜護謨」②「アラビアのり（―糊）」に同じ。＊西洋道中膝栗毛（1870～76）〈仮名垣魯文〉一〇・下「札をかねてたくはへたるアラビヤゴムにて、堂のはしらへはりつけてゐるところへ」＊笹まくら（1966）〈丸谷才一〉二「糊でも何でもいいんで…正麩でも、大和糊でも。わたしはアラビア・ゴムを使っています」発音〈標ア〉ゴ〈京ア〉ゴ

アラビアゴム-の-き【―樹】『名』マメ科の常緑高木。北アフリカの原産でアラビア、インドなどでも栽培される。アカシア属の一種。高さ約六メートル。幹からしみ出るゴム質の樹脂が固まったものがアラビアゴムで、薬用、工業用などとする。アカシアゴム。アカシア。学名は Acacia senegal ＊即興詩人（1901）〈森鷗外訳〉みち「両側にはいとすぎ、亜剌比亜護謨の木（アカチア）茂りあひて」発音〈標ア〉ゴ

アラビア-じん【―人】『名』アラビア半島の住民。また、言語風俗が同じアラブ族。人種的には単一でなく、その起源も明らかでないが、ほとんどが、イスラム教を信じている。サラセン文化を築いた。アラブ人。＊尋常小学読本（1887）〈文部省〉三「あらびや人は、我が子の如く馬をあいし、馬は、又常に子供と共に、遊びたのしめり」発音〈標ア〉ア2

アラビア-すうじ【―数字】『名』一般に用いられている0・1・2・3・4・5・6・7・8・9の一〇個の数字。インドで考え出され、アラビアを通じてヨーロッパに伝えられた。ただし、古いものと新しいものとでは形がかなり異なる。インド数字。算用数字。＊東京曙新聞‐明治一一年（1878）一一月一一日「帳簿へ記入する所の金員に係る文字は、総て亜剌比亜数字を用ゆべし」＊新らしい言葉の字引（1918）〈服部嘉香・植原路郎〉「アラビア数字 1234の如き数字をいふ」＊抒情歌（1932）〈川端康成〉「小学校へあがる前で〈略〉アラビア数字も読めないので」＊釜ケ崎（1933）〈武田麟太郎〉「アラビヤ数字のいやに大きいニッケルの眼ざまし時計」発音アラビアスージ〈標ア〉ス〈京ア〉ス

アラビア-のり【―糊】『名』アラビアゴムを材料として作った粘りけの強い糊。＊反逆の呂律（1929）〈武田麟太郎〉三「アラビヤ糊と云ふ西洋の糊を使った」発音〈標ア〉ア2

アラビア-もじ【―文字】『名』アラビア語などの文字。アラム文字が変化したもので、四～五世紀ごろ成立。表音文字で、一般的には子音文字（二八個）のみで表記する。母音は、必要に応じて、文字の上下に補助符号をつけて示す。右から左への横書き。アラビア語のほか、ペルシア語、ウルドゥー語などの文字でもあり、かつてはトルコ語、マレー語などでも使用した。分布地域からいうと、ローマ字に次ぐ世界第二位の文字である。＊新帰朝者日記（1909）〈永井荷風〉「輸入煙草の箱に書いてあるアラビア文字を見るやうな心持がする」発音〈標ア〉モ

アラビア-もよう【―模様】『名』「アラベスク①」に同じ。＊銀の匙（1913～15）〈中勘助〉前・一六「いろいろの菊のさまざまの花びらを亜剌比亜模様のやうに紙にしいて」発音アラビアモヨー〈標ア〉モ

アラビアン-ナイト（原題 英 Arabian Nights）アラビアを中心とした民間伝承物語集。九世紀から一六世紀にかけて成立、エジプトでまとめられた。妃に背かれたシャーリアル王に、宰相の娘シェヘラザードが千一夜にわたり、さまざまな物語を語り続ける形式で、健康なエロチシズムにあふれた話が多い。千一夜物語。千夜一夜物語。一千一夜物語。アラビア夜話。発音〈標ア〉ナ〈京ア〉ナ

あら-ひえ【荒稗】『名』脱穀したばかりの稗。米でいえば籾（もみ）に相当するもので、食用にはこれを精製するが、家畜の飼料にはそのまま利用する。稗は冷害に強く、また、高冷地帯を適地とするので、古来、備荒作物とされていたが、農山村でこれを年貢に代納する場合は米の三倍、所によっては五倍の荒稗を上納しなければならなかった。＊牧民金鑑‐一一・凶年手当・天明八年（1788）一二月「関東御料所畑方百石に付、荒稗三斗宛、来酉年より畑方高懸に而御蔵納為致候積、尤石代米之儀者、荒稗壱石米弐斗宛」

あらび-お【荒男・荒雄】『名』荒々しい男。＊読本・近世説美少年録（1829～32）二・三回「山掙（やまかせぎ）する暴悪雄（アラビヲ）の」

あら-びき【荒碾・粗碾・荒挽・粗挽】『名』茶の葉、肉、豆などを、おおざっぱにひいたりすりつぶしたりすること。＊仮名草子・祇園物語（1644頃）「くまなき

月雲かくれ。極下の茶のあらびき。大名の身をはたし」 発音〈標ア〉0

あら-びしお【粗醤】『名』粗製の醬(ひしお)。＊延喜式(927)三三・大膳「僧一口別菓菜料。米六合五勺〈略〉麁醬九合二勺五撮」

あら-ひじり【荒聖】『名』荒行を行ずる僧。また、荒々しいふるまいをする僧。＊平家(13C前)五・勧進帳「文覚は天性不敵第一のあらひじりなり、御前の骨ない様をばしらず、ただ申入ぬぞと心えて」 発音〈標ア〉ヒ〈ア史〉江戸●●●●○

あら-びと【荒人】『名』野蛮な人。言動が荒っぽくて洗練されていない人。＊書紀(720)孝徳即位前(北野本訓)「皇天(あめ)、手を我に仮りて暴逆(アラビト)を誅殄(ころしたて)り」＊中華若木詩抄(1520頃)中「かやうに緩怠なるあら人はないぞ」＊日葡辞書(1603-04)「Arabito (アラビト) すなわち、アラケナイ ヒト〈訳〉野蛮で粗野な人」 辞書日葡

あらひと-がみ【現人神・荒人神】『名』①神が、仮に人の姿となってこの世に現われたもの。天皇をいう。あきつかみ。あらがみ。＊続日本後紀-嘉祥二年(849)三月庚辰其長歌詞曰〈略〉「聖之御子の 天下に 御坐て 御世御世に 相承襲て 毎皇に 現人神と 成給」＊十巻本和名抄(934頃)一「現人神 日本紀私記云現人神〈阿良比度加美〉」②随時、姿を現わして、霊威を示す神。霊験の著しい神。多く、住吉や北野の神をいう。＊万葉(8C後)六・一〇二〇・一〇二一「かけまくも ゆゆしかしこし 住吉(すみのえ)の 荒人神〈石上乙麻呂(石上乙麻呂の妻説、作者未詳説あり)〉」＊拾遺(1005-07頃か)恋四・八六九「住吉のあら人神にちかひてもわするる君が心とぞきく〈よみ人しらず〉」＊大鏡(12C前)二・時平「只今の北野宮と申して、あら人神におはしますめれば」＊東関紀行(1242頃)車返より湯本「三島の社〈略〉雨にはかに降りて、枯れたる稲葉もたちまちに緑にかへりけるあら人神の御なごりなれば」＊太平記(14C後)一八・春宮還御事「北野天神荒人神(アラヒトガミ)に成せ給し其の古(いにし)への御悲み」③わざわいをする荒々しい神。また、人にとりつく悪霊。＊幸若・高たち(室町末-近世初)「浦山しや、むさしは生をもかへでたちまちにあら人神となりたるよな」＊日葡辞書(1603-04)「Arafitogami (アラヒトガミ)。すなわち、ヒトニ ツキタタル カミ」＊仮名草子・尤双紙(1632)下・三〇「あらき物のしなじな〈略〉あら人神にあらゑびす」＊説経節・説経しんとく丸(1648)上「御まへにて、はら十もんぢにかききり、そうつかんでくりいだし、御しんたいになげかけ、あら人かみとよばれ、まいりげかうの人々お、とってふくす物ならば」 発音アラヒトガミ〈標ア〉ト ガ〈ア史〉平安・鎌倉○○●●●●〈京ア〉ト ガ 辞書和名・色葉・名義・文明・饅頭・日葡・書言・言海 表記現人神(和・色・名・文・饅・書・言)

あらひと-ごと【一事】『名』表面に現われる事。現実の事。＊観智院本名義抄(1241)「現事 アラヒトコト」 辞書名義 表記現事(名)

あらびと-ごのみ【新人好】『名』新しい人を好み、外来者をたいせつにする気持。八丈島で女性の心理をいった語。

あらひと-さま【荒人様】『名』祠(ほこら)、または塚にまつる神。山の神または米の神だという。福岡県や長崎県の壱岐でいわれる。

アラビ-パシャ (Arabi Pasha) エジプト民族運動の指導者。反乱によって実権を握り陸軍大臣となって、ヨーロッパ諸国の経済的進出に対し強硬策を主張。イギリスの武力干渉に敗れたが、「エジプト独立運動の父」といわれる。アラビ=アーメッド。(一八三九～一九一一) 発音〈標ア〉パ

あら-びゃくしょう【荒百姓】『名』荒々しい百姓。粗暴な百姓。＊浄瑠璃・曾我五人兄弟(1699頃)二「野山そだちのあら百姓、数十人用意してここかしこにしのびゐる」

あら-ひょうぎ【荒評議】『名』きびしく思い切ってなされた協議。〔日葡辞書(1603-04)〕 辞書日葡

あら-・びる【荒】『自バ上一』①(上二段活用の「あらぶ(荒)」が一段化したもの) 荒々しくふるまう。乱暴する。子供が暴れる。＊続日本紀-延暦八年(789)九月一九日・宣命「陸奥国の荒備流(あらビル)蝦夷等を討ち治めに」＊秋長夜話(1781-1801頃)「此国にて、小児の戯れ騒くを、あらびるといふは、荒振(あらぶる)なり」②心・言葉・呼吸などが荒くなる。＊延喜式(927)祝詞・鎮火祭「此の心悪しき子の心荒比留(あらビル)は、水、匏、埴山姫、川菜を持ちて鎮め奉れと」＊冬の宿(1936)〈阿部知二〉七「彼の眼は重苦しく充血してくるし、呼吸(いき)づかひは荒びてくる」③土地・建物などが手入れをされずに荒れる。＊湯葉(1960)〈芝木好子〉「武家の下屋敷が荒びている噂をして」 語誌奈良時代に上二段活用から上一段活用に変化したと考えられる動詞に「ゐる(居)」「ひる(干)」「みる(廻)」などがある。上一段の活用語尾は通常甲類であるが、「廻る」のように乙類もある。この「あらびる」の「び」は①の「続日本紀-宣命」の「備」が乙類であるのに対して、②の「延喜式・祝詞」の「比」は甲類であり、甲乙は決定できない。また、「あらびる」の古い例は「あらぶ」の例に比べて祝詞や宣命などの形式化された資料に見られるのみである。 方言❶乱暴する。粗暴を働く。暴れ回る。岩手県上閉伊郡097 気仙郡100 山形県139 長野県038 488 493 岐阜県498 502 504 広島県下蒲刈島771 愛媛県840 ◇あらべる 長野県上田市475 佐久493 愛媛県840 ❷子供がわんぱくをする。戯れ騒ぐ。盛岡†054 岩手県紫波郡093 秋田県鹿角郡132 島根県石見725 広島県芦品郡771 高田郡779 山口県屋代島054 大島801 発音〈なまり〉アラベル〔信州上田〕〈標ア〉ビ 辞書書言 表記闌(書)

アラブ『名』(Arab) (一)アラビア人。＊外来語辞典(1914)〈勝屋英造〉「アラブ Arab (英) (一)亜刺比亜人」 (二)アラビア地方原産の馬の品種。体高一・四～一・五メートルで、走るのが速く、耐久力がある。体毛は葦毛(あしげ)が多い。アラビア馬。アラブ種。 発音〈標ア〉ア〈京ア〉ア

あら-・ぶ【荒】『自バ上二』①乱暴なふるまいをする。荒々しくふるまう。また、風などが強く吹く。荒れる。→荒ぶる神。＊延喜式(927)祝詞・御門祭(出雲板訓)「四方(よも)四角(よすみ)より疎(うと)び荒備(アラビ)来む天のまがつひといふ神の言はむ悪事(まがこと)に」＊俳諧・俳諧次韻(1681)「古家の泣声闇にさへなれば〈才磨〉 いたちの禿倉(ほこら)風の荒ぶる〈揚水〉」②土地が荒れる。未開である。＊書紀(720)神代上(水戸本訓)「夫れ葦原中国は本(もと)より荒芒(アラビ)たり。磐石草木に至乃(いた)るまでに咸く能く強暴(あし)かる」③うとくなる。情が薄くなる。親しみがなくなる。＊万葉(8C後)二・一七二「島の宮上の池なる放ち鳥荒備(あらビ)な行きそ君いまさずとも〈草壁皇子の宮の舎人〉」＊万葉(8C後)四・五五六「筑紫船いまだも来ねばあらかじめ荒振(あらぶる)君を見るが悲しさ〈賀茂女王〉」④俳諧で、あまり趣向を凝らさないで、あっさりと句を作る。＊浪化宛去来書簡-元禄七年(1694)五月一三日「俳諧あらび可ㇾ申候事は、言葉あらく、道具下品の物取出し申候事にては無二御座一、ただ心も言葉もねばりなく、さらりとあらびて仕候事に御座候」 語誌(1)形容詞「あらし(荒・粗)」の語幹に、そのような様子をしたり、ふるまったり、そのような状態にあることの意を表わす接尾語「ぶ」が付いたもの。対義語に、「にぎぶ(和)」がある。(2)「あ(荒)る」が風や波が激しくなる、家や都などが荒廃する様子など常に視覚性を持つのに対し、「あらぶ」は神や人の心情や性格などについて、馴れ親しまない状態を表わす。 発音〈なまり〉アダブ・アダボ〔岩手〕〈標ア〉ラ 辞書和玉・書言・言海 表記荒(玉) 疾威・荒振(書) 荒(言)

あらぶる 神(かみ) 荒々しく乱暴する神。天皇の命令に従わない神。＊古事記(712)中「東の方十二道の荒夫琉神(あらブルかみ)、及(また)摩都楼波奴(まつろはぬ)人等を言向け和平(やはせ)」＊常陸風土記(717-724頃)香取「荒振神(あらぶるかみ)等、又、石根、木立、草の片葉も辞語(ことど)ひて、昼は狭蝿(さばへ)なす音声(おとなひ)、夜は火の光明(かがや)く国なり」＊曾丹集(11C初か)「けふよりはなごしの月になりぬとてあらぶるかみにもの馴るな人」＊草根集(1473頃)四「いぐしさすしでにあらふる神やまずなごやかならぬ瀬々の川浪」＊水戸本丙日本紀私記(1678)景行「暴神〈安良不留加美〉」＊俳諧・韻塞(1697)「霄闇(よひやみ)はあらぶる神の宮遷(うつ)し〈芭蕉〉 北より荻の風そよぎたつ〈許六〉」

あら-ぶき【荒吹】『名』鉱石を吹きとかし、硫化金属を主成分とする鈹(かわ)を作る工程。わが国在来の銅鉱製錬法の中の第一段階の方法。 発音〈標ア〉0

あら-ぶき【粗拭】『名』大体の汚れを取り去るために、ざっとふくこと。

あらぶき-だ・つ【荒吹立】『自タ四』風が荒く吹き起こる。烈しく吹き始める。＊随筆・胴癖談(1791か)下「日は西にしづみはて、風いとあらぶきだち」

あら-ぶし【荒節】『名』鰹節(かつおぶし)の製造で、あぶり干しと口干しを終えただけで、まだ削りや、かびつきを行なわないもの。鬼節。＊旅-昭和二一年(1946)復刊号・鰹節よどこへ行く〈古林善治〉「焙乾して削りをかけただけのはだかぶし、或は削りも略したあらぶしが商品として出廻ってゐる有様だ」

あら-ぶし【荒武士】『名』荒々しいさむらい。勇敢な武士。＊源平盛衰記(14C前)三四・木曾内裏守護「片山里の荒武士(アラブシ)の、耳近に聞知様に書口説(かきくどき)」 発音〈標ア〉0

アラブしゅちょうこく-れんぽう【一首長国連邦】(英 United Arab Emirates の訳語) アラビア半島東部、ペルシア湾の出口に位置する七つの首長国からなる連邦国家。一九七一年、イギリス保護下から独立した、アブダビ、ドバイ、アジュマーン、シャルジャ、ウンム-アル-カイワイン、フジャイラの六首長国が連邦を結成。七二年、ラス-アル-ハイマも連邦に加入。石油の産出が多い。首都、アブダビ。 発音アラブシュチョーコクレンポー〈標ア〉レ

あら-ぶしん【新普請】『名』家屋を新しく建てたり、修理したりすること。＊青春(1905-06)〈小栗風葉〉春・一六「飛々に新普請(アラブシン)の木口の白いのが夜目にも目立って」 発音〈標ア〉プ

アラブ-じん【一人】『名』「アラビアじん(一人)」に同じ。

アラブせきゆゆしゅつこく-きこう【一石油輸出国機構】(英 Organization of the Arab Petroleum Exporting Countries の訳語) 一九六八年、アラブの主要産油国三か国によって設立した機構。加盟国の石油産業における経済活動の協力を主要目的とする。略称OAPEC。オアペック。 発音アラブ=セキユシュッコクキコー〈標ア〉ア=キ2

あら-ふな『名』(「あらぶな」とも)「ふな(鮒)」の異名。＊重訂本草綱目啓蒙(1847)四〇・魚「鰤魚 もぶし〈万葉集〉 ふな あらふな 備後 この国にては鱮魚のことをふなとよぶ故なり」 方言❶大きな鮒(ふな)。岡山県備中北部745 ❷魚、ふな(鮒)。備後†028

あらふね-やま【荒船山】群馬・長野県境にある楯状火山。一四二三メートル。長野県佐久地方では砥山(とやま)という。あらふねさん。 発音〈標ア〉0

アラフラ-かい【一海】(アラフラは英 Arafura) オーストラリア北端とニューギニア西部との間の海域。水深が浅く真珠貝の採取で知られる。 発音〈標ア〉ラ2〈京ア〉ラ2

あら‐ぶるい（るひ::ぶ）【粗篩】〘名〙①目の粗い篩（日葡辞書(1603-04)）。②粗い箕（み）。また、長方形の立篩（日葡辞書(1603-04)）。発音〈標ア〉ブ 辞書 日葡

アラブれんごう‐きょうわこく（アラブレンガフ::）【―連合共和国】（英 United Arab Republic の訳語）一九五八年、エジプトとシリアが合併して成立。六一年には、シリアが分離し、七一年、エジプト‐アラブ共和国となる。発音 アラブレンゴーキョーワコク〈標ア〉ワ〈京ア〉レ＝ワ

アラブ‐れんめい【―連盟】（英 Arab League の訳語）一九四五年、カイロの汎アラブ会議で、アラブ民族の独立と主権の確保、平和と繁栄の中立地帯の形成を目的とし、エジプト、シリア、レバノン、イラク、トランスヨルダン（現ヨルダン）、サウジアラビア、イエメンの七か国が結成した地域機構。加盟国は、PLO（パレスチナ解放機構）を含め二一カ国に到っている。最高意思決定機関はアラブ首脳会議で、加盟国代表から構成される理事会とその他一六の常任委員会が下部組織を成す。本部カイロ。発音 アラブレンメイ〈標ア〉レ

アラベスク〘名〙（フランス arabesque「アラビア風」の意）①イスラム美術などに見られる葉、花、鳥獣、人物などを様式化して展開させた文様。アラビア人の創案により、次第に各国へ伝わったもの。工芸品や建築に見られる。アラビア模様。＊外来語辞典(1914)〈勝屋英造〉「アラベスク Arabesque（英）装飾紋様の一種」＊通学物語(1941)〈渋沢秀雄〉或る思ひ出「家の周囲はアラベスクの鉄柵にハトや薔薇がよく絡んでゐた」＊近代絵画(1954-58)〈小林秀雄〉ゴーガン・三「絵筆を握って、前人未踏の色のアラベスクを創り出す事は」②①の影響による幻想的、装飾的な器楽曲。③バレーの基本姿勢の一つ。片足で立ち、体を前に倒し、胸を張り、片手は前に、他の手足を後ろに伸ばす。発音〈標ア〉ベ〈京ア〉ベ

あら‐ほ【荒穂】〘名〙穂数の少なくあらい茶筅（ちゃせん）。ふつう三二本。四六本ものを中荒穂という。濃茶用。

あら‐ぽ・い【荒―】〘形口〙文あらぽ・し〘形ク〙「あらっぽい（荒―）」に同じ。＊黄表紙・金々先生造化夢(1794)「炭焼の仙人茶漬の煮花を煮る炭をこしらへんと、中にてあらぽき枝を集める」＊苦力頭の表情(1926)〈里村欣三〉「女は二三度その言葉を繰返したが、俺が、キョトンとしてゐるので、しまひにはジレて荒ぽく俺の顔をつかんで唇を押しつけた」

あら‐ぼうこう【荒奉公】〘名〙労働のはげしい奉公。＊俳諧・父の終焉日記(1801)五月六日「としはもゆかぬ痩骨に荒奉公させ、つれなき親とも思つらめ」

あら‐ほうし（フシ::ホ）【荒法師】〘名〙（「あらぼうし」とも）荒々しい僧。乱暴な僧。また、荒行をする法師。＊今昔(1120頃か)二〇・一一「天宮、京に知識を催す荒法師の形と成て行（あるき）けるを」＊浄瑠璃・吉野忠信(1697頃)二「かくて弁慶、もとよりこらへぬあらぼうしつくづく思ひける様は」＊朱雀日記(1912)〈谷崎潤一郎〉ジレッタント「昔の延暦寺興福寺の荒法師も」

あら‐ぼし【荒星】〘名〙木枯しの吹きすさぶ夜の星をいう。荒星という星があるのではない。《季・冬》発音 アラホーシ〈標ア〉ホ〈京ア〉ホ

あら‐ほっし【荒法師】〘名〙「あらほうし（荒法師）」の変化した語。＊浮世草子・鬼一法眼虎の巻(1733)六・二「諸国を武者修業する荒法師（アラホッシ）にて候」

あら‐ほど【―程】〘名〙「あれほど」の変化した語。近世の通例として、「あれ」「これ」「それ」「どれ」等の代名詞に「ほど」がついた時は、「あら」「こら」「そら」「どら」となることが多い。＊洒落本・遊子方言(1770)しののめのころ「宵からあらほど、おれがゆって聞せる通り」＊滑稽本・浮世風呂(1809-13)前・上「おいらア否（いや）だア。あら程（ホド）虫拳をして、一極（いちきめ）をしたぢゃアねへかナ」＊浮雲(1887-89)〈二葉亭四迷〉一・六「昨日あら程其様（そん）な覚えは無いと言ったのが母親（おっかさん）にゃ未だ解らないの」

あら‐ぼとけ【新仏】〘名〙①死後初めての盂蘭盆（うらぼん）にまつられる死者の霊。新精霊（あらしょうりょう）。しんぼとけ。にいぼとけ。②「しんぼとけ（新仏）①」に同じ。＊読本・本朝酔菩提全伝(1809)一・一「蔣草席（まこもむしろ）の新仏（アラボトケ）」＊内地雑居未来之夢(1886)〈坪内逍遙〉八「此方は新霊（アラボトケ）の出棺騒ぎ、母親はうろうろして役には立ず」発音〈標ア〉ボ〈京ア〉ボ

あら‐ぼね【荒骨・粗骨】〘名〙①さらされた骨。肉を離れた骨。また、料理などに使って肉のついていない魚、鳥、獣などの骨。＊字鏡集(1245)「骼 アラホネ」②（「ほね（骨）」を強めた語か）⇨あらぼね（荒骨）を折る

あらぼね を 折（お）る 大変な苦労をする。非常に体力のいる仕事をする。＊四座役者目録(1646-53)下「初日の頭取を先づ打たせ、荒骨を折らせ、扨可打との事よと云たると也」＊歌舞伎・蝶々孖梅菊(1828)二幕「荒骨（アラボネ）を折るわし等に、鰯一疋食はさぬゆゑ」

あらぼね‐おり（り::を）【荒骨折】〘名〙苦労をして力を尽くすこと。また、骨の折れる仕事。荒仕事。発音〈標ア〉ボ

あら‐ぼり【荒彫・粗彫】〘名〙あらく、ざっと彫ること。また、その彫刻や木版。＊殿村篠斎宛馬琴書簡‐文政五年(1822)閏一月一日「とかくあらぼりにて、読にくく御座候」＊塔影(1905)〈河井酔茗〉斯る人に「木地に鑿（のみ）する荒彫（アラボリ）の艶も飾りもかけざれど」

あら‐ぼん【新盆】〘名〙人が死んで初めて迎える盆。転じて、新仏（あらぼとけ）の意にもいう。はつぼん。しょぼん。にいぼん。＊明治大正見聞史(1926)〈生方敏郎〉憲法発布と日清戦争・三「新盆（アラボン）の家ばかりが多かった」方言❶人の死後初めての盆。新盆。山梨県456 長野県054 492 493 ❷新盆の精霊。過去一年間の新仏の霊。◇あらぼんさま〔―様〕埼玉県秩父郡251

あらぼん‐さま【新盆様】〘名〙方言 ⇨あらぼん（新盆）

あら‐ぼんぷ【荒凡夫】〘名〙迷いの多い、粗野な人間。＊俳諧・文政句帖‐五年(1808)正月・序「荒凡夫のおのれごとき、五十九年が間、闇きよりくらきに迷ひて」＊俳諧・志多良(1813)三「無常の風のはげしきと病の悪鬼のおそろしきに〈略〉まして荒凡夫の我々いかで是を避る事あらん」

あら‐まあ〘感動〙（感動詞「あら」と「まあ」との複合した語）思いがけないことに出会って驚いたときに発することば。多く、女性が用いる。＊闇桜(1892)〈樋口一葉〉「あらマア何（どう）しませうねへ未だ先にもありますかしら」＊吾輩は猫である(1905-06)〈夏目漱石〉二「羽根（はね）も羽子板も打ち遣（や）って勝手から『あらまあ』と飛込んで来る」発音 アラマー〈なまり〉アリャマー〔千葉〕〈標ア〉ア

あら‐まう・し〘連語〙（動詞「あり（有）」の未然形に助動詞「まうし」の付いたもの）生きているのがつらい。＊浜松中納言(11C中)三「我が身一つのみ、はづかしくあらまうく思す」

あら‐まき【荒巻・新巻】〘名〙①主として魚を、あし、わら、竹の皮などで巻いたもの。鳥獣の肉、山の産物などを巻くこともあった。つと。すまき。＊十巻本和名抄(934頃)六「苞苴 唐韻云苞苴〈包書二音 日本紀私記云於保邇保 俗云阿良万岐〉裹魚肉也」＊宇津保(970-999頃)蔵開下「すみ物もそへて、あらまき十枝（とえだ）」＊今昔(1120頃か)二八・三〇「淡路の守源の頼親の朝臣の許より鯛の荒巻を多く奉たりけるを」＊親元日記‐寛正六年(1465)三月一二日「飛驒国司〈勝言小嶋殿〉雉荒巻十羚羊皮二枚被ㇾ進之書状在ㇾ之」＊御湯殿上日記‐文明一五年(1483)四月三〇日「山ぐにの御れう所より〈略〉やまのいものあらまき、ところのをりなとまいる」＊言継卿記‐永祿一二年(1569)三月二一日「鯨荒巻送、不ㇾ寄ㇾ思之儀祝着了」＊上井覚兼日記‐天正一一年(1583)三月二九日「鹿荒巻預候」②（もと、荒縄で巻いたところから）甘塩のサケ。内臓を除き、腹の中などに塩を詰めたもの。北海道の名産。《季・冬》＊他所の恋(1939-40)〈正宗白鳥〉三「本場の上等の鮭の荒巻（アラマキ）をお歳暮にお届けしよう」語源説 (1)アラマキ（荒纏）の義〔和訓栞〕。(2)スマキ（簀巻）のこと〔貞丈雑記〕。(3)ワラマキ（藁巻）の転〔言元梯・大言海〕。(4)アラマキ（粗蒔）の意。塩の蒔き方から〔大言海〕。発音〈標ア〉0〈ア史〉①は平安●●●●〈京ア〉0 辞書 和名・色葉・名義・文明・伊京・明応・天正・饅頭・黒本・易林・日葡・書言・言海 表記 苞苴（和・色・名・文・伊・明・天・饅・黒・言）荒巻（色・易・書）苴（色・名）苞（書）

あら‐まき【荒蒔】〘名〙田など耕さないで種をまくこと。＊新撰字鏡(898-901頃)「秭 稲也 也支万支 又阿良末支」＊享和本新撰字鏡(898-901頃)「穲 不ㇾ耕而種也 阿良万支」発音〈標ア〉0 辞書 字鏡・言海 表記 秭・穲（字）粗蒔（言）

あらまき‐ざけ【荒巻鮭】〘名〙「あらまき（荒巻）②」に同じ。発音〈標ア〉サ

あら‐まく ⇨「ある（有）」の子見出し

あら‐まさ【荒柾】〘名〙「あらまさめ（荒柾目）」の略。＊虞美人草(1907)〈夏目漱石〉一三「甲野さんは粗柾（アラマサ）の俎下駄（まないたげた）を脱いで」

あら‐まさめ【荒柾目】〘名〙材木のまっすぐに通っている木目で荒いもの。あらまさ。↔糸柾目

あらまし〘名〙㊀将来のことを、あれこれと思い設けること。①予想。予定。予期。心あて。また、将来のことについての約束、示唆。＊山家集(12C後)下・雑「待ちかねてひとりはふせどしきたへの枕ならぶるあらましぞする」＊新古今(1205)恋一・一〇三三「おもひつつへにける年のかひやなきただあらましの夕暮の空〈後鳥羽院〉」＊古今著聞集(1254)一一・四〇一「此（この）御幸、御あらましばかりにて、実（まこと）にはなかりけり」＊徒然草(1331頃)一八九「かねてのあらまし、皆たがひゆくかと思ふに、おのづからたがはぬ事もあれば」＊太平記(14C後)一・頼員回忠事「明日までの契の程も知らぬ世に、後世までの荒増（アラマシ）は、忘んとての情にてこそ侍らめ」＊日葡辞書(1603-04)「Aramaxi（アラマシ）、または、Aramaxino（アラマシノ）〈訳〉あとで急いでしなければならないと前もって示唆されたこと」②（副詞的に用いて）予想として。かねてから。前もって。＊増鏡(1368-76頃)一四・春の別れ「宮は先帝の御代りにも、いかで心の限り仕（つか）うまつらんと、あらましおぼされつるに、飽かず口惜しうていたうしほたれさせ給ふ」㊁だいたいのところ。①事件などのだいたいの次第。概略。＊康富記‐嘉吉三年(1443)四月三日「祥、詣二清大外史之文亭一。厩可ㇾ立之由有二荒猿（アラマシ）一。今日午剋有二立柱儀一」＊日葡辞書(1603-04)「Aramaxiuo（アラマシヲ）マウシアレ〈訳〉手短かに、または概要をお話し下さい」＊評判記・名女情比(1681)五「こむらさきとは、かねていひかはせし事なれば、此あらましをしらせ」＊浮世草子・好色一代男(1682)一・五「ちかぢか尋（たづね）て、無事のあらましをもきかせ申べし」＊談義本・風流志道軒伝(1763)四「私日本に生れたれば、不二の形あらましは覚えたれども」＊いさなとり(1891)〈幸田露伴〉五「問はるるままに概略（アラマシ）を語れば」②（副詞的に用いる。「に」を伴うこともある）だいたい。おおよそ。また、いい加減。＊義経記(室町中か)七・判官北国落の事「あらましに聞きし御姿の、様の変りたるやらん」＊多聞院日記‐天正一〇年(1582)七月一八日「安芸法橋先度御開帳之御件事違乱申とて、連連曲事之間出仕を被ㇾ止了。摩尼珠院有縁とて種種被ㇾ申間、先あらまし申調了」

＊慶長見聞集(1614)序「浮世ののぞみ荒増になし侍る事、誰も身はあわれなるさかひ成べし」＊評判記・色道大鏡(1678)一一「有増(アラマシ)人の口にいふべきをかき出し侍る」＊浮世草子・世間胸算用(1692)五・一「既(すで)に其年の大晦日に、あらましに正月の用意をして」＊地方凡例録(1794)二「土地善悪之事〈略〉大がい上中下をわけて見るときは、あらまし左の如くしるす」＊滑稽本・東海道中膝栗毛(1802-09)四・下「あらましに支度ととのへ、はやくも赤坂のしゅくを立出けるに」 語誌 (1)「あらましごと」の「あらまし」と同じと考える説もあるが疑問。→「あらましごと(―事)」の語誌。(2)㊁の「あらまし」については、「粗(あら)まし」という語源を考える説もある。また、「まし」は「はし(端)」の転で、有り始めの意からともいう〔俚言集覧〕。 発音 〈標ア〉0 〈京ア〉0 辞書 下学・文明・伊京・明応・天正・黒本・易林・日葡・書言・ヘボン・言海 表記 有増(下・文・伊・明・天・黒・易・書) 荒猿(下・文・伊・天・黒・易・書) 粗(書) 荒増(言)

あらまし 方言 ㊀〘形動〙❶粗雑なさま。ぞんざいなさま。島根県石見・隠岐島725 広島県高田郡798 山口県豊浦郡798 大島801 福岡県北九州市057 小倉市874 ❷乱暴なさま。島根県石見725 ❸ありったけ。ことごとく。千葉県安房郡054 ㊁〘名〙屈指の家。指折りの人。奈良県南大和683

あらま。し【荒】〘形シク〙(動詞「あれる(荒)」の形容詞化で、荒れているさまをいうか) ①波や風などが荒々しい。激しい。＊源氏(1001-14頃)橋姫「川風のいとあらましきに、木の葉の散りかふ音、水のひびきなど」＊浜松中納言(11C中)二「さしもあらましき浪の上に漕ぎはなれ」＊増鏡(1368-76頃)五・内野の雪「真木の山風あらましきに、木の葉どもの色々散りまがふ気色」 ②言動、態度などが荒々しい。乱暴だ。粗野だ。＊源氏(1001-14頃)若紫「乳母(めのと)はうしろめたうわりなしと思へど、荒ましう聞え騒ぐべきならねば、うち歎きつつ居たり」＊源氏(1001-14頃)宿木「あらましき東男(あづまをとこ)の腰に物負へるあまた具して、下人も数多くたのもしげなる気色にて」＊太閤記(1625)四・石動山由来之事「二千余之寺僧田舎のくせとし、武勇のあらましきを専に嗜み」＊評判記・役者評判蚰蜒(1674)序「雪の肌に松の木ばしらのあらましき」 ③道などが、荒れ果てている。険しい。＊源氏(1001-14頃)宿木「心やすき男(をのこ)だに、往来(ゆきき)のほどあらましき山道に侍れば、思ひつつなん月日隔たり侍る」 発音 〈標ア〉マ 辞書 言海

あらまし‐がたり【―語】〘名〙将来のことを予期する気持の物語。＊源氏(1001-14頃)東屋「今よりのちも、心は高くつかふべかりけりと、夜一よ、あらましがたり思ひつづけらる」

あらまし‐げ【荒―】〘形動〙(形容詞「あらまし」の語幹に接尾語「げ」の付いたもの) いかにも荒々しいさま。荒々しく感じられるさま。＊源氏(1001-14頃)宿木「いとどしく風のみ吹き払ひて、心すごくあらましげなる水の音のみ宿守(やどもり)にて、人影もことに見えず」

あらまし‐ごと【―事】〘名〙将来、そうあるだろう、また、そうあればいいと思い設ける事柄。将来の予測、予定、約束などのこと。予期したこと。また、予定計画。＊源氏(1001-14頃)総角「物もつゆばかり参らず、ただ亡からむ後のあらましごとを、明け暮れ思ひ続け給ふにも心細くて」＊更級日記(1059頃)「めでたからむ御文などを、時々待ち見などこそせめとばかり思ひつづけ、あらまし事にもおぼえけり」＊栄花(1028-92頃)初花「帥殿(そちどの)のわたりには、胸つぶれいみじう覚え給ひて、人知れぬ年頃の御心の中にあらまし事どももむげに違(たが)ひぬるさまにおぼされて」＊平家(13C前)二・小教訓「あはれ、これは日来(ひごろ)のあらまし事のもれきこえけるにこそ。誰もらしつらむ」＊連歌延徳抄(1490-91)「行べき道かいざや帰らん 雲かかるおのへの雪をふみ分て 此二句は付る所はあらましこと也」＊日葡辞書(1603-04)「Aramaxigoto(アラマシゴト)〈訳〉何をしなければならないのか前もって示唆されていることがら」＊浮世草子・小夜衣(1683)四・恋詞の抄「あらましごととは、としてかうしてとかねておもふ事をいふ也」 語誌 (1)「あらまし」は、通常、動詞「あり(有)」に推量の助動詞「まし」の付いたものかといわれるが疑問。あるいは、「あり(有)」に推量の助動詞「む」の付いた「あらむ」の形容詞化した「あらまし」が体言「こと」と一語化して、「将来そうなるだろうと予想されること」の意を表わすようになったものか。(2)この語を、名詞の「あらまし」に「こと」の付いたもの、また、動詞「あらます」の連用形が「こと」に連なったものとする説もあるが、これらの語が「あらましごと」よりも遅く、平安後期から鎌倉初期以降頃になって現われる点から疑問である。 発音 アラマシゴト 〈標ア〉0 辞書 日葡

あらま・す〘他サ四〙(名詞「あらまし」から出た語か) 将来のことなどを前々から思いめぐらす。推測する。予期する。予定する。＊弁内侍(1278頃)宝治三年正月一五日「杖に書きつけて櫛形(くしがた)よりさしいださばやなど、さまざまあらますほどに、夜もあけがたになりぬ」＊徒然草(1331頃)七「夕(ゆふべ)の陽(ひ)に子孫を愛して、さかゆく末を見んまでの命をあらまし、ひたすら世をむさぼる心のみふかく」＊徒然草(1331頃)一八八「若き程は、諸事につけて、身をたて、大きなる道をも成(じゃう)じ、能をもつき、学問をもせんと、行末久しくあらます事ども心にはかけながら」＊太平記(14C後)二〇・義貞首懸獄門事「何となき手ずさみの筆の跡(あと)までも、只都へいつかと、あらまされたる言の葉をのみ書おき、読(よみ)すてられたり」＊言継卿記‐天文二年(1533)八月・九月紙背(万里小路惟房書状)「一夕鞠張行仕るへきなとと、光数あらまし候」 発音 〈標ア〉マ 辞書 言海

あら‐まち【新町】〘名〙本町・元町に対して、新しくできた町。しんまち。＊会津塔寺村八幡宮長帳‐元亀三年(1572)「羽黒とくろ河の間に、十月よりあら町たち申候」

あらまつり‐の‐みや【荒祭宮】 伊勢の皇大神宮の別宮の一つ。内宮社殿の北方にあり、天照大神(あまてらすおおみかみ)の荒御魂(あらみたま)をまつる。 発音 〈標ア〉0

あら‐まほ。し【有―】 ㊀〘連語〙(動詞「あり(有)」の未然形に希望の助動詞「まほし」が付いたもの) ①(「あり」が希望主の状態である場合) 居たい。したい。＊蜻蛉(974頃)上・康保三年「ここにぞ、いとあらまほしきを、何事もせんに、いとびんなかるべければ、かしこへものしなん」＊源氏(1001-14頃)野分「これを御覧じつきて里居(さとゐ)し給ふほど、御遊びなどもあらまほしけれど」＊源氏(1001-14頃)若菜上「みやす所はおほん暇(いとま)の心やすからぬに懲(こ)り給て、かかるついでにしばしあらまほしくおぼしたり」＊栄花(1028-92頃)二・花山たづぬる中納言「東三条に行幸あらまほしう思せど」 ②(「あり」が他者の状態である場合。その存在を期待し願う意) あってほしい。＊栄花(1028-92頃)二・花山たづぬる中納言「中宮の御有様いみじうめでたう、世はかうぞあらまほしきと見えさせ給」＊徒然草(1331頃)五二「すこしの事にも先達はあらまほしきことなり」＊日葡辞書(1603-04)「Aramafoxij(アラマホシイ)〈訳〉そうなってほしいと我々が願っている(こと)」 ㊁〘形シク〙(㊀が熟合して一語になったもの。あってほしいと、期待し、希望する状態を表わす) 望ましい。好ましい。理想的だ。＊蜻蛉(974頃)中・天禄二年「夜の鮎(あゆ)、いと多かり。それより、さべきところどころにやりあかつめるも、あらまほしきわざなり」＊源氏(1001-14頃)総角「物語などせさせ給ふけはひなどの、いとあらまほしくのどやかに心深きを見たてまつる人々」＊徒然草(1331頃)一二四「ただ明暮念仏して、やすらかに世を過ぐす有様、いとあらまほし」 発音 〈標ア〉ホ 〈ア史〉江戸『あらまほしき』●●●●○○ 辞書 日葡・ヘボン・言海

あらまほし‐げ【有―】〘形動〙(形容詞「あらまほし」の語幹に接尾語「げ」の付いたもの) そのようにあってほしいさま。望ましいさま。理想的なさま。＊枕(10C終)補遺・きよげなるわらはべの「いとまなうここかしこに、やむごとなう、おぼえあるこそ、法師もあらまほしげなるわざなれ」＊源氏(1001-14頃)早蕨「御しつらひなどあるべきかぎりして、女房のつぼねつぼねまで御心とどめさせ給けるほどしるく見えて、いとあらまほしげなり」＊浜松中納言(11C中)三「すまひなどきたなげならずしなして、堂どもあらまほしげなり」 発音 アラマホシゲ 〈標ア〉ホ シ

あらまほし‐さ【有―】〘名〙(形容詞「あらまほし」の語幹に接尾語「さ」の付いたもの) そのようにありたいこと。ありたい度合。すばらしさ。＊枕(10C終)二七八・関白殿、二月廿一日に「御いらへなどのあらまほしさを、里なる人などにはつかに見せばやと見たてまつる」 発音 〈標ア〉ホ 辞書 日葡

あら‐み【―見】〘名〙 方言 ❶山の上などから魚群を見張る者。東京都新島332 三重県025 584 599 ❷魚見やぐら。三重県志摩郡585 北牟婁郡588

あら‐み【荒忌】〘名〙(「あらいみ(荒忌)」の変化した語) 出産のけがれ。「忌」は神聖なものやけがれに対する態度をいうが、のちには、けがれそのものをいう場合がある。

あら‐み【新身】〘名〙(「身」は刀身の意) 新たに鍛えた刀。新刀(しんとう)。↔古身(ふるみ)。＊鈴鹿家記‐文安六年(1449)四月一二日「備前国社家登り鳥目五十疋上る。両人えあらみ刀脇指くれ申候」＊古文真宝笑雲抄(1525)六「湖云巧治は上手のとき鍛治也。干将莫耶も能つるぎぞ。樸は新きあらみぞ」＊武具要説(1577)刀之事「古躬の能切るを指候はば可ㇾ然候。新身は今年よくても明年切のあしきも有ㇾ之」＊日葡辞書(1603-04)「Arami(アラミ)」＊俳諧・類船集(1676)己「あらみの刀はためしてみずば武士はたづさへがたし」＊浄瑠璃・傾城反魂香(1708頃)上「ためして見たいあらみはないか、一の胴か二の胴か望んでをけ」 発音 〈標ア〉0 〈京ア〉0 辞書 日葡・書言・ヘボン・言海 表記 新躬(書) 新刀(へ) 新刃(言)

あら‐みかげ【荒御蔭】〘名〙「あらみさき(荒御前)②」に同じ。＊改正増補和英語林集成(1886)「Aramikake アラミカケ、Aramisaki アラミサキ」

あら‐みかみ【現御神】〘名〙「あきつかみ(現神)」に同じ。＊書紀(720)大化元年七月(北野本訓)「明神(アラミカミ)と御宇(あめのしたしら)す日本(やまと)の天皇の詔旨(おほむこと)らまとのたまはく」＊改正増補和英語林集成(1886)「Aramigami アラミガミ〈訳〉目に見える神。即ちミカド」

あらみがわ‐の‐はらえ【荒見川祓】(あらみがはのはらへ)〘名〙(「あらみ」は「あらいみ(荒忌)」の変化した語) 大嘗会(だいじょうえ)に奉仕する上卿(しょうけい)以下の官人が、荒斎(あらいみ)の前、けがれを除くために、大嘗会の前の陰暦九月晦日(つごもり)に、京都の紙屋川で行なう祓(はら)え。＊本朝世紀‐康治元年(1142)九月八日「神祀宮及悠紀、主基両国司幷山城郡司等、有㆓荒見河秡事㆒」＊神祇官年中行事(1248-59)臨時・大嘗会「荒見河祓、中臣二人、卜部四人、神部等参勤」

あら‐みさき【荒御前・荒御裂】〘名〙①(軍の先頭に立つ)勇武な神。神功皇后の征韓の際の乗船に現われたという住吉大神の荒御魂(あらみたま)。＊平家(13C前)一一・志度合戦「むかし神功皇后(じんごうくわうこう)、新羅(しんら)をせめ給ひし時、伊勢大神宮より二神のあらみさきをさしそへさせ給ひけり」＊明

徳記(1392-93頃か)下「仍諏方住吉を荒御先として諸神悉都へ神成て、みな本社にはわたらせ給はず」＊仮名草子・浮世物語(1665頃)二・六「後に神宮皇后三韓を攻め給ひし時に、此明神荒御前(アラミサキ)となりて異国を随へ給ふ」②人の仲、特に男女の仲を裂く神。あうみかず。あらみさきひめ。＊能因歌枕(11C中)「あらみさきとは、人の中をさくる神を云ふ、さくる神とも」＊狭衣物語(1069-77頃か)一「あらみさきといふもの放たぬ者は、かくぞある。物の妨げのし給なめり」発音〈標ア〉ミ 辞書書言 表記荒御前(書)

あらみさき-ひめ【荒御前姫】〘名〙(ねたみ深いことから女神と考えられたものか)「あらみさき(荒御前)②」に同じ。＊古今打聞(1438頃)上「増鏡手向(たむけ)にしつる祈りなんあらみさきひめいろひもぞする〈伊勢〉」＊衆妙集(1671)詠百首和歌「手向てもあらぬ思ひにます鏡うけずやいかにあらみさきひめ」

あら-みず【荒水】〘名〙「こうすい(硬水)」に同じ。＊家事研究(1920)「天然水中に溶けて居る物質中でカルシュム、マグネシュム、等の塩類の多いものはこれを硬水(荒ら水)と称へ此の水は『使ひ水』としても『飲料用水』としても種々有害なる影響を及ぼすもので」

あら-みぞ【荒溝】〘名〙①水のない溝。から堀。＊観智院本名義抄(1241)「隍 ミゾ アラミゾ」②溝さらえ。田に水を引く溝、堰(せき)などを掃除し、修理すること。五月、節句の前に行なう堰の修理。荒川洗い。《季・夏》辞書名義 表記隍(名)

あら-みたま【新霊】〘名〙①死んでから、ふつう一年以内の死者の霊。新仏(あらぼとけ)。②長野県などで、年内に不幸のあった家に、近親者などが訪れること。また、訪れて物品を贈ること。語誌本来は一般家庭で、年の境に家族一人一人の霊をかたどった餅や握り飯を並べ、霊の更新をはかるものであったが、それは「みだま」「みたまの飯」などと呼び、「あらみたま」は新仏の場合に限るようになった。発音〈標ア〉ミ

あら-みたま【荒御魂】〘名〙荒々しく勇武な神霊。神霊の動的、勇猛な側面をいう。↔和御魂(にきみたま)。＊古事記(712)中「即ち墨江大神の荒御魂(あらみたま)を以ちて、国守神と為(し)て祭り鎮めて還り渡りき」＊書紀(720)神功摂政前「荒魂は先鋒として師船を導かむ〈荒魂、此をば阿邏瀰多摩(アラミタマ)と云ふ〉」＊読本・椿説弓張月(1807-11)続・三一回「肥後国に鎮ます、阿蘇の明神、わきて讃岐院の荒神霊(アラミタマ)〈略〉恙(つつが)なく、湊のかたへ吹寄せ給へ」発音〈標ア〉ミ 辞書言海 表記荒御魂(言)

あらみ-だめし【新身試】〘名〙新しい刀の切れ味を試すこと。

あら-みち【荒道】〘名〙険しい道。＊夫木(1310頃)二一「岩国の山のあらみち手向(たむけ)して越ゆるけふしも空のしぐるる〈宗尊親王〉」

あら-みち【新道】〘名〙方言❶新しく作った道。岐阜県飛騨502 ❷降雪後、まだ人の通らない雪道。新潟県東蒲原郡368 富山県砺波398 岐阜県飛騨502 郡上郡504 ❸新雪の上の足跡まばらな道。山形県139

あらみち こざく 方言まだだれも通らない雪道を冒して進む。岐阜県北飛騨499 ◇あらみちこく 富山県砺波398 ◇あらみち漕(こ)ぐ 山形県139

あら-みつ【荒蜜】〘名〙精製されていない蜜。＊サントスの御作業(1591)一・サンパウロ「S.Ioan Baptista ワ サンチュウ ニテ タウラウト、aramitçuuo (アラミツヲ) ノミ ショクシテ イタマウ ヲ」

あら-みっちゃ〘名〙大きなあばた。ひどいあばた。あらめった。＊雑俳・楊梅(1702)「たしかなり十万石のあらみっちゃ」＊歌舞伎・霧太郎天狗酒宴(1761)二幕「けうとい荒菊石(アラミッチャ)じゃナ、そこで御疱瘡の場へはさし合じゃと思ふて」

あら-みの【新蓑】〘名〙新しく作ったみの。その年に取れた新しいわらで作ったみの。＊俳諧・猿蓑(1690)六「しら露もまだあらみのの行衛哉〈北枝〉」＊俳諧・蓼太句集(1769-93)二・冬「あら蓑の藁(わら)の青みやはつ時雨(しぐれ)」

あら-むぎ【荒麦】〘名〙①オオムギの栽培品種。②まだ精製しない、からのついたままの麦。＊虎明本狂言・節分(室町末-近世初)「おにの心はあらむぎの、くふものとはきひたれども、てうずることのならざればすてひ」＊浄瑠璃・持統天皇歌軍法(1713)五「いかな敵のあら麦も、から臼の竿つづかん程」方言❶麦の、穂から取ったままで精製していないもの。群馬県多野郡246 愛媛県松山846 ❷植物、おおむぎ(大麦)。埼玉県一部030 愛知県一部030 三重県030 山口県一部030 福岡県一部030 長崎県一部030 熊本県一部030 大分県一部030 鹿児島県一部030 発音アラムギ〈標ア〉ム

アラム-ご【―語】〘名〙(英 Aramaic の訳語)北西セム語族に属する言語。現代に至るまで約三千年の歴史をもつ。西南アジアからエジプトにかけて広範囲に資料があり、分類については諸説がある。イエス=キリストの母語は、この言語のガリラヤ方言とされる。発音アラムゴ〈標ア〉0

あら-むしゃ【荒武者】〘名〙①荒々しい武者。勇猛な武士。また、粗暴な武士。我武者(がむしゃ)。＊吾妻鏡-文治二年(1186)四月五日「荒武者なりと、用使者にも無由候歟」＊宇治拾遺(1221頃)一〇・六「いみじう身の力つよく、心たけく、むくつけきあら武者の」＊日葡辞書(1603-04)「Aramuxa (アラムシャ)」②荒々しい行ない。また、ふるまいが粗暴な人。方言❶乱暴者。山形県139 新潟県西蒲原郡371 ❷がむしゃらなこと。島根県725 発音〈標ア〉ム0〈京ア〉ラ 辞書日葡・言海 表記荒武者(言)

あら-むしろ【荒筵・粗蓆】〘名〙編み目のあらいむしろ。たたいてないわらで編んだ粗悪なむしろ。＊七十一番職人歌合(1500頃か)八番「打ち絶えて糸目まばらのあら莚いのねらるべき月の影かは」＊醍醐寺新要録(1620)「隆源記云、応永十四年〈丁亥〉十二月廿一日〈辛丑〉、〈略〉廿日〈略〉又荒薦用意之」＊四河入海(17C前)三・四「我がなりは、竹席のあら席の巻舒時に随て定まる事ないが如なぞ」＊雑俳・卯の花かつら(1711)「包むとすれどあら莚也」＊思出の記(1900-01)〈徳富蘆花〉六・五「荒むしろを一枚敷き、上に襤褸(ぼろ)を蔽(おほ)ふ」発音〈標ア〉ム〈京ア〉ム

あら-むしろ【新莚】〘名〙①新たに織ったむしろ。新しいむしろ。②新年に掛けるむしろ。《季・新年》発音〈標ア〉ム

アラム-じん【―人】〘名〙(英 Arameans アッカド Aramû の訳語)古代オリエントにおいて紀元前二〇〇〇年期中頃から前一〇〇〇年期中頃にかけて活躍した西セム系遊牧民。シリアを中心に数々の小国を形成した。古代イスラエル人も自分たちの祖先をアラム人とする。→アラム語。発音〈標ア〉ム

あら-め【荒布】〘名〙褐藻類コンブ科の海藻。宮城県以西の太平洋岸、および津軽海峡から九州までの日本海沿岸の干潮線下からやや深い所に生育する。生育地の水の深さに応じて高さ二メートルにも達する。黒褐色で葉を群生する。食用となるほか、アルギン酸、ヨードの原料とする。学名は Eisenia bicyclis →かじめ。《季・夏》＊正倉院文書-天平宝字六年(762)閏一二月一〇日・奉写二部大般若経銭用帳「六十文滑海藻十一束直」＊十巻本和名抄(934頃)九「海藻〈略〉本朝令云滑海藻〈阿良米 俗用荒布〉」＊土左(935頃)承平五年一月元日「いもじ、あらめも、はがためもなし」＊平家(13C前)三・有王「片手にはあらめをひろいもち、片手には網うどに魚をもらふてもち」＊日葡辞書(1603-04)「Arame (アラメ)〈訳〉海藻の一種」＊俳諧・毛吹草(1638)二「五月〈略〉荒和布(アラメ)」＊本朝食鑑(1697)三「荒布 訓阿羅女(アラメ)」＊博物図教授法(1876-77)〈安倍為任〉一「黒菜(アラメ)は海藻類にして南海中に多く産す其色黒し煮て食用とす味ひ甘味なり」発音〈標ア〉ラ0〈ア史〉平安◎◎○〈京ア〉ア 辞書和名・名義・文明・伊京・天正・饅頭・易林・日葡・書言・ヘボン・言海 表記荒布(和・色・文・天・書・ヘ・言) 滑海藻(和・色・名・書) 海帯(文・天・饅・書) 荒和布(饅・易) 渫帯(伊)

荒布

あらめ=採(と)る[=刈(か)る] 海中の荒布を刈り取る。《季・夏》＊俳諧・俳諧歳時記(1803)上・五月「荒布苅(アラメか)る 若布苅(わかめかる)」

あらめ の ふくめ 料理の名。荒布をゆでて、かつおぶしの煮出し汁、砂糖、しょうゆなどで煮たもの。〔新しき用語の泉(1921)〈小林花眠〉〕

あらめ 干(ほ)す 海中から刈り取った荒布を、食用、肥料またはヨード製造の原料とするために、海浜などで日光に干す。《季・夏》

あら-め【荒目・粗目】〘名〙㊀(形動)どちらかというとあらいこと。また、そのさま。①物事が大ざっぱであること。また、そのさま。＊羅葡日辞書(1595)「Scaber〈略〉Aramenaru (アラメナル) モノ、ソソウナル モノ」②荒々しいこと。また、そのさま。きびしいこと。また、そのさま。＊日葡辞書(1603-04)「Aramena (アラメナ) ヒト〈訳〉荒々しい苛酷な人。または厳しい人」＊浮世草子・近代艶隠者(1686)四・一「あらめなる岩角に労し、大津の浦に出つつ」㊁①編み物や織物の目、また、木目などが比較的あらいこと。＊中華若木詩抄(1520頃)中「樗櫟散材とて、木もあらめにすぢりにがみて、大木なれども用にたたぬぞ」＊面白半分(1917)〈宮武外骨〉塩瀬川にて金剛石を拾ふ「其傍に淡黒い丸石で表面は粗目(アラメ)であるが何処となくキラキラと光を放つ石があるから」＊芽の出ぬ男(1929)〈十一谷義三郎〉「茶縞の新銘仙の寝衣と黒地に粗(アラ)めの絣の浮いた羽織とに包まれたその少し肥り肉の、伊達巻一つの姿を」②鎧の札(さね)を特に大きくこしらえたもの。威(おどし)や横縫いの穴の間隔があらいところからいう。→おおあらめ。③「あらめあみ(荒目網)」の略。④「あらめやすり(荒目鑢)」の略。方言地引き網の、網目の粗い部分。宮崎県児湯郡054 発音〈標ア〉0 辞書日葡

あらめ〘名〙方言❶板状で、上に黒砂糖を塗ってある粟(あわ)おこし。青森県上北郡082 ❷貝、おにあさり(鬼浅蜊)。岡山県邑久郡761 ◇あらめがい〔―貝〕香川県小豆島829 ❸魚、こい(鯉)。長野県佐久493

あらめ-あみ【荒目網】〘名〙目のあらい網。あらめ。

あらめ-いも【庶妹】〘名〙母親の違う妹。異母妹。ままいも。＊古事記(712)下(延佳本訓)「庶妹(アラメイモ)」＊和訓栞(1777-1862)「あらめいも 持統紀に、異母妹をよめり、旧事記に異妹とも見ゆ。あらめは疎妻(あにめ)の義」補注「古事記」の例、現在では普通「ままいも」と訓む。なお、延佳本では他に「あらめいろと」と訓ませている例もある。

あらめ-いろね【庶兄】〘名〙母親の違う兄。異母兄。まませ。＊古事記(712)中(延佳本訓)「庶兄(アラメイロネ)」補注「古事記」の例、現在では普通「まませ」と訓む。

あらめ-おどし【荒目威】〘名〙荒目の札(さね)に幅広の緒を用いた威。

あらめ-かわ【荒布皮】〘名〙荒布に似た色に染めたなめし皮。黒褐色のなめし皮。＊二人女房(1891)〈尾崎紅葉〉中・四「荒布革(アラメカハ)の書類入の、裂けさうに脹(ふく)れたのを」

あらめ-こんぶ【荒布昆布】〘名〙植物「とろろこ

んぶ(―昆布)」の異名。

あら-めった〘名〙「あらみっちゃ」に同じ。＊雑俳・太箸集(1835-39)四「新めった・いひなづけ迄出来て居る」

あらめ-とり【荒布取】〘名〙生長した荒布を刈り取ること。また、その作業。《季・夏》＊俳諧・滑稽雑談(1713)夏・六月「荒布取(アラメトリ)」

あらめ-ぶね【荒布船】〘名〙荒布取りをするための船。《季・夏》

あらめ-まき【荒布巻】〘名〙料理の名。白身の魚肉のすり身に、ヤマノイモをすりおろしてまぜ、ゆでた荒布に包んで煮たもの。

あらめ-やすり【荒目鑢】〘名〙目のあらいやすり。金属の荒仕上げなどに用いる。発音〈標ア〉ヤ

あら-めん【新面】〘名〙①新しく来た者。新たに参加した者。新顔。新参者。＊洒落本・秘事真告(1757頃)曾根崎新地の相「あいつはおれが大てい世話にした事でないと、牽頭(たいこもち)の新面(アラメン)どもにむっとさせて」＊浄瑠璃・妹背山婦女庭訓(1771)四「こな様はこの借屋での新面(アラメン)、なほ踊らにゃならぬわい」＊浄瑠璃・新版歌祭文(お染久松)(1780)油屋「殊におりゃ今日頃日(このごろ)の新面(アラメン)じゃ」②初対面のことをいう、盗人、てきや仲間の隠語。〔特殊語百科辞典(1931)〕

アラモ(Alamo)アメリカ合衆国テキサス州サンアントニオにあった教会。テキサス独立戦争中の一八三六年、ここにたてこもった義勇兵がメキシコ軍の大軍と戦い全滅した。発音〈標ア〉ア

ア-ラ-モード〘名〙(フランス à la mode)①(「流行している」の意から)最新流行。現代ふう。また、そういう型。＊多情仏心(1922-23)〈里見弴〉初雪の夜・一一「巴里の新流行(アラモウド)が…」＊唐人お吉(1928)〈十一谷義三郎〉二「お吉の為に、江戸のア・ラ・モオドの美粧法への知識を磨いてゐた彼女であった」②菓子、または果物の上にアイスクリームをのせた食べ物。「プリン・アラモード」発音〈標ア〉モ〈京ア〉モ

あら-もと【糲】〘名〙玄米の中に混じっている籾(もみ)、また、粉米。屑米。こめさき。こざき。よなどり。だごのもん。＊新撰字鏡(898-901頃)「粒 阿良本」＊色葉字類抄(1177-81)「糲 米麦破也 アラモト 又コメサキ」＊風俗画報-二二五号(1901)人事門「七日の午飯に、株団子とて、ダゴノモン(米を舂く時、臼外に飛散せるを拾ひ集めしもの、アラモトとも云ふ)にて、稲の株、穂、籾、馬杷などに擬したる団子を、各自一個宛成るべく大形に作り」方言❶もみすりの後に残るくず米。未熟な米、粉米、籾(もみ)などの混じったもの。飛州㐧094 青森県津軽075 岩手県気仙郡100 山形県139 千葉県夷隅郡291 新潟県348 富山県砺波398 岐阜県飛騨502 兵庫県加古郡664 和歌山県日高郡698 島根県725 山口県豊浦郡798 大島801 熊本県玉名郡058 鹿児島県963 肝属郡970 ❷米の粉をふるいにかけた時に残るかす。青森県三戸郡083 岩手県上閉伊郡097 気仙郡102 新潟県岩船郡366 ❸玄米中の籾(もみ)。和歌山県有田郡690 岩手県130 語源説アラモト(糠本)の義〔大言海〕。発音〈標ア〉0〈ア史〉平安◎◎◎◎〈京ア〉0 辞書字鏡・和名・色葉・名義・和玉・文明・伊京・饅頭・易林 表記糲(色・名・玉・伊・饅・易) 粍(和・色・名) 粒(字) 麸(和) 粍(玉) 粍糲(文)

あら-もの【荒物】〘名〙①粗末なもの。雑なもの。＊日葡辞書(1603-04)「Aramono(アラモノ)〈訳〉船荷または商品における荒物は、粗くて重くそして蘇芳の木、鉛などのように値打のない反物のこと」＊評判記・名女情比(1681)五「そとのこしらへにはたがひて〈略〉あら物なれば、どっとわらひけり」②家庭で使う雑貨類。ちり取り、ほうき、ざるなど、おもに台所などで使う家庭用品をいう。＊談義本・八景聞取法問(1754)五・頓智の伴頭「此間の入船に酒荒物(アラモノ)を買込で」＊暗夜行路(1921-37)〈志賀直哉〉一・一〇「近頃は荒物(アラモノ)趣味の方はどうだい」③操り人形芝居で、武張った役を演じる人形の称。「太功記」の光秀、「御所桜」の弁慶の類。④沖で釣れる魚のうちで、とくに勢いよく動くタイ、スズキ、カツオなどをいう。⑤私娼。淫売婦をいう隠語。滋賀県彦根付近でいう。〔隠語構成様式幷其語集(1935)〕＊随筆・守貞漫稿(1837-53)二〇「地獄〈略〉彦根にて龜物と云皆密売女也」⑥主人から奉公人に季節に応じて与える着物。仕着せ。＊俳諧・季寄新題集(1848)十二月「龜物 大坂にていふ仕着の事なり」⑦「あらもの(新物)②」に同じ。⑧「あらに(荒荷)②」に同じ。発音〈標ア〉ラ〈京ア〉ラ 辞書日葡・ヘボン・言海 表記荒物(へ・言)

あら-もの【荒者】〘名〙荒々しい人。勇猛な人。また、乱暴で手におえない人。あばれもの。＊平治(1220頃か)下・牛若奥州下りの事「希代の荒者にて、悪禅師といひけり」＊義経記(室町中か)六・判官南都へ忍び御出である事「片岡、武蔵などのあらものどもを差遣はし、少々追討し給へ」＊仮名草子・浮世物語(1665頃)三・一四「主君の御子息殊(こと)の外のあらものにて、町人を見せ付(つ)け百姓を威(おど)し」発音〈標ア〉0 辞書文明・書言 表記荒者(文) 悪者(書)

あら-もの【新物】〘名〙①新しいもの。新しく作ったもの。②(「荒物」とも)生のもの。新鮮なもの。特に生のままで進物、供物にする魚、鳥など。＊御湯殿上日記-長享三年(1489)正月一一日「しもかわら殿よりは、あら物にて二色、二かまいる」＊随筆・貞丈雑記(1784頃)九「進物に荒物と云事 有本式樽肴と云時は 肴は煮焼(にやき)して折に入て遣す也 然るに魚鳥を生にて遣すをあら物と云也」発音〈標ア〉ラ 0 辞書言海 表記新物(言)

あら-もの〘名〙方言穀類のまだ殻のついたもの。山梨県南巨摩郡464 愛知県北設楽郡054

あらもの-どいや【荒物問屋】(どいや：ひやど)〘名〙家庭用雑貨類を取り扱う問屋。発音〈標ア〉ド

あらもの-みせ【荒物店】〘名〙「あらものや(荒物屋)」に同じ。＊怪談牡丹燈籠(1884)〈三遊亭円朝〉一七「五十両を資本(もとで)に卸し荒物見世を開きまして」発音〈標ア〉ノ

あらもの-や【荒物屋】〘名〙家庭用雑貨類を売る店。雑貨屋。荒物店。＊真景累ケ淵(1869頃)〈三遊亭円朝〉一二「あわてて其処にある荒物屋の店の障子をがらりと明けて」＊自然と人生(1900)〈徳富蘆花〉写生帖・雨後の月「それからわたしは父の実弟で荒物屋(アラモノヤ)をして居た叔父の内に引取られて」＊暗夜行路(1921-37)〈志賀直哉〉二・二「又それを専門に売る家は素より、八百屋でも荒物屋(アラモノヤ)でも駄菓子屋でも」発音〈標ア〉ノ モ〈京ア〉0

あら-もみ【粗籾】〘名〙殻をかぶったままの米。脱穀をしていない籾。＊俳諧・いつを昔(1690)「雲霧の八百町(はてなし)坂にさしかかり〈其角〉とぼしき鉢(はち)のあら籾を嚙〈渓石〉」＊和英語林集成(初版)(1867)「Aramomi アラモミ 糲」辞書ヘボン 表記糲(へ)

あらや【新谷・荒谷】姓氏の一つ。

あら-や【新屋】〘名〙①新築した家。新宅。新居。②処女。あらばち。＊洒落本・浪花色八卦(1757)花菱卦「酌に出た小女童(こめろ)とらへて、ぬしめはたしかにあら屋じゃ、おれがゐぶ付てをこと手を握ば」③(新潟県中蒲原郡村松町大字新屋の原産であるところからいう)二化性の蚕。方言家族の一部が分かれて建てた家。分家。新潟県西頸城郡382 富山県砺波397 福井県427 岐阜県498 502 504 愛知県知多郡570 発音〈標ア〉ア

あらや【阿頼耶】〘名〙(梵 ālaya の音訳。阿梨耶、阿黎耶とも当て、蔵する物の意で、無没、蔵、宅、所著などと訳す)仏語。一切の万有をその中に蔵し、支え保って失わない心。→阿頼耶識(あらやしき)。＊大日経-一「復次秘密主、大乗行、発無縁乗心。法無我性。何以故。如彼往昔如是修行者、観察蘊阿頼耶、知自性如幻」＊慧琳音義-一八「阿頼耶 梵語、第八識名也、唐云蔵識。能含蔵執持善悪種子故、名蔵識」発音〈標ア〉ア

あら-や〘感動〙驚いてわめき叫ぶ時に発することば。＊名語記(1275)八「手をつめられてあらやといへる如何」＊太平記(14C後)二五・自伊勢進宝剣事「数万の侍臣周章(あわて)て一同に『アラヤアラヤ』と云(いふ)声に」

あら-やか【荒―】〘形動〙(「やか」は接尾語)荒々しいさま。＊読本・椿説弓張月(1807-11)続・三五回「轎(こし)の右手に立繞りて、あらやかに物見の簾をかきあげ」

あらや-しき【阿頼耶識】〘名〙(梵 ālaya-vijñāna の訳。蔵識、真識、阿梨耶識、無没識などと訳す)仏語。仏教で、対象を識別し認識する作用のあるものを、八つまたは九つたてて、八識または九識という、そのうちの第八識。宇宙の万有を保って失わず、万有が展開する際の基体であり、万有を収蔵しているもの。→八識・種子(しゅうじ)。＊即身成仏義(823-824頃)「則於阿頼耶識中種金剛界種子」＊法相二巻抄(1242か)上「其心王の八と云は、〈略〉八は阿頼耶識、是れ一切諸法の根本也。諸法の種子ををさめたもてる心也」発音〈標ア〉ヤ

あら-やすり【荒鑢】〘名〙目のあらいやすり。＊七十一番職人歌合(1500頃か)一番「うらめしや人の心のあらやすりひかき目にだにのぞかれぬかな」

あら-やっこ【荒奴】〘名〙(「やっこ」は、江戸時代の武家の奴僕(ぬぼく)で、日雇いの中間(ちゅうげん))あらっぽいやっこ。乱暴なやっこ。＊浄瑠璃・傾城反魂香(1708頃)上「言ひしに違ひもあらやっこの〈略〉鳥毛の鑓さき揃へしは」

あら-やま【荒山】〘名〙人けのない、さびしい山。険しい山。＊万葉(8C後)一三・三三〇五「荒山(あらやま)も 人し寄すれば 寄そるとぞ言ふ〈作者未詳〉」

あらやま【新山】姓氏の一つ。発音〈標ア〉0

あら-やまなか【荒山中】〘名〙人けのない、さびしい山中。人里離れた山中。＊万葉(8C後)三・二四一「大君は神にしませば真木の立つ荒山中に海を成すかも〈柿本人麻呂〉」＊万葉(8C後)九・一八〇六「あしひきの荒山中に送り置きて帰らふみれば心苦しも〈福麻呂歌集〉」＊いさなとり(1891)〈幸田露伴〉九八「荒山中(アラヤマナカ)の野宿の夢安く」

あら-やまみち【荒山道】〘名〙人けのない、さびしい山道。荒れた山道。補注「万葉-一・四五」の「隠口(こもりく)の 泊瀬の山は 真木立つ 荒山道(あらきやまぢ)を〈柿本人麻呂〉」は、普通「あらやまみち」と訓む。

あら-ゆ【荒湯】〘名〙荒磯に湧き出る温泉。または、激しい勢いで湧き出る湯の意か。＊丹後守為忠百首(1134頃か)雑「波がくる浜のあらゆは我なれや身をうみにのみ思ひ入るらむ〈藤原顕広〉」

あら-ゆ【新湯】〘名〙沸かして、まだだれも入っていない風呂。さらゆ。しんゆ。＊浮世草子・本朝二十不孝(1686)三・三「新湯(アラユ)は人の身に毒なり」＊俳諧・本朝文選(1706)五・紀行類・南行紀〈李由・許六〉「聖(ひじり)長袖の役に其夜はあら湯を請取る」＊腕くらべ(1916-17)〈永井荷風〉二〇「麗かな冬の日の斜にまだ汚れぬ新湯(アラユ)の中へさし込んで来るのを」方言新しく沸かした風呂。口開け湯。富山県砺波397 長野県475 484 493 ◇あらよ 新潟県中頸城郡382 発音〈標ア〉0

あら-ゆき【新雪】〘名〙新たに降り積もった雪。しんせつ。＊火の柱(1904)〈木下尚江〉三〇「又た新雪(アラユキ)踏んで駆け行けり」方言群馬県吾妻郡012 長野県上伊那郡012 静岡県富士郡012

あら-ゆみ【荒弓】〘名〙「あらき(荒木)の弓」に同じ。＊七十一番職人歌合(1500頃か)一六番「玉札(たまづさ)もはねのけらるる荒弓のおしかへしても人ぞ恋

しき」

あら-ゆる【所有】『連体』（動詞「あり（有）」に、上代の自発・可能の助動詞「ゆ」の連体形が付き一語化したもの）ありうる限りの。すべての。ありとあらゆる。＊地蔵十輪経元慶七年点（883）一「衆生の宿の悪業と刀兵と病と饑饉とを、所在（アラユル）悩害に随ひて、皆能く解脱せしむ」＊金剛頂瑜伽修習毘盧遮那三摩地法寛弘九年点（1012）「所有（アラユル）如来の三界の主として」＊米沢本沙石集（1283）九・四「是をあらゆる虵一と口つつかみて」＊草根集（1473頃）一「此山のあらゆる神に手向也みよ言の葉のぬさの上風」＊浮世草子・傾城禁短気（1711）五・三「都のあらゆる睟（すい）共の口の端にかかり、わらはれんも無念なれば」＊日本読本（1887）〈新保磐次〉五「獅子の猛きこと有らゆる動物の第一なるを以て百獣の王と称せらる」 語誌 (1)上代に用いられた「ゆ」「らゆ」は、平安時代になると用いられなくなり、「いはゆる」「あらゆる」などだけが漢文訓読文に用いられた。(2)連体詞になりきらないで、上に連用修飾語をとる用法も間々見られる。「吽迦陀野儀軌保安二年点」の「身口意業に所有（アラユル）一切の悪業重罪」、「正法眼蔵-有時」の「仏法をならはざる凡夫の時節にあらゆる見解（けんげ）は」、「太平記-六・楠出張天王寺事」の「洛中にあらゆる所の手者（てのもの）共、馳加りける間」など。 語源説 (1)アラユの連体形。イハユル（所謂）と同格で、ユはルに通う古言〔古事記伝・雅言考・大言海〕。(2)アレルの延言〔海人のくぐつ〕。 発音〈標ア〉ユ〈京ア〉0 辞書 文明・易林・日葡・書言・ヘボン・言海 表記 所有（易・書・ヘ）在（文）

あら-よ【荒世】『名』毎年六月、一二月の晦日（みそか）に宮中で行なわれる御贖（みあが）の儀に、贖物（あがもの）として献ずる衣服の一つ。「荒世御服（あらよのみそ）」「荒服（あらたえのみそ）」とも。⇔和世（にこよ）。＊延喜式（927）一・神祇・四時祭「御贖〈略〉右晦日十部著二明衣一。其一人執二御麻一。二人執二荒世（あらよ）一。二人執二和世一」＊御堂関白記-寛弘七年（1010）六月三〇日「神祇官奏二荒世、和世御贖事一〈十二月准レ之〉、縫殿献同御服事、〈同上〉」＊太平記（14C後）二四・朝儀年中行事事「神祇官の荒世（アラヨ）の御贖（みあかもの）を奏す」

あら-よ【荒節】『名』祓（はら）えの式、節折（よおり）の儀などの時、天皇の身長をはかる竹の一つ。⇔和節（にこよ）

あら-よせ【―寄】『名』方言 竹ぼうき。奈良県宇智郡683 和歌山県那賀郡696

あら-よね【荒米】『名』①外皮を取り去らない米。もみ。＊言継卿記-天文二年（1533）正月一七日「従大宅郷昨日大般若札、荒米等到」＊俳諧・鷹筑波（1638）五「あらよねとなるや小米の花の雨〈正頼〉」＊狂歌・古今夷曲集（1666）五「千早振神につかへてあらよねのこぼれを拾ふつつをねぎ哉」 ②墓に供える供物の一種。なす、瓜などを細かくして盛ったもの。あられ。＊諸国風俗問状答（19C前）陸奥国信夫郡伊達郡風俗問状答・七月・六九「なす・うり・ささぎを細かにさして、蓮の葉にもり、墓に供す。是をあらよねと云ふ」 発音〈標ア〉0

あらら【粗】『接頭』（「あらあら（粗粗）」の変化した語）名詞の上に付いて、まばらなさまを表わす。「あらら松」「あらら松原」など。＊享和本新撰字鏡（898-901頃）「粗麁同 阿良々」 辞書 字鏡 表記 粗・麁（字）

あらら【阿羅邏】「あららせんにん（阿羅邏仙人）」の略。＊雑俳・柳多留-七（1772）「あらら程小僧をいびり遣ふ也」

あら-ら『感動』驚いた時などに発することば。主として女性が用いる。＊少年行（1907）〈中村星湖〉五「本を伏せて、ふと壁に向ふと、あらら、煤けた土壁が、たとへば春の空のやうに」 発音〈標ア〉ラ[2]

あらら-か【荒―】『形動』（「あらら」に接尾語「か」の付いたものとも、「あら」に接尾語「らか」の付いたものともいう）①人の態度、性格、行動や物の動きなどが、荒々しいさま。手荒なさま。乱暴なさま。勢い激しいさま。＊聖語蔵本成実論天長五年点（828）一二「為人（ひととなり）が麁獷（アララカ）なり」＊源氏（1001-14頃）帚木「なみなみの人ならばこそあららかにも引きかなぐらめ」＊堤中納言（11C中-13C頃）このついで「風いとあららかに吹きて、木の葉ほろほろと」＊増鏡（1368-76頃）八・あすか川「上きこしめしてあららかに踏ませ給ひたりければ」＊日葡辞書（1603-04）「Araracanaru（アララカナル）コエヲ アグル」＊小学読本（1874）〈榊原・那珂・稲垣〉五「気色を励まし荒らかに戸を開けば」 ②言動、態度、人柄などが、洗練されていないさま。＊源氏（1001-14頃）東屋「家のうちもきらきらしく、ものきよげに住みなし、事好みしたるほどよりはあやしうあららかに、ゐなかびたる心ぞつきたりける」 ③物事の整頓されていないさま。乱雑なさま。＊源氏（1001-14頃）東屋「屏風の袋に入れこめたる、所々に寄せかけ、何かの、あららかなるさまにしはなちたり」 補注 ①の「聖語蔵本成実論天長五年点」の例を「麤（アラク）獷なり」と訓む説もある。 発音〈標ア〉ラ[1] 辞書 日葡・ヘボン・言海 表記 荒（ヘ）

あらら-か【粗―】『形動』（「あらら」に接尾語「か」の付いたものとも、「あら」に接尾語「らか」の付いたものともいう）①品物などが粗雑でよくないさま。粗末。＊源氏（1001-14頃）東屋「ただあららかなる東絹どもを、押しまろがして投げ出でつ」 ②手ざわりや見た目などが、こまやかでないさま。大ざっぱ。＊枕（10C終）五五・牛飼は「牛飼は大きにて、髪あららかなるが」＊幸若・烏帽子折（室町末-近世初）「此のくゎじゃがきうずる烏帽子は、それなるおさいにつぶのちっとあららかなるを」 ③簡略なさま。粗略。とおりいっぺん。＊蜻蛉（974頃）下・天延二年「文してつげたれば、かへりごといとあららかにてあり」＊増鏡（1368-76頃）序「神武天皇の御代よりいとあららかに記せり」 発音〈標ア〉ラ[1]

あららぎ【塔】『名』①塔（とう）をいう、斎宮の忌み詞。＊皇太神宮儀式帳（804）「塔を阿良々支と云」＊延喜式（927）五・神祇・斎宮「凡忌詞〈略〉塔称二阿良良岐一」＊浄瑠璃・田村麿鈴鹿合戦（1741）一「願を叶へ給はらば阿良良伎（アララギ）を立千万の染紙より、有がたふ存じまする」＊和訓栞（1777-1862）「あららぎ〈略〉斎宮の忌詞に、塔をあららきといふは、阿蘭若の意といへど、葱薹の貌、九輪のあたりに似たるをもて、俗に塔のたつといふ意にて、蘭葱より出たる詞なるへし」 ②「あららぎまい（塔舞）」に同じ。＊教訓抄（1233）六「古記云、舞出レ自二楽屋一時、其の長（たけ）甚短（みじかし）。漸（やうやう）進二台上一時、其長随（したがひ）長。承明門懸尻舞了入時如本漸減〈略〉其の舞の名阿良々木（アララキ）」＊吉野吉水院楽書（1239-1336頃）「庶人三台には、あららぎと云ふ舞ありけり、女房の姿にて紅の袴に、薄衣を着、市女笠を着て舞ふ、従女一人あり、黄なる衵（あこめ）を着たり」 発音 アララギ〈標ア〉0 辞書 言海

あららぎ【蘭】『名』①植物「のびる（野蒜）」の古名。＊書紀（720）允恭二年二月（図書寮本訓）「圧乞（いで）、戸母（とじ）、其の蘭（アララキ）一茎（ひともと）」＊本草和名（918頃）「蘭葷草 和名阿良良岐」＊新撰字鏡（898-901頃）「蒢 安良良支」＊四河入海（17C前）一四・四「是は想に此邦に冷麺（ひやむぎ）にあららきを入が如き歟ぞ」 ②植物「ふじばかま（藤袴）」の異名。《季・秋》＊至宝抄（寛永一一年本）（1634）「はつ秋〈略〉蘭（アララキ）」＊大和本草（1709）八「真蘭 和名ふぢばかま、又あららぎとも云」 ③植物「いちい（一位）」の異名。《季・春》▼あららぎの実《季・秋》＊新体詩抄（1882）グレー氏墳上感懐の詩〈矢田部良吉訳〉「かしこには楡（にれ）又ここに あららぎの木ぞ生茂る」 方言 植物。❶いちい（一位）。青森県036 岩手県036 秋田県036 群馬県036 新潟県036 長野県036 静岡県036 三重県036 奈良県036 和歌山県690 高知県808 熊本県036 ❷ちどりのき（千鳥木）。東京都奥多摩036 ❸ひいらぎ（柊）。高知県幡多郡808 ❹きささげ（木豇豆）。千葉県清澄山036 語源説 (1)アララキ（疎々葱）の義。まばらに生えるキ（葱）で、アララはアラの省音〔箋注和名抄・和訓栞・大言海・音幻論＝幸田露伴〕。(2)アラハレギ（顕）の義〔関秘録・松屋筆記〕。 発音 アララギ〈標ア〉0〈ア史〉平安○●●○〈京ア〉0 辞書 字鏡・和名・色葉・名義・和玉・文明・伊京・饅頭・易林・書言・言海 表記 蘭（色・名・玉・文・書・言）蘭蒚（和・色・名）蘭葱（伊・饅）蘭蒚草（名）蒢（字）蘭葱（易）

あららぎ【アララギ】短歌雑誌。明治四一年（一九〇八）蕨真（けっしん）が千葉県で「阿羅々木」として創刊。翌年東京に移し、表記も「アララギ」と改め、伊藤左千夫を中心とした根岸短歌会の機関誌となる。古泉千樫、斎藤茂吉、島木赤彦、土屋文明らも編集を行なった。平成九年（一九九七）終刊。 発音 アララギ〈標ア〉0〈京ア〉0

あららぎ-は【アララギ派】『名』短歌雑誌「アララギ」に拠る一派。万葉調と写生を主張し、大正、昭和、平成を通じて近代短歌の発展に貢献した。＊休憩時間（1930）〈井伏鱒二〉「アララギ派の傾向を帯びた調子の短歌であって、その全体の意志はすこぶる反逆的なものである」 発音 アララギハ〈標ア〉0

あららぎ-まい【塔舞】『名』舞楽「庶人三台（そにんさんだい）」の別名。舞の途中で、塔のように高くなる曲芸風の舞い方による名。相撲節会（すまいのせちえ）などに演じられた。登場の時は、普通の人の高さであるが、一種の竹馬を使い、次第に高くなり、二丈にも及んだ。＊続古事談（1219）五「あららぎまひといふ舞御覧じけり。これは薬師寺風俗とぞ、女すがたにて始は人のたけのほどにて、やうやうたかくなりて、二丈に及びけり」 語源説 (1)舞のたけ高になる姿を塔になぞらえたところから〔嬉遊笑覧〕。(2)アララギ（蘭）の薹（とう）に似ているところからか〔大言海〕。 発音 アララギマイ〈標ア〉ギ

あらら・ぐ【荒】『他ガ下二』⇨あららげる（荒）

あらら・げる【荒】『他ガ下一』文あらら・ぐ『他ガ下二』荒くする。物事を乱暴に行なう。＊仮名草子・花山物語（1648-61頃か）一五「行王、勅定にはちちみかどこそ、あららくとも、丸は心の内おさめんとて」＊浄瑠璃・本朝二十四孝（1766）四「いかにいかにと声荒らぐれば、両弾正、辞するにおよばず」＊富本・四十八手恋所訳（相撲をし鳥）（1775）「景久声をあららげて此股野にうらみをなさんとたくみしけしゃうめ」＊二十五絃（1905）〈薄田泣菫〉天馳使の歌・あまくだり「打あららげし羽叩（はばたき）も」 発音 アララゲル〈標ア〉ゲ〈京ア〉0

あらら-せんにん【阿羅邏仙人】（「あらら」はパーリ Ālārakālāma の音訳から）紀元前五三二年頃のインドの哲学者。釈迦が出家求道（ぐどう）のはじめに教えを請うた仙人。無所有の境地を説いたという。阿羅邏。＊曾我物語（南北朝頃）七・三井寺大師の事「ききたまはずや、浄飯大王の御子悉達太子は、一人おはしまし父大王をふりすてて、あららせんにんに給仕し給ひしぞかし」＊幸若・常盤問答（寛永版）（室町末-近世初）「問答「釈迦仏と申は〈略〉十九にて出家をとげ、だんとくせんにとぢこもり、あらら仙人をしとたのみ」 発音〈標ア〉セ 辞書 書言 表記 阿羅々仙人（書）

アララト-さん【―山】（アララトは Ararat）トルコ東端、イランとアルメニア共和国の国境付近にある火山。ノアの箱舟が山頂に漂着したとされる山。標高五一六五メートル。 発音〈標ア〉ト

あらら-まつ【粗松】『名』（「あらら」は「あらあら（粗粗）」の変化した語）まばらに生えている松。＊俳諧・くろねぎ（1797）「思ふさま洲のなり出しあらら松

〈巣兆〉雪にさしたる線香を見る〈道彦〉」

あらら‐まつばら【粗松原】〘名〙（「あらら」は「あらあら（粗粗）」の変化した語）まばらな松原。松の木のまばらに生えている原。＊書紀(720)神功摂政元年三月・歌謡「彼方(をちかた)の 阿邏々麻菟麼邏(アララマツバラ) 松原に 渡り行きて」 ＊天降言(1771–81頃か)「松の葉のふる葉も降れり住吉のあらら松原霰ふれれば」

あらら‐やりて【阿羅邏遣手】〘名〙（「阿羅邏」は阿羅邏仙人のこと。釈迦はこの人のためにあらゆる苦行を強いられたという）阿羅邏と「荒々しい」をかけた語で、禿(かむろ)や女郎に対し、荒々しくあたる遣り手をいう。＊浄瑠璃・傾城懸物揃(1712)掛物揃「十二よりうられきてぢょろさんたちの手入にて、あららやり手にみやづかへ」 発音〈標ア〉ヤ

あらり‐いし【安良里石】〘名〙静岡県賀茂郡賀茂村(旧安良里村)で採れる安山岩。淡緑色で、目が細かいため、建築用の石材として用いられる。

あら‐りえき【粗利益】〘名〙売上額から生産原価(商業の場合は仕入れ原価)を差し引いた額。粗利(あらり)、利幅(りはば)ともいう。 発音〈標ア〉リ

あらり‐と〘副〙（「あらあらと」の変化した語か）大きくしっかりと。はっきりと。歴然と。＊森藤左衛門本狂言・張蛸(室町末‐近世初)「中に木をまげ入れ、両に革を引張っていぼのあらりと付いたを求めて来い」

あら‐りょうじ〔‥レウヂ〕**【荒療治】**〘名〙①外科医などが患者の苦痛など考えないで、手荒に治療すること。また、そのような治療の仕方。＊咄本・鹿の子餅(1772)睾玉「外科(げくゎ)鼻を高くし『なんと奇妙か』といへば、本道(ほんどう)感心し『いやはや奇妙奇妙。しかしちっとあらりゃうじだ』」 ＊雑俳・柳多留‐二〇(1785)「たてつけて品川通ひ荒りゃうじ」 ＊歌舞伎・東海道四谷怪談(1825)四幕「『わしゃァ、足力(そくりき)療治で、無性矢鱈(やたら)に踏んで踏み附けるが、それが承知なら、療治さっしゃるがよい』『その荒療治が、此方(こっち)の望み』」 ＊暗夜行路(1921–37)〈志賀直哉〉二・三「其腹の立つ程の荒療治(アラレウヂ)も彼の肩には何の利き目もなかった」 ②(比喩的に) 一般に、手荒な処置をすることをいう。㋑人をむごたらしく殺したり、傷つけたりすること。手荒な殺傷。＊人情本・明烏後正夢(1821–24)三・一五回「其時こそは此あまめ、ちと荒川が荒(アラ)りゃうじ」 ＊歌舞伎・霜夜鐘十字辻筮(1880)序幕「『宵にしまった屋台見世の中に己(おれ)が寝て居るとも知らぬが譬の仏店(ほとけだな)、〈略〉慾に目のねえ振りをして、ごまかす按摩の荒療治』〈略〉『旨(うま)い仕事をしたぢゃあねえか』」 ㋺事態を改める場合などに、荒っぽい方法で行なうこと。思い切った改革。＊人情本・明烏後正夢(1821–24)二・九回「何卒、張をもたせ度、時次郎をあしざまにわざとつれなくあらりゃうじ」 ＊思出の記(1900–01)〈徳富蘆花〉一〇・一〇「慎さん、少し荒療治だったけれど、中川の方はわたしがすっぱりとやったよ」 ＊クローディアスの日記(1912)〈志賀直哉〉「自分は危険な荒療治をしなければならない」 発音アラリョージ〈標ア〉リョ ジ 〈京ア〉リョ

あら‐・る【有―】⇩「ある(有)」の子見出し「あられる」

アラル‐かい【―海】（アラルは トルコ Aral）中央アジアにある塩湖。カザフスタン共和国とウズベキスタン共和国にまたがる。アムダリヤ川、シルダリヤ川が流入するが、一九六〇年代から灌漑用水に用いられる量が増え、八〇年代末には湖の水量が激減して面積が三分の一に縮小し、深刻な環境問題を起こすに至った。 発音〈標ア〉ル

アラルコン（Pedro Antonio de Alarcón ペドロ＝アントニオ＝デ―）スペインの小説家。ユーモアに満ち、地方色豊かな短編を得意とした。「三角帽子」「醜聞」など。(一八三三〜九一)

あられ【霰】〘名〙①空中の雪に過冷却の水滴が付着した、白色不透明な、小さな粒状のもの。冬期に限るが、古くは、夏に降る雹(ひょう)を含めてもいう。《季・冬》 ＊古事記(712)下・歌謡「笹葉(ささば)に 打つや阿良礼(アラレ)の」 ＊万葉(8C後)一〇・二三三八「霰(あられ)降りいたも風吹き寒き夜や波多野に今夜(こよひ)吾が独り寝む〈作者未詳〉」 ＊新撰字鏡(898–901頃)「雹 志久礼 又阿良礼」 ＊十巻本和名抄(934頃)一「雹 陸詞曰雹〈和名阿良礼〉雨氷也」 ＊堀河百首(1105–06頃)冬「人とはで葎は宿をさせれども音するものは霰なりけり〈大江匡房〉」 ＊白氏文集天永四年点(1113)三「氷を飲み、霰(アラレ)に臥し」 ＊俳諧・桜川(1674)冬一「心つれてそりはし走る雹かな〈維舟〉」 ＊当世書生気質(1885–86)〈坪内逍遙〉一六「硝煙空に漲(みなぎ)りて、弾丸は霰(アラレ)と飛違ふ戦闘最中(たたかひもなか)の事なれば」 ②兜・釜、鉄瓶等の胴の表面に鋳出した小さな粒状の突起。霰星。＊人情本・恋の若竹(1833–39)初・五套「あられの様子が、ちっと可笑いから返しやした」 ＊二人女房(1891)〈尾崎紅葉〉中・四「母親は鉄瓶の霰(アラレ)を食指で摩(な)でながら」 ③米粒をよく乾燥させ、細かくした糒(ほしい)をいったものを湯に浮かして飲むもの。 ④みじん粉に砂糖を混ぜて固め、四角に切った菓子。 ⑤盆、年忌、葬式などに際し、野菜をさいの目に刻んだ供物。蓮の葉にのせて供える。あらよね。水の中に入れることがあるので水の実ともいう。 ⑥「あられじ(霰地)」の略。＊三条家装束抄(1200頃か)「上袴〈略〉地は小石畳号二之霰一也」 ⑦「あられこもん(霰小紋)」の略。＊雑俳・柳多留‐六一(1812)「嫁雪を取ればあられを聟が取」 ⑧「あられざけ(霰酒)」の略。＊随筆・独寝(1724頃)下・一〇六「これが家の酒は公儀にもあがるなる、名高きあられなどいふうるはしき物成(なる)よし」 ⑨「あられそば(霰蕎麦)」の略。＊人情本・春告鳥(1836–37)五・一〇「風鈴蕎麦の声かすかに遠く風につれて、『はな巻てんぷらあられでござゐ』」 ＊滑稽本・七偏人(1857–63)五・下「慈母(おふくろ)を蕎麦(そば)やへ誘(つれ)て往ったところが、慈母は貝柱蕎麦(アラレ)を一盃半でげんなりサ」 ＊歌舞伎・初霞空住吉(かっぽれ)(1886)「蕎麦は結構、巻かあられか天麩羅(てんぷら)か、寒いから鴨南蛮がいい」 ⑩「あられぱい(霰灰)」の略。＊紋章(1934)〈横光利一〉「これは霰とふくさを折半にいたしてみたのですが、煮出すとき晩茶が少し濃すぎたやうに思はれましたのですけれど」 ⑪「あられもち(霰餅)」の略。《季・冬》 ＊御湯殿上日記‐元亀二年(1571)五月二九日「ふしみよりあられ一ふたまいる」 ＊浄瑠璃・平仮名盛衰記(1739)三「ほんの心計(ばかり)をば上って御回向頼(たのみ)ますと、あられまじりの煎豆(いりまめ)に花香(はなが)持せて汲出せば」 ＊雑俳・柳多留‐五(1770)「まな板へあられで疵(きず)を付けはじめ」 ＊俚言集覧(1797頃)「あられ〈略〉餅を細かに切たるを云」 ＊彼女とゴミ箱(1931)〈一瀬直行〉ゴミ箱「オセンベイ屋から日に一度はこぼれたアラレと、店の内外を掃いた芥が、裏口の芥溜に捨てられる」 ⑫食品を、さいの目に切る切り方。→あられに切る。

語誌 (1)「和名抄」「色葉字類抄」また、節用集等の辞書でも、「霰」「丸雪」とともに「雹」もアラレと訓じていて、季節を問わずアラレといったらしい。ただし、「和名抄」では「雹」をシグレ、「観智院本名義抄」では「霰」をミゾレとも訓んでいる。(2)上代、既に「霰打つ」「霰たばしり」とその音が注目され、①の「万葉‐一〇・二三三八」では霰降る夜の独り寝のわびしさを詠む、後の和歌の先蹤となるとらえ方がみえる。「和漢朗詠集」「古今六帖」では霰が歌題とされていて、「堀河百首」で冬の歌材として定着する。以後、笹の葉や槇の板戸に降る音を詠み込んで、寂しい山里の情景を表出する歌が多い。

語源説 (1)動詞アラク(散)の語根を重ねたアララ、またはアララの約転か〔東雅・箋注和名抄・名言通・和訓栞・大言海〕。(2)疏の義〔俚言集覧〕。(3)アラは荒、レはコボレの上略か〔和句解〕。(4)アラクフルから〔桑家漢語抄・滑稽雑談所引和訓義解〕。(5)アラはあらあらしい音から、シはシグレ、ミゾレのレ〔万葉集類林〕。(6)アラハレ(粗破)の転〔紫門和語類集〕。(7)アラアメ(荒雨)の略〔和語私臆鈔〕。(8)アレコホリアメ(暴氷雨)の義〔日本語原学＝林甕臣〕。(9)「霙」の別音Anの省音であるAに「零」の動詞を添えた、A-Reという語の間へ、諸音ラを挿んだもの〔日本語原考＝与謝野寛〕。

発音〈なまり〉アナレ〔岩手・秋田・山形小国・新潟頸城・富山県・石川〕 アライ〔鳥取〕 アラケ・アラメ〔富山県〕 アラネ〔青森・津軽語彙・岩手・秋田・秋田鹿角・福島・富山県・富山礪波・石川・福井・信州風物・信州上田・島根〕 アラネッコ〔秋田〕 アラメッコ〔青森〕 アラリ〔岐阜・伊賀・淡路・播磨・和歌山県・和歌山・紀州・鳥取〕 ララネ〔岩手〕〈標ア〉⓪ 〈ア史〉平安〜室町 ●●● 〈京ア〉⓪ 辞書 字鏡・和名・色葉・名義・下学・和玉・文明・伊京・明応・天正・饅頭・黒本・易林・日葡・書言・ヘボン・言海 表記 霰(色・下・文・伊・明・天・饅・黒・易・書・ヘ・言) 雹(字・和・色・名・下・玉・伊・天・黒・易・書) 丸雪(伊・天・易・書) 霙(色) 霓・霹(天) 風雪(黒) 粒雪・稞雪・米雪(書)

あられ 消(き)ゆ 気温が高くなってあられが解けて消える。＊無言抄(1598)下・三「はつ霜のきゆるとしても冬なり 霰きゆる なども同前」

あられ＝こんこん[＝こんこ]（「こんこん」は「来(こ)よ来よ」かといわれるが、あるいは「来(こ)ん来ん」か、また、雪、あられの降る擬態語か）小児があられの降るのをさしていうことば。＊咄本・一休咄(1668)四・五「雪やこんこ、あられやこんこ、お寺の柿の木にふりやつもれこんこ」 ＊浮世草子・本朝二十不孝(1686)二・二「雪こんこんや丸雪(アラレ)こんこんと小妻(こつま)に溜(ため)て、里の小娘嵐の松蔭に集り」

あられ に 窠(かん) 「かにあられ(窠霰)」に同じ。＊増鏡(1368–76頃)一〇・老のなみ「春宮、桜の御直衣、あられにくゎんの紫の御指貫、いひしらずなまめかしうみえ給ふ」

あられ に＝切(き)る[＝刻(きざ)む] 餅などを細かく、さいの目に切る。＊西洋道中膝栗毛(1870–76)〈仮名垣魯文〉一一・下「のし餅をあられに刻むやうに」 ＊児童のお弁当百種(1931)〈小林完〉五・一九「玉葱は細かくアラレに刻み」

あられ の 酒(さけ) 「あられざけ(霰酒)」に同じ。＊俳諧・貞徳真蹟(17C前)「降りかかる霰の酒の寒夜かな」

あられ の 方(ほう) 「あられこもん(霰小紋)」に同じ。＊高倉院厳島御幸記(1180)「庭には黒き白き石にて、あられの方に石畳にし」

あられ〘名〙「あらればしり(踏歌)①」に同じ。＊書紀(720)持統七年正月(北野本訓)「是の日に、漢人等、蹹歌(アラレ)奏(つかへまつ)る」 ＊釈日本紀(1274–1301)二二「奏二蹹歌一(アラレつかまつる)」

あられ‐いし【霰石】〘名〙①炭酸カルシウムを主成分とする鉱物の一種。生物の殻や骨格、真珠などの構成物。柱状、繊維状、あられ状の結晶をなし、火山岩の割れ目や、高温の温泉などから産出する。島根県松代鉱山の粘土中の結晶集合体は天然記念物。＊鉱物字彙(1890)〈小藤・神保・松島〉「Aragonite Arareishi Aragonit 霰石」 ②「ほうかいせき(方解石)」の異名。＊重訂本草綱目啓蒙(1847)五・石「方解石 あられいし 濃州」 発音〈標ア〉レ 辞書 言海 表記 霰石(言)

あられ‐うお〔‥うを〕**【霰魚】**〘名〙魚「かまきり(鎌切)」の異名。＊日本山海名物図会(1754)四「越前霰魚(アラレウヲ) 此国のほかになしとて杜父魚(とふぎょ)に充(あつ)るも誤なりとす。霰の降る時、腹をうへにして流るといふ。一名かくぶつの声あり。考るに杜父の種類也。杜父といひてあやまるにもあるべからず」

あられ-うつ【霰打】 枕 同音の繰り返しによって、地名「あられ松原」にかかる。あられの降る実景を描いたものとして、枕詞とはみない説もある。「うつ」はあられの激しく当たること。＊万葉(8C後)一・六五「霰打(あられうつ)あられ松原住吉(すみのえ)の弟日娘(おとひをとめ)と見れど飽かぬかも〈長皇子〉」 発音〈標ア〉ウ

あられ-うめ【霰梅】〘名〙あられが降るように、梅の花が飛び散ること。また、そのように散る梅の花。＊歌謡・松の葉(1703)二・梅づくし「数へかぞふる手まり梅、落ちてこぼれてはらはらと、空に知られぬあられむめ」

あられ-がい【霰貝】〘名〙オリイレヨウバイ科の巻貝。長卵形で殻長約三センチメートル。表面は黄褐色。房総以南の水深一〇～五〇メートルの細砂底にすむ。学名はNiotha variegata ＊語彙(1871–84)「あられがひ 俗 螺類外面に小き磈礧(いぼ)並びつきて形あられがまに似たるもの」 発音アラレガイ〈標ア〉レ 辞書言海 表記霰貝(言)

あられ-がこ【霰―】〘名〙魚「かまきり(鎌切)」の異名。《季・冬》＊断腸花(1978)〈石原八束〉「霰がこ啖(くら)ひ文人の棋譜を観る」

あられ-がすり【霰絣】〘名〙あられの模様のかすり。また、その着物。 発音アラレガスリ〈標ア〉ガ

あられ-がま【霰釜】〘名〙茶釜の一種。釜の胴の地紋に、あられのような突起物を一面に浮き出させて鋳出したもの。＊宗達茶湯日記(他会記)‐永禄二年(1559)一二月一二日「ゐるり あられ釜、ごとくに」＊俳諧・犬子集(1633)一五・雑下「ふってわきたることもこそあれ 誰世にかたくみ出せるあられ釜〈貞徳〉」＊浄瑠璃・鑓の権三重帷子(1717)下「茶筌髪(ちゃせんがみ)。いひ甲斐もなき身なれ共。武道を磨くあられ釜(がま)。たぎる心は運次第」 辞書言海 表記霰釜(言)

あられ-がゆ【霰粥】〘名〙(魚肉をあられに見立てて)タイ、スズキなどの魚肉を細かく刻んで作ったかゆ。＊風俗画報‐二六一号(1902)飲食門「霰(アラレ)粥 鯛又は鱧の類の正肉(しゃうみ)を取り之を摺肉(すりみ)にし」

あられ-かん【霰羹】〘名〙あられに切ったヤマノイモを混ぜて作ったようかん。

あられ-かんす【霰鑵子】〘名〙「あられがま(霰釜)」に同じ。＊御伽草子・酒茶論(古典文庫所収)(室町末)「冬ふかみあられくゎんすのちゃのゆとて雪やふりわくもろこしの空」＊物類称呼(1775)四「釜 かま〈略〉四国にて あられくゎんすとよぶたぐひ也」 方言愛媛県840

あられ-ぎく【霰菊】〘名〙植物「かわらははこ(河原母子)」の異名。 方言江戸1033 和歌山県西牟婁郡690

あられ-ぎり【霰切】〘名〙(「あられきり」とも) ①霰餅(あられもち)を作るために、餅を細かに切ること。＊俳諧・季寄新題集(1848)冬「あられきり」 ②料理で、材料を細かく賽(さい)の目に切ること。→あられに切る。＊児童のお弁当百種(1931)〈小林完〉五・一五「別に細かくアラレ切りにした大根を胡麻油で炒りつけ」 発音アラレギリ〈標ア〉0

あられ-こぼし【霰零】〘名〙玉石などを敷きつめた庭園の道。 発音〈標ア〉コ

あられ-こもん【霰小紋】〘名〙(「あられごもん」とも) 織物や、染め物の模様の名称。あられの模様の小紋。石畳の総紋の細小なものをいうが、近世では鮫(さめ)小紋などの規則正しく配列したものをいい、裃(かみしも)などに多く用いた。あられの方(ほう)。＊咄本・当世手打笑(1681)一・七「色は花色にして、あられごもんをつけたといへ」＊雑俳・柳多留‐一一三(1831)「霰小紋に染むらの天の川」＊慶応再版英和対訳辞書(1867)「Engrail 刻目ヲツケル。霰小紋ヲツケル」 発音〈標ア〉モ コ 辞書言海 表記霰小紋(言)

あられ-ざけ【霰酒】〘名〙奈良特産のみりんの名。白いかすが混じっているのを、あられに見立てていう。また、みりんに餅あられを加えたものともいう。みぞれざけ。《季・冬》＊多聞院日記‐天正三年(1575)一二月一八日「十後よりあられ酒樽一つ可二調下一之由被二申上一了」＊日葡辞書(1603–04)「Ararezaqe(アラレザケ)」＊俳諧・紅梅千句(1655)一〇・歳暮「下戸なりとひとつ歳暮の霰(アラレ)酒〈正章〉 例(れい)よりも猶いはふ餅突(もちつき)〈友仙〉」＊浄瑠璃・世継曾我(1683)風流の舞「冬は雪見にふけや、松風、上れや簾なききりきり、しゃんと結んで空に知られぬ霰酒」 発音〈標ア〉レ 辞書日葡・言海 表記霰酒(言)

あられ-じ【霰地】〘名〙織り紋の名。あられ小紋を織り出した織物。あられ。あられのて。＊堺本枕(10C終)六〇・あやのもんは「あやのもんは、あふひ。あられ地」＊源氏(1001–14頃)行幸「むらさきのしらきり見ゆる、あられぢの御小袿(こうちぎ)」＊久安百首(1153)「衣手ぞさえわたりけるあられぢは我が裳(も)のきしに着ればなりけり〈安芸〉」 発音〈標ア〉0

あられ-しょうが【霰生姜・霰生薑】〘名〙ショウガをあられに切って酢に漬けたもの。浸し物や、なますなどの上にかけて薬味にする。

あられ-すくな・し【有少】〘連語〙(「あられ」は、動詞「ある(有)」に可能の助動詞「れる」の付いた「あられる」の連用形の名詞化で、あり得ること、存在が可能なことの意) 今までに、あまり例がない。前例がほとんどない。＊浄瑠璃・八百屋お七(1731頃か)江戸桜「めうがも知らず恩知らず、いかにわかめといへばとて、気儘に心持ちなしてあられすくなきしめじとは神も仏も、白真弓」

あられ-そば【霰蕎麦】〘名〙かけそばの上に、煮た貝柱をのせ、あぶったのりをふりかけたもの。あられ。＊風俗画報‐九三号(1895)人事門「玉子とじは蕎麦を鶏卵にてとじる。あられ蕎麦は貝の柱を入」

あられ-だいりせき【霰大理石】〘名〙方解石結晶が大きく、粗粒の大理石。福島県田村郡大越町、岡山県久米郡・阿哲郡などで産出される。

あられ-たまご【霰卵】〘名〙料理の一種。煮立っている湯の中に割った卵を入れてかき回し、大小さまざまな形としたもの。形があられに似ているところからいう。料理の添え物の一つとして用いられる。

あられ-づきよ【霰月夜】〘名〙月が照っていながら、急にぱらぱらとあられが降って来る夜。＊俳諧・鶴のあゆみ(1735)「かかれとて下手のかけたる狐罠〈其角〉 あられ月夜のくもるからかさ〈文鱗〉」

あられ-どうふ【霰豆腐】〘名〙さいの目に切った豆腐。また、そのような豆腐を油でさっと揚げたもの。 発音アラレドーフ〈標ア〉ド

あられ-ながし【霰流】〘名〙馬の、曲乗りの一種。＊浄瑠璃・当流小栗判官(1714頃)曲乗り「抑々馬に七箇(か)の秘事、三箇の手綱、〈略〉あられながしといふ曲を、乗り返し引かへし」

あられ-な・し〘形ク〙「あられもない」に同じ。＊和訓栞(1777–1862)「あらぬ〈略〉俗に、あらぬ事をあられぬ事といひ、又転じてあられなき事ともいひ」

あられ-ぬ【有―】〘連体〙(動詞「あり(有)」に、可能の助動詞「る」の未然形が付き、それに打消の助動詞「ず」の連体形が付いて一語化したもの) そうあってはならない。思いもかけない。とんでもない。似合わしくない。あられもない。あらぬ。＊宇治拾遺(1221頃)五・九「一乗寺僧正は、大嶺へは二度通られたり。蛇をみる法行はるる。又龍の駒などを見などして、あられぬありさまをして、行ひたる人なり」＊仮名草子・浮世物語(1665頃)二・九「大酒を飲みて心乱れ、あられぬ口をたたき」＊浮世草子・好色万金丹(1694)三・四「去年のけふ誰がおとしたりけん指櫛や〈略〉水呑、小壺、煙盃(きせる)の吸口など、あられぬものをにじり出す所に」＊浄瑠璃・夕霧阿波鳴渡(1712頃)上「おはぐろ落としつあられぬさまで」 語誌類義の「あらぬ」より主観的意味合いが強い。近世には漸次「あられもない」が用いられるようになる。 方言◇あられん 熊本県玉名郡058 阿蘇郡948 ◇あったられん 福岡市879 発音〈標ア〉レ 辞書日葡・ヘボン

あられ-の-て【霰手】〘名〙あられのような細かい模様を一面に染め出した織物。霰地。＊洒落本・廓通遊子(1798)発「小たんすのわきからあられのて茶返しを出し、きくてうをかげに付た袷羽をり」

あられ-ばい【霰灰】〘名〙茶道で、炉の炭点前(すみてまえ)に用いるあられ状の蒔灰(まきばい)。＊俳諧・誘心集(1673)冬・炭「炭火をけと消ぬはいかに霰灰〈種藤〉」＊俳諧・桜川(1674)冬二「花すみやえたもたははにあられ灰〈紫塵〉」

あられ-ばしり【踏歌】〘名〙①足で地を踏みながら、調子をとってうたう歌曲。また、中国伝来の行事で、列を作って行進し、その歌をうたって新年を祝うもの。宮中の正月行事。あられまじり。あられ。とうか。→あらればしりの豊明(とよのあかり)。＊釈日本紀(1274–1301)一五「奏二踏歌一。〈私記曰。今俗曰二阿良礼走一。師説。此歌曲之終。必重二称万年阿良礼一。今改曰二万歳楽一。是古語之遺也〉」＊文明本節用集(室町中)「踏歌 アラレハシリ。正月十四日十六日両日於禁中行之。十四日男踏歌十六日女踏歌。男女歌二祝言一而舞也」＊新撰菟玖波集(1495)雑・一「そのかずかずのしるきうた人 百敷のあられはしりは明そめて〈宗伊〉」＊至宝抄(1585)「あらればしり」＊浄瑠璃・百合若大臣野守鏡(1711頃)一「朝覲(てうきん)大饗(おほあへ)白馬(あをむま)のいばふる玉のみぎりには、霰(アラレ)ばしりのくつ音も春めき、わたりさむからず」 ②練歩(れんぽ)の一つ。節会(せちえ)の時、内弁などが、足早に走り去る歩き方。 語源説(1)万春楽と唱える代わりに、「よろづよあられ」とはやした。それがあられの降る季節と一致したところから付けられた名〔日本文学史ノート＝折口信夫〕。(2)アラレはアルベシ(可有)の音便形〔和訓栞〕。(3)アラレは、アリの未然形アラに敬語の助動詞のついたアラルの命令形で、アラレヨの意〔大言海〕。(4)アラレは、古代琉球語では啼(な)く意、古代日本語では歌う意であり、後者は啼の義のアラレから派生、海鳥の啼き声からきた擬声語か〔南島方言史攷＝伊波普猷〕。 発音〈標ア〉バ 辞書文明・易林・日葡・書言・言海 表記踏歌(文・易・書)

あらればしり の 豊明(とよのあかり) (「豊明」は、朝廷で行なわれる公式の宴会のこと) 中古、正月一四日、または、一五、一六両日に、あらればしりで祝う宮中の行事。踏歌節会(とうかのせちえ)。＊公事根源(1422頃)上・正月「踏歌の節会をば、あらればしりのとよのあかり共申にや。或はあられまじりと、宣命の譜にはよめり」

あられ-びん【霰鬢】〘名〙(「鬢」は、頭髪の左右両側の部分) ばらばらに乱れた鬢髪(びんぱつ)。鬢の乱れ。＊長唄・虎狩(明治)「二た櫛半の霰鬢(アラレビン)、頭は日本、髯(ひげ)は韃靼(だったん)」

あられ-ふり【霰降】 枕 ①あられの降る音がやかましい意で、「かしまし」と同音を含む地名「鹿島」にかかる。あられふる。＊万葉(8C後)七・一一七四「霰零(あられふり)鹿島の崎を波高み過ぎてや行かむ恋ひしきものを〈作者未詳〉」＊万葉(8C後)二〇・四三七〇「阿良例布理(アラレフリ)鹿島の神を祈りつつ皇御軍(すめらみくさ)に我は来にしを〈大舎人部千文〉」 ②あられの降る音を「きしきし」と聞いたところから、同音を含む地名「きしみ」にかかる。「きしむ」の意とも、「鹿島」に音がかようとも説かれる。あられふる。＊万葉(8C後)三・三八五「霰零(あられふり)きしみが岳(たけ)を険(さが)しみと草取りかなわ妹(いも)が手を取る〈作者未詳〉」 ③あられの降る音を「とほとほ」と

聞いたところから、同音の「遠(とほ)」にかかる。あられの降る音という続きで、「おと」のつまった形「と」にかかるとする説もある。＊万葉(8C後)七・一二九三「丸雪降(あられふり)遠江(とほつあふみ)のあど川やなぎ刈れどもまたも生(お)ふといふあど川やなぎ〈人麻呂歌集〉」＊万葉(8C後)一一・二七二九「霰零(あられふり)遠つ大浦に寄する波よしもよすとも憎くあらなくに〈作者未詳〉」

あられ-ふる【霰降】 枕 「あられふり(霰降)」に同じ。＊仙覚抄(1269)「此歌肥前国風土記に見えたり。〈略〉阿羅礼符縷(アラレフル)杵島(きしま)が丘をさがしみと草とりかねて妹が手をとる」＊新後撰(1303)冬・四九八「浦人も夜や寒からし霰(あられ)ふる鹿島の崎の沖つ塩風〈源為氏〉」＊鹿島宮社例伝記(鎌倉末か)「霰ふる鹿島の宮の宮柱なほ万代(よろづよ)も君がためとか」 発音〈標ア〉フ

あられ-ぼし【霰星】『名』兜の鉢、茶釜、鉄瓶などの外側一面につけた、細かい突起。

あられ-まじり【踏歌】『名』「あらればしり(踏歌)①」に同じ。＊公事根源(1422頃)上・正月「踏歌の節会をば、〈略〉あられまじりと、宣命の譜にはよめり」＊俳諧・増山の井(1663)正月「男踏哥〈略〉あられまじりのとよのあかりともいへり」

あられ-まじり【霰交】『名』雨や風に、あられがまじって降ること。＊浄瑠璃・冥途の飛脚(1711頃)下「空に霙(みぞれ)の一曇(ひとくもり)あられまじりに吹く木の葉ひらり、ひら野に行きかかり」＊人情本・英対暖語(1838)初・二回「あられまじりの雨風に、帰るもなかなか帰られず」 発音〈標ア〉マ

あられ-まつばら【霰松原】 大阪市住之江区、大和川沿いの安立(あんりゅう)町にあった松原。「あらら松原」の変化したものか。歌枕。＊万葉(8C後)一・六五「あられ打つ安良礼松原(アラレまつばら)住吉(すみのえ)の弟日娘(おとひをとめ)と見れど飽かぬかも〈長皇子〉」＊浮世草子・浮世栄花一代男(1693)四・一「北にあられ松原、ひがしに大寺の森ちかし」 発音〈標ア〉ツ

あられ-もち【霰餅】『名』さいの目に小さく切って干した餅。いためるか、油で揚げるかして食べる。あられ。《季・冬》＊俳諧・誹諧初学抄(1641)初冬「あられ餅」＊仮名草子・酒餅論(江戸初)上「手がけにも又、あられもち、七種がゆや、あづきがゆ」＊俳諧・類船集(1676)安「霰〈略〉涅槃にはお釈迦のはなくそとて、あられ餅をいりてそなふるは、いつの世にはじまりしやらん」＊俳諧・増補はなひ草(1678)「十二月〈略〉四季の詞。〈略〉そば、あられ餅、乗かけぶとん」 方言 (舌にぶつぶつと触れるところから)もち米にうるちや大豆などを少し混ぜてつき上げた餅。長野県469 492 奈良県宇陀郡678 発音〈標ア〉レ〈京ア〉レ/レ

あられ-も-な・い『形口』文 あられもな・し『形ク』(「あられぬ」の「ぬ」に代わり、助詞「も」、形容詞「ない」が付いて一語化したもの)存在可能なことではない、あり得べくもない、とんでもないの意。①あるはずもない。ありえない。予想もできない。とんでもない。＊箚録(1706)「其間用に立ざる雑念、あられも無こと様々心にのり」＊随筆・独寝(1724頃)下・九二「せめて思ふ人にも逢ふ夢にても見るかは。あられも無き人とものいひかはし、恐しき峰より落る夢など見」＊浄瑠璃・夏祭浪花鑑(1745)四「さっきにから伝八とじゃらくらじゃらくら。又清七のあられもない疑ひ。私が心を知らぬか何んぞの様に」②そうあってはならない。ふさわしくない。似合わしくない。特に、女性の態度やふるまいが、女性として適当でない場合などに多く用いる。＊評判記・難波鉦(1680)三「あられもないこと、たれがさういわんすぞ」＊浄瑠璃・平家女護島(1719)二「女の丸裸、〈略〉若布(わかめ)荒布(あらめ)あられもない裸身(はだかみ)に、鱧(はも)がぬら付ぼらがこそぐるかざみがつめる」＊随筆・独寝(1724頃)上・一一「げんざいあられもないとさまかかさまにも見せぬはづかしひ所を」＊歌舞伎・韓人漢文手管始(唐人殺し)(1789)四「訳は知れねどわたしが胸にこたへたは、悪事の報ひ。本に女子(をなご)の身であられもない、人に頼まれ」 語誌 江戸前期から用いられ、現代語では主に連体修飾語として、②の特に女性の好ましくない姿についていうことが多い。 発音〈なまり〉アラレムネエ〔対馬〕ラレモナィ〔愛知〕〈標ア〉レ ナ〈京ア〉レ=ナ/レ=0 辞書 言海

あられ-ゆ【霰湯】『名』食品の一種。熱湯の中に霰餅や洗い米を十分に炒(い)ったものを入れ、薄く塩で味を付けたもの。特に、冬の飲み物として愛好される。

あら-・れる【有―】 ⇨「ある(有)」の子見出し

あらわ【露・顕】『形動』物事が表面に現われて、外から明らかに認められる状態をいう。①(視覚的に)はっきりと見えるさま。まる見え。あるいは、むき出しなさま。特に、裸、肩ぬぎなど、肉体の全部または一部がむき出しのさまにいう。＊書紀(720)神代下「顕露此をば阿羅幡弐(アラハニ)と云ふ」＊東大寺諷誦文平安初期点(830頃)「百結の納せる衣をもちて纔に露(アラは)なる身を隠す」＊宇津保(970-999頃)蔵開中「宮あらはなれば、御びゃうぶとり出でて立つれば」＊源氏(1001-14頃)若菜上「けしきどもを見るとて、人々あらはをふともえ見つけぬなるべし」＊平家(13C前)灌頂・女院出家「簾たえ閨(ねや)あらはにて、雨風たまるやうもなし」＊観智院本名義抄(1241)「倮 又作躶裸 アカハタカ ハタカナリ アラハ」＊読本・南総里見八犬伝(1814-42)四・四〇回「毛臑(けずね)陽著(アラハ)に、衣(きぬ)の衿(つま)を、片端折せし躬剽(みがる)の打扮(いでたち)」＊玄鶴山房(1927)〈芥川龍之介〉四「お鳥は膝頭(ひざがしら)も露(アラ)はにしたまま」②(知覚的に)はっきりしているさま。明白、まぎれもない、歴然としているさま。＊彌勒上生経賛平安初期点(850頃)「其の文を瞻るに、義顕(アラハナリ)」＊源氏(1001-14頃)若菜上「たづね知るべきかたあらはなるを」＊平家(13C前)六・祇園女御「運命の末になる事あらはなりしかば、年来恩顧の輩の外は、随ひつく物なかりけり」＊史記抄(1477)一六・酷吏列伝「陰重罪と云は、人はあらわには不知して、しかも重罪のある者ともそ」＊日葡辞書(1603-04)「Arauana(アラワナ)、または、araua naru(アラワ ナル)」③(①から転じて)態度などがあけひろげなさま。慎みのないさま。露骨、無遠慮なさま。＊落窪(10C後)二「わが局(つぼね)と頼みて来て、入らんとするに、『あらはなり。中将殿おはします』といふに」＊枕(10C終)二七七・御前にて人々とも「『あれは誰(た)そ、あらはなり』など、ものはしたなくいへば」＊夜の寝覚(1045-68頃)二「あらはに、そら言(ごと)つきづきしくとりつづけらるるかな」④(隠すべき事柄などを)外に出すさま。表向き、公然、おおっぴらなさま。＊新撰字鏡(898-901頃)「公然 正也、共也、久也、安良波爾」＊大唐西域記巻十二平安中期点(950頃)「俗は唯、詭詐して公(アラハニ)劫盗を行す」＊源氏(1001-14頃)行幸「人の御むすめとて、こもりおはする程は、必ずしも、氏神の御つとめなど、あらはならぬほどなればこそ」＊応永本論語抄(1420)述而第七「窃(ひそかに)とは謙の辞也。あらはに此と不曰して、ひそかに似たりと云義也」＊浮雲(1887-89)〈二葉亭四迷〉二・一一「人を愚弄して、陽(アラハ)に負けて陰(ひそか)に復(かへ)り討に逢はした昇に」＊痴情(1926)〈志賀直哉〉「総てがかう露(アラ)はになると」 語源説 (1)アレハエ(生映)の略転か〔大言海〕。(2)アラを語幹としてハを添えた辞で、表面に出る義〔国語の語根とその分類=大島正健〕。(3)アタラカホカの反。家内の外の意〔名語記〕。 発音〈標ア〉0 ア〈ア史〉平安○●○〈京ア〉ラ 辞書 字鏡・色葉・名義・和玉・文明・日葡・書言・ヘボン・言海 表記 顕(玉・文・言)陽(書・ヘ)公然(字)公(色)倮・躶・裸・羸・裎・麗・孱・放・野・裴・駆・銓・轞・輴・帽(名)呀(玉)著・顕然(書)現(言)

あらわい【洗】『名』(動詞「あらふ(洗)」の未然形に、助動詞「ふ」の付いたものの連用形の名詞化)洗うこと。すすぎ。洗濯。＊大和(947-957頃)二七「山にすむあひだに、あらはひなどする人のなかりければ」＊宇津保(970-999頃)嵯峨院「今の世の男は、まづ人を得んとては、『〈略〉あらはひ、綻びはしつべしや〈略〉』と問ひ聞く」＊書陵部本名義抄(1081頃)「浣衣 アラハヒス〔遊〕」＊大唐西域記長寛元年点(1163)七「人の慯(あなづら)はしき心有りて此の池に濯(アラハヒ)する者は、金毗羅獣多く之が為に害す」 辞書 名義 表記 浣衣(名)

あら-わかしゅ【荒若衆】『名』荒々しい若者。威勢のいい若者。＊歌舞伎・御摂勧進帳(1773)三立「三升の紋の智仁勇、三徳兼し荒若衆」＊歌舞伎・音駒山守達源氏(大仏供養)(1873)四幕「傍に随ふ才蔵も小手脚当(すねあて)のあら若衆(ワカシュ)」 発音〈標ア〉カ ワ

あらわ-か・す【現―・顕―・表―】『他サ四』(「かす」は接尾語)「あらわす(表)」に同じ。＊浜松中納言(11C中)二「若君の御事を、しのびていときさきの御腹とこそあらはかひ給はねど」＊梁塵秘抄(1179頃)二・四句神歌「にはかに仏法僧達の二人(ふたり)おはしまして、行なひあらはかしたてまつる」＊愚管抄(1220)三・推古「このことわりとこの二をひしとあらはかされたるにて侍るなり」＊寛永刊本蒙求抄(1529頃)四「具レ獄と云ふは罪状をつぶさにあらはかいてをくを云ぞ」 辞書 言海

アラワク-ごぞく【―語族】『名』南アメリカのアメリカ・インディアン語最大の語族。分布地域が広く、北はカリブ海の大アンティル諸島からアメリカのフロリダ半島に及び、南はパラグアイの北部、西はペルーの海岸、東はアマゾン河口に達する。歴史や言語の分類については未詳の部分が多い。 発音〈標ア〉ゴ

あら-わけ【粗分・粗別】『名』おおざっぱに分けること。＊私の詩と真実(1953)〈河上徹太郎〉若い知性の抒情「小説とか詩とか評論とか先づ粗別(あらわ)けすることなく」 発音〈標ア〉0

あら-わざ【荒技】『名』武術、スポーツなどの、強く烈しい術。また、思い切った技。 発音〈標ア〉0

あら-わざ【荒業】『名』荒々しい仕事。力のいる仕事。力仕事。＊人情本・貞操婦女八賢誌(1834-48頃)初・四回「人並よりは麗しく、育つ其子に荒業(アラワザ)を、させて木綿の男衣(をとこぎぬ)」＊いさなとり(1891)〈幸田露伴〉六四「多年荒業(アラワザ)に身を揉み寒熱に無理堪(ごた)へせし身体だけに」＊初すがた(1900)〈小杉天外〉五「お前に其様(そん)な荒業(アラワザ)為(さ)せちゃ済まないんだからね」 発音〈標ア〉0 ラ

あら-わし【荒鷲】『名』①荒々しい鷲。強猛な性質の鷲。＊今弁慶(1891)〈江見水蔭〉三「さしもに猛き荒鷲(あらわし)も、弱りはててぞ見えにける」＊若菜集(1897)〈島崎藤村〉おきぬ「みそらをかける猛鷲(アラワシ)の 人の処女(をとめ)の身に落ちて 花の姿に宿かれば」②(比喩的に用い、軍用飛行機やその搭乗員をたたえていう)強く勇ましい空軍。空の勇士。勇敢な飛行機乗り。＊軍歌・荒鷲の歌(1938)〈東辰三〉「来るなら来てみろ 赤とんぼ ブンブン荒鷲 ブンと飛ぶぞ」 発音〈標ア〉0〈京ア〉0

あらわし-い・ず【顕出】『他ダ下二』秘めているものを表に出す。打ち明ける。＊夜の寝覚(1045-68頃)五「『さはこれなりけり』と、もとの心をあらはしいづべきにも侍らざりしかば」

あらわし-ぎぬ【著衣】『名』「あらわしごろも(著衣)」に同じ。中世以降本来の意味が薄れ、「現わす」意のかけことばと、「袖」「端(褄=つま)」「紐」など衣服に縁のある語を導く序詞として修辞的に用いられることが多い。＊謡曲・烏帽子折(1480頃)「年月習ひし兵

法の術は、今こそはあらはし衣(ぎぬ)の端戸(つまど)を開きて」＊謡曲・遊行柳(1516頃)「はやわが姿はあらはし衣(ぎぬ)の、日も夕暮れの道しるべせし、その老人にて候ふなり」＊俳諧・口真似草(1656)「春の京気あらはし絹の霞哉〈重治〉」

あらわし‐ぐすり あらはし‥【現薬】『名』写真の現像に用いる現像液の古い俗称。＊写真鏡図説(1867−68)〈柳河春三訳〉初「銕液。俗称あらはし薬」

あらわし‐ごろも あらはし‥【著衣】『名』(喪中であることを表わす衣の意から)喪服。また、喪服に似た僧衣などをいう。中古、喪中の者は鈍色(にびいろ=薄墨色)の衣服、あるいは白の素服(そふく)を着用した。藤衣(ふじごろも)。形見の衣。服(ぶく)。あらわしぎぬ。＊源氏(1001−14頃)藤袴「この御あらはしごろもの色なくは、えこそ思給へ分くまじかりけれ」＊言塵集(1406)六「あらはし衣　苔衣。うつぶし染など云は法師の衣と云々」 発音 アラワシゴロモ〈標ア〉ゴ

あらわし‐もう・す あらはしまうす【顕申】『他サ四』(「もうす」は「いう」の謙譲語)①自発的に、自分の罪を役所に申し出て自首する。上代、犯人に自らあやまちを悔い改める途(みち)を開かせる方法で、処罰を一等減じた。本人に代わって代理人が申し出ることも許されていた。＊書紀(720)大化元年九月(北野本訓)「吉備笠臣垂、中大兄に自主(アラハシマウシ)て曰さく『吉野の古人皇子、蘇我田口臣川堀等と謀反けむとす。臣(やつかれ)、其の徒に預(くは)はれり』とまうす」＊続日本紀‐宝亀三年(772)三月二日・宣命「今裳咋足島、謀反の事自ら首之申世利(あらはシまをセリ)」②隠さないですっかり申し上げる。打ち明けて申し上げる。＊源氏(1001−14頃)行幸「やがてかかる事なんと、あらはし申べきやうを思ひめぐらして、消息(せうそこ)申ししを」

あらわ・す あらはす【表・現・顕・著】『他サ五(四)』(形容動詞語幹「あらわ(露)」がもとになってできた語。「あらわにする」の意)内にあるもの、隠れているものを、表に出すことをいう。①表に出して、はっきり示す。隠さないで見せる。おおやけにする。披露する。さらけ出す。＊地蔵十輪経元慶七年点(883)四「亦、相を現じて故(ことさら)に其の非を顕(アラハサ)じ」＊源氏(1001−14頃)蓬生「こだまなどけしからぬ物どもところえて、やうやうかたちをあらはし」＊大慈恩寺三蔵法師伝承徳三年点(1099)八「言を息(や)めて道を明(アラハス)」＊平家(13C前)七・忠度都落「勅勘の人なれば、名字をばあらはされず」＊仮名草子・伊曾保物語(1639頃)中・二七「身いやしうして上(かみ)つ方の振舞をなし、あるいは交はりをなせば、つひにおのがもとの姿をあらはすによって」＊江戸繁昌記(1832−36)二・混堂「官、孝を旌はすか、神之に福するか否かを知らず」＊学問のすゝめ(1872−76)〈福沢諭吉〉五・明治七年一月一日の詞「其気力を見(あら)はす可き機会をも得ずして」②隠さないで口に出して言う。包まず語る。打ち明ける。表ざたにする。暴露する。＊万葉(8C後)五・八五四「玉島のこの川上に家はあれど君をやさしみ阿良波佐(アラハサ)ずありき〈大伴旅人〉」＊霊異記(810−824)中・一三「其の弟子〈略〉擯(お)はれて里に出で、師を訕(そし)りて事を程(アラハス)」〈国会図書館本訓釈　程　アラハス〉＊源氏(1001−14頃)絵合「さ思ふ心なむありしなどは、えあらはし給はず」＊大慈恩寺三蔵法師伝承徳三年点(1099)八「大なるかなや、悲智の妙用、得て言ひ象(アラハス)こと无けむ」＊読本・春雨物語(1808)天津処女「謀反ある事を、阿保親王のもれ聞て、朝廷にあらはしたまへば」③形あるものとして実現させる。新造する。また、神仏がその力で不思議な現象を示す。＊万葉(8C後)一八・四〇九四「遠き世に　かかりし事を　朕(わ)が御代に　安良波之(アラハシ)てあれば〈大伴家持〉」＊続日本紀‐天平神護二年(766)一〇月二〇日・宣命「上(かみ)无き仏の御法(みのり)は至誠の心を以(もち)て、拝(をろが)み尊び献(まつ)れば、必ず異(こと)奇験(くすしきしるし)を阿良波之(アラハシ)授け賜ふ物にいましけり」＊宇津保(970−999頃)菊の宴「思ふ事なし給へらば、黄金(こがね)の堂建てん。金色の御かたあらはし奉らん」＊源氏(1001−14頃)若紫「かやうなる人の、しるしあらはさぬ時、はしたなかるべきも」＊日葡辞書(1603−04)「キドクヲ araуasu (アラワス)、または、ゲンズル」＊尋常小学読本(1887)〈文部省〉六「如何にもして、己が勇気をあらはし、貴族たちの胆をひしぎくれんと」④(思想、感情などを)ことば、表情その他の手段で表現する。＊平家(13C前)七・清水冠者「木曾、真実意趣なきよしをあらはさんがために」＊続古今(1265)序「古(いにしへ)のことをも筆の跡にあらはしゆきて」＊却来華(1433)「後世にこの題目をだにもしる人あるまじければ、紙墨にあらはす也」＊結城氏新法度(1556)「無二何事一時、各心得のため、条目にあらはし候、於二後代一可レ為二此法度一候」＊俳句問答(1896)〈正岡子規〉「只々吾感情を見(あら)はさんとて骨折るなり」⑤(著)書きしるす。著述する。書物などを世の中に出す。＊燈前夜話(15C後)上「あらはす処の書内篇七篇十巻なり」＊黄表紙・世上洒落見絵図(1791)「今年も又あくたましゐのこうへんかんじんがいっしんといふ本をあらはしました。ごろふじませ」＊地方凡例録(1794)二「爰にしるし置処はまはり検地にて、反別をあらたむる仕形を粗著置もの也」＊随筆・玉勝間(1795−1812)二「そのよにすぐれたるほどをもしりて、此人のあらはしたる物」＊滑稽本・浮世風呂(1809−13)二・序「嚮(さき)に著(アラワ)す男湯の浮世風呂」＊安愚楽鍋(1871−72)〈仮名垣魯文〉初・序「是(これ)に洩(も)れたるは嗣編(おひおひ)に著(アラハ)すべし」⑥あることを連想させる。象徴する。＊平家(13C前)一・祇園精舎「沙羅双樹(しゃらさうじゅ)の花の色、盛者必衰(じゃうしゃひっすい)のことはりをあらはす」⑦表面にそれと見えるように装う。見せかける。とりつくろう。＊仮名草子・伊曾保物語(1639頃)下・一六「たばからばやと思ひて、死したる体(てい)をあらはして」

語誌 (1)平安時代の訓点資料あたりから助詞「を」との結びつきが強くなる。また、意味の面でも、「明らかにする」「公にする」といった原義から、「目に見えるようにする」「正体をあらわす」などの意味も派生する。(2)現在は、「…ヲあらわす」の形で、他者が認知できるよう、隠れていた状態を表に出すという意味で使用される。この場合、表出される場所が、助詞「に」で示されることがあり、例えば「会場に姿をあらわす」では、「姿」が隠れていた物、「会場」が表出される場所ということになる。また、「喜びを顔いっぱいにあらわす」のように、「を」で心中の思いを示し、「に」で表情・態度等の表出する場所を示すような用法もある。

発音〈標ア〉ワ〈ア史〉平安○○●○　鎌倉○○○●　室町・江戸●●○○〈京ア〉0 辞書 色葉・名義・和玉・文明・伊京・易林・日葡・ヘボン・言海 表記 著(色・名・玉・文・易・ヘ) 顕(色・名・玉・文・易・言) 表(色・名・玉・文・易) 現(色・名・文・易・言) 彰・露(色・名・文・易) 呈(色・名・玉・文) 詮(色・名・玉・伊) 祖・覿・標・坦・勠・颺・甄(色・名・玉) 察(色・名・文) 形(色・名・易) 章(色・文・易) 證(名・文) 旌(色・玉) 題(色・文) 効・旗(名・玉) 着(名・文) 瑞(名・文・伊) 效・陽・覈・公・暴・皛・許・徵・見・爽・讃・宣・曝(色・名) 験・覚(色) 明・赫・符(名) 書・白・出(玉) 監・封(文) 証(易)

同訓異字 **あらわす**【表・現・顕・著・見・呈・形・彰・暴・露】

【表】(ヒョウ) おもてに出して示す。あらわして人に分かるようにする。「表敬」「表現」「表彰」「発表」《古 うへ・おもて・あらはす・あきらか》

【現】(ゲン) 見えないものや隠れているものを、おもてに出す。おもてに出て目に見える。「現象」「現像」「出現」「発現」《古 あらはす・あらはる・みる》

【顕】(ケン) 美しい髪飾り。転じて、明らかでまぎれがないように示す。隠れた所をなくしてはっきりと表に出るようにする。「顕在」「顕示」「顕著」「露顕」《古 あらはす・あきらか・あらは》

【著】(チョ) はっきりとした説明や形などであらわして示す。「著作」「著名」「顕著」《古 あらはす・あらはる・しるす》

【見】(ケン) 目に見えるようにする。おもてにはっきり出し示す。「見証」「一見(いちげん)」「露見」《古 みる・しめす・あらはす・あらはる》

【呈】(テイ) 差し出して示す。人目につく所に出して見せる。「呈示」「露呈」《古 しめす・あらはす・のぶ・をしふ》

【形】(ケイ・ギョウ) かたちづくって示す。「形声」「形容」《古 かたち・あらはす・あらはる》

【彰】(ショウ) あや。飾り。転じて、外にはっきりとあらわし示して明らかにする。「彰義」「顕彰」「表彰」《古 あらはす・あらはる・あきらか》

【暴】(バク・ボウ) 日の光にさらす。転じて、おもてにあらわにさらけ出す。秘密などをあばいて人々の目の前にさらし示す。「暴露」《古 さらす・あらはす》

【露】(ロ・ロウ) 露(つゆ)をじかに受ける。転じて、おおうものが何もなくむき出しになる。隠したいものが表に出てしまい人目につく。「露見」「露呈」「暴露」また、人々の前に示し知らせる。「披露」《古 あらはす・あらはる》

あらわに‐ごと あらはに‥【顕事】『名』現世万般の政治。人間界に現出する万般の事象。神の世界が、目に見えない幽冥(ゆうめい)事であるのに対していう。あらわのこと。＊玉くしげ(1789)「今よりして、世の中の顕事(アラハニゴト)は皇孫尊(すめみまのみこと)これを所知看(しろしめ)すべし、〈略〉顕事とは、世の人の行ふ事業にして、いはゆる人事(にんじ)なれば、皇孫尊の御上の顕事は、即ち天下を治めさせ給ふ御政(まつりごと)なり」 語誌「書紀‐神代下」に見える「顕露之事」「顕露事」を「書紀」自身「顕露、此をば阿羅播弐(アラハニ)と云ふ」と訓釈しているが、この、形容動詞の連用形と考えるべき「あらはに」を名詞と解して、後世「あらはにのこと」と訓読したところから生じた語。

あらわ・る あらはる【現・著・顕】『自ラ下二』⇨あらわれる(現)

あらわれ あらはれ【現・著・顕】『名』(動詞「あらわれる(現)」の連用形の名詞化)①現われ出ること。また、そのもの。＊倭語類解(17C後‐18C初)雑語「顕　アラワレ」＊天変地異(1868)〈小幡篤次郎〉三月並び照す事「七月二十六日の夜に三つの月同時に昇ると云ひ伝へ月待するの習ひあり。全く此夜に当り斯る発象(アラハレ)を見しことあるより遂に邦俗となりたるならん」＊二十五絃(1905)〈薄田泣菫〉雷神の歌「見、聞(きき)、知るべき現象(アラハレ)の」＊大阪の宿(1925−26)〈水上滝太郎〉一一・四「人々の熱情のあらはれだ」＊故旧忘れ得べき(1935−36)〈高見順〉一〇「松下に対する親愛のあらはれ以上の、なにか浮きうきしたものがあり」②(人に知られるの意から)交際の開始。また、そのときの宴。村入りの宴や出産祝いをいう場合もある。方言 他から来住した者が組入りをする時、その集落または組の人を招いてする宴。また、婚礼などの披露宴。香川県三豊郡038 発音〈標ア〉レワ〈京ア〉0

あらわれ‐い・ず あらはれいづ【顕出】『自ダ下二』「あらわれでる(現出)」に同じ。＊夜の寝覚(1045−68頃)四「さればよ。ひと夜もさばかりあらはれいでてののしるけしきを」＊有明の別(12C後)二「母君もばけ物のあらはれいでたる心ちして、ただいざりかくれ給ふを」＊謡曲・葵上(1435頃)「梓の弓に怨霊の、これまで現はれ出でたるなり」＊浄瑠璃・傾城反魂香(1708頃)上「かひがひしきわかき法師の顕はれ出、いさみかかれる有さまは」 発音〈標ア〉イ

あらわれ‐いで・く あらはれ‥【顕出来】『自カ変』現われ出てくる。姿を現わして出る。＊源氏(1001−14頃)柏

木「さらに物の怪のあらはれいでくるもなきに」 ＊古本説話集(1130頃か)五五「摩訶陀国(まかだこく)に鬼のあらはれいできて、人を食ひければ」

あらわれ-ぐち あらはれ…【顕口】〘名〙 悪事、秘密などが知られるきっかけ。露見する糸口。 ＊歌舞伎・繰返開花婦見月(三人片輪)(1874)二幕「『ばれるといふは顕(アラハ)れ口』『よい辻占(つじうら)でござんすぞえ』」 ＊歌舞伎・裏表柳団画(柳沢騒動)(1875)四幕「邪は正に敵し難し、現在所持なす村正が君を呪詛なす顕(アラ)はれ口(グチ)」

あらわれ-こぐち あらはれ…【顕小口】〘名〙「あらわれぐち(顕口)」に同じ。 ＊歌舞伎・好色芝紀島物語(1869)二幕「譬喩(たとへ)にもいふ千丈の堤も蟻の一穴と、顕(アラ)はれ小口(コグチ)になったから、誰ぞに罪をなすらうと」 ＊怪談乳房榎(1897)〈三遊亭円朝〉三六「それでは片時もすて置かれぬ、自分の悪事の顕(アラハ)れ小口(コグチ)でございますから」

あらわれ-ざま あらはれ…【顕様】〘名〙 はっきりしている様子。露骨な様子。 ＊夜の寝覚(1045‐68頃)二「対の君の気色(けしき)も、あらはれざまにあれば、むすぼほれ、いとど心地もなぐさみ、あはれもよほされける」

あらわれ-すくせ あらはれ…【顕宿世】〘名〙 宿運がはっきりと見える形で出てきたもの。 ＊有明の別(12C後)一「いまの関白どの、おとなび給へるひめ君を春宮にまゐらせ給ふを、かしこきことにもてかしづき給ふもあぢきなき御あらはれすくせなり」

あらわれ-づき あらはれ…【現月】〘名〙 妊娠九か月目の称。出産の可能性があるのでいう。 ＊歌舞伎・霧太郎天狗酒宴(1761)四幕「『戸沢様、おまへはもう幾月ぢゃへ』『モウ九月、あらはれ月でござんすわいなア』」

あらわれ-て あらはれ…〘副〙 はっきりと。明瞭に。また、公然と、露骨に。 ＊源氏(1001‐14頃)夕霧「さりとてまた、あらはれて物し給はむも、あはあはしう心づきなきこと」 ＊今昔(1120頃か)一九・二五「得任が子と云ふ事を、人顕はれても不云(いはず)して、私語(ささめ)きてのみ有けるに」 ＊サントスの御作業(1591)一・サンマチヤス「コレ ミナ Hierusalem ノ バンミンノ araua-rete (アラワレテ) シリタル コト ナリ」 辞書 日葡

あらわれ-でる あらはれ…【現出】〘自ダ下一〙 姿を現わす。出現する。登場する。 ＊都会の憂鬱(1923)〈佐藤春夫〉「もうとっくに一人前の文士になって文壇に現はれ出てゐる」 発音〈標ア〉デ

あらわ・れる あらはれる【現・著・顕】〘自ラ下一〙文あらは・る〘自ラ下二〙 ① 隠れていた物事が、はっきり見えるようになる。表に出てくる。 ＊百法顕幽抄平安中期点(900頃)「陽に接きて孤り標(アラハレ)て特に起れり」 ＊源氏(1001‐14頃)帚木「人目繁からむ所に、びんなきふるまひやあらはれんと」 ＊海道記(1223頃)極楽西方に非ず「罪雪消なば善金は露(あらはれ)ぬべし」 ＊新勅撰(1235)雑一・一〇九四「この里はしぐれにけりな秋の色のあらはれそむる峰のもみぢば〈如願〉」 ＊御伽草子・こほろぎ草子(室町時代物語大成所収)(室町末)「頼草木も露もやどらず、いつしか初霜の下りて寐ぐらもあらわれにける」 ＊即興詩人(1901)〈森鴎外訳〉媒「翁が喜は眉のあたりに呈(アラハ)れき」 ② 隠していた物事が人に知られる。発覚する。露見する。 ＊書紀(720)持統称制前(北野本訓)「皇子大津、謀反(みかどをかたぶ)けむとして発覚(アラハレ)ぬ」 ＊万葉(8C後)一一・二三五四「ますらをの思ひ乱れて隠せるその妻天地にとほり照るとも所顕(あらはれ)めやも〈人麻呂歌集〉」 ＊源氏(1001‐14頃)薄雲「もろこしにはあらはれてもしのびても乱りがはしき事いと多かりけり」 ＊平治(1220頃か)中・常葉註進「経宗、惟方の謀計はあらはれけるにや、つひに左遷のうれへにしづみけり」 ＊仮名草子・身の鏡(1659)中「むかしの下戸又こころあさき女に大事を語り、顕(アラハ)れたるにこりたる者どもがあつまりて」 ＊浮世草子・好色一代男(1682)三・二「さすがおろか成(なる)やりくりにて、後はあらはれてむごく見かぎられて、爰をも暇乞(いとまごひ)なしに上りぬ」 ＊人情本・春色梅児誉美(1832‐33)四・二四齣「それが重忠様へ召捕られて、それからだんだんあらはれて来たそうでござへます」 ③ 神仏が姿や霊験を現わす。示現する。 ＊書紀(720)履中五年三月(熱田本訓)「筑紫に居(ま)します三はしらの神宮(おほみや)の中に見(アラハレ)て言はく」 ＊宇津保(970‐999頃)国譲中「只今はあらはれたる薬師仏にこそはとてなん、一夜二夜ばかり物せさせ給へ」 ＊源氏(1001‐14頃)真木柱「心浅き人のためにぞ寺の験(げん)もあらはれける」 ＊三国伝記(1407‐46頃か)二・一二「一時の奇特爰に呈(アラハ)れ万人の信仰斜(ななめ)ならず」 ＊御伽草子・浦嶋太郎(室町末)「其後浦島太郎は、丹後国に浦島の明神と顕れ、衆生済度し給へり」 ④ それまでなかったものが出現する。 ＊大鏡(12C前)五・道長上「なほこの無量寿院いとめでたく、極楽浄土のこの世にあらはれけると見えたり」 ＊百一新論(1874)〈西周〉下「虹が見はれ、雪が降る等に至るまで」 ⑤ 名声・功績などが、世間に広くはっきりと知られるようになる。 ＊史記抄(1477)一一・老子伯夷列伝「顔回も孔子にほめられてこそ、名はあらわれたれ」 語源説 (1)アレハエ(生映)の略転アラハを動詞に活用〔大言海〕。(2)アラケハルルから〔日本釈名所引直指抄〕。(3)アレアル(生在)から〔言元梯〕。(4)アレフル(生振)から〔名言通〕。(5)ハララスの反〔名語記〕。 発音〈標ア〉レ〈京ア〉0 文『あらはる』アラワル〈標ア〉ワ〈ア史〉平安○○●○ 鎌倉『あらはるる』○○○○● 室町・江戸『あらはるる』●●●○○ 〈京ア〉0 辞書 色葉・名義・和玉・文明・明応・天正・饅頭・黒本・易林・日葡・書言・ヘボン・言海 表記 顕(色・明・天・饅・書・へ・言) 露(玉・文・明・天・饅・黒・書) 現(玉・文・天・易・書・言) 見(名・玉・文・天・書) 形(名・玉・文・書) 彰(玉・文・黒・書) 償・覚・暁・曝・首・並・奎・炳・端・呈・郢・隆・編・示・図・莪・出・軽・祖・瑞・掲(名) 體・発(玉) 勃・表・発覚・露顕(書) 著(言)

あらわれ-わた・る あらはれ…【現渡】〘自ラ四〙 一面にずっと見えてくる。 ＊千載(1187)冬・四二〇「朝ぼらけ宇治の川霧たえだえにあらはれわたる瀬々の網代木〈藤原定頼〉」 ＊新勅撰(1235)冬・四三五「板間より袖にしらるる山おろしにあらはれわたる埋火(うづみび)のかげ〈嘉陽門院越前〉」 ＊浮世草子・好色二代男(1684)五・四「慮外者としかれば、あらはれ渡(ワタ)る、瀬々の立浪の羽織そこそこに着て」

あらわ・ろ あらはろ〘動〙(「あらわる(現)」の上代東国方言) 現われる。 ＊万葉(8C後)一四・三四一四「伊香保ろの八尺(やさか)の堰塞(ゐで)にたつ虹(のじ)の安良波路(アラハロ)までもさ寝をさ寝てば〈東歌・上野〉」 上仮名 アラハロ

アラン (Alain) フランスの哲学者、批評家。本名エミール＝オーギュスト＝シャルチエ。デカルト的な合理主義者。著に「芸術論集」「わが思索のあと」「スタンダール」「教育論」「幸福論」など。(一八六八〜一九五一) 発音〈標ア〉ア

あらん-さい【渇藍菜】〘名〙 植物「ぐんばいなずな(軍配薺)」の漢名。

アランダム〘名〙(Alundum アルミナ質グレーンの商標名が一般化したもの) アルミナを溶融した青灰色、または褐色の粒状物。硬度が高く、耐火性にすぐれ、るつぼ、耐火器具、研磨材などに用いられる。 発音〈標ア〉ラ

アランダ-もじ【―文字】〘名〙(「アランダ」は「オランダ」に同じ) オランダ語を書きあらわす文字、すなわちアルファベットのこと。 ＊洒落本・風俗通(1800)二「紅毛文字(アランダモジ)の仮名をよみやァしめへし、わからねへも大笑だ」 発音〈標ア〉モ

あらんど-がみ【荒人神】〘名〙「あらひとがみ(現人神)」の変化した語。 ＊浄瑠璃・源頼家源実朝鎌倉三代記(1781)四「日本の荒人(アランド)神是まで自身出馬せしぞ」

あらんにゃ【阿蘭若】〘名〙(梵 araṇya の音訳。阿練若、練若、蘭若などとも表わし、寂静処、空閑処などと訳す) ① 仏語。人里を一倶盧舎(梵 krośa の音訳。距離の単位で、叫び声の聞こえる範囲)離れて、比丘の仏道修行に適した閑静な場所。また、その場所に住むこと、そこに住む者。阿練若(あれんにゃ)。 ＊春鳥集(1905)〈蒲原有明〉沙門『不浄』「ねたみや、悔や、丹の雨、瑠璃のあらし 忽ち燃えそふ恋のこれや阿蘭若(アランニャ)」 ＊釈氏要覧‐上・住処「蘭若、梵云、阿蘭若、或云、阿練若。唐言無諍、四分律云、空静処」 ＊翻訳名義集「閑静処、即阿蘭若」 ② 寺院。僧庵。 ＊張雨‐贈別了堂上人詩「祖衣留在阿蘭若、仏法伝過高白麗」 発音〈標ア〉ラ

アランブラ ⇩アルハンブラ

あらん-もん【有物】〘連語〙 方言 ❶別物。違ったもの。佐賀県887 890 熊本県天草郡936 鹿児島県961 ❷虚言。うそ。◇あらんむん 鹿児島県奄美大島974

あり【有・在】〘名〙(動詞「ある(有)」の連用形の名詞化) あること。あるもの。存在。現実。多く「の」を伴って「ありの…」の形で用いられる。 発音〈標ア〉ア〈京ア〉0／ア 辞書 言海 表記 有(言)

ありの限(かぎ)り あるだけすべて。あるもの全部。そこにいるすべて。 ＊宇津保(970‐999頃)嵯峨院「ありのかぎりの公達(きむだち)、男も女もつどひてつかまつり給ふ」

ありの件(くだり) 前にあったこと。あったことの次第。前件。ありのままのこと。 ＊宇治拾遺(1221頃)一〇・一「舎人を召して問はれければ、はじめはあらがひけれども、われも罪かうぶりぬべくとはれければ、ありのくだりのことを申してけり」

ありの悉(ことごと) あるものの全部。ある限り。ありたけのもの。 ＊万葉(8C後)五・八九二「寒くしあれば 麻衾(あさぶすま) 引き被(かがふ)り 布肩衣(ぬのかたぎぬ) 安里能許等其等(アリノコトゴト) 著そへども〈山上憶良〉」 ＊良寛歌(1835頃)「やました風の いと寒く 吹き来るなべに あり衣を ありのことごと ひきかつぎ」

ありのすさび (「すさび」は、心のおもむくのにまかせること) ある(生きている)という状態にまかせていること。あるにまかせてすること。生きているのに慣れて、なんとも思わないこと。いいかげんに過ごすこと。 ＊古今六帖(976‐987頃)五・雑思「ある時はありのすさひに語らはで恋しきものと別れてぞ知る」 ＊匠材集(1597)三「ありのすさひ 有時は入興の余何とも不思也。死て人を恋しく思ふなり。又蟻などのはかなく物を引事にもいふ」 ＊俳諧・忘れ花(1702)「袷着て身に世にありのすさび哉」 辞書 言海

ありのすさみ 「ありのすさび」に同じ。 ＊源氏釈(1175頃)「ある時はありのすさみににくかりきなくてぞ人は恋しかりける」 ＊中務内侍(1292頃か)「花鳥の色にもねにも忍ぶやどありのすさみもあらばあらまし」 ＊ささめごと(1463‐64頃)生涯修行すべきこと「よき人だにながらへ侍れば、ありのすさみある習ひ」

ありの紛(まが)い ものが多くあって入り乱れているさま。 ＊書紀(720)允恭一四年九月(図書寮本訓)「時に麋鹿(おほじか)、猿(さる)、猪(ゐ)、莫莫紛紛(アリノマガヒ)に山谷に盈てり」 辞書 言海

ありの儘(まま) ⇩親見出し

ありのままに ⇩親見出し

あり【蟻】〘名〙 ① アリ科に属する昆虫の総称。体色はふつう黒または赤褐色で、体長二〜五ミリメートルのものが多い。頭、胸、腹部に区分され、特に胸部と腹部の間に深いくびれがある。大部分の種類では毒針はないが、蟻(ぎ)酸を放出する。地中や樹中に巣をつくり、女王アリ

（雌アリ）、働きアリ、王アリ（雄アリ）などによる集団生活を営み、それぞれ分業する。女王アリ、王アリにははねがあり、羽蟻と呼ばれる。女王アリは空中での交尾後、はねは脱落し、多くの卵を産む。種類は多く、世界に広く分布。日本ではトゲアリ、クロヤマアリなど約一〇〇種がみられる。学名は Formicidae 《季・夏》 ＊新撰字鏡（898–901頃）「蛾 螘也 蟻 安利 又比比留」 ＊枕（10C終）四三・虫は「ありは、いとにくけれど、かろびみじうて、水の上などを、ただあゆみにあゆみありくこそをかしけれ」 ＊日葡辞書（1603–04）「Ari（アリ）〈訳〉蟻。スズシイ キノ シタモ ari（アリ）ガ サセバイラレヌ」 ＊俳諧・暁台句集（1809）夏「株木瓜や蟻の巣作る五月山」 ＊尋常小学読本（1887）〈文部省〉七「或る蟻の類の中には、尤も大なる蟻を女王蟻とし、其次なる大さのものを兵隊蟻とし、小きものを労働蟻とするあり」 ②木材の端に、鳩尾（きゅうび）のように先を広く作った突起。他の木にはめ込んで、抜けないようにするためのもの。〔日本建築辞彙（1906）〕 ③板のそりを防ぐため、木目と直角にえぐった溝につめる、別の細い木。ありさし。「ありを入れる」 ④衣服の部分の名称。袍（ほう）や直衣（のうし）の下方にある、襴（らん）の左右に垂れている、耳のような部分。衽（おくみ）。 ＊連阿口伝抄（1366）束帯「襴の左右に耳の様なる物をばありといふ」 ＊深窓秘抄（室町中頃か）「御襴の高さ七寸五分、御蟻六寸五分、御蟻先五寸五分」 語誌 上代から「あり」という語があったことは、訓仮名として用いられているところから知られる。中古・中世期までは和歌や和文系の物語・日記類には、ほとんど使用されないが、随筆類・説話類には「蟻通し」の説話やその生態や習性をとらえた話題で、しばしば使われている。 語源説 (1)アは小の義、リは助け詞。小虫の義〔東雅〕。(2)多く集まる虫であるから、アツマリの中略〔日本釈名・日本語原学＝林甕臣〕。(3)よくアリク（歩）ものであるから〔和句解・紫門和語類集・日本語源＝賀茂百樹〕。(4)アナイリ（穴入）の義〔言元梯〕。(5)アリ（有）の義〔名言通〕。前後のくびれがアル（有）ことから〔和訓栞所引沙石集〕。 発音 〈なまり〉アージ・アーリー・アイ〔鹿児島方言〕アーリ〔愛知・鹿児島方言〕アィ〔伊賀〕アイリ〔伊予大三島〕アシ〔和歌山県・紀州〕アニ・アネ・アレ・アン〔熊本分布相〕アリー〔広島県〕〈標ア〉⓪ 〈ア史〉江戸●● 〈京ア〉⓪ 辞書 字鏡・和名・色葉・名義・下学・和玉・文明・伊京・明応・天正・饅頭・黒本・易林・日葡・書言・ヘボン・言海 表記 蟻（字・色・下・文・伊・明・天・饅・黒・易・書・へ・言）螘（字・和・名・下・玉・伊・易）玄駒（和・名）蜉（玉・文）蛾（字）[illegible]（色）螯（名）蚍・蛆・蝝・螻・蟣（玉）螘・玄狗・衽（書）

あり穴（あな）を出（い）ず 冬の間、地中にこもっていた蟻が、春になって穴から地上へ出ること。《季・春》 ＊遠星（1947）〈山口誓子〉「蟻穴を出でておどろきやすきかな」

あり出（い）ず 「あり（蟻）穴（あな）を出（い）ず」に同じ。 ＊俳諧・新季寄（1802）二月「蟻いづる 蚋いづる」

ありが十匹（じっぴき）猿（さる）五匹（ごひき） 「ありがとうござる」というしゃれ。蟻が十（とお）に「ありがとう」、五猿に「ござる」をかけた。

ありが入唐（にっとう）する （「入唐」は、唐の国に入国するの意）蟻が唐の国に行くように、ひどく時間がかかることのたとえ。 ＊人情本・軒並娘八丈（1824）初・一套「『丈八、貴様も是れにて、仕度しやれ』と、宿の女に膳を言ひ付けるに、またまた手間の取れる事、蟻（アリ）が入唐（ニッタウ）する如くにて」

ありの穴（あな）＝から堤（つつみ）も崩（くず）れる［＝より堤（つつみ）の崩（くず）れ］ （「韓非子－喩老」の「天下之難事、必作二於易一、天下之大事、必作二於細一〈略〉千丈之堤、以二螻蟻之穴一潰」による）堅固につくった堤防も蟻があけた小さな穴が原因となって崩れ去ることもあるの意から、ほんのわずかな油断や不注意がもとで、とんだ大事を招くことがあるということのたとえ。 ＊浄瑠璃・丹波与作待夜の小室節（1707頃）道中双六「三吉と云馬追が乳兄弟に有などと、どふさまたげにならふやらありのあなからつつみもくづれる」 ＊歌舞伎・幼稚子敵討（1753）三「蟻の穴から堤の崩れ。かふ成からは何も彼も言ふて聞そふ」 ＊歌舞伎・忠臣蔵後日建前（女定九郎）（1865）下「『いや、お相伴（しゃうばん）より、お庄屋様へちょっと』『ああこれ、蟻（アリ）の穴（アナ）より堤（ツツミ）のくづれ』『それでも、ちょっと』」

ありの甘（あま）きにつく如（ごと）し （蟻は甘いものが大好きで、甘いものがあると集まるところから）利益があるところに人は集まるということのたとえ。

ありの一穴（いっけつ）天下（てんか）の破（やぶ）れ 大事はほんのささいなことより起こる。ちょっとしたことが原因でたいへんなことになる。 ＊浄瑠璃・宇賀道者源氏鑑（1759）三・道行嫐獅子「此一大事を大場に洩せば、蟻の一穴天下の破」 ＊歌舞伎・夜討曾我狩場曙（1874）序幕「『不便ながらも』『蟻の一穴』と両人を切下げる」 ＊うもれ木（1892）〈樋口一葉〉九「にべもなく断りしが蟻（アリ）の一穴（いっケツ）」

ありの思（おも）い 小さな力しか持たない者がいだくひたすらな願い。 ＊歌舞伎・金幣猿島都（1829）三立「高の知れた小商人（こあきんど）、その日送りの私しが、怪しいと申してからが蟻（アリ）の思ひ」

ありの思（おも）いも天（てん）に＝届（とど）く［＝登（のぼ）る］ 小さな力しか持たない者でも、強く念じれば願いどおりになるものだということ。 ＊御伽夜話（1745）二・蟻熊野祈事「蟻（アリ）の思（オモ）ひも天（テン）に上（ノボ）るとかや」 ＊滑稽本・浮世風呂（1809–13）二・下「蟻（アリ）の思（オモ）ひも天（テン）にとどくとやらでの、一心に介抱すれば、また能日（いいひ）の照ることが無（なくっ）てさ」 ＊歌舞伎・金看板侠客本店（1883）二幕「蟻（アリ）の思（オモ）ひも天（テン）とやらで、お守りなされて下さりましたか」

ありの＝熊野参（くまのまい）り［＝伊勢参（いせまい）り・百度参（ひゃくどまい）り］ 蟻が列をなして続くのを熊野参りなどの人の列にたとえたもの。転じて、大人数が列をなすようにして、ぞろぞろと進むことにいう。ありの堂参り。ありの物参り。 ＊杜詩続翠抄（1439頃）一五「雁之飛二於長空一如二蟻熊野詣（マイリ）一」 ＊日葡辞書（1603–04）「Arino cumanomairi（アリノ クマノマイリ）ホド ツヅイタヨ」 ＊太閤記（1625）二・因幡国取鳥落城之事「番士五六十人づつ、入替入替、夜番廻番、蟻之熊野参りする如く、隙透間もなく見えにけり」 ＊仮名草子・仁勢物語（1639–40頃）下・一〇一「酒瓶（がめ）の側（はた）に並べる人を多みありのくま野へまいるなりかも」 ＊随筆・兎園小説拾遺（1829–32）二「四国辺の者は、夥敷当地を相通り候。〈略〉俗に蟻の百度参りとか申如く、殊の外群集の由御座候」 方言 ❶蟻（あり）の長い行列。 ◇ありのいせまいり 奈良県南大和683 ◇ありごのよめいり〔－嫁入〕新潟県中頸城郡383 ❷多数の者が列を作って行動すること。 ◇ああごのだいせんまいり〔－大山参〕鳥取県西伯郡719 ❸虫、ありじごく（蟻地獄）。 ◇ありのこぼさんまいり〔－弘法参〕三重県阿山郡585 ◇ありのこうさんまいり 三重県阿山郡585

ありの子（こ） ⇨親見出し

ありの地獄（じごく） 「ありじごく（蟻地獄）」に同じ。 ＊俳諧・文政句帖－六年（1823）六月「それそこは蟻の地獄ぞ這ふ毛虫」 辞書 言海 表記 蟻地獄（言）

ありのすさみ （「徒然草－七四」の「蟻のごとくに集まりて、東西にいそぎ南北に走る。〈略〉いとなむ所何事ぞや、生をむさぼり利を求めてやむ時なし」による。「すさみ」は、心のおもむくままにすること、慰みごとで、ここは、いとなみの意）蟻が集まって働くこと。 ＊浄瑠璃・用明天皇職人鑑（1705）四「しもべの者共、ははき、水おけ数しらず、列をそろへはこびしは、ありのすさみに異ならず」

ありの丈（たけ） （「丈」は身長）蟻が背丈を比べても、どうせたいしたことがない。恐れることがまったくないことのたとえ。 ＊寛永版曾我物語（南北朝頃）六・ふん女が事「彼等が勇、物の数にて数ならず蟻のたけとも覚えたりとて、城中静まれ」

ありの天上（てんじょう） 「あり（蟻）の思（おも）いも天に届く」に同じ。 ＊滑稽本・客者評判記（1811）中「その息がめぐりめぐって蟻の天上、馬の足から立者（たてもの）にも出世するは、贔屓の蔭ではあるまいか」

ありの堂参（どうまい）り 「あり（蟻）の熊野参（くまのまい）り」に同じ。

ありの塔（とう）を＝組（く）む［＝積（つ）む］如（ごと）し （「塔」は蟻塚）少しずつ怠りなく功を積んで大事業をなしとげることのたとえ。 ＊俳諧・毛吹草（1638）二「ありのたうをくむことし つるのあはをひろふことし」 ＊浄瑠璃・双生隅田川（1720）三「ありのとうを組ごとく、十年以来のちりつもって、此金九千九百九十両」 ＊談義本・教訓乗合船（1771）三・禅僧の談義「せめての余勢は、蟻（アリ）の塔（タウ）つむ、頼母子講をみてて、参宮西国順礼が、一世の語り草」

ありの門渡（とわた）り ⇨親見出し

ありの＝這（は）い出（で）る所（ところ）［＝這（は）う隙（ひま）］ （「蟻の這い出る所もない」と用いられる場合が多い）ほんのわずかなすき間。四方八方を固められている場合の、のがれ出られるすき間。 ＊浄瑠璃・菅原伝授手習鑑（1746）四「迯支度しても、裏道へは数百人を附け置き、蟻（アリ）の這（ハヒ）出る所もない」 ＊歌舞伎・松栄千代田神徳（徳川家康）（1878）序幕「『大高城の辺りは、皆悉く織田方にて』『取巻き居るゆゑ一方たりとも、蟻（アリ）の這（ハ）ひ出（デ）る所（トコロ）もなく』」 ＊くれの廿八日（1898）〈内田魯庵〉六「蟻の這ふ隙（ヒマ）もないほどに雑沓（こみあ）ふ中を一緒に揉れながら何時の間にか本郷通りまで来た」

ありの這（は）うまで＝見（み）える［＝知（し）っている］ よく見通せることのたとえ。すみからすみまで目が行き届き、よくわかる。 ＊虎寛本狂言・武悪（室町末－近世初）「あの高い所へ上て見ますれば、蟻のはふ迄も見へまするが」 ＊浄瑠璃・生写朝顔話（1832）宿屋の段「ふしぎや忽ち両眼開き、蟻の這ふまで見えすくにぞ」

ありの髭（ひげ） ごく小さいもの、または、きわめて力の弱いもののたとえ。 ＊浄瑠璃・用明天皇職人鑑（1705）五「丸にむかはんなんどとはありのひげにて須彌山（しゅみせん）をくづさんとするに似たり」 ＊浄瑠璃・鎌田兵衛名所盃（1711頃）上「ねらひをすまして射かけしに、蟻（アリ）の髭（ヒゲ）をもはづさぬ某」

ありの道（みち） ①蟻が行列して進む道。《季・夏》 ＊俳諧・続猿蓑（1698）春「若草や松につけたき蟻の道〈此筋〉」 ＊俳諧・おらが春（1819）「蟻の道雲の峰よりつづきけん」 ②子供の遊びの一つ。備後（広島県東部）福山で、地面に指で線を描いてする遊びをいう（俚言集覧（1915））。

ありの物参（ものまい）り 「あり（蟻）の熊野参（くまのまい）り」に同じ。 ＊源家長日記（1216–21頃）「五辻殿より殿上人、上下北面人々、馬車にてはせちがふさま、ありといふ虫の物まいりとかやするにこそようにて侍しか」

ありは五日（いつか）の雨（あめ）を知（し）る 蟻

は五日前に雨の降るのを予知するという意味で、蟻が穴をふさげば大雨の前兆とされる。＊浄瑠璃・燦静胎内捃(1713)一「蟻は五日の雨をしり、名将は百里の敵をはかるとかや」

あり『感動』蹴鞠(けまり)の時に発する掛け声。ありあり。＊遊庭秘抄(1360頃か)乞事「我け侍らんと思ふ時、声を出して鞠を乞也。此の上に、さまざまの乞様あり。或はやくゎ、或はありくゎ、又あり、又をと乞ふ」＊蹴鞠百首和歌(1506)礼法大体「ありといふ声より外にいふ事は鞠のかかりにせぬとこそ聞け」＊蹴鞠之目録九拾九ケ条(1631)六・序破急三段の事「序の鞠の時は、いかにも進退をたしなみ、まりを高足に蹴上、請声はありの利の字をはり、ながく引」

あ・り【有・在】『自ラ変』⇩ある(有)

アリア『名』(イタリア aria)①オペラ、オラトリオ、カンタータなどの中の、旋律的な独唱部分。多くの場合、器楽の伴奏で歌われる。せりふの朗唱であるレシタチーブ(叙唱)に対するもの。詠唱。＊即興詩人(1901)〈森鷗外訳〉歌女「ヂドは今主なる単吟(アリア)に入りぬ」＊青べか物語(1960)〈山本周五郎〉水汲みばか「彼はなにかのオペラの中のアリアを、鼻で、かなり正確にうなっていた」②叙情的、旋律的な器楽曲や楽章。「G線上のアリア」 発音〈標ア〉ア1〈京ア〉ア1

あり-あい(ひ ぁ)【有合・在合】『名』①ありあうこと。居あわせること。ありあわせること。＊曾我物語(南北朝頃)一一・箱根にて仏事の事「法師とて、御導師になるべき身にあらねども、ありあひ、いかでかむなしかるらん」②たまたまその場にあるもの。ありあわせ。また、そのものだけで簡単にすませること。ありあわせ。＊石山本願寺日記‐証如上人日記・天文一〇年(1541)九月一三日「青侍は有合に食え」＊浮世草子・世間胸算用(1692)二・三「夜食は冷飯(ひやめし)に湯どうふ、干(ひ)ざかな有あいに」＊花間鶯(1887‐88)〈末広鉄腸〉中・一〇「世話になったお礼と思ふて有り合ひの金をお前に渡して置くのだが」＊福翁自伝(1899)〈福沢諭吉〉幼少の時「一切大阪風の着物より外にない。有合(アリアヒ)の着物を着せるから自然中津の風とは違はなければならぬ」 方言❶ありあわせ。間に合わせ。ありあわせの粗末なもの。山形県東村山郡・東置賜郡139 栃木県198 山梨県456 兵庫県加古郡664 島根県725 徳島県811 香川県827 ◇あっりゃい 香川県829 ❷全部。おしまい。愛知県西春日井郡549 岡山県岡山市054 小田郡767 ❸すっかり。あるだけ。ことごとく。岐阜県大垣市512 愛知県知多郡570 三重県度会郡599 辞書書言・言海 表記有合(書・言)

ありあい に 売(う)り渡(わた)す 室町時代に行なわれた本銭返(ほんせんがえし)の一種。金銭の都合がつき次第買い戻すことができるという特約つきで売り渡す。＊香取文書纂‐一五・一七・永正一六年(1519)四月・盛信売券「依ㇾ有ㇾ要用ㇾ、有合売渡申田状事〈略〉当年己卯年より始候て、あり合に売渡申之処実正也」

ありあい-じきこさく(ありあひヂきこサク)【有合直小作】『名』江戸時代、質入れ形式の一つ。質入れ主の都合がつき次第、質地を請け戻す約束をし、質入れ主が耕作する直小作。ただし入質後一〇か年を過ぎても質金が弁済できない時は、年季直小作同様質流れとなる。＊評定所法式(1615‐1736)「有合直小作日切。〈略〉有合と有之質地は十箇年季に可ㇾ准」

あり-あ・う(ふ ぁ)【有合】㊀『自ハ四』①人がちょうどそこに居あわせる。まさしくそのところにいる。＊土左(935頃)承平五年二月九日「京よりくだりしときに、みな人、子どもなかりき。いたれりし国にてぞ、子うめるものどもありあへる」＊愚管抄(1220)六・順徳「ひきが子共、むこの児玉党(こだまたう)など、ありあいたる者は皆うたれにけり」②たまたま行きあう。出会う。行きあわせる。また、生きていてそのことに出あう。＊栄花(1028‐92頃)初花「路のほどなどに、夜行の夜などもおのづからありあふらん、いと後めたきことなり」＊山家集(12C後)下「言の葉のなさけ絶えにし折節にありあふ身こそ悲しかりけれ」③ものがたまたまそこにある。折よくその場にある。ありあわせる。＊浮世草子・風流曲三味線(1706)六・四「持(もた)せ来(きた)られし有合(アリアフ)金二百両を」＊歌舞伎・韓人漢文手管始(唐人殺し)(1789)四「『そうじゃ』と有合出刃(でば)にて死(しな)ふとするを」＊思出の記(1900‐01)〈徳富蘆花〉二・七「幸いあり合ふ茶碗でそっと舷外の水を掬って、一口」㊁『自ハ下二』「ありあう(有合)㊀」に同じ。＊金沢文庫古文書‐(年月日未詳)(鎌倉)金沢貞顕書状(一・三三四)「両六波羅家人等ありあえて候を、さしつかはし候ひて」 語誌(1)同義の「ありあわす」は、近世の西鶴の作品などに例が見られるが、一般化したのはずっと後世らしく、「日葡辞書」「コリャード」「ヘボン」などの諸辞書には、すべて「ありあう」だけを載せている。(2)「ありあう」が「ありあわす・ありあわせる」に吸収されたのは、複合動詞「…あう」が意志的な相互的・共同的動作を専門に表わすようになったため。なお人間を主語とする㊀①の用法は後世、「ある」と「いる」の使い分けに従って、「いあう(ゐあふ)」「いあわす・いあわせる(ゐあはす)」が用いられるようになった。 発音文アリオーとも〈標ア〉0ア2オ 辞書日葡・ヘボン・言海 表記有合(ヘ・言)

あり-あ・う(ふ ぁ)【有敢】『自ハ下二』(「あう(敢)」は、堪える、こらえるの意)ずっと存在し続けられる。持ちこたえている。＊千五百番歌合(1202‐03頃)八五番「梅の花なづさふ人の袖ごとにありあへたるは匂ひなりけり〈源家長〉」＊新撰六帖(1244頃)六「秋風のたえず吹きしくあさぢふにさもありあへで結ぶ露かな〈藤原家良〉」＊幸若・新曲(室町末‐近世初)「いつまでかくてありあふべき。とさの畑とやらむいふ所へ、送りてもあれかしと、うちわひさせ給へば」

あり-あかし【有明】『名』終夜ともしておく灯火。有明行灯(ありあけあんどん)。ありあけ。＊俳諧・猿蓑(1691)五「冬空のあれに成(なり)たる北颪(きたおろし)〈凡兆〉 旅の馳走に有明しをく〈芭蕉〉」＊俳諧・渡鳥集(1704)夜巻「その餅つきのあかつきの恋〈支考〉 鶏はなく台所には有明し〈先放〉」 補注一説に、有明行灯よりもやや大きいもので、持ち歩きしないで、台所につっておいたり、店や広い廊下などに置いておいたりするものともいう。また、「猿蓑」の例は「有明け、為(し)置く」と解する説もある。 発音〈標ア〉0

あり-あか・る【有明】『自ラ四』明け方になる。夜が明ける。＊波形本狂言・連尺(室町末‐近世初)「ええ腹の立つ。おぬしこそありあかって来てわらはが店にいる。のけいやい、のけいやい」

あり-あ・く【有明】『自カ下二』(「ありあけ(有明)」の動詞化)月がまだ空にありながら夜が明ける。＊俳諧・芭蕉翁古式之俳諧(1685)賦花何俳諧之連歌「枝花をそむくる月の有明て〈才丸〉 ふらここつらん何某(なにがし)が軒〈コ斎〉」＊俳諧・発句題叢(1820‐23)夏・中「有明る方へ靡きぬ今年竹〈騏道〉」＊春夏秋冬‐夏(1902)〈河東碧梧桐・高浜虚子編〉「有明けて矢数の庭や杜若〈青々〉」

あり-あけ【有明・在明】『名』①陰暦十六夜以後、月がまだ天にありながら夜の明けかけること。また、そのころ。→有明の月・有明の月夜(つくよ)。＊枕(10C終)七八・職の御曹司におはします頃「あり明のいみじう霧りわたりたる庭に、下(お)りてありくをきこしめして」＊源氏(1001‐14頃)葵「八月廿余日の有明なれば、空も気色もあはれ少からぬに」②「ありあけ(有明)の月(つき)」に同じ。《季・秋》＊古今(905‐914)恋三・六二五「晨明のつれなくみえし別れよりあか月ばかりうき物はなし〈壬生忠岑〉」＊枕(10C終)二五三・月は「月は、あり明の、東(ひんがし)の山ぎはにほそくて出づるほど、いとあはれなり」＊後拾遺(1086)夏・一七三「月影を色にて咲ける卯の花はあけばあり明のここちこそせめ〈よみ人しらず〉」＊十六夜日記(1279‐82頃)三河路「二十二日の暁、夜深き有明の影に出でて行く」＊俳諧・続猿蓑(1698)上「うき旅は鵙とつれ立(だ)つ渡り鳥〈里圃〉 有明高う明はつるそら〈馬莧〉」③単に、夜明けをいう。明け方。＊俳諧・ひさご(1690)「碁いさかひ二人しらける有明に〈怒誰〉 秋の夜番の物もうの声〈珍碩〉」④夜明けまでともしておく灯火。ありあかし。また、それに用いる行灯(あんどん)。有明行灯。＊花上集鈔(16C頃)上「公方蠟燭のありあけをだみすまいて、大酒飲でいらるる」＊虎明本狂言・連歌盗人(室町末‐近世初)「たしなふだ人で、ありあけをとぼしておかれた」＊浮世草子・好色盛衰記(1688)五・四「此男夢かとおもひ其後枕もとに有明(アケ)ともして、ちぎりこめて嬉しがらせるとなり」＊煤煙(1909)〈森田草平〉三三「不意に襖を開けて、下女が有明を下げに来た」⑤香木の名。分類は真那賀(まなか)。香味は苦甘。六十一種名香の一つ。⑥薫物の名。かおりは甘い。＊仮名草子・竹斎(1621‐23)上「有明、山人、黒方や、卯(う)の花、たち花、雪の松、枕に懸るは乱髪(みだれがみ)、数を尽して薫(た)かれたり」⑦楊弓(ようきゅう)、大弓で、銭を賭物(かけもの)にするとき、一五文という代わりに用いる隠語。十五夜。＊随筆・一話一言(1779‐1820頃)一「賭的矢代の筈掛銭の異名、〈略〉十五を有明 十五やとも」＊類聚名物考(1780頃)調度部一・一五・財貨「銭を数ふる異称。所務的(今の矢代的なり)に銭を賭物にする時の辞有り〈略〉十五銭。有明」⑧「あさつき(浅葱)」の女房詞。＊女中詞(元祿五年)(1692)「一 あり明 あさつきの事」⑨「ありあけざくら(有明桜)」の略称。＊花壇綱目(1661‐73頃)桜「ありあけ 小輪、中輪あり」 語誌(1)最もあわれ深い風情とされ、恋歌では男女が共に過ごした夜が明ける時分をいい、男が女の許から帰る頃、また女が男を待ち明かした頃に出る月と共に詠むことが多い。②の「古今‐恋三・六二五」は前者、「今こんといひし許に長月のありあけの月をまちいでつる哉〈素性〉」〔古今‐恋四・六九一〕は後者の例である。(2)四季歌では、しばしば秋歌の題材となり、特に長月と結びつく例が多く、「在明の月夜」のかたちで、既に「万葉集」にも歌われている(→ありあけの月夜)。俳諧では秋の季語で、月として扱われ、連歌では月の定座に詠まれることが多い。 方言❶夜通し灯をつけていること。新潟県岩船郡366 静岡県521 島根県簸川郡・出雲市725 愛媛県大三島848 ❷神仏に上げた灯明。静岡県521 ❸夜など、ものがかすかにしか見えなくても、明確にそれと分かるさま。長崎県壱岐島915 発音〈なまり〉アリヤケ〔壱岐続〕〈標ア〉0〈京ア〉0 辞書色葉・名義・和玉・文明・伊京・明応・天正・饅頭・黒本・易林・日葡・書言・ヘボン・言海 表記有明(文・伊・天・饅・易・ヘ・言) 在明(文・明・黒) 在月(文・伊・易) 晨明(色・名) 待月(色) 曨(玉) 在月明(黒) 称明・有晨(書)

ありあけ の 月(つき) 陰暦十六夜以後の月。夜が明けても、なお天に残っている月。ありあけ。ありあけの月夜。《季・秋》＊古今(905‐914)冬・三三二「あさぼらけありあけの月とみるまでによしののさとにふれるしら雪〈坂上是則〉」＊蜻蛉(974頃)中・天祿元年「ありあけの月はいとあかけれどあふ人もなし」＊日葡辞書(1603‐04)「Ariaqeno tçuqi(アリアケノツキ)」＊俳諧・続猿蓑(1698)上「きさんじな青葉の比(ころ)の椴(もみ)楓〈惟然〉 山に門ある有明の月〈芭蕉〉」 辞書書言・日葡 表記残月・頽魄(書)

ありあけ の 月夜(つくよ) (「月夜」は「月」の意)「ありあけ(有明)の月(つき)」に同じ。＊万葉(8C後)一〇・二二二九「白露を玉になしたる九月(ながつき)の在明之月夜(ありあけのつくよ)見れど飽かぬかも〈作者未詳〉」＊万葉(8C後)一〇・二三〇〇「九月(ながつき)の在明能月夜(ありあけノつくよ)ありつつも君が来まさば吾(あれ)恋ひめやも〈作者未詳〉」

ありあけ の 波(なみ)　有明の月の映る波。＊正治初度百首(1200)上「月影を袖にかけてもみつるかな須磨のうきねの有明の波〈慈円〉」

ありあけ の 灯(ひ)　夜通しともす灯火。ありあけ。＊浄瑠璃・曾根崎心中(1703)「亭主(ていしゅ)おくにて目をさまし、今のはなんじゃ。をなご共有あけの火(ひ)もきえた。起きてとぼせと起こされて」

ありあけ の 山(やま)　有明の頃の山。＊四十五番歌合(1215)「かたしきの衣手さむくしぐれつつ有明の山にかかる村雲〈後鳥羽院〉」 辞書 文明 表記 有明山(文)

ありあけ-あんどん【有明行灯】〘名〙 夜明けまでともしておく行灯。有明の灯(ひ)をともす、小型の行灯。ありあかし。ありあけ。＊随筆・雅遊漫録(1755)二「上に烟ぬきの竅あり。世にしるごとし。有明行燈と云ものの是なり」＊浄瑠璃・桂川連理柵(おはん長右衛門)(1776)下「じっとこたへて気をかき立てさへせねば、いつ迄も身は有明行燈(ありあケアンド)」＊多情多恨(1896)〈尾崎紅葉〉後・九・二「覆(おひ)を被(か)けた有明行燈(アリアケアンドン)を枕頭の壁に寄せて」 発音〈標ア〉ア3〈京ア〉ア3／ア3 辞書 言海 表記 有明行燈(言)

有明行灯
〈室町源氏胡蝶巻〉

ありあけ-かい【有明海】 九州西部、長崎・佐賀・福岡・熊本の四県にかこまれた海湾のうち、長崎県国見町と熊本県長洲町を結ぶ線より以北をいう。潮の干満の差が大きく、中世から干拓事業が続けられている。泥土の遠浅海岸はムツゴロウ・ワラスボの特産で知られる。ありあけのうみ。筑紫潟。泉水海。前海。 発音〈標ア〉ケ〈京ア〉ケ

ありあけ-がた【有明方】〘名〙 有明の頃。有明ざま。＊金葉(1124-27)秋・二二一「思ふこと有明がたの月かげにあはれをそふるさをしかの声〈皇后宮右衛門佐〉」＊千載(1187)雑上・一〇一四「真柴(ましば)ふく宿のあられに夢さめてありあけがたの月を見るかな〈大江公景〉」＊日蓮遺文-持妙法華問答鈔(1263)「暮れ行く空の雲の色、有明方の月の光までも心をもよほす思也」 発音 アリアケガタ〈標ア〉0ケ

ありあけ-ざくら【有明桜】〘名〙 サトザクラの園芸品種。花は白色または淡紅色で径約五センチメートル。花弁は五〜一〇弁で丸く、旗弁がある。《季・春》＊大観本謡曲・三山(1465頃)「花の春、一時の恨みを晴れて、すみやかに有明桜光そふ、月の桂子もろともに」＊俳諧・手挑灯(1745)中「三月〈略〉桜〈略〉あり明桜」＊浄瑠璃・菅原伝授手習鑑(1746)五「音に驚き法性坊紫震殿(ししんでん)にかけ出て見給へば、物の怪(け)の姿はありあり有明桜」＊古今要覧稿(1821-42)二七九「有明桜 単重 怡顔斎桜品云単弁にして白色大輪なり又重弁もあり」 発音〈標ア〉ザ

ありあけ-ざま【有明様】〘名〙「ありあけがた(有明方)」に同じ。＊広本拾玉集(1346)五「神無月木の下かげもなき空を有明さまにながめ入りぬる」

ありあけしゅう(ありあけシフ)**【有明集】** 詩集。蒲原有明作。明治四一年(一九〇八)刊。わが国の近代象徴詩史上、重要な作品。 発音 アリアケシュー〈標ア〉ケ

ありあけ-だい【有明代】〘名〙 有明行灯(あんどん)にともす灯油の代金。江戸時代では、木賃で泊まる安宿へ旅客が払う灯明代をいう。＊宝暦年中小田原宿吉左衛門受取(1751-64)「一拾六文 有明け代」

ありあけ-たどん【有明炭団】〘名〙 もちがよいことを強調したたどんの商品名か。＊歌舞伎・四天王楓江戸粧(1804)二番目「成る程、貴様のやうにわしを火いけにしてくれれば有り難い。有明炭団(アリアケタドン)の物事丸くする気サ」

ありあけ-づき【有明月】〘名〙「ありあけ(有明)の月(つき)」に同じ。《季・秋》＊謡曲・清経(1430頃)「今はたれをか憚(はばか)りの有明月の夜ただとも、何か忍ばんほととぎす」＊俳諧・猿蓑(1691)五「青天に有明月の朝ぼらけ〈去来〉 湖水の秋の比良のはつ霜〈芭蕉〉」＊読本・雨月物語(1776)浅茅が宿「屋根は風にまくられてあれば、有明月のしらみて残りたるも見ゆ」 発音〈標ア〉ケ

ありあけ-づきよ【有明月夜】〘名〙「ありあけづくよ(有明月夜)」に同じ。《季・秋》 発音〈標ア〉キズ

ありあけ-づくよ【有明月夜】〘名〙 有明頃の月夜。また、その月。＊八雲御抄(1242頃)三「月〈略〉もち、かたわれ、あり明月よ、あかねさすてれる月夜」 補注「万葉-一一・二六七一」の「今夜(こよひ)らの在明月夜(ありあけのつくよ)ありつつも君をおきては待つ人もなし〈作者未詳〉」は、「ありあけつくよ」と訓む説もある。 発音〈標ア〉クズ

ありあけ-ともし【有明燭】〘名〙「ありあけ(有明)の灯(ひ)」に同じ。＊あこがれ(1905)〈石川啄木〉壁なる影「行春淡き有明燭(アリアケトモシ)の火影ぞ揺れて」

ありあけのわかれ【在明の別・有明のわかれ】 平安後〜鎌倉前期の物語。三巻。作者未詳。男装して一人二役を演じる左大臣の姫君、前生は天女の右大将が主人公。継父左大将の子を宿した姫君(のちの対の上)に同情して妻とし、男子(のちの左大臣)を産ませるが、帝(みかど)に女性であることを見破られて女性に戻り、入内して中宮、女院に昇る。 発音〈標ア〉レ

ありあけ-ぶくろ【有明袋】〘名〙(朝早く持って出発するところからいう) 昔、旅行にたずさえた袋。表は貲布(さいみ)、裏は紅布で作り、杖などにつけて携帯した。＊随筆・海録(1820-37)一二「有明袋、表貲布、裏紅、中に入る品、鎌ごまめに搗栗に艾、暁毎の道途に持出るもの故、有明ぶくろといふ由、又旅に赴く人の杖などに附る物なり、或は松の枝に括りつくるともいふ」

ありあけ-ぶし【有明節】〘名〙(元唄の冒頭に「有明けにとぼす油は菜種なり」とあるところからいう) 明治後半から大正にかけて流行し、その後も寄席などでうたわれた小唄節。 発音〈標ア〉0

ありあけ-やま【有明山】 長野県松本盆地北西部の山。北アルプスの前山。二二六八メートル。戸放(とばなし)ケ岳。歌枕。 発音〈標ア〉0

ありあけ-ゆうだち(ありあけゆふだち)**【有明夕立】**〘名〙 明け方に降る、にわか雨。＊浮世草子・色里三所世帯(1688)上・三「有明夕立(ありアケユフだち)ざっとあがりて」 発音 アリアケユーダチ〈標ア〉ユ

ありあっ-て【有有―】〘副〙「ありありて(有有―)」の変化した語。＊杜詩続翠抄(1439頃)三「粧不ㇾ習(つけ)故、ありあって久して出来、夷中様之粧をし出す」＊三体詩幻雲抄(1527)四「思立て久く企てえりりと尋て来たれば、ありあって留守にきたぞ」

アリアドネ(Ariadnē)《アリアドネー》 ギリシア神話に出てくるクレタ島の王ミノスとパシファエの娘。アテナイの英雄テセウスに恋し、テセウスが怪物ミノタウロスを退治しようと迷宮ラビリントスに入るときに道案内の糸玉を与えて助けた。のちディオニソス神に愛され妻となってオリンポスに行く。 発音〈標ア〉ア2

アリアドネ の 糸(いと)　アリアドネが、怪物を退治するために迷宮へ入るテセウスに脱出用に与えた糸玉。難問を解決する鍵のたとえにいう。

あり-あな【蟻穴】〘名〙 ①蟻の巣穴。＊信仰之理由(1889)〈小崎弘道〉四「故に蟻の垤(アリアナ)を作る、蜘蛛の網を編む、千年以前に於けるも今日に於けるも、更らに異なる所なし」＊不在地主(1929)〈小林多喜二〉五「裏の畑のそばで、由三が蹲んで、〈略〉枝切れで蟻穴をつっついてゐた」 ②蟻継(ありつぎ)、蟻掛(ありかけ)などで、先のひろがった枘(ほぞ)をおさめる穴。〔日本建築辞彙(1906)〕

ありあまり-きん【有余金】〘名〙 江戸時代、余剰金、繰越金をいう。＊甲辰雑記(1844)四・文政三年以来の条「大坂御有余金 金五万六千百三拾弐両三分余、銀千七百八拾弐貫七百五拾七匁余」＊向山誠斎雑記(1838-56)丙辰雑綴「来午年より年々御有余金凡積 一、金三万両」

あり-あま・る【有余】〘自ラ五(四)〙 必要以上にある。非常にたくさんある。＊浮世草子・西鶴織留(1694)二・二「五文が餅を売(うら)ぬからは、商(あきない)事のありあまると見へたり」＊雑俳・川傍柳(1780-83)四「有あまるから行なさるのさよしさ」＊小公子(1890-92)〈若松賤子訳〉前編・六「有余(アリアマ)る宝の中に坐りながら」＊青年(1910-11)〈森鷗外〉九「黒目勝の目に、有(ア)り余(アマ)る媚(こび)がある」 発音〈標ア〉マ0〈京ア〉0 辞書 ヘボン・言海 表記 有余(へ・言)

あり-あり【有有・在在】 □一〘副〙(ラ変動詞「あり(有)」を重ねて副詞化したもの。多く「と」を伴って用いる) ①現実のあるままをはっきりと。あるがままに。または、あるべきさまを模して真実らしく。もっともらしく。㋑言葉に表わす場合。＊中華若木詩抄(1520頃)上「ありありと、作た詩也」＊天草本伊曾保(1593)イソポの生涯の事「イカニモ ariarito(アリアリト)コタエタ」＊日葡辞書(1603-04)「Ariarito(アリアリト)イツワリヲ ユウ」 ㋺心に浮かべたり、形に表わしたりする場合。当然あるべきさま。それにふさわしいさま。のぞましいさま。また、夢や想像など非現実のことが、あたかも現実のように見えたり、思えたりすることにもいう。＊四河入海(17C前)一一・三「言は画図花には香はないものなれども、余り見事にありありとかいた程に、香もあるかと思ぞ」＊仮名草子・恨の介(1609-17頃)上「裾の蹴廻(けまは)しには〈略〉ただよふ浜千鳥、げにありありと縫はれける」＊浮世草子・好色五人女(1686)一・四「『〈略〉汝おしまぬ命はながく、命をおしむ清十郎は頓(やがて)最期ぞ』と、ありありとの夢かなしく」＊油地獄(1891)〈斎藤緑雨〉四「ああ手が触ってと思ふと、ありあり其手が今も触るやうで、むすんだ口は眼と平行にほどけて仕舞った」＊黴(1911)〈徳田秋声〉四八「母親のおろおろした姿が、ありあり浮ぶやうであった」 ②物事の状態や特色が、はっきりと現われているさま。はっきり。あきらかに。明瞭に。＊御伽草子・草木太平記(有朋堂文庫所収)(江戸初)上「鞠の如く肥えたる馬に沓をかけ、ありありと出でられたり」＊暴夜物語(1875)〈永峰秀樹訳〉二「打ちたる字画尚ほ明亮(アリアリ)と読得べし」＊この子(1896)〈樋口一葉〉「ありあり隠してお出遊ばすのは見えすいて居ります」 □二〘名〙 あったとおりのこと。ありのまま。＊われから(1896)〈樋口一葉〉一〇「彼の男の事で御座りますから、真面目(まじめ)な顔でありありを言ひました」 表記 見在・歴々(書) 発音〈標ア〉ア2〈京ア〉ア1 辞書 日葡・書言・ヘボン・言海 表記 有有(へ) 在在(言)

あり-あり〘感動〙 ①(感動詞「あり」を重ねた語) 蹴鞠(けまり)の時に発する掛け声。あり。ありいありや。＊蹴鞠大概「人の乞ふ時、我れ乞ひ勝たむとて、ありありと乞ふ事はあるべし。初はあり声を永めてやさしく乞ふなり」＊仮名草子・竹斎(1621-23)上「後には行儀を崩しつつ、烏帽子(ゑぼし)素袍(すはふ)をかなぐり捨てて〈略〉ありありと言へども当らねば、一首連(つら)ねて帰りけり」＊浄瑠璃・持統天皇歌軍法(1713)三「姿は誰と見えね共、うつぼの鞠の色もよく、声もあり杳の音」 ②(「有ります、有ります」から) 杯などに重ねて酒をつがれるとき、遠慮して辞退する気持を表わしていう語。＊洒落本・甲駅新話(1775)「『お前(め

へ)にゃアわっちが酌をしやせう』〈略〉『ヲットありあり』」＊新内・真夢血染抱柏(1772-81頃)「ありあり、イヤ又かふ引受けた所がどうもいはれぬ楽しみ、是をおしゃかのおん酒(じゅ)かいとは曲がない」＊当世書生気質(1885-86)〈坪内逍遙〉一〇「『そりゃ、息継ぎの酒を献すぞ』『おっとと、有々(アリアリ)』」

ありあり-し【有有・在在】『形シク』(ラ変動詞「あり(有)」を重ねて形容詞としたもの) ①実際にあったとおりのさまである。ありのままである。＊宇津保(970-999頃)楼上下「心ふかく、おとなのやうにおはすれば、ありありしうは、よにのたまはじ」＊中華若木詩抄(1520頃)下・江天暮雪「昼中の景を宛然とありありしく云い出だされたる也」 ②当然あるべきさまである。そのものにのぞましい様子である。＊花屋抄(1594)「よういたるよのつねめきて、ありありしき事也」＊日葡辞書(1603-04)「Ariarixij(アリアリシイ) テイデ ゴザル」 ③さもほんとうらしい。もっともらしい。＊信長公記(1598)一二「所詮、国の内にて申し事候へば、他国の陣相遁るるに依りて、此儀尤と同心せしめ、ありあり敷く云へば、若気故実(まこと)と思ひ、かくのごとく候や」＊浄瑠璃・四天王つくしせめ(1677)五「いそぎじきの御へんじつかはされ候へと、げに有々しくたばかれば、やす村大きに悦(よろこ)び、やがてじひつに返状かいて、其まま射(い)かへさせける」 発音〈標ア〉リ² ア² 辞書日葡

ありあり-て【有有―・在在―】『副』(ラ変動詞「あり(有)」を重ねたものに接続助詞「て」が付いて一語化したもの) ①ある状態がそのまま存続するさまを表わす語。引き続きそのままでいて。このままであって。＊万葉(8C後)一二・三一一三「在有而(ありありて)後も逢はむと言のみを堅く言ひつつ逢ふとは無しに〈作者未詳〉」＊光悦本謡曲・錦木(1430頃)「三年余ありありて、はや陸奥のけふ迄も、年くれなゐの錦木は」 ②時間がたって、このあげくには。どのつまりに。とうとう。＊後撰(951-953頃)雑二・一一五一・詞書「男の病ひしけるをとぶらはで、ありありて、やみ方に訪(と)へりければ」＊源氏(1001-14頃)夕顔「ありありて、をこがましき名をとるべきかな」＊宇治拾遺(1221頃)六・六「所々参りありきつるに、ありありてかく仰せらるるよ」＊正徹物語(1448-50頃)上「了俊音もせずして聞きゐて、ありありて落涙して」 発音〈標ア〉ア² 辞書言海 表記在在(言)

あり-あわ・す【有合】(はす:あ) ㊀『自サ下二』⇩ありあわせる(有合)。 ㊁『自サ五(四)』「ありあわせる(有合)」に同じ。＊御伽草子・大悦物語(室町時代物語大成所収)(室町末)上「ありのみを三つとり出し、これはありあはしたるものなりとて、さしいだしたりけり」＊詞葉新雅(1792)「アリアワサヌ うちあはぬ」＊社会百面相(1902)〈内田魯庵〉電影・其四「丁度有合はした箒木を背後(うしろ)に秘しつ敵来らば一と打ちにして呉れんずと」＊兵隊の宿(1915)〈上司小剣〉四「お光は有り合はした新聞を取って」 発音〈標ア〉〇ワ 辞書言海 表記有合(言)

あり-あわせ【有合】(はせ:あ)『名』(動詞「ありあわせる(有合)」の連用形の名詞化) 特に準備したのではなく、ちょうどその場にあること。また、そのもの。ありあい。＊浮世草子・傾城禁短気(1711)一・三「有合(アリアハセ)の金子三百両先(まづ)手付に相わたされ」＊雁(1911-13)〈森鷗外〉九「有り合せの物で御飯を食べる癖が附いてゐた」＊行人(1912-13)〈夏目漱石〉塵労・一四「御迷惑で御座いましたらう。ほんの有合(アリアハ)せで」 発音〈なまり〉アンリャワセ〔徳島〕〈標ア〉〇 〈京ア〉⓪ 辞書言海 表記有合(言)

ありあわせ-しちいれ【有合質入】(ありあ はせ:)『名』江戸時代、田地などの質入れの形式の一つ。年限を定めないで、金の都合がつき次第返金すれば返すという約束で質入れすること。＊増補田園類説(1842)下・質田地之事「一、有合質入 是は年季の限なく、金子有合次第返金せば、田地可ㇾ返との質入をいふ。拾ケ年の出入は取上、拾ケ年以上取上なし」

ありあわせ-だて【有合建】(ありあ はせ:)『名』江戸末期に行なわれた金銀相場の建て方。本来の小判建てに対して、「有り合わせ」の品質劣悪な金貨、すなわち二分判、二朱金などで相場をたて、同時に両替請求の者にもこれを引き渡したもの。

ありあわせ-もの【有合物】(ありあ はせ:)『名』ありあわせの品物。特別に求め、用意したのではなく、ちょうどその場にあったもの。持ち合わせのもの。ありあわせ。＊茶話(1915-30)〈薄田泣菫〉大雅の拍子木「木は有合(アリアハ)せ物(モノ)で、画家の懐中(ふところ)一つ痛めずに済む事なのだから」 発音〈標ア〉〇

あり-あわ・せる【有合】(せる:あは)『自サ下一』文ありあは・す『自サ下二』 ①ものがちょうどよくその場にある。たまたまそこにある。持ち合わせる。＊浮世草子・好色五人女(1686)二・三「幸(さいわひ)遣銀(つかひぎん)は有合す」＊狂言記・対馬祭(1730)「身共もてまゐにあり合せぬ。どふぞかわりなしにとってきてくれ」＊恩讐の彼方に(1919)〈菊池寛〉一「有合せた燭台を、早速の獲物(えもの)として主人の鋭い太刀先(たちさき)を避けて居た」 ②人が折よくその場に居あわす。たまたまその場に居る。また、行き合わせる。＊浮世草子・武道伝来記(1687)三・一「折ふし、御ぜんに豊田隼人(はやと)と云(い)ふ大目付有合(アリアハ)せ」 発音〈標ア〉〇セ 〈京ア〉⓪ 辞書〈ボン・言海〉 表記在合(へ) 有合(言)

アリアン『名』⇩アーリアン

ありい【有】『感動』「ありがとう」の省略「あり」をのばした言い方。威勢のいい商売でいう。＊当世書生気質(1885-86)〈坪内逍遙〉九「いやに気取ったネ。ありいといはないうちが千両だ」

アリー('Alī bn. Abī Ṭālib ーブン＝アビーターリブ) 第四代正統カリフ(在位六五六～六六一年)。ムハンマドのいとこで、娘婿。シーア派では初代イマームとされる。ウンマ(イスラム共同体)内部の抗争で暗殺された。(六〇〇頃～六六一)

ありい-ありや『感動』蹴鞠(けまり)の時、発する掛け声。ありあり。あり。＊浄瑠璃・持統天皇歌軍法(1713)三「鞠は最中、ありいありやと声々の、八人詰と覚ゆるに」 発音〈標ア〉ア

あり-いくさ【蟻戦・蟻合戦】『名』蟻の群れと群れとの争い。中世では不吉なしるしとされた。＊大乗院寺社雑事記-明応六年(1497)七月二四日「此間社頭若宮殿与三十八所之間、大蟻共令二合戦一。見事也云々。多蟻共死了。先年文安元年比此門跡之池之東にて蟻戦在ㇾ之」

あり-・いす【有―】『連語』遊里語。「あります」の変化した語。「ある」の丁寧表現。ありんす。 ①「あり」が「存在する」意の場合。＊洒落本・契情買虎之巻(1778)四「それにかまひなんす事はありいすまひ」＊洒落本・契情実之巻(1789-1801)二「よんどころない用がありいしたから」 ②「あり」が補助動詞の場合。＊洒落本・契情買虎之巻(1778)四「そりゃアねづみとり薬じゃアありいせぬかへ」＊洒落本・柳巷訛言(1783)「わっちゃいっそ侍になりたふありいす」＊洒落本・契情実之巻(1789-1801)三「『してマアてめへ生れた所の名は』〈略〉『わたしも北白川でありいした』」 補注「ありやす」の変化した語とする説もある。 方言「ある」を丁寧にいう語。山梨県456 発音〈標ア〉リ

あり-いた【蟻板】『名』破風(はふ)の合掌部の開きやすい部分を固定するために、裏側から打ちつけた補助板。つかみ。〔日本建築辞彙(1906)〕

アリーナ『名』(英 arena)《アレーナ》 ①客席が、円形の舞台を囲んでいる劇場の形式。円形劇場。 ②野球場や体育館などで催される興行の際に、本来の観客席とは別に設けられるグラウンド内の特別席。「東京ドームのアリーナ席」 発音〈標ア〉リ

あり-・う【有得】『自ア下二』⇩ありうる(有得)

ありう-さ【在憂―】『名』(形容詞「ありうし」の語幹に、接尾語「さ」の付いたもの) 生きていることのつらさ。この世の住みづらさ。＊春のことぶれ(1930)〈釈迢空〉人ごと・秋山太郎「あり憂さを 常(つね)言ふ我の むなしさや。若き命の 尽きぬる 見れば」

あり-う・し【在憂】『形ク』(「あり」は、この世に生きているの意) 生きているのがつらい。住みづらい。＊狭衣物語(1069-77頃か)二「世はいとどありうくのみおぼえまさりて」

アリウス(Arius) 四世紀初めのアレクサンドリアの神学者。アリウス主義の祖。リビアに生まれる。キリストの神性を否定する仮現説を主張し、ニカイアの公会議(三二五年)で異端者として追放された。(二五〇頃～三三六頃) 発音〈標ア〉ア

あり-うち【有打・有内】『形動』(「うち」は接尾語)「ありがち(有勝)」に同じ。＊浄瑠璃・新うすゆき物語(1741)上「若い人じゃが麁相は有内」＊浮世草子・諸芸袖日記(1743)二・三「女房持ったれば、子は二三人ありうちの物と」＊滑稽本・東海道中膝栗毛(1802-09)八・下「イヤものの間違といふことはありうちだ」＊歌舞伎・吉様参由縁音信(小堀政談)(1869)三幕「爰(ここ)にも一人娘が居るわえ。有(ア)りうちに情人(をとこ)をこしらへて堪(たま)るものかえ」＊やみ夜(1895)〈樋口一葉〉二「此位の負傷(けが)はありうちなるを」 方言大阪市637 鳥取県東部711

ありう-とう『感動』⇩ありゅうとうとうとう

アリウム『名』(ラテン allium)《アリューム》ユリ科の属名の一つ。世界中に分布し、ネギ、タマネギ、ラッキョウ、ニンニク、ニラなどが含まれる。園芸上は、この属の観賞用の種類をアリウムという。アリアム。アリナム。 発音〈標ア〉リ《リュ》ア

あり-・うる【有得】『自ア下二』文あり・う『自ア下二』 ①世の中にあることができる。あることが可能である。生きていくことができる。生き長らえられる。＊万葉(8C後)一五・三六〇一「しましくも独(ひとり)安里宇流(アリウル)ものにあれや島のむろの木離れてあるらむ〈遣新羅使人〉」＊万葉(8C後)一五・三七三五「思はずも実(まこと)安里衣(アリエ)むやさ寝(ぬ)る夜の夢(いめ)にも妹が見えざらなくに〈中臣宅守〉」 ②ある可能性がある。可能性として考えられる。あるはずである。当然、ありそうである。＊ル・パルナス・アンビュラン(1910)〈森鷗外〉「こんな筈はない、有り得べからざる事だと思って、又あせり出す」＊范の犯罪(1913)〈志賀直哉〉「私共はそんな事はあり得ないと考へてゐたのは事実です」 語誌文語「ありう」の連体形「ありうる」が終止形にも用いられるようになり、文章語として、そのまま固定したために、「ありえる」という形にならず、現在の口語でも「そんなこともありうる」「ありうる話だ」のように、変則的な下二段活用の形を保っているものと思われる。 発音〈標ア〉ウ 〈京ア〉⓪ 辞書言海 表記有得(言)

あり-・える【有得】『自ア下一』⇩ありうる(有得)

あり-お〔を〕『名』(「あり」は、現われる、目に立つなどの意か) 高く目だつ丘。高く現われた丘。一説に「荒丘」とする説、また「在丘」で、ちょうどそこにあった丘とする説などもある。＊古事記(712)下・歌謡「我が逃げ登りし 阿理袁(アリヲ)の 榛(はり)の木の枝」

ありおう【有王】(ありワウ) 俊寛僧都の侍童。鬼界ケ島に流された主人をたずねてその死をみとり、遺骨を高野山に納めて菩提を弔ったという。「平家物語」「源平盛衰記」「平家女護島」などに登場。

ありおう-ざん【有王山】(ありワウ:) 発音アリオー〈標ア〉オ 京都府南部、井手町の東部にある山。後醍醐天皇が笠置山をのがれて落

ち延びた所。高間山。

アリオスト (Ludovico Ariosto ルドビーコー) イタリアのルネサンス期の詩人。キリスト教徒とサラセン人の戦闘に取材した叙事詩「狂乱のオルランド」で知られる。(一四七四〜一五三三) 発音〈標ア〉オ

あり-おとし【蟻落】〘名〙「ありかけ(蟻掛)」に同じ。〔日本建築辞彙(1906)〕

あり-おり【有居】〘形動〙 飾らないさま。ありのまま。あからさま。*虎明本狂言・今参(室町末-近世初)「某が国のならひにて、とう事もいらゆる事も、拍子にかかって申が、たのふだる人のやうにありおりに仰らるる所でゐこたへまらせぬ」

あり-か【在処・在所】〘名〙(古く「ありが」とも。「か」は所、場所の意) 物のある所。人のいる所。身を落ちつける所。ありしょ。所在。居所。*古今(905-914)雑下・九八九「風のうへにありかさだめぬちりの身はゆくへもしらずなりぬべらなり〈よみ人しらず〉」*源氏(1001-14頃)桐壺「たづね行くまぼろしもがな伝(つて)にても魂(たま)のありかをそことしるべく」*名語記(1275)二「すみか、かくれが、ありかなど、ゐ所をさして、かといへり」*太平記(14C後)一二・広有射怪鳥事「広有此の鳥の在所(アリカ)を能々(よくよく)見課(みおほせ)て」*日葡辞書(1603-04)「Arica(アリカ)、または、スミカ」*蓼喰ふ虫(1928-29)〈谷崎潤一郎〉二「煙管のありかが分らないでしきりにその辺を間さぐってゐる」 語源説 (1)カは所の意〔俚言集覧・和訓栞・大言海〕。(2)アリカタ(在方)の略〔名言通〕。 発音〈標ア〉ア〇カ〈ア史〉鎌倉〇〇〇〈京ア〉ア 辞書日葡・書言・ヘボン・言海 表記在家(書) 在処(へ) 在所(言)

あり-か【在香】〘名〙(「ありが」とも) そこに存在する香の意。①着物などにしみ込んでいる薫物(たきもの)のよい匂い。*広本拾玉集(1346)一「ふぢばかま草の枕に匂ふなり誰がぬぎおけるありかなるらむ」*和久良半の御法(1390)「沉麝のにほひ蘭薫のあり香おもしろく庭上にみちみちて侍に」*謡曲・丹後物狂(1430頃)「ありがも匂ひも懐かしき、咲き乱れたる花どもの」②あたりに漂う匂い。特に、いやな匂い。くさみ。臭気。*閑居友(1222頃)下・宮はらの女房の不浄のすがたをみする事「血とところところつきたるきぬのありか、まことにくさく、たゑがたきさまにて」*東関紀行(1242頃)興津より車返「これぞこの鈎するあまのとまびさしいとふありかや袖にのこらん」③人間の体から出る匂い。わきが。体臭。*御伽草子・四十二の物あらそひ(続類従所収)(室町末)「みめのよきと ありかのあると かつらきの神はよるともちぎりけり しらずありかをつつむならひは」*めのとのさうし(14C中か)「ひとの身にをのづからありかなどある人」 発音〈標ア〉ア 辞書言海

あり-か〘感動〙 蹴鞠(けまり)のときに、鞠を乞う声。*遊庭秘抄(1360頃か)乞事「我け侍らんと思ふ時、声を出して鞠を乞也〈略〉ありくゎ、又あり、又をと乞ふ。式云、ありくゎの声、やくゎの声は、宿徳の人の乞声也」

ありが【有賀】 姓氏の一つ。 発音アリガ〈標ア〉ア

ありが-ちょうはく【有賀長伯】 江戸中期の歌学者。京都に生まれる。二条派に属し、歌学入門書「和歌世々の栞(しおり)」、てにをは研究書「春樹顕秘増抄」以下の七部書がある。寛文元〜元文二年(一六六一〜一七三七)

ありが-ながお【有賀長雄】 法学者、社会学者。大阪の人。「社会学」は日本最初の体系的社会学の著作。ほかに「国法学」など。万延元〜大正一〇年(一八六〇〜一九二一)

ありが〘感動〙 近世、「ありがたい」を略して、しゃれていう語。*黄表紙・金々先生栄花夢(1775)「とんと梅が枝もどき。ありがありが」*談義本・つれづれ睟か川(1783)五「また、ありがなどいやな下略(げりゃく)ことばをいひたがるも、これ哥曲家(かきょくか)の見てくれなり」*滑稽本・浮世床(1813-23)初・下「『ライ丁度よし』『きてれつ、あり難(ガ)』」

ありが の 松(まつ) (「有馬の松」などの表現になぞらえていったもの)「ありがたい」をしゃれていった語。*洒落本・青楼娭言解(1802)二「『正さんおさかな』『これはありがの松(マツ)だ。なんだ三子か、またせいをつけさせる気だの』」

あり-がい【有甲斐】〘名〙 存在する価値。生きている意味。この世に生きている張り合い。生きがい。*源平盛衰記(14C前)四六・南都御幸大仏開眼「今は有甲斐(アリカイ)無き身に侍れども」*日葡辞書(1603-04)「Arigaino(アリガイノ) アル ミヂャ」*歌謡・松の葉(1703)二・笠寺「いかにせん、兎(と)すれば恨み角(かく)すれど、ありがひしらぬ世の中に」*不言不語(1895)〈尾崎紅葉〉七「雨の日などは戸も啓(あ)けぬまでに有効(アリガヒ)無く扱ひたりしに」 発音アリガイ〈標ア〉〇 辞書文明・日葡 表記有甲斐(文)

あり-がお【有顔】〘名〙(形動) ①(何かが)いかにもありそうな顔つき、様子。心に抱いていることがあるように装う顔つき、態度。ありげな様子。あるかお。ありものがお。ありづら。*宇津保(970-999頃)蔵開下「事しもありがほにおほなおほな子ども引き連れて」*源氏(1001-14頃)竹河「世と共に、蔵人の君はかしづかれたるさま殊なれど、うちしめりて思ふことありがほなり」*栄花(1028-92頃)衣の珠「児(ちご)はいかがと宣へば、いとうつくしうおはすと、ありがほに聞えなして、こと方に率て奉りぬ」②裕福な生活をしていると他から見られるようにふるまう様子。*幸若・築島(室町末-近世初)「かくあさましきみにて、世にありがほにふるさとを申べきにて候はねども」*日葡辞書(1603-04)「ウキヨニ arigauoni(アリガヲニ) イエヲ モッテモ ナニニ ショウゾ?〈訳〉順調に暮している人のように家を持っても、私にとってなんの役に立つのか?」*浮世草子・鬼一法眼虎の巻(1733)二・三「不用心なを合点して持ちてゐても有顔せずに、不自由に見せかけ」 発音アリガオ〈標ア〉〇 辞書日葡

あり-かかり〘名〙 形式通り。通りいっぺん。ありべかかり。*虎明本狂言・宝の槌(室町末-近世初)「此馬には足を二つ付まらせうか、有かかりに四つつけい」

あり-かけ【蟻掛】〘名〙 一方の材の端に鳩の尾状の蟻枘(ありほぞ)を作り、もう一方の材の側面にそれに合う蟻溝(ありめぞ)を掘って丁字形になるようにはめこむ仕口(しぐち)。梁と根太(ねだ)の接合などに用いられる。蟻落とし。蟻継ぎ。蟻留め。〔日本建築辞彙(1906)〕

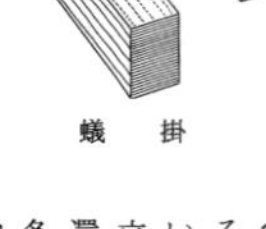

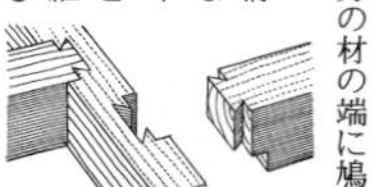

蟻　掛

あり-かず【有数】〘名〙 人や物事の存在する数。また、生きる年数。*古今(905-914)賀・三四四「わたつうみのはまのまさごをかぞへつつ君がちとせのありかずにせん〈よみ人しらず〉」*顕昭古今集註(1185-91)七「ありかずとはあるかずと云ふ也」*拾遺愚草(1216-33頃)下「きみが世の月と秋とのありかずにおくや木草のよもの白露」*洞院百首(1232)雪「はつ雪にかきあつめてぞ聞えあぐる大宮人のけさのありかず〈源家長〉」 発音〈標ア〉カ

あり-がすれ【有掠】〘名〙 穀物や株などで、品物が十分あるのに、相場などの関係で売り惜しみをするため、市場に品物が少なくなること。↔しながすれ。〔取引所用語字彙(1917)〕 発音アリガスレ〈標ア〉〇

あり-かた【茇】〘名〙 植物「ひはつ(茇)」の古名。*薬品手引草(1778)「華撥(ひはつ) ありかた唐佳和さつまより出る」

あり-かた【在方・有形】〘名〙 ①存在の仕方。現在あるありさま。ありがたち。あるかたち。*書紀(720)清寧三年九月(図書寮本訓)「臣、連を遣して、風俗(おほむたからのアリカタ)を巡省(めぐりみ)しむ」*書紀(720)景行二七年一二月(寛文版訓)「熊襲国に到る。因て其の消息(あるかたち)及び地形(くにかた)の嶮易(アリカタ)を伺(み)る」②あるべきすがた。物事がどうあるべきかということ。*短歌への訣別(1946)〈臼井吉見〉「宮本氏が主として問題としているように我々の日常生活における『思想』のありかた」*憲法講話(1967)〈宮沢俊義〉六「日本の政治のあり方を終局的にきめるのは、天皇の意志だ、というのが、その建前であった」③従来あった形。*金色夜叉(1897-98)〈尾崎紅葉〉続・四「鰐淵が居宅は、〈略〉其跡に改築せられぬ。有形(アリガタ)よりは小躰(こてい)に、質素を旨としたれど」 発音〈標ア〉タカ〈京ア〉〇

あり-がた【有難】(形容詞「ありがたい」の語幹) ありがたいこと。めったにないこと。また、かたじけないこと。*源氏(1001-14頃)蜻蛉「この人ぞ、またれいのかの御心みだるべきつまなめると、をかしうもありがたの世やと思ひゐ給へり」*詞花(1151頃)雑下・三五三「朝な朝な鹿のしがらむ萩が枝の末葉の露のありがたの世や〈増基〉」*日葡辞書(1603-04)「アラ arigataya(アリガタヤ)、タウトヤ!」 発音アリガタ〈標ア〉〇 辞書日葡

あり-がた・い【有難】〘形口〙文ありがた・し〘形ク〙(存在することがむずかしいの意) ①存在がまれである。むずかしい。なかなかありそうにない。めったにない。*万葉(8C後)一七・四〇一一「夕猟に 千鳥踏み立て 追ふごとに ゆるすことなく 手放(たばな)れも 還来(をち)もか易き これを除(お)きて または安里我多之(アリガタシ)〈大伴家持〉」*宇津保(970-999頃)俊蔭「帝、『ありがたき才(ざえ)なり。年のわかきほどにこころみむ』とおぼして」*枕(10C終)七五・ありがたきもの「ありがたきもの、舅にほめらるる婿。また、姑に思はるる嫁の君」*源氏(1001-14頃)行幸「さるべきついでなくては、対面もありがたければ、おぼつかなくてなむと、きこえ給ふ」*平家(13C前)三・法印問答「臨時の御大事、朝夕の政務、内府程の功臣有がたうこそ候らめ」*随筆・孔雀楼筆記(1768)三「人々甚すける事には、定理の外へふみ踰(こゆ)る人多し。それをふみ踰ざるは、いと有難(ありがたき)ことならずや」②(特に、「ある」が世にある、生きる意の場合) 世に生きることがむずかしい。生活しにくい。生き長らえにくい。*源氏(1001-14頃)東屋「心ばへ、かたちを見れば、え思ひはなるまじう、らうたく、心苦しきに、世の中は、ありがたく、むつかしげなる物かな」*狭衣物語(1069-77頃か)三「世はいとありがたうこそありけれ。思ふ事一つによりて、〈略〉つらき物に、おもひ果てられたてまつりて過ぎにけん」③(めったにないくらい)優れている。立派である。*宇津保(970-999頃)吹上上「かんなびのくら人の腹なり。いとありがたき君と聞き奉るぞ」*夜の寝覚(1045-68頃)一「さる我ままなる世とても、おごり、人を軽むる心なく、いとありがたくもてをさめたるを」*狭衣物語(1069-77頃か)二「慰むこともなかりつれど、よろづにありがたき御有様に」*滑稽本・戯場粋言幕の外(1806)上「着付が縞縮に紅鳶一つ、緋縮緬のつい丈繻絆、白縮の長ゆもじ、黒繻子の九寸幅、ありがてへありがてへ」④(その事柄、行為などがめったにないことで)またとなく尊い。かたじけない。もったいない。おそれおおい。*二度本金葉(1124-25)雑下・六三八「ありがたき法をひろめし聖にぞうちみし人も導かれける〈覚雅〉」*平家(13C前)一一・鏡「越階(をっかい)とて二階をするこそありがたき朝恩なるに、是はすでに三階なり」*日蓮遺文-法華題目鈔(1266)「法華経の御名を聞く事はをぼろけにもありがたき事なり」*苔の衣(1271頃)二「これをかぎりなきさまに思ひか

しづかで、さうなくゆづりたるちちおとどの心ぞなほありがたくおぼししらるる」＊謡曲・玉井(1516頃)「忝(かたじけ)なくも天(あめ)の帝のおん孫、海洋(わだづみ)の都に至り給ふこと、有難かりけるみ影かな」＊日葡辞書(1603-04)「Arigatai(アリガタイ)〈訳〉尊い、崇拝に価すること」＊仮名草子・恨の介(1609-17頃)下「かの人々は目前に、西の白雲と天に上らせ給ふ事、いやありがたしとも中々に、申すばかりは無かりけり」⑤(好ましい状態や、人の好意などに出あって、めったにないことと感謝する気持をこめて)喜びたい気持である。喜ばしく思う。うれしく、喜ばしく思われる。かたじけない。→ありがとう。＊史記抄(1477)一五・循吏列伝「御免あるはありかたけれども、理には背くほどに、伏(ふく)誅わ臣が職也」＊浮世草子・当世銀持気質(1770)一・一「花車(くゎしゃ)がお有がたいの挨拶」＊滑稽本・浮世床(1813-23)初・下「これほど有(アリ)がたい江戸にゐて渡世の出来ぬ奴は本(ほん)いくぢなしだ」＊人情本・春色梅児誉美(1832-33)四・二二齣「思ひがけない御隠居さまの有(アリ)がたい思召。今にはじめぬことながら、勿躰ないやうにぞんじます」＊安愚楽鍋(1871-72)〈仮名垣魯文〉初「我々までが喰ふやうになったのは、実にありがたいわけでゴス」 語誌 (1)「難有」を漢籍や仏典ではアルコトカタシと訓み、存在することが難しい意で用いたが、和文系ではアリガタシが、めったにない意で多く用いられた。類義語メヅラシが、人の外見、筆跡、自然現象などについて用いられるのに対して、アリガタシは人の外見ばかりでなく、人の心の様子についても言及する点で異なる。また類義の「希有(けう)」は、仏典から出た語で、知識層の男性が用いた文章語。(2)この語は多義であり①から②③④と意味が変化拡大していったが、⑤の意は類義語カタジケナシと関連があり、室町頃は感謝の意はカタジケナイが用いられ、元禄以降ア[illegible] 発音 アリガタイ〈なまり〉アーガタイ〔鳥取〕アイガテ〔鹿児島方言〕アッタエ〔秋田鹿角〕アリガテー〔埼玉方言〕〈標ア〉タ〈京ア〉ガ 文『ありがたし』アリガタシ〈標ア〉ガ タ〈ア史〉室町『ありがたき』●●○○か 江戸『ありがたき』●●○○か〈京ア〉タ 辞書 文明・易林・日葡・書言・ヘボン・言海 表記 有難(文・易・書・ヘ) 難有(言)

ありがたい 国(くに) (尊く、結構な国の意から)あの世。極楽。＊浮世草子・商人軍配団(1712か)一・貧福二つ車廻り持の金銀「追付(をっつけ)ありがたい国へ親仁が宿替(やどがへ)」

ありがたい 仕合(しあ)**わせ** 思いもよらない幸運なこと。願ってもないよいこと。皮肉をこめて用いることもある。＊坊っちゃん(1906)〈夏目漱石〉六「生徒があばれるのは、生徒がわるいんぢゃない教師が悪るいんだと公言して居る。〈略〉難有(ありがた)い仕合せだ」＊竹沢先生と云ふ人(1924-25)〈長与善郎〉竹沢先生と赤い月・五「さうお願ひ出来れば有難い幸せですが」

ありがたい の =浜焼(はまや)**き**[**=味噌吸**(みそず)] (「ありがたい」の「たい」を鯛(たい)にかけて続けた語)「ありがたい」をしゃれていう。＊黄表紙・夢中の印斬(1780)「是れは是れは、有(ア)り難(ガタ)いの浜焼(ハマヤキ)で、一ぱい飲みかけ山にまつち山」＊滑稽本・酩酊気質(1806)下「若旦那、ありがたいのみそずで一杯呑みかけ山のいもとは、まめで大きうなり田の不動妙でござすの干物で」

ありがた-が・る【有難―】『他ラ五(四)』(形容詞「ありがたい」の語幹に接尾語「がる」の付いたもの)①相手や他人に対して、ありがたいと思う感謝の気持を抱く。また、それを態度に表わす。＊いさなとり(1891)〈幸田露伴〉三〇「手持無沙汰を紛らすために、献(さ)す猪口(ちょく)、有り難がりて受らるるに愈々困り入る」＊女難(1903)〈国木田独歩〉五「親方のお古を頂戴して難有(アリガタ)がって居るやうな意気地なしは黙って引込め」②神仏や権威などを尊重したり、偉いと思う。また、それを外に表わす。＊玉塵抄(1563)一二「民がありがたがってごえいをかき碑を立てほめたぞ」＊浮世草子・傾城禁短気(1711)六・一「有がたがりて聴聞の為諸方より集り、頂を下げて聞侍る」＊吾輩は猫である(1905-06)〈夏目漱石〉九「役人や警察を難有がる癖がある」 辞書 ヘボン 表記 有難(へ) 発音 アリガタガル〈標ア〉ガ2〈京ア〉0

ありがた-げ【有難―】『形動』(形容詞「ありがたい」の語幹に接尾語「げ」の付いたもの)①めったにないさま。珍しく、まれであるさま。＊宇津保(970-999頃)内侍督「さるめでたきことのありがたげなるを御らんぜで」＊源氏(1001-14頃)宿木「うつぶし給へる髪のかかり、かんざしなど、猶、いとありがたげ也」②尊く、おそれ多く思うさま。＊頸縊り上人(1922)〈菊池寛〉「よにも有難気に上人を礼拝するだけで」 発音 アリガタゲ〈標ア〉タ ゲ〈京ア〉タ

ありがた-さ【有難―】『名』(形容詞「ありがたい」の語幹に接尾語「さ」の付いたもの)ありがたいこと。また、その度合。①めったにないこと。まれなこと。奇特さ。＊源氏(1001-14頃)橋姫「とし若く、世の中思ふにかなひ、何事もあかぬことはあらじとおぼゆる身の程に、さはた、後の世をさへたどり知り給ふらんがありがたさ」＊讃岐典侍(1108頃)下「年ごろ宮づかへせさせ給ふ御心の有がたさなど、よくききおき給ひたりしかばにや」＊謡曲・江口(1384頃)「昔語りの旧跡を、弔(とむら)ふことの有難さよ」②尊く、おそれ多いこと。かたじけなさ。＊讃岐典侍(1108頃)上「おとど来(く)といみじうくるしげにおぼしながらつげさせ給ふ御心のありがたさは、いかでか思ひしられざらん」＊日葡辞書(1603-04)「Arigatasa(アリガタサ)」＊仮名草子・浮世物語(1665頃)一・六「又来(き)さんしたか。早う往(い)なんしなど言へば、この御言葉の有がたさ、いかなる和尚の一句提撕(ていぜい)の示(しめし)もこれには勝らじと思はれ」＊浄瑠璃・用明天皇職人鑑(1705)二「我らが命をたすけん為、御命をすてられし御じひの有がたさよ」③感謝すべき状態であること。結構なこと。＊滑稽本・浮世風呂(1809-13)二・上「江戸っ子のありがたさには、生れ落(おち)から死(しぬ)まで、生れた土地を一寸も離れねへよ、アイ」＊松翁道話(1814-46)二・中「御命日にとり出して、其ときの御苦労を今日のありがたさにおもひくらべて、大体御礼申さにゃならぬ」＊真空地帯(1952)〈野間宏〉六・一五「ほんとに家にいた頃の、時間が自分の自由につかえた生活の有難さがしみじみわかります」 発音 アリガタサ〈標ア〉ガ タ〈京ア〉0 辞書 日葡・ヘボン 表記 有難(へ)

あり-がたち【有形】『名』「ありかた(在方)①」に同じ。＊多情仏心(1922-23)〈里見弴〉飛礫・四「現代を、その有(ア)り形(カタチ)のままに認めるリヤリストの立場は、決して踏みはづさなかった」

ありがた-なみだ【有難涙】『名』感謝したり、尊くもったいないと思ったりした時に流す涙。感涙。＊浄瑠璃・信州川中島合戦(1721)四「各はっと土にひれ伏し、有がた涙、悦び涙」＊浮雲(1887-89)〈二葉亭四迷〉二・八「その親心を汲分けては難有泪(アリガタナミダ)に暮れさうなもの」 発音 アリガタナミダ〈標ア〉ナ〈京ア〉ナ 辞書 言海 表記 難有涙(言)

ありがた-み【有難味】『名』(形容詞「ありがたい」の語幹に接尾語「み」の付いたもの)ありがたいこと。かたじけないこと。また、その度合。ありがたさ。＊滑稽本・古朽木(1780)二「清水の観音様も、お馴染の浅草様より有難みが薄いやうなと」＊吾輩は猫である(1905-06)〈夏目漱石〉三「どうだ此話しで少しは書物の難有味が分ったらう」＊多情仏心(1922-23)〈里見弴〉初雪の夜・一・六「死なれて見ると、一年一年次第に有難味が解って来た父親のこと」 発音 アリガタミ〈標ア〉ミ 0 タ〈京ア〉0

ありがた-めいわく【有難迷惑】『名』『形動』表面はありがたいように見えるが、実際は迷惑であること。人の親切や好意がかえって迷惑に感じられること。＊滑稽本・古朽木(1780)一「筑紫へ配流の砌(みぎり)は、無実の罪を免れたいと願ひしが、今では有がた迷惑」＊人情本・春色梅児誉美(1832-33)三・一六齣「嬉しがらせを真にうけて、今日まで尽した心の操、有(アリ)がた迷惑(メイワク)とお思ひだろうが」＊真景累ケ淵(1869頃)〈三遊亭円朝〉四七「却って有難迷惑で一人で困ってるのだ」＊桐の花(1913)〈北原白秋〉ふさぎの虫「かういふ滑稽な盲信位難有迷惑な事はない」 発音 アリガタメイワク〈標ア〉メ〈京ア〉メ 辞書 言海 表記 難有迷惑(言)

ありがた-もんと【有難門徒】『名』(「ありがたい」ということばを口癖のように言ったところから)真宗の信者を他宗の者が呼ぶことば。真宗門徒。＊浄瑠璃・雕刻左小刀(1791)六「有がた門徒、堅法華、我れを忘れてつのめ立」

ありがた-や【有難屋・有難家】『名』(「や」は人の性質、態度などを表わす語に付け、多少軽侮の気持をこめていう語)①むやみに神仏をありがたがって、深く信仰する人。通常、門徒宗(真宗)の信者をさしていう場合に使われた。＊浮世草子・諸道聴耳世間猿(1766)二・二「弟の清太郎は坊主まさりの有がたや〈略〉五帖一部の御文様には、どこらの何枚めにどうしたおすすめがあると宙覚へ」＊雑俳・新とくさ後編(1800)「うつしナヱ・御直筆貸す有難屋」②権威ある人の意見などをありがたがって、無批判に尊ぶ人。盲目的に他人の説を信じる人、だまされやすい人をもいう。＊読書放浪(1933)〈内田魯庵〉下谷広小路「守田は古銭の古い趣味や糸脈の霊感の難有屋ばかりでは無かった」 方言 仏教信者。特に、真宗の篤信者。石川県金沢市062 愛知県名古屋市562 発音 アリガタヤ〈標ア〉0

ありがたやおえどのかげきよ【難有御江戸景清】 歌舞伎「岩戸景清(いわとのかげきよ)」の本名題。

ありがた-やま【有難山】『名』「ありがたい」の意をしゃれていう語。意味のない「山」を添えていうしゃれの一つで、近世、主に江戸で行なわれた。また、「山」を受けて「山桜」「山猫」などと続けていうこともある。＊咄本・寿々葉羅井(1779)座頭「おっと、ありがた山と内へかへり」＊黄表紙・世上洒落見絵図(1791)「二百文とはこいつありかた山下でてっぽうかはなせるはへ」＊黄表紙・天道浮世出星操(1794)「これさへわがてにいるからは、ありがた山ぶきいろをしよしめじるときたは」＊洒落本・面和倶噺(1806)三「ヲット有がたやま猫だ」＊滑稽本・古今百馬鹿(1814)下「是はありがた山桜(ヤマザクラ)[illegible]」＊滑稽本・七偏人(1857-63)初・上「あの野良も、七色香煎湯をぐいと飲(のみ)の、龍宮城の煉羊かんをあぐりと喰って、ゲヱッゲとは難有山(アリガタヤマ)」 発音 アリガタヤマ〈標ア〉0

ありがたやま の 鳶烏(とんびからす) ありがたいの意の「有難山」に、「鳶烏」を添えた語。「鳶烏」には特に意味はなく、このほか「寒鳥(かんがらす)」「宝心丹(ほうしんたん)」「時鳥(ほととぎす)」など種々の語を添えた。＊洒落本・南閨雑話(1773)怖勤の体「『よしよし。是は有難山のほうちんたん』と、茶づけにしてざらざら」＊黄表紙・金々先生栄花夢(1775)「これはありがた山のとんびからす。これおもって検校になり山と出かけやう」＊黄表紙・三幅対紫曾我(1778)「おっと、ありがた山のしいの木さん椒。これさへくだされば、とんと言ひぶんなしのかわ」＊雑俳・柳多留-二〇(1785)「源三位ありかた山のほととぎす」＊洒落本・風俗通(1800)二・隣座鋪寸間色段「有かた山のとんびたこ此真実はわすれはしねへと」

＊黄表紙・稗史億説年代記(1802)「ありがた山のかんがらす、此ごろよっぽどあたらしし」＊洒落本・富岡八幡鐘(1802)二「ウウこいつはありがたやまの二軒ちゃ屋」

ありがた-れん【有難連】〘名〙(「有難屋の連中」の意) 権威ある人の考えなどを、無批判にありがたがる人たち。＊東京年中行事(1911)〈若月紫蘭〉八月暦「有難連(アリガタレン)は盛んに呪文を唱へて一生懸命に拝むは拝むは」

あり-がち【有勝】〘形動〙(「がち」は接尾語) 世の中に、よく起こりそうなこと。世間に、よくあること。ありうち。＊西洋道中膝栗毛(1870-76)〈仮名垣魯文〉一一・上「間違(まちげ)へはありがちダ」＊おぼろ夜(1899)〈斎藤緑雨〉「輙(やや)ともすればやくざ男に有勝(アリガ)ちの不料簡」＊雁(1911-13)〈森鷗外〉二二「僕は第三者に有勝(アリガチ)な無遠慮を以て」 発音アリガチ〈標ア〉0〈京ア〉0⓪

あり-か・つ【有―】〘連語〙 あり続けるのに耐える。生きていられる。存在できる。＊万葉(8C後)二・九四「玉櫛笥(たまくしげ)みもろの山のさな葛(かづら)さ寝ずは遂に有勝(ありかつ)ましじ〈藤原鎌足〉」＊万葉(8C後)四・六一〇「近くあれば見ねどもあるをいや遠く君がいまさば有勝(ありかつ)ましじ〈笠女郎〉」＊万葉(8C後)一一・二四七〇「水門(みなと)にさ根這(ねば)ふ小菅(こすげ)盗すまはず君に恋ひつつ有勝(ありかて)ぬかも〈人麻呂歌集〉」 語誌「かつ」は、耐える、…することができる意の補助動詞で、「あふ(敢)」「たふ(耐)」などに似た意味。「ありかつ」の用例はすべて、否定の意を表わす語を下に伴って、困難または不可能の意を表わしている。このままの状態を続けることはむずかしい、生きながらえられない、などの意となる。

あり-がとう【有難】(たうが) ㊀(形容詞「ありがたい」の連用形「ありがたく」のウ音便) かたじけない、うれしく思うなど、相手に対する感謝の気持を表わす、挨拶のことば。感動詞的にも用いる。㋑「候」「ござる」「ござります」「存じます」「さん」など、下に敬語を伴う場合。＊大観本謡曲・松風(1423頃)「御宿参らせたく、〈略〉御志ありがたう候」＊浮世草子・諸道聴耳世間猿(1766)二・二「忰共もありがたふござると、同行中へひけらかさるに」＊浮世草子・笑談医者気質(1774)四・一「何方(あなた)のお影にて主人長々の大病本腹仕り、ありがたふ存ます」＊譬喩尽(1786)五「出入の商人退品(かへりしな)に難有(アリガタフ)ござります と云詞、近年一統時花 コレ忝(かたじけなし)の代敬詞」＊滑稽本・東海道中膝栗毛(1802-09)八・中「ていすめでござります。御ひいきによふこそ。有がたふござります」＊落語・三十石宝の入船(1896)〈四代目橘家円喬〉「寺田屋は私で。大きに有難うさんで」㋺単独で用いる場合。＊洒落本・北華通情(1794)自序「客を送る仲居は、モシありがたふ、愛郎(いろ)を往(いな)す芸子は、そんならェとぬれたり」＊滑稽本・浮世風呂(1809-13)二・上「『私どもへ些(ちっ)とおよこし申なさいまし。お釜と丁度能(よい)お友達だ』『ハイ、有(アリ)がたう〈略〉』」＊洒落本・色深狹睡夢(1826)上「柳さんおありがたう。お粂(くめ)はん大角さん、と挨拶追従あへまぜに みなみな立ておりる」＊浮雲(1887-89)〈二葉亭四迷〉一・三「『淋敷(さみしく)ってならないから些(ちっ)とお噺しに入っしゃいな』『エ多謝(アリガタ)う、だが最(も)う些と後にしませう』」㊁〘名〙不良少年が婦女を誘惑する手段の一つ。ハンカチなどをわざと落として、注意してくれた人に礼を言って交際のきっかけをつくることをいう、不良仲間の隠語。〔特殊語百科辞典(1931)〕 語誌「ありがとう」と連用形になっているのは、初め「ありがとうございます」など丁寧の表現が付いていたのが、下略されたことによる。 方言❶別れ際に言う挨拶のことば。さようなら。 高知県862 高知市(児童語)867 熊本県八代市057 ◇ありがどごじゃります 青森県上北郡082 ❷買い物をして帰る時、客が言う挨拶のことば。 ◇あんやとう 石川県金沢市062 発音アリガトー〈なまり〉アーガト・アーガトー〔鳥取〕アイガト〔紀州・鹿児島方言〕アリガット〔和歌山県・紀州〕アリガト〔紀州・鳥取〕アルカド・アレカドサン・ワリガドー〔岩手〕アンギャト・アンヤト〔石川〕〈標ア〉リ〈京ア〉ガ

あり-がね【有金】〘名〙そこにある全部の金銭。手元に持っている現金。所持金。＊浮世草子・世間胸算用(1692)二・三「兄弟に有銀(アリカネ)七百貫目づつ譲りわたされけるに」＊人情本・春色梅美婦禰(1841-42頃)三・一八回「家屋敷はことごとく売払ひ、有金(アリガネ)ともに合て一万五千両余」 発音アリガネ〈標ア〉0〈京ア〉0 辞書言海 表記有金(言)

ありかべ【有壁】 宮城県北東部、金成(かんなり)町の地名。岩手県との境にあり、奥州街道の宿場町として栄えた。江戸時代の本陣跡(国史跡)がある。 発音〈標ア〉0

あり-かべ【蟻壁】〘名〙和風建築の室内で、天井長押(てんじょうなげし)と蟻壁長押(ありかべなげし)との間にある壁。柱を塗り隠して大壁に造る。〔日本建築辞彙(1906)〕

ありかべ-なげし【蟻壁長押】〘名〙和風建築の室内で、天井と内法長押(うちのりなげし)との間にある長押。この上の壁を蟻壁という。〔日本建築辞彙(1906)〕

あり-が-ほ・し【有―欲】〘連語〙(上代語。ラ変動詞「あり(有)」の連用形に助詞「が」が付き、さらに、形容詞「ほし」が付いたもの) ありたい。居たい。＊万葉(8C後)六・一〇五九「咲く花の 色めづらしき 百鳥(ももとり)の 声なつかしき 在杲石(ありがほし) 住みよき里の 荒るらく惜しも〈福麻呂歌集〉」＊琴歌譜(9C前)正月元日慶歌「そらみつ 日本(やまと)の国は 神柄(かむから)か 阿利可保之支(アリガホシキ) 国からか 住みが欲しき 阿利可保之支(アリガホシキ)国は 蜻蛉州(あきつしま)日本(やまと)」 補注「万葉集」の例は、「がほ」に「杲」の字音カウ(カヲ)を借りていること、助詞「が」が動詞の連用形を受ける例が他にないことなどに多少の問題が残る。

あり-がま・し【有―】〘形シク〙(「がまし」は接尾語) 深いわけなどが、いかにもありそうに感じられる。＊浮世草子・傾城禁短気(1711)一・一「大事ない事を、何かありがましうおささやきあそばす事よ」

あり-がよ・う【在通】(よふが)〘自ハ四〙(「ありかよう」とも。「あり」は、常に反復する、継続的に存在するの意) いつもかよう。いつも往来する。続けてかよう。かよい続ける。＊古事記(712)上・歌謡「麗(くは)し女を 有りと聞こして さ婚(よば)ひに 在立(ありた)たし 婚ひに 阿理加用婆(アリカヨハ)せ」＊万葉(8C後)三・四七九「愛(は)しきかも皇子の命の安里我欲比(アリガヨヒ)見(め)しし活道(いくぢ)の路は荒れにけり〈大伴家持〉」＊良寛歌(1835頃)「この山の いやます高に この水の 絶ゆることなく ありかよひ つかへまつらむ いやひこの神」 語源説(1)アリは、動詞の上に添え、継続的存在の意を表わす接頭語〔日本古語大辞典=松岡静雄〕。(2)アリはアリク(歩行)の語根。アリキ通フから〔和訓栞・大言海〕。 発音アリガヨウ 文アリガヨーとも〈音史〉上代は『ありがよふ』と多く連濁するが、『ありかよふ』とも。〈標ア〉0ヨ

あり-がんどお【蟻―】〘名〙方言 ⇨ありご(蟻―)

ありき【歩】〘名〙(動詞「ありく(歩)」の連用形の名詞化)「あるき(歩)①」に同じ。特に外出、寺社の参拝、旅行などについていうことが多い。＊書紀(720)雄略元年三月(図書寮本訓)「女子の行歩(アリキスル)に及(いた)りて、天皇、大殿に御(おはしま)す」＊蜻蛉(974頃)上・応和二年「世中(よのなか)をいとうとましげにて、ここかしこかよふよりほかのありきなどもなければ」＊枕(10C終)八八・めでたきもの「后の昼の行啓。一の人の御ありき。春日詣」＊御湯殿上日記-文明一四年(1482)八月二五日「宮の御かたへかんまいる。御だいより御ありきの宮けとて、御くりのかこまいる」＊俳諧・西鶴大矢数(1681)第一「三嶋の宮やあらたなる鹿花によしありきによしと山越て」 方言❶主に村の触れ事などをして歩く小使のような役。 山梨県南巨摩郡465 長野県468 475 488 愛知県北設楽郡533 ❷縁側。廊下。 岐阜県郡上郡504 発音〈標ア〉キ 辞書言海 表記歩(言)

あり-き【在木】〘名〙そこに生えている木。そこに立っている木。＊白羊宮(1906)〈薄田泣菫〉望郷の歌「わが故郷(ふるさと)は日の光蟬の小河にうはぬるみ、在木(アリキ)の枝に色鳥の咏(なが)め声する日ながさを」

ありき-あきんど【歩商人】〘名〙店を構えて売るのではなく、みずから商品を携えて売り歩く商人。行商人。＊浮世草子・真実伊勢物語(1690)一・三「ありきあきんどしょくにん夜をひまのちゃのみ所となしける」

ありき-がみ【歩行神】〘名〙「あるきがみ(歩行神)」に同じ。＊俳諧・玉海集(1656)一・春「ありき神や取つく四方の花見衆〈春宵〉」

ありき-すがた【歩姿】〘名〙「あるきすがた(歩姿)」に同じ。＊浮世草子・好色五人女(1686)三・一「吉彌笠(かさ)〈略〉皃(かほ)自慢にあさくかづき、ぬきあし、中びねりのありきすがた」

ありき-ぞめ【歩初】〘名〙①貴人が、年の初め、または、転宅、病後、誕生などの後、初めてよそへ出かけること。また、その儀式。②子供が初めて歩くこと。また、その儀式。＊隆信集(1204頃)賀「中納言親宗おさなきこのありきぞめにくるまひきいれられて侍しに」＊拾遺愚草(1216-33頃)下「中将の子をありきぞめにつかはしたる手本の包紙に」＊増鏡(1368-76頃)一〇・老のなみ「八月、御子の御ありきぞめとて、万里小路殿に渡らせ給ふ」

あり-きたり【在来】〘名〙〘形動〙①もとからあること。もとのまま。今までどおり。従来。在来。＊談義本・銭湯新話(1754)一・舟の足を見て福を得たる話「神武以来あり来りの神社の祭さへせぬやふに、成果(ナリハツ)べきかと」＊談義本・根無草(1763-69)前・一「日にまして罪人の数かぎりもあらざれば、前々より有来(ありきたり)の地獄にては、中々地面不足なりとて」②(転じて) 今までどおりで、少しもめずらしくないこと。ごくありふれていること。型どおりで陳腐なこと。また、そのさま。＊社会百面相(1902)〈内田魯庵〉新詩人「趣向は在来(アリキタ)りの筋で一向斬新でないが唯だ僕の極健全な人生観を十分に見せる積りだ」＊虞美人草(1907)〈夏目漱石〉一二「在来(アリキタ)りの銘仙(めいせん)の袷(あはせ)」＊さい果て(1964-71)〈津村節子〉一「わずかばかりの庭があって四季の花を咲かせることができれば、とささやかでありきたりな夢を後生大事に育てていた」 辞書〈ポン・言海〉 表記在来(へ) 有来(言) 発音〈標ア〉0〈京ア〉⓪

あり-きた・る【在来】〘自ラ四〙昔から現在まで存在する。今までどおり変わらないである。もとのままである。古くから伝えられて残っている。＊蜷川文書-一四集・永禄一一年(1568)八月吉日(中世法制史料集二・追加法五〇〇)「対三郎衛門尉、礼節以下儀、可ㇾ為ㇾ如二有来一事」＊東寺文書-神泉苑文書・天正三年(1575)四月・正親町天皇女房奉書「さうち以下やくしゃやくしゃありきたることく、寺家より申つけ候へきよしおほせつたへられ候へく候」＊ロドリゲス日本大文典(1604-08)「マエヨリ、または、カラ ariquitatta(アリキタッタ)」＊天馬異聞(1637)「有馬なる切支丹共、彼逆徒等と謀を通じ、倶に起り立ち、力を併せて、有来る寺院を焼き」＊小説神髄(1885-86)〈坪内逍遙〉下・文体論「在

来(アリキタ)りたる艸冊子は専ら童幼婦女子ばらの玩具(もてあそび)ぐさに供せしもの」 発音〈標ア〉[0][タ] 辞書文明 表記有来(文)

ありき-ちが・う【歩違・歩交】〘自ハ四〙(「ちがう」は、交差する意) 行き交う。あちこち往来する。*蜻蛉(974頃)上・安和元年「脛(はぎ)を布のはししてひきめぐらかしたるものども、ありきちがひさわぐめり」 *落窪(10C後)二「しばし立てるに、人騒がしく、突いたふしつべくありきちがへば、佗しく、歩みかへる心地も、ただ思ひやるべし」

ありき-なら・う【歩習】〘自ハ四〙 あちこちへ出歩きなれる。*宇津保(970-999頃)俊蔭「心定まらぬ人なりけり。さらに宮仕もせさせじ。ありきならひて逃げ隠れんと思ふものなめり」

あり-きぬ【—衣】〘名〙 語義未詳。絹布の衣の意か。*袖中抄(1185-87頃)一五「ありきぬは、おりぎぬと云ふ歟。おとあと同音なり〈略〉ありきぬは、あり色などいふ様にあるきぬと云ふ歟」 *随筆・玉勝間(1795-1812)六「ありきぬは、鮮(あざやか)なる衣也、阿理とは、あざやかなるをいふ、あざやかといふ言も、すなはちありざやか也」 *良寛歌(1835頃)「やました風の いと寒く吹きくるなべに ありぎぬを ありのことごと ひきかつぎ」 *詩文の粉飾(1889)〈内田魯庵〉「噫(ああ)、姿詞の趣を知らぬは果して商人の鮮衣(アリギヌ)をつけたるが如き乎」 補注絹製の衣服という説のほか、織った衣、ありあわせの衣、あざやかな衣、新しい衣、などと解する説もある。

ありきぬ-の 枕 ①衣を重ねて着る意で「三重(みへ)」にかかる。*古事記(712)下・歌謡「阿理岐奴能(アリキヌノ) 三重の子が 捧(ささ)がせる 瑞玉盞(みづたまうき)に」 ②大切なものとして「宝」にかかる。*万葉(8C後)一六・三七九一「うちそやし 麻続(をみ)の子ら 蟻衣之(ありきぬの) 宝の子らが 打つ栲(たへ)は 経(へ)て織る布〈作者未詳〉」 ③衣ずれの音を「さゑさゑ」と聞くところから「さゑさゑ沈み」にかかる。*万葉(8C後)一四・三四八一「安利伎奴乃(アリキヌノ)さゑさゑ沈み家の妹に物言はず来にて思ひ苦しも〈東歌(人麻呂歌集出)〉」 ④同音の繰り返しで「あり」にかかる。*万葉(8C後)一五・三七四一「命をし全(また)くしあらば安里伎奴能(アリキヌノ)ありて後にも逢はざらめやも〈中臣宅守〉」

ありき-ぶり【歩振】〘名〙「あるきぶり(歩振)」に同じ。*浮世草子・古今堪忍記(1708)七・三「竹光のかいらきさしこなして、ありきぶりばかりは昔にかはらず」

ありき-まわ・る【歩回】〘自ラ四〙「あるきまわる(歩回)」に同じ。*古事談(1212-15頃)二・道長評伊周牛逸物事「帥殿の牛逸物にて、辻のかいたをりなどをありきまはりければ」 *寛永刊本蒙求抄(1529頃)六「父の喪に居ながら、むったとありきまわったぞ。ここへて俊儀の令の処へ行たぞ」 *仮名草子・恨の介(1609-17頃)下「この程はいづくをありきまわり、いつもの事に遊山のみなるやらんと思ひしに」

あり-きゅう【名】食事をいう、デパートの店員などの隠語。*父の詫び状(1978)〈向田邦子〉チーコとグランデ「『臨休(りんきゅう)』がトイレで『有休(アリキュウ)』が食事といった符丁も覚え」

ありきょう-あり〘連語〙(「愛敬(あいきょう)あり」の変化したものとも、「あら、興(きょう)あり」の変化したものともいう) 江戸時代の万歳歌の決まり文句。「ありきょうあり新玉(あらたま)の」「ありきょうありや」などの形で用いる。*浄瑠璃・天鼓(1701頃)一「徳若に御万歳当御殿の栄へましますありけうあり、新玉の年立返るあしたより」 *浄瑠璃・大経師昔暦(1715)下「とくわかに御万歳と御代もさかへましますありきゃう有あら玉や」

ありきょう-がり〘名〙万歳の異称。その歌に「徳若に御万歳と、御代も栄へまします、ありきゃうありあら玉や」とあるのによる。*俳諧・雀子集(1662)「むかしよりありきゃうがりや御万歳〈俊貞〉」 *浮世草子・西鶴織留(1694)四・一「あたまにゑぼし被(かづく)ほどの者はしらぬといふ事なく、ありきゃうがり、舞まひまでも、入用の時は爰に行て」 *雑俳・うき世笹(1703)「声からすありけふがりの京の町」

あり-きり【有切】〘名〙(「ありぎり」とも。ラ変動詞「あり(有)」の連用形に、接尾語「きり」の付いたもの) あるかぎり。あるだけ。ありっきり。その範囲を越えず。*浮世草子・好色一代女(1686)二・一「はるばるより樽二つ此酒の有切(アリギリ)にあそぶなれば」 *浮世草子・日本永代蔵(1688)二・二「月に八拾目づつ利銀わたし、此有切(アリキリ)に、五人口を過よといはれし」 *寄合ばなし(1874)〈榊原伊祐〉初・上「よごれ浴衣が有(ア)り切(キ)りの身上、いはゆる本来無一物」 方言❶ありったけ。全部。◇あるきり 富山県砺波398 ◇ありぎり 千葉県山武郡270 富山県砺波397 ◇あったありぎり 福岡市879 ◇あったあれぎり 福岡市877 ❷これ以上はないほど。なし得る最高限度に。◇あれっきり 岩手県気仙郡102 発音〈標ア〉[0] 辞書〈ボン・言海〉 表記有切(へ・言)

あり-ぎれ【有切】〘名〙 ありあわせのきれ。*闇の夜(1900)〈永井荷風〉上「古品ながら友禅と黒繻子の昼夜帯を引掛に締め、ありぎれらしい八丈の前掛を垂らして居る」 *黴(1911)〈徳田秋声〉三三「それに有片(アリギレ)だから、不足も言へませんわ」 発音アリギレ〈標ア〉[0]〈京ア〉[0]/⓪

あり-きん【有金】〘名〙 金銭の現在高。現在のたくわえ。*浮世草子・本朝二十不孝(1686)二・四「いかにしても此家に弐千両ばかりの有金(アリキン)世上(せじゃう)にも誠にせぬ事なり」

あり-ぎん【有銀】〘名〙 ありがね。所持金。財産。*浮世草子・好色一代女(1686)二・一「惣別(そうべつ)傾城買、その分際より仕過す物なり。有銀(ギン)五百貫目より上のふりまはしの人、大夫にもあふべし」 *和英語林集成(再版)(1872)「Arigin アリギン 見存銀」 辞書〈ボン〉 表記見存銀(へ)

あり・く【歩】〘自カ四〙 ①位置を移動する。動きまわる。㋑主として人間の動作に用いる場合。(足を使って、また車馬などに乗って)あちこち移動する。(どこかへ)行く。出かける。出歩く。あちこち歩きまわる。*書紀(720)允恭即位前(図書寮本訓)「我が不天、久しく篤(おも)き病(やまひ)に離(かか)りて、歩行(アリクこと)能はず」 *竹取(9C末-10C初)「船に乗りて、海ごとにありき給ふに」 *伊勢物語(10C前)六九「野にありけど、心は空にて、こよひだに人しづめて、いととく逢はむと思ふに」 *源氏(1001-14頃)宿木「よろこびに、所々ありき給て、この宮にもまゐり給へり」 *栄花(1028-92頃)月の宴「馬に乗りならはせ給へ。〈略〉宮達はさるべき折々は馬にてこそありかせ給へ」 *方丈記(1212)「若(もし)ありくべき事あれば、みづからあゆむ。苦しといへども、馬、鞍、牛、車と、心をなやますにはしかず」 ㋺人間以外のものの動作に用いる場合。あちこち動く。動きまわる。また、物などが世に広まる。*蜻蛉(974頃)中・天禄二年「我はらのうちなる蛇(くちなは)ありきて肝をはむ」 *枕(10C終)一一四・卯月のつごもりがたに「菰(こも)積みたる舟のありくこそ、いみじうをかしかりしか」 *枕(10C終)三一九・この草子、目に見え心に思ふ事を「左中将〈略〉里におはしたりしに、端のかたなりし畳さし出でしものは、この草子載りて出でにけり。〈略〉それよりありきそめたるなめり」 ㋩特に、徒歩で行く、の気持が強い場合。*虎明本狂言・引敷聟(室町末-近世初)「何とやらん、あしがひろがったやうで、ありきにくひよ」 *日葡辞書(1603-04)「Ariqi, u, ruita(アリク)〈訳〉行く、歩いてゆく。ミチヲ ariqu(アリク)」 *浮世草子・好色一代女(1686)三・一「薄色の絹足袋、三筋緒(みすぢを)の雪踏(せった)、音もせずありきて、わざとならぬ腰のすはり」 *俳諧・曠野(1689)一・月「めいげつやはだしでありく草の中〈傘下〉」 ②他の動詞に付けて用いる。㋑あちこち位置を移動して…する。…しまわる。方々で…する。*竹取(9C末-10C初)「ここら舟に乗りてまかりありくに、またかかるわびしき目も見ず」 *宇津保(970-999頃)楼上上「むかし若かりし時こそさまよひありくもめやすく、みまほしく思ひ給ふ人もありけめ」 *枕(10C終)四三・虫は「蟻は〈略〉かろびいみじうて、水の上などを、ただあゆみにあゆみありくこそをかしけれ」 *宇治拾遺(1221頃)一〇・一〇「経一部よみ参らせて、行ひありくなり」 ㋺あれこれ心を働かして日を過ごす。月日を送る。しきりにあれこれする。*大和(947-957頃)一三「千兼といふ人の妻(め)には、としこといふ人なむありける。〈略〉なくなりにければ、かぎりなく悲しとのみ思ひありくほどに」 *源氏(1001-14頃)紅梅「此宮をだにけぢかく見奉らばやと思ひありくに」 語誌上代には、「あるく」の確例はあるが「ありく」の確例はない。それが中古になると、「あるく」の例は見出しがたく、和文にも訓読文にも「ありく」が用いられるようになる。しかし、中古末から再び「あるく」が現われ、しばらく併用される。中世では、「あるく」が口語として勢力を増し、それにつれて、「ありく」は次第に文語化し、意味・用法も狭くなって、近世後期にはほとんど使われなくなる。→「あるく(歩)」の語誌。 方言乗り物が通行する。宮城県栗原郡114 語源説(1)アリキは有来、すなわち来アルという意から転じたもの〔日本古語大辞典=松岡静雄〕。(2)アクリユク(足繰行)の約略〔本朝辞源=宇田甘冥〕。または、アユリユク(足揺行)の約略〔大言海〕。(3)アリユク(有行)の義〔和訓栞〕。(4)アは足、リはカヘリ、クはユク・クルのクか〔和句解〕。 発音〈標ア〉[リ]〈ア史〉平安○◎○ 江戸○○◎〈京ア〉⓪ 辞書色葉・名義・和玉・文明・易林・日葡・書言・ヘボン・言海 表記行(色・名・玉・文・易) 歩(名・言) 御(名) 跛・蹊(玉) 歩行(書・ヘ)

あり-・く【在来】〘自カ変〙(その状態で)ずっと存続してきている。また、(その状態が)ずっと存続し経過している。*書紀(720)雄略九年五月(前田本訓)「又、汝大伴卿(まふちぎみ)、紀卿等と、同じ国近き隣の人にして、由来(アリクルこと)尚(ひさ)し」 *万葉(8C後)一七・四〇〇三「白妙(しろたへ)に 雪は降りおきて 古(いにしへ)ゆ 阿理吉(アリキ)にければ こごしかも 巌(いは)の神さび たまきはる 幾代経にけむ〈大伴池主〉」 *古今(905-914)雑上・八八九「今こそあれ我もむかしはをとこ山さかゆく時もありこしものを〈よみ人しらず〉」 発音〈標ア〉[リ] 辞書文明 表記在来(文)

あり-くい【蟻食】〘名〙 貧歯目アリクイ科に属する哺乳類の総称。歯がなく口は長く突き出ており、前肢にある大きな爪でアリ塚やシロアリ塚を掘りおこし、ミミズのような形の長い舌にアリやシロアリを粘着させて食べる。中央アメリカおよび南アメリカに分布。体長約一・二㍍で尾に長毛を密生するオオアリクイから、体長約二〇センチ㍍で尾を巻いているヒメアリクイまで四種ある。学名はMyrmecophagidae *動物小学(1881)〈松本駒次郎訳〉上・哺乳類「第二類には南亜米利加の食蟻獣(アリクヒ)亜非利加、亜細亜の龍鯉等ありて食蟻獣は硬き粗毛を被ふり巨大なる刷毛状の尾を具ふ」 方言虫。❶ありじごく(蟻地獄)。長野県469 三重県阿山郡585 奈良県磯城郡678 ◇ありあな〔蟻穴〕 奈良県磯城郡673 ◇ありのあな 三重県名張市585 ◇ありおとし〔蟻落〕 新潟県佐渡351 ◇ありごき 香川県829 ◇ありはさみ〔蟻挟〕 奈良県磯城郡678 ◇ありねじ 丹波†039 ❷あぶらむし(油虫)。新潟県佐渡361 発音〈標ア〉[0][ク]〈京ア〉[ク]㋗

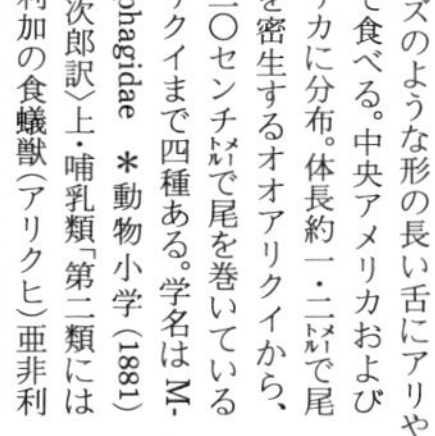

蟻　食

あり-くさ〘名〙 植物「ひごたい」の古名。＊本草和名(918頃)「漏蘆〈略〉和名久呂久佐 一名阿利久佐」＊十巻本和名抄(934頃)一〇「漏蘆 本草云漏蘆、一名野蘭〈久呂久佐 一云安利久散〉」 辞書 和名・色葉・名義 表記 漏蘆(和・色・名) 野蘭(名)

ありくに【有国・在国】平安中期の刀工。別名、助友。獅子(しし)とも称する。京都の人。三条宗近の門人。渡辺綱が羅生門で鬼の腕を切った刀の作者と伝えられる。寛仁三年(一〇一九)没。 発音〈標ア〉リ

あり-ぐも【蟻蜘蛛】〘名〙 ハエトリグモ科のクモ。体長は七〜九ミリメートル、黒褐色または赤褐色で、アリによく似ている。網は張らず、樹葉、生け垣などにすみ、昆虫を捕食するが、産卵期には一時的に巣をつくる。本州以南に分布。ありもどきぐも。学名は Myrmarachne japonica 発音 アリグモ〈標ア〉0 グ

あり-ぐる・し【在苦】〘形シク〙(存在することが苦しいの意) 居づらい。居にくい。また、生きていにくい。＊狭衣物語(1069〜77頃か)二「中宮参らせ給て後は、いとありぐるしきまで、あたり苦しく時めき華やかせ給ふに、押しけたれて」

あり-げ【有気】〘名〙〘形動〙(「げ」は接尾語) ありそうな様子。あるらしいさま。㋑名詞としての用法。＊蜻蛉(974頃)上・康保四年「うへに候ひし兵衛の佐、まだとしも若く、思ふ事ありげもなきに、親をも妻(め)をもうちすてて、山にはひのぼりて、法師になりにけり」＊源氏(1001〜14頃)夕顔「なにの心ばせありげもなく、さうどきほこりたりしよ」㋺形容動詞としての用法。＊宇津保(970〜999頃)蔵開下「さるは、それもかやうの事ありげにおはすめり」＊源氏(1001〜14頃)賢木「いたづらに、いとまありげなる博士(はかせ)どもめしあつめて」＊拾遺(1005〜07頃か)賀・二八四「おほ空にむれたるたづのさしながら思ふ心のありげなるかな〈伊勢〉」＊古本説話集(1130頃か)五四「みれば、三十よばかりなる五位の、いみじくとくありげなり」 発音 アリゲ〈標ア〉ゲ 0

アリゲーター〘名〙(英 alligator) アリゲーター科のワニ。口の幅が広く、その先端が丸い。体長六メートルに達するものもあるが、普通はそれよりも小さい。北アメリカ南東部から南アメリカに分布するアメリカアリゲーターと、中国の揚子江下流域にすむヨウスコウアリゲーターがある。学名は Alligatoridae →クロコダイル。 発音〈標ア〉ゲ

ありげ-けみ【有毛検見】〘名〙 江戸中期に制度化した検見法。成熟期の稲の出来の良否を検査して、その年の米の収量を定めるもので、一坪当たりの田の平均収量をみて一村全耕地の収穫量を算出する方法。当初は幕府領の村々に限って実施したが、のちにはこれにならう私領が次第に多くなった。→坪刈り。＊地方凡例録(1794)三「享保年中以来、関東、上方、遠国とも、代官所の分はすべて有毛検見に相成」

ありげ-どり【有毛取】〘名〙 有毛検見(ありげけみ)によって査定された米収量に基づき、領主側が村ごとにその年の免(租税率)を決めて年貢を取り立てること。＊牧民金鑑-一六・検見・寛延二年(1749)四月八日「有毛取之儀は、反取、厘取之無構、其年之出来毛次第」＊地方凡例録(1794)三「享保年中より古の色取に習て今の有毛取始りたり、大体色取同様成ゆゑ、有毛取を都て色取検見と唱ふ」

あり-けら【蟻螻蛄】〘名〙(蟻と螻蛄の意) 虫類を卑しめた言い方。むしけら。＊真如観(鎌倉初)「我等有時には蟻(アリ)けらを、我身と思時もありけん」＊閑居友(1222頃)上・あづまのかたに不軽おがみかかる老僧の事「いかなるありけらまでも、思ひくたすべきものなく、仏性なきものは、ひとりもなければ」

あり-ける【有—】〘連語〙(ラ変動詞「あり(有)」の連用形に助動詞「けり」の連体形が付いて、連体詞のように用いられるもの) さっきの。以前の。例の。＊土左(935頃)承平五年一月一一日「人々わらふときに、ありける女わらはなん、この歌をよめる」 発音〈標ア〉ケ

あり-こ【蟻子】〘名〙「ありのこ(蟻子)」に同じ。＊易林本節用集(1597)「蚳 アリコ 酒上蟲」 方言 山形県北村山郡144 西置賜郡152 福井県大野郡439 遠敷郡445 三重県南牟婁郡603 京都府620 兵庫県054 鳥取県気高郡717 岡山県邑久郡761 広島県771 高田郡779 山口県803 愛媛県周桑郡054 辞書 易林 表記 蚳(易)

あり-ご【蟻—】〘名〙 方言 ❶虫、あり(蟻)。防州†122 福島県西白河郡183 群馬県利根郡215 勢多郡222 千葉県安房郡054 新潟県062 347 385 長野県471 475 493 岐阜県062 497 516 静岡県520 愛知県八名郡549 北設楽郡556 三重県584 585 601 兵庫県但馬654 奈良県吉野郡683 和歌山県新宮702 東牟婁郡704 鳥取県712 島根県725 岡山県753 苫田郡748 広島県771 山口県803 熊本県阿蘇郡919 大分県941 宮崎県延岡947 ◇ああい 沖縄県宮古島975 ◇ああこ 鳥取県西伯郡718 ◇ああご 鳥取県西伯郡712 島根県出雲725 ◇ああら 沖縄県八重山974 ◇あありご 島根県出雲724 ◇あありんぼ 千葉県上総062 ◇あある 沖縄県宮古島974 ◇あいい 沖縄県島尻郡975 ◇あいこ 沖縄県首里974 ◇あいこお 沖縄県975 ◇あいだめ 三重県志摩郡585 ◇あいむし〔蟻虫〕熊本県阿蘇郡919 ◇あいらめ 三重県志摩郡585 ◇あいり 愛媛県大三島848 ◇あいる 和歌山県日高郡698 ◇あえご 鳥取県西伯郡712 ◇あし 和歌山県有田郡690 ◇あじ 奈良県南葛城郡682 ◇あっと 長崎県西彼杵郡054 ◇あに 熊本県鹿本郡919 ◇あね 熊本県上益城郡919 ◇あみ 鹿児島県奄美大島975 ◇あや 沖縄県与那国島975 ◇あらじ 岩手県九戸郡088 ◇あらりぁじ 青森県三戸郡083 ◇ありいじょお 鹿児島県種子島(女児語)054 ◇ありいぞお 神奈川県津久井郡317 ◇ありかんじょお 広島県向島・賀茂郡771 ◇ありかんど 広島県771 愛媛県840 ◇ありがんどお 愛知県額田郡062 ◇ありげんど 大分県大分郡・大野郡941 ◇ありごん 大分県大野郡941 ◇ありす 香川県三豊郡829 ◇ありず 青森県三戸郡083 ◇ありっこ 山形県東置賜郡139 東京都三宅島322 岐阜県飛騨502 ◇ありっぽ 千葉県山武郡270 ◇ありど 愛知県葉栗郡557 大分県大分郡・大野郡941 ◇ありどおし 大分県大分郡941 ◇ありどおどお 熊本県球磨郡919 ◇ありとめ・ありとも 和歌山県日高郡690 ◇ありどん 群馬県佐波郡242 邑楽郡244 埼玉県北葛飾郡258 和歌山県690 691 大分県大野郡941 ◇ありにぼおし 和歌山県日高郡690 ◇ありばば 長野県長野市・上水内郡054 ◇ありぼ 茨城県062 千葉県274 285 愛知県碧海郡549 愛知郡563 ◇ありぽ 千葉県山武郡270 ◇ありぼお 千葉県香取郡062 大分県大分郡941 ◇ありぼさ 愛知県幡豆郡549 ◇ありま 長崎県西彼杵郡054 大分県南海部郡941 宮崎県947 ◇ありまき 大阪府泉北郡646 ◇ありまん 熊本県阿蘇郡919 下益城郡930 大分県941 ◇ありまんじゃあ 長崎県西彼杵郡054 ◇ありめ 和歌山県日高郡(女性・幼児語)698 ◇ありめん 大分県北海部郡941 ◇ありやどお 熊本市919 ◇ありんこ 山形県最上郡139 埼玉県秩父郡251 岐阜県飛騨502 益田郡503 愛知県東加茂郡549 豊橋市556 兵庫県赤穂郡054 奈良県宇智郡683 広島県倉橋島054 香川県大川郡・木田郡830 愛媛県東部840 ◇ありんご 群馬県佐波郡242 静岡県引佐郡520 愛知県556 兵庫県赤穂郡660 島根県出雲(幼児語)725 岡山県754 759 766 広島県771 香川県829 熊本県宇土郡054 ◇ありんこお 神奈川県津久井郡316 ◇ありんじょ 新潟県佐渡348 熊本県天草郡936 ◇ありんじょお 新潟県佐渡358 ◇ありんぞ 山梨県北都留郡063 ◇ありんぞお 東京都八王子311 神奈川県津久井郡316 ◇ありんと 神奈川県足柄上郡054 静岡県磐田郡543 ◇ありんど 群馬県240 241 246 埼玉県入間郡054 大里郡252 東京都南多摩郡310 神奈川県中郡320 岐阜県羽島郡498 静岡県044 062 535 愛知県556 徳島県三好郡054 那賀郡810 香川県829 830 愛媛県054 高知県861 ◇ありんどお 群馬県多野郡230 埼玉県北足立郡054 秩父郡251 東京都八王子311 神奈川県津久井郡317 山梨県454 461 462 静岡県062 愛知県556 広島県江田島057 大崎上島771 ◇ありんどん 茨城県猿島郡188 群馬県佐波郡243 埼玉県北足立郡054 静岡県庵原郡534 ◇ありんぼ 茨城県稲敷郡062 北相馬郡195 群馬県佐波郡242 埼玉県北足立郡054 千葉県001 063 272 東京都江戸川区054 神奈川県中郡054 新潟県002 富山県婦負郡396 長野県佐久493 岐阜県飛騨502 静岡県浜名郡521 愛知県愛知郡563 碧海郡564 兵庫県神戸市665 長崎県南高来郡905 熊本市919 ◇ありんぼお 茨城県北相馬郡188 新潟県002 ◇ありんぼおし 和歌山県日高郡698 ◇ある 新潟県002 ◇あるい 広島県上蒲刈島054 ◇あるご 新潟県三島郡374 刈羽郡380 ◇あるさん 熊本県宇土郡919 ◇あるまんじゃあ 長崎県西彼杵郡054 ◇あん 熊本県葦北郡935 ◇あんめえやあ 沖縄県中頭郡975 ◇おあり〔御蟻〕・おありこ 愛知県愛知郡563 ❷蟻(あり)の白い卵。長野県上水内郡469 ❸虫、ありじごく(蟻地獄)。◇ありごさん 新潟県中頸城郡382 ◇ありばんばあ 静岡県榛原郡521 ❹虫、あぶらむし(油虫)。長野県下水内郡470 ❺蟻(あり)の塔。あり塚。◇ありんど 神奈川県中郡320 辞書 易林 表記 蚳(易)

あり-ご【蟻蚕】〘名〙 孵化(ふか)したばかりの蚕。けご。ぎさん。

あり-ごえ‥ごゑ【有声】〘名〙 蹴鞠(けまり)で、鞠を乞うときに言う声。「あり」「ありあり」「ありか」などと言う。

あり-ごし【蟻腰】〘名〙 蟻の腰のように、くびれている細い腰。＊虎明本狂言・今参(室町末〜近世初)「むねが又さしでたはとむねで候へば、こしこそはほそけれ、ありこしで候もの」＊仮名草子・仁勢物語(1639〜40頃)下・一〇一「をかし、左兵衛の嚊(かか)なりける、ありこしの雪女と云有けり」＊茶屋諸分調方記(1693)五「つきうすごし ありごし でしり」 発音 アリゴシ〈標ア〉0

あり-こ・す【有越】〘自サ四〙 過ぎて来る。経過する。＊浮世草子・好色一代女(1686)四・二「まだ惜夜(あたらよ)を、今から独寝もさびしく、ありこしぬるむかしの事ひとつびとつおもふに」

あり-ごと【有事】〘名〙 ありのままのこと。実際にあること。事実。＊史料編纂所本人天眼目抄(1471〜73)一「今もあり事なり」＊中華若木詩抄(1520頃)中「ありことを、そのまま作りたるには」＊浮世草子・万の文反古(1696)五・四「魚鳥は堪忍なれども色はと書しはあり事成べし」

あり-こまち【有—】〘名〙 方言 ⇨ありまち(有—)

ありさか【有坂】姓氏の一つ。 発音〈標ア〉リ

ありさか-なりあきら【有坂成章】陸軍中将。男爵。周防岩国藩出身。兵器の改良に努め、有坂砲を考案した。嘉永五〜大正四年(一八五二〜一九一五)

ありさか-ひでよ【有坂秀世】言語学者。文博。広島県出身。東京帝大卒。古代日本語に母音調和が存在したことを指摘した、画期的な論文を含む「国語音韻史の研究」で学士院賞を受ける。ほかに「音韻論」など。明治四一〜昭和二七年(一九〇八〜五二)

ありさか-ほう‥ハウ【有坂砲】〘名〙 三一年式の速射野砲および速射山砲のこと。諸外国から購入した砲に有坂成章の考案を加えたもの。 発音 アリサカホー〈標ア〉カ

あり-さき【衦先・蟻先】〘名〙 縫腋(ほうえき)の袍(ほう)の裾につける横ぎれの襴(らん)の両端の部分。＊装束秘訣「ありさきとは、袍の両脇のさがりなり」＊武家装束抄(1761)二(古事類苑・服飾五)「袍の名所、〈略〉裾に横に縫へるを襴と云。其左右へ出たるをありさきといふ」

あり-さし【蟻差】〘名〙(「ありざし」とも) 建築で、蟻掛(ありかけ)の方法で厚板などを接合する仕口(しぐち)。数段の蟻枘(ありほぞ)が互いにかみ合うような

形になり、板のそりが防げる。指物(さしもの)で箱類、たんす、机などを作る時に用いる。＊和訓栞(1777–1862)「ありざし 工人の、ありにさすといふは、蟻の形なるべし」＊和英語林集成(初版)(1867)「Arizashi アリザシ」 発音〈標ア〉0サ 辞書〈ボ〉

ありさだま・る【有定】〘自ラ四〙(ある地位などに)落ち着く。きちんと定まる。＊宇津保(970–999頃)国譲下「何か、只今ならでもありなむ。自ら位にありさだまりて、親のあらん人の、心よろしからんやうに定められん」

ありさま【有様】〘名〙①外から見ることのできる、物事の状態。様子、景色、光景、また、人の容姿、態度など。＊土左(935頃)承平五年二月一六日「家にいたりて門(かど)に入るに、月あかければ、いとよくありさま見ゆ」＊宇津保(970–999頃)国譲上「人は位かは。ありさま、すること、するわざなどこそ」＊太平記(14C後)一六・日本朝敵事「誠に内外(ないげ)の宮の在様(アリサマ)自余の社壇には事替って」＊地蔵菩薩霊験記(16C後)七・一「生きてかひなき我が身かなとて、仰俯(きゃうふ)して居たりしが、同船に沙門ありしに是の分野(アリサマ)を見て」＊元和本下学集(1617)「分野 アリサマ 有様ノ義也 日本天台宗の読習(よみならわし)也」＊小説神髄(1885–86)〈坪内逍遙〉下・文体論「されば上中下の情態を叙するにも遠きむかしの景情(アリサマ)を写すにも最も適当せる好文体はすなはち此質の文章なるべし」＊イタリアの歌(1936)〈川端康成〉「赤く膨れて崩れた顔は、〈略〉化物じみたありさまだった」②そのものがおかれている状態。人の身分、境遇など。＊源氏(1001–14頃)蛍「さまざまに、めづらかなる人の上などを、まことにやいつはりにや、いひ集めたる中にも、わがありさまのやうなるはなかりけり、と見給ふ」＊源氏(1001–14頃)宿木「数ならぬありさまなめれば、かならず、人笑へに、憂き事いでこんものぞ」＊蓬莱曲(1891)〈北村透谷〉二・一「さても君が身は、楽しき境遇(アリサマ)ならずや」③一見しただけではわからないような、物事の事情。実際の状態。実情。また、物事のくわしい様子。詳細。＊伊勢物語(10C前)二一「出でていなば心軽しといひやせん世のありさまを人は知らねば」＊源氏(1001–14頃)東屋「右近の君などには、ことの有さまはじめより語り侍らん」＊書陵部本名義抄(1081頃)「消息 アリサマ」＊地蔵菩薩霊験記(16C後)二・一「手に一巻の書を取り八方に奔走して、罪障のほど犯科の分野(アリサマ)を乞受け給ふ」④物事の状態と、それから感じとられる気配。形勢。また、物事の変わっていこうとする様子。情勢。＊太平記(14C後)一一・筑紫合戦事「さりげなき様にて彼方此方を見るに、只今打ち立たんずる形勢(アリサマ)にて、楯を矯(はが)せ、鏃(やじり)を礪(と)ぐ最中也」＊西洋道中膝栗毛(1870–76)〈仮名垣魯文〉二・下「両人を取巻て手込になさん形相(アリサマ)なるにぞ何事やらんと通次郎は異人等を制止つつ英語を以て次第を問に」 語誌 (1)「ありさま」と「ありよう」は、どちらも「物事の状態」を基本的な意味とし、中古より、ほぼ同じような意味で用いられているが、「ありさま」が「外から観察できる」という観点から「物事の様子、実際の姿」「身分、境遇」「実情から感じとられる様子」などの意味に分岐するのに対し、「ありよう」は「本来あるべき」という観点から「物事の事実、ありのまま」「その状態の原因・理由、あるべき様子」という意味に分岐する。(2)この「ありよう」の意味は、抄物や狂言あたりを古例とする中世末期からの用法にみられるものである。後世にはこの意味が中心となるため、現代語では「ありさま」「ありよう」の両者には明確な意味分担がみられる。 発音〈標ア〉リ 0 〈ア史〉平安・鎌倉○○○○ 江戸●●●○と●●○○の両様 〈京ア〉リ 辞書 色葉・名義・下学・文明・伊京・明応・天正・饅頭・黒本・易林・日葡・書言・〈ボ〉・言海 表記 消息(色・名・文・伊・天・黒・易・書) 有様(下・文・伊・明・天・易・言) 行状(文・伊・明・天・饅・黒・書) 分野(下・文・伊・天・書) 示為(文・黒・書) 形勢(文・書) 挙動(名) 景迹(書) 在様(へ)

ありさま〘代名〙(「われさま」から転じた「わりさま」の変化した語) 対称。近世庶民階級の用語で、対等、またはそれ以下の人に対して用いられた。あれさま。＊浮世草子・好色五人女(1686)一・四「ありさまにきん玉が有かと船中声々にわめけば、此男念を入てさぐりて」＊浄瑠璃・丹波与作待夜の小室節(1707頃)上「ありさまたちはあったぼこしゅもない、はうばいどもとかけどくに道中すご六打て」＊浄瑠璃・夏祭浪花鑑(1745)八「ムウスリャあり様は海船がこはいか」

ありさむ-な・い【有—】〘連語〙(動詞「ある(有)」の連用形に様態の助動詞「そうだ(さうだ)」の語幹、格助詞「も」、打消の助動詞「ない」の付いた「ありさうもない」の変化したもの) ある事が存在したり実現したりする可能性が低い。ありそうもない。＊寛永刊本蒙求抄(1529頃)五「久くほったほどに夜(よ)に入たか、其ほどはありさむないか、夜の事で、ばしあるかぞ」

アリザリン〘名〙(英 alizarin) 植物色素の一つ。紅色の色素で、古代からエジプト、ペルシアなどで媒染染料として用いられた。アカネの根に含まれるが、人工的にも合成される。医薬品、化粧品、生体染色などに利用される。＊小学生徒改良衣服裁縫伝授(1886)〈松平幾子・久永廉蔵〉「子供の帽子〈略〉次にアリザリン(染料)の液を釜に入れ其中へ糸を入れ漸々に火をつよくして煮立て」＊現代経済を考える(1973)〈伊東光晴〉Ⅱ・二「ドイツの染料工場は、大学での有機化学研究をもとにアリザリン等の染料の合成に、基礎をおいていた」 発音〈標ア〉0

あり-さ・る【在去】〘自ラ四〙(「あり」は継続的に存在する、「さる」は物事の移動、推移する意) ずっとそのままの状態で過ごす。今のままで経過する。＊万葉(8C後)四・七九〇「春風の声(おと)にし出なば有去(ありさり)て今ならずとも君がまにまに〈大伴家持〉」＊万葉(8C後)一七・三九三三「阿里佐利(アリサリ)て後も逢はむと思へこそ露の命も継ぎつつ渡れ〈平群氏女郎〉」 語源説 アリシアル(在在)の約〔大言海〕。 発音〈標ア〉0

ありさわ【有沢】 姓氏の一つ。 発音〈標ア〉0

あり-さん【阿里山】 台湾中部にある阿里山系の主峰。標高二四八一メートル。ヒノキ、ベニヒ、ツゲ、カシ、シイなどの大森林地帯。 発音〈標ア〉リ

あり-し【有—】〘連語〙(ラ変動詞「あり(有)」の連用形に過去の助動詞「き」の連体形「し」が付いて連体詞のように用いられるもの) ①(「以前あった」の意で) 以前の。昔の。かつての。また、前に述べた、あの。＊宇津保(970–999頃)俊蔭「ありし童いで来て例のいも、ところ、焼き調じて」＊源氏(1001–14頃)総角「ありしさまなど、かひなきことなれど、この宮にこそは聞こえめ」＊栄花(1028–92頃)初花「怪しうありし人にもあらず、細り給ひにけり」＊今昔(1120頃か)一〇・八「若し、有し我が詩を見付たりける人の造れるかと思て」②(特に、「かつて世にあって今はいない」ということから) なくなった。生前の。＊今昔(1120頃か)一三・四三「父の夢に、有りし女子(にょし)〈略〉心に思ひ歎きたる気色にて有る程に〈略〉と見て」＊宇治拾遺(1221頃)九・三「ありし妻に似たらん人をと思て、やもめにて過しけるが」＊読本・雨月物語(1776)浅茅が宿「怪しき鬼(もの)の化(け)してありし形を見せつるにてぞあるべき」③(準体言として、「以前あった時、事」の意) 以前の状態。昔の時。＊伊勢物語(10C前)四〇「出でていなば誰か別れの難からんありしにまさる今日はかなしも」＊栄花(1028–92頃)布引の滝「御忌果てて、僧どもまかで〈略〉のどやかに何事もありしに変る心地せさせ給ふ」 補注「ありつる」よりは、もっと古い過去にあったことを述べる言い方。 発音〈標ア〉ア

ありし ながら 昔のまま。以前のまま。また、生きていた時のまま。＊大和(947–957頃)一四〇「しきかへずありしながらに草枕塵(ちり)のみぞゐるはらふ人なみ」＊源氏(1001–14頃)総角「さと、うち匂ひたる、ただ、ありしながらの匂ひに」

ありし にも あらず 以前の(昔の)ようにもない。昔とはすっかり変わっている。昔にも似ない。＊小町集(9C後か)「ふきむすぶかぜはむかしのあきながらありしにもあらぬそでの露かな」＊源氏(1001–14頃)葵「ありしにもあらずなり給へる御有様を、をかしうもいとほしうもおぼされて」＊苔の衣(1271頃)一「ありしにもあらず、かげなどのやうにてふし給へるを見給ふに」

ありし 日(ひ) ①過ぎ去った、かつての時。昔。＊苦の世界(1918–21)〈宇野浩二〉三・四「あのわかれた、こまり者の、ヒステリイのをんなのありし日の、可憐あるひはふびんな姿〈略〉を思ひうかべた」＊カールスバートにて(1967)〈柏原兵三〉「この食堂のありし日の名残りを留めている」②死んだ人が、かつて生きていた時。生前。＊人情本・春色梅児誉美(1832–33)初・三齣「只先主人のありし日を、言出してはつぶやくのみまた詮方(せんかた)もなかりしとぞ」＊春泥(1928)〈久保田万太郎〉夕焼雲・四「ありし日のおもかげを忍ばせるには、あまりに惨めないぢらしいものだった」 発音〈標ア〉ア

ありし 昔(むかし) 過ぎ去った昔。＊今昔(1120頃か)三〇・六「笠の下より見れば、恠(あやし)く、有し昔人に少し似たる者柄(ものから)」＊金槐集(1213)雑「思ひ出でて夜(よる)はすがらに音をぞ泣くありしむかしの世々の古こと」＊随筆・折たく柴の記(1716頃)下「ありし昔のごとくに、魚梁船(やなぶね)の事安村が子に還付(かへしつけ)られて」

ありし 世(よ) 過ぎ去った昔。特に、かつてある地位にあったり、栄えていたりした、そういう昔の時。また、生きていた時。生前。＊源氏(1001–14頃)絵合「限りなくあはれとおぼすにぞ、ありし世をとりかへさまほしくおもほしける」＊続後撰(1251)雑下・一二〇四「照る月の雲井の影はそれながらありし世をのみ恋ひわたるかな〈源国信〉」＊菟玖波集(1356)恋上「夢の枕にかすむ月影 ありしよの契いかにとたどられて〈救済〉」 発音〈標ア〉ア

ありし 様(よう) ①以前そうであったさま。これまでと同じ様子。昔どおり。＊落窪(10C後)二「ありしやうにも遣戸(やりど)さし固めさせねば、あこぎうれしと思ふ」＊栄花(1028–92頃)暮待つ星「故院の御事を思し召して、ありしやうに物好みもせさせ給はず」②生前の様子。＊芸大本平家(13C前)三・有王「僧都の御むすめのおはしけるところにまゐて、ありしやうはじめよりこまごまと申」＊天草本平家(1592)一・一二「ソレ カラ シュンクヮン ノ ムスメ ノ イラルル トコロ エ イッテ、arixiyǒ(アリシヤウ) ヲ ハジメ ヨリ コマゴマ ト カタッテ マウスワ」

ありしこ〘副〙 方言 ありったけ。全部。和歌山県691 山口県大島801 ◇あいしこ 鹿児島県963 鹿児島郡968 ◇あるしこ 福岡市879 熊本県047 天草936 ◇あれしこ 福岡市879 ◇あっしこ 鹿児島県961 ◇あるしか 鹿児島県喜界島983 ◇あるかしるか 沖縄県首里993 ◇ありし 徳島県811 香川県大川郡829

あり-じごく【蟻地獄】〘名〙①昆虫類、アミメカゲロウ(脈翅)目、ウスバカゲロウ科の幼虫の総称で、おもにウスバカゲロウやホシウスバカゲロウの幼虫をいう。体長約一センチメートル。灰褐色で細かいとげがあり、大きなはさみのような口器がある。砂地など、乾いた地面に頭で土をはね飛ばし、渦巻状に後ずさりしながら、すりばち状の穴をつくってその底にひそみ、落下したアリなどの体液を吸うのでこの名がある。うしむし。あとしざり。すりばちむし。あとさりむし。ありのじごく。

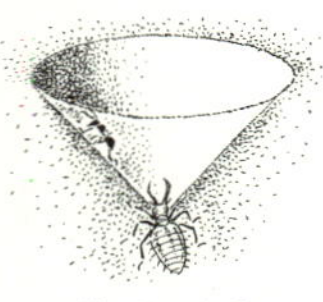
蟻 地 獄 ①

《季・夏》＊生物学語彙(1884)〈岩川友太郎〉「Ant-lion 沙挼子(アリヂゴク)」＊あらたま(1921)〈斎藤茂吉〉初夏「梅の木かげのかわける砂に蟻地獄(アリヂゴク)こもるもさびし夏さりにけり」＊万両(1931)〈阿波野青畝〉「蟻地獄みな生きてゐる伽藍かな」②アリジゴクのひそんでいる、すりばち状の穴。脱け出せない苦しい状況のたとえにもいう。《季・夏》＊忠義(1917)〈芥川龍之介〉一「蟻地獄(アリヂゴク)に落ちた蟻のやうな、いら立たしい心で」＊昨日の花(1935)〈日野草城〉「蟻地獄ほつりとありてまたありぬ」 語誌 各地にさまざまな命名法による方言形がみられる。口の形が牛の角を連想させることからウシムシ、ベコ。巣の形状からスリバチムシ、クボクボ、コボコボ。後退しかできないことからアトサリムシ、シンジョリムシ。田植えでの後退する動作にみたてたサオトメ、ショートメ。連想によって山鳩の鳴き声と結びつけたテテッポ。子供の遊びでの蟻地獄に対する囃しことばによるカッコ、ハッコ。方言量の多い語例の一つとして有名である。 発音 アリジゴク〈標ア〉ジ〈京ア〉ジ 辞書 言海 表記 蟻地獄(言)

あり-しだい【有次第】〘名〙(副詞的に用いられる) あるままに従うこと。あるだけ全部。あるだけそっくり。＊評判記・色道大鏡(1678)三「其上あらたなる斗なりともあらずして、いたくしほれたるをもとりあつめ、有次第(アリシダイ)かくるなどおほかり」＊浮世草子・世間胸算用(1692)二・二「掛(かけ)どもをあつめて来たらば、先そなたの宝引銭一貫のけて置て有次第に払ふて、ない所はままにして」＊浮世草子・世間胸算用(1692)二・二「銀有次第、羽織(はおり)、わきざしきるものひとつ預(あつ)かり、跡は正月五日までにといひ捨(すて)て帰る」 発音〈標ア〉シ

あり-したがい【有随】〘名〙 あるままでよいとしておくこと。あるもので間に合わせること。＊歌舞伎・加賀見山再岩藤(骨寄せの岩藤)(1860)五幕「いえいえ、その御遠慮には及びませぬ。人と道具はあり随(シタガ)ひ、なければないで済みますもの」 方言 あるにまかせて、みだりにものを用いるさま。茨城県稲敷郡193

あり-しな【有品】〘名〙 現存する品物。手持ちの品。有荷(ありに)。「ありしなで間に合わせる」 発音〈標ア〉0

ありしま【有島】 姓氏の一つ。 発音〈標ア〉0

ありしま-いくま【有島生馬】 洋画家、小説家。横浜に生まれる。本名壬生馬(みぶま)。武郎の弟。里見弴(とん)の兄。「白樺」同人。二科会、のち、一水会の創立に参加。日本芸術院会員。小説「嘘の果(み)」など。明治一五～昭和四九年(一八八二～一九七四)

ありしま-たけお【有島武郎】 小説家。東京に生まれる。有島生馬、里見弴の兄。「白樺」同人。社会や自然の酷薄さとそれに立ち向かう生の力強さを、リアリズム小説として描いた。晩年は社会主義とブルジョア作家である自己との矛盾に悩んだ。軽井沢で女性記者と情死。著作「宣言」「カインの末裔」「或る女」「生れ出づる悩み」「惜しみなく愛は奪ふ」など。明治一一～大正一二年(一八七八～一九二三)

あり-じゅ【阿梨樹】〘名〙(「阿梨」は梵 arjaka の音訳) インドにあったといわれる木の名。この枝(花のことと推定される)は落ちると、七つに分かれるとされる。＊浄瑠璃・用明天皇職人鑑(1705)五「みぢんになってうせけるは只ありじゅしのごとく也」＊法華経-陀羅尼品「若不レ順二我呪一、悩二乱説法者一、頭破作二七分一、如二阿梨樹枝一」 発音〈標ア〉リ

あり-しょ【有所・在所】〘名〙(「ありどころ(有所)」の湯桶(ゆとう)読み) ①その人のいる場所。住んでいる所。ありか。居場所。＊説経節・説経苅萱(1631)下「さるほどにあはふとおもへばそへふたをし、あふまひとおもへばそのふたをひくによって、三日かうちにありしょかしるるなり」＊浄瑠璃・弱法師(1694)四「ありしょ定めぬうき身のはて」＊浄瑠璃・生玉心中(1715か)上「彼(かの)板がこひの惣領殿がおととひからありしょが知れず」＊歌舞伎・霜夜鐘十字辻筮(1880)四幕「其の在所(アリショ)をもお尋ね申し、又お力(ちから)にもなりませうに」②物事が起こった場所。＊一中節・藤戸物語(1852)「ナウ我子を海に沈め給ひし、在所(アリショ)はいづくの所にて候ぞ」 発音〈標ア〉ショ 辞書 書言・ヘボン 表記 在所(書・ヘ)

あり-じょう【有条】〘名〙 ありよう。ようす。ふるまい。＊歌舞伎・時桔梗出世請状(1808)序幕「ほんにお前も、顔に似合はぬ、あつかましい事のあり条(デウ)」＊歌舞伎・勝相撲浮名花触(1810)大切「愛想づかしの有(ア)りじゃうも、心で泣いて死ぬ覚悟」＊人情本・明烏後正夢(1821-24)五・二六回「そふとはしらず此年月親の手づから川竹の、流れにしづめてさまざまの、物思はせしも他の子と、思ふがゆゑに邪見の有(ア)り状(セウ)」

あり-しょくぶつ【蟻植物】〘名〙 アリと共生関係を持つ植物。植物は食物や住居をアリに与え、アリは植物の害虫を駆除する。 発音〈標ア〉ク

あり-しろもの【有代物】〘名〙 そこに存在する品物。売買する価値のあるもの。＊歌舞伎・人間万事金世中(1879)大切「地面家作有代物(アリシロモノ)残らず外へ書入の抵当(かた)に取られて」

あり-す【在巣】〘名〙 鳥や虫のすむ巣。＊躬恒集(924頃)「きみがよにきすむありすのうぐひすはなきなにはなを折らせつるかな」＊経信集(1097頃)「夕されやそらもをぐらのほととぎすありすの山に声なしのびそ」

あり-ず【阿梨樹】〘名〙「ありじゅ(阿梨樹)」に同じ。＊梁塵秘抄(1179頃)二・法文歌「法華経持(たも)てる人毀(そし)る。それを毀れる報には、頭七つに破(わ)れ裂けてありずの枝に異ならず」

あり-すい【蟻吸】〘名〙 キツツキ科の鳥。全長約一八センチメートル。スズメよりやや大きく、羽は灰褐色に濃褐色の横斑がたくさんあり、樹の皮のように見える。日本では北日本で繁殖し南日本で越冬する。山林にすみ、長い舌でアリその他の昆虫を捕食する。学名は Jynx torquilla《季・秋》＊喚子鳥(1710)上「ありすい ゐがひ〈生ゐ一匁、あをみ入、粉一匁〉大きさひよ鳥にちいさくほそし、け色ねずみにしらけ、ふくろうのふににたり、舌を出しへびのごとし、足二本づつふみわけなり、さゐづりほそし」＊和漢三才図会(1712)四三「蟻吸鳥 按鴷之小者舌長二於嘴一、啄二蟻及木蠹一、俗名二蟻吸鳥一」＊俳諧・新季寄(1802)八月「蟻吸」＊重訂本草綱目啓蒙(1847)四五・林禽「啄木鳥〈略〉其一種 小げらより小にして形も相似たるを ありすひと云」 発音〈標ア〉リ 辞書 言海 表記 蟻吸(言)

あり-すがた【有姿】〘名〙 ようす。ありさま。人の様子や事の次第。＊政基公旅引付-文亀元年(1501)八月一八日「元右存知之有姿を貴所へ申入候へ」＊玉塵抄(1563)三三「子が令(れい)か守に勅(ちょく)して下知をないて云いつげたやうたいありすかたを云たぞ」＊御伽草子・二十四孝(室町末)「にはかに胸騒ぎしける程に、急ぎ家に帰りたれば、母ありすがたをつぶさに語り侍り」 辞書 ヘボン

あり-すがわ【有栖川・有巣川】 ㊀京都市右京区嵯峨野の斎宮(いつきのみや)の東を流れて桂川に注いでいる小川。斎(いつき)川。＊千載(1187)賀・六一六「千はやぶるいつきの宮のありす河松とともにぞ影はすむべき〈藤原師実〉」＊浄瑠璃・大覚大僧正御伝記(1691頃)道行「石和川石に御法をかきとめて、弔ふためしもありすがは、いざとてもろ共手を合はせ」㊁京都市北区紫野を南流していた川。舟岡山の東を流れ、堀川に注いでいたといわれる。 発音 アリスガワ〈標ア〉ス〈京ア〉0 辞書 書言 表記 有栖川(書)

ありすがわ-ぎれ【有栖川裂】〘名〙(有栖川宮家の所蔵であったところからいう) 名物裂の一つ。種類は数十に及び、多くは太い綿糸、まれには絹糸で織った、えんじ、濃藍または、花色の錦。蜀江形の中に鹿、鳶(とび)色地に菱(ひし)形と鶴、縹(はなだ)地色に異紋を織り出したものが、最も著名。中国、明の成化(一四六五～八七)頃の製とも、また、オランダ製ともいう。茶家で茶入れの袋に用いる。有栖川錦。 発音 アリスガワギレ〈標ア〉0

ありすがわ-の-みや【有栖川宮】 家名の一つ。近世に成立した宮家。世襲親王家で、寛永二年(一六二五)に、後陽成天皇の皇子好仁親王が、高松宮の称号を得て、一家を設けたのをはじめとする。寛文一二年(一六七二)、三代の幸仁親王(後西天皇の第二皇子)の時に、後水尾法皇の命により、有栖川宮と改称した。一〇代威仁(たけひと)親王の死去により廃絶。祭祀(さいし)は現在の高松宮家に継承された。 発音 アリスガワノミヤ〈標ア〉0

ありすがわのみや-たるひとしんのう【有栖川宮熾仁親王】 有栖川宮幟仁(たかひと)親王の長子。安政の条約の際に攘夷論を主張。王政復古とともに総裁職に就任。戊辰(ぼしん)戦争では東征大総督、会津征討大総督、西南戦争でも征討総督となる。のち陸軍大将、参謀総長。天保六～明治二八年(一八三五～九五)

あり-す・ぐ【有過】〘自ガ上二〙 そのままで、月日が経過する。＊玉葉(1312)雑二・二一四四「あだなれど今日の命もあり過ぎぬいつを限りぞ入相の鐘〈藤原雅有〉」＊新千載(1359)雑下・二〇五〇「あだにのみ思ふ命のあり過てうき世の夢をみるぞ悲しき〈後宇多院宰相典侍〉」 発音 アリスグ〈標ア〉0ス

あり-すぐ・す【有過】〘他サ四〙 そのままの状態で月日を送る。そのままで生き長らえる。＊栄花(1028-92頃)花山たづぬる中納言「世に従ふ御心にて、さてありすぐし給程に」＊栄花(1028-92頃)初花「そのままに精進、いもひをしつつありすぐし」 発音 アリスグス〈標ア〉0グ

あり-すけ【有助】〘名〙 中間(ちゅうげん)の通称として用いられた語。＊雑俳・柳多留-一八(1783)「あり助にはくじゃうさせる御新造」 発音〈標ア〉リ

アリスタルコス(Aristarkhos) ㊀古代ギリシアの天文学者。コペルニクスの地動説の先駆者。また、月の上弦、下弦の観測から、地球から太陽への距離は、月への距離の約二〇倍と結論した。(BC三一〇～BC二三〇) ㊁古代ギリシアの文献学者。アレキサンドリアの図書館長。特に、ホメロスなどギリシア詩の注釈・校訂を行なった。(BC二一七～BC一四五) 発音〈標ア〉タ

アリスティッポス(Aristippos) 古代ギリシアの哲学者。はじめソクラテスに師事、のちキュレネ学派を開く。人生の目的は現在を楽しむ肉体的快楽であり、そのためには過去、未来にわずらわされない識見が必要であると説いた。(BC四三五頃～BC三五五頃) 発音〈標ア〉ティ

アリストクラシー〘名〙(英 aristocracy 仏 aristocratie) ①貴族階級の者だけが政治を行なう制度。貴族政治。貴族制。＊西洋事情(1866-70)〈福沢諭吉〉初・一「貴族合議、〈アリストカラシ〉国内の貴族名家相集て国政を行ふ」②少数のエリートだけが文化をになうると考える立場。貴族主義。＊柳田国男の思想(1965)〈益田勝実〉「柳田は〈略〉精神のアリストクラシーでありつづけ、そのために多くのかけがえのない門下の学徒と縁遠くなる失敗をいくたびか重ねた」③貴族

階級。＊愛と知と悲しみと(1961)〈芹沢光治良〉一「これがフランスのアリストクラシーと文学界の交流の図だ、と気がついたからだが」 発音〈標ア〉ラ

アリストテレス（Aristotelēs）古代ギリシア最大の哲学者。はじめアテナイでプラトンの教えを受け、のちアレクサンドロス大王の家庭教師を務める。晩年はアテナイ郊外にリュケイオンと呼ばれる学園を創設し、ペリパトス学派の開祖となる。イデアを超感覚的な実体とみるプラトンの説を批判し、エイドス(形相)は質料に内在する本質であると説いた。「形而上学」「オルガノン(論理学の書)」「政治学」「ニコマコス倫理学」「自然学」「詩学」のほか、広範囲にわたる著作がある。(BC三八四～BC三二二) 発音〈標ア〉テ 〈京ア〉テ

アリストテレス の 提灯(ちょうちん) （アリストテレスが、古代ギリシアの提灯に似たものとして初めて記載したところから）棘皮(きょくひ)動物ウニ類にみられる、よく発達した咀嚼器官。口から出入りし、先端の五枚の歯を開閉して食物を咀嚼する。 発音アリストテレスノ＝チョーチン〈標ア〉テ＝チ

アリストテレス-しゅぎ【━主義】『名』哲学用語。アリストテレスの思想傾向を継ぐ考え方。この考え方は単に哲学にとどまらず、生物学、物理学、地理学、音楽論等の個別科学の領域をも支配した。一二世紀末、西ヨーロッパに移入され、聖アルベルトウスおよびトマス＝アクィナスによって、スコラ哲学に完全に取り入れられた。近代になって自然科学の批判を受けたが、ライプニッツ、ヘーゲルなどに大きな影響を与えた。 発音アリストテレスシュギ〈標ア〉シュ

アリストパネス（Aristophanēs）《アリストファネス》古代ギリシアの喜劇詩人。ペロポネソス戦争中、保守的な和平論者として、新思潮を風刺し続けた。「蛙」「女の平和」「アカルナイの人々」など、四四編中、一一編と断片が残る。(BC四四五頃～BC三八五頃) 発音〈標ア〉パ

あり-すん【有寸】『名』建築で、木材の実際の長さや厚さ。実寸。たとえば、俗に六分板といわれるものの厚さは四分五厘で、これを「有寸四分五厘」などという類。〔日本建築辞彙(1906)〕

ありそ【荒磯】『名』岩石が多く、荒波の打ち寄せる海岸。あらいそ。＊万葉(8C後)一七・三九五九「かからむとかねて知りせば越の海の安里蘇(アリソ)の波も見せましものを〈大伴家持〉」＊落窪(10C後)四「逢ふ事のありその浜の真砂をばけふ君思ふ数にこそ取れ」＊俳諧・暁台句集(1809)夏「子規啼や有磯の浪がしら」＊読本・椿説弓張月(1807-11)前・一四回「浜方(はまべ)はたえず浪のうち洗ふゆゑに、巖石あらはれ出て、荒磯(アリソ)ならざるもなし」 語誌(1)「あらいそ(荒磯)」の変化した語。荒い磯の意だが、万葉後期には、「いそ(磯)」とほぼ同義の歌語として用いられる。平安以降は「ありそうみ」「ありその浦」「ありその浜」の形で、真砂の数の尽きぬたとえとしたり、「在り」「有り」と掛けて詠むことが多い。(2)挙例の「万葉-一七・三九五九」で家持が「越の海の安里蘇(アリソ)の波も」と歌ったことから、「八雲御抄-三」では越中国の歌枕としている。 発音〈標ア〉〇 〈京ア〉〇 上仮名アリソ 辞書言海 表記荒磯(言)

ありそ-いわ［いは］**【荒磯岩】**『名』荒磯にある岩。荒波の打ち寄せる海岸の岩。あらいそいわ。＊太虚集(1924)〈島木赤彦〉金華山「荒磯岩(アリソイハ)とよもす波の音にさへ馴れたる鹿や草を食みをり」

ありそうみ【有磯海】富山県高岡市伏木から氷見(ひみ)市にわたる海岸、および、富山湾西部の古称。カズラの名所。歌枕。ありそのうみ。＊俳諧・奥の細道(1693-94頃)黒部「わせの香や分入る右は有磯海」 発音〈標ア〉ソ 辞書文明 表記有磯海(文)

ありそ-うみ【荒磯海】『名』岩石が露出し、荒波の打ち寄せる海辺。ありそみ。「有り」にかけて用いることが多い。＊古今(905-914)恋五・八一八「ありそうみのはまのまさごとたのめしはわするる事のかずにぞ有りける〈よみ人しらず〉」＊大和(947-957頃)一一七「むかしよりおもふ心はありそうみの浜のまさごは数もしられず」＊談義本・根無草(1763-69)後・一「存の外の不器量に、一座大にあきれ果、定めて訳の有磯海(アリソウミ)、不覚を取りし」 語源説(1)アラシホウミの義〔名語記〕。(2)一切の海の意で、在湊海と書く〔古今集註〕。 発音〈標ア〉ソ

ありそうみとなみやま【有磯海となみ山】俳諧撰集。二冊。浪化編。元禄八年(一六九五)刊。越中井波の浪化による第一撰集。去来・其角らの協力により諸家の発句・連句を収め、芭蕉晩年の作風をよく伝える。別名「浪化集」。

ありそ-がい［ひ］**【荒磯貝・有磯貝】**『名』①バカガイ科の二枚貝。高い三角形で、殻長約一二センチメートル。殻は薄く細かな成長肋をもつ。淡い紫色。相模湾以南の、主に外洋の水深二〇メートルまでの砂底にすむ。食用になることもある。学名はCoelomactra antiquata ②「ばかがい(馬鹿貝)」の異名。《季・春》

ありそ-じ［ぢ］**【荒磯路】**『名』荒波の打ち寄せる海岸べりの道。海辺のさびしい通り。＊鷲(1940)〈川田順〉酒田秋田間「芒薄(すすき)生ふるこの荒磯路(アリソヂ)も昔より通る人ありて関は据ゑける」

アリゾナ（Arizona）メキシコに接するアメリカ合衆国南西部の州。州都フェニックス。一九一二年、四八番目の州となる。グランドキャニオン国立公園がある。 発音〈標ア〉〇

ありそ-なみ【荒磯波】一『名』岩の多い海岸に打ち寄せる波。あらいそなみ。＊和田厳足家集(1859頃)「荒磯浪(アリソナミ)巻きもてよする片よりの玉藻や恋のたぐひなるらむ」＊太虚集(1924)〈島木赤彦〉金華山「荒磯波(アリソナミ)寄せて引くとに寂しけれころがりて鳴る石ころの音」 二 枕 同音の繰り返しで「あり(有・在)」にかかる。＊万葉(8C後)一三・三二五三「つつみ無く 幸(さき)くいまさば 荒礒浪(ありそなみ) ありても見むと 百重波(ももへなみ) 千重浪(ちへなみ)にしき 言上(ことあげ)す吾は〈人麻呂歌集〉」 発音〈標ア〉ソ

ありそ-へ【荒磯辺】『名』荒磯のほとり。波の荒い磯辺。＊万葉(8C後)九・一六八九「在衣辺(ありそへ)に着きて漕がさね杏人(ももさね)の浜を過ぐれば恋しくありなり〈人麻呂歌集〉」

ありそ-まつ【荒磯松】『名』荒磯に生えている松。＊万葉(8C後)一一・二七五一「あぢの住む渚沙(すさ)の入江の荒礒松(ありそまつ)吾を待つ児らはただ一人のみ〈作者未詳〉」 発音〈標ア〉マ ソ

ありそ-み【荒磯廻】『名』(「廻(み)」は、曲がりめぐること。また、地形の湾曲している所）荒磯をめぐること。または、荒磯の曲折した所。＊万葉(8C後)一二・三一六三「吾妹子に触るとは無しに荒磯廻(ありそみ)にわが衣手は濡れにけるかも〈作者未詳〉」 補注「万葉集」の例は「ありそわ」と訓む説もある。

ありそ-み【荒磯海】『名』「ありそうみ(荒磯海)」の変化した語。＊観智院本三宝絵(984)序「おほあらきのもりの草よりもしげく、ありそみのはまのまさごよりも多かれど」＊良寛歌(1835頃)「いにしへに変らぬものはありそみと向ひに見ゆる佐渡の島なり」

あり-そ・む【有初】『自マ下二』(ある事実などが)ありはじめる。(ある状態などが)できはじめる。また、居はじめる。存在しはじめる。＊源氏(1001-14頃)浮舟「我が心もてありそめし事ならねども、心うき宿世かなと、思ひ入りてゐたるに」＊とりかへばや(12C後)上「よからぬ身を思ひしりながら、ありそめにける身を、えもてかくしやるかたなくて」＊仮名草子・恨の介(1609-17頃)下「世を秋風に うち靡き 群居し立と 別れつつ 只独のみ ありそめて」

ありそめ『名』方言 植物、いぬしで(犬四手)。甲州深山村1070 ◇**ありぞめ** 武蔵003 駿河003

ありぞめ『名』方言 ⇨ありそめ

ありそ-も【荒磯面】『名』(「も」は「おも(面)」の変化した語) 荒磯の上。荒磯のおもて。＊万葉(8C後)二・二二〇「をちこちの 島は多けど 名ぐはし 狭岑(さみね)の島の 荒磯面(ありそも)に いほりて見れば 波の音の 繁き浜へを〈柿本人麻呂〉」

ありそ-わ【荒磯廻】『名』⇨ありそみ(荒磯廻)

ありた【有田】佐賀県西部、西松浦郡の地名。有田焼(伊万里焼)で有名。JR佐世保線から松浦鉄道西九州線を分岐する。

ありた【有田】姓氏の一つ。 発音〈標ア〉ア

ありだ【有田】一和歌山県北西部の地名。紀伊水道に面する。紀州有田ミカンの発祥・主産地。紀勢本線が通じる。昭和三一年(一九五六)市制。二和歌山県北部の郡。古くは「あてぐん」といい、阿提・安諦の字が用いられたが、大同元年(八〇六)在田郡と改称。のち、有田・在田が混在したが、明治一二年(一八七九)有田郡に統一された。＊二十巻本和名抄(934頃)五「紀伊国〈略〉在田 阿利太」 辞書和名・色葉・文明・易林 表記有田(和・色・文・易)

あり-だか【有高】『名』金銭や品物の、現在あるだけの数量。現在高。 発音〈標ア〉リ 〈京ア〉リ 辞書言海 表記有高(言)

ありだか-ちょう［ヤウ］**【有高帳】**『名』「ありちょう(有帳)」に同じ。 発音アリダカチョー〈標ア〉〇

ありだか-まい【有高米】『名』「ありまい(有米)」に同じ。＊牧民金鑑-一四・米価・宝暦一二年(1762)正月四日「廻着米高之外空米を書加へ、有高米より過米之切手を出相払」 発音〈標ア〉〇

ありだ-がわ［がは］**【有田川】**和歌山県北部を東西に流れる川。高野山に源を発し、紀伊水道に注ぐ。上流の山地では林業、中・下流の斜面ではミカン栽培が行なわれる。全長六七・二キロメートル。在田川。 発音アリダガワ〈標ア〉ダ

あり-たけ【有丈】(「ありだけ」とも。動詞「あり」に接尾語「たけ」の付いたもの) 一『名』あるもの全部。また、力、能力などのすべて。ある限り。ありったけ。あるたけ。あるまち。ありめのたけ。＊大乗院寺社雑事記-文明一一年(1479)七月一四日「装束之衆悉皆ありたけ何かに十七八人、其余皆以直垂、少々尻つみあけ也」＊玉塵抄(1563)三「図のありたけとりだし、はてたれば、その下にをいた剣がみえたぞ」＊浮世草子・新色五巻書(1698)一・五「銭箱錠こじはなし、ありだけ両の袖に入(いれ)」＊浄瑠璃・淀鯉出世滝徳(1709頃)下「命有りたけ、首尾有たけ、金有たけと勤むれば」＊松翁道話(1814-46)四・上「身代ありだけ商売仕にさて、花にさる親御様をほって置いて」＊人情本・恩愛二葉草(1834)二・六章「心に思ふありたけを、言ひ並ぶれば」＊和英語林集成(初版)(1867)「Aridake(アリダケ) モッテユク」＊或る女(1919)〈有島武郎〉後・二三「ありたけの懐中物を帯の間から取出してみると」 二『副』ある作用や行為が可能の限度までなされるさまを表わす語。できるだけ。思う存分。ありったけ。＊浄瑠璃・丹波与作待夜の小室節(1707頃)中「ヲヲ頼もしい命かけて頼んだと有たけそやされ」＊夢十夜(1908)〈夏目漱石〉四「白い髯をありたけ生やしてゐるから年寄と云ふ事丈は別る」 発音〈なまり〉アータキ・アッタキ・アッダキ・アリタキ・アリダキ・アリダケ・アルダキ〔島根〕アッタケ〔岐阜・飛騨・讃岐〕アッダケ〔千葉・島根・讃岐〕アリッタケ〔千葉〕アリッタケ〔愛知〕アルッタケ〔栃木・埼玉方言・千葉〕〈標ア〉〇 〈京ア〉〇 辞書文明・ヘボン・言海 表記有丈(へ・言) 有長(文)

あり-たけ【蟻茸】『名』①担子嚢(たんしのう)菌類。南米ブラジルの森林内に生え、ハキリアリが自分の

巣の中に培養して、食料にするという。かさの表面は白色に黒紫色の鱗片(りんぺん)を生じる。②子嚢菌類に属する虫生菌の一種。アリの体上に発生する。ありやどりたけ。学名は Cordyceps japonensis 発音〈標ア〉⓪ リ

ありたけ-こたけ【有丈小丈】〘名〙(「ありたけ」の意をさらに強調するため、同じような形「こたけ」を重ねたもの)「ありたけ(有丈)㊀」に同じ。＊浄瑠璃・丹波与作待夜の小室節(1707頃)中「百目や弐両は半年にもたまれ共、与作と云ばくち打のぬす人めに有たけこたけしあげて、なつの物は半がいにじばんが一枚なさそふな」＊浄瑠璃・伽羅先代萩(1785)道行「懐中さがしこてこてと、取出す肌うちがへ、有りたけこたけ指添(さしぞへ)共に一(ひと)つに摑(つか)み」補注「こたけ」については、調子を整えるためだけで意味はないという説と、「粉払」(こはたけ、すなわち、粉まではたく)の変化したものとする説とがある。

ありたけ-さっぱい【有丈―】方言㊀〘名〙ありったけ。全部。宮城県栗原郡114 秋田県鹿角郡132 山形県中部139 ◇ありさけさっぺ 青森県上北郡082 ◇あったげさんめ 山形県飽海郡139 ◇ありたけほうだい〔有丈放題〕新潟県佐渡352 ◇ありだけばっち 富山県390 ◇あるたけじょうのう〔有丈上納〕新潟県佐渡(これで勘弁してもらう意も含まれる)351 ◇あるたきしんしょ〔有丈身上〕愛媛県宇和島855 ◇ありあったけ〔有有丈〕岩手県気仙郡102 ◇あいたけねたけ 鹿児島県肝属郡970 ◇あったざけ 奈良県宇智郡683 ◇あったげ 岩手県気仙郡100 ◇あったけ 岩手県気仙郡100 ㊁〘形動〙気前のよい人を形容する語。

ありたけ-さんぼう【有丈三宝】〘名〙(「ありたけ」に、「三宝」をつけて強調したもの)「ありたけ(有丈)㊀」に同じ。＊洒落本・蕩子筌枉解(1770)長安道「むしゃうにありたけさんぼふつかひかける」方言新潟県佐渡352

ありたけ-はだけ【有丈―】〘名〙(「ありたけ(有丈)」の意を強調するため同じような形「はたけ」を重ねたもの)「ありたけ(有丈)㊀」に同じ。＊浄瑠璃・吉野都女楠(1710頃か)四「こふした色遊び酒も鮓も有たけはだけかふてやる」

あり-た・し【有度】〘形ク〙そうあってほしい。望ましい。好ましい。＊徒然草(1331頃)一「ありたき事は、まことしき文の道、作文、和歌、管絃の道、また有職に公事の方、人の鏡ならんこそいみじかるべけれ」

ありた-そう【有田草】〘名〙①アカザ科の一年草。西インド諸島、メキシコ原産で日本には一六、七世紀頃に渡来した帰化植物。茎、葉が駆虫剤の原料となるため、栽培されたこともあるが、今では野生化している。高さ約六〇センチメートル。夏から秋に、緑色の細かい花が枝先に群がりつく。全草に激しい臭気がある。漢名に土荊芥を用いるが、別物。けありたそう。ルーダ。ルーダそう。なんばんルーダ。アメリカありたそう。学名は Chenopodium ambrosioides ＊薬品名彙(1873)〈伊藤謙〉「Chenopodium ambrosiodes 土荊芥(アリタサウ)」＊日本植物名彙(1884)〈松村任三〉「アリタサウ ルウダサウ 土荊芥」②植物「けいがい(荊芥)」の異名。＊日本植物名彙(1884)〈松村任三〉「アリタサウ ケイガイ 仮蘇」発音アリタソー〈標ア〉⓪

あり-た・つ【有立・在立】〘自タ四〙①(「あり」は継続する意)いつまでも立ち続ける。前と変わりなく立っている。＊万葉(8C後)一・五二「埴安(はにやす)の 堤の上に 在立(ありたた)し めしたまへば〈作者未詳〉」＊万葉(8C後)一三・三二三九「島の埼々 安利立(アリたて)る 花橘を〈作者未詳〉」②常に出かける。繰り返し出で立つ。＊古事記(712)上・歌謡「さ婚(よ)ばひに 阿理多多(アリタタ)し 婚ひに 在(あり)通はせ」辞書言海 表記在立(言)

あり-たもとお・る【在徘徊】〘自ラ四〙(「あり」は継続する意)ひきつづきめぐり歩く。変わることなく歩きまわる。＊万葉(8C後)一七・四〇〇八「ま幸くも 安里多母等保利(アリタモトホリ) 月立たば 時もかはさず なでしこが 花の盛りに 相見しめとそ〈大伴池主〉」

ありた-やき【有田焼】〘名〙佐賀県有田地方から産出する磁器。朝鮮からの帰化人、李参平が泉山の土で焼き始めた。染め付け、赤絵の日用食器が多い。伊万里港から積み出したので伊万里焼ともいう。＊尋常小学読本(明治三七年)(1904)八・一六「佐賀県の有田(アリタ)焼」＊妻(1908-09)〈田山花袋〉二九「下女が大きな有田焼の菓子器にウエーハーを入れたのを持って来て」発音〈標ア〉⓪〈京ア〉⓪

ありち-がた【在千潟】枕 同音の繰り返しで、地名「ありち潟」の「あり」にかかる。＊万葉(8C後)一二・三一六一「在千方(ありちがた)ありなぐさめて行かめども家なる妹(いも)いいふかしみせむ〈作者未詳〉」

あり-ちょう【有帳】〘名〙商品の在庫品目を記入する帳簿。売帳と対照して、商品の出入の状態を知る資料とする。有物帳。有高帳。＊浮世草子・日本永代蔵(1688)一・四「何によらず、ないといふ物なし。万有帳(アリチャウ)めでたし」

あり-づか【蟻塚】〘名〙アリやシロアリが作った柱状、または円錐状の巣。土砂や落ち葉などを積み上げ、あるいは分泌物で練り固めたもの。蟻の塔。蟻封(ぎほう)。本州中北部の山地で見られる。わが国では北海道、蟻垤(ぎてつ)。《季・夏》＊新撰字鏡(898-901頃)「垤 蟻塚也 阿利豆加」＊観智院本名義抄(1241)「培塿 アリツカ」＊直方敬斎箴講義(17C後)「蟻封は蟻塚と云て、ありの土をもちあげた小山ほどなが唐では北方にある」＊尋常小学読本(1887)〈文部省〉七「女王蟻は、一つの蟻づかの主人にて、兵隊蟻は、其つかを守ることを役目とし」発音〈標ア〉⓪〈京ア〉リ 辞書字鏡・色葉・名義・和玉・ヘボン・言海 表記垤(字・名・玉・へ) 塿(字・玉) 培塿(色・名) 垤(色) 培(玉) 蟻塚(言)

ありづか-むし【蟻塚虫】〘名〙アリヅカムシ科の小甲虫の総称。体長一～三ミリメートル。多くは赤褐色を帯びる。日本では一五〇種以上が知られ、アリの巣にすみ、アリに保護される種類もあるのでこの名がつけられたが、落ち葉や朽ち木の中にすむもののほうが多い。学名は Pselaphidae 発音〈標ア〉カ

ありつかわ・し【有付】〘形シク〙(動詞「ありつく」の形容詞化)似つかわしい。よい感じである。＊尾州家本住吉(1221頃か)「髪はうちぎのすそにすこし足らぬほどにて、ありつかはしきさままさりて見ゆ」＊米沢本沙石集(1283)九・一「見苦しき物ばかりとりしたためて、よろづありつかはしく用意して」辞書言海

あり-つき【有付】〘名〙①目的地に到着すること。また、特定の場所、地位などに住みついたりおさまったりすること。その身の安定を得ること。特に、仕官、奉公、また、結婚などによって、その身の安定を得ること。＊太閤記(1625)四・前田又左衛門尉利家末森之城後攻之事「屋敷を相渡し、有付の用意を沙汰し置」＊評判記・色道大鏡(1678)一四「此妾は大名戻りか、又町かたの目かけにても、俄に浪人して、在付(アリツキ)を待つ内の業也」＊談義本・豊年珍話(1760)一・猫の忠死「此以後、御有附(アリツキ)迄は、某助大仕、朝暮の御苦労なき様に仕べし」②ありつく所。落ち着く所。特に、仕官、奉公先。また、嫁ぎ先。＊俳諧・西鶴大矢数(1681)第五「敵うつまで同し編笠 有付は野に臥山に鳥僵(おどし)」＊浮世草子・新色五巻書(1698)三・三「武士の欠落者(かけおちもの)はあり付(ツキ)にとけしなく」＊浄瑠璃・苅萱桑門筑紫𨏍(1735)四「それより武士奉公のあり付きなく、此国の土民となっては候へども」＊浄瑠璃・伊賀越道中双六(1783)八「只今の住所は何国(いづく)、有付(アリツキ)とてもあらざるか」＊詞葉新雅(1792)「アリツキ よすが、よるべ」③ありつくもの。生活のかて。生計を得る道。＊浮世草子・忠義太平記大全(1717)四・大野木生野天命につきぬる事「世のことわざにいふ、しった米糠あきなひとやらん、又、ありつきをかせぐうちに」＊暁月夜(1893)〈樋口一葉〉六「此後の有(アリ)つきにと包物を賜はり」方言❶嫁が入った家に居着くこと。高知市864 ❷植物などの根づき具合。高知市867 発音〈標ア〉⓪ 辞書言海 表記有付(言)

あり-つぎ【蟻継】〘名〙「ありかけ(蟻掛)」に同じ。〔日本建築辞彙(1906)〕

ありつき-がお【有付顔】〘名〙落ち着いた顔つき。ものなれた様子。＊更級日記(1059頃)「なれたる人は、こよなく、何事につけてもありつきがほに」＊浜松中納言(11C中)二「いと安らかにありつきがほに、別るる御心もなきを」

ありつき-どころ【有付所】〘名〙落ち着く所。奉公先。＊随筆・西遊記(1795)四「半年々々にて主従あらしくなり、其前の主人にゐる内より、先のあり附(ツキ)どころを約束し置て」

ありっ-きり【有切】〘名〙「ありきり(有切)」に同じ。＊咄本・笑府衿裂米(1793)上戸「ありっきり一人で呑むがいい」＊雑俳・末摘花(1776-1801)二「ありっ切男をしぼる出合茶や」＊滑稽本・浮世風呂(1809-13)四・上「あれば有限(アリッキリ)つかふといふ所さネ」＊苦の世界(1918-21)〈宇野浩二〉五・三「ふところにありっきりの銭が両国までの汽車賃にたりなくて」

あり-つ・く【有付】㊀〘自カ五(四)〙①ある場所に到着する。また、住みつく。住居が落ち着く。安住する。＊狭衣物語(1069-77頃か)四「何か、旅とな思し召しそ。今いとようありつかせ給ひなん」＊今昔(1120頃か)一〇・三二「亦、国に大水出でて人を流し里を失ふ。然れば、民有付く事難(かた)し」＊古本説話集(1130頃か)五八「くひ物ありければ、かたはらなりけるげすなど、出できて、使はれなどして、ただありつきにありつきにけり」＊室町殿日記(1602頃)六「濃州に近き親類のありければ、たづねくだりて、いかならん家へもありつかばや」②夫婦となる。同棲する。＊宇治拾遺(1221頃)三・一四「妹は〈略〉わざとありつきたる男となくて、ただ時々かよふ人などぞありける」＊御伽草子・鉢かづき(室町末)「此中将殿は、御子四人持ち給ふ。三人はみなみな有つき給ふ」③物事になれる。ある生活状態をしなれる。板についたふるまいをする。＊源氏(1001-14頃)蓬生「さるかたにありつきたりしあなたの年ごろは、いふかひなきさびしさにめなれて過ぐし給ふを」＊栄花(1028-92頃)根合「唐(から)の御衣(ぞ)など奉りたる御有様の、ありつきておはしましつる事など語り給ふ」＊たまきはる(1219)「ありつき、安らかにふるまひなして、若き人々などいひ教ふ」④あることが、自分の考えや趣味と一致する。納得する。下に否定語を伴うことが多い。＊源氏(1001-14頃)総角「なほざりのすさびにても、けさうだちたることは、いとまばゆく、ありつかず、はしたなきここちごしさにて」＊狭衣物語(1069-77頃か)一「うち笑ひ給ひて、〈略〉なにのたよりに、かく聞きそめられけるにかとぞ、ありつかず、ほのめかし給ふも」⑤ある身分や環境に生まれつく。＊源氏(1001-14頃)蓬生「もとよりありつきたるさやうのなみなみの人は、なかなか、よき人のまねに心をつくろひ、思ひあがるも多かるを」⑥(多く「世にありつく」の形で)世の中に生活していく。暮らしを立てる。＊今昔(1120頃か)二七・二四「京に有ける生侍(なまさぶらひ)、年来(としごろ)身貧くして、世に有付く方も无(な)かりける程に」＊唐物語(12C中)下「よはひやうやう人となるほどに、父母、世にありつかん事をかせぎいとなむ」⑦仕官や奉公する所を得て、生活が安定する。就職して落ち着く。＊仮名草子・大仏物語

(1642)下「ありつくべき主君をばとらずして、我と軍中へ進(すすみ)出、もしうち死をする時はたれがためかの忠節になるべきぞ」＊浮世草子・西鶴織留(1694)五・二「小宿(こやど)に居れば一日に一升は降ても照ても口に付てまはり、日数ふる程後には布子(ぬのこ)はがれ有付ば前銀(まへがね)にて万事を算用しられ」＊浄瑠璃・忠臣金短冊(1732)二「じたい此方(こなた)はお屋敷へ、有つかしゃって間がない故、何も様子は知らしゃるまい」 ⑧植物が土に根をおろす。＊清良記(1629〜54頃)功者万作物の種子置様之事「扨植てはやく有付やうに土をかたむるかげん有」 ⑨金、食べ物など望んでいたものを、やっと手に入れる。また、偶然手に入れる。＊仮名草子・清水物語(1638)上「世中に人のありつくをきくに、重代の重宝金銀をつかひ、おもはゆくまばゆきばかりたのむゆへに、それにめでてきもをいるか、又はつよきえんにて、いやといはれぬやうにじりつくるか」＊吾輩は猫である(1905〜06)〈夏目漱石〉四「愈(いよいよ)西洋料理に有り付いたなと思って」 ㊁〘他カ下二〙①住みつかせる。落ち着かせる。また、なれさせる。＊御伽草子・常盤の姥(類従所収)(1504〜21頃)「嫗を極楽へぐしてゆき、よからむ縁をたづねつつ、ありつけ候へ彌陀仏」＊虎明本狂言・猿座頭(室町末-近世初)「是からは、いやでもおふでもよひ所へありつけてやらふ程に」 ②仕官、奉公、結婚などをさせて生活を安定させる。＊曾我物語(南北朝頃)四・小二郎かたらひえざる事「今までありつけざるこそ、心にかかり候へども」＊天草本平家(1592)二・三「ムネモリ ナントゾ シテ aritçuqeôzuru (アリツキョウズル) ト ヲモワレタニヨッテ、シラアシゲナ ウマ ノ イカニモ ヲウキナヲ〈略〉キワウ ニ ヤラレタ」＊浮世草子・好色盛衰記(1688)二・三「汝が心まかせに、身体をありつけん。銀五百貫目ゆづるべし」＊浄瑠璃・難波丸金鶏(1759)伏見京橋「そんなら私に預さんす、一両日の内に有付(アリツケ)てやりませう」 ③(自動詞的に用いる)㊀①に同じ。＊虎明本狂言・目近籠骨(室町末-近世初)「何がさやうにござらいでは、有付た事は被付たがようござる」＊浄瑠璃・雕刻左小刀(1791)四「今発向の春永殿へ有付けて立身する気」 ㊂〘自カ下二〙(「ありつけたり」の形で)そういう状態が、これまでずっと普通のこととなっている。これまでのならわしである。＊言継卿記-天文二年(1533)八月二九日紙背「いまの時分はありつけたる事をさへなにかと申候に、新きなる事はいよいよふつそうの事にて候ほとに」 方言❶嫁が入った家に居着く。宮崎県東諸県郡954 ◇あっつく 長崎県五島054 ❷植えた植物が根づく。三重県志摩郡584 高知市864 ❸嫁をとついだ家に居着かせる。◇ありつける 福岡市038 発音〈標ア〉⓪ツ 〈京ア〉⓪ 辞書文明・日葡・〈ボン〉・言海 表記有著(文) 在付(へ) 有付(言)

あり-つ・ぐ【在次・在継】〘自ガ四〙続いて存在する。次の位置に居る。＊宇津保(970〜999頃)蔵開上「殊(こと)になければ、そこにありつぎては、りさうの朝臣をこそはたのもしき事には」

あり-つけ〘名〙屋内に忍び込むために錠を壊すことをいう、盗人仲間の隠語。〔隠語輯覧(1915)〕

ありつけ-がくさん【有付―】〘名〙方言 ⇩ありつけばば(有付婆)

ありつけ-ばば【有付婆】〘名〙方言❶婚姻の直後、新郎新婦の間を取り持つばばあ。島根県那賀郡725 ◇あじつけばば 島根県簸川郡・江津市725 ❷嫁入りの時の嫁の世話役。嫁に同伴する女性で、婚家にしばらくいて嫁が居着くようにする。◇ありつけばばさん 福岡市038 ◇ありつけば 広島県山県郡054 ◇ありつけがくさん 鳥取県東伯郡040 補注「ありつけがくさん」の「がくさん」は母の意。

ありっ-こ【有―】〘名〙(「こ」は接尾語)下に打消を伴って、あるはずがない。存在を強く否定する口頭語。＊良人の自白(1904〜06)〈木下尚江〉前・一六・一「否や否や其様ことのありッこが無い、何にしろお高様が悪いだ」＊古い玩具(1924)〈岸田国士〉第一場「そんなにじろじろ見ないで下さい。僕の顔の中に、あなたのおっしゃるやうな面白いものはありっこないんだから」

アリッサム〘名〙(英 alyssum)アブラナ科ニワナズナ属の属名。普通はニワナズナをさす。学名はAlyssum 発音〈標ア〉リ

ありっ-たけ【有丈】(「ありたけ(有丈)」の変化した語。「ありたけ」を強めていう)㊀〘名〙「ありたけ(有丈)㊀」に同じ。＊何処へ(1908)〈正宗白鳥〉六「そりゃ小説家が有りっ丈の拵へ事を書き並べて長くするから」＊別れた妻に送る手紙(1910)〈近松秋江〉「心のありったけ話し尽したならば」＊苦の世界(1918〜21)〈宇野浩二〉二・三「大阪で道楽のありったけをして」 ㊁〘副〙「ありたけ(有丈)㊁」に同じ。＊雑俳・柳多留-七(1772)「万才を下女ありったけ笑ふ也」＊滑稽本・浮世風呂(1809〜13)前・下「これ、駒ばかり抓(つかん)で居ずと、有(アリ)ったけ打(うた)っしな」＊良人の自白(1904〜06)〈木下尚江〉中・一一・上「白井さん、ありっ丈け甘へさせて下ださいな」 発音〈標ア〉⓪ 〈京ア〉⓪

あり-つづ・く【在続】〘自カ四〙同じような状態がそのまままつづく。＊蜻蛉(974頃)上・天暦一〇年「かくありつづき、たえずは来れども、心のとくるよなきに」 補注「蜻蛉日記」の例、「ありつき」「ありへて」などの誤写として、この語を認めない説も多い。

あり-つぼ【有坪・在坪】〘名〙田畑の所在、あり場所。＊美濃国赤坂宿田畑売券-寛永一五年(1638)「永代うり渡申田畑之事 ありつぼ 川ひかし、一りつか西 一下田五畝拾四歩 高六斗」

あり-づら【有面】〘名〙「ありがお(有顔)」に同じ。

あり-つり【蟻釣・蟻吊】〘名〙天井の釣り木の下端部に蟻枘(ありほぞ)を作り、天井野縁(のぶち)、竿縁(さおぶち)などに蟻溝(ありめぞ)を掘って両者を接合した仕口。〔日本建築辞彙(1906)〕

あり-つる【有―】〘連語〙(ラ変動詞「あり(有)」の連用形に完了の助動詞「つ」の連体形が付いたもの。連体詞のように用いられる)前に述べた。さきほどの。さっきの。例の。＊竹取(9C末-10C初)「かくや姫の心ゆきはてて、ありつる哥のかへし」＊枕(10C終)二三・清涼殿の丑寅のすみの「大納言殿、御送りにまゐり給ひて、ありつる花のもとにかへりゐ給へり」＊源氏(1001〜14頃)夕顔「惟光に紙燭召して、ありつる扇御覧ずれば」＊今昔(1120頃か)一五・二七「有つる女出来(いでき)たりて」 補注「ありし」よりも近い過去にあったことを述べる言い方。発音〈標ア〉ツ

あり-てい【有体】〘名〙(形動)①物事の状態。ありよう。＊日葡辞書(1603〜04)「アリヤウ〈訳〉Aritey(アリテイ)に同じ。物事のあり方、事の推移、物事の状態」 ②ありのままであること。偽りや飾りのないさま。ありよう。＊玉塵抄(1563)三七「素はかざらぬありていなことぞ」＊浮世草子・傾城色三味線(1701)大坂・一「ずいぶんもらはではすまぬ算用と、あり躰を語らる」＊歌舞伎・与話情浮名横櫛(切られ与三)(1853)四幕「サア、緩めてやるから、あり体にいいへ」＊真景累ケ淵(1869頃)〈三遊亭円朝〉六八「有体(アリテイ)に申すから其手を放して下さい」＊草枕(1906)〈夏目漱石〉一「有体(アリテイ)なる己れを忘れ尽して純客観に眼をつくる時」 ③ありきたりのこと。ありふれたこと。とおりいっぺんなこと。＊浮世草子・西鶴置土産(1693)二・二「ばばさま爰(ここ)を通りますと有躰(アリテイ)の礼義をのべて」 発音アリティ 〈標ア〉⓪リ 〈京ア〉⓪ 辞書文明・日葡・書言・〈ボン〉・言海 表記有體(文・書・言) 在躰(へ)

アリテレーション〘名〙(英 alliteration)西洋の詩の韻律の一つ。一連の数語が同一子音、もしくは同字で始まる韻。主に古代ゲルマンやアングロサクソン時代の英詩で使われたが、のち脚韻がこれにかわった。頭韻(とういん)。＊修辞及華文(1879)〈菊池大麓訳〉一般文体の品格を論す「同音反覆 アリテレーション」 発音〈標ア〉レ

あり-ど【有所・在処】〘名〙「ありどころ(有所)」に同じ。＊東関紀行(1242頃)鎌倉遊覧「楼台の荘厳よりはじめて、林池のありどにいたるまで、殊に心とまりて見ゆ」＊説経節・おぐり判官(1675)二「まへ足のようだい、大竹をねびきにして、ありどにふしをそろへ、ごばんの上に作り付たる如く也」＊雑俳・川柳評万句合-安永七(1778)信四「あぶりこのありど教へて女房寝る」 辞書〈ボン〉 表記在所(へ)

あり-どおし【蟻通・虎刺】㊀〘名〙①アカネ科の常緑小低木。関東地方以西の山地で、やや乾いた日陰に生える。高さ一五〜九〇センチメートル。初夏、漏斗(ろうと)状で先が四裂した白い花が咲く。実は直径五〜六ミリメートルの球形で赤く熟す。とげがアリを刺し通すほど鋭いことからの名という。学名はDamnacanthus indicus ＊物類称呼(1775)三「有通 ありどほし 一名とりとまらず、駿河にてねずみばなと云、江戸にてありどほしと云、九月実(み)生(な)りて翌年まで持ゆへありどほしといふ」＊日本植物名彙(1884)〈松村任三〉「アリドホシ 虎刺 伏牛花」 ②模様の名(地紋式)。 ㊁(蟻通)㊀「ありどおしみょうじん(蟻通明神)」に同じ。＊貫之集(945頃)一〇「かき曇りあやめも知らぬ大空にありとほしをば思ふべしやは」 ㊂謡曲。四番目物。各流。世阿彌作。「貫之集」などによる。紀貫之が蟻通明神に和歌を手向けた故事から、和歌の徳をたたえたもの。 発音アリドーシ 〈標ア〉⓪ド 辞書言海

蟻通㊀①

ありどおし-みょうじん【蟻通明神】大阪府泉佐野市長滝にある神社。旧郷社。正称は蟻通神社。祭神は大名持命(おおなもちのみこと)。棄老(きろう)の習慣を無視して老父母を大切にした中将がいた。唐の国から日本人の才を試そうと、幾重にも曲がった玉に緒を通すようにとの難題が出された時、老人の指図に従い、蟻に糸を結びつけて通し、解決した。以後、棄老の習慣をやめ、この老人を神としてまつったと「枕草子」にある。また「貫之集」などに、紀貫之が和歌を手向けると瀕死の馬が治った話が見える。 発音アリドーシミョージン 〈標ア〉ミョ

ありどおし-らん【蟻通蘭】〘名〙ラン科の多年草。北海道、本州中北部の高山の樹下の苔(こけ)などの間に生える。茎は緑紫色で地上をはい、高さ一〇センチメートルくらいになる。葉は長さ一センチメートルほどの卵円形で、基部は心臓形となる。夏、茎頂の一方に向かって淡紫色を帯びた白色の約一センチメートルの唇形花を一〜二個つける。葉がアカネ科のアリドオシに似ているのでこの名がある。学名はMyrmechis japonica ＊日本植物名彙(1884)〈松村任三〉「アリドホシラン」 発音アリドーシラン 〈標ア〉シ

あり-とおり〘名〙あるべき姿。＊十善法語(1775)五「在家は在家のありとほりを全くして内心法に随順すべし」

あり-とこ【有所】〘名〙あるだけのもの。＊歌舞伎・四十七石忠矢計(十二時忠臣蔵)(1871)四幕「『それでは、もう是で納杯に致さう』ト又お市酌をして庄左衛門呑み、『せめて旦那ありとこになさい』」

あり-どこ【有所・在処】〘名〙「ありどころ(有所)」に同じ。＊西洋道中膝栗毛(1874〜76)〈総生寛〉一四・下「轍道(てつどう)のあり処(ドコ)を尋ねて往(い)かうじゃアねいか」 発音〈標ア〉⓪

ありとこ-しょうぶ【有所勝負】〘名〙出たとこ勝負。＊歌舞伎・恋闇鵜飼燎(1886)五幕「『ときに判を

持っちゃあ居めえの』『察しの通り判などは、有所勝負（アリトコシャウブ）の間に合せだ』」

あり-どころ【有所・在処】〘名〙①物のある所。所在。ありか。ありしょ。ありど。ありどこ。＊古本説話集（1130頃か）五八「ここなる男こそ、水のあり所は知りたるらめ」＊虎明本狂言・鶏猫（室町末-近世初）「某ひさうの猫をうしなひ申て候間、色々尋ねさせ候へ共、いまに有所しれ申さず候」＊日葡辞書（1603-04）「Aridocoro（アリドコロ）〈訳〉物のあり場所」＊俳諧・炭俵（1694）上「橘や定家机のありどころ〈杉風〉」②人のいる所。いどころ。居場所。＊伊勢物語（10C前）四「ありどころは聞けど、人の行き通ふべき所にもあらざりければ」＊曾我物語（南北朝頃）六・弁才天の御事「祐成がありどころちかければ、義盛がことば、手にとるやうにぞきこえける」 発音〈なまり〉アドゴ〔秋田〕アットコイ〔鹿児島方言〕〈標ア〉ド 辞書日葡・ヘボン 表記在所（へ）

あり-どめ【蟻留】〘名〙「ありかけ（蟻掛）」に同じ。

ありな【孔】〘名〙江戸中期の国学者、富士谷成章（ふじたになりあきら）の用いた文法用語。動詞（事＝こと）のうち、特にいわゆるラ行変格活用の動詞「あり」について名付けた。＊あゆひ抄（1773）おほむね・上「ありなに『あり』といひ、脚結（あゆひ）に『あり』と言ふ」

あり-なぐさ・む【在慰】〘他マ下二〙（「あり」は継続する意）いつまでも慰める。慰め続ける。＊万葉（8C後）一一・二八二六「かくしつつ有名草目（ありなぐさめ）て玉の緒の絶えて別ればすべなかるべし〈作者未詳〉」

あり-なし【有無】〘名〙①あるかないか、また、いるかいないかということ。うむ。＊落窪（10C後）二「これにてこそ心ざしありなし見えはじめ給はめ」＊浜松中納言（11C中）三「やがて跡絶えにしかば、世にありなしを知らるるかたなくて過し侍りぬるを」＊今昔（1120頃か）二四・五〇「男は今の妻（め）の許に居て、惣て本の妻（め）の有り无（な）しをも不知（しらざ）りければ」②存在が認められるかどうか、勢威があるかないか、ということ。＊愚管抄（1220）五・二条「わが世にありなしはこの惟方、経宗にあり」③ようやくその程度にあること。あることはあるがわずか。＊浮世草子・傾城色三味線（1701）京・一「有物とては居宅諸道具弐十貫目が物はありなし也」④（形動）あるかないか、また、いるかいないかわからないさま。また、それほどかすかなこと。＊栄花（1028-92頃）様様のよろこび「北の方年老い給て、ありなしにて聞えなどすめれど」＊千載（1187）雑中・一〇九一「小山田の庵（いほ）に焚く火のありなしにたつ煙もや雲となるらん〈橘盛長〉」＊浮世草子・好色五人女（1686）四・二「雨戸のすきまより月の光もありなしに静かなるをりふし」⑤（形動）あるかないかわからないほどに軽く取り扱うこと。あってもかいのないさま。＊三河物語（1626頃）三「あのていに候はば出たり共、役には立つまじければ、保科弾正親子と右之両人おば、有なしにして、其方と我等ばかりなる共、出ば出させ給へと申されければ」＊浮世草子・好色一代女（1686）三・二「殿様我をありなしにあそばし、御国本より美女取よせ給ひ、明暮是に悩（なづま）せ給へども」⑥「ありなし（有無）の日」の略。《季・夏》＊俳諧・誹諧初学抄（1641）中夏「有無（アリナシ）、月廿五日也。村上天皇御宇に始」⑦百韻形式の連句で、恋、春、秋の句を三句または四句と続けた場合、それ以後は、続けても続けなくてもよいとすること。恋、春、秋の句は三～五句続けるのが百韻形式の定法。＊俳諧・誹諧名目抄（1759）「ありなし 恋春秋は五句迄続く物なるに三句も四句も付たる其次は恋春秋ありてもよしなくてもよしといふ事をありなしといふなり」 発音〈標ア〉アリ

ありなし の 日（ひ） 陰暦五月二五日のこと。この日は村上天皇の忌日に当たり、平安時代には、急事のある時以外は政治を行なわなかった。《季・夏》＊中右記-天仁元年（1108）五月二五日「今日は官中号二有無日一、強無二結政一、或又有二急事一者、可レ行レ政歟、依レ随二体称一有無、是官中故実也。是村上先帝御忌日也、本雖レ不レ置二国忌一、我朝聖主、後人恋二遺徳一、仍強不レ行レ政歟」＊俳諧・御傘（1651）七「ありなしの日 村上天皇御国忌也。〈略〉夏の季を持也」〈京ア〉リ 辞書ヘボン 表記有無（へ）

ありなし-ぐも【有無雲】〘名〙あるかないかわからないような、かすかな雲。＊長承三年中宮亮顕輔歌合（1134）「浮かれゆくありなし雲も晴れのきてかかる限なき秋の夜の月」＊法門百首（1156-82頃か）無常「風にちるありなし雲の大空にただよふほどやこの世なるらん」＊和訓栞（1777-1862）「ありなしぐも 有かと見ればやかて消行雲の体をいふ也」 発音アリナシグモ〈標ア〉グ

ありなし-ごえ【有無声】〘名〙あるかないか、はっきりと聞きとれないほどの、かすかな声。＊出観集（1170-75頃）「うらめしく又嬉しきは郭公ありなし声のよはのかたらひ」 発音アリナシゴエ〈標ア〉ゴ

ありなし-もの【有無物】〘名〙あってもない同然のもの。はかないもの、何のねうちもないものなどにいう。＊浄瑠璃・藍染川（1684）二「扨はわらははありなしもの、ねざさにひかれこなたの事御わすれありしとや」＊浮世草子・懐硯（1687）一・三「名こそをしけれ命は夢の間のありなし物」＊浄瑠璃・河内国姥火（1720頃か）三「肝心の此鳥甲、是がなければ安倍野の家は有無し物」 発音〈標ア〉0 ノ

あり-なみ【有―】〘名〙（動詞「ありなむ（有―）」の連用形の名詞化）否定すること。こばみ続けること。↓有りなむ

あり-な・む【有―】〘他マ四〙（「あり」は継続する意）こばみ続ける。＊万葉（8C後）一三・三三〇〇「そほ舟に 綱取りかけ 引こづらひ 有双（ありなみ）すれど 言ひづらひ 有双（ありなみ）すれど 有双（ありなみ）えずぞ 言はれにし我が身〈作者未詳〉」 語誌 この語は、名詞形「ありなみ」を含めて、「万葉集」のこの長歌にしか見えない。「なむ」は「否（いな）む」の変化した語とするのが通説であるが、三例とも「有双」と表記されていることから、これを借訓とは見ず、男女相並ぶ、連れ添う意とする説もある。

あり-なら・う【在習】〘自ハ四〙①いることになれる。そういう状態でいることが習慣になる。住みつける。＊大和（947-957頃）一四一「もとの妻（め）なむ、もろともにありならひにければ」＊宇津保（970-999頃）蔵開上「かの君は、我だに同じ所にありならひて、所々なりしはいと恋しくて」＊源氏（1001-14頃）蜻蛉「ありならはぬ人はここにてはかなきこともえせず今とく参らむと言ひて」②くせ、ならわしになる。習性、習慣となる。＊栄花（1028-92頃）ゆふしで「もとより遊びの心のみありならひにければ」 発音文 アリナローとも〈標ア〉0 ラ ロ 辞書言海

あり-な・る【在馴】〘自ラ下二〙「ありならう（在習）」に同じ。＊栄花（1028-92頃）御賀「ありなれしちぎりも絶えで今さらにこころかけじに千代といふらん」 発音〈標ア〉0 ナ

アリナレ-がわ【阿利那礼河】（ナレは「川」の意の朝鮮 nai の古形 nari から）鴨緑江（おうりょっこう）の古名か。＊書紀（720）神功摂政前「且（また）、阿利那礼河（アリナレがは）の返りて逆（さかしま）に流れ、河の石の昇りて星辰（あまつみかほし）と為るに及（いた）るを除（お）きては」 語源説 (1)アリは鴨緑の朝鮮字音、ナレは朝鮮古語でカハ（江）の義。水色がアヲクビ（緑頭鴨）のようであるところから〔大言海〕。(2)和訓のアリはアフリョクの転訓、ナレは朝鮮で川をいう俗語〔笈埃随筆〕。(3)アリは韓語で下の意。また、アフロ（閼覆祿）という禊誓の謂によるとしてもアリナレを鴨緑江に限定する必要はない〔日本古語大辞典＝松岡静雄〕。

あり-に【有荷・在荷】〘名〙まだ売らないで、手もとにある品物。在庫品。有品（ありしな）。＊英和外交商業字彙（1900）〈篠野乙次郎〉「stock 貯蓄、有荷、株式」 発音〈標ア〉0

あり-に〘副〙斜めに。すじかいに。はすに。＊名人長二（1895）〈三遊亭円朝〉二一「中の釘は正直（まっすぐ）に打ても、上の釘一本を蹄筍（アリ）に打ちせへすれア」

あり-にく・し【在悪】〘形ク〙生きていくのがむずかしい。生きていきにくい。＊浜松中納言（11C中）一「よづかぬ世界ありにくくも、ふるさと恋しき事、まさるなめり」＊栄花（1028-92頃）初花「帥殿、いかにか世をありにくく、憂きものになんおぼし乱れければにや」＊方丈記（1212）「すべて世中のありにくく、我が身と栖（すみか）との、はかなくあだなるさま、またかくのごとし」 発音〈標ア〉ニ

あり-ねだ【蟻根太】〘名〙端部を蟻掛けにした根太（ねだ）。↓蟻掛け。〔日本建築辞彙（1906）〕

ありね-よし〔枕〕（「よし」は詠嘆の間投助詞。「ありね」は未詳）「対馬（つしま）」にかかる。＊万葉（8C後）一・六二「在根良（ありねよし）対馬（つしま）の渡り渡中（わたなか）に幣（ぬさ）取り向けてはや帰り来（こ）ね〈弁基〉」 語誌「在根」は「荒嶺（あらね）」の借字とする説がある。しかし、「ありを（在峰）」という語があることや、「荒」は「ありそ（荒磯）」と変化したもの以外はアラと読むことなどから、「在根」はアリネと読み、目立つ峰と解するほうが妥当性がある。対馬の山が朝鮮航路の目印だったからといわれる。また、アリは韓語で下または南を意味し、対馬の南嶺の称呼だったのではないかという説（日本古語大辞典＝松岡静雄）もある。 上仮名 アリネヨシ

あり-の-うら【有の浦】広島県宮島町にあった渡し場。蟻浦。在浦。＊高倉院厳島御幸記（1180）「宮島のありのうらに神宝調へ立てて、御拝あり」＊平家（13C前）四・還御「風はげしければ、御舟こぎもどし、厳嶋（いつくしま）のうち、ありの浦にとどまらせ給ふ」＊俳諧・西国曲（1717）一「有の浦に霧や飯たく夕煙〈恐伯〉」 発音〈標ア〉ノ

あり-の-き【有木】〘名〙植物「なし（梨）」の異名。＊重訂本草綱目啓蒙（1847）二六・山果「梨 なし ありのみ〈略〉ありのき 予州」 方言 植物。❶うらじろのき（裏白木）。和歌山県日高郡808 愛媛県新居郡808 ◇あり 高知県土佐郡808 ❷はんのき（榛木）。和歌山県日高郡692 ❸なし（梨）。◇あり 阿波1033

あり-の-こ【蟻子】〘名〙アリ、特に羽を生じないもの。ありんこ。また、アリの卵・幼虫。＊新訳華厳経音義私記（794）「蚊蟻 上可下音疑、訓安利乃古」＊色葉字類抄（1177-81）「蟻虹 アリノコ」 方言 虫、あぶらむし（油虫）。岐阜県大野郡502 辞書色葉・和玉・書言 表記蚳（玉・書）蟻虹・虹蟓（色）豸（玉）蟓（書）

あり-の-す【蟻巣】〘名〙 方言 虫、ありじごく（蟻地獄）。三重県名賀郡・志摩郡585 広島県771 772 香川県直島054 ◇あじのす 兵庫県淡路島052 ◇ありのすはら 三重県名張市585 ◇ありのこじごく 広島県山県郡771 ◇ありづか〔蟻塚〕 山形県139 奈良県磯城郡678

あり-の-とう【蟻塔】〘名〙①アリが地中に巣を作るために地表に持ち出した土でできた小山。また、土を落葉などと練り固め、塚のように積み上げて作ったアリの巣。蟻塚。《季・夏》＊国民新聞-明治三五年（1902）四月二日「愈々蟻の塔を見る段に至り、下足料二銭を徴せらるるに驚き」②「ありのとうぐさ（蟻塔草）」の略称。＊生物学語彙（1884）〈岩川友太郎〉「Haloragis 蟻塔（アリノタウ）属」 方言 虫、ありじごく（蟻地獄）。三重県上野市585 香川県仲多度郡829 発音アリノトー〈標ア〉ト 辞書書言・言海 表記垤・坻（書）蟻塔（言）

ありのとう-か【蟻塔科】〘名〙「ありのとうぐさか（蟻塔草科）」に同じ。＊生物学語彙（1884）〈岩

川友太郎〉「Halorageæ or Haloraginaceæ　蟻塔科」

ありのとう-ぐさ ありのタフ：【蟻塔草】〘名〙 アリノトウグサ科の多年草。広く各地の山野に生える。茎は束生し、時に赤褐色を帯びる。高さ一〇～二五センチメートル。葉は小さい卵形で、縁に鋸歯(きょし)があり、対生する。夏から秋、茎頂が分枝して黄褐色の微小な花が下向きにつく。のみとりぐさ。学名は Gonocarpus micranthus ＊日本植物名彙(1884)〈松村任三〉「アリノタフグサ」 発音アリノトーグサ〈標ア〉ト

ありのとうぐさ-か ありのタフぐさクヮ【蟻塔草科】〘名〙 双子葉植物の一科。約六属一二〇種あり、広く世界中に分布するが、特にオーストラリア周辺に多い。水生草本が多いが、ときには低木もある。葉は互生、対生、輪生で、托葉がなく、水生のものでは根系がよく発達している。花は主軸に単生するか、または、円錐花序をなし、両性または単性。普通四数性。花弁は八個ないし四個、ときとしてこれを欠く。がくは子房に合着し、通常不顕著。日本にはアリノトウグサと、キンギョモの類の二属が自生している。学名は Haloragaceae 発音アリノトーグサカ〈標ア〉〇

あり-の-とわたり【蟻門渡】〘名〙 ①アリが一筋の細い行列をなして行くこと。ありわたり。蟻の熊野参り。《季・夏》 ＊俳諧・犬子集(1633)一七「きり口を程へて見ればなまなすび　砂糖にはあつまる蟻の唐わたり」 ＊和訓栞(1777‐1862)「ありのとわたり　蟻の門渡の義、とわたる舟などいふに同し、其往来道あるをもていへり」 ②山の尾根の両側が切り立った崖をなしている細く狭い道の部分。修験者の修行の場所などとなった。長野県戸隠山のものが有名。ありわたり。 ＊山家集(12C後)下「ありのとわたりと申す所にて、笹深み霧こす岫(くき)を朝立ちてなびきわづらふありのとわたり」 ③陰部と肛門(こうもん)との間。会陰(えいん)の俗称。とわたり。 ＊上杉家文書‐(年月日未詳)(室町)直江重光兼続秘伝集(大日本古文書二・九七二)「第一どくのあたりに有るを知事はありのとわたり、しきりにかゆき者也」 ＊浄瑠璃・仏御前扇車(1722)二「宗盛の蟻(アリ)のとわたりへ長兵衛が刀お見舞と、柄に手を懸けせびらかす」 ＊随筆・用捨箱(1841)上「地蔵院は女を好、薬師院は若衆を好ければ、門外に札を立て、すきずきは地蔵薬師の前うしろへだつところは蟻のとわたり」 発音〈標ア〉ワ 辞書書言・ヘボン・言海 表記会陰(書・ヘ) 蟻戸渡(書) 蟻門渡(言)

あり-の-ひおうぎ ：ひあふぎ【―檜扇】〘名〙 植物「ききょう(桔梗)」の古名。 ＊俳諧・清鉋(1745頃)二「七月〈略〉桔梗　きちかう　ありのひあふき」 ＊重訂本草綱目啓蒙(1847)八・山草「桔梗　ありのひふき〈和名鈔〉ありのひあふぎ　をかととき〈古歌〉」

あり-の-ひふき〘名〙 植物「ききょう(桔梗)」の古名。 ＊本草和名(918頃)「桔梗 〈略〉和名阿利乃比布岐一名乎加止止岐」 ＊随筆・胆大小心録(1808)八〇「桔更はきちかう〈略〉さりとて蟻の火ふきと云ふ名えよまじ」 ＊文明開化(1873‐74)〈加藤祐一〉二・下「桔梗のほうは和名もありのひふきといふて」 語源説(1)アリ(蟻)の火吹か〔和訓栞後編〕。(2)アリノハフキ(蟻衜草)の義〔言元梯〕。(3)アリノヒアフギの中略か。檜扇形の小さい花からか〔古今要覧稿〕。 発音〈標ア〉キ 辞書和名・色葉・名義・書言・言海 表記桔梗(和・色・名・書)

あり-の-ひふきぐさ〘名〙 植物「ききょう(桔梗)」の古名。 ＊康頼本草(1379‐91頃)本草部下品之上集「桔梗　味辛苦微温有小毒。和安利乃比不支久佐。又云於加止々支。二月採根暴干」

あり-の-まにまに【有―】〘連語〙「ありのまま(有儘)」に同じ。 ＊後拾遺(1086)羇旅・五〇九「こととはばありのまにまに都鳥都の事を我に聞かせよ〈和泉式部〉」

あり-の-まま【有儘】〘名〙 (ラ変動詞「あり(有)」の連用形と格助詞「の」と、形式名詞「まま」の結び付いたもの) 実際にあるとおり。事実のとおり。ありてい。あるがまま。 ＊蜻蛉(974頃)中・天禄元年「おはしまして、問はせ給ひつれば、ありのままになんきこえさせつる」 ＊源氏(1001‐14頃)蛍「その人のうへとて、ありのままに言ひ出づることこそなけれ」 ＊栄花(1028‐92頃)もとのしづく「かかりける晴の事に〈略〉ありのままの姿どもにて参れど」 ＊浮世草子・西鶴織留(1694)一・二「つまる所は、喰ねばひだるいとひだるいといふにぞ、ありのままなる法師とて、人皆勧進をとらせける」 ＊夜明け前(1932‐35)〈島崎藤村〉第二部・上・三・三「地方(ぢかた)御役所で叱られて来たありのままを寿平次に告げに寄ったのは」 発音〈標ア〉マ² 〈ア史〉江戸○◎○○○ 〈京ア〉〇/〇＝〇 辞書文明・伊京・明応・天正・黒本・日葡・書言・ヘボン・言海 表記有儘(文・明・書・ヘ・言) 有侭(伊・天・黒)

あり-の-み【有実】〘名〙 (「梨(なし)」が「無し」に通ずるのを忌んでいう) ①梨の実の異名。↓有りの木。《季・秋》 ＊相模集(1061頃か)「さかりすぎて朽(く)ちたる梨を幼(をさな)き人のもとにやるとて〈略〉おきかへし露ばかりなるなしなれど千代ありのみと人はいふなり」 ＊御湯殿上日記‐文明九年(1477)七月一二日「みん部卿ありのみ一御ふたまいらる」 ＊日葡辞書(1603‐04)「Arino mi(アリノ ミ)。すなわち、ナシ〈訳〉梨。Arino mino(アリノ ミノ) キ〈訳〉梨の木」 ＊俳諧・野犴集(1650)七「ありの実をたが盗てか梨のえだ」 ＊重訂本草綱目啓蒙(1847)二六・山果「梨　なし　ありのみ　阿州」 ②植物「やまなし(山梨)」の異名。 ＊大和本草(1709)一〇「鹿梨　ありのみ。山梨也。梨実より小なり。味不ㇾ美。冬に至りて蒸て食ふべし」 ＊和漢三才図会(1712)八七「鹿梨(アリノミ　やまなし)〈略〉俗云阿利乃美」 ③菴羅(あんら＝マンゴー)をいう。形が梨の実に似ているのでいうか。 ＊書言字考節用集(1717)六「菴羅菓　アリノミ　一名香蓋。〔本草〕梨属。〔大日経疏〕菴摩羅(えんもら)　果形如二本国夏梨一云々。出〔世継大鏡〕」 ④単に「ある」の意にいう、江戸で流行したしゃれ。 ＊洒落本・蕩子筌枉解(1770)左掖梨花「なさけなしではない。なさけがありのみ」 発音〈標ア〉ノ 〈京ア〉〇 辞書文明・天正・日葡・書言・ヘボン・言海 表記阿梨子(文・天) 菴羅菓(書) 鹿梨(ヘ) 有実(言)

あり-の-みち【蟻道】〘名〙 地面に指で筋をつける子供の遊び。 ＊俚言集覧(1797頃)「蟻の道　備後福山にて児戯にありのみちとて地面に指をもて筋をつくるなり」

あり-の-め【有実】〘名〙 (「ありのみ(有実)」の変化した語) 大阪で、近世以来、盂蘭盆(うらぼん)の間に限って梨をよぶ称。 ＊随筆・守貞漫稿(1837‐53)二四「七月十一、二日比より魂祭の具を売る。大坂順慶町、松屋町等常に夜市ある所に専ら売ㇾ之、又担ひて売巡るもあり。共に『みいろみいろ』と呼ぶことは、桃柿梨以上を云。三菓ともに食用にならざる程の麁果を売る也。梨を此時のみ、『ありのめ』と云」

あり-ば【在場】〘名〙 存在する場所。あり場所。ありか。 ＊三つの太陽(1947)〈杉浦明平〉「間もなくわれわれの前には誤訳されて、主権のあり場の分らぬような憲法草案が並べられたからである」 ＊まっすぐな釘(1954)〈永井龍男〉D「『今日はね、うちの親父と一しょに仕事に出てるんですよ。なんなら、現場へ行ってやっておくんなさい。すぐそこですよ』と、上り口から格子へつかまって身をのり出し、『すぐそこ』の在り場を示した」

アリバイ〘名〙(英 alibi もとラテン語で「他の所に」の意) ①犯罪などの事件が発生した時に被疑者はその場にいなかった、ということの証明。現場不在証明。具体的には、その時刻には被疑者は他の場所にいた、ということを証明すること。無罪であることを証明するものとなる。 ＊アルス新語辞典(1930)〈桃井鶴夫〉「アリバイ　英 alibi 現場不在証明、不在申立。〈略〉『彼のアリバイを覆すに足る証拠がない』」 ＊晩夏(1940)〈堀辰雄〉「彼のアリバイが認められ、事件はそのまま迷宮に入らうとする」 ②一般に、身にとって不利な事実を打ち消すために示す、もう一つ別の事実や理由。 ＊文学読本・理論篇(1951)Ⅱ・現代日本小説〈平野謙〉「彼らをささえる唯一の矜持は芸術家としての誠実性以外になかったのである。辛うじてその誠実性を唯一のアリバイとして、彼らは極貧の生活にもたえしのんだ」 発音〈標ア〉〇リ 〈京ア〉リ

アリバイ-くずし ：くづし【―崩】〘名〙 被疑者のアリバイの主張がうそであることを証明しようとすること。また、その行為。 ＊他人の顔(1964)〈安部公房〉反色のノートを逆さに使って〈略〉自分だけのための記録「自分からそのアリバイ崩しにせいを出していたというのだから、世話はない」

あり-ばしょ【在場所・有場所】〘名〙 人や物が存在する所。現に居る場所。ありか。 ＊弱い結婚(1962)〈小島信夫〉「夫はこのノートをかくしているつもりだが、有場所は私は知っている」 発音〈標ア〉〇バ 〈京ア〉バ

あり-は・つ【在果】〘自タ下二〙 ①寿命の終わる最後まで生き続ける。いつまでも生き長らえる。天命を全うする。 ＊古今(905‐914)雑下・九六五「ありはてぬ命待つまのほどばかり憂きことしげく思はずもがな〈平貞文〉」 ＊源氏(1001‐14頃)松風「ありはてぬ命を限りに思ひて、契り過ぐし来つるを、にはかに行き離れむも心細し」 ②同じ状態をいつまでも続ける。終わりまでそこにいる。 ＊紫式部日記(1010頃か)消息文「さりとて、心にくくもありはてず、とりはづせば、いとあはつけいこともいでくるものから、情なくひきいれたる」 ＊源氏(1001‐14頃)須磨「年月経ば、かかる人々も、えしもありはててや行き散らむなど」 ＊更級日記(1059頃)「あな物狂ほし、いかによしなかりける心なりと思ひしみはてて、まめまめしく過ぐすとならば、さてもありはてず」 ③同じ状態が続いていって、ある結果にいたる。 ＊源氏(1001‐14頃)藤裏葉「かうもありはてなむと心寄せわたる事なれば」 発音〈標ア〉〇ハ 辞書言海

あり-はば【有幅】〘名〙 江戸時代、田畑の総面積をいう。田畑の売買、または質入れの証文などで、有幅何町何反とあれば、これは一筆ごとの畝歩(せぶ)を示したものの合計面積を示す。

ありはら【在原】 ⇨ありわら(在原)

あり-はん【在判】〘名〙 ①古文書の正本の写しや控えで、正文に花押(かおう)のしるしてあったことを示す語。ざいはん。 ＊内閣文庫所蔵文書‐寛徳二年(1045)五月一八日・関白家政所下文案(平安遺文二・六二三)「以前雑事、所仰如件、在地宜承知之、与使者共相定、依件行之、不可違失、故下　寛徳二年五月十八日　案主清原　在判」 ＊金剛寺文書‐治承四年(1180)八月日・源貞弘田畠寄進状案(平安遺文八・三九二二)「仍為二後日沙汰一、勒ㇾ状以進上如ㇾ件　治承四年八月日　源貞弘　在判」 ②(―する) 花押を書くこと。また、押印すること。

ありひ〘名〙 賭博者をいう、博徒仲間の隠語。〔隠語輯覧(1915)〕

あり-びと【有人】〘名〙 ①そこに居る人。そこに居合わせた人。 ＊政談(1727頃)一「著到帳と云は勤番交代の帳、又は軍中にて有ㇾ之こと也。是は当分の有人を記すること也」 ②現在そこにいるすべての人。現在、所属し、または含まれている人の全人数。 ＊和英語林集成(初版)(1867)「ソノ　ジョウカノ　aribito(アリビト)　イクニン」 辞書ヘボン 表記見口(ヘ)

あり-・ふ【在経】〘自ハ下二〙 ①ずっとある状態で経過する。長らえて年月を過ごす。ありわたる。 ＊昌泰元年亭子院女郎花合(898)「ありへても朽ちし果てねば女郎花(をみなへし)人離(さか)りゆく秋もありけり」 ＊大和(947‐957頃)一〇五「しのびてありへて、人の物

言ひなどもうたてあり、なほ世に経じとおもひ言ひて失(う)せにけり」＊宇津保(970-999頃)藤原の君「父大殿(おとど)、母宮〈略〉『この君をいかにせまし』とおぼして、ありへ給ふほどに」②生き長らえる。存命する。＊後撰(951-953頃)恋二・六八一「いさり火のよるはほのかにかくしつつ有へば恋のしたに消(け)ぬべし〈藤原忠国〉」＊源氏(1001-14頃)東屋「心にかなはぬ世には、ありふまじきものにこそありけれ」＊拾遺(1005-07頃か)恋五・九三二「有へむと思ひもかけぬ世の中はなかなか身をぞ歎かざりける〈よみ人しらず〉」
発音〈標ア〉⓪ 辞書言海 表記有経(言)

ありーふれ【有触】『名』(動詞「ありふれる(有触)」の連用形の名詞化) ありふれていること。どこにでもあること。お決まり。＊洒落本・後編にほひ袋(1802)二「ありふれの通りに、まだお休みなんせんかへとかなんとかいいやしたらう」＊われから(1896)〈樋口一葉〉二「机に有(ア)りふれの白木作りに白天竺をかけて」
発音〈標ア〉⓪

ありーふ・れる【有触】『自ラ下一』文ありふ・る『自ラ下二』どこにでもある。珍しくもない。陳腐である。＊浮世草子・好色五人女(1686)二・一「色々七つめんどりばにかさね、かぢの葉に有ふれたる哥をあそばし祭給へば」＊雑俳・柳多留拾遺(1801)巻五「有りふれた星ばかり出る御仁徳」＊或る女(1919)〈有島武郎〉後・二八「倉地も葉子もあり触れた文句にまで思ひ存分の批評を加へた」語源説アリフルシ(有古)の転語〔両京俚言考〕。発音〈標ア〉⓪レ〈京ア〉⓪ 辞書ヘボン・言海 表記在旧(へ) 有触(言)

ありーべいーかかり『名』(形動)(「あるべきかかり」の変化した語)「ありべかかり」に同じ。＊浮世草子・好色一代男(1682)七・六「とどけの文も人の目をしのばず、ありべい懸(カカ)りをつい書て、其日の敵の心をそむかず」

アリヘイーとう【有平糖】(ウ・タ)『名』(「アルヘイ」に「有平」という字をあてたのを読み違えたために生じた形か) ①「アルヘイとう(有平糖)」に同じ。②錠前をこわすのに使う錐(きり)の一種をいう、盗人仲間の隠語。〔隠語輯覧(1915)〕

ありーべかかり『名』(形動)(「あるべきかかり」の変化した語) ①形式的であるさま。おざなり。紋切り型。世間なみ。ありべいかかり。あるべかかり。＊浮世草子・今様二十四孝(1709)一・一「人の親を養ふ事ありべかかりにて、さのみ孝行とは云ひ難し」＊浮世草子・傾城禁短気(1711)二・二「日比(ひごろ)勿躰(もったい)つけて墨も禿(かぶろ)に磨(す)らせ、奉書も引舟に持せおいて、ありべかかりの文章さらさらと書いて突き出し」＊浄瑠璃・三荘太夫五人嬢(1727)四「お互に大慶とありべがかりの挨拶も」②尋常。ありのまま。＊都鄙問答(1739)二・或学者商人の学問を譏「色々と云ひまはすは宜(よろし)からざる者なり。有りべかかりに言ことは善(よき)者なり」③手当たり次第。やたらむしょう。＊浄瑠璃・曾根崎心中(1703)「なんと亭主(ていしゅ)久しいのと、のさばり上ればそれ煙草盆(たばこぼん)お盃(さかづき)と、ありべがかりに立さはぐ」語誌「ありべきかかり→ありべいかかり→ありべかかり」と変化したものだが、そのいずれの形も認められる。特に、その「ありのまま」の意が石田梅巌を祖とする心学での所説に適するところがあるためか、「ありべかかり」は心学者がしばしば使用している。なかでも、鎌田一窓には「ありべかかり」なる著述も存在する。方言ありったけ。全部。◇ありべがかり 高知県長岡郡869
発音〈標ア〉⓪

ありーべきーかかり『名』(形動)「ありべかかり」に同じ。＊洒落本・三教色(1783)後座「越前屋へは若者をはしらせて仕廻をつけさせ、有べきかかりの咄しなどありて」

ありーほぞ【蟻枘】『名』(「ありぼそ」とも) 蟻継ぎ、蟻掛けなどで、蟻溝(ありめぞ)におさめる枘。凸形の先端部が鳩の尾状に広がっており、凹形の蟻溝と組み合わせる。〔日本建築辞彙(1906)〕発音〈標ア〉⓪

ありーま【蟻━】『名』方言⇨ありご(蟻━)

ありま【有馬】㊀神戸市北区の温泉町。六甲山の北面、古くから知られた山紫水明の地。温泉は含鉄類塩泉で、リウマチ、婦人病にきくといわれる。＊浮世草子・好色一代男(1682)三・六「此徒津の国有馬(アリマ)の湯女(ゆな)に替る所なし」㊁兵庫県南東部にあった郡。昭和二二年(一九四七)以降、神戸・西宮の両市に順次編入され、同三三年三田市の成立により消滅。＊二十巻本和名抄(934頃)五「摂津国〈略〉有馬〈阿利万〉」語源説Ariは「むかれた」、maは「焼く」意で、焼きはげた所の意〔アイヌ語より見たる日本地名研究＝バチェラー〕。発音〈標ア〉ア〈京ア〉ア 辞書和名・色葉・文明・易林・書言 表記有馬(和・色・文・易・書)

ありまの水天宮(すいてんぐう) ①久留米藩の上屋敷にあった水天宮。藩主有馬頼徳が、文政元年(一八一八)一〇月、久留米にあったものを勧請(かんじょう)した。②「有馬」に「あり」をかけて、単に「ある」の意にいう、江戸で流行したしゃれ。＊人情本・契情肝粒志(1825-27)初・下「おっと、ありまの水天宮(スヰテングウ)、来り来り」＊歌舞伎・小袖曾我薊色縫(十六夜清心)(1859)三立「それへお渡し申とは、どふで有馬の水天宮かな」

ありまの入湯始(にゅうとうはじ)**め** 神戸市北区の有馬温泉で、正月二日に行なう入り初めの行事。温泉寺の開基の行基菩薩と、温泉を再興した僧仁西上人の木像を輿(こし)にのせて浴室に供奉(ぐぶ)して入湯式を行ない、帰路に町内を巡幸した後、温泉寺で大般若転読が行なわれる。《季・新年》

ありまの人形筆(にんぎょうふで・にんぎょふで) ①神戸市北区の有馬温泉特産の筆。五色の絹糸で軸を巻き、軸中に木彫りの人形を仕込んである。筆を立てると人形が現われ、倒せば引っ込む。永祿(一五五八〜七〇)の頃、温泉に子宝を授かる効能ありとの伝説により考案されたものという。ありまふで。②「有馬」に「あり」をかけて、単に「ある」の意にいう、江戸で流行したしゃれ。ありまふで。＊洒落本・客衆一華表(1789-1801頃)丹波屋之套「なんでありまのにんぎょふで」＊歌舞伎・貞操花鳥羽恋塚(1809)四立「モシ、どうで有馬(アリマ)の人形筆(ニンギャウフデ)」

ありま【有馬】姓氏の一つ。発音〈標ア〉ア

ありまーはるのぶ【有馬晴信】安土桃山・江戸初期のキリシタン大名。肥前日野江城主。義貞の子。大友、大村氏とともに天正遣欧使節団をローマに派遣。豊臣秀吉、徳川家康に仕えた。のち、讒訴(ざんそ)により甲斐に流され、斬首された。永祿一〇〜慶長一七年(一五六七〜一六一二)

ありまーよりゆき【有馬頼徸】筑後久留米藩主。和算家。山路主住(ぬしずみ)に学んで関流の和算学を研究、集大成する。著「拾璣(じゅうき)算法」など。正徳四〜天明三年(一七一四〜八三)

ありーまい【有米・在米】『名』現にある米。現在手元にある米。在庫米。現米。ざいまい。＊高野山文書‐天正二〇年(1592)八月四日・豊臣秀吉朱印状(大日本古文書二・三三九)「毎年納置八木相積候時、高野惣山之内、堂塔伽藍、何成共於レ及二破壊一者、有米以二三分二一修理仕、三分一者慥可二残置一候」＊和英語林集成(再版)(1872)「Arimai アリマイ 見存米」発音〈標ア〉⓪ 辞書ヘボン・言海 表記見存米(へ) 有米(言)

ありまーかご【有馬籠】『名』摂津国(兵庫県)有馬で産出した竹籠。温泉の湯治客相手に売られたことに始まるという。＊雑俳・辻談義(1703)「あたりけり・土産笑止な有馬籠」＊随筆・守貞漫稿(1837-53)五「有馬籠売」発音アリマカゴ〈標ア〉マ

有 馬 籠〈日本山海名物図会〉

ありまーかじ【有馬鍛冶】(ぢ)『名』摂津国(兵庫県)有馬にいた鍛冶屋。包丁、菜刀、木鋏(きばさみ)等の日用品を作っていた。＊俳諧・両吟一日千句(1679)第五・雲峰「つゆ左衛門かあなはふたつじゃ〈西鶴〉あげ物の焼刃みだるる有馬鍛冶〈友雪〉」発音〈標ア〉マ

ありーまき【蟻巻】『名』①アリがとりまくこと。アリがたくさんつくこと。＊日葡辞書(1603-04)「Arimaqiga(アリマキガ) スル〈訳〉蟻が山をなして集まる」②(アリが群がりつくところから) 昆虫「あぶらむし(油虫)①」の異名。《季・夏》＊俳諧・玉海集(1656)一「蟻まきや花の木の毒普賢象〈道可〉」＊雑俳・高天鶯(1696)「隠居にも苦は菊の蟻巻」方言草蜉蝣(くさかげろう)の幼虫。和歌山県有田郡・西牟婁郡690 発音〈標ア〉⓪〈京ア〉⓪ 辞書日葡・言海 表記蟻巻(言)

ありーまさ『名』占いを主業とする巫女(みこ)の一種。また、占い者。＊談義本・当世下手談義(1752)三・足屋の道千売卜に妙を得し事「あんまりありまさで合点がゆかぬと、はらたつれば」＊随筆・続昆陽漫録(1766)「暦林問答〈略〉近ごろ板本の暦林問答をみれば、作者在方の序ありて、応永甲午孟春日正議大夫司暦賀茂の在方書すとあり。在方占ひの名人ゆへ、今も占者ありまさと云ふとかや」方言❶目明きの占い者。何かの機会に神がかりになった者が、後に占い者になったもの。「いたこ」が多く盲目の女性であるのに対していう。青森県三戸郡083 ❷いたこやみこのように、神の事に携わっている物知り。青森県上北郡082 ❸降霊するみこ。◇ありまさん 新潟県佐渡352 ❹憑物(つきもの)を治す人。◇ありさま 岩手県九戸郡088 語源説(1)加茂在方(ありまさ)が占いの名人であったところから、占い者の名称となる〔安斎随筆〕。(2)アリは明、マサは正から、ありありと正しく占う意〔嬉遊笑覧〕。

ありまーざいく【有馬細工】『名』①摂津国(兵庫県)有馬温泉の名物の細工物。人形筆、染め楊枝、竹細工、糸細工などをいう。＊滑稽本・和荘兵衛後篇(1779)四・交蛮国「家居も女手わざの事なれば、葦蘆を取あつめこれを以て作る、日本の有馬細工(アリマサイク)のやうに、万事きれい成住居也」②「有馬」に「あり」をかけて、単に「ある」の意にいう、しゃれ。＊洒落本・婦美車紫鹿(1774)高輪茶屋の段「其気も少々ありまさいくさ」発音〈標ア〉ザ

ありーます【有枡】『名』江戸時代、納められた年貢米などを計量するときに、一定の枡目に足りていること。⇔欠枡(かけます)

ありー・ます『連語』(ラ変動詞「あり(有)」の連用形に丁寧の助動詞「ます」の付いたもの)「ある」の丁寧な表現。ございます。①「あり」が、存在する意の場合。＊洒落本・意気客初心(1836)附録「言葉も東都の深川はござんすなり 吉原はありいすなり 京のぎおん町はありますといふ」＊人情本・英対暖語(1838)初・二回「一人でも頼母しいと思った人はござゐませんヨ。また在(アリ)ましても〈略〉私なんぞは、なかなか歯は立ませんヨ」＊浮雲(1887-89)〈二葉亭四迷〉一・三「私には真理よりか…真理よりか大切な者があります」②「あり」が、補助動詞の場合。＊歌舞伎・椀久浮世十界(1686)「『そんじょうそれこんじょう此方(こなた)へ御礼申す。やれお忝くあります』なんどと、ざざめき勇む其隙に」＊洒落本・嘉和美多里(1801)「そのつらさをこれュるが苦界といふのでありましゃウ」＊洒落本・夢之盗汗(1801)四「土屋の鄽(みせ)が引たようすでありました」＊人情本・春色恵の花(1836)二・一二回「おまはんの難儀になったんでありますねへ」発音〈なまり〉アリ

ァンス〔岩手〕アリアッス・アンス〔秋田〕アリャス〔福島〕アリャンス〔栃木〕〈標ア〉マ〈京ア〉0 辞書〈ボン〉

ありま-すぎ【有馬杉】『名』植物「まんねんすぎ（万年杉）」の異名。発音アリマスギ〈標ア〉マ

ありま-すげ【有馬菅】『名』古代、摂津国（兵庫県）の有馬付近に産した良質のすげ。＊万葉（8C後）一一・二七五七「大君の御笠に縫へる在間菅（ありますげ）ありつつ見れど事なき吾妹（わぎも）〈作者未詳〉」＊万葉（8C後）一二・三〇六四「人皆の笠に縫ふと言ふ有間菅（ありますげ）ありて後にも逢はむとそ思ふ〈作者未詳〉」補注「万葉集」の例は、いずれも同音の繰り返しで、「あり」を引き出す序詞の一部に用いられている。発音アリマスゲ〈標ア〉マ

ありま-そう【有馬草】『名』植物「きんらん（金蘭）」の異名。＊和漢三才図会（1712）九四末「有馬草（アリマサウ）」発音アリマソー〈標ア〉0

あり-まち【有―】『名』「ありたけ（有丈）」に同じ。＊歌舞伎・傾城黄金鱐（1782）口明「『コレ爰（ここ）に二朱が三つと小玉が一つ有（ある）わいなア』『それが身上（しんしゃう）ありまちぢゃ』」方言❶ありったけ。ことごとく。岩手県気仙郡100 栃木県198 富山県390 香川県木田郡829 長崎県北松浦郡899 壱岐島914 熊本県玉名郡920 ◇あるまち 富山県砺波398 熊本県918 ◇ありまちこまち 富山県砺波398 ◇ありこまち 京都府竹野郡622 兵庫県652 664 665 鳥取市711 ◇ありかまち 兵庫県加古郡664 ◇ありこなんぱち 福岡市879 ◇ありこのありだち 福岡市887 ❷あり合わせで済ますこと。間に合わせること。富山市近在392 香川県827 ❸始末や整理のだらしないさま。香川県827 高松市・仲多度郡829

ありまつ【有松】㊀名古屋市緑区の地名。東海道鳴海宿の東方の茶屋集落として発達。特産に有松絞りがある。付近に桶狭間（おけはざま）の古戦場がある。㊁『名』「ありまつしぼり（有松絞）」の略。＊雑俳・川やしろ（1790）「有松や誰が肌ふれん紅絞」発音〈標ア〉リ

あり-ま・つ【在待】『他タ四』（「あり」は継続する意）引き続き同じ状態で待つ。待ち続ける。＊万葉（8C後）四・六六七「恋ひ恋ひて逢ひたるものを月しあれば夜は隠（こも）るらむ須臾（しまし）は蟻待（ありまて）〈大伴坂上郎女〉」＊万葉（8C後）二〇・四三六八「久慈河（くじがは）はさけく阿利麻弖（アリマテ）しほ船にまかぢしじぬきわは帰りこむ〈丸子部佐壮〉」

ありまつ-しぼり【有松絞】『名』名古屋市緑区有松町、鳴海町付近から産する木綿の絞り染め。浴衣地、手拭地、兵児（へこ）帯地などにする。なるみしぼり。ありまつぞめ。＊滑稽本・東海道中膝栗毛（1802−09）四・下「おはいりおはいり。あなたおはいり。名物有松しぼりおめしなされ」＊随筆・守貞漫稿（1837−53）一七「目結 昔のめゆひと云は今の京坂に云有松絞り、江戸に云むきみ絞りの類歟」＊歌舞伎・霜夜鐘十字辻筮（1880）序幕「有松絞（アリマツシボ）りの手拭は」発音〈標ア〉シ 辞書言海 表記有松絞（言）

ありまつ-ぞめ【有松染】『名』「ありまつしぼり（有松絞）」に同じ。＊滑稽本・東海道中膝栗毛（1802−09）四・下「ほしいもの有まつ染（ぞめ）よ人の身のあぶらしぼりし金にかへても」＊歌舞伎・霜夜鐘十字辻筮（1880）序幕「頭痛を揉んだ其時に天窓（あたま）へ遣った手拭を、そっと袂へ入れて来たが、国の土産か有松染（アリマツゾメ）」発音〈標ア〉0

ありま-の-みこ【有間皇子】 孝徳天皇の皇子。大化の改新で父が即位したため、皇位継承の可能性が生まれたが、中大兄皇子に警戒された。斉明天皇の行幸中、留守官の蘇我赤兄に謀反をそそのかされたが、脇息の脚が折れたのを不吉に思い断念。しかし、謀反をはかったとして、捕えられて紀伊国藤白坂で絞刑に処された。「万葉集」に残る哀歌二首は、護送される途中の作。舒明一二〜斉明四年（六四〇〜六五八）発音〈標ア〉ア

ありま-ぶし【有馬節】『名』神戸市にある有馬温泉付近の民謡。近世に流行し、酒席で歌われた。＊長唄・鼓が滝（1912）「湯女は興を添へんとて、諷ひつれたる有馬節（アリマブシ）」発音〈標ア〉0

ありま-ふで【有馬筆】『名』①「ありま（有馬）の人形筆①」に同じ。＊洒落本・風俗通（1800）四「コレてめへは有馬筆（アリマふで）の人形、飴細工の猩々を見るよふに、さっきから出たりはいったりばかりしているな」②「有馬」に「あり」をかけて、単に「ある」の意にいう、しゃれ。＊雑俳・名付親（1814）「引出して・愛失うた有馬筆」＊浄瑠璃・百合若大臣野守鏡（1711頃）二「みやげ召せ召せ竹細工、かごも品々ありま筆」発音〈標ア〉マ

ありま-やま【有馬山・有間山】㊀有馬温泉付近の山々の総称。古歌に多く詠まれ、歌枕の一つ。＊万葉（8C後）三・四六〇「嘆きつつ我が泣く涙有間山（ありまやま）雲居たなびき雨に降りきや〈大伴坂上郎女〉」㊁『名』①「有馬」に「あり」をかけて、単に「ある」の意にいう、しゃれ。＊黄表紙・啌多雁取帳（1783）「今時のけいせいにまことなしとはうそさ、まこともすこしはありま山」②「無し」というのを忌んでいい、かつ、そのしゃれとする。＊滑稽本・世中貧福論（1812−22）後・二「誠にかたじけありま山、いなとは申さず」発音〈標ア〉0 辞書文明・書言 表記有馬山（文・書）

ありま-らん【有馬蘭】『名』植物「うちょうらん（羽蝶蘭）」の異名。発音〈標ア〉マ

あり-みぞ【蟻溝】『名』「ありめぞ（蟻溝）」に同じ。＊五国対照兵語字書（1881）〈西周〉「Rainure〈略〉馬蹄槽（アリミゾ）」

あり-むし【蟻虫】『名』「あり（蟻）」に同じ。＊天草本伊曾保（1593）鳩と、蟻の事「ヲンヲ シラヌ モノワ arimuxi nimo（アリムシ ニモ）ヲトルト ユウ コトヂャ」方言愛知県556 熊本県919 宮崎県延岡947 西臼杵郡948

ありむら【有村】 姓氏の一つ。発音〈標ア〉リ

あり-め【有目】『名』①ありのまま。現に、見たままの状態。また、一定の意図のもとに調査された状況、事態。＊高野山文書−明徳三年（1392）六月日・隅田南庄・供僧契状（大日本古文書四・一六）「遂二内検一、任二有目一、可レ有二支配一事」＊玉塵抄（1563）三七「和尚などはかざらぬありめに物を云者ぞ」②采賭博（さいとばく）での采の目の合計。＊随筆・独寝（1724頃）下・一一二「四つぼは、ありめを引くによりてひきや、引じく、引ななどの名あり」

ありめ の 丈（たけ） あるとおりそのままそっくり。まったくそのまま。＊古文真宝桂林抄（1485頃）乾「賦は、まっすぐにありめのたけを云ぞ」＊中華若木詩抄（1520頃）上「摠じて詩は、かやうにあり目のたけを云て、いたいけながよいなり」＊京大二十冊本毛詩抄（1535頃）一五「鄭玄はまめの葉を取て筐筥にもったまでちゃとありめのたけにみたぞ」

ありめ の 儘（まま） ①あるとおりそのまま。飾ったりしたところのない、そのとおりのまま。＊杜詩続翠抄（1439頃）二〇「両句ありめのまま面白言出也」＊古活字本荘子抄（1620頃）四「事を行ときは有めのままにぞ」②ごまかしのない、厳密、厳正なさま。＊応永本論語抄（1420）里仁第四「好き人をばよきと云、悪人をば悪人と云。是天理のありめのままなる処也」＊史記抄（1477）一五・循吏「殺人者死とて政道のありめのままに行へば父を殺すほどに不孝なり」

あり-めぐ・る【在巡】『自ラ四』①（「あり」は継続する意）ずっとめぐり続ける。続いてあちこちめぐる。＊万葉（8C後）二〇・四三三一「大君の みことのまにま ますらをの 心を持ちて 安里米具理（アリメグリ）〈大伴家持〉」＊万葉（8C後）二〇・四四〇八「海原の 畏（かしこ）き道を 島伝ひ い漕ぎ渡りて 安里米具利（アリメグリ） 我がくるまでに〈大伴家持〉」②（「世の中をめぐり続ける」ということから）ずっと生き続ける。生き長らえる。＊栄花（1028−92頃）初花「世に従ひ、物覚えぬ追従をなし、名簿（みゃうぶ）うちしなどせば、世に片時ありめぐらせじとす」発音アリメグル〈標ア〉0グ

あり-めぞ【蟻溝】『名』（「めぞ」は「みぞ」の変化した語）板の反（そ）りを防ぐため、木目と直角に掘り、細長い小木片をはめ込む溝穴。ありみぞ。

ありもと【有本】 姓氏の一つ。発音〈標ア〉リ

あり-もどき【蟻擬】『名』①アリモドキ科の小甲虫の総称。体長六ミリメートル以下のものが多い。アリに似ることからこの名がある。海岸、石の下、葉上などに多く、日本には約六〇種が分布する。学名は Anthicidae ②「ありもどきかっこうむし（蟻擬郭公虫）」に同じ。発音〈標ア〉モ

ありもどき-かっこうむし【蟻擬郭公虫】『名』カッコウムシ科の甲虫。体長七〜一〇ミリメートル。黒色で前ばねつけ根の部分が赤く、後方に白い横すじがある。日本各地に分布し、マツなど木材につく害虫を食べる。ありもどき。学名は Thanasimus lewisi 発音アリモドキカッコームシ〈標ア〉コ

アリモニー『名』（アメリカ alimony）俗に、離婚・別居手当てをいう。手切れ金。＊モダン辞典（1930）「アリモニー（俗）手切金」

アリモニー-ハンター『名』（アメリカ alimony hunter）手切れ金を目的に、裕福な男性と結婚しては離婚し、次から次へと男を漁る女性。＊改訂増補や、此は便利だ（1918）〈下中芳岳〉五・三「手切金猟人（アリモニーハンター）〈略〉近時、米国では此の種の女がだんだん殖ゑて行くさうである」

あり-もの【有物・在物】『名』①現にあるもの。または、すでにそこにいる人。特別に用意しないでも、すでにあるもの。＊栄花（1028−92頃）つぼみ花「御乳母（めのと）に人々いみじく参らまほしう案内申すべし。宮の内の女房達、さるべき君達の御子生みたるなど、ありものに頼み申したりけれど」＊早雲寺殿廿一箇条（17C初）四条「水はありものなればとてただうがひし捨べからず」＊仮名草子・ぬれぼとけ（1671）下「目にも見ずききもおよばぬ事成ど、いふことのははありものとしれ」②在庫商品。また、貸借関係を清算して後に残った資産。＊浮世草子・日本永代蔵（1688）二・三「買置（かいをき）の有物（アリモノ）に勘定仕立、七月前を漸々（やうやう）に済し」＊浮世草子・好色万金丹（1694）五・二「算用残りの有物は、牧渓の虎の絵、無準の一行物、定家の古今、此三色は家に伝りし道具」③（「銀（かね）有り者」の意で）金持ち。＊新板当世人情穴さがし（1830−44）「ありものかと思うて、やたらに様子して一ぱいやられる 仲居」④（「ありあわせの物」というところから）その放送のために特に作られたものではなく、すでにできていていつでも利用できる歌や音楽などをいう放送用語。

ありもの-がお【有物顔】『名』「ありがお（有顔）」に同じ。発音〈標ア〉0

ありもの-ちょう【有物帳】『名』「ありちょう（有帳）」に同じ。＊浮世草子・日本新永代蔵（1713）三・一「三代以前に買置のとたん壱丸百三拾六匁なりしを、例年店（たな）おろしの有物帳に付かへたるばかりにて、是を見し手代さへなかりき」

あり-もん【有紋】『名』世間にありふれた紋所。需要が多いことを見越して、呉服類に前もって染めておく紋所をいう。

あり-もんじ【有文字】『名』紋所の一種。「有」の字だけを図案化したものと、亀甲（きっこう）のわくの中に「有」の字を入れたものとの二種類がある。発音〈標ア〉モ

ありや『感動』①意味を強めるときに発することば。発音

いかにも。＊虎明本狂言・靫猿(室町末‐近世初)「地から泉が相生(さうじゃう)して、天より宝が降りくだる、ありゃきゃうがり、きょくしんなり」②驚いたときに発することば。＊天正本狂言・恋の祖父(室町末‐近世初)「やすからざりし身のきゃうらんは新まくらなりけり。ありゃ、ささのはりまくら、ぬしぞ恋しかりける」＊滑稽本・浮世風呂(1809‐13)前・上「『油買に茶ア買に』『アリャ、兄さん上手だよ』」③歌謡などのはやしことば。＊虎寛本狂言・枕物狂(室町末‐近世初)「ありゃささのはりまくら、ささのはりまくら、ぬしぞこひしかりける」④蹴鞠(けまり)のときに発する掛け声。あり。ありあり。＊松下十巻抄(1531)正二位・鞠之一書「鞠をこふ事。ありゃと云は春のこころ、但うけとりはじめはこはず」発音〈標ア〉ア リャ

アリヤ『名』⇨アリア

ありゃ-ありゃ『感動』(「ありゃ」を重ねた語)①意外な状況に驚いたり、また、人に注意を促したりするときに発することば。＊俳諧・天満千句(1676)一「雲に龍ありゃありゃ西の海よりも〈直成〉山に千年入日かかやく〈如鬼〉」＊浄瑠璃・娥歌かるた(1714頃)四「道心おどろき、やれ身をなげるは、ありゃありゃ、なげるはなげるはと」＊滑稽本・浮世床(1813‐23)二・上「アリャアリャお囲(かこ)まで出て来たぞ」②作業などをするとき、調子を整えるために発する掛け声。＊謡曲・舟弁慶(1516頃)「さればこそ波が荒うなったは、ありゃありゃありゃありゃありゃありゃ、しいしいしい」③歌舞伎で、捕り方が犯人を捕えようとするとき、威嚇(いかく)のため発する掛け声。＊歌舞伎・助六廓夜桜(1779)「是より、西、東、本舞台にて拍子木を打ち、アリャアリャの声」＊歌舞伎・梅柳若葉加賀染(1819)五立「おあさ、首を抱へ、向うへ行かうとする。揚げ幕にて、アリャアリャの声」④歌舞伎の化粧声の一つ。荒事(あらごと)で主役の動きに合わせて、舞台の上にいる端役(はやく)大勢が掛ける掛け声。一種のほめことばで、「ああありゃ、ああありゃ」と長く延ばしていう。＊歌舞伎・暫(1714)「将頼、股立を取る。この内、アリャアリャの声いさましく」＊歌舞伎・名歌徳三舛玉垣(1801)三立「トとひよに成り、本舞台へ来る。何(いづ)れも『ありゃありゃ』の掛声有べし」⑤歌舞伎で、顔見世のとき、役者が登場する際の掛け声。＊都繁昌記(1837)劇場「一箇右辺の小幕を出る毎に、衆内従り之を轟かし、阿犁也(アリヤ)阿犁也と連呼す」発音〈標ア〉ア1

あり-やか・る【有明】『自ラ四』「ありあかる(有明)」の変化した語。＊天理本狂言・連尺(室町末‐近世初)「『爰な女は、なに者なれば、ありやかってきて、人のたなへきて、かしましいやつじゃ』と云。『うぬしこそ、ありやかってきて、わらはがたなには、なぜにいるぞ』と云」

あり-やけ【有明】『名』「ありあけ(有明)」の変化した語。＊大観本謡曲・松虫(1514頃)「秋の風更(ふ)け行くままに長月の、有明(ありやけ)寒き朝風に」

あり-やけ『名』植物「きんせんか(金盞花)」の異名。＊重訂本草綱目啓蒙(1847)一二・隰草「金盞草 きんせんくは〈略〉ありやけ 摂州」

ありゃ-こそ『感動』「ありゃ」を強めた語。＊虎清本狂言・薬水(室町末‐近世初)「ありゃこそ、いまがてんがいて、わかうなりやりたがるは」＊浄瑠璃・伽羅先代萩(1785)四「アリャこそ溲瓶(シュビン)引くりかえした。麁相(そそう)な人とぬっと出す顔はおかしう悪光」

ありゃ-こりゃ『名』(形動)(「あれやこれや」の意から)あべこべ。反対。あちこち。＊浄瑠璃・物ぐさ太郎(1749)五「アアこれこれ、お前のおっしゃるは皆ありゃこりゃ」＊雑俳・川柳評万句合‐宝暦一三(1763)・仁五「兄妹ありゃこりゃにしてほしひ顔」＊洒落本・角雞卵(1784か)暁鐘の実情「それだっておいらが方から手めへのたしになるこそほんたうなれ。是じゃアありゃこりゃだ」＊洒落本・青楼快談玉野語言(1822)発端「おいらん、ありゃこりゃなこと斗りおっせへすよ」方言❶あべこべ。反対。宮城県仙台市123 栃木県197 198 群馬県吾妻郡219 勢多郡222 千葉県長生郡286 富山県390 397 福井県大飯郡447 岐阜県498 504 愛知県知多郡571 三重県桑名郡584 滋賀県蒲生郡612 大阪市638 兵庫県神戸市670 奈良県南大和683 和歌山県691 西牟婁郡699 徳島県811 ◇ありゃあこりゃあ 神奈川県津久井郡317 静岡県志太郡535 ◇ありやこりゃ 鳥取県西伯郡719 ◇ありゃこら 福井県大飯郡448 ◇あらこら 福井県427 徳島県811 ◇あらいこらい 奈良県南大和683 ◇やりゃこりゃ 岐阜県山県郡506 武儀郡516 ◇はりゃこりゃ 新潟県佐渡352 福井県427 440 ◇はりやこりや 新潟県佐渡358 福井県坂井郡433 南条郡442 ◇はりゃこれや 福井県足羽郡・坂井郡427 ◇はりゃこら 福井県427 ◇はらこら 福井県431 ◇はれこれ 新潟県佐渡352 ◇りゃこ 愛知県知多郡570 ❷矛盾。和歌山県690 696 698 ◇あらいこらい 奈良県南大和683 ❸どっちつかず。どうしようかと迷う状態。栃木県鹿沼市・日光市198 兵庫県加古郡664 ◇あらこら 兵庫県加古郡664 ◇はらこら 島根県隠岐島725 ❹優柔不断の人間。◇あらこら 兵庫県加古郡664 ❺ちやほやするさま。◇はらこら 島根県隠岐島724

あり-やま【有山】『名』「ある」をしゃれていう、江戸の通人の語。＊滑稽本・江之島土産(1809‐10)初「イヤ、おれが趣向があり山(ヤマ)だ」

ありゃ-りゃ『感動』①小唄、民謡などのはやしことば。＊歌謡・松の葉(1703)三・舟うた「薫るゆかしき取装(とりなり)は、ありゃりゃこりゃりゃ えいえいさっさえいさっさ」②驚いたり不審に思う時などに発することば。＊童謡・竹取の翁(1922)〈北原白秋〉「ある日、ありゃりゃと驚いた」＊いろは交友録(1953)〈徳川夢声〉い「―ありゃりゃりゃ! 私は、内心大狼狽である」

ありゃ-りゃん『感動』①「ありゃりゃんりゅうとい」に同じ。②景気をつける時の掛け声として発することば。＊玄武朱雀(1898)〈泉鏡花〉四「あばれ者が独で景気をつけて、ありゃりゃんありゃりゃんと」③驚いた時に発することば。＊雑俳・伊勢冠付(1772‐1817)「張ぬきの家・むら立ちにアリャリャンリャ也」

ありゃりゃん-りゅうと『感動』「ありゃりゃんりゅうとい」に同じ。＊随筆・嬉遊笑覧(1830)六・下「このごろ小児走り行つつ、アリャリャンリウとといへり」＊人情本・糸柳(1841か)初・五回「纏を先に立て、アリャリャンリウとの掛声に」

ありゃりゃん-りゅうとい『感動』近世、火消し人足が火事場へ勢い込んで進む時の掛け声。転じて、子供が走って行く時に出した掛け声。ありゃりゃんりゅうと。ありゃりゃん。＊滑稽本・客者評判記(1811)中「ありゃりゃんりうとい、ありゃりゃんりゃんりゃんっ。ヲイヲイ勘公、来さっし」＊滑稽本・浮世風呂(1809‐13)前・下「どやどやと入来るは手習から八つさがりと見ゆ『ありゃりゃんりうとい、ありゃりゃん、りゃんりゃんりゃんりゃん』」＊西洋道中膝栗毛(1870‐76)〈仮名垣魯文〉初・下「纏ひ階子(はしご)のアリャリャン龍吐(リウト)ウ綴衣(さしこ)ぞろひで繰こもふが」補注「嬉遊笑覧‐六・下」は「りゅうとい」は近世の消火用具「龍吐水(りゅうどすい)」の変化した語という。また「りゅうとは物を振り、物を打つなどの勢ひをいう」ともいう。

ありゃ-りんと『感動』調子をつけるためにいうはやしことば。＊随筆・只今御笑草(1812)「宝暦の中ごろにや覚ゆ。〈略〉団扇をもちて拍子とり、門々に立ていへることは『アリャリントよい子め、よい子め、品もの品もの』とはやして」

あ-りゅう【亜流】『名』(「亜」は「次(つぐ)」、第二位の意)①同じ流派を継ぐ人。同じ流れをくむ人。同じ仲間。同類。＊垂加文集(1714‐24)三・半斎翁墓表銘「又曰、士不レ可三面従退有二後言一、蓋翁是古士之亜流歟」＊思出の記(1900‐01)〈徳富蘆花〉一・四「丈は五尺五六寸、力は男二人に敵する、板額(はんがく)の亜流であった」＊侏儒の言葉(1923‐27)〈芥川龍之介〉広告「この批評家の亜流も少くないやうに聞き及びました」②第一流の人に追随する二流の人。他のまねをするだけで、独創的でなく、劣っていること。また、その人。追随者。末流。エピゴーネン。＊嚙氷冷語(1899)〈内田魯庵〉附録「今の流行する弦斎或は浪六亜流(アリウ)をしてデュマ若くはマルリャット一流の域まで達せしめたいものである」＊北村透谷(1934)〈唐木順三〉「封建的伝統の個人への圧迫、封建的戯作者的文学の亜流、それが若い透谷の眼にありありとうつった」発音アリュー〈標ア〉⓪〈京ア〉⓪

あ-りゅうさん【亜硫酸】『名』硫黄の酸素酸の一つ。化学式 H_2SO_3 二酸化硫黄を水に溶かすと得られ、水溶液としてのみ存在。酸素と化合して硫酸となり、還元剤、漂白剤として用いられる。＊舎密開宗(1837‐47)内・四・八五「但し此は全成の硫酸に非ず多分の亜硫酸を雑ふ」発音アリューサン〈標ア〉リュ〈京ア〉リュ

ありゅうさん-えん【亜硫酸塩】『名』亜硫酸の水素を金属で置換して得られる塩(えん)。＊英和和英地学字彙(1914)「Aryūsan-en Sulphite 亜硫酸塩」発音アリューサンエン〈標ア〉サ

ありゅうさん-ガス【亜硫酸瓦斯】『名』(ガスは蘭・英 gas)硫黄と酸素の化合物。化学式 SO_2 刺激臭のある無色の気体で有毒。水に溶けやすく、水溶液は還元作用が強い。工業的には硫黄、黄鉄鉱などを焙焼(ばいしょう)して得られる。硫酸の製造原料、パルプ、砂糖、羊毛などの脱色、漂白などに用いられる。二酸化硫黄。無水亜硫酸。酸化硫黄(IV)。＊風俗画報‐二三四号(1901)煙道煙室煙突及び脱硫塔「煙道等の施設は。亜硫酸瓦斯を脱却するが為めにして」発音アリューサンガス〈標ア〉ガ〈京ア〉ガ

ありゅうさん-ソーダ【亜硫酸曹達】『名』(ソーダは蘭 soda)「ありゅうさんナトリウム(亜硫酸―)」に同じ。＊薬品名彙(1873)〈伊藤謙〉「Sodae sulphis 亜硫酸曹達」発音アリューサンソーダ〈標ア〉ソ

ありゅうさん-ナトリウム【亜硫酸―】『名』(ナトリウムは独 Natrium)亜硫酸塩の一つ。化学式 Na_2SO_3 還元剤、漂白剤、写真現像薬、農薬などに広く用いられる。亜硫酸ソーダ。発音アリューサンナトリューム〈標ア〉リュ2

ありゅうさん-パルプ【亜硫酸―】『名』(パルプは英 pulp)化学パルプの一つ。パルプ原料を亜硫酸と重亜硫酸塩を含む溶液で加圧加熱してつくる。印刷用紙、筆記用紙やビスコース、レーヨン、アセテートなどの原料に用いる。発音アリューサンパルプ〈標ア〉パ

アリューシャン-かいこう【―海溝】(アリューシャンは Aleutian)太平洋北部、アリューシャン列島の南側に沿う海溝。最深部七八二二メートル。発音アリューシャンカイコー〈標ア〉カ

アリューシャン-ていきあつ【―低気圧】『名』(アリューシャンは Aleutian)ベーリング海からアリューシャン列島付近に一年中ほぼ定常的に存在する大きな低気圧。冬にもっとも発達。西高東低型気圧配置のうち、東の低い部分はこの低気圧にあたる。発音アリューシャンテイキアツ〈標ア〉キ

アリューシャン-れっとう【―列島】(アリューシャンは Aleutian)太平洋北部、アラスカ半島とカムチャツカ半島の間にある弧状列島。ベーリング海と太平洋とを分ける。大部分がアメリカ領、西端部はロシア領。アレウト列島。旧名カザリン。発音アリューシャンレットー〈標ア〉レ

アリュージョン『名』(英 allusion「ほのめかすこと」の意)修辞法の一つで古人のことばや故事などを

引いて文章を修飾する法。引喩（いんゆ）。＊外来語辞典（1914）〈勝屋英造〉「アリュージョン Allusion（英）暗示。諷言」 発音〈標ア〉リュ

ありゅう-とうとうとう〔感動〕謡曲「翁（おきな）」の中のはやしことばの一つ。語義未詳。延年舞のはやしことばのように用いられる。ありゅうどんどう。＊大観本謡曲・翁（室町末）「『君の千歳を経ん事も。天つ少女の羽衣よ鳴るは滝の水日は照るとも』『絶えずとうたりありうとうとうとう』」 補注「法華経五部九巻書」の経文によった語で、祝意を表わすことばという〔能楽源流考〕。

アリュート-ご【―語】〔名〕⇨アレウトご（―語）

ありゅう-どんどう〔感動〕「ありゅうとうとうとう」に同じ。＊歌舞伎・勧進帳（1840）「万歳（ばんぜい）ましませ、万歳ましませ、巌の上に、亀は棲むなり、ありうどんどう」

あり-よう ウ：ャ【有様】〔名〕①事物の状態。様子。ありさま。あるよう。なりゆき。＊土左（935頃）承平五年一月一一日「人皆まだ寝たれば、海のありやうも見えず」＊蜻蛉（974頃）下・天祿三年「ひきあひては悪しからん、いとどくものせよ。しばしはけしき見せじ。すべてありやうにしたがはん」＊源氏（1001-14頃）澪標「しばし念じ給へなど、ことのありやうくはしう語らひ給ふ」＊宇治拾遺（1221頃）四・一〇「のたまへ、まづ篤昌（あつまさ）がありやうをうけたまはらん」②状態の原因。事情。理由。＊宇津保（970-999頃）蔵開上「『なぞかく申す』とて御随身問へば『〈略〉さらせ給なん時、ありやうは申さん』とていへば」③偽りや、飾りのない、そのままのありさま。実情。ありのまま。あるよう。ありてい。＊玉塵抄（1563）三「正直にかざらずありやうにしるいたぞ」＊虎明本狂言・磁石（室町末-近世初）「さてはおしりやった物じゃ、有様こ、はふ、あ[illegible]にいはしめ」＊仮名草子・浮世物語（1665頃）四・八「医師（くすし）通斎、浮世房に向ひ『其方（そなた）は只今ありやうは何宗ぞ』と言ふ」＊浄瑠璃・八百屋お七（1731頃か）中「重て返す詞なく、有やういへばお道理と、贔屓目（ひいきめ）にさへ持つ涙」④（「ありよう（有様）は」の形で用いて）実際のところは。本当のところは。＊浄瑠璃・新うすゆき物語（1741）中「有り様はおれも逢たい見たい」＊椀久物語（1899）〈幸田露伴〉六「丁度父様が京に着いて一日か二日といふ頃合、郎は母様の機嫌を損ふ、河内の甚めが身受沙汰は起る、有りやうは妾も途方に暮れて」⑤あるべき様子。また、あるべき理由。あるわけ。「この会のありよう」「ありようがない」 補注「ありさま（有様）」の「様」を音読した形ともいわれるが、「よう」はもともと和語という説もある。↓「ありさま（有様）」の語誌。 方言ありのまま。真実。実際。本心。 岐阜県大垣市498 郡上郡504 滋賀県彦根609 鳥取市711 長崎市906 ◇ありよ 愛媛県周桑郡845 ◇あっりょ 香川県三豊郡829 発音アリヨー〈標ア〉ヨ〈京ア〉0 辞書黒本・日葡・ボン・言海 表記有様（黒）在様（ヘ）有様（言）

ありょう-し アリャウ：【押領使】〔名〕疱瘡（ほうそう）のはれ物の異称。おうりょうし。＊随筆・梅村載筆（1657頃）人「疱瘡（ほうそう）の後に出る瘡を俗にありゃうしと云、関東にはあうりゃうしと云、東鑑に押領使とかけり」

ありよし【有吉】姓氏の一つ。 発音〈標ア〉リ

ありよし-さわこ【有吉佐和子】小説家。和歌山県出身。東京女子大学短大卒。「紀ノ川」「華岡清洲の妻」「香華」「出雲の阿国」などのほかに、社会問題を扱った「恍惚の人」「複合汚染」などがある。昭和六～五九年（一九三一～八四）

あり-よ・し【在良】〔形ク〕住みよい。いよい。暮らしよい。＊万葉（8C後）六・一〇五九「みかの原 久邇（くに）の京は 〈略〉住みよしと 人は言へども 在吉（ありよし）と われは思へど〈福麻呂歌集〉」＊源氏（1001-14頃）匂宮「院のうちを心につけて住みよくありよく思ふべく」＊更級日記（1059頃）「いみじくここありよくおぼゆ」

アリラン〔名〕（朝鮮 'a-ri-rang「とうげ」の意）朝鮮民謡の一つ。哀調を帯びたメロディーで朝鮮全道で歌われる。失恋をテーマにした歌詞が多い。＊間木老人（1935）〈北条民雄〉「唄はアリランで、原語のまま巧みに歌って行った」＊淋しい人（1950）〈檀一雄〉「少し甘い抑揚の多い弾きざまで、例のアリラン調とでも言うか」 発音〈標ア〉リ

あり-わずら・う らふ：わづ【在煩】〔自ハ四〕世の中に久しく長らえて思い悩む。生きているのが苦になる。＊栄花（1028-92頃）初花「いでや、世にありわづらひ、官（つかさ）位（くらゐ）、人よりは短し。人と等しくならんなど思ひて世に従ひ」＊俳諧・雑談集（1692）上「正木堂鳥跡に〈略〉有わづらへる世中を、とかくもてあつかへる心にや成けん」

あり-わたり【蟻渡】〔名〕「ありのとわたり（蟻門渡）」に同じ。＊雑俳・川柳評万句合-天明三（1783）靍二「よしはらとよし丁の合ありわたり」

あり-わた・る【在渡】〔自ラ四〕ずっとそのままの状態で居つづける。＊万葉（8C後）一八・四〇九〇「行方（ゆくへ）なく安里和多流（アリワタル）とも ほととぎす鳴きし渡らばかくやしのはむ〈大伴家持〉」＊伊勢物語（10C前）六五「かくかたはにしつつありわたるに、身もいたづらになりぬべければ、つひにほろびぬべしとて」＊大和（947-957頃）一四一「かかるわざをすれど、本の妻（め）いと心よき人なれば、男にもいはでのみなむありわたりけれども」 発音〈標ア〉0タ

あり-わ・ぶ【在侘】〔自バ上二〕①住みづらくなる。＊伊勢物語（10C前）七「昔、をとこありけり。京にありわびて、東（あづま）に行きけるに」＊米沢本沙石集（1283）七・一〇「洛陽に貧き母と女（むすめ）と有けり。都にあり佗（ワヒ）て、縁に付て越後国に下てぞ世を渡りける」②長らえかねる。生きているのがつらくなる。＊為相本曾丹集（11C初か）「あれば厭（いと）ふなければしのぶ世の中にわが身ひとつはありわびぬやは」＊徒然草（1331頃）二四〇「世にあり侘る女の、似げなき老法師、あやしの吾妻人なりとも、賑（にぎ）はははしきにつきて」 発音〈標ア〉0ワ 辞書日葡

ありわら ありはら【在原】家名（姓氏）の一つ。「尊卑分脈」によると、平城天皇の皇子、阿保親王の嫡子本主が、土師（はじ）、ついで大枝朝臣姓（のちに大江）を賜り、嫡子の本主以外の行平、守平、業平、仲平らと、平城天皇の皇子高岳親王の子である善淵、安貞も在原朝臣姓を賜ったことが知られる。業平の系譜以外は早く途絶え、業平の裔も、以後公卿になった者は知られず、「在原系図」では、業平の後、八代を経た見国までを知るのみである。 発音〈標ア〉0

ありわら-の-しげはる【在原滋春】平安初期の歌人。業平の第二子。「古今和歌集」「新勅撰和歌集」に歌が見える。「大和物語」の著者という説もあるが疑わしい。在次君。生没年未詳。

ありわら-の-なりひら【在原業平】平安初期の歌人。六歌仙、三十六歌仙の一人。阿保親王の第五子。右近衛権中将。形式にとらわれない、情熱的な歌が多く、「古今集」から「新古今集」までの勅撰集に収められる。家集に「在原業平朝臣集」がある。「伊勢物語」の主人公とされる。在五中将。在中将。天長二～元慶四年（八二五～八八〇）

ありわら-の-ゆきひら【在原行平】平安初期の歌人。阿保親王の次子で業平の兄。大宰権帥（だざいのごんのそつ）。中納言民部卿。子弟教育のため奨学院を創立。「古今集」「後撰集」などに歌が収められる。その主催になる「在民部卿家歌合」は現存最古の歌合せ。須磨へ流されたことは、謡曲「松風」をはじめ、歌舞伎などの題材となる。弘仁九～寛平五年（八一八～八九三）

ありわら-でら ありはら【在原寺】㊀奈良市にある不退寺の別称。㊁奈良県天理市北部、在原業平の邸宅にあった寺。在原山光明寺。元慶四年（八八〇）建立。明治初年、廃絶。石上寺（いそのかみでら）に同じとする説もある。 発音〈標ア〉0

あり-んこ【蟻―】方言 ⇨ありご（蟻―）

あ-りんさん【亜燐酸】〔名〕リンの酸素酸の一つ。化学式 H_3PO_3 三酸化二リンまたは三塩化リンの濃溶液を蒸発結晶させてつくる。強い還元剤として利用。

あり・んす 発音〈標ア〉0リ 〔連語〕「あります」の意で、主に江戸新吉原の遊女が用いた語。吉原の郭言葉のうち、最も代表的なものとされる。＊雑俳・川柳評万句合-明和四（1767）松三「ありんすを通ひ御針もちっといい」＊洒落本・酔姿夢中（1779）「わっちより外にぬしの相（あい）かた衆はねへはづでありんす」＊洒落本・里靍風語（1772-81頃）「そんなこっちゃありんせん」＊人情本・英対暖語（1838）初・四回「しかし今は女郎衆の言葉がむかしの様ではねへといふから、余（あんま）りざんすのありんすのと、いはねへ方がいいだろふノ」 語誌(1)吉原の郭言葉を「ありんす言葉」と称するのは江戸期には一般的でなく、明治以後使用されたもののようである。(2)一般に「あります」から転じたとみられているが、別に、助動詞が複合してなった「やります」の変化形「やんす」、更に転じた「いんす」を基とする見方（アリインス-アリンス）もある。一般に母音aの消滅が可能となるのは、母音aの前後いずれかにア列音節が連接する場合であることから考えると、「あります」の変化と見るのは無理があり、後者の見方が適切か。 方言「ある」をていねいに言う語。補助動詞として用いることが多い。です。であります。ございます。 神奈川県足柄上郡054 新潟県佐渡352 福井県432 ◇あれんす 福井県大野郡428 ◇ありいす 山梨県456 ◇ありあんす 秋田県由利郡130 ◇ありゃんす 岩手県気仙郡100 栃木県198 ◇ああす 静岡県520

ありんす-こく【―国】〔名〕 発音〈標ア〉リ （「ありんす」など一種特別のことばを使う国の意）江戸の遊里、新吉原の異称。イギリス国、フランス国などに擬して、外国のようにいいなしたもの。＊雑俳・川柳評万句合-安永八（1779）桜五「ありんす国の月を見るいたひ事」＊雑俳・川傍柳（1780-83）二「日本を越すとありんす国へ出る」＊歌舞伎・曾我中村穐取込（1826）大詰「今ではこのありんす国（コク）へ身を沈めて」

ありんす-ことば【―言葉】〔名〕江戸新吉原の遊女が使った特殊なことば。「あります」を「ありんす」といい、これが、最も代表的、特徴的であったところからいう。〔隠語構成様式并其語集（1935）〕＊古川ロッパ日記-昭和一四年（1939）一月二三日「ファンからの手紙に、『遠山の金さん』のオイランの里ことばは、子供がアリンス言葉を覚えるので困るとあった」 発音〈標ア〉コ

ある【或・有】〔連体〕（動詞「ある（有）」の連体形から転じたもの）物事を、はっきりそれと示さないで漠然とさす語。特定のものでなく、どれかの。＊万葉（8C後）九・一八〇一「この道を 行く人ごとに 行き寄りて い立ち嘆かひ 或（ある）人は 哭（ね）にも泣きつつ 語りつぎ 偲ひつぎくる〈福麻呂歌集〉」＊大智度論天安二年点（858）二「有時（アルとき）には濡美の語をし、有時（アルとき）には苦切の語をし」＊土左（935頃）承平五年二月五日「京のちかづく喜びのあまりに、ある童のよめる歌」＊寛永刊本蒙求抄（1529頃）二「何でまり、善ことをするぞ。目出ことなどに、ねいけいと云たぞ。又或時は、悪ことをした」＊浮世草子・武家義理物語（1688）三・二「有時小栗何がしといへる人」＊外科室（1895）〈泉鏡花〉上「東京府下の一（アル）病院に於て」 語誌(1)「一書」「某所」などの「一」「某」に当たる意味で、「或」「有」「存」「一」などと当てられるが、近世では「有」

が多く見られる。(2)基本的には、漠然とした指示を行なう語であるが、細かく分けると、㋑対象を示す必要がない場合「ある所におじいさんとおばあさんがいました」、㋺わざと対象を明示しない場合(=とある・さる)「昨日ある人が家に来た」、㋩(数量・程度に用いて)ほどほどの数量・程度であることを示す場合「ある程度はがまんしなさい」などがある。これらは皆古典語から現代語まで共通している。[発音]〈標ア〉[ア]〈ア史〉平安来○ ◎〈京ア〉⓪ [辞書]色葉・名義・和玉・文明・日葡・書言・〈ボン〉・言海 [表記]或(文・言) 有(文・へ) 一(書)

アル〘名〙現代中国語の「二」。「イー・アル・サン・スー」

ある【有・在】〘自ラ五〙図あ・り〘自ラ変〙㊀物事や生物などの存在が認められる。①存在する。㋑人、動物の場合。いる。*古事記(712)上・歌謡「遠々し 高志(こし)の国に 賢(さか)し女(め)を 阿理(アリ)と聞かして 麗(くは)し女を 阿理(アリ)と聞こして」*竹取(9C末-10C初)「今は昔、たけとりの翁といふもの有けり」*枕(10C終)七四・懸想人にて来たるは「簾(す)の内に人々あまたありて物などいふに」*徒然草(1331頃)一「法師ばかりうらやましからぬものはあらじ」*玉塵抄(1563)三五「景徐のへんとよむ人あり。わるいとあったぞ」*歌舞伎・夕霧七年忌(1684)「俺が友達に川口屋の清左衛門といふがある」㋺無生物、物事などの場合。*古事記(712)下・歌謡「大猪子(おほゐこ)が 腹に阿流(アル) 肝向かふ 心をだにか 相思はずあらむ」*書紀(720)天智九年・歌謡「出でましの 悔いは阿羅(アラ)じぞ 出でませ子」*万葉(8C後)一七・四〇〇八「天ざかる 鄙(ひな)にはあれど わが背子を 見つつしをれば 思ひやる 事も安利(アリ)しを〈大伴池主〉」*平家(13C前)三・行隆之沙汰「日本国に、平家の庄園ならぬ所やある」*虎明本狂言・末広がり(室町末-近世初)「しうの機嫌のよひ時もあり、わるひ時もある物じゃ。きげんのあしひ時もなをるはやし物がある。おしへてやらふ」②この世に生きている。生き長らえる。生存する。*古事記(712)下・歌謡「鏡なす 吾(あ)が思ふ妻 阿理(アリ)と 言はばこそよ 家にも行かめ 国をもしのはめ」*竹取(9C末-10C初)「翁のあらん限はかうてもいますかりなむかし」*古今(905-914)春下・七一「のこりなく散るぞめでたきさくら花有りて世中はてのうければ〈よみ人しらず〉」*平家(13C前)六・小督「小督(こがう)があらんかぎりは世中よかるまじ」③ある場所にとどまっている。また、住む。暮らす。*万葉(8C後)一五・三五九四「潮待つと安里(アリ)ける船を知らずしてくやしく妹を別れ来にけり〈遣新羅使人〉」*万葉(8C後)一八・四一一三「なぐさむる 心しなくは 天ざかる 鄙(ひな)に一日も 安流(アル)べくもあれや〈大伴家持〉」*伊勢物語(10C前)一八「むかし、なま心ある女ありけり。をとこ近う有けり」*徒然草(1331頃)五八「道心あらば住む所にしもよらじ。家にあり、人に交はるとも後世を願はんに難かるべきかは」④ちょうどその場にいる。居合わせる。*竹取(9C末-10C初)「もち月の明かさを十合せたるばかりにて、ある人の毛の穴さへ見ゆる程なり」*源氏(1001-14頃)夕顔「物思へるけはひして、ある人々もしのびてうち泣くさまなどなむしるく見え侍る」*宇治拾遺(1221頃)一二・二二「山の上より、ゆゆしきかぶら矢を射おこせければ、ある者ども、こはいかにと、さわぎける程に」⑤あるものに所属して存在する。所有されている。*竹取(9C末-10C初)「たつのくびに五色の光ある玉あなり」*方丈記(1212)「いきほひあるものは貪欲ふかく、独身なるものは人にかろめらる。財あればおそれ多く、貧しければうらみ切なり」*徒然草(1331頃)一六七「我が智をとり出でて人にあらそふは、角(つの)あるものの角をかたぶけ、牙(きば)あるものの牙をかみ出だすたぐひなり」⑥目立つ状態で存在する。㋑(「世にあり」の形で)繁栄して過ごす。はなやかに暮らす。*平家(13C前)一〇・維盛出家「維盛こそ〈略〉むなしうなるとも、このごろは世にある人こそ多けれ、なんぢらはいかなる有様をしても、などか過ぎざるべき」*大観本謡曲・鉢木(1545頃)「某(それがし)世にありし時は、鉢の木に好き数多(あまた)木を集め持ちて候ひしを」㋺すぐれている。すぐれたところを持つ。*竹取(9C末-10C初)「くらもちの御子は心たばかりある人にて」*源氏(1001-14頃)若紫「御供に声ある人してうたはせ給ふ」*保元(1220頃か)中・白河殿へ義朝夜討ちに寄せらるる事「弓矢取っても打物取っても、我こそあらめ」*徒然草(1331頃)一一三「数ならぬ身にて、世の覚えある人をへだてなきさまに言ひたる」*二人女房(1891)〈尾崎紅葉〉下・一「腕に芸のあるのが世を渡るに一番安心」⑦(言葉が存在するの意から、多く「…とある」の形で)㋑口に出す。文字に書かれている。「言う」「書く」より間接的な表現なので、敬意がこもる場合が多い。*古今(905-914)夏・一六一・詞書「めして郭公まつ歌よめとありければよめる」*枕(10C終)一八四・宮にはじめてまゐりたるころ「浅緑なる薄様にえんなる文を、これとて来たる、あけて見れば、〈略〉とあるに」*日葡辞書(1603-04)「トノサマ ソナタノ カタエ ゴザラウト atta(アッタ)」*浄瑠璃・心中宵庚申(1722)中「そなたの顔御覧なされたら、いよいよ父(とと)様の病ひはすっぺりなをらふ。嬉しい嬉しいおめにかかりゃと有ければ」㋺「ある」が「口に出す」の意を失って形式的に用いられる場合。*破戒(1906)〈島崎藤村〉一・二「飯山病院へ入院の為とあって、暫く腰掛に泊って居た」⑧(多く動作が付随している物事を表わす名詞の下にきて)行なわれる。なされる。起こる。*竹取(9C末-10C初)「玉の取りがたかりし事を知り給へればなんかんだうあらじとて参りつると申す」*源氏(1001-14頃)桐壺「春宮の御元服、南殿にてありし儀式」*平家(13C前)六・横田河原合戦「五月廿四日、改元あって寿永と号す」*徒然草(1331頃)九一「赤舌日(しゃくぜつにち)といふ事〈略〉この比(ごろ)、何者のいひいでて忌み始めけるにか、この日ある事、末とほらずといひて」⑨(間に時があるの意から)時間がたつ。経過する。*竹取(9C末-10C初)「三日ばかりありて、漕ぎかへり給ひぬ」*古今(905-914)春上・一九「春日野のとぶひの野守いでてみよ今いくかありて若菜つみてん〈よみ人しらず〉」*枕(10C終)一〇四・淑景舎、東宮にまゐり給ふほどのことなど「いくばくもあらで明けぬるは」*平家(13C前)二・教訓状「ややあって入道のたまひけるは」㊁補助動詞として用いられる。①(断定の助動詞「なり」「たり」「だ」の連用形「に」「と」「で」に付いて)指定の意を表わす。間に助詞がはいる場合が多い。㋑「に」に付く場合。*古事記(712)中・歌謡「一つ松 人に阿理(アリ)せば 太刀佩(は)けましを 衣(きぬ)着せましを」*万葉(8C後)五・八九三「世の中を憂しとやさしと思へども飛び立ちかねつ鳥にし安良(アラ)ねば〈山上憶良〉」*竹取(9C末-10C初)「かくあさましき空ごとにてありければ」*源氏(1001-14頃)桐壺「いとやむごとなき際(きは)にはあらぬが、すぐれて時めき給ふありけり」㋺「と」に付く場合。*万葉(8C後)三・三四三「なかなかに人と有(あら)ずは酒壺になりてしかも酒にしみなむ〈大伴旅人〉」*万葉(8C後)一二・二八七七「何時(いつ)はなも恋ひずありとは有(あら)ねどもうたてこのころ恋しげしも〈作者未詳〉」*源氏(1001-14頃)薄雲「人の仕うまつる事をも、世の苦しみとあるべきことをばとどめ給ふ」*方丈記(1212)「人の友とあるものは、富めるをたふとみ、ねむごろなるを先とす」㋩「で」に付く場合。*歌舞伎・今源氏六十帖(1695)二「乙女は名も無き者の子ぢゃが〈略〉後々は幾代之介と夫婦にする筈である」*唐詩選国字解(1791)五言絶句「また布衣の看をなしたは、馬鹿なことぢゃと、手まへの、不遇をいきどほるである」*古今集遠鏡(1793)一「花やちりなんは、花がちるであらうか、花やちりけんは、花がちったであらうかと訳す」*滑稽本・浮世床(1813-23)自序「過日(このごろ)も或儒先生〈略〉唐詩の白髪三千丈、広いに縁(よっ)て個(かく)の如く、髦髪(かみのけ)までが長いであると、見て来た様なる国字解」②(種々の語に付いて)そういう状態である意を表わす。間に係助詞のはいる場合が多い。㋑形容詞、形容動詞の連用形に付く場合。*古事記(712)上・歌謡「赤玉は 緒さへ光れど 白玉の 君が装(よそひ)し たふとく阿理(アリ)けり」*万葉(8C後)四・七一七「つれもなく有(ある)らむ人を片思(かたもひ)にわれは思へばわびしくも安流(アル)か〈大伴家持〉」*古今(905-914)秋下・二七一「うゑし時花まちどほにありし菊うつろふ秋にあはむとやみし〈大江千里〉」*源氏(1001-14頃)夕顔「かくこまかにはあらで、ただおぼえぬけがらひにふれたるよしを奏し給へ」㋺打消の助動詞「ず」、推量の助動詞「べし」の連用形に付く場合。*古事記(712)下・歌謡「置目(おきめ)もや 淡海の置目 あすよりは み山隠りて 見えずかも阿良(アラ)む」*万葉(8C後)五・八四五「うぐひすの待ちかてにせし梅が花散らず阿利(アリ)こそ思ふ子がため〈門部石足〉」*万葉(8C後)一五・三七三九「かくばかり恋ひむとかねて知らませば妹をば見ずぞ安流(アル)べく安里(アリ)ける〈中臣宅守〉」*枕(10C終)三五・小白河といふ所は「おのづからあるべきことはなほすべくもあらじものを」㋩副詞「かく」「しか」「さ」などに付く場合。*万葉(8C後)五・八一九「世の中は恋繁しゑやかくし阿良(アラ)ば梅の花にもならましものを〈大伴大夫(名未詳)〉」*万葉(8C後)一八・四一〇七「あをによし奈良にある妹が高々に待つらむ心しかにはあらじか〈大伴家持〉」*枕(10C終)四一・鳥は「人のさなんあるといひしを、さしもあらじと思ひしに」㊁係助詞「こそ」を受けて「…は…あれ」の形の場合。「…については…こそがそうである」の意。*枕(10C終)六七・草の花は「秋の野のおしなべたるをかしさは、薄(すすき)こそあれ」*枕(10C終)二六八・男こそなほいとありがたく「男こそ、なほいとありがたくあやしき心地したるものはあれ」*無名草子(1198-1202頃)月「知らぬ昔、今、行くさきも、まだ見ぬ高麗、唐土も残るところなく、遥かに思ひやらるることは、ただこの月に向かひてのみこそあれ」③(動詞の連用形、あるいはそれに助詞「て」「つつ」を添えた形に付いて)動作、作用、状態の進行、継続や、完了した作用の結果が残っていることを表わす。間に係助詞のはいる場合もある。㋑動詞の連用形に助詞「て」を添えた形に付く場合。*万葉(8C後)一五・三六八六「旅なれば思ひ絶えても安里(アリ)つれど家にある妹し思ひがなしも〈遣新羅使人〉」*竹取(9C末-10C初)「かくさしこめてありとも彼国の人来ばみなあきなんとす」*徒然草(1331頃)一一三「四十にもあまりぬる人の、色めきたる方、おのづから、しのびてあらんはいかがはせん」*中華若木詩抄(1520頃)上「十里ばかりも脩竹がつづいてある」*歌舞伎・丹波与作手綱帯(1693)一「此下褄(したづま)はなぜ切れてあるぞ」*浄瑠璃・薩摩歌(1711頃)中「これこれたんとさらしが干してある」*洒落本・郭中奇譚(1769)弄花巵言「物の入ってある長持と間夫のない女郎とはないものだ」㋺助詞「つつ」に付く場合。*万葉(8C後)八・一五二〇「かくのみや 息づきをらむ かくのみや 恋ひつつ安良(アラ)む〈山上憶良〉」*後撰(951-953頃)恋三・七二二「こひしきも思ひこめつつある物を人にしらるる涙なになり〈平中興〉」*愛弟通信(1894-95)〈国木田独歩〉大連湾占領後の海事通信「兵舎の真中にて、南瓜(かぼちゃ)を煮つつあり〈略〉何か快活に談じつつありし」㋩動詞の連用形に付く場合。*西洋道中膝栗毛(1874-76)〈総生寛〉一二・上「大砲千挺余も据つけあり」*歩兵操典(1928)第一〇二「射撃しあるとき『駈歩』(『早駈』)『前へ』〔『斜に右(左)

へ』」の号令あるときは」 ④（動詞、形容詞の連用形に、助詞「て」を添えた形に付いて）そのままの状態で過ごす。それで済ますの意を表わす。＊後撰（951-953頃）恋三・七二五「なき名ぞと人にはいひて有ぬべし心のとはばいかがこたへん〈よみ人しらず〉」＊枕（10C終）二三四・短くてありぬべきもの「短くてありぬべきもの、とみのもの縫ふ糸」＊徒然草（1331頃）六「わが身のやんごとなからんにも、まして数ならざらんにも、子といふものなくてありなん」 ⑤（動作性の漢語名詞、または動詞の連用形に付いて）その動作をする人に対する尊敬の意を表わす。㋑敬意を含んだ動作性の漢語名詞（接頭語「御」によって敬意を添えるものもある）に付く場合。＊平家（13C前）一・鹿谷「正月五日、主上御元服あって、同十三日、朝覲（てうきん）の行幸ありけり」＊太平記（14C後）一・資朝俊基関東下向事「君且（しばらく）叡覧有て」＊中華若木詩抄（1520頃）中「これほどに御崇仰ありて、栄華をきわむれども」＊浄瑠璃・今宮心中（1711頃）中「是御覧あれ」 ㋺動詞の連用形に、敬意の「御」をのせた形に付く場合。＊太平記（14C後）三・主上御夢事「少し御まどろみ有ける御夢に」＊中華若木詩抄（1520頃）中「早々御帰りありて、学問をめされい」＊天草本平家（1592）四・二「vocutabirearŏzuredomo（ヲクタビレアラウズレドモ） コヨイモ ナヲ サキヲ vocatariare（ヲカタリアレ）」＊浄瑠璃・冥途の飛脚（1711頃）上「けし程も御損はかけませぬ。お気遣あられな」 ㋩敬意を含まない動作性漢語名詞や動詞の連用形に付く場合で、㋑㋺よりは敬意が薄い。＊平家（13C前）一・鹿谷「花山院の中納言兼雅卿も所望あり」＊玉塵抄（1563）三七「阮が客人に云ことは、吾は今沈酔したぞ。ちとねうすと思ふほどにそなたは先づ帰りあれぞ」＊ロドリゲス日本大文典（1604-08）「ナニヲハヅカシイト vomoi aruzo?（ヲモイ アルゾ）〔縁辺物語〕」＊浄瑠璃・平家女護島（1719）二「能登の守教経は石清水御代参、駒をはやめて下向有」 語誌 (1)鎌倉時代以前には、人か物事かに関わらず、存在を表わすために「あり」が用いられた。敬語形としては、尊敬語の「おはす」「いますがり」「ござる」、謙譲語の「はべり」「候」等が用いられ、時代・文献によって変遷がある。(2)「ゐる」は動作・変化を表わす動詞で、「ゐたり」「ゐたまへり」等の形式で副次的に存在・滞在の意味を表わしたにすぎない。(3)室町時代、抄物・キリシタン資料で「いる（ゐる）」が単独で存在動詞として用いられる用法が見え始め、人間を主語とする場合、「ある」と共用されるようになった。(4)江戸時代以後、特定の時間・場所を占める存在の意味ではもっぱら「いる」が用いられるようになった。しかし現代語でも抽象的な存在を表わす場合や漠然と有無を問題にする場合には、人間を主語とする場合でも「ある」が用いられる。「相手のあることだけに」「兄弟が三人ある」など。(5)補助動詞㊁③㋑で、「て」の上の動詞は、自動詞の場合も、他動詞の場合もあるが、近世後期頃から、他動詞なら「てある」、自動詞なら「ている」が付く傾向が次第に強くなり、現代に至っている。ただし、有情物が主語だと、自他の別なく「ている」が付けられる。 方言 ㊀❶居る。三重県南牟婁郡603 和歌山県687 697 698 香川県大川郡・小豆島829 ❷ことが足りる。徳島県811 ㊁補助動詞として、動作・状態の継続・進行を表わす。青森県津軽076 岩手県九戸郡038 秋田県南秋田郡038 秋田市135 福島県河沼郡038 千葉県香取郡038 東京都八丈島042 新潟県北魚沼郡056 石川県鳳至郡038 長野県西筑摩郡038 奈良県南大和683 和歌山県690 703 704 広島県057 781 783 福岡県遠賀郡057 福岡市879 881 長崎県対馬038 大分県南海部郡057 ◇ああ 山口県792 ◇やる 薩摩†136 三重県南牟婁郡603 大阪市（女性語）638 和歌山県690 語源説 (1)ナル（生）の転アル（生）〔日本釈名・国語本義・和訓栞〕。(2)アは補助音として語頭に加わったもので、ルが本義を表わす〔国語の語根とその分類＝大島正健〕。(3)ナシ（無）の反対で、口を閉じる音ナに対しアは口を大きく開く音で表わす〔国語溯源＝大矢透〕。(4)明から出た語。暗いと何も見えないので無いのと同じで、明るければみな存在が目に見えるから〔和句解〕。(5)アアリ（嗚然）の義〔日本語原学＝林甕臣〕。(6)「有」の別音 Ai の約音 A の動詞化〔日本語原考＝与謝野寛〕。 発音〈なまり〉アイ〔鹿児島方言〕アッ〔飛騨〕アラー〔埼玉方言〕アゥ〔富山県・鹿児島方言〕アン〔東京〕〈標ア〉㋐〈京ア〉⓪ 文『あり』〈標ア〉㋐〈ア史〉平安○◓ 鎌倉来『ある』○● 〈京ア〉⓪ 辞書 字鏡・色葉・名義・和玉・文明・伊京・黒本・易林・日葡・〈ボン〉・言海 表記 有（色・名・玉・文・黒・へ・言）在（色・名・玉・文・易）或（色・名・玉・文）存（名・玉・文）乍・昴・瘧（色）閭・寓・之・訾・陪・惟（名）茂（玉）由（文）

同訓異字 ある【有・在・存】

【有】（ユウ・ウ）そこに持っている。保っている。「有害」「有事」「有無」「現有」《古 ある・あり・たもつ・まします》

【在】（ザイ）そこにある。そこにとどまっている。「在位」「在学」「所在」《古 あり・まします・います・はむへり・おく》

【存】（ソン・ゾン）引き続きある、いる。ながらえる。「存在」「存続」「存命」「生存」《古 あり・とどむ・ながらへる・いける・のこる・まします》

あった物（もの）では無（な）い ①（「またとあったものではない」の意）無類である。この上もなく、最高である。空前絶後である。他に比類がないことをほめていう。＊仮名草子・浮世物語（1665頃）一・六「筍（たかんな）のごとくなる御手にて差し出し給ひて、一つ飲（の）まんしと言はれたるは、あったものではなひと、浮（うか）れ浮（うか）れてまどひ果（は）つる」＊評判記・吉原讃嘲記時之大鞁（1667か）いこく「かほだち、りはつにして、目のうち、ことにすぐれ、あゆみふり、取なり、あった物にてなし」＊俳諧・貝おほひ（1672）二三「右の句、さっさ、やりたし、なんしゅんさまとうたへば、あった物じゃないはさあといはまほしけれど」 ②（「ある」を強く否定する言い方）全く問題にならない。＊薄明（1946）〈太宰治〉「私は友人の訪問などを受けると、やっぱり昔のやうに一緒にそとは外出して多量のお酒を飲まずには居られなかった。これでは、万全の措置も何もあったものでない」

あって過（す）ぐ 従来のままで経過する。すでに過ぎさる。そのままになっている。＊浮世草子・本朝二十不孝（1686）三・四「油売を闇打色々御鑿穿今にしれずと有（アッ）て過（スギ）たる事を思ひ合て駭（をどろ）きける」＊浮世草子・日本永代蔵（1688）三・四「あって過（スギ）たる分散の残り銀ことごとく済しぬ」＊人情本・軒並娘八丈（1824）初・二套「ハテあって過（ス）ぎた事なれば、叱ったとて打ち殴（たた）いたとて、元の木地（きぢ）には返らぬ訳」

あって無（な）かし物（もの）（「無かし」は「無かりし」の変化した「無かっし」の促音が表記されなかった形）あっても、ないに等しいもの。あるとは名ばかりのもの。あってなしもの。あるなしもの。＊浄瑠璃・蘆屋道満大内鑑（1734）二「外戚の権威を好古にとられ主人は有ってなかし物」

あって無（な）し物（もの）「あっ（有）て無（な）かし物（もの）」に同じ。＊浄瑠璃・天神記（1714）二「君はあってなし物、しほからいめを見せん」

あっても有（あ）られぬ じっとしてはいられない。いたたまれない。いても立っても居られない。＊虎明本狂言・抜殻（室町末-近世初）「あってもあられぬ、はらのたつ事じゃ」

あらく ⇩親見出し

あらざらん道（みち） あの世への道。来世への道。＊とはずがたり（14C前）四「『必ず近き程に、今一度よ』と承りし御声、あらさらんみちのしるべにやとおぼえて」

あらざるよりは （名詞に「に」の付いた形の下に きて）…以外には。…でなければ。＊日本開化小史（1877-82）〈田口卯吉〉二・四「列国の君主に非ざるよりは、其の智は自ら平常の人に及び難し」＊多情多恨（1896）〈尾崎紅葉〉後・二「本人にあらざるよりは之より肖（に）やうがあるものではない」

あらし ⇩親見出し「あらし（有）」

あらじ （実質的な「存在」の意を失って陳述だけを表わす「有る（有り）」に、打消推量の助動詞「じ」の付いたもの）①「ある（有）㊁」の否定形。②そうではあるまい。＊古今（905-914）春上・一一「春来ぬと人はいへども鶯の鳴かぬかぎりはあらじとぞ思ふ〈壬生忠岑〉」＊源氏（1001-14頃）夢浮橋「文とり入れて見れば、『入道の姫君の御方に、山より』とて、名書き給へり。『あらじ』など、あらがふべきやうもなし」＊宇治拾遺（1221頃）一一・六「『あな、あぶなの目くらや』といひたりけるを、めくら、とりもあへず、『あらじ、鼻くらななり』といひたりける」 発音〈標ア〉㋐ 辞書〈ボン〉

あらしめる （動詞「ある」の未然形に使役の助動詞「しめる」が付いたもの）あるようにさせる。そういう存在や状態にさせる。＊東京の三十年（1917）〈田山花袋〉二葉亭の死「今日の日本の文学あらしめるために、墓となってさびしく地上に横った」＊若い人（1933-37）〈石坂洋次郎〉上・七「概念としてはですね。つまりさういふ生活をあらしめる世間を軽蔑します」

あらず （実質的な「存在」の意を失って陳述だけを表わす「ある・あり（有）」に打消の助動詞「ず」の付いたもの）①「ある（有）㊁」の否定形。②（「さにはあらず」の意）そうではない。ちがう。＊古今（905-914）秋下・二七二「秋風のふきあげにたてる白菊は花かあらぬか浪のよするか〈菅原道真〉」＊枕（10C終）九・うへにさぶらふ御猫は「『翁丸』といへど、聞きも入れず。それともいひ『あらず』とも口々申せば」＊源氏（1001-14頃）若紫「『いざ給へ。宮の御使ひにて参り来つるぞ』との給ふに、『あらざりけり』とあきれて」 ③なんでもない。＊枕（10C終）八・大進生昌が家に「『あれはたそ、顕証（けそう）に』といへば、『あらず。家のあるじとさだめ申すべき事の侍るなり』」＊源氏（1001-14頃）末摘花「人々は『なぞ、御ひとりゑみは』ととがめ合へり。『あらず。寒き霜朝に、掻練（かいねり）好める花の色あひや見えつらむ。〈略〉』といへば」＊栄花（1028-92頃）浦々の別「『いかに』と人々聞ゆれば、『あらず』と言ひまぎらはし給へり」 発音〈標ア〉㋐〈京ア〉㋶ 辞書 色葉・名義・和玉・文明・饅頭・黒本・易林・書言・〈ボン〉 表記 非（色・名・玉・文・易・へ）不・匪（色・名・玉・文）微・弗（名・玉）説（色）盍（名）諸・否・靡（玉）

あらずもがな ⇩親見出し

あらせられる （敬意を強める助動詞「せる（す）」と尊敬の助動詞「られる（らる）」が付いたもの）①「ある（あり）」「おる（をり）」の尊敬語。おありである。＊滑稽本・七偏人（1857-63）初・上「大人の御起居いかが在（アラ）せらるるやト一寸窺ひたてまつる」＊夜明け前（1932-35）〈島崎藤村〉第一部・下・一二・一「自分が上京する主意は将軍の進発もあらせらるる時勢を傍観するに忍びないからであって」②（補助的に用いて）「（で）ある」の尊敬表現。…（で）いらっしゃる。＊滑稽本・七偏人（1857-63）初・上「如何（いかが）御在庵であらせられるかネ」＊東京年中行事（1911）〈若月紫蘭〉一月暦「本堂の内にも外にも何とか様とか、かんとか様とか、矢鱈に陳列されてあらせられる」＊夜明け前（1932-35）〈島崎藤村〉第一部・上・六・三「先帝第八の皇女であらせらるるくらゐだから」 辞書〈ボン〉

あらっしゃる ⇩親見出し

あらない （「ない」は打消の助動詞） ない。㊀「ある」が動詞の場合。＊浄瑠璃・心中宵庚申（1722）上「せく事はあらない」 ㊁「ある」が補助動詞の場合。＊おあむ物語（1661－73頃）「しら歯の首は、おはぐろ付て給はれと、たのまれて、おじゃったが、くびもこはいものでは、あらない」 ＊南蛮寺門前（1909）〈木下杢太郎〉一「このお寺は唯のお寺ではあらない」 ＊おあんさま（1965）〈大原富枝〉「なんの、土佐とて鬼の国でも蛇の国でもあらないものを」 [補注]古くは「あらず」、現代語では「ない」を用いるから、この形の用例は極めて乏しい。

あらなう （「なふ」は上代東国方言の打消の助動詞） あらず。ない。＊万葉（8C後）一四・三五一六「対馬（つしま）の嶺（ね）は下雲安良南敷（アラナフ）神の嶺にたなびく雲を見つつ偲（しの）はも〈東歌〉」

あらなくに （「なく」は、打消の助動詞「ず」のク語法で、ないことの意。「に」は感動を表わす古代の助詞） ①ないことだなあ。＊万葉（8C後）一八・四〇三七「乎敷（をふ）の崎漕ぎ徘徊（たもとほ）り終日（ひねもす）に見とも飽くべき浦に安良奈久爾（アラナクニ）〈大伴家持〉」 ②（多くの場合、前後の関係から逆接の気持がこもって） ないことなのになあ。ないのに。＊万葉（8C後）二・一五四「ささなみの大山守（おほやまもり）は誰（た）がためか山に標（しめ）結（ゆ）ふ君も不有国（あらなくに）〈石川夫人〉」 ＊万葉（8C後）一〇・二〇七七「渡守（わたりもり）舟はや渡せ一年（ひととせ）に二たびかよふ君に有勿久爾（あらなクニ）〈作者未詳〉」 ＊宇津保（970－999頃）嵯峨院「えあるまじきことを思ひて、人にもつらしと思はるる事、いかばかり思ひし人にもあらなくにと思ふにも」

あらぬ ⇩親見出し

あらば 「さ（然）あらば」に同じ。＊四河入海（17C前）一九・二「我が老て、華顚なるが、来を待てあるか、あらば群花落尽するとも遺恨無ぞ」

あらばこそ ①（条件句を構成して、これを受ける句に推量の助動詞を伴うのが普通） もしあれば。…であれば。全体で、「ないのだから（…ではないのだから）…しない」という反語的な気持を表わす。＊催馬楽（7C後－8C）東屋「かすがひも とざしも安良波己曾（アラバコソ） その殿戸 我鎖（さ）さめ おし開いて来ませ 我や人妻」 ＊万葉（8C後）一二・二八六五「玉くしろまき寝（ぬ）る妹も有者許増（あらばコソ）夜の長けくもうれしかるべき〈作者未詳〉」 ＊万葉（8C後）一五・三七四〇「天地（あめつち）の神なきものに安良婆許曾（アラバコソ）吾（あ）が思（も）ふ妹にあはず死にせめ〈中臣宅守〉」 ＊古今（905－914）恋五・七八三「人を思ふこころ木の葉にあらばこそ風のまにまに散りも乱れめ〈小野貞樹〉」 ②（中世以後に発生。無いの意を強調して） あるどころではない。そんなものなどない。＊謡曲・安宅（1516頃）「もとより勧進帳はあらばこそ、笈の中より往来の巻き物取り出だし、勧進帳と名付けつつ、高らかにこそ読み上げけれ」 ＊御伽草子・鉢かづき（室町末）「かさぬるつまもあらばこそ、ひとりすさみて立ち給ふ」 ＊滑稽本・七偏人（1857－63）二・下「遠慮もゑしゃくも有（アラ）ばこそ」 ＊吾輩は猫である（1905－06）〈夏目漱石〉五「避くる間もあらばこそ、風を切って吾輩の左の耳へ喰ひつく」

あらばや ①（「ばや」は願望の助動詞） そのようにありたい。＊土井本周易抄（1477）一「君子は為二天下一経綸となって治むるぞ。〈略〉君子のしごとであらばや」 ②（「ば」は接続助詞。「や」は反語の助詞） 反語の気持で強く打消す意を表わす。あろうはずがない。＊中華若木詩抄（1520頃）上「陶淵明と云酒のみが行たれば、酒はのませたし、銭はあらばや。詩を作て酒にかへて、淵明に酒をめたとのませた也」

あらまうし ⇩親見出し

あらまく （「まく」は推量の助動詞「む」のク語法） あるだろうと予想されること。＊琴歌譜（9C前）七日あゆだ振「高橋の 甕井（みかゐ）の清水（すみづ） 阿良万久（アラマク）を すぐにおきて 出でまくを」

あらまさせか おありなされるか。おありになるか。＊日蓮遺文－開目抄（1272）「されば『四十余年未顕真実』等の経文はあらまさせか。天魔の仏陀と現じて、後八年の経をばとかせ給かと疑網するところに」 [語誌]「あらまさせか」は、文法的に破格であるため、難解の句とされている。「あら（ラ変・未然形）＋まさ（助動詞・敬語・未然形）＋せ（助動詞・使役・連用形）＋か（助詞）」とみるべきであろうが、正しくは「あらまさするか」となるはずのもの。

あらまほし ⇩親見出し

あられなし ⇩親見出し

あられぬ ⇩親見出し

あられもない ⇩親見出し

あられる （「れる」は受身、可能、尊敬の助動詞。文語形は「あらる」） ①居ることができる。住んでいられる。＊山家集（12C後）下「あしよしを思ひわくこそ苦しけれ只あらざればあられける身を」 ＊方丈記（1212）「すべてあられぬ世を念じすぐしつつ、心をなやませる事、三十余年なり」 ＊愚管抄（1220）七「この官位の事はかくはあれども、さてあらるる事にてありけり」 ＊徒然草（1331頃）一一「かくてもあられけるよと、あはれに見るほどに」 ②（打消を伴って用いる） 似合わしい。＊歌舞伎・名歌徳三舛玉垣（1801）四立「思へば千早振袖の、巫子（みこ）にあられぬ業ながら、相手に成って見しゃうかいのふ」 ③あることができる。＊福翁自伝（1899）〈福沢諭吉〉王政維新「藩の制度は〈略〉上士（じゃうし）は上士、下士（かし）は下士と箱に入れたやうにして、其間に少しも融通があられない」 ④「ある」「いる」の意の尊敬語。いらっしゃる。おられる。＊寄合ばなし（1874）〈榊原伊祐〉初・下「そいつは面白い先生だ、其様な先生があられるので困る」 [補注]「義血俠血〈泉鏡花〉九」の「那麼様（あんな）事が毎日有（ア）られて耐るものか」や「人形の望〈野上彌生子〉四」の「そんな恐ろしい事があられやうか。そんな事があられやうか」などの例のように、口語では「ある」と同じような意にも用いられる。

あらん限（かぎ）り ①（助詞「の」を伴って連体修飾句になる） あるだけ全部。持っているすべて。＊多情多恨（1896）〈尾崎紅葉〉前・七「兄様が可哀さうとも思ふから、有らむ限の力を尽した意（つもり）なので」 ＊津軽海峡（1904）〈島崎藤村〉「船はあらん限りの速力を出して、速力といふよりは死力を出して進みました」 ②（多く連用修飾句として） できるだけ。＊福翁自伝（1899）〈福沢諭吉〉長崎遊学「無暗に勉強して蘭学も漸く方角の分るやうになる其片手に、有らん限（カギ）り先生家の家事を勤めて」

ありいす ⇩親見出し

ありが欲（ほ）し ⇩親見出し

ありきあらず あったか、なかったか。＊古今（905－914）賀・三五三「いにしへにありきあらずは知らねどもちとせのためし君にはじめむ〈素性〉」

ありける ⇩親見出し

ありし ⇩親見出し

ありそうで無（な）いのが金（かね）、無（な）さそうで有（あ）るのも金（かね） 人の財産の多少は、外からは推量することがむずかしいということ。＊歌舞伎・梅雨小袖昔八丈（髪結新三）（1873）三幕「有ると見えてもないのは金だが、無いと見せてもあるが金だ、何にしろ物騒だから早く見世をしまひなせえ」

ありたがる （「たがる」は、ある事実の実現を希望し、それを外に表わす意の助動詞） ①そういう状態であることを希望し、そのふりをする。＊滑稽本・浮世床（1813－23）二・上「兎角ありたがるものさ。まんざら知りきってゐる事をもしらぬ風（ふり）で物（もの）を尋（たづ）ねる。諸事（しょじ）あどけなく見せるを俗に葭藁言（よしわらことば）と云ひやす」 ②（「希望する様子をみせる」ところから） そういう傾向がある。そうありがちである。＊虎寛本狂言・八幡の前（室町末－近世初）「誠に、加様の事には、えて偽りが有たがるもので御ざる」 [発音]アリタガル〈標ア〉[ガ]

あり度（た）き儘（まま） 自分のしたいとおり。思うよう。気まま。気随。＊浮世草子・武道伝来記（1687）七・三「親仁ははや七月前に果られありたきままに日をおくり」 ＊浄瑠璃・夕霧阿波鳴渡（1712頃）中「お袋ぶって鼻高ふお家をありたいままにして」 ＊狂言記・手負山賊（1730）「若き時分より親の異見も聞入ず、唯明け暮此年迄、ありたきままに身を持」

ありつつ （「も」を伴って用いられることが多い） そのままでいて。生きながらえて。ありありて。＊万葉（8C後）二・八七「在管（ありつつ）も君をば待たむ打ち靡くわが黒髪に霜の置くまでに〈磐姫皇后〉」 ＊万葉（8C後）一一・二七五七「大君の御笠に縫へる有馬菅有管（ありつつ）見れど事無き吾妹〈作者未詳〉」 ＊万葉（8C後）一四・三四二八「安太多良の嶺（ね）に伏す鹿猪（しし）の安里都都（アリツツ）も吾は到らむ寝処（ねど）な去りそね〈東歌・陸奥〉」

ありつべし ありそうだ。もっともらしい。＊浄瑠璃・薩摩歌（1711頃）鑓じるし「それでも縛らばお縛りなされと、さも有つべしう云ければ」

ありつる ⇩親見出し

ありと有（あ）らうる 「あり（有）と有らゆる」に同じ。＊思出の記（1900－01）〈徳富蘆花〉二・三「ありとあらふる下駄草履の互に相蹂躙して居る玄関を」

ありと有（あ）らゆる （「あらゆる」を強めた表現。現在では連体詞のように用いる） あると考えられるすべての。すべての種類の。あらゆる。ありとある。＊太平記（14C後）三三・京軍事「其中に有とあらゆる神社、仏閣は、役所の播楯（かいだて）の為に毀（こぼ）ちたる」 ＊連歌比況集（1509頃）「京へ上らんと心ざさん者の、出立里のほとりより有とあらゆる道をよくよく尋、海山の次第を覚えて」 ＊水彩画家（1904）〈島崎藤村〉一一「ありとあらゆる物の空隙（すきま）から、蚊屋の内までも閃いて入る電光（いなびかり）の凄まじさ」 [辞書]日葡

ありと有（あ）る （「有り」を重ねて強調した表現。連体詞的に用いる） そこに存在するすべての。ありとあらゆる。㋑場所を示す連用修飾語を受ける場合。＊竹取（9C末－10C初）「我家にありと有人あつめて」 ＊枕（10C終）二四四・蟻通の明神「そこらの上達部、殿上人、世にありとある人いふに」 ＊今昔（1120頃か）三・一一「国に有と有る人」 ＊平家（13C前）一二・六代「家の中にありとあるもの、声を調（そろ）へて泣かなしむ」 ㋺連用修飾語をとらない場合。＊土左（935頃）承平四年一二月二四日「ありとあるかみしも、わらはまでゑひしれて」 ＊大鏡（12C前）三・師輔「ありとある人、めをみかはしてめで感じもてはやしたまひ」 ＊日葡辞書（1603－04）「Arito aru（アリトアル）、または、アラウル」 [補注]「源氏－若菜下」には、「世にありとあり、ここに伝はりたる譜といふものの限りをあまねく見合せて」のように、下の「ある」が連用形になっている例もある。 [辞書]日葡

ありとし有（あ）る （「ありとある」の間に助詞「し」を入れてさらに強調したもの） 「あり（有）と有る」に同じ。＊拾遺（1005－07頃か）雑恋・一二二六「いづれをかしるしとおもはむみわの山有としあるは杉にぞありける〈紀貫之〉」 ＊方丈記（1212）「ありとしある

人は皆浮雲のおもひをなせり」 ＊平家（13C前）灌頂・女院出家「ありとしある人にはみな別れはてて、あさましげなるくち坊にいらせ給ひける御心の内」

あります ⇩親見出し

ありも有（あ）らず （「あらず」を強調した表現。「ありても」と「て」がはいることもある） ありもしない。全く違っている。＊梁塵秘抄（1179頃）二・二句神歌「近江とて瀬田とて来ればありもあらず、由もなき栗太（くるもと）の、淀とて来れば山崎のはしへ来（き）んけるは」 ＊太平記（14C後）七・吉野城軍事「其首を取て京都へ上せ、六波羅の実検にさらすに、ありもあらぬ者の首也と申ける」 ＊義経記（室町中か）七・平泉寺御見物事「ありてもあらぬ事を申して候程に」 ＊随筆・槐記‐享保一一年（1726）一二月五日「嘉請の本はありもあらぬものを板本にしたりと見へて、大分に落たる処もあり」

ありや否（いな）や （「否」は上の「有り」に対する否定。「や」は疑問の意の助詞） あるか、ないか。あるかどうか。ありや、なしや。＊日葡辞書（1603‐04）「Ariya, jnaya?（アリヤ イナヤ）」 辞書日葡

ありや無（な）し あるのか無いのかはっきりしないくらい目立たないさまにいう。あるのやら無いのやら。いるやらいないやら。＊俳諧・続明烏（1776）夏「わかたけや橋本の遊女ありやなし〈蕪村〉」 ＊雑俳・柳多留‐一一（1776）「常の日はわたし守さへありやなし」 ＊読本・春雨物語（1808）目ひとつの神「かしら髪面におひみだれて、目ひとつかかやき、口は耳の根まで切たるに、鼻はありやなし」

ありや無（な）しや ①生きているかいないか。無事でいるかどうか。＊伊勢物語（10C前）九「名にし負はばいざ事とはむ宮こ鳥わが思ふ人はありやなしやと」 ＊拾遺（1005‐07頃か）雑賀・一一九三「心ありてとふにはあらず世中にありやなしやのきかまほしきぞ〈よみ人しらず〉」 ②本当であるかないか。実否。＊源氏（1001‐14頃）浮舟「ありやなしやをきかぬまは、見え奉らんもはづかし」 ③存在するかしないか。＊雑俳・柳多留‐三（1768）「気はありやなしやとすびく角田川」 ＊珊瑚集（1913）〈永井荷風訳〉ありやなしや「憂ひは深きわが胸の叫びに答へん人心、あゝ、そはありやなしや」 ④あるかないかはっきりしないくらい目立たないさま。＊浮雲（1887‐89）〈二葉亭四迷〉一・一「矮鶏髭（ちゃぼひげ）、ありやなしやの幻の髭」 ＊千鳥（1906）〈鈴木三重吉〉「暮れて行く空や水や、ありやなしやの小島の影や」

ありんす ⇩親見出し

あるが上（うえ）に なおそのうえに。＊大和（947‐957頃）四四「かくのみよからぬことの、あるがうへにいできければ」 ＊名語記（1275）六「あるかうへに、そひたるよし歟」

ある限（かぎ）り ①残らず全部。ありったけ。ありきり。あらんかぎり。＊竹取（9C末‐10C初）「この人々の、道の糧（かて）食物（くひもの）に、殿の内の絹、綿、銭など、ある限りとり出でて添へて遣はす」 ＊源氏（1001‐14頃）明石「広陵といふ手をあるかぎりひきすまし給へるに」 ＊更級日記（1059頃）「京にとくあげ給ひて、物語のおほく候ふなる、あるかぎり見せ給へと」 ②その場に居合わせた人が皆。全員。＊枕（10C終）三・正月一日は「ここなる物とり侍らんなど言ひよりて、走り打ちて逃ぐれば、あるかぎり笑ふ」 ＊源氏（1001‐14頃）賢木「誰も誰もあるかぎり心をさまらぬほどなれば、おぼす事どもえうち出（で）給はず」 ③生きている間。＊蜻蛉（974頃）上・康保元年「さいふいふも、女（め）親といふ人、あるかぎりはありけるを、久しうわづらひて、秋の初めのころほひ、空しくなりぬ」 発音アルカギリ〈標ア〉アカ〈京ア〉 ㋕辞書文明・言海 表記有限（文・言）

あるが如（ごと）く亡（な）きが如（ごと）し 生きているかのようでもあり、死んだかのようでもある。疲労や泥酔などのために、生きているのか死んでいるのか、わからないほどの状態をいう。あるかなきか。＊山槐記‐治承四年（1180）四月八日「日没之後事了、逐電帰二東山窟屋一、甚無レ術、老後奉公如レ存如レ亡、南端之後就寝」 ＊実隆公記‐永正二年（1505）三月二六日「其後以外沈酔、睡眠不レ弁二前後一、一献之後各相扶 云々、帰宅之後如レ存如レ亡、不レ可レ説事也」

ある状（かたち） 様子。ありさま。実情。ありかた。＊書紀（720）継体二五年九月（前田本訓）「是に天皇、其の行状（アルカタチ）を聞きて、人を遣して徴入る」 ＊書紀（720）皇極元年二月（岩崎本訓）「阿曇山背連比羅夫、草壁苦士磐金、倭漢書直県をして、百済の弔使の所（もと）に遣（まだ）して彼の消息（アルカタチ）を問はしむ」

あるが中（なか） たくさんある中でも特別。＊伊勢物語（10C前）四四「この歌はあるがなかにおもしろければ」 ＊土左（935頃）承平五年一月九日「おきなびとひとり、たうめひとり、あるがなかに心ちあしみして、ものもものしたばで、ひそまりぬ」 ＊栄花（1028‐92頃）玉の村菊「あるが中のおと宮は、三条院の入道の一品宮の御子にし奉らせ給し、まだ十ばかりやおはしますらん」 ＊仮名草子・竹斎（1621‐23）上「てには違ひに用付（ゆうづけ）とて、かやうの事は、有が中にも嫌ひ候」

あるか＝無（な）きか［＝無（な）き・無（な）しか・無（な）いか］ ①あるかないか、また、いるかいないか、はっきりしないくらい目立たないさま。㋑わずかであるさま。かすかで目立たないさま。はかないさま。＊後撰（951‐953頃）雑二・一一九一「あはれともうしともいはじかげろふのあるかなきかにけぬる世なれば〈よみ人しらず〉」 ＊枕（10C終）八三・かへる年の二月廿日よ日「あるかなきかなる薄鈍（うすにび）、あはひも見えぬうは衣などばかり」 ＊栄花（1028‐92頃）ゆふしで「御殿油あるかなきかにほのめきわたれど」 ＊徒然草（1331頃）五「あるかなきかに門さしこめて、待つこともなく明し暮したる」 ＊浮世草子・好色五人女（1686）四・一「左の人さし指に有（アル）かなきかのとげの立けるも心にかかると」 ＊青春（1905‐06）〈小栗風葉〉秋・四「丁度の其の鼾も立てぬ有るか無きの寐息を窺ふやうに、欽哉は凝と耳を聳てた」 ＊風立ちぬ（1936‐38）〈堀辰雄〉死のかげの谷「それはしかし殆んどあるかないか位の足音だった」 ＊無関係な死（1961）〈安部公房〉「その薬品をふりかけると、あるかなしかの血痕が、たちまち青く蛍光を発するのだという」 ㋺見るかげもなく衰えたさま。見すぼらしいさま。＊源氏（1001‐14頃）蓬生「むかしだにあるかなきかなる中門など、ましてかたちもなくなりて」 ②生きているのか死んでいるのかわからないほど弱々しいさま。＊源氏（1001‐14頃）桐壺「あるかなきかに消え入りつつものし給ふを御覧ずるに」 ＊栄花（1028‐92頃）峰の月「姫宮はあるかなきかの御けしきにてあかさせ給ふ」 ＊新古今（1205）恋三・一一八八「消えかへりあるかなきかの我が身哉（かな）恨みてかへる道芝の露〈藤原朝光〉」 ③存在するかしないか。＊拾遺（1005‐07頃か）雑恋・一二三一「あやまちのあるかなきかを知らぬ身はいとふにたる心ちこそすれ〈よみ人しらず〉」 ＊新古今（1205）雑下・一八二七「思ふべきわが後の世はあるかなきかなければこそは此世にはすめ〈慈円〉」 辞書書言 表記依俙（書）

あるか無（な）し あるかないか、はっきりしないほどわずかなさま。＊浄瑠璃・傾城反魂香（1708頃）中「世間に心中十あれば、くるわに一つ有かなし」 ＊人情本・英対暖語（1838）四・二二章「在家（ありか）が知れても逢れないといふ苦労は、十人寄せても一人有（アル）かなしだはネ」 ＊伊太利人（1908）〈寺田寅彦〉「二間あるかなしの庭に」

あるが無（な）し あるかないかを問題にしないさま。眼中にないさま。＊談義本・銭湯新話（1754）二・能登国下馬地蔵の話「公家武家に仏神を、有がなしになさるか見たまへ」 ＊歌舞伎・お染久松色読販（1813）中幕「全く私がお前様を有るが無しに致しまして、仕りました義でもござりませぬ」 ＊人情本・人情廓の鶯（1830‐44）後・中「あんまり皆さんをあるがなしのおはからひ」

あるが儘（まま） 今ある状態を変えないで、そっくりそのまま。＊阿部次郎氏の人格主義を難ず（1922）〈竹内仁〉三「現実をあるがままに見る眼を曇らせ」 ＊小説平家（1965‐67）〈花田清輝〉五・二「そのあたりの風物を、在るがままにとらえるためには」

ある事（こと）無（な）い事（こと） 本当のことと実際にはないことと。虚と実と。うそをまじえて話すさまなどにいう。＊狂言記・対馬祭（1730）「ある事ない事をとりあつめはなして、そのうちにすきを見てとってのこふと存する」 ＊人情本・貞操婦女八賢誌（1834‐48頃）四・三六回「両個（ふたり）が悪事を種々（さまざま）と、ある事（コト）ない事（コト）言ひ拵へ」 ＊卍（1928‐30）〈谷崎潤一郎〉二「光子さん外に男あるらしいとか、有ること無いこと云ひ触らしましたんやさうですが」

ある袖（そで） 「無い袖は振れぬ」ということわざをもじった表現で、金などを多くもっていて、出そうと思えば出せる状態の意。＊浮世草子・傾城禁短気（1711）三・三「いはぬ顔して金をせりあげる言ひ回し、ある袖の古手や大臣、このうへは五十ばいで、こりゃあるじ、うなづけとそそり出せば」

ある袖（そで）は振（ふ）れど無（な）い袖（そで）は振（ふ）られぬ あるものは何とかやりようもあるが、ないものはどうしようもない。無い袖は振れぬ。＊俳諧・毛吹草（1638）二「あるそではふれどないそではふられず」 ＊諺苑（1797）「ある袖（ソデ）はふれどない袖（ソデ）はふられぬかななをしに見ゆ ない袖はふられぬとばかりも云」

あると有（あ）る 「あり（有）と有る」に同じ。＊俳諧・父の終焉日記（1801）五月二二日「あるとある山々浦々」

ある所（ところ）には有（あ）るもの ないと思う物でも、ある所へ行って見れば驚くほどたくさんある。金銭はどこにでもあるというものではないが、金持のところにはあり余るほどあるものだということ。＊浮世草子・日本永代蔵（1688）六・五「金銀有所にはある物、かたり聞伝へて日本大福帳にしるし」

ある名（な） 正しい名。実名。本名。＊浮世草子・俗つれづれ（1695）四・二「此人あやかり右衛門といひ、ある名（ナ）はいはざりき」

あるに ⇩親見出し

あるに従（したが）う ①事の成り行きのままにする。あるにまかせる。＊源氏（1001‐14頃）椎本「何事にも、あるにしたがひて心を立つる方もなく、おどけたる人こそ」 ②ありあわせのもので済ます。ないものをむりに求めないで、あるもので間に合わせる。あるにまかせる。＊九条殿遺誡（947‐960頃）「始レ自二衣冠一及二于車馬一。随レ有用レ之。勿レ求二美麗一」 ＊枕（10C終）四九・職の御曹司の西面の「あるにしたがひ、さだめず、なに事ももてなしたるをこそよきにすめれ」 ＊源氏（1001‐14頃）宿木「細長どもも、ただあるにしたかひて、ただなる絹綾などとり具し給ふ」

あるに任（まか）せる ①「ある（有）に従う①」に同じ。＊源氏（1001‐14頃）宿木「ただ消えせぬほどは、あるにまかせておいらかならんと思ひ果てて」 ＊浜松中納言（11C中）二「あるにまかせて、おいらか

に人のもてなすままにいと深からざらんは、罪も消え」＊本朝俚諺(1715)九「あるにまかせよ 世俗七字の口伝といひ伝ふる三事あり。あるにまかせよ、あるべきやうに、身の程をしれ、以上三事なり」②「ある(有)に従う②」に同じ。＊歌舞伎・矢の根(1729)「楽みしんぞ其中に、あるにまかする安烟草(やすたばこ)、烟管(きせる)おっとり吸付けて」③(金などが手もとに)ある時には、そのつもりでいる。＊咄本・醒睡笑(1628)四「一人はともかくも世を過しかねず、一人は手前衰へたると、旧友両人出合ひ、貧なる身のしみじみとぼしき物語にて立ちたる跡より、ある時はあるに任せて過て行け、またなき時はなきに任せて、とよみて送りし返歌に、ある時はあるに任せて過ぎしかど、またなき時はえこそ任せね」

ある にも あらず 存在するかどうか、または、生きているかどうかが、わからないくらいの状態をいう。①生きているかどうか、わからないくらいはかない。生きがいがない。＊伊勢物語(10C前)六五「さりともと思ふらんこそかなしけれあるにもあらぬ身を知らずして」＊源氏(1001-14頃)椎本「かやうのあそびなどもせで、あるにもあらで過ぐし来にける年月の、さすがに多く数へらるるこそかひなけれ」＊平家(13C前)灌頂・女院出家「あるにもあらぬありさまにてぞ、おもひもかけぬ谷の底、岩のはざまにあかし暮し給ひける」②(恥ずかしさや悲しさのために正気を失ったさま)ここにいるのかどうか、わからないくらいだ。生きている気持もしない。無我夢中だ。＊落窪(10C後)一「からうじて、あるにもあらずいらふ」＊浜松中納言(11C中)五「いとはづかしうおぼせど、いかがはし給はん。ただあるにもあらず、中納言に身をまかせたてまつり給へるほかの事なき御ありさまなれば」③あるかどうかわからない。なんともいいようがない。＊俳諧・父の終焉日記(1801)五月二二日「もしはは木々のあるにもあらぬ山のおく、むもれ木の道しらぬ里にしあらば」

ある にも あられず (「れ」は可能を表わす助動詞「る(れる)」の未然形) ①(不都合なことなどがあって)いるにもいられない。住んでいたくても住んでいられない。＊浮世草子・万の文反古(1696)三・三「是をつたへて世上の人も何となく付合絶(たへ)て、あるにもあられず家屋敷を売払ひ」②(気持がじりじりして)いても立ってもいられない。そのままじっとしていようとしてもいられない。＊御伽草子・かざしの姫君(室町末)「たとひきくのせいなりとも、いま一たびことの葉をかわさせ給へとて、あるにあられぬ御ありさま、げにことはりとぞしられけり」＊浮世草子・好色敗毒散(1703)二・一「文が来れども手に触れず、品つけて呼びにおこせどもゆかぬ事となるままに、女郎はあるにあられぬ身をもやし」＊浄瑠璃・山崎与次兵衛寿の門松(1718)中「与次さんじゃないかいな、有にもあられずあづまが見廻にきたはいな」＊琵琶伝(1896)〈泉鏡花〉三「あとは途ぎれてことばなきに、お通はあるにもあられぬ思ひ」③生きていこうとしても生きていられない。＊不言不語(1895)〈尾崎紅葉〉一三「我は人の命一つ助けずば、在るにもあられぬ身の上なれば」

ある は 厭(いや)なり 思(おも)うは ならず 世の中の物事が思うようにうまくいかないことを嘆く気持を表わす。希望と現実とが一致しないこと。成るはいやなり思うは成らず。＊歌謡・隆達節歌謡(1593-1611)「あるは嫌なり、なるも嫌なり、思ふはならずさてもよしなやな、何とせうぞの」

ある 筈(はず)の 物(もの) 月経を遠回しにいう。＊雑俳・湯だらひ(1706)「有はづのものがなかって又あって」

ある は 無(な)く 無(な)きは 数(かず) 添(そ)う 世(よ)の 中(なか) 古歌の文句。生きているものは死んでいき、死ぬものの数はいよいよ増える世の中。無常の世のさまをいったもの。＊小町集(9C後か)「みし人のなくなりしころ あるはなくなきはかずそふ世のなかにあはれいづれの日までなげかむ」＊栄花(1028-92頃)見はてぬ夢「あるはなくなきはかずそふ世中にあはれいつまであらんとすらん」

ある べうも 無(な)し (「べう」は「べく」の変化した語) あるべきことではない。とんでもない。もってのほかである。＊平家(13C前)八・猫間「官加階したるものの、直垂(ひたたれ)で出仕せん事あるべうもなかりけりとて」

ある べかし ⇩親見出し

ある べき ⇩親見出し

ある 程(ほど) ①いる間。また、生き長らえている間。＊和泉式部集(11C中)下「ある程はうきをみつつもなぐさめつかけはなれなばいかにしのばん」＊右京大夫集(13C前)「あるほどがあるにもあらぬうちになほかくうきことをみるぞかなしき」②そこにある限り。あるだけ。＊二人比丘尼色懺悔(1889)〈尾崎紅葉〉奇遇「あるほどの木々の葉─峰の松ばかりを残して─大方をふき落したれば」

ある まい (動詞「ある(有)」に打消推量の助動詞「まい」の付いたもの) あってはならない。めっそうもない。多く「…のあるまい」の形で用いられる。＊歌舞伎・謎帯一寸徳兵衛(1811)大切「サア、聟の前では遠慮だが、年寄りのあるまい、近所の小娘にかかったところが」＊歌舞伎・浮世柄比翼稲妻(鞘当)(1823)中幕「其方が親の山左衛門、武士のあるまい闇討ちに、その敵さへ何者とも知れぬばかりか」 発音〈標ア〉マ

ある まじ ⇩親見出し

ある まじい ⇩親見出し

ある まじない ⇩親見出し

あれ=がし[=かし] (ラ変動詞「あり(有)」の命令形に、助詞「かし」が付いた「あれかし」から) ①あってほしいものだ。してほしい。＊浮世草子・好色訓蒙図彙(1686)中「若ざかりの女奉公人、〈略〉たれおしへねど、さかり時には独手がゆく、それのみならず、みるにあれがしと思ひ、きくに其人哉(がな)とあこがれ」＊和英語林集成(初版)(1867)「オヤニ コウコウ aregashi (アレガシ)」②あればいいという気持でいること。＊黒潮(1902-05)〈徳富蘆花〉八・二「他の失敗をあれがしに待って居(を)ることは」 辞書〈ボ〉

あれ ど (「ど」は逆接の接続助詞。「…はあれど」の形で慣用句的に用いる) (それは)それでいいだろうが、別として。(それは)ともかくとして。(それはさしおくとして)ともかく。＊万葉(8C後)二・九三「玉くしげ覆ふを安み開けていなば君が名は雖有(あれど)わが名し惜しも〈鏡王女〉」＊古今(905-914)東歌・一〇八九「みちのくはいづくはあれどしほがまの浦こぐ舟のつなでかなしも〈みちのくうた〉」

あれ ども (「ども」は逆接の接続助詞。「…はあれども」の形で慣用句的に用いる) 「あれ(有)ど」に同じ。→あれども〔接続〕。＊万葉(8C後)一五・三五九一「妹とありし時は安礼杼毛(アレドモ)別れては衣手寒きものにそありける〈遣新羅使人〉」

あれ ば あらる (「る」は可能の意を表わす助動詞) そこにいればなんとかいられる。生きていれば、それなりになんとかやっていける。＊粟田口別当入道集(1189)「人はいはず鳥も声せぬ山路にもあればあらるる身にこそありけれ」＊新続古今(1439)哀傷・一五九二「別れてはながらふべくもなかりしにあればあらるるうき身なりけり〈西蓮〉」

あれ ば ある 世(よ) 生きていこうとすれば、たえつらくとも、とにかく生きていかれる世。住めば住める世。＊千載(1187)雑中・一一一三「おのづからあればある世に永らへて惜しむと人に見えぬべきかな〈藤原定家〉」＊新古今(1205)雑下・一七七一「うきながらあればあるよにふるさとの夢を現(うつつ)にさましかねても〈よみ人しらず〉」＊浄瑠璃・百合若大臣野守鏡(1711頃)三「悔むに甲斐もあらいその、藻屑にかかる露の身も、あればある世の習ひかや」

あれ ば こそ 「あら(有)ばこそ②」に同じ。＊浮雲(1887-89)〈二葉亭四迷〉三・一七「怪しんでゐる間も有ればこそ、それっと炭を継ぐ、吹く、起こす」

あれ や ①「あればや」の意。㋑(「や」は疑問を表わす)…であるから…のであろうか。＊万葉(8C後)一〇・一八八三「ももしきの大宮人は暇(いとま)有也(あれヤ)梅を挿頭(かざ)してここに集(つど)へる〈作者未詳〉」＊万葉(8C後)一五・三六〇一「しましくも独り有りうるものに安礼也(アレヤ)島のむろの木離れてあるらむ〈遣新羅使人〉」＊古今(905-914)恋五・七五八「すまのあまのしほやき衣をさをあらみ間遠にあれや君が来まさぬ〈よみ人しらず〉」㋺(「や」は反語を表わす)…であろうか、そうではないのに。＊万葉(8C後)一・三二「古の人にわれ有哉(あれや)ささなみの古きみやこを見れば悲しき〈高市古人(黒人)〉」＊万葉(8C後)一五・三六三三「粟島(あはしま)の会はじと思ふ妹に安礼也(アレヤ)安眠(やすい)も寝ずてあが恋ひ渡る〈遣新羅使人〉」㋩(「や」は反語を表わす) あるからこそ…のであろうか、そうではないから…できない。＊万葉(8C後)六・九四三「玉藻刈る辛荷(からに)の島に島廻(しまみ)する鵜にしも有哉(あれや)家おもはざらむ〈山部赤人〉」＊万葉(8C後)七・一三六八「石倉(いはくら)の小野ゆ秋津に立ち渡る雲にしも在哉(あれや)時をし待たむ〈作者未詳〉」②(文末の用法。「や」は反語を表わす) あるだろうか、いやあるはずがない。＊万葉(8C後)九・一六八八「焱干(あぶりほ)す人も在八方(あれやも)ぬれ衣(ぎぬ)を家にはやらな旅のしるしに〈人麻呂歌集〉」＊万葉(8C後)九・一八〇九「倭文手纏(しつたまき) 賤しきわが故 丈夫(ますらを)の 争ふ見れば 生けりとも 会ふべく有哉(あれや)〈虫麻呂歌集〉」＊万葉(8C後)一八・四一一三「慰むる 心し無くは 天ざかる 鄙(ひな)に一日も あるべくも安礼也(アレヤ)〈大伴家持〉」③(「や」が係助詞の機能を失って感動の意に近くなった用法) あるのかしら。あるのかなあ。＊新古今(1205)春上・六七「雨ふれば小田のますらをいとまあれや苗代水を空に任せて〈勝命〉」＊新古今(1205)春下・一〇四「ももしきの大宮人はいとまあれや桜かざしてけふもくらしつ〈山部赤人〉」

あろう 事(こと) 「あろ(有)う事(こと)か」に同じ。＊雑俳・柳筥(1783-86)二「あらう事亭主が死んでからはらみ」＊雑俳・柳多留-四三(1808)「あろふ事封し違ひで二人り切れ」

あろう 事(こと)か (「あってよいことか」の意から) とんでもないことだ。けしからんことだ。＊浄瑠璃・神霊矢口渡(1770)四「ほんにマア有ふ事か、今渡守の頓兵衛といふては〈略〉余り人使がひどいから、幾度置いても奉公人が三日とは居たたまらぬ故」＊破垣(1901)〈内田魯庵〉三「有らう事か殿様をお騙し申して挙句に男を暴れ込まして」＊婦系図(1907)〈泉鏡花〉前・三三「あらう事か、あっと頬げたを圧へて退(すさ)る」 発音アローコトカ〈標ア〉ロ

あろう 事(こと)か あるまい 事(こと)か ①(「あってよい事か、いけない事か」の意から) なんということか。とんでもないことだ。＊開化自慢(1874)〈山口又市郎〉初・上「有(アラ)ふことかあるまい事(コト)か、何程(なんぼ)兎がはやるからといって、大坂中の豆腐屋へ敷金をして、豆腐のかすを買ひ込み、横堀の蔵を借りて詰こんだが、どふして夫がうれやうものか」＊福翁自伝(1899)〈福沢諭吉〉雑記「仙台の藩士が有らうことか有るまいことか、御上使(ご

じゃうし)の御下向(おんけかう)と聞いて景気を催し、生首を七つとやら持て出たので」 ②(「ありそうなことか、なさそうなことか」の意から) まったく不思議なことだ。＊談義本・教訓雑長持(1752)三・浅草寺に奴集り主人を評議せし事「あらふ事かあるまい事か、夜半時分に寝所から出て、いざさらば、雪見にころぶ所迄とは、翁の名句。アアそふじゃ、此雪むげに寝てあかさんは、誹諧冥理に尽たせんさく」

あ・る【荒】〘自ラ下二〙⇨あれる(荒)

あ・る【現・生】〘自ラ下二〙 神霊、天皇など、神聖なものが出現する。転じて、生まれる。＊古事記(712)中「然して阿礼(アレ)坐(ま)しし御子の名は、日子八井命〈略〉三柱なり」 ＊万葉(8C後)一・二九「玉襷(たまだすき) 畝火(うねび)の山の 橿原(かしはら)の 日知(ひじり)の御代ゆ〈或は云ふ、宮ゆ〉阿礼(アレ)まししし神のことごと〈柿本人麻呂〉」 ＊頸縊り上人(1922)〈菊池寛〉「あはれ、男皇子(みこ)などの一日もはやく、産(ア)れませよかし」 補注「ある」は、神霊の出現あるいは神霊の意志の顕現を意味することが多く、元来は「うまれる」とは異なる意である。類語「うまる」は元来出生を意味し、また「なる」は変化して他のものになる、他のものに宿る意である。 語源説 (1)ナル(生)に通じる〔大言海〕。(2)アラ(新)と通じる。この身の新たになること〔雅言考〕。(3)朝鮮語 al (卵)と関係があるか〔万葉集=日本古典文学大系〕。(4)賀茂の賢木(=阿礼木)についての名。雷神の住む所ということからアレは住居の意〔神代史の新研究=白鳥庫吉〕。(5)アリに対立して、アリという状態の成立を意味するか。神霊自体、あるいはその意志をこの世に顕するものの名として使われた〔時代別国語大辞典－上代編〕。 発音〈標ア〉ア 辞書 色葉・言海 表記 生(色・言) 現(色)

あ・る【散・離】〘自ラ下二〙 ①散り散りになる。離れ離れになる。あらける。＊竹取(9C末－10C初)「あなないにおどろおどろしく廿人の人の上りて侍れば、あれて寄りまうで来ず」 ②遠のく。うとくなる。＊古事記(712)下・歌謡「大魚(おふを)よし 鮪(しび)突く海人(あま)よ 其(し)が阿礼(アレ)ば うら恋(こほ)しけむ 鮪突く志毘(しび)」

ある-い-は【或―】(動詞「あり(有)」の連体形に副助詞「い」および係助詞「は」の付いたもの) ㊀〘連語〙(「あるいは…、あるいは…」の形で多く用いられる) 同類の事柄の中から一方を選び、または、さまざまな場合を列挙して、主格となる。ある人は。ある事(時)は。＊東大寺本成実論天長五年点(828)一五「有(アル)いは不善心と不善信と倶なること有り。或(アル)いは不善心は有りて信は無し」 ＊東大寺諷誦文平安初期点(830頃)「或イハ剣の輪に轢(お)されて号(おら)び叫(さけ)び、或イハ刀の山に串(くす)かれて悶(こころた)え迷ふ」 ＊新井本竹取(9C末－10C初)「あるいは笛を吹き、あるいは歌を歌ひ、あるいは声歌をし、扇をうちならしなどするに」 ㊁〘接続〙 ①(「あるいは…、あるいは…」の形で) 同類の事柄を列挙し、それぞれの場合があることを示す。一方では。時には。＊法華義疏長保四年点(1002)一「菩薩は心は道に会(かな)ふと雖も、形は定方無し。或いは道、或は俗なり」 ＊百座法談(1110)三月九日「阿彌経はただ阿彌仏の名号をあるいは耳にふれ或(あるい)は口にとなふるに、皆極楽に往生するよしを説ける経也」 ＊高野本平家(13C前)一・祇王「或(アルイ)は文を遣はす人もあり、或は使をたつる者もあり」 ②(「…あるいは…」の形で) 同類の事柄のうち、いずれか一方が選ばれることを示す。または。もしくは。＊大乗掌珍論天暦九年点(955)「世に一の無智の画師有りて、畏る可き薬叉鬼の像と、或イハ女人の像とを画き作して」 ＊徒然草(1331頃)六六「枝の長さ七尺、或(あるいは)六尺」 ＊浮世草子・傾城禁短気(1711)五・一「はやらぬ時は位を下ろされ、或(アルイ)は所を替へられ」 ㊂〘副〙 もしかすると。ひょっとすると。＊浮雲(1887－89)〈二葉亭四迷〉一・一「それは課長の方が或は不条理かも知れぬが」 ＊露団々(1889)〈幸田露伴〉一〇「事を謀るには三年の日も或(アルヒ)は早からんですから」 語誌 (1)「或」の漢文訓読語として発生した。漢文では文中に「或」が用いられる場合、「あるひと・あるもの・あるとき」と訓ずることが多いが、副助詞「い」、係助詞「は」を添えて「あるいは」とも訓じた。平安時代初期には「あるいは」は㊀のように主格として用いられ、㊁のような同類並列や選択を表わす接続詞としては「あるは」が用いられるという使い分けがあった。平安中期になって「あるいは」にも㊁のような接続詞としての用法が生じ、末期には「あるいは」の方が優勢となった。特に選択の用法は、江戸時代に入ると「あるは」にはみられなくなる。(2)室町中期には疑惑の意を表わす副詞的な用法も生じて、副助詞「い」の原義(主語や連体修飾語に付いてそれを指示強調する)が失われた。さらには、仮名遣いも混乱し、鎌倉時代末期頃の書写とされる「前田本方丈記」「伊呂波字類抄」などに「あるひは」と表記した例がみられ、「和訓栞」以後は慣用化した。訓点資料では、平安初期のものはもちろん、後世のものでもほとんど例外なく「あるいは」が用いられている。(3)現代語で副詞として用いられる場合は、「もしかしたら」「ひょっとすると」などに比べて、かなり事柄の生起する可能性が高い場合に使われる。文末は多く、「かもしれない」「ではないだろうか」「ではないか」「では(=じゃ)」などとなり、「だろう」「らしい」「にちがいない」等は使用しない。また、「もし」や「もしも」が「もし…したら」のように条件節に用いられるのに対し、「あるいは」等にはこのような用法はない。 語源説 (1)アルヒト(人)ハから〔名言通〕。(2)アルヒ(有日)ハから〔国語本義・紫門和語類集〕。(3)アルイヒ(有謂)ハから〔和句解〕。 発音 アルイワ〈なまり〉アリイワ〔岩手〕アルヒワ〔瀬戸内〕〈標ア〉ル〈ア史〉平安・鎌倉○●●● 江戸○○●●〈京ア〉ル 辞書 色葉・名義・和玉・文明・易林・日葡・書言・〈ポン〉・言海 表記 或(色・名・玉・文・易・書・へ・言) 有・乍(色・名) 詎(名) 将・馘(玉)

あるおんな【或る女】 小説。前後二編。有島武郎作。大正八年(一九一九)刊。ヒロイン早月葉子が近代的自我にめざめながらも、社会に受け入れられず、自滅してゆく半生を描く。 発音〈標ア〉ア

ある-が〘接続〙 先行の事柄に対し、後行の事柄が反対、対立の関係にあることを示す(逆接)。しかし。＊史記抄(1477)八・孝景本紀「若し罪もないを殺したらば、殺丞相条侯と可書ぞ、あるが世家を考れば、させる罪でもないぞ」 ＊寛永刊本蒙求抄(1529頃)四「欲心などは、ちともなかった。されども、青雲天上までも、上らうとは思ふたぞ。あるが今はまう、三公の貴も、千金の富も、何ともをもわぬ」

アルカイスム〘名〙(フランス archaïsme)《アルカイズム》 ①古風な言語や様式を用いて文体に趣を与えること。古体。古語。擬古体。アーケイズム。＊音引正解近代新用語辞典(1928)〈竹野長次・田中信澄〉「アルカイズム Archaism 英 古語、廃語、古風、古体」 ②アルカイック芸術のもつ単純さ、素朴さを理想とする主義。 ③古代模倣主義。一九世紀、フランスの詩人、ミュゼリ、マリーらが主張。↓アルカイック。 発音〈標ア〉イ

アルカイック〘形動〙(フランス archaïque「古風な」の意) ギリシア美術初期の未完の生硬さ、たくましさをもつ美術、またはそのようなものについていう。古拙な。古代的な。アーケイック。＊新らしい言葉の字引(1918)〈服部嘉香・植原路郎〉「アルカイック Archaic (英) ギリシャ美術上の用語」 ＊風土(1935)〈和辻哲郎〉四・二「そこにはアルカイックな固さと未熟とのほかにさまざまの破綻が現われ」 発音〈標ア〉イ

アルカイック-スマイル〘名〙(洋語 フランス archaïque＋英 smile) ギリシアのアルカイック期の彫像に顕著な、口もとに微笑を浮かべたような表情。中国六朝時代や日本の飛鳥時代の仏像の表情にもいう。 発音〈標ア〉マ

ある-かお【有顔】〘名〙「ありがお(有顔)」に同じ。＊浮世草子・傾城禁短気(1711)一・四「八雲といふ女郎を都の名葉法師と張り合い、有顔(アルカホ)せし最中なれば」

ある-かかり〘名〙(形動) 普通のこと。一通り。また、普通であるさま。＊日葡辞書(1603－04)「Arucacari (アルカカリ)。すなわち、Arucacarino (アルカカリノ) コト〈訳〉普通の事、ふえもへりもしない事。Arucacarini (アルカカリニ) マウシタ」 ＊仮名草子・七人比丘尼(1635)下「かやうの御事は、あるかかりの御事にては、心得がたし。心を仏道になげ入れ、終日に、終夜工夫し給ふべし」 辞書 日葡

ある-かく【有格】〘形動〙 ありきたりのさま。とおり一遍のさま。＊浄瑠璃・仮名手本忠臣蔵(1748)五「定めて貴様も何ぞ詰らぬ事が。子が難義に及ぶによってといふ様な。有格(あルカク)な事じゃあろ」 ＊雑俳・柳多留－一四(1779)「あるかくなうそでは女房もふくわず」 ＊歌舞伎・貞操花鳥羽恋塚(1809)五立「ハテ、有る格な囚人(めしうど)め、そんな方手は、取り措(お)け取り措け」

アルカス(ギリシア Arkas) ギリシア神話の、ゼウス(一説にパン)とニンフのカリストの子。熊になった母を追って禁制のゼウスの神域に立ち入り、死ぬべきところを、ゼウスの憐みにより母は大熊座にアルカスは牛飼座の星アルクトゥルスになった。 発音〈標ア〉ア

あるか・す【歩】〘他サ五(四)〙 人、動物を歩くようにさせる。＊浮世草子・傾城禁短気(1711)五・三「人の皮かぶったものの今時分こんな事いふてあるかすものではござらぬ」 発音〈標ア〉カ

アルカディア(ギリシア Arkadia) ギリシア南部の県名。ペロポネソス半島の中央山岳地帯の景勝地。海から離れた奥地で、住民は平和で素朴な生活を送ったので、古代ギリシアの田園生活の理想郷とされた。桃源境。 発音〈標ア〉〇

アルカディウス(Arcadius) 東ローマ帝国の初代皇帝(在位三九五～四〇八年)。父テオドシウス一世の没後、弟ホノリウスとともにローマ帝国を分離統治した。(三七七～四〇八) 発音〈標ア〉ディ

アルカデルト(Jacob Arcadelt ヤコブー) フランドルの作曲家。マドリガル作者として有名。(一五〇五頃～六七頃) 発音〈標ア〉デ

アルカリ〘名〙(オランダ・英 alkali 元来はアラビア語で、al は定冠詞、kali は「灰」の意。「亜爾加里」「亜児加里」とも書いた) 水酸化物 MOH (M はアルカリ金属、アルカリ土類金属およびアンモニウム基など)の形式をとり、強い塩基性を示して水に溶解する物質の総称。一般には水酸化ナトリウムと水酸化カリウムを意味する。塩基と同義語にも用いる。＊植学啓原(1833)三・錫布質「錫布、亜爾加里(アルカリ)、油、水相和而成」 ＊小学化学書(1874)〈文部省〉二・四七回「『アルカリ』とは赤色の『リトマス』溶液を青色に変じ且酸を中和する者なり」 発音〈標ア〉〇〈京ア〉〇

アルカリ-かんでんち【―乾電池】〘名〙 電解液に水酸化カリウム、正極に二酸化マンガン、負極に亜鉛粉末を用いた乾電池。容量が大きい。 発音〈標ア〉デ

アルカリ-きんぞく【―金属】〘名〙 周期表1族元素のうち、リチウム Li ナトリウム Na カリウム K ルビジウム Rb セシウム Cs フランシウム Fr の総称。金属光沢のある柔らかい軽金属で、反応性に富む。一価の陽イオンになりやすく、常温で水を分解して水素を発生し、強塩基の水酸化物をつくる。＊舎密開宗(1837－47)内・三・五七「按に達喜氏の発明に亜爾加里は咸な各種の金属の酸化する者にして其金属を亜爾加里金属と謂ふ」 発音〈標ア〉キ

アルカリ-けっしょう【―血症】〘名〙「ア

ルカローシス」に同じ。↕酸血症。発音アルカリケッショー〈標ア〉ケ

アルカリ-こうぎょう【―工業】(ゲフ:コウ)『名』苛性アルカリ、炭酸アルカリなどのアルカリ類を製造する化学工業。最も重要な製品はソーダ灰。発音アルカリコーギョー〈標ア〉コ

アルカリ-しょくぶつ【―植物】『名』乾燥地や海岸の砂地など、アルカリ土壌に適応した植物。ホウレンソウ、マメ類、クロマツなど。↕酸性植物。発音〈標ア〉ク

アルカリ-すい【―水】『名』アルカリ性の水。*講学余談‐一号(1877)「タルタル人は其土地に産する亜爾加里水を以て抹茶を煎じ」発音〈標ア〉リ

アルカリ-せい【―性】『名』アルカリの持つ性質。水溶液中で水酸イオンを生じて、赤色リトマスを青変させ、溶液が七より大きいpHを示す。↕酸性。*風俗画報‐一六六号(1898)地理門「無色透明無臭にして鹹味あり、其反応は亜児加里性にして」*秋(1939)〈横光利一〉「アルカリ性の強い湯の湧き出てゐる川岸のところに」発音アルカリセイ〈標ア〉0〈京ア〉0

アルカリせい-しょくひん【―性食品】『名』体内に摂取されるとアルカリ化され、主にアルカリ性の物質を生ずる食品。野菜、果物、牛乳などで、ナトリウム、カリウム、カルシウムなどの金属元素を多く含む。↕酸性食品。発音アルカリセイショクヒン〈標ア〉ショ

アルカリせい-はんのう【―性反応】(オウ:ハン)『名』赤色リトマスを青変させるなど、アルカリ性であることを示す反応。発音アルカリセイハンノー〈標ア〉ハ

アルカリせい-ひりょう【―性肥料】(レウ:ヒ)『名』水に溶かしたり、土に施すとアルカリ性を呈する肥料。人糞(ふん)尿、石灰窒素、草木灰など。発音アルカリセイヒリョー〈標ア〉ヒ

アルカリ-せん【―泉】『名』含有物の主成分が重炭酸ナトリウムである鉱泉。発音〈標ア〉0リ〈京ア〉リ

アルカリ-ちゅうどく【―中毒】『名』「アルカローシス」に同じ。発音アルカリチュードク〈標ア〉チュ

アルカリ-でんち【―電池】『名』充電可能な、二次電池の一つ。電解液にアルカリ、正極に水酸化ニッケル、負極に鉄、またはカドミウムを用いる。エジソン電池、ユングナー電池、焼結式アルカリ電池などがある。起電力は約一・二ボルト。発音〈標ア〉テ

アルカリ-ど【―度】『名』水質を表わす指標の一つ。強酸による中和滴定で測定し、中和に必要とする酸に相当する炭酸カルシウム濃度により表示する。水処理の際アルカリ度の除去を脱アルカリという。発音〈標ア〉リ

アルカリ-どじょう【―土壌】(ヤウ:ドジ)『名』ナトリウム、マグネシウム、カルシウムなどを含み、アルカリ性を示す土壌。アルカリ性が強くなると、一般の作物は育たない。わが国での分布は少ない。↕酸性土壌。発音アルカリドジョー〈標ア〉ド〈京ア〉ド

アルカリ-どるいきんぞく【―土類金属】『名』周期表2族元素のうち、ベリリウム Be マグネシウム Mg カルシウム Ca ストロンチウム Sr バリウム Ba ラジウム Ra の総称。Ca 以下の四元素をいうこともある。銀白色で柔らかい軽金属元素で、二価の陽イオンになりやすい。水酸化物はアルカリ性を示し強塩基となり、またいろいろな酸と塩をつくる。*稿本化学語彙(1900)〈桜井錠二・高松豊吉〉「Alkaline-earth-metal Erdalkalimetall,n アルカリ土類金属」発音〈標ア〉キ

アルカロイド『名』(英 alkaloid) 植物体中に存在する窒素を含む塩基性有機化合物の総称。有毒なものが多く、微量で、人や動物に顕著な薬理作用を及ぼすので、興奮剤、麻酔剤など薬用となるものもある。植物体中での生理作用はあまり重要でない場合が多い。ニコチン、カフェイン、キニン、コルヒチン、モルフィン、アトロピン、ムスカリン、ベルベリンなど約五〇〇種に及ぶ。"植物塩基" *医語類聚(1872)〈奥山虎章〉「Opianine 阿片ノ亜爾加魯依土」*追われる女(1953‐54)〈平林たい子〉笑う肉体「弱アルカリでアルカロイドを沈澱させたんですよ」発音〈標ア〉ロ〈京ア〉ロ

アルカローシス『名』(英 alcalosis) 血液の液状成分が、正常な範囲をこえてアルカリ性に傾いた状態をいう。重症のときは全身痙攣(けいれん)をおこす。一酸化中毒、高山病などにみられる。アルカリ血症。↕アシドーシス。発音〈標ア〉ロ

アルカンジョ『名』(ポルトガル archanjo, arcanjo) キリシタン用語。大天使。*どちりなきりしたん(一六〇〇年版)(1600)一一「さんみげるあるかんじょ、さんじょあんばうちすた、たっときあぽすとろのさんぺいとろ」*聖教初学要理(1872)〈ベルナルド=プチジァン〉切支丹来歴之略「天主(デウス)より御使として聖(サン)ガブリヱル(天神一位の名)といふ大天神(アルカンジョ)、天より降(くだ)り給いて」発音〈標ア〉カ

あるき【歩】『名』(動詞「あるく(歩)」の連用形の名詞化) ①歩くこと。あちこち動きまわること。また、外出すること。ありき。*万葉(8C後)一四・三三六七「百(もも)つ島足柄小舟安流吉(アルキ)多み目こそ離(か)るらめ心は思へど〈東歌・相模〉」*苔の衣(1271頃)三「いかなる御あるきにもたちおくれきこえぬばかりぞつかうまつりたる」*邪宗門(1909)〈北原白秋〉朱の伴奏・雨のひぐらし「薄ぐらき思のやから、その歩行(アルキ)夜にか入るらむ」②江戸時代、村の庄屋に所属した用務者。もっぱら村の内外の連絡事務を受け持ったが、村方三役(庄屋、組頭、百姓代)が制度化する以前は庄屋の補佐役であった所が多く、その頃はこれを散使、肝煎(きもいり)などと呼んだ。ありき。*浄瑠璃・津国女夫池(1721)二「双方の庄屋、月行司、村のあるきは棒つきならべ」*浄瑠璃・平仮名盛衰記(1739)三「村中をかけ廻るあるきがにょっと門口から」*雑俳・柳多留‐一五(1780)「鳥のほねあるきを呼んでたたかせる」方言❶旅行。島根県邇摩郡725 岡山県苫田郡749 熊本県下益城郡930 ◇ああき 島根県仁多郡・能義郡725 ❷行商。◇ああき 島根県大根島732 ❸こじき。岐阜県加茂郡052 島根県出雲726 ❹主に村の触れ事などをして歩く小使のような役。千葉県安房郡001 香取郡265 福井県大飯郡447 山梨県455 長野県475 476 493 岐阜県飛驒502 静岡県520 愛知県054 562 563 三重県伊賀001 員弁郡592 大阪府南河内郡644 泉北郡646 兵庫県661 664 665 和歌山県日高郡698 島根県那賀郡725 徳島県809 ◇あるきい 京都市054 ◇あるきさん 愛知県名古屋市562 ◇あるきさ 愛知県知多郡570 ❺人に頼まれて用足しに歩く人。走り使いをする小者。◇あるきさんとも。大阪市638 ❻朝夕、人夫を雇いに他家へ頼みに行くこと。島根県隠岐島725 ❼他家を訪問すること。島根県隠岐島725 ❽浜において海上に注意し、波が立ってくると触れ歩く人。徳島県海部郡025 ❾馬の歩調。千葉県君津郡301 ❿竹馬。島根県那賀郡764 徳島県809 高知県長岡郡869 ⓫足場。神奈川県津久井郡317 ⓬屋根をふく時の足場。新潟県佐渡352 ⓭ふき上がった屋根の上に結びつけた、その上を歩くための棒。千葉県印旛郡059 ⓮縁側。廊下。岐阜県郡上郡504 発音〈標ア〉キ〈京ア〉0 上仮名アルキ 辞書日葡・言海 表記歩(言)

あるき-あ・げる【歩上】『自ガ下一』①道中などで、毎日少しずつ歩く距離をのばして調子をあげる。*落語・三人旅(1894)〈禽語楼小さん〉「最初は七里も歩きまして二日目に八里、三日目に十里、其れから歩き上げて参ると云ふ様なもので」②(「あげる」は終える意) 飛脚が死ぬ。*妙好人伝(1842‐52)三・上・信州何某「左官が死(しぬる)と塗上たといふ。飛脚が死とあるきあげたといふ。雲助が死とクタバッタといふ」

あるき-かた【歩方】『名』歩く様子。歩きぶり。*伊蘇普物語(1873)〈渡部温訳〉二・七「兎、亀の行歩(アルキカタ)の遅きを笑ひ」*改正増補和英語林集成(1886)「Aruki-kata アルキカタ」*富嶽百景(1939)〈太宰治〉「歩きかたなんか、なかなか、できてるぢゃないか」発音〈標ア〉0カ〈京ア〉0

あるき-がみ【歩行神】『名』人をそぞろ歩きに誘い出す神。人に、旅をしたいという気を起こさせる神。ありきがみ。そぞろ神。*梁塵秘抄(1179頃)二・四句神歌「隣の大子(おほいご)が祀る神は、頭(かしら)の縮(しじ)け髪、十寸(ます)髪、額髪、指の先なる拙神(てづつがみ)、足の裏なるあるきがみ」*談義本・世間万病回春(1771)三・疱瘡神評「出所も得しれぬ歩行神(アルキがみ)の宿して」*俳諧・七番日記‐文化一二年(1815)正月「陽炎や猫にもたかる歩行神」方言出歩くことの好きな人。徳島県811

あるき-ざま【歩様】『名』「あるきつき(歩付)」に同じ。*一兵卒の銃殺(1917)〈田山花袋〉一五「あの歩きざまを見ろよ」発音〈標ア〉0

あるき-すがた【歩姿】『名』歩く姿。歩くときの様子。*浮世草子・薄紅葉(1722)一「このむごとくのあるきすがたなれば、これこそはとおもひて、うしろにつきてかへりけるに」発音アルキスガタ〈標ア〉ス

あるき-ぞめ【歩初】『名』幼児が歩き始めること。また、その時する祝い事。あるきはじめ。方言❶嫁入り三日目に嫁が組内を挨拶して歩くこと。香川県三豊郡054 ❷里帰り。◇あいきぞめ 静岡県榛原郡534 ◇あいびぞめ 静岡県榛原郡541 発音〈標ア〉0〈京ア〉0

あるき-たが・う【歩違】(がふ:た) 一『自ハ四』行きちがう。行きちがいになる。*散木奇歌集(1128頃)夏「五月五日春宮大夫公実のもとより、あるきたがはであれ、ものへいかんにぐせんとありけれど」二『自ハ下二』一に同じ。*清輔集(1177頃)「人のもとへまかれりけるにあるきたがへたるよしをいひていれざりければいひいれける」

あるき-ちゅうげん【歩仲間】『名』使い走りをする仲間男。*歌舞伎・御摂勧進帳(1773)五立「真赤(まっか)いな他人の歩き仲間、滅多な事をいふまいぞ」

あるき-ちら・す【歩散】『自サ五(四)』いちずに歩きまわる。あちこちとむやみに歩く。*多情多恨(1896)〈尾崎紅葉〉後・九・二「彼が起つと柳之助も起って、中の間を無二無三に歩き散(チラ)した」*坊っちゃん(1906)〈夏目漱石〉二「少し町を散歩してやらうと思って、無暗に足の向く方をあるき散らした」

あるき-つき【歩付】『名』歩く様子。歩きぶり。足どり。*滑稽本・八笑人(1820‐49)四・下「コウいつものやうなあるきつきでは、牛と間違ふから、いせへよくかけださっしょ」*肱の侮辱(1907)〈国木田独歩〉「悉皆(みんな)、肩で風を切るやうな歩(アル)きつきを仕(し)て居ました」発音〈標ア〉キ〈京ア〉0

あるき-つ・ける【歩付】『自カ下一』文あるきつ・く『自カ下二』(多くは下に打消を伴って用いる) 歩くことに慣れる。*落語・神酒徳利(1896)〈三代目柳家小さん〉「『足が悪いったって毎日商ひを為て歩く者だからまるっ切り歩けねへと云ふこともあるめへ』『夫れでも誠に遠くを歩き付けませんから』」発音〈標ア〉ケ0

あるきっ-ぷり【歩振】『名』「あるきぶり(歩振)」の変化した語。*落語・武助馬(1897)〈三代目柳家小さん〉「旨い歩きっぷりする様に稽古して居るので」*生まざりしならば(1923)〈正宗白鳥〉「ベタベタしたやうな歩きっ振りが、どうしても田舎の芸者か酌婦見たいで本性をあらはしてゐた」発音〈標ア〉0リ

あるき-づめ【歩詰】『名』(形動)(「づめ」は同じ動作を続けることを表わす) 休みなく歩き続けること。歩き通し。*談義本・教訓雑長持(1752)三・浅草寺に奴集り主人を評議せし事「年中あるきづめにして、すねの休む間はないものじゃが」*夜明け前(1932‐35)〈島崎藤村〉第一部・下・一一・五「殆んど歩きづめに歩き、働き

づめに働いて」 発音〈標ア〉0

あるき-つ・める【歩詰】〘自マ下一〙たえず歩き続ける。いちずに歩く。＊思出の記(1900-01)〈徳富蘆花〉三・九「顔は苦痛のあまり真蒼になって居たが、終に四日間山路を歩きつめて」 発音〈標ア〉0メ

あるき-で【歩―】〘名〙（「で」は分量の意）相当に歩いたと感じられる歩行距離。また、歩きにくい道や長い道などから受けるつらい感じ。歩きごたえ。＊夜明け前(1932-35)〈島崎藤村〉第一部・上・七・三「けふの山道はかなり歩きでがありました」 発音〈標ア〉0テ

アルキド-じゅし【―樹脂】〘名〙（アルキドは 英 alkyd）多価アルコールと多塩基酸との縮合反応によって得られる合成樹脂。塗料、接着剤、可塑剤などに用いられる。 発音〈標ア〉ジュ

あるき-ならい【歩習】〘名〙 幼児が歩き方を練習すること。＊良人の自白(1904-06)〈木下尚江〉中・一九・三「近頃歩き習ひの星子は」

アルギニン〘名〙（ドイ Arginin 英 arginine）塩基性アミノ酸の一種。魚のシラコのタンパク質中に特に多量に存在する。生体内でオルニチンと尿素に分解する。 発音〈標ア〉ギ0

あるき-はじめ【歩始】〘名〙「あるきぞめ（歩初）」に同じ。＊随筆・松屋筆記(1818-45頃)九三・一一二「小児行始（アルキハジメ） 人車記 久寿三二廿八条に 当歳女子行始 未申方 次向二乳母家一云々、按に小児の歩行始の事、今世宮参りをもて歩行始とす」 発音〈標ア〉0

あるき-ぶり【歩振】〘名〙 歩く様子。歩き方。ありきぶり。＊浄瑠璃・日本振袖始(1718)一「ふご尻に鰐足、あるきぶりはあひるの所知入」＊浮雲(1887-89)〈二葉亭四迷〉二・七「言葉は勿論歩風（アルキブリ）身体のこなしにまで何処ともなく活々（いきいき）とした所が有って」 発音〈標ア〉0リ

あるき-まわ・る【歩回】〘自ラ五(四)〙 あちこち歩く。ありきまわる。＊玉塵抄(1563)四「江湖日舎の方を随意にあるきまわったぞ」＊多情多恨(1896)〈尾崎紅葉〉前・八「戸外へ飛出して、近辺を行遍（アルキマハ）って見たのであるが」＊旅日記から(1920-21)〈寺田寅彦〉八「いそいそと甲板を歩き廻って行手の彼方此方を指ざしながら」 発音〈標ア〉0ワ 〈京ア〉0

あるき-みこ【歩神子・歩巫子】〘名〙 神社に専属しないで、各地を漂泊し、祈禱、神降ろし、勧進などをする神子。さとみこ。あがたみこ。＊米沢本沙石集(1283)二・一「あるきみこの髪（かみ）肩にかかりたるが、色白くたけ高きが、よはひ廿二三許りなるが臥たりける外（ほか）人も無し」＊大乗院寺社雑事記-寛正四年(1463)一一月二三日「猿楽、あるき白拍子、あるき御子、金たたき、鉢たたき、あるき横行、猿飼」

あるき-・みる【歩見】〘他マ上一〙 見聞を広めるため諸方をめぐり見る。＊大唐西域記長寛元年点(1163)五「定より出で遊覧（アルキみル）に王の諸の女を見つけ染愛の心生りたり」

アルキメデス（Arkhimēdēs）古代ギリシアの自然科学者。「アルキメデスの原理」の発見者。積分法の先駆となる円、球などの求積法、梃子（てこ）、重心の研究、らせん揚水器や武器の発明など多方面に活躍。（BC二八七頃～BC二一二頃）

アルキメデス の 原理（げんり） 発音〈標ア〉メ アルキメデスが発見した浮力に関する原理。流体中に静止する物体は、それと同体積の流体の重さだけ軽くなる。＊石中先生行状記(1948-49)〈石坂洋次郎〉三部・無銭旅行の巻・三「いま僕達は、サイン、コサインだのアルキメデスの原理だので苦労してゐるが」

アルキメデス の 螺旋（らせん） 平面上の曲線の一種。中心からの距離が回転角に比例して大きくなっていくような渦巻線をいう。アルキメデスの渦巻線。アルキメデスのスパイラル。正渦線。

あるき-やく【歩役・歩行役】〘名〙 江戸時代の宿駅に課された夫役をいう。伝馬役と共に、幕府の役人や諸大名の通行に備えて宿ごとに設けられたが、その定数は街道の交通量に応じ、東海道は一宿一〇〇人一〇〇匹、中山道は五〇人五〇匹、その他の三街道は二五人二五匹を常備するのが原則であった。＊牧民金鑑-一八・道中筋・寛政元年(1789)四月三日「歩行役者名前年付等相改、馬役者名前馬之毛色等相糺」

あるき-よ・る【歩寄】〘自ラ五(四)〙 歩いて近寄る。近づく。あゆみよる。＊めぐりあひ(1888-89)〈二葉亭四迷訳〉一「そして、気を附ながら抜足に歩き寄って、自分の上へ屈（こご）みかかる」

アルキル-き【―基】〘名〙（アルキルは 英 alkyl）脂肪族飽和炭化水素から水素原子一個を除いた残りの原子団。一般式 C_nH_{2n+1} 化学式の場合は一般に、略号Rを用いる。メチル、エチル、プロピルなど。 発音〈標ア〉0

アルキル-すいぎん【―水銀】〘名〙（アルキルは 英 alkyl）メチル、エチルなどアルキル基をもつ水銀化合物。脂溶性のため人体組織に蓄積され神経に作用する。極めて有毒。 発音アルキルスイギン〈標ア〉ス

アルギン-さん【―酸】〘名〙（ドイ Alginsäure の訳語）多糖類の一種。乾燥した海藻からとり、粘性が強い。粘りけのある食品の安定剤、接着剤、フィルム・繊維の製造などに用いる。 発音〈標ア〉0

ある・く【歩】〘自カ五(四)〙 ①動きまわる。ありく。㋑（足を使って、また乗り物を使って）あちこち移動する。また、外出する。人の場合が多いが、人間以外にもいう。＊万葉(8C後)三・四二五「河風の寒き長谷（はつせ）を歎きつつ君が阿流久（アルク）に似る人も逢へや〈山前王〉」＊霊異記(810-824)下・三八「天の下の国を周（めぐ）り行（アル）きて、歌咏（うた）ひて示す。〈真福寺本訓釈 周行 上女具利 下安留久〉」＊斯道文庫本願経四分律平安初期点(810頃)「時に婦女の夫主有り、行（アルキ）て在らず」＊大鏡(12C前)二・忠平「今は、あやしのものも馬、車に乗りつつみしみしとあるき侍れば」＊咄本・蝶夫婦(1777)初夢の大吉「邯たんの枕をして寐れば、栄花のゆめを見るといふに依て、旧冬（ふゆとし）から聞て歩行（アルイ）たけれども、何所にもない」＊滑稽本・七偏人(1857-63)初・上「コレサおめへたちの唾（つばき）が、霧のやうに家ぢうをまってあるくは」＊思ひ出す事など(1910-11)〈夏目漱石〉二六「渇よりも恐ろしい餓（ひも）じさが腹の中を荒して歩（アル）く様になった」㋺徒歩でゆく。歩行する。あゆむ。＊天草本伊曾保(1593)イソポの生涯の事「ヲドッツ ハネッシテ ヨロコウデ ミチヲ aruita（アルイタ）」＊俳諧・知足筆句稿(1687)「眠るやら馬のあるかぬ暖かさ〈越人〉 曇りをかくす朧夜の月〈寂照〉」＊五重塔(1891-92)〈幸田露伴〉二「首を垂れながら歩行（アル）いて居る」②野球で、打者が四球を得て一塁に出る。＊モダン語漫画辞典(1931)〈中山由五郎〉「歩（アル）く 野球用語の一つ」③（比喩的に）時間・時代の流れとともに、ある過程を経て進む。＊後裔の街(1946)〈金達寿〉四「それは、独立していた一つの民族の歩いてきた歴史なのであった」＊日本人の中国観(1949)〈竹内好〉「中国が近代の遂行過程を着実に自分のものとして歩いているというかれの根本意見は」 語誌 (1)上代「万葉集」に確例があるが、中古にはほとんど見られず、中古末から口頭語として台頭し、やがて一般化して広く用いられるようになる。(2)類義語「あゆむ」は一歩一歩の足取りに焦点をあてた語であるが、「あるく」「ありく」は足取りを超えて歩行移動全体に焦点が及ぶ。したがって、徒歩でなく、車に乗って移動するような場合にも用いられる。また、「あゆむ」が目標を定めた確実な進行であるのに対し、「あるく」「ありく」は散漫で拡散的な移動を表わすという違いも認められる。→「ありく（歩）」の語誌。 方言 ❶乗り物が通行する。宮城県栗原郡114 富山県東礪波郡（坂道とか雨とか何か障害のある中を進んでいくさまにいう）040 ❷嫁が実家に行く。熊本県玉名郡058 ❸動詞の連用形に付けて、意味を強調する。ひどく…する。大いに…する。和歌山県691 岡山市762 ❹動詞の連用形に付けて、動作の主をののしる気持をこめる。愛媛県840 語源説 (1)アリクの音通〔大言海〕。(2)アユミユキ（歩行）の約〔菊池俗言考〕。(3)アユク（動）。ア（足）にルがついてカ行に活用したものか〔日本語源=賀茂百樹〕。(4)アシユク（足行）の義〔名言通〕。(5)アは足、ルはカルキ（転）から〔和句解〕。 発音〈なまり〉アーク〔信州風物・鳥取・島根〕アイク〔静岡・南知多・NHK（長野）・岐阜〕アク〔NHK（秋田）・秋田鹿角〕アグ〔津軽ことば・秋田〕アラク〔栃木・埼玉方言・富山県〕アラグ〔山形〕アーリク・アールク・アリク〔埼玉方言〕アルッ〔鹿児島方言〕アレク〔石川〕アロク〔島根〕エブ〔埼玉方言〕ヤーク〔山梨・静岡〕〈標ア〉ル 〈ア史〉鎌倉○◎◎ 〈京ア〉0 辞書 字鏡・名義・日葡・ヘボン・言海 表記 蹊（字） 躧（名） 歩行（へ） 歩（言）

アルクトゥルス ⇨アークトゥルス

アルケー〘名〙（ギリ arkhē）ギリシア哲学で、万物の始源、原理。また、根拠。 発音〈標ア〉ア

アルケオロジー〘名〙（フラ archéologie）考古学。特にフランスの哲学者、ミシェル=フーコーの歴史認識の手法をいう。 発音〈標ア〉オ

アルコーブ〘名〙（英 alcove）西洋式の建築で、大きな部屋に付随した小部屋。また、部屋の一部を外側に張り出させた部分。ベッドを置いたり書庫にしたりする。＊ふらんす物語(1909)〈永井荷風〉橡の落葉・舞姫「君をわがアルコーブの帷幕（とばり）の陰に引入れしめ」＊美しい町(1919)〈佐藤春夫〉「鷺は〈略〉アルコオブの窓で今も愛育されてゐる」 発音〈標ア〉コ

アルコール【酒精】〘名〙（オラ alcohol 英 alcohol）《アルコホル》①炭化水素の水素原子を水酸基（―OH）で置換した化合物の総称（ただしフェノール類を除く）。炭素原子の数の少ないものを低級アルコール、多いものを高級アルコールといって区別することもある。動植物の油脂、蠟（ろう）などの中にエステルとして広く存在する。工業的には酵母のアルコール発酵、石油、天然ガスからの分離合成などによって生産される。ふつう、エチルアルコールや消毒用のアルコールをさす場合が多い。＊植学啓原(1833)三・糖「結晶如二束針一、不レ能三溶二解於亜爾箇児（アルコール）一、合而煮レ之、雖二乃溶一、冷後復結レ晶」＊童蒙をしへ草(1872)〈福沢諭吉〉初・二・一〇「都（すべ）て酒の中には『あるこほる』といふ精を含めり」＊生活の探求(1937-38)〈島木健作〉二「脱脂綿にアルコホルを浸して傷口を洗ひ」②「アルコールいんりょう（―飲料）」に同じ。＊西洋道中膝栗毛(1874-76)〈総生寛〉一四・上「屠蘇の祝ひは葡萄酒やビイル、サンパン、アルコウル」＊普賢(1936)〈石川淳〉六「おれにはアルコオルがある。アルコオルの中でも特にまづい焼酎が」＊三とせの春は過ぎやすし(1973)〈杉浦明平〉三「アルコールが入ると、すぐに人につっかかってゆく」 発音〈標ア〉0 〈京ア〉0 辞書 言海

アルコール-いぞん【―依存】〘名〙 アルコールを摂取すること、すなわち飲酒が、社会的、身体的に不都合な結果を生むことがわかっているのに、やめられない状態。心理的依存と、やめると禁断症状が出現する身体的依存がある。 発音〈標ア〉0イ

アルコール-いんりょう【―飲料】〘名〙 アルコールを含む飲みもの。ビール、日本酒、ぶどう酒、ウイスキーなどの酒類の総称。製造法により発酵酒、蒸留酒、混成酒の三種に分けられる。 発音アルコールインリョー〈標ア〉イリョ

アルコール-おんどけい【―温度計】〘名〙 着色したアルコールを用いた液体温度計。摂氏七八度からマイナス一〇〇度ぐらいまで測定でき、低温測定用や一般の寒暖計などにされる。 発音アルコー

ルオンドケイ〈標ア〉[ド][0]

アルコール-かんだんけい【―寒暖計】『名』「アルコールおんどけい(―温度計)」に同じ。[発音]アルコールカンダンケイ〈標ア〉[ダ]

アルコール-けい【―計】『名』浮秤(うきばかり)の一種。標準温度のアルコール水溶液中に浮かし、アルコール含有量を読みとるもの。酒精計。＊物理学術語和英仏独対訳字書(1888)〈山口鋭之助〉「Arkōrkei Alcoholimeter アルコール計」[発音]アルコールケイ〈標ア〉[0]

アルコール-ちゅうどく【―中毒】『名』アルコール飲料の服用によって起こる中毒。長期にわたる飲酒による慢性のものでは、身体のふるえやむくみ、思考能力の低下などの症状が出る。急性の症状としては、意識の混濁や昏睡(こんすい)などが起こり、死に至る場合もある。また、アルコール飲用が身体的にも社会的にもよくない結果を招くことがわかっているのにどうしてもやめられない状態。アルコール依存症。またはその結果としての身体的障害。アル中。＊吾輩は猫である(1905‒06)〈夏目漱石〉一一「然し悟ったって其時はもう仕様がない。アルコール中毒に罹って、ああ酒を飲まなければよかったと考へる様なものさ」＊神経病時代(1917)〈広津和郎〉二「アルコオル中毒のために雨蛙の吸盤のやうな指端をぶるぶる震(をのの)かしながら興奮して大声を上げてゐる」[発音]アルコールチュードク〈標ア〉[チュ]〈京ア〉[チュ]

アルコール-づけ【―漬】『名』①アルコールの中に漬けておくこと。また、その物。おもに腐敗を防ぐために行なう。＊真景累ケ淵(1869頃)〈三遊亭円朝〉一一「アルコール漬(ヅケ)だから、形は残って居ても」＊大津順吉(1912)〈志賀直哉〉一・一「毎日学校でアルコール漬の人間を見て居ると」＊芝刈(1921)〈寺田寅彦〉「アルコホル漬の標本」②毎日酒を飲み続けた時や、大酒を飲んだ時の状態をいう。[発音]〈標ア〉[0]〈京ア〉[0]

アルコール-はっこう【―発酵】『名』エチルアルコールを生成する発酵。ヘキソースが酵母によって嫌気的(けんきてき)に分解されエチルアルコールと二酸化炭素を生じる現象をいう。日本酒、ビールなどの醸造、エチルアルコールの生産などに応用。酒精発酵。＊すし通(1930)〈永瀬牙之輔〉二六「清酢(食酢)〈略〉酒粕から作るものは其の良質のものを、桶につめて固く蓋をし、それに目張をして、半年から一年位貯蔵すると、酒精(アルコール)醗酵や糖化作用を起して酒精分が増し」[発音]アルコールハッコー〈標ア〉[ハ]

アルコール-ぶん【―分】『名』①アルコールを含む割合。＊時事新報‐明治二〇年(1887)一一月八日「又た防腐剤のサルチール酸を混ぜず、亜爾箇保爾(アルコール)分の対称も其宜しきを得て」＊ふだん着のソ連(1955)〈渡辺善一郎〉口をきかないコジキ「ウォトカ(ロシア特有の火酒)のアルコール分が強いせいか、夜になると、けんかも放歌高吟もある」②アルコールを含む飲料。酒をさす。＊青春(1905‒06)〈小栗風葉〉夏・一三「自身には一切アルコオル分の物を口にせぬので、付合ひにヂンヂャエルを一本持って来さする」[発音]〈標ア〉[ル]

アルコール-ランプ『名』(英 alcohol lamp)アルコールを燃やして物を熱する道具。理化学の小実験やコーヒー沸かし等に用いられる。＊仏国風俗問答(1901)〈池辺義象〉八重の海山「アルコールランプ類は、一切用ふべからず」＊何処へ(1908)〈正宗白鳥〉三「アルコールランプに点火し、長椅子に身を埋め」＊細雪(1910)〈谷崎潤一郎〉中・八「眼の前でアルコールランプを点じて珈琲を沸かしてゐたが」[発音]〈標ア〉[ラ]

アルゴナウタイ(Argonautai)ギリシア神話で、人類が、最初につくったといわれる巨船アルゴ号に乗り組んだ五〇余人の英雄たち。イアソンとともに、金毛の羊の皮を求めに、コルキスの地におもむく。[発音]〈標ア〉[ナ]

アルコホル『名』⇩アルコール

アルゴリズム『名』(英 algorithm)①今日用いる筆算のこと。インドに始まり、アラビアを経て近世ヨーロッパに伝わった。アラビアの数学者、ウズベク人アル＝コワリズミの名にちなんでこのように呼ぶ。②計算の手順のこと。計算のいかなる段階においても、どうすればよいかが一義的に定まるような一連の規則をいう。[発音]〈標ア〉[リ]

アルゴル【ALGOL】『名』(英 algorithmic language の略)計算法を電子計算機のためのプログラムに記述するための標準的な言語の一つ。[発音]〈標ア〉[ア]

アルゴル(英 Algol)ペルセウス座のベーター(β)星。アルゴル型変光星の代表的なもの。アルゴルは元来アラビア語で悪魔の意で、明るさを変える無気味さから名づけられた。[発音]〈標ア〉[ア]

アルゴルがた-へんこうせい【―型変光星】『名』ペルセウス座のアルゴル星に代表される変光星。明るい主星と暗い伴星が連星として公転していて、見かけ上、伴星が主星をさえぎって食現象を起こし、周期的に光度が変化する。[発音]アルゴルガタヘンコーセイ〈標ア〉[コ]

アルゴン『名』(ドイツ Argon)希ガス元素の一つ。記号Ar 原子番号一八。無色、無臭の気体。空気中に〇・九三三パーセント存在する。赤色ランプ、蛍光灯、白熱電球、真空管、整流管などの充塡(じゅうてん)ガス、各種金属製錬に不活性ガスなどとして用いられる。＊稿本化学語彙(1900)〈桜井錠二・高松豊吉〉「Argon Argon,n アルゴン」＊舗道雑記帖(1933)〈高田保〉銀座雑記帳「あの所は表通りよりも却ってネオンやアルゴンのサイン燈に眩ゆく」[発音]〈標ア〉[ア]

アルゴンキン-ワカシ-だいごぞく【―大語族】『名』アメリカインディアン諸語の一語族。カナダ、合衆国の広大な地域に分布する。[発音]〈標ア〉[ゴ][2][0]＝[ゴ]

アルザス-ロレーヌ(フランス Alsace-Lorraine)フランス東部、ライン川西岸の地域。ヨーロッパ第一の鉄の産地として、中世以来、ドイツ、フランス両国の係争の地。はじめフランス領。普仏戦争の結果、大部分がドイツ領となったが、第一次大戦でフランスに返還された。アルザスの中心都市はストラスブール、ロレーヌはナンシー。ドイツ名エルザス-ロートリンゲン(Elsaß-Lothringen)。[発音]〈標ア〉[ア]＝[レ]

アル-サロ『名』「アルバイト‐サロン」の略。＊王国の鍵(1956)〈堀田善衛〉「ヌード喫茶、アルサロ喫茶」＊鴛鴦の間(1955‒56)〈舟橋聖一〉四「アルサロの女たちは、却って夜の女や芸者より、嘘つきが多いんじゃないか」[発音]〈標ア〉[0]〈京ア〉[0]

あるじ【主】『名』①国、家などの長。あろじ。㋑一国の最高責任者。主君。＊書紀(720)推古一二年四月(岩崎本訓)「国に二の君非(あらず)、民に両の主(アルジ)無し。率土(くにのうち)の非民(おほむたから)は王(きみ)を以て主(アるじ)と為」＊平家(13C前)一一・剣「豊葦原中津国のあるじとして、天孫をくだし奉り給ひし時」㋺家や店の主人。また、主婦。＊伊勢物語(10C前)五「あるじききつけて、その通ひ路に、夜ごとに人をすゑてまもらせければ、いけどもえ逢はで帰りけり」＊土左(935頃)承平四年一二月二六日「やまとうた、あるじも、まらうども、ことひとも、言ひあへりけり」＊拾遺(1005‒07頃か)雑春・一〇〇六「こち吹かば匂ひおこせよ梅の花あるじなしとて春を忘るな〈菅原道真〉」＊俳諧・奥の細道(1693‒94頃)敦賀「あるじに酒すすめられて」＊多情多恨(1896)〈尾崎紅葉〉後・三・二「一家の主婦(アルジ)として」＊自然と人生(1900)〈徳富蘆花〉湘南雑筆・鯵釣り「今一人単衣の上に巡査の古外套を被(はを)った爺(おやぢ)は、或茶店の主人(アルジ)で」②(―する)主人として客をもてなすこと。饗応。あるじもうけ。また、接待役の人。＊竹取(9C末‒10C初)「さて仕うまつる百官人々、あるじいかめしう仕うまつる」＊枕(10C終)二五・すさまじきもの「方たがへにいきたるに、あるじせぬ所」＊色葉字類抄(1177‒81)「饗 アルシ」＊俳諧・奥の細道(1693‒94頃)出羽三山「南谷の別院に舎(やど)して憐愍の情こまやかにあるじせらる」＊くれの廿八日(1898)〈内田魯庵〉六「銀縁眼鏡君は此筵(むしろ)の東道(アルジ)らしく見えて頻りに彼地此地(あちこち)と周旋し」③持ち主。所有している人。＊枕(10C終)一八四・宮にはじめてまゐりたるころ「この局(つぼね)のあるじも、見ぐるし。さのみやはこもりたらんとする」＊方丈記(1212)「そのあるじとすみかと無常をあらそふさま、いはばあさがほの露にことならず」④(比喩的に)ある物事に熟達している人。＊徒然草(1331頃)一六八「さだかに弁へしらずなどいひたるは、なほまことに道のあるじとも覚えぬべし」⑤住居。＊浮雲(1887‒89)〈二葉亭四迷〉一・二「再び叔父の家を東道(アルジ)とするやうに成ったからまづ一安心と」

[語誌](1)②について、「塵袋‐九」に、「饗の字をば或はあへとよむ。或はあるしとよむ。あるしすとは饗する也」と見え、「あるじ」がサ変動詞化することの事情が示されている。例えば、「土左‐承平五年二月一五日」に、「このあるじの、またあるじのよきをみるに」とある後者の例は、「饗する」の意味である。これは、「あるじ」の義に「客を接待する人」の意も含まれ、「八雲御抄‐三」などに「食物まうけたるをばあるじといふ」と記されているように、「人を饗応する」意味を有していたためと考えられる。(2)「東道」という表記は、「春秋左伝‐僖公三〇年」の「以為二東道主一、行李之往来、共二其乏困一」による。近世から「公差(やくにん)得レ了善継的東道(ひきでもの)一」〔小説奇言‐三〕、「俺(われ)復(また)那裡(かしこ)に赴きて、東道(アルジ)をせん」〔読本・近世説美少年録‐三・二三回〕のように用いられているが、「東道」は中国でも、ふるまう、宴会の主人となる、という意の俗語として明、清の口語小説に見受けられる。

[方言]夫。沖縄県石垣島996 ◇あろおんつぃ 沖縄県小浜島996 ◇あろおじ 沖縄県黒島996

[語源説](①について)(1)家にアルヌシの約〔和訓考・和訓栞・古言類韻＝堀秀成〕。アルシ(有主)の義。シは、ミヤシ(宮主)、トシ(戸主)、ウシ(大人)のシ〔日本語源＝賀茂百樹〕。(2)アレウシ(吾大人)の約か〔大言海〕。(3)アルヲシルの約〔和訓集説〕。(4)アロジの転呼。アロは家門を意味するイロから、ジはチ(主)又はウシ(大人)と同語〔日本古語大辞典＝松岡静雄〕。(5)アルジは本来饗応の意であり、客を迎えてアルジすることから主人を表わす〔国文学の発生＝折口信夫〕。

[発音]〈アク史〉アロジ〔鳥取〕〈標ア〉[ア]〈ア史〉鎌倉〇〇● 江戸●〇〇〈京ア〉[ア] [辞書]色葉・名義・和玉・文明・天正・饅頭・易林・日葡・書言・ヘボン・言海 [表記]主(色・名・玉・文・天・饅・易・言)俗(名・玉)癸(色)尸(名)質・闢(玉)饗(色・名)

アルジェ(フランス Alger)アルジェリアの首都。地中海に面する良港で一五二九年オスマン帝国により建設された。[発音]〈標ア〉[ア]

アルジェリア(Algeria)アフリカ北西部、地中海に面した共和国。ローマ、アラブ、トルコの支配を経て、一八三〇年フランス領。一九五八年臨時政府を樹立。一九六二年アルジェリア民主人民共和国が成立。首都アルジェ。[発音]〈標ア〉[0]

あるじ-がお【主顔】『名』(形動)主人公らしい顔つき、様子。まるで主人のようにふるまうこと。＊源氏(1001‒14頃)松風「住み馴れし人はかへりてたどれども清水は宿のあるじがほなる」＊金葉(1124‒27)雑下・五九四「昔見しあるじがほにて梅が枝の花だに我に物がたりせよ〈藤原基俊〉」＊あさぢが露(13C後)「いけのくさしげれるに月のみぞあるじがほにすみたる」[発音]アルジガオ〈標ア〉[0]

あるじ-がた【主方】〘名〙①客を接待する主人の側。＊宇津保(970-999頃)楼上上「おはしつきて、まづあるじがたにて、かんのおとどの御車、西の御門(みかど)より入れて」＊源氏(1001-14頃)乙女「あるじがたにも、我も我もと、さるべき事どもは取りどりに、仕うまつり給ふ」＊栄花(1028-92頃)松の下枝「あるじがたに左右の大い殿をはじめ奉りて、ゆかりの上達部、殿上人多くものし給」＊徒然草(1331頃)二一六「その座には亭主夫婦、隆弁僧正、あるじ方の人にて座せられけり」②(「かた」は接尾語)主人である方々。敬意、複数の意をもつ。発音アルジガタ〈標ア〉0

あるじ-がら【主柄】〘名〙主人の人柄。また、それにふさわしいこと、様子。＊風雅(1346-49頃)雑上・一四四七「移し植ゑし宿の梅とも見えぬかなあるじがらにぞ花も咲きける〈平経盛〉」発音アルジガラ〈標ア〉0

あるじ-が・る【主―】〘自ラ四〙(「がる」は接尾語)いかにも主人らしい様子を外に表わすような態度をとる。主人らしくふるまう。主人ぶる。＊源氏(1001-14頃)蜻蛉「常陸守(ひたちのかみ)来て、あるじがり居るなん、あやしと人々見ける」発音アルジガル〈標ア〉ガ

あるじ-かんぱく【主関白】(クヮンパク)〘名〙(「あるじかんぱく」とも)その家の中では、家の主人が最高の位にあり、大きな権力を持つということ。亭主関白。＊御伽草子・文正草子(室町末)「文正、出居に出て〈略〉盃をとりて申すやう、あるじくはんばくと申す事の候へば、まづ飲み候べしとて、三度飲みて後に中将殿に参らせければ」発音〈音史〉古くは『あるじくゎんぱく』〈標ア〉カ

ある-しこ【有―】〘副〙方言 ⇩ありしこ(有―)

あるじ-ごと【主事】〘名〙あるじのすること。接待。もてなし。＊筑紫道記(1480)「つとめて、下総守能秀の許に、あるじごと懇ろにして、やがて一葉に乗じて漕出」

あるじ-だ・つ【主―】〘自タ四〙(「だつ」は接尾語)主人らしくする。主人ぶったふるまいをする。＊落窪(10C後)二「暮れぬれば、御台まゐりなどして、帯刀(たちはき)あるじだちてしありく」＊浜松中納言(11C中)四「中納言あるじだちて、けいめいしつつ、御車副ひまで、もてはやし」

あるじ-つけ【主付】〘名〙連歌をよんでいく時、前句が何について表現しているのか明らかでない場合、付句によってその主をはっきり示すこと。＊古今連談集(1444-48頃)中「岩木のかげもすみかならずや　水鳥の夜床あせぬる朝氷　氷とぢたる朝の池は水鳥の床もあせたるやうにて、岩木のかげなどをより所としてすめり。前句は人のすみかなり。されども水鳥に取成、水鳥を主にせり。前句に何の見えぬには付句に主を顕す事、是を返し句まはりに主つけと申連歌也」

あるじ-ぶり【主振】〘名〙客のもてなし方。饗応(きょうおう)ぶり。＊読本・雨月物語(1776)菊花の約「賢弟が信(まこと)ある饗応(アルジブリ)を、などいなむべきことわりやあらん」＊読書放浪(1933)〈内田魯庵〉銀座繁昌記・一一・二「二タ月三月してから、銀座へ行った序に尋ねると、『能く来た。疾うから来さうなもんだと待ってた』と四万で朝夕顔を合はした時と同じ東道振(アルジブ)りだった」発音〈標ア〉0リ

あるじ-ぶ・る【主―】〘自ラ四〙(「ぶる」は接尾語)いかにも、主人らしくふるまう。いかにも主人だといわんばかりの態度をとる。＊門三味線(1895)〈斎藤緑雨〉一一「主(アルジ)ぶる筆様の友達にもない我儘」発音〈標ア〉ブ

あるじ-め・く【主―】〘自カ四〙(「めく」は接尾語)いかにも主人らしい様子である。主人らしく思われる。＊あさぢが露(13C後)「その中にあるじめきたるは、四十よはかりなるか」

あるじ-もう・く【饗設】(うく・ま)〘自カ下二〙主人となって人をもてなす。あるじもうけをする。＊落窪(10C後)四「此の月の廿八日になん舟に乗り給ふ。その国に著き給はん、あるじまうけ給へ」

あるじ-もうけ【饗設】(うけ・ま)〘名〙主人となって客をもてなすこと。客を迎えて、ごちそうすること。饗応(きょうおう)。＊伊勢物語(10C前)一〇一「うへにありける左中弁藤原の良近といふをなむまらうどざねにて、その日はあるじまうけしたりける」＊浮世草子・近代艶隠者(1686)五・二「今宵(こよひ)は客儲しぞ。饗応(アルジモフケ)せよなどいへば」＊俳諧・うたたね(1694)「我膳をあるじ饗けにたばこ盆」発音アルジモーケ〈標ア〉モ 辞書書言・言海 表記饗応(書)

あるじゅう-かんちゅう【有中―】〘名〙方言 ありったけ。全部。岩手県気仙郡101 ◇あっじゃっ 長崎県五島917 ◇あろおずる・あろうぞん 富山県砺波397 398

アルシン〘名〙(ロシア aršin) 旧ロシアの長さの単位。一アルシンは〇・七一一メートル。＊風俗画報-二八八号(1904)露国の歩兵銃「照尺の種類、框型 照門数二 照尺四〇〇アルシン(一アルシンは〇、七一二米なり)」発音〈標ア〉ア

アルス〘名〙(ラテン ars もとは「技術、技法」の意) 芸術。＊音引正解近代新用語辞典(1928)〈竹野長次・田中信澄〉「アルス Ars 拉 この語は丁度英語の Art 独逸語の Kunst に当る」＊芸術の思想(1964)〈矢内原伊作〉一「芸術概念をこのように広く解することは、アルス(術)という西欧におけるそのもとの語義にふさわしいけれども」

ある-ず【有図】(ヅ)〘名〙〘形動〙世間によくあること。しばしば起こること。また、よく出会うありさま。ありふれているさま。＊談義本・豊年珍話(1760)四・千葉の猛夫「扨々古格(ふるかく)な化物どの、ある図(ヅ)な事ではいかぬ奴也、出直し給へとあざわらひ」＊黄表紙・啌多雁取帳(1783)「哥菊がねんがあいたら女ぼうにならうほどに、くるわへちょっとなりとも御出は御むようう、御身のためあしといふもあるづなやつ」＊俚言集覧(1797頃)「有図(あるづ) よくあることといふ事」発音〈標ア〉ア

アルス-アマトリア(ラテン Ars Amatoria) 紀元前一世紀のローマの詩人オウィディウスの作品名。訳名「愛の技術」。

アルゼンチン【亜爾然丁】(英 Argentine 元来「銀の国」の意)《アルジェンティン》南アメリカ南東部の共和国。一六世紀からスペインの植民がすすめられた。一八一〇年独立を宣言。一六年ラプラタ合衆国(共和国)が成立。首都ブエノスアイレス。スペイン語名アルヘンティーナ(Argentina)。＊国民新聞-明治三七年(1904)一月一日「客臘廿九日のロイテルは、伊太利のゼノアに於て建造中なりし亜爾然丁共和国の軍艦二隻が、百五十万磅に売払はれたる説あることを報じたりしが」発音〈標ア〉ゼ〈京ア〉ン1

アルゼンチン-タンゴ〘名〙(タンゴは(スペイン) tango) アルゼンチン風のタンゴ曲や、その演奏法。歯切れのいいリズムをもち、ふつうオルケスタ-ティピカによって演奏される。→コンチネンタル-タンゴ。発音〈標ア〉タ

あるそ-ほろそ〘名〙あることないこと。つまらぬことまで全部。＊雑俳・軽口頓作(1709)「そこたたく・あるそほろそを尼どうし」＊雑俳・軽口頓作(1709)「ひき出して・あるそほろそを山ぬ神」

アルダー(Kurt Alder クルト―) ドイツの化学者。師ディールスとともに、ディールス-アルダーの反応と呼ばれるジェン合成の方法を開拓し、一九五〇年ノーベル化学賞を受賞。(一九〇二～五八)発音〈標ア〉ア

アルタイ-さんみゃく【―山脈】(アルタイは 英 Altai) 西シベリア、モンゴル、中国の新疆ウイグル自治区にまたがる大山系。三つの主脈に分かれ、最高峰は四五〇六メートルのベルーハ。発音〈標ア〉サ

アルタイ-しょご【―諸語】〘名〙小アジアからシベリアを経て中国東北部、樺太(からふと)に至る地域に分布する一大語群。チュルク(トルコ)諸語、モンゴル諸語、ツングース諸語に分かれる。これらの言語には、母音調和がある、膠着語的構造をもつ、補語や目的語が動詞よりも前にくるなどの共通点がある。なお、これらの諸言語と朝鮮語や日本語との同系論が問題となることがある。また、ウラル語族との親族関係も主張されたことがあるが、現在は別だと考えられている。発音アルタイショゴ〈標ア〉ショ

アルタイル(Altair 元来アラビア語で「鳥」の意) 鷲(わし)座のアルファ星。七夕の星の一つとして名高い。一等星。地球からの距離は一七光年。直径は太陽の一・六倍。夏の夜、高く天の川を隔てて、琴座のベガ(織女星)と相対している。漢名は、牽牛星(けんぎゅうせい)。彦星。発音〈標ア〉タ

ある-たけ【有丈】〘名〙(「あるだけ」とも。「たけ」は、すべて全部の意)「ありたけ(有丈)」に同じ。＊玉塵抄(1563)二二「吾が才智のあるたけをのこさずつくいて奉公して用にたてた心ぞ」＊露団々(1889)〈幸田露伴〉八「にうこうにある丈(だ)けの新聞にあの広告をしたが」＊多情多恨(1896)〈尾崎紅葉〉前・一一「有るたけの衣兜(かくし)を撈廻(さがしまは)して」＊道草(1915)〈夏目漱石〉六四「島田の家庭に風波の起った時、彼女は有るだけの言葉を父の前に並べ立てた」発音〈標ア〉0

アルタ-シャーストラ(サンスクリット Arthaśāstra) サンスクリットで書かれた、政治、経済、軍事、技術などについての文献の総称。チャンドラグプタ王の宰相カウティリヤの作といわれる「カウティリヤ実利論」(一五巻)がよく知られる。実利論。発音〈標ア〉ス

アルタミラ-どうくつ【―洞窟】(アルタミラは地名 Altamira) スペイン北部、サンタンデル市西方のサンティラーナ-デル-マールにある石灰洞窟。洞窟内の壁画は、旧石器時代の洞窟絵画で有名。一八七九年に発見。発音アルタミラドークツ〈標ア〉タ ド

アルタル〘名〙(ポルトガル altar) キリシタン用語。祭壇。＊どちりなきりしたん(一六〇〇年版)(1600)四「御はびるぜんまりやをはじめとして、そのほかさんとたちの御ゑいをあるたるにそなへ玉ふ事はいかん」発音〈標ア〉ア

アルチーゴ〘名〙(ポルトガル artigo)《アルチゴ》キリシタン用語。信仰の箇条。＊どちりなきりしたん(一六〇〇年版)(1600)目録「第六 けれどならびにひいですのあるちいごの事」＊どちりなきりしたん(一六〇〇年版)(1600)三「弟『たっしてしんじ奉るべきやうをばなにとしるべきぞ』、師『けれどあるひはひいですのあるちごをしる事也』」発音〈標ア〉チ

アルチザン〘名〙(フランス artisan) ①職人。工匠。②技術はすぐれていても、芸術的神髄をきわめていないため、感動を伴わない作品をつくる者。職人的芸術家。アーチザン。＊女房的文学論(1947)〈平野謙〉「アルチザン的な文士気質なぞひとたまりもなく崩壊せしめられたのである」＊孤児なる芸術(1949)〈山本健吉〉「有用であるために自己の技量を錬磨するアルチザンの形姿が存在していることは」発音〈標ア〉チ

アルチスト〘名〙(フランス artiste) 「アーチスト」に同じ。＊文芸と生活(1929)〈菊池寛〉「仏蘭西の小学校の生徒に、お前は大きくなって何になるかといふと、十中八九はアルチストになる。芸術家になると言ふのですが」＊孤児なる芸術(1949)〈山本健吉〉「これは飽くまでもアルチザンの理念であって、アルチストのそれではない」

アル-ちゅう【―中】〘名〙「アルコールちゅうどく(―中毒)」の略。＊新らしい言葉の字引(1918)〈服部嘉香・植原路郎〉「アル中 アルコール中毒を略していふ一種の新流行語」＊酔狂者の独白(1927)〈葛西善蔵〉「アル中のやうなことを言ふのは、ひどいです」＊人間の

壁(1957–59)〈石川達三〉上・緑の季節「浅井という大工さんはアル中でね」 発音アルチュー〈標ア〉0〈京ア〉ル/0

アルチュセール（Louis Althusser ルイー）フランスの哲学者。マルクス主義理論を構造主義的にとらえなおし、斬新な理論構築を企てた。著書「甦るマルクス」「資本論を読む」。（一九一八〜九〇）

アルツィバーシェフ（Mihail Pjetrovič Arcybašjev ミハイル＝ペトロビチー）ロシア近代主義の小説家。「サーニン」は、当時の虚無的な青年層に大きく影響した。ほかに「最後の一線」など。（一八七八〜一九二七）

発音〈標ア〉バ

あるっ-たけ【有丈】〘名〙「あるたけ（有丈）」の変化した語。＊小さい田舎者(1926)〈山田清三郎〉四「彼の頬に、続けさま五つ六つの骨ばった拳固を見舞ったので、彼はあるったけの声を絞ってその場に泣き倒れた」 発音〈標ア〉0

アルツハイマー-びょう【—病】〘名〙（アルツハイマーはドイツの精神科医 A. Alzheimer から）初老期に発症する痴呆。大脳皮質が萎縮し、脳に障害が生じるもの。ひどい物忘れがみられる。老人性痴呆に似るが、進行は早い。アルツハイマーが一九〇七年に報告。 発音アルツハイマービョー〈標ア〉0

アルティショ〘名〙（ﾌﾗﾝｽ artichaut）「アーチチョーク」に同じ。＊にんげん動物園(1981)〈中島梓〉二三「アルティショ（朝鮮あざみ）だって、枝豆、ソラ豆だって、あーた、大してウマいもんじゃないよ」

アルデバラン（英 Aldebaran ｱﾗﾋﾞｱ al-dabaran「ついて来るもの」または「おくれて来るもの」の意）牡牛座のアルファ星。プレアデス（すばる）に続いて東天に上る。牡牛の右目に見立てられる。→牡牛座。 発音〈標ア〉バ

アルデヒド〘名〙（英 aldehyde ﾄﾞｲﾂ Aldehyd）《アルデヒド》アルデヒド基をもつ化合物の総称。一般式R–CHO 鎖式アルデヒドと芳香族アルデヒドとに分類され、ホルムアルデヒドやアセトアルデヒドは前者に属する。特にアセトアルデヒドはアルデヒド樹脂原料として重要であるほか、還元剤、酢酸、香料、麻酔剤などに広く用いられる。＊薬品名彙(1873)〈伊藤謙〉「Aldehyde 亜児垤非度（アルデヒイド）」 発音〈標ア〉デ

アルデヒド-き【—基】〘名〙カルボニル基に一個の水素原子が結合した基 –CHO をいう。アルデヒド分子中に含まれる基。 発音〈標ア〉ド

アルテミス（ｷﾞﾘｼｱ Artemis）ギリシア神話の女神。オリンポス十二神の一。ゼウスとレトの娘。アポロンの双生の妹。若く美しい処女の狩人で、月の神。山野を支配し、誕生、多産、子供の守護神である。ローマ神話ではディアナ。 発音〈標ア〉テ

アルト〘名〙（ｲﾀﾘｱ alto「高い」の意。テノールよりも高いところからいう）①女声の最低音域。本来は男性の最高音域を指す。→コントラルト。＊埋木(1890–92)〈森鷗外訳〉二「ロシニが友は謡女らの側に寄りて相識りたる次高音（アルト）謡ひに向ひて」＊鳥影(1908)〈石川啄木〉一一・四「高音（ソプラノ）中音（アルト）の冴えた唄に」②四声部の音楽で上から二番目の声部。＊中等教育教科用楽典(1904)〈高井徳造〉三・八「大別して男声、女声とし、更に、之を二別して四部の声音とす、則ち高音（ソプラノ）部・中音（アルト）部・次中音（テノール）部・低音（ベース）部是なり」③同属の楽器の中で中音域を受け持つもの。アルトサックス、アルトクラリネット、アルトトロンボーンなど。＊風俗画報–三三二号(1905)人事門「サクサホーヌ（ソプラノ）（アルト一番、二番）、（テノール一番、二番）（バリトン）」 発音〈標ア〉ア〈京ア〉ア

アルトー（Antonin Artaud アントナンー）フランスの俳優、演出家。シュルレアリスム運動にかかわり一九二七年ジャリ劇場、三五年残酷劇場を設立。全体演劇の先駆者で、死後に大きな影響を与えた。主著「演劇とその分身」。（一八九六〜一九四八） 発音〈標ア〉ア

アルト-きごう【—記号】〘名〙五線の第三線を一点ハ音とするハ音部記号の一種。今日では主にビオラの楽譜に用いる。一八世紀以前には、声楽、トロンボーンその他にも使用。 発音アルトキゴー〈標ア〉キ

あるとき-しょうぶ【有時勝負】〘名〙金銭を持っている時に、思い切った勝負をすること。金銭がある時に、思うままに買い入れたり、または使ったりすること。 発音アルトキショーブ〈標ア〉ショ〈京ア〉ショ

あるとき-だいみょう【有時大名】〘名〙金のある時は大名のように使い、なくなるとみじめな生活をすること。計画性のないこと。往き大名の帰り乞食（こじき）。 発音アルトキダイミョー〈標ア〉ダ

あるとき-ばらい【有時払】〘名〙支払いの期限を決めないで、金銭の都合がついた時に払うこと。＊生活から何が失われたか(1968)〈宮本常一〉一「昔のようなあるとき払いが一切きかなくなったし」 発音〈標ア〉バ〈京ア〉バ

あるときばらい の 催促（さいそく）**無**（な）**し**

返済をある時払いにして、金がなければそのままで催促はしないこと。最もゆるやかな貸し借り。

アルト-サックス〘名〙（英 alto sax）サキソホンのうち、ソプラニーノ、ソプラノサックスに次いで上から三番目の高さの音域をもつ楽器。テナーサックスとともに最もよく使われる。アルトサキソホン。 発音〈標ア〉サ

アルドステロン-しょう【—症】〘名〙（アルドステロンは英 aldosterone）副腎皮質ホルモンであるアルドステロンの過剰分泌による疾患。副腎皮質自体の病変による原発性のものと、心不全、ネフローゼ症候群、肝硬変、低タンパク血症など副腎外の障害により惹起される分泌刺激の結果起こる続発性のものとに分けられる。いずれも高血圧、頭痛、筋力低下、多飲多尿などの症状がみられる。 発音アルドステロンショー〈標ア〉ロ

アルト-ハイデルベルク（原題 ﾄﾞｲﾂ Alt-Heidelberg）戯曲。五幕。マイヤー＝フェルスター作。一九〇一年ベルリンで初演。遊学中の公子ハインリッヒとケーティーとの悲恋物語。日本では大正二年（一九一三）「思ひ出」の題で初演。 発音〈標ア〉ベ

アルトルイスチック〘形動〙（英 altruistic）《アルトリュスチック》利他的。利他主義的。＊青年(1910–11)〈森鷗外〉九「情（じゃう）に脆（もろ）い、じたらくなやうな事を云ふ、アルトリュスチックな妹エルラが来て、長い長い対話が始まる」＊文芸と道徳(1911)〈夏目漱石〉「我が利益の凡てを犠牲に供して他の為に行動せねば不徳義であると主張するやうなアルトルイスチック一方の見解は」 発音〈標ア〉チ

ある-ない【有無】〘名〙（あるかないかで心配する意からか）米びつの米。飯米（はんまい）。＊浄瑠璃・本田善光日本鑑(1740)四「此様に同行中が打より内の有ないの世話を忘れて後生咄しするのがほんの極楽」＊浄瑠璃・日高川入相花王(1759)二「コレ爰な性わるつら、有るないの世話は女房一人（ひとり）に任かし置き、面白さふに錦木ざんまい」

ある-なし【有無】〘名〙①あることと、ないこと。あるかないかということ。うむ。＊談義本・銭湯新話(1754)二・能登国下馬地蔵の話「地獄や極楽の有なしを沙汰したり神仏をないがしろにするは、罰（ばち）の当ったと申物」＊交隣須知(18C中か)四・雑語「点考 ヒトツヅツ ギンミスレバ アルナシヲ シルマイカ」＊別れた妻に送る手紙(1910)〈近松秋江〉「教育の有無（アルナシ）をも考へて見た」＊腕くらべ(1916–17)〈永井荷風〉一四「芝居のある無しに係らず直ぐ師匠の家へ行って」②あるかないかがわからないほどにかすかであるような様子。あるかなきか。＊三体詩幻雲抄(1527)二「呉王の時はどこもかしこもののめいたりしが今は其旧迹さへあるなしにて只ある物とては水畑空まで也」＊面影(1969)〈芝木好子〉一「丁度眉毛が一本一本生えているように、あるなしの細い筋を引きながら」③（形動）「あるなし」に関係のないさま。まったく構わないこと。＊翁問答(1650)上・本「父母をばあるなしにあいしらひ、一言の悪口をうけても、はなはだいかりののしりてあさまし」＊浄瑠璃・日本振袖始(1718)三「科（とが）ない子を憎みたて、いけふが死なうが、有なしに育てては」④（数を表わす語につけて）その数まで達するか達しないかくらいの意を表わす。だいたい…くらい。＊酒中日記(1902)〈国木田独歩〉五月三日「馬島といふ島、人口百二十三の一人となって、二十人あるなしの子供を対手に、〈略〉アイウエオを教へて居る」＊菜の花ざかり(1956)〈井上友一郎〉「背丈が常人はずれに小さく、計れば、おそらく四尺八寸あるなしといふくらゐのチビである」⑤「あるない（有無）」に同じ。＊合巻・正本製(1815–31)初「こっちとらはびんばう世帯に倦はてて、一と月ならずは三日でも米びつのあるなしを聞ずにゐたいと思ひますに」 発音〈標ア〉ア〈京ア〉ル

ある-な・し【有無】〘連語〙（「ある」は「あること」で、「あることがない」の意）ない。あり得ない。存在しない。あるわけもない。＊浮世草子・浮世栄花一代男(1693)三・三「是御叶へなくば今も有なしといへば」＊米欧回覧実記(1877)〈久米邦武〉一・二「概して枯燥の野地にて生気あるなし、目して亜米利加の沙漠と云、『ハンボール』の荒野は其一なり」＊花柳春話(1878–79)〈織田純一郎訳〉八「新聞紙を奪ひ読むこと再三、治癒の句を探ると雖ども絶て有るなし」

あるなし-もの【有無者】〘名〙あってもないような人。あってもなくても顧みられない者。無視される人。有って無かしもの。＊浮世草子・国姓爺明朝太平記(1717)一「後には有なしもののやうに、深宮の中にをしこめられさせ玉ひ」

ある-に〘接続〙前述の内容をうけて、それに反する叙述を導く。それなのに。ところが。＊玉塵抄(1563)二三「雞はめどりが暁きはだたきをはたとしてをんぞ。あるに、をんどりめんどりにいって暁をたうことあればその家はつきはつるぞ」＊玉塵抄(1563)三六「秘書の位を至極と思たぞ。あるに、弓馬にたつさわり馬にあせをかかするほどの軍功もなくなせる功もなうて文章筆墨の功を以て宰相の俸禄重うけたぞ」 発音〈標ア〉ア

アルニカ〘名〙（ﾗﾃﾝ arnica）キク科の多年草。ヨーロッパで高山に自生し、花および根茎は薬用とするため栽培される。高さ三〇センチﾒｰﾄﾙ内外。夏、直径四〜五センチﾒｰﾄﾙの黄色い花が咲く。和名のアルニカは属名をそのまま音読みしたもの。学名は Arnica montana ＊医語類聚(1872)〈奥山虎章〉「Arnica 亜児尼加」 発音〈標ア〉ル

アルニム（Achim von Arnim アヒム＝フォンー）ドイツの詩人、小説家、劇作家。後期ロマン派の一人。詩人ブレンターノと共編した歌謡集「少年の魔法の角笛」はゲーテが激賞。（一七八一〜一八三一） 発音〈標ア〉ア

ある-は【或—】〘接続〙（ラ変動詞「あり（有）」の連体形に係助詞「は」の付いたものから）→あるいは。①（「あるは…、あるは…」の形で）同類の事柄を列挙し、それぞれの場合があることを示す。あるものは。ある場合は。一方では。＊西大寺本金光明最勝王経平安初期点(830頃)二「或は躁動の心に為（よ）り、或は瞋恚と根とに因（よ）り」＊守護国界主陀羅尼経巻八平安初期点(900頃)「或（あルハ）半月にと言ひき。或（あルハ）一月にと言ひき」＊古今(905–914)仮名序「あるは年毎に鏡のかげに見ゆる雪と浪とをなげき、〈略〉あるは昨日は栄えおごりて時を失ひ」②（「…あるは…」の形で）同類の事柄のうちどちらか一方が選択される

関係にあることを示す。または。もしくは。＊古今(905-914)仮名序「あふさか山にいたりてたむけを祈り、あるは春夏秋冬にも入らぬくさぐさの歌をなん選ばせたまひける」＊源氏(1001-14頃)澪標「女別当(にょべたう)、内侍(ないし)などいふ人々、あるははなれたてまつらぬ王家統流(わかんどほり)などにて、心ばせある人々多かるべし」 語誌 (1)漢文の「或」などの訓読から発生し、平安初期には、おおむね「ある人が」の意には「あるいは」、「ある場合は」の意の接続のときは「あるは」と読み分けていた。しかし平安中期以降は接続の場合も「あるいは」にとって代わられた。(2)「古今集-仮名序」などの和文には、①の接続の用法だけではなく、訓点資料にない②のような選択の接続もあったが、これも「あるいは」にとって代わられた。 発音 アルワ 〈標ア〉ア 辞書 言海 表記 或(言)

アルバ（Fernando Álvarez Alba フェルナンド＝アルバレス―）スペインの将軍。対新教徒の戦いに勝ち、ネーデルラント総督となり、エグモント伯ら多数の新教徒を処刑。重税と圧政はオランダ独立運動の端緒をつくった。（一五〇七～八二） 発音〈標ア〉ア

アルバータ（Alberta）カナダの州の一つ。イギリス女王ビクトリアの王女アルバータにちなみ、ロッキー山脈の北東部に位置する。州都エドモントン。小麦、石油の産額が多い。バンフ、ジャスパーなどの国立公園があり、景勝地に富む。 発音〈標ア〉バ

アルバイター〘名〙（ドイツ Arbeiter）《アルバイテル》①勤労者。労働者。＊尖端語百科辞典(1931)〈早坂二郎・松本悟朗〉「アルバイテル Arbeiter 独〔社〕労働者」 ②アルバイトをする人。学業のかたわらに労働に従事する学生。または、本業のかたわらに副業を務める社会人。＊死者の奢り(1957)〈大江健三郎〉「解剖用死体を処理する仕事のアルバイターを募集している掲示を見ると」 発音〈標ア〉バ

アルバイト〘名〙（ドイツ Arbeit）①労働。作業。仕事。＊新しき用語の泉(1921)〈小林花眠〉「アルバイト Arbeit (独) 仕事、作業、労役、役苦」＊旅-昭和九年(1934)一一月号・秘境奈良田と西山温泉〈細井吉造〉「三つの幹線を挙げる事が出来る。一つは最も遠回りであるがアルバイトを必要とせずしかも最短時間に到達されるもので」 ②学問研究の作業。研究業績、特に、研究論文。＊大増補改版新らしい言葉の字引(1925)〈服部嘉香・植原路郎〉「アルバイト Arbeit (独) 仕事。作業。論文」＊若き鷗外(1949)〈唐木順三〉一「学者とはアルバイトを公表したるもののことである」 ③（―する）学生が、学業のかたわら従事する仕事や、社会人が本業のかたわら行なう内職。また、それをする人。バイト。＊おぼろ夜(1949)〈阿部知二〉「石狩はこのごろ、アルバイトにかまけてか、あまり教室に顔を見ませんが」＊赤い孤独者(1951)〈椎名麟三〉一・六「昼間会社へつとめ、夜はどこかの喫茶店でアルバイトしている女たち」＊降ってきたドン・キホーテ(1953)〈檀一雄〉「スキー学生のアルバイトを現金で廉上りに傭い入れるつもりでいたが」 発音〈標ア〉バ〈京ア〉バ

アルバイト-サロン〘名〙（洋語 ドイツ Arbeit ＋ フランス salon）本職の女給ではなく、会社勤めの女性や家庭の主婦などのいわゆる素人が内職として女給をしているのだと称する、キャバレーのたぐい。アルサロ。＊鶯鶯の間(1955-56)〈舟橋聖一〉二「アルバイト・サロンが、一時間五十円の定給に、指名があると歩になるから…」 発音〈標ア〉サ

アルパイン〘語素〙（英 alpine）高山の、深山の、の意で他の語と複合して用いる。「アルパインクラブ」 発音〈標ア〉サ〈京ア〉サ

アルパカ〘名〙（スペイン・英 alpaca）《アルッパカ》①ラクダ科の家畜。グアナコを原種とするとされるが、疑問視する意見も多い。南アメリカのアンデス山岳地帯で飼われる。毛を採るほか、肉は食用にする。肩高約九〇センチメートル。首が長く、耳が立っている。体毛は黒、暗褐色などで柔らかく、多くは地面近くまで垂れ下がる。学名は Lama pacos ②①の毛から紡いだ毛糸。また、この毛を木綿糸に交ぜて織った織物。つやがあり、じょうぶで、すべりがいい。夏の洋服地や、洋服裏地に用いる。＊東京風俗志(1899-1902)〈平出鏗二郎〉中・七・服装「夏衣は、『フロック』には無地の薄羅紗、絹セル。『モーニング』、背広等も同じけれども縞地をも用ひ、猶ほ縞セル『アルッパカ』をも用ふるべし」＊ファイヤガン(1923)〈徳田秋声〉「或るものはまたちゃんとしたアルパカの上衣に白のズボンといった、会社の勤人らしい風をしてゐた」＊大阪の宿(1925-26)〈水上滝太郎〉三・一「夏になると、勤人は一斉に、白いずぼんに白い靴、アルパカか何かのぺらぺらした上着を着て」 発音〈標ア〉パ

アルパカ①

アルハゼン（Alhazen）《アルハーゼン》アラビアの物理学者。本名イブン＝アル＝ハイサム。天文学、数学に通じ、特に光学にすぐれた業績を残す。（九六五頃～一〇三九頃） 発音〈標ア〉〇〈京ア〉〇

アル-バッタニ（al-Battani）アラビアの天文学者。広範で精密な天文観測を行ない、近地点の春分点に対する移動を発見。また天文定数を精密に測定した。（八五八頃～九二九） 発音〈標ア〉ハ

アルバトロス〘名〙（英 albatross）①あほうどり。②ゴルフで、標準打数(パー)より三打少なくホールを終わること。ダブルイーグル。 発音〈標ア〉バ

アルバニア（Albania）バルカン半島の南西部にある国。古代からローマ、ビザンチン、トルコなどの支配を受けたが、一九一二年アルバニア王国として独立。二一年アルバニア共和国、四六年アルバニア人民共和国、七六年アルバニア人民社会主義共和国となったが、九一年社会主義政権が倒れ、再びアルバニア共和国と改称。首都チラナ。 発音〈標ア〉〇バ〈京ア〉〇

アルバニア-ご【―語】〘名〙インド-ヨーロッパ語族に属する言語。アルバニア共和国のほか、ユーゴスラビアのコソボ地方、マケドニア共和国、南イタリアの一部、ギリシアの各地などで話される。アルバニアが古来常に、ローマ人、スラブ人、トルコ人などに支配されてきたため、これら支配者の言語の影響を強く受けている。古代のイリュリア語の後裔ともいわれる。一五五五年には聖書の翻訳がなされた。 発音 アルバニアゴ〈標ア〉〇

アルバム〘名〙（英 album）①写真をはっておくための、厚手の紙でできた帳面。また、その写真をはってあるもの。絵葉書などをはることもある。写真帳。アルバム帳。＊風俗画報-一七八号(1898)人事門「賞品 一等金牌 二等アルバム 三等スヱター」＊あめりか物語(1908)〈永井荷風〉市俄古の二日「一冊の写真帖(アルバム)を持って来て」＊明暗(1916)〈夏目漱石〉一三三「三隅に金箔を置いた装飾用のアルバム」 ②一連の写真を集めて印刷したもの。写真集。 ③一連のレコードを、①のようなケースに収めたもの。また、そのケース。＊魔神礼拝(1950)〈三島由紀夫〉一幕「まあ、音楽は愉しんで聴くものさ。(アルバムにレコードをしまひながら)これがきけるだけでも軍隊より倖せさ」 ④（一枚の中にいくつもの曲のはいった）LPレコードやコンパクトディスクのこと。シングル盤に対していう。 発音〈標ア〉ア〇〈京ア〉ア

アルハンブラ（Alhambra 正しくはアランブラ）スペインのグラナダにある宮殿。一三世紀ナスル朝のムハンマド一世が造営を開始し、一四世紀に完成。建築、装飾ともにイスラム美術の一頂点を示す。 発音〈標ア〉ハ

アルピニア〘名〙（Alpinia）ショウガ科ハナミョウガ属の属名、または同属植物の総称。アジアの熱帯、亜熱帯に約一五〇種が知られ、数種が観賞用などに温室で栽培される。代表的なものに、インド原産のゲットウ(月桃)や、葉に黄金色の斑がはいったソロモン島原産のフイリゲットウがあり、日本にはハナミョウガ、アオノクマタケラン、クマタケランが野生する。学名は Alpinia 発音〈標ア〉〇

アルビニー-じゅう【―銃】〘名〙（アルビニーは Albini）《アルピニー銃》明治初年頃の歩兵小銃の一つ。輸入銃であるが、一部は萩、鹿児島などでも製造された。単発、後装、雷管打ちで、主として近衛連隊が使用。 発音 アルビニージュー〈標ア〉ニ

アルピニスト〘名〙（英 alpinist）ヨーロッパにあるアルプスに登山する人。また、一般に登山家をいう。＊近代語新辞典(1923)〈坂本義雄〉「アルピニスト Alpinist (英) アルプス登山家。アルプス探険家」＊女面(1958)〈円地文子〉一「フランスの南の方の田舎町のバーで、アルピニストの毛皮商人か何かが」 発音〈標ア〉ニ〈京ア〉ピ／ニ

アルピニズム〘名〙（英 alpinism）①アルプス登山。また、岩登りなど、高度の技術を必要とする登山。高山登山。②登山精神。＊現代術語辞典(1931)「アルピニズム いづれの時季にもいづれの方面からも山岳に関する知識を綜合的に把握するイデオロギーである」 発音〈標ア〉ニ

アルビノ〘名〙（英 albino）皮膚、毛髪、眼などに色素の生じない個体。多くは病理的原因によらず、遺伝的に決まるものをいう。ヒトにもある。シマヘビの白化した白蛇が有名。

アルビノーニ（Tomaso Albinoni トマゾー―）イタリアの作曲家。一七世紀末から一八世紀前半に活躍。オペラ、カンタータ、室内楽、協奏曲などイタリア後期バロック様式の典型的な作品を残した。（一六七一～一七五一） 発音〈標ア〉ノ

アル-ビルニ（al-Biruni）アラビアの学者。哲学、数学、天文学、地理学、医学、史学などに通じる。インド文化の研究のほか、地球の自転説、正確な経緯度測定法、比重の測定などの業績がある。（九七三～一〇四八頃） 発音〈標ア〉ビ

アルプ 一〘名〙（フランス alpe ドイツ Alp）アルプス山地で森林がなくなるあたりから万年雪のある高地付近にかけてみられる草地のこと。アルプスの名称はこれに由来。夏季、谷間の集落から追い上げられた乳牛、羊などの牧場として利用される。 二（フランス Alpes）「アルプス①」に同じ。＊花柳春話(1878-79)〈織田純一郎訳〉二四「或る時は旭日のアルプ山頂より昇るを喜び」＊ふらんす物語(1909)〈永井荷風〉蛇つかひ・四「広い広い地平線の上には連なるアルプの山脈が晴れ晴れと現れて居る」

アルプ（Hans Arp ハンス―）彫刻家、画家。ドイツに生まれフランスに帰化。ダダイズムの創始者の一人で、シュールレアリスム運動にも参加。極端に単純化したフォルムで人間の生命力を象徴する。（一八八七～一九六六） 発音〈標ア〉ア

アルファ【A, α】〘名〙（ギリシア alpha）《アルファー・アルハー・アルパ》①ギリシア語の、アルファベットの、第一番目の字。②最初。はじめ。第一歩。⇔オメガ。＊改訂増補や、此は便利だ(1918)〈下中芳岳〉五・二「アルファ α ギリシア文字の最初の字。故に物の始めの義に用ふ」＊日本神話の研究(1954)〈松村武雄〉一・自序「自分のささやかな『神話研究』のアルファーであると心得てゐる者にとっては、オメガとして『日本神話の研究』を出さなくては、九仞の功を一簣に虧くの惧がある」 ③ある未知数。 ④「アルファづき(―付)」の略。＊新式ベースボール術(1898)〈高橋雄次郎〉三・攻め方・仕合の完結「此始めに守った組が、『第九囲の始め』を終る迄に、勝て居れば、〈略〉攻めずして試合を止

めるのです。即ち勝た組は、何点と(生還した人の数)『α(アルハー)』の勝となります」＊日本‐明治三九年(1906)一〇月二九日「本秋に於ける慶早両撰手試合は二プラスアルファ対一にて美事慶応の勝となった」⑤走り高跳び、棒高跳びなどの競技で、一定の高さを跳んで、なお高く跳ぶ資格があるのに、中止した場合の記録につける符号。Aで表わす。「二(メートル)A」 ⑥(多く「プラスアルファ」の形で)いくらか多めの量を示す。「二・五か月分プラスアルファ」 発音〈標ア〉ア 〈京ア〉ア

アルファ から オメガ まで (オメガは、(ギリシア) omega) 最初から最後まで。＊旅‐昭和五年(1930)八月号・旅のニュース「アルファからオメガ迄完成の暁は、有名な岳麓白糸の滝から一日で往復出来るやうになる」＊第二の青春(1946)〈荒正人〉「人類のアルファからオメガまでを覆ふものとして」

アルファ で あり オメガ で ある (アルファ(A・α)はギリシア語のアルファベットの最初の文字、オメガ(Ω・ω)はその最後の文字。「新約聖書‐ヨハネ黙示録」にあることばから) 第一歩であると同時に、最後に到達すべき、究極のものである。すべてである。＊善の研究(1911)〈西田幾多郎〉一・二「されば純粋経験の事実は我々の思想のアルファでありオメガである」 補注「引照新約全書‐約翰黙示録・一」には、「主たる神いひ給へり我はアルパ也オメガなり」とある。

アルファ と オメガ 初めと終わり。初歩と究極。初めから終わりまで。最上のものから最低のものまで。すべて。＊模範新語通語大辞典(1919)〈上田景二〉「アルハ・オメガ〈略〉ピンからキリまでといふ意」

アルファ-せい 【―星】『名』 多くの場合、その星座の中で、最も明るい星。例外も多い。ギリシア文字のアルファベットを用いたもので、以下明るい星の順にβ(ベータ)星、γ(ガンマ)星…と名づける。 発音 アルファセイ 〈標ア〉ファ

アルファ-せん 【―線】『名』 放射線の一つ。高速で運動しているヘリウム原子核の流れ。放射性元素のα崩壊で放射されるが、人工的には、サイクロトロン等の加速装置でヘリウムイオンを加速して得られる。β(ベータ)線、γ(ガンマ)線に比し、電離作用が強い。α放射線。＊現代術語辞典(1931)「アルファ線(アルファ・レー)〈略〉アルファ粒子なるものの高速度の流れである」 発音〈標ア〉0 〈京ア〉ファ

アルファ-づき 【―付】『名』(文字に書く時はAとしるす) 野球で、最終回裏の攻撃を必要としないで、後攻チームの勝ちが決まること。また、その場合の勝ちチームの得点。「五A対三」のようにAを勝ちチームの得点のあとにつけて、点数がそれ以上の未知数であることを示す。日本のプロ野球では、現在Xで表わす。＊モダン用語辞典(1930)〈喜多壮一郎〉「アルファ付(ツキ)〈略〉要するにその先は未知数であるといふ権利を持つ意味である」＊漫才読本(1936)〈横山エンタツ〉早慶戦「君は何でも作戦や。これで二者ホーム・インして、九A対八アルファ付(ツ)きや」 発音〈標ア〉0

アルファ-でんぷん 【―澱粉】『名』 生のデンプン(βデンプンという)を水と共に加熱して糊状とし、結晶部分をなくしたもの。 発音〈標ア〉デ

アルファ-は 【―波】『名』 八ヘルツ以上一三ヘルツ未満の周波数をもつ脳波。成人の覚醒、安静時の標準の脳波。 発音〈標ア〉ファ

アルファベット『名』(英 alphabet ギリシア文字の第一番目と二番目の字アルファとベータから。日本語で「いろは」で「いろは四十七文字」全体を表わすのと同様)《アルハベット》 ギリシア文字を基礎としてできた、表音文字の一体系。西ヨーロッパや南北アメリカで広く用いられているラテン文字(ローマ字)の全体。ふつうA・B・C・D…という一定の順に配列したものをいう。そこに含まれる字の数は、国語によって異なる。また、ギリシア文字やロシア文字(キリル文字)のような、ラテン文字に形が近い文字についてもいう。＊筆まかせ(1884‐92)〈正岡子規〉三・第一高等中学校英語会「演説はアルハベットの順にてやることと定まりゐたり」＊入江のほとり(1915)〈正宗白鳥〉二「アルハベットの読方から、満足に教師によって手ほどきされたのではないので」 発音〈標ア〉ベ 〈京ア〉ッ

アルファベット-じゅん 【―順】『名』 アルファベットの配列の順。ABC順。＊大英游記(1908)〈杉村楚人冠〉本記・「タイムス」の索引部「此等を精読して、一々之にアルフヮベット順(ジュン)の索引をつけるのである」＊黒い眼と茶色の目(1914)〈徳富蘆花〉二・二「其姓のアルファベット順(ジュン)で下から二番目に敬二が加った三年級は」 発音〈標ア〉0 〈京ア〉0

アルファ-ほうかい 【―崩壊(ホウクヮイ)】『名』 放射性原子核の自然崩壊の一種。ある原子核がα線を放出して他の原子核に変わること。 発音 アルファホーカイ 〈標ア〉ホ 〈京ア〉ホ

アルファ-まい 【―米】『名』 デンプンをアルファデンプンとした米を水分八パーセント以下まで熱風乾燥したもの。第二次世界大戦中、日本軍の携帯食として開発された。昭和四五年(一九七〇)から学校給食に登場。 発音〈標ア〉0

アルファ-りゅうし 【―粒子(リフシ)】『名』 ヘリウムの原子核。ヘリウムイオン。二個の陽子、二個の中性子から成り、プラス二の電荷を帯びる。→アルファ線・アルファ崩壊。 発音 アルファリューシ 〈標ア〉リュ 〈京ア〉リュ

アルファルファ『名』(英 alfalfa) マメ科の多年草植物、ムラサキウマゴヤシのこと。 発音〈標ア〉ファ[1]

アルフィエーリ (Vittorio Alfieri ビットリオ―) イタリアの悲劇作家。単純な筋と簡潔な文体の中に、自由な精神の高揚を主題とする悲劇を書く。代表作「サウル」。(一七四九～一八〇三) 発音〈標ア〉フィ

アルフォンソ-じっせい 【―十世】(Alfonso X) カスティリア‐レオン王(在位一二五二～八四年)。イスラム教徒と戦い、スペインの国土回復運動を推進。文芸学術の保護者としても有名。(一二二一頃～八四)

アルプス (英 Alps) [一]㊀ヨーロッパ南西部にある大山脈。フランス、スイス、イタリア、オーストリアにまたがる。最高峰のモンブラン(四八〇七メートル)を始めとしてマッターホルン、ユングフラウなどの巨峰がそびえる。雪原、氷河があり、風光明媚(めいび)の地として世界的に有名。＊富岳の詩神を思ふ(1893)〈北村透谷〉「アルプスの崇厳或は之を欠かん」＊新らしい言葉の字引(1918)〈服部嘉香・植原路郎〉「アルプス Alps (英) 四季を通じて白い山といふ意味。スヰス、イタリア、フランス、ドイツ、オーストリアの国境一帯に跨(またが)る連峯」 [二]㊀をしのばせる高山につけられた名。「北アルプス」「南アルプス」＊美しい村(1933‐34)〈堀辰雄〉序曲「そこから一帯に見下ろせる樅や落葉松の林、その林の向ふに見えるアルプスの山々」 発音〈標ア〉0 〈京ア〉0/ア

アルプス-スタンド (洋語 Alps stand) 兵庫県西宮市の甲子園球場の内野席と外野席の間にある大観覧席。漫画家岡本一平の造語とされる。＊現代術語辞典(1931)「アルプス・スタンド 甲子園球場の中央大観覧席に次ぐ両翼のスタンドを特にアルプス・スタンドと称してゐる」 発音〈標ア〉タ

アルプス-ぞうざんうんどう 【―造山運動(ザウザンウンドウ)】『名』 アルプス山脈を形成した新生代の地殻変動。広義には、それと同時期の造山運動の総称。ゴンドワナ大陸の分裂地塊であるアフリカがユーラシア大陸に衝突してできたアルプス山脈と、同様にインドが衝突してできたヒマラヤ山脈が代表。 発音 アルプスゾーザンウンドー 〈標ア〉ウ

アルブミン『名』(英 albumin (ドイツ) Alubmen 「卵白」に由来) 単純たんぱく質の一種。動植物の組織中に含まれ、比較的分子量が低いので結晶化しやすいが、アルコールや熱によって凝固し変性しやすい。卵アルブミン、血清アルブミン、レグメリンなどが代表的。たんぱく素。＊新しき用語の泉(1921)〈小林花眠〉「アルブミン Albumin (独) 蛋白質」 発音〈標ア〉0

アルフレッド (Alfred) イングランドのウェセックス王(在位八七一～八九九年)。異教徒デーン人の侵略に対抗して領土を確保。アングロ‐サクソン諸法律を集大成し、学芸、教育を振興してアングロ‐サクソン文化の最盛期を現出。アルフレッド大王。(八四九～八九九) 発音〈標ア〉レ

アル-フワリズミ (al-Khwārizmi)《アルホレズミ》 アラビアの数学者、天文学者。著「方程式計算法概要」は、中世ヨーロッパに大きな影響を与えた。(七八〇頃～八五〇頃) 発音〈標ア〉リ

アルヘイ 【有平】『名』((ポルトガル) alféloa 「砂糖でつくった菓子」から) ①「アルヘイとう(有平糖)①」の略。＊浄瑠璃・大職冠(1711頃)二「アア言ひなれぬ日本詞くたびれたり。こんへい、あるへい、花ほうる、かすてら、かるめら、やうかんかんと云ひければ」＊雑俳・蘂姑柳(1785)三月一五日「隣桟敷のあるへいへ指をさし」＊人情本・清談若緑(19C中)二・一二回「口直しには菓子の中に、有平(アルヘイ)もありましたっけ」＊刑余の叔父(1908)〈石川啄木〉二「私は〈略〉一寸一寸(ちょいちょい)東の店に痰切飴(たんきり)や氷糸糖(アルヘイ)を買ひに行った」 ②「アルヘイぼう(有平棒)」の略。＊江湖機関西洋鑑(1873)〈岡丈紀〉初・下「今は下町から山の手かけて、何処の床でも有米(ヘイ)の看板をおっ立たり、横文字まじりで西洋髪挟所(かみはさみどころ)と御大(ごてへ)そうにしるしを出して」＊落語・錦の犢鼻褌(1897)〈四代目橘家円蔵〉「縮緬の褌を締めて居ります。夫れも白計(ばか)りでは不気無(いけな)いと赤ひのを捻て振(ぶ)ら下げ様なぞと跨(またぐら)へ有平(アルヘイ)の看板見たいな物を下げて」 ③「アルヘイまき(有平巻)②」の略。 ④「アルヘイじま(有平縞)」の略。＊俳諧・橘中仙続編(1765)「あるへいの縞から母の縞好み」 発音 アルヘイ 〈標ア〉0 〈京ア〉0 辞書 言海

ある-べい-かかり 【有―】『名』『形動』(「あるべきかかり」の変化した語) 「ありべかかり(有―)」に同じ。＊浮世草子・鬼一法眼虎の巻(1733)四・三「有(ア)るべいかかりの音信(いんしん)計(ばかり)の使とも思はれず」

アルヘイ-ぐま 【有平隈】『名』(「アルヘイ糖」に似ているところから) 紅色の筋隈のこと。＊洒落本・御膳手打翁曾我(1796か)「あるへいぐまが顔中ににじむやうに酔ひなすったもの」

アルヘイ-ざいく 【有平細工】『名』 有平糖でつくった細工もの。また、その細工をすること。＊三人妻(1892)〈尾崎紅葉〉一〇「此外(このほか)当日席上の飾菓子(かざりぐゎし)に、有平細工(アルヘイざいく)の蓬萊(ほうらい)の島」

アルヘイ-じま 【有平縞】『名』 アルヘイ糖のように赤・白・青の三色の組み合わせの縞模様。アルヘイ。＊不言不語(1895)〈尾崎紅葉〉九「有平縞(アルヘイジマ)の唐縮緬の兵児帯して」 発音〈標ア〉0

アルヘイ-とう 【有平糖(タウ)】『名』(アルヘイは(ポルトガル) alfeloa 「砂糖でつくった菓子」の意) ①一六〇〇年頃ヨーロッパから伝わった砂糖菓子の一つ。砂糖に飴を加えて煮つめたもの。引き伸ばして白くしたり、色素で色をつけたりする。棒状のもののほか、いろいろな形に細工して祝い物や供物の飾り菓子とする。アルヘイ。アリヘイとう。＊太閤記(1625)或問「下戸には、かすていら、ぼうる、かるめひる、あるへい糖、こんぺい糖などをもてなし」＊浮世草子・好色一代男(1682)六・四「庭鳥

の骨ぬき、或(あるい)は山の芋のにしめ、〈略〉あるへいたう、生貝(なまかい)のふくら煎(いり)を」 ＊小学読本(1874)〈榊原・那珂・稲垣〉二「浮石糖(カルメイラ)氷糸糖(アルヘイ)糖毬(コンヘイタウ)は皆天正年間其製を外国より伝へたるものなり」 ＊童謡・お菓子の汽車(1920)〈西条八十〉「お菓子の汽車が急ぎます 長い煙突あるへい糖 つながる函(はこ)はチョコレイト」 ②ボルト錐(ぎり)をいう、盗人仲間の隠語。〔隠語構成様式幷其語集(1935)〕 [発音]アルヘイトー 〈なまり〉アリヘト〔和歌山〕〈標ア〉[0] 〈京ア〉[0] [辞書]〈ボン〉・言海 [表記]有平糖〈ヘ・言〉

アルヘイ-どこ【有平床】〘名〙明治初年、従来の床屋と区別して、西洋理髪店をいった呼び名。看板として有平棒(アルヘイぼう)をかかげたところからいう。＊江湖機関西洋鑑(1873)〈岡丈紀〉初・下「各顧(きゃく)を嚇す散髪店(アルヘイドコ)の広告(いひたて)」

アルヘイ-ぼう【有平棒】〘名〙(有平糖のような棒の意) 理髪店の看板として用いられる赤白青のらせん模様の棒。古く西洋で理髪師を兼ねた医師の看板に用いられたものを転用したもの。明治初年頃、東京日本橋常盤橋門外に開店した理髪店が用い始め、一般化したという。＊団団珍聞-四二号(1878)「赤字の旗の牛肉店有平棒(アルヘイホウ)の西洋床」 [発音]アルヘイボー〈標ア〉[ヘ]

アルヘイ-まき【有平巻】〘名〙①せんべいに有平糖を巻きつけた菓子。巻きせんべい。②ねじれた有平糖のような形をした、女の髪の結い方。

ある-べ かかり【有━】〘名〙〘形動〙(「あるべきかかり」の変化した語)「ありべかかり(有━)」に同じ。＊談義本・当風辻談義(1753)一・大藤内が霊芝居の作者を称美せし事「あるべかかりの五郎やい、うぬはなぜ五郎だの悪対(あくたい)があたる」 ＊談義本・地獄楽日記(1755)四・三「只あるべかかりに半七お花、お初徳兵衛なぞなどといふ様な事」

ある-べか°し【有━】〘形シク〙(「あるべかり」の語幹を、形容詞に活用させたもの) 当然そのようにあるはずのありさまだ。それ相応である。そうありたいようだ。適切なありさまだ。理想的である。＊源氏(1001-14頃)行幸「人がらはなやかに、あるべかしき十余人つどひ給へれば」 ＊栄花(1028-92頃)暮待星「この内、いみじうあるべかしうおはしまいて」 ＊今昔(1120頃か)二九・四「男、女の家の有様を見るに、可有(あるべ)かしく吉く造たる家に住付て」

ある-べき【有━】〘連語〙(ラ変動詞「あり(有)」の連体形に助動詞「べし」の連体形「べき」の付いたもの。口語では一語にまとまって連体詞となり文章語的な用語として用いられる) 当然そうあるはずの。そうあるのが適当な、結構な。そうあっていい。しかるべき。また、当然存在しなければならない。＊源氏(1001-14頃)玉鬘「右近にあるべき事のたまはせて」 ＊大鏡(12C前)五・道長上「おほやけざまの公事作法ばかりには、あるべきほどに振舞ひ、ときたがふ事なくつとめさせ給て」 ＊有明の別(12C後)一「御調度どもなどは、みなあるべきさまに取り置かれ、納められにしかと」 [発音]〈標ア〉[ベ]

あるべき 限(かぎ)り あり得る限度。できる限り。十二分に。ありったけ。最大限の程度に。＊源氏(1001-14頃)紅葉賀「人がらも、あるべきかぎりととのひて」 ＊源氏(1001-14頃)初音「御しつらひ、あるべきかぎりなれども、こまやかなる御調度は、いとしも整へ給はぬを」

あるべき ようは 自分は現世においてこのような生き方をしなければならないという自戒の言葉。明恵の日頃説いた言葉。＊栂尾明恵上人伝記(1232-50頃)上「或時上人語って曰はく、我に一の明言あり、我は後生資(たす)からんとは申さず、只現世(げんぜ)に有るべきやうにて有らんと申すなり。聖教の中にも行すべきやうに行じ、振舞ふべきやうに振舞へとこそ説き置かれたれ。現世にはとてもかくてもあれ、後生計り資かれと説かれたる聖教は無きなり。仏も戒を破って我を見て、何の益かあると説き給へり。仍て阿留辺幾夜宇和(アルベキヤウワ)と云ふ七字を持つべし。是を持つを善とす」

アルペジオ〘名〙(イタリア arpeggio)《アルペッジオ・アルペッジョ》音楽の演奏方法の一つ。和音を分散して連続的に演奏すること。普通、低音から高音へと演奏される。＊外来語辞典(1914)〈勝屋英造〉「アルペッジオ Arpeggio (伊) 音楽上の語。和音用装飾音。『全絃神速』『神速和絃』」 [発音]〈標ア〉[ペ]

アルベド〘名〙(英 albedo) 入射してくる放射のうち、どれだけが反射されるかを百分率をもって示したもの。可視光線に対し、緑の森林のアルベドは三～一〇パーセント、新雪は八〇～八五パーセントである。反射率ともいう。[発音]〈標ア〉[0][ベ]

アルベニス (Isaac Albéniz イサク―) スペインの作曲家、ピアニスト。グラナドスと共に、近代スペイン音楽の創始者といわれる。(一八六〇～一九〇九) [発音]〈標ア〉[ベ]

アルベルティ (Leon Battista Alberti レオン=バティスター) イタリアの建築家、詩人、哲学者。近世建築様式の創始者。(一四〇四～七二) [発音]〈標ア〉[ベ]

アルベルトゥス-マグヌス (Albertus Magnus) ドイツのスコラ哲学者、神学者、自然科学者。新プラトン主義的思想にアリストテレス哲学を取り入れ、哲学と神学、理性と信仰の領域を区別。トマス=アクィナスの師。(一二〇〇頃～一二八〇)

アルペン (ドイツ Alpen) [一]「アルプス①」に同じ。＊生物学語彙(1884)〈岩川友太郎〉「Alpine 高山ノ、牙白山(アルペン)ノ」 ＊欧米印象記(1910)〈中村春雨〉大陸旅行日記・一一月四日「端西(シュワイツ)に入って、アルペンを見ず、不幸な旅だと、ひそかにこぼした」 [発音]〈標ア〉 [二]〘名〙「アルペンしゅもく(━種目)」に同じ。[発音]〈標ア〉[ア]

アルペン-シュトック〘名〙(ドイツ Alpenstock)《アルペンストック》先端に、とび口状の金具のついた登山用の杖。＊モダン用語辞典(1930)〈喜多壮一郎〉「アルペンシュトック Allpenstock 独 アルペンはアルプス山、シュトックは英語のスティック」 [発音]〈標ア〉[ト]

アルペン-しゅもく【━種目】〘名〙スキー競技で滑降、回転、大回転などの種目をいう。一九三六年にオリンピック種目となる。アルペン競技。アルペンスキー。アルペン。[発音]〈標ア〉[シュ]

アルペン-スキー〘名〙(ドイツ Alpenski) ①山岳スキーのうち、一九世紀末オーストリアのズダルスキーが考案した、太い一本のストックによるスキー術。②「アルペンしゅもく(━種目)」に同じ。③登山用の小型スキー具。＊アルス新語辞典(1930)〈桃井鶴夫〉「アルペン・スキー 英 Alpen-ski 登山用スキー」 [発音]〈標ア〉[キ]

アルヘンティーナ (La Argentina ラー)《アルヘンチナ》スペインの女性舞踊家。アルゼンチン生まれ。民族舞踊を芸術化し二〇世紀最大のスペイン舞踊家とされ、「カスタネットの女王」ともいわれた。(一八九〇～一九三六) [発音]〈標ア〉[ティ]

アルペン-ホルン〘名〙(ドイツ Alpenhorn) アルプス地方に伝わる原始的なホルン。元来は、羊の群れを呼び集めたり、山から山へ呼び交わすのに用いた。木、または皮で作り、長さは一メートル内外から三メートルに達するものもある。[発音]〈標ア〉[ホ]

アルペン-ローゼ〘名〙(ドイツ Alpenrose) ツツジ科シャクナゲ属の落葉低木。アルプスの高地に生える。葉の長さ三～四センチメートル。夏、直径一センチメートルほどの小さな真紅の花をつける。エーデルワイスと共に、アルプスの代表的な名花とされる。[発音]〈標ア〉[ロ]

アルボース〘名〙(ドイツ Arbos) 薄黄色の固体。水に溶けやすく消毒剤として用いられる。＊時事新報-明治二九年(1896)七月二五日「深川の扇橋製薬会社が特許を得て販売する薬品アルボースは〈略〉消毒の効力を有する石鹸として、日常之を使用し頗る重宝なりと云ふ」 ＊読書放浪(1933)〈内田魯庵〉銀座と築地の憶出・三「盛り場の便所は一と頃アルボースが征服したもんで、個人の邸宅でも贅沢な高等の便所はアルボースの臭ひがしなければ納まらなかったもんだ」 [発音]〈標ア〉[ボ]

アルボース-せっけん【━石鹸(セキケン)】〘名〙アルボースを加えて製造した薬用石けん。消毒、化粧用。水に溶けやすい。＊国民百科新語辞典(1934)〈新居格・木村毅〉「アルボースセッケン アルボース石鹸〔医〕消毒用の医薬石鹸」 [発音]〈標ア〉[セ]

アルマ-アタ (Alma-Ata) カザフスタン共和国の旧首都。一九九二年、共和国の新憲法採択とともにアルマトゥイと改称。旧名ベールヌイ。[発音]〈標ア〉[ア][2]

アルマイト〘名〙(洋語 alumite) アルミニウム製品の表面に酸化アルミニウム皮膜をつくったもの。大正一二年(一九二三)頃、わが国の理化学研究所で発明されたときの商標名。耐食性、耐摩耗性、耐熱性にすぐれ、家庭用品などに広く用いられる。＊二閑人交游図(1941)〈上林暁〉四「アルマイトの洗面器を持ち歩いてゐた」 ＊細雪(1943-48)〈谷崎潤一郎〉中・一二「アルマイトの湯沸しやフライパンなどが」 ＊二十四の瞳(1952)〈壺井栄〉五「ミサ子もマスノも、ふたに百合の花の絵のあるアルマイトの弁当箱を買ったと聞いて、松江は母にねだった」 [発音]〈標ア〉[マ] 〈京ア〉[マ]

アルマゲスト (アラビア al-majisṭī「最大」の意) 西暦二世紀頃、ギリシアの天文学者プトレマイオスによって書かれた、古代ギリシア天文学を集大成した書物。全一三巻。[発音]〈標ア〉[ゲ]

ある-・まじ【有━】〘連語〙(ラ変動詞「あり(有)」の連体形に打消推量の助動詞「まじ」の付いたもの。口語では、連体形「あるまじき」が、文章語的に用いられる) ①あるはずはない。普通には、そうありそうもない。＊土左(935頃)承平五年二月一六日「しまさかにて、人あるじしたり。かならずしもあるまじきわざなり」 ②あるべきでない。当然あってはならない。不都合である。とんでもない。あるまじい。＊宇津保(970-999頃)蔵開上「かの人をば兵部卿の宮にさのたまひき。さてはあるまじきことなりと、〈略〉大将さのたまふときく」 ＊源氏(1001-14頃)桐壺「かかる折にも、あるまじき恥もこそと心づかひして」 ③いられそうもない。生きられそうもない。＊竹取(9C末-10C初)「なほ、この女見では、世にあるまじき心地のしければ」 ＊苔の衣(1271頃)一「姫君の、あるまじきまでおぼしいりたるさま、ことわりながらあやふきかな」 [発音]〈標ア〉[マ] [辞書]文明 [表記]有間敷(文)

ある-・まじい【有━】〘連語〙(「まじい」は、「まじ」の連体形「まじき」が変化した中世の形) ①ないであろう。あるまい。＊天草本伊曾保(1593)イソポの生涯の事「コノギワ シャント ヨリ ホカニ シル ヒトガ arumajijto (アルマジイト) ユウテ」 ②「あるまじ(有━)②」に同じ。＊天草本伊曾保(1593)イソポの生涯の事「シャント スコシモ ドウシン ナウテ カツテ arumajiij (アルマジイ) コトヂャト ハチヲ ハラワレ タレドモ」 ＊日葡辞書(1603-04)「Arumajij (アルマジイ) コトノ アルワ キクヮイナ コトヂャ」

あるまじ-げ【有━】〘形動〙(連語「あるまじ」に接尾語「げ」が付いて一語化したもの) ありそうもないさま。＊源氏(1001-14頃)葵「世にもてかしづかれ給へるさま、木草もなびかぬはあるまじげなり」 ＊和泉式部日記(11C前)「風の音、木の葉の残りあるまじげに吹きたる、常よりも物あはれにおぼゆ」 [発音]アルマジゲ〈標ア〉[ジ][マ]

あるまじ-な・い【有―】〘形口〙（連語「あるまじ」に接尾語「ない」を添えて強調したもの）あってはならぬ。とんでもない。めっそうもない。あられもない。＊浄瑠璃・大塔宮曦鎧（1723）四「いやついそことは、どこの事、若い娘のあるまじない」

アルマジロ〘名〙（スペ armadillo）貧歯目アルマジロ科の哺乳類の総称。八属二〇種に分類される。中南米の乾燥地帯から熱帯雨林に分布。体は堅い甲羅でおおわれ、害敵に襲われると体を丸めて身を守る。前肢の強力な爪で穴を掘ってすむ。夜行性で昆虫、木の根、小動物などを食べる。学名は Dasypodidae 発音〈標ア〉マ

アルマジロ

アルマトゥイ（Almaty）中央アジアのカザフスタン共和国の旧首都。天山山脈の北麓に位置し、シルクロードの一地点。

アルマナック〘名〙（英 almanac）①暦書。暦。＊最暗黒之東京（1893）〈松原岩五郎〉九「或は荒神暦とか称して『彼岸』『八十八夜』『土用』『盆』『二百十日』等の厄日が象形文字を以て描き出されたる挿秧的アルマナックとも言ふべき一種の暦書」②年鑑。発音〈標ア〉ナ

アルマニャック〘名〙（フラ armagnac）《アルマナック》フランス南西部のアルマニャック地方産のブランデーの総称。発音〈標ア〉ニャ

アルマ-マーテル〘名〙（ラテ Alma Mater「育ての母」の意）《アルママーター・アルマメーター》出身校。母校。＊外来語辞典（1914）〈勝屋英造〉「アルマ・マーテル Alma mater（拉）〈略〉自己の教育を受けたる学校を親しみ呼ぶ語」＊新しい言葉の泉（1928）〈高谷隆〉「アルマ・メーター Alma-meter（拉）『アルマー、マーテル』とも云ふ。英母語の正しい発音では、エールマ・メイター、育ての母親といふ意味から母校のこと」発音〈標ア〉マ²

アルマン-じょうやく【―条約】（アルマンは Harmand）一八八三年フランスとベトナムの阮（グェン）朝との間に結ばれた条約。この条約によってフランスは、ベトナムに保護権を確立した。ユエ条約。

アルマンド〘名〙（フラ allemande）ヨーロッパで一六世紀中頃に現われた舞曲。中庸な速度の四分の四拍子で短いアウフタクトで開始する。バロック期の古典組曲では第一曲目におかれた。＊アルス新語辞典（1930）〈桃井鶴夫〉「アルマンド 仏 allemand 独逸、瑞西特有の舞踏、又はその歌謡」発音アルマンジョーヤク〈標ア〉ジョ　発音〈標ア〉アマ

ある-み【荒海】〘名〙（「あらうみ」の変化した語）荒れている海。波の荒い海。荒れ狂う海。＊万葉（8C後）一五・三五八二「大船を安流美（アルミ）に出だしいます君つつむ事なく早帰りませ〈作者未詳〉」＊承徳本古謡集（1099）気比の神楽「〈本〉越の海を 安留見（アルミ）と知らで 船出して 帰るに沖に 障れるや おけ」

アルミ〘名〙①「アルミニウム」の略。＊風俗画報-一五号（1890）本館及各館「アルミの急須、銅香爐、銀の水注其他種々珍らしき製品あり」＊稿本化学語彙（1900）〈桜井錠二・高松豊吉〉「Aluminium bronze Aluminiumbronze, f アルミ」＊濹東綺譚（1937）〈永井荷風〉三「それからアルミの小鍋を出して」＊手袋のかたっぽ（1943）〈永井龍男〉「おかみさんがひっそりとアルミの箸の音をさせて」②（「アルミきん（―金）」の略）「アルミニウムせいどう（―青銅）」に同じ。＊団団珍聞-五五七号（1886）「誠（まこと）アルミと見せても早晩（いつか）脱（はげ）て地金の出る指環」＊内地雑居未来之夢（1886）〈坪内逍遙〉一〇「正（まさ）しく銀台の金鍍金（めっき）にあらずや。『アルミ』の光沢とは異なれるに似たり」＊黒潮（1902-05）〈徳富蘆花〉一・八・五「アルミでない金の指環」発音〈標ア〉0〈京ア〉0

アルミ-か【―貨】〘名〙アルミニウムの貨幣。少額の通貨に用いられる。＊足摺岬（1949）〈田宮虎彦〉「薬売りは鞄の中から十銭や五銭の穴あきのアルミ貨をとりだして」＊異邦人意識と人類意識（1959）〈伊藤整〉「二フランや五フランのアルミ貨ばかりで釣をくれたりすると」発音〈標ア〉ミ

アルミ-きん【―金】〘名〙「アルミニウムせいどう（―青銅）」に同じ。＊外来語辞典（1914）〈勝屋英造〉「アルミキン（アルミ金）『アルミニウム』合金の俗称」発音〈標ア〉0

アルミ-ごうきん【―合金】〘名〙「アルミニウムけいごうきん（―軽合金）」に同じ。＊旅-昭和一八年（1943）終刊号・今日の海上輸送戦〈今井田研二郎〉「金属製ダグラス旅客機の五〇パーセントはアルミ合金（ガフキン）であるが」発音アルミゴーキン〈標ア〉ゴ

アルミ-サッシ〘名〙（「アルミニウムサッシ」の略）アルミニウムで作られた窓わく。スチールサッシに比べ軽量でさびず、気密が良いのが特長。アルミサッシュ。＊羽なければ（1975）〈小田実〉三二「窓ワクはアルミサッシで、ちょっとそこらのマンションよりつくりがよろしまっしゃろ」発音〈標ア〉サ

アルミ-どう【―銅】〘名〙「アルミニウムせいどう（―青銅）」に同じ。発音アルミドー〈標ア〉ミ

アルミナ〘名〙（英 alumina）《アリュミナ》アルミニウムの酸化物。アルミニウムの製造原料。耐火剤、研摩剤、吸着剤、触媒、耐食性磁器などに用いられる。礬土（ばんど）。酸化アルミニウム。＊西洋雑誌-一（1867）新銀弁にアリュミニウムと名くる金属の説「元来アリュミニウムはアリュミナの元質にしてアリュミナとは粘土の純精なるものなり」発音〈標ア〉0〈京ア〉0

アルミナ-せっけん【―石鹸】〘名〙石鹸液と酢酸アルミニウム液を原料としたもの。防水剤に使用される。発音〈標ア〉セ

アルミナ-セメント〘名〙（セメントは英 cement）酸化アルミニウムと酸化カルシウムを成分とするセメント。短時間で硬化し、強度高く、海水、化学薬品に対する耐食性がある。耐火炉材などに用いられる。溶解セメント。発音〈標ア〉セ

アルミニウム〘名〙（英 aluminium）《アルミニューム》元素の一つ。記号 Al 原子番号一三。原子量二六・九八。代表的な軽金属。地球上に広く多量に存在し、アルミノケイ酸塩として岩石、土壌中の重要成分である。工業的には、ボーキサイトからアルミナをつくり、溶融塩電解によって精製する。銀白色で柔らかく、また、展性、延性にすぐれており、加工しやすい。軽量、電気の良導性、耐食性、人体に無害の性質を生かして、建築用材、運輸関係材料、送電線、化学器具、家庭用品など広く用いられる。軽銀。アルミ。ニューム。＊薬品名彙（1873）〈伊藤謙〉「Aluminium 安律密紐母」＊朝野新聞-明治一一年（1878）一一月八日「同校生徒の優等者へ、アルミニユムに校名を彫刻したる賞牌を与え度と」＊機械（1930）〈横光利一〉「うづ高く積み上ってゐるアルミニュームの輝いた断面を眺めながら」＊色ざんげ（1933-35）〈宇野千代〉「一生アルミニュームの弁当箱から」＊蒼氓（1935-39）〈石川達三〉一「アルミニウムのコップ酒」＊鳴海仙吉（1946-48）〈伊藤整〉八「白いアルミニュウムの洗ひ桶」発音〈標ア〉ニ《ニュ》〈京ア〉ニ

アルミニウム-おうどう【―黄銅】〘名〙黄銅に四パーセント以下のアルミニウムを添加した合金。粘り強さにすぐれ、海水に対する耐食性がよいので、船舶部品に用いられる。ケイ素、鉄、マンガン、ニッケルなどを添加してバネ材ともする。アルミ黄銅。発音アルミニュームオードー〈標ア〉オ

アルミニウム-けいごうきん【―軽合金】〘名〙アルミニウムに銅、マグネシウム、ケイ素、ニッケル、マンガン、亜鉛などの合金元素を添加して製した軽合金の総称。ラウタール、アルパックス、ジュラルミン、Y合金、アルドライなど。アルミ合金。発音アルミニュームケイゴーキン〈標ア〉ゴ

アルミニウム-サッシ〘名〙（英 aluminium sash）《アルミニウムサッシュ》「アルミサッシ」に同じ。発音アルミニュームサッシ〈標ア〉サ

アルミニウム-せいどう【―青銅】〘名〙銅にアルミニウムを加えた合金の総称。ほかに少量の鉄、ニッケル、マンガンなどを含む。模造金として装飾品に用いるほか、板、管、棒などに加工して機械部品として用いられる。アルミ銅。アルミ金。アルミ。発音アルミニュームセイドー〈標ア〉セ

アルミニウム-ペイント〘名〙（英 aluminium paint）アルミニウム末を顔料とした銀色のエナメル。光線反射率、熱反射率が大きく、耐水性、さび止め能力にすぐれる。貯水タンクの内面、鉄材、スチームパイプ、木材などに用いられる。発音アルミニュームペイント〈標ア〉ペ

アルミニウム-まつ【―末】〘名〙アルミニウムを粉末状にしたもの。アルミニウムペイント、花火火薬、写真用フラッシュなどに用いられる。アルミニウム粉。発音アルミニュームマツ〈標ア〉ム

アルミ-はく【―箔】〘名〙アルミニウムの板を圧延して箔状にしたもの。食品、薬品の包装、装飾などに用いられる。アルミホイル。＊秋風と二人の男（1965）〈庄野潤三〉一「グラタンをつくる時に使うアルミ箔の入れ物を取り出した」発音〈標ア〉ミ

アルミ-ホイール〘名〙（英 aluminium-wheel から）アルミニウム合金製の、自動車のタイヤホイール。外観が美しく、軽量化がはかれる。発音〈標ア〉イ

アルミ-ホイル〘名〙（英 aluminium foil から）《アルミフォイル》アルミ箔のこと。通常は円筒状に巻いておき、食品など、物を包むために使う。＊岬（1975）〈中上健次〉「アルミホイルを開き、焼いた鳥のモモを出し、食べはじめる」発音〈標ア〉ホ

アルメイダ（Luis de Almeida ルイス＝デ―）戦国時代に来日したポルトガルの宣教師。はじめ貿易を営んだが、天文二一年（一五五二）周防国山口でイエズス会に入る。外科医の心得があり豊後府内（大分県）で病院や孤児院を開く。各地に布教し、マカオで司祭となり、天草で没した。（一五二五～八三）

アルメニア（Armenia）小アジアとカスピ海との間の地域名。東西交通の要地のため、ペルシア、ローマ、トルコなどの支配を受ける。一九世紀に南カフカズはロシアに併合。一九三六年ソ連邦構成共和国の一つとしてアルメニア社会主義共和国が成立。九一年末、ソ連邦の崩壊に伴い独立、アルメニア共和国となる。首都エレバン。＊管蠡秘言（1777）「六大洲〈略〉日本 琉球 蝦夷 支那 蒙古〈略〉亜爾黙尼亜（アルメニヤ）」発音〈標ア〉メ　発音〈標ア〉0

アルメニア-ご【―語】〘名〙インド-ヨーロッパ語族に属する言語。アルメニア共和国のほか、隣接するグルジア、アゼルバイジャン共和国などで話されている。非常に強い強弱アクセントをもっているため、音節の脱落が起こり、語形が著しく変化した。五世紀以後、聖書の翻訳がなされたのをはじめとし、文学の伝統が長い。発音アルメニアゴ〈標ア〉0

アルメニア-じん【―人】〘名〙アルメニア共和国を中心にシリア、ペルシア、トルコなどに住む人。短頭、黒髪、黒い瞳を持つ。発音〈標ア〉ア²

アルメリア〘名〙（ラテン armelia）イソマツ科の多年草。ヨーロッパ、北アメリカ、千島に分布し、観賞用として栽培される。ハマカンザシともいう。葉は細長い線形で密生する。春、葉の間から高さ二〇センチ㍍位になる花茎をのばし、先端に多数の小花を密につける。花色は

淡紅、薄紫、白などがある。ハマカンザシは、浜辺に生え、かんざしに似ていることからつけられた。学名は Armeria maritima 《季・春》 ＊新時代用語辞典(1930)〈長岡規矩雄〉西洋草花用語「アルメリア Armeria (英) 芝草のやうな外観で、高さ四―五寸、三 四月頃白又は紅の花が集って咲く」 発音〈標ア〉0メ

あるもの-がお ほ:が【有物顔】〘名〙(形動) ほんとうは無い物を、有るように装うこと。それらしいさま。ありがお。＊新撰六帖(1244頃)二「みどりこのたぶさの中の紅葉ばをある物がほにしるもはかなし〈藤原家良〉」 ＊玉葉(1312)釈教・二六八八「かりそめに心の宿となれる身をあるもの顔になに思ふらん〈永福門院〉」 発音アルモノガオ〈標ア〉0ノ

ある-よう ウャ【有様】〘名〙 ①「ありよう(有様)①」に同じ。 ＊源氏(1001-14頃)総角「旅の宿りのあるやうなど、人の語る思しやられて、をかしく思さる」 ＊更級日記(1059頃)「その物語、かの物語、光る源氏のあるやうなど」 ②「ありよう(有様)②」に同じ。 ＊宇津保(970-999頃)嵯峨院「この君に、あるやうありてやかくこもりゐ給つらん」 ＊能因本枕(10C終)四四・木の花は「梨の花〈略〉もろこしには限りなき物にて文にも作るなるを、さりともあるやうあらんとて、せめて見れば」 ＊栄花(1028-92頃)浦々の別「いとあやしく世づかぬ事に人々見奉り思へど、さりとも有様(アルヤウ)あらむとのみ騒がせ給ふに」 語誌本辞典では名詞としたが、「ありさま」「ありよう」が一語として意識されていたのに対し、この語は二語として意識されていたのではないかと思われる。したがって、「有」「在」の実質的な意味が失われずに用いられている例が多く見られる。中古以降、固定した例はほとんど見られないところから、「ありよう」に吸収されたと考えられる。後世に見られる「着る物」から「着物」への変化と同様と思われる。 発音アルヨー〈標ア〉ア〈京ア〉0

ある-らく【荒―】(動詞「ある(荒)」のク語法) 荒れること。 ＊万葉(8C後)六・一〇五九「百鳥(ももとり)の 声なつかしき 在りが欲し 住みよき里の 荒楽苦(あるラク)惜しも〈福麻呂歌集〉」 ＊万葉(8C後)八・一六〇四「秋されば春日の山のもみち見る奈良のみやこの荒良久(あるラク)惜しも〈大原今城〉」

アルル (Arles) フランス南部、ローヌ川に臨む観光都市。古くはローマ帝国のガリアの州都。中世にはプロバンス王国の首都として栄えた。

アルルカン〘名〙(フラ arlequin) 道化役者。ビコーン(三角の山形帽子)をかぶり、いろいろな小布をはぎあわせた服に、コルレット(襟飾り)とマスクをつける。アルレッキーノ。 発音〈標ア〉ル1 ル2

アルルのおんな アルルの をんな【アルルの女】(原題 フラ L'Arlésienne) ドーデ作の戯曲。一八七二年パリ初演。フランス南部の農村の恋愛悲劇。ビゼー作曲の劇中音楽を編曲した管弦楽組曲が知られる。 発音〈標ア〉ア

アルレッキーノ〘名〙(イタ arlecchino)「アルルカン」に同じ。 発音〈標ア〉キ

ある-を〘連語〙 先行の事柄に対し、後行の事柄が反対、対立の関係にあることを示す(逆接)。ところが。それなのに。 ＊漢書列伝竺桃抄(1458-60)賈誼第一八「四書五経之語をば俗書に読むやうによまいではかなうまいぞ。あるを禅客やなんどに頼、之なんどとよばわりあげて云きゃうこつな事ぞ」 ＊史記抄(1477)一一・管晏「しばりた者は我を何たる者とも不知ぞ。あるを御内の我を知て贖はしたか」

あれ【吾】〘代名〙自称。私。中古以降は「われ」が用いられるようになって、次第に衰えた。 ＊古事記(712)中・歌謡「撓(たわ)や腕(がひな)を 枕(ま)かむとは 阿礼(アレ)はすれど さ寝むとは 阿礼(アレ)は思へど」 ＊万葉(8C後)二〇・四二九八「霜の上に霰たばしりいやましに安礼(アレ)は参(まゐ)来む年の緒長く〈大伴千室〉」 ＊石山寺本金剛般若経集験記平安初期点(850頃)「某(アレ)むかしの時に、金剛波若経を読みたてまつりき」 ＊落窪(10C後)一「あれおしこぼちてんと腹だちののしれば」 ＊大鏡(12C前)四・道兼「あれは舞はじとて、角髪(びづら)ひきみだり」 方言一〘代名〙❶自称。私。 伊豆八丈島1076 東京都八丈島038 (親しい人に対して用いる)323 奈良県吉野郡687 高知県高岡郡872 ❷対称。お前。 三重県585 588 599 奈良県吉野郡687 和歌山県西牟婁郡・東牟婁郡690 二〘名〙あなたの家。お宅。 長崎県壱岐島914 語源説「我」の別音 Wa が軽くなった A に諧調上の補音レを添えたもの〔日本語原考＝与謝野寛〕。 発音〈標ア〉ア〈ア史〉平安・鎌倉○● 〈京ア〉0 辞書言海

あれかにも非(あら)ず 自分と他人の区別がつかない。茫然自失のさまである。あれか人にも非ず。 ＊更級日記(1059頃)「立ち出づる程の心地、あれかにもあらず、うつつともおぼえで、暁にはまかでぬ」 ＊大鏡(12C前)四・道兼「あはた殿御いろまあをにならせたまひて、あれかにもあらぬ御けしきなり」

あれか人(ひと)か (自分か他人かの意から) 自他の区別がつかないさま。茫然自失のさまにいう。 ＊蜻蛉(974頃)中・天禄元年「山科(やましな)にて、明けはなるるにぞ、いとけむせうなる心ちすれば、あれか人かにおぼゆる」

あれか人(ひと)にも非(あら)ず 「あれ(吾)かにも非(あら)ず」に同じ。 ＊宇津保(970-999頃)国譲上「あれか人にもあらずあやしきままに、昔の恋しくおもほゆれば」

あれにも非(あら)ず 自分が自分のようでない。われを忘れて茫然としている。夢中である。われにもあらず。 ＊宇津保(970-999頃)吹上上「源さい相のみけしきの、あれにもあらで聞きゐ給へりしを見給へしに」 ＊枕(10C終)一八四・宮にはじめてまゐりたるころ「ただいそがしにいだしたつれば、あれにもあらぬ心地すれど」

あれ【村】〘名〙村。ふれ。 ＊書紀(720)神武即位前(寛文版訓)「遂に邑(むら)に君(きみ)有り、村(アレ)に長(ひとこのかみ)有りて、各自(みづか)ら疆(さかひ)を分ちて用て相凌(あひしの)ぎ躒(きしろ)は使めつ」 語誌語源については、「ありか(在処)」の変化したものとする説があるが、未詳。「つのさはふ石村(いはれ)も過ぎず」〔万葉-三・二八二〕の「石村」は地名「いはれ(磐余)」の借訓であるが、「村」に「あれ(または、ふれ)」の訓のあった証拠である。

あれ【彼】〘代名〙(中古以後用いられた) 一他称。話し手、聞き手両者から離れた事物、人、場所、過去の出来事などを指し示す(遠称)。あ。 ①事物を指し示す。 ＊枕(10C終)一五二・人ばへするもの「親の来たるに所得て『あれ見せよ、やや、はは』などひきゆるがすに」 ＊虎明本狂言・鬼瓦(室町末-近世初)「あれは鬼がはらといふ物でござる」 ＊浄瑠璃・曾根崎心中(1703)「ヲウ、ヲウあれじゃ何も話されぬ。わしがするやうにならんせ」 ②人を指し示す。 ＊宇津保(970-999頃)国譲中「あれはあらぬ人ぞよ。いと恐ろしくにくき人ぞ」 ＊源氏(1001-14頃)総角「わが身にては、またいとあれがほどにはあらず、目も鼻も直しとおぼゆるは心のなしにやあらむとうしろめたくて」 ＊歌舞伎・傾城阿波の鳴門(1695)二「あれは俺が兄様(あにさま)ぢゃ。やはり添うてたも」 ③場所を指し示す。 ＊平家(13C前)九・木曾最期「あれに見え候、粟津の松原と申す。あの松の中で御自害候へ」 ＊謡曲・海人(1430頃)「またあれなる里をばあまのの里と申して」 ＊歌舞伎・小袖曾我薊色縫(十六夜清心)(1859)三立「イヤ私はあれなる道の片辺(ほと)りを、往来故に通りましたに」 ④過去の出来事を指し示す。 ＊蜻蛉(974頃)中・天禄二年「八月といふは、明日になりにためれば、あれより四日、れいの物忌みとかあきて、ふたたびばかりみえたり」 ＊滑稽本・浮世風呂(1809-13)前・上「あれからしばらくして七つが鳴たから、八つ半前だらう」 ＊多情多恨(1896)〈尾崎紅葉〉前・六「ああ、葉山！ には幾日会はんのだらう。爾来(アレカラ)未だ会はんのだ」 ⑤はっきり言いたくないことやうまく言えないことなどを指す。 ＊桑の実(1913)〈鈴木三重吉〉八「その積りで麺麭も余計にあれしたんですから」 ⑥性的なことやものを、遠回しに指す。 ＊安吾巷談(1950)〈坂口安吾〉東京ジャングル探検「懐中電燈がパッと光ると、そこには必ずアレが行われているのだから」 ⑦(アメリカ It の訳語) 昭和初期の流行語。性的魅力をいった俗語。↓イット。 ＊モダン用語辞典(1930)〈喜多壮一郎〉「あれ 英語の It を訳した言葉。クララ・ボーの映画 It から来てゐる。性的魅力のことを云ふのである。『あの犬はあれがあるワ』等云って近代女性は犬にまで性的魅力を発見するとか」 二他称。相手側に属し、話し手から離れた事物、人、場所などを指し示す(中称)。 ①事物を指し示す。 ＊延慶本平家(1309-10)五本・梶原与佐々木馬所望事「いかに佐々木殿遅れおはし給ぞ。あれは生唼と見候にいかに」 ②人を指し示す。 ＊枕(10C終)八・大進生昌が家に「『あれはたそ顕証(けそう)に』と言へば」 ＊平家(13C前)九・老馬「武蔵房弁慶老翁を一人ぐしてまゐりたり。御曹司、あれはなにものぞととはれければ」 ③場所を指し示す。そこ。あそこ。 ＊光悦本謡曲・善知鳥(1465頃)「なふなふあれなる御僧に申べき事の候」 ＊説経節・説経苅萱(1631)上「なかとのかうはあれかとよ、うちながめ」 三対称。あなた。 ＊宇治拾遺(1221頃)一・五「錫杖つきなどしたる山臥の、ことごとしげなる入りきて〈略〉立けるを、侍、あれはいかなる御坊ぞと問ひければ」 ＊寛永刊本蒙求抄(1529頃)九「あれのさうをしなるは利根でをしなる也」 語誌(1)奈良時代までの文献には「あ」「あれ」は見えない。古くは「これ」対「かれ」、「こなた」対「かなた」のように、近称「こ」対遠称「か」の対立が中心的であった。平安時代に「あ」「あれ」が現われ、しばらくは「か」「かれ」と共存して、おおむね、「あ」「あれ」は現場にない対象、「か」「かれ」は現場に見える対象のように使い分けられていたものと考えられる。中世に入ってしだいに「か」「かれ」が衰退し、遠称はもっぱら「あ」「あれ」が担当することとなった。(2)二の相手側に属する事物を指し示す用法も、平安時代までは「かれ」が担っていたが、中世以後「あれ」にとって代わった。なお、近世以後は二の用法は「それ」「そこ」等「そ」の領域と認められるようになった。(3)三の対称の用法は二から派生したもので、現代語の「あなた」がこの用法の痕跡として認められる。 方言❶他称。彼。 三重県志摩郡585 ◇われ 静岡県520 ❷あの辺。 ◇あれえ 岡山県吉備郡766 発音〈なまり〉アー〔島根〕アール・アル〔島原方言〕アーレ〔茨城〕アィ〔福島・東京・佐賀・和歌山県・播磨・島原方言〕アエ〔津軽語彙・和歌山県・紀州〕アラ〔埼玉方言・島原方言〕アラク〔栃木〕アリ〔富山県・岐阜・飛騨・福岡・壱岐・壱岐続・島原方言〕アン〔千葉〕〈標ア〉0〈ア史〉鎌倉●○ 室町●●か 江戸●○〈京ア〉ア 辞書色葉・天正・日葡・ヘボン・言海 表記彼(色・天・ヘ)

あれのこれの 「あれ(彼)やこれや」に同じ。 ＊人情本・恩愛二葉草(1834)三・七章「彼(ア)れの是(コ)れのの罰が当って」 ＊落語・無学者(1898)〈三代目春風亭小柳枝〉「彼(アレ)の是(コレ)のと伺って見ると、凡て我々の無学文盲とはうんでん万(ばん)での違ひで御坐いますな」

あれはいかに 予期しない事態に対する驚きのことば。これは一体どうしたことだ。こはいかに。 ＊高野本平家(13C前)一・祇王「あれはいかに、仏御前と見たてまつるは。夢かやうつつかといひければ」 ＊読本・椿説弓張月(1807-11)拾遺・五六回「猛火(みゃうくゎ)天に衝いて燃えあがれば、王女(わんにょ)ふかく怪しみてあれはいかにとばかりに、馬をとどめて見かへり給ふ」

あれやこりや あべこべ。反対。あちらこちら。また、つじつまが合わないこと。＊譬喩尽（1786）六「彼（アレ）や此（コリ）やになる〈あちらこちらになること〉」

あれやこれや あれこれ。いろいろ。あれのこれの。＊泥人形（1911）〈正宗白鳥〉八「時子はあれやこれやと考へて、明方まで眠つかれなかった」＊夜明け前（1932-35）〈島崎藤村〉第二部・上・五・三「半蔵はあれやこれやと儀十郎に尋ねたいと思ふことを忘れなかった」

あれ【荒】〘名〙（動詞「あれる（荒）」の連用形の名詞化）①土地、建物などがいたむこと。荒廃。また、荒地のこと。＊東寺百合文書-に・永享八年（1436）一一月一〇日・丹波大山荘一井谷百姓等申状（大日本古文書二一・一六三）「西田井事、是又皆荒にて、御下地に主もなく候間」②勢いはげしく動きまわること。あばれること。＊俳諧・ひさご（1690）「のみに行（ゆく）居酒（ゐざけ）の荒（あれ）の一騒（さわぎ）〈乙州〉 古きばくちののこる鎌倉〈野径〉」＊当世書生気質（1885-86）〈坪内逍遥〉一八「兎角風の荒（アレ）が烈しくして、頗る不漁なるをかこつ折から」＊別れ霜（1892）〈樋口一葉〉一四「風の音をも只には聞かず鼠の荒（ア）れにも耳そばだてつ」③天候がおだやかでないこと。あらし。暴風雨。＊蔭凉軒日録-文明一九年（1487）二月一一日「自二昨晩一天洒レ雨。雨連レ明。早旦暴雨迅雷、実今日初午之荒也」＊俳諧・猿蓑（1691）五「冬空のあれに成たる北颪〈凡兆〉 旅の馳走に有明しをく〈芭蕉〉」＊魔風恋風（1903）〈小杉天外〉後・遺書「おやおや、此の風雨（アレ）にまア、何処へお出ででしたい？」＊海潮音（1905）〈上田敏訳〉賦「時ならずして、汝（なれ）も亦近づく暴風（アレ）の先駆（さきがけ）と」④皮膚に脂肪が欠乏してきめのあらくなること。＊故旧忘れ得べき（1935-36）〈高見順〉八「皮膚の荒れや弛み」＊朝霧（1950）〈永井龍男〉「白墨の荒れの年中取れたことのない手へ、重さうな鞄を持ち直すと」⑤書画の幅物、巻物などの絹張りや紙面が汚れ損じていること。⑥試合中、勝敗の形勢の変化がはげしいこと。⑦歌舞伎で、荒れ場の演技。英雄豪傑や鬼神などが怒り荒れ狂う所作をいう。＊滑稽本・古朽木（1780）一「四ノ口の荒（アレ）の場がどうしてかうしてと」⑧相場などがはげしく不規則に変動すること。＊家族会議（1935）〈横光利一〉「昨日の荒で痛手を受けた東京方の、追証の払へるのを待って」方言❶あらし。暴風雨。洪水。福井県坂井郡433 山梨県南巨摩郡465 長野県上水内郡・上伊那郡012 兵庫県氷上郡054 鳥取県012 716 ◇あれこち 富山市389 ◇あれかど 富山県東礪波郡402 ◇あれしけ〔―時化〕島根県隠岐島740 ❷風の激しいこと。甲州1088 熊本県八代郡919 ❸吹雪。福島県南会津郡012 新潟県中頸城郡012 ❹雷雨。長野県下高井郡012 ❺休閑地。鹿児島県黒島972 発音〈標ア〉0 〈ア史〉鎌倉●● 〈京ア〉0 辞書文明・ヘボン・言海 表記荒（文・ヘ・言）

あれの鳴物（なりもの） 歌舞伎で、荒れ場に用いる豪快な鳴物。主として大太鼓を用いる。鳴物。＊歌舞伎・早苗鳥伊達聞書（実録先代萩）（1876）六幕「『それ何れも、お出合ひなされお出合ひなされ』ト荒（ア）れの鳴物（ナリモノ）になり、上下より侍大勢出で甲斐を組留める」

あれ【阿礼】〘名〙（動詞「ある（現）」の名詞化で、神霊の出現するものの意）幣帛（へいはく）の一種。大きい榊（さかき）に種々のあやぎぬを垂らし、鈴などを飾りとして付けたもの。四月の賀茂祭に立てた。＊延喜式（927）一五・内蔵寮「賀茂祭 下社、上社、松尾社〈略〉阿礼料、五色帛各六疋〈下社二疋、上社四疋〉盛阿礼料筥八合」

あれ【餅粉】〘名〙餅（もち）に付ける麦粉。＊十巻本和名抄（934頃）四「餅 釈名云〈略〉胡餅以麻着之〈今案麺麦粉也 世間餅粉 阿礼是也〉」方言❶餅をつく時などに付ける米の粉。長崎県五島054 熊本県918 下益城郡930 鹿児島県963 968 970 ◇あれえ 長崎県壱岐島914 熊本県玉名郡058 ◇あれんこ〔―粉〕熊本県918 ❷餅や団子の外側につける餡（あん）。佐賀県887 長崎県南高来郡905 鹿児島県一部961 ◇あれえ 長崎県彼杵052 ◇にあれえ 長崎県壱岐島914 辞書和名・色葉・名義 表記餅粉（和・色・名）

あれ〘感動〙意外なことが起こって驚いた時や、不審に思う時などに発することば。あれよ。あれん。＊高野本平家（13C前）九・小宰相身投「めのとの女房打おどろき、そばをさぐれどもおはせざりければ、あれよあれとぞあきれける」＊徒然草（1331頃）二三〇「さし覗（のぞ）きたるを、あれ狐よとどよまれて、惑ひにげにけり」＊古今集遠鏡（1793）一「これは、アレ鳫がかへるわ、アレ松虫の声がするわなど訳すべし」＊滑稽本・浮世床（1813-23）初・下「『いいのさおめへの所（とこ）へ奉公（ほうかう）せうとはいはねへから』『アレああいふ口（くち）だ』」＊小公子（1890-92）〈若松賤子訳〉前編・六「アレ、…かあさんに逢（あひ）に来ないんですか？」＊夜明け前（1932-35）〈島崎藤村〉第二部・上・七・五「あれ、お民、もうお帰りかい」発音〈標ア〉アレ 〈ア史〉江戸●○ 〈京ア〉ア⓪

あれ-あと【荒跡】〘名〙激しい風雨などの過ぎた跡。＊源おぢ（1897）〈国木田独歩〉下「人々荒跡（アレアト）を見廻るうち小舟一艘岩の上に打上げられて半ば砕けしまま残れるを見出しぬ」＊青春（1905-06）〈小栗風葉〉秋・一二「今まで圃の荒後（アレアト）を片付けて居たので、土塗れの手に、一枚の端書を密と指の先で抓んで来る」発音〈標ア〉0

あれ-あれ〘感動〙①（「あれ」を重ねた語）驚いた時や、人に注意をうながす時に発することば。＊曾我物語（南北朝頃）八・富士野の狩場への事「あれあれ、義盛、しづめ候へと仰下されければ」＊太平記（14C後）一七・金崎城攻事「其（その）舟寄（よせ）よと招け共（ども）、あれあれと許（ばかり）にて、助けんとする者も無（なか）りけり」＊浄瑠璃・心中天の網島（1720）上「あれあれ爰へといふ間程なく」＊たけくらべ（1895-96）〈樋口一葉〉一二「あれあれ彼（あ）の意久地（いくぢ）なしと笑ふて笑ふて笑ひ抜いて」②「ありあり〔感動〕①」に同じ。

あ-れい【亜鈴・唖鈴】〘名〙（英 dumb bell の訳語。音のしない鈴の意）体操用具の一種。柄の両端に球形のおもりをつけたもので、柄の部分を握り、上げ、下げ、振りなどの動作をして筋肉の鍛練に用いる。一対一組。鉄または木製。ダンベル。＊教育学（1882）〈伊沢修二〉四・三「唖鈴演習は、徒手演習につぎて授くべきものにして、器械演習中最も軽便快活、能く学校用に適するものなり」＊病牀六尺（1902）〈正岡子規〉七「毎日サンダウの唖鈴を振りて勉めて運動を為すがために其骨格は発達して」＊日本家庭大百科事彙-一（1927）「アレイ 唖鈴（Dumb bell）両端に瘤のある鉄又は木の棒。もとは原語の儘ダンベルといった」語誌(1)英語 dumb bell の直訳で、体操伝習所の第一代主幹・伊沢修二が訳したといわれる。しかし、最初は「ダンベル」と音訳していた〔日本家庭大百科事彙〕。一八八七年から八九年にかけて日本を視察した中国の官吏、傅雲龍が、報告書の中で学校見学の際見た唖鈴を「当抜耳」と呼び、「長尺余、日本無定名、此襲英語」と説明したことは、この間の事情を物語っている。(2)一八八〇年代から用例が見られ、この語を初めて収録した辞書は「ことばの泉」。「唖鈴」は、二〇世紀初頭、日本の教育制度とともに中国に紹介された。発音アレイ 〈標ア〉0 〈京ア〉⓪

あれ-い・ず【生出】〘自ダ下二〙神霊などが現われ出る。生まれ出る。↓現（あ）る

あれい-せいうん【亜鈴星雲】〘名〙見かけの形が亜鈴に似ている、小狐座にある惑星状星雲。発音アレイセイウン 〈標ア〉セ

あれい-たいそう【亜鈴体操】〘名〙亜鈴を両手に持って行なう体操。＊風俗画報-二五二号（1902）人事門「第五唖鈴体操アンヴィルコーラス 高等中学第二級」＊華々しき一族（1935）〈森本薫〉一「母さんと亜鈴体操したことあってよ」発音アレイタイソー 〈標ア〉タ

アレウト〘名〙（ロシア aljeut）アリューシャン列島の先住民。発音〈標ア〉レ

アレウト-ご【―語】〘名〙アリューシャン（アレウト）列島を中心に話される言語。エスキモー語とともに、エスキモー＝アレウト語を構成する。↓エスキモー＝アレウト語族。発音アレウトゴ 〈標ア〉0

アレウト-れっとう【―列島】（ロシア Aljeuts-kijeostrova の訳語）アリューシャン列島のこと。発音アレウトレットー 〈標ア〉レ2

あれ-うま【荒馬】〘名〙荒々しくて乗りこなすのがむずかしい馬。人に馴れないあばれ馬。悍馬（かんば）。あら馬。＊親友交歓（1946）〈太宰治〉「卑怯だって何だってかまはない荒れ馬は避くべし、といふモラルに傾きかけて来たのである」発音〈標ア〉0

あれえ〘感動〙①意外なことが起こって驚いた時などに発することば。＊塩原多助一代記（1885）〈三遊亭円朝〉五「アレー人殺し人殺し。と云ても田舎の事ゆゑ、助ける者ハ一人もなく」②不審に思った時に発することば。「あれえ、おかしいですね」発音アレー 〈なまり〉アエー〔秋田〕 〈標ア〉0 〈京ア〉レ／①ア ②⓪

アレー〘名〙（英 array）《アレイ》情報科学で、ある項目にしたがって、データを並べたもの。配列。一次元配列、二次元配列などがある。

アレオ-さん【―山】（アレオは ギリシア Areios）「アレオパゴス」に同じ。＊引照新約全書（1880）使徒行伝・一七「パウロアレオ山の中に立て曰けるは」発音〈標ア〉オ

あれ-おとこ【阿礼男】〘名〙賀茂祭の祭主。＊朝野群載（1116）一二・賀茂祭宣命書様「阿礼乎止己（アレヲトコ）阿礼をとめ、走馬（くらべうま）進（まゐ）らると申」

あれ-おとめ【阿礼少女】〘名〙（神霊などの意向を、伝達、顕現する神聖な少女の意）賀茂神社の斎院の異称。＊類聚国史-五・神祇五・賀茂斎院・天長八年（831）一二月壬申「皇大神の阿礼乎止売（アレヲトメ）に進（まゐ）れる内親王」＊三代実録-元慶元年（877）二月二四日「敦子内親王を卜定て、阿礼乎度女に進状を」＊朝野群載（1116）一二・賀茂斎王卜定宣命書様「某内親王は前太上天皇の皇太神の阿礼乎止女（アレヲトメ）」

アレオパゴス（ギリシア Areios pagos）アテネにある軍神アレスの丘。アテネ最古の法廷のあった場所。パウロが福音を説いた場所。アレオ山。発音〈標ア〉パ

あれ-かた【荒方】〘名〙天候、建物、人、動物、肌などの荒れる状態。＊無明長夜（1970）〈吉田知子〉二「藤川の家は廊下も室内も永く無人の空家だったような荒れかたでした」発音〈標ア〉0

あれがみ-で【吾身―】〘副〙方言 ⇩わがでに（我―）

アレキサンダー《アレクサンダー》㊀（Alexander）⇩アレクサンドロス。㊁〘名〙（英 alexander）⇩アレキサンドライト

アレキサンドライト〘名〙（英 alexandrite）《アレクサンドライト》（ロシア皇帝アレクサンドル二世にちなむ）宝石の一種。反射光線で緑色に、透過光線で紅色に輝く。ただし、一般に市販されている大形透明のものはこれと異なり、多くは、合成のコランダムで紅紫色である。金緑玉。アレキサンダー。アレキサンドル。＊がらくた博物館（1975）〈大庭みな子〉よろず修繕屋の妻「しかし、アヤの首にかけている古めかしいアレクサンドライトのペンダントが妖しく光ったり」発音〈標ア〉ラ

アレキサンドリア 一〘名〙(英 alexandria)《アレクサンドリア》ブドウの栽培品種。ヨーロッパ産で、大粒、浅緑色のブドウ。＊古川ロッパ日記‐昭和一五年(1940)一〇月二四日「葡萄アレキサンドリアを食べる」＊自由学校(1950)〈獅子文六〉鮎料理「果物は、メロンだの、アレキサンドリアだの、よく冷えたのが、多量に出た」 二 ⇨アレクサンドリア。 発音〈標ア〉ド

アレキサンドル〘名〙「アレキサンドライト」に同じ。＊アヒル競騒曲(1929)〈徳川夢声〉二「ダイヤ、ルビー、オパル、サファイヤ、真珠、アレキサンドルなどサンランランとして」 発音〈標ア〉サ

あれ‐きり【彼―】〘副〙(「あれぎり」とも。遠称の代名詞「あれ(彼)」に助詞「きり」が付いて一語化したもの) ①(多く下に打消の語を伴って)あの機会を最後として。あの時だけで。あの時以来。あれっきり。＊怪談牡丹燈籠(1884)〈三遊亭円朝〉四「あれぎり参りませんものですから」＊雁(1911‐13)〈森鷗外〉二〇「わたしはあれ切(キ)り岡田さんにお礼を言はないでゐる」＊暴君へ(1916)〈有島生馬〉「私の生涯でしみじみ味はった嬉し涙は後にも先にもあれぎりでございます」 ②あれ以上のことはなく、あの程度であるさま。あれっきり。 発音〈なまり〉アレギナ〔愛知〕アレッキー〔静岡〕アレッキシ〔栃木・埼玉方言〕アロンキ・アンキ〔津軽語彙〕〈標ア〉0〈京ア〉0

あれ‐・く【生来】〘自カ変〙神霊などが現われ来る。生まれ来る。→現(あ)る。＊万葉(8C後)三・三七九「ひさかたの 天(あま)の原より 生来(あれきたる) 神のみこと〈大伴坂上郎女〉」

アレクサンドリア(Alexandria) 一 アレクサンドロスが自分の名を冠して各地に建設した都市。エジプト、エスカテ、イッソスなど数多くあった。ギリシア語名はアレクサンドレイア(Aleksandreia)。 二 エジプト‐アラブ共和国北部の都市。地中海に面する貿易港。紀元前三三二年アレクサンドロスが建設。プトレマイオス朝の首都、のち、千余年にわたりエジプトの首都。中世には、東西交易、ヘレニズム文化の中心となった。 発音〈標ア〉ド

アレクサンドリア‐としょかん(トショクヮン)**【―図書館】** 紀元前三世紀ごろ、エジプト王プトレマイオス＝ソテルがアレクサンドリアに創設した図書館。古代図書館中最大とされる。ローマ軍の戦火で焼かれ、アントニウスが再建したが、六四〇年ごろサラセン人のアレクサンドリア攻略により壊滅。アレクサンドリア文庫。

アレクサンドル(Aljeksandr) 一(一世)ロシア皇帝(在位一八〇一～二五年)。二度の対仏戦争に敗れたが、ナポレオンのモスクワ遠征を失敗させる。戦後神聖同盟の盟主。(一七七七～一八二五) 二(二世)ロシア皇帝(在位一八五五～八一年)。ニコライ一世の長子。農奴解放令を発布し、ツァー体制の近代化を推進。アラスカをアメリカに売却し、千島列島と樺太(からふと)を日本と交換した。のち、弾圧政治を行ない、暗殺された。(一八一八～八一) 三(三世)ロシア皇帝(在位一八八一～九四年)。貴族の特権の復活、検閲強化、教育統制、ユダヤ人圧迫など一連の反動政策を推進。(一八四五～九四) 発音〈標ア〉サ

アレクサンドロス(Aleksandros) マケドニア王。フィリッポス二世の子。少年時代アリストテレスの教えを受け、二〇歳で王となる。ギリシア諸都市を平定した後ペルシアに遠征し、ダレイオス(ダリウス)王のペルシア軍を破ってインダス河畔にまで軍を進め、空前の大帝国を築く。征服地の諸所に都市を建設し、東西の文化、民族の融合をはかってヘレニズム文化の基礎をつくった。アレキサンダー大王。(BC三五六～三二三) 発音〈標ア〉ド

あれ‐ぐせ【荒癖】〘名〙荒々しい性質。荒れるくせ。＊春のことぶれ(1930)〈釈迢空〉気多はふりの家・柁楼底歌「夏海の 荒れぐせなほる昼の 空。われのあゆみは、音ひびくなり」 発音 アレグセ〈標ア〉0

アレクセーエフ(Jevgjenij Ivanovič Aljeksjejev エフゲニー＝イバノビチー) ロシアの提督。日露戦争のときに、極東総司令官となったが、軍事上の失敗で罷免(ひめん)された。(一八四三～一九〇九)

あれ‐くる・う(るふ)**【荒狂】**〘自ワ五(ハ四)〙 発音〈標ア〉セ ①狂ったようにあばれまわる。＊雲は天才である(1906)〈石川啄木〉二「荒れ狂ふ獅子の前に推し出しても、今朝喰った飯の何杯であったかを忘れずに居る位の勇気」 ②風や波がひどく荒れる。 発音 アレクルゥ〈標ア〉ル〈京ア〉0

アレグレット〘名〙(イタリア allegretto) 音楽の演奏速度を示す語。アレグロとアンダンテの中間の速さ。少し軽快に。転じて、その速さで演奏される楽曲や楽章。＊洋楽手引(1910)〈前田久八〉諸記号及楽語「Allegretto アツレグレットー 快活に」＊瀬山の話(1924)〈梶井基次郎〉「何か美しい華やかな音楽のアレグレットの流れが」 発音〈標ア〉レ1

アレグロ〘名〙(イタリア allegro)《アレッグロ・アッレグロ》音楽の演奏速度を示す語。陽気に、軽快にの意で快速に演奏することを指示。転じて、その速さで演奏される楽曲、または楽章。＊洋楽手引(1910)〈前田久八〉諸記号及楽語「Allegro アツレーグロー 快活にして急速に」＊生れ出づる悩み(1918)〈有島武郎〉五「誰にでも激烈なアレッグロで終る音楽の一片を思ひ起さすだらう」＊檸檬(1925)〈梶井基次郎〉「何か華やかな美しい音楽の快速調(アッレグロ)の流れが」＊モオツァルト(1946)〈小林秀雄〉九「こんなアレグロを書いた音楽家は」 発音〈標ア〉レ〈京ア〉レ

あれ‐け【荒気】〘名〙天候などの荒れそうな気配。＊歌舞伎・牡丹平家譚(重盛諫言)(1876)大詰「むむ、暴(ア)れ気(ケ)とあれば油断はならぬが、今宵(こよひ)は当所へ止宿なし、明朝未明に出帆なさん」 発音〈標ア〉0

あれ‐げしき【荒気色】〘名〙 ①雨風がひどくなりそうな天候。あれもよう。 ②荒々しい態度。乱暴をするようす。＊浮世草子・好色由来揃(1692)二「此女郎誠はりのつよきにきはまらば、けふは猶以ふるべき所なるを、先度のあれげしきにおそれてや」 発音 アレゲシキ〈標ア〉ゲ

あれ‐ご【彼―】〘連語〙 方言 あれを見て御覧。あれを御覧なさい。 兵庫県飾磨郡649 ◇あれごお 静岡県520 ◇あろん 愛媛県今治市・周桑郡(相手をとがめるように言う語)845

アレゴリー〘名〙(英 allegory)《アルレゴリー》抽象的な意味をもつ事柄を、具体的な形式を用いて表現すること。また、そのような文学。諷喩(ふうゆ)。寓意(ぐうい)。寓意物語。＊小説神髄(1885‐86)〈坪内逍遙〉上・小説の変遷「亜(ア)ルレゴリイとはいかなるものぞ。曰く、仮作物語(つくりものがたり)の一種にして二様(やう)の脚色(きゃくしき)を含めるものなり」＊青年(1910‐11)〈森鷗外〉九「第二部は勿論であるが、第一部でも、これは象徴ではない、アレゴリイだとも云ひ兼ねまい」 発音〈標ア〉レ

あれ‐これ【彼此】〘代名〙他称。数多くの人や事物を指し示す。あれやこれや。＊史記抄(1477)一一・老子伯夷列伝「孔子は無二常師一ほどに、あれこれに問レ道、問レ礼たぞ」＊俳諧・曠野(1689)員外「使の者に返事またする〈越人〉 あれこれと猫の子を選るさまざまに〈執筆〉」＊咄本・軽口露がはなし(1691)一・三「気のせくままにあれこれとさがし」＊やみ夜(1895)〈樋口一葉〉六「早百合撫子あれこれの花は」 発音〈なまり〉アリコリ〔島原方言〕〈標ア〉レ1〈京ア〉ア

あれこれ‐や【彼此屋】〘名〙特定の品物に限らないで、広く売買の斡旋(あっせん)や仲介をして、手数料をとる職業。＊怪化百物語(1875)〈高畠藍泉〉上「家業はいはゆる周旋屋(アレコレヤ)にて」

あれ‐こわい【―強】〘連語〙 方言 贈り物を受け恐縮した時や物価を聞いて高いのに驚いた時などに言う語。意外なことに驚いた時の語。 三重県名張市・名賀郡585 ◇あれこわや 三重県伊賀001 ◇あっこわ 滋賀県神崎郡606 彦根609

あれ‐こわや【―強】〘連語〙 方言 ⇨あれこわい(―強)

あれ‐さ〘感動〙 ①応答などする場合、かるくはさむことば。女性が用いる。＊滑稽本・浮世風呂(1809‐13)二・上「『おかみさん。もうお帰んなさいましたか』『アレサ、まだ帰(けへ)らねへ所(とこ)だはな』」＊滑稽本・浮世床(1813‐23)初・下「それこそ扶持(ふち)の食上(くひあげ)だ。アレサ、お上(あが)りではわるいといふにさ」＊怪談牡丹燈籠(1884)〈三遊亭円朝〉一五「『金子は主人から貰ひましたのが百両ございますから、最う入りません』『アレサいくら有てもよいのは金』」 ②応答などする場合、かるくおさえるのに用いることば。いけない。いやだ。＊人情本・花筐(1841)二・九回「アレサお耄(とぼけ)でない、お前毎日朝晩に[illegible]けに、賞めてお在(い)でぢゃアないか」 ③人に呼びかける時などに発することば。女性が用いる。＊怪談牡丹燈籠(1884)〈三遊亭円朝〉六「アレサ志丈さん、アア往て仕舞た」＊当世書生気質(1885‐86)〈坪内逍遙〉二「アレサ、中村さん、渡辺さん。チョイとお寄んなはいよ」

あれ‐さ・びる【荒寂】〘自バ上一〙文 あれさ・ぶ〘自バ上二〙人が住む、または住んでいた所が荒れ果てて、人けがなくさびしくなる。＊大英游記(1908)〈杉村楚人冠〉前期・浦潮より露都「人煙稀少鶏犬の声を聞かず、其の荒(ア)れさびたる様、誠にシベリアの野たるに恥ぢず途中履雪に遭ふ」 発音〈標ア〉ビ

あれ‐さま【彼様】〘代名〙(「われさま」の変化した語) 近世語。対称。対等程度の人に対して用いられた庶民階級の語。ありさま。われさま。＊浄瑠璃・公平化生論(1664)四「渡辺の武つな、さかたの公平殿とは、あれさまにて候ぞ」＊浮世草子・好色一代女(1686)四・三「あれさまのかはゆがりやったこちのお亀(かめ)が、冬年(ふゆとし)二三日わづらふて死んだが」

あれし〘名〙 方言 ⇨あらし

あれ‐しき【彼式】〘名〙 ①(「しき」は軽視すべき程度である意) たかがあれくらい。ほんのあの程度。あれしこ。あれしころ。＊物類称呼(1775)五「是ほどといふ詞のかはりに〈略〉東国にて、是しき あれしきと云」 ②(「しき」はやり方の意) あのやりかた。あの様式。＊嘘(1946)〈太宰治〉「土間へはひると、左手は馬小屋で、右手は居間と台所兼用の板敷の部屋で大きい炉なんかあって、まあ、圭吾の家もだいたいあれ式なのです」 発音〈なまり〉アヤシコ〔福岡〕〈標ア〉0〈京ア〉0

あれ‐しこ【彼―】〘名〙「あれしき(彼式)①」に同じ。＊物類称呼(1775)五「是ほどといふ詞のかはりに、西国にて、是しこ 彼(アレ)しこと云」 方言 長崎県長崎市906 壱岐島914

あれ‐しころ【彼―】〘名〙「あれしき(彼式)①」に同じ。＊物類称呼(1775)五「是ほどといふ詞のかはりに〈略〉肥の久留米(くるめ)にて、是しころ あれしころと云」

あれ‐しぶ・く【荒繁吹】〘自カ五(四)〙風雨が荒れて強く吹きつける。＊湖畔手記(1924)〈葛西善蔵〉「荒れしぶく風雨の音、庭の筧の音のほかには何一つ聞えて来なかった」 発音〈標ア〉プ

あれ‐じま【荒島】〘名〙荒れた島。荒涼たる島。＊歌舞伎・天満宮菜種御供(1777)三「さも恐しき荒島(アレジマ)に、なんとおひとり置かれうぞ」

あれ‐しょ【荒所】〘名〙荒れはてた場所。または、天災などのために荒れた田地。荒れ場。荒地。 方言 不毛の地。 島根県鹿足郡739 岡山県邑久郡761 広島県771

あれ-しょう【荒性】『名』皮膚に脂肪が不足がちで、肌がかさかさに荒れる体質。↔脂性（あぶらしょう）。＊冷笑（1909–10）〈永井荷風〉一三「私は又それァ荒れ性なんですからね」＊善心悪心（1916）〈里見弴〉「そこには、生温い、サラサラに乾いた、アレ性の、いつも通りの佐々の掌の感覚があった」 発音アレショー〈標ア〉ショ0〈京ア〉レ

あれしょ-おこしかえし【荒所起返】『名』「あれちおこしかえし（荒地起返）」に同じ。＊牧民金鑑‐九・荒地起返・宝暦六年（1756）一一月一日「荒所起返高一村限仕分書付」

アレス（Arēs）ギリシア神話の軍神。オリンポス十二神の一つ。ゼウスとヘラの子。凶暴で野蛮、戦闘を好む。ローマ神話ではマルス。 発音〈標ア〉ア

あれ-すぐ・る【荒勝】『自ラ下二』はなはだしく荒れる。荒れ方がきわだっている。＊浄瑠璃・公平入道山めぐり（1681–88頃）五「ざぞう仏ただ一たい〈略〉あれすぐれしまばらやの、月もるかげにかがやきて」

あれ-すさ・む【荒荒】『自マ五（四）』気持、生活態度、風雨などが荒れる。＊出発は遂に訪れず（1962）〈島尾敏雄〉「だからどんな恐怖にも耐え、荒れすさんだ果てで、戦法を無視した特攻戦が戦えそうだ」 発音〈標ア〉サ

あれ-すたれ【荒廃】『名』荒れはててること。荒廃。＊西国立志編（1870–71）〈中村正直訳〉九・二〇「若しそれをして荒廃（〈注〉アレスタレ）に任せしめば、その生ずるところの物は、特に毒草悪莠（はくさ）の類のみ」

あれ-すた・れる【荒廃】『自ラ下一』文あれすた・る『自ラ下二』すっかり荒れてしまう。荒廃する。＊今昔（1120頃か）六・二七「鬼神有て人民（にんみん）を悩乱（なうらん）す。此に依て、国荒れ癈る」

あれ-ぞら【荒空】『名』荒れ模様の空。暴風雨の天候。荒天。 発音〈標ア〉0ソ

あれ-た【荒田】『名』荒れている田。耕作しないで捨ててある田。＊神宮文庫本散木奇歌集（1128頃）恋上「ささめかるあれ田の沢にたつたみもみの為にこそ袖もぬるらめ」＊為尹千首（1415）恋「ちぎらずよあれ田の沢に刈るこもの思ひ乱れて袖ぬらせとは」＊延宝八年合類節用集（1680）一「菑 アレタ 又畄同 不ㇾ耕之田也」 発音〈標ア〉0 辞書和玉・書言・〈ヘボン〉・言海 表記荒田（書・へ・言）菑・畬・畸（玉）

あれ-だけ【彼丈】『名』（代名詞「あれ」に助詞「だけ」が付いたもの）①あれくらい。あれほど。あんなに。②（多く「あれだけの…」の形で）下に付く語の程度が甚しいことをいう。＊青春（1905–06）〈小栗風葉〉春・二「那丈（アレダケ）の縹致（きりゃう）を持っていながら、学校へなんか入るのが間違ってる」 発音〈なまり〉アラッケ〔播磨〕〈標ア〉ケ0

あれ-だ・す【荒出】『自サ五（四）』①天候が荒れ模様になる。②気分や行動が荒れてくる。暴力をふるうような状態になる。＊浮雲（1887–89）〈二葉亭四迷〉三・一九「健康（すこやか）な智識は縮んで、出過た妄想（ばうさう）が我から荒（アレ）出し、抑へても抑へ切れなくなって」＊あらくれ（1915）〈徳田秋声〉三九「暴出（アレダ）すお島を押へた為めに」 発音〈標ア〉ダ

あれ-た・つ【荒立】『自タ五（四）』①（「あれだつ」とも）天候などがはげしく荒れる。荒々しい状態になる。激しく振り動く。＊新浦島（1895）〈幸田露伴〉一「浜風荒れ立ち千鳥啼く夜、船板蔀の隙間から寒さが入るを厭ふて」②心や行動などが荒れ始める。あばれだす。＊有明の別（12C後）二「うへはときしもあれうたて心づきなき御むかへにわざとおぼしむすぼほれて、あれたちて、うるはしくだにむかひきこえ給はず」＊和英語林集成（再版）（1872）「Aredachi, tsu, tta アレダツ 荒立」＊いさなとり（1891）〈幸田露伴〉七二「首筋まで赤うなって荒れに荒れたてば」 発音〈標ア〉タ

あれ-ち【荒地】㊀『名』①水害や山崩れなどの災害によってそこなわれ、耕作できなくなったまま打ち捨ててある田畑。荒損田。荒田地。＊日葡辞書（1603–04）「Arechi（アレチ）〈訳〉休地として打ち捨ててある土地で、以前は耕された土地」＊阿波国社寺文書‐乾・慶長九年（1604）正月八日「当市場村荒地之儀、隣郷にて、役はづれの百姓、并流浪人罷出可ㇾ相開ㇾ候。一作は不ㇾ可ㇾ有ㇾ年貢ㇾ候。翌年より、聊之上分可ㇾ相計ㇾ者也」＊高野山文書‐慶長一九年（1614）一〇月二〇日・万徳院起請文（大日本古文書六・六三五）「おき地、荒地少も見隠し無ㇾ之候」＊四河入海（17C前）四・一「あれ地である程に無人顔ぞ」②田畑、宅地、池沼、山林、牧場その他、地租を納める土地が、天災によって地形を変えたもの。＊地租条例（明治一七年）（1884）三条「第一類地又は第二類地の山崩、川缺、押堀、石砂入、川成、海成、湖水成等の如き天災に罹り地形を変したるものを荒地と謂ふ」③田畑や宅地などにしないで、そのままにしてある土地。＊日の出（1903）〈国木田独歩〉「山懐（やまふところ）の荒地（アレチ）は美事な桑園と変じ」＊花物語（1908）〈寺田寅彦〉一「維新前には藩の調練場であったのが、其頃は県庁の所属になったままで荒地になってゐた」㊁㊀（原題 The Waste Land）長詩。T＝S＝エリオット作。一九二二年刊。第一次大戦後のヨーロッパの精神的不毛を象徴的に表わしたもの。神話やさまざまな古典の詩句が駆使されている。㊂詩の同人誌。誌名は㊁㊀にちなむ。第一次「荒地」は鮎川信夫、森川義信らにより昭和一四年（一九三九）、第二次「荒地」は同二二年創刊。当初は雑誌、二六年以後は年刊詩華集「荒地詩集」、別冊「詩と詩論」などの形で刊行された。戦争体験を凝視し、詩に文明批評的要素を導入、戦後詩史に大きな役割を果たした。同人に、鮎川信夫、田村隆一、北村太郎、三好豊一郎、中桐雅夫、黒田三郎、木原孝一、吉本隆明、中江俊夫ほか。 発音〈標ア〉0〈京ア〉0 辞書日葡・書言・〈ヘボン〉・言海 表記荒地（書・へ・言）

あれち-おこしかえし【荒地起返】『名』いったん荒地（荒場）となった土地を復旧、または、開発して再び耕地にすること。荒所おこしかえし。

あれち-のぎく【荒地野菊】『名』キク科の一、二年草。南アメリカ原産の雑草で明治時代中期に渡来し、各地の荒野、路傍に急速にはびこった帰化植物。近年はやや減少した。高さ三〇～六〇センチメートル。夏、白緑色で直径一センチメートルほどの頭状花が総状の穂となって咲く。いぬじおうぎく。学名は Erigeron bonariensis《季・秋》＊わたしの崋山（1965）〈杉浦明平〉一「いま人の丈より高くアレチノギクが伸びて」 発音アレチノギク〈標ア〉ノ

あれち-びき【荒地引】『名』近世、荒地の年貢を免除すること。免租期間は被害程度によって長短があり、軽微なものは当引、または、年数引、復旧の見込みのない被災地は永荒場引（えいあればびき）となった。免租の対象となるのは、出水、山崩れ、土砂入り等の災害によって作付けのできなくなった田畑、または作人の貧窮（他出）、病気などのために荒廃した農地。＊地方凡例録（1794）六「荒地引〈略〉一旦は田畑仕附相応に取箇も附たる処、種々の天変にて致ㇾ変地ㇾ地味も悪敷成、作毛難ㇾ仕付ㇾか、或は村方連々困窮致し、他所へ奉公等に出、又は流行病にて大勢死去の者有ㇾ之〈略〉彼是自ら芝地あれ等に成たる類を、あれ地引と云也」

あ-れつ【あ列】『名』「あだん（あ段）」に同じ。 発音〈標ア〉ア

あれ-づき【荒月】『名』天候のあれやすい月。＊歌舞伎・極附幡随長兵衛（1881）大詰「揉（も）め合ふ空の納りは荒月（アレヅキ）といふ二月は過ぎたが、血の雨降らして大あれに一あれしにゃあ片附くめえ」

あれっ-きり【彼―】『副』（「あれきり」の変化した語）①「あれきり①」に同じ。＊俳諧師（1908）〈高浜虚子〉四六「そんな始末であったので渥美へもあれっきり挨拶にも行かず」＊満韓ところどころ（1909）〈夏目漱石〉一六「清野は驚いてあれっ限（キ）り遣（や）って来ない」＊里芋の芽と不動の目（1910）〈森鷗外〉「鴨南蛮といふのはあるが、鳩南蛮はあれっきり食った事がねえ」②「あれきり②」に同じ。＊新世帯（1908）〈徳田秋声〉一九「如何（どん）なって、畢竟（つまり）あれっ限（キリ）の人間だがね…」＊我等の一団と彼（1912）〈石川啄木〉一「彼（あ）あした外観の人間にゃ二種類ある。第一は、あれっきりの奴ぢゃ、顔ばかり偉さうでも、中味のない奴ぢゃ」 発音〈標ア〉0〈京ア〉0

あれ-つ・く『自カ四』語義未詳。＊万葉（8C後）一・五三「藤原の大宮仕へ安礼衝（アレつく）や処女（をとめ）がともは羨（とも）しきろかも〈作者未詳〉」＊万葉（8C後）六・一〇五三「八千年（やちとせ）に安礼衝（アレつか）しつつ天（あめ）の下知らしめさむと〈福麻呂歌集〉」 補注生まれ付く、潔斎して天皇に仕える、神秘的な力をもって神や天皇に仕えるなどの意とする説がある。また「あれつぐ」とよんで、代々生まれ継ぐ意とする説もある。

あれ-つ・ぐ【生継】『自ガ四』代々生まれ継ぐ。代々つぎつぎとこの世に現われる。＊万葉（8C後）四・四八五「神代より生継（あれつぎ）くれば人さはに国には満ちて〈斉明天皇〉」

あれつけ-もち【付餅】『名』方言❶（「あれ」は餡（あん）の意）ぼた餅（もち）。おはぎ。長崎県南高来郡905 ❷（「あれ」は、きな粉の意）安倍川餅（あべかわもち）。鹿児島県肝属郡970

あれ-つち【荒土】『名』荒れた土地の土。＊日本橋（1914）〈泉鏡花〉五七「北海道釧路の荒土（アレツチ）を捏（こ）ねた腕だで」 発音〈標ア〉0

あれっ-ぱかり【彼―】『副』あれくらい。あれっぽち。＊明暗（1916）〈夏目漱石〉三三「あれっぱかり飲んだんぢゃ飲んだ部へ入らない」 発音〈標ア〉パ

あれっ-ぽ【荒―】『名』方言❶荒れ地。茨城県久慈郡188 北相馬郡195 愛知県北設楽郡054 ❷やぶ地。◇あれっぱ 山梨県南都留郡459 ❸不毛の地。◇あれしば 三重県上野市585 ◇あれしょ〔荒所〕島根県鹿足郡739 岡山県邑久郡761 広島県771

あれっ-ぽち【彼―】『名』（「ぽち」は接尾語）物事の数量や程度がわずかであること。数量の少なさを強調したり軽視したりする気持を表わす。たったあれだけ。あれしき。あれっぽっち。あれんぽっち。＊遠方の人（補筆）（1946）〈森山啓〉九「わたしの心を知りながら、あれっぽちのことで死ぬなんて、恨みはわたしの方にのこってゐるんだわ」 発音〈標ア〉ポ

あれっ-ぽっち【彼―】『名』「あれっぽち（彼―）」の変化した語。 発音〈標ア〉ポ

あれ-づれ【彼連】『名』あれくらい。あればかり。あれしき。＊仮名草子・可笑記（1642）二「あれづれの事にさへ御気を付け給ふ間、いはんや思ふさまでかいたらば、恩賞あつくあづからんと」

あれ-てい【彼体】『名』あのような状態。あの程度。あれほどのさま。㋑卑しめていう場合。あんなざま。あのていたらく。＊平治（1220頃か）中・待賢門の軍の事「あれ躰の不覚人あれば、中々軍（いくさ）がせられぬぞ」＊古今著聞集（1254）九・三三五「いかに鬼同丸などを、あれていにいましめ置き給ひたるぞ」＊風姿花伝（1400–02頃）三「我はあれていにわろき所をばすまじき物をと、まん心あらば」㋺単に例示する場合。＊虎明本狂言・花子（室町末–近世初）「いなかとは申ながら、心、ことばのやさしき事、都にもあれていの女はござ有まじひとぞんじ」＊日葡辞書（1603–04）「Areteino（アレテイノ）〈訳〉同じような、似かよったもの」 発音アレテイ〈標ア〉0 辞書日葡

あれ-でら【荒寺】『名』建物がひどくいたんでいる寺。住む人がなく荒廃した寺。＊人情本・春色梅児誉美

(1832–33)初・四齣「目もとどかざる田甫道、里をはなれし荒寺(アレテラ)の、なを物すごくおぼへけり」 *やみ夜(1895)〈樋口一葉〉一「広き家の人気すくなければ、いよいよ空虚(がらん)として荒(ア)れ寺(デラ)などの如く」 *暗夜行路(1921–37)〈志賀直哉〉四・一七「帰途、不二門院といふ荒寺(アレデラ)へ行った」 発音〈標ア〉0

あれ-でんじ【荒田地】〔名〕「あれち(荒地)❶①」に同じ。

あれ-どき【荒時】〔名〕天候が荒れやすい時期。*落語・佃島(1900)〈初代三遊亭金馬〉「二八月は暴風雨(アレドキ)だと申します」 発音〈標ア〉0

あれ-どめ【荒止】〔名〕顔、手足の皮膚のあれを防ぐこと。また、そのためにつけるクリームや化粧料。*恋人たちの森(1961)〈森茉莉〉「ロジェ・ギャレの石鹸、巴里製のブリヤンチン、薄紫の透明な固形の荒れ止め」

あれ-ども〔接続〕先行の事柄に対し、後行の事柄が反対、対立の関係にあることを示す(逆接)。そうではあるが。*漢書列伝竺桃抄(1458–60)陳勝項籍第一「去は上へつけたも下へつけたも大事もないぞ。あれども下に又不成去とあるほどに上へつけたがよいぞ」 *史記抄(1477)三・三皇本紀「数を知るまいぞ。あれども古書が亡じてないほどに不知でこそあれ」 辞書ボン

あれ-ながや【荒長屋】〔名〕建物のひどくいたんでいる長屋。*随筆・秘登利古刀(1839か)「人住ぬべくも見へぬ荒長屋(アレナガヤ)」

あれ-なかれ【有無】〔連語〕方言❶あってもなくてもよいさま。青森県三戸郡083 ❷あろうとなかろうと。岩手県気仙郡100 ❸あるものもないものも一切合切。残らず。岩手県気仙郡100 宮城県栗原郡114 秋田県鹿角郡132

あれ-なり【彼—】〔名〕(「なり」はそのままの意。副詞的にも用いる)①物事の状態がかつてのままで変わらないこと。あのまま。*桑の実(1913)〈鈴木三重吉〉一七「青木さんはもう自分はこれなりでここに置いて戴くものと極めてお出でになるやうで、あれなり人をお探しにならうともなさらないやうである」②相応であること。「あれにはあれなりの良さがある」

あれ-に【彼—】〔代名〕(対称の「あれ(彼)」に助詞「に」が付き一語のようになったもの)対称。あなた。*寛永刊本蒙求抄(1529頃)一「あれにと雑談申さうよりは御子息と雑談申たいぞ」 *虎明本狂言・飛越(室町末–近世初)「あれにさへゆかうとおもはば、たれ成共おいておりやれ、上人へは身共が申さう」 語誌 抄物では上位者に用いた例があるが、狂言では、ほぼ対等の相手に用いている。

アレニウス(Svante August Arrhenius スバンテ=アウグスト—)《アルレニウス》スウェーデンの物理化学者。一八八七年「水溶液中における諸物質の解離について」の論文で、電離説を決定づける。一九〇三年ノーベル化学賞を受賞。(一八五九〜一九二七) 発音〈標ア〉二

あれ-にわ【荒庭】〔名〕手入れをしないで荒れるにまかせてある庭。*不言不語(1895)〈尾崎紅葉〉一「借家の荒庭花に色無く、雨降らぬ牖(まど)も曇りて」 *野分(1907)〈夏目漱石〉八「三坪程の荒庭に見るべきものは一本の梧桐を除いては外に何にもない」 発音〈標ア〉0

あれ-ねずみ【荒鼠】❶〔名〕暴れまわる鼠。あれ狂う鼠。乱暴者にたとえても用いる。*俳諧・俳諧三部抄(1677)下「引こむは陶淵明がこころにて　田園まさにあれ鼠なり〈惟中〉」 *浄瑠璃・卯月の潤色(1707頃)中「家一ぱいにあれねずみ、父御(ちちご)をたらす、見ぐるしや」 *歌舞伎・貞操花鳥羽恋塚(1809)六立「『落命なしたる頼豪が』『一念凝(こ)ったる魂魄(こんぱく)の、仏経喰ひ裂く荒(ア)れ鼠(ネズミ)』」 ❷地唄。作物(さくもの)。作者不明。宝暦年間(一七五一〜六四)の作。鼠の大将が家来を指揮しているところへ猫が現われ、大騒動になるという筋。同類の曲に、「曲鼠」「鼠の道行」など。 発音〈標ア〉ネ

あれ-の【荒野】〔名〕荒れた野。耕されていない未墾の野。あらの。*日葡辞書(1603–04)「Areno(アレノ)」 *延宝八年合類節用集(1680)一「荒 アレノ 荒野也」 発音〈標ア〉0〈京ア〉0 辞書日葡・書言・言海 表記荒野(書・言)

あれ-の-さき【安礼崎】愛知県南部、御津(みと)町の渥美湾に突き出ていた崎。下佐脇新田(しもさわきしんでん)の西端にあったとみられる。*万葉(8C後)一・五八「何処(いづく)にか船泊てすらむ安礼乃埼(アレノさき)漕ぎ廻(た)み行きし棚無し小舟〈高市黒人〉」 *俳諧・誹枕(1680)二「指さしておしへよ霞むあれの崎〈秀将〉」 発音〈標ア〉ノ 辞書文明 表記安礼崎(文)

あれ-の-はた【阿礼幡】〔名〕奈良・平安時代、正月一七日の射礼(じゃらい)の時に、豊楽殿に立てられた旗。紫、深緑、緋、緑、黄、浅緑の六種。あれはた。*延喜式(927)四九・兵庫寮「凡大射建二羅幡一者。烏羅十二旒。〈略〉阿礼幡十二旒。各著レ柄。〈左第一紫色。次深緑。次緋。次緑。次黄。次浅緑。右方准レ此〉」 *北山抄(1012–21頃)三・射礼儀「門南五許丈、馳道東西、立烏羅幷阿礼幡各十二旒」 語源説 (1)ミアレ(御生)の祭にたてまつるハタ(幡)の義〔日本語源=賀茂百樹〕。(2)アレは奉仕の意から〔大言海〕。(3)アガリハタの略語アリハタの転〔安斎雑考〕。

あれ-のはら【荒野原】〔名〕草が生い茂って荒れた野。荒れ野。*熊の出る開墾地(1929)〈佐左木俊郎〉「幅三十町、長さ五十町ほどの荒野原の一部分だった」 発音〈標ア〉ノ

あれ-のみ【暴飲】〔名〕度を過ごして、酒を飲むこと。ぼういん。

あれ-ば【彼場】〔名〕おまえのいる監房という意でいう、囚人仲間の隠語。↔これば。〔日本隠語集(1892)〕

あれ-ば【荒場】〔名〕①歌舞伎や操り芝居で、なぐり合い、または、斬り合いなどの場面。修羅場(しゅらば)。*雑俳・柳多留–一〇四(1828)「菅原のあれ場をかたるざくろ口」 *雑俳・柳多留–一一二(1831)「荒場となりし天神の宮芝居」 ②荒廃した農地。年貢を徴収することのできない荒地をいう。*地方凡例録(1794)六「荒場引〈略〉元来のあれ場を不吟味にて、土地を大概に見るゆゑ」 発音〈標ア〉0

あれ-ば〔接続〕(「さあれば」の意)そこで。それ故に。*寛永十年刊本無門関鈔(17C前)上「迦葉は是れ無我なる故に、少もとり合はず阿難と喚なり。在れば、阿難応喏する也」 *大淵代抄(1630頃)八「潜に深山幽谷に引き籠て隠れて居られた、あれば其国の帝王に徳勝と云王の婆舎斯多に向て」

あれ-ばか【荒墓】〔名〕長い間放っておかれて荒れ果てた墓。*先祖の話(1946)〈柳田国男〉七〇「又往々にして荒れ墓が出来る」 発音〈標ア〉0

あれはか-でら【荒陵寺】大阪市天王寺区にある四天王寺の別称。

あれ-はた【阿礼幡】〔名〕「あれのはた(阿礼幡)」に同じ。

あれ-はだ【荒肌・荒膚】〔名〕脂肪分が少ないため、かさかさに荒れているはだ。 発音〈標ア〉0〈京ア〉0

あれ-ばたけ【荒畑】〔名〕荒れている畑。耕作しないで捨てておかれている畑。*俳諧・猿蓑(1691)三「渋糟(しぶかす)やからすも食はず荒畠〈正秀〉」 *甲斐国志(1804–18)一八・村里「成沢村〈略〉古検地帳一冊成沢村民所蔵　成沢大田和村御検地帳　天正一九辛卯十月吉日成沢屋敷拾八軒、〈略〉荒畠壱反七畝拾三歩」 発音〈標ア〉バ

あれはたそ-どき【彼誰時】〔名〕(「たそ」は、誰だとたずねる意)「あれはたれどき(彼誰時)」に同じ。*今昔(1120頃か)二七・四「彼れは誰そ時に成れば、寝殿の前より赤き単衣(ひとへぎぬ)の飛て」 *今昔(1120頃か)二七・一三「男は喘々(あへぐあへぐ)我にも非(あら)で、彼れは誰そ時に館に馳着(はせつき)たれば」

あれはたれ-どき【彼誰時】〔名〕夕方などの、薄暗くて、あの人はだれと見定めかねる時。かはたれどき。たそがれどき。あれはたそどき。*青表紙一本源氏(1001–14頃)初音「おまへの梅やうやうひもときて、あれはたれどきなるに、ものの調(しらべ)どもおもしろく」

あれ-は・つ【散果】〔自タ下二〕すっかり離れてしまう。うとくなってしまう。*源氏(1001–14頃)早蕨「ここをば、あれはてじとなむ思ふを。さらば対面もありぬべけれど」 *源氏(1001–14頃)蜻蛉「われもまた憂きふる里をあれはてばたれやどり木のかげをしのばむ」

あれ-は・てる【荒果】〔自タ下一〕文あれは・つ〔自タ下二〕すっかり荒れてしまう。まったくさびれおとろえる。*恵慶集(985–987頃)「あれはてて風もはらはぬ草の庵我はなくとも露はもりなん」 *源氏(1001–14頃)蓬生「かくおそろしげにあれはてぬれど、親の御かげとまりたる心ちするふるきすみかと思ふに」 *日葡辞書(1603–04)「Arefate, tçuru, eta(アレハツル)」 *歌舞伎・浮世清玄廓夜桜(1884)中幕「小夜(さよ)更(ふ)けて田の面(も)に鳴きし蛙さへ、いねてか声もあれ果(ハ)てし草の庵に清玄が」 発音〈標ア〉テ〈京ア〉0 辞書文明・日葡・言海 表記荒果(文・言)

あればひき【荒場引】〔名〕近世、貢租の連々引(れんれんびき)の一種。村高に組み入れられている田畑のなかで、検地時の不手際などのため実際は耕作不能な土地があった場合、それに相当する高の貢租を免除すること。*地方凡例録(1794)六「荒場引 是は其村開闢の時、又は新田開発抔の節、元来のあれ場を不吟味にて、土地を大概に見るゆゑ、検地を請末々作毛不レ生立、仕附ても肥代手間代の入用掛りたる程不レ出来立、年貢上納致しては百姓潰れに成につき、無レ是非レ連々あれ地に成たるを、願の上高内引に立る地処也」

あれ-び【荒日】〔名〕①天候の悪い日。あらしの日。ふつう二百十日や二百二十日、あるいは八朔(はっさく)をいう。②言動などが荒く、乱暴になる日。*ヰタ・セクスアリス(1909)〈森鷗外〉「古賀は不断酒を飲んでぐうぐう寝てしまふ。併し月に一度位荒日(アレビ)がある」 発音〈標ア〉レ

アレビー(Ludovic Halévy リュドビク—)フランスの劇作家、小説家。「美しきエレーヌ」「サンマルタンの夏」などの著作がある。(一八三四〜一九〇八) 発音〈標ア〉ア

あれ-ひき【阿礼引】〔名〕賀茂祭の日、参詣の人々が、阿礼の鈴を鳴らすために、榊(さかき)につけた木綿(ゆう)を曳くこと。この鈴が鳴れば、願い事が成就するという。*貫之集(945頃)三「あれひきにひきつれてこそちはやぶる賀茂の川浪たちわたりけれ」

あれ-びより【荒日和】〔名〕荒れた空模様。荒天。*颶風新話(航海夜話)(1857)凡例「書中に用ふる原語の概略を示す事左の如し。〈略〉『ボイ』急に通り抜ける荒れ日和」

アレフ【$\aleph$】〔名〕(ヘブライ aleph)ヘブライ語アルファベットの第一字。連続体の濃度を表わす記号。連続体濃度の呼び名でもある。 発音〈標ア〉ア

あれ-・ぶ【荒】〔自バ上二〕「あらぶ(荒)」に同じ。*延喜式(927)祝詞・大殿祭「神等のいすろこび阿礼比(アレビ)坐すを、言直し和し〈古語にやはしと云ふ〉坐して」

あれ-ほうだい【荒放題】〔名〕〔形動〕(土地や建物などが)荒れるにまかせてあること。また、そのさま。*ごりがん(1920)〈上司小剣〉四「宝塚の山の上

に、無住の庵室があって、荒れ放題に荒れてゐたが」＊卍(1928-30)〈谷崎潤一郎〉二「校舎云ふのん豚小屋みたいに汚うてぼろぼろになったなり、荒れ放題にしたあるのんです」 発音 アレホーダイ〈標ア〉[ホ]

あれ-ほど【彼程】〘名〙①あのように。あれくらい。あんなに。あのくらい。あれほどき。副詞的にも用いる。＊弁内侍(1278頃)建長元年三月「鞠はいしいものかな。あれほど左衛門督をはしらすることよ」＊徒然草(1331頃)一二五「あれほど唐の狗に似候ひなんうへは」＊義経記(室町中か)四・土佐坊義経の討手に上る事「あれほどの不覚人(ふかくじん)の弓矢取る奉公をするか。其処罷(まかり)立ち候へ」＊浮雲(1887-89)〈二葉亭四迷〉三・一六「あれほどまでにお勢母子の者に辱(はづかし)められても、文三はまだ園田の家を去る気になれない」②(副詞的に用い)あれくらい明白に。あんなにはっきりと。＊咄本・当世手打笑(1681)一・三「あれほどのうれんに、すりはぐ屋と書てはないか」 発音〈なまり〉アラハド〔津軽ことば〕アラホド〔津軽語彙・岩手・山梨奈良田・信州読本〕アレホズ〔大分〕アロホド〔津軽語彙〕〈標ア〉[0]〈京ア〉[0] 辞書 文明・饅頭・日葡 表記 咹程(文・饅)

あれ-ほどき【彼―】〘名〙「あれほど(彼程)」に同じ。＊物類称呼(1775)五「是ほどといふ詞のかはりに〈略〉伊勢にて。これほどき あれほどきと云」

あれ-ま【荒間】〘名〙①荒れたすきま。破れたあいだ。＊散木奇歌集(1128頃)冬「柴の庵のねやのあれまにもる雪は我(わが)かりそめのうはぎなりけり」＊拾遺愚草(1216-33頃)下「うつしける月のみかほは光りあひて軒のあれまにつもる白雪」＊曾我物語(南北朝頃)七・勘当ゆるす事「むなしき人をば、常の所よりはいださず。我ら、死人におなじとて、馬屋のあれまよりいでたりける」②荒れはてた土地の間にはさまっていて、荒廃しやすい場所。＊増補田園類説(1842)上・検地之事「又は新田、新畑、荒間、畳地之切添、又は田成畑、又は畑成田、川缺起返等有レ之」 方言 荒天のため、漁に出られない日。島根県八束郡729

あれ-まあ〘感動〙「あらまあ」に同じ。＊人情本・英対暖語(1838)四・二一章「アレマア旦那、ちょっとお寄(よん)なさって被下(ください)まし」 発音 アレマー〈標ア〉[ア]

あれ-まく【荒―】〘連語〙(「まく」は推量の助動詞「む」のク語法) 荒れるであろうこと。「荒れまく惜し」と熟合して使われることが多い。＊万葉(8C後)二・一六八「ひさかたの天(あめ)見るごとく仰ぎ見し皇子(みこ)の御門の荒巻(あれまく)惜しも〈柿本人麻呂〉」＊拾遺愚草(1216-33頃)下「あれまくも人は惜しまぬ故郷(ふるさと)の夕風したふ軒のたちばな」＊東関紀行(1242頃)赤坂より橋本「今さら居うかれんこそ、かの伏見の里ならねども、荒れまく惜しくおぼゆれ」

あれ-まくら【荒枕】〘名〙荒れた宿にとまること。＊壬二集(1237-45)「すがはらやふしみのさとのあれまくらゆふかひもなきくさのしもかな」

あれ-まさ・る【荒増】〘自ラ四〙①建物や庭などがますます荒れる。＊宇津保(970-999頃)菊の宴「やどのいたまはあれまさり木のもとはかくもりぬれど」＊源氏(1001-14頃)須磨「いとどあれまさらむほどおぼしやられて、殿のうちいとかすかなり」＊古本説話集(1130頃か)二七「そののち、いよいよあれまさりて、松の木も、ひととせの風にたふれにしかば、あはれにこそ」②気持がますます荒れる。うるおいがいよいよなくなる。＊平中(965頃)三三「とる袖のなつくばかりにみえばこそ摘み野の駒もあれまさるらむ」＊蜻蛉(974頃)上・天暦一〇年「かくありつづき、絶えずは来れども、心のとくる世なきに、あれまさりつつ、来てはけしきあしければ」

あれ-ま・す【生坐】〘連語〙(動詞「ある(生)」の連用形に尊敬の補助動詞「ます(坐)」の付いたもの) 出現なさる。お生まれになる。＊古事記(712)中「然して阿礼坐(アレまし)し御子の名は、日子八井命」＊万葉(8C後)一・二九「玉だすき 畝火の山の 橿原の 日知の御代ゆ 阿礼座(アレまし)し 神のことごと〈柿本人麻呂〉」＊延喜式(927)祝詞・六月月次祭「いかし御世に幸(さき)はへ給ひ、阿礼坐(アレます)皇子等をも恵み給ひ」 語源説 (1)アレは朝鮮語al(卵)と関係があるか〔万葉集=日本古典文学大系〕。(2)胎内の子が生れ出るのは散る義であるから、アラス(散)がもとである〔類聚名物考〕。(3)ウマレマス(生)の意。アはウマの約〔祝詞考〕。 発音〈標ア〉[マ] 辞書 書言・ヘボン・言海 表記 出生(書) 生(ヘ) 生坐(言)

あれ-まど・う【荒惑】(まどふ)〘自ハ四〙ひどく荒れる。荒れてめちゃめちゃになる。あれすさぶ。あれくるう。＊源氏(1001-14頃)澪標「家のさまもいひしらずあれまどひて」＊更級日記(1059頃)「雪降りあれまどふに、物の興もなくて」＊浜松中納言(11C中)三「松原のしたに、ささやかなる寝殿だつものこそ、北の対にや、一(ひとつ)あれど、いみじうあれまどひて人ごゑもせず」 発音 [文] アレマドーとも〈標ア〉[ド]

あれ-まわ・る【荒回】(まはる)〘自ラ五(四)〙あちらこちらとはげしくあばれる。あばれまわる。＊近世紀聞(1875-81)〈染崎延房〉五・三「八方に渡り合ひて寄手を悩まし荒廻(アレマハ)りしが、遂に〈略〉弾丸に中りて」＊花間鶯(1887-88)〈末広鉄腸〉中・一「聞き入れる模様も無く庭中を荒(ア)れ廻(マハ)れば」＊雪の日(1920)〈志賀直哉〉「風が吹込むと、それが中で荒れ廻って埋まってゐる家を雪の中で吹倒して行く事があると云ふ」 発音〈標ア〉[ワ]〈京ア〉[0]

アレマン(Mateo Alemán マテオ―) スペインの小説家。小説「悪漢グスマン=デ=アルファラーチェの生涯」で知られる。(一五四七～一六一四頃)

あれみ-と【吾身―】〘副〙 方言 ⇩わがでに(我―) 発音〈標ア〉[ア]

あれ-むら【荒村】〘名〙荒れ果てた村。こうそん。＊赤痢(1909)〈石川啄木〉「赤痢病の襲来を蒙った山間(やまなか)の荒村(アレムラ)の、重い恐怖と心痛(そこびえ)に充ち満ちた、目もあてられぬ、そして、不愉快な状態(ありさま)は」 発音〈標ア〉[0]

あれ-め【彼奴】〘代名〙他称。話し手、聞き手両者から離れた人をいやしめていう(遠称)。あいつ。＊浮世草子・日本永代蔵(1688)一・三「中にも先祖をさがして、なんぞ、あれめに随ひ、世をわたるも口惜(をし)きと我(が)を立ける人」

あれ-もよう【荒模様】(ヤウ)〘名〙①雨風などが強くなりそうな様子。海や山などの状態が悪くなりそうな様子。あれげしき。＊二百十日(1906)〈夏目漱石〉三「おい君、いくら荒れても登る気かね。荒れ模様なら少々延ばさうぢゃないか」＊雁(1911-13)〈森鴎外〉一八「併しその頃から毎日毎日雲のたたずまひが不穏になって、暴模様(アレモヤウ)が見える」②人の機嫌が悪くて、今にも怒り出しそうな様子。 発音 アレモヨー〈標ア〉[モ]〈京ア〉[モ]

あれ-や【荒屋】〘名〙すっかりいたんでいる家。あばらや。＊為忠集(鎌倉中か)「葎(むぐら)はふあれやの月をながむれば風はらはらと影もすさまじ」＊俳諧・俳諧次韻(1681)「風いたく牛さへ氷る也けるに荒屋に馬の枯屎(かれぐそ)をたく〈芭蕉〉」＊読本・雨月物語(1776)吉備津の釜「我が住むとなりなる破屋(アレヤ)をかりて住ましめ」 発音〈標ア〉[0]

あれ-や〘感動〙驚いた時に発することば。また、勢いをつけるためのかけ声。＊源平盛衰記(14C前)三・有子入水事「忍(しのび)やかに念仏申して海中へぞ入りにける。舟の中の者共、あれやあれやと騒ぎけれ共」＊太平記(14C後)二五・住吉合戦事「跡に続く勢無ければ、あれやと許(ばかり)云て〈略〉只二騎つと懸け入て、前後左右を突いて廻(まは)るに」

あれ-やしろ【荒社】〘名〙荒れはてた神社。＊浄瑠璃・鎌倉袖日記(1688-1704頃)四「物ふりしもる人もなきあれやしろ、神か仏かよしやただ、同しくもゐのわけへだて」＊和蘭天説(1795)「山野に火を見、墟墓(はかはら)・荒壇(アレヤシロ)に怪火あり」 発音〈標ア〉[ヤ]

あれ-ゆ・く【荒行】〘自カ四〙土地や建物などが荒れたままに年月を経る。次第に荒れる。＊万葉(8C後)六・一〇四九「なつきにし奈良の都の荒行(あれゆけ)ば出で立つごとに嘆きしまさる〈福麻呂歌集〉」＊源氏(1001-14頃)須磨「ましていかにあれゆかんとおぼす」＊古本説話集(1130頃か)二七「かくて院うせさせ給ひてのち、すむ人もなくて、あれゆきけるを」 発音〈標ア〉[ユ] 辞書 日葡・言海 表記 荒行(言)

あれ-よ〘感動〙①意外なことが起こって驚いた時などに発することば。あれよあれよ。あれ。＊高野本平家(13C前)九・小宰相身投「めのとの女房打おどろき、そばをさぐれどもおはせざりければ、あれよあれとぞあきれける」＊第2ブラリひょうたん(1950)〈高田保〉水くぐり「問題を合同委員会へ任せて気長く待つつもりだなと感心したら、その委員長が総裁自身だと発表されたので、アレヨとおもった」②人を呼び求める時に発することば。あれよあれよ。＊人情本・春色梅児誉美(1832-33)初・四齣「アレヨウ(引)、だれぞ来(き)てお呉(くん)なさいましヨウ(引)」

あれよ-あれよ〘感動〙(「あれよ」を重ねたことば)①「あれよ①」に同じ。＊浄瑠璃・平家女護島(1719)二「あれよあれよといふ中に、程なく着岸京家の武士の印を立て」＊化銀杏(1896)〈泉鏡花〉一五「幽けき呻吟声の、お貞の耳を貫くにぞ、あれよあれよとばかりに自から恐れ」＊奉教人の死(1918)〈芥川龍之介〉一「火を救ひに集った町方の人々も、唯、あれよあれよと立ち騒いで」②「あれよ②」に同じ。＊虎清本狂言・禁野(室町末-近世初)「あれよあれよおぬしはまづ、これにだまって、さきにいふたごとくにして出さしめ」 発音〈標ア〉[ア]=[ア]〈京ア〉[ア]=[ア]

あれ-よう【彼様】(ヤウ)〘形動〙物事の内容や状態があそこに示されたようであるさま。あのよう。＊土井本周易抄(1477)六「あれやうなる者は、喩へば、畋なんどをしてをそろしい獣をうるは、強暴の者を得るぢゃぞ」＊史記抄(1477)一一・孫呉「往年呉起とののあれ様に我が夫の疽を、吮われたれば、ありがたいと云て」＊咄本・醒睡笑(1628)二「日頃存じにかかはり、あれやうにこなたの殿に、人のおぢひろめくことは御座ない」

あれ-ら【彼等】〘代名〙他称。話し手、聞き手両者から離れた人たちをいう(遠称)。かれら。あの者ども。＊宇津保(970-999頃)国譲上「あれらも、世の中にはあるにや、なきにや、あらんとも」＊讃岐典侍(1108頃)上「猶おとりけるにや、あれらのやうに声たてられぬはとぞ、思ひしらるる」 発音〈なまり〉アイラ〔岐阜・飛騨・徳島〕アエラ・アエラア〔岩手〕アッラ〔千葉〕〈標ア〉[レ]

あれら-てい【彼等体】〘名〙あいつら風情(ふぜい)。あいつら程度。卑しめていう語。＊浄瑠璃・女殺油地獄(1721)上「あれらていの雑人(ざうにん)、身が目からはどろ水」

あ・れる【荒】〘自ラ下一〙[文]あ・る〘自ラ下二〙①勢いはげしく動く。(イ)風、波、天候などが穏やかでなくなる。＊万葉(8C後)七・一三〇九「風吹きて海は荒(あ)るとも明日と言はば久しかるべし君がまにまに〈人麻呂歌集〉」＊源氏(1001-14頃)真木柱「雪降りぬべき空の気色も心細う見ゆる夕べなり。いたうあれ侍りなん」＊大鏡(12C前)二・実頼「日いみじうあれ、海のおもてあしくて、風おそろしく吹きなどするを」＊老葉(1485頃)五・旅「こころならずも又やわかれむ 舟よする奥津しま山かぜあれて」＊二百十日(1906)〈夏目漱石〉三「『御山が少し荒れて居りますたい』『荒れると烈しく鳴るのかね』」(ロ)人、動物などがはげしくあばれる。また、乱暴をはたらく。＊宇津保(970-999頃)藤原の君「み心のかしこく〈略〉あるるいくさ、けだものも、この主にはしづまりぬ」 ＊右京大夫集(13C前)「はるかなる野さはにあるるはなれ駒かへさや道のほども知るらむ」 ＊日葡辞書(1603-04)「テングガ aruru(アルル)」、または、カミガ aruru(アルル)」 ＊俳諧・猿蓑(1691)四「鼠共春の夜あれそ花靫〈半残〉」 ㈧相場がはげしく変動する。 ②手入れが悪かったり、乱暴に使ったりして、土地や建物がいたみ、損なわれる。荒廃する。 ＊古事記(712)下・歌謡「八田(やた)の 一本菅(ひともとすげ)は 子持たず 立ちか阿礼(アレ)なむ あたら菅原」 ＊万葉(8C後)二〇・四五〇六「高円(たかまと)の野の上の宮は安礼(アレ)にけり立たしし君の御代遠そけば〈大伴家持〉」 ＊源氏(1001-14頃)松風「御庄(みさう)の田畠などいふことの、いたづらにあれ侍りしかば」 ＊平家(13C前)三・少将都帰「荒たる宿のならひとて、ふるき軒の板間より、もる月影ぞくまもなき」 ③気持や生活などに、ゆとりやうるおいがなくなる。すさむ。「生活が荒れる」 ＊土左(935頃)承平五年二月一六日「家にあづけたりつる人の心もあれたるなりけり」 ＊木乃伊の口紅(1913)〈田村俊子〉七「そんな事に使ふやうな荒れた筆は持ってゐませんから」 ＊手鎖心中(1972)〈井上ひさし〉浅草「筆が荒れる、気が荒れる、血が荒れる。とにかくいいことはありません」 ④争いや騒ぎなどで、物事の進行状態がふつうでなくなる。また、勝負などが予想外の進みぐあいになる。「会議が荒れる」「試合が荒れる」 ＊平家(13C前)五・文覚被流「公卿殿上人も、こはいかにこはいかにとさはがれければ、御遊(ぎょゆう)もはや荒(あれ)にけり」 ＊競馬(1946)〈織田作之助〉「こんな日は競走(レース)が荒れて大穴が出るからだらうか」 ⑤肌などがなめらかでなくなることにいう。ざらざらしている。かさかさしている。 ＊売花翁(1899)〈斎藤緑雨〉「サアこれからの世渡りはと〈略〉炭団を丸めるのもいいが手があれるし」 ＊俳諧師(1908)〈高浜虚子〉五〇「只皮膚の荒(ア)れてゐるのと生え際の薄いのとが目に立って見にくい」 方言 ❶転がり落ちる。 長野県上伊那郡488 下伊那郡492 ❷坂やがけなどからものを転落させる。 長野県南部062 発音〈標ア〉0 〈京ア〉0 文『ある』〈標ア〉0 〈ア史〉平安●○ 鎌倉・江戸『あるる』●●● 〈京ア〉0 辞書 色葉・名義・和玉・文明・明応・天正・饅頭・黒本・易林・日葡・〈ボン〉・言海 表記 荒(色・名・玉・文・明・天・饅・黒・易・ヘ・言) 蕪(色・名・文・易) 棤・猾・悷(名) 曠・薉・蕪・低・亭(玉)

アレルギー『名』(ドイ Allergie) ①特定の物質や条件に対し、正常者とは変わった過敏な反応を示すこと。最初、ある物質(抗原)が生体内に入ったとき、それに反応するような物質(抗体)ができ、二度目に同じ物質が生体に入ると、それと抗体とが反応して発赤、浸潤、化膿などを生ずる現象をいう。→抗原・アレルゲン。 ＊リンドウの花(1958)〈井伏鱒二〉「私のアレルギー疾患は神経性のものだから」 ＊暗室(1976)〈吉行淳之介〉一四「綜合病院へ行って、アレルギーのための注射を打ってもらうことになっている」 ②転じて、ある物事に対して精神的な拒絶反応を示すこと。 ＊妻隠(1970)〈古井由吉〉「勧誘だとか説得だとかいう言葉にアレルギーになってるんだ」 発音アレルギー 〈標ア〉レ ル 〈京ア〉レ

アレルギー-せい-しっかん【―性疾患】『名』アレルギーによる疾患のこと。気管支喘息(ぜんそく)、蕁麻疹(じんましん)、アレルギー性鼻炎、薬物過敏症など。 発音アレルギーセイシッカン 〈標ア〉シ

アレルギー-たいしつ【―体質】『名』アレルギー反応をおこしやすい体質。 ＊夢の浮橋(1970)〈倉橋由美子〉風花「腎臓が悪くて血圧がやや高いのとアレルギー体質とで、このほうが厄介らしい」 発音〈標ア〉タ

アレルゲン『名』(ドイ Allergen) アレルギー反応をおこす物質のこと。室内塵、花粉、かび、動物の毛などの吸入性アレルゲン、サバや牛乳などの食餌性アレルゲン、ウルシやゴムなどの接触性アレルゲンなど無限にある。 発音〈標ア〉レ

あれわいさ-の-さ『感動』うたの中にはいるはやし詞。 ＊歌謡・深川節(明治か)「客の心は上の空、飛んで行きたい、アレワイサノサ、主の傍」 ＊民謡・お江戸日本橋(明治か)「お江戸日本橋七つ立ち、初上り、行列そろえてアレワイサノサ」

あれ-わた・る【荒渡】『自ラ四』一面に荒れる。どこもかしこも荒れる。 ＊源氏(1001-14頃)末摘花「踏みあけたる跡もなくはるばるとあれわたりて、いみじうさびしげなるに」 ＊新古今(1205)雑上・一五六一「あれわたる秋の庭こそあはれなれまして消えなん露の夕暮〈藤原俊成〉」

あれん『代名』対称。そなた。御身。 ＊浮世鏡(1600)三・人倫「そなたといふべきを『すなた』はひが事也。田舎には、『あんた』〈丹波〉『あれん』といふは中国の詞也」 ＊男重宝記(元禄六年)(1693)五・二「京の詞にそなたといふ事をあがみといふ〈略〉中国にはあれんといふ」 ＊丹波通辞(1804-11)「其方(そなた) あれん あんに おんにやおんの」 方言 滋賀県愛知郡606 辞書言海 表記荒互(言)

あれん『感動』意外なことなどに出会って驚いた時に発することば。あれ。あれよ。 ＊評判記・けしずみ(1677)「おもはくしらぬ上らうは、あれんといふてもなきぬべけれど」

あれん-あれん『感動』(「あれん」を重ねた語)驚き、いやがることを表わすことば。あれ。 ＊浄瑠璃・兼好法師物見車(1710頃)中「抱いて寝ねしょと取り付けば、あれんあれんと声立てて、紙帳の内へ逃げて入」

アレンジ『名』(英 arrange) ①物を好みどおりに配列すること。ほどよく配置すること。アレンジメント。 ＊アルス新語辞典(1930)〈桃井鶴夫〉「アレンヂ 英 arrange 整列する。排列する」 ②手はずを整えること。手配すること。 ＊広場の孤独(1951)〈堀田善衛〉六「身許引受及び入国許可だけは確かにアレンジしてさしあげるから」 ③物事をあらたに構成しなおすこと。 ＊モダン辞典(1930)「アレンヂ(劇) 脚本、楽曲等を演出に適応するやうに、取捨、補修する事」 ＊ブラリひょうたん(1950)〈高田保〉座談会「速記をしたのは速記者である。それをうまくアレンジして適当に読物にまとめたのは編集記者の働きだとなるだろう」 ④音楽、とくにポピュラー音楽で、編曲。 ＊浅草(1931)〈サトウハチロー〉僕の浅草・二「『それじゃ、イチリキホテルの幕あきの音楽は、野毛の山からノーエにしよう』『うん、そいつを貞ちゃんほどよくアレンヂしてくれたまへ』」 発音〈標ア〉レ 〈京ア〉レ

アレンジメント『名』(英 arrangement)「アレンジ①」に同じ。 ＊桐の花(1913)〈北原白秋〉桐の花とカステラ「晩春と初夏とのやはらかい気息のアレンヂメントをしみじみと感ぜしめる」 ＊雪の日(1920)〈志賀直哉〉「部屋の取り具合や、品物のアレンヂメントは」 発音〈標ア〉レ

アレント (Hannah Arend ハンナー) アメリカの女性政治学者、哲学者。ドイツに生まれ、のちアメリカに亡命。ナチズムとスターリニズムなど、全体主義成立の原因を考究した「全体主義の起源」を著わした。他の著に「人間の条件」「エルサレムのアイヒマン」「革命について」など。(一九〇六～七五)

あれん-ど【彼―】『代名』方言 他称。彼ら。あれたち。あれら。 青森県津軽085 ◇あらあど 青森県三戸郡083 岩手県九戸郡088 ◇あれぁど 青森県南部068 三戸郡083 秋田県鹿角郡130 ◇あろうと 青森県南部071 ◇あれぁだ 秋田県130

あれんにゃ【阿練若】『名』「あらんにゃ(阿蘭若)」に同じ。 ＊正法眼蔵(1231-53)袈裟功徳「これ阿練若比丘の糞掃衣を拾ふの法なり」 ＊宴曲・宴曲集(1296頃)五・閑居釈教「独処仙林阿練若。樹下石上(じゅげせきじゃう)の棲(すみか)なり」 ＊釈氏要覧-上・住処「蘭若、梵云、阿蘭若、或云、阿練若。唐言二無諍一。四分律云、空静処」

あれん-ばかし【彼―】『副』「あれっぱかり」に同じ。 ＊夜行巡査(1895)〈泉鏡花〉三「あれんばかしの酒にたべ酔って堪るものかい」 発音〈標ア〉パ

あれん-ぽっち【彼―】『名』「あれっぽち」に同じ。 ＊父―その死(1949)〈幸田文〉菅野の記「しばらくして行って見ると、父は赤い頬をしてゐた。『あらおとうさんお酔ひになったの、あれんぽっちで』『そりゃ酔ふさ、わたしゃ弱ってるんだからね』」 発音〈標ア〉ポ

あ-ろ【鴉路】(後漢の光武帝が道に迷ったとき鴉が案内したという故事による) 中国河南省の南召あたりを通る道。北の洛陽と南の南陽を結ぶ。 ＊蕭穎士-重陽日陪元魯山徳秀登北城矚対新霽因以贈別詩「綿連滍川廻、杳渺鴉路深」

あろ【有】『動』動詞「ある(有)」の連体形の上代東国方言。 ＊万葉(8C後)一四・三五〇九「たくぶすま白山風の寝なへども子ろが襲着(おそき)の安路(アロ)こそえしも〈東歌〉」 上代仮名 アロ

あろ【有】『連語』動詞「ある(有)」の未然形に推量の助動詞「う」の付いた「あろう」のつづまったもの。 ＊浄瑠璃・生玉心中(1715か)中「是々、万事皆聞てであろ」 ＊浄瑠璃・心中天の網島(1720)下「侍なれば其まま切腹するであろの」 ＊浄瑠璃・生写朝顔話(1832)浜松の段「死目(しにめ)にあはぬのみならず、御命日さへつゆ知らず、はかない事が、エエマあろかいなう」

アロイ『名』(英 alloy) ①合金。 ②合金をつくるのに使う卑金属。 ＊経済小学(1867)〈神田孝平重訳〉上・金幣「何金を用ふるを論せす、和する所の者を総称して『アロイ』と云ふ」 発音〈標ア〉ア

あ-ろう【阿郎】『名』(「阿」は親しみを表わす接頭語) 父。また、奴婢が主人を尊んで呼んだり、女が想う男を親しんで呼んだりする語。 ＊南郭先生文集-初編(1727)五・青楼曲三首「従佗共指二阿郎婦一、不レ学二盧家鎖一莫愁一」 ＊司馬光-書儀・家書「古人謂レ父為二阿郎一、謂レ母為二嬢子一。故劉岳書儀、上二父母一書、称二阿郎娘子一、其後奴婢尊二其王一如二父母一、故亦謂二之阿郎娘子一」

あ-ろう【阿娘】『名』(「ろう」は「娘(じょう)」の慣用音。「阿」は親しみを表わす接頭語) 若い女性を親しんで呼ぶ語。 ＊寄笑新聞(1875)〈梅亭金鵞〉六号「嬋娟(せんけん)たる阿娘(アラウ)のために懸恋さるるやうに注意して」

あろう『名』男性をいう、盗人仲間の隠語。〔隠語全集(1952)〕

あろ-うる『連体』⇩あらうる

アロエ『名』(ラテン aloe) ユリ科アロエ属の属名、または同属植物の総称。茎の立つものと立たないものがある。葉は剣状で厚く縁にとげをもち密集して多数つく。赤、黄、橙などの筒状花が茎の先端に穂状に集まって咲く。葉が苦味の強い液汁を含み、下剤や健胃薬に使われるものもある。熱帯植物で約三〇〇種が知られ、キダチロカイ、シャボンロカイなどは観賞用に栽培される。あだん。学名は Aloe ＊小さな貴婦人(1981)〈吉行理恵〉六「ベゴニアとアロエに水をあげすぎて根が腐ってしまったことも苛々した原因らしい」 発音〈標ア〉ア

アロー-ごう-じけん【―号事件】「アローせんそう(―戦争)」に同じ。 発音アローゴージケン 〈標ア〉ジ

あろおず【荒渦】『名』方言 ⇩あらうず(荒渦)

あろおずる『名』方言 ⇩あるじゅうかんちゅう(有中―)

アロー-せんそう【―戦争】(アローは Arrow) 一八五六年、イギリス国旗を掲げた清国船アロー号が、清国官憲の取調べを受け、国旗がひき降ろされた事件を契機として、清とイギリス、フランスとの間で戦われた戦争。一八五八年の天津条約、六〇年の北京条

約によって終了。第二次アヘン戦争。アロー号事件。
発音アローセンソー〈標ア〉セ

アロカシア〘名〙(ラテン alocasia) サトイモ科クワズイモ属の属名または同属植物の総称。中南米および東南アジア産の数種は観賞用として温室で栽培し、コウライダコ(高麗凧)、テイオウハイモ(帝王葉芋)、メタリカなどがある。学名は Alocasia 発音〈標ア〉カ

あろかっせんものがたり【鴉鷺合戦物語】 室町時代の御伽草子。異類軍記物。二巻または三巻。一説に、一条兼良作といわれる。祇園林の烏と、糺(ただす)の森の鷺の合戦を擬人化して描く。鴉鷺物語。鴉鷺記。発音アロカッセンモノガタリ〈標ア〉カ

アロサウルス〘名〙(ラテン allosaurus「奇妙な龍」の意) 恐龍の名。ジュラ紀後期に生存した。肉食。全長一二メートル。体重一～二トン。＊虫(1970)〈黒井千次〉「三億年前にアロサウルスとかステゴサウルスとかいう巨大な爬虫類と共に生き」発音〈標ア〉サ

あろじ【主】〘名〙(「あるじ」の古形か) 主人。その家の主。＊書紀(720)雄略九年三月(前田本訓)「談連の従人(ともひと)同姓(かばね)津麻呂、後に軍の中に入りて其の主(アロジ)を尋ね覓(もと)む」＊万葉(8C後)二〇・四四九八「はしきよし今日の安路自(アロジ)は磯松の常にいまさね今も見るごと〈大伴家持〉」＊続春夏秋冬(1906-07)〈河東碧梧桐選〉秋「千町田のあろじが植ゑし黄菊かな〈八重桜〉」上仮名アロ|ジ 辞書言海 表記主(言)

アロステリック-こうか【—効果】〘名〙(アロステリックは英 allosteric) 代謝産物など、生体内のある種の低分子化合物が、酵素など、生物作用を示すタンパク質の活性(作用)部位とは別の特定の部位に結合することによって、活性部位の機能を阻害したり促進したりする調節効果。発音アロステリックコーカ〈標ア〉コ

アロハ(ハワイ aloha もと愛情、親切の意) 一〘感動〙ハワイで使われるあいさつのことば。人に会ったとき、別れるときなどのほか、広く歓迎の意などにも用いる。＊現代風俗帖(1952)〈木村荘八〉ハイカラ考・アロハしやつ「アロハといふのはたしかハワイ語で、グッド・モーニングもグット・バイも、アイ・ラヴ・ユウも、その言葉の意味の中に含まれる、重宝なものと聞きます」二〘名〙「アロハシャツ」の略。＊自由学校(1950)〈獅子文六〉鮎料理「夫人は、アロハのようなものを着て、白いショーツを穿(は)き」＊午前零時(1952)〈井上友一郎〉水は流れる「変なアロハやワイシャツ姿の、不良じみた若者」＊甲子園(1972)〈阿波野青畝〉「アロハ着て安息日の主人かな」発音〈標ア〉ア〈京ア〉ロ／ア

アロハ-オエ(Aloha 'oe「わが愛をあなたに」の意) ハワイ民謡の一つ。別れの歌。ハワイ最後の女王、リリウォカラニの作と伝えられる。

アロハ-シャツ〘名〙(アメリカ aloha shirt) 大柄のプリント模様で派手な色彩のくだけた半袖のシャツ。すそを出して着るもので、おもに海岸や避暑地で用いられる。ハワイから流行したもの。アロハ。《季・夏》＊帰郷(1948)〈大仏次郎〉牡丹の家「競争で国民服を着た国民が、あっさりと、アロハ・シャツを着たものだ」＊現代風俗帖(1952)〈木村荘八〉ハイカラ考・アロハしゃつ「アロハしゃつといふものがずっと今年からのモードに登場したやうですが」発音〈標ア〉シャ〈京ア〉シャ／ハシャ

アロマテラピー〘名〙(フランス aromathérapie) 芳香療法。薬草・花などの香りの成分を用いて、神経の鎮静やストレスの軽減を図り、心身の健康を保たせようとするもの。アロマセラピー。

あわ【泡・沫】〘名〙①液体の中に空気、ガスなどの気体を含んで、まるくふくれたもの。あぶく。すぐ消えるところから、はかないものにたとえる。＊書紀(720)神代上「沫蕩、此をば阿和那伎(アワなぎ)と云ふ」＊源氏(1001-14頃)柏木「あわの消え入るやうにて、うせ給ひぬ」＊今昔(1120頃か)一二・四〇「此の身は此、水の沫也」＊方丈記(1212)「朝に死に、夕に生るるならひ、ただ水のあわにぞ似たりける」＊談義本・根無草(1763-69)前・五「かたみに残るうたかたの、泡(アハ)と消行玉の緒の、絶てはかなくなりゆけば」＊尋常小学読本(1887)〈文部省〉六「釜に入れて煮、白きあわの立つ時は、能く注意して之をすくひ取り」②口の端にふき出すつばの小さな玉。口泡。→あわ(泡)を嚙む・あわ(泡)を飛ばす・あわ(泡)を吹く。③ガラスの中にできた気泡。④「あわお(沫緒)」の略。「水の泡」と両様の意に用いることが多い。＊宇津保(970-999頃)吹上上「藤の花やどれる水のあはなればよのまになみの織りもこそすれ」＊曾丹集(11C初か)「あはなりし滝の白糸冬なれば解くべくもあらずこほり結べり」＊栄花(1028-92頃)歌合「とくれどもあはにもあらぬ滝の糸を常に縒(よ)りても見まほしきかな」⑤(水中の泡はせっかく生まれても結局は消えてしまうところから)だめになってしまうことのたとえ。水の泡。＊蝴蝶(1889)〈山田美妙〉二「苦屋の外は無きものを、もしは敵に見認められなば、逃れ来し心尽くしも泡なれや」＊ある小官僚の抹殺(1958)〈松本清張〉四「せっかくこれまでに築いた役所の地位がふいになるばかりか、ようやく見えかけた将来の希望が泡になる、とこぼした」⑥凍りついた積雪の上に、新しく降り積もったやわらかい雪の小さい塊が、斜面をころがり落ちるにつれて、人家をも押しつぶすほどの巨大な雪塊になって落下するもの。＊随筆・孔雀楼筆記(1768)四「雪に三つの畏(をそ)るべきあり。曰く『沫(アハ)』。いわく『額(なだれ)』。いわく『雪吹(ふぶき)』」＊随筆・北越雪譜(1836-42)初・中「我塩沢の方言にほふらといふは雪頽(なだれ)に似て非なるものなり。〈略〉ほふらを処によりて、をほて、わや、あわ、はたりともいふ」⑦せっけんのことをいう、盗人仲間の隠語。〔隠語全集(1952)〕
方言❶よだれ。山形県西田川郡139 ❷実のない言葉。むだ言。高知県862 ❸こずえから落ちた雪塊が、雪の斜面を転がるうちに次第に大きくなって落下するもの。長野県北安曇郡474 ❹新雪が加わって起きる雪崩。表層雪崩。富山県東礪波郡402 石川県012 051 岐阜県飛騨502 ◇あお 岐阜県飛騨502 ◇あほ 富山県中新川郡012 岐阜県飛騨502 ◇あわなぜ 滋賀県高島郡012 ◇あわずり 鳥取県八頭郡012 京都府北桑田郡630
語源説(1)ウツワ(空丸)の略転か〔大言海〕。(2)アマワ(雨輪)〔名言通〕、また、アワ(雨丸)〔和訓栞〕。(3)ウクワ(浮輪)の転〔万葉考〕。(4)アサワ(浅輪)の約〔和訓集説〕。(5)ウハワ(上涌)の義〔言葉の根しらべ=鈴江潔子・日本語原学=林甕臣〕。
発音〈なまり〉アーブク・アーボコ・アボコ〔栃木〕アオ〔周防大島・徳島・讃岐〕アバ〔島根・讃岐〕アブ〔津軽ことば・秋田〕アブキ〔千葉〕アブク〔埼玉方言〕アワボコ〔山形小国・新潟頸城〕アヲ〔福岡〕アッブ〔青森〕アンブク〔栃木・埼玉・埼玉方言・神奈川・山梨〕アンプク〔埼玉方言〕ブク〔静岡〕〈標ア〉ワ〈ア史〉平安・鎌倉〇〇 江戸◎ 〈京ア〉ア 辞書色葉・名義・下学・和玉・文明・明応・天正・饅頭・黒本・易林・日葡・書言・ヘボン・言海 表記泡(色・名・下・玉・文・明・天・饅・黒・易・書・言) 沫(色・名・下・文・天・黒・書・ヘ・言) 漚(色・名・文・明・天・黒・易・書) 漦(色・名・玉) 沸(色・名) 洙・到(色) 瀾(名) 澆(玉)

あわが立(た)つ 泡ができる。また、泡のようにわき起こる。あわだつ。＊日葡辞書(1603-04)「Auaga tatçu(アワガ タツ)」

あわさく(「さく」は開く) 泡が砕けさける。泡が盛んに出る。＊古事記(712)上「其の海水(うしほ)の都夫多都(つぶたつ)時の名を、都夫多都御魂〈都より下の四字は音を以ゐる〉と謂ひ、其の阿和佐久(アワサク)時の名を、阿和佐久御魂〈阿より久までは音を以ゐる〉と謂ふ」

あわとなす 消えさせる。駄目にしてしまう。＊浄瑠璃・国性爺合戦(1715)一「十善の御子だねを、胎内にてやみやみとあはとなさんもいひがひなしと」

あわを=嚙(か)む[=嚙(か)み出(い)だす] 口から小さな玉になったつばを出す。苦しんだり、くやしがったりするさまにいう。＊霊異記(810-824)下・一八「唯女の口より漚(アワ)を嚙齧(カミ)出して死にき〈真福寺本訓釈 漚 阿和、嚙 カミ〉」＊今昔(1120頃か)一四・二六「忽に経師も女も共に死ぬ、女の口より漚を嚙出たり」＊日葡辞書(1603-04)「Auauo camu(アワヲ カム)〈訳〉馬が馬銜(はみ)によって泡を吹く」＊浮雲(1887-89)〈二葉亭四迷〉三・一三「さてそれからは独り演劇(しばゐ)、泡を嚙(カム)だり、拳を握ったり、どう考へて見ても心外でたまらぬ」辞書日葡

あわ(を)食(く・くら)う ひどくあわてる。うろたえあわてる。驚きあわてる。＊人情本・花筐(1841)四・二二回「斯(か)ういふときに泡(アハ)を喰っちゃアいけねえ」＊滑稽本・和合人(1823-44)三・中「直(すぐ)にぐゎらりと開けて、誰だといふと、外でびっくり泡(アワ)をくらって」＊当世書生気質(1885-86)〈坪内逍遙〉一二「はじめて間違へたと気がついて、泡(アハ)を喰(クラ)ってかけだすとて」＊土(1910)〈長塚節〉一二「勘定すんのにも慌(アワ)くって銭落っことしたり何かして」語源説アワはアワツ(慌)の語根。クフは出あう意〔大言海〕。辞書言海 表記泡ヲ食フ・沫ヲ食フ(言)

あわを飛(と)ばす 話をするときに、口からつばを飛ばす。盛んにしゃべりたてるさまにいう。口角(こうかく)泡を飛ばす。＊やみ夜(1895)〈樋口一葉〉九「いつもならば沫(アワ)を飛(ト)ばして口論もすべき直次郎が」

あわを=吹(ふ)かせる[=吹(ふ)かす] 人を苦しませる。どぎもをぬく。驚きあわてさせる。＊浄瑠璃・平家女護島(1719)五「見よ見よ平家にあはふかせ、源氏一統の御代となし」＊浄瑠璃・源平布引滝(1749)二「清盛公へ言上し泡(アハ)ふかさんとかけ行(ゆく)首筋」＊談義本・地獄楽日記(1755)二・一「気にくはぬ五人の侫王め等に、あわを吹(フ)かせん」

あわを吹(ふ)く 口から泡を吹き出す。多くは、苦しんだり、しゃべりたてたりなどして、口から泡を出すさまにいう。＊観智院本名義抄(1241)「咄 カタラク アハフク」＊古今著聞集(1254)一〇・三八一「ただ締めに締めまさりければ、すでにあはをふきて、死なんとしけり」＊日葡辞書(1603-04)「Auauo fucu(アワヲ フク)〈訳〉口から泡を出す」方言閉口する。参る。宮崎県東諸県郡954 辞書名義・言海 表記咄(名) 泡ヲ吹ク・沫ヲ吹ク(言)

あわ(はあ)**【淡】** 一(形容詞「あわい」の語幹) あっさりしていること。＊源氏(1001-14頃)竹河「対面のついでに、うれへ聞えむと、待ちつけたてまつりたるかひなく、あわの御ことわりや」二〘名〙(形動)(淡と泡とをかけて、多く「あわに」の形で用いる) はかなく消えやすいさまにいう。はかなく。たよりなく。＊枕(10C終)九〇・宮の五節いださせ給ふに「うはごほりあはにむすべるひもなればかざす日かげにゆるぶばかりを」＊拾遺(1005-07頃か)雑上・一〇〇四「春くれば滝の白糸いかなれやむすべども猶あわに見ゆらん〈紀貫之〉」語源説アファアファという音勢の軽弱なのが、物の淡泊なのに似ているから〔国語溯源=大矢透〕。発音〈標ア〉ア〈京ア〉ア 辞書天正・易林 表記淡(天・易)

あわ(はあ)**【粟・粱】**〘名〙①イネ科の一年草。インド原産で古くから各地の畑に栽培されている。高さ一～一・五メートル。葉は広い線形。夏から秋に緑色の小花が集まった一〇～二〇センチメートルの穂をつける。種子はみのると黄色、赤色、紫色になる。植物学上は大粟(狭義の粟)と小粟に

わかれる。五穀の一つで糯（もち）と粳（うるち）がある。生育期間は三〜五か月間で、日照りに強く、やせ地でもよく育つ。粟飯、粟餅、粟おこし、だんごなどにするほか、あめ、酒の原料、小鳥の飼料などとする。学名は Setaria italica《季・秋》

粟 ①

＊古事記(712)上「二つの目に稲種（いなだね）生（な）り、二つの耳に粟生（な）り」＊万葉(8C後)一四・三三六四「足柄の箱根の山に安波（アハ）蒔きて実とはなれるを逢はなくもあやし〈東歌・相模〉」＊大智度論天安二年点(858)八七「人、穀の為の故に禾（アハ）を種ければども、稾草自ら至るがごとし」＊新撰字鏡(898-901頃)「穲 穀属也 粟也 阿波」＊宇津保(970-999頃)藤原の君「あは、麦、豆、大角豆（ささげ）、かくの如き雑役の物あり」＊仮名草子・尤双紙(1632)上・三〇「きなる物の品じな〈略〉きの黄門はわうだんの病に気がおとろへ、粟（アハ）のぐごさへすすまねば」＊俳諧・笈日記(1695)中・尾張「粟稗（ひゑ）にまづしくもなし草の庵〈芭蕉〉」＊日本植物名彙(1884)〈松村任三〉「アハ コアハ 粟」 ② 「あわいい（粟飯）」の略。＊雑俳・柳多留-六一(1812)「佐野の粟是も栄花の炊初」 ③ 「あわもち（粟餅）」の略。＊雑俳・柳多留-八二(1825)「曲春は粟で此世をすごすなり」 ④（「あわちらすくに（粟散国）」の略）日本国の異称。「扶桑略記」に、日本国を指して、「東方粟散国」とある。＊雑俳・柳多留-六四(1813)「粟の近所へもろこしは寄せ付ず」 ⑤ 寒さや恐怖のはなはだしいとき、毛孔が粟粒のように立つもの。ぞく。＊趣味の遺伝(1906)〈夏目漱石〉二「慄然として粟を肌に吹く」＊続俳諧師(1909)〈高浜虚子〉九八「春宵は一種の鬼気に襲はれて全身に粟（アハ）を生じつつ」 ⑥ 粟①を図案化した紋章。粟の丸、抱き粟などがある。

粟の丸

抱き粟

[語源説] (1)味のアハ（淡）いことから〔滑稽雑談所引和訓義解・言元梯・名言通・和訓栞・大言海〕。(2)オホホ（大穂）の音転〔日本釈名・紫門和語類集〕、また、イカホ（大穂）から〔和訓集説〕。(3)アは小、ワはまるい意から〔東雅〕。(4)粒がアハアハ（散放々々）として、他の穀に比べ粘りがない〔日本語源=賀茂百樹〕。(5)アハキミ（淡黄味）の下略〔日本語原学=林甕臣〕。(6)粘りがなくまじりアハヌことから〔和句解〕。(7)「黄禾」の別音 Au-Fa の約音 A-Fa が転じた語。黄色の穂の義〔日本語原考=与謝野寛〕。 [発音]〈なまり〉ウァー〔八丈島〕〈標ア〉[ア]〈ア史〉平安・鎌倉○◍〈京ア〉⓪ [辞書]字鏡・和名・色葉・名義・下学・和玉・文明・明応・天正・饅頭・黒本・易林・日葡・書言・〈ボン〉・言海 [表記]粟（字・和・色・名・下・玉・文・明・天・饅・黒・易・書・へ・言）禾（色・名・玉・易・書）粱（色・玉・天・書）黍・穲（字）稷（色）糜（名）穲・穫（玉）穀（文）

あわ打（う）つ 刈りとった粟を日に干し、乾いてから木で軽く打って実を採る。《季・秋》

あわとも稗（ひえ）とも知（し）らず 粟と稗との区別も知らないほど、恵まれた身分、境遇である。たいへん高貴な身分や金持の生活をいう。＊一中節・粟の段(1804-18)「実（げ）にや昔の世にあらば、粟（アハ）とも稗（ヒエ）とも知るまじきに、今は憂き目に粟畑、鳥追（とりおひ）小屋に只独り」

あわの飯（いい・めし） 「あわいい（粟飯）」に同じ。＊太平記(14C後)五・大塔宮熊野落事「粟（アワ）の飯（イヒ）橡（とち）の粥など取出して、其の飢を相助く」＊浮世草子・好色一代男(1682)四・二「其里にゆきて椎の葉に粟（アハ）のめしを手もりに、茄子（なすび）香の物をもらひて」＊雑俳・柳多留-二六(1796)「目がさめてあじきなく食ふ粟の飯」＊読本・椿説弓張月(1807-11)前・二回「妻も又夫に斉（ひと）しく、こころ信々（まめまめ）しきものなれば、粟（アワ）の飯（イヒ）に鮎のしら焼とり添て」

あわの岩粔籹（いわおこし） 「あわおこし（粟粔籹）①」に同じ。＊洒落本・北華通情(1794)自序「のりイと呼ぶ女の商人、あわヱイの岩おこし、神の棚卸に自作のはらひ給へば」＊浄瑠璃・箱根霊験躄仇討(1801)七「粟のおこしぢゃないが、岩ぢゃ岩ぢゃ」

あわのかちん 「あわもち（粟餅）」に同じ。＊御湯殿上日記-永禄一〇年(1567)一一月七日「なかはしよりあわのかちんまいる」

あわの供御（くご） 「あわいい（粟飯）」をいう女房詞。＊御湯殿上日記-永禄一二年(1569)一一月二八日「大すけよりあわのく御〈略〉まいる」

あわの鳥（とり） 粟畑にむらがる鳥。＊説経節・をぐり（御物絵巻）(17C中)一〇「ひるは、あはのとりをおい、よるは、うをさめのゐにならふか」

あわの飯（はん） 「あわ（粟）の供御（くご）」に同じ。＊御湯殿上日記-文明一四年(1482)四月二九日「北はたけよりあはのはんまいる」＊説経節・あいごの若（山本九兵衛板）(1661)五「山に三日ましまさば、うへにつかれておわすらんと、かしわのはに、あわのはんをおしわけ、若君に奉る」

あわの穂（ほ） 穂のさまをしている粟の花または実。《季・秋》＊俳諧・誹諧通俗志(1716)時令・七月「粟の穂」

あわの水飴（みずあめ） 粟のもやしで作った水飴。あわあめ。＊闇桜(1892)〈樋口一葉〉上「琴ひく盲女（ごぜ）は〈略〉あはれあはれ粟（アハ）の水飴（ミヅアメ）めしませとゆるく甘くいふ」 [辞書]言海 [表記]粟水飴（言）

あわの餅（もち） 「あわもち（粟餅）」に同じ。＊本草和名(918頃)「秫米〈略〉和名 阿波乃毛知」＊雑俳・柳多留-一五(1780)「くらわずばいいはだまれとあわのもち」 [辞書]字鏡・和名 [表記]秫（字・和）

あわ一粒（ひとつぶ）は汗（あせ）一粒（ひとつぶ） あわ一粒を作り出すには、農夫の汗一粒が流されているということ。百姓の苦労をいうたとえ。粒粒辛苦。

あわ蒔（ま）く ① 粟の種子（たね）をまく。粟は、三月から五月にかけて、また、秋粟は六月頃にまく。《季・夏》＊俳諧・増山の井(1663)五月「粟（アハ）まく」＊俳諧・随斎筆紀(1811-27)「藪添に雀が粟も蒔にけり〈一茶〉」 ② 寒い谷間で音楽を奏すると、暖かい風がたちまち吹いて、米や、粟が生じたという故事から、音楽の徳をいうのに用いる。＊類従本重之集(1004頃)下「山河にふかるる笛のあれば社（こそ）つつみの滝にあはもまくらめ」

あわ【安房】 ㊀ 東海道一五か国の一つ。養老二年（七一八）上総（かずさ）から分かれ、安房・平群・長狭・朝夷の四郡をもって一国となる。室町時代以後、斯波（しば）、結城、里見などの諸氏が支配し、近世には勝山、館山等五藩に分かれる。廃藩置県後は四県に分かれ、木更津県を経て明治六年（一八七三）千葉県の一部となった。房州。＊万葉(8C後)九・一七三八「しなが鳥 安房（アハ）に継ぎたる 梓弓 周淮（すゑ）の珠名は 胸別のゆたけき吾妹〈虫麻呂歌集〉」 ㊁ 千葉県南端の郡。明治三〇年（一八九七）平（へい）・長狭・朝夷の三郡を合併し、旧安房国全域を占める郡となった。＊二十巻本和名抄(934頃)五「安房国〈略〉安房〈如国〉」 [語源説]粟の生育する所の意〔日本古語大辞典=松岡静雄〕。また、アハ（阿波）の忌部が居たことから〔和訓栞所引古語拾遺〕。 [発音]〈標ア〉[ア]〈ア史〉鎌倉○○ 江戸◍◍〈京ア〉⓪ [辞書]和名・色葉・文明・伊京・明応・天正・饅頭・黒本・易林 [表記]安房（和・色・文・伊・明・天・饅・黒・易）

あわ【阿波】 ㊀ 南海道六か国の一つ。「粟のとれる国」の意。大化改新後、粟と長（なが）の両国が合併して一国となる。鎌倉時代は佐々木、三好、小笠原氏、室町時代は細川、長宗我部氏が統一、近世には蜂須賀氏の領国となる。明治四年（一八七一）の廃藩置県後、徳島県、名東（みょうどう）県を経て、同一三年に再び徳島県となる。阿州。＊万葉(8C後)六・九九八「眉の如雲居に見ゆる阿波（アハ）の山かけて漕ぐ舟泊（とまり）知らずも〈船王〉」 ㊁ 徳島県の北部の郡。吉野川の中流北岸にあり、北は讃岐山脈によって香川県に接する。＊二十巻本和名抄(934頃)五「阿波国〈略〉阿波」 [語源説]粟のよくできる国の意〔古事記伝・日本古語大辞典=松岡静雄〕。 [発音]〈標ア〉[ア]〈ア史〉鎌倉・江戸○◒か〈京ア〉⓪ [辞書]色葉・文明・伊京・明応・天正・饅頭・黒本・易林 [表記]阿波（色・文・伊・明・天・饅・黒・易）

あわ 〘名〙「あわび（鮑）」をいう女房詞。＊御湯殿上日記-文明一一年(1479)七月二八日「とよけよりあわ千ほん、御たる二かまいる」

あ-わ 〘感動〙 感動した時、驚いた時に発することば。＊躬恒集(924頃)「あはぢにてあはと雲居に見し月の近きこよひはところがらかも」＊平家(13C前)二・西光被斬「法皇、あは、これらが内々（ないない）はかりし事のもれにけるよ」＊四河入海(17C前)三・一「是はあは神君の感応かと思ぞ」

アワー 〘名〙（英 hour）時間。多く他の語と複合して用いられる。「ゴールデンアワー」「アンコールアワー」「ラッシュアワー」など。＊外来語辞典(1914)〈勝屋英造〉「アワー Hour（英）時。時刻」

あわ-あめ【粟飴】 〘名〙「あわ（粟）の水飴（みずあめ）」に同じ。

あわ-あわ【沫沫】 〘副〙 すぐにでもくずれそうなさま。消えやすいさま。＊上杉家文書-永禄二年(1559)六月二九日・鉄放薬方幷調合次第（大日本古文書一・四七二）「いわう色さへ能候へば、あはあはとくだけ候も不苦候、堅は猶以可レ然候」

あわ-あわ【淡淡】 〘副〙（多く「と」を伴って用いられる）色が淡くほのかなさまを表わす語。＊玉塵抄(1563)二一「ぜに一二文うすりくだいてそれを梅をつくるそこにをけば、つけた梅の色があわあわとしてはったと色があざやかなぞ」＊月山(1974)〈森敦〉「そうした緑の中に、ひとり淡々（アワアワ）と苔色を帯びていたのですが、そのながながとした稜線のあたりが、夕映えたようにほの紅く見えるのです」 [発音]〈標ア〉[ア2] [0]

あわあわ-し・い【沫沫】 〘形口〙[文]あわあわ・し〘形シク〙（雪などが）あわのように、いかにもくずれやすく、消えやすい感じである。＊老のくりごと(1475頃)「一粒の涙をもおとし、物のあはれをもしるべきに、あはあはしくふためきてもてあそびては、さらこせんなき事か」＊随筆・北越雪譜(1836-42)初・中「高山の雪深く積りて凍たる上へ猶雪ふかく降り重り、時の気運によりていまだこほらで沫々（アワアワ）しきが」＊あひゞき(1888)〈二葉亭四迷訳〉「あわあわしい白ら雲が空ら一面に棚引くかと思ふと」

あわあわ-し・い【淡淡】 〘形口〙[文]あはあは・し〘形シク〙（形容詞「あわい」を強調した語）① 思慮もなく浅はかである。かるがるしい。うわついている。＊宇津保(970-999頃)嵯峨院「多くとくあるよき人をも聞きすごし、我が子をや人笑はれにあはあはしく思はせむ」＊源氏(1001-14頃)若菜上「心よりほかにあはあはしく人におとしめらるる宿世あるなん、いと口惜しく悲しき」＊狭衣物語(1069-77頃か)二「ある人々の程にてだに、いとかくあはあはしう、飛び交ふ鳥虫などのやうに、行ずりの宿世、あるやうはある」＊御伽草子・転寝草紙(室町中)「又はあはあはしきうき名にいひなされんくちをしさ」 ② 色などが非常に薄い。また明瞭でなく、ほのかな感じである。＊武蔵野(1898)〈国木田独歩〉六「純白な透明な、それで何となく穏かな淡々

(アハアハ)しい色」 *徽(1911)〈徳田秋声〉四五「お銀の胸にも其時々の淡々(アハアハ)しい夢は段々色が剝げて来た」 *或る女(1919)〈有島武郎〉前・一四「葉子はいたづらばかりでなく、この青年に一種の淡々(アハアハ)しい愛を覚えた」 ③扱い方などがあっさりとしている。 *小説神髄(1885-86)〈坪内逍遙〉上・小説総論「長恨歌琵琶行の如きはやや『ポエトリイ』に似たるものから其脚色は淡々(アハアハ)しく(して)」 *火の柱(1904)〈木下尚江〉一六・一「侯爵は葉巻の煙よりも淡々(アハアハ)しき鼻挨拶(はなあしらひ)」 語誌 →「あわつけし(淡)」の語誌。 発音 アワアワシイ 〈標ア〉シ 辞書 字鏡・言海 表記 淡々(言)

あわい あはひ【間・合】〘名〙(動詞「あふ(合)」に接尾語「ふ」の付いた「あはふ」の名詞化か) ①物と物との交わったところ。重なったところ。また、境目のところ。中間。間。 *伊勢物語(10C前)七「伊勢、尾張のあはひの海づらを行くに」 *源氏(1001-14頃)蜻蛉「几帳どもの立てちがへたるあはひより見通されて、あらはなり」 *史記抄(1477)一四・扁鵲倉公列伝「其陰陽のあわいに関をするゐた様にあるぞ」 *蔭凉軒日録-長享三年(1489)九月一一日「蓋就下四条坊門町与二室町一交(あはい)屋地事上白二慈聖院一日野殿御姑之一行来」 *羅葡日辞書(1595)「Interluo 〈略〉カワガ モノノ auaiuo(アワイヲ) ナガルル」 *人情本・貞操婦女八賢誌(1834-48頃)三・二二回「夫婦互(かたみ)に臥房(ふしど)に入りしが、〈略〉何事やらんと起き上り、準備(ようい)の手槍を引提(ひつさ)げつつ、身構へなして居る所へ、間隔(アハヒ)の襖蹴放して、先へ進みし戸塚大六」 *普賢(1936)〈石川淳〉八「いましがた浮き出たばかりの仮睡の世界、夢と現(うつつ)とのあはひの帷(とばり)を愛惜しつつ」 ②人と人との間柄。相互の関係。交際。仲。 *源氏(1001-14頃)乙女「若き御心どちなれば、年頃見ならひ給へる御あはひを、にはかにも、いかがはもて離れはしたなめは聞えん」 *夜の寝覚(1045-68頃)二「似つかはしき御あはひにもあるべきを」 *狭衣物語(1069-77頃か)四「細やかにうち語らひ給へるあはひ、見るかひありて、めでたき例(ためし)にしつべし」 *観智院本名義抄(1241)「交 アハヒ」 *太平記(14C後)二九・師直以下被誅事「将軍と執事とのあはいを次第に隔てんと」 ③色の取り合わせ、調和。配色。 *源氏(1001-14頃)浮舟「濃き衣(きぬ)に、紅梅の織物など、あはひをかしう着かへて居給へり」 *大鏡(12C前)五・道長上「御ひとへぎぬは紅(くれなゐ)のはなやかなるあはひに、雪の色ももてはやされて」 *堤中納言(11C中-13C頃)貝あはせ「山吹、紅梅、薄朽葉、あはひよからず、着ふくだみて」 ④機会。折。 *平家(13C前)一一・逆櫓「いくさといふ物は一引も引かじと思ふだにも、あはひ悪しければ引くは常の習(ならひ)なり」 *中華若木詩抄(1520頃)中「三月のあわいに、黄鯉魚あり。其流れに、逆してのぼる也」 ⑤あいだの距離。また、物のすきま。空間的にいう場合が多いが、時間的な間隔にもいう。 *平家(13C前)一一・那須与一「海へ一段(いったん)ばかりうちいれたれども、猶扇のあはひ七段ばかりはあるらんとこそ見えたりけれ」 *中華若木詩抄(1520頃)上「其あはい咫尺なれども天子の恩顔を拝すること難い也」 *日葡辞書(1603-04)「Auai(アワイ)〈訳〉場所または時間の間隔」 *新体詩抄(1882)春夏秋冬〈矢田部良吉〉「風は吹き入る戸のあはい」 *めぐりあひ(1888-89)〈二葉亭四迷訳〉一「間(アハヒ)が五十歩も隔ってゐて」 *不如帰(1898-99)〈徳富蘆花〉中・七・三「間(アハヒ)両三日を置きて、門を出づること稀なる川島未亡人の老大なる体は、飯田町なる加藤家の門を入りたり」 語誌 (1)二つのものが、重なったり、相接して触れ合ったりしている場合の、両者の空間や互いに与えあう関係をいう。人間の場合ならば②のように「間柄」「仲」となり、色の場合ならば③のように「配色」「調和」となる。平安時代、「あひだ」は和文には例が必ずしも多くはなく、しかも時間的用法が主であるのに対し、「あはひ」は和文に多用され、空間的用法が中心となる。 (2)鎌倉時代になると、「機会」「折」などというかなり漠然とした時間をさす例が現われる。この漠然性が空間を表わす場合にも該当し、⑤の挙例「猶扇のあはひ七段ばかりは」〔平家-一一・那須与一〕は、①の二者の重なりというよりは、その間の隔りに注目したものであり、かけ離れた空間を表わした例となっている。 (3)この漠然性は現代語においても、①の挙例「普賢」など、表現として効果的に生かされている。このように、共通語としては、雅語として固定的に使われているが、各地方言では、①〜⑤の意味で盛んに用いられており、生活語として命脈を保っている。 方言 ❶物と物との間。間隔。すきま。また、合間。空間にも時間にもいう。 岩手県気仙郡100 宮城県仙台市054 加美郡117 秋田県鹿角郡132 山形県062 139 福島県会津155 茨城県稲敷郡193 神奈川県314 津久井郡317 新潟県佐渡358 東蒲原郡368 富山県高岡市395 砺波397 山梨県南巨摩郡463 岐阜県飛騨502 静岡県榛原郡541 三重県伊賀585 滋賀県彦根609 京都府621 629 大阪市638 岡山県苫田郡749 児島郡763 広島県東部050 709 771 徳島県047 香川県仲多度郡829 沖縄県石垣島996 ◇あうえ 山形県139 ◇あわいこ 宮城県遠田郡118 仙台市121 山形県139 ◇あわいっこ 山形県139 ◇あわいさ 福井県敦賀郡443 岐阜県498 502 504 三重県585 599 600 滋賀県彦根609 京都市621 大阪市637 奈良県678 南大和683 和歌山県日高郡698 ◇あわさ 福井県敦賀郡427 坂井郡433 岐阜県飛騨502 ◇あわさい 新潟県佐渡352 富山県砺波397 福井県431 442 443 岐阜県飛騨502 滋賀県蒲生郡612 京都府621 629 兵庫県加古郡664 和歌山県伊都郡・有田郡690 島根県出雲727 岡山県042 761 764 ◇あわしゃ 石川県江沼郡424 ◇あばさ 和歌山県有田郡690 ◇あさい 三重県阿山郡596 ◇あわしら 滋賀県伊香郡608 ◇はわい 奈良県吉野郡054 ◇はわいさ 奈良県吉野郡683 ❷食事と食事との間。 埼玉県秩父郡054 ❸開き。差。隔たり。 島根県725 岡山県邑久郡761 ◇あわさい 島根県出雲725 ❹間柄。仲。 秋田県鹿角郡132 ❺(「に」を伴って)たまに。時折。まれに。 青森県南部084 岩手県096 098 100 宮城県113 115 120 秋田県雄勝郡130 山形県139 福島県156 157 175 新潟県東蒲原郡368 静岡県520 ◇あわいこまい・あわいこめ・あわいこわい 山形県139 ◇あわいとわい 山形県西村山郡139 ❻ふだん。日常。 三重県飯南郡590 ❼重ね合わせた部分。 ◇あわさ 兵庫県神戸市054 ❽(「家と家の間の細い道」の意から)小路。路地。 徳島県047 海部郡823 ◇あわや 徳島県海部郡811 ◇あわいっこ 岩手県上閉伊郡097 ❾子守ばんてん。ねんねこ。 静岡県520 521 533 ❿天気。日和。 茨城県188 稲敷郡193 千葉県香取郡266 海上郡268 ⓫具合。加減。調子。 茨城県稲敷郡193 千葉県040 香取郡266 岡山県岡山市054 御津郡764 徳島県811 語源説 (1)アヒアヒ(相合)の約か〔和訓栞・大言海〕。(2)アフナミのフナの反ハ也。引合てアハヒ〔名語記〕。 発音〈なまり〉アェ〔鹿児島方言〕 〈標ア〉ワ 0 〈ア史〉平安・江戸○◉○ 辞書 色葉・名義・和玉・黒本・日葡・書言・ヘボン・言海 表記 交(色・名・玉・書) 間(黒・へ・言) 隘・陝(書)

あわ・い あはい【淡】〘形口〙 文 あは・し〘形ク〙 ①色、味、調子などが薄い。↔濃い。 *書陵部本名義抄(1081頃)「澹淡 アハシ〔集〕」 *白氏文集天永四年点(1113)三「曲淡(アハク)節稀に声多からず」 *小学読本(1884)〈若林虎三郎〉三「海の水と井の水とは如何なる別ありや 海の水は鹹くして井の水は淡し」 ②物事に対する執着、関心の度合が浅い。あっさりしている。 *世俗諺文鎌倉期点(1250頃)「君子の交は淡(アハイコト)水の若し」 *徒然草(1331頃)一七二「老いぬる人は、精神おとろへあはくおろそかにして、感じうごく所なし」 *俳諧・続猿蓑(1698)上・今宵賦(支考)「その交のあはきものは、砂川の岸に小松をひたせるがごとし」 *いさなとり(1891)〈幸田露伴〉九三「欲に淡(アハ)く道に励めば」 *アパアトの女たちと僕と(1928)〈龍胆寺雄〉五「僕たちの水の様に淡い無味な関係を、言葉で説明をつけることなどは、僕自身にも出来なかったのだ」 ③考え、行動、判断などが一貫していない。軽薄である。 *源氏(1001-14頃)澪標「なのめなることをだに少しあはき方によりぬれば、心とどむるたよりもなきものを」 *読本・南総里見八犬伝(1814-42)八・八三回「恁(かう)稟(まう)さば、淡(アハ)き女子の身の程をしも、思はぬまでに舌長しとて叱らせ給ふ歟(か)」 ④かすかではっきりしない。 *黒い眼と茶色の目(1914)〈徳富蘆花〉三・七「志村鶴松との昔の浮名は、十四五の淡(アハ)い事であったとするも」 *夢声半代記(1929)〈徳川夢声〉江戸ッ児になる迄「記憶はそれ程に、淡(アハ)く、たよりないが」 *漫才読本(1936)〈横山エンタツ〉自序伝「やっと、僕は淡(アハ)い眠りに落ちたのでした」 *若い人(1933-37)〈石坂洋次郎〉上・六「間崎は淡い恋慕の心持で、コーヒー茶碗のお皿をスプーンでカチカチ鳴らして居る視学官の、白皙な、ひきしまった顔にぢっと見惚れた」 方言 塩味が薄くて水っぽい。塩けが足りない。 滋賀県高島郡607 奈良県吉野郡683 語源説 アヒダシキ(間如)の転略〔名言通〕。 発音〈標ア〉ワ 〈京ア〉ア 文『あはし』アワシ 〈標ア〉ワ 〈ア史〉平安○○◓ 〈京ア〉ワ 辞書 色葉・名義・和玉・文明・日葡・書言・言海 表記 淡(色・名・玉・文・書・言) 澹(名・玉) 薄・湫・聒・淳(色) 洗・醶(名) 醨(玉)

あわきを食(く)い薄(うす)きを着(き)る (味の淡いものを食べ、衣の薄いものを着る)粗末な衣食で満足して生活する。 *随筆・癇癖談(1791か)下「淡(アハ)きをくらひ、薄(ウス)きを着るとも、あたへばかさねん、餉(おく)らばくらはん、驕らずといふにはあらで、まづしきがなす、身のおこなひぞとて」

あわ-いい あはいひ【粟飯】〘名〙 粟と米とを混ぜて作った飯。 *車屋本謡曲・鉢木(1545頃)「勝(げに)や盧生が見し栄花の夢をさとりしも、粟飯かしぐ程ぞかし」 *日葡辞書(1603-04)「Auaiy(アワイイ)。すなわち、アワメシ」 *和訓栞(1777-1862)「あはいひ 粟飯也又脱粟飯といふは黒米飯をいふ」 辞書 日葡

あわいいの一炊(いっすい)の=間(あいだ)〔=夢(ゆめ)〕 粟の飯を炊くほどのわずかな時間。人生の栄華のはかなさをたとえていう。 *光悦本謡曲・邯鄲(1464頃)「さて夢の間は粟飯の一炊の間也。ふしぎなりや計りかたしや」

あわいさ【間】〘名〙 方言 ⇩あわい(間)

あわ-いし【泡石】〘名〙 方言 ❶軽石。 愛知県愛知郡563 碧海郡564 ❷柔らかい性質の石。 新潟県上越市382 ❸凝灰岩に混じった黒色の石。 熊本県玉名郡058

あわい-じんじゃ あはゐ【粟井神社】 香川県観音寺市粟井町にある神社。旧県社。祭神、天太玉命(あまのふとだまのみこと)ほか三柱。大和時代、讃岐(さぬき)の忌部(いんべ)氏らが阿波国から祖神を勧請(かんじょう)したものと伝える。延喜式内名神大社。刈(苅)田大明神。 発音〈標ア〉ジ

あわ-いちご あは【一苺】〘名〙 植物「もみじいちご(紅葉苺)」の異名。《季・春》 *博物図教授法(1876-77)〈安倍為任〉一「アハイチゴは草本の菓物にして四月頃五弁花を開き八月頃実熟す。味ひ甘酸なり」 *日本植物名彙(1884)〈松村任三〉「モミヂイチゴ アハイチゴ」 方言 植物。 ❶きいちご(木苺)。 木曾†091 近江†037 埼玉県秩父003 長野県一部030 島根県能義郡964 熊本県八代郡964 宮崎県東臼杵郡964 ❷もみじいちご(紅葉苺)。 青森県036 茨城県036 群馬県036 埼玉県036 石川県036 長野県036 岐阜県036 愛知県036 三重県036 兵庫県036 奈良県036 和歌山県036 伊都郡・有田郡692 熊本県玉名郡929 ◇あわいちごばら〔一薔薇〕 愛媛県上浮穴郡036 ◇あわまきいちご 神奈川県036 山梨県036 ❸なわしろいちご(苗代苺)。 岐阜県北飛騨499 ◇ああまきいちご 神奈川県津久井郡317 ❹なわしろぐみ(苗代茱萸)。 ◇あわ

まきいちご 千葉県清澄山036

あわ-いと【泡糸】〘名〙語義未詳。一説に、より合わせた糸。また「あわお（沫緒）」に同じともいう。＊堀河百首（1105-06頃）恋「あわ糸をよりも合はせぬ玉の緒の片恋すらく誰れ故にそは〈藤原基俊〉」＊草根集（1473頃）一「川岸や流るる水のあわ糸をよるにはあらぬ春の青柳」

あわいね-ぼし【粟担星】〘名〙方言 ❶オリオン座の三つ星。長崎県西彼杵郡026 ❷蠍座（さそりざ）の三つ星。鹿児島県川辺郡026 ❸オリオン座の三つ星のうちの東位の星。西位の星を「こめいにゃぼし」といい、この二星と、中間の無名星との傾き具合によって米粟の豊凶を占った。◇**あわいにゃぼし** 熊本県玉名郡058 ❹蠍座（さそりざ）の主星、アンタレス。◇**あわいないさん** 長崎県南高来郡031

あわい-め【間目】〘名〙物と物、時間と時間のさかいめ。あいま。＊万徳幽霊奇譚（1970）〈金石範〉四「うつ伏せになった彼女の腰と容積の大きい尻のあわい目のところをただひたすらに揉んでゆく両の手に、血がめぐり感覚が蘇る」発音〈標ア〉0メ

あわ-う【粟生】〘名〙⇩あわふ（粟生）

あわ-うみ【淡海】〘名〙（淡水の海の意）湖。↔塩海。＊俳諧・風やらい（1801）「あはうみの泡のあなたに雨見へて〈燕羽〉うら山しさや僧たちが中〈㝍巣〉」発音〈標ア〉ウ〈ア史〉鎌倉○○○◍

あわ-お【沫緒】〘名〙緒のより方の名。具体的なより方については諸説ある。あわ。＊万葉（8C後）四・七六三「玉の緒を沫緒に縒（よ）りて結べらばありて後にも逢はざらめやも〈紀女郎〉」＊伊勢物語（10C前）三五「玉の緒をあはをによりて結べれば絶えての後もあはむとぞ思ふ」語誌(1)糸のより方をいうのか、紐の結び方をいうのか、さらにその状態が柔らかいのか強いのか、さまざまに説かれるが、未詳。(2)挙例の「万葉集」と「伊勢物語」は、一度「あはをによりて結」んだ仲なので、と歌う同一類句だが、解釈上、強弱どちらとも取れる。(3)八代集にはみえず、「寂身集」の「ゆく水のあはをによりて乱る也嵐に落つる滝の白糸」〔五四〇〕では「沫緒」は「白糸」の縁語で、水の「泡」と掛けて用いられている。語源説(1)丸打ち紐の、中がうつろで、ややふくらんだ状態が沫に似ていることからか〔大言海〕。(2)結んだ紐の解けやすさから、沫の消えやすさを連想したもの〔碩鼠漫筆〕。(3)アヤヲ（阿夜緒）の転か。アヤは、よりを強くかけることをいった〔山彦冊子〕。(4)アワは、緒のよりがゆるい状態をいう〔時代別国語大辞典-上代編〕。発音〈標ア〉0

あわ-おこし【粟粔籹】〘名〙①粟で作ったおこし。糯粟（もちあわ）を蒸していり、水飴で固めた菓子。あわやき。岩おこし。大阪のものが名高い。＊海に生くる人々（1926）〈葉山嘉樹〉四二「ハッチは、未だその口を開けたままであった。それは粟おこしを食った子供の口の辺に似てゐた」＊ある小官僚の抹殺（1958）〈松本清張〉六「子供の土産の粟おこしなど買物し」②（残飯から粟おこしを作るという俗説から）残飯をいう、盗人、囚人仲間の隠語。〔隠語輯覧（1915）〕発音〈標ア〉コオ〈京ア〉オ 辞書言海

あわ-おとこ【阿波男・淡男】〘名〙能楽の男面の一つ。武将などの亡霊、怨霊を表わす曲に用いる。眼の周りに金属をはめ込んで、角膜の部分には朱を流している。同類の面には「怪士（あやかし）」「三日月」「鷹」などがあり、「項羽（こうう）」「草薙（くさなぎ）」などのノチジテに用いる。発音〈標ア〉オ

あわ-おどり【阿波踊】〘名〙徳島市の盆踊り。天正年間（一五七三～九二）、蜂須賀家政が阿波の国主として入城した時、領民が踊ったのに始まるという。旧盆の三日間、急調の囃子（はやし）に合わせて踊り狂う。馬鹿踊り。《季・秋》発音〈標ア〉オ

あわ-がい【粟粥】〘名〙「あわがゆ（粟粥）」の変化した語。＊日葡辞書（1603-04）「Auagai（アワガイ）〈訳〉粟の粥」辞書日葡

あわ-がえり【粟反】〘名〙イネ科の一年草。本州中部以南の山野に生える。高さ一五～五〇センチメートル。葉は線状の長披針形で先が次第にとがる。夏、緑色の花が細長い円錐状の穂となり茎の頂に咲く。学名はPhleum paniculatum var. annum ＊日本植物名彙（1884）〈松村任三〉「アハガヘリ」発音アワガエリ〈標ア〉ガ

あわ-かまぼこ【粟蒲鉾】〘名〙かまぼこの一種。塩ゆでにした鯛の卵を、鯛のすり身に混ぜ、だし汁と塩とで味をつけ、板に塗って蒸しあげたもの。鯛の卵が粟粒のように見えるところからいう。発音〈標ア〉カ

あわ-がみ【阿波紙】〘名〙阿波国（徳島県）から産出された板紙。美濃紙と同じ大きさで耳を切らない。＊万金産業袋（1732）一「阿波紙 板（はん）紙、四百八拾枚。丸に弐拾束入。板紙とはみの紙の大きさなるもの。本屋につかふ耳きらずの紙也」発音アワガミ〈標ア〉0

あわ-がゆ【粟粥】〘名〙かゆの一種。米の飯を炊き、湯が吹きあがった時に水洗いした粟を入れて炊きこみ、火をひいて蒸す。病人用の食べ物。＊明月記-嘉禎元年（1235）一一月一四日「夕金蓮来云、可レ令レ服ニ粟粥一、終夜只同事也」＊酒食論（室町）「飯室律師好飯中様〈略〉したしきうときあつまりて、水茶あはがゆみゃうがのね、つぎしぼりつつのませよと」発音アワガユ〈標ア〉0

あわ-がら【粟幹】〘名〙粟の穂を取り去ったあとの茎。＊新撰字鏡（898-901頃）「稈 秆 禾茎也 阿波加良」＊備後風土記逸文（釈日本紀所載）（1274-1301）「兄の蘇民将来、借（か）し奉りき。即ち、粟柄（あはから）を以ちて座（みまし）と為、粟飯（あはいひ）等を以ちて饗（みあ）へ奉りき」＊御巫本日本紀私記（1428）神代上「縁粟茎者〈阿波我良爾〉」＊俳諧・続猿蓑（1698）秋「粟がらの小家つくらむ松の中〈団友〉」発音アワガラ〈標ア〉0〈ア史〉鎌倉○○◍○ 辞書字鏡・色葉・名義・ヘボン 表記 莇・穰（色・名）稈・秆（字）穇米（色）䅭（ヘ）

あわがら〘名〙魚「やがら（矢柄）」の異名。＊十巻本和名抄（934頃）八「梳歯魚 弁色立成云梳歯魚〈東人云阿波我良〉」＊観智院本名義抄（1241）「梳歯魚 アハガラ」語源説 鮨が、アハガラ（粟幹）に似ていることからか〔大言海〕。発音アワガラ〈標ア〉0 辞書和名・名義・書言 表記 梳歯魚（和・名・書）

あわ-ガラス【泡硝子】〘名〙（ガラスはオランダ glas）多数の泡を均一に含ませ、軽石のような多孔質にしたガラス。断熱性、防音性にすぐれ、壁材料、断熱材、浮き材料などに利用。多泡ガラス。泡沫ガラス。発音〈標ア〉ガ

あわ-かわの【阿波河野】〘名〙彫金工の一派。天明（一七八一～八九）頃、河野半兵衛を祖として阿波徳島に興った。発音〈標ア〉カ

あわき【喘】〘名〙（動詞「あわく（喘）」の連用形の名詞化）はげしい呼吸。息せききること。＊新撰字鏡（898-901頃）「喘 気急也 転也 阿波支 又志波不支」辞書字鏡 表記 喘（字）

あわき【檍】〘名〙植物名。かしのき、もちのき、あおき、などの説があるが未詳。＊十巻本和名抄（934頃）一〇「檍 説文云檍〈音億 日本紀私記云阿波岐 今案又櫓木一名也見爾雅〉梓之属也」語源説(1)アヲハキ（青葉木）の略。常緑樹の義〔大言海・日本語源=賀茂百樹〕。(2)「ア」は接頭語。ハギは芽子の意〔日本古語大辞典=松岡静雄〕。発音〈ア史〉平安○○○〈京ア〉0 辞書和名・色葉・名義・書言 表記 檍（和・色・名・書）

あわき-あり・く【喘歩】〘自カ四〙あえぎながら歩きまわる。＊浮世草子・本朝諸士百家記（1709）五・二「息をはかりにあはきありき、後には息きれ、二人共ひろ庭にひれふし」補注「あわき」を、わめく意の動詞「わわく」の連用形「わわき」とする説もある。

あわ-ぎす【泡━】〘名〙（「きす」は酒のこと）ビールをいう、てきや、不良仲間の隠語。〔隠語全集（1952）〕＊いやな感じ（1960-63）〈高見順〉四・五「女給は俺のコップをつかんでアワキス（ビール）を飲んで」

あわ-ぎぬ【阿波絹】〘名〙阿波国（徳島県）から産した絹。＊新猿楽記（1061-65頃）「宅、常担ニ集諸国土産一、〈略〉阿波絹、越前綿、美濃八丈」

あわき-はら【檍原】宮崎市阿波岐原（あわきがわら）町にあった地といわれるが不明。記紀で、伊邪那岐命が黄泉国（よみのくに）から帰って身を清めたと伝えられる。＊古事記（712）上「竺紫（つくし）の日向（ひむか）の橘の小門（をど）の阿波岐（アハキ）原に到り坐して」＊谷川士清宛本居宣長書簡-明和二年（1765）八月四日「庶幾以ニ此鄙言一為ニ檍原中瀬一祓ニ除旧染理学之汚習一、至ニ神道清清域一、早見ニ大直日之光一矣」発音〈標ア〉キ 辞書書言 表記 檍原（書）

あわ-きび【粟黍】〘名〙方言植物。❶きび（黍）。北海道一部030 新潟県一部030 石川県一部030 福岡県一部030 ◇**あわきみ** 青森県一部030 岩手県一部030 ❷あわ（粟）。福井県一部030

あわ-きり【泡切】〘名〙茶筅（ちゃせん）の穂の芯。茶の湯で薄茶をたてる時、泡を消して、茶の色を見るのに用いる。辞書名義 表記 稯（名）

あわ・く【喘】〘自カ四〙はげしく呼吸する。あえぐ。馬に関していうか。＊新撰字鏡（898-901頃）「嘽 労也 阿波久 又馬伊奈久」発音〈標ア〉リ 辞書字鏡 表記 嘽（字）

あわ・く【褫】〘自カ下二〙しまりがなくなる。ゆるむ。⇩あばく（褫）

あわ・く〘自カ下二〙＊源平盛衰記（14C前）四二・義経解纜四国渡「打解あはけたらん所へ」辞書言海

あわ-くい【泡食】〘名〙方言慌て者。静岡県磐田郡546 愛知県岡崎市575 額田郡577 ◇**あわっくい** 静岡県520 ◇**あわくらい** 三重県志摩郡054

あわ-くさ【━草】〘名〙植物「れんぎょう（連翹）」の古名。＊新撰字鏡（898-901頃）「連翹 阿波久佐」＊俳諧・追善卯月の鳥（1770）「あは草の淡くきゆるも一さかり〈兎明〉膝行車の月かけて引〈吹雲〉」語源説 成熟すると房の内から粟粒のような種子が出ることから〔古今要覧稿〕。発音〈標ア〉ワ 辞書字鏡 表記 連䓕（字）

あわ-ぐさ【粟草】〘名〙方言植物。❶えのころぐさ（狗児草）。長野県北佐久郡485 ❷おみなえし（女郎花）。静岡県523 ❸おおあわがえり（大粟反）。和歌山県新宮市692

あわ-くち【泡口】〘名〙（多く「泡口たたく」の形で）つばきを泡のように口にためて話すこと。つまらないことをしゃべりまくること。＊史料編纂所本人天眼目抄（1471-73）七「今まあは口（クチ）をたたく者はあるまちぞ。何にでも無事を云う者は徒に口を張たぞ」＊玉塵抄（1563）一〇「楚の国には人のものをあわ口をたたいて云を夥頤（かい）と云ぞ」

あわ-ぐみ【粟胡頽子】〘名〙方言植物、あきぐみ（秋胡頽子）。青森県上北郡054 長崎県南高来郡964 鹿児島県062 964 ◇**あわぐん** 鹿児島県日置郡036

あわ-ぐも【淡雲】〘名〙空の色が透いて見えるような薄い雲。薄雲。＊落梅集（1901）〈島崎藤村〉七曜のすさび・木曜日の散歩「白き淡雲（アハグモ）の青空にかよふあたりよりさしてらす春の光の」＊白羊宮（1906）〈薄田泣菫〉師走の一日「東へ、ゆるに峰越（をごし）の淡雲（アハグモ）すべる静けさ」発音アワグモ〈標ア〉グ0

あわ-け【淡気】〘名〙〘形動〙薄いこと。淡いさま。＊俳諧・炭俵（1694）下「淡気（ケ）の雪に雑談もせぬ〈野坡〉明しらむ籠挑灯を吹消して〈孤屋〉」

あわけ-な・い【淡気━】〘形口〙（「ない」は接尾語）物足りない。あっけない。＊滑稽本・古朽木（1780）二「死で仕まへば、其子は濡手であはけなく遣（つか）って仕まひ」方言消耗しやすい。また、あっけなくてもの足りない。はかない。青森県077 082 083 秋田県130 ◇**あばけない** 青森県津軽073

あわ-こ【粟子】『名』粟粒のようにきわめて小さい、魚の卵の総称。ヒラメ、タラの卵など。＊病牀六尺(1902)〈正岡子規〉八一「鯛の白子は粟子よりも遙かに旨し」 方言❶魚の卵。群馬県多野郡(鰍(かじか)などが石の下などに産んだ粟粒に似た卵)040 230 長野県上伊那郡488 ❷雌魚の腹中の卵。卵巣。和歌山県693 高知市867 ◇あわご 静岡県庵原郡522 和歌山県西牟婁郡・東牟婁郡690 愛媛県松山840 発音〈標ア〉コ 0

あわ-こうじ【粟麴】『名』粟を原料とした麴。もとは泡盛りの製造に用いた。発音アワコージ〈標ア〉コ

あわ-こがねぎく【泡黄金菊】『名』キク科の多年草。岩手県以西の本州および九州、四国の一部のやや乾いた山野に生える。高さ六〇～九〇センチメートル。秋に、茎の上端に黄色の直径一・五センチメートルほどの小頭花が、多数集まって咲く。花を漬けた油を、切り傷の治療などに用いる。密集して咲く泡のような小黄花に基づいて名づけられた。いわやぎく。きくたにぎく。あぶらぎく。学名は Chrysanthemum boreale《季・秋》 発音アワコガネギク〈標ア〉ネ

あわ-ごけ【泡苔】『名』アワゴケ科の一年草。各地の湿地などに生える。茎はよく分枝して地をはい、長さ約五センチメートル。葉は長さ三ミリメートル内外の倒卵形で柄があり対生する。春から秋に、各葉腋(ようえき)に緑白色の花が一つずつ咲く。学名は Callitriche japonica ＊日本植物名彙(1884)〈松村任三〉「アハゴケ」 発音アワゴケ〈標ア〉ワ 0

あわごけ-か【泡苔科】『名』双子葉植物の科名。世界では一属二五種が知られ、アフリカ南部を除いて、広く世界に分布する。日本には、アワゴケとミズハコベの二種が自生する。ミズハコベ科。学名は Callitrichaceae 発音アワゴケカ〈標ア〉0

あわ-ごころ【淡心】『名』薄情な心。うすい人情。「泡」をかけることがある。＊忠岑集(10C前)「さりともみづのあは心、すみもしぬべくおぼえしに」

あわ-こなし【粟—】『名』(「こなし」は収穫後の脱穀調製の意) 小正月の繭玉を取り片づけること。また、その日の行事。東北地方でいう。繭玉は秋の収穫を予祝して作るものであるが、それを粟にみたて、粟のとり入れと調製を模擬的に演じるもの。

あわ-ごめ【粟米】『名』方言植物。❶あわ(粟)。岩手県気仙郡102 熊本県八代郡921 下益城郡930 ◇あわのこめ 福井県大野郡020 ◇あわんこめ 長崎県五島917 ◇おおごめ 東京都八丈島335 ❷ははこぐさ(母子草)。◇あわぶつぶつとも。熊本県玉名郡929 ❸おみなえし(女郎花)。◇あわごめばな〔—花〕 熊本県玉名郡929

あわごめ-ばな【粟米花】『名』方言⇩あわごめ(粟米)

あわ-さ【淡—】『名』(形容詞「あわい」の語幹に接尾語「さ」の付いたもの) 薄いこと。あっさりしていること。また、その度合。発音〈標ア〉ア

あわざ【阿波座】(近世に阿波の商人が多く住みついたため呼ばれた) 大阪市西区東部の地名。西横堀川、阿波堀川、立売堀(いたちぼり)川、薩摩堀川の運河に囲まれ、水上交通の要地であった。のち、新町遊郭内の下等な遊女屋の町として有名。＊俳諧・大硯(1678)「阿波座哥良色の外也〈西鶴〉 解舟や化にひる世の罵ひ釘〈西海〉」 ＊浄瑠璃・淀鯉出世滝徳(1709頃)上「九けんあはざの野鳥月夜は猶かやみの夜も、瓢箪町を腰付けに」 発音〈標ア〉ワ 0

あわざ の 鳥(からす) 「あわざがらす(阿波座烏)①」に同じ。＊浄瑠璃・新百人一首(1715)二「郭四筋を毎夜さぞめく。兎角(とかく)喧嘩をしょざいにぞする。夜の目さの目もあはざのからす」 ＊滑稽本・東海道中膝栗毛(1802-09)五・追加「ござれ夜みせは順慶町の〈略〉すけんぞめきは阿波坐(アハザ)の烏(カラス)、ソリャサ、かわいかわいも、ヤアレかうしさき」

あわさい『名』方言⇩あわい(間)

あわざ-がらす【阿波座烏】『名』①大坂新町遊郭の素見(ひやかし)客。烏の「かおかお」という鳴き声を「買お買お」とひやかし歩く素見客にとりなしたもの。＊長唄・粂太郎石橋(1754)「阿波座烏の声諸共に、渡る雁金文七こそは、清川連れて出小舟(いでをぶね)」 ＊随筆・柳亭筆記(1842頃か)一「難波にて新町のぞめく者をあはざ烏といふとぞ」 ＊随筆・皇都午睡(1850)初・上「阿波座烏は銭も持たずと新町へうせて買々となくとの俗謡より発る、ぞめきひやかしの異名なるべし」 ②昔、大坂難波にあった阿波座という人形芝居に常に出入りし、だれもがよく知って見料を出さないでもとがめる者もない連中のあだ名(燕居雑話(1837))。

あわ-ざけ【粟酒】『名』粟で作った酒。＊古今著聞集(1254)一七・五九九「島人、粟酒をたびければ、のみくひける事馬のごとし」 ＊北野天満宮目代日記-盛増日記・延徳三年(1491)九月九日「御せんく八合、此内一合粟酒、三ひさけ」

あわざ-じょろ【阿波座女郎】『名』大坂新町遊郭内中筋北の下等な遊女。＊雑俳・水加減(1817)「浮雲イ浮雲イ・首のおかしい阿波座女良」

あわさり-め【合目】『名』二つの物がぴったりくっついたり一つに重なったりする所。＊虫(1970)〈黒井千次〉「虫は黒く光る腹と背のあわさり目から」 発音〈標ア〉0メ

あわさ・る【合】『自ラ五(四)』(もと、他動詞「あわす(合)」の受動態) 二つの物がぴったりくっつく。一つに重なる。いっしょになる。＊女房的文学論(1947)〈平野謙〉「本来このふたつの作品があわさって自然主義発展の礎石をなすべきだったにもかかわらず」 ＊絵本(1950)〈田宮虎彦〉「印刷インクをつけたローラーを動かすごとに、ゴムの紐がのび、原紙をはさんだ枠が紙にあわさって、一枚一枚と刷り上って行くのだった」 ＊不意の声(1968)〈河野多恵子〉「上体を屈めて、母の合わさった手首を一気に自分の左の脇に挟む」 発音〈標ア〉サ〈京ア〉0

あわし【合】『名』(動詞「あう(合)」に上代の尊敬の助動詞「す」の付いた「あわす」の連用形の名詞化) 男女交合の意の尊敬語。＊書紀(720)神代上(丹鶴本訓)「然る後に行(ゆ)きつつ婚(みアハシ)せむとする処を覓(ま)ぐ」 ＊御巫本日本紀私記(1428)神代上「将婚之処〈美阿巳只西牟等己呂乎(みアハシせむところを)〉」

あわ・し【呃】『形ク』喉(のど)が異常をきたし、息や声が十分に出しにくいの意か。＊観智院本名義抄(1241)「呃 シハフキ ナク アハシ」 辞書名義 表記呃(名)

あわ・し【淡】『形ク』⇩あわい(淡)

あわじ【淡路】❶(一)南海道六か国の一つ。瀬戸内海東部にある淡路島全体をいう。古代より荘園が多くおかれ、中世には佐々木、長沼、細川、三好の諸氏が支配。近世は池田氏、のち蜂須賀氏の領国となる。明治四年(一八七一)の廃藩置県により大半が名東(みょうどう)県(徳島県)に属したが、同九年に兵庫県に編入された。中心は洲本市。淡州。＊万葉(8C後)四・五〇九「天さがる 夷の国辺に 直(ただ)向ふ 淡路(あはぢ)を過ぎ 粟島を 背(そがひ)に見つつ〈丹比笠麻呂〉」 (二)淡路島北端の地名。(三)謡曲。脇能物。観世、金春、金剛流。世阿彌作か(曲舞は観阿彌作曲)。別名「楪葉(ゆずりは)」。臣下が神代の古跡の淡路を訪れると、伊邪那岐命が現われて国土創成のさまを見せ、御代をことほぐ。❷『名』(「あわじむすび」の略)「あわびむすび(鮑結)①」に同じ。＊雑俳・柳多留-五二(1711)「うろ覚え淡路を崩し困ってる」 方言(形が❷に似ているところから) 女の髪の結い方の一つ。宮城県仙台市122 語源説(❶について)(1)阿波の国へ渡る途上の島であるから〔古事記伝・大日本地名辞書=吉田東伍〕。(2)アハヂ(吾恥)の意。神が小国を産んだことを恥とした伝説から〔釈日本紀・壒嚢鈔・和字正濫鈔〕。 発音〈標ア〉ア〈ア史〉❶は室町◎◎○ 江戸◎◎○と◎○○の両様〈京ア〉ア 辞書和名・色葉・饅頭・黒本 表記淡路(和・色・饅・黒)

あわじ【淡路】姓氏の一つ。

あわじ-あやつりざ【淡路操座】『名』淡路人形劇を興行する劇場。発音〈標ア〉ア

あわし・い【淡】『形口』文あは・し『形シク』色・味・調子などが薄い。軽薄である。＊仁説問答師説(1688-1710)宝永三年講「火のあつう生付き、沙糖の甘ふ生付ているが体ぞ。然に私にへだてらるると、それがあはしうなる」

あわ-しお【沫塩】『名』精製した塩。食塩。↕堅塩(かたしお)。＊二十巻本和名抄(934頃)一六「白塩 陶隠居本草注云白塩〈爾廉反 和名阿和之保〉人常所食也」 ＊摂津風土記逸文(釈日本紀所載)(1274-1301)「雪(ゆき)零(ふ)るは、眷塩(あわしほ)を完(しし)に塗(ぬ)る祥(さが)なり」 語源説アワはアヲに通じ、白色を表わす〔俚言集覧〕。発音〈標ア〉0〈ア史〉平安○○○○〈京ア〉0 辞書和名・名義・書言 表記白塩(和・名・書) 鹵鹹(名)

あわし-がき【淡柿・合柿】『名』湯などにつけて渋を抜いた柿。さわしがき。あわせがき。↓淡す。＊定頼集(1053頃)「あはしかき 水のあはしか消やすくみゆれどこ露の身よりは久しかりけり」 ＊温故知新書(1484)「漬柿 アハシカキ」 方言和歌山県691 島根県725 岡山県小田郡767 広島県比婆郡774 ◇あおしがき 広島県高田郡779 福岡県福岡市877 築上郡964 熊本県058 926 931 宮崎県東諸県郡954 ◇あおしがっ 鹿児島県963 ◇あわし 兵庫県淡路島671 和歌山県690 ◇あおし 筑前†040 発音アワシガキ〈標ア〉シ 辞書易林・日葡 表記漬柿(易)

あわじ-ざ【淡路座】『名』「あわじにんぎょう(淡路人形)①」に同じ。発音〈標ア〉0

あわじ-しばい【淡路芝居】『名』「あわじにんぎょう(淡路人形)①」に同じ。＊俳諧・新類題発句集(1793)秋「早稲の香に早や来る淡路芝居哉〈以流〉」 発音〈標ア〉シ

あわじ-しま【淡路島】兵庫県南部、大阪湾と播磨灘の間にある瀬戸内海最大の島。面積は約五九三平方キロメートル。中心地は州本市。大鳴門橋で四国と、明石海峡大橋で本州と結ばれている。↓淡路(あわじ)❶(一)。＊万葉(8C後)三・三八八「海若(わたつみ)は 霊(くす)しきものか 淡路島(あはぢしま) 中に立て置きて 白波を 伊予に回らし 居待月 明石の門ゆは 夕されば 潮を満たしめ〈作者未詳〉」 ＊源氏(1001-14頃)明石「ただ、目のまへにみやらるるは、あはちしま成りけり」 ＊高倉院厳島御幸記(1180)「あはぢしまかたぶく月をながめてもよにありあけの思ひ出にせん」 発音〈標ア〉ジ〈京ア〉ジ 辞書文明・伊京・明応・天正 表記淡路島(文・伊・明・天)

あわじ-じょうるり【淡路浄瑠璃】『名』「あわじにんぎょう(淡路人形)①」に同じ。＊蓼喰ふ虫(1928-29)〈谷崎潤一郎〉九「人形芝居の元祖である淡路浄瑠璃を見物する」 発音アワジジョールリ〈標ア〉ジョ

あわ-しじら【阿波縮】『名』阿波国(徳島県)に産する藍染めで、縞状の波を織り出した綿の縮織り。手ざわりが縮織りのようであるために阿波縮ともいう。発音〈標ア〉シ

あわじ-にんぎょう【淡路人形】『名』①兵庫県の淡路島に残る人形芝居。室町末期に、西の宮の傀儡師(くぐつし)が創始したという。江戸時代享保から元文頃の最盛期には、約四〇の人形座を数え、上村源之丞一座が最も栄えた。三人遣いで義太夫節に合わせて演じるなど文楽と似ているが、人形のかしらはやや大きく、文楽にない古曲を有する。現在、座を組織する者のほか、一人遣いの夷(えびす)かきという門付

け芸人などもいる。淡路座。淡路芝居。淡路浄瑠璃。②①に用いる人形。＊日本拝見‐淡路島(1955)〈伊藤整〉「この町には、松谷辰造さんという眼科の医学博士が住みついていて、淡路人形を蒐集し」 発音 アワジニンギョー〈標ア〉二

あわじ‐の‐せと あはぢ：【淡路瀬戸】 明石海峡のこと。＊平家(13C前)五・月見「須磨より明石の浦づたい、淡路のせとをおしわたり、絵島が磯の月をみる」 発音〈標ア〉ア

あわじ‐ばんし あはぢ：【淡路半紙】『名』 淡路国から産出した藁紙の半紙。

あわじ‐ぶね あはぢ：【淡路船】『名』 ①淡路国の船の総称。＊正治初度百首(1200)秋「あはぢ舟霧かくれ漕ぐさをの歌声ばかりこそせと渡りけれ〈守覚法親王〉」 ②江戸時代、淡路国志筑浦より大坂へ毎日往復した小型の渡海船。

淡路船 ②〈淡路国名所図会〉

あわしま あはしま【淡島・粟島】 [一]㈠「古事記」神話で伊邪那岐、伊邪那美の夫婦神が国生みをした際に水蛭子(ひるこ)の次に生まれた島。水蛭子とともに、国土たり得なかった失敗児。＊古事記(712)上「くみどに興して生める子は水蛭子。〈略〉次に淡嶋を生みき。是も亦、子の例には入れざりき」 ㈡和歌山市加太にある淡島神社の俗称。淡島明神。加太淡島神社。＊俳諧・西鶴五百韻(1679)何秤「常に過たる女のかみかき〈西花〉浮世町阿波島(アハシマ)殿のたいこ持〈西友〉」＊浮世草子・西鶴諸国はなし(1685)二・二「家中の舟は礒にさしつけ、阿波嶋(アハシマ)の神垣のあたり迄も荒し」＊俳諧・夜半叟句集(1783頃か)「粟しまへはだし参りや春の雨」 ㈢(粟島)新潟県の北、日本海に浮かぶ島。周囲二〇キロメートル、面積九・一平方キロメートルの孤島。 ㈣[二]①を舞踊化したもの。㋑長唄「関東小六後雛形(かんとうころくのちのひながた)」の通称名。明和七年(一七七〇)杵屋佐次郎作曲。同年、江戸市村座初演。㋺新内「傾情音羽滝(けいせいおとわのたき)」の通称名。丹波屋七郎兵衛と遊女音羽との心中事件を扱った豊後節を、明和年間(一七六四〜七二)に、鶴賀若狭掾が改調継承。㋩新内「種今薩埵誓掛額(しゅじゅさったちかいのかけがく)」の通称名。河竹默阿彌作詞、花垣豊蔵作曲。安政六年(一八五九)江戸市村座初演。 [二]『名』①淡島明神の小宮をたずさえたり、背負ったりして、その由来を語り、「紀州名草の郡、加太粟島さまへ代僧代参り」などと言って門付けをして歩いた行者。＊人倫訓蒙図彙(1690)七「粟島殿(アハシマどの)。これが口上一から十、皆誤(あやまり)なれども、それをただす者もなし」 ②野菜を盗む者をいう、盗人仲間の隠語。〔隠語輯覧(1915)〕 発音〈標ア〉ワ 辞書 書言 表記 粟島(書)

淡島 [二]① 〈人倫訓蒙図彙〉

あわしま あはしま【淡島】 姓氏の一つ。 発音〈標ア〉ワ0

あわしま‐かんげつ あはしま【淡島寒月】 文人。江戸日本橋に生まれる。江戸文学を愛好し、西鶴を再発見して、その価値を尾崎紅葉、幸田露伴らに伝えた。著作「百美文」「梵雲庵雑話」など。安政六〜大正一五年(一八五九〜一九二六)

あわしま‐じんじゃ あはしま：【淡島神社】 和歌山市加太にある神社。旧郷社。祭神は少彦名命(すくなひこなのみこと)、大己貴命(おおなむちのみこと)、息長足姫命(おきながたらしひめのみこと＝神功皇后)。神功皇后が三韓征伐の帰途、参拝したと伝えられ、各地にまつられている淡島神社の本社とされる。淡島明神。加太神社。淡島。 発音〈標ア〉ジ

あわしま‐の あはしま：【粟島—】 枕 同音の繰り返しで、動詞「逢ふ」の未然形「あは」にかかる。＊万葉(8C後)一五・三六三三「安波思麻能(アハシマノ)逢はじと思ふ妹にあれや安眠(やすい)も寝ずて我が恋ひ渡る〈遣新羅使人〉」 語誌 粟島は瀬戸内海の島であろうが、所在不明。四国の阿波、その付近の島、紀伊の友が島の近く、など諸説がある。なお、「万葉‐一二・三一六七」の「波の間ゆ雲ゐに見ゆる粟島之(あはしまの)逢はぬものゆゑ吾に寄そる子ら〈作者未詳〉」は、新潟県岩船郡の粟島とする説もあるが、序詞の一部として用いた例。

あわしま‐びな あはしま：【淡島雛】『名』 和歌山市の淡島神社から配る紙製の小さな雛。武運長久、海上安全、婦人病に効能があるという。

あわしま‐まつり あはしま：【淡島祭】『名』 毎年三月三日、和歌山市の淡島神社で行なわれる雛流しの祭。《季・春》＊俳諧・滑稽雑談(1713)三月「粟島祭 三日、神社啓蒙曰、粟島神社、在紀伊国名草郡蚊田之地、所レ祭之神一座、少彦名命」 発音〈標ア〉マ2

あわしま‐みょうじん あはしまミャウジン【淡島明神】 「あわしまじんじゃ(淡島神社)」に同じ。＊随筆・続飛鳥川(19C中)「淡島明神、鈴をふる願人、天照皇大神宮第六番目の姫君にて渡り給ふ」 発音 アワシマミョージン〈標ア〉ミョ

あわじ‐むすび あはぢ：【淡路結】『名』 (「あわびむすび(鮑結)」の変化した語) ①「あわびむすび(鮑結)①」に同じ。＊雑俳・不断桜(1703)「虹の輪もあわぢ結びの淡路島」＊俚言集覧(増補)(1899)「あはぢむすび 糸のむすびかたの名 左右両緒(わな)にして、互に糸を通はしたるものをいふ」 ②「あわびむすび(鮑結)②」に同じ。 発音〈標ア〉ム

あわじ‐やき あはぢ：【淡路焼】『名』 兵庫県三原郡南淡町付近で産する陶器。文政二年(一八一九)、伊賀村の賀集珉平(かしおみんぺい)が京都で陶法を学んで創始。おもに黄色の釉(うわぐすり)を用いる。珉平焼。 発音〈標ア〉0

あわ‐しょうあみ あはシャウアミ【阿波正阿彌】『名』 鐔工(たんこう)の一派。また、その作品。江戸時代に鐔界の有力な流派である正阿彌派が、京都から分かれて阿波につくった一派。献上鐔など優秀な作で知られる。→正阿彌。 発音 アワショーアミ〈標ア〉ショ

あわ‐じょうるり あはジャウルリ【阿波浄瑠璃】『名』 阿波国に伝えられた人形浄瑠璃。淡路の上村源之丞一座が、領主蜂須賀氏の保護を受けて普及させたもの。 発音 アワジョールリ〈標ア〉ジョ

あわ‐しょうろ あは：【粟松露】『名』 植物「しょうろ(松露)」の異名。＊重訂本草綱目啓蒙(1847)二四・菜「麦蕈 しょうろ〈略〉一種外黒く内黄なる者を粟しょうろと云一名麦しょうろ 予州、雲州」

あわじ‐りゅう あはぢリウ【淡路流】『名』 槍術「きのしたりゅう(木下流)」の別称。＊随筆・甲子夜話(1821‐41)一「足守侯の先代木下淡路守公定と云しは槍の達人なり、其槍穂殊に小にして柄長し、即今の足守侯出行に持す所の槍是なり、予が先加藤氏の〈略〉先も皆その門人なり、世称して淡路流と云しと」 発音 アワジリュー〈標ア〉0

あわ‐じんじゃ あは：【安房神社】 千葉県館山市大神宮にある神社。旧官幣大社。主祭神は天太玉命(あめのふとだまのみこと)。斎(忌)部氏の祖天富命(あまのとみのみこと)が祖神をまつったものという。延喜式内名神大社。安房国一の宮。大神宮さま。大井明神。安東明神。 発音〈標ア〉ジ

あわ‐・す あは：【会—】『連語』 (動詞「あう(会)」の未然形に上代の尊敬の助動詞「す」の付いたもの)「あう(会)」の尊敬語。おあいになる。＊古事記(712)中・歌謡「木幡(こはた)の 道に 阿波志(アハシ)し嬢子(をとめ)」＊万葉(8C後)九・一六九二「あが恋ふる妹は相佐(あはサ)ず玉の浦に衣片敷きひとりかも寝む〈人麻呂歌集〉」＊万葉(8C後)一八・四一一六「夏の野の さ百合の花の 花咲(ゑ)みに にふぶに笑みて 阿波之(アハシ)たる〈大伴家持〉」

あわ・す あはす【合・会・逢・遭】 [一]『他サ下二』⇨あわせる(合)。 [二]『他サ五(四)』 ①一つに重ねる。寄せてくっつける。一致させる。いっしょにする。＊歌舞伎・熊野山開帳(1696)上「是はとよと心をあはし今日かたきをうたんと、たがいにかためしきせう」＊浄瑠璃・妹背山婦女庭訓(1771)三「唱ふる声の聞えてや物得いはねど合はす手を、合はせ兼ねたるこの世の別れ」＊人情本・仮名文章娘節用(1831‐34)前・二回「夜の目もあはさで案じ事」＊竹の木戸(1908)〈国木田独歩〉下「前が開(あい)て膝頭が少し出て居ても合(アハ)さうとも仕ない」＊一と踊(1921)〈宇野浩二〉四「一年のあひだに二度も、さうして今度とあはして三度も」 ②薬などを調合する。＊鳥追阿松海上新話(1878)〈久保田彦作〉初「薬を調合(アハ)して帰り去れば夫(それ)を煎じて呑ませれど」 ③ある状態や程度にふさわしくする。また、相手の言動に応じてうまくあしらう。＊洒落本・夜色のかたまり(1832)「女郎もこころのうちにはおかしくおもゑどただそうざますなどといいかげんにあわしている」 ④音、声、動き等を調和させる。調子を整える。＊人情本・清談若緑(19C中)一・二回「お政はやがて柱(ぢ)を掛けて調子合(アハ)して弾き出す」＊一家内の珍聞(1904)〈国木田独歩〉「今度は三人合唱で手風琴に合(ア)はしながら」 ⑤釣りで、魚が餌にかかる時に、針を魚の口にうまくひっかける。＊都の友へ、B生より(1907)〈国木田独歩〉「浮木(うき)がグイと沈んだから合(アハ)すと、餌釣としては、中々大(おほき)いのが上った」 ⑥(顔を)互いに向ける。対面させる。＊浄瑠璃・源平布引滝(1749)二「折平に逢(アハ)しくれよと申す故、暫く待せ置き候へども」＊読本・唐錦(1780)三・酔墨散人盗魁を捕ふる話「罪を得て人に面を対(アハ)し難く」＊浮雲(1887‐89)〈二葉亭四迷〉三・一四「昼飯の時、顔を合はしたが」 ⑦結婚させる。＊夜の雪(1898)〈幸田露伴〉上「平太に婚(アハ)すつもりだったお清は居ず」 ⑧物と物とを比較する。ある条件に照らして考え比べる。＊滑稽本・浮世風呂(1809‐13)三・上「親だまのあたじけねへに合(アハ)しては不思義に買てやるよ」＊社会百面相(1902)〈内田魯庵〉電影・四「齢に較(ア)はしては若やいだ隠居老婆さん」＊吾輩は猫である(1905‐06)〈夏目漱石〉四「年に合はして禿が余り大き過ぎると云ふ事を漸く自覚したらしい」 方言 ❶酢の物などをあえる。広島県高田郡779 ❷罪を着せる。他人のせいにする。香川県木田郡829 発音〈標ア〉ワ〈ア史〉鎌倉○○◎〈京ア〉0 辞書 言海 表記 合(言)

あわす顔(かお)がない 「あわせる(合)顔がない」に同じ。＊多情多恨(1896)〈尾崎紅葉〉前・九「姻家(さと)の母親などに対しても、這麼(こんな)無法な事を為(さ)しては合はす顔もないわけ」＊虞美人草(1907)〈夏目漱石〉一〇「草葉の陰で配偶(つれあひ)に合(ア)はす顔(カホ)が御座いません」

あわ・す あはす【淡】 [一]『他サ五(四)』 柿の渋を抜く。さわす。 [二]『他サ下二』[一]に同じ。＊仮名草子・仁勢物語(1639‐40頃)上・二五「秋の夜にさはしら柿の味よりもあわせざるにも味まさりけり」 方言 ❶湯や酒などを用いて柿(かき)の渋を抜く。富山県390 石川県江沼郡422 福井県427 兵庫県加古郡664 美嚢郡669 奈良県675 吉野郡038 和歌山県691 鳥取県西伯郡712 島根県石見725 岡山県762 764 767 広島県芦品郡771 比婆郡774 香川県829 ◇あわする 島根県隠岐島741 ◇あわせる 奈良県678 島根県725 ◇あおす 徳島県三好郡054 美馬郡810 香川県小豆島829 熊本県058 933 大分県941 宮崎県東諸県郡954 鹿児島県963 ❷柿(かき)を、人為的に早く熟させる。岡山県邑久郡761 発音〈標ア〉ワ

あわ・す『他サ四』(動詞「あやす(零)」の変化した語) 血、汗などをしたたらす、こぼす。＊浄瑠璃・公平武者執行(1685)二「我はきゃつを門出に血をあはし、どうろく神にたむけんと」

あわず【粟津】⇩あわづ(粟津)

あわ・ず【澆】『自ダ下二』①水で薄めるように薄くなる。淡くなる。＊観智院本名義抄(1241)「醨 水和酒 アハツ アサケ」②浅薄になる。衰える。＊観智院本三宝絵(984)中「この二所を聞くに仏の法漸くあはてにたるべし」＊書陵部本名義抄(1081頃)「時澆 アハデ」＊大慈恩寺三蔵法師伝院政期点(1080-1110頃)九「此(このころ)法末にして人澆(アハテ)たるに為(よ)りて」＊色葉字類抄(1177-81)「澆 アハヅ 衰也」＊名語記(1275)八「おくふかなるべき人の人にみえ沙汰せらるるをあはつといへる如何。淡薄とかけり。澆薄ともかけり。淡出の心なり。あはの上にうきて諸人にみゆる義にや」 辞書 色葉・名義 表記 澆(色・名) 淡薄・澆薄(色) 醇・醇・醨・醨(名)

あわず-まに【不逢—】『連語』(「まに」は「まにまに」の意) あわないままに。＊万葉(8C後)一五・三七六九「ぬばたまの夜見し君を明くる朝(あした)安波受麻爾(アハズマニ)して今そ悔しき〈狭野弟上娘子〉」

あわせ【合・会】『名』(動詞「あわせる(合)」の連用形の名詞化) ①物と物とを一つに重ねること。寄せてくっつけること。いっしょにすること。＊日葡辞書(1603-04)「ニマイ auaxeni (アワセニ) カミヲ コシラユル」 ②男女の性行為。男女の交合。↓あわし(合)。＊書紀(720)神代上(丹鶴本訓)「遂に合交(みハハセ)しまして、其の術(みち)を知らず」＊書紀(720)神代上(水戸本訓)「遂に合交(みアハセ)せむとす。而も其の術(はけ)を知らず」 ③夫婦にすること。結婚。＊浮世草子・西鶴諸国はなし(1685)四・七「ある時内助に、あはせの事ありて、同し里より、年かまへなる女房を持しに」 ④戦わせること。対抗させること。また、比べて優劣を争うこと。物合わせ。「歌合わせ」「絵合わせ」「貝合わせ」などと熟して用いることが多い。＊十巻本和名抄(934頃)二「闘鶏 玉燭宝典云寒食之節城市尤多為闘鶏戯〈闘鶏世間云土利阿波世〉」＊二十巻本和名抄(934頃)四「闘草 荊楚歳時記云五月五日有闘百草之戯〈闘草此間云久佐阿波世〉」＊莬玖波集(1356)雑体「鳥の二つぞ羽をかさねたる 鶯のあはせの声はこまかなれ〈二条良基〉」 ⑤(飯にとり合わせる食物の意。合子に盛ることから(花鳥余情)とも、合わせ混じえて調理するから(日本語源)ともいう) 副食物。おかず。あわせのみ。あわせもの。＊宇津保(970-999頃)国譲下「山ごもりの御料(みれう)に、粥(かゆ)のれう、あはせ、いときよらに調じて」＊古本説話集(1130頃か)五六「くだ物、おもの、酒、あはせどもなど、おほらかにしてくれよ」＊平他字類抄(1299頃)「菜 アワセ サイ」＊志不可起(1727)「あはせ 田舎にて膳(ぜん)の調菜(てうさい)を云」 ⑥音、声、動きなどを、他のものの進行に調和させること。＊邪宗門(1909)〈北原白秋〉外光と印象・青き光「いづこにかうち囃す幻燈の伴奏(アハセ)の進行曲(マアチ)」 ⑦釣りで、魚が餌にかかる瞬間に、針を口にうまくひっかけること。 ⑧(手札と場札とを合わせる意) 天正カルタなどで行なうばくち、または遊戯。めくって場の札と合わせ、同種のものがあれば取り、札数を多く取ったものを勝ちとする。＊雍州府志(1684)七「賀留多〈略〉互所得之札合其紋之同者其紋無相同者為負是謂合(アハセ)」＊咄本・鹿の巻筆(1686)一・二「三郎兵衛はかるたをすきて、よみの、あわせの、かうなどといふ事のみ深く望みけり」＊談義本・華鳥百談(1748)四・由良の浜にて龍神碁を打し事「余程人品よろしき輩(ともがら)も、女まじりに、よみの、あはせのとて、二月三月迄毎夜の遊び」 ⑨「あわせもち(合餅)」の略。 ⑩「あわせやき(合焼)」の略。＊雑俳・柳多留-一一六(1832)「腸をぬくさより合せにする積り」 ⑪四〇文をいう、魚屋の符丁。＊洒落本・卯地臭意(1783)「夕岸(ゆふかし)で、こら程な鯵(あぢ)が、あわせ(四十)程あった。夫でたったよろつめ(百五十)ほかおかげがねへ」 方言 ❶副食物。菜。おかず。岡山県児島郡763 ◇あせ 岩手県097 102 105 宮城県栗原郡113 栃木県矢板市・安蘇郡198 ◇あせこ 岩手県089 095 098 ◇あせっこ 岩手県気仙郡100 ◇あせもの〔—物〕 岩手県095 097 105 ◇あせもん 栃木県198 ❷漬け物。香の物。◇ああせ 沖縄†139 ◇あせ 宮城県栗原郡113 ◇あせこ 岩手県岩手郡089 ❸同名の者同士。姓には関係ない。岩手県気仙郡100 発音〈なまり〉アシェ〔岩手・仙台方言〕アセ・アセコ・アセッコ〔岩手〕アーセ〔埼玉方言〕〈標ア〉セ〈京ア〉0 辞書 和名・日葡・言海

あわせ の 糸(いと) より合わせた糸。引きそろえ糸。あわせいと。＊堀河百首(1105-06頃)恋「水引のあはせの糸の一筋にわけずよ君を思ふ心は〈源国信〉」

あわせ の 実(み) 飯に添えて食べるもの。副食物。あわせ。

あわせ【袷】『名』(「あわせ(合)」と同源) 裏地のついている衣服。近世では陰暦四月一日より五月四日まで、および九月一日より八日まで、これを着るならわしであった。現在では、秋から冬を通して春まで着る。あわせのきぬ。あわせのころも。あわせぎぬ。あわせごろも。↕単(ひとえ)。《季・夏》＊紫式部日記(1010頃か)寛弘五年九月一五日「殿上の四位は、あはせ一かさね、六位は袴一具ぞ見えし」＊文明本節用集(室町中)「袷 アワセ 或作袷衣 衣無絮(わた)」＊仮名草子・都風俗鑑(1681)二「かたびら袷(アハセ)の比は帯はせずして」＊諸国風俗問状答(19C前)紀伊国和歌山風俗問状答・四月・四九「朔日より、衣かへとて袷にうつる。日限宮祭礼、流鏑馬あり」＊幼学読本(1887)〈西邨貞〉二「春、秋のころ、時候のほどよき時には、あはせを着る」 語誌 本来は表だけの一枚の衣である「ひとえ」に対して、裏を合わせることから裏付きの衣を「あわせ」と呼んだ。平安時代から「あわせのころも」、「あわせのこそで」などの表現もあったが、単に「あわせ」で裏付きの小袖一般をいうようになる。室町時代頃は特に綿入れを小袖と称したので、綿の入っていないものを袷と呼んで区別した。 発音〈なまり〉アワヘ〔津軽語彙〕〈標ア〉セ〈ア史〉平安○○○〈京ア〉0 辞書 下学・文明・伊京・明応・天正・饅頭・黒本・易林・日葡・書言・ヘボン・言海 表記 袷(下・文・伊・明・天・饅・黒・易・書・言) 袷衣(文・伊・天・へ) 裌衣(書)

あわせ の 衣(きぬ) 「あわせ(袷)」に同じ。＊十巻本和名抄(934頃)四「袷衣 文選秋興賦云御袷衣〈袷音古洽反 袷衣 阿波世乃岐奴〉李善曰袷衣無絮也」＊色葉字類抄(1177-81)「袷衣 アハセノキヌ」＊原中最秘鈔(1364)上「すりひとへとて女房の衣にかさぬる事ありと云々又あはせの衣とてもあるなり」 辞書 和名・色葉・名義 表記 袷衣(和・色) 裌色袷(名)

あわせ の 小袖(こそで) 裏をつけた小袖。平安末期から肌着、下着として流行した。綿入れに対して袷といい、近世は上着となった。＊平家(13C前)一一・重衡被斬「奉りかへよとてあはせの小袖に浄衣をいだされたりければ」＊曾我物語(南北朝頃)九・悉達太子の事「五郎が衣裳には袷(アハセ)の小袖の腋ふかくかきたるを狩場の用にやしたるらん」

あわせ の 衣(ころも) 「あわせ(袷)」に同じ。＊万葉(8C後)一二・二九六五「橡(つるはみ)の袷衣(あはせのころも)裏にせばわれ強ひめやも君が来まさぬ〈作者未詳〉」＊新撰字鏡(898-901頃)「裌衣 合之己呂毛」 辞書 字鏡 表記 裌衣(字)

あわせ の 袴(はかま) 「あわせばかま(袷袴)」に同じ。＊多武峰少将物語(10C中)「ただあはせの御はかまぞかいねりなりける」＊宇津保(970-999頃)俊蔭「かづけもの〈略〉あはせのはかま」＊源氏(1001-14頃)行幸「昔の人のめでたうしけるあはせのはかま一具」 辞書 名義 表記 袷(名)

あわせ-あさ【袷麻】『名』 袷仕立ての麻裃(あさがみしも)。麻布で仕立て、裏をつけた裃。＊殿居嚢(1837-39)前・武家年中行事「四月 朔日、五時、のしめ袷麻〈略〉五月 朔日、五時、ふくさ袷麻」

あわせ-い・ず【合出】『他ダ下二』 混ぜ合わせて出す。調合して作り出す。調製する。＊源氏(1001-14頃)宿木「あづまにて、かかる薫物(たきもの)の香(か)は、えあはせいで給はざりきかし」

あわせ-いと【合糸・縷】『名』「あわせ(合)の糸」に同じ。 辞書 書言 表記 縷(書)

あわせ-いとな・む【合営】『他マ四』 合わせることに奔走する。合せ香を作ることを熱心にする。＊源氏(1001-14頃)匂宮「よろづのすぐれたるうつしをしめ給ひ、朝夕のことわざにあはせいとなみ」

あわせ-う・く【合受】『他カ下二』 広く一様に受け入れる。＊神皇正統記(1339-43)上・天津彦彦火瓊瓊杵尊「此三徳を翕(アワセ)受けずしては」

あわせ-えのぐ【合絵具】『名』 日本絵の具で、数種の絵の具を混ぜ合わせたもの。赭黄(しゃき・しゃおう)、草緑(くさのしる)などがある。

あわせ-おうぎ【合扇】『名』 骨の両面に白絹または紙を貼った扇。昔の扇は一面だけ絹または紙を貼った。

あわせ-おうど【合黄土】『名』 黄土に似た色の顔料。

あわせ-おこな・う【併行】『他ワ五(ハ四)』 二つ、あるいはそれ以上の事柄をいっしょに行なう。＊歩兵操典(1928)第一四「教練と共に諸教範に規定せる諸演習を併せ行ひ」 発音 文 アワセオコノーとも〈標ア〉0 ワ

あわせ-おび【合帯】『名』 裏をつけた帯。腹合わせ帯。昼夜帯。鯨帯。＊浄瑠璃・夏祭浪花鑑(1745)一「打かけは町と屋敷を合せ帯、かるた結びの折目高」＊東京日日新聞-明治二四年(1891)五月二四日「同人の衣服は絹二子千筋の袷に博多と繻子の合せ帯を締め」 発音〈標ア〉オ

あわせ-がい【合貝】『名』 女陰をいう、盗人仲間の隠語。〔特殊語百科辞典(1931)〕

あわせ-かがみ【合鏡】『名』 ①二枚の鏡を合わせ、後ろ姿などを見ること。また、前面の鏡に対し、柄のついた小さな手鏡をいう。共鏡(ともかがみ)。＊雑俳・三種尺(1793)「ふり上ぐる合せ鏡に踊りの手」＊雑俳・柳多留拾遺(1801)巻八・上「すじかひに合せかがみの目がすはり」＊蓼喰ふ虫(1928-29)〈谷崎潤一郎〉一〇「お久がすき櫛を口にくはへて、一方の手の親指を右の鬢のふくらみの中へ入れながら、合はせ鏡をしたのである」 ②相手の気に入るように、調子を合わせること。お座なりに言葉の調子を合わせること。おせじ。合袱紗(あわせふくさ)。＊洒落本・風流仙婦伝(1780)「是を人そしりて合鏡(アハセカガミ)ともまろめるとも申侍ともさにあらず」＊洒落本・通気粋語伝(1789)上・一「『ほんにひねったお姿だね。したが此頃はこれがいきらしく見へます』『てめへがあわせかがみを久しぶりできいた』」＊洒落本・辰巳婦言(1798)四つ明の部「だんまりでも居られぬゆへ、ムムありがてへありがてへ妙だ、ムムいいいいとばかりあわせかがみで」＊黄表紙・世諺口紺屋雛形(1799)「あなたのやうなおきゃくばかりだと、わたしどももきぼねがおれませぬと、わかいもの壱分だけちょっとあわせかがみをいってい

合わせ鏡 ① 〈絵本常盤草〉

る」③二枚の鏡に同じ物を映したように、きわめて似ていること。瓜二つ。＊洒落本・契情買虎之巻(1778)二「ソレそふいいなんす口もとめもと夫(おっと)の顔にあわせかがみ」発音アワセカガミ〈標ア〉カ〈京ア〉カ 辞書言海 表記合鏡(言)

あわせ-がき【淡柿・合柿】㊀〘名〙「あわしがき(淡柿)」に同じ。＊高野山文書‐(応永三〇年)(1423)二月二七日・四郷以下公方役書上(大日本古文書八・一九二二)「大野へあはせかき持てまいり候」＊運歩色葉(1548)「淡柿 アハセカキ」＊虎寛本狂言・合柿(室町末‐近世初)「是は渋さうな柿じゃ。イヤ申、是は合柿で御ざる。〈略〉何しに合柿を持て出る物で御ざるぞ」＊俳諧・犬子集(1633)四・木実「山里や寒さに木練あはせ柿」＊本朝食鑑(1697)四「柿〈略〉又別有佐和志(さわし)柿。京師此称阿和世(アワセ)柿。其法青柿将黄時采得抹石灰或浸蕎麦稭灰汁二三日取出曝乾青変作淡黄渋味変微甘可食、然民間之弄不為上饌也」㊁(合柿)狂言。各流。柿売りと柿を試食した男たちが、柿の甘い、渋いで口論をする。方言渋抜きをした柿。奈良県678 島根県725 岡山市762 発音アワセガキ〈標ア〉セ 辞書日葡

あわせ-かたぎぬ【袷肩衣】〘名〙裏地つきの肩衣。近世には旧暦九月初めから四月末まで着用した。↕単肩衣(ひとえかたぎぬ)

あわせ-かたびら【袷帷子】〘名〙裏地つきの帷子。＊評判記・色道大鏡(1678)二「袷帷子(アワセカタヒラ)、所をきらはず、尤よろし、無地にても、小紋にても、両面たるべし」＊浮世草子・好色一代男(1682)五・六「あらひがきの袷帷子(アハセカタヒラ)に、ふと布の花色羽織に」発音〈標ア〉カ

あわせ-ガッパ【袷合羽】〘名〙(カッパはポルトガル capa)裏地のついているカッパ。

あわせ-がね【合銅】〘名〙銅に鉛を入れて溶かした合金。あわせどう。＊鼓銅図録(1805頃)「銅の銀如くは白目を夾む者、鉛に加へて之を爐上に放つ。〈略〉形砕瓴(われかはら)の如し。是を合銅(アハセカネ)と謂ふ」＊小学化学書(1874)〈文部省〉三・五九「銅は之を他鉱に混して種々の重宝なる合鉱(アハセガネ)を製するに用ゐる乃真鍮及青銅の如き是なり」

あわせ-がみ【合紙】〘名〙何枚かの紙を合わせて作ったもので、厚手のボール紙などの類。＊慶応再版英和対訳辞書(1867)「Board〈略〉合せ紙。厚き広き紙」発音アワセガミ〈標ア〉ワ

あわせ-がみこ【袷紙子】〘名〙裏をつけた紙子。＊浮世草子・けいせい伝受紙子(1710)二・一「下には美なる小袖を着ても、上着定って袷紙子(アハセガミコ)、是備はって自然とうるはし」発音アワセガミコ〈標ア〉ガ

あわせ-かみしも【袷上下・合裃】〘名〙裏地つきのかみしも。＊随筆・一話一言(1779‐1820頃)二六「上覧為役人頭方より与力二人出雲守殿方よりも同断熨斗目袷上下着 同心六人上下着」

あわせ-ガラス【合硝子】〘名〙(ガラスはオランダ glas)安全ガラスの一種。二枚の板ガラスの間にポリビニールブチラールなどの合成樹脂の膜をはさんで貼り合わせたもの。破損しても破片が飛散せず、車両、船舶、航空機の窓、テレビの前面ガラスなどに用いる。合わせ板ガラス。発音〈標ア〉ガ

あわせ-カルタ【合歌留多】〘名〙(カルタはポルトガル carta)カルタの絵や数を合わせて、その多いことを競うゲーム。＊評判紀・吉原大雑書(1675)序「いとかすかなる其内に、あわせかるたや哥かるた。げんじさかもり、哥あわせ」＊随筆・独寝(1724頃)下・一一二「合せかるたといふものあり。武者かるたといふものあり。〈略〉あるひは、常うつかぞへかるたといふ物にも、色々の名有事也といひし也」

あわせ-かんが・える【合考】〘他ア下一〙文あはせかんが・ふ〘他ハ下二〙二つ以上の物事をつきあわせて考える。＊蘭学事始(1921)〈菊池寛〉六「図に於ける符号と説の中の符号とを、合せ考へることが一番取付き易いことだと思った」＊左傾思潮(1921)〈新居格〉コスモポリタニズム点描「この言葉、その気持にコスモポリタニズムを考へるについて合せ考ふ可き何物かがある」発音アワセカンガエル〈標ア〉ガ エ

あわせ-ぎす【合鱚】〘名〙合わせ焼きにしたキス。キスを開き、または三枚におろして骨を取り、二枚の肉に卵白を塗り、それを合わせて焼いたもの。＊語彙(1871‐84)「あはせぎす㊗ 雞魚(きす)の骨を去り二枚あはせて炙(あぶ)りたるものなり」

あわせ-ぎたえ【合鍛】〘名〙日本刀の製法の一つ。「折れず、曲らず」という相反する要求を満足させるため、やわらかい心金(しんがね)を硬い皮金で包み込むもの。平安中期に完成。発音アワセギタエ〈標ア〉ギ

あわせ-ぎぬ【袷衣】〘名〙「あわせ(袷)」に同じ。＊鎌倉殿中以下年中行事(1454か)「或説に、公方様白小袖白綾也。御袷衣は加賀絹。又説は、はだ小袖、面は生衣、うらは練貫」＊醍醐寺新要録(1620)「遍智院御拝堂記。建仁三年六月廿八日〈略〉御纏頭合衣一領」発音アワセギヌ〈標ア〉ギ

あわせ-ぎれ【合切】〘名〙釣りで、合わせが強すぎて糸が切れること。

あわせ-ぐすり【合薬】〘名〙漢方薬で、数種の薬を調合したもの。化合させたのでなく、単に混合させたもの。＊大乗院寺社雑事記‐明応六年(1497)二月一〇日「為養生合薬順気散」＊日葡辞書(1603‐04)「Auaxegusuri(アワセグスリ)〈訳〉種々の材料で作られた薬」＊寛永刊本蒙求抄(1529頃)九「只人参や川芎やの一薬では毒薬は薬と見る。あわせ薬を送るを疑はいで飲だこそ名誉なれ」＊俳諧・西鶴大句数(1677)一〇「露時雨あはせ薬を調へて 此子がためにもり山の陰」発音アワセグスリ〈標ア〉グ 辞書日葡・ヘボン 表記合薬(ヘ)

あわせぐち-かめかん【合口甕棺】〘名〙彌生時代の埋葬設備。二つの甕を口で合わせ、中に被葬者を入れて葬るもの。彌生中期、北部九州地方で多く行なわれた葬法。

あわせ-ぐ・る【合繰】〘他ラ四〙糸をより合わせる。＊枕(10C終)三一・こころゆくもの「うるはしき糸のねりたる、あはせぐりたる」

あわせ-こう【合香】〘名〙(「あわせごう」とも)香料を練り合わせて作った香。陶器の香合(こうごう)に入れる。練りともいう。＊尺素往来(1439‐64)「合香者、起従仏在世而、三国一同用之候。殊好色之家是号薫物(たきもの)、深秘其方歟」＊寛永刊本蒙求抄(1529頃)七「螺甲煎して沈(ちん)を粉(こ)にしてその汁で合香のやうにしてぞ」＊俳諧・小町踊(1665)春・上「接分にさく梅かえやあはせ香〈来安〉」発音アワセゴー〈標ア〉〇 辞書文明・天正・日葡 表記合香(文・天)

あわせ-ごころ【袷心】〘名〙初夏、袷に衣がえした軽快な気持。《季・夏》

あわせ-ごま【合駒】〘名〙「あいごま(合駒)」に同じ。発音アワセゴマ〈標ア〉セ

あわせ-ごより【合紙縒】〘名〙二筋のこよりをさらにより合わせたもの。＊随筆・猿楽伝記(1736‐41頃か)上「関ケ原御陣の時、諸手へ軍用の為、合せ小縷を御渡しの時、観世此儀を蒙り、諸陣へ配りたり吉例なる由也」

あわせ-ごろも【袷衣】〘名〙「あわせ(袷)」に同じ。＊新撰六帖(1244頃)五「乙女子があはせ衣のかくれづまうすきちぎりとうらみ侘びつつ〈藤原家良〉」発音アワセゴロモ〈標ア〉ゴ

あわせ-ざお【合竿】〘名〙カツオ、マグロの竿釣りで魚体が大きい時に、一本の釣り糸に二本の竿をつけ二人がかりで釣る方法。

あわせ-ざけ【合酒】〘名〙他の酒または水を混ぜた酒。割り酒。＊俳諧・鷹筑波(1638)五「ふりまじる霰(あられ)みぞれや合酒〈正頼〉」＊俳諧・沙金袋(1657)春桃「くはへとは霞に桃やあはせ酒」＊随筆・皇都午睡(1850)三・中「合せ酒を割酒」発音〈標ア〉セ

あわせ-ざより【合鱵】〘名〙①合わせ焼きにしたサヨリ。サヨリを開き、または三枚におろして骨を取り、二枚の肉に卵白を塗り、それを合わせて焼いたもの。＊人情本・清談若緑(19C中)二・一〇回「あはせ鱵魚(サヨリ)の吸ものや」＊語彙(1871‐84)「あはせざより㊗ 鱵魚(さより)を合せあぶりたるものなり」②サヨリの頭と尾とを落とし、腹から開いて骨を取ったものに、白身の魚のすり身を塗り、その上からもう一尾のサヨリの開き身を重ね合わせ、しょうゆを塗って串焼きにしたもの。③サヨリを開いて塩をふり、二枚を合わせて干したもの。

あわせ-ざん【合算】〘名〙二つ以上の数を加えて一つの数にすること。たしざん。発音〈標ア〉セ

あわせ-さんぴん【合三一】〘名〙海老錠(えびじょう)をいう、盗人仲間の隠語。〔日本隠語集(1892)〕

あわせ-じたて【袷仕立】〘名〙衣類に裏地をつけること。袷に仕立てること。また、その衣服。発音〈標ア〉ジ

あわせ-ジュバン【袷襦袢】〘名〙(ジュバンはポルトガル gibão)《あわせジバン》裏のついたジュバン。

あわせ-しょうぶ【合勝負】〘名〙直接に相手となって勝負すること。＊甲陽軍鑑(17C初)品一四「兵法つかひをば、他国にて聞て、さほど思はぬ共、あはせ勝負をして、ひとと

らぬ物とみえ候得ば」

あわせ-じょうゆ【合醬油】〘名〙かつお節の煮だし汁を混ぜ合わせたしょうゆ。てんぷら、刺身などの付け汁に用いる。＊新しき用語の泉(1921)〈小林花眠〉「合(アハ)せ醬油(ジョーユ) 醬油に鰹節の煮出しを合せた汁」発音アワセジョーユ〈標ア〉ジョ

あわせ-ず【合酢】〘名〙①しょうゆと酢を混ぜて煮返したもの。＊料理早指南(1801‐04)四「酢の物の部〈略〉合酢(アハセス) しゃうゆと酢と等分に合せて煮かへしさまして遣(つか)ふ」②酒や塩または好みの調味料や香辛料を入れた酢。甘酢、三杯酢など。発音〈標ア〉セ〈京ア〉セ

あわせ-すま・す【合澄】〘他サ四〙心の中で十分に精神を集中させて、外に発するまで気をたくわえる。＊音曲声出口伝(1419)「調子をば機がもつなり、ふきものの調子を音取(ねとり)て、きに合すまして、目をふさぎて、いきをうちへひきて」

あわせ-だい【合鯛】〘名〙鯛の料理の一種。大鯛を三枚におろし、皮をとった身の上に、しょうゆで味つけした大根おろしをのせ、巻いて紙に包み、おもしをかけたもの。紙をはがし、小口切りにして食べる。

あわせ-たきもの【合薫物】〘名〙香の一種。沈香(じんこう)、白檀(びゃくだん)などの香料を細かくして甲香(こうこう)を混ぜ、蜜または甘葛(あまずら)などで練り合わせたもの。香料の配分により、侍従、黒方(くろぼう)、梅花(ばいか)などの名がある。あわせごう。練り香。＊延喜十三年亭子院歌合(913)「銀(しろかね)のつぼのおほきなる二つに沈(ぢむ)あはせたきもの入れたり」＊宇津保(970‐999頃)蔵開上「よき沈(ぢん)、あはせたき物多くくべて、籠(こ)おほひつつあまたすゑわたしたり」発音〈標ア〉タ 辞書言海

あわせ-ち【合乳】〘名〙「あわせちち(合乳)」に同じ。＊雑俳・田刈笠(1756)「鐘がなる・合せ乳に来る谷どなり」

あわせ-ちち【合乳】〘名〙生児に母乳を与える前に、男児には女児を産んだ人の乳を、女児なら男児を

産んだ人の乳を飲ませる呪術的俗信。この名称は徳島県の一部にあるが、風習は全国的。あわせち。

あわせ-ちょう【合蝶】『名』婚礼の盃事(さかずきごと)に用いる雄蝶(おちょう)雌蝶(めちょう)の略式のもの。燗鍋銚子(かんなべちょうし)にこれをつけて、本酌と加酌とを一人の酌人が兼ねて行なう。和合の蝶。相生(あいおい)の蝶。

あわせ-つぎ【合接】『名』果樹の枝接ぎ法の一つ。春、発芽の頃に台木と接穂(つぎほ)の太さが同じ程度のとき両者を斜めに切って互いに形成層を合わせて結わえ、接穂の先端がわずかに出る程度に土をかける。

あわせ-づき【合搗】『名』薫(た)き物などを合わせるために鉄臼(かなうす)でつくこと。＊薫集類抄(1165頃か)下「合春〈略〉山田尼。あはせづきのをりは、かなうす、きね、よく洗ふべし。四両合には三千度、二両合には千五百度、一両合には千度。すくなきはとくつかるれば、数をおとすなり」＊後伏見院宸翰薫物方(1336頃)「薫物可合様〈略〉御くらのこどねりのほうには、十五歳ばかりの女の小はりぎぬをきてつかんに、こおちぬ程につけとあるは、やはらつくべきにや。それはあはせづきの事ならん」 発音アワセツギ〈標ア〉0

あわせ-つち【合土】『名』石灰、赤土、砂利、苦塩(にがり)の汁を混ぜ合わせたもの。土間や溝や泉水の底などに敷いて、たたき固めるのに用いる。たたきつち。三和土(たたき)。 発音〈標ア〉セ 辞書言海 表記合土(言)

あわせ-づめ【合爪】『名』琴の弾き方で、右の親指と中指とで二本の弦を同時に弾き鳴らすこと。また、箏の演奏法として主としてオクターブの音程をなす二弦を、親指と中指で同時に弾くことをいう。 発音アワセズメ〈標ア〉セ

あわせ-て【合―・併―】『連語』(動詞「あわせる(合)」の連用形に助詞「て」が付いたもの) 前に述べた何かと同時に。「…とともに」「…とぴったり一致して」の意で接続詞的に用いる。また、「合計して」「しめて」の意で副詞的にも用いる。「御幸福を祈り、あわせて御健康を念じます」「人数は、あわせて五〇名です」＊西大寺本金光明最勝王経平安初期点(830頃)一「山林河海の一切の神と仙と、并て諸の大国に所有る王衆と、中宮の后妃を浄信の男と女との人天大衆有り」＊渋江抽斎(1916)〈森鷗外〉一九「初代瑞仙独美の五十年忌辰に丁(あた)って、新に歴代の位牌を作り、併(アハ)せてこれを纂記して、嶺松寺に納めたもので」＊奉教人の死(1918)〈芥川龍之介〉二「彼土(かのど)の使徒聖人が言行を録すると共に、併せて本邦西教徒が勇猛精進の事蹟をも採録し」 語誌古文献で、「あわせて」は「并」字の訓として見られ、その用法は、上位・下位接続の接続詞とみるべきものが多い。現在では「并」字は「ならびに」と訓じられるのが普通であるが、これは、「并」字が、原義の異なる「並」字と混同され、「並」字の副詞もしくは同位接続の接続詞としての訓である「ならびに」が、「并」字に及んだものである。本来「あわせて」と読むべきところ、「ならびに」と読むのが広く見られるようになってくるのは、一一世紀に入ってからのようである。 発音〈標ア〉ワ〈京ア〉ア/ワ 辞書色葉・名義・和玉・饅頭・黒本 表記并(色・黒) 合(名・饅) 賛・瞑(玉)

あわせ-てには【合手爾波】『名』(「てには」は助詞、助動詞などの類をいう) 連歌で助詞「や」を並列の意に用いる語法の称。＊長短抄(1390頃)「吉野立田にをしき春秋、山々の花や紅葉(もみぢ)に年暮れて。此(この)やをあわせてにはと云ふ也(なり)」 発音〈標ア〉テ

あわせ-ど【合砥】『名』①砥石の一種。刀剣、かみそりなどを研ぐとき、仕上げに用いる。石質は緻密で堅く、卵色をしている。京都の鳴滝砥が有名。＊本草色葉抄(1284)「越砥石(アハセト)」＊なぞだて(1516)「門をばりゃうからたつる あはせと」＊日葡辞書(1603-04)「Auaxedo(アワセド)〈訳〉研ぎ刃を付ける石」＊俳諧・生玉万句(1673)「まへかんなまま藤のうら枯〈忠友〉 あわせ砥の山路の月やへりぬらん〈一竹〉」＊浮世草子・好色一代男(1682)四・三「手もとに有しあはせ砥を枕として臥(ふし)ける」＊浄瑠璃・心中重井筒(1707)中「剃刀(かみそり)出しあはせどに、かからましかば斯(か)くとだに」＊書言字考節用集(1717)七「黄砥(アハセド)」＊風俗画報-一〇四号(1895)人事門「黄砥(アハセド) 打くもりと云 以上砥は五つにてときたつる研は各自の流義手ごころのひとつにて」②砥石の表面を平らにしたり、あぶらをとったりするために用いる粘板岩の小片。 発音〈なまり〉アーセド〔岩手〕(へ・言) 〈標ア〉セ〈京ア〉セ 辞書日葡・書言・ヘボン・言海 表記合砥 黄砥・硎・砥(書)

あわせ-どう【合銅】『名』「あわせがね(合銅)」に同じ。

あわせ-どき【合関】『名』関の声を合わせること。声を合わせてあげる関の声。＊慶長記(江戸前)九月一五日「又ときの声あぐる合せどきの音かと申しあへる所に、又ときの声あぐる三度なり」

あわせ-どき【袷時】『名』袷を着る時節。近世、四月一日を衣がえとして、袷を着始め、端午に至ってかたびらを用い、また、九月一日より九月九日までは袷、以降、綿入れとするのを普通の礼装とした。《季・夏》＊浮世草子・好色二代男(1684)三・五「禿(かぶろ)も袷(アワセ)時迄綿入きせてもおかれず」 発音〈標ア〉0

あわせ-どり【合鶏】『名』鶏を戦わせて勝負をさせる遊び。鶏合せ。闘鶏。＊常磐津・節句遊恋の手習(三人生酔)(1833)「鶏(とり)に恨みのかずかずも、別れて逢うて合せ鶏(ドリ)、ヤッと声かけ己(おの)が羽(は)に、はっしと受けて妻鳥を蹴爪にかけて鶏冠(とさか)の上」 発音〈標ア〉セ

あわせ-な【合菜】『名』料理の一つ。種々の野菜を合わせて煮たもの。

あわせ-ぬい【合縫】『名』和裁で二枚以上の布をいっしょに合わせて縫うこと。＊新撰字鏡(898-901頃)「縨 合奴比」＊甲陽軍鑑(17C初)品四四「嚢仕立事 縫やうはつまみぬいか又袷(アハセ)ぬいにもする也」＊俳諧・桜川(1674)夏一「引はなち袖と袖とやあはせぬひ〈守常〉」＊浮世草子・風流曲三味線(1706)一・四「しんなしの一幅帯に、緋縮緬(ひぢりめん)の二布(ふたの)、二重に袷縫(アハセヌヒ)にして」 発音〈標ア〉セ 辞書字鏡 表記縨(字)

あわせぬい-しぼり【合縫絞】『名』絞り染めの一種。模様や図柄が対称のとき、対称軸を折り目として布を重ね、縫い合わせて絞り染めを行なう。

あわせ-ばおり【袷羽織】『名』裏地つきの羽織。袷仕立ての羽織。《季・冬》＊浮世草子・男色大鑑(1687)五・二「梅かへしの袷羽織(アハセハヲリ)に、胸高に紐付て」＊雑俳・柳多留-七(1772)「夏座敷袷羽織はちそう也」＊随筆・賤のをだ巻(1802)「翁が若年の頃は飛さあやを専ら着たり。帯にもしたり。飛紗綾の袷羽織は御帳書或は小役人などのおとなし羽織にてよかりけり」 発音〈標ア〉バ〈京ア〉バ/バ

あわせ-ばかま【袷袴】『名』裏地をつけた袴。近世では、九月一日から翌年の五月四日までの時期に着用するものとした。袷の袴。↔単袴(ひとえばかま)。＊儀式(872)六・元正受朝賀儀「立｣鉦〈略〉撃人各一人着｢平巾冠｣〈略〉緋大袖袍緑襖大帯〈略〉大口帛袷袴」＊随筆・守貞漫稿(1837-53)一二「袴〈略〉九朔より五月四日迄袷袴を用ふ。袷には茶宇唐桟広桟等を専とす」 発音〈標ア〉パ

あわせ-はぎ【合矧】『名』矢羽のはぎ方の名。狩股(かりまた)などの平根(ひらね)の鏃(やじり)に用いる矢箆(やがら)の四枚羽の、大羽二枚と小羽二枚を異なる鳥の羽を混ぜてはぐこと。まぜはぎ。＊金刀比羅本保元(1220頃か)上・新院御所各門々固めの事「柄(から)は、白箆(しらの)に山鳥の羽をあはせはぎに、鵠(こう)の霜ぶりをまぜて、もと四(よつ)だてにぞはぎたりける」 発音アワセハギ〈標ア〉0

あわせ-ばり【合梁】『名』二本以上の木材を寄せ合わせた梁。二本の材の間に鉄板または板(飼い木)を入れ、ボルトなどで締め合わせたもの。張間の大きな梁に用いられる。 発音〈標ア〉セ

あわせ-ばんこう【合版行】『名』二色以上に版画を刷る場合、異なった色ごとに彫った版。＊随筆・後はむかし物語(1803)「団扇(うちは)の絵も、合せ板行に成たるは、一枚絵の合せ板行よりは、一年も遅かりしと覚ゆ」

あわせ-ばんてん【袷半纏】『名』裏地つきのはんてん。＊歌舞伎・蝶々孖梅菊(1828)序幕「与兵衛、袷絆纏(アハセバンテン)脚絆草鞋、竹の先へ油紙に包みし状を結(ゆは)ひつけ、頬かむりにて」

あわせ-びん【合鬢】『名』江戸時代の男の髪の結い方の一つ。左右の鬢を髻(もとどり)の下で合わせて太い元結いで束ねた髪。また、その髪を結った人。もと老人の髪型で、後には遊客などもまね、享保の頃流行した。＊洒落本・禁現大福帳(1755)三「是に次なるは合鬢(アワセヒン)の男」＊洒落本・遊子方言(1770)発端「男ぶり大きく、人柄よく、合びんにて」＊劇場新話(1804-09頃)上「一、合せびん 一、三軒 一、かきあげ」 発音〈標ア〉セ

あわせ-ぶ【合麩】『名』生麩(なまふ)にうらごしをした豆腐を混ぜてすり合わせ、これをゆでたもの。

あわせ-ぶき【合吹】『名』金や銀を含む銅鉱石に鉛を加えて溶解し、金、銀を鉛に吸収させて取り出す方法。乾式法。

あわせ-ふくさ【合袱紗】『名』①裏地のついた袱紗。＊歌舞伎・盟三五大切(1825)序幕「本舞台〈略〉刀掛けに紫の袷袱紗かけ」②相手の話に調子を合わせること。相手にへつらって気に入るようにすること。合わせ鏡。＊歌舞伎・盟三五大切(1825)序幕「わたしゃ好かぬ人とは、合せ袱紗がならぬわいな」

あわせ-ぶくろ【袷袋】『名』材料を二重にして丈夫に作った袋。＊二人むく助(1891)〈尾崎紅葉〉六「丈夫なる麻の二重袋(アハセブクロ)を用意して、小椋助が熟睡に踏入り」

あわせ-ぶとん【袷蒲団】『名』袷仕立ての掛け蒲団。裏をつけただけで綿などを入れない掛け蒲団。＊浮世草子・好色二代男(1684)四・二「絹平の袷(アハセ)ふとんを腰より下に懸置(かけをく)」＊歌舞伎・浮世柄比翼稲妻(鞘当)(1823)大詰「内に小紫、錦の袷蒲団(アハセフトン)に寄りかかり」 発音〈標ア〉フ

あわせ-ぶね【合船】『名』①佐渡の内海府で、刳船(くりぶね)に対し、板をはぎ合わせて造った船。②江戸時代から明治中期まで行なわれた長崎県生月島の鯨組の勢子船(せこぶね)。③船を造ること。北海道から本州日本海側にかけて使われた語。がっせん。＊津軽御船方留書「右之通於当前浜合船仕度候間、何卒願之通」 方言船底の部分に刳材(くりざい)を用いた船。刳材を真ん中で二つ合わせにするところからいう。新潟県佐渡356

あわせ-まい【合米】『名』(埋め合わせ米の意) 年貢米を上納する際、一俵の定量に加える余分の米。運送の途中で俵からこぼれて目減りする分を見積もり、その補充をする目的の米で、普通には享保元年(一七一六)から四斗入一俵につき一升が付加されることになった。込米(こめまい)。↓余米(あまりまい)。＊増補田園類説(1842)下・本石斗立出目米之事「国々仕来俵入の外、合米と唱定法の余米有｣之」

あわせ-まき【合蒔】『名』作物の種子と肥料とを混ぜ合わせてまくこと。肌肥(はだごえ)。 発音〈標ア〉

[0]

あわせ-みそ【合味噌】『名』 赤味噌と白味噌をまぜた味噌。＊蝶の皿(1969)〈奏恒平〉「おつゆに合わせ味噌に葉づきの小蕪で」 発音〈標ア〉[ミ]

あわせみそ-しる【合味噌汁】『名』 赤みそと白みそをすりまぜたものを用いた汁。

あわせみ-やき【合身焼】『名』「あわせやき(合焼)」に同じ。

あわせ-むしもち【合蒸餅】『名』「あわせもち(合餅)」に同じ。

あわせ-むすび【合結】『名』 糸の結び方。二つの糸の両端を少し出るようにして重ね合わせ、そこへ一結(ひとむすび)したもの。下の糸で「の」の字を書き、さらに下の糸と上の糸の間を通って「め」の字の形を作り、上の糸をその輪の中に折り入れて結んだもの。短い糸をつなぐのに用いる。また、釣り糸を結ぶ場合にも、こういう結び方をする。＊俳諧・崑山土塵集(1656)一一・雑冬「つまつじをあはせむすびのかみこ哉〈上松〉」 発音〈標ア〉[ム]

あわせ-め【合目】『名』 物と物とを合わせた継ぎ目。二つの物を接合させた接点。＊寛永刊本蒙求抄(1529頃)四「玉連環は袈裟の環のやうな物の合せめのみへぬ物ぞ」 ＊日葡辞書(1603-04)「Auaxeme (アワセメ)〈訳〉二つの物を互に接合した接点」 ＊雑俳・柳多留-一三九(1835)「合せ目か広島薬鑵竹の節」 ＊或る女(1919)〈有島武郎〉前・七「同時に鼻血がどくどく口から顎(あご)を伝って胸の合せ目をよごした」 発音〈なまり〉アヘミコ〔津軽語彙〕 〈標ア〉[メ][セ] 〈京ア〉[0] 辞書 日葡・ボン・言海 表記 合目(へ・言)

あわせ-めじ【合目地】『名』 縦の目地。石、れんが、コンクリートブロックなどを積む時の、縦の方向の継ぎ目。竪目地。〔日本建築辞彙(1906)〕

あわせ-もち【合餅】『名』 京都東山、祇園の二軒茶屋で売った名物の餅。丸い餅と豆腐とを田楽風に串に刺し、みそをつけてあぶったもの。幕末頃廃絶したが、現在では六月一日の節物としてつくられている。合わせ蒸餅。あわせ。＊狂歌・雅筵酔狂集(1731)春「くる夜の月と花とをあはせ餅(モチ)くふたどちもや見る二軒茶屋 近来祇薗の二間茶屋といふへ行てあそぶ人おほし 合せ餅といふは前々より此所の名物と也」 ＊談義本・身体山吹色(1799)三「爰の名物合(アハ)せ餅(モチ)と、うはみづを注文したい」 方言 餅(もち)を合わせてその中に餡(あん)を入れたもの。青森県三戸郡083 発音〈標ア〉[セ]

あわせ-も・つ【合持・併持】『他タ五(四)』 二つ以上の性質などをかねそなえる。二つ以上のものをいっしょにもつ。＊祖国について(1968)〈石原慎太郎〉「日本人の他民族への優越観は、ひっくりかえせば、日本よりも先んじた白人種の近代国家への劣等観であって、その二つを合わせ持つことで」 発音〈標ア〉[モ]

あわせ-もの【合物】『名』 ①二つ以上のものをいっしょにしたもの。＊詩学大成抄(1558-70頃)九「香に合せ物にするが、蘭一種で名香のやうにはあるまいぞ」 ＊読本・旬殿実々記(1808)七・一〇上「夫婦は原(もと)合(アハ)せもの、ふるびがつけば放れ易く」 ②副食物。おかず。あわせ。＊随筆・燕石雑志(1811)四「あはせ物をおかずといふは、数数ならべ居(すゆ)ればならん」 ＊随筆・兎園小説余録(1829-32)二「目黒魚(まぐろ)を〈略〉わづかに廿四文許費せば、両三人、飯のあはせ物にしてなほあまりあり」 ＊読本・南総里見八犬伝(1814-42)二二・一三三回「朝夕飯(いひ)の合菜(アハセモノ)には、味噌より外に得がたかりしに」 ③音楽を合奏すること。連弾すること。＊滑稽本・早変胸機関(1810)「ちっとおさらひな、でへぶおなまけだね。お向うのお金さんとあはせものでもおしな」 ＊人情本・春色辰巳園(1833-35)四・一一条「お蝶をも伴ひつれて一夜二夜、三曲などの連弾(アハセモノ)」 ＊社会百面相(1902)〈内田魯庵〉投機・四「織江等姉妹(きゃうだい)の三味線琴の合奏(アハセモノ)で大分賑かになった」 ④同種類の物を持ち寄ってその優劣を判じて、勝負を決める遊戯。物合わせ、歌合わせ、薫物(たきもの)合わせなど。ものあわせ。 ⑤一つの器物に、数種類の料理を盛り合わせたもの。硯蓋(すずりぶた)の類。あわせもり。＊俚言集覧(1797頃)「あはせもの 今いふ硯ふた物の事」 ⑥(袷物)「あわせ(袷)」に同じ。↔単物(ひとえもの)。＊蔵の中(1918-19)〈宇野浩二〉「夏は単物を、冬は袷物を、引っぱり出しては」 発音〈なまり〉アセモノ〔岩手〕 〈標ア〉[ノ][モ][0] 〈京ア〉[0]

あわせもの は離(はな)れ物(もの)［＝離(はな)れる］ 合わせて作った物は、いつかは離れるものだの意。転じて、会った者、縁で結ばれた者は別れる時が来るものだの意に用い、多く男女、夫婦などの仲についていう。＊俳諧・毛吹草(1638)二「あはせものははなれもの」 ＊狂歌・古今夷曲集(1666)七「あはせものはなれものとはしりながら猶つらいやな今朝のきぬぎぬ」 ＊洒落本・傾城諺種(1791)「諺に合せ物は放(ハナレ)物と云、万物多は寄り集(あつまり)たる故又放る事あり」 ＊歌舞伎・八重霞曾我組糸(1823)序幕「合(アハ)せ物(モノ)なら離(ハナ)れ物(モノ)。女房に持ったといふでもなし、ほんの仇(あだ)つき、浮気がたっぷり、どうするものだ」 ＊続々鳩翁道話(1838)二・上「諺にも、合(アハセ)ものははなれると申します。人と道とは合せものではござりませぬ」

あわせ-ももひき【袷股引】『名』 裏をつけた股引。＊浄瑠璃・博多小女郎波枕(1718)下「身軽い出立の袷股引(アワセモモひき)、こはぜきゃはんに身をかため」

あわせ-もり【合盛・相盛】『名』「あわせもの(合物)⑤」に同じ。＊延喜式(927)一・神祇・四時祭「園并韓神三座祭〈略〉合盛(あはせもり)腊四籠、黄蘗卅枚、柏廿把 已上解除料」 ＊延喜式(927)一・神祇・四時祭「御贖祭〈略〉相盛(あはせもり)八籠 雑海菜、雑脂、鰒、堅魚等之類」 発音〈標ア〉[0]

あわせ-やき【合焼】『名』 料理の一種。サヨリ、カマスなどの白身魚を三枚におろし、卵白を肉に塗り、何枚か合わせて竹串を刺し、塩をふりかけて焼いたもの。合わせ身焼き。あわせ。＊料理早指南(1801-04)四「名目のやきものの部〈略〉合(アハセ)やき さより、かます、すばしりなど、ひらきほねをぬき、身のかたへ玉子の白をぬり二まい打あはせて、しほをふりてやくなり」

あわせ-や・る【合遣】『他ラ四』 鷹を放って獲物に向かわせる。＊万葉(8C後)一九・四一五四「遠近(をちこち)に 鳥踏み立て 白塗りの 小鈴もゆらに 安波勢也理(アハセヤリ)〈大伴家持〉」

あわせ-ゆぐ【袷湯具】『名』 裏をつけた腰巻。＊浮世草子・俗つれづれ(1695)四・三「白きあはせ内具(ユグ)のすそに鉛のしづを掛、惣浅黄(そうあさぎ)こんがうをはきてすり足にあゆみ」

あわ・せる【合・会・逢・遭】『他サ下一』[文]あは・す『他サ下二』 ㊀(合) 物と物とを一つに重ねる。また、物と物とをつり合うようにする。①物と物とを寄せて一つにする。食い違わないようにする。㋑一方を他にうまく重ねる。また、すきまなくくっつける。＊枕(10C終)一四二・なほめでたきこと「いとうるはしう袖をあはせて、二人ばかり出で来て」 ＊古本説話集(1130頃か)七〇「左右のたな心をあはせて、ひたひにあてて、いちせんの心をおこして拝む人は」 ＊平家(13C前)一一・先帝身投「小さくうつくしき御手をあはせ」 ㋺(心、力、声、数量などを)うまく一致させる。＊古今(905-914)仮名序「これは、きみもひとも、身をあはせたりといふなるべし」 ＊能因本枕(10C終)一四五・なほ世にめでたきもの「橋の板を踏みならしつつ声あはせて舞ふほどもいとをかしきに」 ＊大鏡(12C前)四・道隆「将門、『みかどをうちとり奉らん』といひ、純友は、関白にならんと、同じく心をあはせて」 ＊平家(13C前)七・平家山門連署「三千の衆徒力を合せよと也」 ＊徒然草(1331頃)七三「つまづまあはせて語るそらごとは恐しき事なり」 ＊日葡辞書(1603-04)「シュビ または ハズヲ auasuru (アワスル)」 ＊雁(1911-13)〈森鷗外〉一「誰でも時計を号砲(どん)に合(アハ)せることを忘れた時には岡田の部屋へ問ひに行く」 ㋩ある事に応じて行なう。ある事がなされる時に一致するように行なう。＊竹取(9C末-10C初)「つばくらめ尾をささげていたくめぐるにあはせて、手をささげてさぐり給ふに」 ＊蜻蛉(974頃)二・天暦一〇年「近きとなりに、心ばへ知れる人、いづるにあはせて、かく言へり」 ＊枕(10C終)一八四・宮にはじめてまゐりたるころ「御いらへに、いかがはと啓するにあはせて、台盤所のかたに、はなをいと高うひたれば」 ＊平家(13C前)三・赦文「かかる御悩の折節にあはせて、こはき御物気共、取いり奉る」 ㋥つけ加える。また、いっしょにする。一つにまとめる。合計する。＊竹取(9C末-10C初)「もち月のあかさを十合せたるばかりにて、ある人の毛の穴さへ見ゆる程なり」 ＊大鏡(12C前)四・道隆「法師原、大中童子などあはせて七八十人ばかり」 ＊三国伝記(1407-46頃か)六・一一「越王、呉を弁するのみならず、晉楚斉秦を平げて覇者の盟主となりしかば」 ㋭(薬、薫香、食品などを)うまく混ぜる。調合する。＊源氏(1001-14頃)梅枝「おほやけ、わたくしのどやかなるころほひにたき物あはせ給ふ」 ＊日葡辞書(1603-04)「クスリヲ auasuru (アワスル)」 ＊浮世草子・好色万金丹(1694)一・二「もろこしより伝来の錦袋子(きんたいし)をあはせて渡世の便とすれど」 ＊俳諧・父の終焉日記(1801)五月一〇日「やがて、かうがへの匕(さじ)とりて御薬合せて賜りけり」 ＊日本読本(1887)〈新保磐次〉四「此の戸板に薬方を書きたり。願はくは是れを読みて薬を合せ給へ」 ㋬(占いと事実とを一致させる意) 夢で、吉凶を判断する。うらなう。＊伊勢物語(10C前)六三「三郎なりける子なん、よき御男ぞいでこむとあはするに」 ＊源氏(1001-14頃)若紫「おどろおどろしう様異なる夢を見給ひてあはする者を召して問はせ給へば」 ＊大鏡(12C前)三・師輔「いみじき吉相の夢も、あしざまにあはせつれば、たがふ」 ＊浮世草子・好色万金丹(1694)一・二「思ひよりの女郎の身の上を、通変の占にあはせて聞くべし」 ㋣釣りで、あたりに合わせて竿などを上げ、針を魚に引っかける。＊落語・佃島(1900)〈初代三遊亭金馬〉「デげすが、其処らで合せないと可(いけ)ませんよ、ソウーラ…餌を奪られましたらう」 ＊茶話(1915-30)〈薄田泣菫〉片腕「鉤(はり)を合(ア)はせてぐっと引揚げた」 ②状態や程度を適合させる。また、相手の言動に応じてうまくあしらう。㋑ある状態や時期、程度などにふさわしいようにする。＊枕(10C終)八・大進生昌が家に「などその門はたせばくは作りてすみ給ひけるといへば、笑ひて、家のほど、身の程にあはせて侍るなりといらふ」 ＊源氏(1001-14頃)宿木「ゆるびたりければ、盤渉調(ばんしきてう)にあはせ給ふ」 ＊滑稽本・古朽木(1780)三「こいつはようござりませう〈略〉と、調子を合せけるを」 ＊歌舞伎・三人吉三廓初買(1860)三幕「『御酒が初まって面白くなった所へ、おつめどんが来たからうんざりしました』『それに文里さんが合(ア)はせなますから、何時迄居ようかと思ひした』」 ㋺二つ以上の音、声、動きなどを調和させる。調子をととのえる。＊宇津保(970-999頃)内侍督「かのひめ君、琵琶あはせてあそばしし、うけたまはりしに」 ＊枕(10C終)一四二・なほめでたきこと「足踏みを拍子(はうし)にあはせて〈略〉あやもなきこま山などうたひて舞ひたるは」 ＊源氏(1001-14頃)若菜下「つねにゆかしくする御琴の音、いかでか人々の箏(さう)、琵琶の音もあはせて、女心楽みさせむ」 ＊日葡辞書(1603-04)「ヒョウシヲ auasuru (アワスル)」 ＊日葡辞書(1603-04)「ガクキヲか）といで刃を鋭くする。＊天理本狂言・忠喜（室町末-近世初）「髪そりを、よふあわせい、其内に、髪をもうで、やわらげうと云」＊日葡辞書（1603-04）「カミソリヲ auasuru（アワスル）〈訳〉かみそりをとぐ」㈡（会・逢・遭）顔をあわせる。男女をあわせる。力と力とをぶつからせる。①対面させる。面会させる。（顔を）互いに向ける。＊落窪（10C後）一「われにかれみそかにあはせよ」＊俳諧・炭俵（1694）上「御頭へ菊もらはるるめいわくさ〈野坡〉 娘を堅う人にあはせぬ〈芭蕉〉」＊浄瑠璃・義経千本桜（1747）四「再び広き世となして御母君にも逢せません」＊浮雲（1887-89）〈二葉亭四迷〉一・三「翌朝に至りて両人の者は始めて顔を合はせる」②ある現象や事件などにぶつかるようにする。経験させる。＊万葉（8C後）一九・四二四五「住吉（すみのえ）の あが大御神 船の舳（へ）に うしはきいまし〈略〉荒き風 波に安波世（アハセ）ず 平けく 率（ゐ）て帰りませ もとの国家（みかど）に〈作者未詳〉」＊源氏（1001-14頃）野分「いそがしきおほやけごと、節会（せちゑ）などのいとまいるべく、事しげきにあはせても、まづこの院に参り、宮よりぞいで給ひければ」＊太平記（14C後）一二・神泉苑事「天下に大旱魃をやりて、四海の民を一人も無く、飢渇（けかち）に合せんと思て」③夫婦にする。結婚させる。めあわす。＊書紀（720）安康元年二月（図書寮本訓）「願はくは幡梭（はたひの）皇女を得て以て大泊瀬（はつせの）皇子に配（アハセ）欲（む）」＊石山寺本金剛般若経集験記平安初期点（850頃）「若し我に嫁（アハセ）与へて妻とせずは、鬼と作りて終に相ひ放さじ」＊竹取（9C末-10C初）「さりともつひに男あはせざらんやはと思ひて頼みをかけたり」＊古本説話集（1130頃か）二八「ひとざまのかくめでたければ、さるべき公達（きみだち）などにあはせ給へらむに、おろかにつゆ思ふべきにもあらず」＊浮世草子・武家義理物語（1688）二・四「伝之介と名もあらためて〈略〉成人の後伝三郎娘とあはせ」④武器を互いに打ちあわせる。立ち向かわせる。戦わせる。＊書紀（720）垂仁七年七月（熱田本訓）「試に是の人を召して蹶速に当（アハセ）んと欲ふ」＊宇治拾遺（1221頃）一三・一三「下の聖（ひじり）、我ばかり貴き者はあらじと驕慢の心のありければ、仏のにくみて、まさる聖をまうけてあはせられけるなりとぞ」＊平家（13C前）一二・泊瀬六代「常陸房、走りよってむずときる。ちゃうどあはせてをどりのく」＊車屋本謡曲・橋弁慶（1550頃）「たたみ重ねて打つ太刀に、さしもの弁慶あはせかねて」＊日葡辞書（1603-04）「ニワトリヲ auasuru（アワスル）〈訳〉にわとりをたたかわせる」⑤鷹狩りで、鳥をねらって鷹を放つ。＊長秋詠藻（1178）上「狩り暮らしあはする鷹のみねこえに行末しらぬほどぞかなしき」＊虎明本狂言・禁野（室町末-近世初）「げてうなればたいぢあるべしとて、一もつの鷹をあはすれば」⑥物と物、あるいは人と人とを比べる。比較する。また、物の優劣を比べる遊びをする。＊宇津保（970-999頃）嵯峨院「かぎりなくめでたく見えし君だち、このいまみゆるにあはすれば、こよなくみゆ」＊枕（10C終）一四三・殿などのおはしまさで後「方（かた）の人、男女居わかれて、見証（けんそ）の人など、いとおほく居並（ゐな）みてあはするに」＊源氏（1001-14頃）絵合「竹取のおきなに宇津保のとしかげをあはせて争ふ」＊御伽草子・鉢かづき（室町末）「三人の兄嫁御前たちをも、はじめは美しくおぼしめしけれども、此姫君にあはすれば、仏の御前に悪魔外道が居たるにことならず」

方言❶加える。重ねる。また、一致させる。適合させる。◇あせる 岩手県気仙郡100 宮城県仙台市125 秋田県130 山形県138 ◇あへる 青森県上北郡082 秋田県仙北郡130 ◇ああしゅん 沖縄県首里993 ◇ああしん 沖縄県石垣島996 ❷相づちを打つ。◇あせる 岩手県気仙郡100 ❸混合する。調合する。味付けをする。◇あせる 岩手県気仙郡100 山形県139 ◇ああしゅん 沖縄県首里993 ❹粉に水などを加え、練り返す。こね合わせる。◇ああしゅん 沖縄県首里993 ❺加わる。◇あわする 鹿児島県宝島054 ❻飯に菜を添えて食べる。御飯のおかずにする。◇あせる 岩手県気仙郡100 栃木県198 ❼比較する。比べてみる。◇あせる 岩手県気仙郡100 宮城県仙台市121 ❽口論する。議論する。宮城県栗原郡114 ◇あせる 宮城県栗原郡114 仙台市121 ❾けんかさせる。牛などを戦わせる。◇ああしゅん 沖縄県首里993 ◇ああしん 沖縄県石垣島996 ❿牛に種付けをさせる。◇あわする 長崎県壱岐島915 ⓫当てる。ぶつける。◇あせる 山形県西村山郡139 ⓬当て推量をする。新潟県東蒲原郡368 ⓭罪を着せる。他人のせいにする。島根県邑智郡・大田市725

発音〈なまり〉アシェル〔岩手・仙台方言・仙台音韻〕アシエル・アセェル・アセエル〔岩手〕アセル〔岩手・秋田・山形・福島〕アヘル〔青森・津軽語彙・岩手・秋田〕アワヘル〔津軽語彙〕アーセル〔埼玉方言〕〈標ア〉ワ〈ア史〉平安○○◒ 鎌倉『あはする』◎◎○○ 〈京ア〉0 〈標ア〉セ 文『あはす』アワス〈標ア〉ワ 室町・江戸『あはする』◎◎○○ 辞書字鏡・色葉・名義・和玉・文明・明応・天正・黒本・易林・日葡・書言・〈ボン〉・言海 表記合（色・名・玉・文・明・天・黒・易・書・へ・言）弁（色・名・文・明・天・易・書）勠（色・名・玉・文・易・書）翕（名・玉・易・書）併（色・名・文）姦・戮・娉（名・玉）闘・都（色）佮・揖・洽・萍・淆（名）女・嫁・儷・兼・刑・駢・絣・褶・配・袷（玉）

同訓異字 **あわせる【合・併】**

【合】（ゴウ・カッ・ガッ）集めて一つにまとめる。寄せあわせる。「合奏」「合計」「合同」「複合」《古 あふ・あはす・こぞる・あつまる》

【併】（ヘイ）人と人とがならぶ。転じて、同等のものや似たものどうしをあわせてまとめる。「併合」「併呑」「合併」《古 ならふ・そふ・つらぬ・あはす・あつまる》

あわせる 顔（かお）がない 他人に対する面目がない。申しわけがない。＊破戒（1906）〈島崎藤村〉二〇・四「噫（ああ）、あの細君に合せる顔が無い」＊野菊の墓（1906）〈伊藤左千夫〉「嫁に往っては僕に合はせる顔がないと思ったに違ひない」

あわせ-わざ あはせ【合技】〘名〙柔道で、「技あり」を二度とり、合わせて一本となること。発音〈標ア〉0

あわ-ぜんざい あは【粟善哉】〘名〙糯粟（もちあわ）の炊いたものを器に盛り、その上からとろりとした小豆の漉し餡をかけたもの。

あわ-ぞうり あはザウリ【阿波草履】〘名〙藁の葉の部分を取り去り、しべだけで編んだ草履。すべぞうり。なかぬきぞうり。＊洒落本・聖遊廓（1757）「ゑちご縮のかたびらに、もんろの羽織すそながく、深あみ笠に、あわざうり、古金買の目利にも太夫かいとは見へざりし」＊大坂繁花風土記（1814）京大坂言葉違ひ「すべざうりを、阿波ざうり」

あわ-そか あは〘形動〙①考えや行動などが軽々しいさま。軽率なさま。＊大鏡（12C前）六・昔物語「その事はみな世に申しおかれて侍なれば、中々申さじ、しろしめしたらむ。あはそかに申べきに侍らず」＊改正増補和英語林集成（1886）「Awasoka アハソカ」②味が薄いさま。また、味のないさま。

あわた あはた【膪】〘名〙①膝蓋骨の古称。ひざざら。あわだこ。＊彌勒上生経賛平安初期点（850頃）「世尊の膝の輪（アハタ）は妙善に〈略〉円満せり」＊新撰字鏡（898-901頃）「髕 膝之骨 膪同字 比佐加美乃阿波太」＊十巻本和名抄（934頃）二「膝䯊〈略〉野王案髕〈阿波太古 俗云阿波太〉膝骨也」②ひざ当て。＊改正増補和英語林集成（1886）「Awata アハタ」辞書字鏡・和名・色葉・名義 表記髕（和・色・名）膪（和・色）膝（色）

あわた あはた【粟田】㊀地名。山城国愛宕郡（おたぎのこおり）粟田郷（あわたのさと）。現在の京都市内、鴨川の東岸、東山のすそ、白川下流の地域。左京区の岡崎、聖護院（しょうごいん）のあたりを上粟田、白川の南、東山区粟田口のあたりを下粟田といった。また、このあたり一帯を広く白河とも称し、平安京の別荘地であった。粟田口は東海道の出入り口にあたる。＊三代実録-元慶四年（880）二月五日「山城国愛宕郡下粟田郷百姓口分田四町二段九十五歩奉レ充二中宮職一」＊山州名跡志（1711）四・愛宕郡「粟田は総名なり。其方境東は白河を限り。西は鴨川を限り。北は二条の東を限り。是を下粟田と云ふ。其北は北白河に至って上粟田と号す」㊁〘名〙①「あわばたけ（粟畑）」に同じ。＊観智院本名義抄（1241）「粟田 アハタ」②「あわたやき（粟田焼）」の略。＊雑俳・薦分道（1833）「もう御赦し・粟田の銚子ばかり呑」発音〈標ア〉0 辞書和名・色葉・名義 表記粟田（和・色・名）

あわた あはた【粟田】姓氏の一つ。発音〈標ア〉ア0

あわた-の-まひと【粟田真人】飛鳥後期の政治家。大宝律令の制定に参画。大宝二年（七〇二）遣唐使の長官として山上憶良らとともに渡唐し、二年後帰国。のち中納言に進み大宰帥（だざいのそつ）となる。養老三年（七一九）没。

あわ-だい あはだひ【粟鯛】〘名〙①魚「ちだい（血鯛）」の異名。②鯛の切り身に、粟粒をまぶして蒸した料理。

あわたえる〘動〙方言慌てる。うろたえる。新潟県西頸城郡385 ◇あおたえる 神奈川県津久井郡317 静岡県磐田郡543 ◇あおてる 広島県福山市709 沼隈郡781 愛媛県840 855

あわたぐち あはたぐち【粟田口】㊀㊀京都市東山区の地名。白川橋の東から蹴上（けあげ）までの間。東海道山科から京への入り口。青蓮院（しょうれんいん）、粟田神社、将軍塚があり、鎌倉時代ここに住んだ刀工一派の鍛えた日本刀は、この地名をとって粟田口と呼ばれる。白川。東三条口。＊大鏡（12C前）四・兼家「御厩の馬に御随身のせて、粟田口へつかはししが」＊保元（1220頃か）上・官軍方々手分けの事「淀路へは周防判官季実、粟田口へは隠岐判官惟重」㈡狂言。各流。粟田口が名刀であることを知らない大名と太郎冠者（かじゃ）を、詐欺師がだます筋立て。三大名物の一つ。㈢（「あわだぐち」）歌舞伎。「粟田口霑一節截（しめすふえたけ）」の通称。世話物。七幕。三世河竹新七作。明治二二年（一八八九）東京春木座初演。別名題「粟田口鑑定折紙（きわめのおりがみ）」。三遊亭円朝口演の人情噺の劇化。粟田口の銘刀紛失にからむお家騒動を仕組む。㊁〘名〙刀工と日本画の一派をいう。いずれも京都粟田口に住んだことから称した。発音アワタグチ〈標ア〉タ 辞書文明・天正 表記粟田口（文・天）

あわたぐち あはたぐち【粟田口】姓氏の一つ。発音アワタグチ〈標ア〉タ

あわたぐち-くにいえ【粟田口国家】鎌倉初期の刀工。国頼の子。大和から京都粟田口に移り、地名を家号とした。後鳥羽上皇の御番鍛冶奉行となる。生没年未詳。

あわたぐち-くにつな【粟田口国綱】鎌倉前期の刀工。国頼の孫。通称藤六。左近将監。後鳥羽上皇に従って隠岐に行き、御番鍛冶となる。のち北条時頼のために名刀「鬼丸」を制作。長寛元～建長七年（一一六三～一二五五）

あわたぐち-くにより【粟田口国頼】平安末期の刀工。大和の人。粟田口派の祖とされる。生没年不詳。

あわたぐち-たかみつ【粟田口隆光】室町前期の画家。本姓土佐。京都粟田口に住む。清凉寺本「融通念仏縁起」第二巻を描く。「石山寺縁起」第五巻の筆者ともいわれる。生没年不詳。

あわたぐち-よしみつ【粟田口吉光】鎌倉後期の刀工。則国の子。通称藤四郎。相模（神奈川県）の五郎正宗、越中（富山県）の郷義弘とともに「三作」と呼ばれる。「平野」「鳥丸」などの名刀を残す。生没年不詳。

あわだぐちきわめのおりがみ【粟田口鑑定折紙】 歌舞伎「粟田口」の別名題。

あわだぐちしめすふえたけ【粟田口霑一節截】 歌舞伎「粟田口」の本名題。

あわたぐち-は【粟田口派】『名』①平安末期から鎌倉中期にかけて、京都の粟田口に住んだ刀工一門の総称。粟田口国頼を祖とする。特に国友ら六名の御番鍛冶と一名(久国)の奉受工は有名。②仏画の一派。粟田口隆光を祖とする。室町時代から江戸時代まで断続的に続く。粟田口家。発音アワタグチハ〈標ア〉0

あわたぐち-まつり【粟田口祭】『名』京都東山区の粟田神社の祭礼。古くは九月一四日、現在は一〇月一二日から四日間行なわれる。一八本の鉾(ほこ)をささげて行く行列で有名。粟田神社祭。《季・秋》 *俳諧・増山の井(1663)九月「粟田口(アハタグチ)祭」 発音アワタグチマツリ〈標ア〉マ

あわたぐち-もの【粟田口物】『名』京都の粟田口に居住する刀工一派が制作した刀剣類。発音アワタグチモノ〈標ア〉0

あわだぐち-やき【粟田口焼】『名』「あわたやき(粟田焼)」に同じ。*風俗画報-六〇号(1893)人事門「此流分れて二派となり、一派は粟田口焼(アワダグチヤキ)とす」 発音アワダグチヤキ〈標ア〉0

あわ-たけ【淡竹】『名』植物「はちく(淡竹)」の異名。*古今要覧稿(1821-42)三七七「おほたけ一名からたけ一名あはだけ一名はちくは西土にいはゆる淡竹一名水竹也」

あわ-たけ【粟茸】『名』担子菌類の食用キノコ。夏から秋に山野の地上に発生する。かさは直径三～一〇センチメートルで扁平に開き、表面は暗赤褐色ないし灰褐色、肉は淡黄色で下面には多数の細孔がある。学名は Xerocomus subtomentosus《季・秋》*俳諧・続三寄誌(1782)「淡茸は喰のこされて紀念哉〈鳥酔〉」方言きのこ。❶ぬめりいぐち(滑猪口)。栃木県198 ❷いぐち(猪口)。◇あわだけ・あわこだけ 岩手県九戸郡088 ❸あみたけ(網茸)。◇あわいくび・あわいくち〔—猪口〕とも。長野県上伊那郡488 発音〈標ア〉ワ0 辞書言海 表記粟茸(言)

あわだこ【膪】『名』(「あわたこ」とも)「あわた(膪)①」に同じ。*十巻本和名抄(934頃)二「膝髕〈略〉野王案髕〈亦作膪 阿波太古 俗云阿波太〉膝骨也」*史記秦本紀永万元年点(1165)「膪 アワタコ」*観智院本名義抄(1241)「髕 アハタコ 俗云アハタ 膝蓋也」*伊呂波字類抄(鎌倉)「膪 アハタコ アハタ ヒサカハラ」語源説(1)アハタ(足端)に接尾辞コの付いたもの〔日本語源=賀茂百樹〕。(2)ヒダ(褶)にアを接頭してアハタといい、接尾語コの付いたものであろう〔日本古語大辞典=松岡静雄〕。辞書和名・色葉・名義・和玉 表記膪(和・色・名・玉)髕(和・色・名)

あわた-さつま【粟田薩摩】『名』明治以後の粟田焼の別称。上絵付けが薩摩焼に似ているのでいう。発音〈標ア〉サ

あわたじんじゃ-まつり【粟田神社祭】『名』「あわたぐちまつり(粟田口祭)」に同じ。《季・秋》 発音〈標ア〉マ

あわた・す【漬】『他サ四』びしょびしょにぬらす。浸す。*大唐西域記長寛元年点(1163)三「群象相ひ趨て奔り赴て、競て池の水を吸ひ、樹根を浸し漬(アハタシ)互に共に排ひ掘る」

あわた・す【澆・淡】『他サ四』語義未詳。*延喜式(927)祝詞・鎮火祭「吾を見給ふなと申ししを、吾を見阿波多志(アハタシ)給ひつ」*観智院本名義抄(1241)「淡 アハタス」補注「淡(あわ)」と語根を同じくし、「軽視する、恥をかかせる」などの意か。なお、「延喜式・祝詞-鎮火祭」の用例部分に該当する記紀の記述は、「古事記-上」の「令ニ見ニ辱ニ吾」や「書紀-神代上」の「令ニ吾恥辱ニ」などとなっている。

あわただ。し【慌】『形シク』⇨あわただしい(慌) 辞書名義 表記淡(名)

あわただし・い【慌・遽】『形口』文あわただ。し『形シク』(古くは「あわたたし」)①物事を急いでしようとして慌てるさまである。心がせわしなく落ち着かない。*蜻蛉(974頃)下・天禄三年「午時許に、おはしますとののしる。いとあはたたしき心ちするに」*平家(13C前)七・主上都落「一とせ都うつりとて俄(にはか)にあはたたしかりしは、かかるべかりける先表とも今こそ思ひしられけれ」*仮名文字遣(1363頃)一一「あはたたし。周章」*増鏡(1368-76頃)八・あすか川「上は、いよいよ世中あはたたしう思されて」*読本・雨月物語(1776)青頭巾「寺中の人々、院主こそ鬼になり給ひつれと、連忙(アハタタシク)迯(にげ)さりぬるのちは」*老嬢(1903)〈島崎藤村〉二「思ひ思ひの身仕度、あわただしい荷ごしらへ」②変化がはげしい。状況が不安定で流動的である。*源氏(1001-14頃)葵「木の葉さそふ風あはたたしう吹はらひたるに」*日葡辞書(1603-04)「Auatataxij(アワタタシイ)」*延宝八年合類節用集(1680)八「遽 アハタタシク」*和英語林集成(初版)(1867)「Awatadashi, ki, shi アハタダシイ 遽」語誌(1)「あわつ(慌)」と同根。「腹たつ→腹たたし→腹だたし」と同様の造語法で「泡立つ」から派生した形容詞かとも思われる。第二音節は「新撰字鏡」の「狼狽 安和豆」「惶急 驚失意也 於比由 又阿和豆」によって「わ」であることが明らかで、「仮名文字遣」や中古・中世の仮名文学作品類に「は」とあるのは誤り。(2)第四音節は江戸初期まで清音であった。周りの状況や人の動き、自分の思いなどからくる落ち着かない心の状態をいう。「あわたたしく(う)」の形で、連用修飾語として用いられることが多い。語源説(1)アワテアワテシ(周章周章)の約アワタテシの転か。また、アハタツ(泡立)の未然形か〔大言海〕。(2)アハタツ(沫立)の意の転用〔和訓栞〕。(3)アワタシアワタシの約〔日本語源=賀茂百樹〕。(4)アワタテシキ(沫立如)の転〔名言通〕。(5)大声を立てる意のアワワタタシ(彌嘈立)の義〔言元梯〕。発音アワタダシイ〈音史〉近世初め頃まで『あわたたし』と清音らしい。〈標ア〉シ〈京ア〉ダ 文『あわただし』〈標ア〉ダ〈ア史〉江戸『あわただしき』●●●●○○〈京ア〉ダ 辞書文明・日葡・ヘボン・言海 表記遽(文・ヘ)

あわただし-げ【慌—】『形動』(古くは「あわたたしげ」。形容詞「あわただしい」の語幹に接尾語「げ」の付いたもの)見るからにあわただしいさま。あわてて落ち着かないさま。*蜻蛉(974頃)中・天禄二年「文うちみて、心あはたたしけに思はれたりけり」*源氏(1001-14頃)東屋「参りて、御使の申すよりも、今すこしあはたたしげに申しなせば、動き給ふべきさまにもあらぬ御気色に」*栄花(1028-92頃)衣の珠「宮の御前いとあはたたしげに思し召したり」*多情多恨(1896)〈尾崎紅葉〉前・三・三「『妄(うそ)です、妄です』とお種に向って慌忙(アワタダ)しげに弁(ことわ)る」*雁(1911-13)〈森鷗外〉一九「家の主人らしい稍(やや)年上の女が慌(アワ)ただしげに」発音アワタダシゲ〈音史〉近世初め頃まで『あわたたしげ』と清音らしい。〈標ア〉シ〈京ア〉シ

あわただし-さ【慌—】『名』(古くは「あわたたしさ」。形容詞「あわただしい」の語幹に接尾語「さ」の付いたもの)あわただしいこと。また、その度合。*源氏(1001-14頃)須磨「継母(ままはは)の北の方などの、にはかなりしさいはひのあわたたしさ。あなゆゆしや。思ふ人々かたがたにつけて別れ給ふ人かなとのたまひけるを」*日葡辞書(1603-04)「Auatataxisa(アワタタシサ)」*破戒(1906)〈島崎藤村〉二一・六「非難を受けまいと思へば思ふほど、心の匆惶(アワタダ)しさは一通りでない」*足袋の底(1913)〈徳田秋声〉二「昔見たやうな心を浮立たせる慌忙(アワタダ)しさがなかったが」発音〈音史〉近世初めごろまで『あわたたしさ』と清音らしい。〈標ア〉ダ〈京ア〉0 辞書日葡

あわ-だた・す【泡立】『他サ五(四)』「あわだてる(泡立)」に同じ。*志都の岩屋講本(1811)上「幾たびも杓を以て汲み上げ泡立たしてそれで煎じるの」発音〈標ア〉タ

あわ-だち【泡立】『名』あわだつこと。泡ができること。*西国立志編(1870-71)〈中村正直訳〉五・一六「一日その近隣の醸酒房に至り、泡起(アハダチ)したる酒の上に」発音〈標ア〉0〈京ア〉0

あわだち-そう【泡立草】『名』植物「あきのきりんそう(秋麒麟草)」の異名。*武江産物志(1824)薬草(言)「草類苑・植物二六」「道灌山の産 劉寄奴草(アワダチサウ)」*日本植物名彙(1884)〈松村任三〉「アキノキリンサウ アハダチサウ 一枝黄花」方言江戸†034 新潟市964 和歌山県西牟婁郡690 ◇あわだつ 新潟県361 発音アワダチソー〈標ア〉0

あわ-た・つ『自タ四』(「あわ」は「さわ(多)」と同語源か)雲などが多く立つ。幾重にも重なり立つ。*古今(905-914)物名・一一〇五「うきめをばよそめとのみぞのがれゆく雲のあはたつ山の麓に〈凡山茂〉」*慶運法印集(1368頃)「山の端に雲のあはたつ日数経てうたかたはれぬ五月雨の比(ころ)」

あわ-だ・つ【泡立】㊀『自タ五(四)』泡ができる。泡が立つ。*羅葡日辞書(1595)「Ihcanesco〈訳〉泡や雪などで白くなる。Auadatte(アワダッテ)シロクナル」*和訓栞(1777-1862)「あわつぶ 沫立て円形をなすを粒といふ也」*うたかたの記(1890)〈森鷗外〉上「麦酒の泡だてるを、ゆり越すばかり盛りたる例の大杯を」*思出の記(1900-01)〈徳富蘆花〉六・八「汽船は笛を鳴らし水を泡だたせて多度津の港を離れた」㊁『他タ下二』⇨あわだてる(泡立)。発音〈標ア〉ダ〈京ア〉0 辞書名義 表記濤(名)

あわ-だ・つ【粟立・皴】『自タ五(四)』(「あわたつ」とも)寒さや恐ろしさのために、体の毛穴が盛り上がり、粟粒ができたようになる。鳥肌が立つ。身の毛がよだつ。*字鏡集(1245)「皴 皮膚之皴也 アハタツ」*源おぢ(1897)〈国木田独歩〉中「冬の夜寒むに櫓こぐをつらしとも思はぬ身ながら粟(アハ)だつを覚えき」補注「観智院本名義抄」に「皴 粟体 アハタツ」とあるが、「粟体」は「粟体」の誤りであろう。発音〈標ア〉ダ〈京ア〉0 辞書名義・言海 表記皴・皺(名) 粟立(言)

あわだて-き【泡立器】『名』料理用具。卵白、マヨネーズソース、クリームなどをかき混ぜて泡立てるのに用いる。発音〈標ア〉テ ダ〈京ア〉テ

あわ-だ・てる【泡立】『他タ下一』文あわだ・つ『他タ下二』泡立つようにする。泡がたくさんできるようにする。泡立たす。*他人の顔(1964)〈安部公房〉黒いノート「海綿状に泡立てて固めてやればそれでいいらしい」発音〈標ア〉テ ダ〈京ア〉0

あわた-の-みや【粟田宮】 京都市東山区粟田口にある青蓮院(しょうれんいん)の別称。発音〈標ア〉0

あわ-たび【阿波足袋】『名』阿波国(徳島県)で産する足袋。鳴門市を中心とする。

あわた-やき【粟田焼】『名』京都、粟田口から産した陶器。寛永(一六二四～四四)頃すでにあったが隆盛になったのは文化(一八〇四～一八)頃から。粟田口焼。あわた。*滑稽本・世中貧福論(1812-22)中・一「大きなる粟田焼(アハタヤキ)の茶碗に水なみなみとくみて持来るを」発音〈標ア〉0 辞書言海 表記粟田焼(言)

あわた-やま【粟田山】 京都市東山区華頂山から山科区日ノ岡に至る山の総称。*蜻蛉(974頃)中・天禄元年「いきもてゆけば、あはた山という所にぞ、京よりまつもちて、人きたる」*源氏(1001-14頃)関屋「とのはあわた山越え給ひぬとて、御前の人々、道もさりあへず」発音〈標ア〉0

あわだゆう-ぶし【阿波太夫節】 古浄瑠璃の曲節の一つ。文彌節の祖、岡本文彌の高弟で土佐の人、鳴戸阿波太夫(初め岡本阿波太夫、一名岡本鳴渡太夫)の始めた悲哀に満ちた独特の曲節。正徳～寛延(一七一一～五一)頃京都を中心に盛んに行なわれ、のちには大坂、江戸の歌舞伎芝居にも移入された。 発音アワダユーブシ〈標ア〉⓪

あわた-りゅう【粟田流】 書道流派「おいえりゅう(御家流)」の異称。 発音アワタリュー〈標ア〉⓪

あわ-だんご【粟団子】『名』①粟の粉でつくった団子。②植物「うらじろのき(裏白木)」の異名。③植物「にせしょうろ(贋松露)」の異名。 方言植物。❶うらじろのき(裏白木)。木曾†091 長野県松本市003 高知県吾川郡808 ❷かまつか(鎌柄)。 ◇あわだんごのき〔――木〕 長野県北安曇郡003 発音アワダンゴ〈標ア〉ダ

あわ-ちぢみ【阿波縮】『名』「あわしじら(阿波縅)」に同じ。 *二人女房(1891)〈尾崎紅葉〉上・五「新八郎は洗晒(あらひさら)した阿波縮(アハチヂミ)の浴衣(ゆかた)に」 *たけくらべ(1895-96)〈樋口一葉〉四「貧なれや阿波(アワ)ちぢみの筒袖」

あわ-ちゃ【泡茶】『名』抹茶。 *雑俳・出世丸(1730)「世の嫁の噂泡茶にたてられて」

あわ-ちゃがゆ【粟茶粥】『名』粟を使った茶粥。転じて、普通の粥とちがって箸にかからないところから、取り扱いに困ること、始末のしようがないこと、の意にいう。

あわちらす-くに【粟散国】『名』(粟散国(ぞくさんこく)の訓読み)「にほんこく(日本国)」の異称。 *雑俳・柳多留-四五(1808)「粟ちらす国にうへたる民はなし」 *雑俳・梅柳(1836)二四「粟散らす国でも罌粟(おうぞく)の手に合はず」

あわ・つ【慌・周章】『自タ下二』⇩あわてる(慌)

あわづ【粟津】 滋賀県大津市南部の地名。琵琶湖に臨む松原は粟津が原と呼ばれ、近江八景の一つ、「粟津の晴嵐(せいらん)」で知られた。木曾義仲戦死の地。 *後撰(951-953頃)恋四・八〇一「関こえてあはづのもりのあはずともし水に見えしかげをわするな〈よみ人しらず〉」 *平家(13C前)九・木曾最期「あれに見え候、粟津の松原と申。あの松の中で御自害候へ」 *謡曲・烏帽子折「都のほかは憂き住まひ、ささそはと今思ひ、粟津の原をうち過ぎて」 発音アワズ〈標ア〉ア 辞書色葉

あわづ の 晴嵐(せいらん) 近江八景の一つ。晴れた日の粟津が原の松原の光景。

あわ・づ【澆】『自ダ下二』⇩あわず(澆)

あわづ-おんせん【粟津温泉】 石川県小松市にある温泉。加賀温泉郷に属す。養老年間(七一七～七二四)泰澄の発見と伝えられる。泉質は硫黄泉。皮膚病、リウマチなどにきく。 発音〈標ア〉オ

あわ-つか『形動』①関心がないさま。気がのらないさま。 *源氏(1001-14頃)帚木「何事ぞなど、あはつかにさしあふぎゐたらむは、いかがは口惜しからぬ」②軽率なさま。うっかりしているさま。軽々しいさま。 *康和四年内裏艶書合(1012)「あはつかになほうはうはしき垣間見は、習はぬ身にて、返す返す思ひとぢめむとのみ隠しわびつつ」 *有明の別(12C後)一「さまざまとりあつめさもあはつかにうかれける身のありさまかなといとそなげかれまさりぬる」 語源説アハは淡。ツカは副詞の接尾語〔大言海〕。 発音〈標ア〉ワ

あわづ-が-はら【粟津原】 滋賀県大津市、琵琶湖に臨む一帯の松原。→粟津。 発音アワズガハラ〈標ア〉ガ 辞書書言 表記粟津原(書)

あわ-つ・く『動』方言❶慌てる。ろうばいする。富山県390 射水郡394 ◇あわたく 山形県139 新潟県368 371 383 静岡県535 540 ◇あわつる 大分県941 ❷おぼれる。富山県射水郡394 ❸ぼんやりする。 ◇あわたく 静岡県520

あわづ-くごにん【粟津供御人】『名』近江国粟津(滋賀県大津市)御厨(みくりや)の漁師を主とする住民で、朝廷に供御を献じてある種の特権を得ていた人びと。平安末期頃から、内膳司(うちのかしわでのつかさ)の供御人として淡水魚を献じ、また、京都において販売する特権を有した。南北朝以降は魚のほかに塩や日用品などを販売する特権を得、魚棚(うおのたな)の公事(くじ)を免ぜられた。

あわ-つげ『名』昆虫「しょうりょうばった(精霊飛蝗)」の異名。 *重訂本草綱目啓蒙(1847)三七・化生「蟿螽〈略〉がち 江戸 せうれうばった〈略〉あはつげ 隅州」

あわ-づけ【粟漬】『名』コハダ、イワシなどの小魚を酢に浸し、粟をふりかけ、トウガラシを混ぜて漬けた食品。 *新しき用語の泉(1921)〈小林花眠〉「粟漬(アハヅケ) 小魚を酢にひたし、粟をふりかけて漬けたもの」

あわつけ-さ【淡―】『名』(形容詞「あわつけし」の語幹に接尾語「さ」の付いたもの)うわついていること。軽々しいこと。また、その度合。 *源氏(1001-14頃)常夏「ひたひのいと近やかなると、こゑのあはつけさとにそこなはれたるなめり」 *源氏(1001-14頃)夕霧「人に、かばかりにても見ゆるあはつけさの、みづからの過ちに思ひなせど」 発音〈標ア〉ケ

あわつけ・し【淡】『形ク』軽々しい。軽率である。軽薄である。思慮が足りない。 *源氏(1001-14頃)空蝉「あはつけしとは思(おぼ)しながら、まめならぬ御心は、これも、えおぼしはなつまじかりけり」 *源氏(1001-14頃)常夏「よろしき心地あらむと、きこゆべくもあらず、あはつけき声(こは)ざまにのたまひ出づることは、こはごはしく言葉だみて」 *夜の寝覚(1045-68頃)二「げにただ見そめしありさま、ゆくりなく、あはつけきやうなれば、そのもとの心をしのびつつ」 語誌(1)「あはむ・あはし・あはあはし・あはつかなり」のアハと同根で「淡」の意。類義語の「あはあはし」が「宇津保物語」以降見えるのに対して、「あはつけし」は「源氏物語」とその影響を受けた平安後期の物語に見えるが、「あはあはし」と併用しているのは「源氏物語」と「紫式部日記-消息文」「とりかへばや」で、あとの物語はいずれかに偏っている。(2)類義の「あはあはし」が事件や行為を総合的、客観的にとらえて判断した非難であるのに対して、「あはつけし」はその時々の思慮を欠いた行為や事態に対する感情的、感覚的な嫌悪感であると思われるが、中世の注釈書では「あはつけ あはあはしき也」〔源氏千鳥抄〕、「あはつけき あはつる也 あはあはしき也」〔匠材抄〕とあって「あはあはし」と同義と考えられている。 語源説(1)アハツカを形容詞にした語〔大言海〕。→あわつか。(2)ツケシは、上にひかれた詞〔河海抄〕。 発音〈標ア〉ケ 辞書言海

あわつけ-びと【淡人】『名』(「あわつけ」は形容詞「あわつけし」の語幹)軽々しい人。深みのない人。情緒を十分に理解していない人。 *源氏(1001-14頃)夕霧「ただありのあはつけ人だに、ねざめしぬべき空のけしきを」 *暮笛集(1899)〈薄田泣菫〉詩のなやみ「薄情人(アハツケビト)に 物問ふは 柱(ぢ)なき細緒を掻くが如」

あわ-づつみ【粟包】『名』水に浸した餅粟を麩(ふ)に包み、わらのはかまで口をくくり、しょうゆと出し汁とで味をつけたもの。

あわ-つば【阿波鍔・阿波鐔】『名』鍔の一種。阿波の正阿彌および同国徳島居住の彫金工河野氏一派の作った鍔。金象眼を入れたものが多い。

あわ-つび【粟粒】『名』「あわつぶ(粟粒)」に同じ。 *法華義疏長保四年点(1002)一「一茎の粟を摘うで其の生熟せるを観るときに、数たの芷(アハツヒ)地に堕ちき」

あわ-つぶ【泡粒】『名』泡立って丸く粒状になったもの。 *和訓栞(1777-1862)「あわつぶ 沫立て円形をなすを粒といふ也。硝子などに気眼といふ是也」 *上海(1928-31)〈横光利一〉四三「黒々とした無数の泡粒を密集させた河の水面は」 方言香川県三豊郡829 発音〈標ア〉ツ

あわ-つぶ【粟粒】『名』粟の実。粟の粒。非常に小さい物のたとえに用いることが多い。あわつび。 *清原国賢書写本荘子抄(1530)一「大なくらの内に粟(アワ)つふ一粒程も有まいぞ」 *浮世草子・好色一代女(1686)二・一「耳の下に、霜ふり月の比(ころ)、粟粒(アハツブ)程なる物いつとなくなやまして、其跡見ぐるしく」 *俚言集覧(1797頃)「粟つぶ程のできもの」 *鼻(1916)〈芥川龍之介〉「粟粒(アハツブ)のやうなものが、鼻へ出来はじめた」 *伊豆の踊子(1926)〈川端康成〉一「私は肌に粟粒を拵へ、かちかちと歯を鳴らして身顫ひした」 発音〈標ア〉ツ 〈京ア〉ツ/ワ

あわつぶ-だ・つ【粟粒立】『自タ五(四)』恐ろしさや寒さなどのために皮膚にぶつぶつができる。粟立つ。粟肌立つ。鳥肌立つ。 *助左衛門四代記(1963)〈有吉佐和子〉終・一「いや全身を掩う肌が粟粒立つのをじっと我慢するために腕を組んだ」 発音〈標ア〉ダ

あわつぶ-ぬり【粟粒塗】『名』漆工の技法の一つ。黄漆を塗ったあと、粟粒や菜種を蒔(ま)き散らし、乾いたあと種子を取り除いて黒漆などを施すこと。ななこ塗。

あわづ-まつり【粟津祭】『名』昔、近江国粟津(滋賀県大津市)辺りで行なわれた祭礼。《季・春》 *俳諧・毛吹草(1638)二「三月 曲水宴(三日)〈略〉粟津祭同」 *俳諧・俳諧歳時記栞草(1851)春・三月「粟津祭(アハヅマツリ) 江州粟津祭は、鳥々(とと)川の御霊の祭礼也。古は三月三日の祭なりしが、今民家微にして、祭祀すること能はず」 発音〈標ア〉マ

あわて【慌】『名』あわてること。また、あわて者。 *洒落本・窃潜妻(1807)上「『きついあはてナ』『しかし是で落付たであろ』」 発音〈標ア〉⓪ 辞書文明・饅頭・易林 表記周章(饅・易) 造次(文) 周慞(易)

あわて-あそ・ぶ【慌遊】『自バ四』はね回ったりしてあわただしく遊ぶ。 *源氏(1001-14頃)夕霧「君(きむ)だちの、あはてあそびあひて、雛(ひひな)つくり、ひろひ据(す)ゑて、遊び給ふ」

あわて-え【慌絵】『名』江戸末期の文久三年(一八六三)対英関係の悪化にあわてる世相を風刺した浮世絵版画。 発音〈標ア〉⓪

あわて-がみ【慌神】『名』方言慌て者。兵庫県明石郡061 徳島県809 811 ◇あわてがき〔慌餓鬼〕 兵庫県加古郡664 ◇あわてさく〔慌作〕 徳島県811 ◇あわてこまい 香川県丸亀市829 ◇あわてやま〔慌山〕 静岡県520

あわて-ぎ【慌着】『名』(多く「あわてぎに着る」の形で用いる)衣服を着たり、具足をつけたりなどするのに、あわて急ぐこと。 *平家(13C前)二・教訓状「素絹の衣を腹巻の上にあはてぎに着給ひけるが」 *日葡辞書(1603-04)「Auateguini(アワテギニ)。副詞。すなわち、アワタタシュウ キルテイ」 *四河入海(17C前)二三・二「長老及衆僧も、いそぎふためいて、衣をきらる。衣裳を転倒するは、あわてきにきる心なり」 辞書日葡

あわて-ぎみ【慌気味】『形動』思いがけない事、突然の事などにぶつかったり、失敗したりしてうろたえるさま。 *多情多恨(1896)〈尾崎紅葉〉後・二「柳之助は慌て気味で、『葉山、此(ここ)は待合茶屋なのかい、おい』」 *蔵の中(1918-19)〈宇野浩二〉「『や、失礼しました』と私は少しあわて気味で叫びました」 *竹沢先生と云ふ人(1924-25)〈長与善郎〉竹沢先生とその兄弟・三「やや慌て気味に口籠った」 発音アワテギミ〈標ア〉⓪

あわて-こ・む【慌込】『自マ五(四)』すっかりあわてる。 *残夢(1939)〈井上友一郎〉一一「『わけなんか少しもないのよ』けろりと答へ、慌て込んでゐる黒田を何だか気まりがわるくさせた」 *真空地帯(1952)〈野間

宏〉二・一〇「『敬礼』あわてこんだ中隊当番がどなったなかを、隊長は肩をふってなかへはいってきた」

あわて-ざま【慌様】〘名〙あわてている様子。あわてぶり。あわてよう。＊苦心の学友(1930)〈佐々木邦〉若様の御手術「昨夜初めの中(うち)威張って置きながら、藤岡さんに見て貰ってからの慌(アワ)て態(ザマ)ってなかったよ」 発音〈標ア〉0

あわて-さわ・ぐ【慌騒】〘自ガ五(四)〙うろたえて大騒ぎする。＊平家(13C前)九・坂落「平氏の軍兵共余にあはてさはいで、若(もし)やたすかると前の海へぞおほく馳いりける」＊太平記(14C後)二一・佐渡判官入道流刑事「在京の武士共、こは何事ぞと遽騒(アハテサハイ)で、上下に馳せ違ふ」＊日葡辞書(1603-04)「Auatesauagui, u, aida (アワテサワグ)」 発音アワテサワグ〈標ア〉ワ 辞書文明・日葡 表記周章・周慞(文)

あわて-た・つ【慌立】〘自タ四〙ひどくあわてる。あわただしいさまになる。＊太平記(14C後)二七・御所囲事「去る程に洛中には、只今合戦有るべしとて周章(アハテ)立て」

あわでのもり（あはでのもり）【不逢森】 謡曲「反魂香(はんごんこう)」の別名。

あわで-の-もり（あはで:）【阿波手杜・粟殿森】 愛知県海部(あま)郡甚目寺(じもくじ)町にある森。日本武尊が休んだ所といわれ、萱津神社がある。＊経盛集(1182)「さとごとにかたらひもせぬほととぎす君にあはでのもりにこそなけ」＊浮世草子・好色二代男(1684)七・一「反魂香(はんごんかう)を焼て、世になき姿を見し事、本朝にも相刕(そうしう)の阿和手(アハデ)の森(モリ)にてためし有」 発音〈標ア〉ア0

あわて-はため・く【慌―】〘自カ四〙「あわてふためく(慌)」に同じ。＊天草本平家(1592)一・一〇「auate fatameite (アワテ ハタメイテ) ハシル トモ ナク、タヲルル トモ ナク、イソイデ ツカイ ノ マエ ニ ハシリ ムカウテ」＊日葡辞書(1603-04)「Auate fatameqi, u, eita (アワテ ハタメク)」 辞書日葡

あわて-ふため・く【慌―】〘自カ五(四)〙あわてて立ち騒ぐ。あわてて、ばたばたする。あわてはためく。＊平家(13C前)三・足摺「あはてふためき、走るともなく、たをるる共なく、いそぎ御使のまへに走りむかひ」＊古今著聞集(1254)一六・五二七「蒔絵師あはてふためきてまゐりたりけるに」＊太平記(14C後)一八・瓜生挙旗事「寝(ね)おびれたる寄手共、時の声に驚いて周章翊(アハテフタメ)く処へ」 語源説フタメクはハタメクの転〔大言海〕。 発音〈標ア〉メ〈京ア〉0 辞書文明・黒本・日葡・書言 表記周章(文・黒・書)

あわて-ぶり【慌振】〘名〙うろたえの気持の現われている態度。＊故旧忘れ得べき(1935-36)〈高見順〉九「事の真相をききに一刻も早く友人の家へ駆けこまなくてはならないといふあわて振りを誇大して示した」 発音〈標ア〉0

あわて-まどい（:まどひ）【慌惑】〘名〙ひどくあわてること。＊落窪(10C後)一「三の君の男の蔵人の少将、俄(にはか)に臨時の祭の舞(まひ)人にさされ給ひければ、北の方あはてまどひしたまふ」

あわて-まど・う（:まどふ）【慌惑】〘自ハ四〙ひどくあわてる。あわてて途方に暮れる。＊源氏(1001-14頃)浮舟「火暗うなせと宣へば、あな、いみじとあはてまどひて、火は取りやりつ」＊栄花(1028-92頃)鳥辺野「皆人あはてまどふをかしこき事にする程に」 発音文アワテマドートモ〈標ア〉ド

あわて-もの【慌者】〘名〙①よくあわてる者。落ち着きのない人。そそっかしい人。また、気の早い人。＊語彙(1871-84)「あわてもの 物に驚きて、心落付ぬ者をいふ」＊俗曲・ラッパ節(1904-05頃)「私しゃ余っ程周章者(アワテモノ)蟇口拾うて喜んで、家へ帰ってよく見たら、電車に轢かれた蟾蜍(ひきがへる)」＊雪国(1935-47)〈川端康成〉「東京のあわて者だわ。もう辷ってるわ」②おどけたことを言ったりしたりする人。陽気に騒ぐ者。ひょうきん者。＊浪花聞書(1819頃)「あわて者 ひゃうきん者なり」 発音〈なまり〉アワテモン〔鳥取〕〈標ア〉0〈京ア〉0

あわ・てる【慌・周章】〘自タ下一〙文あわ・つ〘自タ下二〙不意をつかれて落ち着きを失う。びっくりしてまごつく。うろたえる。狼狽(ろうばい)する。現代では「あわてて…する」の形で、非常に急ぐ意に用いる場合も多い。＊書紀(720)用明二年四月(図書寮本訓)「是の時に押坂(おしさか)部史毛屎(けくそ)急(アワテ)来て密びに大連に語りて曰はく」＊石山寺本金剛般若経集験記平安初期点(850頃)「文策即ち甚だ忙(アワテ)怕(おび)え、乃ち使者を逐ひて去る」＊新撰字鏡(898-901頃)「惶急 驚失意也 於比由 又阿和豆」＊竹取(9C末-10C初)「かくや姫〈略〉いみじくしづかにおほやけに御文奉り給ふ。あはてぬさま也」＊源氏(1001-14頃)夢浮橋「をさなき心地は、そこはかとなくあはてたる心地して」＊曾我物語(南北朝頃)九・十番ぎりの事「鎧、兜(かぶと)、弓矢、太刀、馬よ、鞍よと、ひしめきあはつる程に」＊伊京集(室町)「周章 シウシャウ アハツル」＊人情本・春色梅児誉美(1832-33)四・二〇齣「なんだか今日は日がみぢかい、ト急ぎあわてて帰りゆく」＊浮雲(1887-89)〈二葉亭四迷〉三・一五「倉皇(アワテテ)箸を棄ててお勢の傍へ飛んで来て」 語誌「あわたたし(慌)」と同系語で、「泡」を活用させた語と考えられるが、成立過程は不明。第二音節の仮名遣いは「わ」。文語形は「あわて＋動詞」、口語形は「あわてて…する」の形で用いられることが多い。 語源説(1)アワタツ(泡立)の転用〔名言通・菊池俗言考・和訓栞・大言海〕。(2)アワタテ(泡立)の約。アワは溺(おぼ)れそうな人の形容から出た語〔日本古語大辞典＝松岡静雄〕。(3)水の泡の湧いたり消えたりするさまが、急ぐ様子に似ているところから〔紫門和語類集・両京俚言考〕。(4)アハツはイタヒガタル(痛僻)の反〔名語記〕。(5)アは驚いて発する音、ワはサワグ、ワク(湧)のワと同じ〔日本語源＝賀茂百樹〕。 発音〈なまり〉アーテル・アーデル〔千葉〕アオテール〔神奈川〕アバテル〔讃岐〕アワツイ・アワッツ〔鹿児島方言〕〈標ア〉0〈京ア〉0 文『あわつ』〈標ア〉ワ0〈ア史〉平安●●○ 江戸『あわつる』●●●●〈京ア〉0 辞書字鏡・色葉・名義・和玉・伊京・天正・日葡・書言・ヘボン・言海 表記周章(色・名・伊・ヘ・言) 遑(色・名・天) 慞(名・玉・天) 狼狽(字・名) 章(色・玉) 遽(玉・書) 惶急(字) 繞・狼・狽・顛・馥焉・慞惶・挙動(色) 略・頽・惆・惶(名) 遑而(伊) 滕(書)

あわてる乞食（こじき）は貰（もら）いが少ない われ先にとあわて急いでもらおうとしたり手に入れようとしたりすると、かえって少ししか手にすることができないことをいう。＊われら戦友たち(1973)〈柴田翔〉一・二四「待つよ、待つよ。慌てる乞食は貰いが少い」

あわてん-ぼう（:バウ）【慌坊】〘名〙急いで事をしてよく失敗する子供(人)。落ちつきのない、そそっかしい子供(人)。気の早い人。あわてもの。＊結婚(1967)〈三浦哲郎〉四「あわてん坊ねえ。もうこれで子供も二人目よ」 発音アワテンボー〈標ア〉0

あわ-どうふ（あは:）【粟豆腐】〘名〙豆腐料理の一種。葛餡(くずあん)を器の底に敷き、おろしワサビを置いた上に、ほどよく煮えたおぼろ豆腐をしぼって盛りつけ、裏ごしした卵黄をふりかけたもの。卵黄が粟粒のように見えるところからいう。

あわ・なう（あは:なふ）【逢―】〘連語〙(動詞「あふ(逢)」の未然形に上代東国方言の打消の助動詞「なふ」の付いたもの) 逢わない。＊万葉(8C後)一四・三三七五「武蔵野の小岫(をぐき)がきぎし立ち別れ去にし宵より夫(せ)ろに安波奈布(アハナフ)よ〈東歌・武蔵〉」＊万葉(8C後)一四・三四二六「会津嶺の国をさ遠み安波奈波(アハナハ)ば偲ひにせもと紐結ばさね〈東歌・陸奥〉」＊万葉(8C後)一四・三五二四「まをごもの節(ふ)の間近くて安波奈敝(アハナヘ)ば沖つ真鴨の嘆きそ吾がする〈東歌〉」

あわ-なぎ【沫凪】〘名〙水面が凪(な)いで穏やかなこと。＊書陵部本名義抄(1081頃)「沫泡〈略〉允亮云、此云、阿和那伎」 補注「古事記-上」の「此の速秋津日子と速秋津比売との二はしらの神、河海に因(よ)りて持ち別けて、生める神の名は、沫那芸神(あわナギのかみ)、次に沫那美神(あわなみのかみ)」、「書紀-神代上」の「天万尊、沫蕩尊を生(な)しませり、沫蕩尊、伊奘諾尊を生しませり〈沫蕩、此をば阿和那伎(アワナギ)と云ふ〉」は、神名として用いられる。 辞書名義 表記沫(名)

あわ-なぜ（あは:）【泡―】〘名〙方言⇩あわ(泡)

あわ-に（あは:）【淡】⇩あわ(淡)㊁

あわ-に（あは:）〘副〙(「さわに」と同源か) 多く。たくさんに。一説に、深く。＊万葉(8C後)二・二〇三「降る雪は安幡爾(アハニ)な降りそ吉隠(よなばり)の猪養(ゐかひ)の岡の寒からまくに〈穂積皇子〉」

あわ-ぬか（あは:）【粟糠】〘名〙脱穀した粟のもみがら。《季・秋》＊俳諧・続猿蓑(1698)秋「粟ぬかや庭に片よる今朝の秋〈露川〉」

あわ-ねり【泡練】〘名〙石けんの泡の中に絹をつるして精練する方法。練り上がりの光沢、手ざわりがよい。 発音〈標ア〉0

あわの（あはの）【阿波野】 姓氏の一つ。 発音〈標ア〉ア

あわの-せいほ（あはの:）【阿波野青畝】 俳人。奈良の生まれ。本名、敏雄。「ホトトギス」で活躍し、俳誌「かつらぎ」を主宰した。句集「万両」「春の鳶」など。(一八九九～一九九二)

あわ-の-うるしね（あは:）【粟米】〘名〙粟の栽培品種。種子に粘りの少ないもの。＊本草和名(918頃)「粟米〈略〉和名阿波乃宇留之禰」＊十巻本和名抄(934頃)九「粱米 崔禹曰粱米〈略〉一名穭米〈上音会 和名阿波乃宇留之禰〉一名白粱 一名円米」 辞書和名・色葉・名義 表記粱米(和・色・名) 芑粟(色) 芑米・穭米(名)

あわ-の-え-しだ（あはのへ:）〘連語〙(「あはのへ」は動詞「あふ(会)」の未然形に上代東国方言の打消の助動詞「なふ」の連体形「なへ」の変化した「のへ」が付いたもの。「しだ」は時の意) 会わない時。会わないでいる時。↔あおしだ。＊万葉(8C後)一四・三四七八「遠しとふ故奈の白嶺(しらね)にあほしだも安波乃敝之太(アハノヘシダ)も汝(な)にこそ寄され〈東歌〉」 上仮名アハノヘシダ

あわ-の-こめ（あは:）【粟米】〘名〙方言⇩あわごめ(粟米)

あわの-しゅんけい（あはの:）【粟野春慶】〘名〙茨城県東粟野産の漆器。春慶塗を模し、墨画で同地方の名所、旧跡などを描く。水戸春慶。 発音アワノシュンケイ〈標ア〉シュ

あわの-ぜん（あはの:）【粟野膳】〘名〙茨城県粟野産の漆塗り折敷膳(おしきぜん)。漆は淡黄色でかんな目を施す。水戸折敷。→粟野春慶

あわ-の-なると（あは:）【阿波鳴門】 ㊀「なるといきょう(鳴門海峡)」の異称。＊寛永刊本蒙求抄(1529頃)四「孟津は武王の殷の紂うたれた処也。日本阿波の鳴戸(ナルト)などのやうな処ぞ」＊浮世草子・武道伝来記(1687)二・三「浪風もなく阿波(アハ)の鳴戸(ナルト)はおさまりぬ」＊浄瑠璃・傾城反魂香(1708頃)三熊野「いつならはしの世渡りやあはのなるとは越ゆる共、此うきふねのうき流れ」 ㊁京都島原の遊女夕霧を題材として作られた浄瑠璃や歌舞伎。①義太夫節「夕霧阿波鳴渡」。近松門左衛門作。正徳二年(一七一二)頃、大坂竹本座初演。夕霧と伊左衛門の情事を脚色。②義太夫節「傾城阿波の鳴門」。近松半二ら作。明和五年(一七六八)竹本座初演。「夕霧阿波鳴渡」の書き替え。阿波徳島の城主玉木家のお家騒動に、夕霧の事件をからませたもの。他に、常磐津節、富本節などがある。 発音〈標ア〉ア

あわのみこと-じんじゃ【阿波命神社】 東京都大島支庁神津島村長浜山にある神社。旧府社。祭神は阿波咩命(あわめのみこと)。延喜式内名神大社。長浜明神。長浜さま。発音アワノ＝ミコトジンジャ〈標ア〉ア＝ジ

あわ-の-みと【阿波の水門】 「なるとかいきょう(鳴門海峡)」の異称。＊書紀(720)神代上(寛文版訓)「其の穢悪(けがらはしきもの)を濯(すす)き除(はら)はむと欲(をぼ)して、乃ち往いて粟門(アハノミト)及び速吸名門(はやすふなど)を見(みそなは)す」

あわ-の-よね【秫粟】『名』粟の栽培品種。色が青みを帯びるもの。あおあわ。＊本草和名(918頃)「青粱米、一名秫粟、和名阿波乃与禰」＊伊呂波字類抄(鎌倉)「秫粟 アハノヨネ」

あわ-ば【阿波葉】『名』阿波国(徳島県)三好および美馬(みま)地方から産するタバコの葉。

あわ-ばこ【泡箱】『名』放射線検出装置の一つ。過熱液体水素を満たした箱で、この中に荷電粒子を通すと、電離作用による沸騰が起き、通った跡に泡の列が生じて飛跡が得られる。一九五二年、アメリカのグレーザーが発明。高エネルギー粒子、素粒子の研究に用いる。

あわ-はだ【粟肌】『名』寒さで肌につぶつぶが生じること。鳥肌。＊玉塵抄(1563)三二「ここえた肌にあわつぶが生、あわはたと云ぞ」発音〈標ア〉0

あわ-ばた【粟畑】『名』「あわばたけ(粟畑)」に同じ。＊七十一番職人歌合(1500頃か)一一番「ひとりねの数も知られぬあは畑のうち忘るべき時のまもなし」

あわ-ばたけ【粟畑】『名』粟を栽培する畑。あわばた。あわた。《季・秋》＊雑俳・柳多留-一四八(1838-40)「心なく小鳥のなぶる粟畑」＊赤痢(1909)〈石川啄木〉「穂の出初(でそ)めた粟畑がある」発音〈標ア〉パ

あわはだ-だ・つ【粟肌立】『自タ五(四)』「あわだつ(粟立)」に同じ。＊青い月曜日(1965-67)〈開高健〉二・小さな旅行「陰鬱な、あてどない憎しみが粟肌だった顔のなかでくすぶっていた」発音〈標ア〉ダ$_2$

あわ-ばな【粟花】『名』植物「おみなえし(女郎花)」の異名。《季・秋》＊先祖の話(1946)〈柳田国男〉五八「粟花(アハバナ)の黄なる花の穂に、みたまの宿りを想像した時代もあったのである」方言植物。❶おみなえし(女郎花)。駿州†070 木曽†091 青森県三戸郡083 岩手県088 093 097 秋田県131 山形県北村山郡・最上郡139 福島県155 157 175 群馬県勢多郡236 新潟県刈羽郡380 長野県468 480 481 岐阜県飛騨497 大野郡502 静岡県523 和歌山県伊都郡692 鹿児島県薩摩062 鹿児島市965 ◇あおばな 岐阜県飛騨497 ◇あわんばな 宮崎県西諸県郡964 ◇あわぼんばな〔粟盆花〕岩手県九戸郡088 ❷あきのきりんそう(秋麒麟草)。鹿児島県奄美大島965 ❸みずとらのお(水虎尾)。◇あわのはな 京都府何鹿郡964

あわび【鮑・鰒・石決明】『名』①ミミガイ科に属するクロアワビ、メガイアワビ、マダカアワビなどアワビ類の総称。北海道、本州、四国、九州の沿岸に分布。巻貝だが、巻いた部分は小さく、殻は楕円形で殻口は著しく大きく、広い足で岩礁に付着する。殻が二枚貝の片側だけのように見えるので「片思い」のたとえにいう。長さ一〇～二〇センチ。表面は主に褐色で、孔が一列に並ぶが、後半の三～四個以外は孔がふさがっている。開いている孔は出水孔で、糞もここから出る。雌雄異体。内面には強い真珠光沢がある。肉は食用、殻は螺鈿(らでん)、貝細工、貝ボタンの材料になる。《季・夏》＊催馬楽(7C後-8C)我家「御肴に何よけむ安波比(アワヒ)栄螺(さだを)か石陰子(かせ)よけむ」＊平城宮址出土木簡(747頃)「長鮑(あはび)御取鮑(あはび)」＊本草和名(918頃)「石決明、一名紫貝〈略〉、和名阿波比」＊宇津保(970-999頃)蔵開下「かつを、ほやきのあはび、みる、あまのりなどみゆ」＊俳諧・春鴻句集(1803頃)冬「藻かづきの石決明涼しき獲哉」②「あわび(鮑)の片思い」の略。また、片恋をする人。＊雑俳・柳多留-一六二(1838-40)「蛤を鮑がねらひ九十九夜」③女陰。＊浄瑠璃・奥州安達原(1762)二「ドレいんで取溜の鮑、内でむいたりむかしたり」＊雑俳・化粧紙(1826)「荷が過て・鮑に浪のうつ酌婦」④錠をいう。盗人仲間の隠語。〔日本隠語集(1892)〕

鮑 ①

語誌(1)縄文時代の貝塚から出土し、平城宮址出土木簡や「延喜式」にもその名が多く見え、古くから食用とされたことが知られる。伊勢神宮では古くから神饌として供されていたが、武士の出陣、帰陣に吉例として出されたり、また正式な贈り物には熨斗に鮑の一片が添えられたりするなど、様々な意味が付与され使用されてきた。(2)この貝から「片思い」を象徴する表現は、既に「万葉-一一・二七九八」にも「伊勢のあまの朝な夕なに潜くといふ鰒の貝のかたもひにして〈作者未詳〉」とあるが、次第に慣用的に用いられるところとなり、室町時代以降多用されるようになった。

語源説(1)アハヌミ(不合肉)の略転〔和句解・和語私臆鈔〕。(2)アハスミ(合肉)の義〔名言通〕。(3)アヒ(合・間)の転〔俚言集覧〕。(4)アハ(合)デ-ヒカル(光)の義。また、アハ(合)デ-ヒラク(開)の義。ふたがないため〔日本釈名〕。(5)イハフ(岩触)の転〔言元梯〕。(6)イハハヒミ(岩這身)の義〔日本語原学＝林甕臣〕。(7)肉の味がアハアハシクて、乾して種々の用途に用いられるためか〔和訓栞〕。(8)アマフカ(甘深)食の反〔名語記〕。(9)不逢陀の義〔桑家漢語抄〕。

発音〈なまり〉アービ〔NHK(北海道)・静岡・志摩・和歌山県・紀州〕アオッ〔鹿児島方言〕アオビ〔福井大飯・和歌山県・和歌山・紀州・島根・周防大島・徳島・土佐・長崎・鹿児島方言〕アビ〔岩手〕アンビ〔NHK(北海道)・岩手〕〈標ア〉ア 〈ア史〉平安◍○○ 〈京ア〉ア 上仮名アハビ 辞書字鏡・和名・色葉・名義・下学・和玉・文明・明応・天正・饅頭・黒本・易林・日葡・書言・ヘボン・言海 表記鮑(和・色・名・玉・書・ヘ・言) 石決明(和・色・名・下・玉・文・明・天・饅・黒・易・書) 鰒(和・色・名・玉・書・言) 蚫(字・書・言) 蛸・蛤(字) 消(名) 海貝(下)

あわび の 貝(かい) ①「あわび(鮑)①」に同じ。＊俳諧・毛吹草(1638)五「わが心鮑(アハビ)の貝(カイ)ぞをそざくら〈重貞〉」②「あわび(鮑)②」に同じ。③「あわびがら(鮑殻)」に同じ。＊医心方(984)一「石決明 和名阿波比乃加比」発音〈標ア〉ア

あわび の 貝(かい)の片思(かたおも)い 「あわび(鮑)の片思(かたおも)い」に同じ。＊万葉(8C後)一一・二七九八「伊勢のあまの朝な夕なに潜(かづ)くといふ鰒貝之独念(あはびのかひのかたもひ)にして〈作者未詳〉」＊梁塵秘抄(1179頃)二・二句神歌「伊勢の海に朝な夕なに海女(あま)の居て、採り上ぐなる、あはびのかゐのかたおもひなる」＊御伽草子・横笛の草紙(室町末)「あはびのかいのかた思ひ、人はかほどにつれなきを、思ふも苦しとにかくに」

あわび の 貝(かい)の中(なか)の玉(たま) アワビの腹中に育つ鮑珠(あわびだま)、すなわち真珠のこと。大切なもののたとえ。＊新浦島(1895)〈幸田露伴〉一「次郎と名づけて鰒(アハビ)の貝の中の玉と大切に育てけるが」

あわび の 貝(かい)の風情(ふぜい) 片思いの様子。＊源平盛衰記(14C前)三九・時頼横笛事「如何なる我なれば、鮑(アハビ)の貝(カイ)の風情(フゼイ)して、難面(つれな)くながらへて由なき物を思ふべきぞ」

あわび の 片思(かたおも)い (アワビは、一見二枚貝の片側の殻だけのように見えるところから)一方からだけ恋い慕うことにいう。磯の鮑の片思い。あわびの貝の片思い。あわび。＊浄瑠璃・国性爺合戦(1715)二「我はあはびの片思ひ、にくやそもじのさるぼうにくはせたいぞやさざい貝」＊歌舞伎・善悪両面児手柏(妲妃のお百)(1867)一幕「兎に角鮑(アワビ)の片思ひにて、そもじ様は、白魚顔(しらをがほ)をなされ候とは」＊浮雲(1887-89)〈二葉亭四迷〉二・七「所が一向お芽出度く無い事サ、所謂鮑(アハビ)の片思ひでネ」辞書書言 表記鰒独念(書)

あわび の 塩蒸(しおむ)し 「あわびむし(鮑蒸)」に同じ。

あわび の 腸煮(わたに) アワビの肉とはらわたをいっしょに煮た料理。〔語彙(1871-84)〕

あわび-うちがい【鮑打貝】『名』アワビ料理の一種。大きなアワビの肉のふちの堅い部分を切り取り、残りの肉をシノダケでたたき、これを酒で煮たもの。

あわび-おこし【鮑起】『名』海女が海中で、岩についた鮑を取るのに用いる鉄製の平たい棒。おこしがね。発音〈標ア〉オ

あわび-がい【鮑貝】『名』①「あわび(鮑)①」に同じ。また、その貝殻。＊長久元年庚申良子内親王貝合(1040)「あはびがひをかづきといひけり」＊俊成五社百首(1190)「浪かかる岩根につけるあはび貝こや片恋のたぐひ成るらん」＊右京大夫集(13C前)「沖つ波岩うつ磯のあはびがひ拾ひわびぬる名こそ惜しけれ」＊日葡辞書(1603-04)「Auabigai(アワビガイ)〈訳〉鮑の貝殻」②馬糞(まぐそ)拾いに用いる道具。手頃の長さの竹の先を割ってアワビ貝を取りつけたもの。また、それを用いて馬糞拾いする者。馬糞かき。③(アワビの貝殻が二枚貝の片方だけのように見えるところから)夫に死別した寡婦(かふ)をたとえていう。＊雑俳・都の花(1728)「下々ならば又よめらふにあわびがい」発音アワビガイ〈標ア〉ビ 辞書日葡

あわび-がら【鮑殻・石決明】『名』アワビの殻。螺鈿(らでん)、貝ボタンなどに用いる。昔は、眼病の薬とし、地方によっては、疫病よけとして門戸につるす風習もあった。＊和名集并異名製済記(1623)「石決明 せきけつめい あわびがらの事也。打砕きふちの厚き処を用ゆ」＊和漢三才図会(1712)四七「鰒(あはび)〈略〉鰒殻(アハヒカラ)以レ有ニ去レ翳之功一名ニ石決明一、以レ有ニ青白之光一名ニ千里光一、磪片可レ飾ニ漆器一俗云青貝是也」＊俳諧・鶉衣(1727-79)前・下・三三・煙草説「只木がらしの松陰に駕立て、継ぎせる取まはせば、茶屋の嚊のさし心得て、蚫がらに藁火もりてさし出したる、一瓢(いっこ)千金のたとへも此時をいふにや」発音アワビガラ〈標ア〉0 辞書書言 表記千里光(書)

あわび-くぼ【鮑苦本】『名』螺(にし)類の総称。螺(つび)。つぶ。＊新猿楽記(1061-65頃)「野干坂(きつねざか)伊賀専(たうめ)之男祭、叩ニ蚫苦本(アハビクボ)一舞」

あわび-ごけ【鮑苔】『名』地衣類の一つ。扁平な小裂片が重なり合って、高山の木や岩の上に付着し、葉状に広がる。表面は緑黄色で、裏面は暗褐色。学名は Nephromopsis ornata 発音アワビゴケ〈標ア〉ビ

あわび-しお【鮑醬】『名』アワビの肉をひしお煮にしたもの。アワビを切って塩と酒とをかけて摺醬(すりびしお)にし、たれみそを煮立てた中に入れ、ゆでたヤマノイモを加えたもの。食べるときにはそぼろ切りにして、削りがつおをかける。＊随筆・貞丈雑記(1784頃)六「あふびしほとは蚫をひしほ煮にするをいふ 但そぼろ切してゐりかつほはねかつほ盛也 又あわびしほともいふなり」

あわび-しらたま【鮑白珠】『名』「あわびたま(鮑珠)」に同じ。＊書紀(720)武烈即位前・歌謡「琴頭(ことがみ)に 来居る影媛 玉ならば 吾(あ)が欲(ほ)る玉の 婀波寐之羅陁魔(アハビシラタマ)」

あわび-じる【鮑汁】『名』アワビ料理の一種。温かい汁物料理で、アワビを汁の実としたもの。＊厨事類記(1295頃)「温汁 蚫汁。鳥臛。鯛汁等也。汁実べち

のさらにもりて、追物に居くはへて供レ之云々」＊厨事類記（1295頃）「汁物 依レ時調美不レ同也。或供ニ鳥臛汁一。或供ニ鯛汁膾一。然而近代多供ニ蚫汁一可レ為ニ佳例一歟」 発音〈標ア〉ジ

あわび-たけ【鮑茸】〘名〙きのこ「ひらたけ（平茸）」の異名。＊語彙（1871-84）「あはびたけ㊔ 菌類、形状大にして脚短し、〈略〉味稍あはびに似たり、八九月生ず」

あわび-たま【鮑珠・鰒珠】〘名〙アワビ貝の腹中に生ずる真珠。今日の真珠はほとんどアコヤ貝真珠であるが、上代ではアワビ真珠が主であった。鮑白珠。＊万葉（8C後）六・九三三「淡路の 野島の海人の 海（わた）の底 沖つ海石（いくり）に 鰒珠（あはびたま） さはに潜（かづ）き出〈山部赤人〉」＊万葉（8C後）一八・四一〇一「い渡りて 潜き取るといふ 安波妣多麻（アハビタマ） 五百箇（いほち）もがも〈大伴家持〉」 発音〈標ア〉ビ

あわびっ-かい【鮑貝】〘名〙「あわびがい（鮑貝）」の変化した語。＊洒落本・辰巳婦言（1798）四つ明の部「料理場の鮑（アワビ）ッ貝（カヒ）は、やたひ店の出来合卓朴（しっぽく）」＊滑稽本・七偏人（1857-63）三・上「馬糞浚ひが、竹の先へ附た鮑（アハビ）ッ貝を」＊平凡（1907）〈二葉亭四迷〉六「内ゝ中の鮑っ貝、外へ出りゃ蜆っ貝」 発音〈標ア〉ビ

あわび-とり【鮑採】〘名〙アワビをとること。また、それをする人。《季・春-夏》＊俳諧・曠野（1689）一・花「首出して岡の花見よ鮑とり〈荷兮〉」＊随筆・雲萍雑志（1843）二「伊勢の浦にて、海士の蚫（アハビ）取には、乳の子なんど引つれて、夫はかひをつかひゐて」＊山響集（1940）〈飯田蛇笏〉「岩礁の瀬にながれもす鮑取」 発音〈標ア〉ビ

あわび-のし【鮑熨斗】〘名〙乾燥したアワビの肉を延ばして作った熨斗。祝儀に用いることが多い。のしあわび。＊俚言集覧（1797頃）「蚫熨斗 蚫熨斗に斗字はいらぬ事にて蚫熨とはかり書べきと思ひしに」＊随筆・耳嚢（1784-1814）五・疱瘡病人眼の閉付て明かざるを開く奇法の事「疱瘡の後かせなどに至りて眼とぢてあかざる時は、あわびのしの頭の黒き所を水にひたし」 発音〈標ア〉ビ

あわび-のぶすま【鮑野衾】〘名〙料理の一つ。タイの作り身を霜降りにしたものと、小鳥のたたき肉を団子にしてゆでたものとを、アワビの肉の薄片をすまし汁で煮たもので包むようにして、椀に盛ったもの。

あわび-むし【鮑蒸】〘名〙アワビ料理の一つ。アワビに塩をふり、貝つきのまま蒸したもの。鮑の塩蒸し。 発音〈標ア〉0

あわび-むすび【鮑結】〘名〙①女房装束に用いる檜扇（ひおうぎ）の飾り糸の結び方で、アワビに似ているところからいう。中央に一つ、左右に二つのわなを並べた紐の結び方。あうび結び。淡路結び。葵（あおい）結び。蜷（にな）結び。淡路。＊河海抄（1362頃）八「あしゆひのくみは色々の糸にてまはりにあはびむすびを結て机の四の足をからみて花足よりも長くうちはへたる也」＊随筆・貞丈雑記（1784頃）一六「あわび結びと云はあふひ結とも云。結形の事也。丸く細長くて蚫貝に似たる故也」＊桃花蘂葉（1480）束帯色目「扇〈略〉糸のあまりをあはび結びにして」②髪の結い方の一つ。寡婦（かふ）の結う髪。淡路結び。 発音〈標ア〉ム

あわび-りょうり【鮑料理】〘名〙アワビを用いた料理。古くは鮑汁、鮑蒸し、熨斗（のし）鮑など。今日ではふくら煮、バター焼き、寄せ物などがある。＊咄本・昨日は今日の物語（1614-24頃）上「ある寺にあわびれうりのさい中に、檀那ふっと来る。坊主仰天して、此貝は目の薬ぢゃと申が、目（ま）がしらにさし候か、目（ま）じりにさすかといふ」 発音アワビリョーリ〈標ア〉リョ

あわ-ふ【粟生】〘名〙（「ふ（生）」は、その植物だけが生えている所の意）粟の生えている畑。粟畑。粟生田（あわふた）。＊古事記（712）中・歌謡「みつみつし 久米の子らが 阿波布（アハフ）には かみら一本（ひともと） そねが本 そね芽つなぎて 撃ちてし止まむ」＊書紀（720）天智即位前（北野本所引日本紀私記訓）「播磨国の司（みこともち）岸田臣麿等、宝の釼を献りて言（まう）さく、狭夜郡の人の禾田（アハフ）の穴内（うち）にして獲（え）たり、とまうす」＊十巻本和名抄（934頃）一「粟田 日本紀私記云粟田〈阿波布〉」 発音〈標ア〉0 辞書和名・色葉 表記粟田（和・色）

あわ-ぶ【粟麸】〘名〙黄色に染めた麸。

あわ-ふう【阿波風】〘名〙鐔工（たんこう）の一派、阿波正阿彌の作風。多くは黄銅製で献上鐔と称する優秀な作で、透鐔（すかしつば）に全面金象眼を施した精巧な細工が特色。＊装剣奇賞（1781）「杢平〈略〉阿波風の上手なり、其作奇麗に頻密にして、よく行とどく彫なり」 発音アワフー〈標ア〉0

あわ-ふき【噦噫】〘名〙「しゃっくり」の古語。＊新撰字鏡（898-901頃）「噦噫 鳥声也 阿波不支〈略〉哽也 気逆曰噦塞喉曰噎之」 辞書字鏡 表記噦噫（字）

あわ-ぶき【泡吹】〘名〙アワブキ科の落葉高木。本州中部以西の山地に生える。高さ約一〇メートル。葉は長楕円形。夏、枝の先に白い小さな花が密集して咲く。実は直径六ミリメートルほどの球形で、赤く熟す。材は挽物（ひきもの）細工に利用される。燃やすと切り口から泡が出るところからいう。あわぶくたらし。学名は Meliosma myriantha ＊日本植物名彙（1884）〈松村任三〉「アワブキ ヌカガラ」 発音〈標ア〉ワ

あわぶき-か【泡吹科】〘名〙双子葉植物の科名。四属一五〇種が、アジアの温帯とアメリカの温帯とに分布する。木本またはつる性の低木。葉は通常互生して単葉または羽状複葉。花は小さく、両性または単性で、集散または円錐花序をなす。花弁は四～五枚、これと対生する同数の雄ずいがある。子房は上位で二～三室、各室に一～二個の種子がある。日本にはアワブキ属と、アオカズラ属が、本州以西の山地に自生する。アオカズラ科。学名は Sabiaceae ＊生物学語彙（1884）〈岩川友太郎〉「Sabiaceoe 泡吹（アハブキ）科〔植〕」 発音〈標ア〉0

あわふき-むし【泡吹虫】〘名〙カメムシ（半翅目）、アワフキムシ科の昆虫の総称。成虫の体形はセミに似ているが、小さく体長八～一三ミリメートルのものが多い。幼虫には羽がなく、草木の茎や葉に唾液のような泡状の排泄物を尾端から分泌し、その中で植物液を吸収して生活する。日本では約一〇〇種知られている。あわふき。学名は Aphrophoridae ＊語彙（1871-84）「あわふきむし㊔ つばきむし 山茶等の枝葉の間に生じ泡沫を出し其中に棲む小虫なり、後羽化してくさぜみとなる」 発音〈標ア〉キ 辞書言海 表記沫吹蟲（言）

あわ-ふく【泡吹】〘動〙方言❶慌てる。山形県東村山郡・新庄市139 三重県志摩郡585 ❷海面に白く泡を立てて魚群が来る。岩手県気仙郡101 ❸あえぐ。◇ああふくん 沖縄県石垣島996

あわ-ぶく【泡―】〘名〙（「泡吹く」の意から）口から出すつばの泡。また、水の泡。あぶく。＊めのとのさうし（14C中か）「口わきよりあわぶくたりて物いへば、いかにうつくしき口つきもあしくなり候」＊史料編纂所本人天眼目抄（1471-73）四「単伝直指に至てわかうあわぶくをはたすまぢひぞ」＊玉塵抄（1563）四八「物を多あわぶくをたらいてあたたなことを云えば人がをかし難事がでくるぞ」＊象のいないサーカス（1968）〈井上光晴〉「きれぎれの言葉が彼女の後で泡ぶくのようにあらわれては消える」 方言❶泡。薩摩†137 宮城県115 116 120 秋田県平鹿郡130 山形県144 149 152 福島県155 新潟県368 374 383 長野県上伊那郡488 下伊那郡492 長崎県佐世保市902 ◇ああぶう 千葉県君津郡262 ◇ああぶく 栃木県芳賀郡203 千葉県東葛飾郡・君津郡261 山梨県南巨摩郡463 長野県下水内郡470 沖縄県首里993 ◇ああぼこ 栃木県198 ◇あっぷく 新潟県中越373 ◇あば 兵庫県加古郡664 島根県725 香川県827 福岡県小倉市874 ◇あばぐつ 香川県三豊郡829 ◇あぶ 青森県074 075 085 秋田県北秋田郡・鹿角郡130 新潟県佐渡352 ◇あぶき 千葉県山武郡270 ◇あぶつ 兵庫県但馬652 鳥取県711 ◇あぼこ 新潟県中越373 三島郡374 ◇あわぶつ 長崎県佐世保市902 ◇あわぶつぶつ 福岡県久留米市883 ◇あわぼこ 山形県139 新潟県368 374 383 ◇あわんぶき 静岡県榛原郡541 ◇あわんぶく 長野県諏訪481 佐久493 静岡県535 538 541 ◇あわんぶつ 香川県三豊郡829 ◇あわんぼく 長野県佐久493 ◇あわんぼこ 静岡県520 小笠郡537 ◇あんぶ 青森県三戸郡083 ◇あんぶく 岩手県気仙郡100 秋田県仙北郡130 栃木県198 群馬県239 242 245 埼玉県249 257 258 神奈川県津久井郡317 山梨県456 長野県佐久493 静岡県田方郡530 ◇あんぷく 埼玉県249 ◇あんぼろ 山口県大島801 ❷癲癇（てんかん）。◇あばふき 島根県簸川郡・大原郡725 ◇あわふき 島根県那賀郡725 大分市941 ❸魚、めだか（目高）。◇あわふき 江州†039 発音〈標ア〉0

あわぶく-たらし【泡吹垂】〘名〙植物「あわぶき（泡吹）」の異名。方言植物。❶あわぶき（泡吹）。茨城県036 栃木県西部198 群馬県036 埼玉県036 秩父郡003 山梨県036 ❷ななかまど（七竃）。栃木県西部198 山梨県西八代郡036

あわ-ふだ【粟生田】〘名〙（元来「あわふ」で、粟畑、の意であるが、後世「ふ」の意義が忘れられて「た（田）」を付加したもの）「あわふ（粟生）」に同じ。＊書紀（720）神代下（水戸本訓）「此の雉降来（とびくだ）りて、粟生（アハフ）、豆生（まめふだ）を見て則ち留りて返らず」

あわぶね-がい【泡舟貝】〘名〙カリバガサガイ科の巻き貝。房総以南に広く分布し、潮間帯から水深約一〇メートルの岩に付着する。殻長約二センチメートル。扁平な灰褐色の楕円形で、殻の表面に小さいとげからなる放射肋がある。内側から見ると、後方に隔壁があり、スリッパのように見える。幼時はすべて雄で、大きくなると次第に雌となることで知られている。くるすがい。学名は Bostrycapulus gravispinosus 発音アワブネガイ〈標ア〉ネ

あわ-ほ【秙】〘名〙穀物の穂。＊新撰字鏡（898-901頃）「秙 阿波保」 辞書字鏡 表記秙（字）

あわ-ぼ【粟穂】〘名〙①粟の穂。あわぼう。《季・秋》＊俳諧・泊船集（1698）六「こぼれたる粟穂の雀あれへ飛べ〈重行〉」＊俳諧・馬光発句集（1768）「魂棚にせめてうなつく粟穂哉」②小正月の予祝行事に用いるつくりものの一つ。ヌルデ、ニワトコなどの木でつくった削りかけ。→あわぼひえぼ。③植物「さらしなしょうま（晒菜升麻）」の異名。＊物類称呼（1775）三「升麻 とりあし あはもり 京にて、あはぼと云」＊重訂本草綱目啓蒙（1847）九・山草「升麻 とりのあしぐさ〈延喜式〉、うたかぐさ〈和名鈔〉、あはぼ〈略〉升麻の花は粟の穂の如くにして白色又筆頭の形に似たり。故にあはぼとも みづふでとも名づく」 方言㊀❶小正月の予祝行事の一つ。白膠木（ぬるで）、接骨木（にわとこ）、楮（こうぞ）などの木を粟の穂の形に作って竹に挿したものを、神々に供える。同様にして稗（ひえ）の穂に擬した稗穂と共に飾ることが多く、並べていうこともある。餅（もち）で作る地方もある。山形県139 群馬県吾妻郡219 埼玉県秩父郡251 千葉県夷隅郡288 君津郡301 熊本県球磨郡054 ◇ああぼ 群馬県多野郡246 山梨県南巨摩郡453 ◇ああぼう 千葉県君津郡301 静岡県賀茂郡521 ◇あぼ 埼玉県秩父郡251 ❷繭玉団子。◇ああぼ 栃木県198 ㊁植物。❶（㊀❶の材料とするところから）にわとこ（接骨木）。千葉県夷隅郡290 ◇ああぼ 千葉県夷隅郡040 ◇あぶ 千葉県安房郡036 ◇あぼ・ああぼのき〔―木〕 千葉県夷隅郡・安房郡036 ◇あわぼうのき 千葉

県君津郡036 ◇あおへぼのき 東京都北多摩郡036 ❷はんのき(榛木)。◇あわぼのき 秋田県仙北郡036 ❸おみなえし(女郎花)。青森県上北郡082 ❹とりあししょうま(鳥足升麻)。京都†020 防州†122 ❺えのころぐさ(狗児草)。◇あわほ 大阪府豊能郡964 発音〈標ア〉0 辞書言海 表記粟穂(言)

あわ-ぼう 【粟棒】『名』粟を黒砂糖で棒状に固めた駄菓子。＊雑俳・柳多留-一九(1784)「今に日が当るとあわぼうを直切」 方言❶三〇センチメートルほどの白膠木(ぬるで)の木五本を束にしたもの。正月の門松の外側に六束巻きつける。長野県下伊那郡064 ❷米の粉で作り、旧正月一六日に門松に添える棒。平年なら一二本、閏年なら一三本挿す。岩手県気仙郡100

あわ-ぼう 【粟穂】『名』「あわぼ(粟穂)」の変化した語。＊評判記・吉原人たばね(1680頃)こむらさき「うりやなすびをせたらおひ、ぢごくのかたに、いねぼうや、君にははやくあはぼうと、きびぼうよく」＊洒落本・遊ふべの茶がら(1800)「やせたりとも馬一疋をももち、粟(アワ)ぼう、ひへぼうに似たる鎗(やり)一本のあるじたりしも」 方言植物、にわとこ(接骨木)。千葉県長生郡036

あわ-ほおずき 【泡酸漿】『名』海酸漿(うみほおずき)の一種。海産の巻き貝、バイの卵嚢(らんのう)で、玩具とする。発音アワホーズキ〈標ア〉ホ

あわぼ-の-き 【粟穂木】『名』方言 ⇩あわぼ(粟穂)

あわぼ-ひえぼ 【粟穂稗穂】『名』関東、東北をはじめ広く行なわれる小正月の予祝行事の一つ。多くはヌルデ、ニワトコなどの木を一〇センチメートル程に切り、削りかけにしたものを粟穂、皮つきのままのを稗穂とし、割り竹につけて豊作を予祝する飾りもの。餅で作るところもある。方言❶小正月の予祝行事の一つ。白膠木(ぬるで)、接骨木(にわとこ)、楮(こうぞ)などの木を粟の穂の形に作って竹に挿したものを、神々に供える。群馬県吾妻郡219 神奈川県藤沢市319 ◇あわぼうひえぼう 神奈川県藤沢市319 ◇ああぼひいぼ 群馬県勢多郡236 ◇ああぼへえぼ 東京都八王子311 ◇あぼひぼ 栃木県198 ◇あぼへぼ 埼玉県秩父郡054 ◇あぶひぼ 千葉県東葛飾郡064 ❷繭玉団子。◇ああぼうへえぼう 栃木県198

あわ-ぼり 【阿波彫】『名』彫金の名。阿波国(徳島県)から作り出される刀剣類を装飾するための金属彫刻。発音〈標ア〉0

あわ-まき 【粟蒔・粟撒】『名』①粟をまくこと。《季・夏》＊俳諧・類題発句集(1774)夏「粟蒔や鶉も見えぬ夕まぐれ〈盧元〉」②遊女のことをいう、出羽地方(山形県)の方言。＊洒落本・温海土産(1857)「粟撒と云ふは遊女の事を申方言なり」方言❶遊女。庄内†061 ❷舅(しゅうと)が嫁を犯すこと。青森県南部084 岩手県気仙郡(舅と嫁、姑と婿、実の親子にもいう)100 東磐井郡107 宮城県仙台市123

あわまき-どり 【―鳥】『名』鳥「かっこう(郭公)」の異名。＊重訂本草綱目啓蒙(1847)四五・林禽「鳲鳩 かっこうどり〈略〉むぎうらし 讃州、あはまきどり 伯州」＊風俗画報-二四九号(1902)動植門「山間の農夫此の声を聞て種播を始む。故に伯州にては、之をアワマキドリと云ふ」方言鳥、つつどり(筒鳥)。岩手県気仙郡007

あわまる-じけん 【阿波丸事件】太平洋戦争末期の昭和二〇年(一九四五)、連合国側の要請により捕虜救済品を輸送した阿波丸が、攻撃を受けないという取り決めにもかかわらず、アメリカの潜水艦に撃沈された事件。戦後第一次吉田内閣が賠償請求権を放棄して問題となる。

あわ-まんじゅう 【粟饅頭】『名』粟の粉で皮を作った饅頭。＊洒落本・通気粋語伝(1789)上・六「あの粟(アハ)まんぢうに毒をいれておりにこしらへ」発音〈標ア〉ジ

あわ-みかん 【阿波蜜柑】『名』兵庫県淡路島などで栽培されている蜜柑。四～六月頃熟するが酸味が強くあまり喜ばれない。鳴門柑。鳴門蜜柑。鳴門オレンジ。《季・夏》

あわ-みず 【淡水】『名』きれいな水。清流。＊鳥物語(1908)〈鈴木三重吉〉「仄かな淡水(あはみづ)を」発音〈標ア〉ワ

あわ-みどり 【粟緑】『名』干菓子の一種。黄色に染めた砂糖にみじん粉と新引種を混ぜ、枠で押し固めたもの。

あわ・む 【淡】『他マ下二』①よそよそしくする。うとましくする。疎遠に扱う。＊源氏(1001-14頃)夕霧「はかなき一ふしに、かうはもてなし給ふべくやと、いみじうあはめ恨み申し給へば」②相手の言動を非難しておとしめる。言いけなす。＊源氏(1001-14頃)帚木「つまはじきをして、いはむ方なしと、式部をあはめ憎みて」＊夜の寝覚(1045-68頃)五「いみじく思ひのままに、心をさなかりける御心かなと、言ひしらせ、あはめ聞え給ふに」③相手の言動の欠点をとがめいさめる。たしなめてやめさせようとする。＊書紀(720)天武八年一〇月(北野本訓)「上は下の過を責め、下は上の暴きを諫(アハメ)ば、乃ち国家(あめのした)治らむ」＊源氏(1001-14頃)総角「隔てなきとは、かかるをやいふらむ、めづらかなるわざかなとあはめ給へるさまの」＊紫式部日記(1010頃か)寛弘五年一〇月一七日「かかる所に上﨟(じゃうらふ)のけぢめ、いたうは分くものかとあはめ給ふ」語源説アバクと同系の語か〔俗語考・和訓栞〕。発音〈標ア〉ワ 辞書言海

あわ-むし 【泡虫】『名』昆虫「うんか(浮塵子)」の異名。《季・秋》発音〈標ア〉ワ

あわ-むしろ 【粟莚】『名』収穫の終わった粟の藁で作った莚。《季・秋》

あわ-めし 【粟飯】『名』「あわいい(粟飯)」に同じ。＊中華若木詩抄(1520頃)上「粟飯は、あわ飯也」＊日葡辞書(1603-04)「アワイイ。すなわち、Auamexi(アワメシ)」＊俳諧・其雪影(1772)「粟めしもゆかしき色や菊の宿〈白麻〉」＊諸国風俗問状(1813)三九「十五日 涅槃会の事 だんご・粟飯など供候歟、其外殊なる事候哉」＊思出の記(1900-01)〈徳富蘆花〉一・三「況んや昨日は栄華の滋味に飽いて今日粟飯(アワメシ)の硬(こわ)きを食ふ身となっては」発音〈標ア〉コ〈京ア〉メ 辞書日葡

あわ-めん 【粟麺】『名』粟の粉でつくった麺類。

あわ-もち 【粟餅】㊀『名』もちあわを蒸してついた餅。近世、江戸郊外目黒不動堂前で売ったものが名物であった。もとは本物の粟の餅であったが、享保(一七一六～三六)頃より、普通の餅を粟の色に染めたものとなった。＊異制庭訓往来(14C中)「粟餅、黍餅、松餅、薔餅、茶(とち)餅、甘鉢」＊師郷記-永享一一年(1439)一〇月・一一月紙背(小槻晨照書状)「兼又恒例之粟餅、乏少候へ共進」之候。御賞翫候者喜入候」＊仮名草子・仁勢物語(1639-40頃)上・二四「赤小豆餅(あづきもち)こ餅あはもちどしつくとわが銭(ぜに)なくは粳(うる)もゐ搗(つ)かじ」＊雑俳・柳多留-一二(1777)「ゐいぐゎの内に粟もちがかたくなり」＊風俗画報-一五二号(1897)飲食門「同所赤羽根橋際の粟餅 佃島の佃煮」㊁歌舞伎所作事。常磐津。三世桜田治助作詞。四世岸沢式佐作曲か。西川芳次郎(初世花柳寿輔)振付。本名題「花競俄曲突(はなのほかにわかのきょくづき)」。弘化二年(一八四五)江戸中村座初演。江戸時代の市井風俗である粟餅屋の曲づきを舞踊化したもの。黄金餅(こがねもち)。別に二世河竹新七の作がある。発音〈標ア〉ワ〈京ア〉ワ 辞書日葡・ヘボン・言海 表記粟餅(へ・言)

あわもち-いし 【粟餅石】『名』粟餅に似た、黄色の斑紋がある石。箱庭などに用いる。花蕊石(かずいせき)。発音〈標ア〉チ

あわもち-うり 【粟餅売】『名』粟餅を売る商売。また、その人。＊東京年中行事(1911)〈若月紫蘭〉三月暦「それが粟餅売(アハモチウリ)で有って、あの声が聞え出すと本当に暖くなったのださうな」発音〈標ア〉チ

あわもち-や 【粟餅屋】『名』粟餅を売る店。また、その人。近世から明治にかけて、多くは路傍に葭簀張(よしずばり)の店を出し、曲搗(きょくづき)などをして客を呼んだ。＊夢十夜(1908)〈夏目漱石〉第八夜「粟餅屋(アハモチヤ)は子供の時に見たばかりだから、一寸様子が見たい」

粟 餅 屋〈守貞漫稿〉

＊すみだ川(1909)〈永井荷風〉三「折から近所の子供を得意にする粟餅屋(アハモチヤ)の爺(ぢぢ)が」発音〈標ア〉0

あわ-もり 【泡盛】『名』①沖縄特産の蒸留酒。九州の一部でも作られる。本来は粟を原料にして発酵させ蒸留したものであるが、のちに米を使うようになった。《季・夏》＊俳諧・炭俵(1694)上「さるべき人、僕が酒をたしむ事を、かたく戒め給ひて諾せしむ。しかるにある会に、それをよく知てあらきあはもりなど、名あるかぎり取出て」＊養生訓(1713)四「薩摩のあはもり、肥前の火の酒、猶辛熱甚し」＊浄瑠璃・天神記(1714)一「ちんた淡盛(アハモリ)覆盆酒、無量の名酒名菓をもって」＊雑俳・柳多留-四(1769)「あわもりで酒もりをする御殿山」②(沖縄を領有していたところから)薩摩藩をいう。＊雑俳・柳多留-五三(1811)「泡盛も茗荷もわっちゃ好きんせん」語源説粟を原料とした酒の称であるが、一説に、瓶からつぐ時、泡立って盛りあがることからともいう〔俚言集覧〕。発音〈なまり〉アオモイ〔鹿児島方言〕アヲモイ〔鹿児島〕〈標ア〉ワ0〈京ア〉ア 辞書書言・ヘボン・言海 表記泡盛(書・へ・言)

あわ-もり 【泡盛】『名』方言植物。❶おみなえし(女郎花)。防州†122 島根県美濃郡964 ❷おぐるま(小車)。長州†122 ❸ひよどりばな(鵯花)。島根県美濃郡964

あわもり-しょうま 【泡盛升麻】『名』ユキノシタ科の多年草。近畿以西の山地や谷川の岸に生えるほか、観賞用として栽培もする。高さ約五〇センチメートル。初夏、白い小花が多数集まった円錐形の花穂が茎の上部に直立する。実は先が二つに裂けたさやとなる。あわもりそう。学名は Astilbe japonica《季・夏》＊重訂本草綱目啓蒙(1847)九・山草「升麻〈略〉あはもりさう一名あはもり升麻と云あり能州にて よめおとしと云苗なつゆきさうより短小なり葉細長くして当帰葉の如く厚し。花は、なつゆきさうより早く開く」＊日本植物名彙(1884)〈松村任三〉「アハモリショウマ アハモリサウ」発音アワモリショーマ〈標ア〉ショ

あわもり-そう 【泡盛草】『名』植物「あわもりしょうま(泡盛升麻)」の異名。《季・夏》＊和漢三才図会(1712)九四末「泡盛草(アハモリサウ)」＊重訂本草綱目啓蒙(1847)九・山草「升麻〈略〉あはもりさう一名あはもり升麻と云あり」＊日本植物名彙(1884)〈松村任三〉「アハモリショウマ アハモリサウ」方言和歌山県690 発音アワモリソー〈標ア〉0 辞書言海 表記泡盛草(言)

あわもり-だい 【泡盛鯛】『名』料理の一つ。卵白をかき回し泡立てたものを、小鯛にかけて蒸したもの。

あわ-や ㊀『感動』何か事の起ころうとする時や驚いた時に発することば。ああまあ。ああっ。あれっ。＊大鏡(12C前)五・道長上「御口はこころよくゐませ給

ひて、あはや、宣旨くだりぬとこそ申させ給ひけれ」 *平家(13C前)三・法皇被流「あやしのしづのを賤女(しづのめ)にいたるまで、あはや法皇のながされさせましますぞやとて」 *仮名草子・都風俗鑑(1681)三「あはや狂言のかはりたといへば、我さきにと目もあやに詠暮し」 *俳諧・新花摘(1784)「又どしどしとたたく。あはやと戸を開けば」 *読本・椿説弓張月(1807-11)拾遺・四六回「為朝吐嗟(アワヤ)とうち驚く、顔色(けしき)を暁得(さと)られじと」 ㊁〘副〙 あぶなく。もう少しで。*浄瑠璃・義経千本桜(1747)五「我もと覚範つづいて飛。あはや高紐総角(あげまき)が、枝にかかってぶらぶらぶら」 *暴夜物語(1875)〈永峰秀樹訳〉魔君商人の物語「既に商人を捉らへ、険些児(アハヤ)一刀の下に両段となさんとするとき」 *初恋(1889)〈嵯峨之屋御室〉「あはや『コロ』の爪にかかりさうになった」 *少年(1911)〈谷崎潤一郎〉「仙吉が籠の上から、あはや小便をたれさうにしたので」 語誌 (1)王朝仮名文学では、遠称の代名詞「あ」に助詞「は」の接した「あは」の語形でアレハという意味を表わした。「歌仙本人麿集」「源氏物語」や「新古今和歌集」(「あ(彼)」の用例参照)にはこの例が見える。しかし、今日の我々がアレハといった場合、ナンダロウという気持がその裏にあるように、この用法は平安時代から鎌倉時代にかけて驚きの感動詞に転じ、さらに感動の助詞「や」を伴って「あはや」の語形を生じた。(2)「あは」と同様に、近称の代名詞「こ」に「は」が接した「くは」、中称の代名詞「そ」に「は」の接した「すは」があり、これらも後には感動詞として用いられている。(3)切迫した場面での驚きや、緊張した時に用いられることが多く、後には助詞「と」を伴って副詞的に用い、危険が身近にさしせまっているさまを表わす用法が生じた。また近代には、㊁の副詞用法が一般的になり、「あわや…する」という言い方が生じて今日に至っている。 辞書 日葡・書言・〈ヘボン〉・言海 表記 吐嗟(書) 発音〈標ア〉ア 〈ア史〉江戸 ◎○○ 〈京ア〉ア

あわ-やき あは:【粟焼】〘名〙 ①「あわおこし(粟粔籹)」に同じ。*随筆・奴凧(1821)五八「駄菓子の中にも、粟焼といふものなど丹緑青もて彩れり」 ②粟をふかし、中にあんを包んで、軽く焼いた餅菓子。

あわや-やき あはや:【粟生屋焼】〘名〙 九谷焼の陶工、粟生屋源右衛門(一七九一～一八六三)の作品。また、その技法。軟質の土焼の上に白い釉(うわぐすり)をかけ、鮮やかな色彩で上絵(うわえ)をしたもの。 発音〈標ア〉0

あわ-ゆき【泡雪・沫雪】〘名〙 ①泡のように溶けやすいやわらかな雪。→泡雪の。*万葉(8C後)八・一四二〇「沫雪(あわゆき)かはだれに降ると見るまでに流らへ散るは何の花そも〈駿河采女〉」 *十巻本和名抄(934頃)一「雪 陸詞曰雪〈音切 和名由岐 日本紀私記云沫雪也 阿和由岐 其弱如水沫故云沫雪也〉冬雨也」 *源氏(1001-14頃)行幸「堅きいはほもあはゆきになし給うつべき御気色なれば」 ②梨の品種の一つ。みずみずしく、雪をかむのに似るところからいう。*雑俳・柳多留-一二三(1833)「淡雪を不二形(なり)に積む水くゎしや」 ③「あわゆきどうふ(泡雪豆腐)」の略。また、その料理を出す店。*談義本・教訓続下手談義(1753)一・八王子の臍翁手代への説法「両国の無縁寺へ這入角に淡雪(アハユキ)の見世がある」 *談義本・根無草(1763-69)前・四「沫雪(アワユキ)の塩からく、幾世餅の甘たるく」 *雑俳・柳多留-八五(1825)「泡雪できへも入たい人に逢」 ④「あわゆきかん(泡雪羹)」「あわゆきそば(泡雪蕎麦)」などの略。*改正増補和英語林集成(1886)「Awayuki アワユキ〈訳〉菓子の一種。米粉でつくる」 *風俗画報-九七号(1895)漫録「あわ雪と申吸物は先だし水すましげにして玉子の白みを茶わんへ入茶せんにて茶をにる様にあわをたて」 語誌 (1)「万葉集」では巻八と巻十に集中し、表記は「沫雪」。「はだれに降る」「ほどろほどろに降りしけば」などから降ったばかりで積もったり固まったりしない新しい雪と思われる。それが消えやすく柔らかいところから泡に見立てられたか。(2)その後、しだいに単に雪をいう歌語のようになり、平安時代以降は「淡雪(あはゆき)」と表記も語義も混用混同されるようになった。→あわゆき(淡雪)。(3)「万葉集」から「後拾遺集」までは多く冬の景物であったのが、「源氏-若菜上」では女三宮が「はかなくて上の空にぞ消えぬべき風にただよふ春のあは雪」と、不安定な我身を今にも消えそうなはかない春の淡雪にたとえており、「新古今集」では春の景物に変わっている。その分岐点は「堀河百首」のころで、「沫雪」から「淡雪」への語義内容を膨らませながら季も変化を遂げたらしい。(4)①の「源氏-行幸」の例は記紀を踏まえた表現なので「沫雪」と解したが、②以下の意には「泡」「淡」が混用されており、便宜的に本項にまとめた。 方言 ❶乾いた雪。 兵庫県美方郡012 鳥取県八頭郡012 ❷新雪。 富山県中新川郡012 ❸植物、しょうま(升麻)。 防州†122 発音〈標ア〉ワ 〈京ア〉ア 辞書 和名・色葉・名義・易林・書言・言海 表記 沫雪(和・色・名・易・書) 泡雪(易・言)

あわ-ゆき あは:【淡雪】〘名〙 ①春先などに降る消えやすい雪。春の雪。《季・春》 *古今(905-914)恋一・五四九「あはゆきのたまればかてにくだけつつわが物思ひのしげきころかな〈よみ人しらず〉」 *宇津保(970-999頃)蔵開中「ふるかひのなにかなからんあは雪のつもれば山とならぬものかは」 *新古今(1205)春上・一〇「春日野の下萌えわたる草の上につれなく見ゆる春のあはゆき〈源国信〉」 *日葡辞書(1603-04)「Auayuki (アワユキ)〈訳〉春の雪。または降るとすぐに消える雪」 *俳諧・続猿蓑(1698)春「淡雪や雨に追るるはるの笠〈風麦〉」 ②⇨あわゆき(泡雪)②③④。 語誌 →「あわゆき(泡雪)」の語誌。 発音〈標ア〉ワ 〈ア史〉鎌倉○○○◎ 〈京ア〉ア 辞書 饅頭・易林・日葡 表記 淡雪(饅・易)

あわゆき-かん【泡雪羹】〘名〙 水ようかんの一種。泡立てた卵白と寒天と砂糖とで作り、香料を加えたようかん。泡雪。《季・夏》 発音〈標ア〉0

あわゆき-しゅ【泡雪酒】〘名〙 米、麹(こうじ)、古酒を混ぜて、袋でこし、乾いた酒かすをふるいかけた酒。

あわゆき-じる【泡雪汁】〘名〙 大根おろし、おぼろ豆腐、くず粉を混ぜ、煮出し汁で煮たものを、別に作ったみそ汁に入れたもの。

あわゆき-そば【泡雪蕎麦】〘名〙 泡立てた卵白をかけた、かけそば。あわゆき。 発音〈標ア〉ジ

あわゆき-たまご【泡雪卵】〘名〙 泡立てた卵白を煮え立った湯に流し込んだもの。すまし汁などをこの方法で作る。 発音 アワユキタマゴ 〈標ア〉マ タ

あわゆき-どうふ【泡雪豆腐】〘名〙 ①舌にのせると淡雪のように柔らかくすぐとけてしまう特製の豆腐。笹の雪。 ②柔らかい豆腐のあんかけ。江戸、両国橋東詰めの日野屋が享保年間(一七一六～三六)に初めて作って繁昌し、廉価な弁当として、芝居や相撲の客に利用された。あわゆき。*談義本・教訓続下手談義(1753)四・三囲通夜物語「けんどん一つや淡雪豆腐(アハユキトウフ)の一膳なんどで」 *狂歌・万載狂歌集(1783)一三「両国橋のほとりなる淡雪豆腐をくひて 両国の橋から富士の山かけてあは雪しろく見えわたるかな」 *歌舞伎・傾城忍術池(1785)発端「高の知れた江戸の名物、泡雪豆腐(アハユキトウフ)腹一杯喰はれて、銭取らにゃ」 発音 アワユキドーフ 〈標ア〉ド 辞書 言海 表記 泡雪豆腐(言)

泡雪豆腐②〈御伽空穂猿〉

あわゆきどうふ と 鹿島蒟蒻(かしまごんにゃく)(鹿島蒟蒻は黒ずんだ武骨な蒟蒻のたとえ) 黒白、柔剛、また、都会的と田舎っぽさの対照をいうことわざ。*滑稽本・古朽木(1780)一「鎌倉河岸で明ても暮ても石垣ばかりを見て居たとは淡雪豆腐(アワユキドウフ)と鹿島蒟蒻(カシマコンニャク)程の違なれば」

あわゆき-の【泡雪─・沫雪─】枕 沫雪がやわらかいところから「若やる」に、また、消えやすいところから「消(け)ぬ」にかかる。*古事記(712)上・歌謡「栲綱(たくづの)の 白き腕(ただむき) 沫雪の 若やる胸を そだたき ただきまながり」 *万葉(8C後)八・一六六二「沫雪之(あわゆきの)消(け)ぬべきものを今までにながらへぬるは妹に逢はむとそ〈大伴田村大娘〉」 発音〈標ア〉ワ

あわゆき-むし【泡雪蒸】〘名〙 料理の一つ。白身魚の切り身に泡立てた卵白をかけて蒸した料理。 発音〈標ア〉0

あわ-ゆり【粟百合】〘名〙 方言 植物、おにゆり(鬼百合)。 熊本県玉名郡929 球磨郡964 鹿児島県薩摩062

あわ-よ・い あは:〘形口〙文 あはよ・し〘形ク〙(「あわい(間)よし」の変化した語) 都合がよい。間(ま)がよい。運がよい。*幸若・烏帽子折(室町末-近世初)「ちゃうはむ是を見て、あはよいぞと心得、すきまなくうってかかりけり」 *幸若・笈さかし(室町末-近世初)「此辺にもあはよきうりぐそくやさう、ごひけいあれ」 *滑稽本・浮世風呂(1809-13)四・中「ちょいとお辞儀の百足が、あはよく三坐敷(みざしき)も重ると、てんと面白しで」 *歌舞伎・浮世柄比翼稲妻(鞘当)(1823)序幕「『屋敷へ行っては、むづかしい。あはよく寺にゐるうちに』『折を見合せ、ひん盗んで上げませう』」 発音〈標ア〉ヨ

あわ-ようかん あはヤウカン【粟羊羹】〘名〙 ①滋賀県大津市坂本の日吉神社の供御とする粟を用いて作ったようかん。 ②茶の湯の菓子で有名な大阪市鶴屋八幡製の名菓。粟粒の色を表面に生かしたようかんで、明治初期、北九州のもち粟を蒸して、わび茶用に作ったもの。 発音 アワヨーカン 〈標ア〉ヨ

あわよく-ば あはよく:〘連語〙(形容詞「あわよい」に助詞「ば」の付いたもの) 間(ま)がよければ。よい機会があったら。うまくゆけば。現代では一語化し、副詞として用いられる。*浄瑠璃・吉野都女楠(1710頃か)二「義貞の目の前、此具足着て働き、あはよくは義貞をしてやらふと思ふ気はないか」 *安愚楽鍋(1871-72)〈仮名垣魯文〉三・上「あはよくば芸妓(ふるねこ)の尻尾を持上て枕金の小釣をとるかさもなくば」 *改正増補和英語林集成(1886)「Awayokuba アハヨクバ〈略〉マガ ヨケレバ」 発音〈標ア〉ヨ ア 〈京ア〉ヨ

あわ-よ・し あは:〘形ク〙 ⇨あわよい

あわら〘名〙 方言 ❶山間や湖畔の湿地。沼地。 長野県北安曇郡474 諏訪481 岐阜県飛驒502 京都府竹野郡622 ◇あわら 長野県諏訪054 岐阜県飛驒502 静岡県駿東郡521 ◇あわらご 長野県上伊那郡012 ❷一面に水のわき出る所。沼。 長野県東筑摩郡480 ❸池。 ◇あわとも。 山形県村山139 ❹泥深い田。 ◇あわらとも。 岐阜県飛驒502 ◇あわらだ(─田) 飛驒†094 岐阜県北飛驒499 ❺不毛の地。 ◇あわら 静岡県富士郡521

あわら-おんせん あはらヲンセン【芦原温泉】 福井県北端、芦原町にある温泉。日本海岸東尋坊、越前松島の景勝地に近く、観光客でにぎわう。泉質は塩類泉。やけど、胃腸病、婦人病に効く。 発音〈標ア〉オ

あわら-だ【─田】〘名〙 方言 ⇨あわら

あわ-らん あは:【─蘭】〘名〙 植物「ようらくらん(瓔珞蘭)」の異名。

あわり-や あはり:〘感動〙(感動詞「あわれ」に、感動の助詞「や」の付いた「あわれや」の変化した語) はやし詞。あわれあわれ。*皇太神宮年中行事(1192)輿玉社御占神事歌「阿波利矢(アハリヤ)弓筈(ゆはず)と申さぬ朝座(あさくら)に 天つ神 国つ神 降(お)りましませ」

あわる『動』[方言]❶言う。石川県羽咋郡412 ❷ものが腐敗しかけて、ふやけてかさを増す。腐って泡を生じる。岡山県岡山市762 御津郡764

あわれ(あはれ)【哀】㊀『感動』①うれしいにつけ、楽しいにつけ、悲しいにつけ、心の底から自然に出てくる感動のことば。ああ。あら。やれやれ。＊古事記(712)中・歌謡「やつめさす 出雲建が 佩ける太刀 黒葛(つづら)さは巻き さ身無しに阿波礼(アハレ)」＊万葉(8C後)三・四一五「家ならば妹が手まかむ草枕旅にこやせるこの旅人何怜(あはれ)〈聖徳皇子〉」＊土左(935頃)承平五年一月二九日「昔しばしありしところのなくひにぞあなる。あはれといひて」＊源氏(1001-14頃)帚木「人知れぬ思ひ出で笑ひもせられ、あはれとも、うちひとりごたるるに」＊宇治拾遺(1221頃)三・六「家の焼くるをみて、打うなづきて、時々笑ひけり。哀(あはれ)、しつるせうとく哉。年比はわろく書きけるものかなといふ時に」②下に願望、命令などの表現を伴って、願望の気持を表わす。ああなんとかして。ぜひとも。＊大観本謡曲・三井寺(1464頃)「わらはをいつも訪ひ慰むる人の候。あはれ来れ候へかし語らばやと思ひ候」＊虎寛本狂言・今参(室町末-近世初)「あはれ、よい所もあれかし。足をも留め、都のしつけ、様体を習ふて参らうと存ずる」＊仮名草子・都風俗鑑(1681)三「あの理発にては、あはれ至善格物の道理をしらせたや」＊浄瑠璃・平家女護島(1719)四「哀れ化物こういふ内に来たれかし取って捻ちふせ手取りにいたし」＊読本・雨月物語(1776)吉備津の釜「あはれ良(よき)人の女子(むすめ)の皃(かほ)よきを娶りてあはせなば、渠(かれ)が身もおのづから脩まりなんとて」③はやし詞として用いる。＊催馬楽(7C後-8C)我が駒「いで我が駒 早く行きこせ 待乳山 安波礼(アハレ) 待乳山 はれ」＊東遊(10C後)求子歌「安者礼(アハレ) ちはやぶる 賀茂の社の姫小松 安者礼(アハレ)」＊風俗歌(9C前-11C中か)鳴り高し「鳴り高しや 鳴り高し 大宮近くて 鳴り高し 安波礼(アハレ)の 鳴り高し」㊁『名』(形動)(㊀の感動詞から転じたもの) 心の底からのしみじみとした感動や感情、また、そういう感情を起こさせる状況をいう。親愛、情趣、感激、哀憐、悲哀などの詠嘆的感情を広く表わすが、近世以降は主として哀憐、悲哀の意に用いられる。①心に愛着を感じるさま。いとしく思うさま。また、親愛の気持。＊万葉(8C後)一八・四〇八九「めづらしく 鳴くほととぎす〈略〉聞くごとに 心つごきて うち嘆き 安波礼(アハレ)の鳥と 云はぬ時なし〈大伴家持〉」＊宇津保(970-999頃)俊蔭「まして近く見ては、今千重まさりて、あはれにかなしくおもほえて、親の御もとに帰らざらむも何ともおぼえ給はねど」＊源氏(1001-14頃)真木柱「うちながめて、いと心細げに見送りたるさまども、いとあはれなるに、もの思ひ加はりぬる心地すれど」＊狭衣物語(1069-77頃か)三「姫君の御有様など語らひ給ひて、尽きせぬあはれなりと思したり」②しみじみとした風情のあるさま。情趣の深いさま。嘆賞すべきさま。→もの(物)の哀(あわれ)。＊土左(935頃)承平四年一二月二七日「かぢとりもののあはれも知らで、おのれし酒をくらひつれば」＊枕(10C終)一・春はあけぼの「からすの寝どころへ行くとて、三つ四つ、二つ三つなど飛び急ぐさへあはれなり」＊源氏(1001-14頃)桐壺「御子も、いとあはれなる句を作り給へるを、限りなう愛でたてまつりて」＊徒然草(1331頃)一九「六月の頃、あやしき家に夕顔の白く見えて、蚊遣火ふすぶるもあはれなり」＊俳諧・奥の細道(1693-94頃)黒部「担籠(たこ)の藤浪は春ならずとも、初秋の哀とふべきものをと、人に尋れば」③しみじみと感慨深いさま。感無量のさま。＊源氏(1001-14頃)帚木「心深しやなどほめたてられて、あはれ進みぬれば、やがて尼になりぬかし」＊源氏(1001-14頃)須磨「折からの御文、いとあはれなれば、御使さへむつまじうて、二三日すゑさせ給ひて」＊狭衣物語(1069-77頃か)三「大人しくしたてられさせ給へる美しさ、人知れずあはれなる御心の中なり」＊徒然草(1331頃)一二五「或者の云はく、何とも候へ、あれほど唐の狗(いぬ)に似候ひなんうへはと言ひたりしに、あはれも醒めてをかしかりけり」④気の毒なさま。同情すべきさま。哀憐。また、思いやりのあるさま。思いやりの心。＊源氏(1001-14頃)桐壺「命婦は、まだ大殿籠らせ給はざりけると、あはれに見たてまつる」＊今昔(1120頃か)二・二四「父の大王は、善光女を乞匃(こつがい)に与へて王宮を追出し事を哀れに思ひ出して」＊山家集(12C後)下「あはれとて人の心の情あれな数ならぬにはよらぬ歎きを」＊天草本伊曾保(1593)狼と、狐の事「カノ ヲウカメ auareto (アワレト) ユウモ ヲロカナ テイデ スギユクヲ ミテ」＊吾輩は猫である(1905-06)〈夏目漱石〉一「憐れな声が糸の様に浮いて来る」⑤もの悲しいさま。さびしいさま。また、悲しい気持。悲哀。＊竹取(9C末-10C初)「見れば、世間心細く、哀に侍る」＊蜻蛉(974頃)下・天禄三年「我は、春の夜の常、秋のつれづれ、いとあはれ深きながめをするよりは、残らん人の思ひ出でにも見よとて、絵をぞかく」＊新古今(1205)冬・七〇五「老いの波こえける身こそあはれなれ今年もいまは末の松山〈寂蓮〉」＊増鏡(1368-76頃)序「このわたり近く侍れど、年のつもりにや、いと遥けき心地し侍る。あはれになん」⑥はかなく無常なさま。無常のことわり。＊栄花(1028-92頃)鳥辺野「よろづにあはれなるたびの御祈をせさせ給へば、御寺の僧どももあるまじき事に〈略〉あやしうおぢまうせど」＊謡曲・江口(1384頃)「およそ心なき草木、情ある人倫、いづれあはれを逃がるべき」⑦(神仏などの)貴いさま。ありがたいさま。＊枕(10C終)二〇八・寺は「霊山は釈迦仏の御住家(すみか)なるがあはれなるなり」＊梁塵秘抄(1179頃)二・法文歌「彌勒菩薩はあはれなり、天人大会の前にして、昔の仏の有様を、文殊に問ひつつ説いたまふ」⑧殊勝なさま。感心なさま。→あっぱれ。＊源氏(1001-14頃)橋姫「俗聖とか、この若き人々のつけたなる。あはれなることなり」＊今昔(1120頃か)二九・六「主、極(いみじ)く喜(うれし)く告たる、下衆は物の欲きままに、此る心は无き物を、哀れ也けりと云て」＊宇治拾遺(1221頃)七・五「この男、いとあはれなる男也。若公の召物を、やすく参らせたること」＊曾我物語(南北朝頃)三・兄弟を母の制せし事「つひに敵を思ふままにうち〈略〉あはれにも、いみじきにも、申つたへたるは、此人々の事なり」

[語誌](1)語源を「あ」と「はれ」との結合と説くものが多いが、二つの感動詞に分解しうるかどうか疑わしい。(2)「あっぱれ」は、「あはれ」が促音化して生まれた語形である。

[語源説](㊀について)(1)ア(彼)ハに、ヤ・ヨに通じる感動詞レが添わったもの〔万葉集辞典=折口信夫〕。(2)自然音アの修飾であったらしい〔方言覚書=柳田国男〕。(3)アアにハレマアと感嘆する語が重なった語〔俗語考〕。(4)アアアレ(有)から〔名言通〕。(5)天岩戸の故事から、アメハレ(天晴)の略〔日本釈名・和訓栞〕。(6)アという嘆息の声から〔紙魚室雑記・和訓栞〕。(㊁について)(1)アハは淡、レはアレ(彼)か〔和句解〕。(2)アア-オモハレ(想)の義〔日本語原学=林甕臣〕。

[発音]〈標ア〉[ア]〈ア史〉㊀は平安・鎌倉○○◓か 江戸●○○か ㊁は鎌倉○○◓ 室町●○○ 江戸●○○か〈京ア〉[ア] [辞書]名義・和玉・文明・易林・日葡・書言・ヘボン・言海 [表記]哀(易・書・ヘ・言) 嬖(名・玉) 愇(名) 憐(文) 心悲・可念(書) 天晴(言)

あわれ胸(むね)を焼(や)く 他人にあわれみを掛けたのが、かえって身の仇(あだ)となる。情けが身の仇。＊源平盛衰記(14C前)二二・入道申官符事「青道心をなして候へば、今は哀(アワレ)は胸(ムネ)をやくと申すたとへに合ひて侍り」

あわれを掛(か)ける 他人に対し深く思う心を寄せる。愛情を寄せる。また、同情を寄せ、気の毒だ、ふびんだと思う。＊落窪(10C後)一「我に露あはれをかけば立ちかへり共にを消えようきはなれなん」＊源氏(1001-14頃)帚木「山がつの垣ほ荒るともをりにあはれはかけよなでしこの露」＊狭衣物語(1069-77頃か)一「いひ知らぬ武士(もののふ)なりとも、心はやはらぎ、あはれをかけたてまつらぬはあるまじければ」＊謡曲・浮舟(1430頃)「小野の草叢露分けて、あはれをかけて弔(とむら)はん、あはれをかけて弔はん」

あわれを交(か)わす 互いに深く思い合う。愛情を持ち合う。いじらしいと思い合う。＊源氏(1001-14頃)藤裏葉「うちとけず、あはれをかはし給ふ御仲なれば」＊右京大夫集(13C前)「人わかずあはれをかはすあた人に情しりても見えじとぞ思ふ」

あわれを乞(こ)う 人の情けにすがる。慈悲を求める。あわれみを乞う。＊付焼刃(1905)〈幸田露伴〉一「さも哀憐(アハレ)を乞ふやうに主人は訴へた」

あわれを止(とど)む ①情趣や同情心、または悲しみを心深く感じて長く忘れられない。＊新後撰(1303)秋下・三九六「秋のよのふかき哀をとどめけりよしのの月の明かたの空〈藤原俊成〉」②悲しみや不幸などを一身に受ける。説経節、古浄瑠璃などで、愁嘆場に「ここにあわれをとどめしは」の形で、慣用的に用いられる。＊説経節・説経苅萱(1631)上「さてをき申、ことにあはれをとどめたは、国もとにおはしますみだい所にて、ことさらあはれをとどめたよ」＊説経節・しだの小太郎(1751-64頃か)五「爰にあわれをとどめしは、せんじゅの姫にて、諸事のあわれをとどめたり」＊二人女房(1891)〈尾崎紅葉〉中・八「扨(さて)爰(ここ)に哀れを止めたのは渋谷夫人銀子で」

あわれを催(もよお)す 同情の気持や悲しみの気持が起きる。しみじみとした感動を起こす。＊曾我物語(南北朝頃)三・兄弟を母の制せし事「しのぶよそ目の隙々の、もるるを見きく人ごとに、舌をふり、あはれをもよおさぬはなかりけり」＊日葡辞書(1603-04)「Auareuo moyouosu (アワレヲ モヨヲス)〈訳〉同情の心が湧く」＊浄瑠璃・こ大ぶ(1641)四「ただよの中の物のあわれはこれ成と、上下あはれをもよをしける」＊浮世草子・人倫糸屑(1688)妾揚「内儀わづらひて、身まかられたり。人は哀(アワレ)を催(モヨホ)し、さぞやなげき給ふらん」＊読本・桜姫全伝曙草紙(1805)二・四「せめて此子をたすけばやと懐に抱き、肌をつけて暖むるに、はや氷のごとく冷えたりければ、益々哀を催しける」

あわれ-あわれ(あはれあはれ)『感動』深い詠嘆の言葉。ああ、ああ。ああ、ほんとうにまあ。＊塗籠本伊勢物語(10C前)七「大原やせかひの水をむすびあげてあくやといひし人はいづらぞ、と言ひて消えかへり、あはれあはれといへどかひなし」＊和泉式部集(11C中)上「忍ぶべき人もなき身はある時はあはれあはれと言ひやおかまし」＊山家集(12C後)中「かき乱る心やすめの言種(ことぐさ)はあはれあはれと嘆くばかりか」

あわれ-が(あはれ:)【哀蚊】『名』秋になって弱り、哀れを感じさせる蚊。＊俳諧・季寄新題集(1848)秋「あはれ蚊おくれ蚊」

あわれ-がい(あはれがひ)【哀飼】『名』鷹に、餌をいつもより多く与えること。また、鷹が疲れた時に、生きた鳥を絞め殺して、まだ温かいうちに餌として与えること。＊夫木(1310頃)一八「はしたかの明日の心や変りなんけふそらとりのあはれがひして〈源仲正〉」＊言塵集(1406)五「たかのよくふる舞たる時は、ましゐを飼也。是を哀がひと云なり」＊俳諧・清鉋(1745頃)二「十月〈略〉哀飼」

あわれ-がまし・い(あはれ:)【哀―】『形口』[文]あはれがま・し『形シク』(「がましい」は接尾語) いかにも気の毒なさまである。＊史記抄(1477)四・秦本紀五「懐公懐はちっとあはれがましうして死だに謚る字ぞ」＊サントスの御作業(1591)一・サンバルランとサンジョサハツ「カリソメ ニモ auaregamaxiqi(アワレガマシキ) コト、イッサイ ウレイ、カナシミ ノ サタ、スコシモ ヲココロ ニ カカルベキ コト ヲ」

あわれ-が・る あはれ:【哀―・憐―】『他ラ五(四)』(「がる」は接尾語)「あわれ」と感動する気持を外に表わす。「あわれ」に思う様子を見せる。①心に愛着を感じたさまを見せる。いとしく思う。なつかしく思う。＊大和(947-957頃)一四六「様かたちもきよげなりければ、あはれがり給うて上に召しあげ給ふ」＊宇津保(970-999頃)俊蔭「母の恩のかなしく乳房のこひしさになむ、ゐて参りつるとのたまへば、あるじあはれがりて」＊更級日記(1059頃)「いとうつくしう、生ひなりにけりなど、あはれがり、めづらしがりて」②しみじみと感慨深く思っているさまを見せる。感無量に思う。＊竹取(9C末-10C初)「かぐや姫、例も月をあはれがり給へども、此ころと成りてはただ事にも侍らざめり」③つくづくと感じ入った様子を見せる。すばらしいと嘆賞する。＊土左(935頃)承平五年一月七日「この歌をこれかれあはれがれども、ひとりも返しせず」＊伊勢物語(10C前)八五「雪に降りこめられたりといふを題にて歌ありけり。〈略〉親王(みこ)いといたうあはれがり給うて、御衣(ぞ)ぬぎてたまへりけり」＊蜻蛉(974頃)中・天祿元年「これがいとらうたく舞ひつること、語りになむものしつる。みな人の泣きあはれがりつること」④他に対して深く同情しているさまを表わす。気の毒に思う。ふびんに思う。＊伊勢物語(10C前)六三「狩しありきけるにいきあひて、道にて馬の口をとりて、かうかうなむ思ふといひければ、あはれがりて、来て寝にけり」＊落窪(10C後)一「御前(おまへ)の御うへを申し侍りしかばなん、いといたうあはれがり聞え給ひて」＊枕(10C終)九・うへにさぶらふ御猫は「死にければ、陣の外(と)にひき捨てつといへば、あはれがりなどする夕つかた」＊当世書生気質(1885-86)〈坪内逍遙〉四「しかじかと事の由を、主人小町田浩爾に語りて、頻りにお芳を憫然(アハレ)がりて、義妹にしたしとこひいのれば」⑤悲しいと思う様子を表わす。悲しみ嘆く。＊竹取(9C末-10C初)「御文そへてまゐらす。ひろげて御覧じて、いとあはれがらせ給ひて、物もきこしめさず」 語誌 →「あわれぶ(哀・憐)」の語誌。 発音 アワレガル〈標ア〉ガ〈京ア〉0

あわれ-ぎ あはれ:『名』語義未詳。薪、または炭に焼く木などをいうか。＊順集(983頃)「冬山の雪にはこれるあはれぎのうへにぞくゆるのこす罪なく」＊随筆・河社(1692頃)「あはれ木、いまだいかなるをいふにかしらず。歌のやう、炭にやく木などをいふにや」

あわれ-げ あはれ:【哀―】■一『形動』(「げ」は接尾語)いかにもあわれに思われるさま。＊蜻蛉(974頃)下・天禄三年「午時(むまとき)ばかりより雨になりて、静かに降り暮らすまま、したがひて世中あはれげなり」＊源氏(1001-14頃)野分「なでしこなどのいとあはれげなる枝ども、取りもて参る」＊評判記・難野郎古たたみ(1666頃)岩井金彌「日々に見物にゆきはしかかりのもとにばかりいてよのきゃうげんはさらにみず、金彌さまの御いでの時分いとあわれけに見給ふ」＊俳諧・野ざらし紀行(1685-86頃)「三つ計(ばかり)なる捨子の哀げに泣(なく)有(あり)」■二『名』あわれだと思う様子。＊蝴蝶(1889)〈山田美妙〉三「なつかしい、いたいけの君、その君をあはれ気も無う、その君に憂き思ひ為せたいまつらんず」 発音 アワレゲ〈標ア〉レ

あわれ-さ あはれ:【哀―】『名』(「さ」は接尾語)あわれなこと。また、その度合。＊源氏(1001-14頃)宿木「寂しき所のあはれさは、様殊(さまこと)なりけりと心苦しうおぼされて」＊山家集(12C後)下「あはれさはかうやと君も思ひやれ秋暮れがたの大原の里〈寂然〉」＊随筆・独寝(1724頃)下・九二「今見し姿も、昔も、なさけさ、あはれさ、同じ事也」 発音〈標ア〉レ 辞書 日葡・ヘボン 表記 憐(へ)

あわれ-し あはれ:【哀】『形シク』いたわしい。ものがなしい。あわれである。＊永久百首(1116)春「あはれしや焼野にもれし峰のわのむら草隠れ雉(きぎす)鳴くなり〈源顕仲〉」＊玉塵抄(1563)一七「そこで女をみて云ことはそちをみたもあわれしいぞ。ころさうす心はないぞ」＊浮世草子・近代艶隠者(1686)二・五「母を置て先立たらん跡に残りていかにかはせんと歎しづむ様も哀(アハレ)し」 発音〈標ア〉レ 辞書 言海 表記 哀(言)

あわれ-しょう あはれシャウ【哀性】『名』他をあわれがる性質。他に同情しやすい性質。情け深いたち。＊歌舞伎・東海道四谷怪談(1825)序幕「せふ事なしにほめそやし、いなした跡へ旅人の、客は一としほあはれせう、年ぐのかわりに来ましたと」

あわれ-しらず あはれ:【哀不知】『名』人情や情趣を解さないこと。また、その人。情け知らず。＊浄瑠璃・凱陣八島(1685頃)一「よそのつらさを見て心なくゆくことはあはれしらずと言ふもの也」＊浮世草子・好色五人女(1686)一・四「おなつ清十郎かくれかね、かなしやといふ声計、哀(アハ)れしらずども是を耳にも聞いれず」 発音〈標ア〉シ

あわれ-しりがお あはれしりがほ【哀知顔】『名』いかにも情趣や悲哀を理解しているような様子。同情するような様子。＊源氏(1001-14頃)早蕨「そらのけしきも又げにぞあはれしりがほにかすみわたれる」

あわれ-そえがお あはれそへがほ【哀添顔】『名』しみじみとした感じをさらに添えるような様子。哀愁を促すような様子。＊有明の別(12C後)三「所のさま、ころのそらさへあはれそへがほなるに、朝夕の御法(みのり)のこゑばかりを、かたみにて」

あわれちけ-な・い あはれちけ:【哀―】『形口』(「あはれちけ」は「あはれげ」から出た「あはれっけ」の変化。「ない」は接尾語)いかにもあわれだ。かわいそうだ。＊滑稽本・叶福助略縁記(1805)「哀(アワレ)ちけねへはなしを聞申て、涙がおっこぼれ申すよ」

あわれっ-ぽ・い あはれ:【哀―】『形口』(「ぽい」は接尾語)①他に対し、あわれと思う気持を起こしやすい傾向にある。感情に流されやすい。情にもろい。＊浮雲(1887-89)〈二葉亭四迷〉一・二「慈悲深く、憐っぽく、加之(しか)も律義真当(まったう)の気質ゆゑ」②あわれな感じを起こさせる様子である。あわれげである。なさけない様子だ。＊洒落本・二筋道後篇廓の癖(1799)三「ばからしい、あわれっほい事をおいいなんすかへ」＊滑稽本・浮世風呂(1809-13)三・下「田舎の女の声は、あはれっぽくをつにふるへるのウ」＊人情本・仮名文章娘節用(1831-34)三・七回「おれの顔さへ見ると、あはれっぽい事ばっかりいふから」＊土(1910)〈長塚節〉二五「彼は酷(ひど)く自分の哀(アハレ)っぽい悲惨(みじめ)な姿を泣きたくなった」 語源説 アハレオホシ(哀多)の急呼転〔大言海〕。 発音〈標ア〉ポ〈京ア〉ッ

あわれっぽ-さ あはれっぽ:【哀―】『名』(形容詞「あわれっぽい」の語幹に接尾語「さ」の付いたもの)あわれな感じを起こさせること。また、その度合。＊大阪の宿(1925-26)〈水上滝太郎〉六・五「身を売って病父の薬を購ふといふやうな、古風な哀れっぽさで」

あわれっ-ぽし・い あはれ:【哀―】『形口』あわれげな様子である。けなげで可愛らしい。いじらしい。＊洒落本・嘉和美多里(1801)「コレいくら金魚風にあはれっほしくめかしても、そんな事にふはとおのんなさる半蔵様じゃアねエ」

あわれび あはれび【哀・憐】『名』(動詞「あわれぶ(哀)」の連用形の名詞化)「あわれみ(哀)」に同じ。＊宇津保(970-999頃)俊蔭「たまたま聞きつくるけだもの、ただこのあたりにあつまりて、あはれびの心をなして」＊蘇悉地羯羅経寛弘五年点(1008)下「大悲愍(あハレビ)を垂れて本願を成すが故に降臨を見せられよ」＊拾遺愚草(1216-33頃)下「あはれびを広田の浜に祈りても今はかひなき身の思ひかな」＊草根集(1473頃)六「あはれひの心深さはおのづから身をも口をも守る也けり」 発音〈標ア〉ビ0

あわれ-・ぶ あはれ:【哀・憐】■一『他バ四』①「あわれむ(哀)①」に同じ。＊古今(905-914)仮名序「花をめで、とりをうらやみ、かすみをあはれび、つゆをかなしぶ心、ことばおほく」＊東大寺本大般涅槃経平安後期点(1050頃)一九「其の母は矜(アハレヒ)愍びて、人をして牽き出ださしめて、将て仏の所に至る」＊南海寄帰内法伝平安後期点(1050頃)一「汝、児子を憐愛(アハレフ)や」＊筑紫道記(1480)「或はいにしへのなき世の跡をあはれび、又は所につけて俤忘れがたきに催さるる成べし」②「あわれむ(哀)②」に同じ。＊源氏(1001-14頃)明石「もし年頃老法師の祈り申し侍る神仏のあはれびおはしまして」＊史記呂后本紀延久五年点(1073)「誰れの者(ひと)か憐(アハレバ)む」＊法華経音訓(1386)「哭 ナク、アワレフ、カナシム」■二『他バ上二』■一に同じ。＊大鏡(12C前)六・道長下「おのれまでも、恵みあはれびられ奉りて侍る身と」 語誌 (1)「あわれと思う」意で、「あわれむ」の古形とされる。「あわれぶ」「あわれむ」は動作の直接的表現であるのに対し平安仮名文学で多く用いられる「あわれがる」は、物語用語として、登場人物が「あわれに思い、その気持を言動にあらわす」意で、間接的な表現になる。また必ずしも心から「あわれ」と思わなくても、そのようにふるまう場合にも用いられる。(2)「あわれぶ」「あわれむ」は漢文訓読語で「あわれがる」は和文語であるとする見方もあるが、両者の違いは文体的なものではなく、動作表現の直接・間接の意味上の違いによって、「あわれがる」が物語の文章に用いられやすかったものと解する見方が有力。 発音〈標ア〉レ〈ア史〉平安●●●○〈京ア〉0 辞書 色葉・名義・言海 表記 憐(色・名・言) 惆・惵・憮・恤・悠・愍・矜(色・名) 哀・傷・愛・嬖・慨・唏・懐(色) 噫・牧・涼・奇・恵・惕・傷・恤・懆・惨・怜・愴・悷・悽・寵(名)

あわれ-ぶか・い あはれ:【哀深】『形口』しみじみと思い、感にたえたふぜいである。感慨深いありさまである。＊彼岸過迄(1912)〈夏目漱石〉松本の話・七「此言葉が、妙に憐(アハ)れ深(ブカ)い感じを僕に与へた」＊夜明け前(1932-35)〈島崎藤村〉第二部・下・終・四「ただただあはれ深くこの世を見まもって来たやうな景蔵から」 発音〈標ア〉カ

あわれま・し あはれ:【哀】『形シク』(動詞「あわれむ(哀)」の形容詞化)あわれをそそるようなさま。同情心を起こさせるようなさま。また、好感がもてそうなさま。＊随筆・常山紀談(1739)「うち見るより憎さげなると、あはれましきとあり」

あわれみ あはれみ【哀・憐】『名』(動詞「あわれむ(哀)」の連用形の名詞化)①感心すること。いとしく思うこと。また、なつかしく思うこと。あわれび。＊夫木(1310頃)三二「あはれみの後の春まで残りけりつばめの足につけし糸すぢ〈藤原為相〉」②ふびんに思うこと。慈悲。同情。あわれび。＊方丈記(1212)「古の賢き御世にはあはれみを以て国を治め給ふ」＊私聚百因縁集(1257)七・四「其の体常人に異なり慈(アハレミ)眼に浮かび貴質(たふといすがた)顕(あらは)れたり」＊虎寛本狂言・薩摩守(室町末-近世初)「出家ほど心安いものは御ざらぬ。あなたこなたのあはれみをうけて、らくらくと旅を致いて通る事で御座る」＊天草本伊曾保(1593)イソポ養子に教訓の条々「コレワ スナワチ テンノ voauaremiuo(ヲアワレミヲ) カウムル ミチゾ」＊引照新約全書(1880)馬太伝福音書・五「矜恤(アハレミ)ある者は福(さいはひ)なり。其人は矜恤を得べければ也」 発音〈標ア〉ミ0〈ア史〉江戸●●●●〈京ア〉0 辞書 和玉・文明・日葡・ヘボン・言海 表記 哀(文) 憐(へ・言) 慟(玉)

あわれみ を 乞(こ)う 人の情けにすがる。慈悲を

求める。＊帰省(1890)〈宮崎湖処子〉二「我が知る限りの名前に宛て、哀(アハレミ)を乞ひて救はれ、死人の如くして帰郷せしなり」＊夜の雪(1898)〈幸田露伴〉下「心恐ろしき養ひ親に憐愍(アハレミ)を乞はん気も出でず」＊虞美人草(1907)〈夏目漱石〉一二「一銭二銭の憐(アハレミ)を乞(コ)ふのと大した相違はない」

あわれみ を 蒙(こうむ・こうぶ)る 人から慈悲をかけられる。同情を受ける。人の世話になる。目をかけられる。寵愛を受ける。＊平家(13C前)二・大納言死去「幼少よりおん憐を蒙って、かた時もはなれまゐらせ候はず」＊日葡辞書(1603-04)「Auaremiuo cǒmuru(アワレミヲ カウムル)」＊読本・春雨物語(1808)天津処女「帝の御心に叶ひちかう召しまつはさせ、時々、文よめ、歌よめと御あはれみかうぶりしかば」

あわれみ を 垂(た)る 慈悲をかける。情けをかける。＊平家(13C前)二・康頼祝言「南無権現金剛童子、ねがはくは憐みをたれさせおはしまして、古郷へかへし入れさせ給へ」＊仮名草子・伊曾保物語(1639頃)下・四「われ今水に離れてせんかたなし。あはれみをたれ給ひ、その馬に乗せて水ある所へ着けさせ給はば」

あわれみ‐ごころ あはれみ：【哀心】〘名〙あわれむ心。ふびんに思う心。慈悲心。＊物質の弾道(1929)〈岡田三郎〉「可哀さうな奴だと、いささかの憐(アハ)れみ心(ゴコロ)でも起しかけてゐる時とか」 発音 アワレミゴコロ 〈標ア〉ゴ

あわれみ‐ぶか・い あはれみ：【哀深】〘形口〙文 あはれみぶか・し〘形ク〙思いやりのあるさまである。同情心が深い。なさけぶかい。＊内村鑑三(1949)〈正宗白鳥〉六「『かかる艱苦切迫の場合には、転向を装ってもよし〈略〉』といったやうな、憐れみ深いお言葉がキリストの口から出てゐたらどうであらうか」 発音 〈標ア〉カ

あわれ・む あはれ：【哀・憐】〘他マ五(四)〙①いつくしむ。愛する。感心する。賞美する。あわれぶ。＊元永本古今(905-914)仮名序「花をめで、鳥をうらやみ、霞をあはれみ、露を愛(かな)しぶ心はおほく」＊後拾遺(1086)序「花をもてあそび、鳥をあはれまずといふことなし」＊古本説話集(1130頃か)六〇「ひめ君、あはれみて、藤袴(ふじばかま)を調(てう)じて取らす」②ふびんに思う。同情する。また、慈悲の心をかける。恵む。あわれぶ。＊大慈恩寺三蔵法師伝承徳三年点(1099)九「大恩矜(アハレミ)を以てす」＊伊呂波字類抄(鎌倉)「憐 アハレム 愛也俗乍伶」＊古今著聞集(1254)一・一九「はじめよりの次第申しければ、あはれみ給ひて、国に屋敷など永代限りて宛て給ひけり」＊法華経音訓(1386)「愍 アワレム カナシム」＊天草本伊曾保(1593)イソポ アテナスの人々に述べたる譬へ「テン コレヲ auaremaxerarete(アワレマセラレテ) ハシラヲ イッポン クダサルレバ」 語誌 →「あわれぶ(哀・憐)」の語誌。 発音 〈標ア〉レ 〈ア史〉室町来◎◎◎◎ 〈京ア〉0 辞書 名義・和玉・文明・饅頭・黒本・易林・日葡・書言・ヘボン・言海 表記 憐(玉・文・饅・黒・易・書・ヘ・言) 愍(玉・文・易・書) 矜(玉・文・易) 慨(名・玉) 哀・閔(玉・文) 仁・怜(玉・書) 忎・牟・倰・憮・憫・哭・寵・嗇・陏(玉) 恂旧(書)

同訓異字 **あわれむ・あわれ【哀・憐・矜・憫・愍】**

【哀】(アイ) かなしみあわれむ。心を痛めうれえる。「哀史」「哀悼」「哀憐」《古 かなしふ・あはれむ》

【憐】(レン) 心から気の毒に思う。しみじみとかわいそうに感じる。「憐憫」「憐愍」「哀憐」「同病あい憐れむ」《古 あはれふ・かなしふ・うつくしふ・めぐむ》

【矜】(キョウ・キン) あわれみいたむ。いたましく思う。「矜憐(キョウレン)」「矜愍」「哀矜(アイキョウ)」《古 あはれむ・めぐむ・かなしふ・かなしむ》

【憫】(ビン) いたみうれえる。うれえあわれむ。「憫笑」「不憫」「憐憫」《古 かなしふ・あはれふ・うれふ・もたし》

【愍】(ミン・ビン) かわいそうにおもう。気の毒に感じる。「哀愍」「不愍」「憐愍」《古 かなしふ・あはれふ・いたむ・めぐむ》

あわれむ べし (「憐れむがよい」の意から)「あわれなことには」の意を強めていう語。＊浮雲(1887-89)〈二葉亭四迷〉一・六「哀むべし文三は竟(つひ)に世にも怖ろしい悪棍(わるもの)と成り切った所へ」

あわれ‐らし あはれ：【哀―】〘形シク〙哀れそうに見える。みすぼらしい。＊咄本・鹿の巻筆(1686)二・四「身のなりはてのあわれらしきありさまなれども、心はいまださらに衰へず」＊説経節・しだの小太郎(1751-64頃か)せんじゅの姫道行「よに、ここにあわれらしきは、二人びくにのとりなり」

あわれる 〘動〙方言 ⇩あおれる 発音 〈標ア〉ラ

あわ‐ろうそく あはラフソク【阿波蠟燭】〘名〙阿波国(徳島県)で産出したろうそく。＊雑俳・柳多留拾遺(1801)巻二〇「一っぺんはあはらうそくをみんな買い」＊随筆・続飛鳥川(19C中)「阿波蠟燭、たまたま来る」

あわわ 〘名〙①幼児または幼児をあやす人が口を開き、手のひらを口に当てて軽くたたきながら「あわわ」の声を出す遊び。また、その声。＊俳諧・鷹筑波(1638)一「わらび手はあははをするか山の口〈良次〉」＊歌謡・松の落葉(1710)三・一三・祭文「此の時に至りて、地蔵菩薩の御守り、寵愛ことに浅からず、ちゃうちちゃうち、あわわ、かぶりかぶり」＊浄瑠璃・浦島年代記(1722)龍宮七世の鏡「浦島太郎が孫の子の、ひ孫の血筋愛らしく、〈略〉手打(ちゃうち)手打あはは」②「あわわの三太郎(さんたろう)」の略。＊雑俳・柳多留‐一一(1776)「年明が壱人あははが五六人」＊雑俳・柳多留‐一四(1779)「うらなってもらいにあははていしゅ来る」 発音 〈標ア〉ワ^2

あわわ の 三太郎(さんたろう) (「あわわ」をするかな目にあう人をいう意)ばか者。ばかな目にあう人をいう擬人名。あわわ。＊歌舞伎・男伊達初買曾我(1753)六「今夜中に質屋へ百両持って行かぬと、赤木の刺刀(さすが)は由兵衛めに受けとられて、あははの三太郎になる」＊雑俳・柳多留‐四(1769)「あくた川本のあははの三太郎」＊滑稽本・魂胆夢輔譚(1844-47)三・上「阿輪輪(アワワ)の三太郎が、臭(くさい)もの身知らず」 補注「あはは」と笑ってばかりいるまぬけな者と解する説もある。

あん〘字音語素〙1安：安・按・晏・案・鞍 2奄：庵・晻・罨・菴 3音：暗・諳・闇・黯 4その他 行・杏・餡

1 安の類

【安】①やすらか。やすらかにする。／安否、恬安、平安、慰安、安逸、安穏、安閑、安康、安舒、安静、安全、安泰、安寧、安養、安楽／安住、安息、安定、安眠／不安／偸安／苟安／安国、安心、安息、安堵、安居(「あんご」とも)／安宅／②たやすい。あまり気を使わない。／安易、安直／③値段がやすい。／安価／⇩あん(安)

【按】①おさえる。／按抑、按摩／按声、按腹／②しらべる。考える。／検按、考按、察按、按察、按排／按治、按問／按脈／

【晏】(漢)①やすらか。／晏晏／安晏、晏娯、晏静、晏息、晏寧／晏如、晏然／晏朝／②おそい。／晏起、晏出、晏眠／

【案】①物を置く台。つくえ。／几案、案机、案几／案下、案上、案頭／②しらべる。考える。「按」に同じ。／考案、思案、案験、案察／案致／③書類。下書き。考え。プラン。／案出／原案、草案、議案、公案、法案、改訂案、修正案、図案、答案、翻案／起案、発案、提案、立案／案内／⇩あん(案)

【鞍】馬の背に置くくら。／鞍韉、鞍轡／金鞍、銀鞍、駄鞍／鞍銜、鞍下、鞍上、鞍橋、鞍坪、鞍馬／⇩あん(鞍)

2 奄の類

【庵】いおり。／廬庵、庵室／庵住／禅庵、草庵、蓬庵、茅庵／庵主／庵裏／芭蕉庵、幻住庵、木庵／⇩あん(庵・菴)

【晻】くらい。／晻晻／晻昧、晻靄／

【罨】(漢)あみ。また、おおいかぶせる。／罨法／

【菴】(漢)いおり。「庵」に同じ。

3 音の類

【暗】①くらい。／暗暗／明暗、隠暗、黒暗、暗黒、暗澹、暗昧／暗然／暗雲、暗所、暗箱、暗室、暗風、暗夜、暗中摸索／②そらんじる。「諳」に同じ。／暗記、暗算、暗唱、暗誦／暗譜／③人に知られないようにするさま。／暗殺、暗躍／暗号、暗恨、暗涙／④音字。／暗厄利亜(アンゲリアのアンにあてる)／⇩あん(暗・闇)

【諳】そらんじる。熟達している。／諳練／諳憶、諳記、諳識、諳誦、諳唱、諳悉／諳譜／

【闇】暗い。くらやみ。／明闇、闇昧、暗闇、幽闇／闇然／闇夜、闇路／⇩あん(暗・闇)

【黯】(漢)①くろい。／黯黒／黯爾、黯然／②くらい。／黯黮／黯淡、黯澹／黯靄／

4 その他

【行】(唐)①歩くこと。／行脚、行灯、行火／②天子の行幸。／行在／行宮／〔↓コウ(漢)・ギョウ(呉)〕

【杏】(唐)あんず。／杏子／銀杏(ぎんなん)はいちょうの実。

【餡】(唐)もちやだんごのあん。あんこ。／小豆餡、肉餡／製餡／⇩あん(餡)

あん【安】〘名〙①やすらかなこと。危険がないこと。困難がないこと。＊史記抄(1477)八・孝景本紀「安と危との機は、そっとちっとの処に謀で定るものなり」＊春秋左伝‐襄公一一年「書曰、居レ安思レ危、思則有レ備、有レ備無レ患」②やすめること。しずめること。落ち着けること。＊禅海一瀾(1862)「自得の術は止定静安慮の五者に在り」③(形動)手軽なこと。値段がやすいさま。＊胡瓜遣(1872)〈仮名垣魯文〉初・上「僕なぞの大食には、安(アン)で佳味で泰山ある物にあらずんば満腹愉快に至らぬから」④「あん(案)⑤」に同じ。＊拾玉得花(1428)「かくの如く当座(たうざ)当座のあてがひの安(アン)、不安の差別(しゃべつ)によりて」⑤「あん(庵)」に同じ。＊高野山文書‐元徳二年(1330)一一月一五日・則松安売券(大日本古文書五・一〇四六)「合大四十歩者〈在神前番井里十五坪内〉右件安者、則松相伝安也、而今依有要用〈略〉売渡進事明白也」 発音 〈標ア〉ア 〈京ア〉ア 辞書 文明・ヘボン 表記 安(文・ヘ) ⇩あん〔字音語素〕

あん を 偸(ぬす)む のんびりと過ごす。一時の安逸をむさぼる。＊新書‐数寧「夫抱レ火措二之積薪之下一而寝二其上一、火未レ及レ燃、因謂二之安一、偸レ安者也」

あん【何】〘代名〙「なん(何)」の変化した語。↓あんだ・あんたる・あんちゅう・あんでも・あんと・あんとして・あんにしろ。＊滑稽本・浮世風呂(1809-13)前・上「うったまげたの何(アン)のじゃアねへ」

あん【彼】〘代名〙(対称の代名詞「あれ(彼)」の変化した語)あなた。＊天理本狂言・雪打合(室町末‐近世初)「あんの、いな事いわします」＊天理本狂言・酒講式(室町末‐近世初)「とかくあんの、身どもに酒をのませとむながる」

あん【案】〘名〙①物を載せる台。机。膳。楉案(しもとあん)、書案、大案の類がある。案几(あんき)。＊後二条師通記‐寛治二年(1088)四月一七日「小将書初、敷二左右座一枚、横有レ座、有レ案」＊今昔(1120頃か)六・四五「一の鹿有て、門を突て入来て、此の経の案の前に立て、頭を挙て舐(ねぶ)る」＊とはずがたり(14C前)五「みまゐらせつる御影、いらせおはしますなりけり、あんとかやいふ物にすゑまゐらせて」＊増補本増鏡(1368-76頃)内野の雪「児御子(ちごみこ)の御衣の案二脚、はしかくしの間にかきたつ」＊寛斎先生遺稿(1821)一・南

窓「篆炉灰処碁移㆑晷、泥硯乾時案積㆑塵」＊後漢書‐梁鴻伝「毎㆑帰、妻為具㆑食、不㆓敢於鴻前仰視㆒、挙㆑案斉㆑眉」②下書き。草案。あんごぶみ。あんしょ。あんもん。＊延喜式(927)一一・太政官「凡御体卜者、神祇官中臣率㆓卜部等㆒〈略〉神祇副若祐、持㆓奏案㆒、進㆓大臣㆒」＊伊勢物語(10C前)一〇七「かのあるじなる人、あんを書きて、かかせてやりけり」＊源平盛衰記(14C前)二九・新八幡願書事「墨、筆を和(くゎ)して、〈略〉古き物を写すが如く、案にも及ばず、之を書す」＊日葡辞書(1603‐04)「Anuo(アンヲ) スル」③控え書き。留め書き。＊令義解(718)公式・案成条「凡案成者。具条㆓納目㆒」＊近衛家本追加‐正安二年(1300)七月五日(中世法制史料集一・追加法六八五)「西国堺相論事 任㆓弘安八年御教書㆒、可㆑致㆓其沙汰㆒、且案所㆑被㆓写下㆒也」＊東寺百合文書‐は・正和三年(1314)一〇月四日・曽頼尊奉書案(大日本古文書一上・六七)「わかさよりのかさねたるじゃう、又ゐんせんのあんひろう申候ぬ」＊政基公旅引付‐文亀三年(1503)七月二五日「定而日根野申度事を可㆑申也、其案を日根野へ自㆑国可㆓書送㆒子細は何事哉」④まだ確定していないで、調査や相談を要する事柄。計画。もくろみ。また、それを書いた文書。「案を立てる」「法律案」「予算案」「議案」＊宮内省官制‐明治四〇年(1907)三条「宮内大臣は皇室令の制定改正又は廃止を要するものあるときは案を具へて上奏すべし」＊現代文化百科事典(1937)「あん 案 或事項に対する未確定な思考、又は之を記載した文書を指す」⑤思案。考え。くふう。計略。＊栄花(1028‐92頃)初花「さ思はせんとたばかりたる事なれば、案にははかられにけり」＊日蓮遺文‐神国王御書(1275)「仏法を流布の国主とならむ人々は能能御案ありて後生をも定め、御いのりも有るべきか」＊日葡辞書(1603‐04)「Anno(アンノ) フカイ ヒト〈訳〉思慮深い人」＊幸若・ほり川(室町末‐近世初)「土佐を討手にのぼするならば案ふかき者にて、ぎけいもうたれたもふべし」＊浄瑠璃・頼光跡目論(1661‐73頃)五「器量人にすぐれあん深き剛のものなれば」 方言 考え。工夫。島根県725 愛媛県840 844 発音〈標ア〉ア〈ア史〉平安○○〈京ア〉ア 辞書 色葉・日葡・ヘボン・言海 表記 案(色・ヘ・言) ⇩あん〔字音語素〕

あんに入(い)る 「あん(案)に落つ」に同じ。＊日葡辞書(1603‐04)「Anni iru(アンニ イル)、または、ヲツル〈訳〉他人の仕掛けた計略、またはいつわりにひっかかる。つまり、誰かのある種の計略、たくらみに応じる」

あんに落(お)つ 推量どおりになる。思うつぼにはまる。また、計略にひっかかる。＊源氏(1001‐14頃)藤袴「かく、人のおしはかるあんにおつることもあらましかば、いとくちをしくねぢけたらまし」＊今昔(1120頃か)二八・八「何(いか)でか心を不得(えず)して、基増が、案に落て此(かく)被云(いはれ)たるこそ弊(つたな)けれ」＊日葡辞書(1603‐04)「Anni(アンニ) イル、または、votçuru(ヲツル)」

あんに相違(そうい)する 予想がはずれる。考えていたのと違う。＊太平記(14C後)一〇・新田義貞謀叛事「桜田、長崎是を見て、案(アン)に相違(さうイ)やしたりけん、馬を扣(ひか)へて進み得ず」＊日葡辞書(1603‐04)「Anni sõisuru(アンニ サウイスル)」＊随筆・槐記‐享保一二年(1727)五月一八日「我等方にて、虫くひ竹に古たたみにて御茶申すべしと思ひしに、案に相違して、御茶申さぬほどこそ、両人衆に不及所(およばざるところ)なれ」＊歌舞伎・籠釣瓶花街酔醒(1888)二幕「菊見がてらに廓(さと)の露、濡れてみたさに来てみれば、案に相違の愛想づかし」 辞書 文明 表記 案相違(文)

あんに違(たが)う 「あん(案)に相違する」に同じ。＊古今著聞集(1254)二〇・六九九「にかへりたる湯を穴の口にくみ入れたりける程に、あむにたがはず蛇(くちなは)出でてびりびりとひろめきてやがて死ぬ」＊御伽草子・御曹子島渡(室町末)「あんにもたがはず、内裏には火の雨ふり、雷(いかづち)鳴り、暗闇にこそなりにけれ」＊書言字考節用集(1717)九「案不㆑違 アンニタガハズ」＊合巻・雷太郎強悪物語(1806)「あんにたがひし雷太郎(いかづちたろう)おどろきあきれ立ゐたるが」＊小学読本(1874)〈榊原・那珂・稲垣〉四「たやすく首を斬り持ち出でてよく見るに案に違ひて袈裟なりければ大に悲み」 辞書 書言

あんの内(うち) 考えのとおり。当然わかっていること。計画どおり。思っているとおりになること。思いのままのこと。案中。＊金刀比羅本保元(1220頃か)上・官軍勢汰へ「合戦の庭に出でて、死(しぬる)は案(アン)の内(ウチ)の事、生(いきる)は存(ぞん)の外(ほか)のこと也」＊風姿花伝(1400‐02頃)三「自作なれば、言葉・振舞(ふるまひ)、あんのうちなり」＊日葡辞書(1603‐04)「Anno vchigia(アンノ ウチヂャ)。または、アンヂュウデ ゴザル」＊随筆・折たく柴の記(1716頃)下「海舶互市の議を上(たてまつ)りし日より案の内なる事どもなれば」 方言 江戸†058 発音〈標ア〉ア 辞書 書言 表記 案裏(書)

あんの=如(ごと)く[=如(ごと)] ①推量していたとおり。思ったとおり。案の定。＊参天台五台山記(1072‐73)四「如㆑案多銭有㆑残」＊平家(13C前)一・殿上闇討「案のごとく、五節はてにしかば、殿上人一同に申されけるは」＊玉塵抄(1563)一「あんの如く三年して遼東と云州の守護になったぞ」＊虎明本狂言・伊文字(室町末‐近世初)「西門へいたれば、あんのごとく女ばう衆がいられた」＊滑稽本・浮世風呂(1809‐13)前・上「ろくではあるまいと思ふと案(アン)のごとくだ」②計画やくふうのとおり。＊仮名草子・伊曾保物語(1639頃)中・二〇「あんのごとくし侍ければ、たやすく取ってこれを食ふ」 辞書 文明・饅頭・書言 表記 如㆑案(文・饅・書)

あんの定(じょう) 計画どおり。予想したとおり。⇩親見出し

あんの図(ず) ＊太平記(14C後)一八・瓜生挙旗事「瓜生は兼ねて案の図(ヅ)に敵を谷底へ帯(おび)き入れて、今はかうと思ひければ」＊信長記(1622)八・長篠かっせんの事「鉄炮をふせ、五けん十間まで、引つけうつべしと、かけまはり下知しける処に、案の図(ヅ)に馬を入きたる」 方言 案の定。鹿児島県鹿児島郡968 ◇**あんのじょうらく** 和歌山県日高郡698 ◇**あんじょう** 三重県伊賀南部585 大阪府東成郡642 ◇**あんのたま** 京都府620 622 629 兵庫県神戸市665 鳥取市711 島根県725 岡山市054 広島県高田郡779 ◇**あんちゅう**〔案中〕 島根県邇摩郡・大田市725 ◇**あんちい** 島根県簸川郡・大田市725 ◇**あんじゅ** 熊本県葦北郡・八代郡933 ◇**あんじゅで** 鹿児島県961 ◇**あんち** 島根県出雲725 ◇**なんのじょう** 福島県東白川郡157 東京都八丈島324 新潟県371 ◇**なんのじゅう** 福島県岩瀬郡176 ◇**なんのちゅう** 福島県東白川郡158 ◇**なんのじ・なんのうち** 福島県相馬郡156

あんの外(ほか) 思いも及ばないこと。予想外。案外。意想外。＊今昔(1120頃か)二五・九「今日の内に寄て責むこそ、彼(かの)奴(やっこ)は案の外にて迷(まど)はめ」＊ぎやどぺかどる(1599)上・二・六「彼合力をなす者も又、それをうくる者共も、ともに倒れて、案の外なる喙りを受べしと」＊咄本・醒睡笑(1628)六「かの下僧(げそう)、案の外常より早く昼以前にしまひて、帰りみれば」＊黄表紙・莫切自根金生木(1785)上「地引(ぢびき)をさせしに、あんのほか、海川へすたれる金銀、魚(うを)にまじりておびただしくあがりしゆへ」 発音〈標ア〉ア 辞書 黒本・書言 表記 案外(黒・書)

あんの物(もの) 「あん(案)の内」に同じ。また、一説に、「机にのせておいたも同然のもの」の意とも。＊大鏡(12C前)五・道長上「『ものすこしめぐみ給はらん』と申さんには、少々のものはたばじやはと思へば、それは案のものにて、倉に置たるごとくなんおもひ侍るといへば」

あんを同(おな)じくす 食卓を共にする。同じ卓で一緒に食事する。＊顔氏家訓‐兄弟「食則同㆑案、衣則伝㆑服、学則連㆑業、遊則共㆑方」

あんを=めぐらす[=まわす] あれこれ考える。くふうを凝らす。＊風姿花伝(1400‐02頃)三「心中にあんをめぐらすべし」＊吾妻問答(1467頃)「我が連歌のたたずまひを取り合はせて案をめぐらさば、いつあがるともなく、其の心姿を少し得る事有るべし」＊幸若・元服曾我(室町末‐近世初)「まだいとけなき御心に、あんをまはすぞおそろしき」

あん【庵・菴】〘名〙①木で作り草で葺(ふ)いた粗末な小家。特に、僧や世捨て人、または、風流人の閑居する小屋。禅宗では、大寺に付属する小僧房をいう。いおり。草庵。庵室。以上のような小家、また、料理屋などの名として接尾語的に添えて用いることもある。＊正法眼蔵(1231‐53)行持上「雲居山弘覚大師、そのかみ三峰菴に住せしとき〈略〉大師あるとき洞山に参じて、大道を決択(けっちゃく)してさらに菴にかへる」＊菟玖波集(1356)雑一「よろづのうきは一夜なりけり 花の散る山の木かげの笹の庵〈性遵〉」＊日葡辞書(1603‐04)「An(アン)、イヲリ。Anuo(アンヲ) ムスブ」＊新編鎌倉志(1685)三・松岡東慶寺「海珠庵、山門を入り、右にあり、妙喜庵、青松院の北にあり、右、皆、脇寮なり」＊神仙伝‐焦先「焦先居㆓河之湄㆒、結㆑草為㆑庵、独止㆓其中㆒」＊正字通「菴、草舎曰㆑菴〈略〉釈氏結㆓草木㆒為㆑廬、亦曰㆑菴、一作㆑庵」②人の雅号として、接尾語的に添えて用いる。＊ロドリゲス日本大文典(1604‐08)「Iian(ジアン)、Iŏan(ジャウアン)〈略〉Quiŭan(キュウアン)」 語誌「ロドリゲス日本大文典」には「『寺』(Teras)の種類には、Ii(寺)という主要で正式なものとYn(院)とAn(菴)との三つがあるので」「『院』(In)と『菴』(An)とは大寺に附属した小寺のようなものであって、そこに或『坊主』(Bonzo)が隠遁したり住居したりして居る云々」のような叙述が見られる。 発音〈標ア〉ア〈京ア〉ア 辞書 文明・日葡・ヘボン・言海 表記 庵(文・ヘ・言) 菴(文) ⇩あん〔字音語素〕

あん【暗・闇】〘名〙①暗いこと。暗い所。くらがり。やみ。夜。また、表に現われない所。＊妙一本仮名書き法華経(鎌倉中)七・薬王菩薩本事品第二三「また、日天子のよくもろもろの闇(アン〈注〉ヤミ)をのぞくがごとく、この経も、またまた、かくのごとし」＊太平記(14C後)一三・兵部卿宮薨御事「此の二つの剣精霊暗(アン)に通じて坐(い)ながら怨敵を滅すべき剣也」＊別れ霜(1892)〈樋口一葉〉一三「此所(ここ)松沢新田が先祖累代の墓所昼なほ闇(くら)き樹木の茂みを吹払ふ夜風闇(アン)に悲哀の声をそへて」＊中野重治論‐晴れた時間(1946)〈荒正人〉「あのメーデーのすばらしさは、こういった暗をもふくみながらなお明であるところにある」＊符子「是猶㆓夕蛾去㆑暗而赴㆑燈而死者㆒也」②仏語。煩悩のたとえ。＊大宝積経‐一一「此之大乗亦復如㆑是。〈略〉而発㆓趣於阿耨多羅三藐三菩提無辺慧㆒。此乗離㆑闇、能除㆓一切世間之病㆒」③記憶。暗記。＊蔭凉軒日録‐文明一九年(1487)八月三日「彼焼香事於㆓此方㆒無㆓其記録㆒。暗亦不㆑覚㆓子細㆒也」 発音〈標ア〉ア 辞書 ヘボン 表記 暗(へ) ⇩あん〔字音語素〕

あん【鞍】〘名〙くらのこと。＊漢書‐李広伝「令曰、皆下㆑馬解㆑鞍」⇩あん〔字音語素〕

あんに拠(よ)りて顧眄(こべん)す (中国、漢代の将軍馬援が、老年でなお役に立つことを示そうとして、天子の前で馬に乗って勢いの盛んなところを見せたという「後漢書‐馬援伝」の故事から)馬の鞍によりかかって前後を見回す。威勢の盛んな態度に

いう。＊火の柱(1904)〈木下尚江〉二三・一「威風堂々として尚ほ鞍(アン)に拠(ヨ)って顧眄(コベン)するの勇を示す」

あん【餡】〘名〙①餅やまんじゅうの中に詰めるもの。＊京大本湯山聯句抄(1504)「饅頭のあんにはあづきがさたうがなるか。土饅頭のあんには人がなるほどに」＊玉塵抄(1563)一〇「むしもちなり。小麦餅はむすぞ。中にあんがあるぞ」＊日葡辞書(1603-04)「An(アン)〈訳〉モチまたはマンヂュウの詰物」＊書言字考節用集(1717)六「餡 アン 餅中肉餡」＊随筆・塩尻(1698-1733頃)七「餅及び饅頭のうちにみつる物をあんといふ、餡の字なり唐音はアンといふあんは唐音のとなへ誤り也」＊和訓栞(1777-1862)「あん 餡の音転也。西土の饅頭の餡は鳥獣の肉を用ゐ、本邦には赤豆砂糖を用う。黄蘗饅頭と称するは香油の類をもて餡とす」②小豆、インゲンなどの豆類または芋類を煮てすりつぶし、砂糖または塩を混ぜ、さらに煮たもの。餅に包み、団子に塗り、あるいは汁粉として食べる。白餡、黒餡、漉(こし)餡、小倉餡(つぶし餡)、芋餡などがある。あんこ。＊和漢三才図会(1712)一〇五「餡(アン)〈略〉今唯以二赤小豆一煮熟擂レ之去レ皮和二沙糖一者曰レ餡」＊当世書生気質(1885-86)〈坪内逍遙〉二「其方(そちら)にある、餡(アン)の這入(はいっ)ちょるのを呉れィ」③片栗粉、またはくず粉を溶いて、みりん、砂糖、しょうゆを混ぜたすましの沸騰している中に流し入れてどろりとさせたもの。くずあん。餡かけ。くずだまり。④広く、物の内部に詰めるもの。特に、金銀の細工物などで、内部に銅などを入れたものを餡詰めという。贋金(にせがね)などにもいう。転じて、表面はよく見えて中身の悪い品物。→あんこ(餡━)②。語源説(1)「餡」の唐音〔塩尻・国語の中に於ける漢語の研究＝山田孝雄〕。(2)「餡」の音転〔和訓栞〕。(3)アマ(甘)の転か〔言元梯・俗語考〕。発音〈なまり〉アレ〔佐賀〕〈標ア〉ア〈京ア〉ア 辞書日葡・書言・ヘボン・言海 表記餡(へ・言) 餡・艦(書) ⇩あん〔字音語素〕

あん〘名〙方言❶おじぎ。また、そのときに発する語。幼児語。愛知県名古屋市562 知多郡570 滋賀県彦根609 京都市621 奈良市678 香川県829 ◇あんあん 和歌山県690 ❷神仏や月などを拝むこと。また、そのときに唱える語。幼児語。群馬県多野郡246 兵庫県神戸市054 ❸網。鹿児島県961 沖縄県石垣島996 ❹植物、あわ(粟)。沖縄県石垣島996 ❺女性の用いる腰巻き。沖縄県黒島996 ❻辛苦。困難。沖縄県石垣島996

あん〘連体〙「あの」が変化した語。ののしっていう場合などに用いる。「あん畜生」＊婦系図(1907)〈泉鏡花〉前・三「何故って、お前(めえ)、あん獣(けだもの)ァ」＊蝮のすゑ(1947)〈武田泰淳〉二「杉さんは、ヒステリーの表情を見たことがありますか。凄い物ですよ。〈略〉あん時は自分でも意識がなくなってゐるんだな、きっと」

あん〘感動〙①相手に念を押したり、同意を求めるときのことば。＊綿(1931)〈須井一〉五「この上お前と別れ別れになんのア、辛からうが、お前のからだなら仕方あるめえ。…けんど、お前もうまいことやれや。あん」②相手のあいさつや話に軽く応じるときのことば。＊医師高間房一氏(1941)〈田畑修一郎〉一・二「彼の家の前を通る大抵の人は彼より少い戸数割を納めてゐた。だから、彼はそこで会ふ大抵の人に、『あン』と云って一寸頭を動かせばよかった」方言❶呼ばれたときの応答の語。また、同意したときに言う語。はい。長野県上田475 佐久493 岐阜県武儀郡498 加茂郡509 愛知県知多郡570 ❷打消の返事。いいえ。いや。千葉県山武郡270

あん〘接尾〙(「はん」の変化した語)人名などについて、軽い敬意を表わす。さん。大阪の遊里の語。＊洒落本・睟のすじ書(1794)百目つかひ「ヲヲすかん、仁三あんきてかいな〈様ンをアンといふ〉」語誌関東では「さん」が前に促音をとってツァンのように発音されることが多くなるが、関西では「はん」を使い、それが遊里語としてアンと発音されたものと思われる。

アン(Anne) ⇩アンじょおう(━女王)

あんあみ【安阿彌】 仏師「かいけい(快慶)」の法名。発音〈標ア〉0

あんあみ の 作(さく) (仏師、安阿彌の作品は温雅で美しい顔だちのものが多いとされているところから)顔の美しい少年をほめていう語。＊評判記・野郎虫(1660)加川右近「むまれつきの面躰は、いかさまあん阿彌(ミ)の御作(ゴサク)にてもあるべきか。心だておむくにして、残所なし」＊古郷帰の江戸咄(1687)芝居「運慶、湛慶、あん阿彌の御作か、ちょいちょいなどとののしりて」＊俳諧・釈教百韻(1778)「哥舞伎ぼさちとあそんだがまし あんあみの作じゃ笑顔じゃ空の月」

あんあみ-ふう【安阿彌風】〘名〙鎌倉時代の仏師、快慶が得意とした彫刻の作風。如来や地蔵の場合、穏やかな姿を示し、衣文の表現が流麗であるのが特色。安阿彌様。発音アンアミフー〈標ア〉0

あん-あん【安安】〘形動タリ〙安楽なさま。気楽なさま。＊仮名草子・為愚痴物語(1662)一・四「佞人、悪人、愚痴、無智にしていたづらをたくみ、あんあんとくらすもの」＊浮世草子・新御伽婢子(1683)五・幽霊討敵「敵(かたき)のさかり過たるをあんあんとまもり居んに。若病死をせしなどと。いはば悔(くゆ)とも益なからん」発音〈標ア〉0ア2

あん-あん【晻晻】〘形動タリ〙光が薄らぐさま。また、薄暗い様子。＊班彪-北征賦「日晻晻其将レ暮兮、観二牛羊之下来一」

あん-あん【暗暗】〘形動タリ〙①暗いさま。奥深くかすかなさま。＊大観本謡曲・景清(1466頃)「暗々たる庵室に、徒らに眠り」＊静寄軒文集(1813頃)五・赴淀城舟中分韻「花影黯々白、柳影淡々青」＊死(1898)〈国木田独歩〉三「洋燈(らんぷ)の火がフッと消えた、室(へや)は暗々(アンアン)黒々」＊地獄の花(1902)〈永井荷風〉一八「一間と離れた先は黒(こく)暗暗(アンアン)として而も怒濤と狂風は忽ち人の声を奪って」＊楚辞-天問「明明闇闇、惟時何為」②人知れずするさま。ひそかなさま。＊江戸繁昌記(1832-36)五・本所「暗々想ひ道ふ、『世間、人なからず』」補注②は、「小説精言-四」に「惟恐レ傷二丁丈夫之意一。只做レ不レ知。暗暗(〈注〉ヒトシレズ)傷レ涙」とある。発音〈標ア〉0ア2〈京ア〉0 辞書日葡

あんあん の うち 「あんあんり(暗暗裏)」に同じ。＊別れ霜(1892)〈樋口一葉〉二「暗々(アンアン)の内(ウチ)朧々の奥いかなる手段か方法か」＊それから(1909)〈夏目漱石〉八「近くに住む平岡と、此烟突とを暗々(アンアン)の裏(ウチ)に連想せずにはゐられなかった」

あん-あん〘副〙人が大きな声を上げて泣くさまを表わす語。わんわん。＊病牀苦語(1902)〈正岡子規〉「人を怒りつける、大声あげてあんあんと泣く、したい放題のことをして最早遠慮も何もする余地がなくなって来た」発音〈標ア〉ア1

あんあん-ぜん【暗暗然】〘形動タリ〙暗いさま。＊俳諧・文政句帖-五年(1822)正月「たまたま非を改らためんとすれば暗々然として盲の書をよみ、蹇の踊らんとするに等しく」＊新書-修政語・下「君子既去二其職一、則其於レ民也、暗暗然如三日之已入二也」発音〈標ア〉ゼ

あんあん-ち【暗暗地】〘名〙(「地」は助辞)「あんあんり(暗暗裏)」に同じ。＊一年有半(1901)〈中江兆民〉附録・経済界「或時は提挈の窮策に訴へて、暗々地に利益を啗はす」

あんあん-り【暗暗裏・暗暗裡】〘名〙人の知らないうち。ひそかな状態。内々(ないない)。＊内地雑居未来之夢(1886)〈坪内逍遙〉二「皮相論者が下院の勢力を称歎するにも係らず、其実暗々裡(アンアンリ)に、国家の権威を彼貴族輩が握れるならずや」＊或る女(1919)〈有島武郎〉前・一四「何時でも暗々裡(アンアンリ)に事務長の為めにされてゐるのを意識しない訳には行かなかった」発音〈標ア〉ア2〈京ア〉ン2

あん-い ヰ【安位】〘名〙①執着、固定観念などを離れた無心自由な境地。また、その境地に達すること。②「あんざ(安座)①」に同じ。＊私聚百因縁集(1257)四・一「修行堅住の為に盤石の上に安位す。是則ち形相也」③世阿彌の能楽論で最高の芸境。やすきくらい。→安曲。＊風曲集(1423頃)「心根とは以前申つる、出息入息を地体として、声をたすけ、曲を色とりて、不増不減の曲道息地に安位する所なるべし」＊拾玉得花(1428)「抑、安位(アンイ)者、意景、態相に全くかかはらぬ所あるべし。其時は、稽古、習道を尽くしつる条々、心中に一物もなし。〈略〉此位の達人をこそ、真実の、安位(アンイ)とも云べけれ」

あんい 座談(ざだん) まったく自由な境地に達すること。＊五音曲条々(1429-41頃)「一、凡闌曲(らんぎょく)に同音の具行(ぐぎゃう)はあるべからず。自他別(こと)にして、又知音の道あり。抑、闌曲に具行あるべからざる曲道大事あり。其故は、安位座段して、なにとも即座の気転によりて出来る曲なれば、同音の連声、曲の道にあるべからず」

あん-い【安怡】〘名〙(形動)やわらぐこと。やすらかで、よろこばしげなこと。＊日葡辞書(1603-04)「An-i(アンイ)〈訳〉休息と喜悦」＊最暗黒之東京(1893)〈松原岩五郎〉九「如何なる場合に於ても常に人生々活の下段を働らく処の彼等の覚悟の如何に健全にして其平常の如何に安怡(アンイ)なるよ」＊鮑照-送従弟道秀別詩「歳時多二阻折一、光景乏二安怡一」辞書日葡

あん-い【安易】〘名〙(形動)①わけなくできること。たやすいさま。＊地蔵菩薩霊験記(16C後)五・一六「汝ぢ安易(アンイ)に彼岸に到らんと願はば、至誠心に地蔵尊に帰依して本願をたのみ奉り」＊花柳春話(1878-79)〈織田純一郎訳〉四四「余復た仏国に行き安易に活計を立つべきなり」＊国語-晉語・八「鞅也居処恭、不二敢安易一」②のんきなこと。心のやすらぐさま。また、いいかげんなこと。なげやりなさま。＊黴(1911)〈徳田秋声〉一六「これ迄誰にも守ってゐた沈黙の苦痛が、いくらか弛んで来たやうな気がした。そして何時にない安易を感じた」＊真空地帯(1952)〈野間宏〉四・四「よく考えてみるとそれは余りにも安易な言葉ではないか」発音〈標ア〉ア〈京ア〉0

あん-い【安意】〘名〙心がやすまること。また、その気持。安心。＊花柳春話(1878-79)〈織田純一郎訳〉四六「請ふ安意せよ」＊歌舞伎・千歳曾我源氏礎(1885)序幕「名ある勇士は討死なし、是非なく再び讃州の、此屋島へ移れども、僅か四国の放れ島、これとても安意ならず」＊死刑宣告(1925)〈萩原恭次郎〉装甲弾機「方寸の隙なく一瞬の安意なく 疾駆狂奔する」発音〈標ア〉ア 辞書言海

あん-い ヰ【安慰】〘名〙①人の心をやすらかにし、なぐさめること。慰安。＊古今著聞集(1254)二・三六「本願をもての故に、来て汝が意を安慰するなり」＊虞美人草(1907)〈夏目漱石〉八「一弾指頭に脱離の安慰(アンヰ)を読者に与ふるの方便である」＊古詩-焦仲卿妻「時時為二安慰一、久久莫二相忘一」＊勝鬘経-一乗章「大悲亦無二限斉一。安二慰世間一」②落ち着き安んずること。＊杜甫-寄沈東美詩「未レ暇レ申二安慰一、含レ情空激揚」＊十誦律-四九「仏言、有二五事一。現前応二安慰一。莫レ怖莫レ驚莫二覆蔵一、莫レ走、莫二群党一。莫不犯、言犯」発音〈標ア〉ア

あん-いつ【安逸・安佚】〘名〙(形動)気楽にのんびりと楽しむこと。何もしないで、ぶらぶら遊んで暮らすこと。また、そのさま。＊古活字本毛詩抄(17C前)一九「王功をないてちとも安逸せずして朝は早くをき、夜が深てねて」＊山鹿語類(1665)二一・義利を弁ず「内欲を縦にして而外其の安逸に従ふ、これを利と云ふべし」

＊授業編(1783)一「人安佚に習ふより」＊西国立志編(1870−71)〈中村正直訳〉一一・二九「人を成就するものは、安逸に在らずして、勉奮に在り」＊加藤文学博士に答ふ(1900)〈柏木義円〉「曰く身安佚に居り余りあるの資財より施して恬然慈善と称す」＊小鳥の巣(1910)〈鈴木三重吉〉下・七「安逸な日を送ってゐるのが」＊孟子‐尽心・下「四肢之於二安佚一也、性也」＊荘子‐至楽「所ㇾ苦者、身不ㇾ得二安逸一」 発音〈標ア〉0〈京ア〉0 辞書 書言・ヘボン・言海 表記 安佚(書・へ・言)

あんいり-ざい【餡入采】〘名〙思いどおりの目が出るように、中に鉛を入れたさいころをいう、賭博者仲間の隠語。〔特殊語百科辞典(1931)〕

あん-う【暗雨】〘名〙闇夜(やみよ)に降る雨。＊本朝無題詩(1162−64頃)五・冬夜言志〈藤原茂明〉「暗雨打ㇾ窓天未ㇾ曙、孤燈背ㇾ壁暁猶残」＊海道記(1223頃)序「既にして斜陽景晩れて、暗雨しきりに笠にかかる」＊艸山集(1674)一九・旅懐「旅館蕭条夢不ㇾ成、忍ㇾ聞暗雨打ㇾ窓声」＊陳師道‐次韻夜雨詩「暗雨来何急、寒房客自醒」 発音〈標ア〉ア

あん-うつ【暗鬱】〘名〙〘形動〙暗く気がしずむ様子。陰気で、うっとうしいこと。また、そのような気分。＊思出の記(1900−01)〈徳富蘆花〉七・一〇「病室の暗鬱を照したのである」＊ふらんす物語(1909)〈永井荷風〉橡の落葉・墓詣「暗鬱なる墓石の色に」＊実朝(1943)〈小林秀雄〉「暗鬱な心理」 発音〈標ア〉0〈京ア〉0

あん-うん【暗雲】〘名〙①雨を降らしている、または、今にも雨を降らせそうな暗い雲。黒雲。＊梅花無尽蔵(1492−1501頃)一「暗雲未ㇾ辨初寒外、山是明朝定白頭」＊寛斎先生遺稿(1821)二・客中記事「一夜海風来二直北一、黯雲掩ㇾ天天如ㇾ墨」＊柳湾漁唱‐三集(1841)白雨「黯雲忽見満天生、白雨斗疑銀漢傾」＊在りし日の歌(1938)〈中原中也〉蛙声「その声は水面に走って暗雲に迫る」②危険、不穏なことが今にも起こりそうな形勢をたとえていう。＊原爆と作家の自殺(1951)〈佐々木基一〉「敗北した弱者として自殺者を軽くあしらう人々は、はたして死者が感じたほどの強さでこの暗雲を心に感じているだろうか」＊流人島にて(1953)〈武田泰淳〉「村内事務に関する村長の背任と怠慢をめぐって、U村は暗雲を重ねはじめてゐた」③心がはればれしない様子、心の苦しみや悩みをたとえていう。＊江都督納言願文集(平安後)五・母堂為先老修善願文「禅林送ㇾ老。雖ㇾ迫二七旬之残艾一。満月繫ㇾ望。将ㇾ出二五障之暗雲一」＊二宮尊徳翁(1891)〈幸田露伴〉「草野は一度二宮先生に逢ふてより胸中に蟠(わだか)まりし何十年来の暗雲(アンウン)一時に晴れし思ひをなし」＊火の柱(1904)〈木下尚江〉五・三「貴嬢の精神が一種の暗雲に蔽はれて居ると云ふことは」＊コサビネ艦隊の抜錨(1930)〈龍胆寺雄〉「険しい政治的暗雲(アンウン)が国内に漲(みなぎ)って居るのに」 発音〈標ア〉0〈京ア〉0

あんうん 低迷(ていめい) 暗い雲が低く漂うこと。転じて、危険、不穏なことが起こりそうな形勢が続いていること。また、心がはればれしないことが続いていること。暗雲が垂れこめること。＊晴れ後曇り(1929)〈細木原青起〉得恋難・二・六「羅礼太(られた)は再び妨害者が現はれたので、胸には暗雲低迷(アウンテイメイ)して、膽を再び太らせました」＊佐久の夕映(1950)〈檀一雄〉「暗雲低迷とでもいうところか、捲きたつ雲が、丁度少女が眺めやっていた辺りの空に、しきりな移動と変貌を繰返している」 発音アンウンテイメイ〈標ア〉0

アン-ウント-フュール-ジッヒ 〘名〙(ドイツ an und für sich) ヘーゲル弁証法の根本概念。未発展的肯定(アンジッヒ=即自)の状態から発展した対立的否定(フュールジッヒ=向自)の段階により他者との関係で自己が自覚され、この対立が揚棄されて完結的・総合的な真の自覚に達した段階をいう。弁証法的発展(即自→対自→即自かつ対自)の中の三段階目の高次の状態。→アンジッヒ・フュールジッヒ

あんえい【安永】 江戸時代、後桃園・光格天皇の代の年号。明和九年(一七七二)一一月一六日、関東・奥羽の大風水害のため改元。安永一〇年(一七八一)四月二日に至り、天明元年となる。将軍は一〇代徳川家治。出典は「文選」の「寿安永寧」、「唐紀」の「可ㇾ保二安社稷一、永奉中宗桃上」など。 発音アンエイ〈標ア〉0

あん-えい【安栄】〘名〙〘形動ナリ・タリ〙身がやすらかで栄えること。また、そのさま。＊義経腰越状(16C後か)「開二年来之愁眉一、得二一期安栄一」＊小津桂窓宛馬琴書簡‐天保八年(1837)一月「先以御全家被ㇾ為二揃彌御安栄一、被ㇾ成二御超歳一、無二此上一重畳目出度奉二拝賀一候」＊西洋家作雛形(1872)〈村田文夫・山田貢一郎訳〉四・一三「多金を費す商人あれども、安栄する者少くして、損二するもの多し」＊花柳春話(1878−79)〈織田純一郎訳〉五六「人其(その)分を知らざれば、永く安栄たる可からず」＊荀子‐栄辱「為二堯禹一則常安栄、為二桀跖一則常危辱」 発音アンエイ〈標ア〉0

あん-えい【行営】〘名〙(「あん」は「行」の唐宋音)出征して設ける陣営。こうえい。＊浮城物語(1890)〈矢野龍渓〉緒言「伝へ言ふ、帝、行営を置くに当り、兵士をして穿たしむる所の者と」

あん-えい【晏嬰】 中国春秋時代の斉の宰相「あんし(晏子)」の本名。

あん-えい【暗影・暗翳】〘名〙①暗いかげ。＊破戒(1906)〈島崎藤村〉八・三「其間にはまた暗影と光と熱とを帯びた雲の群の出没するのも」②比喩的に、不安、不吉などのしるし。暗雲。＊明暗(1916)〈夏目漱石〉二六「現在の生計向(くらしむき)に苦しい負担の暗影(アンエイ)を投げる事は慥(たしか)であった」＊自由学校(1950)〈獅子文六〉不同調「隆文君との将来に暗影を与えるのですからな」 発音アンエイ〈標ア〉0〈京ア〉0

あんえい-なんりょう【安永南鐐】〘名〙「あんえいなんりょうにしゅぎん(安永南鐐二朱銀)」に同じ。

あんえい-なんりょうにしゅぎん【安永南鐐二朱銀】〘名〙明和九年(一七七二)九月から発行された明和南鐐二朱銀のこと。裏に「以南鐐八片換小判一両」とあり、表に「銀座常是」の四字がある。明和九年は一一月に改元されたので、明和年代に発行された二朱銀は実際には安永年代にはいって広く流通したため、明和南鐐とも安永南鐐とも呼ばれた。→明和南鐐二朱銀

あんえい-ぶ【暗影部】〘名〙太陽の黒点のうち、中央の暗黒の部分を、その周囲の薄黒い半影部に対していう。 発音アンエイブ〈標ア〉エ

あん-えつ【安悦】〘名〙不安がなく楽しいこと。＊漂荒紀事(1848−50頃)四「此深洞に住する楽しみ、真成に世を避たる高人の類なりと、安悦して日を送る」

あん-おん【安穏】〘名〙〘形動〙(ふつう「あんのん」と発音する)「あんのん(安穏)」に同じ。＊色葉字類抄(1177−81)「安穏 アンオン」＊古今著聞集(1254)一二・四四一「われその用途をとらむとおもはば、汝一人、あんおんにてあらせてんや」＊天草本伊曾保(1593)ネナボ帝王イソポに御不審の条々「アトニ ノコル イチゾクドモ イカデカ ナンヂヲ anuonni(アンヲンニ)ヲカウゾト」＊日葡辞書(1603−04)「Anuon(アンヲン)。アンノンをみよ」＊晉書‐顧愷之伝「行人安穏、布帆無ㇾ恙」 発音〈標ア〉0〈京ア〉0 辞書 色葉・文明・饅頭・易林・日葡・書言・ヘボン 表記 安穏(色・文・饅・易・書・へ)

あん-か【兄―】〘名〙方言 ⇒あんこ(兄―)

あん-か【安化】〘名〙安穏に治めること。(国土を)治めて平和にすること。＊新聞雑誌‐四〇号附録・明治五年(1872)四月「天御中主神天地を経始し、諸冊二尊相継て国土を安化す」

あん-か【安価】〘名〙〘形動〙①値段が安いこと。また、そのさま。廉価。↔高価。＊条約改正論(1889)〈田口卯吉〉「此地面を先代が人の善い人にて非常の安価にて人に貸した」＊門(1910)〈夏目漱石〉二「実際金時計の安価(アンカ)なのに驚ろいた」②値打の低いこと。安っぽいこと。いいかげんなさま。＊草枕(1906)〈夏目漱石〉五「此極めて安価なる気燄家は、太平の象(しゃう)を具したる春の日に尤も調和せる一彩色である」＊戯作三昧(1917)〈芥川龍之介〉一〇「勿論此矛盾を切抜ける安価な妥協的思想もない事はない」 発音〈標ア〉ア〈京ア〉ア

あん-か【行火】〘名〙(「あん」は「行」の唐宋音)炭火を入れて手足を暖める道具。火入れは土製、外側の枠組は木、または土製。置きごたつとして用いる。《季・冬》＊俳諧・昼礫(1695)「乗物の按火旅行の置火燵」＊歌舞妓年代記(1811−15)二・享保一四年「晏火(アンクヮ)は火鉢のしょく敵行燈は火燈(くゎとう)の寄親(よりおや)」＊夜行巡査(1895)〈泉鏡花〉一「行火(アンクヮ)を抱いて寐て居られる、勿躰ない身分」＊忘れえぬ人々(1898)〈国木田独歩〉「早く被中爐(アンクヮ)を入れてやってお寝かしな」 方言 持ち運びに便利なように作った灯火。ブリキまたは亜鉛製で、石油を入れ、木綿を芯(しん)にする。徳島県809 語源説 (1)行火炉の下略。(2)アンクヮ(安火)の意。行は持ち運びの意〔大言海〕。〔黒甜瑣語〕。 発音〈なまり〉アンカン〔仙台方言(1817頃)・山形・山形小国・福島・福井大飯〕〈標ア〉0〈京ア〉0／ア 辞書 ヘボン・言海 表記 被中(へ)

あん-か【案下】〘名〙(「案」は机の意)①机の下。机のそば。転じて、その人のそば。＊東大寺続要録(1281−1300頃)供養篇「各就二案下一取二火舎一」＊俳諧・伊勢紀行(1686)跋「とまりとまりのあはれなること共、かたはし書顕(あらは)して、我草の戸の案下に送る」＊寄笑新聞(1875)〈梅亭金鵞〉六号「僕輩が案下(アンカ)に求め来らば幾許種(いくばくたね)をか授与して遣るのに」②脇付の一つ。手紙のあて名の脇に書いて、敬意を表わすことば。「机下」「おんもとに」などの類。＊日葡辞書(1603−04)「Anca(アンカ)〈訳〉腰かけ又は机の下。書状の上書にする謙遜の言葉」 発音〈標ア〉ア〈京ア〉ア 辞書 日葡

あん-か【菴菓】〘名〙「あんまらか(菴摩羅果)」の略。＊本朝文粋(1060頃)一三・浄妙寺塔供養呪願文〈大江以仁〉「菴菓棗葉、其構雖ㇾ微。魯匠殷工、其誠猶至」

あん-か【暗花】〘名〙釉(うわぐすり)下の素地に線彫りや型押しの模様がある陶磁器。また、その技法。 発音〈標ア〉ア

あん-か【鞍下】〘名〙くらの下。↔鞍上(あんじょう)。＊談義本・教訓乗合船(1771)五・武術者の惣論「馬術に鞍上に人なく、鞍(アン)下に馬なし」 発音〈標ア〉ア

あん-が【安臥】〘名〙①楽な姿勢で横になること。静かに横になっていること。＊史記抄(1477)一四・扁鵲倉公「夜る臥らうず時にふつくと安臥すべきぞ」＊日葡辞書(1603−04)「Angua(アングヮ)。ヤスク フス。すなわち、ココロヤスウ ネル コト」＊俳諧・芭蕉翁追善之日記(1694)一〇月一一日「此後は左右の人をしりぞけて不浄を浴し香を焼て、後安臥してものいはず」＊門(1910)〈夏目漱石〉一三「三週間の安臥(アングヮ)は、御米(およね)に取って実に比類のない忍耐の三週間であった」＊梁書‐賀琛「悪人日滋、善人日蔽、欲ㇾ求二安臥一、其可ㇾ得乎」②落ち着かせること。安定した状態にすること。＊条約改正論(1890)〈馬場辰猪原著・山本忠礼・明石兵太合訳〉「全然外交の事件を政府の掌中に安臥し了らんとす」 発音アンガ〈標ア〉ア 辞書 日葡

あん-が【晏駕】〘名〙(「あんか」とも。「晏」は、晩(おそ)い、「駕」は、乗り物の意。天子が死んでもう朝廷に来ないことを、いつもより遅いお出ましと表現したところから) 天皇・上皇のお亡くなりになることを忌んで

いうことば。崩御。＊家伝（760頃）下（寧楽遺文）「先従浄御原天皇晏駕、国家繁事、百姓多役」＊権記‐寛弘八年（1011）七月一二日「夏末夢、天大雪、時甚寒。其雪自㆑天降、満㆓于板口㆒。倩思㆑之、自㆑天降、遭㆓天皇御晏駕㆒也。満㆓于堂上足踏㆒者、躬自㆓行㆒此夜之事㆒也」＊本朝文粋（1060頃）一四・華山院四十九日御願文〈大江維時〉「太上法皇、去月八日高龍雲惨。晏駕霞登」＊平家（13C前）一・二代后「されども、鳥羽院御晏駕の後は、兵革うちつづき」＊日葡辞書（1603‐04）「Anca（アンカ）〈訳〉国王の死去」＊戦国策‐秦策「秦王老矣、一日晏駕、雖㆑有㆓子異人㆒、不㆑足㆓以結㆒㆑秦」 語誌「晏駕」が天皇・上皇の死に限られるのに対し、「崩御」は天皇から皇后・皇太后・大皇太后の死去に、「登仙」「登遐」「昇遐」等は天皇や貴人に使用され、やや意味が広い。「色葉字類抄」では「駕」字に濁符がありアンガと訓むが、挙例のように「日葡辞書」はアンカ、「平家正節‐四上・二代后」でも「駕」に「スム」の注記があり、アンカと訓まれている。 発音アンガ〈標ア〉ア 辞書色葉・下学・文明・日葡・書言・ヘボン・言海 表記晏駕（色・下・文・書・ヘ・言）

あん‐が【鞍瓦】〔名〕くらの、尻を乗せる居木（いぎ）に前輪と後輪（しずわ）を取り付けたもの。鞍橋（あんきょう）。くらぼね。あんこつ。

あんが〔名〕「上がる」ことをいう幼児語。＊滑稽本・浮世風呂（1809‐13）四・下「只留桶の中ばかりで、すぐに上（アンガ）にしませう。最（も）う逆上（のぼせ）る逆上る。ナア、最（も）う上（アンガ）にしませう」＊家（1910‐11）〈島崎藤村〉下・六「『坊ちゃま、さあアンガなさいまし』女中の老婆も顔を出した」 発音アンガ〈標ア〉ア

アンカー〔名〕（英 anchor）①リレー競技の最後の走者・泳者。②錨（いかり）。＊外来語辞典（1914）〈勝屋英造〉「アンカー Anchor（英）錨」＊ガトフ・フセグダア（1928）〈岩藤雪夫〉三「船は二本のアンカアを下ろして、のうのうと埠頭に爬（は）ひつくばった」③（①の意から転じて）雑誌記事などでデータマンが取材してきた原稿をもとに、最終的にまとめて仕上げる人。アンカーマン。アンカーウーマン。また、ラジオ・テレビのニュース番組におけるメーンキャスター。④（anchoring の略）アンカーボルトや鉄筋の端部を基礎のコンクリートに埋め込み、引き抜けないように定着させること。定着。 発音〈標ア〉ア〈京ア〉ア

アンガージュマン〔名〕（フランス engagement）現実社会の問題に参加して自分の態度をきめ、その賭けの抵当として自己を拘束すること。自己拘束。社会参加。⇔デガージュマン。 発音〈標ア〉ガ

アンカー‐チェーン〔名〕（英 anchor chain）船舶と錨（いかり）とを結ぶ鎖。錨鎖（びょうさ）。チェーン‐ケーブル。＊ガトフ・フセグダア（1928）〈岩藤雪夫〉二「アンカア・チェンがゴトリゴトリ退屈に鳴ってゐた」

アンカー‐ボルト〔名〕（英 anchor bolt）構造物や機械類を、基礎のコンクリートや土台に定着させるため、基礎工の中に埋め込んだボルト。 発音〈標ア〉ボ

あん‐かい【彼位】〔連語〕方言あれだけ。あのくらい。あんなに。千葉県海上郡268 神奈川県中郡054 新潟県佐渡358 和歌山県690 ◇あのかえ 和歌山県690 ◇あのごろ 秋田県平鹿郡130 山形県139 ◇あんころ 秋田県雄勝郡130

あん‐かい【暗晦】〔名〕（「晦」は、「くらい」の意）くらいこと。晦暗。＊改正増補和英語林集成（1886）「Ankwai アンクヮイ 暗晦」＊淮南子‐説林訓「見㆓之明白㆒、処㆑之如㆓玉石㆒、見㆓之闇晦㆒、必留㆓其謀㆒」

あん‐がい【案外】〔名〕（形動）①思いがけないこと。予想と食い違うこと。意外。存外。慮外。副詞的にも用いる。＊左経記‐長元四年（1031）二月四日「一日事若有㆓御覧事㆒令㆑行給歟如何、仰云、更無㆓見聞㆒、唯推㆓量所行㆒也、其時申㆘不㆑違㆓小野宮記㆒之由㆖、如㆑此案外事令㆓量行㆒給旨、不㆑異㆓古賢㆒之由、入道大納言所㆑語也云々」＊日葡辞書（1603‐04）「Anguai（アングヮイ）。すなわち、ヲモイノ ホカ」＊吾輩は猫である（1905‐06）〈夏目漱石〉三「主人は案外真面目（まじめ）で」②非常識なこと。無礼なこと。慮外。＊浮世草子・好色敗毒散（1703）二・三「我儘（わがまま）ばかり案外（アングヮイ）をふるまひけれど、追付（おっつけ）明所（あかりどころ）へ出てからの事と」＊浄瑠璃・当流小栗判官（1714頃）一「此横山が館（たち）にふんごみあんぐゎい吐かば一人も、生けてかへさぬ合点か」＊浄瑠璃・伽羅先代萩（1785）八「あんぐゎいなる素野郎（すやらう）め。某親子を反逆とは」 語誌(1)挙例のように平安時代中期の公家日記、「左経記」に使われているが、中国文献には見出されない。「案の外（ほか）」という言い方が「今昔‐二五・九」にあり、「案のほか」を「案外」と表記したことによって生じた和製漢語と見られる。「左経記」の「案外」もアンノホカと読まれた可能性もある。(2)室町時代以降においては、挙例の「日葡辞書」のほか、禅門抄物の「巨海代抄」にある「案外に」もアングヮイと読まれた例と見られる。ただしその一方で、「案外 アンノホカ」も「黒本本節用集」に見られる。(3)現代語において「案外」は、「予想していたことと異なること」という意味を持つ点で、「意外」と共通するところがある。が、用法の面からいうと、「案外彼は信用できる」のような、単独の形の副詞的な用法を「意外」は持たない。これに対し、見出しなどにおける、「意外！ 行方不明のW氏が生存していた」に見られるような感動詞的用法を「案外」は持たない。また、「案外彼は正直者だよ」と「意外に彼は正直者だよ」を比較してみると、「意外に」のほうが「彼は正直者ではない」という予想の思い込みが強く、それだけに「正直者だった」という事実への驚きが大きいのに対して、「案外」のほうはその思い込みの度合いが弱い。さらに、「意外に」には、何かその思い込みを覆すような具体的事実の裏付けが感じられるのに対して、「案外」には、そのような根拠の存在はあまり感じられず、なにか漠然とした感覚を述べているような印象を受ける。以上のように、「案外」に比べ、「意外」のほうが、判断を下す前と後での落差が大きいようである。方言❶まちがうこと。徳島県美馬郡817 ❷不意なさま。広島県771 779 発音アンガイ〈標ア〉ア〇〈京ア〉〇 辞書文明・日葡・ヘボン・言海 表記案外（文・ヘ・言）

あんがい〔形動〕（「あんがいこんがい」と熟合して用いることが多い）①あちら。＊和訓栞（1777‐1862）「あちこち 彼此を常にしかいへり あちらこちらともいへり 薩州にてあんがいこんがいといひ」②あのように。＊ロドリゲス日本大文典（1604‐08）「Angaina（アンガイナ）。Congaina（コンガイナ）。Angaini（アンガイニ）。Congaini（コンガイニ）」＊物類称呼（1775）五「あのやうにこのやうにといふを〈略〉九州にて、あんがいこんがいと云」方言あのよう。あんな。山形県139

あん‐かいしょく【暗灰色】〔名〕黒みを帯びた灰色。濃い灰色。＊日本風景論（1894）〈志賀重昂〉四・附録「土壌故に黯灰色を帯ぶ」＊石ころ路（1936）〈田畑修一郎〉「暗灰色の曇り空の中にちょっぴりした鮮かな雪の色は思ひがけなく僕の心に錐のやうな痛みを感じさせた」 発音〈標ア〉カ

あんがい‐せんばん【案外千万】〔形動〕（「千万」は接尾語）まことにけしからぬ。ひどく無礼だ。＊浄瑠璃・百合稚高麗軍記（1742）三「ヤアわっぱしめが案外千万」＊浄瑠璃・源平布引滝（1749）一「手指（てざし）をひろがぬしほらしさに、見遁（みのが）して置くを有がたしと思はず。清盛に向ひ案外千万（アングヮイせんばん）。今一言ゆって見よ」

あんがい‐もの【案外者】〔名〕思いのほかのことをする者。特に、無礼な者。慮外者。＊浄瑠璃・菅原伝授手習鑑（1746）三「法に過た案外者（アングヮイもの）、アレぶちのめせ」 発音アンガイモノ〈標ア〉〇ノ

アンガウル‐とう【―島】（アンガウルは Angaur）太平洋西部、パラオ共和国パラオ諸島最南のサンゴ島。燐鉱石を多く産出する。 発音アンガウルトー〈標ア〉〇

あん‐かけ【餡掛】〔名〕くずあんをかけた食品・料理。＊人情本・春色梅美婦禰（1841‐42頃）二・一一回「餡かけの御豆腐を母人（おっかあ）がこしらへたから」＊いさなとり（1891）〈幸田露伴〉三「食ふは饂飩（うどん）の餡掛（アンカケ）」 発音〈標ア〉ケ〇カ〈京ア〉カ

あんかけ‐うどん【餡掛饂飩】〔名〕くずあんをかけたうどん。＊大黒屋日記抄‐八・文久三年（1863）正月七日「本陣よりあんかけうどんお恵み」 発音〈標ア〉ウ

あんかけ‐そば【餡掛蕎麦】〔名〕くずあんをかけたそば。 発音〈標ア〉ソ 辞書言海

あんかけ‐どうふ【餡掛豆腐】〔名〕豆腐を適当の大きさに切り、くずあんをかけたもの。餡豆腐。＊歌舞伎年代記（1811‐15）二・享保一五年「あん懸豆腐（カケトウフ）はお斎の平皿」＊歌謡・端唄部類（1858‐65）大つゑかへ唄「ちゃめしあんかけどうふおいなりさま」 発音アンカケドーフ〈標ア〉ド 辞書言海 表記餡掛豆腐（言）

あん‐がし【餡菓子】〔名〕餡が入った菓子。＊江戸から東京へ（1921）〈矢田挿雲〉七・六上「風月から買った紅梅餅といふ餡菓子（アングヮシ）の中へ石見銀山の鼠捕薬を入れて夫れを佐次郎に喰はせた」 発音アンガシ〈標ア〉ガ

アンガジュマン〔名〕⇨アンガージュマン

あんか‐じゅろ【安火手炉】〔名〕手あぶりの火鉢の一つ。外側は球形状で中に灰置きを固定しないようにぶら下げ、動いても灰がこぼれないようにしたもの。＊譬喩尽（1786）六「安火手炉（アンクハジュロ）とは周香炉（めぐりがうろ）の如き上下順逆すれど灰盈（こぼれ）ざる細工物也」

あん‐かす【餡粕】〔名〕さらし餡をつくるときにできる小豆の粕。 発音〈標ア〉〇カ

あん‐かちん【餡餅】〔名〕（「かちん」は、餅をいう女房詞）「あんもち（餡餅）」の女房詞。＊婦人養草（1689）「あんもちは あんがちんと」＊女重宝記（元禄五年）（1692）一・五「あんもちは、あんかちん」

あん‐かっしょく【暗褐色】〔名〕黒みを帯びた褐色。＊植物小学（1881）〈松村任三訳〉一〇・有花植物・一綱「其色は元来黄色なれども工作を施すものは石灰汁を用て暗褐色に染むるを常とす」＊田舎教師（1909）〈田山花袋〉五六「ごゐさぎを売りに来たのを〈略〉買った。嘴は浅緑色、羽は暗褐色（アンカッショク）の斑点」 発音〈標ア〉カ

アンカット〔名〕（英 uncut）雑誌・書籍の小口（こぐち）を切りそろえてないこと。読むときにはペーパーナイフ等を使って切りながらすすむ。フランスとじ。＊羹（1912）〈谷崎潤一郎〉三「レクラム本のアンカットの頁を指で切り開いて、物珍らしさうに一枚一枚眼を通した」＊「雨瀟々」そのほか（1922）〈土田杏村〉「其れにしても雑誌が五六百頁の特別号であり、小売の不正を防ぐとやらでアンカットになって居ることは、電車内で精神修養をする人に取り、此の上も無い不都合な事であらう」 発音〈標ア〉カ

あんか‐ばん【安価版】〔名〕仮装丁の値段の安い出版物。廉価版。 発音〈標ア〉カ

あんか‐び【行火火】〔名〕行火（あんか）に入れる炭火。＊貧乏物語（1916）〈河上肇〉七・一「立派な暖炉を据ゑ付けながら、炭を吝んで行火火（アンカビ）ほどのものを入れ」 発音〈標ア〉〇

あんか‐ひばち【行火火鉢】〔名〕「あんか（行火）」に同じ。＊人情本・三日月於専（1824）六回「折しも吉五郎は夫婦掛け向ひ、行火火鉢（アンカヒバチ）にあたって、酒酌み交し居たりしが」 発音〈標ア〉カ

あんがま『名』（美しい母、懐かしい母の意で、同時に母である神々のいる世界のこと。そこから来る尊い祖先神の群行をさす）沖縄の八重山地方の盆踊り。また、そのときの踊り手の集団。

あんか‐もん【安嘉門】 大内裏外郭の門の一つ。北面三門のうち、最西端にある門。兵庫寮門。＊拾芥抄（13‐14C）中・宮城部「安嘉門 海犬養氏造之、号二兵司御門一」＊運歩色葉（1548）「安嘉門 アンカモン 大内北門」＊有職抄（1222‐33頃）二「安嘉門、五間戸三間、北面西第一の門也、兵庫司の御門と号す」 発音〈標ア〉カ 辞書文明 表記安嘉門（文）

あんか‐もんいん【安嘉門院】 後堀河天皇の准母（じゅんぼ）。高倉天皇の第二皇子守貞親王の娘。名は邦子。貞応三年（一二二四）院号を定められる。のち出家し、法号正如覚。承元三～弘安六年（一二〇九～八三） 発音〈標ア〉モ

アンカラ（Ankara）トルコの首都。一九二三年、共和国の成立時にイスタンブールに代わって首都になる。ヨーロッパとアジアを結ぶ交通の要地。旧名アンゴラ。 発音〈標ア〉0〈京ア〉0

アンカレジ（Anchorage）《アンカレッジ》アメリカ合衆国アラスカ州南部の港湾都市。北極圏航空路の中継地。

あん‐かん【安閑】『形動タリ・ナリ』（現代では「と」を伴って副詞的に用いることが多い）①のんびりとして静かなさま。安らかに静かに暮らすさま。＊康富記‐応永二七年（1420）八月二七日「自二洞院殿一祈年穀奉幣定文可二注進一之旨被レ仰之間、今日書レ之、付二進政所一了。予安閑之間、詠二一首一」＊実隆公記‐永正六年（1509）九月六日「終日無二来客一安閑」＊中華若木詩抄（1520頃）下「此の中の安閑なるには竹さへ煩になるぞ」＊日葡辞書（1603‐04）「ブジ ancanni（アンカンニ）クラス」＊評判記・色道大鏡（1678）五「身は富て此やせなき心もなく、安閑（アンカン）無事にして浮生をくらん物を」＊草枕（1906）〈夏目漱石〉一二「そこへ、紅だか白だか要領を得ぬ花が安閑と咲く」＊欧陽修‐豊楽亭記「修レ之来レ此、楽二其地僻而事簡一又愛二其俗之安閑一」②危急のことがあったりするのに、何もしないでぼんやりしているさま。なすこともなくぼんやりとして時を過ごすさま。＊慶長見聞集（1614）四「皆々たいさんしておのれおのれが栖に帰り、ただあんかんと夜を明し日を暮し」＊浄瑠璃・堀川波鼓（1706頃か）下「うら口さして逃出る。あれこそ宮地源右衛門と、おふぢに声（こゑ）をかけられてあんかんたる源右衛門」＊人情本・英対暖語（1838）四・二一章「後々の用心〈略〉安閑として居まじき由を」＊近世紀聞（1875‐81）〈染崎延房〉一二・一「居ながらにして敵の襲ふを安閑（アンカン）と待つ謂（いはれ）やあらんと」 方言うっかりしているさま。ぼんやりしているさま。新潟県佐渡348 ◇あんかんぺろりん 新潟県東蒲原郡368 発音〈標ア〉0〈京ア〉0 辞書文明・日葡・〈ポン〉・言海 表記安閑（文・へ・言）

あん‐かん【紅柑】『名』植物「べにみかん（紅蜜柑）」の異名。

あん‐かん【案巻】『名』事件の記録・調書。＊読本・英草紙（1749）三・五「任重殿を退き、冠服を卸し、旧（もと）の浪人姿となり、決断する所の案巻簿籍（アンクワンぼせき〈注〉スミクチノヒカヘチャウ）、閣君に進看す」＊開元天宝遺事‐口案「面分二曲直一口撰二案巻一」

あん‐かん【案欵・按欵】『名』物事を取り調べること。詮議すること。また、その調べた結果。意見。見解。＊童子問（1707）上・一二「従前諸儒、多於レ此欠二按欵一不レ容二於不一レ辨」＊随筆・秉燭譚（1729）五「又下がきを案文、案紙など云。検案内より訛転するなるべし。これを合て案款と云は、何事にてもせんぎすることなり」

あん‐かん【暗間】『名』くらやみの中。＊和英語林集成（初版）（1867）「Ankan アンカン 暗間」

あん‐がん【暗岩】『名』船の航行の妨げとなる、水面下の岩礁。 発音アンガン〈標ア〉0

あんかん‐てんのう【安閑天皇】 第二七代天皇。継体天皇の第一皇子。名は、勾大兄（まがりのおおえ）。おくり名、広国押武金日尊（ひろくにおしたけかなひのみこと）。五三四年即位し、大和の勾金橋宮（まがりのかなはしのみや）に都して在位二年。「日本書紀」によれば屯倉（みやけ）を増設し、勾舎人部（まがりのとねりべ）、勾靫部（まがりのゆきべ）を置く。 発音アンカンテンノー〈標ア〉ノ

あん‐き【安危】『名』（「あんぎ」とも）安全と危険。安全であるか、危険であるかということ。＊和漢朗詠（1018頃）下・帝王「四海の安危は掌の内に照らし、百王の理乱は心の中に懸けたり〈白居易〉」＊本朝無題詩（1162‐64頃）七・於室積泊即事〈藤原周光〉「祇雲来往纔為レ友、渡海安危不レ信レ巫」＊色葉字類抄（1177‐81）「安危 アンクヰ」＊源平盛衰記（14C前）一・清盛捕化鳥「一天の安危（アンキ）身に由り、万機の理乱掌に在りければ」＊饅頭屋本節用集（室町末）「安危 アンギ」＊日葡辞書（1603‐04）「Anqi（アンキ）。ヤスシ、アヤウシ〈訳〉疑わしく不確実な首尾」＊読本・椿説弓張月（1807‐11）続・三三回「安危（アンキ）存亡この一挙にありて、禍蕭牆（しょうしょう）の下より起らん歟」＊史記‐項羽本紀「国家安危、在二此一挙一」＊書経‐畢命「嗚呼、父師、邦之安危、惟茲殷士、不レ剛不レ柔」 発音〈音史〉古く『あんぎ』とも。〈標ア〉ア〈京ア〉ア 辞書色葉・文明・饅頭・易林・日葡・書言・〈ポン〉・言海 表記安危（色・文・饅・易・書・へ・言）

あん‐き【安気】『名』『形動』心配がないこと。心の安らかなこと。気楽なこと。また、そのようなさま。＊滑稽本・浮世風呂（1809‐13）二・上「夫にまた娵（よめ）が直（すなほ）な者での、朝晩よく気をつけて呉るからの、是がまた一つの安気（アンキ）よ」＊福翁百話（1897）〈福沢諭吉〉二七「父母祖先は子孫の為めに苦労して曾て自利の心なく、子孫は其苦労の余沢に浴して安気（アンキ）に世を渡る可きが故に」＊星座（1922）〈有島武郎〉「安気な心持ちで彼れと向ひ合ふ」 方言❶安心すること。安堵（あんど）すること。山形県139 富山県西礪波郡398 山梨県南巨摩郡463 465 長野県更級郡038 岐阜県郡上郡038 兵庫県加古郡664 島根県出雲・隠岐島725 ❷満足すること。島根県出雲725 ❸気楽なさま。のんきなさま。心が安らかなさま。東京都八王子311 神奈川県津久井郡316 新潟県361 368 385 山梨県456 長野県佐久493 岐阜県飛騨502 郡上郡504 静岡県志太郡535 愛知県038 057 549 兵庫県神戸市054 島根県725 岡山県岡山市054 762 児島郡763 広島県賀茂郡057 高田郡779 山口県793 徳島県811 香川県827 愛媛県840 845 846 高知県038 860 867 福岡県北九州市057 長崎県壱岐島915 ◇あんきらく〔―楽〕 長野県上伊那郡488 ◇あんきさえわん 新潟県西頸城郡385 ❹裕福なさま。安楽に暮らすさま。岡山市054 762 香川県829 愛媛県松山846 ❺暇なこと。閑暇。長崎県壱岐島915 ❻度胸。新潟県東蒲原郡368 発音〈標ア〉ア〈京ア〉ア 辞書〈ポン〉 表記安気（へ）

あん‐き【安器】『名』能楽で、万物を生み出す器である心を、あるべき位置に安定させること。＊遊楽習道風見（1423‐28頃）「此万物を遊楽の景体として、一心を天下の器になして、広大無風の空道に安器して、是得遊楽の妙花に至るべきことを思ふべし」

あんき【奄芸】 三重県の北東部にあった郡。奄芸を「あんぎ」「あんげ」「あき」とも読んだ。また、安芸・扇とも書く。明治二九年（一八九六）河曲（かわわ）郡と合併して河芸（かわげ）郡となる。 補注「二十巻本和名抄‐五」には「伊勢国〈略〉奄芸〈阿武義〉」とある。 辞書和名・色葉・易林 表記奄芸（和・色）・菴芸（易）

あん‐き【晏起】『名』（「晏」は晩（おそ）いの意）朝、遅く起きること。朝寝。＊孔雀楼文集（1774）春日早行「自嘲不二是朝参鬧一晏起難レ比隠士情」＊江戸繁昌記（1832‐36）三・外宅「蓋し娘子晏起、朝粧業を卒らざるなり」＊西国立志編（1870‐71）〈中村正直訳〉四・一六「嘗て光陰の軽んずべからざることを思ひ、その晏起の習を矯（ため）んと欲し」＊礼記‐内則「孺子蚤寝晏起、惟所レ欲、食無レ時」

あん‐き【案几】『名』つくえ。几案。案。＊大安寺伽藍縁起幷流記資財帳‐天平一九年（747）（寧楽遺文）「合机壱拾肆足〈仏物五足法物九足〉合安几弐足〈法物〉」

あん‐き【案記】『名』考え記すこと。＊続日本紀‐和銅元年（708）四月癸酉「又諸位子貢人堪レ貢二名籍一。皆令三本部二案記一。臨レ用。式部乃下二本部一追召レ之」＊三代格‐三・霊亀二年（716）五月一七日・太政官奏「国師衆僧及国司檀越等相対検校、分明案記」＊延喜式（927）一一・太政官「凡応レ出二納官物一者〈略〉其大蔵絹綿絲布等物、五位以上臨検。案記同署」

あん‐き【暗記・諳記】『名』文字・数字などを見ないでも言えるようにそらで覚えること。そらんずること。そらおぼえ。＊敬斎箴講義（17C後）「多く経伝諸史之辞を借用い、学者暗記の便りを計て、間韻語を用いて作り」＊談義本・豊年珍話（1760）一・笠嶋の神社「聖武天皇の姫宮御母は光明后皇とあり。暗記（アンキ）の失なるべし」＊随筆・胆大小心録（1808）一五四「猶あるべけれど、暗記なれば忘れたり。思ひ出でて又いはん」＊福翁自伝（1899）〈福沢諭吉〉欧羅巴各国に行く「役所に出て飜訳するか或は又外国奉行の宅に行て飜訳するときに、私はちゃんとソレを諳記（アンキ）して置て」＊後漢書‐応奉伝「奉少聡明、自レ為二童児一及レ長、凡所二経履一莫レ不二暗記一」 発音〈標ア〉0〈京ア〉0 辞書言海 表記諳記（言）

あん‐き【暗鬼】『名』くらがりに見える鬼。妄想からひきおこされる恐怖心。実際にはないことを、あると思ってこわがる気持。→ぎしん（疑心）暗鬼（あんき）を生ず。＊内地雑居未来之夢（1886）〈坪内逍遙〉五「所謂（いはゆる）疑中の暗鬼（アンキ）かしらねど」＊浮雲（1887‐89）〈二葉亭四迷〉三・一九「遂には総て此頃の事は皆文三の疑心から出た暗鬼で、実際はさして心配する程の事でも無かったかとまで思ひ込んだ」＊山高水長（1898）独歩吟〈国木田独歩〉友人某に与ふ「いざや君たびたたん 猜疑の暗鬼 住まぬ国に」 発音〈標ア〉ア〈京ア〉ア

アンギーナ『名』（ラテン・ドイ Angina）「こうきょうえん（口峡炎）」に同じ。 発音〈標ア〉ギ

あんき‐しょう【安徽省】 中国東部、揚子江、淮河（わいが）の両下流域を占める省。省都合肥。河川・湖沼が多く、農業地帯。皖（かん）。アンホイ省。 発音アンキショー〈標ア〉キ

あんき‐は【安徽派】『名』中国の軍閥。袁世凱の死後、安徽省出身の段祺瑞が率いた中国北洋軍閥の一派。政権を握り、日本の寺内内閣と結んだが、一九二〇年の安直戦争に敗れ、勢力を失う。段派。安福派。 発音〈標ア〉0

あんき‐まる【安気丸】『名』 方言❶のんき者。香川県829 愛媛県北東部840 大三島848 ◇あんきもん〔安気者〕 熊本県天草郡936 ◇あんきすけ〔安気助〕 愛知県名古屋市562 ◇あんきぼう〔安気坊〕 山梨県北巨摩郡454 広島県佐伯郡・芦品郡771 ◇あんきまごろく〔安気孫六〕・あんきさく〔安気作〕 愛媛県840 ❷富裕な人。または、その家。香川県829

あん‐きも【鮟肝】『名』鮟鱇（あんこう）の肝臓。酒の肴などに珍重される。＊新西洋事情（1975）〈深田祐介〉アテンド悲歌「こんな註文も鯵のたたきとあんきもを註文したみたいに、すんなりとおって」＊にんげん動物園（1981）〈中島梓〉五二「すっとおさえて銚子の首かたむけ、あんきもであるとか、塩辛とか、乙なさかなをつまんでは」 発音〈標ア〉0

あんき‐もの【暗記物】『名』暗記を特に必要とする学科や学習内容。また、それらを暗記すること。＊桑

の実(1913)〈鈴木三重吉〉一四「何か書きぬいたノートを持って〈略〉、諳記物か何かをしてゐられた」＊学生時代(1918)〈久米正雄〉受験生の手記・三「まだ調べ切ってゐない物理の頁を渋々繙してゐた。諳記物はまだ殆んど一つも手に着けてゐなかった」 発音〈標ア〉0

あんき-もん【安喜門】 内裏内郭一二門の一つ。北面三門のうち最東端の門。＊江家次第(1111頃)二・二宮大饗事「四位着安喜門以東座」＊有職抄(1222-33頃)二「安喜門 東の廂門といふ、玄輝門の東の方にあり」 発音〈標ア〉キ

あんき-もんいん【安喜門院】(アンキモンキン) 後堀河天皇の皇后。藤原公房の娘。名は有子。貞応二年(一二二三)皇后に立ち、三年後院号を定められる。承元元～弘安九年(一二〇七～八六) 発音〈標ア〉モ

あん-ぎゃ【行脚】〘名〙(「あん」は「行」、「ぎゃ」は「脚」の唐宋音) ①仏語。禅僧が諸国を巡って修行すること。また、その僧。頭陀(ずだ)。雲水。遊行(ゆぎょう)。＊正法眼蔵(1231-53)行持上「はじめて抖擻(とそう)。発心求道をこころざす。瓶錫(びゃうしゃく)をたづさへて行脚し」＊太平記(14C後)一三・藤房卿遁世事「をる人は今朝まで是に御坐候ひつるが、行脚(アンギャ)の御志候ふとて、何地へやらん御出候ひつる也」＊元和本下学集(1617)「行脚 アンギャ」＊釈氏要覧-下・八衆「遊行人間、今称行脚。未見其典」＊杜牧-大夢上人自廬峰回詩「行脚尋常到寺稀、一枝藜杖一禅衣」 ②徒歩で諸国を旅すること。また、その人。＊上杉家文書-(年未詳)(室町)一二月一六日・長尾顕景書状(大日本古文書一・三二九)「可致上方行脚外無他候」＊日葡辞書(1603-04)「Anguia (アンギャ)スル、または、イタス」＊俳諧・奥の細道(1693-94頃)草加「奥州長途の行脚只かりそめに思ひたちて」＊項斯-送僧詩「従小即行脚、出家来至今」 ③死ぬこと。示寂。＊蔭涼軒日録-文正元年(1466)三月一八日「大元和尚前日十七日午刻、於大雲祖塔入寂。于時喚小児乞紙筆曰、我已即刻可行脚。別不可沐浴。平日沐浴了」 発音アンギャ〈標ア〉0 ア〈京ア〉ア 辞書下学・文明・伊京・明応・天正・饅頭・黒本・易林・日葡・書言・ヘボン・言海 表記行脚(下・文・伊・明・天・饅・黒・易・ヘ・言) 行腳(書)

あん-ぎゃく【暗脚】〘名〙 ①(日脚に対し)夕やみの薄暗さ。忍びよってくる夕方の薄くらやみ。②ひそかにしのびよる雨あし。＊本朝文粋(1060頃)一〇・紅葉高窓雨詩序〈橘正通〉「棠梨飛簷、不知脆色之畳錦繡、楡柳埋砌、空驚暗脚之滴屏帷」＊類聚句題抄(11C中)対雨恋月〈慶滋保胤〉「若憶妲娥遙不識、猶言暗脚太無心」

あんぎゃ-そう【行脚僧】〘名〙 諸国を巡って修行する僧。雲水。＊桂川地蔵記(1416頃)下「爾時有行脚僧」＊改正増補和英語林集成(1886)「Angya アンギャ 行脚〈略〉Angyasō (アンギャソウ)」＊夜明け前(1932-35)〈島崎藤村〉第一部・上・四・四「行脚僧(アンギャソウ)に姿を変へてこの東海道を通った」＊李洞-送行脚僧詩「鄰房母涙下、相課別離詞」 発音アンギャソー〈標ア〉ギャ 辞書書言 表記行脚僧(書)

あん-きゅう【行宮】〘名〙(「あん」は「行」の唐宋音)「あんぐう(行宮)」に同じ。＊太平記(14C後)四・備後三郎高徳事「輦路(れんろ)に花無き春の日は、麝臍(じゃせい)を埋みて履(くつ)を薫はし、行宮(アンキウ)に月無き夏の夜は、蛍火(けいくゎ)を集めて燭(ともしび)に易(か)ふ」＊落葉集(1598)「行宮 あんきう」＊和英語林集成(再版)(1872)「An-kiu or Angū アンキウ 行宮」 辞書書言・ヘボン 表記行宮(書・ヘ)

あん-きゅう【暗泣】(アンキフ)〘名〙 人に知られないように泣くこと。こっそり泣くこと。＊謝小娥伝「小娥毎執旧物、未嘗不暗泣移時」

あんきゅう-し【安弓子・按弓士】 雅楽の曲名。唐楽の一つ。古くは舞が存在したが、現在は伝わらない。あんこうし。あぐし。＊二十巻本和名抄(934頃)四「性調曲 西河 按弓士」＊楽家録(1690)二八・中華曲「性調〈略〉安弓子〈阿牟気宇志 又阿具志〉一本按弓士、一名安公子」 発音アンキューシ〈標ア〉キュ

あん-きょ【安居】〘名〙 ①心安らかに暮らすこと。落ち着いた生活をすること。＊将門記(940頃か)「然る後に兵の事を忘れ却(しりぞ)けて後に絃(ゆみつる)を緩へて安居しぬ」＊太平記(14C後)二四・依山門嗷訴公卿僉議事「誠(げ)にも近年四海半(なかば)は乱て一日も安居せず」＊日葡辞書(1603-04)「Anqio (アンキョ)、または、アンコ。ヤスク イル」＊読本・英草紙(1749)四・七「毎日四方二里の外に忍び行きて心をすまし、安居(アンキョ〈注〉クツロギヰル)し給へ」＊愛弟通信(1894-95)〈国木田独歩〉威海衛艦隊攻撃詳報「本国に在りて安居(アンキョ)致す国民に比して百倍の幸運者(かううんしゃ)に御座候」＊孟子-滕文公・下「一怒而諸侯懼、安居而天下熄」 ②(「あんご」の漢音読み)「あんご(安居)①」に同じ。 発音〈標ア〉ア 辞書日葡・ヘボン 表記安居(へ)

あん-きょ【暗渠】〘名〙 道路、鉄道などの地下に埋設したり、地表にあっても水面が見えないように、ふたがしてあったりする通水路や排水溝。＊河明り(1939)〈岡本かの子〉「不忍池の下は暗渠にされてしまって、永遠に河身が人の目に触れることは出来なくなった」＊鴬(1940)〈川田順〉都会の冬・昭和一三年「昼川を駛(はし)る艇(ふね)より覗きたり暗渠とほして向うにも川」＊梅尭臣-与正仲屯田遊広教寺詩「古寺入深樹、野泉鳴暗渠」 発音〈なまり〉アンコ〔島根〕〈標ア〉ア〈京ア〉ア

あん-きょ【闇虚・暗虚】〘名〙 月食の際の月の暗い部分。＊隋書-律暦志「月食、以月行虚道、暗気所衝、日有暗気、天有虚道、正黄道常与日対、如鏡居下、魄耀見陰、名曰暗虚、奄月則食」

あん-ぎょ【晏御】〘名〙「あんし(晏子)の御」の略。＊一年有半(1901)〈中江兆民〉二「故に少く得意の地を護るときは、輙ち晏御揚々の態を露呈し」

あん-きょう【暗香】(アンキャウ)〘名〙(「きょう」は「香」の漢音)「あんこう(暗香)」に同じ。＊日葡辞書(1603-04)「Anqiŏ (アンキャウ)〈訳〉梅のごとき木の花の夜の香り」 辞書日葡

あん-きょう【暗蛬】〘名〙 暗闇で鳴くこおろぎ。＊類聚句題抄(11C中)秋声遠近疎〈橘正通〉「心悲暗蛬風前怨、聴苦寒鴻霧底嘶」＊本朝無題詩(1162-64頃)五・秋夜守庚申〈輔仁親王〉「旅雁翥雲秋叫遠、暗蛬過雨暁声余」＊篁園全集(1844)七・鳳凰台上憶吹簫「青灯悄、啼残暗蛬白了人頭」

あん-きょう【暗蛩】〘名〙「あんきょう(暗蛬)」に同じ。＊本朝無題詩(1162-64頃)五・暮秋即事〈源経信〉「暗蛩寒饗猶傍壁、金菊新粧漸遶叢」＊孟郊-雑怨詩之三「暗蛩有虚織、短線無長縫」

あん-きょう【鞍橋】(アンケウ)〘名〙「あんが(鞍瓦)」に同じ。＊五国対照兵語字書(1881)〈西周〉「Arcade〈略〉鞍橋 极ノ」＊北史-傅永伝「有気幹、拳勇過人、能手執鞍橋、倒立馳騁」 補注「名物六帖-器財箋」に「鞍橋 イギ ユギ」とある。

あんぎょう-かいづか【安行貝塚】(アンギャウかひづか) 埼玉県川口市にある縄文時代後・晩期の貝塚。安行式土器の標式。 発音アンギョーカイズカ〈標ア〉カ

あん-きょく【安曲】〘名〙 世阿彌の能楽論で安位によった芸風。稽古を十分にしつくして、その段階の芸においては、完全に消化して意識的な手段のなくなった状態をいう。＊拾玉得花(1428)「ただその一体々々を得たらん曲芸は、又その分々によりて、安曲の風体、遠見をなさん事、芸道の感用たるべし」

あん-きょく【闇曲】〘名〙 悪い芸風。芸風のうちの欠点。＊五音三曲集(1460)「此道に年来の稽古至り至りて、向去却来(かうこきゃくらい)し、無上之果にのぼらば、なにか暗(くら)かるべきなれども、達者にまぎれて俗をわすれ、おぼえず急にあらくなりて、闇曲のくまある事あるべし」

あんきょ-しき【暗渠式】〘名〙 地下に埋設したり、地表にあってもふたをしたりして見えないようにしてある水路の方式。→暗渠。＊女工哀史(1925)〈細井和喜蔵〉九・二六「『伝動装置』は架空式に依るものが多く、ロープ、ベルト半々である。暗渠式に依る場合もある」 発音〈標ア〉0

あんきょ-はいすい【暗渠排水】〘名〙 湿地の水はけをよくするため、地下にみぞを作り、土管などを埋め、排水すること。 発音〈標ア〉八〈京ア〉八

あんき-りょうり【安徽料理】(アンキレウリ)〘名〙 中国料理のうち、安徽省地方で行なわれるもの。八宝湯円(パーパオタンユアン)、炒発水(チャオファショイ)、四喜肉(スーシーロウ)等をその特徴とする。 発音アンキリョーリ〈標ア〉リョ

あん-きん【闇錦】〘名〙(闇夜に錦を着る、の意から)やっても意味のないむだなこと。闇夜の錦。＊評判記・満散利久佐(1656)序「当道をもてあそぶに、けいせいの、本性底意をしらずして、はなすは、夜礫闇錦(アンキン)のごとし」

あん-ぐ【暗愚】〘名〙(形動) 愚かで道理のわからないこと。また、その人。＊三代制符-建久二年(1191)三月二二日・宣旨(鎌倉遺文一・五二三)「仰、暗愚之民放濫之輩、各募己威、不憚皇憲」＊読本・椿説弓張月(1807-11)拾遺・四六回「国王尚寧(せうねい)暗愚(アング)にして、骨肉を遠離(とほざけ)、忠臣を殺す」＊文明論之概略(1875)〈福沢諭吉〉四・八「其無識暗愚なること殆ど禽獣に近き者の如し」＊花柳春話(1878-79)〈織田純一郎訳〉四六「皇后の暗愚を棄てて賢良の雅客に侍するも」 発音アング〈標ア〉ア〈京ア〉ア 辞書言海 表記暗愚(言)

あん-ぐ【鞍具】〘名〙 くらと、その付属品。＊令義解(718)職員・内蔵寮条「典履二人。〈掌縫作靴履鞍具及撿校百済手部〉」＊令義解(718)厩牧・諸道置駅条「凡諸道須置駅者、毎卅里置一駅〈略〉〈謂、下条云、駅長替代之日、馬及鞍具欠闕〉」 発音アング〈標ア〉ア

あん-ぐう【行宮】〘名〙(「あん」は「行」の唐宋音) 天皇が行幸したとき、仮に設けられた御所。あんでん。仮宮(かりみや)。＊新撰字解(1872)〈中村守男〉「行宮 アングウ 天子ヲン出バリノゴテン」＊尋常小学読本(1887)〈文部省〉六「かくて後醍醐天皇は、吉野の行宮にうつり給ひしかば」＊白居易-長恨歌「行宮見月傷心色。夜雨聞鈴腸断声」 発音アングー〈音史〉古く『あんきゅう』『かうきゅう』とも。〈標ア〉グ〈京ア〉0 辞書ヘボン・言海 表記行宮(へ・言)

あん-くつ【暗窟】〘名〙 暗いいわや。日光の射し込まないほら穴。＊恋慕ながし(1898)〈小栗風葉〉一二「例の親方は手探りに下駄を拾って、漸く闇窟(アンクツ)を出て来たのであった」 発音〈標ア〉0

あん-ぐ・む【倦】〘自マ四〙「あぐむ(倦)」の変化した語。＊南蛮寺物語(1638頃)「母も返事に思案とりどりしあんぐんで」

アングラ〘名〙(アンダーグラウンドの略) 商業性を考えない実験的・前衛的な映画・演劇などの芸術。また、その劇団・劇場。 語誌 一九六七年頃から登場しはじめた「アンダーグラウンド映画」から「アングラ」が一般的になった。昭和四二年(一九六七)、東京の草月会館の実験映画会から流行したともいわれ、以来、反体制、反社会、反商業主義の前衛的な芸術・文化・風俗を指すようになったが、七〇年代以降次第に使われなくなった。

アングラ-げき【―劇】〘名〙 一九六〇年代後半盛んであった前衛的・実験的な演劇。＊がらくた博物館(1975)〈大庭みな子〉よろず修繕屋の妻「この着物たるやどうみても現代日本の着物とは言えず、むしろ創造的なモダンバレーかアングラ劇の衣裳といったほうが

よく」 発音アングラゲキ〈標ア〉ラ

アングラ-マネー〘名〙(英 underground money の略) 暴力団や風俗営業などを中心とした、税の捕捉のきかない資金。 発音〈標ア〉マ

あんぐり〘副〙(「と」を伴う場合もある) 口を大きくあけるさま。多く、驚いたり、あきれたりして思わず口をあけるさまにいう。あんごり。あんけ。 *滑稽本・七偏人(1857-63)四・下「あんぐりと口をあいて」 *坑夫(1908)〈夏目漱石〉「自分も思ひ切って、此方側の下から、比較的奇麗なのを摘み出して、あんぐり遣(や)った」 *疑惑(1913)〈近松秋江〉「声をも出せないまでに驚いて、アングリと歯を露はしたまま恐怖の神経の顫動してゐる顔を」 *あらくれ(1915)〈徳田秋声〉二二「あんぐりした口やぐたりとした軀が」 発音アングリ〈なまり〉ワングリ〔岩手〕「あんぐりと」ワングリト〔瀬戸内〕〈標ア〉グ〈京ア〉ア／グ

アングリカン-チャーチ(英 Anglican Church) イギリス国教会と、その系統に属する世界各地にある諸教会の総称。聖公会。アングリカン教会。 発音〈標ア〉チャ

アンクル〘名〙(フランス ancre「錨」の意)《アンカー》 時計の歯車の回転速度を一定に保つため、テンプとがんぎ車を連動させる装置。檎縦機(きんしょうき)。 *舶来語便覧(1912)〈棚橋一郎・鈴木誠一〉「アンクル 錨 Anchor (英)〈略〉アンコアーは錨と云ふ字なれども訛りてアンクルとなり錨形即ち懐中時計の構造の種類に用ふ」 発音〈標ア〉ア

アングル〘名〙(英 angle) ①物のとがって突き出た部分。角(かど)。 *三四郎(1908)〈夏目漱石〉二「あの建築(ビルヂング)の角度(アングル)の所丈(だけ)が少し出てゐる。木の間から」 *ハタハタ(1969)〈吉村昭〉四「車は〈略〉突然停車した。頭をアングルに打ちつけた千代が、声をあげて泣き出した」 ②角度。 *歌舞伎とリアリズム(1939)〈久保栄〉「手首のアングルひとつ、足の構へ方ひとつ、満足に出来てゐないぢゃないか」 ③(「カメラアングル」の略) 撮影角度。転じて、観点。 *白痴(1946)〈坂口安吾〉「ただ現実を写すだけならカメラと指が二三本あるだけで沢山ですよ。如何なるアングルによって之を裁断し芸術に構成するかといふ特別な使命のために我々芸術家の存在が」 *さい果て(1964-71)〈津村節子〉四「然し、これでも写真だから、光線やアングルのとらえ方で実物よりきれいに写されているのかもしれない」 ④異性との関係をいう、不良仲間の隠語。〔隠語全集(1952)〕 発音〈標ア〉ア〈京ア〉ア

アングル(Jean Auguste Dominique Ingres ジャン=オーギュスト=ドミニク―) フランスの古典派を代表する画家。ラファエロの影響を受け、歴史画、肖像画、裸体画などを典雅な形式と正確な描写力で描く。代表作「グランド・オダリスク」「泉」など。(一七八〇～一八六七) 発音〈標ア〉ア

アンクル-サム〘名〙(英 Uncle Sam「合衆国」の略語 U.S.(=United States)をもじったもの) アメリカ合衆国政府、アメリカ人の戯称。政治漫画などでは、星模様のシルクハットをかぶり、赤と白の縞ズボンをはいた、あごひげを生やした長身の老人の姿に描かれる。 *新しき用語の泉(1921)〈小林花眠〉「アンクル・サム Uncle-Sam (英) 米国人の異名。多少諧謔的の意味がある」 *支那游記(1925)〈芥川龍之介〉江南游記・一「ジョン・ブルは乙(おつ)に澄まさなければ、紳士でないと思ってゐる。アンクル・サムは金(かね)がなければ、紳士でないと思ってゐる」 発音〈標ア〉サ

アングル-ショット〘名〙(英 angle shot) 映画、テレビなどで、同一場面を別の角度からカメラの位置を変えて撮影すること。

アンクル-トムズ-ケビン(原題英 Uncle Tom's Cabin) 長編小説。ストウ作。一八五二年刊。アメリカの黒人奴隷の悲惨な生活を描き、奴隷制廃止の世論に大きな影響を与えた。アンクル-トムの小屋。 発音〈標ア〉ケ

アングロ-アメリカ〘名〙(英 Anglo-America) アメリカ大陸の中で、アングロサクソン系の文化を持つ地域。具体的にはアメリカ合衆国・カナダをさす。ラテン-アメリカに対していう語。 発音〈標ア〉ア²メ

アングロ-サクソン〘名〙(英 Anglo-Saxon) ①五世紀ごろドイツ西北の海岸地方からイギリス(大ブリテン島)へ侵入した、アングル、サクソン、ジュートなどの西ゲルマン族。現在のイギリス人の主な祖先。また、その言語(古代英語)をもさす。 *西洋事情(1866-70)〈福沢諭吉〉初・三「紀元四五百年の間に、日耳曼の北方にサクソンと云へる人種ありて英国に渡来し次第に之を押領したり。此人種をアングロ・サクソンと称せり」 ②アングロサクソンの血を引く、イギリス人およびアメリカ人。 *人格哲学雑感(1909)〈朝永三十郎〉四「人格本位の哲学は大体上、『余』といふ字を頭文字(キャピタル)で書く『アングロー・サクソン』民族の特産物である」 *憲政の本義を説いてその有終の美をなすの途を論ず(1916)〈吉野作造〉序言「アメリカ大陸は、〈略〉北部は初めより主として英国のいはゆるアングロ・サクソン族の移住し来たったところであり」 *愛と知と悲しみと(1961)〈芹沢光治良〉一「それまで西洋文明だと受けとったものが、アングロ・サクソンの文化であったと、気がついた」 発音〈標ア〉サ〈京ア〉サ

あん-ぐゎあ〘名〙 方言 ⇨あねこ(姉―)

あん-くん【暗君】〘名〙 愚かな君主。無能な統治者。暗主。⇔明君。 *異制庭訓往来(14C中)「唐末有二五代之暗君一各窃二其朝一」 *太平記(14C後)三八・太元軍事「若し亡国の暗君(アンクン)を捨て有道の義臣に与(くみ)せんとならば」 *日葡辞書(1603-04)「Ancun (アンクン)〈訳〉不当な領主」 *二宮尊徳翁(1891)〈幸田露伴〉「明君(めいくん)は必ず婦人の手より出ずして暗君(アンクン)は常に深宮の内に人となりしものに多し」 発音〈標ア〉0ア 辞書日葡・言海 表記暗君(言)

あん-け【餡気】〘名〙 ①餡の味。また、その分量。甘み。 *落語・無学者(1898)〈三代目春風亭小柳枝〉「『余り餡気(アンケ)は不可が、是れは何うだへ…』『ヘエー…カルメラに…カステラ…ヘエー』」 ②転じて、餡を入れた餅菓子のこと。

あんけ〘副〙(「あけ(開)」の変化した語)「あんぐり」に同じ。 *史記抄(1477)一八・日者列伝「魚のごみによ うて、口を開て、あんけとしてをるなりぞ」

あん-げ【案下】〘名〙 ①役所の机の下。転じて、役所。 ②「あんげかんぺい(案下官幣)」の略。 発音アンゲ〈標ア〉ア

あんげ 方言 ■一〘形動〙 ⇨あない。 ■二〘代名〙 あちら。かなた。 筑紫†130 福岡県872 熊本県阿蘇郡923 下益城郡930 大分県938 宮崎県日向955 ◇**あげえ** 大分県東国東郡(中流以下)・北海部郡939 ◇**あがあ** 奈良県675 吉野郡683 島根県石見725 ◇**あかあ** 奈良県675 ◇**うがあ** 伊豆八丈島†1078 ◇**うがあた** 伊豆八丈島†1080

あんけい【安慶】 中国安徽省南西部の都市。北に大龍山を控え、揚子江の渡河点として栄えた要地。アンチン。 発音アンケイ〈標ア〉ア

あん-けい【暗計】〘名〙 秘密のはかりごと。陰謀。 *改正増補和英語林集成(1886)「Ankei アンケイ 暗計」 発音アンケイ〈標ア〉0

あん-けい【暗渓】〘名〙 暗い谷間。また、暗い谷間の川。 *本朝無題詩(1162-64頃)九・夏日禅林寺即事〈藤原忠道〉「暗渓鶏報幽深暁、夏寺人稀寂寞中」

あん-けい【暗閨】〘名〙 暗い寝室。 *江吏部集(1010-11頃)上・仲春庚申夜陪員外藤納言文亭同賦夜坐聴松風「翠葉颯爾移二塵榻於暗閨之前一」 *日葡辞書(1603-04)「Anqei (アンケイ)。クライ ネヤ〈訳〉暗い寝室」 辞書日葡

アンケート〘名〙(フランス enquête「調査、問い合わせ」の意) 人々の意見を調査するために、同じ質問を多数の人々に出して、回答を求めること。また、その質問。また、そのような調査方法。 *伊藤整氏の生活と意見(1951-52)〈伊藤整〉一三「この種のアンケートに返信を出し」 *暗黒日記(1954)〈清沢洌〉昭和一八年・一一月八日「英国において『最も必要なことは何か』というアンケートに対して」 発音〈標ア〉ケ〈京ア〉ケ／ケ

あんげ-かんぺい【案下官幣】〘名〙 祈年祭(としごいのまつり)、新嘗祭(にいなめのまつり)、月次祭(つきなみのまつり)などのときに、神祇官が、社格の低い小社の幣帛(へいはく)を案下に置いて奉ること。また、その神社。案下幣(あんげへい)。案下(あんげ)。⇔案上官幣(あんじょうかんぺい)。 *延喜式(927)一・神祇・四時祭「祈年祭神三千一百卅二座〈略〉小二千六百卅座〈四百卅三座案下官幣二千二百七座国司所レ祭〉」 発音アンゲカンペイ〈標ア〉ア

あんけ-しんとう【安家神道】〘名〙 神道流派の一つ。土御門泰福が山崎闇斎の教えを受け、その理論を体系づけたもの。陰陽道と神道とを習合させた点に特色があり、近世初期以来流行した。土御門神道。 *秦山集(1728)六(古事類苑・神祇四三)「泰福卿〈土御門〉謂二都翁一〈安井春悔〉。曰、神道流派、従レ今宣レ号二安家神道一」 発音アンケシントー〈標ア〉シ

あん-けつ【安歇】〘名〙 休息すること。また、床につくこと。 *空華日用工夫略集-康暦二年(1380)三月一七日「急令三余安二歇于東山無量寿院一」 *江戸繁昌記(1832-36)四・馬喰街客舎「少間暇を告ぐ。請ふ、寛心安歇せよ」 *漢宮秋-第二折「且教二使臣館駅中安歇一去」

あん-けつ【暗穴・闇穴】〘名〙 ①暗い穴。また、どうくつ。 *日葡辞書(1603-04)「Anqet (アンケツ)。クライ アナ」 *露団々(1889)〈幸田露伴〉一三「生ける中の仙郷、是でこそと羨む人も多かるべきか、うたてや太陽に暗穴(アンケツ)、えでんにも蛇の住し人の世ぞかし」 ②「あんけつどう(暗穴道)」の略。 *地蔵菩薩霊験記(16C後)六・二〇「縦(たとひ)、亡父宿業にひかれて闇穴(アンケツ)の中に落るとも大円鏡智に闇なし」 ③人をののしる語。あほう。ばか。 *洒落本・世説新語茶(1776-77か)笑止「『まだ四(よ)つ過(すぎ)でござんせふ』『ソレそういうあんけつだ。今八つ打(うっ)たはな』」 *滑稽本・浮世風呂(1809-13)四・下「サア、片端(かたっぱし)から出(で)しゃばれヱ。闇穴(アンケツ)めヱ」 *新撰大阪詞大全(1841)「あんけつとは あほうのこと」 方言あほう。ばか者。 福井県427 岐阜県飛騨502 静岡県520 安倍郡540 滋賀県607 大阪市638 兵庫県加古郡664 淡路島671 香川県829 愛媛県840 ◇**あんけ** 秋田県由利郡130 鹿角郡132 発音〈標ア〉0 辞書日葡

あんけつ を 食(く)う 方言すっかり安心している。のんきに構える。また、うっかりする。 広島県三次市061 ◇**あんけつこく** 広島県三次市061 愛媛県848 ◇**あんけつだまこく** 愛媛県大三島033

あんけつ-どう【暗穴道・闇穴道】 唐僧一行(いちぎょう)が玄宗皇帝の怒りを買い、果羅(から)の国に送られた時通ったという道の名。「平家物語」では、重罪の人が通る、七日七夜日月の光が見えない道としている。暗黒の道。 *平家(13C前)二・一行阿闍梨之沙汰「件の国へは三つの道あり。林池道とて御幸みち、幽地道とて雑人のかよふ道、暗穴道とて重科の者をつかはす道也」 *謡曲・弱法師(1429頃)「かの一行の果羅の旅、闇穴道の巷にも、九曜の曼荼羅の光明、赫奕(かくやく)として行く末を、照らし給ひけるとかや」 *読本・昔話稲妻表紙(1806)三・一一「此世からさへ一条(ひとすぢ)の、杖をたよりの暗穴道(アンケツダウ)、死出の旅路は殊更に」 発音アンケッドー〈標ア〉ツ ケ 辞書易林・日葡 表記闇穴道(易)

あんげ-へい【案下幣】〘名〙「あんげかんぺい(案下官幣)」の略。 発音アンゲヘイ〈標ア〉ゲ

あんけら ㊀〘副〙（「あんけ」の変化した語。多く「と」を伴って用いる）①ぽかんと口をあけているさま。あっけにとられて、ぼんやりしているさま。あんけらかん。あんけらひょん。あっけらかん。あけらかん。あんごらひょん。＊漢書列伝竺桃抄（1458–60）「あんけらとして何ともえ云わぬぞ」②愚かしいさまを表わす語。＊語彙（1871–84）「あんけら（俗） 愚なる人の形をいふ」
㊁〘名〙ぼんやり者。愚か者。「安家来」などの字を当てて、下賤の家来の意にも転用した。＊洒落本・龍虎問答（1779）「深川とさへきけば、下賤ひっぷ折助・安家来（アンケラ ヤスイケライ）ばかり、入込地とおもふは、大きに非なり」方言〘名〙ばか。あほう。伊勢†090 滋賀県野洲郡・栗太郡606 発音〈標ア〉⓪

あんけら-かん 〘副〙（「あんけら」と「あんかん（安閑）」が混交してできた語という）「あんけら㊀」に同じ。〔東京語辞典（1917）〕方言❶何もしないでぼんやりしているさま。茫然（ぼうぜん）としているさま。のんきに構えているさま。埼玉県秩父郡251 福井市428 岐阜県大垣市512 和歌山県690 鳥取県711 ◇あんけらけん 福井県坂井郡433 ◇あんけろけん 福井県足羽郡440 ◇あんけらこう 島根県美濃郡・益田市725 ◇あんけらへん 愛媛県840 ◇あんけらほう 長州†123 ◇あんぎらほう 山口県阿武郡795 見島797 ◇あんぎりほう 山口県大島801 ◇あんがらへん 香川県829 ◇あんきらふうん 愛媛県大三島033 ◇あんけらこんけら 茨城県稲敷郡193 群馬県佐波郡242 長野県481 488 493 ◇あんけんとんけん 熊本県918 ❷あっけにとられたさま。呆然（ぼうぜん）と。東京都南多摩郡310 長野県佐久493 ❸ばか。あほう。愛知県名古屋市562 ◇あんけらそお 京都†069 ◇あんけらそ 香川県大川郡829 ◇あんけら 伊勢†090 滋賀県野洲郡・栗太郡606 ❹浮かれている人。◇あんけらぼ 秋田県南秋田郡130 ❺皆出て行ってだれも居ないさま。和歌山県690 ◇あんからかん 和歌山県日高郡690 発音〈標ア〉ラ

あんけら-けん 〘副〙（「あんけらかん」の変化した語）「あんけら㊀」に同じ。〔東京語辞典（1917）〕

あんけら-こんけら 〘副〙 方言 ⇩あんけらかん

あんけらこんけら-とう【―糖】〘名〙飴の一つ。江戸時代、安永（一七七二～八一）の頃あんけらこんけら節をうたって売り歩いた飴売りの飴。＊随筆・半日閑話（1823頃）一四「あんけらこんけら糖、五月、此節あんけらこんけら糖売の歌大に流行す」

あんけらこんけら-ぶし【―節】〘名〙江戸時代安永（一七七二～八一）の頃、江戸の市中を、あんけらこんけら糖という飴を売り歩いた商人がうたった唄。一節ごとに「あんけらこんけら」という語を入れる。

あんけら-そう 〘名〙（「あんけらこんけら節」から、草の名めかしてふざけて命名したもの）ぼんやりとしていて愚かな人をあざけっていう語。＊咄本・寿々葉羅井（1779）あんけら「『あの花ァ、何（なん）という花だね』『アイ、あれかへ、ありやァこんけら草と云やす』『こちらのは』『あんけら草（ソウ）さ』『ハァめづらしい』」＊両京俚言考（1868–70頃）「あほげは阿房の気色なり、あほらしいは阿房の生写しなり、あほうくさいは阿房の臭気、あんぽんたんは阿房の売薬、あんけらさうは草花にて」

あんけら-ひょん 〘副〙「あんけら㊀」に同じ。＊歌舞伎・三十石艠始（1759）三幕「うぬが主の国を横領せられて、あんけらひょんとしてけつかるはどう腰抜め」

あんげら-ほん 〘副〙「あんけら㊀」に同じ。＊浄瑠璃・伊賀越乗掛合羽（1777）鎌倉山の桜がりに大名の鋤鍬「股五郎はあんげらほん。鼠逃がした猫股侍。心にもなきまじめ顔」方言❶何もしないでぼんやりしているさま。茫然（ぼうぜん）と。山口県豊浦郡798 ◇あんけらぽん 仙台†057 ❷あっけにとられたさま。呆然（ぼうぜん）と。◇あんけらぽん 仙台†057 岩手県気仙郡103 茨城県稲敷郡188

アンゲリア【諳厄利亜】（（ラテン）Anglia）《アンゲルア》近世の学者が用いたイギリスの呼び名。イギリス。＊采覧異言（1713）一「アンゲルア〈又云、アンゲリヤ〈略〉和呼、インゲランド〉漢乂刺亜 又作、諳厄利亜」＊西域物語（1798）上「近頃蝦夷の地へ諳厄利亜（アンゲリヤ）船両年渡来せしが」＊輿地誌略（1826）一「熱爾瑪泥亜（ゼルマニア）、諳厄利亜（インギリア）」発音〈標ア〉⓪

あん-けん【案件】〘名〙①問題になっている事柄。調査し、または相談すべき事柄。＊伊藤特派全権大使復命書附属書類（1885）天津談判筆記・一「而して此目的を達せんには案件を二点に別たざるべからず」＊国会法–昭和二二年（1947）四七条・一「常任委員会及び特別委員会は〈略〉付託された案件を審査する」②訴訟の箇条。訴訟事件。＊西国立志編（1870–71）〈中村正直訳〉五・三一「日納爾（ジェンネル）の案件、終ひに勝ちを得て、普ねく時人に崇重せらるるに至れり」＊自由之理（1872）〈中村正直訳〉一「もし、一人ありて他人を損害する事を行ふときは、これ初めて見（あら）はるる案件といへるものにて、律法を以てその人を罰すべし」＊改正増補和英語林集成（1886）「Anken アンケン 案件〈訳〉訴訟 告訴」＊清会典事例–刑部・刑律訴訟・派審「拠称刑部現審案件、掣籤分司、後、另派司員会同審訊」発音〈標ア〉⓪〈京ア〉⓪

あん-けん【案見】〘名〙案じ見ること。考えてみること。くふうすること。＊至花道（1420）皮・肉・骨の事「さて後心に安見（アンケン）する時、何と見るも弱き所のなきは」＊拾玉得花（1428）「能々（よくよく）安見（アンケン）するに、万象、森羅、是非、大小、有生、非生、ことごとくおのおの序破急をそなへたり」辞書 文明 表記 案見（文）

あん-けん【案験・按検】〘名〙取り調べること。吟味。＊令義解（718）宮衛・開閉門条「即諸衛按検所部及諸門」＊続日本紀–養老六年（722）四月辛卯「宜所奏罪人、並従坐者。咸皆放免。勿案検焉」＊米欧回覧実記（1877）〈久米邦武〉一・二〇「観象の士は、寒を冒して往て按検するとなん」＊史記–李斯伝「使人案験三川守与盗通状」

あん-けん【闇顕】〘名〙闇（やみ）と明るみ。人の目には触れないままにしておくことと、公表すること。＊貞享版沙石集（1283）二・五「本愚老之を草す。不意に草案のままにて、洛陽披露、闇顕（あんけん）につけて其憚り多し」

あんげん【安元】平安時代・高倉天皇の代の年号（一一七五～七七）。承安五年（一一七五）七月二八日疱瘡（ほうそう）の流行のため改元。安元三年（一一七七）八月四日京の大火や藤原成親らの鹿ケ谷（ししがたに）の謀議発覚などの事件が続いたため治承元年となる。出典は「漢書」の「除民害安元」。＊右京大夫集（13C前）「安元といひしはじめのとしの冬、臨時のまつりに宮の上の御局のぼらせ給ふ」発音アンゲン〈標ア〉⓪

あん-げん【案元】〘名〙官吏登用試験の制度で中国最優等の成績で合格したもの。

あん-けん-さつ【暗剣殺】〘名〙①九星の方位の一つ。最凶の方角で、これを犯すと親は子に、主人は召使に害され、命を失うといわれる。＊落語・磯の白浪（1890）〈七代目土橋亭りう馬〉「白木の三尺を牛の一本角に〆（し）め、ハケ先を此方へ曲げると暗剣殺に方（あた）ると方（はう）を除け」②転じて、会っては都合の悪い人がいる方向。災難に会う方向。災難に出会った方向。＊大策士（1897）〈福地桜痴〉二九「アレ酷い目に逢った、此方も此通り、裏がそっくり出来て居るのに、お先を喰たのは悔しい、余程今日は暗剣殺（アンケンサツ）だよ」

あん-こ【兄―】〘名〙（「あにこ」の変化した語）青年。若者。＊津軽海峡（1904）〈島崎藤村〉「見れば一人は労働の経験もありさうな男〈略〉流れ渡りの『あんこさん』を想ひ出させる」＊冷え物（1975）〈小田実〉「あれ食うたらけっこう飯の代りになるよってに、釜ヶ崎のアンコなんかうちへ来てあれで昼飯の代りにしとる」方言❶兄。兄さん。北海道函館（二〇歳以上二〇歳以下）062 青森県上北郡050 南部084 岩手県050 088（卑称）103 宮城県玉造郡116 牡鹿郡119 秋田県130 富山県高岡市近郷062 石川県加賀418 ◇ああ 岡山県阿哲郡751 浅口郡768 ◇ああさ 岡山県吉備郡766 ◇ああざ 沖縄県鳩間島996 ◇ああさん 岡山県749 761 764 ◇ああちゃん 香川県豊島829 ◇ああやん 長野県佐久493 岡山県748 751（卑称）762 香川県827 小豆島・豊島829 ◇ああよ 香川県829 ◇ああん 岡山市762 ◇あいご 鹿児島県961 鹿児島郡（下流）968 揖宿郡969 ◇あいさん 島根県隠岐島725 高知県幡多郡870 ◇あいじょう〔兄丈〕鹿児島県種子島979 ◇あいちゃん 長崎県五島917 ◇あいや 高知県幡多郡870 ◇あいやん 長野県長野市・上水内郡054 高知県幡多郡870 熊本県葦北郡919 大分県941 ◇あえ 山形県西田川郡139 ◇あざ 沖縄県宮古島974 ◇あじゃ 沖縄県八重山974 石垣島（三番目の兄）996 ◇あじゃあま 沖縄県石垣島（四番目の兄）996 ◇あっちん 鹿児島県口之永良部島982 ◇あな 秋田県北秋田郡130 ◇あなさま・あなさん 秋田県鹿角郡（弟妹が兄を呼ぶ時にいう。中流）132 ◇あにお 熊本県宇土郡・球磨郡919 ◇あにこ 長野県上田475 佐久493 三重県志摩郡585 ◇あにさ 長野県諏訪468 佐久493 岐阜県郡上郡504 三重県南牟婁郡702 ◇あにす 熊本県下益城郡919 ◇あにっこ 群馬県利根郡217 吾妻郡221 長野県475 484 488 ◇あにま 山形県139 岐阜県飛騨497 郡上郡498 和歌山県東牟婁郡687 ◇あにや 山形県138 大分県大分郡941 ◇あにゃさ 山形県東置賜郡139 ◇あにやん 栃木県安蘇郡197 群馬県山田郡240 邑楽郡245 三重県南牟婁郡603 滋賀県彦根609 大阪府639 兵庫県美嚢郡669 奈良県（卑称）675 広島県高田郡779 香川県827 高知県（敬称）864 大分県941 ◇あにゅ 熊本県八代郡919 ◇あにょ 香川県小豆島830 熊本県919 鹿児島県961（下流）963 ◇あにょきん 鹿児島県鹿児島郡968 ◇あにょさま 宮崎県955 ◇あにょはん 宮崎県西諸県郡947 ◇あにんこ 三重県志摩郡585 ◇あぬさ 岡山県浅口郡768 ◇あね 岡山県邑久郡761 広島県賀茂郡782 ◇あねお 熊本県八代郡919 ◇あねき 三重県伊勢001 岡山県備中751 752 766 熊本県阿蘇郡・上益城郡919 ◇あねさん 熊本県上益城郡・下益城郡919 ◇あのん 鹿児島県961 ◇あぼん・あぼんどん 熊本県天草郡919 ◇あま 岐阜県飛騨（尊称）502 ◇あまあま 沖縄県小浜島（末の兄）996 ◇あや 青森県上北郡050 秋田県由利郡130 仙北郡136 山形県049 050 140 ◇あん 宮崎県西臼杵郡948 ◇あんか 富山県389 砺波（中・下流）397 石川県（自分の兄）404 福井県坂井郡427 京都府620 ◇あんが 富山県050 ◇あんかさま 石川県珠洲郡408 ◇あんかま 石川県鹿島郡411 能美郡419 ◇あんかん 新潟県佐渡352 ◇あんき 東京都三宅島333 香川県綾歌郡830 ◇あんくさん 青森県南部068 ◇あんこお 出羽†020 ◇あんこさん 岩手県気仙郡100 ◇あんさ 青森県069 072 宮城県登米郡（下流）119 山形県置賜138 米沢市149 新潟県（尊称）347（他人の兄）373 富山県砺波397 石川県404（多くは既婚者にいう）411 福井県今立郡050 坂井郡433 長野県上田475 岐阜県498（壮年の兄）502 愛知県東春日井郡552 三重県員弁郡592 和歌山県日高郡・西牟婁郡690 大分県直入郡939 ◇あんさあ 和歌山県西牟婁郡690 大分県大野郡941 ◇あんざこ 宮城県牡鹿郡119 ◇あんじ 鹿児島県961 揖宿郡969 ◇あんじゃ〔兄者〕熊本県上益城郡・下益城郡919 ◇あんじゃあ 大分県大野郡941 ◇あんじゃいもん〔兄者〕佐賀県887 三養基郡894 長崎市898 ◇あんじゃもん 熊本県（卑称）058 919 ◇あんぞ 鹿児島県961 鹿児島郡968 揖宿郡969 ◇あんち 石川県（下流）404（幼い兄）408 長崎県西彼杵郡054 長崎市（児童語）906 熊本県天草郡936 ◇あんちい 石川県（下流）404 長崎市（児童語）906 ◇あんちゃこ 新

潟県(軽い敬称)361 ◇あんちゃま 青森県上北郡082 ◇あんちょ 青森県071 (やや卑称)082 長野県佐久(幼児語)493 ◇あんつぁ 秋田県南部130 山形県139 新潟県東蒲原郡054 ◇あんつぁこ 山形県139 ◇あんつぁま 山形県東置賜郡・西置賜郡139 ◇あんつぁん 宮城県玉造郡116 ◇あんどん 熊本県阿蘇郡・八代郡933 宮崎県955 ◇あんな 岩手県上閉伊郡097 ◇あんにこ 千葉県海上郡268 ◇あんにさ 長野県諏訪468 ◇あんにゃ 岩手県気仙郡100 宮城県牡鹿郡119 山形県139 (下流)144 福島県161 162 166 栃木県198 新潟県347 373 382 石川県404 福井県427 長野県上田475 岐阜県北部050 500 504 静岡県遠江520 京都府620 和歌山県那賀郡690 鳥取県711 西伯郡718 島根県仁多郡・能義郡725 徳島県809 811 福岡県小倉市874 企救郡875 大分県(下流)939 941 ◇あんにゃあ 福島県東白川郡157 茨城県多賀郡188 栃木県塩谷郡200 大分県大野郡(下等)939 ◇あんにゃこ 山形県(兄に当たる子供を愛称的にいう)139 新潟県北蒲原郡(軽い敬称)361 ◇あんにゃご 鳥取県米子市718 ◇あんにゃちゃあ 奥州安積郡†025 ◇あんにゃはん 福井県敦賀郡443 島根県能義郡724 徳島県810 ◇あんにゃま 新潟県北蒲原郡(軽い敬称)361 富山県386 石川県鳳至郡062 岐阜県飛騨(尊称。児童語)502 ◇あんにゃん 福井県遠敷郡446 大飯郡447 三重県585 588 大阪府639 中河内郡643 兵庫県赤穂郡660 奈良県679 681 和歌山県690 徳島県811 香川県830 福岡県京都郡(主に小児語)872 大分県大野郡941 ◇あんのこ 三重県志摩郡001 ◇あんぺえ 青森県津軽068 ◇あんぼ 富山県高岡市近郷062 福井県南条郡442 岐阜県吉城郡498 ◇あんま 富山県394 (中流以下)397 石川県404 岐阜県飛騨497 郡上郡504 和歌山県東牟婁郡702 ◇あんまあ 富山県386 ◇あんや 岩手県気仙郡100 岐阜県497 502 愛知県尾張549 三重県名張市(幼児語)585 兵庫県宍粟郡649 鳥取県711 717 718 島根県出雲・隠岐島724 広島県771 愛媛県840 大分県東国東郡(中流以下)939 ◇あんやあ 静岡県520 兵庫県但馬654 ◇あんやあさん 京都府620 ◇あんやこ 島根県出雲(大人から若い者にいう)725 ◇あんやさ 岐阜県飛騨・郡上郡497 ◇あんやさあ 島根県出雲(中流)062 ◇あんやさん 鳥取県711 717 島根県隠岐島725 ◇あんやに 福島県岩瀬郡176 ◇あんやはん 島根県出雲(中流)062 ◇あんやん 千葉県山武郡270 新潟県佐渡348 福井県大飯郡447 山梨県456 461 長野県長野市・上水内郡054 三重県阿山郡585 和歌山県690 鳥取県711 島根県725 広島県771 愛媛県840 豊前050 長崎県対馬909 熊本県919 大分県(やや下品)938 宮崎市955 ◇あんよ 山梨県北巨摩郡462 鳥取県西伯郡718 島根県出雲724 725 ◇えなさん 岩手県紫波郡062 ◇おあにさま〔御兄様〕愛知県名古屋市(武家言葉。弟妹から兄を呼ぶ)562 ◇おあんさま 大分県直入郡(中流以上)939 ◇おあんさん・おあんつぁん 岩手県気仙郡(主に義兄に対していう)100 ◇んにょ 熊本県球磨郡919 ❷長男。跡継ぎ。青森県069 075 082 岩手県気仙郡(父母が呼ぶ)100 秋田県130 富山県上新川郡(長男の幼年の頃)392 射水郡394 ◇ああはん 富山市近在(妻帯していない長男)392 ◇あえま 青森県南部(中流以上の長子)073 ◇あだ 岩手県九戸郡088 ◇あにこ 山形県東田川郡(長子で男の子)054 ◇あにべえ 三重県志摩郡585 ◇あにぼんさん〔兄坊―〕大阪市637 ◇あにゃ 山形県東田川郡(粗末な呼び方)054 ◇あにょ 三重県志摩郡062 ◇あま 岐阜県飛騨(壮年になった長男)502 ◇あや 山形県庄内139 ◇あんか 富山県砺波397 ◇あんくさま 青森県上北郡(敬称)082 ◇あんくさん 青森県南部068 ◇あんこさ・あんこさま 岩手県九戸郡088 ◇あんさ 青森県(敬称)071 (上流の長男)075 石川県(親などからいう)404 ◇あんちゃこ 青森県上北郡(子供時代の長男の敬称)074 新潟県西蒲原郡(軽い敬称)361 ◇あんちゃめ 秋田県(上・中流)130 (幼い長男)136 ◇あんちょ 青森県(愛称)072 津軽(下流)071 ◇あんつぁ 新潟県東蒲原郡368 ◇あんどん 富山県砺波397 ◇あんにゃ 群馬県勢多郡038 新潟県361 368 (中流の下の戸主または嫡子)371 富山県下新川郡(他家の幼年の長男)392 石川県404 ◇あんにゃこ 新潟県北蒲原郡(軽い敬称)361 ◇あんにゃま 新潟県北蒲原郡(軽い敬称)361 西蒲原郡(中流の上の戸主または嫡子)371 ◇あんぺ 青森県津軽(卑称)072 ◇あんぺえ 青森県津軽071 (下流)078 ◇あんぼ 富山県(特に長男の幼少時)391 394 399 岐阜県飛騨502 ◇あんま 岐阜県北飛騨499 ◇あんや 島根県隠岐島(親が呼ぶ場合および他家の長男を呼ぶ場合にいう)740 ❸若主人。若だんな。◇あえま 青森県南部073 ◇あな 秋田県鹿角郡(農家の戸主)132 ◇あにゃさ 山形県西置賜郡139 ◇あま 岐阜県飛騨502 ◇あんくさま 青森県上北郡(敬称)082 ◇あんこさ・あんこさま 岩手県九戸郡088 ◇あんさ 富山県砺波397 岐阜県飛騨502 ◇あんつぁ 秋田県130 ◇あんま 岐阜県飛騨502 ◇あんやさま 岐阜県飛騨(他家の主人の尊称)502 ◇おあはん 富山県東礪波郡(尊称)399 ◇おあんかさま 富山県砺波062 ◇おあんさん 富山県東礪波郡(尊称)399 ❹婿。秋田県130 ◇あにま 山形県庄内139 ❺夫。主人。多くは妻が夫を呼ぶのにいう。◇あにさ 長野県北安曇郡474 ◇あや 青森県三戸郡083 ◇あんすん 石川県江沼郡(自分の夫または他人の夫を呼ぶ。下流)404 ◇あんにゃ・あんにゃはん 福井県敦賀郡443 ❻息子。子息。坊ちゃん。青森県(他人の子を呼ぶ)071 080 085 ◇あにんこ 三重県志摩郡585 ◇あんか 富山県砺波(中流)397 石川県金沢市062 ◇あんかさま〔兄様〕石川県江沼郡(大家の子息)062 ◇あんさ 越中†025 富山県砺波(主に他家の息子の卑称)397 長野県上田475 ◇あんさかい 富山県062 ◇あんちゃぼ 秋田県南秋田郡(上・中流)130 ◇あんどん 富山県(親が子に対して)389 ◇あんぺ 青森県津軽(卑称)075 ◇あんぼ 富山県下新川郡038 ◇あんぼお・あんぼり 京都府620 ◇あんま 富山県砺波(中流以下)397 和歌山県東牟婁郡038 ◇おあんさん 富山県砺波(上流)397 ◇おあんちゃん 福井県坂井郡・丹生郡(貴人の息子)427 ❼次男以下の男の子。三重県志摩郡585 ❽次男。次女。◇あんさっこ 山形県最上郡139 ❾若い男。青年。青森県068 三戸郡083 岩手県093 096 102 宮城県115 117 119 秋田県130 山形県最上郡138 ◇ああはん 富山市近在392 ◇あいさん 高知県幡多郡054 ◇あっち・あっちょ 鹿児島県屋久島981 ◇あな 秋田県北秋田郡130 ◇あにっこ 北海道函館(一五、六歳以上)066 ◇あんか 石川県404 ◇あんかま 石川県能美郡419 ◇あんさ 石川県404 長野県上田475 岐阜県飛騨(若者大将をいう)502 ◇あんちゃま 新潟県下越(軽い敬称)387 ◇あんつぁ 秋田県130 ◇あんつぁん 宮城県石巻121 ◇あんにゃ 福島県会津166 新潟県361 長岡市376 石川県河北郡(一五、六歳から二三、四歳までくらい)062 能美郡419 徳島県810 ◇あんにゃはん 徳島県809 ◇あんにゃん 香川県826 ◇あんのら 三重県志摩郡585 ◇あんま 石川県河北郡414 能美郡419 ◇あんや 島根県出雲725 ◇あんやさん 島根県出雲・隠岐島725 ❿男の子。少年。坊や。北海道函館(七、八歳から一三、四歳くらいまで)066 青森県(親称)075 083 宮城県北部113 116 119 秋田県鹿角郡132 ◇あにっこ 長野県佐久484 ◇あま 長崎市(良家の男児)906 ◇あや 新潟県(幼児)047 佐渡352 ◇あんこさん 秋田県鹿角郡(敬称)132 ◇あんち 石川県(一四、五歳以下)404 ◇あんちゃめ 秋田県(上・中流)130 ◇あんつぁん 宮城県石巻120 ◇あんぼ 富山県062 石川県河北郡(一〇歳前後)404 ◇あんま 石川県鳳至郡409 ◇あんや・あんやん 鳥取県711 ⓫成年男子。青森県津軽(多少軽べつしていう)075 ◇あにはん 愛媛県周桑郡844 ◇あや 青森県073 085 ◇あんさ 岐阜県吉城郡500 ◇あんにゃあ 富山県高岡市(下品な言い方)395 ◇あんま 石川県金沢市(中流以下の中年男子)062 ⓬年長の男。目上の男。長上。◇あい 高知県幡多郡・安芸郡(敬称)862 ◇あんかん 新潟県佐渡348 ◇あんにゃ・あんにゃはん 福井県敦賀郡443 ◇あんにゃん 福井県(下流)428 ◇あんま 和歌山県東牟婁郡690 ◇あんやん 新潟県佐渡348 ⓭年下の男。目下の男。下輩。岩手県東磐井郡106 ◇あんさ 福井県坂井郡433 ⓮父。◇ああや 沖縄県小浜島975 鳩間島996 ◇ああやん 神奈川県江ノ島054 ◇あじゃ 鹿児島県徳之島985 ◇あじゃあ 鹿児島県喜界島983 ◇あだ 山形県139 ◇あち 沖縄県国頭郡974 ◇あちゃ 青森県西津軽郡073 秋田県平鹿郡130 鹿児島県沖永良部島985 ◇あっちゃ 岩手県上閉伊郡(下流家庭)097 気仙郡100 沖縄県石垣島996 ◇あっちゃん 滋賀県彦根(幼児語)609 ◇あっつぁあ 栃木県宇都宮市・河内郡198 ◇あな 秋田県鹿角郡(農家の子供が父を呼ぶのにいう)132 ◇あま 山形県西置賜郡139 ◇あや 青森県054 062 085 岩手県九戸郡088 山形県飽海郡139 沖縄県石垣島・新城島996 ◇あんち 三重県志摩郡586 ⓯祖父または、老爺(ろうや)を呼ぶ語。おじいさん。◇あま 青森県三戸郡083 岩手県九戸郡088 岩手郡089 ◇あまあ 岩手県002 ◇あまじ 岩手県岩手郡050 ◇あや 青森県三戸郡083 ◇あんま 岩手県岩手郡089 ⓰下男。男の奉公人。作男。北海道(主に商店の小店員)064 岩手県磐井郡050 気仙郡103 秋田県130 静岡県沼津市521 ◇あこ 静岡県沼津市521 ◇あな 秋田県北秋田郡130 ◇あにこ 青森県三戸郡(大百姓の奉公人の若者)083 ◇あにゃ 山形県139 ◇あんい 新潟県佐渡358 ◇あんか 石川県能美郡419 ◇あんご 秋田県062 ◇あんさ 福井県427 ◇あんじゃ 山形県南置賜郡139 ◇あんちゃこ 千葉県夷隅郡275 ◇あんにゃ 山形県138 139 福島県会津166 新潟県東蒲原郡368 石川県能登408 411 412 ◇あんにゃこ 山形市139 ◇あんや 鳥取県因幡062 716 島根県出雲725 ◇あんやん 山梨県453 北巨摩郡462 兵庫県氷上郡052 ⓱まぬけ。ばか。◇ああさん・ああやん 岡山市054 ◇あんかま 和歌山県東牟婁郡690 ⓲動物、さる(猿)。岩手県気仙郡(沖言葉)100 ◇あんにゃ 新潟県中蒲原郡(忌み言葉)012

あん-こ【姉―】〘名〙(「あねこ」の変化した語) 娘。島娘。*伊豆の踊子(1926)〈川端康成〉一「この前連れてゐた子がもうこんなになったのかい。いい娘(アンコ)になって、お前さんも結構だよ」方言❶姉。東京都大島326 ❷年上の娘に対する敬称。東京都大島326 ❸他人の妻。主婦。東京都大島(若妻)050 ❹母。南部†025 発音〈標ア〉ア

あん-こ【餡―】〘名〙「あん(餡)」の俗語。①「あん(餡)②」に同じ。*たけくらべ(1895-96)〈樋口一葉〉一四「正さんお前好い処へ来た、我(お)れが餡(アン)この種なしに成って最(も)う今からは何を売らう」*子を貸し屋(1923)〈宇野浩二〉二「ちゃうど彼岸の入りだったので、佐蔵が、あわてて、団子をこねたり、餡粉(アンコ)をこしらへたり」②中に包まれているもの。ある物の中にはさんだり、つめこんだりするもの。*時間(1931)〈横光利一〉「女達のあんこの出たフェルトがぴちゃぴちゃ高く鳴り始めると」*楕円形の故郷(1972)〈三浦哲郎〉二「前に、マットレスの餡(アンコ)を拵える工場にいたとき」③特に、束髪などの前髪の中に入れる梳毛(すきげ)その他の呼び名。*腕くらべ(1916-17)〈永井荷風〉七「鬢を前髪へアンコを入れて思ふさま張出させ」*大阪の宿(1925-26)〈水上滝太郎〉一・四「あんこの沢山入ってゐる大束髪を」④売れ残りの古雑誌・書物を新刊書の下に置いて品数を多く見せること。また、その古雑誌・書物をいう書籍商間の用語。〔東京語辞典(1917)〕⑤上と下に本物を入れ、中に白紙をはさんだ札束をいう詐欺師仲間の隠語。〔隠語全集(1952)〕⑥取引相場で売り手と買い手の両方のもうけになること。二重のもうけになること。〔取引所用語字彙(1917)〕方言外側に餡(あん)をつけた餅(もち)。あんころ餅(もち)。島根県鹿足郡・邑智郡・隠岐島725 発音〈なまり〉アンゴ〔愛知〕〈標ア〉ア〈京ア〉ア

あん-こ【安固】〘名〙①(形動) 安全で堅固なこ

と。安定してゆるぎないさま。＊代議政体(1875-79)〈永峰秀樹訳〉一「政府の暴虐を防ぎ、国家の安固を得んとして」＊良人の自白(1904-06)〈木下尚江〉前・二〇・三「其の根本を安固にすべく」＊何処へ(1908)〈正宗白鳥〉二「五十五歳の老朽で、地位も安固ではなく」②安んじ固めること。＊班固-封燕然山銘「下以安二固後嗣一、恢二拓境宇一、振二大漢之天声一」 発音〈標ア〉ア

あん-こ【彼子】〘代名〙(「あのこ」の変化した語)対称。＊歌舞伎・独道中五十三駅(1827)五幕「これはマア有り難いお施行(せぎゃう)。なんとあんこよ、こんな結構な、また有り難い事はないぢゃアないか」

あん-こ【鮟鱇】〘名〙(「あんこう(鮟鱇)」を短くいったもの)①魚「あんご」とも。「あんこう(鮟鱇)」に同じ。＊かた言(1650)四「鮟鱇を、あんご」＊浄瑠璃・箱根霊験躄仇討(1801)一〇「腹がだぶだぶふくれてござります故あんこ」＊春は馬車に乗って(1926)〈横光利一〉「これは鮟鱇(アンコ)で踊り疲れた海のピエロ」②(鮟鱇は口をあけて餌を待っているところから)口をいう俗語。〔隠語輯覧(1915)〕③火打ち石をいう、盗人仲間の隠語。〔隠語輯覧(1915)〕④男色をいう、てきや、盗人仲間の隠語。〔日本隠語集(1892)〕 方言❶ばか。あほう。新潟県佐渡352 ◇あんご 三重県586 599 600 岡山県久米郡754 香川県大川郡・三豊郡829 愛媛県840 大三島848 ❷日雇い労働者。茨城県188 稲敷郡193 千葉県001 271 286 兵庫県明石郡665 広島県054 771 ❸請負でなく、時間制で働くこと。富山市近在392 ❹動物、かえる(蛙)。◇あんご 千葉県安房郡302 ❺動物、ひきがえる(蟇蛙)。◇あんご 千葉県001 272 286 ❻動物、いぼがえる(疣蛙)。◇あんご 千葉県市原郡040 ❼(蛙に見たてて)赤ん坊。◇あんご 和歌山県日高郡690 ❽小便所の便器。朝顔。島根県725 邑智郡(小便が散らないように木で作った囲い)735 広島県771 774 779 香川県綾歌郡829 ❾家の軒樋(のきとい)の水を受けて竪樋(たてとい)につなぐ樋(とい)。福井県大飯郡447 島根県725 ❿箸(はし)やしゃくしをさす竹筒。◇あんご 群馬県佐波郡242 発音〈音史〉古く『あんご』とも。

あんこ の 笛(ふえ)(「あんこ(餡―)②」から)キセルをいう、てきや、盗人仲間の隠語。〔隠語輯覧(1915)〕

あんこ〘名〙方言□一❶背骨。奈良県675 南大和683 ❷くる病で背骨に異常のある人。奈良県675 ◇あんかやっさん 広島県771 ❸大便。和歌山県695 島根県(幼児語)725 ❹大便器。岡山県児島郡763 ❺足。幼児語。茨城県188 ❻げた。京都府620 ❼玩具、土めんこ。青森県069 071 ❽口を開くこと。幼児語。長野県468 480 491 ❾(「合いこ」の意か)互いに助け合って仕事をすること。富山県390 ❿方針のないさま。石川県能美郡419 □二魚。❶みしまおこぜ(三島虎魚)。福井県坂井郡016 福岡県筑前016 ❷みのかさご(蓑笠子)。高知県幡多郡870 ❸いざりうお(躄魚)。◇あご 和歌山県694 ❹とらふはぜ(虎斑沙魚)。◇あんご 薩摩062 ❺飛魚の幼魚。和歌山県西牟婁郡690 □三動物、さんしょううお(山椒魚)。長野県飯田市012 下伊那郡054 愛知県北設楽郡549 京都府623 629 岡山県苫田郡749 ◇あんこう 京都府620 岡山県042

あん-ご【安居】〘名〙(梵 vārṣika の訳で、雨期の意。「あんこ」とも)①仏語。インドで夏の雨期の間(四月一六日から七月一五日まで)僧が一定の場所にこもり、遊行(ゆぎょう)中の罪を懺悔し、修行した年中行事。日本では毎年四月一五日から七月一五日までの夏季九〇日間、経典の講説が行なわれた。安居の開始を結夏・結制、終わりを解夏(げげ)・解制という。あんきょ。安居一夏(あんごいちげ)。一夏九旬(いちげくじゅん)。夏講(げこう)。夏安居(げあんご)。雨安居(うあんご)。夏行(げぎょう)。夏臈(げろう)。《季・夏》＊書紀(720)天武一二年七月(北野本訓)「庚寅に鏡姫王薨せぬ。是の夏に、始めて僧尼を請せて、宮中(みやうち)に安居(アンコ)す」＊延喜式(927)二一・玄蕃寮「凡十五大寺安居者。〈略〉並起二四月十五日一尽二七月十五日一。分レ経講説」＊今昔(1120頃か)三・四「今昔、天竺に仏の御弟子達、所々の安居畢(をはり)て、仏の御前に参集り給ふ時」＊正法眼蔵(1231-53)安居「その調度に九夏(きうげ)安居あり」＊空華日用工夫略集-応安六年(1373)四月一六日「新掲二安居三過於壁上一」＊俳諧・増山の井(1663)四月「安居 アンゴ 形心静摂曰レ安。要期此住曰レ居。猶釈氏要覧委 夏行云」②「あんきょ(安居)①」に同じ。＊日葡辞書(1603-04)「アンキョ、または、anco(アンコ)。ヤスク イル」＊禅海一瀾(1862)「護生は須らく殺し尽すべし。殺し尽して始めて安居」③家に隠れて外出しないことをいう、盗人仲間の隠語。〔特殊語百科辞典(1931)〕＊新時代用語辞典(1930)〈長岡規矩雄〉刑事隠語「安居 あんごと読む。外出しないで家に隠れていること」 発音アンゴ〈音史〉古く『あんこ』『あんきょ』とも。〈標ア〉ア 辞書色葉・文明・易林・日葡・書言・言海 表記安居(色・文・易・書・言)

あんご の 頭(とう)【＝頭人(とうにん)】①夏安居の頭役。＊東宝記(1352)「源運記云〈略〉夏之初十四日有二饗膳一。安居頭人勤二仕之一也」②陰暦一二月一三日から一五日まで、石清水八幡宮にこもって精進潔斎する神事の際、選ばれて主役となる者。土地の豪家がこれをつとめ一二月一日から行事に当たり、九日には自宅において村人を饗応する。＊俳諧・毛吹草(1638)二「七月〈略〉あんごの頭」＊日次紀事(1685)一二月初朔日「石清水八幡宮山下郷家(ごうけ)安居の頭」＊浮世草子・日本永代蔵(1688)六・四「有時、石清水八幡宮を申おろして、あんごのとうを執行(とりをこなは)れ、目出度事山々なりしに、此行事はその亭主の心持大事なり」

あんご の 御法(みのり) 釈迦が生母、摩耶夫人(まやぶにん)の菩提を弔うため、安居の期間に帝釈天の住む忉利天(とうりてん)で行なった説法。＊謡曲・百万(1423頃)「安居のみ法と申すも、おん母摩耶夫人(まやぶにん)の、孝養のお為なれば、仏もおん母を、かなしみ給ふ道ぞかし」＊雲形本狂言・泣尼(室町末-近世初)「すでに釈迦仏も御母摩耶夫人(まやぶにん)孝養のために、忉利天(たうりてん)にのぼり安居(アンゴ)の御法(ミノリ)をとき給ふ」

あん-ご【暗語】〘名〙特定の人以外にはわからないように取り決めた暗号のことば。〔隠語輯覧(1915)〕 発音アンゴ〈標ア〉0

あん-ご【網子】〘名〙「あみこ(網子)」の変化した語。＊ノリソダ騒動記(1952-53)〈杉浦明平〉二「秋男は地引のアンゴ(網子)であって」

あんご〘名〙方言植物。❶みょうが(茗荷)。三重県一部030 ❷やえなり(八重生)。愛知県一部030 ❸いんげんまめ(隠元豆)。◇あんごまめ〔―豆〕三重県一部030 岡山県一部030

あんご-いちげ【安居一夏】〘名〙「あんご(安居)①」に同じ。＊海道記(1223頃)手越より蒲原「安居一夏の行は、採花汲水の勤、験を争ふ」 発音アンゴイチゲ〈標ア〉チ

あんご-いん【安居院】(ヰン) 奈良県高市郡明日香村にある真言宗豊山派の寺。日本最古の寺院、元興寺(がんごうじ、俗に飛鳥寺)が移建後、その跡地に建てられた。本尊は鞍作止利(くらつくりのとり)作と推定される釈迦如来(飛鳥大仏)。 発音アンゴイン〈標ア〉ゴ

あん-こう【安行】(カウ)〘名〙静かに行くこと。徐行。＊詩経-小雅・何人斯「爾之安行、亦不レ遑レ舎」

あん-こう【安康】(カウ)〘名〙太平無事なこと。安穏。安泰。また、そのような状態にすること。＊雑俳・柳多留-五三(1811)「安康と書たて鐘も釣し限り」＊真理一斑(1884)〈植村正久〉九「願はくは此の書をして爾の栄光及び人の安康を増殖せしめよ」＊呉志-孫綝伝「扶二危定一レ傾、安二康社稷一、功勲赫然」 発音アンコー〈標ア〉0 辞書ヘボン・言海 表記安康(ヘ・言)

あん-こう【暗光】(クヮウ)〘名〙暗い光。↔明光。＊帰省(1890)〈宮崎湖処子〉三「吾父に対する電火の如き巨眼と刀室の暗光は、屢々吾等の快楽なる遊戯を圧へぬ」 発音アンコー〈標ア〉0

あん-こう【暗紅・殷紅】〘名〙黒みを帯びた、くれない。濃赤色。暗紅色。＊即興詩人(1901)〈森鷗外訳〉旅の貴婦人「嶺の上に片雲あり。その火光を受けたる半面は殷紅なり」＊それから(1909)〈夏目漱石〉六「暗緑と暗紅(アンコウ)を混ぜ合はした様な若い芽が、一面に吹き出してゐる」＊元稹-鶯鶯詩「殷紅浅碧旧衣裳、取次梳レ頭闇澹妝」 発音アンコー〈標ア〉0

あん-こう【暗香】(カウ)〘名〙どこからともなく匂う花などの香り。やみの中でもそれとわかる香気。詩語で、特に梅の香にいうことが多い。あんきょう。＊了幻集(1392頃)「半夜伝衣親入得、暗香臨外月華浮 梅室」＊報恩録(1474)下・二四「此の楼台此の水晶簾の内より出た暗香だぞ」＊翰林葫蘆集(1518頃)三・点灯移梅影「昏月梅辺待レ未レ升、暗香相対夜瓶氷」＊江戸繁昌記(1832-36)四・仮宅「梅村水隔って時に暗香を送る」＊元稹-三月二十四日夜対桐花詩「夜久春恨多、風清暗香薄」 発音アンコー〈音史〉古く『あんきゃう』とも。〈標ア〉0

あん-こう【暗窖】(カウ)〘名〙暗い穴ぐら。＊それから(1909)〈夏目漱石〉五「其音を聞きながら、つい、うとうとする間に、凡ての外の意識は、全く暗窖(アンカウ)の裡(うち)に降下した」

あん-こう【暗溝】〘名〙「あんきょ(暗渠)」に同じ。

あん-こう【鞍工】〘名〙①馬具のくらぼねを作る人。②馬具を作る人。＊軍制綱領(1875)〈陸軍省編〉二・三「騎兵隊の編制は〈略〉一大隊に附属する官員幷に諸工左の如し〈略〉鞍工」

あん-こう【鞍甲】(カフ)〘名〙鞍(くら)とよろい。転じて、戦闘のこと。＊六如庵詩鈔-二編(1797)五・画馬引為福井敬斉君賦「辺頭百戦経二幾年一、身上鞍甲未二少撤一」＊鮑照-代東武吟「肌力尽二鞍甲一、心思歴二涼温一」

あん-こう【鮟鱇】(カウ)〘名〙(「あんごう」とも)①アンコウ科の海魚。全長一メートルに達する。頭部が扁平で大きく、胴は細く短い。口が著しく大きく、よく発達した内側にだけ倒れる歯をもち、きわめて貪食。うろこはない。尾鰭の前方の四本の棘は互いに離れる。第一番目の棘は誘引突起となり、その先端に擬餌状体と呼ばれる皮弁を備え、これを動かして動物を誘い、近づいたものを吸い込むようにして丸飲みにする。日本各地に分布し、岩礁付近や海藻の生えた海底にすむ。旬は冬で、あんこう鍋にして食べる。あんこ。あんご。あご。学名は Lophiomus setigerus 《季・冬》＊料理物語(1643)一「鮟鱇(アンコウ)は 汁。さしみ。すい物」＊俳諧・五元集拾遺(1747)冬「鮟鱇をふりさけ見れば厨(くりや)かな」＊起伏(1949)〈加藤楸邨〉「鮟鱇(アンカウ)の骨まで凍ててぶちきらる」②アンコウ科の海魚の総称。キアンコウ、ヒメアンコウなど。③山椒魚の類をいう。＊伊京集(室町)「鮟鱇 アンガウ 有レ足魚也」＊日葡辞書(1603-04)「Ancǒ(アンカウ)、または、angǒ(アンガウ)〈訳〉川魚の一種で、足のある魚」＊重訂本草綱目啓蒙(1847)四〇・魚「鯢 さんしゃううを〈略〉はだかす 丹波、あんごう 同上」④(①や③などの動作が鈍いところから)ぼんやりしている者、愚か者のたとえにいう語。＊黒本本節用集(室町)「暗向 アンカウ 虚者」＊日葡辞書(1603-04)「Ancǒna(アンカウナ)モノ〈訳〉その愚鈍な魚のような動作の愚か者」＊浮世鏡(1688)三「中国に鮏(うつけ)をあんごうといふ也。暗向也」＊浄瑠璃・加増曾我(1706頃)三「是祐経、あんごうらしくだしぬかれ、月夜にかまぼこ

鮟 鱇 ①

不覚(ふかく)の至り」＊物類称呼(1775)五「おろかにあさましきを 京大坂にてあんた又あんだら共云、伊勢にて あんがう又せいふと云」＊雑俳・柳多留‐一二(1777)「あんこうに巾着切が二三人」 ⑤(①や③などがぼんやりと餌を待っているところから) 寄せ場などで、ぼんやりと仕事を待っている日雇い労働者をいったもの。 ⑥(①が切り身にされて売られるのにちなみ、身を切り売りにする意から) 娼婦の異称。近世末期の語。 ⑦和船の船尾材戸立(とだて)のほぼ中央部両側のかどで、中棚を取り付けるとき、その上縁がここに一致する。「切上げ」の俗称。訛って「あんご」と使われる場合が多い。＊和漢船用集(1766)一〇・船処名之部「中棚の留りを切上と云、俗にあんかうと呼」 ⑧(①に形が似ているところから) 武具の指物の名。袋形をしたもの。風嚢(かざぶくろ)。 ⑨家の軒樋(のきとい)と竪樋(たてとい)とをつなげるための曲がっている樋。よびどい。 ⑩唐物茶入れの形の一種。広口で肩がつまり、下(しも)ぶくれ。口付が①の口を開いた形をしているのでいう。 ⑪竹製の花器。一重切(いちじゅうぎり)の生け口の大きくて、①の口に似た形をしたもの。あんこうがた。あくびがた。あんこうぎり。 ⑫「ひきがえる」の異名。＊物類称呼(1775)二「蟾蜍 ひきがへる〈略〉房総にて、あんがう又をかまがへる又ふくあんごうと云」 語誌 (1)「鮟鱇」は古い漢籍には見えず、アンカウの語源も未詳。ただし文明本などの諸節用集では、①の意味には「鮟鱇」、④の意味には「暗向」が専ら用いられており、書き分けがあるようだが、「暗向 アンガウ魚」〔元亀本運歩色葉〕の記載からは、この二つが通用してもいたことがうかがえる。中国では、形が琵琶に似るところから「琵琶魚」とも表記される。 (2)①の美味が一般に認められるようになるのは近世以降で、それ以前に見える節用集の「鮟鱇」が実際に①②③のどれを指していたかは、③に挙げた「伊京集」などを除くと、必ずしも明らかではない。 方言 ❶ばか。あほう。薄のろ。伊豆八丈島1075 伊勢1035 茨城県001 新潟県中越373 378 長崎県壱岐島914 ◇あんかち 和歌山県日高郡690 ◇あんごう 中国1113 島根県美濃郡・益田市725 岡山県752 754 766 広島県比婆郡774 香川県大川郡・三豊郡829 愛媛県040 ◇あんごうたれ 岡山県苫田郡748 ◇あんごさい 三重県585 ◇あんごさく 三重県志摩郡054 度会郡586 ◇あんごし 三重県志摩郡585 和歌山県東牟婁郡690 ◇あんごたらし 岐阜県北飛騨499 ◇あんごたれ 香川県829 愛媛県大三島848 ◇あんこち 滋賀県伊香郡606 ◇あんこにんそく〔─人足〕 新潟県(のんびりし過ぎていて相手にならない人)361 ◇あんごよ 三重県志摩郡585 ◇あんごらぼお 三重県志摩郡054 ◇あんころ 愛知県知多郡570 ◇あんごんたあ 山口県玖珂郡058 ◇あんごんたん 香川県佐柳島829 ◇こあんご〔小──〕・こあんごし 三重県志摩郡054 ◇どあんごう 徳島県三好郡054 ❷(値を大声で叫び、常に口を開いているところから) 競り市の競り人。愛知県名古屋市062 ❸(寄せ場などで仕事を待っているところから) 土方。日雇い労働者。また、とび職。千葉県040 夷隅郡062 兵庫県明石郡665 ◇あんこにんそく〔─人足〕 新潟県上越市382 中頸城郡383 ❹動物、ひきがえる(蟇蛙)。 ◇あんかち 群馬県054 ◇あんごう 千葉県062 261 287 ◇あんごがえる〔─蛙〕 千葉県印旛郡054 ◇ふうあんこ・ふうあんご・ふうあんごう 千葉県安房郡001 297 303 ◇ぶうたあんご・ぶうたんご 千葉県夷隅郡040 288 ◇ふくあんごう 房総1020 ◇やまあんこう・やまあんごう 八王子1020 ❺小便所の便器。朝顔。島根県725 ❻家の軒樋(のきとい)の水を受けて竪樋(たてとい)につなぐ樋(とい)。島根県725 山口県豊浦郡798 ❼箸(はし)やしゃくしをさす竹筒。 ◇あんごう 群馬県多野郡246 発音 アンコー 〈音史〉古く『あんがう』とも。〈なまり〉アンコ〔富山県・和歌山県・鹿児島方言〕 アンゴ〔和歌山県〕 アッコ〔長崎〕 〈標ア〉ア 〈京ア〉ア 辞書 和玉・文明・伊京・明応・天正・饅頭・黒本・易林・日葡・書言・言海 表記 鮟鱇(文・伊・明・天・饅・黒・易・書・言) 暗向(文・伊・明・天・饅・黒・易・書) 鰻(玉) 萃臍魚(書)

あんこう の 餌待(えまち) 口をあいて、ぼんやりしているさまのたとえ。

あんこう の 唾(つ)**に噎**(む)**せたような人**(ひと) 口をあけてぽかんとし、腰の落ち着かない愚鈍なばか者〔日葡辞書(1603–04)〕。 辞書 日葡

あんこう の 吊切(つるしぎり・つりぎり) アンコウの料理法の一種。アンコウを縄でつるし、口から水を入れ、腹をふくらませたのち、皮をはぎ、肉をそぎ、肝、はらわたを取り、骨を切る。肉・皮が骨についたり、肝が破れたりしないようにしたもの。《季・冬》 ＊歌舞伎・傾城若紫(1705頃)下「鮟鱇(アンカウ)のつるし切り〈略〉蛸のひっぱり切りといふ物に、片端から料理をするが」＊当流節用料理大全(1714)「あんかうつるし切とはいへ共、つるしあらひの事也」＊譬喩尽(1786)六「鮟鱇(アンガウ)の釣切(ツリギリ)」

あんこう の とも酢(ず) アンコウ料理の一種。アンコウの腹から出る「とも」と呼ばれる袋状のものにみそ、酢を混ぜてすり、これを、ゆでたアンコウの肉につけて食べるもの。

あんこう の 布(ぬの) アンコウの臓物の一種。煮物、吸物などにして食べる。

あんこう の 袋(ふくろ) アンコウの臓物の一種。熱湯にくぐらせ、煮物、和え物などにして食べる。

あん‐ごう【案合】〔名〕 考え合わせること。＊曲附次第(1423頃)「『たえずして、しかももとの水にはあらぬ』所を、声文の由道に案合して、重聞ならぬ所を心得べし」

あん‐ごう【庵号】〔名〕 ①「何々庵」と、「庵」で終わる雅号、または称号。＊日葡辞書(1603–04)「Angô (アンガウ)〈訳〉アンで終わる、ある バウズ、または剃髪者の名前。コノ ゼンモンノ angô (アンガウ) ナント ユウカ〈略〉Angôuo (アンガウヲ) ツカウカ? サイミンヲ ツカウカ?」 ②「庵」を最後につける寺の称号。この称号を寺号に改めるには許可が必要であった。＊看聞御記‐永享三年(1431)六月八日「光燈庵参来対面。庵号額可染愚筆之由、被所望龍泉院云々」＊ロドリゲス日本大文典(1604–08)「Angô (アンガウ)〈略〉たとえば〈略〉ズイリョアン」＊寺社法則下‐寛政四年(1792)六月一六日(古事類苑・宗教三七)「都而一寺に相立来候寺、庵号に而相続致来候を、寺号に相改度旨願之義」＊門(1910)〈夏目漱石〉一八「何れも門瓦の下に、院号やら庵号(アンガウ)やらが額にして懸けてあった」 発音 アンゴー 〈標ア〉ゴ 辞書 日葡

あん‐ごう【暗号】〔名〕 ①あらかじめ打ち合わせておく、合図のためのことば。あいことば。＊寛永刊本江湖集鈔(1633)一「暗号とはあい言ば也」＊随筆・秉燭譚(1729)四「及第の時に名札をひらくを拆号と云、軍中などのあひ詞を暗号と云」＊読本・忠臣水滸伝(1799–1801)後・一一回「夜打にはかならず暗号(アンガウ)をもちうべし。天武紀を見つるに〈略〉己が卒(いくさびと)と足麻侶が衆と、わかちがたきをおそれ、毎人(ひとごと)に金(かね)といはしむ〈略〉是乃本朝暗号(あひことば)のはじめなり」＊堯山堂外記「蜀中類試主司多私意、与士人相約為暗号」 ②(─する) 符号で定めた合図。また、ある取り決められた方法で合図すること。＊航米日録(1860)二「既に港口に近きを知る、乃ちホーハタン船上にて暗号す、砲を発し且流星火を放つ」＊西国立志編(1870–71)〈中村正直訳〉四・二〇「一隊は暗号(〈注〉アヒヅ)を為し、貨物を収拾せん為に、岩礁に残り居り」 ③特に、相手に内容がわからないように意志をこっそり伝えるため、当事者間で取り決めた符号、ま[illegible]、古法。＊[illegible](1906)〈石川啄木〉「[illegible]度にオーホケキョとやる。(これは自分の名の暗号であった)」＊大川端(1911–12)〈小山内薫〉一「東の桟敷の芸者と西のうづらの芸者とが手の暗号で話をする」＊暗夜行路(1921–37)〈志賀直哉〉一・二「肩と肩とを付けて背後で暗号(アンガウ)の指を握る」 発音 アンゴー 〈標ア〉0 〈京ア〉0

あん‐ごう【暗合】〔名〕 期せずして互いに一致すること。偶然の一致。＊碧山日録‐応仁二年(1468)正月一三日「按劉蒙菊譜、名品三十又五、其淡黄千葉。久有双紋者、謂之御愛、佳称之義与之暗合、不亦偉乎哉」＊史記抄(1477)一〇・呉太伯世家「梅里は面白き処名かな、彌勒と暗合ぞ」＊読本・椿説弓張月(1807–11)残・六八回「彼舜天の名の尊敦と、尊氏の尊の字と、暗合(アンガフ)せしこそ不思議なれ」＊当世書生気質(1885–86)〈坪内逍遥〉八「それらは所謂(いはゆる)偶中(まぐれあたり)といふもんで、貴君(あなた)の想像に不図(ふと)暗合(アンガフ)したといふまでで」＊明暗(1916)〈夏目漱石〉九三「然し全く偶然の暗合(アンガフ)でない事も」＊陸機‐文賦「必所擬之不殊、乃暗合手曩篇」 発音 アンゴー 〈標ア〉0 〈京ア〉0 辞書 文明・ボン・言海 表記 諳合(文) 暗合(ヘ・言)

あんこう‐あみ【鮟鱇網】〔名〕 (その形や使用法が、アンコウの形や小魚を捕食するさまに似ているところから) 方錐形の大きな袋網。潮流の速い漁場にいかりをおろして船をとめ、潮流に向かって網の口を開き、魚類を捕えるもの。 発音 アンコーアミ 〈標ア〉コ

あんこう‐がた【鮟鱇形】〔名〕 ①「あんこう(鮟鱇)⑪」に同じ。 ②相撲で、太って腹の出ている体形力士をいう。あんこがた。⇔ソップ形。 発音 アンコーガタ 〈標ア〉0

あんごう‐がらす【鮟鱇烏・鮟鱇鴉】〔名〕 (アンコウのように、口をあいているというところから) ①ぼんやりと口をあいているカラス。あんごがらす。ばかがらす。＊俳諧・若狐(1652)三「むれゐつつ何やらかやらささり鷺 あんこう烏うかれてぞ啼」＊俳諧・鶉衣(1727–79)拾遺・上・一八四・鴉箴「よくあああと打うなづかば、あんがうがらす、のら烏、うかれがらすの浮名もきえて、長くお烏大明神のめぐみかうむるべし」＊歌舞伎年代記(1811–15)二・享保一二年「ははア囀(さへず)ったりしゃべったり。あんごう烏(カラス)のかあかあと。場所をも知ぬ鴫(はしぶと)めら」 ②大きく口をあいてぼんやりしている人をののしっていう。あんこう。あんごがらす。＊浄瑠璃・諸葛孔明鼎軍談(1724)四「妹聟に出しぬかれ、あんがふ鳥(カラス)のあげらほん、口ばかり開いても居られず」＊浄瑠璃・伊達錦五十四郡(1752)一「ヤァ、羽なしのあんごうがらす」 発音 アンゴーガラス 〈標ア〉ガ

あんこう‐ぎり【鮟鱇切】〔名〕「あんこう(鮟鱇)⑪」に同じ。＊金色夜叉(1897–98)〈尾崎紅葉〉前・五「鮟鱇切(アンカウギリ)の水に埃を浮べて小机の傍に在り」

あんごう‐ざむらい【鮟鱇侍】〔名〕「あんごうむしゃ(鮟鱇武者)」に同じ。＊浄瑠璃・須磨都源平躑躅(1730)三「あれが正真のあんごう侍、世界の阿呆の上盛(うはもり)」 発音 アンゴーザムライ 〈標ア〉ザ

あんこうし【安公子】「あんきゅうし(安弓士)」に同じ。

あんごう‐しょうせつ【暗号小説】〔名〕 暗号解読を興味の中心とした探偵小説。＊文学史上のラヂウム(1928)〈江戸川乱歩〉「彼はドイルに先んじて探偵小説、暗号小説(アンガウセウセツ)の創造者であり」 発音 アンゴーショーセツ 〈標ア〉ショ

あんこう‐しょく【暗紅色】〔名〕「あんこう(暗紅)」に同じ。＊邪宗門(1909)〈北原白秋〉魔睡・赤き僧正「長き僧服 爛壊(らんゑ)する暗紅色のにほひしてただ暮れなやむ」＊少年(1911)〈谷崎潤一郎〉「床に敷き詰めた暗紅色の敷き物の柔かさは」 発音 アンコーショク 〈標ア〉コ

あんこう‐しょく アンクヮウ‥【暗黄色】〘名〙黒みを帯びた黄色。＊嵐(1906)〈寺田寅彦〉「夕映の色も常に異った暗黄色を帯びて物凄いと思ふ間に、それも消えて」 発音アンコーショク〈標ア〉コ

あんこう‐じる アンカウ‥【鮟鱇汁】〘名〙アンコウの肉・皮・臓物を入れたみそ汁。《季・冬》＊浮世草子・風流曲三味線(1706)六・四「杉焼、小鳥づくしの田楽、鮟鱇汁」＊俳諧・俳諧二見貝(1780)冬「鮟鱇汁」＊四時交加(1799)冬「華臍魚汁(アンカウジル)は肝をたっとみ」 補注 河豚汁、鱈汁などとともに、魚を用いる汁の代表的なものの一つ。「料理物語」に「鮟鱇の汁 かわをはぎおろしきりて、かわをも実をもにえ湯へ入、しじみたる時あげ、水にてひやし、その後さけをかけをく。みそ汁にえ立候とき魚を入、どぶをさし、塩かげんすい合せ出し候也。又すましの時はだしばかりにかけも少おとし候。此時はうはをきつくりしだいに入」とある。 発音アンコージル〈標ア〉ジ

あんごう‐づら アンガウ‥【鮟鱇面】〘名〙アンコウのように醜い顔つき。人をののしっていう語。＊浄瑠璃・浦島年代記(1722)四「からからと笑ひ、ヤァ安康のあんごう頬(ヅラ)」 発音アンゴーズラ〈標ア〉0

あんごう‐でんしん アンガウ‥【暗号電信】〘名〙「あんごうでんぽう(暗号電報)」に同じ。＊自由新誌‐明治一六年(1883)二月七日「此頃其筋と欧洲在留中の伊藤参議との間に頻りに暗号電信の往復あるよし」＊多情多恨(1896)〈尾崎紅葉〉後・四「此間お話したものだなどと暗号電信を打ったりなにかして」 発音アンゴーデンシン〈標ア〉デ

あんこう‐てんのう アンカウテンワウ【安康天皇】第二〇代天皇。允恭(いんぎょう)天皇の第二皇子。名は穴穂命(あなほのみこと)。五世紀半ば即位。「日本書紀」によれば、都を大和石上(いそのかみ)に遷(うつ)して穴穂宮と称し、在位三年八か月、眉輪王(まよわのおおきみ)に暗殺される。「宋書倭国伝」の倭王「興」にあたるといわれる。生没年不詳。 発音アンコーテンノー〈標ア〉ノ

あんごう‐でんぽう アンガウ‥【暗号電報】〘名〙暗号を使った電報。暗号電信。＊妾の半生涯(1904)〈福田英子〉三・一〇「大事発露の恐れありと認る時は、誰よりなりとも『荷物濡れた』の暗号電報を発して、互に警告すべし」 発音アンゴーデンポー〈標ア〉デ〈京ア〉デ

あんこう‐なべ アンカウ‥【鮟鱇鍋】〘名〙アンコウの肉・皮・臓物をいっしょに鍋に入れ、焼き豆腐・ネギ・ウドなどに割醤油(わりしたじ)を加えて煮た料理。《季・冬》＊寄笑新聞(1875)〈梅亭金鵞〉六号「一際烈しく城中より打出したのが牛鍋しゃも鍋どぜうなべ鮟鱇(アンコウ)なべに寄せなべなどと云ふので尽(ことごと)く実のある奴だから」＊俳句稿〈正岡子規〉明治三五年(1902)冬「鮟鱇鍋河豚の苦説もなかりけり」＊春泥(1928)〈久保田万太郎〉みぞれ・三「鍋…といってもこのはうは鮟鱇鍋(アンカウナベ)…のなかへ箸を入れた」 発音アンコーナベ〈標ア〉ナ

あんごう‐ぶん アンガウ‥【暗号文】〘名〙暗号を使った文。暗号で書かれた文章。＊二銭銅貨(1923)〈江戸川乱歩〉下「さて、若しこの紙切の無意味な文字が一つの暗号文(アンガウブン)であるとしたら、それを解くキイは何だらう」＊浅草紅団(1929‐30)〈川端康成〉二七「暗号文(アンガウブン)としたってお前、おれ達がここへ来るってことを、明公は知らねえんだよ」 発音アンゴーブン〈標ア〉0ゴ

あんこ‐うま【―馬】〘名〙荷物を運ぶ馬。駄馬。＊俳諧・信徳十百韻(1675)「火影ちろちろごもくたくらし あんこ馬道のかたへにつなぎ捨」＊俳諧・糸屑(重安編)(1675)二・首「かへぬるやけふ旅衣あんこ馬〈宗益〉」＊夜明け前(1932‐35)〈島崎藤村〉第一部・下・九・一「伊那の中馬、木曾の牛、あんこ馬(駄馬)、それから雲助の仕事なぞがそれだ」

あんごう‐むしゃ アンガウ‥【鮟鱇武者】〘名〙口では大きなことを言うが、実際は臆病な武士をののしっていう語。あんごうざむらい。＊浄瑠璃・最明寺殿百人上臈(1699)含み状「口広いくせに尾の細いをあんごう武者とて、なんの役に立ぬもの。近比笑止笑止」 発音アンゴームシャ〈標ア〉ム

あんご‐え ‥ヱ【安居会】〘名〙安居の時期に行なう法会(ほうえ)。＊霊異記(810‐824)下・一九「宝亀七八箇年の比頃(ころほひ)に、肥前の国佐賀の郡の大領正七位上佐賀君児公(こぎみ)、安居会を設け、戒明法師を請けて、八十花厳を講ぜ令むる時に」 発音アンゴエ〈標ア〉ゴ

アン‐コー【暗刻】〘名〙(中国語から) マージャンで、碰(ポン)によらずに、同一の牌(パイ)が三個そろったもの。 発音〈標ア〉ア

あんこ‐おび【餡帯】〘名〙舞台用の帯。一巻きしただけで幾重にも巻いたように見せるため、中に物を入れて仕立てたもの。

アンコール〘名〙(英 encore もと フランス encore「再び、もう一度」の意) ①演奏会などで、予定の演奏を終えた出演者に対して、拍手・掛け声で再度の演奏を望むこと。また、その再演奏。＊痴人の愛(1924‐25)〈谷崎潤一郎〉一〇「オーケストラが止んだので、彼等はみんな少しでも長く踊りたさうに、熱心なのは口笛を吹き、地団太を踏んで、アンコールをしてゐるのです」＊波(1928)〈山本有三〉父・一・九「アンコールに呼出されたダンサーか何かのやうに」＊純粋の声(1935)〈川端康成〉「勿論アンコオルも『春の海』だったが」 ②好評のテレビ番組や映画などを再放映すること。再上映。「アンコール上映」 語誌 フランス語起源の英語に由来。フランスでは bis と叫ぶ。大正オペラでフランスの振り付け師が稽古で言った言葉に由来するともいう。 発音〈標ア〉コ〈京ア〉コ/コ

アンコール‐アワー〘名〙(アワーは英 hour で「時間」の意) ラジオ・テレビ放送で、視聴者の要望にこたえて、すでに放送した番組を再び放送する時間帯。 発音〈標ア〉ア^2〈京ア〉ア^2

アンコール‐トム(Angkor Thom「大きい町」の意) カンボジアにある都城遺跡。一二世紀末にアンコール王朝のジャヤバルマン七世が建設。一辺三キロメートルの正方形の城壁に囲まれ、中心には仏教寺院バイヨン廟(びょう)がある。 発音〈標ア〉ト

アンコール‐ワット(Angkor Wat「寺院町」の意) カンボジア北部にある石造寺院遺跡。アンコール王朝の最盛期一二世紀前半の建立。戦国時代から江戸初期のわが国では祇園精舎(ぎおんしょうじゃ)と同一視した。 発音〈標ア〉ワ

あんこ‐がた【鮟鱇形】〘名〙「あんこうがた(鮟鱇形)②」に同じ。＊無口の妻とうたう歌(1974)〈古山高麗雄〉「おれの嫡娼は、あんこ型のぼってりした女で」＊壺中庵異聞(1974)〈富岡多恵子〉七「今のあんこ型の男の相撲とりとあまり変らない」 発音アンコガタ〈標ア〉0

あんご‐がらす【鮟鱇烏】〘名〙「あんごうがらす(鮟鱇烏)」に同じ。＊浄瑠璃・和田合戦女舞鶴(1736)二「口より飛出る五羽六羽、是はと驚き給ふ内残らず雲井に羽をのして、あんご烏の坊主達、狼狽(うろた)へあせり騒げども、其甲斐もなく是非もなく」

あん‐こく【安国】〘名〙国を平穏に治めること。また、その国。＊三国伝記(1407‐46頃か)一〇・九「儲王接家の間に利世安国の器に相当り給へるを」＊中華若木詩抄(1520頃)下「天下国家を乱して、利民安国のことは、余所ごとのやうに思ふ」＊日葡辞書(1603‐04)「Ancocu(アンコク)〈訳〉平穏で平和な国」＊墨子‐号令「安レ国之道、道二任地一始」 発音〈標ア〉0 辞書 日葡

あん‐こく【暗黒・闇黒】〘名〙(形動) ①真っ暗なこと。くらやみ。また、色の黒いこと。＊碧山日録‐長禄四年(1460)六月二五日「時夜色闇黒、有二臭風一自二庭外一起」＊落葉集(1598)「暗黒 あんこく」＊西国立志編(1870‐71)〈中村正直訳〉四・二一「其夜甚だ暗黒にして、僅に少許(すこしばかり)の船貨を上陸せし比」＊文明論之概略(1875)〈福沢諭吉〉二・四「寸前暗黒、暗夜に棒を振ふが如し」＊韓詩外伝‐三「顔色黷黒、手足胼胝」 ②(比喩的に、精神、生活、また、社会、時代などについて) 乱れたり、おさえつけられたりしていて希望がもてない状態であること。＊日本外史(1827)三・源氏正記「時方闇黒、内外騒擾」＊悪魔(1903)〈国木田独歩〉八・一四「要するに吾等の心は光明と暗黒(アンコク)とを選ぶべき必然の地位に立ざるなり」＊吾輩は猫である(1905‐06)〈夏目漱石〉四「暗黒の淵から吾人の疑(うたがひ)を千載の下に救ひ出してくれた者は」＊田舎教師(1909)〈田山花袋〉四〇「其間はかれに取っては暗黒な時代でもあり」 発音〈標ア〉0〈京ア〉0

あんこく‐かい【暗黒界】〘名〙暗黒の世界・社会。くらやみの世界。＊火の柱(1904)〈木下尚江〉五・三「富めるものと貧しきものと諸共に、肉体の為に霊魂を失ふ、是れが神の国への路でせうか、けれ共何処の教会に此の暗黒界の燈火が点いて居りますか」 発音〈標ア〉ク コ

あんこく‐がい【暗黒街】〘名〙不道徳な行為や犯罪などがしきりに起こって治安が保たれないような街(まち)。＊浅草紅団(1929‐30)〈川端康成〉三九「この頃いやに毛唐がふえたわよ、公園に。いよいよ国際的な暗黒街(アンコクガイ)になるんだらう、なあんて、誰かがいってたっけ」 発音アンコクガイ〈標ア〉ク〈京ア〉ク

あんこく‐きりこみさんがわら ‥きりこみサンがはら【安国切込桟瓦】〘名〙普通に使われる屋根瓦の一つ。切り込み桟瓦の最も小さいもの。〔日本建築辞彙(1906)〕

あんこく‐じ【安国寺】㊀足利尊氏、直義の兄弟が夢窓国師の勧めに従い、国土安穏の祈願、ならびに元弘の変以来の戦没者の供養のため、奈良時代の国分寺にならい、六六か国二島に一寺一塔を建立させた禅寺。臨済宗に属す。延元三年(一三三八)に始まり、南北朝中期には全国にまで及んだという。その寺を安国寺、塔を利生(りしょう)塔と称した。現在、安国寺は五九か国に、利生塔は二九か所に所在が確認されている。＊梅松論(1349頃)下「三条殿は六十六ケ国に国ごとに寺を一宇立て、各安国寺と号。又塔婆一基を造立して」＊蔭凉軒日録‐長享元年(1487)一〇月一〇日「尊氏公問二慈意一曰、天下安全之祈念、以レ何為レ然。慈意答云、於二六十六州一建二一基塔婆、号二安国寺一然乎。於レ爰如二其言一命レ之」 ㊁安国寺恵瓊(えけい)のこと。→恵瓊。＊雑俳・柳多留‐一一二(1829)「名にめでて和睦の最初安国寺」＊雑俳・柳多留‐一三二(1834)「手の筋の掘出し物は安国寺」 発音〈標ア〉ジ0 辞書 文明 表記 安国寺(文)

あんこくじ‐いせき ‥セキ【安国寺遺跡】大分県東国東(ひがしくにさき)郡国東町安国寺にある彌生時代後期の住居跡。安国寺式土器は九州の彌生後期の標式。 発音〈標ア〉イ

あんこくじ‐えけい ‥ヱケイ【安国寺恵瓊】⇨えけい(恵瓊)

あんこく‐じだい【暗黒時代】〘名〙①戦乱や圧制などによって、道徳や文化が衰え、社会の秩序が乱れた時代。＊国文学読本緒論(1890)〈芳賀矢一〉序「政治の人事に偉大なる影響を有するは著明なる事実にして、黄金時代には文学も其光を放ち、暗黒時代には文学も其光を収めたるを見れば」 ②(英 Dark Ages の訳語) 特に、西洋史で、古代ローマ文化の没落後、蛮族の侵略や、教会、領主などの圧迫によって、文化の発達が妨げられた中世期をいう。＊将来之日本(1886)〈徳富蘇峰〉一「看よ看よ人をして第十一世紀欧洲暗黒時代の境遇も斯くはあるまじと追想せしむる所の我封建社会の顛覆したるは」 発音〈標ア〉ジ〈京ア〉ジ

あんこく‐しょく【暗黒色】〘名〙真っ黒な色。

＊吾輩は猫である(1905–06)〈夏目漱石〉四「此時期を経過して他の暗黒色に化ける迄毛布(けっと)の命が続くかどうだかは、疑問である」

あんこく-せいうん【暗黒星雲】『名』銀河系内の星雲の一つ。宇宙塵や星間ガスの集合体で発光せず、後方にある発光星雲をさえぎることによりそれ自身の形を黒く浮き上がらせているもの。オリオン座の馬頭星雲、射手座の無定形星雲、白鳥座の北アメリカ星雲など。 発音〈標ア〉コク

あんこく-たいりく【暗黒大陸】『名』かつてのアフリカ大陸の別称。 発音アンコクセイウン〈標ア〉セ

あんこく-めん【暗黒面】『名』(英 dark side の訳語) 物事の表面に現われない暗い部分。社会または人生の裏側で、醜悪、悲惨などの存在する部分。＊詩人と人道(1896)〈田岡嶺雲〉「今の小説家は最もよく人間の暗黒面を描くを以て誇るものなり」＊社会百面相(1902)〈内田魯庵〉台湾土産「人間の暗黒面が悉く表面に暴露(さら)け出されてゐるから」＊それから(1909)〈夏目漱石〉二「彼の思想は、人間の暗黒面(アンコクメン)に出逢って喫驚(びっくり)する程の山出(やまだし)ではなかった」 発音〈標ア〉タ〈京ア〉タ

あんこく-り【暗黒裡】『名』光のない所。また、心の内側の暗い部分。＊悪魔(1903)〈国木田独歩〉八「一道の光輝紫色を帯びて天の一方に横ふを見る。思ふにこれ某太陽の光、暗黒裡(アンコクリ)に入りて其光を失ひしならん」＊トルストイについて(1926–36)〈正宗白鳥〉一「トルストイは口先や筆先で光明らしいことを云ひながら、彼れの全集彼れの一生は、詰りは暗黒裡のうめきを聞かせたのであったが」 発音〈標ア〉ク〈京ア〉ク

あんこく-りしょうとう【安国利生塔】(ウタフ・リシャ) 『名』「あんこくじ(安国寺)㊀」に同じ。 発音〈標ア〉ク

あんこくろん-じ【安国論寺】 神奈川県鎌倉市大町にある日蓮宗の寺。山号は妙法山。正称は妙法華経山安国論窟寺。建長五年(一二五三)日蓮が初めて法華経の題目を唱え、「立正安国論」を書いたと伝えられる松葉ケ谷(まつばがやつ)草庵の旧跡。

あんごこう【安居講】『名』安居のとき行なわれる経論講説の法会(ほうえ)。 発音〈標ア〉ジ

あんご-こうじ【安居講師】『名』僧の職の一つ。安居のとき、仏経を講説する僧。

あんご-し【安居師】『名』夏安居の指導にあたる僧侶。安居講(夏講)の講師をつとめる僧。あごし。＊大乗院寺社雑事記-応仁元年(1467)四月一四日「御社安居師自二今日一参籠」 発音アンゴシ〈標ア〉ゴ

あんこ-だま【餡子玉】『名』餡を小さく丸め、これに寒天・水・砂糖の煮詰めた液をそそぎかけて固めた菓子。＊漫談集(1929)芸妓漫談〈大辻司郎〉「首の長い白粉だらけの姐さんが、俺と六ちゃんを表へ連れ出してアンコ玉(ダマ)を買ってくれた」 発音〈標ア〉0

あん-こつ【鞍骨】『名』①「あんが(鞍瓦)」に同じ。＊参天台五台山記(1072–73)三「鞍表、敷、覆鞍骨、鐙懸、金輪」②馬具。鞍(くら)の芯。樫(かし)、また鉄などで、ほぼ鞍の形に作る。 発音〈標ア〉0

あんこ-なべ【鮟鱇鍋】『名』「あんこうなべ(鮟鱇鍋)」に同じ。＊仰臥漫録(1901–02)〈正岡子規〉二「蓋取って消息いかにあんこ鍋」

あんこ-にんそく【鮟鱇人足】『名』方言 ⇩あんこう(鮟鱇)

あんこ-まめ【餡豆】『名』方言 植物、あずき(小豆)。北海道一部030 滋賀県一部030 高知県一部030 ◇あんまめ 山梨県一部030

アンゴラ『名』(Angora トルコの首都アンカラの旧称から) ①アンゴラウサギ、あるいは、アンゴラヤギをいう。いずれも毛が長い。また、その毛。＊最上川(1950)〈外村繁〉四「弟が田を買ふので、お金を借りた時は、アンゴラでした。兎は直ぐ殖えるでしょ」②アンゴラウサギ、アンゴラヤギの毛皮、またはその毛で織った織物。 発音〈標ア〉0

アンゴラ(Angola) アフリカ南西部の国名。一五七五年ポルトガルの植民地、一九五三年ポルトガルの海外州となり、一九七五年独立。アンゴラ人民共和国。首都ルアンダ。コーヒー、ダイヤモンドなどを産出する。 発音〈標ア〉0

アンゴラ-うさぎ【―兎】『名』イエウサギの一品種。トルコのアンゴラ(現アンカラ)地方の原産とされ、イギリス、フランスなどで改良された。体は中形で、耳は短く、白色、褐色、灰色などの長い綿毛におおわれる。採毛用に飼い、モヘアなどの洋服の生地に利用する。＊モダン常識語辞典(1935)「アンゴラ兎 原産地はトルコのアンゴラ、欧米で盛んに飼育され最近日本でも盛んである」＊浮雲(1949–50)〈林芙美子〉三四「アンゴラ兎を家のなかで飼ってゐる二階家に」 発音アンゴラウサギ〈標ア〉ウ〈京ア〉ウ

あんごら-ひょん『副』(「と」を伴って用いることが多い) あっけにとられて、ぼんやりとしているさま。あんけら。あっけらかん。＊浄瑠璃・鶊山姫捨松(1740)一「はて扨こりゃ、皆何所(どこ)へござったやら、あんごらひょんと待たして置いて、又釣るのか、さうさうはおら等(ら)も迷惑」

アンゴラ-やぎ【―山羊】『名』トルコのアンゴラ(現アンカラ)地方原産の採毛用のヤギの一品種。全身に光沢のある白色の長毛があり、モヘアなどの洋服の生地に利用される。アンゴラゴート。モヘア山羊。 発音アンゴラヤギ〈標ア〉ヤ〈京ア〉ラ

あんごり『副』(「と」を伴うことが多い)「あんぐり」に同じ。＊浄瑠璃・菅原伝授手習鑑(1746)一「目と目を三善の清貫も、口あんごりと明居たる」＊滑稽本・七偏人(1857–63)四・中「あんぐりと口を明(あき)」＊浮雲(1887–89)〈二葉亭四迷〉一・二「其癖口をアンゴリ開(あ)いて、眼鏡越しにじっと文三の顔を見守(みつ)め」

あん-ころ【餡転】『名』(「あんころもち(餡転餅)」の略) ①「あんころもち(餡転餅)①」に同じ。＊雑俳・川柳評万句合-明和四(1767)信二「中入(なかいり)にあんころを喰ふ十三日」＊歌舞伎・貞操花鳥羽恋塚(1809)三立「左やう左やう、君の仰せを待たずとも、早く餡(アン)ころでもくれて、騙(だま)して帰せ」＊田舎教師(1909)〈田山花袋〉二八「もろこしと糯米(もちごめ)の粉で製したといふ餡餅(アンコロ)などを持って来て呉れる」②「あんころもち(餡転餅)②」に同じ。＊雑俳・柳多留-二六(1796)「あんころを引っさげて来てもう出るな」＊東京語辞典(1917)〈小峰大羽〉「あん・ころ〔餡転〕屋外にて転び、泥まぶれとなりたること。餡ころ餅が餡を塗りたるさまに喩へて云ふ」 方言❶汁粉。汁粉餅(しるこもち)。宮城県仙台市120 ❷餡(あん)。山形県139 発音〈なまり〉オンコロ〔伊賀〕 辞書〈ボン〉

あん-ころばし【餡転】『名』(「あんころばしもち(餡転餅)」の略)「あんころもち(餡転餅)①」に同じ。＊随筆・洞房語園(1720)「饅頭賦。あんころばしは痞(つか)へ持ちに嫌(きら)はれ、汁粉もちは上戸に叱られ」 方言❶外側に餡(あん)をつけた餅(もち)。あんころ餅。宮城県仙台市123 山形県東置賜郡139 島根県隠岐島725 ❷ぼた餅(もち)。◇あんのこ・あんのこもち 香川県829 ◇あんこがし 熊本県飽託郡・上益城郡919 発音〈標ア〉コ〈京ア〉0

あんころばし-もち【餡転餅】『名』(餡の中にころがした餅の意)「あんころもち(餡転餅)①」に同じ。

あんころ-もち【餡転餅】『名』①小豆の餡の中にころがして、外側に餡をつけた餅。近世、すすはらいの際の間食、また、贈り物に使われる風習があった。あんころ。あんもち。あんころばしもち。ぼたもち。＊咄本・万の宝(1780)隠里の大道「景物 あんころ餅」＊滑稽本・浮世床(1813–23)初・上「咽(のど)の奥(おく)までひょこ。ひょこひょこするのが山椒(さんしょ)もち。砧(きぬた)のちょいと巻あんころ餅」＊思出の記(1900–01)〈徳富蘆花〉五・三「或は母の懐に帰省して飽くまで餡ころ餅を喰ひ」②ぬかるみにころがり、全身泥まみれになること。どろんこ。方言汁粉。汁粉餅(しるこもち)。宮城県仙台市120 福島県相馬161 ◇あんこもち 岩手県東磐井郡040 宮城県仙台市121 語源説アンコロモモチ(餡衣餅)の略か〔守貞漫稿(1837–53)〕。 発音〈標ア〉ロ〈京ア〉ロ 辞書言海

あんころもちで尻(しり)叩(たた)かれるよう 幸運が舞い込むことのたとえ。ぼた餅で頬を叩かれるよう。

あん-こん【暗昏・闇昏】『名』①日が暮れて暗くなること。また、日の暮れる頃。＊言継卿記-大永八年(1528)二月一四日「今日当番四辻祗候、明日に被替候了、及闇昏四条所へ罷候てはなし候」②(形動) 道理に暗く、愚かであること。＊済北集(1346頃か)則天論「嗚呼高宗暗昏不可言而已」＊足利本論語抄(16C)八佾第三「夏禹の聖人の礼を説てきかせたけれども杞の君暗昏なるほどに、なかなか不説ぞ」

あん-こん【暗恨】『名』ひそかにいだいている恨み。＊東京才人絶句(1875)〈丹羽桓斎〉墨水春晩「送春情似送人情、回首空江暗恨生」＊帰省(1890)〈宮崎湖処子〉八「我は宛も蜉蝣(かげろふ)の如く日暮に近きほど暗恨に沈み、食事も咽(のど)を下らざれば」＊白居易-琵琶行「別有幽愁暗恨生、此時無声勝有声」

あん-さ【兄―】『名』方言 ⇩あんこ(兄―)

あん-ざ【安座・安坐】『名』①(―する) 落ち着いて坐ること。くつろいで坐ること。また、あぐらを組んで楽に坐ること。＊正法眼蔵(1231–53)弁道話「すでにかたじけなく諸仏自受用三昧に安坐せり」＊吾妻鏡-文永二年(1265)七月一六日「及晩将軍家入御左京兆亭、〈略〉左京兆跪庭上、被奉入出居。御安座以前供御御鐘」＊三体詩素隠抄(1622)三・五「人の来ることがなき時には、簾を垂れて、其の中に晏坐して道院の趣は、彌々深きとぞ」＊浮世草子・武道伝来記(1687)一・四「又老人は鳴戸の間にて安座(アンザ)御ゆるさる」＊滑稽本・浮世風呂(1809–13)四・上「一文で呑は途中往来で不自由な時の事、安坐(アンザ)して譃話(うそばなし)をしてゐる間(ひま)には」＊荘子-説剣「安座定気」②(―する) 危急の場合などに、何もしないでのんびりしていること。＊前田孫右衛門宛吉田松陰書簡-安政五年(1858)七月一三日「今日徒らに致安座候ては矢張助桀為逆之理に御座候」＊浮雲(1887–89)〈二葉亭四迷〉三・一九「その様子を見ると、手を束ねて安座してゐられなくなる」③(―する) 安らかにいること。安泰。また、安定させること。＊風曲集(1423頃)「いかなるわたくしにても又は山野旅路などの音曲をも、貴人の御前の心に安座して」＊浄瑠璃・嫗山姥(1712頃)燈籠「誠に此度判官殿の忠節にて、我々迄あんざの段浅からず候へ共、いつ迄かくゆうゆうとしてもあられず」＊浄瑠璃・源頼家源実朝鎌倉三代記(1781)五「御運目出たふ助給ふ其公達再び御代に出給ひ、どうぞ御安座(あンザ)遊ばす様に」＊政党評判記(1890)〈利光鶴松〉一・五「彼等は吾互党員を踏台にして内閣に安座せんとするの謀反人なり」④仏語。仏像を奉じて殿堂に安置する仏事。＊空華日用工夫略集-至徳二年(1385)一一月二〇日「赴相国寺仏殿三聖安座点眼仏事之請」＊禅林象器箋(1741)垂説「安座 忠曰。不抱新像古像、凡奉之安殿内時、請宗師家立地数語。此謂安座仏事。或有新像未点眼、則点前安座一時講之。語中自具両意」⑤能の型の一つ。あぐらを組んだ形で坐ること。どっかと坐る様子や、がっかりして泣きくずれる様子を表わす。方言足を組んで楽に坐ること。あぐら。岐阜県郡上郡504 兵庫県加古郡664 ◇あん

だ 兵庫県加西郡663 加古郡664 ◇あんた 京都府039 兵庫県多紀郡039 発音〈標ア〉ア 〈京ア〉0 辞書文明・易林・日葡・書言・言海 表記安座(文・書) 安坐(易・言)

あんさい【闇斎】(江戸初期の儒学者)⇨やまざきあんさい(山崎闇斎)

あんさい〖名〗「あじさい(紫陽花)」の変化した語。＊かた言(1650)四「紫陽草(あぢさい)を あんさい あんじさい」

あんざい【安西・安斎】姓氏の一つ。

あんざい-おうかいし【安斎桜磈子】俳人。本名千里。「海紅」同人。句集「闇門(りょもん)の草」など。明治一九～昭和二八年(一八八六～一九五三)

あんざい-ふゆえ【安西冬衛】詩人。本名、勝。「詩と詩論」の同人。初期の短詩・新散文詩は、現代詩の展開に新風を吹きこんだ。詩集「軍艦茉莉」など。明治三一～昭和四〇年(一八九八～一九六五)

あん-ざい【行在】〖名〗(「あん」は「行」の唐宋音)天皇の、行幸などの時に、臨時におられる場所。また、天皇が臨時に滞在すること。かりみや。行宮(あんぐう)。あんきゅう。あんでん。行在所。＊太平記(14C後)四・先帝遷幸事「百王鎮護の御誓ひ新なれば、天子行在の外までも定て擁護の御眸をぞ廻さる覧と、憑敷こそ思召けれ」＊花柳春話(1878-79)〈織田純一郎訳〉三九「仏帝ルウイ第十八世英国に行在(アンザイ)の時」＊蘇頲-奉和聖製途次旧居応制詩「雲覆連ニ行在、風廻助ニ掃除ニ」発音〈標ア〉0 辞書〈ポン・言海 表記行在(へ・言)

あん-ざい【按罪】〖名〗罪状を調べあげて処罰すること。＊布令字弁(1868-72)〈知足蹄原子〉四「按罪 アンザイ ツミヲシラベル」＊宋史-河渠志「水仍為レ害、未ニ嘗究レ実按レ罪、反蒙ニ推賞、何以厭ニ塞百姓怨咨ニ」

あんさい-がく【闇斎学】〖名〗山崎闇斎の学説。朱子学を根底とするが、晩年は吉田神道を朱子学で理論づけた垂加神道を唱えた。＊江戸繁昌記(1832-36)五・千住「良知良能、野狐禅学に陥ることなかれ。徂徠学の粗漏を為すことなかれ。闇斎学の偏固を為すことなかれ」発音アンサイガク〈標ア〉サ

あんさい-がくは【闇斎学派】〖名〗山崎闇斎の学説を信奉する学派。水戸学派と並んで尊王思想の源流となった。闇斎派。崎門学派。敬義学派。発音〈標ア〉ガ

あんざい-しゅう【安西衆】〖名〗江戸幕府の職名。織田、豊臣家の遺臣で将軍の御話相手に定められた故老。駿府の安西に宅地を与えられたところからいう。二代将軍秀忠の時、元和二年(一六一六)一二月設けられ、三代家光の時にも存続した。談伴(だんばん)。＊徳川実紀-台徳院殿附録(1616)三「そのはじめ織田、豊臣両家に仕て其後駿府に勤仕せし輩、かの府下安西に宅地を給ふ。よてその比此人々を安西衆と称しけるとぞ」＊御当家紀年録(1664)五「是年、駿府諸士来ニ于江戸ニ。但仕ニ太閤秀吉ニ後候ニ于駿府ニ者、其宅地多在ニ安西ニ、故号ニ安西衆ニ、其内少々並元候ニ江戸ニ面々、撰ニ其人ニ為ニ御咄衆ニ。定ニ隔番ニ毎昼召ニ御前ニ有ニ御咄ニ」

あんざい-しょ【行在所】〖名〗「あんざい(行在)」に同じ。＊続日本紀-養老元年(717)九月戊申「諸国司等詣ニ行在所ニ、奏ニ土風歌舞ニ」＊令義解(718)儀制・赴車駕所条「凡赴ニ車駕所ニ。曰レ詣ニ行在所ニ」＊貴嶺問答(1185-90)「天子以ニ天下ニ為レ家。自謂レ所レ居為ニ行在所ニ」＊神皇正統記(1339-43)下・崇徳「皇弟高宗江をわたりて杭州と云所に都をたてて行在所とす」＊史記-衛青伝「囚レ建詣ニ行在所ニ」発音〈標ア〉ショ 0 辞書伊京・天正・書言・言海 表記行在所(伊・天・書・言)

あんさいずいひつ【安斎随筆】(「安斎」は、伊勢貞丈の号)江戸時代後期の随筆集。三〇冊。伊勢貞丈著。公家・武家の有職故実、漢字の日本語読みの正誤など、制度文物一般について考証したもの。発音〈標ア〉ズ

あんさい-てん【闇斎点】〖名〗山崎闇斎が朱熹(しゅき)以後の宋代の新注によって経書に施した訓点。また、その訓点法。発音〈標ア〉サ

あんさい-は【闇斎派】〖名〗「あんさいがくは(闇斎学派)」に同じ。＊浮世草子・元禄大平記(1702)五・初学の為によい事をいふ「四書大全はかならずなくてかなはぬものなり。さりながら異説多(をゝく)して、初心の者まどひやすきとて闇斎派(アンサイハ)の学者は、はじめより見る事を嫌ひ申され候」発音〈標ア〉0

アンザイレン〖名〗(ドイツ anseilen)登山者が危険な場所を登るとき、ザイルで互いに身体を結びあうこと。発音〈標ア〉ザ

あん-さく【暗索】〖名〗「あんちゅうもさく(暗中模索)」に同じ。＊福恵全書-雑課部・雑徴余論「該胥不ニ敢暗索ニ」

あんざ-くれ〖感動〗自暴自棄の気持を表わしていうことば。えい、ままよ。かまったことか。わざくれ。わんざくれ。＊子孫鑑(1667か)上「何のあんざくれ、みじかきうき世にひるいねせん」

あん-ざくろ【安石榴】〖名〗ザクロの古名。＊本草和名(918頃)「安石榴〈略〉和名佐久呂」＊色葉字類抄(1177-81)「安椙榴 アンサクロ」発音〈標ア〉ザ 辞書色葉 表記安椙榴(色)

あん-ざし【餡挿】〖名〗さし木の方法の一つ。細かい赤土などをしるこ状にどろどろにして、その中で行なうもの。発音〈標ア〉0

あんざ-じゅんこう【安座巡行】(ジュンカウ)〖名〗垂加神道における修行法の一つ。安座して心を落ち着かせ、ときどき立ち上がって左回りに回り歩き、再び安座して心を練ること。また、その行事。仏教の行道(ぎょうどう)にならったものという。

あん-さつ【按察・案察】〖名〗①調べて明らかにすること。善悪をはっきりさせること。特に政治・行政のことについていう。吟味。按問。＊浄瑠璃・信田森女占(1713)一「爰(ここ)に人王六十二代村上天王の治天にあたって、天文地理をあんざつし末世の亀鑑と名にしるき、安倍の晴明とよばれたる由来を」＊和英語林集成(再版)(1872)「Ansatsu アンサツ 暗察(シラベル)」＊社会百面相(1902)〈内田魯庵〉矮人巨人「此度大皇帝より南方蓬萊の通路を按察(アンサツ)するの命を奉じ」＊後漢書-百官志「尉、大県二人、小県一人、〈略〉案ニ察姦宄ニ」②「あぜち(按察使)」に同じ。＊日誌字解(1869)〈岩崎茂実〉「按察 アンサツ メツケヤクノコト」辞書〈ポン・言海 表記按察(へ・言)

あん-さつ【暗殺】〖名〗人を不意に襲って、殺すこと。特に、政治上の主義、立場などの対立が原因の場合が多い。やみうち。＊新令字解(1868)〈荻田嘯〉「暗殺 アンサツ ヤミウチ」＊和英語林集成(再版)(1872)「Ansatsu アンサツ 暗殺(ヒソカニ コロス)」＊文明論之概略(1875)〈福沢諭吉〉一・二「動(やや)もすれば暗殺等を企ること多し」＊近世紀聞(1875-81)〈染崎延房〉三・二「長人窃(ひそ)かに中根等二名を暗殺(アンサツ)せしとの听(きこ)えあり」発音〈標ア〉0 〈京ア〉0 辞書〈ポン・言海 表記暗殺(へ・言)

あんさつ-し【按察使】〖名〗①(「あんざつし」とも)「あぜち(按察使)」に同じ。＊続日本紀-養老三年(719)七月庚子「始置ニ按察使ニ」＊日本後紀-弘仁三年(812)正月乙酉「陸奥出羽按察使、正五位上官。今改為ニ従四位下官ニ」＊元和本下学集(1617)「按察使 アンザツシ アセシ」②明治二年(一八六九)東北地方の動揺を鎮め、民情視察のために置かれた職。のちに越後にも置かれたが、翌年廃止。発音〈音史〉①は古く『あんざつし』『あんぜつし』『あぜっし』『あぜち』とも。〈標ア〉ツサ 〈京ア〉ツ 辞書下学・文明・伊京・言海 表記按察使(下・文・伊・言)

あんさつし-ふ【按察使府】〖名〗①「あぜちふ(按察使府)」に同じ。＊色葉字類抄(1177-81)「按察使府 アンサツシフ」＊百寮訓要抄(1368-88頃)「陸奥出羽按察使府。陸奥出羽は大国にて有間、此両国を殊更成敗する也」②「あんさつし(按察使)」の役所。発音〈標ア〉シ 辞書色葉 表記擦察使府(色)

あんさつ-しゃ【暗殺者】〖名〗政治的な主義や、宗教的な立場などが対立している人(多くは要人)をひそかにねらって殺す者。＊蝮のすゑ(1947)〈武田泰淳〉三「私が(もし暗殺者が肉切刀を辛島の体内深く刺し貫かなかったら)おそらくその地面の上で屍と化すはずであったのだ」＊人間失格(1948)〈太宰治〉第三の手記「暗殺者の切尖(きっさき)に 何の正義か宿れるや?」発音〈標ア〉ツサ

あん-さま【兄様】〖名〗方言⇨あんさん(兄様)

あんざら〖副〗(「まんざら」の変化した語)必ずしも。＊滑稽本・田舎草紙(1804)五「妻とさんだめたら、あんざらにぐぐもあんまいし」

あんさり〖感動〗方言⇨あのない

あんざり ㊀〖形動〗鮮やかなさま。＊かた言(1650)二「物のあざやかなるを、あんざりなどといふ」㊁〖副〗人のことば遣いや発音がはっきりしているさま。＊病論俗解集(1639)「言語(げんぎょ)不レ清(すずしからず)物を云に、あんざりときこゑぬを言語不レ清と云」方言久留米†127

あん-さん【兄様】〖名〗若い男を親しみ敬って呼ぶ語。＊大喧嘩(1923)〈金子洋文〉三「忠さんは与平に向って幾度もあんさんをふりまいた」＊大阪の宿(1925-26)〈水上滝太郎〉一・四「あんさん、うちのおっさんに聞いて御越しやしたんやってなあ」方言❶兄。北海道函館(二〇歳以上の兄)062 岩手県胆沢郡050 秋田県130 山形県飽海郡049 千葉県山武郡270 新潟県佐渡348 福井県福井市428 敦賀郡443 山梨県456 長野県上田475 佐久493 愛知県東春日井郡552 三重県名賀郡585 兵庫県佐用郡047 和歌山県那賀郡690 島根県724 徳島県811 美馬郡818 香川県826 木田郡・綾歌郡830 福岡県(主に中流以上)872 長崎県054 902 906 熊本県(中流以下)058 919 大分県941 宮崎県宮崎市955 都城956 鹿児島県961 硫黄島054 ◇あんさま 青森県(成人した兄)069 上北郡082 宮城県栗原郡(義兄)114 石巻120 山形県139 新潟県中蒲原郡050 富山県砺波397 石川県404 (多く既婚者にいう)411 岐阜県飛驒498 499 503 長崎市906 ❷他家の長男を敬っていう。島根県隠岐島741 ◇あんさま 青森県072 074 (上流の長男)075 新潟県岩船郡(若い長男)366 西蒲原郡(上流の戸主または嫡子)371 岐阜県飛驒502 ❸若主人。若だんな。千葉県山武郡270 ◇あんさま 青森県津軽075 秋田県北秋田郡068 由利郡130 山形県139 富山県砺波397 石川県鳳至郡(尊称)062 岐阜県飛驒(尊称)502 ❹夫。主人。新潟県佐渡348 福井県427 (中年の妻から夫をさしていう)431 443 島根県隠岐島(敬語)741 ◇あんさま 青森県津軽075 ❺息子。坊ちゃん。長野県上田475 佐久493 徳島県(養父母が養子を呼ぶ)811 美馬郡(養子を呼ぶ)818 ❻青年。岩手県気仙郡100 秋田県130 徳島県(親しんでいう)811 美馬郡(親称)818 ◇あんさま 青森県038 (敬称)071 072 新潟県下越(軽い敬称)387 富山県高岡市395 石川県河北郡414 岐阜県吉城郡498 ❼青年男子。佐渡†085 秋田県鹿角郡132 ◇あんさま 青森県上北郡074 ❽年長の男。長上。新潟県佐渡348 福井県敦賀郡443 ◇あんさま 長崎市(中年くらいまで)906 ❾まぬけ。ばか。愛知県知多郡570 鹿児島県鹿児島郡968

あん-さん【暗惨】〖名〗〖形動〗うす暗いさま。また、物事が陰気でいたましいこと。＊夜航余話(1836)上「風雨すさまじく黯惨として」＊勲章(1946)〈永井荷風〉「その暗惨とその乱雑とその騒しさの中には、場末の色町の近くなどで、時たま感じ得るやうな緩かな淡い哀愁の情味を」＊徐寅-過驪山賊「但見ニ愁雲黯惨、畳嶂嶙峋ニ」発音〈標ア〉0

あん-さん【暗賛】〖名〗表に出ずに助力すること。＊栗山文集(1843)二下・本佐録序「生霊亨ニ太平之逸楽ニ者、雖ニ固出ニ于其至誠仁義、感レ天動レ人者、然亦未レ必不レ由ニ侯之暗賛黙輔、以ニ此道ニ也」

あん-さん〘代名〙方言 対称。相手を尊敬していう。あなた様。 福井県427 京都市038 大阪府大阪市637 泉北郡646 奈良県678 680 683

あん-ざん【安産】〘名〙①無事に子を産むこと。また、無事なお産。↔難産。＊言経卿記-天正一三年(1585)閏八月一六日「去比南庄伊勢屋へはやめ薬・愛洲薬遣了。安産とて両瓶等送了」＊浮世草子・傾城禁短気(1711)四・三「此方へ母共に預り、手前にて安産(アンザン)いたさせ」＊雑俳・あふ夜(1751)「安産の中へうろうろ大和尚」＊滑稽本・東海道中膝栗毛(1802-09)五・上「ハハハハ、まづは、御安産(アンザン)でおめでたい」＊人情本・春色梅児誉美(1832-33)四・一〇齣「その女中、お種を安産(アンサン)いたされて、それをつれ子で、いづれへか縁づかれしまで」②土蔵破りが容易であることをいう、盗人仲間の隠語。〔隠語輯覧(1915)〕③(②から転じて処女を破り易いの意から)成熟した娘の意の俗語。〔かくし言葉の字引(1929)〕↔難産。 発音〈標ア〉ア〈京ア〉0 辞書 ボン・言海 表記 安産(へ・言)

あん-ざん【案山】〘名〙禅宗で、寺の前面・正面にある山をいう。＊史料編纂所本人天眼目抄(1471-73)七「師乃面前の案山を見ながして云」＊三体詩素隠抄(1622)三・二「此の僧は、寺の案(アン)山とをぼしくて、門の正面にあたりて双峯があるに」

あん-ざん【暗算】〘名〙(「あんさん」とも)①頭の中でする計算。筆算や、そろばんなどの助けなしでする計算。＊小学教則(1872)「暗算とは胸算用にて紙筆を用ひず」＊改正増補和英語林集成(1886)「Ansan アンサン 暗算」＊最暗黒之東京(1893)〈松原岩五郎〉二〇「彼は常に瞑目暗算(アンサン)を以て居り、宿内の客の増減、散財の景況、繁昌、微衰の気運を考へ」＊杜荀鶴-旅寓詩「暗算郷程隔二数州一、欲レ帰無レ計涙空流」②ひそかにあれこれ思うこと。特に、人をおとしいれることをたくらむこと。＊江戸繁昌記(1832-36)五・千住「一人、腹中暗算し道ふ、今日何等の好辰。壮健にして到着、身、劇地に入る。奇観妙遊、明日を初めと為し、又興を撒し、又鬱を暢ぶ」 補注 ②については、「唐話纂要」に「暗算 ヒソカニ人ヲツモル」とある。 発音〈標ア〉0〈京ア〉0

あんざん【鞍山】中国遼寧(りょうねい)省の工業都市。明代末満州族に対する遼東防備のために築城。日露戦争の激戦地ともなる。中国最大の鉄鋼コンビナートがある。アンシャン。 発音〈標ア〉ア

あんざん-がん【安山岩】〘名〙(アンデス山脈で発見されたのに由来する andesite から)火山岩の一種。造山帯に最も普通に産出する。斜長石、輝石、角せん石、黒雲母などを含む。暗灰色で板状・柱状の割れ目があり硬く、耐久力が強い。土木・建築石材や墓石に用いる。＊日本風景論(1894)〈志賀重昂〉四「和田峠〈略〉西餅屋の側なる『橡石』は安山岩なり」＊英和和英地学字彙(1914)「Anzangan Andesite 安山岩」 発音 アンザンガン〈標ア〉ザ〈京ア〉ン2

あんざんがん-せん【安山岩線】〘名〙ほぼ大陸に沿って太平洋を取り巻く安山岩と玄武岩との分布境界線。この線を境に、太平洋内部は玄武岩を主とするアルカリ岩区で楯状火山が多く、環太平洋地帯は安山岩を主とする石灰アルカリ岩区で成層火山が多い。 発音 アンザンガンセン〈標ア〉0

あんざん-し【案山子】〘名〙田畑に立てて、鳥獣をおどし、その害を防ぐ人形。→「かかし(案山子)」の語誌。＊俳諧・随斎諧話(1819)乾「案山子の文字は伝灯録、普灯録、歴代高僧録等并に面前案山子の語あり。注に曰、民俗刈レ草作二人形一令下置二山田之上一防中禽獣上、名曰二案山子一」＊景徳伝燈録-一七・道膺禅師「僧曰、不レ会、師曰、面前案山子、也不レ会」 語源説 案山は、机のように上が平らな低い山で、その山の間の田畑に立てる鳥おどしの人形を、戯れに呼んだものという〔梅園日記〕。 発音〈標ア〉ザ

あんざん-じゅ【安産樹】〘名〙アブラナ科の一年草。高さ約一五センチメートル。アラビア・シリア・エジプトの砂漠地域に成育する。産婦がこの木の乾燥した葉を水に浸し、葉が開くと安産するという。えるこそう。学名は Eruca vesicaria 辞書 言海 表記 安産樹(言)

あんさん-ばな【姉様花】〘名〙方言 ⇨あねばな(姉花)

アンサンブル〘名〙(フランス ensemble「共に」の意)①音楽用語。㋑二人以上でする歌唱または演奏。重唱。重奏。＊純粋の声(1935)〈川端康成〉「和洋両琴の珍らしいアンサンブル」㋺小人数の合奏団、または室内楽や管弦楽の中のあるグループ。②演奏、演劇などや服装、配色などの調和の具合。「アンサンブルがいい舞台」＊蒼ざめた馬を見よ(1966)〈五木寛之〉三「バロック風の細長い窓と白い円柱のアンサンブルが、犯し難い気品をたたえて」③ドレスとコート、スカートとジャケットなどを、共通な生地、材質、柄、デザインなどで調和よくそろえた組み合わせの婦人服。＊寝園(1930-32)〈横光利一〉「ベルトの下で水際だって美しく締ってゐるアンサンブルの、胴のあたりを」④和服で、長着と羽織を同じ布地でしたてたもの。 発音〈標ア〉サ〈京ア〉サ/サ

あん-し【安肆】〘名〙(「肆」はほしいままにする意)気まま勝手に生活し、安逸に流れること。＊童子問(1707)中・二五「国家承平久、人皆安肆、互以二奢侈一相尚」＊礼記-表記「君子荘敬日強、安肆日偸」

あんし【晏子】㊀中国春秋時代の斉の宰相。名は嬰(えい)、字は平仲。「江南の橘(たちばな)も江北に遷(うつ)せば枳(からたち)となる」の句は有名。BC五〇〇年没。㊁「あんししゅんじゅう(晏子春秋)」の略。 発音〈標ア〉ア 辞書 文明 表記 晏子(文)

あんし の=御(ぎょ)[=御者(ぎょしゃ)] (中国春秋時代に、斉の宰相晏嬰(あんえい)の御者が、自分が宰相の御者であることが得意で、それに満足していたのを妻にたしなめられ、発奮したという「史記-晏嬰伝」に見える故事から)他人の権威によりかかって得意になることをいう。＊当世書生気質(1885-86)〈坪内逍遙〉二「新購(かひたて)の帽子為に白く、晏子(アンシ)の御者(ギョシャ)めく官員も」

あん-し【案紙】〘名〙文案を書いた紙。例文を載せた書類。＊高野山文書-元禄六年(1693)八月一〇日・粉川役人衆連署状(大日本古文書六・一一七八)「当分手形認様案紙、別紙に進候間」＊滑稽本・濡手で粟(1799)一「先(まず)御案紙を拝見いたしましょふと、案紙をひらき見れば」

あん-し【暗刺】〘名〙ひそかにねらって人を刺し殺すこと。＊経国美談(1883-84)〈矢野龍渓〉前・七「己の家に来り寓し暗刺の難を避けんことを懇切に勧めけるに」

あんし〘名〙狐をいう、盗人仲間の隠語。〔隠語輯覧(1915)〕 発音〈標ア〉0

あん-じ【案】〘名〙(動詞「あんず」の連用形の名詞化)①思案。計画。工夫。＊咄本・春袋(1777)水馬「その時は、とふ云あんじだろう」＊黄表紙・江戸生艶気樺焼(1785)下「すべてあんじが高ずると、みなこうしたものだ」＊洒落本・娼妓絹籭(1791)「着ものの模様のあんじまで人にこれはとほめられるも」②心配。懸念。恐れ。＊浄瑠璃・仮名手本忠臣蔵(1748)二「たがいふとなくお耳に入それはきついお案(アン)じ」＊滑稽本・浮世風呂(1809-13)二・上「ぎっしりと蓋(ふた)して出すさかいに、なんぼでもさめるといふ案(アン)じがないわいナ」＊人情本・英対暖語(1838)四・一九章「お増は母親に案じをさせじと」 方言 ❶分別。富山県砺波397 398 ❷心配。群馬県勢多郡236 埼玉県秩父郡251 富山県射水郡394 長野県上伊那郡488 岐阜県498 499 502 静岡県榛原郡541 愛知県東加茂郡565 知多郡570 兵庫県加古郡664 ◇あんぜ 兵庫県加古郡664 ◇あんや 岐阜県恵那郡498 発音〈標ア〉ジ 辞書 ボン・言海 表記 案(へ・言)

あんじ=が付(つ)く[=を付(つ)ける] 考えがつく。工夫を思いつく。案じつく。＊黄表紙・鸚鵡返文武二道(1789)「そうそうあんしをつけてよからふ」＊落語・鉄拐(1890)〈禽語楼小さん〉「『来年の一月は何にを為(し)やうか知ら』と主人も案じが附きませんが」

あん-じ【安置・安持】〘名〙⇨あんち(安置)

あん-じ【行師】〘名〙「あんじん(按針)❶」に同じ。＊日葡辞書(1603-04)「Anji(アンジ)〈訳〉水先案内人」＊元和航海書(1618)「能学したる行師乗たる船は、四方堅固の室に居るが如く、不学の行師乗たる船は湖上薄氷に坐するが如し」 辞書 日葡

あん-じ【按司】〘名〙(「あるじ(主)」の変化した語)明治以前の琉球の官名の一つ。間切(まぎり)ごとに割拠した豪族の称。各地の豪族を首里城下に居住させるようになってからは王子に次ぐ家格となった。寨官(さいかん)。あじ。あんず。

あん-じ【暗示】〘名〙(「あんし」とも)①(―する)物事を知る手がかりなどをはっきり示さないで、それとなく知らせること。また、その言葉、態度。↔明示。＊英和外交商業字彙(1900)〈篠野乙次郎〉「Hint 暗示」＊邪宗門(1909)〈北原白秋〉邪宗門「詩の生命は暗示にして単なる事象の説明に非ず」＊和解(1917)〈志賀直哉〉七「来るなら、それで来てくれと云ふ事を自分は暗示した」②他人の心に、無意識のうちに、特定の観念、感覚、意図などを起こさせる心理的作用。また、そのための刺激となるもの。＊哲学字彙(1881)「Suggestion 諷諫、点出、暗指」＊明治英和字典(1889)「suggestion 諷諫、忠告、暗示」＊日本橋(1914)〈泉鏡花〉三七「無意識の裡(うち)に、一種の暗示を与へられたやうに」＊山椒大夫(1915)〈森鷗外〉「姉の熱した心持が、暗示(アンシ)のやうに弟に移って行ったかと思はれる」 語誌 (1)「附音挿図英和字彙」に、memento の訳語として「暗示(アンシ)」とあるが、suggestion の訳語としては、挙例の「哲学字彙」(初版)に「暗指」の表記で載っている。したがって、suggestion に対して「暗示」が当てられるのは挙例の「明治英和字典」が早い。(2)アンシとアンジの二形があるが、シは「示」の漢音で、ジは呉音である。アンシは明治から大正にかけて使われていたらしい。(3)中国では、一九世紀まで「暗示」の例は見えなかったが、日本の資料を参考にして編纂された新語・術語集に収録されていることなどから、二〇世紀初めぐらいに日本から渡ったと考えられる。 発音〈標ア〉0〈京ア〉0

あんじ を かける 相手に信じこませるような態度や表現をする。＊浅草(1931)〈サトウハチロー〉留置場の幽霊・A「黒い大きな男とアンジをかけてをいて、シャリをたらふく食はせてねてからあたしが足をあなたの胸にあげたのでさ。そうやりゃ大抵夢をみますからね」＊百鬼園随筆(1933)〈内田百閒〉地獄の門・二「主人は机の向うから、暗示をかけるやうな態度で、いろんな事を私に書き入れさした」

あんじ-い・ず【案出】〘他ダ下二〙「あんじいだす(案出)」に同じ。＊車屋本謡曲・吉野静(1423頃)「あらかなしや、さて何を候べき。急度(きっと)物を案し出てたる事の候」＊思出の記(1900-01)〈徳富蘆花〉三・二三「僕は出奔を案じ出でたのである」

あんじ-いだ・す【案出】〘他サ四〙思いをめぐらして、計画・くふうを思いつく。くふうして考え出す。案出する。案じだす。案じいず。＊太平記(14C後)二一・塩冶判官讒死事「師直如何せんと歎きけるが、すべき様有りと案(アンジ)出して、塩冶(えんや)隠謀の企(くはたて)有る由を様々に讒(ざん)を運(めぐら)し」＊謡曲・吉野静(1423頃)「きっと物を案じ出だしたることの候」＊日葡辞書(1603-04)「Anji idaxi, su, aita (ア

ンジ イダス)」 発音〈標ア〉0ダ 辞書日葡

あんじ-い・る【案入】 [一]〘自ラ四〙深く考え込む。心配する。＊中華若木詩抄(1520頃)中「世上を安し入て酒をのますんは、命は有ㇾ限、酒盃の定分の酒をのめ也」＊四河入海(17C前)一八・一「我帰休せうと思程に、其に案し入てあるによって、瑟をひくがうち忘て、音が希(まれ)にして有るぞ」＊人情本・春色梅児誉美(1832-33)後・九齣「お長は嬉しきも亦案(アン)じいる男の身のうへ、思ひ過してくよくよと」 [二]〘他ラ下二〙案内して部屋などに入れる。導き入れる。＊人情本・英対暖語(1838)二・八回「六月十日の暑き日も、わすれて一間に案じ入る」 発音〈標ア〉0イ

アンジェラス〘名〙(英 Angelus)《アンゼラス》「アンジェラスードミニ」で始まるキリストの受胎の秘儀に対する感謝の祈り。復活節を除き、朝・昼・夕の三回唱える。お告げの祈り。また、この時刻を知らせる鐘。＊埋木(1890-92)〈森鷗外訳〉一九「空には『アンゲルス』の祈誓(神の使マリアが許に来ぬといふ祈誓)の鐘の声響きわたれり」 発音〈標ア〉ジェ

アンジェリカ〘名〙(英 angelica)《アンゼリカ》セリ科シシウド属の越年草。葉は長さ五〇センチ、茎は一〜二メートルくらいになる。夏に緑白色の小さな花をつける。原産地はヨーロッパのアルプス地方。もとは薬草として使ったが、現在はケーキの味付けや飾り付けに用いる。根や種子から芳香の油がとれる。学名は Angelica archangelica ＊明治屋食品辞典(1936)「アンゼリカ(英) Angelica」 語誌 アンジェリカは江戸時代後期には日本で薬草として知られていたが、使用された語形はオランダ語の angelica に由来する「アンゲリカ」であった。

アンジェリコ (Fra Angelico フラー) イタリア、フィレンツェ派の画家。ドミニコ会修道士。深い信仰にあふれた宗教画を描く。作品に「受胎告知」「聖母戴冠」など。(一三八七〜一四五五) 発音〈標ア〉ジェ

あんじ-おき【案置】〘名〙さきざきのことについて細かく考えておいた思案・計画。転じて、むだな取り越し苦労。＊浮世草子・好色万金丹(1694)四・四「夏は冬の貯せず、秋は春のあんじ置もせず」＊浄瑠璃・傾城懸物揃(1712)中「それは余りあんじ置」＊浄瑠璃・心中宵庚申(1722)道行「嬉しやまめで生んだらばどうして育てふ、かうせうと、あんじ置は皆あだこと」

あんじおき には 利(り)無(な)し あまり前から考えておいたことは、その場になって役に立たない。臨機応変がたいせつの意のことわざ。＊譬喩尽(1786)六「案(アン)じ置(ヲキ)には利(リ)なし 用不ㇾ立言也」

あんじ-おさ・む【案納・案収】〘他マ下二〙納得する。自得する。＊風姿花伝(1400-02頃)六「よくよく心底をわけて、あんじをさむべき事也」

あんじ-がお【案顔】〘名〙心配事がありそうな顔つき・様子。＊咄本・軽口へそ順礼(1746)一・四「中に一人注文もせず、あんじ顔(カホ)にてゐたりければ」＊人情本・春色梅美婦禰(1841-42頃)初・四回「思案に呉(くれ)たる案じ顔」＊家(1910-11)〈島崎藤村〉下・五「世辞も飾りも無い調子で、幸作は主人のことを案じ顔に言った」 発音アンジガオ〈標ア〉0

あん-しき【諳識】〘名〙そらんじること。暗記すること。＊布令字弁(1868-72)〈知足蹄原子〉六「暗識 アンシキ ソラデシッテイル」＊作戦要務令(1939)一・二三〇「所要の設備を施し地形を諳識せしめ」＊陳書-姚察伝「雖ㇾ老不ㇾ衰、兼諳二識内典一、所ㇾ撰寺塔及衆僧文章、特為二綺密一」

あんしき-ほう【安式砲】〘名〙「アームストロングほう(一砲)」に同じ。 発音アンシキホー〈標ア〉0キ

あんじ-くら・す【案暮】〘他サ五(四)〙心配事が心から離れないで、不安な日を送る。気をもみながら月日を過ごす。＊日葡辞書(1603-04)「Anjicuraxi, su, aita(アンジクラス)〈訳〉終日考え込んで考えにふけっている」＊怪談牡丹燈籠(1884)〈三遊亭円朝〉一九「娘もお前の事ばかり案じ暮し、お前の立た当坐は只だ泣てばかり居りましたから」＊浮雲(1887-89)〈二葉亭四迷〉一「さても時こうが日増しにお寒う相成り候へども御無事にお勤め被成(なされ)候や、それのみあんじくらしまゐらせそろ」 発音〈標ア〉0ラ 辞書日葡・ヘボン 表記案暮(へ)

アンシクロペディスト〘名〙(フランス encyclopédiste)《アンシクロペジスト》①百科全書派のこと。一八世紀後半のフランスの啓蒙主義者。→百科全書派。②百科事典の編集者。また、転じて、多方面にわたる知識の所有者。＊孤児なる芸術(1949)〈山本健吉〉「いわば行為においても知識においても、人はいながらにしてアンシクロペジストだったのだ」 発音〈標ア〉ディ

あんじ-ごと【案事】〘名〙気にかかっていること。心配事。＊浄瑠璃・大職冠(1711頃)一「もしかね松では有まいかとそれはいくせのあんじごと」＊御国通辞(1790)言語「気苦労案じ事」＊置土産(1900)〈国木田独歩〉「吉さんだって少しは案事(アンジゴト)も有らうよ」 方言❶心配。心配事。気苦労。盛岡†054 青森県073 岩手県紫波郡093 秋田県130 134 山形県139 新潟県岩船郡038 東蒲原郡368 岐阜県飛驒502 三重県阿山郡・名賀郡585 京都府054 ◇あじこと 青森県072 上北郡074 岩手県096 098 100 宮城県登米郡115 玉造郡116 山形県139 福島県161 171 175 新潟県375 376 387 富山県390 ◇あちこと・あつこと 陸奥下北†051 青森県南部073 津軽080 岩手県088 097 105 宮城県062 石巻120 仙台市121 山形県139 新潟県中越062 373 ◇あでごと 山形県東田川郡139 ❷思慮。 ◇あちこと 岩手県胆沢郡105 ❸謎(なぞ)。 ◇あんじること 薩摩†137 発音アンジゴト〈なまり〉アジコト〔山形・福島〕アズコド・アチコチ・アッコド〔岩手〕アチコド〔岩手・山形〕アヂコト・アンチコド〔山形〕アッコト〔秋田・山形〕アンチーコト〔秋田鹿角〕アンチコド〔仙台音韻〕アンッコド〔青森・津軽語彙・岩手・山形〕〈標ア〉0ト

あんじさい〘名〙「あじさい(紫陽花)」の変化した語。＊かた言(1650)四「紫陽草(あぢさい)を あんさい あんじさい」

あんじ-じとう【按司地頭】〘名〙古く、沖縄で王子按司を呼ぶ称。→按司

あんじ-じに【案死】〘名〙心配しながら死ぬこと。＊浮世草子・御伽名代紙衣(1738)六・一「親御の御気に戻(ちがは)しゃると、案(アン)じ死(シニ)にしましたが」 発音〈標ア〉0

あんし-じゅつ【安死術】〘名〙安楽死の方法。＊死霊-二章(1946-48)〈埴谷雄高〉「死自体が安死術なのじゃ。そう津田老人はきっぱりと断定した」＊夜と霧の隅で(1960)〈北杜夫〉一「そしてこの胚芽からやがて精神病者の安死術が、いや恐るべき焚殺が生じてきた過程は」 発音〈標ア〉シ

あんし-しゅんじゅう【晏子春秋】 中国、春秋時代の斉の宰相、晏嬰(あんえい)の言行録。単に「晏子」ともいう。全八編で、斉の景公、孔子などにも影響を与えた。 発音アンシシュンジュー〈標ア〉ア

あんし-しょく【暗紫色】〘名〙黒みがかった紫色。＊植物小学(1881)〈松村任三訳〉一〇・有花植物・二綱「巻丹(をにゆり)〈略〉色は赤黄にして内面に暗紫色の点あり」＊千曲川のスケッチ(1912)〈島崎藤村〉七・収穫「唯(ただ)白い煙のみが暗紫色の空に望まれた」＊今年竹(1919-27)〈里見弴〉小さな命・七「手の甲など、ところどころ暗紫色の隈(くま)が地取って」 発音〈標ア〉シ〈京ア〉シ

あんじ-すごし【案過】〘名〙度を過ごして心配すること。取り越し苦労。＊浮世草子・傾城色三味線(1701)京・二「金の花咲春を、しらぬからおこってのあんじ過(スゴ)し也」＊浄瑠璃・心中重井筒(1707)中「ふびんなめを見よふかとあんじすごしがせらるるぞや」＊浄瑠璃・神霊矢口渡(1770)四「跡に残ったお前の身の上、案じ過ごしがせらるると恨み歎けば」 発音アンジスゴシ〈標ア〉0

あんじ-すご・す【案過】〘他サ四〙深く心配する。心配し過ごす。案じ過ごしをする。＊人情本・春色辰巳園(1833-35)初・三回「泪をホロリと膝のうへ、思ひこんではなかなかに、案(アン)じ過(スゴ)して胸せまる女心ぞ哀れなり」 発音アンジスゴス〈標ア〉0ゴ

あんじ-すま・う【案住】〘他ハ四〙心配しながら月日を過ごす。＊浄瑠璃・ごばん忠信(1676)一「四こくさいこくのごかっせんにも人あまたうたれたるとき時はさとうどのにてましますか、ただのぶどのにてやましますかと、あんじすまひて候に」

あんじ-すま・す【案済】〘他サ四〙あらかじめ考えておく。十分考え抜く。＊古今著聞集(1254)一二・四四一「案じすましたる事なれば、むかひさまにをどりかかりいだきてけり」＊幸若・大臣(室町末-近世初)「もしそむき給ふ物ならば、ふしづけ申さばやとあむじすまし」

あんじ-すま・す【案澄】〘他サ四〙①心をしずめて物事を考える。十分に思いをめぐらす。＊史記抄(1477)一一・申韓列伝「貴人のなんでまり計を案しすまいて吾が功にせうとするを説者が其計を与知て云へば、こちのせうとする事を云たとて、気にちがうぞ」②仏を念じて心を澄ます。仏道修行に専心する。＊御伽草子・横笛の草紙(室町末)「横笛がためにとて、高野山に上りつつ、あんじすましてゐたりけり」

あんし-そうち【暗視装置】〘名〙赤外線やマイクロ波を使って、暗闇の中の物を見る装置。

あんじ-だ・す【案出】〘他サ五(四)〙「あんじいだす(案出)」に同じ。＊史記抄(1477)三・周本紀「厲王の気もちたてて案したいて、使ㇾ婦人裸而譟ㇾ之と云は、つびをだいて譁呼させたぞ」＊和英語林集成(初版)(1867)「Anji-dashi, sz, sh'ta アンジダス 案出」＊福翁百話(1897)〈福沢諭吉〉一五「今世の人にても碁将棋に凝る者が睡眠の中に妙手を按(アン)じ出(ダ)すことあり」 方言思い出す。青森県上北郡082 三戸郡083 秋田県雄勝郡130 山形県139 長崎県壱岐島915 ◇あじだす 岩手県気仙郡100 宮城県116 120 121 山形県139 ◇あんちけだす〔案付出〕・あじけだす 山形県庄内139 ◇あちけだす 秋田県鹿角郡132 山形県東田川郡・庄内139 発音〈標ア〉0ダ 辞書ヘボン 表記案出(へ)

あん-じち【庵室】〘名〙(「しち」は「室」の呉音)「あんしつ(庵室)」に同じ。＊十巻本和名抄(934頃)三「庵室 唐韻云庵〈烏含反 俗云阿无之知〉小草舎也」＊恵慶集(985-987頃)「深き山にすむ聖(ひじり)の許にまかりて尋ぬるに、あんしちの戸をとぢて人もなければ帰るとて書きつく」＊文明本節用集(室町中)「庵室 アンシチ 小寺義也」 語誌(1)和語の「いおり(庵)」に対応する漢語で、ともに僧尼の住む仮屋をいうが、「いおり」は一般の仮屋の意味にも用いる。(2)挙例のように、「文明本節用集」までは「アンシチ」と示されるが、室町末期に至ると諸節用集に多く「アンジツ」と示され、近世も同様である。(3)「シ」の仮名は近世まで濁音であったが、明治以降はアンジツ、アンシツが併用される。 発音〈音史〉近世まで『あんじつ』とも。〈標ア〉0〈ア史〉平安〇〇〇〇〈京ア〉0 辞書和名・色葉・名義・文明・言海 表記庵室(和・色・名・文・言)

あん-しつ【庵室】〘名〙(「あんじつ」とも)木で造り屋根を草で葺(ふ)いた、小さな仮の家。僧侶や世捨て人の住居。転じて、主に尼僧の住まい。庵。いおり。あんじち。あんや。＊今昔(1120頃か)一二・三四「書写の山に移りて三間の奄室を造て住す。日夜に法花経を読誦(どくじゅ)するに」＊平家(13C前)一〇・維盛出家「其夜は滝口入道が庵室にかへって、よもすがら昔今の物

がたりをぞし給ひける」*日葡辞書(1603-04)「Anjituo (アンジツヲ) ムスブ」*庭訓往来諺解大成(1702)「菴室・休所者、先仮葺也」*浄瑠璃・当麻中将姫(1714頃)三「薄雲は只ひとり、あんじつにかけ入て」*和英語林集成(再版)(1872)「Anjitsu アンジツ 庵室」 語誌 →「あんじつ(庵室)」の語誌。 発音〈音史〉近世まで『あんじつ』『あんじち』と濁音。現代は『あんしつ』『あんじつ』の両様。〈標ア〉0〈京ア〉0 辞書 下学・伊京・天正・黒本・易林・日葡・書言・ヘボン・言海 表記 庵室(下・伊・黒・へ・言) 菴室(天・易・書)

庵　室〈一遍聖絵〉

あん-しつ【暗室・闇室】『名』①暗い部屋。また、暗くて人目につかない部屋。*菅家文草(900頃)七・昧旦求衣賦〈菅原道真〉「暗室嬰レ帯、懐二黔首於不一レ欺」*太平記(14C後)一二・兵部卿親王流刑事「月日の光も見えぬ闇室(アンシツ)の内に向て」*音訓新聞字引(1876)〈萩原乙彦〉「闇室 アンシツ クラキヒトマ」*論註‐上「譬如二千歳闇室光蹔至即便明朗。闇豈得レ言二在レ室千歳而不一レ去耶」*梁書‐武帝記「性方正、雖レ居二小殿暗室、恒理二衣冠一」②外部からの光線が入らないようにするための設備を施した部屋。物理学、化学、生物学などの実験や写真の現像などに用いる。*写真鏡図説(1867-68)〈柳河春三訳〉図「暗室有れば幕張を用るに及ばず」*改正増補物理階梯(1876)〈片山淳吉〉中・二四「後暗室に入て薬剤を塗りたる他の硝子を木匡に入れ之を乙に換へ挿み以て蓋を外づすとき此硝子面に真像を写す」*機械(1930)〈横光利一〉「私が暗室の前をうろついてゐると」③明治時代、囚人が監獄内の規則に違反した時、反省のために入れられる部屋。また、そこに入れる懲罰の一種。監禁し、食糧を減らし、寝具を禁じた。*監獄則(明治二二年)(1889)四四条「減食〔若くは闇室〕の罰に処すべき者あるときは」*良人の自白(1904-06)〈木下尚江〉前・二〇・三「未決檻の前庭〈略〉あれが予(かね)て聞き及ぶ闇室と云ふのであらうか」 語誌 ①に挙げたように漢籍に例があるが、②は dark room の訳語として、西洋の写真術の伝来によって生じた用語で、幕末・明治初期から使用された。 発音〈標ア〉0〈京ア〉0

あん-しつ【暗質】『名』愚かな生まれつき、性質。*詩序集(1133頃)月光依水明詩序〈藤原明衡〉「省二暗質一而心寒、慙二漏明時之清選一」*玉葉‐治承四年(1180)八月二三日「以二至愚之暗質一、写二先賢之遺跡一」*玉葉‐文治三年(1187)八月二一日「余先公之末子、愚昧之暗質也」

あんじ-つ・く【案付】『他カ五(四)』思いめぐらして計画や工夫を思いつく。案じがつく。*咄本・今歳咄(1773)幽霊「これはすごい所を案(アン)じ付た」*黒い眼と茶色の目(1914)〈徳富蘆花〉一・四「かあやんが好い事を案(アン)じついて」 発音〈標ア〉ツ0

あんしつ-ねんぶつ【闇室念仏】『名』念仏三昧のため、世俗と交渉を絶って闇室で念仏を唱えること。*大乗院寺社雑事記‐文正元年(1466)閏二月四日「彼上人御発願闇室念仏者、誠無遮之大善往之要法也」

アン-ジッヒ『名』(ドイ an sich) 哲学で、他から独立したそれみずからの存在。自体。物自体。ヘーゲル弁証法では、概念が自己の発展能力を潜在的に秘めている無意識的な第一段階。即自。→フュールージッヒ・アンウントーフュールージッヒ。 発音〈標ア〉ジ

あんじ-つら・ぬ【案連】『他ナ下二』それからそれへと考えていく。思案し続ける。次から次へと考える。*日葡辞書(1603-04)「Anjiçurane, uru, eta (アンジツラヌル)」 辞書 日葡

あんしつ-ランプ【暗室―】『名』(ランプは英 lamp) 暗室内で写真の現像、焼き付け、引き伸しなどを行なう時に用いる、フィルム、印画紙に感光しにくい電灯。ふつうの電球を前面に着色ガラスのついた箱に入れて用いる場合と、電球自体に着色してあるものを用いる場合とがある。→セーフライト。 発音〈標ア〉ラ

あんじ-てき【暗示的】『形動』物事をはっきり示さないで、それとなく知らせるさま。*竹沢先生と云ふ人(1924-25)〈長与善郎〉竹沢先生東京を去る・五「偶然とは云へ、妙に暗示的であった昨日の先生の感想を思ひ出し乍ら」*国籍(1949)〈竹山道雄〉「気まずい金銭関係があったようなことを暗示的に書く」 発音〈標ア〉0

あんじ-な【案名】『名』あだ名。替名(かえな)。*浮世草子・当世宗匠気質(1781)五・二「喜多右衛門とは言はず歌右衛門歌右衛門と役者の名に有(あっ)たを直(すぐ)に案(アン)じ名(ナ)によびける」 方言 徳島県 811

あんし-の-らん【安史の乱】中国唐の玄宗皇帝の末年(七五五年)に起こった安禄山、史思明の反乱。玄宗は蜀(しょく=四川)に亡命して退位し、反乱軍も内部分裂を起こし、七六三年に平定された。唐朝の中央集権制度は破綻(はたん)し、中国古代社会終末の転機となった。 発音〈標ア〉ア

あんじ-ばしら【案柱】『名』物事を思案する時、首をもたせかける支えとなるもの。*狂言記・悪坊(1660)「禅僧の持せらるるくふひんぶつなどの有時に、かう、おとがいにあてて、案(アン)じばしらのぢょろといふ物ぢゃ」

あんじ-ふく・れる【案―】『他ラ下一』心配して胸が詰まる。思案に暮れる。*浮世草子・傾城禁短気(1711)三・三「外に座敷を借りて出し、此仕舞(しまい)の付やうをあんじふくれてゐる所へ」*詞葉新雅(1792)「アンジフクレテ おもひふくれて」

あんじ-ぶみ【案文】『名』下書き。草稿。案。あんもん。*随筆・嬉遊笑覧(1830)三・上「うちむかひぶみと申侍るは〈略〉案じぶみなどもの士でつかふまつる文なり」

あんじ-ほど・く【案解】『他カ四』物事の内容をよく考え、その情趣を味わう。*申楽談儀(1430)喜阿「一うたひ、様もなく、真直(ますぐ)に、かくかくと謡ひし、よくよくあんじほどけば、後は猶(なほ)面白かりし也」

あんじ-ほ・る【案惚】『他ラ下二』(「ほる」は放心するの意) 心配のあまりぼんやりする。途方にくれる。*三体詩絶句鈔(1620)三「久く音信もない程に、何と有らふぞと案しほれてある処に、友だちの女伴は所願成就して賽をし候」*浄瑠璃・長町女腹切(1712頃)上「いとし男も親かたがかり首尾はどふぞとあんじほれ」

あんじ-みだ・す【案乱】『他サ四』あれこれと考え過ぎて心を乱す。*連理秘抄(1349)「初一念といふがごとく、思ひ寄るところを、とかく案じみだす事なくて、やがて出だすべし」

あんじ-めぐら・す【案巡】『他サ五(四)』注意深く考える。思いめぐらす。*古今著聞集(1254)一六・五四七「男あむじめぐらして、亀を一(ひとつ)もとめて、くびを引出て、三四寸がほどを切てけり」*日葡辞書(1603-04)「Anjimeguraxi, su, aita (アンジメグラス)〈訳〉考えをもって種々の推論をなす」 発音 アンジメグラス〈標ア〉0ラ 辞書 日葡・ヘボン 表記 案廻(へ)

あん-しゃ【安車】『名』坐って乗れるように作った車。昔、中国では、車は立って乗るものであったが、老人などのために安座できるようにしたもの。*本朝文粋(1060頃)一・視雲知隠賦〈大江以言〉「仰二周輪一兮不レ迷、自為二安車指南之使一」*礼記‐曲礼・上「大夫七十而致レ事、若不レ得レ謝〈略〉適二四方一乗二安車一」*晉書‐輿服志「車、坐乗者謂二之安車一、倚乗者謂二之立車一」

あんしゃ 蒲輪(ほりん) (「蒲輪」は、蒲(がま)の葉で車輪を包み、車の動揺を和らげるようにしたもの) 老人を重んじ、また、いたわって遇すること。*漢書‐儒林伝・申公「於レ是上使レ使、束帛加レ璧、安車以二蒲裹一レ輪、駕レ駟迎二申公一」

あん-しゃ【暗車】『名』(船の)スクリュー。*航米日録(1860)三「蒸気は船の中央にあり、暗車なり。〈俗にねり仕掛と唱(とな)へ、外より見る能はず、故に之を称して暗車と云ふ〉」*工学字彙(1886)〈野村龍太郎〉「Screw propeller 暗車」

あん-しゃ【暗射】『名』(「あんせき」の慣用読み) ①的なしに、または、ねらいを定めずに弓を射ること。射撃すること。②実物を見ないで、物を言い当てること。暗射地図。*近古史談(1864)織田編「有下能暗二射鞘上欵数一者上、乃与二此刀一」*風俗画報‐二八九号(1904)広告「旅行用地図、掛額地図、教科用折本地図、暗射用掛地図等へ用ゆるときは原因を其儘にて」 発音〈標ア〉0ア

あん-じゃ【安者】『名』「あんじゃ(行者)」に同じ。*大乗院寺社雑事記‐文明元年(1469)六月一六日「又安者一人召二取之一」

あん-じゃ【行者】『名』(「あん」は「行」の唐宋音) 禅宗で、まだ得度しないで、寺のうちにあって諸役に給仕する者。中国では有髪、日本では主として剃髪(ていはつ)した。また、得度・未得度に関係なく、寺院に属して種々の雑用に使われる給仕の少年。行堂(あんどう)。*正法眼蔵随聞記(1235-38)三・二〇「行者を召して蠟燭をともしなんどして、卒時に普説して云はく」*永平道元禅師清規(13C中)弁道法「次行者入レ堂問二訊聖僧一、罷二到首座前一」*玉塵抄(1563)一二「六祖恵能は五祖の下に行(アン)者になって庫裏にいつもいられたぞ」*日葡辞書(1603-04)「Anja (アンジャ)。すなわち、アンダウ」*元和本下学集(1617)「喝食 カツシキ、行堂 アンダウ、行者 アンジャ、聴叫 チンケウ 以上之四種禅律之使令也」*浄瑠璃・右大将鎌倉実記(1724)二「住侶と思しき老僧〈略〉侍者行者(アンジャ)に持せたる香花を」*禅林象器箋(1741)職位「行者(アンじゃ)〈略〉未レ得レ買二度牒一。有髪而依二止僧寺一者、称為二行者一」 発音〈標ア〉ア 辞書 下学・文明・天正・饅頭・黒本・易林・日葡・書言 表記 行者(下・文・天・饅・黒・易・書)

あん-じゃ【案者】『名』①思慮分別に富む人。また、知恵のすぐれた人。*曾我物語(南北朝頃)一・伊東二郎と祐経が争論の事「祐経下らんとて出で立ちけるが、あんじゃ第一の者にて、心をかへて思ひけるは」*日葡辞書(1603-04)「Anja (アンジャ)。シアンノフカイ ヒト」*浮世草子・風流曲三味線(1706)五・二「悪事(わるいこと)に智恵のはしりし案者(アンジャ)を頼み」②さまざまな物事に通じている人。博識家。*浄瑠璃・田村将軍初観音(1714)道行「鷹川蔵人秀治は文武二道のあん者にて、筆をっとり文章うるはしく、片時が間に書きしるし」*浮世草子・世間娘容気(1717)一「是より願ひ訴詔の目安を書ならひて、女案者(アンジャ)と名をとり、事にもならぬすこしのいひぶんを手がかりにして、公事沙汰の腰をおし」 発音〈標ア〉ア 辞書 文明・饅頭・日葡 表記 案者(文・饅)

あん-じゃ【暗者】『名』①暗愚な者。愚かな人。愚か者。*信長記(1622)一五上・信長公東国御進発「明者は是治安永久の本、暗者(アンシャ)は是危乱速亡の兆なり」*譬喩尽(1786)六「暗者(アンシャ)は守二其文一(そのもんをまもる)その文詞にくらはさることなかれ」*日本外史(1827)一一・徳川氏正記「秀家雖二少非一暗者一也」②(「くらもの(暗者)」を音読したもの) 近世、売春婦をいう。私娼。暗女。あんぶつ。*浮世草子・傾城禁短気(1711)五・二「歴々の住職を初め闇者(アンジャ)の月妾坊(ぐゎっせうぼう)、墓守の惣右衛門迄」 発音〈標ア〉ア

あんじゃい-もん【兄者者】『名』 方言 ⇩あんこ(兄―)

あんしゃ-きせん【暗車汽船】〘名〙「あんしゃせん（暗車船）」に同じ。発音〈標ア〉キ

あん-じゃく【安寂】〘形動〙安らかで静かなさま。＊蓬萊曲(1891)〈北村透谷〉二・四「善悪の岐(ちまた)を踏みたがへしも踏み守りしも一様並等に安寂(アンジャク)なる眠に就かしむると聞ける 死の坑よ！」

あん-じゃく【暗弱・闇弱】〘名〙〘形動〙愚かで気力の弱いこと。また、そのさま。主として、君主やその後継者について用いる。＊読史余論(1712)一・上皇御政務之事「上皇の暗弱なるを利して、行家義経が事を以て、是をおびやかし参らするに」＊日本外史(1827)一一・足利氏後記「其子氏真暗弱」＊百一新論(1874)〈西周〉下「上に立つ君は〈略〉或は暗弱にして天職を奉ずること能はず」＊文明論之概略(1875)〈福沢諭吉〉三・六「特に託せられたる秀頼を輔(たす)けずして却て其遊冶(ゆうや)暗弱を養成し」＊後漢書‐董卓伝「皇帝闇弱、不レ可下以奉二宗廟一為中天下主上」発音〈標ア〉0 辞書〈ボン 表記 暗弱(へ)

あんしゃ-けんびきょう【暗視野顕微鏡】〘名〙特殊な照明法によって、ふつうでは見えない微粒子を見分けるようにした顕微鏡。限外顕微鏡。発音アンシヤケンビキョー〈標ア〉0

あんしゃ-じょうき【暗車蒸気】〘名〙「あんしゃせん（暗車船）」に同じ。＊明治三年正月布告(1870)「免状案〈略〉蒸気船之分者、暗車蒸気か外輪蒸気か」発音アンシャジョーキ〈標ア〉ジョ

あんしゃ-しょく【暗赭色】〘名〙黒みがかった赤茶色。発音〈標ア〉シャ

あんしゃ-せん【暗車船】〘名〙スクリューを用いて推進する汽船。両舷に推進用外車を設ける外車船に対していう。暗車汽船。暗車蒸気。＊船舶噸数之弁(1882)「暗車船に於て、其噸数もし船の総噸数の一割三分以上二割以下なるときは、其噸数の三割二分を減するものとす」発音〈標ア〉0

あんしゃ-ちず【暗射地図】〘名〙輪郭だけ書いてあって地名を記入していない、学習用の地図。白地図(はくちず)。暗射の図。発音〈標ア〉チ

あんじゃ-ひと【兄者人】〘名〙「あにじゃひと（兄者人）」の変化した語。方言 佐賀県藤津郡895 熊本県919 ◇あんじゃしと 熊本県玉名郡(尊称)058

アンジャベル〘名〙(外来語であるが語源未詳)「カーネーション」の異名。＊日本植物名彙(1884)〈松村任三〉「アンジャベル オランダセキチク」発音〈標ア〉ジャ

あんじゃ-ぼう【行者房】〘名〙「あんどう(行堂)①」に同じ。＊禅林象器箋(1741)殿堂門「行者房。行堂也。伝燈録丹霞天然禅師章云、師抵二南岳一石頭曰、著二槽廠一去。師礼謝入二行者房一。随レ次執二爨役一凡三年」辞書 言海

アンシャン-レジーム〘名〙(フラ Ancien Régime「旧制度」の意)一七八九年の革命以前におけるフランスの政治・社会体制。また、広く近代社会成立以前の社会・制度をさす場合もある。発音〈標ア〉ジ

あん-しゅ【按手】〘名〙①弦楽器の弦を押さえる手。＊寛斎先生遺稿(1821)一・三絃弾「胸前斜抱人如レ玉、按手升降弾手頻、清歌応レ手泣且訴、宛転欲レ停二中天雲一」②キリスト教で、手を人の頭の上に置いて祝福を与え、聖霊の力の付与を祈ること。＊引照新約全書(1880)提摩太後書・一「我が按手(アンシュ)に由て爾が受し神の賜を復び熾(さかん)にせんことを欲しむ」発音〈標ア〉ア

あんしゅ【晏殊】中国北宋の政治家・文人。江西臨川の人。真宗・仁宗に仕え、宰相となる。文集二四〇巻があったとされ、詞集「珠玉詞」一巻が存する。(九九一〜一〇五五)

あん-しゅ【庵主】〘名〙⇨あんじゅ(庵主) 発音〈標ア〉ア

あん-しゅ【暗主・闇主】〘名〙「あんくん(暗君)」に同じ。↔明主。＊日葡辞書(1603-04)「チシャ anxuno (アンシュノ) タメニ ハカラズ(四書)」＊仮名草子・童蒙先習(1612)一「中のよき物 馬と猿。闇主(アンシュ)と佞臣(ねいじん)」＊童子問(1707)中・五四「唯明主能察レ之、而暗主不レ能レ不レ眩二於衆言一」＊荀子‐臣道「明主尚レ賢使レ能、而饗二其盛一、闇主妬レ賢畏レ能、而滅二其功一」発音〈標ア〉ア 辞書 日葡

あん-じゅ【杏樹】〘名〙「あんず(杏)①」に同じ。＊温故知新書(1484)「杏樹 アンシュ」＊御湯殿上日記‐文明一八年(1486)五月一六日「ひんかし山殿よりあむしゆのおりまいる」

あん-じゅ【彼衆】〘代名〙方言 ⇨あのしゅ(彼衆)

あん-じゅ【案主】〘名〙古代・中世、諸官庁、諸家、あるいは荘園等にあって、文書・記録などの作成・保管にあたった職員。太政官厨家、院・摂関家政所、国郡司、検非違使庁、鎌倉幕府政所などにみられる。＊正倉院文書‐大同二年(807)八月二五日・東大寺南第二倉公文下行帳(平安遺文一・三二)「案主安辺年人」＊延喜式(927)四・神祇・伊勢太神宮「凡御厨案主十人司掌一人」＊兵範記‐久安五年(1149)一〇月一九日「正六位上紀朝臣良成、可レ為二案主一〈略〉案主先例二人也、今度依レ無二其仁一且補二一人一」＊近衛家本追加貞応二年(1223)七月六日(中世法制史料集一・追加法一二)「公文、田所、案主、惣追捕使有司等事 右件所職、随所或在レ之、或無レ之、必雖レ非二一様一、所詮任二先例一、於二領家国司進止之職一者、地頭更不レ可レ嫌」＊禁中方名目鈔校註(1741-60頃)下「案主(アンジュ)〈略〉御厩のことを預る者也」発音〈標ア〉0ア 辞書 色葉・書言 表記 安主(色) 案主(書)

あんじゅ の 長(おさ) 検非違使庁に所属する案主。＊政事要略(1002頃)六一・糺弾雑事・天暦六年一一月二八日・別当宣「案主長。是可レ掌二使庁文一以伝上者也。非レ有二才用一難レ可二勤仕一。如レ聞者。依レ無二其人一不レ置二件職一」

あん-じゅ【庵主】〘名〙(後世は「あんしゅ」)①庵室の主人。＊俳諧・炭俵(1694)序「この二三子庵に侍て火桶にけし炭をおこす。菴主これに口をほどけ」②仏道修行のために造られた庵室の主の僧。また、特に、尼寺の主である尼僧の呼び名。あんじゅう。あんず。＊参天台五台山記(1072-73)一「庵主印成闍梨知事共出来点茶」＊庭訓往来(1394-1428頃)「且過之僧、山主、菴主、沙彌」＊日葡辞書(1603-04)「Anju (アンジュ)。または、アンズ〈訳〉自分用に離れた小房を持っているバウズまたは修道僧」＊黄表紙・敵討義女英(1795)下「髪をおろして姿をかへんと、かねてあんしゅ一音とふかく約束せり」③特に、茶道で、草庵の茶室の主人をさす。発音〈音史〉古く『あんず』『あんじゅ』両様。現代は『あんしゅ』とも。〈なまり〉アンジ・アンジュー・アンズ〔鳥取〕アンジョ〔島根〕〈標ア〉0ア〈京ア〉0 辞書 文明・明応・黒本・易林・日葡・書言・言海 表記 庵主(文・明・黒・言) 菴主(易・書)

あん-じゅ【暗誦・諳誦】〘名〙(「じゅ」は「誦」の呉音)「あんしょう(暗誦)」に同じ。＊色葉字類抄(1177-81)「暗誦 アンシュ(前田本 アンシウ) 才智」＊運歩色葉(1548)「暗誦 アンシュ」発音〈標ア〉ア

あん-しゅう【暗愁】〘名〙いい知れぬうれい。そこはかとない、悲しい物思い。＊田氏家集(892頃)中・同菅侍郎酔中脱衣贈裴大使「此物呈レ君縁二底事一、他時引レ領暗愁生」＊宝覚真空禅師録(1346)乾・山城州東山建仁禅寺語録「天上姮娥暗愁絶、倚レ欄同賞中秋節」＊帰省(1890)〈宮崎湖処子〉一「我は再び黙思に沈み他の暗愁に襲はれぬ」＊富岡先生(1902)〈国木田独歩〉一「平常(いつも)のやうに平気の顔で五六人の教師の上に立ち数百の児童を導いて居たが、暗愁(アンシウ)の影は何処となく彼に伴うて居る」＊顧夐‐浣渓沙・六「粉黛暗愁金帯枕、鴛鴦空繞画羅衣」発音アンシュー〈標ア〉0

あん-じゅう【安住】〘名〙何の心配もなく、そこに落ち着いて住むこと。また、その境遇・立場に満足していること。＊性霊集‐一〇(1079)十喩詩「安二住一心一无二分別一、内風外風誑二吾耳一」＊東寺百合文書‐と・(年月日未詳)(鎌倉)伊予弓削島庄百姓延永申状(大日本古文書三と・二三)「微力忽尽、安住難レ構」＊六義(1428)「分明にその一風々々の所得に安住して、性位(しゃうゐ)の達人に至れば」＊御伽草子・あしびき(室町中)「縄床にあなうらを結、金刹に望をかけて、正念に安住し、観法成就しておはりぬ」＊日葡辞書(1603-04)「Angiŭ (アンヂュウ)。ヤスク スム〈訳〉ある場所、地位などにおける定着」＊布令字弁(1868-72)〈知足蹄原子〉初「安住 アンジウ ヤスラカニスムコト」＊土(1910)〈長塚節〉七「寸時も其の身を安住せしむる余裕を有(も)たなかった」＊呉志‐諸葛瑾伝「恐二困苦之民一朝崩沮、故彊屈曲以求二民心一、欲二以自安住一耳」発音アンジュー〈標ア〉0〈京ア〉0 辞書 文明・日葡・書言・〈ボン・言海 表記 安住(文・書・へ・言)

あん-じゅう【安衆】〘名〙民心を安んずること。＊空華日用工夫略集‐応安元年(1368)一二月一〇日「安衆之本在二平行一レ道、而今人取以為レ私二名及位一、僥二倖乎官家一」＊長孫無忌‐進律疏議表「安衆之陳二九法一、玉牒播二其弘規一」

あん-じゅう【案中】〘名〙(「あんちゅう」とも)「あん(案)の内(うち)」に同じ。案利。＊金沢文庫古文書‐(年未詳)(室町前)七月二二日・高性書状(一一・一二七八)「案中候之間、□非□驚候。事々期二後信一候」＊上井覚兼日記‐天正一三年(1585)四月二四日「頃万方属御案中候之由共也」＊日葡辞書(1603-04)「Angiŭ (アンヂュウ)。カミではアンノウチと言う〈訳〉思ったごとく、思うごとく。Angiŭ (アンヂュウ) ナガラ、または、アンノゴトク、または、アンノ ウチ」＊近世紀聞(1875-81)八・一〈染崎延房〉「賤民苦情に堪ざるより遂に争乱を引起し救ふべからざるの勢ひに立至り候はん事案中(アンチウ)の事なるに」辞書 文明・日葡 表記 案中(文)

あん-じゅう【庵住】〘名〙庵室に住むこと。また、そこに住んでいる人。あんじゅ。＊浮世草子・好色二代男(1684)七・五「千日の念仏の声やさしくとうとく、庵住(アンヂウ)は堺の色里にありし久米の介といへる女良(じょらう)」＊浮世草子・武家義理物語(1688)三・五「けふは我人十二人、つねは菴住(アンヂウ)ひとりはよく暮(くら)されける」＊随筆・胆大小心録(1808)七一「庵住して、さる不浄に交らぬ僧もあれど」発音アンジュー〈標ア〉0

あん-じゅうこん【安重根】 朝鮮、李朝末期の独立運動家。黄海道海州の出身。日本の朝鮮侵略の動きに対し、一九〇七年頃から義兵闘争を展開。一九〇九年、ハルビン駅頭で初代韓国統監伊藤博文を射殺し、翌年処刑された。アン=ジュングン。(一八七九〜一九一〇)

あんじゅう-ち【安住地】〘名〙何の心配もなく、落ち着いていられる場所、または境遇。安住の地。＊無名作家の日記(1918)〈菊池寛〉「俺(おれ)のやうに天分の薄いものは、『平凡人としての平和な生活』が、恰好(かっかう)の安住地だ」発音アンジューチ〈標ア〉ジュ

あん-じゅく【暗熟・諳熟】〘名〙暗記するくらいにまで習熟すること。よくよく習い覚えること。精通すること。＊自由之理(1872)〈中村正直訳〉二「僧をして飽(あく)までに教法の事に諳熟せしめ」＊柳橋新誌(1874)〈成島柳北〉自序「闔都の風俗を諳熟するの人有と雖も、亦一時を附益すること能はざるなり」＊経国美談(1883-84)〈矢野龍渓〉前・一八「兼て前年此家に出入して家内の模様に諳熟せしかば」発音〈標ア〉0

あん-しゅつ【案出・按出】〘名〙考え出すこと。くふうして作り出すこと。＊五音三曲集(1460)「舞哥二曲の大事なり。師家の道に付て工夫(くふう)安出之位なり」＊戦後の文学(1895)〈内田魯庵〉「渠(かれ)の

著作『ドンキホーテ』及び其他には是等兵馬の経験より案出(アンシュツ)し来りしもの多し」＊社会百面相(1902)〈内田魯庵〉付録「斯(こ)は本より作者が案出したる架空の物語にして」＊吾輩は猫である(1905–06)〈夏目漱石〉八「のぼせを引き起す良方が案出されないのは残念である」 発音〈標ア〉0 〈京ア〉0

あんじゅ-ひめ【安寿姫】 山椒大夫伝説に出てくる姫。平安時代後期の奥州の領主岩城判官正氏の娘。筑紫に左遷された父を、母と弟の厨子王(ずしおう)の三人でたずねていく途中、人買いにだまされて弟といっしょに山椒大夫に売られて酷使されたが、弟を逃がし、自分は拷問(ごうもん)を受けて死んだという。小説、歌舞伎などに多く脚色されている。 発音〈標ア〉ジュ 〈京ア〉ジュ

あんしゅ-れい【按手礼】〘名〙キリスト教で、聖職につく者を、司教や長老などが按手によって聖別する儀式。聖職按手式。＊東京朝日新聞-明治三八年(1905)五月八日「小崎弘道氏は此日を以て新島襄氏より按手礼をうけて初めて牧師たり」 発音アンシュレイ 〈標ア〉ジュ

アンジュレーション〘名〙(英 undulation) ①波動。振動。②地表の起伏。 発音〈標ア〉レ

あんじゅんのう【暗順応】〘名〙明るい所から暗い所にはいった時、はじめは見えない光が、時間がたつにつれて見えるようになること。 発音アンジュンノー 〈標ア〉ジュ

あん-しょ【安処・安所】〘名〙(「あんじょ」とも)やすんじていること。落ち着いていること。また、その場所。＊教行信証(1224)五「云何一名説二无量名一。猶如二涅槃一。亦名二涅槃一〈略〉亦名二安処一」＊経覚私要鈔-長禄元年(1457)一〇月二六日「山城土一揆寄二宇治一、在家以下焼レ之云云。所々為躰、無二安所一」＊艸山集(1674)二一・游谷口「林野是安処、誰家去却帰」＊詩経-小雅・小明「嗟爾君子、無レ恒二安処一」 発音〈標ア〉ア

あん-しょ【案書】〘名〙文書の下書き。案。草案。＊日葡辞書(1603–04)「Anxo(アンショ)。サウアン」 辞書日葡・書言 表記案書(書)

あん-しょ【暗所】〘名〙暗い場所。人目につかない場所。＊翁問答(1650)下・本「あるひは学問せざれども暗処(アンショ)にふけり、或(あるひ)は贋(にせ)のがくもんに魔を来(きた)しぬれば」＊福翁百話(1897)〈福沢諭吉〉三二「遂に人に蔑視せられて暗処(アンショ)に蟄伏(ちっぷく)するの事例少なからず」＊虞美人草(1907)〈夏目漱石〉一二「一睛(いっせい)を暗所(アンショ)に点ぜず、藤尾は眼を上げなかった」 発音〈標ア〉ア

あん-じょ【安舒】〘形動ナリ・タリ〙(「舒」はゆるい、のびやかの意)落ち着いて静かなさま。＊想実論(1890)〈石橋忍月〉八「是に至って初めて志気軽佻ならずして安舒(アンジョ)なるを得べし」＊漢書-匡衡伝「湛静安舒者、戒二於後一時」 発音〈標ア〉ア

あん-じょ【晏如】〘形動タリ〙(現代では多く「晏如として」の形で用いられる)やすらかなさま。落ち着いているさま。安然(あんぜん)。＊常山文集(1718)二〇・梅里先生碑陰「有則随レ有而楽胥、無則任レ無而晏如」＊本朝遯史(1664)下「棲二情於山水之間一、晏如淡如」＊音訓新聞字引(1876)〈萩原乙彦〉「晏如 アンジョヤスラカ」＊福翁百話(1897)〈福沢諭吉〉六「生ず可きを生じ育す可きを育して晏如(アンジョ)たり」＊三四郎(1908)〈夏目漱石〉四「服装(なり)は必ず穢ない。生計(くらし)は屹度(きっと)貧乏である。さうして晏如(アンジョ)としてゐる」＊漢書-揚雄伝・上「家産不レ過二十金一、乏、無二儋石之儲一、晏如也」 発音〈標ア〉ア

あん-じょ【暗女】〘名〙「あんじゃ(暗者)②」に同じ。＊浮世草子・好色一代女(1686)六・一「暗女(アンヂョ)は昼の化物」

あん-じょ【暗如】〘形動タリ〙暗い様子。＊郵便報知新聞-明治二四年(1891)一一月一三日「知識尚ほ暗如(アンジョ)たる境に」

あんじょ〘名〙方言 ⇨あみそ(網麻)

アンジョ〘名〙(ポルトガル anjo)キリシタン用語。天使。＊ぎやどぺかどる(1599)上・二・一「かほど我等を守り給ふのみならず、あんじょをも御守りと定め給ふ者也」＊こんてむつすむん地(1610)一・八「でうす御一たいとあんじょたちにしたしみ奉る事をのぞみ、人よりしらるる事をきらふべし」 発音〈標ア〉ア

あん-しょう【安昌】〘名〙無事に栄えること。＊明六雑誌-三六号(1875)西語十二解〈西村茂樹〉「交際の品位段々に進みて其全体尽く安昌幸福を受ること」

あん-しょう【暗声】〘名〙「あんせい(暗声)」に同じ。 辞書伊京 表記暗声(伊)

あん-しょう【暗将】〘名〙愚かで無能な将軍。＊改正増補和英語林集成(1886)「Anshō アンシャウ暗将」＊李衛公問対-下「明将不レ法、暗将拘レ之」

あん-しょう【暗証】〘名〙①仏語。禅でいう、不立文字(ふりゅうもんじ)を誤解して、経論などの理解・研究をあなどり、坐禅などの実践だけで悟れるとすること。またそのような人をあざけった言葉。＊太平記(14C後)二四・依山門嗷訴公卿僉議事「暗証(アンショウ)之朋党満二人間一」②本人であることを証明するために、あらかじめ登録しておく文字または数字。キャッシュカードを使うときなどに用いる。「暗証番号」 発音アンショー 〈標ア〉0

あんしょう の 禅師(ぜんじ)仏語。教文の理解・研究を軽視し、もっぱら坐禅などの実践だけで悟るとした禅僧を、他宗の者があざけった言葉。暗禅の比丘(びく)。＊徒然草(1331頃)一九三「文字の法師、暗証の禅師、互にはかりて、己に若かずと思へる、共に当らず」＊ささめごと(1463–64頃)下「稽古年をつみても、誦文法師・暗証禅師あるべし」＊摩訶止観-五・上「非三闇証禅師誦文法師所二能知一也」

あん-しょう【暗誦・諳誦】〘名〙文章などをそらで覚えて口に出すこと。そらよみ。あんじゅ。＊続日本紀-天平六年(734)一一月戊寅「闇二誦法華経一部、或最勝王経一部一」＊古今著聞集(1254)四・一二三「文選三十巻。四声の切韻、暗誦のものあらば」＊伊呂波字類抄(鎌倉)「諳誦 アンシャウ」＊新撰字解(1872)〈中村守男〉「諳誦 アンショウ ソラヨミ」＊雁(1911–13)〈森鷗外〉三「中にも大鉄椎伝は全文を諳誦(アンショウ)することが出来る程であった」＊蜀志-何祇「祇後為二督軍従レ事〈略〉夜張二灯火一見レ囚、読二諸解状一、葛晨往、祇悉已闇二誦答対一、解釈無レ所二凝滞一、亮甚異レ之」 発音アンショー 〈標ア〉0 〈京ア〉0 辞書ボン・言海 表記暗誦(ヘ) 諳誦(言)

あん-しょう【暗礁】〘名〙海面の下に隠れて見えない岩。隠れ岩。＊江戸繁昌記(1832–36)三・永代橋「且つ富津の暗礁、剣を樹へ穽を設く。土人避け慣ると雖も、間或は吸はる」＊和蘭字彙(1855–58)「Eene blinde klip, eene klip on, der water. 暗礁」＊西洋聞見録(1869–71)〈村田文夫〉後・一「海岸処々の暗礁或は浅州などある所の険処に於て」＊近世紀聞(1875–81)〈染崎延房〉一一・一「銚子の岬の暗礁(アンセウ)に触て遂に其船破壊に及び」 補注「名物六帖-地理箋」に「暗礁 ウミノイハ」とある。 発音アンショー 〈標ア〉0 〈京ア〉0

あんしょう に 乗(の)り上(あ)げる (航海中、船が暗礁に乗り上げると動きがとれなくなるところから)思いがけない困難によって、事の進行が妨げられること。＊欺かざるの記(1908–09)〈国木田独歩〉明治二九年四月二二日「新夫婦の危険は結婚後半年の間に起る。〈略〉成程御身は五ケ月目に此の暗礁に乗り上げたり」＊春の城(1952)〈阿川弘之〉二・八「躍起になっているが、作業はすっかり暗礁に乗り上げているという話であった」

あん-しょう【鞍匠】〘名〙くら作り。くら作りの職人。＊西国立志編(1870–71)〈中村正直訳〉一・一六「労爾徳(ロルド)・波爾洛克(ポルロック)は、鞍匠の子なり」

あん-しょう【鞍傷】〘名〙くらの摩擦、圧迫などによって馬や牛などの体にできる傷。くらずれ。＊初年兵江木の死(1920)〈細田民樹〉一「十里ばかりの短い行軍で、梅干くらゐな鞍傷(アンシャウ)を、右背に拵へて了った」＊顔の中の赤い月(1947)〈野間宏〉「馬は熱暑のために鞍傷を起し」

あん-じょう【兄丈】〘名〙(「あにじょう(兄丈)」の変化した語)兄。にいさん。＊浄瑠璃・平家女護島(1719)二「康頼様は兄(あン)丈、俊寛様は爺(てて)様とおがみたい」 方言❶兄。にいさん。島根県石見725 山口県(主に農家で用いられる他称。親愛の意がある)800 801 802 福岡県(主に下流)872 大分県大分市・大分郡941 鹿児島県宝島054 ◇あんじょ 熊本県球磨郡919 鹿児島県961 揖宿郡969 ◇あんじょうおとこ(一男) 島根県江津市725 ❷青年。蔑称。島根県石見725 ❸親しい年上の男。島根県725 ❹下男。島根県725 ◇あんじょうさん 島根県大田市725 ❺戸主。◇あんじょ 島根県仁多郡725

あん-じょう【安定】〘名〙置かれた境遇などに安んじて、疑いを抱かないこと。安住。＊談義本・労四狂(1747)上「此労をのがれて、ゆるやかに、親よりゆづり斗の福禄を守り居る人は、全き人といふべけれども、其心に思ふ所、『是れにて足りぬ。何ぞ此上に増ん事を願んや』と安定(アンヂャウ)して居たらんは、父祖へ対しては孝の道には欠たらんか」

あんじょう【安城】 愛知県中央部の地名。大正時代より日本のデンマークと呼ばれた農業地帯であったが、現在は商工業の発展が著しい。昭和二七年(一九五二)市制。 発音アンジョー 〈標ア〉ア

あん-じょう【安詳・安祥】〘形動タリ〙動作が、ゆったりとおごそかなさま。＊栄花(1028–92頃)鳥の舞「仏の安祥とよそほしく歩ませ給ふにしたがひて」＊粉河寺縁起(1234頃)「手に遮那の定印を結び、口に普賢懺の文を誦して、安祥として気絶ぬ」＊禅とは何ぞや(1930)〈鈴木大拙〉一・二「釈尊は其処に安詳として」＊法華経-方便品「爾時世尊、従二三昧一安詳而立」

あん-じょう【案上】〘名〙(「あんしょう」とも。「案」は机の意)①机の上。案頭。＊延喜式(927)一・神祇・四時祭「奠二幣案上一神三百四座」＊永平道元禅師清規(13C中)典座教訓「安二置案上一」＊日葡辞書(1603–04)「Anxŏ(アンシャウ)。ツクエノ ウエ〈訳〉腰掛、または踏台、または机の上」＊江戸繁昌記(1832–36)初・売卜先生「案上に一巻人相図本を展べ、芸々説き起す」＊王建-贈王処士詩「鼠来二案上一常偸レ水、鶴在二牀前一亦看レ碁」②「あんじょうかんぺい(案上官幣)」の略。 発音アンジョー 〈標ア〉0 〈京ア〉0 辞書日葡

あんじょう の 神(かみ) 案上官幣(あんじょうかんぺい)にあずかる神。旧制で、官幣大社やこれに準ずる国幣大社の祭神。＊儀式(872)三・践祚大嘗祭儀「卯日平明神祇官班二幣帛於諸神一。〈謂二祈年祭案上神一〉」〈音史〉古く『あんしゃう』とも。

あん-じょう【鞍上】〘名〙くらの上。↔鞍下(あんか)。＊芋粥(1916)〈芥川龍之介〉「それを鞍上(アンジャウ)に横へながら、先に立って、馬を進めた」＊路傍の草(1925)〈寺田寅彦〉一「枕上、鞍上、厠上(しじゃう)合せて三上の意だといふ。『いい考えを発酵させるに適した三つの環境』を対立させたものとも解釈される」＊沈佺期-驄馬詩「鞍上留二明月一、嘶間動二朔風一」 発音アンジョー 〈標ア〉0 〈京ア〉0

あんじょう 人(ひと)**なく鞍下**(あんか)**馬**(うま)**なし** 鞍上の人と鞍下の馬とが一体となったように見える、の意で、馬を巧みに乗りこなすさまをいう。＊談義本・教訓乗合船(1771)五・武術者の惣論

「馬術に鞍上(アンジャウ)に人なく、鞍(アン)下に馬なし、柔道に未発起発」＊落語・目黒のサンマ(1891)〈禽語楼小さん〉「今赤坂御門内のお屋敷から飛出したが、乗ッ切って、砂煙を蹴立て、鞍上(アンジャウ)に人なく鞍下に馬なき有様にて目黒不動へ参詣にお出になりました」

あん-じょう【鞍状】(アンジャウ)『名』鞍のような形。＊野火(1951)〈大岡昇平〉一〇「頂上で芒の列は尽き、鞍状の草原が延びて、先に黒い喬木を並べた木立が見えた」 発音アンジョー〈標ア〉0

あんじょう(あんぢゃう)『副』(「あじよく(味能)」のウ音便化「味よう」の変化したもの) うまい具合に。上手に。具合よく。＊洒落本・南遊記(1800)三「『コレおたね、今のは能(よい)かや』『アイしげがあんじゃうしたはへ』」＊滑稽本・東海道中膝栗毛(1802-09)八・中「ちと身なりあんじゃうして、あすの夜さりなとお出なされ」＊浪花聞書(1819頃)「味能(アンジョ)うあんじょいたすなどいふ、あぢよくする也」＊歌舞伎・紋尽五人男(1825)序幕「そこをどうぞ、あんじょうしてナ」＊細雪(1943-48)〈谷崎潤一郎〉上・四「味善(アンヂョ)う云うたら承知するやろと、あたしは見てる」 語誌「あぢよう」に撥音「ん」が挿入された「あんぢょう」の語形については、「あぢよう」の強調形で、寛政頃から言い始め、化政期以降はこの語形に帰一したとされる〔近世上方語辞典〕。現代でも、関西地方で広く使用されている。方言❶うまい具合に。じょうずに。都合よく。また、ていねいに。確かに。新潟県佐渡349 富山県高岡市395 福井県427 447 岐阜県飛驒502 三重県585 588 590 滋賀県607 京都府620 大阪府637 643 646 兵庫県050 665 671 奈良県675 和歌山県690 703 徳島県811 816 822 香川県829 ◇あんじよう 三重県志摩郡585 京都府宇治郡633 奈良県吉野郡038 島根県石見725 岡山市054 ◇あんじょよう 福井県大野郡428 ◇あんじょうよく 兵庫県赤穂郡660 ❷すっかり。全然。たいへん。香川県827 発音アンジョー〈京ア〉ジョ

あんじょう-かんぺい【案上官幣】(アンジャウクヮンペイ)『名』祈年祭(としごいのまつり)、新嘗祭(にいなめのまつり)、月次祭(つきなみのまつり)などの時に、神祇官(じんぎかん)が社格の高い大社の幣帛(へいはく)を案上に置いて奉ること。また、その社。案上。案上幣。⇔案下官幣(あんげかんぺい)。＊延喜式(927)一・神祇・四時祭「祈年祭神三千一百三十二座、大四百九十二座〈三百四座案上官幣一百八十八座国司所レ祭〉」 発音アンジョーカンペイ〈標ア〉0

あんじょう-じ【安祥寺】(アンジヤウ)京都市山科区御陵(みささぎ)平林町にある高野山真言宗の別格本山。山号は吉祥山。入唐八家(にっとうはっけ)の一人、恵運が嘉祥元年(八四八)創建。東密事相の根本道場となり、安祥寺流を開いたが、応仁の乱で荒廃した。高野堂。発音アンジョージ〈標ア〉ア

あんじょう-じょう【安祥城】(アンジヤウジヤウ)愛知県安城市にあった城。文明年間(一四六九～八七)、松平信光が本拠地として以来、岡崎に移るまで徳川四代の居城となる。発音アンジョージョー〈標ア〉ジョ

あんじょうじ-りゅう【安祥寺流】(アンジャウジリウ)『名』仏語。東密三十六流の一つ。野沢十二流の一つ。小野三流の一つ。真言事相の上で分かれた流派の一つで、安祥寺の宗意に始まる。近世に江戸の霊雲寺の浄厳が継承して新安流を興す。安流。＊密門雑抄(1862頃か)「東流十二流 小野三流〈勧修寺流、安祥寺流、随心寺流〉」 発音アンジョージリュー〈標ア〉0

あんしょう-ぜん【暗証禅】『名』仏語。不立文字(ふりゅうもんじ)に偏するあまり、経文を軽視してもっぱら坐禅のみで悟りを得るとした、誤った禅のこと。暗禅。＊興禅護国論(1198)序「素臣行二治世之経一、緇侶弘二出世之道一、四韋之法猶以用焉、五家之禅豈敢捨レ諸。而有二謗レ此之者一、謂為二暗証禅一」 発音アンショーゼン〈標ア〉ショ

あんじょう-ていあつぶ【鞍状低圧部】(アンジヤウ)『名』天気図で、左右を低気圧に、前後を高気圧にはさまれた形を示す気圧の谷。この区域では天気は不定で、雷雨が発生しやすい。発音アンジョーテイアップ〈標ア〉ツ

あんじょう-へい【案上幣】(アンジヤウ)『名』「あんじょうかんぺい(案上官幣)」に同じ。＊日本紀略-長元三年(1030)一二月一〇日「初奉二月次祭案上幣於大原野社一」 発音アンジョーヘイ〈標ア〉ジョ

アン-じょおう【一女王】(ヂョワウ)(Queen Anne) イギリス女王(在位一七〇二～一四年)。ジェームズ二世の末娘。スチュアート朝最後の君主。その治世に大ブリテン連合王国の名でイングランドとスコットランドを合併。政党政治と責任内閣制の発展をみた。(一六六五～一七一四)

あん-しょく【暗色】『名』暗い感じのする色。暗い色。⇔明色。＊青春(1905-06)〈小栗風葉〉春・一一「蒼溟(そうめい)烟るが如き沖は暗色の藍色に明けて」＊田舎教師(1909)〈田山花袋〉一九「秩父の雲の明色の多いのに引かへて、日光の雲は暗色(アンショク)が多かった」 発音〈標ア〉0〈京ア〉0

あん-じょく【鞍褥】『名』馬具の一つ。鞍の居木(いぎ)の上にかけた敷物。くらしき。くらぶとん。＊延喜式(927)四八・左馬寮「緋革十条〈鞍褥貫鞆緒著鞦障泥結料〉」＊十巻本和名抄(934頃)五「鞍褥 楊氏漢語抄云鞍褥〈久良之岐俗云宇波之岐〉」＊箋注和名抄(1827)五「鞍褥〈略〉鞍褥又見二弾正台馬寮等式、餝抄所レ云表敷即是〈略〉按是今鞍蒲団之類」 発音〈標ア〉0

あんじり『副』(「まんじり」の変化した語。「と」を伴って用いる) しみじみ。とっくり。＊浄瑠璃・甲賀三郎窟物語(1735)四「切(せめ)ては顔を今一度、あんじりと見て死にたい」＊浄瑠璃・菅原伝授手習鑑(1746)一「わしは漸(やうやう)御台様の後に隠れて、あんじりとお顔も拝ぬ女房の心、思ひやっても下されぬ」

あんじ-りょうほう【暗示療法】(レウハフ)『名』病人に心理的な暗示を与えることによって、効果をあげようとする心理療法。一般に、条件反射や催眠術を応用する療法をいう。神経症、心身症などに適用。＊随筆寄席(1954)〈辰野・林・徳川〉六「これは一種の暗示療法ですが『ビタミン不足です、その震えは。ですから、だまされたと思ってミカンをちょっと食って御覧なさい』」 発音アンジリョーホー〈標ア〉リョ

あん-じる【餡汁】『名』餡を溶かして作った汁。発音〈標ア〉ジ

あんじる より 芋汁(いもじる)＝**団子汁**(だんごじる)〔＝**豆腐汁**(とうふじる)〕 (「餡汁」に「案じる」をかけていう) 物事は、そう心配したものでもないということ。

あん・じる【案】『他ザ上一』(サ変の「案ずる」が上一段活用に転じた語。近世以降に見られる) ①「あんずる(案)①」に同じ。＊俳諧・三冊子(1702)白双紙「あこくその心はしらず梅(んめ)の花と云句をして、切字をいるる事を案じられし傍にありて」＊咄本・鹿の子餅(1772)炮禄売「爰はおやしきの中、酒屋は遠しと、少し案(アンジ)る身ありて、うなづき」②「あんずる(案)②」に同じ。＊浄瑠璃・心中宵庚申(1722)中「身のおとろふる程いやましに案じらるるは子の身の上」＊歌舞伎年代記(1811-15)九・中・享和二年「そばで案(アン)じるわたしらが、心をさっして下さんせいなア」＊尋常小学読本(1887)〈文部省〉三「童の家にては、其帰りのおそきをあんじて、迎への人を出したれども、つひに出あはざりしが」＊にごりえ(1895)〈樋口一葉〉一「高ちゃん大分御述懐だね、何もそんなに案(アン)じるにも及ぶまい」 発音〈標ア〉ジ0〈京ア〉0 辞書〈ボン・言海 表記案(へ)

あんじる より 産(う)**むが易**(やす)**い** 「あんずる(案)より産むが易い」に同じ。＊譬喩尽(1786)六「案(アン)じるより産(ウム)が安(ヤス)ひ」＊滑稽本・浮世風呂(1809-13)二・下「あんじるより産(ウム)がやすいと、思ひの外にすらすらと治ることもあるからの」

あん-じろ【網代】『名』(「あみしろ」の変化した語)「あんじろぐるま(網代車)」の略。＊源氏(1001-14頃)葵「あんじろのすこしなれたるが、下簾のさまなどよしばめるに、いとうひき入りて」 発音〈標ア〉0

アンジロウ(Angero) 日本最初のキリシタン信者。薩摩の人。マラッカに渡り、ザビエルに会って入信。天文一八年(一五四九)ザビエルを伴って帰国し、各地に伝道。彌次郎、安次郎と宛てられたが、正確な日本名は不明。生没年不詳。発音アンジロー〈標ア〉ア

あんじろ-ぐるま【網代車】『名』「あじろぐるま(網代車)」に同じ。＊源氏(1001-14頃)須磨「あんじろくるまのうちやつれたるにて、女車のやうにてかくろへ入り給ふも、いとあはれに」 発音アンジログルマ〈標ア〉グ

あんじ-わずら・う【案煩】(わづらふ)『他ハ四』決心できないで、思い迷う。あれこれ考えて悩む。＊太平記(14C後)一七・山門牒送南都事「畿内近国に軍の勝負を計りかねて、何方へか著くべきと案じ煩(ワヅラ)ひける兵共」＊天草本伊曾保(1593)イソポの生涯の事「anji vazzurŏte (アンジワヅラウテ) イラルル テイヲ Esopo ミテ Xantho ニ トウワ」＊日葡辞書(1603-04)「Anjivazzurai, ŏ, ŏta (アンジワヅラウ)〈訳〉当惑している、または、考え込んでいる」＊浄瑠璃・出世景清(1685)道行「人目包みてくゐくゐとあんじわづらふ身の上に」＊小学読本(1874)〈榊原・那珂・稲垣〉一「いかがはせんと案じ煩ひ居たり」 辞書日葡・〈ボン 表記案煩(へ)

あんじ-わ・びる【案侘】『他バ上一』文あんじわ・ぶ『他バ上二』思い悩んで心を痛める。気がかりなことをあれこれ考え悩む。＊人情本・仮名文章娘節用(1831-34)三・八回「心ならずもとやかくと、案じわびても詮方なく」＊当世書生気質(1885-86)〈坪内逍遙〉四「兄の行衛(ゆくゑ)を案(アン)じわびて」 発音〈標ア〉0ビ 辞書〈ボン 表記案侘(へ)

あん-しん【安心】『名』(「あんじん」とも) ①(─する) 心が安んじること。気がかりなことがなくて、心が落ち着くこと。＊玉塵抄(1563)九「順レ神精神をやしなうぞ。安心のことぞ」＊日葡辞書(1603-04)「Anjin (アンジン)〈訳〉疑わずに心を休めること」＊歌舞伎・蔦紅葉宇都谷峠(文彌殺し)(1856)三幕「『すっぱり思ひきりました』『ええ、それで安心いたしました』」＊吾輩は猫である(1905-06)〈夏目漱石〉二「何(いづ)れ永日御面晤(ごめんご)を期すといふ端書(はがき)があったので、やっと安心して」＊帰れる父(1919)〈水守亀之助〉「さも安神したと云った様子が見えた」＊白居易-得微之到官書、備知通州之事、悵然有感詩「努力安心過二三考一、已曾愁二殺李尚書一」②(形動) 心が安らかで心配のないこと。また、そのさま。＊滑稽本・東海道中膝栗毛(1802-09)八・中「順慶町のうらなひしゃがことば、おもひ合せて安心ならねども、今さらこのままにもかへられず」③(あんじん) 仏語。信仰によって、心が不動の境地に達すること。浄土教では、特に阿彌陀仏を信じて疑わないこと。＊大応国師法語(1308頃)「唯此安心安楽の処を伝へて、更に一法として人に授くる所なし」＊奏進法語(1492)「御往生の安心は、定めて御心に研かせ給ひ候はんなれども」＊日葡辞書(1603-04)「コレ ワガ シュウノ anjin (アンジン) ナリ〈訳〉これが私たちの教えの目的または本質的なものである」＊仮名草子・竹斎(1621-23)上「いかに皆々女房たち。大事のあんじんをば説き残したるぞ」＊艸山集(1674)二二・病中吟「安心吾妙術、何処訪二良医一」＊宗教哲学骸骨(1892)〈清沢満之〉「自力門の信者は心内の無限性を認

信すれば其無限開発の疑なきに安心し他力門の信者は心外に無限体を認信すれば其救済摂取の疑なきに安心するなり」＊景徳伝燈録‐三「二祖良久曰、覓レ心了不レ可レ得、達摩曰、与レ汝安心竟」 ④内心のくふうをすること。奥義に達するための心づかい。＊花鏡(1424)万能綰一心事「是は、為手(して)の秘する所の安心なり」＊拾玉得花(1428)「稽古、安心(あんしん)をなさば」 語誌 (1)儒教の安心立命の語から出て、禅僧の菩提達磨(ぼだいだるま)が仏教徒として初めて用いた。その後天台宗の智顗(ちぎ)が仏法の道理のままに心が安定したことを善巧(ぜんぎょう)安心といい、浄土教の善導(ぜんどう)は「観無量寿経」の至誠心(しじょうしん)・深心(しんじん)・回向発願心の三心を安心と名づけ、往生に不可欠の要素とした。(2)日本では善導の説を受け継いで、浄土宗鎮西派(ちんぜいは)が、往生を願う別安心と仏教一般の菩提心を総安心といって区別した。西山派(せいざんは)は自力を捨て阿彌陀仏の本願に帰依した領解(りょうげ)の心を安心とし、真宗では蓮如以降、阿彌陀仏をたのむ信心が起こることを安心決定(けつじょう)または安心を得るとした。(3)中・近世には連濁形アンジンが通行しており、「文明本節用集」「日葡辞書」「易林本節用集」「運歩色葉集」は、みなアンジンである。(4)「安心」と「安堵」は現代語で意味が類似するが、「安心」には、形容動詞的用法があるのに対して、「安堵」にはそれがないという違いがあり、また、「安心」は、より持続的な事態を表現し、「安堵」は、かなり瞬間的な事態を表現する。 方言 心構え。心組み。 ◇あんじん 富山県上新川郡395 発音 〈音史〉古く『あんじん』とも。〈標ア〉０ 〈京ア〉０ 辞書 文明・易林・日葡・〈ボン〉・言海 表記 安心(文・易・へ・言)

あんしん[=あんじん]決定(けつじょう) ①仏語。主として浄土教で用い、阿彌陀仏の誓いを信じて一片の疑いもなくなったことをいう。信心決定。＊蓮如御文章(1461‐98)一「わがいのちあらんかぎりは報謝のためとおもひて念仏まうすべきなり。これを当流の安心決定(アンジムクェチヂャウ)したる信心の行者とはまうすべきなり」 ②(転じて)ある信念を得て心が動かなくなったこと。＊どちりいなきりしたん(一五九二年版)(1592)序「一切のキリシタンの為に、安心決定(アンジンケツヂャウ)の一道なれば」＊福翁自伝(1899)〈福沢諭吉〉幼少の時「喜怒色に顕さずと云ふ一句を読で其時にハット思ふて大に自分で安心決定(アンシンケツヂャウ)したことがある」 ③先の見通しが確定して少しも不安のないこと。＊浮世草子・傾城禁短気(1711)一・目録「此段は妻にきはめて永く夫婦一連の楽(たのしみ)をなすを、安心決定(アンジンケツヂャウ)の身請(みうけ)と云」

あんじん 得道(とくどう) 仏語。心が常に安穏で動じないことによって悟りをひらくこと。＊読本・本朝酔菩提全伝(1809)二・三「汝今左の臂に手を負、此雪の達磨(だるま)の前にて、我弟子とならん事、恵可大師安心得道の趣きに似て、もっとも深き因縁なり」

あんしん 立命(りつめい) 儒教で、人力を尽くしてその身を天命に任せ、どんな場合にも落ち着いていること。天命を知って心を平安に保ち、くだらないことに心を動かさないこと。仏教では、「あんじんりゅうみょう(安身立命)」と訓み、主に禅宗で、悟りの境地に到達して真の心の安らぎを得、主体性を確立すること。＊いさなとり(1891)〈幸田露伴〉八七「何程安心立命(アンシンリツメイ)の地の定まらず頼みなき身を歎けばとて」＊福翁百話(1897)〈福沢諭吉〉五「何某の徳行を慕ふて修身の鑑と為し以て安心立命(アンシンリツメイ)の処を得たりなどの談は」＊後裔の街(1946‐47)〈金達寿〉六「それはよく考えると自己弁解的でもあったが、とにかく彼はそこに安心立命していたといってよかった」＊天目高峰禅師示衆語「主人公、畢竟在二甚麼処一安心立命」 発音 アンシンリツメイ 〈標ア〉０ 〈京ア〉０

あんじん 立命(りゅうみょう) 「あんしん(安心)立命(りつめい)」に同じ。

あん‐しん【安身】〘名〙 ①身の安楽なこと。安らかな身。また、身心を安らかにすること。＊南游集(1364頃)和草庵首座山居「無心能得二安身法一。莫レ問長生不死方」＊日葡辞書(1603‐04)「anxin(アンシン)。ヤスキミ」＊呂氏春秋‐論大「一家皆乱、無レ有二安身一」 ②一身を安泰にすること。身を立てること。＊読本・唐錦(1780)二「汝は再びよき主を頼みて、安身(アンシン)の計(はかりこと)をなすべし」＊西洋事情(1866‐70)〈福沢諭吉〉外・三「其土地に居て活計の道なくば他国に行て之を求め自から安身の方便なきに非ざれども尚ほ奮発の意なくして懶惰に安んじ甘して貧窮に困しむ者少なからず」＊西国立志編(1870‐71)〈中村正直訳〉一一・二七「この職業の学は、衆人の達すべき安身の処ならずや」 発音 〈標ア〉０ 辞書 日葡

あんしん 立命(りゅうみょう) 禅のさとりを得て、自己を打ち立てること。＊童子問(1707)下・四八「学者須以レ此為二安身立命根基一」＊槐安国語(1749)「如レ是則諸人尽在二箇仏肚裏一。起坐経行。若也在二肚裏一。争能灌二沐浄智荘厳功徳身一。若道二灌沐無レ妨。向二甚処一安身立命」

あん‐しん【安寝】〘名〙 「あんみん(安眠)」に同じ。＊聖徳太子伝暦(917頃か)上・崇峻天皇五年「夜入二宿衛之中一。問二陛下起居一。聞二安寝静密一」＊本朝文粋(1060頃)一・孫弘布被賦〈源英明〉「安寝足レ睡。不レ如二橦華之相随一」＊日葡辞書(1603‐04)「Anxin(アンシン)。マクラヲ ヤスンズ。すなわち、ヤスウ イヌル」＊広益熟字典(1874)〈湯浅忠良〉「安寝 アンシン オチツイテネムル」＊揚雄‐諫不受単于朝書「故北狄不レ服、中国未レ得二高レ枕安寝一也」 辞書 文明・日葡 表記 安寝(文)

あん‐しん【闇神】〘名〙 愚かな精神。＊万葉(8C後)一七・三九七六右七言詩序文「但惟下僕稟性難レ彫闇神靡レ瑩」

あん‐じん【安心】〘名〙 ⇨あんしん(安心)

あん‐じん【按針】 ㊀〘名〙(「あんじ」とも) 中世末期頃から日本に渡来した中国船・西洋船の航海士。磁針を見、天体を測定して船の航海をつかさどった者。行師(あんじ)。按針役。按針者。近世初期に来航したポルトガル船のピロウト(piloto)を訳したもので、別にそのままピロウトとも呼ばれたが、水夫ではなく航海長に当たる。＊通航一覧(1853)一八三「黒船之下江我船を乗入、則黒船へ乗移、アンジンを打取」 ㊁ ⇨アダムズ㊃。 発音 〈標ア〉ア

あん‐じん【暗塵】〘名〙 つもったほこり。また、空を暗くおおうような土ぼこり。＊一夜百首(1797)前題百詠・洛陽道「万戸臨二垂柳一、千門没二暗塵一」＊杜甫‐贈崔十三評事公輔「暗塵生二古鏡一、払レ匣照二西施一」

あんしん‐がお【安心顔】〘名〙 気がかりなことがなくなってほっとした顔つき。＊鳥影(1908)〈石川啄木〉九・四「『ハア大丈夫だ』と農夫も安心顔」 発音 アンシンガオ 〈標ア〉０

あんしん‐かん【安心感】〘名〙 安心できるような感じ。心配がなくなって心が落ち着いた感じ。＊セルロイドの塔(1959)〈三浦朱門〉一七「個人個人の責任を免除されたような安心感があった」＊軽口浮世ばなし(1977)〈藤本義一〉一六・一「たとえば、たいした病気でないのにズル休みをしても、同僚が代行してくれるという安心感(本当は怠け心だろう)が緊張を欠いてしまうのである」 発音 〈標ア〉シ

あんじんけつじょうしょう【安心決定鈔】(アンジンケツヂャウセフ) 浄土教一流の要義を記したもの。二巻。著者、成立年など不詳。従来、ほぼ浄土宗西山派に属する一流の教義に基づく南北朝頃の著作とされるが、浄土真宗では宗学書として重用されてきた。 発音 アンジンケッジョーショー 〈標ア〉ジョ

あんじん‐さん【安神散】 江戸時代、婦人病の血の道および気付けに用いた散薬の名。＊浮世草子・風流曲三味線(1706)五・一「若も夜中に又目眩心(めまひごころ)あらば、此下の重に安神散(アンジンサン)を入置たり。それを白湯(さゆ)にて用ひられよ」＊滑稽本・浮世風呂(1809‐13)前・上「口中散を翻せば忠孝一切の妙薬、二親の安神散(アンジンサン)」 発音 〈標ア〉０ ジ 辞書 文明 表記 安神散(文)

あんじん‐しゃ【按針者】〘名〙 「あんじん(按針)㊀」に同じ。＊輿地誌略(1826)八「故に欧邏巴の諸舶、馬児地歇産の按針者を用ひず」

あんじん‐しゅ【按針手】〘名〙 按針(あんじん)㊀の下で働く航海士。＊五国対照兵語字書(1881)〈西周〉「Pilote〈略〉引水人又案針手」＊風俗画報‐七八号(1894)豊島の海戦「我軍艦より又端艇を発して海中に飛入たる船長以下運転手按針手等を救助せり」

あんじんちょう‐の‐はきだめ【安針町掃溜】(アンジンチャウ‥)〘連語〙 はね者、飛び上がり者が多いという洒落。安針町は江戸日本橋の町名で鳥問屋の多い所であったから、そこの掃溜には羽根が多いという意味で、羽根をはね者にしゃれた表現。＊滑稽本・和合人(1823‐44)二・下「『おらが家は安針町(アンジンチャウ)のはきだめのようだ』『なぜなぜ』『こう又、はねが集まるものじゃァねへ』」

あんじん‐づか【按針塚】 神奈川県横須賀市西逸見(にしへみ)町にある三浦按針夫妻の墓。 発音 〈標ア〉ジ

あんじん‐ばこ【按針箱】〘名〙 江戸時代、船の按針役が天測器具、磁石、海図などを使って針路を定めるために設けた小矢倉。一般の和船にはないが、元祿元年(一六八八)徳川光圀(みつくに)が蝦夷(えぞ)地探検に使用した快風丸が、船屋形の上に四尺四方の大きさで設けた。＊快風船渉海紀事(1703)「あんじん箱と云者、船屋形の上に矢倉の様にして」

あんじん‐やく【按針役】〘名〙 「あんじん(按針)㊀」に同じ。＊捕影問答(1807‐08)前「右両人の阿蘭陀、一人は船頭〈略〉、一人は『ジーペンベーキ』、按針役」＊慶応再版英和対訳辞書(1867)「pilot 船の案針役」

あん‐す〘自サ特活〙(「あります」の変化した語。一説に「ある」に「んす」の付いた語という)「ある」の丁寧表現。遊里語・通人語として用いられたが、奴(やっこ)や男達(おとこだて)などにも用いられた。 ①「来る」「行く」などの意に軽い敬意をこめていう。＊仮名草子・都風俗鑑(1681)三「誠にぬれの最ちうにてあんすであんす」＊咄本・軽口あられ酒(1705)五・三「今日は大寄ぶあしらい也。近い内にあんせとて、せ中をたたく」 ②(補助動詞として、「であんす」の形で)であります。です。＊浮世草子・好色一代男(1682)六・五「お使誰しや、鶴屋の伝左かたよりであんすあんすと申」＊咄本・軽口露がはなし(1691)五・一五「これ一つ気の毒であんす」＊雑俳・もみぢ笠(1702)「しこなして、でんすあんすの茶や女」 ③(補助動詞として、動詞の連用形について)ます。＊浄瑠璃・伊豆院宣源氏鏡(1741)二「コレ此喧嘩は此馬士(むまかた)が貰ひあんした」 方言 「ある」を丁寧に言う語。補助動詞として用いることが多い。です。であります。ございます。 青森県南部071 岩手県気仙郡100 秋田県秋田市・鹿角郡130 山形県138 144 福島県河沼郡038 栃木県198 群馬県群馬郡234 千葉県市原郡057 広島県賀茂郡057 徳島県名西郡057 鹿児島県枕崎市038

あん‐ず【杏子・杏】〘名〙(「あん」「す」はそれぞれ「杏」「子」の唐宋音) ①バラ科の落葉小高木。特に、その実をいう。中国原産で、栽培品種が多い。広く果樹として植えられている。高さ三～五メートル。樹皮は褐色で堅

い。葉は卵形か広楕円形で先が急にとがり、柄があって互生する。春、葉に先だって淡紅色または白色の五弁の花が咲く。実は直径三～四センチメートルの球形で、赤みのある黄色に熟し食用とする。種子から杏仁油(きょうにんゆ)をとり、また、杏仁水を作るほか、漢方ではせき止めの薬として用いる。からもも。アプリコット。学名は Prunus armeniaca 《季・夏》▼あんずの花《季・春》 *蔭凉軒日録-長享二年(1488)三月二八日「今日自二浄光院一移二庭樹一。松樹二本、接梅一本、杏花一株移レ之」 *伊京集(室町)「杏子 アンズ」 *元和本下学集(1617)「五果 李 杏(アンズ) 棗 桃 栗也」 *俳諧・犬子集(1633)一・杏子「しほるるは何かあんずの花の色〈貞徳〉」 *大和本草(1709)一〇「杏(〈注〉アンズ)其花紅梅におくれ、桃に先だつ。花うるはしく、子は果として食し、其内の仁は薬とし、又食品に加ふ」 *日本植物名彙(1884)〈松村任三〉「アンズ 杏」 *抒情小曲集(1918)〈室生犀星〉小景異情「あんずよ 花著け地ぞ早やに輝やけ」 ②旅館などで婦人のことをいう隠語。 ③花柳界で情婦のことをいう。〔東京語辞典(1917)〕 語誌「もも」になぞらえうる外来の植物ということで、別の種類の植物と共に「からもも」と呼ばれていたが、杏の果実である「杏子」を食する習慣が、アンズという音で普及するに及び、果実だけでなく、その木や花もアンズと呼ばれることとなった。また種子であるアンニン(杏仁)を薬用とすることも、普及に寄与したと思われる。 語源説 (1)杏子の唐音〔日本釈名・大言海・国語の中に於ける漢語の研究=山田孝雄〕。(2)アマスウメ(甘酸梅)の義〔日本語原学=林甕臣〕。 発音〈なまり〉アッコ・アンッコ〔岩手〕 アッンメ〔福島〕 アンシ〔鳥取〕 アンス〔鳥取・周防大島・伊予大三島・瀬戸内〕 アンゾ〔石川〕 〈標ア〉⓪ 〈京ア〉⓪ 辞書 下学・文明・伊京・明応・天正・饅頭・黒本・易林・日葡・書言・ヘボン・言海 表記 杏子(文・伊・明・天・饅・黒・易・書・へ) 杏(下・言)

杏 子 ①

あん-ず【按司】〘名〙「あんじ(按司)」に同じ。*読本・椿説弓張月(1807-11)続・三三回「抑琉球は〈略〉その都を首里といふ。この余の郡県(あがた)を間切(まぎり)と唱(となへ)、その地の領主を按司(アンズ)といふ」 辞書 言海 表記 按司(言)

あん-ず【案主】〘名〙「あんじゅ(案主)」に同じ。

あん-ず【庵主】〘名〙「あんじゅ(庵主)」に同じ。*天正本節用集(1590)「菴主 アンズ」 *日葡辞書(1603-04)「Anzu(アンズ)〈訳〉茅屋に住む僧侶」 発音〈音史〉古く『あんじゅ』『あんず』両様。現代は『あんしゅ』とも。〈標ア〉⓪ ㋐ 〈京ア〉⓪ 辞書 天正・日葡 表記 菴主(天)

あん-・ず【安】〘他サ変〙①安置する。*春記-長元元年(1028)九月一〇日「奉二繋求一之処、如レ金玉求二得二粒一、即奉レ入二絹了一奉二将向一、只今安二彼御辛櫃上一」 *太平記(14C後)二五・自伊勢進宝剣事「翌日(つぎのひ)より兼員此の剣を平野の社の神殿に安(アン)じ」 *蔭凉軒日録-長享二年(1488)五月五日「又問曰、無二輪蔵一処如何安レ之哉。造二経蔵一収レ之」 *読本・椿説弓張月(1807-11)拾遺・附言「如意輪普賢の二体〈御枕之外〉を安(アン)せらるべし」 ②心を不安や心配のないようにする。気持をやすらかにする。*妙一本仮名書き法華経(鎌倉中)三・薬草喩品第五「いまだ、度せざるものをば、度せしむ。いまだ解せざるものをば、解せしむ。いまだ安(アン〈注〉ヤスカラ)せざるものをは安(アン〈注〉ヤスカラ)せしむ」 辞書 ヘボン 表記 安(へ)

あん-・ず【按】〘他サ変〙⇨あんずる(按)

あん-・ず【案】〘他サ変〙⇨あんずる(案)

あん-・ず【暗・諳】〘他サ変〙⇨あんずる(暗)

あんず-あん【杏子餡】〘名〙アンズの果肉を煮て、すりつぶし、砂糖とさらし水飴とを加えて練り混ぜたもの。 発音〈標ア〉⓪ ㋜

あん-すい【安睡】〘名〙安らかにぐっすりと眠ること。安眠。*小学読本(1884)〈若林虎三郎〉四「因りて画く所の図を以て示すに、翁之を見て画は宜しけれども臥猪にはあらず必病猪ならんと云ふ、応挙驚きて其の故を問へば、臥猪は安睡の中と雖も其の態自ら勢あり、僕山中にて病猪を見るに実に此の画の如しと云ふに」 発音〈標ア〉⓪

あん-すい【闇推】〘名〙推測すること。憶測すること。*志都の岩屋講本(1811)下「其の理を究めて云ったでは無けれども、闇推(アンスヰ)ながら、まづ古くは素問の脈要精微論に」 発音〈標ア〉⓪

あんず-いろ【杏子色】〘名〙熟したアンズの実のような赤みのある黄色。*失われた時(1960)〈西脇順三郎〉一「秋の日の夜明けに 杏子色の火炎があがる」 *風と死者(1969)〈加賀乙彦〉「それは、杏子色の瓦屋根、白い壁の、どこか異国風の階段状の建物であった」 発音〈標ア〉⓪

あんず-うめ【杏子梅】〘名〙梅の栽培品種。花は単弁、淡紅色、果実は酸味が少なく、花・実ともにアンズに似ている。もちうめ。*重訂本草綱目啓蒙(1847)二五・五果「杏梅はあんずうめ 一名もちうめ〈略〉この梅は酸味なく杏に似たり故に名く。また杏の味酸ものを梅杏といふ」 方言 植物、あんず(杏)。北海道一部030 青森県一部030 宮城県一部030 秋田県一部030 山形県139 群馬県一部030 富山県一部030 滋賀県一部030 和歌山県一部030 ◇あんずめ 秋田県一部030 鹿角郡133 山形県139 福島県030 福井県一部030 ◇あずんめ 秋田県一部030 ◇あじうめ 北海道松前†050 青森県一部030 上北郡082 宮城県一部030 ◇あんつめ 山形県138 福島県155 ◇あじめ 青森県津軽075 ◇あんずん 新潟県一部030 石川県河北郡414 長野県西筑摩郡490 大阪府一部030 発音 アンズウメ〈なまり〉アジメ〔津軽語彙〕 アズンメ〔秋田鹿角〕 アッンメ〔山形〕 〈標ア〉㋜ 辞書 言海 表記 杏梅(言)

あんず-たけ【杏子茸】〘名〙担子菌類アンズタケ科の食用きのこ。秋、各地の針葉樹林の地上に群生する。全体が鮮かな橙黄色で、かさの直径三～八センチメートル。肉は厚く黄色みを帯び、アンズに似た香りがある。からもたけ。うこんたけ。学名は Cantharellus cibarius *くさびら譚(1968)〈加賀乙彦〉五「独特の味や香りで一度食べたら忘れられぬ逸品が含まれている。たとえば〈略〉杏子そっくりの香気を発するアンズタケ」 発音〈標ア〉㋜

アンスリウム〘名〙(Anthurium)《アンスリューム》 サトイモ科の属名または同属植物の総称。多くの種類があるが、すべて常緑多年草。熱帯アメリカに約二〇〇種を産し、葉に観賞価値があり、温室などで栽培する。オオベニウチワ、ベニウチワ、ハランウチワなど。学名は Anthurium 発音〈標ア〉㋷《リュ》

あん-・ずる【按】〘他サ変〙図あん・ず〘他サ変〙(「あんずる」とも) ①何かしようとするのをおさえる。とどめる。ひかえる。*俳諧・氷餅集(1774)序「詞海に船を艤ひ、文峰に轡を按ずるは」 ②弦楽器の奏法の一つ。左手の指で勘所(かんどころ)を押したり、実弦をおさえたりして音を上げる。*源氏(1001-14頃)若菜下「昼はいと人しげく、なほ一度(ひとたび)もゆしあむする暇も、心あわただしければ」 ③なでる。さする。とくに、刀のつかに手をかけることをいう場合が多い。*太平記(14C後)二一・先帝崩御事「右の御手には御剣を按(アンジ)て、八月十六日の丑剋(うしのこく)に、遂に崩御成にけり」 *経国美談(1883-84)〈矢野龍渓〉後・四「蘇氏は馬上に眼を怒らして剣を按し」 ④「あんずる(案)③」に同じ。*史記-項羽本紀「項王按レ剣而跽曰、客何為者」 *古今学変(1750)上「胤按、子思称二夫子之徳一、以レ此賛レ之」 *随筆・山中人饒舌(1813)下「有司按籍、進者二百余名」 *経国美談(1883-84)〈矢野龍渓〉後・凡例「読者地図を按じて編者の記事の粗鹵なるを補へ」 *改正増補和英語林集成(1886)「リツヲ anshite(アンシテ) ツミヲ サダメル」 *後漢書-律暦志「按レ暦而候レ之」 ⑤「あんずる(案)①」に同じ。*東京新繁昌記(1874-76)〈服部誠一〉二・浄瑠璃温習「師管絃を理し、弟歌曲を按ず」 *福翁百話(1897)〈福沢諭吉〉四四「依て窃(ひそか)に按(アン)ずるに」 *漢書-賈誼伝「稽二之天地一、験二之往古一、按二之当今之務一」 発音〈標ア〉㋜ ⓪ 辞書 色葉・文明 表記 按(色・文)

あん-・ずる【案】〘他サ変〙図あん・ず〘他サ変〙①あれこれと考えをめぐらす。心中いろいろと考える。「一計を案ずる」 *竹取(9C末-10C初)「これを、この頃安ずるに」 *大鏡(12C前)三・伊尹「とばかりものも宣はで、いみじうおぼしあんずるさまにもてなして」 *平家(13C前)二・烽火之沙汰「其の恩の深き事を案ずれば、一入再入の紅にも過ぎたらん」 *徒然草(1331頃)一一〇「いづれの手かとく負けぬべきと案じて、その手を使はずして、一目なりともおそく負くべき手につくべし」 *淮南子-時則訓「行二犠牲一案二芻豢一、視二肥臞全粋一」 ②物事の成り行きなどをあれこれと心配する。*中務内侍(1292頃か)弘安七年七月五日「そらおそろしくあんぜられて」 *虎清本狂言・鏡男(室町末-近世初)「さぞほねこそをれるらうとおもふて、あんじたれば、京でおんなぐるひをしおって」 *浮世草子・好色盛衰記(1688)一・五「いまだ遠ひ事案(アン)じて何のやくにか立べし」 *歌謡・松の葉(1703)四・几帳「宿の首尾のみあんずれば、我が黒髪も白髪となる」 ③はっきりしない点を問いただす。調べる。*漢書-丙吉伝「公府不レ案レ吏、自レ吉始」 語誌 当初は、ある不確定な情報の実態を明確にするために、さまざまな分析・総合する思索の働きを表現した。主として、難解な字句の考証や原稿の推敲などの言語情報を対象とする場合と、実態のはっきりしない事件の調査や将来の企画などの社会現象を対象とする場合とがある。このため学問・行政など社会の公的な文脈にのみ現われる語であった。鎌倉時代以降、不可解な実態に直面した際に、対処できずに思い悩む心の動きを表わす表現として一般化した。江戸時代以降「案じる」と上一段活用に移ったが、結論の出ない思考や、将来の心配などのマイナスの心的状況を表現する形式に固定された。 発音〈標ア〉㋜ ⓪ 〈京ア〉⓪ 文『あんず』〈標ア〉⓪ ㋐ 〈ア史〉平安○○◐ 江戸『あんずる』●●○○ 〈京ア〉⓪ 辞書 色葉・文明・日葡・ヘボン・言海 表記 案(色・文・へ・言)

あんずる より 産(う)むが易(やす)い 前もって心配するよりも、実際に事に当たってみれば案外たやすい。取り越し苦労をするなという意。*人情本・春色梅児誉美(1832-33)四・二二齣「案(アン)じたより産(ウム)が易(ヤス)いと世の諺」 *多情多恨(1896)〈尾崎紅葉〉後・一「所謂(いはば)二人の夫を有つやうなものと思へば、有繫(さすが)に慄(ぞっ)としたが、案ずるよりは産むが易しで」

あん-・ずる【暗・諳】〘他サ変〙図あん・ず〘他サ変〙そらで覚えていることを口に出して唱える。暗誦する。そらんずる。*小学読本(1884)〈若林虎三郎〉二「汝等は歌骨牌の歌を知るや。其の歌は皆百人一首と題する本の中にあり。汝等閑暇のとき之を読みて諳ずべし」 発音〈標ア〉㋜ ⓪

あんずる-に【案— ・按—】〘連語〙考えてみるに。思うに。けだし。多くの場合、自分の考えをいう時、発語のように用いる。*史記抄(1477)八・孝文本紀「索隠は、按するに、蘇林徐広韋昭は以為二人封号なりと」 *寛永刊本蒙求抄(1529頃)三「案(アン)ずるにあれのたによい事では候ぬかと云ぞ」 *万葉代匠記(精撰本)(1690)一「按するに、当集にては作歌詠歌御歌御制歌あるひはただ歌とのみいへり」 *和漢船用集(1766)一

○・船処名之部「歩(あゆみ)〈略〉按するに、上に有を歩とし、下に有を挟とすべし」 発音〈標ア〉ズ〈京ア〉ル／0 辞書文明 表記案・按(文)

あん-せい【安世】『名』平和で穏やかな時代。＊運歩色葉(1548)「安世 アンセイ」＊日葡辞書(1603-04)「Anxei(アンセイ)」 辞書日葡

あん-せい【安西】㊀中国甘粛(かんしゅく)省の県。天山南北路の分岐点に当たり、西方との貿易で繁栄した。㊁(安西都護府の略称)⇨あんせいとごふ(安西都護府)。 発音アンセイ〈標ア〉ア

あんせい【安政】江戸時代、孝明天皇の代の年号。嘉永七年(一八五四)一一月二七日、異国船の渡来や内裏(だいり)炎上などのため改元。安政七年(一八六〇)桜田門外の変ののち、三月一八日万延元年となる。将軍は一三代徳川家定、一四代家茂(いえもち)。出典は「群書治要」の「庶人安ㇾ政、然後君子安ㇾ位矣」 発音アンセイ〈標ア〉0〈京ア〉0

あんせい の 大地震(おおじしん) 安政年間(一八五四〜六〇)に続発した前後一三回に及ぶ地震の総称。特に安政二年(一八五五)一〇月二日、江戸を中心に近辺諸国をおそった大地震をさす。江戸の被害がはなはだしく、江戸城の石垣がくずれ、渚門(なぎさもん)が倒壊した。圧死者・焼死者は寺葬された者だけで約七〇〇〇人といわれる。水戸藩の藤田東湖・戸田蓬軒も圧死した。 発音アンセイノオージシン〈標ア〉ジ

あんせい の 仮条約(かりじょうやく) 安政五年(一八五八)江戸幕府が、アメリカ・オランダ・ロシア・イギリス・フランスの五か国と順次に結んだ修好通商条約の総称。大老井伊直弼(なおすけ)が勅許を得ずに締結したため、尊王攘夷運動が激化した。安政五箇国条約。 発音アンセイノカリジョーヤク〈標ア〉ジョ

あんせい の 大獄(たいごく) 安政五年(一八五八)大老井伊直弼(なおすけ)が、尊王攘夷派に対して行なった大弾圧。日米通商条約を勅許を得ないで調印したことや、将軍の後継者を家茂(いえもち)に定めたことに対する激しい反対を押えるため、徳川斉昭らの大名・公卿に謹慎を命じ、志士百余名を投獄、吉田松陰・橋本左内・頼三樹三郎ら八名を死刑にした。戊午(ぼご)の大獄。 発音アンセイノタイゴク〈標ア〉0

あん-せい【安盛】『名』安らかで繁栄していること。＊落葉集(1598)「安盛 あんせい」＊日葡辞書(1603-04)「Anxei(アンセイ)〈訳〉平和と繁栄」 辞書日葡

あん-せい【安静】『名』①(形動)安らかで静かなこと。静かに落ち着くこと。また、そのさま。＊家伝(760頃)下(寧楽遺文)「至ㇾ有二朝議一、持平合和、朝庭上下安静、国無二怨讟一」＊太平記(14C後)一四・新田足利確執奏状事「乾臨早被ㇾ下二勅許一、誅二伐彼逆類一、将ㇾ致二海内之安静(あんセイ)一、不ㇾ堪二懇歎之至一」＊談義本・教訓乗合船(1771)五・武術者の惣論「江海船を、くつがへし、大行の途亘を砕くといへども、人の心に比すれば、安静(アンセイ)なり」＊西国立志編(1870-71)〈中村正直訳〉九・三〇「和平安静なる心なり」＊田舎教師(1909)〈田山花袋〉二六「静かなさびしいしかし甘い安静が来た」＊こゝろ(1914)〈夏目漱石〉四二「上野から帰った晩は、私に取って比較的安静(アンセイ)な夜(よ)でした」＊普賢(1936)〈石川淳〉四「逆上が常態となり了(おほ)せた安子なればこそ見当はづれの応答に安静してゐられる筈であらうが」＊管子-内業「天主ㇾ正、地主ㇾ平、人主二安静一」②(病気を治すため)体をあまり動かさないで、静かに寝ていること。＊不如帰(1898-99)〈徳富蘆花〉中・四・二「安静(アンセイ)にして療養の功を続けなば、快復の望あり」＊明暗(1916)〈夏目漱石〉四五「やっと安静(アンセイ)状態に寝かして置いて」＊国民年金法(1959)別表・一・九「長期にわたる安静を必要とする病状」 発音アンセイ〈標ア〉0〈京ア〉0 辞書〈ボン〉 表記安静(へ)

あんせい【安静】江戸前期の俳人。荻田氏また荻野氏。貞徳直系の俳人の一人。和歌もたしなみ、能書家でもあった。編著「けふの細布」「鄙諺集」「如意宝珠」。寛文九年(一六六九)没。

あん-せい【暗世】『名』乱れた世。乱世。＊異制庭訓往来(14C中)「是明時聖主之所ㇾ行也。非二暗世庸君之所一ㇾ事」

あん-せい【暗声】『名』(白居易の「新楽府・上陽人」に「耿耿残燈背ㇾ壁影、蕭蕭暗雨打ㇾ窓声」とあるのによる)暗い雨音。暗い雨が窓を打つ音。あんしょう。＊和漢朗詠(1018頃)上・雨「斜脚は暖風の先づ扇ぐ処 暗声は朝日のいまだ晴れざる程〈慶滋保胤〉」＊類聚句題抄(11C中)雨添山気色〈慶滋為政〉「暗声尽出二孤峰黛一、細脚装成二遠岫容一」＊本朝無題詩(1162-64頃)二・雲林院西洞遇雨〈藤原明衡〉「住ㇾ寺自令二斜脚助一、帰ㇾ家更被二暗声留一」＊色葉字類抄(1177-81)「暗声 雨名 アンセイ」 辞書色葉 表記暗声(色)

あん-せい【暗星】『名』自ら光を発しない恒星。暗黒星。 発音アンセイ〈標ア〉0

あんせい-いちぶきん【安政一分金】『名』安政六年(一八五九)六月から安政小判とともに発行された幕府制定の長方形金貨。小判の四分の一に当たる。わずか三か月の短期間鋳造されたばかりで、翌万延元年(一八六〇)には万延一分金が発行された。明治七年(一八七四)九月から一般の通用を禁じられ、新貨と交換回収された。

あんせい-いちぶぎん【安政一分銀】『名』安政六年(一八五九)八月から発行された幕府制定の長方形銀貨。当時流入して来た外国銀貨の品質に合わせて作られたので、俗に「ドル銀」と呼ばれた。明治七年(一八七四)九月から一般の通用を禁じられ、新貨と交換回収された。

あんせい-いっしゅぎん【安政一朱銀】『名』嘉永一朱銀のこと。嘉永七年(一八五四)一月から通用が開始されたが、その嘉永七年は、閏(うるう)七月に安政と改元されたところからいう。

あんせいきぶんつくだのよあらし【安政奇聞佃夜嵐】歌舞伎「つくだのよあらし(佃夜嵐)」の本名題。

あんぜいきゅう【安城宮】雅楽の曲名。「あんせいらく(安城楽)」に同じ。＊二十巻本和名抄(934頃)四「黄鍾調曲 喜春楽〈略〉安城宮」＊楽家録(1690)二八「安城楽〈阿牟勢以羅具城宇濁〉一本城作ㇾ世、一名安城宮」 発音アンゼイキュー〈標ア〉ゼ

あんせい-きん【安政金】『名』「安政小判」「安政一分金」「安政二分金」の総称。 発音アンセイキン〈標ア〉0セ

あんせい-ぎん【安政銀】『名』「安政丁銀」「安政豆板銀」の総称。 発音アンセイギ(ギ)ン〈標ア〉0セ

あんせいこう【安世高】(アンセイカウ) 中国、漢代の高僧。ペルシアの古王国安息国(パルティア)の太子。王位を捨てて仏教に帰依(きえ)、後漢の桓帝(かんてい)の建和年間(一四七〜一四九)洛陽に来て、「安般守意経」などの経典を訳出、中国仏教の基礎を築いた。

あんせい-こばん【安政小判】『名』安政六年(一八五九)六月から安政一分金とともに発行された幕府制定の長楕円形一両金貨。裏に「正」の字の極印があり、俗に「正字小判」ともいわれた。わずか三か月の短期間、鋳造されたのみで、翌万延元年(一八六〇)には万延小判が発行された。明治七年(一八七四)九月から一般の通用を禁じられ、新貨と交換回収された。 発音アンセイコバン〈標ア〉コ

あんせい-しちん【安西四鎮】唐代に西域統治機関として置かれた四都督府のこと。亀茲(きじ)・于闐(うてん)・疏勒(そろく)・焉耆(えんき)をさす。 発音アンセイシチン〈標ア〉チ

あんせい-ちょうぎん【安政丁銀】(チャウギン)『名』安政六年(一八五九)一二月から安政豆板銀とともに発行された、幕府制定のなまこ形秤量(しょうりょう)銀貨。明治元年(一八六八)五月、銀目廃止で通用を禁じられた。表面に当初の発行年次を表わす「政」字の極印が二個打刻されているので、俗に、「政字丁銀」と呼ばれた。江戸時代発行銀貨のなかで最低の品質のもの。

あんせい-ど【安静度】『名』病気療養中の患者が必要とする安静の程度。 発音アンセイド〈標ア〉セ

あんせい-とごふ【安西都護府】中国、唐の六都護府の一つ。主として西域の防衛とタリム盆地の確保に当たった。↓都護府

あんせい-にしゅぎん【安政二朱銀】『名』安政六年(一八五九)六月から発行された幕府制定の長方形銀貨。当時、通用していた一分銀よりも大型なので、「大形二朱」または「馬鹿二朱」の異名が付けられた。鋳造期間はわずか三か月で、鋳造高も少なく、あまり流通しなかった。明治七年(一八七四)九月から通用を禁じられ、新貨と交換回収された。

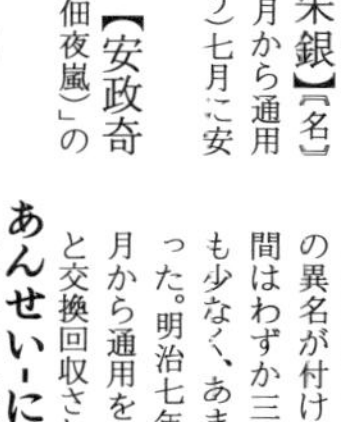

安政二朱銀

あんせい-にぶきん【安政二分金】『名』安政三年(一八五六)六月から発行された幕府制定の長方形金貨。明治七年(一八七四)九月から一般の通用を禁じられ、新貨と交換回収された。

あんせい-まめいたぎん【安政豆板銀】『名』安政六年(一八五九)一二月から安政丁銀とともに発行された幕府制定の不定形秤量銀貨。明治元年(一八六八)五月、銀目廃止で通用を禁じられた。俗に「政字豆板銀」という。

あんせいらく【安城楽・安戎楽】雅楽。唐楽で、黄鐘(おうしき)調の一つ。もと舞があったが、音楽も舞も廃絶。安城宮(あんぜいきゅう)。 発音アンセイラク〈標ア〉セ

あんせえ『感動』方言❶別れの挨拶のことば。さようなら。沖縄県990 ❷強く否定したり、拒否したりする時に言う語。いいえ。いやだ。東京都八丈島†077 042 ❸疑問や反語の意を表わす。東京都八丈島042

あん-せき【暗射】『名』①「あんしゃ(暗射)①」に同じ。②「あんしゃ(暗射)②」に同じ。

あん-せきしょく【暗赤色】『名』黒みを帯びた赤色。＊大塩平八郎(1914)〈森鷗外〉一一「血色の悪い、蒼白い顔が、大酒をしたやうに暗赤色(アンセキショク)になって」＊芽むしり仔撃ち(1958)〈大江健三郎〉五「谷間への四方の山脈は、暗赤色のかげりに沈み」

あんせき-りゅう【安石榴】(ウ:リ)『名』「ざくろ(石榴)」の異名。じゃくろ。石榴。＊星巌集-戊集(1856)玉池生後集・書感「誰言花木無情物、安石榴開灼欲ㇾ燃」＊本草綱目-果部・安石榴「博物志云、漢張騫出使二西域一、得二塗林安石国榴種一以帰、故名二安石榴一」 発音アンセキリュー〈標ア〉キ

あんぜつ-し【按察使】『名』(「あんせつし」とも)「あぜち(按察使)」に同じ。＊ロドリゲス日本大文典(1604-08)「Anxexxi(アンセッシ)」＊仮名草子・恨の介(1609-17頃)上「静心(しづこころ)なき恋にせしあんぜつしの大納言資賢の卿の御娘」 発音〈音史〉古く『あんさつし』『あんざつし』『あんせっし』などとも。〈標ア〉ゼ

アンセム『名』(英 anthem)英国国教会(聖公会)の早・晩禱式で歌われる音楽の一つ。歌詞は聖書に由来し、全曲を合唱で通すフル-アンセムと、独唱・重唱・合唱で歌われるバース-アンセムの二種がある。 発音〈標ア〉ア

アンセルムス(Anselmus)神学者。スコラ哲学の

初期の代表者。イタリアで生まれ、イギリスのカンタベリーの大司教となる。神の存在論的証明やキリストの贖罪論(しょくざいろん)の理論化を行なう。(一〇三三～一一〇九) 発音〈標ア〉セ

あん-せん【暗泉】『名』水音はするが、目にはみえないわき水。＊枕山詩鈔-初編(1859)上・暁発箱根「奇峰束二髻鬟一、暗泉響二環玦一」＊雍陶-韋処士郊居詩「満庭詩境飄二紅葉一、繞レ砌琴声滴二暗泉一」 発音〈標ア〉0

あん-せん【暗線】『名』光の吸収スペクトルにみられる暗い線。光が媒質中を通過する時、途中に存在する物質に特定の波長の光が吸収されて生ずる。＊物理学術語和英仏独対訳字書(1888)〈山口鋭之助〉「Sen〈略〉An-S Dark line.〈略〉暗線」 発音〈標ア〉0

あん-せん【鞍韉】『名』馬のくらと、くらの下に敷く、したぐら。＊日本後紀-延暦二三年(804)一二月壬戌「無頼之輩、争事二驕侈一、尤剝二斑犢一、競用二鞍韉一」＊木蘭辞「東市買二駿馬一、西市買二鞍韉一」

あん-ぜん【安全】『名』(古く「あんせん」とも) ①(形動ナリ・タリ) 危険のないこと。平穏無事なこと。また、そのさま。＊平家(13C前)三・医師問答「願はくは子孫繁栄絶えずして、〈略〉天下の安全(あんせん)を得しめ給へ」＊太平記(14C後)二一・法勝寺塔炎上事「四海の泰平を祈って、殊に百王の安全を得せしめん為に、白河院御建立有りし霊地也」＊玉塵抄(1563)三三「武王の無道の者を誅しめ武威を以て天下を安全にせられたほどに五谷も熟して豊年なぞ」＊彝倫抄(1640)「いたづらに国の費(ついえ)となる民を、自然(じねん)にあらたむるやうにあるならば、国家富貴(こくかふうき)安全(アンゼン)にして、儒風もいよいよおこるべし」＊浄瑠璃・平家女護島(1719)四「怨障礙消へうせて御所の震動安全たり」＊良人の自白(1904-06)〈木下尚江〉後・二三・二「貴女の安全な顔を見ることが出来て、斯様(こんな)嬉しいことは無いのです」＊後漢書-夏恭伝「恭以二恩信一為二衆所一レ附、擁二兵固守、独安全」 ②(形動) 傷ついたり、こわれたり、盗まれたりする心配がないこと。また、そのさま。＊東寺百合文書-り・観応三年(1352)四月五日・小槻国治若狭太良庄地頭方代官職請文(大日本古文書四・七九)「悪党以下地下違乱出来之時、就二内外一可レ廻二庄家安全計略一」＊酒中日記(1902)〈国木田独歩〉五月一五日「元来(もと)狭い家だから別に安全(アンゼン)な隠し場の有らう筈がない」 ③(ーする) 心を落ち着かせること。気持を安らかにすること。＊風曲集(1423頃)「万人の見聞も、眼はひとりと安全して、一調二機三声と歌出すべし」 語誌 (1)漢籍に出典のある語で、センは漢音。中世まではアンセン・アンゼン両方あったが、「ロドリゲス日本大文典」や「日葡辞書」などに「Anxen (アンセン)」、「落葉集」に「安全あんせん」とあるのを見ると、中世末にはアンセンのほうが一般的であったと思われる。近世以後はアンゼンに変わり、近代以後「セン」の形は消滅した。 (2)「安全」と「無事」は現代語で意味が類似するが、「安全に」には、なにか「外的な状況も完備していて、無理も生じなかった結果として、なんら心配もなく」というニュアンスがあるのに対して、「無事に」には、「いろいろと心配事もないではなかったが、結果的にその心配も無用となって」というニュアンスがある。 発音〈音史〉中世・近世初は『あんせん』と清音が多用〈標ア〉0〈京ア〉0 辞書 文明・饅頭・易林・日葡・書言・ヘボン・言海 表記 安全〈文・饅・易・書・ヘ・言〉

あんぜん 第一(だいいち) (英 safety first の訳語) 何ごともまず危険を避け、ひとえに安全を図ること。もと、危険防止の標語。〔秘密辞典(1920)〕＊漫談集(1929)見習諸勇列伝の巻〈徳川夢声〉「私は怒気心頭に発したが、口元だけは相変らず安全第(アンゼンダイ)一のニヤニヤで『フン、先生が聞いて呆れらあ、と云ったかいゴリ公が…ハッハッ』と、苦しき笑ひに紛らした」

あん-ぜん【安然・晏然】『形動タリ』「あんじょ(晏如)」に同じ。＊本朝文粋(1060頃)七・送大江以言状長保〈藤原行成〉「面謁相隔。思如二三秋一。炎気已過。惟居子起居晏然」＊米沢本沙石集(1283)一〇末・一三「面々に志ふかく、知行徳たけて、臨終皆禅定に入が如し。別の奇特なく、安然(アンセン)として化す」＊宝覚真空禅師録(1346)乾・道号・定山「歴劫安然不二動移一、旋嵐偃岳転巍々」＊三体詩素隠抄(1622)三・五「言は是ほどいそがわしげなる官府の中にして満爐焼二沈水香一。晏然として黙坐して道院の中にあらんとは誰もしるまじきとぞ」＊読本・椿説弓張月(1807-11)拾遺・五五回「諸按司に尊重せられて、安然(アンゼン)として日を送る、豈本来の面目ならんや」＊新聞雑誌-二号・明治四年(1871)五月「人民泰山の如く晏然(アンセン)たれば」＊荀子-議兵「国晏然不レ畏レ外而明内者、無二它故一焉」＊後漢書-馮衍伝「邑安然不レ顧者、豈非レ重二其節一乎」 発音〈標ア〉0 辞書 日葡

あんぜん の 迷惑(めいわく) 安泰の状態が破られること。＊親長卿記-文明八年(1476)一一月一三日「着レ寝之処、亥剋許称レ有二火事一。〈略〉人々安然之迷惑也」

あん-ぜん【安禅】『名』(いっさいの動揺を去り、身心安楽になるところから) 仏語。一心に坐禅を行なうこと。坐禅。＊本朝無題詩(1162-64頃)九・閏三月尽日慈恩寺即事〈藤原明衡〉「宴二集華城一文墨客、安二禅松院一薜蘿僧」＊伝光録(1299-1302頃)脇尊者「ひるは参学誦経し、よるは安禅思惟して、卒に睡眠せず」＊空華日用工夫略集-応安三年(1370)一二月一八日「宜一日片時安禅。安禅不レ怠、則学業之進、不レ労レ鞭耳」＊三体詩素隠抄(1622)三・四「此の寺は野外にあるなれば、人の往来も稀なるほどに、僧たちはいつも無事にして林下に安禅して居らるるぞ」

あん-ぜん【案前】『名』推量していたことと違うこと。思いのほか。案外。慮外。＊大乗院寺社雑事記-文明七年(1475)八月三日「且又今度十三人六方事以外儀共也、当家無二正躰一者、為二門跡一以外珍事也〈略〉剰内者共悪行申勧可二帳行一事案前事也、可レ歎可レ歎」

あん-ぜん【庵前】『名』いおりの前。＊落葉集(1598)「庵前 あんぜん」＊日葡辞書(1603-04)「Anjen (アンゼン)。イヲリノ マエ」＊滑稽本・七偏人(1857-63)初・上「今帰りがけて御庵前(アンゼン)をよぎりやすから」 辞書 日葡

あん-ぜん【暗然・闇然】『形動ナリ・タリ』(現代では多く「暗然と(して)」の形で用いられる) ①暗いさま。また、黒いさま。＊玉葉-承安元年(1171)一一月二一日「此間、漸以暗然、依レ仰頼実取二脂燭一、参上、尚以暗」＊浮世草子・宗祇諸国物語(1685)二・高野登五障雲「彼岳(だけ)にのぼるに黒雲東西に雨瀝々(へうへう)と車軸をなし前後闇然(アンセン)として行先も見えず」＊慶応再版英和対訳辞書(1867)「Covertly 蓋ヒシテ。暗然ニ」＊他界に対する観念(1892)〈北村透谷〉「我邦理想詩人の前途豈に惛然ならざらんや」＊抒情小曲集(1918)〈室生犀星〉十月のノオト「沖にむかひ永く佇む 沖より来る響、暗然として湧く力」＊史記-孔子世家「黯然而黒、幾然而長」＊宋玉-神女賦「闇然而暝、忽不レ知レ処」 ②はっきりしないさま。あいまいな様子。＊玉葉-嘉応元年(1169)正月七日「自身作法尚以暗然、於二他人之礼儀一哉」＊浮世草子・新御伽婢子(1683)二・水難毒蛇「妻子おそろしながら嬉しくあれ内介といふ声の下より暗然(アンセン)として消失ぬ」＊礼記-中庸「君子之道、闇然而日章、小人之道、的然而日亡」 ③悲しみに心がふさぐさま。気落ちしたさま。＊愚迷発心集(1213頃)「豈只暗然として徒に有難き日月を送らんや」＊金沢文庫文書-元徳三年(1331)六月一一日・顕弁四十九日仏事廻向文(鎌倉遺文四〇・三一四四二)「道俗之慕奉別、黯然として消魂」＊太平記(14C後)三・赤坂城軍事「余りに暗然(アンぜん)として守り居たるも云甲斐なし」＊峨眉鴉臭集(1415頃)贈柳南江適越序「余始聞レ之、黯然而已矣」＊随筆・孔雀楼筆記(1768)四「これを思へば黯然(アンゼン)たらしむ」＊金色夜叉(1897-98)〈尾崎紅葉〉続・三「彼は黯然(アンゼン)として空く懐(おも)へるなり」＊江淹-別賦「黯然銷レ魂者、唯別而已矣」 発音〈標ア〉0〈京ア〉0 辞書 日葡

あん-ぜん【暗禅】『名』「あんしょうぜん(暗証禅)」に同じ。＊止観輔行-一・五「暗禅者多二増上慢一。文字者推二功上人一」＊止観輔行-一・五「世有二講者一、皆以二初住一為二果仏一者。亦由レ失二於六即之意一。講者尚爾。況暗禅耶」

あんぜん-おん【安全音】『名』能楽で、完全な音曲の基礎となるもの。＊中楽談儀(1430)祝言の音曲「安全音と云こと、祝言のみとは思ふべからず」＊五音曲条々(1429-41頃)「恋慕、幽曲、哀傷も、祝言の安全音の力也」 発音〈標ア〉ゼ

あんぜん-かいへいき【安全開閉器】『名』「あんぜんき(安全器)②③」に同じ。

あんぜん-かみそり【安全剃刀】『名』薄い刃を金具で固定して柄をつけた西洋かみそり。片刃・両刃の二種がある。＊読売新聞-明治一九年(1886)八月一日「日本橋区新材木町の小泉久右衛門方より売出す専売特許の安全かみそりは」＊風流懺法(1907)〈高浜虚子〉横河「『これ、何だい』と安全剃刀に目を留める」＊大阪の宿(1925-26)〈水上滝太郎〉一・一「安全かみそりの歯の音が、心地悪く響いた」 発音〈標ア〉カ〈京ア〉ン/ソ

あんぜん-ガラス【安全硝子】『名』(ガラスは蘭 glas) ガラスの材質を、割れにくいように強化したり、破損しても破片が飛散しないようにくふうされたガラス。 発音〈標ア〉カ〈京ア〉カ

あんぜん-かんり【安全管理】『名』企業が労働基準法により、災害や事故を防止して従業員の安全をはかるために行なう措置や対策。 発音〈標ア〉カ

あんぜん-き【安全旗】『名』工場などに掲げる安全第一を表わした旗。＊百日の後(1972)〈坂上弘〉「鉄塔にのぼって安全旗をかかげようとしたときに」 発音〈標ア〉ゼ

あんぜん-き【安全器・安全機】『名』①「あんぜんそうち(安全装置)」に同じ。＊五国対照兵語字書(1881)〈西周〉「Platine à secret ou de sûreté〈略〉安全機 回転スル円筒ヲ以テ随意ニ薬地ヲ閉塞スル者」＊かくれんぼ(1891)〈斎藤緑雨〉「安全器(アンゼンキ)を据附け発火の予防も施しありしに」 ②電気回路中に設置する安全装置。過度の電流が流れるとヒューズが溶けて自動的に回路を遮断する。＊電気訳語集(1893)〈伊藤潔〉「Safety〈略〉安全器、保安器」 ③とくに屋内配線の引込み点や分岐点に使われる磁製箱型のもの。安全開閉器。＊最新百科社会語辞典(1932)「あんぜんき 安全器〔電〕屋内引込線に取つけられて居るフューズのついた開閉器」 発音〈標ア〉ゼ〈京ア〉ン

あんぜん-きゅう【安全球】『名』(英 safe hit の訳語) 明治時代から大正時代の野球用語で、安打のこと。＊日本-明治三九年(1906)一〇月二九日「しかし次ぎの佐々木は遊撃と二塁の間に安全球を送って入り、吉川左翼にゴロを与へて」 発音 アンゼンキュー〈標ア〉ゼ0

あんぜん-きょういく【安全教育】『名』災害や事故から身を守るための知識・技術・態度を身につけさせるための教育。 発音 アンゼンキョーイク〈標ア〉キョ

あんぜん-ぐつ【安全靴】『名』爪先部に金属その他の補強材を挿入し、落下物から足をまもるように仕立てられた作業靴。 発音 アンゼングッ〈標ア〉ゼ

あんぜん-けいすう【安全係数】『名』「あんぜんりつ(安全率)」に同じ。

あんぜん-しきさい【安全色彩】『名』災害や事

故の防止、救急体制などで、目だたせるために使用する色彩。赤は防火・要注意・禁止を表示するなど、色の指定がなされている。

あんぜん-じま【安全島】〘名〙 路面電車の乗降客や、車道の横断者の安全を確保するため、路面より一段高くした車道内の場所。安全地帝。あんぜんとう。＊訂正増補新らしい言葉の字引(1919)〈服部嘉香・植原路郎〉追加「安全島 安全地帯よりも更に有効な交通上の危険防止地域の一種である」 発音〈標ア〉シ キ

あんぜん-しゅうかん【安全週間】〘名〙 交通安全、工場の事故防止など、注意を喚起するため、特に選定した週間。＊新しき用語の泉(1921)〈小林花眠〉「安全週間(アンゼンシューカン)」＊百日の後(1972)〈坂上弘〉「安全週間の緑十字をかかげるためのもので」 発音アンゼンシューカン 〈標ア〉0

あん-せんしんえん【行宣政院】〘名〙 (「あん」「しん」は、それぞれ「行」「政」の唐音) 貞治三年(一三六四)、鎌倉府に設置された関東十か国の寺院を統制する機関。宣政院。＊空華日用工夫略集-貞治三年(1364)夏「関東幀府、始置ニ行宣政院一」 補注「禅林象器箋-区界門」に「宣政院(シンエン) 朝廷管ニ僧道衙門一。此謂ニ宣政院一。〈略〉行(アン)宣政院 旧説曰、在ニ朝廷一曰ニ宣政院一、在ニ諸道一曰ニ行宣政院一。行奉行也」とあり、中国・元代に、中央で寺院を統轄する「宣政院」に対して、地方のものを「行宣政院」と呼んだのにならったものと思われる。 〈標ア〉シュ 〈京ア〉シュ

あんぜん-せん【安全栓】〘名〙 ①電気の安全器につけた栓。 ②魚雷、信管などの保存・運搬中の事故を防ぐための栓。＊歩兵操典(1928)附録「左手を以て安全栓の索を撮みて之を抽き出し」 ③ボイラーの温度が規定以上に昇るのを防止するため、火床上の各所にねじ込む栓。

あんぜん-そうち【安全装置】〘名〙 ①危険防止のために、機械、器具などに取り付けた装置。安全器。＊森谷延雄遺稿(1928)〈森谷延雄〉芸と理より見たる帝都復興に関する家具の復興「最も必要な事は能率の問題であって木工機械の安全装置や他の工場衛生並に設備と共に特に研究せねばならない事が多い」＊百鬼園随筆(1933)〈内田百閒〉百鬼園先生幻想録「墜落防止の絶対安全装置だと云ふ話だから、その仕掛けのしてある飛行機に乗れば、先づ安心だらう」 ②特に、銃、ピストルにこめた弾丸の暴発を防ぐための装置。＊歩兵操典(1928)第五七「銃を安全装置にし弾薬盒の蓋を閉ぢ」＊俘虜記(1948)〈大岡昇平〉「私の右手は自然に動いて銃の安全装置を外してゐた」 発音アンゼンソーチ 〈標ア〉ゼ

あんぜん-そくせん【安全側線】〘名〙 列車が衝突事故などを起こすおそれのあるとき、どちらかの列車を本線からはずすために設けられた、駅構内の線路。本線からそれた行き止まり線で、終端には砂利などを盛り上げてある。突っ込み線。避難側線。 発音〈標ア〉ソ 〈京ア〉ソ

あんぜん-ちたい【安全地帯】〘名〙 ①安全島(あんぜんじま)および道路標識や道路標示により歩行者にとって安全な場所として示されている道路の部分。＊新らしい言葉の字引(1918)〈服部嘉香・植原路郎〉「安全地帯 交通頻繁な電車乗換場所の危険を防止するための区域」＊街路構造令(大正八年)(1919)一一条「十字街、丁字街其の他の箇所にして交通上必要ある場合に於ては、安全地帯又は連絡地下道を設くへし」 ②危険のない、あるいは少ない場所。＊明治大正見聞史(1926)〈生方敏郎〉大震災後記「平素は警察署前なので、この上もない安全地帯だと思ってゐた所が、こんな時になると却って物騒だよ」＊侏儒の言葉(1923-27)〈芥川龍之介〉或悪魔主義者「実生活の上では安全地帯の外に出ることはたった一度だけで懲り懲りしてしまった」＊故旧忘れ得べき(1935-36)〈高見順〉六「プロレタリア文学のごとき安全地帯に散歩してゐる君なんどとは違って」 発音〈標ア〉タ チ 〈京ア〉チ

あんぜん-とう【安全灯】〘名〙 炭鉱などの坑内で、爆発性ガスに引火しないようにくふうされたランプ。一八一五年、イギリス人のデービーが発明。ランプの炎を金網でおおい、熱を急速に吸収・発散させるもの。デービーランプ。＊小学化学書(1874)〈文部省〉二・四一「此安全灯を以て石炭坑に入れば縦ひ炭気湧き出づることありとも決して火を移すの恐なきなり」＊満韓ところどころ(1909)〈夏目漱石〉五一「入口で安全燈(アンゼントウ)を五つ点(とも)して」 発音アンゼントー 〈標ア〉0

あんぜん-とう【安全島】〘名〙 ⇨あんぜんじま(安全島)

あんぜん-パイ【安全牌】〘名〙 (パイは中国語から) ①マージャンで、捨てても相手がそれで上がるおそれのない牌。 ②益もなく害もない人のたとえ。 発音〈標ア〉ゼ

あんぜん-ばくやく【安全爆薬】〘名〙 炭鉱坑内用爆薬の総称。メタンガスや炭塵(たんじん)の発生などを防止するため、爆発温度が低く、火炎が出ないようにしたもの。炭鉱爆薬。検定爆薬。 発音〈標ア〉バ

あんぜん-ひょうしき【安全標識】〘名〙 安全確保のため、事業場、車両、船舶などで用いられる標識。防火、禁止、注意、用心、救護、方向などの標識があり、その形と色はJISによって規定される。 発音アンゼンヒョーシキ 〈標ア〉ヒョ

あんぜん-ピン【安全—】〘名〙(ピンは英 pin) 長楕円形に曲げた針先を金具で覆い、体を傷つけないようにした止め針。衣類やゼッケンなどを留めるのに用いる。＊放浪時代(1928)〈龍胆寺雄〉二・三「安全ピンを持って来てくれたので、幕の方はそれでとめた」＊笹まくら(1966)〈丸谷才一〉二「白い小さな布が、彼の腕に安全ピンでとめてある」 発音〈標ア〉ゼ ピ 〈京ア〉ピ/ン₂

あんぜん-ベルト【安全—】〘名〙(ベルトは英 belt) 自動車、飛行機などで、衝突のショックから守るため、人を座席に固定するベルト。＊月は東に(1970-71)〈安岡章太郎〉一「安全ベルトを、まるで墜落除けのオマジナイみたいに掛けているのは」 発音〈標ア〉ベ

あんぜん-べん【安全弁】〘名〙 ①(英 safety valve の訳語) ボンベやボイラーなど高圧容器、装置内の圧力が規定以上に上昇した時、内部の水蒸気やガスを自動的に放出して爆発などの危険を防止するための弁。＊船用機械学独案内(1881)〈馬場新八・吉田貞一〉前・三章「若し又速に水を充てんと欲せば安全弁(アンゼンベン)を開くべし爰を以て空気は速に出れば水の流入も亦速かなるべし」 ②(比喩的に) 危険を前もって防ぐ働きをするもの。＊黒潮(1903)〈徳富蘆花〉「弱点は、処世の上から云って、人の安全弁である」＊上海(1928-31)〈横光利一〉二八「馬来の中国人の性格といふものは、これは東洋の安全弁です」 発音〈標ア〉ゼ 0 〈京ア〉ン₂

あんぜん-ぼう【安全帽】〘名〙 工場や作業場などで頭部を保護するためにかぶる帽子。野球でも打者が頭部の負傷を防ぐためにかぶる。ヘルメット。 発音アンゼンボー 〈標ア〉ゼ

あんぜん-ほしょう【安全保障】〘名〙 国外からの攻撃や侵略に対して軍事同盟、経済協力、中立などにより、国家の安全を守ること。＊いろは引現代語大辞典(1931)「安全保障(アンゼンホショー) 国際的に又は個人的にでも、その安全たることを他から若しくは相互的に保障すること」 発音アンゼンホショー 〈標ア〉ホ 〈京ア〉ホ

あんぜんほしょう-じょうやく【安全保障条約】〘名〙 国家の安全保障に関して二か国以上の国家間で結ばれる条約。 発音アンゼンホショージョーヤク 〈標ア〉ジョ 〈京ア〉ジョ

あんぜんほしょう-りじかい【安全保障理事会】(英 Security Council の訳語) 国際連合で、総会と並ぶ最高機関。アメリカ・イギリス・フランス・ソ連(一九九二年からロシア)・中国の五常任理事国と、総会で選出される任期二年の一〇の非常任理事国で構成。紛争の平和的解決、平和に対する脅威・破壊・侵略行為の防止・抑圧などを目的とする。安保理事会。 発音アンゼンホショーリジカイ 〈標ア〉ジ

あんぜん-マッチ【安全—】〘名〙(マッチは英 match) マッチ棒の先に赤燐を用い、マッチ箱の側面に塗ってある薬品とこすりあわせなければ発火しない、現在普通に使われているマッチ。棒の先を固いものでこすると容易に発火する、黄燐を用いた初期のものに対していう。＊日本の下層社会(1899)〈横山源之助〉三・二・二「神戸は支那地方を得意として安全燐寸を製造する者多しと雖も」＊仏国風俗問答(1901)〈池辺義象〉八重の海山「安全マッチ入用の時は、請求によりて、ボーイ長より之を渡すべし」 発音〈標ア〉マ

あんぜん-ランプ【安全—】〘名〙(ランプはオランダ・英 lamp)「あんぜんとう(安全灯)」に同じ。＊風俗画報-三四二号(1906)牛込原町三一目「水野原の大穴〈略〉調馬手五名を随へ安全(アンゼン)ランプを携へ穴の内に探険を試み北方を月桂寺の方へ進みたるに」 発音〈標ア〉ラ

あんぜん-りつ【安全率】〘名〙 機械、構造物またはその材料の極限の強さと、安全上許される限度の許容応力との比。構造物または材料の安全の程度をあらわす。安全係数。＊現代文明を評し、当来の新文明をトす(1915)〈中沢臨川〉九「どの建築家も、技師もかやうな地震に対する安全率を予想してゐなんだ」 発音〈標ア〉ゼ

あん-そ【安厝・安措】〘名〙(「厝」は、おく意) 埋葬すること。＊盍簪録(1723か)一「孝子慈孫之欲レ安ニ厝其親一者、可レ不レ思ニ其方一也哉」＊孝経-喪親「卜ニ其宅兆一而安ニ措之一」

あん-そ【案書】〘名〙(「あんしょ(案書)」の変化した語) 借状などの文書を紛失したとき、それを証明するために貸し主側がだす文書。＊菅浦文書-正安四年(1302)七月三日・近江菅浦庄民案書「右件あんそのくわんなさいけに一貫つつせう文を、七まいうしないて候を」

あん-そう【啽匝】〘形動タリ〙(「啽」「匝」ともに、めぐる意) めぐるさま。まわりをぐるりと囲むさま。＊宝覚真空禅師録(1346)坤・題舩谷観音堂「緑水湾環山啽匝、天開一径通ニ閭闔一」＊枕山先生遺稿(1893)蓬萊山図「啽匝松海群鶴洞、参差楼閣列仙宮」＊鮑照-代白紵舞歌辞「象牀瑤席鎮ニ犀渠一、雕屏啽匝組ニ帷舒一」

あん-そう【庵僧】〘名〙 仏に仕える堂舎の僧。いおりに住む僧。＊滝口入道(1894)〈高山樗牛〉一八「折から向ふより庵僧とも覚しき一個(ひとり)の僧の通りかかれるに」

あん-ぞう【暗蔵】〘名〙 内に秘め持っていること。＊予は見神の実験によりて何を学びたる乎(1905)〈綱島梁川〉「一の真理は他の多くの真理を暗蔵す」 発音アンゾー 〈標ア〉0

あんぞう〘副〙(「なんぞ」の変化した語) なにか。なんぞ。＊滑稽本・田舎草紙(1804)一「おかっさま、あんぞう肴アござんないか」

あん-そうおん【暗騒音】〘名〙 ある特定の音を対象とするとき、その対象音が停止したときにもその場所に存在している騒音をいう。 発音アンソーオン 〈標ア〉ソ

アンソール(James Ensor ジェームズ＝アンソール) ベルギーの画家。表現主義傾向の怪奇な幻想画で知られる。代表作「キリストのブリュッセル入市」。(一八六〇～一九四九) 発音〈標ア〉ソ

あん-そく【安息】 ■〘名〙 ①(―する) 何の心配

も苦痛もなく、安らかに休むこと。＊西国立志編（1870–71）〈中村正直訳〉一一・二五「姑く議論を止めて、安息を受くべしと言ひければ」＊田舎教師（1909）〈田山花袋〉四一「安息すべき明日の日曜を思へば」＊詩経‐小雅・小明「嗟爾君子、無恒安息」 ②「あんそくこう（安息香）②」の略。＊権記‐長保二年（1000）九月二八日「仰式部丞、安鎮法析七宝各八両、名香十種、可渡行事所之由、此中沉、欝金、龍脳、安息、丁子、薫陸、昨夕自院所被奉、且渡之」＊薫集類抄（1165頃か）上「公忠朝臣〈略〉丁子二両二分。安息一分。或無」 ㊁西域の国名。ペルシア地方の王国パルティアをさす。漢代には、西はチグリス、ユーフラテス両河から、東はオクソス河にわたる地方に勢力を振るった。＊史記‐大宛伝「安息在大月氏西可数千里」 発音〈標ア〉0〈京ア〉0 辞書〈ポン・言海〉 表記 安息（へ・言）

あんそく‐かく【安息角】〔名〕石炭や土砂などを積みあげるとき、その山が安定を保てる傾斜角度。 発音〈標ア〉ク

あんそく‐こう【安息香】〔名〕（「あんぞくこう」とも）①エゴノキ科の常緑高木。マレー半島などの東南アジアに生える。高さ二五㍍に達し、葉は長さ約九センチ㍍の長楕円形。花は帯紅白色で小さく、葉腋（ようえき）に集まって咲き、香気がある。実は直径約一センチ㍍の球形で白い軟毛が密生。樹液は黄色く、安息香酸および桂皮酸の樹脂エステルが主成分で、薬用、香料とする。あんそっこう。学名は Styrax benzoin ②アンソクコウの木片、または樹液を乾燥して固めた樹脂。薬用、香料とする。あんそっこう。＊法隆寺伽藍縁起幷流記資財帳‐天平一九年（747）二月一一日（寧楽遺文）「安息香七十両二分」＊日葡辞書（1603–04）「Anzocŏ（アンゾッカウ）〈訳〉薫香に似たある薬種」＊浄瑠璃・釈迦如来誕生会（1714）一「施檀、雞舌、沈水香、丁子香、安息香、五つのかほり交じはって」＊重訂本草綱目啓蒙（1847）三〇・香木「安息香〈略〉和産なし二品あり軟なる者を安息油と云 堅く凝て塊をなす者を安息香と云」＊医語類聚（1872）〈奥山虎章〉「Benzoin odoriferum 安息香」 語源説 安息はペルシア語の arsak〔外来語辞典＝荒川惣兵衛〕。 発音 アンソクコー〈標ア〉0〈京ア〉0 辞書 日葡・言海 表記 安息香（言）

あんそくこう‐さん【安息香酸】〔名〕芳香族カルボン酸の一つ。安息香を加熱・昇華して得られるが、工業的に合成もされる。無色で鱗片状・針状の結晶。防腐剤・祛痰（きょたん）剤・媒染剤・安息香酸ナトリウムの原料などに用いる。安息酸。あんそっこうさん。＊模範新語通語大辞典（1919）〈上田景二〉「アンソクコーサン 安息香酸。痰の切れが悪るいのに妙なり」 発音 アンソクコーサン〈標ア〉0

あんそくこう‐の‐き【安息香木】〔名〕「あんそくこう（安息香）①」に同じ。 発音 アンソクコーノキ〈標ア〉キ

あんそく‐じつ【安息日】〔名〕「あんそくにち（安息日）」に同じ。＊当世少年気質（1892）〈巖谷小波〉四「メシヤ教会の安息日（アンソクジツ）学校の生徒に」＊彼岸過迄（1912）〈夏目漱石〉須永の話・三二「安息日（アンソクジツ）の如く穏やかに見えた」 発音〈標ア〉ク 辞書 言海 表記 安息日（言）

あんそく‐じょ【安息所】〔名〕落ち着いて休むことのできる場所。＊一兵卒の銃殺（1917）〈田山花袋〉七「虐げられた小鳩がわづかにその安息所を其処に発見して」＊苦の世界（1918–21）〈宇野浩二〉一・三「そのころの私の家は、〈略〉けっして、私の安息所ではなかった」 発音〈標ア〉ジョ 0

あんそく‐にち【安息日】〔名〕①ユダヤ教での聖日。神が天地を創造し終えて第七日めに休息したという「旧約聖書‐創世記」の記述に基づいて、一週の第七日に与えた名称。金曜日の日没から土曜日の日没まで。仕事を休み、宗教的儀式を行なう。あんそくび。＊旧約全書（1888）出埃及記・一六「エホバなんぢらに安息日（アンソクニチ）を賜へり」②キリスト教徒が聖日として、仕事を休み、儀式を行なう日。キリストが復活した日曜と、その他定められた日。あんそくび。＊和英語林集成（初版）（1867）「Ansoku アンソク 安息〈略〉ansokunichi（アンソクニチ）」＊西国立志編（1870–71）〈中村正直訳〉八・二二「遂に貧学院の師となり、安息日に往きて童子を教ふ」 語誌 (1)中国で訳されたキリスト教用語の借用。モリソン、メドハースト、ロプシャイトの「英華字典」など、一九世紀の主要な英華辞書に、sabbath などの訳語として見える。日本にはこれらの辞書を通じて伝来し、「和英語林集成（初版）」や「附音挿図英和字彙」（一八七三）などに登録され、一般化した。(2)読みは、アンソクニチが最も古く（明治初期）、ついでアンソクジツ（明治中期）、最後にアンソクビ（明治後期）が生まれたと思われる。また、カトリックでは「あんそくじつ」、プロテスタントでは「あんそくにち」といっていたが、現在では使い分けは明瞭でなくなり、「あんそくにち」に統一される傾向にある。 発音〈標ア〉ク

あんそく‐び【安息日】〔名〕「あんそくにち（安息日）」に同じ。＊日本百科大辞典（1908）「あんそくび（安息日）」＊混血児ジョオヂ（1931）〈浅原六朗〉一「今日は安息日（アンソクビ）でせう。それに日本式で言へば、お父さまの亡くなった日なのですよ」 発音〈標ア〉ク〈京ア〉ク

あんそっ‐こう【安息香】〔名〕⇨あんそくこう（安息香）

あんそっこう‐さん【安息香酸】〔名〕⇨あんそくこうさん（安息香酸）

あん‐そぼろ【餡━】〔名〕蒸してそぼろ風に加工した餡（あん）菓子。蒸時雨（むししぐれ）など。

アンソロジー〔名〕（英 anthology）国別、流派別、主題別など、一定の基準で選ばれた詩歌集・文芸作品集。名詩選。詞華集。＊モダン辞典（1930）「アンソロジー（文）佳句集、詩選」＊古典と現代文学（1955）〈山本健吉〉詩の自覚の歴史・二「日本にまだこれまで一冊の詞華集（アンソロジー）も編まれていないことの怠慢」＊自然といふこと（1965）〈唐木順三〉「私は西欧や中国のアンソロジイにうとく」 発音〈標ア〉ソ

あんた【貴方】〔代名〕（「あなた」の変化した語）対称。①近世後期、上位者に用いた。最初は遊里で用いられ、のち一般化した。＊洒落本・北廓鶏卵方（1794）「雪枝（せっし）さん、あんたはこねへだの京町のしわくちゃをおききなせへやしたかへ」＊浪花聞書（1819頃）「あんた。江戸で云あなたなり。あがめいふ言葉也。又云、我より目上の者をも通して己（こち）のあんたなどといふ」＊洒落本・花街風流解（1824）「あんたはさふじゃありましゃうか、わたしゃとんと気がすまぬ」②現代、多く下位者に用いる。東京では卑俗な言い方であるが、関西ではそうではなく、親愛の気持を込めていう。＊塩原多助一代記（1885）〈三遊亭円朝〉三「貴女（アンタ）の兄さんも、私も元は先祖が一つで」＊坊っちゃん（1906）〈夏目漱石〉九「あんた、なんぞ、唄ひなはれ、と三味線を抱へたから」＊大阪の宿（1925–26）〈水上滝太郎〉五・三「あんたも景気よく飲みいな」＊雪国（1935–47）〈川端康成〉「あんた、やっぱり髭をお伸しにならなかったのね」 語誌 (1)近世後期に上方の遊里で「あなた」から生まれ、敬意をもちながら親しみのある言い方として使われた。上方では一般に普及したが、江戸では主として花街で用いられた。(2)明治以降、関西では対等以上の親愛な関係で使われ、「あんたはん」「あんさん」などのかたちもある。関東では使用度が低く、敬意も低下して目下に用いる卑俗なものになっており、共通語でも「あなた」が主で、「あんた」は、卑語化している。 方言 ㊀〔代名〕他称。あの人。鹿児島県種子島979 ㊁〔名〕❶他家を訪問したり路上で人に会ったりした時の挨拶の言葉。こんにちは。島根県石見723 725 ❷話の切れ目に付けて用いる。特に意味はない。京都府629 発音〈標ア〉ア〈京ア〉ア

あんた 方言 ㊀〔形動〕あのよう。あのような。多く「あんたな」「あんたに」の形で用いられる。青森県津軽075 岩手県097 098 100 宮城県石巻120 秋田県130 山形県139 ◇ああた 茨城県稲敷郡・西茨城郡188 群馬県多野郡232 246 東京都大島326 ◇ああたあ 仙台†057 ◇あだ 山形県138 福島県158 ◇あただ 青森県上北郡082 三戸郡083 ◇あたら 青森県上北郡074 ◇あだん 山形県村山139 ◇あった 青森県075 084 秋田県雄勝郡130 福島県会津166 ◇あっただ 青森県三戸郡083 ◇あったら 北海道065 青森県南部073 群馬県利根郡215 ◇あんだ 山形県139 新潟県347 北蒲原郡367 ◇あんたへえぁ 岩手県上閉伊郡097 ◇あんたら 秋田県鹿角郡130 ◇あんたんだ 秋田県南秋田郡・平鹿郡130 ◇あんつ・あんつぁ 新潟県東蒲原郡368 ◇あんつきだ 秋田県河辺郡・雄勝郡130 ◇あんつく 山口県豊浦郡798 ◇あんつくた 秋田県130 ◇あんつくたら 青森県072 ◇あんつけ 新潟県東蒲原郡368 ◇あんつけた 山形県西田川郡・飽海郡139 新潟県東蒲原郡368 ◇あんつら 新潟県東蒲原郡368 石川県石川郡421 ◇あんて 宮城県仙台市123 新潟県佐渡352 ◇あんてえ 宮城県113 115 116 ◇あんてん 新潟県佐渡358 ◇おおた 群馬県多野郡230 埼玉県秩父郡251 ◇おおだ 山形県東田川郡139 ㊁〔名〕雌。和歌山県那賀郡690

あん‐だ【何━】〔連語〕（「なんだ」の変化した語）①なんであるか、なんでもない、少しも気にかけることはない、恐れることはないの気持で用いる。＊評判記・野郎虫（1660）「国々より、学文のために、のぼりつどへるあんだ坊主（ばうず）共は」＊評判記・野郎大仏師（1667–68）花井才三郎「目のうちにりこんのさうあまって離婁（りろう）が明（めい）もあんだ物のかずならずしゃれたる物いひ宰我子貢（さいがしかう）も舌をまひてすざるべひ」②なんであるか。疑問の意を表わす。＊滑稽本・浮世風呂（1809–13）前・下「そもそも真桑瓜とかけては、俵藤太秀郷と解（とき）まする。其心はあんだんべ。むかでかなはぬと解たりけり」

あんだ‐か（「なんだか」の変化した語）どういうわけか。＊西洋道中膝栗毛（1870–76）〈仮名垣魯文〉初・下「あんだかげへにうつさわぐてあひだアが」

あんだ‐かかんだか（「なんだかかんだか」の変化した語）どうしたわけか。なぜか。また、何が何やら。＊滑稽本・東海道中膝栗毛（1802–09）二・下「どゐらいおとがした。あかりをつけなさろ。まっくろくて、あんだかかんだか、しれないぞ」＊滑稽本・旧観帖（1805–09）初「うらがア国かたのとうふとちがって、あんだかかんだかしまりのうわりいとうふだアヨ」

あんだ‐ちゅう（「ちゅう」は「と言う」の変化した語）何ごとだ。何をいうのか。＊物類称呼（1775）五「なに事じゃといふ事を 上総にて、あんだちふと云〈略〉あんだは何ッぢゃ也 ちふは何々と云言をつづめて 何々ちふとも 何々とふとも 何々てふとも 上代よりいひし言なり」

あん‐だ【安打】〔名〕野球で、守備側に失策がなく、打者が一塁以上を得るような打球。ヒット。＊近代語新辞典（1923）〈坂本義雄〉「安打（アンダ）英語のヒット。打手が安全に一塁以上を取り得るやうに打った球」＊熱球三十年（1934）〈飛田穂洲〉父子の情愛「久保田の打数一五七、得点三七、安打（アンダ）五一、内二塁打七」 発音〈標ア〉0 ア〈京ア〉0

あん‐だ【安妥】〔名〕（形動）安らかなこと。また、そのさま。安康。安泰。＊西洋事情（1866–70）〈福沢諭吉〉外・二「徳を以て人を服すれば其政府安妥にして仮令ひ横逆の事件起るとも之を和することを得べし」＊白居易‐郡斎暇日〈略〉亦以十六韻酬之「敢辞官遠慢、且貴身安妥」 発音〈標ア〉ア

あん‐だ【安惰】〔名〕（形動）しまりがなく、怠けて

いること。また、そのさま。 発音〈標ア〉ア

あんだ【箯輿】〘名〙（編板（あみいた）の変化した語）①長方形の板の回りに竹で編んだ縁をつけた手輿（たごし）。罪人、戦死者、負傷者などを運ぶのに用いた。＊色葉字類抄（1177-81）「箯輿 アミイタ 編竹木為輿也 アムタ」＊大石寺本曾我物語（南北朝頃）二「俄にあんたといふものに、空しき屍をかきのせて、宿所へこそは帰りけれ」②左右に畳表を垂れた、粗末な駕籠（かご）。町駕籠として用いた。＊禁令考‐前集・第五・巻四九・寛文五年（1665）二月「町中にて籠あんたに乗候者有之由に候」＊俳諧・両吟一日千句（1679）第三・花「柳の鬘（かつら）名高ひ役者〈友雪〉 行春の雨にはあんだゆるされて〈友雪〉」＊和漢三才図会（1712）三三「箯輿 アンダ 和名阿美以太今俗云阿牟太〈略〉拠三三才図会一則箯輿即籃輿而賤民常用レ之駕籠也」＊随筆・守貞漫稿（1837-53）二九「今能役者の乗るあんだと云は箯輿の事也。竹駕もあなだと訓ず也。箯輿は原（もと）軍用也。手負など乗する也。〈略〉軍用のあおたは今の竹駕あんだと異也。竹を以て籠に編み竹を曲て蔓とし丸竹を以て担レ之也。大さも格別なり」方言貴族の用いる駕籠。沖縄県首里993 発音〈標ア〉0 辞書色葉・書言・ヘボン・言海 表記箯輿（色・書） 便輿（ヘ）

あんだ〘名〙（「あんだら」の変化したものか）ばか。あほう。＊物類称呼（1775）五「おろかにあさましきを 京大坂にて、あんた 又あんだら共云」＊和訓栞（1777-1862）「あんだ 和名抄に箯輿をあみいたとよめり。編板の義あんだは略語也。瓦にいふも同義成へし。無智のものをいふも担板漢の意にや」方言◇あんた 山形県米沢149 発音〈京ア〉0

あんだ〘代名〙方言⇨われら（我等）

アンダー（英 under）㊀〘名〙（形動）写真で、露出が不足していること。また、そのさま。㊁〘語素〙「下」または「低い」の意で、他の外来語と熟して用いられる。

アンダー‐アチーバー〘名〙（英 underachiever）心理学で、健康・性格・環境などの原因があって、知能水準から期待される水準よりはるかに低い学業成績を示す者。⇔オーバーアチーバー。 発音〈標ア〉チ

アンダー‐ウエア〘名〙（英 underwear）《アンダウエヤ》洋服の下着。⇔アウトウエア。＊ロシアに入る（1924）〈荒畑寒村〉チタの滞在・五「尤も、アンダウエヤを二枚、シャツを一枚、オバアスウェータアを一枚、これに服を着て外套を着てゐるのだから、暑いのも無理はないかも知れぬ」 発音〈標ア〉エ

アンダー‐カット〘名〙（英 undercut）ゴルフ、卓球、テニスなどで、バックスピンするように、ボールの下を切るような打ち方をすること。カット。 発音〈標ア〉カ

アンダー‐グラウンド〘名〙（英 underground「地下」の意）①非公式であること。また、非合法な活動や運動をいう。＊モダン辞典（1930）「アンダーグラウンド 〔社〕地下運動」②「アングラ」に同じ。 発音〈標ア〉ラ

アンダー‐シャツ〘名〙（英 undershirt）肌に着ける下着のシャツ。＊アルス新語辞典（1930）〈桃井鶴夫〉「アンダーシャツ 英 undershirt 肌着、下じゅばん」＊冬の宿（1936）〈阿部知二〉七「アンダーシャツからはみ出した肩と腕とには盛上った筋肉が汗に輝いてゐた」 発音〈標ア〉シャ〈京ア〉シャ/1

アンダー‐スタディ〘名〙（英 understudy）①補欠選手。②代役。 発音〈標ア〉タ

アンダー‐スロー〘名〙（英 underhand throw から）野球、その他の球技で、投球のとき腕が肩より下にある投げ方。アンダーハンド。下手投げ。＊最近野球術（1905）〈橋戸信〉内野篇・フワーストベース「殊に内野手として、必用欠くべからざる、アンダースロー（下より投ぐる球）に熟達せざるべからず」＊山羊の歌（1934）〈中原中也〉春の日の夕暮「トタンがセンベイ食べて 春の日の夕暮は穏かです アンダースローされた灰が蒼ざめて 春の日の夕暮は静かです」 発音〈標ア〉ロ〈京ア〉ロ/ス

アンダーソン ㊀（Carl David Anderson カール＝デービッド＝）アメリカの物理学者。一九三二年「ウイルソンの霧箱」で宇宙線粒子を観測中、陽電子を発見。三六年、ノーベル物理学賞を受賞。三七年には中間子の存在を確認した。（一九〇五〜九一）㊁（Johan Gunnar Andersson ヨハン＝グナールー）スウェーデンの地質学者・考古学者。中国で調査を行ない、北京原人の出土地周口店洞窟遺跡を発見。また、新石器時代の彩色陶器を検出してオリエント文化とのつながりを指摘。（一八七四〜一九六〇）

アンダー‐ドッグ〘名〙（英 underdog）負け犬。敗残者。＊負け犬（1953）〈井上友一郎〉「譲次といへども、自身が一人前のヴアイオリン弾きに成り切るまでは、心理的なアンダァ・ドッグであることに変りがない」 発音〈標ア〉ダ

アンダー‐パー〘名〙（英 under par）ゴルフで、打数が基準打数（パー）より少なくてそのホールを終わること。 発音〈標ア〉パ

アンダー‐パス〘名〙（英 underpass）バスケットボール、ラグビー等の球技で、片手または両手による、下からの送球。 発音〈標ア〉パ

アンダー‐バスト〘名〙（洋語 under bust）成人女子の乳房の下を水平にはかった胸まわりの寸法。 発音〈標ア〉バ

アンダー‐ハンド〘名〙（英 underhand）①「アンダースロー」に同じ。＊野球生活の思ひ出（1928）〈飛田穂洲〉アマチュア「フレイといふアンダーハンドを武器とする好投手がゐた」②バレーボールのサーブの打法の一つ。ひじがしらあたりからボールの下を打つ。 発音〈標ア〉ハ〈京ア〉ハ

アンダー‐ライン〘名〙（英 underline）《アンダライン》横書きの文章の下に、強調や心覚えのために記す線。古くは、縦書きの文章のわきに引く傍線や傍点の類についてもいった。＊小春（1900）〈国木田独歩〉二「如何（どう）いふ句に最も強くアンダーラインしてあるかと見れば」＊煤煙（1909）〈森田草平〉一七「今度お読みになる時、気に入った所があったらアンダアラインして置いて下さい」＊川（1931）〈井伏鱒二〉「赤鉛筆で無暗にアンダーラインが引かれてゐた」＊若い人（1933-37）〈石坂洋次郎〉上・一八「傍点（アンダライン）も註釈（パラフレーズ）も聴き手の彼が神来の興に駆られて縦横に殴り書を加へて」 発音〈標ア〉ラ〈京ア〉ラ

あん‐たい【安泰】〘名〙（形動）無事で安らかなこと。危険、心配などのないこと。安寧（あんねい）。安穏。安康。平穏。＊山密往来（1373）青陽一三日「衆庶悦予、万邦安泰」＊太平記（14C後）二・長崎新左衛門尉意見事「武家の安泰（あんタイ）万世に及ぶべしとこそ存じ候へ」＊日葡辞書（1603-04）「ブジ antai（アンタイ）」＊読本・椿説弓張月（1807-11）続・四四回「王子（わんず）誕生ましまして、母子安泰（アンタイ）なり」＊露小袖（1890）〈大橋乙羽〉四「裏屋なりとも、気儘な住居、屹度屹度御安泰にお入れ申す」＊斉書‐扶南国「光化所レ被、咸荷二安泰一」 発音〈標ア〉0〈京ア〉0 辞書文明・饅頭・日葡・書言・ヘボン・言海 表記安泰（文・饅・書・ヘ・言）

あん‐たい【暗体】〘名〙①それ自体では光を放たない物体。黒体（こくたい）。⇔光体。＊気海観瀾（1827）「受二其光一而得レ明者、此謂二暗体一」＊百学連環（1870-71頃）〈西周〉一「故に中古の考に太陽は元来地球の如き暗体にして」②漢詩の一体。詠物の詩で、題目の字を用いないもの。⇔明体（めいたい）。 発音〈標ア〉0

あんだい〘形動〙方言心もとなく自信がないさま。不安。心配。兵庫県淡路島671 徳島県811 香川県827 高知県長岡郡869

あんだえ【安陀衣・安陀会ェ】〘名〙（梵 antarvāsa の音訳。中宿衣、内衣、下衣などと訳する）仏語。僧の着る三衣（さんえ）の一つ。五条からなり、体に直接着るもので、人目につかない所や、作業に従事するときは、このままでよいとされる。三衣の中ではきわめて略式の衣。中国・日本では、三衣は本来の意味を失い、法衣の上に別に身につけるものとなり、禅宗では絡子（らくす）がこれに相当する。五条衣。＊参天台五台山記（1072-73）五「今見二天竺袈裟鬱多羅僧幷安陀会一也」＊六物綱要「安陀会、五条、一長一短。可レ知」 発音〈標ア〉ダ

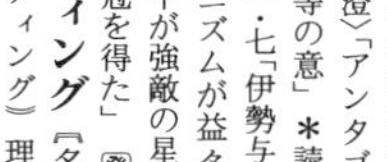
安陀衣

あんだ‐かご【箯輿駕籠】〘名〙「あんだ（箯輿）②」に同じ。＊俳諧・太郎五百韻（1679）「手負はあけにそめ色の山 あんたかご紫雲にうちのりそろりそろり」 発音アンダカゴ〈標ア〉ダ

あんた‐がた【貴方方】〘代名〙（「あなたがた」の変化した語）対称。「あんた（貴方）」の複数。＊塩原多助一代記（1885）〈三遊亭円朝〉一「貴所（アンタ）方の荷物をお出しなせへ」＊アパアトの女たちと僕と（1928）〈龍胆寺雄〉五「『何をしてたの、あんたがたは。…』幹ちゃんは幾らか間が悪げに、流し台のわきへ立って、彼女を見た」 発音アンタガタ〈標ア〉0タ

あん‐たく【安宅】〘名〙①身を置くのに安全で心配のない所。また、平穏に家にいること。＊日葡辞書（1603-04）「Antacu（アンタク）。イエヲ ヤスンズル〈訳〉平穏に家に居ること」＊明六雑誌‐二一号（1874）三聖論〈津田真道〉「苟も此の如くなれば、忽造化天神の意に適し現に天堂極楽安宅を得べしと言ふ」＊詩経‐小雅・鴻鴈「雖二則劬労一其究安宅」②（「孟子‐公孫丑上」の「夫仁、天之尊爵也、人之安宅也」による）仁を安らかな住居にたとえていう。→安宅正路（あんたくせいろ）。＊童子問（1707）上・一九「蓋学者終身之業也。苟以レ此為レ法。則安宅可レ居。大路可レ由」③（普通、安宅経を読誦（どくじゅ）するところから）朝鮮で、一家の災厄を払い除くために行なう祈禱祭。 発音〈標ア〉0 辞書日葡

あんたく‐せいろ【安宅正路】〘名〙（「孟子‐離婁・上」の「仁、人之安宅也。義、人之正路也。曠二安宅一而弗レ居、舎二正路一而不レ由、哀哉」による）仁と義をいう。仁は人の身を立てるべき地で、安らかな住居にたとえ、義は人のふむべき道で、正路にたとえたもの。

あんた‐げ【貴方家】〘連語〙方言あなたの家。あなたのお宅。福島県岩瀬郡057 栃木県198 ◇あんたげえ 福島県中部155 ◇ああたげ 熊本県玉名郡928 ◇あんたえ 岩手県東磐井郡040 宮城県116 120 121 ◇あんたき・あんたんき 香川県827 三豊郡829 ◇あんたく・あんたんく 香川県827 東南部829 ◇あんたのお 福岡市877

アンタゴニスト〘名〙（英 antagonist）反対する人。敵対者。＊外来語辞典（1914）〈勝屋英造〉「アンタゴニスト Antagonist（英）反対者。敵手」

アンタゴニズム〘名〙（英 antagonism）敵意。また、敵対すること。＊音引正解近代新用語辞典（1928）〈竹野長次・田中信澄〉「アンタゴニズム Antagonism 英 反抗心、敵愾心等の意」＊読書放浪（1933）〈内田魯庵〉銀座繁昌記・一一・七「伊勢与の真意が段々解るとアンチ星のアンタゴニズムが益々強くなって、余り人気の無かった岩谷松平が強敵の星派のM某を見事に一蹴して最高点の月桂冠を得た」 発音〈標ア〉ニ

アンダスタンディング〘名〙（英 understanding）《アンダースタンディング》理解。了解。＊思出の記（1900-01）〈徳富蘆花〉六・七「契約証書は無いが、双方の間に立派な黙契（アンダアスタンヂンク）が成立して居たことは歴然（はっきり）と見へる」＊わが心を語る（1929）〈広津和郎〉久米正雄の挨拶「何らかの形である

同感―すくなくともあるアンダスタンディングを与へたに違ひないと思ふ」 発音〈標ア〉タ

アンタッチャブル〘名〙(英 untouchable「触れることのできない」の意)①インドの四種あるカーストの最下級にあたるシュードラよりも、さらに下の階層。指定カースト。②(どんな買収にものらないところから)FBI(アメリカ連邦検察局)の一グループ。 発音〈標ア〉タ

アンタナナリボ(Antananarivo) マダガスカル共和国の首都。マダガスカル島の中央部にある。一七世紀にホバ王国の王都となり、一八九五年フランスに占領された。一九六〇年、マダガスカル独立とともにその首都となりタナナリブといわれたが、七五年の社会主義革命により現在の名称に変えられた。外港は北東方のタマタブ。 発音〈標ア〉ナ2

あんた-はん【貴方―】〘代名〙京阪で、対称の敬語。また、会話の間に何の意味なく、ごく軽く用いる。「あんさん」より丁寧ないい方。＊妾の半生涯(1904)〈福田英子〉三・四「あんたはんは女(をなご)はんじゃ、さかい、おこりはりや、しまへんじゃろ」＊ごりがん(1920)〈上司小剣〉三「『まア、ほんまや、あんたはん千里眼だッかいな』と、女中は呆れたやうな顔をした」 方言 ❶同等または目下の者に対して用いる。あなた。対称。君。お前。徳島県809 ◇あた・あだ 島根県723 ◇なた 三重県度会郡599 鹿児島県沖永良部島986 ◇なだ 石川県鳳至郡404 ◇あんたん 山口県793 800 801 ◇あんて 和歌山県東牟婁郡690 ❷相手を尊敬していう。あなた様。富山県砺波398 滋賀県彦根609 和歌山県690 香川県三豊郡829 ◇ああつさま〔―様〕熊本県下益城郡930 ◇ああつさん 長崎県壱岐島914

あんだ-はんかい【涙樊噲】〘名〙「あんだべんけい(涙弁慶)」に同じ。＊浄瑠璃・関八州繋馬(1724)三「おらが若い時や腕に生疵絶へなんだ、今でも二つや五つはあんだ樊噲だ、張良だ」

あんだ-べんけい【涙弁慶】〘名〙(「あんだ」は「なみだ」の変化したもの)泣き意地を張ること。転じて、負けるものかと意地を立て通したり、負けずぎらいを押し通す意を表わす近世初期の流行語。奴言葉から出たものか。＊随筆・正事記(1665)一「此頃、江戸にて歌舞妓ども、やっこおどりとて〈略〉いかにもあらき躍をする。〈略〉殿中、存じ致す。こしょく あんた弁慶、此ごろの言葉なり。右躍歌の章歌 おらが若い時は ささいかうでも ふんのんだ。今も一つ二つは あんた弁慶」＊浄瑠璃・甲子祭(1684)一「あんだ弁慶是迄と、剃刀打振りかけ出ける」＊浮世草子・武道継穂の梅(1688‒1704頃か)四・一二「邯鄲五十年の栄ならんと、うんのめさわぐあんだ弁慶」 発音アンダベンケイ〈標ア〉ベ

アンダマン-ご【―語】〘名〙インド洋上のアンダマン諸島に住むネグリト系先住民の言語。系統不明。話者人口は激減して消滅の危機に瀕している。 発音アンダマンゴ〈標ア〉0

アンダマン-ニコバル-しょとう【―諸島】(アンダマン-ニコバルは Andaman and Nicobar) インド洋の、ベンガル湾にある諸島。インド領。イギリス領時代の流刑地。アンダマン(ミンコピー)人が住む。 発音アンダマンニコバルショトー〈標ア〉ショ

あんだら〘名〙(形動) 愚かなこと。また、その人。ばか。あほう。まぬけ。あんだ。＊歌舞伎・大一大万大吉(1700)一「見ればよいきりゃうじゃが、あんだらな若衆じゃ」＊浄瑠璃・傾城吉岡染(1710頃)下「今をさいごの石川まなこをくはっと見ひらき、やいあんだらの大ばかども」＊浄瑠璃・女殺油地獄(1721)中「やがて婿を取る程背丈伸びた、おかちはぶちたたきなされても、あんだらめにはこぶし一つあてずほたゑさせ、万事に遠慮が皆身の仇」＊談義本・教訓続下手談義(1753)一・八王子の臍翁手代への説法「是もあんだらな店衆は、むだ口たたいて高笑する隙(ひま)はあれど」＊物類称呼(1775)五「おろかにあさましきを、京大坂にて、あんた又あんだら共云」 語誌 語源に関しては諸説がある。一つは「阿呆太郎」のように太郎がダラに変化したとするもの(→語源説)。一方、文楽人形に「陀羅助」という愚かな人物像のかしら(頭部)があるところから、ダラを本来的なものと見るものもあり(松本修「全国アホ・バカ分布考」)、「あのだら」の変化とも見られる。また、「あほんだら」との関連も考えられる。 方言 ❶愚かなこと。また、その人。ばか。まぬけ。京都†113 三重県伊賀001 585 滋賀県甲賀郡606 蒲生郡612 京都府宇治郡633 大阪市638 香川県829 ◇あんたら 滋賀県蒲生郡606 彦根609 長崎県対馬039 ◇あんたれ 滋賀県彦根609 ◇あんだあ 栃木県塩谷郡200 ◇あんだろお 栃木県198 ◇あんてら 長崎県対馬913 ❷取り留めもないむだ話。愛知県北設楽郡039 広島県佐伯郡・山県郡039 香川県829 832 語源説 擬人名、阿呆太郎の転訛、転義〔国語拾遺語原考＝久門正雄〕。 発音〈京ア〉ダ

あんだら-くる 方言 むだ話をして時間を浪費する。取り留めもないおしゃべりをして長居する。香川県829 ◇あんだらこく 香川県仲多度郡・塩飽諸島829 ◇あんだらを引(ひ)く 広島県771 780

あんだら-尽(つ)くす ばかなことの限りをし尽くす。愚かなことをする。ばかなことを言う。＊浄瑠璃・難波丸金鶏(1759)天神お旅の段「ヤイあんだらつくせ」＊浄瑠璃・関取千両幟(1767)二「何をあんだらつくすぞい」＊滑稽本・東海道中膝栗毛(1802‒09)六・上「あんだらつくせ。ナニおどれらがつつみを、たれがしろぞい」

あんだら-くさ・い【―臭】〘形口〙ばかばかしい。ばかくさい。＊浄瑠璃・新版歌祭文(お染久松)(1780)野崎村「ぬらくらと抜けさせぬ。あんだらくさいと蹴ちらす藁包(わらづと)」＊滑稽本・東海道中膝栗毛(1802‒09)八・上「あんまりなわろじゃわいな。あんだらくさい」

あん-たらず【餡足】〘名〙 方言(「頭の中身が足りない」の意)愚鈍な人。愚か者。宮城県113 117 123 鳥取県711 ◇あんたらたん 三重県志摩郡054 度会郡599 ◇あんだらん 鹿児島県鹿児島郡968

あんたら-たち【貴方等達】〘代名〙 方言 対称。❶あなたたち。あなたがた。広島県倉橋島054 ◇あんたち 長野県上田(目上に対して用いる)475 三重県南牟婁郡603 ◇あんたっち・ああたっち 静岡県520 ◇あんたらさん 三重県志摩郡054 香川県小豆島829 ◇あんたがれ 愛知県豊橋市572 ◇あんにゃら 富山県389 ◇あんにゃらち 富山県390 砺波397 ◇あんにゃらちゃ 富山県砺波397 ◇あんたどお・あんどお 大分県941 ❷あなた。お前。◇あんたち 熊本県天草郡937

あん-たる【何―】〘連体〙(「なんたる」の変化した語)なんとした。なんという。どういう。物事が極端で驚きあきれる時に用いる。＊雑兵物語(1683頃)上「爰に太棡杖を杖の中へつつばめて来た程に、是を以ぶち込ば、あんたる黒がね玉でもつっこむべい」＊歌舞伎・椀久浮世十界(1686)「こされ縁か恋風か。痃癖(けんぴき)許よりぞっと寒いはこりゃ又あんたる所訳だ」＊浄瑠璃・平家女護島(1719)三「こりゃあんたる因果ぼね。めっきめっきいたす御免あれ」

アンダルシア(Andalucia)《アンダルシヤ》 スペイン南部の地方名。地中海と大西洋に面した穀倉地帯。グラナダやコルドバなどイスラム文化の遺産を伝える都市や、コスタ-デル-ソル海岸などの保養地が観光客を集める。フラメンコ舞踊の本場でもある。 発音〈標ア〉ル

アンダルシアのいぬ【アンダルシアの犬】(原題 フランス Un Chien Andalou) フランス映画。一九二八年作。ブニュエル監督。サルバドール=ダリが台本作成に参加。夢の論理に従って、潜在意識下にまどろむ映像を断片的に繋げていった前衛映画の最初の代表作。 発音〈標ア〉ル=ヌ

アンダルシャン〘名〙(英 Andalusian) ニワトリの品種。地中海地方原産の卵用種。レグホーンに似る。＊舶来語便覧(1912)〈棚橋一郎・鈴木誠一〉「アンダルシャン 舶来鶏の一種 Andalusian (英)西班牙最南部アンダルシャ地方原産の鶏にして産卵用の種類なり」

アンタレス(Antares「火星の敵」の意) 蝎座(さそりざ)のアルファ星。夏の宵、南天に見える赤色の巨星。地球より六〇〇光年の距離にあり、光度は〇・九～一・八等に変わる変光星。実直径は太陽の二三〇倍。中国では大火、日本では赤星、豊年星と呼ぶ。 発音〈標ア〉タ

あん-たん【暗炭】〘名〙石炭を肉眼で観察したとき、光沢の鈍い部分を、光沢の強い輝炭に対していう。 発音〈標ア〉0

あん-たん【暗澹】〘形動ナリ・タリ〙(現代では多く「暗澹たる」「暗澹と(して)」の形で用いられる)①暗くてものすごいさま。薄暗くてはっきりしないさま。＊市隠草堂集(1775‒88)前・江暁留別「暗澹滄江暁、相携此壮ㇾ行」＊星巌集‐丁集(1841)玉池生集五・満城風雨近重陽為首句同遠山雲如横山子達賦「山河黯澹鬼神泣、草木飄蕭天地荒」＊金色夜叉(1897‒98)〈尾崎紅葉〉後・七「見え遍(わた)りし家も土蔵も堆き黯黮(アンタン)の底に没して」＊非凡なる凡人(1903)〈国木田独歩〉下「室の下等にして黒く暗憺(アンタン)なるを憂うる勿れ」＊或る女(1919)〈有島武郎〉後・三二「春をほのめかすやうな日が来たりした後なので、殊更世の中が暗澹(アンタン)と見えた」＊白居易‐見紫薇花憶微之詩「一叢暗澹将何比、浅碧籠ㇾ裙襯二紫巾一」 ②特に、気持が暗く、うちしおれているさま。前途に望みを失い、絶望的なさま。また、暗い不安げな表情や雰囲気のさま。＊和蘭皿(1904)〈生田葵山〉糸の縺れ「墓石の下に彷徨って居る様な暗憺(アンタン)たる気を持来たすのであると思って居る」＊海潮音(1905)〈上田敏訳〉ボドレエル評「其心、夜に似て暗憺、いひしらず、汚れにたれど」＊家(1910‒11)〈島崎藤村〉前・八「前途は彼に取って唯暗澹として居る」＊時間(1931)〈横光利一〉「むしろ暗澹たる気持ちになって来た」

あん-たん【黯淡】〘形動タリ〙薄暗いさま。 発音〈標ア〉0〈京ア〉0 ＊江戸繁昌記(1832‒36)五・深川「長天縹渺、綵霞黯淡、神逝き魂飛ぶ」＊枕山詩鈔‐初編(1859)下・暁雪湖上所見「黄黯淡辺鴉抱ㇾ樹、白模糊処鴨粘ㇾ波」＊布令字弁(1868‒72)〈知足蹄原子〉六「黯淡 アンタン クラヤミ」＊横浜新誌(1877)〈川井景一〉夜店「燈下黯淡、大娘を道ふ請ふ官公(だんな)小憩をせよ」＊桐一葉(1894‒95)〈坪内逍遥〉五・三「黯淡とせし奥行きは、煙れる海ともまがふべし」＊郭熙‐山水訓「真山水之雲気、四時不ㇾ同。春融怡、夏蓊鬱、秋疎薄、冬黯淡」

あん-たん【黯黮】〘形動タリ〙曇って明らかでないさま。黒いさま。＊篁園全集(1844)三・歳暮書懐「虐雪添二黯黮一、獰颷助二凛冽一」＊楚辞‐九弁「彼日月之照明兮、尚黯黮而有ㇾ瑕」

アンダンテ〘名〙(イタリア andante「歩くように」の意)①音楽で、演奏速度を指示する語。アレグレットとアダージョの中間の速さ。ゆるやかに。＊中等教育教科用楽典(1904)〈高井徳造〉三・三「Andante(アンダンテ)…少しく緩」＊多情仏心(1922‒23)〈里見弴〉押入の中・四「速度はアンダンテかアンダンチーノらしかったが、これは蓄音機のことで、よくは分らなかった」＊真理の春(1930)〈細田民樹〉森井コンツェルン・一五「暗い波頭のうねりが、この崖下に白く砕けて、絶えず地震ひのする緩徐調(アンダンテ)」 ②①の速度の楽曲・楽章。緩徐楽章。 発音〈標ア〉ダ〈京ア〉ダ/ダ

アンダンティーノ〘名〙(イタリア andantino)《アンダンチーノ》①音楽で、演奏速度を指示する語。アンダンテよりもやや速い。＊中等教育教科用楽典(1904)〈高井徳造〉三・三「Andantino(アンダンテノ)…アンダン

テーより少しく緩」 ②①の速度の楽曲・楽章。 発音〈標ア〉テ

アンタント『名』(フランス entente) 相互理解。合意。また、協商。協約。協定。*音引正解近代新用語辞典(1928)〈竹野長次・田中信澄〉「アンタント Entente 仏 親睦、現状維持等の意」

あん-ち【安治】『名』平和に統治すること。*足利本論語抄(16C)里仁第四「君子は徳を身に安治してもつほどに安きぞ。〈略〉小人は我故郷を安治するぞ」

あん-ち【安置】『名』(「あんぢ」とも) ①ある場所にすえて置くこと。また、じっととどまらせておくこと。*新儀式(963頃)四・天皇賀太后御筭事「弁二備御台盤二基一。安二置御前一也」 *古事談(1212-15頃)二・伊周配流事「権帥病之間安二置播磨国便所一、出雲権守隆家安二置但馬国便所一」 *江戸繁昌記(1832-36)三・外宅「壁下に一大桶炉を安置し、鉄瓶湯を滚す」 *当世書生気質(1885-86)〈坪内逍遙〉二〇「鉄製(くろがねせい)の丸火鉢を、卓子(つくえ)の真中に安置(アンチ)せらる」 *韓愈-石鼓歌「剜レ苔剔レ蘚露二節用一、安置妥帖平不レ頗」 ②神仏の像などをあがめすえること。*正倉院文書-天平勝宝八年(756)六月二一日・東大寺献薬帳(寧楽遺文)「以前、安置堂内、供養盧舎那仏」 *打聞集(1134頃)三・仏舎利事「三蔵の申に随て速に塔を造給て此舎利を安持し奉給へり」 *色葉字類抄(1177-81)「安置 アンヂ」 *米沢本沙石集(1283)二・二「常陸の国に中郡と云所に草堂あり。薬師如来を安置す」 *雲形本狂言・夷大黒(室町末-近世初)「此山には三千人の衆徒あれば、是を守らむずる天ぶをこそ安置(アンヂ)申べけれ」 *日葡辞書(1603-04)「Angi(アンヂ)またはanchi(アンチ)〈訳〉偶像、またはこれに似た物を祭壇に置くこと」 *俳諧・奥の細道(1693-94頃)平泉「経堂は三将の像をのこし、光堂は三代の棺を納め、三尊の仏を安置す」 語誌 ②に挙げた「色葉字類抄」の読み、また「打聞集」の当て字「安持」などにより、鎌倉末期まではアンヂと連濁しているが、室町末期になると節用集(易林本・饅頭屋本)では連濁している一方、濁らないアンチ(文明本)も現われる。「日葡辞書」では両形を見出し語としているが、説明はアンチの方に多くをさいており、この頃より清音が一般的となったようである。江戸末期一八六七年の「和英語林集成(初版)」になると、「Anchi アンチ」のみを挙げている。 発音〈音史〉古くは『あんぢ』と濁音にも。→語誌。〈標ア〉0 ア 〈京ア〉0 辞書 色葉・文明・饅頭・易林・日葡・ヘボン・言海 表記 安置(色・文・饅・易・ヘ・言)

あん-ち【庵地】『名』いおりを建てる敷地。*浮世草子・当世乙女織(1706)七・一「けいだい能(よき)所にて庵地(アンチ)をもとめ」

あん-ち【暗地】『形動』ひそかなさま。内々のさま。*西国立志編(1870-71)〈中村正直訳〉一〇・一七「真正の栄威は、暗地に自ら己私に克(かつ)よりして発生す」 補注「小説精言-一」に「説罷暗地〈注〉ヒトシレズ」忍不レ住笑。不レ脱二衣裳一。睡二在床上一」とある。

あん-ち【暗知・諳知】『名』そらで覚えていること。暗記。*日本外史(1827)三・源氏正記「翁曰、小人以レ猟為レ業、諳二知山路一」 *日本教育史略(1877)概言〈小林儀秀訳〉「学者と称せらるる者は数万の文字を暗知する者なり」 *一年有半(1901)〈中江兆民〉二「是に於て乎販路なる地方の人情習尚を諳知せざる可らず」

アンチ『接頭』(英 anti-)《アンティ》 他の名詞の上に付いて、それに対する「反対・対抗・排斥」などの意を表わす。*くれの廿八日(1898)〈内田魯庵〉六「所謂(いはゆる)文明人種が占領する土地は世界の面積の十分一(じふぶいち)で我々非(アンチ)人間種族の住むべき土地は猶(ま)だ沢山ある」 *伸子(1924-26)〈宮本百合子〉四・六「自分と佃との交渉が始まってから、何と沢山反(アンティ)佃の言葉をきかされたことだらう」 *歌舞伎とリアリズム(1939)〈久保栄〉「その人のアンチ歌舞伎的な道を歩む機縁をつくってゐる」

アンチーム『形動』(フランス intime)《アンティーム》 親密なさま。親しいさま。また、くつろいださま。*ヴァイオリンとオイストラフ(1955)〈河上徹太郎〉「又何とアンティームな楽器だらう?」 発音〈標ア〉チ

あん-ちきしょう【―畜生(チキシャウ)】『名』「あんちくしょう(―畜生)」に同じ。*斜陽(1947)〈太宰治〉「結婚式に、あんちきしゃう、タキシイドなんか着て」 発音 アンチキショー〈標ア〉ショ

あん-ちくしょう【―畜生(チクシャウ)】『名』(「あん」は「あの」の変化した語) 目の前にいない人をののしっていう語。あの野郎。あんちきしょう。*落語・犬の目(1898)〈四代目橘家円蔵〉「乃公(おれ)の眼を見やがって闇眼(やみめ)だって言やがる…彼(アン)畜生は口の悪い不親切の野郎だな…」 *老車夫(1898)〈内田魯庵〉「親の身代(しんしゃう)を潰しても心持の腐らねヱのを自慢に天道様へ申訳をしてヱた己が、此齢になってあん畜生(チクシャウ)の為に面目玉を踏潰した」 発音 アンチクショー〈標ア〉ショ

アンチゴーネ ⇨アンティゴネ

アンチダンピング-かんぜい【―関税(クヮンゼイ)】『名』(英 anti-dumping duty の訳語) 輸出国内の販売価格より安く輸出する行為のため、輸入国内の競合産業が打撃を受けないよう、輸入国が課す懲罰的関税。 発音 アンチダンピングカンゼイ〈標ア〉カ

アンチック『名』(フランス antique)《アンチーク・アンティック・アンティーク》①活字の字体の一つ。ひらがな、かたかな、ローマ字などの肉太のもので、辞典の見出し語などに用いられる。ゴシック体に似ているが、柔らかみのあるのが特徴。本辞典の見出しで用いられている書体。*アルス新語辞典(1930)〈桃井鶴夫〉「アンティック 英 antic 〔印刷〕活字の一種で古体」 ②古美術品。骨董品。*抱擁(1973)〈瀬戸内晴美〉三「女が通りすがりのアンティックの店で見つけてきたそのランプは」 発音〈標ア〉チ

アンチ-テアトル『名』(フランス anti-théâtre「反演劇」の意) 従来の戯曲概念と全く相容れない戯曲・演劇。一九五〇年代にフランスにあらわれたイヨネスコやベケットの作品についていわれた。前衛的な演劇一般にも用いられる。 発音〈標ア〉テ

アンチ-テーゼ『名』(ドイツ Antithese)《アンティテーゼ》 ①反対の意見、対立する理論。*前期自然主義文学(1949)〈瀬沼茂樹〉三「『自然は自然である』という主張は、一つにはロマン的な自然解釈にたいするアンチテエゼである」 *俳句の世界(1954)〈山本健吉〉四「俳諧は元来和歌に対するアンチ・テーゼとして発生すべきものだった」 ②テーゼ(定立)に対する語。特定の肯定的主張に対する特定の否定的主張で、弁証法においてヘーゲルが説いたテーゼ、ジンテーゼ(総合)とともに三契機の一つ。反立。反定立。反対命題。対立物。*モダン辞典(1930)「アンチテーゼ 〔哲〕弁証法に於ける正 反 合の『反』を云ふ」 *弁証法の意味(1933頃)〈田辺元〉四「弁証法で申しますと、『正』とか『反』とかあるいはテーゼ、アンチテーゼ、定立、反定立、というものを綜合統一して具体的な段階に到達するためには」 *迷へるリアリズム(1935)〈久保栄〉二「そのアンチテーゼとして提示された社会主義リアリズムの理論」 発音〈標ア〉テ〈京ア〉テ

アンチ-トキシン『名』(ドイツ Antitoxin 英 antitoxine, antitoxin) 細菌によってつくりだされた血液中の有毒物質を中和し、その作用をなくす物質。抗毒素。

アンチノック-ざい【―剤】『名』(英 antiknocking agent の訳語) 内燃機関のノッキング(正常よりも早めに爆発が起こること)を防ぐために燃料に少量加える物質。実用には四エチル鉛が用いられるが、これが有毒な鉛化合物を大気中にばらまくもととなる。耐爆剤。 発音〈標ア〉0 ク

アンチノミー『名』(ドイツ Antinomie 英 antinomy) いずれも真である前提に基づく二つの原理の間の矛盾。二律背反。*アルス新語辞典(1930)〈桃井鶴夫〉「アンチノミー 英 Antinomy 自家撞着」 *鳴海仙吉(1946-48)〈伊藤整〉一一「そこでは形式論理学上のアンチノミイなどは、あってはならないのである」 発音〈標ア〉チ

アンチパシー『名』(英 antipathy)《アンティパシー》 反感。嫌悪感。また、なんとなく虫の好かないもの。*渋江抽斎(1916)〈森鴎外〉二九「徳は〈略〉父栄玄の褊狭な気質を受け継いでゐた。そしてこれが抽斎にアンチパチイを起させた」 *新しき用語の泉(1921)〈小林花眠〉「アンティパシー (英) Antipathy 反感、悪感」

アンチピリン『名』(英 antipyrine) 解熱・鎮痛・鎮痙(ちんけい)薬。フェニルヒドラジンにアセト酢酸エステルを加え、クロルメチルを用い、メチル化して作った白色の結晶性粉末。かぜによる高熱や頭痛、神経痛、リウマチ、月経痛などに用いる。*吾輩は猫である(1905-06)〈夏目漱石〉九「漢法の名医があったが、〈略〉其又養子が跡を続いだら葛根湯がアンチピリンに化けるかも知れない」 *舶来語便覧(1912)〈棚橋一郎・鈴木誠一〉「アンチピリン 安知必林 Antipyrin (英) 無色の結晶又は白色の粉末劇薬にして無臭苦味の良好なる解熱鎮痛薬なり」 発音〈標ア〉ピ

アンチフェブリン『名』(ドイツ Antifebrin)《アンチヘブリン》 アセトアニリドの薬品名。解熱・鎮痛薬。解熱力、毒性ともにアンチピリンより強い。*舶来語便覧(1912)〈棚橋一郎・鈴木誠一〉「アンチヘブリン 安知歇貌林 Antifebrinum (英) 化学名をアセトアニリード〈略〉と云ふ。無色無臭苦味の結晶劇薬にして効能は解熱神経痛等に用ふ」 *矢はず草(1916)〈永井荷風〉六「風邪心地の折とてもアンチフェブリンよりは葛根湯妙振出しなぞあがなひ煎じる事となしぬ」

あんち-ぶつ【安置仏】『名』①安置してある仏像。いつも身近に置いて信仰する仏像。持仏。*浮世草子・風流誮平家(1715)四・四「此間にぞ安置仏(アンチブツ)をや置つらんと見渡すに」 ②仏壇。 発音〈標ア〉チ

アンチ-プロトン『名』(英 antiproton) 陽子と同じ質量を持ち、負電気を帯びる粒子。これが陽子とぶつかると、両者の重さに相当するエネルギーを爆発的に発生して、両者の質量は消失してしまう。一九五五年、カリフォルニア大学の核破壊装置ベバトロンで作り出された。反陽子。

アンチ-マグネチック『名』(英 antimagnetic) (時計などの精密器機が)磁力線をうけても支障が生じないようにしてあること。耐磁性。

アンチモニー『名』(英 antimony)「アンチモン」に同じ。*舎密開宗(1837-47)内・一四・二四四「世に所謂安質没尼は私知彪母(スチビウム)〈原安質金と称し古へ安質王と名くるを今私かに新名私知彪母に改む以下同〉の硫黄を蘊む者なり」 *米欧回覧実記(1877)〈久米邦武〉一・一二「活字を銅版といふは、日本にて言做せし俗称による、其実は銅を用ふるに非ず、鉛に『アンチモニー』といふ金属を和して製す」 *彼岸過迄(1912)〈夏目漱石〉風呂の後・三「四国辺の或る山から安質莫尼(アンチモニー)が出ると触れて歩いて」 *党生活者(1933)〈小林多喜二〉五「弾丸製造に使ふアンチモニーは二十円前後の相場が今百円位になってゐる」 発音〈標ア〉チ モ〈京ア〉チ 辞書 言海 表記 安質母尼(言)

アンチモニウム『名』(ラテン・オランダ antimonium)《アンチモニューム》「アンチモン」に同じ。*蘭薬手引草(1845)「アンチモニウム 汗を発し血の粘液を稀釈す」 *医家必携(1857)二「安質謨尼母(アンチモニム)、催吐、通利、発汗、豁痰、解凝の効力あり」 発音〈標ア〉ニ《ニュ》

アンチモン『名』(ドイツ Antimon) 窒素族元素の一つ。記号 Sb 原子番号五一。原子量一二一・七六。銀白色の金属光沢をもつ半金属元素で、単体、化合物ともに有

毒。主鉱石は輝安鉱。メッキ、活字合金、軸受合金、半導体、医薬品などに用いられる。アンチモニー。アンチモニウム。スチビウム。＊舎密開宗(1837-47)内・一三・二二「鉛に安質王を烊和す、質剛し、亦雀丸、銃丸を鋳るべし」＊薬品名彙(1873)〈伊藤謙〉「Antimonium 安質蒙」＊空想家とシナリオ(1939)〈中野重治〉「鉱山から鉛が採られ、アンチモンが採られ」 発音〈標ア〉チ〈京ア〉チ

アンチモン-きょう【―鏡】(ヤウキ)〘名〙 アンチモンの水素化合物を陶器やガラス表面で分解し金属アンチモンを蒸着させたもの。ヒ素鏡に似ているが安定で光沢に乏しい。発音アンチモンキョー〈標ア〉0

アンチモンさん-なまり【―酸鉛】〘名〙 鉛とアンチモンとの酸化化合物。橙黄色(とうこうしょく)の粉末で有毒。黄色顔料のアンチモンエローとして用いられる。

アンチモン-しゅ【―朱】〘名〙 三硫化二アンチモンから成る赤色顔料。赤褐色の粉末。赤色顔料、ゴムの加硫、着色などに用いられた。アンチモンレッド。

アンチモン-しろ【―白】〘名〙 三酸化二アンチモンから成る白色顔料。白色の粉末で無害。鉛白の代用、ほうろう乳白剤などに用いられる。アンチモンはく。

アンチモン-でんきょく【―電極】〘名〙 アンチモンを用いた電極。ペーハー(pH)測定用に用いられる。取り扱いが簡単かつ測定範囲が広いという利点があるが、再現性・精度が悪く精密測定には使用できない。発音〈標ア〉テ

あん-ちゃ【兄―】〘名〙「あんちゃん(兄―)①」に同じ。＊洒落本・温海土産(1857)一・上「あんちゃは発(はっ)と目を覚(さ)まし」＊不在地主(1929)〈小林多喜二〉一「由三は空の茶碗を箸でたたき乍ら、『兄(アン)ちゃ帰らないな…』と、唇をふくれさせてゐた」方言❶兄。兄貴。青森県075 082 岩手県気仙郡102 山形県138 福島県会津166 千葉県夷隅郡275 新潟県(尊称)347 福井県463 長野県上伊那郡488 佐久493 静岡県遠江520 大分県北海部郡941 ◇あんちや 秋田県130 ❷長男。跡継ぎ。秋田県北秋田郡130 ❸若だんな。主人。青森県南部068 秋田県北秋田郡068 ❹青年。青森県南部068 福島県会津166 新潟県下越(軽い敬称)387 ◇あんちや 秋田県130

あん-ちゃく【安着】〘名〙①落ち着くこと。また、落ち着かせること。＊江戸繁昌記(1832-36)初・上野「便ち兄之一生を安着して、僕も亦余沢を沐らん」＊経国美談(1883-84)〈矢野龍渓〉前・二「先づ其の内政を整理して人心を安着するにあらざれば」＊将来之日本(1886)〈徳富蘇峰〉一「日本の将来は唯上帝之を知る、而已と安着するに如かざる可し」＊宋斉丘-陪遊鳳皇台献詩「松孤不ㇾ易ㇾ立、石醜難二安著一」②無事に到着すること。＊花柳春話(1878-79)〈織田純一郎訳〉三四「先づ安着を賀し」＊葉書(1909)〈石川啄木〉「午後十一時漸く当市に無事安着仕候」＊ロシアに入る(1924)〈荒畑寒村〉西比利の汽車旅行・九「午後四時と云ふに、僕等の列車はヤッとモスクワに安着した」発音〈標ア〉0〈京ア〉0

あん-ちゃん【兄―】〘名〙①自分の兄を呼ぶ、幼児の語。あんちゃ。＊童謡・秋の夜(1935)〈サトウ・ハチロー〉「兄(アン)ちゃん、みみずが啼(な)いてるね」②一般に若い男を呼ぶことば。時に不良青少年を呼ぶ場合もある。＊あの道この道(1928)〈十一谷義三郎〉二「あんちゃんがうちの箪笥から紙入れを偸(ぬす)んだ！」＊浅草紅団(1929-30)〈川端康成〉六〇「少年の肩に手をかけて、『あんちゃん、あたいと一緒に帰らうよ。あたいの家へ遊びに来ない？』」＊青鬼の褌を洗ふ女(1947)〈坂口安吾〉「マーケットの相当なあんちゃん連が二三人」方言❶長男。跡継ぎ。愛知県知多郡570 ❷夫。主人。新潟県佐渡348 ❸息子。坊っちゃん。敬称。愛知県知多郡570 571 ❹年長の男。新潟県佐渡348 発音〈標ア〉ア〈京ア〉ア

あん-ちゅう【庵中】〘名〙(「あんぢゅう」とも)いおりのうち。仮ごしらえの小さい家のなか。＊日葡辞書(1603-04)「Anchŭ (アンチュウ)、または、angiŭ (アンヂュウ)。イヲリノ ウチ〈訳〉世捨て人の茅屋の中」＊士朗宛蕪村書簡-安永五年(1776)五月二日「菴中日来不足之物にて一入大慶仕候」発音アンチュー〈音史〉古くは『あんぢゅう』と濁音にも。辞書日葡

あん-ちゅう【暗中・闇中】〘名〙(「あんぢゅう」とも)くらがりのなか。やみのなか。また、人に知られないうち。＊文華秀麗集(818)中・奉和聴擣衣〈桑原腹赤〉「暗中不ㇾ弁杵低挙。枕上唯聞声抑揚」＊応永本論語抄(1420)里仁第四「学者が此境界に不ㇾ至、白髪するまで五経六籍をもてあそぶとも、只暗中のしわざ也」＊日葡辞書(1603-04)「Anchŭ (アンチュウ)。ヤミノウチ〈訳〉闇の中。暗黒の中」＊花柳春話(1878-79)〈織田純一郎訳〉四八「益々疑惑を生じて、恰(あたか)も暗中を行くが如し」＊趙嘏-長垂双玉啼「双双紅涙堕、度日暗中啼」発音アンチュー〈音史〉古くは『あんぢゅう』と濁音にも。〈標ア〉0ア〈京ア〉0 辞書日葡

あんちゅう に 灯火(ともしび) 困っている時に欲しい物に巡り合った場合や、絶望的状況で救いを見出した場合のたとえ。暗夜のともしび。やみ夜のともしび。＊護持院原の敵討(1913)〈森鷗外〉「その調べ上げた事実を言って聞せられた時は、一行は暗中(アンチュウ)に燈火(トモシビ)を認めたやうな気がしたのである」

あんちゅう に 模索(もさく)**す** 暗がりに手さぐりする。暗中模索する。＊俳諧・奥の細道(1693-94頃)象潟「闇中(あんちゅう)に莫作(もさく)して、雨も又奇也とせば、雨後の晴色又頼母敷(たのもしき)と、蜑(あま)の苫屋(とまや)に膝をいれて雨の晴(はるる)を待(まつ)」

あん-ちゅう【暗虫】〘名〙 暗がりで鳴く虫。多くコオロギをいう。＊本朝文粋(1060頃)三・詳春秋〈大江以言〉「庭隅之霜新警、暗虫之声織寒」＊白居易-聞虫詩「暗虫唧唧夜綿綿、況是秋陰欲ㇾ雨天」

あん-ちゅう(ちふ)〘連語〙(「なんという」の変化した語)なんということ。どういう。また、どのように。＊物類称呼(1775)五「なに事じゃといふ事を 上総にて、あんだちふと云 会津にて、あんちふだびっちふだと云」＊西洋道中膝栗毛(1870-76)〈仮名垣魯文〉初・上「人サア違ウばイあんちうこんだ」

アン-チュー【紅酒】〘名〙(「紅酒」の中国南方音)台湾に産する甘味のある酒。初め紅色、のちに黄色となる。蒸した糯(もちごめ)に紅紬(アンカー)と水とを混合して発酵させ、さらに米酒(ビーチュー)を加えてつくったもの。老酒(ラオチュー)。老紅酒(ラオアンチュー)。発音〈標ア〉ア

あんちゅう-がん【安虫丸】(ワングヮン) 近江国(滋賀県)大津近在の名所、走り井の滝で売っていた、子供の虫をおさえる薬の名。＊全九集(1566頃)六「心痛して水を吐するは虫痛なり。安虫丸」＊浮世草子・好色旅日記(1687)二「はしり井の滝安虫丸(アンチウグワン)といふむし薬うる」

あんちゅう-ひやく【暗中飛躍】〘名〙 暗々裏に計画を立てて活動すること。世間に知られないように、ひそかに策動すること。暗躍。また、向こう見ずの行動。＊新らしい言葉の字引(1918)〈服部嘉香・植原路郎〉「暗中飛躍 秘密裡に各種の運動若しくは活動を為すこと。特に政治方面の事に用ひられる」＊漫談集(1929)お目出度い件〈大辻司郎〉「一番厭な気分がして、迚(とて)も説明してゐられませんのは、同伴席に、世にも厚かましい不真面目な方がおいでになって、暗中飛躍(アンチウヒヤク)をなさることです」発音アンチューヒヤク〈標ア〉ヒ〈京ア〉ヒ

あんちゅう-もさく【暗中模索・暗中摸索】〘名〙 やみの中で、手さぐりに探し求めること。転じて、手がかりのないものを、いろいろさぐってみること。暗索。＊囚はれたる文芸(1906)〈島村抱月〉三「斯(か)くて、我が情は闇中摸索の妄飛躍をば嫌へども」＊他所の恋(1939-40)〈正宗白鳥〉六「薄暗い見物席を二階から暗中模索の態度で見てゐると、あの二人に類似した男女が随所に見つけられた」＊隋唐佳話-中「許敬宗性軽傲、見ㇾ人多忘ㇾ之、或謂二其不一ㇾ聰、曰卿自難ㇾ記、若遇二何、劉、沈、謝一暗中摸索著、亦可ㇾ識ㇾ之」発音アンチューモサク〈標ア〉モ〈京ア〉モ

あん-ちょう【安帖】(テフ)〘形動タリ〙 安らかなさま。穏やかで平和なさま。安貼。＊宝覚真空禅師録(1346)乾・山城州平安城万寿禅寺語録「家国清平、野老安帖」＊易林-離・无妄「安帖之家、虎狼与ㇾ憂」

あん-ちょう【暗潮】(テウ)〘名〙①表面に現われない潮流。＊篁墩詩鈔(1859)墨水春遊「絶世名妹誰与儔、暗潮沈ㇾ骨恨悠々」＊楊万里-過沙頭詩「暗潮已到無二人会一、只有二篙師識一水痕一」②表面に現われない世の風潮。表だって現われない勢力の動き。＊近年の文海に於ける暗潮(1896)〈戸川秋骨〉「蓋し一種の暗潮が今の想海に横流せる事は之を以ても知る事を得るなり」＊ふらんす物語(1909)〈永井荷風〉ひとり旅「如何なる時代にも免れ難き社会の裏面を流るる暗潮に棹(さを)さして」発音アンチョー〈標ア〉0

あん-ちょう【暗調】(テウ)〘名〙 調子や気分が暗い感じであること。写真などで仕上げの具合が暗い感じのこと。＊それから(1909)〈夏目漱石〉一〇「彼の今の気分は、彼に時々起る如く、総体の上に一種の暗調を帯びてゐた」発音アンチョー〈標ア〉0

あんちょお〘名〙方言❶(「あんどんちょうちん(行灯提灯)」の転か)ちょうちん。兵庫県出石郡(方形のもの)652 ◇あんちょ 京都府中郡623 ❷あんどん。◇あんちょ 京都府竹野郡622 ❸重曹。沖縄県首里993 ◇あんつぉお 沖縄県石垣島996

あん-ちょく【安直】〘名〙〘形動〙①値が安く、手軽に入手できること。やすね。安価。＊続歌舞妓年代記(1907)二八・安政元年「今朝噂(うわさ)にて直段(ねだん)も安直になりまして大入となりました」＊ふらんす物語(1909)〈永井荷風〉再会「安直(アンチョク)な伊太利亜の料理屋がある」②気軽なこと。容易なこと。しかつめらしくないこと。ちょく。＊吾輩は猫である(1905-06)〈夏目漱石〉八「からかふには至極適当で、至極安直で、至極無事な男である」＊クローディアスの日記(1912)〈志賀直哉〉「それは、自分の心の何処かに未だ潜んでゐる安直(アンチョク)な慣習的な、所謂良心といふ奴だ」発音〈標ア〉0〈京ア〉0

あんちょく-せんそう【安直戦争】(センサウ) 一九二〇年、中国北洋軍閥の安徽(あんき)派(段祺瑞=だんきずい)と直隷(ちょくれい)派(曹錕=そうこん、呉佩孚=ごはいふ)の間の戦争。袁世凱(えんせいがい)の死後の勢力争いによるもので、日本は安徽派を援助していたが、直隷派の勝利に終わった。中国では直皖戦争と呼ぶ。発音アンチョクセンソー〈標ア〉セ

あん-ちょこ【安直】〘名〙(「あんちょく」の変化した語)教科書にある問題の解答や古文・漢文・英文の訳を掲げた解説書をいう、中学・高校生などの学生用語。手軽な参考書。虎の巻。＊全権先生(1932)〈佐々木邦〉日曜の朝「一々考へたり辞書を引いたりするのを面倒がる。この弱点につけ入って、本屋が教科書の解説をした小冊子を発行してゐる。これをアンチョコと呼ぶ。安直に下調べが出来るからであらう」＊仮面の告白(1949)〈三島由紀夫〉二「ではあんちょこを見ながら御説明いたしませうと言った」発音〈標ア〉0〈京ア〉0

アンチョビー〘名〙(英 anchovy) カタクチイワシ類の総称。塩漬け(ピクルス)にしたものは、食用として珍重され、また、これから調味料もつくられる。イタリアの名産。＊紋章(1934)〈横光利一〉六「アンチョピー

の海外に於ける相場の話をし始めた」＊細雪(1943-48)〈谷崎潤一郎〉上・一七「アンチョビーの塩漬」 発音〈標ア〉チョ

アンチ-ロマン『名』(フランス anti-roman「反小説」の意) 一九五〇年代、フランスに起こった新しい手法による小説。ナタリー・サロートの「見知らぬ男の肖像」の序文で、サルトルが初めて使った。登場しない主人公の目を通して描写するなど、従来の小説にみられない方法を用いる。ヌーボーロマン。 発音〈標ア〉ロ

あんちん【安珍】 ㊀⇨あんちんきよひめ(安珍清姫)。㊁『名』(「安珍清姫」の伝説で、清姫が帯の解けたのもかまわないで安珍を追ったところから) 女帯をいう盗人仲間の隠語。〔隠語輯覧(1915)〕

あん-ちん【安鎮】『名』①(―する) 国、家などが安らかにしずまること。また、安らかにしずめること。＊東宝記(1352)「或記云、桓武天皇御宇延暦十三年〈甲戌〉平安城遷都。同十五年〈丙子〉〈略〉建二東西両寺一。近則左右二京之安鎮、遠又東西両国之衛護也」＊太平記(14C後)一二・安鎮国家法事「天下安鎮の法をぞ行はれける」＊山鹿語類(1665)二一・器物の用を詳にす「先代伝ふる所の玉どもをつつしみをさめて伝世之宝とし、国家を安鎮するの徳を比せり」＊志都の岩屋講本(1811)上「能(よ)く精神をかの気海の辺に安鎮して」②(―する) 神仏などを安置して、鎮めること。＊延喜式神名帳頭註(1503頃)「奉レ安二鎮三千一百三十二座之神体一」③「あんちんほう(安鎮法)」に同じ。＊吾妻鏡-嘉禎元年(1235)六月二九日「寅卯両時被レ行二新造御堂安鎮一、弁僧正定豪、修レ之」

あんちん 国家(こっか)の法(ほう) 発音〈標ア〉0 国家を安らかにしずめるための密教の法。＊安鎮法日記-天喜四年(1056)二月一五日「於一条院仁寿殿勤仕安鎮国家法」＊太平記(14C後)一二「安鎮国家法事付諸大将恩賞事」

あんちん の 祭(まつ)り 神道の修法。卜部家(うらべけ)で、居宅の造作が完成した後に、その永久平安を祈る祭。安鎮祭(あんちんさい)。＊親長卿記-文明九年(1477)一一月一八日「明日於二内侍所神前一可レ被レ行二安鎮祭一」＊御湯殿上日記-文明九年(1477)一〇月二一日「夕さりあんちむのまつりあるへきにて」＊浄瑠璃・猫魔達(1697頃)五「国中のきたうのため、彦山の大そうじゃうをしゃうじあんちんのまつりをはじめ、けしゃうがうぶく有べし」

あんちん-きよひめ【安珍清姫】 紀州(和歌山県)道成寺(どうじょうじ)の縁起にある伝説。紀州牟婁(むろ)の清姫が、その家に泊まった熊野権現参詣途上の僧安珍を恋慕して、蛇身となって安珍を追う。この話の祖型は「大日本国法華験記」巻下、「今昔物語集」巻一四第三話、「元亨釈書」巻一九などに見られるが、後世絵巻物、謡曲、浄瑠璃、舞踊などの素材となり、いわゆる道成寺物の系譜を形成している。ただし、安珍・清姫の二人の名が見られるのは近世の浄瑠璃以降のことである。 発音〈標ア〉ア

あんちん-ほう【安鎮法】『名』密教の秘法の一つ。御所や禁裏の家宅の新築に際し、その家の安穏を祈り、また国家の鎮護を祈るもの。不動明王を本尊とし、帝釈天(たいしゃくてん)、毘沙門天(びしゃもんてん)など十天を請じて行なう。個人の家宅の場合を家鎮、または鎮宅という。安鎮。＊権記-長保二年(1000)九月二七日「右中弁送二造内裏所申請安鎮法析七宝名香等文一、奏レ之」＊安鎮法日記-康和二年(1100)五月二四日「於二新造内裏一被レ修二安鎮法一」 発音アンチンホー〈標ア〉0チ

アン-ツー-カー『名』(英 en-tout-cas もとフランス語で、晴雨兼用傘の意) 陸上競技場のトラックやテニスコートの表土に用いるれんが色の人工土。また、これを敷いた競技場。元来は、この人工土を敷いた全天候型テニスコートをさす商標名。＊アカシヤの大連(1969)〈清岡卓行〉一「針金のネットに激突して、そこからアンツーカーに落下して死んでしまった」 発音〈標ア〉ツ〈京ア〉ツ

あん-つく『名』ばか。あほう。まぬけ。＊咄本・新選臍の宿替(1812)一・世は逆さま「いかに私がもちやのからうすで、あんつくじゃてて、能いかげんにあへさがしておくれなされと言へば」 方言 新潟県東蒲原郡368 静岡県520 三重県伊賀001 度会郡586 滋賀県南西部606 京都府久世郡634 和歌山県那賀郡690 691 島根県石見725 岡山県阿哲郡751 浅口郡768 山口県阿武郡795 徳島県811 香川県829 愛媛県840 周桑郡845 大三島848 ◇あんつくす 山口県萩市791 発音〈京ア〉ツ/ア

あん-づめ【餡詰】『名』金銀の細工物の内部に銅、鉛などを詰め込むこと。また、その細工物。てんぷら。めっき。＊恋慕ながし(1898)〈小栗風葉〉一二「此盗人(どろぼう)、銀貨の鍍鋳(アンヅメ)なんか擱ましやがって」 発音〈標ア〉0メ

あん-てい【安定】『名』①(―する) 物事が、落ち着いていて、激しい動揺や変化のない状態にあること。また、そのような状態にすること。＊広益熟字典(1874)〈湯浅忠良〉「安定 アンテイ イヘクニヲサダメル」＊二老人(1908)〈国木田独歩〉下「そして遂に不遇で何時もまごまごして安定(アンテイ)の所を得ず」＊苦の世界(1918-21)〈宇野浩二〉四「安藤はまた相手にさういふふうにされてゐることによって、彼自身の身体の安定をたもってゐるといふかっかうで」＊災害救護帝都復興に関する詔書-大正一二年(1923)九月一二日「只速に人事を尽して民心を安定するの一途あるのみ」＊書経-盤庚中「今予将三試以レ汝遷、安二定厥邦一」②物理学で、平衡状態に微少な変化を与えた時に、もとの状態からのずれの小さいことをいう。＊工学字彙(1886)〈野村龍太郎〉「Stable 安定」③化学で、化合物の化学変化が容易でないことにいう。元素の化合力が強く、容易に分解しないこと。不活性。＊稿本化学語彙(1900)〈桜井錠二・高松豊吉〉「Stable Beständig 安定の」④(―する) 西洋画の描法で、描かれた個々の題材に落ち着きがあり、画面上のすべての要素、すなわち、線、面、角度、色彩、筆触、明暗、余白等が有機的によく対照、配置されていること。＊美術真説(1882)〈フェノロサ〉「前項に於て論述するが如く、必ず一時一斉に之(これ)を按定せんことを要す」 発音アンテイ〈標ア〉0〈京ア〉0 辞書文明 表記安定(文)

あんてい【安貞】 鎌倉時代、後堀河天皇の代の年号。嘉禄三年(一二二七)一二月一〇日、赤斑瘡(あかもがさ)の流行により改元。安貞三年(一二二九)三月五日に至り寛喜元年となる。執権北条泰時の時代。出典は「周易」の「安貞之吉、応地無疆」。＊ロドリゲス日本大文典(1604-08)「Antei(アンテイ)」 発音アンテイ〈標ア〉0

アンティーク『名』(形動)(フランス antique) ①⇨アンチック②。②年代を経て品格があること。また、そのさま。「アンティークな家具」

アンディーブ『名』(フランス endive)「きくぢしゃ(菊萵苣)」に同じ。 発音〈標ア〉ディ

アンティオキア (Antiochia) 紀元前三〇〇年頃セレウコス一世が建設した古代シリア、セレウコス朝時代の首都。パレスチナ以外では最初のキリスト教の中心地の一つ。トルコ中部の南端近くにある都市アンタキアの旧称。 発音〈標ア〉オ

あんてい-かち-けいさん【安定価値計算】『名』貨幣価値に大きな変動がある時、そうした名目的な変動に見合って価格や債権債務額を修正し、実質価値の変化がないようにすること。たとえば公債の償還金額や商品の販売価格に物価上昇に見合う分を加算する場合など。 発音アンテイカチケイサン〈標ア〉ケ

あんてい-かぶぬし【安定株主】『名』ある企業の株式を長期にわたって所有している株主。 発音アンテイカブヌシ〈標ア〉ブ

あんてい-かん【安定感】『名』①落ち着いて静かな感じ。＊死霊-二章(1946-48)〈埴谷雄高〉「互いに独立した安定感を持ち合って、互いを眺め合っている」＊俳句の世界(1954)〈山本健吉〉七「しばらくはまだ読み終へたといふ安定感のなかにないのであって、二度三度と復唱し」②物体のすわりのよい感じ。＊無明長夜(1970)〈吉田知子〉二「彼女の坐った形は安定感がありました」 発音アンテイカン〈標ア〉テ〈京ア〉イ

あんてい-き【安定期】『名』①物事が落ち着いた状態にある時期。②植物群落が環境に終極的に適応した状態。 発音アンテイキ〈標ア〉テ

あんてい-きょうこう【安定恐慌】『名』インフレーションを収束させ、通貨価値を安定させる際に生ずる恐慌。デフレ政策あるいは、為替相場の引き上げ政策がとられるため、通貨数量は収縮し、金詰まりになり、企業の倒産と失業者が増大する。第一次大戦後のドイツ、ドッジ-ライン直後の日本にその例をみる。＊国民百科新語辞典(1934)〈新居格・木村毅〉「アンティキョーコー 安定恐慌 〔社〕産業合理化の急速なる採用による安定化はプロレタリアの購売力を激減せしめて、生産の相対的過剰を生み、恐慌をも一段と拡大した」 発音アンテイキョーコー〈標ア〉キョ〈京ア〉キョ

アンティグア-バーブーダ (Antigua Barbuda) カリブ海東部、小アンティル諸島中に位置する国。首都セントジョンズ。一九八一年、イギリスから独立。

アンティゴネ (Antigone)《アンチゴーネ》㊀ギリシア神話のテーベの王オイディプスの娘。盲目となった父に従い、各地を放浪。のちテーベに帰り、国法を犯して兄の遺体を葬ったために生き埋めにされた。㊁ギリシア悲劇。ソフォクレス作。紀元前四四二~四四一年に初演。アンティゴネの悲劇的な生涯を描く。㊂《アンチゴーヌ》戯曲。一幕。アヌイ作。一九四二年発表。ドイツ占領下のパリで上演。抵抗派の精神を劇化したもの。 発音〈標ア〉ティ

あんてい-ざい【安定剤】『名』①物質を放置または保存する時、その状態変化や化学変化を防止するために加える物質。火薬、合成樹脂、食品など多くの化学工業部門で、それぞれの目的に応じて用いられる。②精神安定剤をいう。＊抱擁家族(1965)〈小島信夫〉一「安定剤をあげましょう。それで直ると思いますが」＊アカシヤの大連(1969)〈清岡卓行〉七「知的な考察は、自分の滑稽さを浮かびあがらせて余裕をもたせる安定剤、あるいは、自殺を無意味なものに感じさせてその実行を阻止する解毒剤ぐらいの役割しか果していなかった」 発音アンテイザイ〈標ア〉0テ

あんてい-じょ【安定所】『名』「こうきょうしょくぎょうあんていじょ(公共職業安定所)」の略。 発音アンテイジョ〈標ア〉0ジョ〈京ア〉イ

アンティステネス (Antisthenēs) 古代ギリシアの哲学者。ソクラテスに師事して、のちキニク学派を創始。富や快楽を蔑視し、徳の実践による無欲自足の境地を理想とした禁欲主義を説く。(BC四四四~BC三六六) 発音〈標ア〉テ

あんてい-せい【安定性】『名』安定の状態。安定さ。「安定性を欠く」＊新西洋事情(1975)〈深田祐介〉フランス式「蛙思考」のふしぎ「車体を低くしておけば、スピードの増すにつれて、重心がぐうっと沈んできて、たいへんに安定性が高くなる」 発音アンテイセイ〈標ア〉0

あんてい-せいちょう【安定成長】『名』一国の経済が、対内的にはインフレやデフレを起こさず、対外的には国際収支の赤字を生まないで、着実に国民所得の増加を続けること。 発音アンテイセイチョー〈標ア〉セ〈京ア〉セ

あんてい-せいりょく【安定勢力】『名』その

地域の政治情勢、または、その国の政局などを安定させることのできる勢力。＊大増補改訂や、此は便利だ(1936)〈下中彌三郎〉「あんていせいりょく 安定勢力 平和の保障の意。そこにその力が存在するために、平和が保たれる義」 発音 アンテイセイリョク〈標ア〉セ

あんてい-そうさ【安定操作】『名』ある株式の価格を安定させる目的で、取引所において行なわれる一連の売買取引。不当な相場操作にならないよう、政令でいくつかの制限が加えられている。発音 アンテイソーサ〈標ア〉ソ

あんてい-たい-かかく【安定帯価格】『名』商品の価格が落ち着くべき一定の値幅。価格変動による、生産や輸出の不安定をなくそうとするもので、法律などで定める。発音 アンテイタイカカク〈標ア〉カ1

あんてい-たいりく【安定大陸】『名』古い地質時代に地殻変動をうけたあと、現世まで著しい変動がなく安定している地域。花崗岩(かこうがん)、片麻岩、結晶片岩などから成る。カナダ、バルチック、アンガラのほか、アフリカ、インド、ブラジルなどに分布。発音 アンテイタイリク〈標ア〉タ

あんてい-ちんぎんせい【安定賃金制】『名』企業経営の長期にわたる安定を目的として設ける賃金制度。労働組合と長期賃金協定を結び、毎年の定期昇給額や賞与の計算方式を決めておく方法などがある。発音 アンテイチンギンセイ〈標ア〉0

あんてい-つうか【安定通貨】『名』発行量の人為的な調節により、価値の安定している通貨。通貨の側から物価水準の不安定な変動をもたらすことなく、景気を安定させるために必要とされる。発音 アンテイツーカ〈標ア〉ツ〈京ア〉ツ

アンティ-テーゼ『名』⇩アンチテーゼ

あんてい-ど【安定度】『名』安定の程度、度合。＊工学字彙(1886)〈野村龍太郎〉「Stability 安定度。安危。鞏定」発音 アンテイド〈標ア〉テ

あんてい-どういたい【安定同位体】『名』原子番号が等しく質量数の異なる核種(同位体)のうち放射能を持たないもの。発音 アンテイドーイタイ〈標ア〉0 イ2

あんていど-ていすう【安定度定数】『名』溶液中で金属イオンと特定の配位子から形成される錯体の、溶液内での安定性を表わす定数。金属イオンと配位子の平衡定数より求める。発音 アンテイドテイスー〈標ア〉ス テ2

あんてい-はいとう【安定配当】『名』企業の実績からみて、長く維持できると思われる株式配当率。株価を安定させ、企業の資金調達を容易にさせるなどの利点がある。発音 アンテイハイトー〈標ア〉ハ

アンティパシー『名』⇩アンチパシー

あんてい-ばん【安定板】『名』航空機の飛行を安定させるための、水平安定板と垂直安定板の総称。ジェット機では、可動式の水平安定板をいうこともある。

あんていら【安底羅】(梵 andira)「あんていらたいしょう(安底羅大将)」に同じ。

あんていら-たいしょう【安底羅大将】仏語。薬師十二神将の一つ。あんていら。

安底羅大将
〈奈良県 興福寺蔵〉

あん-てき【安適】『名』(形動) 体のぐあいのよいこと。安楽なさま。＊四河入海(17C前)二五・三「況身体も身体も安適にして、卯酒に酔に似て安暢なるをや」＊西国立志編(1870-71)〈中村正直訳〉一〇・三「心思の快足、身体の安適を求むとも」＊東京新繁昌記(1874-76)〈服部誠一〉三・新橋鉄道「客車亦(また)等位に因て好悪有り。上等は亭榭(〈注〉あづまや)の如く、毛席華麗、座臥安適、窓榻玲瓏、炭烟到らず」＊連環記(1940)〈幸田露伴〉「心ゆくばかり自由安適な生活を楽んでゐたことだったらう」

あん-てき【彼的】『代名』方言 他称。あいつ。あの男。和歌山県690 ◇あんてきさん 和歌山県691 ◇あんてきゃ 和歌山県690 ◇あんてきゃあ 和歌山市690

あん-でし【兄弟子】『名』「あにでし(兄弟子)」の変化した語。＊浄瑠璃・菅原伝授手習鑑(1746)四「兄弟子(アンデシ)に口過(すご)す涎(よだれ)くりめをいがめてやろと」

アンデス-さんみゃく【―山脈】(アンデスは スペ Andes) 南アメリカの山脈。大陸南端フエゴ島から太平洋岸沿いにカリブ海岸まで、全長約六七五〇キロメートルの世界最長の山脈。平均高度約四〇〇〇メートル。発音〈標ア〉サ〈京ア〉サ

アンテナ『名』(英 antenna) ①電波を発射したり受信したりするための装置。形は、電波の波長などによりいろいろある。空中線。＊春泥(1928)〈久保田万太郎〉冬至・五「バラックの屋根とラヂオのアンテナとの錯綜のかぎりなく打続いた光景」＊麦と兵隊(1938)〈火野葦平〉「部落の中央に望楼があってアンテナが張ってある」②(比喩的に) いろいろな情報を聞きとる手掛かりとなるもの。また、情報を敏感にとらえる能力のある人。＊思想と風俗(1936)〈戸坂潤〉文学、モラル及風俗・一「文芸意識が全体として(ブルジョア文学さへも)その評論的な触手(アンテナ)をば延ばし始めた」＊かういふ女(1946)〈平林たい子〉「遠くで石山氏が、それとはなくアンテナを立ててこちらの話声をききとってゐたが」＊肉体の門(1947)〈田村泰次郎〉「二人は仲間のアンテナであり、触手でもあった」発音〈標ア〉0〈京ア〉0

アンテナを張(は)る 気をつけて、いろいろな情報を集める。＊続百鬼園随筆(1934)〈内田百閒〉学校騒動記・二「さっき入口で挨拶を避けた同僚が、向うの椅子に一人離れて、アンテナを張ってゐた」

アンデパンダン(フランス indépendant) 一 (フランス Société des Artistes Indépendants(「独立芸術家協会」の意)の略) フランスで、官選のサロンに対抗して新派の画家たちが一八八四年に創立した美術家の団体。また、その展覧会。無審査出品をたてまえとする。＊新らしい言葉の字引(1918)〈服部嘉香・植原路郎〉「アンデパンダンのサロン Salon des Independent(仏) パリの反官設展覧会同人の催す独立美術展覧会」 二『名』①保守・伝統派に反対する美術家の展覧会。わが国では、戦後日本美術会の主催するものと、読売新聞社主催のものが開かれた。②独立して束縛を受けていないさま。＊配給された「自由」(1945)〈河上徹太郎〉「自由主義とは元来思想的な立場をいえばアンデパンダンの側にあり」発音〈標ア〉パ〈京ア〉パ/パ

あん-でも【何―】『副』①(「なんでも(何―)」の変化した語) どんな物事でも。＊滑稽本・浮世風呂(1809-13)前・上「濁酒だアの、居びたり餅だアの、あんでもハア、三日正月で祝(いはひ)つけエ」＊滑稽本・七偏人(1857-63)三・中「何(アン)でも唄って呉さっせへ」②何か。何事か。＊青春(1905-06)〈小栗風葉〉秋・五「爰の媼(ばあ)さんに折々見付けられて、あんでも嬉しい事があるだっぺい、思出笑を為るのは何うだとか云って譁(からか)はれた覚もある」

あん-でら【庵寺】『名』僧、尼の住む寺。また、特に、尼の住む寺。尼の住居を庵といい、それが寺を兼ねているものをいう。方言 ❶尼寺。富山県砺波398 愛知県葉栗郡549 ❷小さな草ぶきの寺。熊本県玉名郡058

アンデルセン(Hans Christian Andersen ハンス=クリスチャン―) デンマークの童話作家・小説家。イタリア旅行の印象と体験に基づく小説「即興詩人」により文名をあげる。著に「絵のない絵本」「人魚姫」「マッチ売りの少女」など。(一八〇五〜七五) 発音〈標ア〉デ〈京ア〉デ/デ

アンデレ(André) 十二使徒の一人。ペテロの兄弟。ガリラヤの漁夫。初めバプテスマのヨハネの教えを受け、イエスのことについて知った。伝説によれば、殉教の十字架上に、二日間も生命を保ち、最後まで伝道したという。アンドレア。発音〈標ア〉ア

あん-てん【案典】『名』平安時代、一部の官庁などにおかれた職である案主(あんじゅ)と、大宝令の四等官である主典(さかん)とを合わせた略称。両者ともに記録、文書の作成、保管にあたる。＊延喜式(927)五〇・雑式「国衙頭牒上撿調物所案典等」

あん-てん【暗天】『名』暗い空。＊和漢朗詠(1018頃)下・禁中「雞人暁に唱(とな)ふ 声明王の眠りを驚かす 鳧鐘(ふしょう)夜鳴る 響暗天の聴(き)きに徹(とほ)る〈都良香〉」＊考史遊記(1954)〈桑原武夫〉「暗天をカラスが二羽哀号して北に飛ぶ」発音〈標ア〉0

あん-てん【暗点】『名』①暗い部分。また、隠れた部分や事柄。＊一国の首都(1899)〈幸田露伴〉「遊び人に絆纏(はんてん)せられて多少の痛苦を感ずるものは幾干(いくばく)かの暗点を有するものなるを以て」＊吉田一穂詩集(1952)無の錘〈吉田一穂〉「〈私〉は自らに見えない暗点である」②目に見える範囲で、局部的に見えない部分。盲斑(もうはん)。盲点。発音〈標ア〉0 テ

あん-てん【暗転】『名』①知らぬ間に時の過ぎること。＊本朝無題詩(1162-64頃)五・歳暮即事〈源時綱〉「日居暗転月諸過、涼燠送迎歳已闌」②(英 dark change の訳語) 演劇で幕を下ろさず、舞台を暗くして場面転換をすること。転じて、事件、情況などが暗い方向に転換することもいう。⇔明転。＊浅草紅団(1929-30)〈川端康成〉一一「十一景のヴァラエティが、さうだ、踊子達は舞台の袖で、乳房を出して衣裳替へする程、あわただしい暗転(アンテン)だ」＊彼女とゴミ箱(1931)〈一瀬直行〉割引レビュー松竹座「舞台は再び暗転(アンテン)して、次の景に移っていった」＊自由学校(1950)〈獅子文六〉彼女がそう叫ぶには「娘時代に、父が疑獄事件で失脚したのが第一幕の暗転」語誌 西洋の演劇等の知識は、幕末、明治初期から漸次導入されたが、新劇に代表される西洋近代の演劇が本格的に日本に導入されたのは、明治後期からである。新劇の演出技法の一つとしての「暗転」も、新劇の隆盛と共に一九二〇年代以降、一般化した。

あん-でん【安殿】『名』⇩あんどの(安殿) 発音〈標ア〉0〈京ア〉0

あん-でん【行殿】『名』(「あん」は「行」の唐宋音)「あんぐう(行宮)」に同じ。＊書言字考節用集(1717)二「行殿 アンデん 天子旅館」＊隋書-宇文愷伝「又造二観風行殿一」辞書 書言 表記 行殿(書)

あん-と【何―】『副』「なんと(何―)」の変化した語。＊雑兵物語(1683頃)上「是は無念なこんだが、あんとすべいと思所に」＊滑稽本・東海道中膝栗毛(1802-09)三・下「あんとすべい、せうことがない」

あん-と【暗途】『名』暗い道。＊花柳春話(1878-79)〈織田純一郎訳〉四九「街燈暗途を照らし」

あん-と『副』口をいっぱいにあけるさま。＊売花翁(1893)〈斎藤緑雨〉「寄鍋の銀杏をあんとお云ひと挟んで遣(や)ると」＊吾輩は猫である(1905-06)〈夏目漱石〉一〇「一杯にもった積りでも、あんとあけると三口程で食って仕舞ふ」

あん-ど【安堵】『名』(「堵」は垣の意) ①(―する) 垣の内に安んじて居ること。転じて、土地に安心して住むこと。家業に安んずること。また、安住できる場所。＊続日本紀-和銅二年(709)一〇月庚戌「比者、遷レ都易レ邑。揺二動百姓一。雖レ加二鎮撫一、未レ能二安堵一」＊大橋文書-天喜五年(1057)正月二六日・丹波国後河荘司等解(平安遺文・八四九)「而件人等召返給て、御庄被レ令二安堵一者、生前面目也」＊古今著聞集(1254)一二・四四一「其より

八幡にも安堵せずなりて、かかる身と成りにけるとぞ」＊随筆・槐記‐享保一〇年(1725)九月十六夜「此堂に入て、大に悦び、扨々(さてさて)安堵に住せり」＊史記‐高祖紀「諸吏人皆安堵如レ故」 ②(―する) 心の落ち着くこと。安心すること。＊保元(1220頃か)下・新院讃州に御遷幸の事「今度の合戦、思ひのほか早速に落居して、諸人安堵のおもひをなして」＊政基公旅引付‐文亀二年(1502)八月二二日「然而下辺未だ宗兵衛衆出張之由風聞、未レ得二安堵之気一」＊寛永刊本蒙求抄(1529頃)三「功をないた者には所領を取せいと云付るぞ。群臣―まうあんとぢゃと云ふたぞ」＊日葡辞書(1603‐04)「Ando(アンド)〈訳〉願っていたことを達成したことから生ずる安らぎ」＊浄瑠璃・心中天の網島(1720)中「孫右衛門おじゃ早う帰っておやぢにあんどさせたい」＊不如帰(1898‐99)〈徳富蘆花〉下・二「母はやや安堵(アンド)の胸を撫でけるが」 ③(―する) 中世、幕府や戦国大名が御家人・家臣の所領の領有を承認すること。特に、親から受けついだ所領の承認を本領安堵という。＊吾妻鏡‐治承四年(1180)一〇月二三日「或安二堵本領一或令レ浴二新恩一」＊沙汰未練書(14C初)「安堵とは譲得父母所領田畠等、可二知行一之由、給二御下文一事也」＊太平記(14C後)三五・北野通夜物語事「公文不慮に得利して、所帯に安堵(あんト)したりけるが、其恩を報ぜんとや思ひけん」＊黄表紙・敵討義女英(1795)中「鎌倉へ立こへ、伝を求めて将軍家へ申しあげ、すこしなりとも所領をあんどいたすべし」 ④以前本人またはその父祖が領有していた土地を取り戻すこと。＊日葡辞書(1603‐04)「Ando(アンド)〈訳〉かつて持っていた領地を自分のものにする」 ⑤「あんどじょう(安堵状)」の略。＊上杉家文書‐明徳四年(1393)一一月二八日・足利義満安堵下文(大日本古文書一・五六)「去永徳二年十二月廿六日所レ給安堵紛失云々、而当知行之上者、領掌不レ可レ有二相違一之状」＊謡曲・鉢木(1545頃)「相違あらざる自筆の状、安堵に取り添へ賜(た)びければ」 方言 ❶飽きること。嫌になること。宮崎県951 954 956 鹿児島県961 ❷満腹して、もう食欲のないこと。食い飽きること。宮崎県宮崎市947 東諸県郡954 ❸仕事が一段落すること。新潟県西頸城郡382 発音〈標ア〉ア〈京ア〉0 辞書 色葉・下学・文明・伊京・明応・天正・饅頭・黒本・易林・日葡・書言・ヘボン・言海 表記 安堵(色・下・文・伊・明・天・饅・黒・易・書・ヘ・言)

あんどの 折紙(おりがみ) 「あんど(安堵)の御奉書」に同じ。＊武家名目抄(19C中か)文書部・安堵折紙「新撰信長記云〈略〉我等に安堵之折紙を給にをひては、御味方に可レ参旨申」

あんどの 下知状(げちじょう) 中世の文書の形式の一つ。下知状の形式による安堵状。

あんどの 御朱印(ごしゅいん) 中世末期の文書の形式の一つ。朱印をおした安堵状。＊信長公記(1598)一五「松尾掃部大輔御礼、駮の御馬進上。御意に相ひ、御秘蔵候なり。今度忠節比類なきの旨、上意にて、本知安堵の御朱印、矢部善七郎・森乱、両人御使にて下され、忝き次第なり」

あんどの 御書(ごしょ) 「あんど(安堵)の御教書(みぎょうしょ)」に同じ。

あんどの 御判(ごはん) 中世の文書の形式の一つ。将軍や戦国大名の袖判(そではん)のある安堵状。安堵の判物。＊満済准后日記‐応永三二年(1425)閏六月一一日「仍又故御所当御代案堵御判在レ之」＊内閣文庫本建武以来追加‐文明八年(1476)八月二四日(中世法制史料集二・追加法)「就二当知行一申二給安堵御判并奉書等一事」＊説経節・説経さんせう太夫(佐渡七太夫正本)(1656)「さてふしぎ成、ろんそに、都へ上り、みかどにて、あんどの御はんを申うけ、ほんぢにかへる物ならば」

あんどの 御奉書(ごほうしょ) 中世の文書の形式の一つ。幕府の奉行が奉書の形式によって出す安堵状。安堵の折紙。＊親元日記‐政所賦銘引付・文明五年(1473)九月二〇日「永代買得相伝証文有レ之、当知行之上者、安堵御奉書事」

あんどの 判物(はんもつ) 「あんど(安堵)の御判」に同じ。

あんどの 御教書(みぎょうしょ) 中世の文書の形式の一つ。御教書の形式による安堵状。安堵の御書。＊太平記(14C後)六・赤坂合戦事「大将大に喜びて、本領安堵(アンド)の御教書(ミゲウしょ)を成し」＊虎明本狂言・入間川(室町末‐近世初)「そせうの事有て永々在京仕る処に、安堵の御教書をいただき」

あんどの 御下(みくだ)**し文**(ぶみ) 中世の文書の形式の一つ。下し文の形式による安堵状。＊吾妻鏡‐承元三年(1209)一二月一五日「但右大将家御時者、建久年中、亡父政光入道、就レ譲二与此職於朝政一、賜二安堵御下文一許也。敢非二新恩之職一」＊御成敗式目(1232)二六条「譲二所領於子息一、給二安堵御下文一後悔二還其所領一譲二与他子息一事」＊曾我物語(南北朝頃)一・伊東二郎と祐経が争論の事「祐継、当腹寵愛たるによって、あんどの御くだしぶみをたまはって、すでに数ケ年をへをはんぬ」

あんどを 全(まっと)**うす** 公認された権利を保全すること。＊太平記(14C後)一三・龍馬進奏事「円心一人僅かに本領一所の安堵(あんド)を全(マッタフ)して、守護恩補の国を召し返さるる事、其の咎(とが)そも何事ぞや」

あん‐ど【行灯】〖名〗(「あんどん」の変化した語) ①「あんどん(行灯)①」に同じ。＊俳諧・猿蓑(1691)五「草村に蛙こはがる夕まぐれ〈凡兆〉 蕗の芽とりに行燈ゆりけす〈芭蕉〉」＊咄本・軽口御前男(1703)三・わらんべの智恵比「なんと灯心といふ物はどこから出るぞ〈略〉おれはあんどの引出しから出るとほか思はぬ」＊軍歌・戦友(1905)〈真下飛泉〉「筆の運びはつたないが行燈(アンド)のかげで親達の 読まるる心おもひやり」 ②「あんどん(行灯)⑤」に同じ。〔隠語輯覧(1915)〕

あん‐ど【網処】〖名〗 方言 漁場。東京都新島332 静岡県田方郡530 ◇あんば〔網場〕 千葉県長生郡286

アンド〖名〗(英 and 「そして」の意の接続詞から) 論理積演算の呼び名。記号では∧。A∧B が真となるのは A と B の両方が真であるときのみ。かつ。および。

あんとう【安東】 ㊀「たんとう(丹東)」の旧名。 ㊁朝鮮半島南部、慶尚北道中央部の都市。新羅のころ発達。高麗建国のとき戦場となり、以後東部の政治、軍事の要地。アントン。 発音〈標ア〉0

あん‐とう【案頭】〖名〗「あんじょう(案上)」に同じ。＊新撰朗詠(12C前)上・潤三月「案頭には則ち添ふ三十行之暦日を〈源順〉」＊本朝無題詩(1162‐64頃)五・待春詩〈大江匡房〉「待レ春終日感二中觴一、云向二案頭一詩不レ遑」＊永平道元禅師清規(13C中)弁道法「就二案頭位一、相向而坐」＊佳人之奇遇(1885‐97)〈東海散士〉三「時に案頭の自鳴鐘、十一点を報ず」＊杜甫‐題鄭十八著作丈故居詩「窮巷悄然車馬絶、案頭乾死読書蛍」 発音 アントー〈標ア〉ア

あん‐とう【暗灯】〖名〗 光が弱く薄暗いともしび。＊花柳春話(1878‐79)〈織田純一郎訳〉六三「自づから暗燈影裏に在て塵埃を被れり」＊経国美談(1883‐84)〈矢野龍渓〉前・一三「夜深けて暗燈影薄く」＊元稹‐酒醒詩「暗燈風焰暁、春席水窓寒」 発音 アントー〈標ア〉0

あん‐とう【暗投】〖名〗 ①(美しい珠玉を暗夜に人に投げ与える意から) 貴重なものを、贈るのにふさわしくない方法で人に贈ること。また、貴重なものを贈るにも適切な方法でなければ、かえってその人の怨みをかうということのたとえ。明珠暗投。＊史記‐鄒陽伝「臣聞、明月之珠、夜光之璧、以レ闇投二人於道路一、人無レ不下按レ剣相眄一者上、何則無レ因而至レ前也」 ②転じて、交際のない人に手紙を送ること。＊雪中梅(1886)〈末広鉄腸〉上・四「其の暗投(アントウ)に出で、君の怒に触るるを知る」＊雪中梅(1886)〈末広鉄腸〉上・五「イヤ暗投(アントウ)とは支那の熟語にて、即明珠暗投壮夫按レ剣〈すなはちめいしゅアントウさうふけんをあんじ〉と云ふ故事あり。交際なき人に書を贈る時などに使用する文字と思はれます」

あん‐とうウ・タ**【暗濤】**〖名〗 暗く、すごい波。暗夜の黒々とした波。＊謡曲・通盛(1430頃)「暗濤月を埋んで清光なし」

あん‐とう【暗闘】〖名〗 ①おもてむきは対立しないで、ひそかにかげで争うこと。裏面での争い。＊田舎教師(1909)〈田山花袋〉一五「校長と教員との間に随分烈しい暗闘があると聞いて居たが」＊或る女(1919)〈有島武郎〉前・一四「田川夫人と葉子との暗闘は」 ②歌舞伎で、登場人物がせりふなしで暗中でさぐりあい、立ち回りをする所作。だんまり。 発音 アントー〈標ア〉0〈京ア〉0

あんどう【安藤・安東】 姓氏の一つ。 発音 アンドー〈標ア〉ア

あんどう‐こう【安藤幸】 バイオリニスト。東京の生まれ。郡司成忠・幸田露伴の妹。東京音楽学校教授。ドイツに留学し、ヨアヒムに師事。わが国の近代音楽教育に貢献。芸術院会員。明治一一～昭和三八年(一八七八～一九六三)

あんどう‐しょうえき【安藤昌益】 江戸中期の社会思想家。出羽の人。字は良中、号確龍堂。本業は医者。封建社会の制度習俗を批判し、徹底した平等主義を主張。すべての人が農耕によって生きる自然世を理想とした。主著「自然真営道」「統道真伝」。宝暦一二年(一七六二)没。

あんどう‐せいあん【安東省庵】 江戸前期の朱子学者。筑後の人。名は守約。字は魯默。別号恥斎。松永尺五(せきご)に学び、柳川藩に仕えた。明から亡命した朱舜水(しゅしゅんすい)に師事、六年間俸祿の半ばを割いて扶助した。著書に「省庵先生遺集」「恥斎漫録」など。元和八～元祿一四年(一六二二～一七〇一)

あんどう‐ためあきら【安東為章】 江戸中期の国学者。丹波の人。号は年山。貞享二年(一六八五)水戸光圀に仕え、「礼儀類典」の編纂に参加。主著「紫家七論」「年山紀聞」。万治二～享保元年(一六五九～一七一六)

あんどう‐とうや【安藤東野】 江戸中期の儒学者。名は煥図。字は東壁。通称仁右衛門。下野(栃木県)の人。江戸に出て荻生徂徠門下となり、柳沢吉保の儒官となった。山県周南とともに蘐園(けいえん)派をもり立てたが、病身のため二九歳で致仕。詩文集「東野遺稿」など。天和三～享保四年(一六八三～一七一九)

あんどう‐のぶまさ【安藤信正】 幕末の老中。磐城平藩主。大老井伊直弼(なおすけ)の暗殺後、公武合体を進め、和宮(かずのみや)の降嫁を実現した。文久二年(一八六二)江戸城坂下門外で尊王攘夷派の浪士に襲われ、負傷。文政二～明治四年(一八一九～七一)

あんどう‐ひろしげ【安藤広重】 江戸後期の浮世絵師。別名歌川広重。号は一幽斎、一立斎。江戸の人。歌川豊広の門に入り、ほかに狩野風、南宗画、四条流を学ぶ。純客観的作画法により、風景・花鳥画に名作を残した。代表作は「東海道五十三次」「近江八景」「江戸百景」など。寛政九～安政五年(一七九七～一八五八)

あんどう‐ひろたろう【安藤広太郎】 農学者。兵庫県出身。九州帝大・東京帝大教授。植物の凍害・冷害の研究で知られる。学士院会員。文化勲章受章。主著「日本古代稲作史雑考」。明治四～昭和三三年(一八七一～一九五八)

あんどう-まさつぐ【安藤正次】 国語学者。埼玉県出身。東京帝大卒。台北帝大教授、同総長等を歴任。古代国語を研究。国語審議会会長として国語・国字問題の解決にも力を尽くす。著作「古代国語の研究」「古典と古語」など。明治一一～昭和二七年（一八七八～一九五二）

あん-どう【行灯】〘名〙（「あん」は「行」の唐宋音）①「あんどん（行灯）①」に同じ。＊元和本下学集（1617）「行燈 アンドフ」＊咄本・醒睡笑（1628）五「さらばあんどうをまゐらせよといふ」＊浮世草子・西鶴織留（1694）三・四「あかり障子一枚二文、何行灯（アントウ）にても壱文にてさうぢまでいたしける」＊咄本・聞上手（1773）行灯「是はあてこともないたくさんなあんどうじゃ」②「あんどん（行灯）⑤」に同じ。〔隠語全集（1952）〕 表記 行灯（下・書・言） 方灯（書） 発音 アンドー 〈標ア〉0 辞書 下学・書言・言海

あん-どう【行堂】〘名〙（「あん」は「行」の唐宋音）①禅の行者（あんじゃ）のいる所。その建物。行者房。＊咄本・昨日は今日の物語（1614–24頃）上「あんだうの円斎これをみて、何物なれば、この殺生禁断の所にて狼藉をふるまうぞとて、白木の弓に矢をはげ、しきりにとがむる」＊禅林象器箋（1741）殿堂門「行堂。行者所㆑居之堂。即行者寮也」②「あんじゃ（行者）」に同じ。＊運歩色葉（1548）「行堂 アンダウ 禅家使」＊日葡辞書（1603–04）「アンジャ。すなわち、Andŏ（アンダウ）」＊醍醐寺新要録（1620）「霜月㯃柑百一折進上。行堂持来」＊禅林象器箋（1741）職位門「忠曰。行者居㆓行者堂㆒故以㆑居呼㆑人又曰㆓行堂㆒也」 辞書 下学・文明・伊京・明応・天正・饅頭・黒本・易林・日葡・書言 表記 行堂（下・文・伊・明・天・饅・黒・易・書）

あん-どう【行童】〘名〙（「あん」は「行」の唐宋音）禅宗で、まだ得度せず、寺内で諸役に給仕する者。中国では有髪、日本では主として剃髪。また、得度に関係なく、寺院に属し雑役に従う給仕の少年をもいう。行者（あんじゃ）。行堂（あんどう）。喝食（かっしき）。＊通俗酔菩提全伝（1759）一・茅屋両言明仏性「其外両辺に数十人の行童（アンドウ〈注〉カッシキ）、各紙筆を執て一面に並居たり」＊李商隠‐義山雑纂・巻上・悪不久「姦汗僧尼駕㆓行童㆒」

あん-どう【庵堂】〘名〙 僧尼の住居。＊明六雑誌‐一五号（1874）西学一斑・四〈中村正直〉「多年の後まで頑然として旧教を守りしが安然としてその庵堂に居ることを得」

アントウェルペン（〈オラ〉Antwerpen）ベルギー北西部のスケルト川東岸にある都市。同国第一の貿易港で、一六世紀にはヨーロッパの貿易、金融の中心地であった。ベルギー公用語のうち、地元のフラマン語（オランダ語の方言の一つ）ではアントウェルペン、ワロン系フランス語ではアンベルス。英語名はアントワープ。 発音 〈標ア〉ウェ

あんどう-がしら【行灯頭】〘名〙 幇間（ほうかん）の頭（かしら）をいう大阪の語。大阪の遊郭では幇間、末社の検番の一覧表として、遊郭中の幇間の名を行灯（あんどん）に書きしるす風習があり、幇間の頭はその筆頭に書きしるされたところからいう。

あんどう-す【行堂主】〘名〙 行堂（あんどう）①の主。

あんとう-とごふ【安東都護府】 中国、唐の六都護府の一つ。はじめ平壌に置かれたが、新羅におされて遼東に退いた。

あん-どうふ【餡豆腐】〘名〙「あんかけどうふ（餡掛豆腐）」に同じ。＊大草家料理書（16C中‐後か）「あん豆腐と云は、二寸許りに切りて、湯煮をして、皿に入れて、其の上にくずだまりをかけて、同けし山椒の粉くるみのみを上置にする也」 発音 アンドーフ 〈標ア〉ド

あんどう-べや【行灯部屋】〘名〙「あんどんべや（行灯部屋）」に同じ。＊洒落本・傾城買花角力（1804）うるさい取組「あたり見まわし、ぬきあししてあんどう部やへしのばせたるおいらんの手をとりて」

あんどう-ます【安藤枡】〘名〙 小田原北条氏の時、安藤豊前守良整が判（花押）を据えた判枡。領国内における公定枡として用いられたと伝える。

あんどう-やき【安東焼】〘名〙 三重県津市近郊の安東で焼成された陶器。＊本朝陶器攷証（1857）一「伊勢国安東焼」

あんどう-ランプ【行灯─】〘名〙（ランプは英 lamp「あんどんランプ」の変化した語）洋風でモダンなあんどんをいったものか。＊黒潮（1902–05）〈徳富蘆花〉一・二・一「ややおくれて小間使が行燈（アンドウ）ランプを持って来る」＊黒潮（1902–05）〈徳富蘆花〉一・三・五「小間使が来て、臥床（とこ）をのべ、行燈（アンドウ）ランプを朱塗の丸行燈（まるあんどう）にかへて」

アンド-かいろ【─回路】〘名〙（アンドは英 and）コンピュータに用いる論理回路の一つ。二個以上の入力端子と、一個の出力端子をもち、すべての入力端子に同時に入力が加わったときだけ、出力が現われる回路。論理積回路。 発音 〈標ア〉カ

あんど-がお【安堵顔】〘名〙 心が落ち着き、安心したという顔。また、そのような様子。＊俳諧・文政句帖‐五年（1822）六月「渓の氷貢にもれて安堵貟」 発音 アンドガオ 〈標ア〉0

あんど-かた【安堵方】〘名〙 室町幕府開創期の職名。安堵状の発給など安堵に関する事柄の管轄機関。＊内閣文庫本建武以来追加‐貞和二年（1346）閏九月二七日（中世法制史料集二・追加法）「守㆓旧規㆒於㆓事書在所㆒〈恩賞方、安堵方、問注所〉、可㆑有㆓其沙汰㆒焉」

あんど-かん【安堵感】〘名〙 気がかりなことがなくなって、安心する感じ。ほっとした気持。＊鉛筆ぐらし（1951）〈扇谷正造〉インタヴュー芸談「例えば、学者とインタヴューする場合、─相手方には、正確にメモをとっていると〈略〉一種の安堵感を与える」＊越前竹人形（1963）〈水上勉〉一八「喜助の家へ帰った安堵感をおぼえると同時に」 発音 〈標ア〉ド

あんとく【安徳】〘名〙 植物「あんとくめ（安徳布）」の略称。

あん-とく【案得】〘名〙 思案して自分で悟ること。＊三道（1423）「本説の種をよくよくあんとくして」＊曲附次第（1423頃）「当座の曲聞、美しく、闌（た）けて、をのづから面白きを、曲附る大事なりけりと安得すべし」＊九位（1428頃）「今までの芸位を直下に見おろして、安得の上果に座段（ざだん）する位」

あん-とく【案牘・按牘】〘名〙 調査を要する書類。特に公文書。＊菅家文草（900頃）三・春日尋山「要㆑賞㆓煙蘿㆒占遠入、嫌㆑縈㆓案牘㆒嬾先還」＊本朝文粋（1060頃）六・申従三位状〈菅原文時〉「求㆓文籍於公私㆒尽㆓心情於案牘㆒」＊鑑草（1647）一・二四「その按牘（アントク）いまに天曹にあり」＊庾信‐隴右総管長史豆盧公神道碑「官曹案牘、未㆓嘗煩委㆒、戎馬交馳、不㆑妨㆓余裕㆒」

あんどく【暗読】〘名〙 字句、文章などをそらんじて唱えること。暗誦。＊中華若木詩抄（1520頃）下「教家の釈に、声によみて、義をは、やはらげて、こころゆる也。それも又よみに、よむこともあれども、大略其分也。暗読の為也」＊布令字弁（1868–72）〈知足蹄原子〉五「暗読 アンドク ソラヨミ」＊音訓新聞字引（1876）〈萩原乙彦〉「諳読 アントク ソラニヨム」＊王逢‐三貞篇寄納琳哈喇参政幕下僚友「梧西女陳氏、顔色絶勝㆑玉、阿耶灯窓下、古伝常暗読」

あんとく-てんのう【安徳天皇】 第八一代天皇。高倉天皇の第一皇子。母は平清盛の娘建礼門院徳子。名、言仁（ときひと）。治承四年（一一八〇）即位し在位五年。木曾義仲入京の時、平宗盛に守られて三種の神器と共に西下。源氏に追撃され、長門（山口県）壇の浦で平氏一族とともに入水。治承二～文治元年（一一七八～八五） 発音 アントクテンノー 〈標ア〉ノ

あんとく-め【安徳布】〘名〙 褐藻類コンブ科の一種。房総半島以西、九州の両沿岸などの干満線間や浅海の岩礁上に生える。茎は短く扁平。葉は、時に長さ二メートルに達するものもあるが、普通は長さ一五～九〇センチメートル、幅一〇～四〇センチメートルの楕円形で不規則に多数のひだがあり、薄くて柔らかい。形はワカメによく似ているが、主脈がなく、あまり美味ではない。あんとく。あんとくわかめ。学名は Eckloniopsis radicosa 方言 藻、ひろめ（広布）。和歌山県639 西牟婁郡690 発音 〈標ア〉ク

あんとく-わかめ【安徳若布】〘名〙 植物「あんとくめ（安徳布）」の異名。 発音 〈標ア〉カワ

あんど-げだい【安堵外題】〘名〙「げだいあんど（外題安堵）」に同じ。＊薩摩山田文書‐正慶元年（1332）一二月五日・鎮西下知状（鎌倉遺文四一・三一九一二）「道慶書㆓与彼下知以前譲状於子息等㆒、掠㆓給安堵外題㆒、擬㆑致㆓違乱㆒之由訴㆑之」

あんどげだい-じょう【安堵外題状】〘名〙 譲り状等に執権と連署が袖判（そではん）を据えるか、もしくは紙背に裏書する外題安堵を記載してある安堵状。＊田代文書‐三・建武四年（1337）八月二四日・幕府奉書案「縦雖㆑有㆓支申之輩㆒、不㆑帯㆓御下文・安堵外題状等㆒者、不㆑可㆑有㆓許容㆒」

あんどげだい-ほう【安堵外題法】〘名〙 中世の土地に関する訴訟手続制度。外題安堵を得た土地について、訴訟が起こった時は、訴えの理非はさておき、まず外題安堵を得ている者の知行を完了させるもの。＊色部文書‐元亨二年（1322）七月七日・関東下知状「任㆓安堵外題法㆒仰㆓御使㆒被㆑沙㆓汰付下地㆒〈略〉任㆓御外題状㆒先沙汰付〈略〉於㆓理非㆒者、追可㆑有㆓糺明㆒之旨」

アントシアン〘名〙（〈ドイ〉Anthozyan）（アントチアン）酸性溶液中で紅色に、アルカリ溶液中で青色になる植物色素の総称。花、果実、シソの葉などの細胞液中に含まれる。花青素。

あんと-して【何─】〘副〙（「なんとして（何─）」の変化した語）どうして。なぜ。＊咄本・鯛の味噌津（1779）すりこ木「ヲヤてんこちない。あんとして食（く）はれべいぞ」＊滑稽本・東海道中膝栗毛‐発端（1814）「『妹御をつれて何として御出府（ごしゅっぷ）でござります』『あんとしてたア曲（きょく）がない』」 発音 〈標ア〉シ

あんど-じょう【安堵状】〘名〙 中世、近世において、特定の対象についての知行権、領有権、所有権などを確認あるいは承認する公文書。文書の形式によって、下し文や下知状（げちじょう）の形式による安堵状を安堵の御下し文、安堵の下知状などと呼ぶ。時代によってその当時一般的であった形式に移りかわりがあり、鎌倉時代には、右の下し文や下知状のほかに、譲り状や和与状の袖（文書の右端の空所）に安堵の袖判を加えた外題安堵（げだいあんど）の形式があり、室町時代には、将軍家御教書や奉書の形式によるものがあった。また、江戸時代には朱印状の形をとった御朱印がある。→安堵（あんど）。 発音 アンドジョー 〈標ア〉0ド

アントニウス（Marcus Antonius マルクスー）古代ローマの軍人。政治家。カエサルの部下としてガリアで活躍、カエサルの暗殺後オクタビアヌス、レピドスとともに第二回三頭政治を行なう。のちエジプトの女王クレオパトラと結ばれて妻を離婚。オクタビアヌスと対立してアクティウムの戦いに敗れ自殺。（BC八二～BC三〇） 発音 〈標ア〉ニ

アントニヌス-ピウス（Antoninus Pius）ローマ皇帝（在位一三八～一六一）。五賢帝の一人。ハドリアヌス帝の養子。その治世はローマ帝政史上最も太平で、元老院からピウス（敬虔）の称号を贈られた。（八六～一六一）

アントニム〘名〙（英 antonym）対義語。反対語。↔シノニム。＊人間失格（1948）〈太宰治〉第三の手記・二「またもう一つ、これに似た遊戯を当時、自分は発明

してゐました。それは、対義語（アントニム）の当てっこでした、黒のアント（対義語アントニムの略）は、白」 発音〈標ア〉[ト]

あん-どの【安殿】〘名〙天皇の住まわれる主要な御殿という意で、奈良時代に賜宴や授位などに使われた建物。大安殿（おおあんどの）、小安殿（こあんどの）、内安殿（うちのあんどの）、外安殿（とのあんどの）、向小安殿（むかいのこあんどの）などの区別があったらしい。平安時代の大極殿も古くは「おおあんどの」といった。あんでん。やすみどの。＊書紀（720）天武一四年九月（北野本訓）「天皇、旧宮（ふるみや）の安殿（アントノ）の庭（おほは）に宴（とよのあかりきこしめ）す」

あんど-ぶぎょう【安堵奉行】（アンド:ブギャウ）〘名〙鎌倉、室町幕府の職制。所領の相続、旧所領の回復等の安堵に関する職務をつかさどる。安堵方。安堵奉行人。＊近衛家本追加-弘安七年（1284）八月一七日（中世法制史料集一・追加法五五五）「安堵奉行事 称レ召二調訴陳状一、徒送二年月一之条、尤不便」＊武家名目抄（19C中か）職名部・安堵奉行「太田康有記云建治三年三月廿九日備中前司行有被レ仰二安堵奉行一」

あんど-ぶぎょうにん【安堵奉行人】（アンド:ブギャウニン）〘名〙「あんどぶぎょう（安堵奉行）」に同じ。＊近衛家本追加-文永一〇年（1273）七月一二日（中世法制史料集一・追加法四五六）「未処分所領相論配分事。云二相論是非一、云二得分多少一、始終於二引付一可レ有二沙汰一、其訴状等者、安堵奉行人可レ賦也。同御下文施行事、以二配分状一可レ付二安堵奉行人一、御下文被二成下一者、安堵奉行可レ下二于給人一」

あん-とも【何─】〘副〙「なんとも（何─）」の変化した語。＊雑兵物語（1683頃）下「此様になって切（きっ）先がでた。あんとも気（き）の毒（どく）なこんだ」＊雑俳・柳多留-一一（1776）「どうらしやいあんともせぬとせなあいひ」

あんど-も-ない〘連語〙 方言 ❶量が非常に多い。たくさんだ。長野県佐久054 484 ❷意外だ。度外なことだ。とんでもない。群馬県吾妻郡218 勢多郡236

アンドラ（Andorra）フランスとスペインの国境ピレネー山脈の東部南斜面にある小独立国。一二七八年以来、フランス元首とスペインウルヘル司教を共同君主として、フランス・スペインの共同主権下にあったが、一九九三年に独立した。首都アンドラ-ラ-ベリャ。観光地として有名。 発音〈標ア〉[0]〈京ア〉[0]

アンドラ-おうちょう【─王朝】（:ワウテウ）（アンドラは Andhra）紀元前一世紀頃にインドのデカン高原を支配した王朝。アーリア系のマハーラーシュトリー族がアンドラ人を征服して建てたといわれる。ローマとの貿易が栄え、仏教活動も盛んで遺跡が多い。サータバーハナ朝。 発音アンドラオーチョー〈標ア〉[オ]

アントラセン〘名〙（フランス anthracène）《アンスラセン》芳香族炭化水素の一つ。無色の板状結晶。コールタールなどから得られる。アリザリンなどの染料の原料。 発音〈標ア〉[ラ]

アンドラ-ラ-ベリャ（Andorra la Vella）《アンドララベラ》アンドラ公国の首都。 発音〈標ア〉[ラ]2

アンドリッチ（Ivo Andrić イボー）旧ユーゴスラビアの小説家。「ドリナ河の橋」「トラーブニク年代記」など。（一八九二～一九七五） 発音〈標ア〉[リ]

あんど-りょう【安堵料】（:レウ）〘名〙中世、所有する土地の権利を認めてもらうために支払う保証料。＊鶴岡事書日記-応永六年（1399）六月「佐々代官中祥監寺安堵料、三十貫之内十五貫未進」

アントルメ〘名〙（フランス entremets）西洋料理の献立中、デザートの前に出る菓子類。 発音〈標ア〉[ト]

アントレ〘名〙（フランス entrée）西洋料理の正餐献立で、魚料理の次に出る肉料理。また、一般に、肉料理のことをいう。本来は前菜を指した。＊ふらんす物語（1909）〈永井荷風〉祭の夜がたり「給仕人が三皿目のアントレーを持って来た頃には、女はもう食べられない程酔ったと云ふ風で」 発音〈標ア〉[0]

アンドレーエフ（Ljeonid Nikolajevič Andrjejev レオニード＝ニコラエビチー）ロシアの作家。二葉亭四迷の訳で知られる「血笑記」などの作がある。（一八七一～一九一九） 発音〈標ア〉[レ]

アンドロイド〘名〙（英 android）SFなどに登場する、人間そっくりに造られたロボット。人造人間。 発音〈標ア〉[ロ]

アンドロギュノス〘名〙（ギリシア androgynos「ふたなり」の意）《アンドロギュヌス》両性具有。古代ギリシアの哲学者プラトンの「饗宴」で、人間の祖先の形とされる、男女が一体となった球形の姿。神の怒りに触れて二分されて以来、男女は互いに求めあうようになったとするもの。アンドロジナス。

アンドロゲン〘名〙（ドイツ Androgen）雄性ホルモンの総称。テストステロン、アンドロステロンなど。

アンドロジナス〘名〙（英 androgynous）①「アンドロギュノス」に同じ。②生物学で、両性具有、雌雄両性をいう。③「男らしさ」「女らしさ」などの枠組から離れたファッション。

アンドロステロン〘名〙（英 androsterone）雄性ホルモンの一つ。テストステロンが変化したもので、作用はそれより弱い。

アンドロポフ（Jurij Vladimirovič Andropov ユーリ＝ウラディミロビチー）ソ連の政治家。一九六七年国家保安委員会議長に就任。八二年一一月ブレジネフ死去をうけて書記長に就任、さらに八三年六月最高会議幹部会議長となりソ連の最高指導者となった。（一九一四～八四） 発音〈標ア〉[ロ][ポ]

アントロポロギー〘名〙（ドイツ Anthropologie）「アントロポロジー」のドイツ語名。＊人間の学としての倫理学（1934）〈和辻哲郎〉「共同態から抽象した『人』を肉と霊との二方面から考察するのがそもそもアントロポロギーの初めであり、従って身体論と精神論とがその課題の全部であった。自然科学の勃興は身体論を発展せしめてアントロポロギーの名を占領し、それを動物学の一分科たらしめた。『人類学』と訳せられるものがそれである」 発音〈標ア〉[ポ]

アントロポロジー〘名〙（フランス anthropologie 英 anthropology ギリシア anthrōpos「人間」の意に由来する語）人類学。アントロポコギー。＊百一新論（1874）〈西周〉下「アントロポロジー訳して人性学と云ひ」＊パスカルにおける人間の研究（1926）〈三木清〉序「『パンセ』において我々の出逢ふものは〈略〉具体的なる人間の研究、すなはち文字通りの意味におけるアントロポロジーである。アントロポロジーは人間の存在に関する学問である」 発音〈標ア〉[ポ]

アンドロメダ（Andromeda）ギリシア神話のエチオピアの王女。海の魔神のいけにえとして海辺の岩に縛りつけられたが、英雄ペルセウスに助けられ、その妻となる。 発音〈標ア〉[ロ][メ]

アンドロメダ-ぎんが【─銀河】「アンドロメダだいせいうん（─大星雲）」に同じ。 発音アンドロメダギンガ〈標ア〉[ギ]

アンドロメダ-ざ【─座】北天の星座。カシオペア座と魚座の中間にあり、ギリシア神話で、カシオペイアの娘アンドロメダに見立てる。ベータ星の北にアンドロメダ大星雲がある。肉眼星数一三八。 発音〈標ア〉[0]

アンドロメダ-せいうん【─星雲】「アンドロメダだいせいうん（─大星雲）」に同じ。＊人工衛星も現実である（1958）〈荒正人〉「百五十万光年のかなたにある隣りの星雲宇宙、アンドロメダ星雲を訪ねるということも、夢ではなくなってくるであろう」 発音アンドロメダセイウン〈標ア〉[セ]

アンドロメダ-だいせいうん【─大星雲】銀河系外の渦巻星雲。アンドロメダ座ベータ星の北方にあり、距離約二〇〇万光年。直径約一〇万光年、明るさは太陽の一七億倍。二つの小星雲を伴い、三重星雲を形成。M三一、またはNGC二二四とも呼ばれる。アンドロメダ星雲。アンドロメダ銀河。 発音アンドロメダダイセイウン〈標ア〉[セ]

アントワープ（英 Antwerp）⇨アントウェルペン

あん-とん【安頓】〘名〙（「頓」は落ち着かせる意）①安置すること。また、うまく配置すること。＊山鹿語類（1665）三三・格物致知を論ず「是れを物に及ぼして、物安頓せず事全備せざるときは、其の知皆妄作なり」＊経国美談（1883-84）〈矢野龍渓〉後・一四「会場の中央には錦繍を以て装飾せし大卓あるは、盟書誓紙其の他の書類を安頓せんが為めの用と知らる」＊思出の記（1900-01）〈徳富蘆花〉七・七「鉄嶺先生の書剣は安頓せられた」＊乾淳起居注「令三幕士安二頓寝殿前一」②落ち着くこと。やすらかにすわること。所を得ること。＊音訓新聞字引（1876）〈萩原乙彦〉「安頓 アントン キラク」＊楊万里-悶歌行「客心未レ便二安頓一、試数泊窓雨点痕」

あん-どん【行灯】〘名〙（「あん」「どん」はそれぞれ「行」「灯」の唐宋音）①昔の照明用具。木、竹、金属製の角形または円形のわくに紙を張り、なかに油皿をおいて火をともす。もと、さげて歩いたが、のちにはもっぱら室内に置いた。「ありあけ行灯」「かけ行灯」「じぐち行灯」「ろじ行灯」などの種類がある。あんど。あんどう。＊壒嚢鈔（1445-46）三「灯呂を、あんとんちゃうちんなんと云文字如何。挑灯と書て、ちゃうちんとよみ、行灯（アントン）をあんとんとよむ、皆唐音歟」＊伊京集（室町）「行燈 アントン」＊日葡辞書（1603-04）「Andon（アンドン）」＊俳諧・鶉衣（1727-79）後・上・五二・隠居弁「是非なき世の通称となりて、行灯（アンドン）挑灯の取ちがへも」＊真景累ケ淵（1869頃）〈三遊亭円朝〉四「ソレ行燈（アンドン）を其方へ遣っちまっちゃア見る事が出来やあしねえ」＊韓維-和景仁元夕詩「伝声廻二歩輦一、満目爛二行燈一」②四、四〇、四〇〇などをいう雲助などの語。＊滑稽本・東海道中膝栗毛（1802-09）二・上「ゐいは、そんだい、あび手があんどん（四十）に、五十（げんこ）はふんだくるべい」③四方から枘差（ほぞさし）にすること。〔日本建築辞彙（1906）〕④（表装した形が①に似ているところから）普通の寸法に比べて丈がつまっている軸物など。〔通人語辞典（1922）〕⑤土蔵破りをいう、盗人仲間の隠語。あんど。あんどう。〔隠語全集（1952）〕⑥（行灯袴（あんどんばかま）をはいていたところから）女学生をいう隠語。〔通人語辞典（1922）〕 語誌 (1)持ち運びが出来る灯火という意味の「行灯」の名で、中国から伝わったが、その後、持ち歩くものは「提灯（ちょうちん）」となり、固定して使うものが「行灯」の名で呼ばれた。(2)語形は、当初、唐宋音に由来するアンドンであったが、トン（灯）がアン（行）ほど使われない音だったためか、近世期、アンドウの形が優勢になった（アンドの形もある）。明治以降は、再びアンドンが一般的となる。 語源説 (1)外へ行く時持っていく灯籠の意から〔国語学叢録＝新村出〕。(2)行く先々に置かれるのでいう〔関秘録〕。 発音〈なまり〉アドン〔埼玉方言〕アンド〔岩手・千葉・岐阜・神戸・志摩・伊賀・京言葉・NHK（兵庫）・和歌山県・紀州・鳥取・伊予・愛媛周桑・瀬戸内〕アンドー〔鳥取〕ワンドン〔長門〕〈標ア〉[0]〈京ア〉[0] 辞書 文明・伊京・明応・天正・饅頭・黒本・日葡・〈ボン〉・言海 表記 行灯（文・伊・明・天・饅・黒・へ・言）

行 灯 ①
〈吉原美人合わせ〉

あんどん 蹴破（けやぶ）ったような ①家が荒

れ果てて柱だけが残っている貧寒としたさま。＊歌舞伎・木下蔭狭間合戦（1789頃）九「行燈蹴破った様な家に成ったで有らうがの」②ひどく空腹なさま。＊浄瑠璃・契情小倉の色紙（1840）明神山「けさの茶粥腹のままで、腹は行燈（アンド）蹴破った様な」

あんどん の 仕替（しかえ）　天保以後、京阪地方で、行灯の下取りをした行商人。

あん-どん【暗鈍】〘名〙〘形動〙道理に暗く、物事をわきまえないこと。きわめて愚かなこと。＊霊異記（810-824）下・二〇「此の経を受持する者を誘らば、諸根闇鈍に、矬（ひきびと）陋（かたなし）攣（てなへ）躄（あしなへ）となり」＊平家（13C前）一〇・戒文「いかなる愚智闇鈍の物も唱ふるに便りあり」＊三国伝記（1407-46頃か）二・一〇「愚痴暗鈍経書を学ばず」＊仮名草子・夫婦宗論物語（1644-46頃）「三界の衆生ぐちあんどんにして地獄に堕つる事、降る雨の如く」＊魏武帝文-陳損益表「以二暗鈍之才一、而奉二明明之政一」 発音〈標ア〉⓪ 辞書 易林・日葡・書言 表記 暗鈍（易・書）

あんどん-いく【行灯育】〘名〙養蚕法の一種。紙障子で行灯形に造った部屋の内部に蚕架を作り、下に火鉢または炉を入れ、室内の温度を調節するために、天井に気抜孔をあけた所で飼養するもの。 発音〈標ア〉ド

あんどん-かん【行灯燗】〘名〙行灯の火で酒のかんをすること。また、その酒。＊雑俳・柳多留-一〇九（1829）「はださむく行燈燗のわかれ酒」＊雑俳・柳多留-一三四（1834）「野暮でない行燈燗の一と銚子」

あんどん-くらげ【行灯水母】〘名〙アンドンクラゲ科のクラゲ。かさの形はほぼ立方形で、高さ約三・五センチメートル。寒天質は無色透明で堅い。かさの下端の四すみから一本ずつの細長い触手が伸びており、その刺胞に刺されると炎症をおこす。遊泳はすばやい。北海道から台湾にかけての海に広く分布、夏に出現する。学名は Charybdea rastonii《季・夏》 発音 アンドンクラゲ〈標ア〉ク

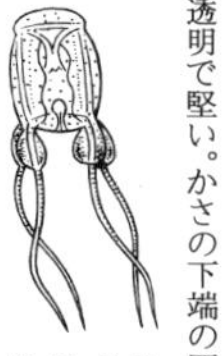
行灯水母

あんどん-だこ【行灯凧】〘名〙揚げ凧の一種。竹を四角に組んで紙を行灯のように張り、中にろうそくをともして、夜あげるもの。

あんどん-とうろう【行灯灯籠】〘名〙盂蘭盆（うらぼん）のとき、死者の冥福を祈るために供える灯籠。盆灯籠。

あんどん-ばかま【行灯袴】〘名〙（形が丸行灯に似ているところから）襠（まち）のないスカート状の袴。明治時代に女学生が着用し、後には男子も着用するようになった。袋袴。＊新浦島（1895）〈幸田露伴〉七「土焼の姉様が行燈袴（アンドンバカマ）穿いたやうな形（なり）して」＊吾輩は猫である（1905-06）〈夏目漱石〉一一「其妻が女学校で行燈袴を穿いて」＊家（1910-11）〈島崎藤村〉上・七「小倉の行燈袴（アンドンバカマ）のなりで食卓に就いた」 発音〈標ア〉バ〈京ア〉バ

あんどん-ばち【行灯蜂】〘名〙昆虫「くまばち（熊蜂）」の異名。＊物類称呼（1775）二「馬蜂　くまばち、仙台にて、おほかみばちと云　越前にて、あんどん蜂と云」

あんどん-びし【行灯菱】〘名〙釣具の一つ。周囲に金網を張った小さな行灯状のもの。中にこませなどのまき餌を入れる。

あんどん-べや【行灯部屋】〘名〙昼間、行灯をしまっておく部屋。片隅または階段の下などの狭くて暗い部屋をあて、特に遊里では、遊興費の支払えない客を一時閉じこめておくのに用いた。あんどうべや。＊雑俳・川柳評万句合-明和四（1767）春楽三評「下女の髪行燈部屋のにほいがし」＊雑俳・柳多留-三七（1807）「居候あんどん部屋の仮り住居」＊歌舞伎・浮世清玄廓夜桜（1884）序幕「外の人とは訳も違ひ、おいらんの兄さんが、あれ程までに言ひなさるから、今夜は行燈部屋（アンドンベヤ）へ泊めてお上げ」＊細雪（1943-48）〈谷崎潤一郎〉中・一一「庇が深くて薄暗い行燈部屋のやうな所なのであるが」 発音〈標ア〉⓪

あんどん-ランプ【行灯―】〘名〙⇩あんどうランプ（行灯―）

あんどん-わき【行灯脇】〘名〙行灯のかたわら。特に、江戸吉原の張見世で上位の遊女の居るところ。また、その遊女。＊雑俳・柳多留-九（1774）「先づ殿へあんどんわきを奉り」 発音〈標ア〉⓪

あんな（アンワ）【安和】　平安時代、冷泉、円融両天皇の代の年号。康保五年（九六八）八月一三日、東大寺、興福寺の乱闘などの事件のため改元。安和三年（九七〇）三月二五日に至り天禄元年となる。出典は「礼記-楽記」の「是故治世之音、安以楽其政和」、「前漢書」の「四時舞者、孝文所レ作、以明示二天下之安和一」「延年為レ人安和、備二於諸事一」「百姓安、陰陽和、神霊応而嘉祥見」、「文選（もんぜん）」の「張平子安二和静一而随レ時兮」「安レ民和レ衆」。 発音〈標ア〉ア

あんな の 変（へん）　安和二年（九六九）、皇太子守平親王（のちの円融天皇）を廃位させ、為平親王を擁立する陰謀があるという源満仲らの密告により、橘繁延（しげのぶ）、藤原千晴（ちはる）が流罪に、親王の義父源高明（たかあきら）が大宰権帥（ごんのそつ）に左遷された事件。藤原氏が他氏排斥のために企てた疑獄事件。 発音〈標ア〉ア

あんな〘形動〙（語幹がそのまま連体形の働きをするが、接続助詞「ので」「のに」が下に付くときは「あんなな」の形をとる）物事の程度や状態が、あのようであるさま。あのよう。あのような。＊浮世草子・好色一代男（1682）八・二「先さまの人憎さもにくし、あんな男にあふてとらしました」＊浄瑠璃・女殺油地獄（1721）上「わかいお衆が此よな折に、あんな見事な者引つれ、ぜいのやりたいは道理」＊洒落本・廻覧奇談深淵情（1803）四「今わたくしがだまっておりいしたらモフあんなだよ」＊滑稽本・浮世風呂（1809-13）三・下「アレ、御覧。お初どんがあんなにお洒落（しゃれ）だよ」＊浮雲（1887-89）〈二葉亭四迷〉一・二「何にもあんなに頭ごなしにいふこともない」＊吾輩は猫である（1905-06）〈夏目漱石〉一〇「なぜあんななんでしょう」＊雪国（1935-47）〈川端康成〉「ここの芸者ってみなあんなのかね」 方言 [一]〘形動〙あのよう。新潟県上越382 香川県829 [二]〘代名〙❶あのもの。あれなるもの。あれ。島根県那賀郡736 鹿足郡739 ❷他称。あの人。石川県石川郡・金沢市404 島根県那賀郡（蔑称）054 ◇あんないつ〔―奴〕広島県（あいつ）771 ❸対称。あなた。滋賀県伊香郡606 [三]〘連体〙あの。島根県石見725 広島県771 774 779 愛媛県周桑郡・喜多郡845 ◇あな 高知県幡多郡864 発音〈なまり〉アータ〔茨城〕アタ・アッタ〔津軽語彙〕アダ・アダナ・アンダ〔山形・福島〕アヂゲナ〔山形〕アッタラ〔青森〕アナイ〔大阪・播磨〕アンダ〔仙台方言〕〈標ア〉⓪〈京ア〉⓪ 辞書 ボン

あんなあよ〘感動〙方言 ⇩あのない

あん-ない【案内】〘名〙（中古のかな文では、撥音「ん」を表記しないで「あない」と書くことが多い）本来、「案」は文書の写し、および下書きをいい、「案内」は案の内容を意味した。平安時代以後、内情、事情その他の意に転じて用いられている。①官庁で作成した文書の内容。㋑保存して後日の参考にするため、文書を書き写したもの。また、その内容。この語は、多くは「案内を検ずるに」のように用いられた。あない。＊続日本紀-養老四年（720）三月己巳「又検二養老二年六月四日案内一云、庸調運脚者、量二路程遠近、運物軽重一。均出二戸内脚一、弊二資行人労費一者」＊石崎直箭氏所蔵文書-天平勝宝八年（756）正月一一日美濃国司移案（寧楽遺文）「依二符旨一行畢、然検二案内一、件墾田遭二去天平勝宝六年八月三日瀑水一、溝堰埋塞」＊万葉（8C後）六・一〇〇九・左注「今検二案内一、八年十一月九日葛城王等願二橘宿禰之姓一、上レ表」＊三代格-一・貞観一六年（874）六月二八日・太政官符「太政官去弘仁十三年四月四日下二大和国一符偁。得二彼国解一偁。検二案内一。太政官去弘仁三年五月三日符偁」㋺文書の下書き。草案。＊紫式部日記（1010頃か）寛弘五年一〇月一六日「うへは入らせ給ひて、右の大臣を御前に召して、筆とりて書き給ふ。宮司（みやづかさ）殿の家司（けいし）のさるべきかぎり加階す。頭の弁してあないは奏せさせ給ふめり」②物事の事情、内容。㋑あることがらの内々の事情。また、ある地域や建物などの内部の様子。実情。＊宇津保（970-999頃）楼上上「あないも知らぬ人は、大将の一つ御腹なめりときこゆ」＊源氏（1001-14頃）夕顔「かの、惟光があづかりの垣間見は、いとよくあない見とりて申す」＊御堂関白記-寛弘元年（1004）正月二七日「入レ夜頭中将来、仰云、今夜雑事被レ仰二案内一」＊今昔（1120頃か）一七・四二「僧等、案内を不知（しら）ざるに依て、此の寺に寄て宿りぬ」＊天草本伊曾保（1593）鼠の事「メンメンハ コノ クラノ annai（アンナイ）ヲ ヨウ ヲシリアッタレバ」㋺（―する）事情、様子を明らかにすること。また、問い尋ねること。＊宇津保（970-999頃）国譲下「悩み給ふとてあるは、まことかそらごとか確かにあないして言へ」＊源氏（1001-14頃）薄雲「大臣（おとど）対面し給ひて、この事を、もし、物のついでに、露ばかりにても漏らし奏し給ふ事やありしとあないし給へど」＊後二条師通記-応徳三年（1086）閏二月一〇日「讃岐守泰仲朝臣馬給事、人々如何令レ申也、驚殿下案内申也」③（―する）取り次ぐこと。取り次ぎ。また（訪問者が）取り次ぎを頼むこと。＊落窪（10C後）二「人は今あないして聞こえむ。ここに侍る、はかばかしき物なし」＊枕（10C終）二九・こころときめきするもの「よき男の車とどめてあないし問はせたる」＊今昔（1120頃か）四・二五「門にして人を以て案内を申し入れむが為に伺ひ立てり」＊口伝鈔（1331）上「使節として上人（善信）安居院の房へむかはしめたまはんとす。〈略〉両人安居院の坊にいたりて案内せらる。おりふし沐浴と云云」＊虎寛本狂言・二人大名（室町末-近世初）「イヤ、参る程に是じゃ。先案内を乞（こは）ふ」＊金色夜叉（1897-98）〈尾崎紅葉〉後・六「啓（あ）けんとせしに啓かざれば、彼は戸を打叩きて劇しく案内す」④法会への出仕を知らせること。＊大乗院寺社雑事記-文正元年（1466）四月晦日「請僧百口参否勅可レ令二校合一。皆参之後可レ申二導師案内事一」⑤（―する）道や場所をよく知らない人を手引きすること。先にたって、目的の場所まで連れていったり、ある場所を見せて歩いたりすること。また、その人。＊応仁略記（1467-70頃か）下・今出川殿伊勢の国御下向の事「細川計略によって〈略〉先禁裏仙洞両殿を宝輦を勧め奉り、其後今出河殿え案内を啓し奉る」＊浮世草子・好色盛衰記（1688）一・四「先へ御案内（アンない）申て、御同道仕べしと」＊俳諧・奥の細道（1693-94頃）仙台「この者、年比（ごろ）さだかならぬ名どころを考置侍ればとて、一日（ひとひ）案内す」＊満韓ところどころ（1909）〈夏目漱石〉一七「この中に落ちて死ぬ事がありますかと、案内（アンナイ）に聞いたら」⑥（―する）事情、様子などを知らせること。しらせ。便り。現代では、催し、事業などの内容・期日などを知らせたり、説明したりする場合に用いることが多い。「案内広告」「案内状」＊狭衣物語（1069-77頃か）一「その後、内々にもあんない申さねば、いと甲斐なきやうなりや」＊玉塵抄（1563）四「法事のあんないなどにも貝を吹ぞ」＊高橋喜兵衛宛芭蕉書簡-元禄三年（1690）四月八日「一昨是へ罷越し候而、御案内申上度と朝夕申出し心頭に不レ止候へども」⑦事情を知っていること。承知。接頭語「御（ご）」を伴って相手への敬意を表わすことが多い。＊大隅桑幡家文書-建久八年（1197）閏七月日・大隅国図田帳写（鎌倉遺文二・九二四）「九州之内一国令其国案内候在庁に仰付、惣田庄公可レ令二注進一給上也」＊満済准后日記-応永二〇年（1413）五月一日「当時無二案内一輩晦日日中時結願。最無二故実一至也」＊浄瑠璃・源頼家源実

朝鎌倉三代記(1781)三「われ達(たち)も案内の通(とほり)、去年の夏から取付の俄(にはか)大名」＊怪談牡丹燈籠(1884)〈三遊亭円朝〉九「殿様御案内の通り手狭でございますから」 ⑧(―する) あいさつすること。ひとこと断わること。許可をえること。＊今昔(1120頃か)三一・二四「祇園の別当徳人(とくにん)に坐(います)がりとも、何(いか)でか天台の末寺の内なる木をば、心に任せて、案内も不云(いはず)して可被折(をらるべ)きぞ」＊極楽寺殿御消息(1256–61)第三三条「いやしき人なりとも道のはたにあまたあらん時はあんないをいふべし」＊虎明本狂言・舎弟(室町末–近世初)「人のくれぬものを、あんなひなしにとってくるをしゃていといふよ」 ⑨(―する) 客を招くこと。招待。＊閑居友(1222頃)下・宮ばらの女房の不浄のすがたをみする事「さとにまかりていでたらんに、かならずあ内し侍らむといひけり」 ⑩ちょうちんをいう、盗人仲間の隠語。〔隠語輯覧(1915)〕 語誌 漢語本来の意味としては「事件の内に・一件中に」などを指すが、日本では、上代・中古の格(律令を執行するための臨時の法令)、符(上級官司から下級官司に出す命令文書)等の古文書、記録、日記類の漢文あるいは変体漢文に①の意で盛んに用いられ、日本語として独自の意味をもつようになったもの。 発音〈なまり〉アンネ〔鹿児島方言〕〈標ア〉ナ〈ア史〉江戸●●○と●●○○の両様〈京ア〉0 辞書 色葉・文明・明応・天正・饅頭・黒本・易林・日葡・書言・ヘボン・言海 表記 案内(色・文・明・天・饅・黒・易・書・へ・言)

あんない 申(もう) (「もう」は「申す」の略) 他人の家を訪問して取り次ぎを頼むことば。ごめんください。＊虎明本狂言・二人袴(室町末–近世初)「物申、案内まふとはたそ」＊虎寛本狂言・萩大名(室町末–近世初)「こなたの御供致いた通り申ませう。先夫に待せられい。心得た。物申、案内申」

あんない を 言(い)う ①心の内、物事の実情などを、あらかじめ人に知らせる。＊中華若木詩抄(1520頃)上「曹操いかりて、孫権が処へ案内を云ふことは、水軍八十万人を以て、船にて参じて、一合戦仕るべし」 ②来訪者がその家の者に来意を告げて、主人に取り次がせる。＊古活字本毛詩抄(17C前)六「寺人の官を呼出て、其に案内を云て、御目にかかる」

あんない を 申(もう)す 「あんない(案内)を言う①」の丁寧な言い方。＊今昔(1120頃か)二〇・三五「抑、比叡山にては止事无人にて有けり、御弟子共も可然き人々、学生にて山に有なり。然れば、先づ案内を申さむとて此く講師に請じ申す由を、内々に云ひければ」＊中島宗次記(1558)「用心する人のうしろをば、とをらぬ事なり。とをらばあん内を申て通るべし」＊日葡辞書(1603–04)「Annaiuo mŏsu (アンナイヲ マウス)〈訳〉知らせる。伝言をする」

あん-ない【―無】〘形〙 方言 ⇩あじない(味無)

あんない-ガール【案内―】〘名〙(ガールは英 girl) ①「あんないじょう(案内嬢)①」に同じ。＊「あひびき」から(1948)〈永井龍男〉「私は劇場へ入った。案内ガールが番号の席へ私を導いた」 ②「あんないじょう(案内嬢)②」に同じ。＊苦笑風呂(1948)〈古川緑波〉天国の旅「二台のハイヤに分乗、案内ガール一人宛乗せて喋って貰ふ」 発音 ガ

あんない-がお【案内顔】(ほ:が)〘名〙(形動) 地理、事情などをいかにもよく知っているような顔つき、素振り。＊姉と弟(1892)〈嵯峨之屋御室〉四「『大変な大きな象が居るんですから』と案内顔(アンナイガホ)です」＊苦の世界(1918–21)〈宇野浩二〉三・四「『これがずっと東京湾です』と半田は海のはうを指さして案内顔にいった」 発音 アンナイガオ〈標ア〉0

あんない-き【案内記】〘名〙 その土地の地理、風俗、歴史などをしるした書物。特に、名所、旧跡などを説明して、観光旅行者の道しるべとなるようなものをいうことが多い。＊西洋聞見録(1869–71)〈村田文夫〉中「凡て西洋に遊ぶものは、先づ其国の案内記或は其所の地図を求め」＊倫敦塔(1905)〈夏目漱石〉「皆んなあすこへ行く時にゃ案内記を読んで出掛るんでさあ」＊旅日記から(1920–21)〈寺田寅彦〉一〇「富士屋ホテルの案内記のような小冊子をカバンから出して見せたりした」 発音〈標ア〉ナ〈京ア〉イ

あんない-ぎょう【案内業】(フ:ゲ)〘名〙 ①旅客を案内する職業。 ②外国人の通訳、案内をする職業。国家試験に合格し、都道府県知事の免許を受けなければできない。通訳案内業。＊案内業者取締規則(明治四〇年)(1907)五条「案内業の免許を受けむとする者は」 発音 アンナイギョー〈標ア〉ナ

あんない-ぐるま【案内車】〘名〙 ベルト、チェーン、ロープなどで二軸間に動力を伝える時、ベルトの方向を変えたり、たるみを防いだりするための遊び車。 発音 アンナイグルマ〈標ア〉グ

あんない-けんみ【案内検見】〘名〙 様子をさぐること。調査、探索。＊日葡辞書(1603–04)「Annai qẽmino (アンナイ ケンミノ) タメニ マイッタ」＊歌舞伎・小栗十二段(1703)一「私、案内検見の次第、一々語りませう」＊浄瑠璃・堀川波鼓(1706頃か)下「かねて覚し普門品(ぼん)本望とぐる身のきたう、あんないけんみのたより共ちからをそへてただたのめ」 辞書 日葡

あんない-こうこく【案内広告】(ウコク:クヮ)〘名〙 新聞・雑誌の一定の欄にまとめて掲載される、最も簡略な広告。多く小規模な求人・求職、あるいは家の売買・部屋の貸借などに利用される。＊現代術語辞典(1931)「案内広告 金銭の貸借、地所建物の売買貸借、求職、求人、または演劇案内などのため行数を三行乃至十行に限り特に料金をやすくした新聞広告」 発音 アンナイコーコク〈標ア〉コ

あんない-しゃ【案内者】〘名〙(「あんないじゃ」とも) ①様子をよく知っている人。その場所の地理などに通じた人。＊吾妻鏡–治承四年(1180)九月三日「三浦次郎義澄為二国郡案内者一、竊聞二彼用意一」＊平家(13C前)五・富士川「維盛、東国の案内者とて、長井の斎藤別当実盛をめして」＊三国伝記(1407–46頃か)一一・二四「諸木山の光延と云ふ狩人あり。此山の案内者なれば彼に問ひ給ふに」 ②道案内をする人。導く人。案内役。先導。＊平家(13C前)九・老馬「是をば鷲尾三郎義久と名のらせ、さきうちせさせて案内者にこそ具せられけれ」＊御伽草子・花世の姫(室町時代物語集所収)(室町末)上「わが身のめのとの、いもうとを、あんないしゃにとて、そへたまへば」＊謡曲・輪蔵(1541頃)「『平(ひら)に頼み申し候ふべし。案内者を召され候へ』〈略〉『始めてのおん方ならば、案内者申したく候へども』」＊天草本平家(1592)三・一六「コノ ミチワ ブアンナイナニ、ワトノ **annaixa** (アンナイシャ) セイト アレバ」＊西洋道中膝栗毛(1870–76)〈仮名垣魯文〉二・下「トキニ通さん案内者(アンナイジャ)の陳海はどうしやしたらう」 ③内部の事情に通じている人。内部の事情を探る者。また、手引きをする者。密告者。＊東大寺文書–第三回採訪一二・弘安四年(1281)八月一六日・僧聖守書状「然は存二知其次第、内々於二関東、申二合案内者、沙汰共有、便之様に申候はば、其後申二給寺解一候て」＊謡曲・盛久(1423頃)「さても主馬の判官盛久は、丹後の国成相寺に忍んでござ候ふを、よき案内者をもって生け捕り申し」＊玉塵抄(1563)「吉はもと吏官でいて、吏のことに案内者なり」 ④あることがらについて、はばひろい知識と経験を有する者。＊日葡辞書(1603–04)「Annaixa (アンナイシャ)〈訳〉儀式の進め方などに関することをよく心得ている人」＊甲陽軍鑑(17C初)品・三〇「常に武道を心懸、大身小身によらず、弓箭の道に穿鑿をよくいたす武士の物語をきき、案内者(アンナイシャ)に必成候へ」 発音〈標ア〉ナ〈ア史〉江戸●●○〈京ア〉イ 辞書 文明・明応・天正・黒本・日葡・ヘボン・言海 表記 案内者(文・明・天・黒・へ・言)

あんない-しょ【案内書】〘名〙 ①旅行者のために、その土地の地理や事情を書いた本。旅行案内。案内記。＊案内者(1922)〈寺田寅彦〉「今度は温泉専門の案内書を捜し出して読んで見る」＊雪国(1935–47)〈川端康成〉「山の案内書には、登路、日程、宿泊所、費用などが、簡単に書いてあるだけで、反って空想を自由にした」 ②初心者のために、初歩の事柄をわかりやすく書いた本。入門書。 発音〈標ア〉0 ショ ナ〈京ア〉イ

あんない-じょ【案内所】〘名〙 交通機関、百貨店、行楽地など多数の人の集まる施設で、その利用者のために案内をしたり便宜をはかったりする所。＊帰郷(1948)〈大仏次郎〉林泉図「敷石づたひに行くと、自然と、案内所の前に出るのだった」＊安吾新日本地理(1951)〈坂口安吾〉安吾・伊勢神宮にゆく「駅内の案内所が甚しく不親切で、旅先の心細さが身にしみる」 発音〈標ア〉0 ジョ〈京ア〉イ

あんない-じょう【案内状】(ヤウ:ジ)〘名〙 ①事を知らせる書状。通知状。案内書。＊親俊日記–天文八年(1539)三月二一日「昨日内談延引之由執筆代より案内状あり」＊小説粋言(1757)五「写二下請帖一〈注〉アンナイショウ」 ②催し物などを行なうことを知らせ、それに参加するようにすすめる書状。開催通知。招待状。＊花間鶯(1887–88)〈末広鉄腸〉上・二「相談の出来さうな人丈けを撰んで案内状(アンナイジャウ)を出して置た」＊悪魔(1903)〈国木田独歩〉五「本年は珍らしい大競馬があるから是非に来いと祭の案内状(アンナイジャウ)」 発音 アンナイジョー〈標ア〉0 ナ〈京ア〉0 辞書 ヘボン・言海 表記 請人帖(へ) 案内状(言)

あんない-じょう【案内嬢】(ヤ:ウヂ)〘名〙 ①映画館や劇場で、指定の席へ客を案内して行く女性。案内ガール。＊人間失格(1948)〈太宰治〉第二の手記「歌舞伎座へはひりたくても、あの正面玄関の緋の絨緞が敷かれてある階段の両側に並んで立ってゐる案内嬢たちがおそろしく」 ②説明しながら人にある場所などを見せて回ったり、館内放送などで説明したりする女性。案内ガール。＊剥製(1969)〈三浦哲郎〉三「湖水を眺めながらスピーカーから流れてくる案内嬢の説明を聞いていた」 発音 アンナイジョー〈標ア〉ナ

あんない-ず【案内図】(ツ:)〘名〙 その付近の場所の地理や施設の配置などを、たずねてくる人や利用者のために描いた図。＊故旧忘れ得べき(1935–36)〈高見順〉二「彼は病院の門の脇に立てられた案内図をたよりにして、皮膚科病室にたどりつき」 発音〈標ア〉ナ

あんない-てがた【案内手形】〘名〙 請け取り状のこと。＊高野山文書–元禄六年(1693)一一月二二日・粉川役人衆連署状(大日本古文書六・一一九一)「其節御越被レ成候案内手形参候」

あんない-とう【案内灯】〘名〙 ①ついたり消えたりすることで、電流、電圧の有無・強弱を知らせる電灯。パイロットランプ。 ②たずねて来る人のために家の所在や道順などを示す電灯。 発音 アンナイトー〈標ア〉0

あんない-なし【案内無】〘形動〙 先方へ何の連絡もしないで、直接行動に出るさま。＊寛永刊本蒙求抄(1529頃)九「縦が云ふ様は、義な物で我特で有に、案内なしに打入とて、是は民を錯乱さする曲事を揚可がすると云て」 発音〈標ア〉ナ2

あんない-にん【案内人】〘名〙 ①敵の内情をさぐって味方に知らせる者。間者。＊浄瑠璃・碁盤太平記(1710)一「方々へ出けるが、只目にかくるは此おや子、あん内人にしらせじと当はるより御奉公」 ②道案内をする人。先導してくれる人。案内者。また、案内を業とする人。＊暗夜行路(1921–37)〈志賀直哉〉四・一八「さうですか？ 一人に一人の案内人(アンナイニン)は無駄(むだ)なやうにも思ひますが」＊帰郷(1948)〈大仏

次郎〉林泉園「金閣の縁の日陰に、案内人らしいのが腰かけてゐたが」

あんない-ばね【案内羽根】〘名〙水車に流れ込む水の方向や量を調節するために、水車の羽根車の周囲に配列された羽根。固定式と角度を調節できるものとがある。発音〈標ア〉0ナ〈京ア〉イ

あんない-ふだ【案内札】〘名〙人の集まる施設などに利用者のために案内をしるした立て札。＊時事新報-明治三六年(1903)九月二〇日「又停車場の列車内より見易き場所に案内札を立て」発音〈標ア〉ナ

あんない-ぼうえんきょう(アンナイバウヱンキャウ)**【案内望遠鏡】**〘名〙主望遠鏡に平行に取りつけられた小望遠鏡。視野が広いので、目的の天文の追跡を容易にする。発音〈標ア〉ナ

あんない-めん【案内面】〘名〙工作機械、測定機などで、運動すべき工具や架台などの通路を定めている面。工具や架台を、この面に押しつけながら運動させる。発音〈標ア〉ナ

あんない-やく【案内役】〘名〙道案内をする役割。また、その人。先導役。手引き。＊颶風新話(航海夜話)(1857)凡例「『ローヅ』湊口や凡て地方の乗り筋案内役」＊秋立つまで(1930)〈嘉村礒多〉「二日目からはカツ子が、浅草だの、上野だの、新宿だの、処々方々の案内役を引受けたが」発音〈標ア〉0ナ

あんなか【安中】群馬県南西部の地名。中世以来の城下町および中山道の宿場町として発展した。中山道杉並木(原市)は天然記念物。昭和三三年(一九五八)市制。発音〈標ア〉0

あんなか〘代名〙方言⇨あんなく

あんなかそうざ(アンなかサウザ)**【安中草三】**歌舞伎脚本「榛名梅香団扇絵(はるなのうめかおるうちわえ)」の通称。世話物。五幕。三世河竹新七作。明治二六年(一八九三)東京歌舞伎座初演。義侠心(ぎきょうしん)に富む安中草三を描いた、三遊亭円朝作の人情噺(ばなし)「後開榛名梅香(おくれざきはるなのうめがか)」を脚色したもの。ほかに同材の作が三種ある。発音アンナカソーザ〈標ア〉ソ

アンナ-カレーニナ(原題 アロシ Anna Karjenina)長編小説。トルストイ作。一八七五〜七六年に執筆。人妻アンナと、貴族将校ウロンスキーとの恋愛をめぐり、一八六〇年代のロシア貴族社会を批判的に描く。発音〈標ア〉レ

あんなく〘代名〙方言❶あそこ。徳島県809 ◇あんなこ 広島県771 ◇あんなか 京都府620 ❷あっち。かなた。◇あんなき 香川県829 ◇あんなこ 香川県三豊郡829 ❸あんな所。あのような所。徳島県美馬郡810 ◇あんなか 京都府与謝郡625 ◇あなか 京都府620

あんなけ〘代名〙(「あんなげ」とも)あそこ。＊物類称呼(1775)五「あそこ ここといふを 西国にて、あんなけ こんなけと云」＊滑稽本・田舎草紙(1804)三「かちうの衆も、あんなげこんなげに、うっちってしまはれたと聞いた時のいげちなさ、あぜうすべいよふもなし」方言あちら。かなた。◇あんのけとも。岡山県吉備郡766

あん-なし【餡無】〘名〙金銀の細工物で、中に詰め物をしたものではなく、無垢(むく)であること。また、その細工物。餡詰(あんづめ)に対していう。＊談義本・教訓乗合船(1771)二・神道者田舎学者の弁「たとへ即身即仏あんなしの、無垢の印金(ゐんす)仏に成ても、わが身を削づては遣はれまゐ」

アンナプルナ(Annapurna)ネパール-ヒマラヤ中央部の連峰。ダウラギリ山の東方にあり、多くの高峰からなる。最高峰八〇九一メートル。一九五〇年フランス登山隊が初登頂。発音〈標ア〉プ

あん-ならず〘連語〙思ったとおり。案にたがわず。＊浜荻(久留米)(1840-52頃)「あんならす あんのぜう、あんのごとく あんにたがはず不案違」

あんなり〘名〙方言あのまま。滋賀県彦根609 京都市621 大阪市637 香川県829

あん-・なり〘連語〙(動詞「あり(有)」に伝聞推定の助動詞「なり」の付いた「ありなり」の変化した語)あるようだ。あるそうだ。あるという。あなり。＊落窪(10C後)二「上達部の女(むすめ)にはあんなれど、落窪の君とつけられて、中の劣(おとり)にてうちはめられてありける物を」＊源氏(1001-14頃)玉鬘「こ少弐のむまごはかたはなむあんなる。あたらものをといふなるを聞くも」＊更級日記(1059頃)「世中に長恨歌といふ文を、物語に書きてある所あんなりと聞くに」＊平家(13C前)六・嗄声「信濃にあんなる木曽路河といふ今様を、是は見給ひたりし間、信濃に有し木曽路河とうたはれけるぞ、時にとっての高名なる」発音〈標ア〉ア

あん-なれ〘感動〙方言⇨あのない

あんな-ん〘連語〙①あんなの。あのような物(事)。②「あんなん厭(いや)や」「あんなん欲しい」の下略。多く子供がいう。＊雑俳・住吉みやげ(1708)「あんなんと・天の河原の岩枕」方言㊀〘連語〙あのようなものや事、また、人。兵庫県播磨664 665 670 奈良県高市郡681 和歌山県東牟婁郡702 香川県829 ◇あいなん・あななん 香川県829 ㊁〘代名〙他称。あの人。あの方。和歌山県那賀郡・東牟婁郡690 福岡市877 長崎県053

アンナン【安南】(Annan)㊀ベトナムに対する中国人、フランス人などの外国人による呼称。唐が辺境統治のために置いた都護府の一つ、安南都護府に由来する。＊将来之日本(1886)〈徳富蘇峰〉四「仏国が安南に於ける。或は台湾福健に於ける。吾人は渠輩か如何なる権理を以て之を占領したるかを知らず」㊁一九世紀後半に、フランスはベトナム植民地を三つに分け、阮朝の王権を認めたベトナム中部の地方を保護領とし、アンナンと称した。発音〈標ア〉アナ0〈京ア〉ン1 辞書 書言 表記 安南(書)

あんなん-きん【安南金】〘名〙安南の金貨幣。重量不定の長方形錠型。明和頃(一七六四〜七二)から貿易決済として長崎に移入された。発音〈標ア〉0

あんなん-ご【安南語】〘名〙安南人、すなわちベトナム人の言語。ベトナムの平野地帯のほか、ラオス、カンボジアに分布する。→ベトナム語。発音アンナンゴ〈標ア〉0

あんなん-せん【安南銭】〘名〙現在のベトナムの一部を安南と呼んでいた頃(一〇〜一九世紀)、そこで鋳造された円形方孔の銭貨。わが国へは鎌倉時代から江戸時代初期に至る間、中国銭、朝鮮銭などとともに移入され、そのまま一文銭として通用された。寛文一〇年(一六七〇)他の移入銭とともに本邦内でいっさい通用を禁止された。発音〈標ア〉0

あんなん-とごふ【安南都護府】中国、唐の六都護府の一つ。ベトナムの北部、中部の統治に当たった。

あんなん-やき【安南焼】〘名〙ベトナム地方の陶磁器。五、六世紀頃から起こり、中国陶磁の影響を率直に反映している。多くは粗略で黄色の釉(うわぐすり)を用いる。桃山時代から江戸時代初期にかけて日本に輸入。発音〈標ア〉0

あんに【兄】〘名〙「あに(兄)」の変化した語。＊煤煙(1918)〈宮地嘉六〉七「こないな時には、さううろたへて飯を喰はんでも、あん兄(に)の相手をせいでどうならうに」方言❶兄。兄さん。岩手県九戸郡088 福島県東白川郡157 茨城県北相馬郡195 栃木県197 長野県東筑摩郡(幼児語)480 上伊那郡488 高知県幡多郡864 ◇あんにい 福島県東白川郡157 栃木県塩谷郡200 芳賀郡203 千葉県香取郡266 東葛飾郡276 東京都大島326 三宅島333 長野県諏訪468 静岡県520 愛知県三河554 572 575 ❷夫。主人。多くは妻が夫を呼ぶのに言う。◇あんにい 東京都三宅島322 ❸息子。坊ちゃん。◇あんにい 静岡県520 ❹次男以下の男の子。◇あんにい 東京都大島326 ❺年長の男。長上。◇あんにい 東京都三宅島(尊称)322 大島(敬称)326 ❻年下の男。◇あんにい 東京都三宅島・御蔵島(愛称)333 ◇あんにいさま 東京都三宅島(愛称)333 ❼下男。男の奉公人。◇あんにい 静岡県520

あん-に【暗―】〘副〙①表立って見えないように。ひそかに。内々で。こっそり。＊玉葉-承安四年(1174)正月七日「然而事已一定、暗有二此沙汰一」＊太平記(14C後)六・民部卿三位局御夢想事「七日七夜の丹誠を致させ給へば、懇誠暗(アン)に通じて感応忽に告あり」＊太平記(14C後)一三・藤房卿遁世事「和光同塵の月明かに、心の闇をや照らすらんと、神慮も暗(アン)に量られたり」②ことばなどではっきり表現しないで。それとなく。遠まわしに。＊四河入海(17C前)一四・一「我暗に申したれば、補遺を見たれば、まづさうあるぞ。暗合たぞ」＊三体詩素隠抄(1622)二・四「是は暗に仲孺が罪なきものを誣(ふ)奏したるに比したぞ」＊西国立志編(1870-71)〈中村正直訳〉八・八「天良の心、暗に(〈注〉ナニトナク)我に告げて、自(おのづか)ら抵抗禁止せざれば安からざるを、覚えしむるなり」＊吾輩は猫である(1905-06)〈夏目漱石〉二「吾身に引きくらべて暗に欣羨(きんせん)の意を洩らす」発音〈標ア〉ア〈京ア〉ア

あん-に〘代名〙対称の代名詞「あれに」の変化した語。＊天理本狂言・雪打合(室町末-近世初)「あんには、わかいところで、さはうをしらぬ」方言❶対称。同等または目下の者に対して用いる。あなた。君。おまえ。丹波†113 島根県美濃郡・益田市725 ◇あに 和歌山県海草郡690 ◇あんにゃ 富山県389 砺波397 ◇おんにゃ 丹波†115 ❷他称。あの人。島根県美濃郡・益田市725 広島県倉橋島054 ◇あんね 鳥取県711

あんに〘連語〙方言あのように。あんなに。岐阜県益田郡503 三重県志摩郡585 大阪市038 ◇ああに 奈良県吉野郡054 愛媛県840 大三島848

あん-にく【鞍褥】〘名〙馬具の名。居木(いぎ)の上に敷く小さな革製の敷物。くらしき。あんじょく。

あん-に-しろ〘連語〙(「なんにしろ(何)」の変化した語)どういうことがあるにしてもとにかく。なんにしても。＊雑俳・柳多留-一二(1777)「あんにしろ鎌をはなせと庄やわけ」＊滑稽本・浮世風呂(1809-13)前・上「何(アン)にしろかんじんの太夫殿の正躰がわかんねへから」

あん-にゃ【兄―】〘名〙方言⇨あんこ(兄―)

あんにゃ〘名〙近世、伊勢(三重県)の遊里古市(ふるいち)の私娼の称。＊俳諧・其袋(1690)「落にきとうき名山田の鮎の魚〈桐雨〉何にあんにゃの家にふれけん〈月下〉」＊浮世草子・風流曲三味線(1706)二・五「伊勢古市中の地蔵といふ所の遊山宿に、世間は娘分といはし、内証は地の客をつとめさする女、是を所の詞にて、あんにゃといへり」＊和訓栞(1777-1862)「あにゃう阿娘の呉音也伊勢の俗あんにゃといふもあにゃうの訛成へし。よて又娼妓をもあんにゃといへり」方言❶姉。ねえさん。石川県加賀404 福井県427 三重県志摩郡585 度会郡599 大分県939 941 ❷他人の妻。主婦。石川県能美郡419 ❸娘。富山県高岡市395 石川県江沼郡・河北郡(二人称。下流の語)404 福井県432 ❹下女。石川県404 411 福井県427 京都府620 ❺子守女。福井県431 坂井郡427 ❻遊女。女郎。伊勢山田†020

あんにゃ-さ【兄―】〘名〙「あにさん(兄様)」の変化した語。＊物類称呼(1775)一「兄(あに)〈略〉越後にてあんにゃさといふ」＊滑稽本・東海道中膝栗毛(1802-09)六・上「わしどもは越後(いちご)のもんだが、長崎のあんにゃさがやらしゃったら、わしも国風(くにふう)のおけさ松坂でもかたるべいとこと」方言❶兄。兄さん。山形県139 福島県東白川郡157 新潟県(尊称)347 373 (他人の兄)377 ◇あんにゃさま 新潟県(尊称)347 ◇あんにゃさん 福島県石川郡179 西白河郡181 京都府620 福岡県田川郡・企救郡(主に小児語)872 ❷長男。跡継

ぎ。 ◇あんにゃさま 新潟県西蒲原郡（上流の少年の嫡子）371 ❸総領。長男。 山形県置賜068 福島県中通068 新潟県（中流の戸主または嫡子）371 376 384 ❹年上の婿の敬称。 福島県東白川郡157 ❺青年。 新潟県376 （軽い敬称）387

あんにゃ-ま〘名〙方言 ⇩あねこ（姉—）／あんこ（兄—）

あんにゃ-もんにゃ〘名〙①「なんじゃもんじゃ」の変化した語。その近辺に見られない巨木や珍樹を、樹種にかかわらず、さしていう語。②物の道理のわからないことや、世事に通じていないことなどをいう。〔東京語辞典（1917）〕方言〘形動〙確かでないさま。あやふや。 静岡県520 540

アンニュイ〘名〙（フラ ennui）生活に対する意欲を失って退屈でもの憂（う）い精神状態。一九世紀末のヨーロッパを風靡（ふうび）したデカダンス文学の底流をなす。倦怠（けんたい）。倦怠感。退屈。無聊（ぶりょう）。＊それから（1909）〈夏目漱石〉八「仕舞（しまひ）にアンニュイを感じ出した。何処か遊びに行く所はあるまいかと、娯楽案内を捜して、芝居でも見やうと云ふ気を起した」＊春の坂（1957）〈上林暁〉「そんな生活が何年かつづいてゐるうちに、アンニュイが生じてゐたのかも知れない」発音〈標ア〉ニュ

あん-にょう【安養】〘名〙（「あんよう」の連声）「あんよう（安養）」に同じ。＊俳諧・江戸新八百韻（1756）「蒔き銭の隅々までもあまてらす〈亀成〉 急き候へあんにょうの許〈米仲〉」

あん-にん【杏仁】〘名〙（「あん」は「杏」の唐宋音。「にん」は「仁」の呉音）アンズの種の中の肉。薬用にする。きょうにん。＊伊京集（室町）「杏仁 アンニン」＊大草殿より相伝之聞書（16C中か）「いかだのす塩は〈略〉からみには、あんにん〈杏仁〉を炒（い）りて、こまかにくだき、すゝほに入べく候」方言 果物の種。 長野県佐久493 辞書 文明・伊京・饅頭・黒本・易林・日葡・書言 表記 杏仁（文・伊・饅・黒・易）

あんにん-どうふ【杏仁豆腐】〘名〙中国の点心料理の一つ。杏仁の粉に牛乳を加え、寒天を煮溶かしたものと混ぜ合わせて冷やし固めたもの。きょうにんどうふ。発音 アンニンドーフ〈標ア〉ド

あん-ぬ【有—】〘連語〙（動詞「ある（有）」に、完了の助動詞「ぬ」の付いた「ありぬ」の変化した語）きっとある。＊平家（13C前）二・徳大寺之沙汰「よきやうなるはからひもあんぬと覚え候」

あんね【姉】〘名〙方言 ⇩あねこ（姉—）

あんね【安慧】㊀（梵 sthiramati の訳）六世紀頃の南インドの学僧。十大論師の一人。唯識三十頌の注釈が有名。（五一〇～五七〇頃）㊁平安時代の天台宗の僧。河内国（大阪府）の人。最澄、円仁に師事し、後に天台座主となる。延暦一三？～貞観一〇年（七九四？～八六八）発音〈標ア〉ア

アンネ〘名〙（生理用品の商標名から）生理用ナプキン。また、生理をさす女性の隠語。＊鳩を撃つ（1970）〈五木寛之〉「そろそろアンネが始まる時期じゃないのか」発音〈標ア〉ア

アンネ（Anne）⇩フランク㊂

あん-ねい【安寧】〘名〙①（形動）穏やかにおさまり、異変、不安などがないこと。また、そのさま。安泰。平穏。＊続日本紀‐霊亀元年（715）九月庚辰「頼二祖宗之遺慶、海内晏静、区夏安寧」＊平家（13C前）一一・腰越「仍年来の愁眉を開き、一期の安寧を得ん」＊神皇正統記（1339‐43）中・第六一代「延喜の御代さしも安寧なりしに、いつしか此の乱出で来たる」＊日葡辞書（1603‐04）「Annei（アンネイ）。すなわち、シヅカナ〈訳〉外面的な平和、平穏。文書語」＊西国立志編（1870‐71）〈中村正直訳〉一一・三五「百度備具、身心安寧なるを覚ゆと雖ども」＊史記‐周本紀「成康之際、天下安寧、刑錯四十余年不レ用」②冬の別名。《季・冬》＊俳諧・俳諧小筌‐冬（1794）「安寧」＊爾雅‐釈天「秋為二収成、冬為二安寧」」発音 アンネイ〈標ア〉0〈京ア〉0 辞書 文明・日葡・ヘボン・言海 表記 安寧（文・ヘ・言）

あんねい-ちつじょ【安寧秩序】〘名〙（国家、社会などが）平穏で乱れないこと。＊大日本帝国憲法（明治二二年）（1889）九条「公共の安寧秩序を保持し及臣民の幸福を増進する為に」＊万朝報‐明治三六年（1903）一〇月一一日「他の国土を占有し、他の国土に出兵し、其安寧秩序を破却して、果して平和を貴ぶものと称すべき乎」

あんねい-てんのう【安寧天皇】第三代天皇。綏靖（すいぜい）天皇の第一皇子。名は磯城津彦玉手看尊（しきつひこたまてみのみこと）。「日本書紀」によれば、大和の片塩浮孔宮（かたしおうきあなのみや）に都を遷（うつ）し、在位三八年。生没年不詳。発音 アンネイテンノー〈標ア〉ノ

あんねい-とう【安寧湯】〘名〙江戸吉原の名物の漢方薬。酔いざましに用いる。＊洒落本・客衆肝照子（1786）序「甘露梅、アンネイ湯（トウ）」

あんねえ【姉】〘名〙（「あんねい」とも。「あね（姉）」の変化した語）①ねえさん。先輩格の女や、単に若い女を呼ぶのに用いることが多い。＊咄本・蝶夫婦（1777）羇の見物「あんちう鳥（とり）だんべへ。あんねへもせなあも出て見され」＊洒落本・道中粋語録（1779‐80頃）「ヱヱ畜生め、もうちっとあるきやアがれ。めんよう、姉（アンネイ）を見ると足が遅（おせ）へ」＊滑稽本・東海道中膝栗毛（1802‐09）二・下「わしもハイ、此内では、あんねいあんねいといわれる、女郎でおざいます」＊滑稽本・浮世風呂（1809‐13）四・下「コレヤイ、矢場（やば）の姉（アンネへ）や水茶屋の小女を対手（ゑへて）にして」＊安愚楽鍋（1871‐72）〈仮名垣魯文〉初「ヲイヲイあンねへ熱くしてもう二合（ふたつ）そして生肉（なま）もかはりだア」②娘。＊随筆・裏見寒話（1753）付録「あんねい 娘の事」方言 ❶姉。ねえさん。 宮城県牡鹿郡119 茨城県188 栃木県塩谷郡200 群馬県223 242 244 埼玉県秩父郡251 神奈川県津久井郡317 富山県高岡市（多く下品な言い方）395 石川県加賀418 山梨県452 453 長野県468 491 493 岐阜県飛驒502 静岡県520 愛知県572 三重県志摩郡585 佐賀県887 長崎県西彼杵郡054 佐世保市902 宮崎県西臼杵郡948 ◇あんねえさん 佐賀県890 ◇あんねえじょ 山梨県453 ❷嫁。 東京都新島（上流の家の嫁）050 山梨県452 岐阜県飛驒038（若い嫁）502 ◇あんねえじょ 山梨県453 461 ❸他人の妻。主婦。 東京都大島（だんな家の主婦に対する敬称）326 岐阜県飛驒（若い主婦）502 ◇あんねえさま 東京都大島（若妻の敬称）050 ◇あんねえさん 山梨県（若妻）455 ❹長女。長姉。 静岡県川根534 ❺年の若い娘。少女。 埼玉県秩父郡（やや軽んじていう）251 富山県高岡市（多く下品な言い方）395 三重県志摩郡585 ◇あんねえじょ 山梨県461 ❻女性。婦人。 茨城県188 山梨県453 ❼下女。女中。 駿河†098 茨城県188 山梨県（他人を女中と同列視する時にもいう）453 静岡県中部533 534 佐賀県050 長崎県050 062 ◇あんねえじょ 山梨県（他人を女中と同列視する時にもいう）453 ❽子守女。 山梨県455 西八代郡465

あん-ねつ【暗熱】〘名〙昼の熱が夜にまで残っていること。夜の暑さ。＊本朝麗藻（1010か）上・高閣夜涼多〈大江以言〉「攀二臨霊檻一昏煩息、歴二上平臺一暗熱空」

アンネのにっき【アンネの日記】（原題 オラ Het Achterhuis「裏の家」の意）ユダヤ人の少女アンネ＝フランク（Anne Frank）（一九二九～四五）の日記。ドイツ軍占領下のアムステルダムで、ナチスの迫害をのがれて一家が隠れ家に移ってからの生活が描かれている。アンネはドイツの収容所で死亡したが、一九四七年に出版され、世界的ベストセラーとなった。発音〈標ア〉ア

あんねん【安然】平安前期の天台宗の僧。近江の人。円仁、遍照に学ぶ。後年、比叡山の五大院に住んで、五大院大徳と称し、台密を大成。「瑜祇経疏（ゆぎきょうそ）」「悉曇蔵（しったんぞう）」などを著す。阿覚大師。承和八年（八四一）生。没年未詳。発音〈標ア〉ア

あん-ねん【安然】〘形動タリ〙安らかなさま。精神的な平安。安心。＊日葡辞書（1603‐04）「Annen（アンネン）〈訳〉内面的な平穏、安心。文書語」＊晉書‐簡文帝紀「晞大恐求レ下レ車、而帝安然無二懼色一」辞書 日葡

あん-の【兄—】〘名〙方言 ⇩あんのう〔名〕

あん-のう【鞍嚢】〘名〙乗馬の鞍（くら）の左右にさげておく革製の袋。小さな武具などを入れる。＊五国対照兵語字書（1881）〈西周〉「Sacoche〈略〉鞍嚢」＊初年兵江木の死（1920）〈細田民樹〉二「鞍嚢（アンナウ）を枕にして、茣座（ござ）の上に蚊帳（かや）を釣って横になりながら」

あんのう〘名〙父（ちち）。＊物類称呼（1775）一「父（ちち） 大和にてあんのうと称す」方言 ❶兄。兄さん。 新潟県佐渡355 ◇あんの 三重県志摩郡001 度会郡599 香川県826 佐柳島829 ◇あんにょう 栃木県198 ◇あんにょ 香川県829 熊本県球磨郡・葦北郡919 ◇あにょう 熊本県919 ◇あにょうさん 熊本県球磨郡919 ❷長男。跡継ぎ。 新潟県佐渡351 ❸やや上流の家の息子。 新潟県佐渡島356 ❹下男。 新潟県佐渡348

あん-のう〘感動〙方言 ⇩あのない

あん-の-こおり【安郡】〘名〙長門国（山口県）阿武（あむ）郡より産出した良質の木材。＊太平記（14C後）二七・田楽事「我れ劣らじと桟敷（さじき）を打つ。五六、八九寸の安（アン）の郡（コホリ）などを鐫（ゑ）り貫いて、囲（わたり）八十三間に、三重・四重に組み上げ」辞書 書言 表記 阿武郡（書）

あんのし〘感動〙方言 ⇩あのない

あんのじ【安字】謡曲。四番目物。作者不詳。「安」の字が「冠」の下に「女」と書くことを主題とし、文字の徳をたたえる。廃曲。

あん-の-じょう【案定】〘副〙（「定」は…の通り、様子などの意の名詞。「案の定」と熟して副詞として用いる）思った通り。はたして。案のごとく。＊雑俳・軽口頓作（1709）「きはまって・かねかせじゃあろあんの状」＊雑俳・川傍柳（1780‐83）二「あんのじょう封をきったら女筆也」＊滑稽本・浮世床（1813‐23）二・上「わんぐりと食（くっ）たが因果案（アン）の如（ジャウ）番木鼈（まちん）であった」＊小僧の神様（1920）〈志賀直哉〉七「細君は案の定、其小形なのを喜んで居た」発音 アンノジョー〈なまり〉アンノジー〔仙台音韻〕アンノジョ〔島根・鹿児島方言〕アンノジョ〔愛知〕アンノジュー〔長崎〕ナンノジョー〔栃木・八丈島・壱岐続〕ナンノチ・ナンノチュー〔福島〕〈標ア〉ノ〈京ア〉ジョ

あん-のん【安穏】〘形動〙（「あんおん」の連声（れんじょう）。表記に「あんおん」でも、「あんのん」と発音するのが普通）変わりがなく、穏やかなさま。無事。平穏。安泰。→あんおん。＊百座法談（1110）六月五日「妙法蓮花はうたがひなき現世安隠後生善所の薬草にこそは候らめ」＊今昔（1120頃か）一・二「法の雨を降して地獄の火を滅して彼の衆生に安穏の楽びを令受（うけしむ）る事を示す」＊日葡辞書（1603‐04）「Annon（アンノン）、または、anuon（アンヲン）。ヤスク オダヤカナリ〈訳〉平穏、平和。このことばは本来 Anuon（アンヲン）であり、そのように書かれるけれども、Annon（アンノン）と発音される」＊元和本下学集（1617）「息災 安穏（アンノン）義也」発音〈標ア〉0〈京ア〉0 辞書 下学・日葡・言海 表記 安穏（下・言）

あんば【阿波】〘名〙「あんばさま（阿波様）」に同じ。＊談義本・当世下手談義（1752）四・鵜殿退ト、徒然草講談之事「市口ながら人品、格別世界にして、阿波（アンバ）にもうかれず、河口にもそそらず」

あん-ば【鞍馬】〘名〙①鞍（くら）をおいた馬。くらおきうま。くらうま。あんま。＊春日権現験記絵詞（1309）五「門前零落して鞍馬まれなりけれは」＊日葡辞書

(1603-04)「Amba（アンバ）。すなわち、クラヲキウマ〈訳〉鞍をおいた馬」＊随筆・折たく柴の記(1716頃)中「かの一行の人の乗るべき鞍馬ども、諸大名の役に課（おほ）せらる」＊漢書‐匈奴伝賛「文帝中年、赫然発レ憤、遂躬戎服、親御二鞍馬一」＊白居易‐琵琶行「暮去朝来顔色故、門前冷落鞍馬稀」②馬の背の形をした台の上に、二つのとっ手をつけた体操用具。また、その上で行なう体操競技。＊絵合せ(1970)〈庄野潤三〉一六「体操の選手が鞍馬の競技で見せるように」 発音〈標ア〉ア 0 辞書 日葡

あんば の 間（かん）（鞍馬は鞍をつけた馬、または馬に鞍をつけること。それが同時に武装を整える意でもあるところから）戦争のさ中。また、戦場の意。＊文芸類纂(1878)〈榊原芳野編〉四「其後書籍は兵燹に罹り、文人も鞍馬間に在りて」

あんば【名】長唄で、はめこまれた船唄や機織り唄などの民謡の曲所にはやす、しずかな手法。小鼓二梃（ちょう）で打ちはやす。

あんば【名】老婆をいう、盗人仲間の隠語。〔隠語輯覧(1915)〕

アンバー【名】(英 amber) 琥珀色。＊アルス新語辞典(1930)〈桃井鶴夫〉「アンバー 英 amber 琥珀」 発音〈標ア〉ア

アンバー【名】(フランス invar) ニッケル鋼の一つ。標準尺、時計振子、測量用テープ、精密機械などに用いる。インバール。不変鋼。 発音〈標ア〉ア

アンバー【名】(英 umber) 天然の褐色顔料。また、その色。二酸化マンガン、ケイ酸塩などを含む水酸化鉄のかたまりで、塗料、絵の具の原料に用いる。ウンブラ。＊外来語辞典(1914)〈勝屋英造〉「アンバー Umber (英) 褐色顔料。濃茶色。黄こげ茶色」 発音〈標ア〉ア

あん-ばい【塩梅・安排・按排】【名】①（安排・按排）(―する) 程よく配置したり処置したりすること。また、あやつること。＊正法眼蔵(1231-53)栢樹子「此の沙彌別処に安排せよ」＊蔭涼軒日録‐長享三年(1489)二月一日「重書請取了有レ宴。宴安排之間、上方以二使者一見レ招二東雲竺英一」＊古活字本荘子抄(1530)一「人が造作安排してなさず各己が上にわれとなるやうなぞ」＊新編覆醤続集(1676)七・当春吟「当レ春無二棄物一、万象巧安排」＊荘子‐大宗師「造レ適不レ及レ笑、献レ笑不レ及レ排、安排而去レ化、乃入二于寥天一一」＊杜甫‐将適呉楚詩「終作レ適二荊蛮一、安排用二荘叟一」②（形動）(―する) 食物の味加減を調えること。また、その味加減。および、よい味加減であること。えんばい。＊御伽草子・鼠の権頭（古典文庫所収）(室町末)「それかしは、れうりのあんばいじゃうずにて候。すこし、しほなく候」＊日葡辞書(1603-04)「Ambai（アンバイ）。または、エンバイ。すなわち、リョウリノ カゲン」＊俳諧・類船集(1676)天「料理の按排（アンハイ）は亭主の心にしたかへば庖丁人のままにもなりがたし」＊咄本・軽口御前男(1703)二・一六「醤油のあんばいして熱立（にえたつ）ところへ、彼魚を入ければ」＊書言字考節用集(1717)六「塩梅 アンバイ 尚書註。作レ羹者塩過則鹹、梅過則酸、塩梅得レ中然後成レ羹。按排 アンバイ塩梅、按排通用」＊浄瑠璃・菅原伝授手習鑑(1746)三「ムウムウ、扨塩梅（アンバイ）じゃ、味（うま）し味し」＊書経‐説命「若作二酒醴一、爾惟麴糵、若作二和羹一、爾惟塩梅」③物事のほどあいや様子。また、やり方。＊浄瑠璃・傾城反魂香(1708頃)上「武士の刀のあんばい見よと、ま一もんじにかけたりけり」＊洒落本・古契三娼(1787)「深川といふ所は、客人のあそびにでへぶあんばいのある所さ」＊合巻・正本製(1815-31)初「初手に中（あた）ると斯ういふ塩梅に金時が出るわ」＊人情本・春色梅美婦禰(1841-42頃)二・七回「ヲヤお前の衿元（えりもと）の風体（アンバイ）が違った様だネ」＊大阪の宿(1925-26)〈水上滝太郎〉九・六「大皿を運んで来て、あんばいよく並べて行った」④身体の具合。健康状態。＊浮世草子・世間侍婢気質(1771)一・三「頭痛が致しまして、あんばいがわるさに隣のお医者様に見てもらひましたれば」＊滑稽本・浮世床(1813-23)初・下「かみさんの塩梅が悪（わり）いがおほかた先妻のつきものだらうといふ沙汰だ」＊人情本・春色梅児誉美(1832-33)四・二三齣・下「此間（こないだ）はチット病気（アンバイ）がト いひながらすこしおきかえりて」 語誌 程よく排列する意の「あんばい（安排・按排）」と、塩と梅の酢で食物の味加減を調える意の「えんばい（塩梅）」とが、中世末期から近世初頭にかけて混同されて使われた語とされる。したがって近世では用字の混用が認められるが、現代ではほぼ「塩梅」と書いてもアンバイと読むようになり、「按配する」「按排する」と、サ変動詞の語幹として使われるとき以外には「塩梅」と書かれるのが普通になった。 方言 ❶味付けをすること。香川県829 ❷都合。島根県725 ❸ものごとの加減。具合。心地。名詞や、動詞の連用形の下に付けて用いる。宮城県石巻120 岡山市762 ❹病気。新潟県347 371 374 愛知県碧海郡564 ◇あんびぁ 島根県八束郡725 ❺看病すること。病人のめんどうを見ること。群馬県勢多郡236 埼玉県秩父郡251 ❻女を愛人として養うこと。埼玉県秩父郡251 ❼整理すること。三重県伊賀585 ❽修繕すること。奈良県南大和683 ❾結構なさま。みごとなさま。◇あんびゃあ 京都府竹野郡622 ❿よい具合に。都合よく。うまく。じょうずに。ていねいに。三重県名賀郡057 京都市621 大阪府大阪市637 泉北郡646 兵庫県明石郡665 神戸市670 奈良県南大和683 和歌山県和歌山市・那賀郡690 徳島県海部郡823 ◇あんぱい 奈良県吉野郡054 ◇やんばぐ 静岡県520 ◇やんべえ・やんびゅう 新潟県佐渡352 ⓫すっかり。まんまと。三重県名張市585 大阪府040 奈良県南大和683 ⓬いいかげんなさま。でたらめなさま。◇やんばい 鳥取県西伯郡718 ◇やんべ 鳥取県西伯郡719 島根県出雲723 724 ◇やんべげ 島根県出雲724 ◇やんびゃ 鳥取県西伯郡719 ⓭いい気味。◇やんべえ 新潟県佐渡352 発音〈なまり〉アンバ・エンバ〔飛騨〕アンビァ〔島根〕アンベ〔栃木・埼玉方言・島根・長崎・鹿児島方言〕アンベー〔長崎〕アンベァー〔静岡〕エンバイ〔八丈島〕ヤンバイ〔静岡・福井・島根〕ヤンバエ〔鳥取〕ヤンベ〔NHK（栃木）〕〈標ア〉バ〈京ア〉ア／ン 辞書 文明・伊京・明応・天正・饅頭・黒本・易林・日葡・書言・〈ポン〉・言海 表記 安排（文・伊・明・天・黒・言）按排（饅・易・書）塩梅（書・へ）

あんばい される 逮捕されることをいう、盗人仲間の隠語。〔日本隠語集(1892)〕

あんばい する 人を殺すことをいう、盗人仲間の隠語。〔特殊語百科辞典(1931)〕

あんばい を 和（わ）す 味かげんをととのえる。＊古今著聞集(1254)二・三七「上人みづから塩梅を和して、其魚味を試て、あぢはひ調る時すすめ給ふに」

アンパイア【名】(英 umpire)《アンパイヤ》スポーツ競技の勝敗や反則などを判定する人。審判員。審判。おもに野球についていう。＊舶来語便覧(1912)〈棚橋一郎・鈴木誠一〉「アンパイア 行司 Umpire (英) 仲人、審判者」＊胡桃割り(1940)〈永井龍男〉「アンパイヤーのポケットから、捕手に渡った新しい真白な球は」 発音〈標ア〉パ〈京ア〉パ

あんばい-しき【塩梅式】【名】（「しき」は接尾語）物事の状態のよしあしについていう。ぐあいのほど。様子。あんばい。＊洒落本・辰巳婦言(1798)宵立「わりい時にお袋の病気だから。一（いち）べへ塩梅（アンベヘ）しきがわりい」＊歌舞伎・与話情浮名横櫛（切られ与三）(1853)九幕「そいつはあんばいしきがわるいなア」＊当世書生気質(1885-86)〈坪内逍遥〉八「風がこれっきりで静ればよいが、先刻のやうな塩梅式（アンバイシキ）では、帰船（かへり）には益々小間物屋が繁昌するぜ」

あんばい-ず【塩梅酢】【名】程よく味をつけた酢。三杯酢の類。＊随筆・俗耳鼓吹(1788)「向鯛、あんはいず・大こんおろし・黒くらげせうが」

あんばい-み【塩梅見】【名】 方言 ❶味加減をみること。味見。試食、または試飲。岩手県九戸郡088 山形県139 ❷試し。試み。青森県三戸郡083 岩手県上閉伊郡098 宮城県石巻120 新潟県佐渡352 富山県砺波397 宮崎県東諸県郡954 ◇あんべみ 青森県上北郡082

あんばい-もの【塩梅物】【名】考えを要するもの。程あいを考える必要がある物事。加減もの。＊滑稽本・浮世風呂(1809-13)四・上「貴殿と云っちゃア二本佩（さす）やうで洒落臭（しゃらっくせへ）から、そこが塩梅物（アンベイモン）だと、いろいろに首を捻ったが」＊人情本・仮名文章娘節用(1831-34)後・六「ほんに死ぬのもよっぽどあんべゑものだ」

あんばい-よう【塩梅良】【副】 発音〈標ア〉0 ノ 方言 ❶いい具合に。都合よく。よろしく。じょうずに。ていねいに。きちんと。岐阜県郡上郡504 三重県志摩郡585 度会郡599 滋賀県犬上郡038 兵庫県054 664 665 徳島県板野郡057 香川県827 829 ◇あんばいよく 徳島県809 ◇あんばいようらと 富山県砺波397 ◇あんばよう 福井県遠敷郡445 大飯郡447 岐阜県502 504 512 愛知県名古屋市561 562 三重県北牟婁郡588 滋賀県609 611 616 京都府620 621 629 兵庫県赤穂郡660 奈良県宇陀郡680 和歌山県690 699 704 岡山県748 758 762 香川県829 ◇あんばよ 和歌山県691 伊都郡690 ◇あんびよう 福井県遠敷郡445 ◇あんべよう 岐阜県養老郡498 ◇あんびょう 三重県北牟婁郡588 ◇あんびょ 和歌山県東牟婁郡690 ◇やんばよう 岐阜県稲葉郡498 加茂郡509 ❷すっかり。全く。全然。◇あんばよう 三重県名張市585 京都府竹野郡622 岡山市054 762

あんばい-よし【塩梅好】【名】（江戸時代、元禄から正徳ごろ（一七〇〇年前後）の、「こんにゃく豆腐の塩梅好し」という売り声から）豆腐やこんにゃくにみそをぬって焼いたもの。田楽（でんがく）豆腐。田楽。＊浮世草子・傾城仕送大臣(1703)三・二「土竈の煮売に腹をあたため、あんばいよしが茶碗酒に我をわすれ」＊浄瑠璃・孕常盤(1710頃)二「こんにゃく豆腐のあんばいよしあんばいよしとぞ売り歩（あり）く」＊随筆・皇都午睡(1850)三・下「京の浅瓜は大坂の白瓜、かぼちゃを南京、〈略〉あんばいよしを田楽」 発音〈標ア〉バ

あんば・える【他ア下一】物を盗むこと、盗んだ物を処分すること、通貨、文書などを偽造することなどをいう、盗人仲間の隠語。〔隠語輯覧(1915)〕

あんば-おおすぎ【阿波大杉】【名】「あんばさま（阿波様）」に同じ。＊談義本・当世下手談義(1752)四・鵜殿退卜徒然草講談之事「又往（いん）じ享保年中、常陸の阿波（アンバ）大杉の神、あそこへも飛給ふ、ここへも飛給ふと、いやはやとんだ事を言ふらし」＊俳諧・七番日記‐文化一〇年(1813)五月「夕貌やあんば大杉はやし込」＊随筆・一話一言(1779-1820頃)四〇「（享保十二年）未五月、一、亀戸天神近所香取明神へ常陸国より安波上杉大明神飛来候由貴賤群集其上屋台大分出候義未六月十四日越前守様にて御停止被仰付。覃云此頃アンバ大杉大明神食たり飲だりよいやさと云歌流行之由承及候」

あん-はからい【案計】【名】計略。くふうしたはかりごと。＊風姿花伝(1400-02頃)別紙口伝「例へば弓矢の道の手立（てだて）にも、名将のあんはからいに、おもひの外なる手立にて、強敵にも勝つ事あり」

あん-ばく【腕白】【名】(形動)（「わんぱく」の変化した語）子供がいたずらをしたりして、いうことをきかないこと。また、その子。古くは大人にもいった。わんぱく。＊浄瑠璃・唐船噺今国性爺(1722)上「所も繁昌したる其跡へ、今のあんばくおごり者が据（すは）って」 方言 おてんばな女。そこつな女。◇あんぱく 島根県仁多郡725

あん-ぱく【安泊】【名】木賃宿をいう、盗人仲間の隠語。〔隠語輯覧(1915)〕

あんばく-もの【腕白者】〘名〙(「わんぱくもの」の変化した語) わんぱくな者。*浄瑠璃・曾我虎が磨(1711頃)中「定めて五郎のあんばくものが力だて、暴れ者と云こと御耳に立」 *談義本・医者談義(1759)二・配剤大少之談義「こなたの子息でござれども何ともならぬあんばく者」

あん-ばこ【暗箱】〘名〙①写真機械の一部で、内部を暗くした箱。その前方にレンズをつけ、他方にすりガラスをはめ、蛇腹(じゃばら)その他の装置で両者の間を自由に伸縮できるようにしたもの。元来は、単に外界をすりガラスに映してみるための箱だったが、のち、すりガラス部分に感光板を置き、これに感光させるようにした、組立写真機の主要部をいうようになった。*写真鏡図説(1867-68)〈柳河春三訳〉二「天文弘治の頃にやありけん、以大利(イタリヤ)の那不勒(ナポリ)国人、ポルタといふ者、初めて暗箱を発明す。暗箱。西洋の通名シャムブル、オブスクルと云ひ〈略〉箱の前の方に鏡珠(たま)あり、底に鏡を斜に置き、其鏡の上の方に不透明玻瓈(くもりビイドロ)の版(いた)を置く」 *銀二郎の片腕(1917)〈里見弴〉「或は暗箱(アンバコ)のしぼりといふ機械を取付けたやうに」 ②留置場をいう、てきや仲間の隠語。〔隠語全集(1952)〕 *自由学校(1950)〈獅子文六〉艦の内外「午後二時で、四十八時間だから、どっち道、今晩は、あんばこ(留置場)にゃア泊れねえよ」 発音〈標ア〉0 〈京ア〉0

あんば-さま【阿波様】〘名〙千葉県から岩手県にかけての沿海地方で信仰される漁業神。茨城県旧阿波村の大杉大明神をまつるもののようにいうものが多く、船霊様(ふなだまさま)の親神だという伝承もある。不漁続きの時、または若者たちが休日を請求する時、舟の漁具を取り外して浜に積み上げ、この神をまつる。あんば大杉。あんば。

あんぱち【安八】 岐阜県の南西部の郡。長良川・揖斐(いび)川の流域にある。古くは「あはち」「あはちま」といい、安八磨・味蜂間などと書いた。*二十巻本和名抄(934頃)五「美濃国〈略〉安八」

あんはつが-しゅし【暗発芽種子】〘名〙光によって発芽が抑制される種子。クロタネソウやケイトウ、ネギなどに見られる。↔光発芽種子。 発音アンハツガシュシ〈標ア〉シュ

あんば-よう【塩梅良】〘副〙方言 ⇩あんばいよう(塩梅良)

アンバランス〘名〙〘形動〙(英 unbalance) つりあいがとれていないこと。また、そのさま。ふつりあい。不均衡。不調和。*自由学校(1950)〈獅子文六〉夏の花咲く「あの超時代人と、アン・バランスの見本のように結ばれた自分は、論理上、不幸の極限ということになる」 *淋しい人(1950)〈檀一雄〉「顔全体のアンバランスな笑いが、甚だ特徴があった」 発音〈標ア〉パ 〈京ア〉パ

あんぱん〘名〙方言 愚か者。ばか者。 新潟県佐渡352 滋賀県蒲生郡612 島根県能義郡(幼児語)724

あん-パン【餡―】〘名〙(パンは ポルトガル pão) ①中にあんを入れて作ったパン。形は丸く扁平(へんぺい)で、上部の中央に塩漬けにした桜の花や、ほしぶどう、けしの種などが添えられることがある。*たけくらべ(1895-96)〈樋口一葉〉一六「何だ何だ喧嘩かと喰(た)べかけの餡(アン)パンを懐中(ふところ)に捻(ね)ぢ込んで」 *カーライル博物館(1905)〈夏目漱石〉「今余(よ)の案内をして居る婆さんはあんパンの如く丸るい」 ②平手(ひらて)で頬を打つことを軍隊などでいった語。〔隠語輯覧(1915)〕 *漫才読本(1936)〈横山エンタツ〉自序伝「哀れな小羊のやうに―アンパンの五つや十は覚悟しなければならない」 語誌 明治七年(一八七四)、東京銀座の木村屋がつくりだしたのが始まり。日本酒に使う酵母を用いた独特の酸味が好評だった。同一七年頃から、宮内省への献上品に限り、上部の中央に塩漬けの桜の花を載せたが、同三四年からは一般市販品にも添えるようになった。 発音〈標ア〉パ 0 〈京ア〉0

あん-はんのう【暗反応】〘名〙植物の光合成で、光を必要としない化学反応。炭酸ガスが、明反応によって得られた水素と結合して糖などの炭水化物をつくる過程をさす。ブラックマン反応。↔明反応。 発音アンハンノー〈標ア〉ハ

あん-び【鞍轡】〘名〙馬につける道具で、鞍(くら)と、くつわ。*随筆・山中人饒舌(1813)下「至二鞍轡鞭鐙諸具一。按二古式一作レ之」 *白居易‐和高僕射游山水之作詩「鞍轡闘装光満レ馬、何人信道是書生」

あん-ぴ【安否】〘名〙(「あんび」とも) ①安らかであるか、そうでないか。安全か否か。興るか亡びるか。安心と不安。あんぷ。*明月記‐治承四年(1180)五月三〇日「前途又不レ知二安否一」 *太平記(14C後)九・足利殿御上洛事「先帝の御方に参て六波羅を責(せめ)落して、家の安否(アンヒ)を定むべきものを」 *太平記(14C後)九・足利殿着御篠村則国人馳参事「今度の合戦、天下の安否(アンヒ)たるべし」 ②(特に人の身の上などについて) 無事か無事でないか。さらに、それを中心とした日常の様子、動静、消息などをいう。あんぷ。*太平記(14C後)一四・将軍御進発大渡山崎等合戦事「此の間東西数百里を隔て、安否(あんヒ)更に知らざりしかば」 *浄瑠璃・仮名手本忠臣蔵(1748)三「塩冶判官の御内(みうち)早の勘平主人の安否(アンピ)心元なし爰明てたべ」 *金色夜叉(1897-98)〈尾崎紅葉〉後・二「寄辺あらぬ貫一が身の安否を慮りて措く能はざりしなり」 *思出の記(1900-01)〈徳富蘆花〉三・一「勝助お重は無筆の悲しさ、稀に覚束ない他人(ひと)の筆を頼むで安否を問ひ、知らすばかり」 *礼記‐文王世子「朝夕至二于大寝之門外一、問二於内豎一曰、今日安否何如」 ③あれこれと考えること。思案。あんぷ。*浄瑠璃・義経地獄破(1661)一「御でうもっともにて候、いそぎあんひを廻らし、此事をはかるに」 語誌 室町末期ではローマ字書きのキリシタン文献や多くの節用集で「あんぷ」とし、江戸後期の節用集の多くやヘボン「和英語林集成」の諸版は「あんひ(ぴ)」とするところから、近世に「あんぷ」から「あんぴ」へと語形が交替したと考えられる。ただし、すでに室町期に「あんひ(ぴ)」もあるし、明治一〇年頃の「小学読本字引」やその後の「言海」などには「あんふ(ぷ)」も残る。 方言〘形動〙危なっかしくて案じられるさま。心もとないさま。不安なさま。 島根県簸川郡・出雲市725 ◇あんぶ 山口県豊浦郡798 ◇あんびょ 島根県大原郡725 愛媛県大三島848 ◇あんびょう 島根県725 735 ◇あんぴょう 広島県倉橋島054 ◇あんびゅう 広島県比婆郡774 発音〈音史〉古く『あんぷ』とも。〈標ア〉ア 〈京ア〉ア 辞書 文明・書言・ヘボン・言海 表記 安否(文・書・ヘ・言)

あん-ぴ【鮟皮】〘名〙干した鮟鱇(あんこう)の皮。*滑稽本・四十八癖(1812-18)初「鮟鱇か、こいつアありがてえ。しかもおれがすきをねらって、鮟皮(アンピ)をたっぷりみせた所(とこ)が千両だ」

アンピール-ようしき【―様式】〘名〙(フランス style Empire の訳語。「アンピール」は帝政の意) 一九世紀初頭のナポレオンの帝政時代を中心にフランスに流行した古典主義的な装飾様式。代表例はエトワール凱旋門。 発音アンピールヨーシキ〈標ア〉ヨ

アンビシャス〘形動〙(英 ambitious) 新しい大きな仕事を成し遂げようとする意欲にもえていること。意欲的。野心的。覇気のあるさま。*自己の問題として見たる自然主義的思想(1910)〈安倍能成〉二「大体に調子にアムビシァスな所が抜けて居なかった」 *花は勁し(1937)〈岡本かの子〉「ほのぼのとした野心的(アンビシャス)なものが頭を擡(もた)げた」 発音〈標ア〉ビ

アンビション〘名〙(英 ambition) 将来りっぱな仕事を成し遂げたい、成功をおさめたい、と願う気持。大望。功名心。*明六雑誌‐二九号(1875)網羅議院の説〈西周〉「人の自負心(エムピシウン)自ら其頭脳を刺戟し」 *当世書生気質(1885-86)〈坪内逍遙〉五「人間のたのしみはセックス〔情欲〕ばかりじゃないじゃアないか。アムビション〔功名心(たいまう)〕を以て」 *非凡なる凡人(1903)〈国木田独歩〉「僕は毎日のやうに桂に遇(あ)って互に将来の大望(アンビション)を語り合(あっ)た」 *三太郎の日記(1914-18)〈阿部次郎〉一・一九「此意味に於いて、アンビションは精神的創造の原動力として決して無意味なものではないであらう」 発音〈標ア〉ビ

アンビバレンス〘名〙(英 ambivalence) 同じ対象について全く相反した感情が共存していることをさす心理学用語。好悪併存。両面価値。 発音〈標ア〉ビ

アンビバレント〘形動〙(英 ambivalent) 相反する意見を持つ。両面の。また、相反する感情が同時に存在するさま。 発音〈標ア〉ビ

あんび-もち【餡餅】〘名〙塩餡(あん)を入れた餅。*田舎教師(1909)〈田山花袋〉二三「茶請(ちゃうけ)は塩煎餅か法事で貰ったアンビ餅で」

アンヒューマ〘名〙(英 amphiuma) 両生綱有尾目アンヒューマ科の動物。全長約五〇センチメートル。北アメリカ東南部に分布する。指の数によって三種類が区別される。四肢の退化したウナギ状の動物。 発音〈標ア〉ヒュ

あん-びょう〘形動〙方言 ⇩あんぴ(安否)

あん-ぴょう【鞍鑣】〘名〙馬の鞍(くら)とくつわ。馬具。鞍銜(あんかん)。*菅家文草(900頃)二・臨別送鞍具総州春別駕「春日縦逢二轎下鹿一、鞍鑣為レ我不二長空一」 *急就篇「鞇鞁 韉鞍鑣鐊」〈注〉「鞍、所三以被二馬取一其安一也、鑣、即馬轡之銜也」

あん-びん【―瓶】〘名〙方言 土製の水差し。やかんの形をした大きな陶器。 鹿児島県奄美大島・加計呂麻島975 沖縄県首里993 八重山996 ◇あんぶん 沖縄県那覇市975

あん-ぴん【餡餅】〘名〙(「あん」「ぴん」は、それぞれ「餡」「餅」の唐宋音で、禅寺から起こった語)「あんもち(餡餅)」に同じ。*文明本節用集(室町中)「蒸餅 アンビン」 *随筆・嬉遊笑覧(1830)一〇・上「あんひんは餡餅の音なり。又なんひんともいひしにや」 方言❶餡(あん)を入れた餅(もち)。大福の類。また、まわりに餡をつけた餅。あんころ餅。 山形県139 群馬県勢多郡236 佐波郡242 静岡県駿東郡062 山口県豊浦郡798 ◇あんびん 備後†124 秋田県北秋田郡130 仙北郡136 山形県置賜139 栃木県足利市・佐野市198 群馬県山田郡240 館林245 埼玉県北葛飾郡258 千葉県安房郡054 山梨県062 南巨摩郡(塩餡入り)465 静岡県520 島根県那賀郡・邑智郡725 岡山県748 767 768 広島県054 709 771 ◇あんびい 広島県比婆郡774 芦品郡776 ◇あんび 広島県比婆郡040 ❷太鼓焼き、今川焼きの類。◇あんびん 神奈川県中郡320 ❸ぜんざい。 三重県志摩郡585 ❹仏事の際に作る、餡の入った餅。 辞書文明

あんぴん-もち【餡餅餅】〘名〙「あんもち(餡餅)」に同じ。*雑俳・俳諧觿‐一〇(1789)「中中にあんぴん餅の腹ごたへ」 方言❶餡(あん)を入れた餅(もち)。大福の類。また、まわりに餡をつけた餅。 山形県139 庄内062 群馬県佐波郡242 静岡県520 ◇あんびんもち 庄内†060 山形県庄内145 群馬県館林245 千葉県安房郡296 静岡県田方郡521 島根県邑智郡735 山口県大島801 ◇あんびいもち 広島県比婆郡774 ❷仏事の際に作る、餡(あん)の入った餅(もち)。◇あんびんもち 埼玉県054 257

あん-ぶ【安撫】〘名〙(人民を) 安んじなだめること。満足するように、かわいがり大切にすること。*報徳記(1856)一「貧民を安撫し廃亡を挙げ」 *和英語林集成(再版)(1872)「タミ ヒャクショウ ヲ ambu (アンブ) スル」 *佳人之奇遇(1885-97)〈東海散士〉一〇「厳に剽掠を禁じ居民を安撫し彼の汚吏を追ひ彼の苛政を除かば」 *李洞‐送安撫従兄夷偶中丞詩「六州安撫後、

万戸解衣眠」 補注「忠義水滸伝解-一八回」に「安撫ヲチツカスコトナリ」とある。 発音〈標ア〉ア 辞書ボン 表記 安撫(へ)

あん-ぶ【按舞】〘名〙①舞をまうこと。＊張昱-唐天宝宮詞「霓裳按舞長生殿、撃砕梧桐夜未央」②歌詞と曲による舞踊の振り付け。また、振付師をもいう。＊モダン辞典(1930)「按舞〔劇〕舞踊の演出のプラン。楽曲によって舞踊の様式、形式を決定する事」 発音〈標ア〉ア

あん-ぶ【暗部】〘名〙暗い部分。特に、不正な真実などが隠されている陰の部分。また、心や意識の深層部分。＊剣ケ崎(1965)〈立原正秋〉一「剣ケ崎は、彼の意識の暗部にある混沌とした血の流れを、彼が意識して視つめていたことと繋がっていた」＊青い月曜日(1965-67)〈開高健〉二・墜ちた針「種子がどこか深い暗部で芽をだしたのを感じた瞬間に」 発音〈標ア〉ア

あん-ぶ【鞍部】〘名〙山と山との間の低くなった所。また、山の尾根で、馬の鞍(くら)のようにくぼんでいる所。たおり。コル。＊英和和英地学字彙(1914)「Anbu Saddle 鞍部」＊大島圭介南柯の夢(1955)〈河上徹太郎〉一〇「等高線はなだらかで、鞍部の幅が狭い」 発音〈標ア〉ア〈京ア〉ア

あんぶ〘名〙悪い、駄目などをいう不良少年仲間の隠語。＊社会観察万年筆(1914)〈松崎天民〉「悪いとか駄目と云ふ事を『アンブ』など云ふは通り言葉にて」

あん-ぷ【安布】〘名〙落ち着くこと。不安げがなくおさまること。＊十善法語(1775)七「内外はいづれのところに安布す。自他はいづれのところに安布す」＊大日経-二「若声聞所説、一一句安布、是中辟支仏、復有少差別、謂三昧分異、浄除於業生」

あん-ぷ【安否】〘名〙(「ふ」は「否」の呉音)「あんぴ(安否)」に同じ。＊毛利家文書-(天文二三年)(1554)四月一六日・毛利隆元書状(大日本古文書二・六六五)「元就をあんふにかけ候てくたし候て」＊虎明本狂言・横座(室町末-近世初)「今一こゑほへぬならば、せうぶにまくるといひ〈略〉ここがあんぷのさかいなり」＊サントスの御作業(1591)二・第二〇「テンマ ワ〈略〉ニジュウハチネン ノ アイダ、ampu(アンプ) ノ カッセン ヲナスト イエドモ」＊日葡辞書(1603-04)「Anpuuo(アンプヲ)ケッスル、または、サダムル、または、キワムル〈訳〉ある事柄をあれこれとたしかめる」 語誌 →「あんぴ(安否)」の語誌。 方言〘形動〙危なっかしく案じられるさま。不安なさま。島根県鹿足郡・那賀郡725 山口県玖珂郡800 大島801 宮崎県東諸県郡954 辞書 饅頭・易林・日葡・言海 表記 安否(饅・易・言)

あん-ぷ【暗符】〘名〙物が期せずして一致すること。ぴったり同じであること。＊大小学校建議(1869)〈加藤有隣〉「其勢自然と唐虞三代元子冑子の教法に暗符せざる事を不得して」

あん-ぷ【暗譜】〘名〙音楽の譜を暗記すること。また、暗記していること。＊さらばモスクワ愚連隊(1966)〈五木寛之〉二「暗譜で楽々と弾いている」 発音〈標ア〉0

アンプ〘名〙(英 amp)「アンプリファイアー」の略。＊明日への楽園(1969)〈丸山健二〉五「多分事務室のアンプを使って流しているのだろう、食堂にもバーにも音楽が満たされて」 発音〈標ア〉ア

アンフィテアトル〘名〙(フランス amphithéâtre ドイツ Amphitheater)古代ローマの円形劇場。中央の闘技場(アレナ)の周囲を、階段状の観覧席がとり囲む。＊モダン辞典(1930)「アンフィテアトル(劇)円形劇場、〈略〉日本でも日比谷の音楽堂はこの形式によってゐる」

あん-ぷう【暗封】〘名〙住持などを公的な手続きによらず、ひそかに任命すること。＊空華日用工夫略集-康暦二年(1380)九月三〇日「諸山新命暗封已定」＊禅林象器箋(1741)雑行門「暗封 旧説曰、暗封者、暗昧選封也。不以公挙而私請也」

あん-ぷう【暗風・闇風】〘名〙暗やみの中を吹く風。＊類聚句題抄(11C中)夜花不弁色〈慶滋保胤〉「宿雪多飄従幾樹。暗風漫送出何林」＊春潮(1903)〈田山花袋〉一五「二人は暗風黒雨の中に別れて了った」＊元稹-聞白楽天左降江州司馬詩「垂死病中驚坐起、闇風吹雨入寒窓」

アンフェア〘形動〙(英 unfair)不公平なさま。公正でないさま。ずるいさま。＊ブラリひょうたん(1950)〈高田保〉早慶戦「それなのに野球に熱狂する応援団がしばしばアン・フェアなのはどうしたことか?」 発音〈標ア〉フェ

アンフォラ〘名〙(英 amphora)古代ギリシアの壺の一種。一対の垂直の取っ手がついた、胴にふくらみのある深い壺。

アンフォルメル〘名〙(フランス Informel「形がない」の意)《アンフォルメール》近代の非具象絵画の一手法、およびその作家のグループの呼称。絵の具をカンバスにたらしたり、無意味な形象を散乱させたりして、多くは激しい感情を表現する。代表者はマチュー、ボルス、ポロックなど。無形派。非定形派。＊愛と知と悲しみと(1961)〈芹沢光治良〉五「大きな毛筆が、白紙の上にアンフォルメールの画家のように、無秩序に黒々と得体の知れない形を描きはじめた」 発音〈標ア〉フォ

あん-ぷく【安福】〘形動〙安らかに落ち着いて幸福であるさま。＊授業編(1783)五「漢文の時ほど天下の安福(アンフク)なりしはなし」 方言 十分であると満足すること。仕事をたくさんしたときや食物を腹いっぱい食べたときにいう。島根県出雲725

あん-ぷく【按腹】〘名〙①腹部に手を触れて内部疾患を診察すること。＊近世畸人伝(1790)五「唯翁至る時其閫を越れば、病人室中ながら知て大に懼れ、診脈按腹をもうけたるなど」＊形影夜話(1810)上「腹候は固より診候の一なり〈略〉臓腑の所在・部位・連続の状を常に審(つまびらか)にせずんば、如何に按腹するとも察せられざるの理なり」②腹部をもんで痛みなどをやわらげること。按摩(あんま)療法の一種。＊滑稽本・続膝栗毛(1810-22)一二・中「そんなら按腹(アンプク)いたしてあげませう」＊赤西蠣太(1917)〈志賀直哉〉「腹が痛くてやりきれないが、按腹でも針でも直ぐやってくれ」 発音〈標ア〉0〈京ア〉0 辞書 ボン・言海 表記 按腹(へ・言)

あんぷく-でん【安福殿】大内裏舎殿の一つ。承明門内の西、紫宸殿の西南、校書殿の南にある殿舎で、侍医の宿直所であった。薬殿(くすどの)。西殿。＊内裏式(833)八日賜女王禄式「其日近衛次将令所司鋪設於殿庭〈安福殿前、張幄二宇〉積禄版位南紫宸殿南廂戸外」＊弁内侍(1278頃)建長四年「伊与内侍、播磨など安福殿あけさせてかぞへ侍りしに」＊拾芥抄(13-14C)中・宮城部「薬殿〈在安福殿内、侍医薬生等候、有熟食〉」＊運歩色葉(1548)「安福殿 アンフクデン」 発音〈標ア〉ク 辞書 色葉 表記 安福殿(色)

あんぶ-し【安撫使】〘名〙中国の官名。中唐から宋初にかけては、災害などのあるごとに派遣されて民政を視察した。宋の真宗からは、はじめ辺境地域に、のち全国の路(地方行政区画)に常置され、副使は軍制をつかさどった。 発音〈標ア〉ブ

あん-ぶつ【暗物】〘名〙淫売(いんばい)婦。→暗者(あんじゃ)②

アンブラー(Eric Ambler エリック―)イギリスの小説家。従来の型を破った、写実的なスパイ小説を発表。「ディミトリオスの棺」「あるスパイの墓碑名」など。(一九〇九〜九八) 発音〈標ア〉ア

アンプリファイアー〘名〙(英 amplifier)トランジスタ、真空管を用いて、電流、電圧などの入力を増幅させる装置。増幅器。アンプ。＊アルス新語辞典(1930)〈桃井鶴夫〉「アンプリファイアー 英 amplifier〔無電〕増幅機」 発音〈標ア〉ファ

アンプル〘名〙(フランス・英 ampoule)《アンプール》ガラス製の首のくびれた小型の容器。口部はガラスを溶かして密封する。おもに注射液を入れるのに用いられる。＊魔都(1937-38)〈久生十蘭〉二二「クロロフォルムの硝子小管(アンプール)破砕片と思われるガラスの小破片も」＊競馬(1946)〈織田作之助〉「看護婦がアンプルを切ったり注射液を吸ひ上げたり、腕を消毒したりするのに」 発音〈標ア〉ア〈京ア〉ア

アンプレ〘名〙(ドイツ Ampulle)「アンプル」に同じ。

アンプレッショニスト〘名〙(フランス impressioniste)印象派の芸術家。→アンプレッショニスム。＊自然と人生(1900)〈徳富蘆花〉風景画家コロオ・六「彼は或点に於て実に、印象派(アムプレッショニスト)の第一先登なりき」 発音〈標ア〉ニ

アンプレッショニスム〘名〙(フランス impressionisme)《アンプレッショニズム》一九世紀後半、フランスの絵画に現われた新しい芸術上の主義。のちに、彫刻・文学・音楽・哲学・心理学などにもおよび、ヨーロッパに広まった。事物から受ける感覚的印象を、そのまま作品に表現しようとする。印象主義。＊音引正解近代新用語辞典(1928)〈竹野長次・田中信澄〉「アンプレッショニズム Impressionisme 仏 英語の『インプレッショニズム』(綴りは同じ)と同義」＊ゴッホの手紙(1951-52)〈小林秀雄〉「当時のパリの画壇は、アンプレッショニスムの坩堝(るつぼ)のなかで滾(たぎ)ってゐた。ゴッホは、遅疑なく、その中に飛び込んだ」 発音〈標ア〉ニ

アンブレラ〘名〙(英 umbrella)洋風の雨傘。＊花物語(1919)〈吉屋信子〉あやめ「オーバシュースに泥をはねて、黒いアンブレラに雨をはぢく寮の人達の中に、このみやびな絵模様の蛇の目の細い傘は、一つの小さい奇蹟(ミラクル)であった」＊女生徒(1939)〈太宰治〉「きっと、いまの戦争が終った頃、こんな、夢を持ったような古風のアンブレラが流行するだらう」 発音〈標ア〉ブレ

アンブロシウス(Ambrosius)キリスト教の古代教父。聖人。ミラノの司教。アウグスティヌスをキリスト教に導き、またテオドシウス帝に民衆虐殺の非道を懺悔(ざんげ)させた。アンブロシウス聖歌と呼ばれる讃美歌集も作った。(三三九〜三九七) 発音〈標ア〉シ

あん-ぶん【案分・按分】〘名〙案分比例の方法で分けること。＊百鬼園随筆(1933)〈内田百閒〉債鬼「案分で受取る月々の額は一ケ月三円ぐらゐのものだった」＊国税通則法(1962)五条・二「同項の〈略〉規定によるその相続分によりあん分して計算した額とする」 発音〈標ア〉0〈京ア〉0

あん-ぶん【案文】〘名〙案として作る文章。また、その文章を考えること。あんもん。＊千鳥(1959)〈田中千禾夫〉「同じ電報を三通じゃぞ。で、その案文はと」＊梁書-劉顕伝「顕案文読之、無有滞礙」 発音〈標ア〉0〈京ア〉0

あんぶん-ひれい【案分比例】〘名〙与えられた数または量を、与えられた比をなすいくつかの部分に配分する計算法。比例配分。＊百鬼園随筆(1933)〈内田百閒〉無恒債者無恒心・一「按分比例のやうなことをして、諸氏を退去せしめても」 発音 アンブンヒレイ〈標ア〉ヒ〈京ア〉ヒ

あんべ〘名〙方言 遊び。長野県上伊那郡064 東筑摩郡480 静岡県520 ◇あんび 静岡県520 ◇あんぶ 長崎市906 ◇あんぼお 長崎県沖之島907 ◇あぼ 京都府宇治郡633 ◇おそび 香川県高松市829

アンペア〘名〙(英 ampere)MKSA単位系および実用単位における電流の大きさの単位。記号A。一アンペアは、一ボルトの電位差を持つ二点を一オームの抵抗で結んだ時に流れる電流の大きさをいう。フランス

の物理学者アンペール（Ampère）の名にちなむ。＊舶来語便覧（1912）〈棚橋一郎・鈴木誠一〉「アンペア Ampere（英）電流の強さの実用単位」 発音〈標ア〉ペ〈京ア〉ペ

アンペア-けい【―計】〘名〙電流の強さを、アンペア単位で読みとれるように目盛をつけてある電流計。アンメーター。アンペアメーター。＊電気訳語集（1893）〈伊藤潔〉「Ammeter アンペヤ計」 発音アンペアケイ〈標ア〉0

アンペア-じ【―時】〘名〙電気量の単位。一アンペアの電流が一時間流れた時の電気量をいう。

あん-べい〘連語〙（「あるべき（有―）」の変化した語）あろう。補助的な用法や終止の用法もある。＊更級日記（1059頃）「そのありさまの、たちまちにきらきらしい勢ひなどあんべいやうもなく」＊雑兵物語（1683頃）上「御侍衆の手明の人があんべいならば」＊歌舞伎・傾情吾嬬鑑（1788）五立「日頃乗りつけもせぬ馬に乗るから、今のやうに眠くなるのであんべい」

あん-ぺい【安平】〘名〙（形動）（「あんべい」とも）①安らかにおだやかなこと。平穏。安穏。安泰。＊足利本論語抄（16C）述而第七「孔子はおひと天然恭あるほどに安平なるぞ」＊浄瑠璃・吉野忠信（1697頃）一「四海の安平、掌（たなごころ）の内に照らし」＊歌舞伎・傾城嵐曾我（1708）一「かくてよりとも公せいゐ将ぐんににんじ、おさおさめでたく天下あんへい也」＊周礼-秋官・小行人「其康楽和親、安平為二一書一」②わけもなくたやすいこと。また、いいかげんに対処すること。容易。安易。＊平家（13C前）五・文覚荒行「さてはあんべいごさんなれとて、修行にぞ出でにける」＊古今著聞集（1254）一七・六〇三「よく見れば物がらあんぺいにおぼえければ、太刀うちすてて、むずと捕へてけり」＊随筆・一時随筆（1683）「連歌のみちは、ただ一大事のものとだにこころへ、たしなまばあかるべき也。あんへいにおもふべからず」③取るに足りないさま。安っぽいさま。＊塵袋（1264-88頃）一〇「人を安平に云ふ時、をれらがと云ふは、われらがと云ふ心歟。心はわれとをれと通ずる歟とおぼゆ。〈略〉さがりさまのものを汝がと云ふ、同じ事也」 発音アンペイ〈標ア〉0 辞書下学・文明 表記安平（下・文）

あん-ぺい【暗蔽】〘名〙煩悩に心がおおわれて、道理がわからないこと。＊本朝文粋（1060頃）一二・詰眼文〈三善清行〉「踈慵多レ睡。闇蔽無レ光」＊幸若・大織冠（室町末-近世初）「五つのかたちかけぬれば、ぐちあむへいのちくるいたり」＊浄瑠璃・末武印問答（1665-68頃）一「いづれも主（しう）におとらぬむちあんへいのちうとう共、跡さきのかんがへなく」＊法華経-譬喩品「長二衆生生老病死憂悲苦悩愚痴暗蔽三毒之火一」

あん-ぺい【餡平】〘名〙①はんぺんの一種。すりつぶした鱧（はも）の肉などに米の粉、ヤマノイモなどを加えて蒸した、やわらかく白い食品。葛餡（くずあん）をかけてたべるので、餡をかけた半平（はんぺん）の意という。あんぺん。＊浄瑠璃・新うすゆき物語（1741）中「是此鱧（はも）は何ぼじゃと、錫杖の先にぶらつかせ、ヲ新しそふな、精進上にきっさりと、皮鱠（かはなます）とあんぺいにせうかいのう嘆」＊浪花聞書（1819頃）「按平（あんへい）江戸にていふ半へんの類一種、江戸の流ししんぢょなどいふ類一種、二色あり。但生淵抔の料理や按平と看板出ある製方は、うなぎ其外種種加やくを入、はものすり身をかけ茶碗蒸にいたし、葛のたまりなどをかけ出すなり」＊雑俳・智慧くらべ（1868）「恥かしうあん平替ゑる女形」②麺類（めんるい）の一つ。うどんの上にかまぼこ、椎茸（しいたけ）の類をのせ、葛醤油（くずしょうゆ）をかけたもの。＊随筆・守貞漫稿（1837-53）四「しっぽく〈略〉。あん平 みぎに同く加レ之葛醤油をかける也。鶏卵温飩の卵とじ也」 方言鱧（はも）や鯛（たい）などの魚肉を用い、はんぺんより柔らかく作り葛餡を掛けて食べる食品。 大阪市637 発音アンペイ〈標ア〉0

あんぺい-どうふ【餡平豆腐】〘名〙茶わんに松露（しょうろ）を盛り、おぼろ豆腐を加え、蒸して葛餡（くずあん）をかけた料理。

アンペール（André Marie Ampère アンドレ＝マリー）フランスの物理学者。「アンペールの法則」を発見するなど、電磁気学の基礎を確立。電流の単位「アンペア」はその名にちなむ。（一七七五～一八三六） 発音〈標ア〉ペ

アンペール の 法則（ほうそく） 電流が流れたとき、その近くにできる磁界の方向を判定する法則。磁界は、電流の流れる方向に右ねじを進めようと考えた時、ねじを回す向きと一致する。右ねじの法則。

あん-べか-めり〘連語〙（動詞「ある（有）」に助動詞「べし」「めり」の付いた、「あるべかるめり」の変化した「あんべかんめり」の下の「ん」が表記されなかった形）「あべかめり」に同じ。＊源氏（1001-14頃）総角「わが心のやうにひかひがしき心のたぐひやは又世にあむべかめる」

あん-ぺき【暗碧】〘名〙（形動）黒みをおびた青色。＊即興詩人（1892-1901）〈森鷗外訳〉古市「其背後の暗碧なる山脈等を道具立書割として」＊ふらんす物語（1909）〈永井荷風〉黄昏の地中海「空は澄んで暗碧（アンペキ）の色は飽くまで濃い」 発音〈標ア〉0

あん-ぺきしょく【暗碧色】〘名〙黒みを帯びた青色。＊冷笑（1909-10）〈永井荷風〉九「少年の好奇的な眼が一度晴れ渡る暗碧色（アンペキショク）の夜の空に向って注がれる時」 発音〈標ア〉キ

あん-べし【有―】〘連語〙（動詞「ある（有）」に推量の助動詞「べし」の付いた「あるべし」の変化した語）あるだろう。あるはずだ。＊源氏（1001 14頃）浮舟「なのめならずいみじくこそあんべけれ」＊更級日記（1059頃）「このあらましごととても、思ひしことどもは、この世にあんべかりけることどもなりや」 発音〈標ア〉ペ

アンベラ【阿牟部良】〘名〙（ポルトガル ambar gris オランダ ambergrijs から）①マッコウクジラの腸内に生じる結石状のもの。②懸香（かけこう）の名。①と麝香（じゃこう）を練り合わせたもの。龍涎香（りゅうぜんこう）。アムベラ。 発音〈標ア〉0

アンペラ【筕篖】〘名〙（ポルトガル ampero もとマレーあたりの語という）①カヤツリグサ科の多年草。南アジア、アフリカ、オーストラリアなど熱帯地方の湿地に自生。茎を叩（たた）きつぶしてむしろなどを作るため中国南部などで栽培もされる。茎は高さ〇・五～二メートル、直径約三ミリメートルで、長く横に伸びる地下茎から直立する。葉は退化して赤褐色の鱗葉（りんよう）がある。花は褐色の長楕円形の穂となり、花穂に雌雄の別がある。茎は打って平らにし、敷物、袋、帽子などを編む。アンペラ藺（い）。アンペラ草。学名は Lepironia articulata ②①の茎で織ったむしろ。＊書言字考節用集（1717）七「荇蓆 アンベラ 竹席之属、又用芦織者」＊洒落本・通言総籬（1787）一「ゑち川屋が仕立の、あんぺらの、内ぬひ、りうさのねつけの、ついたさげのたばこ入からきせるを出し」＊語彙（1871-84）「あんぺら 俗 舶来するところの一種の席（むしろ）にして南海諸国の産なり」＊破戒（1906）〈島崎藤村〉一〇・四「牛肉屋の丁稚（でっち）、編席（アンペラ）敷いた箱を車の上に載せて」 語源説(1)マレー語 ampela から。語原はバタビア語。ポルトガル語 amparo の訛とする説もある〔外来語辞典＝楳垣実〕。(2)アミヘラ（編平）の転〔言元梯〕。 発音〈標ア〉0〈京ア〉0 辞書書言・ヘボン・言海 表記荇蓆・行簾（書）

アンペラ①

アンペラ-い【―藺】〘名〙①植物「ねびきぐさ（根引草）」の別名。②「アンペラ（筕篖）①」に同じ。

アンペラ-そう【―草】〘名〙「アンペラ（筕篖）①」に同じ。

アンペラ-ぞうり【―草履】〘名〙アンペラを用いて作った草履。＊刻々（1933）〈宮本百合子〉三「コンクリートの渡りを、鼻緒のゆるんだアンペラ草履で渡って来ると」 発音アンペラゾーリ〈標ア〉ゾ

アンペラ-ぼうし【―帽子】〘名〙アンペラを編んで作った帽子。＊当世書生気質（1885-86）〈坪内逍遥〉三「年の比（ころ）二十二三の書生風（ふう）。〈略〉アンペラ帽子のまだ新らしと見えたるを右の手に携（たづさ）へたる」＊薩長土肥（1889）〈小林雄七郎〉四藩政党「自由党員の荒々しき風体にびっくりしたり、自由党員の暈大的のアンペラ帽子、地に拖く計りの長斬髪にびっくりしたり」 発音アンペラボーシ〈標ア〉ボ

アンペラ-まくら【―枕】〘名〙アンペラで織ったむしろを巻いてまくらにすること。また、そのもの。＊浮世草子・五箇の津余情男（1702）二・三「見し夢はさめて、もとのアンペラ枕、さてもさてものこりおほい事の」 発音〈標ア〉マ

アンベル〘名〙「アンペラ（筕篖）」の変化した語。＊浄瑠璃・国性爺後日合戦（1717）二「嫁よ女房よ、甥の甘輝（かんき）が帝を供奉（ぐぶ）し来々（らいらい）、奥を掃（はい）てのごふて新しいあんべる敷け」

あん・べる〘他バ下一〙①逮捕することをいう、盗人仲間の隠語。〔日本隠語集（1892）〕②なぐることをいう、盗人仲間の隠語。〔日本隠語集（1892）〕 方言謀る。長野県下水内郡470

アンベルス（Anvers）「アントウェルペン」のフランス語名。

あん-べん【安便・安弁】〘名〙（形動）①ゆったりとして気楽なさま。＊白居易-新秋喜涼、因寄兵部楊侍郎詩「老夫納二秋候一、心体殊安便」②便宜のよいこと。便利なこと。また、条件が整っていること。＊蔭涼軒日録-長享二年（1488）三月二五日「解語云、播陽塩屋内保寿寺、件々安辨之地也。後山前海、東有二大川一、其景亦甚佳。愚聴レ之彌興二帰念一」＊蔭涼軒日録-延徳三年（1491）六月一三日「小補話云、老少皆一食也。当院之安便者只雪隠耳。清浄而在レ近。雖レ然長斎小飯之故両三日間不レ過二一度一。一座皆呵々大咲」

あん-ぺん【案辺】〘名〙机の上。机のあたり。＊授業編（1783）一〇「盍簪録（かっしんろく）は畢竟案辺（アンヘン）の筆記にて修辞（しゅじ）の成書（せいしょ）にはあらねども是れ亦考索に便（べん）にして聞見をひろむべし」

あん-ぺん〘名〙「あんぺい（餡平）①」に同じ。＊随筆・浪花の風（1856）「あんへんと唱ふるものは、半片の又一段柔らかなる製にて、葛かけ抔（など）には極よろし、至て和らか故、豆腐の如く水に入て取扱ふなり」

あん-ぼ【兄坊】〘名〙 方言⇨あんこ（兄―）

あん-ぽ【安歩】〘名〙ゆるやかに歩くこと。しずしずと歩くこと。＊自撰梅洞詩集（1660）幽棲「安歩伴二稚童一幽吟答二野鳥一」＊艸山集（1674）二四・路上吟「従来安歩勝二車馬一、不レ借二籃輿一到二上方一」＊史記-淮陰侯伝「猛虎之猶予、不レ如二蜂蠆之致螫一、騏驥之跼躅、不レ如二駑馬之安歩一」

あん-ぽ【安保】一〘名〙安全を保つこと。＊明六雑誌-六号（1874）宗教〈森有礼〉「世交邦政の要は必然其邦を安保するにあり」二「にちべいあんぜんほしょうじょうやく（日米安全保障条約）」の略。＊愛と知と悲しみと（1961）〈芹沢光治良〉五「昨年（一九六〇年）東京の議事堂前に、安保反対のデモに蝟集した無数の学生のなかに、僕は不思議なことにその青年の顔をふと見たような気がして」 発音〈標ア〉ア〈京ア〉コ

アンボイナ-じけん【―事件】（アンボイナは Amboina）インドネシア、モルッカ諸島のアンボイナで、一六二三年香料貿易の主導権をめぐってオランダ

人がイギリス人と日本人傭兵を虐殺した事件。 発音〈標ア〉ジ

あん-ぼう【案謀】『名』はかりごと。＊歌舞伎・二張弓千種重籐（秩父重保）(1878)上「明朝上使（じゃうし）に参るとか、秩父が返答次第にて、此の有国が案謀（アンボウ）の成就いたすは近き内（うち）」

あん-ぽう【安方】『名』ひとりよがりの強情な人。＊洒落本・雲井双紙(1781)「一人利口張りじゃうのこわきものを俗に今是を安方といふ」

あんぽう【安法】 平安時代の歌人。嵯峨源氏。河原左大臣融の曽孫で、適の子。俗名は趁。河原院に住み、清原元輔、平兼盛、源順、恵慶ら多くの文人、歌人と交流した。中古三十六歌仙の一人。自撰歌集に「安法法師集」。「拾遺集」以下の勅撰集に一二首入る。生没年未詳。

あん-ぽう【罨法】『名』充血や炎症などを除くために、薬液や水・湯などにひたした布で患部を冷やしたり暖めたりすること。また、その療法。湿布（しっぷ）。＊生(1908)〈田山花袋〉六「頻りに罨法（アンパフ）用の蒟蒻の加減を見て居る」＊暗夜行路(1921-37)〈志賀直哉〉二・九「少量のオリーヴ油と罨法（アンパフ）の薬とを呉れた」 発音アンポー〈標ア〉0〈京ア〉0

あんぽう-ざい【罨法剤】『名』罨法に用いる薬剤。＊南小泉村(1907-09)〈真山青果〉七「点眼薬と罨法剤（アンパフザイ）か何かを与へて、療治は終った」 発音アンポーザイ〈標ア〉ポ0

あん-ぼうず【庵坊主】『名』粗末な庵（いおり）をかまえた僧侶。＊歌舞伎・藤川船綺話(1826)五立「愚僧はこの近辺の庵坊主（アンバウズ）でござるが」

あんほく-とごふ【安北都護府】 中国唐の六都護府の一つ。おもに外モンゴル地方の遊牧諸部族の鎮撫（ちんぶ）に当たった。

あんぽ-じょうやく【安保条約】「にちべいあんぜんほしょうじょうやく（日米安全保障条約）」の略。 発音アンポジョーヤク〈標ア〉ジョ〈京ア〉ジョ

あんぽた・る『他ラ四』やっつけることをいう、不良仲間の隠語。〔隠語全集(1952)〕

あんぽつ『名』「あんぽつかご（━駕籠）」に同じ。＊滑稽本・古朽木(1780)一「尻が痛くてならぬから翌朝はあんぽつにしてくりやれとの奢（おごり）」＊随筆・守貞漫稿(1837-53)二九「あんぽつ 是も江戸の名目也。京坂あんだと云。〈略〉三才図会曰徬輿即籃輿而賤民常駕之竹駕也。徬輿をあおたと訓ぜり。あおたを訛てあんだと云、再訛てあんぽつと云歟」＊歌舞伎・音聞浅間幻燈画(1888)序幕「総て板橋宿立場茶屋の体（てい）、爰にあんぽつの駕籠を二挺おろし」 語源説アンダボッチ（徬輿法師）の略転〔嬉遊笑覧・大言海〕。 発音〈標ア〉0 辞書言海

あんぽつ-かご【━駕籠】『名』近世の町駕籠の一種。竹製で、左右に畳表のたれをかけたもの。あみいた。あんぽつ。＊談義本・当世穴噺(1771)一・餅花辻駕一座「ふしぎや有合ふあんぽつ駕（カゴ）四つ手かご」＊歌舞伎・上総綿小紋単地（上総市兵衛）(1865)二幕「上手より風呂敷の附きしあんぽつ駕籠を、百姓二人にてかつぎ」＊歌舞伎・天衣紛上野初花（河内山）(1881)六幕「紺看板赤合羽草鞋（わらぢ）饅頭笠（まんぢうがさ）を冠り し中間、桐油の掛りしあんぽつ駕籠を担（かつ）ぎ出来り」 発音アンポツカゴ〈標ア〉ツ ポ

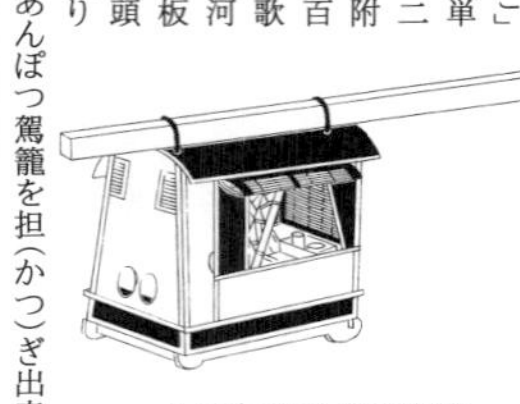

あんぽつ駕籠〈守貞漫稿〉

あんぽ-とうそう【安保闘争】 日米安全保障条約改定反対の一連の闘争。第一回は、昭和三五年（一九六〇）五月から七月にかけて頂点に達し、連日国会をデモ隊が取り囲み労働組合も抗議ストを決行したが、岸内閣は新条約調印を強行。第二回は、同四五年（一九七〇）であったが、佐藤内閣は前回のような反対闘争の再燃をおそれ、更改をすることなく毎年一年間の自動延長で存続を図ったため、全国民的な阻止行動がとりにくくなり次第に闘争は縮小していった。 発音アンポトーソー〈標ア〉ト

あん-ぽん【安本】「けいざいあんていほんぶ（経済安定本部）」の略称。 発音〈標ア〉0

あん-ぽん【案本】『名』正本（しょうほん）に対し複写の本。複本。＊高野山文書-平治元年(1159)七月一日・官符絵図記文等奉納状（大日本古文書二・一一）「有下可レ経二天覧一之事上者、可レ用二書写之案本一也」

あんぽん-たん【安本丹】『名』①おろか者をいう。薬の名になぞらえた語。＊浄瑠璃・奥州安達原(1762)四「扨もきついうっそりめ、汝（おのれ）がほんのあんぽん丹、付けう薬のない」＊談義本・根無草(1763-69)二「あの通の安本丹にては行末心もとなし」＊和訓栞後編(1887)「あんほんたん 近世の俗語也。朝鮮あさがほを耆婆草と名づけ、其実三粒を酒に漬てこれを人に飲しむれば甚酔をすすむ。是を称してあんほんたんといふ。又よく疝を治す。あほうの転也」 ②魚「かさご（笠子）」の異名。寛政（一七八九～一八〇一）の末頃、江戸市中に出盛ったが、まずかったのでいう。また、「かさご」を売る人。＊雑俳・柳多留-四〇(1807)「馬鹿も海あんぽんたんも海で出来」＊魚鑑(1831)上「かさご 俗にあんぽんたんといふ」 ③らくがんの一種。南京豆（なんきんまめ）の殻のような形で、軽く、口の中ですぐ溶ける。かさはあるが、中味が少ないところからいう。＊蛍(1944)〈織田作之助〉「自然彦根育ちの登勢にはおちりが京塵紙、あんぽんたんが菓子の名などと覚えねばならぬ名前だけでも数へ切れぬくらゐ多かったが」 語誌(1)本来上方語とされるが、宝暦末から江戸でも流行した語。語源には諸説があるが、一説にアホウから生じたアホタラ、アホ太郎を、「反魂丹」「万金丹」などの薬名になぞらえたものといわれる。(2)俗に愚か者を侮辱するのに使うが、中身が伴わない、不足するということから、②や③にも転用された。現代でも罵る際のことばとして各地に分布している。 方言❶愚か者。ばか者。あほう。◇あんぽんたい 三重県鈴鹿郡595 ◇あんぽ こたん 徳島県811 ◇あっぽんたん 新潟県東蒲原郡368 長野県佐久493 ◇あんぽた 山形県最上・置賜138 ◇あんぽん 愛知県碧海郡574 岡崎市575 兵庫県神戸市670 鳥取県西伯郡718 島根県出雲724 山口県玖珂郡800 徳島県（幼児語）809 愛媛県周桑郡845 長崎県壱岐島（児童語）914 熊本県玉名郡058 ❷植物、きくいも（菊芋）。宮城県一部030 語源説(1)アホタラを音便にはねた語〔大言海〕。(2)アホウの転。また、西南海の蛮国の名か。日本に漂着したその国の人が、言語不通で愚痴だったところから、人を軽蔑していう流行語になったという〔和訓栞後編〕。 発音〈標ア〉ポ〈京ア〉ポ 辞書言海

あん-ま【兄━】『名』方言⇩あんこ（兄━）

あんま【尼】『名』方言⇩あま（尼）

あんま【甘】『名』方言⇩あま（甘）

あん-ま【按摩】『名』①からだをもんだり、さすったり、たたいたりして患部を治療すること。また、それを業とする人。奈良時代の医疾令（いしつりょう）の規定では、按摩師は、外傷、骨折などの治療をも行なっているが、のちには、これらは医師の仕事となり、もんだりさすったりする療治だけが民間療法として残った。現在のものは、江戸時代に大系化された術式の流れをくむ。足力。腹取。もみりょうじ。あんまじゅつ。＊令義解(718)医疾・按摩呪禁生学習条逸文（政事要略所載）「按摩生学二按摩傷折方及判縛之法一」＊尺素往来(1439-64)「尤療病養生之術非レ一者歟。身上按摩」＊史記抄(1477)一四・扁鵲倉公列伝「案杬と云も按摩して身体を玩弄してとどのへしむるぞ」＊洒落本・傾城買四十八手(1790)見ぬかれた手「二朱はかし本やのはらひ、一分はあんまの心づけと心のうちではさん用しながら」＊思ひ出(1933)〈太宰治〉三「どうしても寝つかれないので、あのあんまをした」＊黄帝内経素問-血気形志論「経絡不レ通、病生二于不仁一、治レ之以二按摩醪薬一」＊南本涅槃経-二六「若菩薩摩訶薩。父母師長若病苦時、自手洗拭捉持按摩、以二是業縁一得二手足軟一」 ②（近世、もみ療治は盲人が業とすることが多かったところから）盲人。③（「あんまを取りましょう」などといって部屋に来るところから）宿駅などの私娼をいう隠語。④詐欺賭博で、仲間のことをいう隠語。〔隠語輯覧(1915)〕 ⑤探偵や密告者をいう、盗人仲間の隠語。〔日本隠語集(1892)〕 発音〈標ア〉0〈京ア〉0 辞書ポン・言海 表記按摩（ヘ・言）

按　摩①〈伊呂波引寺入節用〉

あんま の 新兵衛（しんべえ）（略すと「按新」となるから、同音で）安心をしゃれていう。

あんま の 理屈（りくつ）（略すと「按摩理」となるから、同音で）あんまりなこと。ひどいこと。＊新時代用語辞典(1930)〈長岡規矩雄〉旧隠語「按摩の理屈で…あんまり。（ひど過ると怨言を述ぶるにいふ）」

あんま を 使（つか）う 列車内ですりを働くことをいう、すり仲間の隠語。

あんま を 取（と）る ①按摩の術を行なう。按摩をする。＊狂言記・手負山賊(1730)「私は、肩を打、あんまを取事を得てゐます」＊雑俳・柳多留-一三(1778)「あんまとる内ひいひいを袖へいれ」 ②按摩を呼び入れて、もんでもらう。

あん-ま【鞍馬】『名』「あんば（鞍馬）①」に同じ。＊類従本賀茂女集(10C後)詞書「茂れるやのなかに僅かにただ（たび歟）との行く見ゆ。心ぼそげにて、あむま、一馬（ひとむま）ばかりゆく」

あん-まい【暗昧・闇昧】『名』『形動』（「昧」は暗い意）①光がささず、暗いこと。また、そのさま。＊三体詩素隠抄(1622)一・一「是より三百里あまりなるあなたの長安にある長楊宮の辺まで雨のくらきが如くに暗昧になったとぞ」 ②暗く明らかでないこと。物事に暗くおろかなこと。また、そのさま。暗愚。＊詩序集(1133頃)月出先照山詩序〈藤原明衡〉「西羽景斜、還恥二暗昧（アンマイ）於愚谷之霧一」＊太平記鈔(1596-1624頃)一「太平記序〈略〉童蒙と云は、幼少なる者の黒白をも知らず暗昧なるを云ふ」＊十善法語(1775)二「識別あるものすくなく暗昧なるものおほければ」＊春窓綺話(1884)〈高田早苗・坪内逍遙・天野為之訳〉一「我が王の暗昧に因ると云はざるを得ず」＊国語-鄭語・一六「今王棄二高明昭顕一、而好二讒慝暗昧一」 ③真偽などがはっきりしないこと。また、そのさま。あいまい。＊西洋事情(1866-70)〈福沢諭吉〉二・二「蓋し当時の事跡は尽く暗昧に属し正史の拠る可きものなし」＊一年有半(1901)〈中江兆民〉附録・議権は贓品也「粗末なる脳髄には、此論理は、或は錯雑晻昧なる可きも」＊論衡-謝短「上古久遠、其事闇昧、故経不レ載、而師不レ説也」 辞書文明・書言・ヘボン 表記暗昧（文・書・ヘ）

あん-まく【暗幕】『名』へやの中を暗くするために張りめぐらす黒い幕。＊真空地帯(1952)〈野間宏〉七・一一「そこの窓の暗幕（アンマク）大丈夫でっしゃろな」 発音〈標ア〉0〈京ア〉0

あんま-けんびき【按摩痃癖】『名』「あんまけんぺき（按摩痃癖）」に同じ。＊俳諧・鶉衣(1727-79)前・中・二三・旅賦「月おち馬いななき、草鞋うり・焼酎うり・あんまけんびきの声もおさまりて後」＊黄表紙・這奇的見勢物語(1801)「あんまけんびきはりとうはりとう」＊滑稽本・東海道中膝栗毛(1802-09)二・上

「あいたたたた、まなこつぶれが、べら坊め。あんまァけんびきィ」

あんま-けんぺき【按摩痃癖】〘名〙（「あんまけんぺき」とも。「けんぺき」は首から肩にかけてひきつる病）江戸時代、按摩が町の中を流して歩く呼び声。転じて、按摩術または按摩の称。＊洒落本・青楼松之裡(1802)三「はやひけ過の鉄棒（かなぼう）、凛凛と冴わたり、按摩痃癖（アンマケンベキ）の笛の音は、忍びあふ格子の相図かとおもはれ」＊滑稽本・浮世風呂(1809–13)前・下「あんまけんぺき一夜検校（いちやけんぎゃう）目にもろもろのふ浄をみず」＊歌舞伎・独道中五十三駅(1827)序幕「座頭は杖を、つくつくぼうし、按摩（アンマ）、肩癖（ケンペキ）、慶政が、お療治ながら、お屋敷へ」

あんま-こう【按摩膏】〘名〙（按摩の代用とする膏薬の意）肩こりにきく膏薬。黄色い紙に塗ってある。＊滑稽本・八笑人(1820–49)五・上「あんま膏を張（はる）と丸で瘡（かさ）っかきだ」＊歌舞伎・柳風吹矢の糸条(1864)「なに、これしきの破れ疵、按摩膏（アンマカウ）でも張れば済む」 発音アンマコー〈標ア〉0

あんま-さん【按摩様】〘名〙①按摩に対する軽い敬称。＊滑稽本・東海道中膝栗毛(1802–09)四・下「ナントあんまさん、わしはおどりが上手だ」②深夜に働くのを主とする窃盗、または、夜行列車のすりをいう、盗人仲間の隠語。〔隠語輯覧(1915)〕 発音〈標ア〉0

あんま-し【按摩師】〘名〙①令制で典薬寮に属した官。按摩および外傷や骨折の治療をつかさどる。従八位上相当の官。定員二人。按摩生十人の中から任用される。＊令義解(718)職員・典薬寮条「案摩師二人〈掌レ療二諸傷折一〉」②按摩の術を施す人。あんま。＊東京新繁昌記(1874–76)〈服部誠一〉三・増上寺「按摩師牛屎を踏んで前に滑倒して光頭地を拝し」 発音〈標ア〉マ 辞書書言 表記按摩師（書）

あんまし〘副〙（「あんまり」の変化した語）「あまり」の俗な言い方。＊とむらい師たち(1966)〈野坂昭如〉「これもう焼けてるで、あんまし焦げたらうもないで」＊にんげん動物園(1981)〈中島梓〉二三「我々、やっぱあんまし簡単にツルリと脱いじまわん方が、うまそーに見てもらえるんではないかね」 発音〈標ア〉0

あんま-じゅつ【按摩術】〘名〙按摩の技術。あんま。＊吾輩は猫である(1905–06)〈夏目漱石〉二「安井息軒も大変此按摩術を愛して居た」 発音〈標ア〉マ

あんま-せい【按摩生】〘名〙令制で典薬寮に属した官。按摩および外傷や骨折を治療することを学ぶ。定員一〇人。＊令義解(718)医疾・医生等取薬部及世習条逸文（政事要略所載）「凡医生。按摩生。〈略〉先取二薬部及世習一」

あんま-づり【按摩釣】〘名〙オイカワ、ウグイなど、夏季における川魚の釣り方の一つ。一～二㍍の短い竿を用い、瀬に立ちこんで竿の先端、仕掛けを水中で前後に動かして釣るもの。 発音〈標ア〉0

あんま-とり【按摩取】〘名〙按摩の術を行なうこと。また、それを業とする人。あんま。＊俳諧・西鶴五百韻(1679)何餅「かしらがいたむ玉のかんさし〈西吟〉按摩（アンマ）とり蓬萊宮へ尋行〈西鶴〉」＊浮世草子・世間胸算用(1692)三・一「都にしれたる末社、按摩取（アンマとり）」＊浄瑠璃・嫗山姥(1712頃)二「出入の座頭（ざとう）・あんま取」＊雑俳・柳多留-二(1767)「あんまとりいびきをきくと手ぬきをし」＊歌舞伎・霊験曾我籬(1809)八幕「コレコレ、盲人、貴様は身が阿部川町の旅宿へ参る、按摩（アンマ）とりの笛市ではないか」 方言◇あんまとい 鹿児島県961 鹿児島郡968 ◇あんまとぅい 沖縄県首里993 発音〈標ア〉マ 辞書ポン・言海 表記按摩師（ヘ）按摩取（言）

あんま-はかせ【按摩博士】〘名〙令制で典薬寮に属した官。按摩生などの指導をした。正八位下相当の官。定員一人。＊令義解(718)職員・典薬寮条「案摩博士一人〈掌レ教二案摩生等一〉」＊江戸繁昌記(1832–36)四・馬喰街客舎「予が 先生 観る所に依ば、按摩博士、始て隋史に見ゆ」

あんま-はり【按摩鍼】〘名〙按摩と鍼療治。また、それを業とする者。＊歌舞伎・小袖曾我薊色縫（十六夜清心）(1859)大詰「愚老も元はあんまはりだが、大江の家を押領なさんと」＊文明開化(1873–74)〈加藤祐一〉二・上「何の役にもたたぬながら、按摩針（アンマハリ）まで挑灯をつけて出る」 発音〈標ア〉八

あんま-ぶえ【按摩笛】〘名〙按摩が町の中を流して歩くときに吹く笛。＊俳諧・八番日記-文政二年(1819)一〇月「雪の夜や横丁曲るあんま笛」 発音〈標ア〉ブ

あんま-ぼう【按摩坊】〘名〙「あんまぼうず（按摩坊主）」に同じ。＊俳諧・おらが春(1819)「木がらしやから呼されし按摩坊」

あんま-ぼうず【按摩坊主】〘名〙（按摩は、髪をおろしていたところから）按摩を卑しめていう語。あんまぼう。＊歌舞伎・東海道四谷怪談(1825)二幕「オオ、それそれ、あの按摩坊主（アンマバウズ）に見替えた。わりゃア、あいつと間男（まをとこ）してゐるな」

あんま-やど【按摩宿】〘名〙按摩がたむろしている家。＊歌舞伎・高麗大和皇白浪(1809)二番目「その代り、後で、按摩宿（アンマヤド）を教へて下さりませ」＊歌舞伎・染繝竹春駒(1814)三幕「忰（せがれ）は留守なり、わたしゃ病人。こりゃお隣（となり）の按摩宿（アンマヤド）へ、お泊りなされませ」

あんまら【菴摩羅】〘名〙（梵 āmra の音訳）マンゴーの異名。果実を供物に用い、その木は護摩木に使用する。あんら。＊玄応音義-二一「阿末羅、旧言二菴摩羅一、亦乍二菴摩勒一」 発音〈標ア〉0

あんまら-か【菴摩羅果】〘名〙マンゴー（の果実）。あんもらか。あんらか。＊大唐西域記-八「阿摩落迦。印度薬果之名也」＊大経疏「菴摩羅果、形如二本国夏梨一」

あんまり【余】■一〘形動〙「あまり（余）■一」に同じ。＊浄瑠璃・曾根崎心中(1703)「私がってんいたさぬを、らうぼをたらしたたきつけ、あんまりななされやう」＊浮世草子・傾城禁短気(1711)五・三「是は太夫どのあんまりでござる」＊滑稽本・浮世風呂(1809–13)二・下「夫で私もあんまりのありがたさに、せめてご婚礼までお着き申さうと存じまして」＊浮雲(1887–89)〈二葉亭四迷〉一・一「なんぼ私が不器量だって余（アンマ）りぢゃアありませんか」■二〘副〙①「あまり（余）■三①」に同じ。＊大乗院寺社雑事記-文明一一年(1479)一一月朔日紙背「あんまり御まきれ申候事、一大事の事にて候」＊狂言記・柿売(1660)「あんまりあまふて物がいはれませぬ」＊浄瑠璃・新版歌祭文（お染久松）(1780)野崎村「余（あンま）り逢たさ、なつかしさ」＊滑稽本・浮世風呂(1809–13)二・下「あんまり馬鹿らしい男さ」＊人情本・英対暖語(1838)二・一一章「そりゃア余（アンマ）り無理だはネ」＊坊っちゃん(1906)〈夏目漱石〉一「あんまり腹が立ったから」②「あまり（余）■三②」に同じ。＊西洋道中膝栗毛(1870–76)〈仮名垣魯文〉八・下「おめへだってあんまりものしりぶられもしねへぜ」＊新浦島(1895)〈幸田露伴〉一「先祖の兄には太郎殿のやうなものもあったが乃公（おら）の種子は余（アンマ）り好くもないやうだに」 方言〘副〙❶非常に。たいそう。宮城県仙台市121 山形県139 福島県相馬郡156 東白川郡157 新潟県岩船郡038 ❷ほとんど。ことごとく。長崎県伊王島907 ◇あんましとも。 発音〈標ア〉■一は0 ■二はリマ〈京ア〉0 辞書ポン・言海

あんまり-し・い〘形口〙あまりに度が過ぎている。あまりにひどい。あんまりしない。＊咄本・聞上手二編(1773)早咲「此花にめもつかずに通らしゃるといふは、余（アンマ）りしい衆じゃ」＊咄本・富来話有智(1774)鵺「頼政の射落した化鳥を、猪の早太が九刀さしたといふが、鵺ぐらゐのものを、ここの刀とはあんまりしいといへば」

あんまりし-な・い〘形口〙「あんまりしい」に同じ。＊滑稽本・浮世風呂(1809–13)二・下「亭主（ていし）の事（こっ）たから悪くいひたくはねへが、あんまりしねへはな」 方言あまりにひど過ぎる。あまりに情けない。新潟県中魚沼郡062 佐渡352 ◇あんまりしけない 新潟県佐渡352 ◇あんましない 静岡県520 庵原郡531 志太郡532 ◇あんましもない 静岡県榛原郡541

あんまろく【阿摩勒】〘名〙（阿摩羅、菴摩勒迦とも書く）①トウダイグサ科の落葉小高木。熱帯アジア原産でインド、台湾などで栽培される。高さ約一〇㍍。葉は小枝に多数の葉を二列に密生し、羽状複葉に見える。花は黄色で小さく、果実は直径約二・五センチ㍍で赤熟する。収斂（しゅうれん）効果があるので薬用とし、インドでは砂糖漬け、台湾では塩漬けにして食用。この木は、花が多いが果実を結ぶことが少ないところから、仏道に志す者は多くても成功する者が少ないたとえにするという。油柑。学名は Phyllanthus emblica ＊和漢三才図会(1712)八八「菴摩勒（アンマロク）」＊薬品手引草(1778)「菴摩勒（アンマロク） しりあまのくだもの」＊善見律毘婆沙-一「復有二雪山鬼神一献二薬果一。名二阿摩勒・呵羅勒一」②マンゴーまたは近縁の果樹。③マメ科の高木タマリンドの異名。 発音〈標ア〉マ

あん-まん【餡饅】〘名〙（「餡饅頭（あんまんじゅう）」の略）中華まんじゅうの一つで、中にねり上げたラード入りのあんが入っているもの。 発音〈標ア〉0

アンマン（Amman）ヨルダンの首都。エルサレムの北東にあり交通の要地。ローマ-ビザンチン帝国時代の遺跡が多い。 発音〈標ア〉ア

あん-みつ【餡蜜】〘名〙あんをのせた蜜豆。《季・夏》＊自由学校(1950)〈獅子文六〉自由を求めて「洋食、中華料理、トンカツ、蒲焼（かばやき）、洋菓子、和菓子、しるこ、あんみつのすべてに亙（わた）って」 発音〈標ア〉0〈京ア〉0

あん-みゃく【按脈】〘名〙脈をとること。医者が病人の脈をとって診察すること。診脈。＊春迺屋漫筆(1891)〈坪内逍遙〉梓神子・九「鼻元推量の介抱三昧其按脈（アンミャク）手附気にくはぬ一体貴公批評家の本事無く批評の旨も知らいで批評家気取り笑止の至なり」＊黄帝内経素問-陰陽応象大論「善診者、察レ色按レ脈、先別二陰陽一」 発音〈標ア〉0

あん-みょう【安名】〘名〙仏語。禅宗で、新たに得度受戒（とくどじゅかい）した者に初めて法諱を付与すること。また、その文書。＊看聞御記-永享六年(1434)四月二〇日「抑かかこ御所今朝於二鹿苑院一成二御喝食一。院主〈乾珍和尚〉弟子也。御喝食安名理延云々。御布施自二公方一御沙汰云々」＊蔭凉軒日録-文明一七年(1485)八月九日「我孫子屋新四郎受戒、幷安名曰浄禎、号曰祥岩」＊禅林象器箋(1741)称呼「安名 為二新戒者一初命二法名一也」 発音〈標ア〉0

あん-みょう【暗冥・闇冥】〘名〙暗くて人目の及ばない所。暗黒の世界、特に、地獄。冥暗。冥土。あんめい。＊妙一本仮名書き法華経（鎌倉中）三・化城喩品第七「十方つねに、暗瞑（アンミャウ）〈注〉クラク）にして、三悪道、増長し、阿修羅、また、さかりなり」＊三国伝記(1407–46頃か)七・一四「我暗冥の路を過て閻魔天子の城に至るに」＊地蔵菩薩霊験記(16C後)四・二「吾は是れ汝が母なり。久く暗冥（アンミャウ）に処す」＊日葡辞書(1603–04)「Anmiŏ（アンミャウ）。例、Miŏanmiŏno（ミャウアンミャウノ）チマタ〈訳〉地獄の道の交差点」 補注日葡辞書の見出しに Anmiŏ とあるのは Anmiŏ の誤り。 辞書日葡

あん-みん【安民】〘名〙①人民が安心して生活できるようにすること。人心を安定させること。＊江吏部集(1010–11頃)中・仲秋釈奠聴古文尚書「安民恵化方斉一。従レ此日新学二古文一」＊真政大意(1870)〈加藤弘

之〉上「申す迄もなく、唯安民より外には何もないことで、是丈のことさへ出来れば、乃ち治国の本意は達するわけでござる」＊二宮尊徳翁(1891)〈幸田露伴〉「二宮金次郎といへる者あることを聞き玉ひ、重く挙げ用ゐて安民(アンミン)の道を開んとせられけるが」＊書経‐皐陶謨「安民則恵、黎民懐之」②「あんざんし(案山子)」に同じ。＊随筆・遠碧軒記(1675)下・三「田地に鳥獣を追には安民、これはわらにて人形を作りをく事なり」発音〈標ア〉⓪

あん-みん【安眠】〘名〙(「みん」は「眠」の慣用音) 安らかな眠り。おちついてねること。安寝。あんめん。＊四河入海(17C前)一八・三「黄紬被を擁して、高臥安眠すべき也」＊嘯月楼漫稿(1782)上・偶成「縦吾功業薄、一宦得安眠」＊福翁自伝(1899)〈福沢諭吉〉欧羅巴各国に行く「日本人は昨夜蒸汽車に乗り車中安眠(アンミン)するを得ず大に疲れたるに」＊或る女(1919)〈有島武郎〉後・二三「倉地が寝に来るまで快い安眠に前後を忘れてゐた」＊北史‐韓麒麟伝「顕宗曰、臣仰遭明時、直筆無懼、又不受金、安眠美食、此優於遷固也」発音〈標ア〉⓪〈京ア〉⓪ 辞書ボン・言海 表記安眠(へ・言)

あん-みん【晏眠】〘名〙(「晏」は遅い意。「みん」は「眠」の慣用音) 朝遅くまで眠ること。朝寝をすること。＊杜甫‐遣興詩「安得廉頗将、三軍同晏眠」

あんみん-ぐら【安民蔵】〘名〙江戸時代、近江国(滋賀県)膳所(ぜぜ)藩の農村に設けられた義倉(ぎそう＝凶作に備えて供出させた米を貯えておく倉)のこと。文化三年(一八〇六)、藩から各村に与えられた千俵ずつの米、庄屋などから供出させた米によって成り立っていた。

あんみん-ぼうがい【安眠妨害】(ガイ：バウ)〘名〙大きな音や声を立てて安眠を妨げること。＊鶯(1938)〈伊藤永之介〉「寝ついてゐた同宿の飴売りや下駄の歯入れ屋薬売りなどが起き出して来て、安眠妨害をねぢこむ騒ぎになったが」発音アンミンボーガイ〈標ア〉⓪ボ

あん-む【暗夢】〘名〙夢。＊保元(1220頃か)下・左府の君達幷びに謀叛人各遠流の事「非暗夢不知其期候」

あん-む【暗霧・闇霧】〘名〙暗く立ちこめる霧。＊三国伝記(1407‐46頃か)一・一「是の龍黒雲闇霧を吐いて、三光を隠翳(いんえい)す」＊日本開化小史(1877‐82)〈田口卯吉〉三・五「王家も公家も皆な此暗霧に掩はれたれば」

あん-めい【安命】〘名〙①天命に安んずること。分を守ってみだりに求めないこと。＊韓詩外伝‐一「安命養性者、不待積委而富、名号伝乎世者、不待勢位而顕」②身を安全にすること。→安命法。発音アンメイ〈標ア〉⓪

あん-めい【暗明】〘名〙暗いことと明るいこと。明暗。＊文明論之概略(1875)〈福沢諭吉〉二・五「固より暗明頓に変じたる際に当り精神眩惑して其議論に条理の密なる者ある可らず」

あん-めい【暗迷】〘名〙道理にうとく、迷いやすいこと。＊玉塵抄(1563)五四「昏は、愚鈍昏迷をはらいすて、洗除する心ぞ。〈略〉昏は暗迷の心ぞ」＊「歌念仏」を読みて(1892)〈北村透谷〉「清十郎の品格を検し来(きた)れば、忠兵衛、平兵衛、治兵衛、其他の如き暗迷(アンメイ)の資性とは趣きを異にするところ多し」発音アンメイ〈標ア〉⓪

あん-めい【暗冥・闇冥】〘名〙「あんみょう(暗冥)」に同じ。＊新撰遊覚往来(14C前か)一二月二五日「愚昧之窓内。彌添闇冥重昏之長夜之深」＊詩辨(1891)〈内田魯庵〉「此混沌なる暗冥(アンメイ)を破り刹那に光明遍照世界を現ずべしと雖ども」＊揚雄‐羽猟賦「怪物暗冥、不可彈形」

あん-めい【暗盟】〘名〙心中でひそかに立てるちかい。＊五山堂詩話(1807‐16)一「歓喜心中訴暗盟、今生何必要来生」発音アンメイ〈標ア〉⓪

あんめい-あんしん【安命安身】〘名〙「あんめいほう(安命法)」に同じ。＊和漢三才図会(1712)五「安命(アンメイ)、安身(アンシン)〈安命、卯為定局、安身、酉為定局〉子平命鑑云、不論男女、毎従子上起正月、逆数至本生月上、即従生月上起生時、順数遇卯即安命、遇酉即安身也」発音アンメイアンシン〈標ア〉⓪

あんめい-き【暗命忌】〘名〙死後二八日目の日。四七(ししち)忌。発音アンメイキ〈標ア〉メ

あんめい-ほう【安命法】(フ：ハ)〘名〙生まれた時と生まれた月とによって身の安全などを占う法。安命安身。＊轂耕録‐巻二九・日家安命法「其書曰百中経、経音安命法」発音アンメイホー〈標ア〉メ

あん-めえ〘連語〙(動詞「ある(有)」に、打消推量の助動詞「まい」の付いた「あるまい」の変化した語) ないだろう。あるまい。＊咄本・喜美賀楽寿(1777)馬糞「ナニ、猪じゃああんめへし」＊洒落本・売花新駅(1777)出立「大木戸は道かわるくはあんめへか」＊洒落本・通言総籬(1787)一「しかしさかなが何もあんめへす」

アンメーター〘名〙(英 ammeter)《アンメートル》「アンペアけい(―計)」に同じ。＊外来語辞典(1914)〈勝屋英造〉「アンメートル Ammetre(英) 電流の強弱を測る器」発音〈標ア〉メ

あん-‐めり〘連語〙(動詞「ある(有)」の連体形に、推量の助動詞「めり」の付いた「あるめり」の変化した語) あるように見える。あるらしい。あめり。＊蜻蛉(974頃)上・康保元年「わが家とおぼしき所は、ことになんあんめれば」＊源氏(1001‐14頃)浮舟「御心のどかにかしこうもてなしておはしますにこそあんめれ」＊名語記(1275)六「あむめり、なかむめりのめり」

あん-めん【安眠】〘名〙「あんみん(安眠)」に同じ。＊文明本節用集(室町中)「安眠 アンメン」＊通俗酔菩提全伝(1759)二・道済吃肉唱山歌「更に一日も安眠(アンメン〈注〉ヤスラカニネフリ)静坐することなし」辞書文明 表記安眠(文)

あん-めん【暗面】〘名〙①光の当たらない面。また、人の目の及ばない部分。②人、組織などの、隠れた醜悪な面。暗黒面。＊伊太利人(1908)〈寺田寅彦〉「観察の鋭いそしていつも物の暗面を見たがる癖があるので」発音〈標ア〉⓪メ

あんめん-びょうしゃ【暗面描写】(シャ：ベウ)〘名〙社会または人生の暗黒な裏面、ことに醜悪、悲惨な方面に題材を求めて、これを深刻に描写すること。川上眉山、広津柳浪などの小説に関連して用いられた文学論用語。＊新らしい言葉の字引(1918)〈服部嘉香・植原路郎〉「暗面描写〈略〉人生の裏面即ち暗黒面には却て人間の真実を示す事が多いといふ理由から、自然主義の文学は殊にその方面に大分突き進んで行ったのである」

あん-も【餡餅】〘名〙あん餅をいう幼児語。また、転じて、餅をいう幼児語。あも。＊雑俳・柳多留‐一二(1777)「下総はおかべむさしはあんもなり」＊狂歌・徳和歌後万載集(1785)二「蒲団きて昼寐にころり山椒味噌あんも節供は柏餅かな」＊滑稽本・浮世風呂(1809‐13)三・下「坊は聞訳が能(いい)から御褒美をやりませう。餅(アンモ)がよかろ」＊当世書生気質(1885‐86)〈坪内逍遙〉四「坊やおまへは、お昼のおまんまを喰(た)べたのかヱ。(女児)イイヱ。きのふの夕かたに、餅(アンモ)を喰たばかしです」方言❶餡(あん)を中に入れたり、まわりにつけたりした餅(もち)。常陸†064 山梨県(幼児語)456 島根県(幼児語)725 山口市791 ◇あんもお 静岡県磐田郡546 ◇あもち 島根県出雲725 ◇あもつ・あもさん 島根県出雲062 ❷餅。江戸†054 駿河†098 山形県東置賜郡(幼児語)139 茨城県稲敷郡(幼児語)193 栃木県河内郡(幼児語)204 足利市209 群馬県利根郡217 佐波郡242 埼玉県北葛飾郡(幼児語)258 千葉県東葛飾郡(小児語)276 君津郡(小児語)301 神奈川県三浦郡054 新潟県下越387 長野県468 480 491 岐阜県加茂郡509 恵那郡514 静岡県富士郡050 田方郡530 愛知県豊橋市・八名郡549 兵庫県佐用郡047 赤穂郡(幼児語)660 奈良県(うるちともち米を合わせてついたもの)675 島根県那賀郡736 鹿足郡(小児語)739 山口市791 ◇あんもお 静岡県(幼児語)521 京都府620 島根県石見(幼児語)725 739 山口県(小児語)791 796 800 ◇あもさん・あもちゃん 島根県出雲725 ◇あんもちゃ 静岡県浜松市(幼児語)521 ◇あぼ 山形県(幼児語)139 新潟県佐渡(小児語)348 大分県939 944 ◇あんぼ 山形県米沢市(幼児語)050 新潟県中越373 岐阜県恵那郡514 愛知県東加茂郡(幼児語)565 ◇あもち 島根県出雲市(幼児語)725 ◇あぼち 山形県139 ◇あぼぼ 山形県東置賜郡(幼児語)139 ◇あっぽ 飛州(小児語)†094 山形県東置賜郡(幼児語)139 栃木県上都賀郡197 塩谷郡(幼児語)201 福井県432 岐阜県(小児語)050 501 503 ◇あっぽち 茨城県那珂郡・久慈郡188 栃木県198 福井県坂井郡(幼児語)433 ◇あぶ 千葉県山武郡270 市原郡284 新潟県中越373 三島郡374 長野県下水内郡(小児語)470 北安曇郡(小児語)476 大分県939 ◇あぶち 千葉県001 大分県西国東郡(小児語)939 ◇ああぶ 千葉県上総062 ◇あぶう 千葉県安房郡302 ◇あっぷう 新潟県中越373 長岡市376 河内郡(幼児語)204 ❸おはぎ。ぼたもち。◇あっぱあ 栃木県198 ◇あんもお 静岡県520 磐田郡543 ❹穀類の粉をこね、中に餡などを入れてまるめ、焼いたもの。焼きもち。◇あんぼ 新潟県中魚沼郡062 ◇あんぶ 新潟県魚沼・頸城(くず米で作り朝食に食べる)361 ◇あぶ 長野県北部(麦粉やそば粉で作る)469 480 ◇あぶう 群馬県吾妻郡218 ❺団子。◇あっぽ 栃木県198 福井県427 ❻焼き団子。◇あんぼ・あんぶ 新潟県刈羽郡380 ❼菓子。小児語。長野県諏訪468 東筑摩郡480 語源説(1)アンモチヒ(餡餅)の下略〔燕石雑志・大言海〕。(2)アマモチ(甘餅)の意〔俗語考〕。発音アンメンビョーシャ〈標ア〉ビョ

あん-もう【暗盲】(ウ：マ)〘名〙〘形動タリ〙おろかなこと。道理がわからないで無知なこと。＊公議所日誌‐一五・中・明治二年(1869)五月「然れども暗盲の民なれば、心中屈服いたす様、説諭を加へ」方言まぬけ。静岡県520 山口県039 発音〈標ア〉⓪ 辞書言海

あん-もう【暗濛】〘形動タリ〙雨や霧などでうす暗く、物がかすんでいるさま。＊思想の聖殿(1893)〈北村透谷〉「栄光ある天門より暗濛たる深谷に広がれり」

あん-もく【暗黙】〘名〙①目に見えず、耳に聞こえないこと。まったく表面に表われないこと。②だまって何も言わないこと。意志を外に表わさないこと。＊仏和法律字彙(1886)〈藤林忠良・加太邦憲〉「TACITE Anmoku no 暗黙ノ」＊小鳥の巣(1910)〈鈴木三重吉〉上・一三「互にさまざまの暗黙な交渉を引いて、やっと六年ぶりに会ひながら」＊時間(1931)〈横光利一〉「声にこそ出さないだけで暗黙の中に皆が思ってゐるのは明らかであった」＊月は東に(1970‐71)〈安岡章太郎〉五「なぜかすべてが片桐と房江の暗黙の了解のうちに行われているのだ」③男女の交接をいう、盗人仲間の隠語。〔隠語輯覧(1915)〕発音〈標ア〉⓪〈京ア〉⓪

あんもく の うちに(「暗黙裏」の訓読み)(認めた、承知したということを)ことばには表わさないが。＊往還の記(1963‐64)〈竹西寛子〉二六「暗黙のうちに是認している約束に絡んでいるのが文学的伝統だとわたしは思う」

あんもく-り【暗黙裏・暗黙裡】〘名〙暗黙のうち。だまっていて、意志を外に表わさない状態のうち。＊猫又先生(1919)〈南部修太郎〉「みんなは一種の叛逆的な気分の快さに酔はされたやうに暗黙裡に頷いた」＊文学史的空白時代(1928)〈大宅壮一〉三「この事件をそのまま暗黙裡に葬ってしまふべきであらうか」発音〈標ア〉モ

あん-もじ【案文字】〘名〙(「案ずる」の「案」に女房

詞で常用の語「もじ」をそえた文字ことば）心配。＊談義本・根無草（1763–69）前・三「龍王様の御案（アン）もじが御笑止さに、姫ごぜの身で大胆ながら、わっちが思案を申し上げます」

あん-もち【餡餅】〘名〙 あんを中に入れた餅。また、あんで包んだ餅。あんころ餅。あんぴん。＊今井宗久茶湯日記抜書‐天文二三年（1554）正月二八日「菓子 白あんもち 牛房、にしめて」＊日葡辞書（1603–04）「An-mochi（アンモチ）〈訳〉砂糖のようなものを入れた、あるいは入れない、粉にしたつぶの入った餅」＊俳諧・談林十百韻（1675）下「ふいごより雲に嵐の音す也〈正友〉あん餅をうるかつらきの山〈一朝〉」＊浄瑠璃・淀鯉出世滝徳（1709頃）上「のどにつまりしあんもちのあんに相違の顔付なり」＊随筆・守貞漫稿（1837–53）二八「餡餅 今世二種あり。一種は餅を皮とし、小豆餡に砂糖を加へ肉としたる也。一種は餅を中に餡を以て包みたるものあり。俗に餡ころ餅と云也。餡衣もちの略なるべく、餡餅は餅を皮餡を中に包むを本とするなるべし。今江戸の俗は是を餅菓子と云、外面を餡包にするを餡餅と云。二種ともに精粗種々無レ限也」 発音 〈なまり〉アンボ〔岐阜〕アンモ・アンモー〔鳥取〕〈標ア〉ア 〈京ア〉ン 辞書 日葡・ヘボン・言海 表記 餡餅（へ・言）

アンモナイト〘名〙（英 ammonite）絶滅した化石軟体動物の一つ。頭足類に属する。オウムガイに近縁で、その種類は多い。日本では、菊石、南瓜石（かぼちゃいし）などと呼ばれてきた。アンモン貝。 発音 〈標ア〉ナ

アンモニア【安母尼亜】〘名〙（英 ammonia）《アムモニア・アンモニヤ》①窒素と水素の化合物。分子式 NH_3 刺激臭のある無色の気体で、容易に液化する。また、水に溶けやすく、アンモニア水となる。化学工業の原料として重要であるが、このほか、液化しやすい性質を利用して冷凍用の冷媒としても用いられる。アンモニアガス。＊舎密開宗（1837–47）内・三・五九「諳模尼亜（アムモニア）の本相は瓦斯なり」＊経済小学家政要旨（1876）〈永峰秀樹訳〉五「『フラネル』類の洗濯には微温湯を用ゐ〈略〉石鹸を用ゐるあらば透明石鹸か又は『アムモニア』を用ふべし」＊米欧回覧実記（1877）〈久米邦武〉二一・四〇「安摩尼（アンモニヤ）とは、滷沙（どうしゃ）類を云」＊福翁自伝（1899）〈福沢諭吉〉緒方の塾風「薬店（くすりや）にある品物でない其暗謨尼亜（アンモニア）を造るには如何（どう）するかと云へば」＊若い人（1933–37）〈石坂洋次郎〉上・二五「途中で便所に立って、アンモニアの臭ひを嗅ぐと」②「アンモニアすい（―水）」に同じ。＊風俗画報‐二一九号（1900）遊芸門「尚ほ精しく此風の進行を知らんとするには。数滴の格魯爾水素酸と安母尼亜とを入れたる灌腸器を以て風を出すときは。其薬品の作用に依り」＊思ひ出（1933）〈太宰治〉三「アンモニアの瓶（びん）を帳場の薬棚から捜してやった」 発音 〈なまり〉アマンニャ〔福井〕〈標ア〉0 〈京ア〉0

アンモニア-ガス【―瓦斯】〘名〙（英 ammonia gas）「アンモニア①」に同じ。＊風俗画報‐二七五号（1903）冷蔵庫「此中に三百五十封度（ポンド）のアンモニヤ瓦斯（ガス）を満し」＊中外商業新報‐明治四〇年（1907）一月二七日「欧米最新のアンモニヤ瓦斯圧搾冷蔵装置を為し、北海道、樺太、朝鮮及西比利亜沿岸に於て遠洋漁獲の鮮魚を買入れ」 発音 〈標ア〉ガ

アンモニア-かせいさよう【―化成作用】〘名〙 自然界の窒素の循環において、動植物の遺体または排出物などの有機窒素化合物が、土壌中の微生物によって分解され、アンモニアに変化することをいう。アンモニア生成作用。 発音 アンモニアカセイサヨー〈標ア〉サ

アンモニア-ごうせいほう【―合成法】〘名〙 アンモニアの工業的製法。窒素と水素とから高圧触媒反応により直接合成する。一九〇七年、ドイツのハーバーが合成法の基礎を確立し、一三年、ボッシュが工業規模での生産に成功。ハーバー＝ボッシュ法。 発音 アンモニアゴーセイホー〈標ア〉0 セ

アンモニア-すい【―水】〘名〙 アンモニアの水溶液。沈澱剤、pH緩衝剤などの試薬、興奮剤、中和剤、局所刺激剤などの医薬品、合成樹脂・合成繊維の縮合剤などに広く用いられる。アンモニア液。＊薬品名彙（1873）〈伊藤謙〉「Aqua ammoniae 安謨尼亜水即磠砂精」 発音 〈標ア〉ア2

アンモニア-ソーダ-ほう【―法】〘名〙 炭酸ソーダの工業的製造法。食塩水にアンモニアと炭酸ガスを作用させて重炭酸ソーダを生じさせ、これを焼いて炭酸ソーダを得る。一八六六年、ベルギーのソルベーが創始。ソルベー法。 発音 アンモニアソーダホー〈標ア〉0 ダ

アンモニウム〘名〙（ラテン ammonium）《アンモニューム》正一価の基 NH_4 をいう。一般にアンモニウム塩、または、その水溶液中にアンモニウムイオンとして存在する。アルカリ金属イオンに似た性質を示す。＊舶来語便覧（1912）〈棚橋一郎・鈴木誠一〉「アンモニウム 安母紐謨 Ammonium（英）窒素及水素より成る一価根にして一価の金属根と同じく種々の酸根と化合して塩類を生ず」 発音 〈標ア〉ニ《ニュ》

あんもら【菴没羅】〘名〙（梵 āmura）「あんまらか（菴摩羅果）」に同じ。

あんもら-か【菴没羅果】〘名〙「あんまらか（菴摩羅果）」に同じ。＊浄瑠璃・平家女護島（1719）一「五十余級の衆徒（しゅと）の首、光明に照されて累々と連（つら）なりしは、梢に実（み）のる仏前の按謨羅菓（アンモラクヮ）共謂（い）つつべく」

あん-もん【案文】〘名〙①文書（もんじょ）の草案。草稿。下書（したがき）。土代（どだい）。＊続日本紀‐養老六年（722）七月己卯「比来僧綱等、既罕二都座一、縦恣横行、既難二平理一、彼此往還、空延二時日一、尺牘案文、未レ経二決断一」＊延喜式（927）一一・太政官「凡史生已上解任遷替与二解由一者、先修二案文一、少納言外記尽二署名一」＊沙汰未練書（14C初）「一御下知被レ成事。以二評定落去事書一、奉行書二御下知案文一、引付披露」＊日葡辞書（1603–04）「Ammon（アンモン）〈訳〉手紙の下書き、つまり最初の草案」＊和英語林集成（初版）（1867）「Ammon アンモン 案文」②文書の写し。原本（正文＝しょうもん）の複本。謄本。ひかえ。案本。↔正文。＊権記‐長保六年（1004）二月一四日「如レ此文書往代以二正文一為二国料一以二案文一為二寺料一」＊御堂関白記‐長和五年（1016）七月一〇日「源中納言行二内印事一、以二外記伴信道一、内案示見給由、留二案文一」＊中右記‐長治二年（1105）三月四日「件起請者故源右府書レ之、被レ納二平等院経蔵一、案文今日奏覧」＊親元日記‐寛正六年（1465）四月三日「貞雄親元両人に被レ下レ之。御自筆之御書一通〈正文〉武庫江直に進置之。両人は案文を写給早」③中世訴訟法で、訴状・陳状に添えて提出した、正文の写し。結審後、奉行が裏判を加えると正文と同じ効力を有した。具書。具書案。＊粉川寺文書‐永仁五年（1297）九月五日・学頭権律師仙実状（紀伊続風土記三）「奉行校正、令レ封二案文裏一之上者、可レ為二正案一之条、不レ可レ有二異論一」＊沙汰未練書（14C初）「一問答事。先以二件訴陳具書等案文一、廻二其手頭人一、衆中能々可二訓釈一也」④「あんぶん（案文）」に同じ。＊御伽草子・法妙童子（室町時代物語集所収）（室町末）「さらば、かきてまいらせん、あんもんは何と、かき申べきぞと、とひ給へば」＊談義本・八景聞取法問（1754）五・頓智乃伴頭「普請方の役人が、出家と唐人なれば、証文の案文がちんぷんかんでしれませず」＊雑俳・柳多留‐二一（1786）「とんだあんもんをそばから無筆いひ」＊歌舞伎・処女評判善悪鏡（白浪五人女）（1865）三幕「はて年は行かねど書く物はわしより遙かに勝ったれば、案文（アンモン）をして書いてくりゃ」⑤あれこれと、くふうすること。＊西洋道中膝栗毛（1874–76）〈総生寛〉一三・上「蒸気の工夫を仕出したワットといふ人の生れた所ださうだが、あの位（くれ）へ奇妙な案文（アンモン）〈案文とは、思案工夫といふことの心得にていふなるべし〉を考へる者さへあるのに」 発音 〈標ア〉0 辞書 饅頭・易林・日葡・書言・ヘボン・言海 表記 案文（饅・易・書・へ・言）

あん-もん【案問・按問】〘名〙 調べ問いただすこと。審問。吟味。＊日本外史（1827）四・源氏後記「高時遣レ兵、収二致資朝、俊基一、案二問之一」＊史記‐秦始皇紀「於レ是使三御史悉案二問諸生一」

あんもん〘名〙 調達することをいう、闇屋仲間の隠語。〔隠語全集（1952）〕

アンモン-がい【―貝】〘名〙「アンモナイト」に同じ。 発音 アンモンガイ〈標ア〉三

あん-もんじょ【案文書】〘名〙「あんもん（案文）②」に同じ。＊高野山文書‐応永二〇年（1413）六月一二日・勧学院護摩所田諸衆免状案（大日本古文書三・五六二）「依レ為二連券一、正文留二勧学院院家一、案文書副進者也」

アンモン-じん【―人】（英 Ammonites）紀元前二〇〇〇年期末、北西セム系民族の一部によってヨルダン川東岸に形成された王国の住民。古代イスラエルと抗争、和平を繰り返しつつ、紀元前一〇〇〇年期中頃まで続いた。 発音 〈標ア〉モ

あん-や【庵屋】〘名〙「あんしつ（庵室）」に同じ。＊浄瑠璃・京今宮御本地（1678頃）五「この所にあんやをむすび、日を暮し候」

あん-や【暗夜・闇夜】〘名〙①暗い夜。やみ夜。また、暗い夜のように、不安で先の見えない世情をいう。＊今昔（1120頃か）四・三二「実（まこと）に年来（としごろ）勅命を不蒙（かうぶら）ず、暗夜に向へるが如し」＊台記‐久安七年（1151）正月二一日「内大臣送レ書曰、今日大饗、入レ夜拝礼、如二暗夜錦一」＊太平記（14C後）六・楠出張天王寺事「ありとある所の山山浦浦に、篝を焼かぬ所は無かりけり。〈略〉東西南北四維上下に充満して、闇夜（アンヤ）に昼を易へたり」＊日葡辞書（1603–04）「Anya（アンヤ）。ヤミノ ヨ〈訳〉暗い夜」＊江戸繁昌記（1832–36）五・千住「却て是他暗夜に貨を乞ふ。若し我が白日食を乞ふに孰」＊宋書‐謝景仁「景仁弟純〈略〉兵敗衆散、時已暗夜」②困ったこと。どうしようもないこと。＊小右記‐長和三年（1014）四月二一日「別当年歯極若、又無二才智一、暗夜暗夜又暗夜也」 発音 〈標ア〉ア 〈京ア〉ア 辞書 易林・日葡・ヘボン・言海 表記 闇夜（易・へ）暗夜（言）

あんや に 灯（ともしび）＝を失（うしな）う［＝消（き）ゆ］ これからどうしたらよいか途方に暮れる様子。頼りにしていたものを無くして困るさまのたとえ。＊太平記（14C後）二一・先帝崩御事「暗夜（アンヤ）に燈（トボシビ）消（キヘ）て、五更の雨に向が如し」＊浮世草子・御前義経記（1700）二「何（いづれ）も暗夜（アンヤ）にとぼし火（ビ）きえたるごとく、途方なくなく御死骸を」＊浄瑠璃・山城国畜生塚（1763）一「大領現世（このよ）を去給へば暗夜（アンヤ）に燈火（トモシビ）失ふ時節」＊滑稽本・俄じゃ俄じゃ（1780）「梅幸退座の後は、闇夜（アンヤ）に燈（トモシビ）を失ひ、鳶に油上げをさらわれし贔負（ひいき）の思ひ」

あんや に 灯（ともしび）を得（え）る 暗夜にともしびを得たように、絶望的な状況で救いを見出だしたたとえ。また、ひどく困っているときにほしい物に巡り合ったたとえ。やみ夜にともしびを得たよう。＊雪たゝき（1939）〈幸田露伴〉上「活路を死中に示され、暗夜（アンヤ）に燈火（トウクヮ）を得たが如く、急に涙の顔を挙げて」

あんや の 礫（つぶて）（やみ夜に飛んでくる小石の意から）①不意に加えられる襲撃。防ぎようがなく恐ろしいことのたとえ。②あたるかあたらないかおぼつかないこと、あたらないこと、ききめのないこと、めあてのつかないことのたとえ。

あんや の 灯(ともしび) ひどく困っているときに切望しているものにめぐりあうことのたとえ。やみ夜の灯火。*大観本謡曲・高野物狂(1423頃)「それ受け難き人身を受け、逢ひ難き如来の教法に逢ふ事、闇夜(あんにゃ)の燈火(ともしび)、渡りの船待ち得たる心地して」

あん-やき【餡焼】〘名〙菓子の一種。①あんのまわりに皮をつけて焼いたものか。*俳諧・東日記(1681)乾・秋「あんやきの鶉鳴くなる浅草や〈仙半風〉」*浮世草子・俗つれづれ(1695)五・一「是が女房は御夢想のあんやきして面面過(すぎ)けふを暮せしが」②摂津国(大阪府)十三(じゅうそう)の名物の焼き餅。米の粉で製した団子の皮であんを包み、平たい丸形にして両面に焼き目をつけたもの。十三の焼き餅。

あん-やく【暗躍】〘名〙人に知られないように、ひそかに策動すること。暗中飛躍。*真理の春(1930)〈細田民樹〉森井コンツェルン・二一「内閣の更迭によって却て幸運を恵まれた大浦財閥と、その影武者の予備軍人の熱心な暗躍(アンヤク)は」*家族会議(1935)〈横光利一〉「春子の暗躍を当然のこととしなければならぬ弱味を、彼も十分に持ってゐるのである」 発音〈標ア〉[0]〈京ア〉[0]

あんやこうろ【暗夜行路】(アンヤカウロ) 長編小説。志賀直哉作。大正一〇年(一九二一)から昭和一二年(一九三七)まで断続的に発表。前編は、主人公時任(ときとう)謙作が、母と祖父の不義の子であることを知るまでの青春期の不安と動揺を、後編は、主人公が妻の過失に悩み、それを克服していく過程を描く。発音 アンヤコーロ〈標ア〉[コ]〈京ア〉[コ]

あんや-しん【闇夜神】〘名〙暗闇を支配する神。*右記(1192)「黒夜面道往還之時必可レ持レ燈。為二闇夜神一被レ侵事有二先聞一」 発音〈標ア〉[ヤ]

あんやつ-どん【彼奴―】〘代名〙方言 他称。あの人たち。彼ら。千葉県山武郡270 福岡県山門郡(卑称)872
◇**あんやっどん・あんわろどん** 鹿児島県961

あん-ゆ【暗喩】〘名〙修辞法の一種。事物をたとえていう場合に「…のようだ」「…の如し」「…に似たり」などの語を使わないで、直接にたとえるものと、たとえられるものを結びつける比喩法。「海山の恩」「花の顔(かんばせ)」「顔に波をたたむ」などの類。隠喩(いんゆ)。*新しき用語の泉(1921)〈小林花眠〉「暗喩 比喩法の一。事理を比喩・説明するに、『如し』『似たり』等を用ひずして、直接其の物と断定するもの」*堕落(1965)〈高橋和巳〉一・四「理論を失った人間は逸話と暗喩に生きる」 発音〈標ア〉[ア][0]

あん-ゆ【暗論】〘名〙それとなくさとすこと。*彼日氏教授論(1876)〈ファン=カステール訳〉六・三「教師は特に暗論するを以て可なりとす」 発音〈標ア〉[ア][0]

あんゆう【安邑】(アンイフ) 中国山西省南部運城にある旧都。禹王のとき都を置いたといわれ、南は黄河に接する塩の産地。*韓愈−殿中少監馬君墓誌「王問而憐レ之、因得レ見二於安邑里第一」

あんよ〘名〙①(―する)歩くことをいう幼児語。*俳諧・類柑子(1707)上・ひなひく鳥「千里の浜、八百日行道しるべせんとて、あんよあんよと、はやしもていざなはれ行」*滑稽本・浮世風呂(1809−13)前・上「坊はちゃんにおんぶ、兄(にい)さんは、あんよ(歩行)」*童謡・木馬(1932)〈サトウ・ハチロー〉「あんよが出来ずに」②足をいう幼児語。*読本・夢想兵衛胡蝶物語(1810)前・少年国「手をててといひ、足をあんよといひ」*落語・夢路の風(1899)〈三代目春風亭小柳枝〉「子供衆が学校の帰りにお草紙を足(アンヨ)で蹴返したり」*童謡・めえめえ児山羊(1921)〈藤森秀夫〉「あたりゃあんよが、ああ痛い」 語源説 アヨビの音便下略〔俚言集覧・大言海〕。 発音〈なまり〉アイヤ〔福井大飯・伊賀・徳島・大分〕アイヨ〔富山礪波・福井大飯・岐阜〕アンヤ〔飛騨〕ヨンヨ〔島根〕〈標ア〉[ア]〈京ア〉[ア]

あんよ は 上手(じょうず) 幼児がよちよち歩きする時に、そばにいる者がはげましていうことば。あとに「転ぶはお下手(へた)」とつづけていう。*浄瑠璃・荒御霊新田神徳(1779)二「あんよは上手(ジャウズ)転ぶはお下手」*雑俳・柳多留−四三(1808)「真中にあんよは上手ぶら下り」*葛飾砂子(1900)〈泉鏡花〉一一「七兵衛は孫をつかまへて歩行(アンヨ)は上手の格で力をつける」

あんよう【安陽】(アンヤウ) 中国、河南省北部の都市名および県名。京広鉄路に沿う商工業地。市の西北郊の小屯(しょうとん)には殷代の都の遺跡として名高い殷墟がある。アンヤン。発音 アンヨー〈標ア〉[ア]

あん-よう【安養】(アンヤウ)〘名〙①(―する)心を安らかにして身を養うこと。あんにょう。*雑談集(1305)七・法華事「安養知足の往生を説く」*空華日用工夫略集−永和四年(1378)一〇月七日「永明禅師一日作二一百件事一。安養其一也」*教育学(1882)〈伊沢修二〉三・三・上「運動の影響は神経系統に及ぼし精神を安養す。神経系統は、所謂精神の舎る所にして、其安養は最も忽にす可からざるものなり」②(梵 sukhāvatī の訳)「あんようこく(安養国)」に同じ。あんにょう。*霊異記(810−824)中・二「恵命(えみょう)を祈ひ、心に安養の期を尅(のぞ)み、是の世間を解脱(げだち)す」*唯信鈔文意(1257)「『極楽』とまうすはかの安楽浄土なり。よろづのたのしみつねにしてくるしみまじはらざるなり。かのくにをば安養といへり」*無量寿経−下「諸仏告二菩薩一、令レ観二安養仏一」 発音 アンヨー〈標ア〉[0] 辞書 易林 表記 安養(易)

あん-よう【暗用】〘名〙こっそりと使用すること。*随筆・孔雀楼筆記(1768)二「須磨の巻に落月屋梁の句を暗用(アンよう)するなどは、かの人にしてはものかずならず」

あん-よう【暗庸】〘形動〙(「暗愚凡庸(あんぐぼんよう)」の略か) ものの道理がわからず、すぐれたところのないこと。また、そのさま。*百一新論(1874)〈西周〉下「時の暗庸な君より遥かに上に出たる故に」

あんよう-おうじょう【安養往生】(アンヤウワウジャウ)〘名〙(「あんにょうおうじょう」とも) 仏語。阿彌陀仏の浄土である安養国に生まれること。*妙好人伝(1842−52)初・下・河州利右衛門娘「五障三従のものを安養往生(アンニャウワウジャウ)の業を成(じゃう)ぜしめ給ふ」 発音 アンヨーオージョー〈標ア〉[オ]

あんよう-かい【安養界】(アンヤウ…)〘名〙「あんようこく(安養国)」に同じ。*教行信証(1224)二「一生造レ悪値二弘誓一、至二安養界一証二妙果一」*口伝鈔(1331)下「生死(しゃうじ)界のすみはつべからざることはりをのべて、つぎに安養界の常住なるありさまをときて」*虎寛本狂言・地蔵舞(室町末−近世初)「地蔵の住所(すむところ)は、迦羅陀山(からたせん)に安養界」*日葡辞書(1603−04)「Anyǒcai(アンヤウカイ)。すなわち、ゴクラク〈訳〉アミダの天国」 発音 アンヨーカイ〈標ア〉[ヨ] 辞書 日葡

あんよう-きょうしゅ【安養教主】(アンヤウケウシュ)〘名〙仏語。阿彌陀仏のこと。*平家(13C前)三・燈爐之沙汰「南無安養教主彌陀善逝(ぜんぜい)、三界六道の衆生を普く済度し給へ」

あんよう-こく【安養国】(アンヤウ…)〘名〙(梵 sukhāvatī の訳) 仏語。極楽浄土のこと。安楽国。安養界。*細流抄(1525−34)九「ねがひ侍る所に 安養国なり」*無量寿経−下「恭敬歓喜去、還到二安養国一」 発音 アンヨーコク〈標ア〉[ヨ]

あんよう-じょうせつ【安養浄刹】(アンヤウジヤウセツ)〘名〙(「浄刹」は浄土の意)「あんようこく(安養国)」に同じ。*源氏物語表白(1166頃)「転法輪の縁として、是をもてあそばん人を、安養浄刹に迎へ給へとなり」*曾我物語(南北朝頃)七・三井寺大師の事「正念に住して、あんやうじゃうせつに迎へ取り給へ」

あんよう-じょうど【安養浄土】(アンヤウジャウド)〘名〙「あんようこく(安養国)」に同じ。*今昔(1120頃か)一五・四九「南无(なも)西方日想安養浄土彌陀仏、と唱ふ」*御伽草子・鶴の草紙(有朋堂文庫所収)(室町末)「只一念の功力(くりき)にて、安養浄土(アンヤウジャウド)の営みには、仏の名号に若くはなしとて」*一遍上人語録(1763)上・別願和讃「仏の後にしたがひて、須臾の間を経る程に、安養浄土に往生す」 発音 アンヨージョード〈標ア〉[ジョ]

あんよう-せかい【安養世界】(アンヤウ…)〘名〙①「あんようこく(安養国)」に同じ。*発心集(1216頃か)五・貧男好差図事「ねがはば必ず得つべき安養世界(アンヤウセカイ)の快楽不退なる宮殿楼閣を望めかし」*海人刈藻物語(1271頃)四「只今折を得てあんやうせかいへ迎へられ奉るなり」*書言字考節用集(1717)二「安養世界 アンヤウセカイ又云、安楽国、極楽の一称」*俳諧・我春集(1811)「いつの日、むしろ二枚も我家といひて、人に一飯ほどこさるる身となりなば、是則安養世界なるべし」②転じて、近世では遊里をいう。*浄瑠璃・傾城反魂香(1708頃)三熊野「さすが所も極楽をねがへとつぐる撞木(しもく)町、安養せかいの夜みせには、ともすべきともし火なく」 発音〈標ア〉[セ] 辞書 書言 表記 安養世界(書)

あんよう-ほうこく【安養宝国】(アンヤウ…)〘名〙(「宝国」は宝樹、宝池などで飾られた国の意)「あんようこく(安養国)」に同じ。*浄瑠璃・賀古教信七墓廻(1714頃)桜祭文「さながら安養宝国に生れつべしと、頼もしく」

あんら【菴羅】〘名〙「あんまら(菴摩羅)」に同じ。*観智院本三宝絵(984)上「菴羅乃花は滋けれども菓子を結ぶは希なり」*大鏡(12C前)一・後一条「あんらといふ植木あれど、果を結ぶこと難し」*玄応音義−八「菴羅或言二菴婆羅一、果名也。案此花多、而結レ子甚少矣。果形似レ梨。旧訳云レ柰、応レ誤也。正言二菴没羅一」 発音〈標ア〉[ア]

あんら-おん【菴羅園】(…ヲン) 菴没羅園(あんもらおん=菴没羅女の園の意)の略。中インドの毘舎離国(びしゃりこく)にあった庭園。菴没羅女が仏に施与した。*雑蔵経「舎利弗、夏盛熱時、遊行至二菴羅園中一」 発音〈標ア〉[ラ]

あんら-か【菴羅果】(…クヮ)〘名〙「あんまらか(菴摩羅果)」に同じ。*私聚百因縁集(1257)四・五「手中の菴羅果の如し」*本草綱目−果部・菴羅果・集解「時珍曰、按一統志云菴羅果俗名香蓋、乃果中極品、種出二西域一、亦奈之類也」 辞書 言海 表記 安蘭花(言)

あん-らく【安楽】〘名〙①(形動)(まれに「として」の付くこともある) 心身に苦痛がなく、穏やかで楽なこと。満ちたりて心が平和なこと。また、そのさま。*続日本紀−養老五年(721)三月癸丑「思二欲家々貯積、人々安楽一」*宇治拾遺(1221頃)六・三「けふ人なき所に一人ゐて、物をくひ、酒をのむ、安楽なること、毘沙門、帝釈にもまさりたり」*曾我物語(南北朝頃)一二・少将法門の事「紅蓮大紅蓮の氷に入り給ふとも、解脱の袂は安楽として、済度利生し給ふべし」*日葡辞書(1603−04)「Anracuni(アンラクニ) クラス」*浮世草子・世間胸算用(1692)四・四「其身は都に安楽(アンラク)にして、しかも物見、花見、女郎狂ひも相応にして」*孟子−告子・下「然後、知下生二於憂患一、而死中於安楽上也」②(―する)心身の苦痛をのぞき、楽にすること。*今昔(1120頃か)一・一七「君、仏に成給ふ事は慈悲に依て衆生を安楽せしめむと也」③安逸に快楽にふけること。*彝倫抄(1640)「五倫の一つを安楽(アンラク)栄耀のもてあそびものとしたまふゆへに、皆あしくほろび玉へり」④(梵 sukhāvatī の訳語)「あんらくこく(安楽国)」に同じ。*教行信証(1224)六「娑婆化主、因二其請一故即広開二浄土之要門一、安楽能人顕二彰別意

之弘願一」＊破邪顕正抄(1324)上「安楽の能仁はねんごろにきたれとをしへ、娑婆の化主はしゐてゆけとすすめたまへり」＊無量寿経‐上「其仏世界名曰二安楽一」 語誌 ④の仏教語としての元来の意味は、極楽浄土と同義で、苦痛や不安がない穏やかな境地を指すが、仏教に関わりのない文脈では、俗世間における苦しみの少ない奢侈な生活を指す場合もある。 発音〈標ア〉ア 0 〈京ア〉ラ 辞書 文明・饅頭・易林・日葡・書言・ヘボン・言海 表記 安楽（文・饅・易・書・へ・言）

あんらく‐あん【安楽庵】 一 京都誓願寺の茶室の名。開祖、安楽庵策伝は江戸初期の仮名草子作者、茶人として有名だが、庵号をもって雅号とした。 二『名』安楽庵一に伝わった袈裟裂（けさぎれ）およびそれに類する古金襴（きんらん）。策伝の好みによる命名。名物裂として、茶器の袋などに珍重された。中国から渡来の物は、古くは南宋時代、新しくは明代のものである。地色はさまざまで、雲形または菱紋の上に、牡丹、唐草などの模様がある。あんらくあんのきれ。あんらくあんきんらん。＊洒落本・通言総籬(1787)「風帯（ふうたい）一文字はあんらくあんさ」 発音〈標ア〉ク

あんらくあん の 裂（きれ） 「あんらくあん（安楽庵）二」に同じ。＊随筆・近世奇跡考(1804)二「安楽庵策伝〈略〉此人、茶道において名高し〈略〉世に称する所の、安楽庵の裂（きれ）は、此人より出ぬ」

あんらくあん の 袋（ふくろ） 安楽庵の裂（きれ）で作った茶器の袋。＊浮世草子・好色敗毒散(1703)一・二「挙句（あげく）のはてに、皃と首筋と安楽庵（アンラクアン）の袋（フクロ）見るやうに、片身（かたみ）がはりなるも見ぐるし」

あんらくあん‐きんらん【安楽庵金襴】『名』「あんらくあん（安楽庵）二」に同じ。＊随筆・雅遊漫録(1755)四「安楽庵金襴　地いろ品々、〈略〉地組大襴地を上々の糸にてよみこめたるもの也。世に是を庵地といふ」

あんらくあん‐さくでん【安楽庵策伝】 江戸初期の僧、文人、茶人。美濃国の人と伝える。六〇歳にして京都誓願寺法主となり、退任後境内に竹林院を創設。茶室安楽庵を営む。笑話集「醒睡笑」を著わす。天文二三～寛永一九年（一五五四～一六四二）

あんらくあん‐りゅう【安楽庵流】『名』茶道の流派の一つ。安楽庵策伝を祖とし、江戸時代、伊勢地方に行なわれた。 発音 アンラクアンリュー〈標ア〉0

あんらく‐いす【安楽椅子】『名』（英 easy chair の訳語）坐る面と背もたれが傾斜した休息用の椅子。頭もたれのあるものや、底を弓なりに作り、前後にゆり動かせるロッキングチェアなどがある。イージーチェア。＊八公子(1890‐92)〈若松賤子訳〉前編・一「老紳士が安楽椅子（アンラクイス）に腰をかけてゐて」＊不如帰(1898‐99)〈徳富蘆花〉上・五「夫人繁子はやがて居間の安楽椅子（アンラクイス）に腰かけて」＊三四郎(1908)〈夏目漱石〉一〇「傍に置いた安楽椅子（アンラクイス）へ落ちる様にとんと腰を卸（おろ）した」 発音〈標ア〉ク〈京ア〉ク

あんらく‐えん【安楽塩】 雅楽。沙陀調（さたちょう）一五曲の一つの古楽に属し、多く、法会（ほうえ）の時などに行なわれ、舞を伴わない。＊二十巻本和名抄(934頃)四「沙陀調曲　安楽塩〈安出時音声〉」＊教訓抄(1233)六「安楽塩（アンラクエム）　拍子十二　此楽くはしく申たる者なし。近来法用之持用　忠拍子とともにあり加二拍子一時打三度拍子　又沙陀調（さたのてう）曲云」＊楽家録(1690)二八・中華曲「沙陀調〈略〉安楽塩　阿牟羅具江牟」 発音〈標ア〉ク

あんらく‐か【安楽窩】『名』①禅宗で老僧が休養するために寺中に設けられた寮舎。＊空華日用工夫略集‐嘉慶二年(1388)三月二八日「侍僧報二龕漆既枯一。師曰、為レ我将来。看。僧舁レ龕来置二師前一。師看レ之忻然笑曰、是乃吾家安楽窩也」②博打宿（ばくちやど）。博徒の住居。〔俚言集覧(1797頃)〕 発音〈標ア〉ク

あんらく‐かい【安楽界】『名』「あんらくこく（安楽国）」に同じ。＊本朝文粋(1060頃)一四・為重明親王家室四十九日願文〈大江朝綱〉「仰願功徳池上、結二妙果於開示之蓮一。安楽界中、攀二覚花於彌陀之樹一」 発音〈標ア〉クラ

あんらく‐きょう【安楽境】『名』苦しみがなく、平和に穏やかでいられる場所。また、そのような境地。＊蓼喰ふ虫(1928‐29)〈谷崎潤一郎〉一二「わざわざ淡路まで古い人形を捜しに来る老人の生活におのづからなる安楽境のあることが感ぜられて」 発音 アンラクキョー〈標ア〉0

あんらく‐ぎょう【安楽行】『名』（梵 sukha-vihāra の意訳）仏語。安楽を得る行為。特に、悪世に法華経を広めようとする菩薩が身心に心がける四種の行為をさす。身安楽行、口安楽行、意安楽行、誓願安楽行の四。＊法華義疏(7C前)安楽行品「皆能離レ危得レ安。遠感二楽果一。故通称二安楽行一也」＊顕戒論(820)「独此妙因妙果。称二安楽行一」＊正法眼蔵(1231‐53)洗面「法華会上にして、四安楽行の行人のためにときます」

あんらく‐こく【安楽国】『名』（梵 sukhāvatī の訳語）極楽浄土のこと。安楽国土。安楽界。安養国。＊往生要集(984‐985)大文二「願共二諸衆生一往二生安楽国一」＊栄花(1028‐92頃)玉のうてな「稽首天人所恭敬、阿彌陀仏両足尊、在彼微妙安楽国」＊謡曲・実盛(1430頃)「さればこの身ながら、安楽国に生まるるかと、無比の歓喜をなすところに」＊滑稽本・大千世界楽屋探(1817)口絵「いっさいしゅじゅかけとりにほどこしたいと思ふぼだいしんはあれど、おてらがわうじゃうなんまみだぶつ、チトあんらくこくにはむつかしうござるて」 発音〈標ア〉ク ラ 辞書 日葡

あんらく‐こくど【安楽国土】『名』「あんらくこく（安楽国）」に同じ。＊文明論之概略(1875)〈福沢諭吉〉一・三「安楽国土の真境を摸し出したるが如くなる可き筈なるに」＊往生論註‐下「彼安楽国土莫レ非二是阿彌陀如来正覚浄花之所一化生一」

あんらく‐し【安楽死】『名』助かる見込みのない病人や怪我人を、薬物を投与したり、施療を断ったりして、楽に死なせること。また、その死。尊厳死。＊第2ブラリひょうたん(1950)〈高田保〉権威「『安楽死』の事件がいま法廷で問題にされている。鷗外はこの問題を短編『高瀬舟』の中で扱っている」＊千鳥(1959)〈田中千禾夫〉一幕「斬らば一尖、痛い目は見せぬ。安楽死じゃ」 発音〈標ア〉クラ〈京ア〉ク

あんらく‐じ【安楽寺】 長野県上田市別所温泉にある曹洞宗の寺。山号は崇福山（万福山とも）。天長年間（八二四～八三四）円仁の建立と伝えられる。樵谷惟仙（僊）が中興。国宝の八角三重塔がある。別所観音。 発音〈標ア〉0 ジ

あんらくじゅ‐いん【安楽寿院】 京都市伏見区竹田内畑町にある真言宗智山派の寺。保延三年（一一三七）鳥羽法皇の離宮を寺にしたもので、のち遺骨を葬る。本尊は胸に卍（まんじ）文をもつ阿彌陀如来坐像（国重要文化財）。成菩提院（じょうぼだいいん）。 発音〈標ア〉ジュ

あんらく‐しゅう【安楽集】 二巻。中国の道綽（どうしゃく）の著。観無量寿経に立って、聖道門と浄土門の区別を説いた最初のもので、末法における時機相応の念仏を強調したもの。

あんらく‐じょうど【安楽浄土】『名』「あんらくこく（安楽国）」に同じ。＊唯信鈔文意(1257)「極楽とまうすはかの安楽浄土なり」 発音 アンラクジョード〈標ア〉ジョ〈京ア〉ジョ

あんらく‐せかい【安楽世界】『名』「あんらくこく（安楽国）」に同じ。＊曾我物語（南北朝頃）二・奈良の勤操僧正の事「七日の聴聞によって、安楽世界にむまれ候ひなんうれしさよ」＊光悦本謡曲・田村(1428頃)「実にや安楽世界より、今此娑婆に示現して、われらがための観世音仰ぐもおろかなるべしや」＊浄瑠璃・蘆屋道満大内鑑(1734)三「今こそうれしい隠居の宿がへ、安楽（アンラク）せかいでたのしまん」＊法華経‐薬王品「於レ此命終。即往二安楽世界阿彌陀仏大菩薩衆囲繞住処一。生二蓮華中宝座之上一」 発音〈標ア〉セ

あんらく‐たいへいらく【安楽太平楽】 舞楽の曲名。「おうだいはじんらく（皇帝破陣楽）」の別名。＊楽家録(1690)二八・中華曲「皇帝破陣楽〈略〉一名武徳太平楽又安楽太平楽」＊大日本史(1657‐1906)礼楽一四「今立部伎有二安楽太平楽等八部一、安楽者後周武帝平レ斉所レ作也」 発音 アンラクタイヘイラク〈標ア〉ヘ

あんらくのこえ【安楽音】 俳諧撰集。四冊。似船編。延宝九年（一六八一）刊。似船一派を中心に、延宝六年から八年までの諸家発句と連句五巻を収める。全面的に漢詩文調を試みたところに特色がある。

あんらく‐は【安楽派】『名』「あんらくりつ（安楽律）」に同じ。 発音〈標ア〉コ

あんらく‐りつ【安楽律】『名』天台宗に属し、小乗戒をあわせ修める一派。大乗の梵網（ぼんもう）戒に小乗の四分律（しぶんりつ）を加えたもの。寛文～元禄（一七世紀後半）の頃、妙立（みょうりゅう）およびその弟子霊空の提唱によって起こり、比叡山横川飯室谷（よかわいむろだに）の安楽律院を根本道場とした。安楽派。 発音〈標ア〉ク

あんらくりつ‐いん【安楽律院】 滋賀県大津市坂本、比叡山横川飯室谷（よかわいむろだに）にある律院。延暦寺の別所。永延元年（九八七）叡桓（えいかん）の開基。はじめは安楽院といい、のち天台律宗（兼学派）の総本寺となった。

あんらじ『名』植物「マンゴー」の異名。《季・秋》＊妻木(1904‐06)〈松瀬青々〉秋「あんらじや三田の町の塀の内」 発音〈標ア〉ツ

アン‐ラッキー『形動』（英 unlucky）不運なさま。うまくゆかないさま。 発音〈標ア〉ラ

あんらん【安蘭】『名』植物「かりん（榠樝）」の異名か。＊和訓栞(1777‐1862)「あんらん　菴羅果をいふ　大和塔ノ峰の廟側に一株あり　五台山の種といひ伝へり。皮片々自らへげ落て其痕五色班爛たり　三月に花さく五出粉紅秋に至り実熟す　凡て榠樝の類也　実の形は梨子の如し」

あん‐り【安利】『名』利子の安いこと。低利。＊会社弁(1871)〈福地桜痴〉貸付会社「貸人は安利なれども自から催促すべき労なく」 発音〈標ア〉ア

あん‐り【行李】『名』（「あん」は「行」の唐宋音）①旅の荷物。また、それを入れる物。こうり。＊運歩色葉(1548)「行李　アンリ」＊韓愈‐送石洪士序「宵則沐浴、戒二行李一、載二書冊一」②「あんり（行履）」に同じ。＊正法眼蔵(1231‐53)現成公案「もし行李をしたくして箇裏（こり）に帰すれば、万法のわれにあらぬ道理あきらけし」＊史料編纂所本人天眼目抄(1471‐73)四「さてどこに行李したぞ」＊浮世草子・好色万金丹(1694)四・四「廿五才にて世を遁（のが）れ、滑稽執行（こっけいしゅぎゃう）の行李（アンリ）。髪は剃（そ）らねど身は風雲の僧より軽く」③使者。つかい。こうり。＊書言字考節用集(1717)九「行李　アンリ」 辞書 文明・伊京・明応・天正・饅頭・黒本・書言 表記 行李（文・伊・明・天・饅・黒・書）

あん‐り【行履】『名』（「あん」は「行」の唐宋音）仏語。日常の一切の行為。行住坐臥のすべて。日常生活。禅宗者の動作一般、身を処することをも指し、サ変動詞としても用いられる。＊正法眼蔵(1231‐53)古鏡「大聖の行履、はるかに凡境を出離せる」＊正法眼蔵随聞記(1235‐38)一・三「況や学道の人、持戒梵行（ぼんぎゃう）にして、仏祖の行履にまかせて身儀をさむれば、心地も

随て整ふなり」＊大燈国師法語(1337頃)「行かんと要すれば即ち行き、坐せんと要すれば便ち坐す、是れ活祖の行履」＊土井本周易抄(1477)三「顛頭は、常の行履する所ぞ。義理にそむくぞ。常の義にたがうたと云心ぞ」＊日葡辞書(1603-04)「Anri(アンリ)。すなわち、シンダイ、または、タタズマイ〈訳〉境遇、または、生活のしかた」＊三体詩素隠抄(1622)一・一「此の詩は鑑禅師の行履(アンリ)をほめて作たものぞ」＊仮名草子・七人比丘尼(1635)下「こよひの如く、泣きしみあひ給ふ事は、出家のあんりとすべきや」 辞書 黒本・日葡 表記 行履(黒)

あん-り【案利】〘名〙思いのままになること。＊佐田文書-(元亀元年)(1570)九月一日大友宗麟書状「諸口堅加二下知一候間、案利不レ可レ有レ程候」＊上井覚兼日記-天正一〇年(1582)一二月二日「御弓箭に及候事は、取分他に非を重ねさせられ、自之理を持せられ候事、御案利無別儀之由候つ」＊島津家文書-(慶長五年)(1600)四月一一日・島津義弘書状(大日本古文書二・一一四九)「仍庄内諸城無二残所一被レ属二御案利一、都城もあやふく罷成候処」

あん-り【庵裏・菴裏】〘名〙庵の中。＊正法眼蔵(1231-53)行持下「菴裏寮舎(れうしゃ)、すべていりてみることなし」＊白居易-山中与元九書詩「今夜封レ書在二何処一、廬山菴裏暁燈前」

あん-り【暗裏・暗裡】〘名〙くらやみの中。人知れずひそかなこと。暗中。＊ラムプの影(1900)〈正岡子規〉「箇様に暗裏の鬼神を画き空中の楼閣を造るは平常の事であるが、ラムプの火影に顔が現れたのは今宵が始めてである」＊先祖の話(1945)〈柳田国男〉七四「暗裡に跳躍することを防ぎ難く」＊李珣-南郷子詞「暗裏廻レ眸深属レ意、遺二双翠一、騎レ象背レ人先過レ水」 発音〈標ア〉ア

アンリ(Henri) ㈠(二世) フランス国王(在位一五四七～五九年)。父、フランソワ一世をつぐ。ドイツ皇帝カール五世と抗争して失地を回復。国内では新教徒を迫害した。(一五一九～五九) ㈡(四世) フランス国王(在位一五八九～一六一〇年)。新教徒としてユグノー戦争に活躍し、アンリ三世没後、政策上旧教に改宗して、ブルボン朝を創始、ナントの勅令で信仰の自由を保障した。絶対王政を確立。(一五五三～一六一〇)

あんりく【安陸】 中国湖北省武漢西北部の県名。南朝宋代には郡が置かれた。＊王昌齢-送薛大赴安陸詩「遙送二扁舟一安陸郡、天辺何処穆陵関」

あん-りつ【安立】〘名〙「あんしんりつめい(安心立命)」の略。＊錦木(1901)〈柳川春葉〉七「お美和は私(ひそか)に自分の行末に安立(アンリツ)の地を得たのを喜ぶのであった」 発音〈標ア〉〇

あん-りゅう【安立・案立】〘名〙①考え出してまとめること。＊山王絵詞(1310頃)一二「偏に彌陀の本願を信じて、誓願講式を案立して」②(「あんしんりゅうみょう(安心立命)」の略) 心やすらかで動かないこと。＊正法眼蔵(1231-53)空華「器世間の安立も疑著しつべし」＊風姿花伝(1400-02頃)七「先、五年三年の中に一遍づつも、珍しくしかふるやうならんずるあてがひを持つべし。これは、大きなる安立なり」＊無量寿経-上「教化安立、無数衆生」＊勝鬘経-真実義功徳章「我久安二立汝一」

あん-りゅう【安流】〘名〙①おだやかに水の流れること。また、その流れ。＊駿台雑話(1732)四・兵法の大事「安流する水の水さき弱きが石をただよはす事をきかず」＊陸機-文賦「浮二天淵一以安流、濯二下泉一以潜浸」②「あんじょうじりゅう(安祥寺流)」の略。

あん-りゅう【暗流】〘名〙①表面に現われない水流。水底の流れ。＊王勃-焦岸早行和陸四詩「複嶂迷二晴色一、虚巖弁二暗流一」②外部に現われない不穏な動き。裏面の動き。＊或る女(1919)〈有島武郎〉前・八「座敷は、底の方に気持の悪い暗流を潜めながら造り笑ひをし合ってゐるやうな不快な気分に満たされた」 発音 アンリュー〈標ア〉〇〈京ア〉〇

あんりゅう-たい【安立諦】〘名〙(「安立」は、言語をもって表象されて、他のものとの区別がつけられること。「諦」は真如(しんにょ)の意) 仏語。本来、相対を超えた、言語によって表わせない真如を相対の中にもたらして表象したもの。＊米沢本沙石集(1283)一〇末・一二「法相(ほっさう)にも依詮(えせん)と云は、みな方便、安立諦(アンリウタイ)と云て真実の処に非ず」＊成唯識論-九「此位菩薩於二安立諦非安立諦一倶学観察」

あん-りょ【安慮】〘名〙思慮を安んずること。安心すること。＊書言字考節用集(1717)九「安慮 アンリョ」＊歌舞伎・名歌徳三舛玉垣(1801)三立「見るに忍びず押付参上仕り候間、御案慮可被下候」＊人情本・明烏後正夢(1821-24)三・一六回「此節は丈夫に相成申候間御安慮(リョ)可被下(くださるべく)候」＊春窓綺話(1884)〈高田早苗・坪内逍遙・天野為之訳〉一五「子幸ひに安慮せよと」 辞書 書言 表記 安慮(書)

あん-りょう【庵料・菴料】〘名〙庵室を建てる費用。＊浄瑠璃・傾城八花形(1703)一「よって此ゑをたからにかへ、あんりゃうとなし出家をとげ」

あん-りょく【暗緑】〘名〙深い緑色。暗緑色。ダークグリーン。＊破戒(1906)〈島崎藤村〉一九・七「河の水は暗緑の色に濁って」＊満韓ところどころ(1909)〈夏目漱石〉二二「旅順の港は鏡の如く暗緑に光った」＊あらたま(1921)〈斎藤茂吉〉暗緑林「さやぎつつ鴉(からす)のむれのかくろへる暗緑の森をわれは見て立つ」＊江総-内殿賦新詩「風高暗緑凋二残柳一、雨駛芳紅湿二晩芙一」 発音〈標ア〉〇

あんりょく-しょく【暗緑色】〘名〙「あんりょく(暗緑)」に同じ。＊嵐(1906)〈寺田寅彦〉「暗緑色に濁った濤は砂浜を洗うて打ち上った藻草をもみ砕かうとする」＊カズイスチカ(1911)〈森鷗外〉「暗緑色(アンリョクショク)の宇治茶を入れて」 発音〈標ア〉ク リョ

あん-るい【暗涙】〘名〙人知れず流す涙。非運を嘆き、あるいは同情する場合や、無念をしのぶ場合などに多く用いる。＊うもれ木(1892)〈樋口一葉〉七「不相応の事業に身を委(ゆだ)ねて、及ばぬ力の我ながら口惜しく、暗涙(アンルヰ)を呑むこと誰が業ならねば」＊思出の記(1900-01)〈徳富蘆花〉二・一〇「人生の不思議、思へば実に暗涙に堪へない」＊業苦(1928)〈嘉村礒多〉「『先代さまのお墓に申訳ないぞよ』と言って〈略〉暗涙に咽ばれました」＊賈島-秋暮詩「白髪相並出、暗涙両行分」 発音〈標ア〉〇〈京ア〉〇

あん-れい【暗令】〘名〙合言葉。符牒語。暗話。＊読本・忠臣水滸伝(1799-1801)後・一一回「名山兵制記に答号あり、紀効新書に暗令(アンレイ)あり。都(すべて)是夜軍に暗号(あひことば)をもちゐるためしなり」＊日本外史(1827)一七・徳川氏前記「乃揀二壮士百余一、申二暗令一、以二直次貞安一将レ之、出斫二阿波営一」＊紀効新書-行営野営軍令禁約「即是要レ行二暗令一」 補注「名物六帖-人事箋」に「暗令 アイコトバ」とある。

あん-れき【案歴・案暦】〘名〙①古代中国で、気候を占うときにこよみを調べること。案暦候。②(①から転じて) 季節。時節。＊詩序集(1133頃)落葉満楼台詩序〈藤原国能〉「当二三冬之案歴(レキ)一、摛二六義之佳篇一」＊後漢書-律歴志・上「候レ気之法、為二室三重一、戸閉、塗二釁必周一、密レ布緹縵。室中、以レ木為レ案、毎レ律各一、内庳外高、従二其方位一、加二律其上一、以二葭莩灰一抑二其内端一、案レ暦而候レ之。気至者灰動」

あん-れつ【暗劣】〘名〙(形動) 物事にくらく劣っていること。暗愚で才能の劣っていること。また、そのさま。＊小学読本(1874)〈榊原・那珂・稲垣〉四「勝頼暗劣にして士卒を使ふ方を知らず」＊明石兵太合訳・条約改正論(1890)〈馬場辰猪原著・山本忠礼〉「斯の如く日本に在留せる我英国人は自己の財産を抛って以て傭ふたる愚昧暗劣なる官吏の為めに苦しめらるるを免れず」＊傅咸-贈何劭・王済詩序「然自恨二闇劣一、雖レ願二其繾綣一、而従レ之末レ由」

あん-れん【暗練】〘名〙物事をそらんじてそれに熟達すること。物事に通暁すること。十分になれおぼえること。＊明治月刊(1868)〈大阪府編〉二「貴族会議は廟堂にあるもの皆縉紳にして古今に通じ事態に諳練(アンレン)するが故に」＊日本教育史略(1877)〈文部省編〉大学の衰廃「典故に諳練するを以て称せらるる者は、藤原通憲なり」＊改訂増補哲学字彙(1884)「Proficiency 博識、暗練、熟練」＊渋江抽斎(1916)〈森鷗外〉四一「事務に諳錬(アンレン)した六十余の老人であった」＊晉書-刁協伝「協久在二中朝一、諳二練旧事一」

あん-ろ【行路】〘名〙(「あん」は「行」の唐宋音) 途中のみち。ゆくて。こうろ。＊太平記(14C後)二六・上杉畠山讒高家事「是を行路(アンロ)に懸けたるに、車十七両を照(てら)しければ、照車(せうしゃ)の玉共名付け」

あん-ろ【暗路】〘名〙①暗いみち。やみの道。＊三国伝記(1407-46頃か)六・六「我死する時冥々たる暗路に赴くに、大山あり大河あり」＊日葡辞書(1603-04)「Anro(アンロ)。クライ ミチ」②要塞の地下に設けた交通用のトンネル。 発音〈標ア〉ア 辞書 日葡

あん-ろう【暗陋】〘名〙おろかでいやしいさま。＊本朝無題詩(1162-64頃)四・春三首〈藤原周光〉「翼不レ弃二暗陋一、辱垂二照覧一焉」＊蘇轍-辞戸部侍郎札子「如レ臣暗陋、何以克当、願回二誤恩一、別選二良吏一」

あん-ろう【暗漏】〘名〙(「漏」は漏刻の意) 夜の漏刻。闇の中の水時計。転じて、夜をいう。＊江吏部集(1010-11頃)上・仲春庚申夜陪員外藤納言文亭同賦松風「暗漏三更烟葉動、孤灯一点緑枝幽」

あん-ろくざん【安禄山】 中国の唐代、安史の乱を起こした武将。ソグド人と突厥(とっけつ)人との混血といわれる。玄宗皇帝の信任をえて、三節度使を兼任。七五五年(天宝一四)乱を起こし、洛陽で大燕皇帝を自称、寵姫の子をたてようとして、子の慶緒(けいしょ)と側近に殺された。(七〇五～七五七) 発音〈標ア〉ク〇 辞書 書言 表記 安祿山(書)

あん-わ【安和】〘名〙心身ともに安らぎ、和やかであること。ゆったりと穏やかなこと。＊伝教大師消息(824-831頃)「伏惟 遍照阿闍梨。道体安和」＊漢書-杜延年伝「延年為レ人安和、備二于諸事一」 発音〈標ア〉ア

あん-わ【暗話】〘名〙「あんれい(暗令)」に同じ。

あん-わく【闇惑】〘名〙仏語。真理にくらく、迷い惑う心のはたらき。＊十善法語(1775)八「闇惑を痴と名づく」

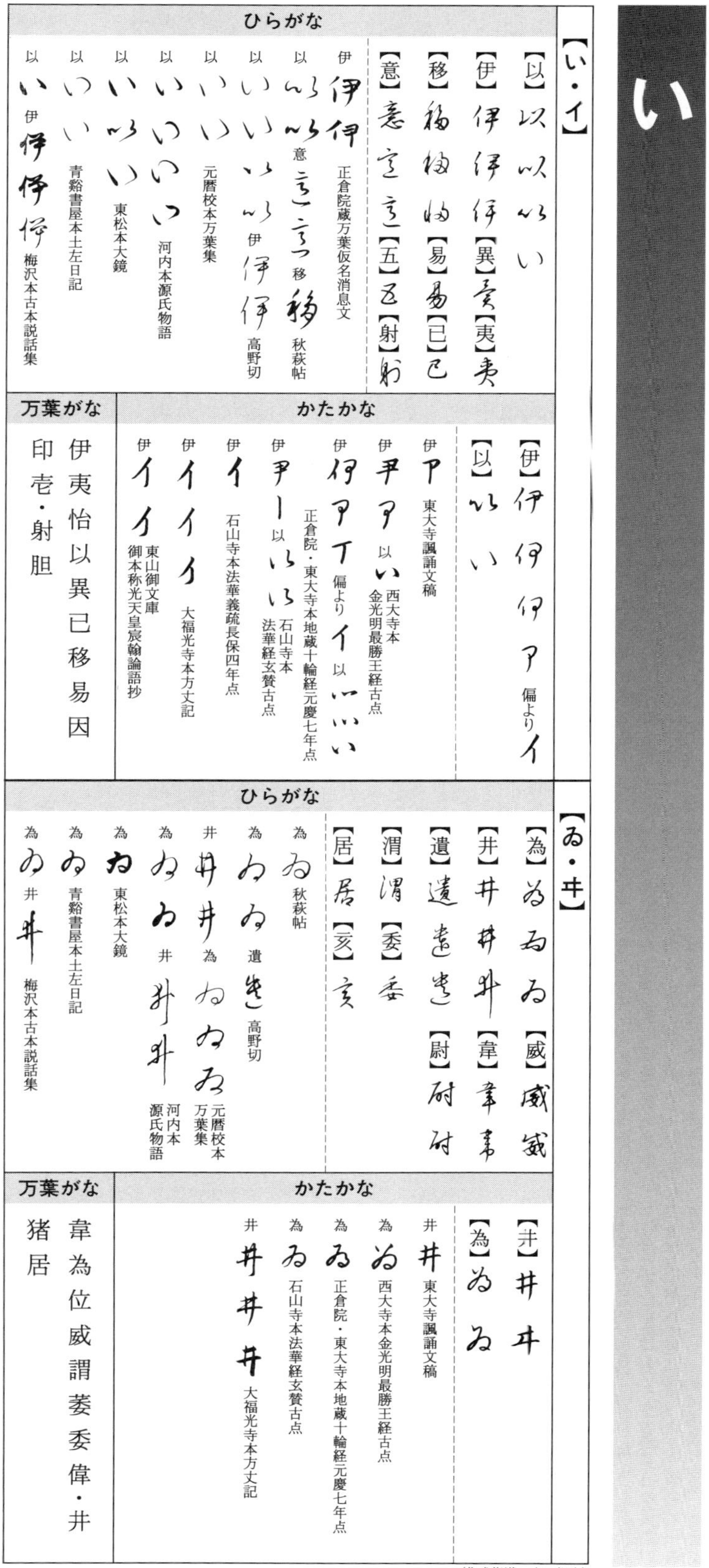

（作成指導＝中田祝夫）

い ㊀【い・イ】 五十音図の第一行第二段（ア行イ段）、および第八行第二段（ヤ行イ段）の二か所に置かれ、五十音順で第二位のかな。いろは順では第一位で「ろ」の前に位置する。

現代標準語の音韻では、五母音の一つ、iにあたる。方言によっては音韻iとeとの発音が近接し、または両音韻の区別がなく、したがって「い」と「え」との間に混同がおこり、表記上のかなづかいの問題が生ずる。

イ段の他のかなのあとに添う場合、iの長音を表わすことがある。たとえば「ひいらぎ、にいさん、キイ、ミイラ」など。ただし、かたかなで外来語などのイ段長音を表わすには、イの代わりに長音符「ー」を用いることが多い。「スキー、リール」など。主として字音語について、各行エ段のかなのあとに「い」が添う場合には、普通にはエ段長音として発音される。「せんせい（先生）」「けいえい（経営）」など。しかし、これらの字音語が、標準音韻としてeeであるかeiであるかは問題である。

標準語の音韻にないkwi, gwi, si, zi, ti, di, tsi, fi, vi, wi 等を表わすのに、それぞれ「く、ぐ、す、ず、て、で、つ、ふ、ゔ、う」「ク、グ、ス、ズ、テ、デ、ツ、フ、ヴ、ウ」等のあとに「ぃ」「ィ」を添える。その際、小文字の「ぃ」「ィ」を用いるのが通例である。たとえば「クィーン、パーティー、フィルム、ヴィオラ」など。ただし、これらのうち、「い」が小文字で書かれているにもかかわらず、kui, gui, hui, ui などは二音節として発音される傾きがある。たとえば「クィズ、フィルム」など。「イ」のあとに小文字の「ェ」を添えて、外国語のjeを表わすことがあるが、実際には、ieまたはijeのように二音節に発音されやすい。「イェロー、イェーメン」など。「言う」は現代かなづかいでは「いう」と書くがjuːと発音される。

「い」は五十音図でアヤ両行におかれているが、ア行の「い」とヤ行の「い」との間に、音韻上の区別がかつてあったとは認めがたい。ただし、「う」「お」などア行の音韻と交替する「い」と、「ゆ」などヤ行の音韻と交替する「い」とがあったことは明らかである。たとえば「いを-うを（魚）、いき-おき（息）、いき-ゆき（壱岐）、くい-くゆ（悔）」など。漢字音をかなで表わす際、「い」は当初eにつづく鼻音のngまたは鼻音化したiにあてられたかも知れないが、後には鼻音の要素は認められない。

平安時代には、語中語尾の「き」「ぎ」「し」が「い」となることがあった。いわゆるイ音便で、「て」「なり」につづく場合に多い。たとえば、「透垣（すきがき）-すいがい、次ぎて-ついで、況して-まいて」など。

ワ行の「ゐ」は、もと「い」とは異なった音韻を表わすものであったが、鎌倉時代には発音上の区別を失った。また、語中語尾の「ひ」も、子音が有声化して「ゐ」と同じくなり、ついに「い」と混同されて、「い」「ゐ」「ひ」の間にかなづかいの問題を生じた。歴史的かなづかいで、「ゐ」「ひ」と書かれて、現代の発音でiである音節は、現代かなづかいですべて「い」を用いることとなった。

「い」の字形は「以」の草体、「イ」の字形は「伊」の偏から出た。変体がな、異体がな、万葉がなについては、右の欄参照。ローマ字ではiと書く。

㊁【ゐ・ヰ】 五十音図で第十行第二段（ワ行イ段）に置かれ、五十音順では第四七位（同音の重複を含めて）のかな。いろは順では第二五位で「う」の次、「の」の前に位置する。

このかなは、現代かなづかいでは用いられないが、歴史的かなづかいで用いられた場合、現代標準語の音韻では、「い」と同じくiにあたる。もとはwの子音をもったwiを表わしたが、鎌倉時代までには語中語尾の「ひ」がこれに混同するようになり、またwを落として「い」との区別を失った。現代、奄美、沖縄の方言では、長い間、「い」と「ゐ」の区別を反映している。字音かなづかいでは、「水、墜、類」などを「すゐ、つゐ、るゐ」などのように書くのが正しいとされた。

外来語をかなで書く際には、wiを表わすために「ヰ」を用いたことがある。たとえば「ヰルヘルム、サンドヰッチ、ヰスキー」など。また、viを表わすのに「ヰ」または「ヸ」を用いたこともある。たとえば「ヱヲロン、ヰタ」または「ヸオロン、ヸタ」など。

「ゐ」の字形は「爲（為）」の草体から出たもの、「ヰ」の字形は「井」の変形である。変体がな、異体がな、万葉がなについては、右の欄を参照。

い〖字音語素〗 1台：怡・胎　2夷：夷・姨・痍　3衣：衣・依　4奇：倚・猗・漪・椅　5委：委・萎・逶・痿　6隹：唯・帷・惟・維　7胃：胃・渭・蝟・謂　8韋：韋・偉・圍・幃・煒・葦・違・緯　9尉：尉・慰　10その他　已・以・伊・圯・位・囲・医・易・威・畏・迤・恚・異・移・為・彙・意・遺・縊・彝・懿

1 台の類

【怡】よろこぶ。たのしむ。/怡怡/怡懌、怡悦、怡暢/怡然/怡顔/

【胎】のこす。あとにのこす。/胎訓/胎謀/胎厥(子孫のこと)/

2 夷の類

【夷】①えびす。未開の地の人。異民族。/夷狄、夷蛮、夷虜/蝦夷、九夷、四夷、東夷、女夷/征夷/夷歌、夷俗/ ②滅ぼす。殺す。/夷殺、夷滅、夷戮、焼夷/ ③平ら。平らにする。/険夷、坦夷、夷険、夷坦、夷塗/陵夷/夷道、夷路/ ⇩い(夷)

【姨】おば。/姨母/ ⇩い(姨)

【痍】きず。きずつく。/傷痍、創痍、瘡痍/

3 衣の類

【衣】(漢) ころも。/衣裘、衣衾、衣装、衣裳、衣簪、衣帯、衣被、衣服、衣糧/作業衣/羽衣(「はごろも」とも)、毛衣、布衣、上衣、下衣、客衣、更衣、黒衣、白衣、寝衣、戎衣、旅衣、病衣、浴衣(「ゆかた」とも)/衣裾、衣桁、衣袂、衣紋、衣料、衣類/ 〔↓エ(呉)〕 ⇩い(衣)

【依】(漢) ①頼る。寄りかかる。/馮依、依倚、依因、依帰、依拠、依嘱、依恃、依託、依庇、依付、依憑、依頼/依存/ ②もとのままであるさま。/依然/ ③ぼんやりと見えるさま。/依依/依稀、依微/ 〔↓エ(呉)〕

4 奇の類

【倚】よる。たよる。/依倚、倚恃、倚托、倚頼/親倚、偏倚/倚門、倚閭、倚廬/倚几/

【猗】①ああ。感嘆のことば。/猗嗟、猗与/ ②なびく。なよやか。/猗移、猗靡/

【漪】さざなみ。/漪瀾、漪漣、漣漪/

【椅】腰かけ。寄りかかり。/椅子/椅几/

5 委の類

【委】ヰ ①まかせる。ゆだねる。/信委、親委、委順、委譲、委託、委任、委付、委嘱、委頼/委免/委然/ ②くわしい。つぶさ。/委曲、委細、委悉、委備/ ③委員会の略。/公取委、外為委、教委/

【萎】ヰ しおれる。しぼむ。/枯萎、萎黄、萎縮、萎靡/陰萎/

【逶】ヰ 長くつらなるさま。また、うねうねするさま。/逶迂、逶迤、逶蛇、逶迆/

【痿】ヰ なえる。しびれる。/痿損、痿弱、痿痹/

6 隹の類

【唯】ヰ (漢) 即答のことば。/唯唯/応唯、諾唯、唯諾/ 〔↓ユイ(呉)〕 ⇩い(唯)

【帷】ヰ とばり。たれまく。/帷幄、帷帳、帷幕、幔帷、簾帷/車帷、房帷/ ⇩い(帷)

【惟】ヰ (漢) ①おもう。/思惟/ ②承諾の返事。/惟惟/ 〔↓ユイ(呉)〕

【維】ヰ (漢) ①つなぐ。/維持、維縶(いちゅう)/ ②すじ。つな。/維綱、綱維、纖維、地維、四維、維管束/ ③発語。/維新/ ④音字。/維也納(「ウィエナ＝オーストリヤのウィーン」のウィにあてる)/ 〔↓ユイ(呉)〕

7 胃の類

【胃】ヰ 内臓の一つで消化器。/肝胃、腸胃、腹胃、胃腸/健胃、洗胃/胃液、胃炎、胃癌、胃酸、胃病、胃袋、胃壁、胃弱、胃痛、胃下垂症、胃拡張、胃痙攣/ ⇩い(胃)

【渭】ヰ 川の名。/渭水、渭河、渭川、清渭/

【蝟】ヰ はりねずみ。/蝟起、蝟集、蝟縮/蝟毛/ ⇩い(蝟)

【謂】ヰ いわれ。/称謂/

8 韋の類

【韋】ヰ ①なめしがわ。/韋革/韋索、韋帯、韋編三絶/ ②音字。/韋駄天/

【偉】ヰ すぐれている。えらい。/偉大、英偉、秀偉、俊偉、卓偉/偉器、偉才、偉材、偉人、偉挙、偉業、偉勲、偉功、偉績、偉徳、偉容、偉丈夫/ ⇩い(偉)

【圍】ヰ ↓囲

【幃】ヰ とばり。/幃幄、幃帳、幃屏/

【煒】ヰ ①あきらか。/煒煒/ ②かがやく。/煒煌、煒曄、煒燁/

【葦】ヰ あし。よし。/菅葦、蒲葦、蘆葦/一葦、束葦/葦索、葦束、葦席、葦巣、葦汀/

【違＝違】ヰ ①一致しない。ちがう。/差違/相違/違和、違算/ ②そむく。さからう。/違背、違反、違犯、違戻、違忤/違憲、違旨、違式、違勅、違法、違約、違例/違言/ ③よこしまなこと。/非違/違心/

【緯】ヰ ①よこいと。東西にひいたすじ。よこ。/経緯/緯度、緯線/ ②経書に対する書。未来記。/讖緯/緯書/ ③「いど(緯度)」の略。/北緯、南緯/

9 尉の類

【尉】ヰ 軍事、警察、刑罰をつかさどる者の官名。/衛尉、大尉、廷尉、都尉、准尉、少尉、中尉、大尉/尉官/ ⇩い(尉)

【慰】ヰ 安心させる。なぐさめる。なだめる。なぐさみにする。/安慰、恩慰、賞慰、弔慰、撫慰、慰安、慰暁、慰謝、慰恤、慰藉、慰薦、慰存、慰問、慰喩、慰諭、慰労/自慰/慰霊/慰留/

10その他

【已】①すでに事の終わっていること。/已業、已経/已然/已成/ ②その時より前、また、のち。以に同じ。/已往、已還、已降、已来/ ③はなはだしい。/已甚/

【以】①そのとき、そのところを基点として。/以前、以後、以来、以降、以往、以還、以上、以下、以東、以西、以南、以北、以内、以外/ ②もって。よって。/以心伝心/所以(「ゆえん」とも)/

【伊】①かれ、これなどの発語のことば。/伊輩/ ②「いがのくに(伊賀国)」の略。/伊州/ ③音字。/伊太利、木乃伊(マミイのイにあてる)/ ⇩い(伊)

【圯】土で作った橋。/圯橋/圯上/

【位】ヰ ①くらい。地位。席次。等級。/官位、身位、地位、品位、位階、位勲、位望/上位、中位、下位、高位、低位、首位、等位、末位、右位、順位、冠位、学位、勲位、爵位、帝位、天位/譲位、即位、退位、在位/位記/ ②くらいを示す接尾語。/正一位/ ③人や霊の居場所、また、人の霊。/各位、神位、霊位/位牌/ ④場所。方角。/方位、位置/ ⑤基準となるもの。/本位、単位/ ⇩い(位)

【囲＝圍】ヰ ①かこい。かこう。かこむ。/包囲、囲繞、囲障/重囲/囲碁/ ②まわり。/周囲/外囲、胸囲/ ③かぎり。/範囲/ ⇩い(囲)

【医＝醫】①いやす。病気をなおす。/医療/医科/医院、医学、医家、医業、医師、医匠、医術、医者、医道、医伯、医方、医薬/ ②医者。/軍医、校医、村医、名医、良医、侍医、獣医、女医、典医、乳医、開業医、漢方医、外科医、歯科医、小児科医/ ③医学、医科の略。/医博、医大、医専/ ⇩い(医)

【易】①たやすい。てがる。手がかからない。/易易/険易、難易、安易、簡易、平易、容易/ ②あなどる。ばかにする。/軽易、易慢/ 〔↓エキ(漢)〕 ⇩い(易)

【威】ヰ ①おどす。おそれさせる。/恩威、嚇威、脅威、威福、威圧、威嚇、威喝、威脅、威服/ ②人を従わせる力。/権威、声威、威権、威勢、威武、威望、威厳/皇威、国威、神威、稜威、霊威/威如/威光、威信、威風、威容、威稜、威霊、威力/ ⇩い(威)

【畏】ヰ おそろしい。おそれ。/愧畏、尊畏、憚畏、怖畏、畏愛、畏懼、畏敬、畏縮、畏慎、畏憚、畏避、畏怖、畏服、畏伏/天畏/畏日、畏友/

【迤】つらなる。つづく。/迤迤/迤靡、逶迤/

【恚】いかる。うらむ。いかり。/怨恚、憾恚、瞋恚、憤恚、恚憾、恚恨、恚怒、恚憤、恚忿/恚乱/慙恚、震恚、奮恚、憂恚/

【異】①ちがう。別の。ことなる。ことにする。/差異、別異、変異/相異、卓異、大同小異/嘆異/異常、異曲同工/異域、異国、異朝、異邦、異義、異議、異説、異論、異存、異心、異兄、異母、異腹、異姓、異性、異人、異族、異質、異種、異類、異物、異事/ ②へんな。かわった。ふしぎな。/怪異、奇異、神異、異変/特異、殊異、災異、霊異/異形、異彩、異色、異臭、異態、異端、異様、異例/ ⇩い(異)

【移】①うつる。動く。/回移、遷移、転移、変移、移易、移行、移徙、移転、移変、移動/移栽、移植、移住、移出、移譲、移駐、移入、移封/移居、移管、移景、移項、移籍、移調、移民/ ②まわし文。/移檄、移牒、移文/ ⇩い(移)

【為＝爲】ヰ ①おこなう。する。/営為、行為、作為/当為、所為、有為、無為/云為、人為、敢為/為人、為政/ ②ため。ためにする。/為我/ ⇩い(為)

【彙】ヰ あつまり。あつめる。/彙纂、彙集、彙類/語彙、字彙、名彙/彙報/

【意＝意】①こころ。こころもち。はたらきかける気持。/心意、意気、意志、意識、意図、意欲/如意、不意、悪意、敬意、厚意、好意、真意、誠意、辞意、謝意、戦意、善意、敵意、熱意、本意/決意、失意、随意、注意、得意、用意、留意/ ②思う。考え方。考えていることがら。/趣意、意見、意思、意想、意味/故意、賛意、殺意、創意、総意、着意/合意、同意、着意/意外、意向、意匠/ ③意味、内容/意義、有意義/意訳/語意、節意、大意、文意、深意、余意/表意/意字/ ⇩い(意)

【遺＝遺】ヰ (漢) ①のこす。のこる。/遺憾/遺愛、遺詠、遺言(「ゆいごん」とも)、遺作、遺著、遺業、遺勲、遺構、遺産、遺制、遺跡、遺志、遺事、遺徳、遺品、遺風、遺物、遺芳、遺書、遺稿、遺文、遺墨、遺編、遺影、遺骨、遺体、遺髪、遺孤、遺児、遺族、遺臣、遺民、遺産/ ②すてる。/遺棄、遺落/ ③わすれる。うしなう。ぬかる。/脱遺、遺逸、遺失、遺佚、遺忘、遺漏/拾遺、補遺/遺世/遺尿/ 〔↓ユイ(呉)〕 ⇩い(遺)

【縊】(漢) 首をしめる。くくる。/縊殺、縊死/

【彝・彞】①祭器の一つ。/鼎彝/彝器/ ②人の守るべき不変の道。/彝訓、彝憲、彝則、彝典、彝倫/ ⇩い(彝)

【懿】①よい。りっぱなさま。/雅懿、淑懿、純懿、貞懿/懿軌、懿行、懿業、懿績、懿徳、懿風、懿文、懿望/ ②おさえいましめる。/懿戒/ ⇩い(懿)

い【五】〖名〗(「いつ(五)」の変化した語) 物の数を、声に出して順に唱えながら数えるときの五。多く「いそ(五十)」「いほ(五百)」などと熟して使われる。＊書紀(720)景行一二年一〇月(寛文版訓)「是の五(イ)人(とり)は並びに其の人と為り強力(ちからつよ)くして亦衆類(ともがら)多し」＊名語記(1275)四「ひふとて、手に石ふたつをもちてかはりがはりたまにとるに、ひふみよいむなやこと、といへるは」 辞書 言海 表記 五(言)

い【井】〖名〗泉や流水から、水をくみとる所。はしり井。また、地を掘り下げて地下水をたくわえてくみとる仕掛けのもの。＊書紀(720)神代下(水戸本訓)「門の前に、一の好井(しみつ)あり、井(ヰ)の上に百枝の杜(かつらの)樹有り」＊万葉(8C後)七・一一二八「あしびなす栄えし君が掘りし井(ゐ)の石井の水は飲めどあかぬかも〈作者未詳〉」＊十巻本和名抄(934頃)一「井　四声字苑云井〈子郢反　和名為〉鑿地而聚泉者也」＊枕(10C終)一六八・井は「井は　ほりかねの井。玉の井。走り井は逢坂なるがをかしきなり。山の井、などさしもあさきためしになりはじめけん」＊古本説話集(1130頃か)四七「異所よりは、地のてい、亀の甲のやうに高ければ、井をほれども、水いでこず」＊咄本・私可多咄(1671)二・

三〇「ひろき世に我のみよしと思ふこそ井の中に有かはつ成けり」 語源説 (1)ヰル(集)の語根。水の集まる所の義〔東雅・名言通・松屋筆記・和訓栞・大言海〕。(2)ひとところに止まっていることがヰで、人には「居」、鳥なら「棲」、水には「井」の字を当てる。そのヰが筒井筒の意となった〔豆の葉と太陽＝柳田国男〕。(3)ナヰ(地居)の約。ナヰはニヰ〔日本語原学＝林甕臣〕。(4)イケ(池)の下略〔和句解〕。(5)ミヅ(水)のミの転〔和語私臆鈔〕。(6)井桁(いげた)の形を文字にした漢字「井」から〔名語記〕。(7)イヅ(出)の下略〔日本釈名〕。 発音〈標ア〉イ 〈ア史〉イー平安・鎌倉○○〈京ア〉イー〔0〕 辞書 和名・色葉・名義・和玉・文明・明応・天正・饅頭・日葡・書言・ヘボン・言海 表記 井(和・色・名・玉・文・明・天・饅・書・ヘ・言)

いに坐(ざ)して天(てん)を＝見(み)る[＝窺(うかが)う] (井戸の中から天を見上げると、視野がきわめて狭いことから) 見識が狭いことをいう。井の底に知る大空。＊江戸繁昌記(1832-36)三・書舗「井に坐して天を窺ひ、庫に居て世を測る」 ＊韓愈-原道「坐レ井而観レ天、曰二天小一者、非二天小一也」

いの＝内(うち)[＝中(なか)]の蛙(かわず・かえる) 「い(井)の内の蛙大海を知らず」の略。また、そういう状態の人。井の本の蛙。井底(せいてい)の蛙(あ)。＊玉塵抄(1563)五四「子陽は井の中のかいるとこらに云つれぞ」 ＊仮名草子・尤双紙(1632)上・六「せばき物之しなじな〈略〉井のうちの蛙(カイル)」 ＊浄瑠璃・念仏往生記(1687頃)名所尽し「他力の大乗なる事をかつて知らず、げに井の内の蛙」 ＊随筆・独寝(1724頃)下・一三九「惣じて、世に井の内なる蛙多し」 ＊洒落本・辰巳之園(1770)叙「北国之美君噂不レ顧、如二井之内蛙一吉原雀閉レ翟」 ＊敗戦学校(1947)〈徳富蘇峰〉六「日本人の幾分かは井の中の蛙であったとしても、日本国民は決して井の中の蛙ではなかった」

いの＝内(うち)[＝中(なか)]の蛙(かわず・かえる)大海(たいかい)を知らず (「荘子-秋水」の「井蛙不レ可二以語一於海、拘二於虚一也」から) 自分の狭い知識や見解にとらわれ、他に広い世界があることを知らないで、得々とふるまうことのたとえ。非常に見識の狭いこと。＊康頼宝物集(1179頃)上「花池宝閣の浄刹を願はざるは、井の内の蛙大海の広き事を覚えざるに似たり」 ＊俳諧・毛吹草(1638)二「井のうちのかへる大かいをしらず」 ＊咄本・一休関東咄(1672)上・九「さては御ぞんじなきか、井のうちのかはず大かいをしらぬためしあり」 ＊譬喩尽(1786)四「井(ヰ)の中(ウチ)の蛙(カハヅ)大海(ダイカイ)を不レ知(シラズ)」

いの内(うち)の蛙大通(かわずだいつう) 自分の見聞の狭さに気づかないで、精通しているとひとりよがりに思い込んでいる者。＊洒落本・無頼通説法(1779)「これらは実の大通ではなくて。ほんに井(イ)の裡(ウチ)の蛙大通(カワヅダイツウ)」

いの上(え) (「え(へ)」は「うへ」の変化) 井戸のほとり。井戸のあたり。井戸ばた。＊万葉(8C後)七・一二五六「春霞井上(ゐのへ)ゆ直(ただ)に道はあれど君に逢はむとたもとほり来(く)も〈古歌集〉」

いの神(かみ) 飲料水をつかさどる水屋の神。＊毎朝神拝詞記(1811)「次に水屋の神の御前に向い辞別て、井之神と斎き奉る、水波能売神、御井神、鳴雷神」

いの口(くち) せき止めてある水を落とす口。特に水田の取入れ口をいう。＊名語記(1275)五「田の中の井のくちなれば、井戸」 ＊咄本・仕形噺(1773)字「けふおれは大門の井口(イノクチ)で、東渓の千枚書を見にいて、帰りに壱枚もらって来た」 ＊物類称呼(1775)一「水口 みなくち。上総にて水の手といふ。越中の国にてはいのくちと呼。東国にて水口(みづくち)と称す」

いの字(じ)巴(は)の字(じ) 縦横無尽に敵の中を暴れまわる様子をたとえていう。＊浄瑠璃・伽羅先代萩(1785)八「破竹の如き堅陣なりとも。義を金鉄に切て入り。井(ヰ)の字巴(ハ)の字に薙(な)ぎ立てなぎ立て」

いの底(そこ)に知(し)る大空(おおぞら) 「い(井)に坐して天を見る」に同じ。＊藻塩草(1513頃)一六「みる 卅一〈略〉井のそこにしる大空、心せばき也」

いの筒(つつ) 「いづつ(井筒)」に同じ。＊狭衣物語(1069-77頃か)一「凶は、一夜ばかりと思ふまじきものぞ。まして、この井は五六日もありぬべかんなり。井のつつと言ふ物も立てなどしたらんまでこそは、おはしまさめ」

いの中(なか) ①井戸の中。②水をいう女房詞。おひや。＊大上臈御名之事(16C前か)「水、おひやし、井のなか共」

いの花(はな) (「井花水(せいかすい)」の訓読) 立春または元日の早朝に初めて汲む水。若水。＊狂歌・銀葉夷歌集(1679)八「典薬 井の花の水よりも先釣あげんこしらへいそげやよや粉薬〈行風〉」 ＊俳諧・季引席用集(1818)「井開 井の花 以上は元日」

いの本(もと) ①井のそば。井戸端。＊伊勢物語(10C前)二三「昔、田舎わたらひしける人の子ども、ゐのもとに出でて遊びけるを」 ＊浄瑠璃・弘徽殿鵜羽産家(1715)道行「井の本のわらんべより猶危し」 ②井の底。＊仮名草子・伊曾保物語(1639頃)下・一四「野牛、空しくゐのもとに日を送りてつゐにはかなくなりにけり」 ＊俳諧・落日庵句集(1780頃か)「井のもとへ薄刃を落す寒さ哉」 ③「い(井)」に同じ。＊玉塵抄(1563)一二「土をほって井のもとをこしらえて井の水を大なつぼをだいて水を入て穴からでてはたけにそそいで菜をやしなうたぞ」 ＊日葡辞書(1603-04)「Inomoto(イノモト)〈訳〉井戸」 ＊書言字考節用集(1717)一「井 ヰ ヰノモト」 ＊浄瑠璃・曾我虎が磨(1711頃)上「此はだか身をしばられ極寒の夜にゐのもとへつりさげられし其時は」 ④「いのもとほり(井底掘)」の略。＊咄本・私可多咄(1671)一・四七「昔、つるのはしやうの物かたけて、井のもとといひありくもの有」 ＊歌舞伎・大名なぐさみ曾我(1697)下「『井の底(モト)、井の底』呼ばはり来る。幸と『これ井底掘、よいのがあらば一つ二つあてがや食はう』」 方言 ❶井戸。京都市621 ❷農家にある野菜などを洗う小さい池。◇えのんと 島根県出雲725 ❸井戸端。島根県飯石郡・大原郡725 ❹川端の洗い場。島根県簸川郡725 辞書 和玉・黒本・日葡・書言 表記 井(玉・黒・書)

いの本(もと)の蛙(かわず) 「い(井)の内の蛙(かわず)」に同じ。＊書言字考節用集(1717)八「井底蛙 ヰノモトノカハヅ 小見之謂」 辞書 書言 表記 井底蛙(書)

い【匜】〔名〕 湯、水を注ぐのに用いる道具。容器に中空の柄をつけ、水の出口とする。ひさげ。半挿(はんぞう)。＊十巻本和名抄(934頃)四「匜 説文云匜〈初爾反 一音移 俗用二椸字一未レ詳〉柄中有レ道可二以注一レ水之器也」 ＊春秋左伝-僖公二三年「奉レ匜沃レ盥、既而揮レ之」

い(ゐ)【亥】〔名〕 ①十二支の一つで、その第一二番目。いのしし。がい。＊拾遺(1005-07頃か)物名・四三〇「むま、ひつじ、さる、とり、いぬ、ゐ。むまれよりひつじつくれば山にさるひとりいぬるに人ゐてゐませ〈よみ人しらず〉」 ②①を年月日、方角、時刻に配して、その呼び名とするもの。(イ)①にあたる年や日。→亥の日。＊日葡辞書(1603-04)「I(イ)。または、Inotoxi(イノトシ)」 ＊塵塚宛杉風書簡-元禄八年(1695)六月一日「兼々其許へ参可レ申由被レ申候へども、彼是いたし、参不レ申候へば亥の春は罷下り、秋中其許へ参可レ申由申置候処に」 (ロ)北から西へ三〇度寄った方角。北北西。＊拾芥抄(13-14C)下・方角部「八方 震 東、巽 辰巳、離 南、坤 未申、兌 西、乾 戌亥、坎 北、艮 丑寅」 (ハ)奈良・平安時代の定時法によれば、現在のほぼ午後九時から一一時まで。鎌倉時代の不定時法では、春は午後九時すぎから一一時少し前まで、夏は九時半ごろから一一時頃まで、秋は九時ごろから一〇時四〇〜五〇分ごろまで、冬は八時半ごろから一〇時半すぎまで。なお、江戸時代後半には半刻(約一時間)遅れて行なわれた。夜四つ。→亥の刻・亥の時。＊宇津保(970-999頃)国譲下「『あな物うや。ここにとまりなばや』と宣ふに、『ゐ四(よつ)』と申すに、『時なりぬ』とて、騒ぐこ」 (ニ)一〇月の異称。 発音〈標ア〉〔0〕〈京ア〉イー〔イ〕 辞書 色葉・下学・和玉・文明・伊京・明応・易林・日葡・言海 表記 亥(色・下・玉・文・伊・明・易・言)

いの刻(こく) 「い(亥)の時(とき)」に同じ。＊平家(13C前)一・内裏炎上「同四月二八日亥剋斗(ばかり)、樋口富小路より火出来て」 ＊日葡辞書(1603-04)「Inococu(イノコク)〈訳〉夜の十時から十二時までの日本の計算に適合している時間」 ＊随筆・孔雀楼筆記(1768)三「河原院の一段は、亥の刻に怪出づ」 発音〈標ア〉〔ノ〕 辞書 日葡

いの時(とき) 「い(亥)②(ハ)」に同じ。＊書紀(720)天武一三年一〇月(北野本訓)「人定(ヰノトキ)に逮りて、大に地震る」 ＊蜻蛉(974頃)中・天禄二年「はるばるといたるほどに、ゐの時になりにたり」 発音〈標ア〉〔ノ〕 辞書 書言 表記 人定(書)

いの日(ひ) ①「い(亥)②(イ)」に当たる日。＊日葡辞書(1603-04)「I(イ)。〈略〉Inofi(イノヒ)」 ②一〇月の亥の日のこと。炉やこたつを開き、亥の子餅(江戸の民間では牡丹餅)を食う。＊雑俳・柳多留-三一(1805)「はこ入をくどきはじめは亥の日なり」 ＊雑俳・柳多留-三二(1805)「亥の日から猫の居所たかく出来」 ＊諸国風俗問状答(19C前)異本淡路国風俗問状答・一二三「鳥飼下村に実盛社有之候。六月初亥日、蝗除祭とて参詣人守札を受、田畝に建申候。鳥飼上中下三ケ村は右亥日虫除候」 辞書 日葡

いの日(ひ)の餅(もち) 「いのこもち(亥子餅)」に同じ。＊政事要略(1002頃)二五・年中行事・一〇月「亥日餅事、蔵人式云、初亥日内蔵寮進二殿上男女房断餅一〈各一折櫃〉〈略〉群忌隆集云、十月亥日、食レ餅除二万病一、雑五行書云、十月亥日、食レ餅令二人無一レ病」

い【伊】〔名〕「イタリア(伊太利)」の略。⇩い〔字音語素〕

い【夷】〔名〕 ①昔、中国で王化の及ばない地方の人をさげすんで称したことば。特に東方の人をさすが、一般に遠国の民族の総称としても用いられる。蛮人。えびす。＊菅家文草(900頃)一・早春侍内宴、同賦無物不逢春〈略〉「惟夏惟夷、娯楽至矣」 ＊十善法語(1775)一「諸夷の君長、粟散諸王の、その封境に自在をうる」 ＊礼記-王制「東方曰レ夷、南方曰レ蛮、西方曰レ戎、北方曰レ狄」 ②無色。＊破提宇子(1620)初段「老子の夷〈無色〉希〈無音〉微〈無形〉之三字を挙(あげ)て」 ＊老子-一四「視レ之不レ見、名曰レ夷、聴レ之不レ聞、名曰レ希、搏レ之不レ得、名曰レ微」 発音〈標ア〉〔イ〕 ⇩い〔字音語素〕

いを以(もっ)て夷(い)を＝制(せい)す[＝攻(せ)む] 他国の力を利用して別の他国の力を押える。他人の力をかりて、自分の利益を得ること。以夷制夷(いいせいい)。以夷攻夷(いいこうい)。＊王安石-翰林侍読学士梅公神道碑「公請三択レ人使二潘羅支一、兵法所謂以レ夷攻レ夷」

い【汝】〔代名〕(格助詞「が」を伴って用いられる) 対称。おまえ。相手を卑しんでいう語。＊古事記(712)中「伊(イ)賀〔此の二字は音を以ゐよ〕作り仕へ奉れる大殿の内には、意礼〔此の二字は音を似ゐよ〕まづ入りて」 ＊書紀(720)敏達一二年(前田本訓)「汝(イ)が根を、我

が根の内に入れよ」

い【衣】〘名〙身にまとうもの。きもの。ころも。きぬ。＊日本開化小史(1877-82)〈田口卯吉〉一・一「抑も人の天性は生を保ち死を避くるものなり、生を保ち死を避けんと欲するには衣なかるべからず」＊新浦島(1895)〈幸田露伴〉一六「四臂三面の御相を現じたまふ時は人皮の衣(イ)を召し玉ふこと慣例なれば誰しも憚かりて参らせねど」＊書経伝-武成「衣、服也」 発音〈標ア〉イ〈京ア〉イー0 ⇩い〔字音語素〕

いに堪(た)えざるごとし ころもの重いのに堪えられないような様子の義で、体のやせて、か弱い形容。あるいは、その身をへりくだっていう形容。＊礼記-檀弓・下「文子其中退然、如レ不レ勝レ衣、其言吶吶然、如レ不レ出二其口一」

いを摂(せっ)す 衣服を整える。身仕舞を直す。＊史記-高祖本紀「沛公起摂レ衣、謝レ之延二上坐一」

いを解(と)き食(しょく)を推(お)す 自分の衣服を脱いで人に着せ、自分の食べ物を譲って人に食わせる。人に厚く恩を施す。＊史記-淮陰侯伝「漢王授二我上将軍印一、予二我数万衆一、解レ衣衣レ我、推レ食食レ我」

いを払(はら)う 衣服のたもとを振り払う。勢いよく立ち上がるさま。奮起するさま。＊国語-晉語・八「子朱怒〈略〉撫レ剣就レ之〈略〉叔向〈略〉払レ衣従レ之、人救レ之」

い【位】 一〘名〙①くらい。座居(くらい)。位階。＊正法眼蔵(1231-1253)心不可得「仏祖の位に証せる国師にまみゆるには、すなはち勘破せらるるなり」＊譬喩尽(1786)四「位は叙すといひ官は任ずと唱ふ」②「い(威)①」に同じ。＊浮世草子・椀久二世(1691)上・又来る事のならぬ詠め「むかしに替り太夫職ことの外に見さめして位(イ)のないばかりにあらず」＊浮世草子・新色五巻書(1698)三・一「いまだ三五の秋、器量はよふもなかりしかど、親方分の位(ヰ)そなはってもったいがよいばかり」＊人情本・花筐(1841)二・七回「旦那は旦那らしくして、威儀として居るが宜いものだ。余りびれびれすると位(ヰ)が落ちますぜ」 二〘接尾〙①物事の順位、等級、位階などを表わす。＊源氏(1001-14頃)乙女「御車十五、御前四ゐ五ゐがちにて、六位殿上人などはさるべきかぎりを選らせ給へり」②死者の霊を数えるのに用いる。「英霊百位」③計算上のくらい取りを表わす。「十位の数」「小数点以下二位」 発音一は〈標ア〉イ〈京ア〉イー0 辞書文明・ヘボ 表記位(文・へ) ⇩い〔字音語素〕

いは昇(のぼ)りやすく官(かん)には進(すす)みがたし 位が進むことは比較的容易だが、役が上がるのは容易ではない。名を得ることはやすくても、実を得ることは難いということ。＊譬喩尽(1786)四「位は升(ノボ)り易(ヤス)く官(クヮン)には進(スス)み難(ガタ)し」

いをとる 相手のうわてに出て圧倒する。くらいをとる。＊浮世草子・新可笑記(1688)五・一「我猫の性なりといへるに此一言かたちに応じて位(ヰ)をとられ、さすがのしのび男あらはれける」

い【医】〘名〙①病気や傷を治療すること。また、その技術。医術。＊今昔(1120頃か)四・一二「月来(つきごろ)身に病有て医の力も不叶(かなは)ず、祈も験(しるし)無し」＊徒然草(1331頃)一二二「身を養ひ、人をたすけ、忠孝のつとめも、医にあらずはあるべからず」＊古道大意(1813)上「本居先生平阿曽美宣長の翁にて、始めは毉を業とせられたるに依て」＊国語-晉語・八「上医医レ国」②病気を治療する人。医者。医師。くすし。＊続日本紀-宝亀四年(773)四月己丑「伊賀国疫。遣レ医療レ之」＊色葉字類抄(1177-81)「毉 イ クスシ 又作医同」＊日葡辞書(1603-04)「I(イ)。クスシ〈訳〉医者。複合語としてしか用いられない。例 Mei-i(メイイ)」＊俳諧・曠野(1689)員外「なに事も長安は是名利の地〈芭蕉〉 医のおほきこそ目ぐるほしけれ〈越人〉」＊史記-扁鵲伝「為レ医、或在レ斉、或在レ趙」 発音〈標ア〉イ〈京ア〉イー0 辞書文明・日葡・ヘボ・言海 表記医(文・へ・言) ⇩い〔字音語素〕

いの博士(はかせ) 「いはかせ(医博士)」に同じ。＊文明本節用集(室町中)「医博士 イノハカセ 相当正七位下、唐名大医博士」 辞書文明 表記医博士(文)

いの道(みち) 医学の道。医道。また、医者としてのあり方。医家としての心得。＊洒落本・風俗八色談(1756)一・野夫医神農の教を受る事「医の道を説かば中々つきぬ事。必ず立派な形をして駕籠に乗て。聟取や入聟や。売家の世話する人の薬は。用ひぬが養生の第一と心得べし」

いは意(い)なり (唐の名医、許胤宗(きょいんそう)が人から著述をすすめられたとき、「医者意也、在二人思慮一、又脉候幽微、苦二其難別一、意之所レ解、口莫レ能レ宣」といったという「旧唐書-方伎伝許胤宗」の故事から) 医術は思慮と工夫とによって会得するもので、口先の説明や著書などによっては、悟り得ないものである。＊慶長見聞集(1614)一「玄徳と云薮薬師、無学にして法印に位を進み、乗物にのり我いみしけなるていたらくなせり。人是をみて医は意也とかや。徳なくして高位に有は、位をぬすむ人なりとて異名を医賊法印といふ」＊浄瑠璃・曾我姿富士(1715頃)二「薮に名のある功の者、いはいなりけり、のしのしと、座敷に通れば」＊随筆・胆大小心録(1808)六九「ただ医は意じゃとこころへて、心切をつくす趣向がついて」＊譬喩尽(1786)一「医(イ)は意(イ)なりとて、こころのはたらきもっぱらなり」

いは三世(さんぜ・さんせい) (「礼記-曲礼・下篇」の「医不二三世一、不レ服二其薬一」から) 医者は何代も続いている者が信用できるということ。＊文明本節用集(室町中)「医不二三世一(イハサンゼにあらざれば)不レ服二其薬一(そのくすりをふくせず)」＊浮世草子・笑談医者気質(1774)五・一「医は三世ならざれば其薬を服せず」＊咄本・江戸嬉笑(1806)代脉「医(ヰ)は三世(サンセイ)といへども、三代目はまだの事、二代目からして親の上手からはおとるもの」 辞書文明

いは死(し)なざる病人(びょうにん)を治(なお)す 医者は寿命のある病人をなおすことができる。死病には治療を施す方法がないということ。＊読本・開巻驚奇侠客伝(1832-49)二「鄙語にいはずや、医は死なざる病人を治すと、その死病に至りては倉公・華陀もいかがはせん」

いは=仁術(じんじゅつ)[=仁(じん)の術(じゅつ)] 医術は病人を治療することによって、仁愛の徳を施す術である。人を救うのが医者の道である。医道は仁術。＊養生訓(1713)六「医は仁術なり。仁愛の心を本とし、人を救ふを以志とすべし。わが身の利養を専に志すべからず」＊洒落本・風俗八色談(1756)一・野夫医神農の教を受る事「医は仁(ジン)の術(ジュツ)といふ事を。汝もどこぞで聞た事もあらふがな」＊黄表紙・高漫斉行脚日記(1776)下「まった古庵儀は医者ににあわぬ不身持。言語道断。いはぢんのじゅつ也といふではないか」＊歌舞伎・勧善懲悪覗機関(村井長庵)(1862)序幕「元より医(イ)は仁術(ジンジュツ)にて、今日暮(こんにちぐら)しの其為に医を業になす者は必ず病は治らぬもの」＊やみ夜(1895)〈樋口一葉〉八「成り上りて医(イ)は仁術(ジンジュツ)と勿体ぶる事穢(きたな)し」

い【囲】〘接尾〙両手をひろげて抱える大きさ。約一・五メートル。太さを計るのに用いる語。ひとかかえ。＊令義解(833)厩牧・厩条「日給二〈略〉木葉二囲一〈周三尺為レ囲〉」＊太平記(14C後)三九・諸大名讒道朝事「本堂の庭に、十囲(イ)の花木四本あり」＊荘子-人間世「至二乎曲轅一、見二櫟社樹一、其大蔽レ牛、絜レ之百囲」 辞書色葉 表記囲(色) ⇩い〔字音語素〕

い【居】〘名〙(動詞「いる(居)」の連用形の名詞化)居ること。座ること。また、その座席。「家居」「里居」「長居」などのように、多くは他の語と熟して用いられる。→居る。＊能因本枕(10C終)四二・こしら川といふ所は「ゐもさだまらず、ここかしこに立ちさまよひあそびたるも、いとをかし」＊夜の寝覚(1045-68頃)二「立ちもゐもはねをならべしむら鳥のかかる別れをおもひかけきや」 発音〈標ア〉イ 辞書言海

いに居所(いどころ)あり 動作、進退にはそれぞれきまりがあるということ。＊俚言集覧(増補)(1899頃)「居に居所あり 此詞は能楽より出づ。観世世阿彌が髄脳抄に居に居所ありとは、橋掛舞台共に序破急の能により、各定れる所の三ケ所に居ると云義なり」

いの間(ま) 居間。茶の間。＊葉隠(1716頃)一〇「時刻移り候てはいかが成。居の間に早く焼草を積、我等自害を見て、火を懸候へ」 方言千葉県夷隅郡288

い【易】〘名〙たやすいこと。↔難。＊正法眼蔵(1231-53)出家功徳「一向専二心行道一為レ易」＊文明論之概略(1875)〈福沢諭吉〉一・二「欧羅巴の文明を求るには難を先にして易を後にし」＊陸機-文賦「或本レ隠以之レ顕、或求レ易而得レ難」 発音〈標ア〉イ〈京ア〉イーイ ⇩い〔字音語素〕

い【威】〘名〙①自然に人を従わせるような勢い。人を恐れ敬わせるような力。威光。権威。位(い)。＊大鏡(12C前)四・道隆「入道殿下のなほすぐれさせ給へる威のいみじきに侍めり」＊無名抄(1211頃)「とこねの事〈略〉これを後撰の威をかりて僻難と思へるは、よくこの道にくらき故なり」＊平家(13C前)七・願書「冥顕(みゃうけん)威をくはへ、霊神力をあはせて」＊日葡辞書(1603-04)「I no (イ ノ) アル ヒト」＊浮世草子・好色一代女(1686)一・四「一切の女郎の威(イ)は客からの付(つけ)次第にして奢(おごる)物なり」＊春秋左伝-襄公三一年「有レ威而可レ畏、謂二之威一」②人をおどしつけるような強い武力。武威。＊今昔(1120頃か)二五・一一「此の頼信が兵の威糸(いと)止事无し」＊松浦宮(12C終)中「燕王のつはもののこはく、むかふ所のかならずやぶれしことは、燕王の威におそれしか」＊平家(13C前)七・平家山門連署「官軍利をえず、聖謀電戟(でんげき)の威、逆類勝(かつ)に乗るに似たり」＊浄瑠璃・国性爺合戦(1715)一「大明国いにしへより威をはげみ、国をあらそひ」 方言人品、風格。熊本県玉名郡058 発音〈標ア〉イ〈京ア〉イー0 辞書色葉・文明・日葡・ヘボ・言海 表記威(色・文・へ・言) ⇩い〔字音語素〕

いありて猛(たけ)からず (「論語-述而」に「子温而厲、威而不レ猛、恭而安」とあるのに基づく) 威厳はあるが、内に温情がこもっていて荒々しくない。孔子の容貌を評したことばで、君子の理想的な人柄をいう。＊文明本節用集(室町中)「泰而不レ驕(ゆたかなれどもおごらず)、威而不レ猛(イアレドモタケカラズ)」＊江戸繁昌記(1832-36)四・仮宅「温にして励しく、威あって猛からず。此は是れ態度」＊火の柱(1904)〈木下尚江〉一三・二「一寸お見受け申すと、何だか大変に怖(こは)さうで、〈略〉心底に温柔(やさし)い可愛らしい所がおありなすって、彼(あ)れが威あって猛(タケ)からずとでも云ふんでせうかねエ」 辞書文明

いを軋(あっ)する 威勢を争う。＊江戸繁昌記(1832-36)三・侠客「江戸人の気を抗し威を軋する、一句の違言、万丈、怒りを湧かす」

いを逞(たくま)しくす 武威を盛んにする。＊太平記(14C後)二六・楠正行最期事「唯此の楠許(ばかり)こそ、都近き殺所(せっしょ)に威(イ)を逞(タクマシ)くして、両度まで大敵を靡かせぬれば」

いを立(た)つ 武威をふるいおこす。＊太平記(14

C後)三一・新田起義兵事「之に依て諸国七道の兵、彼を討ち是を従へんと互ひに威(イ)を立つる間、合戦の止む時もなし」

いを張(は)る 威勢を示す。勢力を誇示する。＊われから(1896)〈樋口一葉〉二「赤墨汁の瓶がおし並び、歯みがきの箱我れもと威(ヰ)を張(ハ)りて、割拠の机の上」 ＊宗祇私語(1965)〈唐木順三〉「衲子には元来蹤跡はなきものぞ、などと多少威を張っていふこともある」

いを振(ふる)う 勢威を示す。勢力のあることを見せつける。＊平家(13C前)六・入道死去「さしも日本一州に名をあげ威をふるし人なれ共」 ＊海道記(1223頃)池田より菊川「軍虜地を動して弓剣威を振ふ」 ＊日葡辞書(1603-04)「I uo furŭ (イ ヲ フルウ)」 ＊経国美談(1883-84)〈矢野龍渓〉前・二「斯波多は〈略〉独り列国に盟主の威を振ふと雖も」 ＊史記-秦始皇本紀「上以振㆓威天下㆒、下以除㆑去上生平所㆓不可㆒者㆖」 辞書 文明・日葡・書言 表記 振㆑威(文) 震㆑威(書)

い【姨】〘名〙①妻の姉妹。また、妻の妹。＊色葉字類抄(1177-81)「姨 イ イモシウトメ 妻之姉妹也」 ②母の姉妹。母方のおば。＊色葉字類抄(1177-81)「姨 イヲハ 母之姉妹曰姨 又イモシウトメ」 ③めかけ。父のめかけ。⇩い〔字音語素〕

い【為】(ヰ)〘名〙①行ない。行為。＊戦後の文学(1895)〈内田魯庵〉「抑も過去の満足に安んずるは智ある国民の為(ヰ)にあらず」 ②箏の琴の第一二番弦の名。↓斗為巾(といきん)。＊二十巻本和名抄(934頃)四「箏柱附 蒼頡篇云箏形似㆑瑟而短。有㆓十三絃㆒。〈今案箏譜云、一二三四五六七八九十斗為巾。是十三絃名也〉」 ＊塵袋(1264-88頃)七「一 箏の絃をば一二三と云ひて、をはりの三をば、斗為巾と云ふこそ、不具なるやうに覚ゆれ」 ＊浄瑠璃・壇浦兜軍記(1732)三「十三の絃筋(いとすじ)に縛り搦めて琴柱(ことじ)にくぐめ、科(とが)の品々一より十まで斗為(ヰ)吟ずるを」 ③尺八の語。明暗流で、尺八の第三・第四・第五の三孔を開く指法。琴古流および都山流では「ひ」という。⇩い〔字音語素〕

い【胃】(ヰ)〘名〙㊀脊椎(せきつい)動物の消化管のうち、食道と腸の間の部分をさす。食道との境界を噴門、腸との境界を幽門という。食物は一定時間ここにとどまり、消化作用をうける。普通、一室であるが、前胃と砂嚢との二室に分かれた鳥類や、四室に分かれた反芻(はんすう)類などがある。無脊椎動物では、中腸であり、食物の一時的貯蔵場所となる袋状の部分をさすことが多い。いぶくろ。＊色葉字類抄(1177-81)「胃 ヰ クソフクロ」 ＊名語記(1275)二「胃の腑にあれば、ゐを名とせる歟」 ＊寛永刊本蒙求抄(1529頃)六「胃(イ)は、胃の府(ふ)陽也」 ＊日葡辞書(1603-04)「I (イ)〈訳〉胃。但し普通は、Ino (イノ)フという」 ＊養生訓(1713)七「棗(なつめ)は元気を補ひ胃(ヰ)をます」 ＊黄表紙・十四傾城腹之内(1793)「脾は一切の食物をこなす役、胃は食を受けとる役にて」 ＊医語類聚(1872)〈奥山虎章〉「Stomach 胃」 ＊黄帝内経素問-五蔵別論「水穀入㆑口、則胃実而腸虚、食下則腸実而胃虚」 ㊁二十八宿の一つ。距星はおひつじ座の一部。胃宿。＊教行信証(1224)六「彼天仙七宿者、虚・危・室・壁・奎・婁・胃」 ＊二中歴(1444-48頃か)五「廿八宿〈略〉奎、婁、胃、昴、畢、觜、参」 ＊制度通(1724)一・日星躔度の事「奎、婁、胃、昴、畢、觜、参の七宿、その並びやう虎の形の如し」 ＊史記-天官書「胃為㆓天倉㆒、其南衆星曰㆓廥積㆒」 発音〈なまり〉リ〔青森・津軽語彙〕〈標ア〉[0]〈京ア〉イー [イ] 辞書 文明・明応・易林・書言・ヘボン・言海 表記 胃(文・明・易・書・ヘ・言) ⇩い〔字音語素〕

い【胆】〘名〙胆嚢(たんのう)。きも。＊霊異記(810-824)上・一「小子部栖軽は、泊瀬の浅倉の宮に二十三年天の下治めたまひし雄略天皇〈大泊瀬稚武の天皇と謂す〉の随身、肺脯(しふ)の侍者なり〈興福寺本訓釈 肺脯 上音之反訓支毛 下普音反訓伊〉」 ＊大智度論天安二年点(858)六〇「諸天子其れが胆(イ)の力を益す」 ＊十巻本和名抄(934頃)二「膽 中黄子云膽〈都敢反以〉為中精之府」 ＊日葡辞書(1603-04)「I (イ)〈訳〉胆嚢。しかし、複合してでなくては用いられない。例、クマノ i (イ)」 語誌 (1)「日本書紀」に「伊吹山」「生駒山」を「膽吹山」(景行四〇年)「膽駒山」(神武即位前紀)と表記する借訓仮名としての例が見え、「い(胆)」は古くから存在したらしいが、もっぱら辞書・訓点資料の和訓として用いられていた。(2)中世末以降、一般作品では「くまのい(熊胆)」などの複合語の形で残存する。この時期、内臓は字音で呼ぶ傾向にあったことや、一般語として浸透しつつあった「い(胃)」との同音衝突により、衰退していったと考えられる。語源説 (1)生命の源である風、すなわちイキ(気・息)の反〔名語記〕。(2)イキイレ(生入)の義〔日本語原学＝林甕臣〕。(3)イタリトム(至止)の義。胆は思慮の至り止まる所であるから〔国語本義〕。発音〈なまり〉ユ〔鳥取・島根〕〈標ア〉[イ]〈ア史〉イー 平安●●〈京ア〉イー [イ] 辞書 字鏡・和名・色葉・名義・日葡・書言・ヘボン・言海 表記 膽(和・色・名・書・ヘ・言) 膃(字・名)

いを瀝(したた)つ (胆(きも)を抜いてしたたらせる意) 辛苦する。目的を達成するため、心を使い苦労を重ねるたとえ。＊書紀(720)欽明二三年六月(寛文版訓)「而るを瀝胆(イヲシタテ)腸(おもひ)を抽(ぬ)きて、共に姧(かだましく)逆(さかれる)を」

いを嘗(な)む (敗戦の屈辱を忘れないために苦い胆(きも)をなめて、再起を期した、越王勾践(こうせん)の故事から) 報復のために、艱難辛苦に耐えるたとえ。将来の成功を期待して、長い間報いられずに苦労する。臥薪嘗胆(がしんしょうたん)。＊書紀(720)斉明六年一〇月(北野本訓)「戈を枕にし胆(イ)ヲ嘗(ナ)メ、必ず拯救(すくひ)を存(たも)て」 ＊道程(1914)〈高村光太郎〉新緑の毒素「にがき胆(イ)を嘗(な)むれど〈略〉息ぐるしき辛辣のただよひは我が身を包み」 ＊南史-梁本紀下・論「撫㆑剣嘗㆑胆、枕㆑戈泣㆑血、躬先㆓士卒㆒」

い【韋】(ヰ)〘名〙なめしがわ。古くは竹の札をなめしがわの紐で綴じて書物とした。＊空華日用工夫略集-永徳元年(1381)一二月二七日「昔以㆓竹板㆒為㆑書、以㆑韋編㆓上下㆒。故以㆓書巻㆒為㆑冊。其韋絶則誤編者多矣。孔子読㆑易、韋編三絶者是也」 ＊史記-孔子世家「孔子晩而喜㆑易、序㆓彖・繋・象・説卦・文言㆒。読㆑易韋編三絶」 辞書 文明 表記 韋(文) ⇩い(韋)〔字音語素〕

い【扆】〘名〙中国で、玉座の後ろに立てたびょうぶで、斧(おの)の形を赤地の絹に縫い取りしたもの。天子が諸侯に対面する時に用いた。転じて、玉座をもいう。＊宝覚真空禅師録(1346)乾・山城州西山西禅寺語録「道邁㆓義軒㆒、負㆑扆而君臨有㆑截」 ＊太平記(14C後)八・禁裡仙洞御修法事「聖主扆(イ)を負て、春秋安き時無く」 ＊太平記(14C後)二二・畑六郎左衛門事「爰(ここ)に周王是れを愁へて扆(イ)を安んじ給はず」 ＊落葉集(1598)小玉篇「扆(イ) てんしのゐどころ」 ＊書経-顧命「狄設㆓黼扆綴衣㆒。〈孔安国注〉扆、屏風、画為㆓斧文㆒、置㆓戸牖間㆒」 辞書 易林 表記 扆(易)

い【唯】(ヰ)〘感動〙相手のことばに謹んで従うことを表わす返事のことば。はい。＊論語-里仁「子曰、参乎、吾道一以貫㆑之。曾子曰唯」 辞書 色葉 表記 唯(色) ⇩い〔字音語素〕

い【尉】(ヰ)〘名〙中国で軍事、警察を担当した官。秦の郡県制で郡尉・県尉が置かれたのに始まる。日本では、軍事、警察などをつかさどる者の官名に用いた。＊今昔(1120頃か)九・二三「冨平県の尉、鄭余慶と云ふ人」 ＊史記抄(1477)一七・游侠列伝「言は、処の尉や史の官どもに某人は解が心中に、大切にする人でさふ」 ⇩い〔字音語素〕

い【帷】(ヰ)〘名〙四方に引き回した垂れぎぬ。ひきまく。とばり。＊菅家文草(900頃)一・哭菅外史、奉寄安著作郎「少日垂㆑帷疲㆓蠹簡㆒、当年対㆑策落㆓竜門㆒」 ＊花柳春話(1878-79)〈織田純一郎訳〉四「嘗(かつ)て帷(ヰ)を下して書を読み、数月人と交らず」 ＊近江聖人(1892)〈村井弦斎〉我が良師「況(ま)して熊沢ぬしと云へば久しく京都に帷(ヰ)を垂れ給ひて芳名此地にまで聞えたるものを」 ＊史記-蘇秦伝「連㆑衽成㆑帷、挙㆑袂成㆑幕」 発音〈標ア〉[イ] ⇩い〔字音語素〕

いを下(くだ)す (読書するときに帷(とばり)を垂れる意から) 子弟を集めて教授する。塾を開く。＊史記-董仲舒伝「下㆑帷講誦、三年不㆑窺㆑園」

い【異】〘名〙〘形動〙①他と違っていること。また、そのさま。→異(い)を立てる・異(い)を唱える。＊正法眼蔵(1231-53)古鏡「しかあれば明鏡の明と古鏡の古と、同なりとやせん、異なりとやせん」 ＊妙一本仮名書き法華経(鎌倉中)四・授学無学人記品第九「国土、およひ弟子、正法と像法と、ことごとくひとしくして、異(イ)あることなけむ」 ＊造化妙々奇談(1879-80)〈宮崎柳条〉一「猫に山猫、野猫の異(イ)あり」 ＊断橋(1911)〈岩野泡鳴〉一一「そして、川が大きくまはって、万面、紅葉の丸山をいだくところなど、赤い間にところどころ黒ずんだ椴松(とどまつ)二三本の異を点じ、流れはふつふつと白く泡立ってゐる」 ②普通、一般とは違っていること。変であること。不思議であること。また、そのさま。＊三教指帰(797)上「斲㆑蝿飛㆑鳶之妙。凌㆓匠輪㆒而翔㆑異」 ＊古事談(1212-15頃)一・夏雪降事「彼両度六月雪降云々。是宮中令㆑散㆑雪也、入㆓秋節㆒於㆓山陰道㆒有㆓此異㆒」 ＊竹沢先生と云ふ人(1924-25)〈長与善郎〉竹沢先生富士を観る・一「一寸異に思はれるが」 ③仏語。異相のこと。四相の一つ。ものを変化させ、衰えさせるもの。＊徒然草(1331頃)一五五「生・住・異・滅の移りかはる実の大事は、たけき河のみなぎり流るるが如し」 ＊倶舎論-五「此於㆓諸法㆒、能起名㆑生、能安名㆑住、能衰名㆑異、能壊名㆑滅。〈略〉然経説㆓住異㆒、是此異別名」 発音〈標ア〉[イ][0]〈京ア〉イー[0] 辞書 文明・日葡・ヘボン・言海 表記 異(文・ヘ・言) ⇩い〔字音語素〕

いとする 奇異と思う。不思議に思う。多く、「異とするに足りない」などの形で用いる。＊随筆・山中人饒舌(1813)上「筆墨之不㆑及㆓前古㆒、固不㆑足㆑異也」 ＊明六雑誌-一四号(1874)知説一〈西周〉「他の意と情との唯旺衰ありて増益なきに似ず、之を異とするなり」 ＊日本の下層社会(1899)〈横山源之助〉一・三「此処に記すべきは、東京の貧窟に工業直接の労働に服する職工を見ること少きは異とすべし」 ＊小説平家(1965-67)〈花田清輝〉三・一「べつだん、異とするにたりないであろう」 ＊くさびら譚(1968)〈加賀乙彦〉四「釣をやろうと女道楽をしようと少しも異とするに当らない」

いを挟(さしはさ・はさ)む 別の考えを出す。疑わしく思う。＊平和運動と誓い(1954)〈桑原武夫〉「実践運動に献身しておられる人の実情をわきまえた言葉に、経験とぼしい私などが異をはさむのはおかしく失礼のようであるが」

いを立(た)てる 違った意見をもち出す。反対の行ないをする。＊三四郎(1908)〈夏目漱石〉一二「二人は技巧の評ばかりする。与次郎が異(イ)を樹(タ)てた」 ＊苦の世界(1918-21)〈宇野浩二〉一・一「こんなことをいふと、ことさら異を立てるやうに聞えるかもしれないが」

いを唱(とな)える 別の意見を出す。異議を唱える。＊真夏の死(1952)〈三島由紀夫〉「応急処置はまづ宿に運んでからにするべきだと主張する。異を唱へる者がある」 ＊安土往還記(1968)〈辻邦生〉三「それに報いようとしている態度に異を唱えるつもりは毛頭なかった」

い【移】〘名〙令制で、直属関係にない官司間で取り交わす公文書。被官の司は解(げ)をもって所管に申し、所管から他司に向かってこの文書を出す。その書式は、書き初めに、文書を出す官衙(かんが)の名称があり、次に「移」と書き、その下に文書を受ける官衙の名称を書く。「故移」「以移」などを書き止めとする。＊石崎直矢氏所蔵文書‐天平勝宝八年(756)正月一一日・美濃国司移案(寧楽遺文)「美濃国司移、造東大寺司」＊続日本紀‐神護景雲二年(774)八月庚申「得ニ常陸国移一曰。今被ニ官符一。方欲レ掘レ川」＊令義解(718)公式・移式条「内外諸司。非ニ相管隷一者。皆為レ移」＊唐六典‐尚書省・都事「諸司自相質問、其義有レ三曰、関・刺・移。〈注〉移謂レ移ニ其事於他司一、移則通判之官皆連署」 辞書 色葉 表記 移(色)

い【斎】〘接頭〙 神事に関する名詞の上に付き、不浄を忌み清める意を表わす。清浄な。神聖な。＊古事記(712)下・歌謡「上つ瀬に伊(イ)杙(くひ)を打ち」＊万葉(8C後)一一・二六六三「ちはやぶる神の伊(イ)垣もこえぬべし今はわが名の惜しけくもなし〈作者未詳〉」 語源説 (1)イキ(気)の下略〔大言海〕。(2)イミ(忌)の反〔名語記〕。

い【偉】ヰ〘名〙〘形動〙 ①大きく立派なこと。すぐれているさま。＊日本開化小史(1877‐82)〈田口卯吉〉一・一「夫の感じ少き草昧の人心をして、面白しとか恐ろしとか、偉なりとか感ぜしめたる事は、必ず奇怪ならざるべからず」＊それから(1909)〈夏目漱石〉七「彼は此雲の峰だか、又巨大な女性だか、殆んど見分けの付かない、偉(ヰ)な塊を脳中に髣髴(はうふつ)して」＊真贋の森(1958)〈松本清張〉三「日本古美術史を学問的に確立した本浦奘治の業績は偉とするに足りよう」＊漢書‐陳遵伝「長八尺余、長頭大鼻、容貌甚偉」 ②盛んなこと。はなばなしいこと。＊韓愈‐送区冊序「升レ自ニ賓階一、儀観甚偉」 発音 〈標ア〉イ ⇩い〔字音語素〕

い【堰】ヰ〘名〙 河や池に、石や土を盛って、水の流れをせきとめ、用水をたたえておく所。いせき。いで。 方言 ❶用水路。井堰(いせき)。◇いい 沖縄県首里054 ◇え 新潟県佐渡348 ◇ええ 富山県砺波397 ◇ゆ 宇治山田†101 石川県404 岐阜県498 502 三重県伊勢001 香川県829 ◇ゆう 石川県能美郡404 三重県586 兵庫県明石郡665 和歌山県日高郡698 高知県香美郡038 ❷田に引く用水。◇え 新潟県佐渡351 ◇ゆ 大阪府泉北郡646 兵庫県加古郡664 ❸川。 ◇え 石川県能美郡(小川)420 ◇ゆ 高知県長岡郡054 語源説 (1)ヰル(集)の語根に通じる〔大言海〕。(2)ヰ(井)の義。井桁(いげた)のように構えて水を防ぐことから〔名言通〕。(3)動かない意のヰ(居)から。灌漑(かんがい)用のために川の水をせきとめることの意のヰに「堰」の字を当てたもの〔豆の葉と太陽＝柳田国男〕。 発音 〈なまり〉ユ〔岐阜・飛驒〕〈標ア〉イ 辞書 言海 表記 堰(言)

い【猪】ヰ〘名〙 イノシシ、ブタの総称。特にイノシシ。＊古事記(712)下「大猪出でき。即ち天皇鳴鏑(なりかぶら)を以ちて其の猪を射たまひし時」＊琴歌譜(9C前)山口振「山口 大菅原を 牛は踏む 為(ヰ)は踏むともよ 民な踏みそね」＊十巻本和名抄(934頃)七「猪 猪子附 爾雅集注云猪〈徴居反〉一名彘〈音弟井〉」＊太平記(14C後)一三・藤房卿遁世事「馬副四人、か千冠(ちかぶり)に猪(イ)の皮の尻鞘(しりざや)の太刀佩いて」 語源説 (1)ヰ(居)の義。首がいすわっていて、回らないことから〔名言通・和訓栞・言葉の根しらべ＝鈴江潔子・日本語原学＝林甕臣・日本語源＝賀茂百樹〕。(2)ヰ(居)。皮をシキヰ(席)にすることから〔言元梯〕。(3)「臥居」の「臥」を省いてヰと言うようになったもの〔俚言集覧〕。よく臥すから〔隣女晤言〕。(4)ウシの反。コウシに似ているから〔名語記〕。(5)Wi(猯)。その鳴き声から〔日本語原考＝与謝野寛〕。 発音 〈ア史〉イー 平安・鎌倉・江戸●● 〈京ア〉イー イ 辞書 字鏡・和名・名義・日葡・ヘボン・言海 表記 猪(和・へ・言) 豕(名・言)

いの陰嚢(ふぐり) ブタの睾丸。＊本草和名(918頃)「豚卵、一名豚顛、和名為乃布久利」 発音 イノフグリ 〈標ア〉フ 〈ア史〉平安●●●●○ 辞書 和名・色葉・名義 表記 豚卵(和・色・名) 豚顛(色・名)

い【寝・眠】〘名〙(ふつう、助詞「の」「を」「も」などを介して次に動詞「ぬ(寝)」がくる形をとる。また、「うまい」「やすい」「あさい」など複合語を作る) ねむること。ねむり。睡眠。＊古事記(712)上・歌謡「真玉手(またまで)玉手(たまで)さし枕(ま)き 股長(ももなが)に 伊(イ)は寝(な)さむを」＊源氏(1001‐14頃)明石「いとどほけられて、昼は日一日(ひひとひ)いをのみ寝暮らし、夜はすくよかに起きゐて」＊新古今(1205)恋五・一三四六「うちはへていやはねらるる宮城野の小萩が下葉色にいでしより〈よみ人しらず〉」＊新撰菟玖波(1495)恋・下「いかなる時かいを安くねん 雨にこひ月に恨みぬ夜半もなし〈宗般〉」＊俳諧・新花摘(1784)「こよひはいをやすくおはせなど語る」 語誌 古くから独立性が弱く、他の語と熟合する場合を除いて「いを寝(ぬ)」「いも寝」「いの寝らえぬ」「いこそ寝られね」など、助詞を介して「い…ぬ」の形で用いられる。なお、「い」と「ぬ」とが直接結合した「いぬ」は、「万葉集」の表記から考えて、すでに一語化していたとみられる。 語源説 (1)夜儀またはヤミの反〔名語記〕。(2)ヤミの約。見ることも思うこともなく止む意〔和訓集説〕。(3)イはイタリトマル(至止)。日業が終わり、人寝所に至り止まるから〔国語本義〕。(4)イヌ(寝)の名詞化イネの語尾の省略〔日本語原考＝与謝野寛〕 辞書 言海 表記 寝(言)

いこそ寝(ね)られね 熟睡ができない。安眠できない。＊古今(905‐914)恋二・六〇五「手も触れで月日経にける白檀弓(しらまゆみ)起き伏し夜はいこそねられね〈紀貫之〉」＊拾遺(1005‐07頃か)夏・一一八「五月雨はいこそねられね郭公夜深く鳴かむ声を待つとて〈よみ人しらず〉」＊金槐集(1213)旅「くさまくら旅にしあれば苅(かり)こもの思ひ乱れていこそねられね」

いの寝(ね)らえぬ (「らえ」は上代の可能の助動詞「らゆ」の未然形。「ぬ」は打消の助動詞「ず」の連体形。準体句を構成している) 眠りにつくことができない。熟睡することができない。＊万葉(8C後)一・七一「大和恋ひ寐之不所宿(いのねらえぬ)に心なくこの渚崎廻(すさきみ)に鶴(たづ)鳴くべしや〈忍坂部乙麻呂〉」＊万葉(8C後)一五・三六六五「妹を思ひ伊能禰良延奴(イノネラエヌ)に暁(あかとき)の朝霧ごもり雁がねそ鳴く〈遣新羅使人〉」 補注 「万葉集」の中にだけ見られる表現。後世の歌集(「拾遺」「風雅」など)が、「万葉集」中の歌を取り上げる場合には、「いのねられぬ」という形になっている。

いも寝(ね)ず ねむりもしない。熟睡もしない。＊万葉(8C後)一七・三九六九「この夜すがらに 伊母禰受(イモネズ)に 今日もしめらに 恋ひつつそ居る〈大伴家持〉」＊竹取(9C末‐10C初)「夜はやすきいもねず、闇の夜に出でて穴をくじり、かいまみまどひあへり」＊徒然草(1331頃)九「すべて女の、うちとけたるいも寝ず身を惜しとも思ひたらず、堪(た)ふべくもあらぬわざにもよく堪へ忍ぶは、ただ色を思ふがゆゑなり」 補注 「い」を、係助詞「も」が受ける場合は、下接する動詞「寝(ぬ)」には否定の意が加わることが多く、ほかに、「いも寝られず」「いも寝(ぬ)らめやも」「いも寝じ」などがある。また、「いも寝てしかも」と願望の表現になるときもある。

いも寝(ね)られず 眠ることもできない。安眠できない。＊蜻蛉(974頃)上・天暦一〇年「うちとけたるいもねられず」＊落窪(10C後)一「君一人臥して、いもねられぬままに」＊新古今(1205)春下・一〇六「いもやすくねられざりけり春の夜は花の散るのみ夢に見えつつ〈凡河内躬恒〉」

いを寝(ぬ) 眠る。睡眠をとる。＊万葉(8C後)一二・三〇九二「白檀弓(しらまゆみ)斐太(ひだ)の細江の菅鳥(すがとり)の妹に恋ふれか寐宿(いをね)かねつる〈作者未詳〉」＊万葉(8C後)二〇・四四〇〇「家思ふと伊乎禰(イヲネ)ずをれば鶴(たづ)が鳴く葦辺も見えず春の霞に〈大伴家持〉」 辞書 言海

い【意】〘名〙 ①心に思うこと。考え。意見。＊凌雲集(814)和左衛督朝臣嘉通秋夜寓直周廬聴早雁之作〈嵯峨天皇〉「感殺周廬寓道者、終宵不レ寝意無レ窮」＊天草版金句集(1593)「カレコレノ コトヲ マナベバ ヒトツモ inixenu (イニセヌ) モノ ヂャ」＊俳諧・去来抄(1702‐04)先師評「先師の意を以て見れば、少(すこし)狂者の感も有(ある)にや」＊詩学逢原(1763)上・詩有境趣「趣とは意・趣向なり。我心に思ふこと、知ること、思ひ出すこと、思ひやること、楽むこと、凡心の用、皆名付て趣とす」＊魏志‐呂布伝「諸将各異レ意自疑、故毎レ戦多敗」 ②心に決めたこと。望み。また、しようとする考えや気持。こころざし。意志。＊太平記(14C後)一七・山門攻事「大将山徒の号に宥恕して〈略〉生て置ん共、殺されんとも、意に任す可しと仰せられければ」＊江戸繁昌記(1832‐36)四・仮宅「願はくは意と為って心に随ひ、君楽しめば則ち妾も亦楽しみ、哀しめば則ち亦哀しまん」＊教育学(1882)〈伊沢修二〉三・五「意の定義 意は撰ぶ所の心力にして、吾人がよりて以て我欲する所を行ひ得るものなり」＊正直者(1903)〈国木田独歩〉「私は其意を奉じて下宿屋に帰りました」＊野分(1907)〈夏目漱石〉二「今度逢ったら大に謝罪の意(イ)を表する積りだ」＊魏書‐李琰之伝「曽遊ニ河内北山一、便欲レ有ニ隠遁意一」 ③わけ。意味。また、文章などで言おうとしている点。主旨。＊読本・春雨物語(1808)海賊「汝が名、以レ一貫レ之と云語をとりたる者とはしらる。さらば、つらぬきとよむべけれ。之は助音、之には意ある事無し」＊浮雲(1887‐89)〈二葉亭四迷〉二・七「其意を暁(さと)ったか暁らないか」＊文心雕龍‐書記「或事本相通而文意相異」 ④好意。愛情。＊春潮(1903)〈田山花袋〉一一「娘の此身に多少の意を有して居ることは最早明白である」 ⑤仏語。あれこれと考える心のはたらき。また、心の意にも用いる。そのはたらきのよりどころを意根、意処、意界ともいう。＊勝鬘経義疏(611)十大受章「第一初五戒名為ニ摂律儀戒一。律者類也。儀者容儀。此五戒止ニ於意悪一」＊正法眼蔵(1231‐53)自証三昧「一耳はきき、一耳はとく、一舌はとき、一舌はきく、乃至眼耳鼻舌身意、根、識、塵等もかくのごとし」＊倶舎論‐四「集起故名レ心。思量故名レ意。了別故名レ識〈略〉心・意・識三名、所詮義雖レ有レ異、而体是一」 発音 〈標ア〉イ 0 〈京ア〉イー 0 辞書 文明・ヘボン・言海 表記 意(文・へ・言) ⇩い〔字音語素〕

い到(いた)りて筆(ふで)随(したが)う 詩歌や文章を作るにあたって、自分の思うままに筆がうごく。詩歌などがすらすら作れること。＊春渚紀聞‐東坡事実「作ニ文章一意之所レ到、則筆力曲折、無レ不レ尽レ意」

いがある ①好意を寄せる。ひそかに愛情をもつ。＊彼岸過迄(1912)〈夏目漱石〉須永の話・二七「或女に意(イ)のあった或男が、其婦人から相手にされないのみか」＊明暗(1916)〈夏目漱石〉三一「意(イ)があるってえのはね。—つまりそのね。—まあ、好きなのさ」 ②ある事柄に対し、こうである、また、こうしたいという気持を持っている。真意とする。＊花柳春話(1878‐79)〈織田純一郎訳〉一「君若し意あらば一夜を此茅屋に明すべし」＊都会の憂鬱(1923)〈佐藤春夫〉「敢て渚山の意のあるところを察しようとはしなかった」

いが動(うご)く そうしたいという気が起こる。心が動く。＊同時代史(1949‐54)〈三宅雪嶺〉「黒川も意が動いたものの前田家の切なる望でもあり」

い言外(げんがい)にあり 詩文などで、明らかにそれと言わないが、どことなくその意味の悟り得られることをいう。

いと=する〔=為(な)す〕 ①気にとめる。気にか

ける。意に介する。多く下に打消の語を伴って用いられる。＊花柳春話(1878-79)〈織田純一郎訳〉二「君請ふ意と為すなかれ」＊内地雑居未来之夢(1886)〈坪内逍遙〉二「本心を覚らざる族は、往々其浮佻を嘲けりしかど、恭輔これをもて敢て意(イ)とせず」＊思ひ出す事など(1910-11)〈夏目漱石〉七「種類保存のためには個々の滅亡を意とせぬのが進化論の原則である」②ある事柄に対し、こうである、また、こうしたいと思う。＊太平記(14C後)三八・太元軍事「只尺寸の謀を以て大功の成らん事を意とする者也」

いに中(あた)る 心にかなう。気に入る。また、思うつぼにはまる。意にかなう。＊文明開化(1873-74)〈加藤祐一〉二・下「百が百千が千、取るに足らぬ事ばかりなれど、其中稀には開化の趣意に近い事もあり、又敬神の意(イ)に当(アタ)る事も正理に叶ふ事もある事故」＊花柳春話(1878-79)〈織田純一郎訳〉五二「思を寄せ、争って其意に中らん事を求むる者多し」＊露団々(1889)〈幸田露伴〉一九「小生もまたぶんせいむの意に中(アタ)らざるをもって遂に空しく帰りしに」＊漢書-江充伝「奉レ法不レ阿、所レ言中レ意」

いに介(かい)す 気にとめる。気にかける。意となす。＊日本開化小史(1877-82)〈田口卯吉〉三「更に意に介する所なし」＊当世書生気質(1885-86)〈坪内逍遙〉一七「些細な褒貶を意(ヰ)に介(カイ)して快々鬱々(わうわうううつつ)として居るから」＊後漢書-度尚伝「所レ亡少少、何足レ介レ意」

いに適(かな)う 「い(意)に中(あた)る」に同じ。＊神楽坂(1935)〈矢田津世子〉三「内儀さんのこんな稼ぎっぷりが意に叶(カナ)ってゐる」＊史記-三王世家「百蛮之君、靡レ不二郷レ風承レ流称一レ意、遠方殊俗、重レ訳而朝、沢及二方外一」

いに投(とう)ずる 「い(意)を迎える」に同じ。＊別れた妻に送る手紙(1910)〈近松秋江〉「斯う言って先方(さき)の意に投ずるやうに聞くと」

いに留(と)める 意識にのぼせる。気にとめる。心にかける。意に介す。＊夜光時計(1969)〈津村節子〉「男は道世の存在など全く意にとめていない足どりで傍を通り過ぎ」

いに満(み)たない 気に入らない。満足しない。＊金毘羅(1909)〈森鴎外〉「博士は例の意に満たない講義をして、夕方に帰った」＊慈照院義政(1965)〈唐木順三〉義政独語「私の威令は行はれず、意にみたぬことが重なって私を憂鬱にした」

いの如(ごと)し 思いどおりである。心のままである。＊実隆公記-文明一六年(1484)正月朔日「雪降。万物一新之節、四海安泰之春、官位福禄、毎事如レ意。吉祥須レ在二今春一者也。幸甚々々」＊当世書生気質(1885-86)〈坪内逍遙〉一「腕づくにて、金も名誉(ほまれ)も意(イ)の如(ゴト)くに得らるるからの奮発出精」＊草枕(1906)〈夏目漱石〉三「何事も意の如くに出来ん事はないが」＊漢書-京房伝「臣疑陛下雖レ行二此道一、猶不レ得レ如レ意」

いのまま 思いどおり。思いのまま。＊権といふ男(1933)〈張赫宙〉「きみとぼくが、かたく結びつけば、学校の仕事は二人の意のままになるのさ」

いを致(いた)す ①心中を十分に明らかにする。また、意志を伝達する。告げ知らせる。＊戦国策-趙策・上「夫制二于服一之民、不レ足二与論一レ心、拘二於俗一之衆、不レ足二与致一レ意」②心を用いる。心をこめる。留意する。＊米欧回覧実記(1877)〈久米邦武〉一・一四「『マーケット』は、商業の根元にて、小商小農、一般の生理に関し、国の富殖も此に生するものなれば、其仕組規則に、転た意を致すことなり」＊日本の下層社会(1899)〈横山源之助〉一・一三「余輩は同夜学舎の成長を望み、且つ江湖の士に貧民教育の事に意を致さんことを望みて止まざるなり」

いを承(う)く 人の考えに従ってふるまう。迎合する。また、先方の気に入るように、きげんをとる。＊随筆・孔雀楼筆記(1768)二「承レ意(いヲウケ)希レ風と云ふこと、貴賤共に大害と云ふべし」＊江戸繁昌記(1832-36)初・山鯨「意を承け色を察し、痔を舐り溺を嘗め、百諂千佞、只家娘の心を失はんことを恐る」＊虞美人草(1907)〈夏目漱石〉三「われに対する好意から、見損なった母の意(イ)を承(ウ)けて、御互に面白からぬ結果を〈略〉家庭のなかに打(ぶ)ち開(ま)ける事がないとも限らん」＊史記-汲黯伝「黯曰、天子置二公卿輔弼之臣一、寧令三従諛承レ意、陥二主於不義一乎」

いを失(うしな)う ①思うようにならなくなる。望みが遂げられなくなる。＊鮑照-結客少年場行「失レ意杯酒間、白刃起相讐」②きげんをそこなう。おもしろくなく思う。＊魏志-呂布伝「董卓、性剛而褊、忿不レ思レ難、嘗小失レ意、抜二手戟一擲レ布、布拳捷避レ之」③気力をなくする。やる気をなくする。＊西国立志編(1870-71)〈中村正直訳〉六・一五「ここに於て悵然として意を失ひしが、後に及んで」

いを得(え)ず[=ぬ] ある物事について、よく理解できない。わけがよくわからない。また、相手の気持が理解できない。納得できない。＊看聞御記-応永二四年(1417)正月二三日「蔭蔵主御所望事難レ叶之由雖レ被レ申、再三御所望之間、当所僧坊田内十石被レ進云々。陽明局密々語レ之。御隠密之条不レ得二其意一」＊浮世草子・傾城色三味線(1701)京・二「猩々のあしもとして大臣をいわへば、半さらに其意(イ)を得ず」＊浄瑠璃・仮名手本忠臣蔵(1748)四「『此九太夫合点がいかぬ』『ヲヲ親父殿そふじゃそふじゃ。此定九郎も其意を得ぬ』」＊近世紀聞(1875-81)〈染崎延房〉三・二「甚以(はなはだもって)其意(イ)を得(エ)ず」

いを得(え)る[=得(う)] ①意図や意味を了解する。納得する。また、希望どおりである。満足する。＊ロドリゲス日本大文典(1604-08)「ヲウセ カウムリソロ ヂョウヂョウ イチ イチ ソノ yuo (イヲ) ye (エ) ソロ」＊浮世草子・傾城色三味線(1701)江戸・四「よっぽどのきげんなりしが、長兵衛が只今の口上、何共其意(イ)を得られず」＊随筆・孔雀楼筆記(1768)一「意得たりとて、上等の金襴(きんらん)を買て、箪子(たんす)の内をはりたてたり」＊号外(1906)〈国木田独歩〉「それだそれだ大に僕の意(イ)を得(エ)たりだ」＊李白-将進酒詩「人生得レ意須レ尽レ歓、莫レ使二金樽空対一レ月」②思いつく。考えつく。＊江戸繁昌記(1832-36)二・薬品会「偶然意を得て、偶然筆を走らす。我、吾を慰むるのみ」

いを置(お)く 一生懸命になって尽力する。また、あれこれと気を配る。意を注ぐ。意をとどめる。意を用いる。＊日本の下層社会(1899)〈横山源之助〉三・三「而して人数の多を占むる下層社会に意を置くことをせず、幷に渠等工女が身の上に就ては一瞥の注意だも与へずと雖も」

いを寓(ぐう)す 他の事物にかこつけて思うことをほのめかす。心を寄せる。＊随筆・孔雀楼筆記(1768)跋「而其属辞比事、亦未二嘗不一レ寓レ意焉」＊文心雕龍-頌讚「三閭橘頌、情采芬芳、比レ類寓レ意」

いを汲(く)む 人の意見や考えを尊重する。＊帰省(1890)〈宮崎湖処子〉五「父も妾の意を酌みて、此頃は病重りたれど、何事も心に忍びて」＊断橋(1911)〈岩野泡鳴〉五「どうせ、お前は不勉強の、学問ぎらひで、父の在世中から学校をやめたかったのである。自分はその意を汲んで、お前を直ぐ自分の事業にたづさはらせ」

いを決(けっ)する 思い切って決心する。心を決める。＊舞姫(1890)〈森鴎外〉「彼少女との関係は〈略〉慣習といふ一種の惰性より生じたる交なり。意を決して断てと」＊行人(1912-13)〈夏目漱石〉帰ってから・七「今迄躊躇してゐた芳江は〈略〉急に意(イ)を決(ケッ)したものの如く」＊梁武帝-凡百箴「思レ之既熟、決レ意而行」

いを属(しょく・ぞく)す 心を寄せる。望みをかける。期待する。＊花間鶯(1887-88)〈末広鉄腸〉下・一〇「官民ともに深く意を国野に属(ゾク)せしが」＊史記-夏本紀「禹子啓賢、天下属レ意焉」

いを注(そそ)ぐ 一所懸命に努力する。また、気を配る。気をつける。意をつける。＊蕉堅藁(1403)題梅花野処図「淡月疎梅埜水湾、何人注レ意写二荒寒一」＊日本開化小史(1877-82)〈田口卯吉〉四・七「編纂したりし史類を閲するに、其最も意を注ぎたる所は」＊細君(1889)〈坪内逍遙〉四「お園の詫びる泣き声の仮令(よし)聞えても他の事に意を注ぐべき余地もなし」＊途上(1932)〈嘉村礒多〉「衰へた健康の養生に意を注いだ」

いを体(たい)する 人の意見や気持を理解し、それに従って行動する。＊江戸を東京と改称し給へる詔-明治元年(1868)七月一七日「因て自今江戸を称して東京とせん。是朕(ちん)の海内一家、東西同視する所以(ゆゑん)なり。衆庶此意を体せよ」＊想実論(1890)〈石橋忍月〉五「詩人常に此評言を服膺し此意を体して忘るるなくんば」＊裸女のいる隊列(1954)〈田村泰次郎〉「山脇隊の将校も、下士官も、隊長の意を体して、兵隊たちに手心を加えるようなことはしなかった」

いを通(つう)ず 自分の考えを相手に連絡する。ひそかに連絡する。＊近世紀聞(1875-81)〈染崎延房〉二・二「左兵衛には意(イ)を関東に通(ツウ)じつつ」＊憲法講話(1967)〈宮沢俊義〉九「このときの裁判は、ときの元老や政府と意を通じてなされた形跡があるということである」

いを尽(つ)くす 考えていることを十分に言い表わす。また、自分の考えが相手によくわかるように丁寧に述べる。＊花柳春話(1878-79)〈織田純一郎訳〉付録・緒言「其結末の未だ意を尽し情を窮めざる所あるを以て、更に付録一篇を作り」＊易経-繋辞伝・上「子曰、聖人立レ象以尽レ意、設レ卦以尽二情偽一、繋レ辞焉以尽二其言一」

いを注(つ)ける 「い(意)を注(そそ)ぐ」に同じ。＊西国立志編(1870-71)〈中村正直訳〉一〇・九「倹節の要道は、小々の利に意を注(ツケ)んよりは小々の費を省(はぶく)に若(しか)ずといへり」

いを=強(つよ)うする[=強(つよ)くする] 心強く思う。自信を持つ。＊悪魔(1903)〈国木田独歩〉一「猶且つ五十以上の堂々たる一男子を得たことは叔母達の大に意(イ)を強(ツヨ)ふしたところであった」＊後漢書-呉漢伝「呉公差彊二人意一、隠若二一敵国一矣」

いを留(とど)める 気をつける。注意する。留意する。＊途上(1932)〈嘉村礒多〉「この恋の要求が逸早く自分の身なりに意を留めさせ」＊史記-楽毅伝「敢献レ書以聞、唯君王之留レ意焉」

いを迎(むか)える 人の意向をさぐって気に入られるようにする。また、人のきげんを取ってその言いなりになる。意に投ずる。＊日本開化小史(1877-82)〈田口卯吉〉五・一〇「節義ありて面折抵争する者よりは、奸佞にして意を迎ふる者を才智ありと信ずるものなり」＊天寵(1915)〈森鴎外〉「君の画には公衆の好みに阿(おもね)った迹(あと)もなく、又大家の意(イ)を迎(ムカ)へた迹もない」＊新唐書-楊貴妃伝「智算警穎、迎レ意輒悟」

いを用(もち)いる 気を配る。注意する。＊花柳春話(1878-79)〈織田純一郎訳〉五「日に意を用ひて唱歌管絃を教ゆるのみならず」＊妾の半生涯(1904)〈福田英子〉一・一「男装せし事の恥かしく髪を延ばすに意を用ひたるは翌年十七の春なりけり」

いを安(やす)んずる 気持を安らかにする。安心する。＊あの頃の自分の事(1919)〈芥川龍之介〉「この懸念はそれを押しつめて行けば、結局どの小説も同じ事だから、そこに意(イ)を安(ヤス)んじて、発表する事にした」＊ブウランジェ将軍の悲劇(1935–36)〈大仏次郎〉四月一日・二「乞ふ、意を安んぜよ」

いを寄(よ)せる 自分の考えを相手に近づける。相手の態度、考えなどに同調する。＊近世紀聞(1875–81)〈染崎延房〉一〇・三「頻りに徳川家に意(イ)を寄(ヨセ)けん」

い【網】〘名〙(糸の意) くもの糸、くもの巣をいう。＊蜻蛉(974頃)下・天祿三年「露にても命かけたる蜘蛛(くも)のゐに荒き風をば誰かふせがむ」＊順集(983頃)「いづこともいさや白波たちぬればしたなる草にかけるくものい」＊色葉字類抄(1177–81)「網 イ 蛛網」＊十訓抄(1252)一・余五大夫救蜂蜂報恩事「岩のもとにて、蛛といふもののいをかけたりけるに」＊太平記(14C後)二三・大森彦七事「蜘のいに手足を繋けられて更にはたらき得ざりけり」＊天草版伊曽保(1593)蠅と、獅子王の事「アル コカゲノ クモノ vni (イニ) カカッテ、スナワチ クモカラ クラワレタ」＊日葡辞書(1603–04)「I (イ)〈訳〉蜘蛛の巣、しかし、クモノ イと言わなければ了解されないであろう」方言❶蜘蛛(くも)の巣。蜘蛛の糸。「くものい」の形で用いられることが多い。南部†039 備後†039 周防†039 阿波†039 讃岐†039 筑後†039 島根県石見725 山口県803 徳島県麻植郡054 香川県大川郡829 長崎市906 熊本県天草郡919 ◇いえ〔家〕 徳島県阿波郡054 香川県三豊郡829 長崎市906 ◇いぇ 薩摩†137 ◇え 備前†039 久留米†127 岐阜県山県郡497 岡山県小田郡767 広島県芦品郡776 徳島県板野郡・阿波郡054 香川県仲多度郡829 高知県861 福岡県山門郡872 佐賀県唐津市893 長崎県899 904 906 壱岐島916 五島917 熊本県919 宮崎県947 948 956 鹿児島県962 宝島054 ◇ええ 兵庫県淡路島672 ◇へ 香川県三豊郡829 ◇ゆ 島根県鹿足郡724 徳島県811 香川県香川郡829 ❷蓮根(れんこん)にひく糸。山口県803 語源説(1)イトの下略〔松屋筆記・大言海〕。(2)アミの反〔名語記〕。(3)イはイト(愛)のように小の義があるから、くものイもその細小の形から名づけられたものか〔国語の語根とその分類=大島正健〕。辞書色葉・名義・易林・日葡・ヘボン・言海 表記網(色・名・易) 膜(ヘ)

い【蝟】〘名〙「はりねずみ(針鼠)」の漢名。＊本草和名(918頃)「蝟皮一名彙 音謂〈略〉和名久佐布」＊十巻本和名抄(934頃)八「蝟 説文云蝟〈音謂久佐布〉虫似豪猪而小者也」＊空華日用工夫略集–応安四年(1371)正月二二日「今天下嫉二吾宗一者如レ蝟」＊幻影の盾(1905)〈夏目漱石〉「壁の上よりは、ありとある弓を伏せて蝟の如く寄手の鼻頭(はなさき)に、鉤と曲る鏃を集める」⇩い〔字音語素〕

い【遺】〘名〙落とし忘れたもの。落ちているもの。また、手落ち。→みち(道)に遺を拾わず。＊史記–汲黯伝「出二入禁闥一補レ過拾レ遺、臣之願也」⇩い〔字音語素〕

い【頤】〘名〙易の六十四卦(け)の一つ。物を嚼(か)み、人を養う義。

い【緯】〘名〙①織物などの横糸。ぬき。また、物事をなす二つの重要な要素のうちの一つをたとえていう。＊小学読本(1873)〈榊原芳野〉一「箕は穀の塵を去る器なり。楮皮を割て経とし小竹を緯として織造る」＊フランスの百科辞典について(1950)〈渡辺一夫〉三「ギリシア・ラテンの学芸・思想の再認識を経とし、キリスト教の思想や制度の再検討を緯(イ)として」②東西の方向。地球の緯線の方向。⇔経(けい)。＊和蘭通舶(1805)「南北を緯と云ひ、東西を経と云ふ。経は縦にして緯は横なり。西洋の舶西より東に駕す。故に東西を以て経とし、緯は赤道以て南北の方ゑ潮々に狭(せば)む」発音〈標ア〉イ ⇩い〔字音語素〕

い【螠】〘名〙動物「ゆむし(螠)」の異名。＊本草和名(918頃)「蝙蛞〈甚似大蚓也〉和名 委」辞書和名・色葉・名義・言海 表記蝙蛞(和・色・名) 蝛蛦(和・色) 蝙(名)

い【彝】〘名〙①昔、中国で、常に宗廟に供えて置く器。鼎(かなえ)の類。一説に酒器の類ともいう。＊周礼–春官・司尊彝「司尊彝、掌二六尊六彝之位一」②(宗廟に常に供えるところから転じて) 人の常に守るべき法(のり)。い(彝)を秉(と)る。⇩い〔字音語素〕

いを秉(と)る 人のふみ行なうべき常の道をしっかり守る。＊詩経–大雅・烝民「民之秉レ彝、好二是懿徳一」

い【藺】〘名〙イグサ科の多年草。各地の湿地に生え、また、岡山、広島、熊本などの諸県で水田に栽培もされる。高さ六〇～一二〇センチメートル。地下茎は泥中を横にはい、茎を密に直立させる。茎は円柱形で表面は緑色、内部に白い髄がある。葉は退化し、茎の下部にさや状鱗片(りんぺん)となって付く。茎を刈って畳表、花むしろ、笠、草履などを作り、また、茎の髄は昔、灯心に用いられた。あかりも。とうしんそう。いぐさ。学名はJuncus effusus《季・夏》＊新撰字鏡(898–901頃)「蘺 平支 又井」＊名語記(1275)二「莚うつ草をゐとなづく。如何。ゐは藺也」＊俳諧・猿蓑(1691)五「昼ねぶる青鷺の身のたふとさよ〈芭蕉〉 しょろしょろ水に藺のそよぐらん〈凡兆〉」＊日本植物名彙(1884)〈松村任三〉「ヰ 燈心草」語源説席(むしろ)に使用する物であることから、居の義か〔日本釈名・滑稽雑談所引和訓義解・言元梯・和訓栞・日本語原学=林甕臣・国語の語根とその分類=大島正健〕。発音〈なまり〉ユ〔島根・土佐・壱岐〕〈標ア〉イ〈ア史〉イー 平安○● 江戸●○か 〈京ア〉イー 辞書字鏡・和名・色葉・名義・下学・和玉・文明・伊京・明応・天正・饅頭・黒本・易林・ヘボン・言海 表記藺(和・色・名・下・玉・文・伊・明・天・饅・黒・易・へ・言) 蘺(字)

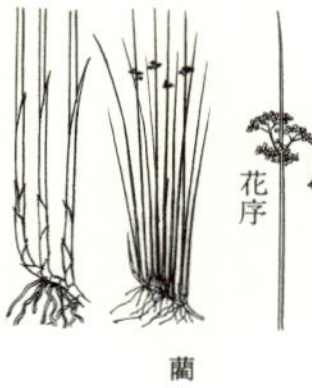

藺

い植(う)う 一二月から一月にかけて、藺の苗を水田に移植する。《季・冬》＊俳諧・新季寄(1802)一一月「植物類 藺植る」

い刈(か)る 七月頃、水田に植えた藺を刈り取る。《季・夏》＊俳諧・毛吹草(1638)二「藺(ヰ)を刈、花は五月、植は十一月」

いの下下(げげ) (「げげ」は草履(ぞうり)の意) イグサ(藺草)で作った草履。いげげ。＊随筆・安斎随筆(1783頃)七「わらのげげと云ふは常のわらざうりなり、ゐのげげと云ふは藺がらにて作りたるざうり也」＊風俗画報–二二一号(1900)人事門「緒太をヰノゲゲとも、裏なしとも、藺金剛とも、藺履とも云也」

い干(ほ)す 刈りとった藺を干す。《季・夏》

い【懿】〘名〙うるわしいこと。よいこと。＊和玉篇(15C後)「懿 イ ヨシ ヲヲヒナリ」＊艮斎文略(1831–53)続・三・題赤壁図後「文章之盛如レ此。況聖賢君子道徳之懿、昭二映于宇宙一者哉」＊東京新繁昌記(1874–76)〈服部誠一〉初・学校「父子君臣の懿、文物礼制の盛んなる、皆仁義に在り」＊爾雅–釈詁・下「休、嘉、珍、禕、懿、鑠、美也」⇩い〔字音語素〕

い【五十】〘名〙(名詞に接頭語的に付く) 五十。いそ。必ずしも数の五十を表わさず、多数を意味するのにも用いられる。＊後撰(951–953頃)雑四・一二五六「いせ渡る河は袖より流るれどとふにとはれぬ身はうきぬめり〈伊勢〉」語誌(1)「い」を「いそ」の転とするのは、用例の年代から見て誤り。五十を意味する最も古い言い方は「い」だが、平安・鎌倉時代に例の多い「いか(五十日)」のほかは挙例の「いせ(五十瀬)」が平安和歌に見えるのみである(「源氏–賢木」の「すずか河八十瀬(やそせ)の波に濡れ濡れずいせまで誰か思ひおこせむ」は地名の伊勢と「五十瀬」を掛けたものか)。(2)奈良時代には数詞としての用例はないが、「万葉集」には「五十日太(いかだ)」(一・五〇)「五十母不宿二(いも寝ずに)」(九・一七八七)「五十寸手(生きて)」(一二・二九〇四)「五十戸常(言へど)」(四・六七四)のように「五十」を借訓仮名のイとして用いた例が多数あり、この時代にも「い」と言ったと思われる。(3)「いそ(ぢ)」は、「みそ(ぢ)」「よそ(ぢ)」などからの類推で新たに作られた形。なお、五の意の「いつ–つ」や五百の意の「いほ–」との関係は未詳。辞書言海 表記五十(言)

い〘名〙「あい(藍)」の略。＊俚言集覧(1797頃)「藍 藍をゐといふはあを省ける也」

い〘名〙(普通、片仮名で「イ」と表わす) 〔一〕(書誌学で「異本」「一本」の略) 書物を校合(きょうごう)して異本の字句を傍注する時に用いる符号。〔二〕三等級制時代の鉄道の一等客車の記号。〔三〕日本音名の一。ハ長調音階の第六音。イタリア、フランス音名のラ、ドイツ・イギリス音名のA(アー、エー)。国際的標準音で時報にも使われる。〔四〕能楽で節あつかいの一つ。その音にニュアンスをこめてうたう時に用いる。「ィ」と符号がある。〔五〕通り符丁。〔特殊語百科辞典(1931)〕①紙、魚、木綿、タバコ商仲間で一。②生糸商仲間で三。③米、乾物、雑穀、小魚商仲間で四。④(「伊」と表記して) 木綿商仲間で五。⑤荒物商仲間で六。辞書日葡

い〘感動〙発語の類か。やい。おい。＊今昔(1120頃か)二四・二〇「い、其奴(やっこ)求めて来らむ」＊今昔(1120頃か)二六・八「い、己(おのれ)は猿にこそは有りけれ」辞書言海

い ❶〘副助〙上代の助詞。ただし、訓点資料では平安初期にも広く用いられ、その後は、法相、律、三論等の宗派の仏典訓読にかたよって現われる。体言または活用語の連体形を受け、特示強調する。→いは・いし。①体言を受ける。主格に立つ体言を受けることが最も多いが、他の格に立つ体言を受ける場合もある。＊古事記(712)中・歌謡「みつみつし 久米の子らが 頭椎(くぶつつ)伊(イ) 石椎(いしつつ)伊(イ)もち 今撃たば良らし」＊書紀(720)継体二四年一〇月・歌謡「枚方(ひらかた)ゆ 笛吹き上(のぼ)る 近江のや 毛野(けな)の若子(わくご)伊(イ) 笛吹き上る」＊続日本紀–天平神護元年(765)八月一日・宣命「朝庭を動かし傾けむとして兵を備ふる時に、和気伊(イ)申してあり」＊万葉(8C後)四・五四五「わが背子が跡ふみ求め追ひ行かば紀伊(き)の関守伊(イ)留めてむかも〈笠金村〉」＊東大寺諷誦文平安初期点(830頃)「某甲(それがし)イ、曇光釈子が猛獣を馴らしし能无く、羅髻仙人が鳥の子を育てし仁无し」＊西大寺本金光明最勝王経平安初期点(830頃)六「此の国土い経を弘むるに頼る故に安隠豊楽にして違悩無からしむ」＊大唐三蔵玄奘法師表啓平安初期点(850頃)「流沙滄海をば夏(け)載い伊堯の域と著せり」②活用語の連体形を受ける。＊西大寺本金光明最勝王経平安初期点(830頃)五「爾時に会の中に有る五十億の苾蒭の、菩薩の行を行ずるが、菩提の心を退けなむと欲するい、如意宝光耀菩薩の是の法を説くを聞く時に、皆堅固に不可思議なること得つるをもちて、上の願満足しぬ」③格助詞を受ける。＊西大寺本金光明最勝王経平安初期点(830頃)六「我等四王と及無量百千の天神と并せて国土を護る諸の旧の善神とい遠離して去らむ時には、是等の如き無量百千の灾怪悪事を生ぜむ」＊西大寺本金光明最勝王経平安初期点(830頃)六「香のイ金光有りて我等が所居の宮殿と乃至梵宮と〈略〉大海の龍王との所居の処を照曜せむ」❷〘間助〙上代の助詞。連体形とその被修飾体言との間に用いられて強調を表わし、または調子を整える。接頭語とする説もある。＊万葉(8C後)三・四八一「新世(あらたよ)に 共にあらむと 玉の緒の 絶えじ射(イ)妹と 結びてし 言は果さず 思へりし 心は遂げず〈高橋朝臣(名未詳)〉」＊万葉(8C後)七・一三五九「向つ岡(を)の若楓(わかかつら)の木下枝(しづえ)取り花待つ伊(イ)間に嘆きつるかも〈作者未詳〉」＊万葉(8C後)一〇・一八

五一「青柳の糸の細(くは)しさ春風に乱れぬ伊(イ)間に見せむ子もがも〈作者未詳〉」＊西大寺本金光明最勝王経平安初期点(830頃)一「仮使ひ亀の毛を用ゐて、上妙の服に織り成して、寒きい時に披け著(き)可からむときに、方に仏の舎利をば求むべし」 ㊂〖終助〗(語源は終助詞「よ」とも、あるいは係助詞「や」の変化した「え」とも) ①中世以後の助詞。文末にあって念を押す気持を添え、あるいは語調を整える。㋑命令文に用いられたもの。動詞の命令形・連用形に続く形の他、禁止文で用いられる。「びくびくするない」＊歌舞伎・傾城浅間嶽(1698)中「たわけめが、片手で取れいの」＊浄瑠璃・難波丸金鶏(1759)勝間堤「五郎暫くお待いなアと」＊歌舞伎・五大力恋緘(1793)三幕「ちゃっと向ふへ往きいなア」 ㋺命令文以外で用いられるもの。語調を整える働きをする。他の終助詞とともに用いられる場合(「かい」「ぞい」「いの(う)」「いな(あ)」等)が多い。「何言ってるんだい」「いったいどうしたんだい」＊虎明本狂言・薩摩守(室町末‐近世初)「かやうの所にてはいつはりを申てもくるしからぬ、道しゃがあまたあるひやひ」＊歌舞伎・傾城浅間嶽(1698)中「はて阿呆を相手にして何をいやるぞいの」＊歌舞伎・姫蔵大黒柱(1695)二「さればいの。それについてあの通路を身どもが女房に持つ合点ぢゃ」＊浄瑠璃・淀鯉出世滝徳(1709頃)下「先度の文にもいふ通り龍田の藤がこといの」＊歌舞伎・五大力恋緘(1793)一幕返し「こりゃマアどうならうと大抵案じた事ぢゃないわいなア」＊滑稽本・浮世床(1813‐23)初・下「悟って見ればそんなものかい」 ②呼びかけに用いる。近世語。＊歌舞伎・傾城江戸桜(1698)上「かか様いのいのと夜中時分に泣いて歩いたれば」＊浄瑠璃・難波丸金鶏(1759)深草砂川「コレとと様いのふ、とと様とゆすれど甲斐も亡骸を」 語誌 (㊀について) (1)①の「古事記歌謡」の例を接尾語とする説がある。(2)①の「西大寺本金光明最勝王経平安初期点」の例に関しては、「い」の受ける体言が主格に立つかどうかわかりにくいが、同じ「西大寺本金光明最勝王経」の永長二年点、「飯室切金光明最勝王経註釈平安初期点」において「此の国土に経を弘むる(弘めたてまつる)に頼るが故に」となっており、主格でないことが明らかである。(3)③の第二例「香のい金光有りて」の「のい」は万葉仮名で「乃伊」と記してある。(4)これらの用法について、㋑主格を示す助詞であるとする説(山田孝雄「奈良朝文法史」他)、㋺すべて間投助詞であるとするもの(松尾捨治郎「国語法論攷」、此島正年「国語助詞の研究」他)、㋩副助詞とするもの(小林芳規「謂はゆる主格助詞『い』は副助詞と考ふべきである」国語第二巻二・三・四合併号)等種々の説がある。しかし、㋑の主格助詞説は、主格以外の格に立つ体言を受ける例(①金光明最勝王経例)や、格助詞を受ける例(③)の存在によって成立しない。また、間投助詞は文節の最後、したがって他種の助詞と重ね用いられる時は必ず下に位するものであるのに、「い」助詞には「いは」「いし」のごとく、係助詞や副助詞に上接する例があるため、㋺の間投助詞説も成立しない。ただし、「い」に、㊀の用法とは別に間投助詞用法が存することを否定するものではない。(5)語源的には、「古事記」の「伊(イ)が作り仕へ奉れる大殿の間には、おれ先づ入りて、其の仕へ奉らむとする状を明し白(まを)せ」(中・神武)に見られるような代名詞との関係が認められる。なお、朝鮮語の助詞 i との関係を考える説(金沢庄三郎「日本文法新論」)もある。(㊂について) (1)終助詞「よ」の変化形とみる考え方が一般的であるが、係助詞「や」から「え」を経て生じたという説もある。(2)他の終助詞と共に「かい」「ぞい」「わい」などとなる他に、「やい」の形のものがあるが、「やい」は「やれ」の転とみられる。(3)中世後期から近世期以降、現代まで多用されており、近世前期(上方語)は、「い」は「の(う)」「な(あ)」等を下接したり、また体言・接続詞・感動詞などに直接続くなど、現代語とは異なった用法を持っていた。現代語では、命令表現で用いられる他は、形容動詞の終止形、断定の助動詞「だ」、終助詞「か」(一部「わ」)などに下接する場合に限られる傾向がある。口調を柔らげる働きを持つものであり、主として男性によって、砕けた調子で用いられることが多い。 方言 ❶主格を表わす格助詞。が。常陸†064 高知県幡多郡038 大分県大野郡941 南海部郡038 ❷文末にあって念を押す気持を添えたり、疑問の意を表わしたりする終助詞。動詞に付く場合は未然形や終止形に付き、さらに「な」や「や」を伴うことがある。 群馬県多野郡246 埼玉県川越市255 富山市392 島根県石見725 鹿足郡739 山口県793 香川県829 長崎県壱岐島915 沖縄県首里993

い〖接頭〗動詞に付いて語調を整える。「い隠る」「い通ふ」「い寄る」「い渡る」など。＊書紀(720)神代下・歌謡「天離(さか)る 鄙つ女の 以(イ)渡らす迫門(せと) 石川片淵」 辞書 言海

い〖接尾〗名詞または名詞的な語に付いて、これを形容詞化する。「四角い」「黄色い」など。

い(助動詞命令形)(四段動詞の未然形に付いて)軽い敬意をもった命令を表わす。＊漢書列伝綿景抄(1467頃)「人にかさず、こちへとってをかいと云心ぞ」＊歌謡・閑吟集(1518)「あまり見たさに、そと隠れて走て来た、先放さひなう、放して物を言はさいなう」＊虎明本狂言・腰祈(室町末‐近世初)「いかに行力がたっしたり共、おうぢがこしはなをるまひと言はひ」＊説経節・さんせう太夫(与七郎正本)(1640頃)中「をちてゆきてのそのさきで、ざいしょがあるならば、まづてらをたづねてに、しゅっけをばたのまひよ」 語誌 (1)四段動詞の未然形に付き、一、二段動詞に付く「さい」と補い合う関係にある。語源については助動詞「る」の命令形「れ」の転、「せたまへ」の転じた「しまう」の命令形「しまえ」の転などの説があるが未詳。(2)「ロドリゲス日本大文典」では「上げさしめ」などより敬意のやや加わった言い方で、親が子に、また家の下男下女などに対して用いると説明している。説経節などに多用されていて、室町時代にはかなり広く使われていたものと推測されるが、江戸時代の初めには衰退し、狂言では歌謡や一部の老人のことばにのみ用いられている。↓さい

い-あ【咿啞】〖副〗①子供の片言交じりの声を表わす語。＊自然と人生(1900)〈徳富蘆花〉湘南随筆・新樹「落木に近かりし隣家は新樹に遠くなりぬ。牆(かき)を隔てて機声咿啞(イア)」 ②⇩いいああ(咿咿啞啞)

い-あい ゐあひ【居合】〖名〗①片膝をついたままますばやく刀を抜いて敵を切るわざ。戦国時代、元亀、天正(一五七〇～九二)の頃、林崎重信が創始したものと伝える。近世には、長い刀を気合いとともに抜く術をもいうようになった。現代では、立ったまま、すばやく刀を抜いて切りつける技も含んでいう。居合い抜き。居合い術。＊俳諧・鴉鷺俳諧(1646)「放家師(ほうかし)の手にとる玉は月にみえて〈立圃〉 はやき居あひは露もぬからず〈宗利〉」＊書言字考節用集(1717)八「居合 ヰアヒ 剣術。林崎重信末派也。又謂二之利方一」＊人倫訓蒙図彙(1690)二「居合(ヰアイ) ゐあひは太刀討の根元なり〈略〉長短の打物によって抜やう品々有(あり)又は所の広狭地形の高下と座したると立たるとあり」＊談義本・世間万病回春(1771)四・離魂病評「今はぜんたい商売と心得るに至りては居合ぬかず操(からくり)は見せねども」＊読本・昔話稲妻表紙(1806)四・一三「かの大太刀はもと居合(ヰアヒ)の刃引太刀なれば」 ②中世、検注にあたって、具体的に測量を行なわず、既存の検注帳記載の数量を事実とみなすこと。居たままで合わせること。＊肥後阿蘇文書‐建久六年(1195)二月八日・肥後国留守所下文案(鎌倉遺文二‐七六七)「甲佐宮居合参拾伍町内、所レ残者可レ募二浮免田内一也」 発音〈標ア〉0〈京ア〉0 辞書 書言・ヘボン・言海 表記 居合(書・ヘ・言)

居合い ①〈人倫訓蒙図彙〉

い-あい ゐ:【畏愛】〖名〗①尊敬して親しむこと。敬愛。②おそれることと親しむこと。＊白居易‐御功臣策「恩栄並加、畏愛相済、下無二二志一、上無二疑心一」

い-あい ひ:あ【射合】〖名〗矢を互いに射合うこと。 発音〈標ア〉0

い-あい ゐ:【遺愛】〖名〗①死んだ人が、生前たいせつにしていたもの。＊和漢朗詠(1018頃)下・懐旧「齢(よはひ)を促(つづ)むる良木のそれ摧(くだ)けたる歎き 遺愛の甘棠の剪(き)ることなかれといふ謡(うた)〈小野美材〉」＊江都督納言願文集(平安後)三・奨学院「嗟乎輟二斧於甘棠之風一。蓋是仁者之遺(ヰ)愛也」＊羅山先生詩集(1662)一・宇都山「山中回レ首費二吟呻一、遺愛蔦楓秋又春」＊不如帰(1898‐99)〈徳富蘆花〉中・一「正面の床の間には父が遺愛(ヰアイ)の備前兼光の一刀を飾り」 ②死んだ人が大切に思いながらこの世に残していった子。＊花柳春話(1878‐79)〈織田純一郎訳〉二七「吾か胎内マルツラバースの遺胤あり。乃ち養ふて恩人の遺愛となさば、亦心を慰むに足らん」 ③故人がこの世に残した仁愛の風。また、この世に残した功績。＊菅家文草(900頃)三・路遇白頭翁「已有二父兄遺愛在一、願因二積善一得二能治一」＊太平記(14C後)四〇・中殿御会事「人皆柿本の遺愛(イアイ)を恋ふるのみならず、世挙(こぞっ)て柳営の数奇を感嘆し」＊済北集(1346頃か)一三・傑知客「師没後我視レ兄以為二師之遺愛一」＊文明本節用集(室町中)「遺芳〈人迹残二好吏一レ義〉遺愛 イアイ 同上」＊春秋左伝‐昭公九年「及二子産卒一、仲尼聞レ之、出レ涕曰、古之遺愛也」 発音〈標ア〉0〈京ア〉0 辞書 文明・言海 表記 遺愛(文・言)

い-あい ゐ:【遺靄】〖名〗残りのもや。名残のもや。＊本朝文粋(1060頃)三・神仙〈都良香〉「斯皆事光二彤編一、余映無レ尽。義茂二翠簡一、遺靄可レ探」

いあい-おどり ゐあひをどり【居合踊】〖名〗居合腰で踊る踊り。＊浮世草子・好色三代男(1686)一・二「居合(ヰアイ)おどりの肱(ひぢ)があたってこらゑぬ男、堪忍ならぬと一尺八寸引ぬくかげに」＊俳諧・俳諧新式(1698)秋の詞よせ「躍〈略〉灯籠をどり〈略〉ゐあいをどり」

いあい-がたな ゐあひ:【居合刀】〖名〗居合い抜きに用いる長い刀。＊浄瑠璃・新うすゆき物語(1741)上「竹刀しなへ鑓長刀居合刀に居る迄、取り揃て持出る」＊福翁自伝(1899)〈福沢諭吉〉雑記「あれは居合刀(ヰアイガタナ)のやうだが何にするのか」 発音 イアイガタナ〈標ア〉ガ

いあい-ごし ゐあひ:【居合腰】〖名〗膝を立てて腰を浮かした、居合いをする時の腰つき。居合いに似た身構え。転じて、今にも立ち上がりそうで、落ち着かない様子をいう。＊浄瑠璃・烏帽子折(1690頃)一「討たいな斬りたいな無念さよ口惜やと両方力むゐあひごし」＊浮世草子・世間娘容気(1717)二「鍔元くつろげゐあひ腰(ゴシ)になってつめかくれば」＊黒潮(1902‐05)〈徳富蘆花〉一・七・五「『其様(そう)峻拒さるる仔細(わけ)―其仔細(しさい)が承はりたいね』藤沢伯はやや居合腰になった」 発音 イアイゴシ〈標ア〉0

いあい-し ゐあひ:【居合師】〖名〗居合いを専門にする人。また、それを見世物にする人。＊読本・南総里見八犬伝(1814‐42)八・八八回「坐撃師(ヰアヒシ)は舗棚(みせだな)の、迹(あと)に土(つい)居て轎子(のりもの)の行過る間を等(まち)にけり」

いあい-じ イ:ヰア【遺愛寺】中国の江西省九江県廬山(ろざん)の香炉峰の北方にあった寺。白居易の「遺愛寺鐘欹レ枕聴、香炉峰雪撥レ簾看」の詩で知られる。 発音〈標ア〉0

いあい-じゅつ ゐあひ:【居合術】〖名〗「いあい(居合)①」に同じ。 発音〈標ア〉ア

いあい‐ぬき【居合抜】〘名〙①「いあい（居合）」に同じ。＊歌舞伎・幼稚子敵討(1753)六「どいつでも妨すると脳頭から桶据迄、ト居合抜」＊黄表紙・御誂染長寿小紋(1802)「命といふものは、譬ば居合抜の刀の如し」＊坊っちゃん(1906)〈夏目漱石〉九「その声の大きな事、丸で居合抜の稽古の様だ」②長い刀を抜いて見せる芸。また、それをする人。江戸時代に盛り場の大道で芸を見せて人を寄せ、薬や歯みがきを売った。＊洒落本・青楼昼之世界錦之裏(1791)「廊下には懸盤に杯台、茶台のうへに茶碗をのせ、さも居合（ヰアイ）ぬきの踏台のごとく」＊滑稽本・東海道中膝栗毛(1802‐09)七・上「歯磨うりの居合抜（ヰアイヌキ）、売薬のいひたて」＊雑俳・柳多留‐一三二(1834)「居合抜商ひするに武士はげみ」＊ヰタ・セクスアリス(1909)〈森鷗外〉「少し広い処に、大勢の見物が輪を作って取り巻いてゐるのは、居合（ヰアヒ）ぬきである」 発音〈標ア〉0〈京ア〉ヌ

いあい‐ひん【遺愛品】〘名〙故人が生前に大切にした物で、残っている品。＊茶話(1915‐30)〈薄田泣菫〉悧巧物「故人香雪軒の遺愛品（ヰアイヒン）として陳列せられてゐた漢田村文琳の茶入については」 発音〈標ア〉0

い‐あ・う【居合】〘自ハ四〙その場に居る。居合わせる。＊讃岐典侍(1108頃)下「わざと出だしたるとはなくて、はづれてゐあひたるやうにせよとて」＊天草版伊曾保(1593)パストルと、狼の事「ソノ ホトリニ yyôta（イヤウタ）Pastor」＊どちりなきりしたん（一六〇〇年版）(1600)八「ぱあてれそこにゐあひたまはぬか」＊談義本・銭湯新話(1754)二・武蔵国谷保天神の由来「明日参らふと立出れば、居合たる人人、あれはどこの親仁かしらぬが、扨よふ覚た事かな」 発音文イオーとも〈標ア〉ア〈オ〉0 辞書文明 表記居合（文）

い‐あ・う【射合】〘他ワ五（ハ四）〙互いに矢を射る。＊今昔(1120頃か)二五・三「互の郎等共、各主共の馳組て射合けるを見ては」＊平家(13C前)一・俊寛沙汰鵜川軍「其後は互ひに弓箭兵仗を帯して、射あひ、きりあひ数剋（すこく）たたかふ」 発音文イオーとも〈標ア〉0 辞書言海 表記射合（言）

い‐あお【位襖】〘名〙（「襖」は、わきを縫い合わせない上衣）武官の朝服の襖。位階相当の色に染めた襖。→位色（いしき）。＊令義解(718)衣服・武官礼服条「衛府督佐〈略〉並皂羅冠。皂緌。牙笏。位襖。〈謂。無ㇾ襴（すそ）之衣也〉」＊延喜式(927)四五・左右近衛府「中儀。少将已上並著二位襖、横刀、靴一」

い‐あか・す【居明】〘他サ四〙起きたまま夜を明かす。夜が明けるまで寝ないで座り続ける。＊万葉(8C後)二・八九「居明（ゐあかし）て君をば待たむぬばたまの吾が黒髪に霜はふるとも〈磐姫皇后（古歌集）〉」＊宇津保(970‐999頃)蔵開下「大納言殿御なかたがひにて、日ごろはよごとにおはして、すのこになむ、ゐあかし給ふめる」＊古本説話集(1130頃か)一「月のあかかりければ、ゐあかさむと思ひてゐたるに」 発音〈標ア〉カ

い‐あが・る【居上】〘自ラ四〙座席から立ち上がりかける。座席からのびあがる。＊今昔(1120頃か)二八・三一「其の時に守（かみ）、音（こゑ）糸高く成て居上て」＊書陵部本宇治拾遺(1221頃)二・五「只今（ただいま）取りに遣さんは如何にと、〈略〉ゐあがりのぞきて申せば」

い‐あき【居空】〘名〙家人が昼寝をしたり、一室に集まったりしているときなどに忍び込んで盗むことをいう、盗人仲間の隠語。〔隠語輯覧(1915)〕

い‐あきない【居商】〘名〙店を構えた商売。＊雑俳・ぬり笠(1697)「うら山し・直ぎらず朱座の居商」 発音〈標ア〉アキ 方言静岡県磐田郡546

い‐あく【帷幄】〘名〙①帷と幄。たれまく（とばり）と、ひきまく（あげばり）。幕。とばり。＊万葉(8C後)一七・三九六五・題詞「独臥二帷幄之裏一、聊作二寸分之歌一、軽奉二机下一、犯ㇾ解二玉頤一」＊詩序集(1133頃)白雪催詩酒詩序〈藤原親長〉「帷幄（ヰアク）懸ㇾ玉、勤二湛露於三百盃之余一」＊史記‐封禅書「賜二列侯甲第、僮千人、乗轝斥車馬、帷幄、馬、器物、以充二其家一」②（昔、陣営にたれまくとひきまくをめぐらしたところから）作戦計画を立てる所。本営。本陣。＊高野本平家(13C前)七・木曾山門牒状「策（はかりごと）を帷幄の中に運（めぐ）らして、勝事を咫尺（しせき）のもとに得たり」＊鳩巣先生文集(1763‐64)後篇・一五・題本多佐渡守藤政信論治道国字書「惟昔東都創業初、佐州君以二経済之才一常為二帷幄謀臣一」＊さざなみ軍記(1938)〈井伏鱒二〉「多端を極める帷幄（ヰアク）のなかに割りこんで来て」＊漢書‐高帝紀「運二籌帷幄之中一、決二勝千里之外一」 発音〈標ア〉イ0〈京ア〉イ 辞書文明・日葡・書言・ヘボン 表記帷幄（文・書・ヘ）

いあくに参（さん）ず 軍事上の機密の相談に参加する。また、比喩的に秘密の相談に加わる。＊嚼氷冷語(1899)〈内田魯庵〉「吉保は当時随一の権臣で天下の枢軸を握ってゐたから随って其帷幄（ヰアク）に参（サン）する徂徠は隠然王者の師を以て任じてゐたのだ」＊今年竹(1919‐27)〈里見弴〉たちぎき・八「女中はもとこれ女類にして、蓋し奥方の帷幄（ヰアク）に参ずるものだからね」

いあくの臣（しん） 主君のそばにいて、はかりごとをめぐらす臣。参謀。＊露命(1954)〈中山義秀〉一〇「藤堂高虎は家康、秀忠の帷幄（ヰアク）の臣だ」

いあく‐じょうそう【帷幄上奏】〘名〙明治憲法のもとで、軍の指揮、統帥（とうすい）など軍事に関する重要事項を、陸海軍大臣、陸軍参謀総長、海軍軍令部総長、教育総監などが内閣総理大臣を経ないで天皇に直接上奏したこと。＊日本‐明治三五年(1902)九月二三日「元来帷幄上奏なるものは軍令軍政の別を明にすると同時に、大元帥陛下に直隷する陸海軍の軍令は、内閣会議を経ずして陸軍大臣より直ちに陛下に上奏するが為に開かれたるものにして」 発音イアクジョーソー〈標ア〉イ ジョ

いあく‐たいけん【帷幄大権】〘名〙軍の最高指揮権。特に、旧憲法における天皇の統帥（とうすい）権をいう。 発音〈標ア〉タ

い‐あ・げる【鋳上】〘他ガ下一〙文いあ・ぐ〘他ガ下二〙溶かした金属を鋳型に注ぎ入れて器物を造りあげる。＊逆徒(1913)〈平出修〉「それでも彼には鋼鉄で鋳上（イア）げた一大鉄炉の四壁にも均しいものである」 発音イアゲル〈標ア〉0 ゲ

い‐あずかり【居預】〘名〙仏語。僧侶の役名。寺院に居て調度を取り扱う僧（寺官抄(1678頃)）。

い‐あずけ【居預】〘名〙近世の処罰の一つである預けの一種。預けの処分を受けた者が、その居所を変えないで、特定人に預けられるもの。

い‐あそび【居遊】〘名〙仕事をせず、金のかかる遊びをすること。＊いさなとり(1891)〈幸田露伴〉四四「居食売り食ひには山も尽ると俗諺にさへ云ふものを況（ま）してや居遊び売り遊興（あそび）」 発音〈標ア〉ア

い‐あつ【咿軋】〘名〙返事をすること。また、その声。＊易林本節用集(1597)「咿軋 イアツ 答義」＊書言字考節用集(1717)八「咿軋 イアツ 答声」 辞書易林・書言 表記咿軋（易）咿軋（書）

い‐あつ【威圧】〘名〙威力や威光などによって、押えつけること。＊日本の下層社会(1899)〈横山源之助〉五・本邦現時の小作制度に就て「地主は強者の位置に立つを以て、其の権力は往々威圧若くは圧制の弊なきにあらず」＊吾輩は猫である(1905‐06)〈夏目漱石〉三「只（ただ）人を威圧し様と、二階作りが無意味に突っ立って居る外に何等の能もない構造であった」＊或る女(1919)〈有島武郎〉前・二〇「葉子を故意に威圧しようと企（たく）らむわざとな改まり方も見えた」 発音〈標ア〉0〈京ア〉0

い‐あつ‐てき【威圧的】〘形動〙頭からおさえつけるさま。＊彼岸過迄(1912)〈夏目漱石〉須永の話・一五「威圧的（ヰアツテキ）に、他人に向って振舞ふ事が出来たなら」＊弔花(1935)〈豊田三郎〉「それは彼等の心臓を痛ます程の威圧的な響であった」 発音〈標ア〉0〈京ア〉0

い‐あつま・る【居集】〘自ラ四〙集まってすわる。＊宇津保(970‐999頃)楼上上「とののうち、宮たち、殿ばら、いだしぐるまし給ふ。ゐあつまれり」＊源氏(1001‐14頃)葵「みないみじう心ぼそげにてうちしほたれつつゐあつまりたるを、いとあはれとみ給ふ」＊苔の衣(1271頃)四「そうどもなんどのあまたゐあつまりて」 発音〈標ア〉マ

い‐あ・てる【射当】〘他タ下一〙文いあ・つ〘他タ下二〙①矢を射て目標に当てる。＊大和(947‐957頃)一四七「この川に浮きて侍る水鳥を射たまへ。それをいあてたまへらむ人にたてまつらむ」＊今昔(1120頃か)二五・六「箭（や）の行（ゆく）も暗りて不見えぬ程に、即ち狐の胸に射宛（あ）てつ」②（比喩的に）推測してぴたりと当てる。＊彼女とゴミ箱(1931)〈一瀬直行〉似顔かきY・二「直ぐと男の意中を射当（イア）てることが出来た」 発音〈標ア〉0 テ 辞書易林・書言・ヘボン 表記射中（易・書・ヘ）摒（書）

い‐アトニー【胃―】〘名〙（アトニーは英 atony）胃の無緊張症。胃壁の筋肉の緊張力が衰弱し、蠕動（ぜんどう）運動も減退する。食後、胃部膨満感や、重圧感があり、悪心、便秘になることもある。胃筋衰弱症。＊自己解説(1954)〈桑原武夫〉「胃アトニーの持病があったが」 発音〈標ア〉ア〈京ア〉ア

イアフォン〘名〙⇨イヤホーン

イアマーク〘名〙⇨イヤマーク

い‐あま・る【居余】〘自ラ四〙たくさんいて、その場所に、はいりきれない。＊落窪(10C後)三「上達部（かんだちめ）殿上人（てんじょうびと）は、ゐあまるまで多かり」＊太平記(14C後)七・船上合戦事「其勢船上山（ふなのうへやま）に居（イ）余りて」＊天草本平家(1592)三・九「イエノ ウチ ニワ ミナ ヒト ガ y amatte（イ アマッテ）、ニワ カラ モングヮイ マデ ピッシト ミチミチテ イタ トコロデ」＊浄瑠璃・心中宵庚申(1722)上「近習の人々鷹匠犬引勢子（せこ）足軽、玄関の小庭に居余り」 発音〈標ア〉マ

い‐あら・す【居荒】〘他サ四〙住んでいる家を荒れるにまかせて、修理もしないでおく。住み荒らす。＊文明本節用集（室町中）「居荒 イアラス」＊日葡辞書(1603‐04)「Iaraxi, su, aita（イアラス）」 辞書文明・日葡 表記居荒（文）

い‐あらわか・す【射顕】〘他サ四〙「いあらわす（射顕）」に同じ。＊今昔(1120頃か)二七・三四「林の中に大きなる野猪、木に被射付（いつけられ）てぞ死て有ける。〈略〉此は弟の思量の有りて、射顕かしたる也とてぞ人讃（ほめ）けるとなむ語り伝へたるとや」

い‐あらわ・す【射顕】〘他サ四〙弓で射て、相手の正体を明らかにする。いあらわかす。＊今昔(1120頃か)二七・三四「明日の夜罷て、必ず射顕して見せ奉らむと云て」

いあり【―蟻】〘名〙方言⇨いいあり（飯蟻）

イアリング〘名〙⇨イヤリング

い‐あわ・す【居合】■一〘自サ下二〙⇨いあわせる（居合）■二〘自サ五（四）〙「いあわせる（居合）」に同じ。＊浮世草子・世間胸算用(1692)三・二「同じ奉公でも、こんなお家に居合すが其身の仕合（しあはせ）」＊浄瑠璃・源平布引滝(1749)三「船に居合す飛弾左衛門」＊当世書生気質(1885‐86)〈坪内逍遥〉五「折よく家に居合（ヰアハ）しけん」＊尾形了斎覚え書(1917)〈芥川龍之介〉「其場に居合されし由に候へば」 発音〈標ア〉ワ〈京ア〉0

い‐あわ・せる【居合】〘自サ下一〙文ゐあは・す〘自サ下二〙ちょうどその場に居る。＊太平記(14C

後）一七・山門攻事「池田と綿貫とは、時節東坂本へ遣はされて不㆓居合㆒は」＊咄本・醒睡笑（1628）四「となりの女房その下にゐあはせ」＊諷誡京わらんべ（1886）〈坪内逍遙〉五「其処に居合（ヰアハ）せたが僕の不幸さ」＊雁（1911–13）〈森鷗外〉二二「其時居合（ヰアハ）せて、僕の頼むことを聴いてくれ給へ」 発音〈標ア〉セ〈京ア〉0 辞書〈ポン・言海 表記 居合（へ・言）

い‐あん【位案】〘名〙位記の案文（あんもん）。＊儀式（872）九・四月一五日・授成選位記儀「立㆓位案㆒訖令㆑書㆓位記㆒丞録共執㆓位案別記等㆒」＊延喜式（927）一二・中務「凡応㆑授㆓位五位及勲六等以上㆒者、内記執㆓硯紙筥㆒昇㆓殿上㆒書㆓位記㆒授訖即以㆓位案㆒送㆓中務省㆒」

い‐あん【医案・医按】〘名〙医療の方法についての考え。また、それをしるしたもの。＊翁問答（1650）「軍法をまなびても変通の機転なく武用にぶき大将は、医書をひろくまなびても変通の医按（イアン）にぶく療治はたらかざる医者のごとし」＊浄瑠璃・平家女護島（1719）三「和丹両家の典薬、配剤、医案をつくせ共、更に其のしるしなく」＊洒落本・風俗八色談（1756）一・野夫医神農の教を受る事「古人の病を治した医按（ヰアン）を見よ」＊四庫全書総目‐子部・医家類二・名医類案「瓘没之後、応宿又以㆓瓘之医案㆒分類付㆑之、而応宿医案亦付焉」 辞書〈ポン 表記 医案（へ）

い‐あん【倚安】〘名〙たよって安心すること。＊日本外史（1827）三・源氏正記「方今大乱初平、関東倚㆓安師府㆒」

い‐あん【慰安】〘名〙心をなぐさめ、労をねぎらうこと。また、心がなぐさめられるような感じや事柄。＊泰西勧善訓蒙（1873）〈箕作麟祥訳〉四・一二三章「仁愛は〈略〉老衰重病にて自から生計を為すこと能はざる者を救済し不幸なる者を慰安するにあり」＊吾輩は猫である（1905–06）〈夏目漱石〉二「哲人の遺書に一道の慰安を求めつつあるのか」＊道程（1914）〈高村光太郎〉冬の詩「平和と慰安とは卑屈者の糧だ」＊漢書‐魏相伝「所㆘以周㆑急継㆑困、慰㆓安元元㆒、便㆗利百姓㆖之道、甚備」 発音〈標ア〉0〈京ア〉⓪

いあん‐かい【慰安会】〘名〙慰安のために催す会。多く作業、行事などの後に催すものにいう。＊真理の春（1930）〈細田民樹〉たこ・一「不当な拘留に長く苦しめられた容作の為に、一夕大々的な慰安会（ヰアンクワイ）をやらうといふことになった」＊童謡（1935）〈川端康成〉「東京の場末の三業組合の慰安会といふので」 発音〈標ア〉ア〈京ア〉ン

いあん‐しゃ【慰安者】〘名〙心をなぐさめる人。＊竹沢先生と云ふ人（1924–25）〈長与善郎〉竹沢先生の家・三「自分は、その淋しさの最初の打ちあけ手として、又慰安者として、必然先生を考へないではなかった」＊内村鑑三（1949）〈正宗白鳥〉一「内憂外患一度期に起った訳で、ただ母親と夫人とだけが彼の看護者であり、慰安者であった訳である」 発音〈標ア〉ア

いあん‐じょ【慰安所】〘名〙第二次世界大戦中、戦地で特設された、慰安婦を置いた将兵の遊び場所。＊生きてゐる兵隊（1938）〈石川達三〉七「彼等は酒保へ寄って一本のビールを飲み、それから南部慰安所へ出かけて行った」＊春の城（1952）〈阿川弘之〉三・一「下士官たちは慰安所へ、酒と女とを求めに出て行く」 発音〈標ア〉0 ジョ

い‐あんじん【異安心】〘名〙宗祖から相承している正統的な信仰とは異なった見解や解釈。特に真宗で多く用いる語。＊大阪毎日新聞‐明治四四年（1911）八月一一日「異安心の噂喧しき飛驒国吉城郡細江村浄永寺住職岩佐静諦師に対する本山教学部の取調は」＊梨の花（1957–58）〈中野重治〉二「異安心というのは、信仰のことらしい〈略〉それはお手継ぎのお寺様とは別のお寺様を信心してることをいうのらしい」

いあん‐ふ【慰安婦】〘名〙第二次世界大戦中、戦地で、将兵の慰安を名目に、売春をさせられた女性。強制的に連れて行かれた者が多かった。従軍慰安婦。＊夢声戦争日記〈徳川夢声〉昭和一七年（1942）一一月二日「大柄な日本女が二人、浴衣を着て吾々を見物に来た。何所か山の手辺の奥さんみたいに落ちついている。例の慰安婦という人たちであろう」＊浮雲（1949–50）〈林芙美子〉一「芸者とは云っても、軍で呼びよせた慰安婦である」 発音〈標ア〉ア

いあん‐りょこう【慰安旅行】〘名〙社員などの労をねぎらうために催す旅行。＊湘南電車（1953）〈井上友一郎〉「あたしたちは、ママに連れられて、お店の全員、慰安旅行で強羅へ行くのよ」＊旅‐昭和三二年（1957）二月号・招待旅行で賑う熱海伊東〈近藤東〉「戦後さかんになった会社の慰安旅行」 発音 イアンリョコー〈標ア〉リョ

いい【五】〘名〙（「い（五）」を延ばして発音した語）物の数を、声に出して順に唱えながら数えるときの五。＊童謡・お山の杉の子（1944）〈吉田テフ子・サトウハチロー〉「一ィ二ゥ三ィ四ォ 五（イ）ィ六ゥ七ァ 八日 九日 十日たち」 発音 イー〈標ア〉イ〈京ア〉イ

いい【言・謂】〘名〙（動詞「いう」の連用形の名詞化）①言うこと。言ったこと。＊栄花（1028–92頃）後悔の大将「それをよろづにいひのままにせさせ給ひしほどに、いみじき御得意になりて」②（「…のいい」の形で用いられる）…についての表現、根拠、いわれ。また、…という意味、…のこと。＊大慈恩寺三蔵法師伝承徳三年点（1099）七「謂所（いはゆる）、上の下を化すること、風の草を靡かすがごとし、其れ斯の謂（イヒ）乎（か）」＊文鏡秘府論保延四年点（1138）天「巷の陋に飢へ、疲れず、此の謂（イヒ）なり」＊俳諧・小太郎（1715）「行基菩薩は、栗の木を杖にも柱にもし給ふとかや。西方に縁ありとの謂なるべし」＊花柳春話（1878–79）〈織田純一郎訳〉一「噫（ああ）日暮れ道遠しとは其れ僕の謂（イヒ）歟（か）」＊桐畑（1920）〈里見弴〉愛経・四「よい恋と云ふのは、一生懸命な、深い恋の謂（イヒ）だ」＊孟子‐梁恵王・下「所㆑謂故国者、非㆑謂㆘有㆓喬木㆒之謂㆖、有㆓世臣㆒之謂也」 発音 イー〈標ア〉0 イ 辞書 言海 表記 謂（言）

いい【咦】〘副〙師家が学人に接するとき、または導師が引導のとき、発する声を表わす語。＊随筆・驢鞍橋（1660）上「仏意を修せで不㆑叶と、自（みづから）眼をすゑ、拳しを握り、咦（イイ）と牙を咬給ふ」＊滑稽本・風来六部集（1780）痿陰隠逸伝自叙「咦（イイ）。配㆓閻浮屍㆒、不㆑減㆓精血㆒、聞㆓一屁声㆒、悟㆓捺落滅㆒」

いい【家】〘名〙家（いえ）をいう上代東国方言。＊万葉（8C後）二〇・四三四三「わろ旅は旅と思（おめ）ほど已比（イヒ）にして子持（め）ち痩すらむ我が妻（み）かなしも〈玉作部広目〉」 補注「万葉集」の駿河国防人歌（さきもりうた）中に一例だけみえる。ほかにも駿河の防人歌には、「帰へり」が「帰ひり」になった例など、エ段甲類音がイ段甲類音に転じた例がみえる。 上仮名 イヒ

いい【結】〘語素〙「ゆい（結）」の変化した語。「かみいい（髪結）」「いいかた（結方）」など、他の名詞と複合して用いられる。

いい【飯】〘名〙米を蒸し、または炊いたもの。麦、粟などにもいう。上代には、甑（こしき）で蒸した強飯（こわいい）を食べたが、のちには、水で炊いた姫飯（ひめいい）、粥（かゆ）が普通になった。めし。ごはん。＊書紀（720）推古二一年一二月・歌謡「しなてる 片岡山に 伊比（イヒ）に飢（ゑ）て 臥（こや）せる その旅人あはれ」＊万葉（8C後）一・一四二「家にあれば笥（け）に盛る飯（いひ）を草まくら旅にしあれば椎の葉に盛る〈有間皇子〉」＊色葉字類抄（1177–81）「飯 イヒ」＊八丈実記（1848–55）方言「粥を いい、味噌を だし」＊路上（1911）〈若山牧水〉「われ二十六歳歌をつくりて飯（イヒ）に代ふ世にもわびしきなりはひをする」 語誌 もともとは、米を煮た水分の多いカユに対し、蒸して水分の少ないものをいったと思われるが、平安時代になると、蒸した米はこは（強）い—固いものという意識がすでに生じていたためか、イヒよりもコハイヒが多く用いられるようになる。中世から近世にかけて、炊いたヒメイヒが一般化するに従ってコハイヒは主に餅米を蒸したものを指すように用法を限定されていった。また、メシが日常語として用いられるようになるとコハイヒもコハメシに変化した。 方言 ❶米を炊いたもの。飯。伊豆八丈島†080 沖縄県八重山996 ❷握り飯。沖縄県黒島996 ❸夕飯。晩飯。鹿児島県沖永良部島975 喜界島983 ❹豚のえさ。沖縄県石垣島996 語源説 (1)イは接頭語、ヒは胎芽を意味する原語〔日本古語大辞典＝松岡静雄〕。(2)イは発語。ヒは良しの意〔東雅〕。(3)イキヒ（息霊）の義、息をつなぎ止めるヒ（霊）というが、ヒは実の義であろう〔日本語源＝賀茂百樹〕。(4)イミヒ（忌火）の義〔名言通〕。イムビ（忌火）に縁のある語か〔大言海〕。(5)煮ることから、ユヒ（燸）の転〔言元梯〕。(6)ユイ（湯稲）の転語〔紫門和語類集〕。(7)「粒」の別音 Ip が Ihi に転じた語〔日本語原考＝与謝野寛〕。 発音 イー〈標ア〉イ〈ア史〉平安〇〇〈京ア〉イ 上仮名 イヒ 辞書 字鏡・和名・色葉・名義・和玉・文明・伊京・明応・天正・饅頭・黒本・易林・日葡・書言・〈ポン・言海 表記 飯（色・名・玉・文・伊・明・天・饅・黒・易・書・へ・言） 餉・飰餅（色） 饘・餚（玉） 食（文）

いい【楲】〘名〙池や用水の堤などから水を引く所に設ける水門の一種。板で作った箱状のものを地中に埋め、戸を開閉して水勢を調節する仕掛け。ひ。ひのくち。いり。和歌では「言ひ」に掛けて用いられる。＊十巻本和名抄（934頃）一「池 楲付〈略〉淮南子云決塘発楲〈音威 和名以飛〉許慎曰楲所以通陂竇也」＊後撰（951–953頃）恋三・七九一「を山田のなはしろ水はたえぬとも心の池のいひは放たじ〈よみ人しらず〉」＊今昔（1120頃か）三一・二二「池には楲と云ふ物を立て、打樋を構て水をば出せばこそ」 語源説 (1)イヅルヒ（出樋）から〔日本釈名〕。(2)イリヒ（扒樋）の略〔言元梯〕。 発音〈ア史〉平安・鎌倉◍ ◍〈京ア〉イー イ／0 辞書 和名・色葉・名義・伊京・言海 表記 楲（和・色・名・伊・言）

いい【藺】〘名〙（「い」を長く発音した語）い。いぐさ。＊延喜式（927）三九・内膳司「年料〈略〉尾張国〈為伊（ゐい）二担廿壺〉」＊浄瑠璃・祇園女御九重錦（1760）四「藺（ヰイ）草履（ざうり）」＊俳諧・新類題発句集（1793）冬「ゐゐ植や田の面に氷る人の影〈北河〉」 発音〈京ア〉イー イ

いい【井伊・伊井】姓氏の一つ。 発音〈標ア〉イ1

いい‐なおすけ【井伊直弼】幕末の政治家。彦根藩主。掃部頭（かもんのかみ）。安政五年（一八五八）大老となり、勅許なしで日米修好通商条約の調印を断行。さらに徳川第一三代将軍家定の後継者に慶福（よしとみ＝家茂）を立て、反対派の諸大名、公卿、武士たちを弾圧して安政の大獄を起こす。のち水戸・薩摩の浪士らに江戸城桜田門外で殺された。文化一二～万延元年（一八一五～六〇）

いい‐なおたか【井伊直孝】江戸幕府初期の重臣。直政の子。彦根藩主。大坂の陣に功をたて、将軍徳川秀忠、家光、家綱を補佐。天正一八～万治二年（一五九〇～一六五九）

いい‐なおまさ【井伊直政】安土桃山時代の武将。はじめ今川氏、のち徳川家康に仕える。徳川四天王の一人。関ケ原の戦いの功により近江佐和山一八万石を領した。永禄四～慶長七年（一五六一～一六〇二）

いい‐ようほう【伊井蓉峰】新派俳優。本名申三郎。東京出身。明治四一年（一九〇八）以後「新派大合同劇」の座頭となり、河合武雄、喜多村緑郎と新派三頭目時代をつくった。「いい容貌」からの芸名。明治四～昭和七年（一八七一～一九三二）

い‐い【依依】〘形動タリ〙①枝のしなやかなさま。一説に、盛んに茂るさま。＊文華秀麗集（818）中・奉和春閨怨〈巨勢識人〉「閑庭点点蒼苔駁、暗牖依依緑柳低」

＊本朝文粋（1060頃）一・柳化為松賦〈紀長谷雄〉「豈敢依二依於陶令之種一只須レ鬱二鬱於秦皇之封一」＊中華若木詩抄（1520頃）下「楊柳依々緑映レ門〈略〉依々は、柳の自然の趣ぞ」 ②離れるに忍びないさま。恋い慕うさま。＊詩経‐小雅・采薇「昔我往矣、楊柳依依」＊懐風藻（751）和藤江守詠裨叡山先考之旧禅処柳樹之作〈麻田陽春〉「日月荏苒去。慈範独依依」＊和漢朗詠（1018頃）上・七夕「二星たまたま逢へり、いまだ別緒依依（いい）の恨を叙べざるに〈小野美材〉」＊人情本・恩愛二葉草（1834）二・四章「あら情なの御心やと〈略〉只鬱々依々（イイ）として、其の日其の日を送りしが」＊草枕（1906）〈夏目漱石〉三「氤氳（いんうん）たる瞑氛（めいふん）が散るともなしに四肢五体に纏綿して、依々（イイ）たり恋々たる心持ちである」＊韓詩外伝‐二「其風治、其楽連、其駆レ馬舒、其民依依、其行遅遅、其意好好」 ③遠くてぼんやりしているさま。ほのかなさま。＊芝軒吟藁（1719）楼上遠望「百尺楼台坐二夕暉一故山煙樹遠依依」＊陶潜‐帰田園居詩「曖曖遠人村、依依墟里煙」 発音〈標ア〉イ1

いーい【依倚】〘名〙頼ること。頼みとしてよりかかること。＊真理一斑（1884）〈植村正久〉五「此の如く互ひに依倚して立つものは之が全体を運用支持するもの無かるべからず」＊李頻‐送友人喩坦之帰睦州詩「彼此無二依倚一東西又別離」＊詩経箋‐鄘風・定之方中「（以望レ楚矣）審二其高下所一レ依倚、乃後建レ国焉」 発音〈標ア〉イ1

いーい【依違】〘名〙依るようでもあり、違うようでもある態度。①物事が判然としないこと。はっきりしない態度をとること。＊本朝無題詩（1162‐64頃）四・三月尽日惜春〈藤原季綱〉「四時代謝不二依違一只惜残春尽正輝」＊伊呂波字類抄（鎌倉）「依違 ワヅラフ也」＊佳人之奇遇（1885‐97）〈東海散士〉一六「政府依違して答えず」＊社会百面相（1902）〈内田魯庵〉矮人巨人・四「空しく依違（イヰ）逡巡して復讎するを敢てせず」＊漢書‐谷永伝「展レ意無レ所二依違一」 ②先例、手続き、慣習などに相違すること。＊玉葉‐寿永二年（1183）八月六日「先次第沙汰、頗以依違歟。先有二議定一人意不二一決一偏可レ訪二占卜一之由」＊東寺百合文書‐ほ・暦応四年（1341）三月二一日・先師俊雅僧正譲状案（大日本古文書二一・三九）「後宇多院無レ故、被レ寄二東寺供僧中一云々、依違之御沙汰、歎而有レ余」 補注「色葉字類抄（前田家本）」に「依違 闘（闘カ）乱部、イヰ 非常分 相違詞」とあるのは、感情のゆきちがい、仲たがいするの意か。 発音〈標ア〉イ1 辞書色葉 表記依違（色）

いーい【委蛇】〘形動タリ〙⇩いだ（委蛇）

いーい【怡怡】〘形動タリ〙よろこび楽しむさま。なごやかなさま。＊文明本節用集（室町中）「怡々 イイ 和順義也」＊真善美日本人（1891）〈三宅雪嶺〉日本人の任務・三「日本の国や〈略〉斯の美なる山水の間に生長するより神気自ら怡々たるの風を存し」＊草枕（1906）〈夏目漱石〉五「早く一微塵となって、怡々（イイ）たる春光の裏に浮遊して居る」＊論語‐子路「朋友切切偲偲、兄弟怡怡」 発音〈標ア〉イ1 辞書文明 表記怡々（文）

いーい【怡慰】〘名〙喜ばせ慰めること。やわらがせ慰めること。＊具氏博物学（1876‐77）〈須川賢久訳〉二「草木に緑色ありて人目を怡慰するは全く炭素の功用にして、炭素其黒色を液汁中の黄色と混和するに由りてなり」 発音〈標ア〉イ1

いーい【易易】〘形動タリ〙たやすいさま。＊花柳春話（1878‐79）〈織田純一郎訳〉三〇「再娶（さいしゅう）は固と易々のみ」＊女工哀史（1925）〈細井和喜蔵〉三・八「此の時分、女工の募集は易々として少しの骨も折れなかった」＊真理の春（1930）〈細田民樹〉森井コンツェルン・一〇「あなたの手で政府を動かすことは易々（イイ）たるものですし、また国家のためにも、その方がよほど清潔です」＊礼記‐郷飲酒義「孔子曰、吾観二於郷一而知二王道之易易一也」 発音〈標ア〉イ1

いーい【唯唯】 ㊀〘感動〙かしこまって承諾する時の応答のことば。はい。＊太平記（14C後）一六・正成下向兵庫事「正成重ねて申けるは『衆愚之愕々たるは、一賢之唯々（イイ）には如かず』と申候へば」＊六如庵詩鈔‐二編（1797）二・所養払菻狗一旦失之踰年復還感紀其事「丁寧記レ此誡二児童一口頭唯唯腹咥咥」＊近世紀聞（1875‐81）〈染崎延房〉七・二「又返すべき辞（ことば）もなく唯々（イイ）と答へて退きける」＊花柳春話（1878‐79）〈織田純一郎訳〉三三「テンプルトン曰く、唯々（イイ）」＊戦国策‐秦策・昭襄王「有レ間、秦王復請、范雎曰、唯唯」 ㊁〘形動タリ〙（多く「唯唯として」の形で用いる）他人のことばに少しもさからわずに従うさま。唯々諾々（いいだくだく）。他人の言うがままになるさま。＊読本・椿説弓張月（1807‐11）後・二〇回「『人に異（あやしま）れざる間（はし）に、とくとく』といそがし給へば、時員（ときかず）唯々（イイ）として別を告（つげ）」＊滑稽本・浮世風呂（1809‐13）四・序「這（これ）で好かと与たれば、主管（ばんとう）忽ち莞爾（にこり）となり、唯々（イイ）として去りぬ」＊酒中日記（1902）〈国木田独歩〉「唯々（ヰヰ）として自分は此命令を奉じて居た」＊韓非子‐八姦「此人主未レ命而唯唯、未レ使而諾諾」 発音〈標ア〉イ1 辞書色葉・文明 表記唯唯（色）唯（文）

いーい【猗猗】〘形動〙木の葉の美しく茂るさま。＊色葉字類抄（1177‐81）「猗猗 イイ ウルハシ」＊了幻集（1392頃）題画竹二首「清風葉々緑猗々。況在二瀟湘一夢覚時」＊思出の記（1900‐01）〈徳富蘆花〉三・三「千竿の緑竹猗々（ヰヰ）として戦いで居る」＊詩経‐衛風・淇奥「瞻二彼淇奥一緑竹猗猗」 辞書色葉 表記猗猗（色）

いーい【異意】〘名〙むほんの心。ふたごころ。異志。＊史記‐秦始皇本紀「天下無二異意一則安寧之術也」 発音〈標ア〉イ1

いーい【異違】〘名〙普通と異なったこと。＊正法眼蔵（1231‐53）弁道話「このもろもろの法門、みな平等一心なり、あへて異違なしと談ずる」＊政基公旅引付‐永正元年（1504）四月八日「凡辛酉・甲子・革命・革令、誠無二天道之異違一哉」

いーい【逶迤】〘名〙①うねうねと曲がっていること。＊空華集（1359‐68頃）一二・序闘鶏詩巻「渡二略彴一出二四重関一躡二十八盤一逶迤而登二一覧亭者一」＊篁園全集（1844）一・五荘行「一揖出レ門頻回顧、雲山杳渺水逶迤」＊日本風景論（1894）〈志賀重昂〉三「大磯の地、海岸を距る三五町にして山脈逶迤す」＊王粲‐登楼賦「路逶迤而修迥兮、川既漾而済深」 ②よろよろと歩くこと。また、おそるおそる歩むこと。＊色葉字類抄（1177‐81）「逶迤 ヰイ ヨロホウ」＊佳人之奇遇（1885‐97）〈東海散士〉二「噫、彼の希世苟合の士、尊貴の顔を俛仰し、勢利の間に逶迤し」 辞書色葉 表記逶迤（色）

いーい【遺意】〘名〙故人の残した考え、意志。＊史記抄（1477）一七・遊侠列伝「こちの役夫は、其遺意なるぞ」＊古道大意（1813）上「この学風の由て来る其の始めは東照大神君その糸口を開かせられ、公子尾張の源敬公、その御遺意を紹（つが）せられ」＊幕府御親征の詔‐明治元年（1868）二月二八日「朕、不肖と雖も、列聖の余業、先帝の遺意を継述し」＊後漢書‐劉愷伝「劉般嗣子愷〈略〉称二父遺意一致二国弟憲一」 発音〈標ア〉イ1

いい いひ〘名〙（「ゆい」の変化した語）①仕事を助け合うこと。労働交換をすること。また、その人。いいどり。②人を雇うこと。また、その雇人。＊随筆・燕居雑話（1837）四「秩父の古言〈略〉傭人をいひと云、ゆひを訛れり」 方言❶仕事を手伝い合うこと。労働交換。下総†020 新潟県062 352 382 石川県珠洲郡404 福井県431 長野県南佐久郡054 静岡県志太郡535 安倍郡540 滋賀県高島郡614 島根県石見725 広島県771 山口県803 豊浦郡798 玖珂郡800 徳島県美馬郡810 愛媛県840 高知県861 020 佐賀県887 藤津郡895 熊本県054 919 鹿児島県961 種子島054 喜界島983 沖縄県首里993 ◇いいかい 高知県香美郡「いいかいに行きます」054 ◇いいがえ〔―換〕熊本県上益城郡919 ◇いいがき 栃木県安蘇郡・那須郡198 ◇いいかわし〔―交〕熊本県上益城郡054 ◇いいじ 鹿児島県沖永良部島985 ◇いいしごと〔―仕事〕栃木県198 神奈川県藤沢市319 ◇いいしろ 長崎県壱岐島「いーしろでむしち、田の草をとらにゃ」915 ◇いいたば 鹿児島県沖永良部島985 ◇いいたばあ 鹿児島県喜界島983 ◇いいっこ 栃木県198 ◇いいとり〔―取〕島根県石見725 熊本県阿蘇郡・上益城郡919 ◇いいはか 新潟県佐渡「いーはかをせんか」356 ◇いいやっこ 千葉県東葛飾郡064 ❷相互に代わり合って事を助け合うこと。静岡県安倍郡540 ❸ごちそうなどに招き合うこと。◇いいご 熊本県玉名郡058 ❹労力の借り。手間の借り。島根県邑智郡734 ❺仕返し。復讐。土佐†126 山口県豊浦郡798

いい〘名〙 方言❶父。◇いいべとも。三重県志摩郡001 ❷いす。腰掛け。沖縄県首里993 ❸家柄、または位の高い家。鹿児島県喜界島983

いい〘名〙 方言 ⇩いいろ

いい〘副〙泣き声を表わす語。＊今鏡（1170）九・真の道「更に読み給ふにも同じやうにいいと泣き居りければこそ」＊十訓抄（1252）一・皇嘉門院女房問虫鳴声事「三条殿に虫の鳴きしこそと仰せ出されたりければ〈略〉いかに鳴き候ひけるぞと申したりければ、いいとこそと仰せられけるに、事さめて」

いい〘感動〙憎らしいという気持や、拒否の気持を表わすとき、歯をむきだして発することば。いーい。＊別れた妻に送る手紙（1910）〈近松秋江〉「よく子供が歯を出してイーといふことをする、丁度そのイーをしたやうな心持のする険しい顔を一寸して」＊秋立つまで（1930）〈嘉村礒多〉「卑怯者！ 骨の髄までの利己主義！ イーイ」＊故旧忘れ得べき（1935‐36）〈高見順〉四「あら、子供ぢゃなくってよ、あたし二十四よひどいわ、イーだ」＊蘭を焼く（1969）〈瀬戸内晴美〉「思いきり唇を横にひらき、いいっと歯をむいてみる」 方言❶応答の語。はい。鹿児島県と沖縄県では同輩以下に対して用いる。新潟県347 石川県404 高知県清水市864 長崎県南高来郡905 沖縄県062 与那国島996 ◇いぇえ 栃木県河内郡204 ◇いぇえ 沖縄県石垣島・小浜島・鳩間島996 ◇いいん 鹿児島県喜界島975 ◇いん 滋賀県湖南607 奈良県（児童語）678 680 高知県幡多郡870 沖縄県国頭郡975 ◇い 鹿児島県奄美大島974 ❷肯定や承諾を表わす語。はい。そう。そうです。沖縄県首里（目下の者に対して）993 与那国島（同輩以下に対して）996 ◇いぇえ 沖縄県小浜島996 ◇いいん 香川県小豆島829 長崎市（児童語）906 ◇いん 大阪府泉北郡646 和歌山県690 香川県佐柳島829 高知県中村市864 長崎市（児童語）906 鹿児島県喜界島983 ◇いんんさ 三重県南牟婁郡603 ❸相づちを打つ時の語。高知県860 ❹否定の語。いいや。◇いん 三重県志摩郡585 和歌山県那賀郡690 広島県芦品郡776 香川県小豆島（幼児語）827 沖縄県宮古島（同輩以下に用いる）062 ❺念を押す時に用いる語。ねえ。◇いん 愛媛県西宇和郡849 ❻相手の言葉を聞き返す時の語。え。長野県東筑摩郡480 三重県度会郡599 和歌山市691 沖縄県与那国島996 ❼歯をむき出して、憎しみや軽べつの気持を表わす語。京都市621 香川県829 ◇いいん 香川県829 ❽感情が狂おしいほどに高ぶった時に発する語。ああ。鹿児島県961 種子島968 ◇いいい 島根県浜田市・那賀郡725 ◇い 東京都大島326 ◇いいは 山形県米沢市（婦人の語）149 ❾寒い時や冷たい時に発する語。また、味が辛かったり酸っぱかったりした時に発する語。長崎市906 ❿失敗した時に発する語。しまった。◇いいい 広島県高田郡779

イー【一】〘名〙「一」の中国音。いち。ひとつ。江戸時代には拳（けん）の用語として用いられ、現代ではマージャン用語として用いられる。＊滑稽本・浮世風呂（1809‐13）三・上「真（ほんとう）の拳（けん）と云ふ物は一（イイ）二（りゃん）三（さん）四（すう）五（うう）六（りう）

七(ちゐい)八(ぱま)九(くゎい)といふものだっサ」＊滑稽本・浮世床(1813-23)二・下「『木戸際(ぎは)か拳で押付(おっつけ)よう』『ムムよかんべい』〈略〉『一(イイ)、六(りう)、七(ちゐい)、三(さん)、五(うう)』」 発音〈標ア〉イ 辞書 言海 表記 一(言)

イー〘名〙(E, e) ①英語のアルファベット中第五の字母。②(e) 自然対数の底(てい)。値は二・七一八二八一…。③円錐曲線の離心率などを表わす記号。 発音〈標ア〉イ

い・い【好・善・良】〘形口〙(「よい」の変化した語) くだけた言い方で、終止形、連体形でしか用いられない。よい。①(正邪・善悪の立場から) 正しい。正当である。「いいと思ったこと」「いい悪い」 ②性質、状態、機能、様子などが好ましい。まさっている。満足できる程度である。充分である。＊洒落本・通仁枕言葉(1781)山もとの座舗「どの子がいいかしらねへ」＊滑稽本・浮世風呂(1809-13)前・上「ヤ、是は能(イイ)湯だ」＊歌舞伎・お染久松色読販(1813)序幕「そりゃア、いひ思し召しでござりやす。のふ、おちかどん」＊旧主人(1902)〈島崎藤村〉三「美(イ)い声が醜(まづ)い口唇から出るのは稀(めづら)しくも有ません」＊青春(1905-06)〈小栗風葉〉秋・九「左も右くも其所へと話が決った。で、繁はお腹が可(イ)いと云ふのを口実に同席を避けて」＊魚服記(1933)〈太宰治〉三「父親は炭でも蕈でもそれがいい値で売れると、きまって酒くさいいきをしてかへった」 ③めぐりあわせに恵まれている。幸いである。＊滑稽本・浮世風呂(1809-13)前・上「坊はおとっさんにおんぶだから能(イイ)の」 ④あるべきさまである。適当である。のぞましい。＊洒落本・辰巳之園(1770)「お前の顔にゃア何かきつく出来やしたねェ。是にゃア和国橋の実路孝を付なさりゃアいい」＊滑稽本・浮世風呂(1809-13)前・上「刀豆と肩へ書が能(イ)い」＊青春(1905-06)〈小栗風葉〉春・一「園枝、お前の方は紅茶を淹(い)れると可(イ)い」 ⑤同意できる。承知できるさまである。さしつかえない。かまわない。＊洒落本・契情実之巻後編(1804)一「ナンノ、なかずといい。かうしへいって大かぐらを見てきな」＊笑(1922)〈寺田寅彦〉「此の一篇を書くやうになった動機は寧ろ此の点に対する私の不可解な疑念であると云ってもいい」＊竹沢先生と云ふ人(1924-25)〈長与善郎〉竹沢先生の家・三「強ひて何々と定めてその道に依らずともいい」 ⑥(よくないと思っていることを、わざと反対にいう言い方) とんでもない。＊姉弟と新聞配達(1923)〈犬養健〉一「その弟ではこのお正月、本当にいい心配をいたしました」 ⑦(逆説的に) 基準をこえている。十分すぎるほどである。→いい年。＊死者生者(1916)〈正宗白鳥〉三「あんなに邪慳にされて、お前さんは辛抱がいいわね」 ⑧(「なくてもさしつかえない」の意から) 必要ない。いらない。十分だ。→いい(好)にする。 ⑨(動詞の連用形について) 簡単である、たやすいの意を表わす。＊洒落本・廓節要(1799)「そういふ内所ならば、又大きにさんたんもしいいといふもんだ」＊滑稽本・浮世風呂(1809-13)前・上「イヤイヤ至って溜能(ためイイ)ものだ」 語誌 (1)江戸時代前期に見られる「えい」の関東なまりとして生じた語か。明和、安永頃(一七六四〜八一)から広まり使われたらしく、明和八年(一七七一)頃「遊子方言・発端」には通り者が「ゑい」を用い、明和八年「俠者方言」に「ゑゑ」が見えるなど、俠(きお)い者や、それに近い人から用い始めたようである。口頭語として共通語化したものが徐々に文章語にも定着し、意味は「よい」と同じように用いられる。(2)同義の「よい」は終止形と連体形に限って文語的なニュアンスを持つ。それ以外の活用形「よく」「よかった」「よければ」などに当たる形は「いい」にはないが、方言としては「いく」「いかった」などの形も見られる。(3)類義語「よろしい」は、次のような用法では、「いい(よい)」の丁寧語形として機能する。㋑許可を求められたときの受け答えとして用いられる場合。例「行ってもいいですか」「よろしい/よろしゅうございます(=いいよ)」。㋺条件文で相手の意向に言及する場合。例「よろしければ/よろしかったら(=よかったら)これをお使いください」。(4)「およろしい」は主に女性が用いる極めて丁寧な口頭語で、「いい(よい)」の連用形・連体形等に替わって用いられる。「よろしくお願いいたします」「よろしく(=仲良く)やっている」などの用法は、「いい(よい)」では言い換えられない。(5)類義語「結構だ」は、相手の申し出に対する断りの返事に、「いい」よりやや丁寧な言い換えとして用いられる。例「荷物をお持ちいたしましょうか」「結構です(=いいです)」。また、相手側のもの、相手が自分に勧めてくれたものによい評価を与える時に、「いい(よい)」の替わりの丁寧語形として用いられる。例「湯加減はいかがですか?」「結構です」、「結構な品物を頂戴しました」。 発音 イー〈標ア〉イ〈京ア〉エー⓪ 辞書 ポン 表記 好(ヘ)

いい 後(あと)は悪(わる)い よいことがあった後は、悪いことが起こりがちである。楽あれば苦あり。＊歌舞伎・木間星箱根鹿笛(1880)四幕「『まことに今日は大吉日』『然しいい跡(アト)は悪(ワル)いといふから』」

いい ＝塩梅(あんばい)[＝按排(あんばい)] うまいぐあいに物事が取り運ぶこと。いいぐあい。＊薄明(1946)〈太宰治〉「また私にしても、そんな甲府の家の財産やら何やらには、さっぱり興味も持てないので、そこはお互ひにいい按配の事であった」

いい 男(おとこ) ①容貌、または気性などのよい男。好男子。＊雑俳・柳多留-一五(1780)「かすがの里のかりうどはいいおとこ」＊人情本・春色恵の花(1836)初・一回「お長さんはどんな男を見ても、丹さんのやうに好漢(イイヲトコ)はないのさ」＊今戸心中(1896)〈広津柳浪〉一〇「彼人(あのひと)と能く一処に来た平田さんは好男子(イイヲトコ)だったけね」 ②世間、特にやくざなどの社会で顔の売れた男。 ③(豊かないいからだをしているところから) 相撲取り。＊雑俳・柳多留-三六(1807)「女には見せぬ諸国のいい男」＊雑俳・柳多留-四四(1808)「壱年を廿日でくらすいい男」 発音 イーオトコ〈標ア〉イ

いい 女(おんな) ①容貌、または気性などのよい女。＊滑稽本・浮世床(1813-23)二・上「しかし美女(イイオンナ)は泣面(なくかほ)までが可愛らしい」＊恋慕ながし(1898)〈小栗風葉〉二七「那(あ)の好(イ)い女(ヲンナ)の神様(かみさん)の在る寄席だらう？ 富坂亭と謂ふのは」＊今年竹(1919-27)〈里見弴〉渡風流水・八「大していい女でもないけれど」 ②愛人である女性。情婦。＊一兵卒の銃殺(1917)〈田山花袋〉一「家はいいし、金は何うでもなるし、あいふ情婦(イイヲンナ)もあるしよ」 発音 イーオンナ〈標ア〉イ

いい 顔(かお) ①きれいな顔。美貌。＊恋慕ながし(1898)〈小栗風葉〉一八「那(ああ)いふ良(イ)い顔(カホ)の子們(こたち)は然うでもあるまいが、私們のやうな婆連(ばあたれ)の、一分や一分足らずの玉(ぎょく)で」 ②精神的な充実感にあふれた表情。また、きげんのよい、うれしそうな表情。 ③きげんの悪くないこと、相手を受け入れることを示す態度。＊日の出前(1946)〈太宰治〉「勝治は帰って来た。れいの紙幣が、もう右手に無いのを見て、節子には何か、わかったやうな気がした。『兄さん！』いい顔は、出来なかった」＊ストマイつんぼ(1956)〈大原富枝〉「クミ子にいつもいい顔ばかり見せて寝ていることにくたびれたのです」 ④顔がきくこと。顔役。＊佐渡流人行(1957)〈松本清張〉三「無頼仲間のいい顔になっていることを知った」 発音 イーカオ〈標ア〉イ

いい 顔(かお)をしない きげんよくしない。よく扱わない。賛成しない。承知しない。＊良人の自白(1904-06)〈木下尚江〉続・一三・二「斯う何度も何度も牢屋へばかり入って居たんじゃ、何処へ行ったからって、好い顔はしないしさ」＊末枯(1917)〈久保田万太郎〉「燕橋の部屋のものでなければどこの寄席(よせ)でもいい顔をしなかった」

いい 加減(かげん) ⇩親見出し

いい 風(かぜ)が吹(ふ)く よいことが起こる。運が向いてくる。

いい 方(かた) 「いい(好)人」に同じ。＊夢の浮橋(1970)〈倉橋由美子〉嵯峨野「耕一さんにいいかたができたらわたしも髪を切るわ」

いい 鴨(かも) ⇩親見出し

いい 気(き) ⇩親見出し

いい 気前(きぜん) ⇩親見出し

いい 気味(きみ) ⇩親見出し

いい 薬(くすり) その人にとってよい教訓となる事柄。身のためになること。＊青春(1905-06)〈小栗風葉〉秋・一三「私も好い薬になりました！ 独身とか何とか口では言って居ても、一向未だ世の塩(しほ)も嘗めない若い考だったんですもの」＊試みの岸(1969-72)〈小川国夫〉試みの岸「自分の血を見せて貰って、いい薬になったろう」 発音 イー＝クスリ〈標ア〉イ＝⓪

いい 口(くち) ①よく言うこと。ほめて言うこと。また、その言葉。②(①を反語的に表現して) 悪口を言うこと。また、その言葉。＊滑稽本・浮世風呂(1809-13)二・上「『お撥(ばち)さんはの、猫背中ときてゐるから、鼠の糞(ふん)のやうな垢(あか)がよれるよ』『ヱヱ、置てもおくれ。能口(イイクチ)だのう』」 発音 イークチ〈標ア〉イ

いい 子(こ) ①気立てのよい子供。また、行儀がよく大人の言うことをよく聞く子供。子供をほめていう語。＊雑俳・柳多留-三一(1805)「いい子だいって遊びなと娘出来」＊滑稽本・浮世風呂(1809-13)前・上「ヤレ能子(イイコ)になったぞ。アレ、他所(よそ)のおぢさんがお誉だよ」＊青年(1910-11)〈森鷗外〉一〇「己(おれ)は小さい時から人に可哀(かはゆ)がられた。好(イ)い子(コ)といふ詞が己(おれ)の別名のやうに唱へられた」 ②善良な人。また、自分だけが人によく思われるよう、うまく立ち回る人。→いい子になる。＊雑俳・柳多留-二六(1796)「いい子の振をしてかかア弐分にする」＊人情本・花筐(1841)四・二一回「お前の様に言って見ると、私計りが悪児(わるもの)で、お前方は能(イ)い児(コ)のやうだが」＊其面影(1906)〈二葉亭四迷〉二〇「何処迄も自分一人善(イ)い子の風を仕様と思やがって」＊故旧忘れ得べき(1935-36)〈高見順〉三「なんでも自分をいい児にしたがる我儘な篠原の自己合理化」 ③きげんのよい表情、とりすました表情の子。多く「いい子をする」の形で、用いられる。いい顔。＊ヰタ・セクスアリス(1909)〈森鷗外〉「子供に好(イ)い子をお為(し)といふと、変な顔をする」 ④(「こ」は、若い女性を親しんでいう語) よい娘。＊思出の記(1900-01)〈徳富蘆花〉三・三「鈴江君は好娘(イイコ)であったが」 発音 イーコ〈標ア〉イ〈京ア〉⓪

いい 事(こと) ⇩親見出し

いい 子(こ)になる 自分だけが人によく思われるような行動をとる。＊滑稽本・一盃綺言(1813)「てんでんばかり能子(イイコ)になってはすみさうもねへもんだとおもふが」＊西洋道中膝栗毛(1870-76)〈仮名垣魯文〉一〇・下「今さらてめへひとり能子(イイコ)にならうと思っても、さうはいかねへぞ」＊売花翁(1893)〈斎藤緑雨〉「何かにつけていい子になりたがる世間の癖は」＊爛(1913)〈徳田秋声〉一五「どっちへも好い子にならうたって、それは駄目よ」

いい 災難(さいなん) 思いがけずふりかかった災

難を皮肉をこめていう。＊青春(1905–06)〈小栗風葉〉夏・一一「這麼物を持込まれて―持込まれた私は…私こそ可い災難だわ」

いい様(ざま)　⇨親見出し

いい図(ず)　(下に打消を伴って用いる)　いい光景。いい格好。＊読書放浪(1933)〈内田魯庵〉窓から眺める・銀ぶら「小汚ない無精髯ののんきな父さんたる親爺がチカチカした飾窓の前にボンヤリ立つのは余りイイ図では無い」＊日の出前(1946)〈太宰治〉「謂はば蛇に見込まれた蛙の形で、這ひつくばったきりで身動きも何も出来ないのである。あまりいい図ではなかった」

いい線(せん)**を行**(い)**く**　ある観点からみて、水準以上に達している。＊小説平家(1965–67)〈花田清輝〉三・四「田舎娘としては、いちおう、いい線をいっていたといわなければならない」

いい月日(つきひ)**の下**(した)**に生**(う)**まれる**　よい運命のもとに生まれつく。いい境遇に生まれ合わせる。＊滑稽本・浮世風呂(1809–13)三・下「あの衆はよくよく能(イイ)月日(ツキヒ)の下(シタ)で生(ムマ)れた人だらうよ」＊人情本・英対暖語(1838)初・一回「お前さんなんぞに惚られる女は、それこそマア、寔(まこと)に能(イイ)月日の下とかに生れた運とやらでございますヨ」

いい面(つら)**の皮**(かわ)　⇨親見出し

いいと言(い)**うことよ**　気にかける必要がない。かまわない。くだけた言い方では「いいってことよ」になる。＊滑稽本・七偏人(1857–63)二・上「いいといふ事ヨ。ナンノ僉(みんな)は何様(どん)な事でもしなせへ」

いい所(ところ)　①身分、家柄、経済状態などのよい家。特に、金持ちの家。＊人情本・春色雪の梅(1838–42頃か)初・三回「語兵衛さんも来て咄したのを、相手は富家(イイトコ)の若旦那(むすこ)ださうだ」＊人情本・縁結月下菊(1839)中・三「あんな大家(イイトコ)の旦那が、ああできると野鄙でわるい」②あるものの中で、よい部分。㋑ましな部分。満足できる程度。＊歌舞伎・佐野常世誉免状(鉢の木)(1858)上「三度の食は粟か稗、いいところで麦がせいぎり、煩ひでもせにゃあ米を喰ふことはねえ」㋺特に賞味すべき部分。味わいどころ。＊安愚楽鍋(1871–72)〈仮名垣魯文〉二・下「生でたべるのだから精肉(イイトコ)をうす切にして山葵醤油をつけて二人前おくれヨ」㋩好ましい部分。また、長所。＊今年竹(1919–27)〈里見弴〉秋雨の宵・六「芸者にそれほど思ひ込まれるといふのは、きっと男としてどこかいいところがあるんだ」③都合のよい時。適切な頃合。＊歌舞伎・吉様参由縁音信(小堀政談)(1869)五幕「有難うござります。地獄にも知る人だ、いい所で手前に逢った」＊西洋道中膝栗毛(1870–76)〈総生寛〉一二・下「ヤ爺(ぢいや)いい所(トコ)へ来て呉た」④(「…もいい所」の形で、多く否定的な事柄を強調していう)…という批評もまだ好意のある方で、本当のところはもっとひどいものだの意を表わす。全く…である。まさに…である。＊他人の顔(1964)〈安部公房〉白いノート「醜いあひるの子の物語は、かならず白鳥の歌でしめくくられるものと相場がきまっているらしい。御都合主義もいいところである」＊軽口浮世ばなし(1977)〈藤本義一〉六・一「その点、民放の筆耕さんは出鱈目もいいところで、飛行機と書くと飛行キと書いたりしておれの手許に戻ってきたものだった」

いい年(とし)　①相当の年輩。分別盛り、または、ある事柄に適当な年頃。その年齢に不相応であるというあざけりの意をこめて使う場合が多い。＊雑俳・柳多留‐一一(1776)「いい年でわるぢゑをかう源三位」＊人情本・明烏後正夢発端(1823)上「そのおかみさんがある位なら、いい年(トシ)をして、馬鹿ァしてあるきゃァしやせん」＊竹沢先生と云ふ人(1924–25)〈長与善郎〉竹沢先生とその兄弟・一「どうも意地きたなで困るんですのよ。いい齢して、お腹が弱いくせに」＊雪国(1935–47)〈川端康成〉「道楽者だね。もういい年なんだらう」②よいことのある年。特に新年を祝っていうことが多い。発音イートシ〈標ア〉イ

いい仲(なか)　親密な間柄。また、思い思われている男女の仲。＊真景累ケ淵(1869頃)〈三遊亭円朝〉八七「船頭の長八といふ者といい交情(ナカ)となって」＊硝子戸の中(1915)〈夏目漱石〉一九「此仙太郎さんの一人娘が講釈師の貞水と好(イ)い仲(ナカ)になって、死ぬの生きるのといふ騒ぎのあった事も」発音イーナカ〈標ア〉イ〈京ア〉エーナカ①

いいにする　よしにする。やめにする。＊洒落本・通仁枕言葉(1781)幾よし屋の坐舗「久保井さん、いいにしねへナ。おたよさんも、だまんねへ」＊人情本・春色梅美婦禰(1841–42頃)三・一四回「イヤマア酒は止(イイ)にして」

いい人(ひと)　①気質のいい人。好人物。＊滑稽本・浮世床(1813–23)初・下「世の中にはそんな親が有から、善人(イイヒト)をも悪くする」＊伊豆の踊子(1926)〈川端康成〉五「世間尋常の意味で自分がいい人に見えることは、言ひやうなく有難いのだった」②恋しく思う人。愛人。情人。＊雑俳・柳多留‐一九(1784)「いい人ににたが手くせがわるい也」＊今戸心中(1896)〈広津柳浪〉一〇「どうして善さんを吉里さんは情夫(イイヒト)に為(し)たんだらうね」＊竹沢先生と云ふ人(1924–25)〈長与善郎〉竹沢先生の人生観・一〇「きっとむかうでいい人が出来たんだ」発音イーヒト〈標ア〉イ〈京ア〉ヒ

いい日(ひ)**の照**(て)**る**　幸運にめぐまれる。幸せになる。＊滑稽本・浮世風呂(1809–13)二・下「一心に介抱すれば、また能日(イイヒ)の照(テ)ることが無(なくっ)てさ」

いい耳(みみ)　耳よりな、よいこと。いい話。＊洒落本・傾城買二筋道(1798)冬の床「かげながらいい耳(ミミ)をきいてへ」＊滑稽本・浮世風呂(1809–13)二・下「年老(としよっ)て能耳(イイミミ)を聞ねへで、ホンニホンニ長生すりゃア耻多しとよくいったものだのや」発音イーミミ〈標ア〉イ

いい目(め)　(ばくちで、望みどおりに出たさいころの目の意から)望みどおりのこと。＊婦系図(1907)〈泉鏡花〉後・三四「餅を食べて茶を喫んで帰った事もあったんですが、其がいいめを見せたんで、先頃から又どっと褥(とこ)に着いて」＊大阪の宿(1925–26)〈水上滝太郎〉八・八「自分ばかりいいめを見ようっていふんだからねえ」発音イーメ〈標ア〉イ

いい迷惑(めいわく)　⇨親見出し

いい目(め)**が出**(で)**る**　物事が思いどおりに、うまくいく。よい運が向いてくる。＊社会百面相(1902)〈内田魯庵〉老俗吏「律義一方に勉強さへすれば自から好(イ)い目が出て出世するに定ってる」＊青春(1905–06)〈小栗風葉〉秋・一「まあ苦労効(がひ)が有ったと云ふもので、お二人共是から好い目も出るのでさ」

いいようにする　身勝手にふるまう。自分の思いどおりにする。＊滑稽本・東海道中膝栗毛(1802–09)八・上「くゎしうりめがおいらをいいようにしたとおもってけつかるであろふが」＊人情本・春色辰巳園(1833–35)三・四条「私も是ほど苦労して、いいやうにされるといはれるも悔しいからどうぞ丹さん、聞わけてこのことばかりは承知しておくれな」

いい-ああ【咿咿唖唖】『副』舟をこぐ艪(ろ)の音を表わす語。咿唖(いあ)。＊俚言集覧(増補)(1899)「咿々唖々(小説語)　舟をこぐとき舟のなるおと」

いい-あい(いひあひ)【言合】『名』①言い合うこと。互いに言うこと。＊羽なければ(1975)〈小田実〉一二「『拾うて、あっちゃんのお土産にするか』『おじいちゃんのお土産にしはったほうがええ』というようなことを言いあいしながら」②言い争うこと。言い争い。口論。いさかい。＊浄瑠璃・女殺油地獄(1721)中「扨(さて)は親子のいひ合と疑はれ、夫婦の義理もかけはてる」＊洒落本・繁千話(1790)「此ぢうの晩、あいつと理論(りろん)〈注〉イヒアヒ)した時」＊付焼刃(1905)〈幸田露伴〉四「今朝なんぞは学校で論争(イヒアヒ)でも仕て居るやうな気になって仕舞ったので、少し云ひ過ぎたよ」発音イーアイ〈なまり〉イーヤイ〔栃木・富山県・伊賀・京言葉・鳥取・島根〕〈標ア〉〇〈京ア〉〇　辞書言海　表記言合(言)

いいあい-そうば(いひあひサウバ)【言合相場】『名』江戸時代の正米相場。大坂堂島の正米市で米方年行司たちがその日の正米の相場を見積もって立ち合いの題とすること、その相場の称。言合値段。＊向山誠斎雑記(1852)壬子雑綴七・堂島米市起立并米市仕方事「此二番の拍子木を打時、米方年行司どもの帳合米・虎市相場の高下する景気を考へ、大体今日の相場、正米は何程といふ事を見積り、正米相場何十何匁と題を出すを、言合相場といふ、是を題にして正米仲買株の者共、正米市を始む」発音イーアイソーバ〈標ア〉ソ

いいあい-ねだん(いひあひ…)【言合値段】『名』「いいあいそうば(言合相場)」に同じ。発音イーアイネダン〈標ア〉ネ

いい-あ・う(いひあふ)【言合】『他ワ五(ハ四)』①ある事柄について、何人かの人々が言い交わす。相応じて言う。また、歌などを詠み合う。＊土左(935頃)承平四年一二月二六日「やまとうた、あるじもまらうどもことひともいひあへりけり」＊浜松中納言(11C中)二「夜るを昼になして、くだれとこそのたまはせたんなれなど、口口いひあひたり」＊今鏡(1170)八・伏し柴「あるは歌詠み、色好む君だちなどに見せ合はせ給ひて、この手は勝りたり、歌なども、とりどりにいひあへり」②互いに言葉で争う。言い争う。口げんかをする。口論する。＊浄瑠璃・世継曾我(1683)二「今にも来らせ給ひなばいざ云合て振らふぞや」＊浮雲(1887–89)〈二葉亭四迷〉三・一三「お勢と諍論(イヒア)って家を出た―叔父が聞いたら、さぞ心持を悪くするだらうなア…」＊はやり唄(1902)〈小杉天外〉一二「二人が下らぬ事を言争(イヒア)って居る処へ」発音イーアウ　文イーオーとも〈なまり〉イーヤウ〔岐阜〕ユヨ〔鹿児島方言〕〈標ア〉ア　オ〈京ア〉〇　辞書日葡・〈ポン〉・言海　表記言合(へ・言)

いい-あ・う(いひあふ)【言敢】『他ハ下二』(下に打消を伴う)自分の気持、意志を十分に言ってしまう。終わりまで言う。はっきり言い切る。＊源氏(1001–14頃)浮舟「いかでかなどもいひあへさせ給はず」＊夜の寝覚(1045–68頃)一「少将の君はいづくにぞとたづぬる声すれば、いひあへず、戸をかいはなちていだし奉りて」

いい-あか・す(いひ…)【言明】『他サ五(四)』①人と語り合って夜を明かす。語り明かす。＊蜻蛉(974頃)中・天禄二年「泣きみ、笑ひみ、よろづのことをいひあかして、あけぬれば」＊落窪(10C後)二「いつしか夜も明けなんと心もとなくいひあかす」＊枕(10C終)二九二・成信の中将は、入道兵部卿の宮の「あかつきまでいひあかして帰る」②言って明らかにする。はっきりと名言する。＊史記抄(1477)一一「吾が意の思ふたけを云あかさいで、あらうずらうか」＊四河入海(17C前)一五・三「さて、須渓も北帰時作とはしりたれども、云いあかさずして、両方かけて云て学者に機をつけさせうとて云たぞ」

いい-あがり(いひ…)【言上】『名』話しているうちに言葉が激しくなること。また、その結果。＊日葡辞書(1603–04)「Iyagari(イイアガリ)〈訳〉言葉が少しずつ高まること、または大声で話すようになること」＊歌舞

伎・お染久松色読販(1813)二幕「爰(ここ)に居る九介が、其お方と、些細な事の云(イ)ひ上(ア)がり、〈略〉一つ二つも打ち合ふ所へ」 発音 イーアガリ 〈標ア〉0 辞書 日葡

いい-あが・る【言上】『自ラ四』話しているうちに興奮して、言葉が激しくなる。また、自分の主張を言い続ける。言いつのる。言いのぼる。＊落窪(10C後)二「やがてただいひにいひあがりて、車のとこしばりをなん切りて侍りける」＊十訓抄(1252)八・三条公不怒狼藉事「此殿の侍と物をいひあがりて、大つぶてにて打ちける」＊浮世草子・西鶴諸国はなし(1685)三・七「すこしの助言(じょごん)より、いひあがりて、寺田彌平次うって、はや所をたちのき申候」 方言 ❶言い募る。京都府620 ❷言う。山口県防府791 発音 イーアガル 〈標ア〉ガ

いい-あ・きる【言飽】『他カ上一』「いいあく(言飽)」に同じ。

いい-あ・く【言飽】『他カ四』たびたび言って、もう言うのがいやになる。言いあきる。＊おぼろ夜(1899)〈斎藤緑雨〉「運と不運の境界が線(すぢ)なら儂は外で生れたさうな、殆々(ほとほと)愚痴も言飽(イヒア)いたと猶去りやらず眺むる空」 発音 イーアク 〈標ア〉ア

いい-あげ【言上】『名』目上の人に言うこと。申し立てること。また、その事柄。＊歌舞伎・四千両小判梅葉(1885)大切「其百両を拾ったものが、則ち賊の富蔵で、返す心で庚申塚でわしに百両恵んだと、富蔵からの言上(イヒア)げにて先づ同類の疑ひ脱れ」 発音 イーアゲ 〈標ア〉0

いい-あ・げる【言上】『他ガ下一』文 いひあ・ぐ『他ガ下二』①発言する。また、貴人に申し上げる。＊栄花(1028-92頃)玉の飾「玉を召しに遣したれば、京の家に奉るべき由いひあげたれば、参らすとて」＊月詣(1182-83)一〇「入道おほいまうちぎみのかくれ給ひけることを知らで、さまざまの事いひあげて侍りけるに」＊古道大意(1813)下「そこで国王へ其の事を言上(イヒアゲ)たで御座る」②大声で言う。声を高めて申し述べる。＊日葡辞書(1603-04)「Iy ague, uru, eta (イイアグル)〈訳〉言っている事を、声を高めて少しずつ効果的な理由を述べるようにする」＊歌舞伎・阿国御前化粧鏡(1809)五立「その巻き物を持つ者こそは、四郎次郎、此あたりと云(イ)ひあげる」③取り立てて言う。数えあげて言う。＊史記抄(1477)一一・張儀「我が衡の道をたてうとて、蘇秦が短を云あけたぞ」 方言 ❶「言う」の謙譲語。申し上げる。新潟県三島郡363 ❷言いつける。香川県三豊郡829 発音 イーアゲル 〈標ア〉ゲ 辞書 文明・日葡 表記 云挙(文)

いい-あ・げる【結上】『他ガ下一』文 いひあ・ぐ『他ガ下二』(「ゆいあげる」の変化した語)①結んで上へ上げる。結んで高くする。②髪を結い終わる。すっかり結う。＊閑居友(1222頃)下・うらみふかき女いきながら鬼になる事「我かみを五にもとどりにいひあげて」 発音 イーアゲル 〈標ア〉ゲ

いい-あさ・む【言浅】『自マ四』事の意外さに驚きあきれて言い騒ぐ。＊宇津保(970-999頃)俊蔭「俊蔭は、吏部(りほう)の文を、いと二(に)なくつくりいだして奉れる時に、一天下人皆いひあさみて、そのたび俊蔭一人進士になりぬ」＊夜の寝覚(1045-68頃)五「世ひとも、思ひかけざりつる事かなといひあさみたるさま、ことわりなり」＊狭衣物語(1069-77頃か)三「さも珍らかなる御事ども多かる世かなといひあさみけり」

いい-あつか・う【言扱】『他ハ四』①あれこれとうわさをする。話の種にする。取り沙汰する。言い立てる。＊枕(10C終)二六六・いみじうしたてて婿とりたるに「あさましう、かかるなからひには、いかでとこそ人は思ひたれなどいひあつかふは聞くらんかし」＊源氏(1001-14頃)若菜上「世の中の人も、あいなう、かばかりになりぬるあたりの事は、いひあつかふものなれば」＊増鏡(1368-76頃)八・飛鳥川「いみじくあはれなれば、みな人、いとほしう悲しき事にいひあつかふめり」②いろいろと言葉をかけて世話をする。＊源氏(1001 14頃)夕霧「かの遺言はたがへじと思ひ給へて、ただかくいひあつかひはべるなり」 発音 イーアッカウ 文 イーアッコーとも 〈標ア〉カ コ

いい-あつ・む【言集】『他マ下二』ある事柄について、さまざまに言う。いろいろのことを言う。＊安法集(983-985頃)「哀なる折ふしに人しれずいひあつめたる事の葉さまざまにつけつつ多かれど」＊源氏(1001-14頃)蛍「さまざまにめづらかなる人の上などを、まことにや偽りにや、いひあつめたる中にも」＊栄花(1028-92頃)見はてぬ夢「旅の程にかやうの事多くいひあつめさせ給へれど〈略〉皆忘れにけり」 発音 イーアッム 〈標ア〉ツ

いい-あつら・う【言誂】『他ハ下二』告げ頼む。希望することを相手に言う。＊狭衣物語(1069-77頃か)一「思しみにし心の、直り難くて、かく本意なき目を見るこそ。御許、これ、なほ、申直させ給へなど、言ひあつらへて」

いい-あ・てる【言当・言中】『他タ下一』文 いひあ・つ『他タ下二』推量して言って、的中させる。正確に表現する。＊枕(10C終)七八・職の御曹司におはします頃、木立などの「人して見せなどするに、いひあてたるは、さればこそなどいふもをかし」＊源氏(1001-14頃)帚木「心あてに、それかかれかなど問ふなかに、いひあつるもあり」＊志都の岩屋講本(1811)下「これは実によく云ひあてたことばでござる」＊三四郎(1908)〈夏目漱石〉一「あなたは度胸のない方だと云はれた時には、喫驚(びっくり)した。〈略〉親でもああ旨く言(イ)ひ中(ア)てるものではない」 発音 イーアテル 〈標ア〉テ 〈京ア〉0 文『いひあつ』イーアッ 〈標ア〉ア 〈京ア〉0 辞書 文明・日葡・ヘボン・言海 表記 云当(文) 言中(ヘ・言)

いい-あやま・つ【言過】『他タ四』「いいあやまる(言誤)」に同じ。＊新撰字鏡(898-901頃)「謬 詐也 猶錯乱也 伊比阿也万豆」＊能因本枕(10C終)四二・小白河といふ所は「歌などの文字をいひあやまちてばかりこそ呼びかへさめ」 辞書 字鏡 表記 謬(字)

いい-あやまり【言誤】『名』言い誤ること。言いまちがい。＊浮世草子・儻偶用心記(1709)一「貧(ひん)のぬすみ、恋の哥(うた)とは古人のいひあやまり、みな恋からのぬす人也」＊隣語大方(18C後)六「酒は飲程用心して、云誤の無様にしてこそ酒量の広と被申ませふ」 発音 イーアヤマリ 〈標ア〉0 〈京ア〉0

いい-あやま・る【言誤】『他ラ五(四)』言いまちがう。言いそこなう。言いあやまつ。＊枕(10C終)三五・小白河といふ所は「歌などの文字いひあやまりてばかりや、かうは呼びかへさん」＊咄本・大御世話(1780)序「たがいにとしと歯のないを、毎日笑ふて暮せし故、御歳歯無しと云ことを、いつの頃にや云誤(イイアヤマル)」 発音 イーアヤマル 〈標ア〉マ 〈京ア〉0 辞書 文明・ヘボン 表記 云誤(文・ヘ)

いい-あらが・う【言争】『他ハ四』人と張り合って言い立てる。言い争う。抗弁する。＊源氏(1001-14頃)夕霧「人は、いかにいひあらがい、さもあらぬことといふべきにかあらむ」

いい-あらそい【言争】『名』言い争うこと。口げんか。口論。＊星座(1922)〈有島武郎〉「馬鹿げて声高な純次に譲らない程父の声も高く尖ってゐた。云ひ争ひの発端は判らない」＊今年竹(1919-27)〈里見弴〉二夫婦・一「不快な言ひ争ひの揚句、一日も二日も用の口のほかには言葉を交さないでゐる」 発音 イーアラソイ 〈標ア〉0 〈京ア〉0

いい-あらそ・う【言争】『他ワ五(ハ四)』言葉で争いをする。口げんかをする。言い合う。言いあらがう。口論する。＊大斎院前御集(11C前)「十月十五日に院のあじろのあづかりの我々もといひあらそふ事などきこえさするを」＊右京大夫集(13C前)「そののちも、この事をのみいひあらそふ人々あるに」＊あらくれ(1915)〈徳田秋声〉七九「お島はその晩も二階で小野田と言争った」 発音 イーアラソー 文 イーアラソーとも 〈標ア〉ソ 〈京ア〉0

いい-あらわか・す【言表・言顕】『他サ四』ことばによって明らかにする。すっかり言いあらわす。うまく表現する。＊寛永刊本蒙求抄(1529頃)八「私云、索隠陰長さ八寸十分一と云は、分明に云いあらわかさいで云たぞ」

いい-あらわし【言表】『名』言葉で表わすこと。また、その表現。＊冬に入る(1947)〈中野重治〉「『配給された自由』といういい方は、気が利いているように見える。〈略〉しかし、それだからといってそれが正しい言いあらわしであるかどうか」 発音 イーアラワシ 〈標ア〉0

いい-あらわ・す【言表・言顕】『他サ五(四)』①心の中に思っていることや隠し事などを口に出して言う。打ち明ける。告白する。白状する。＊枕(10C終)九・うへにさぶらふ御猫は「つひにこれをいひあらはしつることなど笑ふに」＊源氏(1001-14頃)葵「さまざまのすきごとどもを、かたみにくまなくいひあらはし給ふはてはては」②言葉に表わして言う。表現する。＊大慈恩寺三蔵法師伝承徳三年点(1099)八「大なるかなや、悲智の妙用、得て言象(イヒアラハス)こと无けむ」＊新千載(1359)釈教・八五一「いかにしていひあらはさん法の道とにもかくにもたがふ言の葉」＊日葡辞書(1603-04)「Iy arauasu (イイアラワス)〈訳〉ことばで説明する」＊硝子戸の中(1915)〈夏目漱石〉三〇「私の健康状態を云(イ)ひ現(アラ)はすべき適当な言葉は」 発音 イーアラワス 〈標ア〉ワ 〈京ア〉0 辞書 日葡

いい-あり【飯蟻】『名』砂糖、飯などの食品につくアリの総称。最も普通にみられる茶褐色のトビイロケアリのほか、黒色をしたクロヒメアリ、黄色みを帯びたキイロヒメアリなどをいう。いえあり。＊十巻本和名抄(934頃)八「赤蟻 爾雅集注云赤駮蚍蜉 一名蠪虰〈龍偵二音 伊比阿利〉赤蟻也」＊文明本節用集(室町中)「蚍蜉 イイアリ 異名歌女」 方言 普通に見られる蟻(あり)の総称。家蟻(いえあり)。長門†122 周防(小蟻)†122 ◇いいやい 宮崎県都城956 鹿児島県始良郡967 ◇すいやい 鹿児島県始良郡967 ◇いあり 薩摩†136 兵庫県淡路島057 福岡県粕屋郡872 熊本県南部919 天草郡936 大分県941 宮崎県947 ◇えあり 兵庫県淡路島057 ◇いあい 熊本県宇土郡・八代郡919 宮崎県947 鹿児島県054 ◇いあれ 熊本県八代郡・天草郡919 ◇いあん 熊本県南部(赤蟻)933 ◇いやり 静岡県520 磐田郡・志太郡521 愛媛県温泉郡057 福岡県東南部872 熊本県919 大分県939 宮崎県947 ◇いやい 熊本県球磨郡・葦北郡919 鹿児島県961 ◇いやれ 熊本県八代郡919 大分県大分郡941 ◇いやりど 大分県大分郡941 ◇いらり 大分県北海部郡941 ◇いらい・いらし 熊本県葦北郡919 ◇いられ 福岡県田川郡872 企救郡875 大分県北海部郡・宇佐郡939 ◇いだれ 大分県大分郡939 ◇やり 熊本県葦北郡919 語源説 (1)台所などに上がり、飯などの食品につくところから〔大言海〕。(2)イは発語の詞。ヒは緋。赤色なのをいうか〔東雅〕。 発音 イーアリ 〈標ア〉イ 〈ア史〉平安○○○○ 〈京ア〉1 辞書 和名・色葉・名義・文明・言海 表記 赤蟻(和・色・名) 蚍蜉(色・文) 赤駮・蠪虰(色) 飯蟻(言)

いい-あり・く【言歩】『自カ四』①始終行っては何かと話しかける。＊宇津保(970-999頃)沖つ白浪「心ざしありていひありき給しものを、いかに思ひ給ふらん」＊源氏(1001-14頃)総角「中納言の、とざまかうざまにいひありき給ふも、人の心を見むとなりけり」②あちこち言って回る。触れて歩く。いいあるく。

いい-ある・く【言歩】『自カ五(四)』「いいありく(言歩)②」に同じ。＊四河入海(17C前)五・四「此の

秦儀二人、すぢない事を云いあるいたほどに、死敗すること、不足怪也」＊咄本・軽口御前男(1703)四・一三「竿竹の節をぬき、有馬へゆきて大声あげ『二階から小便させふ』といひあるけば」 発音 イーアルク〈標ア〉[ル]

いい-あわ・す（いひあはす）【言合】 ■一〘他サ下二〙⇩いいあわせる(言合)。■二〘他サ四(五)〙「いいあわせる(言合)」に同じ。＊人情本・英対暖語(1838)五・三〇回「一生二個(ふたり)が同居(いっしょ)に活素(くら)そふと言合(イヒアハ)したものを」＊溺れかけた兄妹(1921)〈有島武郎〉「今の波一つでどこか深い所に流されたのだといふことを、私達は云(イ)ひ合(ア)はさないでも知ることが出来たのです」 方言 ❶結婚を約束する。徳島県811 美馬郡816 高知県861 ❷配偶者が死亡した時、その弟妹と再婚する。徳島県811 美馬郡816 ❸談合する。相談する。 ◇いいああしゅん 沖縄県首里993

いい-あわせ（いひあはせ）【言合】〘名〙①前もって相談すること。申し合わせ。＊寛永刊本蒙求抄(1529頃)一「是は月氏へ云合せに行と云てをし留めて十余年をいたぞ」＊浮世草子・傾城禁短気(1711)二・三「替りめのいひあはせ、長口上、仕合踊の稽古」＊歌舞伎・東京日新聞(1873)序幕「三人して引摺り出し途中で一人影を隠し、勘定なら其人から取ってくれろとおっしゃるのは、こりゃ言(イ)ひ合(ア)せでござりますな」②近世、大坂堂島で行なわれた、毎日の米相場値段表をいう。＊大坂繁花風土記(1814)浜方手引草「言合。日々建正米相庭の直段付、建物を始め西国北国どこは何ほど何ほどとしるせし米直段の事也」 方言 いいなずけ。島根県725 発音 イーアワセ〈標ア〉[0] 辞書 言海 表記 言合(言)

いい-あわ・せる（いひあはせる）【言合】〘他サ下一〙文 いひあは・す〘他サ下二〙①話し合う。互いに話す。＊宇津保(970-999頃)楼上上「まづはかなき事も、おのれといひあはするに」＊枕(10C終)三九・節は五月にしく月はなし「返りごと書かんといひあはせ、かたらふどちは見せかはしなどするも、いとをかし」＊源氏(1001-14頃)桐壺「すべて、ちかう侍(さぶら)ふかぎりは、男女、いと、わりなきわざかなといひあはせつつ嘆く」②親しく相談する。＊蜻蛉(974頃)中・天禄二年「いひあはすべきこともあればただいまわたる」＊落窪(10C後)一「さて、あてぎ唯ひとりして、いひあはすべき人もなければ」＊平家(13C前)一〇・三日平氏「大小事一向なんぢにこそいひあはせしか」③前もって話し合っておく。申し合わせる。口約束する。＊宇治拾遺(1221頃)二・一二「この男ども、〈略〉おどしてはしらせて、笑はんといひあはせて」＊寛永刊本蒙求抄(1529頃)一〇「ここで魏から秦趙燕と云あわせて斉を攻て湣王は莒へにげて莒で死す」＊鵤荘引付-天文一四年(1545)〈兵庫県史〉「平方に大麦の盗人四、五人在之由、注進ス。公文と云合て召取に人数遣了」＊キタ・セクスアリス(1909)〈森鷗外〉「偶々出逢ふ人は、言ひ合せたやうに、僕等の車を振り向いて見る」④うまく事実に合うように表現する。言い当てる。＊宇治拾遺(1221頃)一一・六「『めくら』といふにつきて、『あらじ、鼻くらなり』といひたるが『鼻くら』にいひあはせたるが、おかしき事の一也とか」＊俳諧・初懐紙評注(1686)「時節を言合せたる句也」 発音 イーアワセル〈標ア〉[セ]〈京ア〉[0] 文『いひあはす』イーアワス〈標ア〉[ワ]〈京ア〉[0] 辞書 名義・文明・日葡・書言・ヘボン・言海 表記 言合(ヘ・言) 句当(名) 云合(文) 勾当・謂合(書)

いい-あわ・む（いひあはむ）【言淡】〘他マ下二〙非難して言う。＊浜松中納言(11C中)二「涙こぼれて心憂けれど、かばかり常にいひあはめ給ふに、あらぬ所はなき物から」＊浚明本とりかへばや(12C後)三「過ぎにし方を恋ふると、いひあはめし物を、げにいかにあさましく思ふらんと」

いい-あわれが・る（いひあはれがる）【言哀】〘他ラ四〙語り合って感動する。感動して話す。＊平中(965頃)三六「いといたう、おのがどち、いひあはれがりて」＊右京大夫集(13C前)「又これもりの三位中将くまのにて身をなげてとて人のいひあはれがりし」

いい-いい（いひいひ）【言言】(「言い」を重ねて反復の意を表わす) ■一〘名〙(―する) 互いにあれこれと言い合うこと。習慣のようにたびたび言うこと。多く「果て」と結び付いて結果を問題にする。＊蜻蛉(974頃)上・康保三年「はかなきこと、いひいひのはてに、われも人もあしういひなりて」＊枕(10C終)一二四・はづかしきもの「いひいひのはては、みなうちとけて寝入りぬる、後もはづかし」＊拾遺(1005-07頃か)雑上・五〇七「世の中をかくいひいひのはてはてはいかにやいかにならんとすらん〈よみ人しらず〉」＊夜明け前(1932-35)〈島崎藤村〉第二部・下・終・六「用の無いやうな人間だとよく言ひ言ひしたその半蔵も」■二〘副〙しゃべりながら。言いながら。＊歌舞伎・男伊達初買曾我(1753)二「『御用御座りますか。御用御座りますか』といひいひ出る」＊細君(1889)〈坪内逍遙〉四「『もし、奥さま』と泣き声にて、いひいひ向うをさし覗けば」 発音 イィイー〈標ア〉[イ]²

いい-いい〘感動〙①相手の言うことを打ち消そうとする時に発する言葉。「いえいえ」よりも語気が強い。＊歌舞伎・幼稚子敵討(1753)五「『〈略〉それも爰(ここ)に置て登ったがよい。此お山は何を置て登っても、人の盗む気遣ひない』『イイイイ、是はお山へ上(あげ)る神酒(みき)の樽でござんすわいの』」②人の言うことに対して軽く応答する時に発する言葉。＊洒落本・通言総籬(1787)二「『こふ紙屑をはき集(あつめ)た所は、羊のへどといふもんだ』『いいいい』とはしごををりる」 方言 目下に対し、否定や拒絶を表わす言葉。いいえ。いや。沖縄県首里993

イーイーエー【EEA】(英 European Economic Area の略)「ヨーロッパけいざいちいき(―経済地域)」に同じ。 発音〈標ア〉[エ]

イーイー-カメラ【EE―】〘名〙(英 electric eye camera の略) 被写体に当たる光の強弱に応じて、自動的に露出が調節されるカメラ。 発音〈標ア〉[カ]

イーイーシー【EEC】(英 European Economic Community の略) ヨーロッパ経済共同体。一九五七年三月調印、五八年一月にフランス、旧西ドイツ、イタリア、ベネルックス三国の六か国で発足した地域的経済共同体。本部はベルギーのブリュッセル。相互の関税同盟と共通の農業政策を二本の柱とし、資本、商品、労働力の流通の自由化などにより、強力な経済圏を形成することを目的とした。→ヨーロッパ共同体。 発音〈標ア〉[シ]

いいいい-て（いひいひて）【言言―】⇩「いう(言)」の子見出し

いい-いさかい（いひいさかひ）【言諍】〘名〙言い争い。口げんか。＊浮世草子・当世銀持気質(1770)二・三「たがひに顔見合、昔少々云いさかひはしたれど」

いい-い・ず（いひいづ）【言出】〘他ダ下二〙口に出して言う。言葉に表わす。言いいだす。＊伊勢物語(10C前)六三「世心つける女、いかで心なさけあらむ男にあひ得てしがなと思へど、いひいでむもたよりなさに」＊枕(10C終)八二・頭の中将の、すずろなるそら言を「もしいひ出づることもやと待てど」＊大鏡(12C前)一・後一条院「しげき、いとやさしげにいひいづ」＊徒然草(1331頃)一四「和歌こそ、なほをかしきものなれ。あやしのしづ・山がつのしわざも、いひ出(いで)つればおもしろく」＊御伽草子・あしびき(室町中)「かくと、いひいでたらば、とかくいひあつかはむも、むつかしうおぼえければ」＊読本・雨月物語(1776)蛇性の婬「女の浅き心より、鳴呼(をこ)なる事をいひ出て、帰るべき道なきこそ面なけれ」＊唱歌・水師営の会見(文部省唱歌)(1910)〈佐佐木信綱〉「かたち正して言(イ)ひ出(イ)でぬ」 語誌 (1)中古においては、「口に出して言う」意で広く用いられたが、中世にかけて次第に「いひ出(い)だす」にとって代わられていく。(2)中世後期にも、なお用例は見られるが、「いひ出だす」と比べて、「思わず口にしてしまう」といったニュアンスが感じられることが多い。近世でも、擬古的な文体では用いられている。なお、和歌では、しばしば「いひ出づ」に「井樋(いひ)」を掛けて詠む例が見られた。 発音 イーイズ〈標ア〉[イ]²

いいいずみ（いひいづみ）【飯泉】姓氏の一つ。 発音 イーイズミ〈標ア〉[イ]²

いい-いそが・す（いひ…）【言急】〘他サ四〙告げて、せきたてる。＊宇津保(970-999頃)内侍督「にはかに、さぶらふべきさまにもあらず、いひいそがし侍つれば、ものもおもほえずまかりいでぬるこそ」

いい-いだ・す（いひ…）【言出】〘他サ四〙①部屋、家、屋敷などの内から外の人に向かって言う。または、取り次ぎに伝えさせる。↕言い入れる。＊古今(905-914)春上・四二・詞書「かの家のあるじ、かくさだかになんやどりはあると、いひいだして侍りければ」＊源氏(1001-14頃)総角「さらばこなたにと、いひいだし給へり」＊徒然草(1331頃)二三八「つぼねの内より是々にやと云ひ出したれば、いみじく感じ侍りき」②「いいいず(言出)」に同じ。＊古今(905-914)仮名序「心におもふ事を、見るもの、きくものにつけて、いひいだせるなり」＊源氏(1001-14頃)蛍「そらごとをよくしなれたる口つきよりぞいひいだすらむとおぼゆれど」＊平松家本平家(13C前)九・一谷合戦事「頃日は隠して謂はざりしかども、心強ふ思はれじとて、云出たしたりしかば」＊新続古今(1439)恋一・一〇五六「池水の深き心を年経(ふ)ともいひいださずはいかでもらさん〈永縁〉」③最初に言う。言い始める。言いだす。＊宇津保(970-999頃)忠こそ「左大臣のいへ、むかしよりよろしからず心きこゆる人なり。そのわたりよりいひいだしたることななり」＊徒然草(1331頃)一四七「灸治あまた所に成りぬれば、神事にけがれありといふ事、ちかく人のいひいだせるなり」 語誌 →「いいいず(言出)」の語誌。 発音 イーイダス〈標ア〉[ダ] 辞書 文明 表記 云出(文)

いい-いで（いひ…）【言出】〘名〙①口に出して言うこと。言い表わすこと。また、その言葉や歌。②言いながら外に出て行くこと。＊枕(10C終)六三・あかつきに帰らん人は「昼のほどのおぼつかなからむことなども、いひいでにすべり出でなんは」 発音 イーイデ〈標ア〉[0]

いい-い・る（いひゐる）【言居】〘他ワ上一〙言ってそこにすわっている。話し合ってそこにいる。＊竹取(9C末-10C初)「人ざまもよき人におはすなどいひゐたり」＊大和(947-957頃)六五「うたもよみあはれにいひゐたれば、いかにせましとおもひて」

いい-いれ（いひ…）【言入】〘名〙①人に対する注文、希望を伝えること。＊漢書列伝竺桃抄(1458-60)「身はもとのふる知人ぢゃと云ほどに、不縛してをいたぞ。あれども云入はせぬぞ」②結婚の申し込み。＊浮世草子・西鶴諸国はなし(1685)三・二「あなたこなたの云(イヒ)入も合点せず、都の花をと、聟見競(くらべ)し折ふし」＊浄瑠璃・鑓の権三重帷子(1717)上「どれぞ媒(なかうど)頼みて本式のいひ入はおまへから」＊談義本・根無草(1763-69)後・二「全盛つづく者もなく、江戸よりも聞伝へ、段々の云入(イヒイレ)に、親方の相談極り、堺町へ下りけるが」③結納。＊浄瑠璃・赤染衛門栄華物語(1680)一「匡衡やがて御いひいれの引出物それぞれに飾らせて」＊浮世草子・日本永代蔵(1688)六・一「角樽(つのたる)一荷に塩鯛一掛銀一枚、云(イヒ)入の祝義おくると見せけるに」 発音 イーイレ〈標ア〉[0]

いい-い・れる（いひ…）【言入】〘他ラ下一〙文 いひい・る〘他ラ下二〙①外から、部屋、家、屋敷の内にいる人に向かって言う。また、取り次ぎを通じて、内へ伝えさせる。↕言いいだす。＊大和(947-957頃)七六「かくきこえたまへとて門のはざまよりいひいれける」＊源氏(1001-14頃)夢浮橋「山より、僧都(そうづ)の御消息にて、参りたる人なむあると、いひいれたり」＊平家(13C前)三・法印問答「源大夫判官季貞をもって、勅定の趣きをいひ入させ、いとま申してとて出られければ」 ②言って耳などに入れる。また、物の中などに入れこめる。＊枕(10C終)六三・あかつきに帰らん人は「夜いひつることの名残、女の耳にいひいれて」＊大鏡(12C前)一・序「かかればこそ、昔の人は、もの言はまほしくなれば、あなを掘りてはいひいれ侍りけめと、おぼえ侍り」 ③申し込む。特に、結婚を申し込む。＊人情本・花筐(1841)二・一二回「彼の嬢の志も憎くはねえから、近々に表向言ひいれやうといふ約束にしたァな」＊夢酔独言(1843)「試合をいい入たが、早速に承知した故」 ④ある話題へ話を導く。話の筋を思う方向へ運ぶ。＊史記抄(1477)六五・佞幸「此已上から貧くならうずはしを云ぞ。太子の気にちがいそむる事へ云入るるぞ」＊四河入海(17C前)一八・四「是より入題楽着作が野歩の趣を云ぞ。自上して野歩に云い入れうとて此句に到て初て入題ぞ」 発音イーイレル〈標ア〉レ 辞書〈ボン〉・言海 表記言入(へ・言)

いい-うえ いひうゑ【飯飢・饑】〘名〙飢えること。飢饉(ききん)。＊書紀(720)舒明一一年正月(図書寮本訓)「長き星、西北(いぬゐのすみ)に見ゆ。時に旻師が曰はく『彗星(ははきぼし)なり。見ゆれば則ち飢(イヒウヘス)』といふ」＊色葉字類抄(1177-81)「饑 キ イヒウヱ」＊古活字本毛詩抄(17C前)七「季子ならば、なを女の中でもよはからう程に、はやくいいうへによはる物ぞ」 辞書色葉・名義・和玉・文明 表記饑(色・名・玉・文) 餧(玉) 飢(文)

いい-うと・む いひ‥【言疎】〘他マ下二〙口に出して忌みきらう。＊源氏(1001-14頃)宿木「御こころばへ、おもはずにあさうおはしけりとおぼしく、かつはいひもうとめ」＊浜松中納言(11C中)四「君にもをりをりごとに、この宮の御有さま、くまなくあやにくにおはするよしをのみいひうとめ給へど」

いい-うまや いひ‥【飯駅】〘名〙陰暦正月一四日または、一五日の男踏歌(おとことうか)に舞人たちが、かねて定められた中宮、大臣の屋敷に立ち寄って饗応(きょうおう)を受けること。また、その場所。芻駅(くさうまや)。＊河海抄(1362頃)一〇「今案云踏歌宴に飯駅水駅と云事有」＊花鳥余情(1472)一三「九条右丞相記承平四年正月十一日、踏歌、飯駅、水駅被ㇾ定ㇾ之、中宮飯、北宮水、今宮飯許」

いい-うら いひ‥【飯占】〘名〙上代の占いの一種。飯(いい)の熟否の具合によって吉凶を判断するものとされているが、方法など未詳。＊霊異記(810-824)下・三九「禅師善珠、命終はる時に臨みて、世俗(よのひと)の法に依りて、飯占(いひうら)を問ひし時」

いい-うら・む いひ‥【言恨】〘他マ上二〙恨みごとを言う。＊平中(965頃)二五「この男、文をとらせで帰りし事、いみじくいひうらみければ」＊夜の寝覚(1045-68頃)二「いとわびしく、うらめしければ、ただかたときのほどと、いひうらみられ奉りて」＊太平記(14C後)二一・塩冶判官讒死事「或時は又顔を低(たれ)て云恨(ウラミ)ける程に」 発音イーウラム〈標ア〉ラ

いいえ〘感動〙相手のことばを、ややていねいに打ち消す時のことば。また、自分の話の中にはさんで強調する場合にも用いる。いえ。＊歌舞伎・好色伝受(1693)下「『そちは酒を売ったか』『いいえ』」＊滑稽本・浮世風呂(1809-13)二・上「『女の子は、ほんにほんに生れるから死まで厄介さ』『いいへ。女の子が心楽みで能うございますよ』」＊浮雲(1887-89)〈二葉亭四迷〉二・一二「『お邪魔ぢゃ有りませんか』『イイエ』」＊吾輩は猫である(1905-06)〈夏目漱石〉二「『分ったでせう』『いいえ。何だか混雑して要領を得ないですよ』」 語誌(1)室町時代には否定応答を表わす「いや」は目上の相手にも使われており、江戸時代に入ってから「いえ」「いいえ」が丁寧な否定を表わすものとして分化した(これに対し、丁寧でないものとして「うんにゃ」などもある)。「いや」には、否定応答以外にも、思い出し、話題転換といった用法があるが、「いいえ」には、否認など、前文内容に対する否定を表わす用法しかない。ただし「いいえ」は、自分の言葉の言い直しなどでも使える点で、聞き手に対する否定応答しか表わせない「いえいえ」よりは用法が広い。(2)「いいえ」はしばしば「はい」と組にして、英語の yes, no の組と対応させるが、英語では yes, no が、それにつづく答え手の表現が肯定であるか否定であるかによって分けられる別物であるのに対して、日本語の「はい」は、問い手の問いを受け止める(多くは同意の)合図、「いいえ」は問い手の問いの意図に反することを示す合図として用いられる。すなわち、あとにつづく答え手の表現が肯定か否定かにはかかわらない。また、問い手の問いかけ(質問のほか、勧誘、命令、禁止などを含む)が、表現上肯定形か否定形かにかかわらず、問い手の意図に対して不同意である時に「いいえ」が用いられる。 発音イーエ〈なまり〉イーイェ・イェイイェ・インイェ〔瀬戸内〕イーイン〔和歌山県・土佐〕インエ〔東京・鳥取〕インゲ〔瀬戸内・壱岐・大分〕インニェ〔鳥取〕インニ・インニャー〔佐賀〕インネ〔瀬戸内・大分〕イーヤ・イーヤー・ウンニァ・ウンニャ・ンニャ〔鹿児島方言〕エイエ〔和歌山県〕ヒイエ〔愛媛周桑〕〈標ア〉エ〈京ア〉0 辞書〈ボン〉 表記否(へ)

イー-エス-ピー【ESP】〘名〙(英 extrasensory perception の略) 超心理学の用語で、通常の感覚では感じられない刺激を感じること。精神感応・予知・透視などの総称。超感覚的知覚。

いいえて-みょう いひえてメウ【言得妙】〘連語〙物事を言葉でうまく表現していてみごとであるさま。＊文明開化(1873-74)〈加藤祐一〉初・上「ざんぎり天蓋(あたま)を叩いて見たら、文明開化の音がするとうたふが、あれは言(イ)ひ得(エ)て妙(メウ)なうたで、いかさま音ばかりのやうなものじゃ」 発音イーエテ=ミョー〈標ア〉エ=ミョ イ=ミョ

いいえ-とし いひゑ‥【飯飢年】〘名〙(「いいえ」は「いいうえ」の変化したもの) 食べ物に飢える年。凶作の年。飢饉(ききん)の年。＊書紀(720)宣化元年五月(寛文版訓)「遙に凶年(イヒヱトシ)に設け、厚く良(たか)き客を饗す」

イー-エム-エス【EMS】㊀(英 European Monetary System の略) ヨーロッパ通貨制度。通貨の統合をめざすECが、域内での為替の安定化を目的として、一九七九年に設立。従来の固定相場制と共同変動相場制に改善を加えたもの。共通の計算単位としてヨーロッパ通貨単位ECU(エキュー)を定めた。→エキュー・ユーロ。㊁〘名〙(英 expanded memory specification の略) パソコンのメモリーを拡張する方式。専用のメモリーボードを増設して、それをメモリーの一部として使えるようにする。

いいお をいひ【飯尾】姓氏の一つ。発音イーオ〈標ア〉0

いいお-そうぎ【飯尾宗祇】(室町末期の連歌師) ⇨そうぎ(宗祇)

いい-おお・す いひおほす【言果】〘他サ下二〙十分表現し尽くす。すべてを言い終える。言い尽くす。＊毎月抄(1219)「古(いにしへ)の歌今の歌にも、世にいひおほせられぬやうに、きこゆることの侍るなり」＊俳諧・去来抄(1702-04)先師評「いと桜の十分に咲(さき)たる形容、能(よく)謂(いひ)おほせたるに侍らずや」 発音イーオオス〈標ア〉オ²

いい-おお・す いひおほす【言負】〘他サ下二〙特定の世評や罪科を、その人の負うべきものとして言う。＊紫式部日記(1010頃か)消息文「そこにて知らぬ男に出であひ、ものいふとも、人の奥なき名をいひおほすべきならずなど、心ゆるがして」＊天草本伊曾保(1593)イソポの生涯の事「イザ コノ カキヲ リャウニンシテ トリクウテ ソノ トガメノ アラウズル トキワ、クチヲ ソロエテ Esopo ニ コレヲ iyvôxete (イイヲウセテ)」＊日葡辞書(1603-04)「ヒトニ トガヲ iyvôsuru (イイヲウスル)〈訳〉ひとにある罪を負わせる」＊書言字考節用集(1717)八「謂課 イヒヲホス」 発音イーオオス〈標ア〉オ² 辞書日葡・書言・〈ボン〉 表記謂課(書) 言負(へ)

いいおか をいひか【飯岡】姓氏の一つ。発音イーオカ〈標ア〉0 イ

いい-おか・す いひをかす【言犯】〘他サ四〙男が女に言い寄って通じる。＊源氏(1001-14頃)蜻蛉「かく放ち置きたるに心安くて、人もいひをかし給ふなりけむかし」＊夜の寝覚(1045-68頃)二「ねんごろにいひをかす人のあるに、心弱くあざむかるる」

いい-おき いひ‥【言置】〘名〙①言っておくこと。外出して不在にする時、訪問先の人が留守の時など、自分の意志を言い残しておくこと。＊歌舞伎・金看板侠客本店(1883)四幕「さあ、留守なら、御留守の様に、おかみさんへ言置(イヒオキ)でもわかる事でござりますに」＊煤煙(1909)〈森田草平〉三〇「折悪しく不在だと云ふので、言置をしてその家を出た」 ②死後のために言い残しておくこと。遺言。＊右京大夫集(13C前)「母なる人の、さまかへてうせにしが、ことに心ざし深くて、人にもいひおきなどせられし」＊浮世草子・本朝桜陰比事(1689)二・九「くれくれの云置と死人を証拠にして我ままを申せば、既に御前沙汰になりぬ」 方言❶遺言。岐阜県益田郡498 飛騨502 ◇ゆいおき 大阪府南河内郡040 和歌山県東牟婁郡705 ◇ゆおき 鹿児島県961 ◇ゆおっ 鹿児島県鹿児島郡968 ❷様々な言い伝え。ことわざや格言の類。新潟県佐渡356 発音イーオキ〈標ア〉0

いい-おき・つ いひ‥【言掟】〘他タ下二〙言って指図をする。命じ定める。言いつける。＊源氏(1001-14頃)東屋「宿直人の事などいひをきて侍るも、いと後めたけれど」＊たまきはる(1219)「御ふく御帳御几帳などまでも身にあはぬ宮づかへをうけ給はりていひおきてしのちは」

いい-お・く いひ‥【言置】〘他カ五(四)〙言い残しておく。立ち去って行く時などに、話しておく。＊竹取(9C末-10C初)「物ひとこといひをくべき事有りけりといひて文書く」＊貫之集(945頃)一〇「正月三日、もとすながもとにいたりたるに、なかりければ、かくなんまできたりつるといひおきてかへりたるつとめて」＊源氏(1001-14頃)明石「退きて咎(とが)なしとこそ、昔さかしき人も、いひおきけれ」＊寛永刊本蒙求抄(1529頃)一「譏は野馬臺などのやうに後にあらうことを云をくを云也」 発音イーオク〈標ア〉オ〈京ア〉0 辞書文明・日葡・〈ボン〉・言海 表記言置(へ・言) 云置(文)

いい-おくり いひ‥【言送】〘名〙言い送ること。＊雑俳・柳多留-一(1765)「屋敷替白い狐の言ひおくり」 発音イーオクリ〈標ア〉0

いい-おく・る いひ‥【言送】〘他ラ五(四)〙①手紙や伝言などで意志を言い伝える。言いやる。＊古今(905-914)雑下・九六九・詞書「むまのはなむけせんとて、『けふ』といひをくれりける時に」＊後撰(951-953頃)恋一・五五三・詞書「難波(なには)の方へなむまかるといひをくりて侍りければ」＊平家(13C前)一・御輿振「東の陣は小松殿大勢でかためられて候。其陣よりいらせ給ふべうもや候らむといひ送りたりければ」 ②順々に言い伝える。申し送る。 発音イーオクル〈標ア〉ク 辞書文明・日葡 表記云送(文)

いい-おく・れる いひ‥【言遅】〘他ラ下一〙名乗ったり、あいさつを述べたりするのが遅れる。言うべき時機を失する。＊悪魔(1903)〈国木田独歩〉六「そうそう言(イ)ひ遅(オク)れました、お土産有難う」＊灰燼(19

11-12)〈森鷗外〉一三「少し言ひ遅れたやうだが、僕は山口と云って、谷田の内にゐる書生だ」 発音 イーオクレル〈標ア〉レ

いい-おこ・す【言—】〘他サ下二〙言ってくる。言ってよこす。＊伊勢物語(10C前)二一「この女いと久しくありて、念じわびてにやありけん、いひをこせたる」＊源氏(1001-14頃)柏木「侍従にも、こりずまに、あはれなることどもを、いひをこせ給へり」＊徒然草(1331頃)一七〇「文(ふみ)も、久しくきこえさせねばなどばかりいひおこせたる、いとうれし」 発音 イーオコス〈標ア〉コ

いい-おさめ【言納】〘名〙①今までたびたび言ってきたことを、それを最後として言うのをやめること。「小言の言いおさめ」＊人情本・清談峯初花(1819-21)初・発会「それを末期のいひ納めにして、息ざしかすかによはりはて」②謡曲などの一節の終わりの部分。謡曲などをうたう時の、その一句の終わり。＊申楽談儀(1430)音曲の心根「あなたを序になして、小謡など云をさめたらば、はたと上げて謡ひなどし、かく違へて、其句ひを心にかくべし。あなたの云をさめの字の韻を、能々心得べし」 発音 イーオサメ〈標ア〉0

いい-おさ・める【言納】〘他マ下一〙文いひをさ・む〘他マ下二〙①約束する。＊書陵部本名義抄(1081頃)「約束 常騰云倭云 都止米波下万須又云 伊比乎佐牟」②言い終える。＊文明本節用集(室町中)「云納 イヒヲサムル」＊浮世草子・傾城禁短気(1711)五・三「『髪を切てお目にかけしは、今いふ此心底に偽りのない証拠、心中では切はいたしませぬ』と、いひおさめて襟元へ顔を押入ると」③能楽で、一句切りうたい終える。うたい納める。＊風曲集(1423頃)「さて下げて云ながすこわがかりを、主の声に、入る息の響きに云をさむべし」＊申楽談儀(1430)勧進の舞台、翁の事「大かたは、謡ひ出さん時と、云をさめて後と也」 発音 イーオサメル〈標ア〉メ〈京ア〉0 辞書 名義・文明 表記 約束(名) 云納(文)

いい-おし・う【言教】〘他ハ下二〙言い聞かせて教える。口ずから教える。＊宇津保(970-999頃)俊蔭「文も読ませず、いひをしふることもなくて、おほしたつるに」＊源氏(1001-14頃)常夏「見苦しからむことなどは、老いしらへる女房などして、つつまずいひをしへさせ給ひて御覧ぜよ」＊こんてむつすむん地(1610)三・一「真のみなもとよりないせうにいひをしへたまふまことをきき奉るみみは」＊浮世草子・世間胸算用(1692)二・一「『此仕かけの外有まじ』といひおしへてわかれける」 発音 イーオシウ〈標ア〉シ

いい-おす・ゆ【言教】〘他ヤ下二〙ことばによって教える。口づたえで指導する。＊寛永刊本蒙求抄(1529頃)八「聖人の事を定め、人に云をすゆるは、風を移し俗を易が本ぞ」

いい-おち【言落】〘名〙①(弁解などを)言えば言うほど、かえって悪くなっていくこと。＊浄瑠璃・出世景清(1685)四「申わけいたす程、皆いひおちにて候へ共」②「いいおとし(言落)」に同じ。 発音 イーオチ〈標ア〉0

いい-おとこ【好男】⇩「いい(好)」の子見出し

いい-おとし【言落】〘名〙言わなければならないことを言いもらすこと。言い残し。言い落ち。＊浮世草子・風流曲三味線(1706)五・二「玄甫跡に引添ふて、言(イ)ひ落(オト)しの所は拙者承る」＊舞鶴事件(1956)〈中島健蔵〉「本件の全体を支配する大きないい落しがあるのであります」 発音 イーオトシ〈標ア〉0

いい-おとし・む【言貶】〘他マ下二〙「いいおとす(言落)②」に同じ。＊源氏(1001-14頃)若菜下「今はただ、亡きにおぼし許して、『こと人のいひおとしめむをだに、省き隠し給へ』とこそ思へと、うち思ひしばかりに」＊仮名草子・尤双紙(1632)下・三三「はづかしき物の品々〈略〉めのと、夕霧を六位すくせといひおとしめしかりしかば」

いい-おと・す【言落・言貶】〘他サ五(四)〙①価値のないものとして侮り見下して言う。けなす。言いくたす。言いくさす。言いくだす。＊枕(10C終)八二・頭中将の、すずろなるそら言を「頭の中将の、すずろなるそら言を聞きて、いみじういひおとし」＊匠材集(1597)一「いひおとす 云くだす也」＊浄瑠璃・石橋山(1659頃)初「しょせん、此夢を、いひおとして、買いとらばやと思召」②言葉で人を罪に落とす。言いおとしむ。＊寛永刊本蒙求抄(1529頃)一「我悪い意見を云たをば云はいでよい意見を云たと云て、とかを尋ねて終に云いおといたぞ」＊日葡辞書(1603-04)「Iyvotoxi, su, oita(イイヲトス)〈訳〉言葉で人を罪に落とす。または、希望することに到達するようにもって行く」③(言落)言うべきことを言いもらす。言い忘れる。＊史記抄(1477)四・秦本紀「秦の先祖に本紀したをば、なにとて不論ぞ。云をとしてはしある歟」＊坊っちゃん(1906)〈夏目漱石〉六「只今一寸(ちょっと)失念して言ひ落しましたから、申します」 発音 イーオトス〈標ア〉ト〈京ア〉0 辞書 文明・日葡 表記 云落(文)

いい-おど・す【言威】〘他サ四〙言葉で相手をおどかす。言って威嚇(いかく)する。＊源氏(1001-14頃)帚木「幼き人の、かかる事言ひ伝ふるは、いみじく忌むなるものをと、いひおどして」＊栄花(1028-92頃)浅緑「故北の方の御もののけ出で来て、〈略〉ゆゆしく常にいひをどすめれば、しづ心なうおぼされける」＊太平記(14C後)二一・塩冶判官讒死事「或時は目を瞋(いからがし)て云ひをどし」＊俳諧・奥の細道(1693-94頃)黒部「『蘆(あし)の一夜の宿かすものあるまじ』といひをどされて」 発音 イーオドス〈標ア〉ド

いい-おどろ・く【言驚】〘自カ四〙言ってびっくりする。驚いて言う。＊更級日記(1059頃)「あれはなぞ、あれはなぞと、やすからずいひおどろき」＊夜の寝覚(1045-68頃)四「宮の思しめし、人のいひおどろき申さむ事も、くるしく」

いい-おも・う【言思】〘他ハ四〙口に出しても言い、また、心にも思う。＊宇津保(970-999頃)楼上上「かかるなからひにて見るにも、よくものをいひおもふべくもあらず」＊源氏(1001-14頃)若菜上「かう人のただならずいひ思たるも、聞きにくくしとおぼして」＊苔の衣(1271頃)二「めでたき御さいはひと世人もいひおもへり」 発音 イーオモウ 文イーオモーとも〈標ア〉モ

いい-おもむ・く【言趣】〘他カ下二〙言って従わせる。説き伏せる。説得する。＊堤中納言(11C中-13C頃)花桜をる少将「みつするゑ参りて、いひおもむけて侍り。今宵ぞよく侍るべきと申せば」

いい-およ・ぶ【言及】〘自バ五(四)〙話をしていて、その話題に関連するある事柄にまで触れる。＊文明本節用集(室町中)「不ㇾ及ㇾ云 イイヲヨバズ」＊行人(1912-13)〈夏目漱石〉塵労・三七「私はつひに兄さんに向って、先刻(さっき)山途で二人の間に起った芝居がかりの動作に云(イ)ひ及(オヨ)びました」 発音 イーオヨブ〈標ア〉ヨ 辞書 文明 表記 云及(文)

いい-おり【言降】〘名〙次から次へと語り継ぐこと。また、その話題。話の種。言い伝え。＊浮世草子・紅白源氏物語(1709)三・下「光君をどうてんさせまいらせて、これにもこりずかさねてもじっていなさる顔をし給はんかといひおりにせんとおもへば」＊雑俳・柳多留-二五(1794)「千年も言おりになる放生会」

いいお-りゅう【飯尾流】〘名〙書道の流派の一つ。室町時代の歌人飯尾常房が開いたもので、もと尊円流から出た和様の書風。のち、この派から、鳥飼流が生まれた。 発音 イーオリュー〈標ア〉0

いい-おろ・す【言下】〘自サ四〙「いいおとす(言落)①」に同じ。＊詞葉新雅(1792)「イヒオロス おとしむ」

いい-おわ・せる【言負】〘他サ下一〙文いひおは・す〘他サ下二〙あれこれ言い立てて、他人に責任を負わせる。＊和英語林集成(再版)(1872)「ワガツミヲヒトニ iiowaseru(イイオワセル)」 辞書 〈ボン〉 表記 言負(へ)

いい-おわ・る【言終】〘自ラ五(四)〙言う動作が完了する。話し終わる。＊今昔(1120頃か)一一・三二「速に此願を可遂(とぐべ)し、と不云畢(いひをはらざ)るに、翁、搔(かき)消つ様に失ぬ」＊天草本伊曾保(1593)イソポの生涯の事「マヅ イヌドモヲ シャウガイシテ ソノノチ ヒツジヲ クライ ハタイタト iyvouatte(イイヲワッテ)」＊花柳春話(1878-79)〈織田純一郎訳〉六「言了って忽ち戸を開き去らんとし」 発音 イーオワル〈標ア〉ワ 辞書 日葡

いい-おんな【好女】⇩「いい(好)」の子見出し

いい-がい【貽貝】〘名〙「いがい(貽貝)」に同じ。＊運歩色葉(1548)「貽貝 イイカイ」＊朝倉亭御成記(1568)「六。ひだら。御汁あをさぎ。いい貝」 辞書 文明・明応・天正・饅頭・黒本 表記 貽貝(文・明・天・饅・黒)

いい-がい【飯匙】〘名〙飯を器物に移し盛るための道具。いがい。しゃくし。しゃもじ。＊伊勢物語(10C前)二三「手づからいゐかひ取りて、笥子(けこ)のうつは物に盛りけるを見て」＊色葉字類抄(1177-81)「木刀 イヒカヒ」＊日葡辞書(1603-04)「Iygai(イイガイ)〈訳〉小さなシャベル。それを使って飯を椀に入れるもの」＊浮世草子・好色二代男(1684)一・三「終に飯貝(イヒカイ)しらぬとは。或時女院様に、しゃくしを見せ奉りしに、それはまま盛るものよと仰せられたる事もあるに」＊書言字考節用集(1717)七「飯匙 イヰガヒ」 方言 宮崎県西臼杵郡948 沖縄県宮古島054 ◇いいげえ・めしいいげえ 宮崎県西臼杵郡948 ◇いいぎや 宮崎県西臼杵郡063 ◇いぎゃ 長崎県五島054 熊本県八代郡919 ◇いいじぇえ 沖縄県首里(上品な言い方)993 ◇めしいいがい〔飯—〕 宮崎県西臼杵郡948 ◇めしがい 熊本県球磨郡919 ◇めしげ 薩摩†136 熊本県八代郡・葦北郡919 宮崎県047 947 鹿児島県961 ◇めしぎゃ 熊本県天草郡936 ◇めしぎゃあ 熊本県919 ◇みしがい 沖縄県石垣島996 ◇みしげえ 鹿児島県喜界島・徳之島975 沖縄県本島975 993 ◇みしげ 鹿児島県島嶼975 ◇みしへ 鹿児島県奄美大島975 発音 イーガイ〈標ア〉イ 辞書 色葉・天正・易林・日葡・書言・言海 表記 飯匙(書・言) 木刀(色) 柄(天) 飯搔(易) 栖榛(書)

いい-がい【言甲斐】〘名〙(「あり」「なし」を述語として)言っただけの効果。言う甲斐。＊浄瑠璃・鑓の権三重帷子(1717)下「茶筌髪(ちゃせんがみ)、いひがいもなき身なれ共」＊人情本・春色梅美婦禰(1841-42頃)三・一三回「然うおもってお呉んなはりゃア、私も言甲斐(イヒガヒ)があってどんなにか嬉しいヨ」＊にごりえ(1895)〈樋口一葉〉五「夢さら浮いた心では無けれど言甲斐(イヒガヒ)のないお袋と彼の子は定めし爪はじきするであらう」 発音 イーガイ〈標ア〉0〈京ア〉0

いいがい-な・い【言甲斐無】〘形口〙文いひがひな・し〘形ク〙(「いいかいない」「ゆいかいない」とも)①「いうかいなし(言甲斐無)①」に同じ。＊三巻本一本枕(10C終)一八八・ふと心おとりとかするものは「物語こそ悪しう書きなしつればいひかひなく、作り人さへいとをかしけれ」＊発心集(1216頃か)一・平等供奉離山趣異州事「驚て尋求れど更になし。云(イイ)かひなくして偏に亡人になしつつ」＊経つくゑ(1892)〈樋口一葉〉六「聞きいれる気色のなきに、お民いひ甲斐なしと断念して」②「いうかいなし(言甲斐無)③(八)」に同じ。＊謡曲・舟弁慶(1516頃)「今はご兄弟日月のごとくにましますべきを、言ひかひなき者の讒奏(ざんそお)により、おん中違はせ給ふこと」③「いうかいなし(言甲斐無)③(二)」に同じ。＊苔の衣(1271頃)四「いかなるさきの世のちぎりにて、いひがひなくてさし出け

るより、人ににず心憂きありさまにて」＊大観本謡曲・朝長(1432頃)「かやうになり行き候こと、さこそいひかひなき者と思し召され候はんずれども」＊随筆・折たく柴の記(1716頃)上「わぬしが刀脇差をだに帯せずしてあるを殺したらむには、はたしていひがひなしと思ひ給はむ事のくやしければ」 補注 中世以後用いた語で、平安時代は「いふかひなし」を用いた。平曲、謡曲では「ユイカイナシ」と発音する。 発音 イーガイナイ 〈標ア〉ナ 辞書 文明・ヘボン 表記 無云甲斐（文）

いいがいな-げ【言甲斐無―】〘形動〙（形容詞「いいがいない」の語幹に、接尾語「げ」の付いたもの）いいがいないさま。いうかいなげ。 発音 イーガイナゲ 〈標ア〉ナ

いいがいな-さ【言甲斐無―】〘名〙（形容詞「いいがいない」の語幹に接尾語「さ」の付いたもの）言いがいないこと。また、その度合。＊保元(1220頃か)下・義朝幼少の弟悉く失はるる事「あな心憂(う)の者共の云がひなさや」＊夢の女(1903)〈永井荷風〉二「お浪が余りの言がひ無さに思はず声を強くしたものの」 発音 イーガイナサ 〈標ア〉ナ

いいがい-なし【言甲斐無】〘名〙いくじなし。ひきょうもの。＊太平記(14C後)三五・京勢重南方発向事「日本一の云甲斐(カイ)なしを憑(たのみ)けるこそ口惜けれ」 発音 イーガイナシ 〈標ア〉ナ 辞書 言海

いい-かえ【言替】〘名〙ほかの言い方に改めること。他の言葉で言い直すこと。また、その言葉。＊玉塵抄(1563)四九「檀は梵語なり。梵語の中の云いかえぞ」 発音 イーカエ 〈標ア〉0 〈京ア〉0

いい-かえし【言返】〘名〙言い返すこと。言葉での仕返し。口答え。＊狂言記・止動方角(1730)「をのれは、最前のいひかへしにいひをるなあ」 発音 イーカエシ 〈標ア〉0 〈京ア〉0

いい-がえし〘名〙（「いい」は「ゆい（結）」の変化した語）仕事を助け合うこと。借りた手間を返すこと。手助けされた分だけ返礼として手助けすること。＊土(1910)〈長塚節〉二〇「それで其の借りた手間を返すのがいひがへしである」 方言 ❶結（ゆい）で受けた労力を返すこと。静岡県志太郡535 ◇えいがえし 群馬県勢多郡236 ◇えがやし 富山県砺波398 ❷労働交換。手間がわり。◇えいがえし 埼玉県秩父郡251

いい-かえ・す【言返】〘他サ五（四）〙①断わりを言って人や物を返す。＊宇津保(970-999頃)菊の宴「兵衛いみじかりし事をみて、あはれにかなしと思ひて、かくいひかへす」＊源氏(1001-14頃)浮舟「右近は〈略〉かつは苦しけれど〈略〉いひかへさむ方もなければ」②言葉を返す。㋑逆らって言う。口答えする。抗弁する。反駁（はんばく）する。＊落窪(10C後)四「おしはりての給はん事をいひかへすべき上達部（かんだちめ）もおはせず」＊堤中納言(11C中-13C頃)虫めづる姫君「蝶になりぬれば、いともそでにて、あだになりぬるをやとの給ふに、いひかへすべうもあらずあさまし」＊日葡辞書(1603-04)「Iycayexi, su, eita（イイカエス）〈訳〉悪口を言ったり、あらあらしく言ったりする人に対して、同様の調子で答える」＊浮世草子・西鶴織留(1694)五・二「当言(あてこと)いひかへし、其後は日毎にすれあひ」㋺応答する。③繰り返して言う。反復して言う。＊虎明本狂言・入間川(室町末-近世初)「『今はわたりぜがかわって、かみへまわる程に、上へまわらせられい』いひかへして、このとをり渡らふと云て、からげてわたり」 発音 イーカエス 〈標ア〉カ 〈京ア〉0 辞書 文明・日葡・ヘボン・言海 表記 云返（文）言反（へ）言返（言）

いい-か・える【言替・言換・言易】〘他ア下一（ハ下一）〙文 いひか・ふ〘他ハ下二〙（室町時代頃からヤ行にも活用した）①ほかの言い方に改める。換言する。＊今鏡(1170)六・梅のこのもと「三条の内大臣は、能長の大臣を申ししかば、いひかふるなるべし」＊風曲集(1423頃)「文字の正を心えて、声出し・文字頭(がしら)、又は韻字の並びに、同声置くべからず、句かかり、文字うつりを、言かへ言かへ、色どるべし」＊史記抄(1477)一六・酷吏列伝「以前は如此と白状したれども、さではさふぬとて云いかえて実状を云ぞ」＊当世書生気質(1885-86)〈坪内逍遥〉三「ポリシイといやア、立派なやうだが、いひかへれやア、手練手管サ」②前に言ったことと違ったことを言う。口約束を破る。前言を取り消す。＊日葡辞書(1603-04)「Iycaye, uru, eta（イイカユル）〈訳〉口約を破る」＊和英語林集成(初版)(1867)「Ī-kaye, -ru イヒカヘル 言替」 発音 イーカエル 〈標ア〉エ カ 〈京ア〉0 辞書 文明・日葡・ヘボン 表記 云換（文）言替（へ）

いい-かお【好顔】⇩「いい（好）」の子見出し

いい-がお【言顔】〘名〙（形動）言いたそうな顔つき。言いたそうなさま。＊夜の寝覚(1045-68頃)四「昔より今にとりあつめて、なれるわが身といひがほにあれど」＊讃岐典侍(1108頃)下「いかにも御いらへのなかりしには、さらでもと覚しめすにや。それをいつしかといひがほに参らん事浅ましき」＊山家集(12C後)上「あたりまであはれ知れともいひがほに荻のおとこす秋の夕風」 発音 イーガオ 〈標ア〉0

いいかおか-はちまんぐう【飯香岡八幡宮】千葉県市原市八幡にある神社。旧県社。祭神は誉田別尊(ほむたわけのみこと)ほか九柱。大和時代の創立といわれ、上総国国府惣社八幡宮として歴代武門の信仰が厚かった。市原八幡宮。 発音 イーカオカハチマングー 〈標ア〉マ

いい-かかずら・う【言拘】〘自ハ四〙①相手に言えないで困る。言いあぐむ。＊竹取(9C末-10C初)「耳にも聞き入れざりければ、いひかかづらひて帰りぬ」②ものを言って、かかわりを持つ。言い寄る。＊源氏(1001-14頃)夕霧「とかくいひかかづらひ出でむも、煩(わづら)はしう、聞き苦しかるべうよろづにおぼす」 発音 イーカカズラウ 文 イーカカズローとも 〈標ア〉ラ（ロ）

いい-がかり【言掛】〘名〙①いったん言い出したために、あとに引けなくなること。また、言い合って互いに意地になること。＊四座役者目録(1646-53)下「間(あひ)の所、早鼓にて出んと云。小左衛門は早鼓にて無しと争ふ。〈略〉されども、云がかり、今は早鼓うたでも出、又うたせても出、かわりがわりにする」＊浄瑠璃・丹波与作待夜の小室節(1707頃)中「こちもひかれぬいひがかり」＊滑稽本・八笑人(1820-49)初・一「でんぼうらしいやつが二人、門口で突当たといふがいひがかりで喧嘩よ」②人を責め困らせるために言い立てる、事実無根の口実。なんくせ。いいかけ。＊虎寛本狂言・居杭(室町末-近世初)「イヤ、おのれは最前から色々の云掛をする」＊浮雲(1887-89)〈二葉亭四迷〉三・一五「ああ、なんだね、お前さん云ひ掛りをいふンだね？」＊魔風恋風(1903)〈小杉天外〉前・あらそひ・三「幾ら兄様でも、其様な言掛を掛けて、無かったら何うするんです？」＊明暗(1916)〈夏目漱石〉一〇六「そんな言掛(イヒガカ)りを捏造(ねつぞう)されては」 方言 自分かってな言葉。言いたいほうだい。宮崎県東諸県郡954 発音 イーガカリ 〈標ア〉0 〈京ア〉0 辞書 言海 表記 言掛（言）

いいがかり を 付(つ)ける 根も葉もないことや取るに足らない欠点を言って、相手を責め困らせる。いんねんをつける。＊浅草日記(1930)〈川端康成〉「私のやうなものにさへ、商売の仲間入りをさせろと、いひがかりをつけて来る男があるのだもの」＊他人の顔(1964)〈安部公房〉灰色のノート「どんな反応を逆さに使って〈略〉自分だけのための記録「どんな反応を示そうと、それに言いがかりをつけたりするつもりは」

いい-かか・る【言掛】〘自ラ四〙①口に出して言い始める。＊栂尾明恵上人伝記(1232-50頃)下「法文云ひかかり給ひては、常に時の移るを忘れ給ふこと此の如くぞありける」②人にものを言ってかかわりを持つ。言い寄る。＊源氏(1001-14頃)玉鬘「うるさきたはぶれごといひかかり給ふを」＊十訓抄(1252)一・土佐判官代道清好色事「東山のある宮原の女房にいひかかりて、文しきりにやり、身もたびたび行けれども」③（「いいがかる」とも）いったん口に出したために、あとに引けなくなる。言い出して意地になる。＊虎明本狂言・空腕(室町末-近世初)「そうじてあの人は、いひかかった事は聞ぬ人じゃによって」＊歌舞伎・三人吉三廓初買(1860)三幕「貸せといふより言ひ掛(がか)り、つひに白刃の此(この)争ひ」④（「いいがかる」とも）事実無根の口実によって相手を責め困らせる。むりなことを言って困らせる。なんくせをつける。言いがかりをつける。＊曾我物語(南北朝頃)四・三浦の片貝が事「されども、いひかかりたる事なれば、ふるまひしかるべからず」＊浮世草子・世間胸算用(1692)一・四「あそばして置たる利銀を急度(きっと)おもやからすまし給へといひかかり」＊歌舞伎・天衣紛上野初花(河内山)(1881)五幕「ぺてんに掛けたと言ひがかるが」 発音 イーカカル 〈標ア〉カ2

いいかき〘名〙竹製のざる。といだ米の水を切るのに用いる。いかき。＊色葉字類抄(1177-81)「箄 イヒカキ 籭 イヒカキ」 辞書 色葉 表記 箄・籭（色）

いい-がき【―柿】〘名〙 方言 植物、まめがき（豆柿）。愛知県一部030 岡山県備中003 広島県一部030 ◇いがき 三重県員弁郡003

いい-かく・す【言隠】〘他サ四〙言わないで隠す。包み隠して言わない。＊源氏(1001-14頃)帚木「見る人、おくれたる方をばいひかくし、さてありぬべき方をばつくろひてまねび出だすに」 発音 イーカクス 〈標ア〉ク 辞書 文明・ヘボン 表記 云隠（文）言隠（へ）

いい-かけ【言掛】〘名〙①人に向かって話を仕掛けること。話し始めること。②話を始めて、その途中であること。話しかけ。③無実のことを、その人の責任として責め立てること。言いがかり。なんくせ。＊虎寛本狂言・饅頭(室町末-近世初)「身共を田舎者じゃと思ふて云かけをしおるか」＊浄瑠璃・曾根崎心中(1703)「まったく此徳兵衛がいひかけしたるでさらになし」＊滑稽本・東海道中膝栗毛(1802-09)六・下「きさまたちは、おつにいひかけをするな」④「なぞなぞ」の問いかけの言葉。その解答を「心」というのに対するもの。＊虎寛本狂言・薩摩守(室町末-近世初)「『心はさつまの守』『それは云かけで合点じゃ。其さつまの守の心をおしやれといふに』」⑤和歌、連歌、俳諧などで用いられる修辞法の一種。同音であることを利用して、一語に二つの意を兼ねさせるもの。「古今集-離別」の「立ち別れいなば（地名の『因幡』と『往なば』との意）の山の峰に生(お)ふるまつ（『松』と『待つ』との意）とし聞かば今帰り来む」の類。また、一般に掛詞。＊わらんべ草(1660)二「同じくうたひは、〈略〉いひかけ、秀句、枕ことば、上略、中略、下略、字なまりども多し」＊浮世草子・傾城色三味線(1701)京・一「筆の命毛あれば又御目にかかると、まだいいかけの口あいはやまず」＊仮名遣意見(1908)〈森鷗外〉「『名が立つ』を『立田山』にかける等成程皆同音である。同じ音でなければ『いひかけ』になって居ない。然るに既に定家卿より前にも、是れが変化して来まして、変った音の『いひかけ』がある。俊成卿は逢ひと云ふ波行の『あひ』を草木の和行の藍に、其の外恋を木居にかける」 方言 ❶掛けで買った品物の代金を重複して請求すること。また、買わない品物の代金を請求すること。島根県隠岐島725 ❷言いがかり。島根県隠岐島725 発音 イーカケ 〈標ア〉0 〈京ア〉0 辞書 言海 表記 言掛（言）

いいかけてき-まくらことば【言掛的枕詞】〘名〙五音から成る枕詞で、次の語句の言い掛けとなるもの。たとえば、「梓弓、い(射)そべの小松」「君

が代の、なが(永)らの山」「あらたへの、ふ(布)ぢえの浦」の類。

いい-か・ける【言掛】『他カ下一』文いひか・く『他カ下二』①人に向かって、言葉、手紙、歌などで物を言う。話しかける。＊竹取(9C末-10C初)「物をだにいはんとて、いひかくれどもことともせず」＊源氏(1001-14頃)若紫「立ちとまり霧のまがきの過ぎうくは草の戸ざしにさはりしもせじと、いひかけて入りぬ」＊徒然草(1331頃)一〇七「女の物いひかけたる返事、とりあへずよきほどにする男はありがたきものぞ」②まだ十分言い尽くさないで話の中途でやめる。言い残す。＊ささめごと(1463-64頃)上「此の三句は、前の下の句に曲の心ありてもみくどきたる故に、付句を篇・序・題になしていひかけて前句にゆづり侍り」＊日葡辞書(1603-04)「Iycaqete (イイカケテ) ヲイタ コトヲ、タノミ ゾンズル」＊詞葉新雅(1792)「イヒカケテ ヤメル いひさす」③無実のことを、その人の責任のように偽り言う。言いがかりをつける。難癖をつける。＊蔭涼軒日録-文明一九年(1487)二月一四日「薄晩石松法師云者、於二小河一捕二等竹首座一、言二懸虚名一。於二花御所泉水一剝レ之。竹也著二布衣一枚一」＊寛永刊本蒙求抄(1529頃)三「悪かった者はきらるる程に又とがを云かけられて殺されかせうずらうぢゃほどに、まだしい時、謀叛をこさう談合をし候と云ぞ」＊羅葡日辞書(1595)「Contumeliosus〈略〉チジョクヲ iycaquru (イイカクル)、または、シカクル モノ」＊歌舞伎・幼稚子敵討(1753)口明「退引(のっぴき)ならぬ様に云かけました」＊怪談牡丹燈籠(1884)〈三遊亭円朝〉二一「少しも身に覚へのない事を云ひかけられ」④あることを話しはじめる。言いはじめる。＊桐一葉(1894-95)〈坪内逍遙〉四・一「『最前からお前様を』いひかくるを目でおさへ」⑤歌などで、一語を二語、または、それ以上の意にわたるものとして用いる。掛詞を用いる。 発音イーカケル〈標ア〉ケ〈京ア〉0 辞書文明・日葡・〈ボ〉・言海 表記言掛(へ・言) 云懸(文)

いい-かげん【好加減】一『連語』(「よい加減」の変化したもの) ちょうどよい程度。適度。＊人情本・花筐(1841)二・八回「野暮にして居て宜(イ)い加減(カゲン)、好意にして居ちゃア、男がうるさくってなるめえ、ハハハハハ」＊落語・花見趣向(1897)〈四代目橘家円蔵〉「充分人が寄った所で、宜(イ)い加減な時を計(はか)らって、双方共にお待ち下さい、と声を掛ける」二『形動』①かなりの程度であるさま。いいくらかげん。㋑(「いいかげんにする」の形で) かなりの程度までいっているので、もうほどほどにしたいさま。このくらいでおわりにしたいさま。＊洒落本・傾城買四十八手(1790)やすひ手「しったかいいかげんにしやれや と小声でいふ」＊人情本・春色梅児誉美(1832-33)三・一八齣「女房(かかあ)じみて嬉しいが、もういいかげんにしねへな」＊怪談牡丹燈籠(1884)〈三遊亭円朝〉一二「余り長く洗って居ると御逆上(のぼせ)なさるから、好(イイ)加減にしなよ」㋺(語幹だけで副詞的に用いることが多い) かなりの程度。相当。＊土(1910)〈長塚節〉一「いい加減大きくなった楢(なら)の木は、皆葉が落ち尽して居るので」＊秋立つまで(1930)〈嘉村礒多〉「私はいい加減神経の疲労を覚えていた」②徹底しないさま。㋑無責任で、なげやりなさま。また、深く考えないで、おおざっぱなさま。いいくらかげん。＊安愚楽鍋(1871-72)〈仮名垣魯文〉三・上「いいかげんなごまかしをいって脱して来たが」＊武蔵野(1887)〈山田美妙〉中「手近にある古今集を取って宜加減(イイカゲン)な処を開き」＊一兵卒の銃殺(1917)〈田山花袋〉七「世間の人達は好(イ)い加減なことを言ってゐるのだと思った」㋺程度が軽く、なまぬるいさま。＊帰郷(1948)〈大仏次郎〉霧一夜「いい加減でいたはったら、未来のいつにならうが、えんえんと、群動息まずさ」 語誌(1)「いい加減」には、現代語でも、一のような「ちょうどよい程度」と、二②のような「徹底しないさま」という、相反する二つの意味があるが、一の場合は「いい」と「加減」とが、それぞれ独立したアクセントで発音されるのが普通であるのに対して、二は「いい加減」全体で平板型に発音されるという違いがある。(2)アクセントで区別できない書き言葉では前後の文脈で判断するほかない。「いい加減の風呂につかる」といえば一の意味となり、「いい加減な話でごまかす」といえば二の意味となる。ただし、「いい加減に風呂をわかす」のように一二両方の意味にとれるような場合もある。 発音一はイー=カゲン〈なまり〉エッコロカゲン〔福島〕エカゲン〔鹿児島方言〕〈標ア〉イ=0〈京ア〉0 二はイーカゲン〈なまり〉イーカン〔埼玉方言〕イカゲ〔志摩・和歌山〕イカゲン〔埼玉方言・徳島〕イキャゲ〔和歌山〕イコロカン・エーカゲン〔埼玉方言〕エーカン〔山梨奈良田〕エカゲン〔徳島〕〈標ア〉0〈京ア〉0

いい-かし・く【飯炊・爨】『他カ四』 飯をたく。＊書紀(720)仁徳四年二月(前田本訓)「以為(おも)ふに百姓(おほむたから)既に貧しくして家に炊(イヒカシク)者無きか」＊霊異記(810-824)中・一六「夜半毎に窃(ひそか)に起きて爨(イヒカシキ)て家口(けく)に食は令むるに、〈国会図書館本訓釈 爨 イヰカシキテ〉」＊日葡辞書(1603-04)「Iycaxiqi, u (イイカシク)。すなわち、メシヲ コシラユル」＊譬喩尽(1786)一「爨(イヰカシク)法 初手(しょて)はちょろちょろ中活々(くはっくはっ)末は澳火(おきび)」 辞書字鏡・色葉・名義・和玉・文明・伊京・易林・日葡 表記爨(色・名・易) 炊(名・玉・文) 燀(字) 㸑(伊) 飯炊(易)

いい-かす・む【言掠】『他マ下二』 巧みな言い方で相手をごまかす。＊信心録(ヒイデスの導師)(1592)二・一七「モシ ジャホウ ノ モノ Fides ノ コト ヲ iycasumen (イイカスメン)ト セバ」＊幸若・しつか(室町末-近世初)「源氏の物語にいつまでぐさといひかすめ、頼朝がみの上をてうぶくするとおぼえたり」＊日葡辞書(1603-04)「トガヲ iycasumuru (イイカスムル)」＊浄瑠璃・伽羅先代萩(1785)九「ヤア詞(ことば)多し貝田直勝。汝富楼那(ふるな)の弁をふるひ、役人共を言掠(カス)めんと思ふや」 辞書文明・日葡・書言 表記云掠(文) 謂掠(書)

いい-かた【言方】『名』 言葉で表現する場合の、言葉の選択、抑揚、表情、態度など。口のきき方。言葉づかい。言いよう。言いざま。＊浮雲(1887-89)〈二葉亭四迷〉二・一〇「それぢゃア何か、我輩の言方(イヒカタ)即ち忠告の Manner (マンナア)が気に喰はんと云ふのか」＊足跡(1909)〈石川啄木〉「先生もまた、も少し何とか言方が有りさうなもんでアねえすか?」 発音イーカタ〈標ア〉0〈京ア〉0 辞書〈ボ〉 表記言方(へ)

いい-がた・い【言難】『形口』文いひがた・し『形ク』言うことがむずかしい。なかなか言えない。いいにくい。→いわく(日)言い難し。＊土左(935頃)承平五年一月一八日「まねべども、えまねばず。書けりとも、えよみすゑ難かるべし。今日だにいひかたし。ましてのちにはいかならん」＊大斎院前御集(11C前)「山ゐしてすりめにありしあふ事はめづらしとだにいひかたきかな」＊御伽草子・酒呑童子(室町末)「かたじけなしとも中々にことばにもいひがたし」＊評判記・色道大鏡(1678)一一「あしくて傾名といひがたき名もあれど」＊小説神髄(1885-86)〈坪内逍遙〉上・小説の変遷「全く事実にあらねどまた虚構ともいひがたかり」

いい-かた・める【言固】『他マ下一』文いひかた・む『他マ下二』①互いに堅く言い交わして約束する。誓って約束を確かにする。＊宇治拾遺(1221頃)一一・二「酒、くだ物など取り出ださせてあがひせんと言いかためて」＊羅葡日辞書(1595)「Affirmo〈訳〉確言または確証する。カタク iycatamuru (イイカタムル)、テッシテ ユウ」＊和英語林集成(初版)(1867)「チカッテ ヤクジョウヲ Ikatameru (イイカタメル)」②かたく命ずる。言いつける。＊今昔(1120頃か)二九・二五「葬り儲けをせよと云ひ固めつ」③言葉によって確認する。＊日葡辞書(1603-04)「Iycatame, uru, eta (イイカタムル)〈訳〉言葉によって確認する」＊めぐりあひ(1888-89)〈二葉亭四迷訳〉二「『何も角も知ってゐます』といひかためた」 発音イーカタメル〈標ア〉メ 辞書日葡・〈ボ〉・言海 表記云堅(へ) 言固(言)

いい-かたら・う【言語】『他ハ四』①語り合う。話し合う。＊大和(947-957頃)一四一「ひと日ひと夜よろづのことをいひかたらひて」＊更級日記(1059頃)「世の中の憂きもつらきもをかしきも、かたみにいひかたらふ人」②相談する。説得する。＊大鏡(12C前)五・道長上「わが姪なる女一人あり。それを今よりいひかたらはん」＊御伽草子・田村の草子(室町時代物語集書収)(室町末)「大たけ丸我に契りをこめんとたびたびいひかたらへども、つゐになびく事なし」 発音イーカタラウ 文イーカタローとも〈標ア〉ラ (ロ)

いい-がち【言勝】『形動』(「がち」は接尾語) ①負けじと盛んに言うこと。われがちにしゃべりまくること。＊史記抄(1477)一五・汲鄭列伝「小罪なれども、云かけて大罪の様になして、云いかちを高名にするぞ」＊浮世草子・世間胸算用(1692)四・一「参りの老若男女左右にたちわかれ、悪口のさまざま云がちに、それはそれは腹かかへる事也」②とかく口にすること。ともすると言い出すこと。「とかく老人は文句を言い勝ちである」 発音イーガチ〈標ア〉0

いいがち 高名(こうみょう) 正論よりも、むしろ、しゃべりまくった者が勝つということ。黙っていては、よい意見も通らないことをいう。＊俳諧・毛吹草(1638)二「いひがち高名(カウミャウ)」＊和漢古諺(1706)上「いひがち高名。一揆のよりあい」

いい-か・つ【言勝】『自タ五(四)』 言葉で争って勝つ。言い負かす。↔言い負ける。＊文明本節用集(室町中)「云勝 イイカツ」＊虎明本狂言・酢薑(室町末-近世初)「しゅうくこせ事をいふて、いひかった者がかしらをもたう」＊和英語林集成(初版)(1867)「Iikachi, tsu イイカツ 云勝」 発音イーカッ〈標ア〉カ 辞書文明・日葡・〈ボ〉 表記云勝(文・へ)

いい-かな・う【言叶】『他ハ下二』 巧みに言い表わす。場面に適した表現をする。＊徒然草(1331頃)一四「この比の歌は、一ふしをかしくいひかなへたりと見ゆるはあれど」＊随筆・独寝(1724頃)上・四「馬などもあはれにや聞らん、といひかなへたる物にいと心ふかし」＊談義本・根無草(1763-69)前・四「黄色(たそがれ)の気色能くも云かなへたりと」 発音イーカナウ 文イーカノーとも〈標ア〉ナ (ノ) 辞書文明 表記云叶(文)

いい-か・ねる【言兼】『他ナ下一』文いひか・ぬ『他ナ下二』 適当な言葉が見つからなかったり相手に気がねしたりして、言いたくても言えない。言うのをためらう。打消の助動詞「ず」「ない」を伴って、「言う可能性が大きい」「言いそうである」の意に用いることもある。→かねる。＊風雅(1346-49頃)恋二・一一八「さても又いつぞとだにもいひかねてむせぶ涙におき別ぬる〈永福門院〉」＊羅葡日辞書(1595)「Mutio〈略〉ヲクシテ モノヲ iycanuru (イイカヌル)」＊浮世草子・日本永代蔵(1688)六・二「人中にて長口上もいひかねず」＊狂言記・箕被(1700)「夫ならばいひかねたれども、わごりょがよめいりの時持てをりやった手箱を、しろなさしませ」 発音イーカネル〈標ア〉ネ〈京ア〉0 辞書〈ボ〉 表記言兼(へ)

いい-かぶせ【言被】『名』 あれこれいって、罪や責任などを他に負わせること。＊浄瑠璃・卯月の紅葉(1706頃)上「とがもない伝三郎にいひかぶせしやるな、と猛(たけ)りかかっていかりける」 発音イーカブセ〈標ア〉0

いい-かぶ・せる【言被】〘他サ下一〙文いひかぶ・す〘他サ下二〙あれこれ言い立てて他人に罪や責任を負わせる。＊洒落本・蕩子筌枉解(1770)「朋輩にわるいものがあって殿様の金を大分つかいこみわっちがとさんにいいかぶせ、いろいろぬけても先は大勢」発音イーカブセル〈標ア〉セ

いい-かぶり【言被】〘名〙言い出したために災いを招くこと。言いしくじり。＊浄瑠璃・五十年忌歌念仏(1707)上「形(かたみ)の烏帽子は行平のいひかぶり」発音イーカブリ〈標ア〉0

いい-かぶ・る【言被】〘他ラ四〙言いだしたためにかえって災いを招く。＊浄瑠璃・津国女夫池(1721)一「三人は皆殿様の手かけの身、悋気(りんき)なされぬを悪ひと申せば、身にいひかぶる様なれど」方言言い損なう。福岡県築上郡873 発音イーカブル〈標ア〉ブ

いい-がま【飯釜】〘名〙飯を炊く釜。＊仮名草子・仁勢物語(1639-40頃)上・二三「手づからいひがま炊(た)きて」

いい-かま・う【言構】〘他ハ下二〙巧みに言いこしらえる。都合よく言いつくろう。くふうしてうまく言う。＊源氏(1001-14頃)浮舟「かどかどしき人にて、とかくいひかまへて、たづね逢ひたり」＊狭衣物語(1069-77頃か)二「人々、安げなく、とやかくやといひかまふる有様どもに、心づくしに思ひ扱ふを」

いい-かみ【飯嚼】〘名〙貴人の乳児に飯をかみ砕いて柔らかにして与える役の女性。＊書紀(720)神代下(鴨脚本訓)「彦火火出見尊、婦人(おむな)を取りて、乳母(ちおも)・湯母及び飯嚼(いひカミ)・湯坐(ゆゑ)と為たまふ」

いい-かも【好鴨】〘名〙いい獲物。うまい話にのって、こちらの思うつぼにはまるような人物をいう。＊滑稽本・風来六部集(1780)飛んだ噂の評「こちらの後家も素人なれば、能野鴨(いいカモ)の類に成て」＊真理の春(1930)〈細田民樹〉頭の上の街・七「無理から祭り込まれたをとり重役で、謂はば檜原城のいいかもになって、斃れた人だった」＊歪んだ自画像(1963)〈阿川弘之〉「適当にインチキをされて私はいい鴨であったのかも知れない」発音イー＝カモ〈標ア〉イ＝カ

いい-かよ・う【言通】〘自ハ四〙互いに言葉を交わす。音信を通じる。＊紫式部日記(1010頃か)寛弘五年一一月「ただえさらずうち語らひ、すこしも心とめて思ふ、こまやかにものをいひかよふ、さしあたりておのづからむつび語らふ人ばかり」＊源氏(1001-14頃)蓬生「此の姫君はかく人うとき御癖なれば、むつましくもいひかよひ給はず」

いい-かよわ・す【言通】〘他サ四〙手紙のやりとりをする。＊平中(965頃)一三「この男、夢ことあひて、見もえあはせで、言の通ひは時々いひかよはす人の車ぞ、来て、河原に立ちにける」＊浜松中納言(11C中)一「かほかたち、身のざえすぐれたりければ、この国と日本にいひかよはさるる事ありけり」

いい-がら【言―】〘名〙言葉の言いよう。特に、和歌などで、一つの言葉と他の言葉との取り合わせよう。＊無名抄(1211頃)「歌はただ同じことばなれど、つづけがらいひがらにてよくもあしくもきこゆるなり」

いい-からかす【言―】〘動〙方言思う存分に言う。言いまくる。長野県上伊那郡488 岐阜県恵那郡498 飛騨502

いい-かろ・む【言軽】〘他マ下二〙当人の負担が軽くなるように言って助ける。弁護する。＊こんてむつすむん地(1610)四・三「人の上をばやすく邪推し、大切をもて其あやまりをいひかろむる事はかたし」

いい-かわ・す【言交】〘他サ五(四)〙①互いに話し合う。語り合う。＊枕(10C終)一〇四・淑景舎、東宮にまゐり給ふほどのことなど「まことに皆酔ひて、女房どものいひかはすほど、かたみにをかしと思ひためり」＊源氏(1001-14頃)桐壺「弁も、いと才(ざえ)かしこき博士にて、いひかはしたる事どもなむ、いと興ありける」＊徒然草(1331頃)七八「いまさらの人などのある時、ここもとに言ひつけたることくさ、物の名など、心得たるどち、片端いひかはし」②手紙や歌のやりとりをする。文通する。＊大和(947-957頃)三「その物いそぎ給ひける時は、まもなくこれよりもかれよりもいひかはし給ひけるを」＊枕(10C終)二七六・うれしきもの「もののをり、もしは、人といひかはしたる歌の聞えて、打聞などに書き入れらるる」＊源氏(1001-14頃)早蕨「はかなき事をも、本末をとりていひかはし」③男女が情を通わす。また、夫婦になる約束をする。＊伊勢物語(10C前)二一「又々ありしより異にいひかはして」＊海人刈藻物語(1271頃)二「石山にて見そめ給ひていひかはし給ひしかば」＊人情本・春色梅児誉美(1832-33)後・七齣「ついしたことから若旦那と深くいひかはして、身儘になっては」＊湯島詣(1899)〈泉鏡花〉二八「言ひ交した土佐の浪人と未だ江戸である頃遁げて来た」④約束する。＊虎寛本狂言・宗論(室町末-近世初)「いったん出家沙門の云かはいた事をひるがへすという事が有る物か」＊軍歌・戦友(1905)〈真下飛泉〉「死んだら骨を頼むぞと 言ひかはしたる二人仲」発音イーカワス〈標ア〉ワ〈京ア〉0 辞書文明・日葡・〈ポン〉・言海 表記言交(へ・言) 云替(文)

いい-かわせ【言交】〘名〙(動詞「いいかわす(言交)」の連用形の名詞化「いひかわし」の変化したもの)言葉をかわすこと。話し合い。約束。特に、夫婦になる約束。＊浮世草子・傾城禁短気(1711)一・四「我身にはふかいいひかはせの男あれば」＊浄瑠璃・嫗山姥(1712頃)一「わしはこなたを思ひそめ面倒(めんどう)見よふ見られふと、頼もしづくのいひかはせもし」＊浄瑠璃・鑓の権三重帷子(1717)上「笹野の権三様といひかはせの事あれ共、媒(なかうど)がなふて御祝言(しうげん)が遅(おそ)なわる」

いい-かん【好―】〘形動〙「いいかげん(好加減)」の変化した語。＊雑俳・柳筥(1783-86)二「いいかんににゐきりやれよと太郎出る」方言❶適当な程度。ちょうどよい具合。また、そのさま。長野県468 480 487 ◇いいかんまあし 神奈川県愛甲郡054 ❷ものごとがかなりの程度までいっているのでほどほどにしてやめておきたいさま。いいかげん。埼玉県秩父郡251 ❸おおよそ。だいたい。長野県東筑摩郡480 ❹かなりの程度。ずいぶん。長野県468 480 静岡県志太郡532 ❺無責任。でたらめ。また、そのさま。埼玉県秩父郡251 長野県東筑摩郡480 ◇いいかんぶし 埼玉県秩父郡251 ◇いいかんべ 群馬県勢多郡(いい加減な人)236

い-いき【夷域】〘名〙故郷を遠く離れた土地。外国。＊近世紀聞(1875-81)〈染崎延房〉五・二「元より器械の利鈍夷域(イヰキ)の広狭宇内の形勢且つ勝敗の利害」発音〈標ア〉イ[1]

いい-き【好気・良気】〘名〙〘形動〙自分ひとりで勝手に自分のすることに満足し得意に思っていること。また、そのさま。ひとりよがりで他に気をつかわないこと。うぬぼれているさまにいう。＊滑稽本・寒紅丑日待(1816-26)めでたい事「いいきなことをぬかしやあがるも」＊人情本・春色梅美婦禰(1841-42頃)五・二五回「主(ぬ)しやア余程宜(イ)ひ気ざますヨ」＊浮雲(1887-89)〈二葉亭四迷〉一・六「人が黙ってゐれば好気(イイキ)になって、彼様(あん)な事を言って」＊わかれ道(1896)〈樋口一葉〉上「随分厭味(いやみ)に出来あがって、いい気(キ)の骨頂の奴では無いか」＊雁(1911-13)〈森鷗外〉一四「まあ、好(イ)い気(キ)な物ね」発音イーキ〈なまり〉エキ・エッキ〔秋田〕〈標ア〉イ〈京ア〉0

い-いき【異域】〘名〙(「域」は「国」の意)別の国。外国。異国。＊続日本紀-大宝三年(703)閏四月辛酉「其蓄君雖レ居ニ異域一、至ニ於覆育一、允同ニ愛子一」＊平家(13C前)一〇・高野「無比の誓願を起して辺地の異域に侍り」＊読本・椿説弓張月(1807-11)拾遺・附言「しかれども金毘羅は、前に演(のぶ)るごとく異域(イイキ)の神なり」＊星巌集-丙集(1837)夷白盦集二・心越禅師詩為山本徳甫賦「敢嗟異域賞音少、自把ニ幽憂一随処弾」＊漢書-蘇建伝「異域之人」発音〈標ア〉イ[1]〈京ア〉イ[1] 0 辞書色葉・文明・書言 表記異域(色・文・書)

いいきの鬼(おに)となる 外国で死ぬ。＊武蔵野(1887)〈山田美妙〉上「矢玉の雨に砕かれて異域の鬼となってしまった口惜しさはどれ程だらうか」＊李陵-答蘇武書「生為ニ別世之人一、死為ニ異域之鬼一」

い-いき【意域】〘名〙精神の状態。心境。境地。＊浮世草子・好色敗毒散(1703)四・一「此意域(イヰキ)にいたる事稀なる故、只一向に無用無用と諫むる人の親の心汲みて知るべし」

いい-き【譩譆】〘名〙灸穴(きゅうけつ)の一つ。第六椎骨の下で、背中から一〇センチメートル離れたところ。＊和漢三才図会(1712)一一「足太陽膀胱経 左右百二十六穴。譩譆(イイキ)在ニ肩髆内廉六椎下一、去ニ背中一三寸半」

いい-ぎ【威儀】〘名〙「いぎ(威儀)」の変化した語。＊翁問答(1650)序「我眼力伯楽ならねば騏驥のわかちはしらざれども、威儀(イイギ)いとけだかく」

いいきい〘感動〙(「いいき」の変化した語か)万事思いどおりになった時にいう言葉。〔隠語構成様式幷其語集(1935)〕

いい-きか・す【言聞】㊀〘他サ五(四)〙①「いいきかせる(言聞)①」に同じ。＊寒川入道筆記(1613頃)愚痴文盲者口状之事「此知音の人、ひょうげた人にて、色々の事をいいきかされた」＊浄瑠璃・源平布引滝(1749)二「潔き切腹と言聞して悦ばせよ」②「いいきかせる(言聞)②」に同じ。＊女難(1903)〈国木田独歩〉四「色々言ひ聞かしたが如何(どう)しても承知しない」㊁〘他サ下二〙⇨いいきかせる(言聞)。発音イーキカス〈なまり〉イッカスル〔大隅〕〈標ア〉カ

いい-きか・せる【言聞】〘他サ下一〙文いひきか・す〘他サ下二〙①話して聞かせる。告げ知らせる。言いきける。＊大和(947-957頃)一五六「男にもこのをばのみ心さがなく悪しきことをいひきかせければ」＊源氏(1001-14頃)蓬生「なま憎げなる言葉どもいひきかせつつ、ときどききこえけり」＊徒然草(1331頃)二三四「うららかにいひきかせたらんは、おとなしくきこえなまし」②道理を述べてよく教えさとす。説諭する。言いさとす。＊狂言記・拄杖(1730)「成程女共も、日比(ひごろ)にいひきかせておきました」＊浮雲(1887-89)〈二葉亭四迷〉三・一七「何か諄諄(くどくど)と教誨(イヒキカ)せてゐたが」発音イーキカセル〈標ア〉セ〈京ア〉0 辞書文明・日葡・〈ポン〉 表記云聞(文) 言聞(へ)

いい-き・ける【言聞】〘他カ下一〙言って聞かす。言い聞かす。＊古文真宝笑雲抄(1525)二「諸生に学問せよと云事を言いきけたり」＊読本・昔話稲妻表紙(1806)一・一「厳命なればせんすべなし。かならず恨玉ふなと、耳ちかくいひきけて」＊人情本・いろは文庫(1836-72)八・一五回「『早く被仰(おっしゃい)まし』『然らば言聞ける』」＊油地獄(1891)〈斎藤緑雨〉一二「此処へも入来(いらっし)ゃる方なのと無頓着に言聞(イヒキ)けられて」発音イーキケル〈標ア〉ケ

いい-き・す【言期】〘他サ変〙言葉に出して約束する。言い固める。＊枕(10C終)一三七・五月ばかり、月もなういとくらきに「殿上にていひきしつる本意(ほい)も無くては、など帰り給ひぬるぞ」

いい-きぜん【好気前】〘形動〙(「きぜん」は「気前(きまえ)」の音読)自分勝手でいい気なさま。＊洒落本・傾城買四十八手(1790)真の手「いいきぜんな。色々な事をいってくる」＊滑稽本・浮世風呂(1809-13)前・下「能(イイ)きぜんだア。飯(めしよ)を食って椀を突出すと、モウはや、湯へ行候(そうろう)と手拭を持て出たがる」

いい-きたり【言来】〘名〙 昔からの言い伝え。伝説。発音イーキタリ〈標ア〉0

いいき-どうじょう【異域同情】〘名〙 場所や国が異なっていても、人の心、行為は変わらないこと。＊仮名草子・智恵鑑(1660)五・八「かの信長公のいつはりやみて弟をうち給ひしも異域同情(イイキドウシャウ)の術智ならずや」

いい-きび【好気味】〘名〙(形動) ①「いいきみ(好気味)①」に同じ。＊歌舞伎・傾城金秤目(1792)中幕「オオいたい。いいきびだ。酔醒の頭痛が直った」＊滑稽本・早変胸機関(1810)「熱燗を一杯のんで頭をたたき、ほう、いい気びだ」 ②「いいきみ(好気味)②」に同じ。＊滑稽本・浮世風呂(1809–13)二・上「『ヲヤ落した、ヱヱ業腹な』『能気味(イイキビ)だねへ』」＊人情本・春色梅児誉美(1832–33)四・二〇齣「なるほど、おめへの気めへじゃア、いいきびだとは思ふめへが」＊春泥(1928)〈久保田万太郎〉向島・三「ざまアみろ、いい気味(キビ)だ、みんなそれも心がらだ…」 発音イーキビ〈標ア〉イ

いい-きみ【好気味】〘名〙(形動) ①気持がいいこと。いい気持。気分が爽快(そうかい)であるさま。＊洒落本・仮根草(1796か)三子東深結妓「茶おぐっとのみ『アアいいきみだ』」＊洒落本・恵比良濃梅(1801)四「『ちっとおしておくんなんし』『ドレドレ、ここかここか』『ヲヲいいきみざんす』」 ②(他人の不幸や失敗を喜び、あざけっていう) 胸がすくような気持。気持がいいさま。痛快。＊人情本・春色梅児誉美(1832–33)初・三齣「すこしはやきもち心もあれば、よね八をにくみ、いいきみとおもふゆゑ」＊吾輩は猫である(1905–06)〈夏目漱石〉一〇「『あの地蔵はどうする事も出来ませんと降参をしたさうです』『いい気味ね』」 発音イーキミ〈なまり〉イーキビ〔栃木・埼玉方言〕イッキビ〔山形〕エーキビ〔埼玉方言〕〈標ア〉イ〈京ア〉キ

イー-キュー【EQ】〘名〙(英 educational quotient の略) 学力検査で得られた学力年齢を暦年齢で割り、それに一〇〇を掛けたもの。学力の発達程度を示す。教育指数。学力指数。発音〈標ア〉キュ

いい-きり【言切】〘名〙 言い切ること。文などの終止をいう。＊中等文法(1943)〈文部省〉一・一四「(五)の『静かだ』『丈夫だ』は、言ひ切りになる時の形で、終止形といふ」 発音イーキリ〈標ア〉0

いい-ぎり【飯桐】〘名〙 イイギリ科の落葉高木。本州以西の山野に自生するほか、庭木、街路樹とされる。葉は大きく、長さ一〇～二〇センチメートルの心臓形。雌雄異株。初夏、帯緑黄色の花が円錐形に集まって咲く。実は直径一センチメートルほどの球形で赤く熟し、房になって下垂する。材は下駄、器具の材料や薪、炭の原料とする。漢名、椅は誤用。いぎり。とうせんだん。なんてんぎり。学名は Idesia polycarpa ▼いいぎりの実《季・秋》＊和漢三才図会(1712)八四「伊比桐(イヒギリ) 本名未レ詳 葉似二桐類一而非二桐属一」＊日本植物名彙(1884)〈松村任三〉「イイギリ 椅」 発音イーギリ〈標ア〉イ 辞書言海 表記飯桐(言)

飯　桐

いい-ぎり〘名〙 昆虫「かまどうま(竈馬)」の異名。《季・秋》＊重訂本草綱目啓蒙(1847)三七・化生「竈馬 いいきりご 備前、いいぎり はだかこほろぎ 加州」＊俚言集覧(増補)(1899)「いいぎり〈略〉かまどうま〈略〉秋の夜、竈辺厨下に出て残食を求めて食ふ虫なり」 語源説イイはイヒ(飯)、キリはキリギリスの略。厨下の残飯を食べるキリギリスの意〔大言海〕。 辞書言海

いい-ぎり〘名〙 鉱物「ほうかいせき(方解石)」の異称。＊重訂本草綱目啓蒙(1847)五・石「方解石 いいぎり 佐州」 方言佐州 017

いいぎり-か【飯桐科】〘名〙 双子葉植物の一科。世界に約九〇属一〇〇〇種。熱帯から亜熱帯にかけて広く分布。木本で、通常、葉は単葉で互生し、花は両性または単性で、集散し総状花序をなす。庭木や街路樹として植えられる。器具材に利用。学名は Flacourtiaceae 発音イーギリカ〈標ア〉0

いいきり-ご〘名〙 昆虫「かまどうま(竈馬)」の異名。＊重訂本草綱目啓蒙(1847)三七・化生「竈馬 いいきりご 備前」＊和訓栞後編(1887)「いひぎりご 飯子の義竈馬也備前にていひぎりこともいふ」

いい-き・る【言切】〘他ラ五(四)〙 ①㋑言い終わる。最後まで言う。＊八雲御抄(13C前)「和歌は五句、句ごとにいひきりて、しかも句々相連して言葉きこえてあるを、可レ為二秀逸一也」＊怪談牡丹燈籠(1884)〈三遊亭円朝〉一〇「やっとの思ひで云きり升(ます)と」 ㋺文法で、文を終止する。＊中等文法(1943)〈文部省〉一・一一「(三)の『泳ぐ』『受ける』は、言ひ切る時に用ひる形で、これを終止形といふ」 ②はっきり口に出して言う。断言する。りっぱに言ってのける。言ってしまう。言いきわめる。＊虎明本狂言・節分(室町末–近世初)「こふか小二郎、こまひか小二郎、いひきれ小二郎かどさそふよ」＊人情本・英対暖語(1838)三・一五章「姉へ立派に言切(イヒキ)りし、ことが心にあるゆゑに」＊真景累ケ淵(1869頃)〈三遊亭円朝〉三九「新吉さんの事は思ひ断(き)られませんとぴったり云ひ切ったから」 ③言い放しにする。言ったままにしておく。 ④言ったとおりにする。約束を果たす。＊虎清本狂言・泣尼(室町末–近世初)「せんどかたらうておいて、くれまいか。わばうず、いひきれいひきれ」 ⑤きっぱり言って相手との関係を断つ。はっきり断わる。＊源氏(1001–14頃)浮舟「右近いひきりつるよし、言ひたるに、君はいよいよ思ひ乱るること多くて臥し給へるに」 発音イーキル〈標ア〉キ〈京ア〉0 辞書文明・日葡・書言・言海 表記云切(文) 譬(書) 言切(言)

いい-きれ【―切】〘名〙 方言❶足指の裏側が切れて痛むこと。あかぎれ。岡山県小田郡767 ◇いぎれ 富山県砺波398 長野県上伊那郡488 下伊那郡492 京都府竹野郡622 鳥取県西伯郡719 岡山県児島郡764 ❷婦人の乳頭などの傷。◇いぎれ 奈良県南大和683 ❸雪渓の割れ目。◇いぎれ 福島県南会津郡012 新潟県北魚沼郡012 富山県中新川郡012 石川県能美郡・河北郡012 長野県上水内郡012 ◇ゆきれ 福島県南会津郡012 ❹田のひび割れ。◇いきれぐち〔―口〕 新潟県佐渡348 ❺太った幼児の手首や足首にできるくびれ。島根県美濃郡・益田市725 高知県土佐郡866 ◇いいきり 島根県725 山口県803 ◇いきれ 島根県邑智郡・邇摩郡725 ◇いいきびれ・いくびれ 島根県美濃郡725 ◇ええきり 島根県出雲725 ◇ええきご 島根県八束郡725 ◇ええきれこ 島根県能義郡725 ❻木の根などが盛り上がって、土や雪のない所。◇いぎれ 岐阜県揖斐郡507

いい-きわ・める【言極】〘他マ下一〙文いひきは・む〘他マ下二〙 断言する。物事を余すところなく述べる。言い切る。＊山家集(12C後)下「悟り広きこの法(のり)をまづ説き置きて二つなしとはいひきはめける」＊半残宛芭蕉書簡–貞享二年(1685)正月二八日付「あれをのこ、自他明に難レ聞(きこえがたく)候。自分の句に言究候はば秀逸たるべく候」 発音イーキワメル〈標ア〉メ 辞書〈ボン〉 表記言究(へ)

い-いく【意育】〘名〙 意志の鍛練を目的とする教育。→知育・徳育・体育。＊思出の記(1900–01)〈徳富蘆花〉二・五「其代り辛抱力を養ふ意育と、筋骨を鍛ふ体育は、先づ遺憾なく施された」 発音〈標ア〉イ1

いい-・く【言来】〘他カ変〙 言ってよこす。伝えて来る。＊宇津保(970–999頃)忠こそ「女がたより、〈略〉降る雨のごとにいひくれど」＊源氏(1001–14頃)蓬生「おのづから、かかる貧しきあたりと、思ひあなづりていひくるを」

いい-くく・む【言含】〘他マ下二〙 わかるように言い聞かせる。言いふくめる。＊能因本枕(10C終)九一・職の御曹司におはします頃、西の廂に「きたなげならんはかき捨ててなど、いひくくめてやりたれば」 辞書言海

いい-ぐさ【言種・言草】〘名〙 ①口に出す言葉や事柄。また、ものの言い方。＊滑稽本・東海道中膝栗毛(1802–09)七・下「ままよ源太におれがならふ。そのかはり、いひぐさは出たらめにやるがいいか」＊人情本・英対暖語(1838)初・四回「何だか言葉(イヒグサ)がまだほんとうに出来ねへのう。しかし今は女郎衆の言葉がむかしの様ではねへといふから」＊大発見(1909)〈森鷗外〉「情夫の放浪的な恬然たる言草(イヒグサ)も好い」＊砧をうつ女(1971)〈李恢成〉「『みんなが会員にされたからって何も旗まで振ることはないでしょう』『旗を振るだって。あの憎い言いぐさを見てみろ』」 ②話題の材料。話の種。語りぐさ。 ③言いがかりの文句。また、苦情。＊洒落本・狐竇這入(1802)四「『もふこれぎりで来ねへと言いなんしたから』『なに、吉さんが、そりゃあほんのいいぐさでざんしゃう』」＊人情本・春色辰巳園(1833–35)三・六条「私(わちき)だっても、おまへを苦労して呼にやって、言ぐさをいふのなんのといふこともねへけれど」＊落語・西京土産(1892)〈三代目三遊亭円遊〉「和郎(おまへ)は近所で評判の親孝行だてんで大屋の禿頭迄和郎(おまへ)を亀鑑(てほん)に為(し)ちゃア乃公に云ひ草(グサ)ァ云ヤァがって」 ④言い抜けのための口実。いいわけ。＊浮世草子・傾城禁短気(1711)三・四「いひかけた時手をよく外すいひ草に、前方から遠過行かれし親仁(おやぢ)を内にまざまざ居らるるやうにいひなし」＊唐詩選国字解(1791)七言古「それを云ひぐさにして、めったな者をば、よせつけぬ人であった」＊落語・素人洋食(1891)〈三代目三遊亭円遊〉「然うどうも名々(てんでん)に何か言草(イヒグサ)を付けて。折角馳走をすると云ふのに」 ⑤つねづね口にすることば。くちぐせ。＊吾輩は猫である(1905–06)〈夏目漱石〉三「弁じますなんか講釈師の言ひ草だ」＊夜明け前(1932–35)〈島崎藤村〉第一部・下・八・六「吉左衛門の言草ではないが」 方言❶苦情。不平。長野県諏訪481 上伊那郡488 ❷冗談。徳島県810 811 ◇ゆいぐさ 和歌山県東牟婁郡705 ◇いいくさ 島根県出雲728 ❸口実。徳島県811 ◇いいくさ 和歌山市691 ❹口癖。徳島県811 ❺ことわざ。島根県出雲市・簸川郡725 発音イーグサ〈なまり〉イグサ・エグサ〔栃木〕エーグサ〔埼玉方言〕ユイグサ〔和歌山〕〈標ア〉0〈京ア〉0 辞書〈ボン・言海〉 表記言種(へ・言)

いいぐさ-いい【言種言】〘名〙 思い切ったことを言う人。ひねった物の言い方をする人。ごたくを並べる人。「えらいいいぐさいいやなア」

いい-くさ・す【言腐】〘他サ四〙「いいくたす(言腐)」に同じ。発音イークサス〈標ア〉サ〈京ア〉0 辞書言海

いい-くじ・く【言挫】〘他カ四〙 ことばで相手をやりこめる。＊寛永刊本蒙求抄(1529頃)九「人が云くしかんとしたれども、取りあわいで昔を云ていたほどに、竟レ坐ついに談ぜなんだぞ」 発音イークジク〈標ア〉ジ

いい-くず・す【言崩】〘他サ四〙 ①告げ口をして、その人を失脚させる。中傷する。＊日葡辞書(1603–04)「ヒトノ シンシャウヲ iycuzzusu(イイクヅス)」 ②論争して相手を負かす。＊ぎやどぺかどる(1599)下・序「悪人善に勧まざるかこつけをいひ崩して、専善道に勧むべき理りを記す也」＊日葡辞書(1603–04)「ヒトノ ダウリヲ iycuzzusu(イイクヅス)」 ③口に出して物事をだめにする。＊葉隠(1716頃)二「大かた悪事は内輪からいひ崩すもの也」 発音イークズス〈標ア〉ズ 辞書日葡

いい-くた・す【言腐】『他サ四』「いいおとす(言落)①」に同じ。＊宇津保(970-999頃)祭の使「上達部になりぬべき君なめれば、つれなくいひくたしたるなめりかし」＊源氏(1001-14頃)乙女「この頃紅葉をいひくたさむは、立田姫の思はん事もあるを」＊日葡辞書(1603-04)「ヒトノ　ナヲ　iycutasu(イイクタス)」発音イークタス〈標ア〉タ 辞書日葡・言海

いい-くだ・す【言下】『他サ四』①「いいおとす(言落)①」に同じ。＊匠材集(1597)一「いひおとす　云くだす也」②高い場所にいる者が、それより低い場所にいる者に向かって言う。また、低い身分の者にあることを託す。＊曾我物語(南北朝頃)四・箱王、曾我へくだりし事「さらばとて、大衆にふれ、出家の用意有。母の方へも、いひくだしけり」＊日葡辞書(1603-04)「Iycudaxi, su, aita(イイクダス)」③滞ることなく、すらすらと言う。また、文章などをそのように表現する。＊三体詩素隠抄(1622)三・二「さて自二起頭句一至二結処句一、如二行雲流水一、さわりもなくするすると云下したとぞ」＊俳諧・雑談集(1692)上「おぼろ哉と申句なるべきを、句に句なしとて、かくは云下し申されたる成べし」＊俳諧・去来抄(1702-04)修行「ほ句は頭よりすらすらと謂(イヒ)くだし来(きた)るを上品(じゃうぼん)とす」④謡などをすらすらとうたう。または、謡の最後を下音に下げることか。＊三道(1423)「はしがかりにて、甲物、さし声云ながして、一声上て、後句は同音などにて、長々たぶたぶとあげながして、云下すべし」＊中楽談儀(1430)観阿「騅(すい)逝(ゆ)かず、騅逝かずなど云くだして」発音イークダス〈標ア〉ダ 辞書日葡

いい-くち【好口】⇨「いい(好)」の子見出し

いい-くち【言口】『名』①口頭で述べること。また、その言葉。口上。供述。＊史記抄(1477)一二・刺客「言い口をきかうとてぞ」＊高野山文書-(年未詳)(江戸初か)九月二一日・源吉口上覚写(大日本古文書五・八五一)「源吉云口」＊四河入海(17C前)「しかと是は我れに云いくちが有ぞ。さて其は誰ぞと云てただせば」②中古、出産後の三日の産養(うぶやしない)に、小児のかゆをすする時の式として、人を選定して一定の問答をする際、答える側の者。↔問口(といくち)。発音イークチ〈標ア〉〇 辞書文明 表記云口(文)

いい-くらい【好位】『形動』「いいかげん(好加減)」に同じ。

いい-くら-かげん【好加減】『形動』①「いいかげん(好加減)㊀①」に同じ。＊或る女(1919)〈有島武郎〉前・二〇「それぢゃ木村さん今頃は神様の前にいいくら加減罪人になっとるでせう」②「いいかげん(好加減)㊀②」に同じ。＊青べか物語(1960)〈山本周五郎〉土堤の夏「―おうれ、てんで縹緻(きりょう)あげたじゃねえか、お花。―いいくらかげんのことを云って、むりすんなえ」方言適当な程度。程よい加減。ちょうどよい具合。また、そのさま。長野県上伊那郡488 下伊那郡492 ◇いいくろかげん 新潟県佐渡352

いい-くら・す【言暮】『他サ五(四)』そのことばかり言って日を送る。口癖のようにいつも言っている。＊二人女房(1891)〈尾崎紅葉〉下・二「どんな様子であらうかと二人は言暮(イヒクラ)してゐると」＊十三夜(1895)〈樋口一葉〉上「毎日いひ暮して居ます」発音イークラス〈標ア〉ラ〈京ア〉〇 辞書ボン・言海 表記言暮(へ・言)

いい-くら・べる【言比】『他バ下一』文いひくら・ぶ『他バ下二』ことばに出して比較する。比較して言う。＊枕(10C終)三三・説経の講師は「なにがしにてその人のせし八講・経供養せしこと、とありし事かかりし事、いひくらべゐたる程に」発音イークラベル〈標ア〉ベ

イーグル『名』(英 eagle ワシ(鷲)の意)①(裏面に鷲の模様があったところから)米国の一〇ドル金貨。一九三三年まで発行されていた。＊舶来語便覧(1912)〈棚橋一郎・鈴木誠一〉「イーグル　鷲 Eagle (英)又は合衆国の金貨(十弗の価のもの)を云ふ」②ゴルフで、基準打数(パー)より二つ少ない打数で、ボールをカップに入れること。発音〈標ア〉イ

いい-くる・める【言包】『他マ下一』文いひくる・む『他マ下二』(「いいくろめる(言包)」の変化した語)ことば巧みにごまかす。口先で丸め込む。うそをまことらしく言う。＊洒落本・跖婦人伝(1753)「どのやうにもいいくるめて、其日から此里へ、勤たいといはんす様にして、見せませふ」＊浮雲(1887-89)〈二葉亭四迷〉三・一九「却って反対にいひくるめられるも知れんと思へば」＊他人の顔(1964)〈安部公房〉黒いノート「白を黒と言いくるめるようなものである」発音イークルメル〈標ア〉メ〈京ア〉〇

いい-ぐろ・う【言―】『他ハ四』あれこれと批判・評判する。＊葉隠(1716頃)二「人の上言ぐろふならば、御手前の上にも御座有るべく候」

いい-くろ・める【言包・言黒】『他マ下一』文いひくろ・む『他マ下二』「いいくるめる(言包)」に同じ。＊浄瑠璃・長町女腹切(1712頃)上「非の入(いり)そふな事どもを、いひくろめたる情の程」＊滑稽本・八笑人(1820-49)初・二「頭武六は茶ばんの手筈相違せんと、兎角いひくろめ此まま出行んと」＊西洋道中膝栗毛(1870-76)〈仮名垣魯文〉一一・上「結局をどういいくろめるかと黙止していたが」発音イークロメル〈標ア〉メ 辞書ボン・言海 表記言黒(へ・言)

いい-くん・ず【言屈】『他サ変』がっかりして物を言う。言って力を落とす。＊枕(10C終)八七・職の御曹司におはします頃、西の廂にて「いかにしてさるならん。昨日までさばかりあらんものの、夜の程に消えぬらんことといひくんずれば」

いい-け【飯笥】『名』飯を盛る器。めしびつ。＊延喜式(927)二・神祇・四時祭「大直(おほなほひの)神一座、〈略〉供御飯笥(いひけ)一合」＊宇津保(970-999頃)あて宮「御前にしたんのついがさね廿、ぢんのいゐけ・御つきどもろくろにひきて」辞書言海 表記飯笥(言)

いい-けが・す【言汚】『他サ五(四)』ある人の悪口を言って、名誉を傷つける。中傷する。＊日葡辞書(1603-04)「Iyegaxi, su, aita(イイケガス)〈訳〉中傷する」発音イーケガス〈標ア〉ガ 辞書日葡

いい-け・す【言消】『他サ五(四)』①他人の言葉を打ち消す。言葉で、ある事柄を打ち消す。いいけつ。＊羅葡日辞書(1595)「Repercutio〈訳〉ひとの言ったことに論駁する。Iyqesu(イイケス)、イイクヅス」＊浄瑠璃・傾城反魂香(1708頃)中「祝言の咄が出たらいひけしてくださんせと」＊歌舞伎・幼稚子敵討(1753)二「イヤイヤ、酒の酔じゃと云けされると、猶堪忍せぬ」＊田舎教師(1909)〈田山花袋〉一一「理想などといふことを言ひ出すと、まだ世間を知らぬ乳臭児(にうしうじ)のやうに一言の下に言ひ消される」②自分の前言を言い替える。前言を取り消す。＊化銀杏(1896)〈泉鏡花〉一〇「お貞はみづから其言過しを恥ぢたる色あり。『これは談話(はなし)さ』と口軽に言消(イヒケ)して」③非難する。価値を認めないで悪く言う。けなす。いいけつ。＊社会百面相(1902)〈内田魯庵〉貧書生「君は小説を能く知らんから一と口に戯作(げさく)と言消して了うが」発音イーケス〈標ア〉ケ〈京ア〉〇 辞書ボン・言海 表記言消(へ・言)

いい-け・つ【言消】『他タ四』①他人の言葉を打ち消す。否定する。言い消す。＊源氏(1001-14頃)松風「わざとはなくていひけつさま、みやびかによしと聞き給ふ」＊狭衣物語(1069-77頃か)四「大人しうすくよかに聞こえない給へど、我も又益田の池の浮きぬなはひとすぢにやは苦しかりける、と、いひけち給ふけはひは」②言いかけて中止する。言うのを略す。言いさす。言いとどめる。＊源氏(1001-14頃)椎本「すゑはいひけちて、いといみじくしのびがたきけはひにていり給ひぬなり」＊苔の衣(1271頃)四「ともすればきえをあらそふ露の身をいまいくよとてたのめおくらんと大かたなるやうに忍びやかにいひけちたるを、げにいとあはれに」＊名語記(1275)五「まやは、いまやなり。いをいひけつ事例おほし」③悪く評する。非難する。けなす。言い消す。＊源氏(1001-14頃)帚木「光源氏、名のみことごとしう、いひけたれ給ふ咎多かなるに」＊色葉字類抄(1177-81)「誚　イヒケツ」＊徒然草(1331頃)一六七「をこにも見え、人にも言ひ消たれ、禍をも招くは、ただこの慢心なり」発音イーケツ〈標ア〉ケ 辞書色葉・言海 表記誚(色)

いい-けらく【言―】『連語』⇨「いう(言)」の子見出し

いい-げん【遺言】『名』(「ゆいげん(遺言)」の変化した語)「いいごん(遺言)」に同じ。＊浮世草子・本朝桜陰比事(1689)三・七「銀遣へとのいひげん前代になき事也」＊浮世草子・万の文反古(1696)一・二「我々が手前からは旦那御いひげんの通り、年中のこづかひ金三十両づつ正月に相渡し申候」

いい-こ【好子】⇨「いい(好)」の子見出し

いいご『名』昆虫「かまどうま(竈馬)」の異名。＊俳諧・篗纑輪(1753)「七月〈略〉いとど　かうろぎ　一物二名也　筑紫にてゐるごと云」＊物類称呼(1775)二「竈馬　いとど〈略〉西国にて、くろつづ又いひご」方言❶動物、わらじむし(草鞋虫)。◇いいこ 長門†122 ❷虫、かまどうま(竈馬)。加州†039 筑紫†005 山口県豊浦郡798 ◇いいぎりこ 備前†035 ◇いいむし〔飯虫〕 島根県石見725 ❸虫、こおろぎ(蟋蟀)。山口県玖珂郡800 ❹虫、あぶらむし(油虫)。周防†122 ◇いごじょ 長崎県五島054 ❺飯の容器。飯びつ。おはち。いいけ。茨城県稲敷郡062 ❻外出ぎらいの人。山口県大島801

いい-こうい【以夷攻夷】『名』「い(夷)を以て夷を制す」に同じ。

いい-こう・ず【言勘】『他サ変』非難のことばを言って勘当する。強いことを言って叱り責める。＊とりかへばや(12C後)中「あまりにおもはずなる事をうちききしが、うれはしく、やすらかざりしままに、いひかうじきこえてける、くやしき事」

いい-こしら・う【言拵】『他ハ下二』うまく言ってすかしなだめる。言い慰める。また、とりつくろって言う。＊宇津保(970-999頃)国譲下「それ、山里にはべるままにさぶらひしとて、よろこびにまできたりけるを、いひこしらへはべりければ、時々京にかよひまうできけるを」＊源氏(1001-14頃)若菜下「はてはては腹だつを、よろづにいひこしらへて」＊十六夜日記(1279-82頃)「侍従大夫などのあながちにうちくっしたるさま、いと心ぐるしければ、さまざまいひこしらへ」＊読本・椿説弓張月(1807-11)後・二四回「父子(おやこ)の心中を猜(すい)して、さまざまにいひこしらへなどするに」

いい-こ・す【言越】『他サ五(四)』言ってよこす。言ってくる。＊文明本節用集(室町中)「云越　イイコス」＊浮世草子・好色五人女(1686)三・二「かならず其折を得てあひみる約束いひ越(コシ)ければ」＊読本・春雨物語(1808)宮木が塚「手とりて帰れと、情なく云こさるるに、いよよ悲しくて」＊こゝろ(1914)〈夏目漱石〉中・一〇「かねて云(イ)ひ越(コ)した其夫は、妹の代りに自分で出て来るかも知れなかった」発音イーコス〈標ア〉コ 辞書文明 表記云越(文)

いい-こと【好事】㊀『名』①よいこと。おもしろいこと。楽しいこと。特に男女の事柄についていう。＊洒落本・辰巳之園(1770)「どふだ、忠五久しいの。いい事でもあるか」＊滑稽本・七偏人(1857-63)三・上「人の善事(イイコト)を妬嫉(そねむ)奴等にゃア噺しは出来ねへヱ」＊重右衛門の最後(1902)〈田山花袋〉六「何で

も重右衛門（嫌疑者の名）が飯綱原で始めて春情（イイコト）を教へたとか言（いふ）んで」②よいめぐりあわせ。好運。③（「に」を伴って）口実にして付け込むこと。よい機会。好都合。＊人情本・孝女二葉錦（1829）初・一回「某（わたし）がずるけると、またいい事にして、若いものもずるけますし」＊化銀杏（1896）〈泉鏡花〉一二「二三度干物でも遣ったものなら、可（イイ）ことにして、まつはって、からむも可けれど」＊或る女（1919）〈有島武郎〉前・六「他所（よそ）に嫁入って行くのをいい事に、遺産の事には一切関係させない相談をした」㊁〘感動〙相手に念を押す時に用いる女性語。おもに同等以下の相手にいう。→こと（事）㊁③㋩。「いいこと。あの角を右にまがるのよ」発音イーコト〈標ア〉イ

いい-ごと【言事】〘名〙①言うこと。㋑言いぐさ。言い方。また、言葉。文言。＊宇津保（970-999頃）内侍督「何を賭物（のりもの）にかけん。いとせちならんものもかけじ。いひごとをかけむとのたまはせて」＊車屋本謡曲・景清（1466頃）「腹悪しく由なきいひごと、ただ許しおはしませ」＊読本・昔話稲妻表紙（1806）三・一「長生せよとは、いとをしのいひごとよと、心には思ひながら」㋺口にする話題。話の種。＊大鏡（12C前）三・伊尹「人々、いみじうのたまはせたりとて、興じたてまつりて、そのころのいひごとにこそし侍しか」＊漢書列伝竺桃抄（1458-60）陳勝項籍列伝第一「云いごとがなさにつつらとむかうていたそ」②能で、演者の発する謡の文句・言葉。所作・しぐさに対していう。＊風姿花伝（1400-02頃）三「言ひ事の文字にまかせて心をやるべし。『見る』といふ事には物を見」＊花鏡（1424）「一切の物まね風体は、云事の品によりての見聞也」③言い争い。口げんか。＊梅津政景日記-慶長一七年（1612）八月五日「言事其上山などにて、いひ事有之儀、不可然候」＊浮世草子・西鶴織留（1694）三・一「人の難義をかへり見ず、商売、あるひは借銀の事までも、我非分とはわきまへながら、云（イヒ）事の種をこしらへ、油断のならぬ人ごころや」方言❶しかること。小言。京都府竹野郡622 岡山県岡山市054 苫田郡749 ◇いごと 兵庫県加古郡664 ❷言い争い。家内の口げんか。岡山県邑久郡761 岡山市762 熊本県天草郡936 ❸言い分。文句。苦情。山口県豊浦郡798 大分県大分郡941 発音イーゴト〈標ア〉０ 辞書文明・日葡・言海 表記云事（文）言事（言）

いいこと-ずくめ【好事尽】〘名〙（形動）よいことや楽しいこと、好都合なことばかりであること。また、そのさま。＊ハッピネス（1973）〈小島信夫〉一「何もかもいいことずくめのようだが」発音イーコトズクメ〈標ア〉ズ

いい-ことわ・る【言断】〘他ラ四〙口に出して説明する。＊咄本・戯言養気集（1615-24頃）上「たれもかくあらんとおもひ、くはしく云ことはらで」発音イーコトワル〈標ア〉ワ

いい-こなし【言熟】〘名〙言いこなすこと。＊浄瑠璃・薩摩歌（1711頃）鑓じるし「さきの人が侍ならばその恩は忘れまいと、心をふくむいひこなし、お蘭はおくより走り出で」発音イーコナシ〈標ア〉０

いい-こな・す【言熟】〘他サ五（四）〙①上手に言いまわす。言葉巧みに言い表わす。＊大学垂加先生講義（1679）「此序も、其意に因て八条目をおっとりて、八字を以云こなしたものぞ」＊新体梅花詩集（1891）〈中西梅花〉自序「俳諧をする人あらましにも云ひこなせば、はや得たり顔に止まるあり」＊破戒（1906）〈島崎藤村〉一五・三「一寸したことをいかにも尤もらしく言ひこなして聞かせる」②論じて相手を説き伏せる。論破する。＊評判記・色道大鏡（1678）五「さきの理をくつがへして此方の正理にいひこなしおほせて、一座の面面尤と至極さする処を」③悪く言う。言いくさす。そしる。＊甲陽軍鑑（17C初）品四〇・下「委（くわしき）近付の能（よき）道具をしらずしてもちたるを、我はよきとしりても、又いひこなしてとる事」＊仮名草子・為愚痴物語（1662）二・一四「われ此おもむきを有のままにいひぬ。彼人是をすこしもうけず、かくいひこなして、ほり出しにもせんため成と、かへってわれをうたがひ」発音イーコナス〈標ア〉ナ

いい-こみ【言込】〘名〙申し込むこと。＊洒落本・当世気どり草（1773）「神無月になるやいな所々方々から桟敷の云こみ前後をきそふ」＊滑稽本・八笑人（1820-49）四・下「もうどこからの言込（イヒコミ）でも、暑中即席恋事相休申候。新入りはお断わりだ」＊西洋道中膝栗毛（1870-76）〈仮名垣魯文〉二・上「前に英人支那人より触達（イイコミ）ありしと見へて、日本人の一群を広間ともおぼしき座敷に案内して請ずるに」発音イーコミ〈標ア〉０

いい-こ・む【言込】〘他マ五（四）〙言い入れる。申し込む。頼み込む。＊浄瑠璃・心中宵庚申（1722）中「親仁殿にいひ込で今日からでも我ら請込む」＊滑稽本・八笑人（1820-49）三・追加・下「われが見せずは、左次郎さんに言込（イヒコン）で見せて貰うは」＊雪中梅（1886）〈末広鉄腸〉下・五「藤井まで内々に縁談を言ひ込んでくれたが」発音イーコム〈標ア〉コ

いい-ごめ【飯米】〘名〙飯に炊く米。はんまい。＊仮名草子・仁勢物語（1639-40頃）上・二三「年頃経る程に、女、親無く頼り無くなるままに、諸共（もろとも）にいひ米なくて有らんやはとて」発音イーゴメ〈標ア〉０

いい-こ・める【言込・言籠】〘他マ下一〙図いひこ・む〘他マ下二〙①中に含み入れて表現する。＊大学垂加先生講義（1679）「人・物共に云こめて、万物一源の上で云へば唯一理也」②理屈や弁舌で人をやりこめる。議論して相手の口を封じる。言い伏せる。＊浮世草子・新竹斎（1687）五・一「筍斎はうそつきの名を広取て、世の笑物になれど自然の才覚も有て人にいひこめらるる事なし」＊雑俳・太箸集（1835-39）「五六人が口を揃へ下女いひ込めて仕廻也」＊人情本・春色梅美婦禰（1841-42頃）二・八回「妹のお前でさへも、その通り馬鹿にして言込（イヒコメ）るものヲ」＊青春（1905-06）〈小栗風葉〉春・四「だって兄さんは悉皆（すっかり）関さんに言込められて了ったぢゃ有りませんか」発音イーコメル〈標ア〉メ〈京ア〉０ 辞書文明・〈ボン〉・言海 表記言籠（へ・言）云籠（文）

いい-こら・す【言懲】〘他サ四〙言い聞かせて非を悟らせ、再びしないようにする。叱って懲りさせる。＊狐の裁判（1884）〈井上勤訳〉三「斯る所業は何事ぞやと、懲戒（イヒコラ）されて」発音イーコラス〈標ア〉ラ

いい-ごり【飯行李】〘名〙竹などで編んでつくった飯入れ。＊鷺伝右衛門本狂言・苞山伏（室町末-近世初）「其飯行李（いいごり）をこれへ下されい」

イーゴリぐんき【イーゴリ軍記】（原題 ロシ Slovo o polku Igorjevje ）中世ロシア文学の代表作。作者不明。一二世紀末の成立。一一八五年春にノブゴロド・セーベルスキー公イーゴリが東方遊牧民に試みた遠征の史実を骨子として作られた叙事詩的な文学。イゴリ遠征物語。発音〈標ア〉グ

いい-ころ【好頃・良頃】〘副〙程よく。＊人情本・春色辰巳園（1833-35）初・三回「いいころお客の機嫌を取に、つらいくやしい目をするも」方言❶適当な程度。程よく。愛知県豊橋054 ❷かなりの程度。ずいぶん。大分県南海部郡939

いいころ-かげん【好頃加減】〘連語〙「いいかげん（好加減）」に同じ。＊あにいもうと（1934）〈室生犀星〉「ちゃうどいい頃加減の小畑とくらべるとも足りないと云ひ」方言長野県上伊那郡488

いい-ころ・す【言殺】〘他サ四〙「いいすごす（言過）」に同じか。＊相如集（995頃）「魂もなくなるまでにひとめわがいひころしてし人はいけるか」＊随筆・松屋筆記（1818-45頃）七・二九「相如家集に〈略〉とよめり。此いひころしといふ詞は源氏物語のいひそしといへる語にかよひてきこゆ」

いい-ごん【遺言】〘名〙（「ゆいごん（遺言）」の変化した語）死後に言い残すこと。また、そのことば。いげん。→遺言（いげん）①。＊申楽談儀（1430）別本聞書「元清には舞ふべき由、いひごんせられしによって」＊滑稽本・浮世床（1813-23）初・上「今（いまっ）から遺言（イイゴン）にして置（おか）ア」＊人情本・英対暖語（1838）初・一回「死だ母人（おっかあ）に遺言（イイゴン）をされたから」発音イーゴン〈標ア〉０

いいざか-おんせん【飯坂温泉】福島市飯坂にある温泉。阿武隈川支流の摺上（すりかみ）川右岸にある。古くから開け、「奥の細道」で芭蕉が泊まったのは今の鯖湖湯（さばこゆ）付近であったといわれる。泉質は芒硝（ぼうしょう）泉・単純泉。神経痛、リウマチ、外傷にきく。奥州三名湯の一つ。発音イーザカオンセン〈標ア〉オ

いい-さが・す【言―】〘他サ四〙（「さがす」は接尾語）言いまくる。さんざん悪く言う。＊浄瑠璃・信州川中島合戦（1721）一「衛門（ゑもん）の姫とのうき恋路、義清にいひさがされ」＊浄瑠璃・北条時頼記（1726）三「なさぬ中との入ずみを他人が入れていひさがす」＊談義本・銭湯新話（1754）二・摂津国有馬妬湯の話「此やうな徒（いたづら）めされたと傍から悪く云さかすを、楽（たのしみ）とせし曲者なり」方言言い広める。言いふらす。徳島県811 香川県826 827

いい-さ・く【言放】〘他カ下二〙悪口を言って、仲たがいさせる。不和になるような悪口を言う。中傷や讒言（ざんげん）をする。＊清原国賢書写本荘子抄（1530）一〇「折交し人の知音の中を云いさけ、親しき間をはなれしむるを云」＊日葡辞書（1603-04）「ヒトノナカヲ iysacuru（イイサクル）」＊随筆・胆大小心録（1808）一三三「和田・三浦等の人々も、さまざまいひさけられて、北条がために、是等もほろびにけり」辞書日葡

いい-さ・げる【言下】〘他ガ下一〙図いひさ・ぐ〘他ガ下二〙悪く言う。侮辱する。＊羅葡日辞書（1595）「Eleuo〈訳〉ことばで小さくし悪評する。イイヘラス、iysaguru（イイサグル）」＊浄瑠璃・夕霧阿波鳴渡（1712頃）中「恥（はぢ）をかき、いひさげられてもそなたを抱（だ）くが嬉しい」発音イーサゲル〈標ア〉ゲ

いい-ささめ・く【言―】〘他カ四〙こっそり相談する。小声でしめし合わせる。ひそかに口約束する。＊狭衣物語（1069-77頃か）三「かかる物まなびなせそとのみ、かたみにいひささめけど」＊有明の別（12C後）二「頭の中将、つかさの物どもいひささめきあはせて、この十日のほどにと、きこえさだめつ」

いい-さざめ・く【言―】〘他カ四〙言い騒ぐ。言いそそめく。＊栄花（1028-92頃）浦々の別「かくて祭果てぬれば、世の中にいひさざめきつる事共の、あるべきさまに人々いひ定めて」

いい-ささやめ・く【言―】〘他カ四〙「いいさやめく」に同じ。＊読本・春雨物語（1808）宮木が塚「河守の此在（あり）さまに、心劣りせられて、宮木がかたちよし、ねたしなど言ささやめく中に」

いい-さ・す【言止】〘他サ五（四）〙言いかけてやめる。話を中途で切る。＊伊勢物語（10C前）八六「若き男、若き女を相言へりけり、おのおの親ありければ、つつみて、いひさして、やみにけり」＊源氏（1001-14頃）早蕨「つきせぬ御物語なども、今日は、言忌みすべくやなど、いひさしつつ」＊浄瑠璃・近江源氏先陣館（1769）六「よきにとばかり跡いひさし」発音イーサス〈標ア〉サ〈京ア〉０ 辞書〈ボン〉・言海 表記言差（へ）

いい-さず・く【言授】〘他カ下二〙①前もって言って約束する。＊新撰字鏡（898-901頃）「約束 云佐豆久」②言い聞かせておく。＊名語記（1275）五「諸事をくはしくいひさづくる心なるべし」辞書字鏡 表記約束（字）

いい-さた【言沙汰】〘名〙（「いいざた」とも）

話し合うこと。相談。また、うわさをすること。世上の評判。＊宇治拾遺(1221頃)一・三「何をか取るべきと、おのおのいひさたするに」＊太平記(14C後)三八・太元軍事「上将軍伯顔丞相・呂文煥(りょぶんくゎん)等が事を、都にいかが云沙汰するとぞ伺ひ聞かせける」 発音 イーサタ〈標ア〉[0]

いい-さだ・む【言定】『他マ下二』ことばで約束する。口約束する。話し合いをつける。＊今昔(1120頃か)二八・二一「然れば云定めし様に、速にやがて酒・肴・菓子(くだもの)取に遣て、其の事可贖(あかふべ)し」＊徒然草(1331頃)一一五「『ここにて対面し奉らば、道場をけがし侍るべし。前の河原へ参り合はん。〈略〉』といひ定て、二人河原へ出で合ひて」＊寛永刊本蒙求抄(1529頃)三「いくかの日と云定たぞ」 発音 イーサダム〈標ア〉[ダ] 辞書 文明・日葡 表記 云定(文)

いい-さと・す【言論】『他サ五(四)』道理を述べて言いきかせる。＊古道大意(1813)下「家の大きい所を言論(イヒサト)すのは、此の天地の大きく奇く、其を御造あそばすほどの神ぢゃものをと云って」＊夜明け前(1932–35)〈島崎藤村〉第二部・下・一〇・三「大使帰朝の後を待てと言ひさとした」 発音 イーサトス〈標ア〉[ト]

いい-さば・く【言捌】『他カ四』不明もしくは難解な箇所をはっきり説明する。＊和英語林集成(再版)(1872)「Iisabaki, ku, ita イヒサバク 言捌」 発音 イーサバク〈標ア〉[バ] 辞書 ヘボン 表記 言捌(へ)

いい-さま【言様】『副』(「いいざま」とも) 言うと同時に。言うやいなや。＊天草本伊曾保(1593)イソポの生涯の事「『ワガ フクチュウヲ ヒルガエイテ ヲメニ カキョウ』ト iysamani (イイサマニ)、ナマヌルイ ユヲ イッパイ〈略〉ノミ」＊滑稽本・八笑人(1820–49)初・二「『助太刀申す』と、いひさま両人一度に氷のごときだんびらを真向(まっかふ)にかざし」＊浮雲(1887–89)〈二葉亭四迷〉二・七「『畜生』と言ひざま拳(こぶし)を振挙げて我と我を威(おど)して見たが」 発音 イーサマ〈標ア〉[0]

いい-ざま【好様】『連語』(形動)(「いい」は反語的表現) 悪い様子、かっこうであるさま。人をののしる時にいう。＊坑夫(1908)〈夏目漱石〉「面(つら)あ見ろ。いい様(ザマ)だ」 発音 イーザマ〈標ア〉[イ]=[マ]

いい-ざま【言様】『名』もの言う様子。話し方。話しぶり。言いよう。＊文明本節用集(室町中)「云様 イイサマ」＊俳諧・古学截断字論(1834)上「一向にてにをはの事は、しらぬいひざまなり」＊おとづれ(1897)〈国木田独歩〉下「貴嬢(きみ)に向ってかかる物の言ひざまし玉ふも少も怪まざりき」 発音 イーザマ〈標ア〉[0] 辞書 文明・ヘボン・言海 表記 言様(へ・言) 云様(文)

いい-さま・す【言覚】『他サ四』話をして思いとどまらせる。得心させる。＊浮世草子・忘花(1696)三・巴の紋所「庄次郎かたをいひさまし、御身に仲人申べし」＊和英語林集成(再版)(1872)「Iisamashi, su, ta イヒサマス 言冷」 発音 イーサマス〈標ア〉[マ] 辞書 ヘボン 表記 言冷(へ)

いい-さまた・げる【言妨】『他ガ下一』[文]いひさまた・ぐ『他ガ下二』口出ししてじゃまをする。差し出口をする。＊蜻蛉(974頃)中・天禄二年「いみじうくやしう、人にいひさまたげられて、今までかかる里住みをして、またかかる目をみつるかな」＊源氏(1001–14頃)手習「かの尼君おはしなば、かならずいひさまたげてんといとくちをしくて」＊寛永刊本蒙求抄(1529頃)二「害は殺すではない。其の意見を云さまたげてそこなうぞ」 発音 イーサマタゲル〈標ア〉[ゲ] 辞書 ヘボン 表記 言妨(へ)

いい-さやめ・く【言―】『他カ四』言い騒ぐ。言いさざめく。＊読本・春雨物語(1808)二世の縁「『扨も仏因のまのあたりにしるし見ぬは』とて、一里又隣の里々にもいひさやめくほどに」

いい-さ・る【言去】『自ラ五(四)』言いにくいことなどについて、はっきりと言う。言い切る。＊三重襷(1899)〈永井荷風〉上「殊更元気付いた語調で、何気なしに云ひ去った」 発音 イーサル〈標ア〉[サ]

いい-さわが・す【言騒】『他サ四』言って騒がす。言ってせきたてる。言って促す。＊源氏(1001–14頃)浮舟「なほとくとく参りなむと、いひさわかして、この侍従を率て参る」

いい-さわ・ぐ【言騒】『自ガ五(四)』(古くは「いいさわく」) あれこれ言って騒ぐ。いろいろと騒がしく言う。なにやかやとうるさく言いたてる。＊伊勢物語(10C前)一三五「むかしをとこすずろなる所に行きて、夜あけてかへるに、人々いひさわきければ」＊源氏(1001–14頃)夕顔「人にいひさわかれ侍らんがいみじきことといひて、泣きまどひて」＊有明の別(12C後)一「みたてなく、みまうくのみおほしたりと、よ人さへいひさはくあたりなれば」 発音 イーサワグ〈標ア〉[ワ]

いいし【啞】『名』(「し」は「しい(癡)」の変化した語) ことばを話せない人。＊浜荻(久留米)(1840–52頃)「いいし 不ㇾ能ㇾ言人也。をし瘂也、瘖也」 方言 筑後1039 福岡県久留米市・三井郡872 佐賀県887 三養基郡894 藤津郡895 長崎県899 902 905 大分県941

いいし【飯石】島根県の東南部の郡。三刀屋(みとや)川・神戸(かんど)川流域の山間地。＊出雲風土記(733)飯石郡「飯石の郡 合せて郷七なり〈里一十九〉」＊二十巻本和名抄(934頃)五「出雲国〈略〉飯石〈伊比之〉」 辞書 和名・色葉・易林 表記 飯石(和・色・易)

イー-シー【EC】(英 European Community の略)「ヨーロッパきょうどうたい(―共同体)」に同じ。

いい-し・い【言―】『形口』言いたい。＊狂言記・八句連歌(1660)「字さへあまりて大事ござらずは、御めんの字は百も二百もいひしいところでござる」 発音〈標ア〉[シ]

イージー(英 easy) 一『形動』①たやすいさま。気楽であるさま。＊藪の鶯(1888)〈三宅花圃〉四「昨日ブラザアに下読をしてもらったから頗(すこぶる)イージーだったぜ」②「イージーゴーイング」に同じ。＊自由学校(1950)〈獅子文六〉鮎料理「今日は、大いに、ご馳走さしてやりましょう。茂木は、目下、非常にイージーに、富を獲(え)ているのですから」 二『感動』漕艇で、「漕ぎ方やめ」の号令。イージーオーア。 発音〈標ア〉一は[イ]〈京ア〉一は[イ]

イー-シー-エス-シー【ECSC】(英 European Coal and Steel Community の略)「ヨーロッパせきたんてっこうきょうどうたい(―石炭鉄鋼共同体)」に同じ。 発音〈標ア〉[シ]²

イージー-オーダー『名』(洋語 easy order「簡易なあつらえ」の意) 洋服の仕立て方の一つで、きめられたいくつかの型をもとに、細部だけを客の寸法に合わせて仕上げる方法。 発音〈標ア〉[オ]〈京ア〉[オ]

イージー-ケア『名』(英 easy-care)(手間のかからない意から) 洗ったあと、アイロンをかけるなどの手間が必要のない繊維、衣料品。ウォッシュアンドウエア。 発音〈標ア〉[ケ]

イージー-ゴーイング『形動』(英 easygoing) 物事を行なうのに、深い配慮や大した努力をしないでするさま。仕事に対する態度が安易でなげやりなさま。イージー。＊改訂増補や、此は便利だ(1918)〈下中芳岳〉五・三「イージー・ゴーイング Easy going 楽天的に呑気に生活する態度を嘲っていふ」＊竹沢先生と云ふ人(1924–25)〈長与善郎〉前・竹沢先生の顔・二「早くもいい加減な小成にをさまりかへる、一言にして云へば余りにもイージーゴーイングな不真面目な傾向」＊古川ロッパ日記-昭和一二年(1937)五月二七日「又イージゴーイングに書きなぐったなと思ひつつ読んでみると、何うして面白い」＊中野重治論-息子の拒否権(1947)〈荒正人〉「固定した古めかしい枠を借りて観察し解釈して事足れりとするイージーゴーイングの態度」 発音〈標ア〉[ゴ]〈京ア〉[ゴ]

イージー-コート『名』(洋語 easy coat) 軽快な感じで、替え上着など、気軽に着られる略式のコート。 発音〈標ア〉[コ]

イージー-チェア『名』(英 easy chair) スプリングのはいった大型のひじ掛けいす。安楽いす。＊内地雑居未来之夢(1886)〈坪内逍遙〉一〇「ここは応接の間に建做たるにや〈略〉安楽椅子(イージチェヤア)五つ六つ七つ置添たり」＊女子参政蜃中楼(1889)〈広津柳浪〉三「三女は軈(やが)て安楽椅子(イージーチェイア)に倚(よ)りつつ、〈略〉少時(しばし)は気息を休むるなるべし」＊思出の記(1900–01)〈徳富蘆花〉三・一二「伯父は椽の安楽椅子(イイジイチェア)に腰かけて」 発音〈標ア〉[チェ]

イージー-ペイメント『名』(英 easy payment「楽な支払い方」の意) 月賦などによる、代金の分割払い。＊音引正解近代新用語辞典(1928)〈竹野長次・田中信澄〉「イージー、ペイメント Easy payment 英 軽便支払とでも訳す可きで、月賦払、年賦払ひ等を総称して云ふ」 発音〈標ア〉[ペ]〈京ア〉[ペ]

イージー-リスニング『名』(アメリカ easy listening music から) 気楽にきける軽音楽の総称。ムード音楽。 発音〈標ア〉[リ]

いい-しお【言潮】『名』(「しお」は頃合の意) 言う時期。＊雑俳・柳多留-五二(1811)「言いしほが悪く女房に聞干され」

いい-しお・る【言責】『他ラ四』言っていじめる。一説に、「言ひ萎(しほ)る」で、言ってがっかりさせる。＊源氏(1001–14頃)乙女「くれなゐの涙に深き袖の色を浅緑とやいひしほるべき」

いい-しず・める【言鎮】『他マ下一』[文]いひしづ・む『他マ下二』言いなだめて落ち着かせる。言って静かにさせる。言いこめて黙らせる。＊落窪(10C後)四「あなかしがまし。いたくないひしづめそ」 辞書 ヘボン 表記 言鎮(へ)

いいし-ぜみ【啞蟬】『名』蟬の雌。鳴かない蟬。＊重訂本草綱目啓蒙(1847)三七・化生「雌蟬は鳴ず故に啞蟬と云 いいしぜみ 筑後方言啞をいいしと云」 発音 イーシゼミ〈標ア〉[シ]

いい-したた・む【言認】『他マ下二』手落ちのないように細かいところまで言っておく。話して取り計らう。＊源氏(1001–14頃)浮舟「かの人の、あるべきさまにいひしたためて、少し心安かるべき方に思ひ定まりぬるなめり」 発音 イーシタタム〈標ア〉[タ]²

いい-したみ【飯箄】『名』飯を蒸す時、甑(こしき)の底に敷く竹製のかご。＊十巻本和名抄(934頃)四「箄 四声字苑云箄〈博継反 漢語抄云飯箄 以比之太美〉蔽甑底竹筐也」＊色葉字類抄(1177–81)「箄 イヒシタミ、飯箄 イヒカキ」 語源説 イヒは飯、シタミは水気を切る意のシタムから〔名言通・日本語源=賀茂百樹〕。 発音 イーシタミ〈ア史〉平安○○○●○〈京ア〉[シ] 辞書 和名・色葉・名義 表記 箄(和・色・名) 飯箄・箄(名)

いい-しな【言―】『名』(「しな」は接尾語) 言う、その時。言う場合。言うおり。＊浄瑠璃・苅萱桑門筑紫𨏍(1735)四「お前の様な女房を持ったなら戴いてゐる合点、何と談合なされぬかと、言ひしなづっと立寄って後より抱き締め」 発音 イーシナ〈標ア〉[0]

いい-しな【言品】『名』(「いいじな」とも) 言い方。言い様。＊咄本・鹿野武左衛門口伝はなし(1683)下「さればものにはいいやう、いひじなにて」＊俳諧・誹諧三十棒(1771)「いかに俳かいなればとて、いひやういひ品もありさうなもの」

いい-じに【言死】『名』言いながら死ぬこと。死ぬまで言い続けること。＊浄瑠璃・双蝶蝶曲輪日記(1749)四「死病は苦にもせず、其方(そなた)が事ばっかりを言死(イヒジニ)にさしやった」＊歌舞伎・千代始音頭瀬渡（1785）序幕「手習ひ学問精出さっしゃれと言ひ死にしたも構はずに」＊浮雲（1887-89）〈二葉亭四迷〉一・二「遂に文三の事を言ひ死（ジニ）に果敢（はか）なく成て仕舞ふ」 発音イージニ 〈標ア〉0

いい-しぶ・る【言渋】〘他ラ五（四）〙すらすら言うのをためらう。はっきり言うことをいやがる。言いよどむ。＊細君（1889）〈坪内逍遙〉四「悪びれまじと思ひながら云ひ渋り云ひ淀み」＊こゝろ（1914）〈夏目漱石〉上・一九「奥さんは云（イ）ひ渋（シブ）って膝の上に置いた自分の手を眺めてゐた」 発音イーシブル 〈標ア〉ブ 〈京ア〉0

いい-しま【言―】〘名〙（「しま」は、接尾語）言うと同時。また、副詞的に用いて、言いながら。＊咄本・吟咄川（1773）おなら「『下へおりな』といひしま、ぶいといふ」

いいじま【飯島】姓氏の一つ。 発音イージマ 〈標ア〉0

いいじま-いさお【飯島魁】動物学者。東京帝国大学教授。寄生虫、鳥類、海綿類を研究、日本における近代動物学の建設に大きく寄与した。著「動物学提要」など。文久元～大正一〇年（一八六一～一九二一）

いい-じまい【言仕舞】〘名〙その言葉を最後にして言うのをやめること。＊浮世草子・傾城禁短気（1711）一・一「是をいひ仕舞（ジマヒ）にして隠居へかへられ」 発音イージマイ 〈標ア〉0

いい-じゃ【言―】〘名〙「いいじょう（言条）①」に同じ。＊洒落本・粋好伝夢枕（1829）「娼子（げいこ）さんの言（イ）いじゃを聞ば、今は結句若ひお子がよふ転んでじゃ」

いい-じゅうぎょう【異位重行】〘名〙即位式、元旦拝賀など朝廷の公事、節会（せちえ）の儀式の時、親王、公卿（くぎょう）の朝堂の庭上での並び方。位階の順に従って高位の者より順に前から後ろに並び、同位の者はそれぞれ横に一列に並んだ。＊内裏式（833）会「親王以下五位以上東西分頭立二庭中一去レ版南一許丈異位重行」＊九暦‐九暦抄・天暦三年（949）五月一日「仍庭立奏後拝舞、須准給馬、同例立一列、而異位重行是失也」

いい-じょ【言条】〘名〙（「いいじょう」の変化した語）「いいじょう（言条）①」に同じ。＊浄瑠璃・今宮心中（1711頃）上「それは我まま、親のいひじょをそむくか」＊浄瑠璃・七小町（1727）二「御意見を袖にして、お前のいひじょに随（したが）はば」

いい-じょう【言条・言状】〘名〙①言うべき事柄の箇条。主張したい事柄。言い分。いいじょ。＊歌舞伎・四天王楓江戸粧（1804）二番目「それでお前の云（イ）ひ条（デウ）は立つから」＊人情本・英対暖語（1838）二・一〇章「サアと言（いっ）た節（とき）何所迄も言情（イヒジャウ）を立通す心かへ」＊浮雲（1887-89）〈二葉亭四迷〉二・一一「成らう事なら叔母の言状（イヒジャウ）を立てて」＊南小泉村（1907-09）〈真山青果〉一「見す見す狡い言条（イヒデウ）を通してやる事になる」②（「いうじょう（言定）」の影響による用法か。助詞「と」で上の句を受けて、下の句に対して連用修飾の働きをする）そうは言っても。…とは言うものの。＊恋慕ながし（1898）〈小栗風葉〉二五「自分の不心得からとは言（イ）ひ雖（ジャウ）、恁（か）ういふ身の上に成ったに就いては、色々愁（つら）い悲い訳もありますので」＊永日小品（1909）〈夏目漱石〉モナリサ「調べものとは云（イ）ひ条（デウ）、半分は写しものである」＊日本橋（1914）〈泉鏡花〉四六「芸者と一概に口では云ひ条（デウ）、貴女は、それこそ歴乎（れっき）とした奥方様も同じ事」＊夜明け前（1932-35）〈島崎藤村〉第二部・下・終・二「座敷牢とは言ひでう、一面にはそれは病室に相違ないから」 発音イージョー 〈標ア〉0 〈京ア〉1

いい-しらけ【言白】〘名〙（「いいじらけ」とも）①話の興がさめること。言い過ぎて座を白けさせること。＊茶屋諸分調方記（1693）一四「口上ばりなお山めはおめずおくせず。いいじらけにゆふてゆふていいちらかして。おとこをこそぐったりつめったり」＊人情本・春色梅児誉美（1832-33）三・一四齣「藤兵衛がいつも長柄の橋柱、くちても残る恋の意地、言（イヒ）しらけして、無理のみに酔て倒れし転寝（うたたね）の、ひぢ枕せしかたはらに」＊闇桜（1892）〈樋口一葉〉上「最早（もう）来玉ふな。何しに来んお前様こそのいひじらけに、見合さぬ顔も僅か二日目」②言い負けること。言い争って旗色が悪くなること。＊浄瑠璃・大塔宮曦鎧（1723）三「云ひかかっては、言ひじらけに済まさぬ女」＊歌舞伎・音聞浅間幻燈画（1888）五幕「『内から頼みに行ったと見え、きゃつがのこのこやって来て、どういふ筋と聞いて見ると』『元よりこっちが悪筋故、云ひじらけにして帰って来た』」③話をやめる機会をとらえて、うまく打ち切ること。＊浮世草子・男色大鑑（1687）八・五「此里は折ふし飛子（とびこ）もありと是を云（イヒ）しらけに立帰るに」＊浮世草子・御伽名代紙衣（1738）五・四「強（しひ）ていはば腹をも立てさうな気色なれば、いひしらけにして源六は木辻へ立帰り」 発音イーシラケ 〈標ア〉0

いい-しらげ【飯精】〘名〙米をついて白くすること。白米にすること。＊元和本下学集（1617）「飯穀 イイシラゲ 米一斗舂（うすついて）為二八升一等也」 辞書下学 表記飯穀（下）

いい-しら・ける【言白】〘自カ下一〙文いひしら・く〘自カ下二〙（「いいじらける」とも）①話の興がさめる。話が打ち解けない。言ったために白けた気持になる。言い過ぎて座が白ける。＊浄瑠璃・大職冠（1711頃）三「こらへてもこらへられず、云へば云ふほどいひじらけ」＊浄瑠璃・応神天皇八白旗（1734）三「思ひ切っては中々に、涙一粒滴さばこそ、親も夫も生中（なまなか）に、云白（イヒシラ）けてぞ見えにける」②言い負ける。言い争って旗色が悪くなる。＊浄瑠璃・聖徳太子絵伝記（1717）三「とくとく首をはねられよと、敵の詞になびかぬすすき穂に顕れし思ひ切、高慢第一の守屋の臣、いひしらけてぞ見へにける」③いい折をみて話を打ち切る。＊浄瑠璃・傾城反魂香（1708頃）中「笑ひをしほにいひじらけ、先を払ひて立かへる」 発音イーシラケル 〈標ア〉ケ

いいしら-ず【言不知】〘連語〙（動詞「いいしる（言知）」の未然形に打消の助動詞「ず」の付いたもの）言いようもない。なんとも形容できない。名状しがたい。善悪、好悪、貴賤などの両極にいう。＊古今（905-914）雑体・一〇六〇「そゑにとてとすればかかりかくすればあないひしらずあふさきるさに〈よみ人しらず〉」＊宇津保（970-999頃）吹上上「きのまつりごと人、かんなびのたねまつと申す、いひしらぬたからの王侍り」＊源氏（1001-14頃）末摘花「白き衣（きぬ）のいひしらず煤（すす）けたるに」＊今鏡（1170）七・紫のゆかり「大方いひしらぬ悪馬になん侍りければ」 発音イーシラズ 〈標ア〉シ 辞書書言 表記不二謂知一（書）

いい-しら・せる【言知】〘他サ下一〙文いひしら・す〘他サ下二〙言って知らせる。話して聞かせる。告げる。＊土左（935頃）承平四年一二月二〇日「ことのこころを男文字に様をかきいだして、ここのことば伝へたる人にいひしらせければ、こころをや聞きえたりけん」＊源氏（1001-14頃）帚木「はづかしげに静まりたれば、うち出でにくし。されど、いとよくいひしらせ給ふ」 発音イーシラセル 〈標ア〉セ

いいしら-ない【言不知】〘連語〙「いいしらず（言不知）」に同じ。＊桑の実（1913）〈鈴木三重吉〉一二「今日までの事をそれからそれへと考へ返して、言ひ知らない涙っぽい自分を見守った」 発音イーシラナイ 〈標ア〉ラ

いい-しら・める【言白】〘他マ下一〙言葉でごまかす。口先でまるめこむ。言いくるめる。＊柳屋（1928）〈木下杢太郎〉七「血を乳じゃと言い白めらりょうとも」 発音イーシラメル 〈標ア〉メ

いい-し・る【言知】〘他ラ四〙（多く「ことばをいいしる」の形で）ものの言い方を知っている。口のきき方を心得ている。＊伊勢物語（10C前）一〇七「されど若ければ、文もをさをさしからず、ことばもいひしらず、いはむや歌はよまざりければ」＊年中行事歌合（1366）「詞いひしりてよろしく侍れども」 発音イーシル 〈標ア〉シ

いい-しれず【言不知】〘連語〙（「人しれず」などの言い方に類推して「いいしらず」の変化したものか）言いようもない。なんとも形容しがたい。＊名張少女（1905）〈田山花袋〉二「其旅行の物語が言ひ知れず私の好奇心を惹きますので」 発音イーシレズ 〈標ア〉レ

いい-しれない【言不知】〘連語〙（「いいしれず（言不知）」の「ず」を、「ない」に置き換えたもの）なんとも言いようのない。形容しがたい。＊都会の憂鬱（1923）〈佐藤春夫〉「彼が自分のしてゐることに気がついた時には言ひ知れない馬鹿々々しさと同時に」 発音イーシレナイ 〈標ア〉レ

いい-しれぬ【言不知】〘連語〙ことばでは言えないぐらい。言い知れない。連体詞的に用いる。＊渚（1907）〈国木田独歩〉三「つくづくと眺め入れば入るほど言ひ知れぬ懐しい心持が加はって来る」＊人間失格（1948）〈太宰治〉第一の手記「イヤな事を、イヤと言へず、また、好きな事も、おづおづと盗むやうに、極めてにがく味ひ、さうして言ひ知れぬ恐怖感にもだえるのでした」 発音イーシレヌ 〈標ア〉0

いい-しろ・う【言―】〘自ハ四〙（「しろう」は互いに事をし合う意）①互いに言い合う。あれこれと話し合う。＊源氏（1001-14頃）夕顔「あまえていかに聞えんなどいひしろふべかめれど」＊右京大夫集（13C前）「はたらかで見しかどあまり物さわがしくこそたちたまひにしかなどいひしろひつつ」＊徒然草（1331頃）五四「いたうこそ困（こう）じにたれ。〈略〉験（げん）あらん僧達祈り心みられよなどいひしろひて」②互いに言い争う。口論する。＊能因本枕（10C終）八七・かへるとしの二月廿五日に「物語のよきあしきにくき所などをぞ定め、いひしろい」＊源氏（1001-14頃）夕霧「とかく、いひしろひて、この御文は、ひき隠し給ひつれば」 発音イーシロウ 文イーシローとも 〈標ア〉ロ 辞書〈ボン・言海

い-い・ず【射出】〘他ダ下二〙矢を射出す。的に向けて矢を射る。＊古事記（712）下「爾に軍を興して待ち戦ひて射出（いいづる）矢、葦の如く来り散りき」

いい-す・える【言据】〘自ワ下一〙強く言う。言いつのる。＊詞葉新雅（1792）「イヒスヱル いひそす」 方言❶言い続ける。島根県石見725 ❷相手に答弁をさせず、自分の言うことに従わせる。島根県簸川郡725

いいずか【飯塚】⇩いいづか（飯塚）

いい-すか・す【言賺】〘他サ五（四）〙ことば巧みに相手を説得する。＊新梅ごよみ（1901）〈永井荷風〉七「三二郎は一生懸命に種々とお千代を云賺（イヒスカ）すのである」 発音イースカス 〈標ア〉0 カ

いい-すぎ【言過】〘名〙度を越えて、言うこと。また、そのことば。過言。＊社会百面相（1902）〈内田魯庵〉犬物語「失敬ながら田舎侍の野暮な言過（イヒスギ）だネ」＊暗夜行路（1921-37）〈志賀直哉〉三・一一「『それはさうだ』と信行は自分の云ひ過ぎを取消すやうに二三度点頭（うなづ）いてゐた」 発音イースギ 〈標ア〉0 〈京ア〉0

いい-す・ぎる【言過】〘他ガ上一〙文いひす・ぐ〘他ガ上二〙度を越えて言う。言い過ごす。言い過ぐす。＊真景累ケ淵（1869頃）〈三遊亭円朝〉五五「思はず言過ぎて何（ど）うも悪いことを申しまして」＊思出の記

(1900–01)〈徳富蘆花〉二・九「言った下からああ言ひ過ぎた、とは思ったが」 発音 イースギル〈標ア〉ギ〈京ア〉0 辞書〈ボン・言海〉 表記 言過（へ・言）

いい-す・く【飯━】『他カ四』（「すく」は、物を食べのみ込むの意）飯をのみ込む。飯を食べる。＊書紀(720)皇極四年六月(岩崎本訓)「子麻呂等、水を以て送飯(イヒスク)」 補注「享和本新撰字鏡」に「糗 糒 糁 糌 四形同伊比須久」とあるのは、こなかきのこと。

いい-ずく【言尽】『名』（「ずく」は接尾語）①互いに言いたい放題に言い合うこと。理屈を主張して言い争うこと。＊俳諧・誹讔三十棒(1771)「利屈につまった所は聞ぬふりさ申さば小細(ささい)の事、いひづくにするほどのことではなし」＊雑俳・柳多留‐五七(1811)「言づくに成(なる)と紫ほととぎす」＊伊蘇普物語(1873)〈渡部温訳〉三・五「汝輩(おまへたち)が吾(わし)を養ふ事に労(かかっ)たとおいひなら、吾も亦汝輩の食物拵へにばかり暇を費したといひます。マアいひづくにすると其様(そん)なものだから」②ものの言い方。理屈の述べ方。 発音 イーズク〈標ア〉0ク

いいずく『名』方言 植物。❶うりはだかえで(瓜膚楓)。福島県会津・双葉郡003 栃木県日光市003 新潟県東蒲原郡・南蒲原郡003 ◇いいえずく 茨城県久慈郡003 ◇いいつが 栃木県日光市032 ❷えごのき。伊豆大島†072

いい-すぐし【言過】『名』「いいすごし(言過)」に同じ。＊能因本枕(10C終)三二一・物くらうなりて「この草子〈略〉つれづれなる里居のほど書き集めたるに、あいなく、人のため便なきいひすぐしなどしつべき所々あれば」＊紫式部日記(1010頃か)消息文「艶なることどもをつくさん中に、なにの奥(あう)なきいひすぐしをかはし侍らん」

いい-すぐ・す【言過】『他サ四』「いいすごす(言過)」に同じ。＊堤中納言(11C中‐13C頃)逢坂越えぬ権中納言「さりとも負け給はじとあるぞたのもしき。いつの間に思ひよりける事にか、いひすぐすべくもあらず」 辞書 言海 表記 言過(言)

いい-すく・める【言竦】『他マ下一』文いひすく・む『他マ下二』言葉でやりこめる。弁舌で自分の考えに同意させる。抵抗ができないように言い負かす。＊文明本節用集(室町中)「云舳 イイスクムル」＊浮世草子・世間胸算用(1692)四・一「人にすぐれて口拍子よく、何人出ても云すくめられ、後には相手になるものなし」＊滑稽本・八笑人(1820‐49)初・二「多勢にいひすくめられ取おさへてうごかさねば」＊歌舞伎・与話情浮名横櫛(切られ与三)(1853)四幕「コレおとみ、わりゃァ遮二無二、兄(あに)さんごかしにいひすくめるが、兄といはれりゃァ親同然」 発音 イースクメル〈標ア〉メ 辞書 文明・ヘボン 表記 云舳(文)

いい-すごし【言過】『名』言い過ごすこと。言い過ぎ。いいすぐし。過言(かごん)。＊両足院本山谷抄(1500頃)四「あるは物をも飽ほどにはくわず、物を云ことも云いすごしの無い様に云ぞ」＊化銀杏(1896)〈泉鏡花〉一〇「お貞はみづから其言過しを恥ぢたる色あり」＊椀久物語(1899)〈幸田露伴〉二「又今更に師匠に対って云ひ過ごしの面伏にもあり、こそこそと退って立って声も小く」 発音 イースゴシ〈標ア〉0〈京ア〉0 辞書 言海 表記 言過(言)

いい-すご・す【言過】『他サ五(四)』程度を越えて言う。言い過ぎる。いいすぐす。＊浜松中納言(11C中)二「むらさきの雲のよそへに、ものあはれなる気色を見て、いひすごしもしつべくおぼえければ」＊日葡辞書(1603‐04)「Iysugoxi, su, oita (イイスゴス)〈訳〉大げさに言う。または、言葉を過ごす」＊評判記・色道大鏡(1678)五「あまり物をしすごしいひすごすな、などといはれて」 発音 イースゴス〈標ア〉ゴ〈京ア〉0 辞書 文明・日葡・言海 表記 云過(文) 言過(言)

いい-すさ・ぶ【言荒・言遊】『自バ上二』①（「すさぶ」はその動作や傾向が進む意）たわむれ半分に言う。冗談を言ってからかう。＊大和(947‐957頃)一七一「あやしきこととかな。誰ときこゆる人の、かかることはしたまふぞなどいひすさびていりぬ」＊大斎院前御集(11C前)「とびかよふ草のほたるはいとどしくこの川べにやひかりますらんなどいひすさぶるをきこしめして」②（「すさぶ」は自分の好きなようにふるまうの意）語り興じる。話が進む。＊平中(965頃)二九「集まりて、いひすさびて、夜あけにければ、帰りにけり」③夢中になって言い寄る。熱心に思いを告げて近づく。＊平中(965頃)四「この同じ男、この二年ばかり、ものいひすさぶる人ぞ、ありける」＊平中(965頃)一三「このをとこ、いひすさびにけるに」 補注「源氏‐竹河」には「さらば、袖ふれて見給へなどいひすさぶに」のように四段活用と見られる例があり、「いひすさび」の形は上二段、四段に共通だから、両活用の間で揺れていたのかもしれない。 発音 イースサブ〈標ア〉サ

いい-すさ・む【言荒・言遊】『自マ四』「いいすさぶ(言荒・言遊)」に同じ。＊源氏(1001‐14頃)手習「何か、をちなる里も、試み侍ればなどいひすさみて」＊浚明本とりかへばや(12C後)一「これやかたきのすり衣なりけるなど、そこはかとなくいひすさむけはひの、ちかまさりはたなつかしう、いみじくあいぎゃうづきたるを」

いい-ずし【飯鮨・飯鮓】『名』①押し鮨の一種。飯の上にハモ、マツタケ、タケノコなどをのせたもの。京都六条、奈良などの名物。月夜。＊俳諧・毛吹草(1638)二「四月〈略〉飯鮓 すしと斗も」＊雍州府志(1684)六「飯鮓 六条人家製レ之、精飯長三寸許、四囲寸許物相盛レ之、貼二乾魚皮一片一、堅密圧レ之、而出レ之、再盛レ桶以二別飯一鮓二蔵之一、然以レ石圧レ之、是謂二飯鮓一」＊俳諧・本朝文選(1706)六・銘類・飯鮓銘〈吾仲〉「飯鮓(イヰズシ)は、いづれの時よりかもてはやしけむ。此六条の銘物にはいへりけり」＊俳諧・五元集(1747)元・夏「飯鮓の鱧なつかしき都かな」②飯に魚、ときに野菜や麹などを混ぜて漬けこみ、発酵させて作る鮨。いずし。 語誌 元来「すし」とは魚介類を塩漬けにして自然発酵させたものであったが、発酵を早めるために飯を加えるようになった。そして、その飯の方もいっしょに食べるようになり、現在の「すし」へと移行するが、「いずし①」は、挙例の「雍州府志」の記述のように、魚よりは飯が主体の、現在の箱ずしやこけらずしなどに近いものであったと思われる。その色の白さから「月夜」とも呼ばれた。「本朝文選‐飯鮨銘」によれば、鱧の皮とともに卵焼きも使われていたようで、時代や地域により材料や製法にも違いがあり、どのようなものであったか正確にはわからない。 発音 イーズシ〈標ア〉イ 辞書 言海 表記 飯鮓(言)

飯　鮨 ①〈人倫訓蒙図彙〉

いい-すす・む【言進】『他マ下二』①意見を申し上げる。進言する。献言する。＊古事記(712)上(延佳本訓)「『此の鳥は其の鳴く音(ね)甚だ悪しき故に射殺すべし』、と云進(イヒススム)」＊とりかへばや(12C後)上「時々はいひすすめて、われは知らずがほにて」＊愚管抄(1220)六・後鳥羽「かやうの事を浄土寺の二位もとがめて、梶井の宮にささやきつつ、通親をも言ひすすむるなりけり」②話を進める。ある話題にまで話が進んでいく。言及する。＊稲熱病(1939)〈岩倉政治〉七「だからこそ、補助金交付の交渉ぐらゐを捉へて、政治にまで云ひ進んでゐるのだらうと野木は察した」 発音 イーススム〈標ア〉ス2

イースター『名』(英 Easter)復活祭のこと。キリストの復活を祝うキリスト教の祭り。《季・春》＊倫敦消息(1901)〈夏目漱石〉一「此前の金曜日が『グード・フライデー』で『イースター』の御祭の初日だ」＊紐育(1914)〈原田棟一郎〉二二「毎年の復活祭(イースター)は春服著更(はるふくきか)への時季で」 発音〈標ア〉イ〈京ア〉1/ス

イースター-とう【━島】(イースターは英 Easter)南太平洋、ポリネシア東端に位置するチリ領の火山島。イースター(復活祭)の日に発見されたのでこの名がある。パースクア島ともいう。独特の石造遺跡、ことに顔を主体にした多数の巨人像(モアイ)が有名。 発音 イースタートー〈標ア〉0

イースタン-グリップ『名』(英 Eastern grip)テニスで、ラケットの握り方の一つ。ラケットの面を地上に直角に立て、斜め上から握る。アメリカ東部で多く用いたところからの名。シェークハンドグリップ。↔ウエスタングリップ。 発音〈標ア〉リ

イースタン-リーグ『名』(洋語 Eastern League)日本のプロ野球のセントラルリーグ、パシフィックリーグの両リーグのうち、関東以北に本拠地をもつチームの二軍で結成するリーグ。↔ウエスタンリーグ。 発音〈標ア〉リ

いい-すて【言捨】『名』（「いいずて」とも）①言ったままで、答えを待たないこと。返事を待たずに、言いっぱなしにすること。＊浮世草子・風流曲三味線(1706)四・一「朝飯(てうはん)楽屋へ差越せと、いひ捨(ステ)にして早身拵へ」＊浮世草子・傾城禁短気(1711)五・四「左吉様、わしが居ぬとてあんまり主に酒(ささ)進ぜて下さんすなといひずてにして行きし跡にて」＊洒落本・客衆一華表(1789‐1801頃)丹波屋之套「『二十八(にそはち)ざんをかけてくんなよ』と廊下をいいずてに来り」②(━する)俳諧用語。詠んだ句を正式に懐紙に記録しないで、即座の興で詠み捨てること。また、その句。おもに中世純正連歌に対して座興として行なわれた俳諧連歌をいう。＊弁内侍(1278頃)建長二年八月十五夜「阿彌陀仏連歌ただ三人せむと仰事あり。いひすてならんこそ念なけれ、少将おぼえよ」＊実隆公記‐文明一七年(1485)一〇月四日「聯句、言捨有レ興」＊虎明本狂言・大黒連歌(室町末‐近世初)「只今はれんがのいひずてをしたと見えたが、急ひでいふてきかせい」＊幸若・夜討曾我(室町末‐近世初)「かりばの庭の云捨はわれらをとふらひ給ふぞや」＊日葡辞書(1603‐04)「Iyzute (イイズテ)〈訳〉即興で詩、もしくは歌に詠ずること。または、他の人が始めた詩の一部をもって、その人の後を続けること」＊俳諧・談林十百韻(1675)下「往昔は一句二句の云捨斗にてやみぬ」③(②が誤用されて)点取り俳諧に対し、点取りをしない俳諧のこと。＊俳諧・信徳十百韻(1675)「書中の奥の彌生つこもり　いひすてもこれのみを待時鳥」＊俳諧・誹諧名目抄(1759)「云捨(いひすて)〈略〉近来点取世にはやりてもてゆくにしたかひて、点をとらぬ会を云捨といふ人あり。点取は晴の会の稽古なる事をしらさる故なり」 発音 イーステ〈標ア〉0〈京ア〉0 辞書 日葡

いいすて-かい【言捨会】『名』点取りをしない俳諧の会。本来、懐紙に記録しないで即座の興を唱和し合う連歌、俳諧の会の意であったはずであるのを誤用したもの。→言い捨て②③。＊俳諧・誹諧名目抄(1759)「竪懐紙の端書に何月何日於何所云捨会なとと書て出すものあり」

いい-す・てる【言捨】『他タ下一』文いひす・つ『他タ下二』①言ったままで反応を待たない。言い放つ。＊源氏(1001‐14頃)藤裏葉「翁、いたうゑひ進みて無礼(むらい)なれば、まかり入りぬと、いひすてて入り給ひぬ」＊天草本平家(1592)一・六「シゲモリ タトイ イカナル ヒガコト イデクル トモ、キミ ヲバ ナニ ト サセラリョウ カト、iy sutete (イイ ステテ)、ツ

イタッテ チュウモン ニ イデテ」＊咄本・蝶夫婦(1777)時代違の長物語「六彌太どの、宜舗お取成頼入といい捨(ステ)て、御前を立」＊箕輪の心中(1911)〈岡本綺堂〉二・二「云ひ捨ててつかつか行かんとす」②何の気なしに言う。不用意に言う。＊山家集(12C後)上「いひすてて後のゆくへを思ひ出でばさて然(さ)は如何に浦島の筥(はこ)」＊金刀比羅本平治(1220頃か)下・常葉六波羅に参る事「いひすつることばまでもかたくなること一(ひとつ)もなし」＊徒然草(1331頃)一四「昔の人は、ただいかにいひすてたることぐさも、皆いみじく聞ゆるにや」③謡曲で、文句のある部分を捨てて発音しない。＊曲附次第(1423頃)「又、すて声とて、云をさめ、又句うつりなどの文字を云すてて、後句へうつる事あり」＊申楽談儀(1430)文字なまり・節なまり「『小野の小町は』の『は』、硬(こわ)き文字也。いひすつべし」④連歌、俳諧で、その場限りで記録しないで詠む。また、中世、連歌が正式に記録されるのに対して、俳諧は座興のものとして詠み捨てられたところから、俳諧を詠むことを表わす。→言い捨て②。＊都路のわかれ(1275)「連哥などいひすてて、夜もすがら遊ぶ」＊連理秘抄(1349)「これらはみな口ずさみのやうにて、ただいひすてたるばかり也」＊仮名草子・竹斎(1621-23)下「花落ちて枝まで腐る熟柿かなといひすてけり」＊俳諧・貝おほひ(1672)序「いひ捨られし句共をあつめ」 発音イーステル〈標ア〉テ〈京ア〉0 辞書文明・日葡・ヘボン・言海 表記言捨(へ・言) 云棄・云捨(文)

イースト〖名〗(英 yeast)「こうぼきん(酵母菌)」に同じ。＊外来語辞典(1914)〈勝屋英造〉「イースト Yeast (英)酵母。酒精醗酵を起さしむるに肝要なる最下等植物」＊合本俘虜記(1952)〈大岡昇平〉季節「乾葡萄をパン焼用のイーストで醗酵させた葡萄酒」 発音〈標ア〉イ〈京ア〉イ

イースト-エンド〖名〗(英 East End) ①「きょくとう(極東)」に同じ。＊モダン辞典(1930)「イースト・エンド(地)極東」②ロンドンの東部地区。第二次大戦前は貧民街であったが、再開発により現在は港湾施設を備えた商工業地区。発音〈標ア〉エ

イースト-きん【—菌】〖名〗(イーストは英 yeast)「こうぼきん(酵母菌)」に同じ。＊道(1962)〈庄野潤三〉七「イースト菌を入れてひと晩寝かせておくと」＊助左衛門四代記(1963)〈有吉佐和子〉終・一「イースト菌を捏ねまぜてパンを焼く技術は」 発音〈標ア〉0ト

イースト-コースト(英 East Coast) アメリカの東海岸。大西洋岸のボストン、ニューヨーク近辺をさす。発音〈標ア〉コ

イースト-サイド(英 East Side) ニューヨーク市マンハッタンの五番街以東の地区。国連本部ビルがある。狭義には、セントラルパーク東側の高級住宅・専門店が並ぶ地区をさす。発音〈標ア〉サ

イーストマン(George Eastman ジョージ—) アメリカの発明家。イーストマン-コダック会社を設立し、写真感光材料、大衆的なカメラなどの発明普及で有名。(一八五四〜一九三二) 発音〈標ア〉イト

イーストマン-コダック(Eastman Kodak Co.) アメリカに本社を置く、世界最大の写真用品メーカー。フィルム、印画紙など写真用品のほか、繊維、プラスチック、化学薬品も手がける。発音〈標ア〉ダ

イーストレーキ(Frank Warrington Eastlake フランク＝ウォリントン—) アメリカの英語学者。明治一七年(一八八四)に来日。日本に永住して博言博士の名で知られ、国民英学会、東京英学院を創立して実用英語の普及につとめた。著「英雄的日本」など。イーストレーク。(一八五八〜一九〇五) 発音〈標ア〉レ

いい-ずな【飯綱】〖名〗イタチ科の哺乳類。食肉獣中の最小種。体長は雄一三〜二五センチメートル、雌一〇〜二〇センチメートル。冬は全身純白で、夏は下面を除き褐色。平地から山地のさまざまな環境に生息し、人家付近にもすみ、ネズミ、カエル、トカゲ、ヘビなどを捕食。北アメリカ、ヨーロッパやアジアの北部に分布。日本には北海道と東北地方北部にすむ。こえぞいたち。いいずないたち。学名は Mustela nivalis 発音イーズナ〈標ア〉0

いいずな-ごんげん【飯綱権現・飯縄権現】 東京都八王子市高尾山にある薬王院(やくおういん)の別称。発音イーズナゴンゲン〈標ア〉ゴ 辞書書言 表記飯縄権現(書)

いいずな-つかい【飯綱使】〖名〗「いずなつかい(飯綱使)」に同じ。

いいずな-やま【飯縄山・飯綱山】 長野市の西北部にある円錐火山。妙高火山群の一つ。山頂に飯縄神社があり、特に武術家や、呪術家が信仰し、修験道にも関係が深い。裾野に飯縄高原が広がる。上信越高原国立公園の一部。標高一九一七メートル。発音イーズナヤマ〈標ア〉0

いい-すべ・す【言滑】〖他サ四〗言いのがれをする。言いすべらかす。＊源氏(1001-14頃)若菜下「あなづりにくきあたりなれば、えしもいひすべし給はで、おはしましそめぬ」

いい-すべらか・す【言滑】〖他サ四〗「いいすべす(言滑)」に同じ。＊浮世草子・古今堪忍記(1708)七・三「先帰りて女共にも相談いたしての事と、いひすべらかして立帰りける」 発音イースベラカス〈標ア〉カ

いい-すべら・す【言滑】 ㊀〖他サ下二〗調子にのって、言ってはならないことを言う。口をすべらす。＊浄瑠璃・浦島年代記(1722)三「そこゐの悪を座興になし、いひすべらする油口」＊桐一葉(1894-95)〈坪内逍遙〉六「いはでものこといひすべらせ、むざむざ殺せし我が過ち」㊁〖他サ四〗㊀に同じ。＊細君(1889)〈坪内逍遙〉一「『女中はわたくし一個(ひとり)』と言ひ滑らして噤ぐ口」 発音イースベラス〈標ア〉ラ

いい-すま・す【言済】〖他サ四〗言い残った点を加えて、すっかり言い終わる。＊景感道(1504-21)「付句にていひすますとは、か様の事なり」＊寛永刊本蒙求抄(1529頃)七「むち打たして其の無念に乱を起さうとする謀叛を起とすると云てついにきられたぞ。云すまいたぞ」 発音イースマス〈標ア〉マ

いい-ずら・う【言—】〖他ハ四〗語義未詳。あれこれ言い立てるの意か。一説に、言い争うの意とも。＊万葉(8C後)一三・三三〇〇「ひこづらひ ありなみすれど 日豆良賓(いひヅラヒ) ありなみすれど ありなみ得ずぞ〈作者未詳〉」

いい-せいい【以夷制夷】〖名〗「い(夷)を以て夷を制す」に同じ。

いい-せた・む【言責】〖他マ下二〗(「せたむ」は責めるの意)「いいせむ(言責)」に同じ。＊狭衣物語(1069-77頃か)三「ただ言ひおはさうぜよと、ある限りの人々をいひせたむれば、えも言はぬ誓言どもたてて」＊古本説話集(1130頃か)六七「かかる言承けし候ひて、いま十九人のひとにいひせためられんがわびしきままに」＊宇治拾遺(1221頃)三・一六「死ぬべくこそあれと、腹だちて、いひせためんと思ひてきたれば」

いい-せ・む【言責】〖他マ下二〗ことばで責める。きびしく問いただす。詰問する。発音イーセム〈標ア〉セ

イーゼル〖名〗(英 easel) 絵を描く時、画板やカンバスをかける台。画架。＊むき玉子(1891)〈尾崎紅葉〉二〇「お喜代を行水の姿勢に扮(こしら)へ、蘭谿画布架(イイゼル)の坐に復(かへ)りてつくづくと打眺め」＊ボロ家の春秋(1954)〈梅崎春生〉「僕が板の間にイーゼルを立てて庭の写生をしていると」 発音〈標ア〉イ〈京ア〉イ

イーゼル-マスク〖名〗(英 easel mask) 写真で、引き伸ばし機を用いて露光するとき、印画紙を定位置に平らに置くためのマスク。二辺が自由に移動して印画の大きさを決めたり、縁取りをしたりすることができる。発音〈標ア〉マ

いい-ぜん【易易然】〖形動タリ〗安易に事を行なうさま。＊徳富猪一郎宛新島襄書簡‐明治一三年(1880)九月二一日「如斯一約一諾を易々然として変するは大丈夫之大に恥つる所なるべしと確頼す」

いいそ〖名〗方言 ⇨ゆいそ(結麻)

いい-ぞうり【藺草履】〖名〗「いぞうり(藺草履)」に同じ。＊浄瑠璃・祇園女御九重錦(1760)四「向ふより、双紙の鑓(やり)に藺草履(ヰイザウリ)、ふりかたげたる一文奴(いちもんやっこ)」

いい-そえ【言添】〖名〗言い添えること。特に、わかりにくい語を用いるとき、その語の説明を前後に添えること。

いい-そ・える【言添】〖他ア下一〗(ハ下一) 文いひそ・ふ〖他ハ下二〗(室町時代頃からヤ行にも活用した) 言い加える。ことばを添える。＊夜の寝覚(1045-68頃)四「御有様のみこそうれしかるべけれなど、わざわざしういひそへさせ給ふに、何とかは申され給はん」＊羅葡日辞書(1595)「Superdico〈略〉iysoyuru(イイソユル)」＊或る死、或る生(1939)〈保高徳蔵〉二「『店の名前だけは絶対に出さないやうにしてね』と、いひ添へるのを忘れなかった」＊弟(1973)〈古井由吉〉「言葉はおよそ無力で、自分のいま有る状態とは遠く遠く触れ合うだけのものだから、そのつもりで聞いてほしい、などと言い添えたりする」 発音イーソエル〈標ア〉エ

いい-そく・れる【言—】〖他ラ下一〗文いひそく・る〖他ラ下二〗「いいそそくれる」の変化した語。

いい-そこない【言損】〖名〗言いまちがえること。言い違い。言い誤り。失言。＊史記抄(1477)一二・李斯「朝に坐て云そこないもあっては短ふしめしたものぞ」＊滑稽本・浮世風呂(1809-13)二・上「『そりゃァ、わたしが云損(いひぞこね)へ)にもしろさ』『ぞこねへ、じゃない。云損(イヒソコナヒ)じゃ』」 発音イーソコナイ〈標ア〉0〈京ア〉0

いい-そこな・う【言損】〖他ワ五(ハ四)〗①まちがったことを言う。また、言ってはいけないこと、不適当なことを言う。言い損じる。＊平中(965頃)二五「げにあやし、人や言ひそこなひたらむなどぞ言ひける」＊枕(10C終)三一一・よろしき男を下衆女などのほめて「下衆(げす)にほめらるるは、女だにいとわろし。また、ほむるままにいひそこなひつるものは」＊文明本節用集(室町中)「云毀 イイソコナウ」②遠慮や失念から言いたいことを言わないでしまう。言う機会を失う。言いそびれる。言い損じる。発音イーソコナウ〈標ア〉ナ(ノ)〈京ア〉0 辞書文明・ヘボン 表記云毀(文) 言害(へ)

いい-そし・る【言謗】〖他ラ四〗悪く言う。言いけなす。誹謗(ひぼう)する。＊枕(10C終)一二七・はしたなきもの「おのづから人のうへなどうちいひそしりたるに、をさなき子どもの聞きとりて、その人のあるにいひいでたる」＊夜の寝覚(1045-68頃)四「昔よりけしからず淡つけく、かろがろしう、憂きものに、人にいひそしらるるをことにて」 発音イーソシル〈標ア〉シ

いい-そ・す【言過】〖他サ四〗調子にのって言いつのる。言い過ごす。＊源氏(1001-14頃)帚木「かしこく教へたつるかなと思ひ給へて、我たけくいひそし侍るに」 発音イーソス〈標ア〉ソ 辞書言海

いい-そそ・く【言—】〖自カ四〗口やかましく言いながらせわしなく物事をする。＊たまきはる(1219)「しばしうちまどろむ事なく、御殿ごもりたるほどは、御乳(ち)をまゐらせんと、御乳(ち)の人の、飽きたげに思ひたるまでいひそそき」

いい-そそくれ【言—】〖名〗言いそびれること。＊浄瑠璃・妹背山婦女庭訓(1771)三「今のをちゃっと乗り出して御らうぜませと婢に腰推されても兎や角

と、いひそそくれのもつれ髪」

いい-そそく・れる【言━】〘他ラ下一〙文いひそそく・る〘他ラ下二〙言い出すきっかけを失う。言いそびれる。＊浄瑠璃・本朝用文章(1698頃)二「今更に、我となのるもしゅびわるく、いいそそくれしびんのかみ」＊人情本・春色梅児誉美(1832–33)三・一六齣「嬉しさと、またはづかしさに、胸さはぎいひそそくれし」＊くれの廿八日(1898)〈内田魯庵〉四「つい離別咄を云ひそそくれた上に、全国漫遊の計画すら撤回して」 方言宮城県仙台市123 辞書ヘボン

いい-そそのか・す【言唆】〘他サ四〙言ってそそのかす。促し誘う。＊落窪(10C後)二「中将せめていひそそのかして、蔵人の少将を中の君にあはせ給へば」＊源氏(1001–14頃)若菜下「まつりの日などは、物見にあらそひ行く君達かきつれ来て、いひそそのかせど」 発音イーソソノカス〈標ア〉カ

いい-そそめ・く【言━】〘他カ四〙言い騒ぐ。ざわざわとする。＊夜の寝覚(1045–68頃)二「枝をつけ葉を添へ、何事も、つきづきしくとりつづけいひそそめくを」

いい-そそや・く【言━】〘自カ四〙声をひそめて言う。ささやく。＊仮名草子・好色袖鑑(1682)下「『とかく女房なくてはかなふまじ』なんどいひそそやきて、人にもたのみければ」

いい-そび・れる【言━】〘他ラ下一〙言おうと思いながら言い出す機会を失う。言いたいことを言い出せないで終わる。言いはぐれる。言いそそくれる。＊十三夜(1895)〈樋口一葉〉上「再び言(イ)ひそびれて御馳走の栗枝豆ありがたく頂戴をなしぬ」＊それから(1909)〈夏目漱石〉一六「思ふ事は全く云(イ)ひそびれて仕舞った」＊都会の憂鬱(1923)〈佐藤春夫〉「それも俺の犬だとは言ひそびれた」 発音イーソビレル〈標ア〉レ〈京ア〉0

いい-ぞめ【言初】〘名〙言い初めること。また、初めて言うこと。＊人情本・梅之春(1838–39)初「最う嫉妒(じんすけ)の言(イ)ひ初(ゾ)めだねぇ、かはいいのはお前一人だと恍惚(のろ)けてお出でだから」 辞書ヘボン

いい-そ・める【言初】〘他マ下一〙文いひそ・む〘他マ下二〙言いはじめる。言いかける。特に、ある異性に初めて言い寄りつき合い始める。＊万葉(8C後)一一・二六八〇「河千鳥住む沢の上に立つ霧のいちしろけむな相言始(いひそめ)てば〈作者未詳〉」＊枕(10C終)四九・職の御曹司の西面の「物など啓せさせむとても、そのはじめいひそめてし人をたづね」＊源氏(1001–14頃)宿木「かりそめのたはぶれごとをもいひそめ給へる人の」＊寛永刊本蒙求抄(1529頃)「なぜにしたぞなれば秦から筆と云そめたほどに、只あやまって云付たまでぞ」 発音イーソメル〈標ア〉メ〈京ア〉0 文『いひそむ』イーソム〈標ア〉ソ〈京ア〉0 辞書文明・ヘボン 表記云染(文) 言初(へ)

いい-そや・す【言奨】〘他サ四〙ほめはやす。ほめたてる。 発音イーソヤス〈標ア〉ヤ〈京ア〉0 辞書言海

いい-ぞん【言損】〘名〙言ったために自分が不利になること。また、言ったことが無駄になること。＊雑俳・柳多留–一九(1784)「けいはくのいいぞん西がはれる也」

いい-そんじ【言損】〘名〙言いまちがえること。＊談義本・労四狂(1747)上「我がものいひ損(ソン)じ有りても、賢き人、直(すなほ)なる人は、いひ損じにてこそとどがめもやらず」＊浮雲(1887–89)〈二葉亭四迷〉一・六「滔々蕩々として勢ひ百川の一時に決した如くで、言損じがなければ委(たる)みもなく」 発音イーソンジ〈標ア〉0

いい-そん・じる【言損】〘他ザ上一〙「いいそこなう(言損)」に同じ。＊和英語林集成(再版)(1872)「Iisonji, ru, ta イヒソンジル 言損」 発音イーソンジル〈標ア〉ジ 辞書文明・ヘボン 表記云損(文) 言損(へ)

いいだ【飯田】長野県南部の地名。堀氏二万石の旧城下町。伊那盆地南部の商業中心地。昭和一二年(一九三七)市制。 発音イーダ〈標ア〉0

いいだ【飯田】姓氏の一つ。 発音イーダ〈標ア〉0

いいだ-たけさと【飯田武郷】幕末・明治の国学者。信州高島藩士。平田篤胤(あつたね)没後、その門に入り、勤王運動にも加わる。維新後、東京帝国大学教授などを歴任。主著「日本書紀通釈」。文政一〇〜明治三三年(一八二七〜一九〇〇)

いいだ-だこつ【飯田蛇笏】俳人。本名武治。別号山廬。山梨県出身。早大中退。高浜虚子に俳句を学び、「ホトトギス」同人となる。俳誌「雲母」を主宰し、剛直荘重な作風で知られた。句集「山廬集」「霊芝」など。明治一八〜昭和三七年(一八八五〜一九六二)

いいだ-ただひこ【飯田忠彦】幕末の歴史家。勤王家。徳山藩士、のち、有栖川宮家(ありすがわのみや)に仕える。桜田門外の変で取り調べを受けたのを怒り自刃。主著「野史」二九一巻。寛政一〇〜万延元年(一七九八〜一八六〇)

いいだ〘名〙方言❶おけのたがを掛ける職人。たが師。輪替え屋。岡山県小田郡767 山口県大島801 愛媛県840 845 848 ◇いいだや〔━屋〕山口県萩045 ❷おけ屋。島根県石見725 岡山県邑久郡761 川上郡765 広島県771 777 783 山口県島嶼054 阿武郡795 香川県829 愛媛県054 845 大分県941 宮崎県西臼杵郡063 ◇いいた 長崎県彼杵052 ◇いいや 大分県大分郡941 ◇いいだや 島根県石見725 広島県島嶼054 深安郡・甲奴郡709 山口県阿武郡796 香川県粟島054 三豊郡829 愛媛県周桑郡・大島054 ◇いだや 香川県三豊郡829 愛媛県840 ◇いたや 広島県深安郡・甲奴郡709 ◇いたどん〔━殿〕・いじゃどん 長崎県五島054 917 ◇いじゃ 長崎県南高来郡905 五島917 ❸饒舌家(じょうぜつか)。おしゃべり。香川県塩飽829 ❹虫、たがめ(田鼈)。また、みずかまきり(水蟷螂)。岡山県邑久郡761

いいたい-がい【言度甲斐】〘名〙〘形動〙(「がい」は接尾語)「いいたいまま(言度儘)」に同じ。＊俳諧・大坂独吟集(1675)下「松の色似せ侍はどこやらがいひたいがいにあらし吹行」＊浄瑠璃・卯月の潤色(1707頃)中「めをとの衆が此の今を酢(す)でさいてのむやうに、いひたいがいにいひこめて、死(し)んでもまだいひたらぬか」＊歌舞伎・隅田川花御所染(1814)三立「お局さまの意地の悪さとした事が、お心好しの旦那さまを捉へて、云(イ)ひたいがい」＊歌舞伎・初冠曾我皐月富士根(1825)四立「いかに世話して置くというて、云ひたいがひな無理ばかり」

いいたい-こと-いい【言度事言】〘名〙他人の思惑など意に介しないで、言いたい放題に言う人。＊浄瑠璃・三荘太夫五人嬢(1727)三「娘の中(うち)でも言(イ)ひたいこと言(イ)ひ」

いいたい-ほうだい【言度放題】〘名〙〘形動〙自分の言いたいことを自由気ままに口に出して言うこと。また、そのさま。 発音イータイホーダイ〈標ア〉ホ

いいたい-まま【言度儘】〘名〙〘形動〙言いたい放題なこと。また、そのさま。言いたい限り。いいたいがい。＊鷺賢通本狂言・文山立(室町末–近世初)「鈍ななどと、言はせて置けば言ひたいままな事を言ふ」 発音イータイママ〈標ア〉マ2

いい-たいろう【井伊大老】⇨「いい(井伊)」の子見出し「井伊直弼」

いいたいろう-もの【井伊大老物】〘名〙幕末の政治家、井伊直弼(いいなおすけ)を主人公にした戯曲などの総称。中村吉蔵作「井伊大老の死」(大正九年初演)など。 発音イイタイローモノ〈標ア〉イ1

いい-たお・す【言倒】〘他サ四〙説き伏せる。言い伏せる。 辞書日葡・ヘボン 表記言倒(へ)

いいたか【飯高】三重県の中西部にあった郡。櫛田川の下流域にあたる。明治二九年(一八九六)飯野郡と合併して飯南郡となる。＊二十巻本和名抄(934頃)五「伊勢国〈略〉飯高〈伊比多加〉」 発音イータカ〈標ア〉0 辞書和名・色葉・文明・易林 表記飯高(和・色・文・易)

いい-たが・う【言違】■〘他ハ四〙「いいちがう(言違)」に同じ。＊落窪(10C後)一「長くといはんとしつるを、いひたがひぬるぞや」■〘他ハ下二〙⇨いいたがえる(言違)。 発音イータガウ 文イータゴー とも〈標ア〉ガ ゴ

いい-たがえ【言違】〘名〙「いいちがい(言違)」に同じ。 発音イータガエ〈標ア〉0

いい-たが・える【言違】〘他ア下一(ハ下一)〙文いひたが・ふ〘他ハ下二〙(室町時代頃からヤ行にも活用した)①「いいちがえる(言違)」に同じ。＊大鏡(12C前)二・師尹「まづの句のことば仰せられつつ、問はせたまひけるに、いひたがへたまふ事、詞にても歌にてもなかりけり」②何か言って人々の間を不和にさせる。＊日葡辞書(1603–04)「ヒトノナカヲ iytagayuru (イイタガユル)」 発音イータガエル〈標ア〉エ ガ 辞書日葡

いい-だくだく【唯唯諾諾】〘形動タリ〙(多く「唯々諾々として」の形で用いる)少しもさからわずに、いいなりになるさま。→唯唯。＊花柳春話(1878–79)〈織田純一郎訳〉五「唯々諾々(イイダクダク)として家事を司どり」＊思出の記(1900–01)〈徳富蘆花〉二・六「決して唯々諾々の卑屈男子を作るまいと云ふのが」＊二百十日(1906)〈夏目漱石〉二「全く唯々諾々として命令に服してゐるんだ」 発音〈標ア〉イ1〈京ア〉イ1=0

いい-だくり【言━】〘名〙方言❶言いぐさ。言いがかり。岐阜県山県郡497 郡上郡498 ❷まちがったことを言うこと。岐阜県武儀郡040 ❸わがままを言うこと。理不尽に言い放つこと。長野県東筑摩郡480 ◇いいたくり 徳島県那賀郡810

いい-たく・る【言━】〘動〙方言(「たくる」は強引にするの意)ものごとを言い曲げる。理不尽に言い放つ。岐阜県恵那郡498 ◇いいだくる 長野県東筑摩郡480

いい-たけ・る【言誇】〘他ラ四〙言い誇る。自慢する。＊新撰字鏡(898–901頃)「誇 挙言也 伊比保己留云太介留」 辞書字鏡 表記誇(字)

いい-だこ【飯蛸】〘名〙マダコ科のタコ。北海道南部以南の日本沿岸に分布する。腕の長さを加えて体長約二五センチメートル。春、卵をもっているものを煮ると、胴に飯粒が詰まっているようにみえるのでこの名がある。肉、卵ともに美味で生食のほか、佃煮、干し蛸にする。いしだこ。かいだこ。学名は Octopus ocellatus《季・春》＊御伽草子・武家繁昌(室町時代物語集所収)(室町末)「ねぶりの夢や鮫の魚、旅にはたれも餅貝と、王余魚(かれい)、飯蛸もみえにけり」＊俳諧・毛吹草(1638)二「二月〈略〉飯蛸(イヒタコ)」＊浮世草子・西鶴織留(1694)五・一「白うを、飯蛸(イヒダコ)もやうやう三月のするにくふ事になり」＊本朝食鑑(1697)九「飯蛸(イヒタコ)〈略〉腹内有[下]如[二]白米飯[一]者[上]充満味佳」＊俳諧・いまみや艸(1734)「飯蛸のあはれやあれではてるげな」 発音イーダコ〈標ア〉イ〈京ア〉イ 辞書書言・言海 表記飯蛸(書) 飯蛸(言)

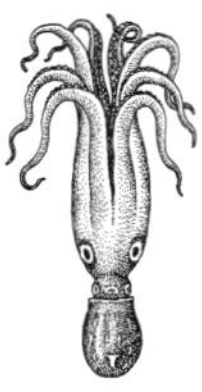
飯蛸

いいだこ に パッチ穿(は)かしたよう(「パッチ」は股引(ももひき)の長いもの)仕事のはかどらないこと、らちの明かないこと、またはその人のたとえにいう。＊咄本・諺臍の宿替(19C中)二「おのれは飯蛸(イイダコ)にぱっちはかしたやうな、埒のあかんやつじゃといふてじゃけれど」

いい-たし【言足】〘名〙言い足すこと。＊浮雲

(1887–89)〈二葉亭四迷〉二・九「『加之(しか)も立際に一所に成って高笑ひをした』と無慈悲な記憶が用捨なく言足(イヒタシ)をした」 発音イータシ〈標ア〉0

いい-だし【言出】〘名〙①ほかの人の言う前に言い始めること。初めて言うこと。首唱。＊西洋道中膝栗毛(1870–76)〈仮名垣魯文〉九・上「まづいいだしだから北八てめへ口明をしろ」＊いさなとり(1891)〈幸田露伴〉二三「お若い方々前に置て老人(としより)の云ひ出(ダシ)は怪しからぬやうなれど」②話や歌の最初の文句。冒頭のことば。＊狂言記・萩大名(1660)「して、今の歌のいひだしは、なんであったぞ」＊人情本・春色梅美婦禰(1841–42頃)二・一一回「何だか古風(じだい)な言出(イヒダ)しだのウ」 発音イーダシ〈標ア〉0〈京ア〉0

いいだし こき出(だ)し笑(わら)い出(だ)し くさいと言い出した者、または笑い出した者が、屁(へ)をした犯人であるということ。転じて、一般に風説を立てた者が実は張本人であるというたとえ。

いいだし-おに【言出鬼】〘名〙鬼ごっこで、これをやろうと言い出した者が最初の鬼になること。→いいだしべ。 発音イーダシオニ〈標ア〉シ

いいだしっ-ぺ【言出屁】〘名〙「いいだしべ(言出屁)」の変化した語。 発音イーダシッペ〈標ア〉ペ〈京ア〉シ

いいだし-ぬし【言出主】〘名〙あとになって問題となるようなことを、最初に話題にした者。言い出しっぺ。＊門三味線(1895)〈斎藤緑雨〉一九「むきに哮けるに見た所では理のあるやうでも、原因は浜様が言出(イヒダ)し主(ヌシ)、自分の事は棚へあげて」 発音イーダシヌシ〈標ア〉シ1

いいだし-べ【言出屁】〘名〙(くさいと言い出した者が放屁(ほうひ)の犯人であるということから)何事でも、その身の無実や潔白などを最初に言い出した者が犯人であるということ。転じて、言い出した者が最初にそれをすること。いいだしっぺ。いいだしべえ。＊洒落本・船頭深話(1802)二「いやだよこのお客は、モウわたいにかぶせるはな。いい出し屁(べ)の問屋だよ。アアくさいぞモウ」 発音イーダシベ〈標ア〉ベ

いいだし-べえ【言出兵衛】〘名〙「いいだしべ(言出屁)」に同じ。＊今年竹(1919–27)〈里見弴〉三人上戸・五「その言ひ出しべえが俺なんだもの」＊日本の土(1956)〈読売新聞社会部〉委員長の首にスズ「『そりゃ、お前さんだ！』といい出し兵衛の沖田さんがみんなから言下に決められてしまった」 発音イーダシベー〈標ア〉ベ

いい-た・す【言足】〘他サ五(四)〙言葉の足りないところを補って言う。言葉を添える。言い加える。＊四河入海(17C前)二五・四「なぜにもとの句を云足すぞと云へば」＊詩想(1898)〈国木田独歩〉二人の旅客「後の世の人にも君が名歌はさばやと先きの旅人言ひたしぬ」＊魔風恋風(1903)〈小杉天外〉前・依頼心・二「話終ってから姉は云ひ加(タ)した」＊雁(1911–13)〈森鷗外〉一一「お玉は首を傾(かし)げてゐたが、独語(ひとりごと)のやうな調子で言(イ)ひ足(タ)した」 発音イータス〈標ア〉タ

いい-だ・す【言出】〘他サ五(四)〙言葉に出して言う。特に、他にさきがけて言い始める。言い始める。＊寛永刊本蒙求抄(1529頃)五「注が多けれども、根もない詞と云ふ心ぞ。どこからとも不レ知云出すぞ」＊日葡辞書(1603–04)「Iydaxi, su, aita(イイダス)〈訳〉あることを言い始める」＊俳諧・続猿蓑(1698)上「砂を這ふ棘の中の絡線(ぎす)の声〈沾圃〉 別を人がいひ出せば泣〈里圃〉」＊人情本・英対暖語(1838)初・一回「是非恥をかくまでも言出(イヒダ)す気だが」＊当世書生気質(1885–86)〈坪内逍遥〉三「直にグウド・プレイン(芳原)へ行かうぢゃアないかといひだしたのサ」 発音イーダス〈標ア〉ダ〈京ア〉0 辞書日葡・ヘボン 表記言出(へ)

いい-だ・す【射出】〘他サ四〙矢尻が標的の反対側に突き抜けるように射当てる。射通す。＊宇治拾遺(1221頃)一二・一九「うなじに七八寸ばかり、とがりやを射いだしつ」

いい-だ・す【鋳出】〘他サ四〙鋳型で、ある形を造り出す。＊漢書列伝竺桃抄(1458–60)賈誼第一八「さらば此銅で人を鋳出て見よとて人になすぞ」＊幻影の盾(1905)〈夏目漱石〉「是には怖ろしき夜叉の顔が隙間もなく鋳出(いいだ)されて居る」 発音〈標ア〉0ダ

いい-たず・ぬ【言尋】〘他ナ下二〙あれこれ言ってさがし求める。＊源氏(1001–14頃)玉鬘「それのわたり知れる人にいひたづねて」 発音イータズヌ〈標ア〉ズ

いいだ-せん【飯田線】東海道本線豊橋駅から飯田、駒ケ根を経由して中央本線辰野駅に至るJR線。昭和一八年(一九四三)四つの会社線を統合して成立。全長一九五・八キロメートル。 発音イーダセン〈標ア〉0

いいたち-こっこ〘名〙(「いいたちごっこ」とも)「いたちごっこ」の変化したもの。＊浮雲(1887–89)〈二葉亭四迷〉二・一〇「それぢゃア彼様(あん)な事って如何(どん)な事を。ソラいいたちこっこだ」 発音イータチコッコ〈標ア〉コ1

いい-た・つ【言立】一〘自タ四〙①(物を)言って立っている。＊宇津保(970–999頃)蔵開下「猶、犬からすにもくれて、こめすゑたらましものをといひたち給つるを」＊枕(10C終)四九・職の御曹司の西面の「職の御曹司の西面(にしおもて)の立蔀(たてじとみ)のもとにて、頭の弁、物をいと久しういひたち給へれば」＊宇治拾遺(1221頃)三・一「わぬし、まづ入れまづ入れといひたちて、こよひもなほ、入らずなりぬ」②言い始める。言い出す。＊落窪(10C後)三「かくいひたちてとどまりたらむ、いとをこならむ」＊無名草子(1198–1202頃)「同じくは、さらばみかどの御上よりこそいひたちなめ。『世継』『大鏡』などを御覧ぜよかし」③自然にうわさが立つ。人々の評判になる。＊宇治拾遺(1221頃)二・三「しばらくは、いかにして死ぬるやらんと、心も得ざりける程に、此いはのある故ぞといひたちにけり」＊増鏡(1368–76頃)一七・月草の花「その夜はかの物ども引返しぬとてすこし静まれるやうなれど、かやうにいひたちぬれば、なほ心ゆるいなきにや」 二〘他タ下二〙⇨いいたてる(言立)。 発音イータッ〈標ア〉タ

いいたっ・す【言達】〘自サ変〙考えや意見などを、ことばによって、確かに先方に伝える。＊寛永刊本蒙求抄(1529頃)一「達旨と云は、我が旨趣を時の人に対して云い達するの義と云たぞ」

いい-たて【言立】〘名〙(動詞「いいたてる(言立)」の連用形の名詞化。「いいだて」とも)①特に取り立てて言うこと。強く主張すること。＊史記抄(1477)一五・循吏列伝「よく物をおまいりあってをりさふへ。只今禍ができさうらわうぞと云て、云立にするぞ」＊虎寛本狂言・八幡の前(室町末–近世初)「わごりょは何も云立にする様な芸は覚へぬが、何と云立にするぞ」＊日葡辞書(1603–04)「Iytate(イイタテ)〈訳〉ある事を詳細に話す、または報告すること」＊翁問答(1650)下・本「芸能にて身をたつる人は武篇のいひたてなきによって、芸をいひたてとし」＊人情本・春色梅美婦禰(1841–42頃)五・二七回「何だかあんまり始の言立(イヒタテ)が大そうだから」②事柄を述べ立てて主張すること。また、主張の口実。理由。＊浮世草子・武家義理物語(1688)六・一「宇治に住たる浪人の噂、蜷川氏の筋なき事をいひ立(タテ)して、岐阜秀信公につかへて」＊浄瑠璃・心中重井筒(1707)上「道ならちと送って、それいひたてに夜食くはふといふことかと」＊浮世草子・世間娘容気(1717)三「唐の法には女を離別(さる)其一つのいひ立にする事なれば」＊浮雲(1887–89)〈二葉亭四迷〉三・一四「お勢は気分の悪いのを口実(イヒダテ)にして、英語の稽古にも往かず」③宣伝の口上。また、それをする人。＊日葡辞書(1603–04)「Iytate(イイタテ)〈訳〉上演されるある劇、物語の開始に当たって行なわれる前口上、または前芸」＊歌舞伎・助六廓夜桜(1779)「『いつもの通り、白酒の言ひ立てが』『所望ぢゃ所望ぢゃ』」＊滑稽本・浮世床(1813–23)初・上「開帳場(けへちょうば)のいひたてが瘖言(うはこと)をいふやうに、高慢ちきな熱を吹ても」＊江湖機関西洋鑑(1873)〈岡丈紀〉初・下「各顧(きゃく)を嚇す散髪店の広告(イヒタテ)」④歌舞伎舞台における口上の一つ。延年舞曲、猿若の雄弁術の系統を引くもの。たとえば「すまいのゆいたて」(寛文七年、相撲の言ひ立て)、「芝居の言たて」(同八年、狂言の始めに小舞庄左衛門が述べた)、「名所の言立」(同一三年、若衆方小勘が述べた)などの類。＊洒落本・田舎芝居(1787)四立目「又三人芝居といふは役者三人切の云立でござるから」⑤俳諧で、物事を興味深く言いまわすこと。また、その句。↔見立て。 方言❶論拠。口実。◇いいだて 宮崎県東諸県郡954 ❷大げさな言い方。誇張表現。◇いいだてぃ 沖縄県首里993 発音イータテ〈標ア〉0 辞書日葡

いいたて 小立(こだ)て いろいろと口実を並べること。いろいろと言い立てるさま。

いいだ-てっせん【飯田鉄銭】〘名〙明和二年(一七六五)甲斐国飯田(山梨県甲府市)の銭座鋳造の鉄銭。古銭収集家間でだけ使われ、一般的な名称ではない。 発音イーダテッセン〈標ア〉テ

いい-た・てる【言立】〘他タ下一〙文いひた・つ〘他タ下二〙①特に取り立てて言う。強調する。主張する。言い張る。＊源氏(1001–14頃)末摘花「着給へるものどもをさへいひたつるも物いひさがなきやうなれど」＊拾遺(1005–07頃か)雑下・五六二「なき名のみたかをの山といひたつる君はあたごの峯にやあるらん〈八条大君〉」＊栄花(1028–92頃)松の下枝「御年いひたつるには、ねびたる様なれど」＊爛(1913)〈徳田秋声〉一四「お増は小人数な家で風呂を焚くことの不経済を言立てたが」②次々と数え上げて言う。列挙して強く述べる。数え立てる。＊源氏(1001–14頃)空蟬「目すこしはれたる心地して、鼻などもあざやかなる所なうねびれて、にほはしき所も見えず、いひたつれば、悪(わろ)きによれるかたちを」＊寛永刊本蒙求抄(1529頃)三「人をそしることを好て、とがをつよく云立て其て天子の気にあわうとするぞ」＊日葡辞書(1603–04)「ヒトノナヲ サンザンニ iytçuru(イイタツル)」＊浮雲(1887–89)〈二葉亭四迷〉二・八「記憶に存した知己の名を一々言ひ立てての噺(はなし)」③目上の人に向かって言う。申し上げる。④言いふらす。評判を立てる。＊人情本・春色梅児誉美(1832–33)後・一〇齣「畠山さまの宝ものを引ずり込で、梶原家へ売(うり)つけて、金は残らずおめへが巻あげ、世間は分散ひろぐといひたて」⑤宣伝の口上を述べる。＊歌舞伎・浮世柄比翼稲妻(鞘当)(1823)二幕「上の方、葭簀(よしず)の見世物小屋、蛇遣ひの看板、木戸口に浮世又平、白髪親仁にて、云(イ)ひ立(タ)てて居る」 方言どなる。新潟県上越市382 発音イータテル〈標ア〉テ〈京ア〉0 辞書文明・日葡・ヘボン・言海 表記言立(へ・言) 云立(文)

いい-だね【言種】〘名〙言い立てる、たね。口実。

いい-たばか・る【言謀】〘他ラ四〙言ってだます。＊宇津保(970–999頃)国譲下「時々京に通ひまうで来けるを、民部卿のいひたばかりて侍りけるにこそ」

いいだ-ばし【飯田橋】一東京都千代田区、文京区、新宿区の接する付近で、江戸城外堀にかかる橋。最初のものは明治一四年(一八八一)ごろ架橋。二一の付近を呼ぶ千代田区側の地名。 発音イーダバシ〈標ア〉ダ

いいだ-もとゆい【飯田元結】〘名〙信濃

国飯田およびその付近から産した元結。

いいだ-や【―屋】〘名〙方言 ⇩いいだ

いいだや-あかえ【飯田屋赤絵】〘名〙九谷焼の一つ。天保年間(一八三〇〜四四)陶画工飯田屋八郎右衛門の製作になる赤絵の陶磁器。金彩のあるものを八郎金襴手(きんらんで)、ないものを八郎赤絵などと呼ぶ。

いい-た・ゆ【言絶】〘自ヤ下二〙①話が途絶える。②付き合いが絶える。仲たがいをする。＊類従本赤染衛門集(11C中)「思ひかけたる人のいひたえて年へて文やらんといひし人にかはりて」＊詞花(1151頃)恋上・二〇六・詞書「あだあだしくもあるまじかりける女を、いと忍びていはせ侍りけるを〈略〉、いひたえて後、年月を経て思ひあまりていひ遣しける」

いい-たらわ・す【言足】〘他サ四〙十分に言う。満足するほど言う。

いい-た・りる【言足】〘自ラ上一〙(四段活用の「いいたる」から転じて上一段化したもの。多く下に打消を伴う)「いいたる(言足)」に同じ。＊めぐりあひ(1888〜89)〈二葉亭四迷訳〉一「これは原語の『ネージロシ』といふ字の訳ですが、まだ言ひ足りません」＊まぼろし(1898)〈国木田独歩〉渠「渠(かれ)は『過去』の七魂である、それでもいひ足りない。『封建時代』の化石である」発音イータリル〈標ア〉⓪

いい-た・る【言足】〘自ラ四〙満足するほどに言う。十分に表現する。＊寛永刊本蒙求抄(1529頃)九「虚無を本に説く心は無の理を云いたらぬほどに、あけてもくれても虚無自然の理を本に云ぞ」＊半残宛芭蕉書簡-貞享二年(1685)正月二八日「江戸句帳等、なまぎたへなる句、或は言たらぬ句共多(おほく)見え申候を」＊文明開化(1873〜74)〈加藤祐一〉初・下「一体坊主くさい歌で、いひたらぬ処から間違ひと成たものじゃ」発音イータル〈標ア〉⓪ タ

いい-たわぶ・る【言戯】〘自ラ下二〙ものを言って、たわむれる。たわむれて言う。冗談を言う。＊天祿三年規子内親王前栽歌合(972)「霜がれのおきな草とは名のれどもをみなへしには猶なびきけり、今日の判をみればなどいひたはぶれて」＊宇津保(970〜999頃)藤原の君「このあて宮の名高くて聞え給ふを、いかでと思ひて、いひたはぶるる人にものも言はず」＊源氏(1001〜14頃)東屋「まへなるごたちに、物などいひたはぶれて、うちとけたるは」

いい-だん・ず【言談】〘他サ変〙話し合う。相談する。＊咄本・醒睡笑(1628)三「坊主と弟子といひ談じて、つねづね愚人をあいしらひし」

いいち【一】〘副〙第一に。一番に。最上の。いっち。いち。＊狂言記・法師物狂(1660)「いいちひとの見めのよきは、たなかごんのかみのままむすめ」方言静岡県田方郡530

いいち【息】〘名〙方言 ⇩いき(息)

いい-ちがい【言違】〘名〙まちがって言うこと。また、その言葉。言いまちがい。＊小説奇言(1753)四「小子並非謬言〈注〉イヒチガイ」発音イーチガイ〈標ア〉⓪〈京ア〉⓪

いい-ちが・う【言違】㊀〘他ワ五(ハ四)〙①言いまちがえる。言いたがう。②互いに言い交わす。＊宇津保(970〜999頃)国譲上「是かれ、すき事いひちがふ宰相の中将など」㊁〘他ハ下二〙⇩いいちがえる(言違)。発音イーチガウ 文イーチゴー とも〈標ア〉ガ(ゴ) 辞書〈ボン〉表記言違(へ)

いい-ちがえ【言違】〘名〙まちがえて言うこと。言いそこなうこと。＊堕落(1965)〈高橋和巳〉四・四「些細な言い違えの方にこだわった」発音イーチガエ〈標ア〉⓪〈京ア〉⓪

いい-ちが・える【言違】〘他ア下一(ハ下一)〙文いひちが・ふ〘他ハ下二〙(室町時代頃からヤ行にも活用した)まちがえて言う。いいたがう。いいたがえる。＊ロドリゲス日本大文典(1604〜08)「iychigayuru(イイチガユル)」＊洒落本・南江駅話(1770)「あの宮が釈地大明神といふ。それをあがめておの字を附け、言ちがへておしやごじといふわなア」発音イーチガエル〈標ア〉エ ガ〈京ア〉⓪

いい-ぢから【言力】〘名〙言う張り合い。言い甲斐。＊洒落本・女郎買之糠味噌汁(1788)発端「こんなところでいいなんしちゃァききわけいすものがなくっていいちからがありいすまい」

いい-ちぎ・る【言契】〘他ラ四〙互いに言葉を交わして約束する。口に出して誓い合う。＊伊勢物語(10C前)一二二「むかし、をとこ、ねんごろにいひちぎりける女の、ことざまになりにければ」＊蜻蛉(974頃)下・天祿三年「かくいひちぎりつれば、おもひかへるべきにもあらず」＊宇治拾遺(1221頃)一四・四「もろこしにていひ契し児を問はずとて、母が腹だちて、海になげいれてけるが」発音イーチギル〈標ア〉ギ 辞書日葡

イー-チャン【一荘】〘名〙(中国語から)マージャンの正式な一ゲーム。東南西北の四つの場、すなわち四圏(スーチュアン)を行なうもの。発音〈標ア〉⓪〈京ア〉イ

いい-ちょう・ず【言―】〘他サ変〙(「ちょう」は「懲」「調」いずれか不明)叱ってこらす。＊宇津保(970〜999頃)楼上下「年頃、ゐなかに、むづかしきめどもを見、又かくいみじういひてうぜられて、泣き歎きて侘しかりつるに」

いい-ちらか・す【言散】〘他サ四〙①「いいちらす(言散)①」に同じ。＊四河入海(17C前)一八・一「其は酔中に云いちらかしたる程に、我とも何事を云たとも不記ものをと云ぞ」＊人情本・英対暖語(1838)四・二〇章「思入れ無理を言(イヒ)ちらかして、とふとふ帰って往ましたヨ」＊人情本・閑情末摘花(1839〜41)一・一回「種々(いろいろ)な事を言ちらかして、万一出来ねへときにゃアわるし」②「いいちらす(言散)②」に同じ。

発音イーチラカス〈標ア〉カ

いい-ちら・す【言散】〘他サ五(四)〙①思慮分別なく、やたらに言う。勝手なことを、ずけずけと言いまくる。＊蜻蛉(974頃)中・天祿二年「『おもとだちもみな勘当にあたり給ふなり。〈略〉』などいひちらしてかへる」＊源氏(1001〜14頃)真木柱「いよいよ腹立ちて、まがまがしき事などをいひちらし給ふ」＊徒然草(1331頃)七三「かつあらはるるをもかへり見ず、口にまかせていひちらすは、やがて浮きたることと聞ゆ」②言いふらす。うわさをまき散らす。＊平中(965頃)二五「よになくあさましきことをつくり出だしつついひちらしければ」＊紫式部日記(1010頃か)消息文「殿上人などにいひちらして、日本紀の御局とぞつけたりける」＊日葡辞書(1603〜04)「Iychiraxi, su, aita(イイチラス)〈訳〉うわさをまき散らす、または、吹聴する」③他の説を論じ破る。議論して負かす。発音イーチラス〈標ア〉ラ〈京ア〉⓪ 辞書日葡・〈ボン〉・言海 表記言散(へ・言)

い-いつ【維一】〘名〙(維は、発語の辞。「これ」と訓ずる)一つであること。＊明六雑誌-一三号(1874)開化を進る方法を論す〈津田真道〉「所謂神人混交祭政維一の神政神教行はれたり」発音〈標ア〉⓪

い-いつ【遺佚・遺逸】〘名〙①有能な人が、世に用いられず、民間にうもれていること。また、その人。＊随得集(1388頃)病中唱和「幸是徳不ㇾ孤。青山伴ニ遺佚ニ」＊孟子-公孫丑・上「遺佚而不ㇾ怨。阨窮而不ㇾ閔」＊張祜-題松汀駅詩「那知旧遺逸、不ㇾ在ニ五湖中ニ」②物事が散らばり、なくなること。また、その物事。＊文明本節用集(室町中)「遺佚 イイツ 放捨義也」＊日本詩史(1771)五「今追ニ考之ニ、遺逸殊多」＊晉書-干宝伝「雖ㇾ下考ニ先志于載籍ニ、収中遺逸于当時上、蓋非ニ一耳一目之所ニ親聞覩ニ也」発音〈標ア〉⓪ 辞書文明 表記遺佚(文)

いいつ-か【何時―】〘副〙方言 ⇩いっつ(何時)

いい-づか【飯塚】㊀〘名〙残飯が塚をなすほどだったという長者に関する伝説。また、その伝承をもつ塚。地名に残るものも多い。㊁福岡県北部、嘉穂盆地の中心部の地名。江戸時代は長崎街道の宿場町、遠賀川水運の河港として栄え、明治中期からは炭鉱町として発達。筑豊地方の商業・交通の中心地。昭和七年(一九三二)市制。発音イーズカ〈標ア〉⓪ イ

いいづか【飯塚】姓氏の一つ。発音イーズカ〈標ア〉⓪ イ

いい-つか・う【言使】〘他ハ四〙用事を言い付けて使う。＊土左(935頃)承平四年一二月二三日「やぎのやすのりといふ人あり。この人国に必ずしもいひつかふ者にもあらざなり」＊今昔(1120頃か)一・二六「此の沙門(しゃもん)、新入の御弟子なるに依て五百の御弟子達、各此の沙門を云ひ仕ふ」発音イーツカウ 文イーツコー とも〈標ア〉カ(コ)⓪

いいつが-・う【言継―】〘連語〙(動詞「いいつぐ」に上代の助動詞「ふ」の付いたもの)次々に言い伝える。言い続ける。＊万葉(8C後)五・八九四「神代より 言ひ伝て来らく〈略〉言霊の 幸はふ国と 語り継ぎ 伊比都賀比(イヒツガヒ)けり〈山上憶良〉」

いい-つか・る【言付】〘他ラ五(四)〙言い付けられる。命じられる。＊西洋道中膝栗毛(1870〜76)〈仮名垣魯文〉四・下「いいつらの皮ダ。とんだ加役をいいつからア」＊花間鶯(1887〜88)〈末広鉄腸〉下・六「奥様の御用を云ひつかって銀座へ往って」＊いさなとり(1891)〈幸田露伴〉五三「此家の女房が所用ありて竹川小路の実家へ行く供を吩咐(イヒツカ)り」発音イーツカル〈標ア〉カ〈京ア〉⓪

いい-つかわ・す【言遣】〘他サ四〙書面や伝言によってことばを伝えさせる。上位から下位へ「言いやる」「言い送る」の意で、地の文に用いた場合には多く尊敬語。言っておやりになる。＊古今(905〜914)雑上・八七〇・詞書「にはかにかうぶりたまはりければ、よろこびいひつかはすとて」＊源氏(1001〜14頃)東屋「さらば、かの西の方に、かくろへたる所しいでて。むつかしげなめれど、さても過ぐい給ひつべくは、しばしのほどといひつかはしつ」発音イーツカワス〈標ア〉ワ 辞書〈ボン〉表記言遣(へ)

いい-つぎ【言継・言次】〘名〙①語り伝え。言い伝え。＊万葉(8C後)一八・四〇四七「垂姫(たるひめ)の浦を漕ぎつつ今日の日は楽しく遊べ移比都支(イヒツギ)にせむ〈土師〉」＊万葉(8C後)一八・四一二五「行きかはる 年のはごとに 天の原 ふりさけ見つつ 伊比都芸(イヒツギ)にすれ〈大伴家持〉」②ことばの取り次ぎ。伝言。また、それをする者。＊蜻蛉(974頃)上・天暦八年「びなきことといひつぎをも知らずがほに、馬にはひのりたる人して、うちたたかす」＊十訓抄(1252)七・源頼政訪平経盛家事「いひつぎの侍〈略〉きこえければ、心得ず思はれながら対面して」③仲に立って奉公口などの世話をすること。また、その人。口入れ。周旋人。＊浮世草子・傾城禁短気(1711)三・三「いつとても出尻暴(あら)して、数百軒も経廻(へめぐ)り、後はいひつぎ迄(まで)お出入の家の塞(ふさ)がるを恨、出替り時にも口次ぐ者なく」方言口頭で連絡すること。申し送り。栃木県198 群馬県多野郡246 静岡県周智郡054 ◇いつぎ 埼玉県川越255 発音イーツギ〈なまり〉ユーツギ〔飛驒〕エッギ〔埼玉方言〕〈標ア〉⓪〈京ア〉⓪

いい-つ・く【言付】㊀〘自カ四〙①言葉をかける。話しかける。言い寄る。＊古今(905〜914)離別・四〇五・詞書「道にあへりける人の車に物をいひつきて別れける所にてよめる」＊皇太后宮越後本伊勢物語(10C前)一三〇「女車のありけるにいひつきにけり。とかくをかしきことなん、いひつきて」＊後撰(951〜953頃)恋二・六九〇・詞書「心かけて侍りけれど、いひつかむ方もなく、つれなきさまの見えければ、つかはしける」②男女が親しい間柄になる。関係ができる。＊大和(947〜957頃)一〇三「さればその武蔵なむのちはかへり

ごとはして、いひつきにける」＊平中(965頃)二二「あやしく、うれしくていひつきぬること」 二【他カ下二】⇨いいつける(言付)。 発音 イーック 〈標ア〉ツ

いい-つ・ぐ【言継】【他ガ四】①言い伝える。語り続ける。＊万葉(8C後)五・八一三「世の人に 示したまひて 万世(よろづよ)に 伊比都具(イヒツグ)がねと〈山上憶良〉」＊万葉(8C後)一七・四〇〇三「行く水の 音もさやけく 万世に 伊比都芸(イヒツギ)ゆかむ 川し絶えずは〈大伴池主〉」②人の言葉の後に、それと同じ言葉を繰り返す。＊ささめごと(1463-64頃)上「いかばかりの玄妙の句にても侍れ、以前人のをかしたる心言葉は、ただ人の物をいひつきたるなるべし」③ことばで取り次ぐ。伝言する。仲立ちする。＊蜻蛉(974頃)下・天延二年「さて助(すけ)に、かくてやなどさかしらがる人のありて、ものいひつぐ人あり」＊宇津保(970-999頃)国譲下「そわうのきみして、〈略〉いひつがせ給へば」＊浮世草子・西鶴織留(1694)五・二「たがいひつぎて爰(ここ)へは来(きた)ぞ」＊滑稽本・東海道中膝栗毛(1802-09)三・下「よこすかのおんばあどんに、いいついでくんさい」④声を続ける。続けて物をいう。また、人の言葉を受けて、続けて言う。＊風曲集(1423頃)「前句の文字かしらを、尚の声にて云出したらは、後句を、負のこゑにて云次べし」＊天理本狂言・腰祈(室町末-近世初)「腰をすぐにいのりなをさうと云。又太郎くゎじゃ云つぐ。それはさてきどくな事かな」＊雲のゆき来(1965)〈中村真一郎〉一五「彼は嘆声のような息を洩らし、それから云い継いだ」 発音 イーツグ 〈標ア〉ツ 〈京ア〉0 辞書 〈ボン・言海 表記 言接(へ) 言次(言)

いい-つく・す【言尽】【他サ五(四)】全部言ってしまう。言い終える。存分に言い表わす。↔言い残す。＊蜻蛉(974頃)中・天禄二年「身にはいひつくすべくもあらず、かなしうあはれなり」＊宇津保(970-999頃)内侍督「このなかには、よの中にありとあることのすこしみ所きき所あるは、いひつくすらんかし」＊右京大夫集(13C前)「身をせめてかなしき事いひつくすべき方なし」＊古文真宝笑雲抄(1525)二「湖云古之学者必有師と云。此の七字で当世の学者の師の無処を云尽て有ぞ」＊咄本・初登(1780)田舎「あぜふにも面白い所で、中々云尽(イイツク)され申さねヱ」＊浮雲(1887-89)〈二葉亭四迷〉三・一七「折合が付いてみれば、咄(はなし)も無く、文三の影口(かげぐち)も今は道尽(イヒツク)す」 発音 イーックス 〈標ア〉ク 〈京ア〉0 辞書 〈ボン 表記 言尽(へ)

いいつくし 難(がた)し 存分に言い表わすことができない。＊宇治拾遺(1221頃)一・三「そのすがた、おのおのいひつくしがたし」＊閑居友(1222頃)上・「からはしかはらの女のかはねの事「いひつくしがたくあさましく、わづかに比丘の名をぬすみて、返て三宝をあざむくつみをまねくべき身なれば」＊増鏡(1368-76頃)一六・久米のさら山「おのがじし、宮この名残どもいひつくしがたし」＊文明本節用集(室町中)「難二云尽一 イイツクシガタシ」 辞書 文明 表記 難二云尽一(文)

いい-つくろい【言繕】【名】明らかにしたくない事や過ちをことばでうまくごまかすこと。＊十五年間(1946)〈太宰治〉「たしかに全部、苦しい言ひつくろひの記事ばかりであったが、しかし、それでも、嘘でない記事が毎日、紙面の片隅に小さく載ってゐた」 発音 イーツクロイ 〈標ア〉0

いい-つくろ・う【言繕】【他ワ五(ハ四)】うまく言って体裁を整える。過失や欠点などをことばでうまくごまかす。＊或る女(1919)〈有島武郎〉前・一九「前からあった胃病が、〈略〉段々嵩(こう)じて来て起きられなくなったやうに云ひ繕(ツクロ)った」 発音 イーツクロー 文 イーツクローとも 〈標ア〉ロ 〈京ア〉0 辞書 〈ボン 表記 言繕(へ)

いい-つけ【言付】【名】①目下の者などに対する命令や指示。＊地蔵菩薩霊験記(16C後)七・五「床の下には色々の鬼ども、さまざまの物を手に持(もっ)て云付(いヒつケ)をぞ待居たり」＊浮世草子・西鶴織留(1694)六・二「そこ爰(ここ)さはりて後、云(イヒ)付もなきに袖口から手を入」＊咄本・無事志有意(1798)蓮牡丹「花はまだ咲ていれど、見物があって面倒だから見せるなと和尚様の言付(イイツケ)でござる」＊うもれ木(1892)〈樋口一葉〉三「先師の言付(イヒツケ)より外は他人の意見いれたこと無き籟三」②昔から言われてきている習慣。言い習わし。＊史記抄(1477)三・周本紀「出家せられつれば禅閤と云と云説あり。是は日本の云つけであらうぞ。出処はあるまいぞ」＊詩学大成抄(1558-70頃)四「なににも云いつけ、よみつけあるものぞ日本にもかぢと云ことよみあやまりなり」③告げ口。密告。＊家(1910-11)〈島崎藤村〉上・三「オイ、稲垣君、君は細君を掃出したなんて—今、細君が愁訴(イヒツケ)に来たぜ」 発音 イーツケ 〈標ア〉0 〈京ア〉0 辞書 〈ボン・言海 表記 言付(言)

いいつけ-おび【結付帯】【名】方言 ⇨ゆいつけおび(結付帯)

いいつけ-ぐち【言付口】【名】人の秘密、あやまちなどをそっと他人に言うこと。告げ口。いつけぐち。＊落語・教育の一端(1891)〈初代談洲楼燕枝〉「云附(イヒツケ)口の拵(こさ)へ事で疵(きず)までうけて居なさりながら」＊ながし(1913)〈森鷗外〉「そんな生利な事を言っておだてるものがあるから、〈略〉檀那様に言附(イヒツ)け口(グチ)なんかするのだ」＊大道無門(1926)〈里見弴〉厄日・二「云(イ)ひつけ口(グチ)なんて、大人の気持ぢゃアちょっと出来ないこってすからね」 発音 イーツケグチ 〈なまり〉イッケクチ〔東京〕 〈標ア〉ケ 〈京ア〉ケ

いいつけ-て【言付手】【名】①申し付ける人。命令者。＊どちりなきりしたん(一六〇〇年版)(1600)八「そのいひつけてのとがとはなるとも、したがふもののとがにはあらず」②告げ口をする人。 発音 イーツケテ 〈標ア〉テ

いい-つ・ける【言付】【他カ下一】文 いひつ・く【他カ下二】①物事を人に頼む。命じる。㋑言って頼む。ことづける。付託する。＊大和(947-957頃)一六八「宮の御かへりも人々の消息も、いひつけて又遣りければ」＊源氏(1001-14頃)宿木「かしこの寝殿・堂になすべき事阿闍梨(あざり)にいひつけ侍りにき」＊今昔(1120頃か)二四・五〇「自然(おのづから)人の京に上らむに云付て、我を京へ送れ」㋺目下の者に命じる。申し付ける。また、物を注文する。＊天草本伊曾保(1593)イソポの生涯の事「ソレ チャウチャク セイト iytçuqeraruru(イイツケラルル) ホドコソアレ」＊俳諧・曠野(1689)員外「むく起に物いひつけて亦睡り〈野水〉 門を過行(すぎゆく)茄子よびこむ〈荷兮〉」＊松翁道話(1814-46)三・下「親御様が用をいひ付けると顔ふくらす息子どの」＊雪中梅(1886)〈末広鉄腸〉下・二「お松どん先刻(さっき)吩咐(イヒツケ)て置た酒を早く持て来てお呉れ」②その人にとって好ましくないことを他に告げ知らせる。㋑無実のことや不都合なことを人に言い知らせる。作りごとをして言いふらす。＊宇津保(970-999頃)忠こそ「なに事をいひつけんと、眼をつけて見給へど、いひつくべき事もなし」＊枕(10C終)一六二・弘徽殿とは「人に恥ぢがましきこといひつけたりとうらみて」＊紫式部日記(1010頃か)消息文「腹きたなき人、悪しざまにもてなしいひつくる人あらば」＊人情本・春色梅児誉美(1832-33)四・二三齣上「内所でたしか言(イヒ)つけた様子で見れば」㋺人の秘密や過失、行ないなどをこっそり人に告げ知らせる。密告する。＊怪談牡丹燈籠(1884)〈三遊亭円朝〉一一「此間孝助が殿様に云付(イイツケ)るのを聞て居たら」＊魔風恋風(1903)〈小杉天外〉後・をりあひ・一「今度御邸のお嬢様が来らしったら、皆な言告(イヒツ)けて進(あ)げるから…」＊或る女(1919)〈有島武郎〉後・二三「女将の仕打ちから、女中のふしだらまで尾鰭(をひれ)をつけて讒訴(イヒツ)けて」③あだ名などを付ける。命名する。＊栄花(1028-92頃)日蔭のかづら「大宰相の君などいふ人、おばおとどなどいひつけ給ひ、指(をよび)をさし言ひつれど」＊後拾遺(1086)雑五・一一五五・詞書「陸奥守則光蔵人にて侍りける時、いもせなどいひつけて語らひ侍りけるに」④いつも言っている。言い慣れる。＊徒然草(1331頃)七八「ここもとにいひつけたることくさ、物の名など」＊京大本湯山聯句鈔(1504)「請益と云は、坊師に物を問てまた云てきかせよと云。所望するを請益と禅話に云つけたぞ」⑤叱りつける。きびしく言いきかせる。注意する。＊虎明本狂言・竹の子(室町末-近世初)「歌を一首つつよませて、そのうへでいひ付うと思ふが汝はよまふか」＊狂言記・牛馬(1700)「目代殿なら、急度(きっと)いひ付て被下(くだされ)」 発音 イーツケル 〈なまり〉イェーツケル〔埼玉方言〕イッケル〔茨城・東京〕イッケル〔栃木・埼玉方言〕イッツケル〔東京〕エーツケル・エッケル・エッツケル〔埼玉方言〕エァッケル〔仙台方言〕エズゲル〔岩手〕ユイツケル・ユーツケル・ユジゲル・ユズゲル・ユツゲル〔秋田〕ユッツケル〔茨城〕エズケル〔埼玉方言〕 〈標ア〉ケ 〈京ア〉0 辞書 文明・日葡・〈ボン・言海 表記 云付(文) 言附(へ) 言付(言)

いい-つ・げる【言告】【他ガ下一】文 いひつ・ぐ【他ガ下二】物事を言葉で人に知らせる。告げ口をする。＊栄花(1028-92頃)花山たづぬる中納言「ともすれば、これをこれをといひ思ひ、祈りすることといひつげ給ひて」＊虎寛本狂言・米市(室町末-近世初)「宿へ戻って、とと様・かか様へいひ告て、只置くことではない」＊黴(1911)〈徳田秋声〉一五「『新ちゃんは何時のまにか私の莨入(たばこいれ)を持って行(ある)いてますよ』お銀は笑ひながら笹村に言告げた」 発音 イーツゲル 〈標ア〉ゲ

いい-っこ【言―】【名】①言うこと。また、互いに言い合うこと。多く「いいっこなし」の形で「そのことには互いにもう触れないことにしよう」の意で用いられる。＊洒落本・広街一寸間遊(1778)「文主(ぶんす)、どくをいいっこなしさ」＊人情本・英対暖語(1838)五・二九回「モウモウ過だ叓(こと)を言合(イヒッコ)なしにせうネエ」＊滑稽本・八笑人(1820-49)四・下「くじ次第にして、役不足をいひっこなしだよ」＊二人女房(1891)〈尾崎紅葉〉上・五「そんな皮肉はいひっこなし」②(―する)言い比べ。物の名などを相手とかわるがわるに、挙げられなくなるまで挙げて遊ぶこと。「動物の名を言いっこする」 発音 イーッコ 〈標ア〉0

いい-つたえ【言伝】【名】①昔から代々、口から口へ語り継がれてきた話、事柄、伝説、昔話、ことわざなど。＊玉塵抄(1563)五〇「人のいかぬ深いをくのつぼねなどに、女房あることをしるいた書ぞ。云いつたえ物語のことを書たぞ。それを問話と云ぞ」＊福翁自伝(1899)〈福沢諭吉〉欧羅巴各国に行く「黄平(きびら)の羽織に漆紋〈略〉水戸の老公が始終ソレを召して居たとか云ふやうな云伝(イヒツタ)へで」＊吾輩は猫である(1905-06)〈夏目漱石〉二「昔しからの言ひ伝へで誰でも此松の下へ来ると首が縊(くく)り度(たく)なる」②伝言。ことづて。 発音 イーツタエ 〈標ア〉0 〈京ア〉0 辞書 言海 表記 言伝(言)

いい-つた・える【言伝】【他ア下一(ハ下一)】文 いひつた・ふ【他ハ下二】①話して後世に伝える。語り伝える。＊続日本後紀-嘉祥二年(849)三月庚辰「其長歌詞曰。〈略〉此国。云伝布良久(いひつたフラク)」＊竹取(9C末-10C初)「その煙(けぶり)いまだ雲のなかへたち上(のぼ)るとぞいひつたへたる」＊源氏(1001-14頃)桐壺「ひかるきみといふ名は、こまうどのめできこえて、つけたてまつりけるとぞ、いひつたへたると

なむ」 ＊寛永刊本蒙求抄(1529頃)三「昔から聖人賢人が云伝へたが、あれにばかりないと云ふは、心得ぬ、いで物みせう」 ＊幼学読本(1887)七〈西邨貞〉「是れは言ひ伝へたる談にて聞くか、又は書き残したる書物にて読むに非ざれば知ること能はず」 ②世間の人に語り広める。評判を立てる。言いふらす。 ＊宇津保(970〜999頃)楼上下「またたのもしくいひつたへおき給はん人も」 ＊枕(10C終)三三・説経の講師は「そこに説経しつ、八講しけりなど人のいひつたふるに、その人はありつや、いかがはなど、さだまりていはれたる、あまりなり」 ＊源氏(1001〜14頃)蜻蛉「さるものから、人のいひつたへん事は、いと聞きにくし」 ③ことばを取り次ぐ。伝言する。取り持ちする。 ＊平中(965頃)二四「この男、入りにけり。常にものいひつたへさする人に、たまさかにあひにけり」 ＊今昔(1120頃か)二七・一六「云ひ伝たりける女の許に行て、今夜(こよひ)彼の人に会はむと云ければ」 発音イーッタエル〈標ア〉エ タ〈京ア〉0 文『いひつたふ』イーッタウ、イーットーとも〈標ア〉タ ト〈京ア〉0 辞書文明・日葡・ヘボン 表記云伝(文) 言伝(へ)

いい-つづく・る【言繕】〘他ラ四〙良く言う。ほめて言う。美化して言う。 ＊俳諧・渋よつ手(1810)「孝行なるさま、貞節なるいはれを、いいつづくりて附へき也」

いい-つづけ【言続】〘名〙あることを始終口にすること。絶え間なくしゃべること。 ＊多情多恨(1896)〈尾崎紅葉〉前・一一「這麼(こんな)苦しい思を為るのも鷲見さんの御蔭だと、今朝から言続(イヒツヅケ)にして君を怨むでゐるから」 ＊記念碑(1955)〈堀田善衛〉「いかにも憎さげに、お前と結婚したのは一生の不作だったと、云い続けでしたわ」 発音イーツズケ〈標ア〉0

いい-つづ・ける【言続】〘他カ下一〙文いひつづ・く〘他カ下二〙①続けて言う。絶え間なくしゃべる。次々に述べる。 ＊蜻蛉(974頃)下・天祿三年「などか来ぬ、とはぬ、にくし、あからしとて、うちもつみもし給へかしといひつづけらるれば」 ＊源氏(1001〜14頃)桐壺「すべて、いひつづけば、ことごとしう、うたてぞなりぬべき人の御さまなりける」 ＊古本説話集(1130頃か)一九「め、にくげなる事どもをいひつづくるに、おひいだしけり」 ＊四河入海(17C前)一・一「今は旱が本なれども、水旱と云いつづくる語なれば水旱と云ぞ」 ②語り伝える。また、いつまでもうわさをする。 ＊日々の収拾(1970)〈坂上弘〉「多分父を代弁して何十年も言い続けてきたはずのわけ知りめいた伯父の言葉の空虚さに対する、警戒心だった」 発音イーツズケル〈標ア〉ケ 辞書文明・日葡 表記云読(文)

いい-つづ・る【言綴】〘他ラ五(四)〙文章などのまとまった形になるように、ことばで表現する。 ＊白痴(1946)〈坂口安吾〉「自分自身の思ひつめたことだけをそれも至極漠然と要約して断片的に言ひ綴ってゐる」 発音イーツズル〈標ア〉ズ

いい-づて【言伝】〘名〙「いいつたえ(言伝)」に同じ。 ＊彼女とゴミ箱(1931)〈一瀬直行〉三社祭「三社様のおまつりには、きっと一日雨が降るものときめられてゐる。誰の記憶にも、この言ひづてを裏切ったことがないと言ってよい」

いい-つて・く【言伝来】〘自カ変〙言い伝えてくる。口伝えに伝承してくる。 ＊万葉(8C後)五・八九四「神代より 云伝久(いひつてク)らく そらみつ 倭の国は 皇神の いつくしき国 言霊(ことだま)の 幸はふ国と 語り継ぎ 云ひ継がひけり〈山上憶良〉」

いいづな【飯綱】〘名〙⇨いいずな(飯綱)

いい-つの・る【言募】〘他ラ五(四)〙調子に乗ってますます盛んにしゃべる。興奮して前より激しく言い張る。 ＊日葡辞書(1603〜04)「Iy tçunoru (イイツノル)〈訳〉怒りがこみあげてきて、次第に口数が多くなり、声高になっていく」 ＊評判記・色道大鏡(1678)四「つれの事なれば、つれのまへあるにつけて、ともにいひつのらねばならず」 ＊俳諧・炭俵(1694)上「拭立てお上(うへ)の敷居ひからする〈孤屋〉 尚言(いひ)つのる詞がらかひ〈野坡〉」 ＊浄瑠璃・浦島年代記(1722)一「たがひに負けじといひつのる」 ＊門(1910)〈夏目漱石〉一二「今ならどんな気不味(きまづ)いことを双方で言(イ)ひ募(ツノ)ったって、御米の神経に障る気遣はない」 発音イーツノル〈標ア〉ノ〈京ア〉0 辞書日葡・書言・ヘボン・言海 表記言募(へ・言) 謂募(書)

いい-っぱなし【言放】〘名〙(「いいぱなし」の変化した語)「いいばなし(言放)」に同じ。 ＊いさなとり(1891)〈幸田露伴〉四四「又伺ひませうと云ひっぱなしに其儘惣五は帰りしが」 ＊清作の妻(1918)〈吉田絃二郎〉「俺が知ったことぢゃないと言った風に言ひっ放しにして」 発音イーッパナシ〈標ア〉0

いい-っぱな・す【言放】〘他サ五(四)〙「いいはなつ(言放)」に同じ。 ＊三四郎(1908)〈夏目漱石〉九「と云(イ)ひっ放(パナ)して、それなり消えて仕舞った」 発音イーッパナス〈標ア〉ナ

いい-つぶ【飯粒】〘名〙めしのつぶ。めしつぶ。いいぼ。ごはんつぶ。 ＊塵芥(1510〜50頃)「餃 イヒツフ」 ＊地蔵菩薩霊験記(16C後)八・一二「或は飯粒(イヒツブ)の光を放つを見ては発心するもの勝計(あげてかぞ)ふ可からず」 ＊咄本・醒睡笑(1628)一「主の鬚(ひげ)に飯粒(イヒツブ)つく」 発音イーツブ〈標ア〉ツ

いい-っぷり【言振】〘名〙「いいぶり(言振)」の変化した語。 ＊火の柱(1904)〈木下尚江〉四「忌(いや)なら忌で其れも可(よう)御座んすサ、只だ其の言(イヒ)っ振(プリ)が癪に障り[illegible]」 発音[illegible]〈標ア〉0

いい-つま・る【言詰】〘自ラ五(四)〙話の途中で、都合が悪くなったり、思い出せなくなったりして、次のことばが言えなくなる。 ＊世相(1946)〈織田作之助〉七「そして暫く言ひ詰ってゐたが、やがて思ひ切って言ひませうと、置注(おきつ)ぎの盃をぐっと飲みほした」 発音イーツマル〈標ア〉マ

いい-つ・める【言詰】〘他マ下一〙文いひつ・む〘他マ下二〙①(「つめる」は、限度、極点のところまで至らせる意)最後のところまで言う。 ＊五音三曲集(1460)「字をいひつむれば拍子に後るるところを、文字一ぬすめば、拍子に合いて、曲感となるなり」 ＊文明本節用集(室町中)「云詰 イイツム」 ＊中華若木詩抄(1520頃)上「雪は残と云へども、東風に消ず。ついに残てある者は、白髪の雪ぞと云ぞ。残と云事を云つめたぞ」 ＊浮雲(1887〜89)〈二葉亭四迷〉二・八「『もしや本田に…』と言ひ懸(か)けて敢(あへ)て言ひ詰めず〈略〉愕然(がくぜん)として四辺(あたり)を環視(みまは)した」 ②(「つめる」は、迫って逃げ場のないようにする意)ことばで相手をやりこめる。相手を言い負かす。言いこめる。理詰めに物を言う。 ＊応永本論語抄(1420)季氏第一六「冉求が陳法するを云つめん為に、求と名を呼出せり」 ＊羅葡日辞書(1595)「Iugulo〈略〉アイテノ コトバヲモッテ アイテヲ iytçumuru (イイツムル)」 ＊日葡辞書(1603〜04)「Iytçume, uru, eta (イイツムル)〈訳〉ことばで、または、論争することによって、ある人を説き伏せる」 ＊評判記・色道大鏡(1678)一「入らる る をろかなる人を欺きて、いひつむる心也」 ＊詞葉新雅(1792)「イヒスヱル いひそす、イヒツメル同上又いひつむるトモ」 ③事柄をまとめて簡潔に言い表わす。 ＊四河入海(17C前)一一・三「前篇の詩は許多意を設て作て有る程に、をくで云いつめていやなるぞ」 発音イーツメル〈標ア〉メ 辞書文明・日葡・ヘボン・言海 表記言詰(へ・言) 云詰(文)

いい-つよ・る【言強】〘自ラ四〙強がって言う。言って奮起する。 ＊とはずがたり(14C前)一「例の心弱さは、否(いな)ともいひつより得で、居たれば」

いい-づら・い【言辛】〘形口〙文いひづら・し〘形ク〙①口に出して言うのがはばかられる。いいにくい。いいがたい。 ＊記念碑(1955)〈堀田善衛〉「事の如何を問わず、云い辛く聞き辛いことにぶつかるごとに、二人の気持はかけ違ってしまうことは」 ②発音しにくい。いいにくい。

いい-つら・ねる【言連】〘他ナ下一〙文いひつら・ぬ〘他ナ下二〙続けて言う。つぎつぎに表現する。 ＊千載(1187)序「心に思ふ事を詞に任せて、いひつらぬるならひなるが故にこそ、三十(みそ)もじあまりひともじをだに詠みつらねつるものは」 ＊言塵集(1406)序「其後心に思事おほければ、詞もおほくいひつらねき」 発音イーツラネル〈標ア〉ネ

いい-つらのかわ【好面皮】〘連語〙(他人の不幸やしくじりを冷たく批評し、また自分が他から受けた損失について自嘲していう)とんだ恥さらし。いい迷惑。かさねがさねわりの悪い目にあって、ばかばかしいくらいだ。 ＊雑俳・柳多留‐一三八(1835)「いい面(ツラ)のかわだと早太思へども」 ＊人情本・春色辰巳園(1833〜35)初・五回「大勢の兄弟の中で、手めへが一番おれに苦労をさせて、成長(こころだっ)たところで息をつかずに、手めへの自由をされたら、いいつらの皮(カハ)だ」 ＊第三者(1903)〈国木田独歩〉四「喰ひ飽かれた者こそ可(イ)い面(ツラ)の皮(カハ)だ」

いい-て【言手】〘名〙言う人。話し手。 ＊史記抄(1477)一二・平虞列伝「同言(ことば)なれども、云てによりて、心がちがうものぞ」 ＊文明本節用集(室町中)「云手 イイテ」 ＊浮世草子・傾城禁短気(1711)五・三「おれがいたさふとあっちから引請ていひ手のないうちは」 ＊浄瑠璃・心中宵庚申(1722)上「咳にまぎらし身ぜせりし、ぐっといひ手もなかりけり」 ＊明暗(1916)〈夏目漱石〉二八「言(イ)ひ手(テ)が真面目な丈に津田を猶(なほ)失笑させた」 方言おしゃべり。饒舌家(じょうぜつか)。熊本県鹿本郡919 発音イーテ〈標ア〉0 辞書文明 表記云手(文)

いい-て【結手】〘名〙(「ゆいて」の変化した語)人の髪を結う者。 ＊滑稽本・七偏人(1857〜63)三・上「自己(おいら)の様な客には、結手(イイテ)の方から廿八文は出しても宜(いい)のだ」 発音イーテ〈標ア〉0

いい-で【言―】〘名〙方言言い聞かせ。注意を与えて戒めること。長崎県壱岐島914 ◇いいど 新潟県佐渡352

いいで-さん【飯豊山】山形、新潟、福島の県境付近にある山。飯豊山地の主峰。八月には山頂の飯豊山神社(五社権現)への豊作祈願の登山者が多い。標高二一〇五メートル。飯出山。 発音イーデサン〈標ア〉デ

いいで-さんち【飯豊山地】新潟、山形、福島の県境にある山地。主峰は飯豊山。最高峰の大日岳(二一二八メートル)ほか、三国岳、西ケ岳、北股岳、杁差岳(いぶりさしだけ、えぶりさしだけ)、種蒔山などが連なる。高山植物が多く、クマ、カモシカ、サルなどが住む。磐梯朝日国立公園の一部。飯豊連峰。 発音イーデサンチ〈標ア〉サ

イーデン(Earl of Avon, Sir Robert Anthony Eden サー＝ロバート＝アンソニー―)イギリスの政治家。保守党。伯爵。一九五五年チャーチルの後を継いで首相となったが、五七年スエズ出兵問題の責任をとって辞職。(一八九七〜一九七七)

いい-とお・す【言通】〘他サ五(四)〙どこまでも言い張る。ずっと同じことを言う。いいぬく。 ＊文明本節用集(室町中)「云透 イイトヲス」 ＊寛永刊本蒙求抄(1529頃)九「抗は敵なれども祐を誉たぞ。楽毅公明も及まいと云たぞ。細々云い通して祐が方へ酒を送るぞ」 ＊和英語林集成(再版)(1872)「Iitōshi (イイトウシ) シジュウ イチゴンモ アラタメ モウサズ ソロ」 ＊桑の実(1913)〈鈴木三重吉〉一一「見まひの

人を、飽まで実家のお父さんだと言ひ通されたのも青木さんの気を悪くさせた」 発音イートース〈標ア〉ト 〈京ア〉0 辞書文明・〈ボン・言海〉 表記云透(文) 言透(へ) 言通(言)

いい-とお・る【言通】〖自ラ四〗①話の筋がよく通る。細かいところまで行き届いた、よくわかる話をする。*源氏(1001-14頃)帚木「世のすきものにて、物よくいひとをれるを、中将待ちとりて、この品々をわきまへ定め争ふ」②どこまでも言い続ける。他人の意見に妥協せず、同じ意見を通す。*日葡辞書(1603-04)「Iytouori, ru, otta (イイトヲル)〈訳〉たとえ他の人びとの側からの妨害があっても、言い出したら最後まで言い続ける」 発音イートール〈標ア〉ト 辞書日葡

いい-とが・める【言咎】〖他マ下一〗図いひとが・む〖他マ下二〗人の欠点、あやまちなどを言って非難する。*枕(10C終)一七九・宮仕人の里なども「まねうちするを聞かば、ましていかにきびしくいひとがめむ」 発音イートガメル〈標ア〉メ

いい-とき【言解】〖名〗立場、事情などを説明して、相手の理解を求めること。言いわけ。弁明。*歌舞伎・日月星享和政談(延命院)(1878)四幕「さ、その言解(イヒトキ)も今爰(ここ)で、名乗り合ふさへ面目(めんぼく)なく」 発音イートキ〈標ア〉0

いい-と・く【言解】〖他カ四〗立場、事情などを説明して、相手の理解を求める。弁明する。釈明する。*読本・南総里見八犬伝(1814-42)二・一三回「有身(みごも)れる事実ならば、よしや臥房を共にせずとも、それいひ解(トカ)ん証据(あかし)はなし」*人情本・春色梅美婦禰(1841-42頃)三・一三回「今言解(イヒト)くとも実情(まこと)とせじ、折こそあらめと心をさだめ」*歌舞伎・因幡小僧雨夜噺(1887)二幕「瞞(だま)すに手なしと長袖の、ながながしくも言(イ)ひとけど」*金色夜叉(1897-98)〈尾崎紅葉〉後・四「如何(いか)に答ふべきか、如何に言釈くべきか」 発音イートク〈標ア〉ト

いい-ところ【好所・良所】⇩「いい(好)」の子見出し

いい-どころ【言所】〖名〗①言うべき時機。申し述べるきっかけ。また、言うにふさわしい相手。*夜の寝覚(1045-68頃)五「おもりかに、あてなるかたもすぎて、あまりいとうるはしく、我おこたりいひ所なくおはしますにぞ、われも、言ずくなになりて」*浮世草子・西鶴織留(1694)一・三「母親『爰(ここ)はいひ所』と、男のごとくひざを立て、畳をたたき」*人情本・仮名文章娘節用(1831-34)後・五回「わたしには、わがままの、いいどころだと思ひなすって、いつでもいつでもあの通り」②言うべき点。言いたい箇所。言う価値。*とりかへばや(12C後)上「かばかりの宿世なりければ、いますこしいひ所あることもこそまさらめ」*浮世草子・西鶴織留(1694)六・二「壱人の女は比(ころ)ようて、いづれにひとつ難のいひ所なくて」*不言不語(1895)〈尾崎紅葉〉二「目鼻立難の言ひ所なく揃ひたまへるが」 発音イードコロ〈標ア〉0 辞書文明 表記云所(文)

いい-とし【好年】⇩「いい(好)」の子見出し

いい-とじ・む【言閉】〖他マ下二〗(「とじむ」は終えるの意) 断言する。言い切る。*枕(10C終)一〇一・御かたがた、君たち「むげに思ひ屈しにけり。いとわろし。いひとぢめつることは、さてこそあらめ」

いい-とど・く【言届】〖他カ下二〗十分伝わるように言う。余すところなく言う。*史記抄(1477)一七・游侠列伝「漢書よりは、委曲に言ほどの事を綿密に言とどくるぞ」*浄瑠璃・傾城反魂香(1708頃)中「四郎二郎様へ歎きのかかることなどは、知らせまして下さんすなと、よふいひ届(トドケ)て下さんせ」 発音イートドク〈標ア〉ド 辞書文明 表記云届(文)

いい-ととの・う【言調】〖他ハ下二〗指示して物事を整備する。命じてきちんとさせる。言って取りしきる。*源氏(1001-14頃)夕霧「女所にて、しどけなくよろづの事ならひたる宮のうちに、有様心留めて、僅かなる下人(しもびと)をもいひととのへ」*寛永刊本蒙求抄(1529頃)二「履履は足にくつをえ入いで、つまさきに履をかけて出ぞ。又云ととのへて出る心ぞ」 辞書文明 表記云調(文)

いい-とど・む【言留】〖他マ下二〗①言って他人の動作をやめさせる。とどまるように言って引きとめる。また、呼びとめる。言いとむ。*平中(965頃)二五「車をかけむとしければ、この男、なほ、しばしいひとどめて」*源氏(1001-14頃)蓬生「この人さへうちすてむとするを、うらめしう、あはれにも思せど、いひとどむべき方もなくて」*宇治拾遺(1221頃)一四・六「もしさもやと思て、いひとどめて、よびにやりつるなり」②物事のさまを言葉に表わして、後まで残しておく。使った言葉を記憶にとどめさせる。言いとむ。*万寿二年阿波守義忠歌合(1025)「足曳(あしひき)の山路こそ神代の古言にもいひとどめたれば」*今鏡(1170)六・志賀のみそぎ「心あらん人は、いかなる事の葉も、いひとどめまほしきに」③言い終える。詩歌や文章の末を結ぶ。*四河入海(17C前)一二・二「愚心ならば結句を云べき歟ぞ。奇妙に云いとどめたものかなぞ」 発音イートドム〈標ア〉ド 辞書日葡

いい-と・む【言留】〖他マ下二〗①「いいとどむ(言留)①」に同じ。*竹むきが記(1349)上「あさましう便あしきさまなれば、いと見苦しかるべきことに、さまざまいひとむる人ありしかば」*文明本節用集(室町中)「云留 イヒトム」*日葡辞書(1603-04)「Iytome, uru, eta (イイトムル)〈訳〉決められたことを、実行しないように、他人に言いきかせる」②「いいとどむ(言留)②」に同じ。*俳諧・三冊子(1702)赤双紙「また句作りに師の詞有(あり)。物のみへたる光、いまだ心にきへざる中にいひとむべし」 発音イートム〈標ア〉ト 辞書文明・日葡 表記云留(文)

いいとよ【鵂鶹】〖名〗(「いいどよ」とも)「ふくろう(梟)」の古名。*書紀(720)皇極三年三月(岩崎本訓)「休留(イヒトヨ)〈休留は茅鴟なり〉子を豊浦大臣の大津の宅の倉に産めり」*新撰字鏡(898-901頃)「鴞 伊比止与又与太加」*観智院本名義抄(1241)「鵂鶹 イヒドヨ」*釈日本紀(1274-1301)一四「休留〈茅鴟〈略〉兼方案之、伊比登与(イヒトヨ)者、梟異名也〉」 発音〈音史〉古くは『いひどよ』か。〈ア史〉平安〇〇〇 鎌倉〇○◉○ 〈京ア〉イートヨ0 辞書字鏡・和名・色葉・名義・書言 表記鵂鶹(和・名・書) 鵂(字・名) 鴞・鴞(字) 老鵵(色) 鴟・鵂・鵩(名) 茅鴟(書)

いいとよあお-の-ひめみこ【飯豊青皇女】履中天皇の皇孫女。父は市辺押磐(いちのべのおしいわ)皇子。清寧天皇の崩御(四八四)後、皇女の弟、弘計(おけ)、億計(おけ)の両皇子が譲り合って即位しなかったので、葛城(かずらき)の角刺宮(つのさしのみや)で数か月政務をとった。飯豊天皇とも称されるが、世代には数えない。忍海郎女(おしぬみのいらつめ)。青海皇女(あおうみのみこ)。

いい-とよ・む【言響】〖他マ四〗(「いいどよむ」とも) 大勢の人があれこれと大声をあげる。言い騒ぐ。言いののしる。*古事記(712)中(延佳本訓)「是に言動(イヒドヨミ)、御室(みむろ)の楽(ゑらぎ)を為て、食物(をしもの)を設け備ふ」*古事記(712)中(古事記伝訓)「是に、御室楽(みむろうたげ)為むと言動(イヒトヨミ)て」 発音イートヨム〈標ア〉ヨ

いい-とり【好鳥】〖名〗絶好の獲物。自分にとって非常に都合のよいもの。いい鴨(かも)。よい鳥。*雑俳・柳多留-二九(1800)「いい鳥が来たぞと松のうへで言い」*洒落本・恵比良濃梅(1801)四「なんでもいい鳥(トリ)がかかったと見へて、このあいだァ、おめへのかほが、とんだいきいきとしたよふだ」 発音イートリ〈標ア〉イ

いい-とり【言取】〖名〗ことばで表現すること。多く、事情を述べ立てることにいう。*洒落本・傾情知恵鑑(1783)「若ひものの、言とりがわるひと、たばこぼんでも踏みこわされて」*歌舞伎・島衛月白浪(1881)三幕「通らぬ事を言張って、通すが悪事に馴れた言取(イヒトリ)、出る所へ出て腕を見ねえ」*歌舞伎・夢物語盧生容画(1886)六幕「思ひがけねえ此の火事も、旦那が教へた言取(イヒトリ)で、切られる所を助かって」 発音イートリ〈標ア〉0

いい-どり〖名〗(「いい」は「結(ゆ)い」、仕事の助け合いの意) 多忙の時に、農家で互いに手助けをし合うこと。*土(1910)〈長塚節〉二〇「彼等は相互の便宜上手間の交換をするのであるが、彼等はそれを『いひどり』というて居る」

いい-と・る【言取】〖他ラ五(四)〗①ことばに移して言う。ことばで表現、伝達する。*俳諧・雑談集(1692)上「此有様、まことに仁心の発動せる所なれども、一句に云とることのかたき也」*俳諧・三冊子(1702)赤双紙「師のいはく『心の味をいひとらんと数日腸(はらわた)をしぼる』と也」*読本・雨月物語(1776)蛇性の婬「愚也ともよくいひとり侍らん」*唐詩選国字解(1791)五言古「其行着いた日暮より夜迄のやうすをよく順にいひとった」②見なして言う。*四河入海(17C前)七・三「五年と云は二夏三年と云とってぞ」③人の話の途中から引き取って自分が話す。人の話を横取りして自分が話す。 発音イートル〈標ア〉ト 辞書〈ボン・言海〉 表記言取(へ・言)

イートン(Eton)ロンドンの西方にある小都市。一五世紀創立のパブリックスクールの名門校イートン-カレッジがある。 発音〈標ア〉イ

イートン-カラー〖名〗(英 Eton collar イートン-カレッジの制服から) 男生徒用の洋服の襟のスタイルの一つ。折り襟の上にさらに白布の幅広の襟をつけたもの。 発音〈標ア〉カ

イートン-カレッジ(Eton College)ロンドン西方の古都イートンにあるパブリックスクール。一四四〇年ヘンリー六世が創設。上流富裕階級の男子子弟を全寮制で教育。 発音〈標ア〉カ

イートン-クロップ〖名〗(英 Eton crop イートン-カレッジの生徒の髪型から) 婦人の髪型の一つ。断髪で後ろを刈り上げるもの。*モダン用語辞典(1930)〈喜多壮一郎〉「イートンクロップ 断髪の一種」*真理の春(1930)〈細田民樹〉頭の上の街・九「男のやうなイートンクロップの断髪(ボブ)を白い指でかきあげながら」 発音〈標ア〉ロ

いい-なおし【言直】〖名〗言いなおすこと。言い改めること。 発音イーナオシ〈標ア〉0〈京ア〉0

いい-なお・す【言直】〖他サ五(四)〗①前に言ったことを取り消して言い改める。とりつくろって言う。改めてもう一度言う。言いかえる。*春曙抄本枕(10C終)八三・ねたき物「『さいひてあらんや』とて、源少納言、新中納言などいひなほし給ひし顔」*源氏(1001-14頃)夕霧「人の御名をよさまにいひなをす人は難きものなり」②言葉で説得して、誤りを正したり、事態を良い方向へ向かわせたりする。*応永本論語抄(1420)微子第一八「今政に従ふ人は、何と云とも成べからず。其をよく云なをして治ことはあやうしと云」 発音イーナオス〈標ア〉オ〈京ア〉0 辞書文明・日葡 表記云直(文)

いい-なか【好仲】⇩「いい(好)」の子見出し

いい-なが・す【言流】〖他サ五(四)〗①後世、または世間に広く言いふらす。言い広める。ふれ流す。*観智院本三宝絵(984)序「只海(あま)の浮木(うきき)の浮べたる事をのみいひなかし」*源氏(1001-14頃)藤裏葉「あさき名をいひながしける川口はいかが漏らしし関の荒垣」*狭衣物語(1069-77頃か)二「我さへ、見たてまつり置きて、亡くなりなば、いとどいかなる有

様にて、天の下にいひながされ給はん」＊読本・春雨物語(1808)樊噲「くはしく書き付けて国々へいひながす」②謡曲などを、流れるように、さらりとうたう。とどこおることなくうたい続ける。また、文章で、言葉が途切れないようにさらりと書き綴る。＊音曲声出口伝(1419)「てにはの字の声(しゃう)は、いいながす言葉の吟のなびきによりて、声(しゃう)が違へども、節だにおよければ、苦しからず」＊曲附次第(1423頃)「すべて云ながし云ひ納めて、感の声一ところありて、かかりのどやかに、文移り軽々(かろがろ)と、たふやかに曲附けすべし」＊寛永七年刊本古文真宝鈔(1630)一「いづれに段々を立るとも、つぎつぎをよく、文のさかさまにならぬ様に、云つめぬやうに、云いながし云いながしのびのびとかくものぞ」③言ってそのまま、ほうっておく。無責任に言う。＊浮世草子・西鶴織留(1694)六・二「ひだりの手して箸を持、鉄鎚(かなづち)にて茶釜たたき割とも、『気のつよき所、男はそれじゃぞ。箸も後には我と右にもつ物』と云流(イヒナガ)し」 発音イーナガス 〈標ア〉ガ

いい-なぐさ・む【言慰】㊀『他マ下二』あれこれと言って人の気持を慰める。慰めのことばを言う。＊平中(965頃)一「この男の友達ども集まり来て、いひなぐさめなどしければ、酒ら飲ませけるに」＊枕(10C終)二六五・たのもしきもの「心地などのむつかしきころ、まことまことしき思ひ人のいひなぐさめたる」＊源氏(1001-14頃)東屋「うしろめたうな思ひ給ひそ。長月は、あすこそ節分(せちぶ)とききしかと、いひなぐさむ」㊁『自マ四』いろいろと話をして心が慰められる。話をすることで心が晴れる。＊徒然草(1331頃)一二「をかしきことも、世のはかなき事も、うらなくいひなぐさまんこそうれしかるべきに」 発音イーナグサム 〈標ア〉サ 辞書文明 表記云慰(文)

いい-なぐさめ【言慰】『名』相手の心の苦痛がやわらぐようなことばをかけること。＊野心(1902)〈永井荷風〉三「男任せに其手を握らした上に、何とか云慰めをせねばならぬやうな心持になって来たのである」 発音イーナグサメ 〈標ア〉0

いい-なぐり【言抛・言殴】『名』①言いたいことをあれこれ盛んに言うこと。②無遠慮に言い放つこと。＊洒落本・廓大帳(1789)二「『モシイおやすみなんし』といひなぐりにしてゆく」

いい-なぐ・る【言抛・言殴】『他ラ四』①言いたいことをあれこれと盛んにしゃべる。ぞんざいにしゃべる。＊浄瑠璃・頼朝伊豆日記(1693頃)二「親の前共はばからず、つべこべといひなぐり、なかなか用るけしきなし」＊浮世草子・当世乙女織(1706)四・三「身うけのことをとやかくと、談合仕かけ候へども色々いひけし云なぐり、少しもとりあへ申さねば」②無遠慮に言い切る。言い放つ。言い捨てる。＊浄瑠璃・傾城八花形(1703)三「はて此末はふし付けて、子共等までも云通、何のちがひが御ざらうと、いひなぐりをくに入行」＊浄瑠璃・安倍宗任松浦簦(1737)一「要(い)らざる女の小差出と、寸々に引裂捨て、何のにべなく云抛(イヒナグ)り」＊俳諧・鶉衣(1727-79)後・中・七六・六林文集序「東花坊支考が文は、はたらきて逼(せま)らず、おもしろくいひなぐりて、情を深く含ませたり」 方言言い捨てる。愛知県東加茂郡565 発音イーナグル 〈標ア〉グ

いい-なげ・く【言嘆・言歎】『自カ四』不満や恨みの言葉を口に出して悲しむ。＊枕(10C終)八七・職の御曹司におはします頃、西の廂にて「雨いみじう降れば、これにぞ消えぬらんといみじう、いま一日二日も待ちつけでと、夜も起きゐていひなげけば」＊源氏(1001-14頃)玉鬘「さりとも、おろかには思ひ捨てきこえ給はじなどいひなげく」＊苔の衣(1271頃)二「世の光いかになり給ふべきにかと、あやしきしづのをまでもいひなげく」 発音イーナゲク 〈標ア〉ゲ

いい-なし【言做・言為】『名』言いなすこと。あえてそのように言うこと。①それらしく言いこしらえること。こしらえごと。また、告げ口。＊拾遺愚草(1216-33頃)中「みよし野の春もいひなしのそらめかと分け入る峰ににほへ白雲」＊寛永刊本蒙求抄(1529頃)一〇「賈が云なしによって先祖の丘墓を打捨て他国したは口惜し」＊虎明本狂言・武悪(室町末-近世初)「それはなんぢがいひなしであらふ、よひやうに云てくれひ」＊浮世草子・本朝二十不孝(1686)四・三「心の浪風たつも人の云(イヒ)なしにして是非なき事有」②仲に立ちうまく話して事をまとめたり、おさめたりすること。とりなし。＊浄瑠璃・薩摩歌(1711頃)上「第一此人のいひなしとはいひつ縁次第仕合次第と云所に」＊浄瑠璃・心中宵庚申(1722)下「皆こなさまのいひなし故と、ほんに男の御恩は戴いてゐても飽きはない」③言い方。＊談義本・根無草(1763-69)前・五「出る儘のいひたい事、つまる処は能くも悪くもいひなし次第の浮世にて」 発音イーナシ 〈標ア〉0 辞書文明 表記云成(文)

いいなし-ずし【飯無鮨】『名』鮨の一つ。飯を用いないで、魚肉だけを酢につけて押したもの。＊料理早指南(1801-04)二「押鯛 中だひ身をすにつけやき、しほつよくしてまきつけおしを置、さて小口切。但し飯(イヒ)なし鮨(スシ)ともいふ」

いいなし-の-はな【―花】『名』植物「うめ(梅)」の異名。＊俳諧・年浪草(1783)春・二「梅〈略〉いひなしの花」＊重訂本草綱目啓蒙(1847)二五・五果「梅〈略〉いひなしのはな」

いい-なじ・る【言詰】『他ラ四』相手の悪い点を責めて、強く問いただす。詰問する。〔字鏡集(1245)〕＊三月変(1929)〈岡田三郎〉「『毎月仕送をするとかって、本当かえ?』誰にきいたものか、母はそんなことまで云(イ)ひなじった」

いい-な・す【言做・言為】『他サ四』(「なす」は強いてそのようにするの意)①事実そうでないことを、事実らしく言う。㋑事実とは違うことを言いこしらえる。＊後撰(951-953頃)恋二・六二二「あまの戸をあけぬあけぬといひなしてそら鳴きしつる鳥の声かな〈よみ人しらず〉」＊落窪(10C後)一「よき人ならば、もて出でやし給はんとあやふくて、なほ帯刀にあひたるといひなしてん」＊源氏(1001-14頃)乙女「かくれあるまじきことなれど、心をやりて、あらぬことだに、いひなされよ」＊寸鉄録(1606)「あやまちありてあしきことをば、君主のしわざなりとも、わがみのあやまちなりといひなすべし」＊和英語林集成(再版)(1872)「ウソヲ マコトニ iinasu(イイナス)」㋺よい(または、わるい)結果をもたらすように言う。とりなして言う。言いつくろう。＊宇津保(970-999頃)蔵開下「いさや、うたてきこゆるよなれば、人もやうたていひなさんとてぞや」＊源氏(1001-14頃)末摘花「『簀の子などは、便(びむ)なう侍りなむ、おし立ちてあはあはしき御心などは、よも』といとよくいひなして」＊虎明本狂言・秀句傘(室町末-近世初)「一だん見事であった。ようにたとう人じゃといふて、いかひ満足じゃと云たらばよからふ程に、その通いてよひやうにいひなせ」㋩ある事物を他の事物にたとえて表現する。事実を比喩的に表わす。＊燈前夜話(15C後)上「瑤池の桃花が此馬の毛に落て、今まであったげなと作たは、料簡して云ないたぞ」＊寛永刊本江湖集鈔(1633)二「血を以て楞厳経を書いたを、釈迦の舌の血ぢゃと云いなしたが面白いぞ」②ことさらに強調して言う。言い立てる。＊枕(10C終)八四・里にまかでたるに「里にまかでたるに殿上人などの来るをも、やすからずぞ人々はいひなすなる」＊名語記(1275)七「いちを世間の人、いむちといひなせる也と申せる也」＊徒然草(1331頃)七三「あるにも過ぎて人は物をいひなすに、まして年月も過ぎ、境も隔りぬれば、言ひたきままに語りなして」＊ロドリゲス日本大文典(1604-08)「ヒトノ アイダヲ ワルウ iynasu(イイナス)」＊都会の憂鬱(1923)〈佐藤春夫〉「この男が潴山をまるで仲間か何かのやうに言ひ做(ナ)すのも無理がないほど」 発音イーナス 〈標ア〉ナ 辞書日葡・ヘボン・言海 表記言成(へ) 言做(言)

いい-なずけ【許嫁・言名付】『名』(動詞「いいなずける(言名付)」の連用形の名詞化)①(─する)双方の親同士で、幼いうちから子どもの結婚を約束しておくこと。＊羅葡日辞書(1595)「Sponsalia〈略〉イゴ フウフニ ナルベシトノ タガイノヤクソク、iynazzuqe(イイナヅケ)」＊日葡辞書(1603-04)「Iynazzuqe(イイナヅケ)〈訳〉口頭の婚約」＊俳諧・独吟一日千句(1675)第一〇「草ふかき所ながらも云名付 両方ともに同し思ひじゃ」＊浮世草子・好色二代男(1684)四・二「七明年なる親共云名付して」＊造化妙々奇談(1879-80)〈宮崎柳条〉二編・三「或は幼(いとけ)なき時約定(イイナツ)けするもあり」②親同士の意見で、幼い時から婚約している男女。また、夫あるいは妻になると決まった人。婚約者。フィアンセ。＊伊勢物語愚見抄(再稿本)(1474)上「おさなき時よりいひなつけのやうにあれば、やがて妻の心にいもといへるにや」＊俳諧・鷹筑波(1638)二「をし鴨のめをとや池のいひ名付〈久重〉」＊浄瑠璃・新版歌祭文(お染久松)(1780)野崎村「言号(イイナヅケ)の娘御と女夫(めうと)になりたい心じゃの」＊人情本・春色恵の花(1836)二・九回「なんぼ子どもだっても、おまはんのいひなづけと言ものだから、子ども心にも女房気どりでいなさいますは」＊魔風恋風(1903)〈小杉天外〉前・病院・一「『然うねえ、同胞(きゃうだい)にしては似て居ないし』『ぢゃ許嫁男(イヒナヅケ)? でなきゃ従兄妹(いとこ)?』」 語誌動詞イヒナヅクの原義未詳。婚約の慣例が生じイヒナヅケという語が用いられはじめたのは、中世以降のことで、上流武家において、嫁入り婚が男性支配型の婚姻として成立したころからと推測される。 語源説(1)ユヒナフヅケ(結納付)の約転〔両京俚言考・大言海〕。(2)イミナヅケ(忌名付)のなまりか。結婚の際、夫となる男性が妻となる女性を呼ぶイミナを付けることから〔江戸のかたきを長崎で=楳垣実〕。(3)ナヅケはナツケ(懐)の義か〔綜合日本民俗語彙〕。 発音イーナズケ 〈なまり〉ユナッケ〔鹿児島〕 〈標ア〉0 〈京ア〉0 辞書日葡・ヘボン・言海 表記言名付(言)

いいなずけ は 国(くに)を隔(へだ)てても悋気(りんき)する 許嫁は、相手を将来の配偶者だと思っているから、遠い他国にいる相手にも嫉妬(しっと)するものだの意。＊譬喩尽(1786)一「言号(イヒナヅケ)は国(クニ)を隔(ヘダ)てても悋気(リンキ)する」

いい-なず・ける【言名付】『他カ下一』文いひなづ・く『他カ下二』いいなずけとする。結婚の約束をする。また、親同士が子女の結婚の約束を取り決める。婚約する。＊太平記(14C後)八・春宮還御事「何(いか)なる我なれば、已(すで)に人の云名付て事定りたる中をさけて、人の心を破るらん」＊日葡辞書(1603-04)「Iynazzuqe, uru, eta(イイナヅクル)〈訳〉口頭である人に婚約する。または自分の息子または娘をある人と結婚させる約束をする」＊幸若・新曲(室町末-近世初)「すでに人にいひ名付、事定まりぬる中をさけて、人の心をやぶるべき」＊歌舞伎・彩入御伽草(1808)皿屋敷の場「いとけない時云ひ号け、杯せねど云ひ約束」＊読本・南総里見八犬伝(1814-42)二・一三回「吾儕(わがみ)には苟(かりそめ)にもいひなづけたる良人はなし」＊和英語林集成(初版)(1867)「Ī-nadzke, ru, ta イヒナヅケル 許嫁」 辞書日葡・ヘボン 表記許嫁(へ)

いい-なだめ【言宥】『名』ことばで相手の高ぶった感情をしずめること。＊野心(1902)〈永井荷風〉五「光太郎は頑として五助と母親が云宥(イヒナダ)めを排斥し」 発音イーナダメ 〈標ア〉0

いい-なだ・める【言宥】『他マ下一』文いひな

だ・む〘他マ下二〙言ってなだめる。ことばによって、相手の心を静める。＊浜松中納言(11C中)二「せめていひなだめて、よろこびあはれがりきこゆるを」＊歌舞伎・お染久松色読販(1813)序幕「末は夫婦といひなだめ、かわいや欺(だま)して置くものの」発音イーナダメル〈標ア〉メ 辞書ヘボン 表記 言宥(へ)

いい-なび・く【言靡】〘他カ下二〙相手を言いくるめて自分の意のままにする。＊玉塵抄(1563)六「鯨布(けいほ)と云者一方のうでこきなり。此を随何かいて面白云いなびけて漢え帰服させたぞ」

いい-なぶ・る【言嬲】〘他ラ五(四)〙ことばで、さまざまにからかい、苦しめる。＊野心(1902)〈永井荷風〉五「日頃の敵をここで思ふ様云嬲(イヒナブ)って遣らうと云ふのであらう」発音イーナブル〈標ア〉ブ

いい-なやま・す【言悩】〘他サ四〙いろいろなことを言って相手を苦しませる。言って相手を困らせたり、うるさく感じさせたりする。＊源氏(1001-14頃)藤袴「心深きあはれをつくし、いひなやまし給ふになん心やしみ給ふらん」＊夜の寝覚(1045-68頃)三「月頃の事どもは、のちの事におかれて、とざまかうざま、いひなやまし」＊増鏡(1368-76頃)一五・むら時雨「おとしめざまにいひなやまし人々も」発音イーナヤマス〈標ア〉マ

いい-なや・む【言悩】〘他マ五(四)〙①言葉に出して心配する。いろいろと言って心配する。＊狭衣物語(1069-77頃か)四「猶、いかなる事にかあらん、といひなやむ人多かるに」②言いづらく思う。気がひけてなかなか言えない。発音イーナヤム〈標ア〉ヤ〈京ア〉0

いい-なら・う【言慣・言習】〘他ハ四〙言うことに慣れる。いつも言う。言い慣れる。＊源氏(1001-14頃)宿木「誰も誰も、宮にたてまつらんと、心ざし給へるむすめは、猶、源中納言にこそと、とりどりにいひならふなるこそ、我がおぼえの口惜しくはあらぬなめり」＊愚管抄(1220)六・順徳「日頃わか宮とぞ、この社は云ならいたりける」＊俳諧・宇陀法師(1702)巻頭弁俳諧一巻沙汰「かりにも雑談あるべからず。常々行義正しくいひ習ふべし」発音イーナラウ 文イーナローとも〈標ア〉ラ(ロ) 辞書文明・ヘボン 表記 云習(文) 言慣(へ)

いい-なら・す【言慣・言馴】〘他サ四〙①言って従わせる。口説き落とす。＊青表紙一本源氏(1001-14頃)紅梅「まことにいひならさんと、思ふところあるにやと、さすがに御心ときめきし給ひて」②口癖のように言う。そのことを言うのが習慣のようになっている。発音イーナラス〈標ア〉ラ

いい-なら・べる【言並】〘他バ下一〙文いひなら・ぶ〘他バ下二〙①同列のものとして並べて言う。匹敵するものとして言う。＊紫式部日記(1010頃か)消息文「その御方、かの細殿と、いひならぶる御あたりもなく」②事柄を一つ一つ言いたてる。＊浮世草子・諸道聴耳世間猿(1766)一・一「『兵(つはもの)の交り頼母しう存じます』と威儀をただしていひ並(ナラ)ぶれば」

いい-ならわし【言習・言慣】〘名〙そのように言うことが習慣となっていること。昔からそのように言われてきている習慣、言葉、事柄。＊書言字考節用集(1717)八「謂慣 イヒナラハシ」＊都鄙問答(1739)三・性理問答「世の俗語(イヒナラハシ)にも、孟子を善(よし)と思ふ者多きゆへ」＊古道大意(1813)上「日本書紀と書いてあるけれども、やはり俗の言習はしの通り、日本紀と称して」発音イーナラワシ〈標ア〉0〈京ア〉0 辞書書言・言海 表記 謂慣(書) 言習(言)

いい-ならわ・す【言習・言慣】〘他サ五(四)〙①世間で習慣的にそのように言う。言い伝えてくる。＊無名草子(1198-1202頃)夢「あだにはかなきことにいひならはしてあれど、夢こそあはれにいみじくおぼゆれ」＊曾我物語(南北朝頃)五・五郎が情かけし女出家の事「我等風情の者は、欲心にすまひするといひならはせり」＊日葡辞書(1603-04)「ベンケイヲ　ヲニ　カミノ　ヤウニ　ヒト　iynarauaita（イイナラワイタ）」＊評判記・色道大鏡(1678)一二「伏見の鐘木町(しゅもくまち)は、本名夷町也。〈略〉夷町も町の象(かたち)鐘木に似たりとていひならはしたるなるべし」＊幼学読本(1887)〈西邨貞〉三「重にもみぢのことに言ひならはしたるが故に、楓を又紅葉ともかく」②口癖に言う。いつもそのように言う。＊人情本・英対暖語(1838)初・六回「妹娘は年十七才なれども、子細あって十六才と言(イヒ)ならはしてあり」発音イーナラワス〈標ア〉ワ〈京ア〉0 辞書日葡・言海 表記 言習(言)

いい-ならわせ【言習】〘名〙「いいならわし(言習)」に同じ。＊文明開化(1873-74)〈加藤祐一〉初・下「犬と狐と間違ひさうな事もなし、只其処々のいひ習(ナラ)はせで、怪しい事をいふものを、種々な名をつけた迄の事で」発音イーナラワセ〈標ア〉0

いい-なり【言成】〘名〙(形動)言うとおり。また、言うとおりに行なわれるさま。言うがまま。いうなり。＊洒落本・水月ものはなし(1758)上・上粋「千万の金をつかふてそこら中から言(イイ)成りにそだてられて、一代野暮で仕舞手前壱人粋と覚てゐるわろも有り」＊銀の匙(1913-15)〈中勘助〉後・一一「貞ちゃんは剽軽者(ひょうきんもの)の気のいい子でなんでもいひなりにして遊んでくれたし」＊上海(1928-31)〈横光利一〉四「あそこにゐる外人は、見てるとみなあの女の云ひなりだよ」発音イーナリ〈なまり〉イーナレ〔島根〕〈標ア〉0〈京ア〉0

いいなり-こんべ【言成―】〘名〙方言 言いなりほうだい。群馬県山田郡240 ◇いいなんご 岡山市762 ◇いいなりふくべ 群馬県館林245

いいなり-さんぼう【言成三宝】〘名〙(形動)「いいなりほうだい(言成放題)」に同じ。＊滑稽本・浮世風呂(1809-13)二・下「病人のいひなり三宝(サンボウ)にして上(あげ)なせへ」発音イーナリサンボー〈標ア〉0

いいなり-じぞう【言成地蔵】〘名〙旅人を殺した馬方が、峠の地蔵に口止めしたが、十数年後に来て道連れの旅人にみずから話し、それが殺した人の子であったために仇を討たれたという伝説。また、その伝承をもつ地蔵。

いいなり-しだい【言成次第】〘名〙(形動)言うとおりに行なわれること。また、そのさま。言いなり。言うなりしだい。＊滑稽本・浮世風呂(1809-13)三・上「何でも角(か)でも云(イ)ひなり次第(シデへ)」＊浮雲(1887-89)〈二葉亭四迷〉一・二「何でも彼(か)でも言成(イヒナリ)次第にをいそれと仕付けられたのが癖と成って」＊正雪の二代目(1927)〈岡本綺堂〉一・一「幕府の役人どもは揃ひも揃った腰ぬけばかりで、相手の云ひなり次第に、先づ神奈川の港を開く」発音イーナリシダイ〈標ア〉シ〈京ア〉シ

いいなり-どおり【言成通】〘名〙(形動)「いいなりしだい(言成次第)」に同じ。＊茶話(1915-30)〈薄田泣菫〉売子娘「婦人客はその鼠色の手套をも、言(イ)ひなり通(ドホ)り二つ購はされた」＊途上(1932)〈嘉村礒多〉「言ひなり通り夜の自習時間に下町のミルクホールに行き」発音イーナリドーリ〈標ア〉ド

いいなり-ふくべ【言成―】〘名〙方言 ⇩いいなりこんべ(言成―)

いいなり-ほうだい【言成放題】〘名〙(形動)物事の見境なく言うとおりに行なわれること。また、そのさま。いいなりさんぼう。＊当世書生気質(1885-86)〈坪内逍遥〉九「人のいひなり放題(ハウダイ)になって」＊指輪の罰(1902)〈国木田独歩〉一「何が欲(ほ)しい彼(か)が欲しいと言(イ)ひなり放題(ハウダイ)、強請(ねだ)り放題」発音イーナリホーダイ〈標ア〉ホ〈京ア〉ホ

いい-な・る【言成】〘自ラ四〙言うようになる。話の成り行きで言ってしまう。＊蜻蛉(974頃)上・康保三年「はかなき事いひいひのはてに、われも人も悪しういひなりて」＊源氏(1001-14頃)東屋「親なしと聞きあなづりて、まだをさなくなりあはぬ人を、さし越えて、かくはいひなるべしや」

いい-なれ【言―】〘形動〙方言 言い付けどおりにするさま。素直、従順なさま。島根県石見709 広島県佐伯郡771 ◇ゆいなれ 奈良県宇陀郡680 ◇ゆいなり 滋賀県彦根609 ◇いいさま〔言様〕徳島県海部郡811

いい-な・れる【言慣・言馴】〘他ラ下一〙文いひな・る〘他ラ下二〙①言うことになれている。ものなれた態度で言う。＊大和(947-957頃)一七三「きたれどもいひしなれねば鶯の君に告げよとをしへてぞなく」＊能因本枕(10C終)五九・若くてよろしき男の「若くてよろしき男の、げす女の名いひなれてよびたるこそいとにくけれ」＊羅葡日辞書(1595)「Calumniosus〈略〉キョセツヲ　iynaretaru（イイナレタル）モノ、ヒダウヲ　シナレタル　モノ」②言い寄ってなれ親しむ。気のおけない関係である。＊源氏(1001-14頃)末摘花「かうこの中将のいひありきけるを、こと多くいひなれたらむかたにぞ靡かむかし」＊金槐集(1213)恋「秋頃いひなれにし人の物へまかれりしに」③言い方が熟している。よく練れた表現である。言葉づかいが洗練されている。＊元永元年十月二日内大臣忠通歌合(1118)「岡の梢の色をおもふなどいへるも、云なれてをかしさまさりたるにや」＊今鏡(1170)五・ふるさとの花の色「詞もいひなれ、姿も詠みすまされ侍る」発音イーナレル〈標ア〉レ〈京ア〉0 辞書文明 表記 云馴(文)

いいなん【飯南】三重県の中央部の郡。櫛田川上・中流域の山間地で、奈良県と接する。明治二九年(一八九六)飯野郡と飯高郡が合併して成立。

いいにえ〘感動〙打消を表わす「いいえ」の俗語的な言い方。いいにや。＊洒落本・深川新話(1779)「『むすこねていやな』『いいにへ、よふござんす』」＊洒落本・道中粋語録(1779-80頃)「『馬士(まご)どん、茶でも進ぜうか』『いいにへ、モウ呑ずとこんたのその一言で、そこいら中がしめって来るはナ』」

いい-にく・い【言難】〘形口〙文いひにく・し〘形ク〙①言葉にして言うのがむずかしい。うまく言えない。また、口に出すのがはばかられる。いいづらい。いいがたい。＊枕(10C終)九〇・宮の五節いださせ給ふに「年わかき人の、さる顕証(けさう)のほどはいひにくきにや、返しもせず」＊宇津保(970-999頃)嵯峨院「さしむかひては、いひにくく」＊仮名草子・犬枕(1606頃)「いひにくき物　一、惚れたる人に直に口説く　一、無心の所望の使」＊浮雲(1887-89)〈二葉亭四迷〉一・四「今夜言って仕舞はう…だが…お勢がゐては言ひ難(ニク)いナ」＊蝮のすゑ(1947)〈武田泰淳〉二「彼は言ひかけて止めた。苦しげな表情をした。言ひにくい話をしようと努めてゐるのであった」②発音するのがむずかしい。いいづらい。＊名語記(1275)八「卅日をみそかといへる如何。これも、みとをか也。みとか、舌つきていひにくければ、とか傍韻のそにわたりてみそか也」＊玉塵抄(1563)三五「音の如につづいた字云えば云いにくいほどに音のびんきよりに便当に本ごえをばついて云ぞ」＊とむらい師たち(1966)〈野坂昭如〉「フルネームやったらいいにくいやろから、略して国葬と呼んで下さい」

いい-にく・む【言憎】〘他マ四〙言葉に出していやがる。悪口を言う。反感をもって話題にする。＊能因本枕(10C終)五七・四季の御さうしの立蔀のもとにて「若き人々はただいひにくみ、見ぐるしき事になんつくろはずいふ」＊浜松中納言(11C中)一「いとよしなき事しつるかなと、人々いひにくむを」＊堤中納言(11C中-13C頃)虫めづる姫君「けしからぬわざしける人かなといひにくみ」

いい-にげ いひ【言逃】『名』「いいのがれ(言逃)」に同じ。

いい-に・げる いひ【言逃】『自ガ下一』「いいのがれる(言逃)」に同じ。＊人生の幸福(1924)〈正宗白鳥〉二「あいつ今は、その事で調べられるのだが、言逃げるすべはあるまいよ」 発音イーニゲル〈標ア〉ゲ

いい-にご・す いひ【言濁】『他サ五(四)』よくわからないように言う。ことばを濁してごまかす。＊牛部屋の臭ひ(1916)〈正宗白鳥〉七「『狐にでも憑かれたんでせうぞいな』お夏はさう言濁して」 発音イーニゴス〈標ア〉ゴ

いい-に・す いひ【言似】『他サ下二』ことばによってまるめこむ。言いくるめる。＊本福寺跡書(1560頃)「まづ有遺ふ衆言ひ似せ、道場朝夕の勤行の前後に言いすくめ」

いいにや『感動』「いいにえ」に同じ。＊洒落本・世説新語茶(1776–77か)坊客「『手水にいった時でごぜんせう』『いいにや、そふじゃアごぜんすめへ』」＊咄本・蝶夫婦(1777)砂糖味噌「『その味噌を、手のこうへのせてくんな』『けしからねへ。旦那様がお叱りなさる』『ええはな。ちっとくんな』『イイニヤサならねへよ』」

いいぬう『名』方言 ⇩いのおかじ(—風)

いい-ぬ・く いひ【言抜】㊀『他カ四』①「いいとおす(言通)」に同じ。＊拘幽操辨(1686)「唐の書に此やう深切に君臣の大義をいひぬいた書はないぞ」＊洒落本・自惚鏡(1789)きをい「あんまりごふせいをいいぬきし故、今さらおこされもせず」②隠し事や秘密を言葉にして明るみに出す。＊方丈記私記(1970–71)〈堀田善衛〉六「職業上の秘密を、こうもぬけぬけと言い抜かれたのではたまったものではない」 ㊁『他カ下二』⇩いいぬける(言抜)

いい-ぬけ いひ【言抜】『名』言い抜けること。言いのがれ。遁辞(とんじ)。＊浮世草子・傾城色三味線(1701)京・三「とかく口さきでは、いひぬけのやうにて一分よはし」＊咄本・軽口御前男(1703)四・一七「いひぬけの篦(もがり)」＊雑俳・柳多留‐一〇(1775)「いひぬけをみんな女房に覚られ」＊卍(1928–30)〈谷崎潤一郎〉一五「自分にも責任あるよって帰るに帰られへん、そんでとうとう今迄傍についたげてたんやと、うまいこと云ひ抜けしましたのんです」 発音イーヌケ〈標ア〉0〈京ア〉0 辞書言海 表記言抜(言)

いいぬけ-どころ いひぬけ【言抜所】『名』言いのがれの理由がうまくつけられる事柄。＊松翁道話(1814–46)四・上「其様にいひぬけ所をこしらへて置いてなりとも、贅がこきたいとは 然りとは因果な事ぢゃ」

いい-ぬ・ける いひ【言抜】『他カ下一』文いひぬ・く『他カ下二』うまく言いつくろって罪になることや責任をとることを避ける。巧みにごまかして苦境から脱する。いいのがれる。＊四河入海(17C前)八・二「其時に不ㇾ知ㇾ直ㇾ辞とて何とも云いぬけうずようをも不ㇾ知を、獄吏が是をきぶうせめたぞ」＊評判記・色道大鏡(1678)一一「先(まづ)吉祥といふ名も、憚(はばかり)あるべき事なり。吉女(きちぢょ)なりといひぬけんには、よき女といふ心なれば、猶名付がたし」＊浄瑠璃・傾城反魂香(1708頃)中「恋故今はあの体すすどけなふて智恵満々、閻魔(ゑんま)の庁でもいひぬける此宮を頼まふ」＊魔風恋風(1903)〈小杉天外〉前・あらそひ・三「其様なに言抜けようとしても駄目だ、皆な白状して了へ！」 発音イーヌケル〈標ア〉ケ〈京ア〉0 辞書文明・〈ポン〉・言海 表記言抜(へ・言) 云脱・云抜(文)

いいぬま いひぬま【飯沼】姓氏の一つ。 発音イーヌマ〈標ア〉0

いいぬま-よくさい【飯沼慾斎】江戸末期の本草家。医者。伊勢の人。小野蘭山に本草学、宇田川榛斎に蘭学、洋医学を学ぶ。日本で初めてリンネ式方法で分類、図説した「草木図説」三〇巻を著わす。天明二〜慶応元年(一七八二〜一八六五)

いいぬま-こんにゃく いひぬま【飯沼蒟蒻】『名』海藻、コトジツノマタを煮て溶かし、そののり状の液を固めた食品。海藻こんにゃく。 発音イーヌマコンニャク〈標ア〉コ

いい-ね いひ【言値】『名』売り手の言うままの値段。値切ったり、交渉したりしないままの値段。⇔付け値。＊滑稽本・浮世風呂(1809–13)二・下「弐朱(にし)と四百(いっぽん)といふ云値(イイネ)だから、値切たら、まだ負だらう」＊雁(1911–13)〈森鷗外〉一「偶然僕は工面が好かったので言値(イヒネ)で買った」 発音イーネ〈標ア〉0〈京ア〉0

いい-ね いひ【言寝】『名』しゃべっているうち、いつのまにか寝てしまうこと。＊有明の別(12C後)二「いとたぐひなきとぞめでられ給なると、いひねにみな寝入りぬれば」

いいの いひの【飯野】三重県の中東部にあった郡。櫛田川下流の地。明治二九年(一八九六)飯高郡と合併して飯南郡となる。＊二十巻本和名抄(934頃)五「伊勢国〈略〉飯野〈伊比乃〉」

いいの いひの【飯野】姓氏の一つ。 発音イーノ〈標ア〉イ

いい-のがれ いひ【言逃・言遁】『名』言いのがれること。また、その時の言葉。言い抜け。いいにげ。＊或る死、或る生(1939)〈保高徳蔵〉二「時々は脱線したりする上に、見えすいたいひ逃れをしようとする狡さもあったりしたからである」＊日の出前(1946)〈太宰治〉「二、三度、母に対して苦しい言ひのがれをした事もあった」 発音イーノガレ〈標ア〉0〈京ア〉0

いい-のが・れる いひ【言逃・言遁】『他ラ下一』文いひのが・る『他ラ下二』なんとか言いつくろって、責任などがかからないようにする。言いぬける。＊源氏(1001–14頃)玉鬘「その日ばかりといふに、この月は季の果てなりなど、田舎びたる事をいひのがる」＊玉塵抄(1563)一一「私家するとは、とが人が物を内儀でつみを云いのかるることぞ」＊和英語林集成(初版)(1867)「ナンギヲ I-nogareru(イイノガレル)」＊魔風恋風(1903)〈小杉天外〉後・立聞・三「苦し紛れに、一時を云ひ遁れては済まんぞ、可いか？」 発音イーノガレル〈標ア〉レ〈京ア〉0 辞書〈ポン〉 表記言遁(へ)

いい-のき いひ【言退】『名』言って引きさがること。＊虎明本狂言・酢薑(室町末–近世初)「さらは一句づついひのきにせう」

いいの-ぎぬ いひの【飯野絹】『名』加賀地方(石川県)から産した平織りの玉絹。 発音イーノギヌ〈標ア〉ギ

いい-の・く いひ【言退】㊀『自カ四』ものを言って引き下がる。㊁『他カ下二』⇩いいのける(言退)。 発音イーノク〈標ア〉ノ

いい-のけ いひ【飯気】『名』温かい飯からあがる湯気。

いい-の・ける いひ【言退】『他カ下一』文いひの・く『他カ下二』自分の考えを主張する。ためらわずにあえて言う。言い負かす。＊愚管抄(1220)二・後堀河「さしもなき口弁にてまことの詮意趣をばいひのけたる事ども多く侍れば」＊くれの廿八日(1898)〈内田魯庵〉三「嚙んで吐出した様に愛想気(あいそけ)もなく云退(イヒノ)けた」 発音イーノケル〈標ア〉ケ 辞書文明 表記云除(文)

いい-のこし いひ【言残】『名』①全部言わないで話を残すこと。また、その残した話。＊医師高間房一氏(1941)〈田畑修一郎〉四・四「それだけに、競馬場でのあのくるくると廻るやうな、速い、曖昧な云ひ残しが、ふしぎに印象を残してゐた」＊私の宗教観(1957)〈亀井勝一郎〉危険な関係「誇張、あるひは逆に抑制、省略、それからいひ残しやいひ過ぎ等々、文章はこれらのものの複雑な組合せからなる」②別れる時などに、あとに言いおくこと。また、その言葉。 発音イーノコシ〈標ア〉0〈京ア〉0

いい-のこ・す いひ【言残】『他サ五(四)』①全部言わないで話を残す。述べ尽くさないで残す。⇔言い尽くす。＊蜻蛉(974頃)下・天祿三年「さるすまひにてもひのこしいひのこすらんとぞ、まづ思ひやりける」＊俳諧・初懐紙評註(1686)「草村の躰、物すごき有様、前句に言残したる所をよく請(うけ)たり」＊人情本・春色梅児誉美(1832–33)三・一八齣「アアまだいひ残したことが有は」②別れる人や死んでいく人があとの人に言いおく。＊古文真宝笑雲抄(1525)九「事不行ほどに、説を永く云残て置て后世へ伝へいではと云心に、書にして残されたぞ」＊俳諧・続猿蓑(1698)冬「そのとしの暮かかる事もいひ残して、今はなき人とはなりし」＊浄瑠璃・新版歌祭文(お染久松)(1780)長町「諸事は翌(あし)たと言ひ残し立別かれては立留り」＊思出の記(1900–01)〈徳富蘆花〉三・二一「臨終の際(きわ)にも〈略〉其様(そう)しみじみ言ひ遺しました位で」 発音イーノコス〈標ア〉コ〈京ア〉0 辞書文明・言海 表記云残(文) 言残(言)

いい-のこり いひ【言残】『名』話のうちで、まだ言わないでいる部分。話の残り。＊西洋道中膝栗毛(1870–76)〈仮名垣魯文〉八・上「ゆうべのぐちのいいのこりさんざんこぼせば」 発音イーノコリ〈標ア〉0

いい-のこ・る いひ【言残】『自ラ五(四)』言うべきことがまだある。まだ言い終わらないで話が残る。 発音イーノコル〈標ア〉コ

いい-のたて いひ【言伸立】『名』(高く伸び立った言い方の意か)勝手なことを言うこと。言いたい放題なこと。＊大鏡(12C前)四・道隆「いでや、さありしかど、かかるぞかしと、人にいひのたてせさすな」

いい-のし・る いひ【言罵】『他ラ四』口々に言い立てる。騒がしいしゃべり方で言う。やかましく言う。言い騒ぐ。＊大和(947–957頃)八五「おなじ右近、桃園の宰相の君なむすみ給ふなどいひののしりけれど」＊源氏(1001–14頃)手習「いよいよいと尊きものにいひののしる」＊古本説話集(1130頃か)五「そののち、めでたき事に、世にいひののしりけり」 発音イーノノシル〈標ア〉シ

いい-のばし いひ【言延】『名』言い延ばすこと。＊福翁自伝(1899)〈福沢諭吉〉長崎遊学「借金もある様子で其借金の云延(イヒノバ)し、新に借用の申込みに行き、又金談の手紙の代筆もする」 発音イーノバシ〈標ア〉0

いい-のば・す いひ【言延】『他サ五(四)』いろいろ理由をつけて、期限を先に延ばす。＊人情本・恩愛二葉草(1834)三・八章「度々催促の手紙も来やすけれど〈略〉種々(いろいろ)と言ひ延(ノバ)し」＊琵琶伝(1896)〈泉鏡花〉四「ものぐるはしき躰(てい)なるより、一日のばしにいひのばしつ」 発音イーノバス〈標ア〉バ

いい-のべ いひ【言延】『名』あれこれ言って時を延ばすこと。言いわけなどして期限を延ばすこと。＊滑稽本・古朽木(1780)一「婚礼は四月にして貰ひたいとの言延(イヒノベ)」＊雑俳・柳多留拾遺(1801)巻一「云ひ延べはたたき牛蒡で聞えかね」

いい-のべだて いひ【言延立】『名』いろいろと言い立てて時を延ばすこと。＊歌舞伎・阿国御前化粧鏡(1809)序幕「今までは与右衛門が、云(イ)ひ延(ノ)べ立(ダ)てもあらうが、これからはわしが顔づくで、料簡(れうけん)してやったがよい」

いい-の-へらつかい ゐいのへらつかひ【井伊篦遣】『連語』江戸時代、彦根藩の井伊家が将軍家のお産に、へその緒を切る竹篦を奉ったこと。＊譬喩尽(1786)一「井伊(ヰイ)の篦遣(ヘラツカヒ)此語井伊掃部頭大樹公御産胞衣継篦竹上例也、此藪一里四方彦根領有ㇾ之云云、継切也、祝如ㇾ此唱也」

いい-の・べる いひ【言延】『他バ下一』文いひの・ぶ『他バ下二』①いろいろと言って延期する。とやかく

言って時を延ばす。口実をもうけて延期する。言い延ばす。＊隆信集(1204頃)「女のためし日をいひのべつつ、後の日を待てといひしかば」＊俳諧・西鶴大矢数(1681)第一〇「おじゃったか寝覚の里に何もなし 大節季までいい延て松」＊歌舞伎・蔦紅葉宇都谷峠(文彌殺し)(1856)二幕「訳も聞かずに証文へ何故印形をおしてやった。母が帰った上の事と言ひ延べてはおかなんだ」＊和英語林集成(初版)(1867)「アサッテマデト inobe-ru(イイノベル)」②長く延ばして言う。引き延ばして言う。＊狂歌・家つと(1729)「幾千世といひのへにけりいはひ歌 台をたまはる折を得てさて」＊俳諧・也哉抄(1774)「『や』にていひおほせぬは『やよ』『やよや』など云延(いひノべ)て、思ふかぎりを述る自在はなしがたければ」発音イーノベル〈標ア〉ベ 辞書文明・日葡・〈ボン〉 表記云延(文・へ)

いい-の・べる【言述】『他バ下一』文いひの・ぶ『他バ下二』言葉に表わす。＊今昔(1120頃)九・二八「弟、此を聞て、亦、云ひ叙ぶる事無くして、忽に不見ず成ぬ」＊羅葡日辞書(1595)「Exloquor〈訳〉良く雄弁に話す。モノヲ ヨク iynoburu(イイノブル)、または、ワクル」＊四河入海(17C前)二二・二「路君が致仕せんと云も道理ぞ。其心を下八句に云いのふるぞ」＊俳諧・常盤屋の句合(1680)二〇番「納豆に四手うつ山寺の嵐、まことにさむき景気をよく云のべたれば」＊小説神髄(1885-86)〈坪内逍遙〉上・小説総論「我国の短歌長歌のたぐひは〈略〉僅に一時の感情をばいひのべたるに止まるものにて」発音イーノベル〈標ア〉ベ 辞書〈ボン〉 表記口演(へ)

いい-のぼ・す【言上】『他サ下二』都へ便りなどをやる。＊石山本願寺日記-証如上人日記・天文五年(1536)八月一二日「百足のぼせ候と、国より云のぼせ候へども、一向不ㇾ足候」＊天草本平家(1592)四・二六「ミヤコノ シュゴニ ノボセラレタ ホウジャウノ モトエ カマクラドノ iynoboxeraruruua(イイノボセラルルワ)」＊日葡辞書(1603-04)「Iynoboxe, suru, eta(イイノボスル)」辞書日葡

いい-のぼ・る【言上】『自ラ四』「いいあがる(言上)」に同じ。＊評判記・色道大鏡(1678)一四「おとこ面目なけれど、いひのぼりつつ、うけひきたまはぬからは、わが身ひとつをいかにもして、心をやすめまいらせんとかこつ」＊歌舞伎・傾城王昭君(1701)一「入鹿(いるか)は猶(なほ)も言上(イヒノボ)って、『仮令(たとへ)天子は見給はずと、大臣所望(しょまう)するからは、是非宝塔(ほうたう)を押し開き拝(をが)まんものを』と飛びかかり」＊浄瑠璃・曾我扇八景(1711頃)上「そうなくは朝比奈な見付次第に切さくとひぢを張って、いひのぼる」発音イーノボル〈標ア〉ボ

いい-のめ・す【言―】『他サ五(四)』勝手なことを、ずけずけと言いまくる。また、議論して言い負かす。言い散らす。＊雑俳・川柳評万句合-明和八(1771)智二「気があると見へてちょちょらをいいのめし」＊洒落本・多佳余宇辞(1780)「ヱヱモウ両方で、いきちょんを云いのめさァ、ほされてゐるものの、手まへもあらァ」発音イーノメス〈標ア〉メ

いいのや-ぐう【井伊谷宮】静岡県引佐(いなさ)郡引佐町井伊谷にある神社。旧官幣中社。後醍醐天皇の皇子宗良(むねなが)親王の墓所の前に明治五年(一八七二)造営。新宮さん。発音イイノヤグー〈標ア〉ヤ

いいば『名』方言植物、かしわ(柏)。島根県964 岡山県北部003 広島県比婆郡773 ◇いいばまき 広島県比婆郡773

いい-ばえ【言栄】『名』話をして、目立った効果が現われること。言うことが非常に役に立つこと。＊人情本・英対暖語(1838)四・二四章「今此通り零落して、見る影もねへ身分だから、〈略〉何を言っても言栄(イヒバヘ)も為(し)まひが、マアはなして聞せなな」発音イーバエ〈標ア〉0

いい-はから・う【言計】『他ハ四』相談し合って、適当な処置を講じる。＊右京大夫集(13C前)「さるべき人々さりがたくいひはからふこと有りて、思ひのほかにとし経て後又ここのへの中をみし身のちぎり」

いい-はぐらか・す【言―】『他サ五(四)』「いいはぐらす(言―)」に同じ。＊和英語林集成(初版)(1867)「Ī-hagurakashi, sz, sh'ta イヒハグラカス」発音イーハグラカス〈標ア〉カ 辞書〈ボン〉

いい-はぐら・す【言―】『他サ五(四)』話の中心点をぼかしたり他の話題に移したりして、ごまかす。いいはぐらかす。いいまぎらす。＊めぐりあひ(1888-89)〈二葉亭四迷訳〉二「古びた手袋をはめた、繰言の好きな domino(ドーミノ)連の付纏ふを串戯(じゃうだん)に言紛(イヒハグ)らしながら」発音イーハグラス〈標ア〉ラ

いい-はぐ・れる【言逸】『他ラ下一』文いひはぐ・る『他ラ下二』「いいそびれる(言―)」に同じ。＊日葡辞書(1603-04)「Iyfagure, uru, eta(イイハグルル)」＊咄本・口拍子(1773)おふくろ「元(げん)ぶくした当座にいひはぐって、いまたに母人とも云にくさに、やっぱりかか様(さん)かか様(さん)と、ひげ口でいふも聞くにくい」＊暗夜行路(1921-37)〈志賀直哉〉三・一一「謙作は却々(なかなか)結婚の事を云ひ出さなかった。云ひはぐれた形でもあったが、余りそれが出ないので」発音イーハグレル〈標ア〉レ〈京ア〉0 辞書日葡

いい-はげま・す【言励】『他サ四』①強い口調で責め立てる。声を強めて相手をたしなめる。＊源氏(1001-14頃)帚木「腹立たしくなりて、憎(にく)げなることどもを、いひはげまし侍るに」＊源氏(1001-14頃)若菜上「常にこの小侍従といふ御乳主(ちぬし)をもいひはげまして」＊栄花(1028-92頃)うたがひ「劣るには、今度参りてせんとす。よく学問をすべしといひはげまさせ給ふ程も」②ことばをかけて元気づける。気をふるい立たせるようなことばをかける。発音イーハゲマス〈標ア〉マ

いい-はじ【言恥】『名』言って恥をかくこと。言葉の上の恥辱。＊鷺賢通本狂言・真奪(室町末-近世初)「某も言ひかかって言ひ恥はかかれぬ」発音イーハジ〈標ア〉0

いい-はしたな・む【言―】『他マ下二』言ってたしなめる。きびしく言ってとがめる。＊夜の寝覚(1045-68頃)二「そもさるべき前の世の宿世(すくせ)にこそはありけめと、かしこにいひはしたなめられて」＊とりかへばや(12C後)上「今はいひはしたなめても、わが身のよづかぬ有様をみしられぬれば、たけかるべきやうもなし」

いい-はじめ【言始】『名』言い始めること。最初に言い出すこと。また、その人、あるいは、その言葉。発音イーハジメ〈標ア〉0〈京ア〉0

いい-はじ・める【言始】『他マ下一』文いひはじ・む『他マ下二』①はじめてそのことを言う。言い出す。＊竹取(9C末-10C初)「是をなむ、玉さかるとはいひはじめける」＊拾遺(1005-07頃か)雑下・五二二「よるひるのかずはみそぢにあまらぬをなど長月といひはじめけん〈藤原伊衡〉」＊狂歌・狂歌ますかがみ(1736)「物くひの見苦しければはもじとは 老ての口にいひはじめけん」②ある人に愛のことばをかけはじめる。異性を愛しはじめる。＊後撰(951-953頃)恋二・六〇六「人をいひはしめむとて」＊平中(965頃)二七「からうじて、たよりをたづねてものいひはじめてけり」＊拾遺(1005-07頃か)恋一・六三三・詞書「まさただが娘に、いひはじめ侍りける」③話し始める。＊応永本論語抄(1420)学而第一「一方よりちゃっといい始るを言といい、相逢て答述するを語と云也」発音イーハジメル〈標ア〉メ〈京ア〉0

いい-はずし【言外】『名』言いはずすこと。言いそこない。＊右京大夫集(13C前)「思はぬ物のいひはづしをして、それをとかくいはれしも」

いい-はず・す【言外】『他サ四』言いそこなう。言う機会を失う。＊文明本節用集(室町中)「云外 イイハヅス」発音イーハズス〈なまり〉イーッパドス〔千葉〕〈標ア〉ズ 辞書文明・〈ボン〉 表記云外・云迦(文) 言外(へ)

いい-はた・す【言果】『他サ五(四)』「いいはてる(言果)」に同じ。＊玉塵抄(1563)一四「歇―は物を云いはたすことぞ」発音イーハタス〈標ア〉タ 辞書文明 表記云果(文)

いい-はたらか・す【言働】『他サ四』うまく話す。巧みに言う。雄弁に言い立てる(日葡辞書(1603-04))。＊無刊記刊本碧巌鈔(1620-40頃)一「盤―とは、盤礴旋転自在皃也。縦横に能く云いはたらかいた也」辞書日葡

いい-ばち【飯鉢】『名』飯を入れる木製の器。めしびつ。めしばち。辞書言海 表記飯鉢(言)

いい-は・てる【言果】『他タ下一』文いひは・つ『他タ下二』終わりまで言う。すっかり言う。言い終わる。言い切る。＊古今(905-914)雑体・一〇三七「ことならば思はずとやはいひはてぬなぞ世中のたまだすきなる〈よみ人しらず〉」＊源氏(1001-14頃)蛍「ひたぶるに、空言(そらごと)といひはてむも、ことの心、違(たが)ひてなむありける」＊申楽談儀(1430)音曲の心根「はや『よ』と云ふ所、破也。いひはつる所、急也」＊浮世草子・好色五人女(1686)五・一「是非なきはうき世、定(さだめ)がたきは人の命といひ果(ハテ)ず、其身はたちまち脉(みゃく)あがりて誠のわかれとなりぬ」発音イーハテル〈標ア〉テ

いい-ばなし【言放】『名』(「いいぱなし」とも)①自分の言いたいことだけ言って、他人の反応を気にかけないこと。言うだけ言って答えを聞かないこと。言い捨て。いいっぱなし。＊歌舞伎・お染久松色読販(1813)序幕「さっきの旦那は、嫁菜を買ふと言(イ)ひ放(バナ)しに、どこへござったやら」＊和英語林集成(再版)(1872)「Iipanashi(イイパナシ) ニシテ ユク」＊彼岸過迄(1912)〈夏目漱石〉雨の降る日・八「千代子は『お厭だ』と云(イ)ひ放(バナシ)にして、さっさと又並等(なみとう)を通り抜けた」②言うだけでそれを実際に行なわないこと。いいっぱなし。発音イーバナシ〈標ア〉0 辞書〈ボン〉

いい-はな・す【言放】『他サ五(四)』「いいはなつ(言放)」に同じ。＊天草本伊曾保(1593)イソポの生涯の事「ケンモホロロニ iyfanaite(イイハナイテ)」＊浄瑠璃・源平布引滝(1749)三「覚もない事言かけて跡で難義を仕やんなとよはみを見せず言放(ハナ)す」発音イーハナス〈標ア〉ナ 辞書日葡

いい-はな・つ【言放】『他タ五(四)』心に思うことを遠慮なく口に出して言う。きっぱりと言う。言い放す。いいっぱなす。＊源氏(1001-14頃)夕霧「故みやす所は、いと心強う、あるまじきさまに、いひはなち給ひしかど」＊徒然草(1331頃)一四一「情ある故に、人のいふほどの事けやけく否(いな)びかたくて、万(よろづ)えいひはなたず心弱くことうけしつ」＊寛永刊本蒙求抄(1529頃)一〇「貳師城へ行ば、必ずよい馬をこそ、取らうすれど、やすやすとかう言放つぞ」＊読本・昔話稲妻表紙(1806)「きびしくいひはなちけるにぞ、使者面目を失ひ」発音イーハナツ〈標ア〉ナ〈京ア〉0 辞書文明・言海 表記云放(文) 言放(言)

いい-はや・す【言囃】『他サ五(四)』①ほめて言いふらす。ほめたてる。おだてあげる。＊落窪(10C後)三「ただいひはやす様に、いみじき御心をいふ」＊源氏(1001-14頃)帚木「さあるにより、かたき世とは定めかねたるぞやと、いひはやし給ふ」＊増鏡(1368-76頃)序「けしうはあらずあへなんと思ふ気色なれば、

いよいよいひはやして」 ②盛んに言う。評判する。言いふらす。＊仮名草子・智恵鑑(1660)四・七「王公貴人にもたやすくまみえざる賢人なりといひはやしければ」＊読本・雨月物語(1776)浅茅が宿「古郷の辺(ほとり)は干戈(かんくゎ)みちみちて、涿鹿(たくろく)の岐(ちまた)となりしよしをいひはやす」＊思出の記(1900-01)〈徳富蘆花〉四・八「近在では鬼の様に言ひ囃す者もあるが、実際(じつ)は其様(そん)な恐ろしい人では無く」＊破戒(1906)〈島崎藤村〉四・三「山家で言ひはやす幽霊の伝説」 ③他人の欠点や失敗など言いたててからかう。 発音 イーハヤス〈標ア〉ヤ〈京ア〉0 辞書 言海 表記 言栄(言)

いい-はやらか・す【言流行】〘他サ四〙「いいはやらす(言流行)」に同じ。＊京雀(1665)二・京極通「やくし堂の辺なる井のもとに、生蛸(なまだこ)のありけるよし、いひはやらかし侍べり」＊浮世草子・西鶴織留(1694)四・二「さてもさても此目ぐすり大分(たいぶん)に売(うれ)けると所よりいひはやらかし」

いい-はやら・す【言流行】〘他サ五(四)〙言い広げて、知られるようにする。言いはやらかす。＊浮世草子・好色訓蒙図彙(1686)中「やすゐの道芝の露と消るを心中といひはやらす」 発音 イーハヤラス〈標ア〉ラ

いい-はや・る【言逸】〘他ラ四〙調子に乗って言う。＊慶長見聞集(1614)一〇「愚老つれつれに思ふこと書ままに、あまりに物にいひはやりて、かやうのことまて記し侍る事」

いい-はや・る【言流行】〘自ラ四〙言いふらされて流行する。広く話題になる。＊愚管抄(1220)六・土御門「それらがあまりさへ言はやりて、この行者に成ぬれば、女犯(にょぼん)をこのむも魚鳥を食ふも、阿彌陀仏はすこしもとがめ給はず」 発音 イーハヤル〈標ア〉ヤ

いい-はら・う【言払】〘自ハ四〙相手の答えを待たないで、自分だけきっぱりと言って話をやめる。＊人情本・閑情末摘花(1839-41)四・一九回「『又何れその内に』と言払って立つを引とめ」

いい-はら・う【言祓】〘他ハ下二〙祝詞を神に申し上げて、けがれを清め、災いを除く。＊万葉(8C後)一七・四〇三一「中臣の太祝詞(ふとのりとごと)伊比波良倍(イヒハラヘ)贖(あが)ふ命も誰が為になれ〈大伴家持〉」

いい-はらだ・つ【言腹立】㊀〘自タ下二〙腹を立てて言う。怒って言う。＊大和(947-957頃)一五六「いひはらだてけるをりは、腹立ちてかくしつれど」 ㊁〘自タ四〙㊀に同じ。＊枕(10C終)二七八・関白殿二月廿一日に「あざやかなる衣どもの身にもつかぬを着て、寒きまま、いひはらだてど、かひもなし」＊史記抄(1477)一一・蘇秦列伝「かう云て、云いはらたたせて、秦にそむかせて、こわらかさうとてぞ」

いい-は・る【言張】〘他ラ五(四)〙自分の主張を曲げずに述べたてる。主張する。言い通す。言い立てる。＊正徹物語(1448-50頃)上「一座ことごとく負のよし申侍りしを、我一人いひはりて、殊勝のよし申き」＊歌舞伎・お染久松色読販(1813)序幕「此折紙を受取らぬと言(イ)ひ張(ハ)るには」＊或る女(1919)〈有島武郎〉後・二四「葉子は自分の心持ちを憤(いきどほ)ろしく云ひ張ってゐるのに気が付いた」 発音 イーハル〈標ア〉ハ〈京ア〉0 辞書〈ボン〉・言海 表記 言張(へ・言)

いい-は・る【言晴】〘他ラ下二〙「いいはるく(言晴)」に同じ。＊ロザリオの経(一六二二年版)(1622)ビルゼン・サンタ・マリア、ロザリオに現じ給ふ御奇特の事・二〇「ツマワ ナニトカ シテ クモリ ナキ ヨシヲ iyfarento (イイハレント) ナゲケドモ」

いい-はる・く【言晴】〘他カ下二〙ことばで解き明かす。弁解や弁護をする。言いわけをする。＊さるばとるむんち(1598)「又其をいひはるけずんばあるべからず」＊日葡辞書(1603-04)「Iyfaruqe, uru, eta (イイハルクル)〈訳〉言葉で明らかにする、または、弁明する」 辞書 日葡

いい-ばれ【言晴】〘名〙疑いを晴らすために言いわけをすること。弁明すること。＊仮名草子・大仏物語(1642)下「是は我がひけをいひはれするといひ、世間の六借をのがるるといひ」＊浄瑠璃・愛護若塒箱(1715頃)三「日待に召されし芸者共、罷り出て面面が、身のいひはれを仕れ」

イー-ピー【EP】〘名〙(英 extended playing record の略)一分間四五回転のレコード。通常、直径一七センチメートル。EPレコード。EP盤。ドーナツ盤。 発音〈標ア〉ピ

イー-ピー-エー【EPA】〘名〙(英 eicosa pentaenoic acid の略)「エイコサペンタエンさん(一酸)」に同じ。 発音〈標ア〉エ

イー-ピー-ホルモン【EP―】〘名〙(EPは英 estrogen progesterone の略)卵胞ホルモンと黄体ホルモンとの混合製剤のこと。続発性無月経、月経周期の変更、妊娠診断、習慣性または切迫流産の時に用いる。 発音〈標ア〉ホ

いい-ひし・ぐ【言拉】〘他ガ四〙ことばで人の勢いをくじく。相手を言い負かす。＊四河入海(17C前)一八・二「王呂党の新法を云ぞ。其をも、此人は云いひしいでのくるぞ」＊評判記・色道大鏡(1678)一「かむ嚼の字也。物をいひひしぐ事也。一嚼(かみ)にかむといふ心なり。邪(よこしま)なることをいひもしおこなふ者にあひて、正理(しゃうり)をもて糺(ただ)しいかる皃(かたち)をいふ」 発音 イーヒシグ〈標ア〉シ

いい-びつ【飯櫃】〘名〙飯を入れる木製の容器。めしびつ。めしばち。＊色葉字類抄(1177-81)「飯樻 イヒヒツ」＊御伽草子・富二の人穴草子(室町時代小説集所収)(室町末)「又ここに、くろかねのいいひつに、かほいれて、くわゐんとなって、もゆる物あり」＊東寺百合文書-を・宝徳三年(1451)一〇月七日・彼方寿阿彌華蔵庵器具注文(大日本古文書六・二四四)「いいひつ〈いた也〉一」＊浮世草子・西鶴織留(1694)一・四「朝夕の食車(めしくるま)とて、飯櫃(イヒビツ)にくるましかけて、六尺三人引てまはり」 発音 イービツ〈標ア〉0 辞書 色葉・文明・易林・日葡・書言・〈ボン〉・言海 表記 飯櫃(文・易・書・へ・言) 飯樻(色)

いいひつ-いばら〘名〙植物「つるどくだみ(蔓蕺)」の古名。＊温故知新書(1484)「何首烏(イヰヒツイハラ)」

いいびつ-だ【飯櫃田】〘名〙飯櫃の形をした田。楕円形の田。＊勧農固本録(1725)下・検地仕様之事「田畑の形は品々有て極る形は少し、方田、直田〈略〉笠田、飯櫃田等の歩詰の仕様は算書にあり」

いいびつ-なり【飯櫃形】〘名〙「いびつなり(歪形)」に同じ。＊日葡辞書(1603-04)「Iybitçu nari (イイビツナリ)」＊浮世草子・好色一代男(1682)六・四「黄色にして飯櫃(イヒヒツ)なりなる物したたか入れ置れしを」 辞書 日葡

いい-ひと【好人】⇩「いい(好)」の子見出し

いい-びと【言人】〘名〙言う人。また、歌などを詠む人。よみびと。＊平中(965頃)二五「この、いひ人さたけきうたをぬすみて」

いい-ひらき【言開】〘名〙言いひらくこと。弁明すること。申し開き。＊評判記・秘伝書(1655頃)男ごと中あしきときの事「あはれ、一度御めにかかりて、いひひらきがしたひなどかたるべし」＊歌舞伎・勧善懲悪覗機関(村井長庵)(1862)二幕「道十郎其方にも言ひ開きの慥(たしか)なる証拠あるか」＊おとづれ(1897)〈国木田独歩〉上「素知らぬ顔して弁解(イヒヒラキ)の文を二郎が友、吾に送りぬ」 発音 イーヒラキ〈標ア〉0〈京ア〉0 辞書 言海 表記 言開(言)

いい-ひら・く【言開】〘他カ四〙事情、理由などを言って明らかにする。説明して言い聞かせる。弁明する。申し開く。＊今昔(1120頃か)三〇・二「彼の所に疾(と)く行て、有(あり)つる有様も云開(いひひらき)なむと思ふ程に」＊歎異抄(13C後)「ふたつの不思議の子細をも、分明にいいひらかずして、ひとのこころをまどはすこと」＊文明本節用集(室町中)「云開 イイヒラク」＊三道(1423)「此問答に、又、老人夫婦など、事の謂はれをもんだひて、云ひらく事あり」＊古道大意(1813)下「日本が外国と交はらぬ訳を今具にいひ開く程に、とっくりと聞っしゃれ」＊竹沢先生と云ふ人(1924-25)〈長与善郎〉竹沢先生の人生観・二「彼が只徒らに学説理論を担ぎたがる『哲学青年』と目される事を言ひ開くと共に」 発音 イーヒラク〈標ア〉ラ〈京ア〉0 辞書 文明・日葡・〈ボン〉・言海 表記 言開(へ・言) 云開(文)

いい-ひろ・げる【言広】〘他ガ下一〙文 いひひろ・ぐ〘他ガ下二〙①「いいひろめる(言広)」に同じ。＊源氏(1001-14頃)椎本「おしなべてあはあはしうなどはいひひろげずとも」 ②(話を)もとよりも大きくする。ふくらます。拡大する。＊羅葡日辞書(1595)「Amplifico〈訳〉付加する。カサヌル、iyfiroguru (イイヒログル)、ヲウキニ ナス」 発音 イーヒロゲル〈標ア〉ゲ 辞書 日葡

いい-ひろ・める【言広】〘他マ下一〙文 いひひろ・む〘他マ下二〙言って広める。言いひろげる。言いふらす。＊閑居友(1222頃)下・うらみふかき女いきながら鬼になる事「また、このうちの人々、おのおのめこあらむ人は、かならずこの事いひひろめて、あなかしこ、さやうの心をおこすなといましめたまへ」＊徒然草(1331頃)七八「今様の事どもの珍しきを、いひひろめ、もてなすこそ、またうけられね」＊文明本節用集(室町中)「云広 イイヒロムル」＊浄瑠璃・心中天の網島(1720)橋尽し「死だヤレ死んだ。出あへ出あへと声々にいひ広(ヒロメ)たる物語」 発音 イーヒロメル〈標ア〉メ〈京ア〉0 辞書 文明 表記 云広(文)

イー-ファン【一翻】〘名〙(中国語から)マージャンで点数が二倍になること。 発音〈標ア〉イ

いい-ふく【遺衣服】〘名〙死後に残された故人の着物。＊大学垂加先生講義(1679)「遺衣服など云も、祭に、なき人の衣服を陳るを遺衣服を陳と云こと也」

いい-ふく・める【言含】〘他マ下一〙文 いひふく・む〘他マ下二〙ことがわかるようによく言い聞かせる。くわしく話してその旨をさとらせる。また、あらかじめ話して承知させる。言いくくむ。＊今昔(1120頃か)二七・一五「此の女の童に此の由を云ひ含て」＊太平記(14C後)一〇・塩田父子自害事「吾腹切て後、屋形に火懸(か)けて敵に頸とらすなと云含(ふく)め」＊夢酔独言(1843)「かよふだろふと思た故に妻へも跡の事を能々いいふくめてきました」＊土(1910)〈長塚節〉七「与吉を抱いて能くいひ含めた」 発音 イーフクメル〈標ア〉メ〈京ア〉0 辞書 文明・日葡・書言・〈ボン〉・言海 表記 言含(へ・言) 云含(文) 謂含(書)

いい-ふし【言節】〘名〙「いいぶん(言分)」に同じ。＊人情本・処女七種(1836-44頃か)七・四四章「何処も彼処(かしこ)も円々(まるまる)と、いい節(フシ)なしに納れば」

いい-ふ・す【言臥】〘自サ四〙言いながら横になる。＊落窪(10C後)二「不覚(ふかう)なりける御懸想人かな。北の方いかに浅ましと思ひ給はんと、うちとけていひふし給へり」

いい-ふせ・ぐ【言防】〘他ガ四〙反駁(はんばく)する。言葉で相手の攻撃を防ぐ。論駁する。＊羅葡日辞書(1595)「Obstrepo〈略〉iy fuxegu (イイフセグ)」＊和英語林集成(初版)(1867)「Ī-fu-segi, gu, ida イヒフセグ 言防」 辞書〈ボン〉 表記 言防(へ)

いい-ふ・せる【言伏】〘他サ下一〙文 いひふ・す〘他サ下二〙議論して相手を屈服させる。言いこめる。説き伏せる。＊史記抄(1477)六・項羽本紀「さるほどに、今も項羽を云ふせて、中分にして無為になしたほどに、

平国君とするぞ」＊文明本節用集(室町中)「云伏 イイフスル」＊咄本・昨日は今日の物語(1614–24頃)下「奉行衆も、此悪道者にいひふせられて、あきれて返答にも及ばれなんだ」＊魔風恋風(1903)〈小杉天外〉前・子爵家「『何が失礼です、勝手に他家(よそ)の奥へ入り込んで…』と云ひ伏せようとすると」 方言 相手に答弁させず、自分の言うことに従わせる。島根県出雲725 発音 イーフセル〈標ア〉セ 辞書 文明・ヘボン・言海 表記 云伏(文) 言伏(ヘ・言)

いい-ふらし いひ【言触】〘名〙①世間に言い広めること。うわさをすること。②世間に対する表面上の名目。＊内地雑居未来之夢(1886)〈坪内逍遙〉七「稲積玄治の、随行人といふ名儀(イヒフラシ)にて〈略〉最下等の部屋に入れられ」 発音 イーフラシ〈標ア〉0

いい-ふら・す いひ【言触】〘他サ五(四)〙世間に広く知れるように言う。吹聴(ふいちょう)する。いいふるう。うわさを流す。＊無名草子(1198–1202頃)宮の宣旨「男も女も人にもかたりつたへ、世にいひふらすばかりのもの思はざらんは、いとなさけなく、本意なかるべきわざなり」＊名語記(1275)三「いひふらすよし歟」＊日葡辞書(1603–04)「クマノエ マイルト iyfuraite(イイフライテ) クニヲ ウッタッタ」＊浮世草子・風流軍配団(1736)二・三「さりとはならぬ慎(たしな)みと、同じ家中にても沙汰して今の世の賢女といひふらしぬ」＊安愚楽鍋(1871–72)〈仮名垣魯文〉三・下「西ようのことならとほこりがほにいひふらす、こまりものなり」 発音 イーフラス〈標ア〉ラ 辞書 文明・日葡・ヘボン・言海 表記 云触(文) 流言(へ) 言触(言)

いい-ぶり いひ【言振】〘名〙ものを言う様子。ことばつき。＊にごりえ(1895)〈樋口一葉〉一「店先(みせさき)に立って馴染(なじみ)らしき突かけ下駄の男をとらへて小言(こごと)をいふやうな物の言ひぶり」＊福翁自伝(1899)〈福沢諭吉〉欧羅巴各国に行く「其時に英公使の云振(イヒブ)りが威嚇(おど)したにも威嚇さぬにもマア大変な剣幕で」 発音 イーブリ〈標ア〉0〈京ア〉0

いい-ふ・る いひ【言古】〘自ラ上二〙古くから言われている。言いふるされている。＊愚管抄(1220)三・称徳「これらはみないひふりたる事どもなり」 発音 イーフル〈標ア〉フ

いい-ふ・る いひ【言触】〘他ラ下二〙①ことばをかける。話しかける。相談する。また、言い寄る。＊平中(965頃)二二「はては、ものいひふれむ人もなかりければ、よろづのことばをひとりごちけれど、さらに答へする人もなかりければ」＊宇津保(970–999頃)蔵開上「そこと心人に知らせざりつれども、物いひふれぬなかりし物を、あからめもせさせで持給(もたま)へるよ」＊源氏(1001–14頃)宿木「かかるついでにものいひふれんとおもほすに」＊大鏡(12C前)六・道長下「けにくきかほには、ものいひふれにくきものなり」②「いいふらす(言触)」に同じ。＊玉塵抄(1563)三三「介子が告て云ことは、楼の王の漢の天子にそむくとがを以て、かうさせられたぞ。漢の天子の御意ぢゃと云ふれたぞ」＊浮世草子・好色五人女(1686)一・四「これはおなつに盗(ぬすみ)出させ、清十郎とりてにげしと云触(イヒフレ)て」 発音 イーフル〈標ア〉フ

いい-ふる・す いひ【言古】〘他サ五(四)〙珍しくなくなるくらいいつも口に出す。陳腐の説となる。＊蜻蛉(974頃)中・天禄元年「みなおろしたれば、しきなみによせて、なごりにはなしと、いひふるしたるかひもありけり」＊西宮左大臣集(982頃)「皆人のいひふるしてしことなれど此五月雨はあやしかりけり」＊枕(10C終)一六二・弘徽殿とは「人のいひふるしたるさまにとりなし給ふなめりなど」 発音 イーフルス〈標ア〉ル〈京ア〉0 辞書 日葡・言海 表記 言旧(言)

いいふれ-ぐさ いひふれ【言触草】〘名〙言いふらす材料。うわさのたね。＊蔵玉集(室町)「凡草といへる事、草木に限らず、或はことぐさ、或はいひふれぐさなどいひて、物の種となる事をば、皆草といふ文字を云なり」

いい-ぶん いひ【言分】〘名〙①主張したい事柄。言うべき箇条。また、不満で、言いたい事柄。不平。言い条。＊虎明本狂言・馬口労(室町末–近世初)「まつわたくしがいいぶんをきいてくだされひ」＊浮世草子・懐硯(1687)五・三「すこしの事をいひ分にとりむすび、たがひに爰はやめがたく抜(ぬき)合て打あひけるに」＊歌舞伎・天衣紛上野初花(河内山)(1881)序幕「花会同様小屋をかけ、人寄せをしやあがるから、それで言分附けに来たのだ」＊くれの廿八日(1898)〈内田魯庵〉二「であるから静江が出入するに彼是苦情(イヒブン)は無い筈であるが」②(―する) 言いがかりをつけること。転じて、口論。いさかい。＊浮世草子・好色一代女(1686)二・二「町人(まちにん)のすゑする迄脇指といふ物さしけるによりて、云分(イヒブン)、喧嘩(けんくゎ)もなくておさまりぬ」＊俳諧・となみ山(1695)「小屋敷並ぶ城の裏町〈去来〉 謂分のちょっちょっと起る衆道事〈同〉」＊歌舞伎・春日仏師枕時鶏(1704か)二「されば大弐様の弟御に宰相と云ふがござりますが、兄御と言分なされ、お国を御出なされた」③言われた内容。話される事柄。また、言い方。言いぐさ。＊浮世草子・西鶴織留(1694)六・四「手代が云分(イヒブン)を髄に、印判押といへば」＊俳諧・去来抄(1702–04)修行「つかれたりといひ、なるべしといへるあたり、其いひぶんのにほひ、相うつり行所、見らるべし」＊火の柱(1904)〈木下尚江〉一三・一「所がお前(めえ)言ひ分が面白いや」＊苦の世界(1918–21)〈宇野浩二〉一・一「まことに失敬ないひぶんだが、いかにも栄養不良らしいね」④話がうまいこと。弁舌。＊黄表紙・玉磨青砥銭(1790)「木戸ばん・口上いいなぞもみないいぶんのあるてあいをつかふ」 発音 イーブン〈なまり〉ユイブン〔和歌山〕〈標ア〉0 イ〈京ア〉1 辞書 ヘボン・言海 表記 言分(へ・言)

イーブン〘名〙(英 even) スポーツなどで、同点、引き分けのこと。 発音〈標ア〉イ

イーブン-パー〘名〙(英 even par パーはゴルフで各ホールの基準打数) ゴルフで、合計打数がパーの合計と同じであること。

いい-べた いひ【言下手】〘名〙ことばの言いまわしのうまくないこと。また、その人。口下手。＊語彙(1871–84)「いひべた 言辞(ことば)の拙きをいふなり」 発音 イーベタ〈標ア〉0

いい-へだた・る いひ【言隔】〘自ラ四〙言葉を交わすことがなくなる。仲たがいをして話をしない。＊日葡辞書(1603–04)「Iyfedatari, ru, atta(イイヘダタル)」 辞書 日葡

いい-へだ・つ いひ【言隔】〘他タ下二〙あれこれと言って、互いの意志の疎通を欠かせる。告げ口して仲たがいさせる。＊日本後紀‐弘仁元年(810)九月丁未「然猶不ニ飽足一として、二所朝廷をも言隔氐(いひへだテ)、遂には大乱可レ起」＊御伽草子・木幡狐(室町末)「これはさるひとのひめぎみにてましますが、けいぼにいひへだてられさせたまひ」

いい-へら・す いひ【言減】〘他サ四〙物事を悪く言っておとしめる。非難する。軽蔑する。＊日葡辞書(1603–04)「Iyferasu(イイヘラス)〈訳〉物事を侮る。または、そしる」＊こんてむつすむん地(1610)二・一「人のさげいやしむる事を何ともおもはず、又人よりいひへらさるることばをもやすくこらゆべき也」 辞書 日葡

いいほ いひほ【揖保】(古くは「いいぼ」) 播磨国(兵庫県)の古郡名。龍野市の付近一帯。↓いぼ(揖保)。＊播磨風土記(715頃)揖保「揖保(いひほ)の里〈土は中の中なり〉粒(いひぼ)と称(い)ふ所以(ゆゑ)は、此の里、粒山(いひぼやま)に依る。故(かれ)、山に因(よ)りて名と為(な)す」＊二十巻本和名抄(934頃)五「播磨国〈略〉揖保〈伊比保〉」 辞書 和名・色葉 表記 揖保(和・色)

いい-ぼ いひ【飯粒】〘名〙①めしつぶ。＊書紀(720)神功摂政前(北野本訓)「針を勾(ま)げて鉤(ち)を為(つ)くり、粒(イイホ)を取りて餌(え)に為(し)て」②「いぼ(疣)」の古名。その形がめしつぶに似ているところからという。＊新撰字鏡(898–901頃)「疣〈略〉腫也 伊比保又太利又比志比子」＊十巻本和名抄(934頃)二「肬目 病源論云肬目〈今案肬即疣字也 以比保 又以乎女〉手足辺忽生如豆麁強於肉也」 発音〈ア史〉②は平安○○●と○○○の両様か〈京ア〉イーボ0 辞書 字鏡・和名・名義・言海 表記 疣(字・名) 肬目(和・名) 肬・黖(字) 飯粒(言)

いいぼ して もつ釣(つ)る（「もつ」は「鯥(むつ)」かという）飯粒ほどのわずかな餌で大きな獲物を手に入れること。えびで鯛を釣る。＊土左(935頃)承平五年二月八日「あるひとあざらかなるものもてきたり。よねしてかへりごとす。をとこどもひそかにいふなり。いひぼしてもつつるとや」

いい-ほうじ ホフジ【好法事】〘名〙百年忌法会をいう。めでたいとして祝った法事。＊雑俳・玉柳(1787)七月一九日「大(たい)そうなちゃん切りを出すいい法事」

いい-ほぐ・す いひ【言解】〘他サ四〙①事情を説明して相手の怒りや疑いなどを解く。言いひらく。言いほどく。弁明する。＊浄瑠璃・浦島年代記(1722)三「母女御の御方よりの恋などとよしなき事をいひほぐさば、丸には不孝の名をとらせ」＊浄瑠璃・今川本領猫魔館(1740)三「眼前の証跡を言解(イヒホグ)さん術(てだて)もなく」②論じ立てて非難する。反対を表明する。＊浄瑠璃・壇浦兜軍記(1732)三「この岩水は呑込まぬ不埒(ふらち)不埒と言ひほぐす」＊浄瑠璃・行平磯馴松(1738)一「庶子を略(はぶ)き嫡子(ちゃくし)を立つるは神国の掟、先例は外(はづ)されまじと、云ほぐせば」 発音 イーホグス〈標ア〉グ

いい-ほこ・る いひ【言誇】〘他ラ四〙得意そうに言う。大げさに言う。大言壮語する。＊新撰字鏡(898–901頃)「誇 挙言也 伊比保己留 又云太介留」 発音 イーホコル〈標ア〉コ 辞書 字鏡 表記 誇・誇張(字)

いい-ほどき いひ【言解】〘名〙申し開きをすること。言いわけをすること。弁解。＊評判記・役者口三味線(1699)京・坂田藤十郎「皆かげにして、此人のいひほどき一しゅにて、末々入くみたる事共迄、見物よくのみこむやうに、云仰らるる事」＊浮世草子・当世乙女織(1706)一「口舌(くぜつ)のいひほどき今の世の見さ山、大坂の粋客(すいきゃく)が仕込の能(よき)ゆへなりと」＊唐詩選国字解(1791)五言古「そこで魏徴が云ひほどきに函谷関を出てゆく」＊老嬢(1903)〈島崎藤村〉一「関子に言はれて夏子は弁解(イヒホドキ)をしようとして」 発音 イーホドキ〈標ア〉0

いい-ほど・く いひ【言解】〘他カ四〙「いいほぐす(言解)」に同じ。＊文明本節用集(室町中)「云解 イイホドク」＊中華若木詩抄(1520頃)中「我がそなたを、思ふこころを、云いほどいて」＊玉塵抄(1563)三二「そのあざけり云いほどく文をないたぞ」＊評判記・色道大鏡(1678)五「其色外にあらはれ、むかふよりたたみつくれば、とかくいひほどきがたきもの也」＊学談雑録(1716頃)「其筋を知た人は大方訳の聞ゆる様に云ほどくなり」 発音 イーホドク〈標ア〉ド 辞書 文明・ヘボン 表記 云解(文) 言解(へ)

いいぼ-むしり いひぼ〘名〙(疣(いぼ)をむしり除く意) 昆虫「かまきり(螳螂)」の異名。疣をこの虫に食わせる風俗が、中国にあったという。いぼむしり。いぼうじり。いぼむし。いぼくい。＊新撰字鏡(898–901頃)「螵蛸 伊比保牟志利」 補注「本草綱目‐虫部・螳蜋桑螵蛸・釈名」に「今人病レ肬者、往往捕レ此食レ之」とある。 辞書 字鏡・名義 表記 螵蛸・蛄(字) 蜣蜋・蛣蜣・螳蜋(名)

いいぼ-ゆい いひぼゆひ【疣結】〘名〙「いぼゆい(疣結)」に同じ。

いい-ほら・す【言惚】『他サ四』（「ほらす」はうっとりさせるの意）うまく相手を言いくるめる。うまいことばで人をだます。＊古本説話集（1130頃か）二八「このめのと、ひとにいひほらされて、はかもなく、やうやうしうしないつ」

いい-ぼん【言分】『名』言いたいこと。文句。いいぶん。＊読本・近世説美少年録（1829–32）三・二五回「さん候、沙金（さきん）を遞与（わた）すに相違なくば、何しにいひ品（ボン）候べき」

いい-ま【好間】『名』よい折り。よい頃合。よいしお。＊滑稽本・浮世床（1813–23）初・上「ヲヤ能間（イイマ）に来たの」 発音イーマ〈標ア〉イ

いい-まえ【言前】『名』①言い方。話しぶり。口前（くちまえ）。＊青春（1905–06）〈小栗風葉〉春・一三「欽哉にしては実着過ぎた言前（イヒマヘ）なのに」＊明暗（1916）〈夏目漱石〉九五「よし嘘（うそ）でないにした所で、単に口先の云（イ）ひ前（マヘ）と思はなければならなかった」②口実。言いぐさ。言い分。言いわけ。＊慶応再版英和対訳辞書（1867）「Pretence 託（ダシ）。言マヘ。詐偽」＊野菊の墓（1906）〈伊藤左千夫〉「民子は母の病気を言（イ）ひ前（マヘ）にして行かない」＊恩讐の彼方に（1919）〈菊池寛〉三「針のみぞから天を覗くやうな事を云ひ前にして、金を集めようと云ふ、大騙（かたり）ぢゃ」 方言ものの言い方。言い回し。愛知県知多郡570 発音イーマエ〈標ア〉マ〇 辞書言海 表記言前（言）

いい-まが・う【言紛】『他ハ下二』言い違える。混同して言う。＊徒然草（1331頃）六七「賀茂の岩本、橋本は、業平、実方なり。人の常にいひまがへ侍れば」＊詞林三知抄（1532–55頃）上・雑「仮語 かこと 物いひまかへたる也」 発音イーマガウ 文イーマゴーとも。〈標ア〉ガ ゴ

いい-まか・す【言負】『他サ五（四）』ことばで争って相手を負かす。言い伏せる。言い勝つ。＊休憩時間（1930）〈井伏鱒二〉「彼はともかく一刻も早く相手を言ひ敗かしてやらうと考へてゐるらしい」＊冥府（1954）〈福永武彦〉「わたしはいつも言い負かされて、小さくなっていました」 発音イーマカス〈標ア〉カ〈京ア〉〇

いい-まぎらか・す【言紛】『他サ四』「いいまぎらす（言紛）」に同じ。＊とはずがたり（14C前）五「熊野参りと聞けば、のどかに、この度の下向になど、いひまきらかしてたちぬ」＊文明本節用集（室町中）「云紛 イイマギラカス」＊日葡辞書（1603–04）「Iymaguiracaxi, su, aita（イイマギラカス）〈訳〉人の言うことを口頭で無駄にする。または邪魔をする」＊洒落本・恵比良濃梅（1801）四「そふでもおざんせんそふさと、いいまぎらかしておきいした」 発音イーマギラカス〈標ア〉カ 辞書文明・日葡 表記云紛（文）

いい-まぎら・す【言紛】『他サ五（四）』話題の中心点をぼかしたり、話題をそらしたりなどして、ごまかしてしまう。言いはぐらす。言いまぎらわす。＊俳諧・去来抄（1702–04）先師評「此句悪きといふにはあらず。功者にてただ謂まぎらされたる也」＊浄瑠璃・神霊矢口渡（1770）三「頼みしお方の御病気故、箱根へ湯治に参る者と、云い紛（マギ）らして」＊人情本・春色梅児誉美（1832–33）初・三齣「ヱ何さ、おまへさんも若旦那をもサといひまぎらして泪をふき」＊いさなとり（1891）〈幸田露伴〉五二「とんだ御厄介をかけましたと云ひ紛（マギ）らせども」 発音イーマギラス〈標ア〉ラ〈京ア〉〇 辞書〈ボン〉 表記言紛（へ）

いい-まぎらわ・す【言紛】『他サ五（四）』①「いいまぎらす（言紛）」に同じ。＊蜻蛉（974頃）下・天禄三年「大夫はいづこにいきたりつるぞとあれば、とかういひまぎらはしてあり」＊源氏（1001–14頃）浮舟「右近は、よろづに例のいひまぎらはして、御衣などたてまつりたり」＊栄花（1028–92頃）浦々の別「いかにと人々聞ゆれば、あらずといひまぎらはし給へり」②他人の話にわきからコを出して乱す。言い妨げる。言い乱す。＊能因本枕（10C終）三一四・物語をもせ〈むかし物語もせよ〉「さかしらにいらへうちしてこと人どものいひまきらはす人、いとにくし」 発音イーマギラワス〈標ア〉ワ

いい-まく・る【言捲】『自ラ五（四）』やたらにしゃべりたてて相手を圧倒する。しゃべりまくる。まくしたてる。＊清原国賢書写本荘子抄（1530）一「世間の者はえ心得ぬことを云、莫妄想と思へ共、かいつに逢て云ときは、云まくらるる也」＊浄瑠璃・吉野忠信（1697頃）五「弁舌悧巧（べんぜつりこう）にいひまくれば」＊多情多恨（1896）〈尾崎紅葉〉前・一二・二「犇々（ぴしぴし）言捲（イヒマク）られて、ぐうの音も出なかった」 方言言い触らす。◇いいもくるとも。香川県827 発音イーマクル〈標ア〉ク〈京ア〉〇

いい-まけ・る【言負】『自カ下一』文いひま・く『自カ下二』口争いに負ける。言い争ったあげくに言い返すことができなくなる。言い負かされる。⇔言い勝つ。＊文明本節用集（室町中）「云負 イイマクル」＊浄瑠璃・用明天皇職人鑑（1705）三「信心もさめたれど、女が女にいひまけて、すごすごとは戻（もど）られじ」＊龍潭譚（1896）〈泉鏡花〉かくれあそび「顔をあはせて謂（イ）ひまけむは口惜しきに」 発音イーマケル〈標ア〉ケ 辞書文明・〈ボン〉 表記云負（文）言負（へ）

いい-ま・げる【言曲】『他ガ下一』文いひま・ぐ『他ガ下二』①事実をありのままに言わないで、ゆがめて言う。＊浮世草子・当世銀持気質（1770）四・一「若州では米と両替（りゃうがへ）をせしこといろいろ口利功に云まげ、所を追払はれたことをいはずに」②言い負かして、相手を黙らせる。＊歌舞伎・隅田川花御所染（1814）四立「女郎どもを云ひ曲げては来たが」 発音イーマゲル〈標ア〉ゲ 辞書言海 表記言曲（言）

いい-まさぐ・る【言弄】『他ラ四』いろいろなことを言ってからかう。嘲弄する。＊宇津保（970–999頃）菊の宴「われをいひまさぐる公卿たち」＊古本説話集（1130頃か）四「たけたかく、さしかたにて、みぐるしかりければ、女房どもいひまさぐりて、わらはむとて」＊無名草子（1198–1202頃）源氏物語・男の論「さばかりおぢはばかりてまうでぬものを、しひて召し出でてとかくいひまさぐり、はてにはにらみ殺したまへるほど」

いい-まじくない【言—】『名』言いまぎらわすこと。＊洒落本・やまあらし（1808）三「そりゃアじきに直りますといひまじくないをしてゐる処へ」

いい-まじくな・う【言—】『他ハ四』言葉でとりつくろい、うまくごまかす。言いまぎらわす。＊人情本・縁結月下菊（1839）上・一「なアに、旦那様ア男のこと云（イ）ひまじくなっておきまさァな」

いい-まじらい【言交】『名』言葉をかわして交際すること。＊とりかへばや（12C後）上「なぞや、世にきえやしなましと、この人にいひまじらひもはづかしう、あさましうもあべいかな」

いい-ま・ぜる【言混】『他ザ下一』文いひま・ず『他ザ下二』あれこれまじえて言う。＊源氏（1001–14頃）総角「かかることにはにくきさかしらもいひまぜて、事よがりなどもすすめるを」＊発心集（1216頃か）五・中納言顕基出家籠居事「此世の事一ことばも云（イヒ）まぜ給はず」 発音イーマゼル〈標ア〉ゼ

いい-まつわ・す【言纏】『他サ四』いつもそばにいて、よく言い聞かせる。＊宇津保（970–999頃）俊蔭「わが領ずる荘々、はた多かれど、たれかは言ひ分く人あらむ。ありとも、たれかいひまつはししらせん」

いい-まど・う【言惑】『自ハ四』話していて、混乱する。はなはだしくことばが乱れる。＊和英語林集成（再版）（1872）「Iimadoi, -ō, -otta イヒマドフ 言惑」 発音イーマドウ 文イーマドーとも〈標ア〉ド 辞書〈ボン〉 表記言惑（へ）

いい-まどわ・す【言惑】『他サ四』あれこれ言って、相手の考えを乱れさせる。＊有明の別（12C後）一「中務の宮わたりにも、いといたくいひまどはすにこそ、様かはり、うちほのめく事もたえね」 発音イーマドワス〈標ア〉ワ 辞書文明 表記云惑（文）

いい-まる・める【言丸】『他マ下一』うまく話してごまかす。こちらの話術に相手を巻き込む。言いくるめる。 発音イーマルメル〈標ア〉メ〈京ア〉〇

いい-まろ・む【言丸】『他マ下二』「いいまるめる（言丸）」に同じ。 発音イーマロム〈標ア〉ロ

いい-まわし【言回・言廻】『名』言い表わし方。口のきき方。言いよう。特に、技巧を凝らした言い方をいう。＊浮世草子・けいせい伝受紙子（1710）五・一「夫婦の中垣いひ廻しのよい女房」＊人情本・春色辰巳園（1833–35）三・四条「心の中（うち）では、仇吉もにくくはなけれど、また米八が言（イヒ）まはしを聞（きい）て見れば」＊蓼喰ふ虫（1928–29）〈谷崎潤一郎〉一二「殊更むづかしい単語や云ひ廻しを使ひ」＊安吾新日本地理（1951）〈坂口安吾〉道頓堀罷り通る「大阪の言い廻しやアクセントではそれが奇っ怪でないばかりか、シミジミと耳に快い」 発音イーマワシ〈標ア〉〇〈京ア〉〇 辞書言海 表記言廻（言）

いい-まわ・す【言回・言廻】『他サ五（四）』①うまく言い表わす。ことばを巧みに使う。うまく言って処理する。＊源氏（1001–14頃）帚木「消息文にもかんなといふもの書きまぜず、むべむべしくいひまはし侍るに」＊洒落本・跖婦人伝（1753）「此三人が口を揃へて言廻（イイマハ）さば、いかなる天魔、鬼神なりとも、黒雲より、猪牙にのらせ、鉄杖をも、質屋へやらすべし」＊浄瑠璃・関取千両幟（1767）二「何卒（どうぞ）そっちの身請（みうけ）をじゃみる様に言廻してたもるまいか」＊人情本・英対暖語（1838）三・一六章「何と申たら宜（よか）らふか、私には言まはすことが出来ませんものヲ」②話してまわる。ふれまわす。言い広める。＊宇治拾遺（1221頃）三・一「同類どもに、かかる所こそあれといひまはして」③遠まわしに言う。婉曲（えんきょく）に言う（日葡辞書（1603–04））。 発音イーマワス〈標ア〉ワ 辞書文明・日葡・〈ボン〉・言海 表記云廻（文）言廻（へ・言）

いい-まわ・る【言廻】『他ラ五（四）』あたりじゅうに話してまわる。言い広める。＊寛永刊本蒙求抄（1529頃）五「わらうべの小利根でこそらごとを云まわる如くなほどに狡猾と云ぞ」 発音イーマワル〈標ア〉ワ

いい-みだ・す【言乱】『他サ四』いろいろな言葉の言いまわしをして話を混乱させる。言葉で人を惑わせる。人の話の妨げをする。＊改正増補和英語林集成（1886）「Iimidashi, su イヒミダス」 発音イーミダス〈標ア〉ダ

いい-みだ・る【言乱】『他ラ四』傍からよけいなことを言って邪魔をする。口を出して混乱させる。言い破る。＊源氏（1001–14頃）手習「かばかりにしそめつるを、いひみだるも、ものし」＊文明本節用集（室町中）「云乱 イイミダル」 補注「源氏-若菜上」の「戯言（たわぶれごと）もいひみだれ遊べば」は、「いひ、みだれ遊ぶ」と考えられる。 辞書文明 表記云乱（文）

いい-みみ【好耳】⇩「いい（好）」の子見出し

いい-むか・う【言向・言対】『他ハ下二』相手の気にさわることを言っていどむ。さからって言う。＊源氏（1001–14頃）紅葉賀「さてそののち、ともすればことのついでごとにいひむかふるくさはひなるを」＊狭衣物語（1069–77頃か）三「かく常にいひむかへ給ふぞとよ。我だに時々はあはれとのたまへよ」

いい-むし【好虫】『名』虫がいいこと。身勝手なことをすること。寛政期（一七八九〜一八〇一）、新吉原の遊女屋、丁字屋からはやり出した語。＊洒落本・青楼昼之世界錦之裏（1791）「いいむしたァぬしがはじめなんしたらう」＊歌舞伎・絵本合法衢（1810）序幕「てまへも

いい虫の生れだの。なんぼ小綺麗な生れだといって、見ず知らずの娘に、一両といふ金を、ナニ、只やる物か」＊人情本・春色辰巳園(1833-35)三・一条「他(ひと)の亭主(ていし)を盗んで置て、知れた時にはもらはふとは、なるほどおまへはいいむしだ」

いい-むす・ぶ いひ【言結】〘他バ五(四)〙話をしめくくって、終わりにする。＊駈込み訴へ(1940)〈太宰治〉「さう言ひ結んだ時に、あの人の青白い頬は幾分、上気して赤くなってゐました」 発音 イームスブ〈標ア〉ス

いい-むつ・ぶ いひ【言睦】㊀〘自バ四〙言いよって親しくする。仲よくことばをかけあう。＊米沢本沙石集(1283)七・五「互に云むつふ俗有けり」㊁〘自バ上二〙㊀に同じ。＊浜松中納言(11C中)五「母などいひむつふるちごなどのあるやうにこそきき見しか」

いいむら いひむら【飯村】姓氏の一つ。発音 イームラ〈標ア〉0

いいむろ いひむろ【飯室】滋賀県大津市坂本にある比叡山横川塔(よかわのとう)の別所。宝満寺。＊栄花(1028-92頃)花山たづぬる中納言「さても中納言も添ひ奉り給はず、飯室といふ所にやがて籠り居給ぬ」＊平治(1220頃か)上・叡山物語の事「飯室の五つ坊の谷までも、うちならす鐘のひびきのしけるにこそ」 発音 イームロ〈標ア〉0 辞書 色葉 表記 飯室(色)

いい-め【好目】⇩「いい(好)」の子見出し

いい-めいわく【好迷惑】〘形動〙(「いい」は反語的表現)他人の都合とか、他人の比較とか、自分に直接関係のないことで迷惑を受けるさま。＊吾輩は猫である(1905-06)〈夏目漱石〉一〇「八っちゃんは主人が怒り出しさへすれば必ず泣き出すべく、車屋のかみさんから命ぜられるのである〈略〉八っちゃんこそいい迷惑だ」＊雁(1911-13)〈森鷗外〉八「何をしても物柔に当るお玉と比べて見られるのだから田舎から出たばかりの女中こそ好(イ)い迷惑(メイワク)である」 発音 イーメイワク〈標ア〉イ=メ

イー-メール〘名〙(英 E-mail, e-mail)「でんしメール(電子―)」に同じ。 発音〈標ア〉メ

いい-めぐらか・す いひ【言廻】〘他サ四〙言ってまわる。触れをまわす。＊今昔(1120頃か)二〇・四六「官物を疾(と)く可成(なすべ)き也と云ひ廻(めぐ)らかし」

いい-もが・る いひ【言強請・言虎落】〘他ラ四〙へりくつをつけて相手を困らせる。言いがかりをつける。強要する。＊浄瑠璃・本領曾我(1706頃)三「源氏重代友切丸といふ太刀〈略〉河津がゆづり置しと、いひもがって太刀を取てこい」

いい-もつ・れる いひ【言絡】〘自ラ下一〙口ごもる。はっきりしない言い方をする。＊雑俳・実意金石集(1856)「仲人も言ひもつれとるちぢれ髪」

いい-もの いひ【飯物】〘名〙飲食物。おもの。また、神仏の供え物。＊観智院本名義抄(1241)「膳 イヒ物 ソナヘ物」 辞書 名義 表記 膳(名)

いい-もの・す いひ【言物】〘他サ変〙口頭で伝える。申し入れる。言い伝える。＊談義本・根無草(1763-69)前・二「鎌倉平九郎、中村与三八なんどへ使していひものしけるに、何れもしかるべしとの返事なれば」

いい-もよお・す いひもよほす【言催】〘他サ四〙そそのかして言う。そそのかしすすめる。催促する。＊宇津保(970-999頃)楼上上「その事御もとにいひもよをされたるになむ、ことにふれていとあはれにうれしといひ給へば」＊源氏(1001-14頃)蓬生「此の侍従もつねにいひもよをせど、人にいどむ心にはあらで、ただこちたき御ものづつみなれば」＊大鏡(12C前)三・師輔「伊尹、兼通、兼家などがいひもよほして、せさするならん」

いい-もらい いひもらひ【飯貰】〘名〙①目のふちにできる小さなはれもの。ものもらい。目疣(めいぼ)。＊日葡辞書(1603-04)「Iymorai(イイモライ)、または、メイボ。〈訳〉目にできる腫れもの」②船中で、食事の世話をする人。〔日葡辞書(1603-04)〕 辞書 日葡

いい-もらし いひ【言漏】〘名〙言い落とすこと。言い残すこと。言い忘れること。 発音 イーモラシ〈標ア〉0〈京ア〉0

いい-もら・す いひ【言漏】〘他サ五(四)〙①秘密を口に出して人に漏らす。＊源氏(1001-14頃)夕顔「おのづから物いひもらしつべき眷属(けんぞく)もたち交りたらむ」②言いのこす。言いおとす。言い忘れる。＊小説神髄(1885-86)〈坪内逍遙〉下・小説法則総論「其実咄嗟(とっさ)の議論にしてもとより周全なるものならねば言ひもらしたるも尽さざるも極めて多かるべき事なりかし」 発音 イーモラス〈標ア〉ラ〈京ア〉0 辞書 言海 表記 言洩(言)

いいもり-やま いひもり【飯盛山】㊀〘名〙飯を盛り上げたような形の山。またその由来を説明し、あるいは長者伝説や白米城伝説の結びついた山。およびその伝説。㊁㊀福島県会津若松市の北東部にある小丘。戊辰(ぼしん)戦争の時、戸の口原の戦いに敗れた白虎隊が若松城を望んで自刃した地。標高三七〇メートル。弁天山。㊁大阪府大東市、四条畷(しじょうなわて)市の境にある、生駒山地の山。南北朝時代、高師直(こうのもろなお)と激戦した楠正行(まさつら)、正時兄弟が麓(ふもと)の四条畷で自刃した。標高三一八メートル。 発音 イーモリヤマ〈標ア〉0

いいや〘感動〙相手のことばを打ち消す時に発することば。また、自分の話の中にはさんで強調する場合にも用いる。いや。＊虎明本狂言・二千石(室町末-近世初)「ひこひこおうぢよりひおうぢ、おやで有もの、某にいたるまで、くゎっけいくゎんらくにほこるは此うたひの故なり、いひや、かやうに大事のうたひをおよそにしてはかなふまじひとあって」＊天草本平家(1592)一・一「コナタ サエ クタビレ サセラレズ ワ、ワタクシワ ナンボウ ナリトモ カタリ マラショウ。yiya(イイヤ)、コノ ヤウナ コト ヲバ ミ ドモ ラ ワ ナヌカ ナナヨ キイテモ アカヌ ゾヨ」＊虎寛本狂言・文蔵(室町末-近世初)「夫成らば甘の類で有う。夫も仰られて御らうぜられい。砂糖羊羹。イイヤ」＊浄瑠璃・心中二つ腹帯(1722)三「『お暇が出たで去(い)にまする』『先づ待て』『イイヤ』『暫し』とて押合ひへし合ひ引据ゑて」＊浮雲(1887-89)〈二葉亭四迷〉二・一〇「『君は酒に酔ってゐるか』『イイヤ』」 発音 イーヤ〈なまり〉インニャ〔信州風物・瀬戸内〕インニャ・ウンニャ〔飛騨〕インネヤ〔岐阜〕インヤ〔東京・瀬戸内〕〈標ア〉ヤ〈京ア〉0

いい-やくじょう いひヤクヂャウ【言約定】〘名〙「いいやくそく(言約束)」に同じ。＊開化自慢(1874)〈山口又市郎〉初・下「然らば乗ふと、いひ約定(ヤクジョウ)はいたしたれども」

いい-やくそく いひ【言約束】〘名〙言葉で交わす約束。口約束。近世、江戸では特に婚約の意にいうことが多い。言い約定。＊浮世草子・日本永代蔵(1688)四・二「唐土人は律義に云約束(イヒヤクソク)のたがはず」＊詞葉新雅(1792)「イヒヤクソクスルことにむすぶ。ちぎる」＊歌舞伎・彩入御伽草(1808)皿屋敷の場「いとけない時、云ひ号け杯せねど云ひ約束」＊人情本・春色江戸紫(1864-68頃)初・六回「言約束(イヒヤクソク)も名のみにて、終に優しき言葉さへ、掛けたる事なき自己(おのれ)をも夫と思ひ斯くまでに」 発音 イーヤクソク〈標ア〉ヤ

いい-やぶ・る いひ【言破】〘他ラ五(四)〙①相手を言い負かす。論破する。＊寛永刊本蒙求抄(1529頃)四「毛詩にあるほどに、昔もあるほどに、なぜにならいではと云て、一人して云破て橋をかけたぞ」＊浮世草子・新可笑記(1688)五・五「千秋楽をうたひてのち、内義立出て右の段々うらみの旨をいひ破(ヤフッ)て、是非のいとまをこひけるに」＊古道大意(1813)下「負じ魂にかの毛を吹て疵を求め、言ひ破らう言ひ破らうと致して」②悪口を言い放つ。非難する。中傷する。＊源氏(1001-14頃)蜻蛉「この宮にも、年ごろいといたき物にし給ひて、例のいひやぶり給へど」＊浄瑠璃・南蛮鉄後藤目貫(1735)三「『あた面倒な』と出はうだい言ひたい事を言ひ破(ヤブ)り」③約束を破る。前言をひるがえす。＊日葡辞書(1603-04)「Iyaburi, uru, utta(イイヤブル)〈訳〉人との口約をやぶる」＊四座役者目録(1646-53)上「牛蓮、鬮(くじ)に劣けたりとも、中々下には立じと云やぶる」④秘密をもらす。言いもらす。＊狂歌・鼻笛集(1663)「瓜さへもちぎるとあれば垣をするに いひやふられな思ふ中こと」＊和英語林集成(初版)(1867)「カクシタ コトヲ Iyaburu(イイヤブル)」⑤はっきりと言い切る。断言する。道破する。＊それから(1909)〈夏目漱石〉九「自分の未来を明瞭に道破(イヒヤブ)る丈(だけ)の考も何も有(も)ってゐなかった」 発音 イーヤブル〈標ア〉ブ 辞書 文明・日葡・ヘボン・言海 表記 云破(文)言傷(ヘ)言破(言)

いいやま いひやま【飯山】長野県北東部の地名。上杉謙信の築城以後、城下町として発展。古くから仏具の製造が盛ん。また、内山紙を産する。島崎藤村の小説「破戒」の舞台。昭和二九年(一九五四)市制。 発音 イーヤマ〈標ア〉0

いいやま いひやま【飯山】姓氏の一つ。 発音 イーヤマ〈標ア〉0

いいやま-せん いひやま【飯山線】信越本線豊野駅から飯山市を経由して上越線越後川口駅に至るＪＲ線。 発音 イーヤマセン〈標ア〉0

いい-や・む いひ【言止】㊀〘他マ四〙①話を中止する。言いかけて止める。口をつぐむ。＊枕(10C終)一四三・殿などのおはしまさで後「下(しも)よりまゐる見てはふといひやみ、放(はな)ち出でたるけしきなるが」＊徒然草(1331頃)四七「問ひけれども、応(いら)へもせず、なほいひやまざりけるを」＊古活字本毛詩抄(17C前)一八「さても其御徳はと今日まで云やまぬぞ」②言い交わしていた関係を断つ。夫婦の縁を切る。＊大和(947-957頃)御巫本附載「この男の、ものなどいひけるがいひやみにけるぞ、そが中にをりける」＊平中(965頃)一一「まめやかに、似げなしといひければ、いひやみにけり」㊁〘他マ下二〙㊀に同じ。＊文明本節用集(室町中)「云止 イイヤムル」 発音 イーヤム〈標ア〉ヤ 辞書 文明 表記 云止(文)

いい-やら・う いひやらふ【言遣】〘他ハ四〙行けと追い払う。言葉をかけて追いやる。＊大和(947-957頃)六五「かくてきたりけるを、いまはかへりねといひやらひければ」

いい-や・る いひ【言遣】〘他ラ四〙①口頭、または書面で告げ知らせる。言ってやる。また、歌を詠んで送る。＊万葉(8C後)四・五四三「道守の問はむ答へを言将遣(いひやらむ)すべを知らにと立ちて爪(つま)づく〈笠金村〉」＊伊勢物語(10C前)二五「逢はじともいはざりける女の、さすがなりけるがもとに、いひやりける」＊日葡辞書(1603-04)「Iyari, u, atta.(イイヤル)〈訳〉ある事を伝えさせる」＊尋常小学読本(1887)〈文部省〉六「書簡を国許に送りて、此度は、蛤を、船一艘に積みて、みやげにせんと云ひやりたれば」②(多く打消の語を伴って用いられる)すらすらとよどみなく言う。言い続ける。思いどおりに言う。＊蜻蛉(974頃)中・天禄元年「身のあるやうを仏に申すにも、涙にむせぶとすていひもやられず」＊枕(10C終)九〇・宮の五節いださせ給ふに「弁のおもとといふに伝へさすれば、消え入りつつえもいひやらねば」＊源氏(1001-14頃)桐壺「これもわりなき心の闇になんといひもやらずむせかへり給ふほどに」③言い表わす。口に出して言う。＊栄花(1028-92頃)花山たづぬる中納言「あなあさましやともいひやらん方なくおぼされて」＊有明の別(12C後)三「猶やうこそあらめと、近く添ひふさせ給へるに、まづいひやることなう泣くさま」④話して、むすぼれた思いを晴らす。言って、気をまぎらわせる。＊源

氏(1001-14頃)竹河「あはれといひやるべきかたなきことなり」 発音イーヤル〈標ア〉ヤ 辞書文明・日葡・言海 表記云遣(文)言遣(言)

いいやる[=いいやらん]方(かた)無(な)し 言いようがない。表現の仕様がない。言わん方なし。＊源氏(1001-14頃)紅葉賀「かくのみいひやるかたなくて帰り給ふものから」＊有明の別(12C後)三「すこしみかへらせ給へる御かたはらめさらにいひやらんかたなし」＊とりかへばや(12C後)上「いひやるかたなくいみじき御けしきなるに」

いいやん『名』方言❶じじい。祖父。じいさん。香川県829 ◇いやん 兵庫県淡路島(幼児語)671 ◇いいやあ 香川県829 ◇いやあ 大分県臼杵市038 ❷父。◇いや 沖縄県宮古島054 西表島・波照間島・与那国島996 ◇いやあ 沖縄県西表島996 ◇いざ 沖縄県黒島996 ◇いいざ・いいじゃ 沖縄県竹富島996 ❸伯父、叔父など。おじさん。大分県939 941 ◇いいや 大分県直入郡(児童語)938 ◇いじさん 大分市941 ❹兄。兄さん。愛媛県周桑郡(幼児語)845 ❺姉。姉さん。広島県賀茂郡782 福岡県山門郡872 大分県別府市・宇佐郡(幼児語)938

イーユー【EU】(英 European Union の略) 欧州連合。ヨーロッパ共同体(EC)を基礎に、単一通貨、共通の外交・安全保障政策の実現を目的とする新共同体。一九九三年一一月、マーストリヒト条約の発効により創設された。ヨーロッパ連合。発音〈標ア〉ユ

いい-ゆず・る【言譲】『他ラ四』断って立場を他にゆずる。辞退する。＊枕(10C終)四九・職の御曹司の西面の「それ、人のさぶらふらんなどいひゆづれど、さしもうけひかずなどぞおはする」

いい-よう【言様】『名』言い表わし方。口のききかた。話しよう。言い方。＊義経記(室町中か)二・義経鬼一法眼が所へ御出の事「きゃつは不思議の者のいひやうかな」＊虎明本狂言・右近左近(室町末-近世初)「公事といふものは、理をもちながら、いひやうでまけまするものじゃ程に」＊浄瑠璃・村松(1637)二「にくきことばのいひやうや」＊浮雲(1887-89)〈二葉亭四迷〉二・九「全く朋友の信実心から彼様(あのやう)な事を言出したとした所で、それならそれで言様(イヒヤウ)が有る」発音イーヨー〈標ア〉0〈京ア〉0 辞書〈ポン・言海 表記言様(へ・言)

いい-よ・す【言寄】『他サ下二』ある事柄に事寄せて言う。かこつけて言う。＊俳諧・本朝文選(1706)六・誄類・丈艸誄〈去来〉「其弟に家録譲り侍らんと、かねて人しれず志ありて、病にはいひよせられけるとなむ」発音イーヨス〈標ア〉ヨ

いい-よど・む【言淀】『他マ五(四)』すらすらと言葉が出ないで口ごもる。言いかけてためらう。言葉がとどこおる。＊化銀杏(1896)〈泉鏡花〉二「少年は言淀みぬ」＊暴風(1907)〈国木田独歩〉一・五「母上(おっかさん)は眼をしょぼしょぼさして言ひ澱(ヨド)んだが」＊すみだ川(1909)〈永井荷風〉一「矢張り時勢に疎(うと)い女の事で、忽ち云淀(イヒヨド)んでしまった」発音イーヨドム〈標ア〉ド〈京ア〉0

いいよりひこ【飯依比古】「古事記」の国生み神話で、伊邪那岐命、伊邪那美命二神の生んだ四国のうち、讃岐国(香川県)の人格的名称。讃岐国の国魂(くにつたま)の神とされる。＊古事記(712)上「此の島は身一つにして面四つ有り。面毎に名有り。故、伊予国は愛比売と謂ひ、讃岐国は飯依比古と謂ひ」

いい-よ・る【言寄】『自ラ五(四)』①ことばをかけて近寄る。話しかけながらそばに寄る。＊枕(10C終)三・正月一日は「ここなるもの取りはべらんなどいひよりて走り打ちて逃ぐれば」＊源氏(1001-14頃)帚木「わづかなる声聞くばかりいひよれど、息の下にひき入れ言ずくななるが」＊とりかへばや(12C後)中「いかなるひまに、ものいひよりけしきみんと、ことごとなるめをつけてみれど」②異性に手紙をやったり話しかけたりして近づく。親しみ近づく。求婚する。求愛する。口説く。＊大和(947-957頃)御巫本附載「物いはすべきたよりよすがありければ、いかで物いひよらむとおもへば」＊源氏(1001-14頃)帚木「むすめども多かりと聞き給へて、はかなきついでにいひよりて侍りしを」＊太平記(14C後)二一・塩冶判官讒死事「様々書くどき聞ゆれ共、北の台は事の外なる事哉と計り打わびて、少も云寄べき言葉もなし」＊仮名草子・好色袖鑑(1682)上「あるは人めをしのび、みづからいひより、又はつてをたのみて文などをくるあり」③頼み込んで、好意に頼る。近づきになって依頼する。＊源氏(1001-14頃)玉鬘「知れる人といひよるべきたのもしき人もおぼえず」＊更級日記(1059頃)「世の中に長恨歌(ちゃうごんか)といふ文を物語に書きてある所あんなりと聞くに、いみじくゆかしけれど、えいひよらぬに」＊末枯(1917)〈久保田万太郎〉「その法事の相談にかこつけて、何うにかならないものだらうかといひ寄って来た」発音イーヨル〈標ア〉ヨ〈京ア〉0 辞書日葡・〈ポン・言海 表記言寄(へ・言)

イーリアス(原題ギリシア Ilias)《イリアス》長編叙事詩。二四巻。ホメロス作と伝えられる。紀元前八世紀頃成立。ギリシア軍の英雄アキレウスを主人公に、トロイ戦争をうたったもの。ギリシア最古の古典。イリアッド。発音〈標ア〉イ

い・いる【癒】『自ヤ上一』(ヤ行下二段動詞「いゆ(癒)」の上一段化したものか)「いえる(癒)」に同じ。＊百座法談(1110)六月一九日「これはまことに師子の血に侍(はむべり)めりとてつけたてまつるに御かさすなはちいゐることをえたまへり」

い-い・る【沃入】『他ラ下二』そそぎ入れる。つぎ込む。＊御巫本日本紀私記(1428)神代上「毎口沃入〈久知期止爾以伊留〉」

い-い・る【居入】『自ラ四』内に入ってきて座る。座り込む。＊枕(10C終)二八・にくきもの「あからさまに来たる子ども〈略〉をかしきもの取らせなどするに、ならひて常に来つつゐ入りて、調度うち散らしぬる、いとにくし」＊枕(10C終)七四・懸想人にて来たるは「簾(す)の内に人々あまたありて物などいふに、ゐいりてとみも帰りげもなきを」発音〈標ア〉イ2

い-い・る【射入】『他ラ下二』矢を射て中へ入れる。射込む。＊古事記(712)上「赤鳴鏑を大野の中に射入(いいれ)て」＊平家(13C前)七・火打合戦「消息をかき、ひき目のなかに入て、忍びやかに平家の陣へぞ射入たる」＊太平記(14C後)一七・山門牒送南都事「尊氏が籠って候ふ東寺の中へ、箭(や)一つ射入れ候はでは、罷り帰るまじきにて候ふなり」発音〈標ア〉イ2

いいるう『名』方言⇨いのおかじ(―風)

いいれ『名』方言⇨ゆいれ(結納)

いい-れんれん【依依恋恋】『形動タリ』(「いい(依依)②」に「恋恋」が付いたもの)恋い慕うあまり離れるに忍びないさま。→依依。＊読本・桜姫全伝曙草紙(1805)二・七「諸人の見とがめんことのはづかしく、依々恋々(イイレンレン)として、轟坊にぞ帰りける」＊寒山落木〈正岡子規〉明治二七年(1894)春「土手一里依々恋々と柳哉」補注「楚辞-九思・悼乱」の「顧章華兮太息、志恋恋兮依依」の例によった語かと思われる。

いいろ『名』方言文字。幼児語。富山県砺波398 長野県南部062 島根県仁多郡・能義郡725 山口県大島052 ◇いいろう 静岡県富士郡050 島根県石見725 ◇いいろうかいろう 島根県石見725 広島県771 ◇いい 三重県伊賀585 奈良県678 和歌山県日高郡698 ◇い 鹿児島県川辺郡973

いい-わ・く【言分】㊀『他カ四』事実をはっきりと述べる。物事の筋道を立てて言い聞かせる。＊宇津保(970-999頃)俊蔭「我が領ずる荘々(さうざう)はた多かれど、たれかはいひわく人あらむ」＊曾我物語(南北朝頃)七・勘当ゆるす事「いかで憎かるべき。ただ良かれと思ふ故なりといひも分かで、母も涙を流しけり」㊁『他カ下二』⇨いいわける(言分)

いい-わけ【言訳・言分】『名』①物事の筋道を明らかにして説明すること。言説。解説。＊咄本・金地院旧蔵天理本昨日は今日の物語(1614-24頃)「此返状を見て、赤松不興のよし聞き及び、急ぎ、播州へ下り、いひわけして帰り」＊随筆・槐記-享保一一年(1726)正月二八日「何芸にても習はずに見とり聞とりにするは、形(なり)は似ても何として加様にはするぞと云分(イヒワケ)がすまぬ故」＊小説神髄(1885-86)〈坪内逍遥〉下・脚色の法則「想ふに上文の議論のごときは〈略〉拾九世紀の小説家の分説(イヒワケ)としてはいとつたなし」②事情を説明して、失敗などの弁解をすること。身の潔白を証明すること。申し開き。弁解。＊虎明本狂言・船渡聟(室町末-近世初)「むこいろいろ云わけして後にはさつまのかみのごとくにせびらかす」＊浮世草子・西鶴織留(1694)四・二「またむかしのごとく歩行(かち)にてまはり、乗物では療治の手まはし悪敷(あしく)下たとは云分(イヒワケ)もむつかし」＊狐の裁判(1884)〈井上勤訳〉六「我れ汝に命ぜしは其の弁解(イヒワケ)を聞かんとにあらず」③過失や罪をわびること。わび。謝罪。＊浄瑠璃・当流小栗判官(1714頃)一「なんぎせんふびんさに、びんぎをうかがひ、いい分して得させんためよ」＊咄本・寿々葉羅井(1779)借銭乞「今宵先へ返さねば、我らいひ訳(ワケ)に首でもくくらねばならず」＊人情本・春色梅児誉美(1832-33)三・一六齣「第一伯母(おば)へ済ねへといふも尤(もっとも)〈略〉義理ある中の言(イヒ)わけと、内評定があるとも知らず」④(言分)ことばを使い分けること。区別していうこと。＊俳諧・宇陀法師(1702)巻頭弁俳諧一巻沙汰「唯一の神道には神楽殿(でん)、両部には神楽堂と云、むつかしく云分して益なし」補注(②について)(1)「言い訳」は自分のために、特定の人や比較的小さな集団を相手にする。「弁解」も自分のためにするが、「一言、彼のために弁解しておくと…」など、他人のためにすることもある。相手については「言い訳」とほぼ同様である。これに対し、「弁明」「釈明」は、堅苦しい場面では、自分についてすることもあるが、社会的な集団が世間一般に対して行なうことが多い。(2)(1)より、また使用の度数からいっても、和語「言い訳」に直接対応する漢語表現は「弁解」である。「言い訳」→「弁解」→「弁明」「釈明」となるにしたがって、漢語の表現性の特色の一つとして、その内容は、個人的なものから社会的なものへ、小さなものから大規模なものとなる。(3)「言い訳」は、自分から失敗を認める気持が強く、失敗した理由も個人的で、客観的なものとはいえないが、「弁解」はそうなったことについて、やむを得ない正当な理由があるようなニュアンスがある。また、「弁明」「釈明」では、この「弁解」の傾向が強くなり、失敗を認める気持は弱く、正当な理由を前提として、そうなった事情を説明すれば、了解してもらえるような気持が強い。発音イーワケ〈なまり〉ユイワケ〔和歌山〕〈標ア〉0〈京ア〉0 辞書〈ポン・言海 表記言訳(へ・言)

いいわけ が 無(な)い 自分の立場を説明する方法がない。弁解の仕様がない。申し開きができない。＊当世書生気質(1885-86)〈坪内逍遥〉三「さう言はれると実に君に対して言訳(イヒワケ)がないが」

いいわけ する程(ほど)悪(わる)くなる 弁解すればするほど欠点や誤りが出る。＊譬喩尽(1786)一「言訳(イヒワケ)するほど悪(ワル)なる」

いいわけ-がまし・い【言訳―】『形口』(「がましい」は接尾語) いかにも弁解めいている。言い訳くさい。＊洒落本・夢之盗汗(1801)四「と、いいわけがましく気をもむところへ」＊明暗(1916)〈夏目漱石〉二四「大人の様に言訳(イヒワケ)がましい事は丸で云はなかった」発音イーワケガマシイ〈標ア〉シ

いいわけ-こわけ【言訳故訳】『名』「いい

わけ（言訳）」を強調していう語。＊人情本・恋の若竹（1833–39）中・一〇套「言訳故訳（イヒワケコワケ）も聞かばこそ、持ったる包みの箱を奪ひ、真木を持って打ち砕くに」 発音イーワケコワケ〈標ア〉[0][コ]

いいわけ‐じょう【言訳状】〘名〙自分の立場を述べて申し開きする書状。弁解の手紙。＊浮世草子・傾城禁短気（1711）一・三「今日の客は田舎の堅い衆にて、少しの間も動きがとれぬとのいひわけ状」 発音イーワケジョー〈標ア〉[0]

いいわけ‐つける【言訳付】〘動〙方言❶言いがかりをつける。奈良県南大和683 ❷あれこれ言う。◇えわける〔言分〕山形県東田川郡038 ❸拒む。断る。辞退する。◇ゆわけする 宮城県栗原郡114 ◇ゆわける 秋田県鹿角郡132

いいわけ‐ばかり【言訳許】〘副〙言いわけができる程度に。少しばかり。しるしばかり。＊詞葉新雅（1792）「イヒワケバカリニ しるしばかりに」＊ヰタ・セクスアリス（1909）〈森鷗外〉「肩と腰とに言訣（イヒワケ）ばかりの赤い着物を着た女」 発音イーワケバカリ〈標ア〉[バ]

いいわけ‐まわ・す【言訳廻・言分廻】〘他サ四〙巧みに言いわけする。＊歌舞伎・韓人漢文手管始（唐人殺し）（1789）一「どふ言分廻しても動きは取れぬ。サ、白状して仕廻（しま）へ」

いい‐わ・ける【言分】〘他カ下一〙文いひわ・く〘他カ下二〙①申し付けて、自分のもとより分けて遣わす。＊源氏（1001–14頃）手習「ただ侍従、こもきとて尼君の若人にしたりける二人をのみぞ、此御方にいひわけたりける」②区別が分かるように言う。また、分かりやすいように区別して説明する。＊史記抄（1477）三・周本紀「日本の儒者、厲王と霊王と声相近てまぎるるほどに、むさ髭の霊王と云て云わくるぞ」＊大学垂加先生講義（1679）「上に万物を発育すと云て、是はそれをわりて人・物と云わけたものぞ」③事情を述べて潔白を証明したり、過失や罪状の弁解をする。＊日葡辞書（1603–04）「Iyvaqe, uru, eta（イイワクル）〈訳〉自分について弁護する」＊俳諧・鷹筑波（1638）五「からき命をたすかりぞする 山桝（さんせう）のめしとられしもいひわけて〈貞義〉」＊浄瑠璃・浦島年代記（1722）五「浦嶋太郎いひじらけ、何をせうこにいひわけん」 発音イーワケル〈標ア〉[ケ] 辞書文明・日葡・ヘボン・言海 表記云分（文）言別（言）

いい‐わざ【言業】〘名〙言ったこと。口にしたこと。言いごと。＊為忠集（鎌倉中か）「数ならぬうき身の上やとどまらん昔となりしあとのいひわざ」

いい‐わずら・う【言煩】〘他ハ四〙どう言っていいかわからないで、もてあます。言いあぐむ。言いわぶ。＊竹取（9C末–10C初）「耳にも聞き入れざりければ、いひわづらひて帰りぬ」＊源氏（1001–14頃）蓬生「されど動くべうもあらねば、よろづにいひわづらひくらして」＊浜松中納言（11C中）三「聞き入れぬやうなれば、いひわづらひてかへり給ぬ」 発音イーワズラウ 文イーワズローとも〈標ア〉[ラ][回] 辞書言海 表記言煩（言）

いい‐わた【結綿】〘名〙（「ゆいわた」の変化した語）日本髪の一種。幕末から明治一〇年代にかけて流行。現在は、正月の日本髪として用いられることが多い。島田に手絡（てがら）をかけ、高島田の両耳をさげ、中央を高くし、これに懸綿をかけて結んだもの。懸綿は、若い女性は赤色の太いもの、中年の女性は淡色のそれぞれ鹿の子絞りを用いた。主として年頃の女性の結髪。＊吾妻余波（1885）〈岡本昆石編〉一「いいわた。幕府時代に流行（はや）りし風なり。今も廿歳以上の者は此風に結ふ」＊歌行燈（1910）〈泉鏡花〉一四「結綿（イヒワタ）のふっくりしたのに、浅黄鹿の子の絞高な手柄を掛けた」 発音イーワタ〈標ア〉[0]〈京ア〉[イ]

いい‐わたし【言渡】〘名〙①言い渡すこと。命令や決定などを当の相手に告げ知らせること。＊毛利家文書‐（天正一一年）（1583）一二月一五日・安国寺恵瓊林就長連署状（大日本古文書三・八六一）「先度書立には不ㇾ載候へ共、言渡しに、芸州様へ付可ㇾ申之由被ㇾ申候之条、土州へ之返答」＊後裔の街（1946–47）〈金達寿〉六「中国での戦争もあたらしい膠着状態に入り、今度は微細な用語までにわたる表現の形式や方法までいい渡しをされるというのである」②裁判所が判決、決定などの内容を当事者に口頭で告げること。＊民事訴訟法（明治二三年）（1890）二三四条「判決の言渡は判決主文の朗読に因り之を為す」＊青春（1905–06）〈小栗風葉〉秋・二「『直き帰る、今日は唯判決の言渡（イヒワタシ）がある丈だから』『何の事件だね？』『何有（なに）、些（ちょ）いとした民事さ』」 発音イーワタシ〈標ア〉[0]〈京ア〉[0] 辞書言海 表記言渡（言）

いいわたし‐づけ【言渡付】〘名〙連歌の付け方の一つ。前句中の語句が、付句（つけく）全体の要素や原因となっている付け方。＊連歌諸躰秘伝抄（室町中）「いひわたし付。水のうへより秋風ぞふく、川霧や柳の露となりぬらん。是等は水のうへよりと云ふに、川霧や柳の露となるとはいひわたし候て、水なる霧を柳までうつし候て一興候」＊俳諧・遅八刻（1771）「連歌は余情付、眺望付、風情付、言渡付、送句付、とまり付、近付、遠付、躰付、用付、猶此余数多なり」

いい‐わた・す【言渡】〘他サ五（四）〙①言い通わす。＊名語記（1275）六「めをねといひわたせる歟」②伝言を伝える。間に立って口をきく。＊栄花（1028–92頃）若ばえ「上よりこの人々おそく参り給ふとある仰事、侍の人々、あるは刀自・すましなど、いちいちにいひわたす」＊日葡辞書（1603–04）「Iyvataxi, su, aita（イイワタス）〈訳〉他人に伝言を言う、または与える」＊読本・春雨物語（1808）死首のゑがほ「とく帰らせよ。そこ掃清むべし、と云に、おどろきて乃ち逃出て、かさねて誰いひわたすべき打橋なし」③命令、決定した処分などを告げる。宣告する。＊ロドリゲス日本大文典（1604–08）「シタジタノ モノニ カタウ ユウテヲイタ、または iyvataita（イイワタイタ）」＊評判記・色道大鏡（1678）三「其家にて勢（いきほひ）のある女郎に、つれて出よといひわたす事也。是をよろこぶ女郎はなしといへど、権命なればちからなし」＊浮世草子・世間胸算用（1692）二・一「銀千枚はいづかたへやりますとても其心得と云（イヒ）わたし」＊民事訴訟法（明治二三年）（1890）二三三条「判決は口頭弁論の終結する期日又は直ちに指定する期日に於て之を言渡す」④謡曲で、音の高低の変わり目などに声の質をうまく変えて謡い通す。＊風曲集（1423頃）「よき声をば、声のままに、さし声より、甲の物などを云わたして」＊申楽談儀（1430）音曲の心根「横主（わうしゅ）の二つのかはり目も、わが声のかはる時を心得て、いひ渡すべし」 発音イーワタス〈標ア〉[タ]〈京ア〉[0] 辞書文明・日葡・ヘボン・言海 表記云渡（文）言渡（へ・言）

いい‐わた・る【言渡】〘自ラ四〙①言いながら日を過ごす。言い続ける。＊大和（947–957頃）一四八「女は、男をすてていづちか行かむ、とのみいひわたりけるを」＊宇津保（970–999頃）菊の宴「上によくつかうまつり給へよ、などいひわたるに、つひに父君を恋ひつつなくなり給ぬ」＊宇治拾遺（1221頃）九・四「その法師の仏をつくり、供養し奉らばやといひわたりければ」②男から女に、口頭または手紙で求愛する。言い寄る。＊平中（965頃）一五「また、この男、ひさうしものいひわたる人、ありけり」＊落窪（10C後）一「日々にあらねど絶えずいひわたり給へど、絶えて御返りなし」＊源氏（1001–14頃）東屋「通ひし所なども絶えて、いとねんごろにいひわたりけり」＊徒然草（1331頃）四〇「因幡国（いなばのくに）に、何の入道とかやいふ者の娘、かたちよしと聞きて、人あまたいひわたりけれども、〈略〉親ゆるさざりけり」 発音イーワタル〈標ア〉[タ]

いい‐わ・ぶ【言詫】〘他バ上二〙「いいわずらう（言煩）」に同じ。＊平中（965頃）二二「よろづのことばをひとりごちけれど、さらに答へする人もなかりければ、いひわびてぞ出でて来にける」＊源氏（1001–14頃）明石「御返いと久し。内に入りてそのかせど、女はさらに聞かず〈略〉。いひわびて入道ぞかく」＊狭衣物語（1069–77頃か）四「やがてうつぶし給ひて、音もし給はぬを、この具し給へる児君（ちごぎみ）は、疾う疾うと言ひ佗びて」 発音イーワブ〈標ア〉[ワ]

いい‐わら・う【言笑】〘自ハ四〙言って笑う。笑いながら言う。＊蜻蛉（974頃）中・天祿二年「聞き聞きて、寝たるがうちおどろく様にて、いづら、はや寝たまへるといひわらひて」＊枕（10C終）一二四・はづかしきもの「わかき人々の集まりゐて、人の上をいひわらひそしりにくみもするを」＊栄花（1028–92頃）初花「ゆめゆめ麿がなからん世のおもてぶせ、麿を人にいひわらはせ給なよ」＊古本説話集（1130頃か）七〇「牛、つゆなづむことなし。かくて、死なでやみなんずるなめりといひわらふ」 発音イーワラウ 文イーワローとも〈標ア〉[ラ][回]

いい‐わ・る【言割】〘他ラ五（四）〙はっきりと説明する。＊大学垂加先生講義（1679）「上迄で天の字のわけは詳にして、是からはその得と云を云わりたもの也」

いい‐わん【飯椀】〘名〙飯を盛る椀。めしわん。＊結城氏新法度（1556）六一条「又よりあい、いいわんに酒ひかへつれ候事、さらにさらに無躰千万に候」＊咄本・狂歌咄（1672）一「年の内に春はきこけり一とせを去年とやいひ椀」

い‐いん【伊尹】中国古代の伝説上の宰相。阿衡（あこう）または保衡ともよばれる。殷（いん）の湯王を助けて夏の桀王（けつおう）を討ち、殷王朝を成立させた。 発音〈標ア〉[イ] 辞書文明 表記伊尹（文）

い‐いん【医員】〘名〙医療にたずさわる役目の者。病院、医院または診療所に勤務する医師。＊徳川実紀‐寛永一八年（1641）五月七日「大僧正天海、日光へまかるによて、医員田村安栖長有、奈須玄竹恒昌さしそへらる」＊授業編（1783）九「上は竹園堂上のやんごとなきより下（しも）学生医員（イイン）方外の緇徒（しと）に至り」＊或る女（1919）〈有島武郎〉後・四八「然し手術の為めに医員の一人が迎へに来たのだと思はれた」 発音〈標ア〉[イ]〈京ア〉[イ]

い‐いん【医院】〘名〙病気を診察・治療する所。医者が個人的に経営していて、病院より規模の小さいものをいう。診療所。＊うもれ木（1892）〈樋口一葉〉五「押たてし杭（くひせ）の面に、博愛医院（イヰン）建築地と墨ぐろに記るして」＊田舎教師（1909）〈田山花袋〉五九「門にかけた原田医院といふ看板はもう古くなって居た」 語誌(1)もともとは「太医院」の略であったが、「病院」と共に hospital の概念を表わす新語として、中国洋学書から導入された。幕末、明治初期、「病院」が定着しつつあったが、当時、大学東校を主宰し後に順天堂を創設した佐藤尚中の意見で、「病院」を「医院」に改称すべきという病院改称伺（明治五年一月二八日付）が大学東校から文部省あてに出された。改称の理由は特に記されていないが、「病院」という語には病人を治す意味が含まれていないという点が問題だったと推測される。(2)以後、かつての東大医学部付属医院のように、大学病院を中心に「医院」という名称が長く使用されていたが、昭和二三年に発布された医療法で、病院は二〇床以上の医療施設と規定され、医院（診療所）はもっぱら一九床以下の小規模な医療施設を指すようになった。 発音〈標ア〉[イ]〈京ア〉[イ]

い‐いん【依韻】〘名〙和韻の形式の一つ。原詩と同一の韻を持つ文字を用い、同じ文字であるかどうかにはこだわらないもの。同韻。→和韻。＊中山詩話「唐詩賡和、有二次韻一先後無ㇾ易、有二依韻一同在二一韻一、有二用韻、用ニ彼韻、不ニ必次ニ」 補注「名物六帖‐人事箋」に「依韻 イイン」とある。

い‐いん【委員】(ヰヰン)〘名〙国家、公共団体その他の団体から選挙または任命によって指名され、その団体の特定の事項の調査や処理をまかされた人。＊西国立志編(1870‐71)〈中村正直訳〉一〇・二「嘗て一の委員労爾徳(ロルド)潤(ジョン)・拉設爾(ラッセル)の家に至り」＊改正増補和英語林集成(1886)「Iin イイン 委員」＊酒中日記(1902)〈国木田独歩〉五月七日「其頃学校改築のことで自分は其(その)委員長。自分の外に六名の委員(ヰヰン)が居ても多くは有名無実で」＊清会典事例‐刑部・形律・断獄・弁明冤枉「另委ニ別官審理者、専責委員、虚心質訊、毋レ庸ニ原問官会審ニ」 発音〈なまり〉エーン〔埼玉方言〕〈標ア〉イ1〈京ア〉イ1 辞書 言海 表記 委員(言)

い‐いん【遺胤】(ヰ:)〘名〙父の死んだとき、母の胎内にある子。また、親の死後、残った子。遺児。わすれがたみ。＊花柳春話(1878‐79)〈織田純一郎訳〉二七「吾が胎内マルツラバースの遺胤(イイン)あり」

い‐いん【遺隠】(ヰ:)〘名〙人知れず暮らす隠者。＊宝覚真空禅師録(1346)乾・道号・逸渓「一従ニ遺隠無ニ名姓、劈箭当レ機執解レ酬」

い‐いん【遺蔭】(ヰ:)〘名〙師の遺した恩恵。＊空華日用工夫略集‐永徳二年(1382)一〇月一三日「蓋惜ニ別於坐禅、且慕ニ開山遺蔭一也」

い‐いん【遺韻】(ヰヰン)〘名〙①音などの、あとに残るひびき。②古人が後世に残した音調。＊江戸繁昌記(1832‐36)四・仮宅「宮羽隠かに叶ひ、詞意清妍。中散が遺音を得を、伯牙が妙巧を弄す」③先人の残した詩歌。また、古人の遺風。＊新撰朗詠(12C前)下・文詞「百代の闕文と収め、千載の遺韻を採る〈陸士衡〉」＊玉葉‐治承三年(1179)一一月一五日「姫旦曲阜之風、遺韻伝レ家」＊杜牧‐鄭瓘協律詩「広文遺韻留ニ樗散、雞犬図書共ニ一船ニ」

いいん〘副〙①馬のいななく声を表わす語。＊咄本・鹿の巻筆(1686)三・三「『いいんいいん』と云ながら」②からだや顔つきで、いかにもにくらしいという感じを表わす語。＊別れた妻に送る手紙(1910)〈近松秋江〉「白い歯を、イーンと露して」＊招魂祭一景(1921)〈川端康成〉「塩を投げた小僧は、卵屋にいいんと尻を突き出してから」 発音〈標ア〉0

いいん‐かい【委員会】(ヰヰンクヮイ)〘名〙①委員による会議。特に、国会においては、衆参両院の本会議で議決するに先立って、予備調査や審議を行なうために、議員のなかから選任された委員で行なう会議。常任委員会と特別委員会がある。＊議院法(明治二二年)(1889)二四条「各委員長は委員会の経過及結果を議院に報告すべし」＊社会百面相(1902)〈内田魯庵〉鉄道国有・七「国有案は間もなく議場に現はれて委員附托となったが、委員会の経過が中々難かしく」②特定の目的のもとに委員によって構成された、意思決定権を持つ合議制の機関。＊海に生くる人々(1926)〈葉山嘉樹〉四一「こっちで二人、向うで一人の委員を出して、その委員会によって、扶助規則を作ると云ふことにしたら」＊国家行政組織法(1948)三条・二「行政組織のため置かれる国の行政機関は、府、省、委員会及び庁とし」 発音〈標ア〉イ2〈京ア〉ン

いいんかい‐せいど【委員会制度】(ヰヰンクヮイ:)〘名〙政策決定や運営が委員会によってすすめられる制度。 発音 イインカイセイド〈標ア〉セ

いいん‐きょうわこく【委員共和国】(ヰヰン:)〘名〙国の政治機構が上部から末端にいたるまで委員会によって構成され、その協議によって政治が行なわれる共和国。 発音 イインキョーワコク〈標ア〉ワ

いいん‐ちょう【委員長】(ヰヰンチャウ)〘名〙委員の代表者として、委員たちの統轄、指揮をする人。＊福翁自伝(1899)〈福沢諭吉〉再度米国行「其時派遣の委員長(ヰヰンチャウ)に命ぜられたのは小野友五郎」＊国家行政組織法(1948)六条「委員会の長は、委員長とし、庁の長は長官とする」 発音 イインチョー〈標ア〉イ2〈京ア〉ン

いいんほほ〘副〙 方言 馬のいななく声を表わす語。山形県飽海郡・東田川郡139 ◇ええほほん 青森県三戸郡083 岩手県気仙郡102

いいんや〘感動〙「いんや」に同じ。＊談義本・教訓乗合船(1771)二・神道者田舎学者の弁「鬼か、いいや、人か、いいんや、神仏(かみほとけ)を売(うる)の、ぜげんなりと名のるべし」

い‐う【衣盂】〘名〙法衣と盂鉢。禅宗ではその授受が師弟関係の成立を意味した。＊空華日用工夫略集‐永徳二年(1382)一二月一四日「法性院僧正房深特来頂ニ戴衣盂ニ報ニ弟子之礼ニ」

いう【意宇】「おう(意宇)」に同じ。 辞書 色葉・易林 表記 意宇(色・易)

いう〘副〙馬のいななく声を表わす語。＊落窪(10C後)二「顔つきただ駒のやうに、鼻いららぎたる事限りなし。いうといななきて引き離れていぬべき顔したり」

い・う【言・謂】(ふい)㊀〘他ワ五(ハ四)〙①言葉として表現する。述べる。しゃべる。(イ)(…と)口に出す。口をきく。＊古事記(712)上・歌謡「泣かじとは 汝(な)は伊布(イフ)とも」＊古事記(712)下・歌謡「白腕(しろただむき) 枕(ま)かずけばこそ 知らずとも伊波(イハ)め」＊書紀(720)継体七年九月・歌謡「愛(は)しけくも いまだ以播(イハ)ず 明けにけり我妹(わぎも)」＊万葉(8C後)一五・三七七二「帰りける人来れりと伊比(イヒ)しかばほとほと死にき君かと思ひて〈狭野弟上娘子〉」＊枕(10C終)八二・頭の中将の、すずろなるそら言を「ただここもとに、人伝(ひとづて)ならで申すべき事などいへば、さし出でて問ふに、これ、頭の殿の奉らせ給ふ。御返りごととくといふ」(ロ)(目的語をとって)思うこと、見聞したことなどを言葉に表わす。＊万葉(8C後)二〇・四三六四「防人(さきむり)に発(た)たむ騒きに家の妹(いむ)がなるべきことを伊波(イハ)ず来ぬかも〈若舎人部広足〉」＊伊勢物語(10C前)七三「消息(せうそこ)をだにいふべくもあらぬ女のあたりを思ひける」＊土左(935頃)承平四年一二月二七日「またこと人、これかれ酒なにと持て追ひきて、磯におりゐて、わかれがたきことをいふ」＊源氏(1001‐14頃)帚木「残りをいはせむとて、さてさてをかしかりける女かなとすかい給ふを」＊方丈記(1212)「その所のさまをいはば、南に懸樋あり。岩を立てて水を溜めたり」(ハ)(「物を言う」の形で)力のあることを表わす。発揮する。効力を示す。→もの(物)を言う・もの(物)を言わす。②(ある人、物、事柄などを、…と)呼ぶ。名づける。称する。＊万葉(8C後)一四・三三七九「わが背子をあどかも伊波(イハ)む武蔵野のうけらが花の時無きものを〈東歌・武蔵〉」＊竹取(9C末‐10C初)「いまはむかし、たけとりの翁といふもの有けり」＊源氏(1001‐14頃)桐壺「女御とだにいはせずなりぬるが、飽かず口をしう思さるれば」＊徒然草(1331頃)一三四「己を知るを、物知れる人といふべし」③世間の人が口にする。伝聞する。＊万葉(8C後)五・八九七「重き馬荷に 表荷(うはに)打つと 伊布(イフ)ことの如(ごと)〈山上憶良〉」＊伊勢物語(10C前)八四「老ぬればさらぬ別れのありといへばいよいよ見まくほしき君かな」＊海道記(1223頃)手越より蒲原「昔関守の布をとりをきたるが積て石に成たると云り」④詩や歌を詠む。また、声を出してうたう。＊古今(905‐914)仮名序「をとこ山のむかしをおもひいでて、をみなへしのひとときをくねるにも、歌をいひてぞ、なぐさめける」＊土左(935頃)承平四年一二月二七日「ある人、西国なれど、かひうたなどいふ」⑤(手紙、歌などで)愛情を告げる。求婚する。言い寄る。＊竹取(9C末‐10C初)「其中に猶(なほ)いひけるは色好といはるる限五人思ひやむ時なくよるひる来りけり」＊伊勢物語(10C前)二四「いとねむごろにいひける人に、今宵あはむとちぎりたりけるに」＊今昔(1120頃か)一七・三三「我が夫なりし人、去(いに)し年の春失(うせ)にしかば、其の後は云はする人数(あまた)有れども」㊁〘自ワ五(ハ四)〙①鳥や獣などが鳴く。＊蜻蛉(974頃)中・天祿元年「あやしき声するを、こはなにぞととひたれば、鹿のいふなりといふ」②(擬声語に付いて)そういう音を立てる。＊滑稽本・浮世風呂(1809‐13)四・中「いまだに心(むね)がドッキドッキと云(イフ)て、腹な虫めがグイグイぬかすはい」＊人情本・明烏後正夢発端(1823)上「アイ、さっき、土瓶をしかけておけと、おいひなましたから、しかけておきましたら、アノ、ちんちんといってゐますは」＊永日小品(1909)〈夏目漱石〉泥棒「さっきから、台所の方ががたがた云(イ)ってゐる」③(まれに、擬態語に付き)そういう刺激性の状態が現われる。＊怪談牡丹燈籠(1884)〈三遊亭円朝〉一「弱さうな男だからまだ抜刀(ひっこぬき)は仕(しま)ひと思(おもっ)たに、閃々(ぴかぴか)といったから、ホラ抜たと」＊永日小品(1909)〈夏目漱石〉元日「鼓がくると、台所から七輪を持って来さして、かんかんいふ炭火の上で鼓の皮を焙り始めた」④(様態を表わす語と熟して)そのさまであることを示す。「こういう」「そういう」「ああいう」「どういう」など。⑤(助詞「と」に付いて)「と」の受ける事柄を取りたてて、それに関して下に述べる場合に用いる。具体的な意味の薄れた補助的用法。＊万葉(8C後)二〇・四三〇七「秋と伊閇(イヘ)ば心そ痛きうたて異(け)に花になそへて見まく欲(ほ)りかも〈大伴家持〉」＊古今(905‐914)春上・四九「ことしより春しりそむる桜花ちるといふ事はならはざらなん〈紀貫之〉」＊蜻蛉(974頃)中・天祿元年「心もゆかぬ世とはいひながら、まだいとかかるめはみざりつれば」 語誌 (1)現代仮名づかいで「いう」と表記するが、発音はユウである。謡曲で「いふ(言)」と「ゆふ(夕)」との掛詞が行なわれるのが著名だが、さかのぼって、「斯道文庫蔵帝範応安元年点」に、「云(ユふ)こと」とあるなど、南北朝期には、イをユとした例を認めることができる。(2)音声によって相手にある内容を聞かせる「かたる」(「語り部」「かたらい」)、音声を出している行為そのものを描写する「しゃべる」(「おしゃべり」)、音声による相互のコミュニケーションを示す「はなす」(「はなせば、わかる」「はなしあい」)などは、いずれも類似した表現であるが、それぞれ「いう」とは異なっており、より具体的で、かつ音声を中心とした意味を持つ。それに対し、「いう」は「太郎という人」のように形式化した用法を古くから持つように、より抽象的な動作である。また、「目は口ほどに物を言い」という言い方があるように、必ずしも音声による必要はない。 語源説 (1)イはイキ(息)の意か〔日本古語大辞典=松岡静雄・国語の語根とその分類=大島正健・日本語源=賀茂百樹〕。(2)イフ(気経)の意〔音幻論=幸田露伴〕。イキヘル(息経)からか〔名言通〕。(3)イ(謂)に語尾を付けて動詞化したもの〔日本語原考=与謝野寛〕。 発音 ユー〈なまり〉ウー〔飛騨〕エォ〔島根〕シェウ・シエル・セール・ヘウ〔岩手〕シュウ〔秋田〕スウ〔信州読本・飛騨〕ズウ・リ〔福島〕セウ・ソウ〔岩手・山形〕ヘル〔青森・津軽語彙・岩手〕ユー〔埼玉方言〕ユル〔津軽語彙〕『いえ』イウェ〔信州読本〕ウエ〔飛騨〕ヱ〔鹿児島方言〕セェ・ヘロ〔岩手〕ユエ〔秋田・山形〕ユヘ〔秋田〕〈標ア〉0〈ア史〉平安●○ 鎌倉来●●〈京ア〉0 辞書 字鏡・色葉・名義・和玉・文明・伊京・明応・天正・饅頭・黒本・易林・日葡・書言・ヘボン・言海 表記 言(名・玉・文・伊・明・天・黒・易・書・へ・言) 云(名・玉・文・伊・明・饅・黒・易・書・言) 謂(色・名・文・天・易・書) 道(名・玉・文・黒・易・書・言) 曰(名・玉・文・易・書・言) 猶・道(色・名) 説(名・玉) 称(玉・書) 曹(色) 語・識・論・諷・齘・齢・鸝・愼・倆・迪・噬・咋・攄・相・況・詰・況・矗・説・雖・間・唉・噉(名) 名・謝・辞・説(玉)

同訓異字 **いう【言・謂・云・曰・道】**

【言】（ゲン・ゴン）口に出していう。思っていることを言葉でいいあらわす。「言外」「言語」「言動」「発言」《古 いふ・ものいふ・まうす・とく・かたらふ・ことば》
【謂】（イ）ある話題について述べる。いわれていることや思っていることなどをまとめていう。「所謂」「称謂」《古 いふ・いはく・おもふ・かたらふ》
【云】（ウン）人のいったことや伝聞したことなどを引いていう。…という。「云為」「云々」《古 いふ・いはく・まうす・のたまふ》
【曰】（エツ・ワツ）漢文調で「子曰く…」「彼曰く…」など、以下のことが人の発言や引用であることを示す。いうことには。述べることには。《古 いふ・いはく・とく・まうす・のたまふ・こたふ》
【道】（トウ・ドウ）意味内容をきちんと人々に述べる。唱えていう。知らせていう。「道破」「唱道」「報道」《古 いふ・おもふ・とく》

いい言(い)いて 繰り返し言って。互いにあれこれと言い合って。＊伊勢物語(10C前)二三「くらべこし振分髪(ふりわけがみ)も肩すぎぬ君ならずして誰かあぐべき、などいひいひて、つひに本意(ほい)のごとくあひにけり」＊土左(935頃)承平五年一月七日「とかくいひいひて」＊源氏(1001-14頃)葵「はてはては、あはれなる世をいひいひて、うち泣きなどもし給ひけり」

いい得(う)べくんば そのように言い表わすことができるならば。いうなれば。いわば。＊妻(1920)〈田中純〉「妻は恐ろしく解放的で、言ひ得べくんば、研究的な女だった」

いいけらく （「けらく」は「けり」のク語法）言ったこと。言ったことには。＊古今(905-914)羇旅・四一八・詞書「みこのいひけらく、狩りして天の川原に到るといふ心をよみて、盃はさせといひければ」＊土左(935頃)承平五年一月二九日「むかし、土佐といひけるところにすみける女、この船にまじれりけり。そがいひけらく」 [発音]イーケラク 〈標ア〉[ケ] [辞書]言海

いいたい事(こと)は明日(あす)言(い)え 言いたいことがあってもすぐその場で言ってしまわずに、しばらく時間をおいてから言った方が失言がなくてよい。＊譬喩尽(1786)一「言(イ)ひたひ事(コト)は明日(アス)言(イ)へ」

いいみ言(い)わずみ （「み」は動詞の連用形に付いて、「…たり、…たり」の意を表わす接尾語）言ったり言わなかったり。言いよったり、言いよらなかったり。＊平中(965頃)二「この男の、懲(こ)りずまに、いひみいはずみある人ぞありける」

いいもていく 「いいもてゆく」に同じ。＊源氏(1001-14頃)夕霧「なだらかの御いらへや。いひもていけば、たが名か惜しき」＊大鏡(12C前)一・序「いひもていけば、同じたね、ひとつ筋にぞおはしあれど」＊史記抄(1477)一六・儒林列伝「児寛は孫弟子であるを、欧陽生から云もていって、此で云はてて、又弟子張生が事を云ぞ」

いいもてゆく （「もて」は、「次第に…する」意の接頭語）①言い続けていく。次々と話を進めていく。＊蜻蛉(974頃)中・天禄二年「よろづのことどもいひもてゆくに」＊源氏(1001-14頃)若菜下「いと思ひやりなく恥づかしければ、罪重き心もさらに侍るまじ、といひもてゆくに」②言い詰めていく。「いひもてゆけば」などの形で、せんじつめていくと、つまるところは、結局、の意に用いることが多い。＊源氏(1001-14頃)須磨「とある事もかかる事も、さきの世の報いにこそ侍るなれば、いひもてゆけば、ただみづからの怠りになむ侍る」＊源氏(1001-14頃)柏木「ただ心ばせのみこそ、いひもてゆかむにはやむごとなかるべけれと思ほす」＊狭衣物語(1069頃-77頃か)一「この頼もし人の御心ばへ、さやうの程とても、かひがひしく見扱ひ給ふべくこそ、見えざんめれ。いひもてゆけば、ただ女の苦にて侍らんかし」③言いながらいく。＊徒然草(1331頃)四七「道すがら、くさめくさめと、いひもてゆきければ」

いうか言(い)わぬか 言うこともあろうに。何ということを言うことか。＊浮世草子・西鶴置土産(1693)四・三「此揚屋、古文(こぶん)めきたる皃(かほ)つきしていふかいはぬか」

いう限(かぎ)り無(な)し ⇩親見出し「いうかぎりなし(言限無)」

いう限(かぎ)りにあらず ①言うまでもない。言うに及ばず。＊蜻蛉(974頃)中・天禄二年「胸のこがるることはいふかぎりにもあらず」＊宇津保(970-999頃)蔵開上「御髪(ぐし)つき、姿いふかぎりにあらず」②言う資格がない。言うべき範囲のものではない。

いうが真実(しんじつ) 物言いで人の本性がわかるの意。＊随筆・独寝(1724頃)上・四「江戸は、どふしてもいやし。物いひにて恋路さむるよし。いふが真実、といふ説なり」

いう口(くち)の下(した)から 言ったとたんに。言うとすぐ。＊洒落本・広街一寸間遊(1778)「『そんならこんどから』といふくちの下から、したたかに」＊滑稽本・浮世風呂(1809-13)前・上「夫(それ)見さっし。いふくちの下(シタ)からころんだア」

いうこころは ⇩親見出し

いう下(した)から 言うと同時に。言う口の下から。「言う下からうそがばれる」

いうじゃなし ①「言わない」を強めていう。言うのではない。「ごめんなさいというじゃなし、失礼なやつだ」②ことさらに言うわけではない。言いたくはない。＊浄瑠璃・傾城酒呑童子(1718)四「ほんにいふじゃなけれど、能(のう)のはやしのと、栄耀(ゑよう)栄花にほこって」

いうじょう ⇩親見出し

いうたらなんやけど 言うと、聞いた人の気持を悪くするかもしれないが。こんなことを言ったら、差し障りがあるかもしれないが。関西で言う。＊餓鬼の晩餐(1974)〈富岡多恵子〉「わしら、いうたらなんやけど、テンノウヘイカより恵まれてまっせ」

いうて聞(き)かす 言ってきかせる。教える。戒める。＊古活字本毛詩抄(17C前)三「善道斗り云ては定ぬ程に、何事かな猶云て聞せうぞ」

いうて退(の)ける （「退ける」は、むずかしいことをあえてする意）思いきって言う。かくさず言ってしまう。言って退ける。＊浄瑠璃・心中重井筒(1707)上「いっそいふてのけふか。いやいや、それもむごいこと」＊化銀杏(1896)〈泉鏡花〉三「『僕あもう大嫌だ』と臆面もなく言うて退けつ」

いうではない ことさら言うわけではない。自慢を言うわけではない。＊浮世草子・傾城禁短気(1711)一・三「いふではないが、広き難波にあの女郎を、ひっかきさふな大臣外(ほか)に覚へず」

いうても ⇩親見出し

いうてもおくれな小夜嵐(さよあらし) （三下がり小唄「かくれんぼ」末尾の「髪結わぬ夜の女郎花、いうてもおくれな小夜嵐」の句から出た、江戸時代、明和頃から文政頃にかけて上方ではやったしゃれ）そんなことを言わないでおくれ。＊浄瑠璃・太平記忠臣講釈(1766)五「言(イ)うてもおくれな小夜嵐(サヨアラシ)とは、お胴慾(どうよく)」＊歌舞伎・猿曳門出諷(1798)上「イヤ、孔明ぐらゐと一口にいうてもおくれな、さよあらしぢゃ」＊洒落本・色深猍睡夢(1826)上「『叶ふか。かなわぬか。ゑい加減なことじゃあろ』『いふてもおくれなさよ嵐(アラシ)』」

いう所(ところ) （「所謂」の訓読から）①言うこと。口にしたことば。＊太平記(14C後)一五・三井寺合戦「云(イフ)所傍若無人(ばうじゃくぶじん)也と思はん人は、寄合て力根の程を御覧ぜよ」②（「言う所の」という形で用い、「言う」の連体修飾法を強めた言い方）言っているその。世間で言う。いわゆる。＊文明論之概略(1875)〈福沢諭吉〉一・二「すなはちある人所云(イフトコロ)の人心風俗を察するとはこの事なるべし」＊大道無門(1926)〈里見弴〉一番雞・二「謂(イ)ふところの『教養』が役に立った」 [発音]ユートコロ 〈標ア〉[ロ] [辞書]文明 [表記]所ㇾ言(文)

いうとも （動詞「いう(言)」の終止形に助詞「とも」の付いた語。漢字「雖」の訓読から生じた語）たとえ…ても。…たとしても。とも。＊東大寺諷誦文平安初期点(830頃)「種種の大御供養は、如来の境界に約ては、受け収めたまふ所、都(かつて)无しトイフトモ」＊地蔵十輪経元慶七年点(883)一「世尊、我等、諸の四大種に於て自在に転ずること得たりと雖(いふとも)」＊金刀比羅本保元(1220頃か)中・白河殿へ義朝夜討ちに寄せらるる事「其殿の弓勢いかめしくいふとも、維行が小矢束を先だてて」 [補注]「万葉-四・七七四」の「百千度(ももちたび)恋ふと云友(いふとも)諸弟(もろと)らが練(ねり)の言葉は吾は頼まじ〈大伴家持〉」の例は「云ふ」に実質的な意味があると考えられる。 [辞書]和玉・文明 [表記]雖(玉・文)

いうならく （「ならく」は伝聞の助動詞「なり」のク語法）人の言うには。＊白氏文集天永四年点(1113)三「聞導(イフナラク〈別訓〉いはく)」＊俊頼髄脳(1115頃)「いふならくならくのそこに入りぬればせちりも修陀もかはらざりけり」＊観智院本名義抄(1241)「聞道 イフナラク 従道 イフナラク」＊私聚百因縁集(1257)七・四「女人、化尼に問て聞導(イウナラク)糸已に儲調被れてん哉如何」＊謡曲・清経(1430頃)「言ふならく、奈落も同じ泡沫(うたかた)の、あはれは誰も変らざりけり」 [辞書]色葉・名義・文明・書言・言海 [表記]言説(色・文) 向道(文・書) 聞導(色) 聞道・従道(名) 道説・作道・報道・説言(文) 説道(書・言)

いうなり 言うとすぐ。＊閨秀(1972)〈秦恒平〉一「『さ、つうさん、よう見ときや』言うなり老人は骨立った、だが指の長いてのひらをけもののようにしなわせて一つの袋に突っ込んだ」

いうなれば 仮に一つの表現をとるとすれば。言ってみるなら。いわば。言ってみれば。「三等重役〈源氏鶏太〉」の中でしばしば使われ、流行した。＊人形愛(1976)〈高橋たか子〉二「いうなれば、玉男＝植物という存在を見つけることである」 [発音]ユーナレバ 〈標ア〉[一]

いうに言(い)われ＝ず[＝ない] ①言葉ではうまく表現できない。言いようがない。＊玉塵抄(1563)三「二人ともに名人なり。妙の中の妙、云にもいわれぬ所ぞ」＊浄瑠璃・文武五人男(1694)名所尽し「たきぎに花をゆひそへて、いふにいはれぬなりふりや」＊多情多恨(1896)〈尾崎紅葉〉前・八・一「覚めると与(とも)に恋しさの念は再発する、謂ふに謂はれず侘しくなる」＊思出の記(1900-01)〈徳富蘆花〉一・四「眼と口元に云ふに云はれぬ愛嬌をもって」＊坑夫(1908)〈夏目漱石〉「此の壁土が唾液(つばき)に和(と)けて、口一杯に広がった時の心持は云(イ)ふに云(イ)はれなかった」②他に話すとぐあいの悪い事情があったりして言いたくても、言うことができない。＊歌舞伎・韓人漢文手管始(唐人殺し)(1789)四「伝七様を助けて下さんせずは、まだお前の悪事を、サア、いふにいはれぬ親子のきづな」＊湯島詣(1899)〈泉鏡花〉三四「そして謂ふに謂はれない仔細があって別れたといって御覧」

いうに落(お)ちず(に)語(かた)るに落(お)ちる ことばの上では言っていないことが、自然と話しぶりの間にはっきりする。＊諺苑(1797)「言ふに落ちずに語るにおつる」＊現代小説の描写法(1911)

〈岩野泡鳴〉「つまり、云ふに落ちず語るに落ちた自己告白だ。云ひ換へれば、告白などしたくないと云って、そこに素養不足の観察を告白した訳だ」

いう に=及(およ)ばず[=及(およ)ばない] ①特に述べたてる必要がない。言うまでもない。もちろんだ。＊平家(13C前)五・奈良炎上「我朝はいふに及ず、天竺震旦にも是程の法滅あるべしともおぼえず」＊宇治拾遺(1221頃)三・四「熊野、御岳はいふに及ばず、白山、伯耆の大山、出雲の鰐淵、大かた修行し残したる所なかりけり」＊古活字本毛詩抄(17C前)一「覚ては云に不及、いねても夢に求るぞ」＊俳諧・猿蓑(1691)序「五徳はいふに及ばず、心をこらすべきしなみなり」②言葉ではうまく言い表わせない。＊光悦本謡曲・小塩(1470頃)「何と語らむ花盛。いふに及ばぬけしきをば、いかがはおもひ給ふらん」

いう に=足(た)らず[=足(た)りない] ①特に述べたてるほどの値打、必要がない。とりたてて言うほどのこともない。言うまでもない。＊玉葉-安元三年(1177)正月二二日「一人直召称レ不レ可レ然之由、不レ参、勿論不レ足レ言也」＊徒然草(1331頃)一三五「大納言入道、はたとつまりて、これはそぞろごとなれば、いふにもたらずといはれけるを」＊耶律楚材-和景賢詩「自従一識二龍岡老一余子紛紛不レ足レ云」②言葉ではうまく言い表わせない。何とも言いようがないほどひどいの意に用いる。＊高野山文書-(年月日未詳)(鎌倉)阿氏河庄下司非法停止陳状(大日本古文書五・一二三四)「不足言之姧犯之状也」＊随筆・戴恩記(1644頃)上「物さびたる御すまひ、中々いふにたらず」＊浮世草子・好色五人女(1686)二・三「かねがね我をたのまれし其心ざしの深き事、哀とも不便(ふびん)とも又いふにたらず」 辞書 文明 表記 不レ足レ言(文)

いう にも 余(あま)る 言葉に言いつくせない。言いようがない。＊枕(10C終)三〇二・一二月二四日、宮の御仏名の「いふにもあまりてめでたきに」＊狭衣物語(1069-77頃か)四「七車(ななくるま)積むともつきじ思ふにもいふにもあまるわが恋草は」

いう にや 及(およ)ぶ (「や」は反語を表わす係助詞) 言うに及ぼうか。言うまでもない。＊とはずがたり(14C前)一「いふにやをよふ、かかる事やはとも、言ふべきことは」＊太平記(14C後)八・山徒寄京都事「言にや及ぶ、尤も庶幾(そき)する所也」＊曾我物語(南北朝頃)八・屋形まはりの事「さて、いかに候ひける。便宜あしく候ひけるか。いふにやおよぶ。乱舞の折節、あはれと思ひしかども」＊歌舞伎・小袖曾我薊色縫(十六夜清心)(1859)五立「『未来はどふぞお雪様に、添ふて上(あげ)て下さりませ』『言(イフ)にや及ぶ。未来永々(えいえい)紋三が妻のお雪殿』」

いう ばかりなし ⇩親見出し「いうばかりない(言許無)」

いう は 易(やす)く行(おこ)なうは難(かた)し 口でよいことを言うのはやさしいが、それを実行することは困難である。言葉と行動は一致しないものである。＊塩鉄論-利議「言レ之易、而行レ之難」

いう べき 方(かた)無(な)し 言いようがない。言葉に尽くせない。いわんかたなし。いうすべなし。＊枕(10C終)四一・鳥は「ほととぎすは、なほさらにいふべきかたなし」＊右京大夫集(13C前)「ここかしことうちたちたるさまなど、つたへきくもすべていふべきかたぞなき」

いう べき にも あらず ことさらに言うに及ばない。言いようがない。＊枕(10C終)一・春はあけぼの「冬はつとめて。雪の降りたるはいふべきにもあらず」＊能因本枕(10C終)四四・木の花は「郭公のよすとさへ思へばにや、猶さらにいふべきにもあらず」

いう=べく[=べう]もあらず 言葉で表現できない。言いようもない。ことのほかだ。＊竹取(9C末-10C初)「いふべくもあらぬ綾おり物に絵をかきて」＊枕(10C終)三七・木の花は「ほととぎすのよすがとさへおもへばにや、なほさらにいふべうもあらず」

いう までも ない ①ことさら言う必要がない。言うに及ばない。もちろんだ。＊史料編纂所本人天眼目抄(1471-73)一「師云、これはゆうまでもないぞ」＊虎寛本狂言・素襖落(室町末-近世初)「身共がいふ迄もない、そち、異見した成らば能らう」＊浮雲(1887-89)〈二葉亭四迷〉三・一六「お政の浮薄、今更いふまでも無い」＊都会の憂鬱(1923)〈佐藤春夫〉「不安のなかの大きな重い方のものは言ふまでもなく彼の妻のことであった」②(「…と言うまでもない」の形で)言い終わるまでもない。言い終わらないうち。＊浮世草子・御前義経記(1700)七・三「『只今金子請取はずにて、よびに参りました』といふまでもなし。『女が女をうけ出してなんのやくに立ことぞ』」 発音 ユーマデモナイ 〈標ア〉マ

いう も おろか (「おろか」はもと、不十分、おろそかの意。のち「愚か」の意と意識された) 口に出して言うと、不十分なほどである。言うまでもない。言うだけ、ばかげている感じがする。とても言葉には尽くせない。いえばおろか。＊枕(10C終)三六・七月ばかりいみじうあつければ「月の頃は寝おどろきて見出すに、いとをかし。やみもまたをかし。有明、はたいふもおろかなり」＊天草本伊曾保(1593)狼と狐の事「カノ ヲウカメ アワレト yŭmo vorocana (ユウモヲロカナ) テイデ スギユクヲ ミテ」＊仮名草子・恨の介(1609-17頃)上「この願(ぐゎん)叶ふものならば、色々の立願(れうぐゎん)ども、いふもおろかと聞えける」 発音 ユーモ=オロカ 〈標ア〉①=オ

いう も くだ (「くだ」はくだくだしいの意) 言うもくどい。言うまでもない。＊仮名草子・好色袖鑑(1682)下「したしき中となりて、此方よりいふもくだにて、あなたよりなをこころの色ふかく」＊歌舞伎・傾城壬生大念仏(1702)坂田藤十郎「古今濡事(ぬれごと)の開山、けいせい買の元祖、今更いふもくだなり」＊随筆・独寝(1724頃)上・四五「同じ遊びのそんとくはいふもくだ也」

いう も 更(さら)なり 「いえ(言)ば更(さら)なり」に同じ。＊滑稽本・浮世風呂(1809-13)四・上「氏子や檀方はいふもさら、無縁法界ひりくるめに、一切衆生に救はれて」＊興津彌五右衛門の遺書(1913)〈森鷗外〉「父兄悉く出格の御引立を蒙りし(サラ)なり」は言(イ)ふも更

いう も 世(よ)の常(つね) 「いえ(言)ば世(よ)の常(つね)」に同じ。＊枕(10C終)九四・上の御局の御簾の前にて「くれなゐの御衣(ぞ)どもの、いふも世のつねなる袿(うちぎ)」＊枕(10C終)二四五・一条の院をば「御笛二つして、高砂ををりかへして吹かせ給ふは、なほいみじうめでたしといふも世のつねなり」

いう 由(よし)なし ⇩親見出し

いう を 俟(ま)たぬ わざわざ言う必要がない。言うまでもない。言(げん)を俟(ま)たぬ。＊明治卅三年十月十五日記事(1900)〈正岡子規〉「食器抔は余の分と家人の分と別々に取り扱ふなり。来客の分はいふを待たず」

いえ ば ①言われてみると。そう言えば。＊歌舞伎・傾城壬生大念仏(1702)上「いへば尤じゃ。今二三日の事なればそれ迄またふ」＊浄瑠璃・夕霧阿波鳴渡(1712頃)中「アアいへばそふじゃおれはいかいあはうじゃ」②言ってみれば。表現するなら。極言すれば。いわば。＊神皇正統記(1339-43)下・後醍醐「武士たる輩、いへば数代の朝敵也」＊多情多恨(1896)〈尾崎紅葉〉前・七「お前では馴染が薄いから何(どう)も遠慮があって、用が頼み難い──まあ謂へば、お客が来てゐるやうで気屈(きづまり)でならないから」＊春泥(1928)〈久保田万太郎〉三羽烏・七「いへば、その中洲(なかず)時代がかれの役者としての峠、上り切るところまで上り切ったときだった」

いえ ば=言(い)う[=言(い)われる] よくまあそんなことを言えるものだ。言わば言う。＊俳諧・鷹筑波(1638)一「いへばいはるることの葉のするゑ木の枝にのこぎりくづをかきまぜて〈日能〉」＊浮世草子・好色一代女(1686)三・二「女ごころの無墓(はかな)やいへばいふ事とて」＊阿部一族(1913)〈森鷗外〉「げに言(イ)へば言(イ)はれたものかな、好いわ。そんなら此腹の皮を瓢箪に油を塗って切って見せう」 発音 〈標ア〉エ

いえ ば 言(い)わるる大鋸屑(おがくず) 理屈をつけて言いまわせば、おがくずのように役に立たないものでも、有益なもののように言うことができる。どんなつまらない事にも道理をつければ、つかないことはないということのたとえ。鋸屑も言えば言う。＊浄瑠璃・宇賀道者源氏鑑(1759)二「いへば云(イハ)るる鋸屑(オガクズ)とやら、顔も得見ぬ市太郎、殺せしなど、はコリャ何事」

いえ ば えに (「え」は動詞「う(得)」の未然形、「に」は古い打消の助動詞の連用形) 口に出して言おうとすると、言うことができないで。＊伊勢物語(10C前)三四「いへばえにいはねば胸にさはがれて心ひとつに歎くころ哉」＊源氏(1001-14頃)須磨「中納言の君、いへばえに悲しう思へるさまを人知れずあはれと思す」＊増鏡(1368-76頃)一六・久米のさら山「かばかりの事だに、御心にまかせずなりぬる世の中、いへばえに、つらく恨めしからぬ人なし」＊読本・椿説弓張月(1807-11)後・二九回「あな痛(いたま)しやといへばえに、いはねど気色(けしき)にあらはれて」＊白羊宮(1906)〈薄田泣菫〉忘れがたみ「言へばえにのみ打過ぎて、さては別れし人なれば」 辞書 言海

いえ ば おろか 「いう(言)もおろか」に同じ。＊蜻蛉(974頃)中・安和二年「あるは御ぐしおろしなど、すべていゑばおろかにいみじ」＊宇津保(970-999頃)嵯峨院「この娘にむことりつるに、思ふといへばをろかなり」＊源氏(1001-14頃)明石「神の助けおろかならざりけりといふをきき給ふも、いと心細しといへばをろか也」

いえ ば 更(さら)なり 口に出して言うと、いまさらめいている。こと新しく言うまでもない。もちろんである。言うも更なり。＊蜻蛉(974頃)上・天暦一一年「身の秋を思ひ乱るる花の上に内の心はいへばさらなり」＊源氏(1001-14頃)薄雲「この春より生(お)ほす御髪、尼そぎの程にて、ゆらゆらとめでたく、頬(つら)つきまみの薫れる程など、いへばさらなり」＊読本・南総里見八犬伝(1814-42)九・九三回「其首(そこ)放さずやと教圄(いきま)けども、現八大角いへばさら也、荘介と小文吾も倶に道節を推禁(おしとどめ)て」

いえ ば なべて 「いえ(言)ば世(よ)の常(つね)」に同じ。＊弁内侍(1278頃)寛元四年一一月一四日「雪に白みたる内野のけいき、いつの世にも忘れがたく面白しといへばなべてなり」

いえ ば 世(よ)の常(つね) 言葉に出して言うと平凡なものになって、とても言葉には尽くせない。言うも世の常。言えばおろか。言えばなべて。＊枕(10C終)一四二・なほめでたきこと「かいねりのつや下襲(したがさね)などの乱れあひて、こなたかなたにわたりなどしたる、いでさらに、いへばよのつねなり」＊玉葉(1312)恋三・一五二三「いへば世の常の事とや思ふらん我はたぐひもあらじと思ふに〈重之女〉」

いおう 無(な)し (「いおうようなし」の略) 表現のしようがない。いいようがない。＊浮世草子・五箇津余情男(1702)一・二「只いはふなきは女郎の酒」

いおう 様(よう) ⇩親見出し

いって かせる 方言 教える。知らせる。鳥取県気

高郡717 島根県邇摩郡725 ◇ゆうてかせる 新潟県佐渡352 島根県石見725 ◇ゆうてかす 島根県石見725 岡山県小田郡767 広島県771 ◇ゆうかす 岡山県阿哲郡751 小田郡767 広島県771 774 779 ◇いっかする 鹿児島県肝属郡970 ◇ゆっかすい 鹿児島県揖宿郡969 ◇いっかすい 鹿児島県鹿児島郡968

いって聞(き)かせる 納得できるように話す。話して聞かせる。＊歌舞伎・青砥稿花紅彩画(白浪五人男)(1862)三幕「知らざあ言って聞かせやせう」＊家(1910-11)〈島崎藤村〉上・七「お雪は子供に言って聞かせて鞄の紐を解きかけた」

いって退(の)ける 「いう(言)て退(の)ける」に同じ。＊油地獄(1891)〈斎藤緑雨〉二「杯酒潮を湧すと昔は大束に言(イ)って退(ノケ)たが」＊多情多恨(1896)〈尾崎紅葉〉前・三「『その代(かはり)心(しん)で泣いてやる』と直(すぐ)に言って除(ノ)けて」

いってみれば 「いう(言)なれば」に同じ。＊慈照院義政(1965)〈唐木順三〉義政独語「いってみれば天皇は詩文の中、風雅の中にゐる」

いって寄越(よこ)す 先方からこちらへ手紙や人づてなどで言ってくる。＊夜明け前(1932-35)〈島崎藤村〉第二部・下・九・四「『いつぞやも便りがあって〈略〉まだ神葬祭にもしないのか』と言ってよこしたが」 発音〈標ア〉コ

いわず (動詞「いう(言)」の未然形に打消の助動詞「ず」の付いたもの。上の句を受けて、下の句に対して連用修飾の働きをする) ①問題にしないで。(…にもかかわらず。㋑「と(も)いわず」の形。＊源氏(1001-14頃)夕顔「夜中あか月といはず御心に従へるものの、今宵しもさぶらはで」＊源氏(1001-14頃)東屋「直々しきあたりともいはず、勢に引かされて、よき若人ども装束・有様はえならず整へつつ」＊平家(13C前)一・殿下乗合「殿下の御出(ぎょしゅつ)ともいはず一切下馬の礼儀にも及ばず、かけやぶってとほらむとする間」＊徒然草(1331頃)四四「寝殿より御堂の廊に通ふ女房の追風用意など、人目なき山里ともいはず、心遣ひしたり」㋺「を(も)いわず」の形。＊源平盛衰記(14C前)二六・平家東国発向並邦綱卿薨去「此邦綱卿は、心広き人にて、貴賤を云(イハ)ず、親疎をわかず、人の大事を訪(とぶら)ひ」＊仮名草子・浮世物語(1665頃)四・一「不作不熟をもいはず、年貢を扱(こき)取り、妻子を沽却すれども、哀とも思はず」②言うまでもなく。もちろんのこと。言うに及ばず。＊梁塵秘抄口伝集(12C後)一〇「斯くの如き上達部・殿上人はいはず、京の男女、所々の端者(はしたもの)、雑仕、江口神崎の遊女(あそび)、国々の傀儡子(くぐつ)」＊たまきはる(1219)「中宮おはしますとていだしぐるまはいはずのりながらたてられたり」③いくつかの物事をあげて、そのうちのどれと限らずすべての意を表わす。＊龍舌蘭(1905)〈寺田寅彦〉「奥の間、表座敷、玄関とも云わず、いっぱいの人で」

いわず語(かた)らず 発音〈標ア〉0 (意味の似た言葉を重ねて強調する表現) ①何も言わない。言葉で表現しない。＊浮世草子・傾城禁短気(1711)四・四「ふしぎの縁で相肩になりて、今迄いはずかたらず、さりとは我もふかい物じゃ」＊長唄・京鹿子娘道成寺(1753)「言はず語らぬ我が心」＊当世書生気質(1885-86)〈坪内逍遙〉一「其隠密なる魂胆をば、写しいだせる物語も、それとはいはず語らずして、読む人々に悟らしむる、覆車の誡、因果の関係」②(全体が体言のようになる用法。副詞的にも用いる) 何も表現しないこと。暗黙。＊二人女房(1891)〈尾崎紅葉〉上・一「言(イ)はず語(カタ)らず急足になる」＊福翁自伝(1899)〈福沢諭吉〉幼少の時「私共の兄弟は自然に一団体を成して、言(イ)はず語(カタ)らずの間に高尚に構へ」＊或る女(1919)〈有島武郎〉後・三三「倉地は葉子が不言不語(イハズカタラズ)の中に感激してゐるのを感得してゐた」

いわず仕舞(じまい) (迷った挙げ句)言わずに終わること。最後まで言わないこと。＊落語・金の味(1892)〈三代目三遊亭円遊〉「此事計(こればか)りは云はず仕舞(ジマ)ひで相果やうと思ったが」 発音〈標ア〉ジ

いわ=ず[=で]と=知(し)れた[=知(し)れし] 説明しなくてもわかっている。わかりきった。＊歌舞伎・与話情浮名横櫛(切られ与三)(1853)四幕「『こなたの方では疑って、かれこれいふのは、いはずと知れた、おとみが為には』トいひかけるを」＊浮雲(1887-89)〈二葉亭四迷〉三・一四「無造作に入って来た者は云はでと知れた昇」＊にごりえ(1895)〈樋口一葉〉一「緋の平ぐけが背の処に見えて言(イ)はずと知(シ)れし此(この)あたりの姉さま風なり」

いわずもがな (「もが」は願望の意を表わす助詞。「な」は感動の助詞) ①言葉に表わさないほうがいいと思われること。言わでもの事。＊人情本・春色梅美婦禰(1841-42頃)初・五回「問ず語りの聞ぐるしく、言(イハ)ずもがなと思(おぼ)さんが」②言うまでもないこと。わかりきっていて今さら言う必要のないこと。言わでもの事。＊忘れえぬ人々(1898)〈国木田独歩〉「露店が並むで立食の客を待ってゐる。売ってゐる品(もの)は言はずもがなで、喰ってる人は大概船頭船方の類にきまってゐる」＊天鵞絨(1908)〈石川啄木〉一一「お八重はいはずもがな、お定さへも此時は妙に淋しく名残惜しくなって」 発音イワズモガナ〈標ア〉ズ モ

いわせず ①言わせないで。②かかわりなく。＊狂言記・鈍根草(1660)「神の御前ともいはせず、はらをたてさせをる」

いわせておく 言うにまかせておく。言いたいことを言うようにしむけておく。＊虎明本狂言・昆布売(室町末-近世初)「それがしもへんどにては人にくろづらをも見しられたに、一れいいはせておゐて、〈略〉無心をいふて、いひきけなんだといはれては」＊虎寛本狂言・胸突(室町末-近世初)「云せて置ば、方量もない」

いわせも立(た)てず 人に意見などを十分に述べさせないうちに。＊浄瑠璃・平仮名盛衰記(1739)一「御子誕生有迄(あるまで)は、我等に預下さるべしと云せも立ず梶原平三、ヤア心得ぬ義盛の願ひ」＊浄瑠璃・仮名手本忠臣蔵(1748)一〇「左様の覚へ聊(いささか)なし。定てそれは人たがへといはせも立ず、ヤアぬかすまい。あらそはれぬ証拠有」

いわせも果(は)てず 言い終わらせないで。言い終わるのを待たないで。＊堀河百首(1105-06頃)春「春立つといはせもはてず朝まだき風のけしきぞまづかはりける〈源顕仲〉」＊平家(13C前)一一・嗣信最期「と申す処に弟の与一そばにありけるが、いはせもはてず、十二束二ぶせ、よっぴいてひゃうど放つ」＊古今著聞集(1254)一一・三九六「といふを、僧正いはせもはてず、わが法師が絵の故実、片腹いたしといはれけるを」

いわ=で[=ず]もの事(こと) (「で」は「ないで」の意の助詞。全体を体言のように用いる) ①「いわ(言)ずもがな①」に同じ。＊随筆・伊波伝毛乃記(1819)「なき人のむかし思へばかぎろひのいはでものことといふぞわびしき」②「いわ(言)ずもがな②」に同じ。＊めぐりあひ(1888-89)〈二葉亭四迷訳〉一「其所(そこ)から徒歩(かち)で…何処へ往たか？ 云はでもの事で有らう」＊たけくらべ(1895-96)〈樋口一葉〉二「そろひの裕衣(ゆかた)は言(イ)はでものこと、銘々に申合せて生意気のありたけ、聞かば胆もつぶれぬべし」＊葬列(1906)〈石川啄木〉「印度衰亡史は云はずもの事、まだ一冊の著述さへなく」

いわぬ顔(かお) 口に出しては言わないが、それとはっきり分かる顔つき。＊浮世草子・傾城禁短気(1711)三・三「『あれほどの器量者の替りをおかかふとぞんじますれば、中中はした金では参りませぬによって、かしこまったとは、当分どふも申がたし』と、いはぬ顔して金をせりあげるいひ廻し」

いわぬが花(はな) 口に出して言わないほうがおくゆかしく、さしさわりもなくてよい。＊雑俳・ぎんかなめ(1729)「せう事もなく立帰りけり いとまやるからは謂をいはぬが花」＊浄瑠璃・新版歌祭文(お染久松)(1780)野崎村「三々くどふは言ぬが花嫁」＊当世書生気質(1885-86)〈坪内逍遙〉一「作者が自儘の考案もて、いはぬが花か、読む人が自得(さと)るも花歟」 発音イワヌガハナ〈標ア〉ヌ ナ

いわ=ぬ[=ない]事(こと)=か[=じゃない] 前に言っておいたことではないか。言ったとおりだ。それ見たことか。＊落語・三軒長屋(1894)〈四代目橘家円喬〉「どっちかの壁が抜けさうだ。ソラ言はない事(コッ)ちゃない。何か落こった」＊吾輩は猫である(1905-06)〈夏目漱石〉一一「それだから、先(さ)っきから云はん事ぢゃない」

いわぬ事(こと)は聞(き)こえぬ はじめから言っておかなくては理解させることができない、だから言っておくの意。あとで知らなかったと言われないように、念を押しておく。＊浮世草子・好色一代女(1686)二・四「かならず其請合(うけあひ)はならずはじめからいはぬ事は聞(キコ)えぬといふ」＊浄瑠璃・伊賀越道中双六(1783)一「よござります。が申し言はぬことは聞えぬ、利銀は二割、三月をどりでござります」＊歌舞伎・韓人漢文手管始(唐人殺し)(1789)三「いわん事は聞へぬ。彌五右衛門様、お前様の立(たて)でござりますぞへ」

いわぬは言(い)うにまさる 口に出して言わないのは言葉で言うよりももっと切実な心持のあらわれだ。また、沈黙を守っているほうが効果的だ、安全だの意にもいう。＊古今六帖(976-987頃)五・雑思「心には下ゆく水のわきかへりいはで思ふぞいふにまされる」＊源氏(1001-14頃)末摘花「いはぬをもいふにまさると知りながらおしこめたるは苦しかりけり」＊評判記・吉原人たばね(1680頃)りしゃう「それまでは聞かぬもたのもしくやおはさん、いはぬはいふにまさり侍るか也」＊俳諧・鶉衣(1727-79)後・上・五〇・歎老辞「不用の長談議、いはぬはいふにまさらんをと、此論ここに筆を拭(ぬぐ)ひぬ」

いわぬばかり 口に出して言わないだけ。口にこそ出さないが、態度や様子から明らかにそれと察せられるという意。＊虎寛本狂言・柿山伏(室町末-近世初)「いや、是に上て食へと言ぬ斗りの、能いのぼり所が有る」＊俳諧・曠野(1689)二・暮春「いまきたといはぬばかりの燕かな〈長之〉」＊多情多恨(1896)〈尾崎紅葉〉前・二「可厭(いや)な奴が来たと謂(い)はぬばかりである」

いわ=ぬは[=ねば]腹(はら)ふくる 言いたい事、言うべき事を言わないと不満がつのるものである。＊大鏡(12C前)一・序「おぼしき事いはぬは、げにぞはらふくるる心地しける」＊徒然草(1331頃)一九「おぼしき事いはぬははらふくるるわざなれば」＊浮世草子・傾城色三味線(1701)江戸・五「いわねばはらふくるるとはいへど、ただ何事もいわぬにこした事はなし」

いわば言(い)う 「いえ(言)ば言(い)う」に同じ。＊寒川入道筆記(1613頃)愚痴文盲者口状之事「皆酒の事じゃ程に、御酒がよひと打つけた。さてさてなにともいはばいはるるものの」

いわば言(い)え 言いたければかってに言うがよい。人がどう言おうとかまわない。＊外科室(1895)

〈泉鏡花〉上「其太(いた)く落着きたる、これを頼母(たのも)しと謂(い)はば謂へ」

いわば言(い)わなん (「なん」は他に対してあつらえ希望する終助詞) けしからんと言うのならかってに言うがよい。人が何と言おうとかまわない。*後撰(951-953頃)春中・五〇「山守はいはばいはなむ高砂の尾のへの桜折りてかざさむ〈素性〉」*続後撰(1251)春下・一二六「吹く風をいはばいはなむ桜花散りかふ頃の春の山もり〈藤原信実〉」

いわまく (四段動詞「いふ(言)」の未然形に、推量の助動詞「む」の付いた「いはむ」のク語法) 言うこと。口に出して言うようなこと。*万葉(8C後)二・一九九「かけまくも ゆゆしきかも 言久(いはまく)も あやにかしこき 明日香(あすか)の 真神(まかみ)の原に〈柿本人麻呂〉」*万葉(8C後)三・四七五「かけまくも あやにかしこし 言巻(いはまく)も ゆゆしきかも わが大君 御子の命(みこと)〈大伴家持〉」 [補注]「万葉集」の中で、「かけまくも」と対で、神や天皇(または、これに準ずるもの)の行為などを「ゆゆし」「かしこし」とたたえるために使われている。 [辞書]文明 [表記]言(文)

いわん術(すべ) 言うべき方法。言うべき言葉。いいよう。*万葉(8C後)五・七九四「伊波牟須弊(イハムスベ) せむすべ知らに 石木(いはき)をも 問ひさけ知らず〈山上憶良〉」*万葉(8C後)一三・三二九一「言牟為便(いはムすべ) せむすべしらず〈作者未詳〉」*観智院本名義抄(1241)「将云為便 イハムスへ」 [辞書]名義 [表記]将云為便(名)

い・う【結】〘他ワ五(ハ四)〙(「ゆう(結)」の変化した語) 髪を結ぶ。ゆう。*俳諧・西鶴五百韻(1679)何秤「長寝故古郷の花も忘れけり〈西吟〉 髪もいはずに柳はみどり〈西六〉」

イヴ ⇨イブ

いう-いう【言言】〘副〙(動詞「いう(言)」の終止形を重ねてできたもの) 言いつつ。言いながら。後世は、連用形を重ねて、「言い言い」が用いられるようになった。*蜻蛉(974頃)下・天禄三年「いまはかへりなんかしといふいふ、うちふして」*源氏(1001-14頃)夕顔「弓弦、いとつきづきしく打ち鳴らして、火、危しといふいふ、預りが曹司のかたに、往ぬなり」 [発音]ユーユー〈標ア〉[ユ]2

いう-うち【言内】〘副〙 その中でも。とりわけ。*社会百面相(1902)〈内田魯庵〉犬物語「今の社会は隅から隅まで腐敗してゐるが、云(イ)ふ内(ウチ)何が一番腐敗してゐるだらうと云ったら」 [方言]⇨ゆううち(言内)

いう-かい【言甲斐】〘名〙(「あり」「なし」を述語として伴う。→いうかいなし) ①あれこれいうだけの効果。何かをするだけのはりあい。いいがい。*後撰(951-953頃)雑三・一二二三「きのくにのなぐさのはまは君なれや事のいふかひ有りとききつる〈よみ人しらず〉」*蜻蛉(974頃)中・天禄二年「いみじき雨いやまさりなれば、いふかひもなし」*源氏(1001-14頃)若菜上「さてそのまぎれに我も人も命たえずなりなましかば、いふかひあらまし世かはとおぼしなほす」 ②とりたてていうだけの値打。こちらの期待するような反応。みどころ。*源氏(1001-14頃)若菜上「かれはざれていふかひありしを、これはいといはけなくのみ見え給へば」*源氏(1001-14頃)宿木「さぶらふ人々も、すこしものいふかひありぬべく若やかなるは、みなあたらし」 [発音]ユーカイ

いうかい-な【言甲斐無】 (形容詞「いうかいなし」の語幹) 多く感動表現に用いる。あれこれ言っても仕方のないさま。はりあいのないさま。*源氏(1001-14頃)帚木「いふかひなの事や。あさましとてまたもたまへり」*源氏(1001-14頃)若紫「げに、いふかひなのけはひや。さりとも、いとよう教へてむ」 [発音]ユーカイナ〈標ア〉[0]

いうかいな-げ【言甲斐無━】〘形動〙(形容詞「いうかいなし」の語幹に接尾語「げ」の付いたもの) 言うだけの値打のないさま。とるにたりないと感じられるさま。いいがいなげ。*宇津保(970-999頃)楼上下「いふかひなげなる姿したるものも、あはれがり面白がりゐたり」*源氏(1001-14頃)若菜上「ましてことわりも何も、いづこにとまるべきにかと、いふかひなげにとりなし給へば」*有明の別(12C後)三「よろづの事ふかく思ひわきまへられ給へる心の中なれば、いといふかひなげにあなづらはしかるべくもあらず」 [発音]ユーカイナゲ〈標ア〉[ナ]

いうかいな-さ【言甲斐無━】〘名〙(形容詞「いうかいなし」の語幹に接尾語「さ」の付いたもの) 言うだけの値打のないこと。言うだけの効果のないこと。ふがいなさ。いいがいなさ。*源氏(1001-14頃)総角「みづからのいふかひなさも思ひ知らるるに」*源氏(1001-14頃)蜻蛉「とてもかくても、同じいふかひなさなれど」 [発音]ユーカイナサ〈標ア〉[ナ]

いうかい-な・し【言甲斐無】〘形ク〙 ①あれこれ言ってもしかたがない。取り返しがつかない。お話にもならない。はりあいがない。言いがいがない。*土左(935頃)承平五年二月一六日「ききしよりもましていふかひなくぞこぼれやぶれたる」*蜻蛉(974頃)下・天延二年「御禊(みそぎ)の日、犬の死にたるをみつけて、いふかひなくとまりぬ」*枕(10C終)二九二・成信の中将は「やむごとなきこと、おもしろかるべきこと、たふとうめでたかべいことも、雨だに降れば、いふかひなく口をしきに」*源氏(1001-14頃)明石「さばかりおぼしのたまはせしさまざまの御遺言は、いづちか消え失せにけんといふかひなし」 ②(下に「こと、さま、人、なる」などを伴って、人の死を婉曲に表わす) どう言っても取り返しがつかない。むなしい。*宇津保(970-999頃)あて宮「かの君は、いふかひなくなり給ぬるものを」*源氏(1001-14頃)葵「いとどみな泣きて、いふかひなき御事はただかきくらす心地し侍るはさるものにて」 ③とりあげて言うほどの価値のないさまを表わす。㋑子供っぽくてものごとのわきまえがない。幼稚である。*土左(935頃)承平五年一月一五日「女(め)の童のいへる〈略〉いふかひなきもののいへるには、いと似つかはし」*源氏(1001-14頃)若紫「いであなをさなや。いふかひなうものし給ふかな」 ㋺ものの風情や人の情を解さない。人柄、心ばえなどにみどころがない。風情がない。趣がない。*蜻蛉(974頃)中・天禄元年「田守(たもり)の物おひたる声、いふかひなく情なげにうちよばひたり」*源氏(1001-14頃)玉鬘「かの末摘花のいふかひなかりしをおぼし出づれば、さやうに沈みて生ひ出でたらむ人の有様うしろめたくて」 ㋩とるにたりない身分・存在である。言いがいない。*枕(10C終)二八・にくきもの「かかることは、いふかひなき者のきはにやと思へど、すこしよろしき者の式部の大夫などいひしがせしなり」*大鏡(12C前)四・兼家「いふかひなき程の者にもあらで、すこしおもとほどのきはにてぞありける」*高野本平家(13C前)一・祇王「あはれ、是はいふかひなき我等が念仏して居たるを妨げんとて、魔縁の来たるにてぞあるらむ」 ㊁ふがいない。いくじがない。みじめである。言いがいない。*伊勢物語(10C前)二三「女、親なくたよりなくなるままに、もろともにいふかひなくてあらんやはとて」*源氏(1001-14頃)若菜下「いとさいふばかり臆すべき心弱さとは覚えぬを、いふかひなくもありけるかなと、みづから思ひ知らる」*大鏡(12C前)四・道隆「年ごろ仏神にいみじうつかうまつりつれば、なに事もさりともとこそたのみ侍(はべ)りつれど、かくいふかひなき死にをさへせんことのかなしさ」*平治(1220頃か)上・六波羅より紀州へ早馬を立てらるる事「無下にいふかひなき事せられたる人々かな。当家をたのみて来れる人を、敵の手へわたすといふ事やある」 [語誌](1)①③が基本義。①③ともに連用形で程度副詞的に使われることもある。②は①の用法が死を婉曲的に指し示すのに採用されたもの。(2)主に和文脈で用いられ、「今昔物語集」では用例の大半が本朝世俗部に偏る。院政・鎌倉期には、「平家物語」には③㋩の用例が多いなど、用法がやや固定化していき、近世には全般的にその使用が衰えた。 [発音]ユーカイナシ〈なまり〉ユーキョーナシ〔静岡〕〈標ア〉[ナ] [辞書]言海

いうかぎり-な・し【言限無】〘形ク〙 分量・程度がはなはだしく大きい。言い表わしきれないほどである。この上もない。いうかたなし。*宇津保(970-999頃)あて宮「ふみを見給ふに、いふかぎりなくさがなきことをつくれり」*源氏(1001-14頃)葵「いふかぎりなき願どもたてさせ給ふげにや、平らかに事なりはてぬれば」*浜松中納言(11C中)二「今行く末も同じ蓮(はちす)の上にと、いふ限りなき御契りを尽くし給ひつつ」

いうかた-な・し【言方無】〘形ク〙(「かた」は方法の意) どう言ったらよいかわからない。たとえようがない。言うべきことばがない。いわんかたなし。善悪ともにいう。*蜻蛉(974頃)下・天延元年「雪風いふかたなう降り暗がりてわびしかりしに」*源氏(1001-14頃)明石「年ごろの御行なひにいたくおもやせ給へるしも、いふかたなくめでたき御ありさまにて」*栄花(1028-92頃)御裳着「車の有様いふかたなし。えもいはず耀きたり」 [発音]ユーカタナシ〈標ア〉[タ] [辞書]言海

い-うか・る【居浮】〘自ラ下二〙 住居に落ち着かないで、他所にさまよう。すみうかる。*東関紀行(1242頃)赤坂より橋本「昔より住みつきたる里人の、今さら居うかれんこそ、かの伏見の里ならねども、荒れまく惜しくおぼゆれ」

いうこころ-は【言心━・謂心━】〘連語〙 ①その意味は。そのわけは。*書陵部本名義抄(1081頃)「言 朱曰伊布去々呂波」*大慈恩寺三蔵法師伝院政期点(1080-1110頃)序「化城垢服、済馬馳羊、之を小学と謂ふ。言(イフココロハ)、権旨なり」*世俗諺文鎌倉期点(1250頃)「箋(せん)に云く此れは言(いふココロハ)王の土地広大なり」 ②(なぞ解きで) その表現の言おうとする本当の意味は。*滑稽本・浮世床(1813-23)二・下「草書は、くるくるといくらも引巻(ひんまい)て右の方の筆尻がぴんと跳てゐやす。よしかヱ。いふ心(ココロ)は売薬などの招牌(かんばん)に書た所」 [辞書]色葉・名義 [表記]言(色・名)

いう-じょう【言定・言条】〘連語〙(「じょう」は程度の意の形式名詞。助詞「と」で上の句を受けて、下の句に対して連用修飾の働きをする) そういう程度のものでも。転じて、そうは言っても。いいじょう。*宇治拾遺(1221頃)一一・五「辰の時とこそ催しはありしか、さがるといふ定、午未の時には、わたらんずらんものをと思て」*平家(13C前)一一・那須与一「小兵といふぢゃう十二束三ぶせ、弓はつよし」*人情本・春色梅児誉美(1832-33)四・二二齣「親とは言(イフ)ぜう二十年、産(うん)だばかりで恩もなし」*歌舞伎・青砥稿花紅彩画(白浪五人男)(1862)三幕「悪い遊びを見習ってこんな身体(からだ)になったと言(イ)ふ条(デウ)、やっぱり私(わし)が生得(うまれつき)悪い性根があった故」 [発音]ユージョー〈標ア〉[0]

いうち【井内】 姓氏の一つ。 [発音]〈標ア〉[イ]

い-うつ【伊鬱】〘名〙 心のはればれしないこと。また、そのさま。*江談抄(1111頃)四「漢林事、人々伊鬱曰、若漢之上林苑離合任レ意也云々」*釈氏往来(12C後)八月日「恩問久絶、伊(イ)欝尤深」*吾妻鏡-治承四年(1180)八月二七日「相二逢于三浦之輩一、互述二心事伊欝一」 [辞書]色葉・文明・易林 [表記]伊鬱(文・易) 伊欝(色) 為鬱(文)

い-うつ【医鬱】〘名〙はればれとしない気分をいやすこと。＊小説神髄(1885-86)〈坪内逍遥〉上・小説の裨益「小説に医鬱(イウツ)排悶の裨益あるは皆人のしりたることなれども、このほかに灼然なる実益あるを知りたるは稀なり」 発音〈標ア〉0 イ

いう-ても（いふ‥）一〘副〙何と言っても。どうしても。＊浄瑠璃・百日曾我(1700頃)二「是は頼朝公の御敵、判官殿のゆかりを尋求むるせんさくなれば、いふても天下の御大事、誰をかはばかる事あらん」＊歌舞伎・春の花五大力五人切(1795)序幕「小万はいうても芸者の事なれば、あとさきのわきまへもなく」 二〘接続〙そうは言っても。しかしながら。＊浄瑠璃・出世景清(1685)一「やああれ余すな。いうても是は一大じのはしら立の清めの庭、けがらしてはいかがなり」＊浄瑠璃・吉野都女楠(1710頃か)かちぢの御幸「此松原こそあやしけれ、いふても二人か三人か。草村の虫を取よりやすかるべし」 発音ユーテモ〈標ア〉テ

いうても-いうても（いふても いふても）〘副〙いくら言っても。なんとかかんとか言っても。＊浄瑠璃・曾我会稽山(1718)四「いふてもいふても御運のよはい御兄弟」

いう-ところ（いふ‥）**【言所】** ⇨「いう(言)」の子見出し

いう-とも（いふ‥）**【雖】** ⇨「いう(言)」の子見出し

いう-ならく（いふ‥）**【言━】** ⇨「いう(言)」の子見出し

いう-なり（いふ‥）**【言成】**〘名〙(形動)「いいなり(言成)」に同じ。＊俳諧・八番日記-文政三年(1820)六月「莽や浮世の風のいふなりに」＊浮雲(1887-89)〈二葉亭四迷〉三・一九「母親に忤(さから)ひながら何時しか其いふなりに成った」＊老嬢(1903)〈島崎藤村〉一「母の言ふなりにどんな男でも夫に持って」 発音ユーナリ〈標ア〉0

いうなり-しだい（いふなり‥）**【言成次第】**〘名〙(形動)「いいなりしだい(言成次第)」に同じ。＊人情本・萩の枝折(1818-30)後・三回「私が言(イ)ふなり次第(シダイ)になって、私が宅(うち)へお出でなせえ」＊二人女房(1891)〈尾崎紅葉〉中・八「唯々(はいはい)と言(イ)ふなり次第(シダイ)にしてゐるが」＊かくれんぼ(1891)〈斎藤緑雨〉「言(イ)ふ也次第(ナリシダイ)の倶(とも)浮れ」 発音ユーナリシダイ〈標ア〉0

いうばかり-な・い（いふばかり‥）**【言許無】**〘形口〙文いふばかりな・し〘形ク〙①(古くは「いうはかりなし」)言葉では言い尽くせない程である。言いようもない程である。＊宇津保(970-999頃)あて宮「少将、いふばかりなく泣きまどひて、かへりてすなはち法師になりにけり」＊平家(13C前)灌頂・女院出家「かなしともいふはかりなし」＊黄表紙・高漫斉行脚日記(1776)中「かの者ども法外がすすめにてふとゆきけるが、そのおもしろさいふばかりなかりければ」＊東京灰燼記(1923)〈大曲駒村〉五「紅蓮天を焦して其凄愴云ふばかりない」②言うほどのこともない。たいしたこともない。とるにたりない。＊太平記(14C後)二九・師直以下被誅事「名も知らぬ田舎武士、無云許(いフばかりなキ)人の若党共に押隔てられ」 語誌「はかりなし」は「計りなし」で、限度がない意。「バレト写本」に「yúfacarinaxi(ユウハカリナシ)」と見え、中世末までは清音で、のちに濁音化したと思われる。 発音ユーバカリナシ〈標ア〉パ 辞書言海 表記無言許(言)

いう-め（いふ‥）**【言目】**〘名〙ばくちで、自分が期待している賽(さい)の目。転じて、願っている物事。 発音ユーメ〈標ア〉メ 辞書〈ボン〉 表記言目(へ)

いうめ が 出(で)る (願ったとおりの賽(さい)の目が出るの意から) 願ったとおり物事が都合よくはこぶ。希望どおりに実現する。＊黄表紙・三筋緯客気植田(1787)中「そいつのみこんだといふめがでるゆへ、しまいにはのりがきて」＊歌舞伎・与話情浮名横櫛(切られ与三)(1853)二幕「親分の内に居れば、大概な大名の奥さまよりか、いふ目が出るの」＊常磐津・三世相錦繡文章(おその六三)(1855)序「今日は芝居、あすは花見、御新造(ごしんぞ)さん御新造さんと、云ふ目が出らサ」＊和英語林集成(再版)(1872)「Iume (イウメ) ガ デル」＊末枯(1917)〈久保田万太郎〉「金はある、娘は惚れてゐる、いふ目はなんでも出る」

いう-よう（いふやう）**【言様】**〘名〙言った言葉を以下に引用するときに用いる。言うことには。言うには。いわく。＊竹取(9C末-10C初)「おきないふやう、我朝ごと夕ごとに見る竹の中におはするにて知りぬ」＊源氏(1001-14頃)帚木「この人いふやう、今宵、人待つらん宿なん、あやしく心苦しき」 補注中古では、「いふやう」は和文に用いられ、これに対して、訓読語では「いはく」を用いた。 発音ユーヨー〈標ア〉0 辞書〈ボン・言海〉 表記言様(へ・言)

いうよし-な・し（いふよし‥）**【言由無】**〘形ク〙言いようがない。言い表わしようがない。多く、ほめるときに用いる。＊宇津保(970-999頃)俊蔭「いふよしなき山を越えておはしまして」＊源氏(1001-14頃)真木柱「月のあかきに御かたちはいふよしなくきよらにて」＊有明の別(12C後)一「人の心もおどろくばかりと吹き立てさせ給へり。かすめる月かげにすみのぼりて、いふよしなくおもしろきに」 発音ユーヨシナシ〈標ア〉ヨ

い-うん（ゐ‥）**【遺蘊】**〘名〙後に残った、もやもやとした思い。＊国会論(1888)〈中江兆民〉「国会議士たる者若し忌諱に触犯することを畏るるときは到底自家の胸臆を吐露して遺蘊無きを得るの道無し」

いえ（いへ）**【家】** 一〘名〙①人々が寝起きして生活を営んでいるところ。家族などが住んでいるところ。家屋敷、土地などを含んだ空間全体。また、特に自分の住まいとするところ。わが家。＊古事記(712)下・歌謡「かぎろひの 燃ゆる伊弊(イヘ)むら 妻が伊弊(イヘ)のあたり」＊古事記(712)下・歌謡「あが思ふ妻 ありといはばこそよ 伊弊(イヘ)にも行かめ 国をも偲(しの)はめ」＊万葉(8C後)二・一四二「家にあれば笥(け)に盛る飯(いひ)を草枕旅にしあれば椎の葉に盛る〈有間皇子〉」＊万葉(8C後)二・二一六「家(いへ)に来て我が屋を見れば玉床の外に向きけり妹が木枕〈柿本人麻呂〉」＊万葉(8C後)六・九五五「さすたけの大宮人の家と住む佐保の山をば思ふやも君〈石川足人〉」＊土左(935頃)承平五年二月一五日「ふねのむつかしさに、ふねよりひとのいへにうつる」＊土左(935頃)承平五年二月一六日「いへにいたりて、門にいるに、月あかければ、いとよくありさまみゆ」＊宇津保(970-999頃)蔵開下「広きいゑに屋(や)ども多かるに、人は皆住みあまりてこそ侍しか」＊枕(10C終)四五・にげなきもの「下衆の家に雪の降りたる」＊今昔(1120頃か)五・一「家に行て見れば、広く高き築垣遙に築き廻(めぐら)して、門器量(いかめし)く立たり。〈略〉内に入て見れば様々の屋(や)共有り」＊徒然草(1331頃)五五「家の作りやうは夏をむねとすべし」＊徒然草(1331頃)五八「家にあり、人に交はるとも、後世を願はんに難かるべきかは」＊徒然草(1331頃)一三九「家にありたき木は、松、さくら」＊仮名草子・竹斎(1621-23)上「家を離れて三四月、落つる涙は百千行」＊浮世草子・日本永代蔵(1688)六・一「金(かな)山のそん銀、ほどなくいゐばかりになりぬ」＊滑稽本・浮世床(1813-23)二・上「家(イヘ)の内には井(ゐど)の神。庭の神。竈の神」②①に住んでいる人々。家族。家人。また、自分を含めた一家。家庭。＊万葉(8C後)七・一一九一「妹が門(かど)出で入りの河の瀬を早み吾が馬つまづく家思ふらしも〈作者未詳〉」＊能因本枕(10C終)二二・すさまじき物「いゑゆすりて取りたるむこ」＊日葡辞書(1603-04)「Iyeuo vosamuru (イエヲ ヲサムル)」③①の中で、人が住むために作った建物のみを指す。家屋。屋。＊日葡辞書(1603-04)「Iyeuo tatçuru (イエヲ タツル)〈訳〉家を建てる」＊たけくらべ(1895-96)〈樋口一葉〉一「三嶋神社の角をまがりてより是れぞ見ゆる大厦(イヘ)もなく」＊邪宗門(1909)〈北原白秋〉魔睡・邪宗門秘曲「屋(イヘ)はまた石もて造り、大理石(なめし)の白き血潮は」④妻。家刀自(いえとじ)。⑤先祖から代々伝えてきた家族団体。また、それにまつわるもの。㋑代々伝えてきた一族一家・家族団体。特に、家名・家督・家系をいう場合。→いえの風(かぜ)。＊続日本紀-天平宝字三年(759)六月一六日・宣命「おもじきんの門よりは、慈び賜ひ上げ賜ひ来る家なり」＊宇津保(970-999頃)国譲上「かたち・心、人にはおとらざりしかば、わがいゑつぐべきはこれかとこそ思ひしか」＊平家(13C前)七・願書「弓馬の家に生まれて僅かに箕裘(ききゅう)の塵を継ぐ」＊日葡辞書(1603-04)「Sutaretaru iyeuo vocosu (スタレタル イエヲ ヲコス)」＊虎明本狂言・松脂(室町末-近世初)「家を納る弓の弦、弦に引、ためしも久しき松脂かな」㋺流儀、芸風などをいう場合。＊十訓抄(1252)一・清少納言依香炉峰雪詩撥御簾事「清少納言〈略〉清原元輔女にて、其家の風吹伝へたりける上」＊歌舞伎・幼稚子敵討(1753)二「是は惲(はばかり)ながら印可は家の秘書。読立まする儀は」㋩家柄、門地をいう場合。＊宇津保(970-999頃)俊蔭「家貧しくして、思ふ程にしたてず」＊枕(10C終)八・大進生昌が家に「家のほど、身の程に合はせて」＊徒然草(1331頃)三八「愚かにつたなき人も家に生れ、時にあへば」⑥得意とするもの。得意芸。お家芸。＊浮世草子・傾城色三味線(1701)湊・三「四も五もくはぬ揚やのていしゅを、偽り給ふはふかくなり。もとより虚(うそ)は我等が家」⑦「いえもと(家元)」の略。「常磐津の家(イヘ)」⑧「いえぼり(家彫)」の略。＊浮世草子・昼夜用心記(1707)五・四「脇差を持って勝手へ行き、相談するに、先づ拵への結構言語に絶たり。鮫は玉蜀黍(なんばんきび)を並べたる生天婆(うぶちゃんば)なり。目貫は家(イヱ)の連獅子金の無垢」⑨鎧の籠手(こて)の、布帛で仕立てた部分。籠手の袋。⑩(「亟」とも)篳篥(ひちりき)を入れる箱。＊長門本平家(13C前)一六・経盛子息敦盛被討事「冑を引のけ見れば、漢竹の篳篥の色なつかしきを、紫檀のいへに入て、引合にぞさされたる」＊楽家録(1690)一一・一九「篳篥箱者謂習之家。黒塗或梨地蒔絵、或唐木等也。恰合不相定」⑪(「奩」とも)鏡を入れておく箱。鏡箱。＊俳諧・曠野(1689)員外「見世はさびしき麦のひきはり〈芭蕉〉 家なくて服裟につつむ十寸鏡〈越人〉」＊洒落本・当世気どり草(1773)「鏡は奩(イヘ)ばかりで鏡架(かがみたて)に軽し」⑫小さい道具類を入れておく箱のこと。茶道では、茶入れその他茶器類の容器。⑬旧民法で、戸主の支配権で統率された戸主と家族との共同生活団体。＊民法-明治二九年(1896)七三三条「子は父の家に入る 父の知れざる子は母の家に入る」 二長編小説。島崎藤村作。明治四三～四四年(一九一〇～一一)発表。封建的大家族制度のゆがみと内部の淫蕩な血のために没落していく二大旧家の二〇年の歴史を描く。 語誌(1)現代では「家屋」を意味するイエは多く東北地方と近畿以西で用いられており、その中間の関東・中部ではウチの使用が多い。この分布は「家屋」としてのイエはウチよりも古い表現であることを示している。(2)上代の文献では「家屋」はヤと表現されることが多く、イエ(いへ)は「家屋」をも意味するが、むしろ「家庭」の意味合いが強かった。このヤは現代ではヤーという形で、沖縄地方の方言に残っている。東京地方では「家屋」の意味でイエもウチも用いるが、ウチのほうが口語的であり、イエは「イエの格式を重んじる」など、抽象的な意味で用いることが多い。 語源説 (一について) (1)イヘ(寝戸)の義で、宿所をいう〔家屋雑考・大言海〕。(2)イヘ(五戸)イヘ(睡戸)の義〔日本語原学=林甕臣〕。(3)イミヘ(斎隔)の中略〔碩鼠漫筆〕。(4)イヨシ(居)が変化したもの〔和句解・日本釈名〕。(5)イハ(岩)の転。フエ(不壊)の意〔和語私臆鈔〕。(6)イは発語の詞。ヘは家の意〔東雅〕。(7)イは接頭語、へは容器の意。人間をいれる器という意味〔日本古語大辞

典＝松岡静雄〕。(8)「屋庫」の別音 Wi-He の転。低い屋舎の意〔日本語原考＝与謝野寛〕。 発音〈なまり〉イー〔NHK（茨城）〕イイ〔山梨〕イウエ・イベ〔富山県〕イェ〔瀬戸内〕イェー〔NHK（兵庫）〕イゲ〔讃岐〕ウエ〔岐阜・飛騨・愛知〕エ〔青森・岩手・福島・栃木・千葉・岐阜・飛騨・淡路・播磨・NHK（鳥取）・島根・広島県・佐賀・島原方言・鹿児島〕エイ〔岩手・仙台音韻〕エイヘ〔秋田〕エウェ〔石川・島根〕エエ〔播磨〕ニ　〔岩手・栃木・千葉・山梨・NHK（滋賀・兵庫）・淡路・和歌山県・紀州・島根〕エッコ〔津軽ことば・秋田〕エベ〔富山県・飛騨〕ジェー〔NHK（福島）・福島〕ゼエ〔福島〕ユエ〔山形〕〈標ア〉エ　〈ア史〉❶は平安・鎌倉○○　室町来◎○　〈京ア〉イ　上仮名 イヘ　辞書 和名・色葉・名義・和玉・文明・明応・天正・饅頭・黒本・易林・日葡・書言・〈ボン〉・言海　表記 家（和・色・名・玉・文・明・天・饅・黒・易・書・へ・言）宅（和・色・名・玉・文・明・天・黒・易・書）舎（玉・文・明・天・黒・易）第（色・書）廬（玉・文）宸・院・塾（玉・書）室・坊（文・書）墟（名）郭・寮・庵・台・弃・广・庲・廈・庌・廥・庲・易（玉）庁・邸・堂・塔・僧（文）宮・廨・庠・亖・臣・奩（書）

いえ＝売（う）れば［＝売（う）らば］＝釘（くぎ）［＝縄（なわ）］の価（あたい）　大金を投じて手に入れた家も、売るときには釘（縄）にかかった費用程度の値で、捨て売りにしか売れないことをいう。＊俳諧・毛吹草（1638）二「家（イヱ）うれば釘（クギ）のあたひ」＊譬喩尽（1786）一「家沽（ウ）らば釘（クギ）の価（アタヒ）」

いえ給（きゅう）し、人（ひと）足（た）る　（「淮南子-人間訓」の語から）すべての家も人も豊かで生活に困らないこと。天下が太平で、民が安心して生活しているさま。＊漢書-貢禹伝「天下家給人足、頌声並作」

いえ高（たか）し　家柄がよく、りっぱである。＊源氏（1001-14頃）行幸「猶、いへたかふ、人のおぼえ軽からで」＊大鏡（12C前）四・道隆「さはいへど、家たかくおはしますけに、いみじかりしこと、たひらげたまへる殿ぞかし」

いえ徒（ただ）四壁（しへき）　家にはただ四方の壁が立っているのみで、他に一物もない。極めて貧しい家の形容にいう。居（きょ）徒四壁。＊北史-崔宏伝「約倹自居、不レ営二産業一。家徒四壁、出無二車乗一」

いえつ芋（いも）　⇩親見出し

いえに諌（いさ）**むる子**（こ）**あればその家**（いえ）**必**（かなら）**ず正**（ただ）**し**　（「孝経-諌争章」の「父有二争子一、則身不レ陥二於不義一」から）父が不義を企てても、いさめる子があれば、その家は安泰である。＊平家（13C前）二・烽火之沙汰「国に諌（いさめ）る臣あれば、其国必ずやすく、家に諌る子あれば其家必ずただしといへり」

いえに諌子（かんし）**なければその家**（いえ）**必**（かなら）**ず滅**（ほろ）**ぶ**　その家に父母の不義をいさめる子供がいなければ、家は必ずほろぶ。＊諌草（1706）「親にても不義なる事あらば、諌言を加へてとどむべし、家に諌子なければ其家必ず滅ぶといへり」

いえに杖（つえ）**つく**　（「礼記-王制」の「五十杖二於家一、六十杖二於郷一、七十杖二於国一、八十杖二於朝一」による）家の中で杖をつくことを許されたことから）家の中で杖をつく。五〇歳をいうのに用いる。＊評判記・たきつけ草（1677）「みそぢにはあまれりやたらずやと見へしと、いゑにつえつくばかりなる、おやぢめきたると二人つれて」＊浮世草子・日本永代蔵（1688）六・二「俗性歴々の浪人身を隠して年も家に杖（ツヘ）つく比（ころ）なれば、さのみ主（しゅう）とりの望みもなく」＊浄瑠璃・伽羅先代萩（1785）八「伊達の治郎明衡、家に杖突（ツク）年しばいや」

いえに鼠（ねずみ）**国**（くに）**に＝盗人**（ぬすびと）**［＝賊**（ぞく）**］**　規模の大小はあるが、どの社会にも害になり、心を許せないものがいるというたとえ。＊徒然草（1331頃）九七「その物につきて、その物を費（つひや）しそこなふ物、数（かず）を知らずあり、身に虱あり、家に鼠あり、国に賊あり」＊譬喩尽（1786）一「家に鼠（ネズミ）国（クニ）に盗人（ヌスビト）は絶えず」

いえの家（いえ）　方言 ❶自分の家。我が家。うち。三重県志摩郡054　◇**えのえ**　青森県津軽073　上北郡082　◇**えのえこ**　青森県073　❷お前の家。　◇**えのえ**　山形県東田川郡054　❸別家。　◇**えのえこ**　青森県073

いえの芋（いも）　⇩親見出し

いえの妹（いも）　家にいる妻。家妻。いえのも。＊万葉（8C後）四・五〇三「珠衣（たまぎぬ）のさゐさゐしづみ家妹（いへのいも）に物言はず来にて思ひかねつも〈柿本人麻呂〉」＊万葉（8C後）一四・三四八一「ありきぬのさゐさゐしづみ伊敝能伊母（イヘノイモ）にもの言はず来にて思ひ苦しも〈東歌・人麻呂歌集出〉」

いえの内（うち）　一家の内。また、家庭。家族。＊源氏（1001-14頃）乙女「御子ども十余人、大人びつつものし給ふも、次々になり出でつつ、劣らず栄えたる御いゑのうちなり」＊読本・南総里見八犬伝（1814-42）五・四七回「家の内なるものどもは、今朝出（いで）て、まだ還（かへ）り侍らず」　方言 ❶家内中。家中。　◇**いえのち**　香川県伊吹島829　◇**いえのじ**　栃木県宇都宮市198　河内郡204　◇**えのち**　島根県出雲725　728　❷自分の家。自宅。我が家。　◇**えのち**　島根県出雲725　◇**えんち**　佐賀県887　長崎県905　907　917　熊本県058　921　934　❸親類。　◇**えのうち**　山形県139　◇**いえおち**　島根県隠岐島725　発音〈標ア〉０

いえの内（うち）**の主**（あるじ）　一家の主婦。＊源氏（1001-14頃）帚木「狭（せば）き家のうちのあるじとすべき、人一人を思ひめぐらすに」

いえの絵（え）　江戸幕府の御用絵師狩野（かのう）家およびその一派の絵画。また、その画風。 発音〈標ア〉エ２

いえの長（おさ）　家の主人。いえあるじ。戸主。家長。＊書言字考節用集（1717）四「家長　イエノヲサ　出レ遠」　発音〈標ア〉オ　辞書 書言　表記 家長（書）

いえの風（かぜ）　①（「家風（かふう）」の訓読み）代々、家に伝えて来た流儀・伝統。また、家の威風。いえかぜ。＊拾遺（1005-07頃か）雑上・四七三「久方の月の桂も折るばかり家の風をも吹かせてし哉〈道真母〉」＊源氏（1001-14頃）若菜上「はかばかしきかたにはぬるく侍るいへの風の、さしも吹きつたへ侍らんに、のちの世のため、ことなることなくこそはべりぬべけれ」＊浮世草子・西鶴織留（1694）一・四「其家富貴（ふうき）に成時は諸事吹付るやうに心涼しく扇に家の風ぞかし」②家庭内の風波。家の中に起こったもめごと。＊浮世草子・本朝二十不孝（1686）三・二「静かなる浦に家（イヘ）の風（カゼ）を吹かし、浪のさはがしきも、身をおさめぬが故」　発音〈標ア〉０　辞書 言海　表記 家風（言）

いえの神（かみ）　屋敷神、屋内の神の総称。とくに屋内にまつる納戸の神、厠（かわや）の神などをさすことが多い。時には家の内外に出没すると信じられた妖怪（ようかい）をいう。＊新韻集（1469-87頃）「魅　イヘノカミ」＊易林本節用集（1597）「魅　イエノカミ」　発音〈標ア〉カ　辞書 名義・和玉・易林　表記 魅（名・玉・易）

いえの君（きみ）　一家のあるじ。主人。＊書紀（720）顕宗即位前（図書寮本訓）「取り置ける椽橑（はへき）は此の家君（いへノきみ）の御心の林なり」＊能因本枕（10C終）三一一・品こそ男も女もあらまほしき事なめれ「しなこそ男も女もあらまほしき事なめれ。家の君にてあるにも、誰かはよしあしを定むる」＊栄花（1028-92頃）衣の珠「人のいとやむ事なくてもてなしかしづき据ゑ奉り給へれば、小さながらいゑのきみにておはする御有様」＊醍醐寺本遊仙窟康永三年点（1344）「娘子は既に是れ主人母（いへとじ）なり、小府須く主人公（イヱノキミ）作（た）るべし」　発音〈標ア〉０

いえの公達（きんだち）　貴族の子息で、同じ家門の人々。＊左経記-寛仁四年（1020）正月一日「次上達部相共令レ参二入道殿一給、〈御坐小二条殿〉家君達立二庭中一有二拝礼一」

いえの具（ぐ）　家に必要な道具。家財道具。家の物の具。家のぐそく。＊宇津保（970-999頃）蔵開下「見給へば、厨子（づし）・唐櫃（からびつ）・几帳（きちゃう）・屏風（びゃうぶ）よりはじめて、人のいゑのぐあり」＊今昔（1120頃か）二六・一〇「食物より始て、馬歯（うまぐは）、辛鋤（からすき）、鎌、鍬、斧、鐇（たつぎ）など云物に至まで、家の具を船に取入て渡けるにや」　発音〈標ア〉グ

いえの具足（ぐそく）　「いえ（家）の具（ぐ）」に同じ。＊宇治拾遺（1221頃）二・一二「家のぐ足どもおほせ持たせて」

いえの芸（げい）　その家に代々伝わる特殊または得意の技芸。お家芸。＊洒落本・廓大帳（1789）「このあいだ彌八玉やで、だいぶ家のげいをだしました」＊滑稽本・客者評判記（1811）中「おなじ狂言、おなじ仕打をいつも見せて、それが家（イヘ）の芸になる」＊雑俳・柳多留-九九（1828）「鷺のからすはあらそへぬ家の芸」　発音 イエノゲイ　〈標ア〉ゲ

いえの子（こ）　⇩親見出し

いえの子（ころ）　（「ころ」は東国方言で婦女子を親しんでいう語）家にいる妻。＊万葉（8C後）一四・三五三二「春の野に草食む駒の口やまず吾を偲ふらむ伊敝乃児呂（イヘノコロ）はも〈東歌〉」

いえの子（こ）**郎等**（ろうどう）　⇩親見出し

いえの集（しゅう）　個人の歌集。家集（かしゅう）。勅撰集、私撰集などの撰集に対して私家集をいう。作者自身が編纂した自撰家集と側近の人が編纂した他撰家集との別がある。＊拾遺（1005-07頃か）雑秋・一一四一・詞書「天暦御時、伊勢が家の集めしたりければまゐらすとて」＊右京大夫集（13C前）「家の集などいひてうたよむ人こそかきとどむることなれ」＊浮世草子・好色盛衰記（1688）四・一「吉田の兼好法師が、人には見せぬ家（イヘ）の集（シウ）にかけるも」　発音 イエノシュー　〈標ア〉シュ

いえの賞（しょう）　自分の家を皇居に献上したことに対する褒美（ほうび）。＊今鏡（1170）一六・白河のわたり「女御・后などたびたび奉らせ給ひ、家の賞蒙り給ふこともたびたびにて」＊平家（13C前）五・都遷「池の中納言頼盛卿の宿所、皇居になる。同四日、頼盛家の賞とて正二位し給ふ」

いえの尻（しり）　家、蔵などの後ろの方。家尻（やじり）。＊俳諧・八番日記-文政三年（1820）九月「名月に任せて置や家の尻」

いえの宝（たから）　家宝（かほう）。＊光悦本謡曲・羽衣（1548頃）「古き人にも見せ、家のたからとなさばやと錫徳利」＊雑俳・柳多留-二九（1800）「家の宝やとおもひ候」　発音〈標ア〉ラ

いえの束（たばね）　一家を取りしまる人。家事をすべくくる人。＊歌舞伎・毛抜（1742）「これで文屋の家の束ねも高が知れた」　発音〈標ア〉タ

いえの伝（つたえ）　①その家に代々伝わるものごと。家伝（かでん）。②家に伝わる記録、日記、伝書など。氏族の歴史・伝承をまとめたもの。＊源氏（1001-14頃）若菜上「なに事も人にことなるけぢめをばしるしつたふべきなり。いへのつたへなどにかきとどめいれたらんこそ興はあらめ」

いえの研（とぎ）　刀剣鑑定の本家本阿彌家で刀剣を研ぐこと。また、その刀剣。

いえの刀自(とじ) 「いえとじ(家刀自)」に同じ。＊霊異記(810-824)上・二「彼の犬の子、毎に家室(イヘノトジ)に向かひて、期尅(いのご)ひ睚(にら)み皆(はにか)み嘷吠(ほ)ゆ、〈国会図書館本訓釈 家室 二合伊戸乃止之〉」 発音〈標ア〉ト

いえの艱(なやみ) ①父母の喪。＊書言字考節用集(1717)八「家艱 イエノナヤミ〔文選註〕謂二父母憂一也」 ②家の不幸。一家の災難。家難(かなん)。＊読本・椿説弓張月(1807-11)続・四二回「孝行なる子を二人までもてる幸はありながら、家艱(イヘノナヤミ)に迷ひ出て、かかる歎きに蒼柴(ふししば)」 辞書 書言 表記 家艱(書)

いえの習(ならい) 家に伝わるならわし、教え。＊中右記-保安元年(1120)六月二八日「草奏之後免二給囚人等一、是家之習也、度々奉行此事毎度如レ此」＊わらんべ草(1660)三「其上年のさうおうにすべき事尤、我家のならひ也」

いえの女房(にょうぼう) ①貴顕の家に仕える侍女。＊今鏡(1170)八・花のあるじ「越後の乳母(めのと)〈略〉名高き女歌詠み、いゑの女房にてあるに」 ②①の中で特に、側室の地位にある者。＊尊卑分脈(14C中-後)正親町三条「実雅母家女房」＊看聞御記-応永三一年(1424)四月二九日「此老尼四条家女房故隆持卿旧妾也、既及八十歳老屈勿論也」＊藩翰譜(1702)一・越前「三河守殿は徳川殿第二の御子、御母は家の女房」

いえの主(ぬし) ①一家の主人。いえあるじ。いえぬし。＊能因本枕(10C終)二三一・さわがしき物「遠き所、人の国などより、家のぬしののぼりたる、いとさわがし」 ②その家に古くからすんでいて、霊があるといわれる、蛇、狐、狸などの動物。ぬし。方言 動物、へび(蛇)。奈良県吉野郡683 発音〈標ア〉ヌ

いえの鼠(ねずみ) その家の世話になりながら、家に害をなす者のたとえ。＊読本・桜姫全伝曙草紙(1805)一・三「家の鼠にてあらんとは、思はざりき。此者当家の祿をはみ、露ばかりも不足はあるまじきに、何ゆゑに盗をするや」

いえの根継(ねつぎ) 家の跡継ぎ。＊浄瑠璃・桂川連理柵(おはん長右衛門)(1776)下「是もお盗(ぬす)み遊ばしたの、ヲヲ天晴(あっぱれ)な家の根継(ネツギ)」

いえの春(はる) 新年に、家にあって迎える新しい春。わが家のめでたい新春。宿の春。《季・新年》＊俳諧・淡々句集(1746)春「蟹動き動かぬや蜘の家の春」 発音〈標ア〉ハ

いえの人(ひと) 家の内の人。家人(かじん)。家族または家で使う人をいう。＊竹取(9C末-10C初)「家の人どもに物をだに言はんとて、言ひかくれどもことともせず」＊土左(935頃)承平五年二月一五日「いへの人の出(い)で入りにくげならず、ゐややかなり」＊今昔(1120頃か)三一・七「其の家の人外より来けるが入来て」 発音〈標ア〉ト

いえの判官(ほうがん) 譜代(ふだい)の侍で判官となっているもの。＊布衣記(1295頃か)「家の滝口・家の判官と申は、其於二本家一、普代の侍の成所の判官の事也」

いえの舞(まい) 舞楽で、その家の家督相続者のみに相伝する舞曲。多(おお)家の「採桑老(さいそうろう)」「胡飲酒(こんじゅ)」など。

いえの巻物(まきもの) 家系を記した巻物。家の系図の巻物。＊浮世草子・御前義経記(1700)一・二「家(イヘ)の巻物(マキモノ)並にくれ竹といふ横笛、枕元にそっとおき」

いえの幕(まく) 家紋をつけた幕。＊武家名目抄(19C中か)旗幟部・家の幕「信玄之仰にて上野之小幡上総守に家之幕名字譲り候へとの義にて小畠を改小幡と称す」

いえの乱(みだ)**れは女**(おんな)**から** 家庭の乱れは女性が原因である場合が多いということ。

いえの道(みち) (「家道(かどう)」の訓読み) 代々その家に伝わる職業。または芸道。＊夫木(1310頃)二七「玉津島みがくみことにあふ鶴はふりてやいへのみちも開けん〈藤原基家〉」 発音〈標ア〉〇

いえの妹(も) 「いえ(家)の妹(いも)」に同じ。＊万葉(8C後)二〇・四三八八「旅とへど真旅(またび)になりぬ以弊乃母(イヘノモ)が着せし衣に垢つきにかり〈占部虫麻呂〉」

いえの物(もの) ある家元、またはある流派だけに伝えて、他派のものなどがみだりにおかすことを許さない芸道。 発音〈標ア〉ノ2

いえの物(もの)**の具**(ぐ) 「いえ(家)の具(ぐ)」に同じ。＊宇治拾遺(1221頃)二・一二「家の物のぐ、一つも失はずして」

いえの紋(もん) 衣服、調度などにつけるその家の紋所。家紋。紋章。＊類従本梅松論(1349頃)上「思々の家の紋旗立並て風に飄したる有様幾千万といふ数を知らず」＊増鏡(1368-76頃)一三・秋のみ山「萠黄(もえぎ)の下襲、御家のもんのもかうを色々に織りたりしにや」 発音〈標ア〉モ 辞書 言海 表記 家紋(言)

いえの様(よう) その家に特有な様式。家のならわし。家風(かふう)。＊吾妻鏡-文治五年(1189)七月八日「調二進如レ此物一之時、用二家様一者故実也云云。于レ時蒙二御感一」＊弁内侍(1278頃)建長二年「大納言の三位殿は御しちらいのたびに、これはいへのやう、家のやうと仰せらるるを」＊増鏡(1368-76頃)一三・秋のみ山「いかにもめづらしからんと世人も思へりしかど、家のやうとかやなにとかやとて、ただいつものまま也」

いえの業(わざ) その家に伝わっている秘術。家伝の術。＊浄瑠璃・新うすゆき物語(1741)下「思はずも大切なる家の業(ワザ)を伝へ給ふ、正宗殿の所存と云、我を国俊としられたるには子細ぞあらん」

いえは弱(よわ)**かれ主**(ぬし)**は強**(つよ)**かれ** 家屋は弱くてもよいが、主人がしっかりしていなくてはならない。主人は強くなくては頼りにならない。箸と主とは太いがよい。＊俳諧・毛吹草(1638)二「いゑはよはかれぬしはつよかれ」＊譬喩尽(1786)一「家(イヱ)は弱(ヨハ)かれ主(ヌシ)は強(ツヨ)かれ」

いえ広(ひろ)**し** 一門一族が多く栄えている。＊竹取(9C末-10C初)「左大臣安倍のみむらじは、たから豊かに家ひろき人にておはしける」

いえ貧(ひん)**にしては親知**(しんち)**少**(すく)**なく身**(み)**賤**(いや)**しくしては故人**(こじん)**疎**(うと)**し** (「本朝文粋-一・秋夜感懐〈橘在列〉」の「家貧親知少、身賤故人疎、唯有長安月、夜々訪閑居」から) 家が貧しいと親しく付き合ってくれる人も少なく、落ちぶれてしまうと、昔からの知り合いまでが遠ざかってしまうの意。＊車屋本謡曲・雲雀山(1505頃)「家貧にしてはしんちすくなく、いやしき身には故人うとし。したしき人だにもうとくなれば、よそ人はいかが有べき」

いえ貧(まず)**しくして親**(おや)**老**(お)**ゆれば祿**(ろく)**を択**(えら)**ばずして仕**(つか)**う** 家が貧しく、親が老年で、孝行する余裕にとぼしいときは、地位や給料の多少にこだわらないで、早く仕官する。＊譬喩尽(1786)一「家貧(イヱマヅシ)く親老時(オヤオヒタルトキハ)、祿不レ択仕(ロクエラバズシテツカフ)」＊孔子家語-致思「家貧親老、不レ択レ祿而仕」

いえ貧(まず)**しくして＝孝子**(こうし)**顕**(あら)**わる**「**＝孝**(こう)**を顕**(あら)**わす**」 (「明心宝鑑」の「家貧顕二孝子一、世乱識二忠臣一」から) 家が貧乏だと、孝行な子の善行がはっきり人に知られる。逆境におちいった時、誠実な人間が表面にあらわれる。＊俳諧・夏炉一路(1757)糀する音「家貧して孝をあらはすとこそ聞なれ、貧しからずして孝を尽す、古人も難事になんいいける」＊読本・双蝶記(1813)五・一二「家(イヘ)貧(マヅ)しうして孝子(カウシ)顕(アラ)はる、世乱れて忠臣を識るといふ、王良が言宜(ことうべ)なるかな」

いえを明(あ)**ける** ①外出や旅行などで家を留守にする。＊どちらでも(1970)〈小島信夫〉三「ぼくが家にいない日が三日あった。仕事で家をあけた」 ②人が没するに際し、死穢にふれぬように家を出ること。＊看聞御記-応永三二年(1425)四月三日「二宮薨御之時、女中退出家をあけさせられ了。仍御免之間帰住也」

いえを上(あ)**げる** 家を明ける。借家を返す。＊浄瑠璃・博多小女郎波枕(1718)中「涙かた手に道具屋あつめ、二足三文に売捨、家もあげて」

いえを出(い)**ず** ①家を出て他に行く。外出する。 ②(「出家」の訓読み) 出家する。僧侶になる。＊源氏(1001-14頃)御法「ひとたび家をいで給ひなば、かりにも此の世をかへり見んとはおぼしおきてず」＊平家(13C前)三・城南之離宮「家を出、世をのがれ、山林流浪の行者共なりぬべうこそ候へ」 ③(「家」は迷いの世界の意) この世を去る。死ぬ。＊海道記(1223頃)逆川より鎌倉「旅の路に手を啓(ひら)きし時は、家を出る悦び、遠き善縁の勧にあへり」

いえを傾(かたむ)**ける** 家の財産をなくす。身代をつぶす。＊談義本・根無草(1763-69)後・四「遊所と名付け人の心を蕩(とらかす)より、家を傾(カタム)け国をかたむく」＊後漢書-循吏伝・童恢「父仲玉、遭二世凶荒一、傾レ家賑二卹九族一」

いえを辞(じ)**す** 家を離れる。いとまごいして家を去る。＊禰衡-鸚鵡賦「女辞レ家而適レ人、臣出レ身而事レ王」

いえを知(し)**る** 家を治める。家の主人となる。家督をつぐ。＊浮世草子・日本永代蔵(1688)三・五「忠助家をしって三十年あまり勘定なしの無帳無分別」

いえをする ある場所を自分の家として生活の場とする。＊玉塵抄(1563)七「王官谷と云谷に家をしてそこに亭をつくって休々と名を云たぞ」＊玉塵抄(1563)一三「さるほどに武帝のよびのぼせて魯の君の朝宿の邸にいえをしておかれたぞ」

いえを外(そと)**にする** 遊び歩いて、家をかまわない。外出または、外泊がちである。

いえを携(たずさ)**う** 家族一同を伴って行く。＊北史-盧光伝「大統六年、攜レ家西入、除二丞相府記室三軍一」

いえを畳(たた)**む** (移転などのため)家財道具を整理してその家での生活をやめる。＊門(1910)〈夏目漱石〉四「東京の家(イヘ)を畳(タタ)むとき、懐にして出た金は、殆んど使ひ果たしてゐた」

いえを立(た)**つ** 家名を存続する。家督を相続する。一家をおこす。＊浄瑠璃・伊達娘恋緋鹿子(1773)五「吉三殿は云号(いいなづけ)のお雛殿とやらと夫婦になって、親御の家を立てねばならぬ」

いえを成(な)**す** ①家をつくる。一家を構える。家庭をきずく。＊福翁自伝(1899)〈福沢諭吉〉大阪修業「私の性質として品行は正しい。是れだけは〈略〉家(イヘ)を成(ナ)して後、世の中に交際しても少し人に変って大きな口が利かれる」＊呉越春秋-越王無余外伝「成レ家成レ室、我造二彼昌一」 ②家をおこす。家名をあげる。また、一流派をなす。＊江戸繁昌記(1832-36)五・演武場「輓近、兵家者流駢出、訓練、教を立つ。弓馬、家を為し、槍剣、法を作(な)す」＊遼史-后妃伝・景宗妃「此女必能成レ家」

いえを符(ふ)**す** 荘園制下の刑罰の一つ。犯人の

家を検封すること。本来は家を焼いたりこわしたりしたが、その代替処置として行なわれた。＊鵤荘引付‐永正三年(1506)正月一六日(兵庫県史)「内山方と申し合せ、彼か家を符し資具を拾ひ、在所之百性并玉田方によみ預け了」

いえを持(も)つ 自分の家を構える。妻帯して新たに世帯を持つ。独立して分家する。＊浮世草子・世間胸算用(1692)四・一「二男の家をもたれければ、又気を替てそこへの隠居の望み」＊三畳と四畳半(1909)〈高浜虚子〉六「家を持ってからの初めての新年だといふ感じは」

いえを破(やぶ)る 家名を傷つけ、家産を傾ける。＊わらんべ草(1660)三「惣じて一門のうち、弟子のうちより、家をやぶる事多し、つつしむべし」

いえを破(やぶ)る鼠(ねずみ)は家(いえ)から出(で)る 家や国家を破滅させるものは、外部からよりも内部から出るというたとえ。

いえ〘感動〙①思いがけないことに出会って驚いた時や、人に呼びかける時に発することば。＊虎寛本狂言・末広がり(室町末‐近世初)「イエ、太郎くはじゃがもどったさうで声が致す」＊虎寛本狂言・今参(室町末‐近世初)「イエ、戻たか。唯今戻りました」②相手のことばに対する否定的な立場を示す時に用いることば。↓いいえ。㋑相手のことばを打ち消す時に発することば。いいえ。＊歌舞伎・日本月蓋長者(1694)一「いえ奉加ではござりませぬが」＊滑稽本・浮世風呂(1809‐13)前・下「イヱ、さやうなものではござりませぬ」＊安愚楽鍋(1871‐72)〈仮名垣魯文〉三・下「イヱそうでないのサ先生は女にかけちゃアしんせつだヨ」㋺打消の形での問に対し、それを肯定する時に発することば。[方言] 岩手県宮古041 [発音]〈標ア〉②は[エ][イ]

いえ‐あ・う【癒合】〘自ハ四〙①傷がすっかりなおる。＊浄瑠璃・本田善光日本鑑(1740)五「手疵も癒(イヘ)合」＊隣語大方(18C後)八「落馬を致て怪我を致まして疵が今に得と癒合ませひで」②物事が健全な状態に回復する。＊虎明本狂言・空腕(室町末‐近世初)「うちおった太刀が、いへあふてこなたへもどったもので御ざらふ」＊京童跡追(1667)一「三井寺〈略〉釣鐘あり〈略〉われたるところいえあひ、もとの如くの声いでけるとぞ」＊浄瑠璃・本田善光日本鑑(1740)三「宿ばひり、かかの物入り、今にいへ合ねば仏壇の才覚ならず」

いえ‐あけ【家明】〘名〙借家人が借家を明け渡すこと。＊歌舞伎・色競かしく紅翅(日本戯曲全集所収)(1808)二幕「貴様、とんと家賃を遣(や)らぬげな。そこで、家明(イヘア)け云ひつけられ」＊和英語林集成(再版)(1872)「Iyeake (イエアケ)ヲ イイツケル」 [発音]〈標ア〉[0][ケ] [辞書]〈ボン〉 [表記] 家明(ヘ)

いえあけ を=入(い)れる[=付(つ)ける] 貸している家を明けるよう申し入れる。＊浮世草子・世間化物気質(1770)二・二「皆々家賃きつしきつし宵払ひなれば、まつさら家明も付られず」＊当世ずぼらな人角力(1830‐44)「やちんやらずに家明いれられ、ぼやいている人」

いえ‐あと【家跡】〘名〙①かつて家のあった跡。屋敷跡。②先祖伝来の名跡(みょうせき)。[発音]〈標ア〉[0]

いえ‐あり【家蟻】〘名〙「いいあり(飯蟻)」に同じ。[発音]〈なまり〉イアイ・イアレ・イライ・ヤリ〔熊本分布相〕イアリ〔福岡・熊本分布相・豊後〕イアン〔熊本南部〕イヤイ〔熊本分布相・大隅〕イヤリ〔静岡・福岡・熊本分布相・大分・豊後〕イヤレ〔熊本分布相・豊後〕イラリ〔豊後〕イラレ〔福岡・豊後〕〈標ア〉[0][エ]

いえ‐あるじ【家主】〘名〙一家のあるじ。いえぬし。家の君。＊宇津保(970‐999頃)蔵開下「よべより三日の家あるじの近江守(あふみのかみ)」＊源氏(1001‐14頃)夕顔「このいゑあるじぞ西の京のめのとのむすめなりける」＊読本・南総里見八犬伝(1814‐42)九・一三九回「独(ひとり)今の東人(イヘアルジ)蟇崎照文は我外戚(ははかた)の小父(をぢ)なれば」 [発音]〈標ア〉[ア]

い‐えい【威衛】〘名〙兵衛府の唐名。＊拾芥抄(13C‐14C)中・官位・唐名部「兵衛督 兵衛府 武衛 威衛 鷹揚衛 威衛大将軍 武衛大将軍 鎮軍大将軍」

いえ‐い【家居】〘名〙①(─する)家に居ること。家を造って住むこと。居住。＊続日本紀‐天平神護元年(765)五月庚戌「上道臣息長借鎌、於二難波高津朝庭一。家二居播磨国賀古郡伊南野一焉」＊万葉(8C後)一〇・一八四二「雪をおきて梅をな恋ひそあしひきの山かたづきて家居(いへゐ)せる君〈作者未詳〉」＊古今(905‐914)春上・一六「野辺ちかくいへゐしせれば鶯のなくなるこゑはあさなあさなきく〈よみ人しらず〉」＊寛永刊本蒙求抄(1529頃)一〇「田の善なるに依て、住て家居するぞ」＊日葡辞書(1603‐04)「Iyeino (イエイノ) ヨイ ヒト〈訳〉自分の家を修理したり設備したりするのに熱心な人」②家。すみか。すまい。＊源氏(1001‐14頃)蓬生「大方の御いへゐも、ありしよりけにあさましけれど、わが心もてはかなき御調度どもなども、とり失はせ給はず」＊徒然草(1331頃)一〇「家居のつきづきしく、あらまほしきこそ、仮(かり)の宿りとは思へど、興あるものなれ」＊読本・雨月物語(1776)浅茅が宿「田畑は荒(あれ)たきままにすさみて旧(もと)の道もわからず、ありつる人居(イヘヰ)もなし」 [発音]〈標ア〉[0]〈ア史〉鎌倉○○○〈京ア〉[0] [辞書] 日葡・書言・言海 [表記] 館・舘・宅居(書) 家居(言)

い‐えい【遺詠】〘名〙故人が生前に詠んだ詩歌。また、辞世の詩歌。＊謝朓‐斉敬皇后哀策文「恩二寒泉之罔レ極兮、託二彤管於遺詠一」 [発音] イエイ〈標ア〉[0]〈京ア〉[0]

い‐えい【遺裔】〘名〙先祖、親などが死んで、のこされた子孫。すえのあとつぎ。後裔。末裔。＊陸亀蒙‐酒郷詩「三杯聞二古楽一、伯雅逢二遺裔一」

い‐えい【遺影】〘名〙故人の肖像や写真。＊とむらい師たち(1966)〈野坂昭如〉「故人の遺影やから、なるべくやさしい顔の奴な」＊地を潤すもの(1976)〈曾野綾子〉一一・二「檀家の人々の位牌というか遺影が納められていた」 [発音] イエイ〈標ア〉[0]〈京ア〉[0]

いえい〘感動〙かけ声の一つ。えい。＊狂言記・末広がり(1660)「いゑいかさをさすならば、春日山(かすがやんま)」

いえ・い〘形口〙あぶない意の、てきや仲間の隠語。〔警察隠語類集(1956)〕

いえ‐いえ【家家】〘名〙各家。家ごと。また、多くの家。＊宇津保(970‐999頃)祭の使「家々のをのこどもにつけられたる事だに」＊大慈恩寺三蔵法師伝承徳三年点(1099)六「人、解脱の因を修し、家(イヱイヱ)菩提の業を樹つることを得たり」＊平家(13C前)一・内裏炎上「家々の日記、代々(だいだい)の文書」 [発音]〈標ア〉[エ1]〈京ア〉[エ1]

いえ‐いえ〘感動〙(「いえ」を重ねて意味を強めたもの)相手のことばを強く打ち消す時に発することば。＊浄瑠璃・心中刃は氷の朔日(1709)上「いへいへわたしゃ文持ってたった一度」＊滑稽本・浮世風呂(1809‐13)前・下「イエイエ、夫(これ)は香奠でござりまして」＊十三夜(1895)〈樋口一葉〉下「いゐいゐ私だとて往来で行逢ふた位ではよもや貴君と気は付きますまい」 [発音]〈標ア〉[エ2]

いえい‐がち【家居勝】〘形動〙外出せずに、家の中にいることが多いさま。＊良人の自白(1904‐06)〈木下尚江〉続・五・一「余り外出もせずに、家居勝であったが」 [発音] イエイガチ〈標ア〉[0]

いえ‐いっせき【家一跡】〘名〙家および全財産。＊虎寛本狂言・三人片輪(室町末‐近世初)「身の廻りは申に不及、家一跡をも打込うで御ざるに仍て、宿へ戻る事も成らず」

いえ‐いで【家出】〘名〙「いえで(家出)」に同じ。＊仮名草子・犬枕(1606頃)「静かなる物〈略〉牛のいゐいで」

いえ‐・いる【家居】〘自ワ上一〙家を造って住んでいる。＊貫之集(945頃)一「山風に香をたづねてや梅の花にほへる里にいへゐそめけん」 [辞書] 言海

いえ‐うけ【家請】〘名〙家を借りる時の身元保証人。やうけ。いえうけにん。＊浮世草子・好色一代男(1682)三・六「思へばかりのうら店(たな)、三十日も定なくあそこに隠れ、爰(ここ)に替へて、家請(イヱウケ)の機嫌を取」＊浮世草子・傾城禁短気(1711)四・三「それは堺町辺に罷有者、則私が家請(イヱウケ)に頼んで慥な者」 [発音]〈標ア〉[0][ケ]

いえうけ‐かいしょ【家請会所】〘名〙江戸時代、大坂で、享保一七年(一七三二)に家請人仲間を許可された者が設立した会所。

いえうけ‐じょう【家請状】〘名〙江戸時代、借家人の身元を保証し、その責任を負うことを記して、町役人へ提出する証文。家請証文。＊浮世草子・本朝桜陰比事(1689)五・八「拙者も作り名にはあらず其段は町所にてたづね給へ。家請状にも相違なし」 [発音] イエウケジョー〈標ア〉[0][ケ]

いえうけ‐にん【家請人】〘名〙①「いえうけ(家請)」に同じ。②特に享保一七年(一七三二)以後、大坂で、許可を受けて、家請会所を設立し、判賃を徴収して借家人の身元引受業を営むことを許された家請人仲間のこと。[発音]〈標ア〉[0]

いえうけ‐はんせん【家請判銭】〘名〙江戸時代、家請人、ことに大坂の家請人仲間が借家証文に請人として捺印(なついん)した手数料。家請判賃。

いえうけ‐はんちん【家請判賃】〘名〙「いえうけはんせん(家請判銭)」に同じ。

いえ‐うさぎ【家兎】〘名〙家畜化された兎。飼い兎。かと。

いえ‐うち【家内】〘名〙家中の者。家の者全部。＊仮名草子・浮世物語(1665頃)二・八「家うちたかり懸りて背中を打ちたり」＊浮世草子・好色五人女(1686)四・三「家内(イヘウチ)起(をき)さはぎて、それはうれしやと」

いえ‐うつり【家移】〘名〙住居を移すこと。引っ越し。転居。やうつり。＊貫之集(945頃)一〇「三月つごもりの日、いへうつりするに」＊蜻蛉(974頃)中・安和二年「いへうつりとかせらるる事ありて、我は少し離れたる所にわたりぬれば」 [方言] ❶転居。引っ越し。長崎県南高来郡905 ◇えうつり・えなわり〔家直〕 長崎県南高来郡905 熊本県919 ◇えなおり 熊本県菊池郡919 鹿児島県硫黄島054 ◇えなわい 佐賀県040 熊本県天草郡919 ◇いわたり〔家渡〕 和歌山県新宮703 徳島県811 ◇ゆわたり 和歌山県690 徳島市811 ❷新築の家に移ること。また、そのためにする祝宴。◇いわたり 奈良県吉野郡688 徳島県811 ◇ゆわたり 徳島市811 高知県土佐郡866 [発音]〈標ア〉[ウ]

いえうるい〘名〙丁半賭博をいう、盗人仲間の隠語。

イェーツ（William Butler Yeats ウィリアム=バトラー━）《イェイツ・エーツ》アイルランドの詩人・劇作家。アイルランド文芸復興に尽くす。一九二三年ノーベル文学賞受賞。詩集「塔」「螺旋階段」、戯曲「キャスリン伯夫人」「鷹の井」など。(一八六五~一九三九) [発音]〈標ア〉[イェ]《エーツ[エ]》

イェーリング（Rudolf von Jhering ルドルフ=フォン━）《エーリング》ドイツの法学者。ローマ法の研究の上にたち、法の目的は各人の利益の実現であるとして、法の社会的実用性を強調。著「ローマ法の精神」「法における目的」「権利のための闘争」など。(一八一八~九二) [発音]〈標ア〉[イェ]《[エ]》

イェール‐だいがく【─大学】（Yale University)《エール大学》アメリカ合衆国コネチカット州にある私立大学で、東部の有名八大学(アイビーカレッジ)の一つ。一七〇一年、牧師養成の専門学校として発足、一八八七年、大学に改めた。校名は後援者のエリフ＝イェールにちなむ。発音イェールダイガク〈標ア〉ダ

いえ-おさ（いへをさ）【家長】『名』家のあるじ。一家の主人。戸主。かちょう。発音〈標ア〉エ

いえ-か（いへ：）【家蚊】『名』イエカ属のカの総称。世界中に六〇〇種以上生息する。家屋内に入ってくるカが多く、また、ヤブカの類も含む。人や動物の血を吸う種類が多く、アカイエカは日本脳炎を媒介する。幼虫はボウフラとして水中生活をする。発音〈標ア〉エ

いえかい-けもの（いへかひ：）【家畜】『名』(「家畜(かちく)」の訓読み) 家で飼い養う獣。かちく。＊暴夜物語(1875)〈永峰秀樹訳〉驢牛雇夫の寓言「内に各種(いろいろ)の家畜(イヘカヒケモノ)を飼ひ」

いえ-がえ（いへがへ）【家替】『名』住む家をかえること。引っ越し。やどがえ。＊咄本・諸国落首咄(1698)二「俄に家入用の事候まま近々に家替(イヘガヘ)する様にと度々使を立て、何の聞分もなくせがめば、是非なく外の家へ移行」方言香川県827 発音イエガエ〈なまり〉エベカエ〔富山県〕〈標ア〉0〈京ア〉0

いえ-かかえ（いへかかへ）【家抱】『名』①江戸時代、田地を持たないで屋敷だけを持っている者。②⇩けほう(家抱)

いえ-かず（いへ：）【家数】『名』家・屋敷の数。＊浮世草子・本朝二十不孝(1686)一・一「かぎりもなく打鬪き九万八千軒といへる家数(イヘカズ)は信長時代の事なり」＊小春(1900)〈国木田独歩〉四「其片陰に家数(イヘカズ)二十には足らぬ小村あり」

いえ-かずき【家被】『名』方言貝。❶かたつむり(蝸牛)。石川県江沼郡404 ◇いえんしょむし〔家背負虫〕静岡県磐田郡546 ◇ええしょい・えしょいむし 長野県下伊那郡054 492 ◇いえかるい〔家―〕大分県941 ◇いえかりい 大分県大分郡941 ❷たにし(田螺)。◇いえかるい 大分県941 発音〈標ア〉0〈京ア〉0

いえかずじんば-あらためちょう（いへかずジンバあらためチャウ）【家数人馬改帳】『名』江戸時代、村ごとに家数、人馬数などを調査し作成した帳簿。領主が領内の労働力を明らかにするために作ったもの。慶長一六年(一六一一)の小倉藩人畜改帳、寛永一〇年(一六三三)の肥後藩人畜改帳などが残存。→人別帳(にんべつちょう)。

いえ-かぜ（いへ：）【家風】『名』①自分の家の方から吹いて来る風。＊万葉(8C後)二〇・四三五三「伊倍加是(イヘカゼ)は日に日に吹けど我妹子(わぎもこ)が家言(いへごと)持ちてくる人も無し〈丸子大歳〉」②(「かふう」の訓読み) 家の伝統。家の風。また、家の威風。＊浮世草子・武家義理物語(1688)三・四「世のほめ草をなびかせ、隼人(はやと)が家風(イヘかぜ)をふかせける」発音〈標ア〉エ〈京ア〉エ 上仮名イヘカゼ いへ(家)はイ|へが正しく、万葉のイ|ヘカゼは異例。

いえ-がた（いへ：）【家形】『名』家屋の形。家屋に似せた形。発音イエガタ〈標ア〉0

いえがた-せっかん（いへがたセキクヮン）【家形石棺】『名』古墳時代後期における石棺の一種。長い箱形の石棺に屋根状の蓋があることから呼ばれる。

いえがた-はにわ（いへがた：）【家形埴輪】『名』住居、倉庫などの家屋をあらわした埴輪。埴輪家(はにわいえ)。

家形埴輪〈宮崎県 西都原古墳出土〉

いえ-がため（いへ：）【家固】『名』家のおさまりがしっかりとつくように、陰陽師が加持を行なうこと。また、その法。＊風俗見聞録(18C後か)二「家相、人相〈略〉地祭、身固め、家固等の事あり。これまた人身を惑し、未前を億するもの也」

いえ-かど（いへ：）【家門】『名』(「かもん」の訓読み) 一つの家全体。一家一門。また、いえがら。＊続日本紀-天平勝宝元年(749)四月一日・宣命「家門荒(あら)さずして、天皇(すめら)が朝(みかど)に仕へ奉れとしてなも」

いえ-かばね（いへ：）【家構】『名』「いえがまえ(家構)」の変化した語。＊洒落本・婦美車紫鹿(1774)高輪茶屋の段「是からみんな茶やでござります、何んじゃ大きないへかばねじゃ、茶やか」

いえ-かぶ（いへ：）【家株】『名』その家が持つ特権、利権、地位、役職など。＊報徳記(1856)二「下民の為に旧来の家株(いえカブ)を抛(なげう)ち」発音〈標ア〉0〈京ア〉エ

いえ-がまえ（いへがまへ）【家構】『名』家のかまえ方。家の造り方。多く外観についていう。いえづくり。やづくり。いえかばね。発音イエガマエ〈なまり〉エガマエ〔島根〕〈標ア〉ガ〈京ア〉ガ 辞書〈ボン〉表記家構(へ)

いえ-がまち（いへ：）【家框】『名』(「框(かまち)」は戸や障子などの造作) すまいの外観。家のかまえ。＊生れ出づる悩み(1918)〈有島武郎〉七「立派に家框(イヘガマチ)が立ち直ったと思ふと、その家は代が替ったりしてゐた」発音イエガマチ〈標ア〉ガ〈京ア〉ガ

いえ-がら（いへ：）【家柄】『名』①家の格式。先祖からの家すじの品格。歴史的な家格。＊小説精言(1743)二「決不₂要₃這様敗₂懐門風(〈注〉イエガラ)₁的好東西₁」＊洒落本・田舎芝居(1787)三立「場所と所に依ったらいへ柄も入申べい」＊雑俳・紀玉川(1819-25)四「家柄を思ふは父の恋知らず」＊西国立志編(1870-71)〈中村正直訳〉九・七「或ひは大才に由りて得、或ひは門地(〈注〉イヘガラ)に由りて得」②家の格式の高いこと。また、その家。名家。名門。＊歌舞伎・霊験曽我籬(1809)六幕「身不肖の拙者、家柄の息女を申しうけるは」＊開化のはなし(1879)〈辻弘想〉二「門閥(イヘガラ)の御庇(おかげ)には、愚痴(ばか)でも里正(なぬし)となる人は」＊新世帯(1908)〈徳田秋声〉二「親戚にも家柄の家(うち)が沢山ある」方言家の格式が高いこと。また、そのさま。◇ええがら 山形県「えーがらな家だ」139 発音イエガラ〈なまり〉エーガラ・エガラ〔鳥取〕〈標ア〉0ラ〈京ア〉0 辞書〈ボン・言海〉表記家柄(へ・言)

いえがら より 芋茎(いもがら) 家柄がよくても、芋茎のように腹の足しにはならない。家柄などは、芋茎ほどの値打もない意。旧家や門閥をあざけっていう。

いえがら-ひゃくしょう（いへがらヒャクシャウ）【家柄百姓】『名』代々身分のある農民。家格の高い農家。＊開化問答(1874-75)〈小川為治〉初・上「田舎抔(など)にても家柄百姓(イヘガラヒャクシャウ)は貧乏しても、村の寄合には上席に坐る抔といふて」

いえ-かり（いへ：）【家借】『名』家を借りること。また、家を借りて住んでいる人。店借(たなが)り。借家住い。＊談義本・労四狂(1747)下「其地借り家借りする者、公の法令そむきて、罪に落て、其家屋敷まで召放さるる事多し」

い-えき【怡懌】『名』よろこぶこと。楽しむこと。＊布令字弁(1868-72)〈知足蹄原子〉五「怡懌 イヱキ ヨロコブ」＊傅毅-舞賦「厳顔和而怡懌兮、幽情形而外揚」

い-えき（ヰ：）【胃液】『名』胃の内壁にある胃腺から分泌される消化液。塩酸や消化酵素のペプシンなどが主成分。タンパク質を分解してペプトンにかえるほか、食物の殺菌も行なう。＊医語類聚(1872)〈奥山虎章〉「Gastric juice, 胃液」＊時間(1931)〈横光利一〉「口中からは唾がなくなって代りに胃液が上って来て」発音〈標ア〉0〈京ア〉イ 辞書〈ボン〉表記胃液(へ)

い-えき【移易】『名』移しかえること。移り変わること。＊匏菴十種(1869)〈栗本鋤雲〉暁窓追録「屯営は三十日を限り交換し戍兵(じゅへい)は半歳を期とし移易す」＊淮南子-氾論訓「先王之法度、有₂移易者₁矣」

いえき-ながや【永木長屋】(「えいきながや」の通称) 江戸深川、永木横町(東京都江東区富岡二丁目)にあった長屋。深川岡場所の一つ。＊洒落本・嘉和美多里(1801)「ここにいへ木長屋のかたほとりにすき屋でもなく店でもなくしゃう事なしの出格子に」＊洒落本・意妓口(1789-1801頃)二「いゑ木長屋の板頭で五日勘定にいつもほめられるおめへが」

いえ-ぎみ（いへ：）【家君・家長】『名』一家の主人。＊書紀(720)顕宗即位前(図書寮本訓)「築き立つる柱は此の家長(イヘキミ)の御心の鎮(しつまり)なり」＊真福寺本遊仙窟文和二年点(1353)「夫の主(イヘキミ)は何(いか)に在(いま)せる」

いえ-くずし（いへくづし）【家崩】『名』家名をほろぼすこと。また、その人。＊舞正語磨(1658)下・評判「わが非道を家の作法とて先祖の咎(とが)に塗り付るは、家崩(クヅ)しと云物也」

いえ-ぐすり【癒薬】『名』腫物(はれもの)とか切傷をなおす薬(日葡辞書(1603-04))。辞書日葡

いえ-ぐちなわ【家蛇】『名』方言動物、あおだいしょう(青大将)。◇えぐちなわ 佐賀県三養基郡894 ◇えぐち 佐賀県藤津郡895 熊本県054 熊本県天草郡919 ◇えへび 熊本県054 天草郡936 ◇いえへび〔家蛇〕熊本県天草郡936 宮崎県947 ◇ええへび 熊本県天草郡936 ◇えわたし〔家渡〕熊本県葦北郡054 ◇ええのぼりへび〔家上蛇〕熊本県球磨郡054 ◇えあがいへび 鹿児島県薩摩郡966 ◇いえまむし〔家蝮〕島根県那賀郡725 ◇えむし〔家虫〕長崎県五島054

いえ-くに（いへ：）【家国】『名』代々伝わってきた家や領地。＊滑稽本・浮世風呂(1809-13)四・上「しからば色と酒で家国(イヘクニ)を傾け、角家敷を亡す筈はないが」

いえ-くら（いへ：）【家蔵】『名』家と蔵。転じて、財産。＊浮世草子・日本永代蔵(1688)四・三「毎日銭の山をなして、俄に家蔵(イヘクラ)求べき人はさもなく、今に奥山入海に心をなし」＊当世書生気質(1885-86)〈坪内逍遙〉一八「口はやさしいけれど家庫(イヘクラ)をも呑むべし」発音〈標ア〉エ〈京ア〉0

いえくら へ 忍(しの)**び入**(い)**り** 江戸時代の盗犯の一形態。人家や土蔵などへ忍び入り、盗みを働くこと。普通の盗犯では、一〇両以上の金品を盗んだとき、はじめて死刑に処せられたが、この盗犯は、金高の多少によらず、すべて死罪とされた。＊禁令考-別巻・棠蔭秘鑑・貞五五・天明五年(1785)四月一六日「門抔之錠前をねぢ切、或は固辞明け這入候類は、御定は無₂之候得共、不₂軽仕方に付、家蔵え忍入之御定に准し、死罪に可₂相成₁は勿論之儀に候」

いえ-け（いへ：）【家家】『名』芸道を受け伝えた家。ある技芸を伝承している家。＊俚言集覧(1797頃)「技芸など伝へたるを家といふ。又転じて家家といふ。〈略〉家家(イヘケ)、上訓下呉音」

いえ-ごうな【家寄居虫】『名』方言❶家の中にばかりいて外に出ない人。長崎県対馬913 ◇いえがね 長崎県北松浦郡899 ❷他家では飲食も寝泊まりもできない者。万事が自分の家でなければ用の足りない者。長崎県壱岐島915

いえ-こうもり（いへかうもり）【家蝙蝠】『名』「あぶらこうもり(油蝙蝠)」の異名。発音イエコーモリ〈標ア〉コ

いえ-ごって（いへ：）【家毎】『名』(「ごって」は「毎(ごと)」の変化した語) 一軒一軒全部の家。＊滑稽本・浮世風呂(1809-13)四・上「雪は一面に積って大屋上(おほやね)より高いぜ。その間は家毎(イヘゴッテ)に穴をあけておいて通用する」

いえ-ごと（いへ：）【家言】『名』わが家からの伝言。たより。＊万葉(8C後)二〇・四三五三「家風は日に日に吹けど我妹子(わぎもこ)が伊倍其登(イヘゴト)持ちて来る人もなし〈丸子大歳〉」発音イエゴト〈標ア〉エ0〈京ア〉0

いえ-ごと いへ【家事】『名』その家の職業。家業。

いえ-ごみ いへ【家籠・家込】『名』家が多く、建てこんでいること。また、その場所。家群(いえむら)。やごみ。＊俳諧・続三寄誌(1782)「家ごみや庇に鉢の梅かさく〈泰川〉」＊豚群(1926)〈黒島伝治〉「無中になって、丘の細道を家ごみの方へ馳せ降りて行った」方言❶家が数多く立ち並んでいること。香川県塩飽諸島829 ❷集落の家全部。群馬県多野郡246 発音イエゴミ〈標ア〉0〈京ア〉0

いえ-さ『感動』(「いえ」に助詞「さ」を添えて語勢を強めたもの) 相手のことばをやや強く打ち消す時に発することば。＊滑稽本・浮世風呂(1809–13)二・上「イヱサ、何事も御縁づくでございますから、かならずお気がになさいまし」＊安愚楽鍋(1871–72)〈仮名垣魯文〉初「イヱサ油をかけるなんぞといふのはひととほりのお客でげす」＊怪談牡丹燈籠(1884)〈三遊亭円朝〉九「イヘサ、水道端の相川へ養子にやるのに、宅(うち)の殿様がお里に成て遣るのだからいけませんヨ」

いえ-ざかい いへざかひ【家境】『名』家と家の境の接するところ。＊咄本・かの子ばなし(1690)上・九「其方たちの両となりの家ざかいに、ひさしき石地ぞう有」発音〈標ア〉ザ

いえ-さがし いへ【家探】『名』借家、または売り家を探すこと。＊暗夜行路(1921–37)〈志賀直哉〉三・二「彼は今日は家探(イヘサガ)しをやめ、午前中博物館で暮らさうと思った」発音イエサガシ〈標ア〉サ〈京ア〉サ

いえ-ざくら いへ【家桜】『名』①人家の庭などに植えてある桜。里桜。↔山桜。《季・春》＊新古今(1205)雑上・一四五一「垣ごしに見るあだ人のいへざくら花ちるばかり行きてをらばや〈円融院〉」＊光悦本謡曲・小塩(1470頃)「里はのきばの家ざくら、匂ふや窓の梅も咲き」＊俳諧・道の枝折(1774)中「家ざくら。都又は居所の桜也。山里峰麓など、さびしき体の前句に不付候。にきやか成所によし」②(人家の庭に咲く、主人のある桜という意から) 女房。＊俳諧・若みどり(1691)「にぎやかに白歯をそめて家ざくら」＊雑俳・塵塚(1730)「ひかへこそすれひかへこそすれ 手折手(たおりて)を出せば名の散る家桜」発音〈標ア〉ザ〈京ア〉ザ 辞書言海 表記家桜(言)

いえ-ざま いへ【家方】『名』その家の方向。＊今昔(1120頃か)二五・五「余五、軍を率して沢胯が家様に行く」＊宇治拾遺(1221頃)三・二〇「夕ぐれに館(たち)をいでて、家ざまに行ける道に、狐のあひたりけるを追ひかけて」発音〈標ア〉0〈京ア〉0

いえ-じ ぢいへ【家地】『名』甲冑(かっちゅう)の裏、および下地に張り付ける布帛(ふはく)、革の部分の総称。錦、金襴(きんらん)、銀襴、緞子(どんす)、繻珍(しゅちん)、麻などを用い、これに小札(こざね)、または鎖、板金などを縫いつけ、籠手(こて)、佩盾(はいだて)、臑当(すねあて)をかたちづくる。

いえ-じ ぢいへ【家路】『名』①その家の方へ向かって行く路。＊万葉(8C後)五・八五六「松浦なる玉島川に鮎釣ると立たせる子らが伊弊遅(イヘヂ)知らずも〈大伴旅人〉」＊万葉(8C後)一〇・一八七七「春の雨にありけるものを立ち隠り妹が家道(いへぢ)にこの日暮しつ〈作者未詳〉」＊和泉式部日記(11C前)「ひたぶるにまつとも言はばやすらはでゆくべきものを君がいへぢに」②わが家へ帰る路。帰路。＊万葉(8C後)四・六三一「うはへなきものかも人は然ばかり遠き家路(いへぢ)を還さく思へば〈湯原王〉」＊古今(905–914)春下・七二「この里にたびねしぬべし桜花ちりのまがひにいへぢわすれて〈よみ人しらず〉」＊新古今(1205)哀傷・七六五「花みてはいとど家ちぞいそがれぬ待つらむと思ふ人しなければ〈藤原実定〉」＊俳諧・安永二年句稿(1773)「春の暮家路に遠き人斗」③訪れるべき女の家。自分が通い住む女の家。＊源氏(1001–14頃)帚木「これかれまかりあかる所にて思ひめぐらせば、なほ家ちと思はむ方はまたなかりけり」発音〈標ア〉エ0〈京ア〉0 辞書日葡・言海 表記家路(言)

いえ-○じ いへ【家】『形シク』一つの家をなしている。「いへじく」は、ク語尾をつけたもので、家をなしていること、家がらの意。＊続日本紀-天平宝字三年(759)六月一六日・宣命「又此の家自久(いへジク)も、藤原の卿等をば掛けまくも畏き聖の天皇が御世重ねて、おもじき人の門よりは、慈び賜ひ上げ賜ひ来る家なり」

いえ-じし いへ【瘉肉】『名』方言傷などがよくなるにつれてもり上がってくる新たな肉。大阪市638 ◇いえいし 山口県803 ◇いじし 群馬県佐波郡242 奈良県678 宇陀郡680 ◇いいしし 奈良県宇智郡678 宇陀郡680 辞書饅頭 表記愈完(饅)

いえした-にわがまえ いへしたにはがまへ【家下庭構】『名』江戸時代、屋敷地内にある畑・藪林を除いた、他の区域の称。検地の際、上畑に準じて課税された。＊新田検地条目(1726)「屋敷之内家下庭構之分、上畑之位付たるべし、屋敷構之内畑は見分之位を付、藪林は藪林銭可申付、若不相応の藪林仕置候はば可遂吟味事」

いえ-じち いへ【家質】『名』「かじち(家質)」に同じ。＊俳諧・信徳十百韻(1675)「懇志なる町の年寄五六人ひそかに首尾を頼む家質」＊浮世草子・傾城色三味線(1701)京・一「買置して売損の銀まはし、又は家質(イヱジチ)あるひは連判銀にて紋日を勤て」発音〈標ア〉0

いえじち-あらためかいしょ いへジチあらためクヮイショ【家質改会所】『名』「かじちあらためかいしょ(家質改会所)」に同じ。

いえじち-おくいんさはいじょ いへジチ【家質奥印差配所】『名』「かじちおくいんさはいじょ(家質奥印差配所)」に同じ。

いえじち-かいしょ いへジチクワイショ【家質会所】『名』「かじちあらためかいしょ(家質改会所)」に同じ。

いえじち-こう いへジチ【家質講】『名』「かじちこう(家質講)」に同じ。発音イエジチコー〈標ア〉0

いえじち-さはいじょ いへジチ【家質差配所】『名』「かじちおくいんさはいじょ(家質奥印差配所)」に同じ。

いえ-じった いへ【家下】『名』方言家の用地。宅地。東京都八王子311 長野県佐久484 ◇えじった 埼玉県入間郡054 ◇いじった 埼玉県入間郡(宅地跡)257

いえしま いへしま【家島】播磨灘に浮かぶ家島諸島の主島。もと、伊刀(いと)島。瀬戸内海の避難港がある。えじま。ええしま。＊播磨風土記(715頃)揖保「家嶋 人民家を作りて居り。故、家嶋と号(なづ)く」＊万葉(8C後)一五・三六二七「船人も 水手(かこ)も声呼び 鳰鳥(にほどり)の なづさひ行けば 伊敝之麻(イヘシマ)は 雲居に見えぬ〈遣新羅使人〉」発音〈標ア〉0

いえ-じま【伊江島】沖縄県、沖縄本島の本部(もとぶ)半島西方海上にある島。沖縄戦の激戦地。面積二二・五五平方キロメートル。

いえしま-しょとう いへしまショタウ【家島諸島】『名』播磨灘の北部にある諸島。古くからの瀬戸内海航路の要地。瀬戸内海国立公園の一部。

いえ-しみず いへしみづ【家清水】『名』家の庭などにわく清水。《季・夏》発音〈標ア〉シ

いえ-じゅう いへヂユウ【家中】『名』家の中全部。また、一家の全員。かちゅう。うちじゅう。＊カズイスチカ(1911)〈森鷗外〉「この北向の室は、家(イヘ)ぢゅうで一番狭い間で」発音イエジュー〈標ア〉0

いえ-じゅうだい いへヂユウダイ【家重代】『名』家に代々、宝物として伝えてきたこと。また、そのもの。＊黒衣聖母(1920)〈芥川龍之介〉「この家重代(イヘヂウダイ)の麻利耶観音を私にくれて行ったのです」発音イエジューダイ〈標ア〉ジュ

いえ-じるし いへ【家印】『名』家々を識別するための簡単な記号。道具類につけて所有を明らかにする。木印(きじるし)から発達したもの。＊四河入海(17C前)二・二「藉没。白云、公、家(いへ)しるしとらるるを云也」方言長野県佐久493 発音〈標ア〉ジ

いえ-じろ いへ【家城】『名』戦闘、防備を専らとしたものでなく、住居をも兼ねた城。＊安西軍策(16C末–17C初か)二・陶陰謀の事「これは陶、家城へ引籠り、陰謀を企まんとの儀なり」＊中国治乱記(17C後)「陶は若山に用害をかまへ、家城をこしらへ」発音〈標ア〉0エ

いえ-しろあり いへ【家白蟻】『名』ミゾガシラシロアリ科の昆虫。淡黄色。はねがあるのは王と女王で、褐色の頭部のほかは黄色、体長六・五～八・五ミリメートルで、初夏から夏の夕刻に出現し、電灯の光に飛来する。女王は三〇ミリメートルに達する。マツ、ヒノキを好むほか、人家などに侵入して大きな被害を与えることがある。木造建築物の大害虫。本州の神奈川県以西、四国、九州、沖縄に分布。学名は Coptotermes formosanus →しろあり。発音〈標ア〉ロ

イエス（英 yes）㊀『感動』賛成・肯定・許諾の意志を表わすことば。はい。↔ノー。＊浮雲(1887–89)〈二葉亭四迷〉二・一〇「『そんなら如何(どう)いふ同権論者がお好き』〈略〉昇が小声で『Yes(イエス)…』と微(かす)かに云って」＊良人の自白(1904–06)〈木下尚江〉前・一〇・五「『お互に是非共自由結婚を行(や)らにゃ不可(いかん)ぞ』『ヲヲ、イヱス!』」㊁『名』賛成であること。その通りと認めること。↔ノー。＊金色夜叉(1897–98)〈尾崎紅葉〉続・四「親友と思うて居るなら、居る、然(さ)うなけりゃ、ないと言ふ迄で是(イエス)か不(ノウ)かの一つじゃ」＊暴風(1907)〈国木田独歩〉一・七「然(イエス)でも否(ノー)でも何方(どちら)か言へんことはないだらう」発音〈標ア〉エ〈京ア〉エ/イ

イエス ⇩イエス-キリスト

いえ-す【差】『自サ変』たがう。くいちがう。＊金光明最勝王経音義(1079)「差 イエス」

いえ-・ず づいへ【家出】『自ダ下二』①家を出る。＊元輔集(990頃)「うき世もし外(ほか)になしやといへでしを道に入りぬと誰か伝へし」②出家する。僧となる。

イエス-キリスト（ギリシア Iēsūs Khristos「イエス」は神の救いの意のヘブライ語「ヨシュア」のギリシア語音訳「イエースース」にあたり、「キリスト」はヘブライ語「メシア(救世主)」のギリシア語音訳「クリストス」から）キリスト教の創始者。その生誕年が西暦紀元とされるが、実際には差があると考えられている。「新約聖書」の四福音書によれば、ナザレ村の大工ヨセフの許嫁、処女マリアが聖霊によって身ごもり、ベツレヘムの廐の中で生まれた。少年時代をナザレで過ごし、三〇歳頃洗礼者ヨハネから洗礼を受け、荒野で四〇日間サタンと戦ってこれに打ち勝つ。のち、ガリラヤの野で多くの奇跡を行ない、神の国の近いことを説き、悔い改めて福音を信ぜよとすすめ、ユダヤ教の学者やパリサイ人(びと)を激しく非難する。のちエルサレムに入城した時、一二人の使徒のひとりイスカリオテのユダに裏切られ、ゴルゴダの丘で十字架にかけられた。しかし、預言通り死後三日目に復活し、四〇日を経て弟子たちの面前で昇天した。耶蘇(やそ)。イエズス。エス。＊引照新約聖書(1880)馬太伝福音書・一「アブラハムの裔(こ)なるダビデの裔(こ)イエスキリストの系図」発音〈標ア〉イ

いえ-すじ いへすぢ【家筋】『名』一家の系統。血統。家系。素姓(すじょう)。＊洒落本・野路の多和言(1778)「今日は貴君の家筋(イヘスジ)を承度、まちゐたり」＊和英語林集成(初版)(1867)「Iyeszji(イエスジ)ガ ヨイ」＊二人女房(1891)〈尾崎紅葉〉中・五「生家(さと)の家筋(イヘスヂ)の卑(ひく)いのが頗る御意に召さずして」＊門三味線(1895)〈斎藤緑雨〉二「家筋(イヘスヂ)よき弟子も尠(すくな)からず」発音〈標ア〉0スエ〈京ア〉エ 辞書〈ボン・言海〉 表記家系(へ) 家筋(言)

イエズス ⇨イエス-キリスト

イエズス-かい【―会】（ラテン Societas Jesu の訳語）一六世紀にイグナチウス＝デ＝ロヨラが創立した男子修道会。戦闘的な布教を目標とし、わが国にも一五四九年フランシスコ＝ザビエルによって伝えられた。耶蘇（やそ）会。ジェズイット会。ゼズス会。ゼズスのコンパニヤ。エスイタ。 発音〈標ア〉ス

いえ-すずめ いへ【家雀】〘名〙ハタオリドリ科の鳥。スズメの一種で、スズメよりやや大きく、頭上がねずみ色。雌は頭部にはっきりした斑紋がなく、全体にくすんだ色をしている。ヨーロッパからインド、シベリアにかけて分布。生態はスズメと同じで、人家付近に生息し家屋に営巣する。学名は Passer domesticus 発音〈標ア〉ス

イエスペルセン（Jens Otto Harry Jespersen イェンス＝オットー＝ハリー―）《エスペルセン》デンマークの言語学者・英語学者。言語変化の進歩性を説く。著「近代英文典」「文法の原理」「言語、その本質、発達と起源」など。一九二八年、国際補助語ノビアル（Novial）を考案。（一八六〇～一九四三）

イエス-マン〘名〙（英 yes-man）信念がなく、何を言われても「はい、はい」と人の言いなりになる人。どんなことでも権力や目上の人の命令に全くさからわず無批判に従う人。＊第4ブラリひょうたん（1954）〈高田保〉フェミニスト「吉田首相はイエスマンではないといわれる。ノーという言葉を相手の感情を損わずにはっきりいうことはむずかしい」 発音〈標ア〉ペル

いえ-せ いへ【言―】〘連語〙（「言ふ」に尊敬の助動詞「す」の已然形「せ」のついたもの。接続助詞「ば」をつけないで、已然形で言い放つ形。「言はせ」となるのが普通であるが、ここは下の「せ」にひかれてエ列（甲類）の「へ」になったものか）おっしゃるから。＊古事記（712）下・歌謡「さわさわに 汝（な）が伊幣勢（イヘセ）こそ うちわたす やがはえなす 来入りまゐくれ」 上仮名 イヘセ

いえ-せいど いへ【家制度】〘名〙家産の継承と維持のために、「家督相続」と「戸主権」を二本の柱として成立した家族集団。直系家族または大家族制の形で超世代的に連続していく。旧民法により整理確定されたが、新民法により廃止された。 発音イエセイド〈標ア〉セ

いえ-そうぞく いへサウゾク【家相続】〘名〙家の財産、名跡等をうけつぐこと。跡式（あとしき）相続。＊浮世草子・風流曲三味線（1706）四・一「末々（すゑずゑ）夫婦となして、子孫をあらせ、家相続（イヘサウゾク）をさせんが為なり」＊浄瑠璃・糸桜本町育（1777）四「幸ひ左七をお房に見合はす上は、家相続は気遣ひない」 発音イエソーゾク〈標ア〉ソ

いえ-そうとめ いへさうとめ【家早乙女】〘名〙田主（たあるじ）の家から出る田植え女。臨時に他所から来る早乙女に対していう。中国地方の大田植えでは、美しく着飾って昼食を運ぶ役。→早乙女。

いえ-たか いへ【家高】〘名〙家の格式が高いこと。また、そのような家柄。＊玉塵抄（1563）三八「一族を宗室と云ぞ。宗領の一族と云心ぞ。家高ぞ」＊日葡辞書（1603-04）「Iyetaca（イエタカ）〈訳〉貴族」＊咄本・醒睡笑（1628）四「人これを見れば、なにとしたる家高（イヘタカ）ぞや」＊浮世草子・猿源氏色芝居（1718）二・三「武家がたは、物ごときうくつに折め高なうちに、とりわきかまくらでも、此御いゑは御いえ高」 発音〈標ア〉エ〇 辞書文明・日葡 表記豪（文）

いえたか-わり いへたか【家高割】〘名〙江戸時代、領主への夫役（労働課役）や村入用（村費）を村中へ割り付ける方法。普通には家々の持高（田畑所有高）にこれを割り付けたが、農業外の所得によって生活する商人や職人の多い村での賦課方法としては不公平を免れないので、家の構えに対して四分、持高に六分といった割合の割り付けをするところが多かった。 発音〈標ア〉〇

いえ-たず いへたづ【家鶴】〘名〙鳥「はと（鳩）」の異名。＊能因歌枕（11C中）「はとをば、家たづといふ」

いえ-だち いへ【家建】〘名〙家の造りぐあい。家の建ちぐあい。家の構え。＊虎寛本狂言・末広がり（室町末-近世初）「又田舎とは違ふて、家立迄も格別な」＊浮世草子・諸道聴耳世間猿（1766）三・二「此店付は間口五間十間にとり放して、所がらの大津絵襖、あけたあちらは座敷でなうて庭前のあふ坂山が行もかゐるも胸づかへた家建（タチ）」 発音〈標ア〉〇

いえ-たなぐも いへ【家棚蜘蛛】〘名〙タナグモ科の中形のクモ。体長八～一〇ミリメートル。背甲は黄褐色で頭部は赤褐色。腹部には淡い灰褐色と白のまだらがある。あしはやや細く褐色で、輪状に紋がある。人家の壁の隅や家具と壁のすき間などに棚状の網を張り、奥に漏斗（ろうと）状の住居がある。日本各地にすむ。たなぐも。学名は Tegenaria domestica 発音イエタナグモ〈標ア〉タ

いえ-だに いへ【家壁蝨】〘名〙ダニ目オオサシダニ科のダニ。体長約〇・五～一・一ミリメートル。淡黄色をした楕円形の胴をもち、あしは四対。主にイエネズミに寄生するが、人畜にも寄生して血を吸う。温帯・熱帯に分布。関東大震災後、日本に侵入・繁殖したといわれる。学名は Ornithonyssus bacoti 発音〈標ア〉〇〈京ア〉〇

いえ-だる いへ【家樽】〘名〙「えだる（柄樽）」に同じ。

いえ-ちがい いへちがひ【家違】〘名〙訪ねる家と違っていること。＊落語・大黒（1892）〈三代目春風亭柳枝〉「ハイ私は政五郎と申す大工の頭領で御坐りまするが…爾（そ）んな仁（かた）は私方には居られません、家違ひで御坐りませう」＊金の輪（1919）〈小川未明〉「あなたは、どこからお出（いで）なされました。この真夜中に家（イヘ）ちがひぢやありませんか」 発音イエチガイ〈標ア〉チ

い-えつ【怡悦】〘名〙①たのしみよろこぶこと。ひじょうなよろこび。＊古活字本毛詩抄（17C前）八「成王の心を怡悦させて悦ばせたとあるぞ」＊読本・近世説美少年録（1829-32）三・二七回「快々（とくとく）准備（ようい）をし給へといはれて大夫次怡悦（イエツ）に堪（たへ）ず」＊布令字弁（1868-72）〈知足蹄原子〉二「怡悦　イエッ　ヨロコブコト」＊即興詩人（1901）〈森鷗外訳〉小尼公「嗚呼、初め我が人をして聳聴（そうちゃう）せしむべく、怡悦（イエツ）せしむべき句ぞとおもひしものは」＊陶弘景-詔問山中何所有賦詩以答詩「山中何所有、嶺上多白雲、只可自怡悦、不堪持寄君」②「いえつ（畏悦）」に同じ。＊異制庭訓往来（14C中）「如此名香等少々拝領仕候者。可為怡悦候。恐々謹言」＊実隆公記-文明九年（1477）一一月一五日「小袖自禁裏被下之、天恩之至怡悦無比類者也」＊元和本下学集（1617）「怡悦　イエツ　日本之書状怡作為悦非義也」 発音〈標ア〉〇 辞書下学・文明・伊京・明応・天正・饅頭・黒本・書言・〈ヘボン〉 表記怡悦（下・文・伊・明・天・饅・黒・書・へ）

い-えつ ゐ【為悦】〘名〙よろこびとなすこと。よろこび。＊吾妻鏡-文治二年（1186）三月二九日「いかさまにも御遠行之条をば先被止候也。為悦不少候」＊貴理師端往来（1568頃）「薄紙払底候之条、誂令申候之処、無相違調令遣候事、為悦此御事候」 辞書易林 表記為悦（易）

い-えつ ゐ【畏悦】〘名〙恐れ入りつつよろこぶこと。目上の好意によるよろこび。書状などで他人、特に目上に自分のよろこびをいう語。恭悦。＊東寺百合文書-と・（建治三年）（1277）四月二七日・東寺供僧申状案（大日本古文書三・三三）「若可為公平者、可相計之由、被仰合之旨、殊畏悦申候」＊看聞御記-応永三一年（1424）一一月三〇日「感悦之間召前賜酒盃、殊更五明等小引物下賜、畏悦退出」＊実隆公記-文明七年（1475）二月一日「遮面預使者条畏悦不浅之由、令啓了」 発音〈標ア〉〇

い-えつ ゐヱツ【違越】〘名〙⇨いおつ（違越）

い-えつ ゐ【慰悦】〘名〙なぐさめとよろこび。＊日本風景論（1894）〈志賀重昂〉九「何の処に向ひてか竟に慰悦興快を求めんとする」 発音〈標ア〉イ〇

いえ-つ-いも いへ【家芋】〘名〙「さといも（里芋）」の古名。《季・秋》＊本草和名（918頃）「芋一名土芝梠芋〈略〉和名　以倍都以毛」 辞書和名・名義・言海 表記芋（和）茵芋（名）

いえ-づかさ いへ【家司】〘名〙親王、摂関以下三位以上の家々の庶務をつかさどる職。また、その人。鎌倉・室町時代の将軍家においてもこれにならった。家職。家令。家扶。家従。けいし。＊源氏（1001-14頃）若菜上「大納言の朝臣のいへつかさのぞむなる、さるかたに、ものまめやかなるべき事にはあなれど」＊栄花（1028-92頃）つぼみ花「まことや、かの大納言の御許にさるべきいゑつかさなり」 発音〈標ア〉ズ 辞書言海 表記家司（言）

いえ-つき いへ【家付】〘名〙①もとからその家にいること。また、その人。娘が生家にいて婿取りをすること。また、その娘をいうことが多い。＊歌舞伎・五大力恋緘（1793）二幕「内方は家付（イヘツキ）の後家でござる」＊雑俳・柳多留拾遺（1801）巻一四・中「家つきの女房づけりづけりいひ」＊人情本・春色梅児誉美（1832-33）三・一六齣「伯母といふは家付の娘で母の姉」＊いさなとり（1891）〈幸田露伴〉二二「瘤付よりも家付恐ろしとは随分穿った言なり」＊新西洋事情（1975）〈深田祐介〉「民主主義」夫人、南アにゆく「もちろん借家人の分際で、家つきのメイドを首にできるわけもありません」②そのものに家が付いていること。また、その付いているもの。「家つきの土地」 発音〈標ア〉〇〈京ア〉〇 辞書言海 表記家附（言）

いえ-つぎ いへ【家継・家嗣】〘名〙家の跡目を相続すること。また、その人。家督相続。＊わらんべ草（1660）五「右此抄物、家次之外、次男も書写すべからず」＊文明田舎問答（1878）〈松田敏足〉初「また、其他は祖承（イヘツギ）の産業（しゃうばい）につく事だは」＊和英語林集成（初版）（1867）「Iyetszgi イヘツギ 家嗣」 方言大分県大分市・大分郡941 発音イエツギ〈標ア〉〇ギ 辞書〈ヘボン〉・言海 表記家嗣（へ）家継（言）

いえつき-むすめ いへつき【家付娘】〘名〙①生家にいて婿をとる娘。→家付①。＊人情本・春色玉襷（1856-57頃）初・四回「其のお千代さんの事も、駒はんは妹だと言ひなましたが、家附（イヘツキ）娘で」＊大阪の話（1934）〈藤沢桓夫〉二「心斎橋第一のマルスギ帽子店の家つき娘初江は」②親の、または自分の持ち家に住んでいる独身女性。

いえ-つ-く いへ【家着】〘自カ四〙（「いへづく」と読む説もある）家に近づく。＊万葉（8C後）一五・三六四五「吾妹子（わぎもこ）は早も来ぬかと待つらむを沖にや住まむ伊敝都可（イヘツカ）ずして〈遣新羅使人〉」＊万葉（8C後）一五・三七二〇「吾妹子（わぎもこ）をゆきてはや見む淡路島雲ゐに見えぬ伊敝都久（イヘヅク）らしも〈遣新羅使人〉」 発音〈標ア〉ム

いえ-づくり いへ【家作・家造】〘名〙家をつくること。また、家のつくり方。家構え。かさく。やづくり。＊源氏（1001-14頃）蓬生「この頃受領どもの面白きいゑづくり好むが、この家の木立を心につけて」＊栄花（1028-92頃）駒競の行幸「例の人のいゑづくりなどにもちがひたり」＊御伽草子・物くさ太郎（室町末）「家（イヱ）づくりのありさま、人にすぐれてめでたくぞ侍りける」＊仮名草子・むさしあぶみ（1661）下「公方より銀子壱万貫目を町民にくだし給はり。これにて家造りし。もとのごとく商売すべしと仰下さる」＊広益国産考（1859）一「又匠工にては道具揃はざれば家造普請は出来ざる也」 発音〈標ア〉ズ 辞書言海 表記家作（言）

いえつぐ-りゅう いへつぐリウ【家次流】〘名〙居合の一流派。元和・寛永（一六一五～四四）頃、那須五左衛門家

次の創始。家次の弟那須忠左衛門忠清から四代世襲し、断絶した。補注「武芸伝統録‐下（古事類苑・武枝一）」に「那須五左衛門家次 此一流を工夫而、諸方修行に出、後加州に居住之由伝承也」とある。発音イエツグリュー〈標ア〉0

いえつけ-ちょう【家付帳】〔名〕近世初期、一村の農家の労役負担能力を知るために、住居の規模、家族の性別や年齢、牛馬の数などを調べて作成したもの。検地帳の奥書に記載したものもある。家数人馬改帳、家付人付帳、家数改帳などとも称する。発音イエツケチョー〈標ア〉0

いえ-つづき【家続】〔名〕①家々が建ち続いていること。＊満韓ところどころ（1909）〈夏目漱石〉四八「左右共に家続（イヘツヅ）きであるから」②二軒の家が隣接して建っていること。発音〈標ア〉ツ〈京ア〉ツ 辞書〈ボン〉・言海 表記家続（へ・言）

いえ-づと【家苞】〔名〕家へ持ち帰るみやげ。＊万葉（8C後）一五・三六二七「海神（わたつみ）の 手纏（たまき）の玉を 伊敝都刀（イヘヅト）に 妹（いも）に遣らむと〈遣新羅使人〉」＊宇津保（970‐999頃）菊の宴「こき枝はいへづとにせん〈略〉やみにし人や色に見ゆると」＊方丈記（1212）「かへるさには、をりにつけつつ、桜を狩り、紅葉をもとめ、わらびを折り、木の実をひろひて、かつは仏にたてまつり、かつは家づとにす」＊仮名草子・竹斎（1621‐23）上「かくて余りの恋しさに、せめて一筆参らせて、もしも御返事あるならば、閻魔（えんま）の前の家つとに仕らんと思ひつつ」＊浮世草子・けいせい伝受紙子（1710）二・一「東山の花も手折てから、家土産（イヘヅト）の詠さらにおかしからず」発音〈標ア〉0〈京ア〉0 辞書易林・日葡・書言・〈ボン〉・言海 表記家土産（易・書）家裹（書・言）家苞（へ）

いえ-つ-とり【家鳥】㊀枕 家で飼う鳥の意で「かけ（鶏）」にかかる。庭鳥（にわつとり）。＊万葉（8C後）一三・三三一〇「野つ鳥 雉（きぎし）は動（とよ）む 家鳥（いへつとり） 鶏（かけ）も鳴く〈作者未詳〉」㊁〔名〕女房詞で「にわとり（鶏）」をいう。＊東大本女中詞（旧黒川家蔵）（17C）「いゑつ鳥 鶏の事」辞書言海

いえ-つばめ【家燕】〔名〕「つばめ（燕）」の異名。発音〈標ア〉ツ

いえ-づら【家面】〔名〕（家の中での顔の意から）家族など内輪の者に対する態度。内面（うちづら）。⇔外面（そとづら）。方言宮城県仙台市123 茨城県稲敷郡193 ◇えずら 青森県三戸郡083 山形県置賜139 ◇えんなかずら〔家中面〕岩手県上閉伊郡097 発音〈標ア〉0

いえ-で【家出】〔名〕①家を出ること。でかけること。他出。＊詞花（1151頃）雑上・二九六「さびしさにいへでしぬべき山里をこよひの月に思ひとまりぬ〈源道済〉」②帰らないことを前提にひそかに家をぬけ出ること。出奔（しゅっぽん）。逐電（ちくでん）。＊虎明本狂言・石神（室町末‐近世初）「あれにもたびたび申せども、隙をくれまらせぬほどに、むりにまづ家でをいたひて御ざる」＊浄瑠璃・曾根崎心中（1703）「面目なさに家出をもしたかと思ふ不便（ふびん）さに」＊財政経済史料（1775）九・戸口・諸国「一、家出之事 是者、親子兄弟其外其家に同居筋之者、心に不応之儀有レ之其家を出候て、親類縁者好身之もの抔方へ参居、不二立帰一を家出と唱候哉」＊人情本・仮名文章娘節用（1831‐34）前・二回「おかめの心かはり我のみふかく思ひゐるも、しらずに男をこしらへて家出せしにはあらざるか」＊自由学校（1950）〈獅子文六〉五笑会の連中「大ていの亭主は、家出がしたいのを我慢してる世の中だがね」③（漢語「出家」の直訳）僧になること。出家。＊書紀（720）欽明一六年八月（北野本訓）「少子今願はくは孝の王の奉為に出家（イエテ）して道を修せむ」＊万葉（8C後）一三・三二六五「世間（よのなか）を倦（う）しと思ひて家出（いへで）せしわれや何にか還りて成らむ〈作者未詳〉」＊良寛歌（1835頃）「鉢の子は 愛（は）しきものかも しきたへの いへでせしより 朝（あした）には 腕（かひな）にかけて」方言他家へ縁づくこと。山口県豊浦郡798 発音〈標ア〉テ0〈京ア〉0 辞書〈ボン〉・言海 表記家出（へ・言）

いえで-ことわり【家出断】〔名〕江戸時代、大坂で、家出した者の戸主が、家主または町年寄と連名でその旨を町奉行に届出たこと。＊大坂要用録‐四・諸断書（古事類苑・政治六一）「家出断之事〈略〉私同家〈兄弟従弟或は下人下女〉誰と申、当何歳に相成候もの、当月幾日より家出仕、行衛相知れ不レ申候、依レ之乍レ恐家出御断奉二申上一候」

いえで-にん【家出人】〔名〕無断で家を出てゆくえをくらました者。＊疑惑（1913）〈近松秋江〉「日光といへば、さう、家出人とか行方の分らなくなった者とかの跡をくらます本場のやうになってゐるので」発音〈標ア〉0〈京ア〉テ

いえ-て・る【言―】〔連語〕（動詞「言う」の可能動詞形「言える」に「ている」が付いたもの。口語的・俗語的な語で、非縮約形「言えている」が使われることは稀）相手の話の内容が実情をうまく言い当てている場合、それに納得・同意する時に発することば。その通りだ。＊なんとなく、クリスタル（1981）〈田中康夫〉「彼は笑いながら、『それは言えてるかもしれないね』と言った」語誌相手の発言内容を「それ」で受けた「それは言える」の表現が、一九七四年ごろコマーシャルなどをきっかけにして流行した。これに「ている」が付いたのは、「よく書けている」などの類推で、現在では「それは」を省略した「言えてる」の単独形が一般的。

いえ-とうじ【家刀自】〔名〕「いえとじ（家刀自）」に同じ。＊伊勢物語（10C前）四四「むかし、県（あがた）へゆく人に、むまのはなむけせんとて、よびて、うとき人にしあらざりければ、いゑとうじさかづきささせて」＊源氏（1001‐14頃）帚木「びさうなき家とうじの、ひとへに打ちとけたるうしろみばかりをして」＊俳諧・崑山集（1651）八・秋「をみなへしそちやむぐらの家とうじ〈季吟〉」発音イエトージ〈標ア〉ト〈京ア〉ト 辞書言海

いえ-どうじ【家童子】㊀〔名〕（「いえとうじ（家刀自）」の変化した語）「いえとじ（家刀自）」に同じ。＊塵袋（1264‐88頃）五「いゑどうしと云ふは其の心何ん家童子歟。刀自（とじ）と云ふは宿老女の惣名也。〈略〉いゑどうしとは家刀自をいひあやまりたる也」＊俳諧・山の井（1648）秋「こもち月とは十四日をいへり。子をもてるにもいひかけ、家童子（イエドウジ）にもよせぬ」＊浄瑠璃・信田小太郎（1702頃）二「見かけ律儀（りちぎ）に事そぎて、家童子（イヘドウジ）有ながら、こしもと下女に手をかけて」㊁狂言。鷺（さぎ）流。好きな女の所に出かけようとする男と、だまされまいとする妻のやり取り。発音イエドージ〈標ア〉ド 辞書書言 表記主人女（書）

いえ-どころ【家所】〔名〕家のあるところ。また、住居のあったところ。すみか。すまい。住居。＊万葉（8C後）九・一七四〇「後つひに 命死にける 水の江の 浦島の子が 家地（いへどころ）見ゆ〈高橋虫麻呂〉」＊宇津保（970‐999頃）嵯峨院「ともかくも、ちちははありや。いゑどころはありや」＊観智院本名義抄（1241）「宇 イヘドコロ」発音〈標ア〉ド 辞書名義・書言・言海 表記宇（名）家所（書・言）

いえ-とじ【家刀自】〔名〕（「とじ」は婦人の尊称）主婦を尊んでいう語。いえのとじ。いえとじめ。いえとうじ。いえどうじ。内儀。＊高田里結知識碑‐神亀三年（726）二月二九日（寧楽遺文）「上野国群馬郡下賛郷高田里三家子孫、〈略〉、現在父母、現在侍家刀自」＊霊異記（810‐824）中・一六「家室（いへトジ）、家長（いへぎみ）に告げて曰はく〈国会図書館本訓釈 家室 二合家刀自〉」＊醍醐寺本遊仙窟康永三年点（1344）「主人母（イエトシ）」＊読本・椿説弓張月（1807‐11）後・二九回「今はからずも、朝稚（ともわか）は、庭門（にはくち）に撓（めぐ）り入りて、是なん家刀自（イヘトヂ）なるべくおぼせしかば」方言家の支配者。多くは亭主をしりに敷くような主婦をいう。長崎県壱岐島915 発音〈なまり〉イイエドジ〔壱岐続〕〈標ア〉ト 辞書言海 表記家刀自（言）

いえとじ-め【家刀自女】〔名〕「いえとじ（家刀自）」に同じ。＊続日本紀‐宝亀七年（776）閏八月壬子「丹後国与謝郡人、釆女部宅刀自女一産三男」

いえ-どなり【家隣】〔名〕隣接する家。となりの家。となりや。＊玉塵抄（1563）二四「その所をよう治められたほどに、つくりならべた家となりもその如く同やうに治ったぞ」＊俳諧・小弓俳諧集（1699）「春雨や三味線好の家どなり」＊奉教人の死（1918）〈芥川龍之介〉一「妾が家隣（イヘドナリ）の『ぜんちょ』の子と密通して、まうけた娘でおぢゃるわいの」発音〈標ア〉ド

いえ-ども【雖】〔連語〕（動詞「いう（言）」の已然形に接続助詞「ども」のついたもの。格助詞「と」に続けて用いられる）逆接の確定条件または仮定条件を表わす。…ではあるけれども。たとい…でも。…だとて。…たとて。＊西大寺本金光明最勝王経平安初期点（830頃）三「法身は常住なりといへども、常見に堕せず。復断滅すと雖、亦断見には非ず」＊地蔵十輪経元慶七年点（883）一「勝菩提を得たまふと雖（イヘトモ）、本願を捨てたまはず」＊源氏（1001‐14頃）桐壺「絵にかける楊貴妃のかたちは、いみじき絵師といへども筆限りありければ、いとにほひすくなし」＊方丈記（1212）「或は露落ちて花残れり。残るといへども朝日に枯れぬ」＊平家（13C前）一・禿髪「目に見、心に知るといへども、詞にあらはれて申す者なし」語誌(1)万葉の訓では「雖」に「ど」「ども」を当てている。また、「雖有」を「ありといへど」とよんでいるように、漢文訓読では「といへど」「といへども」「といふとも」の訓は早くから固定したといえる。その「いふ」は（「といふこと」の「といふ」と同じく）実質的意味の薄いものである。(2)「と」は、多くの場合、活用語を受けるが、挙例の「源氏‐桐壺」のように名詞を直接受けるものもある。しかし、この用法も「観智院本三宝絵‐下」に「よき工といへどもなほ刀のきずあり」、「今昔‐二・二四」に「長者と云へども世に並び无かりき」などと見えるように、基本的には和文系よりも漢文訓読系の中に位置づけられた語・語法と考えられる。(3)「雖」の訓読は、平安時代には仮定条件を表わす場合には「といふとも」、確定条件を表わす場合には「といへども」と使い分けられていたが、のちに、「といへども」に固定化された。この結果、「といへども」は仮定条件を表わす場合にも用いるようになった。発音〈標ア〉エ〈京ア〉イ 辞書色葉・名義・和玉・文明・伊京・明応・天正・饅頭・黒本・易林・日葡・書言・〈ボン〉表記雖（色・名・玉・文・伊・明・天・饅・黒・易・書・へ）

いえ-とり【家取】〔名〕方言家の相続人。嫡子。長男。また、兄さん。島根県石見725 広島県江田島771 高田郡779 山口県大島801 大分県941 ◇えとり 青森県三戸郡083 岩手県気仙郡100 広島県比婆郡774 長崎県西彼杵郡054 熊本県919 ◇いえとりご〔―子〕島根県石見725 ◇えとりむすこ〔―息子〕長崎県西彼杵郡054 ◇いえこ〔家子〕大分県大分郡941 ◇えっこ 富山県東礪波郡390

いえ-な【家名】〔名〕その家の呼び名。㋑姓氏。名字。㋺後継者が代々うけついできた名。＊雑俳・柳多留‐三五（1806）「宗盛が実父家名は六郎兵衛」㋩居住地、官職、職業などによる家の呼び名。また、屋号。＊浮世草子・日本永代蔵（1688）三・五「呉服屋忠助とて、むかしは駿河の本町に軒ならべし中にも、花菱の大紋に家名（イヘナ）をしらせ」＊滑稽本・戯場粋言幕の外（1806）上「家名（イヘナ）は紀の国屋で、給金が八百両」＊人情本・英対暖語（1838）三・一八章「隣家（となり）は多賀屋とか家名（イヘナ）せし、万屋（あきんど）の路次際なり」＊怪化百物語（1875）〈高畠藍泉〉上「家号（イヘ

ナ)はどうやら商売(ちゃうにん)らしく、名は侍(ぶし)めきて聞へたる開化屋進(すすむ)といふ者あり」 発音〈標ア〉[エ]〈京ア〉[0]

イエナ (Jena) ドイツ中部、チューリンゲン州の都市。大学都市として発展。一六世紀創立のフリードリヒ＝シラー大学(イエナ大学)は、シラー、ヘーゲル、ゲーテらが教授を勤めたことで知られる。光学機械工業が盛ん。発音〈標ア〉[イ]

いえ-なか【家中】『名』方言 ❶家の中。◇**いんなか** 茨城県真壁郡191 栃木県河内郡204 新潟県東蒲原郡368 滋賀県神崎郡038 ❷座敷。部屋。◇**えんなか** 熊本県天草郡936 ❸家。◇**いなか** 山形県酒田市139 ❹いろり。◇**いんなか** 富山県中新川郡012 高岡市395 石川県404 411 414 ◇**えんなか** 富山県390 石川県404 407 414 ◇**えんなた** 石川県404 ◇**いなか・えなか** 石川県珠洲郡・鳳至郡407 ◇**へんなか** 富山県389 下新川郡390 ◇**へなか** 富山県389 ◇**へんか** 富山県下新川郡390 ◇**えぬぎ** 秋田県山本郡130 ❺かまど。富山県富山市・下新川郡390 ◇**いなか** 富山県下新川郡390 ◇**えんなか** 富山県389 ❻親類。親戚(しんせき)。◇**いんなか** 茨城県新治郡038 ◇**えんなか** 宮城県伊具郡010 仙台市125 ◇**えのなが** 山形県139 ❼分家。◇**よんなか** 石川県羽咋郡040 ❽一家の人々。◇**えんなか** 山形県西置賜郡152 ❾家の密集した所。市中。町中。山口県大島801

いえなか-べんけい【家中弁慶】『名』方言 家の中でばかり強い人。内弁慶。山形県東田川郡139 ◇**いんなかべんけい** 岩手県気仙郡100 栃木県198 ◇**えんなかべんけい** 岩手県上閉伊郡097 山形県139 ◇**えのなかべんけい** 秋田県南秋田郡130

いえ-なし【—梨】『名』植物「あずきなし(小豆梨)」の異名。

いえ-なし【家無】『名』発音〈標ア〉[エ] 住む家のないこと。住所が不定で、流浪していること。また、その人。やどなし。＊四河入海(17C前)二三・一「或説に、坡言は我なまじいに窟遊して、家なしになるぞ」＊丹下氏邸(1931)〈井伏鱒二〉「したれど、この二人はどこにも帰る家を持たないのであります。そもそもが、うちのエイは家なしだからでがす」方言 ❶次男三男などの家を持たない者。◇**ええもたず**〔家持—〕 福島県石城郡054 ❷貝、なめくじ(蛞蝓)。愛知県葉栗郡557 ◇**いなし** 茨城県188 栃木県197 ◇**えなし** 岐阜県岐阜市・武儀郡498 ◇**いなめし** 栃木県芳賀郡198 ◇**いえなしつんつん** 岐阜県山県郡062 ◇**いえなしつんぶり** 岐阜県郡上郡504 ◇**いなしだいろ** 栃木県安蘇郡198 ◇**ええなしげげぼ** 千葉県上総001 ◇**ええなしめえめっぽ** 房総†068 発音〈標ア〉[0]〈京ア〉[ナ]

いえ-なみ【家並】『名』①家々が並んでいること。やなみ。＊御伽草子・万寿の前(近古小説新纂所収)(江戸初)「いへなみこそおほきに」＊浄瑠璃・山崎与次兵衛寿の門松(1718)中「人の教へし家並(ナミ)も、所まれ成(なる)屋造(やづくり)の」＊田舎教師(1909)〈田山花袋〉四「多くはこけら葺(ぶき)の古い貧しい家並(イヘナミ)である」②家ごと。毎戸。かどなみ。＊多聞院日記-天正一四年(1586)七月一九日「なら中家並に人夫出、寺内掃除在ㇾ之」＊浄瑠璃・冥途の飛脚(1711頃)下「にはかに在所(ざいしょ)いへなみの片端(かたはし)から屋さがし」③(形動)他の家と同じくらいであること。また、そのさま。世間なみ。＊御伽草子・一尼公(つれなしの尼君)(岩波文庫所収)(室町末)「学者は万人に一人、愚者はいへなみなれば、こころうべき事なりとぞ」＊日葡辞書(1603-04)「Iyenamino (イエナミノ) クヤクヲ ツトムル。〈訳〉他の家々と等しく公役をする」＊咄本・昨日は今日の物語(1614-24頃)下「我もやがて子を持候はば、人が頼まずとも育て申さう。是もって家なみにて候」方言 ❶家の配置。家の調和。◇**えなみ** 島根県725 ◇**えなん** 島根県出雲725 ❷家ごとに。◇**えなみ・えなみかどなみ**〔—門並〕**・えなんかどなん** 島根県725 発音〈標ア〉[0]〈京ア〉[0] 辞書 日葡・ヘボン・言海 表記 家並(ヘ・言)

いえ-ならび【家並】『名』その家の並び。＊落語・隅田の馴染め(1889)〈三代目三遊亭円遊〉「此頃師匠の家並(イヘナラ)びの片側に大変空店(あきだな)が出来ました」発音〈標ア〉[ナ][0]

イエニセイ-がわ【—川】 ⇨エニセイがわ(—川)

イエニチェリ (トルコ Yeniçeri「新しい兵士」の意) オスマン帝国の常設軍団の呼称。創設は一四世紀後半とされる。帝国の領土的発展に大きく貢献するが、軍隊の西欧化改革により一八二六年廃止。発音〈標ア〉[ニ][0]

いえ-にょうぼう【家女房】 ⇨「いえ(家)」の子見出し「いえ(家)の女房(にょうぼう)」

いえ-にれ【家楡】『名』①植物「せつぶんそう(節分草)」の古名。《季・春》＊本草和名(918頃)「菟葵 一名菥 和名以倍爾礼」②植物「はるにれ(春楡)」の異名。発音〈標ア〉[エ]〈京ア〉[0] 辞書 和名・色葉・名義・言海 表記 兎葵(和・色・名) 菥(色)

いえ-ぬ【言—】『連語』言いようがない。なんとも表現できない。すばらしい。＊歌舞伎・吾嬬下五十三駅(天日坊)(1854)三幕「常々屏風や唐紙の絵に書いてあったやうな、ほんに言(イ)へぬ見晴しでござんすわいな」

いえ-ぬし【家主】『名』発音〈標ア〉[0] ①その家の主人。いえあるじ。いえぎみ。＊能因本枕(10C終)六・大進生昌が家に「家ぬしなれば、よく知りてあけてけり」＊中右記-嘉承二年(1107)二月一一日「早旦大蔵卿被ㇾ来也、着二直衣一相逢着座、家主直衣冠、相二逢賓客一是故実也」＊増鏡(1368-76頃)九・草枕「あやしの宿りにたち寄りては、其いゑぬしがありさまを問ひきく」＊仮名草子・浮世物語(1665頃)二・八「店屋(てんや)の家ぬしを始め、その外召使ふ者まで立懸りて」＊雪中梅(1886)〈末広鉄腸〉下・八「早速神田の御宅を尋ねて見ると、早や家主(イヘヌシ)の二三人も代って居るので」②女主人。主婦。＊咄本・醒睡笑(1628)六「もはやそのままこれの家主(イヘヌシ)になれ。明日からおだいがひを渡さうぞ」③貸家の持ち主。＊発心集(1216頃か)三・或女房参天王寺入海事「さて、人の家かりて〈略〉いと安き事とて家主(イヱヌシ)なん其の程の事は用意しける」＊俳諧・大坂独吟集(1675)上「家主はわかぬ別れの牢人に 委細の事はたがひに江戸から〈素玄〉」＊浮世草子・好色五人女(1686)二・一「横町(まち)うら借屋迄竈役(かまどやく)にかかって、お家主殿の井戸替、けふことにめづらし」＊浄瑠璃・傾城島原蛙合戦(1719)二「宿茶と申(もうし)て、家主はじめ相貸家(あいがしや)中へ酒を盛る約束」＊二人の友(1915)〈森鷗外〉「家主(イヘヌシ)の飼ふ蜜蜂が折々軒のあたりを飛んで行く」④近世、地主や貸家の持ち主の代わりに、貸家の世話や取り締まりをする者。やぬし。大家。差配(さはい)。↔店子(たなこ)。＊歌舞伎・四天王楓江戸粧(1804)二番目「店子(たなこ)の居候ふに家主が馬鹿にされちゃア、組合に済まないぞ」＊滑稽本・東海道中膝栗毛-発端(1814)「お家主(イヘヌシ)どのへことわって、ゐずい目にあわせてくれべい」＊随筆・守貞漫稿(1837-53)三「家主 戸籍等には主家と書。則家守也。私には大屋とも云ふ〈略〉地主の地面を支配し、地代店賃を店子(たなこ)より集めて地主に収め、公用、町用を勤め、自身番所に出で非常を守るを職とす」方言 ❶戸主。家長。◇**えぬし** 宮城県栗原郡114 秋田県鹿角郡132 ❷妻。主婦。◇**いのし** 新潟県西蒲原郡347 ◇**えぬし** 青森県三戸郡083 岩手県九戸郡088 ◇**えぬしかか**〔—嬶〕 山形県西置賜郡139 ◇**ええのしかか** 新潟県361 ❸後妻。◇**えのし** 青森県下北郡073 ❹長男。◇**いぬし** 秋田県南秋田郡130 ❺留守番をして、夕食時になると夕食の用意をすること。◇**えのし・えのしばん**〔—番〕 新潟県東蒲原郡368 発音〈標ア〉[エ]〈京ア〉[エ]/[0] 辞書 饅頭・書言・ヘボン・言海 表記 家主(饅・書・ヘ・言)

いえ-ねずみ【家鼠】『名』人家や人家付近の耕作地などにすむドブネズミ、クマネズミ、ハツカネズミの総称。かそ。↔野鼠。＊本朝食鑑(1697)一一「家鼠 此即人家所二常有一之物也雖二其種類最多一今未ㇾ詳ㇾ之」方言 家にばかりいて外で友達と遊ばない子。兵庫県加古郡664 発音〈標ア〉[ネ]

いえ-の-いも【家芋】『名』「さといも(里芋)」の古名。＊十巻本和名抄(934頃)九「芋 四声字苑云芋〈于遇反 以倍乃伊毛〉葉似荷其根可食之」＊観智院本名義抄(1241)「蹲鴟 イヘノイモ」方言 新潟県一部030 岐阜県一部030 山口県030 794 799 長崎県一部030 ◇**えいも** 愛媛県一部030 ◇**えないも** 島根県一部030 ◇**えのいも** 広島県一部030 比婆郡774 山口県美祢郡794 長崎県一部030 五島917 辞書 和名・名義・和玉・言海 表記 芋(和・玉) 蹲鴟・茵芋(名)

いえ-の-こ【家子】『名』①その家に生まれた子。とくに良家の子弟、高貴の子供の場合に用いられる。＊万葉(8C後)五・八九四「天の下 奏(まを)したまひし 家子(いへのこ)と 選ひたまひて〈山上憶良〉」＊続日本紀-天平宝字三年(759)六月一六日・宣命「然るに此の家乃子どもは朕がはらから」＊宇津保(970-999頃)忠こそ「山伏見て、是はいとかしこき人かな、家のこなるべしと思ふに」＊源氏(1001-14頃)紅葉賀「舞のさま手づかひなむ、いゑのこはことなる」＊今昔(1120頃か)二七・一二「其の後、家の子の君達(きんだち)、大臣の前に集り居て」②武士の一族で、その惣領(家督・嫡男)と主従関係に立ったもの。庶子・分家一族などが含まれた。一族。一門。血縁関係がなく臣従したものを郎等、郎従、所従、家人などと呼んだのに対する語。＊玉葉-寿永二年(1183)一二月二日「去廿九日平氏与二行家一合戦、行家軍忽以敗績、家子多以被二伐取一了」＊平家(13C前)八・征夷将軍院宣「院宣の御使泰定は、家子二人、郎等十人具したり」＊随筆・松屋筆記(1818-45頃)一〇四・四六「家族を家子、家従を郎等といふ也」③武士の従者のうち、自己の所領をもち経済的に自立しうるもの。所領をもたないものを家人と呼んだのに対していう。＊常陸大掾伝記(江戸)「家の子と云は、本領を持たる名代の人奉公するを、家の子と云也。一家の端なれとも、本領重代の名字懸る所無人は、家の子と不為。是を家人と云也」④(武家の)家臣。家来。＊義経記(室町中か)八・衣河合戦の事「秀衡が家の子、長崎太郎太夫と申す」＊虎明本狂言・釣狐(室町末-近世初)「両介おほせうけ給り、家の子、若たう引き連、なすの原にげちゃくして」＊浄瑠璃・傾城反魂香(1708頃)中「名古屋が家の子、世継瀬兵衛こしぞへにて」＊読本・椿説弓張月(1807-11)前・四回「阿曾三郎平忠国といふ武士(もののふ)ありけり〈略〉家隷(イヘノコ)居多(あまた)もてりしが」⑤(私家の)従僕。召使い。＊源氏(1001-14頃)東屋「故大将殿にも、若くより参り仕うまつりき。いゑのこにて見たてまつりしに」＊竹むきが記(1349)下「光衡先立ちて、子どもいゑの子以下、本寺の前に下り居つつ、馬引き並めたるさまなど」＊読本・春雨物語(1808)捨石丸「さすがに刀は当ざれど、おのが血の流て、長者の衣(きぬ)に染たり。家の子ども一二人追来て、こわや、御二人を殺すよとて、前うしろに取つく」⑥政界などで、勢力者の子分。派閥に属する一般議員など。発音〈標ア〉[ノ][0]〈ア史〉江戸●●○○〈京ア〉[0] 辞書 易林・日葡・書言・言海 表記 家子(易・言) 家産奴(書)

いえのこ-ろうどう【家子郎等・家子郎党】『名』(「いえのころうとう」とも)①平安末期・鎌倉時代の武家社会で、惣領のもとに武士団を構成した人々。家子は惣領の一族の者、郎党は血縁関係のない従者で、血縁による家の結合関係から血縁によらない契約的な関係に移る過渡期の主従形態。＊平家（13C前）七・篠原合戦「家子郎党残りずくなに討ちなされ」＊金刀比羅本平治（1220頃か）上・源氏勢汰への事「熱田大宮司太郎は、義朝にはこじうとなれば、我が身はとどまり、二共家二郎等（ノ二ノコラウドウ）さしつかはす」②家臣たちの総称。＊鎌倉大草紙（16C中か）「小山下野守七里灘にて馳むかひ防戦ひけるが、小やま小勢にて家の子郎等八十余人討死して」＊浄瑠璃・平仮名盛衰記（1739）一「巴も馬上をまっさかさま落るを其儘おこしも立ず。家の子郎等おり重（かさな）りかくる千筋の縛（いましめ）も」＊読本・椿説弓張月（1807–11）続・三四回「家に火を放（かけ）順徳は、腹かき切て失にければ、主に劣らぬ家隷郎党（イヘノコラウダウ）、さしちがへさしちがへ、煙の中に死するもあり」③政党の有力者などに率いられて、それと密接な利害関係のある人びと。発音イエノコロードー〈音史〉現代は『いえのころうとう』とも。〈標ア〉[0][ノ]

いえ-の-しゅう いへのシフ【家集】⇨「いえ（家）」の子見出し

いえ-ばえ いへばへ【家蝿】『名』①イエバエ科のハエ。灰黒褐色で体長六〜八ミリメートル。人家で最も普通にみられる。繁殖力が強く、牛・馬の糞や堆肥、ごみためなどに産卵し、チフス、赤痢（せきり）など伝染病の媒介をする。学名はMusca domestica ②屋内にみられるイエバエ科などのハエの総称。イエバエ、ヒメイエバエ、オオイエバエなどをさすことが多い。《季・夏》発音〈標ア〉[エ]1〈京ア〉イエバイ[エ]

いえ-ばち いへ：【家蜂】『名』人家で飼う蜜蜂。〔語彙（1871–84）〕＊家蜂蓄養記（1791）自序（古事類苑・動物一四）「夫南方温煖、而有二家蜂一、北方陰寒、而有二土蜂一」発音〈標ア〉[エ] 辞書言海 表記家蜂（言）

いえ-ばと いへ：【家鳩】『名』ハト科の鳥。カワラバトの亜種で、世界各地で家禽（かきん）として飼育される。品種は多く五〇〇種以上知られ、愛玩・通信用などとして利用。日本では特に神社、仏閣、公園などに多い。かいばと。学名はColumba livia var. domestica ＊新撰字鏡（898–901頃）「鳩 伊戸波止」＊源氏（1001–14頃）夕顔「竹の中に、いゑばとといふ鳥の、ふつつかに鳴くを、きき給ひて」＊俳諧・紅梅千句（1655）九・雪「沈香亭やさぞ匂ふらむ〈貞徳〉家鳩の軒端につれをさそひきて〈季吟〉」＊大和本草（1709）一五「鴿（イヘバト たふはと）一名鵓鴿、毛品多し。白者性良」発音〈標ア〉[0]〈京ア〉[バ]／[0] 辞書字鏡・和名・色葉・名義・易林・書言・〈ボン〉・言海 表記鴿（和・色・名・易・書・ヘ）鳩（字・名）鳺・瑪・鷗・鵶・鳩・鶴・鶻・鵃・鴗・鶏（字）鳺鴒（名）斑鳩（易）飛奴・鵓（書）家鳩（言）

いえ-びと いへ：【家人】『名』①家の人。家族。また、特に妻。かじん。＊万葉（8C後）一五・三六三六「伊敝妣等（イヘビト）は帰りはや来（こ）といはひ島斎（いは）ひ待つらむ旅行く我を〈遣新羅使人〉」＊万葉（8C後）二〇・四四〇九「伊弊婢等（イヘビト）の斎（いは）へにかあらむ平けく船出はしぬと親に申さね〈大伴家持〉」②家に仕える人。けにん。家の子。＊書紀（720）履中即位前（図書寮本訓）「其門人（イヘヒト）皆叛きて賊と為（な）る」＊宇津保（970–999頃）祭の使「家びと、随身、わらは」＊源氏（1001–14頃）関屋「昔のやうにこそあらねど、なほ親しきいへ人のうちには数へ給ひけり」③家に親しく出入りする人。＊歌仙本順集（10C後）「一条藤大納言石山にまうでて七日さぶらひ給ふ。家人の詩つくり歌よむあまた侍り」④令制で規定された私有民の一つ。官戸、陵戸の下位、奴婢（ぬひ）の上位に位置づけられ、主人に自由に使われる。財産として相続されるが売買はできない。けにん。＊万葉（8C後）一一・二五二九「家人は道もしみみに通へども我が待つ妹が使ひ来ぬかも〈作者未詳〉」発音〈標ア〉[0] 辞書言海 表記家人（言）

いえ-びらき いへ：【家開】『名』住んでいた家から退出すること。引っ越しすること。＊梅津政景日記‐慶長一七年（1612）閏一〇月一一日「山方作左屋敷越に付而、家ひらきのふるまい有」

いえ-ぶしん いへ：【家普請】『名』家を建てること。家の建築工事。やぶしん。＊言経卿記‐天正一六年（1588）一二月二四日「家普請申付了。見舞終日有レ之」＊浮世草子・日本永代蔵（1688）六・一「時節のよきおりから家普請（フシン）をして置たればこそ」発音〈標ア〉[フ]

いえ-ぶるまい いへぶるまひ【家振舞】『名』新築祝いのもてなし。＊咄本・軽口大黒柱（1773）一「親子づれにて町内の家振舞（いえブルマイ）より帰り」方言新築祝いの酒宴。◇えぶるまい 青森県三戸郡083 発音〈標ア〉[ブ]

いえ-べつ いへ：【家別】『名』①一軒ごと。家ごと。毎戸。戸別。＊政基公旅引付‐文亀二年（1502）九月一二日「地下中家別并寺庵免田以下悉令二支配一、五百疋下行之外をば為二地下一致二其償一了」②一軒ごとに課せられた税金。棟別（むなべつ）銭。＊日葡辞書（1603–04）「Iyebet（イエベツ）」発音〈標ア〉[0] 辞書日葡

いえべつ-うえつけ いへべつうゑつけ【家別植付】『名』江戸幕府が明和元年（一七六四）以降、御林（直轄林）の伐り跡、または粗林地帯、空地等へ檜、杉、松などの苗木を戸別に植えつけさせて育成をはかった造林法。

いえべつ-ちょう いへベツチャウ【家別帳】『名』江戸時代、領民の信教の状態を調べた結果を記して寺社奉行に出した帳簿。宗門人別帳。発音イエベッチョー〈標ア〉[0]

いえ-へび いへ：【家蛇】『名』方言⇨いえぐちなわ（家蛇）

いえ-ぼり いへ：【家彫】『名』金工、後藤家で製作した鐔（つば）、目貫（めぬき）など小道具の総称。大名・武家の正式な拵（こしら）えには必ず用いられた。後藤家は室町時代、将軍足利義政につかえた祐乗（ゆうじょう）を祖とし、豊臣秀吉、徳川幕府にかかえられた。後藤彫。↔町彫り。＊雑俳・柳多留‐一二六（1796）「家彫の鶏にそら音の小道具屋」＊雑俳・柳多留拾遺（1801）巻二〇「家彫の馬は草より手間を喰ひ」発音〈標ア〉[0]

いえ-み いへ：【家見】『名』①家の新築、あるいは転居の時に、縁者、知人などが祝いがてらその新しい家を見に来ること。また、その祝いの金品。＊教言卿記‐応永一六年（1409）一二月九日「裏松家見事、早旦に北畠黄門、中山宰相、伯卿、右金吾、此四人三百疋つつ持向也」＊仮名草子・仁勢物語（1639–40頃）下・七八「家見の始めに、ただ何をか参らすべき。〈略〉此木絹奉らむ」＊咄本・楽牽頭（1772）儒者「儒者、品川へ引移、弟子ども家見の祝義に行き」＊浄瑠璃・伽羅先代萩（1785）一「御宿這入の御寿き、刑部（ぎょうぶ）様より御家見」＊夢酔独言（1843）「其時兄から借金三百両ばかりの証文と家作代を家見に呉た」②借り、または、買おうとする家を下見に行くこと。方言新築祝い。越後†081 長野県佐久493 発音〈標ア〉[ミ][0]

いえ-みつ いへ：【家蜜】『名』家で飼っているミツバチからとった、はちみつ。↔山蜜。発音〈標ア〉[0]

いえ-みまい いへみまひ【家見舞】『名』新築したり転居したりした家へ、縁者、知人などが祝いに行くこと。また、その時の贈り物。＊人情本・春色雪の梅（1838–42頃）二・九回「ほんの庵見舞（イヘミメエ）の印といふばかりさ」＊落語・出刃包丁（1898）〈四代目柳亭左楽〉「此方へ世帯持って、陰ながら嬉しいから、家見舞（イヘミマヒ）に来た、と繰込んで行くのだ」方言岐阜県飛騨502 ◇おええみまい〔御─〕長野県下伊那郡492

いえ-むら いへ：【家群・家村】『名』家が多く建ち集まっている所。集落。＊古事記（712）下・歌謡「かぎろひの 燃ゆる伊幣牟良（イヘムラ） 妻が家のあたり」＊今昔（1120頃か）二六・八「此社より郷（さと）の家村は遠く去たれば、此（か）く為（する）事共をも、否（え）不知（しらで）有けるに」発音〈標ア〉[0]

イエメン（Yemen）アラビア半島南端の共和国。紅海とアラビア海に面する。コーヒー、綿花、革製品などを産出。特に輸出港の名前を冠したモカコーヒーが有名。一九一八年オスマントルコからイエメン王国として独立、六二年に共和制に移行したイエメン‐アラブ共和国（北イエメン）と、一九六七年イギリスから南イエメン人民共和国として独立、七〇年に国名を改称したイエメン民主人民共和国（南イエメン）が、九〇年に統合して成立。首都サナア。

いえ-もち いへ：【家持】『名』①家屋を所有すること。また、その人。特に、江戸時代、借家人に対して、自身が住むための、または他人に貸すための家・屋敷を所有している町人をいう。町人としての権利と義務を有した。いえぬし。やぬし。おおや。＊梅津政景日記‐元和五年（1619）三月二二日「牢人かかへ候はは、町中家持請人に立候はは、不苦候」＊浮世草子・日本永代蔵（1688）一・五「人に召つかはれし下女、札に突あたりて四匁にて家持（イヘモチ）となれり」＊雑俳・柳多留‐一（1765）「家持の次に並ぶが論語よみ」＊随筆・守貞漫稿（1837–53）三「町人と云は、今世市民の惣名なれども、又特に自地居住の者を称して町人と云。〈略〉是を家持と云」②一戸を構えて生活している人。所帯持ち。＊思出の記（1900–01）〈徳冨蘆花〉九・五「今直ぐ家持になって呉れと云ふんぢゃ無いがね」＊海に生くる人々（1926）〈葉山嘉樹〉四「俺は何だって船員になんぞなったんだらう。殊に家持ちの下級船員はさうであった」③分家をいう。＊秋山記行（1831）二「此村の氏を問ふに、皆山田と答ふ。此家の老人は、己、山田の惣本家にて、山田彦八と云うて、此五軒の村の惣本家、昔の二十軒余は家持だと云ふ」④家計のやりくり。一家の生計の処理。「家持がわるい」＊政談（1727頃）一「跡目・養子等の真偽の吟味も成らず、身持・家持の悪きも知れず」方言❶財産家。岡山県児島郡763 ❷次男以下の者などが分かれて一家を持つこと。分家。山形県139 149 新潟県347 377 382 長野県054 468 491 岡山県児島郡763 ◇いいもち 新潟県三島郡374 ◇いいもちや 新潟県東蒲原郡368 ◇いえもちゃ 新潟県東蒲原郡054 ◇いもち 山形県庄内139 埼玉県北葛飾郡258 千葉県東葛飾郡280 新潟県東蒲原郡368 ◇ええもち 新潟県371 373 376 長野県468 475 480 ◇ええもちや 長野県諏訪468 東筑摩郡469 ◇えもち 山形県054 139 152 新潟県362 385 387 島根県邑智郡724 ◇えもちえ 島根県出雲723 725 ◇えもちね・えもちや 山形県139 ◇えもっち 島根県簸川郡025 ◇えもっちぇ 鳥取県西伯郡718 島根県723 725 ◇えもっちえ 島根県出雲市・安来市724 ◇えもっちや 島根県八束郡724 ◇えもで 山形県139 ◇えんもち 山形県飽海郡139 新潟県361 ❸所帯持ち。女房持ち。戸主。◇えもち 京都府竹野郡622 島根県簸川郡059 長崎県五島054 ❹家の跡取り。嗣子。三重県志摩郡585 滋賀県彦根609 ❺家の支配権。◇えもちとも。岡山県川上郡765 ❻社宅。◇いいもちやとも。新潟県東蒲原郡368 ❼貝、かたつむり（蝸牛）。滋賀県東浅井郡・坂田郡606 発音〈標ア〉[チ][0][モ]〈京ア〉[モ] 辞書言海 表記家持（言）

いえもち より 金持（かねもち）自分の持家に住んで金に困るよりは、金持で借家に住むほうが気楽であるの意。一説に、家作を持つより、現金を運用したほうが有利であるの意とする。＊浄瑠璃・近頃河原達引（おしゅん伝兵衛）（1785）中「此家ぬしが此家をゐなりにかふてくれぬかとたのまれる。〈略〉アア、あだせはな家もちよりは金もちが、はるかましでも有ふかと」

いえもち-じょろう いへもちヂョラウ【家持女郎】『名』囲われていながら勤めに出ている下級の女郎。＊浮世草子・風流夢浮橋（1703）二・二「二階住居のお客でなし、家持女郎（イヘモチヂョロウ）のおなじみ、高のしれた殿ぶり」

いえもち-わかしゅ いへもち：【家持若衆】『名』家を持たせて囲っておく若衆。＊評判記・赤烏帽子（1663）

下村左源太「一義はあなたにこちよりすき也、家持若衆にし侍らば、腎虚をすべし」

いえ-もと【家元】〘名〙①能楽、舞踊、音曲、香道、茶道、華道、武術などの技芸で伝統を継承してきた家筋。室町時代から起こり、江戸時代に盛んになった。宗家。「家元制度」＊随筆・近世江都著聞集(1757)一一「是が絵といはるべきか其分にしては家元の家督なるべからず〈略〉正風の絵にはいかやうの名人なりとても家元の上に立がたしと多年案じて一流の姿を工風して今一蝶流と云画を書始けり」＊随筆・後はむかし物語(1803)「はやく家本の弟子となり、伝受を多く済ますを旨とし、家本も謝礼をとることなれば、望みに任せて許すやから多し」＊滑稽本・浮世風呂(1809–13)四・下「あれは鶴賀新内の元祖の家元(イヘモト)だとよ」②分家から本家を指していう語。＊政談(1727頃)一「屹と其家本の親類より其者を尋出し」＊人情本・閑情末摘花(1839–41)二・四回「彼処は慈母(おっか)さんのお家元じゃアございませんか」方言本家。大分県大分郡941
発音〈標ア〉ト0〈京ア〉0

いえ-もり【家守】〘名〙①家を守っている人。家の番人。＊和泉式部集(11C中)上「いづれの宮にか〈略〉かく書きていへもりに取らせておはしぬ」②貸家の持ち主。家主(いえぬし)。また、家主に代わる差配人。やもり。＊雑俳・唐子おどり(1704–16頃)「家守が支配の内の後家自慢」発音〈標ア〉エ

いえもり-こさく【家守小作】〘名〙地主の管理の行き届かない土地を世話する報酬として、地主から土地を借り受け、耕作すること。＊日本の下層社会(1899)〈横山源之助〉五・本邦現時の小作制度に就て「家守小作(家守小作とは小作せしむる土地広く或は遠隔の処にありて管理行き届かざる時は世話人を置き其の報酬として之に若干地を耕作せしめ諸税は地主より出だす)」発音〈標ア〉コ

いえ-もん【家紋】〘名〙「かもん(家紋)」に同じ。＊江戸から東京へ(1921)〈矢田挿雲〉一・一「只だ和田倉門の北に当る内桜田門の屋根瓦に道灌の家紋(イヘモン)の桔梗を打出して桔梗門の別名が残つてゐるのみである」発音〈標ア〉0エ

いえ-やく【家役】〘名〙中世・近世の家に賦課された課役。幕府・大名が課すものと村などの共同体が賦課するものがあった。家役の基準としては、家の大小のほか、その家の負担能力があった。棟役、在家役などともいう。＊玉塵抄(1563)二七「民の家をば家やくせぬ者を遊戸と云ぞ」＊安治区有文書–天正五年(1577)一二月一五日・近江安治村家役掟「定 安治村家やくおきめ事、式間之一つによるにおいては本やく可ㇾ仕事」＊咄本・軽口露がはなし(1691)五・一五「或町に番の事あり。家役(イヘヤク)なれば名代立べきやうもなし」

いえ-やしき【家屋敷】〘名〙家と屋敷。家とその敷地。＊雲形本狂言・三人片輪(室町末–近世初)「ばくちをうってござれば、さんざん打まけて、家屋敷(イヘヤシキ)迄人にとられ、難儀を致す所に」＊浮世草子・好色盛衰記(1688)三・三「もはや欲をもやめて、歩にかかる家屋敷(イヘヤシキ)を求め、楽々と世を渡り」＊坊っちゃん(1906)〈夏目漱石〉一「家屋敷はある人の周旋(しゅうせん)である金満家に譲った」発音〈標ア〉ヤエ〈京ア〉ヤ/イ=ヤ

いえ-よう【家様】〘名〙「おいえりゅう(御家流)①」の異名。＊鼈驢嘶余(室町末)「世尊寺・清水谷は能書の家也。是を家様と云なり」発音イエヨー〈標ア〉0

いえ-らく【言—】〘連語〙(「らく」は完了の助動詞「り」のク語法)言ったことには。＊万葉(8C後)九・一七四〇「妹が答久(いへらく) 常世辺(とこよへ)に また帰り来て 今のごと 逢はむとならば この篋(くしげ) 開くなゆめと〈虫麻呂歌集〉」＊白氏文集天永四年点(1113)三「称(イヘラク)」＊滑稽本・大千世界楽屋探(1817)上「予にしめしていへらく、所謂どさ詞は道者詞の約(つづま)れる也」発音〈標ア〉エ 辞書文明・書言・言海 表記云・曰(文) 謂(書) 言(言)

いえ-らく【家楽】〘名〙家庭で楽しみとしていること。＊歌舞伎・猿若万代厦(1786)三立「わが家楽(イヘラク)の釜盥(かまだらひ)と、不断足を洗ふ、こりゃあ盥さ」＊人情本・恩愛二葉草(1834)初・三章「後は其方の我儘一杯、気に入った婿取って、吾が家楽(イヘラク)の金盥が、分限者の身の上よりは、遥に優(まし)と」

いえり【伊恵理】語義、品詞ともに未詳。雲霧のたちこめることをいうか。いほり。＊延喜式(927)祝詞・六月晦大祓「国つ神は高山の末、短山の末に上りまして、高山の伊恵理(イヱリ)、短山の伊恵理(イヱリ)を撥(か)き別けて聞しめさむ」補注従来、貞享版等の「伊穂理」によって、イホリと訓まれてきたが、「伊」「理」ともに音仮名で、「穂」のみ訓仮名であるのは異常であるから、九条家本に「伊恵理」とあるのに従って「いゑり」とする。

イェリネック(Georg Jellinek ゲオルク—)《エリネック》ドイツの法学者。社会学と法学の両側面から国家論を体系化した。著に「一般国家学」「法、不法および刑罰の社会倫理的意義」など。(一八五一～一九一一)
発音〈標ア〉ネ

い・える【癒】〘自ア下一(ヤ下一)〙文い・ゆ〘自ヤ下二〙①病気や傷が治る。全快する。本復する。＊書紀(720)皇極四年四月(岩崎本訓)「此を以て治めば、病愈(イエ)ざること無し」＊霊異記(810–824)上・一六「肌膚(かはべ)爛(ただ)れ敗(そこ)ね、苦しび病むこと比(たぐひ)無く、終に愈(イユルこと)得ず。〈興福寺本訓釈 愈 伊由る己止 又云ヤ須牟己止〉」＊古今著聞集(1254)二・三七「我病、温泉の効験を頼むといへども、忽にいへん事難し」＊太平記(14C後)三三・就直義病悩上皇御願書事「薬医・典薬・倉公・華陀が術を究めて療治すれ共痊(イエ)ず」＊随筆・耳嚢(1784–1814)五・鼠恩死の事但鼠毒妙薬の事「右指へ白躑躅の花の干たるを附れば、立所に鼠毒を去りて愈る」＊和英語林集成(初版)(1867)「Iye, -ru, -ta イエル 愈〈略〉ヤマイガ iye (イエ)タ。キズガ iye (イエ)タ」②怒り、悲しみなどの気持や心の悩みなどが消える。＊門三味線(1895)〈斎藤緑雨〉一九「ぶって癒(イユ)る貴女(あなた)の腹なら、お打(ぶち)お打ち」＊即興詩人(1901)〈森鷗外訳〉落飾「痊えなんとする心の創は」語源説(1)イトヤム(痛止)の義。ヤムの反のユ〔和訓栞〕。また、イタヤムアル(痛止有)の約転〔名言通〕。(2)イキハユ(気延)の約〔音幻論=幸田露伴〕。(3)イヨ(良彌)の転〔言元梯〕。(4)イユル(彌)の義か〔日本語源=賀茂百樹〕。(5)生きアユル(生肖)の義〔日本語原学=林甕臣〕。(6)イキ(生)の復する義〔国語の語根とその分類=大島正健〕。発音〈標ア〉エ〈京ア〉0 文『いゆ』〈標ア〉イ〈ア史〉平安○○● 鎌倉『いゆる』○○● 〈京ア〉0 辞書色葉・名義・和玉・文明・伊京・天正・饅頭・易林・日葡・書言・ヘボン・言海 表記愈(色・名・玉・文・伊・饅・易・書・ヘ) 痊(色・名・玉・書) 差(名・玉・文) 瘉・間(色・名・書) 療(色・玉・文) 較(玉・書) 瘳老(色・名) 除(色・玉) 瘳(天・書) 悆・瘉・瘥(名) 復(玉) 治(文) 癒(言)

いえる〘動〙方言❶焼ける。山口県玖珂郡800 ❷穴がふさがる。岡山県児島郡763 ◇いやる 高知市867

イェルサレム ⇩エルサレム

イェルマク(Timofjejevič Jermak ティモフエービチ—)《エルマク》ドンコサックの首領。シベリアに遠征してシビルハン国を破り、ロシアのシベリア植民の基礎を築いた。一五八四年没。

イエロー(英 yellow)■一〘名〙《エロー》黄色。＊新しき用語の泉(1921)〈小林花眠〉「イェロー Yellow (英) 黄色のこと」■二〘語素〙「野暮な」「扇情的な」の意で他の語と複合して用いる。「イエロー-ジャーナリズム」「イエロー-ペーパー」 発音〈標ア〉イェ《エ》

イエロー-カード〘名〙(英 yellow card)①世界保健機関(WHO)の定めた国際予防接種証明書の通称。表紙が黄色であるところからいう。②サッカーなどで、審判が反則などをした選手に示す黄色の警告カード。発音〈標ア〉エ

イエロー-ケーキ〘名〙(英 yellowcake)重ウラン酸アンモニウムという黄色のウラン化合物の一種。鉱石からウランを採取し、一次製品とする過程で、ウランを精製するときに生じる。発音〈標ア〉ケ

イエロー-ジャーナリズム〘名〙(英 yellow journalism)扇情的な記事に重きをおく、興味本位な新聞編集の行き方。また、その新聞。＊新しき用語の泉(1921)〈小林花眠〉「イェロー・ジャーナリズム yellow journalism (英) 黄色新聞調と訳する」＊鉛筆ぐらし(1951)〈扇谷正造〉序に代えて「『プリント(印刷)するに価しないニュースはニュースではない』という有名なニューヨーク・タイムスの標語は、あながちに近親相姦や、イエロー・ジャーナリズムを戒めたばかりではあるまい」発音〈標ア〉リ

イエローストーン(Yellowstone)アメリカ合衆国、ワイオミング州北西部の国立公園。ロッキー山脈中に位置し、間歇泉(かんけつせん)と大峡谷などで知られる。発音〈標ア〉ト

イエロー-ゾーン〘名〙(洋語 yellow zone)路面を黄色に塗って指示した駐車禁止地域。発音〈標ア〉ゾ

イエロー-ペーパー〘名〙(英 yellow paper)犯罪や他人の醜聞、秘密など、興味本位で扇情的な記事が多い新聞。日本の赤新聞に当たる。＊新しき用語の泉(1921)〈小林花眠〉「イェロー・ペーパー Yellow paper (英) 黄色新聞」発音〈標ア〉ペ

いえ-わかれ【家分】〘名〙ある家から分かれて独立し、別に一家を創立すること。また、その家。分家。＊政談(1727頃)二「某が父方の祖父の先祖尾張常陸介と云者、太田道灌の家別れにて、岩槻に有しが」発音〈標ア〉ワ0

いえ-わらわ【家童】〘名〙家に召し使われる少年。小舎人童(こどねりわらわ)。

い-えん【以遠】〘名〙その場所を含めたある所からさらに遠いこと。また、その場所。おもに鉄道関係で使う。「神戸以遠」発音〈標ア〉イ

い-えん【夷宴】〘名〙(「夷」は、おだやかの意)安らぎ楽しむこと。宴楽。＊詩序集(1133頃)佳遊不限年詩序〈大江通景〉「倩思㆓佳遊之趣㆒、不㆑限㆓夷宴之年㆒」

いえん【所以】〘名〙(「ゆえん」の変化した語) わけ。いわれ。

い-えん【威炎】〘名〙盛んな威光。＊西京繁昌記(1877)〈増山守正〉初・上「一神を以て衆仏に抗し、聊か威炎を墜さず」

い-えん【胃炎】〘名〙胃粘膜の炎症性疾患。直接に作用する刺激や、血行的に作用する各種の障害が原因で起こる。胃カタル。＊医語類聚(1872)〈奥山虎章〉「Gastritis, 胃炎」＊軽口浮世ばなし(1977)〈藤本義一〉一六・一「そして、助監督は、みんな胃潰瘍とか胃炎で倒れてしまうのだという」語誌(1)漢方では、傷食、溜飲と呼ばれた病気。中国に渡った伝道医師ホブソン(合信)の「西医略論」(一八五七)では「炎証論」の章が設けられ、症状、病理、治療法が紹介された。同書、および同氏の著「医学英華字釈」(一八五八)において「脳炎、肝炎、肺炎、喉炎、腸炎、膀胱炎、子宮炎、内腎炎…」など「—炎」による病名が十数語造られ、「胃炎」もその中の一つであった。(2)一方、日本では、幕末までの用例のなかった「—炎」による病名が、「医語類聚」では、「胃炎」を初め一六〇語以上登録された。また「漢洋病名対照録」(一八八二)においても「急性胃炎、慢性胃炎、中毒性胃炎」などが用いられている。発音〈標ア〉0〈京ア〉イ

い-えん【異縁・違縁】〘名〙仏語。真の対象とはちがったものに心が影響されること。また、その影響を与えるもの。思いがけないことがら。＊往生要集(984–

985)上末「遇諸違縁。数被残害」 ＊梵舜本沙石集(1283)「臨終に病苦にせめられむ、違縁に逢て、正念観前せむこと、誠にかたし」 ＊大乗院寺社雑事記‐文明二年(1470)六月九日「綱光卿近来違縁事在之」 ＊開化本論(1879)〈吉岡徳明〉下・九「故に其平素甚だ美なる者の、或は一度異縁に触て喜怒偏重に起る時は、其挙動天然の規に踰ることあり」 ＊大日経疏‐八「言摂意者、如世人見美妙色声心為之酔、情有所注、不復異縁」

い‐えん【意猿】〘名〙心が外界に動かされて、落ち着かないことを、猿のせわしく動く姿にたとえた語。意馬心猿。 ＊三教指帰(797頃)下「二六之縁誘策意猿」

イェンウオ【燕窩】〘名〙「燕窩(えんか)」の中国音。アナツバメの巣。中国料理に用いる材料。

いえん‐けん【以遠権】〘名〙(英 beyond right の訳語) 航空協定によって、相手国内のある地点から、さらに第三国内の地点へ運航できる権利。 発音〈標ア〉エ

い‐えんざ【藺円座】〘名〙藺を用いて作った円座。 ＊延喜式(927)三八・掃部寮「藺円座一枚〈径三尺〉料。藺〈以二囲作八枚〉。長功一人。中功一人半。短功二人」

いえんしょ‐むし【家背負虫】〘名〙 方言 ⇩いえかずき(家被)

イエンセン (Johannes Vilhelm Jensen ヨハネス＝ビルヘルム―)《エンセン》デンマークの作家。一九四四年ノーベル文学賞受賞。著「長い旅」「神話」など。(一八七三〜一九五〇) 発音〈標ア〉イェ《エ》

いえん‐りゅう【威遠流】〘名〙江戸末期の砲術の一流派。嘉永(一八四八〜五四)頃、高島秋帆の門人下曾根金三郎信敦が創始。文久二年(一八六二)江戸、麹町に砲術調練所桂園塾を設けて、広く各藩の藩士にも教授した。 発音イエンリュー〈標ア〉0

いお【庵・菴・廬】〘名〙①草木で造った粗末な家。仮屋。農事のための仮小屋。 ＊万葉(8C後)一〇・二二五〇「春霞たなびく田居に廬(いほ)つきて秋田刈るまで思はしむらく〈作者未詳〉」 ＊十巻本和名抄(934頃)三「廬 毛詩注云農人作廬〈力魚反 伊奉〉以便田事」 ＊枕(10C終)二二七・八月つごもり「穂をうち敷きて並みをるもをかし。いほのさまなど」 ②自分の家を謙遜していう語。いおり。 ＊古今(905‐914)雑下・九八三「わがいほは都のたつみしかぞすむ世をうぢ山と人はいふなり〈喜撰〉」 ＊俳諧・おらが春(1819)「苗代は菴のかざりに青みけり」 語誌(1)意味的にも音韻的にも関連の強い「いへ」と同源と見られる。「いへ」から「いほ」が派生したとの見方もあるが、「いほ」は、家屋形態に主眼があり、それもより原始的なものと思われる。(2)「いほ」「いほり」は、漢字「庵」「廬」の訓に当てられ、漢文学でのこれらの字の用法に添って、隠遁者の住居も意味するようになった。→「いおり(庵)」の語誌。 語源説(1)イへ(家)から派生した語〔言元梯・万葉集講義＝折口信夫・日本語源＝賀茂百樹〕。(2)イホ(稲穂)の義。稲穂で葺くから〔和句解・和訓栞〕。稲穂を入れて置くところであるから〔本朝辞源＝宇田甘冥〕。(3)イは小の義、ホは含、包の意があり、イホは林の陰などに結ばれた住居のこと〔国語の語根とその分類＝大島正健〕。(4)イは接頭語、ホはホ(穂)から〔日本古語大辞典＝松岡静雄〕。(5)「屋庫」の別音 Wi-He から転じたイへ(家)のさらに転化した語〔日本語原考＝与謝野寛〕 発音〈標ア〉オ イ 〈ア史〉平安・鎌倉○○ 江戸●○ 〈京ア〉0／イ 辞書字鏡・和名・色葉・名義・易林・日葡・書言・言海 表記廬(字・和・色・名) 墟(字) 庵室(和) 菴(易) 舎(書) 庵(言)

いお の 月(つき) 草庵からながめる月。いおりにさしこむ月かげ。《季・秋》 ＊俳諧・蕉翁文集(1699‐1709頃)移芭蕉詞「芭蕉葉を柱にかけん庵の月」 ＊俳諧・翁反古(1783)「捨し世や見るものとては庵の月」

いお の 春(はる) 新年に、草庵に迎える新しい春。わが草庵のめでたい新春。《季・新年》 ＊俳諧・萍窓集(1812)春「あたらしき此さびしさや菴の春」 ＊続春夏秋冬(1906‐07)〈河東碧梧桐選〉新年「庵の春四檐の雪に押され住む〈極浦〉」

いお【魚】〘名〙①さかな。うお。 ＊伊勢物語(10C前)九「白き鳥の嘴と脚と赤き、鴫の大きさなる、水のうへに遊びつついををくふ」 ＊十巻本和名抄(934頃)八「魚 文字集略云 魚〈語居反字乎 谷云伊乎〉水中連行虫之総名也」 ＊土左(935頃)承平五年二月八日「けふ、節忌(せちみ)すればいを不用」 ＊兼盛集(990頃)「わがこひはいをなきふちのつりなれやうけもひかれでやみぬべらなり」 ＊源氏(1001‐14頃)手習「池に泳ぐいを、山に鳴く鹿をだに」 ＊古本説話集(1130頃か)六七「こころえず思へど、いかがはせんとて、よきいをどもなどあれば」 ＊御巫本日本紀私記(1428)神代上「游魚 安曾不伊遠」 ＊日葡辞書(1603‐04)「Iuo(イヲ)、または、ウヲ〈訳〉魚」 ＊雑俳・柳多留拾遺(1801)巻一「いほが違ひやすと鱶ふりむかず」 ②魚「さけ(鮭)」の異名。 ＊浜荻(庄内)(1767)「鮭(さけ)を しゃけ 庄内にていほといふ」 語誌(1)同義のウオ(ヲ)は奈良時代から使われたが、イオ(ヲ)のたしかな例は平安時代からになる。ただし、イオがウオに取って代わることはなく、散文にイオ、和歌にウオという使い分けが認められる。ウオからイオへの変化があったとすれば、イロコ・イロクズ(鱗)などへの類推によるか。(2)中央語としてはウオが正規のものとなっているが、方言ではイオおよびそれから転訛したものが盛んに使われており、ことに九州中央部以南では魚の意味としてサカナよりも普通に使われる。 方言❶魚。尾張宮†111 京都†112 久留米†127 薩摩†136 福島県岩瀬郡176 群馬県吾妻郡218 埼玉県入間郡054 神奈川県津久井郡317 富山県高岡市395 石川県鹿島郡411 福井県427 447 山梨県457 458 462 長野県北安曇郡474 南佐久郡484 (川魚の総称)493 岐阜県498 501 504 静岡県520 愛知県549 三重県584 599 603 滋賀県彦根609 大阪府泉北郡645 兵庫県652 671 奈良県吉野郡686 和歌山県690 702 鳥取県西部711 島根県724 725 岡山県751 764 767 広島県771 774 782 山口県791 797 徳島県809 (漁師語)811 香川県830 愛媛県840 845 高知県861 864 福岡市879 佐賀県藤津郡895 長崎県904 906 907 対馬(大きな魚)040 熊本県923 926 937 大分県938 宮崎県947 950 954 鹿児島県054 963 ◇あぼ 奈良県宇智郡(幼児語)683 ◇あぽ 島根県隠岐島(幼児語)725 741 ◇いおめ 福井県南条郡442 ◇いご 新潟県佐渡356 ◇いっぽ 島根県隠岐島(幼児語)725 741 ◇いぼ 新潟県佐渡358 富山県高岡市062 三重県度会郡599 高知県幡多郡864 長崎県五島898 鹿児島県姶良郡967 ◇いほんこ 鹿児島県黒島972 ◇いゆ 鹿児島県喜界島983 奄美大島987 沖縄県975 993 ◇いゆう 鹿児島県沖永良部島984 ◇いよ 福島県会津(小児語)155 東京都大島326 利島331 八丈島343 福井県432 大飯郡448 長野県南佐久郡054 静岡県田方郡530 京都府竹野郡622 和歌山県690 693 島根県鹿足郡723 岡山県和気郡756 広島県佐伯郡・比婆郡040 山口県萩市791 阿武郡795 香川県827 高知県860 土佐郡866 長崎県五島917 沖縄県990 ◇いよお 栃木県塩谷郡197 埼玉県秩父郡250 ◇うご 香川県仲多度郡829 ◇えお 鳥取県西伯郡719 島根県飯石郡723 ◇えっぽ・えぼ 島根県隠岐島(幼児語)725 741 ◇おぼ 新潟県北蒲原郡347 ◇ひお 広島県賀茂郡771 ◇ぽ 島根県隠岐島(幼児語)725 741 ◇ぼお 長崎県南高来郡905 長崎市(魚肉。児童語)906 ◇ぽお 島根県隠岐島(幼児語)725 741 ◇ぼおじょ 長崎県(幼児語)062 899 905 熊本県天草郡936 ◇ぼおぼ 富山県西礪波郡400 石川県404 ◇ぼおぼお 石川県鹿島郡411 ◇ぼおやん 長崎市906 ◇ぽっぽ 長崎県五島898 ◇ぼや 新潟県347 ◇ゆ 鹿児島県喜界島983 沖永良部島985 ◇ゆお 山形県西村山郡139 福井県大飯郡448 静岡県520 磐田郡546 三重県志摩郡054 度会郡599 京都府629 奈良県吉野郡683 和歌山県693 島根県那賀郡054 広島県佐伯郡・安芸郡040 香川県827 高知県864 長崎県五島917 鹿児島県961 揖宿郡969 ◇ゆおお 静岡県520 ◇ゆよ 高知県幡多郡864 ◇よ 伊豆八丈島†077 茨城県猿島郡188 東京都大島326 八丈島341 福井県432 静岡県志太郡535 ◇よお 茨城県稲敷郡193 北相馬郡195 群馬県利根郡215 吾妻郡221 埼玉県入間郡054 秩父郡251 千葉県261 東京都江戸川区054 旧市域309 新潟県373 刈羽郡380 富山県390 福井県坂井郡427 長野県南佐久郡054 北安曇郡476 静岡県520 志太郡535 三重県北牟婁郡054 兵庫県豊岡市652 島根県724 725 長崎県五島917 ❷魚、さけ(鮭)。北海道松前†050 山形県138 ◇えよ 新潟県347 ◇お 青森県津軽077 ◇ゆう 新潟県347 ◇ゆお 山形県139 ◇よ 秋田県河辺郡134 ◇よお 秋田県平鹿郡130 山形県最上郡・飽海郡139 新潟県361 387 ❸鮒(ふな)の五、六寸(約一五〜一八センチメートル)のもの。滋賀県神崎郡608 ❹鰤(ぶり)の幼魚のころの呼び名。◇よお 新潟県中頸城郡383 ❺生臭いもの。◇あぼ 和歌山県日高郡690 語源説(1)イは接頭語、ヲは魚の韓音〔東雅・日本古語大辞典＝松岡静雄〕。(2)ヲ(尾)は小の義で、小さいのが常であるが、魚の尾は太いのでイヲ(大尾)という〔日本語源＝賀茂百樹〕。(3)イロコヲ(鱗尾)の略〔言元梯〕。(4)イヲネ(寝)ズという意か。魚は死んでも目をふさがないから〔和句解〕。 発音〈なまり〉→うお。〈ア史〉平安・鎌倉●● 〈京ア〉0 辞書和名・色葉・名義・和玉・日葡・書言・〈ヘボン〉・言海 表記魚(和・色・名・書・へ) 鰭・鯌(玉)

いお の 鰾(ふえ) ⇩親見出し

いお の 目(め) ⇩親見出し

い‐お【五百】〘名〙数の五百。また、数の非常に多いこと。「いほ」の形で接頭語的に、「いほつ」の形で連体詞的に用いる。 語誌(1)「古事記‐下・歌謡」と「万葉‐一八・四一〇一」には音仮名表記「いほち」の例があり(→いおち(五百箇))、「万葉」には「五百」をイホの借訓仮名として用いた例「借五百(仮庵)」〔一・七〕、「五百入(庵)」〔七・一二三八〕があるから、五百を「いほ」といったのは確かである。(2)「八百(やほ)」と同列であるが、「五百」は「八百」とは別に、「千(ち)」と対にして用いられることが多い。数としては、「五百」と書かれるものの、百の五倍と指定する例はない。「いほ」は独立の名詞として、また、「つ」を伴って連体修飾語として用いられている(→いおつ(五百箇))。なお、「いほ」と「やほ」の「ほ(古くは、po)」と百の意のモモとの関係は未詳。 発音〈ア史〉鎌倉○○と○●の両様か 〈京ア〉イ 辞書言海 表記五百(言)

いお【硫黄】〘名〙「いおう(硫黄)」に同じ。 ＊滑稽本・和合人(1823‐44)初・中「是はいかぬ附木だ、さっぱり硫黄(イヲ)がない」 方言付け木。滋賀県蒲生郡062

イオ〘名〙(英 Io) ㊀ギリシア神話で、ゼウスの妻に仕えた美しい女官。ゼウスに愛されたが、妻の怒りを恐れたゼウスはイオを牝牛に変えた。イオは世界中を放浪した後、エジプトで人間の姿に戻された。㊁木星の第一衛星。軌道半径は木星半径の五・九一倍。公転周期一・七六九一日。一九七九年にボイジャー一号によって火山活動があることが発見された。

い‐おう【已往】〘名〙①ある時点、またはある基準よりまえ。以前。 ＊続日本紀‐神護景雲二年(768)六月癸巳「宜武蔵国天平神護二年已往正税未納皆(悉)免除」 ＊御伽草子・秋の夜の長物語(南北朝)「已往の勅許に任せて、我等の興隆を知りて」 ＊四河入海(17C前)二二・三「我が進退につき、已往のすぎし方の非をば悔とも不可及程に、云て無用ぞ」 ＊基督教皇張論(1883頃)〈新島襄〉「神の助を蒙り已往を改め将来を慎み」 ＊陶潜‐帰去来辞「悟已往之不諫、知来者之可追」 ②(「以往」の誤用) ある時点よりあと。以後。 ＊古文真宝前集抄(1642)「始皇の心は、子孫の帝王万世の業を我より已往まで長かるべきと思はれたぞ」 語誌「已往」は本来すでに過ぎてしまった時点、つまり過去を意味するが、日本では古くから②の意味の同音語「以往」と混用された。→「いおう(以往)」の語誌。 発音イオー〈標ア〉イ 辞書文明 表記已往(文)

い-おう【以往】『名』①ある時点よりあと。以後。…よりこのかた。＊続日本紀-延暦一〇年(791)九月二〇日「己等祖、庚午年之後、至二于己亥年一。始蒙二賜朝臣姓一。是以、和銅七年以往、三比之籍、並記二朝臣一」＊袋草紙(1157-59頃)上「如二古今一於二万葉集以往人一者、直不レ書二其名一後注レ之」＊二中歴(1444-48頃か)五・年歯「卅為レ始 事父母 卌以往為レ中 仕官政 七十為レ終 致仕」＊語孟字義(1705)上・仁義礼智「其言終為二定説一。而学者莫二能識二其説之謬一孔孟一也。自レ今以往、学者只当下按二孟子及易中庸之旨一為二之準則一而可上」＊一年有半(1901)〈中江兆民〉附録・大奮発を要す「是れより以往、イザ段碁と云ふに至ては、爾く容易のものに非ずして」＊春秋左伝-僖公二八年「自二今日一以往、既盟之後、行者無レ保二其力一、居者無レ懼二其罪一」②(「已往」の誤用)ある時点・基準よりまえ。以前。＊出雲風土記(733)秋鹿「恵曇の池〈略〉養老元年より以往は、荷葉、自然叢れ生ひて太だ多かりき。二年より以降、自然失せて、都べて茎なし」＊続日本紀-慶雲元年(704)五月甲午「改元為二慶雲元年一。高年老疾並加二賑恤一。又免下壬寅年以往大税、及出二神馬一郡当年調上」＊小右記-天元五年(982)正月一五日「申云、天暦以来無二延引之例一。以往之例文書破損、不レ能二引勘一者」＊色葉字類抄(1177-81)「以往 サキツカタ イワウ」＊近代秀歌(1209)「ことばは古きを慕ひ、心は新しきを求め〈略〉寛平以往の哥にならはば、おのづからよろしき事も、などか侍らざらん」＊太平記(14C後)二四・依山門嗷訴公卿僉議事「又た以往(イワウ)には土御門の院の御宇、元久三年に、沙門源空専修念仏敷演の時」＊史記抄(1477)一五・汲鄭列伝「題として、六十一は儒林列伝と云て、其より以下は皆各立レ名たに、今此汲鄭をば五十八より以往の様只列伝としたぞ」 語誌 (1)「以往」は将来を、「已往」は過去を意味するが、日本では混同されることが多かった。「以往」は「日本書紀」に三例あり、古訓は全て「ユクサキ」と本来の意味で用いられている。しかし、古く「風土記」や「続日本紀」の例にも見られるように「以前」の意味で誤用され、この傾向は平安古記録でも同様である。「観智院本名義抄」には「以往」にヲツカタ・アナタ・イニシへ、「已往」にサキの訓がある。「色葉字類抄」では「以往」をサキツカタ・古今部とし、「已往」は掲載がない。(2)「已往」は前項①に挙げた「続日本紀」のような適切な使用例があるが、平安鎌倉期以後の用例は少ない。前項②の例など、「以後」の意に使われた誤用も一部見えるが、「文明本節用集」に「已往 イワウ又作二以往一」、「塵芥」に「以(左傍「已」)往(イワウ)」とあるように中世では混同していたことがうかがえる。(3)漢籍でも、「已・以」同音で同じく経過の時点を示す用法があり、「往」もまた以前・以後の意をもつので、「以往」の意味の混乱は、漢語にもその契機がないわけではないが、要するに、「以往」が「已往」の意味領域を侵して混同を生じたと考えられる。↓いおう(已往)の語誌。 発音 イオー〈標ア〉イ 辞書 色葉・文明 表記 以往(色・文)

い-おう【位襖】『名』⇩いあお(位襖)

い-おう【医王】□一『名』仏のこと。医者が病人を救うように、仏が人々を救うところからのたとえ。＊秘蔵宝鑰(830頃)上「徒論徒誦、医王呵叱」＊無量義経-一「医王、大医王、分二別病相一、暁二了薬性一、随レ病授レ薬、令二衆楽服一」□二薬師如来の異称。医王仏。いおうにょらい。↓医王山王。＊白居易-不二門詩「坐看老病逼、須レ得二医王救一」 発音 イオー〈標ア〉イオ

いおう 山王(さんのう) 仏語。医王は、薬師如来の異称で、山王はその垂迹(すいじゃく)。とくに具体的には、滋賀県比叡山延暦寺の根本中堂の本尊である薬師如来と、滋賀県大津市坂本にある日吉神社の日吉山王権現をさす。＊平家(13C前)一・御輿振「年来(としごろ)医王山王に首をかたぶけ奉て候身が」＊御伽草子・秋の夜の長物語(南北朝頃)「医王山王の結縁も捨てがたく」

い-おう【易往】『名』極楽浄土に往生しやすいということ。また、彌陀の本願の力を讃えていうのに用いる。↓易往易行(いおういぎょう)。＊私聚百因縁集(1257)八・二「況や常に彌陀を念ずる人、盍ぞ易(イ)往の浄土に往かざらん」＊三帖和讃(1248-60頃)浄土「大聖(だいしゃう)易往(イワウ〈注〉ゆきやすしとなり)と説きたまふ、浄土をうたがふ衆生をば、无眼人とぞなづけたる、无耳人とぞのべたまふ」

いおう=無人(むにん)[=而無人(にむにん)] (「無量寿経-下」の「易レ往而無レ人」による) 浄土へは往生しやすいが、行こうとして修行するものや真に信心するものはまれであるという意。真宗では、他力の信心のひとはまれであるという意に用いる。＊山家集(12C後)中「易往無人の文の心を 西へ行月をや余所におもふらん心にいらぬ人のためには」＊教行信証(1224)三「易往無人之浄心」＊尊号真像銘文(1255)本「易往而无人といふは、易往はゆきやすしとなり、本願力に乗ずれば本願の実報土にむまるることうたがひなければゆきやすきなり」＊譬喩尽(1786)一「易往而無人(イワウニムニン)無量寿経に出る西方極楽世界往生之人を云り」＊無量寿経-下「必得三超絶去、往二生安養国一。横截二五悪趣一。悪趣自然閉、昇レ道無二窮極一。易レ往而無レ人」

い-おう【威応】『名』威光が他に及んで影響を与えること。＊十訓抄(1252)一〇・陸奥守師綱邵藤原基衡賂斬信夫郡司季春事「吏務の威応前々の国司よりもこよなうおもかりけり」＊源平盛衰記(14C前)四・白山神輿登山の事「上の上たるは下の崇敬に依る。下の下たるは上の威応(イヲウ)を守る」

いおう【硫黄】『名』①(「ゆあわ(湯泡)」から「ゆわう」「いわう」と変化したものか。あるいは、「硫」の字音「る」を日本化して「ゆ」と発音した「ゆわう」から変化したものともいう) 非金属元素の一つ。黄色・無臭のもろい結晶体で、熱すると溶解し、点火すると青い炎を出して燃える。火山地帯に多く産し、火薬、マッチの他、薬剤として用いる。元素記号S 原子番号一六。原子量三二・〇六六。斜方硫黄、単斜硫黄などの同素体がある。＊平家(13C前)二・大納言死去「嶋のなかにはたかき山あり。鎮(とこしなへ)に火もゆ。硫黄と云ふ物みちみてり。かるがゆへに硫黄が嶋とも名付たり」＊日葡辞書(1603-04)「Iuǒ(イワウ)」＊俳諧・類船集(1676)為「硫黄(ヰワウ)〈略〉神鳴の落たる跡は硫黄くさしとぞ」②スギやヒノキの幅三センチメートルくらいの薄片の一端に硫黄を塗り、火を移すのに用いたもの。付け木。硫黄木。＊諸事だい徳用鑑(1818-30か)「硫黄(イオウ)。ずゐぶん花のよく付きたるを買ひ、二つに割りて使ふべし、心得て買ふべし」 方言 火を移すのに用いる付け木。京都†120 三重県名賀郡585 滋賀県彦根609 蒲生郡612 大阪市638 ◇いぼん 兵庫県加古郡664 奈良県675 ◇いおうぎ〔―木〕 茨城県001 ◇いおぎ 広島県安芸郡054 発音 イオー〈音史〉古くは『ゆわ』『ゆわう』。〈なまり〉イオン〔神戸・和歌山県・和歌山〕イボ・ユーオ〔愛知〕イボー〔富山県〕ウォー〔島根・周防大島〕ヰオウ〔福島〕ユオ〔鹿児島方言〕ユオー〔岩手・秋田・福島・千葉・福井大飯〕ユォン〔大和・和歌山県・和歌山〕ヨー〔山形小国・埼玉方言・新潟頸城・和歌山県〕リオー〔岩手・茨城〕リョー〔千葉〕〈標ア〉0〈京ア〉0 辞書 伊京・明応・天正・饅頭・黒本・易林・日葡・〈ボン〉 表記 硫磺(伊・明・天・饅・黒) 硫黄(易・へ)

いおう-いぎょう【易往易行】『名』極楽浄土に往生しやすく、修行もしやすい念仏のこと。浄土門をさす。＊古今著聞集(1254)二・六三「始て黒谷の上人の禅室に入りて、難解難入の門を聞きて、易往易行の道におもむく」＊一念多念文意(1257)「この誓願はすなはち易王易行のみちをあらはし、大慈大悲のきはまりなきことをしめしたまふなり」

いおう-か【硫黄華】『名』硫黄の蒸気が凝縮固化したもの。天然には火山、温泉などの噴出口にみられる。無臭で黄色の粉末。皮癬(ひぜん)などの皮膚病に外用するほか、緩下(かんげ)剤、ギョウチュウなどの駆虫剤として内用。昇華硫黄。いおうばな。ゆおうか。＊医語類聚(1872)〈奥山虎章〉「Sulphur sublimatum 硫黄花」＊米欧回覧実記(1877)〈久米邦武〉二・三一「『ゴム』十分五の割に、硫磺花を参和し、『ロール』にて煉れば、黒質の『ゴム』となる」 発音 イオーカ〈標ア〉0〈京ア〉1/①

いおう-がしま【硫黄島】「いおうじま(硫黄島)□二」に同じ。＊平家(13C前)二・大納言死去「鬼界が嶋へぞ流されける。〈略〉硫黄と云ふ物みちみてり。かるがゆへに硫黄が嶋とも名付たり」＊随筆・西遊記(新日本古典文学大系所収)(1795)二「いにしへ、俊寛、康頼、成経の三人、硫黄(イワウ)が嶋へ配流の頃」 発音 イオーガシマ〈標ア〉ガ

いおう-ぎ【硫黄木】『名』 方言 ⇩いおう(硫黄)②

いおう-きおう【已往既往】『名』(「既往」も「已往」も同じ意。同じような意、発音の語を重ねて、「昔」の意を強めた語) 昔々。＊俳諧・俳諧一葉集(1827)「鶴が岡より羽箒の風〈千春〉 いはうきはう利久といっし法師有て〈信徳〉」

いおう-さいきん【硫黄細菌】『名』硫黄および無機硫黄化合物を酸化して生活する細菌の総称。主として温泉や土壌中などに生育する。 発音 イオーサイキン〈標ア〉サ

いおう-さんかぶつ【硫黄酸化物】『名』二酸化硫黄(SO_2)、三酸化硫黄(SO_3)など、石油・石炭などの燃焼によって生じる硫黄の酸化物の総称。化学式SO_x 硫黄を燃やして生じた二酸化硫黄(亜硫酸ガス)やそれが酸化されてできた三酸化硫黄(無水硫酸)が呼吸器を刺激し、ぜんそく、気管支炎など、公害病の原因となり、また酸性雨などを引き起こす。 発音 イオーサンカブツ〈標ア〉カ

いおう-じ【医王寺】 福島市飯坂町平野にある真言宗豊山派の寺。山号は瑠璃光山。鯖野の薬師と通称。天長年間(八二四～八三四)弘法大師の開基と伝えられる。境内に源義経に仕えた佐藤継信・忠信兄弟と親の元(基)治夫妻の碑石がある。 発音 イオージ〈標ア〉ジ

いおう-しせつ【硫黄使節】『名』室町時代、対明貿易で硫黄献上に関する事務をつかさどった幕府の使者。幕府は薩摩島津氏に硫黄を用意させてこれを明に献納した。＊蔭凉軒日録-寛正二年(1461)三月二七日「渡唐硫磺使節之事被二仰出一、即自二院主一被レ書二立梵靖都寺等祝監寺一」 発音 イオーシセツ〈標ア〉シセ

いおう-じま【硫黄島】□一小笠原諸島の南西部、硫黄列島の中央にある火山島。中硫黄島ともいう。面積二二・三六平方キロメートル。太平洋戦争の激戦地。戦後、アメリカに施政権があったが、昭和四三年(一九六八)日本に復帰し、東京都に編入。いおうとう。□二鹿児島県大隅諸島の北西方にある火山島。面積一一・七八平方キロメートル。硫黄岳(七〇四メートル)がある。平安時代に俊寛が流された場所といわれる。硫黄が島。鬼界ケ島。喜界ケ島。薩南硫黄島。吐噶喇(とから)硫黄島。 発音 イオージマ〈標ア〉0

いおう-じょう【以往状】『名』鎌倉・室町時代、一定の時期以前に作成されていて公の証拠力のないものとされた文書。＊中尊寺経蔵文書-文永九年(1272)六月二三日関東下知状「建保注文者、為二以往状一之間、所見不分明」

いおう-せん【硫黄泉】『名』硫化水素イオンを含む鉱泉。狭義には遊離硫化水素を含まないものをいい、含むものを硫化水素泉といって区別する。浴用のほか、リウマチ・神経痛・糖尿病の治療、薬剤などに利用する。 発音 イオーセン〈標ア〉0〈京ア〉①

いおう-ぜんぜい【医王善逝】 薬師如来の異称。善逝は仏の敬称の一つ。＊平家(13C前)七・返牒

「然則、冥には十二神将、忝く医王善逝の使者として凶賊追討の勇士にあひくははり」 ＊太平記(14C後)一八・比叡山開闢事「釈尊慈れに因って、寂光土に帰らんとし給ひける処に、東方浄瑠璃世界の教主医(イ)王善逝(セイ)忽然として来り給へり」 ＊書言字考節用集(1717)三「医王善逝 ヰワウゼンセイ 薬師仏也、蓋善逝如来之一称」 辞書 書言 表記 医王善逝(書)

いおう-そう 【硫黄草】『名』 植物「くされダマ(草―)」の異名。《季・夏》 ＊洒落本・神代相眛論(1780)変化退治幕明「まだ夜ぶかの事なれども、あかりをてらしひるのごとし。是いおふ草(ソウ)といふ草なるよし」

いおう-つけだけ 【硫黄付竹】『名』 硫黄を頭部に塗った火をもやす付け木用の竹。 ＊叢書本謡曲・清重(室町末)「笈の中より硫黄附竹取出しちゃうちゃうちゃうと打ちかくれば」

いおう-とう 【硫黄島】 「いおうじま(硫黄島)㊀」に同じ。

いおう-とり 【硫黄採】『名』 硫黄の採掘を業とすること。また、その人。 ＊伸子(1924-26)〈宮本百合子〉五・九「硫黄採りの男が数十人、ある不安に黙りこませられたやうに真面目に働いてゐるのが、荒涼として長い山の斜面に見えた」 発音 イオートリ 〈標ア〉オ

いおう-なんこう 【硫黄軟膏】『名』 硫黄で作った軟膏のこと。昇華硫黄粉末と豚脂とを一対二の割合でまぜた皮膚病の薬。 ＊薬品名彙(1873)〈伊藤謙〉「Unguentum sulphuris 硫黄軟膏」 発音 イオーナンコー 〈標ア〉ナ

いおう-にょらい 【医王如来】 「いおう(医王)㊁」に同じ。 発音 イオーニョライ 〈標ア〉ニョ

いおう-ばな 【硫黄華】『名』 「いおうか(硫黄華)」に同じ。 発音 イオーバナ 〈標ア〉オ

いおう-びょう 【萎黄病】『名』 ①貧血症の一種。青春期前後の女子に起こり、皮膚や粘膜が青白くなり、食物の嚥下(えんか)困難、頭痛、めまいなどを起こす。 ＊扶氏経験遺訓(1842)二一「萎黄病〈略〉徴候、皮膚黲澹にして面頬口唇灰白」 ＊慶応再版英和対訳辞書(1867)「Whites 萎黄病 女ノ患ル」 ②線虫類の一種がダイズやアズキの根に寄生することによって起こる植物の病気。葉が淡黄色になり、結実しない。 発音 イオービョー 〈標ア〉０

いおう-ぶつ 【医王仏】 「いおう(医王)㊁」に同じ。 ＊大観本謡曲・寝覚(1546頃)「抑もこれは、医王仏の化現、無病息災の方便の為、三帰の翁仮に現れ出でたるなり」 発音 イオーブツ 〈標ア〉オ

い-おうぶつ 【韋応物】 中国唐代の自然派詩人。長安の人で、玄宗に仕官。高雅清淡な五言古詩にすぐれ、東晉の陶淵明(とうえんめい)とともに陶韋と並び称された。詩集「韋蘇州集」一〇巻がある。(七三七頃〜八〇四頃)

いおう-ぶね 【硫黄船】『名』 硫黄を運送するための船。 ＊読本・椿説弓張月(1807-11)残・六三回「泊の津より硫黄船(イワウブネ)に、便りもとめて彼処へ渡り」 発音 イオーブネ 〈標ア〉ブ

いおう-マッチ 【硫黄―】『名』 軸木の頭薬に硫黄などを使ったマッチ。最も一般的なマッチ。 発音 イオーマッチ 〈標ア〉マ

いおう-ゆ 【硫黄湯】『名』 硫黄分を含んだ温泉。 ＊あらたま(1921)〈斎藤茂吉〉故郷、瀬上、吾妻山「霧こむる吾妻(あづま)やまはらの硫黄湯(イワウユ)に門間春雄(もんまはるを)とこもりゐにけり」 発音 イオーユ 〈標ア〉０

いおう-よう 【言様】『連語』 (「言はむやう」の変化した語) いうべき方法。いいよう。言うすべ。 ＊虎明本狂言・成上り(室町末-近世初)「おのれめが人にとられて、それをいはふやうに、今までなんのかのとぬかひたな」 ＊怪談牡丹燈籠(1884)〈三遊亭円朝〉一五「恩を仇(あだ)なる汝が不所存、謂(イハ)ふ様なき人非人(にんぴにん)」 ＊多情多恨(1896)〈尾崎紅葉〉後・三・二「謂はうやうも無く可憐(あはれ)でもある」

いお-うり 【魚売】『名』 さかなを売り歩く者。 ＊七十一番職人歌合(1500頃か)一六番「いをは候、あたらしく候めせかし。いをうり」 方言 長崎県南高来郡905 西彼杵郡908 熊本県天草郡936 鹿児島県硫黄島054 鹿児島郡968 ◇いおうい 熊本県919 ◇いおうり どん 熊本県919 ◇い おういどん 熊本県葦北郡919 ◇ゆおうっどん 熊本県天草郡919 ◇いおういさん 長崎県彼杵付近052 ◇いゅうりや(―屋) 鹿児島県奄美大島986 ◇いゆうやあ 沖縄県首里993 辞書 日葡・言海 表記 魚売(言)

魚売り〈七十一番職人歌合〉

いお-え 【五百枝】『名』 数多くの枝。 ＊万葉(8C後)三・三二四「三諸(みもろ)の 神南備山(かむなびやま)に 五百枝(いほえ)さし 繁(しじ)に生ひたる 樛(つが)の木の いやつぎつぎに〈山部赤人〉」 ＊万葉(8C後)一六・三八八六「足引きの この片山の 樅楡(もむにれ)を 五百枝(いほえ)剝き垂れ〈乞食者〉」 ＊匠材集(1597)一「いをえ 枝おほき事也。五百枝とかく也」 発音 〈標ア〉オ ０

いお-え 【五百重】『名』 いくえにも物が重なっていること。数多く重なっていること。 ＊万葉(8C後)二・二〇五「大君は神にしませば天雲の五百重(いほへ)のしたにかくり給ひぬ〈置始東人〉」 ＊言塵集(1406)四「雪〈略〉いほえふる雪 五百重降也。ふり重りたる雪の事也」 ＊大観本謡曲・鶴亀(1544頃)「五百重の錦や瑠璃の枢(とぼそ)」 発音 〈標ア〉オ ０

いおえ-なみ 【五百重波】 ㊀『名』 いくえにも重なって寄せてくる波。千重波。 ＊万葉(8C後)六・九三一「朝なぎに 千重波寄せ 夕なぎに 五百重波(いほへなみ)寄す〈車持千年〉」 ㊁枕 (幾重にも重なった波が立つの意から)「立ちても居ても」にかかる。 ＊万葉(8C後)四・五六八「みさき廻(み)の荒磯に寄する五百重浪(いほへなみ)立ちても居ても我が思へる君〈門部石足〉」

いおえ-やま 【五百重山】『名』 いくえにも重なりあっている山。 ＊万葉(8C後)六・九七一「うち越えて 旅ゆく君は 五百隔山(いほへやま) い行きさくみ〈高橋虫麻呂〉」

い-おお・す 【射果】『他サ下二』 (「おおす」は、なしとげる意) ねらったとおりに射当てる。 ＊平家(13C前)一一・那須与一「ゐおほせ候はん事は不定に候。射損じ候ひなば、ながきみかたの御きずにて候ふべし」

いお-か 【五百日】『名』 日数五百日。 ＊竹取(9C末-10C初)「五百日と云たつの時ばかりに、海の中にはつかに山見ゆ」 補注 右の「竹取物語」の例、諸本すべて漢字で「五百日」とあるだけであり、音読すべきものかもしれない。イホカの古い確かな例は存在しない。

いお-かご 【魚籠】『名』 方言 魚を入れるかご。びく。熊本県天草郡936 鹿児島県963 鹿児島郡968 ◇いおてんご 鹿児島県口之永良部島382 ◇いおてご 鹿児島県肝属郡970 ◇いおてぼ 長崎県西彼杵郡908 ◇いおちぇご 鹿児島県肝属郡970 ◇いおつりてぼ 長崎県壱岐島054 ◇うてご 熊本県天草郡936 ◇うかご 茨城県真壁郡188 栃木県河内郡198 兵庫県淡路島671

いお-がめ 【魚亀】『名』 「すっぽん(鼈)」の異名。 ＊易林本節用集(1597)「鼈 イヲガメ」 辞書 易林 表記 鼈(易)

いお-ぐし 【魚串】『名』 方言 魚を刺して焼く串(くし)。竹または銅、鉄などで作る。静岡県520 和歌山県690 宮崎県東諸県郡954 ◇いよぐし 和歌山県690 ◇よおぐし 茨城県稲敷郡193 栃木県198 埼玉県秩父郡251 東京都八王子311 神奈川県中郡320 新潟県西蒲原郡371 甄城383 石川県鹿島郡411 静岡県田方郡530 志太郡532 磐田郡543 ◇よぐし 茨城県行方郡188 稲敷郡193 静岡県志太郡535 ◇よごし 茨城県062 稲敷郡193 ◇ゆおぐし 茨城県猿島郡188 稲敷郡193 ◇ゆぐし 栃木県塩谷郡201 ◇ゆおだし 千葉県261 ◇りおぐし 茨城県新治郡188

い-おこ・す 【射―】『他サ下二』 (「おこす」はこちらへ送りくる意) 矢をこちらへ向けて射放つ。 ＊宇治拾遺(1221頃)一二・二二「ゆゆしきかぶら矢を射をこせければ」 辞書 言海 表記 魚串(言)

い-おこない 【居行】『名』 諸国修行などに出ずに寺などで修行すること。 ＊宇治拾遺(1221頃)五・九「云ふべき事もいはで出でぬれば、又門やがてさしつ。これは、ひとへに居行ひの人也」

いお-さ 【小矢】『名』 小さい矢。 ＊万葉(8C後)二〇・四四三〇「荒男(あらしを)の伊乎佐(イヲサ)手挟み向ひ立ちかなる間しづみ出でてと吾(あ)が来る〈防人〉」 補注 「さ」は矢をあらわす古語。「いを」については、「い」「を」ともに語調をととのえるだけの接頭語とする説、「い」は「小」の意として、「い」を「射」または「忌」とする説、「魚矢」で漁猟のための矢などと解する説もある。

いおざき 【廬崎・庵崎】 ㊀和歌山県橋本市隅田(すだ)町の旧地名。 ＊万葉(8C後)三・二九八「亦打山(まつちやま)夕越え行きて廬前(いほさき)の角太河原(すみだかはら)に独りかも宿(ね)む〈弁基〉」 ㊁隅田川畔の地名。はっきりした場所は不明。いおさき。 ＊江戸名所図会(1834-36)七「庵崎 木母寺の北の方とも、又は請地村秋葉権現の辺なりともいへり。〈略〉紫の一本(ひともと)といへる冊子に、小梅村の出崎を庵崎と云人あり、これも慥(たしか)ならずと云々。又同書に、昔本所の地入海にて、洲崎殊に夥(おびただ)しくありし故に、五百崎に作りしという」 ㊂静岡県の地名か。 ＊風俗画報-一六一号(1898)庵崎「此庵崎(イホザキ)といふ地名は、駿河国の名所にて、すみ田川の地名。武蔵と両国に同名あり」 発音 〈標ア〉オ 辞書 書言 表記 庵崎(書)

いお-さ・す 【庵―】『自サ四』 「いおり(庵)さ(で)」に同じ。 ＊新古今(1205)秋上・四三一「秋の田に庵さすしづのとまをあらみ月と共にやもりあかすらん〈藤原顕輔〉」 辞書 言海

いおしろ-おだ 【五百代小田】『名』 (「いお」は数の多いことを示し、「しろ」は田の面積を示す単位。奈良時代の大宝令の田制では、三六〇歩が一反でこれを五〇代とする。従って五〇〇代は一〇反で、一町ほぼ一〇〇アール。「お」は接頭語) 広々とした田。 ＊万葉(8C後)八・一五九二「しかとあらぬ五百代小田(いほしろをだ)をかり乱り田ぶせに居れば都し思ほゆ〈大伴坂上郎女〉」 ＊堀河百首(1105-06頃)春「谷水を塞(せ)く水口にいぐし立ていを代小田に種蒔きてけり〈藤原仲実〉」 ＊宴曲・宴曲集(1296頃)五・夕「猶心澄む山陰の五百代小田の夕嵐」

いおすき 【商陸・魚鋤】『名』 「やまごぼう(山牛蒡)」の古名。 ＊本草和名(918頃)「商陸 一名葛根〈略〉和名以平須岐」 ＊延喜式(927)三七・典薬寮「中宮臘月御薬〈略〉商陸(いほすき)二両〈略〉右料理供進依レ上例」 ＊大般若経字抄平安後期点(1164)「常陸花 イホスキノハナ」 語源説 キはキザス(芽萌)のキで、宿根より芽を生ずる義であろう〔大言海〕。 発音 〈ア史〉平安『いをずき』●●●○ 〈京ア〉０ 辞書 和名・色葉・名義・伊京・言海 表記 商陸(和・色・名・伊)

いお-ち 【五百箇】『名』 (「ち」は数を数える時に用いる接尾語) 数五百個。または、ばくぜんと数の多いことをいう。 ＊古事記(712)下・歌謡「をとめの い隠る岡を 金鉏も 伊本知(イホチ)もがも 鉏き撥ぬるもの」

*万葉(8C後)一八・四一〇一「すすの海人の 沖つ御神に い渡りて 潜き採るといふ あはび珠 伊保知(イホチ)もがも〈大伴家持〉」 補注 あるいは、「ち」は「千」で、「五百、千」か。

い-おつ【違越】『名』違反すること。法、規定、契約などにそむくこと。違犯。違失。いえつ。*三代格-二・貞観一一年(869)五月七日、太政官符「若有三積習不レ悛猶致二違越一者、処二之重科一不二曾寛宥一」 *延喜式(927)一一・太政官「凡諸国税帳大帳朝集等使〈略〉不レ得三追附二在京諸使、若有二違越一勘当如レ法」 *高野山文書-弘安九年(1286)八月・金剛峰寺衆徒契状(大日本古文書三・四八一)「縦雖二一事一若令二違越一者〈略〉惣日本国中大小諸神御治罰、可レ蒙二各々身上一之状」 *万国公法(1868)〈西周訳〉三・二「戦争の時守るべき数多の条規を立て、戦勢の急迫なるに非ざるよりは是に違越することを得ざる也」 発音〈標ア〉0

いお-つ【五百箇】『名』数の多く豊かなことをいう語。多くの場合、名詞を修飾する。いおち。「いおつ綱(つな)」「いおつ鉏(すき)」「いおつ統(すばる)」「いおつ竹林(たかはら)」「いおつ真榊(まさかき)」など。補注「いおつ」の「つ」は「の」で、「五百の」とする説もある。ただし、「書紀-神代上(水戸本訓)」「五百箇(イヲツノ)真坂樹」の古訓「つ」の普通の用法などからすると、直ちには従いがたい。発音〈標ア〉0

いおつ-いわむら【五百箇磐石】『名』多くの岩石の群。*書紀(720)神代上(水戸本訓)「是れ天安河辺に在る五百箇磐石(イホツイハムラ)也」 発音〈標ア〉0

いおつ-すき【五百箇鉏・五百箇鋤】『名』多くの鋤(すき)。*出雲風土記(733)意宇「五百津鉏(いほツすき)の鉏猶取り取らして天の下造らしし大穴持命」

いおつ-すばる【五百箇統】『名』(「すばる」は一つにまとまる意)多くの玉を緒(お)に貫いたもの。→いおつみすまる。*日本紀竟宴和歌-延喜六年(906)「あまのほひ神の御親はやさかにの伊朋津儒波屢(イホツスバル)の玉とこそ聞け〈天穂日命〉」

いおつ-たかはら【五百箇竹林】『名』茂った竹林。*書紀(720)神代下(水戸本訓)「老翁、即ち嚢(ふくろ)の中の玄櫛(くろくし)を取りて地に投げしかば、五百箇竹林(イホツタカハラ)に化成(な)りぬ」

いおつ-つどい【五百箇集】『名』多くのものが集まっていること。*万葉(8C後)一八・四一〇五「白玉の伊保都追度比(イホツツドヒ)を手に結びおこせる海人はむがしくもあるか〈大伴家持〉」

いおつ-つな【五百箇綱】『名』多くの綱。*万葉(8C後)一九・四二七四「天にはも五百都綱(いほツツナ)はふ万代に国知らさむと五百都都奈(いほツツナ)はふ〈石川年足〉」

いおつ-とり【五百箇鳥】『名』たくさんの鳥。*万葉(8C後)一七・四〇一一「朝狩(あさがり)に 伊保都登里(イホツトリ)立て 夕狩に 千鳥踏み立て〈大伴家持〉」

いおつ-のすすき【五百箇野薄】『名』茂った薄。*書紀(720)神代上(水戸本訓)「野槌をしては五百箇野薦(イホツノススキ)八十玉籤(やそたまくし)を採らしむ」

いおつ-まさかき【五百箇真榊】『名』枝や葉の茂った常緑の木をたたえていう語。*古事記(712)上「天の香山の五百津真賢木を」 *清輔集(1177頃)「かぐ山のいほつ真榊末葉まで常盤かきはに祝ひ置きてき」

いおつ-みすまる【五百箇御統】『名』(「みすまる」の「み」は尊敬の接頭語。「すまる」は一つにまとまる意)多くの玉を緒に貫いたもの。*書紀(720)神代上(水戸本訓)「八坂瓊(やさかに)之五百箇御統(イホツミスマル)〈御統、此をば美須磨屢(ミスマル)と云ふ〉」 *延喜式(927)祝詞・大殿祭(九条家本訓)「瑞(みつ)の八尺瓊(やさかに)の御吹の五百都御統(イホツみすまる)の玉に」

いお-つり【魚釣】『名』魚を釣ること。また、その人。さかなつり。うおつり。*和英語林集成(初版)(1867)「Iwo-tszri イヲツリ 漁人」 方言❶漁師。熊本県宇土郡919 ❷釣り針。◇いゆずぃい 沖縄県首里993 ◇よおつり 香川県829 辞書〈ボン〉 表記 漁人(へ)

い-おとし【井落】『名』用水の配分をめぐる争いで、用水施設をこわすこと。*鵤荘引付-永正一一年(1514)(兵庫県史)「小宅与福井井落相論に及候時之入目支配之事、鵤へ申かけ候之処」

い-おと・す【射落】『他サ五(四)』①矢を射あてておとす。*古事記(712)下「矢を抜きて其の忍歯王を射落(いおと)して」 *今昔(1120頃か)一〇・一六「養由、弓を取て、箭(や)を矯(はげ)て天に向て日を射るに、九の日を射落したり」 ②(比喩的に)ねらったものを手に入れる。発音〈標ア〉0ト〈京ア〉0 辞書 和玉・文明・書言 表記 射落(文・書) 射(玉)

いお-とせ【五百歳】『名』①五百年。五百歳。また、長い年月。*万葉(8C後)六・一〇二五「奥まへて吾を思へる吾が背子は千年五百歳(いほとせ)ありこせぬかも〈橘諸兄〉」 *嘉吉三年二月十日前摂政家歌合(1443)「いをとせの数にもあまれ老をせくためしにむすぶ菊の下水〈藤原為盛〉」 ②仏滅後の仏教の盛衰を五百年ずつにわけた、そのうちの一つの五百年。→ごごひゃくねん(五五百年・後五百年)。*志濃夫廼舎歌集(1868)君来草「いぶかしや後の五百年(イホトセ)すぎぬればかかる妙なるのりさへにいづ」

いお-どめ【魚止】『名』方言❶魚の上らない上流。◇うおどめ・うおどまり 奈良県吉野郡686 ❷魚の上れない滝。◇よどめとも。山形県南部139 ❸滝のある所。◇よおどめ 新潟県岩船郡362 ❹川の淵(ふち)などで、そこから上流へは魚の上れない所。◇いおろめ 新潟県佐渡356 ❺渓谷。谷。◇よどめ 広島県安芸郡783

いお-とり【魚捕】『名』魚をとること。また、その人。漁師。*二十巻本和名抄(934頃)二「漁子 文選江賦云盧人漁子〈和名伊乎止利〉漁与魚同採盧捕魚者也」 *宇津保(970-999頃)国譲中「わだのはらよそになりにしいをとりは雲いづる原をたれかあけけん」 *書陵部本名義抄(1081頃)「漁者 順云和名以乎度利」 方言❶漁師。熊本県919 ◇いおとっどん 熊本県天草郡919 ◇いゆとぅり 鹿児島県喜界島975 ◇いゆとぅらあ 鹿児島県奄美大島975 ◇いゆとぅやあ 沖縄県首里993 ◇いゆとぅいとぅ〔一人〕沖縄県与那国島975 ◇いずとぅるぴとぅ 沖縄県石垣島・小浜島・新城島975 ◇いずとぅるぴす 沖縄県黒島975 ◇いじゅとぅりひとぅ 沖縄県竹富島996 ◇いむぴと 沖縄県宮古島062 ❷鳥、かわせみ(翡翠)。◇いおどり 熊本県南部933 ◇よおどり 長野県下水内郡470 ◇ゆおどり 熊本県天草郡919 ◇いおとりぼす・いおとっじょ 熊本県葦北郡919 ◇いおとりこせび 熊本県玉名郡919 ◇いおといしょおすけ 熊本県球磨郡919 ❸虫、たがめ(田鼈)。◇いおといがめ 鹿児島県966 ❹捕った魚を活けておく四尋の小舟。◇いおどり 愛媛県温泉郡054 発音〈ア史〉平安●●●○〈京ア〉ト 辞書 和名・色葉 表記 漁子(和・色) 漁人(色)

いお-な【五百名】『名』多くの名。転じて、さまざまな噂。*万葉(8C後)四・七三一「吾が名はも千名(ちな)の五百名(いほな)に立ちぬとも君が名立たば惜しみこそ泣け〈大伴坂上大嬢〉」

イオニア(ギリ Ionia)小アジア西岸、エーゲ海に面する古代地名。紀元前一〇世紀、古代ギリシアの一種族のイオニア人が移住し、ミレトス、サモス等一二の植民市を建設、約四〇〇年間繁栄した。発音〈標ア〉オ0

イオニア-かい【―海】イタリア南部のカラブリア半島、シチリア島とギリシアとの間の海。地中海の一部で古代から中央アジアとギリシア方面を結ぶ要路。発音〈標ア〉ア

イオニア-がくは【―学派】『名』紀元前六世紀頃イオニア地方で活動した哲学の一派。万物の始原(アルケー)を探究し、それを水、空気、火などにもとめた。主要人物はタレス、アナクシマンドロス、アナクシメネス、ヘラクレイトスらで、特に前三者を、出身の町の名にちなんでミレトス学派という。発音〈標ア〉ガ

イオニア-ようしき【―様式】『名』ギリシア美術の様式の一つ。ドリス様式とコリント様式の中間の時期に成立。ドリス様式に対して優麗、典雅。とくに建築物の柱は細身で縦溝が多く、渦巻状の柱頭を持つ。彫刻は東方的な表情と装飾的な衣紋(えもん)などを特色とする。→ドリス様式。発音 イオニアヨーシキ〈標ア〉ヨ

イオニウム『名』(英 ionium)《イオニューム》ウラン系列に属する放射性元素の一つ。トリウムの同位元素。記号 Io 原子番号九〇。原子量二三〇。ウラン二三四のα崩壊によって生じ、みずからもα崩壊によってラジウムに変わる。発音 ニ《ニュ》

いお-ぬし【庵主】『名』いおりの主人。草庵のあるじ。*妻木(1904-06)〈松瀬青々〉夏「庵主は若葉の冷に綿子哉」

いお-ね【庵寝】『名』隠遁(いんとん)、または農事のための仮小屋に寝泊まりすること。*歌謡・閑吟集(1518)「山田つくればいほねする、いつか此の田をかり入れて、思ふ人とねうずらう」 *天理本狂言・鳴子(室町末-近世初)「山田つくればいをねする、ぬるれば夢をみる、さむれば鹿の音を聞」

いお-の-こ【魚子】『名』方言❶小魚。◇いゆんかあ 鹿児島県喜界島983 ❷鮭(さけ)の幼魚。◇よのっこ 岩手県上閉伊郡097 ❸鮭(さけ)の腹子。◇よおのこ 新潟県361 東蒲原郡(鮭以外にもいう)368 西蒲原郡371 ❹介党鱈(すけとうだら)の腹子。◇うおのこ 新潟県佐渡348 辞書 色葉・易林 表記 鮢・鱦(色) 鱬(易)

いお-の-ふえ【魚鰾・魚脬】『名』魚の腸の近くにある、浮き沈みを調節するための袋状の器官。うきぶくろ。ふえ。*十巻本和名抄(934頃)八「脬 考声切韻云脬〈疋交反 漢語抄云以乎乃布衣〉魚腹中脬也。又人勝胱肉也」 *色葉字類抄(1177-81)「脬 イホノフエ」 辞書 和名・色葉・名義 表記 脬(和・色・名)

いお-の-め【魚目】『名』(「いお」は「いひほ(いぼ)」の転じたもの。また、「いお(魚)」の眼に見たてたものとする)表皮の角質が一部エンドウ豆状に増殖し、皮膚内に深く入ったもの。足裏、指、手のひらなどにできる。うおのめ。いおめ。*明応本節用集(1496)「眈目 イホ イヲノメ」 *和英語林集成(初版)(1867)「Iwono-me イヲノメ 胈目」 方言❶うおのめのような形状のはれ物。◇よおのめ 新潟県(手足にできる)361 西蒲原郡371 ◇よのめ 千葉県九十九里浜(手足にできる)062 ◇いゆぬみい 沖縄県首里(手足にできる)993 ◇いおのめんたま〔―目玉〕島根県石見725 ❷はれ物。◇よのめ 青森県上北郡072 074 ❸いぼ。◇よのたま〔―玉〕岩手県気仙郡100 ◇ゆおめ 和歌山県日高郡(大きいもの)054 ❹いぼに似たもっと大きなしこり。◇よおのめ 群馬県勢多郡236 ❺座りだこの中心部。◇よのめ 山形県最上郡139 ❻足裏にできるまめ。底豆。◇よのめ 茨城県猿島郡188 栃木県198 埼玉県北足立郡062 ◇よのたま 岩手県上閉伊郡097 気仙郡102 ❼まつげの毛穴がうんでできるはれ物。ものもらい。◇よのめ 青森県津軽075 上北郡082 ❽貝、あおがい(青貝)。岡山県邑久郡761 ❾(実が魚の目に似ているところから)植物、つるそば(蔓蕎麦)。◇いよんめ・いおんめんは 鹿児島県肝属郡965 ◇いわんみ・いおめかずら〔―葛〕鹿児島県揖宿郡965 発音〈標ア〉0メ 辞書 明応・天正・〈ボン〉・言海 表記 眈目(明・天) 胈目(へ)

いお-のり【五百箭】『名』(「のり」は「のいり

(篭入)」の変化した語) たくさんの矢が靫(ゆき)に入っていること。＊書紀(720)神代上(水戸本訓)「又、背(そひら)に千箭(ちのり)之靫〈千箭、此をば知能梨と云ふ〉と五百箭(イホノリ)之靫(ゆき)とを負ひ」

いお‐はた〔いほ:〕【五百機】『名』たくさんの織機。＊万葉(8C後)一〇・二〇三四「たなばたの五百機(いほはた)たてて織る布の秋さりごろも誰れかとりみむ〈作者未詳〉」＊謡曲・山姥(1430頃)「またある時は織り姫の五百機立つる窓に入って」＊浄瑠璃・嫗山姥(1712頃)四「織姫のいをはた立つる窓の梅」 辞書 書言 表記 五百機(書)

いおはた‐ごろも〔いほはた:〕【五百機衣】『名』たなばた姫が多くの機(はた)で織ったという衣服。＊新千載(1359)秋上・三四二「七夕のいをはた衣まれにきてかさねもあへぬ妻やうらみん〈後伏見院〉」＊新拾遺(1364)秋上・三四二「七夕のいをはた衣重ねても秋の一夜となに契りけん〈藤原経宣〉」

いお‐ばち【魚鉢】『名』方言 ❶料理用の魚を入れておくおけ。島根県出雲725 長崎県壱岐島054 ◇えおばち 島根県出雲725 ◇よおばち 東京都三宅島333 静岡県520 安倍郡540 ◇よばち 東京都大島326 御蔵島333 ◇よおぶつ〔魚櫃〕新潟県西蒲原郡371 ❷魚類塩蔵用の楕円形(だえんけい)のおけ。長崎県壱岐島054 ◇よおばち 三重県北牟婁郡054

いお‐びか〔いほびか〕『形動』(「ゆおびか」の変化した語) ゆたかにひろいさま。美しくゆったりしたさま。＊浄瑠璃・右大将鎌倉実記(1724)四「源二位の政所政子の君、御装(よそほひ)も窈窕(イヲビカ)なる」

いおひき‐いわ〔いほひきいは〕【五百引石】『名』動かすのに多人数の力を要するという大石。＊古事記(712)上「五百引石(イホひきいは)を其の室(むろ)の戸に取り塞ぎて」

いお‐ひしお〔いをびしほ〕【魚醤】『名』「うおびしお(魚醤)」に同じ。＊延喜式(927)二〇・大学寮(九条家本訓)「釈奠十一座〈略〉豆十　韮葅〈略〉魚醢(イヲヒシホ)」

いお‐ぶね〔いを:〕【魚船】『名』方言 ❶魚を漬けるおけ。島根県出雲725 隠岐島741 ❷魚を洗うおけ。そのふたを返してまな板とする。山口県豊浦郡798 ❸漁船。島根県益田市725 ❹魚をあぶる火鉢。和歌山県690

いお‐ふる‐か‐く〔いほ:〕【五百経縣】『連語』語義未詳。五百年も繁茂している枝を新築の家にかける意か。中国では家の安泰と繁栄を祈るため木の枝を家の内にさしかける風習があるという。＊書紀(720)雄略一二年一〇月・歌謡「伊勢の野の 栄枝(さかえ)を 伊褒甫流柯枳(イホフルカキ)て 其(し)が尽くるまでに 大君に堅く 仕へ奉らむと」

いお‐み【魚見】『名』方言 魚群の去来を見張りすること。また、その所。長崎県西彼杵郡054 ◇よみ 岩手県上閉伊郡097

いお‐め〔いを:〕【魚目】『名』「いおのめ(魚目)」に同じ。＊十巻本和名抄(934頃)二「肬目 病源論云肬目〈今案肬即疣字也 以比保 又以乎女〉手足辺忽生如豆麁強於肉也」＊色葉字類抄(1177-81)「肬目 イホ 又 イヲメ」＊観智院本名義抄(1241)「肬目 イホメ」 辞書 和名・色葉・名義・言海 表記 肬目(和・色・名)

いお‐もり〔いほ:〕【庵守】『名』いおりにいる番人。田の番をする仮小屋の番人。いおやもり。＊令集解(868)職員・神祇官条「釈云。〈略〉別記云。御巫五人。倭国巫二口。〈略〉御門一口。各給二廬守一人一」＊挙白集(1649)秋「いほもりのひく手のつなもたゆむまのなるこ待ちとる小田の秋風」

いお‐や〔いを:〕【魚屋】『名』さかなを売る店。さかなや。＊日葡辞書(1603-04)「Iuoya (イヲヤ)〈訳〉魚を売る人、または、魚を売る家」 方言 備後†124 長崎県彼杵付近052 南高来郡905 熊本県919 宮崎県西諸県郡947 鹿児島県硫黄島054 ◇よおや 千葉県夷隅郡288 ◇ゆおみせ〔魚店〕鹿児島県揖宿郡(児童語)969 辞書 日葡

いお‐やま〔いを:〕【魚山】『名』魚がたくさんとれること。豊漁。＊洒落本・玉之帳(1781-1801)一「きのふはいほ山だったがの」

いおや‐もり〔いほや:〕【庵屋守】『名』「いおもり(庵守)」に同じ。＊夫木(1310頃)一二「いほやもり山田は月にまかせてよくまのあらばやいかますもこん〈源仲正〉」

いお‐よ〔いほ:〕【五百夜】『名』数多くの夜。あまたよ。ももよ。＊万葉(8C後)六・九八五「天に坐す月読壮士(つくよみをとこ)幣(まひ)はせむ今夜の長さ五百夜(いほよ)継ぎこそ〈湯原王〉」

いお‐よろず〔いほよろづ〕【五百万】『名』数の著しく多いこと。ちよろず。やおよろず。＊万葉(8C後)一三・三二二七「葦原の 水穂の国に 手向けすと 天降りましけむ 五百万(いほよろづ) 千万神の〈作者未詳〉」

いおり〔いほり〕【庵・菴・廬】『名』㊀草や木で屋根や壁を造った、小さな、粗末な仮小屋。いお。㋑農作業のため田畑のそばに造る小屋、葬儀のための臨時の小屋など。＊万葉(8C後)一〇・二二三五「秋田刈る旅の廬入(いほり)に時雨(しぐれ)降りわが袖濡れぬほす人なしに〈作者未詳〉」＊源氏(1001-14頃)須磨「山がつのいほりにたけるしばしばも言問(こと)ひ来(こ)なん恋ふる里人」＊和泉式部集(11C中)上「秋の田の庵にふけるとまを荒みもりくる露のいやはねらるる」㋺旅行中に泊まるために造る粗末な小屋。旅の宿り。軍隊などの宿営。＊書紀(720)神武即位前戊午年一〇月(北野本訓)「如何ぞ、久しく、一処(ひとところ)に居(ゐ)て以て制変(はかりこと)すること無(な)けむといひて、乃ち徒(す)てて、別(こと)処に営(イホリ)す」＊万葉(8C後)七・一二三八「高島の安曇(あど)白波はさわけどもわれは家思ふ五百入(いほり)かなしみ〈古集〉」＊十巻本和名抄(934頃)三「営 唐韻云営〈余傾反 日本紀私記云以保利〉軍営也」㋩隠者、僧などの住む粗末な仮の家。あん。＊源氏(1001-14頃)若紫「おなじ柴(しば)のいほりなれど、すこし涼しき水の流れも御覧ぜさせんとせちに聞え給へば」＊山家集(12C後)上「散る花のいほりの上をふくならば風いるまじくめぐりかこはん」＊波形本狂言・庵の梅(室町末-近世初)「なふなふいづれも此あたりにござる尼御前(あまごぜ)の庵(イヲリ)の梅が見事に咲たと申。いざ見物に参ふ」㊁小さな家、粗末な家。自分の家を謙遜してもいう。＊枕(10C終)八二・頭中将のすずろなるそら言を「ただその奥に、炭櫃(すびつ)に消えたる炭のあるして、草のいほりをたれかたづねんと書きつけてとらせつれど」＊源氏(1001-14頃)松風「母君もいみじうあはれなり。年頃だに同じいほりにも住まず、かけ離れつれば、まして誰によりてかは、かけとどまらむ」＊方丈記(1212)「三十(みそぢ)あまりにして、更にわが心と一の菴をむすぶ。これをありし住まひに並ぶるに十分が一なり」㊂㊀に似た形をしているもの。また、㊀の屋根をかたどったようなもの。①能楽の造物(つくりもの)の一つ。草庵になぞらえた四角形枠形のもの。とびらはつくが、屋根がない。「安達原」「梅枝」などの曲で用いる。②「いおりかんばん(庵看板)」の略。＊常磐津・三世相錦繡文章(おその六三)(1855)三「新入(しんいり)の役者ぢゃ故、番付の肩の所へ庵(イホリ)に出て居りますわいの」③刀の背の棟の構造の一種。三角に作った形状が庵の屋根に似たことによる。④紋所の名。庵、三頭(みつがしら)合わせ庵、花形庵(はながたいおり)、利久庵などがある。⑤「ひとがしら(人頭)②」の古称。＊落葉集(1598)小玉篇「へ いほり」

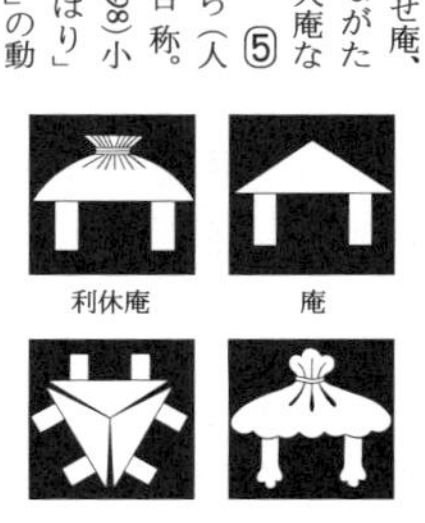
庵　利休庵　花形庵　三頭合わせ庵

語誌 (1)「いほ」の動詞形「いほる」が名詞化したもの。万葉歌では、「いほ」の「いほ作る」という言い方に対し、「いほり」は通常「いほりす」とのみ言われることも、「いほり」に本来「いほを設営する」意が含まれていたからであろう。(2)平安時代以降は「いほ」「いほり」は同意語となって、和歌や修辞的文章では音調の都合によって使い分けられるが、一般の散文では「いほり」が次第に優勢となる。中近世では、小さな草の家や僧侶の草庵の実質的な意味を失って、雅語的・比喩的に使われることが多い。 方言 ❶かやぶき屋根の小屋。愛知県日間賀島029 ❷かやぶき屋根。草屋根。また、麦わらのつんだもの。◇いほり 愛知県日間賀島025 語源説 (1)イホはイヘと同根。これを動詞化したイホルの名詞がイホリ〔万葉集講義=折口信夫〕。(2)古代には穴居したので、岩磐の類をイハホ、イハと呼び、家をイヘ、イハ、イハロといった。イホ、イホリも、イハロ、イハホロの転じたもの〔東雅〕。(3)イヘヲリ(家居)の転〔名言通・和訓栞〕。(4)イホイリ(廬入)の略〔類聚名物考・日本語原学=林甕臣〕。(5)イは発語。ホリはホル(掘)から〔槇のいた屋〕。(6)庵の活用で、イホアリ(庵在)の約〔日本語源=賀茂百樹〕。(7)イヲリ(屋折)の義〔紫門和語類集〕。 発音 〈標ア〉0 〈ア史〉平安○○○ 室町●●○ 江戸●●○と●○○の両様 〈京ア〉0 辞書 和名・色葉・名義・和玉・文明・明応・天正・饅頭・黒本・易林・日葡・書言・言海 表記 廬(色・名・玉・文・明・天・饅・黒・易・書) 菴(玉・天・黒・易・書) 営(和・色・名) 廠・菴蕳(名) 廨・廌(玉) 舎・墅・草舎(書)

いおり さす 庵をつくる。庵をつくって住む。いおさす。いおりす。＊詞花(1151頃)冬・一五〇「いほりさす楢(なら)の木蔭に漏る月の曇ると見れば時雨降るなり〈瞻西〉」＊山家集(12C後)下「いほりさす草の枕にともなひてささの露にも宿る月かな」 辞書 言海

いおり す 「いおり(庵)さす」に同じ。＊万葉(8C後)一〇・二二四八「秋田刈る仮廬(かりいほ)作り五百入為(いほりし)てあるらむ君を見むよしもがも〈作者未詳〉」＊万葉(8C後)一五・三五九三「大伴のみ津に船乗り漕ぎ出てはいづれの島に伊保里世(イホリセ)むわれ〈遣新羅使人〉」 発音 〈標ア〉0

いおり〔いほり〕【伊穂理】⇨いえり(伊恵理)

いおり‐がさ〔いほりゐ:〕【藺織笠】『名』「いがさ(藺笠)」に同じ。＊人情本・貞操婦女八賢誌(1834-48頃)三・二七回「いとも怪しき一個の修行者、鼠木綿の単衣の、裾小短く取り上げて、同じ色なる脚半甲掛、藺織笠(ヰオリガサ)もて面を隠し」 発音 イオリガサ 〈標ア〉ガ

いおり‐がた〔いほり:〕【庵形】『名』紋様や看板の形の名。家の屋根の形をかたどったもの。山形。屋根形。将棋頭形。紋所には両柱を添える。いおり。 発音 イオリガタ 〈標ア〉0

いおりがた の 挿櫛(さしぐし) 庵形の木瓜(もっこう)の紋所のついた挿櫛。＊浮世草子・俗つれづれ(1695)四・四「庵形(イホリカタ)のさし櫛(クシ)に切金の折菊」＊浮世草子・元禄曾我物語(1702)三・二「白繻子の畳帯、むすび先は一文字にして庵形(イホリガタ)のさし櫛(クシ)」＊随筆・嬉遊笑覧(1830)一・下「元禄曾我に庵形のさし櫛といへるは木瓜形にや、又は紋所の庵がたにや、中の圭角(かどだち)たるには有べからず」

いおり‐かんばん〔いほり:〕【庵看板】『名』歌舞伎劇場の看板の一つ。役者の名と家紋とを書いた木板の上に庵形をつけたもの。はじめは上方くだりの役者や、臨時出演の役者に限って用いたが、後には名題役者から作者まで掲げるようになった。また、これに名を掲げることのできる上位の役者をさしていうこともある。いおり。＊随筆・後はむかし物語(1803)「御操といふ庵り看板は、其

庵看板

時よりなどいひし」＊鱧の皮(1914)〈上司小剣〉七「路次の中には寄席もあった。〈略〉芸人の名を書いた庵(イホリ)看板の並んでゐるのをチラと見て」＊流行感冒(1919)〈志賀直哉〉上「薄い板に市川某、尾上某と書いた庵(イホリ)看板」 発音〈標ア〉カ 〈京ア〉カ

いおり-てん【庵点】『名』箇条書の文書、連書の和歌、連歌、謡物、連署の姓名などの右肩に加える「〽」「へ」などの記号。庵形をしているのでいう。散文中に歌謡を引用する時にも使い、長唄などの歌謡の本では、段落のはじめを表わす。確認済み、注意をうながすなどの印として用いる。＊俚言集覧(1797頃)「いほり点〈略〉人の名などに点をかくるは、いほり点を忌むべき儀あり。首帳に点かくるに、いほり点を用ふる故なり」 発音〈標ア〉リ

いおり-に-もっこう【庵木瓜】『名』紋所の名。庵形の中に木瓜を描いたもの。工藤祐経の紋所として著名。いおりもっこう。＊浄瑠璃・曾我扇八景(1711頃)上「人の紋をかへるならば御分もいほりにもっかう」＊読本・椿説弓張月(1807–11)後・二一回「菴(イホリ)に木瓜(モカウ)は工藤茂光、三鱗(みつうろこ)は北条なり」 発音イオリニモッコー〈標ア〉モ

いおりのうち-に-ふたつがしら【庵内二頭】『名』紋所の名。庵形の中に龍や鶴、鶏などの頭を二つ配したもの。＊浄瑠璃・曾我扇八景(1711頃)紋尽し「いほりの内に二つがしらの提灯(ちゃうちん)は、竹の下の孫八左衛門とふみ」

いおりのうめ【庵梅】狂言。各流。梅の咲いている庵に住む老尼を訪れた女たちが、老尼とともに酒宴をし、歌舞を楽しむ。老尼も所望されて小舞「柴垣」を舞う。流派によりかなり相違がある。 発音イオリノウメ〈標ア〉0

いおり-ぼうず【庵坊主】『名』庵住まいの僧。寺の僧に対していう。＊歌舞伎・盟三五大切(1825)大詰「わしも二三日以前より、愛染院横町にて、庵坊主(イホリボウズ)の跡へ引っ越し」

いおり-もっこう【庵木瓜】『名』「いおりにもっこう(庵木瓜)」に同じ。

いお・る【庵】『自ラ四』庵をつくって住む。仮小屋に泊まる。仮に宿りをする。＊常陸風土記(717–724頃)筑波・歌謡「筑波嶺に 伊保利(イホリ)て 妻なしに 我が寝む夜ろは 早(はや)も明けぬかも」＊万葉(8C後)六・一〇二九「河口の野辺に廬(いほり)て夜の経れば妹がたもとし思ほゆるかも〈大伴家持〉」＊曾丹集(11C初か)「山里の梅のこ原に春ばかりいほりてをらん花も見がてら」 発音〈標ア〉オ 辞書色葉・言海 表記廞(色)

い-おろ・す【射下】『他サ五(四)』①高い所から下に向かって弓を射る。②上から下へ向かって光がさす。＊有楽門(1907)〈森鷗外〉「斜に射下(イオロ)す夕日の光は」

い-おん【医陰】『名』医道と陰陽道と。また、それらに従事する、医家と陰陽家と。＊吾妻鏡-貞応元年(1222)一二月一三日「依二去夜平産一、験者以下給二御衣御馬一。験者分御馬、安東左衛門尉、医陰道分、原左衛門尉、大野新右近将監引レ之。加持僧分、以二中野五郎一被レ進二宿坊一云々」＊太平記(14C後)一六・聖主又臨幸山門事「諸家の侍・官僧・官女・医陰(イヲン)の両道に至るまで、我も我もと供奉(ぐぶ)仕る」＊御当家令条-一・武家諸法度・寛永九年(1632)九月二九日「一、乗輿者、〈略〉或歳五十以上或医陰両道、病人免レ之」＊浄瑠璃・愛護若塒箱(1715頃)一「医陰(イオン)の両道術尽きて諸仏の悲願空しきを、神明和光の力により、平復ならせ給ふ故」

い-おん【異音】『名』①言葉の音が違うこと。異なった語音。＊随筆・秉燭譚(1729)三「論語の大車小車を、大きょ小しゃとよみ来れり。〈略〉しかればしゃときょとは古今の異音にて、今日は通じて唱遮の反に呼が宜しきなり」＊筆まかせ(1884–92)〈正岡子規〉一・日本語の利害「日本文の弊害は同音の字多きこと(これはかけ言葉の起る源故文学にはよけれども、実際的に困ること多ければ間違ひやすき語だけは異音の字を用ゆる様にしたきもの也)動詞や形容詞のかかり処の不分明なる也」②(英 allophone の訳語)音声学・音韻論で、ある音素の変異形のうち、位置や条件により変異するものをいう。たとえば、は行の「は」「ひ」「ふ」の子音で、音声学的に区別される[h][ç][ɸ]は、音韻論的には同一の音素/h/の異音と認められるなど。③言語学で、同一の音連鎖環境には決して現われることがないように分布している、ある音素の二つ以上の実現例のすべて。広い立場では、社会的・個人的な自由変異体をも含めて、すべて同一音素の異音であるとする。 発音〈標ア〉0

いおん【硫黄】『名』(「いおう」の変化した語)「いおう(硫黄)②」に同じ。＊浪花聞書(1819頃)「いおん 付木のことを如レ此云。いをうなるべし」＊雑俳・机の塵(1843)「仏への供養・お焼(やき)が出来にゃ硫黄(イオン)にしゃう」＊随筆・守貞漫稿(1837–53)二六「今世京坂にてゆわう俗の訛にはいおんとも雖ども古き詞也。江戸にてつけぎと云は後の詞歟」 方言上方312 大阪市638 兵庫県加古郡062 奈良県678 宇陀郡680 和歌山県伊都郡690

い-おん【遺音】『名』①この世に残した故人のことば。＊菟玖波集(1356)上・序「美誉後世に垂るといへども佳句遺音を伝へず」＊文明本節用集(室町中)「遺音 イオン」＊再昌草-永正四年(1507)一一月二九日「清平曲調感二三郎一、大雅遺音再在レ唐」＊潘岳-悼亡詩「寝興目存レ形、遺音猶レ在レ耳」②音楽など音が絶えた後、なお、余波として残る響き。余音(よいん)。＊礼記-楽記「清廟之瑟、朱絃而疏越、壱倡而三嘆、有二遺音一者矣」 辞書文明 表記遺音(文)

い-おん【遺恩】『名』故人から受けた、または故人の残した恩恵、恩沢。＊源平盛衰記(14C前)四五・女院御徒然「専ら禅閤の恩言に依りて頼朝が死罪を宥(ゆる)さる、争(いかで)か違恩(イヲン)を忘れ、忽(たちま)ちに反心(へんしん)あらんや」＊文明本節用集(室町中)「遺恩 イオン」＊後漢書-王昌等伝論「劉氏之遺恩余烈、英雄豈能抗レ之哉」 発音〈標ア〉0 辞書文明 表記遺恩(文)

イオン『名』(ドイ Ion・英 ion)正または負に荷電した原子や原子団。電気的に中性の原子や分子が電子を失い、または得ることによってその電子の数だけの電気量(イオン価)を帯び、それぞれ陽イオン、陰イオンとなる。電解質を溶媒にとかすと陰陽両イオンに、気体分子を放射線やX線等で照射すると陽イオンとなる。気体放電などによっても陽イオンが発生する。＊物理学術語和英仏独対訳字書(1888)〈山口鋭之助〉「Ion Ion〈略〉イオン」 発音〈標ア〉イ 〈京ア〉イ

い-おん-おう【威音王】(梵 Bhīṣmagarjitasvararāja の訳語)「法華経-常不軽菩薩品」に登場する仏。説法する音声が優れている仏の意。歴史上最古の仏とされる。威音王仏。＊槐安国語(1749)一「進二一歩一則突二出威音王已前一」 発音イオンオー〈標ア〉オ1 オ2

イオン-か【―化】『名』原子または分子が、電子を失うか、あるいは得ることによってイオンになること。＊稿本化学語彙(1900)〈桜井錠二・高松豊吉〉「Ionisation, f イオン化」 発音〈標ア〉0 オ

イオン-か【―価】『名』イオンの電価数。イオンのもつ電気量を電気素量で除した数として定義される。食塩水ではナトリウムがプラス一価をとり、塩素はマイナス一価のイオン価をもつイオンとなっている。同一の元素であっても化学形態の違いによりさまざまなイオン価をとりうる。 発音〈標ア〉0 オ

イオンか-エネルギー【―化―】『名』(エネルギーはドイ Energie)気体状態の原子ないし分子から一個の電子を奪うのに必要なエネルギー。 発音〈標ア〉ネ

イオンか-けいこう【―化傾向】『名』金属原子が電子を放出して陽イオンになろうとする傾向の度合。ナトリウム、マグネシウムのように陽イオンになりやすい原子は酸化されやすく、イオン化傾向が大きいという。＊現代術語辞典(1931)「イオン化傾向(電溶圧に同じ)」 発音イオンカケイコー〈標ア〉ケ

イオンか-でんあつ【―化電圧】『名』イオン化エネルギーを電子ボルト(eV)の単位で表わした数値。 発音〈標ア〉テ

イオン-けつごう【―結合】『名』正・負の電荷をもつイオン間の静電引力による原子の結合様式。塩化ナトリウム、ホタル石など無機塩類にみられるが、多くは共有結合を伴っている。異極結合。 発音イオンケッゴー〈標ア〉ケ

イオンけつごう-はんけい【―結合半径】『名』陽イオンと陰イオンが互いの静電気力により結合を作ったとき、双方のイオンが球形であると仮定した場合のそれぞれのイオンの半径。 発音イオンケッゴーハンケイ〈標ア〉ハ

イオン-けっしょう【―結晶】『名』塩化ナトリウムのようにイオン結合によって形成された結晶。多くは電気絶縁体で、半導体、燐光体、蛍光体等の母体として利用される。 発音イオンケッショー〈標ア〉ケ

イオン-こうかん【―交換】『名』電解質溶液中に置かれた物質がイオンを放出し、代わりに溶液中のイオンを取り込む現象。

イオンこうかん-じゅし【―交換樹脂】『名』イオン交換を行なう合成樹脂の総称。不溶性、多孔質の有機高分子化合物。一九三五年、イギリスのアダムズとホームズが発明。海水からの真水製造、硬水の軟化、糖類・医薬品の精製、化学分析などに広く用いる。有機ゼオライト。 発音イオンコーカンジュシ〈標ア〉イ=ジュ

イオン-はんけい【―半径】『名』イオンが球形であると仮定した場合の半径をいう。正負両荷電のイオンが結合したとき、その結合距離はそれぞれのイオン半径の和となる。→イオン結合半径。 発音イオンハンケイ〈標ア〉ハ

い-おんびん【イ音便】『名』音便の一つ。発音の便宜のために、おもに活用語末などの、「き」「ぎ」「し」の子音k・g・sが脱落して、「イ」の音になる現象。「書きて」が「書いて」に、「次ぎて」が「次いで」に、「殺して」が「殺いて」に、「熱き」が「熱い」に、「后(きさき)」が「きさい」になる類。まれには「ござります」が「ございます」に、「たてまつる」が「たいまつる」になるように、r・tの音にも見られる。平安時代初期に発生し、以後多くなった。現代語の形容詞「―い」は文語の形容詞の連体形「―き」のイ音便がもと。また、サ行四段の動詞の連用形は現代の共通語ではイ音便にならない。＊国語学(1891)〈関根正直〉「是れらの音便を、大別して四種とす。第一 伊音便 第二 宇音便」 語誌音便についてはすでに本居宣長の「漢字三音考」に説かれているが、「イと云音便」とし、「詩歌」を「しいか」、「四時」を「しいじ」、「家司」を「けいし」というような場合も含めている。「イ音便」という語は明治後半から広まったもの。 発音〈標ア〉オ 〈京ア〉オ

イオン-ふんいき【―雰囲気】『名』溶液内において、中心となるイオンの周りに静電気力によって反対荷電のイオンが集まる際の分布状態をいう。 発音〈標ア〉イ2

いか【凧・紙鳶】『名』(「いかのぼり(凧)」の略)たこ。《季・春》＊浮世草子・好色一代男(1682)一・二「同じ友どちとまじはる事も、烏賊(イカ)のぼせし空をも見ず」＊物類称呼(1775)四「紙鳶 いかのぼり 畿内に

て、いかと云、関東にて、たこといふ」 ＊浪花聞書(1819頃)「いか いかのぼり也。江戸でたこといふ。又云あげると不ﾚ言、のぼすといふ」 ＊浜荻〈久留米〉(1840-52頃)「いか たこ 小児の専もてあそぶ品也。鳳巾(いかのぼり)、紙鳶、凧かくなるを角凧(かくいか)弁鳳(ますいか)と云」 方言尾張宮111 新潟県347 370 377 富山県390 砺波398 石川県金沢050 江沼郡422 福井県坂井郡433 岐阜県飛驒502 三重県津市063 滋賀県彦根609 蒲生郡612 京都府621 629 大阪府大阪市637 中河内郡643 兵庫県652 654 670 奈良県675 宇陀郡680 吉野郡687 和歌山県那賀郡696 鳥取県062 711 717 島根県鹿足郡739 岡山県748 762 764 徳島県809 香川県829 愛媛県840 福岡県久留米市・三井郡872 大分県大分郡・西国東郡941 ◇いいか 滋賀県栗太郡617 京都府629 奈良県675 発音〈標ア〉0 〈ア史〉江戸●● 〈京ア〉0

いかをのぼす たこをあげる。たこを高く飛ばす。＊浮世草子・世間胸算用(1692)五・二「とかく少年の時は花をむしり紙鳥(イカ)をのぼし」 ＊物類称呼(1775)四「紙鳶 いかのぼり〈略〉上かたにてはいかをのぼすといふ。江戸にてたこをあくるといふ。東海道にてたこをのぼすといふ。相州にてたこをながすと云」

いか【厳】(形容詞「いかし」の語幹か) 神聖なさま。厳粛なさま。＊続日本紀-天平一五年(743)五月癸卯・歌謡(蓬左文庫本)「あまつかみ、みまのみことのとりもちて、このとよみきを、伊可たてまつる」 補注用例の原文「伊可」は「金沢文庫本続日本紀」「政事要略」「年中行事秘抄」に依る。「歴朝詔詞解」は、他の諸本に「伊寸」とあるので「伊末(いま=「今」の意)」の誤りか、また、「伊可」が「阿可(あが=「吾が」の意)」の誤りかとする。

い‐か【以下・已下】〘名〙①(数量、段階、優劣などを表わす語に付いて)その基準を含んでそれより下であること。また、基準になるものを含めないで、それより劣っていること。古くは「いげ」。⇔以上。＊文明本節用集(室町中)「已下 イゲ イカ」 ＊俳諧・三冊子(1702)白双紙「自由をふるひて世上にひろしといへども、中分いかにして、いまだ詞を以てかしこき名也」 ＊当世書生気質(1885-86)〈坪内逍遙〉九「『ヲヤこれは失敬。おあついのを持って来ませう』『あんまり熱くしちゃアいかんぞ。夏は六十度以下(イカ)に限るっ』」 ＊画の悲み(1902)〈国木田独歩〉「この少年は数学は勿論、其他の学力も全校生徒中、第二流以下(イカ)であるが」 ＊論語-雍也「中人以上、可ニ以語ﾚ上也。中人以下、不ﾚ可ニ以語ﾚ上也」 ②(代表として掲げる語に付いて)それを始めとしてそれ以外のもの。＊読本・椿説弓張月(1807-11)続・三六回「却説(かくて)尚寧王は〈略〉次の日又利勇等以下(イカ)の近臣を引従し」 ＊近世紀聞(1875-81)〈染崎延房〉二・一「有馬新七以下(イカ)八名は」 ③今まで述べた以外のこと。これからあとに述べること。＊滑稽本・浮世風呂(1809-13)三・上「此アアといへるは女の返詞也。もちろん江戸詞に限れり。以下(イカ)推(をし)てしるべし」 ＊当世書生気質(1885-86)〈坪内逍遙〉九「其部舎主(へやぬし)の性質の如きは、以下(イカ)の物語にて察したまへ」 ④(「おめみえいか(御目見以下)」の略)江戸幕府の制度で、幕府直参の士のうち、将軍に謁見できない身分の者の称。御家人(ごけにん)。⇔以上。＊随筆・甲子夜話(1821-41)続篇・四二「御三家用人以下公儀より御附人之分老中其外へ参候節開門送迎す」 語誌(1)古くは「いげ」と呉音で読み、①の「文明本節用集」には「いげ」「いか」の両形が見える。(2)「和訓栞」に「いじゃう 以上は中世下文の終に以下と書しは官長より令する文書なれば也」とあって、以上と以下を対比させ、「いか」と読んでいるように見えるが、平安時代以来の下文(くだしぶみ)の書留文言である「以下」は「もってくだす」と読むのが正しく、また意味の上からも、文書に使われる「以上」と相対するものではない。(3)①については、現在では、数学、法律などの場合、基準の数量を含むことになっており、含まない場合は「未満」を用いる。 表記以下(文・書・へ・言) 已下(文) 発音〈標ア〉イ 〈京ア〉イ 辞書文明・書言・ヘボン・言海

いか【伊香】 滋賀県の最北部の郡。琵琶湖の北東岸を占め、福井県と接する。→いかご(伊香具)。

い‐か【圯下】〘名〙土の橋の下。＊錦繡段抄(1530頃)二「張良少き時、下邳の圯上において老人に逢ふたぞ。老人折節履を圯下に落す」 ＊日葡辞書(1603-04)「Ica(イカ)。ツチバシノ シタ」 ＊史記-留侯世家「直堕ニ其履圯下ﾆ顧謂ﾚ良曰、孺子下取ﾚ履」 辞書日葡

い‐か【夷歌】〘名〙異国の歌。異民族の歌。＊後漢書-西南夷伝論「夷歌巴舞殊ﾚ音異ﾚ節之技、列ニ倡於門外ニ」 ＊杜甫-閣夜詩「野哭千家聞ニ戦伐ニ夷歌幾処起ニ漁樵ニ」 発音〈標ア〉イ

いか【如何】〘名〙①「いかさま(如何様)㊄」の略。＊談義本・当世穴穿(1769-71)三・いけばなの立ぎき「博奕(ばくち)打てば如何(イカ)にかけられて」 ②(「いかもの(如何者)③」の略)芸者、女給をいう、盗人仲間の隠語。〔隠語構成様式并其語集(1935)〕 発音〈標ア〉カ

いか【如何】〘語素〙「いかといかと」「いかに」「いかなり」「いかなる」「いかで」「いかが」「いかばかり」「いかさま」などの語群を作る。物事の様子や状態を疑い、推測する意味を表わす。どのよう。どう。 語源説(1)イは息が出る時の音。カは疑問の時に出る自然の声のカ〔日本語源=賀茂百樹〕。(2)イは伊または維で発語の辞。カは何で、不定の事物に対する疑問の語〔日本語原考=与謝野寛〕。

い‐か【衣架】〘名〙「いこう(衣桁)」に同じ。＊宇津保(970-999頃)祭の使「色々の御ぞども色をつくし、〈略〉おほいかをならべ」 ＊古本説話集(1130頃か)五二「御いかにかかりたる御ぞをめしてかづけさせ給て」 ＊色葉字類抄(1177-81)「衣架 イカ 俗ミソカケ」 ＊江戸繁昌記(1832-36)二・混堂「戸に並て牖を開き、牖の下に数衣閣(〈注〉とだな)を作し、牖の側に数衣架(〈注〉タナ)を構ず」 ＊晉書-芸術王嘉伝「衣服在ﾚ架、履杖猶存、或欲ﾚ取ニ其衣ニ者終不ﾚ及、企而取ﾚ之、衣架踰高、而屋亦不ﾚ大」 発音〈標ア〉イ 辞書色葉・易林・言海 表記衣架(色・易・言)

い‐か【衣暇】〘名〙古代の官人の、衣服を作るために与えられた休暇。近世の造語。→田暇(でんか)。＊随筆・胆大小心録(1808)一二七「近江にしばしばかよひしに、衣暇田暇のたよりかといふ、よしよし」 ＊万葉考別記(1769-1835)一「又、近江を本居にて、衣暇(イカ)田暇などにて下りしかり」

い‐か【位価】(ヰ)〘名〙ねうち。価値。＊西国立志編(1870-71)〈中村正直訳〉一一・一一「学識の位価(〈注〉ネウチ)は読書の分量にあらずして、運用の慣熟なるにあり」

い‐か【医科】(クヮ)〘名〙医術に関する学科。内科、外科、眼科、耳鼻咽喉科、整形外科、産婦人科、小児科、皮膚科および生理、解剖、病理等の諸学科の総称。また、医科大学、大学医学部の俗称。＊西国立志編(1870-71)〈中村正直訳〉八・二三「既にして医科の業を卒(を)へければ」 ＊枯菊の影(1907)〈寺田寅彦〉「医科は死骸を解剖すると聞いたから断った」 ＊魔睡(1909)〈森鷗外〉「主人が民法研究を命ぜられて洋行した時に、医科の杉村と文科の金井とが一しょに行くことになった」 発音〈標ア〉イ 〈京ア〉イ

い‐か【医家】〘名〙医療を業とする家。また、その人。医師。医者。いけ。＊御堂関白記-寛仁三年(1019)二月六日「陰陽師、医家申可ﾚ食ニ魚肉ニ月来間不ﾚ用ﾚ之」 ＊平松家本平家(13C前)三・中宮御懐妊之事「陰陽術を極め医家(いカ)薬を尽す。大法秘法一として残る所無く修せられけり」 ＊浮世草子・笑談医者気質(1774)二・一「京都にて筋目よき医家(ヰカ)の娘と云ひたて」 ＊漢書-黥布伝「布有ニ所ﾚ幸姫ニ病就ﾚ医、医家与ニ中大夫賁赫ニ対ﾚ門」 発音〈標ア〉イ 〈京ア〉イ 辞書文明 表記医家(文)

い‐か【易化】(クヮ)〘名〙わかりやすくすること。やさしくすること。 発音〈標ア〉イ

いか【烏賊】〘名〙頭足類の十腕類に属する種類の総称。体は胴部と頭部に分かれ、頭部にある口の周囲から五対の腕がでる。胴は円筒状または円錐状で、その先端にひれがある。腕のうち一対は触腕で、他の腕より長く、先端の吸盤で獲物を捕える。はやく泳ぐときは頭部にあるとがった漏斗(ろうと)から水を吐き出し、その反動で進む。外敵にあうと墨を出して逃げる。日本各地の沿岸から深海にかけて広く分布する。スルメイカ、ヤリイカ、コウイカ、ケンサキイカなど種類は多く、食用となり、乾燥したものは「するめ」と呼ぶ。《季・夏》 ＊播磨風土記(715頃)宍禾「伊加麻川、大神、国占めましし時、烏賊、此の川に在りき。故、烏賊間川と云ふ」 ＊十巻本和名抄(934頃)八「烏賊 南越志云烏賊〈今案烏賊〈略〉亦作鰂見玉篇 伊賀〉常自浮水上烏見以為死啄之乃巻取之故以名之」 ＊大和本草(1709)一三「烏賊魚(イカ)此類多し。こぶいか、大にして味よし。水いか、長くして縁(へり)ひろし」 語誌(1)甲殻の硬いコウイカ目を「烏賊」、柔らかいツツイカ目を「柔魚」と書き分けるという説があり、「墨魚」の異名もある。漢籍では「鰇」「鯽」「鰂」などの表記も用いられているが、「鰞」という国字もある。女房ことばでは「いもじ」と呼ばれる。(2)古来、食用に供され、藤原宮跡出土木簡には、出雲産の「伊加」の貢納を示す荷札がある。もっとも、鮮度の低下が急速であるため、最近まで産地近く以外では生食されず、もっぱら乾燥したするめが食された。(3)身は民間医療にも用いられ、「魚鑑」には「志を強し、婦人月経(おんなつきやく)を通し、小児雀目(とりめ)を治す」とある。墨は、蝮や病犬に嚙まれたり、毒虫に刺されたときの解毒や止血に役立つと言われ、甲殻も止血薬に用いられた。(4)現在イカを数えるときは「一杯、二杯」という。 方言するめ。秋田県鹿角郡132 群馬県館林245 長崎県五島020 語源説(1)イは発語の音。カはその腹内にある甲をさすものか〔東雅〕。(2)形がいかめしいことから〔名言通・和訓栞・言葉の根しらべ=鈴江潔子・古言類韻=堀秀成・日本語源=賀茂百樹〕。(3)イは白いこと、カは背の堅いことをいう象言。或いは、イカ(偽敷)の義〔紫門和語類集〕。(4)イカリ(怒)の略語〔和語私臆鈔〕。(5)イカが死んだふりをして水面に浮かんでいて、カラスがついばもうとするとき巻きついてカラスを餌食にするところから「烏賊」と書くものか〔和名抄・庖丁書録・和句解・松屋筆記所引博物異苑亀鼈部〕。(6)「烏」は黒い意で、墨の色を表わすか〔たべもの語源抄=鈴木棠三〕。 発音〈なまり〉イーカ〔大和〕エカ〔鳥取〕〈標ア〉0 〈ア史〉平安●● 〈京ア〉0 辞書字鏡・和名・色葉・名義・下学・和玉・文明・伊京・明応・天正・饅頭・黒本・易林・日葡・書言・ヘボン・言海 表記烏賊(和・色・名・下・文・伊・明・饅・黒・易・書・へ・言) 鰞鰂(色・文・天・書) 鰞・鰒・鰂(字・和・玉) 鯑(字・玉・伊) 鰞鰄(和・色・名) 鰈(明・黒) 鰹・鰄・鯽(字) 烏賊魚(名) 鯑・鰯(玉) 烏鰄(文) 纜魚(書)

いかにも蛸(たこ)にも 応答のことば「いかにも」を「烏賊(いか)にも」ともじり、イカの縁で「蛸にも」とつづけた洒落(しゃれ)。

いかの雲丹焼(うにやき) イカに縦横はすかいに細かく包丁の目を入れて長さ六センチメートルぐらいの長方形に切り、強い火で焼き、半ば焼けたころ、卵黄で練り延ばしたうにを塗ってあぶったもの。

いかの黒作(くろづく)り イカを細かく切り、イカの墨をまぜて塩漬けにしたもの。＊俚言集覧(増補)(1899)「いか、〈略〉越前加賀にてその墨に和して塩蔵す、いかの黒づくりと云」

いかの黒煮(くろに) 料理の一つ。イカを細かく切って湯がき、しょうゆと酒少量とに、イカの墨を加えて煮込み、山椒(さんしょう)の若芽をたたいて合

わせたもの。

いかの黒(くろ)み 「いか(烏賊)の墨(すみ)」に同じ。＊十巻本和名抄(934頃)八「烏賊黒　野王案鰞鯽魚背有一大骨腹中有黒〈背骨与甲同黒　以加乃久呂美〉」＊浮世草子・本朝桜陰比事(1689)三・二「烏賊(イカ)の黒(クロ)みに粉糊(このり)を擢(すり)ませて書る物は、三年過れば白紙になるといふ事本草に見へたり」 辞書和名・色葉 表記烏賊墨(和) 烏賊黒(色)

いかの甲(こう) イカの外套の内壁中央部にある甲殻。コウイカ類では舟状で厚く、炭酸カルシウムからなり、スルメイカ、アオリイカ類では薄く透明な殻皮質からなり、特に軟甲とよばれる。昔は薬用にもした。いかの舟。《季・夏》＊延喜式(927)三七・典薬寮「諸国進年料雑薬〈略〉摂津国卌四種。〈略〉烏賊骨(いかのこう)各四斤」＊随筆・甲子夜話(1821-41)四六「烏賊の甲を抹し墨を磨り混へて紙に書く時はほど過ぎて墨痕脱去すと云」 辞書書言 表記海螵蛸(書)

いかの甲(こう)より年(とし)の功(こう) (甲と功と音が通じるのでいう) イカの甲は薬用になるぐらいだが、年功は積めば積むだけ価値がある。年長者の経験は重んじなければならないということ。亀の甲より年の功。

いかの塩辛(しおから) 細かく切ったイカの肉とはらわたをまぜて、塩で漬けたもの。

いかの素干(すぼ)し かげ干しにしたイカ。

いかの墨(すみ) イカの体内にある黒い汁。攻撃されたとき、水中にふき出して姿をくらます。セピア色の顔料となる。いかの黒み。いかすみ。《季・夏》＊歌舞伎・傾情吾嬬鑑(1788)序幕「あの烏賊(イカ)の墨(スミ)で切れ文を書いて」＊随筆・松屋筆記(1818-45頃)六三・二一「烏賊墨もて書たる書年を経(ふれ)ば消尽(きえう)す　雑劇本に〈略〉烏賊の墨をもて書たる書消失るよしいへり」

いかの筒鮓(つつずし) イカの脚および臓物(ぞうもつ)を抜き取って煮て、その腹の中に、好みの具をまぜた酢飯をつめた鮓。高知県の名産。

いかの鳶(とび) イカの口。鳶のくちばしに似るのでいう。＊雑俳・卯の花かつら(1711)「酢を買ふて来たらば烏賊の鳶をやろ」

いかの舟(ふね) (その形が玩具の小舟に似ているところから)「いか(烏賊)の甲(こう)」に同じ。

いか干(ほ)す 夏の日に、するめをつくるためにイカを開いて干す。《季・夏-秋》

い-か【異化】〘名〙①心理学の用語。差異の著しい二つの性質または分量を接近させるとき、両者の差異がさらにきわだつこと。②「いかさよう(異化作用)」の略。 発音〈標ア〉イ

い-か【渭河】 「いすい(渭水)」の別称。 発音〈標ア〉イ

い-か【維夏】〘名〙陰暦四月の異名。＊俳諧・季引席用集(1818)「維夏(イカ)　四月の異名」

い-か【遺化】〘名〙死後まで残った仁徳。残された徳化。＊童子問(1707)中・三五「戦国之時、雖二道湮学廃一、然先王之遺化尚在」＊清水吉太郎宛本居宣長書簡-宝暦某年(1751-64)某月某日「先生之礼楽刑政未レ泯、遺化尚存焉」＊史記-儒林伝序「豈非下聖人之遺化、好二礼楽一之国上哉」

い-か【縊架】〘名〙罪人をのせてこれを絞首するのに用いる台。絞首台。＊西国立志編(1870-71)〈中村正直訳〉二・一四「これを縊架(イカ〈注〉クビククリダイ)に掲げ、罪人と喚はりたり」＊狐の裁判(1884)〈井上勤訳〉四「悄然として逐立(おひたて)られ、縊架(イカ)を投(さ)して歩み寄る」

い-か【藺科】〘名〙「いぐさか(藺草科)」の旧称。

い-か【五十日】〘名〙(「い」は「五十」、「か」は時間の単位としての「日」) ①日数ごじゅうにち。＊土左(935頃)承平五年二月一日「ひく舟のつなでの長きはるの日をよそかいかまでわれはへにけり」＊名語記(1275)二「五十日をいかといひ、五十年をいそぢ、五百をいほなどいへり」②誕生五十日目。また、その祝儀。↓五十日(いか)の祝い。＊宇津保(970-999頃)蔵開上「いぬ宮の御いかは、女御君し給ふべき」＊源氏(1001-14頃)宿木「宮のわかぎみのいかになり給ふ日、かぞへとりて、そのもちゐのいそぎを心にいれて」＊中右記-康和五年(1103)三月四日「今日於レ院、先有今宮御五十日定云々」③「いか(五十日)の餅(もちい)」の略。＊栄花(1028-92頃)月の宴「御いかは里にてぞきこしめす」 語誌(1)五十日・百日という日数を言うことは日常生活ではあまり多くないが、平安時代には子どもの誕生五十日目・百日目に祝いをしたことから、仮名書きの「いか」「ももか」の例は意外に多く、「色葉字類抄」にも載っている。(2)奈良時代には、数詞としての「いか」の例はないが、「真木の嬬手を百(もも)足らず五十日太(いかだ=筏)に作り〈藤原宮の役民〉」〔万葉-一・五〇〕と表記した例があり、この時代にも五十日は「いか」と言ったことを示している。このほか奈良時代の人名「五十日帯日子王」〔古事記-中〕、「五十日鶴彦命」〔書紀-崇神元年〕などにも「五十日」は借訓仮名として用いられている。↓い(五十)。 発音〈標ア〉イ〈ア史〉平安○○ 鎌倉●●か〈京ア〉0 辞書色葉・言海 表記五十日(色・言)

いかの祝(いわ)い 子供が生まれて五〇日目に行なう祝い。父、または、外祖父などが、赤子の口に餅(五十日の餅)をふくませる儀式が行なわれる。平安時代に主として朝廷、貴族の間に行なわれた。

いかの餅(もちい) 五十日(いか)の祝いに、赤子にふくませる餅。いか。＊大鏡(12C前)一・醍醐「村上か朱雀院かのむまれおはしましたる御五十日(イカ)の餅、殿上にいださせ給へるに」

いか百日(ももか) ①生後五十日と百日。＊枕(10C終)一六〇・心もとなきもの「いつしかと待ち出でたるちごの、いかももかなどの程になりたる、行末いと心もとなし」②子が生まれて百十日に当たる日に、五十日の祝いと百日の祝いとをあわせて一度に祝う慣習。＊吾妻鏡-建久三年(1192)一一月二九日「新誕若君、五十日百日儀也」＊身のかたみ(室町中頃)「いかももかなどいふこともすぎて、うつくしう見えさせ給へば」

いが【毬・梂・栗毬】〘名〙栗の実を包むとげが密生した外皮。植物学的には、総苞(そうほう)の発達したもので、とげは、総苞片の腋から出る腋芽(えきが)の発達したもの。＊新撰字鏡(898-901頃)「梂　久利乃伊加」＊十巻本和名抄(934頃)九「栗刺　罅発附　神異経云　北方有栗径三尺二寸刺長一尺　刺、伊賀」＊能因本枕(10C終)一五〇・おそろしげなる物「栗のいか」 方言㊀❶とげ。青森県三戸郡083 島根県那賀郡736 鹿足郡739 山口県803 熊本県下益城郡930 大分県938 ◇えがえが 島根県(幼児語)725 ◇いがぐい 島根県石見725 ❷麦や稲の穂のとげ。のぎ。青森県三戸郡083 新潟県佐渡352 大阪府中河内郡643 兵庫県加古郡664 島根県石見725 徳島県811 香川県829 高知県869 ❸竹などの折れてささくれたもの。◇えが 富山県砺波398 ❹動物、うに(海胆)。京都府竹野郡622 ㊁植物。❶とげのある植物。いばら(茨)。大分県941 ◇いがどろ 大分県北海部郡941 ❷のいばら(野茨)。◇いがいが 島根県浜田市725 ◇いがぼたん 島根県725 ❸ばら(薔薇)。◇いがぼたん 島根県簸川郡725 那賀郡736 山口県熊毛郡794 大分県941 ❹さるとりいばら(菝葜)。山口県美祢郡794 大分県939 ◇いがんは 大分県西国東郡964 ◇いがぐい 岡山県御津郡764 香川県827 ❺あざみ(薊)。◇いがいが 島根県美濃郡964 山口県794 大分県大分郡941 ◇いがぐさ 島根県鹿足郡964 ◇いがいがばな 山口県玖珂郡794 ◇いがのはな 山口県豊浦郡794 ◇いがな 岡山県744 748 753 山口県熊毛郡794 愛媛県大島840 ◇いがぼたん 山口県熊毛郡・豊浦郡794 ◇いがんどお 山口県美祢郡794 語源説(1)イは発語。ガは尖鋭の義〔東雅〕。(2)イカカハ(厳皮)の義〔名言通・大言海〕。(3)イカリ(怒)の略〔日本釈名・滑稽雑談所引和訓義解・和語私臆鈔〕。(4)イゲ(射毛)の義〔和訓栞・国語の語根とその分類=大島正健〕。(5)イラ(苛)の転音〔俗語考・日本語源=賀茂百樹〕。(6)イラカハ(苛皮)の義〔言元梯〕。(7)イラケカハ(苛毛皮)の義〔日本語原学=林甕臣〕。(8)イカ(厳)と同言〔箋注和名抄・古言類韻=堀秀成〕。 発音イガ〈音史〉古くは『いか』か。〈なまり〉イゲ〔福岡・佐賀〕インガ〔埼玉・埼玉方言〕エガ〔栃木・埼玉方言・東京・富山礪波・山梨・岐阜・飛騨・土佐〕エッカ〔岩手〕〈標ア〉ガ〈ア史〉平安●○〈京ア〉ガ 辞書和名・色葉・文明・饅頭・黒本・日葡・言海 表記刺(色・文・饅・黒) 刺(和) 梂(文)

いが【伊賀】㊀〔一〕(「風土記」によれば、その昔、猿田彦神の娘伊賀津姫の所領であったため名づけられたという) 東海道一五か国の一つ。大化改新で伊勢国に合併されたが、天武天皇九年(六八〇)、再び伊賀国となる。平安時代は伊賀平氏、鎌倉時代は大内・千葉氏、室町時代は伊勢の北畠氏の勢力下。江戸時代は藤堂氏が支配。廃藩置県により安濃津県となり、明治五年(一八七二)三重県に編入。伊州。賀州。以加。＊二十巻本和名抄(934頃)五「東海国　伊賀　以加」〔二〕三重県中西部にあった郡。明治二九年(一八九六)名張郡と合併して名賀郡となる。＊二十巻本和名抄(934頃)五「伊賀国〈略〉伊賀〈与国同〉」㊁〘名〙「いがもの(伊賀者)」の略。＊政談(1727頃)二「其外坊主・御徒・御徒目附・伊賀の類、何ぞ一色頼めば礼をする」 語源説(1)アガツヒメノミコト(吾娥津媛命)のアガの転音〔古史通・和訓栞・言葉の根しらべ=鈴江潔子〕。(2)地形をイガ(栗刺)に見立てた名〔即事考〕。(3)イカガの約。イは接頭語。カガはカゴ(神裔)の意で、約してガ〔日本古語大辞典=松岡静雄〕。 発音イガ〈標ア〉イ〈ア史〉江戸○◓か〈京ア〉ガ 辞書和名・色葉・文明・伊京・明応・天正・饅頭・黒本・易林 表記伊賀(和・色・文・伊・明・天・饅・黒・易)

いがの者(もの) 「いがもの(伊賀者)」に同じ。＊御触書寛保集成-三〇・享保九年(1724)七月「此度御吟味之上、続兼候小給之者共に、御増高被下候間、自今支配之内より格別之儀も無之候はば、御足米願申出間敷候〈略〉三拾俵高　弐人扶持　御本丸二丸御女中様方御広敷伊賀之者」

いが【伊賀】 姓氏の一つ。 発音イガ〈標ア〉イ0

い-が【衣蛾】〘名〙ヒロズコガ科のガ。はねの開張約一〜一・五センチメートルで、全体に灰黄褐色。世界各地に分布。成虫は衣服や毛皮などに産卵し、幼虫は細い円筒状の巣をつくり、繊維などを食べ被害を与える。きぬほそば。らしゃのみのむし。学名は Tinea translucens 発音イガ〈標ア〉イ

い-が【為我】〘名〙自分の利益のみを考え行動すること。＊藤原惺窩文集(1627頃)二・四景我有解「吁、子之言者楊子之為我也」＊童子問(1707)中・二「仁義即中也。兼愛為我、失二之過一。非二仁義一」＊青春(1905-06)〈小栗風葉〉春・一三「必ず対手を犠牲に為やうと云ふ恐しい為我が潜んで居るものである」＊煤煙(1909)〈森田草平〉一八「生れつき為我の強い、容易に人に屈しない女が好奇心に駆られたら」＊孟子-尽心・上「楊子取レ為レ我、抜二一毛一而利二天下一、不レ為也」 発音イガ〈標ア〉イ

い-が【偉雅】〘名〙優雅で傑出したさま。＊家伝(760頃)上(寧楽遺文)「大臣性仁孝、〈略〉為人偉雅、風姿特秀」

い-が【遺画】〘名〙死後のこされた絵。＊三四郎(1908)〈夏目漱石〉八「深見さんの遺画があるから、それ丈見て」 発音イガ〈標ア〉イ

いが〘名〙方言❶赤ん坊。乳児。嬰児(えいじ)。三重県

度会郡599 佐賀県887 長崎県905 906 917 ◇いかご 熊本県天草郡919 ◇いがご 岐阜県養老郡498 愛知県愛知郡563 熊本県天草郡919 ◇いがじょ 長崎県北松浦郡899 ◇えんがびき 青森県東津軽郡073 ❷小児。幼児。子供。長崎県905 906 908 ❸三女。三重県南牟婁郡603 ❹はしか。熊本県南部933 ❺家。宮城県登米郡115 玉造郡116 ❻堀。茨城県猿島郡188 ❼動物、さる(猿)。三重県度会郡599

いが-あたま【毬栗頭】『名』「いがぐりあたま(毬栗頭)」に同じ。＊雑俳・柳多留-三六(1807)「いが天窓取ればくりくり坊主なり」 方言 ざんぎり頭。秋田県南秋田郡130 発音 イガアタマ〈なまり〉エガアタマ〔飛驒〕〈標ア〉ア

いか-あらい【烏賊洗】『名』海から陸あげして、するめにするために縦に裂いたイカを水洗いすること。《季・秋》 発音〈標ア〉ア

いかい【厳・大】『副』(形容詞「いかい」の連体用法「いかい事」などから変化したものか) たいそう。ひどく。いっかい。＊雑俳・蓬莱山(1709)「手おひする役者はいかいくたびれふ」＊阿部一族(1913)〈森鷗外〉「長十郎はちょっと一休みすると云うたが、いかい時が立つような」

い-かい【位階】『名』①令制で規定する官人の序列。推古天皇の冠位十二階制のあと、数度の変遷を経て、大宝令では親王四階、諸王十四階、諸臣三十階の位階を規定し、冠をやめ位記を与えることとした。養老令では大宝令を踏襲しつつ、名称変更などの改定を加えて、親王四階(一品より四品)、諸臣三十階(一位より三位まで正・従計六階、四位から八位まで正・従および、上下に分けて二十階、初位(そい)は大・小を上下に分けて四階)の制を定め、後世ながく続いた。三位以上は公卿(くぎょう)、四位・五位で清涼殿への昇殿を許された者は殿上人と呼ばれる。通常、貴族というのはこれらである。また、位階に相当した官職が定められていて、相当する官職に就くのが建前であった(官位相当)。なお、以上のほかに、国家に功績ある人に賜う勲位の制も併設されていた。＊続日本紀-和銅四年(711)一〇月甲子「太政官議奏令出蓄銭。勅。有進位階、家存蓄銭之心」＊二十巻本和名抄(934頃)五「位階 今案唐令有官品今本朝以位代品」＊平家(13C前)三・法師問答「家嫡といひ、位階といひ、理運左右に及ばぬ事を引ちがへさせ給ふは」＊読本・椿説弓張月(1807-11)残・六八回「亀を柴巾官(しきんかん)とし、林太夫(りんたいふ)以下の位階(ヰカイ)をすすめて、封戸(ほうこ)を増加(ましくは)へ」②明治政府の制定した、勲功・功績ある者に与えられる栄典の一つ。一位から八位まで正・従十六階ある。＊刑法(明治一三年)(1880)二三二条「官職位階を詐称し」＊初すがた(1900)〈小杉天外〉五「長い間農商務省の或る局の長を勤め、従何位(じゅなんみ)と云ふ位階(イカイ)まである」 発音〈標ア〉イ1〈京ア〉イ1 辞書 文明・易林・日葡・書言・〈ボン・言海 表記 位階(文・易・書・へ・言)

い-かい【医会】『名』医師の集会、または、団体。医師会。＊千曲川のスケッチ(1912)〈島崎藤村〉一二・御辞儀「岡源の二階には小諸医会の面々が集って居た」 発音〈標ア〉イ1

い-かい【医戒】『名』医者の守るべき道。＊改正増補和英語林集成(1886)「Ikai (イカイ)ヲ マモル」

い-かい【医界】『名』医師の仲間。医者の社会。＊墨汁一滴(1901)〈正岡子規〉五月三日「勲位官名の肩書をふりまはして何々養生法などいふ杜撰の説をなし世人を毒するは医界の罪人といはざるべからず」 発音〈標ア〉イ1

い-かい【居飼】『名』院司、家司(けいし)の厩別当(うまやべっとう)に属して牛馬を預かる者。＊宇津保(970-999頃)吹上下「殿上人より始めて、所々の上下の人々に、各々馬副(うまぞひ)、ゐかい、おさへ、をかへまで給ひ」＊今鏡(1170)四・薄花桜「御馬は走りて御むまやに立ちにけり。〈略〉ゐかひ追ひつきてかくと申しければ」＊吾妻鏡-建久元年(1190)一二月一日「先居飼四人〈略〉次舎人四人〈略〉已上院御厩舎人」

い-かい【怡快】『名』たのしくてこころよいこと。＊帰省(1890)〈宮崎湖処子〉四「唯好笑と怡快(イクワイ)に耽りて愁気なく、大人の憤怒にも」

い-かい【易解】『名』理解しやすいこと。わかりやすいこと。＊颶風新話(航海夜話)(1857)序「故に予は鄙俗の為、勉て簡便の言辞を用ひ、好で易解の論説を載せたり」

いかい【威海】中国、山東半島北東の地名。明(みん)代初期(一四世紀後半)、倭寇(わこう)を防ぐため衛所を設けたので、威海衛と慣用された。清代に北洋艦隊の基地が置かれた。一八九八～一九三〇年までイギリスが租借。ウエイハイ。→威海衛。

い-かい【異怪】『名』ふしぎなこと。あやしいこと。また、あやしいもの。怪異。＊通俗孝粛伝(1770)三・一回「幽林深谷岩石嵯峨として人跡なく多く精霊異怪(イクヮイ〈注〉ケケンナモノ)出没す」＊代議政体(1875-79)〈永峰秀樹訳〉一「其初発には、たとひ之を異怪とするも、久しからずして習熟の事物となり易きなり」 発音〈標ア〉イ1

い-かい【異界】『名』日常生活の場所と時間の外側にある世界。また、ある社会の外にある世界。 発音〈標ア〉0

い-かい【猪飼・猪養】㊀『名』上代、朝廷の御料に供するイノシシを飼う職。＊古事記(712)下「答へて曰ひしく、我は山代(やましろ)の猪甘(ゐかひ)ぞといひき」㊁(猪養) 奈良県桜井市初瀬付近の山腹の名。但馬皇女(たじまのひめみこ)の墓があったといわれる。＊万葉(8C後)二・二〇三「降る雪はあはにな降りそ吉隠(よなばり)の猪養(ゐかひ)の岡の寒からまくに〈穂積皇子〉」 上仮名 ヰカヒ 辞書 言海 表記 猪養・猪甘(言)

い-かい【意快】『名』(形動) 非常に気分がよいこと。また、そのさま。気分爽快。＊随筆・北越雪譜(1836-42)二・一「両側一里余庇下つづきたるその中を往くこと甚意快(イクヮイ〈注〉ココロヨイ)なりき」

い-かい【意改】『名』書物の校訂などの際に、意味のうえから、原文を改めること。 発音〈標ア〉0

い-かい【意解】『名』意味を理解すること。＊明暗(1916)〈夏目漱石〉一六一「津田は略(ほぼ)小林の言葉を意解(イカイ)する事が出来た。然し事解する事は出来なかった」 発音〈標ア〉0

い-かい【慰解】『名』心のうさをなぐさめとくこと。うさをはらすこと。＊明治月刊(1868)〈大阪府編〉五「技芸を学び使令に服し、一時の鬱を慰解するに足れり」＊新聞雑誌-一〇号付録・明治四年(1871)八月「此悲歎を大に慰解(イカイ)せり」 補注「名物六帖-人事箋」に「慰解 ナタメトク」とある。

い-かい【慰懐】『名』心をなぐさめること。＊白石先生手簡(1725頃)九「如仰、連日酷暑、御渾家御清佳慰懐大幸奉存候」

い-かい【遺戒】『名』故人が後々のためにのこした戒めの言葉。遺訓。ゆいかい。＊金刀比羅本保元(1220頃か)上・新院為義を召さるる事「それは故院の御遺誡(イカイ)にて候とて」＊後漢書-蔡遵伝「臨死遺誡」 補注「文明本節用集」や「日葡辞書」では「ユイカイ」とあるので、読みの明らかでない日本の用例は「ゆいかい」にまわした。 発音〈標ア〉0〈京ア〉0

いかい『名』捕縄をいう、盗人仲間の隠語。〔隠語輯覧(1915)〕

いか・い【厳・大】『形口』文いか・し『形ク』(上代ではシク活用か。→いかし(厳)) ①猛威がある。荒々しい。きびしい。はげしい。いっかい。＊宇津保(970-999頃)俊蔭「おそろしげにいかきものどもひと山に満ちて、目に見ゆる鳥けだもの、色をも嫌はず殺し食へば」＊源氏(1001-14頃)葵「少しうちまどろみ給ふ夢には〈略〉とかく引きまさぐり、うつつにも似ず、たけくいかきひたぶる心出で来て、うちかなぐるなど見え給ふこと、たび重なりにけり」＊菟玖波集(1356)雑体「うちうなだるる鶏頭花かな せうかうの夕つけどりのいかきさか〈藤原為氏〉」②(よい場合にも、悪い場合にもいう) 程度が甚だしい。たいそうな。ひどい。いっかい。＊史記抄(1477)一一・弟子列伝「孔子もいかい力つよぢゃぞ」＊虎清本狂言・猿座頭(室町末-近世初)「ああいかい人おとの」＊歌謡・松の葉(1703)三・悪所八景「まことらしげに洞庭の、ああきの月とも謂つんべし、いかひ愚痴(たはけ)のなれの果」＊洒落本・禁現大福帳(1755)一「いかい空気(ウツケ)といわるべし」＊滑稽本・浮世床(1813-23)二・下「ヤレヤレそれはほんにいかいお力落しで」＊歌舞伎・小袖曾我薊色縫(十六夜清心)(1859)五立「今日も肴屋の新公が、いかく高く売りゃアがった」③大きい。多い。壮大である。事物の長、大、多であることをいう。＊日葡辞書(1603-04)「Icai (イカイ)〈訳〉たいそうな、または並外れた」＊俳諧・鷹筑波(1638)四「いかひ音してとふもうるさし 忍び来る人のさはりや番太良」＊狂言記・竹生島参(1700)「さて身共は、つひに竹生島へ参らぬが、いかい参りか」＊物類称呼(1775)五「大いなる事を五畿内近国共に、ゐらいと いひ又、いかいと云」＊藁草履(1902)〈島崎藤村〉一「源さの大(イカ)くなったには、私(わし)魂消た。全然(まるで)見違へるやうに」 語誌 (1)中古の「いかし」は、「いかめし」が視覚的に荘厳に見えることをいうのに対して、純粋直接に勢威のあることをいう。(2)中古では「荒々しい・厳しい」などの意で用いられていたが、室町時代頃からは「程度が大きい」意で用いられるようになる。近世では上方語的な連用形「いかう」の形が一般に用いられ、「いかく」は東国語としてまれに用いられることはあっても江戸語としてはほとんど用いられなかった。→いこう(厳)。(3)江戸語では「きつい」、上方語では「ゐらい」と「きつい」が一般に用いられたこともあって、「いかい」の勢力は江戸末期には衰退していった。→「いかし(厳)」の語誌。 方言 ㊀『形』❶大きい。りっぱである。常陸†064 房総†068 信濃†090 大阪†116 福島県浜通155 東白川郡157 茨城県188 栃木県197 198 群馬県邑楽郡244 千葉県266 270 276 東京都大島326 三宅島・御蔵島333 神奈川県逗子市054 愛甲郡314 富山県390 福井県427 山梨県461 南巨摩郡463 岐阜県498 502 516 静岡県531 532 541 愛知県549 559 564 三重県584 585 599 滋賀県609 611 616 大阪府大阪市638 中河内郡643 奈良県675 島根県石見725 岡山県苫田郡749 広島県771 772 779 山口県793 阿武郡798 玖珂郡800 福岡市879 ◇いかしい 島根県那賀郡725 ❷多い。副詞的に用いられることが多い。たくさん。佐渡†085 北海道065 山形県米沢市149 新潟県361 佐渡348 福井県大飯郡447 長野県諏訪468 大阪府大阪市638 中河内郡643 兵庫県淡路島671 岡山県749 751 768 広島県高田郡779 福岡県小倉市874 福岡市879 長崎県対馬913 大分県下毛郡939 ◇ゆかい 沖縄県首里993 ❸甚だしい。副詞的に用いられることが多い。たいそう。あまりに。仙台†059 駿河†098 尾張宮†111 秋田県038 130 山形県米沢市149 福島県東白川郡157 埼玉県北足立郡062 新潟県347 366 385 長野県468 472 477 岐阜県可児郡043 愛知県豊橋市054 名古屋市562 三重県員弁郡584 兵庫県淡路島671 奈良県675 和歌山県日高郡698 岡山県苫田郡749 愛媛県周桑郡・越智郡845 福岡県872 長崎県915 熊本県054 933 ◇ゆかい 沖縄県首里993 ㊁『名』❶大きいこと。また、そのさま。岐阜県郡上郡504 静岡県榛原郡542 ❷多いこと。かなりのさま。◇ゆかい 沖縄県首里993 ❸威厳。島根県隠岐島725 ❹祖父。茨城県稲敷郡062 語源説 (1)イカメシイの略〔かた言〕。(2)オホ(大)の転。「伊加」の約「阿」は「於」に通じ於保となる〔万葉考〕。(3)イは強く出る息で、イ(大)の意。カは強く堅き義〔日本語源=賀茂百樹〕。(4)イは接頭語、カは赫の意の原語。赫然の意から荘厳盛隆の意に転用される〔日本古

語大辞典=松岡静雄」。(5)憤怒するときは、気息をはげしくすることから、息を活用してイカル(怒)といい、転じてイカ、イカシが生まれた〔国語溯源=大矢透〕。発音〈なまり〉イーガイ〔NHK(茨城)〕イガェー・イッカェー・エガェー〔千葉〕イッカイ〔NHK(茨城)・静岡・岐阜〕イッケー〔東京〕エカイ〔静岡〕エキャ・エギャ〔NHK(秋田)〕〈標ア〉カ 辞書 名義・日葡・ヘボン・言海 表記 偉・苦・若若(名) 大(ヘ) 厳(言)

いかい 事(こと) ①多いこと。たいへんなこと。おおげさなこと。*史記抄(1477)三・周本紀「甲と粟とをださせぬこそ、いかい事であるに、なぜに高都をあたようずことはと云て怒ぞ」*日葡辞書(1603-04)「Icaicotouo(イカイコトヲ) ミタ」*洒落本・遊子方言(1770)宵の程「これはいかい事。客ひとりに、むこ八人じゃ」*物類称呼(1775)五「大いなる事を五畿内近国共に、ゐらいといひ又、いかいと云〈略〉いかい事と唱ふる時は多き事也」②(副詞的に用いて)たくさん。ぎょうさん。数量の多いことにいう。*俳諧・曠野(1689)一・月「一つ屋やいかいこと見るけふのつき〈亀洞〉」*歌舞伎・好色伝受(1693)上「あれあれ向うの岸に、いかい事、鮎があそこへ行く。網を打て」*狂言記・瓜盗人(1700)「ひる見たれば、瓜がいかいこと見へたが、よるぢゃによって見へぬ」*滑稽本・浮世風呂(1809-13)四・中「イヱ、あの時代(じでへ)は肥腹(ほてっぱら)な事がいけへことごぜへましたよ」方言 たくさん。たいへんに。仙台1059 山形県139 福島県会津155 埼玉県秩父郡251 入間郡257 千葉県香取郡062 新潟県357 372 385 福井県427 岐阜県498 502 510 静岡県志太郡535 愛知県062 562 566 三重県伊勢062 南牟婁郡583 兵庫県淡路島671 奈良県675 宇陀郡678 和歌山県690 698 岡山県751 754 767 山口県豊浦郡798 福岡県企救郡875 大分県939 ◇いかいこつ 長崎県壱岐島・対馬911 915 熊本県054 058 930 ◇いかいこ・いきゃしこ 長崎県南高来郡905 ◇いきゃあしこ 熊本県921 ◇いけえしこ 福岡県三井郡・三瀦郡872 辞書 日葡・言海

いかい 衆(しゅう) 方言❶金持ち。財産家。福井県427 432 441 ◇いかいし 島根県石見725 ◇えかいしょう 福井県丹生郡427 ◇いかあもん〔―者〕島根県石見725 ❷大人。成人。◇いかいし 島根県石見725 ◇えけえしょう 長野県南佐久郡054 ◇えけえしょ 長野県佐久493 ◇いかいもん 福井県432 長野県佐久493 島根県石見725

いかい=世話(せわ)〔=お世話(せわ)〕 ①たいそうめんどうをかけました、の意で用いるあいさつのことば。*浄瑠璃・女殺油地獄(1721)下「『コレお侍様。左の足上(あげ)さんせ。ソレソレ又右の足も上さんせ。ヲヲよふ上さんした。いかいせわの』と、なぶってひんしゃん行過る」*咄本・鹿の子餅(1772)新五左殿「いやもう、きのふはいかゐ世話(セワ)、めづらしい江戸芝居見物して、皆もよろこび申す」*滑稽本・東海道中膝栗毛-発端(1814)「『サア娵御(よめご)のお出だ。お盃お盃』『いかいおせわ』」②①の否定的な用法で、いらぬ世話。*咄本・室の梅(1789)奈良漬「わしが扇子を忘れようが、奈良漬を忘れようが、いかいお世話だ」*開化の入口(1873-74)〈横河秋濤〉上「是はいかい御世話様じゃノンシ」

いかい 泥踏(どろふ)**み** 横車を押したり、無理やり人にさからう無法者。*咄本・醒睡笑(1628)一「理を非になし、非を理になし、顔をあかめ興をさまし、むさと物ごとに横さまにわめく者を、なべて世の人、あれはいかいどろふみよといふ事、はだしぢゃとの縁語なり」

い-がい【以外】『名』①ある範囲の外側。↔以内。*改正増補和英語林集成(1886)「コノ イタベイヨリ igwai(イグヮイ)」*趣味の遺伝(1906)〈夏目漱石〉一「余の万歳は余の支配権以外に超然として止まったと云はねばならぬ」②(他の名詞や動詞に付いて)それを除く他の物事。そのほか。*史記抄(1477)七・高祖本紀「殺人以外は唯傷人及盗は、使至罪名耳ぞ」*山陽遺稿(1841)詩集・二・即事「坐久隣楼人語罷、一灯以外黒夜茫茫」*吾輩は猫である(1905-06)〈夏目漱石〉一「黒の子分になって鼠以外の御馳走を猟ってあるく事もしなかった」*人間の病気(1967)〈後藤明生〉「そのままにさせておく以外に方法はない」*顔氏家訓-勉学「以外率多二田里間人一、音辞鄙陋、風操蚩拙」語誌 (1)中国の典籍に用いられており、日本でも熟字としてはすでに奈良時代の文献にあるが、その読みは、日本書紀古訓によると「ほか」である。また、平安中期の古記録・古文書にも見られるが、その読みは「もってのほか」である。(2)中世以降、「以後」「以前」などにならって音読みが行なわれ、現在に及んでいる。発音 イガイ〈標ア〉イ1〈京ア〉イ1

い-がい【帷蓋】『名』とばりとほろ。使いふるしの布。転じて、功労に対する報償・恩賞をいう。*南海先生文集(1784)一・悼猫「恩存二帷蓋一今何益、灯前老涙眼朦朧」*漢書-陳湯伝「夫犬馬有レ労二於人一、尚加二帷蓋之報一、況国之功臣者哉」辞書 文明 表記 帷蓋(文)

いがい【猪飼】姓氏の一つ。発音 イガイ〈標ア〉イ1

いがい-けいしょ【猪飼敬所】江戸後期の折衷学派の儒者。京都の人。名は彦博(げんぱく)。字は文卿、通称は三郎右衛門、安治郎。巌垣龍渓に学ぶ。天保期の、京都第一の経学者。伊勢の藤堂氏ら諸侯に招かれる。三礼の学を重んじた。主著「論孟考文」「病間一適」「西河折妄」など。弘化二年(一八四五)没。

い-がい【貽貝】『名』イガイ科の二枚貝。日本沿岸に広く分布し、岩礁に足糸という細い糸をだして付着する。三角形で、殻長約一五センチメートル。外面は黒褐色、内面は真珠色。肉は春に美味で、乾燥したものを淡菜という。あかがい。いいがい。せとがい。いのかい。ひめがい。にたりがい。からすがい。しゅうりがい。東海夫人。学名は Mytilus corscus 《季・春》*出雲風土記(733)秋鹿「凡そ北の海に在る雑(くさぐさ)の物は、鮐・沙魚・佐波〈略〉貽貝」

貽 貝

*新撰字鏡(898-901頃)「蠹蠹 伊加比」*大和本草(1709)一四「淡菜(ヰカイ)海中にあり。延喜式に貽貝と云。是なるべし。東海及筑紫の海に多し。蜑(あま)かづきてとは、本草に一名東海夫人と云。その形を以名づくといへり」語源説 (1)イガヒ(異貝)の意〔名言通〕。(2)イナガヒ(否貝)の義〔日本語原学=林甕臣〕。発音 イガイ〈標ア〉イ1〈ア史〉平安◓〇〇〈京ア〉イ1 辞書 字鏡・和名・色葉・日葡・言海 表記 貽貝(和・色・言) 蠹蠹・蜼(字) 黒貝(色)

いがい の 後折(しりおり) 貝殻をつけたまま貽貝を乾燥させた食品。*令義解(718)賦役・調絹絁条「貽貝後折六斗」*伊呂波字類抄(鎌倉)「貽貝後折 イガヒノシリヲリ」

いがい の 鮓(すし) 料理の一種。貽貝を酢に漬けたもの。*令義解(718)賦役・調絹絁条「貽貝鮓三斗」

い-がい【飯匙】『名』「いいがい(飯匙)」に同じ。

い-がい【意外】『名』(形動) 考えていたことと実際とが、くい違うこと。思いがけないこと。また、そのさま。思いのほか。現代では、俗に「意外と」の形で副詞的にも用いる。*文明本節用集(室町中)「意外 イグヮイ」*蔭凉軒日録-長享二年(1488)二月二八日「正宗云、今日斎会出二于意外一。願聴二東雲一句一。愚則取二寄筆硯紙一。東雲破題云、相遇花如レ雪」*日葡辞書(1603-04)「Iguai(イグヮイ)。ココロノ ホカ〈訳〉思いのほか」*新聞雑誌-一号・明治四年(1871)五月「天地間には我意外なる驚べく喜べき事多く」*花柳春話(1878-79)〈織田純一郎訳〉一「却て意外の難に遇ふも知るべからず」*他人の顔(1964)〈安部公房〉灰色のノート「抑制心というやつは、意外と頼りにならない」*北史-崔光伝「若無二意外咎譴一、二十年後、当レ作二司空一」発音 イガイ〈標ア〉イ1 〇〈京ア〉イ1／〇⓪ 辞書 文明・日葡・言海 表記 意外(文・言)

いがい に 出(い)**ず** 思いがけないことになる。予想もしていないことになる。*米欧回覧実記(1877)〈久米邦武〉一・一四「新約克の繁華は、世に轟きたれば、常に十二分の想像にて思量したれども、猶も意外に出ることぞ多し」*近世紀聞(1875-81)〈染崎延房〉五・二「豈計らん神断意外(イグヮイ)に出させられ」

い-がい【違害】『名』そむき、害すること。反逆。*東大寺成巻文書-五五・正安二年(1300)七月二一日・伊賀国黒田庄下司大江泰定請文「曾以不レ可レ有二違害之儀一」*十善法語(1775)一「もしは尊尚有恩の境にをいて違害の心をおこせば、阿鼻大地獄あるも、信ずべき理なり」発音 イガイ〈標ア〉〇

い-がい【遺外】『名』忘れ去ること。度外視すること。*駿台雑話(1732)四・楠正成「功名を遺外(ヰグワイ)し、草蘆(さうろ)にて一生を終んとせしに」

い-がい【遺骸】『名』死んだ人のからだ。なきがら。遺体。ゆいがい。*音訓新聞字引(1876)〈萩原乙彦〉「遺骸 イガイ ナキガラ」*経国美談(1883-84)〈矢野龍渓〉後・一七「将さに礼を厚ふして戦死者の遺骸を送還せんとす」*煤煙(1909)〈森田草平〉二七「次の日の夕べ、夏子の遺骸を一片の茶毗(だび)に附した」発音 イガイ〈標ア〉〇〈京ア〉〇⓪ 辞書 言海 表記 遺骸(言)

いかい-えい【威海衛】中国、山東半島北岸にあり、渤海(ぼっかい)湾をおさえていた要塞。明代初期、倭寇(わこう)に備えて衛所を置いたのに始まり、清代末期、軍港として整備され北洋艦隊の根拠地となった。日清戦争以後、日本が占領。一八九八年からイギリスが租借。一九二二年のワシントン会議を経て、一九三〇年に中国に返還された。→威海。発音 イカイエイ〈標ア〉カ

いが-いが『副』(「いかいか」とも。「と」を伴う場合が多い) 大変いかめしいさま、また、あらあらしく力を加えるさまを表わす語。*塵袋(1264-88頃)四「斑なる虎ありてこれを守護して乳をのませて毛のいかいかとをひたるなり」*幸若・烏帽子折(室町末-近世初)「くしがたをいがいがと、一ためためて、左へ折てたび給へ」*浄瑠璃・烏帽子折(1690頃)三「くしがたをいかいかと、諸眉(もろまゆ)つけて左折が所望とある」語誌 荒々しい意の「いかし(厳)」の語幹を重ね副詞的に用いられた語か。濁音化した「いがいが」の語形については、「毬」を重複させて、毬のようなとげとげだった状態を表わし、とげとげした感じを表わす「いがいが」に干渉されたかと考えられるが、未詳。方言 他人にいばったり、とげとげしく当たり散らす態度のさま。岩手県気仙郡100 宮城県栗原郡114 ◇えがえが 岩手県平泉108 ◇いかほか・えかほか・えかぽか・いっかほっか・えっかほっか 岩手県気仙郡100 ◇えがほが 岩手県上閉伊郡097 098 宮城県石巻120 秋田市130 ◇えがらほがら 宮城県石巻120 ◇いかほき・えかほき 岩手県上閉伊郡102

いが-いが『副』(「いかいか」とも。「と」を伴う場合が多い) 赤んぼうの泣く声を表わす語。おぎゃあ、おぎゃあ。*宇津保(970-999頃)国譲下「御ゆたびたびまゐりて、〈略〉とらの時ばかりに、いかいかとなく」*栄花(1028-92頃)月の宴「みこいかいかと泣き給ふ」*今昔(1120頃か)二七・四三「赤児(ちご)の音(こゑ)にていかいかと哭(なく)なり」語誌 赤ん坊の泣き声を写した擬音語。「怒る」の語幹を重ねた清音とも、中国、四国の方言で子供がむずかる意の「いがる」の語幹を重ねた濁音とも説かれ、清濁は未詳。後世の「おぎゃーおぎゃー」から考えて、平安時代でも長音で「いがーいがー」と発音されたとする説もある。方言 ■一『副』子供が無理を言ったり泣いたりするさまを表わす語。新潟県佐渡352 大阪市637 徳島県美馬郡816 ■二『名』赤ん坊。長崎県壱岐島914

いが‐いが ■一『副』栗のいがや、のこぎりの歯などのように、とげとげしたさまを表わす語。■二『名』栗のいがのような状態のもの。＊水の上の会話(1965)〈阿川弘之〉「よく陰部のまわりにフジツボのいがいがを沢山つけているのがいると」方言❶栗のいがや、芒(のぎ)などが肌に触ったり、小骨の多い魚を口にするような不快な感じ。ちかちか。宮城県栗原郡114 新潟県佐渡348 ◇いかいか 山形県米沢市149 ◇えがえが 青森県三戸郡083 岩手県気仙郡102 秋田県鹿角郡132 ◇えかえか・えっかえっか 岩手県平泉108 ◇いかほか・いっかほっか 岩手県気仙郡100 ◇えかほか・えっかほっか・えっからほっから 岩手県気仙郡100 平泉108 ◇えかぽか 岩手県気仙郡100 山形県米沢市149 ◇えがほが 岩手県気仙郡102 秋田県鹿角郡132 ◇えがらほがら 秋田県鹿角郡132 ◇いかほき・えかほき 岩手県上閉伊郡097 098 ❷うるちを混ぜた餅(もち)に粒々のあるさま。◇えがえが 山形県米沢市・南置賜郡139 ❸金物などが鋭くとがり、光っているさま。また、刃物。岩手県気仙郡100 ◇いがえが 山形県酒田市139

いかいか‐し【厳厳】『形シク』(「いかし」を強めていう語) 大層いかめしい。あらあらしい。＊細流抄(1525‐34)一六「いかきさまを いかいかしきなり」辞書言海

いがいが‐し【毬毬】『形シク』とげだっている。＊仮名草子・曾呂利狂歌咄(1672)四「いが栗の十四五なりたるを、枝をりにして馬場美濃守に送るとて、いがいがし毛衣なれば手も触れずそこにて肌をくりあけてめせ」

いかい‐くんとう【位階勲等】『名』功績のある者を賞するために授けられる位と勲章と等級。＊軽犯罪法(1948)一条・一五「官公職、位階勲等、学位その他法令により定められた称号」発音イカイクントー〈標ア〉イ〈京ア〉イ

いかい‐こと【厳事】⇨「いかい(厳)」の子見出し

いがい‐じ【意外事】『名』思いがけないこと。予想外のこと。＊遠乗会(1950)〈三島由紀夫〉「それはあまりの意外事であったために奇蹟的だといふのではなく」発音イガイジ〈標ア〉ガ

いがい‐せんばん【意外千万】『形動』(「千万」は接尾語) 非常に思いがけないさま。まったく予想もしていなかったさま。主として好ましくない場合にいう。＊雪中梅(1886)〈末広鉄腸〉下・二「随分政党の盛んにあった御県下が、左様に手を翻へす様になったは意外千万のことぢゃが」＊思出の記(1900‐01)〈徳富蘆花〉三・六「所が世は意外千万なもので、一と月経(たち)三月過ぐる程に〈略〉面白からぬ所あるを露呈するに立到った」＊夫婦(1904)〈国木田独歩〉三「痛ましき事実。意外千万(イグヮイセンバン)の事実」発音イガイ=センバン〈標ア〉イ=セ

い‐がいちょう【居開帳】『名』本尊を他所へ出さないで、その寺で信者に見せ、礼拝を許すこと。⇔出開帳。《季・春》＊禁令考‐前集・第五・巻四二・享和二年(1802)「居開帳差免度儀 御書面、御知行常光院居開帳願之儀」＊雑俳・柳多留‐一一九(1832)「金龍と金亀武相の居開帳」＊合巻・教草女房形気(1846‐68)初・下「其頃同じ鎌倉なる長谷の観音にて居開帳(ヰガイチャウ)あれば、諸人挙りて参詣群集なしければ」発音イガイチョー〈標ア〉ガ

いかいて『副』(「いかして」の変化した語) なんで。どうして。＊ロドリゲス日本大文典(1604‐08)「ヤバウメガ、icaite(イカイテ) ヲソウ サクイラウ? マッサイ ムカイ、ハラア キタトガ。その意味は、ヤブウメガ イカデカ ヲソウ サクゾ? ゲニモ ハヤ ハルワ キタトマウスというのである」

いがい‐とがめ【意外咎】『名』身に覚えのない人咎め。思いのほかの人咎め。＊歌舞伎・霊験曾我籬(1809)八幕「意外咎(イグヮイトガ)めは此方から。妹の深間のこなたの面、見覚えるため」

いかい‐べ【猪飼部】『名』大化前代、大王へ献上する猪を飼養するのを職とした部民。

いがい‐まし【飯匙増】『名』(「いがい」は主婦権の象徴であるところから) 夫より年上の女房。あねさん女房。へらまし。方言筑前†128 福岡市877 長崎県五島(一歳年上)054

いが‐いも【伊賀薯】『名』「いせいも(伊勢薯)」の異名。方言❶ががいも(蘿藦)。志州†106 ◇いかしこ 泉州†039 ❷さといも(里芋)。山口県美祢郡794

い‐かいよう【胃潰瘍】『名』胃壁の損傷が粘膜下組織にまで達した疾患。幽門付近あるいは、小湾、後壁等に潰瘍ができる。原因としては、胃液消化説、自律神経不調和説などあるが、確定はしていない。疼痛、出血、過酸症などが主な症状。＊増訂医語類聚(1878)〈奥山虎章〉「Gastrelcosis, 胃潰瘍」＊万朝報‐明治四〇年(1907)六月二七日「本年四月中胃潰瘍に罹りて引籠り」語誌(1)皮膚の表面における限局性の、一定の深さの組織欠損の状態を「潰瘍」という用法は、古くから漢方医書に見え、近世の南蛮流外科の医書にも登場する。しかし、症状を粘膜面まで含むのは、日本独特の用法である。(2)幕末・明治初期、病理解剖の実施による内臓病変の解明が進み、それまで伝統医学では溜飲、胃癰(いよう)と称した胃の病気に「胃潰瘍」という病名が与えられ(増訂医語類聚)、後に「胃癌」もこれと区別されるようになった(漢洋病名対照録)。発音イカイヨー〈なまり〉イクヮイヨ〔鹿児島方言〕〈標ア〉カ

いがい‐わたし【飯匙渡】『名』姑(しゅうとめ)が嫁に家政を譲り渡すこと。杓子(しゃくし)渡し。

い‐か・う【鋳易】『他ハ下二』金属をとかして作り直す。鋳直(いなお)す。＊徒然草(1331頃)二二〇「西園寺の鐘、黄鐘調に鋳らるべしとて、あまた度(たび)いかへられけれども、かなはざりけるを」＊天理本日本書紀抄(1527)下「倭姫の皇女、三種神器を戴き内裏を出、玉はんとせし時に、剣と鏡をば鋳かえて」

いが・う【歪】『自ハ四』(「いがむ(歪)」の変化した語) 子供がだだをこねてぐずぐずいう。＊雑俳・ぎんかなめ(1729)「はらはらはら泪はらはら・是程にいがふ物かよ閨母」

いがうえの【伊賀上野】伊賀国(三重県)上野のこと。藤堂氏の城下町として発展。芭蕉の生地としても知られる。→上野■二㊀。＊浮世草子・武道伝来記(1687)八・四「道すがら足場のよき所を見繕(みつくろ)ひしに、心よき所もなく、既に伊賀上野(イガウヘノ)になりて」発音イガウエノ〈標ア〉イ

いかう‐ふね【猪飼槽】『名』イノシシを飼うのに用いた桶。＊書紀(720)天智三年一二月(北野本訓)「坂田郡の人小竹田史身が猪槽(ヰカフフネ)の水の中に、忽然に稲生れり」

い‐かえし【射返】『名』①矢を射返すこと。②光を照り返すこと。反射。＊思ひ出す事など(1910‐11)〈夏目漱石〉二四「高い日が蒼い所を目の届くかぎり照らした。余は其射返(イカヘ)しの大地に洽(あま)ねき内にしんとして独り温(ぬく)もった」発音〈標ア〉0

い‐かえ・す【射返】『他サ五(四)』①矢を射かけて敵を追い返す。＊古事記(712)中「是に兄うかし鳴鏑を以ちて其の使を待ち射返(いかへし)き」②敵が射て来た矢を取って逆に敵を射る。＊平家(13C前)一一・遠矢「奥よりこの矢を射て候ふが、ゐかへせとまねき候」＊太平記(14C後)一六・本間孫四郎遠矢事「その矢、此方へ射返してたび候へ」③敵が矢を射かけてきたのに対してこちらからも射る。応射する。＊大鏡(12C前)四・道隆「このなかにむねと射かへしたる者ども記して公家に奏せられたりしかば」＊平家(13C前)七・倶梨迦羅落「源氏卅騎を出いて射さすれば、平家卅騎を出いて卅の鏑を射かへさす」＊日葡辞書(1603‐04)「Icayexi, u, eita(イカエス)〈訳〉矢や鉄砲などを射返す。または応じる」④光を照り返す。反射する。＊幻影の盾(1905)〈夏目漱石〉「二つの甲(かぶと)が、月下に躍る細鱗の如く秋の日を射返す」＊彼と彼の内臓(1927)〈江口渙〉「床は水びたし同様一面水で洗はれてゐるので、窓から流れ込む外の光を小気味好く射返(イカヘ)しながら」発音〈標ア〉0カ 辞書日葡・書言・ヘボン・言海 表記射反(書・ヘ) 射返(言)

いかえり『名』連歌で、上べだけ上手に似せてわけありげだが、実質の伴わない下等の句をいやしめていう語。いかえりもの。＊景感道(1504‐21)「後の連歌、見もすまじき也、初心此風を学べば、いりほがのいかへりと云ふものになる也」

いがえり‐みず【返水】『名』方言❶洪水や海水の逆流などによる増水や溢水(いっすい)。岩手県気仙郡100 ◇いかりみず 岩手県盛岡市062 ❷堰(せき)を築く時、元来た方に流れて行く水。岩手県気仙郡100

いかえり‐もの『名』「いかえり」に同じ。＊景感道(1504‐21)「初より中後を見習はば邪路に入て、一句無正体、心も無き、いかへりものにぞなり候はん」

いがえ・る【返】『動』方言❶水の流れがものにせかれて逆流したりあふれたりよどんだりする。山形県西置賜郡152 福島県155 神奈川県314 ◇いかる 青森県津軽075 鳥取県東伯郡711 島根県美濃郡・益田市725 ❷水があふれる。増水する。浸水する。山形県139 ◇いかる 青森県073 岩手県盛岡市092 秋田県平鹿郡130 静岡県520 535 鳥取県東伯郡711 高知県864 ❸満潮直前に潮水が一進一退する。◇いかる 愛媛県大三島848 ❹成長した子供や動物が急に甘えてまつわりつく。また、年輩の女性がむやみにはでな身なりをする。◇いがやるとも。岡山市054 ❺性質が悪くなる。ひねくれる。◇いがやる 岡山県761 762 768 ❻健康状態が悪くなる。痛む。◇いがやる 岡山県阿哲郡764 ❼作物などの変わり種ができる。不純になる。兵庫県加古郡664 ◇いがやる 岡山市762

い‐がえ・る【―帰】『自ラ四』(「い」は接頭語) 帰る。＊古事記(712)下・歌謡「大君を 島に放(はぶ)らば 船余り い帰(がへ)り来むぞ 我が畳ゆめ」

いかお【伊香保】⇨いかほ(伊香保)

いか‐が【如何・奈何】■一『副』(「いかに」に助詞「か」の付いた「いかにか」が変化したもの) →いかがは。①(心の中で疑い危ぶむ意を表わす) どう。どのように。どうして。どんなに。＊伊勢物語(10C前)二「それをかのまめ男、うち物語らひて、帰り来て、いかが思ひけん、時はやよひのついたち、雨そほふるに遣りける」＊法華義疏長保四年点(1002)五「何の苦か如之(イカカあらむや)」＊源氏(1001‐14頃)帚木「そのけぢめをいかが分くべき」②(反語の意を表わす) どのようにまあ…か。どうしてまあ…か。(そんなはずはない、できないの意となる) ＊古今(905‐914)物名・四三三「かくばかりあふひのまれになる人をいかがつらしと思はざるべき〈よみ人しらず〉」＊源氏(1001‐14頃)帚木「数ならぬ身ながらも、おぼしくだしける御心ばへのほども、いかが浅くは思う給へざらむ」＊金刀比羅本平治(1220頃か)下・頼朝遠流の事「氏の神にいとま申さむはいかが苦しく候ふべき、とのたまへば」③(軽く尋ねて相手の意向を確かめたり、呼びかけてすすめたりする意を表わす) どう。どうか。どうです。＊後撰(951‐953頃)雑一・一〇九六・詞書「ひたたれ乞ひにつかはしたるに、裏なんなき、それは着じとや、いかがといひたれば」＊讃岐典侍(1108頃)上「我ばかりの人の、けふあす死なんとするを、かく目も見たてぬやうあらんや。いかが見ると問はせ給ふ」＊重刊改修捷解新語(1781)二「このあいだわいかが御くらしゃれまするか」＊夜明け前(1932‐35)〈島崎藤村〉第二部・上・二・三「では、かうなすったら、いかがでせう」④(物事の程度や状態が、はっきり限定できないほどはなはだしい意を表わす強調辞) (はっきり言えないが)どんなにま

あ。どれほど。＊蜻蛉(974頃)中・天祿二年「またはたよに物し給はじ。さらんのちに物したらんは、いかが人笑へならん」＊源氏(1001-14頃)若菜下「女二の宮の中々うしろやすく行末長きさまにてものし給ふなる事と宣はせけるを伝へ聞きしに、いとほしくもくちをしくもいかが思ひ乱るる」 ㊂『形動』①どのような。どうして。＊談義本・労四狂(1747)下「元もとよりいやしき遊女の事なれば、いかがのこころざしの出来(いでき)なんも知らず」 ②(あとに「なり」「で」などの指定辞を伴って用いることが多い) どうかと思われるさま。考えものであること。→いかがしい。＊十六夜日記(1279-82頃)「さのみ心弱くてもいかがとて、つれなく振捨てつ」＊中務内侍(1292頃か)弘安七年七月五日「しとみをしのびやかにうちたたけど、皆人寝たる気色にて答ふる人もなければ、あまりことごとしからんもいかか也と思ひわづらひて」＊中華若木詩抄(1520頃)上「短き世に、片時もただ居をしては、いかがなほどに」＊虎明本狂言・口真似(室町末-近世初)「是を某一人としてたぶるもいかがでござる程に、誰なり共申入てしんぜうとぞんずる」＊人情本・恩愛二葉草(1834)三・八章「三味線弾きて如何(イカガ)なる、新内節語りて居たるを」 語誌 (1)「いかにか」から「いかが」という変化は、「に」の撥音化とそれに並行する「か」の濁音化、すなわち「イカンガ」を媒介にして成立したと考えられる。すなわち一〇世紀初頭の仮名資料に「いかか」が現われ始めるが、この時期はまだn撥音を無表記としており、例えば「土左-承平五年二月四日」の「しし(こ)」が「死にし(子)」であり、「シンジ(コ)」と発音されていたと推測されるように、同じく「そもそもいかかよむたる」〔土左-承平五年一月七日〕の「いかか」も「イカンガ」と発音されていたかもしれない。(2)意味は上代の「いかにか」「いかに」とほぼ同じであり、呼び掛け的に使われたり、状態や様子が甚だしいことを表わしたりする点も同様である。(3)平安期以降ほぼ状態や様子に限定されながら、鎌倉期には「その様子が望ましくない、困ったものだ」という意味を派生する(中世後半から近世になると「いかがし」「いかがはし」を派生する)のに対して、「いかに」は状態・様子以外に理由・原因を問う用法が発達する。 語源説 (1)イカニカの音便イカンガの約〔大言海〕。イは息、カは気であったが、後にイカは一語になり、イカニカ、イカンカ、イカガとなるか〔国語溯源＝大矢透〕。(2)イカカ(伊香歟)の意〔紫門和語類集〕。(3)イナヤ(否)の転〔名言通〕。(4)イカイカの約〔日本語源＝賀茂百樹〕。 発音 イカガ〈標ア〉カ〈ア史〉平安・鎌倉●○●と●○○の両様 江戸●○○か〈京ア〉イ 辞書 名義・文明・日葡・ヘボン・言海 表記 如何(文・へ・言) 及・奚為(名) 何(文)

いかが＝せん〔＝すべき〕(「いかが」にサ変動詞の「す」と推量の助動詞「ん」(「べし」)の付いたもの) ①(「いかが」が疑問の場合。方法に迷って思案にくれる意を表わす) どうしよう。どのようにしようか。＊蜻蛉(974頃)中・天祿二年「おはしまさずとも、菖蒲ふかではゆゆしからんを、いかがせんずる」＊宇津保(970-999頃)祭の使「いかがせん。かくてのみはえあるまじきを、つれなき御けしきに見給ふるこそいとわびしけれ」＊源氏(1001-14頃)夕顔「咲く花に移るてふ名はつつめども折らで過ぎうきけさの朝顔、いかがすべきとて手をとらへ給へれば」 ②(「いかが」が反語の場合) どうしよう、しかたがない。やむをえない。かまわない。＊古今(905-914)恋五・七九九「思ふどもかれなむ人をいかがせむあかず散りぬる花とこそ見め〈素性〉」＊宇治拾遺(1221頃)七・五「おのれも、皮をだにはがばやと思へど、旅にてはいかがすべきと思ひて、まもり立ちて侍るなり」 発音 イカガセン〈標ア〉カ 辞書 字鏡・色葉・文明・黒本・易林 表記 何為(色・黒・易) 何作(字) 為何(文)

い-かがく【医化学】(イクヮガク)『名』基礎医学の一部門で、生理学から分離独立した学問分野。主として人体の生理現象を化学的・物理化学的方面から研究する。広義の生化学の一部門とも考えられるが、医学という基本に位置する点で異なる。＊稿本化学語彙(1900)〈桜井錠二・高松豊吉〉「Medical chemistry Medizinische Chemie, f 医化学」 発音 イカガク〈標ア〉カ〈京ア〉カ

いかが-さき【伊加加崎・伊加賀崎】㊀滋賀県大津市石山寺付近、瀬田川にのぞむ地の古称。とくに平安・鎌倉時代に知られた名所。＊古今(905-914)物名・四五七「いかがさき かぢにあたる浪のしづくを春なればいかがさきちる花とみざらむ〈兼覧王〉」＊蜻蛉(974頃)中・天祿元年「いかがさき、山吹の崎などいふところどころ見やりて、蘆のなかより漕ぎ行く」 ㊁大阪府枚方市南西部の伊加賀の地。かつては淀川左岸に向かって突出していた。和歌の名所。 発音 イカガサキ〈標ア〉ガ〈京ア〉ガ 辞書 文明 表記 伊加加崎(文)

いかが-さま【如何様】『形動』(「さま」は接尾語。「いかが」は、その状態の主を敬い、または、ていねいにいう語) どのようなご様子。どんなおかげん。また、商品などをていねいにすすめる語。「ご病状はいかがさまですか」＊落語・素人人力(1893)〈三代目三遊亭円遊〉「『モシ親方ァ車は如何様(イカガサマ)で』『小哥(わっち)は車を挽て居るんだ』」 発音 イカガサマ〈標ア〉カ

いかが-し・い【如何】『形口』文いかが・し『形シク』(「いかが」を形容詞化したもの) ①疑わしい。おぼつかない。不安である。＊御伽草子・一本菊(室町時代物語大成所収)(室町末)「つねにまいりて見候に、いかがしくおもひとがむべき人なども候はず候」＊浄瑠璃・ゆいせき諍(1692)五「だいだいのゆづり状、それにおかれ候事いかがしく候へは、〈略〉すけちかあづかり申べし」＊重刊改修捷解新語(1781)六「じゃうげたにんずにて、とうりういたしまするも、いかがしう御ざるにより」 ②よくない。見苦しい。どうかと思われる。＊歌舞伎・小栗十二段(1703)二「おっ付け御赦しござりませう。是は如何しうござりますれども、此金子をあげまする」＊浄瑠璃・堀川波鼓(1706頃か)中「是は関東麻(くゎんとうそ)とて名物の真苧、いかがしくは候へ共御留主の間御たね様真苧を御うみみなさるると」＊人情本・春色梅児誉美(1832-33)四・二〇齣「此家を見れば女主の住居の様子、長座(ながゐ)いたさばさだめて迷惑、また内々のことを他人中(ひとなか)でたづね申すもいかがしい」 発音 イカガシイ〈標ア〉シ〈京ア〉ガ 辞書 ヘボン 表記 如何敷(へ)

いか-がた【烏賊型】『名』イカを釣るための擬餌針(ぎじばり)。北九州から瀬戸内にかけていう。烏賊角(いかづの)。 方言 長崎県壱岐島914 ◇いかえき 鹿児島県肝属郡970 ◇いかかの 宮崎県児湯郡054

いか-がっこう【医科学校】(イクヮガクカウ)『名』「いがっこう(医学校)」に同じ。＊西国立志編(1870-71)〈中村正直訳〉一・一六「十年の間、医科学校にありて」 発音 イカガッコー〈標ア〉ガ

いかが-は【如何―】『連語』(「いかに」に助詞「か」と「は」の付いた「いかにかは」から変化したもの) ①(強い疑問を含んだ推量を表わす) どんなにか。どのように。＊土左(935頃)承平五年二月一六日「此の家にて生れし女子のもろともに帰らねばいかがは悲しき」＊源氏(1001-14頃)若菜下「あま舟にいかがは思ひおくれけん明石の浦にいさりせし君」＊増鏡(1368-76頃)七・北野の雪「よろしきをだに、人の親はいかがは見なす」 ②(反語を表わす) どうして…だろうか、決してそんなことはない。㋑下の述語が表現される場合。＊竹取(9C末-10C初)「君のおほせ事をばいかがはそむくべき」＊源氏(1001-14頃)帚木「何事ぞなどあはつかにさしあふぎゐたらむは、いかがは口惜しからぬ」 ㋺(「いかがは…せざらんや」の意で) 下の述語を表わさないで、断定を強める場合。＊落窪(10C後)一「『などかく静心なくはありき給ふ』といへば、『いかがは。〈略〉人やふと来るとて、さわぎありくぞかし』といらふ」＊枕(10C終)一八四・宮にはじめてまゐりたるころ「『我をば思ふや』と問はせ給ふ、御いらへに『いかがは』と啓するに」＊源氏(1001-14頃)末摘花「『われにはつつむ事あらじとなむ思ふ』との給へば、『いかがは。〈略〉これはいときこえさせにくくなむ』」 ㋩「いかがは(如何)せん」に同じ。＊大鏡(12C前)二・時平「せちにしたまふ事を、いかがはとおぼして」 発音 イカガワ〈標ア〉カ

いかがは＝せん〔＝すべき〕①(「いかがせん・いかがすべき」を強めた言い方) まあどうしようか。どうにもしかたがない。＊伊勢物語(10C前)一五「さるさがなきえびす心を見ては、いかがはせんは」＊蜻蛉(974頃)上・天徳二年「うらもなう罪なきさまにもてないたれば、いかがはすべきなど、よろづに思ふことのみしげきを」 ②ままよ。なるようになれ。かまわない。あとに「に」を伴うことがある。＊源氏(1001-14頃)総角「猶いかがはせむにおぼし弱りね」＊更級日記(1059頃)「東路よりは近きやうに聞ゆれば、いかがはせむにて、程もなく下るべき事ども急ぐに」＊徒然草(1331頃)一七五「かかる事をしても、この世も後の世も益(やく)あるべきわざならば、いかがはせむ」 発音 イカガワセン〈標ア〉カ

いか-かまぼこ【烏賊蒲鉾】『名』イカをつき砕いてつくったかまぼこ。〔語彙(1871-84)〕

い-かがま・る【居屈】(ヰ)『自ラ四』すわってからだを曲げる。＊太平記(14C後)一三・兵部卿宮薨御事「宮は半年許(ばかり)籠の中に居屈(ヰカガマ)らせ給たりければ、御足も快く立たざりけるにや」

い-かがみ【胃鏡】(ヰ)『名』「いきょう(胃鏡)」に同じ。 発音 イカガミ〈標ア〉カ

いが-がやつり【毬蚊屋釣】『名』カヤツリグサ科の一年草。関東以西の海に近い野原に生える。高さ二〇～四〇センチメートル。茎は多数束生して直立。葉は茎よりやや短く細長い線形で、下部は鞘状に茎を包む。夏から秋に、茎の先に数本の線形の苞(ほう)を開出し、その中心に赤褐色の花穂を多数頭状につける。学名はCyperus polystachyos 発音 イガガヤツリ〈標ア〉ガ2

いかが-らし・い【如何―】『形口』「いかがわしい(如何)②」に同じ。＊内地雑居未来之夢(1886)〈坪内逍遥〉五「だしぬけに聞ますのも、甚だ如何(イカガ)らしい訳ではあるが」

い-かか・る【―掛・―懸】『自ラ四』(「い」は接頭語) おおうようになびく。かかる。＊万葉(8C後)一四・三五一八「岩(いは)の上(へ)に伊可賀流(イカカル)雲のかのまづく人そおたはふいざ寝しめとら〈東歌〉」

い-かか・る【居掛】(ヰ)『自ラ四』すわって物によりかかる。また、よりかかってすわる。＊徒然草(1331頃)二三八「優なる女の、姿、匂ひ、人よりことなるが、わけ入りて膝にゐかかれば、にほひなども、うつるばかりなれば」＊曾我物語(南北朝頃)三・由比のみぎはへひきいだされし事「曾我太郎も、この色を見て、今はこころやすくて、敷皮にいかかり、鬢(びん)の塵うちはらひ、心静かに介錯(かいしゃく)し」＊浄瑠璃・冥途の飛脚(1711頃)中「八右衛門がひざにむんずとゐかかり」 発音〈標ア〉カ2

いかがわし・い【如何】(いかがはしい)『形口』文いかがは・し『形シク』(「いかがしい」の変化したもの) ①疑問に思われる。疑わしい。また、正体がはっきりしない。信用できない。あやしい。＊歌舞伎・濃紅葉小倉色紙(1816)発端「斯(か)やうな儀を御諫言(かんげん)申し上げられぬは、如何(イカガ)はしう存じまする」＊文学の根本問題(1958-59)〈中島健蔵〉五「文学作品の中に、固定した理想型のような人物があらわれるや否や、読者は、いかがわしく、キナクさい作為をかぎ出してしまう」 ②よくない。よろしくない。下品である。いかがらし

い。＊多情多恨〈1896〉〈尾崎紅葉〉前・八・二「百個日も経たぬ内に住居を移すさへ、成程如何（イカガ）はしく思はれるのに」＊雁〈1911-13〉〈森鷗外〉一七「折々『糞』『畜生』などと云ふ、いかがはしい単語を口の内でつぶやいてゐるのである」③道徳上、風紀上好ましくない。「いかがわしい写真」＊新西洋事情〈1975〉〈深田祐介〉日本「業者思想」欧州に死す「そこはいかがわしいクラブになっていて、壮年男性の巨大な尻と正面衝突しそうになった」 発音イカガワシイ〈標ア〉シ〈京ア〉ワ 辞書言海 表記如何（言）

いかがわし-げ【如何—】〖形動〗（形容詞「いかがわしい」の語幹に接尾語「げ」の付いたもの）疑問に思われるさま。あやしく信用できないさま。＊海辺の光景〈1959〉〈安岡章太郎〉「なんとなくウサン臭い、なんとなくイカガワしげなものとして、彼の眼にうつってゐるやうに思はれる」 発音イカガワシゲ〈標ア〉シ

いかがわし-さ【如何—】〖名〗（形容詞「いかがわしい」の語幹に接尾語「さ」の付いたもの）疑わしくて信用できないこと。たよりないこと。＊林檎の下の顔〈1971-73〉〈真継伸彦〉一「自分の存在のいかがわしさを知れば何もできなくなります」 発音イカガワシサ〈標ア〉ワ シ

い-かき【笊・笊籬】〖名〗（「いがき」とも）竹製の籠。ざる。また、特に、みそこしざる。＊色葉字類抄〈1177-81〉「笊籬 サウリ ムキスクヒ 私云又イカキ」＊元和本下学集〈1617〉「笊籬 イカキ 味噌漉也」＊浮世草子・懐硯〈1687〉三・三「釣鍋（つるなべ）に少（ちいさ）き籮（イカキ）を仕かけ葉茶を煎じて」＊物類称呼〈1775〉四「筲 いかき。畿内及奥州にて、いかき。江戸にて、ざる」＊浪花聞書〈1819頃〉「いかき 竹のざるを如此いふ也」＊和英語林集成（初版）〈1867〉「Igaki イガキ 笊」 方言❶竹製のかご。ざる。備後†124 土佐†126 長野県062 488 492 岐阜県安八郡498 恵那郡514 愛知県549 558 564 滋賀県608 609 612 京都府621 629 633 大阪府大阪市637 南河内郡644 兵庫県652 662 671 奈良県678 吉野郡038 和歌山県690 702 岡山県762 763 徳島県809 三好郡054 香川県062 826 830 愛媛県840 ◇いっかき 滋賀県甲賀郡608 奈良県675 南大和683 和歌山県062 691 696 ◇いかけ 岐阜県498 502 510 愛知県碧海郡564 岡崎市575 三重県名張市585 京都府与謝郡628 兵庫県淡路島671 ◇いっかけ 三重県名張市585 京都府相楽郡583 奈良県宇陀郡680 南大和683 和歌山県690 ◇ゆかき 岐阜県益田郡502 ◇ゆがき 静岡県志太郡062 ◇ゆかけ 遠江†020 岐阜県加茂郡052 静岡県520 ◇えかき 群馬県佐波郡242 ◇えがき 静岡県志太郡062 ❷夏季用の飯入れかご。徳島県810 香川県829 愛媛県周桑郡・喜多郡845 ❸背負いもっこ。栃木県足利市・佐野市198 語源説(1)ユカケ（湯注）の転〔大言海〕。ユカケ（湯被）から〔名言通〕。(2)ユガクの名詞形ユカキ（湯播）の転〔上方語源辞典＝前田勇〕。ユカキ（湯楷）の転〔紫門和語類集〕。(3)イヒカゴ（飯籠）の転か〔和訓栞〕。(4)火斗をヒカキというのと同様の言い方で、イカキは炊飯器であることをいう語〔東雅〕。 発音〈なまり〉イカケ〔岐阜〕ユカキ〔飛驒〕ユカケ〔静岡〕〈京ア〉イ 辞書色葉・下学・和玉・伊京・明応・天正・饅頭・黒本・易林・日葡・書言・〈ボン〉・言海 表記笊籬（色・下・伊・明・天・饅・黒・易・書）笊（玉・ヘ）飯籮・筲箕（書）

いかき俯向（うつむ）けた様（よう）な 妊婦のさまをたとえていう。＊譬喩尽〈1786〉一「笊籬（イカキ）臭（ウツム）けたやうな 妊身也」

いかきに小便（しょうべん）（全くたまらないというしゃれ）こらえられないの意で用いる。

いかきを釣（つ）る 事始めと事納めとの日に、邪気を祓（はら）う目的で、笊を竿に付けて戸口に立てるのをいう。＊俳諧・俳諧筆真実〈1787〉二月「笊を釣」

いかきを回（まわ）す 大道芸人が、芸の一段落後、笊をまわして見物人から銭を集めること。談義説法の席でもなされた。＊歌舞伎・敵討浦朝霧〈1815〉四つ目「『サアサア。お前方、いかきが廻ります。〈略〉』ト巌山、いかきを廻（マ）はして銭を貰ふ」＊松翁道話〈1814-46〉四・中「談義説法の場でいかきを廻す」

いかき〖名〗方言虫。❶あめんぼ（水黽）。新潟県東蒲原郡368 ❷みずすまし（水澄）。◇いかきむし〔—虫〕奈良県宇陀郡380

い-がき【井垣】〖名〗鳥居などの両脇から造りつけた井の字形の垣。＊高野山文書-応永二七年〈1420〉八月一一日・天野社二宮金物朱弁井垣上棟入目日記（大日本古文書・三・五〇〇）「天野社二御宮金物朱弁井垣御上棟入目日記」＊浄瑠璃・曾我扇八景〈1711頃〉上「墓のかこひも地をひろげ、ゐがきも申付けん」＊咄本・鹿子餅〈1772〉煙艸入「そりゃ、うし若の大口のきれ。そのあかい所は、いがきのもやうのきれたのでござる」 発音イガキ〈標ア〉イ

い-がき【囲垣】〖名〗兜の鉢の筋を覆う覆輪の下部にめぐらした、低い金属の装飾。兜の頂点を神聖視したため、この部分を神殿の斎垣（いがき）に見たてたもの。

い-がき【斎垣・忌垣】〖名〗（「いかき」とも。「い」は「斎み清めた神聖な」の意の接頭語）神社など、神聖な場所の周囲にめぐらした垣。みだりに越えてならないとされた。みずがき。＊万葉〈8C後〉一一・二六六三「ちはやぶる神の伊垣（イかき）も越えぬべし今はわが名の惜しけくもなし〈作者未詳〉」＊霊異記〈810-824〉下・三二「因りて其の女の家の内に、忌籬（いカキ）を立てて斎（いつ）く〈真福寺本訓釈 籬 可支〉」＊古今〈905-914〉秋下・二六二「ちはやぶる神のいがきにはふ葛も秋にはあへずうつろひにけり〈紀貫之〉」＊石山本願寺日記-宇野主水日記・天正八年〈1580〉九月「御影堂のまへに三鈷松あり。〈略〉まわりにいがきあり」＊俳諧・冬の日〈1685〉「いがきして誰ともしらぬ人の像〈荷兮〉泥にこころのきよき芹の根〈重五〉」 語誌「観智院本名義抄」では、「瑞籬」に「ミヅカキ イカキ」と訓を施す。遠い昔から長く続いてきた神社の垣という、永続性と神聖性との二つのイメージが特徴である。挙例の「古今-秋下・二六二」は、永続性に秋の植物の移ろいを対比させて詠嘆している。一方、恋歌では挙例の「万葉集」は斎垣の神聖性をも侵しかねないという恋の情熱を詠んだもの。 方言❶埋葬した上にのせる、やかたの形をした霊屋。奈良県宇智郡683 ❷埋葬した後の土壙にめぐらす垣。兵庫県淡路島671 語源説(1)イはイム（斎）の語根。斎み清める意〔東雅〕。(2)イミガキの略〔万葉考〕。(3)イナガキ（稲垣）の略〔百草露〕。 発音イガキ〈音史〉上代は『いかき』と清音か。〈標ア〉イ〈ア史〉平安・鎌倉○◎○〈京ア〉イ 辞書和名・色葉・名義・文明・伊京・明応・天正・饅頭・黒本・易林・日葡・書言・言海 表記瑞籬（和・色・名・文・饅・黒・易・書）玉垣（文・伊・明・天・饅・黒）籬（色）瑞（名）社垣（文）瑞籬（伊）忌垣（言）

い-がき【網掛・蜘蛛網】〖名〗（「いかき」とも）蜘蛛（くも）が巣を作ること。また、その巣。＊小大君集〈1005頃〉「彦星（ひこぼし）のくべき宵とやささがにのくものいがきはかけて見ゆらん」＊歌舞伎・四天王楓江戸粧〈1804〉三立「鈴の音しきりに、いがき開き、この中に石蜘法印」 方言青森県南部073 083 岩手県087 088 100 秋田県鹿角郡132 仙北郡136 島根県隠岐島725 ◇いがい 熊本県葦北郡919 ◇いかぎ 青森県上北郡082 ◇いがり 茨城県稲敷郡193 北相馬郡195 熊本県球磨郡919 ◇いがれ 宮崎県西臼杵郡948 ◇いが 熊本県球磨郡919 ◇いげ 島根県725 ◇えがい 兵庫県加古郡664 熊本県葦北郡919 ◇えがら 岐阜県飛驒502 熊本県天草郡919 ◇えがり 熊本県南部919 ◇えがれ 熊本県葦北郡919 ◇えが 三重県志摩郡585 熊本県球磨郡919 ◇えげ 島根県大原郡724 ◇ねぎ 島根県簸川郡・八束郡725 ◇へぎ 岡山県御津郡764

いかき-そば【笊蕎麦】〖名〗ざるに盛って出すそば。＊随筆・武野俗談〈1757〉七・深川芸子米蝶が伝「深川土産。蒲焼、笊蕎麦（イカキソバ）」 辞書言海

いかき-ちゃ【笊茶】〖名〗ざるを使って煎じた茶。＊浮世草子・西鶴諸国はなし〈1685〉五・四「此里は〈略〉夜もすがら焼火（たきび）して、いかき茶（チャ）といふ物を呑（のむ）より外のたのしみなし」

いかき-つくり【笊作】〖名〗竹籠やざるを作る人。＊咄本・一休咄〈1668〉二・一〇「汝が親の笊作（イカキツク）り馬祖（ばそ）にだまされて宝を海にすつる阿龐居士が娘」

い-かく【位格】〖名〗地位と格式。＊日本開化小史〈1877-82〉〈田口卯吉〉三・六「之に与ふるに土地の富と栄誉の位格とを以てし」＊経国美談〈1883-84〉〈矢野龍渓〉後・一四「諸国の使臣皆打揃て其国の位格を飾りて体面を有つこと」

い-かく【囲郭・囲廓】〖名〗要塞（ようさい）などの中央に位置する、塁壁などで囲まれた重要な地点。また、その塁壁。 発音〈標ア〉0

い-かく【威嚇】〖名〗威力を相手に示しておどすこと。おどかし。存在そのものが示す威圧感による脅威をいい、必ずしも行為を伴わない。＊英和外交商業字彙〈1900〉〈篠野乙次郎〉「Intimidation 威嚇 示威」＊黴〈1911〉〈徳田秋声〉七九「石のごろごろした白い河原の上流には、威嚇するやうな荒い山の姿が、夕暮の空に重なりあって見えた」＊行人〈1912-13〉〈夏目漱石〉兄・三五「周囲一面から出る一種凄じい音響は、暗闇に伴って起る人間の抵抗し難い不可思議な威嚇（ヰカク）であった」＊福恵全書-編審部・編審余論「往往奸胥蠹誘本官、威嚇戸長、濫報」 発音〈標ア〉0〈京ア〉0／0

い-かく【異客】〖名〗「いきゃく（異客）」に同じ。 発音〈標ア〉0

い-かく【遺客】〖名〗世を捨てた人。いきゃく。＊篁園全集〈1844〉四・題杜少陵像十韻「寔録詩中史、遺客酔裏仙」 発音〈標ア〉0

い-か・く【沃懸・沃掛】〖他カ下二〗水やお湯などを注ぎかける。あびせる。＊蜻蛉〈974頃〉中・天禄元年「銚子に水をいれてもてきて、右の方の膝にいかくと見る」＊源氏〈1001-14頃〉真木柱「火取を取り寄せて、殿のうしろに寄りて、さといかけ給ふほど」＊名語記〈1275〉二「湯水をいかくともいひ、いすつなどいへる、いは如何。いは、沃の字歟」＊御伽草子・精進魚類物語（類従所収）〈室町末〉「御前なる瓶に酒の残りの有けるをとりて、喚太郎が面にいかけたり」 語源説(1)イはそそぐの意イル（沃）〔俗語考・塩尻拾遺〕。(2)イは発語。カケルこと〔和訓栞〕。 辞書言海 表記沃懸（言）

い-か・く【居懸】〖他カ下二〗乗りかかるようにすわる。一説に、すわる時、衣服の一部を隣の人の衣服の上に掛けるとも。＊平治〈1220頃か〉上・光頼卿参内の事「右の袖のうへにゐかけられて、ふしめになりて色をうしなはれければ」

い-か・く〖他カ四〗（「い」は接頭語）櫂（かい）などで、水をかく。＊万葉〈8C後〉八・一五二〇「朝なぎに伊可伎（イカキ）わたり 夕潮に い漕ぎわたり〈山上憶良〉」

い-がく【医学】〖名〗①病気やけがを治す術。医術。＊文明本節用集〈室町中〉「医学 イガク」＊虎明本狂言・神鳴〈室町末-近世初〉「私も随分いがくを仕たれ共、今までかみなり殿のれうじのいたしやうをならはなんで御ざる」＊浮世草子・笑談医者気質〈1774〉一・一「医学に広く療治に功者なる徳高き老医ゆへ」②やまいをなおす学問。傷病の診断・治療を目的として、生命現象および疾病の原因の探究、疾病の診断法、治療法、予防法の研究を行なうこと。基礎医学、臨床医学、社会医学に大別される。＊文明論之概略〈1875〉〈福沢諭吉〉二・四「少しく医学に志す者は是等の病原を弁じて其療法を施すこと容易なれども」 発音イガク〈標ア〉イ〈京ア〉イ 辞書文明・日葡・言海 表記医学（文・言）

い-がく【居楽】〖名〗演奏者全員がすわって雅楽

を奏すること。また、その雅楽。↕立楽（たちがく）。＊歌儛品目（1818–22頃）五・上「居楽〔体源鈔〕、按ずるに、坐して楽を奏するの称なるべし、唐の時に立部伎、座部伎の別あるに同じきにや」

い-がく【為学】〘名〙学問をすること。＊大学垂加先生講義（1679）「功夫の次第、為学のなりを語れば、此次第より外につらぬべき様もなく」＊大疑録（1713）〈貝原益軒〉上「只信可信疑可疑、是通明之士之所ㇾ為、乃為学良法」＊老子‐四八「為ㇾ学日益、為ㇾ道日損」発音イガク〈標ア〉イ

い-がく【異学】〘名〙①道を異にした、自流と相いれない学派・宗派。正統でない学問。＊一念多念文意（1257）「異学・異見（イガク・いけん ことごとをならひまなぶひとなり）のともがらにやぶられず」＊神皇正統記（1339–43）上・応神天皇「異朝にも人の心まちまちなれば、異学の輩（ともがら）の云ひ出せる事歟」＊文明本節用集（室町中）「異学 イガク」＊蘇軾‐贈善相程傑詩「心伝㆓異学㆒不ㇾ謀ㇾ身、自要㆓清時閲㆒縉紳㆒」②特に、近世幕府が正学と認めた朱子学以外の儒学をいう。いわゆる寛政異学の禁において禁止された。＊禁令考‐前集・第二・巻一四・寛政二年（1790）五月二四日「近来世上種々新規之説をなし、異学流行風俗を破候類有ㇾ之、全く正学衰微之故に候哉」発音イガク〈標ア〉イ 辞書文明 表記異学（文）

いがく の 禁（きん）「かんせいいがくのきん（寛政異学禁）」に同じ。

い-がく【意学】〘名〙（禅の修行は、身・口・意の三業の中では意業に当たるところから）仏語。禅によって真理を究めようとする学問。禅学。＊三国仏法伝通縁起（1311）上「道善㆓意学㆒」

い-がく【維岳】〘名〙（「維」は「これ」の意の助辞）この山。＊本朝無題詩（1162–64頃）四・春三首〈藤原周光〉「山居トㇾ勝人知否、維岳遺塵奕代賖」＊詩経‐大雅・崧高「維岳降ㇾ神、生㆓甫及申㆒」＊孔融‐薦禰衡表「維岳降ㇾ神、異人竝出」

いが-ぐい【毬―】〘名〙方言 ⇩いが（毬）

いがく-かい【医学界】〘名〙医学の世界。また、医者の社会。＊黴（1911）〈徳田秋声〉三七「死骸を医学界の為に解剖に付してくれとか言ふやうなことが、ぼつぼつ言出された」＊明治大正見聞史（1926）〈生方敏郎〉明治時代の学生生活・二「医学界の奇傑長谷川泰を校長とする医学校で、千人以上の学生を持ち」発音イガクカイ〈標ア〉ガク

いがく-かん【医学館】㊀〘名〙医学を教える学校。＊遁花秘訣（1820）序「此編は魯西亜（おろしあ）の皇都『ペテルブルグ』なる医学館に於て、彼一千八百三年〈日本享和三年癸亥〉、帝王の命に因て板行せる書なり」㊁徳川将軍家の奥医師多紀安元が、町医とその子弟の教育を目的として、明和二年（一七六五）、江戸神田佐久間町に設立した医学校を、寛政三年（一七九一）に、江戸幕府の直轄の学館としたもの。文化三年（一八〇六）に焼亡したため、翌年下谷新橋通りへ再建されたが、天保年間（一八三〇～四四）からは、町方の困窮病人に対しての施薬も行なった。＊禁令考‐前集・第三・巻二七・天明六年（1786）正月一三日「医学館教育仕法之儀御触書〈略〉多紀安元医学館再建有増出来に付」＊風俗画報‐二二三号（1900）土木門「天保年間より幕府は医業の進歩を謀り医家の子弟には医学館通学を命じ」発音イガクカン〈標ア〉ガク

い-がくこう【医学校】〘名〙⇩いがっこう（医学校）

いが-くさ【毬草】〘名〙カヤツリグサ科の多年草。房総半島以西の日当たりのよい低湿地に生える。茎は株立ちで直立し、高さ三〇～七〇センチメートル。全体に淡緑色を帯び、葉は幅二ミリメートル内外の線形。九月ごろ茎の先に頭状に密集した小花穂をつける。小花穂は赤褐色の長さ八ミリメートルぐらいの線状披針形。花穂をつけた後、長さ一・五ミリメートルの倒卵形で、黄赤褐色の実を結ぶ。学名は Rhynchospora rubra ＊日本植物名彙（1884）〈松村任三〉「イガクサ」発音イガクサ〈標ア〉０

いがく-し【医学士】〘名〙①医術を学んでいる男性。＊落葉集（1598）「医学士 いがくし」②学士の一つ。総合大学の医学部または医科大学の卒業生の称号。＊別れ霜（1892）〈樋口一葉〉五「錦野はな子と呼ばれて医学士（いがくし）の妹」＊吾輩は猫である（1905–06）〈夏目漱石〉二「甘木医学士を迎ひにやると生憎（あいにく）昨夜が当番でまだ大学から帰らない」発音イガクシ〈標ア〉ガク〈京ア〉イ

いがく-しゃ【医学者】〘名〙医学を研究する人。＊我等の一団と彼（1912）〈石川啄木〉四「医学者が或る病毒の経過を兎のやうに穏しい動物によって試験するように」発音イガクシャ〈標ア〉ガク

いがく-しゃ【異学者】〘名〙異学②を奉ずる者。＊箚録（1706）「人々皆天下の物に即てなるものかと、近年の異学者云ると云も、取付もなき可笑ことなり」発音イガクシャ〈標ア〉ガク

いかく-しゃげき【威嚇射撃】〘名〙威力を示して、相手の動きを封じ込めるために行なわれる射撃。＊野火（1951）〈大岡昇平〉二六「トラックは絶えず通り、相変らず威嚇射撃を続けて行った。しかし私の待つその車は二度と来なかった」発音イカクシャゲキ〈標ア〉シャ

いがく-しょ【医学書】〘名〙医学に関する研究書。医書。＊青春（1905–06）〈小栗風葉〉春・六「遊半分に医学書なぞ読んで居たが、其れが去年の開業試験に一度で及第して」＊ふゆくさ（1925）〈土屋文明〉巻末雑記「滞欧中、苦心された医学書が悉く焼失されたのを知った」発音イガクショ〈標ア〉ガ ショ ０

いがく-じょ【医学所】江戸幕府の西洋医学校。安政五年（一八五八）、大槻俊斎ら洋医八〇余名の協力によって、江戸神田お玉ケ池に設立した種痘所を、翌年幕府に移管して、教授・解剖・種痘の三科を置いたもの。文久元年（一八六一）西洋医学所となり、翌々年、さらに医学所と改称したが、明治維新後、旧藤堂邸に設けられた大病院と合併、明治二年（一八六九）一二月大学東校となり、のち東京大学医学部となった。＊禁令考‐前集・第三・巻二七・慶応二年（1866）五月二三日「種痘出張所之儀に付御触書〈略〉種痘之儀、望ㇾ之もの者医学所江罷出候様、兼而相触置候」発音イガクジョ〈標ア〉ジョ

いかく-しょく【威嚇色】〘名〙動物の体表に見られる模様のうち、他に対して威嚇の効果のあるもの。蛾（が）の翅（はね）の眼状紋など。

いがくしょもん【為学初問】発音〈標ア〉ク カ 江戸中期の儒学書。二巻二冊。山県周南著。内題「周南先生為学初問」。宝暦一〇年（一七六〇）刊。徂徠門下の周南が、学問・政治・道徳などについて仮名交り文で平易に述べたもの。同門の太宰春台の「聖学問答」に似て、道徳主義的色彩が濃い。

い-かく・す【―隠】〘他サ四〙（「い」は接頭語）かくす。＊寛永刊本蒙求抄（1529頃）八「人の来る時に、財をいかくせども、猶財の見るを〈略〉いかくすあまりの財を小いはこに一に入てをいたぞ」

いか-くずし【烏賊崩】〘名〙イカをたたいて、すり鉢ですったものへ、とろろと葛（くず）をといたものをまぜ、きのこ、銀杏（ぎんなん）を入れ、塩を加減して、半月形ににぎり、ゆでたもの。椀種（わんだね）に用いる。

いがく-せい【医学生】〘名〙大学、または、専門学校で医学を学んでいる学生。＊思出の記（1900–01）〈徳富蘆花〉七・四「此豪傑組の四人の外には、猫のようにおとなしい医学生で」＊雁（1911–13）〈森鷗外〉一七「医学生が虫様突起と名づけた狭い横町が」発音イガクセイ〈標ア〉ガク〈京ア〉イ

いかく-せつ【威嚇説】〘名〙刑法理論の一つ。刑罰の目的および機能が、社会一般を恐れさせ、将来の犯罪を防ぐとする説。発音〈標ア〉ク

いがく-せんもんがっこう【医学専門学校】〘名〙旧学制下で、専門学校令によって明治三六年（一九〇三）設置された、医学の専門教育を施す学校。修業年限は四年。昭和二八年（一九五三）まで続いたが、以後、新学制によって大学と改称。＊文部省令第一〇号‐明治四〇年（1907）四月一〇日「官立医学専門学校の修業年限、学科、学科目及其の程度」発音イガク＝センモンガッコー〈標ア〉イ＝ガ

い-かくちょう【胃拡張】〘名〙胃が肥大してそのまま無力化し、広がったままになってしまうこと。嘔吐、胃の膨満感などが現われ、皮膚は乾燥してやせてくる。＊女工哀史（1925）〈細井和喜蔵〉一七・五九「子供ならざる一人前の大人が、胃拡張を来す程制限もなくものを喰ふとは実に馬鹿気た聞へであるが」＊通学物語（1941）〈渋沢秀雄〉演劇雑感・一「過食その他の原因で、胃が千六百乃至千七百立法センチ・メートル以上の容量を有することが常態になると、それはもう胃拡張だといふ」発音イカクチョー〈標ア〉カ

いかく-てき【威嚇的】〘形動〙おどすような態度をとるさま。おどして恐れさせるさま。＊冷笑（1909–10）〈永井荷風〉五「装飾の多い扉の左右に威嚇的の偶像を安置した門を這入ると」＊土（1910）〈長塚節〉一二「其の車を顛覆させてやれというような威嚇的の暴言をすら吐くことがある」＊帰郷（1948）〈大仏次郎〉再会「若い男は、急に威嚇的に吠え立った」発音〈標ア〉０

いがく-てき【医学的】〘形動〙生体に関する諸事象を医学上の知見や方法から見たさま。また、医学に関連しているさま。＊十六歳の日記（1925）〈川端康成〉五月八日「それが果して医学的にどれだけの価値のあるものかは分りませんが」＊桜桃（1948）〈太宰治〉「いや、何もお前、医学的な話ぢゃないか。上品も下品も無い」＊誰かが触った（1972）〈宮原昭夫〉一「しかし、まあ、いくら普通のこわくない病気だからって、医学的な予防の配慮ってもんは、いくらしたってしすぎることはないんだから」発音イガクテキ〈標ア〉０

いかく-とし【囲郭都市】〘名〙都市内の治安維持、独自性誇示のため、計画的に市街地を城壁、土塁、水濠などで囲んだ都市。中国、中央アジアに多く分布。発音〈標ア〉ト

いがく-はかせ【医学博士】〘名〙「いがくはくし（医学博士）」に同じ。発音イガクハカセ〈標ア〉ハ

いがく-はくし【医学博士】〘名〙医学部門で博士の称号を得た人。また、その学位。医博。いがくはかせ。＊学位令（明治三一年）（1898）一条「学位は法学博士、医学博士、〈略〉の九種とす」＊細雪（1943–48）〈谷崎潤一郎〉上・二「かたはら一人の弟を医学博士にまでさせ」発音イガクハクシ〈標ア〉ハ〈京ア〉ハ

いがく-ぶ【医学部】〘名〙大学における医学を専攻する部。＊当世書生気質（1885–86）〈坪内逍遥〉三「本日医学部（イガクブ）病院へ罷越（まかりこし）」＊雁（1911–13）〈森鷗外〉四「まだ大学医学部（イガクブ）が下谷にある時の事であった」発音イガクブ〈標ア〉ク ガ〈京ア〉ク

いが-ぐみ【伊賀組】〘名〙伊賀者をもって組織した、江戸幕府鉄砲組。→伊賀者。＊東職紀聞‐二（古事類苑・官位六九）「服部半蔵正成、以㆓伊賀組二百人㆒守㆓甲州谷村城㆒」＊嘉永三年武鑑（1850）「御鉄砲百人組之頭〈略〉伊賀組、組屋敷、青山百人町」発音イガグミ〈標ア〉０

いが-ぐり【毬栗・梂栗】〘名〙①いがに包まれたままの栗の実。《季・秋》＊能因歌枕（11C中）「八月〈略〉いがぐり」＊夫木（1310頃）三二「手にとれば人をさすてふいがぐりのゑみの内なる刀おそろし〈公朝〉」＊伊京集（室町）「梂栗 イガグリ」＊俳諧・毛吹草（16

38)二「九月〈略〉いか栗 柴栗」 ②「いがぐりあたま（毬栗頭）」の略。＊浄瑠璃・日本振袖始（1718）一「傍にがさりと寝たらば、いがぐりほう髭（ひげ）いばらひげ」＊雑俳・柳多留拾遺（1801）巻八・上「いがぐりに頭巾かぶせて小一年」＊小学生徒改良衣服裁縫伝授（1886）〈松平幾子・久永廉蔵〉「我国の子供は男女とも髪のかたち種々ありて男はおけしチョンワゲおともつきはチビンヤッコ坊主あたま若衆風イガグリなどありしが」 ③「いがぐりかつら（毬栗鬘）」の略。 方言 ❶いがが長くてたくさんあり果実の小さい栗（くり）。奈良県678 ❷動物、うに（海胆）。愛媛県宇和島855 発音 イガグリ 〈なまり〉イガグイ〔鹿児島方言〕〈標ア〉①はガ 0 ②は 0 〈京ア〉グ 辞書 色葉・伊京・黒本・言海 表記 梂栗（色・伊・黒）毬栗（言）

いがぐりも内（うち）から破（わ）れる 年頃になれば、自然に色気づくことをいう。

いがぐり-あたま【毬栗頭】〘名〙髪をいがぐりのように短く丸刈りにした頭。毛ののびかかった頭。また、その人。いがぐり。いがあたま。＊浄瑠璃・忠孝大礒通（1768）七「門からぬっと禅師坊。曽我の子供と見られぬ為時花（はやり）風のいかくり天窓（アタマ）。幸いのちょんがり坊」＊滑稽本・東海道中膝栗毛（1802–09）初「ここにいがぐりあたまの子供四五人ゐて」＊人情本・娘太平記操早引（1837–39）四・二〇回「見れば眼（まなこ）はぎょろりと丸く、毬栗頭（イガクリアタマ）の恐ろしさは」＊温泉宿（1929–30）〈川端康成〉夏逝き・三「毬栗頭で、頬から頤一面に毬栗ひげで、毬栗色にくりくり太ってゐる」 発音 イガグリアタマ 〈なまり〉イガグルアタマ〔長崎〕エガグリアタマ〔飛驒〕〈標ア〉ア 〈京ア〉ア

いがぐりかい-うみヒドラ【毬栗貝海—】（いがぐりかひ‥）〘名〙ウミヒドラ科の刺胞動物の一種。巻貝の殻に似た直径数センチメートルの殻頂部に巻貝の殻を埋め込んだ骨格を形成する群体性のウミヒドラ。この中にヤドカリ類がすんでいることが多い。日本各地の太平洋岸の数メートル〜数十メートルの海底にすむ。学名は Hydrissa sodalis 発音 イガグリカイウミヒドラ 〈標ア〉ヒ

いがぐり-かつら【毬栗鬘】〘名〙（「いがぐりかづら」とも）歌舞伎の鬘（かつら）の一種。坊主頭に髪がのびたさまを表わしたもの。いがぐり。＊歌舞伎・御摂勧進帳（1773）五立「弁慶、花道より〈略〉毬栗（イガグリ）かづら檜笠にて」＊歌舞伎・四天王楓江戸粧（1804）三立「石蜘（いしぐも）法印、いが栗かつらの修験者、物凄き拵へて」 発音 イガグリカツラ 〈標ア〉カ

毬栗鬘〈戯場訓蒙図彙〉

いがぐり-くるまびん【毬栗車鬢】〘名〙歌舞伎の鬘（かつら）の一種。月代（さかやき）の部分はいがぐりで、鬢の毛は束ねたまま数本に分け固めたもの。「御所桜堀川夜討-弁慶上使の段」の弁慶などの使用する特殊なもの。

いがぐり-ひげ【毬栗髯】〘名〙いがぐりの密生したとげを思わせるようなひげ。＊温泉宿（1929–30）〈川端康成〉夏逝き・三「毬栗頭で、頬から頤一面に毬栗ひげで、毬栗色にくりくり太ってゐる」 発音 イガグリヒゲ 〈標ア〉リ

いがぐり-ぼうず【毬栗坊主】（‥バウズ）〘名〙「いがぐりあたま（毬栗頭）」に同じ。＊坊っちゃん（1906）〈夏目漱石〉二「是は逞しい毬栗坊主で、叡山の悪僧と云ふべき面構（つらがまへ）である」＊首が落ちた話（1918）〈芥川龍之介〉上「軍帽が、半ば裂けた間からは、いが栗坊主の頭が覗いてゐる」 発音 イガグリボーズ 〈標ア〉ボ 〈京ア〉ボ

い-かく・る【—隠】〘自ラ四〙（「い」は接頭語）かくれる。＊古事記（712）下・歌謡「嬢子（をとめ）の 伊加久流（イカクル）岡を 金鋤（かなすき）も 五百箇（いほち）もがも 鉏（す）き撥（ば）ぬるもの」＊万葉（8C後）一・一七「奈良の山の 山の際（まに） 伊隠（イかくる）まで〈額田王〉」 発音 〈標ア〉ク

い-かく・る【居隠】（ゐ‥）〘自ラ下二〙物かげにかくれている。かくれてすわる。＊源氏（1001–14頃）須磨「柱がくれにゐかくれて涙をまぎらはし給へるさま」＊夜の寝覚（1045–68頃）四「うちはぢらひて、上（うへ）の御かげにゐかくれ給ふを」＊有明の別（12C後）二「木丁ひきよせていとかしこうゐかくれ給へり」 発音 〈標ア〉ク 〈京ア〉0

い-かけ【沃懸】〘名〙（動詞「いかく（沃懸）」の連用形の名詞化）①水を注ぎかけて身を清めること。＊百四十五箇条問答（1201頃）一五「六斎に、斎をし候はんには、かねて精進をし、いかけをし、よき物をきてし候べきか」＊あづまの道の記（1533頃）「おなじ家のあるじ、ゐかけなどいひつけ侍れば、何となく心のおくゆかしくて、おもひきや濁らぬものを我心今朝しも何のいもゐせよとは」 ②「いかけじ（沃懸地）」の略。 発音 〈標ア〉0 辞書 言海 表記 沃懸（言）

い-かけ【鋳掛】〘名〙①なべ、かまなどの金物のこわれた部分を、はんだや銅などで修理すること。また、それを業とする人。鋳掛師。鋳掛屋。＊雑俳・軽口頓作（1709）「とれました・鍋のいかけがつばけで矢」＊雑俳・柳多留-初（1765）「ちっぽけな桶で鋳かけは手を洗ひ」＊随筆・宝暦現来集（1831）二一「文政年比より天保二年に至り、流行之分の荒増集め見るに、〈略〉鍋のいかけの天秤棒は跡先長し」＊湖畔手記（1924）〈葛西善蔵〉「鋳（イ）かけの利かない古鍋」 ②夫婦つれだって歩くこと。また、その者。文化（一八〇四〜一八）末年、大坂に夫婦づれの土瓶鋳掛屋があり、三世中村歌右衛門がこれをモデルに所作事を演じたため評判になり、文政年間（一八一八〜三〇）、京坂の流行語となって、一般に行なわれた。夫婦づれ。アベック。どびんのいかけ。いかけや。＊浪花聞書（1819頃）「土瓶のいかけ 夫婦して歩行することを云、唯いかけともいふ、是丙子の年の頃、ぢぢばば夫婦して土瓶の破を繕て渡世とするもの町々を歩行せり、此者共え中村歌右衛門より衣装をくれ、対のなりにて渡世いたし歩行しが、其後歌右衛門早替り狂言の節、右いかけ夫婦の早替り所作いたす、夫よりの通言にて夫婦連れにて歩行するを、いかけといふ」 方言 夫婦連れで出歩くこと。大阪062 発音 〈なまり〉イッカケ〔紀州〕ユカケ〔山梨〕〈標ア〉0 〈京ア〉0 辞書 言海 表記 鋳掛（言）

いかけ〘名〙 方言 ⇩いかき（笊）

いかけ〘名〙 方言 魚、あら（鯇）。島根県石見725 長崎県対馬913

い-がけ【韘】〘名〙（「ゆがけ（弓懸）」の変化した語）弓を射る時、指をいためないようにはめる革の手袋。手甲。＊倭語類解（17C後-18C初）軍器「韘 イガケ」 方言 野良仕事などの時に用いる手首あたりをおおうもの。手っ甲。群馬県吾妻郡218 新潟県中頸城郡384 長野県470 484 ◇いがき 新潟県佐渡352 ◇ゆがき 長野県諏訪468

いかけ-うるし【沃懸漆】〘名〙沃懸け地の地塗りに用いる漆。いっかけうるし。

いかけ-し【鋳掛師】〘名〙鋳掛けを職業とするもの。いかけや。＊多聞院日記-天正一一年（1583）一二月一六日「くわんすのゐかけ仕、幡州の仁と云々。小釜のそこひた三百五十文、薬大のそこ五十文、合四百文にて申ニ付之ニ」＊人倫訓蒙図彙（1690）六「鋳掛師（イカケシ）仏前の三具足をはじめ、金（かね）の器物破損をつくろいゐかけ鍋釜のも同じ類なり」＊俳諧・文化句帖-元年（1804）四月一五日「いかけしが坩壺（るつぼ）こぼすや花卯木」 発音 〈標ア〉ケ 辞書 言海 表記 鋳掛師（言）

鋳掛師〈人倫訓蒙図彙〉

いかけ-じ【沃懸地】（‥ヂ）〘名〙蒔絵（まきえ）の技法の一つ。うるし塗りの器面全体に金粉または銀粉を蒔きつめて、その上から漆を塗り、磨きあげて地としたもの。いかけ。＊今昔（1120頃か）一九・九「鋳懸地に蒔たる硯の様も厳（いつく）しく」＊弁内侍（1278頃）建長三年「いかけぢにほら貝をすりたる御厨子御手箱二つ」＊夫木（1310頃）四「おもしろや風のまきゑにふぶかれて庭のひまなき花のいかけぢ〈源仲正〉」 発音 〈標ア〉カ 0 辞書 言海 表記 沃懸地（言）

いかけじ の＝金覆輪（きんぷくりん）［＝黄覆輪（きふくりん）］の鞍（くら） 前後の山形（輪）を金または鍍金（ときん）でおおい飾った沃懸け地の鞍。＊京師本保元（1220頃か）上「黒き馬のふとくたくましきに、いかけ地の黄（き）ふくりんの鞍おいて引立たり」＊平治（1220頃か）上・源氏勢汰への事「黒き馬の太くたくましきが、八寸余りなるに、いかけぢの金伏輪の鞍置いて」

いかけじ の 鞍（くら） 沃懸け地で装飾を施した鞍。＊平家（13C前）五・富士川「副将軍薩摩守忠度は〈略〉黒き馬の太う逞しいにいかけ地の鞍置いて乗り給へり」＊義経記（室町中か）一・遮那王殿鞍馬出の事「月毛なる馬にゐかけぢの鞍置きて」

いかけじ の 太刀（たち） 鞘（さや）を沃懸け地にした太刀。年功のある公家および検非違使別当等が多く用いたもの。＊餝抄（1238頃）中「沃懸地剣 宿老之人検非違使別当等用レ之」＊名目鈔（1457頃）衣服「沃懸地（イカケヂノ）太刀 大理用レ之、蒔絵ノ太刀巡歟」

いかけじ の 螺鈿（らでん）の太刀（たち） 沃懸け地のさやに螺鈿の装飾を施した太刀。

いかけ-じし【射掛猪】〘名〙矢や弾丸が当たって、まだ死なない状態のイノシシ。手負い猪。宮崎県米良（めら）地方の狩りことば。

いかけまつ【鋳掛松】 歌舞伎。世話物。三幕。河竹黙阿弥作。本名題「船打込橋間白浪（ふねへうちこむはしまのしらなみ）」。慶応二年（一八六六）江戸守田座初演。初演名題「富治三升扇曽我（ふじとみますすえひろそが）」。別名題「幸後月松影（さいわいのちのつきにまつかげ）」。鋳掛け屋松五郎が、花水橋（両国橋）の上から金持ちの豪遊を見て、しがない生活がつまらなくなり悪の道に走る筋立て。 発音 〈標ア〉ケ

いかけ-や【鋳掛屋】〘名〙①鋳掛けを職業とする者。鋳掛師。＊雑俳・柳多留-一六（1781）「いかけやの声のよいのを女房よび」＊歌舞伎・船打込橋間白浪（鋳掛松）（1866）序幕「何でも鋳掛屋と焼きつき屋は〈略〉そそっかしいおさんどんが沢山（たんと）なくっちゃあ飯が喰へねえ」＊風俗画報-一三八号（1897）人事門「大抵は鞴（和名抄に布岐賀波とあり。今は訛りて布以賀宇といふ）を担ひ、『イカケヤイカケ』と呼びて、市中を歩行き、其の門戸に立ち寄りては、『イカケヤデゴザイ』と叫び、其の工作を求む」 ②「いかけ（鋳掛）②」に同じ。 発音 〈標ア〉0 〈京ア〉0 辞書 ヘボン 表記 釦屋（ヘ）

いかけや の 天秤棒（てんびんぼう）（鋳掛け屋の天秤棒は普通より長く七尺五寸（約二・三メートル）あり、棒の端が荷より先に長く出るところから）出しゃばり者。また、出過ぎた行ないのたとえ。〔東京語辞典（1917）〕

い-かける【言掛】〘動〙 方言 質問する。また、試そうとして問う。青森県三戸郡083 南部085 秋田県鹿角郡132

い-か・ける【射掛】〘他カ下一〙文 いか・く〘他カ下二〙（「かける」は他に動作を及ぼす意）敵に向かって矢や鉄砲を放つ。対象にねらいを定めて飛道具をあびせる。＊今昔（1120頃か）二九・七「隣の者共の起合て、箭（や）を射懸ければ、散々に逃て去にけり」＊平家（13C前）四・源氏揃「那智新宮の物共に矢一ついかけて、平

家へ子細を申さん」＊日葡辞書（1603–04）「Icaqe, uru（イカクル）〈訳〉矢、鉄砲などを放つ」＊奥羽永慶軍記（1698）七・田村砦、滑津、千石森為大内定綱被破事「先手田村月斎、同右衛門尉、弓、鉄炮を射懸くれば」 発音〈標ア〉ケ0〈京ア〉0 文『いかく』〈標ア〉0カ〈京ア〉0 辞書日葡・言海 表記射掛（言）

いーか・ける【鋳掛】〔他カ下一〕文いか・く〔他カ下二〕金属製の器の破損した部分に、溶かした銅、はんだなどを流しかけて修理する。＊太平記（14C後）三九・諸大名讒道朝事「本堂の庭に十囲（ゐ）の花木四本あり。此の下に一丈余りの鍮石（ちゅうじゃく）の花瓶を鋳掛（イかけ）て」＊日葡辞書（1603–04）「Icaqe, uru（イカクル）」＊歌舞伎・船打込橋間白浪（鋳掛松）（1866）序幕「この鉄瓶だがね、〈略〉この穴は鋳掛けられようか」 発音〈標ア〉0ケ 辞書日葡・〈ボン〉・言海 表記鋳掛（へ）

いかける〔動〕方言❶自分の畑地を隣の土地まで耕し延ばす。愛知県知多郡568 ❷人をだましてものを取る。新潟県佐渡358 島根県出雲725 愛媛県伊予三島市・今治市840

いかご【伊香具】滋賀県伊香郡の旧地名。現在は木之本町の一部。賤ケ岳（しずがだけ）のふもと、琵琶湖北岸に臨む。製糸業が盛んで、和楽器用の特殊糸を産する。いかぐ。＊二十巻本和名抄（934頃）五「近江国〈略〉伊香〈伊加古〉」 発音イカゴ〈標ア〉0 辞書和名・色葉 表記伊香（和・色）

いか-ご【五十日子・五十日児】〔名〕生後五〇日目に五十日（いか）の祝をしてもらう赤ん坊。＊一茶方言雑集（1819–27頃）「赤子（にかっこ）五十日児 イカゴ」

いか-ご〔名〕「いかのぼり（凧）」に同じ。＊物類称呼（1775）四「紙鳶 いかのぼり〈略〉越路にて いか 又 いかごといふ」 方言山形県北村山郡139 新潟県中頸城郡383

いが-ご〔名〕方言⇨いが

いか-こうか【異化効果】（イクヮカウクヮ）〔名〕（ドイ Verfremdungseffekt の訳語）ドイツの劇作家ブレヒトの考えた演劇手法。日常見なれた現象に対する先入観を取り去り、それを異常なものに見せる芸術的手段。それによって現象の本質の認識、状況の変革を促す過程までも含めていう。 発音イカコーカ〈標ア〉コ

いが-ごえ【伊賀越】㊀奈良時代以来の街道。平城京から奈良坂を越えて山城の笠置を経、伊賀の柘植（つげ）に出て、鈴鹿関に通じる。＊浮世草子・武道伝来記（1687）八・四「あすは七つ立（たち）にして伊賀越（イガコへ）に行（ゆく）とてはや出立焼（たく）など馬を約束し」＊俳諧・猿蓑（1691）序「我翁行脚のころ、伊賀越しける山中にて」 ㊁①歌舞伎。時代物。一五幕。奈河亀輔（かめすけ）作。本名題「伊賀越乗掛合羽（のりかけがっぱ）」。安永五年（一七七六）大坂、中の芝居嵐七三郎座初演。→伊賀越の仇討。②浄瑠璃。時代物。一〇段。近松半二、近松加作の合作「伊賀越道中双六」の通称。天明三年（一七八三）大坂竹本座初演。①の書き換えで、伊賀越物の中でもっとも有名。 発音イガゴエ〈標ア〉0

いがごえどうちゅうすごろく【伊賀越道中双六】（いがごえダウチュウすごロク）「いがごえ（伊賀越）㊁②」に同じ。

いがごえ-の-あだうち【伊賀越の仇討】寛永一一年（一六三四）一一月、岡山藩士渡辺数馬が、姉婿荒木又右衛門の助太刀を得て、弟（一説に父）源太夫の仇、河合又五郎を伊賀（三重県西北部）上野城下鍵屋の辻に討ったこと。天下三大仇討の一つとして、講談、実録、戯曲にとりあげられる。 発音イガゴエノアダウチ〈標ア〉ダチ

いがごえのりかけガッパ【伊賀越乗掛合羽】「いがごえ（伊賀越）㊁①」に同じ。 発音イガゴエノリカケガッパ〈標ア〉ガ2

いかご-やま【伊香胡山・伊香山】滋賀県伊香郡木之本町にある山。歌の名所。＊万葉（8C後）八・一五三三「伊香山（イかごやま）野辺に咲きたる萩見れば君が家なる尾花し思ほゆ〈笠金村〉」 発音イカゴヤマ〈標ア〉0

いか-さ【如何―】〔名〕「いかさま（如何様）㊃」の略。＊洒落本・富賀川拝見（1782）山本屋之段「伊之字のいかさはいやだ」＊落語・滑稽吹寄（1892）〈三代目三遊亭円遊〉「『何うも此薄墨で書く者は手が上がらんと申ますヨ』『夫は裏で御座います』『ウム成程…裏から見ないと贋物（イカサ）が有りますから』」

いーがさ【藺笠】（ゐ）〔名〕藺草の茎を編んでつくった、日よけ用のかぶり笠。いおりがさ。《季・夏》＊延喜式（927）三六・主殿寮「藺笠廿五枚」＊今昔（1120頃か）一一・三〇「着給へる藺笠を脱（ぬぎ）て、置て返（かへり）ぬ」＊随筆・守貞漫稿（1837–53）二六「藺笠。燈心草を以て製レ之、従来未レ見レ之。嘉永四年より初て流布し、歩行の武士専ら用レ之。蓋供には不レ用レ之。私の他行のみ用レ之」 発音イガサ〈標ア〉ガ

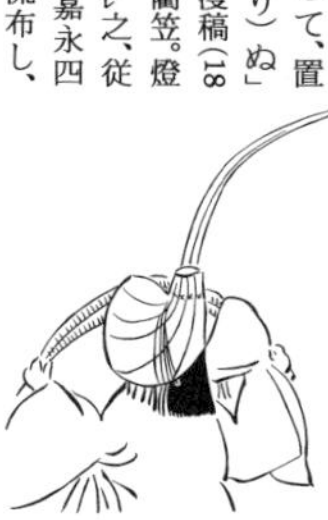
藺　笠〈年中行事絵巻〉

いか-さし【烏賊刺】〔名〕烏賊（いか）の刺身（さしみ）。 発音〈標ア〉0

いか-さま【如何様】㊀〔形動〕状態、方法などについて疑問の意を表わす。どのよう。どんなふう。＊万葉（8C後）二・一六七「何方（いかさま）に 思ほしめせか つれもなき 真弓の岡に 宮柱 太敷きいまし〈柿本人麻呂〉」＊宇津保（970–999頃）菊の宴「いでや、いかさまになすべき。あが仏たすけ給へ」＊源氏（1001–14頃）夕顔「この女君、いみじくわななき惑ひて、いかさまにせむと思へり」＊浜松中納言（11C中）一「我いかさまなるわざをせんと、なみだを流しつつおぼしわぶるに」 ㊁〔副〕（「いかさまにも」の略から）①自分の考えや叙述、推測などのたしかさを表わす語。きっと。たしかに。どう見ても。てっきり。＊高野本平家（13C前）一・祇王「いかさま是は祇といふ文字を名について、かくはめでたきやらむ」＊禅竹宛世阿彌書簡‐永享年間（1429–40）五月一四日「いかさまいかさまうたがひなく、御能は大になりたるかとおぼえ候」＊虎明本狂言・青海苔（室町末‐近世初）「いかさま、是は平家の公達ぞと思ひ、押双て無手とくむ」＊評判記・野郎虫（1660）加川右近「むまれつきの面躰は。いかさまあん阿彌の御作にてもあるへきか」②意志の強さを表わす語。ぜひとも。なんとしても。＊光悦本謡曲・羽衣（1548頃）「直より見れば色香妙にして常の衣にあらず、いか様とりて帰り古き人にも見せ、家のたからとなさばやとおもひ候」 ㊂〔感動〕相手の意見を肯定して感動的に応答することば。いかにも。そのとおり。ほんとに。なるほど。ごもっとも。＊曾我物語（南北朝頃）三・母なげきし事「さりとも、きらるるまでは有まじ。誰々も、よきやうに申なしたまはば、いかさま、とほき国にながしおかれぬとおぼえたり」＊虎寛本狂言・素襖落（室町末‐近世初）「『定て汝が行くで有う』『いか様（さま）、誰彼といふて外に人も御ざらぬに依て、定て私が参るでは御ざらうが』」＊歌舞伎・名歌徳三舛玉垣（1801）三立「『逸成（はやなり）といひ、紀の名虎存生なしておいやらば、惟喬君のよい後楯でござるになア』『いかさまなア』」＊滑稽本・東海道中膝栗毛（1802–09）三・下「『ハアねっから酒がたらぬよふだ。もう二合やらかそふ』『いかさまなあ』」 ㊃〔名〕いかにも本当らしく見せかけたもの。似せたもの。ごまかし。いんちき。＊和玉篇（15C後）「謬 ヒガム アヤマル イカサマ」＊談義本・風流志道軒伝（1763）四「いかさま国となんいへる所に至れば此国の人寄集（よりあつまり）、舟に乗りて」＊雑俳・川柳評万句合‐安永三（1774）仁二「いかさまのぐゎんそは小野小町なり」＊黄表紙・文武二道万石通（1788）上「重忠がはかりごとにて百人いかさまにかかる東海の天なるべし」＊多情多恨（1896）〈尾崎紅葉〉前・二「尤も代物（しろもの）は精進だけれど、少しは陰に如何様（イカサマ）がしてあるかも知れませんよ」 方言㊀〔形動〕どのよう。どんなふう。新潟県佐渡352 ㊁〔副〕❶なんとしても。甚だ。たいへん。徳島県811 香川県827 829 ❷まさか。よもや。山形県米沢市・南置賜郡139 ◇いかさむ 長崎県壱岐島914 ❸一向に。てんで。まったく。京都府竹野郡622 ❹たぶん。おそらく。◇いかさむ 長崎県壱岐島914 ㊂〔感動〕相手の意見を肯定して感動的に応答する語。いかにも。なるほど。ほんとに。青森県073 上北郡074 津軽054 076 山形県139 149 福井県敦賀郡443 長野県佐久493 鳥取県711 島根県725 広島県高田郡779 ◇えかさまたこさま〔―蛸様〕青森県073 島根県出雲725 語源説（㊃について）(1)イカガハシキサマの意か〔大言海〕。(2)イカガの略イカにサマ（様）を継ぎ合わせた語〔両京俚言考〕。 発音〈なまり〉イカサム〔壱岐〕 ㊀～㊂は〈標ア〉カ〈京ア〉0 ㊃は〈標ア〉0〈京ア〉0 ⓪ 辞書和玉・文明・易林・日葡・書言・〈ボン〉・言海 表記何様（文・書・へ）謬（玉）如何様（易・言）

いかさま にも ①疑問、不定の気持を少し残すさま。どんな状態でも。＊苔の衣（1271頃）二「おのづから洩り聞くも、心深くおそろしきに、さやうのあたりに、いかさまにもすみ給ふは、ためもいとうしろめたきに」 ②自分の考えや叙述のたしかさを最大の限界からいう意を表わす語。どう見ても。どうしても。ともかくも。きっと。おそらく。何といっても。＊平家（13C前）六・築島「是はいかさまにも天狗の所為（しょゐ）といふ沙汰にて」＊あさぢが露（13C後）「この人重くわづらひてうづまさに籠りたるよし聞きいでて君にかくと申せば、いつよりならん、いかさまにもいそぎまうでてたづねむと思して」＊仮名草子・伊曾保物語（1639頃）下・二四「いかさまにもただ人のしわざとも見えず」＊談義本・地獄楽日記（1755）一・一「前代未聞の珍事、いかさまにも天の怒り給ふと見えたり」 ③相手や世間のいうことに納得するさま。なるほど。いかにも。＊バレト写本（1591）「Jesus ナンジガ シャケイ イキ カエル ベシト ノタマエバ、Martya ycasamanimo（イカサマニモ）ヨミガエリ ナーヤト ヲモイ タテマツルト モサレケレバ」 発音〈京ア〉ニ 辞書日葡

いかさま-ごと【如何様事】〔名〕いかにも本当らしく見せかけたこと。ものまね事。にせ事。＊ロマネスク（1934）〈太宰治〉嘘の三郎「そのいかさまごとがあまりにも工夫に富みほとんど真に近く芸者末社もそれを疑はず」 発音イカサマゴト〈標ア〉0

いかさま-ざい【如何様賽】〔名〕詐欺賭博に用いる仕掛けのあるさいころ。贋賽（にせざい）。悪賽。＊落語・三で賽（1896）〈三代目柳家小さん〉「今考へると親爺が能く云ふ如何様（イカサマ）ざいと云ふ奴に違ひ無い」

いかさま-し【如何様師】〔名〕（「師」はあて字）にせ物を作ったり売ったりする人。また、詐欺やいんちき賭博を常習とする人。詐欺師。いかものし。＊洒落本・擲銭青楼占（1771）坤為地「此卦のたいこは大のいかさましなり」＊歌舞伎・天衣紛上野初花（河内山）（1881）六幕「表向は殿様だが、内証は破落戸（ごろつき）同様な旗本仲間のいかさま師」＊坊っちゃん（1906）〈夏目漱石〉七「世の中はいかさま師許りで御互に乗せっこをして居るのかも知れない」 発音〈標ア〉マ〈京ア〉マ

いかさま-だち【如何様立】〔名〕相撲の立合いに、待ったと見せて相手が力を抜いた、そのすきに乗じて立ちあがること。ぺてんだち。化粧だち。 発音〈標ア〉0

いかさま-ばくち【如何様博打】〔名〕仕かけのある賽（さい）や札、カードなどを使って金品を賭けた

勝負をすること。詐欺賭博。いんちき賭博。〔特殊語百科辞典(1931)〕 発音〈標ア〉バ

いかさま-もの【如何様物】〘名〙真偽のはっきりしない品物。また、本物らしく見せかけた品物。かぶせ物。にせ物。まがい物。＊人情本・春色籬の梅(1838-40頃)四・二三回「柳原仕入の粘仕置物(イカサマモノ)だものウ」＊社会百面相(1902)〈内田魯庵〉犬物語「口上(くちさき)で欺騙(ごま)かして廉(やす)く仕入れたいかさまものをドシドシ売付けて了うのだ」 発音〈標ア〉⓪

いかさま-もの【如何様者】〘名〙詐欺賭博を常習する者。いかさま師。〔隠語輯覧(1915)〕 発音〈標ア〉⓪〈京ア〉⓪

いか-さようヰク:【異化作用】〘名〙①生物体の物質代謝のうち、体内の複雑な化合物をより簡単な物質に化学的に分解する作用。その際、放出されるエネルギーが生活活動に利用される。↕同化作用②。②言語学で、互いに隣接し、また近くに位置した二音が、差異を強めたり、新たにつくり出したりして、類似点のより少ない音に変化すること。隣接している二音間に見られる場合は隣接異化と呼ばれ、近くに位置しているが隣接してはいない二音間に見られる場合は離隔異化と呼ばれる。↕同化作用③。 発音イカサヨー〈標ア〉サ

いかし【粃・秕】〘名〙穀皮ばかりで、実を結ばなかった籾(もみ)。実のない米。粃(しいな)。 方言❶実の入っていない穀粒。しいな。福井県大飯郡448 京都府竹野郡622 兵庫県但馬652 ❷餅(もち)。京都府620

いかし【厳】(シク活用形容詞「いかし」の語幹。ただし、語幹用法だけで、シク活用の確例はない)勢いが盛んなさま、繁栄しているさま、いかめしいさま、などを表わす。「厳日(いかしひ)」「厳矛(いかしほこ)」「厳穂(いかしほ)」「厳御世(いかしみよ)」など。＊延喜式(927)祝詞・出雲国造神賀詞「堅磐(かきは)に常磐(ときは)に斎(いは)ひまつり、伊賀志(イカシ)の御世に幸(さき)はへまつれ」 語誌(1)イカヅチ(雷)、イカシホ(瞋塩)のイカを、イカシの語幹とすれば、やはり語幹の用法のみではあるが、ク活用の例も上代にはあったことになる。(2)シク活用は、イカシホ(厳穂)、イカシミヨ(厳御世)などのように、特定の語について、祝詞の類に多く見られる特殊な用法か。(3)中古以降、ク活用で現われ、中世には口語において、イカイの形で多くは連体修飾語として用いられる。

いかし〘名〙方言釣り針の逆向きにとげの出ている所。もどし。東京都新島322 静岡県志太郡・賀茂郡521

いかし〘名〙方言⇩いけま(生間)

いか・し【厳】〘形ク〙⇩いかい(厳)

いかじ-うま【不往馬】〘名〙先へ進んで行くまいとする馬。進もうとしない馬。＊随筆・安斎随筆(1783頃)一七「いかじ馬 又いかしする馬と云ふ。いかじ馬は先へ進み行くまじきと進まぬ馬を云ふなり。しざるには非ずして先へ進み行くまじとする馬なり」

いかし-きね【厳杵】〘名〙いかめしく立派な杵。＊持授抄(1680-82)神籬磐境極秘之伝「執ニ持伊賀志杵一、不レ傾ニ本末一」

いかし-くらいらゐ:く【重位】〘名〙重大な位。すなわち、天皇の位。↓いかしむ。＊続日本紀-慶雲四年(707)七月一七日・宣命「此の重位(いかしくらゐ)に継ぎ坐(ま)す事をなも、天地の心を労(いとほ)しみ重(いか)しみ畏(かしこ)み坐さくと詔りたまふ命を衆聞しめせ」

い-かしこま・る:ゐ【居畏】〘自ラ四〙恐縮してすわる。＊源氏(1001-14頃)関屋「ここかしこの杉の下に車どもかきおろし木(こ)がくれにゐかしこまりて過ぐし奉る」

いかして〘副〙方言⇩いかな(如何)事

いか-しば【烏賊柴】〘名〙産卵に来るイカをとるための漁具。木の小枝をたばねたもので、いくつも網につけて海中に沈め、機をみて引きあげる。

いかし-ひ【厳日】〘名〙おごそかな日。りっぱな日。生日(いくひ)と同じく、日の美称。補注「書紀-皇極即位前紀」の「天豊財重日〈重日、此をば伊柯之比といふ〉足(たらし)姫天皇」例の「ひ(比)」を、霊(ひ)とする説もある。

いかし-ほ【厳穂】〘名〙実がたくさんついている稲穂。＊延喜式(927)祝詞・祈年祭(九条家本訓)「八束穂(やつかほ)の伊加志穂(イカシホ)に皇神等の依さしまつらば」

いかし-ほこ【厳矛】〘名〙いかめしい矛。りっぱな矛。＊書紀(720)舒明即位前「厳矛〈厳矛、此をば伊箇之保虚といふ〉の中を取(とりも)てる事の如くにして、奏請(ものまう)す人等なり」＊延喜式(927)祝詞・斎内親王奉入時(九条家本訓)「大中臣、茂桙(イカシほこ)の中取り持ちて」 補注右の例で「中」に結びついているのは、君臣の中をとりもつことを矛の本末の「中」をもつことで、たとえたもの。

いかし-みよ【厳御世】〘名〙栄える御世。盛代。＊皇太神宮儀式帳(804)「伊加志御世(イカシみよ)に幸はへ給ひ」＊延喜式(927)祝詞・祈年祭(九条家本訓)「茂御世(イカシみよ)に幸(さき)はへまつるが故に」＊延喜式(927)祝詞・平野祭「天皇(すめら)が御世を堅磐(かきは)に常磐(ときは)に斎(いは)ひまつり、伊賀志御世(イカシみよ)に幸(さき)はへまつりて」

いかし-・む【重】〘他マ四〙重大だと考える。＊続日本紀-慶雲四年(707)四月一五日・宣命「常労(いとほ)しみ重彌(いかしミ)念(おも)ほし坐(ま)さくと宣りたまふ」＊続日本紀-慶雲四年(707)七月一七日・宣命「天地の心を労(いとほ)しみ、重美(いかしミ)畏(かしこ)み坐(ま)さくと詔りたまふ命を衆聞しめせ」

いかし-やくはえ〘名〙語義未詳。＊延喜式(927)祝詞・春日祭「天皇(すめら)が朝廷(みかど)に伊加志夜久波叡(イカシヤクハエ)の如く仕へまつり」＊延喜式(927)祝詞・平野祭「天皇(すめら)が朝廷(みかど)に、いや高にいや広に、伊賀志夜具波江(イカシヤグハエ)の如く立ち栄えしめ仕へまつらしめたまへ」 補注「やくはえ」は、「彌木栄」または「彌木生」で、木が生い茂るさまの意とする説、「いかし」を「五十橿」、「やくはえ」を「八桑枝」として、よく茂った桑の枝とする説などがある。 上仮名イカシャクハエ

いが-しゅう【伊賀衆】〘名〙「いがもの(伊賀者)」に同じ。＊随筆・塩尻(1698-1733頃)四〇「柳営家に伊賀衆とて仕へらるる与力士なり」 発音イガシュー〈標ア〉ガ

いか-じゅふんヰク:【異花受粉】〘名〙他の花の雄しべの花粉が雌しべの柱頭について受粉が行なわれること。他花受粉。他家受粉。 発音〈標ア〉ジュ

いか・す【生・活】〘他サ五(四)〙①死んだもの、死にかけたものの命をとりもどす。蘇生させる。よみがえらせる。＊文明本節用集(室町中)「鵜〈略〉望使ニ此鵜活(イカサ)一」＊日葡辞書(1603-04)「Icaxi, su, aita.(イカス)〈訳〉今にも死にそうになっている人を生き返らせる」②命を保たせる。死なないようにする。＊平治(1220頃か)下・頼朝遠流に宥めらるる事「哀れ、尼が命を生かさんとおぼしめさば、兵衛佐を助け給へかし」＊寛永刊本蒙求抄(1529頃)八「蔵活は人をかくいていかすぞ。庸人どもをも、たすくるぞ」＊俳諧・猿蓑(1691)四「雪汁や蛤いかす場(には)のすみ〈木白〉」＊浄瑠璃・本朝二十四孝(1766)四「外のことなら存じませねど、花一件なら生かさうと殺さうと我らが得物」③特性を十分に発揮させる。また、一見無用なものを役に立つように使う。有効に使う。活用する。「廃物を生かす」＊帰省(1890)〈宮崎湖処子〉三「歩み難き行路の難に陥り、吾才の我を活(イカ)すに足らざるを悟り、吾労力の空なるを嘆じ」＊琴のそら音(1905)〈夏目漱石〉「『ええ』とは単簡(たんかん)な二文字であるが滅多に使ふものでない、之を活(イ)かすには余程骨が折れる」＊春泥(1928)〈久保田万太郎〉三羽烏・三「通りぬけの、どんなつまらない仕出しでも、〈略〉どうにでもしてそれを生かさうとのみつねにかれは苦労した」④文章の推敲や印刷の校正などで、一度消したものをもとにもどす。字句を復活させる。＊李陵(1943)〈中島敦〉二「やはり彼は削った字句を再び生かさない訳には行かない」⑤取引相場で、取引員が一度金切れになって取引関係を消滅させた客の売買玉を、話し合いの上で復活させる。〔取引所用語字彙(1917)〕 発音〈標ア〉カ〈京ア〉⓪ 辞書文明・日葡・ヘボン・言海 表記活(文・ヘ・言)

いかさず殺(ころ)さず「いける(生)」の子見出し「いけ(生)ず殺さず」に同じ。＊夜明け前(1932-35)〈島崎藤村〉第一部・下・一一・三「日頃百姓は〈略〉生かさず殺さずと言はれたやうな方針で、衣食住の末まで干渉されて来た」

いか・す〘自サ五(四)〙相当なものである、なかなかいいと思わせる、という意の俗語。＊恋人たちの森(1961)〈森茉莉〉「敬ちゃん、いかすぢゃないの」 補注「この酒はイケる」などの「いける」から変化した語か。 発音〈標ア〉⓪

いか-ず【不行・不嫁】〘名〙①不人情なこと。意地悪なこと。物事の情趣を解さないこと。また、その人。いけず。＊浮世草子・男色大鑑(1687)一・一「奈良の都にいかずの念者を見かぎり」＊浮世草子・好色盛衰記(1688)五・四「此里の恋となさけと花車と瀑(しゃ)れとをまろめし中にもあんないかずもありける」②ぐうたら。極道者。ならず。＊浄瑠璃・東海道七里艇梁(1775)六「ヤア育君(そだてぎみ)のいかず殿が、又ごんしたか」③役に立たないこと。あってもむだなこと。無効。＊浮世草子・世間子息気質(1715)二・三「今迄手形箱にある、いかずの古証文の金銀の高ほど、まだ己は遣はぬぞや」④にせもの。不正な品物。⑤(不嫁)婚期を過ぎても嫁にいかないこと。また、その人。オールドミス。＊浮世草子・風流曲三味線(1706)二・四「旦那は脇にして、皆いかずの姉御をこはがり、金銀はいふに及ばず、何事もおかね次第にて家内は治まり」＊浄瑠璃・仮名写安土問答(1780)「てっぎり行ずのかぶせ者。尊い所は鬼門の塞り、小町の格で有ふも知れない」 語誌(1)似た意味・用法を持つ語に「いけず」があるが、「いけず」には「いかず」の⑤に対応する用法が見られない。また、「いかず」は基本的には近世語であり、明治以降姿を消していくが、「いけず」のほうは、現代大阪方言としても用いられ、方言分布から見ても「いかず」よりも新しい表現かと思われる。(2)「いかず⑤」と「いかずごけ」との間には、本来明確な区別があり、近世上方語では、「いかず」のほうは、婚期を失した独身女性をいうのに対して、「いかずごけ」は、婚約中に相手と死別・生別し、未亡人同然に暮らしている女性をいったが、現代では意味が混同され、「いかず⑤」の意味で使われている。 方言❶意地悪な人。つむじ曲がり。神奈川県愛甲郡314 ❷いたずら者。わんぱく者。おてんば。神奈川県中郡054 ❸婚期を過ぎても嫁にいかない女性。滋賀県彦根609 京都府竹野郡622 兵庫県但馬652 高知県863 土佐郡866 高知市867 熊本県918 ◇いかずさん 滋賀県彦根609 ◇いがず 発音〈標ア〉⓪

いか-すあみ【烏賊巣網】〘名〙漁網の一種。柴や葉付きの枝などを束ねておもり石をつけ海底に沈めて、イカがそれに卵を産みつけるために集まった時機を見はからって引き上げるのに用いる。

い-かすい:ヰ【胃下垂】〘名〙胃の位置が、異常に下方にさがる疾患。腸、肝臓、脾臓、腎臓などが下垂する内臓下垂症と同時におこることが多い。胃部に、痛み、膨満感、不快感、食欲不振などがおこる。＊現代文化百科事典(1937)「いかすい 胃下垂(ヰカスヰ)〔医〕胃が通

常の位置より下って居ること」＊夢声戦争日記〈徳川夢声〉昭和一七年(1942)一二月二〇日「胃下垂になってると、胃癌の手術はやりやすい、と記してあるのが嬉しかった」 発音〈標ア〉カ〈京ア〉カ

いかず-おば【不嫁小母】〔名〕婚期を過ぎても嫁に行かない女性。いかず。方言島根県出雲725

いかず-ごけ【不嫁後家】〔名〕婚約者と死別、または生別して、未亡人同様に暮らしている女性。また、婚期を失い独身で過ごす女性。ただし、近世上方語では、前者をいい、後者を「いかず」として区別した。↓「いかず」の語誌。＊浄瑠璃・信州姥捨山(1730)首実検「不愍(ふびん)やいかず後家(ゴケ)にして一生を朽果さすかと」＊動物の葬礼(1975)〈富岡多恵子〉「いかず後家の娘さん、もう三十五ぐらいですか」方言❶婚期を過ぎても嫁にいかない女性。新潟県中頸城郡382 京都府竹野郡622 兵庫県城崎郡652 赤穂郡661 島根県出雲725 岡山県児島郡763 愛媛県840 高知県861 長崎県901 904 915 熊本県玉名郡058 ❷婚約者と死別してそのまま独身の女性。長崎県北松浦郡899 発音〈標ア〉ズ

いか-すじ【如何筋】〔名〕いかなる血統。どのような素姓。＊閑居友(1222頃)上・空也上人あなものさはがしやとわびたまふ事「いかすぢの人ならむとさすがゆかしくて、寄りて見たれば、行方(ゆくへ)なくなしてし我師にておはしける」

いかずち【雷】〔名〕(「いか(厳)つ(=の)ち(霊)」の意)①魔物。たけだけしく恐ろしいもの。＊書紀(720)神代上(水戸本訓)「上に八色(やくさ)の雷公(イカツチ)有り」＊書紀(720)雄略七年七月(図書寮本訓)「其雷(かみ)虺虺(ひかりひろめき)て、目精(まなこ)赫赫(かかや)く。〈略〉仍りて改めて名を賜ひて、雷(イカツチ)とす」②かみなり。かみ。なるかみ。かむとけ。＊仏足石歌(753頃)「伊加豆知(イカヅチ)の 光の如き これの身は 死(しに)の大王(おほきみ) 常に偶(たぐ)へり 畏(お)づべからずや」＊万葉(8C後)三・二三五「大君は神にしませば天雲の雷(いかづち)の上にいほりせるかも 右或本云〈略〉伊加土(イカづち)山に宮しきいます〈柿本人麻呂〉」＊十巻本和名抄(934頃)一「雷公 霹靂電附 兼名苑云雷公一名雷師〈雷音力回反和名奈流加美 一云以加豆知〉」＊枕(10C終)一五三・名おそろしきもの「いかづちは名のみにもあらず、いみじうおそろし」＊平治(1220頃か)下・悪源太誅せらるる事「さればにやつひにはいふにたがはず、いかづちと成りて、難波三郎をばけころし給ひける也」語誌(1)本来、恐ろしい神の意で、①の記紀の神話に見える例は、鬼や蛇のようなものと考えられていたことを示す。また、②の仏足石歌の例は「是身無常、念々不住如二電光一」など仏典によるもので、生命の短いことのたとえに用いられている。一方、「いかづち」を名とする「建御雷(タケミカヅチ)」「賀茂別雷(カモノワケイカヅチ)」などは雷神か。(2)雷に関する語には、音の側面を強調するナルカミ・ハタタガミや光の側面のイナヅマ・イナビカリ、あるいは落雷を表わすカムトケなどがあり、イカヅチは神格化された雷の総称として、音や光の区別なく用いられた。やがてナルカミ、さらにはカミナリが雷の総称として用いられるようになる。語源説(1)イカツチ(厳之霊)の義〔大言海・国語の語根とその分類=大島正健〕。イカヅチ(嗔之霊)の義〔古言類韻=堀秀成〕。(2)イカシツチ(厳祇)の義〔東雅・和訓栞〕。(3)イカは怒の義、ツチは槌で、撃つの意〔東雅〕。(4)イカは怒れる心。ツチは光が十方へ散るからチルテリの反〔名語記〕。(5)怒って土に落ちるから〔日本釈名〕。(6)イカはイカリ(怒)。ツチは祇〔桑家漢語抄〕。(7)イカヅチ(厳槌)の義〔金太郎誕生譚=高崎正秀〕。(8)イカは厳、ツは助辞、チは美称〔古事記伝〕。(9)イカツモチ(厳持)の義。いかり、いかめしい事を持っているという意〔名言通・天野政徳随筆〕。(10)ヒカツチ(光祇)の転〔言元梯〕。(11)イカウチ(陰陽撃)の転声、或はイカズミ(怒祇)の転声〔和語私臆鈔〕。(12)イカメシキ父の意〔日本語源=賀茂百樹・神代史の新研究=白鳥庫吉〕。(13)「疾霆」の別音Tsui-Tiの上に、形容詞イカを添えた語。疾霆は急劇なる雷、イカは「威厳(I-kam)」の転。畏憚すべき勢いがあることの意〔日本語原考=与謝野寛〕。発音〈標ア〉0〈ア史〉平安・鎌倉◎◎◎〈京ア〉0 辞書和名・色葉・名義・下学・和玉・文明・明応・天正・饅頭・黒本・易林・日葡・書言・ヘボン・言海 表記雷(色・名・下・玉・文・明・天・饅・黒・易・書・へ・言)雷公(和・色・名・易)霆(玉・明・天・黒)雷師(色・名)靁(色・玉)霤(色・文)電(玉・明)事・豊降・霹靂(色)霹(名)霝・賓・霳(玉)靇(天)

いかずち-ぎり【雷切】〔名〕電光のひらめくように、すばやく切りこむこと。＊幸若・烏帽子折(室町末-近世初)「はしりかかって、いかづち切と名付て、ちゃうときって御覧ずれば」

いかずち-ぐも【雷雲】〔名〕雷光、雷鳴、時には雷雨も伴う雲。＊赤光(1913)〈斎藤茂吉〉雲「岩根ふみ天路をのぼる脚底ゆいかづちぐもの湧き巻きのぼる」発音イカズチグモ〈標ア〉グ

いかずち-の-おか【雷岡・雷丘】奈良県高市郡明日香村にある小丘。雷山。神岳。神奈備山。三諸山。神岡山。＊万葉(8C後)三・二三五・題詞「天皇御二遊雷岳一之時柿本朝臣人麻呂作歌一首」補注少子部連螺蠃(ちいさこべのむらじすがる)がこの地で雷を捕えた故事による。「書紀-雄略七年七月」「霊異記-上一」などにみえる。発音〈標ア〉0 辞書書言 表記雷岡(書)

いかずち-の-ま【雷間】〔名〕二重天井にして、雷を避けた書院造りの間。らいのま。

いかず-にょうぼう【不嫁女房】〔名〕嫁に行かないで独身で過ごす女性。いかず。＊随筆・独寝(1724頃)下・八三「無塩君(ぶえんくん)と云いかず女房をもたれた事、書き伝へて列女伝見たものにしらぬもの無いことを」発音イカズニョーボー〈標ア〉ニョ

いか-すみ【烏賊墨】〔名〕イカの墨ぶくろから出る黒汁液。＊能因本枕(10C終)一五七・名おそろしき物「いきす玉、鬼ところ、おにわらび、むばら、からたち、いかすみ、ほうたん、うしおに」発音〈標ア〉0

いかず-もの【不行物・不行者】〔名〕よくない物。にせ物。また、不正な人物。＊両京俚言考(1868-70頃)「いかぬ いかず いけず〈略〉他の贋物をも人の不正路なるをも、いかぬ、いかずもの、いけずものとて嫌ふ詞ならん」

いかすり【座摩】〔名〕「いかすり(座摩)の神(かみ)」の略。＊令集解(868)職員・神祇官条「釈云。〈略〉別記云。御巫五人。倭国巫二口。左京生嶋一口。右京座摩一口。御門一口」補注語源について賀茂真淵は「祝詞考」で「井之後(いかじり)」の変化した「いかずり」であるとし、なお一説に「いなで」として「井之塘(いのて)」をあげている。また、鈴木重胤は、「考の一説の如く井之塘(いので)にても有らむか井之塘即ち溝(うなで)にて」として「いなて」と訓じている。しかし今日では「居処領(いかしり)」とする山田孝雄の説が有力である。ただし、「いかしり」の確例も見当らない。

いかすり の 神(かみ) 皇居の地を守護する神。すなわち、生井(いくい)、福井(さくい)、綱長井(つながい)、波比岐(はいき)、阿須波(あすわ)の五神をいう。いかすり。いかしり。いかしりの神。ざまの神。発音〈標ア〉カ2

いかすり の 御巫(みかんなぎ) 座摩の神に仕える巫女(みこ)。＊延喜式(927)祝詞・祈年祭「座摩乃御巫の辞(こと)竟(を)へまつる皇神等の前に白さく」＊延喜式(927)九・神祇・神名帳(九条家本訓)「座摩巫(ヰカスリノミカムナキの)祭神(まつるかみ)五座〈並大、月次、新嘗〉生井(いくゐ)神、福井(さくゐ)神、綱長井(つながゐ)神、波比祇(はひき)神、阿須波(あすは)神」

いかすり-じんじゃ【座摩神社】大阪市中央区久太郎町にある神社。旧官幣中社。座摩神(五柱)をまつる。延喜式内大社。ざまじんじゃ。ざまさん。発音〈標ア〉ジ

いか-せき【以下席】〔名〕「いか(以下)④」に同じ。＊歌舞伎・日月星享和政談(延命院)(1878)四幕「御家人仲間のその内でも以下席(イカセキ)ながら内福故、つい小遣ひが立廻り」

いか-ぞ【如何―】〔副〕(「いかにぞ」の変化した「いかんぞ」の「ん」の無表記形)状態を問いただす語。どうだ。＊漢書楊雄伝天暦二年点(948)「奚(イカソ)必ずしも条を同じくして貫を共にせむ」＊観智院本名義抄(1241)「盍 ナソ イカソ 何ソ」辞書名義 表記争・鳴・嚕・安・盍(名)

いか-そうめん【烏賊素麺】〔名〕(「いかぞうめん」とも)イカの身を細く切って、そうめんのようにしたもの。＊語彙(1871-84)「いかざうめん いかかまぼこに同く筒に穴を穿ち細くつきいだし茹(ゆで)たるものをいふ」

い-かぞく【遺家族】〔名〕①一家を支えていた人や主人に死なれて、あとに残された家族。遺族。②戦死者・戦病死者の遺族。発音〈標ア〉カ〈京ア〉カ

いかた【伊方】愛媛県西部、西宇和郡にある町。平家の落人伝説がある。また、江戸時代から杜氏(とうじ)の出稼ぎが有名である。発音〈標ア〉

いかだ【筏・桴・栰】〔名〕①横に並べた木材や竹を蔓(つる)や縄でつなぎ合わせて、水に浮かべ流すもの。奥山からの木材の運送の手段とし、また、舟の代用ともする。＊書紀(720)白雉四年七月(北野本訓)「五人の中に門部金(かどべのこがね)竹を採りて筏(イカダ)に為(つく)りて神嶋(しとけしま)に泊(とま)れり」＊万葉(8C後)一・五〇「泉の河に 持ち越せる 真木のつま手を ももたらず 五十日太(イカダ)に作り のぼすらむ〈藤原宮の役民〉」＊霊異記(810-824)下・二五「木を取りて桴(イカダ)に編み〈略〉忽に縄を絶ち栰(イカダ)を解き〈真福寺本訓釈 桴栰 伊可多〉」②近世の武具の小具足(こぐそく)の鎖に付随する、長方形の反りのある金物。いかだがね。③紋所の名。筏にかたどったもの。花筏(はないかだ)など。④(串にさした形が筏に似ているところから)小鰻(こうなぎ)のかばやき。語誌(1)挙例の「書紀-白雉四年七月」の記述、および「十巻本和名抄-三」に「桴・筏 編二竹木一大曰レ筏、小曰レ桴〈以賀多〉」とあるところから、主に竹あるいは木で作り、その大小によってそれぞれ「筏」「桴」字を当てたことがうかがわれる。ただし、挙例の「万葉-一・五〇」の歌や「霊異記-下・二五」の記述によれば、丸太や材木で編む場合には「栰」字を当てて区別したとも考えられる。(2)「常陸風土記-行方」の「厳しく海渚に餝ひ、舟を連ね、栰を編み」の例は、多くの舟を横につなぎ並べて船橋としたものであろう。中国には舟と同義の「舟筏」の語があるが、「万葉-一九・四一五三」の「漢人も筏浮かべて遊ぶといふ今日そわがせこ花縵せな〈大伴家持〉」の例はそれに当たる。方言❶深い水田で刈った稲を運ぶ小さな船。香川県綾歌郡829 ❷稲のわらを束ねて積んだもの。兵庫県淡路島964 語源説(1)イカはウカブ(浮)の語根の転。タはイタ(板)の上略〔大言海〕。ウキテ(浮木手)の義〔言元梯〕。(2)イカは大の意。タはヒラタのタで、竹木を編んだ大型のものの意〔東雅〕。イカイタ(大板)の義〔日本の言葉=新村出〕。イカイタ(厳板)の合言〔古言類韻=堀秀成〕。(3)イカタ(烏賊手)の義〔和訓栞〕。(4)イカツマの義。イは発語。カツマはヒマナクカタメ(無間堅目)の義のマナシカツマのカツマ〔名言通〕。(5)ウキタナ(浮棚)の約転〔日本釈名〕。発音〈なまり〉イカザ・イカンタ〔和歌山県〕エカダ〔埼玉方

中輪に筏

花　筏

言〕エガタ〔千葉〕ユカダ〔福岡・鹿児島〕ユガタ〔佐賀〕ユガダ〔岩手〕 〈標ア〉0 〈ア史〉平安●●● 〈京ア〉0 辞書 和名・色葉・名義・下学・和玉・文明・伊京・明応・天正・饅頭・黒本・易林・日葡・書言・〈ボン〉・言海 表記 桴（和・色・名・下・玉・文・伊・明・天・饅・黒・易・書） 筏（和・色・名・下・玉・文・伊・天・黒・易・書・へ・言） 艀（和・色・名・玉・書） 鱍（和・書） 泭（色） 簰（名） 槎（玉）

いかだ＝下(お)ろす［＝下(くだ)す・＝落(お)とす］ 筏を流しくだす。＊千載(1187)雑上・九九一「いかだおろす清滝川にすむ月は棹(さを)にさはらぬ氷なりけり〈俊恵〉」＊夫木(1310頃)三三「夜とともにいかだをくだす河なればかもめも人におも馴れにけり〈花山院〉」

いかだ組(く)む 木材などを組んで筏をつくる。＊宝治百首(1248)下「をちこちのしげき宮木をひきよせて杣山河にいかだくむなり〈源俊平〉」＊曾我物語(南北朝頃)五・呉越のたたかひの事「十万騎の兵(つはもの)を同心にかけ出ださせ、ゐかだをくみて、馬うちわたす」

いかだの酢塩(すしお) 料理の一種。梅干にカツオを削って入れ、煮つめたもの。＊大草殿より相伝之聞書(16C中か)「いかだのす塩はつゆの葉をむすびて用るなり。又かぢの葉きりの葉も用るなり。自然すゞほさらゞゝるしたらぞや」 辞書 日葡

いかだの床(とこ) 筏の上を床として寝ること。筏の上の寝床。＊曾丹集(11C初か)「そま川のいかだのとこのうき枕夏は涼しきふしどなりけり」＊名所百首(1215)夏「大井川岩なみはやく春くれて筏のとこに夏はきにけり〈俊成卿〉」

い-がた【鋳型】『名』（古くは「いかた」）①鋳物を鋳造するのに用いる型。多く砂を材料として鋳るべき凹形の型を作り、金属を溶かして注ぎ入れて鋳る。＊十巻本和名抄(934頃)五「鎔 漢書注云鎔〈音容伊賀太〉鋳ゝ鐵形也」＊徒然草(1331頃)二三八「常在光院のつき鐘の銘は在兼卿の草なり。行房朝臣清書していかたにうつさせんとせしに」＊文明本節用集(室町中)「鎔鋳 イカタ 鉄形則鋳形也」＊日葡辞書(1603-04)「I-cata(イカタ)」＊俳諧・毛吹草(1638)六「氷はる池は鏡のゐかた哉〈光有〉」＊和英語林集成(初版)(1867)「タマノ igata(イガタ)」 ②活字の体を鋳造するために鋼鉄などで作った型。活字の面を作る母型と共に鋳込んで活字を作る。母型。 ③物事を一定の型にあてはめてみようとする枠づけ。また、その枠。模型。＊三百則抄(1662)一「此の一法は、本といかた、かたちが無いに依て、曲にはまがり、斜にはなのめに、夫れ夫れになったぞ。さて定たいかたのあらば別にはなんとも成らぬぞ」＊小説神髄(1885-86)〈坪内逍遥〉上・小説総論「『人文発育』といふ摸型(イガタ)をつくりて其範囲内に意匠を限りて」＊にごりえ(1895)〈樋口一葉〉二「菊の井のお力は鋳型(イガタ)に入った女でござんせぬ」＊青年(1910-11)〈森鴎外〉一二「僕だってそれ程教育家を悪く思ってゐやしないが、人を鋳型(イガタ)に拑(は)めて拵へようとしてゐるのが癖になってゐて」 ④しきたり。慣例。＊物類称呼(1775)五「所の仕来(しきたり)といふ詞のかはりに〈略〉大隈薩摩にていかたと云」 ⑤遺伝の際、転写のもとになるもの。DNAがほどけてできる一本鎖の塩基配列。 方言 ❶帽子や菓子を作る時の型。◇いかた 沖縄県首里993 ❷しきたり。慣例。◇いかた 鹿児島県肝属郡970 ❸形。印。◇いかた 鹿児島県肝属郡038 970 発音 イガタ 〈音史〉中世末頃までは『いかた』と清音。〈標ア〉0 〈ア史〉平安●●● 〈京ア〉0 辞書 和名・色葉・名義・和玉・文明・饅頭・黒本・日葡・書言・言海 表記 鎔（和・色・名・書・言） 鎔鋳（文・饅・黒） 模（玉・文） 位（名） 型（玉） 銕形（黒） 模印（書）

いがた に＝入(い)れたよう［＝はめたよう］ いつもきまりきっていて変化のないさま。ありふれていて特徴のないさま。＊不思議な鏡(1912)〈森鴎外〉二「役所に出たが、御用始の日は鋳型(イカタ)に入(イ)れたやうな雑務しかなかったので」＊こゝろ(1914)〈夏目漱石〉二八「そんな鋳型(イカタ)に入(イ)れたやうな悪人は世の中にある筈がありませんよ」

いか-だいがく【医科大学】『名』①帝国大学令(明治一九年＝一八八六)による分科大学の一つ。今の東京大学医学部の前身。＊国民新聞-明治二五年(1892)七月三日「医科大学に於て屍体の解剖をなすとき貧困にして其遺骸の引取人なき者は」＊雁(1911-13)〈森鴎外〉一「上条に下宿してゐるものは大抵医科大学(イクヮダイガク)の学生ばかりで」 ②医科に関する単科大学。＊富士のみえる街で(1951)〈金達寿〉「一人息子の秋子の弟を名古屋の医科大学へだして」 発音 イカダイガク 〈標ア〉ダ 〈京ア〉ダ

いかだ-うた【筏唄】『名』河川の船唄の一種。筏乗りの唄や筏節を含む。 発音 〈標ア〉ダ

いかだ-おくり【筏送】『名』河川の筏場で材木を筏に組んで下流へ運送すること。急流の多い上流では一乗の筏を二人が乗り下すのを普通としたが、下流では一人が二～六乗を連結して運んだ。筏流し。筏下し。＊桴下記録(木曾川)(1697頃か)「石川(上流)桴送は犬山迫にて、これより円城寺湊迫犬山乗手壱人にて川下仕候」 発音 〈標ア〉オ

いかだ-かぎ【筏鉤】『名』竹竿の先に鉄の鉤(かぎ)を付けて、水棹(みずさお)と鳶口(とびくち)との用を兼ねたもの。筏乗りなどが用いる。 発音 イカダカギ 〈標ア〉ダ

いかだ-がた【筏形】『名』花器の一種。長さ一メートル位の竹の中央部に花をさす穴を長円形にくりぬき、横につるして用いる。 発音 イカダガタ 〈標ア〉0

いかだ-がね【筏金】『名』「いかだ(筏)②」に同じ。

いかだ-かぶ【筏株】『名』河川で筏送りを専業とする者の独占的稼業権。筏を作り筏を流す者たちは古い時代から同業組合的な結合をもっていたが、近世初期に河川の運材量が激増するにしたがい、筏専従者の既得権が保証されるようになって株仲間が成立した。 発音 〈標ア〉ダ

いかだ-き【筏木】『名』筏に組む木材。＊俳諧・続の原(1688)「筏木につたなき蔦(つた)の命かな〈扇雲〉」＊俳諧・白雄句集(1793)二・夏「夕蝉の筏木に鳴ふもとかな」

いかだ-くだし【筏下】『名』「いかだながし(筏流)」に同じ。＊俳諧・鷹筑波(1638)五「筏(イカダ)くだしぞうるもうられす 湊にはおもひの外の四国木に〈秀吉〉」 発音 〈標ア〉ク

いかだ-ぐみ【筏組】『名』近世、地区別に編成された筏乗りの仲間。組衆は一人の組頭に統率され、各自の持株に応じた筏の割当てと筏乗賃の支払をうけたが、筏株の売買譲渡をする場合にも組頭の承認を必要とした。＊御国方万留書(1661-73)「桴乗飯米之儀に付、錦織元詰より太田・細目桴組え急度可ニ申渡ニ」 発音 イカダグミ 〈標ア〉0

いがた-こう【鋳型工】『名』鋳型を作る職工。 発音 イガタコー 〈標ア〉0タ

いかだ-ごて【筏籠手】『名』武具の籠手(こて)の一種。筏(いかだ)②をつないだ、座盤(ざばん)をつけた籠手。

いかだ-ごぼう【筏牛蒡】『名』牛蒡の新根(わかね)をたたいて、筏の形に似せて料理したもの。〔語彙(1871-84)〕＊雑俳・柳多留-一四八(1838-40)「筏牛房の突かかる乱杭歯」 発音 イカダゴボー 〈標ア〉ゴ

いかだ-さお【筏棹】『名』筏をあやつる棹。＊按納言集(1186-87頃)「筏さほにしきをわけてくだすめりにふの川上紅葉散るらし」 発音 〈標ア〉ダ

いかだ-さし【筏差】『名』筏に乗り、流れに棹(さお)さし川をくだること。また、それを業とする人。筏乗り。筏師。＊雑俳・柳多留-八(1773)「折れたかと思へば起きる筏さし」＊俳諧・はりまあんご(1789)春「行春や子供のすなる筏さし〈文里〉」 発音 〈標ア〉ダ

いかだ-し【筏師】『名』筏に乗り、川を下るのを業とする人。筏差し。筏乗り。＊宇津保(970-999頃)祭の使「浅きせになげきてわたるいかだしはいくらのくれか流れきぬらん」＊梁塵秘抄(1179頃)二・四句神歌「嵯峨野の興宴は 鵜舟いかだし流れ紅葉 山蔭響かす箏の琴」＊滑稽本・和合人(1823-44)初・中「筏士(イカダシ)といふものは気強な物だノウ」 表記 筏師（へ・言） 発音 〈標ア〉ダ 〈京ア〉ダ 辞書 日葡・〈ボン〉・言海

筏　師〈人倫訓蒙図彙〉

いがた-し【鋳型師】『名』鋳型を作る職人。 発音 イガタシ 〈標ア〉タ

いかだ-じぎょう【筏地形】『名』湿地など地盤の弱い場所に用いる地形の一種。長い材木、鉄材を一層または数層筏のように敷き並べたもの。〔日本建築辞彙(1906)〕 発音 イカダジギョー 〈標ア〉ジ

いかだ-じるし【筏印】『名』中心線を表わすために大工の用いる印。〔日本建築辞彙(1906)〕 発音 〈標ア〉ジ

いがた-ずな【鋳型砂】『名』砂の鋳型、すなわち砂型の原料として用いる砂。石英質で少量の粘土を含んでいるもの。 発音 イガタズナ 〈標ア〉タ

いかだ-ずもう【筏相撲・筏角力】『名』夏に筏や箱船のようなものの上で相撲をとり、水に落ちた方を負とする水上遊戯。 発音 イカダズモー 〈標ア〉ズ

いかだ-するめ【筏鯣】『名』するめを薄く押しのばした食品。のしいか。 発音 〈標ア〉ス

いかだ-せりあい【筏競合】『名』多人数を二組に分け、合図によって同時に筏または箱船のようなものに上がることを競い合い、一組全部が早く上がった方を勝とする水上遊戯。 発音 〈標ア〉セ

いか-たたき【烏賊叩】『名』イカのはらわたを抜き取って細長く切り、塩と麹(こうじ)とに漬け込んだもの。小田原の名産。 発音 〈標ア〉タ[1]

いか-たてまつ・る【厳奉】『他ラ四』（「たてまつる」は、飲食する意の尊敬語）厳かに召し上がる。＊続日本紀-天平一五年(743)五月・歌謡「天つ神御孫(みま)の命(みこと)の取り持ちてこの豊御酒(とよみき)を伊可多弖末都流(イカタテマツル)」

いかだ-ながし【筏流】『名』筏を組んで流すこと。また、筏で川を下って行くこと。また、それを業とする人。いかだくだし。＊静物(1960)〈庄野潤三〉一五「筏流しというのは、山で伐った木を何本も組んで」 発音 イカダナガシ 〈標ア〉ナ 〈京ア〉ナ

いかだ-なます【筏鱠】『名』（「筏」は川を引くところから、「川」に「皮」を掛けて）鯉、鮒、鱸(すずき)、鮎などの皮をひいて作ったなます。一説に、柳の葉を筏のように皿に並べ、その上に鮎または鯉などの魚肉をおろして細作りにしたものを盛ること〔庖丁聞書〕。＊日葡辞書(1603-04)「Icadanamasu(イカダナマス)」〈訳〉生の魚でつくったある種の食べもの」＊風呂記(16C後-17C前か)「鮎の筏なますは料理の第一の秘事なり。〈略〉是も鮓塩うすぬたなり。大豆をぬたにすべき也。たい敷は柳の葉なるべし」 発音 〈標ア〉ナ 辞書 日葡

いかだ-なわ【筏縄】『名』筏をひく縄。＊夫木(1310頃)三三「杣木ひくゆげの川原の筏なはくだるをいそぐ世こそつらけれ〈藤原為家〉」

いかだ-にやく【筏荷役】『名』木材、竹類を船積

みにし、または陸揚げする場合に、筏に組んで小蒸気船などで曳航(えいこう)すること。発音〈標ア〉[二]

いかだ-のり【筏乗】〘名〙①「いかださし(筏差)」に同じ。＊雑俳・柳多留-二(1767)「いかだのりばかばかしくも野を戻り」＊黄表紙・仙術独稽古(1818)下「このくもすけ仙人は木場のいかだのりにてありしゆへ」②池や堀などに筏を浮かべてこれに乗り、さまざまな曲芸を演じる見世物。＊随筆・摂陽奇観(1833)五四「難波新地野側にてあま筏のり見せ申候」方言虫、あめんぼ(水黽)。新潟県東蒲原郡368 和歌山県日高郡054 ◇いかだむし〔筏虫〕新潟県東蒲原郡368 発音〈標ア〉[ダ] 辞書言海 表記筏乗(言)

いかだ-はいだて【筏佩楯】〘名〙武具の一つ。家地(いえじ)に転々と筏金(いかだがね)を配置して鎖でつないだ佩楯。

いかだ-はえ【筏鮠】〘名〙初冬から早春にかけ、船筏などの下に集まる小さい白鮠(しらはえ)を、しょうゆで煮つけたもの。木曾川の名産(尾張名所図会(1844))。

いかだ-ばり【筏張】〘名〙床板などの張り方。板の継ぎ場所を揃えないで、順次にずらして筏のように張るもの。〔日本建築辞彙(1906)〕 発音〈標ア〉[0]

いかた-ぶぎょう【射方奉行】〘名〙中世、犬追物(いぬおうもの)の時に射手(いて)の世話や指揮をする役。射手奉行。＊山名家犬追物記(15C中-後)「射方奉行 烏帽子、素袍、少刀、のしめ、同服の侍四人を従ふ」 発音イカタブギョー〈標ア〉[ブ]

いかだ-ぶし【筏節】〘名〙筏師が筏をあやつって川をくだる時などに唄う小唄節。特に鴨緑江節(おうりょっこうぶし)をさす。発音〈標ア〉[0]

いかだ-ぶね【筏船】〘名〙①人や荷物の運搬に筏を代用したものをいう。＊松翁道話(1814-46)三・中「山川の筏舟、吉野川でも、加茂川でも」②筏に艪をつけた形の舟。長崎県対馬では近海のイカ釣りに使う。発音〈標ア〉[ブ]

いがた-べら【鋳型篦】〘名〙鋳型の製作に使用する鋼鉄、または真鍮製のへら。型の修正、模様のほりこみなどに使う。発音イガタベラ〈標ア〉[タ]

いかだ-ぼそ【筏枘】〘名〙(「いかだほぞ」とも)建築で、乙字形をしている枘(ほぞ)。〔日本建築辞彙(1906)〕 発音〈標ア〉[タ]

い-かたま・る ゐ【居固】〘自ラ四〙坐って一かたまりになる。＊今昔(1120頃か)一四・三九「今日の講師(かうじ)は、此の僧都の勧め可給(たまふべ)き也けりと思合るに、何にも无(な)くて居固(ゐかた)まりて時も移る程に」＊愚管抄(1220)六・後鳥羽「ひしとして居かたまりたりけるこそ」方言沈殿する。愛媛県新居郡840 発音〈標ア〉[マ]

いかだ-むすび【筏結】〘名〙植物「さるなし(猿梨)」の異名。

い-かた・める【鋳固】〘他マ下一〙溶かした金属を鋳型に入れてかためる。比喩的にも用いる。＊趣味の遺伝(1906)〈夏目漱石〉一「いづれもあらん限りの髯を生やして、出来る丈色を黒くして居る。是等も戦争の片破れである。大和魂を鋳固めた製作品である」 発音〈標ア〉[メ][0]

いかだ-もとじめ【筏元締】〘名〙「いかだやど(筏宿)」に同じ。発音〈標ア〉[モ]

いかだ-もり【筏守】〘名〙「いかだし(筏師)」に同じ。＊長唄・吾妻八景(1829)「見下す岸の筏守り」 発音〈標ア〉[ダ]

いかだ-やき【筏焼】〘名〙料理の名。鯛の身を塩焼きにして、尾頭つきの骨の上にのせたもの(随筆・守貞漫稿(1837-53))。

いかだ-やど【筏宿】〘名〙近世、材木を伐り出す川筋の途中で、筏乗りの人員等の周旋を業とするもの。のち、山師等をも宿泊させ、さらに自分で木材の採運にも従事した。筏元締め。＊願書留-弘化四年(1847)「去巳年満島筏宿彌五兵衛持人足にて高遠山材木川下げ請負之節」 発音〈標ア〉[ヤ]

い-がたり ゐ【居語】〘名〙能楽で、間(あい)狂言の形式の一つ。シテの中入後、ワキの問いに応じ、舞台の中央にすわっていわれを語るもの。「高砂」「阿漕(あこぎ)」などに見られる。単に語りともいう。発音イガタリ〈標ア〉[0]

い-カタル ヰ【胃―】〘名〙(カタルは ドイ Katarrh)「いえん(胃炎)」に同じ。＊風俗画報-二七二号(1903)広告「胃弱 溜飲 胃加答児(ヰカタル) 胃痛」＊東京朝日新聞-明治四〇年(1907)二月一日「西村勝三氏は慢性胃加答児に罹り昨年春頃一旦軽快せしが」 発音〈標ア〉[カ]〈京ア〉[カ]

いがた-わく【鋳型枠】〘名〙鋳造で、鋳物砂をつめる枠。鋳枠(いわく)。発音イガタワク〈標ア〉[タ]

い-がち【射勝】〘形動〙すき勝手に射ても良いこと。射どく。＊鷺伝右衛門本狂言・禁野(室町末-近世初)「いにしへは其やうな事もあらうが、今は射勝ちぢゃ」

いが-ちゃ【伊賀茶】〘名〙三重県阿山、名賀の両郡から産する茶。香味高く、光沢がよいので有名。＊御湯殿上日記-文明一四年(1482)閏七月一八日「いかちや廿ふくろ御宮けにまいる」 発音イガチャ〈標ア〉[ガ]

いが-ちゃわん【伊賀茶碗】〘名〙伊賀焼の茶碗。発音イガチャワン〈標ア〉[チャ]

いか-つ【厳】〘名〙〘形動〙(「いか」は「いかめしい」「いかい」などの「いか」と同語源)かどばってやわらかみのないさま。武張ってあらあらしいさま。周囲に気兼ねなく、図々しいさま。また、そのような態度や行為。＊二曲三体人形図(1421)「心も鬼なれば、いかつの見風にて」＊虎寛本狂言・禰宜山伏(室町末-近世初)「駈出の山伏と申ものはいかつな物で御座る」＊日葡辞書(1603-04)「Icatçuna(イカツナ)〈訳〉厚かましい、無遠慮な」＊俳諧・玉海集(1656)付句・下・雑「殿中に皷の音の高くして いかつに物をいへる判官〈恵佐〉」＊俳諧・鶉衣(1727-79)拾遺・上・一八八・旅論「あるは、いかつの乗合に興をうしなひ、馬やろの声は魂を消す」＊雑俳・柳筥(1783-86)二「爪音(つまおと)やさしく撥音いかつ也」＊洒落本・傾城諺種(1791)「人に喰ってかかるいかつを止め、気で気を喰ふぞおとなしけれ」語誌「厳(いか)」が語源と思われるが、㋑「厳強(いかつよ)し」の略〔大言海〕、㋺「厳(いか)つ」の「つ」は古代の格助詞とする〔近世上方語辞典=前田勇〕などの説がある。中・近世の用例は、形容動詞としての用法が多く、近世後期から、形容詞「いかつい」が多くなる。方言❶生意気なさま。傲慢(ごうまん)なさま。新潟県佐渡359 岐阜県大垣市512 滋賀県蒲生郡612 ◇いがつ 滋賀県坂田郡・東浅井郡606 ❷醜いさま。鳥取県東伯郡042 ❸非常なさま。鳥取県東伯郡042 ❹威厳のあるさま。威圧するようなさま。◇いかっ 岩手県気仙郡100 辞書日葡

いかつ を 出(だ)す えらそうに、りきみかえる。すごむ。＊浮世草子・傾城禁短気(1711)六・三「ややもすれば臂(ひぢ)捲(まく)りして、諠譁(けんくゎ)眼(まなこ)になっていかつを出し」

い-かつ ヰ【威喝】〘名〙大声でおどすこと。どなりつけておどかすこと。＊文明本節用集(室町中)「威喝 イカツ」＊国会論(1888)〈中江兆民〉「管下の撰挙人に対し誘導、欺瞞、煽動、論陥、恐嚇、威喝(イカツ)等種々の姦計を運らし」＊あきらめ(1911)〈田村俊子〉四「人を威喝する様なパン屋の声が遠ざかると」 発音〈標ア〉[0]〈京ア〉[0]／⓪ 辞書文明 表記威喝(文)

い-かつ ヰ【緯割】〘名〙受精卵の細胞分割に際し、卵割面が卵の主軸に対しほぼ直角(赤道面に平行)に行なわれること。横割。↔経割。発音〈標ア〉[0]

いかつ-・い【厳】〘形口〙文いかつ・し〘形ク〙(「いかつ」を形容詞に活用させたもの)かどばってやわらかみがない。武張ってあらあらしい。ごつい。いかめしい。＊浄瑠璃・心中二つ腹帯(1722)二「伯母御のいかつい返礼に、痴話文(ちわふみ)読んで聞かさんと」＊咄本・さとすゞめ(1777)足袋「いかつき男、たびやへ行、紺の十弐文の足袋壱足下さへ」＊和訓栞(1777-1862)「いかめし〈略〉源氏に見えたり、いかつしと云ふ俗語も、古言なるにや烏賊津臣あり」＊安愚楽鍋(1871-72)〈仮名垣魯文〉二・上「まゆげさかだちうつくしけれどしぜんとこわらしくもっともいかつきせいらいなり」＊くれの廿八日(1898)〈内田魯庵〉一「何方(どちら)かといふと厳格(イカツ)い方で」＊明暗(1916)〈夏目漱石〉三三「ことさらに爪先(つまさき)を厚く四角に拵(こしら)へたいかつい亜米利加(アメリカ)型の靴を」＊雪国(1935-47)〈川端康成〉「肩に力が入ってゐるところから、少しいかつい眼も瞬きさへしないほどの真剣さのしるしだと知れた」＊おあんさま(1965)〈大原富枝〉「儀右衛門は薊野に近いところに住んでいて、軽格の郷士であったが、骨相のいかつい、無口で愛想のない男であった」方言❶きつい。厳しい。愛知県岡崎市575 奈良県南大和683 ❷傲慢(ごうまん)だ。愛知県名古屋市561 滋賀県蒲生郡612 ❸短気で粗暴だ。愛知県名古屋市562 ❹邪険(じゃけん)だ。埼玉県川越255 ❺変だ。おかしい。兵庫県神戸市670 和歌山県日高郡698 ❻強い。元気だ。神奈川県逗子市054 三重県志摩郡585 度会郡599 ❼りっぱだ。長野県上伊那郡488 ❽多い。岡山県042 発音〈標ア〉[0][ツ]〈京ア〉[カ] 文「いかつし」〈標ア〉[カ]〈京ア〉[ツ] 辞書ボン・言海

いかつ-がお ほ:が【厳顔】〘名〙いかめしい顔つき。武張ってやわらかみのない顔つき。＊浄瑠璃・源平布引滝(1749)二「瀬尾の十郎兼氏、供人引連れ、いかつ顔、茶店にどっかと大あぐら」＊浄瑠璃・古戦場鐘懸の松(1761)二「肩で風切るいかつ顔」 発音イカツガオ〈標ア〉[0]

いかつ-がまし・い【厳―】〘形口〙文いかつがま・し〘形シク〙(「がましい」は接尾語)いかにもいかめしいさまである。いかにもたけだけしく勇ましい。わざとえらぶったさまである。＊咄本・鹿の巻筆(1686)四・一「いかつがましく荷を取出し見せるに」＊浮世草子・本朝桜陰比事(1689)二・一「手毎に棒乳切木をひらめかして立出る中に、半弓取持いかつがましくかけ出る者ありしを」＊浄瑠璃・自然居士(1697頃)一「まったくわらはがたくみならず主命なればぜひもなし、必れうじめさるなといかつがましく申けり」＊政談(1727頃)二「高官・大役の人も下の者と差別の立様なく、各いかつがましき体をして、是にて高下を別つこととなり」＊人情本・春色梅児誉美(1832-33)後・一二齣「お阿(くま)老女(ばばあ)はいかつがましく階子(はしご)の段をたたきながら」方言❶いかめしい。大分県南海部郡939 宮崎県947 ❷ものの言い方が角だっている。長崎県対馬913 辞書ボン

いかつ-げ【厳―】〘形動〙(形容詞「いかつい」の語幹に接尾語「げ」のついたもの)いかめしく感じさせるさま。えらそうにふるまうさま。＊土井本句双紙抄(16C頃)「呈伎倆漢 いかつげな事を云ものを云也」＊浮世草子・好色一代男(1682)四・五「虚無僧(こもぞう)あみ笠ふかく太緒(ふとを)の雪駄(せった)、位勝(ヰカツ)げにはきなして」＊浄瑠璃・冥途の飛脚(1711頃)上「北の町からいかつげに来るは誰(たれ)じゃ」＊洒落本・傾城買二筋道(1798)夏の床「白壁土蔵へ月のあたるを夜の明たとおもひ、さもいかつげに若い者をおこし」方言新潟県佐渡352 発音イカツケ〈標ア〉[0][ツ]

いか-づけ【烏賊漬】〘名〙柴または葉付きの枝などをたばねておもり石をつけ、海底に沈めて産卵場を与え、イカが集まって来た時機を見て網をおろし柴とともに引き上げる作業。

い-がっこう ヰガクカウ【医学校】〘名〙医学を教える学校。医科学校。いがくこう。＊野叟独語(1807)「安永の頃、阿蘭陀人江戸拝礼の節に、附来りし医者のトインベ

ルゲと申者、伊勢の光太夫帰朝せし頃は、彼新都にて医学校の頭役勤て在しよし」 *新聞雑誌-一号・明治四年(1871)五月「巴理(パリー)の医学校(イガクコウ)エコールトメシジン」 *思出の記(1900-01)〈徳富蘆花〉三・五「当時僕の県下には医学校師範学校中学校の三つが新に設けられて居た」 発音 イガッコー〈標ア〉ガ

いかつ-ごえ【厳声】〘名〙いかめしい声。えらぶった声。*浄瑠璃・相模入道千疋犬(1714)一「お徒(かち)足軽、いかつ声、こりゃこりゃお犬のお通り、乗物すへて下馬いたせ」 *浄瑠璃・菅原伝授手習鑑(1746)三「鉄棒(かなぼう)引て先払い、先のいて片寄(かたよれ)と雑式(ざうしき)がいかつ声」

いかつ-さ【厳―】〘名〙(形容詞「いかつい」の語幹に接尾語「さ」のついたもの) かどばってやわらかみのないこと。いかめしいこと。また、その度合。*俳諧・伊勢山田俳諧集(1650)長抜書「ぬめり男のなりのいかつさ くろくろと作りにけりなとじゃうひげ」 *青春(1905-06)〈小栗風葉〉春・一「其の狭からぬ胸隔と、屹と張った肩幅とに男らしい厳(イカ)つさを補って居る」

いかつ-・し【厳】〘形ク〙⇩いかつい(厳)

いか-づの【烏賊角】〘名〙(「いかつの」とも) スルメイカ、ヤリイカなどの釣りに用いる擬餌針(ぎじばり)。方言 神奈川県江の島054 発音〈標ア〉0

いかつ-は・く【厳吐】〘自カ四〙はげしく言いののしる。暴言をはく。*浄瑠璃・出世景清(1685)四「侍畜生(ちくしゃう)大だはけといかつはいてぞ申ける」

いかっ-ぱち〘副〙(「いくらばかり」の変化した語) どれだけ。どのくらい。いかほど。*滑稽本・浮世風呂(1809-13)三・上「いかっぱちの銭を蒔(まい)てはばをするかしらねへが」 *滑稽本・浮世床(1813-23)初・上「何程(イカッパチ)する物だ。高が壱分か一分弐朱ヨ」

いかつめ-らし・い【厳―】〘形口〙文いかつめら・し〘形シク〙堅苦しく、形式ばっている。いかついようすである。*新聞雑誌-四五号・明治五年(1872)五月「古びたる義経袴弁に燕尾衣(わりはおり)のいかつめらしきを着し」 発音 イカツメラシイ〈標ア〉シ

いかつ-ら。し【厳―】〘形シク〙いかにもいかめしい。さも尊大ぶったさまである。無骨である。*浄瑠璃・惟喬惟仁位諍(1681頃)一「第一の宮なれば惟喬位に即き給はんは、おんでもない事候といかつらしくぞ申しける」 *浮世草子・傾城色三味線(1701)鄙・二「立寄人を見れば、いづれもいかつらしき男」 *浮世草子・傾城武道桜(1705)五・一「夜番の又吉は役めにて、いかつらしくとがむるにぞ」 発音〈標ア〉ラ

いか-つり【烏賊釣】〘名〙イカを釣ること。イカは光に集まる習性があるので、夕暮れや明け方などに、集魚灯、またはかがり火をたいて誘導し、多くは擬餌針(ぎじばり)に引掛けて釣る。《季・夏》 発音〈標ア〉0リ

いかつり-ぶね【烏賊釣船】〘名〙イカ釣りに用いる小舟。いかぶね。*童謡・船の灯(1922)〈相馬御風〉「いかつり舟の 灯(ひ)が見える」 発音〈標ア〉ブ

いか-づる〘名〙火をいれて他へ移すのに使う道具。火取り。*随筆・貞丈雑記(1784頃)八「御火鉢又いかづるなどにさし炭を置くとあり。いかづると云は、今世の火取の事を云歟。〈略〉つるある故にいかつると云歟」

いか-で【如何―・争―】〘副〙(「いかにて」の撥音便化した「いかんて」が変化した語。あとに、意志、推量、願望などの表現を伴って用いる) →いかでいかで・いかでか・いかでかは・いかでも。①理由、手段、方法などについて疑問、不定の意を表わす。どうして。何として。*後撰(951-953頃)恋一・五五五「いかでかく心ひとつをふたしへにうくもつらくもなして見すらん〈伊勢〉」 *枕(10C終)二二七・八月つごもり「本(もと)を切るさまぞ、やすげに、せまほしげに見ゆるや。いかでさすらむ」 *源氏(1001-14頃)手習「いかでさる田舎人の住むあたりに、かかる人落ちあふれけむ」 ②反語の意を表わす。何として。どうして(…の方法があろうか、ない)。どんなわけがあって(…しようか、いや…でない)。*竹取(9C末-10C初)「翁、月な見給ひそ〈略〉といへば、いかで月をみではあらんとて」 *源氏(1001-14頃)桐壺「雲の上も涙にくるる秋の月いかですむらん浅茅生(あさぢふ)の宿」 *金刀比羅本平治(1220頃か)中・義朝敗北の事「生れ給ひしより以来(このかた)、養君(やうくん)にて抱きそだてまゐらせたれば、いかであはれになかるべき」 *謡曲・昭君(1435頃)「それは仙女の姿なり。いかでこれには譬ふべき」 ③切なる願望のため、あれこれと方法を考える気持を表わす。何とかして。せめて。どうにかして。どうか。*竹取(9C末-10C初)「いかで此のかぐや姫を得てしかな」 *伊勢物語(10C前)四七「むかし、をとこ、ねんごろにいかでと思ふ女有りけり」 *土左(935頃)承平五年一月一一日「男も女もいかでとく京へもがなとおもふ心あれば」 *源氏(1001-14頃)紅葉賀「中将、いかで我と知られきこえじと思ひて、物も言はず」 *徒然草(1331頃)五四「御室(おむろ)にいみじき児(ちご)のありけるを、いかで誘ひ出して遊ばんと企む法師どもありて」 語誌 理由や原因を問う形式として「なに(か)、など(か)、なぞ」などがあり、上代には「いかに」系が様子・方法、「なに」系が理由・原因という区分けが比較的はっきりしていたが、平安期には「いかで」の理由・原因を問う用法が発達し、「なに」系の用法を侵食していった。なお平安中期以降になると反語のときには多くの場合「いかでか」の形をとるようになる。 発音〈標ア〉カ〈ア史〉鎌倉●○=● 江戸●○○〈京ア〉イ 辞書 名義・言海 表記 交・盍(名)

いかで いかで (「いかで」を重ねたもの) 人を強く勧誘したり、切に願望したりする気持を表わす。どうぞどうぞ。どうかして。*宇津保(970-999頃)蔵開中「『松風をはらめる君も得てしがな生まれたる子のあえものにせん。いかでいかで』と聞え給へり」 *落窪(10C後)一「『これあけん、これあけん。いかでいかで』と云へば」 *右京大夫集(13C前)「ただとかく、さすが思ひなれにしことのみ忘れがたさ、いかでいかで今は忘れむとのみ思へど」 発音〈標ア〉カ1

いかで か (「いかで」に強めの助詞「か」の付いたもの) ①疑問の意を表わす。どうして。いかにして。*古今(905-914)秋下・二六一「雨ふれど露ももらじをかさとりの山はいかでかもみぢそめけん〈在原元方〉」 *大鏡(12C前)二・師尹「更におぼしとどまらぬ御心のうちを、いかでか人もききけん」 ②反語の意を表わす。何として。どうして…しようか。どうして…できようか。*続日本後紀-嘉祥二年(849)三月庚辰「其長歌詞曰。〈略〉四方の国 隣の皇は 百嗣に 継ぐと云ふとも 何弖加(いかデカ)等く有らむ」 *竹取(9C末-10C初)「天竺に二となき鉢を百千万里の程行きたりともいかでか取るべき」 *源氏(1001-14頃)空蟬「いかでか、さは侍らん」 *白氏文集天永四年点(1113)三「若為(イカデ)か苦をもて残の年を度らむ」 *今昔(1120頃か)五・一四「然らば何(いか)でか返し申ざらむ」 *平治(1220頃か)中・義朝敗北の事「御産屋のうちより抱きとり奉りし養君(やうくん)にて、今までおふしたて参らせたれば、いかでか哀れになかるべき」 ③願望の意を表わす。何とかして。*落窪(10C後)二「いかでかいきすだまにも入りにしかな」 *源氏(1001-14頃)若紫「ゆかりいと睦じきに、いかでかと深うおぼゆ」 *今昔(1120頃か)五・一九「買取て放ち給ひしうれしさを何(いか)でか報じ奉らむと思はれつるを」 発音〈標ア〉カ1〈ア史〉平安●○=●○ 室町・江戸●○○○〈京ア〉イ 辞書 色葉・名義・下学・和玉・文明・饅頭・黒本・易林・日葡・書言・〈ボン〉・言海 表記 争(色・下・玉・文・饅・黒・易・書・へ・言) 那(色・名・易・書) 曷・奚・盍・何・奈・焉・胡・若(色)

いかで かは (「いかで」に助詞「か」および「は」がついて強めたもの) ①疑問の意を表わす。どうして。いかにして。*伊勢物語(10C前)五三「いかでかは鳥のなくらん人知れず思ふ心はまだ夜深きに」 *蜻蛉(974頃)上・天暦八年「おもひあらばひなましものをいかでかはかへす衣のたれも濡るらん」 ②反語の意を表わす。何として。どうして…であろうか。*伊勢物語(10C前)六一「染河を渡らむ人のいかでかは色になるてふ事のなからん」 *蜻蛉(974頃)中・天祿二年「ここには久しくなりぬるを、げにいかでかは思(おぼ)しようらん」 *源氏(1001-14頃)末摘花「かやうの御やつれ姿を、いかでかは御覧じつけむ」 ③願望の意を表わす。何とかして。どうかして。*拾遺(1005-07頃か)恋一・六三五「いかでかはかく思ふてふ事をだに人づてならできみにしらせむ〈藤原敦忠〉」 *源氏(1001-14頃)明石「いと興ありけることかな。いかでかは聞くべきと宣ふ」 発音 イカデカワ〈標ア〉カ1

いかでも 願望の意を表わす。どうしてなりとも。何としても。「いかでもいかでも」と重ねて用いることが多い。*蜻蛉(974頃)上・康保三年「己がさかしからん時こそ、いかでもいかでも物し給はめ」 *源氏(1001-14頃)常夏「ただいかでもいかでも、御方々に数まへしろしめされん事をなん」 *六百番歌合(1193頃)恋一・一五番「いかでもと思ひし妹が有様は語る人までなつかしきかな〈藤原兼宗〉」 発音〈標ア〉カ

いか-てい【如何体】〘名〙(形動) どんな様子。どんな体。いかよう。どのよう。*史料編纂所本人天眼目抄(1471-73)一「来たと聞て、あなたからはいかていな、こなたからはいかていなと各商量したぞ」 *幸若・烏帽子折(室町末-近世初)「それはさていかていのものがいる事にて候ぞ」 *日葡辞書(1603-04)「Icateino (イカテイノ) コトナリトモ」 *半左衛門宛芭蕉書簡-元禄六年(1693)一一月二七日「あんじられ候而益なき事に候間、いかていと成行候共、急には申遣し申まじく候」 *浄瑠璃・源頼家源実朝鎌倉三代記(1781)七「イヤイヤ。いか躰におっしゃってもお供申して立帰る」 辞書 明応・天正・饅頭・黒本・日葡・言海 表記 何躰(明・天・饅・黒) 如何體(言)

いかてい にも どのようにでも。如何になりとも。*仙台方言(1817頃)「いかていにも。如何体の字を用ゆ。どのやうにもと云こと。如何なることなりとも。思召次第と云やうなることに用ゆ」

いか-てん【―天】〘名〙(「いか」は「鋳掛屋」、「てん」は「天秤棒」の略)「いかけや(鋳掛屋)の天秤棒」に同じ。〔東京語辞典(1917)〕

いが-と【毬斗】〘名〙隅肘木(すみひじき)の先にあって、上の肘木を支える特殊な形をした升形(ますがた)。おにと。きくと。〔日本建築辞彙(1906)〕

いかと-いかと【如何如何】〘副〙(疑問詞の語根「いか」に「と」のついたものを重ねた形) どうかどうかと。どうだろうかどうだろうかと。*万葉(8C後)八・一五〇七「伊加登伊可等(イカトイカト) 有るわがやどに 百枝さし 生ふる橘〈大伴家持〉」 補注「いか」を、形容詞「いかし」の語幹として、広大に、広々と大きくの意、あるいは、茂った意とする説もある。 上仮名 イカト イカト

いが-どうしん【伊賀同心】〘名〙伊賀組で、同心をつとめる者。→伊賀組・伊賀者

いか-どうぶん【以下同文】〘連語〙何人かの賞状などを読み上げるときに、この部分からあとは、前と同じ文であるということを示し、繰り返しをさける表現。

いが-とうめ【伊賀専女】〘名〙(「いが」は稲の意の古語「うか」と同源。「とうめ」は老女。「稲をつかさどる老女」の意か) ①狐の異称。とうめ。②神としてまつられた狐。狐を稲荷(いなり)の神の使とすることによる。*新猿楽記(1061-65頃)「野干(きつね)坂伊

賀専(いがタウメ)之男祭」 ③仲人口をきいて人をだます媒酌人を狐にたとえていう言葉。＊源氏(1001-14頃)東屋「ふりはへさかしらめきて、心しつらひのやうに思はれ侍らんも、今更にいがたうめにやとつつましくてなん」＊藻塩草(1513頃)一五・媒「いがたうめ 媒也。一説伊賀多部女とかく」 辞書言海 表記伊賀専女(言)

いか-どっくり【烏賊徳利】『名』いかの内臓をとり除き、身を乾燥させて徳利にしたもの。発音〈標ア〉ド

いか-と-よう【如何—様】『形動』「いかよう(如何様)」に同じ。＊雑俳・柳多留拾遺(1801)巻二〇「いかとやうにもと五匁わたすなり」

いかとり-しば【烏賊捕柴】『名』方言❶烏賊(いか)を集めるために沈める灌木(かんぼく)。山口県豊浦郡798 ❷(烏賊(いか)を捕る時に用いるところから)植物、いぬつげ(犬黄楊)。◇いかとり 高知県長岡郡808 ◇いかしば 山口県厚狭郡799 福岡県小倉市003

いか-な【如何—】(「いかなる」の変化した語)㊀『連体』(後に「でも」「ても」の意味の語を伴うことが多い)どのような。どんな。また、ある場合に限って、たとえ(…でも)。どんなに(…でも)。＊応永本論語抄(1420)雍也第六「下の下は最下の愚人の機にて、いかな聖人にあへども、能なることなし」＊史記抄(1477)一五・汲鄭列伝「いかな下部なればとて、用にもないに気を損させては無用の事ぞ」＊虎明本狂言・朝比奈(室町末-近世初)「いかなあさいな成共、このえんまわうがひじゅつをつくひてせめたらば、せめおとさふぞ」＊日葡辞書(1603-04)「Icana(イカナ)。すなわち、イカナルコト、または、icana(イカナ)コト?」＊夜明け前(1932-35)〈島崎藤村〉第二部・下・九・四「いかな先生も年には勝てない」㊁『副』(後に否定の意味の表現を伴って用いる)どうしても。何としても。いっかな。＊虎寛本狂言・八幡の前(室町末-近世初)「いかな、其様なむつかしい事が一年や二年習ふた分で覚へらるる事では御ざらぬ」＊浮世草子・日本新永代蔵(1713)一・一「鋳崩して売はらふに、いかな此銅(あかがね)を買人なし」＊滑稽本・東海道中膝栗毛(1802-09)八・上「むりにひっとろうとする。きた八いかなやるまいとせりあふを」＊多情多恨(1896)〈尾崎紅葉〉後・八・三「振っても、いかな上へは動(ゆる)ぎもせぬので」方言㊀『連体』どんな。◇いかいな 広島県高田郡779 ◇いかい 静岡県磐田郡546 ◇いけな 鹿児島県038 968 970 ◇いげな・いげえな 鹿児島県揖宿郡038 ◇えげんだ 青森県津軽075 ◇いけしな 長野県南部062 ◇いかした 沖縄県石垣島996 ◇いちゃる(文語)・ちゃある 沖縄県首里993 ㊁『副』❶どんなに。どう。富山県砺波398 島根県石見725 ◇いけに 鹿児島県屋久島038 ◇いけん 鹿児島県038 968 ◇いっけん 鹿児島県阿久根市038 ◇いけ 鹿児島県鹿児島郡968 ◇いちゃ 沖縄県首里993 ❷まさか。よもや。 栃木県198 岡山県児島郡763 香川県829 ❸なんとしても。 栃木県198 島根県石見725 大分県宇佐郡939 ◇いかなれ 愛媛県伊予郡840 ❹一向に。 ◇えげん 青森県津軽075 ❺さだめし。さぞかし。 ◇いけんか 愛知県549 575 ◇いき 鹿児島県鹿児島郡968 ❻本当に。実に。 石川県珠洲郡057 福井県427 島根県石見・隠岐島725 山口県阿武郡795 ❼特別に。 ◇いかにも 奈良県吉野郡683 ㊂『感動』❶礼を言われた時などに応ずる語。どういたしまして。 青森県津軽038 075 石川県鳳至郡038 珠洲郡057 ◇いかなてて 富山県砺波397 石川県404 408 414 ◇いかなて 石川県能美郡419 ❷否定する語。いや。 青森県津軽078 福井県敦賀郡443 ❸軽い驚きを表わす時の語。それはそれは。なんとまあ。 高知県長岡郡864 ◇いかなえ 長崎県壱岐島914 鹿児島県肝属郡970 発音〈標ア〉カ

いかな いかな (「いかな」を重ね、意味を強めたもの)①(あとに打消の語を伴うか、または下文省略の場合は、全体の文意が否定的になる)どうしてどうして。決して。断じて。＊虎寛本狂言・伊文字(室町末-近世初)「いかないかな、恥かしうて問るる事ではない」＊浮世草子・好色五人女(1686)三・二「重ねてはいかないかなおもひとどまるに極めし」＊浄瑠璃・山崎与次兵衛寿の門松(1718)上「おそらく此吾妻(あづま)はいかないかな、一生身あがり暮らしても〈略〉いごく女郎じゃないぞや」＊随筆・独寝(1724頃)下・一一三「ひとつ床にはいかないかな、ゆびでもささぬやうにすれば」②相手の言葉を強く打ち消すのに用いる。どうしてどうして。いや決して。＊雲形本狂言・佐渡狐(室町末-近世初)「『佐渡は〈略〉不自由に有うのお』『いかないかな。何に一つ不足のないよい所でおりある』」＊浄瑠璃・孕常盤(1710頃)二「『お内儀の才覚で法皇の御有さま、少おがむこと成まいか』と、いひければ、『いかないかな。番にばんきびしく、あたりへ参ることかなはず』」発音〈標ア〉カ 辞書日葡・言海

いかな こち 方言 ⇩いかな(如何—)事

いかな こっても (「いかなることでも」の変化した語)どういうものか。なんぼなんでも。＊滑稽本・浮世風呂(1809-13)二・下「いかな事(コッ)ても、あれほどおいしい物をや」＊人情本・春色梅児誉美(1832-33)初・三齣「いかなこってもあきれたぢゃアおざんせんか」方言栃木県197

いかな こつやれ 方言 ⇩いかな(如何—)事

いかな 事(こと) ①驚き、意外の意を表わす。「これはいかなこと」の形で、感動表現に用いることが多い。どうしたこと。思いもよらぬこと。とんでもないこと。あきれたこと。＊史記抄(1477)三・周本紀「さるほどに、鄭が口惜く思て、入滑とて打入たに、王の方からいかな事とて使をやられたほどに其使をなんてうとて囚たぞ」＊虎明本狂言・貰聟(室町末-近世初)「是はいかな事、まことにかたながなひ」＊歌舞伎・小袖曾我薊色縫(十六夜清心)(1859)五立「是は宗助、いかなこと。帰へると申は祝言の忌み言葉じゃ」②(連用修飾語として、あとに否定表現を伴って用いる)どんなことがあっても。どうしても。てんで。↓いかなことにも。＊浮世草子・世間胸算用(1692)一・二「何もかも一度に取まぜて春の用意とて、いかな事、餅ひとつ小鰯(ごまめ)一疋もなし」＊浄瑠璃・大経師昔暦(1715)上「かたくろしい偏屈な生れ付、奉公の内いかな事女子の手をも握らぬの」＊滑稽本・浮世風呂(1809-13)三・下「女湯で歌を唄ってすむものか。いかな事(コッ)たってあきれけへるは」方言❶どうしても。どんなことがあっても。決して。山形県米沢市149 岐阜県飛驒502 愛媛県840 ◇いかなことやれ 山口県豊浦郡798 ◇いかなこつやれ 長崎県壱岐島915 ◇いかなこんたて 山形県米沢市149 西置賜郡152 ◇いかにしたて 山形県西置賜郡152 ◇いけんしても・いげんしても 鹿児島県屋久島054 ◇いけんしこん 宮崎県西諸県郡947 鹿児島県049 硫黄島054 鹿児島郡968 ◇いけんじぇむ・いけんもけむ 薩摩†137 ◇いけんでんこげんでん 鹿児島県961 ◇いかなしん 沖縄県首里993 ◇いっかにしん 沖縄県石垣島996 ❷まさか。よもや。 ◇いかなこて 鹿児島県961 鹿児島郡968 揖宿郡969 ◇いかなこち 鹿児島県肝属郡970 ◇いかなもの 秋田県鹿角郡132 ◇いかなして 富山県砺波398 ❸さすが。 和歌山県那賀郡690 ❹全く。甚だ。 和歌山県日高郡690 ❺驚いたり、あきれたりした時の語。なんという。 広島県佐伯郡038 徳島県美馬郡816 ◇いかなこつ 宮崎県東諸県郡954 ◇いかなまつ 鹿児島県鹿児島郡968 肝属郡970 ❻反語の意を表わす。どうして…ことがあろうか。◇いかして 三重県阿山郡584 ◇いきゃし 鹿児島県沖永良部島985 発音〈標ア〉カ 辞書言海

いかな 事(こと)でも いくらなんでも。＊滑稽本・浮世風呂(1809-13)二・上「いかなことでも、お弁当が遅いと宿まで取りに参りますはな」＊多情多恨(1896)〈尾崎紅葉〉前・六「如何(イカ)な事でも、貴方(あなた)、那様(そんな)物を」発音〈標ア〉カ

いかな 事(こと)にも 発音〈標ア〉カ どんなことがあっても(…しない)の意を表わす。あとに否定的表現のことばを伴う。なんとしても。＊腕くらべ(1916-17)〈永井荷風〉一四「もういかな事にも真直に下宿屋へは帰られないで」方言全く。甚だ。 岡山県岡山市762 児島郡763 発音〈標ア〉カ

いかなして 方言 ⇩いかな(如何—)事

いかな=ちゅうつるばってん［=ちゅうつろばってんから］ 長崎方言。どうしたものであるか。いかにしても。＊物類称呼(1775)五「いかにしても と云事を、長崎にて いかなちうつろばってんからと云」＊滑稽本・東海道中膝栗毛(1802-09)六・上「いやこやつ、ふとうな奴よヲ、いかなちうつるばってん(ドウシタモノシャ)、そのぬかしやふばい」

いかなもの 方言 ⇩いかな(如何—)事

いが-な【毬菜】『名』方言 ⇩いが(毬)

いか-な・い『連語』(動詞「いく(行)」に打消の助動詞「ない」の付いたもの)①(多く「…訳にいかない」の形で)「いかん〔連語〕①」に同じ。＊当世書生気質(1885-86)〈坪内逍遙〉一三「段々からだがわるくなって、座敷へ出る訳にもいかないから」「真面目に受け取るわけには行(イ)かない」②㋑「いかん〔連語〕②㋑」に同じ。＊歌舞伎・四天王楓江戸粧(1804)五立「根が拵へ物といふものはいかないものさ」＊滑稽本・浮世風呂(1809-13)四・中「『勝(かつ)んべいおぢい。売れるかい』『いかねへ』」＊落語・閉込み(1897)〈三代目柳家小さん〉「居無いのか、仕様がねへな…長屋歩行(あるき)斗りして始末に不可無(イカナ)い」㋺「いかん〔連語〕②㋺」に同じ。＊人情本・春色梅児誉美(1832-33)後・七齣「なんでも女の気魂次第さ。此方(こっち)が惚(ほれ)りゃあ他(ひと)もほれるから由断をするといかないよ」＊滑稽本・七偏人(1857-63)三・中「お前撥(ばち)を忘れちゃア往(イカ)ねへぜ」＊真景累ケ淵(1869頃)〈三遊亭円朝〉二一「何でも法事供養をよく為(し)なければいかないから、墓参りに往けよと云ふけれども」③どうにもならない、の意。＊滑稽本・大千世界楽屋探(1817)中「助けべいとおもったが所詮いがねへ事(こん)だから首を取った」＊落語・子別れ(1890)〈三代目春風亭柳枝〉「君抔(など)は出来る腕を持って居るから仕事を休んで居ては不可(イカナ)い。酒を止めたらお金が残ったらう」方言いけない。よくない。だめだ。 福島県耶麻郡163 栃木県188 群馬県吾妻郡218 多野郡246 香川県826 愛媛県周桑郡845 高知県861 発音〈標ア〉0 〈京ア〉カ

いかな-ご【鮊子・玉筋魚】『名』①イカナゴ科の海魚。体は側扁し、銀白色で細長く、腹びれはない。体長は二五センチメートルにも達する。日本各地の沿岸に分布する。四月頃カマスゴと呼ばれる幼魚が多量にとれ、煮干、佃煮(つくだに)にされ、成魚はてんぷらなどにする。また、養殖魚の餌ともする。こうなご。かますじゃこ。めろうど。学名は Ammodytes personatus 《季・春》＊摂陽群談(1701)一六・名物土産「梭鱮 いかなご 同所〈西成郡佃村〉に捕レ之。梭魚(かます)の子に似たるを以って、世に梭魚子とも云へり」＊和漢三才図会(1712)五一「玉筋魚(イカナコ かますこ) 俗云以加奈古又名加末須古」＊随筆・東牖子(1803)一「京摂(けうおほさか)の俗、春の頃かますごと云物を食(くらふ)、山陽四国辺の海浜より出るものなり、海浜の漁人は、いかなごといへり」＊国原(1942)〈阿波野青畝〉「鉄拐(てっかい)の下にいかなごすなどれり」②釘をいう、盗人仲間の隠語。〔日本隠語集(1892)〕方言❶魚、ねずみぎす(鼠鱚)。 高知県須崎市865 ❷魚、はも(鱧)。 長崎県北

松浦郡899 ❸小魚の干物。煮干。熊本県下益城郡930 語源説 イカナコ(如何子)の義で、カマス(梭子魚)と区別がつきにくいためという説がある〔大言海〕。また、イカナルナノコ(如何魚子)の義か〔日本語源＝賀茂百樹〕。 発音 イカナゴ〈標ア〉0〈京ア〉(ナ)ナ 辞書 言海

いかなご干(ほ)す 春の産卵期に捕獲したイカナゴから脂肪をしぼり、そのかすを食用または肥料とするために干す。《季・春》

いかなご-しょうゆ【鮊子醤油】『名』生のイカナゴを塩からく漬けこみ、百日以上たってからその塩汁を漉(こ)し、しょうゆの代用にするもの。＊語彙(1871‐84)「いかなご㊗ 魚名〈略〉此魚にていかなご醤油を作る讃岐の産」 辞書 言海

いが-なす【刺茄子】『名』「いがなすび(刺茄子)」の異名。 発音 イガナス〈標ア〉0

いが-なすび【刺茄子】『名』植物「ちょうせんあさがお(朝鮮朝顔)」の異名。いがなす。＊重訂本草綱目啓蒙(1847)一三・毒草「曼陀羅花 てうせんあさがほ〈略〉天竺なすび 防州 いがなすび 同上〈略〉いがなす 長州」 方言 ❶ちょうせんあさがお(朝鮮朝顔)。防州†028 島根県美濃郡964 岡山県邑久郡761 愛媛県周桑郡845 ◇いがなす 長州†028 ❷ががいも(蘿藦)。山口県熊毛郡794 発音 イガナスビ〈標ア〉ナ

いか-なます【烏賊膾】『名』イカを細かにきざみ、酢・酢みそなどで和えた料理。＊咄本・当世手打笑(1681)四・一八「むかし或寺のなにがしは、いかなますがすきじゃといふ事、洛中にかくれなし」 発音〈標ア〉ナ

いか-な・り【如何―】『自ラ変』(「いか(如何)」を語幹とするナリ活用の形容動詞と考えることもできる)→いかな・いかに・いかなる。①物事の状態、様子、作用などへの疑問を表わす。どんなだ。どうしたことだ。どういうことだ。どうなることだ。＊万葉(8C後)一四・三五三六「赤駒を打ちてさ緒引き心びき伊可奈流(イカナル)背なか吾許(わがり)来むといふ〈東歌〉」＊竹取(9C末‐10C初)「またかかるわびしき目見ず。いかならんとするぞ」＊源氏(1001‐14頃)末摘花「かかる人々のすゑずゑいかなりけむ」＊御伽草子・木幡狐(室町末)「心苦しき有様かな、いかならん事ぞやと、さまざま御祈りどもいふばかりなし」＊浄瑠璃・五十年忌歌念仏(1707)中「いか成神のとがめぞや」②物事の原因、理由、方法などへの疑問を表わす。どういうわけだ。どうした理由からだ。＊後撰(951‐953頃)恋四・八六九「かかり火にあらぬおもひのいかなれば涙の河にうきてもゆらん〈よみ人しらず〉」＊落窪(10C後)一「少将の君、便なしとのみ聞きしに、いと心にくくおぼす。女君もいかなるらんとおぼす」＊大鏡(12C前)三・兼通「いかなりけるにか、例の御おやのやうにみ奉りなどもし給はざりければ」＊謡曲・河水(1541頃)「しかれどもいかなることにや、この間かの河水ことごとく干落ちぬ」③反語の意を表わす。どんなであるか、どうにもならない。だめだ。＊土左(935頃)承平五年一月一八日「まねべども、えまねばず。かけりともえよみすて難かるべし。今日だに云ひ難し。まして後にはいかならん」④物事の程度、状態がはなはだしいさまを強調していう。㋑(後に推量表現を伴って) どんなに…(だろう)。＊落窪(10C後)一「いといみじき事かな。いかなるののしりいで来んとすらむ」＊大鏡(12C前)三・伊尹「一日がうちに二人の子をうしなひ給へりし母北方の御心地、いかなりけん」＊新古今(1205)秋下・五二五「神なびの三室の梢いかならんなべて野山もしぐれする頃〈八条院高倉〉」＊日本読本(1887)〈新保磐次〉四「これを見し母の喜びはいかなりけん」㋺(後に逆接の語を伴って) はなはだしく逆接的な前提条件であることを表わす。どんなに…だ。いくら…だ。＊落窪(10C後)四「いかなる人なりとも、只今の時の大臣ばかりの、御娘の様にての給ひあはせ給はんを、おろかには思はじ」＊源氏(1001‐14頃)葵「いかなりともかならず逢ふ瀬あなれば対面はありなむ」＊今昔(1120頃か)二六・三「人の命は、何(いか)なれども、宿報に依る事にて有也けり」＊ささめごと(1463‐64頃)上「歌・連歌は、いかなるあやしのしづ心なきえびすの耳にも、面白く覚え侍らんこそまことの道なれ」⑤不定のさまをあらわす。間接話法の性質が強い。どうこうだ。＊万葉(8C後)一一・二四六六「朝茅原小野に標(しめ)結ふ空(むな)事を何在(いかなり)といひて君をし待たむ〈人麻呂歌集〉」＊源氏(1001‐14頃)夕顔「又なくらうがはしき隣の用意なさを、いかなる事とも聞き知りたるさまならねば」⑥どうかと思われるさま。考えものだ。よくない。＊太平記(14C後)一四・新田足利確執奏上事「こは如何(イカ)なる世の中ぞやとて、安き意も無りけり」＊謡曲・玉井(1516頃)「言葉を掛けんもいかなれば〈略〉身を隠しつつ佇みたり」⑦(「いかならん」の形で) その事物でさえあればどのようなものでもかまわないという気持を表わす。どんな…(でも)。＊室町殿日記(1602頃)六「いかならん家へもありつかばやとおもひて」 方言 いくら何でも。よもや。まさか。岐阜県飛騨502 郡上郡504 発音〈標ア〉カ〈ア史〉室町・江戸『いかなる』●○○○と●●○○の両様〈京ア〉イ 辞書 名義・文明・日葡 表記 何如(文)

いかなる か (「いかなり」の連体形に疑問の助詞「か」の付いたもの) どんなことか。どういうことか。＊拾玉得花(1428)「有人問云、『如何(イカナルカ)無常心』、答、『飛花落葉』」＊浮世草子・近代艶隠者(1686)四・四「和尚に謁し退いて問(とふ)。いかなるか西来意」

いかなれ ば 発音〈標ア〉カ (「いかなり」の已然形に接続助詞「ば」の付いたもの) ①理由を疑い問いただす意を表わす。どういうわけで。なぜ。どうして。＊貫之集(945頃)一「春くればたきのしらいといかなればむすべどもなほあわになる覧」＊源氏(1001‐14頃)花宴「いかなれば、言通はすべき様を教へずなりぬらん」＊無名抄(1211頃)「いかなれば大納言しか理られけるにや」②理由が不明である意を表わす。なぜか。どうしてか。＊浜松中納言(11C中)四「いかなれば、気色もうちかはり、思ひおどろき給へるさまの、いとらうたげなるに」＊謡曲・花筐(1435頃)「忝なきおん譬へなれどもいかなれば漢王は、李夫人のおん別かれを歎き給ひ、朝政神さびて、夜の大殿も徒(いたづら)に、ただ思ひの涙御衣の袂を濡らす」＊随筆・胆大小心録(1808)一五八「国つ神もいかなれば此仏法にころし給ひて、地をかし、万世にさかえしめ給ふには、今なにをかいはん」 発音〈標ア〉カ 辞書〈ボン〉

いかなれ や (「いかなり」の已然形に助詞「や」の付いたもの) ①理由を疑う意を表わす。なぜまあ…か。どうしてまあ…か。いかなればや。＊蜻蛉(974頃)下・天祿三年「いかなれや鴫の羽根がきかず知らず思ふかひなき声になくらん」＊浜松中納言(11C中)四「いかなれや浦島にのみ浪かけて高瀬の浜によらじとはする」②状態、内容を疑い、詠嘆する意を表わす。どんなだろうかまあ。どういうものかなあ。＊新古今(1205)哀傷・八〇四「神な月しぐるる比もいかなれや空に過ぎにし秋の宮人〈相模〉」＊玉葉(1312)恋四・一六八〇「うちたえで君にあふ人いかなれや我身もおなじ世にこそはふれ〈西行〉」 補注 はじめは①のように、条件法が係助詞の「や」を伴ったものであったが、のちに単なる詠嘆句となった。 発音〈標ア〉カ

いか-なる【如何―】『連体』(「いかなり」の連体形から。現代語では重々しい表現) ①(あとに疑問の助詞を伴って) 疑問の意を表わす。どんな。どういう。＊西行物語(鎌倉中)上「いづれの国いかなる里のいかなる野のあたりにか」＊日葡辞書(1603‐04)「Icanaru(イカナル)〈訳〉いずれの」＊説経節・説経苅萱(1631)中「ちちだにうきよにましまさば、いかなるのすゑ山のをく、とらふすのべのはてまでも、一どはたづねあはせうぞ」＊火の柱(1904)〈木下尚江〉二九・二「如何なる件でありまするか」＊吾輩は猫である(1905‐06)〈夏目漱石〉一「彼の今日の日記には如何なる事が記さるるであらうか」②(多く、後に逆接の語を伴って) 強調の意を表わす。どんな。どういう。＊風姿花伝(1400‐02頃)一「いかなる上手なりとも、いまだまことの花を極めぬ為手(して)と知るべし」＊歌舞伎・勧進帳(1840)「勇みかかれる有様は如何なる天魔鬼神も恐れつべうぞ見えにける」＊破戒(1906)〈島崎藤村〉一・三「たとへいかなる目を見ようと、いかなる人に邂逅(めぐりあ)はうと決して其とは自白(うちあ)けるな」＊火の点いた煙草(1927)〈横光利一〉「恐らくいかなる美女とて空気のやうに見えるにちがひない」③(後に感動の助詞を伴って) 感動の意を表わす。なんという。＊不言不語(1895)〈尾崎紅葉〉六「今日は什麼(イカ)なる吉日か」④(不定表現として) どんな。「いかなる事が起こったとも知らせて来ない」＊ブラリひょうたん(1950)〈高田保〉当選確実「いかなる党派にもという無所属ではなく、国会そのものに所属しようという意志を持たぬ無所属でありますから」 発音〈標ア〉カ〈京ア〉イ 辞書〈ボン〉 表記 如何(ヘ)

いか-に【如何―】 ㊀『副』①物事の状態、様子、作用などを疑問に思い、ためらったり問いかけたりする意を表わす。㋑(文中に用いて) どう。どのように。どんなふうに。＊書紀(720)継体二四年・歌謡「韓国(からくに)を 以柯儞(イカニ)言(ふ)ことそ 目頬子来たる」＊万葉(8C後)五・八一〇「伊可爾(イカニ)あらむ日の時にかも声知らむ人の膝の上わが枕かむ〈大伴旅人〉」＊源氏(1001‐14頃)須磨「世のありさまもなほいかになり果つべきにか」＊徒然草(1331頃)一〇六「いかに仰せらるるやらん、えこそ聞き知らね」㋺(あとを省略し、文末に用いて) どうか。どんなか。どうしたのか。どうだろうか。どうしようか。＊万葉(8C後)四・六四八「相見ずてけ長くなりぬこの頃は奈何(いかに)幸(さき)くやいぶかし吾妹〈大伴駿河麻呂〉」＊蜻蛉(974頃)上・天徳元年「ひと日の風はいかにとも、れいの人は、とひてまし」＊宇治拾遺(1221頃)一・一一「しばしばかりありければ、大納言、いかにと思はれける程に」②物事の原因、理由、方法などを疑問に思い、聞きただしたりする意を表わす。㋑(文中に用いて) なぜに。どのように。どういうわけで。どうして。＊落窪(10C後)二「いかにの給へるならんと歎けば」＊源氏(1001‐14頃)若菜上「さすがにねたく思ふことこそあれとのたまはする御けしきを、いかにのたまはするにとあやしく思めぐらすに」＊大鏡(12C前)二・師尹「さりとも、いかにかくはおぼしめしよりぬるぞ」㋺(文末に用いて) なぜか。どういうわけか。どうしてだろうか。＊山家集(12C後)下「名残り多くて立ちけるに、紅葉のしたりけるを見せまほしくて、待ちつる甲斐なく、いかにと申しければ」＊謡曲・江口(1384頃)「不思議やな人家も見えぬ傍より女性一人現はれて、今の詠歌の口ずさみを、いかにと問はせ給ふこと」＊尋常小学読本(1887)〈文部省〉六「人々は、こは如何にとて、大に怪み」③結論がわかっている場合、反語の意を表わす。どのように…か。どうして…か(そんなはずはない)。できない。＊竹取(9C末‐10C初)「此国に有物にもあらず。かくかたき事をばいかに申さん」＊落窪(10C後)二「後の事思ひてせよ。又せんとしれ物はいへば〈略〉惟成、それはいかにいはするぞとの給へば、心得て」＊今昔(1120頃か)二六・八「其をば何(いか)に歎き給ふ。糸安き事なり」④限度がわからないくらいにと、強調し詠嘆する意を表わす。㋑(多くあとに推量の表現を伴って) 程度や状態のはなはだしさを推測していう。どんなに。どれほど。＊伊勢物語(10C前)一一三「ながからぬ命のほどに忘るるはいかに短き心なるら

ん」＊宇津保（970〜999頃）嵯峨院「一日あさましく食べ酔ひて対面賜はりけるを、いかになめげなる様侍りけむ」＊枕（10C終）八三・かへる年の「このことどもよりは、昼、斉信がまゐりたりつるを見ましかば、いかにめで惑はましとこそおぼえつれ」＊徒然草（1331頃）七「あだし野の露きゆる時なく、鳥部山の烟立ちさらでのみ住みはつる習ひならば、いかに、もののあはれもなからん」＊父親（1920）〈里見弴〉「その予想がいかに髄な筋から出てゐるかといふこと」＊夜明け前（1932〜35）〈島崎藤村〉第二部・下・一四・二「もし半蔵が〈略〉余生の送れる人であったら、いかに彼はこの閑居を楽しんだであらう」㋺（あとに逆接の語を伴って）はなはだしく逆接的な前提条件であることを表わす。どれほど。いくら。なんぼ。＊詞花（1151頃）恋上・二二六「我が恋は蓋身かはれる玉櫛笥（たまくしげ）いかにすれどもあふかたぞなき〈よみ人しらず〉」＊新拾遺（1364）春下・一七六「河風はいかに吹くともやまぶきのちり行く水をせきやとめまし〈源順〉」＊史記抄（1477）八・孝文本紀「孤児九歳已下なるは、いかにこまさくれたる者も九歳已下では未交会ものぞ」＊虎明本狂言・腰祈り（室町末‐近世初）「いかに行力がたつしたり共、おうぢがこしはなをるまひ」＊坊っちゃん（1906）〈夏目漱石〉八「いかに聖人のうらなり君だって、好んで猿の相手になりたくもないだらうに、何と云ふ物数奇だ」⑤驚き呆れる気持、意外感、感動などを表わす。㋑（文中に用いて）なんと。なんとまあ。＊後撰（951〜953頃）恋一・六〇〇「ながらへてあらぬまでにも事の葉のふかきはいかにあはれなりけり〈よみ人しらず〉」＊源氏（1001〜14頃）乙女「いかにうつくしき君の御ざれ心なり」＊大鏡（12C前）三・兼通「御官位をとりたてまつりし、いかに悪事なりしかは」＊良寛歌（1835頃）「ひさかたの空てりわたる春の日はいかにのどけきものにぞありける」＊苦の世界（1918〜21）〈宇野浩二〉二・二「彼の父が〈略〉いかに父らしく、大人らしく、信頼され得るものに見えたか」㋺（文末に用いて）なんということだ。どうだろうね。＊平家（13C前）七・願書「其信救法師めが、浄海を平氏のぬかかす、武家のちりあくたとかくべき様はいかに」＊謡曲・柏崎（1430頃）「あら笑止や。女物狂ひが内陣へ狂ひ入りたるはいかに」⑥わからない、または表現しにくい状態を、そのまま不定の状態として表わす。引用文中に用い、間接話法の性質が強い。どうこう。＊源氏（1001〜14頃）夕顔「いかになり給にきとか人にもいひ侍らん」＊源氏（1001〜14頃）東屋「おほどれたる声していかにとか聞きも知らぬ名のりして」＊今昔（1120頃か）二六・一五「何（いカ）に思て失たりと云事を不知」㊁【感動】相手に呼びかけることば。なんと。もし。これこれ。＊万葉（8C後）七・一二三五「浪高し奈何（いかに）楫取り水鳥の浮寝やすべきなほや漕ぐべき〈古集〉」＊蜻蛉（974頃）中・天祿二年「いかに大夫、かくてのみあるをば、いかが思ふ」＊平家（13C前）九・生ずきの沙汰「いかに佐々木殿、いけずき給はらせ給てさうな」＊謡曲・求塚（1384頃）「いかにこれなる人に尋ね申すべきことの候」語誌(1)本来、「いかなり」の連用形。状態や理由についての疑問を表わす㊀が、基本的な用法。㊁は、相手の状態を尋ねる疑問表現としての用法が、形式的に拡大されて、呼びかけに転用されたもの。(2)㊀⑤のように詠嘆表現として用いられることもあるが、特に「こはいかに」の形で用いられることが多い。(3)「いかに」が、助詞「て」と熟した「いかで」の形や、「いかに」「いかで」が疑問助詞「か」と熟した「いかにか（は）」「いかでか」の形は、否定・肯定の応答語として用いられることも多い。これは、「いかでか」「いかがは」にある反語表現の用法が、転用されたものと思われる。方言【副】❶本当に。実に。和歌山県日高郡054 ❷特別に。奈良県吉野郡683 ❸（間投詞のように用いて）それどころか。岩手県気仙郡102 発音〈標ア〉カ〈ア史〉平安●〇=● 鎌倉●〇=●と●〇〇の両様 室町来●〇〇〈京ア〉イ 辞書色葉・名義・和玉・日葡・ヘボン・言海 表記何（色・名・玉）朗（色・名）如何（ヘ・言）曷（名）

いかに言（い）えども なんと言っても。どうしても。なんとしても。＊山家集（12C後）上「宿しもつ月の光のをしさはいかに言へども広沢の池」＊たまきはる（1219）「いかにいへども、さぶらふべきところこそと思ふらん」

いかに如何（いか）に ㊀（「いかに」を重ねて意味を強めたもの）疑問に思ったり、問いただしたりする意を表わす。㋑（文中に用いて）いったいどんなに。いったいどのように。＊蜻蛉（974頃）中・安和二年「うしろめたき人をさへそへてしかば、いかにいかにと念じつつ」＊落窪（10C後）三「いかにいかに、ちょうじ給ひしと問へば」㋺（文末に用いて）どうだ、どうだ。＊枕（10C終）八・大進生昌が家に「さぶらはんはいかに、いかに」＊説経節・あいごの若（山本九兵衛板）（1661）初「いかに六条殿、ひんせうにたからなき物は、日比のこうげんいらざる物、いかにいかにと申さるる」㊁①驚き、意外感、感動を表わす。なんとなんと。＊蜻蛉（974頃）下・天祿三年「あなかしがまし、御子ぞかしといふにおどろきていかにいかに、いづれぞとあれど」＊観智院本三宝絵（984）中「まことは御子は〈略〉去年のその月には隠給にきと云。母いかにいかにと云ふままにたえ終りぬ」②相手に呼びかける言葉。もしもし。これこれ。＊今昔（1120頃か）二六・二「此の母、垣内にして慥（たしか）に聞て、娘の云事を思ひ出て怪く思（おぼ）えければ、垣の内より出て、何（いか）に何（いか）にと問ふに」＊日葡辞書（1603〜04）「Icaniicani（イカニイカニ）」〈訳〉人を呼ぶときの『おいおい』」発音〈標ア〉カ1 辞書日葡

いかに言（い）っても 「いかに（如何─）言えども」に同じ。＊夜明け前（1932〜35）〈島崎藤村〉第二部・下・一一・四「いかに言っても、これから彼が踏まうとする路は遠く寂しく険しい上に」発音〈標ア〉カ

いかに況（いわん）や （「いわんや」の強調形）どうしていおうか、もちろん、いうまでもなく。まして、いうまでもなく。連用修飾語に用いられる。＊地蔵十輪経元慶七年点（883）四「諸の破戒悪行の苾芻に於てすら〈略〉譴罰すべからず。何（いか）に況むや持戒真善の行者にしては」＊今昔（1120頃か）一・一一「世間の事如此（かくのごと）し。何況（いかにいはむ）や、後世の事は此を以て知べし」＊古本説話集（1130頃か）七〇「いかにいはむや、左右のたな心を合はせて、額に当てて、いちせんの心をおこして拝む人は、到来の彌勒の世に、必ず生るべし」＊方丈記（1212）「もの憂しとても、心を動かす事なし。いかにいはんや、つねにありき、常に働くは、養生なるべし」＊金刀比羅本平治（1220頃か）下・常葉落ちらるる事「いかにいはんや、今生に三人の子供の命を助けて、わらはに見せさせ給へ」補注謙譲表現では、「いかに申し候はんや」という。「今昔‐二六・五」の「犬馬そら哀に為る人には尾不振様やは候ふ。何（いか）に申し候はむや、人に取ても、己は〈略〉無限御顧の替には生死只仰に随はむ」など。辞書色葉・文明 表記何況（色・文）

いかにか （「いかに」に助詞「か」の付いたもので、疑問や反語の意が強くなる）①物事の状態、作用、手段、原因などを疑い、または問いかける意を表わす。どのようにかまあ。どうしてかまあ。どうかね。＊万葉（8C後）二・一〇六「二人行けど行き過ぎ難き秋山を如何（いかにか）君が独り越ゆらむ〈大伯皇女〉」＊宇津保（970〜999頃）楼上下「さればこそ。この事ならん。いかにかきこえんとすらん」＊今昔（1120頃か）二六・九「其達、此嶋に来て住めと思ふを、何（いか）にか」＊風雅（1346〜49頃）恋五・一三三八「玉かつらかけぬ時なくこふれどもいかにかいもに逢ふ時もなき〈よみ人しらず〉」②反語の意を表わす。どのようにまあ…か。どうしてまあ…か（そんなはずはない、できない）。＊万葉（8C後）五・八二六「うちなびく春の柳とわが宿の梅の花とを伊可爾可（イカニカ）別かむ〈史部大原か〉」＊源氏（1001〜14頃）東屋「右近はいかにかきこえさせん。今参りて御前にこそは忍びてきこえさせめ」＊今昔（1120頃か）二九・五「物忌固く坐すなれば、何（いか）にか出給ふ。己は此の放出（はなちいで）の方に今夜許侍らむ」発音〈標ア〉カ1〈京ア〉イ

いかにかは （「いかにか」に、助詞「は」の付いたもの）①「いかに（如何─）か①」に同じ。＊今昔（1120頃か）三一・二四「中算出て沙汰せましかば、何（いか）にかは有まし。然れば其を知て、慈恵僧正の霊も行て乞請（こひうけにける）にこそは」②「いかに（如何─）か②」に同じ。＊能因本枕（10C終）一八二・宮にはじめてまゐりたるころ「我をば思ふやと問はせ給ふ御いらへに、いかにかはと啓するに」＊今昔（1120頃か）二四・二二「日本に有ては如何（いか）にかはせむと為る。日本は算の道不賢（かしこからざ）る所なめり」

いかにかも （「いかにか」に、助詞「も」の付いたもの）疑問、反語の意を表わす。どのようにかまあ。どうしてかまあ。どのようにまあ…か。＊万葉（8C後）七・一三三四「奥山の岩に苔むしかしこけど思ふこころを何如裳（いかにかも）せむ〈作者未詳〉」＊万葉（8C後）一七・三九二八「今のごと恋しく君が思ほえば伊可爾加母（イカニカモ）せむするすべの無さ〈大伴坂上郎女〉」

いかにして （「いかに」にサ変動詞「す」の連用形「し」と助詞「て」の付いたもの）連用修飾語に用いる。①手段、方法、原因を疑い問う意を表わす。どのようにして。どうして。なぜ。＊万葉（8C後）一四・三三七六（或本歌）「伊可爾思弖（イカニシテ）恋ひばか妹に武蔵野のうけらが花の色に出ずあらむ〈東歌・武蔵〉」＊源氏（1001〜14頃）手習「いかにしてさるところにはおはしつるぞ」＊夜明け前（1932〜35）〈島崎藤村〉第一部・下・一二・三「借財相嵩み〈略〉いかにして宿相続仕るべきかと一同当惑」②反語を表わす。どうして…か、どのようにして…か（どうにもならない、どうにもできない）。＊古今（905〜914）雑体・一〇〇三「くれたけの 世世のふるごと なかりせば いかほの沼の いかにして 思ふ心を のばへまし〈壬生忠岑〉」＊源氏（1001〜14頃）澪標「くひなだにおどろかさずはいかにして荒れたる宿に月を入れまし」③手段、方法を願い求める意を表わす。どうかして。なんとかして。＊万葉（8C後）七・一二二二「玉津島見れども飽かず何為而（いかにして）裹（つつ）み持ちゆかむ見ぬ人の為〈藤原卿〉」＊源氏（1001〜14頃）明石「いかにして都のたかき人に奉らむと思ふ心深きにより」④不定のままの意を表わす。どうこうして。＊今昔（1120頃か）二六・一六「本（もと）より何（いか）にして出来けりと不知」⑤なんとしても。いかにしても。＊浮世草子・好色盛衰記（1688）二・一「目も鼻もなくつつへりとしたる皃也。〈略〉いかにして昼は見る事迷惑して」発音〈標ア〉カ

いかにしてか （「いかにして」に助詞「か」が付いて意味を強めたもの）①疑問を表わす。どうして。どのようにして。なぜ。＊東大寺諷誦文平安初期点（830頃）「云何（いかにしテカ）人身を得たる」＊今昔（1120頃か）二九・二八「然も何（いか）にしてか迯（にげ）むずるぞと云へば、女〈略〉其より構て這出給へ」②反語を表わす。どうして…か、どのようにして…か（どうにもならない、どうにもできない）。＊大慈恩寺三蔵法師伝永久四年点（1116）一「況んや師単独にして如何（いかにシテカ）行くべき」＊今昔（1120頃か）二六・一〇「失畢（うせつき）なむ後は何（いか）

にしてか命は可生（いくべき）」 ③願望を表わす。どうかして。なんとかして。＊東大寺諷誦文平安初期点（830頃）「何而（イカニシテカ）如法の大御供養を備へ儲けて三世の三宝、某仏、某経、某菩薩に奉らむと欲（ねが）へども」＊源氏（1001-14頃）乙女「うち泣き給ひて、いかにしてかいたづらになり給まじきわざはすべからんと」 辞書 書言 表記 執謂（書）

いかに してかは （「いかにして」に助詞「か」「は」が付いて、さらに意味を強めたもの）①疑問を表わす。どうして。どのようにして。なぜまあ。＊後拾遺（1086）春上・七「雪ふりて道ふみまよふ山里にいかにしてかは春のきつらん〈平兼盛〉」 ②願望を表わす。どうかして。なんとかして。＊源氏（1001-14頃）絵合「絵かく事のみなむ、あやしくはかなきものから、いかにしてかは、心行くばかりかきて見るべきと思ふ折折侍りしを」 ③反語を表わす。どうして…か、どのようにして…か（どうにもならない、どうにもできない）。＊後撰（951-953頃）恋二・六〇八「あやしくもいとふにはゆる心かないかにしてかは思ひやむべき〈よみ人しらず〉」＊源氏（1001-14頃）藤裏葉「今一度見奉る世もやと、命をさへ執念（しふね）くなして念じけるを、いかにしてかはと思ふも悲し」

いかに してかも （「いかにしてか」に助詞「も」が付いて、意味を感動的に強めたもの）どのようにしてかまあ。＊古今六帖（976-987頃）三・水「おほふねのたゆたふうみにいかりおろしいかにしてかもわが恋やまん」

いかに しても （「いかにして」に助詞「も」が付いて意味に含みをもたせ、強めたもの）①願望を表わす。どうかしてまあ。なんとしても。＊狭衣物語（1069-77頃か）一「ただいかにしても死ぬるわざもがなと思へば、〈略〉水をだに見も入れず」＊末燈鈔（1333）一四「いかにしてもまかりのぼりて、心しづかに、せめては五日、御所（みもと）に候ばや」 ②断定的に強調する。どうしても。なんとしても。＊天草本平家（1592）二・五「ミイデラ バカリ デワ icanixitemo（イカニシテモ） カナウマイ ト ヲボシメサレテ」＊浄瑠璃・鑓の権三重帷子（1717）上「いかにしてもまおとこに成極るは口おしい」＊狂言記・止動方角（1730）「いやいや、いかにしてもよばるる事ではござりませぬ」 発音〈標ア〉カ 辞書 日葡

いかに せん （副詞「いかに」に、サ変動詞「す」の未然形「せ」、推量の助動詞「む」の付いたもの）**一** ①為すべき方法、手段をためらい疑って、困った気持を表わす。どうしよう。どんなにしたらよかろうか。＊万葉（8C後）一五・三七一二「ぬば玉の妹が干すべくあらなくにわが衣手を濡れて伊可爾勢牟（イカニセム）〈遣新羅使人〉」＊宇津保（970-999頃）嵯峨院「仲頼『いかにせん』と思ひ惑ふに」＊新古今（1205）夏・二一四「いかにせん来ぬ夜あまたの郭公（ほととぎす）待たじと思へば村雨の空〈藤原家隆〉」＊車屋本謡曲・鉢木（1545頃）「捨人のための鉢の木、切るとてもよしや惜しからじと、雪うちはらひて、みれば面白やいかにせん」 ②嘆きあきらめる気持。どうしようもない。しかたがない。＊万葉（8C後）一四・三四一八「上つ毛野佐野田の苗の占なへに事は定めつ今はいかにせん〈東歌〉」＊読本・春雨物語（1808）血かたびら「兄のみ子いかにせん、御位に昇らせしを」＊日本読本（1887）〈新保磐次〉四「命を限りに働けども、いかにせん、数日の天気にて家は乾き、風は強し、数十戸の大家見るが内に棟落ち、柱倒れ、只一面の火となりぬ」 **二** 催馬楽、律の歌の曲名。「楽家録‐六・催馬楽歌字」所収の「いかにせんや、をしのかもとり」で歌い出されるもの。 語誌 上代東国では、②の挙例「万葉集」のように「む」が「も」と変化していた。また「いかにせまし」も、意味はだいたい同じであるが、「もしするならどうしようか」というように、ためらいの気持が強い。

いかに ぞ （副詞「いかに」に指示の係助詞「ぞ」の付いたもの）①疑ったり質問したりする意を表わす。（文中に用いて）どうして。どんなに。（文末に用いて）どうか。どんなであるか。＊東大寺諷誦文平安初期点（830頃）「何（イカニゾ）仏は一切衆生の言辞を知りたまふ」＊地蔵十輪経元慶七年点（883）二「云何（いかニゾ）念に由りて実の如く入息出息を観察する」＊後撰（951-953頃）春上・三九「春雨にいかにぞ梅やにほふらんわが見る枝は色もかはらず〈紀長谷雄〉」＊枕（10C終）二二二・祭のかへさ「いかにぞ。ことなりぬやと言へば」＊源氏（1001-14頃）夕顔「いかにぞいまはと見はてつや」＊打聞集（1134頃）尊勝陀羅尼事「いかにぞ。縛たりや」 ②反語の意を表わす。どうして…であろうか（…ない）。＊大乗広百論釈論承和八年点（841）「真の体若し無きならば、何（イカ）にぞ修証せむと欣（ねが）はむ」 発音〈標ア〉カ

いかに ぞや （副詞「いかに」に係助詞「ぞ」「や」の付いたもの）①疑ったり質問したりする意を表わす。どうだろうか。なぜか。どういうわけか。＊枕（10C終）一四三・殿などのおはしまさで後「いとあやし。同じふるごとといひながら、知らぬ人やはある。ただここもとにおぼえながら、いひ出でられぬはいかにぞやなどいふを聞きて」＊宇治拾遺（1221頃）九・三「こよかりけり。家ひろし。いかにぞやなど、物言ふべきあるじもなくて」＊徒然草（1331頃）一四「古き歌どものやうに、いかにぞや、ことばの外に、あはれにけしき覚ゆるはなし」 ②非難、不満の意を表わす。どうかと思われる。あまり感心できない。＊源氏（1001-14頃）葵「御手は、なほここらの人の中にすぐれたりかしとうち見給ひつつ、いかにぞやもある世かなと」＊栄花（1028-92頃）花山たづぬる中納言「帝の御心強からず、いかにぞやおはしますを見奉らせ給へればなるべし」＊無名抄（1211頃）「泣かれぬると言ふ詞こそ、あまりこけ過ぎて、いかにぞやおぼし侍れ」 ③疑わしく意味不明なさまを表わす。ぼんやり。＊琴後集（1810）一「この二くさのふみのうへにも、猶いかにぞや覚ゆる事のあるを」 発音〈標ア〉カ

いかに として （副詞「いかに」、格助詞「と」、サ変動詞「す」の連用形「し」、接続助詞「て」の連なったもの。さらに下に助詞「も」の付くこともある）①疑問、質問の意を表わす。どのようにして。どうやって。＊風姿花伝（1400-02頃）三「是、いかにとして心得（え）べきや」＊日葡辞書（1603-04）「Icanito xite（イカニト シテ）〈訳〉どのようにして。またはどうやって」＊仮名草子・伊曾保物語（1639頃）中・八「いかにとして呼び返さんやと問ひければ」 ②（多くあとに「も」を伴って）断定、否定を強める意を表わす。どうしても。なんとしても。＊車屋本謡曲・雲雀山（1505頃）「雲雀山と申す所にてうしなひ申せと承り候程に、是までは御伴申して候へども、いかにとしてうしなひ申すべきと存じ候ひて」＊浄瑠璃・傾城反魂香（1708頃）上「いかにとしても上つ方（かた）へ左様な慮外申されまじ」＊浄瑠璃・八百屋お七（1731頃か）下「イヤイヤこなたの詞（ことば）のはし、いかにとしても気遣（づかひ）な」 辞書 日葡

いかに となれば 前の事柄について、その理由、原因をのべるときの、ことわりに用いる言い方。…はどういうことかというと。なぜというに。＊滑稽本・浮世床（1813-23）二・下「ここに渾名（あだな）を白と呼べる窈窕（あてはか）なる少女がありやす。白と号（なづく）るはいかにとなれば、紅粉を粧（よそほ）ふこと大造（たいさう）だから、是にて然（しか）号け来れりさ」＊夜行巡査（1895）〈泉鏡花〉二「背後（うしろ）には全く放心せるものの如し。如何（イカニ）となれば後後は既に一旦我が眼に検察して、異状なしと認めてこれを放免したるものなればなり」 発音〈標ア〉カ

いかに まれ （「いかにもあれ」の変化したもの）どうであろうと。いずれにもせよ。＊大和（947-957頃）一四七「今日いかにまれこの事をさだめてむ」＊狭衣物語（1069-77頃か）四「いかにまれ、まづ春宮に奉りて、必ず后に据ゑてむ」

いかに も （副詞「いかに」に助詞「も」の付いたもの）①状態、手段などを限定せず、考えられる範囲のどれを選択しても可であるという認識を表わす。「いかにもあれ」「いかにもして」「いかにもなる」などの連語的表現になることもある。どうであろうと。どのようにも。どうでも。＊源氏（1001-14頃）宿木「巌の中求めむよりは荒し果つまじく思ひ侍るを、いかにも、さるべきさまになさせ給はば、おろかならずなむ」＊今鏡（1170）一・藻塩の煙「年若き人なれば、おはしまさざらんにはいかにもあらんずらん」＊苔の衣（1271頃）二「小太夫がいかにもしたる事にやとおぼせば」＊読本・春雨物語（1808）宮木が塚「いかにもせよ、稚きものは母が手離れて、一日ひと夜もほかにあらぬものから、泣わぶらん」 ②（多く、あとに意志・希望系の助動詞等を伴って）考えられるだけの手段を尽くして目的を達成しようという意を表わす。何とかして。どうしても。なるたけ。ぜひ。＊和泉式部日記（11C前）「なほいと苦しうこそ、いかにもありて御覧ぜさせまほしうこそ」＊風姿花伝（1400-02頃）六「いかにも、申楽の本木には、幽玄ならむ人体、まして心・言葉をも優しからむを、嗜みて書くべし」＊仮名草子・身の鏡（1659）中「あやつりにてもあれ、かぶきにてもあれ、見物せむには、いかにもしづかに居て見るべし」＊黄表紙・心学早染艸（1790）下「いかにも教訓して善心にみちびかんと」 ③（あとに否定の意味の表現を伴って）どのようなやり方でもそれを行なおうとしない意を表わす。どうにも。なんとしても。少しも。ちっとも。＊源氏（1001 14頃）真木柱「みみなれにて侍れば、今はじめていかにも物を思ひ侍らず」＊讃岐典侍（1108頃）下「かくは聞えしかど、いかにも御いらへのなかりしは、さらでもと覚しめすにや」＊古今著聞集（1254）二〇・六七八「ただいかにも鳥をとらざりけり」＊連理秘抄（1349）「いかにも前の句に思ひあはぬ句の出で来る折に、連歌はつまる也」 ④程度、状態のはなはだしいことを確かにそうであると確認している意を表わす。強く肯定して、強めていう。どうみても。まことに。まったく。おおいに。＊宇治拾遺（1221頃）一・三「いかにも山の中に只ひとりゐたるに、人のけはひのしければ、すこし生き出づるここちして」＊御伽草子・一寸法師（室町末）「極楽浄土のいぬゐの、いかにも暗き所へ、やうやう逃げにけり」＊二人女房（1891）〈尾崎紅葉〉下・一「いかにも、大事の母なり」＊破戒（1906）〈島崎藤村〉一六・五「其調子がいかにも可笑（をか）しかった」 ⑤（感動詞のように用いて）相手のことばをうけ、肯定、同意する応答のことば。たしかに。なるほど。まさしく。その通りだ。＊虎寛本狂言・宗論（室町末‐近世初）「いかにも、こなたの事で御座る」＊浄瑠璃・仮名手本忠臣蔵（1748）一「いかにもとのお返事は、口上でもくるしうないと」＊夜明け前（1932-35）〈島崎藤村〉第二部・下・一三・二「いかにも、さうです、と答へた時のお民は」 語誌 (1)元来、さまざまな選択範囲を想定して、その中のどれかを選択する意を表わしていたと考えられる。それが①のような「放任」の用法と結びつくと、「どれでも可」という意味あいが強くなり、②のような「意志」の用法と結びつくと「どれかを選択して」という意味あいが強くなり、③のような「否定」と結びつくと「どれも選択しない」という意味あいが強くなる。(2)④⑤の用法は、選択しようとしてもその余地がなく、確認・肯定的な場合が発達したものと考えら

れる。 発音〈なまり〉ガニモ〔静岡〕〈標ア〉カ〈ア史〉江戸◉○○○〈京ア〉イ 辞書日葡・ヘボン・言海

いかにもあれ 放任の意を表わす。どうであろうと。いずれにもせよ。＊土左(935頃)承平五年一月七日「あしくもあれ、いかにもあれ、便りあらばやらむ」＊徒然草(1331頃)一〇七「衣文も冠も、いかにもあれ、ひきつくろふ人も侍らじ」 発音〈標ア〉カ

いかにも如何(いか)にも （「いかにも」を重ねて意味を強めたもの）どうであっても。どんなにでも。なんとかして。いずれにしても。なんとしても。＊宇津保(970-999頃)俊蔭「何にまれ、何にまれ、あらむものをいかにもいかにもしなして、おほくはこの御ためにものせむかし」＊源氏(1001-14頃)東屋「物思はしげに思したるを見れば、いかにもいかにも、ふた心なからむ人のみこそ、目安く、頼もしき事にはあらめ」＊更級日記(1059頃)「幼き人々を、いかにもいかにもわがあらむ世に見おく事もがなと、臥し起き思ひ歎き」＊読本・雨月物語(1776)蛇性の婬「今は老て室の外にも出ずと聞ど、我為にはいかにもいかにも捨給はじ」

いかにもして なんとかして。どんな無理でもして。＊平家(13C前)四・競「今度三井寺へよせたらんには、いかにもしてまづ競めをいけどりにせよ」＊太平記(14C後)一三・北山殿謀叛事「如何にもして故相模入道が一族を取り立て」 発音〈標ア〉カ

いかにもなる 自暴自棄な気持から、死ぬ意を表わす。どうにでもなる。＊狭衣物語(1069-77頃か)一「惜しからぬ身は、いかにも疾くなりなばやとのみ急がれつるを」＊平家(13C前)九・重衡生捕「あな無慚の盛長や。〈略〉一所でいかにもならずして、思ひもかけぬ尼公の共したる憎さよ」＊曾我物語(南北朝頃)八・屋形まはりの事「すなはち、屋形の内に走り入り、いかにもならばやと思ひしか共」

いかにもまれ （「いかにまれ」にさらに「も」が加わったもの）「いかにもあれ」に同じ。どうであろうと。いずれにもせよ。＊応永本和泉式部日記(11C前)「ただいかにもまれ、のたまはせんままと思ひ給ふるを」

いかにも以(もっ)て 「いかに(如何—)も④」を強めた表現。＊咄本・鹿の巻筆(1686)二・二「障子屋が子砂糖売、いかにももって似合わしき」

いかにや 一（副詞「いかに」に助詞「や」の付いたもの）程度、状態、理由などをうかがい問う意を表わす。㋑（文中に用いて）どうしてか。どんなにか。＊延慶本平家(1309-10)一本・義王義女之事「入道殿に申けるは、いかにやあれにはすげなくては帰させ給ふぞ」＊御伽草子・蛤の草紙(室町末)「いかにや母の我を待ちかねさせ給ふらん」㋺（文末に用いて）どんなだろうか。どうか。どうしたことか。＊曾我物語(南北朝頃)七・斑足王が事「女房たちおどろき、いかにやとて、取つく袖にひかれて、板敷あらくふみならし」＊随筆・槐記-享保一九年(1734)九月二八日「ぐゎっとへして三つの舟はいかにやとありしかば」

二（感動詞「いかに」に助詞「や」の付いたもの）人に呼びかける意を表わす。もしもし。＊御伽草子・物くさ太郎(室町末)「顔に顔をさしあはせて、いかにや女房といひて腰にいだきつきて見上げければ」＊幸若・高たち(室町末-近世初)「いかにや奥方の軍兵、今のかめゐがあに鈴木の庄司とはわが事也」 発音〈標ア〉カ

いかにや如何(いか)に （「いかに」を重ねた間に助詞「や」を加えてさらに強めたもの）①思いつめた不安な気持で、うかがい問う意を表わす。いったいどんなものだろうか。どうですか。どうしたものか。＊後撰(951-953頃)雑四・一二九二「世の中はいかにやいかに風の音を聞くにも今は物や悲しき〈よみ人しらず〉」＊紫式部日記(1010頃か)寛弘五年一一月「いかにやいかにとばかり、行くすゑの心細さはやる方なきものから」＊平松家本平家(13C前)一・義王「母や妹は是を見て、如何にや如何にと問ひければども」＊良寛歌(1835頃)「汝れはしも書のひとはし展(ひら)き見て、なべてしかりと思ひけむ、理(ことわ)りなりや否をかも、いかにやいかに山の上の憶良」②（感動詞のように用いて）相手に強く、または大声で呼び掛ける意を表わす。なんともしもし。やあやあ。おーい。＊平家(13C前)一一・重衡被斬「北の方袖にすがって、いかにやいかに、しばしとて引きとどめ給ふに」＊謡曲・鞍馬天狗(1480頃)「いかにやいかに沙那王殿、沙那王殿」＊虎明本狂言・目近籠骨(室町末-近世初)「いかにやいかに太郎くゎしゃ、二郎くゎじゃもよくきけ」 発音〈標ア〉カ

いか-ぬ 『連語』（動詞「いく(行)」に打消の助動詞「ぬ」の付いたもの）①物事がうまく運ばない意から、不可能を表わす。できない。だめだ。いかない。いかん。→行く㊀⑧。＊浄瑠璃・菅原伝授手習鑑(1746)一「ホホよい了簡。いかぬとしってなぜ立たぬ」＊歌舞伎・韓人漢文手管始(唐人殺し)(1789)一「いかぬ事じゃ。止しにせい止しにせい」＊花間鶯(1887-88)〈末広鉄腸〉下・一〇「イヤ御隠しなさったとてソリャいかぬ」＊草枕(1906)〈夏目漱石〉一「いくら好きでも、非人情はさう長く続く訳には行かぬ」②非難、禁止の意を表わす。よくない。いけない。＊洒落本・両国栞(1771)「京はかたの帯をしめいかぬ木刀さし」＊黄表紙・両国名取(1783)「在郷婆々(ばば)アやいかぬ年増にくどかれてうるさいゆゑ」＊百一新論(1874)〈西周〉下「人を治めるには法でなくては行かず、されど人を善美能好の域に入れんとするには教でなくては行かない」＊俳諧師(1908)〈高浜虚子〉二九「まア君二三杯はいいや。若いものが沢山飲むのはいかぬが少しは許す」③安永ごろの流行語。不粋である。＊洒落本・百安楚飛(1779)「この座しきのやうすにて若者(わかいもの)も、はやいかぬしんござと思ひ」 発音〈標ア〉0

いかぬ事(こと)とて木(き)でした＝茶臼(ちゃうす)［＝茶釜(ちゃがま)］ 「いらぬ(不要)事とて木でした茶臼」に同じ。＊諺苑(1797)「いかぬ事とて木(キ)でした茶臼　茶釜とも云」

いか-のぼし【凧上・紙鳶上】『名』凧(たこ)をあげること。たこあげ。＊雑俳・天神花(1753)「長みじか・ちんばも走るいかのぼし」

いか-のぼり【凧・紙鳶】『名』（「烏賊幟(いかのぼり)」の意）玩具の一種。竹で骨を作り、紙を張り、糸目をつけて、風の力で空へあげるもの。もと、その形がイカに似たものが多かったところからいったが、今では方形、円形、大小各種ある。主に関西などでいう。たこ。いか。いかご。《季・新年-春》＊破提宇子(1620)七段「童部共のもてあそび烏賊籏(イカノボリ)とやらん云物をこしらへ」＊俳諧・玉海集(1656)付句・下・雑「はもじながらもあくる黒髪　反古もてつくれる児のいかのぼり〈竹雪〉」＊物類称呼(1775)四「紙鳶　いかのぼり　畿内にて、いかと云、関東にて、たこといふ」 語誌(1)「十巻本和名抄」に「紙老鴟　弁色立成云〈世間云師労之〉以紙為鴟形乗風能飛一云紙鳶」とあるように、漢語の紙老鴟をシラウシと音読した例があり、凧(たこ)が古くから日本に存在したことが知られるが、その後、江戸時代まで凧を記した文献はなく、用途や語形の変遷は明らかではない。(2)方言では、イカ(ノボリ)が関西を中心として北陸や鳥取・岡山・香川などに分布し、その外側にタコ系の語がある。さらに外側の岩手・青森の一部と福岡・佐賀・長崎などにハタ系の語が分布するので、方言周圏論の立場からはハタ・タコ・イカ(ノボリ)の順に出現したことが考えられるが、なお検討の余地もある。 方言❶凧(たこ)。岐阜県益田郡498 北飛騨499 兵庫県美方郡652 鳥取県西伯郡054 気高郡717 香川県829 大分県941 ◇いかなぼり 大分県大野郡941 ◇いかんぼり 岡山県浅口郡768 香川県827 豊島・小豆島054 ◇いかんぶり 香川県小豆島829 ◇いかんべはん 香川県三豊郡829 ◇いかんぼ 岐阜県498 北飛騨499 ◇いいかんぼ 岡山県児島郡763 ◇いかさま〔凧様〕山形県北村山郡144 ◇いかばた〔凧旗〕長崎県南高来郡905 ◇いかこてんばた〔凧天旗〕山形県北村山郡139 ◇いかかす 大分県大分郡941 ◇いかち 京都府葛野郡631 ◇いかよおず 大分市941 ❷幟(のぼり)。香川県小豆島829 発音〈なまり〉イカナボリ〔豊後〕イカンボ〔岐阜〕〈標ア〉ノ〈京ア〉ノ 辞書書言・ヘボン・言海 表記紙鳶(書・へ) 鳳巾・烏賊幟(書) 凧(言)

いかのぼり-え〔ヱ〕【凧絵・紙鳶絵】『名』凧(たこ)に描く絵。たこえ。

いかば 『名』鳥取地方で、四つ手網のこと。阿呆待(あほうま)ち。

いか-ばか【如何許】『副』（「いかばかり」の変化したもの）どんなにか。どのくらい。さぞ。どれほど。＊説経節・伍太力菩薩(1673-84頃)五「世が代の時は、おちめのと、余たの者にかし付れ、いかばか、ゆゆしくそだちしに」

いが-ばかま【伊賀袴】『名』袴の一種。裾(すそ)を狭くして脛(すね)に当たる上下に紐をつけ、脛にくくりつけて脚絆(きゃはん)のようにしたもの。仕事着や旅行着などとして伊賀者が用いたところからの名といわれる。たちつけ。かるさんばかま。＊日葡辞書(1603-04)「Igabacama(イガバカマ)〈訳〉きつくて細い袴で足袋のところまであるもの」＊随筆・守貞漫稿(1837-53)一二「安政追書頃日益炮術を学ぶ故か伊賀袴着用の士甚多し」＊歌舞伎・三人吉三廓初買(1860)二幕「伊賀袴(イガバカマ)に野太刀を差し」 発音イガバカマ〈標ア〉バ〈京ア〉バ 辞書日葡・言海 表記伊賀袴(言)

いか-ばかり【如何許・若箇・何計】『副』①（疑問文、推量文において）物事の状態、程度、分量などがはなはだしく重く、多いような場合、そのはなはだしさ、重さ、多さなどを疑い問い、推測する意を表わす。どれほど。どんなにか。いったいどのくらい。＊万葉(8C後)五・八七五「行く船を振り留みかね伊加婆加利(イカバカリ)恋(こほ)しくありけむ松浦佐用姫(まつらさよひめ)〈山上憶良(大伴旅人か)〉」＊竹取(9C末-10C初)「おほくの人の身をいたづらになしてあはざなるかくやひめは、いかばかりの女ぞ」＊古本説話集(1130頃か)四七「まいて目に見えぬ御くどく、いかばかりならんと、よの人も仰ぎ拝み」＊天草本平家(1592)四・一〇「シゲヒラハ　コンド　イケドリニ　セラレテ　icabacarino(イカバカリノ)　コトヲ　ヲモウラウ」＊多情多恨(1896)〈尾崎紅葉〉後・一一「其胸の切なさは幾許(イカバカリ)かと思遣っては」②（平叙文において）程度のはなはだしさを感動的にいう。どれほどかまあ。たいそう。非常に。＊源氏(1001-14頃)玉鬘「いまはあめのしたを御心にかけ給へる大臣にていかばかりいつかしき御中に御方しも受領のめにて品定まりておはしまさむよ」＊仮名草子・可笑記(1642)二「いかばかりおそろしく、身ふるへてあやふかりけれども」＊浮世草子・男色大鑑(1687)七・一「夜更(よふけ)起(おき)別るるまでにいかばかり年を寄(よら)しぬ」 発音〈標ア〉カ〈ア史〉平安◉○＝○◉○か　江戸◉○○○か〈京ア〉バ 辞書名義・文明・黒本・日葡・書言・ヘボン・言海 表記若箇・若為(名・書) 何許(文・黒) 太(名) 如何計(へ) 如何許(言)

いか-はち『形動』いかめしく強いさま。＊史記抄(1477)一一・弟子「好勇—はいかはちなぞ」＊漢書列伝景徐抄(1477-1515)「羽意—いかばちなる者なれども、意がはやく解けやすいぞ。羽はあさい者ぢゃほどにとけやすいぞ」

いが-はないれ【伊賀花入】『名』伊賀焼の花器。茶家に愛用される。基本形は寸筒形。 発音イガハナイレ〈標ア〉ハ

いかば・る『自ラ五(四)』威圧的な態度をとる。威張る。＊玉塵抄(1563)二二「はね尾がいかばったぞ」＊酌弁記(1532–70頃)「太刀折紙〈略〉太刀もちたる手のあまりさしあがりたるは、何とやらんいかはりて見にくし」方言❶いばる。和歌山県西牟婁郡・東牟婁郡690 鳥取県東伯郡042 愛媛県840 ❷いばって我意を通そうとする。長崎県対馬913

い-かひ【異花被】『名』花冠と萼(がく)との形態が異なること。ツツジ類、サクラ類、マメ類などにみられる。↔同花被。発音〈標ア〉カ

いが-びれ【毬鰭】『名』「いばらびれ(茨鰭)」に同じ。〔日本建築辞彙(1906)〕

いか-ぶね【烏賊船】『名』「いかつりぶね(烏賊釣船)」に同じ。＊遠方の人(1941)〈森山啓〉四「かれはもう小学を卒業して、烏賊舟に父親と一緒に乗り込んだりしてゐたが」発音〈標ア〉0ブ

いかほ【伊香保】群馬県北群馬郡の地名。榛名山北東斜面にあり、古くから温泉地として知られる。いかお。＊万葉(8C後)一四・三四二三「上毛野(かみつけの)伊可抱(イカホ)の嶺(ね)ろに降ろ雪(よき)の行き過ぎかてぬ妹が家のあたり〈東歌・上野〉」＊拾遺(1005–07頃か)恋四・八五九「いかほのやいかほの沼のいかにして恋しき人を今ひとめ見む〈よみ人しらず〉」発音〈標ア〉0 辞書文明 表記伊香保(文)

いが-ほおずき【毬酸漿】『名』ナス科の多年草。各地の山地の木陰に生える。高さ約六〇センチメートル。葉は長さ四〜八センチメートル、幅三〜五センチメートルの卵円形。夏、淡黄色の花が葉腋(ようえき)に二〜三個ずつ下向きに咲く。実は球形で熟すと白色、花後、刺のある萼(がく)で包まれる。おにほおずき。学名は Physaliastrum japonicum ＊日本植物名彙(1884)〈松村任三〉「イガホホヅキ」発音イガホーズキ〈標ア〉ホ

いかほ-おんせん【伊香保温泉】群馬県北群馬郡伊香保町にある温泉。垂仁天皇の頃発見されたという。含塩炭酸鉄泉。皮膚病、貧血症、婦人病に効く。いかお温泉。発音〈標ア〉オ

いかほ-かぜ【伊香保風】『名』上野国(群馬県)伊香保の山(榛名山)から吹いてくる風。＊万葉(8C後)一四・三四二二「伊可保可是(イカホカゼ)吹く日吹かぬ日ありと言へど吾が恋のみし時無かりけり〈東歌・上野〉」

いが-ぼし【厳星】『名』(「いかぼし」とも)兜の星の一つ。兜の鉢板を矧(は)ぎ合わせるための鋲(びょう)の頭で装飾を兼ねたもののうち、特に大きくいかめしいものをいう。苛星(いらぼし)。

いかほ-じんじゃ【伊香保神社】群馬県北群馬郡伊香保町にある神社。旧県社。祭神は大己貴命(おおなむちのみこと)・少彦名命(すくなひこなのみこと)、垂仁天皇の代の創建と伝える。発音〈標ア〉ジ

いか-ぼそ『名』つむいだ糸の撚(よ)りに太い所や細い所のあること。＊浄瑠璃・万戸将軍唐日記(1747)三「いつ見てもつやの有る事はいの。いかぼそもなく、よりもわかし、年も若うて美しい」

いかほ-ぞめ【伊香保染】『名』上野国(群馬県)伊香保温泉で、その湯元に沈殿する湯垢(水酸化鉄)で赤褐色に染めた名物の布。発音〈標ア〉0

いが-ぼたん【毬牡丹】『名』方言⇩いが(毬)

いか-ほど【如何程】『名』①物事の分量、程度、価値、値段などを疑い問う意を表わす。どれほど。どのくらい。＊平家(13C前)二・阿古屋之松「是より大納言殿の御渡(おわたり)あむなる備前の有木の別所へは、いか程の道ぞ」＊謡曲・吉野静(1423頃)「判官殿はいかほどでこの吉野をば開かせられたぞ」＊虎明本狂言・末広がり(室町末–近世初)「代物はいかほどでおじゃるぞ」＊人情本・春色恵の花(1836)初・二回「いか程でございますか。〈略〉六十八文づつでござります」②物事の分量、程度、価値などの数値が、限度のわからないほど多い意を表わす。どれほど多く。たくさん。どんなにひどく。＊とりかへばや(12C後)中「山々国々尋ね求むといへど、大方ひびきのみして、いかほど心ざしのなきにこそあらめ」＊六物図抄(1508)「いつまでも生(いき)てあらうと思て貪欲多が故衣をいかほども貯ぞ」＊仮名草子・薄雪物語(1632)下「此程はいかほどの御たはぶれをうけ給はること、おかしき御返し、さぞさぞ御笑ひぐさとなり候はん」③分量、程度などを不定のままにいう意を表わす。これこれぐらい。どれくらい。＊三道(1423)「序に、いか程の音曲あるべし。破三段に、三色の音曲いか程、急に似合ひたる曲風いか程と、音曲の句数を定めて、一番を建立するを、能作るとは申す也」＊正徹物語(1448–50頃)下「詞の用捨もなく、心の善悪をもいはず〈略〉如何程ともなく読む事を好みて詠みゐたるは」④(条件を表わす表現を伴い、副詞的に用いる)どんなに…しても。どれほど…であっても。＊空善聞書(1499以降)「いかほど菩提心をもおこせども、自力かなはず、無始よりこのかた流転せり」＊日葡辞書(1603–04)「Icafodo(イカホド)、または、Icafodomo(イカホドモ)マウシタレドモ」＊当世書生気質(1885–86)〈坪内逍遥〉一八・上「いかほど其外面を飾るといへども、思うちにあれば色外に現る」＊落語・三人旅(1894)〈禽語楼小さん〉「如何程(イカホド)江戸ッ子だって嗅ひぢゃア知れねへ」発音〈標ア〉0〈ア史〉江戸○○●●〈京ア〉0 辞書文明・伊京・明応・天正・饅頭・黒本・日葡・書言・ヘボン・言海 表記如何程(伊・明・天・饅・黒・言)何程(文・書・ヘ)

いかほ-の-ぬま【伊香保沼】榛名(はるな)湖の古称という。歌枕。＊万葉(8C後)一四・三四一五「上野(かみつけの)伊可保乃奴麻(イカホノヌマ)に植ゑ小水葱(こなぎ)かく恋ひむとや種求めけむ〈東歌・上野〉」辞書文明・黒本・書言 表記伊香保沼(文・黒・書)

いかほ-ぶし【伊香保節】『名』上野国(群馬県)伊香保地方の民謡か。＊歌謡・松の葉(1703)三「伊香保節」発音〈標ア〉0

いが-ぼんち【伊賀盆地】上野盆地の別称。発音イガボンチ〈標ア〉ボ

いか-ぼんてん【烏賊梵天】『名』延縄(はえなわ)漁業の縄に目標として取りつける浮標。その様子が梵天と名づける修験道の幣束に似、夜間には燐光を放つホタルイカをそれに結びつけて灯火の代用としたところから名づけられた。発音〈標ア〉ボ

い-がま【鋳釜】『名』地金を溶かすための釜。＊続百鬼園随筆(1934)〈内田百閒〉大鐘「昔この鐘を鋳た時に、殿様の云ひつけで、鋳釜の中に、小判を沢山投げ入れさせたので」発音イガマ〈標ア〉0

いか-まき【烏賊巻】『名』練り製品の一種。烏賊の胴の部分を芯にしたもの。おでん種などにする。＊楕円形の故郷(1972)〈三浦哲郎〉二「自分にそういい聞かせて烏賊巻きの串を摘み上げた途端、『〆めて二百四十円なり』」発音〈標ア〉0

いがまし・い『形』方言⇩いげがましい(棘―)

いが-まつ【毬松】『名』方言植物、ねず(杜松)。福岡県008 ◇いかむろ 防州†122

いかま-りゅう【生間流】『名』料理法および包丁式の流儀の一つ。室町時代、京都の人、生間出雲守兼信のはじめたもの。＊俚言集覧(1797頃)「料理人鱚の不手際生間流」＊文化増補京羽二重大全(1811)三・上(古事類苑・飲食四)「生間流料理。両替町姉小路、生間」発音イカマリュー〈標ア〉0

いかま・る『動』方言❶川などの水がいっぱいになる。また、あふれる。神奈川県藤沢市319 ◇いがまる 青森県津軽075 静岡県520 ◇いかばる 岐阜県飛驒502 郡上郡504 ◇うかばる 岐阜県飛驒502 ❷低地や水田に水や泥がたまる。神奈川県中郡320 静岡県田方郡530

いが-まんじゅう【毬饅頭】『名』江戸時代、元禄頃、大坂の生玉神社の付近で売っていた名物の饅頭。栗の毬(いが)に似せたものか。

いがみ【歪】『名』(動詞「いがむ(歪)」の連用形の名詞化)①正常な形がくずれ、曲がったり、傾くこと。ゆがみ。＊日本書紀兼倶抄(1481)上「亀をやくに上は穴、下は水、左は木、右は金、中は土で、このいかみすぢりすくなについて、一万余の字ができたぞ」＊松翁道話(1814–46)二・下「こけかかった石燈籠が、此やうにいがみが来ると、火をとぼすことがならぬ」②行ないや心が正しくないこと。また、その者。盗人。悪漢。＊絅斎先生敬斎箴講義(17C末–18C初)「心の根本が怠惰邪僻に沈んで有れば、する程いがみが強なる」＊浄瑠璃・釜淵双級巴(1737)上「七里結界(けんぱい)跳ね飛ばされて、こなたも啀(イガ)みの性根をあらはし」＊南水漫遊拾遺(1820頃)四「歌舞妓楽屋通言〈略〉いがみ 盗人」＊新撰大阪詞大全(1841)「いがみとは、悪(わる)もののこと」方言❶よこしまなこと。奈良県宇智郡683 ❷ひねくれ者。徳島県811 ❸魚、ぶだい(武鯛)。伊勢†019 愛知県熱田016 三重県591 大阪府016 和歌山県694 高知県016 870 ◇いがめ 筑前†030 ◇いがみのおば 和歌山県日高郡690 発音イガミ〈標ア〉0ミ 辞書言海 表記歪(言)

いがみ【啀】『名』(動詞「いがむ(啀)」の連用形の名詞化)獣が歯をむき出してかみつこうとすること。＊俳諧・八重桜集(1692頃)「洗濯にやとはれありく賤が業〈乙州〉猫のいがみの声もうらめし〈景桃丸〉」発音イガミ〈標ア〉0ミ

いがみ-あい【啀合】『名』獣が互いにほえたりかみついたりすること。また、人が互いに争い合うこと。＊書言字考節用集(1717)八「啀合 イガミアヒ」＊滑稽本・七偏人(1857–63)五・中「猫のいがみ合(アヒ)の声色を」＊蓼喰ふ虫(1928–29)〈谷崎潤一郎〉七「再び庭で二頭の犬がいがみ合ひを始めたらしく」＊続あにいもうと(1934)〈室生犀星〉「凡ては真剣ないがみ合ひであり憎みの表はれになってゐて」方言子供の争い合うこと。新潟県東蒲原郡368 発音イガミアイ〈標ア〉0〈京ア〉イ0/0 辞書書言・言海 表記啀合(書・言)

いがみ-あ・う【啀合】『自ワ五(ハ四)』①獣が互いにいきりたち、ほえたりかみついたりしあう。＊寛永刊本蒙求抄(1529頃)三「ただ猿と犬といがみやう所を云たぢゃぞ」＊浮世草子・魂胆色遊懐男(1712)一「犬のやりくり猫のいがみあふを見て、目をよろこばしめ」＊人情本・春色梅美婦禰(1841–42頃)四・二四回「障子の外にて猫のいがみ合ふ声」＊和英語林集成(初版)(1867)「Igamiai, au, atta イガミアフ 啀合」②人が互いに敵意を持つ。争い合う。喧嘩する。＊滑稽本・七偏人(1857–63)三・上「何だかべらぼうと舌戦(イガミ)あって居るのヲ」＊浮雲(1887–89)〈二葉亭四迷〉三・一七「顔を視れば鬩(イガ)み合ふ事にしてゐた母子(おやこ)ゆゑ」＊社会百面相(1902)〈内田魯庵〉破調・中「夫婦となってお互に此様(こん)な鄙(いや)しい汚ない情慾を焔(もや)して衝突(イガミア)ふ生涯を送るよりは」発音イガミアウ 文イガミオーとも〈標ア〉0アオ〈京ア〉0 辞書言海 表記啀合(言)

いがみ-おとこ【歪男】『名』心のねじけた男。邪悪な男。＊浄瑠璃・義経千本桜(1747)三「兼て工(たくみ)のいがみ男、腕まくりして」

いがみ-がお【歪顔】『名』いかにも悪者らしい顔つき。いがみづら。＊浄瑠璃・躾方武士鑑(1772)一「必ずそふは成(なら)ぬぞと、ツイいふ事も邪顔(イガミガホ)」発音イガミガオ〈標ア〉0

いがみ-かか・る【啀掛】『自ラ五(四)』①獣が歯をむき出して、うなり声を発し、かみつこうとする。＊浄瑠璃・国性爺合戦(1715)千里が竹「猛虎〈略〉二人をめがけ嘷(イガミ)かかるを事ともせず」②はげしい言動で相手に向かってゆく。おどしかかる。食ってかかる。＊浄瑠璃・平家女護島(1719)二「うぬめ乗れと啀(イガミ)かかれば」＊浄瑠璃・仮名手本忠臣蔵(1748)

四「早く屋敷を明渡せといがみかかれば」 発音 イガミカカル〈標ア〉0 カ2

いがみ-かぶ【歪株】〔名〕いかにも悪漢らしい人物。＊浄瑠璃・躾方武士鑑(1772)九「なめた詞の邪株(イガミカブ)。一物有りと見て取(とる)織部」

いがみ-がわ【歪川】〔名〕曲がりくねって流れる川。＊浄瑠璃・釜淵双級巴(1737)上「麓は小川いがみ川、曲り曲りて身の上を、それと沙汰せじ佐太の森」

いがみ-く・う【啀食】〔他ワ五(ハ四)〕獣が歯をむいて噛(か)みつく。＊米沢本沙石集(1283)九・一〇「此犬五の子の中に、一をにくみて乳も不ㇾ飲(のませ)、いがみくひければ、やせてわびしげなり」

いがみ-くび【歪首】〔名〕位置や向きの正しくない首。＊承応神事能評判(1653)加茂「(わる)くせは、いくび・おれくび・いがみくび、たるみがいなにさし肩と知れ」

いがみ-ぐらい【啀食】〔名〕犬がうなって相手を威嚇しながら物を食べること。＊玉塵抄(1563)三二「犬はいがみぐらいにするぞ。いやしいぞ」

いがみ-ごえ【啀声】〔名〕獣のかみつくようにほえる声。＊仮名草子・鳥の歌合(1624-44頃)「ねこまたのこんへい六といひし人〈略〉日月のまなこにすずをはり、いかみこゑして御へんじ申なり」＊浄瑠璃・難波丸金鶏(1759)木津川堤「のさの来(きた)る親方の、山猫はいがみ声、コリャヤイお十」 発音 イガミゴエ〈標ア〉ゴ

いがみ-こんじょう【歪根性】〔名〕「いがみしょうね(歪性根)」に同じ。＊歌舞伎・富岡恋山開(1798)三幕「いろいろと欺し賺(すか)して尋ねても、誠を云はぬいがみ根性(コンジャウ)」

いがみ-しょうね【歪性根】〔名〕ねじけている根性。ゆがんでいる性質。いがみこんじょう。＊歌舞伎・傾城筑紫𤢖(1814)二「まだまだ啀性根(イガミシャウネ)が直らぬナ、サア有よふに云へいやい」

いがみ-すぐ・る【歪過】〔自ラ四〕ゆがみ過ぎる。きわめて邪悪になる。＊歌舞伎・傾城魔術冠(1766)大序「どうでも、いがみすぐった横恋慕」

いがみ-すじ・る【歪捩】〔自ラ四〕心がゆがみねじれる。たいへん邪悪になる。＊歌舞伎・傾城黄金鱐(1782)五幕「三つ子の魂百迄と、いがみすぢった盗人根性」

いがみ-だい【啀鯛】〔名〕魚「ぶだい(武鯛)」の異名。〔語彙(1871-84)〕

いがみ-づら【歪面】〔名〕「いがみがお(歪顔)」に同じ。＊浄瑠璃・大塔宮曦鎧(1723)三「用意よくばとくとく宮を出されよと、にっこともせぬいがみ面(ヅラ)」 発音 イガミズラ〈標ア〉0

いがみ-なり【歪形】〔名〕〔形動〕ゆがんだ形。かっこうのゆがんでいるさま。＊当世書生気質(1885-86)〈坪内逍遙〉一三「袴もいがみなりに仕立るのも、みんなあなたへの心中だて」＊諷誡京わらんべ(1886)〈坪内逍遙〉四「間(あはひ)の襖おし開き曲(イガ)みなりに手をつかへ」 方言 曲がったまま。曲がりなり。兵庫県神戸市665 和歌山県690 発音 イガミナリ〈標ア〉0

いがみ-の-ごんた【いがみの権太】浄瑠璃「義経千本桜」三段目に出てくる無頼漢。鮨(すし)屋の彌左衛門の子。悔悟して平維盛(これもり)を助ける。 発音 イガミノゴンタ〈標ア〉ゴ

いがみ-もの【歪者】〔名〕心のねじけた者。悪者。悪漢。また、侠客(きょうかく)。＊浄瑠璃・南蛮鉄後藤目貫(1735)二「捻(ねぢ)がねの門八とて所で名うてのいがみ者」 発音 イガミモノ〈標ア〉0 ノ

いが・む【歪】 一〔自マ五(四)〕(「ゆがむ(歪)」の変化した語) ①正常な形がくずれて曲がったり、正常な位置、状態から傾いたりする。＊土井本周易抄(1477)五「磐は迂曲とて、石の広ていがうだやうな石ぞ」＊滑稽本・客者評判記(1811)上「兎角、荷鞍がいがんであぶない」＊松翁道話(1814-46)一・下「此息杖がちっとでもいがむと、直に折れる」＊和英語林集成(初版)(1867)「ハリガ iganda (イガンダ)」 ②行ないや心が正しくなくなる。邪悪になる。ひねくれる。＊仮名草子・悔草(1647)下「温公(おんこう)も六悔(りっくい)有。ましてや愚蒙の我らなど、くゆる事やめがたしといがむ」＊浄瑠璃・義経千本桜(1747)三「いがんだおれが直(すぐ)な子を、持ったは何(なん)の因果じゃと、思ふては泣」＊和英語林集成(初版)(1867)「キノ iganda (イガンダ) ヒト」 ③病気になる、わずらうことをいう、大工、寄席芸人の間の隠語。＊新ぱん普請方おどけ替詞(1818-30頃か)「わづらふを、いがむ」 二〔他マ四〕盗む。いがめる。＊歌舞伎・傾城青陽𪀚(1794)五「其いがんで戻った金を、又おれが方へいがめて」＊浄瑠璃・生写朝顔話(1832)小瀬川の段「是まで人の物をいがみ候へば、どうで地獄へまかり申すべく候」 三〔他マ下二〕⇒いがめる(歪)。 語誌 室町時代の抄物あたりから見えはじめるが、当時の辞書などにはこの語形は見いだしにくく、口語的な場で使われていたものと思われる。なお、訛言を戒めるために書かれたという「かた言-五」には、「ゆがみたる」に対して「いがみたるはよろしからぬ歟」と疑問の形で述べている。これは、訛言との認識はありながらも、そう断定するのがはばかられるほど多用されたことによるものと考えられる。 方言 ❶曲がる。飛騨†094 千葉県長生郡287 新潟県西頸城郡382 富山県砺波397 石川県金沢市404 江沼郡422 福井県427 岐阜県山県郡062 郡上郡504 三重県志摩郡585 滋賀県彦根609 大阪府大阪市638 泉北郡646 兵庫県654 奈良県678 大和高田市062 鳥取県西伯郡719 徳島県810 香川県高松062 愛媛県新居郡040 大分県941 ◇いごむ 三重県南牟婁郡603 ◇よがむ 久留米†127 薩摩†137 島根県那賀郡736 熊本県058 大分県943 ◇ゆがぬん 沖縄県首里993 ❷ひざや腰などを屈曲する。兵庫県淡路島062 ❸ひねくれる。よこしまになる。徳島県811 ◇ゆがぬん 沖縄県首里993 ❹泣き顔をする。福井県427 ❺閉口する。弱る。◇よがむ 熊本県菊池郡054 玉名郡058 ❻病気で臥(ふ)す。滋賀県彦根609 発音 イガム〈標ア〉0 ガ〈京ア〉0 辞書 言海 表記 歪(言)

いが・む【啀・嘷】〔自マ五(四)〕①獣が歯をむき出してかみつこうとする。また、あらあらしいほえ声や物音を出す。＊龍光院本妙法蓮華経平安後期点(1050頃)二「群りたる狗〈略〉処々に食を求む。闘ひ諍ひ摣(つか)み掣(ひ)きて、啀喍(イカミ)嘷吠す」＊観智院本名義抄(1241)「嘷 ホユ イカム」＊咄本・一休咄(1668)二・六「其比は殊に日蓮宗と浄土宗とは中あしくて、犬のいがむがごとくし」＊浜荻(仙台)(1813頃)「いがむ 啀合。事苑啀也関声。江戸 うなる」＊葬列(1906)〈石川啄木〉「犬に襲はれた猫のする様に、唇を尖らして一声『フウ！』と哮(イガ)んだ」＊海に生くる人々(1926)〈葉山嘉樹〉八「海はその知らぬ底で大きく低く、長く啀(イガ)んでゐた」 ②人と争って大声でわめく。相手にくってかかる。＊浄瑠璃・夏祭浪花鑑(1745)三「此格でいがんだら大きな目に逢い居(お)ろ」 方言 ❶犬などの動物が怒ってほえる。岩手県上閉伊郡098 宮城県名取郡126 秋田県130 山形県139 新潟県東蒲原郡368 静岡県榛原郡541 鳥取県西伯郡712 島根県725 大分県大分郡941 ❷うなる。病人などがうなる。島根県725 ❸子供がだだをこねて、大声を出したり泣いたりする。岩手県気仙郡100 秋田県130 山形県西置賜郡152 新潟県東蒲原郡398 富山県砺波398 石川県金沢市・石川郡404 愛知県東加茂郡565 滋賀県蒲生郡612 犬上郡615 兵庫県加古郡664 ❹怒る。卑語。大分県大分郡941 ❺ひどくしかる。秋田県130 語源説 (1)イカ(厳)を活用した語〔大言海〕。(2)イカム(息嚙)の義。獣が嚙むように鳴くことをいう〔日本語源=賀茂百樹〕。(3)イは強め。カム(咀)義〔古言類韻=堀秀成〕。(4)イは犬。イガム(犬争嚙)の義〔紫門和語類集〕。 発音 イガム〈なまり〉ヤカム〔山形〕〈標ア〉ガ〈京ア〉0 辞書 色葉・名義・和玉・文明・伊京・天正・饅頭・黒本・易林・日葡・言海 表記 嘷(色・名・天・饅・黒) 啀(玉・伊・易・言) 嘊(名) 喔(玉) 唬(文) 齜(易)

いが-むぎ【毬麦】〔名〕方言 植物。❶おおむぎ(大麦)。山形県一部030 新潟県一部030 京都府一部030 鳥取県一部030 熊本県一部030 ❷えんばく(燕麦)。◇いかむぎ 長崎県一部030

いかめ【厳】〔形動〕(形容詞「いかめし」から) いかめしいさま。おそろしいさま。＊四河入海(17C前)一・二「路転ㇾ山腰―して来たれば、やらいいかめの寺やぞ」＊虎明本狂言・清水(室町末-近世初)「なふいかめのおにがまいって、なふ」＊虎寛本狂言・柿山伏(室町末-近世初)「柿の木へ、いかめな山伏が登て、柿を食ふ」 語誌 「平家-二・一行阿闍利之沙汰」に、祐慶が「大の目を見いからし」たことから「いかめ房」と呼ばれたという記事がある。平松家本・竹柏園本をはじめとし、多くの諸本でメが「目」と表記されており、イカメが「厳目」と理解されていたことがうかがえる。こうした理解が存したために、シク活用「いかめし」の「いかめ」が独立性を持つようになり、口語形活用の形容詞イカメイ及びその語幹用法が室町期に成立するに至ったものか。

いかめ・い【厳】〔形口〕(形容詞「いかめしい(厳)」の変化したもので、室町時代の語)「いかめしい(厳)」に同じ。＊百丈清規抄(1462)二「受講之人を置た事はいかめい費があるぞ」＊史記抄(1477)五・秦始皇本紀「かういかめう築たほどに」＊史記抄(1477)一一・老子伯夷列伝「伯夷が孔子にほめられた、いかめい者ぢゃほどに、列伝の第一番にをくと云わようぞ」＊四河入海(17C前)二・二「蒼鱗は松の皮ぞ。ああいかめい松かなぞ」 語誌 シク活用「いかめし」が規範的な基本形式であるのに対して、イカメイは室町期の抄物に数多く見える臨時的な口頭形式であり、二形式の共存は意味的対立というよりも位相的対立であるととらえるべきであろう。↓「いかめ(厳)」の語誌

いかめ・い〔形〕うらやましい。＊丹波通辞(1804-11)「羨敷 うらやましきを いかめい いかめやとも云」 方言 ❶うらやましい。ねたましい。京都府622 623 624 兵庫県653 加古郡664 多紀郡667 鳥取県東部711 広島県上蒲刈島054 山口県屋代島054 大島801 徳島県810 美馬郡054 香川県仲多度郡・三豊郡829 愛媛県054 840 ❷残念だ。兵庫県653

いかめか・し【厳】〔形シク〕「いかめしい(厳)」に同じ。＊舞正語磨(1658)下「笛なども、いかめかしくひぢを張り、頭をふり、顔くせ有て、伸びつ屈みつ肩をすくめて、とがり笛にふきなすは、見るからにいと苦し」

いかめが・る〔動〕方言 うらやましがる。京都府竹野郡622 兵庫県652 加古郡664 山口県801 徳島県811 美馬郡054 香川県827 829 愛媛県840 大島041 高知県長岡郡864 ◇いかみがる 広島県上蒲刈島054 大分県西国東郡939

いかめ・し【厳】〔形シク〕⇒いかめしい(厳)

いかめし・い【厳】〔形口〕文 いかめ・し〔形シク〕(「いかづち」「いかし(厳)」「いかる(怒)」と同根) ①威勢があっておごそかである。規模が大きく勢いが盛んである。荘重である。壮大である。＊竹取(9C末-10C初)「さて仕うまつる百官の人々、あるじいかめしう仕うまつる」＊宇津保(970-999頃)春日詣「かのくらぶ山に大いなる寺をつくりて、父母が御ために、いかめしき経仏供養し」＊源氏(1001-14頃)紅葉賀「かの御法事などし給ふにも、いかめしうとぶらひ聞こえ給へり」＊狭衣物語(1069-77頃か)四「亀山のふもと、慈心寺といふわたりに、故宮のいかめしき寺建てさせ給ひて」＊色葉字類抄(1177-81)「威猛 イカメシ」＊観智院本名義抄(1241)「勢 威 イカメシ」 ②姿や形が普通より大きく、がっしりしている。いかつい。＊宇津保(970-999頃)俊蔭「青葛(あをつづら)を大きなる籠にくみて、いかめしき栗、橡(とち)を入れて」＊宇治拾遺(1221頃)一三・六「甲斐国の相撲(すまひ)大井光遠は、

ひきふとにいかめしく、力つよく」③はげしい。はなはだしい。きびしい。＊源氏(1001-14頃)明石「いかめしき雨、風、いかづちのおどろかし侍りつれば」＊嵯峨本方丈記(1212)「大きなる辻風起りて、六条わたりまで、いかめしく吹きけること侍りき」＊保元(1220頃か)中・白河殿攻め落す事「あな、いかめしの御弓勢や」＊宇治拾遺(1221頃)九・八「二人寝たる上の天井を、ひしひしと踏みならして、いかめしくおそろしげなる声にて」④改まった態度やしかたである。＊洒落本・初葉南志(1780)「是はいかめしくはござりますが、御酒の興を添へますためお目にかけますとあって献ぜられます」⑤ものものしい。厳重なさま。「いかめしい警護」 語源説 (1)イカミエ(厳見)の約のイカメを活用した語〔大言海〕。(2)イカミシキ(厳見如)の転〔名言通〕。(3)イカは忿怒の義、メシはミエセリの反〔名語記〕。(4)イカは威儀の転声か。メはけじめあることをいう。シは助語〔和語私臆鈔〕。 発音 イカメシイ 〈標ア〉シ 〈京ア〉メ 文『いかめし』〈標ア〉メ 〈京ア〉メ 辞書 色葉・名義・和玉・文明・天正・饅頭・黒本・易林・日葡・書言・ヘボン・言海 表記 巍(色・玉・文・天・饅・黒) 器量(色・易・書) 勢(名・玉) 不畏(黒・書) 碨・酷・烈・嶮・威猛(色) 威(名) 嶷(玉) 可畏(文) 稜威(へ) 厳(言)

いかめしい〘形〙 方言 うらやましい。ねたましい。広島県倉橋島771 香川県広島054 三豊郡829 愛媛県840 周桑郡・新居郡845 ◇いかめらしい 広島県安芸郡054 山県郡771 ◇いらめしい 広島県771

いかめし-げ【厳―】〘形動〙(形容詞「いかめしい」の語幹に接尾語「げ」の付いたもの) 改まっていておごそかに感じられるさま。＊浄瑠璃・曾我扇八景(1711頃)十番斬「弓矢鉢巻いかめしげに、手負ひぶりはあっぱれ見事」＊滑稽本・七偏人(1857-63)初・下「何かいかめし気な御容子なれど」＊雁(1911-13)〈森鷗外〉八「こっちの家に比べると、けばけばしい所と厳(イカ)めしげな所とがない」 発音 イカメシゲ 〈標ア〉シ

いかめし-さ【厳―】〘名〙(形容詞「いかめしい」の語幹に接尾語「さ」の付いたもの) いかめしい様子。改まっていておごそかなこと。また、その度合。＊日葡辞書(1603-04)「Icamexisa (イカメシサ)」＊蓼喰ふ虫(1928-29)〈谷崎潤一郎〉三「能楽などには古典的ないかめしさに伴ふ崇高な感じがないでもないが」 発音 〈標ア〉メ 〈京ア〉0 辞書 日葡

いかめし-やか【厳―】〘形動〙(「やか」は接尾語) 威勢があっておごそかなさま。＊太閤記(1625)五・秀吉卿従美濃国柳瀬表出勢之事「人馬、力を得、一きはいかめしやかに、其勢甚以(はなはだもって)夥し」

い-カメラ :ヰ【胃―】〘名〙(カメラは英 camera) 胃の内壁検査のための医療器械。管の端に超小型カメラをつけ、胃の中に挿入して内壁を撮影する。現在ではファイバースコープが用いられ、応用範囲が拡大した。 発音 〈標ア〉カ

いが・める【歪】〘他マ下一〙文いが・む〘他マ下二〙(「ゆがめる(歪)」の変化した語) ①整った形、状態を曲げる。いびつにする。ゆがめる。＊大学垂加先生講義(1679)「格致誠正修身の上の人の恕なるほどに恕の正きを得る、忠恕也。それに至らぬ人の己を推と思ても、我いがめる心を推なれば恕の正には非」＊浄瑠璃・祇園祭礼信仰記(1757)二「腮いがめてくれん」＊浪花聞書(1819頃)「いがめる 曲也。江戸でいふねぢり上るなど也」②ひどい目にあわせる。いためつける。やりこめる。＊浄瑠璃・聖徳太子絵伝記(1717)一「牛頭(ごづ)・馬頭(めづ)の悪鬼が責めよかし。此婆(ばば)がいがめてやる」＊随筆・胆大小心録(1808)一一四「弟子をとったが、三千人に今は及ぶといふて、午庵といふ僧にじまんしたら、『おかしゃれ。釈迦や孔子の弟子の一人にもあたらぬ弟子じゃ』と、いがめた」③盗む。ちょろまかす。ゆすり取る。＊歌舞伎・傾城倭荘子(1784)三「オオ、覚えもない和尚様に、三百目いがめる企みぢゃな」＊浄瑠璃・伽羅先代萩(1785)七「最前幕へ運ぶ内、ちょろりといがめたコレ此樽。三人寄て呑ふじゃないか」＊滑稽本・客者評判記(1811)上「駄賃も出さずに馬にのり、上句の果は其魚籠をいがめうとする野良狐め」④女を自分のものにする。＊浮世草子・新色五巻書(1698)五・二「法師の念力、きゃつをいがめずにはおくまいと〈略〉是より功徳寺は衆道のじゅずを切て。女道のちまたに迷ふは浅ましき心にてぞありけり」＊歌舞伎・隅田川続俤(法界坊)(1784)三「この自(みづか)らめも美しい顔ぢゃ、こいつからいがめうか。おくみにせうか」 方言 ❶曲げる。滋賀県彦根609 京都市621 大阪府三島郡040 東成郡642 奈良県678 徳島県海部郡810 香川県829 ❷盗みをする。大阪†117 発音 イガメル 〈標ア〉0 メ 〈京ア〉0

いが-もち【栗毬餅】〘名〙しんこ餅の中に餡(あん)を入れて、その外側にもち米をつけて蒸した菓子。＊随筆・本朝世事談綺(1733)一・飲食門「大仏餅〈略〉近世数品の餅あり。いが餅(モチ)、さっさ餅、あん餅、くり餅の類ひ多く」＊歌舞伎・吉様参由縁音信(小堀政談)(1869)二幕「誰に聞いたか知らねえが、焼損ひの金鍔か伊賀餅(イガモチ)を見たやうな、あんな後家が喰へるものか」＊語彙(1871-84)「いがもち俗 餡糕(あんいりしんこ)を糯飯(こはいひ)中に入れ、蒸したるものをいふ 其飯上面に着て、栗毬(いが)の如しと云意なり」 発音 イガモチ 〈標ア〉ガ 辞書 言海 表記 毬餅(言)

いか-もどき【烏賊擬】〘名〙(見かけがイカに似ているところから) 蒟蒻(こんにゃく)をゆでて、しょうゆをつけ、火であぶった食品。 発音 〈標ア〉モ

いか-もの【厳物・怒物】〘名〙①いかめしげに作られたもの。おおげさにこしらえあげたもの。＊四河入海(17C前)七・三「或は鬼の面、或はいかものの面、きがへきがへ百怪千種をどしまわりしかども、心を不動而いたるものなり」②「いかものづくり(厳物作)③」の略。＊御湯殿上日記-永禄九年(1566)一二月四日「ひめ宮の御かた御ふかそきにて、〈略〉御ふく一かさね、御いかものまいる」③(怒物) 舞楽の大曲の中で特にすぐれている曲の俗称。皇帝破陣楽、団乱旋(とらでん)の類。＊歌儛品目(1818-22頃)五・上「怒物(イカモノ)。〈略〉按ずるに、是は尋常ならぬ大曲の中にても、いとすぐれたる曲をば、其時の俗語に、かく称したる者なるにや」 発音 〈標ア〉0

いか-もの【如何物・偽物】〘名〙①普通と違っていてどうかと思われるもの。いかがわしいもの。げてもの。＊食堂(1910)〈森鷗外〉「悪い博奕打ちがいか物(モノ)の賽を使ふやうに」②本物に似せたまがいもの。にせもの。＊当世書生気質(1885-86)〈坪内逍遙〉一七「床の間に近寄り、偽物(イカモノ)の山陽の半切を詠(なが)めつ」＊家(1910-11)〈島崎藤村〉上・三「奥の床の間を見給へ。文晁のいかものが掛かってる」 語源説 (1)イカサマモノの中略〔大言海・すらんぐ＝暉峻康隆〕。(2)イカガモノ(如何物)の略〔俚言集覧(増補)〕。 発音 〈標ア〉0 〈京ア〉0 辞書 言海

いか-もの【如何者】〘名〙①(「如何(いか)」と「以下」とを掛けて) 一年以下の短期の前科がある者や、単に前科者をいう、てきや、盗人仲間の隠語。〔隠語輯覧(1915)〕②百日以下の短い刑期の者。＊朝野新聞-明治一五年(1882)二月七日「一体獄中の習慣にや、刑期百日以下の者を以下ものと称へ特に手荒く使役さるると云ふ」③下流芸者や酌婦をいう、てきや仲間などの隠語。〔隠語輯覧(1915)〕

いが-もの【伊賀者】〘名〙①伊賀国の地侍。また、江戸幕府の下士の職名。天正一〇年(一五八二)本能寺の変の際、徳川家康を警護して無事に浜松に帰還させた伊賀国の郷士を、家康は同心に取り立て、それらを服部半蔵に付属した。のちに江戸に召し出して食禄を与えたのに始まり、江戸城の広敷番、小普請方、明屋敷番、山里等に勤務させた。＊明良帯録(1814)新益「伊賀者三側に分れて各御広敷番之頭持なり。九ツ口御掟口所々寺院先番女中出輿添等外篇に見へたり」②(伊賀国から多く出たところから) 忍びの者。忍者。伊賀衆。 発音 イガモノ 〈標ア〉0

いかもの-ぐい ‥ぐひ【如何物食】〘名〙①普通の人の食べないようなものを好んで、またはわざと食べること。また、その人。げてもの食い。あくもの食い。あくじき。＊御伽草子・きまん国物語(室町時代物語大成所収)(室町末)「我々にあたへたまへかし、いか物くいにせんとて、口なめずりして、したをひるがへし、めを見入ぬおにはなかりけり」＊日葡辞書(1603-04)「Icamonoguy (イカモノグイ)〈訳〉きたない物やはき気をもよおすような物を食べる人」＊仮名草子・浮世物語(1665頃)二・五「この噎(むせ)たる者が其方の金柑頭をいかもの喰(グヒ)にしたるにもあらず」＊随筆・安斎随筆(1783頃)一〇「怒物食 俗にいかものくひとて常人の食せざる物を食ひて人に誇る者あり」＊やしなひぐさ(1784-89)前編「まづ飲喰(のみくひ)にて腹をそこなふまじとおもへば、おのづからいかもの食(グヒ)したり、亦はあばれ食などはせぬなり」②普通の人が相手にしないような異性を好んで、またはわざと愛すること。また、その人。＊浮世草子・好色産毛(1695頃)三・一「てんぽいか物喰(ものグヒ)に、こむさくろくはおもへど」＊滑稽本・風来六部集(1780)飛だ噂の評「扨彼後家といへるも、左のみ美人の聞へもなく、いか物喰(クひの噂とりどり」③普通の人と違った趣味、または嗜好(しこう)をもつこと。＊読書放浪(1933)〈内田魯庵〉モダーンを語る・二「日本人は〈略〉思想的に走りを好んで半熟を生嚙りにし、イカモノ食ひに舌打ちして得意になる稚気がある」 語源説 (1)イカ(如何)にモノ(物)を結びつけた語〔上方語源辞典＝前田勇〕。(2)イカシキモノグヒ(厳々物喰)〔大言海〕。イカメシキモノクヒ(嗔物食)の義〔俚言集覧(1797頃)〕。(3)イカモモ(五十百)の餅から〔嘉良喜随筆〕。 発音 イカモノグィ 〈標ア〉ノ 〈京ア〉グ 辞書 日葡・ヘボン・言海 表記 何物吃(へ) 厳物食(言)

いかもの-さつま【如何物薩摩】〘名〙薩摩絣または薩摩上布のまがいもの。＊当世書生気質(1885-86)〈坪内逍遙〉二「午後五時比ともいふべき、偽薩摩(イカモノサツマ)の単衣を被(き)て」 発音 〈標ア〉サ

いかもの-し【如何物師】〘名〙「いかさまし(如何様師)」に同じ。＊最暗黒之東京(1893)〈松原岩五郎〉一五「贋物師(イカモノシ)は即ち是を晒して直ちに新衣を作る」 発音 〈標ア〉ノ

いかもの-ずき【如何物好】〘名〙変わっている物を好む人。常人とは異なる趣味をもっている人。＊漫談集(1929)節劇といふもの〈大辻司郎〉「元来悪物好(イカモノズ)きな私はこいつあ面白いなとは思って居ましたが、二年過ぎた今日、計らずもこの節劇なるものに面会しました」 発音 〈標ア〉0

いかもの-づくり【厳物作】〘名〙①いかめしげなこしらえ。＊平家(13C前)四・競「緋威のよろひに星白の甲の緒をしめ、いか物づくりの大太刀はき」＊暮笛集(1899)〈薄田泣菫〉尼が紅「落つる光を彩れる、厳物造(イカモノヅクリ)こは寺か」②変わったよそおい。いかめしく洗練されていないいでたち。＊史記抄(1477)一一・弟子「いったう人のせぬでたちぞ。いかものつくりぞ」＊滑稽本・八笑人(1820-49)初・二「西国辺の御家中と見え、二人連、強物作(イカモノヅクリ)の太刀(たち)の侍」③「いかものづくり(厳物作)の太刀」の略。＊幸若・清重(室町末-近世初)「笈の足にゆひつけたる、三尺八寸のいか物作、するりとぬいて」＊日葡辞書(1603-04)「Icamonozzucuri (イカモノヅクリ)」＊浄瑠璃・源平布引滝(1749)一「桶革胴の鎧着て、腰に帯せしいか物作り」 発音 〈標ア〉ズ 辞書 日葡・書言・ヘボン・言海 表記 啖物作(書) 厳物作(言)

いかものづくり の 太刀(たち) ①太刀の外装を、いかめしい形状にこしらえたもの。主として軍陣に用いる、長覆輪(ながふくりん)、兵具鎖(ひょうぐぐさり)の類の様式をいう。＊平家(13C前)八・山門御幸「木曾は〈略〉いか物づくりの太刀をはき」＊平治(1220頃か)上・信頼信西を亡ぼさるる議の事「信頼大きに喜んで、いか物づくりの太刀一腰、みづから取り出だし」＊虎明本狂言・文蔵(室町末-近世初)「一尺八寸の金(こがね)作りの刀をさし、いかもの作りの太刀をはき」 ②身分の低い者の使う粗末な太刀。 補注「和翰集要」には、「イカ物作りの太刀とは豹虎の皮を以て縫いくるみたるを言う也」とあり、内容については諸説がある。「武家名目抄」には、「厳物作と書かんぞ正字なるべき。嗔物造〔盛衰記〕鬼物作〔富樫記〕など書けるは筆者の作意なれど語義は自ら知る也」とある。 発音〈標ア〉ズ=タ 辞書伊京 表記魁作之太刀(伊)

いか‐もののふ【厳武士】〘名〙いかめしい武士。たくましい武士。＊狂歌・徳和歌後万載集(1785)四「もとよりもいかもののふの腹なれば鉄炮汁の玉はあたらず」

いか‐やき【烏賊焼】〘名〙イカを串に刺してたれなどをつけて焼いたもの。＊彼女とゴミ箱(1931)〈一瀬直行〉浅草の胴体「十銭―すいもの、かきす、たこす、いか焼(ヤキ)」＊にんげん動物園(1981)〈中島梓〉三七「イカ焼の屋台で、客が少なくなるとジャーッとショーユをたらして焦がす、すると人がワッとよって来る」 発音〈標ア〉0

いが‐やき【伊賀焼】〘名〙伊賀国(三重県)阿山郡丸柱村で焼成された陶器。同地を領有した大名の名にちなみ、筒井氏時代のものを筒井伊賀、藤堂氏時代のものを藤堂伊賀、同氏一〇代の高魏(たかさと)時代のものを高魏伊賀と呼ぶ。また、茶人小堀遠州の示教を受けたといわれるものを遠州伊賀という。＊和漢諸道具見知鈔(1673-81)日本古今焼物之目録「伊賀焼物」＊本朝陶器攷証(1857)二・伊賀国陶器「伊賀焼古事之儀相調べ候処、往古之伝来難二相分一」 発音イガヤキ〈標ア〉0

い‐かや・す【射返】〘他サ四〙「いかえす(射返)」の変化した語。＊天草本平家(1592)三・三「ゲンジ マタ サンジッキ ダイテ、サンジュウ ノ カブラ ヲ イサセ タレバ、サンジュウ ノ カブラ ヲ y cayasu (イ カヤス)」

いか‐やっこ【凧奴】〘名〙(凧(たこ)に奴凧があるところから)奴(やっこ)をののしっていう語。＊浄瑠璃・倭仮名在原系図(1752)四「凧奴(イカやっこ)め」

いが・やる〘動〙方言 ⇨いがえる(―返)

いか‐よう【如何様】〘名〙(形動) ①物事の状態、程度、方法などを疑い問う意を表わす。いかなるさま。どのよう。どんなこと。どのくらい。どれほど。＊竹取(9C末-10C初)「抑(そもそも)、いかやうなる心ざしあらん人にか、あはんとおぼす」＊源氏(1001-14頃)真木柱「幼き人々もいかやうにもてなし給はむとすらむ」＊宇治拾遺(1221頃)六・七「いかやうにてかおはしまさむずると、問ふに」＊謡曲・花月(1423頃)「さてこの頃都にはいかやうの面白き事かござ候」＊滑稽本・七偏人(1857-63)四・中「行燈の燈(どん)とは何様(イカヤウ)な燈だ」 ②物事の状態、程度などのはなはだしさを強調する意を表わす。どのよう。どれほど。＊源氏(1001-14頃)若菜下「あなおほけな。又いかやうに限りなき御心ならむ」＊御伽草子・あきみち(室町末)「疑はしく思し召し候はば、いかやうの誓文に及び候とも、さやうの事はさらに候はず」＊開化のはなし(1879)〈辻弘想〉下・二回「才徳さへあれば、怎麼様(イカヤフ)な重ひ役にもなり」 ③物事の状態を不定のままにいう。どういうさま。どのよう。＊今昔(1120頃か)二九・三五「何様(いかやう)にても我が子は被噉(くらはれ)なむずるにこそ有けれ」 発音イカヨー〈標ア〉0〈京ア〉0 辞書日葡・ヘボン・言海 表記如何様(へ・言)

いかよう にも (形容動詞「いかようなり」の連用形に助詞「も」の付いたもの) ①可能な方法を考え出す意を表わす。何としてでも。＊御伽草子・唐糸草子(室町末)「わが身いかやうにも鎌倉へ尋ねこし、御行方を尋ね聞かまほしく候へ」 ②物事の状態、程度、方法などがいくつかある場合、どれでもえらんだりえらばせたりするさま。どのようにでも。＊漢書列伝竺桃抄(1458-60)「如何様にも罪せられてこそ、天下人民をば尉せられうずがさはなうて、結局賞賜―はいかにぞ」＊随筆・独寝(1724頃)上・七六「それは如何様にも、おはらたちさへいるならば、犬となりともなん成とも仰られませ」＊夜明け前(1932-35)〈島崎藤村〉第一部・下・一二・三「種々御尽力を仰ぎ、御蔭にて如何様にも宿相続仕り来り候ところ」 発音イカヨーニモ〈標ア〉二 辞書日葡

い‐かよ・う【―通】〘自ハ四〙(「い」は接頭語)通う。往来する。 補注「万葉‐八・一五二八」の「霞立つ天の河原に君待つと伊往還爾(いゆきかへるに)裳のすそ濡れぬ〈山上憶良〉」の「伊往還爾」を、「伊往還程」とする本文を採って、「いかよふほどに」と訓む説もある。

い‐がら【藺殻・藺幹】〘名〙藺の髄(ずい)を除いた茎。藺の茎の外皮。＊仮名草子・浮世物語(1665頃)一・六「藺栖(ヰガラ)の大編笠(あみがさ)目深(まぶか)に引こみたれば」＊咄本・私可多咄(1671)三・一〇「たけのねをいがらにてほらするといふたは、よいかげんな事なり」＊随筆・安斎随筆(1783頃)七「ゐのげげと云ふは、藺がらにて作りたるざうりなり。藺がらは燈心を引き取たる跡のからなり」 発音イガラ〈標ア〉イ

いがら〘名〙方言 ❶かわらぶきの家。広島県江田島・蒲刈島771 ❷植物、えんどう(豌豆)。◇いざらとも。大分県大分市・大分郡941 ◇いだら・いぞら 大分県大分郡941 ❸魚、かさご(笠子)。島根県益田市725

いがら・い〘形口〙あくが強くのどを刺激するようなさま。いがらっぽい。＊闇秀(1972)〈秦恒平〉一「湿っけたいがらい匂いが老人のひしゃげた青黝い頭布に浸みていた」＊昔の街(1974)〈高橋たか子〉「いがらいような夏の暑さ」 方言❶辛い。非常に辛い。新潟県佐渡358 兵庫県神戸市670 奈良県南大和683 愛媛県松山846 鹿児島県肝属郡970 ◇いからい 茨城県062 三重県名賀郡584 ❷⇨えがらい(蘞辛)

いから‐か・す【怒―】〘他サ五(四)〙(「かす」は接尾語)「いからす(怒)」に同じ。＊観智院本三宝絵(984)上「目を瞋(いカラカシテ)普く四方を見廻らす」＊今昔(1120頃か)二〇・一〇「長(たけ)は四尺許有る猪の牙を食出たるが、〈略〉毛をいからかして走り懸て食ふ」＊宇治拾遺(1221頃)一五・一二「鼻をふきいからかし、きばをかみ」＊日葡辞書(1603-04)「メヲ icaracasu (イカラカス)」＊仮名草子・智恵鑑(1660)一・一九「なまわかきさふらひなどの、肘(ひぢ)をいからかして一言(ごん)のはづれをもとがめ」 方言いかめしくする。たけだけしくする。栃木県198 発音〈標ア〉カ 辞書色葉・明応・日葡・言海 表記瞋意(色)張(明)

いから・し【厳】〘形ク〙(形容詞「いかし」の変化した語) いかめしい。気性などが激しい。きびしい。＊文明本愚管抄(1220)三・一条「隆家の若く、いからきやうなる人にて、うかがひて箭を持ちて射参らせたりければ」＊観智院本名義抄(1241)「甚 イカラシ ハナハダシ」＊伊呂波字類抄(鎌倉)「烈 イカラシ」 辞書名義・言海 表記太・甚・奓・醜・霏(名)

いがらし【五十嵐】姓氏の一つ。 発音イガラシ〈標ア〉ガ

いがらし‐あつよし【五十嵐篤好】江戸中期の国学者、数学者。越中の人。号、臥牛斎、雉岡。著「新器測量法」「湯津爪櫛(ゆつのつまくし)」「雉岡随筆」など。寛政五～万延元年(一七九三～一八六〇)

いがらし‐しんさい【五十嵐信斎】室町中期の蒔絵師(まきえし)。五十嵐派の祖。将軍足利義政に仕え、後世、その作品は東山殿御物と称された。生没年不詳。

いがらし‐ちから【五十嵐力】国文学者。山形県出身。早大教授。王朝文学、軍記物語の研究で知られ、文章研究にも先駆的役割を果たした。著作「国歌の胎生及び発達」「軍記物語研究」「新文章講話」など。明治七～昭和二二年(一八七四～一九四七)

いがらし‐どうほ【五十嵐道甫】桃山から江戸初期の蒔絵師(まきえし)。信斎の孫。加賀藩主前田利常に招かれて金沢に行き、加賀蒔絵の基礎を築く。「秋野蒔絵硯箱(すずりばこ)」の作者とされる。老道甫。生没年不詳。

いがらし【五十嵐】 ■一江戸、両国広小路(東京都中央区日本橋)にあった髪油店「五十嵐兵庫」の略称。＊洒落本・禁現大福帳(1755)四「髪剃料(かうそりりゃう)を五十嵐(イカラシ)へ運び」＊洒落本・一騎夜行(1780)四「五十嵐が雪月花も㒵になづみが克(よ)ひと号し」 ■二〘名〙「いがらしあぶら(五十嵐油)」の略。＊談義本・根無草(1763-69)前・四「五十嵐のふんぷんたるは、かば焼の匂ひにおさる」

いがらし‐あぶら【五十嵐油】〘名〙頭髪用の油。京都三条の五十嵐某の製し始めたところからこの名がある。いがらし。＊洒落本・よるのすかがき(1764-72頃)「名古屋元結、五十嵐油(イカラシアフラ)、御簾の鼻紙」

いがらし‐まきえ【五十嵐蒔絵】〘名〙足利義政に仕えた蒔絵師五十嵐信斎を始祖とする蒔絵。室町後期、漆芸界の中心をなし、次の桃山蒔絵にも大きな影響を与えたとみられるが、作風は明らかでない。＊評判記・難波の㒵は伊勢の白粉(1683頃)二「千本の蘭鉢、けいばの香箱いがらし蒔絵(マキヱ)の大書棚」 発音イガラシマキエ〈標ア〉マ

いから・す【怒】〘他サ五(四)〙 ①相手をおこるようにしむける。おこらせる。＊羅葡日辞書(1595)「Acuo〈略〉Icarasu (イカラス)、イカリヲ オコサスル」 ②かどばった動作でいかめしい様子をする。いからかす。多く、肩をそびやかす、目を大きく見開く、声を張り上げるなどの場合に用いる。＊書紀(720)仁徳五五年(前田本訓)「則ち大蛇ありて目を発瞋(イカラシ)て墓より出でて咋(く)ふ」＊百座法談(1110)三月二四日「けだものの王なればこゑをいからしてほえむに、鳥も落ちぬべけれど」＊太平記(14C後)二八・慧源禅巷南方合体事「樊噲〈略〉目を嗔(イカラ)し、項王をはたと睨んで立ちけるに」＊魔風恋風(1903)〈小杉天外〉後・をりあひ・二「洋燈の前に肩を峙(イカ)らして」 発音〈標ア〉ラ0〈京ア〉0 辞書文明・言海 表記怒(文・言)

い‐がら・す【居枯】〘他サ四〙鳥が木にとまって、花、実、葉などをついばんでしまう。＊古事記(712)中・歌謡「香妙(かぐは)し 花橘は 上枝(ほつえ)は 鳥韋賀良斯(イガラシ) 下枝(しづえ)は 人取り枯らし」

いがら‐ぞうり【藺殻草履】〘名〙藺の殻で編んだ草履で、古く吉原の遊郭通いをする者が用いた。山谷草履。＊随筆・守貞漫稿(1837-53)二七「正徳以来藺殻草履は山谷草履と名く。吉原遊客専ニ用之ニ故に名く」 発音イガラゾーリ〈標ア〉ゾ

いがらっ‐ぽ・い【苦辛―】〘形口〙あくが強く、のどがひりひりするさま。いがらい。えがらっぽい。えがらい。えぐい。＊石川五右衛門の生立(1920)〈上司小剣〉一四「一口吸ひ込んだが、厭にいがらっぽくて、眼を白黒にして咽せ返った」＊初年兵江木の死(1920)〈細田民樹〉三「苦しい呼吸は枯葉でも頬張るやうにいがらっぽく咽喉を擦(かす)って非常に切ない速度で出入りしてゐると」 発音イガラッポイ〈なまり〉イカラコイ〔飛騨〕エガラッポイ〔埼玉方言・神奈川〕〈標ア〉ポ〈京ア〉ラ

辞書言海

いからぼう『名』胡瓜(きゅうり)をいう盗人仲間の隠語。〔日本隠語集(1892)〕

いかり【怒】『名』(動詞「いかる(怒)」の連用形の名詞化)①自分の望む方向に反するものの存在によって起こされた感情のいらだち。おこること。はらだち。立腹。いきどおり。＊書紀(720)推古一二年四月(岩崎本訓)「十に曰はく、忿(こころのイカリ)を絶(た)ち、瞋(おもへりのイカリ)を棄てて、人の違ふことを怒らざれ」＊源氏(1001〜14頃)夕霧「人の御いかり出で来なば永きほだしとなりなむ」＊浜松中納言(11C中)一「一の后の父の大臣、おほきにいかりの心をなし」＊平家(13C前)一・俊寛沙汰鵜川軍「寺僧いかりをなして」＊太平記(14C後)一二・大内裏造営事「神の嗔(イカリ)も静り国土も穏か也」＊読本・南総里見八犬伝(1814〜42)六・五六回「華夏(みやこ)の静娼(しづかめ)は、鶴岡の社壇にて、廷尉(ていゐ)別離の愁訴に代(かゆ)るに、吉野山の歌を吟じて、右幕府の震怒(イカリ)を怕(おそ)れず」②肩などが角ばっていること。ものの角ばった部分。また、鼻の穴のふくらみが左右に広がっていること。いかっていること。＊清原宣賢式目抄(1534)一〇条「楚〈略〉長さ三尺五寸、ふしをもいかりをも削すつ」＊談義本・遊婦多数寄(1771)二「女の子は親に似たとてつくつくと小鼻のいかりはいきうつしと夫婦(めうと)よろこび」 発音〈標ア〉リ〇〈ア史〉平安・室町・江戸●●● 〈京ア〉〇 辞書和玉・文明・日葡・ヘボン・言海 表記怒(文・ヘ・言) 忿(玉・文) 恚・慍(文)

いかり余(あま)る 度を超して怒る。＊曾我物語(南北朝頃)五・五郎、女に情かけし事「縁の際に駒うちよせける気色、いかりあまりければ、のりがへ五六騎、馬よりおり、広縁にあがる」

いかりの日(ひ) ⇩親見出し

いかりは水中(すいちゅう)の蟹(かに)にも移(うつ)り、愛(あい)は屋上(おくじょう)の＝鳥(とり)にも[＝烏(からす)にも]及(およ)ぶ 愛憎はその人だけでなく、その人に関係したものにまで及ぶ。＊宣胤卿記‐永正元年(1504)七月一四日「晴、燈楼一〈水中蟹屋上烏、有人持枠抜蟹、東坡詩、怒移水中蟹、愛及屋上烏、有本文〉進二内裏一、御悦喜之由有二御返事一、盆供如レ例」＊譬喩尽(1786)一「怒則移二水中之蟹一、愛則及二屋上之烏一(イカリハスイチウノカニニモウツリ、アイハヲクジャウノトリニモヲヨブ)」＊蘇軾‐故周茂叔先生濂渓詩「怒移二水中蟹一、愛及二屋上烏一」

いかりは敵(てき)と思(おも)え 怒りは身を滅ぼす敵と思って、つつしまなくてはいけない。徳川家康の遺訓の一つ。

いかりを移(うつ)す 立腹して、他の関係のないものにまであたり散らす。やつあたりする。＊酒中日記(1902)〈国木田独歩〉五月七日「其時母が父にも怒(イカリ)を移(ウツ)して慳貪(けんどん)に口をきいたことをも思ひ出し」＊論語‐雍也「有二顔回者一、好レ学、不レ遷レ怒、不レ弐レ過」

いかりを起(お)こす 怒る。＊古活字本毛詩抄(17C前)九「この故ぢゃといかりを起させて合戦をよくさせう用ぞ」＊日葡辞書(1603〜04)「Icariuo vocosu(イカリヲ ヲコス)」＊読本・英草紙(1749)二・三「兼秋微(すこ)し瞋怪(イカリ)を起し」＊西洋道中膝栗毛(1870〜76)〈仮名垣魯文〉一〇・下「とんだことばのゆきちがへから君にも怒(イカリ)を起(ヲコ)させたが」 辞書日葡

いかりを買(か)う 相手におこられる。＊芝刈(1921)〈寺田寅彦〉「何故家畜にも同じ権利を認めないかと聞いて怒を買った事もあった」＊日々の収拾(1970)〈坂上弘〉「父の怒りを買ったのは、父の居ない留守に逃げ出すように家出したその遣り方なのだとも言えるが」

いかりを広(ひろ)くす やたらに怒る。はなはだしく立腹する。＊曾我物語(南北朝頃)五・呉越のたたかひの事「君、臣がいさめを聞かずして、いかりをひろくして、我に死を与ふる事、天すでに君をすつるはじめなり」

いかり【碇・錨・矴・重石・沈石】『名』①船を留めておくために綱や鎖をつけて水底に沈めるおもり。古代は、「万葉」の表記に「重石」の例があるように単に石を用いたが、中古から近世初期までは鍵形の枝木に石を結びつけた木碇(きいかり)が主に使われ、以後は、鉄製の四爪碇(よつめいかり)が主に用いられた。アンカー。＊播磨風土記(715頃)餝磨「沈石(いかり)落し処は即ち沈石丘と号(なづ)け」＊万葉(8C後)一一・二七三八「大船のたゆたふ海に重石(いかり)おろし如何にせばかも吾が恋止まむ〈作者未詳〉」＊十巻本和名抄(934頃)三「碇 字苑云海中以石駐舟曰碇〈丁定反字亦作矴 伊加利〉」＊枕(10C終)一五三・名おそろしきもの「いかり、名よりも見るはおそろし」②猫の首ひもの端につけ、ものにかけて引き留めるようにした碇型の具(枕草子春曙抄(1674))。＊枕(10C終)八九・なまめかしきもの「猫の〈略〉いかりの緒、組のながきなどつけて引きありく」③碇型の具。㋑水中のものをひっかけて釣りあげるためのもの。＊雑俳・軽口頓作(1709)「とれました・いかり過分に御座ります」㋺壁面などにひっかけて、高いところにのぼるためのもの。＊室町殿日記(1602頃)五「塀のおほひに、くまで、いかりなどをうちかけうちかけのぼりける」④①を模様化したもの。＊咄本・軽口福ゑくぼ(1720)二「吉原の花里が、よるの物に碇(イカリ)の模様は、定てとめるといふ心か」＊黄表紙・江戸生艶気樺焼(1785)下「肩に金てこ、裾にはいかり」⑤紋所の名。①を図案化したもの。いかり、いかりかたばみ、よついかり、はないかりなどの種類がある。 語源説 (1)イシカカリ(石掛・石懸)〔名言通・紫門和語類集・音幻論＝幸田露伴〕の約略。石が水底にかかって船が止まるため。(2)形がイカメシイ(厳)ことから〔言元梯・古言類韻＝堀秀成〕。(3)イカリ(怒)の義。人の怒る動作から〔和語私臆鈔〕。(4)イは石、カリは動詞カル(没入する意)の変化〔日本語源＝賀茂百樹〕。(5)イカル(埋)の名詞形。水中に沈むの意〔言葉の根しらべ＝鈴江潔子・国語の語根とその分類＝大島正健〕。(6)いらだちたる(刺立)をいう〔筆の御霊〕。(7)イカは重の義。イカリは権錘をオモリというのと同様の語〔東雅〕。(8)イカリはその物も名称も外来と思われる。朝鮮では釣綸の錘をカリと称することから察して、碇もカリと呼んだものであろう〔日本古語大辞典＝松岡静雄〕。(9)イクリ(海石)の転〔筱舎漫筆〕。海中の自然石イクリに対し、水中に沈める石材をもイカリと呼んだことからか〔船に関する二三の名称＝新村出〕。 発音〈なまり〉イカラ〔志摩〕〈標ア〉〇〈ア史〉平安●●● 〈京ア〉〇 辞書和名・色葉・名義・和玉・文明・伊京・天正・饅頭・黒本・易林・日葡・書言・ヘボン・言海 表記碇(和・色・名・玉・文・伊・天・饅・黒・易・書・ヘ・言) 矴(和・名・書) 沈石(色・饅・易) 錨・鐙・錠(玉) 碩(伊) 木猫(書)

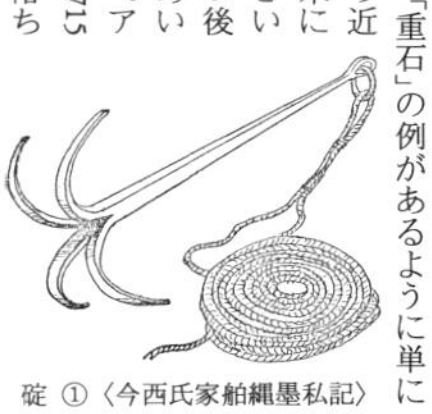
碇 ①〈今西氏家船縄墨私記〉

いかりの子(こ) 水底にまっすぐに沈めるため、木製の小碇につける石(日葡辞書(1603〜04))。 辞書日葡

いかりを打(う)つ 碇を水底に沈める。船がいかりをおろして停泊する。＊日葡辞書(1603〜04)「Icariuo vtçu(イカリヲ ウツ)、または、ヲロス」 方言嫁が子供を生んで婚家に腰を据え、安定する。長崎県五島054 辞書日葡

いかりを起(お)こす 碇を上げる。＊日葡辞書(1603〜04)「Icariuo vocosu(イカリヲ ヲコス)、または、トル」 辞書日葡

いかりを下(お)ろす ①船舶を港などにつなぎ留めるために碇を水中に降ろす。係船する。停泊する。ふながかりする。「いかりおろし」という形で、同音の反復から「いか」を導き出すことばとして用いることもある。＊万葉(8C後)一一・二四三六「大船の香取の海に慍下(いかりおろし)いかなる人かもの思はざらむ〈人麻呂歌集〉」＊万葉(8C後)一一・二四四〇「近江の海沖こぐ舟に重下(いかりおろし)しのびて君がこと待つ我ぞ〈人麻呂歌集〉」＊唐大和上東征伝院政期点(1150頃)「一の雉(きじ)有り。第一の舟の前に飛ぶ。仍りて矴(イカリ)を下して留りぬ」＊山家集(12C後)下「最上川綱手ひくとも稲舟のしばしが程はいかりおろさん」＊太平記(14C後)一八・春宮還御事「其の夜は大物の浦に碇(イカリ)を下(ヲロ)して、世を浦風に漂ひ給ふ」②(比喩的に)ある場所にゆっくりと腰を落ちつける。居続けする。御輿(みこし)をすえる。尻(しり)をすえる。＊浮世草子・好色盛衰記(1688)二・三「是に逢(あひ)そめしより、日和の出舟にのらず、口舌に錠(イカリ)をおろして」＊浮世草子・傾城歌三味線(1732)一・二「此揚屋に碇(イカリ)をおろし、三十年が五十年でも宿へは帰らぬ覚悟」＊洒落本・傾城買四十八手(1790)見ぬかれた手「客はわが通なるゆへ、たいこ持も心やすだてしてくれると思ひ、なをもいかりをおろして咄す」＊当世商人気質(1886)〈饗庭篁村〉三・三「為吉は内儀の愛想よきにいよいよ安堵して爰に碇(イカリ)を下したるが」 辞書日葡

いかり【猪狩】『名』 方言 ⇩いかりわけ(猪狩分)

いかり【猪狩(ゐかり)】『名』姓氏の一つ。 発音〈標ア〉イ

いかり『名』良品をいう、屑物商仲間の隠語。〔隠語全集(1952)〕

いかり『名』 方言 ❶田に引く水路の水門。堰(せき)。長崎県南高来郡905 熊本県玉名郡058 ❷増水。洪水。青森県津軽073 鳥取県東伯郡711 ❸威光。島根県隠岐島725 ❹春の暮れごろ行なう鯛(たい)釣りの漁法。香川県豊島829 ❺植物の根。多く植木屋が使う語。山口県豊浦郡798 ❻鳥、むくどり(椋鳥)。山形県最上郡007 ❼魚、おいかわ(追河)。栃木県198

いがり『名』 方言 ⇩いがき(蜘蛛網)

いかり-い【怒猪(ゐ)】『名』怒ってあばれまわるイノシシ。怒り狂うイノシシ。＊書紀(720)雄略五年二月(前田本訓)「俄にして逐はれたる嗔猪(イカリヰ)草中より暴(あからさま)に出でて人を逐ふ」＊拾遺(1005〜07頃か)物名・三九〇「いかりゐの石をくくみてかみこしはきさのきにこそ劣らざりけれ〈藤原輔相〉」 発音〈標ア〉リ〈ア史〉鎌倉●●●● 〈京ア〉リ〇

いかり-うお【―魚(をう)】『名』①魚「かます(魳)」の異名。②魚「どんこ(鈍甲)」の異名。＊書言字考節用集(1717)五「渡父魚 イカリウヲ」＊俳諧・季引席用集(1818)「杜父魚(とふぎょ) 十一 いかり魚共かくぶつ共云。小魚渓澗に有」 辞書書言 表記渡父魚・伏念魚・船矴魚(書)

いかり-がかり【碇懸】『名』船を停泊させるため碇を投入したとき、碇の水底でのかかりぐあい。近世の四爪碇(よつめいかり)では底が岩のときかかりがよく、砂、泥のときには悪い。転じて、停泊のこと。船懸り。＊初航蝦夷日誌(1845頃か)五「船潤(ふなま)。八百石位迄の船七、八艘も懸る也。尤東風不レ悪。然し錠懸りは岩に而よろし」 発音イカリガカリ〈標ア〉ガ

いかり-かしらづな【碇頭綱】『名』和船の碇の頭につける綱で、碇が海底にかかって引き上げにくい時に使用するもの。他端に桐製の有浮(うけ)をつける。頭綱。＊今西氏家船縄墨私記(1813)坤「碇頭綱 頭綱は碇かかり、あがりかねたる時ひきあぐるため也」

いかりかずき【碇潜(いかりかづき)】 謡曲。五番目物(略式

二番目物)。観世・金剛流。作者未詳。古名「早鞆(はやとも)」。「平家物語」による。長門国早鞆の浦で二位の尼や平知盛(とももり)などの霊の乗った船が浮かび上がり、平家一門の最期の様子が描かれ、特に知盛の入水の光景が語られる。[発音]〈標ア〉[カ]2

いかりがせき-おんせん【碇ケ関温泉】(ゼキヲンセン) 青森県南部、碇ケ関村にある温泉。弱食塩泉。胃腸病、婦人病、神経病に効く。嗔(いかり=いかりい)の関温泉。いかるが温泉。[発音]イカリガセキオンセン〈標ア〉[オ]

いかり-がた【怒肩】『名』高く角ばっている肩。いかっている肩。⇔なで肩。＊茶屋諸分調方記(1693)五「なでがた・いかりがた」＊柳橋新誌(1874)〈成島柳北〉初「長剣側に横へ、鳶肩(〈注〉イカリカタ)鴟舌(〈注〉くやくや)にして飲む者は西海新来の藩士也」＊われから(1896)〈樋口一葉〉二「怒(イカ)り肩(ガタ)もすぼまるばかり畏(かしこ)まりて」[発音]イカリガタ〈標ア〉[0]〈京ア〉[0]

いかり-がた【碇形】『名』碇のように、湾曲した複数の爪が先端で枝分かれした形。＊病牀六尺(1902)〈正岡子規〉二九「木製の海老とは木で海老の形に作った二寸許りのもの、尾の所に三本の鋭き鈎が碇形についてゐる」[発音]イカリガタ〈標ア〉[0]

いかり-かたばみ【錨酢漿】『名』紋所の名。かたばみの葉の形に錨を三つ組み合わせたもの。かたばみいかり。みつかたばみいかり。[発音]〈標ア〉[カ]2

いかり-ぎょじょう【―漁場】(ギョヂャウ) 広島県豊浜町、蒲刈島、豊島、大崎下島、斎島(いつきじま)付近の瀬戸の入口にある漁場。アビ鳥が飛来し、イカナゴ、鯛、黒鯛、鱸(すずき)などの漁場として戦国末期頃から注目され、明治に入り大崎下島漁業組合の専用漁場となった。[発音]イカリギョジョー〈標ア〉[ギョ]

いかり-ぎん【碇銀】『名』江戸時代、長崎において停泊した唐船に賦課した銀子。＊財政経済史料-三・外国通商、抜荷取締・正徳五年(1715)六月「一、碇銀唐船壱艘に付五拾弐匁充取二立之一、年々御勘定可二仕上一事」

いかり-ぐさ【碇草】『名』「いかりそう(碇草)」に同じ。＊書言字考節用集(1717)六「淫羊藿 ヤマドリグサ イカリグサ」[発音]イカリグサ〈標ア〉[リ] [辞書]書言 [表記]淫羊藿(書)

いかり-ぐさり【碇鎖】『名』大錨につけて船を係留するのに用いる鉄製の鎖。＊海に生くる人々(1926)〈葉山嘉樹〉三〇「水夫室の真ん中にある蓋をとると、その下は錨鎖の入る箱(チエンロッカー)になってゐた」[発音]イカリグサリ〈標ア〉[グ]

いかり-くじ【碇公事】『名』「いかりやく(碇役)①」に同じ。＊廻船大法之巻(16C か)「於レ湊掛船沍(あか)入、荷物濡たる物は千、船頭に可二相渡一、為レ其帆前・碇公事仕上は、為二国主一共不レ可レ有二違乱一事」＊日葡辞書(1603-04)「Icaricuji(イカリクジ)」[辞書]日葡

いかり-くる・う【怒狂】(くるふ)『自ワ五(ハ四)』怒って、気が違ったようになる。＊或る女(1919)〈有島武郎〉前・九「若者はこの乱暴にかっとなって怒り狂ったが」[発音]イカリクルウ〈標ア〉[ル][0]

いかり-げ【怒毛】『名』獣などが怒ってさかだてた毛。特にイノシシの頭頂から背にかけて生じている剛毛をいう。＊太平記(14C後)二八・慧源禅巷南方合体事「獅子のいかり毛の如く巻て」＊浄瑠璃・傾城反魂香(1708頃)上「電目雷威の眼の光りいかり毛怒り斑(ふ)怒り爪」[発音]イカリゲ〈標ア〉[リ]

いかり-ごえ【怒声】(ゴヱ)『名』怒って発する荒々しい声。＊源平盛衰記(14C前)五・成親已下被召捕事「西光法師を一時睨(にら)んで、嗔声(イカリゴヘ)にて」＊日葡辞書(1603-04)「Icarigoye(イカリゴエ)〈訳〉怒りや腹だちの声」[発音]イカリゴエ〈標ア〉[ゴ] [辞書]文明・日葡 [表記]怒声(文)

いかり-ごけ『名』植物「いぬどくさ(犬木賊)」の異名。[発音]イカリゴケ〈標ア〉[リ]

いかり-ごよう【碇五葉】(ゴエフ)『名』植物「ひめこまつ(姫小松)」の園芸品種か。[発音]イカリゴヨー〈標ア〉[ゴ]

いかり-ざ【錨座】『名』船舶で、錨(いかり)を収容するために設けた甲板上の斜面の台。錨床(びょうしょう)。

いかり-じ【碇地】(チ)『名』船が碇を下ろすのに適当な場所。すなわち、適当な水深で、風波の影響の少ない海面。[発音]〈標ア〉[リ]

いかり-じょうご【怒上戸】(ジャウゴ)『名』酒に酔うと、おこりっぽくなる癖。また、その人。おこり上戸。[発音]イカリジョーゴ〈標ア〉[ジョ]

いかり-じるし【碇標】『名』碇を下ろした位置を示すのに用いる浮標。ふつうは、樽、または浮子(うき)に似た木材を用い、左舷(さげん)用は赤く、右舷用は青く着色する。ブイ。＊改正増補和訳英辞書(1869)「Buoy 錨標(イカリジルシ)。礁印(せじるし)。桶ノ浮ケ」[発音]〈標ア〉[ジ]

いかり-すぎ【碇杉】『名』植物「よれねず(縒杜松)」の異名。[発音]イカリスギ〈標ア〉[リ]

いかり-せん【碇銭】『名』「いかりやく(碇役)①」に同じ。＊大坂菱垣廻船由良浦湊入津帆別碇銭証印帳「淡州由良湊入船仕候節は帆別銭、湊口沖間に船繋仕候節者碇銭、右両様入津・船繋之節毎に」[発音]〈標ア〉[リ]

いかり-そう【碇草】(サウ)『名』メギ科の多年草。北海道、本州、四国の丘や山すそに生える。高さ一五〜三〇センチメートル。茎は根元に鱗片(りんぺん)がある。葉は長さ三〜一〇センチメートルの先がとがった心臓形の小葉三枚からなり、縁に刺毛をもつ。四月頃、茎の先に淡紫色の花が数個、下向きに咲く。四枚の花弁は退化して、碇に似た長い距(きょ)をもつ。根は強壮剤とする。いかりぐさ。学名は Epimedium grandiflorum《季・春》＊大和本草(1709)六「淫羊藿 碇草(イカリサウ)と云。畿内処々に多し」＊物類品隲(1763)三「淫羊藿 和名いかりさう。江戸方言くもきり」＊俳諧・誹諧名知折(1781)春「碇艸 船頭は名もしら河やいかり草〈深長〉」＊日本植物名彙(1884)〈松村任三〉「イカリサウ 淫羊藿」[発音]イカリソー〈標ア〉[0] [辞書]言海 [表記]碇草(言)

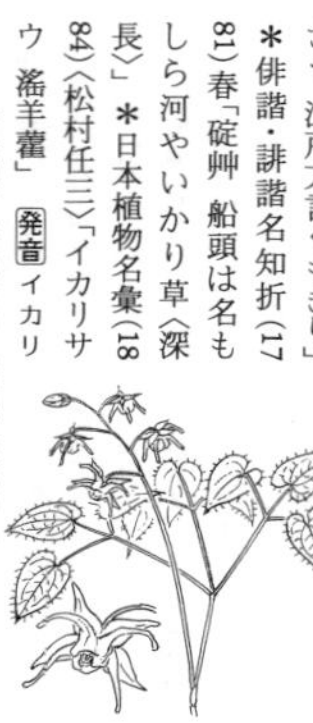

碇　草

いかり-たけ・る【怒猛】『自ラ五(四)』①はげしく腹を立てる。＊風と死者(1969)〈加賀乙彦〉「急をきいて駈けつけた怒りたける家族たちとの忍耐強い応接に疲れた彼にとって」②雨、風、波などがはげしく荒れる。＊流人島にて(1953)〈武田泰淳〉「重厚な海は、今日、さして怒り猛(タケ)ってはゐない。我々の船だけが、勝手に軽薄な身もだえをするのだ」[発音]〈標ア〉[ケ]

いかり-たてわき【嗔立涌】『名』模様の名。藤原時代から用いられた有職文様。直線化した立涌模様に柄を入れたもの。

嗔　立　涌
〈模様雛形〉

いがり-つ・く『動』[方言]❶焦げつく。長崎県北松浦郡899 壱岐島915 ❷密着する。長崎県壱岐島915

いかり-づな【碇綱】『名』碇の鐶(かん)につける綱。麻縄または鎖を用いる。いかりなわ。＊色葉字類抄(1177-81)「[illegible] イカリツナ」＊和漢船用集(1766)一一・用具之部「矴綱(イカリツナ)蒙図彙錨纜と書、とものいかりつなとすへし」＊近世紀聞(1875-81)〈染崎延房〉三・一「錨を抜く暇なく錨綱(イカリヅナ)をば絶切(たちき)りつ錨を棄(すて)て退くにぞ」[発音]〈標ア〉[リ]〈京ア〉[リ] [辞書]色葉・名義・伊京・言海 [表記][illegible](色・名・伊)碇綱(言)

いかり-づめ【怒爪】『名』獣などが怒って出す爪。＊浄瑠璃・傾城反魂香(1708頃)上「怒り毛・怒り斑・いかり爪、千里も駈けん勢ひ也」[発音]〈標ア〉[リ]

いかり-づら【怒面】『名』怒った顔つき(日葡辞書(1603-04))。[発音]〈標ア〉[0] [辞書]日葡

いかり-づり【碇釣】『名』①釣り餌を用いないで、碇鉤針で魚をひっかけて釣る釣り方。鯔(ぼら)の引っ掛け釣りの類。②漁船を碇留めにして、魚を釣ること。[発音]〈標ア〉[リ]1

いかり-てこ【碇手子】『名』和船の船具。碇を船上に引き上げるときに用いる丁字櫂(かい)に似た形の挺子(てこ)。千石積用で長さ六尺(約一・八メートル)ぐらいを標準とする。＊廻船必要(19C初)一・船具遣方之事「碇手子 是は碇を取込む時用る道具也」

いかり-てんま【碇伝馬】『名』(碇のあげおろしにも使うことから)大型和船に搭載する伝馬船。とくに軍船に関し呼ぶ場合が多い。＊古今集論造船記(1740)「碇艀(イカリテンマ)之事 舸(かわら)長さ之事、元船舸長さ五分取り」＊和漢船用集(1766)四・海船之部「津湊にかかる時は、大船は入足深く岸に着がたし、この舟をおろし、行来を通する故、伝間とは云なり。又碇(いかり)上下(あけをろし)に用故、碇伝間と云」[発音]〈標ア〉[テ]

いかり-どめ【碇留】『名』碇を下ろして船を一定の場所に係留すること。[発音]〈標ア〉[0]

いかりとももり【碇知盛】浄瑠璃「義経千本桜」の二段目「渡海屋の段」の通称。平知盛が、壇の浦の戦いの恨みをはらそうと義経主従と海上で戦うが、再び敗れて碇と共に海底に沈むという筋。[発音]〈標ア〉[モ]1

いかり-なわ【碇縄】(ナハ)『名』「いかりづな(碇綱)」に同じ。「いかり」の「いか」が「如何」に音が通じることから「如何で」の、また、縄を繰(く)ることから「苦し」の序詞の一部ともなる。＊拾遺(1005-07頃か)恋一・六三八「みなと出づるあまのを舟のいかりなは苦しき物と恋を知りぬる〈よみ人しらず〉」＊中院集(1273-75頃か)「おきつしまとまるを舟のいかりなはいかで苦しき程を知らせん」＊鳥追阿松海上新話(1878)〈久保田彦作〉「渡りに船の友綱に縋(すが)りておろす錠縄(イカリナワ)」[発音]〈標ア〉[リ] [辞書]言海 [表記]碇縄(言)

いかり-の-ひ【怒日】㊀『名』(ラテン Dies irae の訳語)キリスト教の語。神が人類の罪悪を審判する日。最後の審判の日。㊁レクイエム(死者のためのミサ曲)の続誦(ぞくしょう)に用いられるツェラーノのトマスの詩による聖歌。ディエス-イレ。[発音]〈標ア〉[ヒ]

いかり-ばな【怒鼻】『名』鼻の穴の左右のふくらみがぐっと広がっている鼻。＊茶屋諸分調方記(1693)五「ざくろばな こばななし いかりばな」＊浄瑠璃・摂州渡辺橋供養(1748)三「唐犬額いかり鼻」＊夢十夜(1908)〈夏目漱石〉第六夜「小鼻のおっ開いた怒(イカ)り鼻(バナ)の側面が忽ち浮き上がって来た」[発音]〈標ア〉[リ]

いかり-ばり【碇針】『名』引っ掛け針の一種。碇形の釣り針。二本ないし四本の突起があり、糸、針金などに結びつけて魚をひっかける。＊東京風俗志(1899-1902)〈平出鏗二郎〉下・一一・釣漁「鮎の行くを透し見て、錨鉤(イカリバリ)を以てこれを引かけ上ぐる法あり」

いかり-ばん【碇番】『名』船軍(ふないくさ)の時、敵に碇綱を切り取られないように小舟に乗って守ること。また、その人。[発音]〈標ア〉[バ]

いかり-びる【碇蛭】『名』ヒルの一種。琵琶湖の深い水底にすむ。長さ約一七ミリメートル、幅約一・六ミリメートル。やや扁平な円柱形で、先が次第に細くなる。全身淡紅色で表面は滑らか。前の吸盤から細長い管を出す。目がない。学名は Ancyrobdella biwae [発音]〈標ア〉[ビ]

いかり-ふ【怒斑】『名』怒って逆立った虎の斑(ぶち)の毛。＊浄瑠璃・傾城反魂香(1708頃)上「怒り毛・いかりふ・怒り爪、千里も駈けん勢ひ也」

いかり-ふつく・る【氷矜】〘自ラ四〙 怒りに怒る。＊色葉字類抄(1177–81)「氷矜 イカリフツクル」＊観智院本名義抄(1241)「氷矜 イカリフツクル」 辞書色葉・名義 表記氷矜(色) 氷矜・氷矜(名)

いかり-ぼうふう【碇防風】〘名〙 料理の一種。浜防風の茎の端を裂いて碇の形に似せたもの。刺身のつまとして用いる。〔語彙(1871–84)〕 発音イカリボーフー〈標ア〉ボ

いかり-ぼし【碇星・錨星】（和船の碇の形に似ているところからいう）カシオペア座の和名。山形星。《季・秋》 方言❶カシオペア座。 宮城県宮城郡031 石川県能登031 岐阜県西美濃031 静岡県026 京都府福知山市031 竹野郡630 香川県三豊郡031 ❷東西に通過する星。金星か。漁師の語。 島根県浜田市725 発音〈標ア〉リ

いかり-まなこ【怒眼】〘名〙 怒っている時の目つき。＊日葡辞書(1603–04)「Icarimanaco（イカリマナコ）」 発音〈標ア〉マ 辞書日葡

いかり-まる【碇丸】〘名〙 紋所の名。碇に丸形の綱をつけたもの。 発音〈標ア〉0

いかり-みず【怒水】〘名〙 河川の水位が上がって水があふれること。また、その水。岩手県盛岡地方でいう。いがえりみず。いかり。＊風俗画報‐一〇八号(1896)言語門「盛岡方言考〈略〉洪水の時常に水なき所にあふるるをいかり水といふ」 発音〈標ア〉リ

いかり-むし【碇虫】〘名〙 甲殻類イカリムシ科の節足動物。ウナギ、コイ、キンギョなど淡水魚の口の中や皮膚に寄生する虫。体長約一センチメートルほどの細長い棒状で、体色は透明な黄緑色。養魚池などに発生し、大きな被害を与えることがある。全体の形が碇に似ているのでこの名がある。学名は Lernaea cyprinacea 発音〈標ア〉リ

いかり-もの【怒物】〘名〙 彫刻で、怒りの様相をしている仏像の称。仁王、四天王、不動明王、十二神将の類。 発音〈標ア〉リ

いかり-もり【碇銛】〘名〙 銛の一種。尖端の左右に突起があって、形が碇に似ているもの。捕鯨に用いる。 発音〈標ア〉0ノ

いかりもん-が【錨紋蛾】〘名〙 イカリモンガ科のガ。体長約一二ミリメートル、はねの開張約三三ミリメートル。全体に黒褐色で、前ばねの外側に、中央部が内に突出した橙色の斜の帯紋がある。五月と七月頃、昼間飛ぶのが見られ、チョウのようにはねを上方にたたんで止まる。日本各地に分布。学名は Pterodecta felderi 発音イカリモンガ〈標ア〉モ

いかり-や【怒屋】〘名〙 よくおこる人。おこりっぽい人。＊気違ひマリア(1967)〈森茉莉〉「荷風をニフウと読む〈略〉市川の酒屋の亭主に対(むか)って、それを承知してゐながら、(荷風だ)と、名乗らずにはゐられなかった荷風は、マリアの父親を上廻った怒(イカ)り屋である」 発音〈標ア〉0

いかり-やく【碇役】〘名〙 ①中世以来、港に入り停泊する船舶に対して課せられた税。港の修築維持費などにあてるために徴収され、その代わり船舶は港内での保護を受ける権利があった。碇公事(いかりくじ)。碇銭。＊諸廻船法令条々(15C末か)「湊繋ㇾ船為ニ損時ㇾ者、従ニ其問丸ㇾ為濡物を干、船頭に可ㇾ渡也、為ㇾ其帆別・碇役仕、湊を買たる上者、雖ㇾ為ニ国主ニ不ㇾ可ㇾ在ニ違乱ㇾ事」 ②碇のあげおろしを担当する役で、大型軍船における役職の一つ。＊快風船渉海紀事(1703)「御船役人 船頭崎山市内〈略〉イカリ役 西野曾衛門、高山与七、大工一人 鈴木与兵衛」 発音〈標ア〉0

いが-りゅう【伊賀流】〘名〙 忍術の流儀の一つ。流祖や伝系については仮託の説が多いが、「伊賀流忍術秘書」では、恵美押勝(藤原仲麻呂)から分かれた伊賀の覚法をその祖としており、伊賀流服部党の「忍法秘巻」には服部半蔵の祖の伊賀平田左衛門家良を流祖としている。

いかり-わけ【猪狩分】〘名〙 方言猟の獲物を分けること。また、その分け前。 ◇いかりとも。 島根県石見725 ◇えか 島根県仁多郡725 発音イガリュー〈標ア〉0

いかる【斑鳩・鵤】〘名〙 アトリ科の鳥。全長約二三センチメートル。体は灰色、頭、翼、尾は光沢のある黒色。くちばしは太い円錐形で黄色。東アジアの特産種で、日本各地の低山帯にすみ、主食は木の実。鳴き声が月日星(つきひほし)ときこえることから三光鳥ともいう。あさなきどり。まめまわし。まめころがし。いかるが。まめうまし。じゅずかけ。学名は Eophona personata 《季・夏–秋》＊重訂本草綱目啓蒙(1847)四五・林禽「桑鳸 いかるが〈和名鈔〉筑前、いかるご 防州・石州、いかる 水戸・雲州、まめどり まめまはし」＊博物図教授法(1876–77)〈安倍為任〉二「桑鳸(イカル)は冬月渡り来る。其声月日星(つきひほし)と云ふが如し。又之を籠養して豆粒を与ふるに久しく嘴中に回転せしむ故に『マメマハシ』との名あり」 発音〈標ア〉0

い-か・る【―刈】〘他ラ四〙（「い」は接頭語）刈る。＊万葉(8C後)一三・三二三「をちの小菅 編まなくに 伊苅(イかり)持ちき 敷かなくに 伊苅(イかり)持ちきて〈作者未詳〉」

いか・る【生・活・埋】〘自ラ五(四)〙（他動詞「いける」に受身、可能の意を表わす「らる」の付いた「いけらる」の意）①命を保たせることができる。生き返らせることができる。＊浄瑠璃・本朝二十四孝(1766)四「あったらしき侍の首切って仕舞へば、再び生(イ)からぬ。また、この花は何ぼ切っても生けらるる」 ②（生き続けるように）草木が土に植えられたり、花器にさされたりする。＊咄本・醒睡笑(1628)三「しもつけの花のいけたるを見つけ、きっと手をつき、さてさてこの野州はよう活(イ)かりまゐらせたよ」＊和英語林集成(初版)(1867)「コノ ハナワ ヨク ikari （イカリ）マシタ」＊落語・正直(1898)〈三代目春風亭柳枝〉「奥の坐敷へ行って見ますと、是れは日本風にしまして床の間には軸物(かけもの)が掛り花も生(イ)かり」＊婦系図(1907)〈泉鏡花〉前・一六「床の間にしっとりと露を被(かつ)いだ矢車の花は〈略〉大空の星の光を宿して、美しく活(イカ)って居る」 ③（埋）埋まる。埋められる。＊二人女房(1891)〈尾崎紅葉〉下・二「桐の刳抜(くりぬき)の手爐(てあぶり)に桜炭が埋(イカ)って」＊落語・雁風呂(1892)〈初代談洲楼燕枝〉「回顧(ふりかへ)って庭の隅を見ますると大きな桶が二ツ並んで埋(イカ)って居ります」＊竹の木戸(1908)〈国木田独歩〉ロ「彼(あ)の破火鉢に佐倉が二片(ふたつ)ちゃんと埋(イカ)って灰が被(か)けて有るじゃア御座いませんか」 方言❶埋まる。うずまる。 山梨県456 長野県諏訪481 上伊那郡488 岐阜県飛驒502 静岡県志太郡535 島根県那賀郡054 香川県大川郡829 福岡県872 ❷死ぬ。 山梨県456 発音〈標ア〉カ〈京ア〉0 辞書ヘボン・言海 表記活(へ)

いか・る【怒】〘自ラ五(四)〙 ①自分の意に反するものの存在によって感情がいらだち荒れる。おこる。いきどおる。立腹する。＊石山寺本金剛般若経集験記平安初期点(850頃)「其の賊将を別の処に曳(ひ)き、怙りて慍(イカリ)て云はく」＊新撰字鏡(898–901頃)「佷 恨也暴也世女久又伊加留又加太久奈」＊源氏(1001–14頃)紅葉賀「ただいみじういかれる気色にもてなして太刀を引き抜けば」＊平家(13C前)五・早馬「入道相国、いかられける様なのめならず」＊徒然草(1331頃)八七「御房は口惜き事し給つるものかな〈略〉といかりて、ひたぎりにきり落しつ」 ②荒々しくふるまっておどす。にらみつける。＊宇津保(970–999頃)俊蔭「阿修羅いかれるかたちをいたして」＊平家(13C前)一・俊寛沙汰鵜川軍「常は中門にたたずみ、歯をくひしばりいかてぞおはしける」 ③物の形状が角立つ。ごつごつする。そびえる。＊源氏(1001–14頃)常夏「いと草(さう)がちにいかれる手の」＊宇治拾遺(1221頃)三・五「碁盤の足のいかりさしあがりたるに」＊虎明本狂言・鬼瓦(室町末–近世初)「はなのたかひもいかったもそのままじゃ」＊落語・巌流島(1890)〈四代目三遊亭円生〉「眼元のギョロリとした、小鼻の怒(イカッ)た、口元の大きな」＊ごりがん(1920)〈上司小剣〉五「いかった肩には骨が露(あら)はに突っ立ってゐる」 ④勢いはげしく動く。たけだけしくふるまう。＊源氏(1001–14頃)帚木「荒海のいかれる魚の姿」＊唐大和上東征伝院政期点(1150頃)「怒(イカレ)る濤(なみ)再び至りて深き谷に入るに似たり」＊中楽談儀(1430)序「いかれる事には、融の大臣の能に鬼に成て大臣を責むると云ふ能に」

語誌(1)中古での用法では、「切り殺す」などの行動につながる激しい「怒り」を表わす。類義のイキドホルが心中にとどまって他者にぶつけられることのない「怒り」を表わすのと異なる。(2)和文では、イカルも若干用いられるものの、イカルとほぼ同義の語としては、ハラダツが用いられた。院政期以後には、イカルをもとにイカラス・イカラカスといった「怒り」の表情・形相を表わし、またそれを強める語も生まれた。イカルは、中世以降も文語として用いられ、現代語ではハラガタツ・ハラヲタテル・オコルなどの口語表現と対応している。

語源説(1)イカ(厳)を活用した語〔東雅・大言海〕。(2)イカアル(厳有)の義〔名言通〕。(3)イキアガル(気上)の転〔和訓栞・言葉の根しらべ＝鈴江潔子・音幻論＝幸田露伴〕。(4)イは息、カルは音の高くあがること〔語簏〕。(5)イキカル(気駆)の義か〔日本語源＝賀茂百樹〕。(6)気息をはげます意。息を活用した語〔国語溯源＝大矢透〕。(7)イキ、コハ、ラスの反〔名語記〕。(8)イヒコハル(言強)の転〔言元梯〕。(9)イキホヒカル(威借)の中略〔紫門和語類集〕。(10)イキドホルの略〔桑家漢語抄〕。(11)イカル(猪狩)の義〔和句解〕。(12)カリは罵ること。また、イカリ(威訶梨)で訶梨は獅子をいう〔和語私臆鈔〕。 発音〈標ア〉カ 0〈ア史〉平安●●○ 鎌倉来●●● 〈京ア〉0 辞書字鏡・色葉・名義・和玉・文明・明応・天正・饅頭・黒本・易林・日葡・ヘボン・言海 表記怒(色・名・玉・文・明・天・饅・黒・易・へ・言) 嗔(色・名・玉・文・天・黒・易) 忿(色・名・玉・文・黒・易) 瞋(色・名・玉・文・黒・易) 恚(玉・文・天・黒・易) 慍(色・玉・文・易) 佷・瞵・憤・憤・忍(色・名・玉) 猕・悄(色・名) 旺(色・玉) 嚇・吒・嗢・嗚・訶・譴(名・玉) 很(字) 懣・悬・潰・格・矗・悔・苛・諏(色) 憑・原・仿・例・哥・喊・狋・唬・夸・議・忽・怨・悌・憑(名) 傴・噲・悀・憹・懥・惡・譲・欸・歐・趆・碏・陙・馬・嗎・号・奪・糾(玉) 頑(文)

同訓異字 いかる【怒・忿・恚・慍・嗔・瞋・憤】

【怒】(ヌ・ド) おこる。腹を立てる。しかる。「怒気」「怒号」「怒髪」「激怒」《古 いかる・うらむ》

【忿】(フン) 激しく爆発しそうなくらいにいきどおる。いかりがたまりにたまっていらだちうらむ。「忿然」「忿怒」「忿懣」《古 いかる・うらむ・ねたむ》

【恚】(イ) 相手につきかかっていくようにうらみいかる。「瞋恚」《古 いかる・ふづくむ・うらむ》

【慍】(ウン・オン) 心の中にいかりがたまる。心中深く不平や不満をおぼえていきどおる。「慍色」「喜慍」《古 いかる・うれふ》

【嗔】(シン) 「瞋」に同じ。《古 いかる》

【瞋】(シン) 目をむいておこる。激しくいかる。「瞋恚」「瞋目」《古 いかる・はらだつ》

【憤】(フン) 心にたまった感情がおさえきれなくなり激しくいかる。いかりが一杯たまっていらだつ。「憤死」「憤然」「憤懣」「義憤」《古 いかる・いきとほる・むつかる・みだる》


いかれる拳(こぶし)笑顔(えがお・わらうかお)に当(あ)たらず （怒って振り上げたこぶしも笑顔に向かってはうちおろせないの意から）強い態度で出てきた相手に対しては柔らかい態度の方がより効果がある。柔能く剛を制す。握れる拳笑める面に当たらず。＊源平盛衰記(14C前)六・西光父子亡事「哀れ西光法師は詮なき悪口して口を割るるのみに非ず、

終に切られぬる無慙(むざん)さよ〈略〉嗔(イカ)れる拳(コブ)し不レ当二笑顔一(ワラフカホニアタラズ)」＊通俗編-身体「嗔拳不レ打二笑面一」

いかる〘動〙方言 ⇩いがえる(一返)

いが・る〘自ラ四〙「言う」の尊敬語。おっしゃる。近世、仙台地方などで用いられた語。＊方言達用抄(1827)「いがる。言はしやる。こふいがる。ああいがる。馬鹿といがる皆言はしやる也」

いがる〘動〙方言❶争っていがみ合う。◇えがあとも。島根県725 ❷怒りや苦痛、驚きなどのために大声で叫ぶ。わめく。兵庫県佐用郡047 鳥取県711 西伯郡718 島根県725 岡山県752 758 759 広島県771 776 778 山口県798 801 徳島県809 名西郡822 香川県829 愛媛県840 周桑郡054 大三島848 高知県860 土佐郡866 ◇えがる 鳥取県西伯郡718 島根県725 広島県比婆郡772 ◇えがあ 島根県725 広島県比婆郡772 ◇いげる 山口県玖珂郡800 ❸大声で呼ぶ。岡山県備中東南部062 広島県高田郡780 山口県阿武郡795 見島797 香川県三豊郡054 ❹大声で泣く。子供が泣き叫ぶ。島根県725 岡山県054 748 751 広島県比婆郡774 香川県仲多度郡・三豊郡829 愛媛県松山846 高知市867 ◇えがる・えがあ 島根県725 ❺子供がむずかる。だだをこねる。兵庫県淡路島671 香川県仲多度郡・三豊郡829 愛媛県松山846 ❻しわがれたような声を出す。◇えがる 山口県大島801 ❼しかる。長崎県彼杵052 ◇いかる 山口県佐合島054

いかるが【何鹿】京都府の中西部にあった郡。昭和二五年(一九五〇)以降、綾部市・福知山市に順次編入され、同三一年消滅。＊二十巻本和名抄(934頃)五「丹波国〈略〉何鹿 伊加留加」辞書和名・易林 表記何鹿(和・易)

いかるが【斑鳩・鵤】㊀〘名〙「いかる(斑鳩)」に同じ。《季・秋》＊万葉(8C後)一三・三二三九「中つ枝に 伊加流我(イカルガ)掛け 下枝(しづえ)に ひめを掛け 汝(な)が母を 取らくを知らに 汝が父を 取らくを知らに いそばひをるよ 伊可流我(イカルガ)とひめと〈作者未詳〉」＊新撰字鏡(898-901頃)「鵤 伊加留加」＊十巻本和名抄(934頃)七「鵤 崔禹食経云鵤〈胡岳反 以加流賀〉貟似鴿而白喙 兼名苑云斑鳩〈日本紀私記云和名同上〉鵤大尾短者也」＊寂蓮集(1182-1202頃)「春の日の長閑にかすむ山里に物あはれなるいかるがのこゑ」＊俳諧・年浪草(1783)秋・三「桑鳸(イカルカ・マメトリ)」㊁奈良県生駒郡の地名。古代この地方に斑鳩(いかる)が群居したことに由来して命名された。法隆寺(斑鳩寺)、中宮寺、法輪寺、三室山、龍田川など史跡、名勝が多い。＊書紀(720)推古九年二月(図書寮本訓)「皇太子、初めて宮室(みや)を斑鳩(イカルカ)に興(つく)りたまふ」＊大輔集(12C末)「限ありし鶴の林のかたみをばとどめおきつるいかるかの里」＊浄瑠璃・聖徳太子絵伝記(1717)真の立花「水はしる富の小川を打こへて、いかるがの御しょへぞまいりける」語源説(㊀について)(1)鵤の形から。イカルカド(稜起角)の下略か〔大言海〕。イカルカド(怒角)から〔名言通〕。(2)鳴声から生まれた名か〔雅語音声考・箋注和名抄・和訓栞・日本語源=賀茂百樹〕。(3)イコハルコヱ(息強声)の転〔言元梯〕。(4)ヨシ・コヱ・ラル・カナ(好音被哉)の反〔名語記〕。発音イカルガ〈なまり〉イカルゴ〔鳥取・島根〕〈標ア〉⓪〈ア史〉平安・鎌倉○○●○〈京ア〉⓪ 辞書字鏡・和名・色葉・名義・下学・和玉・文明・伊京・明応・天正・饅頭・黒本・易林・日葡・書言・言海 表記鵤(字・和・色・名・下・玉・文・伊・明・天・饅・黒・易・書)斑鳩(和・色・名・下・文・伊・明・天・饅・黒・易・書・言)鵤・鳨(字・名)鶻鵃・鷗鳩(書)

いかるが-でら【斑鳩寺】㊀法隆寺の別称。㊁兵庫県揖保(いぼ)郡太子町鵤(いかるが)にある天台宗の寺。山号は斑鳩山。推古天皇九年(六〇一)聖徳太子の建立という。弘治年間(一五五五～五八)昌仙が再興して、天台宗に改める。鵤寺。はんきゅうじ。発音イカルガデラ〈標ア〉⓪

いかるが-にげ【斑鳩二毛】〘名〙馬の毛色の名。葦毛斑(あしげぶち)の類か。＊躬恒集(924頃)「ことぞとも聞きだにわかでわりなくも人のいかるがにげやしなまし」

いかるが-にじ【斑鳩尼寺】中宮寺の別称。法興尼寺。

いかるが-の【斑鳩―】枕(斑鳩(いかる)は寄り集まってすむところから)「寄る」と同音を持つ地名「よるか」にかかる。＊万葉(8C後)一二・三〇二〇「斑鳩之(いかるがの)よるかの池の宜しくも君を言はねば思ひそあがする〈作者未詳〉」＊正治初度百首(1200)恋「いかるかのよるかの池の寄辺にもいひだにとほせ思ふ心を〈藤原俊成〉」発音イカルガノ〈標ア〉⓪

いかるが-の-みや【斑鳩宮】推古天皇九年(六〇一)に聖徳太子の造営した宮殿。法隆寺の東院遺跡の下層がその跡といわれる。＊太平記(14C後)二八・自持明院殿被成院宣事「院宣を被(かふむって)禰(いはく)、斑鳩宮(イカルガノミヤ)の守屋を誅し」発音イカルガノミヤ〈標ア〉⓪ 辞書文明 表記斑鳩宮(文)

いかるご【斑鳩】〘名〙方言鳥、いかる(斑鳩)。石州†039 防州†039 島根県鹿足郡004 那賀郡725 山口県004 ◇いかるこ 愛知県東加茂郡004 ◇いからこ 岐阜県004

イカルス(ラテン Icarus)㊀「イカロス」に同じ。＊牧羊神(1920)〈上田敏〉月光「哀れなる哉、イカルスが幾人も来ておっこちる」＊死霊-三章(1946-48)〈埴谷雄高〉「この屋根裏部屋から宇宙の涯へ羽ばたき立つイカルスの翼の実験に必要欠くべからざる粘着剤とは」㊁一九四九年バーデが発見した小惑星。太陽に非常に近づくので、翼をつけて太陽へ向けて飛んだギリシア神話のイカロス(ラテン名、イカルス)にちなんで命名された。

いかる-ちどり【斑鳩千鳥】〘名〙チドリ科の鳥。全長約二〇センチメートル。コチドリによく似ているが、やや大形。背は淡黒褐色で、腹部は白く、のどに黒い帯がある。雌雄同色。日本各地で繁殖し、河原に巣をつくる。九州以南では留鳥。日本と中国の特産。くびだまちどり。学名は Charadrius placidus 発音〈標ア〉チ

いかれ〘名〙方言❶失敗すること。奈良県南大和683 ❷してやられること。◇いかれころ 京都市621 ❸無力で役に立たないこと。◇よかれ 山口県豊浦郡798

いかれ-ぽんち〘名〙(「いかれ」はしてやられることの意。「ぽんち」は「ぼんち(坊っちゃん)」の変化した語)かるがるしくやすっぽい男。調子のくるった男。＊自由学校(1950)〈獅子文六〉ふるさとの唄「対手が隆文さんのような、イカレ・ポンチじゃないし、教養はあるし」＊銀座二十四帖(1955)〈井上友一郎〉二三「人間は、おいらなみに、少々イカレポンチかも知れねえけど」発音〈標ア〉ポ〈京ア〉ポ

いか・れる〘自ラ下一〙(もと「行かれる」の意か)①してやられる。先手を打たれる。〔日本隠語集(1892)〕＊安吾巷談(1950)〈坂口安吾〉田園ハレム「戦後の都心はクリカラモンモンの熱血児に占領されて、日本中、アロハとパンパンに完全にいかれてしまった」＊ボロ家の春秋(1954)〈梅崎春生〉「僕ら二人は赤児の手をひねるやうに軽くイカれた前歴があるわけですから、今後何か起っても同じコースをたどるでせう」②物が古くなって役に立たなくなる。こわれたりしてだめになる。また、生き物が死ぬ。〔隠語全集(1952)〕＊蒼ざめた馬を見よ(1966)〈五木寛之〉五「ライトの反射で、目がいかれそうになる」③生意気な様子をする。不良じみる。〔隠語全集(1952)〕④頭の働き、考え方などがまともでなくなる。ふぬけになる。〔隠語全集(1952)〕＊遙拝隊長(1950)〈井伏鱒二〉「『どうも、これはいかん、いかれとるね』と、軍医は難かしさうな顔をして」⑤心を奪われる。夢中になる。＊精神史(1969)五・注(1)〈林達夫〉「この本をわたくしは一九六二年、フランス版が出たとき、早速読んで、一時はかなりイカれたが、いまはそうではない」方言❶してやられる。滋賀県彦根609 京都市621 兵庫県神戸市665 和歌山県690 長崎県長崎市906 壱岐島914 熊本県玉名郡058 鹿児島県肝属郡970 ❷打撃を受ける。損害を被る。静岡県志太郡535 長崎市906 ❸破損して役に立たなくなる。石川県404 ❹殺害される。長崎市906 ❺落ちぶれる。香川県仲多度郡829 ◇よかれる 山口県793 発音〈標ア〉⓪〈京ア〉⓪

いかれるわかものたち【怒れる若者達】〘名〙(英 angry young men の訳語)イギリスの作家たちの一派。オズボーンの戯曲「怒りをこめてふり返れ」(一九五六年)に由来。過去の英国文化、および既成の社会体制に対する不満や批判を表明し、若い世代から支持された。

イカロス(ギリシア Ikaros)ギリシア神話中の青年。クレタ島の迷宮ラビリントスから、父ダイダロスの考案した蠟(ろう)付けの翼で脱出に成功するが、父の忠告を聞かず天高く飛んだため、太陽の熱で蠟が溶けてしまい海に落ちて溺死する。イカルス。＊うづまき(1910)〈上田敏〉二三「イカロスは昔の希臘の神話、『羅世羅斯伝』の話は小説だから」

いかわ【井川】姓氏の一つ。発音〈標ア〉イ

い-がわ【井川】〘名〙井戸。＊浜荻(久留米)(1840-52頃)「いがわ 井げ輪也。いど井戸也」方言❶井戸。薩摩†136 広島県島嶼054 057 福岡県872 長崎県長崎市053 西彼杵郡054 熊本県919 鹿児島県961 974 975 983 ◇ゆがわ 島根県石見725 広島県057 783 熊本県球磨郡919 宮崎県西諸県郡947 西臼杵郡948 鹿児島県961 ◇よがわ・ゆうごお 熊本県球磨郡919 ◇いごお 熊本県天草郡919 宮崎県西臼杵郡948 ◇いご 大分県玖珠郡939 ◇いがや 鹿児島県鹿児島郡968 ◇いのこ 大分県939 宮崎県東諸県郡954 ❷わき水の井戸。飲料用の泉。宮崎県東諸県郡947 ◇いのこ 宮崎県南那珂郡947 ❸泉。熊本県919 宮崎県東諸県郡954 ◇ゆがわ 熊本県球磨郡919 ◇ゆご 熊本県球磨郡919 宮崎県西諸県郡947 ❹小川。また、用水路。岐阜県郡上郡504 ◇ゆがわ 岐阜県飛騨502 ❺溝。◇えかた 新潟県佐渡352 ◇えがこ 山形県139 ◇えが 山形県北村山郡139 ❻川の物洗い場。◇いご 熊本県天草936

い-がわ【井側】〘名〙井戸。また、井戸のわき。＊天草本伊曾保(1593)狐と野牛の事「キツネト ヤギュウ ヲウキニ カッシテ アル ygauano (イガワノ) ナカエ ツレダッテ イッテ ヲモウママニ ノウデ ノチ」＊日葡辞書(1603-04)「Igaua (イガワ) イノモトと言う方がまさる。〈訳〉井戸」方言井戸を囲う柵(さく)。井げた。井戸側。鳥取県西伯郡719 島根県725 広島県高田郡779 山口県豊浦郡798 香川県大川郡829 ◇よがわ 島根県隠岐島725 ◇ゆがわ 広島県高田郡779 辞書日葡

い-かわ・す【射交】〘他サ五(四)〙①矢をまじえる。射合う。＊天草本平家(1592)三・三「セイビャウヲ スグッテ ジュウ ゴキ ダイテ ジュウゴ ノ カブラヤ ヲ ヘイケ ノ ヂン エ イイレタレバ、ヘイケ モ ジュウゴキ ダイテ、ジュウゴ ノ カブラ ヲ ycauaxeba (イカワセバ)」②光や視線などを互いにまじえる。＊秋立つまで(1930)〈嘉村礒多〉「二人とも異様に光った眼をチラリと射交し」発音〈標ア〉⓪ワ

いかわた-じょうゆ【烏賊腸醤油】〘名〙イカの腸(はらわた)でつくる一種のしょうゆ。越後国(新潟県)および加賀国(石川県)などで産した。

い-かわ・る【居替】〘自ラ四〙居場所をかわる。交替して座る。＊枕(10C終)四一・鳥は「鴛鴦(をし)いとあはれなり。かたみにゐかはりて、羽の上の霜はらふらん程など」＊源氏(1001-14頃)総角「不断経のあか月がたのゐかはりたる声のいと尊きに」＊曾我物語(南北朝頃)三・人々、君へまいりて、こひ申さるる事「御気色あしかりければ、申いだすにおよばず、退出せられにけり。又、千葉介常胤、座敷にいかはりて、かしこまっ

て」＊雑俳・蒻姑柳(1785)二月一五日「居替ってくれなといやな切落し」 発音〈標ア〉ワ

い-かん【以還・已還】『名』ある時点よりこのかた。以後。以来。＊東寺文書-礼・天長二年(825)一一月一二日・尾張国検川原寺田帳(平安遺文一・五二)「宝亀四年以還停二彼坪一注二此坪寺田一」＊江戸繁昌記(1832-36)初・火場「江都火に厄する、明暦以還、其の大なる者、多からずと為さず。小々なる者は、則ち毎歳冬春の交、殆んど虚日無し」＊西洋聞見録(1869-71)〈村田文夫〉前・中「此溝中に於て小火船を往来するを以て此溝開けしより以還人々其便利を得ること挙て云ふべからず」＊新聞雑誌-一二号・明治四年(1871)九月「開廓已還(イクヮン)僅々(きんきん)の年月を以弊害相生じ」＊元稹-唐故工部員外郎杜君墓碑銘「秦漢以還、採詩之官既廃」 発音〈標ア〉イ 辞書〈ボン〉 表記 以還(ヘ)

い-かん【夷艦】『名』夷狄(いてき)の軍艦。外国の軍艦。

いか-ん【如何】『副』(「いかに」の変化した語)①(多く文末に用いる)事がらの内容、状態、原因、理由などを疑い問う意を表わす。どのよう。どうであるか。どうか。＊大慈恩寺三蔵法師伝永久四年点(1116)一「已に統師をして、諮請せしむ。師の意何如(イカン)」＊ロドリゲス日本大文典(1604-08)「ヲゴルコト ナクンバ ican(イカン)」＊仮名草子・夫婦宗論物語(1644-46頃)「此の理深々なり。いかん」＊花柳春話(1878-79)〈織田純一郎訳〉九「家君の病は如何ん」②事がらの内容、状態、原因、理由を不定のままにいう意を表わす。どうこう。＊白氏文集天永四年点(1113)三「何(イカン)といふことなくして天宝に大に兵を徴(め)す」＊科学者と芸術家(1916)〈寺田寅彦〉「科学の方則や事実の表現は此れを云ひ表はす国語や方程式の形の如何を問はぬ」＊芸術・歴史・人間(1946)〈本多秋五〉三「問題は、作家が『民衆と共に生き闘』ふ、その生き闘ひ方いかん、『民衆とその悩みや喜びを分つ』、その悩みと喜びの分ち方いかんにある」③「いかん(如何)せん」に同じ。＊開化の殺人(1918)〈芥川龍之介〉「予は誰の為に満村恭平を殺せしか。本多子爵の為か、明子の為か、抑(そ)も亦予自身の為か。こは予も亦答ふる能はざるを如何(イカン)」 発音〈標ア〉カ〈ア史〉平安・室町・江戸●○○〈京ア〉イ 辞書 色葉・名義・和玉・文明・易林・日葡・書言・〈ボン〉・言海 表記 如何(色・名・文・易・書・ヘ・言) 奈何(色・名・易・書) 奈(玉・文・易) 云何(色・名) 其奈(色・書) 何如(名・文) 其何・何若・奚・於何・何哉・孰与・如之何(名) 何・安(玉) 若何・甚麼(書)

いかん-が (「いかにか」の変化した語。疑問文、反語文に用いる)どのようにかまあ。どうしてまあ…か。＊平家(13C前)二・康頼祝「爰(ここ)に利益(りやく)の地をたのまずんばいかんが歩みを嶮難の路にはこばん」＊仮名草子・是楽物語(1655-58)中「われきく、千金をもてるものの子たるものは、市にころさるる事なし。いかんがしてか、此罪をあがはんと思ひ」 発音 イカンガ〈標ア〉カ〈ア史〉鎌倉●○○○と●○○＝●の両様 室町・江戸●○○○〈京ア〉イ

いかんかせん (「いかんせん」に強めの助詞「か」が加わったもの)どうしようか。＊白氏文集嘉禎四年点(1238)四「命葉の薄きが如くして将(まさ)に奈何(イカンカセン)とする」＊観智院本名義抄(1241)「何為 イカムカセン」 辞書 名義・書言 表記 何為(名・書)

いかんして (「いかにして」の変化したもの)どのようにして。どうして。＊妾の半生涯(1904)〈福田英子〉二・四「内を思ひ、外を想うて、非哀転輾、懊悩に堪へず。嗚呼如何(イカン)して可ならん。仮令(たと)ひ女子たりと雖も、固より日本人民なり」

いかんせん (「いかにせむ」の変化したもの)なすべき手段、方法に絶望を感じ、残念な気持で迷う意を表わす。どうしよう。どうしたらいいだろう。残念にも。現代口語では、文中に連用修飾語として用いる。いかん。＊花柳春話(1878-79)〈織田純一郎訳〉一「夜の已に深更なるを如何んせん」＊小学読本(1884)〈若林虎三郎〉三「鳥は如何為んと躊躇せしが良々有て思へらく未だ決して望を絶つべからずと暫時思考して後忽ち一策を案じ出して」＊吾輩は猫である(1905-06)〈夏目漱石〉五「如何せん誘はれてもそんな心が出ないから仕方がない」＊破戒(1906)〈島崎藤村〉七・一「奈何(イカン)せん、哭きたくも哭くことの出来ない程、心は重く暗く閉塞って了ったのである」 発音〈標ア〉カ セ〈ア史〉室町●○○○○〈京ア〉イ 辞書 文明 表記 如何(文)

いかんぞ (「いかにぞ」の変化したもの。漢文訓読調の表現)①(反語文に用いる。あとに「む」「むや」を伴うことが多い)理由、手段などがわからない意を表わす。どうして…か。何として…か(できない)。＊大慈恩寺三蔵法師伝承徳三年点(1099)八「胡(イカンソ)勝(あ)げて言ふべけむや」＊観智院本名義抄(1241)「曷 イヅクソ イヅレ イカムソ イカニ」②(疑問文に用いる)どうして。なぜ。＊妙一本仮名書き法華経(鎌倉中)二・譬喩品第三「つねにこの事を思惟し、嗚呼して、ふかく、みつから、せめき、いかんそしかも、みつから、あさむける」＊浄瑠璃・平家女護島(1719)「籠の中(うち)の鸚鵡〈略〉辯才そうめいにして、能(よく)言(ものい)ふれい鳥いかんぞ時のさかしきにあへる」＊純情小曲集(1925)〈萩原朔太郎〉小出新道「いかんぞ いかんぞ思惟をかへさん」 発音〈標ア〉カ 辞書 名義・和玉・文明・易林・書言・言海 表記 如何(文・言) 盍(易・書) 焉・曷・胡然・奈・誰・悪・寧(名) 安(玉) 云何(書)

いかんとして (「いかにとして」の変化したもの)「いかに」を強めた形。いったいどうして。どのようにして。＊太平記(14C後)二・長崎新左衛門尉意見事「日数を経る道なれば、いかんとしてか下るべき」

いかんとならば 疑問点について理由などを説明する意を表わす。なぜかというなら。どうであるかというと。＊歎異抄(13C後)七「念仏者は無碍(むげ)の一道なり。そのいはれいかんとならば」 辞書 言海

いかんとなれば (「いかんとならば」の類推から)なぜかというと。＊四河入海(17C前)六・二「大水来て欲入戸ぞ。如何となれは、雨やまずして有程にぞ」＊日葡辞書(1603-04)「Icanto nareba (イカントナレバ)すなわちナゼニトユウニ」〈訳〉その理由は…である」＊三体詩素隠抄(1622)三・二「如何んとなれば、霊運が種へし白蓮が、今の世までも池にみちみちてあるぞ。あの蓮華こそ、すなはち霊運よと観念してみるほどにとぞ」＊化銀杏(1896)〈泉鏡花〉一五「諸君涙あらば強ゆるなかれ。いかむとなれば狂せるお貞(てい)は〈略〉面を見られむを恥ぢて」 辞書 日葡

いかんとも (あとに否定的な表現を伴うことが多い)なすべき方法に困る意を表わす。現代口語では、文語的表現。どうにも…(できない)。何とも…(ない)。＊正徹物語(1448-50頃)下「至極のよき歌は理の外なる事也。いかんともせられぬ所也」＊中華若木詩抄(1520頃)下「定たることなれば、いかんともならぬこと也」＊落語・ちきり伊勢屋(1893-94)〈禽語楼小さん〉「伝次郎如何(イカン)とも不愍(ふびん)に存じまして『大金と云って何(ど)の位か…』と段々喩(さと)して尋ねて見ると」＊多情多恨(1896)〈尾崎紅葉〉前・五「其片意地を慰めるには、千万の或者の深切も到底如何(イカン)とも為ることは称(かな)はぬので」

い-かん【衣函】『名』(「函」は箱)衣類を入れる箱。衣装箱。 発音〈標ア〉カ ０〈京ア〉イ

い-かん【衣冠】『名』①衣服と冠(かんむり)。＊続日本紀-養老六年(722)一一月丙戌「敬二事衣冠一終身之憂永結」＊徒然草(1331頃)二「衣冠より馬、車にいたるまで、あるにしたがひて用ゐよ。美麗をもとむる事なかれ」＊寛斎先生遺稿(1821)一・永日無絃見過賦示「無二復衣冠似一二白蘇一、只余二風月一属二江湖一、老来欣レ遇清詩友、病後重傾小酒壺」＊文明論之概略(1875)〈福沢諭吉〉一・二「衣冠美麗なりと雖ども、啇門巍々たりと雖ども、安ぞ人の眼を眩惑するを得ん」＊論語-堯曰「君子正二其衣冠一、尊二其瞻視一」②衣冠をつけている人。高貴な人。天子、皇帝に仕えている人。＊李白-登金陵鳳凰台詩「呉宮花草埋二幽径一、晋代衣冠成二古丘一」③平安中期から着用した装束の名称。束帯よりも略式の装束で、下襲(したがさね)および石帯(せきたい)を着けず、表袴(うえのはかま)、大口もはかないので、裾は引かない。冠をかぶり、縫腋の袍(ほうえきのほう)を着、指貫(さしぬき)をはくのがふつう。はじめは宿直装束(とのいそうぞく)として用いられたが、参朝などの時にも着用されるようになった。＊大鏡(12C前)六・道長下「布衣、衣冠なる御前のしたるくるまのいみじく人はらひなべてならぬいきほひなるくれば」＊満佐須計装束抄(1184)二「そゝたいは四月一日よりなつのをきれども、いくゎんは五ゐも六ゐもごけいのほどなどまでは冬のをきるなり」＊平家(13C前)七・主上都落「やがて此の時忠卿、内蔵頭信基、讃岐中将時実三人ばかりぞ、衣冠にて供奉(ぐぶ)せられける」＊集義和書(1676頃)八「諸大名皆あつまり給ひ、束帯衣冠の礼儀を見て、初て人の則ある事を知」 発音〈標ア〉イ〈ア史〉江戸●○○〈京ア〉イ 辞書 色葉・文明・饅頭・易林・日葡・書言・言海 表記 衣冠(色・文・饅・易・書・言)

衣　冠 ③〈年中行事絵巻〉

いかん 束帯(そくたい) ⇨親見出し

いかん 正(ただ)しい 衣冠の姿が整っていて立派である。＊文明開化(1873-74)〈加藤祐一〉初・下「又雲が舞ひ下った、お札が降た、衣冠(イクヮン)正(タダ)しい人が助けてくれた、夢中に授ったなどと」

いかん の 俗(ぞく) 衣冠の姿をした俗体の男性。＊源平盛衰記(14C前)一八・孝謙帝愛道鏡「奇雲聳(たなび)き来たって、松名が上に懸る。雲の中に衣冠(イクヮン)の俗(ゾク)ありて云はく、神(しん)は非礼を禀(ウ)けず、必ず正直の者を守るらん」

い-かん【位官】『名』位階と官職や官等。官位。＊沈約-論譜籍疏「此籍既並精詳、実可二宝惜一、位官高卑、皆可レ依レ案」 発音〈標ア〉イ 辞書〈ボン〉 表記 位官(ヘ)

い-かん【位冠】『名』令制以前、色で自分の地位を表示した冠(かんむり)。＊大安寺伽藍縁起幷流記資財帳-天平一九年(747)二月一一日(寧楽遺文)「位冠弐拾捌。赤」 発音〈標ア〉イ

い-かん【医官】『名』医療をつかさどる官職。また、医務に従事する官吏。＊咄本・私可多咄(1671)一・三五「其方は医官(イクハン)をのぞむほどのものか」＊蘭東事始(1815)上「豊前中津侯の医官前野良沢といへるものあり」＊西国立志編(1870-71)〈中村正直訳〉五・二九「其技大いに長進せしかば、大将門的(モント)・模連西(モレンシイ)の軍隊中の医官に命ぜらる」＊西洋道中膝栗毛(1870-76)〈仮名垣魯文〉一〇・上「此びゃういんの長シャボンあまたの医官をしたがへて」 発音〈標ア〉イ

い-かん【医館】『名』病院。＊西国立志編(1870-71)〈中村正直訳〉五・二七「これを畢(おへ)て後、或はセンジョーヂの医館に徃き、或は兵医館に徃き」 発音〈標ア〉イ

い-かん【囲環】〘名〙周囲をとりまくこと。また、とり囲むもの。＊経国美談(1883–84)〈矢野龍渓〉後・一四「委員五百余名之を囲環して着席し」＊日本文学史骨(1893)〈北村透谷〉二「有限は囲環の中にありて其中心に注ぎ無限は方以外に自由なり」発音〈標ア〉0

い-かん【囲観】〘名〙周囲に集まって見ること。とりかこんで見物すること。＊経国美談(1883–84)〈矢野龍渓〉後・一「囲観せし民衆は之を見るより皆な讙呼して万歳を唱へたり」

い-かん【易感】〘名〙〘形動〙感じやすいこと。物事に敏感に反応すること。また、そのさま。＊学生と教養(1936)〈鈴木利貞編〉学生に対する一般的助言〈安倍能成〉「何れにしても世界は実に圧倒的に易感なる青年学生を取り巻き、この余りにも夥多にして繁雑なる刺戟を放射して止まない」

い-かん【易簡】〘名〙〘形動〙手軽なこと。たやすいこと。また、わかりやすいこと。また、そのさま。簡易。＊乾坤弁説(1656)利「儒書、医書に、天形至円の義を論ずること、易簡にして分明也」＊集義和書(1676頃)一一「古は文法易簡なり。一字を以て二字の心を兼たる例おほし」＊町人嚢(1692)二「易簡(イカン)を本として楽しみ暮すべきこととなるに」＊談義本・田舎荘子(1727)下・猫之妙術「故(かるがゆへ)に其所作、易簡(イカン〈注〉ヤスクコトスクナ)にして、其中に至理を含めり」＊新聞雑誌‐一三号・明治四年(1871)九月「右は所謂百聞不如一見の理にして、最も易簡捷径の開智明識手段に付」＊易経‐繋辞伝上「易則易レ知、簡則易レ従、〈略〉易簡而天下之理得矣」発音〈標ア〉0

い-かん【胃脘】〘名〙(「脘」も胃の意)胃。胃ぶくろ。＊和英語林集成(初版)(1867)「Ikwan イクヮン 胃脘」＊黄帝内経素問‐腹中論「迫二胃脘一生レ鬲、侠二胃脘内癰一」辞書ヘボン 表記 胃脘(ヘ)

い-かん【胃管】〘名〙①食道。＊志都の岩屋講本(1811)下「飲食(くひもの)を胃の府へ受け納むる道ぢゃに依って胃管と云ひ、又食道とも云うでござる」＊和英語林集成(再版)(1872)「Ikwan イクヮン 胃管」＊医語類聚(1872)〈奥山虎章〉「Gullet 胃管」②医療用のゴム管の一つ。口、食道を通じて胃に挿入し、洗浄、栄養補給などに用いるもの。発音〈標ア〉0 辞書ヘボン 表記 胃管(ヘ)

い-かん【尉官】〘名〙もと陸海軍の大尉、中尉、少尉の総称。明治期は士官と呼称した。→佐官・将官。＊金鵄勲章叙賜条例(明治二七年)(1894)三条「尉官の初叙は功五級とす」＊琵琶伝(1896)〈泉鏡花〉一「渠(かれ)は名を近藤重隆と謂ふ陸軍の尉官なり」語誌(1)「太尉、廷尉、都尉」のように「尉」を用いる武職名は、中国でも見られたが、これを新式軍隊の階級として使用したのは、明治二年一二月の太政官令による。各藩の常備兵はすべて大隊に編制され、大隊長が少佐、中隊長が大尉、副官、小隊長が中尉、半隊長が少尉と改称され、「尉官」は、その総称として一般化した。(2)「尉官」をはじめ、「大尉、中尉、少尉」などの軍隊の階級名は、二〇世紀初頭中国語にも移入された。発音〈標ア〉イ

い-かん【異観】〘名〙すぐれた景色。めずらしいながめ。かわったみもの。＊浮城物語(1890)〈矢野龍渓〉九「山麓の村家火災の点に至ては実に是れ異観(イクヮン)なり」＊日本文化私観(1942)〈坂口安吾〉四「町家の中でこれを見ると、魁偉であり、異観であったが、然し、頭抜(づぬ)けて美しいことが分るのだった」＊左思‐魏都賦「壱二八方一而混同、極二風采之異観一」発音〈標ア〉0

い-かん【移貫】〘名〙古代、本貫(ほんがん＝本籍地)を離れて他郷へ籍を移すこと。令制では本籍地を離れるには煩雑な手続きを必要とし、一国内の移動は国司の、二国間の移動は太政官の許可を要した。非合法な移動は、浮浪、逃亡と称された。遷貫(せんかん)。＊延喜式(927)一一・太政官「百姓附レ籍移レ貫改レ姓〈略〉並請二内印一」

い-かん【移換】〘名〙取りかえること。入れかえること。＊新聞雑誌‐一二号・明治四年(1871)九月「風俗なる者移換以て時の宜しきに随ひ、国体なる者不抜以て其勢を制す」発音〈標ア〉0

い-かん【移管】〘名〙管轄を他へ移し替えること。管理を他へ移すこと。＊芸術運動に於ける前衛性と大衆性(1929)〈勝本清一郎〉「アヂ・プロ芸術を非芸術性のものの中へ移管してしまふことによって」＊死霊‐一章(1946–48)〈埴谷雄高〉「彼はやがて刑務所内の一病舎へ移管されたのであった」発音〈標ア〉0〈京ア〉0

い-かん【移監】〘名〙囚人をある監獄から他の監獄に移すこと。＊司法省令第一八号‐明治四一年(1908)六月一六日・一六二条「前項に掲げたる者を移監の為め他所に護送するときは」発音〈標ア〉0

い-かん【偉観】〘名〙偉大な光景。すばらしいながめ。壮観。＊太平記(14C後)四〇・中殿御会事「一場偉観(イクヮン)千載之徽猷者耶」＊一年有半(1901)〈中江兆民〉三「余常に思ふ団十、菊五、団蔵の三人をして一場に演ぜしむるときは、真に偉観を出すを得可し」＊吾輩は猫である(1905–06)〈夏目漱石〉三「然し物も極度に達しますと偉観には相違御座いませんが何となく怖しくて近づき難いものであります」＊蒲道源‐次耶律奉使鎮南楼詩韻詩「陰闔陽開増二偉観一、月明風冷怯二清秋一」発音〈標ア〉0

い-かん【葦間】〘名〙あしの生えている中。＊六如庵詩鈔‐二編(1797)五・甲寅中秋〈略〉泛舟遊巨椋湖各賦「延二縁葦間一驚二宿鷺一、流二眄天際一送二孤鴻一」＊荘子‐漁父「乃刺レ船而去、延二縁葦間一」発音〈標ア〉0〈京ア〉0

い-かん【意幹】〘名〙心のはたらき。志幹。＊宋書‐褚叔度伝「謹実有二意幹一、故為二太祖所一レ知」

い-かん【遺憾】〘名〙〘形動〙思い通りにいかないで、心残りなこと。また、そのさま。残念。釈明や非難をする場合にも用いる。＊文明本節用集(室町中)「遺憾 イカン」＊信長記(1622)起「功あって洩れぬる人、其遺憾(イカン)いかばかりぞやとおもふままに、かつかつひろひもとめ、これを重撰す」＊白石先生手簡(1725頃)五「生前の心もちにて、同じくほねをおらせ候にも、子細有べく候事と、今更遺憾哀惜の事共に候」＊読本・椿説弓張月(1807–11)残・六〇回「遺憾(イカン)ほとほとやるかたなけれど、白骨なりとも拾(ひら)はんと」＊当世書生気質(1885–86)〈坪内逍遙〉二〇「作者も遺憾(イカン)なりと思ひしぞかし」＊消息(1899–1900)〈正岡子規〉「翁は一々に処理して毫髪も遺憾無からしむる処迚も他人の及ぶ所にあらず候」＊一年有半(1901)〈中江兆民〉三「菊の十二分の処迄透徹して遺憾無き、両人相ひ待て奇観を成す」＊吾輩は猫である(1905–06)〈夏目漱石〉五「逐一之を読者に報知するの能力と根気のないのは甚だ遺憾である」＊黒地の絵(1958)〈松本清張〉一「司令官の市民にたいする遺憾(イカン)の短い声明文が、各紙の地方版だけにのった」発音〈標ア〉0〈京ア〉0 辞書文明・言海 表記 遺憾(文・言)

いかん ながら 残念ではあるが。また、気の毒ではあるが。＊葬列(1906)〈石川啄木〉「五年振で帰って僅か二夜を過した許りの自分は、其二夜を遺憾乍ら屋根の下にのみ明かして了ったのである」

いかん なく ①心残りになることなく。残念とは思わないで。＊邪宗門(1909)〈北原白秋〉例言「少年時の長篇五六及その後の新旧作七十篇の余は遺憾なく割愛したり」②(副詞のように用いて)十分に。申し分なく。洩れなく。＊囚はれたる文芸(1906)〈島村抱月〉七「第三期のラファエルは、独逸ドレスデンの画堂にある、サン・シストーのマドンナを以て、遺憾なく表出するを得べし」＊青年(1910–11)〈森鷗外〉二三「情況から判断すれば、二人が夏を一しょに暮らしたと云ふことは、もう疾(と)っくに遺憾(ヰカン)なく慥(たしか)められてゐるのであるが」

いか・ん〘連語〙(動詞「いく」に打消の助動詞「ぬ」から転じた「ん」の付いたもの)①(多く「…訳にいかん」の形で)物事がうまく運ばない意から、不可能を表わす。できない。いかない。＊当世書生気質(1885–86)〈坪内逍遙〉一〇「其姉芸妓をさしおいて、あんまり口を出す訳にもいかんし」＊吾輩は猫である(1905–06)〈夏目漱石〉七「無論常規常道を以て律する訳にはいかん」②よくない。いけない。(イ)(上に確定的表現が来る場合)望みがない。だめである。まずいことをした場合などには感動詞のように用いることもある。＊雑俳・柳多留拾遺(1801)巻一三・下「いかん事とはのとどのがいひはじめ」＊西洋道中膝栗毛(1870–76)〈仮名垣魯文〉六・下「君マア重杯(かさね)たまへ僕はモウいかんいかん」＊浮雲(1887–89)〈二葉亭四迷〉二・八「是れが英国だと君一人位どうでもなるんだが、日本だからいかん」(ロ)(上に仮定的表現が来る場合)禁止、忠告の気持がこめられる。＊当世書生気質(1885–86)〈坪内逍遙〉九「あんまり熱くしちゃアいかんぞ」＊二人女房(1891)〈尾崎紅葉〉上・四「小身でも士族なら…平民は不可(イカン)」方言醜い。愛知県西加茂郡550 発音〈標ア〉カ〈京ア〉0

い-がん【依願】〘名〙強制でなく、本人からの願いによること。発音イガン〈標ア〉イ

い-がん【居眼】〘名〙相撲の手。紛(まがい)の十二手の一つ。＊浄瑠璃・井筒業平河内通(1720)五「十二のひねり、十二のなげ、立がん、いがん、強(つよ)みの腰」＊古今相撲大全(1763)下末・四十八手分別「十二之紛〈略〉居眼(ヰガン)」

い-がん【胃癌】〘名〙胃に生じる癌腫(がんしゅ)。多発部位は幽門部で、ついで胃体、噴門とつづく。初期には特別の症状はないが、食欲不振、おくび、胃の膨満感など、慢性胃炎と同じ訴えがなされる。次第に嘔吐、貧血、体重減少、悪液質の症状を示す。胃の周囲にあるリンパ節への転移が、しばしばみられる。四〇～六〇歳に多発。＊妹と背かゞみ(1886)〈坪内逍遙〉二「更に胃癌(イガン)といふ病にかかりて〈略〉終に黄泉の人となりぬ」＊変な音(1911)〈夏目漱石〉下「一人は胃癌(ヰガン)であった。残る一人は胃潰瘍であった」語誌 病理解剖が行なわれなかった時代には、漢方医でいう「膈(かく)の病」と呼ばれていた病気が胃癌を指していたと考えられる。明治維新後内臓の病変も解明され、胃癌について、栗原順庵の「和漢病名一覧」(一八七九)は、項目を設け、病症について詳しく記している。発音イガン〈標ア〉0イ〈京ア〉イ 辞書言海 表記 胃癌(言)

い-がん【移龕】〘名〙(「龕」は棺、柩の意)禅家で、尊師の遺骸を入れた棺を法堂に移すこと。＊勅修清規‐尊宿移龕「入龕三日、移レ龕鋪二設法堂上間一」

いかん-こません【衣冠駒銭】〘名〙通用しない絵銭(えぜに)の一つ。面に衣冠を着けた人の駒を引く姿、穴の上に宝袋、穴の右に三個の玉の絵のあるもの。

いかん-じ【遺憾事】〘名〙心のこりなこと。残念なこと。気の毒なこと。＊太虚集(1924)〈島木赤彦〉巻末記「小生等と手を分つに至ったことは回すべからざる遺憾事である」

いかん-しょう【異汗症】〘名〙汗に臭気、色、血液、尿素その他異常の成分を含有する病症。発音イカンショー〈標ア〉カ0

い-かんじょう【已灌頂】〘名〙すでに伝法灌頂を請け、阿闍梨職位をもつこと。＊東大寺続要録(1281–1300頃)「建久五年〈略〉以上已講已灌頂」＊東宝記(1352)「正和元年三月廿一日、〈略〉融舜、〈于レ時已灌頂、改名弘縁〉」辞書色葉 表記 已灌頂(色)

いかん-せんばん【遺憾千万】〘形動〙(「千万」は接尾語)非常に心残りであるさま。残念このうえないさま。＊当世書生気質(1885–86)〈坪内逍遙〉一「其当

人の身に取ては、遺憾千万(イカンセンバン)残念至極」＊小公子(1890–92)〈若松賤子訳〉前編・一「父にとって、如何にも遺憾千万(イカンセンバン)のことどもでした」＊吾輩は猫である(1905–06)〈夏目漱石〉二「其意を果さず、遺憾千万に存じ候」

いかん-そく ヰクヮン：【維管束】『名』種子植物およびシダ植物の根、茎、葉の中にあり、物質移動の通路となる組織。細長い細胞が束状に集まっている。養分の通路である篩部(しぶ)と水分の通路である木部とがある。管束。脈管束。 発音〈標ア〉カ

いかんそく-しょう ヰクヮンソクセウ【維管束鞘】『名』維管束の、周囲の一部、または全部を囲む機械組織。厚い細胞膜をもつ柔組織から成り、通道だけでなく一時的な貯蔵をも行なうとされる。草本、特に単子葉類の茎に発達している。 発音イカンソクショー〈標ア〉ク

いかんそく-しょくぶつ ヰクヮンソク：【維管束植物】『名』維管束をもつ植物の総称。種子植物とシダ植物が含まれる。高等植物。管束植物。 発音〈標ア〉ク[2]

いかん-そくたい イクヮン：【衣冠束帯】『名』衣冠や束帯。公家の正装をいう。主に近世、民間で称した語。＊神道集(1358頃)一・一「太神宮の祭主神宮寺に衣冠束帯を被ㇾ下」＊俳諧・青根が峯(1698)同門評判「天性正しく生れつき給ふに寄て〈略〉たとへば衣冠束帯(イクヮンソクタイ)のただ敷人、遊女町にたてるがごとし」＊読本・椿説弓張月(1807–11)残・六八回「頼朝又衣冠束帯(イクヮンソクタイ)の神像を造らして」 発音〈標ア〉イ[1]〈京ア〉イ=0

いかん-そとう イクヮン：【衣冠俎豆】『名』(「俎」は肉を載せるまないた、「豆」は食物を盛る高杯で、ともに中国古代の祭器) ころもとかんむりと平らな台と高坏(たかつき)。正式な装束に身を固めて供物をそなえて祭祀を行なうこと。文治のたとえ。＊六如庵詩鈔－二編(1797)三・寄題波響楼「爾来三百有余載、衣冠俎豆拓㆓皇猷㆒」

いがん-たいしょく イグヮン：【依願退職】『名』本人の願い出によってその職をやめること。定年退職や懲戒免職などと区別していう。＊壺中庵異聞(1974)〈富岡多恵子〉八「Tという興行会社を依願退職し」 発音イガンタイショク〈標ア〉イ[1]

いかん-つう【―通】『名』(「いかん」は本物になっていないの意) 自称通人をいう。安永(一七七二〜八一)頃の流行語。半可通。＊洒落本・無頼通説法(1779)「色道酒服(しきどうしゅふく)のためにもと、此彼岸(ひがん)中いかん通(ツウ)のせっほうをはじめました」＊洒落本・大通禅師法語(1779)跋「こののちこぢつけのいかんつうあらば、わがゐちぼうにうちたをして」

いがん-めんかん イグヮンメンクヮン【依願免官】『名』本人の願い出により、その官職をやめることを許可すること。＊後裔の街(1946–47)〈金達寿〉五「わしは巡査を拝命してから二十数年、このたび後進に道をあけて依願免官となるまで、一人の人間に縄を掛けたことがない」 発音イガンメンカン〈標ア〉イ〈京ア〉イ=0

いがん-めんしょく イグヮン：【依願免職】『名』本人の願い出による退職を許可すること。 発音イガンメンショク〈標ア〉イ

いかん-もん ヰカン：【偉鑒門】平安京大内裏(だいだいり)外郭門の一つ。大内裏の北面、中央にある門。あかずの門。あけずの門。＊色葉字類抄(1177–81)「偉鑒門 ヰカムモン 宮城門」＊拾芥抄(13–14C)中「偉鑒門 猪養氏造ㇾ之不開御門〈略〉或記云、偉鑒門、元者玄武門也。俗号㆓之不開門㆒」＊文明本節用集(室町中)「殷富門 インフモン 禁裡十二門内西面 偉鑑門 イカンモン 同北面也」 発音〈標ア〉カ 辞書色葉・下学・文明 表記偉鑑門(下・文) 偉鑒門(色)

いき『字音語素』域・閾

【域】キヰ 呉 ①さかい。区切り。かぎられた範囲。/区域、境域/海域、水域、帯域、地域、辺域、流域、神域/浄域、聖域、芸域、職域、外域、殊域、封域、領域/ ②くに。/国域、邦域、異域、西域/ ⇩いき(域)

【閾】キヰ 呉 ①しきい。さかいめ。/戸閾、堂閾、門閾、識閾、刺激閾/閾値/ ②くぎり。/藩閾/ ⇩いき(閾)

いき【生】 ❶『名』(動詞「いく(生)」「いきる(生)」の連用形の名詞化) ①生きること。生きていること。↔死(しに)。＊万葉(8C後)九・一七八五「死にも生(いき)も君がまにまと〈金村歌集〉」＊宇津保(970–999頃)嵯峨院「昔より契りし深き中なればいきもしにをも友にこそせめ」 ②魚肉や野菜などの新鮮さ。転じて、態度や動作が活発でいきいきしていること。生気。勢。＊評判記・難波物語(1655)「あぢのわろきふたをいれられ、いきのよからぬかづきにあふて」＊春泥(1928)〈久保田万太郎〉向島・七「さうした生きのいい、ふん切った、花々しい感じのことは一つもなかった」 ③印刷で、原稿や校正刷で一度消した字をいかしてもとのままにするように指示する語。普通イキと片仮名で朱書する。 ④囲碁で、目が二つ以上あって相手にとられないこと。いき石。 ❷『接頭』卑しめ罵る意を表わす。近世「いき傾城」「いき畜生」「いき盗人」などのように用いられた。＊天理本狂言・河原太郎(室町末–近世初)「又女房きいて、しかしか云て、あのいきぢくしゃうめがと云」＊かた言(1650)五「人をしかり訇(のの)しる時にをのが腹のたつ儘に〈略〉いきづくしゃうめ、しにづくしゃうめ、いきだかけ、しにだかけ〈略〉など、いとさもしく冷(すさま)じういふことなかれとぞ。すべて、生死(しゃうじ)めの三字を付(つけ)て人をののしり侍ること、浅ましうすごう侍る物なり」 発音❶は〈標ア〉①④はキ ②は0 ③はキ イ 〈京ア〉①はキ/イ ②はイ 上仮名イキ| 辞書言海 表記生(言)

いき【行】『名』(動詞「いく(行)」の連用形の名詞化) ①行くこと。また、出て行く時。行く途中の道。「行きはよいよい帰りはこわい」＊雑俳・川傍柳(1780–83)五「いきに騒でへこたれる野かけ道」＊滑稽本・浮世床(1813–23)初・下「其証拠には、行(イキ)と帰(けへ)りとのこころ持を見ねへな」＊行人(1912–13)〈夏目漱石〉兄・二二「此処は往(イキ)は通らなかったかな」 ②行く先。＊浄瑠璃・夏祭浪花鑑(1745)四「銜(かたら)れた金のいきは、詮義しぬいて御損はかけぬ」 発音〈標ア〉0〈京ア〉0 辞書言海 表記行(言)

いき【息】『名』①口や鼻を通して吐いたり吸ったりする気体。呼気と吸気。特に、呼気をさす場合が多い。＊書紀(720)雄略即位前(図書寮本訓)「其の戴(ささ)げたる角、枯樹の末(えだ)に類(に)たり。〈略〉呼吸(いぶ)く気息(イキ)朝霧に似たり」＊東大寺本成実論天長五年点(828)二一「出づる息(イキ)に於て、還りて入ることを保つまじ」＊公任集(1044頃)「いなつまのてらす程には入息の出るまつまもかはらざりけり」＊枕(10C終)三〇六・日のいとうららかなるに「海女(あま)のかづきしに入るは憂きわざなり〈略〉舟の端(はた)をおさへて放ちたるいきなどこそ、まことにただ見る人だにしほたるるに」＊日本読本(1887)〈新保磐次〉三「汝が口より出づるいきも、鉄瓶の湯げも、煙草の煙りも次第に薄くなれば、目に見えず」 ②空気を吐いたり吸ったりすること。呼吸。＊万葉(8C後)五・七九四「伊企(イキ)だにも未だ休めず年月も未だあらねば〈山上憶良〉」＊源氏(1001–14頃)夕顔「『そよ、などかうは』とて、かいさぐり給ふに、いきもせず」＊俳諧・炭俵(1694)上「うぐひすにほうと息する朝哉〈嵐雪〉」 ③音声学で、声帯の振動を伴わない呼気。 ④勢い。けはい。＊書紀(720)神代下(鴨脚本訓)「亦、汝霊(くしひ)に異(あやし)き威(かしこさ)有り、子等復た倫(ひと)に超(すぐ)れたる気(イキ)有ることを明かさむと欲ふ」 ⑤命。いきのお。＊万葉(8C後)一四・三五三九「あずのうへに駒をつなぎて危ほかど人妻児ろを伊吉(イキ)にわがする〈東歌〉」＊説経節・をぐり(御物絵巻)(17C中)八「さてめいどへと、ひくいきは、みつばのそやをいるよりも、なをもはやうそおほへたり」 ⑥二人以上で何かをする際の相互の気持のかねあい。調子。呼吸。→息が合う。＊春泥(1928)〈久保田万太郎〉冬至・三「一と月まへの本郷の芝居の舞台での歪(ゆが)んだ互ひの心もち――二十二日の間、ただの一日もその両方の呼吸(イキ)のしっくりしなかった不愉快さ」 ⑦技芸の深い要領。こつ。→息を盗む。 ⑧茶などのかおり。におい。＊利休客之次第(1587)「のみ口の方方上になるに依て、茶のいきも上へあがり」＊京童(1658)四・宇治「茶をのみしまひてのあとに、茶碗をはなによせて意気(イキ)がよしとほむるはあやまり也。意気(イキ)といふはのまぬさきの香也」 ⑨ゆげ。蒸気。＊史記抄(1477)一四・扁鵲倉公列伝「熏と云は、薬を煎じて其あつきいきを以て蒸す様な事があるぞ」＊洒落本・後編遊冶郎(1802)二「ちいさなどんぶりに、やきたまごのほやほやといきのでるやつをいれて」＊菓子大全(1840)「おはちに入息の出ぬやうにしっかりとふたをして」＊破戒(1906)〈島崎藤村〉二一・一「其日にかぎっては、飯も焚きたての気(イキ)の立つやつで」 ⑩人からの圧力や影響。→息が掛かる。 ⑪(比喩的に) 風や火の勢いなどが強くなったりする作用。＊有明集(1908)〈蒲原有明〉坂路「または折々は風の呼息(イキ)、吹くとしもなく辻巻きて」 方言 ❶咳(せき)。鹿児島県963 肝属郡970 種子島978 ◇いっ 鹿児島県大隅054 ◇いく 鹿児島県揖宿郡969 ◇いきぎり 鹿児島県奄美大島975 ❷湯気。水蒸気。青森県南部084 岩手県気仙郡100 秋田県鹿角郡132 福島県東白川郡157 石川県珠洲郡408 鳳至郡409 山梨県456 長野県南部062 兵庫県淡路島671 島根県725 ❸麴(こうじ)などの温気(うんき)。鹿児島県肝属郡970 ❹空気。◇いいち 沖縄県990 ❺霊魂。薩摩†137 ❻海女の潜水作業で一回潜ること。千葉県安房郡025 ❼力がつくこと。元気が出ること。兵庫県加古郡664 語源説 (1)生の義〔和訓栞〕。(2)イク(生)の義。またはイズルキ(出気)の略〔日本釈名〕。(3)イはイデ(出)、キはヒキ(引)から〔和句解〕。(4)イはイーと引く音、キは気の意〔国語溯源=大矢透〕。(5)イキ(息気)の意。息は口より出る気息の音、キは気〔日本語源=賀茂百樹〕。(6)イキ(生気)の義〔言元梯・日本語原学=林甕臣〕。(7)イは発語。キはフキからか〔名言通〕。(8)イキ(胃気)の意か〔和語私臆鈔〕。(9)イは気息を意味する原語。キは活用語尾〔日本古語大辞典=松岡静雄〕。 発音〈なまり〉イッ〔鹿児島方言〕エキ〔栃木・鳥取〕ユキ〔福井大飯〕〈標ア〉イ〈ア史〉平安来○◎〈京ア〉0 上仮名イキ| 辞書字鏡・色葉・名義・和玉・文明・天正・黒本・易林・日葡・書言・〈ボン〉・言海 表記息(色・名・文・黒・易・書・へ・言) 気(色・名・玉・文・天・書) 喙・孝(名) 噫・㖸(玉)

いきが合(あ)う 相互の調子がよく合う。たがいの気持がぴったり一致する。＊花ごもり(1894)〈樋口一葉〉六「お近はもともとお辰とは意気(イキ)の合(ア)ふといふ中にも非らず」＊茶話(1915–30)〈薄田泣菫〉名女優の冷笑「俳優(やくしゃ)達の互の呼吸(イキ)が合(ア)ふといふ事が何よりも大事である」

いきが掛(か)かる 有力者の保護または影響、支配などを受ける。＊浄瑠璃・博多小女郎波枕(1718)長者経「五十貫や百貫目のかねは取かへて、親御の息(イキ)がかからず共、物の見ごとに取立ませよ」＊浄瑠璃・夏祭浪花鑑(1745)八「なんぼ飛(とぶ)程の術を得ても、天下の息(イキ)のかかった此指で、どふ押へられては叶はぬ叶はぬ」＊詞葉新雅(1792)「イキガカカル けはひかかる 其カゲヲ蒙ルナリ」

いきが通(かよ)う ①動物がまだ死なないで生きている。＊宇津保(970–999頃)菊の宴「いただきこり黒き烟(けぶり)たちて青くなり赤くなりてただいきのみかよふ」＊源氏(1001–14頃)夢浮橋「この人もなくなり給へるさまながら、さすがにいきかよひておはしければ」＊平治(1220頃か)上・信西の首実検の事「ほりおこしてみれば、いまだ目もはたらき息も

かよひけるを、首を取てぞかへりける」＊読本・南総里見八犬伝(1814–42)九・九六回「またく中風にて、才(わづか)に気息(イキ)の暢(カヨ)ふのみ」②精神がこもって充実している。

いきが切(き)れる ①激しく動いたりして息切れがする。息が続かなくなる。あえぐ。＊曾我物語(南北朝頃)五・呉越のたたかひの事「ついの陣を一陣にあはせて、馬のいききるる程ぞおうたりけり」＊浮世草子・諸道聴耳世間猿(1766)五・二「もはや息が切れるやうなれば、どふぞ此金毘羅参は止に仕たい」＊滑稽本・浮世風呂(1809–13)二・下「アア、息(イキ)が切(キレ)た。ヲヲ、せつねへ」＊野分(1907)〈夏目漱石〉八「君坂を上がると呼吸が切れる様だが、どこか悪いぢゃないですか」②息が絶える。死ぬ。＊日葡辞書(1603–04)「Iqiga qiruru (イキガ キルル)、または、タユル」＊阿部一族(1913)〈森鷗外〉「市太夫、五太夫、七之丞はとうとう皆深手に息(イキ)が切(キ)れた」③物事が長く続けられないで、途中で弱る。＊浄瑠璃・志賀の敵討(1776)七「傾城買いも、質種(しちぐさ)の息(イキ)の切れぬうちやめた方がましであろ」 辞書 日葡・言海 表記 息切(言)

いきが絶(た)える ①息がつづかない。息ぎれがする。＊源氏(1001–14頃)桐壺「いきもたえつつ、きこえまほしげなる事はありげなれど」＊俳諧・奥の細道(1693–94頃)出羽三山「息絶(いきたえ)、身こごえて頂上に臻(いた)れば」②息が止まる。死ぬ。＊源氏(1001–14頃)夕顔「ただひえにひえ入て、いきはとくたえ果てにけり」＊平松家本平家(13C前)九・一谷合戦事「僅に通ひ出づる息(イキ)も早絶にけり」＊増鏡(1368–76頃)二・新島守「いきもたえぬるさまにて臥しぬ」 辞書 日葡・言海 表記 息絶(言)

いきが続(つづ)く 吸い込んだ息が長く持つ。転じて、一般に、ある状態を長く保つ。

いきが詰(つ)まる 呼吸が苦しくなる。息ができなくなる。また、極度に緊張して息が止まるような感じがする。息づまる。＊徒然草(1331頃)五三「ただはれにはれみちて、息もつまりければ」＊虎明本狂言・蛸(室町末–近世初)「庖丁(はうちゃう)をしあてらるれば、眼もくらみ、いきつまって」＊浄瑠璃・心中宵庚申(1722)上「いきつまったる腹立は、詞ずくなにすさまじし」

いきが長(なが)い 吸い込んだ息を保つ時間が長い。転じて、ある仕事や活動が、一定の水準を保って長い期間続いている。

いきが=成(な)る[=できる] ひと休みすることができる。余裕ができる。＊浮世草子・傾城禁短気(1711)三・二「二座勤むれば、すこし息(イキ)がなり、三座勤むれば見事な身」＊人情本・春色淀の曙(19C中)三・四回「其の祝儀に二三両も遣ったら当時息(イキ)が出来(デキ)よう」

いきが抜(ぬ)ける 緊張をゆるめることができる。気分を休めることができる。＊金(1926)〈宮嶋資夫〉九「さあ漸く少し息(イキ)がぬけるぞ」

いきが弾(はず)む 呼吸が速く苦しくなる。＊日葡辞書(1603–04)「Iqiga fazzumu (イキガ ハヅム)」＊狂言記・菊の花(1700)「あまり捻(ね)ぢられ、いきがはづんで物がいはれぬ」＊はやり唄(1902)〈小杉天外〉一三「『然うですな…』息が喘(ハズ)んで聞える」 辞書 日葡

いき白(しろ)し 寒いときに人などの吐く息が白く見えることをいう。《季・冬》＊惜命(1950)〈石田波郷〉「暁に死せば息白き者等囲み立つ」

いきの緒(お) ⇨親見出し

いきの香(か)の臭(くさ)きは主(ぬし)知(し)らず 自分の息の臭いことは、自身では気がつかない。自分の欠点は気づくのが難しいというたとえ。＊譬喩尽(1786)一「息(イキ)の香(カ)の臭(クサ)きは主(ヌシ)知(シ)らず」

いきの下(した) ⇨親見出し

いきのたけ 息のあるだけ。息の続く限り。＊俳諧・荒小田(1701)「涼しさや息のたけゆく笹小舟」

いきの束(たばね) のどもと。＊浄瑠璃・双生隅田川(1720)一「御はかせ引ぬいて、息のたばねをぐっとさし」

いきの保(たも)ち 息のかよい。呼吸すること。＊浄瑠璃・雪女五枚羽子板(1708)上「寒風しきりにさっさっさっと、五臓六腑にさすごとく息のたもちもあらばこそ」

いきの根(ね) ⇨親見出し

いきもくれず 呼吸する間もなく。一気に。＊史記抄(1477)一三・樊酈滕灌「いきもくれずせめてことなうこそ戦つらうぞ」＊浄瑠璃・初庚申楽遊(1679)二「かたきは大せいにて、いきをもくれず、切てかかる」

いきもせもならず (「せ」は「息精(いきせ)」の「せ」) 息もつけない。息をつくひまもない。＊四座役者目録(1646–53)下「俄に息もせもならぬやうに、もみつくるにより」

いきも鼻(はな)もさせず (息も鼻もつまるようにする、息もつかせないの意から) 楽をさせない。せちがらくすることのたとえにいう。＊浮世草子・本朝二十不孝(1686)三・二「世智かしこく灸(やいと)ばしにて目をつくごとく、其校(せは)しさ息(イキ)も鼻(ハナ)もさせぬ所なり」

いきを入(い)れる しばらく休息する。一息ついて休む。いきをつぐ。＊吾輩は猫である(1905–06)〈夏目漱石〉六「中途で息を入れると云ふ不体裁もなく」＊あらくれ(1915)〈徳田秋声〉七四「争闘に憊(つか)れた体に気息(イキ)をいれながら」 方言 ❶いっしょうけんめいにやる。性根を入れる。 岡山県児島郡763 ❷休息する。一休みする。 島根県725 ◇いきいれる・いきする 兵庫県加古郡664 ❸蒸した米をつく前につぶす。◇いきいれる 島根県簸川郡725

いきを返(かえ)す 「いき(息)を吹き返す」に同じ。＊滑稽本・浮世風呂(1809–13)前・上「呼生(よびいけ)ろ呼生ろトかほへ水をふいて大さわぎになる。やうやうにぶた七はいきをかへす」

いきを限(かぎ)る 息のあらん限りをつくす。息せききる。＊歌舞伎・傾城仏の原(1699)一「八郎左衛門は白き小袖に袴を着、息を限って来りつつ」

いきを=切(き)らす[=切(き)らせる] 激しく動いたりして、せわしい呼吸をする。あえぐ。＊俳諧・笈の小文(1690–91頃)「つつじ・根ざさにとりつき、息をきらし、汗をひたして、漸(やうやう)雲門に入るを」＊そめちがへ(1897)〈森鷗外〉「ばたばたと梯(はしご)降り来し梅子文子は息(イキ)を切(キ)らせて」＊くれの廿八日(1898)〈内田魯庵〉七「追駈けて来たは須山平四郎で喘々(せいせい)呼吸(イキ)を切らしてゐた」

いきを切(き)る ①息苦しくなる。息切れする。あえぐ。＊浄瑠璃・国性爺合戦(1715)二「女房息をきって走付、舟のとも綱しっかと取」＊談義本・根無草(1763–69)前・三「干汐につれて息を切て帰りし」＊妻(1908–09)〈田山花袋〉三七「お三輪が書生の山口と一緒に呼吸(イキ)を切って飛んで来た」②歌謡などを歌う途中で息を吸いこむ。息を継ぐ。＊わらんべ草(1660)二「字を切て、いきをきらぬ所あり」 辞書 言海 表記 息切(言)

いきを凝(こ)らす 「いき(息)を殺す」に同じ。＊人情本・英対暖語(1838)二・九回「身をちぢめて息をこらし、わなわなふるへて居たりしが」＊多情多恨(1896)〈尾崎紅葉〉前・一〇「お種は慄然(ぎょっ)として息を凝(コラ)したが」＊悪魔(1903)〈国木田独歩〉二「何者か自分と同(おなじ)く上って来た人の気勢(けはひ)、静に控へ、呼吸(イキ)を凝(コ)らして居ると」

いきを殺(ころ)す 呼吸をおさえて静かにしている。息をつめてじっとしている。息をこらす。＊滑稽本・七偏人(1857–63)五・上「隔紙(からかみ)立きり、息をころして居たりしが」＊龍潭譚(1896)〈泉鏡花〉あふ魔が時「眼を塞ぎ、呼吸(イキ)をころしてひそみたるに」＊断橋(1911)〈岩野泡鳴〉一二「どう出るかと、息を殺して待ち受けてゐたらしいお鳥は」

いきをさす 休息させる。安心させる。ほっとさせる。＊洒落本・仕懸文庫(1791)三「すへずへ、こうあとおもふ心があらば、もふ一年もしんぼうして、をれにちっといきをさしてくれろ」

いきをする 呼吸する。また、休息する。ほっとする。＊歌舞伎・月出村廿六夜諷(1821)序幕返し「ちっとマア爰らで、息をしてから逃げませう」＊歌舞伎・処女評判善悪鏡(白浪五人女)(1865)序幕「わしの家とも知らずして便(たよ)って来たは天道様(てんたうさま)が、おれに息(イキ)をしろといふ〈略〉知らせと思へば恐ろしく」

いきを吐(つ)く ①大きく呼吸する。ためていた息をはき出す。＊花鏡(1424)比判之事「見物の人の目、心を休めて、隙をあらせ、息をつかせて、面白き所を静かに見すれば」＊日葡辞書(1603–04)「Iqiuo tçuqu (イキヲ ツク)〈訳〉力をいれて息を投げ出すように呼吸する」＊多情多恨(1896)〈尾崎紅葉〉前・一「水でも飲むやうに一盃の麦酒を尽(ほ)して、ほうと息を吐(ツ)く」②ひと休みする。また、緊張や苦しみから解放されて、ひと安心する。ほっとする。＊咄本・昨日は今日の物語(1614–24)下「されば、是にて少はらをぬくめていきをつく」＊俳諧・曠野(1689)六・雑「こがらしもしばし息つく小春哉〈野水〉」＊談義本・地獄楽日記(1755)二・一「何(いづれ)もよい加減に飲んで置かせられよ。皇子様方御出なされぬ前に、皆々いきついては如何」＊俳諧師(1908)〈高浜虚子〉五三「今日やっと給料を前借りして来て息(イキ)を吐(ツ)いた処なんだ」③生きて行く。また、生活する。＊良人の自白(1904–06)〈木下尚江〉前・四・二「与三公の手一つで如何(どう)にかコウにか呼吸(イキ)を続(ツ)いて居ると云ふ始末でやすが」 方言 呼吸を整える。 青森県津軽075

いきを継(つ)ぐ ①呼吸をする。呼吸を整える。＊太平記(14C後)六・楠出張天王寺事「同四月三日楠五百余騎を率して、俄に湯浅が城へ押寄て、息(イキ)をも不継(ツガせず)責戦(せめたたか)ふ」＊御伽草子・猿源氏草紙(室町末)「盛遠、苦しげ成るいきをつぎ」＊浄瑠璃・烏帽子折(1690頃)四「まくり立、まくり立、いきをもつがせず追ひ立れば」＊浮世草子・魂胆色遊懐男(1712)一「町の水溜桶の水を手してすくひ、一くちのみていきをつぎ」②ちょっと休息する。ひといき入れる。＊平家(13C前)九・六ケ度軍「我等は無勢也。いかにもかなふまじ。ここをばおちてしばらくいきをつがん」＊金刀比羅本平治(1220頃か)中・六波羅合戦の事「さらば馬の気(イキ)をつがせよとて門より外へ引退(ひきしりぞ)く」 辞書 日葡・言海 表記 息継(言)

いきを詰(つ)める 息をしないようにしてじっとしている。息を殺す。＊浄瑠璃・心中天の網島(1720)下「おろおろ涙のひとりごと隠るる間の隔てねば、聞えて治兵衛もいきをつめ、涙のみ込斗也」＊多情多恨(1896)〈尾崎紅葉〉前・五・三「眉を皺(しわ)めて息を屏(ツ)めてでもゐるやうに見える」

いきを閉(と)じる 「いき(息)を詰(つ)める」に同じ。＊浄瑠璃・用明天皇職人鑑(1705)二「殺してくれと観念(くゎんねん)し、いきをとぢたるまなこにも、名残の涙せきあへず」

いきを整(ととの)える 乱れた呼吸をもとの状態にもどす。*水の葬列(1967)〈吉村昭〉五「手すりにもたれて息を整えた」*雪の下の蟹(1969)〈古井由吉〉「腰をかがめてまだ苦しそうに息を整えている」

いきを抜(ぬ)く 物事の途中で一休みする。気分転換のため休息する。*良人の自白(1904-06)〈木下尚江〉前・一九・三「判事連もウンザリした気味合で、制帽を脱いで蒸気(イキ)を抜いている」*雁(1911-13)〈森鷗外〉六「真に爪に火を点(とも)す人と、どこかに一つ穴を開(あ)けて、息(イキ)を抜くやうにしてゐる人とがある」

いきを盗(ぬす)む ①歌謡などで、声を長く引いて歌う場合、または一息に歌わなくてはならない場合に、聞き手に気付かれないようにこっそり息をつぐ。*曲附次第(1423頃)「凡(およそ)いきをつぐ事、句あいにてつぐ内にも、又所によりて、いきをぬすみて次(つぐ)在所(ざいしょ)あるべし。ぬすむとは息を次ともしらせぬさかい也」*わらんべ草(1660)二「息をぬすむ、すつる事有、又字を切て、いきをきらぬ所あり」②人のするのを見たりして技芸のこつをこっそり会得する。*歌舞伎・幼稚子敵討(1753)二「師匠のいきを盗み、剰(あまつさへ)女房迄盗ふとした野良犬奴でござる」

いきを延(の)ぶ 息をつく。安心してほっとする。気がゆるむ。*源氏(1001-14頃)夕顔「我一人さかしがり、抱きも給へりけるに、この人にいきをのべ給ひてぞ、悲しき事もおぼされける」

いきを呑(の)む ①「いき(息)を張る」に同じ。*御伽草子・福富長者物語(室町末)「盥(たらい)に水を汲みてゐどころをひたし、いきをのみ給へ」②思わず息を止める。*和英語林集成(初版)(1867)「Iki wo nonde (イキ ヲ ノンデ) ナク」*当世書生気質(1885-86)〈坪内逍遙〉一八「息(イキ)をのみて、二人もろとも身うごきもせず」*魔風恋風(1903)〈小杉天外〉後・珍事・一「不意を打たれた初野は、はッと息を呑んで、暫くは口も利き得ぬのである」*良人の自白(1904-06)〈木下尚江〉前・一〇・七「怪しき運命と悲劇とを殆ど呼吸(イキ)を呑んで読み了(をは)った」

いきをはかりに 息の続く限り。息のありたけ。*浮世草子・新色五巻書(1698)四・五「半四郎が芝居迄息(イキ)をはかりにいそぐ足もと」*浄瑠璃・薩摩歌(1711頃)夢分舟「いきをはかりに駈け付、まだ死に切らぬかうれしやと」*滑稽本・東海道中膝栗毛(1802-09)七・下「両人はやうやうと、いきをはかりにかけいだして、下の森をうちすぎ」

いきを弾(はず)ませる[=弾(はず)ます] はげしい息づかいをする。せわしく呼吸する。*人情本・春色恵の花(1836)初・一回「喘息(せいせい)といきをはづまして泣声になって居さっしゃる所へ」*魔風恋風(1903)〈小杉天外〉前・意外・三「『萩原様』と何だか呼吸(イキ)を喘(ハズ)ませて」*鳥物語(1908)〈鈴木三重吉〉「息をはずまして詳しくつぎつぎに話した」

いきを放(はな)つ 息を強くはき出す。大きく息をつく。*宇治拾遺(1221頃)一一・九「又時々、そこにいきをはなつやうにして、集ひたるものどもの顔を見渡せば」

いきを張(は)る 息をこめて、下腹に力を入れる。いきばる。いきむ。*浄瑠璃・松風村雨束帯鑑(1707頃)三「手だにとどかば打こぼさん、取て呑んといきをはり、こぶしをにぎる」

いきを引(ひ)き取(と)る 息が絶える。死ぬ。*浮世草子・好色盛衰記(1688)五・五「いつまで成とも命のをはるまで爰に居るなり。息(イキ)引(ヒキ)取らば是から葬礼すべし」*雑俳・柳多留-二〇(1785)「いきを引取ると女房を引はなし」*野菊の墓(1906)〈伊藤左千夫〉「跡の肥立ちが非常に悪く遂に六月十九日に息を引き取った」

いきを引(ひ)く ①息を吸う。息をする。*申楽談義(1430)音曲の心根「『津の』の『の』と、『国の』の『の』との間に、いきを引やうに云」*湯島詣(1899)〈泉鏡花〉二七「呼吸(イキ)を引くやうに唇を動かして居る」*母の死と新しい母(1912)〈志賀直哉〉三「吾々が三つ呼吸する間に、母は頭を動かして、一つ大く息をひいた」*銀の匙(1913-15)〈中勘助〉前・二九「山茶花の花びらを舌にのせて息をひけば簞篥(ひちりき)ににた音がする」②息を引き取る。死ぬ。*オロッコの娘(1930)〈深田久彌〉「しかし、暁方にならぬうちに、パタラは若者の手へ冷たいねばり汗を残して息をひいてしまった」③喘息(ぜんそく)を病んでいる(日葡辞書(1603-04))。方言 咳(せき)をする。鹿児島県962 種子島978 ◇いきゅひく 鹿児島県肝属郡970 ◇いきゅひっ 鹿児島県963 ◇いくひっ 鹿児島県鹿児島郡968 揖宿郡969 ◇いぐひっ 鹿児島県揖宿郡969 辞書 和玉 表記 歔(玉)

いきを潜(ひそ)める 息をする音さえ聞こえないように目立たないようにする。*堕落論(1946)〈坂口安吾〉「その防空壕に息をひそめてゐる私自身を想像して」*人形愛(1976)〈高橋たか子〉一「自分が死んだ真似をして、息をひそめていればいい」

いきを吹(ふ)き返(かえ)す ①生き返る。蘇生(そせい)する。われに返る。息を返す。*俳諧・炭俵(1694)下「足軽の子守して居る八つ下り〈孤屋〉 息吹かへす霍乱(くゎくらん)の針〈其角〉」*浄瑠璃・源平布引滝(1749)三「我子を慕ふ魂魄も御旗の徳にや立帰り、息吹き返し目をひらき」*歌舞伎・心謎解色糸(1810)三幕「今の大雨に死人の女、息(イキ)吹返(フキカヘ)せしあの様子」②(比喩的に)だめだと思っていたものが、また勢いづく。*金(1926)〈宮嶋資夫〉二「お蔭で漸く息(イキ)を吹っ返(カヘ)すことが出来ました」*トカトントン(1947)〈太宰治〉「かうしてまた、だんだん私の所謂精神生活が、息を吹きかへして来たやうで」

いきをぶつ 「いき(息)を張る」に同じ。*滑稽本・旧観帖(1805-09)二・上「まえどうらが国へお江戸の衆がお来やって、何(あに)が無上(づなく)いきをぶつときに、うらアギャットいふと〈略〉いきをぶつとは、りきむといふ事なり」

いきを休(やす)む 休息する。*平家(13C前)一二・六代「既に只今切り奉らむとする処に馳ついて、いそぎ馬より飛おり、しばらくいきを休(やすめ)て」*日葡辞書(1603-04)「Iquio yasumuru (イキヲ ヤスムル)〈訳〉休息する」辞書 日葡

いき【域】 ヰキ〘名〙①土地、場所を分けたときの区切り目。境(さかい)。*落葉集(1598)色葉字集「域 さかい いき」②物事の程度の、ある段階。境地。*花柳春話(1878-79)〈織田純一郎訳〉二四「未開の域に屈縮し、依然として数百年前の景状を存する者あり」*明暗(1916)〈夏目漱石〉二〇「二人の関係は普通の叔父甥(おい)の域を通り越してゐた」*銀二郎の片腕(1917)〈里見弴〉「やがて本式の商売人(くろうと)の域に達した」*蜀志-彭羕伝「偃二息於仁義之途一、恬二惔於浩然之域一」③一定の区切られた土地、場所。*阮籍-東平賦「隅隈之缺、幽荒之塗、沕漠之域、窮野之都」発音〈標ア〉イ〈京ア〉イ 辞書 ボン 表記 域(へ) ⇩いき〔字音語素〕

いき【閾】 ヰキ〘名〙①門の下に置いた横木で、内外の区切りとするもの。しきみ。*色葉字類抄(1177-81)「閾 ヰキ トシキミ」②さかいめ。しきい。*論語-郷党「立不レ中レ門、行不レ履レ閾」③心理学で、刺激によって感覚や反応が起こる境界の値。刺激閾、刺激頂、弁別閾に分類される。発音〈標ア〉イ ⇩いき〔字音語素〕

い-き【位記】 ヰ‥〘名〙 公式令に規定された公文書の一つ。位を授けられる者に与えられる文書。位階が勅授(五位以上)奏授(六位以下内八位、外七位以上)判授(外八位および、内外初位)に分かれていたのに応じて、書式も異なる。中国の称にならって告身(こうしん)と呼ばれることもあった。位記状。*続日本紀-大宝元年(701)三月甲午「始停レ賜レ冠、易以二位記一」*令義解(718)公式・勅授位記式条「勅授位記式。中務省。本位姓名。〈年若干〉今授二其位一。年月日」*宇津保(970-999頃)吹上下「すずし・なかただ、位記御前にてたまふ。みかど、なかただが位記のうへにかかせ給」*朝野群載-一二・寛治三年(1089)正月一一日・勅授位記「五位已上位記。従二位藤原朝臣公実。右可二正二位一」*古今著聞集(1254)五・一四三「玄賓、位記を木の枝にさしはさみて、和歌を書付(かきつけ)てうせにけり」語誌 位記は、位を持つ者の全員が与えられるものであり、かつ昇進のたびに授けられるものであるから、発給せられた総数は莫大なものであったはずであるが、中世以前の古い位記の現物は、全く伝存していない。ただし、官人位記ではない僧侶の僧位記は、嘉祥二年(八四九)六月二二日の円珍のものが円城寺に現存する。発音〈標ア〉イ〈京ア〉イ 辞書 文明・書言・言海 表記 位記(文・書・言)

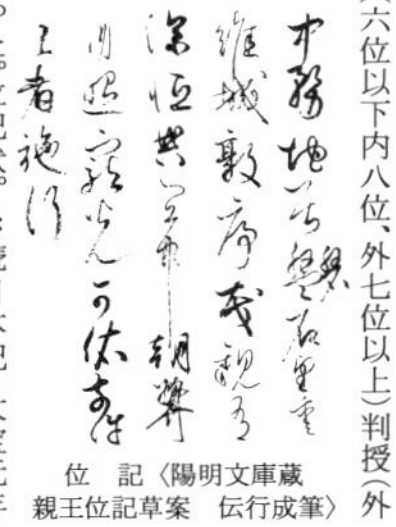

位　記〈陽明文庫蔵　親王位記草案　伝行成筆〉

いきの宣命(せんみょう) 叙位の旨を記した宣命。*禁秘鈔(1221)下「薨奏茲位記宣命不二内覧一也」

いき【壱岐】 一長崎県東松浦半島の北々西約二六キロメートルの海上にある島。もと西海道十一か国の一つ。対馬とともに中国、朝鮮と日本を結ぶ交通の要衝。中心地区は郷ノ浦。面積一三九平方キロメートル。壱州。いきの島。明治四年(一八七一)長崎県に合併。*古事記(712)上「伊伎(いき)の島」二長崎県、壱岐島の北半部を郡域としたが、明治二九年(一八九六)石田郡を合併して全島一郡となる。*二十巻本和名抄(934頃)五「壱岐島〈略〉壱岐」語源説 (1)ユキ(雪)の転〔日本釈名・紫門和語類集〕。(2)「日の地を行きはなれる島」の意から〔蒼梧随筆〕。(3)イチキ(壱岐)。イチの反イ〔名語記〕。(4)神嘗のユキ(斎居)からか〔大日本地名辞書=吉田東伍〕。(5)この島で、ユキ(斎忌)があるためか。または、イコヒ(息)の島の義か〔古事記伝〕。発音〈標ア〉イ〈ア史〉一は平安・江戸●○〈京ア〉イ 辞書 和名・色葉・文明・伊京・明応・天正・饅頭・黒本・易林 表記 壱岐(和・色・文・伊・明・天・饅・黒・易)

い-き【依帰】〘名〙よりすがること。頼ること。倚頼(いらい)。*史記抄(1477)三・周本紀「保帰とは憑てそこへ依帰するぞ」*書経-金縢「無レ墜二天之降宝命一、我先王亦永有二依帰一」

い-き【依稀】〘名〙(形動タリ)①はっきりしない様子。かすかなさま。ほのかなさま。*新撰朗詠(12C前)下・懐旧「笙歌縹眇たり虚空裏。風月依稀たり夢想間〈白居易〉」*咄本・笑府(1768)一・頌屁「大王高く尊き臀を聳かし、洪(をを)ひに宝の屁を宣玉(のべたま)ふこと絲竹の音に依稀(イキ〈注〉ソレカアラヌカ)として蘭麝の気に彷彿たりと云ければ」*虞美人草(1907)〈夏目漱石〉一「依稀(イキ)たる活気を帯ぶ」*劉禹錫-荊門道懐古詩「南国山川旧帝畿、宋台梁館尚依稀」②よく似た様子。そっくりなさま。*本朝文粋(1060頃)一・菟裘賦〈兼明親王〉「唐風雖レ移、猶依二俙於旧一」*中華若木詩抄(1520頃)中「依稀は似たと云心ぞ」*諺草(1699)一「依稀(イキ)。俗に人の面影の能似たるを、いきじゃといふは則此字なり。さもにたりとよむ也」*浮世草子・好色敗毒散(1703)二・三「隣の医師どの、あるひは内の手代、按摩の竹庵などのえ知れぬ人に依稀(イキ)のうつしといふ子は、お袋さまの下心好かぬものぞかし」*趙蝦-江楼書感詩「同来翫レ月人何処、風景依稀

似去年」 発音〈標ア〉イ 辞書文明 表記依稀(文)

い‐き【委寄】〘名〙物事をゆだねまかせること。＊類聚国史‐一七三・災異七・疾疫・弘仁四年(813)五月丙子「今諸国之吏、深乖委寄、或差役失時、妨廃農要」＊李衛公問対‐下「又推其轂者、所以委寄以権也」

い‐き【委棄】〘名〙①「いき(遺棄)①」に同じ。＊四河入海(17C前)一九・一「東坡どのは泛愛なる程に、我が溝壑に委棄するをも救てこそたまわらんとおぼしめすらうめ」＊条約改正論(1889)〈島田三郎〉四「若し万金を得るに非れば用を為さずと云ひて千金の所得を委棄し却て百金の所得に甘ぜば人皆其愚を嗤はんとす」＊重右衛門の最後(1902)〈田山花袋〉八「少しく手を下し始めた荒廃した田地の開墾が全く委棄(ヰキ)せられて了ったのも」＊続俳諧師(1909)〈高浜虚子〉一〇〇「独り病室に委棄(ヰキ)されて冷血なる看護婦の手に守られつつある文太郎の屍に想到して」＊漢書‐谷永伝「陛下委棄不納」②法律で、ある物、権利または利益を放棄して他人の自由処分にまかせること。③法律で、地役権を設定した場合に、承役地の所有者が、地役権から生じる負担を免れるために、土地所有権を地役権者に移転する行為。＊民法(明治二九年)(1896)二八七条「承役地の所有者は何時にても地役権に必要なる土地の部分の所有権を地役権者に委棄して前条の負担を免るることを得」

い‐き【威気】〘名〙威力ある気勢。いきごみ。＊文明本節用集(室町中)「威気 イキ」＊運歩色葉(1548)「威気 イキ」＊西京繁昌記(1877)〈増山守正〉競市「勝を争ひ、威気生じ、勢ひ付て」 発音〈標ア〉イ 辞書文明 表記威気(文)

い‐き【畏忌】〘名〙いみおそれること。＊律(718)賊盗・恐喝条「雖不足畏忌財主懼而自与亦同」＊国会論(1888)〈中江兆民〉「是故に急進旨義とて強ちに畏忌(イキ)すべき者に非ず」

い‐き【胃気】〘名〙生命活動の根源となる気のうち、胃の働きをつかさどると考えられた気。＊養生訓(1713)二「摂生の七養あり。〈略〉六には飲食を節にして胃気を養ふ」＊形影夜話(1810)上「世に三部九候、或は臍下一寸腎間の動、或は四時胃気の脈などと称するは、皆是一身同じ血の流行する脈管の応なり」＊李杲‐脾胃論「若胃気之本弱、飲食自倍、則脾胃之気既傷、而元気亦不能充、而諸病之所由生也」

い‐き【異卉】〘名〙(「卉」は草の総称)めずらしい草。＊柳宗元‐袁家渇記「又有異卉、類合歓而蔓生」

い‐き【異気】〘名〙①異常な天の気配。変異の前兆とされることが多い。＊玉葉‐文治五年(1189)三月一七日「持参天文奏、載彗気之由、余問云、彗星とこそ奏すれ、又異気なれば妖気とも客気ともこそ奏すれ」＊晉書‐張華伝「惟斗牛之間頗有異気、華曰、是何祥也」②普通と異なる気質。＊嵆康‐養生論「似特受異気稟之自然、非積学所能致也」③異なる種類のもの。異種。＊和漢朗詠(1018頃)上・鶯〈菅原文時〉「同類を相求むるに感ず 離鴻去雁の春の囀りに応ず 異気を会して終に混ず 龍吟魚躍の暁の啼きに伴ふ」 発音〈標ア〉イ

い‐き【偉器】〘名〙すぐれた才能や徳。また、その人。器量。＊朝野群載‐一三・康平六年(1063)正月日・策試申文「見其偉器、最堪推薦」＊新聞雑誌‐三四号・明治五年(1872)三月「其偉器達材駸々(しんしん)輩出目を拭(ぬぐ)うて待べき也」＊後漢書‐孔融伝「高明必為偉器」 発音〈標ア〉イ

い‐き【彙記】〘名〙(「彙」は類、たぐいの意)部類を分けて記すこと。

い‐き【意企】〘名〙しようともくろむこと。企て。

い‐き【意気・粋】〘名〙㊀(意気)①心に溢れる元気。気合。気概。いきごみ。＊万葉(8C後)五・八五三・序文「意気凌雲 風流絶世〈大伴旅人〉」＊権記‐長保二年(1000)五月一九日「右丞相之意気身後如旧、毎思往事、言泗倶下」＊南海先生後集(18C中)金龍台酔後作「当歌意気乍奔逸、傍人莫怪玉山頽」＊夜明け前(1932‐35)〈島崎藤村〉第二部・上・五・六「あの抗争の意気をもって起った峠の牛方仲間」＊後漢書‐江表伝「一以意気許知己、死亡不相負」②気だて。心ばえ。気まえ。気性(きしょう)。気風(きっぷ)。＊評判記・色道大鏡(1678)一「心のきよきをいきよしといひ、心のむさきをいきのわるきなどいふ」＊浄瑠璃・冥途の飛脚(1711頃)上「梅川をだましたと男のいきは違ふた。言ふことあらばサア聞かふ」＊詩聖堂詩集‐三編(1838)送奥山君鳳之秋田「意気迭相得、親如兄弟然、無何我西帰君亦弁行纏」③意気地のあること。心意気。＊評判記・難波物語(1655)「張り少くて、いきも足らず、軽薄なれば」＊浮世草子・傾城禁短気(1711)三・一「太夫などには馴染(なじみ)重ねて、意気さへよければ歴々の地女よりは情ふかく真あり」＊それから(1909)〈夏目漱石〉一三「ぼくはあの時の君の意(イキ)に敬服している」㊁(粋)①(形動)気風、容姿、身なりなどがさっぱりとし、洗練されていて、しゃれた色気をもっていること。また、そのさま。主として近世後期以降発展した一種の美的理念。粋(すい)。＊浄瑠璃・神霊矢口渡(1770)一「弓張の目元の月や花の顔、恋の台(うてな)が寄かけて、いきとはでとの討手の大将」＊滑稽本・浮世床(1813‐23)初・上「十人よせても髪の風は同じ事だぜ。意気(イキ)で人柄がよくて」＊人情本・春色梅児誉美(1832‐33)初・一齣「宅(うち)に意気(ヰキ)な美しいお内室(かみさん)が居ると言(いひ)ましたから」＊浮雲(1887‐89)〈二葉亭四迷〉一・四「それよりか清元の事サ、どうも意気でいいワ」＊明暗(1916)〈夏目漱石〉一五「粋(イキ)な模様入の半切を拡げて見た」②(形動)色事に関すること。また、そのさま。＊暗夜行路(1921‐37)〈志賀直哉〉一・八「『いきなもんか。夜汽車の寝不足だ』謙作は不愛想に云って」③遊里、遊興に精通していること。また、さばけた遊興。「いき筋」「いきごと」

語誌 (1)本来は㊀のように「心ばえ」や「気合」などの意味で使われた「意気」が、江戸時代初期から㊁のように遊興の場での心意気を示す言葉になり、「意気」「意気地」「意気張り」などの形で「粋(すい)」や「通」の精神面を担うようになった。(2)明和の頃から衣装風俗の様態を示す言葉として使われ始め、寛政期になると「いき」のあらゆる様態が出そろった。その精神性が拡散するにつれ、多くの場合、男性に対して使われていたこの言葉が男女の別なく使われるようになり、化政期をすぎると、女性の美しさを表わす言葉の一つとして一種の色っぽさを示すようになる。女性向けに刊行された人情本に頻出し、日本の代表的な美意識として、もっぱら「粋」の字で近代にまで及んでいる。

方言 いばっているさま。島根県出雲725 発音〈標ア〉㊀はイ ㊁は〇 〈京ア〉イ／㊁は㋖、〇 辞書色葉・文明・書言・ヘボン・言海 表記意気(色・文・書・ヘ・言)

いき相投(あいとう)ず 気持が互いによくかよい合う。意気投合する。＊思出の記(1900‐01)〈徳富蘆花〉二・四「要するに田舎には随分風変りな人であった。此様(こん)な所が僕の伯父と頗る意気相投じた所である」＊妾の半生涯(1904)〈福田英子〉二・四「吾は意気相投ずるを待て、初めて満腔の思想を、陳述する者なりと」

いきが揚(あ)がる 意気込みが盛んになる。＊史料編纂所本人天眼目抄(1471‐73)「又客旅裏でちゃうどくたびれたに、旧知にあふていきあがったぞ」＊玉山先生詩集(1754)四・上某公「新加恩寵佩金章、忽見翩翩意気揚」

いき軒昂(けんこう) ⇨親見出し

いき消沈(しょうちん) ⇨親見出し

いき衝天(しょうてん) ⇨親見出し

いき沮喪(そそう) ⇨親見出し

いきでこうとで人柄(ひとがら) (「こうと」は公道か)明治時代に、美男美女をもてはやすときに言った言葉。＊現代風俗帖(1952)〈木村荘八〉ハイカラ考・ハイカラといふこと「その前後のことである、『イキで、こうとで、ひとがら』と美男美女をそやす合言葉の行はれたのは」

いき天(てん)を衝(つ)く 意気込みが非常に強まった様子をたとえていう。＊解体の日暮れ(1966)〈杉浦明平〉八「爺さんのようなからだを昂然とそらして意気天を衝くというかたちである」

いき投合(とうごう) ⇨親見出し

いきに燃(も)える あることをしようとする意気込みが盛んになる。＊文学思潮としての諸主義(1932)〈菊池寛〉「自分等の時代の文学に対する不満が爆発しただけで、何とかして現代文学を改造してやらうといふ意気に燃えてゐたのであるから」

いき揚揚(ようよう) ⇨親見出し

いきを立(た)てる 意気地を持ち続ける。ひけをとるまいとしてしっかりした気組みを持つ。＊浄瑠璃・傾城反魂香(1708頃)中「人を剝(は)ぐの欺すのと落つる所は廓の難。ここのいきを立るが色里のたしなみ」

い‐き【意忌】〘名〙人を疑い、いみきらうこと。そねみきらうこと。＊史記‐公孫弘伝「弘為人意忌、外寛内深」

い‐き【意機】〘名〙心を、文章を織る機(はた)にたとえていう語。＊詩序集(1133頃)葉飛水上紅詩序〈惟宗孝貞〉「課意機而織文章、旁被勲墨之錦」 発音〈標ア〉イ

い‐き【遺記】〘名〙残された記録。遺言。ゆいごん状。＊高野山文書‐元弘三年(1333)七月九日・定深田地寄進状(鎌倉遺文四一・三二三四三)「件田地者、任先師弘舜阿闍梨遺記之旨、相副本券〈伍通〉、永代所奉寄進于御影堂陀羅尼田也」＊孔子家語‐本姓解「先王典籍錯乱無紀、而乃論百家之遺記、考正其義」 発音〈標ア〉イ

い‐き【遺基】〘名〙残されたいしずえ。＊太平記(14C後)二四・依山門嗷訴公卿僉議事「加旃、移皇居之遺基(イキ)、為人処之栖界」

い‐き【遺棄】〘名〙①人や物事を捨てたままにして、顧みないこと。おきざり。委棄。＊四河入海(17C前)一三・二「前に天が此茶を遺棄して生長せしめぬげなど云ほどにぞ」＊西国立志編(1870‐71)〈中村正直訳〉九・一一「我未だ功労ある人の一世に遺棄せらるるを見たる事なし」＊不如帰(1898‐99)〈徳富蘆花〉下・五「目黒の辺に大勢の孤児女と棲み、一大家族の母として路傍に遺棄(ヰキ)せらるる幾多の霊魂を拾ひては覆翼(はぐく)み育つるを楽としつ」＊大塩平八郎(1914)〈森鷗外〉八「四辻の辺に敵の遺棄(ヰキ)した品々を拾ひ集めたのが」＊阮籍‐詠懐詩「離靡玉山下、遺棄毀与誉」②法律で、配偶者や、老幼、障害疾病のために扶助を要する人を、放置すること。＊民法(明治二九年)(1896)八一三条「夫婦の一方は、左の場合に限り、離婚の訴を提起することを得。〈略〉六 配偶者より悪意をもって遺棄せられたるとき」 発音〈標ア〉イ 〈京ア〉イ

い‐き【遺器】〘名〙故人が残した道具。＊造化妙々奇談(1879‐80)〈宮崎柳条〉二編・三「婦(つま)死すれば斂(おさむ)るに白衣を以てし。送るに遺器(ヰキ)を以てす」＊韋応物‐過昭国里故第詩「緘室在東湘、遺器不忍覯」 発音〈標ア〉イ

い‐き【彝器】〘名〙宗廟(そうびょう)に常に供えておく祭器。釣鐘、鼎(かなえ)など。＊童子問(1707)上・六「猶三代之彝器、可寘之几上、而不可施之日用也」

いき〘名〙仕方。仕様。流儀。風(ふう)。＊俳諧・大坂独吟集(1675)下「法度ぞと孔子のいはく衆道事 遊女のい

きは論におよばず〈由平〉」　*浜荻〈久留米〉(1840-52頃)「いき　いきといへることは、たとへば京都の風俗といふことを、京いきと云。或は江戸いき、大阪いき等也。意気の字ならんか。〈略〉上方ふう。大阪ふうと云類也」　方言❶時。折。機会。　岐阜県本巣郡510　不破郡513　山口県大島801　熊本県下益城郡038　❷指。　鹿児島県961

いき〘感動〙物事が思い通りにいったときの合図に用いる、盗人仲間の隠語。〔隠語輯覧(1915)〕

い-ぎ【棘】〘名〙いばら。　*日葡辞書(1603-04)「Igui(イギ)〈訳〉いばら。シモではイゲ」　方言㊀❶とげ。　島根県石見709　山口県793　大島801　◇**いにい・にい**　鹿児島県喜界島983　◇**いぎぐい・いがらもがら**　島根県益田市725　❷柏餅(かしわもち)を包む葛(くず)の葉。　◇**いぎのは**〔一葉〕　山口県萩045　❸麦や稲ののぎ。　山口県大島801　❹魚の小骨。　広島県(魚以外の骨も言う)771 787　山口県793　鹿児島県963　◇**いにい・ににい**　鹿児島県喜界島983　㊁植物。❶とげのある植物。いばら(茨)。　島根県725　山口県793　❷のいばら(野茨)。　島根県石見709　山口県山口市791　厚狭郡799　◇**いぎのぎ**〔一木〕　島根県石見725　山口県大津郡964　◇**いぎぼたん**　島根県石見725　◇**いぎんどお**　山口県厚狭郡799　❸ばら(薔薇)。　山口県都濃郡050　防府791　◇**いぎぼたん**　島根県鹿足郡739　山口県794　◇**にぎぼたん・にぎぶたん**　鹿児島県奄美大島975　◇**にこぼたん**　鹿児島県喜界島983　❹さるとりいばら(菝葜)。　島根県石見725　山口県794　◇**いぎのくさ**　山口県豊浦郡794　◇**いぎのは**　山口県794　◇**いぎまくめえ**　山口県玖珂郡794　◇**いぎんど**　山口県吉敷郡794　◇**いぎんどお**　長州†039　山口県794　◇**いぎしば**〔一柴〕　島根県美濃郡964　❺たらのき(楤木)。　山口県玖珂郡794　◇**いぎのき**　山口県玖珂郡・阿武郡794　❻あざみ(薊)。　山口県794　◇**いぎぐさ**　山口県玖珂郡794　◇**いぎのは**　山口県都濃郡794　◇**いぎのはな**　島根県美濃郡・益田市725　◇**いぎばな**　山口県都濃郡・豊浦郡794　◇**いぎな**〔一菜〕　山口県大島794　◇**いぎぼたん**　山口県佐波郡794　◇**いぎんぞお**　山口県美祢郡794　◇**いぎんどお**　山口県794　◇**いぎんど**　山口県吉敷郡・美祢郡794　❼まつばぼたん(松葉牡丹)。◇**いぎぼたん**　山口県玖珂郡・阿武郡794　❽はなきりん(花麒麟)。◇**にぎぼたん**　鹿児島県奄美大島965　❾きんぎんなすび(金銀茄子)。◇**にぎぼたん**　鹿児島県奄美大島965　辞書日葡

いぎの冠(かむり)　「いばら(茨)の冠」に同じ。　*信心録(ヒイデスの導師)(1592)二・一三「igui no camuri(イギノ　カムリ)ヲ　イタダキ　タマウ　ゴクゲン　ナド　ワ」

い-ぎ【囲棊】〘名〙「いご(囲碁)」に同じ。　*懐風藻(751)釈弁正伝「以善囲棊、屢見賞遇」　*九暦　九条殿記・駒牽・承平五年(935)九月七日「此間有囲棊興、右金吾府基手如例」　*東宮年中行事(12C後か)四月「殿上には火びつをとりて、ゐぎの盤を置く」　*名語記(1275)五「博奕にゐぎといへる、如何。答、囲碁とかけり。ごうつといへるこの囲碁の義也」　辞書文明　表記囲碁(文)

い-ぎ【居木・居岐】〘名〙馬具の部分の名。前輪(まえわ)と後輪(しずわ)の中間に渡した木で、鞍壺の上、尻(しり)の当たる所。　*大坪道禅鞍鐙事記(1437)「居木の事、何木にて作る共、ねむりの木」　*文明本節用集(室町中)「居岐　イギ　鞍之居岐」　*日葡辞書(1603-04)「Igui(イギ)またはユギ。〈訳〉鞍の座となる所」　発音イギ　〈標ア〉イ　辞書文明・伊京・日葡・書言・言海　表記居木(書・言)　居岐(文)　靫(伊)　鞍瓦・囲木(書)

い-ぎ【威儀】〘名〙①動作、姿勢、容姿あるいは儀式などが正しい作法、礼式にかなっていること。また、そのような動作、姿勢、容姿、儀式の様子。また、作法にかなっているために重々しく威厳のある立ち居振舞い。仏教では行、住、坐、臥を特に四威儀という。　*続日本紀-和銅二年(709)一〇月戊申「徴諸国騎兵五百人、以備威儀也」　*延喜式(927)一二・中務省「凡供奉威儀官人、綏腰帯、希帯、横刀、弓箭、靴等並私備之」　*枕(10C終)二七八・関白殿、二月廿一日に「僧綱の中にゐぎ具足してもおはしまさで見ぐるしう、女房の中になどわらふ」　*難波土産(1738)発端「公家武家より以下みなそれぞれの格式をわかち威儀の別よりして詞遣ひ迄其うつりを専一とす」　*詩経-邶風「威儀棣棣、不可選也」　②一般的に、立ち居振舞い、姿、形などをいう。→威儀を正す。　*寛永刊本蒙求抄(1529頃)二「駮々は馬の威儀のよい方ぞ」　③仏語。戒律上の細かな作法、規律。小乗に三千威儀、大乗に八万威儀をいう。　*往生要集(984-985)大文二「観音・勢至威儀尊重、亦坐宝華、侍仏左右」　*選択本願念仏集(1198頃)下「不犯威儀者、此亦有二。一者大乗謂有八万、二者小乗謂有三千」　*教行信証(1224)六「爾者、穢悪濁世群生、不知末代旨際、毀僧尼威儀。今時道俗思量己分」　④仏語。袈裟(けさ)の肩上から前後に通じる平絎(ひらぐけ)の紐。　*法体装束抄(1396)「平袈裟事〈略〉横皮の小緒を、左のいぎの前の帯に結び附けて」　*黒本本節用集(室町)「威儀　イギ　袈裟威儀」　*甲陽軍鑑(17C初)品一六「色袈裟と申して〈略〉たたみやうは、いぎをうへへなし、しほしほとたたむ也」　⑤「いぎよく(威儀欲)」の略。　*仮名草子・竹斎(1621-23)上「そうじて女人の六欲とて御入候。〈略〉面粧、けいじつ、せんはく、細滑、威儀(ヰギ)。音声(をんじゃう)とて、これを六欲と申候」　発音イギ　〈標ア〉イ　〈京ア〉イ　辞書色葉・下学・文明・伊京・明応・天正・饅頭・黒本・書言・言海　表記威儀(色・下・文・伊・明・天・饅・黒・書・言)

いぎの御膳(おもの・ごぜん)　元日やその他の節会(せちえ)のとき、天皇がお召しになる食膳。　*新儀式(963頃)四・奉賀天皇御筭事「殿西壁下立棚厨子四基。設威儀御膳」　*宇津保(970-999頃)吹上上「轆轤(ろくろ)にひきて、様々に彩(いろど)りて、ゐぎのをもの参る」　*紫式部日記(1010頃か)寛弘五年九月一五日「いぎのおものはうねめどもまゐる」

いぎの陣(じん)　朝廷の即位、立后などの大礼のとき、儀式の威容をととのえるため、衛府(えふ)の官人が武装して立ち並ぶこと。　*西宮記(969頃)一七・天皇礼服「衛府督、佐、威儀陣、武礼冠、闕腋、裲襠、靴、槍仗也」

いぎの女房(にょうぼう)　即位、立后などの大礼のとき、儀式の威容をととのえるため並ぶ女房。威儀の命婦(みょうぶ)と女蔵人(にょくろうど)とをいう。　*建武年中行事(1334-38頃)正月「命婦四人蔵人四人御供に候。これを威儀女房といふ」　*増鏡(1368-76頃)一一・さしぐし「此ほか、いぎの女房八人、白きはり一重がさね、濃きひへぎ、おなじ袴」

いぎの本位(ほんい)　即位などの大礼のとき、武官が武器を捧持して立つ所定の位置。

いぎの御馬(みうま)　天皇の行幸のとき、つき従わせる、飾りたてた馬。　*新儀式(963頃)四・野行幸事「又左右馬寮官人随威儀御馬」　*西宮記(969頃)一七・野行幸「鈴印及威儀御馬等、留在輿後」

いぎの御鞍(みくら)　威儀の御馬に置くくら。　*延喜式(927)一五・内蔵寮「造威儀御鞍二具料、錦六尺、紫帛二丈、細布二丈、臈五両、独彩氈方三尺五寸」

いぎの親王(みこ)　即位の大礼のとき、儀式の威容をととのえる事をつかさどり、高御座(たかみくら)のかたわらに立ち並ぶ親王。　*栄花(1028-92頃)根合「ゐぎのみこ、帳上(とばりあげ)など、例の事なり」　*大鏡(12C前)三・師輔「そのころ宮たちあまたおはせしかど、ことしもあれ、威儀のみこをさへせさせたまへりしよ」

いぎの命婦(みょうぶ)　大礼のとき、宮廷儀式の威容をととのえるため並ぶ命婦。　*大和(947-957頃)七八「監(げむ)の命婦朝拝のゐぎの命婦にていでたりけるを」　*九暦-逸文・天暦九年(955)四月二八日「而威儀命婦等、髪未理了、是依理髪少也云々」　*西宮記(969頃)一・朝拝「威儀命婦　四人　着座」

いぎの物(もの)　即位式などの大礼のとき、参列する大舎人(おおとねり)等が、儀式の威容をととのえるために捧持する、弓、箭(や)、胡簶(やなぐい)、太刀、桙(ほこ)、楯など。　*内裏式(833)元正受群臣朝賀式「内蔵大舎人寮等各執威儀物東西相分列於殿庭」　*延喜式(927)一一・太政官「凡践祚之初有大嘗祭。〈略〉諸司陳威儀物如元日儀」

いぎを正(ただ)**す**［=**正**(ただ)**しくす**］　身なりやかたちをととのえて、作法にかなった立ち居振舞いをする。また、居ずまいをただす。威儀を繕う。威儀を調う。　*寛永版曾我物語(南北朝頃)五・呉越のたたかひの事「伍子胥もゐぎをただしくして出でにけり」　*浄瑠璃・平仮名盛衰記(1739)一「威儀(ヰギ)を正(タダ)して御前に向ひ」　*二人女房(1891)〈尾崎紅葉〉上・六「母親威儀(ヰギ)を正(タダ)し、と云ふ態度(みえ)で、『お銀』と頗る厳格(おごそか)に口を切ると」

いぎを繕(つくろ)**う**　「いぎ(威儀)を正す」に同じ。　*黄表紙・金々先生栄花夢(1775)「さきにすすみたる年ばいの男、上下(かみしも)の襞(ひだ)をただし、いぎをつくろい申けるは」　*浄瑠璃・伽羅先代萩(1785)八「さも大柄(へい)なる頬(つら)がまへ。上座にどっかと押直れば、定倉は異義繕ひ『ホホ珎らしや五郎殿』」　*随筆・骨董集(1813)上「昔はしづの男女(なんにょ)も威儀(ヰギ)をつくろふをもっぱらとす。威儀(ヰギ)をつくろふといふは、かたちよそほひを正しうする事なり」

いぎを調(ととの)**う**　「いぎ(威儀)を正す」に同じ。　*今昔(1120頃か)一・四「威儀を調へ給へる事、帝釈の梵天に詣づる有様の如し」　*太平記(14C後)二六・上杉畠山讒高家事「衣冠正しくして車に乗り、辱使の威儀(イギ)を調へて、秦王の都へぞ参りける」

い-ぎ【異義】〘名〙①意味がちがうこと。ことなった意味。↔同義。　*随筆・文会雑記(1782)三・上「見と云、睹と云、観と云、視と云類、同訓にて異義の字甚だ多し」　*何休-公羊伝序「其中多非常異義可怪之論、説者疑惑」　②変わったこと。別条。　*高山伝右衛門宛芭蕉書簡-天和二年(1682)五月一五日「私無異義罷有候」　③⇨いぎ(異議)①。　発音イギ　〈標ア〉イ　〈京ア〉イ

い-ぎ【異儀】〘名〙①先例、儀式と異なること。異例。　*玉葉-仁安二年(1167)二月一二日「長治永治両度無有行幸、仍無異儀」　*尺素往来(1439-64)「更不可有異儀候」　*浮世草子・けいせい伝受紙子(1710)二・四「心底をも見定めずふかふかと談ぜば、異儀(イギ)のくはだて敵に漏れん事をおそれ」　②⇨いぎ(異議)①。　発音イギ　〈標ア〉イ

い-ぎ【異議・異儀・異義】〘名〙①(―する)　他と違った議論や意見。また、相手の期待したのとは反対の意志を表わすこと。異論。異存。　*東寺百合文書-へ・(年月日未詳)(鎌倉)八条院町定使職補任衆勘状(大日本古文書二・四一)「無差御異義者、被注御意見、可令治定矣」　*平家(13C前)七・返牒「おもひおもひ異儀まちまち也」　*歎異抄(13C後)一〇「念仏まうさるる老若、そのかずをしらずおはしますなかに、上人のおほせにあらざる異義(イギ)どもを、近来は多くおほせられあうてさふらふよし」　*宗像神社文書-二・文永四年(1267)一〇月二五日・六波羅下知状「一　蛭田村事。右対決之処、子細雖多、所詮当村天永以後為宗像社領之条、無異儀歟」　*太平記(14C後)一七・京都両度軍事「山門に様々の異義(イギ)有て空しく十余日を過されける程に」　*日葡辞書(1603-04)「Iguiuo(イギヲ)イワスナ、シバレ、タタケ」　*浄瑠璃・心中重井筒(1707)中「病人といひ兄の命(めい)、ゐぎも言はれずぶ返事にもぢもぢしてぞあがりける」　*浄瑠璃・平家女護

島(1719)二「流人(るにん)三人関所異義なく通すべき者也と読上て」＊読本・近世説美少年録(1829-32)二・一一回「住持はいかでか異議(イギ)すべき」＊吾輩は猫である(1905-06)〈夏目漱石〉八「此点に関しては〈略〉異議を唱ふる者は一人もない」＊後漢書‐耿弇伝「毎有二四方異議一、輒召入問二籌策一」②(異議)法律用語。㋑法律上の効果を生じようとする他人の行為に対して反対または不服の意思を表示すること。＊民法(明治二九年)(1896)四六八条「債務者が異議を留めずして前条の承諾を為したるときは」㋺裁判所その他の国家機関の処分に対する反対または不服の意思表示。＊刑事訴訟法(明治二三年)(1890)一八条「否らざるときは書類の送達なしと雖も異議を申立ることを得ず」 語誌 漢字表記は、古くは「異儀」が多く見られ〔饅頭屋本節用集・易林本節用集〕、また「異義」「違義」も散見する〔書言字考節用集〕。「異議」は近世になってからの表記と思われる。 発音 イギ〈標ア〉イ〈京ア〉イ 辞書 伊京・明応・天正・饅頭・黒本・易林・日葡・書言・言海 表記 異儀(伊・明・天・饅・黒・易・言) 異義・違義(書) 異議(言)

いぎ に 及(およ)ぶ 承知しないであれこれという。異論をとなえる。あえて反対する。＊御成敗式目(1232)一六条「今更不レ能レ改二沙汰一之由、去年被レ議定畢、者不レ及二異儀一」＊太平記(14C後)九・足利殿御上洛事「中中、異儀(イギ)に及ばず『不日に上洛仕るべき』とぞ返答せられける」＊浄瑠璃・源氏供養(1676)二「早々わたし申されよ。異議に及ばば門を破り切てとらん」＊浄瑠璃・源頼家源実朝鎌倉三代記(1781)五「最早(もはや)遁(のが)れぬ、降参せよ。違義(ヰギ)に及ばば討取んと息せいはって呼(よば)はれど」

いぎ を 差(さ)し挟(はさ)む 異を唱える。ちがった考えを持つ。＊夏目漱石氏の『文芸の哲学的基礎』を評す(1908)〈田中王堂〉三「此の平庸なる真理の宣告に対して異議を挟む者は恐(おそら)く一人もあるまい」＊シベリヤ物語(1950-54)〈長谷川四郎〉舞踏会「私はもちろん、これに異議をさしはさむものではないが」

い‐ぎ【意義】〘名〙①言葉などの表現によってあらわされる意味、内容。＊日本詩史(1771)一「雖二造語不一レ合、意義自全」＊改訂増補哲学字彙(1884)「Meaning 義理、旨趣、旨意、意義」＊神仙伝‐一〇・斑孟「能含レ墨、舒レ紙著レ前、嚼レ墨噴レ之、皆成二文字一、満レ紙各有二意義一」②言葉、事柄、行為などが現実にもつ価値。ねうち。多く、重要なものをいうのに用いる。＊哲学字彙(1881)「Import 意義、旨趣」＊武蔵野(1898)〈国木田独歩〉七「首府が郊外と連接する処の趣味と共に無限の意義がある」＊青春(1905-06)〈小栗風葉〉夏・三「然ういふ人生の意義だの、宇宙の秘密だのと云ふ事を、言って見るのが楽みだったので」 発音 イギ〈標ア〉イ 辞書 言海 表記 意義(言)

い‐ぎ【違義・違儀】(ヰ)〘名〙「いぎ(異議)①」に同じ。＊大乗院寺社雑事記‐康正三年(1457)二月二八日「右子細者、元興寺領事昔より召遣候処、当郷人夫事仰下され候に、違義を申候て、御使つけられ候事なげき申候間」

い‐ぎ【慰戯】(ヰ)〘名〙なぐさめたわむれること。＊パスカルに於ける人間の研究(1926)〈三木清〉賭「したがって生の自己逃避としての慰戯(ヰギ)は、特殊なる意味に於て、生が死を考へるのを避けようとする現象であると見做(みな)される」＊夏目漱石論(1960)〈荒正人〉「人為的緊張をやわらげる慰戯と見られよう」 発音 イギ〈標ア〉イ

いぎ〘名〙くもの巣。＊詩学大成抄(1558-70頃)五「蜘(くも)がいとをひいていぎをはったぞ」 方言 ❶くもの巣。京都府竹野郡622 兵庫県佐用郡054 但馬654 鳥取県東部711 西伯郡718 島根県石見・隠岐島725 岡山県苫田郡749 広島県高田郡779 ◇えぎ 兵庫県佐用郡054 鳥取県西伯郡718 島根県725 岡山県748 761 762 広島県比婆郡774 庄原市775 香川県伊吹島829 ❷蚕の糸。鳥取県西伯郡712 岡山県苫田郡749 愛媛県喜多郡845 ❸細くひいた糸。岡山県苫田郡749 ◇えぎ 島根県725 岡山市762

いぎ〘名〙 方言 ❶竹製の荒目に編んだかご。野菜などを入れる。徳島県811 香川県829 ❷目かご。ざる。愛媛県宇摩郡049

いき‐あい(ひあ)**【行合・行逢】**〘名〙出合うこと。行き合うこと。ゆき合い。＊堤中納言(11C中‐13C頃)よしなしごと「白(しら)山と立(たち)山とのいきあひの谷にまれ、又愛宕と比叡の山との中あひにもあれ」 方言 ❶悪神に出合い病気になること。鳥取県西伯郡719 ❷小児などが遊魂に行き合うこと。長崎県対馬913 ❸妖怪などに行き合うこと。◇いっきゃいとも。香川県仲多度郡829 ❹婚礼の行列が互いに行き合うこと。この時は傘をささないと離縁になるといって嫌う。香川県827 ◇いっきゃい 香川県仲多度郡829 ❺面会。会見。福島県岩瀬郡176 ◇いちぇえ 沖縄県首里993 ◇うぃちぇえ〔御―〕沖縄県首里993 ❻出会い。邂逅(かいこう)。◇いかい 沖縄県石垣島996 ❼競争。香川県小豆島829 ❽尾根と尾根の一緒になった所。奈良県吉野郡685 発音〈標ア〉0

いき‐あい(ひあ)**【息合】**〘名〙①呼吸のぐあい。息づかい。特にけんかや武術の試合などで両者が相対した時の気力の盛り上がりぐあい。気合。＊五輪書(1645頃)水の巻「我身をいかほども強くなりあたる事、息合拍子にてはづむ心に入るべし」＊浄瑠璃・鎌田兵衛名所盃(1711頃)上「眼に気を附、いき合のたるみを待って一刀と、互にいどむいきほひは」②演劇で俳優相互のせりふが高低、緩急など呼吸の合うこと。いきがあうこと。③息切れした時に、呼吸をととのえ、元気づけること。また、その薬。古くは、馬に与える薬についていうことが多い。息合い薬。＊日葡辞書(1603-04)「Iqiai(イキアイ)〈訳〉弱り果てた馬に元気をつけるために飲ませる薬」＊甲陽軍鑑(17C初)品五三「侍大将、馬ぞへの者、持つ三色は、うちがひ、又は馬のいきあひ、水入筒(つつ)、こしにさすなり」＊仮名草子・仁勢物語(1639-40頃)下・一一五「馬のいきあひをだに飲ませんとて」 発音〈標ア〉ア0 辞書 日葡

いきあい の 伝(でん) 息合術の秘伝。

いき‐あい〘名〙脇腹。＊男重宝記(元禄六年)(1693)五・二「同国(どうこく)に脇ばらをいきざしといふ東国には息(イキ)あひと云」 方言 ❶脇腹の痛み。山梨県南巨摩郡463 ❷肋間神経痛(ろっかんしんけいつう)。◇いきない 岐阜県飛驒502 ❸苦しい息遣い。静岡県磐田郡546

いきあい‐おとと(いきあひ:)**【行合弟】**〘名〙母が同じで、父の異なる弟。異父弟。ゆきあい弟。＊俳諧・毛吹草(1638)五「つぎ穂こそいきあひ弟(ヲトト)花の兄〈永治〉」

いきあい‐きょうだい(いきあひキャウダイ)**【行合兄弟】**〘名〙親の結婚によって兄弟となった連れ子同士。また、同母異父の兄弟。たねちがいの兄弟。ゆきあい兄弟。＊日葡辞書(1603-04)「Iqiai qiôdai(イキアイ キャウダイ)〈訳〉二人の人が結婚することによって、それぞれの連れ子たちは、夫および妻にとってはまま子になるが、その子供同士は兄弟となる様な二人の子供」＊浮世草子・傾城武道桜(1705)四・四「身の上二親なく、姉一人あれ共いきあひ兄弟故しんせつなることなし」＊御国通辞(1790)「胤(たね)かわり いきあひ兄弟」 辞書 日葡・言海

いきあい‐ぐすり(いきあひ)**【息合薬】**〘名〙息苦しくなった時などに、呼吸を整え、心気を爽快にする薬。近世、江戸住吉町の中村七三郎方から売り出されたものが著名。＊随筆・甲子夜話(1821-41)六三「包紙に軍中息合薬玉之梅と題し、且曰、抑、此いきあひ薬は山に上り谷に下るに心気上衝して歩こと能はず言語出ず、或は平日胸には能く覚ゆれども席上にて口に云ことならぬ事あり、其時この薬二粒を用ゆれば忽鬱気去り心気鎮るがゆゑに」

いきあい‐じゅつ(いきあひ)**【息合術】**〘名〙水中で、ながく呼吸しないで潜行する泳法。 発音〈標ア〉ア

いき‐あいぜん【生愛染】〘名〙(生きてこの世にいる愛染明王の意。愛染明王は恋愛成就を祈る信仰の対象だったところから)恋の仲立ち役。＊雑俳・辻談義(1703)「ほめにけり・生き愛染じゃ宿の嬶」 発音〈標ア〉ア

いき‐あ・う(ふあ)**【生合・生逢】**〘自ハ四〙互いに生きながらえて、この世で再会する。生きている間に出会う。＊成尋母集(1073頃)「この世に生き給へらんにいきあはずは、はちすの上にてぞ」＊大鏡(12C前)六・昔物語「かかる命ながのいきあはず侍らましかば」 発音 文 イキオーとも〈標ア〉ア(オ)0

いき‐あ・う(ふあ)**【行合・行逢】**〘自ワ五(ハ四)〙①二人以上の人が行って出合う。出くわす。ゆきあう。＊伊勢物語(10C前)六三「狩しありきけるにいきあひて」＊蜻蛉(974頃)下・天延二年「頭(かみ)も助(すけ)もおなじかたにいでゐの日々にはいきあひつつ」＊大鏡(12C前)一・序「うたてげなるおきな二人、おうなといきあひて、おなじところにゐぬめり」②ぶつかりあう。衝突する。＊寛永刊本蒙求抄(1529頃)四「したれば、中で矢さきどうしいきやうては落々するぞ」 方言 ❶会う。面会する。盛岡†054 伊豆八丈島†080 岩手県気仙郡102 山形県北村山郡144 千葉県038 270 280 東京都三宅島038 八丈島343 ◇いぎやる 青森県三戸郡083 愛知県知多郡570 ◇いぎあえる 秋田県鹿角郡132 ◇いぎある 青森県南部084 ◇いっきゃう 青森県九戸郡038 ◇いっぎゃう 茨城県稲敷郡193 ◇えっぎゃあ 千葉県山武郡270 ◇いっきょう 福島県石城郡177 ◇いかゆん 鹿児島県奄美大島975 ◇いかうん 鹿児島県喜界島975 沖縄県鳩間島996 ◇いかいん 沖縄県国頭郡975 ◇いかいるん 沖縄県小浜島996 ◇いけえん 沖縄県島尻郡975 ◇いっこおん 沖縄県八重山974 石垣島975 ◇いちゃいん 沖縄県中頭郡975 ◇いちゃゆん 鹿児島県沖永良部島975 沖縄県国頭郡974 首里993 ◇いちゃあゆん 沖縄県首里993 ◇いじやう 山形県置賜138 ❷口約束する。婚約する。◇いちゃゆい・いちゃうい・いきゃゆい 鹿児島県喜界島983 ❸届く。及ぶ。合う。達する。◇いっちゃあゆい 鹿児島県喜界島983 ◇いちゃゆん・いちゃあゆん 沖縄県首里993 ❹競争する。◇いきよう 島根県益田市725 ❺当てる。◇いきょう 新潟県中魚沼郡379 ❻交接する。◇いちゃゆん・いちゃあゆん 沖縄県首里993 発音 文 イキオーとも〈標ア〉ア(オ)〈京ア〉0 辞書 日葡・言海 表記 行合(言)

いき‐あか・る【行散】〘自ラ下二〙離れ離れになる。あちらこちらへばらばらに散って行く。＊蜻蛉(974頃)上・康保元年「その日すぎぬればみなおのがじし、いきあかれぬ」＊青表紙一本源氏(1001-14頃)夕顔「見すてていきあかれにけりとつらくや思はむ」

いき‐あが・る【生上】〘自ラ四〙生き返る。息を吹き返す。よみがえる。＊古今著聞集(1254)一〇・三八一「法師はくたくたと絶え入りて、わづかに息計(ばかり)ぞかよひける。水ふきなどして、一時ばかりありて、いきあがりにけり」＊米沢本沙石集(1283)九・八「この男打ふせられてたへ入たりけるが、いきあかりて頸をさぐれば、頂きを打かきたれども別の事なし」＊花間鶯(1887-88)〈末広鉄腸〉中・一「早く息の根を留めんと今に蘇生(イキアガ)って此の場の事を喋舌(しゃべ)るから」 方言 福島県東白川郡157 福岡市877 宮崎県東諸県郡954 ◇いっきゃがる 熊本県玉名郡058 鹿児島県961 ◇いっきゃがい 鹿児島県鹿児島郡968 ◇いきる 青森県三戸郡085 香川県829 発音 イキアガル〈標ア〉0 ガ

いき‐あし【行足】〘名〙 方言 行くついで。青森県津軽075 千葉県香取郡267 新潟県佐渡352

いき-あたり【行当】『名』①進んで行って、つき当たること。また、その場所。行きどまり。ゆきあたり。＊門(1910)〈夏目漱石〉二「五六軒先の露次とも横丁とも付かない所を曲ると、行(イ)き当(アタ)りが高い崖で」②(形動)「いきあたりばったり(行当―)」に同じ。＊四座役者目録(1646-53)下「惣て、親の五郎次郎から、いきあたりにむさとしたる事のみ打と」方言❶道の行き詰まった所。突き当たり。愛知県三河062 ◇いかたり 兵庫県加古郡664 ❷いきなり。新潟県佐渡352 発音〈なまり〉イナタリ〔播磨〕〈標ア〉C〈京ア〉C

いきあたり-しだい【行当次第】『名』(形動)「いきあたりばったり(行当―)」に同じ。＊四座役者目録(1646-53)下「あれはいきあたり次第にうつ鼓也」発音〈標ア〉シ

いきあたり-ばったり【行当―】『名』(形動) 前もって計画しておかないで、その場のなりゆきにまかせること。また、そのさま。ゆきあたりばったり。＊諺苑(1797)「いきあたりばったり」＊語彙(1871-84)「いきあたりばったり㊗ 自然に任するをいふ」＊レクイエム(1969)〈津島佑子〉午前「互いに関連のない細かいことをいきあたりばったりに思い浮かべていたが」語源説(1)バッタリはバアタリ(場当)から出た語〔ことばの事典＝日置昌一〕。(2)バッタリは倒れる音のバッタリか。またはハタと、ハッタと止まるの延か〔大言海〕。発音〈標ア〉タ[2]バ〈京ア〉ッ

いき-あた・る【行当】『自ラ五(四)』①進んで行って、つき当たる。また、問題などにぶつかる。＊京大本湯山聯句鈔(1504)「推とせうか敲とせうかと案じて入てをりて、人にいきあたりて、しばられたぞ」＊古活字本荘子抄(1620頃)八「触舟とは舟にいきあたる也」＊明暗(1916)〈夏目漱石〉三八「彼の身体(からだ)が土塀に行(イ)き当(アタ)った馬のやうに留まると共に」②物事が処理できなくて困る。窮する。＊天理本狂言・人を馬(室町末-近世初)「今いきあたって、めいわくじゃと云」方言❶急な事態に直面して当惑する。はたと困る。仙台†057 富山県砺波398 滋賀県彦根609 ❷困って恥じ入る。仙台†057 ❸適当なものに偶然出会う。当たる。島根県725 ❹中毒する。あたる。島根県石見725 発音〈なまり〉イカタル・イキャタル〔播磨〕〈標ア〉タ〈京ア〉0

いき-あな【息穴】『名』①鼻の穴。②空気を通わせて呼吸ができるように物にあけた小さな穴。空気あな。＊内地雑居未来之夢(1886)〈坪内逍遙〉七「僕が潜びたる行李の上へ、更に重やかに積のせられぬ。為に息穴(イキアナ)をば半塞がれ」＊幼学読本(1887)〈西邨貞〉七「獺は小さなる息穴を煙筒の如く居処の天井より地の上迄明け置くなり」発音〈標ア〉0

いき-いかず【生不生】『名』生きることと生きないこと。生死(いきしに)。＊宇治拾遺(1221頃)一二・一九「わが身のいきいかずは知らず。かならずかれをば射とり侍りなん」

いき-いき【生生・活活】㊀『副』(「と」を伴う場合が多い) 生気があふれて勢いのよいさま。活気にみちたさま。新鮮なさま。＊風姿花伝(1400-02頃)三「立ち振舞ふ風情をも、人の目にたつやうに、いきいきとすべし」＊寛永刊本蒙求抄(1529頃)七「前にはいきいきとしたるが、伺とてさうつつしうだなりはあるぞ」＊日葡辞書(1603-04)「Iqiiqito(イキイキト)〈訳〉物が勢盛んで活気のあるさま。草花などの新鮮なさま。Iqiiqito(イキイキト) シタ ヒト」＊仮名草子・智恵鑑(1660)九・一三「おとこひとになるていにて。御馬の口を取。いきいきとしたるよそほひにて」＊浄瑠璃・唐船噺今国性爺(1722)下「はあ有がたやといきいきいさみ入方しらぬ梓弓」㊁『形動タリ』㊀に同じ。＊小園の記(1898)〈正岡子規〉「いきいきたる草木の生気は手のひら程の中にも動きて」発音〈標ア〉イ[2]〈京ア〉イ[1] 辞書日葡・書言・言海 表記活々(書) 生生(言)

いぎ-いぎ『副』勢いよく。思い切りよく。さっぱりと。＊雑俳・二重袋(1728)「鶏が鳴・いぎいぎ御立なされぬか」

いきいき-し・い【生生】『形口』生き生きとしている。活気、生気にみちているさま。＊妾の半生涯(1904)〈福田英子〉一三・一「彼は忽ち活々(イキイキ)しく、さらば自分と同行するの意はなきや、幸ひ十年足らず彼地に遊学せし身なれば、彼地の事情に精通せりなど」＊僕の標本室(1930)〈川端康成〉「この女学生を妻にしようと、生(イ)き生(イ)きしい思ひを煽られた」発音イキイキシイ〈標ア〉シ

いきいきし-さ【生生―】『名』(形容詞「いきいきしい」の語幹に接尾語「さ」の付いたもの) 活気や生気にみちていること。また、その度合。＊袈裟と盛遠(1918)〈芥川龍之介〉下「あの人の顔を見ると、あの月の光のやうな、不思議な生々(イキイキ)しさも消えてしまって」＊温泉宿(1929-30)〈川端康成〉二「祭を待つ曲馬娘のやうな生き生きしさで」発音〈標ア〉キ[2]

いき-いし【生石】『名』囲碁で、目が二つ以上できている石。殺されないで生きている石。＊俳諧・西鶴大矢数(1681)第四三「油断の内に雲が取る山〈風曲〉生石は十五とつもる空の月〈西関〉」＊浄瑠璃・百合若大臣野守鏡(1711頃)四「碁は〈略〉四つ目殺しの四方の敵に取まかれ、いき石なしの目は白黒とのうらかた」方言❶硬砂岩質の丸い石。東京都八王子311 ❷夏にびっしょり汗をかくような、青みのある河原石。神奈川県津久井郡314 発音〈標ア〉キ

いき-い・ず【生出】『自ダ下二』①(死んだと思われたものが)生きかえる。息を吹きかえす。＊竹取(9C末-10C初)「御目は白眼(しらめ)にてふし給へり。人々水をすくひ入れ奉る。からうじていき出給へるに」＊伊勢物語(10C前)四〇「今日の入相ばかりに絶え入りて、又の日の戌(いぬ)の時ばかりになん、からうじていきいでたりける」＊源氏(1001-14頃)夕顔「あが君、いきいで給へ。いといみじき目な見せ給ひそ」②人ごこちがつく。夢中であった気持が、われにかえる。＊源氏(1001-14頃)玉鬘「川尻といふ所に近づきぬといふにぞ、少しいき出る心地ぞする」補注①は「息出づ」と解する説もある。発音〈標ア〉0イ[2] 辞書日葡・言海

いき-いそ・ぐ【生急】『自ガ五(四)』世にあるのがほんの短い期間であるかのように忙しく生きる。＊われら戦友たち(1973)〈柴田翔〉序・一「みんな、生き急ぐ―。声にならぬ呟きを呟きながら」発音イキイソグ〈標ア〉ソ0

いき-い-て『連語』(「行き行て」か。副詞的に用いられる) 究極のところ、とどのつまり、の意を表わす。＊玉塵抄(1563)五「いく千万の水川はまがりて流れども、いきいては大海に帰し通ずるぞ」＊玉塵抄(1563)六「荘子が心えは仏説に似たやうなが、いきいて仏説にちがうたぞ」

いぎ-いどく【異義異読】『名』一つの漢字で意味の異なる場合には、読みが違うこと。暴風(ぼうふう)と暴露(ばくろ)、難易(なんい)と貿易(ぼうえき)、音楽(おんがく)と安楽(あんらく)など。発音イギイドク〈標ア〉イ[1]

いき-・いる【行居】『自ワ上一』行ってそこにいる。行ってその場所にすわる。＊枕(10C終)二七八・関白殿、二月廿一日に「二条の宮にぞおはしますらんとて、それに皆いきゐて、待てども待てども見えぬほどに、夜いたうふけぬ」

いき-いれ【息入】『名』①息を入れること。②笛、篳篥(ひちりき)、尺八などの吹き方の一つ。吹き込み。発音〈標ア〉レイ[2]

いき-うお【生魚】『名』①生きている魚。＊俳諧・西鶴大句数(1677)二「生魚を我手にかけてまな板に四五人つかへと殺こたたすしや」②「いけうお(生魚)」に同じ。発音〈標ア〉キ〈京ア〉キ

いき-うし【生牛】『名』生きている牛。発音〈標ア〉キ

いきうしの目(め)を＝抜(ぬ)く[＝抉(くじ)る]「いきうま(生馬)の目を抜く」に同じ。＊浮世草子・本朝二十不孝(1686)四・三「生牛(イキウシ)の目をぬき、亀井算などは中ぐくりに巾着の口をしめ」＊浮世草子・日本永代蔵(1688)一・四「算用たけてわる銀(かね)をつかまず、利徳に生牛(イキウシ)の目をもくじり」＊浮世草子・庭訓染匂車(1716)一・二「隣の男の子を産んで、なき人のわすれがたみと、生牛の目はぬけど、仏に成てゐる者に、子をかづけるもむごし」

いき-う・し【行憂】『形ク』行くのがつらい。行きづらい。＊古今(905-914)離別・三八八「人やりの道ならなくにおほかたはいきうしといひていざ帰りなん〈源実〉」＊十六夜日記(1279-82頃)「人やりならぬ道なれば、いきうしとてもとどまるべきにもあらで」＊新千載(1359)恋一・一〇二四「思ひ入る心ぞ迷ふいきうしといひて帰らん恋路ならねば〈藤原為遠〉」発音〈標ア〉ウ

いき-う・す【行失】『自サ下二』ゆくえがわからなくなる。ゆくえをくらます。いきかくる。＊能因本枕(10C終)二五五・御前に人々あまた物仰せらるるついでなどに「いづちもいづちも、いきうせなばやと思ふに」＊狭衣物語(1069-77頃か)三「いづちにもいづちにも、早くいきうせ給ひね」発音〈標ア〉ウ 辞書言海 表記行失(言)

いき-うずめ【生埋】『名』「いきうめ(生埋)」に同じ。＊雑俳・柳多留-一二(1777)「始皇帝口がいやさに生きうづめ」

いき-うつし【生写】『名』①生きているものの姿をそのままに写しとること。また、その絵。しょううつし。写生。＊日葡辞書(1603-04)「Iqiutçuxini(イキウツシニ) カク」＊俳諧・毛吹草(1638)五「水に影みゆる蛍やいきうつし〈寸赤〉」＊浮世草子・好色五人女(1686)五・五「俄に皃(かほ)をつくり髭、恋の奴の物まね、嵐三右衛門がいきうつし」②人やものが他の人やものと区別のしにくいほどよく似ていること。また、その人やもの。＊虎寛本狂言・鬼瓦(室町末-近世初)「爰許(ここもと)で身共が内の者を誰見たものも有るまいに、此様にも生うつしにするといふは、不思議な事じゃなあ」＊浮世草子・男色大鑑(1687)一・五「心を付て見る程女筆(にょひつ)ながら、日外(いつぞや)の手にいき移(ウツ)しなれば」＊火の柱(1904)〈木下尚江〉二四・一「お見受け申す所が、長左衛門様生写(イキウツシ)で在(あら)っしゃるから」発音〈標ア〉0〈京ア〉0 辞書日葡・ボン・言海 表記生写(ヘ・言)

いき-うま【生馬】『名』生きている馬。生きていて元気のよい馬。＊古文真宝笑雲抄(1525)二「轡をもはめずして、生馬をひっすくめて騎ぞ」＊川端茅舎句集(1934)「生馬(イキウマ)の身を大根でうづめけり」発音イキウマ〈標ア〉0キ〈京ア〉0

いきうまの目(め)を抉(くじ)る「いきうま(生馬)の目を抜(ぬ)く」に同じ。＊御伽草子・鴉鷺合戦物語(続類従所収)(室町中)「目よはならば、御方の物をもうばひとり、いき馬の眼をもくじりつべし。法に迦たるあぶれ者ども也」＊浮世草子・忠義太平記大全(1717)四・大野木生野天命につきぬる事「ことはりかな生馬の目もくじる、今のみやこのすりがらし共」＊浮世草子・傾城歌三味線(1732)四・三「何が生馬(イキウマ)の目(メ)もくじるやうな長左衛門」

いきうまの目(め)を抜(ぬ)く 生きている馬の目を抜き取るほど、事をするのにすばやいさまをいう。また、すばしこくずるくて、油断がならないことのたとえ。生き馬の目を抉(くじ)る。生き牛の目を抜く。＊浄瑠璃・融大臣(1692頃)四「南無三宝盗まれし、昼強盗(がんどう)め生馬の目をぬき居った」

＊滑稽本・東海道中膝栗毛(1802–09)三・上「へへごうはらな。生馬(イキムマ)の目をぬきやアがった」＊歌舞伎・霜夜鐘十字辻筮(1880)三幕「生馬(イキウマ)の目(メ)を抜(ヌ)く泥蔵さんも、お熊さんには叶はないね」＊銀座細見(1931)〈安藤更生〉五・デパートの便所利用法「土一升金一升、生き馬の眼を抜かれるといふ日本橋附近では、とても狭い家に大きな場所をとって便所などを造ってゐる余裕はないので大概一穴の両便兼用だ」

いき-うめ【生埋】『名』刑罰や自然の災害などで、人間や動物を生きたまま地中に埋めること。また、埋まること。＊満韓ところどころ(1909)〈夏目漱石〉三三「砂の中へ生埋(イキウメ)にされた人間の様に、頭丈(だけ)地平線の上に出してゐた」＊他人の顔(1964)〈安部公房〉灰色のノート「一人っきりの生き埋めとは違って」 発音イキヴメ〈標ア〉メ0〈京ア〉0 辞書言海 表記生埋(言)

いき-うろこ【生鱗】『名』紋所の名。→鱗形(うろこがた)。＊浄瑠璃・最明寺殿百人上臈(1699)含み状「五体の力尽き果てしに、今北条家のいき鱗、九万九千の飾りとなって、神べん神通じざいを得(ゑ)」

いき-え【生絵】『名』生きているように描かれてある絵。 発音〈標ア〉0キ

いき-え【生餌】『名』飼っている動物の餌や、釣りの餌にする生きたままの虫や小動物、または、生肉。＊矢島柳堂(1925–26)〈志賀直哉〉百舌「『百舌はどうしませう』〈略〉『生き餌だから面倒臭い』」＊錦川の鵜(1952)〈河上徹太郎〉「その頃鵜は大部分山陰地方の或る川へ活餌(イキヱ)を喰ひにやってあるとかで」 発音〈標ア〉キ〈京ア〉イ

いき-えさ【生餌】『名』「いきえ(生餌)」に同じ。 発音〈標ア〉0

いきえ-どり【生餌鳥】『名』生き餌で飼育する鳥類。鷹(たか)、木菟(みみずく)、百舌(もず)などの類。

いきおい【勢】 ㊀『名』①他を圧倒する力。元気。活気。気勢。士気。＊書紀(720)顕宗三年是歳(図書寮本訓)「是に生磐宿禰 軍を進めて逆(さか)撃つ。胆気(イキホヒ)益壮にして、向ふ所皆破る」＊伊勢物語(10C前)四〇「人の子なれば、まだ心いきおひなかりければ、とどむるいきおひなし」＊曾我物語(南北朝頃)四・眉間尺が事「されどもこの首のいきおひいまだつきず、眼(まなこ)を見ひらきたり」＊日葡辞書(1603–04)「ツワモノノ iquoiga (イキヲイガ) ツキタ」②政治力、経済力、武力などによる社会的な支配力。人を従わせる威徳。他を圧倒する力。権勢。富裕。＊書紀(720)神代上(水戸本訓)「伊弉諾尊、功(こと)既に至(いた)りぬ。徳(イキホヒ)亦大(をほ)いなり」＊宇津保(970–999頃)吹上上「主の君、かくおもしろき所にいきほいある住居はし給へど」＊源氏(1001–14頃)鈴虫「夕べの寺に置き所なげなるまで所せきいきをひになりてなん、僧どもは帰りける」＊更級日記(1059頃)「さりとてその有様の、たちまちにきらきらしきいきほひなどあんべいやうもなく」＊方丈記(1212)「いきほひあるものは貪欲ふかく、独身なるものは人に軽めらる」＊御巫本日本紀私記(1428)神代上「徳 以支保以」③自然界のエネルギー。「火の勢い」「風の勢い」＊源氏(1001–14頃)梅枝「宰相の中将のは、水のいきをいゆたかに書きなし」＊俳諧・露沾俳諧集(1716–36)五月晦日会「恋の闇釣瓶のめぐる車井戸〈沾荷〉 明てはうさも蚊火の勢ひ〈露沾〉」④状態。形状。情勢。＊源氏(1001–14頃)乙女「大方世ゆすりて、所せき御いそぎのいきおひなり」＊真福寺本遊仙窟文和二年点(1353)「即今形勢(イキホヒ)冷(ひ)えたり」⑤なりゆき。はずみ。余勢。＊虎明本狂言・鬮罪人(室町末–近世初)「私もさのみうたふとはぞんぜなんだれ共、鬼(おに)のせむるいきほひにあたったものであらふが」＊福翁自伝(1899)〈福沢諭吉〉王政維新「文明開国の勢(イキホヒ)に乗じたことでありませう」＊女工哀史(1925)〈細井和喜蔵〉一六・五五「また夜業と昼業とは、夜業の方はるかに負傷率が高まるのは当然の勢ひである」 ㊁『副』自然のなりゆきで。当然の結果として。必然的に。＊条約改正論(1890)〈馬場辰猪原著・山本忠礼・明石兵太合訳〉「去れば歳月の漸々経過する毎に治者の境堺も勢狭隘ならざる可からざるに至りたり」＊吃逆(1912)〈森鷗外〉「国家と宗教との分離が行はれないと、勢(イキホヒ)国家が依怙贔屓をするやうになる」＊こゝろ(1914)〈夏目漱石〉上・二九「いきほひ先生は少し後れ勝になった」 語源説(1)イキキホフ(気競)の約イキホフの名詞形〔大言海〕。(2)イキホヒ(息競)の義〔古言類韻=堀秀成・日本語源=賀茂百樹〕。(3)イキハフ(息延)の義〔和訓栞〕。(4)イキハヒ(気暢)、またはイキハエ(気栄)の義〔音幻論=幸田露伴〕。(5)イキは息、ホヒはニホヒのホヒと同じ活用言〔語簏〕。(6)キホヒ(競)に発語のイを添えた語とする説は非。イキが大である義で、大気が多いという意か〔両京俚言考〕。(7)イキホホミ(息含)の義〔名言通〕。(8)イキテキホフ、またはイキオフ(息追)か。息つぎのはやいという意か〔和句解〕。(9)イキオヒ(生生)の義〔日本釈名〕。 発音〈なまり〉イキオー・エキオイ〔鳥取〕イキヨイ〔栃木・埼玉方言・大阪・神戸・大和・和歌山県・鳥取・愛媛・周桑・土佐〕イッエ・イッグョイ・イッゲ〔鹿児島方言〕イッキョイ〔大和〕エキボイ・エキボエ〔福島〕〈標ア〉オ〈ア史〉㊀は平安・鎌倉○○○ 江戸◎◎◎○〈京ア〉キ 辞書色葉・名義・和玉・文明・天正・黒本・易林・日葡・書言・ヘボン・言海 表記勢(色・名・玉・文・天・黒・易・書・へ・言) 威(色・易・書) 芮(色) 倭・覩・攉(名) 風・戾(玉)

いきおい を 取(と)る 威勢よくふるまう。＊滑稽本・浮世風呂(1809–13)四・下「イヤハヤ、すさまじく勢(イキホヒ)を取たものさ」

いきおい 歌舞伎「菊寿(きくじゅ)の草摺(くさずり)」の通称。

いきおい-かか・る【勢掛】『自ラ五(四)』いきおいづく。勇み立つ。ふるい起こる。＊浄瑠璃・吉野忠信(1697頃)二「いきほひかかってあゆみしが」 発音〈標ア〉オ 辞書言海 表記勢(言)

いきおい-げ【勢―】『形動』(「げ」は接尾語) 威勢のよいさま。きおいこんだようす。＊仮名草子・浮世物語(1665頃)四・九「七草をいきをひげには叩けども餅つく音に遙(はる)か劣れり」

いきおい-こ・む【勢込】『自マ五(四)』張り切って、何かしようと意気込む。いさみたつ。＊近世紀聞(1875–81)〈染崎延房〉七・三「十七日の早天に勢ひ込んで攻蒐(せめかか)れり」＊虞美人草(1907)〈夏目漱石〉三「勢込(イキホヒコ)んで喋舌(しゃべっ)て来た宗近君は急に真面目になる」＊星座(1922)〈有島武郎〉「戸外では寒いからっ風が勢ひこんで吹きすさんでゐるらしく」 発音〈標ア〉コオ〈京ア〉0

いきおい-こ・める【勢込】『他マ下一』文いきほひこ・む『他マ下二』張り切って何かをしようとして、十分に力を入れる。＊野火(1951)〈大岡昇平〉三「麓の煙が空気の重さと争ふやうに、早く勢込めて騰るのに対し、丘の煙は細く高く、誇らかに騰って、空の風と戯れるやうに、揺れて靡いて流れてゐた」 発音〈標ア〉メ

いきおい-づ・く【勢付】『自カ五(四)』勢いが加わる。また、元気づく。＊露団々(1889)〈幸田露伴〉一二「草の上に坐せし者も皆耳を欹(そばだ)つれば、此方(こなた)は勢付(イキホヒツ)きて両手を振り」＊永日小品(1909)〈夏目漱石〉蛇「渦の形が急に勢ひづいた様に見える」 発音〈標ア〉ズ

いきおい-づけ【勢付】『名』勢いや元気をつけること。景気づけ。元気づけ。＊おお、大砲(1961)〈司馬遼太郎〉「勢いづけに湯呑に二、三杯ひっかけておいた」 発音〈標ア〉0

いきおい-づ・ける【勢付】『他カ下一』威勢を加える。元気をつける。＊湖畔手記(1924)〈葛西善蔵〉「『行っちまへ!』と、自分は心の中に繰返してわれと勢ひづけた」 発音〈標ア〉ケ

いきお・う【勢】『自ハ四』①勇み立つ。活気づく。＊更級日記(1059頃)「その程の有様は、もの騒がしきまで人多くいきほいたり」＊至花道(1420)二曲三体の事「助(ぜう)になるべき人体の学び、女になるべき人体の学び、勢(イキヲ)へる人体の学び、此三をよくよく習ひ極めて」＊寛永刊本蒙求抄(1529頃)七「抗―は、いきをうた体ぞ。首をふりあげてぞ」②時めく。権勢づく。富み栄える。＊宇津保(970–999頃)沖つ白浪「源中納言は〈略〉上中下花のごと飾りて、あるが中にいきをひて住み給ふ」＊源氏(1001–14頃)玉鬘「この国の守の北の方もまうでたりけり、いかめしくいきをひたるを羨みて」＊夜の寝覚(1045–68頃)一「命つきぬばかりに恋しくあはれなるに〈略〉いきをひたるがわびしくもあるかな」 方言勇みたつ。意気込む。山形県東田川郡038 ◇いきおる 山形県米沢市149 発音文イキオーとも

いき-おくれ【行遅】『名』婚期を逸して、嫁に行きそびれること。ゆきおくれ。

いぎおさめ-の-おもの【威儀納御膳】『名』賀宴や節会(せちえ)などの時の、天皇の食膳。いぎのおもの。一説に「息収(いきおさめ)の御膳」で、息休めのためにとる天皇の食膳の意とする。＊宇津保(970–999頃)嵯峨院「右のおとどには、ゐぎをさめのをものの事きこえ給ふ」 発音〈標ア〉0

いき-おと【息音】『名』呼吸する音。息の音(ね)。＊落窪(10C後)二「翁のしりぬべかなりといへど、責むれど、いき音もせず」＊今鏡(1170)二・紅葉の御狩「それかくれ給て後は、少しもいきをとたつる人やは侍りし」 発音〈標ア〉0

いきお-ぶね【生魚槽】『名』生簀(いけす)の一つ。魚を入れて水中で生かしておくための、側面に数個の小穴のある箱。生槽(いかしぶね)。

いき-か【閾下】『名』心理学で、刺激が知覚されない状態。＊多情仏心(1922–23)〈里見弴〉茶断塩断・一〇「意識の閾下に押し鎮められてゐる倦怠や不満足は、常に解放を待ち望んでゐたのだ」

いき-がい【生涯】『名』(「生涯(しょうがい)」の湯桶(ゆとう)読みか) この世に生きている間。しょうがい。 発音〈標ア〉キ0 ＊三体詩素隠抄(1622)一・二「今は明日を期せざる体ぢゃほどに、いきがいの中にいとまをやるぞ」＊談義本・遊婦多数寄(1771)心中の論「ぢんきょにて死ぬ人は生(イキ)がいの内ひがたかぶり、気が短くなって〈略〉死す故」 補注「いきがい(生甲斐)」の転義とする説もある。 辞書文明 表記活涯(文)

いき-がい【域外】『名』一定の区域、範囲の外。↕域内。＊西洋事情(1866–70)〈福沢諭吉〉二・三「兵に将たる者は閾外の権を専にすること能はず動もすれば機会に後れて利を失ふこと多し」＊漢書–鄒陽伝「越ニ攣拘之語ニ、馳ニ域外之議ニ」 補注昔の中国では、統治あるいは文明の及ばない辺境の地を意味することが多い。 発音イキガイ〈標ア〉キ〈京ア〉イ1

いき-がい【生甲斐】『名』①生きているだけのねうち。生きている意義。＊太平記(14C後)一一・五大院右衛門宗繁賺相摸太郎事「生甲斐(イキガイ)なき命を続(つ)がん為に所縁に属し降人に成て」＊玉塵抄(1563)三「いきてもいきかい死だ同やうな用にたたぬ者になぞらえたぞ」＊幸若・夜討曾我(室町末–近世初)「死べき時にしなねばいきがひはさらに候はず」＊日葡辞書(1603–04)「Iqigaimo (イキガイモ) ナイ ヒト〈訳〉生きていて何も役にたたない人」②生きていくはりあい。生きているという実感。生きるめあて。＊黒潮(1902–05)〈徳富蘆花〉一・一一・五「『生命(いのち)がありゃ生きて居んなけりゃなんねエから、まあ拵(かせ)いで生きて居るでがすよ』『其で生き甲斐があるのかエ?』」＊行人(1912–13)〈夏目漱石〉帰ってから・五

「自分より詩的な兄は曾て透き通る秋の空を眺めてあゝ生(イ)き甲斐(ガヒ)のある天だと云って嬉しさうに真蒼な頭の上を眺めた」 発音イキガイ〈標ア〉0 キ 〈京ア〉0 辞書日葡

いきがい-かいつけ【域外買付】〘名〙 対外援助物資を、自国以外から買い付けること。ふつう、アメリカが対外援助用の軍需品を外国から買い付けることを意味する。域外調達。 発音イキガイカイッケ〈標ア〉カ

いきか-いしき【閾下意識】〘名〙 心理学で、自分自身が気づかない、意識しない状態にある意識。無意識。 発音〈標ア〉イ2

いき-か・う【行交】〘自ワ五(ハ四)〙 行ったり、来たりする。往来する。ゆきかう。 発音文イキコーとも〈標ア〉カ コ 〈京ア〉0

いき-かえ・す【生返】〘他サ五(四)〙 人をよみがえらせる。生き返らせる。＊日葡辞書(1603-04)「Iqicayexi, su, eita (イキカエス)〈訳〉人をよみがえらせる」 発音〈標ア〉0 カ 辞書日葡

いき-かえ・す【行返】〘自サ四〙 引き返す。＊歌謡・落葉集(1704)五・競馬女踊「遙かに行(ゆ)きていきかへし」

いき-かえり【行返・往返・行帰】〘名〙 行きと帰り。また、行って帰ること。往復。ゆきかえり。＊滑稽本・浮世風呂(1809-13)二・下「湯の行返(イキカヘリ)や髪結床(かみいどこ)あたりに、ぶらついて居て」 発音〈標ア〉0 〈京ア〉カ

いき-かえ・る【生返】〘自ラ五(四)〙 ①一度死んだものが命を取り戻す。息を吹き返す。よみがえる。蘇生する。＊源氏(1001-14頃)夕顔「いきかへりたらん時、いかなる心地せん」＊浜松中納言(11C中)五「限りある御命の程はさのみもえしづみ果てられず、いき帰りたるやうに覚えて」＊色葉字類抄(1177-81)「活 イキツク イキカヘル」＊寛永刊本蒙求抄(1529頃)三「死するものも、いきかへらするやうなぞ」 ②元気や記憶が回復する。＊草枕(1906)〈夏目漱石〉二「ああ、好い心持ちだ、御蔭で生(イ)き返(カヘ)った」＊破戒(1906)〈島崎藤村〉一・四「斯ういふ過去の記憶は今丑松の胸の中に復活(イキカヘ)った」 発音〈なまり〉イキカヤル・イッカエル〔讃岐〕イクカエル〔和歌山県〕〈標ア〉0 カ 〈京ア〉0 辞書色葉・文明・明応・天正・黒本・易林・日葡・〈ボン〉・言海 表記活(色・文・明・天・黒・易) 甦(へ) 生返(言)

いき-かえ・る【行返・往返・行帰】〘自ラ四〙 行き、また返る。行っては、もどってくる。往復する。ゆきかえる。 発音〈標ア〉カ

いき-がお【生顔】〘名〙 生きている時の顔。死ぬはずであったのに死なないでいる人の顔。＊日葡辞書(1603-04)「Iqigauo (イキガヲ)〈訳〉生きている人の顔。ヲヤノ iqigauo (イキガヲヲ) ミル〈訳〉死ぬ前の親の顔を見る」＊浄瑠璃・丹波与作待夜の小室節(1707頃)夢路のこま「何を面目に、おめおめと諸人にいきがほがあはされん」＊偸盗(1917)〈芥川龍之介〉八「生き顔より、死顔の方がよいやうぢゃな」 発音イキガオ〈標ア〉0 〈京ア〉カ 辞書日葡

いき-がかり【行掛】〘名〙 ①行きかかるついで。行き出す時。途中。ゆきがかり。ゆきがけ。＊四座役者目録(1646-53)下「いき掛りに、むさとしたる手などを打。聞人、もし、今の手慣はんと云へば」 ②自分の関係している物事がすでに進んでいる状態。また、その中で、周囲の事情からその物事をやめられないこと。やりかけた勢い。ゆきがかり。＊明暗(1916)〈夏目漱石〉三〇「小林は行(イ)きがかり上、ぴかぴかする空気銃の嘆賞者とならなければ済まなかった」＊ある女(1973)〈中村光夫〉一「克巳は伯母が偶然のいきがかりでひきとり、溺愛した子供だった」 発音イキガカリ〈標ア〉0 〈京ア〉0

いき-かぎり【息限】〘名〙 息のある限り。息のつづく限り。＊浄瑠璃・井筒業平河内通(1720)三「刀はわざ物、手はきいつ。命かぎり、息かぎり」 発音イキカギリ〈標ア〉0

いぎ-がく【意義学】〘名〙(英 semantics フランス sémantique の訳語) 言語の意味の本質、起源、発達、変遷を研究する学問で、言語学の一部門。意義論。意味論。 発音イギガク〈標ア〉ギ

いき-かく・る【行隠】〘自ラ下二〙 立ち去って、姿をくらます。ゆきかくれる。＊能因本枕(10C終)二二五・社は「人の国の遠きにいきかくれなどして」＊源氏(1001-14頃)蜻蛉「外(ほか)へいきかくれん、とにやあらむとおぼしさわぎ、御使あり」 発音〈標ア〉ク 辞書言海 表記行隠(言)

いき-がけ【行掛】〘名〙 行き出す時。行くついで。ゆきがけ。＊人情本・閑情末摘花(1839-41)二・九回「往(イキ)がけに駕も誂へて呉など被仰ますから、夫で参りましたヨ」＊落語・猫久(1894)〈禽語楼小さん〉「乃公の所から此処までは半町位だから悪事千里の往(イキ)がけにお前所にも配達して往(い)ったんだ」 発音イキガケ〈標ア〉0 〈京ア〉0

いきがけ の 駄賃(だちん) (馬子が問屋などへ荷物を受け取りに行くついでを利用して、よその荷物を運び、手間賃を得たところから) 事のついでに他の事をして利益を得ること。また、ある事をするついでに他の事をすること。ゆきがけの駄賃。＊歌舞伎・韓人漢文手管始(唐人殺し)(1789)四「いきがけの駄賃、うぬをばらして」＊雑俳・柳多留拾遺(1801)巻六「いきがけのだちんに娵をいびり出し」 発音イキガケノダチン〈標ア〉ダ

いき-かぜ【行風】〘名〙 行こうという気持。＊洒落本・初葉南志(1780)「かう行風(イキカゼ)が立っては、どこと申す事はない。行かねば気が済まぬ」

いき-かそう【生火葬】〘名〙 生きたままで、火葬にすること。＊浄瑠璃・平家女護島(1719)四「あつやあつやのこがれ死、生火葬(イキクヮサウ)とは是やらん」

いき-かた【生方】〘名〙 人生のありかた。生活の仕方、態度。＊或る女(1919)〈有島武郎〉前・一三「さうだ、米国に着いたらもう少し落ち着いて考へた生き方をしよう」＊椎の若葉(1924)〈葛西善蔵〉「自分の身の、殊にこのごろの弱りかけ間違ひだらけの生き方」 発音〈標ア〉タ カ 〈京ア〉キ

いき-かた【行方】〘名〙 ①ある場所へ行く方法。行く道順。ゆきかた。 ②やり方。仕打ち。態度。＊俳諧・雑談集(1692)上「只句作をあやかり、行形(イキカタ)をまね」＊浮世草子・風流曲三味線(1706)一・一「ちと衆道(しゅだう)の面白きいきかた承りたい」＊藤十郎の恋(1919)〈菊池寛〉四「道ならぬ恋のいきかたは、又格別の御思案がムりませうな」 ③ものわかり。のみこみ。＊浄瑠璃・女殺油地獄(1721)下「はて愛な人は、いきかたの悪い。手形の表こそ壱貫匁、正味は弐百め」 発音〈標ア〉0 〈京ア〉0

いき-かた【裄肩】〘名〙 衣服の背縫いから袖口までの長さ。裄肩(ゆきかた)。肩裄(かたゆき)。裄(ゆき)。＊浄瑠璃・薩摩歌(1711頃)中「我もそもじもわきあけの、其袖なりのいきかたも、なにもかも」 発音〈標ア〉カ キ

いき-かた【意気方】〘名〙 心意気。心ばせ。気まえ。＊評判記・色道大鏡(1678)凡例「又は格にはづるれども、意気方(イキカタ)あたらしき時は、本道よりさはやかなる事もあるべし」＊浄瑠璃・心中天の網島(1720)上「内々咄た、心中よし、いきかたよし、床よしの小春殿」＊洒落本・風俗七遊談(1756)二・比丘尼の譚「此入用(いりよう)で人が一人居膳で置れるもんで。其しんぼうをしたは立引(たてひき)を知て、意気方(イキカタ)をおもにするからです」

いき-がた【行方】〘名〙 行った先の場所。ゆくえ。ゆきがた。＊あさぢが露(13C後)「いづくにもおくりきこえんと申ししかども、いき方おぼえぬよしの給ひしかば」 発音イキガタ〈標ア〉0

いきかた-ずく【意気方尽】〘名〙 心意気の限りを尽くすこと。意地をたて通すためにすること。＊浄瑠璃・愛染明王影向松(1688-1711頃か)下「まへはどふであらふとまま、いきかたづくでさきにからまくらをならべしうへなれば」

いき-がたみ【生形見】〘名〙 生き別れの人が形見として残すこと。また、その物。＊読本・本朝酔菩提全伝(1809)六・一一「此香包は、彼姫がとりおとせしにうたがひなし。これぞせめての生(イキ)がた身(ミ)と」 発音イキガタミ〈標ア〉ガ

いき-がたり【生騙】〘名〙(「いき」は接頭語。「かたり」をののしっていう語) ずぶといかたり。ずうずうしい詐欺師。＊浄瑠璃・長町女腹切(1712頃)中「いきがたりとは其事。いっそ手をよふ巾着か屋尻(やじり)切れ」＊浄瑠璃・夏祭浪花鑑(1745)四「背骨にぐっと乗っかかり、大盗人の生衒(イキガタリ)と、握拳でめった打」

いき-がつお【生鰹】〘名〙 なまのカツオ。＊雑俳・もみぢ笠(1702)「あっちから・死んでくるをばいき鰹」＊雑俳・ちゑぶくろ(1709)「十二りの道を隔てて生(ナマ〈注〉イキ)がつほ」

いき-がね【生金・活金】〘名〙(「いきかね」とも) ①現金。げんなま。＊浮世草子・本朝桜陰比事(1689)一・四「男小語(ささやき)て、是はすこしのうちの難儀、生金(イキカネ)百両只取事がと申せし事申上る」 ②いかして使う金。それだけの価値があるように有効に使われる金。⇔死に金。＊談義本・つれづれ睟か川(1783)五「うれしがらしてつかふと、いやがられて遣(つか)ふとは、黒白のちがひなれど、生金(イキカネ)もめったにはつかへぬもの」 発音イキガネ〈標ア〉0 キ

いき-がみ【生神】〘名〙 ①「いきがみさま(生神様)②」に同じ。＊二人むく助(1891)〈尾崎紅葉〉三「好運の生神(イキガミ)椋助大明神と崇められむ」 ②人をこの世に引き止めようとする神。⇔死神(しにがみ)。＊雑俳・水加減(1817)「夜が明て・生神のつく二人連」 発音イキガミ〈標ア〉キ ガ

いきがみ-さま【生神様】〘名〙 ①生きている神。人の形をとって現われている神。教祖を尊んでいうことが多い。＊良人の自白(1904-06)〈木下尚江〉前・一〇・六「活神様(イキガミサマ)が御通りになるのに」＊暗夜行路(1921-37)〈志賀直哉〉後・一五「儀式が済んだのだ。白い水干を着た若い女―生神様(イキガミさま)が通路の端に現はれた」 ②徳の高い人、すぐれた人を生前にあがめていう言葉。いきぼとけ。＊星座(1922)〈有島武郎〉「今ぢゃお前水田にかけては、北海道切っての生神様だ」＊夜明け前(1932-35)〈島崎藤村〉第二部・下・一一・一「先生は実に活神様(イキガミさま)だ」 発音イキガミサマ〈標ア〉ガ 〈京ア〉0

いき-かよい【行通】〘名〙 行ったり来たりすること。通って行くこと。ゆきかよい。＊捷解新語(1676)三「そうめさるおしまちういきかよいにみて」＊満韓ところどころ(1909)〈夏目漱石〉二二「二人は十五分の後ホテルの二階に導かれて、行(イ)き通(カヨ)ひの出来る室を二つ並べて取った」 発音〈標ア〉0

いき-かよ・う【行通】〘自ワ五(ハ四)〙 行ったり来たりする。かよって行く。往来する。ゆきかよう。＊伊勢物語(10C前)二三「かうちの国、高安の郡に、いきかよふ所出で来にけり」＊源氏(1001-14頃)東屋「かやうのあたりにいきかよはむ、人のをさを許さぬ事なれど」 発音文イキカヨーとも〈標ア〉ヨ

いき-がり【意気―・粋―】〘名〙(動詞「いきがる(意気―)」の連用形の名詞化) 意気ぶること。通(つう)ぶること。＊歌舞伎・小袖曾我薊色縫(十六夜清心)(1859)四立「何サ、生潮(なまうしほ)や洗へ物を好(この

ん)で食ふのは意気がりさ」 ＊安愚楽鍋(1871–72)〈仮名垣魯文〉初・五「昨晩もてたる味噌を挙げ、たれをきかせる朝帰り、生のかはりの粋(イキ)がり連中、西洋書生漢字者流」 ＊思ひ出す事など(1910–11)〈夏目漱石〉一二「下女が来ると、必ず通客めいた粋(イキ)がりを連発した」 [発音]イキガリ 〈標ア〉[0][ガ]

いき‐が・る【意気―・粋―】〘自ラ五(四)〙(「が」は接尾語) 自分から粋だと思って得意になる。粋人らしくふるまう。いきぶる。 ＊人情本・春色連理の梅(1852–58)三・一八齣「何も独り自惚(うぬぼれ)らしく、意気(イキ)がる訳もねえが」 ＊当世書生気質(1885–86)〈坪内逍遙〉一八「三四百円の財産をば、平生身に纏(まと)ひて意気(イキ)がる族(やから)は」 ＊今年竹(1919–27)〈里見弴〉総見・一二「そんな粋(イキ)がったことをおっしゃっても駄目！」 [発音]イキガル 〈標ア〉[ガ]

いき‐がわ(‥がは)**【生皮】**〘名〙 生きている動物の皮。また動物からはぎ取ったばかりの皮。「生き皮をはぐ」の形で用いる。 ＊天草本伊曾保(1593)狼と狐の事「タダキツネノ iqigauuo (イキガワヲ) ハイデ」 ＊読本・夢想兵衛胡蝶物語(1810)前・貪婪国「狐狸の所為(わざ)にこそ。本の形をあらはさずば、生皮(イキガハ)剝がん」 [発音]イキガワ 〈標ア〉[0] [辞書]日葡

いきかわり‐しにかわり(いきかはりしにかはり)**【生替死替】**〘連語〙 なん度も生まれかわって。死んでは、また生きかえって。 ＊浄瑠璃・蟬丸(1693頃)一「いきかはりしにかはり、世々生々に怨みをなさん」 ＊怪談牡丹燈籠(1884)〈三遊亭円朝〉八「三世(ぜ)も四世も前から、ある女がお前を思ふて生きかはり死にかはり、容(かたち)は種種(いろいろ)に変て付纏ふて居るゆゑ」 ＊鬼城句集(1926)〈村上鬼城〉春「生きかはり死にかはりして打つ田かな」 [発音]〈標ア〉[0]‐[0]

いき‐き【生木】〘名〙 生きている木。立木。↕枯れ木。 ＊俳諧・毛吹草(1638)五「小野山ややかぬ生木(イキキ)もかすみ哉〈正直〉」 ＊浄瑠璃・傾城反魂香(1708頃)上「青々条々として松のいき木のいきいきとわかやぎ立てる風情」 [発音]〈標ア〉[キ1][0]

いき‐き【行来・往来】〘名〙 行くことと来ること。行ったり来たりすること。往来。ゆきき。 ＊玉塵抄(1563)一五「紅や紫なうつくしい色の衣裳をきた、おさない者貴人が小路大道にいききの人がみちふさがるほどに、みちちまたが紫ぢゃと云心ぞ」 [発音]〈標ア〉[キ1][キ2][0] 〈京ア〉[イ]

いきき・む【皆】〘他マ四〙 歯をむきだす。 ＊霊異記(810–824)上・二「彼の犬の子、毎(つね)に家室(いへのとじ)に向かひて、期尅(いのごひ)睚(にら)み肯み嘷吠(ほ)ゆ。〈興福寺本訓釈 肯 波爾加美又云伊支□美〉〈国会図書館本訓釈 肯 波爾加美又云伊岐々美〉」 [補注]用例の「肯」は「皆」の誤り。

いき‐ぎも【生肝】〘名〙 生きている動物の肝。また、生きている動物から取ったばかりの肝。薬用にすれば特効があるとされた。 ＊浮世草子・新可笑記(1688)一・四「此殺しやう常ならず、腹かき切て生肝(イキキモ)を取て帰りぬ。〈略〉此肝は難病の妙薬になるとかや」 ＊浄瑠璃・唐船噺今国性爺(1722)中「ばかされた古狐、今尾が見えた、生ぎもきりぬいてくれんと」 ＊黄表紙・親敵討腹鼓(1777)「かしらの黒きうさぎのいきぎもをかねてもちひ給へば、御ほうそうきはめてかるからんと申ものありしゆへ」 ＊和訓栞(1777–1862)「いきぎも 生ながら人の肝をとる、妖術にいひ侍り」 [方言]❶熊(くま)の心臓。新潟県北魚沼郡012 ❷心。心情。◇いちじむ 沖縄県首里993 [発音]イキギモ 〈標ア〉[0][キ] 〈京ア〉[ギ] [辞書]言海 [表記]生肝(言)

いきぎも を＝取(と)る[＝抜(ぬ)く] (生きている動物からそのきもをえぐりとるの意から) ①人をひどく苦しめる。 ＊玉塵抄(1563)三一「天下の農民の脂(あぶら)膏をしぼり取て熬(いり)、劉(きり)ニ生人の骨髄、いき肝(ぎも)をぬくやうなことぞ」 ②人をひどく驚かす。どぎもをぬく。 ＊浮世草子・風流曲三味線(1706)三・五「渡竹此詞に生肝(イキギモ)をとられ」

いき‐ぎり【生切】〘名〙 生きたものを切ったり、料理したりすること。 ＊雑俳・日本国(1703)「温う寝ました鴨のいききり」

いき‐き・る【生切】〘他ラ五(四)〙 生きられるだけ力一杯生きる。天寿を全うする。 ＊斜陽(1947)〈太宰治〉六「人はこの世の中に生まれて来た以上は、どうしても生き切らなければいけないものならば」

いき‐ぎれ【息切】〘名〙 ①激しい労働や運動または病気などによって呼吸がせわしくて苦しいこと。息が続かないこと。あえぐこと。 ＊書言字考節用集(1717)五「吱 イキギレ」 ＊雑俳・雲鼓評万句合‐元文二(1737)「息(イキ)きれのするほど帯をかたく〳〵」 ＊人情本・英対暖語(1838)二・一〇章「サア気を鎮めて始末をおはなしヨ。そして大そふに息ぎれがするぢゃアないか」 ＊思出の記(1900–01)〈徳富蘆花〉五・七「少し心臓をわるくし、時々息切れがする」 ②長続きしないで、途中で止めること。根気が続かないで、やめてしまうこと。 ＊諷刺文学序説(1946)〈中野好夫〉何故日本に風刺文学が出ないのか「その後鷗外、竜之介あたりの知性的作家にも多少試みはあるが、すべてすぐ息切れがしている」 [発音]イキギレ〈なまり〉イッキギレ〔鹿児島方言〕 〈標ア〉[レ][0][ギ] 〈京ア〉⓪ [辞書]書言・ヘボン・言海 [表記]息切(へ・言) 吱(書)

いきぎれ‐ごえ(‥ごゑ)**【息切声】**〘名〙 息切れした声。息が切れて、はあはあ言う声。 ＊浄瑠璃・平家女護島(1719)二「ふんごみふみぬき息切れ声を力にて、爰(ここ)をせんといどみあふ」 ＊あたらよ(1899)〈内田魯庵〉「『お放しなさいったら』と新後家は頑作が拘留むる手を強(むり)に放さうと悶きつつ息切(イキギ)れ声(ゴヱ)を搾立って」 [発音]イキギレゴエ 〈標ア〉[ゴ]

いき‐きんりょう(‥キンリャウ)**【生斤量】**〘名〙 (「いき」は接頭語) いいかげんに重量をはかること。また、その目方(めかた)。 ＊さるばとるむんぢ(校正再刻とがのぞき規則)(1869)三「商売に生斤量(イキキンリョウ)を遣ひたるや」

いき‐・く【行来】〘自カ変〙 行ったり来たりする。往来する。通行する。ゆきく。 ＊狂言記・文山賊(1660)「かふして死れば、いきくるものも、又はめこ子どもも、ふみころされてしんだといへば」

いき‐くさ【活草】〘名〙 植物「べんけいそう(弁慶草)」の古名。 ＊本草和名(918頃)「景天。一名火草、和名伊岐久佐」 ＊十巻本和名抄(934頃)一〇「景天 陶隠居曰景天一名慎火〈伊岐久佐〉避レ火故、以レ名レ之」 ＊俳諧・寝覚の雉子(1803)「活草を眼にもつ冬の日かげ哉〈芦径〉」 [方言]長州†122 山形県飽海郡139 [語源説](1)イキグサ(活草)の意。ひじょうに活着をしやすい草であるから〔箋注和名抄・和訓栞〕。(2)ヒケクサ(火消草)の転〔言元梯〕。 [発音]イキクサ 〈標ア〉[キ] 〈ア史〉平安○◍○○ 〈京ア〉⓪[0] [辞書]字鏡・和名・色葉・名義・文明・伊京・饅頭・書言・言海 [表記]景天(字・和・色・名・伊) 天景(文・饅) 槇火草(色) 慎火(名) 景天草・救火草(書) 生草(言)

いき‐くさ・い【息臭】〘形口〙[文]いきくさ・し〘形ク〙 息に悪臭があるさま。はく息がくさい。 ＊評判記・野郎虫(1660)松本小蔵人「肺のざうに。やまひの有やらん。又腸胃に積熱あるやらん。いきくさきとの取さた也」 ＊書言字考節用集(1717)五「口過 イキクサシ〔唐書〕宋之問有二奇才一。但恨口過。註云口過謂二口臭一也」 ＊和英語林集成(初版)(1867)「Ikikusai (イキクサイ)」 [発音]〈標ア〉[サ] [辞書]書言・ヘボン [表記]口過(書) 息臭(へ)

いき‐ぐさり【生腐】〘名〙 「いきぐされ(生腐)」に同じ。 ＊咄本・落噺生鯖船(1820)序「世の常言(ことわざ)にも鯖の生ぐさりといひて」

いき‐ぐされ【生腐】〘名〙 魚などの、いきいきと新しいように見えて、腐敗していること。また、そのような魚。いきぐさり。 [発音]イキグサレ 〈標ア〉[0]

いき‐ぐすり【生薬】〘名〙 「いくすり(生薬)」に同じ。

いき‐ぐち【生口】〘名〙 ①口寄せの一つで、巫女(みこ)が生きている人の霊魂を招いて語らせること。また、その言葉。↕死口(しにくち)。 ＊浄瑠璃・卯月の潤色(1707頃)中「合ひの枕の与兵衛さま忘れがたなきいにしへは、いきぐちよせた我なれど、今しにぐちにより人が語りたいぞや問はれたやなふ」 ＊滑稽本・東海道中膝栗毛(1802–09)三・上「巫女(いちっこ)だ。コリャおもしろへ。ちといき口をよせてもらひてへもんだ」 ②「いけくち(生口)」に同じ。

いき‐ぐち・い〘形口〙 息苦しい。 [発音]イキグチ 〈標ア〉[キ] 〔改正増補和英語林集成(1886)〕

いきぐち‐さ〘名〙 (形容詞「いきぐちい」の語幹に接尾語「さ」の付いたもの) 息苦しいさま。またその度合。 ＊改正増補和英語林集成(1886)「Ikiguchisa イキグチサ」

いきぐちっ‐た・い〘形口〙 息苦しい。〔改正増補和英語林集成(1886)〕

いき‐ぐね〘名〙 [方言] ⇩いぐね(居久根)

いき‐くび【生首】〘名〙 生きているものについている首。また、切って間もない首。なまくび。 ＊浄瑠璃・蒲の御曹子(1650)二「むかふものをとってはふせ、又はいきくびつづぬき人つぶて」 ＊仮名草子・浮世物語(1665頃)二・七「いきくび切られの古狐め」 ＊俳諧・貝おほひ(1672)三〇番「末社の、ほこらの、こやこやまでもいきくびごたいをかたぶけられむ事」 [発音]〈標ア〉[キ]

いき‐ぐみ【意気組】〘名〙 張り切った気の持ち方。進んでやろうとする気持。いきごみ。 ＊近世紀聞(1875–81)〈染崎延房〉一〇・三「婦女さへ恁(かか)る意気組なれば会津武士等は此城と倶に亡びんと決心せしにや」 ＊二人女房(1891)〈尾崎紅葉〉中・九「義周の粟を食(くら)はずといふ意気組(イキグミ)で」 ＊こゝろ(1914)〈夏目漱石〉下・一九「そちらの方へ動いて行かうとする意気組(イキグミ)に卑しい所の見える筈はありません」 [発音]イキグミ 〈標ア〉[ミ][グ][0]

いき‐ぐ・む【意気組】〘自マ四〙 「いきごむ(意気込)」に同じ。

いき‐ぐるし・い【息苦】〘形口〙[文]いきぐる・し〘形シク〙 ①呼吸が思うようにできなくて息づかいが苦しい。息をしにくい。いきどおしい。 ＊当世少年気質(1892)〈巖谷小波〉五「咳も少し出て息苦(イキグル)しい故」 ＊道草(1915)〈夏目漱石〉二六「姉が息苦(イキグル)しくって、受答へが出来かねるので」 ②胸が詰まるように重苦しい。圧迫感がある。 ＊死(1898)〈国木田独歩〉三「それが胸に閊(つか)えて重くるしく呼吸苦(イキグル)しく」 ＊硝子戸の中(1915)〈夏目漱石〉七「私を息苦(イキグル)しくした位に悲痛を極めたものであった」 [発音]イキグルシイ 〈標ア〉[シ] 〈京ア〉[ル] [文]『いきぐるし』イキグルシ 〈標ア〉[ル] 〈京ア〉[ル]

いきぐるし‐げ【息苦―】〘形動〙 (形容詞「いきぐるしい」の語幹に接尾語「げ」の付いたもの) 息苦しいさま。 [発音]イキグルシゲ 〈標ア〉[シ]

いきぐるし‐さ【息苦―】〘名〙 (形容詞「いきぐるしい」の語幹に接尾語「さ」の付いたもの) 息苦しいこと。また、その度合。 ＊奇病患者(1917)〈葛西善蔵〉「呼吸苦しさから、軽い痙攣を感じ出したらしい手附きして」 ＊大道無門(1926)〈里見弴〉影法師・一「この部屋の空気の息苦(イキグル)しさと」 ＊家族会議(1935)〈横光利一〉「一見何事もなささうだったが、奇妙な息苦しさが四人の胸の中を貫ぬいて流れてゐた」 [発音]イキグルシサ 〈標ア〉[ル] 〈京ア〉[0]

いき‐け【息気】〘名〙 鷹の病気。動悸(どうき)があり、息切れしてわずらうこと。 ＊鷹経弁疑論(1503)下

「或問。息気と云は源何より起ぞや。答云。胴気より起ことあり。大根。黒焼。耳かきにて一つ口へ入て水を哺べし」

いきけ の 薬（くすり）　息気（いきけ）の治療に用いる薬。肉桂（にっけい）を粉にしてつくったもの。

いき‐げいせい【生傾城】『名』（「いき」は接頭語）遊女をののしっていう語。女郎め。＊浄瑠璃・嫗山姥（1712頃）二「それ程ゆかしい男なら、なぜにせんにほれなんだ。男ぬす人、いき傾城」＊浄瑠璃・山崎与次兵衛寿の門松（1718）中「いきげいせいの恥しらずと、つもる恨の高声に」

いき‐けさ【生袈裟】『名』近世、金沢藩、庄内藩などで行なわれた死刑の一つ。その方法ははっきりしないが、罪人を袈裟がけに斬り殺すことか。＊金沢藩刑法者抜書（1790）「生けさ　能州七尾日蓮宗本行寺持僧、日円」＊俳諧・双子山前集（1697）「生きげさは即仏君の鉄だめし」＊随筆・異説まちまち（1748）一「寛文の比、庄内にての事なり。〈略〉盗賊の事になりて、生袈裟に断罪なり」 発音イキゲイセイ〈標ア〉ゲ

いき‐けんこう（：ケンカウ）**【意気軒昂】**『形動ナリ・タリ』いきごみが盛んであるさま。元気のあるさま。＊恋慕ながし（1898）〈小栗風葉〉四「意気軒昂（イキケンカウ）、彼の鼻息は当るべからざるもので」＊社会百面相（1902）〈内田魯庵〉貴婦人・上「主人（あるじ）の婦人は意気軒昂として」＊日々の収拾（1970）〈坂上弘〉「この母は、自分を必要としていない。まだ意気軒昂なのだ」 発音イキケンコー〈標ア〉イ〈京ア〉イ＝0

いき‐ごえ（：ごゑ）**【息声】**『名』息づかい荒く発する声。＊一九二八・三・一五（1928）〈小林多喜二〉八「うん、うん、うんといふ声と、それを抑へる低い、が強い息声が静まりかへってゐる廊下にきこえた」＊防雪林（1928）〈小林多喜二〉三「女は帯にかけてゐる源吉の手に、爪をたてようとした。『馬鹿！』彼は息声で云ふと、思ひっ切り、ギュッと女の身体を抱きしめてしまった」

いき‐ごくもん【生獄門】『名』生きたままで獄門にさらされること。＊浄瑠璃・国性爺後日合戦（1717）三「先浜表（はまおもて）に引出し舟底に枷（くびかせ）し、三日三夜生獄門（イキゴクモン）にさらすべし」

いき‐ごけ【生後家】『名』生き別れの後家。夫と別れて再婚しないでいる女。＊浮世草子・傾城仕送大臣（1703）四・一「生後家と成て娘ひとりをはごくみ」

いき‐ごころ【生心】『名』生きているという実感。生きているような気持。生きたここち。 発音イキゴコロ〈標ア〉キ0

いき‐ごたつ【生炬燵】『名』女性と共寝すること。人肌で温まることをこたつに譬えた言い方。＊歌舞伎・水天宮利生深川（筆売幸兵衛）（1885）序幕「『ああ、雨垂所か、又雪が降って来た』『今夜は生炬燵（イキゴタツ）といふ晩だな』」

いき‐ごと【粋事】『名』粋な事柄、行為。また、粋なぐあい。＊滑稽本・七偏人（1857‐63）二・中「平常（ふだん）がいきごとに作ってゐるので、兎角にはけが横っちょに曲ってならぬ」＊行人（1912‐13）〈夏目漱石〉帰ってから・一三「当人も亦婦人に慕はれるなんて粋事（イキゴト）は自分の様なものに到底有り得べからざる奇蹟と思ってゐたのださうだ」 発音イキゴト〈標ア〉0キ〈京ア〉0

いきごと‐すじ（：ぢすぢ）**【粋事筋】**『名』男女間の情事の面。いろごとのおもむき。＊怪談牡丹燈籠（1884）〈三遊亭円朝〉一八「思ふお方と一緒なら深山（みやま）の奥までと云ふやうなる意気事筋で、誠に不思議」 発音イキゴトスジ〈標ア〉ト

いき‐ごのみ【粋好】『名』（形動）意気㈡①を好むこと。また、そのさま。＊ある女（1973）〈中村光夫〉一「地方出身者によくある粋好みな彼は、ある意味では伯母と似合ひの夫婦であった」

いき‐ごみ【息籠】『名』①声を出したり楽器を吹いたりするときに、声や音が途切れたり細くなったりしないように、肺の中に息を十分ためること。いきごめ。＊八帖花伝書（1573‐92）四「いきごみ、かんよう也。いきごみにより、やごゑにたよりあるもの也」＊狂歌・古今夷曲集（1666）九「尺八の音色は習ふ初手よりもいきごみぞただ安田いじなる」②息をつめて静かにすること。息を殺すこと。＊怪化百物語（1875）〈高畠藍泉〉上「如何なる怪（もの）のあらはれて、如何なる説（こと）を吐（いふ）やらんと、皆息籠（イキゴミ）して聞ゐたり」

いき‐ごみ【意気込】『名』進んで物事をしようとする、張り切った気持。気勢。きおい。いきぐみ。＊評判記・満散利久佐（1656）小藤「こゑのうつり、よく、しゃんとして、いきごみ猶よし」＊浮世草子・好色五人女（1686）五・三「ひとりはうらみ、ひとりは歎（なげき）、若道のいきごみ」＊画の悲み（1902）〈国木田独歩〉「今に見ろといふ意気込（イキゴミ）で頻りと励げんで居た」 発音イキゴミ〈標ア〉ミゴ0〈京ア〉ゴ0 辞書言海 表記息込（言）

いき‐ご・む【意気込】『自マ五（四）』勢いをこめる。また、張り切った気持でしようとする。いきぐむ。＊おとづれ（1897）〈国木田独歩〉下「政治家の類を一笑し倒さんと意気込む人」＊其面影（1906）〈二葉亭四迷〉四五「『ぢゃ、兄弟でなかったら？』と哲也がクヮッと意気込むと」 発音イキゴム〈標ア〉ゴ〈京ア〉0 辞書言海 表記息込（言）

いき‐ごめ【息籠】『名』「いきごみ（息籠）①」に同じ。＊歌儛品目（1818‐22頃）七・下「息籠（イキゴメ）、管をとりて吹くの間に於て、其気息の苟且ならずして、己が体中に充実する如き習ひの名なり」 発音イキゴメ〈標ア〉0メ

いき‐ごもり【息籠】『名』息がこもること。息、気体などがいっぱいに満ちていること。＊白羊宮（1906）〈薄田泣菫〉魂の常井「木立の息ごもり、気（け）をぬるみ」 発音イキゴモリ〈標ア〉ゴ

いき‐ごも・る【息籠】『自ラ四』息がこもる。空気が替わらなくて苦しくなる。＊御伽草子・猫の草紙（江戸初）「穴の住居を仕りてみるといへども、一日二日のことにもあらず中にばかりもいきごもりて、居られ申さず」 発音イキゴモル〈標ア〉モ 辞書書言 表記気鬱（書）

いき‐ころし【生殺】『名』⇨いけころし（生殺）

いぎさ『名』方言⇨いぎす

いき‐ざい（：ヰキ）**【遺棄罪】**『名』老幼、障害または疾病のために扶助を要する人を、放置して、生命、身体を危険にさらす罪。 発音〈標ア〉キ

いき‐さか【壱岐坂】（「いきざか」とも。彦坂壱岐守の屋敷が脇にあったところから）東京都文京区本郷一丁目にある坂。壱岐殿坂。

いき‐ざかな【生魚】『名』「いきうお（生魚）」に同じ。 発音〈標ア〉キ0

いき‐さが・る【生下】『動』方言鮮度が落ちる。いきが悪くなる。宮城県仙台市121　山形県北村山郡144

発音〈標ア〉ザ

いき‐さき【行先】『名』行く先。向かって進んで行く方向、地点。ゆきさき。 発音〈標ア〉0〈京ア〉0

いぎ‐さき（：ゐぎ）**【居木先】**『名』鞍（くら）の居木の、外へ突き出ている先端の部分。＊日葡辞書（1603‐04）「Iguisaqi（イギサキ）」 辞書日葡

いき‐ざし【息差】『名』（「ざし」は様子の意）①息づかい。呼吸のさま。＊大鏡（12C前）四・道兼「御いきざしなどいとくるしげなるを」＊幸若・烏帽子折（室町末‐近世初）「夜とともに笛をあそばせし、おんぜいいきさし程ひゃうし物あひすむだる所は」＊日葡辞書（1603‐04）「Iqizaxiga（イキザシガ）ワルイ」＊浄瑠璃・国性爺後日合戦（1717）二「息ざしもせずうかがへば」②気負いや嘆きなどの激しい感情が、息づかいや言葉づかいに表われたもの。荒々しい意気込み。また、嘆きや不平の口ぶり。＊書紀（720）神代下（丹鶴本訓）「其の辞気（イキザシ）慷慨（はげ）し」＊蜻蛉（974頃）下・天禄三年「様々になげく人々のいきざしを聞くも」＊源氏（1001‐14頃）玉鬘「まして監がいきざしけはひ、思ひ出づるもゆゆしき事限りなし」③ようす。けはい。気色。風采（ふうさい）。＊和漢朗詠（1018頃）下・妓女「気調のいきざしは兄のごとし、崔季珪が小妹なればなり〈張文成〉」＊浜松中納言（11C中）五「弱うぃみじけれど、あてにうつくしきいきざしの、見る目に違（たが）はず、めづらしうかなしう思（おぼ）されて」＊唐物語（12C中）下「楊家の娘〈略〉其のいきざしは、夏の池に紅（くれなゐ）の蓮（はちす）始めて開けたるにやと見ゆ」＊有明の別（12C後）一「御ぞのにほひ、いきざしをはじめ、さはいへど、けぢかさはいとなつかしう」④脇腹。＊男重宝記（元禄六年）（1693）五・二「備前備中美作の詞（ことば）に指といふ事をいべといふ〈略〉同国に脇ばらをいきざしといふ東国には息あひと云」 方言❶脇腹。美作†113　愛知県北設楽郡553　❷横腹の少し上のあたり。脇腹の上部。静岡県榛原郡541　鳥取県西伯郡719　岡山市762　広島県高田郡779　❸肋間神経痛。青森県津軽075　神奈川県津久井郡317　静岡県志太郡535　◇いきさし　静岡県志太郡535 発音〈標ア〉0ザ 辞書色葉・名義・文明・明応・天正・黒本・易林・日葡・書言・ヘボン・言海 表記気調（色・名・文・黒・易・へ）心端（文・明・天）心喘・機関（書）息差（言）

いき‐さつ【経緯】『名』①事件の経過。事のなりゆき。ゆきがかり。＊洒落本・伊賀越増補合羽之龍（1779）向島之段「終に両家の乱となる。そのいきさつを〈略〉爰にあらはす通が代や」＊吾輩は猫である（1905‐06）〈夏目漱石〉九「彼の腹の中の行きさつが手にとる様に吾輩の心眼に映ずる」②物事のこみいった内部事情。いざこざ。しさい。＊歌舞伎・油商人廓話（1803）二幕「与五郎に盆の上で百両のいきさつ」＊腕くらべ（1916‐17）〈永井荷風〉一八「色の紛擾（イキサツ）には馴れてゐる瀬川一糸、始めからさうなるものとはとうに見越してゐる」＊星座（1922）〈有島武郎〉「その中に凡ての経緯（イキサツ）が人に知れ亙ったら一体如何する」 語源説イキサタ（行沙汰）のなまりか〔大言海〕。 発音〈標ア〉0〈京ア〉0

いき‐ざま【生様】『名』（一九六〇年代、「死にざま」の連想から生まれた語）生きていく上での具体的なありかた。生き方の様子。特に、独自の人生観を持ち、それをつらぬき通して生きる姿。＊新西洋事情（1975）〈深田祐介〉舶来女房、愛すべし「だれがBさんの認識のいい加減さ、歯切れの悪い生きざまをとがめられるか」＊軽口浮世ばなし（1977）〈藤本義一〉一七・二「いわゆる肩書なしで、沢山の人に接していくこと。裸になって己を語れるような人間になっていくこと。愚痴を完全に封じ込める人物になっていくこと。これがどうやら、人間の生きざまみたいな気がするのだ」 発音〈標ア〉0

いき‐さ・る【行去】『自ラ四』去って行く。＊古本説話集（1130頃か）五〇「つながねども、いきさる事もせず、ささやかに、みめもをかしげにてれいの牛の心さまにもにざりけり」

いき‐し【行―】『名』方言行く時。行きしな。滋賀県彦根607　兵庫県加古郡664　神戸市665　香川県829　愛媛県松山846

いき‐じ（：チ）**【意気地】**『名』自分の意志や面目などをどこまでも守り通そうとする気持。いくじ。いじ。＊評判記・剥野老（1662）序「君をこひ茶のいきぢもしらでおもひそめつけの茶碗のかたしふけなひとて」＊浮世草子・好色訓蒙図彙（1686）上・人倫「衆生にえんうすき御かたは、あげせんもさだまらず、はりもいきぢもさたなし」＊浄瑠璃・浦島年代記（1722）七世の鏡「恋にいきぢをたてがみや」＊洒落本・辰巳之園（1770）序「吉原に意

気地（イキシ）あれば、此土地に達引（たてひき）有」 方言 勢い。富山県390 石川県鳳至郡038 発音〈標ア〉イ〈京ア〉イ 辞書 ボン・言海 表記 意気地（へ・言）

いきじ が 悪（わる）い よくない意地を張る。意地が悪い。＊歌舞伎・助六廓夜桜（1779）「お前の親分とやらの髭の意休さんも揚巻さんには惚れて居さんすのに、又お前が惚れるとは、こりゃ意気地が悪いぢゃないかえ」

いきじ を 立（た）てる 自分の意見や、生き方などを貫き通してあとへひかない。＊歌舞伎・三十石艠始（1759）四幕「意気地（イキヂ）を立（タ）てまするも身が可愛さ」＊歌舞伎・傾情吾嬬鑑（1788）五立「わしゃ江戸の浅草で、意気地（イキヂ）を立（タ）てる花川戸の、幡随長兵衛といふ男でごんす」

いぎ-し【威儀師】〔名〕授戒の式のとき、受戒者に立ち居振舞いの威儀を指示する、三師七証の一つの教授師のこと。転じて法会（ほうえ）のとき、衆僧の先に立って、衆僧の威儀、作法を指図する僧をいう。威儀僧。威儀法師。＊延喜式（927）二一・玄蕃寮「凡威儀師六人、従儀師八人」＊枕（10C終）一五六・えせものの所得るをり「季の御読経のゐぎし」＊狭衣物語（1069‒77頃か）一「仁和寺になにがしのいぎしをば逃して、牛飼童（うしかひわらは）を捕へて」 発音 イギシ〈標ア〉イ 辞書 色葉・書言・言海 表記 威儀師（色・書・言）

イキシア〔名〕（英 ixia）アヤメ科の多年生植物の属名。また、数種の同属植物を母種として作られたと考えられる園芸種。野生種は南アフリカないし赤道アフリカに分布する。園芸に利用するものは秋植えの球根草で、球根は小形の球茎。葉は長さ一五〜二〇センチメートルの細い剣状。四、五月頃、三〇センチメートル内外の細い花茎をのばし、先端に六〜八個の小花を穂状につける。花の色は白、黄、桃、赤、紫などあり、四〇種以上の園芸品種がある。学名はIxia《季・春》 発音〈標ア〉イ

いき-しか・く【噓】〔自カ下二〕息を吐きかける。＊色葉字類抄（1177‒81）「噓 イキシカク 気同」＊観智院本名義抄（1241）「噓 イキシカク」 辞書 色葉・名義・文明 表記 噓（色・名・文）気（色）

いき-しげき【閾刺激】〔名〕感覚や反応を起こすために必要な最小の強さの刺激。 発音 イキシゲキ〈標ア〉シ

いき-じごく【生地獄】〔名〕生きている現世で、まるで地獄におちたような苦しみを経験すること。生きながらにして味わう、ひどい苦しみ。＊即興詩人（1901）〈森鷗外訳〉颶風「おそろしき活地獄の図ある鞠問所を観き」＊女工哀史（1925）〈細井和喜蔵〉六・一七「佐渡の金山が此の世の地獄だったのは昔、工場とは文字通りなる生地獄に外ならぬ」 発音 イキジゴク〈標ア〉ジ〈京ア〉ジ

いき-したい【遺棄死体】〔名〕棄てられた死体。置き去りにされた死体。 発音〈標ア〉シ

いきじ-たて【意気地立】〔名〕自分の生き方をどこまでも貫きとおすこと。＊新浦島（1895）〈幸田露伴〉六「添へば添へる中でありながら男は身を委ぬる事業（しごと）の上の意気地立（イキヂタ）て女は男の意気地立てさせたいばかりに」 発音〈標ア〉0

いき-しな【行―】〔名〕（「しな」は接尾語）行く時のついで。でかける時。いきがけ。ゆきしな。＊咄本・内閣文庫本醒睡笑（1628）五「いきしなにつぼふだ花がきしなにはゑじかったりや桶とぢの花」 発音〈標ア〉0〈京ア〉0

いき-しな【意気品・粋品】〔名〕いきなしぐさ。意気方（いきかた）。＊評判記・吉原鑑（1660）「けいせいも鞠をけるごとく、知音にあふて、いきしな上手は、れんまのみづにてすると侍り」

いき-しに【生死】〔名〕①生きることと死ぬこと。生きているか、死んでいるかの別。せいし。しょうじ。＊栄花（1028‒92頃）玉の飾「ただいきしにをつけさせ給へと申させ給ければ、何事ともなく、ただ死まうけをせよと夢に見給ければ」＊閑居友（1222頃）上・真如親王天竺にわたり給ふ事「いきしにわきまへがたしとてこまかにぞたづねありける」＊浄瑠璃・鑓の権三重帷子（1717）上「市之進殿帰られては生死（イキシニ）の有ことと、中使の下女に隙やったれば」＊人情本・英対暖語（1838）四・二二章「そして生死（イキシニ）も知れはしないから〈略〉心は尼にでもなった気で居るは」②囲碁の勝負。碁石の生死。＊源氏（1001‒14頃）竹河「あはれとて手を許せかしいきしにを君にまかする我が身とならば」③命をかけるほどのこと。情熱的な様子。＊洒落本・通言総籬（1787）二「つら斗（ばかり）うつくしくっても、いきしにのねへ女郎はきれへだ」＊洒落本・客衆一華表（1789‒1801頃）丹波屋之套「面はしっほりとして目にいきしにをふくみ」 発音〈標ア〉イ シ キ〈京ア〉キ 辞書 文明・日葡・書言・言海 表記 生死（文・書・言）活死（文）

いきしに の 境（さかい） 生きるか死ぬかの瀬戸ぎわ。運命の分かれ道。生死（しょうじ）の境。＊玉篋両浦嶼（1902）〈森鷗外〉上・二「櫓（ろ）をおすわれはいきしにの さかひは今と」

いきしに の 二（ふた）つの海（うみ）［＝海（うみ）］ ①生死流転をくり返す迷いの世界。この世を海にたとえたことば。生死（しょうじ）の海。＊万葉（8C後）一六・三八四九「生死之二海（いきしにのふたつのうみ）を厭はしみ潮干の山をしのひつるかも〈作者未詳〉」＊新撰六帖（1244頃）三「いきしにの二の海を渡すなりあやきさと漕ぐ沖の釣舟〈藤原光俊〉」＊謡曲・八島（1430頃）「おろかやな 心からこそ生き死にの、海とも見ゆれ真如の月の」②生きるか死ぬかの大事の瀬戸ぎわ。生死のわかれ目。＊読本・南総里見八犬伝（1814‒42）四・三一回「下には大河滔々たる、ここ生死（イキシニ）の海に朝（し）る溯洄（ながれ）は名に負ふ坂東太郎」

いき-し・ぬ【生死】〔自ナ変〕生命を得、また、失う。生き、そして死ぬ。＊拾遺（1005‒07頃か）恋五・九二八「いきしなん事の心にかなひせばふたたび物は思はざらまし〈よみ人しらず〉」＊広本拾玉集（1346）二「いきしぬるならひはすべて幻の花見る宿に山嵐の風」

いき-じびき【生字引】〔名〕知識が広く、物事をなんでもよく知っている人。役所や会社などにあって、先例、規則、由来などに精通していて、即座になんでも答えられるような人。＊新時代用語辞典（1930）〈長岡規矩雄〉隠語「生字引 非常な物識りで、辞書に頼らなくとも、その人に聞けば何でも知れるといふ様な人」＊虚実（1968‒69）〈中村光夫〉パリ・明治五年「パリの生字引と云はれる老人の指南で」 発音〈標ア〉ジ〈京ア〉0/ジ

いきし-もどり【行戻】〔名〕往復。行きかえり。＊浪花聞書（1819頃）「いきし戻り 行て帰也」 方言 富山県砺波397 大阪市638 徳島県811 香川県826 愛媛県松山846 高知市867 ◇ゆきしもどり 鳥取県711 ◇いきしもどりし 京都府竹野郡622 岡山市054 ◇いきしもどし 愛媛県845 ◇いきしかえり 香川県826

いぎ-しゃ【異議者】〔名〕異議を申し立てる人。＊関税法（明治三二年）（1899）六四条「評価人は四人とし〈略〉二人は異議者之を選定す」 発音 イギシャ〈標ア〉ギ

いき-じゃか【生釈迦】〔名〕（この世に生きている釈迦の意）お釈迦様のような心を持った高徳の人。いきぼとけ。＊咄本・一休咄（1668）四・六「いままでは一休さまはいきじゃかのやうに思ひしが」 発音〈標ア〉0

いき-じょう【位記状】〔名〕「いき（位記）」に同じ。＊続日本後紀‐天長一〇年（833）三月乙卯「橘朝臣位記状曰、地居二貴戚一、爵既隆而加レ栄、徳蘊二余芬一」＊台記別記‐久安四年（1148）九月二五日「賜二両三位之位記一、〈略〉位記状、無位藤原朝臣幸子、右可レ従五位上一」

いき-しょうじん【生生身】〔名〕（「いき」は生身の「生」を重ねて強めたもの）この世に肉体をもつ存在として現われたもの。永遠なものが、たまたま、この世に肉体をもった形で存在しているもの。仏、菩薩などについていう。生身（しょうじん）。＊浄瑠璃・金時都いり（1664）四「金時がいきをひ、まことにやまうばのいきしゃうじんやと、みなかんぜぬものこそなかりけれ」＊浄瑠璃・公平化生論（1664）二「かの公平が有様、誠におにのまごのいきせうじんやと、皆おそれぬ者こそなかりけれ」

いき-しょうちん【意気消沈・意気銷沈】〔名〕元気をなくして、しょげること。意気込みがおとろえること。威勢がくじけること。意気沮喪（いきそそう）。↔意気揚揚。＊社会百面相（1902）〈内田魯庵〉ハイカラ紳士・上「余り意気銷沈でもなささうな洒然々々（しゃあしゃあ）した顔に」＊吾輩は猫である（1905‒06）〈夏目漱石〉八「あの頑固なのが意気銷沈して居る所は」 発音 イキショーチン〈標ア〉イ〈京ア〉イ＝0

いき-しょうてん【意気衝天】〔名〕意気込みが天を突くほどに盛んなこと。意気旺盛なこと。＊漫談集（1929）見習諸勇列伝の巻〈徳川夢声〉「コヂ氏は、藁半紙幾枚かに書き殴った、自製の美文を頻りに朗読して、意気衝天（イキショウテン）の勢ひであったが」＊海景異彩（1936）〈獅子文六〉二「二人はまったく意気衝天（イキショウテン）の勢ひで午前三枚、午後二枚と沿道の海景を、先生ソノモノの如き顔付きで写生し」 発音 イキショーテン〈標ア〉イ

いき-しょうにん【生証人】〔名〕現実に生存する証人。「証人」を強めた語。＊志賀直哉論（1953）〈中村光夫〉暗夜行路・六「父にすれば抹殺したい記憶の生証人（イキショウニン）である『息子』に」 発音 イキショーニン〈標ア〉ショ

いき-じょうもん【生証文】〔名〕（生きている証文の意）証人。＊歌舞伎・盲長屋梅加賀鳶（1886）三幕「その書附は取らずとも、男と男が歯を合はす生証文（イキジャウモン）が何より証拠」 発音 イキジョーモン〈標ア〉ジョ

いき-じん【意気人・粋人】〔名〕粋な人。通人。＊洒落本・芳深交話（1780）「そんなら美しい若衆が、分限者の子で、いき人で〈略〉むかふからほれられたらどふしなんす」

いき-す【生簀】〔名〕和船型荷船の船底に敷く竹製のすのこ。この上に荷物を積んで淦水（あかみず）でぬれないようにし、かつ荷役の際に船底を痛めないようにする保護具。＊和漢船用集（1766）一一・用具之部「いき簀 字未考。廻船荷を積下に敷竹簀也」

い-きず【射疵】〔名〕矢があたってできたきず。＊太平記（14C後）二五・住吉合戦事「大将山名伊豆守、切疵射疵（イキズ）七所迄負はれたれば」 辞書 文明 表記 射疵（文）

いぎす【海髪】〔名〕紅藻類イギス科の海藻。本州中部以北、北海道、樺太、千島の浅海の岩や他の海藻などに付着する。体は高さ五〇センチメートルに達し、暗紫色で樹枝状に規則正しく分枝し、枝は細い糸状。五、六月頃採集し、乾燥漂白したものを、刺身のつまとしたり、寒天の原料に混ぜ「いぎすこんにゃく」をつくって食べるほか、糊の材料とする。近縁種に、南日本や台湾、朝鮮などに分布するものもある。いぎすのり。学名はCeramium kondoi ＊新撰字鏡（898‒901頃）「凝海菜 伊支須」＊延喜式（927）二四・主計「凡諸国輸調〈略〉海藻根各十六斤。大凝菜。小凝菜。角俣菜各卌斤」＊十巻本和名抄（934頃）九「海髪 崔禹食経云海髪〈伊岐須 楊氏抄云水凝菜〉味鹹小冷其色黒状如乱髪者也」 方言 ❶紅藻類の海藻。長州†122 山口県豊浦郡798 大島801 香川県829 ◇いげす 香川県829 ◇いご 新潟県佐渡352 ❷海藻を煮た寒天状のもの。食用。◇いげす 兵庫県加古郡664 発音 イギス〈標ア〉イ〈ア史〉平安●●●〈京ア〉0 辞書

字鏡・和名・色葉・名義・文明・饅頭・黒本・日葡・書言・言海 表記 海髪（和・色・名・書・言） 髪（文・饅・黒） 凝海菜（字） 小凝菜・小髪（色）

いぎす『名』早生の稲。わせ。＊和訓栞後編（1887）「いぎす〈略〉尾張方言に早稲をいぎすといふ」 方言 ❶陸稲。岐阜県030 愛知県葉栗郡557 西春日井郡558 ◇いげす 愛知県一部030 ◇いぎりす 岐阜県一部030 愛知県一部030 ❷稲こきの時に実のついたまま飛び散った稲穂。◇いぎさとも。高知県土佐郡863 ❸縮れ毛。福岡市877 ❹魚、きじはた（雉羽太）。◇いきす 熊野†030 土佐†030 ❺魚、ほうせきはた（宝石羽太）。和歌山県東牟婁郡690 高知県865 ❻魚、くえ（九絵）。高知市865

いき-すいどう【壱岐水道】 佐賀県東松浦半島と長崎県壱岐島の間の海峡。玄界灘から東シナ海に抜ける。最狭部一四キロメートル。壱岐海峡。 発音 イキスイドー〈標ア〉ス

いぎす-いね【―稲】『名』植物「おかぼ（陸稲）」の異名。近世、尾張、三河（愛知県）、美濃（岐阜県）に分布した。＊地方品目解（名古屋叢書一〇）（1755）「いぎす稲是は畑に作り申候。春の土用の頃種蒔、奥手稲と同時に刈取百姓之夫食に仕候。風味悪敷御座候」

いき-すぎ【行過】『名』①行き過ぎること。目的より先の所まで行くこと。ゆきすぎ。②（形動）度を越すこと。分を越えたふるまいをするさま。また、その人。ゆきすぎ。＊談義本・教訓雑長持（1752）四・遍参僧精霊に出会し事「わる洒落いふて、冷笑（あざわらふ）いき過は、先祖の恩しらずのわるものといふべし」③（形動）知ったかぶりや出すぎたことをすること。やたらに、通人ぶったり趣向をこらしたりするさま。また、その人。＊洒落本・魂胆惣勘定（1754）下「初心の客、はじめより此書のおきてをまもらんと欲すれば、あそび手せまくなり、ことわざにいへるいき過と云やうになり、かへつて、害になるまじきものにもあらず」＊洒落本・大通禅師法語（1779）「我衆にふかくきらふことは悪振（いやみ）己惚（うぬぼれ）利口張（きいたふう）趣向過（イキスキ）の四つ也」＊滑稽本・風来六部集（1780）放屁論「又、いき過（スギ）の通者（とをりもの）も、惻隠の心ありて」④先走ること。早とちりすること。＊洒落本・廻覧奇談深淵情（1803）其四「『近比おねげへがありィす』『くれろといふことか』『きついゐきすきサ』」 方言 ❶出しゃばること。生意気。新潟県西頸城郡385 長野県475 481 493 岐阜県498 500 512 静岡県520 愛知県名古屋市561 知多郡570 三重県松阪市584 島根県石見725 山口県阿武郡796 見島797 徳島県811 香川県829 ❷生意気者。出しゃばり者。富山県389 愛知県碧海郡566 兵庫県淡路島671 香川県高松832 ❸おうちゃく者。愛知県碧海郡564 ❹そこつなさま。そそう。長野県上田475 佐久493 ❺ハイカラ。しゃれ者。また、うぬぼれ。岐阜県吉城郡500 表記 行過（へ） 発音 イキスギ〈標ア〉0〈京ア〉0 辞書 ヘボン

い-きずき【―杵築】『名』（「い」は接頭語。「きずき」は、杵（き）で搗（つ）く意の動詞「きずく（杵築）」の連用形の名詞化）土を盛り上げて土台を築き固めること。＊古事記（712）下・歌謡「八百土（やほに）よし 伊岐豆岐（イキヅキ）の宮 真木さく 檜（ひ）の御門」

いきすぎ-おとこ【行過男】『名』行き過ぎたことをする男。でしゃばり。行き過ぎ者。＊咄本・いかのぼり（1781）大こく「途中にて、いきすき男、ひたと行合、どふだ、なんぞおもしろい事でも有か」

いきすぎ-もの【行過者】『名』行き過ぎた事をする者。ですぎ者。でしゃばり。なまいき。 方言 ❶なまいきな者。出しゃばり。京都†069 摂州†069 福井県大飯郡447 三重県志摩郡054 兵庫県但馬652 奈良県宇陀郡678 島根県石見725 山口県793 豊浦郡798 徳島県810 香川県仲多度郡829 ❷おてんば。香川県仲多度郡829 大分県大分郡941 ❸短気者。富山市近在392 発音 イキスギモノ〈標ア〉0

いき-す・ぎる【生過】〘自ガ上一〙文いきす・ぐ〘自ガ上二〙長生きをしすぎる。＊日葡辞書（1603-04）「Iqisugui, ru, ita（イキスグル）〈訳〉長生きする」＊浄瑠璃・松風村雨束帯鑑（1707頃）二「か程のことをしそんぜば何面目も七十（ななそじ）に、いき過たりや此命」 発音 イキスギル〈標ア〉ギ 文『いきすぐ』イキスグ〈標ア〉ス〈京ア〉0 辞書 日葡

いき-す・ぎる【行過】〘自ガ上一〙文いきす・ぐ〘自ガ上二〙①ある場所を通って先へ行く。通り過ぎる。通過する。＊蜻蛉（974頃）中・天祿元年「からうじていきすぎて、走井にて、破子などものすとて、幕ひきまはして」＊落窪（10C後）一「いきすぐるままに、かく立てるはなぞ。居侍れ、とて、かさをほうほうと打てば」②目標を通り過ぎて先まで行く。ゆきすぎる。③度を越して事をする。分を越えたふるまいをする。㋑常識的な行ないからはずれる。ゆきすぎる。＊四河入海（17C前）二一・二「我が意を月て劉伶を抑下して作たは、あまり超越していきすきたと云て論じたぞ」＊浄瑠璃・曾根崎心中（1703）「いき過ぎたでしゃばり者」＊随筆・独寝（1724頃）下・九八「声高にののしるもむり成べし。あまりいきすぎたる事ならんかし」㋺知ったかぶりや出すぎたことをする。やたらに通人ぶる。＊洒落本・南閨雑話（1773）怖動の体「あいつがつれでの、いきすぎた口をきくやつよ」＊洒落本・夢之盗汗（1801）四「おいらんのふさぎはそのことではざんせんわな。よくいきすぎなんす」㋩意地がつよすぎる。張りがありすぎる。＊浮世草子・好色一代男（1682）五・六「どれでもかまはぬ。此所でなる程いき過て、男ふるほどの女郎よべ」㊁態度がなまいきである。＊浄瑠璃・曾我五人兄弟（1699頃）一「おとなくれたる恋心、物思ひ顔もいきすぎたり」 方言 身分不相応にふるまう。また、なまいきな態度をとる。岡山市762 発音 イキスギル〈標ア〉ギ〈京ア〉0 文『いきすぐ』イキスグ〈標ア〉ス〈京ア〉0 辞書 日葡・言海 表記 行過（言）

いき-ずく【意気尽】『名』（形動）（「ずく」は接尾語）意地を張り通すためにすること。また、そのさま。意地ずく。意地張りずく。＊浮世草子・好色訓蒙図彙（1686）中「をれは実をたつれど、人様のなんどせかせてもたせて、かずかずいきづく也」＊翁録（1706）「武士の名を以身を立意気づくにて、平生の義を吟味せぬ誤」＊浄瑠璃・丹波与作待夜の小室節（1707頃）中「げんこ取よりちいさい首、いきづくなら取ていけ」＊歌舞伎・傾城飛馬始（1789）口明「ちと意気（イキ）づくな事があって、使ひなくした右の金子」 発音〈標ア〉0ズ

いきずく-ない【息―】『形』 方言 息苦しい。富山市近在392 福井県坂井郡433 ◇いきずましい 静岡県520 田方郡530

いき-すじ【息筋】『名』息をつめて力を入れた時、顔に出る筋。＊咄本・狂歌咄（1672）序「いきすぢもみて農人したるに、つゐにいそがしとはみえず」＊浮世草子・西鶴諸国はなし（1685）五・目録「執心の息筋（イキスジ）」

いきすじ張（は）る 発音〈標ア〉キス 力を入れて顔に筋を出す。精を出して物事をする。また、力のありそうな様子をする。いきり立つ。＊評判記・もえくゐ（1677）「上らふはたからになびかずと、いきすぢはりてあらがひかかれしが」＊浄瑠璃・双生隅田川（1720）三「いなご程なざまで、親程な者に、息筋はらするふてき者」＊談義本・当風辻談義（1753）四・辨財天宮古路を讃給ひし事「ナンノ浄留理風情も、兎や角と、息筋張（イキスジハッ）て、論をする事かいなあ」＊談義本・教訓不弁舌（1754）四・博色の論「畳をたたゐて、生筋（イキスジ）はっていへば」

いきすじ縒（よ）らす 一所懸命に力を出す。骨折る。りきむ。いきりたつ。

いき-すじ【意気筋・粋筋】『名』①花柳界などの粋（いき）な方面。＊東京年中行事（1911）〈若月紫蘭〉附録「粋筋（イキスヂ）の連中は勿論のこと、兜町あたりの願事の多いさうな連中の為に」＊縮図（1941）〈徳田秋声〉裏木戸・一四「歌舞伎俳優や花柳界など、意気筋の客で、夏は旅館も別荘も一杯になり」②男女の情事に関する方面。＊歌舞伎・青砥稿花紅彩画（白浪五人男）（1862）二幕「意気筋（イキスヂ）だと思ふとお互ひにむほんを起して散財だ」＊妻（1908-09）〈田山花袋〉六「お三輪は夫人から、昨日の意気筋を聞かせられた」 発音〈標ア〉スキ0〈京ア〉ス

いきすじ-ばり【息筋張】『名』息筋を張ること。＊俳諧・誹諧猿獮（1680）「世間之人いはれざる息筋ばりで制する事」

いきす-じんじゃ【息栖神社】 茨城県鹿島郡神栖町息栖にある神社。旧県社。祭神は岐（くなど・ふなと）神ほか四柱。もと於岐栖（おきす）社といい、創立は鹿島、香取の二神宮と同じと伝え、東国三社といわれた。古くから鹿島神宮の摂社。

いき-ずすり【息啜】『名』息を小刻みに吸い、すすりあげるようにすること。むせぶこと。＊思出の記（1900-01）〈徳富蘆花〉一・六「突然（だしぬけ）に涙がほろり。と思ふと僕は嗚咽（イキズスリ）して哭き出した」 方言 泣きじゃくり。嗚咽（おえつ）。長崎県壱岐島915 熊本県玉名郡058

いき-すだま【生霊・窮鬼】『名』「いきりょう（生霊）①」に同じ。＊十巻本和名抄（934頃）一「窮鬼 遊仙窟云窮鬼〈師説伊岐須太万〉」＊落窪（10C後）二「いかでかいきすだまにも入りにしかな」＊源氏（1001-14頃）葵「物のけ、いきすだまなどいふもの多く出で来て、さまざまの名のりする中に」＊観智院本名義抄（1241）「窮鬼 イキズタマ」 発音〈音史〉古くは『いきずたま』『いきすたま』か。〈標ア〉ス〈ア史〉平安『いきずたま』○○○●○〈京ア〉0 辞書 和名・色葉・名義・易林・書言・ヘボン・言海 表記 窮鬼（和・色・名・易・書） 生霊（色・へ）

いぎす-どうふ【海髪豆腐】『名』 方言 海藻「いぎす」を煮て豆腐状にかためたもの。四国†033 香川県香川郡829

いぎす-のり【海髪海苔】『名』「いぎす（海髪）」に同じ。

いき-すまし【息澄】『名』息を殺して恐れつつしむこと。いきをとめること。＊大唐西域記長寛元年点（1163）七「列士の曰く、死をも尚ほ辞（いな）びじ。豈に徒（ただ）屏息（イキスマシ）ばかりをや〈別訓〉いきをかくさんをや」

いき-ずり【行摩・行摺】『名』①道を歩いていてすれちがうこと。通りすがり。ゆきずり。②その場かぎりのこと。ゆきずり。 発音〈標ア〉0

いき-ずり【生掏摸】『名』（「いき」は接頭語）すりをののしっていう語。また、人をすり扱いにして、ひどくののしる語。いけどうずり。＊浄瑠璃・淀鯉出世滝徳（1709頃）上「かの新七のいきずりめ、おためがほで旦那をひづめ」＊浄瑠璃・心中天の網島（1720）上「扨はぬすみほざいたな、ヤいきずりめどうずりめ」 発音〈標ア〉0

いき-せ【生世】『名』⇨いきよ（生世）

いき-せ【息精】『名』「いきせい（息精）」の変化した語。

いきせを張（は）る 「いきせい（息精）張る」に同じ。 発音〈標ア〉イ

いき-せい【息精】『名』息づかいと精力。気力。意気込み。いきせ。＊浄瑠璃・源平布引滝（1749）三「惣惣（そうぞう）の息精（イキセイ）でも、お産を安うさせまする」と、力付けても」 発音 イキセイ〈標ア〉イ

いきせい切（き）る 「いきせききる（息急切）」に同じ。＊歌舞伎・曾我綉俠御所染（1864）三幕「いや今日のやうに無駄足をしたことはない、息せいきって屋敷へ行って聞いたところ」

いきせい=張（は）る［=引（ひ）っ張（ぱ）る］ ①ありたけの気力を尽くす。意気込む。努力をする。＊浄瑠璃・百合若大臣野守鏡（1711頃）二「けっかうな

追手の衆いきせいはってあげくに、いき杖迄いただいて」 *雑俳・柳多留‐二〇(1785)「いきせいひっぱりふくろもぐさを下ださい」 *歌舞伎・名歌徳三升玉垣(1801)四立「あれ向ふから息せいはって駈(か)けて来る侍が」 *滑稽本・八笑人(1820‐49)四・上「なんの知って居るくらゐなら、何も人にいきせへひっぱらせる事はねへ、ばかばかしい」 ②力む。いきりたつ。*浄瑠璃・蘭奢待新田系図(1765)一「ハテ息精(イキセイ)はるな諫言(かんげん)聞かぬぞ」 *浄瑠璃・新版歌祭文(お染久松)(1780)野崎村「其様に息せいはるは大きな毒。兎角(とかく)人間は心長かふ持つのが薬じゃ」 *洒落本・舌講油通汚(1781)「なんぼううぬが、いきせいはっても、かにはかうらに似せた穴だ」 語源説 (1)イキセキハル(息勢張)の意〔俚言集覧(1797頃)〕。(2)イキセイハル(息急張)の音便〔大言海〕。 辞書 言海 表記 息勢張(言)

いきせい 揉(も)む いらいらと気をもむ。落ちつかなくあれこれと考える。*洒落本・水月ものはなし(1758)下・茶屋「口舌(くぜつ)事にも客にばかり、息精(イキセイ)もませてちっとばかり」 *浄瑠璃・傾城阿波の鳴門(1768)八「人に息急揉(イキセイモ)まして、エエ嗜(たしな)ましゃんせ」

いき-せいもん【生誓文】『名』(「いき」は接頭語) しんそこ誓文にまちがいなしと誓いを立てる時に言う。*歌舞伎・吉様参由縁音信(小堀政談)(1869)三幕同返し「帰ると極って居る事なら、いきせいもんだが、誠に無駄骨」 発音 イキセイモン〈標ア〉セ

いき-せき【息急】『副』(「と」を伴う場合もある) 非常に急いでいるさま。息をきらして。あえぎあえぎ。*浄瑠璃・吉野都女楠(1710頃か)二「さぞ待かねてで有ふと思ひ、いきせきして戻た」 *人情本・春色梅児誉美(1832‐33)後・一一齣「此糸が新造いと花はいきせきと二階へ来り、何か紙に書きし物をいだし」 *真鶴(1920)〈志賀直哉〉「小い軌道列車が大粒な火粉を散らしながら、息せき彼等を追ひ抜いて行った」 方言 長野県佐久493 発音〈標ア〉イ 辞書 ボン・言海 表記 息急(言)

いきせき-き・る【息急切】『自ラ五(四)』 大そう急いで、はあはあと息をつく。あえぎあえぎ急いで行動する。*機動演習(1903)〈田口掬汀〉三「彼は矢の如くに畷を駆け、呼吸急(イキセ)き切って我家の門口に着くと」 *其面影(1906)〈二葉亭四迷〉一一「我家の門口迄息急(イキセキ)きって来て見ると」 *土(1910)〈長塚節〉四「勘次は只医者のいふが儘(まま)に息せき切って駈けて歩く間が」 発音〈標ア〉イ=キ〈京ア〉イキ=セキキル ⓪=キ2

いきせき-た・つ【息急立】『自タ五(四)』「いきせききる(息急切)」に同じ。*黒い眼と茶色の目(1914)一・六〈徳富蘆花〉「山下のお婆さんが女中を連れて息(イキ)せき立(タ)って居た」 発音〈標ア〉イ=タ

いき-せ・く【息急】『自カ五(四)』 息をきらして急いでする。あせってする。せきこむ。*死(1898)〈国木田独歩〉三「老婆は呼吸(イキ)せき乍(ながら)」 *婦系図(1907)〈泉鏡花〉前・三三「息急(イキセ)いて、四五人押込まうとする待合はせの乗組を制しながら」 発音〈標ア〉イ

いき-ぜわし・い【息忙】『形口』 急いだため、または、病気などのために、息苦しい。はあはあと苦しそうに息をつくさま。*改正増補和英語林集成(1886)「Ikizewashii イキゼワシイ」 *婦系図(1907)〈泉鏡花〉後・三八「菅子は息急(イキゼハ)しい胸を圧へるのか、乳(ち)の上へ手を置いて」 発音 イキゼワシイ〈標ア〉シ

いきぜわし-が・る【息忙―】『自ラ五(四)』(形容詞「いきぜわしい」の語幹に、接尾語「がる」の付いたもの) しきりに息苦しそうな様子をする。*当世商人気質(1886)〈饗庭篁村〉三・三「老婦(としより)の癖とて息ぜはしがりながら長く話すに」 発音 イキゼワシガル〈標ア〉ガ

いぎ-そ【意義素】『名』(フランス sémantème の訳語) 言語学用語。→形態素。①語形の要素として、実質的な意味を負う部分。語幹、語根など。②語形に対応して、意味の最小の単位と認められる要素。 発音 イギソ〈標ア〉ギ

いぎ-そう【威儀僧】『名』「いぎし(威儀師)」に同じ。*大鏡(12C前)五・道長上「受戒にはやがて殿のぼらせたまひ、〈略〉威儀僧には、えもいはぬものどもえらせ給ひき」 *東宝記(1352)「私云〈略〉翌年後宇多院御灌頂時、山門雲雅法印権大僧都被レ召二威儀僧一之刻」 *大乗院寺社雑事記‐応仁二年(1468)一一月二日「受戒会威儀僧現参筆師事」 発音 イギソー〈標ア〉ギ

いき-そこない【生損】『名』 生きることに失敗すること。また、その人。↔死にぞこない。*仮名草子・祇園物語(1644頃)上「運つくるとて死にそこなひやあらん。運つきぬとて生そこないやあらん」 発音〈標ア〉⓪

いき-そそう【意気沮喪】『名』 意気込みがくじけ弱ること。元気を失うこと。意気消沈。*面白半分(1917)〈宮武外骨〉衆議院議員総選挙夢想彙報「股肱と頼みたる早野勘平はお軽の為に身を持ち崩し、終に切腹の悲劇を演じたるため味方の意気沮喪(イキソソウ)せんとせるに」 *聖アンデルセン(1948)〈小山清〉「私が生活に負けて徒(いたづら)に意気沮喪(ソサウ)してゐるとは思はないで下さい」 発音 イキソソー〈標ア〉イ

いき-たい【生体】『名』 相撲で、土俵際で倒れかけてはいるが、体の重心は失っていない状態をいう。勝負の判定の基準となる。↔死に体。 発音〈標ア〉⓪

いきた・い『形口』 むし暑い。*洒落本・温泉の垢(1798頃)「やれやれいきたいいきたいと手巾にて皃ぬぐひつつ入り来るを見れば」 方言 秋田県平鹿郡・由利郡130 山形県139 144 ◇いきぼったい 宮城県115 116 121 山形県139 米沢市149 ◇いきぼたい 宮城県仙台市120 山形県米沢市・最上郡139 ◇いきばったい 新潟県西頸城郡385

いき-だい【位記代】『名』 中古、臨時に叙位を行なう必要があり、口頭で叙位の旨を伝え、白紙を与えて位記にかえる場合、正式の位記を授与する準備がないが、その白紙の称。→口宣案(くぜんあん)。*醍醐天皇御記‐延喜二一年(921)一月二五日「小舎人敦忠加二元服一。即仰令レ授二従五位下一。参二入侍所一。令二右近少将伊衡唱一レ叙レ之。伊衡進二跪御前階一展レ紙叙レ之。倉卒不レ書二位記一。地紙為二位記代一。是先例也」

いき-たいせつ【異規体節】『名』 節足動物などのように頭、胸、腹部などの各体節がその構造や形態において異なるもの。不等体節。↔同規体節。 発音〈標ア〉タ

いきだい-やしき【活鯛屋敷】『名』(大きな生簀(いけす)を設けて鯛などをいかしておくことから) 江戸時代、江戸の江戸橋広小路に設けられていた「肴役所」の俗称。

いき-だえ【息絶】『名』 いきぎれがすること。転じて、息が途絶えること。死ぬこと。*観智院本名義抄(1241)「悶 ウレフ ウラム 心タエ イキタヘ」 辞書 名義 表記 悶(名)

いき-だおれ【行倒】『名』 病気、寒さ、飢え、酒酔いなどのため、道ばたに倒れること、または、倒れて死ぬこと。また、その人。のたれ死。ゆきだおれ。*浄瑠璃・傾城反魂香(1708頃)中「一ぱいづつも呑(のむ)酒に、ふらふらねふりのいきたをれ」 発音〈標ア〉⓪〈京ア〉⓪

いきだおれ の 釈迦荷(しゃかにない) (仏像をかつぐ形に似ているところから) 行き倒れの遺骸を納めた棺を賤民が後ろ向きに背負って葬ること。*浄瑠璃・女殺油地獄(1721)下「子は有ながら其かいなく無縁(むゑん)の手にかからふより、いっそいきだおれのしゃかになひが、ましでおじゃるは」

いき-たけ【裄丈】『名』(「ゆきたけ」の変化した語。「いきだけ」とも) ①着物のゆきとたけ。ゆきとたけの長さ。ゆきたけ。②物事の程度。量。高(たか)。限り。 発音〈標ア〉①はキタ ②はキタ⓪

いきたけ 知(し)れた 物事の程度が知れている。高(たか)が知れている。*浮世草子・世間子息気質(1715)三・三「旦那程の身代になってからが、いきだけのしれた商売と見限り」 *浄瑠璃・浦島年代記(1722)入部の纜「網舟の綱手くくってとどめても、いきたけしれたる猟師一人」

いき-だし【息出】『名』 ①息を出す所。通風、換気のために設けた穴、窓など。いきぬき。*浄瑠璃・天神記(1714)二「舟の屋かたにくも手をゆひ、目板をうって釘付にし、息(イキ)出しの物見よりわづかにもるる月日のかげ」 *雑俳・柳筥(1783‐86)一「息出しに四五本竹をうゑておき」 ②たるの上にあけた穴で、飲み口から酒やしょうゆなどを出すためのもの。*咄本・座笑産(1773)昔の後悔「呑口へ桝をあてがいけれども出かねるゆへ、上の方へ息(イキ)出しをもむ」 *雑俳・柳多留‐三〇(1804)「いき出しの無い呑口はしやうなき」 ③兜の部分の名称。兜を着用した時に、頭がむれたりのぼせたりすることを防ぐため、鉢の頂上にあけてある空気ぬきの孔。周囲を座金物(ざかなもの)で飾り、この部分は八幡座と称し、古来神霊の宿る神聖なところとされた。孔は時代が下るとともに次第に小さくなり、鎌倉中期ごろには直径三・五センチメートルほどであった。神宿(かんやどり)。天空(てんくう)。息払(いきはら)い。*本朝軍器考(1722)九「手反の直中にある穴、今は息出しなどいふ所を飾れるやうも今様にはかはれり」 発音〈標ア〉シ⓪

いきだし-あな【息出穴】『名』 外部から空気をとり入れる穴。息あな。空気あな。*寄笑新聞(1875)〈梅亭金鵞〉一号「胎内の息出(イキダ)し穴(アナ)にでもならう物なら取って返しは附ません」 発音〈標ア〉シ

いき-だち【意気立】『名』 意気地のある様子であること。*新梅ごよみ(1901)〈永井荷風〉六「光沢(つや)のある頭髪(かみ)を故意と櫛巻にして居る、意気立(イキダチ)の女である」 発音〈標ア〉⓪

いき-た・つ【行立】『自タ四』 ①行こうとして立つ。出で立つ。出発する。ゆき立つ。*書紀(720)天武元年六月(寛文版訓)「仍て国司等に経(ふ)れて諸の軍を差し発して、急に不破の道を塞(ふせ)げ。朕今、発路(イキタタ)む」 ②物事が進行して成り立つ。また、生計の方法が立つ。暮しが立ち行く。ゆきたつ。*語彙(1871‐84)「いきたつ㊗ 物事の行立つにて、事の進みて成ゆくを云なり」 発音〈標ア〉タ 辞書 言海 表記 行立(言)

いき-たて【行立】『名』 物事の発端、その進行、発展の経路。なりたち。*家鴨飼(1908)〈真山青果〉三「下女は一伍一什(いちぶしじう)の行立(イキタテ)を息を切らしながら早口に弁じ立てた」 発音〈標ア〉⓪タ

いきたな・い『形』 方言 金品にけちけちするさま。山口県豊浦郡769

い-ぎたな・い【寝穢】『形口』文いぎたな・し『形ク』(「い」は寝ることの意) ①眠りをむさぼっている。起きているべき時に眠りこけている。寝坊である。ねむたがっている。↔いざとい。*宇津保(970‐999頃)蔵開中「昔はいぎたなくおはせし殿の」 *源氏(1001‐14頃)帚木「いといぎたなかりける夜かな」 *俳諧・本朝文選(1706)三・譜類・百鳥譜〈支考〉「鶯の声は〈略〉まして夜なかぬは、いぎたなしともいへりけり」 ②寝ぞうが悪い。また、だらしない。*俳諧・風月集(1766)「いぎたなき海鹿(あしか)をなぶる鵆(ちどり)かな」 *艶魔伝(1891)〈幸田露伴〉「いぎたなく枕を外し、差櫛を刎ね飛し」 ③(「い」の意味が忘れられ、強調のための接頭語のように用いられて) だらしがない。見苦しい。下品で

ある。＊天国の記録(1930)〈下村千秋〉六「ふみちゃんは、その枕元へ来ていぎたなく坐りながらかう言った」＊月は東に(1970–71)〈安岡章太郎〉五「居穢(イギタ)ない情欲に憑かれた自分のそのときの姿が」 発音 イギタナイ〈標ア〉ナ 辞書 言海

いぎたな‐さ【寝穢―】〘名〙(形容詞「いぎたない」の語幹に接尾語「さ」の付いたもの) いぎたないこと。また、その度合。＊源氏(1001–14頃)初音「あやしきうたたねをして、若々しかりけるいぎたなさを、さしも驚かし給はで」

いき‐たま【生霊・生魂】〘名〙①「いきみたま(生御霊)」に同じ。＊俳諧・白雄句集(1793)三「うき我を誰々まつる生魂ぞ」②永遠に生命のある神。＊大本神諭‐火之巻(1920)〈出口ナオ〉大正四年正月二三日「昔の元の万古末代動かぬ生神、生魂(イキタマ)の彌勒様の、神道へ立帰りなさる世が廻りて来て」

いきだわし・い【息―】〘形口〙文いきだは・し〘形シク〙(「息労(いた)はし」の変化した語) ①息づかいがはげしくて苦しい。息がせわしい。息切れがする。いきどうしい。＊色葉字類抄(1177–81)「痿痺 イキタハシ」＊観智院本名義抄(1241)「痟瘷 イキダハシ」＊古今著聞集(1254)七・二九一「腹ふくれて息だはしきとて、物いはるるも分明ならざりけるが」＊日葡辞書(1603–04)「Iqidauaxij (イキダワシイ)。または、イキダウシイ。〈訳〉ぜんそく持ちや大きな坂を登る人のように、苦労して呼吸する」＊浮世草子・けいせい伝受紙子(1710)二・四「是を冥途の土産に、はやく黄泉の旅におもむかんと、息(イキ)だはしく申ければ」＊滑稽本・浮世風呂(1809–13)前・上「すべて病人の息は〈略〉息がせかせかといきだはしいものでござる」②息のつまる感じがする。空気が悪かったりして息苦しい。うっとうしい。＊爛(1913)〈徳田秋声〉四四「お増は病人を看護婦にあづけて、朝から籠ってゐた息だはしい病室を出て来た」 方言 息苦しい。◇いきだあしい 大分県大分郡938 発音 イキダワシイ〈標ア〉シ 辞書 色葉・名義・日葡・書言・ヘボン・言海 表記 痿痺(色) 痟瘷(名) 息迫・煩悶(書)

いき‐ち【生血】〘名〙生きている動物の血。なまち。＊浄瑠璃・浦島年代記(1722)一「千歳を経るものの生血(イキチ)を取、はらみ女にあたふれば、其まま平産」＊浄瑠璃・摂州合邦辻(1773)下「寅の年寅の月、寅の日寅の刻に誕生したる女の肝の臓の生血(イキチ)を取り」＊人情本・貞操婦女八賢誌(1834–48頃)六・五四回「幸ひ妹(いもと)が生血(イキチ)にて、病を癒し給へと言へども」＊倫敦塔(1905)〈夏目漱石〉「百里をつつむ黒霧の奥にぼんやりと冬の日が写る。屠れる犬の生血にて染め抜いた様である」 発音〈標ア〉チ 0〈京ア〉イ 辞書 言海 表記 生血(言)

いきち を=しぼる[=吸(す)う・すする] 冷酷な手段でしぼりとるようにして自分の利益を得る。＊駅夫日記(1907)〈白柳秀湖〉一四「私は初めて人間の生血を搾る、恐ろしい悪魔の所業をまのあたり見た」＊太政官(1915)〈上司小剣〉七「誰れが議員さんになろと、小前のもんは生血(イキチ)絞られるばっかりや」

いき‐ち【閾値】〘名〙「しきいち(閾値)」に同じ。 発音〈標ア〉イ

いき‐ちがい【行違】〘名〙①両方から出掛けて行って互いに会えないこと。すれちがい。ゆきちがい。＊大道無門(1926)〈里見弴〉隣人・二「まだお迎ひの出ないうちにお宅に着いちまいますから、行(イ)き違(チガ)ひになるやうなこともありますまいし」②相互の連絡が不充分だったりして手はずがくいちがうこと。ちぐはぐになること。ゆきちがい。 発音 イキチガイ〈標ア〉0〈京ア〉0

いき‐ちが・う【行違】〘自ワ五(ハ四)〙①こちらから行き、あちらから来る。ゆききする。ゆきかう。ゆきちがう。＊蜻蛉(974頃)上・安和元年「さまざまなる人のいきちがふ、おのがじしは、思ふことこそ有らめと見ゆ」＊前田本枕(10C終)一九七・正月一日は「主殿司(とのもつかさ)などのいきちがひたるがほのかに見えたるいとをかし」②すれちがって、互いに異なる自分の方向に進む。わかれる。ゆきちがう。＊史記抄(1477)八・孝文本紀「使者相望と云は、さきの使と後の使といきちがいいきちがい相望ぞ」＊コリャード日本文典(1632)「Iqichigota (イキチゴタ) モノデ アロズ」③行き会わない。出くわさない。ゆきちがう。④相互の連絡が不充分だったりして物事の手はずがくいちがう。しっくり合わない。ゆきちがう。 発音 イキチガウ 文イキチゴーとも〈標ア〉ガ(ゴ)〈京ア〉0 辞書 言海 表記 行違(言)

いき‐ちから【息力】〘名〙強い精神力。元気。気力。＊書紀(720)顕宗二年九月(図書寮本訓)「気力(イキチカラ)衰(おとろ)へ邁(す)ぎて、老い耄(ほ)れ虚(つつ)け羸(つか)れたり」

いき‐ぢくしょう【生畜生】〘名〙(「いき」は接頭語) 人を強くののしって言う語。＊天理本狂言・河原太郎(室町末–近世初)「あのいきぢくしゃうめ」＊浄瑠璃・松風村雨束帯鑑(1707頃)龍神風流「いきぢくしゃう、はぢ知らず」＊浮世草子・魂胆色遊懐男(1712)一「女いかれる声を出し、やれ心中盗人いき畜生(チクシャウ)と跡より急に追来る」 発音 イキジクショー〈標ア〉ジ

いき‐ちゅう【域中】〘名〙(一定の囲まれた区域の中という原義から) 世の中・国中をいう語。＊宝覚真空禅師録(1346)乾・豊州蔣山興聖万寿禅寺語録「昭二至徳於域中日月一、藹二仁風於方外乾坤一」＊米欧回覧実記(1877)〈久米邦武〉一・二「榛々狉々の域中のみ、其開智なるに及べば、利用以て厚生の道を盛んにし、礦業興り製作巧みなり」＊老子‐二五「域中有二四大一、而王処二其一一焉」 発音 イキチュー〈標ア〉0

いき‐ちょん【意気―・粋―】〘名〙〘形動〙(「ちょん」はちょっとの意とも、単に語調を整える語ともいう。安永・天明(一七七二～八九)頃の通人の流行語) ①流行に気を配り、態度、身なりなどが、あか抜けていること。転じて、それが度を越し、やたらに気取っていること。また、その者。＊黄表紙・高慢斉行脚日記(1776)上「かまくらのばんおくをわれいきちょんのまどうへ引入れんとおもへども」＊咄本・春袋(1777)無間の鐘「去る女郎屋へ、しかつべらしきいきちょん、深いなじみに通ひ尽し」＊洒落本・根柄異軒之伝(1780)「夫を仕立る金なくば、損料でかりるとも、友達の皮をきてなりともお差図申迄もなく、大通世界の事なれば、御如在はよも有まじ。いきちょんに彼内へ通り」＊洒落本・大通多名於路志(1772–81頃)発端「そのたけ衣物(きもの)のごとくなる羽織を着給ひ、さながら帯ひろはだけの姿にて、当時のいきちょん」②男女間の機微にふれることがら。＊洒落本・多佳余宇辞(1780)「ヱヱモウ両方でいきちょんを云いのめさア。ほされてゐるものの手まへもあらア」＊黄表紙・四天王大通仕立(1782)「生まれ付いて意気な事が好きで、六七歳から煙草を飲み、いきちょんなる話を聞きたがりける故」③安永(一七七二～八一)頃に流行した男性の髪型。＊洒落本・辰巳之園(1770)「髪は本多にあらず、茶洗坊にあらず、出ず入らずの男女好(イキチョン)と結」＊洒落本・古今馬鹿集(1774)発端「言葉はすいにしてこころいたらぬ客いはばさいづちあたまをいきちょんにゆひたらんがごとし」 発音〈標ア〉0

いきちょん‐こく【意気国・粋国】〘名〙色町をしゃれていう語。遊里。＊黄表紙・啌多雁取帳(1783)「見下せばいきちょんこくのありさまは、うちに銭すくなく」

いきちょん‐すがた【意気姿・粋姿】〘名〙いきな姿。＊洒落本・大通多名於路志(1772–81頃)「いきちょん姿(スガタ)でなくっちゃア通でねいと心得(こころへ)るは」

いき‐ち・る【行散】〘自ラ四〙ちりぢりに別れ去る。散り別れる。離散する。ゆきちる。＊源氏(1001–14頃)蓬生「すこしもさてありぬべき人々は、おのづから参りつきてありしを、皆つぎつぎにしたがひていきちりぬ」＊古本説話集(1130頃か)五四「おほかりしつかひ人もみないきちりて、心ぼそく、わびしくてすぐるほどに」 辞書 言海 表記 行散(言)

いき‐ついぜん【生追善】〘名〙生前に自分の葬式をすませて、追善供養をしてしまうこと。＊雑俳・柳多留‐一二三別(1833)「活追善は極楽の朱引(しゅびき)外」＊雑俳・柳多留‐一二三別(1833)「馬鹿な論活追善は長命寺」 発音〈標ア〉ツ

いき‐づえ【息杖】〘名〙物をかつぐ者が持つ杖。かごかきなどが一息入れたり、荷物を支えたりするときなどに使う。＊武家事記(1673)下・五四「旗に用の器。請筒あり、手縄あり、息杖あり」＊都鄙問答(1739)三・性理問答「重荷を持ちし山賤の息杖(イキヅヘ)に懸けて休みたるを安楽の至極なりと画き伝へし」＊滑稽本・東海道中膝栗毛(1802–09)初・序「建場に雲駕(くもかご)の息杖(イキヅヘ)をしてゐいやらやっと」 方言 ❶傾斜地などでものを運ぶ時に持つ棒。東京都西多摩郡012 神奈川県津久井郡012 長野県下高井郡012 ◇いけっれ 兵庫県赤穂郡660 ❷墓の上に立てる、節を抜いた青竹。岩手県気仙郡100 発音〈なまり〉イキッヨ〔岐阜〕〈標ア〉ズ〈京ア〉ズ 辞書 書言・ヘボン・言海 表記 息杖(書・ヘ・言)

いきづえ を 立(た)てる (駕籠(かご)かきが客に酒代をねだる時、駕籠をとめて、息杖をついて苦しそうなふりをするところから) 酒代をねだること、金銭を強請することをいう。＊歌舞伎・月欠皿恋路宵闇(1865)序幕「『沢山(たんと)とは言はねえで、おくんなせえな』『アアまた、息杖(イキヅヱ)を立(タ)てるのか』」

いき‐づかい【息遣】〘名〙呼吸の仕方、調子。息の出し入れ。いきざし。＊風曲集(1423頃)「此出入のいきつかいによりて、声をたすけ、曲を色どる音感あるべし」＊定家鷹三百首(1539)雑「餌をだにもはやをしかぬる痩鷹のくだりけになる息づかひ哉」＊浮世草子・好色一代女(1686)五・四「是非ともにくさひ物、鰐口の小よしが息(イキ)づかひ」＊人情本・春色梅美婦禰(1841–42頃)初・三回「只一言いふも苦痛の息づかい」 発音〈標ア〉ズ〈京ア〉ズ 辞書 書言・ヘボン・言海 表記 心喘・機関(書) 気調(へ) 息遣(言)

いき‐づか・し【息衝】〘形シク〙(動詞「いきづく(息衝)」の形容詞化) ①ため息が出るような気持だ。悲しく嘆かわしい。＊万葉(8C後)八・一四五四「波の上ゆ見ゆる小島の雲がくりあな気衝之(いきづかし)相別れなば〈笠金村〉」＊万葉(8C後)一四・三五四七「あぢの棲(す)むすさの入江の隠り沼のあな伊伎豆加思(イキヅカシ)見ず久にして〈東歌〉」②息苦しい。謡などで息がつづかない。＊曲附次第(1423頃)「息みじかく、いきづかしきうちにて云ひをさむれば、文字のすつることあるべからず」

いき‐づかれ【息疲】〘名〙長くしゃべりつづけるなどして、息ぎれがしたり、息が乱れたりすること。＊若い人(1933–37)〈石坂洋次郎〉上・八「江波はその話を初からしまひまで、息疲れもなくサラサラと語り続けた」 発音〈標ア〉0 ズ

いき‐つぎ【息継】〘名〙①息をつぐこと。また、激しく動いたあとに一時休むこと。仕事の途中の一やすみ。＊俳諧・西鶴大句数(1677)二「久離きられてゆく粟田口 息つきに雲の淡たつ茶一服」＊浮世草子・西鶴諸国はなし(1685)四・一「天目ひしゃくを取て、息つぎの水呑(のむ)ありさま」＊洒落本・郭中奇譚(1769)弄花巵言「じゅつないこった。いきつぎに一盃のもう」＊人情本・春色梅児誉美(1832–33)初・四齣「気をもたせたる

永丁場(ながてうば)、息(イキ)つぎなしにいそひだは」②歌やせりふ、水泳などの途中で息を吸いこむこと。また、それをする歌の句切れやせりふの間(ま)。＊禅鳳雑談(1513頃)中「守菊(もりぎく)いきつぎの事、いわれなき事共、ふとみほそみていきをつぎ候事、いやにて候」＊わらんべ草(1660)四「やうにむかへる花木は又、かやうのいきつぎに打也」＊役者論語(1776)耳塵集・下「せりふのいひやう、いきつぎ、立居に付て、藤十郎立てをしへぬ」 方言 火吹き竹。三重県585 奈良県宇智郡683 発音 イキッギ〈なまり〉エケッギ〔伊賀〕〈標ア〉ギ ツ〈京ア〉⓪ 0 辞書 〈ボン・言海〉 表記 休息(へ) 息継(言)

いき-づき【息衝】〘名〙①呼吸。②太く息をつくこと。はげしく息をつくこと。＊観智院本名義抄(1241)「喘 イキツキ」＊浄瑠璃・井筒業平河内通(1720)怨霊振分髪「怒りの息つき、ほのほと成て飛び入ば」 発音 〈標ア〉キ2 ズ 辞書 名義 表記 喘(名)

いきづき-あか・す【息衝明】〘他サ四〙嘆息をしながら、夜を明かす。＊万葉(8C後)二・二一〇「昼はも うらさび暮し 夜はも 気衝明之(いきづきあかし) 嘆けども せむすべしらに〈柿本人麻呂〉」＊万葉(8C後)五・八九七「昼はも なげかひくらし 夜はも 息豆伎阿可志(いきヅキアカシ)〈山上憶良〉」

いきつき-あな【息衝穴】〘名〙「いきつきだけ(息衝竹)」に同じ。 発音 〈標ア〉キ2

いきづき-あま・る【息衝余】〘自ラ四〙(いくら息をついてもつきたりない意)はげしく吐息をつく。嘆いても嘆ききれない。＊万葉(8C後)七・一三八四「水隠(みごもり)に気衝余(いきづきあまり)早川の瀬には立つとも人に言はめやも〈作者未詳〉」＊万葉(8C後)一七・四〇一一「心には 火さへ燃えつつ 思ひ恋ひ 伊佐豆吉安麻利(イキヅキアマリ) けだしくも 逢ふ事ありやと〈大伴家持〉」

いきつき-しだい【息衝次第】〘名〙口から出まかせ。＊浄瑠璃・雪女五枚羽子板(1708)もんさく系図「口に任する系図の巻、胡散(うさん)な所を言ひ掠(かす)め、いきつきしだいに言ひければ」

いきつき-だけ【息衝竹】〘名〙埋葬した時、土饅頭に突き立てる節を抜いた竹。蘇生したときの用意のためとか、死者と話をするためなどの説があり、供養として水をそそぎ入れたりする。全国的な習俗であるが、この名称は関東に多い。息つき穴。 方言 岩手県気仙郡100 発音 〈標ア〉キ2

いきつぎ-だけ【息継竹】〘名〙息継ぎの竹。四、五尺(一・二〜一・五㍍)位の竹の節を抜き、隠れて川を渡る時など、これを水面に出して息をするのに用いる。＊歌舞伎・碁風土記魁升形(1871)序幕「我家へ戻る道すがら、藪の茂みへきっと目をつけ、これ屈竟の息(イキ)つぎ竹(ダケ)」 発音 イキッギダケ〈標ア〉ギ

いきつぎ-ば【息継場】〘名〙長い坂道などの途中で一休みできるような、傾斜のゆるやかな場所。 発音 イキッギバ〈標ア〉0 バ

いきつき-ばったり【行着―】〘形動〙「いきあたりばったり」に同じ。＊町人考見録(1726-33)中「備なしのめった軍(いくさ)、行つきばったりのつぶれものとは、此大黒屋が事也と知るべし」 方言 物事の行きつくままにまかせること。成行き次第。栃木県198 長崎県対馬913

いきづき-わた・る【息衝渡】〘自ラ四〙(思い嘆くあまり)ためいきをつきながら日を送る。＊万葉(8C後)一三・三二五八「母がかふ蚕(こ)の まよごもり 気衝渡(いきづきわたり) あが恋ふる 心のうちを〈作者未詳〉」＊万葉(8C後)一七・三九七三「籠り恋ひ 伊枳豆伎和多利(イキヅキワタリ) 下思(したもひ)に 嘆かふわが背〈大伴池主〉」

いき-つ・く【行着】〘自カ五(四)〙①目的地にたどりつく。到着する。また、目ざした状態に達する。ゆきつく。＊大和(947-957頃)一〇一「五条にぞ少将の家あるにいきつきてみれば」＊宇津保(970-999頃)蔵開上「大将殿門(かど)へいきつきたれば」＊源氏(1001-14頃)夕顔「かかる道のそらにて、はふれぬべきにやあらん、更にえいきつくまじき心地なんする」＊尋常小学読本(1887)〈文部省〉四「此様子にては、各志す所迄行きつくことおぼつかなし」②事を続ける精力、資力等が最後のところにくる。いきづまる。＊浄瑠璃・心中天の網島(1720)中「治兵衛身代いきついての金につまってなんどと、大阪中をふれ廻り」＊歌舞伎・姉妹達大礎(1795)五幕「よっぽどいきついた顔付ぢゃの」③すっかり酒に酔う。酔いつぶれる。＊浮世草子・けいせい伝受紙子(1710)三・一「たとへ酒にいきついてもきづかいな事がない」＊浄瑠璃・生玉心中(1715か)上「盃(さかづき)の相手になって、日比の手なみにいきつかしてくだんせ」＊洒落本・新吾左出放題盲牛(1781)大通闢役「大通すでに爛酔(イキツイ)て、吐逆(こまものみせ)狼藉(ろうぜき)たり」④死ぬ。命がつきる。＊浮世草子・浮世親仁形気(1720)四・一「当年中にいきつく老人も見へわたれば」＊語彙(1871-84)「いきつく(俗)〈略〉又行就(いきつく)の意にて転して事の終るをいふ。身上がいきつく、命がいきつくなど云類なり」⑤すっかり惚(ほ)れてしまう。はなはだしく好きになる。＊浄瑠璃・加増曾我(1706頃)三「大磯のとらがこと、十郎めがいきついて、誰がよぶでも来ると聞」 方言 ❶行き詰まる。進退窮まる。青森県上北郡082 ◇いきっつく 群馬県吾妻郡218 ❷骨身に徹する。青森県上北郡074 ❸だめになる。また、破産する。新潟県東蒲原郡368 愛知県名古屋市562 兵庫県淡路島671 ◇いきっつく 山梨県南巨摩郡465 ❹途中で中止する。島根県邇摩郡725 ❺疲労して病気のようになる。香川県829 ❻死ぬ。岩手県気仙郡100 新潟県東蒲原郡368 兵庫県淡路島671 島根県石見725 ❼野菜などが枯死してしまう。徳島県811 香川県829 ❽満腹する。島根県725 発音 〈標ア〉ツ〈京ア〉0 辞書 言海 表記 行着(言)

いき-づ・く【息衝】〘自カ五(四)〙①息をする。呼吸する。＊古事記(712)中・歌謡「鳰鳥(みほどり)の かづき伊岐豆岐(イキヅキ) 階(しな)だゆふ 楽浪道(さなみぢ)を すくすくと 我がいませばや」＊南海寄帰内法伝平安後期点(1050頃)四「乃ち手を将て親(ちか)く附(ふ)す。但々熱(あたた)かにして気衝(イキツ)き、頭、足、手倶に冷えたるを見て」＊路上(1911)〈若山牧水〉「眼は濁る腹いっぱいに呼吸(イキ)づかむうらやすにさへ逢ふ日知らねば」②息をふきかえす。生きかえる。＊色葉字類抄(1177-81)「活 イキツク イキカエル」＊日葡辞書(1603-04)「Iqizzuqi, u, uita (イキヅク)〈訳〉呼吸する。憩う。息をふきかえす」③ためいきをつく。嘆息する。＊万葉(8C後)八・一五二〇「青浪に 望みはたえぬ 白雲に 涕はつきぬ かくのみや 伊伎都枳(イキヅキ)居らむ かくのみや 恋ひつつあらむ〈山上憶良〉」＊読本・春雨物語(1808)宮木が塚「花はまだ盛と見しを、此嵐に今は散りなん。我只こもりをらんとて、息つき、つつしみ」④苦しそうに呼吸する。あえぐ。＊竹取(9C末-10C初)「大納言南海の浜に吹きよせられたるにやあらんと思ひて、いきつきふし給へり」＊白氏文集天永四年点(1113)三「亀は尾をば泥に曳き、魚は沫に呴(イキック)」＊観智院本名義抄(1241)「喘 アヘグ イキック」＊徒然草(1331頃)二二一「万(よろづ)のおもき物を多くつけて、左右の袖を人に持たせて、みづからは鉾(ほこ)をだに持たず、いきつきくるしむ有様」⑤一息つく。ほっとする。＊宇治拾遺(1221頃)九・四「仏師、逃げのきて、いきつきたちて、思ふやう」＊観智院本名義抄(1241)「憩 ヤスム イコフ イキック」＊平家(13C前)一一・弓流「みかたの馬のかげににげ入て、いきづきゐたり」⑥生きつづける。存在し続ける。＊美貌の皇后(1950)〈亀井勝一郎〉飛鳥路「彼の体内に息づいてゐたのはアジアの血であった」＊俳句の世界(1954)〈山本健吉〉六「環境との密接な接触を保ち、様式のなかに生き生きと息づいてゐた俳句が、俳諧から独立し」 方言 ❶呼吸する。◇いきつく 山形県北村山郡144 ❷蘇生する。よみがえる。◇いきつく 新潟県佐渡356 ❸よみがえったような思いがする。人心地がつく。富山県砺波398 ❹威勢がよくなる。景気がよくなる。病気が回復する。◇いきつく 青森県津軽075 発音 〈標ア〉ズ〈ア史〉平安○●●○と○○● 江戸●●○○の両様 江戸●●○○〈京ア〉⓪ 辞書 色葉・名義・和玉・文明・饅頭・日葡・言海 表記 喘(色・名・文) 活(色・文・饅) 喲(色・玉) 憩・呴・免・態(名) 噏・悶(玉) 息衝(言)

いきづく・し【息衝】〘形シク〙「いきづかし」の上代東国方言。＊万葉(8C後)二〇・四四二一「我が行きの伊伎都久之可(イキヅクシカ)ば足柄の峰這(は)ほ雲を見とと偲はね〈服部於由〉」

いき-づくしょう【生畜生】〘名〙「いきちくしょう(生畜生)」の変化した語。＊かた言(1650)五「人をしかり詈(ののし)る時に〈略〉せめてちくしゃうともいはで、いきづくしゃうめ、しにづくしゃうめ〈略〉さもしく冷(すさま)じういふことなかれとぞ」

いき-づくり【生作】〘名〙「いけづくり(生作)」に同じ。＊滑稽本・続膝栗毛(1810-22)一一・下「おれは鰒汁に生海鼠鰡鯉の生(イキ)づくりでなければくはぬぞといふと」＊雨の日ぐらし(1891)〈山田美妙〉雛が三疋「蚯蚓(みみず)のむしの生(イキ)づくり、萎(しぼ)んだ花の三杯酢(さんばいず)」 発音 〈標ア〉ズ

いき-つけ【行付】〘名〙いきつけていること。行きなれていること。また、その場所。ゆきつけ。＊合巻・教草女房形気(1846-68)二一・七段「浜口巴屋といへるは、兼ていきつけの茶屋なれば」＊星座(1922)〈有島武郎〉「狸小路のいきつけの蕎麦屋にはいった」 発音 〈標ア〉0〈京ア〉0

いき-つ・ける【行付】〘自カ下一〙たびたび行く。行くのが習慣となっている。ゆきつける。＊人情本・春色雪の梅(1838-42頃か)二・七回「行(イ)きつけた家でなくっちゃア、何だか可笑しいやうだから」 発音 〈標ア〉ケ

いぎ-づ・ける【意義付】〘他カ下一〙考え、行為、物事などについてある価値を付する。＊竹沢先生と云ふ人(1924-25)〈長与善郎〉竹沢先生と虚空・一「一切の人間的努力を意義づける目標とし、理想として」 発音 イギズケル〈標ア〉ケ

いきつしま-こくていこうえん【壱岐対馬国定公園】 長崎県、壱岐、対馬の二島を占める国定公園。昭和四三年(一九六八)指定。 発音 イキツシマ＝コクテイコーエン〈標ア〉ツ＝コ2

いき-つたわ・る【行伝】〘自ラ四〙渡って行く。物に沿って移って行く。＊宇津保(970-999頃)楼上下「しらぬせかいに、とし若うしていきつたはり給つつ、かなしきめの限りをみ給て」

いき-づな【息綱】〘名〙海女(あま)が水にもぐる時に体に結びつけて行く綱。綱に分銅がついていて、その重みで水中にもぐり、息が苦しくなるとその綱を引いて合図し、あげてもらう。命づな。 方言 千葉県025 三重県志摩郡585 山口県見島797 発音 〈標ア〉キ

いき-づまり【行詰】〘名〙①それより先に行くことができないこと。また、その所。②物事がうまく運ばないで、どうにもならなくなること。ゆきづまり。 発音 〈標ア〉0〈京ア〉0

いき-づまり【息詰】〘名〙息がつまること。呼吸が苦しくなること。窒息。＊或る女(1919)〈有島武郎〉前・一二「息気(イキ)づまりがしさうに狭苦しかった」 発音 〈標ア〉ズ

いき-づま・る【行詰】〘自ラ五(四)〙(「いきつまる」とも)①行手がふさがって、それから先へ行くことができなくなる。ゆきづまる。＊応永本論語抄(1420)子張第一九「深遠なる理を云んとすれば、いきつま

りたるやうにして其理が通じがたきぞ」＊四河入海(17C前)七・四「いきつまりて、蒼崖の相逼る処もあり」②物事がうまく運ばないで、どうにもならなくなる。進退に窮する。ゆきづまる。＊古活字本荘子抄(1620頃)七「心中に此道を得ぬものが所見のいきつまる者を待て答る也」＊浄瑠璃・長町女腹切(1712頃)上「少いきつまった憂きふしの談合に、逢はひでかなはぬこと有て」③せっかちである。一徹である。＊浄瑠璃・持統天皇歌軍法(1713)一「御辺少短慮にて、いきつまったる生れ付」方言老齢になる。長崎県対馬913 発音〈標ア〉マ〈京ア〉0

いき-づま・る【息詰・息塞】〘自ラ五(四)〙呼吸が苦しくなる。極度に緊張して息がつまるような感じがする。息がつまる。「息詰まる熱戦」＊明暗(1916)〈夏目漱石〉一三九「問は不意に来た。津田は俄に息塞(イキヅマ)った」＊父親(1920)〈里見弴〉「モウモウと立騰る湯気のやうに陽気で、そして、ヒョイとはいって行ったものには、息づまりさうに騒々しかった」

いき-づみ【息詰】〘名〙息をつめて、腹に力を入れること。いきみ。方言高知市867

いきづみ-こえ【息詰声】〘名〙いきみ声。いきばる声。＊浮世草子・好色三代男(1686)二・六「ところてん見世、野郎ざいもんうはがれのいきずみ声(コエ)」

いき-づ・む【行詰】〘自マ四〙前へ進むことができなくなる。行けるところまで行く。行きづまる。ゆきづむ。発音〈標ア〉ズ 辞書言海 表記行詰(言)

いき-づ・む【息詰】〘自マ四〙①息をつめて腹に力を入れる。いきむ。いきばる。＊古今著聞集(1254)一六・五四二「これは人まへぞかしとおもふ心候ひて、いきづみ候まじければ、ひられ候はぬぞ」＊御伽草子・大仏供養物語(室町時代物語集所収)(室町末)「鐃鉢(ねうはち)の役(やく)は〈略〉われをとらじと、いきずみければ、天人も影向(やうがう)し」＊仮名草子・浮世物語(1665頃)五・七「蟬のもぬけて隠れ去りたるが如くならんと思ひ、俯(うつぶし)に伏して、いきずみうめき、伸びつ屈(かご)ふつせしが」②こらえる。辛抱する。方言❶下腹部に力を入れる。力む。息む。兵庫県神戸市665 和歌山県690 島根県724 広島県771 774 779 山口県見島797 徳島県809 香川県829 愛媛県840 松山846 宇和島855 高知県860 高知市867 長崎県壱岐島914 熊本県玉名郡926 ◇いけずむ 長崎県五島054 熊本県926 930 933 ◇うけずむ 熊本県玉名郡926 天草郡936 ❷辛抱する。兵庫県神戸市665 ❸努力する。香川県829 ❹意気込む。◇いきつむ 島根県邑智郡735 ❺熱心に希望する。◇いきすむ 石川県金沢市404 石川郡417 ❻勇む。◇いきすむ 山形県最上郡139 ❼いばる。◇いきしむ 岩手県岩手郡089 ◇いきすむ 岩手県胆沢郡105 ◇いきすみあがる 盛岡†054 発音〈標ア〉ズ 辞書日葡・言海 表記息詰(言)

いき-づめ【行詰】〘名〙①行く手がふさがっていること。行けるところまで行ってしまうこと。いきづまり。ゆきづめ。②つめて通うこと。絶えず行くこと。「図書館へいきづめだ」発音〈標ア〉0

いき-づら【生面】〘名〙生きている人の顔。また、顔を強調していう。＊天理本狂言・内沙汰(室町末-近世初)「女ゆひさしをしたいきつらにそのやうにする物かと云てはらをたつる」＊浄瑠璃・大塔宮曦鎧(1723)一「侍の生面(イキヅラ)なぜくらはした。言分あらば刀でせよ」＊洒落本・二筋道三篇霄の程(1800)一「おれゆへとおもへばをめをめと面目ない、此生面(イキツラ)をあわせうより」方言❶顔。卑語。◇いきつら 山形県南村山郡・飽海郡139 長崎県壱岐島914 ❷面の皮。◇いきつら 愛媛県南伊予054 ❸健康な顔。宮崎県日向955 発音〈標ア〉0

いきつり-どう【生吊胴】〘名〙近世、金沢藩などで行なわれた死刑の一つ。罪人を後手に縛ってつるし、胴と首を切り捨てたという。＊金沢藩刑法者抜書(1790)「浅野川於河原生つり胴」

いき-て【行手】〘名〙ある所へ行く人。行ってくれる人。＊虎明本狂言・川上(室町末-近世初)「たれぞ酒さかなをもとりとのへて、身廻にいきてがあらふ」＊野分(1907)〈夏目漱石〉四「切符を二枚買はされたんだが、外に誰も行(イ)き手(テ)がないから」発音〈標ア〉0

いき-てんじん【生天神】〘名〙(「天神」は、詩歌にひいでた菅原道真の霊をまつった天満宮の称)詩歌などの才にすぐれた人をほめていう語。＊咄本・醒睡笑(1628)一「ある人、連歌の席に句を出し、けしからず慢じたる顔を見付け、脇からいき天神、いき天神というて膝をつきければ」

いき-ど【行所】〘名〙「いきどころ(行所)」に同じ。＊人情本・貞操園の朝顔(19C中)六・三回「火の元麁末(そまつ)にする者を、此処へは置かぬと其の日の中、逐(お)ひ払(はら)はれて往(イ)き所(ド)なし」発音〈標ア〉テ

いき-ど【域土】〘名〙くぎった土地。区域。国土。＊真善美日本人(1891)〈三宅雪嶺〉日本人の本質「震旦身毒より遼遠なる域土を知らざる昔の日本人」

いきど・い【息】〘形〙方言⇩いきどうしい(息)

いき-どう【生胴・活胴】〘名〙①新刀の切れ味を試すための、生きた人間の胴。また、ためし斬り。＊俳諧・昼礫(1695)「活胴に召すかひそめて障子越」②近世、金沢藩などで行なわれた死刑の一つ。土を盛って土壇場(どたんば)を作り、罪人をその上に横たえて、斬り手二人で首と胴とを同時に斬り捨てたもの。＊金沢藩刑法者抜書(1790)「生胴之者共」

いき-とうごう【意気投合】〘名〙互いの心と心とが、ぴったり一致すること。＊警世放言(1892)〈中江兆民〉医門多疾「己れの腹を以て、人の胸を探る底の動物多き社会に、殊に意気投合の表、知己感愛の上に、二重三重の厚糊紙を張りて相交はる所の境界に向て、好みて離間の文字を放つ」＊何処へ(1908)〈正宗白鳥〉一四「君も何時の間にか、箕浦君と意気投合するやうになったんだね」＊銀の匙(1913-15)〈中勘助〉前・二七「お互に意気投合すればなんといふこともなくあはははははと笑ふ」発音イキ＝トーゴー〈標ア〉イ イ＝0〈京ア〉イ＝0

いきどうし・い【息】〘形口〙文いきだうし〘形シク〙(「いきだわしい」の変化した語)①息づかいがはげしくて苦しい。息がせわしい。＊御伽草子・猿の草子(室町末)「あまりにいきだうしく候まま、物見をあけてよもをながめ候べし」＊日葡辞書(1603-04)「Iqidŏxij(イキダウシイ)。イキダワシイという方がまさる」＊俳諧・父の終焉日記(1801)五月一八日「しばらくもたれて居給ひけるが、息遠しくやありなん、又よこになりたきと」②息がつまるようで不快である。うっとうしい。＊仮名草子・東海道名所記(1659-61頃)六「すべて立ふるまひ、愛察(あいさつ)までも見かぎられじとたしなむこそ、いきどをしけれ」方言❶息苦しい。心臓の鼓動が激しくなる。島根県隠岐島725 徳島県811 ◇いきどうし・いきどわしい 島根県出雲725 ◇いきどし 和歌山県691 ◇いきどい 奈良県南大和683 和歌山県那賀郡696 ◇いきでえしい 大分県北海部郡938 ◇いきでし 宮崎県東諸県郡954 ◇いきでせ 鹿児島県961 ◇いっだしか 長崎県五島054 ◇いきだあさあん 沖縄県石垣島996 ❷煩悶(はんもん)しているさまだ。◇いきとうし・いきどし 丹波†115 ❸苦しい。◇いきどうし 京都府620 ◇いきどし・いきといい 京都府629 ❹風通しが悪くてむっとするようだ。また、むさ苦しい。◇いきどうっしい・いきどっしい 富山県砺波397 398 発音イキドーシイ〈標ア〉シ 辞書日葡

いきどうっし・い【息】〘形〙方言⇩いきどうしい(息)

いき-とえ【息―】〘名〙「いき(息)②」に同じ。＊春日権現験記絵詞(1309)「御いきとへのみかよひ、御つめの色なともかはりて」

いき-どおし【生通】〘名〙ずっと生きつづけること。＊浮世草子・傾城歌三味線(1732)一・三「何時迄(いつまで)生通(イキドホ)しにしおらうと思ふて」＊浄瑠璃・源平布引滝(1749)三「貴殿(きでん)も生き通しにもせまい。海とも山ともしれぬ水子」発音イキドーシ〈標ア〉0

いきどおし・い【息】〘形口〙⇩いきどうしい(息)

いき-とお・す【生通】〘自サ五(四)〙生き続ける。発音イキトース〈標ア〉0

いきどおら・し【憤】〘形シク〙腹だたしい。嘆きたいほどなさけない。いきどおろし。

いき-とおり【行通】〘名〙とおって行くこと。通行。ゆきとおり。＊玉塵抄(1563)一「ここらにみちばたに高い木をたてて、人のくびを木のうえにかけて、七日ばかりさらして世界のいきとをりの者にみするを梟(がう)にかくると云ぞ」＊玉塵抄(1563)六「いきとをりの者にあまねうしらせう為ぞ」

いきどおり【憤】〘名〙(動詞「いきどおる(憤)」の連用形の名詞化)強い不平や恨み、怒りなどをいだくこと。心が晴れないで悩み苦しむこと。また、そういう気持。＊書紀(720)允恭二三年三月(図書寮本訓)「遂に窃(ひそか)に通(たは)けぬ。乃ち悒懐(イキドホリおもひ)少しく息(や)みぬ」＊大唐三蔵玄奘法師表啓平安初期点(850頃)「慨然となげき憤(イキどほり)を懐きて」＊書陵部本名義抄(1081頃)「紛 イキドホリ〔老〕」＊色葉字類抄(1177-81)「憤欝 イキトヲリ」＊平家(13C前)二・座主流「法皇の御いきどをり深かりしかば、猶遠流(をんる)に定めらる」＊読本・雨月物語(1776)貧福論「現世の陰徳善功も来世のたのみありとして人しばらくここにいきどほりを休めん」発音イキドーリ〈標ア〉0 リ〈ア史〉平安○○○○ 江戸●●●●○〈京ア〉0 辞書色葉・名義・和玉・文明・伊京・明応・天正・饅頭・黒本・易林・日葡・書言・ヘボン・言海 表記憤(色・玉・文・明・天・饅・黒・易・書・へ)紛(色・名・伊)悶(色・玉・文)懣(色・玉・書)欝・骨・憤欝(色)懐抱(名)鬱(玉)嘲(伊)慍・於邑・忼慨(書)

いきどおり を 散(さん)じる 積極的な行動をして、恨み、怒りなどを解消する。＊御伽草子・秋の夜の長物語(南北朝)「園城寺の衆徒是にも欝当(イキドヲリ)不散(さんぜず)して一山一同に僉儀しけるは」＊日葡辞書(1603-04)「Iqidouoriuo(イキドヲリヲ)サンズル〈訳〉復讐(しゅう)をする」

いきどおり を 発(はっ)して食(しょく)を忘(わす)る (「論語-述而」の「其為人也。発憤忘食」による)学問上や人生上の問題などで、心中に疑問を生じて、解決できず、もだえる気持が起こると、そのために、食事も忘れる。＊大慈恩寺三蔵法師伝院政期点(1080-1110頃)序「遂に憤(イキドホリ)を発し、食を忘れて険(さかしき)を履むこと夷(たひらか)なるが若し」

いき-とお・る【生通】〘自ラ五(四)〙(永遠に)生き続ける。＊サントスの御作業(1591)一・サントアンデレ「コレ ワ バンミンニ ショクセラレ タマイテモ、イツモ iqitouori(イキトヲリ) タマイ、フゾウ フゲン ニ マシマス ナリト」

いき-とお・る【行通】〘自ラ五(四)〙通過する。ゆきとおる。＊日葡辞書(1603-04)「Iqitouori, u(イキトヲル)」発音イキトール〈標ア〉ト 辞書日葡

いきどお・る【憤】〘自ラ四〙①心中に不平をいだく。心が晴れないで、悩み苦しむ。↓「いかる(怒)」の語誌。＊万葉(8C後)一九・四一五四「伊伎騰保流(イキドホル) 心のうちを 思ひのべ うれしびながら〈大伴家持〉」＊新撰字鏡(898-901頃)「怫愲 意不舒泄也 伊支止保留」＊俳諧・芭蕉翁古式之俳諧(1685)賦花何俳諧之連歌「御明しの夜をささがにの影消て〈清風〉汗深かりしいきどふる夢〈芭蕉〉」②恨み怒る。はげしく立腹する。憤慨する。＊大唐西域記長寛元年点(11

63）七「列士恩に感じ、事の成らざるを悲しび、憤（イキドホリ）恚みて死ぬ」＊平家（13C前）四・競「馬ゆゑ仲綱が天下の笑はれぐさとならんずるこそやすからねとて、大にいきどをられければ」＊古今著聞集（1254）一八・六三五「兵衛尉知経が上にすゑけるを、知経いきどをりて」＊日蓮遺文‐告誡書（1277）「物部大連不思議なりとていきどをりし程に、日本国に大疫病をこりて死せる者大半に及ふ」＊近世紀聞（1875–81）〈条野有人〉初・三「慷慨の有志等或は幕論を憤（イキドホ）りて関東を討んとの策を」 語源説 (1)イキダハシ（懐悒）と通じ、いぶせく思う意〔大言海〕。(2)イカリモトホル（怒廻）の約転〔和訓栞・音幻論＝幸田露伴〕。(3)イキトホル（息徹）の義〔和句解・国語本義・日本語源＝賀茂百樹〕。(4)イカリトホル（怒通・怒徹）の義〔名言通・日本語原学＝林甕臣〕。(5)イキトドコホル（息滞）の義〔言元梯〕。(6)イキは息または氣。トホルはツヨホドラスの反〔名語記〕。 発音 イキドール〈標ア〉ド〈ア史〉平安○○○●○ 江戸●●●●と●●●○○の両様〈京ア〉0 上仮名 イキ|ド|ホル 辞書 字鏡・色葉・名義・和玉・日葡・ヘボン・言海 表記 欝（色・名）憤（名・ヘ）怫憎（字）伊欝・壱欝（色）息・紛・懣・悶・慨・恨・憑・悒（名）瞎（玉）

いきどおろ・し【憤】《形シク》（動詞「いきどおる（憤）」の形容詞化）心がはればれしない。不安で、ゆううつだ。不平で怒りを感じる。＊書紀（720）神功摂政元年・歌謡「淡海の海 瀬田の渡りに 潜（かづ）く鳥 目にし見えねば 異枳廼倍呂之（イキドホロシ）も」＊新撰字鏡（898–901頃）「悁 伊支止保呂志 又伊太牟又禰太志」＊綱の上の少女（1926）〈片岡鉄兵〉上「私は金持ちが羨しく、そして憤（イキド）ほろしかった」 発音 イキドーロシ〈標ア〉ロ 上仮名 イキ|ド|オ|ロシ 辞書 字鏡・言海 表記 悁（字）

いきどおろし-さ【憤―】《名》（形容詞「いきどおろし」の語幹に接尾語「さ」の付いたもの）不満でいらいらした心中であること。また、激しく怒りたい気持であること。＊目撃者の反省（1941）〈杉山英樹〉「若者らしいさまざまな悲しい思ひを故郷に残して出征してゆくこの二等兵にたいしていきどほろしさを感じさせるやうなはげしさがあって」＊真夏の死（1952）〈三島由紀夫〉「このわが儘な、全身のむず痒いやうな焦慮と憤（イキド）ほろしさを、彼女は実母にぶつけて甘えたのである」 発音 イキドーロシサ〈標ア〉ロ シ

いき-と・げる【生遂】《他ガ下一》文 いきと・ぐ《他ガ下二》生きられるだけ生き抜く。天寿を全うする。生き切る。＊椀久物語（1899）〈幸田露伴〉六「ただ幾重にも叶ふだけは火の中水の中なりと堪へ堪へて生て目出度う、生遂（イキト）げたいが妾の願ひ」 発音 イキトゲル〈標ア〉0 ゲ

いき-どこ【行所】《名》「いきどころ（行所）」に同じ。＊滑稽本・浮世風呂（1809–13）初・下「四百（いっぽん）の時借（ときがり）や又は行所（イキドコ）のない時居るつもり」 発音〈標ア〉0

いき-どころ【行所】《名》行くべき所。また、行っている所。ゆきどころ。いきどこ。＊宇津保（970–999頃）楼上下「いとかたじけなしや、いき所もなくて」＊承応版狭衣物語（1069–77頃）一・上「いき所を問ひ聞きて送らむとおぼしつれど」 発音〈標ア〉0 辞書 言海 表記 行所（言）

いきどし・い【息】《形口》文 いきど・し《形シク》（「いきだわしい」の変化した語）息ぎれがして苦しい。息苦しい。＊俳諧・当流籠抜（1678）「中戸にて息どしさうに蛙鳴〈鉄幽〉」＊浄瑠璃・関八州繋馬（1724）三「声いきどしく、すたきながら」 方言 ❶息苦しい。大阪市638 兵庫県加古郡664 ❷苦しい。京都府629 ❸うっとうしい。石川県404 414 419

いきとし-いける-もの【生生―】⇩「いく（生）」の子見出し

いきどし-げ【息―】《形動》（形容詞「いきどしい」の語幹に接尾語「げ」の付いたもの）息切れがして苦しそうな様子。＊浄瑠璃・双生隅田川（1720）三「涙をうかめ手を合せ、いきどしげなる声細く」

いきどし-さ【息―】《名》（形容詞「いきどしい」の語幹に接尾語「さ」の付いたもの）息苦しいこと。また、その度合。

いきとせ-いける-もの【生生―】⇩「いく（生）」の子見出し

いき-とどき【行届】《名》すみずみまで気がつくこと。細かく配慮すること。ゆきとどき。＊人情本・春色辰巳園（1833–35）三・五条「金を遣（つか）って行（イキ）とどきのいいのが色男」 発音〈標ア〉0

いき-とど・く【行届】《自カ五（四）》①先方に達する。到達する。とどく。②すみずみまで気がつく。＊史記抄（1477）八・孝文本紀「どこまでも恩恵のかをこまかひいきとどいたる事よぞ」＊人情本・春色梅児誉美（1832–33）三・一四齣「よもやと思ふことまでも行届（イキトドイ）たおまへさん」③道路、鉄道、通信網などがすみずみまで行きわたっている。＊幼学読本（1887）〈西邨貞〉七「鉄道の設極めて行きとどき、其の線路はさながら蜘蛛の巣の如く縦横に敷き並べり」 発音〈標ア〉ド〈京ア〉0

いき-とどま・る【生止】《自ラ四》「いきとまる（生止）」に同じ。＊とりかへばや（12C後）中「今は永らふべきやうにやと、いきとどまり侍に、かくてはあらじとおぼえ侍れど」

いき-とぶら・う【行訪】《他ハ四》訪れる。訪問する。見舞う。ゆきとぶらう。＊大和（947–957頃）一六五「これはいと忍びてあることなれば、えいきもとぶらひ給はず」

いき-どまり【行止】《名》①道などの行く手がふさがっていて、そこから先に行けないこと。また、その場所。ゆきどまり。＊咄本・鹿の巻筆（1686）五・六「『さきはいきどまりか』と問へば『うら門あり』といふ」＊草枕（1906）〈夏目漱石〉八「老人の部屋は、余が室の廊下を右へ突き当って、左へ折れた行（イ）き留（ドマ）りにある」②物事がそれ以上進行しなくなること。また、極限に達すること。また、その状態。ゆきづまり。＊人情本・明烏後正夢（1821–24）初・五回「仕舞には、鎧の下へ袈裟衣を着て、兜を取ると坊主になってるといふすじだが、ばかばかしいの行留（イキドマ）りじゃアござりやせんか」＊人情本・閑情末摘花（1839–41）二・三回「蝶蝶を見るに付けても、〈略〉一つか二つ、この節まで残ってゐるけれど、もうはやこれも大概、行止（イキドマ）りがしれてゐる」 発音〈標ア〉0〈京ア〉0

いき-とま・る【生止】《自ラ四》死なないでこの世に生きのこる。いきとどまる。生きながらえる。＊源氏（1001–14頃）関屋「憂き宿世（すくせ）ある身にて、かくいきとまりて、はてはてはめづらしき事どもを聞きそふるかな」＊源氏（1001–14頃）手習「さばかりにていきとまりたる人の命なれば、いと執念（しうね）くて」 発音〈標ア〉0 マ 辞書 言海 表記 生止（言）

いき-どま・る【行止】《自ラ五（四）》①行って途中で止まる。立ち止まる。ゆきどまる。＊寛永刊本蒙求抄（1529頃）一「桓温が輿に乗て行こと十六里にして、白い鶏を見ていきとまったと云ことを、謝安が疾の篤い時の所、親に語たぞ」②行ってそこに止まる。いき着く。ゆきどまる。③進んで行って突きあたる。ゆきどまる。④物事がそれ以上先に進行しなくなる。また、物事の極限に達する。＊人情本・春色辰巳園（1833–35）初・一回「自惚のねへものはねへといふが、おめへのやうに其様（さう）行止（イキドマ）ってゐりやァ、何の気のもめることも有めへ」 発音〈標ア〉マ〈京ア〉0 辞書 言海 表記 行止（言）

いぎ-な【棘菜】《名》方言 ⇩いぎ（棘）

いき-ない【域内】《名》一定の区域、範囲の中。↔域外。＊東京新繁昌記（1874–76）〈服部誠一〉三・増上寺「近輓（ちかごろ）大教院を置ひて、域内益々繁盛」＊経国美談（1883–84）〈矢野龍渓〉後・一〇「一軍を発して法斯の域内に在る斯国の属邦留羅に屯し」＊土（1910）〈長塚節〉一一「低い竹の垣根を破壊して一歩足を其域内（ヰキナイ）に趾つける」＊黄宗羲‐万里尋兄記「吾兄不レ過レ在二域内一、吾兄可レ至、吾何独不レ可レ至乎」 発音〈標ア〉キ

いきない《名》弓の部分の名。握りから一尺二、三寸（約三五センチメートル）上の所（本間流聞書（1784頃））。

いきない-ぼうえき【域内貿易】《名》一定の経済圏の内部で行なわれる貿易。通常は関税同盟や自由貿易地域のような、統合された地域内の構成国間の貿易をさす。 発音 イキナイボーエキ〈標ア〉ボ

いきなが-どり【息長鳥】《名》（長く水にもぐっていられる鳥の意）「ひどりがも（緋鳥鴨）」の異名。 発音 イキナガドリ〈標ア〉ガ

いき-なが・える【生長・生存】《自ア下一》（ハ下一）文 いきなが・ふ《自ハ下二》（室町時代頃からヤ行にも活用した）①生きてこの世に長くとどまる。＊日葡辞書（1603–04）「Iqinagaraye, uru, eta（イキナガラユル）〈訳〉生きる」＊随筆・耳嚢（1784–1814）五・勘忍其徳ある事「其子として活ながらへるは仕合なる事也」＊桐一葉（1894–95）〈坪内逍遙〉三・二「かくまでないがしろにせらるるみづから、生存（イキナガラ）へて何かはせん」②死ぬべきところを生きつづける。＊歌舞伎・傾城魔術冠（1766）四幕「殺される親は存命（イキナガラ）へて、剣（つるぎ）の云ひ訳（わけ）」＊浄瑠璃・艶容女舞衣（三勝半七）（1772）下「人を殺し一日も生きながらへる所存はなく候得共」＊こころ（1914）〈夏目漱石〉下・五六「私は〈略〉乃木さんが死ぬ覚悟をしながら生（イ）きながらへて来た年月を勘定して見ました」 発音 イキナガラエル〈標ア〉エ ラ〈京ア〉0 辞書 日葡・ヘボン 表記 存命（ヘ）

いき-ながれ【生流】《名》胎児（たいじ）が、産み月にならないうちに母体外に出ること。流産すること。

いきなご《名》魚、ボラの子の異称。＊重訂本草綱目啓蒙（1847）四〇・魚「鯔魚〈略〉筑前にては四年なるをぼらと云〈略〉初生一寸許なるものは〈略〉いきなご 土州」 方言 土佐1020 高知県862

いき-なし【息無】《副》（「に」を伴う場合が多い）息もつかずに。休まず一気に。＊浄瑠璃・善光寺御堂供養（1718）三「花の唇茶碗をよせて一口二口、ヲヲお跡を其まま其ままと、手共に取ていただきいただき息（イキ）なしにがぶがぶがぶ」＊歌舞伎・韓人漢文手管始（唐人殺し）（1789）一「サア、とっと大きな鉢で無息にぐっとやったので〈略〉どふでも冷酒は悪るひ」＊滑稽本・東海道中膝栗毛（1802–09）五・上「わたくしも、もちずきで、御らふじませ、此ぞうにを、いきなし五ぜんたべました」 発音〈標ア〉0

いきなし-じょうご【息無上戸】《名》酒を飲む時に、息もつがずに一気に酒盃を飲みほす人。＊人情本・貞操婦女八賢誌（1834–48頃）初・一〇回「『おい来た。大きにお待ち兼ね。』と、息（イキ）なし上戸（ジャウゴ）の重八が、己が名の字の重ね飲み」 発音 イキナシジョーゴ〈標ア〉ジョ

いきなし-のみ【息無飲】《名》息も継がないで飲みほすこと。一息に飲むこと。ぐいのみ。＊浄瑠璃・糸桜本町育（1777）八「マア二三盃続けて受けうと、いけぢな上戸の息なし呑み」

いき-なや・む【行悩】《自マ五（四）》①行くことに迷ったり悩んだりする。障害があって進むことに苦労する。ゆきなやむ。②物事がうまくはかどらないで、とどこおる。ゆきなやむ。 発音〈標ア〉ヤ〈京ア〉0

いき-なり【行成】㊀《名》（形動）①事がらのなりゆきのまま。十分に考えないで軽率にするさまや、やりっぱなしにするさまを表わす。＊洒落本・傾城買指

南所(1778)「先おれも、とふとふ勘当をくらった。是からは、行(イキ)なりといふ世界だ」＊人情本・春色辰巳園(1833–35)後・七回下「いきなりに世間を捨て懸っちゃァからすてばちで」＊黴(1911)〈徳田秋声〉一九「長いあひだ満足に足腰を伸したこともない、行成(イキナリ)な生活が追想(おもひだ)された」②予期する間もなく突然なさま。だしぬけなさま。＊雑俳・柳多留‐一〇(1775)「いきなりにぼんござへねるぶったくり」＊滑稽本・浮世床(1813–23)初・上「すると山の神めヱ。〈略〉いきなりに胸ぐらよ」＊おぼろ夜(1899)〈斎藤緑雨〉「男といふは死ぬものと突然(イキナリ)の言葉を何故々々と人の問へば」③だらしのないさま、不作法であるさまを表わす。＊洒落本・二蒲団(1801)「いきなりにしりをひんまくりいたこをうたふている」□二〔副〕突然に。だしぬけに。初めから。＊滑稽本・七偏人(1857–63)五・下「是は大変何様(どう)した事と往(イキ)なりまづ青くなり」＊浮雲(1887–89)〈二葉亭四迷〉二・七「梯子段を踏轟かして上って来て、挨拶をもせずに突如(イキナリ)まづ大胡座(おおあぐら)」＊いたづら小僧日記(1909)〈佐々木邦訳〉「けれどもお父さんは驚かないで、直接(イキナリ)と怒ってしまった」＊青年(1910–11)〈森鷗外〉一三「行(イ)きなり何をしてゐるかと問はれはすまいか」語誌❶について、(1)「言いなり」と同じ語構成で、「事態が…してゆくのに従うさま」という意味から、②へと転じたのであろう。(2)「いきなり」と「ゆきなり」は「行く」における「いく」「ゆく」のように二重語形と見られる。ともに近世の文献から見えはじめる。今日では、「いきなり」が副詞的用法をにない、「ゆきなり」は用いられない。(3)近世では多く「に」を伴ったが、副詞的慣用の度が進むと「いきなり」だけで用いる。↓いきなりさんぼう。方言❶成り行き。◇いちない 沖縄県首里993 ❷成り行きに任せるさま。島根県美濃郡・益田市725 ❸だらしないさま。やりっぱなし。放任。乱雑。でたらめ。新潟県佐渡352 山梨県456 南巨摩郡465 長野県上伊那郡488 佐久493 静岡県田方郡530 磐田郡546 三重県志摩郡・名張市585 滋賀県蒲生郡612 和歌山県690 691 島根県美濃郡・益田市725 岡山県岡山市762 御津郡764 熊本県阿蘇郡923 ◇いけなり 鳥取県東部711 ❹ふしだらなさま。神奈川県中郡320 三重県名張市585 ❺みっともないさま。◇いきなん 奈良県吉野郡683 ❻くだらなくいたずらっぽいさま。愛媛県宇和島市836 ❼行ってすぐに。熊本県天草郡936 ❽一息に。一気呵成(いっきかせい)に。和歌山県日高郡054 ❾直ちに。静岡県田方郡529 和歌山県690 ❿甚だしく。ひどく。勢いよく。宮城県栗原郡114 仙台市121 山形県138 福島県相馬郡156 ◇いきんなり 山形県138 語源説(1)イキ(行)ノナリ(成)に任せる意〔大言海〕。(2)イク(行)ナリタダチニの下略〔両京俚言考〕。発音〈なまり〉イキノリ〔播磨〕〈標ア〉〇〈京ア〉〇 辞書言海 表記行成(言)

いきなり‐さんぼう【行成三宝】〔名〕(形動)（「さんぼう」は接尾語。いきなりを強めていう）物事のなりゆきに任せるさま。やりっぱなしにするさま。＊雑俳・柳多留‐一〇(1775)「行なりさんぼう男の雨やどり」＊洒落本・歌妓琴塩屋之松(1783)「三囲あたりをへめぐりあるき、さあ是からはいきなりさんぼうおさき真っくらとこやみの国」＊諺苑(1797)「いきなりさんぼう やりばなしにすること」方言新潟県佐渡358 発音イキナリサンボー〈標ア〉〇

いきなり‐ばったり【行成―】〔名〕方言❶行ったきりでそれなりになっているさま。そのまま。◇いきなりべったり 広島県771 779 長崎県北松浦郡(中流以下)899 ❷成り行きまかせにするさま。放任。新潟県佐渡358 愛知県名古屋市561 奈良県宇陀郡678 島根県725 ◇いきなりぺったり 島根県725 ◇いきなりほうだい〔行成放題〕 群馬県吾妻郡218 島根県725 ◇いきなりほうず〔行成放図〕 新潟県佐渡358 ◇いきなりぞっぱ 愛媛県南部054 ◇いけなりさんぱち〔行成三八〕 鳥取県東部711 ❸熟考もせずすぐに行動するさま。向こう見ず。奈良県宇陀郡678 ◇いきなりさんぱち 福井県大飯郡447 奈良県宇陀郡678

いき‐にえ【生贄】〔名〕「いけにえ(生贄)」の変化した語。辞書言海 表記牲(言)

いき‐にょらい【生如来】〔名〕①「いきぼとけ(生仏)①」に同じ。＊浄瑠璃・れんげ上人(1677–81頃)「誠に上人は、いきにょらいにてましますと、ぞんぜしながら」＊浄瑠璃・薩摩歌(1711頃)中「アアしゃうじんのいき如来、これがまことの善の綱、お礼は何と申さふと」＊歌舞伎・桜姫東文章(1817)二幕「五百戒保った今の世の、活如来(イキニョライ)といはれた清玄阿奢梨、女に堕落などとは」＊風流線(1903–04)〈泉鏡花〉九「ひやあ、あの活如来(イキニョライ)様でござえすけえ」②「いきぼとけ(生仏)②」に同じ。＊雑俳・折句袋(1779)「中中を・追風馬場先を生如来」発音〈標ア〉ニョ

いき‐にんぎょ【生人魚】〔名〕近世、仮宅(かりたく)で常業した江戸新吉原の遊女の称。転じて、一般に遊女をいう。安政の大地震(一八五五)で吉原が類焼して仮宅で営業した時、憂き川竹の流れの身といわれる遊女を北国(吉原)から流れて来た人魚にたとえて「生人魚開発す」などの文句のビラを配布したところから出たという。

いき‐にんぎょう【生人形】〔名〕①生きた人間に似せて作った、等身大の人形。＊歌舞伎・夢結蝶鳥追(雪駄直)(1856)三幕「ほんに生人形(イキニンギャウ)の細工人は、肥後の熊本の人ださうだが、役者の人形などは、びっくりするやうな細工だ」＊随筆・宮川舎漫筆(1858)四「一昨年中浅草奥山にて生人形(イキニンギャウ)といえる見世物あり」＊西洋道中膝栗毛(1874–76)〈総生寛〉一五・下「松本善三郎の生人形(イキニンギャウ)なんぞにくらべて見りゃア河童の屁だ」②人形のように美しい女性。発音イキニンギョー〈標ア〉二〈京ア〉二〇 辞書言海 表記生人形(言)

いき‐ぬかし【息抜】〔名〕「いきぬき(息抜)②」に同じ。＊東京日日新聞‐明治六年(1873)六月二五日「皆開化の行詰りて天窓に息抜かしを明たるものならん」＊二少女(1898)〈国木田独歩〉下「窓は西に一間の中窓がある計り、東のは真実(ほんと)の呼吸(イキ)ぬかしといふ丈で」

いき‐ぬき【行抜】〔名〕①「いきぬけ(行抜)①」に同じ。②「いきぬけ(行抜)②」に同じ。＊歌舞伎・吉様参由縁音信(小堀政談)(1869)序幕「悪事に掛けちゃあ、いき抜(ヌ)きのあの弁秀と一つ穴」

いき‐ぬき【息抜】〔名〕①(つめていた息をはき出す意から)緊張から解放されてしばらく休むこと。休息。息つぎ。＊洒落本・寸南破良意(1775)跋「一時勝負(いっときせうぶ)の息貫(イキヌキ)間にあいもおかしきもの歟」＊良人の自白(1904–06)〈木下尚江〉一六・五「畢竟(つまり)世間(そと)で耐(こら)へて来たムシャクシャの蒸気(イキ)抜きをするので」＊銀の匙(1913–15)〈中勘助〉前・三六「彼らは小用にかこつけてちょっと息ぬきにくるのであった」②換気、通風をよくするための穴や窓。息出し。換気口。いきぬかし。＊逆徒(1913)〈平出修〉「息抜きの窓が奥の方の手も届かない処に切られてあるが、夜は戸をしめてしまふ」＊鷹(1953)〈石川淳〉一「ベッドの反対側には、わづかに息抜といふだけの小窓が切ってあって、そこはうつろの穴になってゐた」方言❶炭焼き窯のしりの穴。和歌山県日高郡054 ❷節を抜いて、埋め墓の棺に届くようにさす二本の竹。愛知県東加茂郡565 発音〈標ア〉キ²ヌ〈京ア〉ヌ

いき‐ぬ・く【生抜】〔自カ五(四)〕苦しみなどに耐えて、どこまでも生き通す。＊奇病患者(1917)〈葛西善蔵〉「僕はやはり都会で生きたいのです、生き抜きたいのです」＊駈込み訴へ(1940)〈太宰治〉「私は私の生き方を生き抜く。身震ひするほどに固く決意しました」発音〈標ア〉〇ヌ〈京ア〉〇

いき‐ぬけ【行抜】〔名〕①先へ抜けて出ること。抜け通っていること。また、通り抜けられる所。通り抜け。いきぬき。＊俳諧・五元集(1747)亨・秋「いきぬけの庭や鐙摺菊の花」＊滑稽本・大わらい臍の西国(1861–64頃)「手を洗はうと思へば、安治川までいきぬけの手水鉢がそばにあり」②(行き止まりがない意から)限度のないこと。底抜け。いきぬき。「いきぬけの馬鹿」③取引で利益を得ないで商品を売ること。方言大戸から背戸へ、あるいは背戸から大戸へすぐ抜けること。三重県飯南郡590 発音〈標ア〉〇〈京ア〉〇

いきぬけ‐ろじ【行抜路地】〔名〕通り抜けることができる路地。ゆきぬけ路地。発音〈標ア〉ロ

いき‐ぬすびと【生盗人】〔名〕(「いき」は接頭語)盗人、または、人を、卑しみののしっていう語。どぬすっと。＊浮世草子・西鶴織留(1694)四・三「太神宮の即座に息盗(イキヌスビト)どもに罰を当(あて)させたまふと」＊浄瑠璃・生玉心中(1715か)中「嘉平次の生盗人(イキヌスびと)、出あへ出あへとよばはって」＊歌舞伎・菊宴月白浪(1821)初段「うぬがやうな生盗人(イキヌスビト)は、以後の見せしめだ」発音〈標ア〉ヌ

いき‐ね【息根】〔名〕①呼吸。息。いきのね。②声。音声。息骨(いきぼね)。＊浄瑠璃・日本武尊吾妻鑑(1720)四「だまれ女め、いきね立ばゆるさぬぞ」発音〈標ア〉イネ

いき‐のう【行―】〔名〕(形動) 方言❶行く途中。行きがけ。島根県石見725 岡山県備中北部745 苫田郡748 広島県比婆郡774 ❷行くや否や。行ったばかり。来たばかり。島根県石見725 岡山県邑久郡761 御津郡764 ❸直後。するや否や。島根県那賀郡724 岡山市054 ❹休まず、一気に。長崎県対馬913

いき‐のうど【閾濃度】〔名〕汚染物質について、ある濃度以下ならこれまで住民の健康に悪い影響がなかったといいうる汚染の限界を示す値。

いき‐の‐お【息緒】〔名〕①(息が長く続くのを緒にたとえた表現)命。たまのお。万葉集では「息の緒に」の形だけが見られる。＊伊勢大輔集(11C中)「いきのをの絶えなんのちは君にても哀れいづこと我を尋ねん」＊俳諧・伊勢山田俳諧集(1650)「一筋にねがふ浄土の花の春 いつまでいきのおはなかき日そ〈利清〉」②転じて、息。呼吸。＊三十二番職人歌合(1494頃)二四番「息のをの苦しき時は鉦鼓こそ南無阿彌陀仏の声だすけなれ」発音〈標ア〉イ 辞書言海 表記息緒(言)

いきのおに 命がけで。絶えず。常に。↓いきのお(息緒)①。＊万葉(8C後)四・六四四「今は吾(あ)はわびそしにける気乃緒爾(いきノをニ)念(おも)ひし君をゆるさく思へば〈紀女郎〉」＊万葉(8C後)四・六八一「なかなかに絶ゆとしいはばかくばかり気緒爾(いきのをニ)して吾恋ひめやも〈大伴家持〉」＊万葉(8C後)一八・四一二五「伊吉能乎爾(イキノヲニ)嘆かす子ら〈大伴家持〉」

いきのこうぞう【「いき」の構造】 哲学書。九鬼周造著。昭和五年(一九三〇)刊。日本人的な美意識である粋(いき)を解明しようとしたもので、粋は媚態、意気地(いきじ)、諦めなどの要素を含み、武士道や仏教の影響も受けているとする。

いき‐のこり【生残】〔名〕同類の人が多く死んだのにもかかわらず、生き残ること。また、その人。＊今年竹(1919–27)〈里見弴〉総見・一二「生き残りの寡兵を結束する敗将のやうな気持」＊異郷(1973)〈加賀乙彦〉「追求がきびしいんで生き残りの人は地下に潜入することになったんだ」発音〈標ア〉〇〈京ア〉〇

いき‐のこ・る【生残】〔自ラ五(四)〕他の多くの人は死んだのに、死なないでこの世に残る。＊平家(13C前)灌頂・六道之沙汰「男のいき残らむ事は千万が一もありがたし」＊光悦本謡曲・藤戸(1514頃)「世にいきのこりたるははが身をも、とひなぐさめて給はらば」

*虞美人草(1907)〈夏目漱石〉八「世界滅却の日を只一人生き残った心持である」

いき-の-した【息下】『名』(多く「に」を伴った形で) ①重病や臨終の際の息もたえだえの状態をいう言葉。多くは、虫の息で、ものいう声のかすかなさま。「苦しい息の下から後のことを頼む」*竹取(9C末-10C初)「御心地はいかがおぼさるると問へば、いきのしたにて、物はすこし覚ゆれど、腰なん動かれぬ」*蜻蛉(974頃)上・康保元年「あはれ、いかにし給はんずらんと、しばしばいきのしたにもものせられしを」*今昔(1120頃か)二〇・四〇「此は何(いか)なる奴の、此(かく)ては臥(ふし)たるぞと問へば、息の下に、乞匃(こつがい)に候ふと答」*平家(13C前)六・入道死去「入道相国〈略〉まことにくるし気にて、いきの下にの給ひけるは」 ②息をひそめて、小声でものをいうさま。つらさの中で、やっとものをいうさま。*落窪(10C後)二「などかくは宣ふぞといへば、胸のいたく侍ればといきのしたにいふ」*源氏(1001-14頃)帚木「人たがへにこそ侍るめれといふもいきのしたなり」*浜松中納言(11C中)五「中納言に告げさせ給へとぞ、いきのしたにいはれぬる」 発音〈標ア〉イ 辞書 言海 表記 息下(言)

いき-の-ね【息根】『名』(呼吸のもとの意から)いのち。生命。いきのお。また、呼吸。いき。*浮世草子・世間胸算用(1692)四・三「なげぶしを息(イキ)の根(ネ)のつづくほどはりあげて」*宝の山(1891)〈川上眉山〉三「明日は爾(なんぢ)の息(イキ)の根(ネ)を、盃の中に注ぐべし」 発音〈標ア〉イ〈京ア〉ノ 辞書 言海 表記 息根(言)

いきのね が 止(と)まる 死ぬ。全くだめになる。*歌舞伎・彩入御伽草(1808)山城国蛍ケ沼の場「まだ息の根がとまらずば、女房のわたしが引導で浮めてやらう」*雑俳・柳多留-八二(1825)「息(いキ)の音も留るもしらず野田の笛」*多情多恨(1896)〈尾崎紅葉〉後・一一「俺の洒落の息の根が止るやうぢゃ大変だ」

いきのね を 上(あ)げる 自由に呼吸する。思い通りにふるまう。*浄瑠璃・姫小松子日の遊(1757)一「天子にさへ息の根上げさせぬ清盛」

いきのね を 止(と)める ①呼吸を止めて声を出さないようにする。*浄瑠璃・一谷嫩軍記(1751)三「ヤア其首はとかけ寄る女房引寄て息(イキ)の根を止め」 ②殺す。また、徹底的にやっつける。*歌舞伎・黒手組曲輪達引(1858)二幕「とてもの事の世話ついで、息の根留めてやって下せえ」*福翁自伝(1899)〈福沢諭吉〉緒方の塾風「今に見ろ彼奴(あいつ)等を根絶やしにして呼吸(イキ)の音(ネ)を止(ト)めて遣るからなんて」

いき-のばわ・る【生延】『自ラ四』「いきのびる(生延)」に同じ。*浮世草子・けいせい伝受紙子(1710)一・四「穏便に城内をあけわたし、面々いきのばはって、かさねていさぎよく命をすつる場所あるべし」*歌舞伎・鼠小紋東君新形(鼠小僧)(1857)二幕「倅が行方が知れたる上は、生(イ)き延(ノ)ばはっては子に迷ひ、命をしむも同じこと」

いき-の・びる【生延】『自バ上一』文 いきの・ぶ『自バ上二』死ぬはずのところを生きて、命がのびる。ながいきする。*虎寛本狂言・子盗人(室町末-近世初)「五百八十年七廻り迄も生のびさせられう」*古今集遠鏡(1793)一・二「どうで恋で死ぬる此命が、若しひょっと生(イキ)のびることもあるか、物はためしぢゃに」*滑稽本・浮世風呂(1809-13)四・中「早(はよ)起て遅(おそう)寐れば五十年が百年の割にならいでも七十五年活延(イキノビ)る様なもんぢゃはい」*吾輩は猫である(1905-06)〈夏目漱石〉三「十九世紀から連綿と今日迄生き延びて居るんだがね」 発音〈標ア〉⓪ビ〈京ア〉⓪ 文『いきのぶ』〈標ア〉⓪ノ〈京ア〉⓪

いき-の・びる【行延】『自バ上一』行って遠くへだたる。*多情多恨(1896)〈尾崎紅葉〉前・四「藤鼠の頭巾は遙に行延びたのを、後の車夫がおいおい呼むだので、漸く止って」 発音〈標ア〉ビ

いき-の-まつばら【生の松原】 福岡市西区、姪(めい)の浜の松原。神功皇后征韓の際、松を植えたという。歌枕。*拾遺(1005-07頃か)別・三三七「昔見しいきの松原事とはばわすれぬ人も有りとこたへよ〈橘倚平〉」*堤中納言(11C中-13C頃)よしなしごと「むしろは荒磯海(ありそうみ)の浦にうつるなる出雲むしろ、いきのまつ原のほとりに出で来なる筑紫むしろにまれ」 発音〈標ア〉イ 辞書 文明・明応・天正・書言 表記 生松原(文・明・天・書)

いきのみ【—飲】『名』方言 かまずに飲み下すこと。岩手県気仙郡100 宮城県仙台市121 山形県139

いき-のり(「いきなり(行成)」の変化した語) ㊀『名』(形動)「いきなり(行成)㊀」に同じ。*歌舞伎・千代始音頭瀬渡(1785)序幕「ちっとでも身に曇り霞みがありゃア、先づいきのりが牢の地獄」*読本・川童一代噺(1794)三「酒二三ばいまはるじぶん、近所の若い者二人来れば、サア二人ながら爰へと、何がなしにいきのりに、二三ばいづつ底入れさせて」 ㊁『副』「いきなり(行成)㊁」に同じ。*洒落本・玉之帳(1789-1801頃)二「いつもはをりずきのげいしゃかいにて、いきのり三組五組づつよんで料り番にも折ふしはづむゆへ」

いき-は【行端】『名』ゆくえ。行きどころ。行きがた。*浄瑠璃・心中重井筒(1707)上「四百目は何にした。いきはをきかふときめらるる」*浄瑠璃・夏祭浪花鑑(1745)四「街(かたら)れた金のいきは、詮義しぬいて御損はかけぬ」 方言 行き場。行く先。兵庫県加古郡664 島根県725 発音〈標ア〉⓪

いき-ば【行場】『名』行くべき場所。行く先。ゆきば。*良人の自白(1904-06)〈木下尚江〉続・二八・六「塩尻へでも来る外に行き場もあるまい」*春は馬車に乗って(1926)〈横光利一〉「あたしの骨の行き場がないんだわ」 発音〈標ア〉⓪

いき-はぎ【生剝】『名』①生きているけものの皮をはぎとること。いけはぎ。古代では「天つ罪」の一つ。*書紀(720)神代上(水戸本訓)「則ち斑駒(ふちこま)を生剝(イキハギ)にし、殿(みやらか)の内に納(なげい)る」*延喜式(927)祝詞・六月晦日大祓(出雲板訓)「畔放(あはなち)・溝埋(みぞうめ)・樋放(ひはなち)・頻蒔(しきまき)・串刺・生剝(イキハギ)・逆剝(さかはぎ)・屎戸、ここだくの罪を天つ罪と法(の)り別けて」*茶話(1915-30)〈薄田泣菫〉狸と猿「猿を手捕にすると、よく皮を生剝(イキハギ)にする」 ②法外な代金を要求して、持物をみなはぎとること。あくどい手段で利益をむさぼること。また、その人。*浮世草子・立身大福帳(1703)五・二「今は国々まで、伏見の下り舟でくひ物を買へば生はぎにするとて、すきとうれやみぬ」*雑俳・川柳評万句合-宝暦一〇(1760)松三「いきはぎといわれて社は蔵を建」*洒落本・龍虎問答(1779)「極らくはゐりどり、けころは瘡(かさ)請合(うけあい)、馬みちのいきはぎ、吉原のうづだかさ」 発音 イキハギ〈標ア〉⓪

いき-はげ【生禿】『名』(「いき」は接頭語) 禿(はげ)をののしっていう語。*仮名草子・浮世物語(1665頃)三・一四「何を禿めが、異見がましき申事かな。生(イキ)はげの入道かな」

いき-はじ【生恥】『名』死ねば受けないのに、生きているために受けるはじ。↔死に恥。*浄瑠璃・井筒業平河内通(1720)三「死ぞこなひの生恥(イキハヂ)、此世ではすすがれず」*浄瑠璃・心中天の網島(1720)上「身は煩悩(ぼんのふ)につながるる犬に劣ったいき恥を、覚悟極めし血の涙」

いきはじ を 曝(さら)す 生きながらえて、恥をかく。*太平記(14C後)三八・畠山兄弟修禅寺城楯籠事「乍(たちまち)生恥(イキハヂ)を曝(サラ)して、敵陣の境に吟(さまよ)ひぬる事」*読本・椿説弓張月(1807-11)前・八回「忽地(たちまち)擒(とりこ)となりて、生恥(イキハヂ)を曝(サ)らす事などもあらんには」*火の柱(1904)〈木下尚江〉一〇「其時泣き死に死んだら〈略〉此様(こんな)生恥(イキハヂ)曝(サラ)さなくとも済んだでせうにねエ」 発音〈標ア〉⓪ジ〈京ア〉⓪

いき-はだ【意気肌・粋肌】『名』意気なはだあい。意気な気風。また、粋筋(いきすじ)。*東京年中行事(1911)〈若月紫蘭〉一月暦「羽左さんの素顔が見たさに、朝っぱらから徳大寺の前に立って居る粋肌(イキハダ)の人も有ると云ふ話は」 発音〈標ア〉⓪ハ

いき-はだか・る【生—】『自ラ四』望みもなく、この世にいたずらに生き残る。または、他人の邪魔をして生き残る。 発音〈標ア〉カ

いきはだ-たち【生膚断】『名』「国つ罪」の一つ。生きている人の膚に傷をつけて血を流させること。↔死に膚断ち。*延喜式(927)祝詞・六月晦大祓(祝詞考訓)「国つ罪と、生膚断(イキハダタチ)、死膚断(しにはだたち)、白人(しろひと)、こくみ、己が母犯せる罪、己が子犯せる罪、母と子と犯せる罪〈略〉ここだくの罪出でむ」

いき-はたば・る【生端張】『自ラ四』物事を気にかけないで、大きく構えて生きる。のうのうと生きる。*山谷詩集鈔(1647)一四「貧至」骨ども、ちともしらじらともせぬぞ。いきはたばりているぞ」

いき-はたら・く【生働】『自カ四』いきいきと働き動く。活動する。*志都の岩屋講本(1811)下「またかくの如く、奇々妙々に活動(イキハタラ)く人を」

いき-はつけ【生磔】『名』(「はつけ」は「はりつけ」の変化した語) 生きたままで、はりつけになっていること。はりつけになって、まだ処刑されないでいる状態。*拘幽操辨(1686)「湯武孟子は謀逆人、いきばつけにかけても大事ないと云ことぞ」*俳諧・昼礫(1695)「吊へば留めを頼む生き磔」

いきばったい『形』方言 ⇨いきたい

いき-ばな【生花】『名』自然の花。生命のある花。それを簪(かんざし)にすると、早死するとか親の死目にあえないとかいう俗信がある。*大本神諭-火之巻(1920)〈出口ナオ〉明治三六年旧六月四日「今度大本に咲く花は、苦労口惜しの凝まった、神国の実りのいたす生き花であるから」 発音〈標ア〉キ

いきはなつ-ところ【長生地】『連語』殺生禁断の地。*書紀(720)持統五年一〇月(北野本訓)「畿内と諸国とに長生地(イキハナツトコロ)各一千歩を置く」

いき-はな・る【行離】『自ラ下二』行き別れる。離れていく。ゆき離る。*枕(10C終)二五・すさまじきもの「ふるき者どもの、さもえいきはなるまじきは、来年の国々、手を折りてうち数へなどして」

いきはや-の-まつり【活速祭】『名』「いくはやのまつり(活速祭)」に同じ。 発音〈標ア〉リ

いき-はやり【意気逸】『名』心意気を見せようと勇み立つこと。*浮世草子・新吉原常々草(1689)下「此里にかよふ者十人が九人は座興に前後をわすれ夜ふかすも有、また意気(イキ)はやりになって酒各別のせんぎ」

いき-はらい【息払】『名』「いきだし(息出)③」に同じ。

いき-はり【生針】『名』打てば人を生かすという針。また、陰茎の俗語。*雑俳・末摘花(1776-1801)三「後家へ乗り込み生き針を打ちおおせ」

いき-はり【意気張】『名』(「いきばり」とも) 思いこんだことを最後まで貫きとおすこと。意地をはること。近世、遊女の心意気を表現するときに多く使われる。*仮名草子・都風俗鑑(1681)三「それぞれの芸にうつりたる口上、意気(ヰキ)はりの思ひいれ、衆道の身持」*随筆・独寝(1724頃)上・四三「女郎の手まへ、おやかたへのいきはり」*人情本・春色梅美婦禰(1841-42

頃)五・二九回「あんまり意気張(イキハリ)のない唄妓(げいしゃ)だと」＊一刹那(1889-90)〈幸田露伴〉一「ちょいとした意気張(イキバリ)より嘘から出たまことを尽し」 方言❶競争。東京都三宅島038 ❷気を張ること。気合い。張り合い。長崎県対馬911 発音〈標ア〉リ〇 辞書言海

いきはり-ずく(くづ)【意気張尽】『名』もっぱら意地を張り通すためにすること。＊歌舞伎・助六廓夜桜(1779)「ひょっと意気張りづくで、もしものことがあった時には」＊洒落本・船頭部屋(19C初)鳥居町舟宿の套「夕べ新川の藤兵衛とおちやって、いきはりづくの朝直(あさなをし)だから」＊人情本・春色辰巳園(1833-35)四・七条「米八さんとのいきはりづくで、浮名も義理もかまはずに」 発音〈標ア〉〇ク 辞書言海

いき-ば・る【息張】『自ラ五(四)』息をつめて腹に力をいれる。いきむ。＊滑稽本・浮世風呂(1809-13)四・中「ぐっといきばり『チョッ、最(まあ)半文(きなか)も遣れ』」＊語彙(1871-84)「いきばる㊗ 息を腹中にはるをいふ。いきむといふに同じ」＊対髑髏(1890)〈幸田露伴〉一「負じと我も息張(イキバ)りて追付ば其大男顧みて」 方言❶息む。力む。仙台†057 青森県三戸郡083 岩手県気仙郡100 福島県155 ◇いぎばる 兵庫県淡路島671 ◇いきぱる 青森県南部073 ◇いっきばる 岩手県上閉伊郡097 ◇いけばる 群馬県佐波郡242 岩手県気仙郡100 山形県米沢市149 ◇いきばい 茨城県多賀郡188 ❷いばる。栃木県那須郡197 ◇いきゃばる 和歌山県西牟婁郡690 ❸意地を張る。◇いけばる 石川県金沢市404 ❹無理をする。がまんする。実力以上に背伸びする。千葉県東葛飾郡280 発音〈なまり〉イギバル〔淡路〕イケバル・エケバル〔埼玉方言〕〈標ア〉バ〈京ア〉〇 辞書言海

いき-ば・る【意気張】『自ラ四』意地を通す。思い込んだことを立て通す。 発音〈標ア〉バ 表記息張(言)

いきび『名』(「いきみ(息)」の変化した語) 尻(しり)。→息(いきみ)②。＊洒落本・真女意題(1781)陸野奥右衛門国詞「いきび。しりの事」＊洒落本・女郎買之糠味噌汁(1788)「いきび いたくらせやれ」＊浜荻(仙台)(1813頃)「いきび 尻の事。鄙人の詞」

いき-ひき『名』喘息(ぜんそく)。＊日葡辞書(1603-04)「Iqifiqi(イキヒキ)〈訳〉ぜんそく」 方言❶喘息。愛媛県宇和島855 ❷咳(せき)。鹿児島県宝島054 辞書日葡

いぎ-ふ【意義符】『名』漢字構成要素のうち、意義を示す部分。「河」の「氵」の部分など。→音符

いき-ふうぞく【意気風俗・粋風俗】『名』きりりとして男らしい風俗。また、さっぱりとしてあかぬけのした様子。＊洒落本・当世気どり草(1773)「木戸の仕着せは定紋そろふて鮮(あざやか)に、仕切場とめ場の俠(イキ)風俗。桟敷番のおとなし顔」

いぎ-ぶか・い【意義深】『形口』深い意義がある。事柄が無視できない大きな価値、または、深い意味を持っている。＊近代文学の運命(1947)〈中野好夫〉「この意義深い上演の開幕前の序詞の一節なのである」＊青べか物語(1960)〈山本周五郎〉留さんと女「自分のそういう意義深い立場を誇っている留さんとしては」 発音イギブカイ〈標ア〉カ

いき-ぶくら【息—】『名』(元は「いきぶくろ」と関係ある語で、息づかい・呼吸の意か) 多く「いきぶくらが長い」「いきふくらが大きい」という表現で、強い気概を持つことや誇張した表現をすることなどの意。＊史料編纂所本人天眼目抄(1471-73)二「僧のいきふくらは見へたぞ」＊古文真宝桂林抄(1485頃)坤「渕明が大なるいきふくらでは、甲子年号ほとらいで、甲乙はあるまいぞ」＊古活字本荘子抄(1620頃)二「文の中の辞が長くいきふくらが長処あり」

いき-ぶくろ【息袋】『名』肺臓(はいぞう)のことか。＊運歩色葉(1548)「喼 イキフクロ」＊甲陽軍鑑(17C初)品四七「両方の足を以て、寺川四郎右衛門が、ひばらを、あらけなく踏つれば、寺川、心におぼえず、手をはなして、三間ばかり、跡へしさりて、色をわろくして、機を取失子細は、いきふくろをふまれての事也」 補注「運歩色葉」の「喼」の字は、憂える意であって、肺臓の意はない。 方言肺。◇いきぶくる 鹿児島県与論島975 ◇いきふくる 沖縄県黒島996 ◇いきふくら 沖縄県小浜島996 ◇いきふく・いちぶく 沖縄県国頭郡974 975 ◇いいちぶくる 沖縄県中頭郡975

いき-ぶし【生節】『名』樹木の、生きていた枝のあとが、製材後の木材に節(ふし)としてあらわれたもの。節のない材にくらべ、堅いが、強度は劣る。堅節。きぶし。 発音〈標ア〉〇

いき-ぶつ(ヰキ)【遺棄物】『名』うちすてられたもの。所有者が自分の意志で占有を放棄した物品。＊仏和法律字彙(1886)〈藤林忠良・加太邦憲〉「Epave Hyō-ryū-butsu, Iki-butsu 漂流物、遺棄物」 発音〈標ア〉キ

いき-ふどう【生不動】『名』①生きている不動尊。不動明王のように霊験のあらたかな人。＊虎寛本狂言・蟹山伏(室町末-近世初)「こなたの事を世上で活不動じゃと申まする」②火災の時などに、ほのおにつつまれていながら、不動明王のようにしっかりと立っていること。また、その人。 発音イキフドー〈標ア〉フ

いき-ふところ【生懐】『名』(「いき」は接頭語) ふところ。＊浄瑠璃・賀古教信七墓廻(1714頃)一「男たる身のいき懐へ、ほでをさすとは何事と」

いき-ぶね【生船】『名』海難などで破損したが、修理を加えれば使用可能となる船。＊船法御定並諸方聞書(1724頃)「此時死船・生船之論御座候得共、荷主方より死船は不レ仕候」

いき-ぶ・る【粋振】『自ラ五(四)』あかぬけしているようによそおう。いきがる。＊いつか汽笛を鳴らして(1972)〈畑山博〉一「はんぱな仕事しか出来ねえくせにいきぶりやがって。旋盤の送りをかけながら英語の単語なんか憶えてやがって」 発音〈標ア〉ブ

いき-ぶれ【行触】『名』けがれに行き合って自分もけがれること。踏合(ふみあわせ)。＊源氏(1001-14頃)夕顔「いかなるいきぶれにかからせ給ふぞや」＊大斎院前御集(11C前)「さとなるに御わたむしりにたまはせたれど、いきぶれのありければ、かへしまゐらすとて」＊和訓栞(1777-1862)「いきぶれ 源氏に見ゆ触穢をいへり。気触の義成べし」 発音〈標ア〉〇 辞書言海 表記行触(言)

いき-べんてん【生弁天】『名』(「弁天」は「弁才天」で、美しい女神であるところから) 容姿の美しい女。美女。＊人情本・貞操婦女八賢誌(1834-48頃)五・四五回「今日は如何なる吉日(きちにち)にて、生弁天(イキベンテン)の影向とは、此上もなき二個(ふたり)が僥倖(しあはせ)」＊良人の自白(1904-06)〈木下尚江〉中・七・二「あれが生弁天様と言ふだな、お痛ましいことや」

いぎ-ほうし(ヰギホフシ)【威儀法師】『名』「いぎし(威儀師)」に同じ。＊続日本紀-宝亀二年(771)閏三月壬寅「僧綱請レ置二威儀法師六員一許レ之」 発音〈標ア〉ベ

いき-ぼさつ【生菩薩】『名』①「いきぼとけ(生仏)①」に同じ。②「いきぼとけ(生仏)②」に同じ。＊妹背貝(1889)〈巌谷小波〉夏「静かに這入て来たのは、例の艶子。〈略〉此の生菩薩(イキボサツ)の御来光、並々の衆生なら、アッとばかり面もあげられまいが」 発音〈標ア〉ボ

いぎ-ぼそ(ヰギ)【威儀細】『名』仏語。五条袈裟(けさ)の一つ。禅宗で用いる絡子(らくす)を改変したもので、おもに浄土宗で使用する。威儀と称する肩にかけるひもが細くて、また鐶がついていないのが特徴。＊仏像幖幟義図説(1694)下「威儀細とは蓋し是れ宗門五条の所変なり。此の衣の幅量は本衣よりも狭く、威儀亦細し。是の故に名となす」＊談義本・教訓続下手談義(1753)五・下手談義総廻向「木蘭色(もくらんじき)の破衣に威儀細(ヰギボソ)の小五条かけて」

威儀細

いき-ぼとけ【生仏】『名』①生きている仏。生身の仏。転じて、高徳の僧など、生きている仏とあがめられる人。生き如来。生き菩薩。＊宇治拾遺(1221頃)五・九「この二人、おのおの貴くて、いき仏なり」＊教訓抄(1233)一「解脱上人真慶と申して、世こぞりて生仏の如く尊み奉りし人の、書きおかせ給ひたり」＊観智院本名義抄(1241)「神仙 イキボトケ」＊和訓栞後編(1887)「いきぼとけ 故事成語考に、司馬温公、是、万家生仏と見えたり。活仏の字、諸書に見えたり」②容姿の美しい女。生き如来。生き菩薩。＊仮名草子・浮世物語(1665頃)一・一〇「あれあれ御来迎よ、御作は誰ぞ。腸(わた)持の彌陀如来か、いきぼとけよ、など只口も無くわめく程に」③古く、監獄で囚人の違反行為の罰として食事の量を減らすことをいう、囚人仲間の隠語。〔隠語輯覧(1915)〕 方言重病人。栃木県198 発音〈標ア〉ボ〈ア史〉①は平安〇〇●●●〈京ア〉ボ 辞書名義・易林・書言・言海 表記神仙(名・易・書) 生仏(言)

いき-ぼね【息骨】『名』声。音声。おとぼね。＊浄瑠璃・出世景清(1685)四「腕(うで)かなはずはなどいきぼねでも立ざるぞ」＊浮世草子・けいせい伝受紙子(1710)四・四「いきぼねを立ると只今しめころすぞと」＊浄瑠璃・鑓の権三重帷子(1717)上「口へ砂でもほうばらせいきぼねをあげさすな」 発音〈標ア〉〇

いきぼる『動』方言横暴にふるまう。出しゃばる。岐阜県飛騨502 ◇いぎほる 山形県庄内050

いき-ほん【生本・活本】『名』生きた見本。あることをまざまざと見せてくれる事例。＊漢書列伝竺桃抄(1458-60)韓彭英盧呉第四「忠のあるものは多けれども、謀反をも不レ起して無為ではてたいき本ぞ」＊史記抄(1477)一六・儒林列伝「急々如律令とて、律令は急なるもののいき本なり」

いき-ぼん【生盆】『名』「いきみたま(生御霊)」に同じ。《季・秋》＊蔭凉軒日録-長享三年(1489)七月八日「自二藤息女御公方一大柳一樽、海松一折贈レ之。蓋生盆之儀也」＊日次紀事(1685)七月「此月、公武両家各被レ饗二尊親一。是謂二生身魂一。或称二生盆一」＊随筆・裏見寒話(1753)五「七月盂蘭盆会〈略〉一類寄合て宴会するを生盆といふ、生身魂の心か」 方言❶盆の前に嫁が生家に土産を持って行くこと。群馬県勢多郡236 神奈川県津久井郡316 ❷盂蘭盆会の贈り物。栃木県塩谷郡200

いき-ま【生間】『名』方言⇩いけま(生間)

いき-ま【意気間・粋間】『名』(形動)(「ま」は接尾語) いきであること。また、いきな事柄。＊咄本・再成餅(1773)腰元「あいつはいきまな、ぼってりもんだのと噂して居る所へ」＊洒落本・美地の蛎殻(1779)「おらがいきまを聞(きい)てくんねへ」＊歌舞伎・四天王楓江戸粧(1804)五立「勇み肌で、いきまの二才だから、娘でも芸者でもお姫様でも、見るが最期(さいご)」＊随筆・嬉遊笑覧(1830)九「明和の初ごろより江戸にはやり詞〈略〉いきま(後に略していきとばかりいふ。意気揚々の皃にや)」

いきま『名』方言❶勢い。威勢。福島県157 171 175 新潟県東蒲原郡368 岡山県真庭郡747 ❷威勢のよい風采(ふうさい)。岡山県津山市753 ❸成り行き。弾み。兵庫県加古郡664 神戸市665 鳥取県東部711

いき-まいす【生売僧】『名』(「いき」は接頭語) 僧をののしっていう語。くそ坊主。＊浄瑠璃・浦島年代記(1722)五「大かたりのいきまいす」

いきま・う(いきまふ)【息】㊀『自ハ下二』息を張る。いきむ。＊十訓抄(1252)七・祭主三位輔親侍召留鶯事「脇かいとりいきまへひざまづきたり」 ㊁『自ハ四』❶

に同じ。＊秋立つまで(1930)〈嘉村礒多〉「今度こそ名医の手で手術して根本的に癒してやると息まふのを」

いき-まき【息巻】『名』激しく言いたてて争うこと。息づかい荒く怒ること。＊書言字考節用集(1717)八「敦圉 イキマキ 俗云立腹。〈略〉師古云盛怒貌」＊俳諧・父の終焉日記(1801)四月二九日「皆、貪欲・邪智・諂曲(てんきょく)に目くらみて、かかる息巻(いきまき)はおこりけり」 発音〈標ア〉⓪ 辞書 書言 表記 敦圉・嗔・恚・慍・贔・怒・発憤(書)

いきまき=荒(あら)く[=高(たか)く] 勢いこんだり、怒ったりして息づかいもあらあらしく。＊読本・椿説弓張月(1807-11)前・四回「彼の猴(さる)を追ひ捕て打殺せよといきまきあらく仰すれば」＊読本・椿説弓張月(1807-11)拾遺・四九回「とく引出して首を刎(はね)よといきまき高く下知すれば」＊滑稽本・八笑人(1820-49)初・二回「おれが跡からついて行(ゆく)と、いきまきあらく中々がてんするけしきなければ」＊社会百面相(1902)〈内田魯庵〉電影・四「『怪しからん老耄(おいぼれ)で』と四宮は敦圉荒(イキマキアラ)く」

いきまき-た・つ【息巻立】『自タ五(四)』強い口調でさかんに言い立てる。非常に勢いこんで息を荒くする。＊開化問答(1874-75)〈小川為治〉二・下「先程足下が息巻立(イキマキタチ)て論ぜられたる一件は」 発音〈標ア〉タ

いき-ま・く【息巻】『自カ五(四)』①勢力をふるう。権勢をほしいままにする。ときめく。＊源氏(1001-14頃)若菜上「故院の御時に、大きさきの、坊の初めの女御にて、いきまき給ひしかど」②勢いこんで息を荒くする。強い口調で言い立てる。気焔をあげる。＊今昔(1120頃か)二五・五「我に手向はしてむや、など息巻(いきまき)て日来(ひごろ)有ける程に」＊読本・椿説弓張月(1807-11)続・三五回「などて這奴(しゃつ)を縛(いましめ)ざるといきまきて指揮(げぢ)すれば」＊魔風恋風(1903)〈小杉天外〉前・下宿「『まア御覧なすって下さい。〈略〉』と主婦は敦圉(イキマ)いて語り出した」③息づかいを荒くして怒る。いきりたつ。＊徒然草(1331頃)一〇六「上人なほいきまきて、何といふぞ、非修非学の男と、あららかにいひて」＊吉野拾遺(14C後)下「日をへて宰相中将のもとにゐ給へるとつぐる人の有ければ、いきまき玉ひて、帝にうたへて、罪せんと宣はせけれども」＊談義本・艶道通鑑(1715)四・一〇「我をきらふてなすわざにこそと、息巻(イキマク)ばかり腹を立」＊読本・双蝶記(1813)二・五「憎き奴がまうし条かなと、敦圉(イキマ)きせかせたまひて」＊思出の記(1900-01)〈徳富蘆花〉六・七「彼等二人を探し出して、血の雨降らさずには置かぬと息巻く曽根君を」 語源説 (1)イキマカス(息任)から〔名言通〕。(2)イキムの再活用語〔日本語源＝賀茂百樹〕。 発音〈標ア〉マ〈京ア〉⓪ 辞書 ヘボン・言海 表記 息巻(へ・言)

いき-まくら【息枕】『名』笙(しょう)の吹き方の名称。吸う息から吐く息、吐く息から吸う息への変わり目、転換の部分をいう。ここで切れたようでなく、続いているように音を出すことが大切とされる。＊楽家録(1690)一〇「息儲及息枕宇加宇之事」 発音〈標ア〉マ

いき-まじ・る【行混】『自ラ四』入り混じる。交錯する。＊源氏(1001-14頃)梅枝「そそけたる蘆の生ひざまなど、難波の浦にかよひて、こなたかなたいきまじりていたうすみたるところあり」 発音〈標ア〉ジ

いき-まわ・る【行回】『自ラ四』他所(よそ)へ行って来る。ひとまわりして来る。＊咄本・軽口あられ酒(1705)五・一〇「かのもの、ふと目さまして、又しゃくせんこひかとおもひ、ゐきまはりて御座れといわれた」＊滑稽本・浮世風呂(1809-13)三・上「善光寺さまのお開帳にゃア、七度半も行廻(イキマハ)ったらう」 発音〈標ア〉ワ

いきみ【息】『名』(動詞「いきむ(息)」の連用形の名詞化)①息(いき)むこと。また、特に、陣痛をいう。＊和英語林集成(初版)(1867)「Ikimi (イキミ)ガ クル〈訳〉陣痛が襲うこと」＊妻(1908-09)〈田山花袋〉一五「一刻毎に其いきみが強くなるばかり」②尻(しり)。いきび。＊浜荻(庄内)(1767)「しりを いきみ」＊御国通辞(1790)「しり 臀 いきみ」 方言❶がんばり。東京都三宅島038 ❷産け。陣痛。神奈川県中郡320 新潟県東蒲原郡368 中頸城郡384 長野県下伊那郡492 愛媛県北宇和郡054 ❸しり。岩手県盛岡市092 気仙郡100 宮城県仙台市123 秋田県鹿角郡132 山形県庄内・東田川郡139 新潟県東蒲原郡368 ❹肛門(こうもん)。岩手県盛岡市092 気仙郡100 秋田県鹿角郡132 ❺陰門。青森県津軽075 南部085 発音〈標ア〉ミ⓪ 辞書 ヘボン・言海 表記 裏急(へ)

いきみ が たつ 出産が近づいて腹に力がはいる。＊志都の岩屋講本(1811)下「いきまずとも時至れば、自からにいきみが立って自から止めんとするに止み難く」 方言❶出産が近づいて腹圧が高まる。◇いきみたつ 富山県砺波398 ❷しきりに便意を催す。愛知県名古屋市562

いき-み【生身】『名』①生きているからだ。なまみ。↔死身。＊平家(13C前)三・僧都死去「姫が事こそ、心苦しけれ共、それもいき身なれば、歎きながらもすごさむずらん」＊日蓮遺文-神国王御書(1275)「神と申すは又国々の国主等の崩去し給へるを生身のごとくあがめ給ふ」②能楽で、面をつけて少し前にうつむいた姿勢。面が生き生きと感じられる姿勢。＊わらんべ草(1660)二「まへへうつむくを、かかると云、あをのくを、のくと云、てる共云、かかるはいき身、のくは死身也」 発音〈標ア〉キミ〈ア史〉江戸●●○と●○○の両様〈京ア〉⓪ 辞書 日葡

いきみ に 餌食(えじき) この世に生まれたものは、食うに困らぬようにできている。＊浄瑠璃・生玉心中(1715か)上「生身(イキミ)に餌食(ヱジキ)、天道人を殺さず」＊浄瑠璃・博多小女郎波枕(1718)中「生身(イキミ)には餌食(ヱジキ)有。人間一人生るれば、ちぶさといふ天道の御扶持方」

いきみ は 死身(しにみ) この世に生きているものは必ず死ぬという意。生き死に。生者必滅。＊浄瑠璃・心中二枚絵草紙(1706頃)下「いき身は死身。ことにまた此比酒にあてらるる」＊浄瑠璃・平仮名盛衰記(1739)三「いき身は死身合せ物は放物(はなれもの)。なんぼ泣てもかへらぬこと」

いき-み【意気―・粋―】『名』(「み」は接尾語)いきな態度や服装など。通人らしい行動。＊洒落本・公大無多言(1781)「ずゐぶんなにかにつけていき身(ミ)をしやすが、どこらがしたらねヱそうで」＊黄表紙・啌多雁取帳(1783)「いきみをならせず、しわみをおもとし」 発音〈標ア〉⓪

いきみ-ぐ【生身供】『名』①いけにえとして人身を神に供えること。また、その人。人身御供(ひとみごくう)。＊続現葉(1324頃)釈教「横川に侍りし比、霊山院の生身供の式のふるきをかきあらため侍るとて」②江戸時代、天王寺で正月五日から一四日まで行なわれた祭式。＊俳諧・季引席用集(1818)「釈教 生身供(イキミク) 正月五日天王寺」

いきみ-ごえ【息声】『名』息をつめて力を入れて出す声。＊夢声半代記(1929)〈徳川夢声〉江戸ッ児になる迄「浪花節の席に毎日通ったのであった。始めは、あのいきみ声(ゴヱ)が嫌ひであったが」 発音イキミゴエ〈標ア〉ゴ

いき-みじか【息短】『名』方言きみじか。短気者。静岡県磐田郡546 愛知県知多郡571

いきみ-だ・す【息出】『他サ五(四)』息をつめ、力を入れて外へ出す。むりに出す。＊西洋道中膝栗毛(1870-76)〈仮名垣魯文〉一一・上「『いきみ出(ダ)すにサゾせつなかったらう』『出痔か瘤痔か鶏冠か』」＊坑夫(1908)〈夏目漱石〉「此の答は前の様に自然には出なかった。云はばいきみ出(ダ)した答である」 発音〈標ア〉⓪ダ

いき-みたま【生御霊・生身魂】『名』両親のそろった者が、盆に親をもてなす作法。また、そのときの食物や贈り物。他出した息子や嫁した娘も集まり、親に食物をすすめる。精進料理でなく、贈り物にも刺鯖(さしさば)を使うことが多い。近代、東京でも、老いた親のある者が、盆中に魚を捕り、調理して親にすすめる風習があった。これは生きたみたまも盆に拝む風習があったためといわれる。生盆(いきぼん)。いきたま。《季・秋》＊建内記-嘉吉元年(1441)七月一〇日「五辻来、面々張行、聊表二祝著一之儀、毎年之儀也。世俗号二生見玉一」＊親長卿記-文明八年(1476)七月一一日「晴、参内、依レ召也、若宮御方已下有二御祝之儀一いきみたま云々」＊俳諧・花摘(1690)下「生霊(イキミタマ)酒のさがらぬ祖父かな〈其角〉」＊浄瑠璃・心中刃は氷の朔日(1709)下「いきみ玉のいはい一所にと、盆迄延ばすと書かれしが」＊諸国風俗問状答(19C前)丹後国峯山領風俗問状答・七月・七一「御家中にては、父母有之者いきみたまと称し、肴又は肴代等父母へ祝ひ候儀、家々人々に寄仕候者も御座候」 語誌 (1)「生きている尊親の霊」の意で、死者の霊ばかりでなく、生きている尊者の霊を拝むという気持から始まった。(2)もとは「盂蘭盆経」に「願使三現在父母、寿命百年、無レ病無二一切苦悩之患一」とあるのに基づくものか。この行事は、民間に行なわれるのみでなく、正親町天皇の頃から、宮中でも宮門跡比丘尼の伺候によって行なわれている。(3)江戸時代には、幕府でも「生御魂」を行なうための支給として、盆の一三日に奥女中で片親のある者に、盆の一四日には奥女中で両親のある者に対し、目録・料理を与えた。なお、東国では「生盆(いきぼん)」と呼ぶことが多い。 方言❶盆に両親のあるものが祝うこと。岩手県盛岡市092 ❷盆のころ、分家したり婿や嫁に行ったりした子供たちが両親の元に帰って食事をすること。神奈川県藤沢市319 中郡320 ❸新盆の家に持って行く贈り物。静岡県駿東郡521 発音〈標ア〉ミ 辞書 明応・天正・饅頭・黒本・易林・日葡・書言・ヘボン・言海 表記 生見玉(明・天・饅・黒) 生御霊(易・書) 生御魂(へ・言) 生見魂(書)

いき-みち【行道・往道】『名』①行く時の道。②金などのつかいみち、つかう先。ゆきみち。＊人情本・風俗粋好伝(1825)後・中「天窓の物から衣類まで、質に入れての金の才覚、その往道(イキミチ)も知れてある」 発音〈標ア〉⓪

いき-みつき【生御調】『名』生きたままの動物を朝廷に献上すること。また、その物。なまみつき。＊延喜式(927)祝詞・出雲国造神賀詞「天下を知食(しろしめ)さむ事の志(しるし)のため、白鵠(しらとり)の生御調(いきみつき)の玩物(もてあそびもの)と」

いきみ-ば・る【息張】『自ラ四』息をつめて腹を張る。息ばる。いきむ。＊滑稽本・叶福助略縁記(1805)「げいにいきみばって声のふっきり申が談義そうな殊勝な事でおんじゃる」

いき-みんたん『名』(「行く」に「みんたん」を添えて薬名になぞらえた語)行くこと、死ぬこと。または、心の奪われることをしゃれていう、江戸の通語。＊洒落本・家暮長命四季物語(1779)「何やかやが済(す)んだら、梅もとへでも、いきみんたん」＊洒落本・新吾左出放題盲牛(1781)大通闘役「不佞(わっち)は足下(おまへ)に通心丹(イキミンタン)、足下は不佞を踈忌丹(ふりみんたん)とは、是姉娼(おいらん)の詩にあらずや」＊歌舞伎・心謎解色糸(1810)四幕「請合ひ通りころりと、ソレお娘(むす)はいきみんたん」

いき・む【息】『自マ五(四)』①息をつめて腹に力を入れる。いきばる。いけむ。＊咄本・初音草噺大鑑(1698)「とりあげばば来りて、さあしきりがついたとて、いきますれば」＊志都の岩屋講本(1811)下「いまだ時至

らぬに、いきみ過ぎる時は、胎内の子、其のいきむはづみに生まるべき順道を違へ」＊和英語林集成(初版)(1867)「コヲ ウムニ ikimu (イキム)」＊二人むく助(1891)〈尾崎紅葉〉四「一生懸命に息(イキ)みて百播(もが)き顔を顰(しか)むれど」②張り切る。りきむ。＊雑俳・柳多留-初(1765)「車引女を見るといきみ出し」 方言 ❶力む。辛抱する。兵庫県神戸市665 ❷陣痛が起こる。長野県上伊那郡488 ❸いばる。栃木県198 千葉県海上郡268 ❹しかる。小言を言う。◇ゆきむとも。栃木県198 語源説 (1)イキツム(息詰)の約〔名言通〕。(2)イキム(息極)の義〔日本語源＝賀茂百樹〕。 発音 〈標ア〉キ 0 〈京ア〉0 辞書 〈ボン・言海〉 表記 裏急(ヘ)

いき-むし【生虫】『名』(「いき」は接頭語) 人をののしっていう語。生畜生。こん畜生。＊浄瑠璃・金平太平記(演劇博物館本)(1711-25頃)五「ああらやさしのいき虫かな。おのれごときのやつはらに手をおろさんはりよくゎいとて」 方言 ❶生物。動物。禽獣(きんじゅう)。沖縄県石垣島・鳩間島996 ◇いきむす・いくむす・いつむす 沖縄県宮古島054 062 ◇いちむし 鹿児島県喜界島983 沖縄県首里993 ◇いしむし 沖縄県石垣島・竹富島996 ❷人をののしっていう語。畜生。虫けら。◇いちむし 沖縄県首里993

いき-むつ・る『自ラ下二』懐妊中に性交する。＊色葉字類抄(1177-81)「気瞪 イキムツル 子之腹中ニ交事也」 辞書 色葉 表記 気瞪(色)

いき-め【生目】『名』①生きている状態。また、生きる可能性。生きるみこみ。＊浄瑠璃・唐船噺今国性爺(1722)下「門破られては生めがない」＊歌舞伎・櫓太鼓鳴音吉原(1866)六幕「今いふ通り長吉が、死目になったら知らねえこと、生目のうちは金輪際どんな槍でも此儘玉は渡されねえ」②古代のギリシア、ローマの船舶、および中国船などの船首、両舷に護符的装飾として描かれた動物の眼。 方言 魚の新鮮な度合い。山口県豊浦郡798 発音 〈標ア〉メ キ 0

いき-め【蟇目】『名』(「ひきめ(蟇目)」の変化した語) 鏃(やじり)の一種(随筆・嬉遊笑覧(1830))。＊七十一番職人歌合(1500頃か)一九番「さしちがへのさいも召し候へ。いぬを物のいきめも候ぞ」

いぎ-め・く【威儀―】(ヰギ)『自カ四』(「めく」は接尾語) 重々しい動作をする。もったいをつけてふるまう。＊玉塵抄(1563)二七「伎倆は人のはたらきぎせいなことぞ。いぎめいたなりをしたぞ」＊評判記・色道大鏡(1678)五「一座のつれの中に、第一にいぎめくきはにはあらで、其身おもからず、心ざしさはとし」＊談義本・当世下手談義(1752)二・惣七安売の引札せし事「かかる節に威儀(イギ)めきたるは、心中に別離の哀情薄しとこそ見ゆれ」 発音 イギメク 〈標ア〉メ

いき-めくら【生盲】『名』(「いき」は接頭語) 道理やものの本質をわきまえない人をののしっていった語。＊日蓮遺文・法華題目鈔(1266)「凡夫の盲目なる、闡提の生盲なる、共に爾前の経々にてはいろかたちをばわきまへずありし程に」＊名語記(1275)六「法門に生盲のものに白き色をしらしめむとせし」＊浄瑠璃・址歌かるた(1714か)二「いきめくらの死ぢく生」 発音 〈標ア〉メ

いき-めぐら・う【生廻】(めぐらふ)『自ハ四』(「ふ」は、動作の反復、継続を表わす接尾語) いろいろな目にあいながらも、ずっと生きながらえている。なんとか生きつづける。＊大和(947-957頃)一六八「死なむを期にてとおもひ給ふるを、まだなむかくあやしきことは、いきめぐらひ侍る」＊宇津保(970-999頃)俊蔭「ただそれにかかりてこそはいきめぐらひ侍れ」＊源氏(1001-14頃)紅梅「気近き人の、後れ奉りていきめぐらふは、おぼろけの命長さなりかしとこそおぼえ侍れ」

いき-めぐ・る【生廻】『自ラ四』生きてながくこの世にいる。ともかくも生きながらえる。生存する。＊今昔(1120頃か)二九・四「世の中に生廻(いきめぐり)て御(おはし)まさむずる者とな思し不食(めし)そ」＊とりかへばや(12C後)上「わびしく堪へがたくては、いきめぐるべき心地もせず」 発音 イキメグル 〈標ア〉0 グ

いき-めし【生飯】『名』うまくたきあがった飯。＊譬喩尽(1786)一「炊(いゐかしく)めしたくこと法あり〈略〉法に生食死食と云法あり。生飯とは一吹まで釜の蓋あけず 外或箸を以て突見或折々蓋開見る皆死飯也」

いきめ-はちまんぐう【生目八幡宮】 宮崎県宮崎市生目にある生目神社の旧称。旧県社。祭神は応神天皇ほか。平安時代の創立と伝え、平家没落後、平景清が閑居(かんきょ)、没した所という。 発音 イキメハチマングー 〈標ア〉マ

いき-めろう【生女郎】(めラウ)『名』(「いき」は接頭語) 女をののしっていう語。あま。＊浄瑠璃・女殺油地獄(1721)中「いきめらうめ、ぬかすまい」

いき-もうけ【息儲】(まうけ)『名』笙(しょう)の吹き方の名称。＊体源鈔(1512)一・竹移事「いきまうけの手と云事あり、僻事也。則いきまうけの手といふこと当稽古の者にはきかする事にても不可有也。竹移といき儲の手とを、不知案内輩まがふ事あり」＊楽家録(1690)一〇「息儲(イキモウケ)及息枕宇加宇之事」

いぎ-もうしたて【異議申立】(まうしたて)『名』裁判所や国、地方公共団体の行為、処分について、これを違法または不当としてその行為の取り消し、変更を求める手続き。＊行政不服審査法(1962)六条「行政庁の処分についての異議申立ては」 発音 イギモーシタテ 〈標ア〉イ

いぎもうしたて-しょ【異議申立書】(イギまうしたて)『名』行政庁の処分に対して反対または不服の趣旨等を記載して提出する書面。＊良人の自白(1904-06)〈木下尚江〉前・一七・一「代書人へ頼んで、異議申立書を裁判所へ出して貰った」 発音 イギ＝モーシタテショ 〈標ア〉イ＝ショ

いき-もて-い・く【行行】『自カ四』(「もて」は継続の意を表わす) どんどん行く。先へ進んで行く。いきもてゆく。＊蜻蛉(974頃)上・安和元年「わりごなどものして、舟に車かきすゑて、いきもていけば」

いき-もて-ゆ・く【行行】『自カ四』「いきもていく(行行)」に同じ。＊蜻蛉(974頃)中・天禄元年「いきもてゆくほどに、巳(み)の時(とき)はてになりにたり」

いき-もどり【行戻】『名』①行きと戻り。行って戻ること。往復。転じて、重ねて、または繰り返してすること。＊玉塵抄(1563)一一「番がわりやいきもとりするほどに春わらびのやわらかな時から今雪しものふる時分にもゆききするぞ」＊捷解新語(1676)五「かたくおしられつけたほどに、そのぶんならば、いきもどりにここのかとうかにもなろうか」＊茶屋諸分調方記(1691)八「しかし菓子もくい、酒ものむやつにでよふては、いきもどりのそん」②(行ったり戻ったりするの意から) 鋸(のこぎり)をいう、盗人仲間の隠語。〔日本隠語集(1892)〕 方言 ❶行き帰り。往復。香川県826 愛媛県840 ◇いきむどぅり 沖縄県石垣島996 ◇いちむどぅい 沖縄県首里993 ◇いくる〔行来〕 青森県津軽075 ❷離縁して実家に帰っている者。出戻り。岡山市762 山口県豊浦郡798 愛媛県840 発音 〈標ア〉0 〈京ア〉0

いき-もど・る【生戻】『自ラ四』生きかえる。蘇生する。＊坑夫(1908)〈夏目漱石〉「睡眠は是程の効験もあるまいが、其代り生(イ)き戻(もド)り損ふ危険も伴ってゐないから」＊金毘羅(1909)〈森鷗外〉「お姉えさんの方は大きいから生き戻りましたが、赤さんの方は駄目です」 方言 島根県隠岐島740 山口県大島801 愛媛県宇和島市853 発音 〈標ア〉0 ド

いき-もの【生物】『名』①生きているもの。生命のあるもの。生物。＊書紀(720)天武五年八月(北野本訓)「是の日、諸国に詔して、生(イキモノ)放たしむ」＊古本説話集(1130頃か)五三「いかでか、これをにはかに食はん。聞けば、いき物みなさきの世の父母(ちちはは)也」＊虎明本狂言・昆布売(室町末-近世初)「今までいきものをきった事がなひ」②生々として活気のあるもの。＊日葡辞書(1603-04)「Iqimono (イキモノ)〈訳〉比喩として、生きている活気ある人」＊仮名草子・都風俗鑑(1681)一「とかく生(イキ)物の事なれば堪忍ならぬ道にて、それぞれに心を通はし、われ鍋にはとぢぶたが有なり」＊学問のすゝめ(1872-76)〈福沢諭吉〉一四・心事の棚卸「必竟世の事変は活物にて、容易に其機変を前知す可らず」＊春六題(1921)〈寺田寅彦〉四「植物が生物である事は誰れでも知って居る。しかしそれが『いきもの』である事は通例誰れでも忘れて居る」③天正カルタなどで人物像の描かれている札。＊咄本・鹿の巻筆(1686)一・三人論議「いきものの十二枚は十二因縁なり」④陰茎の異称。＊浮世草子・人倫糸屑(1688)若衆上「いつしか後戸口(せとぐち)より生(イキ)物がとをりけるおり、はや御坊の御秘蔵」＊雑俳・末摘花(1776-1801)三「生(いき)ものお喰っていしきが平くなる」 発音 〈なまり〉イキモン〔愛知〕〈標ア〉キ モ 〈京ア〉キ 辞書 文明・日葡・書言・言海 表記 生者(文) 気形(書) 生物(言)

いき-やか【生―】『形動』新鮮であるさま。生々しているさま。勢いのあるさま。また、機敏なさま。＊羅葡日辞書(1595)「Strenuitas〈略〉ツヨサ、ココロノタケサ、または iqiyacanaru (イキヤカナル) コトヲユウ」＊ぎやどぺかどる(1599)上・二・三「是を指して、さんぱうろ、でうすの御辞はつよくいきやかなり」＊日葡辞書(1603-04)「Iqiyacana (イキヤカナ)〈訳〉たとえば、草、花などがきわめて生き生きとし新鮮なこと。同語。比喩。活発で敏捷な人」 辞書 日葡

い-きゃく【委却】(ヰ)『名』自分の考え、立場などを捨てて、他にまかせること。＊虞美人草(1907)〈夏目漱石〉一五「趣味に叶ふと云はんよりは、寧(むし)ろ実用に逼(せま)られて、時好の程度に己れを委却(ヰキャク)した建築である」 発音 〈標ア〉0

い-きゃく【異客】『名』①故郷を遠く離れた土地や、また外国で暮らす人。また、故郷を離れて旅する人。＊王維-九月九日憶山東兄弟詩「独在二異郷一為二異客一、毎レ逢二佳節一倍思レ親」②主賓以外の客。③(近世、格式に違う意の「違格」と混同し、正当でない客の意にとり) 好ましくない客。歓迎されない来客や遊客。いきゃくもっきゃく。＊雑俳・削かけ(1713)「きそうなぞよみやの日からいきゃくども」＊浄瑠璃・女殺油地獄(1721)下「おやかたのもっきゃく有、いきゃくもまじり行通ふ」④(常と変わった客の意から) 盗賊。＊春秋左伝-襄公二一年「雖二従者能戒一、其若二異客一何」⑤死去してあの世に行った人。＊蘭東事始(1815)下「其業を卒へずして、是亦異客(イキャク)となれり」 発音 〈標ア〉0

い-きゃく【違格・違却】(ヰ)『名』(「却」は「格」のあて字) ①律令制で、現代の単行法令にあたる格(きゃく)に違犯すること。違格の罪に問われた。→違式。＊三代格-一八・貞観一〇年(868)三月一〇日・太政官符「若賃車之徒、猶不二改正一者、当所刀禰、随レ見得二登時決笞一。刀禰等不レ加二勘糺一、科二違格之罪一」＊職原鈔(1340)下・諸国「故昔時固設二格制一以勘二治否一、合レ格者蒙レ賞。違レ格被レ黜。是所三以択二良吏一也」＊山椒大夫(1915)〈森鷗外〉「国守の違格(ヰキャク)に連座して、筑紫へ左遷せられた平正氏が嫡子に相違あるまい」②規則、法則などに違反すること。一致しないこと。また、道理からはずれること。＊日葡辞書(1603-04)「Iqiacu (イキャク)。チガイ ヘダタル〈訳〉物事が相違する。一致しないこと。思うことが相違すること」＊こんてむつすむん地(1610)三・五「ときとしてわが事又はわがさんとすの事を、おもひのままにあぢははざるとて、われよりいきゃくしたるにあらず」＊四座役者目録(1646-53)

下「をろしの所、両人しらで、鼓と笛といきゃくす」＊浄瑠璃・薩摩歌(1711頃)鑓じるし「すればいらぬけしゃうわざ、何共いきゃく千万と」③おもわくが違って、難儀、困惑すること。困却。当惑。＊談義本・地獄楽日記(1755)三・一「何をいふても御金の大分入(い)る事故、いきゃく致します」＊歌舞伎・富士額男女繁山(女書生)(1877)序幕「嚢中(なうちう)十銭の札(さつ)もなく、ほとんど違却(ヰキャク)いたした所」発音〈標ア〉[0] 辞書文明・日葡・書言・ヘボン 表記違却(文・書) 違格(書) 畏却(へ)

いーきゃく【遺却】『名』忘れること。忘失すること。＊南郭先生文集初編(1727)五・青楼曲三首「遺二却金簪一酔倚レ楼、衆中戯著鸕鷀裘」＊鳳鳴館詩集(1791-99)三「流蛍帰路看将レ撲、団扇石頭遺却来」＊西洋聞見録(1869-71)〈村田文夫〉前・下「後人をして之を追想して遺却することなからん」＊日本風景論(1894)〈志賀重昂〉一「此の十数人竟に其の噴火島たる古郷を遺却せず」＊崔国輔-長楽少年行「遺却珊瑚鞭、白馬驕不レ行」

いーぎゃく【違逆】『名』道理にたがいさからうこと。＊源平盛衰記(14C前)四五・重衡向南都被切「過二守屋之違逆(イギャク)一、超二調達之謗法一」＊東寺百合文書-へ・延文三年(1359)一二月九日・法印深源辞状(大日本古文書二・九四)「凡違逆衆中条、悔先非候畢」＊乾坤弁説(1656)亨「第一論に風大は温にして湿也と云に違逆せり、又寒は水大と土大との性也と云々」＊呉志-張昭伝「而意慮浅短、違二逆盛旨一」発音イギャク〈標ア〉[0] 辞書文明 表記違逆(文)

いきーやくし【生薬師】『名』(薬師は「薬師如来」の意。薬師如来は衆生の病苦を救う仏であるところから)治療に巧みな医師。名医。＊慶長見聞集(1614)二「天神の御利生かや。又は生薬師の現来かと」＊俳諧・桃青三百韻附両吟二百韻(1678)「終夜(よもすがら)此本草を読誦する〈信章〉 南無いき薬師来迎の時〈芭蕉〉」＊浄瑠璃・伊賀越道中双六(1783)九「御存じの流行(はやり)医者、あそこからも竹中、爰からも贄宅様、活薬師(イキヤクシ)ぢゃと持噺して」発音〈標ア〉[ヤ]

いきゃくーもっきゃく【異客没却】『名』(「没却」は身をほろぼすの意。「異客」に語調を合わせて添えた語)「いきゃく(異客)③」に同じ。＊浄瑠璃・塩飽七島稚陣取(1776)四「お客は相応に有けれど、異客(ヰキャク)もっきゃくはっかりで、淋しい事ではないかいの」＊譬喩尽(1786)一「異客(イキャク)勿客(モッキャク)じゃ」

いきゃくーるい【異脚類】『名』節足動物・甲殻綱・枝角目の一亜目。ミジンコ科、ゾウミジンコ科、ケブカミジンコ科、マルミジンコ科の種類がふくまれる。発音〈標ア〉[ク]

いきーやすめ【息休】『名』仕事の間に一息入れて休むこと。いきつぎ。＊歌舞伎・助六廓夜桜(1779)「おればかりでは心許ないが、そなたといふ後楯があれば、そなたの息休め、せい一杯力んで見よう」＊安愚楽鍋(1871-72)〈仮名垣魯文〉三・下「たまにゃア息(イキ)やすめに、落(をち)ついてお飲(のみ)な」＊桑の実(1913)〈鈴木三重吉〉一二「髪の毛に櫛を入れたりして息休めをしてゐた」発音〈標ア〉[ヤ]〈京ア〉[ヤ]

いきーやま【行山】『名』(「山」はしゃれて添えたことば)①行くこと。＊黄表紙・金々先生栄花夢(1775)「あしたは北国(ほっこく)へいき山とおでかけなさりませ」＊洒落本・青楼真廓誌(1800)「いつまで咄してもはてしはねへことだ。いきやままいりとしようじゃアねへか」②物事をすること。特に、飲み食いすること。＊洒落本・辰巳婦言(1798)四つ明の部「麦の茶碗物のひやっこくなったやつをむしゃうとすすっている『なんだなんだ、ちといき山としよふ。沙汰なしは大きにうらみだ』」

いきーやり【息遣】『名』遊山のことを近世、山梨でいう。＊随筆・裏見寒話(1753)付録「いきやり 遊山の事」方言❶息抜き。気晴らし。山梨県456 南巨摩郡463 ❷愉快。山梨県461

いぎゃる『動』「言う」の尊敬語。おっしゃる。＊仙台言葉以呂波寄(1720)「いぎゃる 仰らるると云事」方言宮城県仙台市121 山形県米沢市149 宮崎県東諸県郡954 ◇いぎゃある 山形県139 ◇いきゃる 仙台†057 ◇ぎょる 鹿児島県054 ◇ぎゃす 鹿児島県963

いーきゅう【位級】『名』地位と階級。＊西国立志編(1870-71)〈中村正直訳〉一・一九「十八歳の時軽騎兵営に入り、次第に位級進めり」＊自由之理(1872)〈中村正直訳〉二「尋常才智の人決して聴明思想の高等なる位級に進むことあたはざるなり」発音イキュー〈標ア〉[0]

いーきゅう【医极】『名』戦時に、医療器具および薬、消耗品等を入れて陸軍部隊の携行する木製または革製の行李(こうり)。

いーきゅう【委裘】『名』(「裘」は毛皮の衣服の意)①先帝の残したかわごろも。天子の崩じた後、先帝の裘を飾って、これにつかえること。＊賈誼-論時政疏「植二遺腹一、朝二委裘一、而天下不レ乱」②賢者を用いるたとえ。＊菅家文草(900頃)七・清風戒寒賦「時属二委裘一、執謂二秋気如一レ惨」＊詩序集(1133頃)南北月光明詩序〈藤原惟俊〉「花夏委裘之世、金商授衣之天」＊任昉-為蕭揚州作薦士表「物二色関下一、委二求河上一」

いきーゆび【生指】『名』生きている人間から切断したばかりの指。＊浮世草子・傾城禁短気(1711)二・四「いづれも腸(わた)持ちの太夫が、生指(イキユビ)といふ物をごらうじたことはあるまい」

いーきょ【夷踞】『名』足を投げ出してすわること。また、あぐらをかくこと。あぐら。＊布令字弁(1868-72)〈知足蹄原子〉六「夷踞 イキョ アグラヲカク」＊後漢書-郭太伝「衆皆夷踞相対、容独危坐愈恭」

いーきょ【衣裾】『名』きもののすそ。＊江戸繁昌記(1832-36)初・上野「得るに在るの戒めを乖(そむ)いて、公門を巡走して、衣裾を引くに苦しむ」＊西国立志編(1870-71)〈中村正直訳〉二〇・一二「その衣裾に触れし時、吾心を快足慰満せしこと、真にいはんかたなかりきと」

いーきょ【依拠】『名』よりどころとすること。また、そのよりどころ。＊泰西国法論(1868)〈津田真道訳〉一・四「諸員官吏は右の恒典格例に依拠し」＊風俗小説論(1950)〈中村光夫〉「ゾラが『実験小説論』を、クロオド・ベルナアルの『実験医学序説』の『決定的権威』に依拠して書き」＊許沖-上書進説文「蓋聖人不二空作一、皆有二依拠一」発音〈標ア〉[イ]

いーきょ【移居】『名』住居を移すこと。また、その住居。転居(てんきょ)。＊布令字弁(1868-72)〈知足蹄原子〉六「移居 イキョ ワタマシ」＊断腸亭日乗〈永井荷風〉昭和二〇年(1945)四月一二日「午後菅原君をアパートに訪ひ両三日中に移居すべき手筈をなす」＊劉駕-出門詩「生計逐二羸馬一、毎出似二移居一」発音〈標ア〉[イ]

いーきょ【欷歔】『名』嘆息し、むせび泣くこと。ああと嘆息すること。＊明六雑誌-一号(1874)洋字を以て国語を書するの論〈西周〉「人民の愚如何ともするなしと云ふ事に帰して亦欷歔長太息に堪さる者あり」

いきーよ【生世】『名』生きてこの世にある間。在世。この世。＊浄瑠璃・用明天皇職人鑑(1705)二「侍ざかりの御身をば埋れ木となすべきか。いきよの内に世に立て姫にも名有むこを取」＊浄瑠璃・一谷嫩軍記(1751)三「此首の生世(イキヨ)の中(うち)、逢見ぬ事の悔しさ」発音〈標ア〉[キ][0]

いーぎょ【衣魚】『名』しみ(衣魚)のこと。＊大和本草(1709)一四「衣魚(しみ) 書を食ふ〈略〉衣帛書紙の中に生ず。尾には二岐あり。其形魚に似たり。色白し。故に衣魚とも云」＊本草綱目-虫部・衣魚・釈名「衣魚生二久蔵衣帛中及書紙中一、其形稍似レ魚」

いーぎょ【移御】『名』天皇、上皇、皇太后などがよそへ移る意の尊敬語。遷御(せんぎょ)。＊続日本紀-天平一三年(741)七月戊午「太上天皇移二御新宮一」＊日本紀略-寛平九年(897)七月二六日「皇后今夜出二内裏一。移二御於東五条堀河院一」＊顔延之-宋文帝元后哀策文「悲二黼筵之移御一、痛二翬褕之重晦一」発音イギョ〈標ア〉[イ]

いーきょう【圯橋】『名』土でつくった橋。土橋(どばし)。つちはし。＊庾信-周大将軍呉明徹墓誌銘「圯橋取レ履、早見二兵書一、竹林逢レ猨、偏知二剣術一」

いーきょう【夷郷】『名』辺境の土地。＊海道記(1223頃)花京の老母「夷郷にうかれたる愚子は、万里をへだてて母を思ひおく」

いーきょう【医経】『名』⇩いけい(医経)

いーきょう【威脅】『名』おどかすこと。力でおびやかすこと。＊本朝文粋(1060頃)二・応停止勅旨開田弁諸院宮買取田地舎宅等事「課責尤繁、威脅難レ耐」＊彼日氏教授論(1876)〈ファン＝カステール訳〉九・四「説きて生徒を威脅するは」＊或る女(1919)〈有島武郎〉後・三六「この咄嗟の激しい威脅に」＊史記-刺客伝・荊軻「秦地徧二天下一、威二脅韓魏趙氏一」

いーきょう【威強・威彊】『名』人を威圧するように強いこと。＊国会論(1888)〈中江兆民〉「唯一時彼れ政府の威強(イケウ)を畏れ若くは其仁恵を慕ふて」＊荀子-富国「威強足三以捶二笞之一」＊荀子-王制「用二万乗之国一者、威彊之所二以立一也」発音イキョー〈標ア〉[0]

いーきょう【為恐】『名』相手に対して恐縮すること。多く書状で用いられる。＊伏見宮記録-(年未詳)(鎌倉)三月二〇日・徳大寺実基政道奏状「自二去比一持病更発之間、于レ今遅怠、為恐不レ少候」＊塵芥(1510-50頃)「為恐 イケウ」辞書文明 表記為恐(文)

いーきょう【胃鏡】『名』中空の管の先端に反射鏡と光源を、管内にレンズをそれぞれ装置し、口から胃の中へ差し入れて、胃の内壁を肉眼で診察する道具。いかがみ。発音イキョー〈標ア〉[0]

いーきょう【異香】『名』(「きゃう」は「香」の漢音)普通と異なるよいかおり。いこう。＊今昔(1120頃か)六・四〇「異香寺の内に満たり」＊私聚百因縁集(1257)八・二「音楽髴(ほのかに)聞え異香(イキャウ)且(かつかつ)芬(にほ)ふ」＊虎明本狂言・夷大黒(室町末-近世初)「あらふしぎやひかりかかやきいきゃうよもにくんずるはいかに」＊日葡辞書(1603-04)「Iqiŏ(イキャウ) クンズル」発音イキョー〈標ア〉[0] 辞書易林・日葡・書言 表記異香(易・書)

いーきょう【異教】『名』①自分たちの信じるものと異なる教えや宗教。否定的にいうことが多い。＊信長記(1622)起「褒貶の義、あるひは異教(イケウ)にはしり、或は卑俗にしたがって可否一定ならず」＊彝倫抄(1640)跋「庸夫迷二異教一、頑夫陥二妖術一者、知レ有二天叙天秩之典礼性命道徳之名教一」＊乾坤弁説(1656)元「生死の説は実に奥義深説也。人の惑も是より起り、異教に入り異道に迷ることも、此惑有る故也」＊日誌必用御布令字引(1868)〈四方茂萃〉「異教 ヰケウ イコクノヲシヘ」＊韓愈-華山女詩「華山女児家奉レ道、欲下駆二異教一帰中仙霊上」②特にキリスト教で、キリスト教以外の宗教をさす。＊米欧回覧実記(1877)〈久米邦武〉一・六「『モルモン』宗は耶蘇教より分れたる一種の異教にて、西洋人は以て邪宗と擯斥する教たり」＊改訂増補哲学字彙(1884)「Heathenism 異教」＊暁鐘(1901)〈土井晩翠〉万里の長城の歌「看ずや豺狼の慾飽かで『基督教徒』血をすすり、群羊守る力無く『異教の民』の声呑むを」発音イキョー〈標ア〉[0]〈京ア〉⓪

いーきょう【異郷】『名』①故郷や母国を遠く離れた、よその土地。他郷。外国。＊旱霖集(1422)高麗人「流二寓異郷一為二異客一、不レ言二心事一使二人悲一」＊広益熟字典(1874)〈湯浅忠良〉「異郷 イケウ タビ」＊落梅集(1901)〈島崎藤村〉椰子の実「海の日の沈むを見れば、激(たぎ)り落つ異郷(イキャウ)の涙」＊王維-九月九日憶山東兄弟詩「独在二異郷一為二異客一、毎レ逢二佳節一倍思レ親」 ②人が死んでから行くと考えられているところ。他界。人間世界でない世界。仙境。 発音 イキョー〈標ア〉0〈京ア〉⓪ 辞書 書言 表記 異郷（書）

いきょうの鬼（おに） 故郷を遠く離れた地、または外国で死んだ人。＊思出の記（1900〜01）〈徳富蘆花〉八・五「沖天の猛志を懐ゐて、知己後輩の望を負ふて居ながら異郷の鬼となられたか」

いきょうの客（きゃく） 故郷を遠く離れた地や外国で暮らす人。また、故郷を離れて旅をしている人。異客。＊思出の記（1900〜01）〈徳富蘆花〉四・一五「僕もしばし異郷の客たるを忘れて」＊李白‐江行寄遠詩「別時酒猶在、已為二異郷客一」

いきょうの花（はな） ①外国で見る美人。②海外に出稼（でかせ）ぎの日本人の売春婦。＊大増補改版新らしい言葉の字引（1925）〈服部嘉香・植原路郎〉「異郷の花 外国で見る美人。出稼ぎの日本の賤業婦」

い‐きょう【異境】〘名〙故郷でない土地。他国。外国。また、普通とは異なった土地。「異境探検」＊西洋道中膝栗毛（1870〜76）〈仮名垣魯文〉四・上「彌次郎北八すこしく異境（イケウ）の勝手もわかり」＊日本開化小史（1877〜82）〈田口卯吉〉四・八「其感情全く当今の人情に相違し恰も異境に入り異人に逢ふの思あり」＊金史‐胥鼎伝「潞州北、即為二異境一」 発音 イキョー〈標ア〉0〈京ア〉0⓪

い‐きょう【意況】〘名〙心のさま。意味。＊古事記（712）序「即ち辞理の見え叵（かた）きものは、注を以ちて明らかにし、意況の解き易きものは、更に注せず」＊文明本節用集（室町中）「意況 イキャウ」＊舒元輿‐録桃源画記「左右有二書童玉女、角髪而侍立者十二、視二其意況一、皆逍遥飛動」 辞書 色葉・文明 表記 意況（色・文）

い‐きょう【意境】〘名〙（詩、文章などに表現された）情調、気分、境地。＊日本詩史（1771）一「意境間雅。語亦円暢」＊朱承爵‐存余堂詩話「作詞之妙、全意境融徹、出二音声之外一、乃得二真味一」

い‐きょう【違境】〘名〙仏語。自分の身と心にそぐわず、好ましくない境界。＊十善法語（1775）一「世間違境ありてわが戒善倍増す」＊十善法語（1775）九「違境に対して瞋恚をおこす」

い‐きょう【遺教】〘名〙死ぬときに残したことばや教訓。また、昔の人の残した教え。仏教では特に釈迦の教えをいう。ゆいぎょう。＊聖徳太子伝暦（917頃か）上・推古天皇二六年「孔子遺教。無二後嗣一者為二不孝一也」＊江都督納言願文集（平安後）同院金泥一切経供養御願文「欲レ留二釈尊之遺教一、不レ如二書写一焉」＊漢書‐地理志「其民有二先王遺教一、君子深思、小人険陋」 発音 イキョー〈標ア〉0

い‐きょう【遺筐】〘名〙死んだ人が残していった、形見（かたみ）の品物や子ども。＊茶筅髪（1906）〈二葉亭四迷〉一二「まだしもの遺筐の一郎があるゆゑ、これに幾分か慰められて」

い‐きょう【遺響】〘名〙あとにのこるひびき。余韻。転じて、後世に残る風習や教え。＊日本詩史（1771）一「大学頭文時〈略〉世所レ称菅三品是也〈略〉優柔平暢。元白遺響」＊歌謡・改正哇袖鏡（1859）跋「近来隆達遺響の一流大いに流行る故に章句の集録本数多ありといへども」＊潘岳‐西征賦「想二珮声之遺響一、若二鏗鏘之在レ耳」 発音 イキョー〈標ア〉0

いき‐よう【行―】〘連語〙 方言 ⇩いけよ（行―）

い‐ぎょう【医業】〘名〙病気や傷の治療にたずさわる職業。また、医者の仕事。＊書言字考節用集（1717）八「医業 ヰゲフ」＊志都の岩屋講本（1811）上「御案内の通り医業と申すものは、甚だむづかしいもので」＊人情本・英対暖語（1838）初・六回「正庵は医業に賢才なれども、世事に疎（うと）きゆゑ」＊西国立志編（1870〜71）〈中村正直訳〉八・二三「医学会所に往き、刀圭（〈注〉イギョウ）を学び」＊宋史‐劉翰伝「劉翰滄州臨津人、世習二医業一」 発音 イギョー〈標ア〉イ 辞書 書言 表記 医業（書）

い‐ぎょう【囲繞】〘名〙「いにょう・いじょう（囲繞）」の誤読。 発音 イギョー〈標ア〉0

い‐ぎょう【易行】〘名〙仏語。①だれにでもたやすく行なえる仏道修行。やさしい修行。↔難行（なんぎょう）。＊高野山文書‐応永二〇年（1413）五月二六日・高野山五番衆契状（大日本古文書一・四四一）「号二高野聖一、負二空口一令レ頭二陀于諸国一、是則易行得分之作業故、被レ捨二于世一類、挙入二此門下一」＊日葡辞書（1603〜04）「Iguiŏ（イギャウ）。ヤスイ ヲコナイ」＊盤珪禅師法語（1730）「怒り等の迷なく、鍬打すれば、易行楽行也」＊易行品「菩薩道亦如レ是。或有二勤行精進一。或有下以二信方便易行一疾至二阿惟越致地一者上」 ②「いぎょうどう（易行道）」に同じ。＊東関紀行（1242頃）前島より興津「難行易行の二つの道、ともに欠けたりといへども」＊歎異抄（13C後）一二「一文不通にして、経釈の行く路も知らざらん人の、となへやすからんための、名号（みゃうがう）におはしますゆゑに、易行といふ」 発音 イギョー〈標ア〉0 辞書 日葡

い‐ぎょう【為業】〘名〙しごとをすること。事業。＊明六雑誌‐二号（1874）学者職分論の評〈森有礼〉「福沢先生の私立為業以て天下の人に其方向を示さるるの意思は」 発音 イギョー〈標ア〉0

い‐ぎょう【異形】〘名〙（形動）普通とは違った形やそのさま。あやしい姿、ようす。また、ばけもの・妖怪の類。いけい。＊霊異記（810〜824）下・五「妙見菩薩、変化して異形を示し、盗人を顕す縁」＊今昔（1120頃か）六・六「人には非（あら）で異形の鬼共の極て怖し気なる者共の行（ある）く也けり」＊玉葉‐承安二年（1172）七月九日「或者語云、伊豆国異形者出来云々」＊覚海法橋法語（12C終〜13C前）「人体は吉し雑類異形は悪しと偏執するは、悟り無き故也」＊大観本謡曲・高野物狂（1423頃）「不思議やな姿を見れば異形なる有様なり」＊天草本伊曾保（1593）イソポの生涯の事「ソノ サトニ ナヲバ イソポト ユウテ yguiŏ（イギャウ）フシギナ ジンタイガ ヲヂャッタガ」＊幇間（1911）〈谷崎潤一郎〉「忽ち舳へ異形（イギャウ）なろくろ首の変装人物が現はれ」＊晉書‐阮瞻伝「変為二異形一、須臾消滅」 語誌 (1)「霊異記」では、挙例のものや「異形を播（ほどこ）す」（下・三四）のように、単に異なる姿形や不思議な現象そのものを意味しているが、平安末期の「今昔物語集」では挙例のものや「異形の天人」（二・三五）のように、天人や鬼共を形容する語として用いられている。挙例の「玉葉」もまた、鬼類・蛮夷之類を指し示しており、一方では、異様な姿形をした鬼畜のイメージと結びついていくようになったものと推察される。(2)本来、普通の人間と類を異にすることを表わしていた類義語「異類」が、やはり「今昔」では「異類の形なる鬼神共」（一三・一）のように、鬼神と結び付いた畜生の意味であったことと一脈通じており、「異形」と「異類」とはまったく同じではないまでも、かなり似通った使い方をされているのがうかがわれる。この後、両語は鎌倉時代頃から多く「異類異形」「異形異類」と合して用いられるようになる。 発音 イギョー〈標ア〉0〈京ア〉⓪ 辞書 文明・饅頭・易林・日葡・書言・言海 表記 異形（文・饅・易・書・言）

いぎょう 異類（いるい） ⇩親見出し

いぎょう 通体（つうたい） ⇩親見出し

い‐ぎょう【偉業】〘名〙偉大な事業。すぐれた業績。＊明治月刊（1868）〈大阪府編〉五「独りガランドに至は其偉業（ヰゲフ）大勲全国の景慕する所にして」＊当世書生気質（1885〜86）〈坪内逍遥〉一一「否六尺の男児をして能く其偉業をなさしむるは、屢々佳人の力にあるよ」 発音 イギョー〈標ア〉0イ〈京ア〉イ

い‐ぎょう【意楽・意巧】〘名〙（「ぎょう」は「楽」「巧」の呉音。梵 āśaya（阿世耶）の漢訳語）仏語。何かをしようと心に欲すること。念願。心がまえ。また、心を用いて、さまざまに工夫すること。また、その心。＊往生要集（984〜985）大文三「若有二別縁一者、余方亦佳、凡可レ随二意楽一」＊性霊集‐一〇（1079）綜芸種智院式幷序「右顕密二教、僧意楽。兼二通外書一、伍二住俗士一」＊栂尾明恵上人伝記（1232〜50頃）上「善根に串習（げんじふ）せし人などの増上の意楽（イゲフ）を起して、経巻を読誦し仏を念ずるに」＊雑談集（1305）六・大樹譬事「菩薩の意楽（いゲウ）、ことに徳行の浅深顕なる歟」＊神皇正統記（1339〜43）中・嵯峨天皇「真言・天台の二宗は祖師の意巧（いゲウ）専（もはら）鎮護国家のためと心ざされけるにや」＊文明本節用集（室町中）「意巧 イゲウ 或作二意楽一」＊玄応音義‐二三「阿世耶 此云二意楽一」 語誌 「楽」は「ねがう」の意で、「念願・意向・志向」を原義とする。挙例の「往生要集‐大文三」は原義を保っており、それから「さまざまに工夫する」という意味が派生し、「楽」を「巧」に代えた「意巧」の語形が生まれたものか。 発音 イギョー〈標ア〉0 辞書 文明・伊京・明応・天正・黒本・易林 表記 意巧（文・伊・明・天・黒・易）

い‐ぎょう【肄業】〘名〙（「肄」はならう意）技術をならうこと。稽古すること。講習すること。＊布令字弁（1868〜72）〈知足蹄原子〉五「肄業 イギャウ ケイコスル」＊日本教育策（1874〜75頃）〈森有礼編〉合衆国教育概略「学生をして兼ねて工場及び本校の両処に肄業せしむるを以て旨とす」＊春秋左伝‐文公四年「臣以為二肄業及レ之也」

い‐ぎょう【遺業】〘名〙故人が残していった事業。＊新撰字解（1872）〈中村守男〉「遺業 イゲウ ムカシノ人ノシオカレタワザ」＊文明論之概略（1875）〈福沢諭吉〉二・四「頼朝、父祖の遺業を継で関東に起り」＊晉書‐王隠伝「受二父遺業一」 発音 イギョー〈標ア〉0イ〈京ア〉⓪

いきょういきょう‐きんげん【為恐為恐謹言】〘連語〙恐縮して申し述べる意で、手紙の終わりにつけて敬意を表わすことば。＊明衡往来（11C中か）下末「谷々間紙筆不レ取敢。為恐々謹言」

いぎょう‐いるい【異形異類】〘名〙普通では見られない姿かたちや様子のもの。また、異様な形やいでたちのもの、奇怪な生物、鬼畜の類など。＊日葡辞書（1603〜04）「Iguiŏ, irui（イギャウ、イルイ）〈訳〉動物のさまざまな姿形と種類」＊幸若・大織冠（室町末‐近世初）「百千やつかんのけむそくともをいきやういるいにい出たたせ」＊談義本・根無草（1763〜69）前・一「玻璃（はり）の笏（しゃく）、瑇瑁（たいまい）の履（くつ）、異形異類（イギャウイルイ）の鱗（うろくづ）ども、前後をかこみ参内あり」 発音 イギョーイルイ〈標ア〉0 辞書 日葡

いきょう‐ぎょう【遺教経】〘名〙①釈迦が入滅の時に説いた教えを記した経。ゆいきょうぎょう。②「いきょうぎょうえ（遺教経会）」の略。 発音 イキョーギョー〈標ア〉0

いきょうぎょう‐え【遺教経会】〘名〙仏語。二月八日から一五日まで、京都の大報恩寺で行なう涅槃講。ゆいきょうぎょうえ。 発音 イキョーギョーエ〈標ア〉ギョ

い‐ぎょうじ【井行事】〘名〙「いし（井司）」に同じ。＊高野山文書‐七・建長七年（1255）一一月・荒川庄百姓等訴状案（大日本古文書七・一五三四）「剰以二他庄住人一、補二任井行事一、又於二他庄堂舎一、被レ寄二免田一之条、愁吟之所二至極一、何事過レ之哉」

いきょう‐しゃ【異教者】〘名〙「いきょうと（異教徒）」に同じ。＊読書放浪（1933）〈内田魯庵〉釈迦と基督とマルクス・四「基督教も伝来当初の教師達は皆異教者を済ふが為めには命を投げ出すを辞さない敬虔な覚悟を持ってゐた」 発音 イキョーシャ〈標ア〉キョ

いぎょう‐しゅう【潙仰宗】〘名〙仏語。中国禅宗の五家七宗の一つ。潭州（湖南省長沙）の潙山に住

んだ霊祐（七七一～八五三）と仰山に住んだその門人の慧寂（八一四～八九〇）を祖とする。唐末より五代にかけて約一五〇年間栄えたが、宋代に黄檗系の臨済宗に併合された。日本には伝わらなかった。発音イギョーシュー〈標ア〉ギョ

いきょう-じん【異郷人】〘名〙生まれ故郷を離れてよその地で暮らす人。＊女工哀史（1925）〈細井和喜蔵〉一七・五九「工場とは主に異郷人の集まりなるが故、『郷土病』なる脚気は必然その率を高めてゐる」発音イキョージン〈標ア〉キョ

いきょうじん-かんたい【異郷人款待】〘名〙他郷の人を歓迎し厚遇する風習を民俗学でいう。未開社会や古風な村々は、一般に封鎖的、排他的であるにもかかわらず、特殊な職業者や宗教者を款待する気持が強い。発音イキョージンカンタイ〈標ア〉キョ

いぎょう-つうたい【異形通体】〘名〙俳諧で、前句に、鳥または虫などとあるのを、付句で、雁または蟻というような名を定めて付けること。＊俳諧・進正集（1658）「異形通体 無名の鳥に有名の鳥を付、取なし句也。法の心を鳥も啼なり 駒にかふ草のかれ葉に鳴立て 夜が永いとや虫も啼らむ あぶら竹すべりて蟻ののぼりかね」

いきょう-と【異教徒】〘名〙自分の宗教とちがった宗教を信仰している者。多くキリスト教徒がいう。＊奉教人の死（1918）〈芥川龍之介〉「『ぜんちょ』（異教徒）の輩であらなんだ事だけは手くびにかけた青玉の『こんたつ』（念珠）を見ても、知れたと申す」＊憲法講話（1967）〈宮沢俊義〉二「異教徒を迫害したり、『公権私権の享受』について差別を設ける『陋習』は、もはや過去のものになっている」発音イキョート〈標ア〉キョ

いぎょう-どう【易行道】〘名〙（さとりに至るための、修し易い仏道修行の意から）念仏を唱えることにより阿彌陀仏の広大な知恵と慈悲に導かれてさとりに至る道をいう。浄土門、念仏門などの他力門。↔難行道。＊往生要集（984-985）大文一〇「又至二不退転位一、有二難易二道一。言二易行道一、即是念仏」＊末燈鈔（1333）八「二道といふは、一には難行道、二には易行道なり。いまこの浄土宗は易行道なり」＊易行品「発願求二仏道一、重二於挙二三千大千世界一。汝言二阿惟越致地是法甚難、久乃可レ得、若有二易行道疾得レ至二阿惟越致地一者、乃是怯弱下劣之言」＊往生論註‐上「易行道者、謂但以二信仏因縁一、願レ生二浄土一、乗二仏願力一、便得三往二生彼清浄土一」発音イギョードー〈標ア〉ギョ

いきょう-ぶし【―節】〘名〙江戸節の開祖初代半太夫の弟子、いきょうの語り出した浄瑠璃節。半太夫節よりは節が細やかで濃密であるが、華やかではない。＊随筆・譚海（1795）一二「増上寺所化にゐけうといふ僧ありて、半太夫弟子に成て〈略〉還俗して浄るり語りとなり、一流を語りいだし、ゐけうぶしといふ」発音イキョーブシ〈標ア〉0

いぎょう-ほん【易行品】龍樹著、羅什訳の十住毘婆沙論（じゅうじゅうびばしゃろん）三十四品より第九品を別出したもの。中国では曇鸞（どんらん）が、そこに説かれる難易二道に注目して易行道としての浄土教を宣揚し、日本では親鸞もこれを重視した。↓易行道

いき-ようよう【意気揚揚】〘名〙（形動タリ）得意そうなさま。いかにも誇らしげにふるまうさま。意気高らか。＊朝野群載（1116）三・亭子院賜酒記「初雖下示二快飲一意気揚々上」＊史記抄（1477）一一・管晏列伝「其からして抑損して身を抑へて意気揚々をやめたぞ」＊談義本・教訓続下手談義（1753）二・苅豆店の馬左衛門親類教訓の事「肩をゆすり懸て臂を張、意気揚々として」＊布令必用新撰字引（1869）〈松田成己〉「意気揚々 イキヤウヤウ リキム」＊文明論之概略（1875）〈福沢諭吉〉一・二「我邦を金甌無缺万国に絶すと称して意気揚々たるが如し」＊黒潮（1902-05）〈徳富蘆花〉一・一三・一「金紋付の車を走らして、意気揚々と帰って来られるは必定」＊史記‐管晏伝「其夫為二相御一、擁二大蓋一、策二駟馬一、意気揚揚、甚自得也」発音イキヨーヨー〈標ア〉イ

いきょう-りゅう【意教流】〘名〙仏教の東密三十六流の一つ。紀伊国（和歌山県）高野山実相院の開祖、意教上人頼賢を祖とするもの。発音イキョーリュー〈標ア〉0

い-きょお〘名〙方言❶魚などを生かしておくための大きな竹かご。生簀（いけす）かご。静岡県520 521 534 ◇いきょおかご〔―籠〕静岡県下田444 ◇いっきょおかご 静岡県浜松市521 ◇いきお 神奈川県江ノ島054 ❷生簀（いけす）。静岡県田方郡054

い-きょく【夷曲】〘名〙①記紀に見える上代の歌謡の一種。歌曲の節奏によって名づけたもの。いきょくうた。ひなぶり。＊運歩色葉（1548）「夷曲 イキョク ヒナブリ」②狂歌の別称。ひなぶり。＊狂歌・徳和歌後万載集（1785）序「鳥がなくあづま歌、今やさかんに行れなれりければ、むしろ織る翁も夷曲のさまをさぐり」発音〈標ア〉イ

い-きょく【位曲】〘名〙能楽で、ある位に相当する曲。＊五音曲条々（1429-41頃）「是は向去（こうご）却来（きゃくらい）して、彌闌てうたふ位曲也」発音〈標ア〉イ

い-きょく【医局】〘名〙①住民の健康管理や、病気・けがの治療を行なう施設。＊七新薬（1862）四「我師蘭疇先生に謀て和蘭の授教師、海兵部医官、兼日本地方格致任員、魯西亜帝御賜章位、忠義連社、海外列那学社会盟、首府侍臣、玉函涅朋百漢蓐耳垤児、高爾徳氏に、咨詢し医局を開ひて大に病者に賑給す」＊西洋事情（1866-70）〈福沢諭吉〉二・二「医局ありて人民一般の養生に注意し」②病院で、医師や看護婦が医務を扱い、また研究などをするへや。＊邪宗門（1909）〈北原白秋〉魔睡・秋のをはり「何（な）ぞ湿る、医局のゆふべ、見よ、ほめく劇薬もあり」＊明暗（1916）〈夏目漱石〉一一五「是非其看護婦を殴らせろと、医局（イキョク）へ逼（せま）った人があった」③学校、会社などの診療室。＊女工哀史（1925）〈細井和喜蔵〉一〇・二九「工場に医局の設けがあるといふことは、言ふだけ野暮なほどきまったことだ」発音〈標ア〉イ0〈京ア〉イ

い-きょく【囲局】〘名〙碁盤（ごばん）。発音〈標ア〉イ〈京ア〉イ

い-きょく【委曲】〘名〙①（形動）事情や状態などが、詳しく細かなこと。また、そのさま。つぶさ。委細。詳細。＊本朝文粋（1060頃）二・応討滅夷賊符〈都良香〉「必須下事無二巨細一、委曲記録、令上可二知見一」＊台記‐康治元年（1142）一二月三〇日「予聊遊二心於漢家之経史一、不レ停二思於我朝之書記一、仍所二抄出一、殊不二委曲一」＊色葉字類抄（1177-81）「委曲 クハシ ヰキョク」＊地蔵菩薩霊験記（16C後）一・一「忠実のいはく、昨日の夜是の如くの瑞夢ありとて委曲（イキョク）にぞ語りける」＊童子問（1707）上・三二「於レ道不レ遠レ人之旨、委曲詳悉、無二復余蘊一」＊史記‐礼書注「俳徊周浹、委曲得二礼之序一」②事情や状態がいりくんでいること。こみいること。＊米欧回覧実記（1877）〈久米邦武〉一・一七「情実委曲し、遽に弁し易からず」方言節倹。細かいこと。兵庫県淡路島672 発音〈標ア〉イ0〈京ア〉イ 辞書色葉・文明・伊京・明応・天正・饅頭・黒本・易林・日葡・書言・言海 表記委曲（色・文・伊・明・天・饅・黒・易・書・言）

いきょく を 尽（つ）くす 物事の事情や状態について詳しく行き届くように明らかにする。＊拾玉得花（1428）「於二当芸一、年来のたしなみの条々、意曲（イキョク）をつくし、成功を積みて」＊西国立志編（1870-71）〈中村正直訳〉一・一二「その著書中に、伝法教師の事の委曲を尽くしたれば」

い-きょく【異曲】〘名〙①曲を異にすること。また、その曲。②雅楽などの曲の中で普通の伝とは違った曲。＊教訓抄（1233）六「此曲三説有り。〈略〉此等説々人しらぬ事也。〈略〉惟季のしおかれたる異曲の内也」③技法や趣などが他と異なっていること。また、そのもの。↓異曲同工（いきょくどうこう）。＊異制庭訓往来（14C中）「仰書者、硯入レ水向二御前一、摺レ墨染レ筆後可レ申二案内一。書竟以二硯水一洗レ筆可レ加レ笠。異曲雖レ多不レ可レ過レ之」＊仙伝抄（1445）「花びんは序の花たてのごとし。異曲なる枝をきらふべし」④一般とくらべすぐれていること。またそのもの。抜群。＊却来華（1433）「さだめて異中の異曲の人とやなるべき」発音〈標ア〉0

い-きょく【異極】〘名〙磁石のS極とN極のように異なった性質の極。＊若い人（1933-37）〈石坂洋次郎〉上・二〇「活動小屋の暗がりや街頭で結ばれたものであらうと、異極牽引する作用の上からみれば五十歩百歩の距りではないか」発音〈標ア〉イ

い-きょく【遺曲】〘名〙前人があとにのこした曲。＊松響閣箏話（1833）「自からも又和漢の詞を掇（ひろ）ひ詠弾せられし遺曲なり」＊春鳥集（1905）〈蒲原有明〉遺曲「こは昔春のさかりの、廃（すた）れゆくあはれをこめて 百合姫の夏のみかどに 伝へたる遺曲のひとつ」発音〈標ア〉0

い-ぎょく【居玉】〘名〙将棋で、王将が最初の位置から動かずにいること。発音イギョク〈標ア〉0

いぎ-よく【威儀欲】〘名〙六欲の一つ。立ち居振舞を上品に見せようと思う欲望。「大智度論‐巻二一」に説く。＊仮名草子・竹斎（1621-23）上「面粧（めんしゃう）、けいじつ、せんはく、細骨（さいこつ）、威儀（ゐぎ）、音声（をんじゃう）とて、これを六欲と申候。〈略〉ゐぎよくとは、立振舞を、いかにも尋常（じんじゃう）にせんと思ふ欲也」

いきょく-うた【夷曲歌】〘名〙「いきょく（夷曲）①」に同じ。＊歌舞伎・名歌徳三舛玉垣（1801）四立「屏風の外の音頭歌、握る手爾葉（てには）の混本歌、いきょく哥と思わせて、秋風早く身に沁（し）まぬ」

いきょく-こう【異極鉱】〘名〙亜鉛を主とするケイ酸塩鉱物で、亜鉛、鉛、鉄の硫化鉱物をともなう石灰質岩中に含まれる。透明または不透明で、淡青色、緑色を呈し、ガラス光沢をもつ。＊鉱物字彙（1890）〈小藤・神保・松島〉「Calamine〈略〉異極鉱」発音イキョクコー〈標ア〉ク キョ

いきょく-ぞう【異極像】〘名〙結晶軸の両端に表われる面が、異なる性質をもつ結晶の形態。電気石、異極鉱などが含まれる。＊英和和英地学字彙（1914）「Ikyokuzō Hemimorphic form〈略〉異極像」発音イキョクゾー〈標ア〉ク

いきょく-どうこう【異曲同工】〘名〙（形動）くふう、趣は違うようだが、出来ばえは同じであること。また、違っているようで、実は大体同じであること。同工異曲。大同小異。＊藤河の記（1473頃）「古の舞と今の舞とは手づかひ・あしぶみなどかはるべけれども、少年の人、その骨をえて人を感歎せしむる事は、異曲同工といふべきにや」＊咄本・醒睡笑（1628）五「順風挙レ帆、五湖大浪如二銀山一、満船載レ酒、槌レ鼓過、異曲同工哉」＊国民性十論（1907）〈芳賀矢一〉五「天窟戸の神楽と異曲同工である」発音イキョクドーコー〈標ア〉イ

いきよ・し【浄】〘形ク〙傷などの曇りがなく澄んでいる。＊蘇悉地羯羅経寛弘五年点（1008）「其の珠は紅頗璃の光浄（イキヨク）し」

いきら-か・す〘他サ四〙そそのかす。扇動する。＊評判記・難波物語（1655）「あるひは、はなしより心おごり、あるひは、友にいきらかされ」方言❶いばる。島根県鹿足郡・益田市725 ❷人を熱くさせる。怒らす。または、威嚇する。山口県793 豊浦郡798 ❸話に花を咲かせる。山形県東村山郡139 北村山郡144

いきらさん〘形〙方言少ない。鹿児島県加計呂麻島975 沖縄県975 ◇いきらさあん 鹿児島県奄美大島975

沖縄県石垣島996

いきり【熱・熅】『名』（動詞「いきる（熱）」の連用形の名詞化）いきれること。また、いきれるもの。熱っぽい空気。＊俳諧・望一後千句(1652)七「残るあつさのいきりあるころ　大火たく煙は霧にむすほふれ」＊俳諧・玉海集追加(1667)付句下・雑「いまだとをくはのびじ落人　道筋にいきりこそたて馬のふん〈重次〉」＊歌舞伎・大一大万大吉(1700)二「いやあの酒おけの中へ入、上へ物をきせると、酒のいきりが上り、むせ死ぬるげな」＊浄瑠璃・絵本太功記(1799)一三日「光秀は太刀のいきりを冷(さま)さんと」方言❶蒸されるような熱気。暑さ。◇いけり　島根県石見725　❷反射熱。広島県771　❸日射病。暑気あたり。栃木県198　❹発散する精気。静岡県志太郡535　❺湯気。水蒸気。富山県砺波397　石川県404　静岡県志太郡535　鳥取県西伯郡719　岡山市762　◇いぎり　福井県427　◇いけり　福井市428　島根県那賀郡・邇摩郡725　◇いげり・ゆげり　島根県邇摩郡725　❻蒸気や湯気の勢い。山口県豊浦郡798　❼威勢のよいこと。石川県鹿島郡064　発音〈標ア〉リ0

い-ぎり【―桐】『名』植物「いいぎり（飯桐）」の異名。

いぎり『名』方言❶穴をあける道具。錐(きり)。長崎県902 905 907　熊本県919　◇いぎい　長崎県佐世保市902　熊本県球磨郡・芦北郡919　◇いきり　熊本県葦北郡919　❷炭火の中に埋めて燗(かん)をするための底のとがったとくり。長崎県壱岐島915

いきり-い・ず【熱出】『自ダ下二』「いきりだす（熱出）」に同じ。＊浮世草子・傾城色三味線(1701)大坂・二「太夫の裸身忘ず、猶々いきり出れば、母の死骨よりは一物に難義して」＊浄瑠璃・曾我虎が磨(1711頃)傾城十番斬「何のとがめ有べきと、いふより朝比奈いきり出」

いきり-かえる【生返】『動』方言生きかえる。よみがえる。兵庫県但馬652　和歌山県伊都郡690　◇いぎいかあい　鹿児島県鹿児島郡968

いきり-き・る【―切】『自ラ四』すっかり興奮していきまく。＊浄瑠璃・傾城反魂香(1708頃)中「やり手・引舟・下男、いきりきって大ごゑ上」＊浮世草子・魂胆色遊懐男(1712)一・大臣に紋日をくくり枕「是はどふじゃといよいよろでんいきりきって」

イギリス【英吉利】（ポルトガル Inglês）㊀ヨーロッパ大陸の西北、ドーバー海峡をへだてて大西洋上にある立憲君主国。正称は「グレートブリテンおよび北アイルランド連合王国」。略称は「連合王国」。首都ロンドン。一八世紀に大植民地を築いて大英帝国と呼称し、第一次大戦まで世界の最強国を誇った。英国。アンゲレア。インギリア。エゲレス。＊増補華夷通商考(1708)四「ヱゲレス　諳厄利亜、インギリヤとも云、イギリスとも云」＊西洋紀聞(18C前)中「即いぎりすへの返書つかはさる云々」＊随筆・北窓瑣談(1829)四「天竺、意機利私(イギリス)、イスハンヤ、阿蘭陀など」＊随筆・兎園小説拾遺(1829–32)二「イギリスの浦賀着船せしは、文政元年五月と同五年七月と両度也」＊頭書大全世界国尽(1872)〈福沢諭吉〉三「英吉利(イギリス)は仏蘭西国の北の海独り離れし嶋の国」＊吾輩は猫である(1905–06)〈夏目漱石〉六「骨丈(だけ)で涼みたいものだと英吉利のシドニー、スミスとか云ふ人が苦しがったと云ふ話があるが」㊁『名』①近世、江戸で用いた小形の川舟。＊俳諧・うろこがた(1678)「いぎりすとかやいふ小船に簾たれこめ」②「イギリススパナ」の略。＊試みの岸(1969–72)〈小川国夫〉試みの岸「ペンチやハンマー、イギリスなどを投げ込んだ林檎箱」語誌(1)日本での英国の呼称は、「イギリス」系と「アンゲリア」系の二つが主にみられるが、「インギリア」のような、両系が結びついた形も存在した。(2)漢字表記には「英吉利」「暎咭唎」など中国由来のものがあり、最も広く用いられる「英吉利」の例は「日本風俗備考」（一八三三）などにすでに見られる。発音〈標ア〉0〈京ア〉0

イギリス-あやめ【―菖蒲】『名』アヤメ科の多年草。ヨーロッパのピレネー山地原産で、切り花、園芸用に栽培される。高さ三〇～六〇センチメートル。五月中旬ごろ、濃青紫色で中央に黄金色の斑紋のある美しい花を開く。イングリッシュ-アイリス。学名は Iris xiphioides 発音〈標ア〉ア

イギリス-いちょう【―銀杏】『名』「イギリスまき（―巻）」に同じ。＊濱子(1902)〈草村北星〉五「濱子は今年二十三。〈略〉髪の毛の丈に余って、何日も無雑作に束髪か英吉利銀杏(イギリスイテフ)に束ね上げてゐた」＊どなたにもわかる洋髪の結び方と四季のお化粧(1928)〈早見君子〉「続いて『イギリス銀杏、あげ巻』が夜会巻に似て少しづつの変化を見せた髪で、初めは女子高等師範やミッションスクール出の教養のある人達の間に結はれて異国的の情趣を見せ、一時は上下を通じての流行となり、当時の新風俗の代表的な髪の型でありました」発音イギリスイチョー〈標ア〉イ2

イギリス-オランダ-せんそう【―戦争】イギリス、オランダ間の戦争。一六五二～五四年、一六六五～六七年、一六七二～七四年の三回行なわれ、オランダは制海権をイギリスに奪われ衰退に向かう。英蘭(えいらん)戦争。発音イギリスオランダセンソー〈標ア〉セ

イギリス-けいけんろん【―経験論】『名』（英 British empricism の訳語）一七世紀から一八世紀にかけて、イギリスで栄えた哲学。代表者はF＝ベーコン、ロック、バークリー、ヒューム。いっさいの観念は経験（感覚）から生ずることを主張して、合理論の唱える生得観念の説に反対した。発音イギリスケイケンロン〈標ア〉ケ2

イギリス-ご【―語】『名』英語のこと。＊新聞雑誌-五号・明治四年(1871)六月「英語(イギリスゴ)九十三人内一等十四人」＊諷誡京わらんべ(1886)〈坪内逍遙〉五「英語（イギリスゴ）や仏蘭西語が日本の国言葉となるかもしれん」＊幼学読本(1887)〈西邨貞〉四「がらす、すとうぶ、まんてる、はんけち等は皆いぎりす語なり」＊或阿呆の一生(1927)〈芥川龍之介〉六「大きい英吉利語(イギリスゴ)の辞書をひろげ」発音イギリスゴ〈標ア〉0

イギリスしき-ていえん【―式庭園】『名』一八世紀から一九世紀にかけてイギリスで大成された風景式庭園をさす。イタリア式庭園やフランス式庭園が整形式であるのに対し、直線を排除し田園風景をそのまま庭園に取り入れた形態をとる。発音イギリスシキテイエン〈標ア〉0テ

イギリス-じん【―人】『名』イギリス本国の住民。人種的にはケルト人、ゲルマン系のアングロ・サクソン人、ノルマン人などの混血。＊西洋道中膝栗毛(1870–76)〈仮名垣魯文〉二・下「ここは英吉利人(イギリスジン)の出した店だと見へて家号(いへな)が蒲利丹尼屋(ブリタニヤ)と漢字で書(かい)てありやす」＊侏儒の言葉(1923–27)〈芥川龍之介〉倭寇「『黄金の島』を探しに来た西班牙人、葡萄牙人、和蘭人、英吉利人等」発音〈標ア〉ス〈京ア〉ス

イギリス-スパナ『名』（英 English spanner から）自在スパナのこと。発音〈標ア〉パ

イギリス-づみ【―積】『名』煉瓦(れんが)の積み方の一つ。煉瓦の木口(こぐち)を見せる木口積みと、長手(ながて)の側を見せる長手積みとを各段交互に積む方法。〔日本建築辞彙(1906)〕発音〈標ア〉0

イギリス-ひがしインドがいしゃ【―東印度会社】（British East India Company）東洋貿易を独占し、インドの植民地経営にあたったイギリスの会社。一六〇〇年創立以来一八五八年の解散まで、イギリスのアジア進出の根拠地となった。発音イギリスヒガシインドガイシャ〈標ア〉ガ2

イギリス-びょう【―病】『名』①「くるびょう（佝僂病）」の異称。＊風俗画報-三四三号(1906)衛生門「是全く佝僂にして俗に云英吉斯(イギリス)病に類似せるものなり軟骨肉縮身体の屈曲次第に太たじく」②「えいこくびょう（英国病）②」に同じ。発音イギリスビョー〈標ア〉0

イギリス-ビルマ-せんそう【―戦争】一九世紀に行なわれたイギリス、ビルマ（現ミャンマー）間の戦争。一八二四～二六年、一八五二年、一八八五～八六年の三回行なわれ、ビルマはアラウンパヤ朝が倒れ、イギリスの植民地としてインド帝国に編入された。英緬戦争。発音イギリスビルマセンソー〈標ア〉セ

イギリス-ぶんがく【―文学】『名』イギリスにおける英語文学。英文学。＊『千曲川のスケッチ』奥書(1936)〈島崎藤村〉「他の当時の文学者の多くがまだ十八世紀の英吉利文学を目標としてゐた中で」発音イギリスブンガク〈標ア〉ブ

イギリス-ぼたん【―牡丹】『名』植物「おにげし（鬼罌粟）」の異名。《季・夏》発音〈標ア〉ボ

イギリス-まき【―巻】『名』女性の髪の結い方の一つ。うしろから巻き上げて左右に輪を作った束髪(そくはつ)。明治三〇年代（一八九七～一九〇六）に流行した。イギリス結び、イギリス結い、イギリス銀杏とも。＊玄武朱雀(1898)〈泉鏡花〉九「イギリス巻にいった、ひょろ高いお嬢様」＊地獄の花(1902)〈永井荷風〉一「園子は、川面(かはづら)から吹いて来る微風(そよかぜ)の、何となく香(かんば)しい青葉の匂ひを含んで居るのに、其の英吉利巻(イギリスマキ)にした鬢の毛を払はせながら」発音〈標ア〉0

イギリス-れんぽう【―連邦】（Commonwealth of Nations）イギリス連合王国と、イギリス植民地から独立した諸国から成る連合体。英連邦。発音イギリスレンポー〈標ア〉レ

いきり-だ・す【熱出】『自サ五(四)』勢いを得ていばりだす。興奮していきまきはじめる。いきりいず。力み出す。＊浄瑠璃・嫗山姥(1712頃)一「後づめは高藤と、云より正盛いきり出し」＊浄瑠璃・双生隅田川(1720)三「大掾いきいきいきり出し武国主従気をおとし」＊滑稽本・続膝栗毛(1810–22)七・下「小ばん五まいばかりのめぐみにあひ、おもひがけなく大きにいきり出して」発音〈標ア〉ダ0

いきり-た・つ【熱立】『自タ五(四)』①熱湯や油などが、にえたぎる。沸騰する。にえたつ。＊浄瑠璃・釜淵双級巴(1737)道行「釜に油のいきり立ち、たまぎりあがる其音は、鳴神よりも恐ろしく」②血をわかしていきまく。怒って興奮する。＊浄瑠璃・心中二つ腹帯(1722)一「たまたま腕が利いたとて、いきり立つは商人(あきんど)故」＊恋慕ながし(1898)〈小栗風葉〉一三「『まあ、坐り給へ』と陶山(すやま)は悍立(イキリタ)つ親方を宥めて」＊道程(1914)〈高村光太郎〉人類の泉「私のいきり立つ魂は　私を乗り超え私を脱れて　づんづんと私を作ってゆくのです」＊あらくれ(1915)〈徳田秋声〉二四「父親はお島に口も開かせず、いきなり熱(イキ)り立って来たが」発音〈標ア〉タキ〈京ア〉0

いきり-だま【熱玉】『名』①受精しない鶏の卵。②だれが父親だかわからない子。＊兵隊の宿(1915)〈上司小剣〉三「お光つぁんの子、あら養子の子かいな、いきり玉かいな」方言私生児。徳島県板野郡064

い-きりび【―切火】『名』（「い」は接頭語）木をすり合わせて出す火。また、火打ち石で出す火。切り火。

いきり-まわ・る【熱回】『自ラ四』いい調子になっていばり散らす。勢いを得ていばりまわる。＊浄瑠璃・津国女夫池(1721)四「馬の口取やっこめ迄、ひんひん跳ね廻り、いきり廻るつらを見れば」

いきり-め・く【熱―】『自カ四』息まくような風情である。いきりたった様子である。＊評判記・色道大鏡

(1678)五「路を行にさへ、肩にて風をきりて、いきりめきたるさま、いたくいぶせし」

いきり‐もの【熱者】〘名〙興奮して勢いこむ者。血気にはやり、興奮しやすい者。いきり立ちやすい人。＊咄本・当世手打笑(1681)三・一七「其中にゐきり者有て、酒などにゑひてねるといふ事は、ひけた事じゃ。われらはのめば呑程気がはっきとするといひて」＊俳諧・曠野後集(1693)八「庭火たくやあめ鞘巻のいきり者〈卓志〉」

いき‐りゅう【伊岐流】〘名〙伊岐遠江守真利(さねとし)のはじめた槍術の流派。＊随筆・甲子夜話(1821‐41)一四「筑前黒田家の臣に伊岐流と云槍術を伝るものありと聞て」発音イキリュー〈標ア〉0

いき‐りょう【生霊】〘名〙①生きている人の怨霊(おんりょう)で、他人にとりつき、たたりをするといわれるもの。いきすだま。↔死霊。＊今昔(1120頃か)二七・二〇「近江の国に御する女房の生霊に入給ひたるとて」＊源平盛衰記(14C前)九・宰相申預丹波少将事「生霊(イキリャウ)、死霊軽(かろ)からず、おどろおどろしくぞ聞こえける」＊謡曲・葵上(1435頃)「ここに照日の巫(みこ)とて隠れなき梓の上手の候ふを請じ、生き霊死霊の間を梓に掛け申さばやと存じ候」＊人でなしの恋(1927)〈江戸川乱歩〉六「もしや何かの生霊(イキリャウ)が、門野に魅入ってゐるのではないでせうか」②ある抽象的な特質が、かりに人のかたちをとったかと思われるほど目立つ人。権化(ごんげ)。＊坊っちゃん(1906)〈夏目漱石〉六「狸は例の通り勿体ぶって、教育の生霊と云ふ見えでこんな意味の事を述べた」発音イキリョー〈なまり〉イキリョ〔鳥取〕〈標ア〉キ0〈京ア〉キ 辞書日葡・書言・ヘボン・言海 表記生霊(書・ヘ・言)

い‐き・る【―切・―伐】〘他ラ四〙(「い」は接頭語)切る。＊古事記(712)中・歌謡「渡り瀬に立てる 梓弓まゆみ 伊岐良(イキラ)むと 心は思(も)へど〈略〉伊岐良(イキラ)ずぞ来る 梓弓ま弓」

い・きる【生】〘自カ上一〙文い・く〘自カ上二〙(四段活用から転じて、平安中期頃から使われた)①生物として活動する。命を保つ。生存する。また、死にそうな状態からのがれて助かる。↔死ぬ。＊宇治拾遺(1221頃)二・一二「この里の人々、とく逃げのきて命いきよ」＊平家(13C前)一一・大臣殿被斬「さては命のいきんずるやらん」＊源平盛衰記(14C前)二二・衣笠合戦事「乗替郎等多く討(う)たれて、生(イク)る者は少く、死(しぬ)る者は多かりければ」＊日葡辞書(1603‐04)「イノチヲ iquru (イクル)」＊浄瑠璃・雪女五枚羽子板(1708)厄払ひ「いきる死ぬるのせっぱぞと心もをくれ手もふるひ」＊家(1910‐11)〈島崎藤村〉下・五「生きたくないと思ったって、生きるだけは生きなけりゃ成りません」②一度死んだ状態におちいったものが、命をとりもどす。よみがえる。蘇生する。＊興風集(11C頃)「死ぬる命いきもやするとこころみに玉の緒ばかりあひみてしがな」＊虎明本狂言・継子(室町末‐近世初)「すはすはいくるぞ、いのれただ、すはすはいくるぞ」＊滑稽本・浮世風呂(1809‐13)二・上「死(しん)で見たら、また生(イキ)たがるだらう」＊当世書生気質(1885‐86)〈坪内逍遙〉一六「扶(たす)けて介抱したればとて、また蘇(イク)べくも見えざるから」③(「たり」や「た」などをつけて用いる)生命がこもっている。生き生きとしている。実際に活動している。＊至花道(1420)無主風の事「是(これ)、いきたる能なるべし」＊国語のため(1895)〈上田万年〉国語研究に就て「理学者は活きた言語の上に、一の明瞭なる文体を得ることを渇望いたします」＊灰燼(1911‐12)〈森鷗外〉二「日日役所に通ふ外には、稀に斯文会へ講釈に出る位のもので、活きた世間とはなんの交渉もない身の上である」④生命をもたないものに、命がふきこまれる。生じる。＊草枕(1906)〈夏目漱石〉一「只まのあたりに見れば、そこに詩も生き、歌も湧く」⑤有効な働きをする。意味をもつ。効果があがる。実効がある。→いきた金(かね)②。＊春酒屋漫筆(1891)〈坪内逍遙〉梓神子・二「死せるが如き平等ありて活(イ)きたる差別の些も無きをめでたうござると言はるべきか」＊虞美人草(1907)〈夏目漱石〉一八「想像力を待って、始めて、全たき人性に戻(もと)らざる好処置が、知慧分別の純作用以外に活(イ)きてくる場合があらう抔(など)とは」⑥(「…に生きる」の形で) ある物事に精魂を打ち込む。生きがいを見いだす。＊竹沢先生と云ふ人(1924‐25)〈長与善郎〉竹沢先生富士を観る・二「強ひて云はば孔子の所謂『文』に生きる人とでも答へるよりない」⑦印刷物の校正で、一度消したものをもとどおりでよいとする。普通、カタカナで表記する。＊不如帰(1898‐99)〈徳富蘆花〉上・四・二「五六七などの数字、或は羅馬数字。点かけたるもあり。一度消してイキルとしたるもあり」⑧碁で、相手の石に囲まれた石が目を二つ以上もつ状態になる。⑨遊興代が払えない客に対し、家までいっしょに行って支払いを受けることを花柳界でいう。

補注江戸時代には、仮定条件を表わす表現の場合に、ラ行四段のように活用させた例として「洒落本・南閨雑話‐結ふゑにしの体」に「いきらばもろとも、しぬはてんでんサ」がある。語誌(1)「いく(生)」の自動詞と他動詞との対立は、中古では四段活用‐下二段活用(中世は上二段活用‐サ行四段活用)、現代では上一段活用‐サ行五段活用として現われる。(2)上代の様相は明らかではないが、「五十寸而(イキテ)」〔万葉‐一二・二九〇四〕から四段活用を認めることも可能(「寸」は甲類)で、中古とさほど変わらない状況にあったと思われる。(3)中古の四段活用‐下二段活用の対立は、「ただ、『いきていけらぬ』と聞こえよ」〔蜻蛉‐中・安和二年〕「しなんとおもへど、いくる人ぞ、いとつらきや」〔蜻蛉‐上・康保元年〕のように見え、中世においても挙例の「宇治拾遺物語」「平家物語」などにつながる。(4)自動詞上二段活用の例は、藤原為頼の「為頼集」に「あるはなくなきは数そふ世中に哀いつまでいきんとすらん」と見えているが、同歌は、「栄花‐見はてぬ夢」では第五句を「あらんとすらん」、「梅沢本古本説話集‐上・小大君事」では「ふべき我身ぞ」とし、作者も、「栄花」「古本説話集」とも、小大君とするなど、本文・作者に異伝が存し、中古の用例としては問題が残る。語源説(1)イキ(息)を活用したもの〔国語溯源＝大矢透・大言海・日本語源＝賀茂百樹〕。(2)イキク(息来)の義〔日本語原学＝林甕臣〕。(3)イケルの約〔祝詞考〕。(4)イキ(伊耆)の転声。伊耆は春の神であるから生成の意になる。またイキ(胃気)の義もあるか。胃の気があるものは死なないから〔和語私臆鈔〕。(5)「有」の入声 Wik が Ik と転じて動詞化したもの〔日本語原考＝与謝野寛〕。発音〈なまり〉イキイ・イギイ・イキッ・イギッ〔鹿児島方言〕イケル〔紀州〕エキル〔埼玉方言・千葉・飛騨〕エケル〔千葉〕〈標ア〉キ〈ア史〉江戸『いくる』●○○〈京ア〉0 辞書和玉・文明・明応・天正・黒本・日葡・ヘボン・言海 表記生(玉・文・明・天・黒・ヘ・言)活(玉・文)育・循(玉)

いきた金(かね) ①「いきがね(生金)①」に同じ。＊浮世草子・浮世親仁形気(1720)一・三「軒ならびの同商買そねむ位に客しげく〈略〉まねかねに人集りて、二年たたぬ内に卅貫目生(イキ)た銀(カネ)をもうけ」②「いきがね(生金)②」に同じ。

いきた心(こころ)もせぬ[＝心地(ここち)もしない] (非常に危険な状況にあって)生きているような気持がしない。＊浄瑠璃・冥途の飛脚(1711頃)上「二百目、三百目のへつりがね、をひたをされていきた心もせぬ所に」

いきた屍(しかばね) 「いける(生)屍(しかばね)」に同じ。＊死の棘(1960)〈島尾敏雄〉「生きたしかばねになってしまった自分をもちこたえていたのに」

いき＝た[＝ている]空(そら)がない (恐ろしさ、悲しさなどがあまりに強くて)生きている気持がしない。＊多情多恨(1896)〈尾崎紅葉〉前・一「此先の楽(たのしみ)は無い、ばかりか、現在今日生きてゐる空も無いのである」＊南小泉村(1907‐09)〈真山青果〉二「体中切(せつ)ないだらけで、生きた空アがあせん」

いきた娘(むすめ) 錠をおろし、厳重に戸閉まりした土蔵をいう、盗人仲間の隠語。〔隠語輯覧(1915)〕

いきて居(い)るうちは諸共(もろとも)死(し)なば面面(めんめん) 生きているうちは、「死ぬならいっしょに死のう」と互いに言っていても、死んだらばらばらになってしまう。死んでしまえば、どんな緊密な仲もばらばらになってしまう。＊譬喩尽(1786)一「生(イ)きて居(ヰ)る中(ウチ)は諸友(モロトモ)死(シ)なば面面(メンメン)」

いきて海月(くらげ)の骨(ほね)いためず 長生きしていれば、めったにはない良い時節にめぐりあうことができること。＊浄瑠璃・宇賀道者源氏鑑(1759)二「勿体なき御一言、生(イキ)て海月(クラゲ)の骨(ホネ)いためず、世にありがたき主従の、かための御盃(ぎょはい)」

いきて五鼎(ごてい)に食(く)わずんば死(し)して五鼎(ごてい)に烹(に)られん (「史記‐主父偃伝」の「丈夫生不二五鼎食一、死即五鼎烹耳」から)一生涯に五鼎(五つのかなえに盛った五種の馳走)をそなえて食べるほどに立身出世できなければ、むしろ大罪を犯して五鼎の中で煮られて死んだほうがましだ。功名心を述べたもの。五鼎に食わずんば五鼎に烹られん。補注「譬喩尽‐一」では「生きば鼎に食し死せば鼎に煮られん〈史記〉」と誤読されている。

いきての恨(うら)み死(し)しての嘆(なげ)き この世にあっては恨みとなることであり、死んだ後にも嘆きとなることである。きわめて恨みに思うこと。不名誉なことにいう。↔生きての名聞(みょうもん)死しての訴え。＊仮名草子・堪忍記(1659)二〇「かかる屍の上まで、恥をうくる事やある。生(イキ)てのうらみ、死(シ)しての歎(ナゲ)き、やるかたなきこそかなしけれ」

いきての＝名聞(みょうもん)[＝望(のぞ)み]死(し)しての＝訴(うった)え[＝満足(まんぞく)] (この世では名誉であり、あの世へ行った時は地獄の閻魔(えんま)に晴れの報告ができるの意から)自分にとって光栄である、名誉であることにいう。↔生きての恨み死しての嘆き。＊仮名草子・竹斎(1621‐23)上「あら忝なの御情や。いきてのめうもん、ししてのうったへ、何事かこれに勝らん」

いきての世(よ) 生きているこの世。現世。＊源氏(1001‐14頃)若菜下「いきてのよに人よりおとしておぼし捨てしよりも」＊大鏡(12C前)二・師尹「いきてのよ死にての後の世も、羽をかはせる鳥となりなん」

いきて働(はたら)く 生き生きと活動する。＊俳諧・大坂独吟集(1675)上「狼のまなこさやかに月更ていきてはたらくとらの刻限〈三昌〉」＊召波宛蕪村書簡‐明和三年(1766)六月二一日「百姓の生きてはたらく暑かな」

いきて虜囚(りょしゅう)の辱(はずかし)めを受(う)けず 昭和一六年(一九四一)一月八日、東条英機陸相名で陸軍訓令第一号として示達された「戦陣訓」にある言葉。「本訓其の二 第八 名を惜しむ」の一節。「生きて虜囚の辱しめを受けず。死して罪禍の汚名を残すこと勿れ」と続く。＊林檎の下の顔(1971‐73)〈真継伸彦〉四「生きて虜囚のはずかしめを受けじという言葉を彼も知っている」

いきる瀬(せ)死(し)ぬる瀬(せ) 生きるか死ぬかの分かれめ。生死の瀬戸際。生き死にの境。＊浄瑠璃・心中刃は氷の朔日(1709)上「平兵衛が身一生、いきるせかしぬるせの大事の金に行つまり」＊浄瑠璃・山崎与次兵衛寿の門松(1718)中「二つ一つの左右(さう)次第我もいきる瀬死ぬる瀬を、定めかねたる飛鳥川」＊譬喩尽(1786)一「生(イキ)る瀬(セ)か死(シヌ)る瀬(セ)かは産(さん)の道(みち)」

い・きる【行・往】〘自カ上一〙（カ行五(四)段活用動詞「いく(行)」の連用形がカ行上一段活用に再活用した語）「いく(行)」に同じ。＊洒落本・風流裸人形(1779か)上「ゆふべせん九へいきたか」 語誌 (1)一般に四段・ナ変・カ変・サ変動詞の連用形を語基として上一段に再活用させる口語動詞の一つで、語基となる動詞の意味に丁寧さの加わった美化語。これは江戸前期に京大坂の遊里語として生まれ、上方の女性語として一般化していった。(2)「お-いきる(行)」のような形は連用形再活用上一段動詞にかなり高い敬意の加わった尊敬語。「祇園町の方へ往(オユキ)たゆへ」〔洒落本・老楼志-上〕は「おゆきる(行)」の例。これは江戸後期、文政のころ、京都の遊里祇園あたりに発生した言い方か。(3)明治以降では、夏目漱石の「坊っちゃん-七」に「夫で古賀さんに御気の毒ぢゃてて、御友達の堀田さんが教頭の所へ意見をしに御行きたら」などと松山方言として出てくるが、今では京都及びその北郊、さらに遠く愛媛、愛知の高年女性の方言として「あんたおイキたか」などの形で今もわずかに残っている。→「いく(行)」「ゆく(行)」の語誌

いき・る【熱・熅】〘自ラ四〙①あつくなる。ほてる。むしむしする。→熱(いき)れる。＊観智院本三宝絵(984)下「七の病を除くといふは、〈略〉さむくひゆる事を除く、あつくいきる事を除くと、あかのきたなきことを除くと」＊色葉字類抄(1177-81)「熱 イキル」＊醍醐寺本遊仙窟康永三年点(1344)「少時(しばらく)あるに、眼(め)花(かかや)き、耳熱(イキリ)」＊日葡辞書(1603-04)「ミガ iqiru（イキル）〈訳〉熱がある」②息づかいを荒くして怒る。相手と争おうとしていきまく。言いたてる。＊咄本・わらいぐさ(1656)下「さてもりょぐゎいを云、しかとくさいと云かよ、さらば、かがしようとて、いきれば」＊俳諧・当流籠抜(1678)「鬢先に雪を残して一文字〈宗旦〉 仮契買のくせ春雨悶(イキ)る〈木兵〉」＊浄瑠璃・心中刃は氷の朔日(1709)上「うらがね二千足とだに有ふ、取出し下さりませとぞいきりける」③調子に乗って勢いこむ。元気づく。＊舞正語磨(1658)上・翁「惣じて立居かしこくして、はねいきりたる翁なり」＊俳諧・炭俵(1694)上「だかれてもおのこごいきる花見哉〈斜嶺〉」＊浄瑠璃・山崎与次兵衛寿の門松(1718)上「かごをとばせて西口より。おろせがいって旦那お出といふより」 方言 ❶身体が熱くなる。のぼせる。ほてる。富山県高岡市395 砺波398 和歌山県691 徳島県809 ❷蒸れる。発酵する。腐る。奈良県南大和683 和歌山県那賀郡696 ◇いきりん・いきりるん 沖縄県石垣島996 ❸はれる。はれ物が痛む。岡山県児島郡763 ❹湿度が高くてむしむしする。蒸し暑さや、激しい暑さを感じる。青森県三戸郡083 新潟県東蒲原郡368 富山県富山市392 砺波397 福井県431 岐阜県498 500 504 静岡県志太郡535 愛知県554 562 574 和歌山県690 ◇いきりん・いきりるん 沖縄県石垣島996 ❺興奮する。激高する。滋賀県蒲生郡612 兵庫県淡路島671 岡山県752 764 766 ❻叫ぶ。大阪府三島郡583 ❼力む。腹に力を入れる。気負いたつ。大阪市637 兵庫県加古郡664 神戸市665 和歌山県691 島根県益田市725 岡山市762 香川県大川郡829 愛媛県宇和島855 ◇いぎる 山口県玖珂郡800 ❽張り切る。元気づく。石川県鳳至郡038 大阪市638 奈良県南大和683 岡山県042 徳島県810 愛媛県840 高知県861 ❾肩をいからし闊歩(かっぽ)する。山口県豊浦郡798 ❿調子に乗る。京都市621 ⓫いばる。富山県390 砺波397 滋賀県(卑語)607 島根県鹿足郡・益田市725 徳島県809 那賀郡813 高知県862 福岡県企救郡875 大分県938 944 ⓬騒ぐ。はしゃぐ。福井県大飯郡447 島根県石見725 広島県771 778 779 ⓭暴れる。乱暴する。岡山県浅口郡768 広島県賀茂郡782 徳島県810 愛媛県840 ◇いぎる 愛媛県大三島848 ⓮戯れる。広島県江田島054 山口県屋代島054 語源説 (1)イキ(気)の活用〔和訓栞・本朝辞源=宇田甘冥・大言海〕。(2)ヒキル(火気)の転〔言元梯〕。 発音〈標ア〉キ〇〈京ア〉〇 辞書 色葉・名義・饅頭・易林・日葡・書言・言海 表記 熱(名・易・言) 熱・勢・疢(色) 熕(饅) 悍(書)

い-き・る【射切】〘他ラ五(四)〙①矢を射あてて物を切りはなす。＊今昔(1120頃か)二七・二二「取たりつる手は既に被射切(いきられ)て有れば、此(ここ)に取たり」＊平家(13C前)一一・那須与一「扇のかなめぎはを一寸ばかりおいて、ひいふっとぞゐきったる」②矢をすっかり射てしまう。いつくす。＊雑兵物語(1683頃)下「はじめから射捨た矢はあったらもんだ。矢壱筋さへ手柄をするに、是をおもへばはじめからいきったがわるいこんだ」 発音〈標ア〉〇キ〈京ア〉〇 辞書 ヘボン 表記 射切(ヘ)

いぎ・る〘他ラ四〙錐(きり)で穴をあける。＊日葡辞書(1603-04)「Iguiri, u（イギル）〈訳〉錐であなをあける。シモの語。カミではキリモムまたは、アナヲ アクルと言う」＊浜荻(久留米)(1840-52頃)「いぎる 錐にてもみ穴を明る事、いきりほがすと云」 方言 ❶錐(きり)で穴をあける。長崎市906 熊本県926 933 ◇いぎりほがす 熊本県葦北郡・八代郡933 ❷えぐる。うがつ。佐賀県887 熊本県下益城郡931 宇土郡932 ❸しんらつな言動をする。長崎県壱岐島914 辞書 日葡

いきれ【熱・熅】〘名〙（動詞「いきれる(熱)」の連用形の名詞化）①むされるような熱気やにおい。むしあつさ。＊俳諧・炭俵(1694)上「門(もん)で押るる壬生の念仏〈芭蕉〉 東風々(こちかぜ)に糞(こへ)のいきれを吹まはし〈芭蕉〉」＊新編常陸国誌(1818-30頃か)方言「いきれ 暑熱の甚しきを云ふ、息切の約まりたるなり」＊金色夜叉(1897-98)〈尾崎紅葉〉前・一「蠟燭の燄と炭火の熱と多人数の熱蒸(イキレ)と混じたる一種の温気は」＊小鳥の巣(1910)〈鈴木三重吉〉下・一四「十吉は頭のがじがじ上(のぼ)せるスティームの蒸(イキ)れに堪へないので」②気の凝ったもの。＊俳諧・本朝文選(1706)九・辯類・天狗辯〈木導〉「ある人、洛の大儒に天狗を問、これ深山幽谷のいきれより、かかる変異は生ずる也。何の怪とするにたらんと」 方言 ❶日射病。暑気あたり。茨城県久慈郡188 稲敷郡193 ❷生意気。富山県下新川郡391 発音〈標ア〉レ〇〈京ア〉〇 辞書 書言 表記 熅・熕(書)

いぎれ〘名〙 方言 ⇩いいきれ

いきれ-かぜ【熱風】〘名〙むんむんとむし暑い風。ねっぷう。＊ふゆくさ(1925)〈土屋文明〉碓氷嶺「いきれ風に榛はふたふたそよげれど葉がくれのつぼみいまだ青しも」 発音〈標ア〉レ

いきれ-くさ・い【熱臭】〘形口〙 文 いきれくさ・し〘形ク〙物がいきれてむっとするようなにおいがする。ねつくさい。＊開化問答(1874-75)〈小川為治〉初・下「殊に夏向は鬢付油の蒸発臭(イキレクサ)き匂ひもなく誠に愉快なことでござる」

いきれたい【熱━】〘形〙 方言 暑苦しい。蒸し暑い。山形県東田川郡139 ◇いきれったい 岩手県上閉伊郡097 福島県会津若松市171 大沼郡175 新潟県東蒲原郡368 ◇いきれっぽい 新潟県三島郡374

いきれっ-くさ・い【熱臭】〘形口〙「いきれくさい(熱臭)」の変化した語。＊雑俳・末摘花(1776-1801)三「夏まつりねり子いきれっくさくねれ」＊滑稽本・劇場粋言幕の外(1806)下「いきれっくさい。しかし芝居だから、むれる筈ではあるが、モウ一(ひと)口呑で見やう」＊人情本・花の志満台(1836-38)三・一五回「暑い寒いに其処等(そこら)を駈け廻って、いきれっ臭(クセ)え天窓(あたま)の匂を嗅いで」 発音〈標ア〉サ

いき・れる【熱・熅】〘自ラ下一〙熱くなる。むっとする。むし暑くなる。むれる。いき(熱)る。＊随筆・裏見寒話(1753)付録「いきれる 暑き事」＊浪花聞書(1819頃)「いきれる 暑き也」＊怪談牡丹燈籠(1884)〈三遊亭円朝〉一一「此節は日中は大層いきれて凌(しの)ぎ兼ねます」＊鳥影(1908)〈石川啄木〉一・二「梅雨後(つゆあがり)の勢のよい青草が熱蒸(イキ)れて」＊千曲川のスケッチ(1912)〈島崎藤村〉一・烏帽子山麓の牧場「今は木が低いから、夏はいきれていけません」 方言 ❶蒸れる。発酵する。腐る。神奈川県藤沢市319 新潟県西頸城郡385 山梨県456 ❷湿度が高くむしむしする。蒸し暑さや、激しい暑さを感じる。仙台†057 福島県東白川郡157 茨城県188 栃木県198 群馬県吾妻郡218 群馬郡223 埼玉県秩父郡251 川越市255 千葉県261 268 新潟県361 366 373 長野県468 475 493 ❸調子に乗る。長野県下伊那郡492 ❹生意気な態度をとる。長野県南部062 ❺いばる。長野県諏訪481 下伊那郡492 ❻騒ぐ。はしゃぐ。山形県西置賜郡139 語源説 (1)イキキレ(息切)の約〔新編常陸国誌-方言=中山信名〕。(2)イキアル(息有)から〔名言通〕。(3)イキノ十分ニ入レルという意のイキイレルの約〔両京俚言考〕。 発音〈標ア〉レ〇〈京ア〉〇 辞書 ヘボン・言海 表記 熅(ヘ)

いき-わかれ【生別】〘名〙生きたまま永く遠くに別れること。また、離婚すること。せいべつ。⇔死に別れ。＊文明本節用集(室町中)「活別 イキワカレ 又生別」＊虎明本狂言・武悪(室町末-近世初)「もはや参る。なごりおしうこそござれ。これがいきわかれじゃ、又命もあらば御目にかかる事もござらふ」＊説経節・説経刈萱(1631)下「いとまごひをなさるるは、ことかりそめとはおほせども、おやとこのいきわかれとは、のちこそおもひしられたり」＊俳諧・紅梅千句(1655)九・雪「いつか又逢ん宰府へ生(イキ)別れ〈正章〉 讒奏(ざんそう)をせし事はうらめし〈政信〉」 発音〈標ア〉〇〈京ア〉〇 辞書 文明・言海 表記 生別(文・言) 活別(文)

いき-わか・れる【生別】〘自ラ下一〙 文 いきわか・る〘自ラ下二〙生きたままで遠く別れる。互いに生きていながら離れて暮らす。いきあかる。⇔死に別れる。＊人情本・仮名文章娘節用(1831-34)前・一回「両しんにはやくわかれ、姉さんにも生(イキ)わかれては、こころぼそいもももっともだが」＊今年竹(1919-27)〈里見弴〉かも・七「すぐもう我が子と生き別れるやうな悲しみと」 発音〈標ア〉〇レ〈京ア〉〇 文『いきわかる』〈標ア〉〇カ〈京ア〉〇 辞書 言海 表記 生別(言)

いき-わか・れる【行別】〘自ラ下一〙 文 いきわか・る〘自ラ下二〙行ってわかれわかれになる。互いに別々の方向にわかれてゆく。ゆきわかれる。＊青表紙一本源氏(1001-14頃)夕顔「生きかへりたらん時、いかなる心地せん。見捨てていきわかれにけりと、つらくや思はむ」＊更級日記(1059頃)「送りに来つる人々、これよりみな帰りぬ。のぼるはとまりなどしていきわかるるほど、ゆくもとまるも、みな泣きなどす」 発音〈標ア〉レ 辞書 言海 表記 行別(言)

いき-わたり【行渡】〘名〙万事に行き届くこと。隅々まで気が届くこと。ゆきわたり。＊洒落本・花街鑑(1822)下・四「年は寄(よっ)てもなかなかに、行(イキ)わたりよく見へにける」＊人情本・閑情末摘花(1839-41)二・九回「遊戯(あすび)をしない人は、想像(おもひやり)がなくって、行渡(イキワタ)りがわるいじゃアありまへんかね」 発音〈標ア〉〇

いき-わた・る【行渡】〘自ラ五(四)〙①世の中の事情に精通する。あることの通である。いきとどく。ゆきわたる。＊洒落本・嘉和美多里(1801)「平目とみせて鮟だの、玉子焼へは豆腐を入れるのと、〈略〉ナント世界には行(イキ)わたったもんだろう」＊滑稽本・浮世風呂(1809-13)二・下「奈何之町の湯豆腐も食(くっ)て見ねへじゃア、行渡(イキワタ)らねへの」＊人情本・春色梅児誉美(1832-33)後・一一齣「その嬉しさに引かへて、アノ往(イキ)わたった藤さんが、女にことを掻(かい)たやうに」②すみずみまでとどく。すべてのところ

に達する。皆が所有するようになる。＊古今集遠鏡(1793)一「どこからどこまでももれた所のない御慈悲が、日本の外までいきわたって」 発音〈標ア〉タ 〈京ア〉0 辞書 言海

い-きん【衣衾】〖名〗①夜着や夜具。＊航海新説(1870)〈中井弘〉上「室内を掃除し水を潑き衣衾を振ふ」＊劉禹錫-和楊師皐給事傷小姫英英詩「鸞台夜直衣衾冷、雲雨無因入禁城」②死体を覆うための衣類や蒲団。かたびら。＊三国伝記(1407-46頃か)四・二六「父死する日身貧なれば、衣衾(イキン)棺槨の営も叶はず」＊江戸繁昌記(1832-36)二・葬礼「棺槨の美、衣衾の麗、弔する者大に驚く」＊孟子-梁恵王・下「謂棺椁衣衾之美也」

い-きん【衣錦】〖名〗にしきの衣を着ること。転じて富貴の身となること。＊本朝無題詩(1162-64頃)三・紅桜花下作〈藤原明衡〉「何因漸動帰与思、花下自為衣錦人」＊詩経-衛風・碩人「碩人其頎、衣錦褧衣」

いきん 帰郷(ききょう) ⇨親見出し

いきん の 栄(えい) 富貴の身となって故郷へ帰るという名誉。＊空華集(1359-68頃)一一・送巧上人帰上州詩序「余観其盛言上人徳行之美、衣錦之栄乃知彼士也」＊欧陽脩-相州画錦堂記「此一介之士、得志当時、而意気之盛、昔人比之衣錦之栄者也」

い-きん【衣襟】〖名〗衣服のえり。＊本朝無題詩(1162-64頃)五・秋夜閑談〈藤原明衡〉「砭薬痾難療、衣襟涙易霑」＊北山集(江戸後)初・送友「悵然離別涙、兼雨湿衣襟」＊王粲-哀詩「迅風払裳袂、白露沾衣襟」

い-きん【異訓】〖名〗異なった教え。＊文明本節用集(室町中)「異訓 イキン」 辞書 文明 表記 異訓(文)

い-きん【異禽】〖名〗珍しい鳥。変わった鳥。＊小学読本(1874)三〈榊原・那珂・稲垣〉「小鳥には、金糸雀(カナリヤ)、十姉妹、文鳥等、異禽甚多し」＊西洋道中膝栗毛(1874-76)〈総生寛〉一五・下「異禽奇獣の声喧しければ」 発音〈標ア〉0

い-きん【遺金】(ヰ)〖名〗①誰かが道で落とした金銭。人が遺失した金。＊玉山先生詩集遺稿(1774)詠貧士「非拾遺金者、欲従撃磬人」＊読本・夢想兵衛胡蝶物語(1810)前・色欲国「廉士は遺金(ヰキン)をかへりみず」＊東京新繁昌記(1874-76)〈服部誠一〉二・京橋煉化石「三井々善の豪富も、敢て遺金を拾ふに非ず、皆人智の能く致す所なり」②軍用金などの目的でのこしておかれた金の延べ棒など。 発音〈標ア〉0

いきん-ききょう【衣錦帰郷】(キキヤウ)〖名〗(「漢書-朱買臣伝」の「富貴不帰故郷、如衣繡夜行」による)富貴の身となって、故郷に帰ること。故郷に錦を飾る。衣錦還郷(いきんかんきょう)。衣錦昼行(いきんちゅうこう)。 補注「南史-柳慶遠伝」に「帝餞於新亭、謂曰、卿、衣錦還郷、朕無西顧之憂矣」とある。 発音 イキンキキョー〈標ア〉キ2

いぎん-どう〖名〗植物「さるとりいばら(菝葜)」の異名。＊重訂本草綱目啓蒙(1847)一四下・蔓草「菝葜〈略〉さるとりいばら 京〈略〉いぎんどう 長州」

いきん-らく【一金楽・溢金楽】〖名〗雅楽の壱越調(いちこつちょう)の一つ。承果楽(しょうからく)。永果楽(えいからく)。＊二十巻本和名抄(934頃)四「壱越調曲〈略〉溢金楽 一云承和楽」＊龍鳴抄(1133)上「一金楽 いきんらく、承果楽ともいふなり 拍子十、まひなし、河水楽おなじてい、とりものなり」 発音〈標ア〉キ

いく〖字音語素〗育・郁・煜

【育=育】①育てる。養う。/養育、鞠育、育成、飼育/愛育、撫育、保育/育児、育種、育雛、育苗/ ②成長する。/育育/生育、発育/ ③しつける、みちびく。/教育、訓育/知育、徳育、体育/育英/

【郁】かぐわしい。文化のさかんなさま。/郁郁/馥郁、芳郁、郁馥/郁烈/郁氛、郁文/

【煜】漢 かがやく。光る。/煜煜/炳煜、燿煜、煜燿/

いく【生・活】〖接頭〗(四段動詞「いく(生)」の連体形から)名詞の上に付けて、いきいきとしている、生命と力が永久である、の意で、ほめたたえる気持を添える。「生(いく)太刀」「生(いく)弓矢」「生(いく)井」

いく【堉】〖名〗草木などのよく生育する土地。肥えた土。＊俳諧・花月六百韻(1719)月「桐の花咲いかめしき文〈白扇〉 寵辱(ちょうじょく)の泪は嶋の堉となり〈敬雨〉」

いく【幾】〖接頭〗主に名詞の上に付く。時には形容詞の上に付くこともあり、また、この形に接尾語が付いて副詞をつくることもある。①数、量、時間、程度などが不明あるいは不定であることを表わす。いくらかの。どのくらいの。どれほどの。＊古事記(712)中・歌謡「新治筑波を過ぎて 伊久(イク)夜か寝つる」＊拾遺(1005-07頃か)恋二・七一六「逢ひ見てもなほなぐさまぬ心かないく千夜寝てか恋のさむべき〈紀貫之〉」＊和泉式部日記(11C前)「さゆる夜のかずかくしぎは我なれやいくあさしもをおきて見つらむ」＊五社百首(1190)「けふごとにいくとし浪を過ぎぬらんつもりの浦の浜松のきし」＊文明本節用集(室町中)「幾重 イクヱ 幾度 イクタビ」＊幼学読本(1887)〈西邨貞〉二「糸がいく丈有るだらう」②数、量、程度などの多いこと、はなはだしいことを表わす。いくらもの。多くの。＊俳諧・ひさご(1690)「秋入初(あきいりそむ)る肥後の隈本〈正秀〉 幾日路も笘(とま)で月見る役者船〈珍碩〉」＊浄瑠璃・伽羅先代萩(1785)六「日本国の其中に幾億万と限りなき、人の果報を請給ひ、五十四郡の御主と」＊幼学読本(1887)〈西邨貞〉二「又一つの鳥籠の中にはひよこいく羽も有り」＊夜明け前(1932-35)〈島崎藤村〉第一部・下・九・二「早乗の駕籠は毎日幾(イク)立(たて)となく町へ急いで来て」③「いく」と複合してできた名詞または副詞に助詞「も」が付き、その下に否定の語がきた場合は、その名詞または副詞のあらわす数、量、程度などが、たいしたものではないことを示すことがある。どれほどの。たいした。＊万葉(8C後)八・一五五五「秋立ちて幾(いく)日もあらねばこの寝ぬる朝開(あさけ)の風はたもと寒しも〈安貴王〉」＊今昔(1120頃か)二四・五〇「とへかしないくよもあらじつゆのみをしばしもことのはにやかかると」＊山家集(12C後)下「いくほどもながらふまじき世の中に物を思はで経るよしもがな」 補注 本来、数詞として不定数を表わす。単位となるような数詞、十(そ)や千(ち)など、また助数詞「つ」「日(か)」「年(とせ)」「人(たり)」など、およびこれに類する名詞などがつく。あるいはまた、接尾語「ら」「だ」「ばく」などを伴って副詞をつくる。これらの用法からみると、多分に体言的性格を有しているといえるのだが、その独立用法が見られないので、便宜上、接頭語とみなしておく。 語源説 (1)気息の数から出た語〔和訓栞〕。(2)イカ(如何)と通じるか〔大言海・国語の語根とその分類=大島正健・日本語源=賀茂百樹〕。(3)「幾」の別音 ku の上に発語の「維(i)」を添えた語〔日本語原考=与謝野寛〕。 発音〈標ア〉イ〈京ア〉0 辞書 文明・日葡・書言・ヘボン・言海 表記 幾(文・書・ヘ・言)

いく【薁】〖名〗①植物「えびづる(蘡薁)」の異名。＊詩経-豳風・七月「六月食鬱及薁、七月亨葵及菽」(毛伝)薁、蘡薁也」②植物「ゆすらうめ(英桃)」の異名。

い-く【衣屨】〖名〗衣服と、はきもの。＊春秋左伝-昭公二九年「平氏毎歳賈馬、具従者之衣屨、而帰之于乾侯」

い-く【畏懼】(ヰ)〖名〗おそれおののくこと。はばかりおそれること。恐懼(きょうく)。＊文明本節用集(室町中)「畏懼 イク」＊日本開化小史(1877-82)〈田口卯吉〉二・四「されば畏懼の心は安楽の長ずるに従ひ愈々増進し」＊偽悪醜日本人(1891)〈三宅雪嶺〉悪「其の白人に畏懼せらるるは決して故なきにあらず」＊戦国策-秦策・恵文君「貧窮則父母不子、富貴則親戚畏懼之」 発音〈標ア〉イ 辞書 文明 表記 畏懼(文)

い-く【偉軀】(ヰ)〖名〗大きな身体。＊プレオー8の夜明け(1970)〈古山高麗雄〉「偉軀堂々たる獰猛な女力士の玉椿」 発音〈標ア〉イ

い・く【生】㊀〖自カ四〗①命を保つ。生存する。また、死ぬような状態からのがれて助かる。↔死ぬ。＊万葉(8C後)一八・四〇八二「あまざかる鄙(ひな)の奴(やつこ)に天人(あめひと)しかく恋ひすらば伊家(イケ)るしるしあり〈大伴家持〉」＊知恩院本上宮聖徳法王帝説(917-1050頃)「いかるがの富の井の水伊加(イカ)なくにたげてましもの富の井の水」＊源氏(1001-14頃)手習「尼になし給ひてよ。さてのみなんいくやうもあるべき」＊後拾遺(1086)恋三・七六四「都にも恋しき人のおほかれば猶このたびはいかんとぞ思ふ〈藤原惟規〉」＊平家(13C前)二・西光被斬「他人の口よりもれぬ先にかへり忠して、命いかうど思ふ心ぞつきにける」＊徒然草(1331頃)一四〇「後は誰(たれ)にと心ざす物あらば、いけらんうちにぞ譲るべき」②死んだもの、死にかけたものが命をとりもどす。よみがえる。＊霊異記(810-824)上・五「遅(ふ)ること三日乃ち蘇(さ)め甦(イキタリ)〈興福寺本訓釈 甦 伊支太利〉」③生命がこもる。生き生きする。＊竹沢先生と云ふ人(1924-25)〈長与善郎〉自序「一の実践的に生ける思想として」 ㊁〖自カ上二〗⇨いきる(生)。 ㊂〖他カ下二〗⇨いける(生)。 語誌 (1)自動詞としては古くは四段活用のみであったが、平安末期頃から上二段活用が生まれ、次第に交替していった。和歌では「行く」を掛けて用いることもある。(2)⇨「いきる(生)」の語誌。 発音〈標ア〉イ〈ア史〉平安○◐ 鎌倉・江戸○● 〈京ア〉0 辞書 色葉・名義・文明・饅頭・黒本・易林・言海 表記 生(色・名・文・饅・黒・易・言) 活(色・名・文) 存・居・穀・蘇(色・名) 欸・済(名)

いきとし 生(い)けるもの (「し」は強めの助詞。「いき」は四段動詞「いく(生)」の連用形、「いけ」は命令形) この世に生きているすべてのもの。あらゆる生物。＊東大寺諷誦稿文平安初期点(830頃)「世中に生とし生ぬる人は父母の恩を蒙らずと云事无」＊古今(905-914)仮名序「いきとしいけるもの、いづれか歌をよまざりける」＊今鏡(1170)一〇・敷島の打聞「いきとしいけるものの命を失ひ、ありとある人の宝を奪ひとりなどする」＊天草本伊曾保(1593)老いた犬の事「iqitoxi iqeru monouo (イキトシ イケルモノヲ) クイトドメテ チュウセツヲ ツクイタレドモ」＊仮名草子・身の鏡(1659)上「人間にかぎらずいきとしいけるものごとに、夫婦のかたらひをしらぬはなし」＊小学読本(1874)〈榊原・那珂・稲垣〉五「凡べて天地の間に生きとしいける者、鳥獣と雖も其子を養育する方を知らざるはなし」 辞書 書言・言海 表記 一切衆生(書)

いきとせ=生(い)けるもの【=生(い)きるもの】 「生きとし生けるもの」の変化したもの。＊日葡辞書(1603-04)「Iqitoxe iqeru mono (イキトセ イケルモノ)」＊浮世草子・西鶴織留(1694)六・二「いきとせ生(イキ)るもの、子に迷はざるは一人もなし」 辞書 日葡

いけりともなし (「いけ」は四段動詞「いく(生)」の命令形、「と」は助詞) 生きているとも感じられない。生きているように思われない。＊万葉(8C後)二・二一二「衾道(ふすまぢ)を引手の山に妹を置きて山路を行けば生跡毛無(いけりトモなし)〈柿本人麻呂〉」＊万葉(8C後)一一・二九八〇「まそ鏡見あかぬ妹にあはずして月の経ぬれば生友名師(いけりともナシ)〈作者未詳〉」＊風雅(1346-49頃)恋一・一〇二二「空蟬の人めをしげみあはずして年の経ぬればいけりともなし〈よみ人しらず〉」 補注 万葉例は「いけるともなし」と読む説もあるが、用例の「跡・友」は乙類の文字であるから助詞とみられ、終止形を受けていると考えて「いけりともなし」と読む。↓生ける

ともなし

いける ⇩親見出し

いけるともなし （「いけ」は四段動詞「いく（生）」の命令形、「と」は、しっかりした気持の意の名詞）生きているというしっかりした気持がない。＊万葉（8C後）二・二二七「天ざかる夷（ひな）の荒野に君を置きておもひつつあれば生刀毛無（いけるトモなし）〈作者未詳〉」＊万葉（8C後）一一・二五二五「ねもころに片もひすれかこのころの吾がこころどの生戸裳名寸（いけるトモナキ）〈作者未詳〉」 語誌 用例の「刀・戸」は甲類の文字であるから助詞とは見られず、「利心（とごころ）」などの「と」と同じであるといわれるが、この「と」だけが名詞として使われているのは他に例がない。また、唯一の仮名書き例である万葉‐四一七〇「白玉の見がほし君を見ず久に夷（ひな）にしをれば伊家流等毛奈之（イケルトモナシ）〈大伴家持〉」の「等」は乙類で、助詞「と」の類に属するので、「いけりともなし」との関係が問題になる。しかし、万葉集中では「と」の甲乙両類の使い分けには混同の例があるので、これもその一つとも考えられる。→生けりともなし

い・く【行・往】〘自カ五（四）〙㈠①今いる所から向こうのほうへ進み動く。㋑元の場所から離れるように進み動く。でかける。立ち去る。＊万葉（8C後）一四・三四九六「橘の古婆（こば）の放髪（はなり）が思ふなむ心うつくしいで吾（あれ）は伊可（イカ）な〈東歌〉」＊万葉（8C後）二〇・四三三二「ますらをの靫（ゆき）取り負ひて出でて伊気（イケ）ば別れを惜しみ嘆きけむ妻〈大伴家持〉」＊源氏（1001‐14頃）夕顔「などて乗り添ひていかざりつらん。生きかへりたらん時、いかなる心地せんさらにいくべき心地こそせね」＊道命集（1020頃）「別れ路はこれや限りの旅ならん」＊古本説話集（1130頃か）六四「蛇（じゃ）のいくままに、ひかれていけば、谷より、岸の上ざまに、こそろと登りぬ」＊日葡辞書（1603‐04）「Iqi, u, ita（イク）〈訳〉行く。ユキ、クの方がまさる」㋺目的の場所に向かって進む。おもむく。＊万葉（8C後）二〇・四三七四「あめつちの神を祈りてさつ矢貫（ぬ）き筑紫の島をさして伊久（イク）われは〈大田部荒耳〉」＊伊勢物語（10C前）二三「限りなくかなしと思ひて、河内へもいかずなりにけり」＊大鏡（12C前）五・道長上「道隆は豊楽院、道兼は仁寿殿の塗籠、道長は大極殿へいけ」＊日葡辞書（1603‐04）「アリマエ iqu（イク）」＊浄瑠璃・心中重井筒（1707）上「其うちお辰がもどったら湯屋へいったとだましてをけ」㋩先方に到達する。遠くに届く。＊人情本・春色辰巳園（1833‐35）後・八回「こりゃあ此方（こっち）の文の行（イカ）ねへ中（うち）に出た文で」＊落語・成田小僧（1889）〈三代目三遊亭円遊〉「鉄砲てェものは大層達（イ）くもんですネ」＊義血侠血（1894）〈泉鏡花〉二〇「お金が到（イカ）なかった日には、窮（こま）るだらう」②いったん近くに進んで来て、向こうへ離れ去る。㋑通り過ぎる。＊蜻蛉（974頃）中・天祿元年「ゆきかふ舟ども、帆をひきあげつついく」＊枕（10C終）七三・しのびたる所にありては「ただゐたる上より、烏（からす）のたかく鳴きていくこそ、顕証（けせう）なる心地してをかしけれ」㋺ある場所を通る。＊日葡辞書（1603‐04）「カチヂヲ iqu（イク）」㋩（年月が）過ぎ去る。また、「としがいく」「としはがいく」の形で、ある年齢に達する。成長する。＊浄瑠璃・卯月の紅葉（1706頃）中「年はいかねど男を持てば大人役」＊人情本・春色辰巳園（1833‐35）三・二一条「どうしてどうして、歳はいかないけれど、どんなに如才のない子だろう」＊二人女房（1891）〈尾崎紅葉〉上・一「年齢（とし）のいかないものの白粉（おしろい）の薄いのは、生意気で下品なものだ」③（「逝」とも書く）死ぬ。逝去する。＊蓼喰ふ虫（1928‐29）〈谷崎潤一郎〉一二「血圧の高い人間の標本のやうな恰好をして、いつぽっくりと行ってしまふかも知れないのである」④（嫁、婿、養子などになって）他家へ移る。＊人情本・春色梅児誉美（1832‐33）初・一齣「養子に行（イカ）しった御宅（おうち）はまあどふした訳で急に身代がたたなくなったのでありますヱ」＊浮雲（1887‐89）〈二葉亭四迷〉一・四「若しひょっと先に姑でもある所（とこ）へ往（イク）んで御覧、なかなか此様（こん）なに我儘気儘をしちゃあゐられないから」＊鳥影（1908）〈石川啄木〉一・五「ですけど、私奈何したって嫁（イ）かないことよ」⑤愉快になる。満足する。納得する。＊土左（935頃）承平五年二月五日「ぬさには御心のいかねば、みふねもゆかぬなり」＊滑稽本・東海道中膝栗毛（1802‐09）二・上「うらみちからもすさまじい。そんなでいくのじゃあねへハ」⑥（損、得、満足、納得など）ある結果が生じる。＊虎明本狂言・薬水（室町末‐近世初）「そなたようがてんのいくようにおしやれ」＊浮世草子・世間胸算用（1692）一・三「少（すこし）づつ徳のいくやうにして返す物じゃ」＊浄瑠璃・唐船噺今国性爺（1722）上「女ひでりはいくまひし、世界に降る程有（ある）女房」＊人情本・英対暖語（1838）四・二四章「何かに付て御損の行（イク）叓（こと）が重なって」＊今年竹（1919‐27）〈里見弴〉二夫婦・一四「さういふ関係なら、なるほど大丈夫だらうと得心がいったのだ」⑦物事を行なう。また、生活を維持する。＊歌舞伎・韓人漢文手管始（唐人殺し）（1789）一「頭（かしら）、一つ拳（けん）いきませふか」＊滑稽本・浮世風呂（1809‐13）前・下「ソリャ、王手。ヤ、迯（にげ）たナ迯たナ〈略〉どうしてくれうナ。是で行（イカ）うか。あれで行（イカ）うか。まづ斯う行け」＊浮雲（1887‐89）〈二葉亭四迷〉一・五「ヤレ是からはどうして往（イ）く積（つもり）だ」＊不思議な鏡（1912）〈森鷗外〉二「もっと旨（うま）く遣り繰って行（イ）かれないかい」⑧物事が行なわれる。事が運ぶ。＊玉塵抄（1563）一七「晉の国の乱のいかうずをみて、図を以て吾がふる里え帰た心か」＊浮世草子・新色五巻書（1698）五・三「当年おもひばかのいかぬは大方ならぬ事ぞかし」＊洒落本・通人三国師（1781）発端「博奕（ばくち）と女郎けへばかりはそうかたかあいかねゑもんだよ」＊人情本・春色梅児誉美（1832‐33）後・一〇齣「ここで五十両あると月を少し延（のば）されるけれど、どふもそうはいかないから」＊浮雲（1887‐89）〈二葉亭四迷〉三・一八「故（ことさ）らに何喰はぬ顔を作ってみても、どうも旨くいかぬやうすで」＊坊っちゃん（1906）〈夏目漱石〉三「学校はそれでいいのだが下宿の方はさうはいかなかった」⑨物事を相当な程度やることができる。＊和訓栞（1777‐1862）「いく〈略〉可ㇾ成事をいくといひ不ㇾ可ㇾ成ことをいかぬといふ俗語も往不ㇾ往の義成べし」＊野の花（1901）〈田山花袋〉一一「自分は酒はごくいかぬ性質であるから」⑩ある基準、目標などに達する。「売り上げが目標まで行く」「視聴率が三〇パーセントいった」⑪性交の快感が絶頂に達する。㈡補助動詞として用いられる。動詞の連用形に助詞「て（で）」を添えた形に付いて、動作、作用の継続、進行を表わす。＊浮雲（1887‐89）〈二葉亭四迷〉三・一九「自然は己（おの）が為（す）べき事をさっさっとして行（イ）ってお勢は益々深味へ陥る」＊思ひ出す事など（1910‐11）〈夏目漱石〉一〇「余の病気は次第に悪い方へ傾いて行った」 補注 和歌では「生く」を掛けて用いることがある。 語誌 (1)「いく」「ゆく」は合わせ用いられる。「万葉集」では「いく」の仮名書き七例すべてが字余り句なので、上代ではその使用に何らかの音韻観念の違いがあったようだが、使用度については室町を過ぎる頃まで「いく」が劣勢だった。「いく」はアシュクの約言イユクの中略ともいわれ〔碩鼠漫筆〕、「ゆく」より新しい俗な形であったかともいわれるが明らかではない。逆に「ゆく」の古形という説〔万葉集辞典＝折口信夫〕もある。(2)「いく」は口頭語として使用度を高めていくが、なかでも連用形が促音便となる場合は「いって」「いった」で、「ゆって」「ゆった」とはならない。(3)明治以降では、国定読本（明治三七～昭和二四）が「いく」の方を基準としたが、大正期には一般の傾向として、一人称者の行為に「いく」、三人称者の行為に「ゆく」という使い分けが認められる。(4)現在では「常用漢字音訓表」で「いく」「ゆく」双方が認められているが、「ゆく」にくらべると「いく」は話し言葉的な感じを持っている。したがって、動詞の連用形に直接に付く「散り行く」「ふけ行く」など文章語的表現では、「いく」といわないで「ゆく」となる。(5)「て」「た」につながる場合、促音語尾が略されることがある。→いた・いて。→「いきる（行）」「ゆく（行）」の語誌。(6)「行く」を「来る」と比較すると、「来る」が基準点に向かって接近する移動を表わすのに対し、「行く」はそれ以外の移動（基準点から遠ざかるか、または基準点と無関係な移動）としてとらえられる。この場合基準点とは、典型的には話し手が発話時にいる場所であるが、話し手の家・職場など話し手が日常的にいる場所や、話し手が特に注目する場所などが基準点となることもある（例「圧力計の針がここまで来たら、バルブを閉めなさい」）。また話し手中心の基準点に矛盾しない場合は、聞き手が基準点となることがある。(7)特に問題となるのは、話し手自身が聞き手に向かって移動する場合である。現代共通語では、聞き手の基準点を無視して「行く」を用いる（例「今、そちらに行きますよ」）が、琉球諸方言、九州方言、山陰、北陸の一部の方言ではこの場合、聞き手を基準点として「来る」が用いられる。これは英語の go/come の使い分けと似ている。また平安時代には中央語においてもこの聞き手基準の「来る」が用いられていたといわれる。「後撰‐恋三・七〇〇」の「名にし負はば逢坂山のさねかづら人に知られでくるよしもがな〈藤原定方〉」など。 方言 ❶事件などが起きる。京都府112 滋賀県神崎郡616 兵庫県神戸市665 奈良県南大和683 島根県隠岐島741 岡山県児島郡763 徳島県811 香川県829 愛媛県周桑郡054 松山846 ❷罰金などが科せられる。東京都八丈島336 ❸異性と関係する。遊女語。長崎市906 ❹女と通じる。奈良県679 ❺食べる。奈良県679 ❻文字の運筆がよくできている。徳島県811 美馬郡816 ❼打つ。◇ゆく 埼玉県秩父郡250 ❽抜く。奈良県吉野郡683 ❾使う。三重県阿山郡584 島根県出雲724 ❿大活躍する。奈良県南大和683 ⓫相手になる。奈良県南大和683 ⓬降参する。山形県北村山郡144 発音 〈なまり〉イグ・イッ〔鹿児島方言〕〈標ア〉⓪〈ア史〉鎌倉●● 〈京ア〉⓪ 辞書 日葡・ヘボン・言海 表記 行（ヘ・言）

いきと行（い）く わざわざ行く。＊源氏（1001‐14頃）蜻蛉「いきといきてたち帰らむも心ぐるし」

いきやいきや三八（さんぱち）にして置（お）く いいかげんにして、ほうっておく。＊譬喩尽（1786）一「往往三八（イキヤイキヤサンパチ）にして置（ヲ）く」

いってお帰（かえ）り 方言 ⇩いっ（行）てござれ

いって帰（かえ）りましょう 方言 ⇩いっ（行）て参じます

いって来（き）ます 外出する際に家人に言うあいさつ。「行って参ります」より新しい言い方。

いってござれ 方言 出かける人を送る挨拶の言葉。行ってらっしゃい。石川県石川郡038 ◇**いってござえ** 石川県河北郡038 ◇**いってござさいの** 石川県珠洲郡408 ◇**いってござっしい** 石川県石川郡421 ◇**いってごじゃませ** 新潟県佐渡038 ◇**いってこおし** 山梨県461 ◇**いっておかえり**〔―御帰〕 山口県美祢郡・都濃郡038 ◇**いっておこしなはれ**〔―御越〕 徳島県那賀郡038 ◇**いておもどり**〔―御戻〕 愛媛県温泉郡038 ◇**いっておんであんせ** 岩手県気仙郡100 ◇**いっていらっせ** 石川県金沢市・河北郡404

いって参（さん）じました 方言 帰った時の挨拶の言葉。ただいま。埼玉県秩父郡251 新潟県佐渡348 岐阜県飛驒（児童語）502 岡山県児島郡763 ◇**いって**

さんじやした 長野県佐久493 ◇いってきたどな〔―来〕 三重県北牟婁郡588

いって参(さん)じます 方言❶自宅を出る時の挨拶の言葉。行って参ります。 新潟県佐渡348 岐阜県飛騨(児童語)502 ◇いてさんじます 京都市621 大阪市638 和歌山市691 徳島県811 美馬郡054 ◇いてさんにます 和歌山県690 ◇いてさにます 奈良県678 ◇いってさんじ 長野県佐久493 ◇いってきませえ〔―来〕 島根県邑智郡731 ◇いってかえります〔―帰〕 岡山県児島郡763 愛媛県松山846 ◇いてかえります 岡山市054 愛媛県周桑郡054 松山846 ◇いってかえり 広島県高田郡779 ◇いってかえりましょう・いってもどりましょう〔―戻〕 島根県那賀郡736 ◇いきてもどおますい 島根県出雲054 ◇いたっめんで 鹿児島県鹿児島郡968 ◇いってくってのお 長崎県西彼杵郡908 ◇いてくっわ・いてこお 三重県名賀郡585 ◇いてこおど 三重県上野市585 ◇いてこおわい 愛媛県松山846 ❷他家を出る時の挨拶の言葉。失礼します。さようなら。 新潟県佐渡348 ◇いってまいります〔―参〕・いってくるうんす・いってくるちゃんす・いってくるはい 北海道江差062 ◇いってきます 新潟県佐渡038 ◇いってくる 石川県珠洲郡057 ◇いきくるなあ・いきいくうなあ・いきってぃくうなあ 沖縄県多良間島057 ◇いっきす 福井県坂井郡428

いって参(まい)りました 外から帰った際に家人に言うあいさつ。「ただいま」よりも丁寧な言い方。

いって参(まい)ります 外出する際に家人に言うあいさつ。「いってきます」よりも丁寧な言い方。＊夢声戦争日記〈徳川夢声〉昭和一八年(1943)四月一日「坊や、初登校につき、赤飯を祝う。『行ってまいります』ハッキリと頼もしく云って門を出た」

いってらっしゃい 外出する人を送り出す家人のあいさつ。＊家族会議(1935)〈横光利一〉「『行っていらっしゃいませ』宿の総礼に送られて自動車は出て行った」＊結婚(1967)〈三浦哲郎〉五「『いってらっしゃい。羽根をのばしていらっしゃい』と菊枝はいう」

いぐ【伊具】 宮城県の最南端の郡。阿武隈高地北端、阿武隈川の中流域にある。＊二十巻本和名抄(934頃)五「陸奥国〈略〉伊具 以久」 辞書和名・文明・易林 表記伊具(和・文・易)

い・ぐ【行】〘自ガ五〙「いく(行)」の東北方言。＊めぐりあひ(1888〜89)〈二葉亭四迷訳〉一「ついとたって出て往(イ)ぐ」＊天鵞絨(1908)〈石川啄木〉四「でヤ、明日盛岡さ行(イ)がねばならねえな」

イグアス(スペ Iguazú ポルト Iguaçu) ブラジル南部、アルゼンチンとの国境を流れるイグアス川の、世界最大規模の滝。全幅約四キロメートル、落差は約七〇メートル。 発音〈標ア〉イ

イグアナ〘名〙(スペ iguana) イグアナ科のトカゲの総称。特に、その一種のグリーンイグアナを指す。メキシコから南アメリカ北部に分布する。体長は一・八メートルに達し、尾がその半分以上を占める。成体の体色は灰褐色から灰緑色。尾の両側に黒褐色の太い帯状の縞がある。大きなのど袋があり、頭部から尾端まで、背筋に沿って剣状の突起が一列に並ぶ。主に樹上生活をするが、走るのも泳ぐのもうまい。草、果実を常食とするが、小動物も捕食する。 発音〈標ア〉0

イグアナ

イグアノドン〘名〙(Iguanodon) 中生代、白亜紀に栄えた爬虫類の一種。全長約五〜九メートル。科学的に調べられた最初の恐龍で、ベルギーの炭坑から多数の化石が発見された。禽龍(きんりゅう)。 発音〈標ア〉ノ

いくい【射】〘名〙(動詞「いくう(射)」の連用形の名詞化) 宮中で行なわれた弓術の礼式。射礼(じゃらい)。大射(たいしゃ)。＊書紀(720)大化三年正月(北野本訓)「春正月の戊子の朔壬寅、朝庭(みかど)に射(イクヒ 別訓 いくふ)す」

いく-い【生井】〘名〙(「いく」は接頭語) いつまでも清らかな水のかれない井。神霊の宿る井。＊延喜式(927)祝詞・祈年祭(九条家本訓)「皇神等の前に白(まを)さく、生井(イクゐ)、栄井(さくゐ)、津長井、あすは、ひきと御名は白して」＊神皇正統記(1339〜43)下・後嵯峨院「昼夜に生井(イクゐ)栄井(さくゐ)の水のながれを飲(のむ)も神徳也」

いくい【生井】 姓氏の一つ。 発音〈標ア〉0

いく-い【斎杭・斎杙】〘名〙(「い」は接頭語) 祭を行なう時、幣(ぬさ)をかけるために、けがれを払い清めて立てた神聖な杭(くい)。＊古事記(712)下・歌謡「上つ瀬に 伊久比(イクヒ)を打ち 下つ瀬に 真杙(まくひ)を打ち 伊久比(イクヒ)には 鏡を掛け 真杙には 真玉を掛け」

いぐい【鯎】〘名〙魚「うぐい(鯎)」の古名。＊出雲風土記(733)意宇「意宇(おう)川〈略〉〈年魚(あゆ)、伊久比あり〉」＊延喜式(927)三九・内膳司「但蟾伊具比魚煮凝等随レ得加進」＊文明本節用集(室町中)「鯉 イグイ」 辞書文明・伊京・明応・天正・饅頭・言海 表記鯉(文・伊・明・天)鰩(饅)

いぐい【居杭・井杭】 狂言。各流。清水の観世音からたまわった頭巾をかぶったところ姿が見えなくなった居杭(井杭)を探すため、何某は算置を呼ぶ。算置がいろいろ占うが、居杭はいたずらを仕掛け、算置と何某とを喧嘩させる。 発音イグイ〈標ア〉イ

い-ぐい【居食・居喰】〘名〙①すわったままで食うこと。＊天理本狂言・内沙汰(室町末〜近世初)「いぐいか、なでぐいか」②働かずに、手持ちの財産で暮らすこと。座食(ざしょく)。徒食。＊咄本・当世軽口咄揃(1679)四・一〇「商売とても家職ともせずして、ゐぐひにめさるる」＊俳諧・西鶴大矢数(1681)第三「此躰ならば医道に及ばぬ 始末して居喰に暮す山の奥」＊それから(1909)〈夏目漱石〉九「まだ坐食(ヰグヒ)の不安な境遇に居(を)るに違(ちがひ)ないとは思ふけれども」③中将棋で、駒の位置を動かさずに、近付いてきた敵の駒を取ること。＊御伽草子・鴉鷺合戦物語(室町中)「飛鷲、角鷹は威をふるひてあたりをゐくひするそのはたらきにも似たり」＊咄本・私可多咄(1671)三・二「中しゃうぎに獅子のゐくひといふ」④釣りで、魚がえさをくわえて動かずに食うことにいう。 方言❶寝食。 徳島県811 ❷徒食。また、徒食者。 徳島県811 ❸居候。食客。 静岡県小笠郡537 島根県725 発音イグイ〈標ア〉0〈京ア〉0 辞書言海 表記居食(言)

いぐい すれば山(やま)も空(むな)し〔=尽(つ)きる〕 働かずに暮らしていれば、山のような財産もついにはなくなってしまう。坐して食らえば山も空し。＊いさなとり(1891)〈幸田露伴〉四四「勿論職業(しごと)は一切せず、居食(ヰグヒ)売り食ひには山も尽(ツキ)ると俗諺にさへ云ふものを」

い-ぐい【堰杙】〘名〙水の流れをせきとめるために、並べて打ちこんだくい。＊書紀(720)応神一三年三月・歌謡「委遇比(ヰグヒ)築く 川俣江の 菱茎の 刺しけく知らに」＊経信集(1097頃)「水上(みなかみ)に花や散るらむ山川(やまかは)のゐくひにいとどかかる白波」＊中務内侍(1292頃か)弘安一〇年一〇月一〇日頃「心ぼそやゐくゐにつなぐ柴舟の岸を離れていづちゆきなん」 方言❶杭(くい)。田の畔(あぜ)などに打つくい。 静岡県榛原郡541 島根県邑智郡734 高知県862 宮崎県東諸県郡954 ◇ゆぐい 島根県隠岐島740 ◇いんぐい 熊本県玉名郡058 ❷池や川端など水と陸の境に立てたくい。 ◇ゆぐい 高知県861 高知市867 辞書言海 表記堰杙(言)

いく-いく【昱昱】〘形動タリ〙光り輝くさま。＊傅玄-紫花賦「渙渙昱昱、而奪二人目精一」

いく-いく【郁郁】〘形動タリ〙①文化または文章などが格調高く盛んであるさま。＊古文真宝笑雲抄(1525)二「醲は厚酒也と字註あり。文章の厚くして郁々とはなやかなる貌ぞ」＊真善美日本人(1891)〈三宅雪嶺〉日本人の任務・二「其文や郁々、其声や洋々」＊論語-八佾「子曰、周監二於二代一、郁郁乎文哉」②香気の盛んなさま。かんばしいさま。馥郁(ふくいく)。＊中華若木詩抄(1520頃)上「郁々として、春の如に暖也」＊常山文集(1718)節後菊「三径未レ荒蜂蝶猫、黄花郁郁後レ時開」＊俳諧・白雄句集(1793)春「加はれる睦月の梅花郁々たり」＊司馬相如-上林賦「郁郁菲菲、衆香発越」 発音〈標ア〉0

いく-いく【幾幾】〘副〙(「と」を伴って用いる) いくつもいくつも。たくさんに。＊宇治拾遺(1221頃)二・一「白米十石をおものにして、あたらしき莚(むしろ)こもに、折敷、桶、櫃などにいれて、いくいくと置きて食はせさせ給ひければ」

いく-いくら【幾幾】〘副〙「いくら(幾―)」を強めていう語。どれほど。＊洒落本・通人三国師(1781)「此末いくいくら勤めても穴をうめるさんだんはなし」

いぐいす【鶯】〘名〙「うぐいす(鶯)」の変化した語。＊俳諧・一茶手記(1789〜1801頃)「奥州 いぐひすや初音ぶんだせ きくべいに あぜはなかなば ぶさただんべい」

いく・う【射】〘他ハ四〙射る。射かわす。射礼(じゃらい)する。大射する。＊書紀(720)天武四年正月(北野本訓)「壬戌、公卿大夫及び百寮の諸人、初位(うゐかぶり)より以上、西門の庭に射(イクフ)」 語源説(1)イカフ(射交)の転〔大言海〕。(2)イクハイル(的射)の意〔古事記伝〕。 辞書言海

い-く・う【率加】〘他ハ下二〙物を添える。＊書紀(720)継体一〇年五月(前田本訓)「群臣各、衣(きもの)裳、斧(をの)鉄(かね)、帛布を出して、国物に助加(ヰクヘ)て、朝庭に積み置く」 補注他の写本(内閣文庫蔵楓山本)には「ヰクハヘテ」とある。

いく-え【幾重】〘名〙どれだけのかさなり。また、多くのかさなり。何重(なんじゅう)。＊拾遺(1005〜07頃か)恋四・八九〇「さしながら人の心をみ熊野の浦の浜木綿(はまゆふ)いくへなるらん〈平兼盛〉」＊千載(1187)離別・四九七「別れても心へだつな旅ごろもいくへかさなる山路なりとも〈藤原定家〉」＊新古今(1205)冬・六八二「尋ねきて道分け佗(わ)ぶる人もあらじいくへもつもれ庭の白雪〈寂然〉」＊文明本節用集(室町中)「幾重 イクヱ」 発音〈標ア〉イ〈京ア〉ク 0 辞書文明・伊京・明応・天正・黒本・易林・日葡・書言・言海 表記幾重(文・伊・明・天・黒・易・書・言)

いくえ にも 何度もかさねて。特に、下に、わびる、願うの類の語がきて、その気持を強めていう。かさねがさね。＊虎寛本狂言・鞍(室町末〜近世初)「いか様に仰られても、是斗りは幾へにも御免被成て被下い」＊虎寛本狂言・八句連歌(室町末〜近世初)「幾重にも御辞退仕りまする」＊和英語林集成(初版)(1867)「Iku-yenimo(イクエニモ) ヨロシク オタノミ モウシマス」 発音〈標ア〉イ〈京ア〉ク 辞書ヘボン

いく-えい【育英】〘名〙(「孟子-尽心・上」の「得二天下之英才一而教二育之一、三楽也」より) 英才を教育すること。育才。転じて、教育。特に、優秀な生徒・学生のために、学資の援助などを行なうことをいう。＊夜航余話(1836)上「尊信の志薄き者は、育英の楽に充るに足らず」＊百鬼園随筆(1933)〈内田百閒〉無恒債者無恒心・二「学校が月給といふものを出さなかったら、どんなに愉快に育英のことに従事することが出来るだらう」 発音イクエイ〈標ア〉0〈京ア〉0

いくえい-かい【育英会】〘名〙有用な人材の育成をねらいとして設けられた会。優秀な生徒・学生が

修学に専念できるように、学資の援助を行なう。発音イクエイカイ〈標ア〉エ

いくえい-かん【育嬰館】『名』捨て子を養育する所。孤児院。＊西国立志編(1870-71)〈中村正直訳〉八・二五「棄児を養育する為に設くる所を育嬰館と云ふ」発音イクエイカン〈標ア〉エ

いくえい-じぎょう【育英事業】『名』有用な人材の育成をねらいとして行なう事業。育英資金を貸したり、与えたりする教育的事業。発音イクエイジギョー〈標ア〉ジ

いくえい-しきん【育英資金】『名』学資の援助を必要とする優秀な生徒・学生に対して貸与あるいは給付する金。奨学金。＊セルロイドの塔(1959)〈三浦朱門〉一「掲示板は学校側が学生に掲示するためのもので、休講札や、育英資金に関するビラが下っており」＊青い月曜日(1965-67)〈開高健〉二・奇妙な春「私は学校には籍をおいて育英資金をもらうためにだけ登校し」発音イクエイシキン〈標ア〉キシ〈京ア〉シ

いく-おう【幾応】『名』何度。何回。また、多くの回数。＊近世紀聞(1875-81)〈染崎延房〉五・二「幾応(イクオウ)も聖諭仰聞けられ候得ば」

いくおう-ざん【育王山】「あいくおうざん(阿育王山)」に同じ。＊米沢本沙石集(1283)七・二「唐の育王山(イクワウサン)の僧二人、布施をあらそひてかまびすしかりければ」辞書文明 表記育王山(文)

いく-おもて【幾面】『名』どれほどの面目。また、多くの面目。＊吾妻問答(1467頃)「かやうの時、吉き句をせんとためらひ侍らば、いく面をもすり侍るべし」

いく-か【幾日】『名』どれほどの日数。また、多くの日。何日(なんにち)。いっか。＊万葉(8C後)七・七五一「相見ては幾日(いくか)も経ぬをここだくも狂ひに狂ひ思ほゆるかも〈大伴家持〉」＊古今(905-914)春上・一九「春日野の飛火(とぶひ)の野守出でて見よいまいくかありて若菜つみてん〈よみ人しらず〉」＊土左(935頃)承平五年一月二〇日「苦しく心もとなければ、ただ日の経ぬる数を、けふいくか、二十日、三十日と数ふれば指(およぶ)もそこなはれぬべし」補注中世以降の口頭語では、たとえば「コリャード日本大文典」に「icca(イッカ)」とあるように、促音で発音されることも多くなった。辞書書言・ヘボン・言海 表記幾日(書・ヘ・言)

いく-かい【幾回】『名』いくらかの回数。また、多くの回数。何回。＊小学読本(1884)〈若林虎三郎〉一「童生の無尽の所有物即ち要用の時は何時にても自由に使用し得べき物にして、且幾回使用するも決して消費せざるものと為さしむる様教導することを務むべし」＊物理学と感覚(1917)〈寺田寅彦〉「此様な経験が幾回も幾回も繰返されて居る間に」発音〈標ア〉イ[1]

いく-かえり【幾返】『名』(「かえり」は動詞「かえる(返)」の連用形の名詞化)めぐってくる、どれほどの回数。また、多くの回数。いくへん。何度。＊蜻蛉(974頃)中・安和二年「大空をめぐる月日のいくかへり今日ゆくすゑにあはんとすらん」＊能宣集(984-991)「いくかへり咲き散る花をすぐしつつ物思ひくらす春にあふらむ」＊源氏(1001-14頃)松風「いくかへり行きかふ秋をすぐしつつ浮き木にのりてわれ帰るらん」発音〈標ア〉イ

いく-かさね【幾重】『名』(「かさね」は動詞「かさねる(重)」の連用形の名詞化)どれほどの重なり。また、多くの重なり。何重(なんじゅう)。いくえ。＊蜻蛉(974頃)上・天徳二年「浦の浜木綿 いくかさね へだて果てつる からごろも」＊古今六帖(976-987頃)三・水「み熊野の浦の浜木綿(はまゆふ)いくかさね我より人を思ひますらん」発音〈標ア〉イ

いく-かしら【幾頭】『名』(「かしら」は助数詞。人(特に大名など上に立つ人)、動物、仏像、烏帽子などを数えるときに用いる)何人(なんにん)。何頭(なんとう)。何体(なんたい)。何個(なんこ)。＊宇治拾遺(1221頃)九・五「『まさゆきが仏やつくりたる』と問へば、『作り奉りたり』といふ。『いくかしら造奉りたるぞ』と問へば、『五頭つくり奉れり』といふ」＊俳諧・本朝文選(1706)一・辞類・四季辞〈許六〉「大井川とまりて、島田金谷に陣を張(はる)、大名小名いくかしら」発音〈標ア〉イ

いく-かすみ【幾霞】『名』どれだけ重なったかすみ。また、なん重ものかすみ。＊南海漁父北山樵客百番歌合(1195頃)「みよし野の花のさかりを思ひやる心はそらにいくかすみしつ〈慈円〉」

いく-かつき【幾箇月】『名』「なんかげつ(何箇月)」に同じ。なんがつき。＊ロドリゲス日本大文典(1604-08)「Icucatçuqui(イクカツキ)」

いく-き【幾―】『名』①(「き」は布などの長さをいう助数詞)どれくらいの長さの布。＊永福門院百番自歌合(14C前)「もみぢ葉をさそひておろす山風にいく木の錦庭に敷くらん」②(「き」は馬などを数えるのにいう助数詞)何頭(なんとう)。＊高遠集(1011-13頃)「玉柏森の下なる繁みにはいくきの駒のあるるなるらん」＊詞花(1151頃)秋・一二三「逢坂(あふさか)の杉間の月のなかりせばいくきの駒(こま)といかで知らまし〈大江匡房〉」補注(1)和歌ではしばしば「幾木」と掛けていう。(2)②については、「き」を馬の背丈を表わすのにいう「寸(き)」とみて、どのくらいの高さの馬、どれほど立派な馬の意と解する説(顕昭詞華集註)もある。

いく-き【幾木】『名』どれくらいの数の樹木。また、数多くの樹木。＊後撰(951-953頃)秋下・三八七「いく木ともえこそ見わかね秋山のもみぢの錦よそに立てれば〈壬生忠岑〉」＊千五百番歌合(1202-03頃)一三七〇番「おしてるや浜の南の松原もいく木の千代を君に添ふらむ〈藤原俊成〉」発音〈標ア〉イ

いく-きく【育鞠】『名』(「鞠」は養うの意)子供を育てること。養育。＊先哲叢談(1816)四「妻跽進曰、家道育鞠、妾未ニ嘗為一不レ堪」

いく-きく【育鞫】『名』(「鞫」は窮まるの意。「詩経-邶風・谷風」の「昔育恐ニ育鞫一及レ爾顛覆」による)困窮の中に成長すること。一説に、年老いてから困窮すること。

いく-きわ【幾際】『名』いくつかの時節。どれほどの回数の節季。＊浄瑠璃・心中二枚絵草紙(1706頃)中「いくきはかいくきはか、今日やらふ明日やらふ」

いく-くすり【生薬】『名』(「いく」は、四段動詞「いく(生)」の連体形)起死回生の薬。不老不死の薬。いきぐすり。＊拾遺(1005-07頃か)別・三三一「かめ山にいくくすりのみ有りければとがむる方もなき別れ哉〈戒秀〉」＊壬二集(1237-45)「君がため蓬が島もよりぬらしいくくすりとる住吉のうら」＊匠材集(1597)一「いくくすり 不老不死の薬なり」語誌近世、語源を誤って「いく」を「幾」と解し、幾種類かの薬、いろいろの薬の意とした例として、「好色一代男-七・三」の「田舎大じん印籠あけて、いく薬かあたえけるを」や、「好色五人女-四・三」の「手のつづくほどはさすりて、幾薬(イククスリ)をあたへ」がある。

いく-くに【生国】『名』(「いく」は接頭語)生き生きとした国。生気にあふれた国。豊かな国。＊延喜式(927)祝詞・祈年祭(九条家本訓)「生島(いくしま)の御巫の辞竟奉る皇神等の前に白さく、生国(イクミ〔イククニの誤写〕)足国(たるくに)と御名は白(まう)して」

いくくにたま-じんじゃ【生国魂神社】大阪市天王寺区生玉(いくたま)町にある神社。旧官幣大社。主祭神は生島神(いくしまのかみ)、足島神(たるしまのかみ)。神武天皇の創祀と伝えられる。大坂城築城の際、現在地に移る。屋根の構造は生国魂造(生玉造)として知られる。難波坐生国咲国魂(なにわにますいくくにさきくにたま)神社。難波大社。生玉神社。生玉さん。発音〈標ア〉ジ

いく・む【息含】『自マ四』心に怒りを含む。いきどおる。いくむ。いくぶ。＊書紀(720)神武即位前戊午年一二月(寛文版所引日本紀私記訓)「天皇銜(ふふみも)ちたまひて、常に憤(イククミ)懟(うらむること)を懐きたまふ」語源説(1)イキククム(気含)の義〔和訓栞〕。(2)イカリフクム(怒含)の義〔俚言集覧(1797頃)〕。辞書言海

いく-くもい【幾雲居】『名』いくつか重なった雲のある所の意から、遠くへだたっているさまを強めていう語。＊後拾遺(1086)別・四九九「いかばかり空を仰ぎて歎くらむいく雲井とも知らぬ別れを〈よみ人しらず〉」＊千載(1187)春上・三九「かへるかりいく雲ゐともしらねども心ばかりをたぐへてぞやる〈祝部成仲〉」＊山家集(12C後)上「隈(くま)もなき月の光にさそはれていくくもゐまでゆく心ぞも」

いく-こう【幾更】『名』何時。何どき。＊再北遊詩草(1825)夢内「枕前燈火暗還明、残睡醒時夜幾更、夢裏憐君携ニ両女一、山川跋渉遠相迎」＊広益熟字典(1874)〈湯浅忠良〉「幾更 イクカウ ナンドキ」発音イクコー〈標ア〉0

いく-ごく【鬻獄】『名』罪人から賄賂を受けて罪を軽減すること。賄賂で法をまげること。＊頼山陽詩集(1832)一九・丁亥閏六月十五日訪大塩君子起君謝客而上啇作此贈之「家中不レ納鬻獄銭、唯有ニ鄰鄰万巻書一」＊春秋左伝-昭公一四年「雍子自知ニ其罪一、而賂以買レ直、鮒也鬻レ獄」

いくさ【軍】『名』①矢を射ること。射芸。＊書紀(720)持統三年七月(北野本訓)「射(イクサ)を習ふ所を築く」②武人。戦士。兵卒。また、軍隊。軍勢。＊書紀(720)雄略八年二月(前田本訓)「高麗王、即ち軍兵(イクサ)を発して」＊万葉(8C後)六・九七二「千万の軍(いくさ)なりとも言挙(ことあげ)せず取りて来ぬべき男とそ念ふ〈高橋虫麻呂〉」＊打聞集(1134頃)不空三蔵験事「多の船にたけき兵(イクサ)をととのへらる」＊平家(13C前)二・蘇武「漢王のいくさよはく、胡国のたたかひこはくして」＊浄瑠璃・源頼家源実朝鎌倉三代記(1781)六「夫で此かい道を軍(イクサ)が上京するのであろ」③兵と兵とが戦い合うこと。戦争。戦闘。合戦。たたかい。＊宇津保(970-999頃)内侍督「唐土の帝のいくさに負け給ひぬべかりける時」＊平家(13C前)九・敦盛最期「あっぱれ大将軍や、此人一人うちたてまったり共、負くべきいくさに勝つべき様もなし」＊金刀比羅本保元(1220頃か)中・白河殿へ義朝夜討ちに寄せらるる事「命ありてこそ軍(イクサ)をもし、剛臆をもあらはさめ」＊増鏡(1368-76頃)一七・月草の花「今を限りのいくさなれば、手を尽してののしる程、まねびやらん方なし」＊日葡辞書(1603-04)「Icusauo(イクサヲ)スル」＊自然と人生(1900)〈徳富蘆花〉湘南雑筆・海と合戦「今度初めて海と合戦(イクサ)をして見た」語誌(1)「いく」は「的(まと)」を意味する上代語の「いくは」、また「射る」意の「いくふ」と関係があるか。接頭語の「いく(生)」との説もある。「さ」は「箭(や)」の意の「さ」とも、接尾語の「さ」とも考えられる。ほかに、「い」は発語で、「くさ」は「いさましる」の義〔万葉集仙覚抄〕、「いくるはさいはひ(生幸)」の義か〔和句解〕、「い(五)くさる」の義〔和訓栞〕、「いさみくさ(勇蒼生)」の中略〔紫門和語類集〕などの説もある。(2)③の意が資料に現われるのは中古になってからであるが、この意味で多く用いられるようになるのは中世以降である。特に、「平家物語」「保元物語」など軍記物語にはこの意で用いられているものが多い。発音〈なまり〉イグサ〔栃木・鳥取〕イクサン〔岩手〕イッサ〔鹿児島・鹿児島方言〕エクサ〔飛驒・鳥取〕ユクサ〔福井大飯・岐阜・飛驒・静岡・鳥取・島根・佐賀〕ユッサ〔大隅〕〈標ア〉サ0〈ア史〉平安・鎌倉○○○ 江戸●●○〈京ア〉ク 辞書色葉・名義・下学・和玉・文明・伊京・明応・天正・黒本・易林・日葡・書言・ヘボン・言海 表記軍(色・名・玉・文・伊・明・天・黒・易・書・ヘ・言)師(色・名・下・文・易・書)帥(名・玉・文・伊・黒)将(名・文・伊)師(名・明・天)獣・魁・卒(色・名)

旅(名・書) 兵・衆(名) 闘・寇(玉)

いくさ解(と)く 軍隊を解散する。戦いが終わる。＊書紀(720)景行四〇年是歳(北野本訓)「是を以て甲(よろひ)を巻き戈(ほこ)を戢(をさ)めて、愷悌(イクサトケ)て還れり」

いくさ整(ととの)う 軍勢をととのえる。＊書紀(720)舒明九年是歳(北野本訓)「是に散(あらけ)たる卒(いくさ)更に聚ひて、亦振旅(イクサトトノフ)」＊大鏡(12C前)四・道隆「ひとりは東国にいくさをととのへ」 辞書 書言 表記 振旅(書)

いくさに花(はな)を散(ち)らす 戦場においてめざましい活躍をすること。＊天草本伊曾保(1593)鳥と獣の事「コンドワ ワシノ チョウギヲ モッテ icusani fanauo chirasu (イクサニ ハナヲ チラス) ニヨッテ」

いくさの窺(うかが)い 敵情をこっそりさぐること。また、その人。忍びの者。間者(かんじゃ)。＊新撰字鏡(898-901頃)「諜 伊久佐乃宇加加比」 辞書 字鏡 表記 諜(字)

いくさの神(かみ) ①武運をつかさどる神。戦いに勝利をもたらす神。いくさがみ。②めざましい働きをして戦死した軍人で、人格、識見ともにすぐれていた人をほめたたえてよぶ呼び名。軍神。

いくさの君(きみ) 一軍を統率・指揮する者。将軍。元帥。いくさぎみ。＊書紀(720)雄略八年二月(前田本訓)「伏して救を日本府(やまとのみこともち)の行軍元帥(イクサノキミ)等(たち)に請ひまつる」＊天理本金剛般若経集験記平安初期点(850頃)「此は是れ、秦の将(イクサノキミ)なり」＊新続古今(1439)序「左のおほいまうち君源の朝臣、えびすを平らぐるいくさのきみの司を兼ねて」 辞書 名義・書言 表記 戦将(名) 将軍・良将(書)

いくさの行事(ぎょうじ) 合戦のときの一軍の将。総指揮者。軍(いくさ)大将。＊平家(13C前)八・鼓判官「鼓判官知康軍(いくさ)の行事うけ給って」

いくさの三奉行(さんぶぎょう) 江戸幕府の軍職である大目付、旗奉行、槍奉行の総称。

いくさの園(その) 「いくさ(軍)の庭」に同じ。＊増鏡(1368-76頃)一六・久米のさら山「正成は、聖徳太子の御堂の前を、いくさのそのにして、いであひかけひき、寄せつ返しつ」

いくさの団(つかさ) 軍兵をつかさどる役所。軍団(ぐんだん)。＊伊呂波字類抄(鎌倉)「軍団 クンタン イクサノツカサ」 辞書 書言 表記 軍将(書)

いくさの内談(ないだん) 戦いの手だてなどについての内密の相談。いくさないだん。＊備前文明乱記(1558)「軍の内談ども申合せて、松田をば備前国にぞ皈しける」

いくさの習(ならい) 戦争における通例。＊金刀比羅本保元(1220頃か)下・義朝幼少の弟悉く失はるる事「軍(イクサ)の習(ナラヒ)、きっとみむと思ふ共、みぬ事も有べければ」

いくさの庭(にわ) 戦争をする場所。合戦の行なわれる場所。戦場。いくさのその。いくさのば。いくさば。＊金刀比羅本保元(1220頃か)中・白河殿攻め落す事「や、との、ここは軍(イクサ)の庭(ニハ)なれば、只今兵ども馳来て、降人ありやとて引いだされむ時」

いくさの法(のり) 戦術に関する法則。兵法。＊書紀(720)天武一二年一一月(北野本訓)「諸国に詔して、陣法(イクサノノリ)を習はしむ」

いくさの法(のり)の博士(はかせ) 兵法を教えることを役目とした者。＊書紀(720)持統七年一二月(北野本訓)「陣法博士(イクサノノリノハカセ)等を遣して、諸国に教へ習はしむ」

いくさの場(ば) 「いくさ(軍)の庭」に同じ。＊金刀比羅本保元(1220頃か)中・新院御出家の事「けさのいくさの場(バ)よりいづくへかおばしつらむ、知らず」＊仮名草子・浮世物語(1665頃)一・二「たまたま軍(イクサ)の場(バ)に向ひける時」

いくさの船(ふね) 「いくさぶね(軍船)」に同じ。＊書紀(720)神功摂政前(北野本訓)「荒魂(あらみたま)は先鋒(さき)に為(あ)りて師船(みイクサノフネ)を導(みちび)かむ」＊二十巻本和名抄(934頃)一「艨艟 四声字苑云艨艟〈蒙衝二音又並去声 漢語抄云以久佐乃不禰〉戦船也」 辞書 和名 表記 艨艟(和)

いくさ見(み)て矢(や)を=はぐ[=作(つく)る] (戦いが始まってから矢を作るの意) 事が始まってから、あわててその準備にとりかかることのたとえ。盗人を見て縄を綯(な)う。難に臨んで兵を鋳(い)る。＊夫木(1310頃)二五「いくさみてやはぎの浦のあればこそ宿をたてつつ人はいるしめ〈よみ人しらず〉」＊玉塵抄(1563)三二「なにごとも前からこしらえをせいではぞ。軍(いくさ)みて矢はぐことは用にたたぬぞ」＊慶長見聞集(1614)四「万事常に油断有て其後に及んでなさんとほっする事軍見て矢作るがことし」＊元和本下学集(1617)「見㆑軍作㆑矢〈イクサヲミテヤハグ〉晏子春秋云臨㆑難鋳㆑兵臨㆑渇掘㆑井此類也」 辞書 下学・文明・饅頭・黒本・易林・書言 表記 見㆑軍作㆑矢(下・文・饅・黒・易・書)

いくさをおこす 軍勢を招集する。兵をあげる。＊古事記(712)中「其の建波邇安(たけはにやすの)王、軍を興して待ち遮り、各中に河を挟みて、対ひ立ちて相挑(あひいど)みき」＊大鏡(12C前)四・道隆「新羅のみかどいくさをおこし給て、みなうちかへしたまてけり」 辞書 文明 表記 興㆑師(文)

い-ぐさ ゐ【藺草】〘名〙①植物「い(藺)」の異名。＊薬品手引草(1778)「いくさ 藺(りん) 一名燈草なり」＊重訂本草綱目啓蒙(1847)一一・隰草「燈心草 ゐ 古名、ゐぐさ 仙台」＊土(1910)〈長塚節〉八「船頭の被るやうな藺草(ヰグサ)の編笠へ麻の紐を附けて居る」②植物「ふとい(太藺)」の異名。＊書言字考節用集(1717)六「藺 ヰグサ」 発音 イグサ〈標ア〉イ〈京ア〉イ 辞書 色葉・名義・書言 表記 藺(色・名・書) 莞・碧玉草・燈心草(書)

いくさ-あそび【軍遊】〘名〙「いくさごっこ」に同じ。＊梁塵秘抄(1179頃)二・四句神歌「梓(あづさ)の真弓を肩に懸け、いくさあそびをよ、軍神(いくさがみ)」＊森の絵(1907)〈寺田寅彦〉「落ち散る花を笹の枝に貫いて戦遊びの陣屋を飾った」 発音〈標ア〉ア

いく-さい【育才】〘名〙英才を育てること。育英。育材。＊随筆・文会雑記(1782)附録・二「又育才の事、孔門より後、誰やの人か及べき」＊方孝孺-送李生序「古之育㆑才者不㆑求㆓其多㆒才、而惟養㆓其気㆒、培㆑之以㆓道徳㆒、而使㆓之純㆒」 発音〈標ア〉0

いく-さい【育載】〘名〙(神が)もうけそだてること。＊偽悪醜日本人(1891)〈三宅雪嶺〉醜「嗚呼是れ果して天地を育載せる造化の希望なるか」

いく-さい【幾歳】〘名〙どれくらいの年齢。何歳。＊小学読本(1873)〈田中義廉〉二「『汝は此小児を幾歳なりと思ふや』『我は六歳以上なりと思ふ』」 発音〈標ア〉イ

いく-ざい【育材】〘名〙人材を育てること。役に立つ人物をつくりあげること。＊公議所日誌-一六上・明治二年(1869)五月「国家育材の御趣意にも相戻り候儀と、奉存候」 発音〈標ア〉0

いぐさ-いせき ゐぐさヰセキ【井草遺跡】 東京都杉並区井草にある遺跡。出土する井草式土器は縄文時代早期の標式。 発音 イグサイセキ〈標ア〉イ2

いくさ-うけもち【軍受持】〘名〙合戦、戦争を担当すること。軍務を担当すること。＊文明田舎問答(1878)〈松田敏足〉徴兵「天子の親(ちか)い御血脈とある源氏平家や、門閥の藤原氏など、常に軍受持(イクサウケモチ)になり、彼(かの)受かたを望んで」

いくさ-おし【軍押】〘名〙軍勢をひきいて攻めること。＊太閤記(1625)一三・備前宰相秀家卿小西を助成し衆にこえ渡海の事「軍おしの次第を見るに、秀家は八番目なり」

いぐさ-か ゐぐさクヮ【藺草科】〘名〙単子葉植物の科名。世界に八属三百余種あり、広く分布する。一般に温帯および寒帯の湿った山岳地帯に多くの種が生育する。一年草または多年草で、まれに低木。葉は主に根生し、扁平、剣状、円筒状、または鱗片(りんぺん)状。通常、匍伏(ほふく)状に二叉分枝する根茎があり、茎は地上部にのびない。花は集散花序をなし、両性。三数性。花被と雄ずいは同数で六。子房上位。一室かまたは三室に分かれる。多数の卵子があるか、または三個。コヒゲは普通イグサとよばれ水田に栽培し、畳表に用いる。イ科。トウシンソウ科。学名は Juncaceae ＊生物学語彙(1884)〈岩川友太郎〉「Juncaceoe 燈心(ヰ)草科」 発音 イグサカ〈標ア〉0

いくさか-タバコ【生坂煙草】〘名〙(タバコはポルトガル tabaco) 信濃国(長野県)東筑摩郡生坂村を主産地とするタバコ。生坂葉(いくさかば)。＊随筆・独寝(1724頃)上・六九「よしのたばこ、たて烟艸、服部たばこ、赤土烟艸、新田烟艸、小松烟艸、いくさかたばこ」 発音〈標ア〉タ

いくさ-かどで【軍門出】〘名〙軍隊が戦場に向かって出発すること。出陣。いくさのかどで。いくさだち。＊浄瑠璃・傾城島原蛙合戦(1719)三「軍門出の餞(はなむけ)、吉左右の矢を聟(むこ)引き出と」 発音〈標ア〉カ

いくさかどで-いわい はひ【軍門出祝】〘名〙戦場へ出発するに際して戦勝を祈願するために行なう儀式。出陣式。＊備前文明乱記(1558)「文明十六年正月二日、軍首途祝とて太田垣参河守大将にて、山陣より下」 発音〈標ア〉イ2

いくさ-がみ【軍神】〘名〙武運をつかさどる神。戦いに勝利をもたらす神。武甕槌神(たけみかずちのかみ=鹿島神宮の祭神)、経津主神(ふつぬしのかみ=香取神宮の祭神)の二神が古来もっとも尊崇されたが、鎌倉時代以後武家においては北斗七星、摩利支天、勝軍地蔵、不動明王、また、八幡大神などをもまつる。弓矢の神。軍神。武神。＊梁塵秘抄(1179頃)二・四句神歌「関より東(ひむがし)のいくさがみ、鹿島、香取(かんどり)、諏訪の宮」＊平家(13C前)九・宇治川先陣「畠山けふのいくさ神いはんとて、おしならべてむずととって引きおとし」＊金刀比羅本保元(1220頃か)中・白河殿へ義朝夜討ちに寄せらるる事「さらば軍神(イクサガミ)にまつり捨てよとて、暫く弓たまって、面(おもて)にすみたる伊藤六がまんなかに押し当てて放ちたり」＊日葡辞書(1603-04)「Icusagami (イクサガミ)。〈訳〉マルス、すなわち、戦争のカミ(神)」 発音 イクサガミ〈標ア〉サ 辞書 日葡・書言・言海 表記 軍神(書・言) 鬪戦神(書)

いく-さき【行先】〘名〙①すすんでゆく先の方向、地点。目的地。いきさき。ゆくて。ゆくさき。②世の中または一身の行く末。前途。将来。ゆくさき。＊史記抄(1477)五・秦始皇本紀「今陛下富㆓春秋㆒と云は、いくさきに春秋を、づばともったぞ」＊捷解新語(1676)四「われらとがにあうわ、くるしもなけれども、いくさきのしたらかいちねんにねんでわなし」③その時よりも前。以前。＊大本神諭-火之巻(1920)〈出口ナオ〉大正六年旧八月二二日「あれ丈に同一事が、未然(イクサキ)に書いて知らしてありたら」 発音〈標ア〉0

いくさ-ぎみ【軍君・軍将】〘名〙「いくさ(軍)の君」に同じ。＊観智院本名義抄(1241)「師 通師字〈略〉イクサギミ」＊読本・雨月物語(1776)白峰「赤間が関壇の浦にせまりて、幼主海に入らせたまへば、軍将(イクサギミ)たちものこりなく亡びしまで」 発音 イクサギミ〈標ア〉サ 辞書 名義 表記 師(名)

いくさ-ぐるま【軍車】〘名〙戦場で用いる運搬

車。軍用車。または、戦車。兵車。＊観智院本名義抄（1241）「輴 イクサグルマ」＊書言字考節用集（1698）七「戎車 イクサグルマ 支那攻城之具」＊旧約全書（1888）出埃及記・一四「選抜の戦車（イクサグルマ）六百輛にエジプトの諸の戦車（イクサグルマ）および其の諸の軍長等を率ゐたり」＊十二の石塚（1885）〈湯浅半月〉一「夷等の軍車（イクサグルマ）も焼太刀もなまりの如く」 発音 イクサグルマ 〈標ア〉グ 辞書 名義・和玉・書言 表記 輴（名・玉・書）軘（名）戎車・臨衝（書）

軍　車〈五経図彙〉

いくさ‐ごっこ【軍━】〘名〙敵味方に分かれ、戦争のまねをして遊ぶ子供のあそび。いくさあそび。戦争ごっこ。＊東京風俗志（1899–1902）〈平出鏗二郎〉下・二・児戯「日清戦役の後、児童また勇壮を喜び〈略〉竹杖を銃に擬して闘ふあり〈軍（イクサ）ごっこ〉」＊銀の匙（1913–15）〈中勘助〉前・八「長い廊下の両はじに陣どって戦ごっこをする」＊夜明け前（1932–35）〈島崎藤村〉第二部・上・六・三「子供等までが戦ごっこに夢中になってゐることを」 発音 イクサゴッコ 〈標ア〉ゴ 〈京ア〉ゴ

いくさ‐ごと【軍事】〘名〙戦争。合戦。＊日本書紀桃源抄（15C後）下「昔支那からも三韓からもいくさことがあれば、吾国へ官軍を乞申たぞ」＊史記抄（1477）一九・貨殖列伝「夷狄に近て戦をし習て、師さことなんどには、やつと云へばやつと云て、出る様な取合せがはやいぞ」 発音 イクサゴト 〈標ア〉0 ト

いくさ‐さけび【軍叫】〘名〙両軍が対抗してあげる叫び声。＊御伽草子・鴉鷺合戦物語（室町中）「其日の時の音、軍さけびの音をもって合戦の勝負を知る事これあり」 発音 〈標ア〉サ2

いくさ‐さわぎ【軍騒】〘名〙戦争によって世間が混乱すること。戦争による騒乱。＊三浦右衛門の最後（1916）〈菊池寛〉「戦（イクサ）さわぎに馴れ切って」 発音 イクササワギ 〈標ア〉サ2

いくさ‐しょうぎ【軍将棋】（：シャウギ）〘名〙子供の遊びの一つ。駒を地雷、工兵、大将、飛行機、戦車などの働きにのっとって作った将棋。互いに駒を伏せて衝突させ、戦闘力を失った方を負けとする。軍人将棋。軍事将棋。 発音 イクサショーギ 〈標ア〉ショ

いくさ‐しょうぞく【軍装束】（：シャウゾク）〘名〙武人や軍人が戦いに行くときに着る衣服。戦争用の服装。軍装（ぐんそう）。＊開化の入口（1873–74）〈横河秋濤〉上「礼服も軍装束（イクサショウゾク）も常服も皆同様の羅紗やフクリン」 発音 イクサショーゾク 〈標ア〉ショ

いくさ‐ぞうたん【軍雑談】（：ザフタン）〘名〙「いくさものがたり（軍物語）①」に同じ。＊中華若木詩抄（1520頃）上「此創を蒙たときは、何とはたらきた、なんどと云て、いくさ雑談をするまで也」

いくさ‐だいしょう【軍大将】（：ダイシャウ）〘名〙合戦のときに、一軍の指揮を任せられる者。＊河越記（1537）「その日のいくさ大将せし難波田が、あやなくうしろをみせ」＊四河入海（17C前）「将騎と云は、軍大将を云ぞ」＊翁問答（1650）上・本「勝ことを千里のほかに決し、百戦百勝の功をたつるを大忠といふ。是は軍大将（イクサだいシャウ）の忠節なり」＊武家名目抄（19C中か）職名部・軍大将「軍大将は、其身の分限にはかかはらず、其日の合戦をば悉く主将より許されて、進退するものをいふと見えたり」 発音 イクサダイショー 〈標ア〉ダ

いくさ‐だち【軍立】〘名〙①軍隊が戦場に向かって出発すること。出陣。出師（すいし）。＊書紀（720）斉明六年九月（北野本訓）「大唐の蘇定方、船師（ふないくさ）を率て尾資の津に軍（イクサタチ）す」＊平家（13C前）九・三草勢揃「朝夕のいくさだちに過ぎゆく月日は知らねども」＊読本・春雨物語（1808）血かたびら「我、兵衛のかみ也、奈ら山、泉川に軍だちして、稜威（みいつ）しめさん」②軍隊の態勢をととのえたり、作戦を立てたりすること。また、その陣立てや作戦。いくさだて。＊書紀（720）神功元年六月（北野本南北朝訓）「軍（みいくさ）を引いて退（しりそ）く。菟道に至って軍（イクサタチ）す」＊太平記（14C後）八・三月一二日合戦事「勢の多少も、軍立（イクサダチ）の様も見分ざれば」＊史記抄（1477）三・周本紀第四「いくさたちして、牧野へうち出たぞ」＊浮世草子・貧人太平記（1688）下「みかた大きなるまけいたし候事。ひとへに貧人をあなどって、いくさだちのあしきゆへとぞんし候」③戦いぶり。＊保元（1220頃か）中・白河殿攻め落す事「これ程軍立はげしき敵に、いまだあはず候」 発音 〈標ア〉0 辞書 色葉・名義・書言・言海 表記 師（色・書）軍（名・書）師（名）軍立（言）

いくさ‐だて【軍立】〘名〙「いくさだち（軍立）②」に同じ。＊和玉篇（15C後）「帥 イクサタテス」＊日葡辞書（1603–04）「Icusadate（イクサダテ）〈訳〉合戦の場や軍勢の秩序、排列、状態」＊浄瑠璃・四天王むしゃ執行（1659）四「ああ、ふびんの者共の、いくさだてやとて、きん時は、てつのぼう一ぢゃう余りなるをひっさげ」 辞書 和玉・日葡 表記 帥（玉）

いくさ‐づかい【軍遣】（：づかひ）〘名〙軍隊を指揮すること。＊三体詩素隠抄（1622）一・三「指麾とは、日本にていくさいをとって軍（いくさ）づかいをするなどのやうなることを云ぞ」 発音 〈標ア〉ヅ

いくさ‐でたち【軍出立】〘名〙出陣する際の服装。いくさの装束。軍装。＊足利本論語抄（16C）憲問第十四「兵車の会とは、いくさでたちにして会す」＊浄瑠璃・曾我扇八景（1711頃）上「此度の狩装束は、甲冑をたいし、軍出立にいたさせば」

いくさ‐どうぐ【軍道具】（：ダウグ）〘名〙戦争に用いる道具。武器。兵器。＊人賢記（1598）「軍道具はあらはぬ事也。殊に幕をば不ㇾ可ㇾ洗」＊銀の匙（1913–15）〈中勘助〉前・八「刀、薙刀、弓、鉄砲など、あらゆる戦（イクサ）道具もそろってゐた」 発音 イクサドーグ 〈標ア〉ド

いくさ‐ないだん【軍内談】〘名〙戦いに関する内密の相談。秘密の作戦会議。軍評定（いくさひょうじょう）。＊大塔物語（1466頃か）「村上満信者、九月三日屯ㇾ兵挙ㇾ旗打立。〈略〉長秀未磐ニ寺家ニ軍（いくサ）内談也」

いくさ‐ならし【軍馴】〘名〙軍隊の訓練。軍事の練習。調練。軍事教練。 発音 〈標ア〉ナ 辞書 言海 表記 軍馴（言）

いくさ‐なんご【軍━】〘名〙方言 子供の遊び、戦争ごっこ。宮崎市047 ◇いくさごと〔軍事〕山口県防府791 ◇いっさんまね〔軍真似〕鹿児島県鹿児島郡968 ◇いくさぐゎぁせぇ 沖縄県首里993

いくさ‐にん【軍人】〘名〙戦争に従事するのを職務とする人。ぐんじん。＊小公子（1890–92）〈若松賤子訳〉前編・三「僕のとうさんは戦人（イクサニン）だったんです」＊道草（1915）〈夏目漱石〉三九「髭を生やした軍人（イクサニン）が威張って出て来た」 発音 〈標ア〉0 辞書 言海 表記 軍人（言）

いくさ‐ば【軍場】〘名〙いくさをする場所。戦場。特には、陣地を指す。いくさのにわ。＊源平盛衰記（14C前）二〇・石橋合戦事「弓矢取る身の晴振舞（はれぶるまひ）軍場（イクサバ）に過ぎたる事候ふまじ」＊日葡辞書（1603–04）「Icusaba（イクサバ）〈訳〉戦場」＊咄本・春袋（1777）高名「イヤ、おれが先祖も、いくさ場（バ）へ出られたが、むほんをされて」 発音 〈標ア〉0 辞書 日葡・書言 表記 軍場（書）

いくさ‐はじめ【軍始】〘名〙①戦争を始めること。開戦。＊信長記（1622）一上・三川の国小豆坂合戦の事「翌（つぎ）の年軍始（イクサハシ）めあらんとて〈略〉三河国吉良大浜へをしよせ」＊甲陽軍鑑（17C初）品二二「あくる卯辰の刻に、軍初（イクサハジメ）と内談して、次の日戦あり」②はじめてのいくさ。初陣（ういじん）。 発音 〈標ア〉ハ 〈京ア〉ハ

いくさ‐ばた【軍旗】〘名〙戦場で、軍のしるしとして用いる旗。ぐんき。＊金光明最勝王経音義（1079）「幢 イクサハタ」＊改正増補和訳英辞書（1869）「Standard 軍旗（イクサバタ）」 発音 〈標ア〉サ

いくさ‐ばなし【軍話】〘名〙「いくさものがたり（軍物語）①」に同じ。＊浄瑠璃・国性爺合戦（1715）五「若殿原の軍ばなし、あんかんと聞てもいられず」 発音 〈標ア〉バ

いくさ‐び【軍火】〘名〙いくさのために起こる火事。兵火。＊鷲（1940）〈川田順〉筥崎宮「蒙古来（らい）ふせぎし時の兵火（イクサビ）にあな畏（かしこ）くも焼かれたまへり」

いくさ‐びと【軍人】〘名〙（上代において「ひ」の清濁は不明）戦争に従事する人。将兵。兵士。武人。ぐんじん。＊書紀（720）崇峻即位前（図書寮本訓）「是に衛士（イクサヒト）先づ楼（たかどの）の上に登り、穴穂部皇子の肩（みかた）を撃つ」＊書言字考節用集（1717）四「軍卒 イクサビト」＊読本・雨月物語（1776）浅茅が宿「老いたるは山に逃竄（にげかく）れ、弱（わか）きは軍民（イクサヒト）にもよほされ」 発音 〈標ア〉サ 〈京ア〉0／サ 辞書 書言・言海 表記 軍卒・士卒（書）軍人（言）

いくさ‐ひょうぎ【軍評議】（：ヒャウギ）〘名〙「いくさひょうじょう（軍評定）」に同じ。＊太閤記（1625）四・前田又左衛門尉利家末森之城後攻之事「其内に家老の人々をよびあつめ、軍評議有けるが」 発音 イクサヒョーギ 〈標ア〉ヒョ

いくさ‐ひょうじょう【軍評定】（：ヒャウヂャウ）〘名〙合戦の前に行なわれる作戦会議。軍（いくさ）定め。軍内談（いくさないだん）。軍評議。＊中華若木詩抄（1520頃）上「さう云ても、かなわぬことなれば、軍さ評定あるべしとて」＊蘆名家記（1590頃）一・関柴合戦之事「黒川には四天の宿繭をだ山の城に登城有て、軍評定なり」＊浄瑠璃・国性爺合戦（1715）五「韃靼（だったん）大明（たいみん）わけめの勝負、いくさ評定とりどり也」 発音 イクサヒョージョー 〈標ア〉ヒョ 〈京ア〉ヒョ

いくさ‐ぶぎょう【軍奉行】（：ブギャウ）〘名〙戦いの際、軍事全般の総指揮にあたった臨時の職。鎌倉時代には侍所の別当、所司などがこれにあたり、室町幕府もこれにならったが、応仁の乱以後は、それ以外にも任ぜられた。戦国大名は軍事に長じた者をこれにあてた。＊太平記（14C後）七・千剣破城軍事「長崎四郎左衛門尉、軍（イクサ）奉行にて有りければ、手負死人の実検をしけるに」＊日葡辞書（1603–04）「Icusa buguiŏ（イクサブギャウ）〈訳〉戦場の指揮者、または sargênto 等の長」＊上杉家文書（近世か）二・年未詳二月七日・内藤作左衛門尉御貝次第（大日本古文書二・九四〇）「未（ひつじ）の刻よりする、軍奉行次第たるへく候」＊浄瑠璃・八島（1639）三「きゃうだいがそのなかを、一人みやこへ上せてたまはれ、いくさぶぎゃうに、たのみたきとぞ仰ける」 発音 イクサブギョー 〈標ア〉ブ 辞書 日葡

いくさ‐ぶね【軍船】〘名〙戦争に用いる船。兵船。軍艦。艨艟（もうどう）。いくさのふね。＊書紀（720）天智二年八月（寛文版訓）「大唐の軍将、戦船（イクサフネ）一百七十艘を率て、白村江に陣烈（つらな）れり」＊色葉字類抄（1177–81）「艨艟 モウショウ イクサフネ 戦船也」＊日葡辞書（1603–04）「Icusabune（イクサブネ）〈訳〉海軍の船」＊左千夫歌集（1920）〈伊藤左千夫〉明治三七年「軍艦（イクサブネ）わが物にあらず命こそ吾がものなれとロシヤたけりを」 発音 〈標ア〉ブ 〈京ア〉ブ／サ 辞書 和名・色葉・名義・和玉・文明・黒本・易林・日葡・書言・言海 表記 艨艟（和・色・名・文・黒・易・書）艟（玉・書）艨（玉）舡艦（書）軍船（言）

いくさ‐ぶれ【軍触】〘名〙出陣の布告。＊俳諧・談

林十百韻(1675)下「家中の面々雲霞のごとし〈正友〉軍ふれ忽(たちまち)きほふ春の風〈在色〉」 発音〈標ア〉0

いくさ-ぼし【軍星】『名』「ほくとしちせい(北斗七星)」の異名。＊和玉篇(15C後)「魁 イクサボシ」＊語彙(1871-84)「いくさぼし 北斗をいふ、兵学家に北斗を軍神とす。故に此名あり」 発音〈標ア〉サ 辞書 和玉・言海 表記 魁(玉) 軍星(言)

いく-さま【幾様】『名』どれだけの方法。いくつの方法。辞書 日葡

いくさ-まつり【軍祭】『名』軍神(いくさがみ)の祭。発音〈標ア〉マ

いくさ-ものがたり【軍物語】『名』①戦いに関する話。軍談。いくさばなし。＊謡曲・実盛(1430頃)「その戦物語りは無益(むやく)。ただおことの名を名のり候へ」＊玉塵抄(1563)四「をぢの韓擒虎とつねにいくさ物語して、孫呉が兵書の上を云たぞ」＊合巻・金儲花盛場(1830)上「軍書講釈 太平の御代にもいくさ物語皆それぞれに 陣どりてきく」②戦いの記録。軍記。発音 イクサモノガタリ〈標ア〉ガ

いくさ-もよい【軍催】『名』開戦に際して、気勢を挙げること。＊承久軍物語(1240頃か)四「やすむらは五十騎(き)の勢(せい)をあひしたがへ、宇治橋(うぢばし)の辺(へん)に押寄(をしよ)せ、いくさもよひせられけり」

いくさ-よばい【軍喚】『名』戦場において、敵味方互いに大声で叫び合うこと。ときのこえ。＊平家(13C前)灌頂・六道之沙汰「明けても暮れても、いくさよばひのこゑたえざりし事」 辞書 言海 表記 軍喚(言)

いくさ-よぼろ【軍丁】『名』(「丁(よほろ)」は、本来、足のひかがみの意。転じて、徴用すべき青壮年をいう) 上代、兵役に従事した壮丁。兵士。兵卒。＊書紀(720)持統四年九月(寛文版訓)「大唐の学問僧智宗、義徳、浄願、軍丁(イクサヨホロ)筑紫国の上陽咩郡の大伴部博麻、新羅の送使大奈末金高訓等に従ひて筑紫に還至れり」＊続日本紀-天平宝字八年(764)九月二〇日・宣命「一つ二つの国に軍丁(いくさよほろ)を乞ひ、兵(いくさ)発(おこ)さしむ」

い-ぐさり【居腐】『名』一か所にいつまでもいて、他へ移らないこと。そのところから動けないでいることを卑しめていう語。＊浄瑠璃・信濃源氏木曾物語(1698頃)一「わしらがやうな数ならぬ、うき身は山をゐぐさりに、ひとり眺むる月影に、しかと鳴くねをくらべつつ、こがれ死んだがましならめ」＊浄瑠璃・傾城島原蛙合戦(1719)二「あす出る廓(くるわ)を得出ず、ゐぐさりにする法もあれ」＊談義本・教訓雑長持(1752)四・遍参僧精霊に出会し事「あれらもどふ養生しても、万劫娑婆に、居腐(ヰグサリ)に生通しには居ますまい」 発音 イグサリ〈標ア〉グ〈京ア〉0

い-ぐさ・る【居腐】『自ラ四』他に移らないで一つところにいつまでもいる。また、入りびたっていることを卑しめていう。＊浄瑠璃・北条時頼記(1726)四「時頼公、月小夜姫のお部や通ひ、昼夜のわかちなく、べったりといくさり」＊俳諧・平安二十歌仙(1769)四「居腐りて春を突込寒さ哉〈嘯山〉 柳もいまだ手炉のあたり〈随古〉」 発音 イグサル〈標ア〉サ

いく-さん【育蚕】『名』蚕を飼育すること。養蚕。発音〈標ア〉0

いく-し【育子】『名』「いくじ(育児)」に同じ。＊明六雑誌-二二号(1874)女飾の疑〈阪谷素〉「開物成務育子之業日に美に月に大なるべし」 発音〈標ア〉イ

いく-し【郁子】『名』植物「むべ(郁子)」のこと。＊延喜式(927)三一・宮内省「諸国例貢御贄〈略〉近江〈郁子、氷魚、鮒、鱒、阿米魚〉」＊十巻本和名抄(934頃)九「郁子 本草云郁子〈略〉一名棣 都計反 和名无倍」＊和訓栞(1777-1862)「むべ。〈略〉和名抄に郁(イク)子 むへと訓す」

いく-じ【生路】『名』(漢語「生路」の訓読み) 生命有る者が生きていく場所。この世。＊今昔(1120頃か)六・四一「王亦、此を聞き給て、歓喜して居道を生く路に還し給ふ。此に依て、我活(よみがへ)る也」 発音〈標ア〉イ

いく-じ【育児】『名』乳幼児を養い育てること。育子。＊華族の海外留学を奨励し給へる勅諭-明治四年(1871)一〇月二二日「女教の素あるを暁り、育児の法をも知るに足るべし」＊初孫(1900)〈国木田独歩〉「小生が妻の為めにとて求め来りし育児(イクジ)に関する書籍などを」＊我等の一団と彼(1912)〈石川啄木〉三「育児は社会全体の責任で、親の責任ぢゃ無いとか、何とか」 発音〈標ア〉イ 0〈京ア〉0 ク

いく-じ【幾時】『名』①はっきりわからない、また、はっきりきまっていない時刻をいう場合に用いる。なんじ。＊恋慕ながし(1898)〈小栗風葉〉二六「では、幾時(イクジ)頃に息を引取ったのでございますね?」②多くの時。発音〈標ア〉イ〈京ア〉ク

いくじ【意気地】『名』(「いきじ(意気地)」の変化した語) 物事をなしとげようとする気力、態度、意地。心の張り。→いくじない・いくじなし。＊雑俳・柳多留拾遺(1801)巻二「俄雨いくぢのあるは折てはき」＊滑稽本・浮世風呂(1809-13)三・上「是だものを、いくぢはございましねへ」 語源説 (1)イキヂ(意気地)の転か〔大言海〕。(2)イクイヂ(活意地)の略か〔両京俚言考〕。発音〈標ア〉イ〈京ア〉0 辞書 言海

いくじ が 無(な)い ①何かをやり通そうとする気力や元気がない。他に負けまいとする力強さがない。＊洒落本・青楼松之裡(1802)一「年がよると、いくぢのねへにはこまりはてます」＊浮雲(1887-89)〈二葉亭四迷〉一・二「倩(さて)木から落ちた猿猴(さる)の身といふものは意久地の無い者で」＊坊っちゃん(1906)〈夏目漱石〉四「江戸っ子は意気地がないと云はれるのは残念だ」②(態度、身なり、やり方などが)だらしない。しまりがない。＊洒落本・道中粋語録(1779-80頃)「『ほんに置てきた。一寸と取て来てくんな』『ヤレはあいくぢもねへ事(こん)だァ』」＊滑稽本・浮世風呂(1809-13)二・上「りんがいくぢもねへ結びやうをした。お繻袢(じばん)の紐(ひぼ)が解(とけ)る物(もん)じゃアねへ」＊末枯(1917)〈久保田万太郎〉「泥溝板(どぶいた)のうへにいくぢのない下駄の音が聞えて、やがて扇朝はかへって来た」

いくじ『名』方言 ❶軟石の地盤。新潟県佐渡348 ❷板泥。粘土が固まってできた板状の岩。京都府竹野郡622 ❸岩。新潟県佐渡353 ❹亜炭。愛知県東春日井郡559 ❺溝。石川県江沼郡422 ❻屋の棟。静岡県520

い-ぐし【斎串・五十串】『名』①榊(さかき)や小竹に麻や木綿をかけて神に供えるもの。玉串。《季・夏》＊万葉(8C後)一三・三二二九「五十串(いぐし)立て神酒(みわ)すゑまつる神主部(はふりへ)が髻華(うず)の玉かげ見ればともしも〈作者未詳〉」＊散木奇歌集(1128頃)夏「初苗にうずのたまをとりそへていぐし待つらん年つくりえに」＊和歌呉竹集(1795)一「いぐしさす 小さき御幣也、五十串と書けり 連歌には節分のいわしの頭(かしら)を窓門にさすを云ふ 歌にもよめり」②転じて、物を刺す木や竹の串の総称。＊俳諧・暁台句集(1809)夏「追かける五串にかかるひやし瓜」＊色葉字類抄(1177-81)「串竦 イクシ 炙具也」 語源説 何本もあるのでイグシ(五十串)という〔嘉良喜随筆〕。発音 イグシ〈標ア〉イ 辞書 色葉・言海 表記 串竦(色) 斎串(言)

いくじ-いん【育児院】『名』孤児や、保護者が養育困難な状況にある子供を預かり、養育する施設。養育院。＊朝野新聞-明治一五年(1882)四月二〇日「北海道の三県へ施療院及び育児院を設け度き旨を本国へ照会になりし処」＊風俗画報-二三二号(1901)記事「学校を建て仏教を弘め堕胎の弊風を一掃し育児院を興し病院を設けて幾多の窮民を救ひ」 発音〈標ア〉ジ

いく-しお【幾入】『名』(「しお」は、色を染めるために、布などを染料に浸すことをいい、その浸す回数を数えるのに使う語) 何回か染め汁に浸すこと。どれくらいの回数の染めかさね。＊蜻蛉(974頃)下・天禄三年「露にのみ色もえぬればことのはをいくしほとかは知るべかるらん」＊宇津保(970-999頃)菊の宴「いろいろの花こきまぜに散り敷ける浦はいくしほうちて染めしぞ」＊伊勢集(11C後)「海にのみひたれる松のふかみどりいくしほとかはしるべかりける」＊新古今(1205)恋二・一一三三「紅(くれなゐ)に涙の色のなり行くをいくしほまでと君に問はばや〈道因〉」

いくじ-きゅうぎょう【育児休業】『名』労働者が育児に専念するために一定期間仕事を休むこと。育児休暇。

いくじ-しお【生道塩】『名』「いくじのしお(生道塩)」に同じ。

いくじ-しょ【育児所】『名』「たくじじょ(託児所)」に同じ。＊ソ聯十日(1946)〈正宗白鳥〉「見せられた所は、裁判所、育児所、幼稚園、電話機製造所、など、新時代のロシアの実況を示したものであった」 発音〈標ア〉ショ 0

いくじ-な・い【意気地無】『形口』文 いくぢな・し『形ク』「いくじ(意気地)が無(な)い」に同じ。＊評判記・そぞろ物語(1641)歌舞妓太夫下手の名をうる事「酔に酔(ゑひ)、在郷の百姓かたことといひて、いくぢなき風情」＊洒落本・廓節要(1799)「ふた茶わんを出していくじなくあける」＊人情本・春色梅児誉美(1832-33)三・一五齣「つれだちし桜川由次郎 羽をりをいくぢなくきながら」 方言 ❶愚かだ。愚かで働きがない。福島市158 千葉県香取郡267 ◇ゆくちない 会津†062 福島県大沼郡175 ◇りくじない 山形県米沢市149 福島県東白川郡157 ❷たわいない。大人げない。◇ゆくちない・よくちなし 仙台†057 ❸力が弱い。病弱だ。山形県東田川郡139 千葉県香取郡267 新潟県下越387 ❹飲食をむさぼるさまだ。◇ゆくちない 岩手県東磐井郡107 発音〈なまり〉ウグズナス〔仙台方言〕ユクジナイ〔栃木〕ユクジナシ〔茨城〕ユクチナイ・ユグチネァ・リグジナシ・リグジネァ〔福島〕〈標ア〉ナ〈京ア〉ジ 辞書 ヘボン

いくじな-さ【意気地無—】『名』(形容詞「いくじない」の語幹に、接尾語「さ」の付いたもの) 気力がなく役に立たないこと。元気のないこと。だらしないこと。弱いこと。また、その程度。＊雑俳・柳多留-二三(1789)「いくぢなさ二人でめしやかゆを焚き」＊いさなとり(1891)〈幸田露伴〉五六「銀次の意久地なさを歯痒(はがゆ)がる傍から」＊苦の世界(1918-21)〈宇野浩二〉一・五「今までの私の意気地なさのためにかさなる不孝の罪」 発音〈標ア〉ナ ジ

いくじ-なし【意気地無】『名』(形容詞「いくじなし」の名詞化) ①気力がなく役にたたないこと。また、そういう人。困難や苦労に打ちかつ力強さがないこと。また、そういう人。＊たけくらべ(1895-96)〈樋口一葉〉五「弱虫め、腰ぬけの活地(イクヂ)なしめ」＊多情多恨(1896)〈尾崎紅葉〉前・五・三「足(たら)はぬ所も数有ったらうけれど、母親が案じたほどの意気地無(イクヂナシ)では無かった」②しまりがなく、ぐうたらなこと。また、そういう人。＊承久記(1240頃か)上「壱岐判官知康と申すいくぢなしが勧めに付かせ給ひて、院中に兵を召されて合戦せさせられ候ふたにより」＊人情本・梅之春(1838-39)四・二一回「親が気質(きだて)が能いばかりで懶惰(イクヂナシ)だから」 方言 愚かなこと。また、愚か者。ばか。◇ゆくちなし 福島県耶麻郡163 会津若松市171 茨城県稲敷郡193 ◇りくちなし 福島県会津174 ◇りくつなし 山形県米沢市151 発音〈標ア〉ジ〈京ア〉ナ

いくしな-じんじゃ【生品神社】 群馬県新田郡新田町にある神社。旧県社。祭神は大穴牟遅神(おおなむちのかみ)、品陀和気命(ほむたわけのみこと)、建

御名方神(たけみなかたのかみ)ほか二二柱。元弘三年(一三三三)新田義貞が挙兵した所といわれる。国史跡。発音〈標ア〉ジ

いくじ-のう【育児嚢】〖名〗 カンガルーなど有袋(ゆうたい)類の雌の腹部にある育児用の袋。皮膚のひだによって形成され内部に数個の乳頭がある。タツノオトシゴの雄やミジンコの雌などが卵や幼生の保護などのために体内にもつ袋などをいう場合もある。育嚢。発音イクジノー〈標ア〉ジ

いくじ-の-しお【生道塩】(いくぢのしほ)〖名〗 尾張国(愛知県)知多郡生道から産出した、かたく固めた塩。いくじしお。＊延喜式(927)二四・主計「尾張国〈行程上七日下四日〉。調〈略〉生道(いくちの)塩一斛六斗〈与二調塩一共進〉」

いくじ-ほう【育児法】〖名〗 乳幼児を育てる方法。乳幼児を保護、養育し、心身の発達を助成する方法。＊和解(1917)〈志賀直哉〉一〇「K君は育児法に就いて、もう一廉(ひとかど)の知識を持ってゐて」発音イクジホー〈標ア〉0〈京ア〉ジ

いく-しま【生島】■一〖名〗(「島」は「占む」から出た語か。ある地域をいう) 生気にあふれた土地。↓いくしま(生島)の御巫(みかんなぎ)。■二摂津国(大阪府の一部)の古郡名の一つ。＊随筆・胆大小心録(1808)一五八「生島の郡、東を大郡、西を小郡といひしを、今見よ、海うもれ、西生(にしなり)の大郡、十三郡の中に最一なり」発音〈標ア〉0

いくしま の 神(かみ) 長野県生島足島神社(いくしまたるしまじんじゃ)の祭神の一つ。足島大神とともに、国土の守護神。生島大神。生国魂神。

いくしま の 御巫(みかんなぎ) 国土の神をまつるみこ。＊続日本紀-天平九年(738)八月甲寅「給二大宮主御巫。坐摩御巫。生嶋御巫及諸神祝部等爵一」＊延喜式(927)祝詞・祈年祭(九条家本訓)「生嶋(イクシマ)能御巫の辞竟へ奉る皇神等の前に白さく」

いくしま【生島】 姓氏の一つ。発音〈標ア〉0シ

いくしま-しんごろう【生島新五郎】 江戸中期の歌舞伎俳優。大奥の女中絵島との密通によって三宅島へ流罪となる。寛文一一〜寛保三年(一六七一〜一七四三)

いく-じま【生島】〖名〗 私娼をいう、盗人仲間の隠語。〔隠語輯覧(1915)〕

いくしまたるしま-じんじゃ【生島足島神社】 長野県上田市下之郷にある神社。旧国幣中社。祭神は生島神、足島神。本殿土間の大地を御霊代(みたましろ)とする。延喜式名神大社。発音〈標ア〉ジ

いく-しも【幾霜】〖名〗 何度もの霜。転じて、何年もの年月。幾星霜。＊俳諧・貞享三年其角歳旦帳(1686)「幾霜に心ばせをの松かざり〈芭蕉〉」発音〈標ア〉イ

いく-しゅ【育種】〖名〗 有用動植物の品種の育成、または改良。遺伝的性質に人為的改良を加えて、よりすぐれた品種をつくりだしてゆくこと。作物育種。発音〈標ア〉0

いく-じゅう【幾十】〖名〗「なんじゅう(何十)」に同じ。

いくしゅ-じょう【育種場】〖名〗 農作物や家畜の育成法の開発や、品種の改良にあたる機関。明治一〇年(一八七七)九月三〇日、東京三田四国町に開設された。＊東京日日新聞-明治一八年(1885)八月三一日「亜細亜大博覧会の場所は、上野の公園か三田の育種場かと云ひ合へりしが」発音イクシュジョー〈標ア〉0

いく-・す【育】〖他サ変〗 生物を養いそだてる。また、子供など一人前になるまで世話をやき、教えみちびく。育てる。＊中華若木詩抄(1520頃)中「夏至には微陰始て起り、万物を育するに」＊文明論之概略(1875)〈福沢諭吉〉三・六「譬へば智力未だ発生せざる小児を育し」＊花柳春話(1878-79)〈織田純一郎訳〉二三「皆な真の良知良能あるが故に、能く業を遂げ才を育するに至り」発音〈標ア〉クス

いく・す〖他サ四〗(「おこす」の変化した語) こちらへ渡す。おこす。＊狂言記・武悪(1660)「身どもにまいってとってこいとおっしゃれましたほどに、いくさっしゃれませい」＊浪花聞書(1819頃)「いくせ。下賤の言葉。おこせ也」語誌江戸時代に入ってから見られるが、その用例は、だいたい上方語圏のものであり、上方語の「おこす」から「おくす」を経て「いくす」に転じたと考えられる。挙例の「狂言記」は当時の俗語を積極的に取り入れる傾向があった。江戸後期の浪花方言でも、挙例が示すように卑しいことばと考えられていた。方言❶こちらへ寄越す。青森県072 新潟県373 374 376 富山県389 石川県404 福井県427 ❷与える。やる。富山県389 砺波398 石川県羽咋郡412 河北郡414 ❸返す。秋田県南秋田郡・河辺郡130 富山県390 高岡市395

いく-すう【育雛】〖名〗 卵からかえしたひなを育てること。特に、鶏についていう。発音イクスー〈標ア〉0

いくすう-き【育雛器】〖名〗 ひな鳥を母鳥から離して人工的に育てるための装置。発音イクスーキ〈標ア〉ス

いく-すじ【幾筋】〖名〗 ①細い糸状のものが何本かあること。また、多くの糸状のもの。＊コリャード日本文典(1632)「コガネノ クサリヲ icusũgimo (イクスヂモ)ツケタ ドウグデ ゴザル」＊狐の裁判(1884)〈井上勤訳〉三「哀れむべし、頭顱(あたま)の皮は焦爛(こげただ)れて、幾線(イクスヂ)となく皺(しわ)よるまでに至りしかば」②川道など細長く見えるものが何本かあること。＊尋常小学読本(明治三六年)(1903)六・八「大坂市の中には、大きな堀が、いくすぢも通ってをる」発音〈標ア〉イ

い-くず・す【居崩】〖他サ五(四)〗 座るのに楽な姿勢になる。＊人情本・春色雪の梅(1838-42頃か)三・一三回「両人は行儀を居崩(ヰクヅ)して種々な噺に盃の数も巡りて」

い-くず・す【鋳崩】〖他サ四〗「いつぶす(鋳潰)」に同じ。＊浮世草子・日本新永代蔵(1713)一・二「其比京の大仏殿の造改ありて〈略〉中嶋屋は商売のうへ何の祟かあらんとて、鋳崩(イクヅ)して」発音〈標ア〉ズ

い-ぐすり【胃薬】〖名〗 胃の具合が悪いのを治療するための薬。発音イグスリ〈標ア〉グ

いぐすり〖名〗方言 ⇩いぐち

いく-せ【幾瀬】〖名〗 ①幾つかの浅瀬。＊古今六帖(976-987頃)三・水「はつせ川いくせかわたるわぎもこがおきてしくればやせこそわたれ」＊山家集(12C後)下「水際(みぎは)近く引き寄せらるる大網にいくせのものの命こもれり」＊新古今(1205)夏・二五三「大井川かがりさし行く鵜飼ひ舟いくせに夏の夜をあかすらん〈藤原俊成〉」②多くの機会。なみなみでない程度。流れが波立つように、心がさわぎ立つ意からいう。浅瀬で心配、苦労、恋慕などを意味する語を修飾する。＊雲形本狂言・縄綯(室町末-近世初)「アア此様な所にいつまで奉公をせうと思ふて、いくせの思ひをしました」＊浄瑠璃・夕霧阿波鳴渡(1712頃)上「それはいくせの物案じ、それ故に此病」＊浄瑠璃・仮名手本忠臣蔵(1748)七「かはい男にいくせの思ひ」③一般に、多くのこと、ひとかたならぬさまをいう。＊説経節・をぐり(御物絵巻)(17C中)八「さてみづからが、いくせのことを申だに、つゐに御せういん、御さなふて、いまのうきめのかなしやな」＊浄瑠璃・心中刃は氷の朔日(1709)下「いくせの罪を作りし身が、よい所へよも行くまい」＊浄瑠璃・河内国姥火(1720頃か)四「幾瀬(イクセ)の難義を懸(かけ)参らせ」＊椀久物語(1899)〈幸田露伴〉六「憂いも辛いも汲み分けて同情なり訓戒なり共に籠れる長話し、浮世の風に曝されて幾瀬(イクセ)の塩を履んで来た人ほどはある心づけ」語源説イクソ(幾十)、イクソバクの転か〔大言海〕。発音〈標ア〉イ 辞書言海 表記幾瀬(言)

い-ぐせ【居曲】〖名〗 能楽の「クセ」の部分で、シテが舞を舞わないで、すわったままで演技すること。また、そのクセの名称。「安宅」「井筒」のクセなど。↕舞曲(まいぐせ)・立曲(たちぐせ)。発音イグセ〈標ア〉0

いく-せい【育生】〖名〗 生まれ育つこと。また、養い育てること。＊徳川氏時代の平民的理想(1892)〈北村透谷〉三「平民社界の胸奥より自然的育生の声をこの時代に於て聞きたるや」＊漢書-律歴志「律呂唱和、以育生成化」発音イクセイ〈標ア〉0

いく-せい【育成】〖名〗 育てて大きくすること。育てあげること。＊現実暴露の悲哀(1908)〈長谷川天渓〉二「婦は淑徳高きものと思ひたるに、今は不貞不義の化身、また罪悪を育成するものと見え」＊教育基本法(1947)前文「われらは、個人の尊厳を重んじ、真理と平和を希求する人間の育成を期するとともに」＊堕落(1965)〈高橋和巳〉一・三「一国一党の政治組織を育成するため」＊高允-祭岱宗文「呑二吐風雲一、育二成万品一」発音イクセイ〈標ア〉0〈京ア〉0

いく-せん【幾千】〖名〗「なんぜん(何千)」に同じ。＊平家(13C前)一一・剣「いく千年をへたりといふ事をしらず」＊ともしび(1950)〈斎藤茂吉〉昭和元年・霜「寒水(さむみづ)に幾千(イクセン)といふ鯉の子のひそむを見つつ心なごまむ」

いくせん-まん【幾千万】〖名〗 数千とも数万ともはっきりしないが、非常に多くの不定・疑問の数。＊平家(13C前)一〇・維盛入水「其いのちをたつ事いく千万(センマン 高良本ルビ)といふかずをしらず」＊サントスの御作業(1591)一・サンジョアン「Iesu Christo ヲ シンジ タテマツル モノ icuxenman (イクセンマン) トユウ コト ナシ」＊御伽草子・物くさ太郎(室町末)「人数(ひとかず)いくせんまんと云事なし」＊暁紅(1940)〈斎藤茂吉〉昭和一一年・した谿「木曾だにをつひにくだりてわれおもふ幾千万(イクセンマン)の淀と激(たぎ)ちを」

いく-そ【幾―】〖名〗 ①(助詞「の」が付いて体言に続く用法が多い) 多くの数量。いくらくらいの量。どれほどの多数。＊後撰(951-953頃)雑二・一一三二「みこし岡いくその世々に年をへてけふの御幸(みゆき)を待ちて見つらん〈藤原仲平〉」＊拾遺(1005-07頃か)恋四・八八一「浅ましや木の下蔭の岩清水いくその人のかげを見つらむ〈よみ人しらず〉」＊栄花(1028-92頃)布引の滝「八十余年世の一の人にておはしましつる御蔭に隠れつる人々いくそかは」②(副詞的に用いられて感動の気持を含む) どれほど多く。どのくらいたくさん。＊曾丹集(11C初か)「網代(あじろ)守(も)る宇治の川瀬は年つもりいくそ月日を数へきぬらん」＊金槐集(1213)雑「我いくそ見し世のことを思ひ出でつあくるほどなき夜の寝覚めに」語源説(1)幾の義で、ソは助語。または十の義〔和訓栞〕。(2)ソはソコバクのソ〔日本語源=賀茂百樹〕。(3)イクソバクの略語〔類聚名物考〕。(4)ソは添の意〔国語本義〕。発音〈標ア〉イ〈京ア〉ク0 辞書言海

い-ぐそ【居糞】〖名〗 すわったままで大便をすること。＊譬喩尽(1786)四「居糞(ヰグソ)垂(たる)る 男気で居糞垂る 云云」発音イグソ〈標ア〉0

いくそ-たび【幾度】〖名〗 どれくらいの回数。何回。また、多くの回数。何度も。＊伊勢物語(10C前)九二「蘆辺こぐ棚なし小舟(をぶね)いくそたび行きかへるらん知る人もなみ」＊宇津保(970-999頃)祭の使「いくそたびか思ひかへさぬ。されど、さてのみはえこそあるまじけれ。いかがせん」＊源氏(1001-14頃)末摘花「いくそたび君がしじまに負けぬらんものな言ひそと言はぬたのみに」発音〈標ア〉ソイ

いくそ-ばく【幾―】〖副〗(助詞「の」が付いて体言に続いたり、断定の助動詞「なり」が付くこともある) ①数量や程度がどれほど多いか不明であることを表

わす。どれほど。どのくらい多く。＊古今(905-914)物名・四六四「花ごとにあかず散らしし風なればいくそばく我が憂(う)しとかは思ふ〈よみ人しらず〉」＊土左(935頃)承平五年一月九日「宇多の松原を行き過ぐ。その松の数いくそばく、幾千年(いくちとせ)経たりと知らず」＊石山寺本金光明最勝王経平安後期点(1050頃)「此の魚は頭数幾何(イクソハク)有りとかする」②数量や程度がはなはだしいことを表わす。どれほど多く。どんなにか多く。＊宇津保(970-999頃)藤原の君「漬け豆を一さやあてに出すとも、十まり五つなり。種なくしてはいくそばくなり」＊宇治拾遺(1221頃)四・六「一二度人屋(ひとや)に居んだに人としてはよかるべきことかは。ましていくそばくの犯しをして、かく七度までは、あさましくゆゆしき事なり」＊信心録(ヒイデスの導師)(1592)一・四「キ、クサ ノ タグイ ワ、icusobacu (イクソバク) ノ コトゾ」語誌(1)「ばく」は「ここばく」「そこばく」などの「ばく」で、数量の多さを表わす。「万葉集」では「いくばく」が用いられ、「いくそばく」の例はない。「いくたび」から「いくそたび」「いくちたび」が生まれたように、平安時代に「いくばく」の強調形として用いられたものか。(2)数量詞の用法としては、疑問の意味から転じて「多く」の意味の程度を示す副詞として用いられる例が多いが、室町時代でも「蓬左本江湖抄-上」に「路すがらは、いくそばくでかあるらう」とあるように、疑問の意味でも用いられている。発音〈標ア〉ソ イ 辞書色葉・名義・文明・易林・日葡・書言・言海 表記幾多(色・名・易・書) 幾何(名・文) 幾許・許多(易・書) 幾所(名)

いくた【生田】 ❶㈠神戸市中央部の地名。生田神社の所在地。昭和二〇年(一九四五)旧神戸区、湊東(そうとう)区を母体とした新区となったが、同五五年に葺合(ふきあい)区と合区し中央区の一部となる。市の政治、経済の中心地。＊後撰(951-953頃)恋一・五三二「いくたびかいくたの浦に立ち帰る浪にわが身を打ちぬらすらん〈よみ人しらず〉」＊謡曲・求塚(1384頃)「明かし暮らして行くほどに、名のみ聞きし津の国の、生田の里に着きにけり」㈡謡曲「生田敦盛(いくたあつもり)」の異称。金春流でいう。❷『名』「いくたりゅう(生田流)」の略。＊洒落本・傾城買指南所(1778)「大かなやの白妙は琴(イクタ)の名人」＊滑稽本・浮世風呂(1809-13)二・上「『お釜さんはお琴もなさいますネ』『ハイ、生田(イクタ)を習せましたが』」発音〈標ア〉イ 0 〈ア史〉❶は江戸○◉○ 辞書文明・明応・天正 表記生田(文・明・天)

いくた の 小野(おの) 神戸市生田付近の野辺。若菜つみの名所。歌枕。＊堀河百首(1105-06頃)春「旅人の路さまたげにつむ物は生田のをのの若ななりけり〈源師頼〉」＊謡曲・求塚(1384頃)「若菜摘む、生田の小野の朝風に、なほ冴(さ)えかへる 袂(たもと)かな」＊浮世草子・男色大鑑(1687)二・二「堀越左近といふ人、生田(イクタ)の小野(オノ)の榎の木の陰に雨やどりしてありしに」

いくた の 森(もり) 神戸市三の宮の西、生田神社境内の森。平清盛が都とした福原の東大手門にあたる。元暦元年(一一八四)の源平合戦、建武三年(一三三六)の足利、新田軍の合戦のあった所。＊古今六帖(976-987頃)二・山「いもがいへにいくたのもりの藤の花いまこん春もかくこそはみめ」＊平家(13C前)九・樋口被討罰「西は一の谷を城墎に構へ、東は生田の森を大手の木戸口とぞさだめける」＊謡曲・生田敦盛(1520頃)「これより津の国生田の森へ下れとあらたに霊夢を蒙(かうむ)りて候」辞書文明・書言 表記生田杜(文) 生田森(書)

いくた【生田】 姓氏の一つ。発音〈標ア〉イ

いくた-けんぎょう【生田検校】 江戸中期の箏曲家。北島検校の門弟。箏曲生田流の創始者。明暦二～正徳五年(一六五六～一七一五)

いくた-しゅんげつ【生田春月】 詩人。本名、清平。詩集「霊魂の秋」「象徴の烏賊」などのほか、ハイネの紹介者としても知られる。瀬戸内海で投身自殺した。明治二五～昭和五年(一八九二～一九三〇)

いくた-ちょうこう【生田長江】 評論家、翻訳家。新理想主義の立場から、自然主義や白樺派を批判。「ニーチェ全集」などの翻訳のほか、小説もある。明治一五～昭和一一年(一八八二～一九三六)

いくた-よろず【生田万】 江戸末期の国学者。上野(こうずけ)館林藩士。平田篤胤に学ぶ。越後柏崎に移り、天保飢饉の際、大塩平八郎の乱に呼応して、救民のため大久保陣屋を襲ったが、負傷して自害。享和元～天保八年(一八〇一～三七)

いく-た【幾多】『名』(助詞「の」が付いて体言を修飾することが多い) ①どれほど。どのくらいの多数。＊玉葉-承安三年(1173)六月二七日「堂衆、幷国々兵士等、少々為二守護一固レ関、而悪僧等下向散々射レ之、堂衆中失レ命者不レ知二幾多一」②数の多いこと。多数。あまた。＊日誌必用御布令字引(1868)〈四方茂苹〉「幾多 イクタ アマタト云コト」＊花柳春話(1878-79)〈織田純一郎訳〉二三「今より幾多の書を著し」＊草枕(1906)〈夏目漱石〉三「世上幾多の芸術家は」＊日本国憲法(1946)九七条「これらの権利は、過去幾多の試錬に堪へ」発音〈標ア〉イ 〈京ア〉ク

いく-だ【幾―】『副』(「だ」は副詞をつくる接尾語。助詞「も」を伴って打消の表現にかかる) いくら。どのくらい。どれほど。＊万葉(8C後)五・八〇四「またま手の 玉手さしかへ さ寝し夜の 伊久陁(イクダ)もあらねば〈山上憶良〉」＊万葉(8C後)一〇・二〇二三「さ寝そめて何太(いくダ)もあらねば白栲(しろたへ)の帯乞ふべしや恋も過ぎねば〈人麻呂歌集〉」語誌「いく」を基とする語に「いくだ」「いくら」「いくばく」等が、接尾語「だ」の付く語には「こきだ」「ここだ」等があり、これらの派生関係は子音交替等の観点から説明がつく。語としては数量の多いことを表わすが、否定の形で「あまり多くない」「いくらもない」意になる。

いく-だ【幾駄】『名』(「駄」は馬の背にのせた荷物を数える助数詞) どれほどの荷物。また、多くの荷物。＊滑稽本・東海道中膝栗毛(1802-09)五・下「恋の重荷をナつんだらおまにへ、いく駄(ダ)あろやらしれぬくひ」

いくた あつもり【生田敦盛】 謡曲。二番目物。観世、宝生、金春、金剛流。金春禅鳳(ぜんぽう)作。生田の森を訪れた平敦盛の遺子の前に父の亡霊が現われ、一の谷の合戦のさまを語る。金春流では「生田」という。発音〈標ア〉ツ

いくた-がわ【生田川】 ㈠神戸市中央区を流れる川。摩耶山を源とし、布引の滝となって神戸港に注ぐ。菟原処女(うないおとめ)をめぐる妻争いの伝説で知られる。㈡「万葉集-巻九」高橋虫麻呂作の「菟原処女の墓を見る歌」によまれ「大和物語」により流布した妻争いの伝説。津の国の菟原処女に菟原、血沼(ちぬ)の二人の男が求婚し、娘の親が条件に出した水鳥も同時に射あてたので、娘は板ばさみに苦しみ「住みわびぬ我が身投げてん津の国の生田の川は名のみなりけり」とよんで身を投じ、男二人もあとを追ったという。謡曲「求塚」、井原西鶴「好色一代男」、森鷗外「生田川」などの題材となる。㈢戯曲。一幕。森鷗外作。明治四三年(一九一〇)発表。同年有楽座で初演された。生田川にまつわる妻争いの伝説に素材を求めた、現代語を用いた史劇。発音イクタガワ〈標ア〉タ

いく-だ・く【射砕】『他カ四』矢や弾丸をあてて目的物をこわす。＊御伽草子・田村の草子(室町時代物語集所収)(室町末)下「神通のかぶら矢〈略〉いかづちのごとくになり渡り、たか丸がみけんをいくだき」＊日葡辞書(1603-04)「Icudaqi, qu, aita (イクダク)〈訳〉矢や弾丸で射て砕く」辞書日葡

いくた-じんじゃ【生田神社】 神戸市中央区下山手通にある神社。旧官幣中社。祭神は稚日女尊(わかひるめのみこと)。神功皇后が新羅からの帰り、神託により活田長峡国(いくたのながおのくに)にまつったのを起源とする。延喜式内名神大社。生田さん。発音〈標ア〉ジ

いく-たち【生大刀】『名』(「いく」は接頭語) いきいきとした生命力のある大刀。＊古事記(712)上「其の大神の生大刀(いくたち)と、生弓矢(いくゆみや)及(また)其の天の沼琴(ぬごと)とを取り持ちて逃げ出づる時」

いく-たつ『名』「いくたて」に同じ。＊雑俳・川柳評万句合-明和七年(1770)智四「いくたつが有てりゃうりのふとり合」

いく-たつふ【郁達夫】 中国の小説家。名は文。東京帝国大学留学中「創造社」の結成に参加。帰国後、創作活動を続け、留学中の体験を赤裸々に描いて衝撃を与えた。代表作は「沈淪(ちんりん)」「過去」など。(一八九六～一九四五)

いく-たて『名』物事が成立するまでの経路。事の次第。経緯。いきさつ。いくたつ。＊雑俳・柳多留-一二(1778)「いくたてをいひいひめしをかりてくる」＊俚言集覧(1797頃)「いくたて いくたてこたてともいふ。既往の由来を云」＊たけくらべ(1895-96)〈樋口一葉〉八「修身の講義、家政学のいくたても学びしぞ」＊多情仏心(1922-23)〈里見弴〉不良の徒・一一「何かそこにはもっと深い経緯(イクタテ)でもあるのか」語源説イキタツ(行立)から変化した語か〔大言海〕。

いく-たび【幾度】『名』(副詞的に使われることが多い) ①どれほどの回数。何度。幾回。＊書紀(720)雄略元年三月(前田本訓)「然らば則ち一宵に幾廻(イクタヒ)喚しし乎(や)」＊東大寺諷誦文平安初期点(830頃)「我が公等幾度(イクタビ)か法華の座に参り相ひぬる」＊伊勢物語(10C前)一六「年だにも十とて四つは経にけるをいくたび君を頼み来ぬらん」＊新古今(1205)冬・五九六「定めなく時雨(しぐ)るる空の村雲にいくたび同じ月を待つらん〈源泰光〉」②何度も。たびたび。＊史記抄(1477)九・孝武本紀「いくたひせらるるも験もないに、又云へばかうせらるるぞ。もしやと思てぞ」＊歌謡・閑吟集(1518)「いくたびも摘め、生田のわかな、きみも千代をつむべし」＊俳諧・曠野(1689)員外「この文人の事づかりてとどけられしを、三人開き、幾度も吟じて」発音〈標ア〉イ 〈ア史〉室町・江戸○◉○○ 〈京ア〉ク 0 辞書名義・文明・伊京・明応・天正・饅頭・黒本・易林・日葡・書言 表記幾度(文・明・伊・天・饅・黒・易・書) 何度(伊・明・天・黒) 幾回(易・書) 幾遍(名) 幾多(黒)

いく-たま【生玉】『名』(「生」は、生き栄える、の意という) 手にする人を長生きさせる玉。持てば長生きできると信じられている玉。一説に「魂」を祝っていうことばとも。＊令集解(868)職員・神祇官条「穴云。饒速日命。降レ自レ天時。天神授二瑞宝十種一。〈略〉生玉一。足玉一」＊春鳥集(1905)〈蒲原有明〉鏽斧「この門べ埋めおきたる 橘のこれぞ生珠(イクタマ) 芽ざしし日、はじめて告げぬ」

いくたま【生玉】(「いくだま」とも) ㈠大阪市天王寺区西部の地名。生玉神社がある。＊俳諧・西鶴大矢数(1681)第七「盛物や当寺さかんの法の花 責念仏の生玉の春」＊浄瑠璃・心中重井筒(1707)血汐朧染「こだまのひびきはきもつかず、皆いく玉へとはしりける」㈡大阪市天王寺区生玉町にある生玉神社の略称。正しくは生国魂(いくくにたま)神社という。祭神は生島神(いくしまのかみ)、足島神(たるしまのかみ)。本殿の屋根の構造が特異で、生玉造り(生国魂造り)とよばれる。＊浮世草子・好色敗毒散(1703)三・一「押照る浪花も古き都とはいへども、遊行の所すくなく、〈略〉天王寺、生玉(イクダマ)より外に花見幕の風流もあらず」発音〈標ア〉0 辞書書言 表記生玉(書)

いくたま の 走馬祭(そうままつり) 生玉神社で、

五月五日に行なった祭礼。豊臣秀吉が天正一一年（一五八三）に大坂城を築くとき、この社を城の守護神として、この神前で武芸を行なったことが起こりで、流鏑馬（やぶさめ）が行なわれた。大坂落城後は次第に衰え、近代には神官が境内で騎乗を行なうだけであったが、第二次大戦以後は、それも行なわなくなった。生玉の流鏑馬（やぶさめ）。《季・夏》

いくたま の 能（のう）　生玉神社で、九月二八日の大祭に奉納する田楽能。＊雑俳・天神花（1753）「ざはざはと・生玉の能見るおごり」

いくたま の 祭（まつり）　生玉神社の九月九日の例祭。秋祭。《季・秋》＊俳諧・誹諧初学抄（1641）末秋「一　醍醐祭　九月九日也。一　いく玉の祭　同日也。大坂に在之」＊難波鑑（1680）五「生玉祭　同九日　当社御祭礼、引馬、犀鉾、母衣武者など、そのかみはありといへども、今は神前の松原にてやぶさめあり。御輿一社をまつり奉る也」＊浮世草子・世間胸算用（1692）四・一「大坂生玉（イクタマ）のまつり九月九日に定め置れ、幸はひ家々に膾（なます）・焼ものもする日なり」　発音〈標ア〉０

いくたま の 流鏑馬（やぶさめ）　生玉神社の社前で毎年五月五日に行なった流鏑馬。＊俳諧・誹諧通俗志（1716）時令・五月「生玉流鏑馬（ヤフサメ）　五日」＊諸国図会年中行事大成（1806）五月「五日〈略〉生玉流鏑馬。〈略〉今日午の刻、流鏑馬あり。神前の門外より鳥居の方へ駈る。此所を馬場前と云、其体腹巻、陣羽織を着し、逸散にして止る」

いくた-まい【生田米】〘名〙摂津生田の辺で産する米。＊俳諧・水馴棹（1705）「飢救ふ賀と施行にも生田米」

いくたま-じんじゃ【生玉神社】「いくくにたまじんじゃ（生国魂神社）」の通称。　発音〈標ア〉ジ

いくたましんじゅう【生玉心中】（いくたまシンヂュウ）　浄瑠璃。世話物。三巻。近松門左衛門作。正徳五年（一七一五）大坂竹本座初演。大坂の茶碗商一つ屋五兵衛の子嘉平次と伏見坂町柏屋の遊女おさがとが、生玉神社の境内で心中した事件を脚色したもの。　発音イクタマシンジュー〈標ア〉シ

いくたま-にんぎょう【生玉人形】（：ニンギャウ）〘名〙人形の一種。粘土で首と手足を作り、紙または古布製の着物を着せ、両手にさし込んだ細竹を動かして踊るようにした玩具。生玉神社の近くで売り出したところからいう。　発音イクタマニンギョー〈標ア〉ニ

いくたまより-びめ【活玉依毘売】　陶津耳（すえつみみ）の娘。三輪の大物主神の妻。「古事記」には、この女性をヒロインとして、夜ごと訪れる男の衣に糸をつけ跡をたどって男の正体を知る三輪山伝説が見える。　発音〈標ア〉リ

いくたま-れんが【生玉連歌】〘名〙生国魂神社で恒例として、毎年三月九日に行なわれた連歌。西山宗因の弟子、松門亭旨恕によって延宝（一六七三～八一）の頃から始められたという。　発音イクタマレンガ〈標ア〉レ

いく-たり【幾人】〘名〙不明、不定の人数。また、多くの人。何人。いくにん。＊源氏（1001-14頃）宿木「宮たちと聞ゆる中にも、すぢ殊に世人思ひ聞えたれば、いくたりもいくたりも得給はむことも、もどきあるまじければ」＊応永本論語抄（1420）八佾第三「兄弟はいくたりもあれ、同じ廟中に入る也」＊日葡辞書（1603-04）「Icutari（イクタリ）〈訳〉何人の人たち？」＊俳諧・猿蓑（1691）一「幾人かしぐれかけぬく勢田の橋〈丈草〉」　発音〈標ア〉イ〈京ア〉タ　辞書日葡・書言・言海　表記幾人（書・言）

いくた-りゅう【生田流】（：リウ）〘名〙箏曲の流派の一つ。元禄期（一六八八～一七〇四）に活躍した生田検校を祖とし、箏の組歌のほか、当時流行の地歌三味線楽を箏曲に移したもので、文化、文政年間（一八〇四～三〇）には京都、大坂で盛んになり、以後この流派は主として関西に流行し、関東の山田流と相対した。＊雑俳・柳多留-三二（1805）「生田流華陽夫人が引はじめ」＊虞美人草（1907）〈夏目漱石〉三「あの琴は生田流（イクタリウ）かな」　発音イクタリュー〈標ア〉０〈京ア〉０

い-ぐち【井口】（：ゐ）〘名〙中世の灌漑制で、河川など用水路から田地へ引く、用水の取入れ口のこと。＊高野山文書-仁治二年（1241）月日・金剛峰寺衆徒陳状案（大日本古文書四・一一三）「粉川寺僧徒数十人帯兵具、引率百姓、名手庄行向、二之井口、落両井、并打破樋穿溝、全分不令通用水、剰令守護井口之間」＊東寺百合文書-を・一之五・長享二年（1488）四月一六日・寒川家光書状「去三日四日之大水に、当所西田井之井口松尾之前高河原に成候」

いぐち【井口】（ちゐぐ）　姓氏の一つ。　発音イグチ〈標ア〉イ

い-ぐち【兎唇・缺唇】〘名〙上くちびるが生まれつき裂けて、うさぎの口のようになっていること。↓口唇裂。＊二十巻本和名抄（934頃）三「兎缺　続晉陽秋云魏泳之生而兎缺〈俗云以久知〉弁色立成云缺脣也」＊太平記（14C後）二二・畑六郎左衛門事「又中間（ちゅうげん）に悪八郎とて、缺唇（イグチ）なる大力あり」＊俳諧・類船集（1676）以「兎唇（イグチ）〈略〉懐胎の時母が兎（うさぎ）をくいぬれば必いくちを生（うむ）と云ならはせり弘景が説と承り侍る」　方言❶上唇の中央が切れていること。岐阜県郡上郡504　愛知県名古屋市562　滋賀県彦根609　兵庫県淡路島671　島根県725　広島県744 776 779　愛媛県喜多郡845　大三島848　福岡市879　熊本県下益城郡930　大分県938　◇えぐち　青森県津軽054　秋田県130 132　山形県139　富山県高岡市395　砺波398　石川県409 414 419　岐阜県海津郡498　島根県725　◇えぐっちょ　愛知県知多郡570　◇ゆぐち　宮城県登米郡115　玉造郡116　広島県三次市054　比婆郡774　◇よぐち　岩手県気仙郡100　❷ちぐはぐになること。不ぞろいなこと。栃木県198　東京都八王子311　語源説(1)ウクチ（兎口）の転〔塵袋・大言海〕。(2)ユガミクチの約転〔名言通〕。　発音イグチ〈標ア〉イ　辞書和名・色葉・文明・饅頭・易林・書言・言海　表記缺唇（色・文・饅・易・書）兎缺（和・色・言）缺唇（文）兎脣（書）

いぐち の 嘯（うそ）**も心慰**（こころなぐさ）**み**　（「嘯」は口笛のこと）いぐちの人のふく口笛は他人から見ればみにくくても、本人にとっては慰みであるの意。自分の作品などを謙遜していうことが多い。＊仮名草子・東海道名所記（1659-61頃）一「しば口やみやこ上りの露はらひ　よくもあらねど、缺唇（イグチ）の嘯（ウソ）も心なぐさみといふことのあれば申侍へり」＊仮名草子・為愚痴物語（1662）八・一二「缺唇のうそも心なぐさみとやらんにて、ただわが心のなぐさみばかりに、此物がたりをつくる」＊駿台雑話（1732）二・朝がほの花一時「まことに世話にいふ兎唇の嘯も心なぐさみにて侍る、各さぞおかしくおぼすらめ、ただ辞をすてて意をとり給へかし」

いぐち も 靨（えくぼ）　愛していると、いぐちもえくぼに見える。ひいき目で見れば、相手の欠点、短所も美点、長所に見える。あばたもえくぼ。＊御伽草子・をこぜ（岩波文庫所収）（室町末）「まことに縁あれば、いぐちもえくぼにみゆるならひかなと」＊俳諧・類船集（1676）以「兎唇（いぐち）〈略〉二世と契てあかぬ中はいぐちもえくぼに見ゆるとぞ」＊浄瑠璃・頼政追善芝（1724）二「いぐちもゑくぼと見る親の、ましてよい子をよいといふ心の内ぞ尤なる」

い-ぐち【猪口】（：ゐ）〘名〙①担子菌類のキノコ。狭義にはイグチ科（学名は Boletaceae）に限定し、広義にはオニイグチタケ科（学名は Strobilomycetaceae）をも含む。多くは食用とし、針葉樹林内の地上に生える。かさの表面は黄褐色、赤褐色または暗褐色、裏面は淡黄褐色で網目状に多数の小孔を有する。高さ三～一五センチメートル。やまどりたけ。ぬめりいぐち。＊名語記（1275）八「くさひらのゐぐち如何。答猪のししのくひてくつるよし歟」＊看聞御記-応永二四年（1417）九月一三日「遊山に出、松原辺いくち取。重有・長資朝臣等相伴。今夜名月賞翫。一折令張行」＊御湯殿上日記-文明一二年（1480）九月八日「つね御所の御庭にいぐちいできて、いたいけにおぼしめし御しゃうくゎんあり」＊俳諧・炭俵（1694）下「茸狩や黄蕈（イグチ）も児は嬉し貞〈利合〉」＊書言字考節用集（1717）六「黄蕈　イクチ〔本草〕叢生山中黄色者」②筍（たけのこ）が伸びてから梅雨中などに立ち枯れして黒くなったもの。＊重訂本草綱目啓蒙（1847）三三・雑木「仙人杖　たけのこのたちがれ　いぐち　江州」　方言茸、くろかわ（黒皮）。富山県高岡市395　語源説形が猪の鼻先に似ているから〔国語拾遺語原考＝久門正雄〕。　発音イグチ〈標ア〉イ　辞書書言・言海　表記黄蕈・黄纘蕈（書）　猪口（言）

い-ぐち【鋳口】〘名〙溶解した金属を流し込むため、鋳型（いがた）の上部にあけておく口。湯口（ゆぐち）。＊志都の岩屋講本（1811）下「臍はわが体の鋳口（イグチ）でござる」　発音イグチ〈標ア〉０

いぐち〘名〙　方言いびき。山梨県南巨摩郡463　静岡県志太郡532　安倍郡540　長崎県壱岐島915　◇いくち　静岡県520　◇えぐち　高知県幡多郡872　◇いごろ　東京都八丈島335　◇いぐすり　山梨県453　静岡県520　駿東郡527　田方郡530　◇いしびき　山形県139

いぐち-たけ【猪口茸】（ゐぐ：ち）〘名〙「いぐち（猪口）①」に同じ。＊和漢三才図会（1712）一〇一「羊肚菜（いくち）〈略〉按羊肚菜今云兎口蕈（ヰクチたけ）乎。八月中湿地多生」　発音イグチタケ〈標ア〉チ

いく-ちたび【幾千度】〘名〙どれくらい多くの回数。また、非常に多くの回数。何千回。＊類従本班子女王歌合（893頃）「幾千たび鳴かへるらむ足引の山ほととぎす声はわすれて」＊更級日記（1059頃）「いくちたび水の田芹を摘みしかば思ひしことの露もかなはぬ」

いく-ちとせ【幾千歳】〘名〙どれくらい多くの年月。また、非常に多くの年月。何千年。＊土左（935頃）承平五年一月九日「かくて宇多の松原を行き過ぐ。その松の数いくそばく、いくちとせ経たりと知らず」＊御湯殿上日記-大永八年（1528）七月一二日「うたいなとにて御ひしひしとめてたし。いく千と世もかきりなう御ひしひしとあるへし」

いく-ちよ【幾千代】〘名〙どれくらい多くの年代。また、非常に多くの代。何千代。＊書陵部本実方集（998頃）「ももしきのみかきのうちに春とめていくちよまでの花をみてしか」＊千載（1187）賀・六〇六「いくちよと限らざりける呉竹や君がよはひのたぐひなるらん〈後白河院〉」＊新古今（1205）神祇・一八八二「神風やいすずの川の宮柱いくちよすめと立てはじめけん〈藤原俊成〉」　発音〈標ア〉イ

いく-ちよ【幾千夜】〘名〙どれくらい多くの夜。また、非常に多くの夜。何千夜。＊拾遺（1005-07頃か）恋二・七一四「あひ見ても猶なぐさまぬ心かないくちよ寝てか恋のさむべき〈紀貫之〉」　発音〈標ア〉イ

いく-ちょう【育長】（：チャウ）〘名〙一人前に育てること。＊漢語字類（1869）〈庄原謙吉〉「育長　イクチャウソダテアゲル」　発音イクチョー〈標ア〉０

いく-つ【幾─】〘名〙（「つ」は接尾語）①物の個数の不明、不定な時に用いる。㋑どのくらいの数。何個。＊源氏（1001-14頃）夕顔「国の物語など申すに、湯桁（ゆげた）はいくつと問はまほしくおぼせど」＊和泉式部集（11C中）下「いくつづついくつ重ねてたのましかりのこの世の人のこころを」＊後拾遺（1086）雑四・一〇九八「覚束な筑摩（つくま）の神の為ならばいくつか鍋の数はいるべき〈藤原顕綱〉」㋺（多く助詞の「も」を伴って用いられる）多くの数。＊虎明本狂言・末広がり（室町末-近世初）「此やうな物はだい所にいくつもある」＊狂言記・俄道心（1700）「枡のそこの様な字がいく

つも有は」＊浮城物語（1890）〈矢野龍渓〉一八「且つ船内は錬鉄を以て細に幾区（イクツ）にも仕切りあり」㈧一定の数を、間接的に表わす。＊史記抄（1477）一三・淮陰「誰々は首をいくつとりてさう、いけどりをいくつしてさうと云ぞ」②年齢の不明、不定な時に用いる。どれくらいの年齢。何歳。＊宇津保（970〜999頃）蔵開下『いくつばかりにて、いづくにか』、いらへ、『女一人、十よばかりにて、男二人、一つ二つがおととにてなむ』＊落窪（10C後）四「ちひさくおはする君はいくつ、と問へば」＊怪談牡丹燈籠（1884）〈三遊亭円朝〉三「何かへお母（ふくろ）は幾歳（イクツ）になるか」発音〈なまり〉イクッチ・イクッツ・エクチュ〔千葉〕ユッツ〔NHK（千葉）〕〈標ア〉イ〈京ア〉ク 辞書書言・ヘボン・言海 表記幾箇（書・言）幾個（ヘ）

い-ぐつ【藺履】〔名〕イグサで編んだ裏無し草履。裏無し。＊栄花（1028〜92頃）音楽「このなりども、様々（さまざま）いみじくつきづきしくして、ゐぐつどもをはきたり」＊江家次第（1111頃）七・解斎「下層置二藺履一足一無二裏皮一近代以二藁尻切一置レ之」＊随筆・貞丈雑記（1784頃）八「緒太（をぶと）と云は藺の草履也。常の如くの紙緒のざうりの緒を太くしたる也。〈略〉緒太をゐのげげとも裏なしとも藺金剛とも藺履とも云也」発音イグツ〈標ア〉イ

いく-つえ【幾杖】〔名〕（「つえ」は弓杖の長さで、七尺五寸（約二・三㍍）をいう）三つえ以上の長さ。何つえかの長さ。＊小笠原入道宗賢記（1609頃）「弓杖に一ふくら、二ふくらといふ事あり、一ふくらとは一杖の事。二ふくらとは二杖の事也。さやうあればとて、三ふくらなどはいはず、三杖よりはいくつえといふ也」

いく-つき【幾月】〔名〕不明・不定の暦の月の数。また、多くの月。なんかげつ。＊平松家本平家（13C前）九・一谷合戦事「哀同くは男子にて有れかし。后の世の忘記念に思置計。さ有て幾月程に成平らん。心地は如何が有らん」

いく-づ・く【息衝】〔自カ四〕ためいきをつく。いきづく。＊万葉（8C後）一四・三四五八「なせの子やとりの岡道（をかぢ）し中だをれ吾（あ）をねし泣くよ伊久豆君（イクヅク）までに〈東歌〉」＊浮世草子・貧人太平記（1688）上「此外長途をのぼりかねし餓人は、山野道路にふし、草露にいくづくもの、死するもの」

いくつひこね-の-みこと【活津日子根命】記紀などに見える神。天の安の河で素戔嗚尊と天照大神が誓約（うけい）を行なった際生まれた、五男神中の一神。発音〈標ア〉コ

いく-て【行手】〔名〕進んで行く先方。行く先。ゆくて。＊門（1910）〈夏目漱石〉一八「左右にも行手（イクテ）にも、堂の様なものや、院の様なものがちょいちょい見えた」発音〈標ア〉0

イクティノス（Iktinos）古代ギリシアの建築家。前五世紀後半にアテナイで活動。パルテノンなどの設計者として知られる。発音〈標ア〉ティ

いく-と【鬻徒】〔名〕物を売買する人。商人。＊彝倫抄（1640）跋「童蒙書生困二倦于佶屈聱牙一者之易レ悟、販夫鬻徒無二暇于佔嗶勉学一者之易レ読」

いく-ど【幾度】〔名〕どれほどの度数。何回。また、多くの回数。＊洒落本・南客先生文集（1779〜80）「ヱヱモウ文も幾度（イクド）かやりやす」＊門三味線（1895）〈斎藤緑雨〉一四「今朝幾度（イクド）か鳶の啼いたれば間もなく晴れう」発音〈標ア〉イ〈ア史〉江戸○●○〈京ア〉ク0

いく-どうおん【異口同音】〔名〕多くの人がみな、口をそろえて同じことをいうこと。多くの人の意見が一致すること。いこうどうおん。＊本朝文粋（1060頃）一三・為仁康上人修五時講願文〈大江匡衡〉「異口同音。讃二嘆如来之相好一」＊今昔（1120頃か）一・三八「我等異口同音に仏の御名を唱へて此苦を済（すく）ひ給へと申さむ」＊平家（13C前）七・福原落「雲のはて海のはてまでも、行幸の御供仕って、いかにもなり候はんと、異口同音に申しければ」＊観普賢経「時三大士、異口同音、而白レ仏言」＊宋書‐庾炳之伝「異口同音、便是彰著」発音イクドーオン〈標ア〉イ〈京ア〉イ＝0 辞書易林・書言・言海 表記異口同音（易・書・言）

いく-ところ【幾所】〔名〕いくつかの場所。何箇所。また、多くの所。いくつもの場所。ところどころ。＊宇津保（970〜999頃）蔵開下「御かたがたはなどておはしつるぞ、あまた御声せしはいくところにか」＊有明の別（12C後）二「かやうのとのばらは、いく所もかよひ給ふものなり」発音〈標ア〉イ 辞書文明 表記幾処（文）

いく-とし【幾年】〔名〕①「いくとせ（幾年）①」に同じ。＊謡曲・関寺小町（1429頃）「いく年（とし）経てかかげろふの、小野の小町の百年に、及ぶや天つ星逢ひの」＊良寛歌（1835頃）「山かげの 森の屋に 幾としか わが住みにしを」②「いくとせ（幾年）②」に同じ。＊日葡辞書（1603〜04）「Icutoxi（イクトシ）またはイクトセ〈訳〉幾年、または 多くの年」＊浮世草子・御前義経記（1700）一・一「幾年（イクトシ）ふる松は姿をかくす屛風」発音〈標ア〉イ 辞書文明・日葡 表記幾年（文）

いく-としつき【幾年月】〔名〕どれほどの年月。また、多くの年月。＊人情本・貞操婦女八賢誌（1834〜48頃）四・三六回「幾年月（イクトシツキ）を経る程に、此の有女太郎が十五の稔（とし）、両親ともに世を去りて」発音〈標ア〉イシ

いく-とせ【幾年】〔名〕①（疑問・不定の気持で）どれほどの年数。何年。いくとし。＊馬内侍集（11C前）「むめの花いくとせ春をへだててか昔わすれぬけふにあふらん」＊源氏（1001〜14頃）須磨「いくとせその程と限りある道にもあらず」＊金葉（1124〜27）雑上・五一〇「行末のためしと今日を思ふともいまいくとせか人にかたらむ〈永縁〉」②多くの年数。何年も。多年。いくとし。＊新古今（1205）春下・一〇〇「いくとせの春に心をつくしきぬあはれと思へみ吉野の花〈藤原俊成〉」＊続古今（1265）秋上・四二〇「袖の上枕の下に宿り来ていくとせ馴れぬ秋の夜の月〈藤原定家〉」発音〈標ア〉イ〈京ア〉0 辞書明応・天正・日葡・書言 表記幾年（明・天・書）

イグナイトロン〔名〕（英 ignitron）《イグニトロン》水銀整流器の一つ。水銀に浸してある点弧子（イグナイター ignitor）のつくる陰極点の点弧によって、交流、直流両方向に整流する。発音〈標ア〉ト

イグナチェフ（Nikolaj Pavlovič Ignat'jev ニコライ＝パブロビチー）ロシアの政治家。清国との間に北京条約を結び、一八六三年（文久三）日本の松平石見守と樺太の境界を定める。内相となるが、のちに暗殺された。（一八三二〜一九〇八）発音〈標ア〉ナ

いく-にち【幾日】〔名〕①不定、不明、疑問の日数。また、多くの日数。なんにち（何日）。いくか。「この仕事には幾日もかかった」＊氷魚（1920）〈島木赤彦〉正月「心疲るれば眠りて起きぬ冬の日の明かき二階にいく日（ニチ）も居り」②暦の月の不明の日。なんにち（何日）。いくか。第何日目。何日。＊妹背貝（1889）〈巌谷小波〉春「それも生れが水無月の幾日と云ふのから、乃ち水無雄と名付けたとやら」発音〈なまり〉イクンチ〔東京〕〈標ア〉イ〈京ア〉0

イグニッション-コイル〔名〕（英 ignition coil）ガソリンエンジンの点火用変圧器。六〜一二ボルトの低圧電流を一万ボルト以上の高圧に変える誘導コイル。発音〈標ア〉コ

いく-にん【幾人】〔名〕不定、不明の人数。また、多くの人数。いくたり。何人。＊和英語林集成（初版）（1867）「イクタリ、〈略〉ikunin（イクニン）」＊三とせの春は過ぎやすし（1973）〈杉浦明平〉九「顔見知りがいく人もいて、必ず『どうだった』とたずねると」＊王翰‐涼州詞詩「酔二臥沙場一君莫レ笑、古来征戦幾人回」発音〈標ア〉イ〈京ア〉0

い-ぐね【居久根】〔名〕東北地方での屋敷林。隣家との境や屋敷のまわりに植えた木で、防火、防風砂の目的を兼ねるものが多い。また、宅地続きの自分の持ち山をもいう。居久根林。＊元禄・宝永定目（仙台藩）（1705）「御分領中百姓居久根地続等に植立候牒外之青木、自今以後木主願之通吟味之上、被下候様申渡候」＊南小泉村（1907〜09）〈真山青果〉二「寂しい田舎道は両方から生ひ冠る繞林（イグネ）の下を灰色に長く続いて見える」方言屋敷の周囲の樹木。生け垣。仙台†058 岩手県気仙郡100 宮城県113 115 123 福島県浜通155 相馬郡156 千葉県海上郡268 静岡県520 ◇いけぐね 千葉県東葛飾郡280 ◇いきぐね 山形県山形市・南村山郡139 栃木県198 群馬県佐波郡243 ◇いきがね 栃木県芳賀郡・塩谷郡198

いぐね-ばやし【居久根林・繞林】〔名〕「いぐね（居久根）」に同じ。

いぐね-やぶ【居久根藪】〔名〕個人持ちの苦竹（まだけ）藪、または個人の植栽した竹林。

いぐね-やま【居久根山】〔名〕屋敷続きの山、または居宅に近い自分の持ち山。百姓林。

いく-ねん【幾年】〔名〕どれほどの年数。何年。また、多くの年数。多年。＊破戒（1906）〈島崎藤村〉一七・二「幾年張替へずにあるかと思はれる程の紙の色は赤黒く煤けて見える」発音〈標ア〉イ〈京ア〉0

いくの【生野】㊀（「播磨風土記」によれば、通行人を殺害する神がいたので「死野（しにの）」と名づけられたが、応神天皇が改めたという）兵庫県朝来（あさご）郡の地名。旧宿場町。銀山で知られる。文久三年（一八六三）の生野の変の挙兵地。＊播磨風土記（715頃）神前「此（こ）は悪しき名なり、とのりたまひて、改めて生野と為り」＊俳諧・歌仙そろへ（1666）「下心有が生野の留守見舞 ぬすまれはせじ金山の番〈維舟〉」㊁京都府福知山市東南端の地名。京から山陰へ向かう要地。歌枕。＊金葉（1124〜27）雑上・五四三「大江山いく野の道の遠ければまだふみもみず天の橋立〈小式部内侍〉」＊平家（13C前）三・大臣流罪「彼（かの）大江山や、いく野の道にかかりつつ、丹波国村雲と云ふ所にぞ、しばしはやすらひ給ける」㊂大阪市の行政区の一つ。昭和一八年（一九四三）成立。市南東部、平野川下流域にある。古くから難波と河内・大和を結ぶ交通の要地。発音〈標ア〉0 辞書文明・書言 表記生野（文・書）

いく-の【幾野】〔名〕どれほどの野。また、多くの野原。＊広言集（1182頃）「見渡せば大江の山に雲晴れていくのともなくすめる月哉」＊拾遺愚草（1216〜33頃）下「むらさめの玉ぬきとめぬ秋風にいくのか磨く萩の上の露」

いく-の【幾幅・幾布】〔名〕（「の」は布や切れの幅を数える単位）どれくらいの幅。どれほどの布。また、幅の広いこと。＊散木奇歌集（1128頃）夏「五月雨（さみだれ）の晴れせぬ頃は引きさらす滝のしら布いくのそふらむ」

いく-のう【育嚢】〔名〕「いくじのう（育児嚢）」に同じ。発音イクノー〈標ア〉0

いくの-こうざん【生野鉱山】兵庫県朝来（あさご）郡生野町にある鉱山。大同二年（八〇七）発見。江戸時代は幕府直轄の銀山として知られ、明治以降は亜鉛、銅、錫なども産したが、昭和四八年（一九七三）閉山。発音イクノコーザン〈標ア〉コ

いくの-の-へん【生野の変】文久三年（一八六三）一〇月、尊王攘夷派の浪士が天領但馬生野（兵庫県朝来郡生野町）で挙兵した事件。天誅組の乱に呼応し、公卿沢宣嘉（のぶよし）を擁した筑前の平野国臣、薩摩の美玉三平らが、但馬の地主層の組織した農兵隊を指揮して代官所を占拠したが三日で壊滅した。発音〈標ア〉ヘ

いく-は【的】〔名〕（「いくう（射）」から出た語か）弓の的（まと）。ゆくは。語誌「書紀‐仁徳一二年八月（前田本訓）」の「唯的（イクハ）臣の祖盾人宿禰のみ、鉄の的

を射て通しつ。〈略〉明日(くるつひ)盾人宿禰を美(ほ)めて名を賜ひて的(イクハ)の戸田宿禰と曰ふ」の例は、固有名詞に用いられているが、「和名抄」に「いくはところ」の語があることなどから、一般名詞として存在したと思われる。語源説(1)イクハレ(被射)の下略、射られる物の意か〔古事記伝〕。(2)イクヒ(射)の転呼。イはヤ(矢)に通じる語〔日本古語大辞典=松岡静雄〕。(3)射皮の義〔筆の御霊〕。

いくは【生葉】 福岡県の南東部にあった郡。明治二九年(一八九六)八女郡と浮羽郡に編入されて消滅。＊二十巻本和名抄(934頃)五「筑後国〈略〉生葉 以久波」辞書和名・色葉・文明・易林 表記生葉(和・色・文・易)

いく-ばい【鬻売】〘名〙うること。うりさばくこと。売鬻。＊漢語字類(1869)〈庄原謙吉〉「鬻売 イクバイ ウリサバク」＊布令字弁(1868-72)〈知足蹄原子〉二「鬻売 イクバイ ウリサバク」＊荀子-議兵「故賞慶刑罰執詐之為,道者,傭徒鬻売之道也」発音〈標ア〉0

いく-はえ へ:は **【幾椪】**〘名〙(「椪」は俵などを正方形に並べ、その上に垂直に並べる積み方)材木や俵を積み重ねたいくつもの山。＊浄瑠璃・心中宵庚申(1722)中「ならんでつむぐ綿車、手廻りもよくいくはへか庭に五つのたなつ物」

いくばく【幾何・幾許】〘名〙①数、量、程度などの不明であることを表わす。どれほど。いくらぐらい、どのくらい。また、それのはなはだしいこと。副詞的にも用いる。＊万葉(8C後)八・一六五八「わが背子と二人見ませば幾許(いくばく)かこの降る雪のうれしからまし〈光明皇后〉」＊西大寺本金光明最勝王経平安初期点(830頃)「世尊、幾(イクハク)の因縁を以てか菩提と心とを得る」＊古今(905-914)雑体・一〇一三「いくばくの田を作ればかほととぎすしでの田長(たをさ)を朝な朝なよぶ〈藤原敏行〉」＊源氏(1001-14頃)若菜上「さはありとも、院の御世の残りすくなしとて、ここには又いくばくたちおくれ奉るべしとてか、その御後見のことをば受け取り聞えむ」＊色葉字類抄(1177-81)「幾、幾何 イクハク」＊仮名草子・浮世物語(1665頃)三・七「田畠を損ふ事、百姓の為にはいくばく恨めしかるらん」②下に打消の表現を伴って、数、量、程度などが、それほどはなはだしくないことをあらわす。どれほども。それほど。いくらも。＊万葉(8C後)九・一八〇七「幾時(いくばく)も生けらじものを〈虫麻呂歌集〉」＊伊勢物語(10C前)七八「御随身、舎人して取りにつかはす。いくばくもなくて持て来ぬ」＊源氏(1001-14頃)若菜下「その世になむ、そもさまでながらへとまるやうあらば、いくばくならぬ手の限りもとどめ奉るべき」③(「いくばくか」の形で用い)数量がわずかである。「いくばくかの金を包む」語源説(1)イクバカ(幾許)の転〔大言海〕。(2)イクバカリの約〔俚言集覧・和訓栞〕。(3)イカバカリ(如何許)の約転〔和訓集説・名言通〕。(4)イクラバカリの約転〔日本語源=賀茂百樹〕。(5)イコバコ(五十細百細)の義〔言元梯〕。発音〈標ア〉0〈ア史〉平安〜江戸○●○○〈京ア〉0 辞書色葉・名義・和玉・文明・黒本・易林・日葡・書言・ヘボン・言海 表記幾(色・名・玉・文・黒・易・書)幾何(色・名・書・言)多少(色・名)幾許(色・へ)微(名・玉)何所・許幾・嶬議(色)幾時・無多(名)旦(玉)

いくは-ところ【的所】〘名〙弓の的を置く場所。射垜(あずち)。＊十巻本和名抄(934頃)二「射垜 唐韻云垜〈楊氏漢語抄云射垜 以久波土古路 世間云阿无豆知〉射垜也」発音〈ア史〉平安○○○○●○と○○○○○の両様 辞書和名・色葉・名義・言海 表記射垜(和・色)射垜(色・名)

いく-はな【幾―】〘名〙いくつの組。また、数多くの組。幾組。何組。＊俳諧・玉海集(1656)一・春「連れ立ちていくはなもゆく花見哉〈貞正〉」＊浄瑠璃・五十年忌歌念仏(1707)上「男と女子と喧嘩して浜納屋の下で組んづ転んづしてゐたをいくはなか見てきた」＊浄瑠璃・持統天皇歌軍法(1713)二「あとから親王、長歌がいくはな出やうも知れまいぞ」

いく-はな【生花】〘名〙生きた自然の花。また、生き生きとした花。＊あこがれ(1905)〈石川啄木〉孤境「新たなる生花(イクハナ)被衣(かづき)おのづから胸をつつみぬ」

いくは-もん【的門】(「的」は、いくは氏が造ったところからの名)「いくほうもん(郁芳門)」の古名。＊続日本紀-宝亀三年(772)一二月乙亥「有狂馬。喫破的門土牛偶人。及弁官曹司南門限」発音〈標ア〉八

いくはや-の-まつり【活速祭】〘名〙京都猪熊(いのくま)三条南にあった褐速(かちはや)神社で、刑死人の冥福のために毎年八月に行なわれた神事。死杖祭(しづえのまつり)。いきはやのまつり。＊雍州府志(1684)二「褐速神社 毎年八月有神事。謂死杖祭。又謂活速(イクハヤノ)祭」＊諸国年中行事(1717)三月「千本焔魔堂念仏〈略〉花鎮の融通踊躍念仏をはじめ、さまざまの狂言をなす。是はいにしへ刑部省に活速の祭とて、獄やの罪死せる者共をとぶらはれし其遺法なり」

いく-はる【幾春】〘名〙何回かの春。幾度かの春。また、何回もの春。多くの春。＊文治六年女御入内御屏風和歌(1190)二月「いく春のけふのまつりを三笠山峯の朝日の末もはるかに〈藤原良経〉」＊咄本・醒睡笑(1628)一「美濃国墨股に岸といふ侍あり、幾春(イクハル)もかはらぬ色の袴きて出仕するを」発音〈標ア〉イ

いく-はん【幾般】〘名〙(「いくばん」とも)いくつかの種類。また、多くの種類。各種。種々。＊広益熟字典(1874)〈湯浅忠良〉「幾般 イクバン イクツモ」＊当世書生気質(1885-86)〈坪内逍遙〉一九「英に今日の大学あるは、多年幾般(イクハン)の変遷を経て竟に今日に至りしものにて」発音〈標ア〉イ

いく-ばん【幾晩】〘名〙どれほどの晩。また、多くの晩。＊芭蕉(1922)〈吉田絃二郎〉「幾晩も寝(やす)みませんでしたが、よく雁が鳴いて行くのを聴きました」発音〈標ア〉イ

いく-ひ【生日】〘名〙(「いく」は接頭語)神事、儀式の日を祝っていう。吉日。→生日の足日(たるひ)。＊白羊宮(1906)〈薄田泣菫〉隠り沼「仏生会、生日(イクヒ)の日なか」

いくひ の 足日(たるひ) 生気にあふれ、何事も満ち足りた日。神事、儀式の日を祝っていう。吉日。＊延喜式(927)祝詞・出雲国造神賀詞「八十日日(やそかび)は在れども今日の生日能足日(いくひノたるひ)に、出雲の国の国の造(みやつこ)姓名(なにがし)、恐(かしこ)み恐みも申したまはく」辞書言海 表記生日足日(言)

いく-ひ【生火】〘名〙あかあかと燃える火。燃えさかる火。＊あこがれ(1905)〈石川啄木〉光の門「天華のなだれ。或は我が胸の生火(イクヒ)の焔もえ立つひらめきか」

い-くび ゐ: **【猪首・猪頸】**〘名〙①イノシシのように太くて短い首。そのような首をした人。また、首をちぢめること。＊文明本節用集(室町中)「猪頭 イクビ」＊評判記・秘伝書(1655頃)下ほんの事「ゐくび、なたくび、にもちくびの事」＊滑稽本・風来六部集(1780)里のをだ巻評「或は骨太(ほねぶと)、毛むくじゃれ、猪首(イクビ)、獅子鼻(ししばな)、棚尻(たなっちり)の類(たぐひ)なきにしもあらず」＊雑俳・柳多留拾遺(1801)巻二〇「雨だれのろじは猪首に通りぬき」＊歌行燈(1910)〈泉鏡花〉八「小女が猪首(ヰクビ)で頷(うなづ)き」②かぶりものをあおむけて、深くかぶること。また、着物など襟を高めにして着て首が短く見えるさまにいう。＊保元(1220頃か)中・白河殿へ義朝夜討ちに寄せらるる事「黒皮威(をどし)の鎧に、同じ毛の五枚冑を猪頸に着」＊洒落本・新吾左出放題盲牛(1781)大蔵長竿「御高祖頭巾(おこそづきん)猪(ヰ)くびに着なし」＊滑稽本・東海道中膝栗毛(1802-09)二・下「さらしのてぬぐひをゐくびにかぶり」＊歌舞伎・戻橋脊御摂(1813)序幕「何たマア、てまへのその着る物の着やうは。コレ、ここへ来や。コレ見っともない、猪首になってゐるわな」語誌②の兜を猪首に着る例は、戦いにあたって視界をよくするためのかぶり方。首筋を覆う錏(しころ)が深くかかって首が短く見える。額が露出して危険だが、それが勇敢さを示すことにもなる。通常は寒気や雨滴が首筋にかかるのを防ぐためにする物のかぶり方だが、「東海道中膝栗毛」の例は地まわりの描写であり、「戻橋脊御摂」に「見っともない」とあるように、着物を猪首に着るのは品がよくないとされた。発音〈標ア〉イ〈京ア〉イク 辞書文明・饅頭・易林・日葡・書言・ヘボン・言海 表記猪頸(易・書・へ・言)猪頭(文・饅)短頂(書)

いく-ひさ【幾久】〘名〙いかほどの久しさ、いくらもの久しさの意で、いつまでも永遠に栄えよという祝福の意に用いる。＊書紀(720)崇神八年四月・歌謡「この御酒(みき)は わが御酒ならず 日本(やまと)なす 大物主(おほものぬし)の 醸(か)みし御酒 伊句臂佐(イクヒサ) 伊句臂佐(イクヒサ)」＊読本・春雨物語(1808)血かたびら「三輪の殿の神の戸をおしひらかすもよいく久いく久」

いく-ひささ【幾久】〘名〙(「いくびささ」とも)久しい間。長い間。＊万葉(8C後)四・六六六「相見ぬは幾久(いくひささ)にもあらなくにここだく吾は恋ひつつもあるか〈大伴坂上郎女〉」＊新訳華厳経音義私記(794)「久如当成 伊久比左々(イクヒササ)ありてか仏と成るべきと問へる状のみ」＊石山寺本大般涅槃経平安初期点(850頃)一八「世尊、無上の仏法は当に久近(イクヒササ)か住すべき」＊古今六帖(976-987頃)五・雑思「いくひささ我ふりぬれや身に添へる涙ももろく成にけるかな〈紀貫之〉」＊拾遺(1005-07頃か)恋二・七四四「あひ見てはいくひささにもあらねども年月のごとおもほゆるかな〈柿本人麿〉」＊金槐集(1213)雑「磯の松いくひささにかなりぬらんいたく木高き風の音かな」＊観智院本名義抄(1241)「久如 イクビササ」語誌(1)「ひささ」は形容詞「ひさし」の語幹「ひさ」を繰り返して「ひさひさ」とし、「ひ」を省略し「ひささ」となったものという。挙例の「新訳華厳経音義私記」等から奈良朝末頃に既に疑問詞と熟合しており、「観智院本名義抄」では「ヒ」が濁音になっている。(2)「万葉集」の「幾久」をイクヒササと訓むことについては他に異訓が多いが、「いくひささ」という語形が奈良朝末期から平安朝初期にかけて存在したことは訓点資料により確認されているので、「幾久」をイクヒササと訓む根拠は十分ある。(3)訓点資料に古く用例があるが、訓読特有語的性格が特に強いものではなく、歌語としても用例が多い。発音〈標ア〉イ 辞書名義 表記久如(名)

いく-ひさし・い【幾久】〘形口〙文いくひさ・し〘形シク〙いつまでも久しい。行く末長い。近代では、結婚や目見えなどの時の挨拶の中で、連用形を副詞的に使うことが多い。文語でも、将来の時間の経過にいうことが多いが、遠く隔たった昔の意に用いることもある。＊玉塵抄(1563)一八「母に酒をすすめていわうていくひさしう寿命ながうをりあれといわいごとをしたぞ」＊易林本節用集(1597)「已久 イクヒサシ」＊日葡辞書(1603-04)「Icufisaxij(イクヒサシイ)〈訳〉昔のこと、または久しいこと」＊浮世草子・世間娘容気(1717)三「娌(よめ)をとるも子孫相続のためなれば、相応よりかろくして幾久敷(イクヒサシク)家をつたゆるこそ人たる者の本意なれ」＊滑稽本・古朽木(1780)二「幾久敷御用向被為仰付被下候様に奉願上候」＊怪談牡丹燈籠(1884)〈三遊亭円朝〉一五「どうか幾久敷(イクヒサシク)願ひます、娘は未(ま)だ年もいかず、世間知らずの不束者(ふつつかもの)だから」発音イクヒサシイ〈標ア〉シ イ〈京ア〉0=サ 辞書文明・易林・日葡・書言・ヘボン・言海

表記 幾久（文・書・へ・言） 已久（易・書）

いくひさし-さ【幾久―】〘名〙（形容詞「いくひさしい」の語幹に接尾語「さ」の付いたもの）末長く久しいこと。いつまでも変わらないさま。＊宇津保(970-999頃)楼上上「いくひさしさかはとのたまへば、いかでかは」＊虎明本狂言・角水(室町末-近世初)「ささぐるみつき、幾久しさも、かぎらじな、いくひさしさもかきらじと、申納てかへりけり」発音〈標ア〉サ

いく-ひゃく【幾百】〘名〙「なんびゃく(何百)」に同じ。＊暁紅(1940)〈斎藤茂吉〉昭和十一年・歳晩小歌「椋鳥は幾百となく鳴きさけぶ警(いま)しめて鳴く声ならなくに」

いく-びょう【育苗】〘名〙作物の苗を育てること。発音イクビョー〈標ア〉0〈京ア〉0

いく-ひろ【幾尋】〘名〙（「ひろ」は長さの単位。両手をひろげたときの両端の間。約一・八メートル）どれほどの長さ。また、非常な長さ。＊枕(10C終)一二・今内裏の東をば「梨(なし)の木のはるかに高きをいくひろあらむなどいふ」＊栄花(1028-92頃)布引の滝「いくひろと知らまほしきは山姫の遙かに綜(へ)たる布引の滝」＊御伽草子・物くさ太郎(室町末)「それはいくひろばかり長き物にて候ぞ。おびたたしのことや」発音〈標ア〉イ

いく・ぶ【憤】〘自バ四〙「いくむ(憤)」に同じ。＊書紀(720)皇極三年正月(北野本訓)「乃ち蘇我大臣入鹿が君臣(きみやつこ)、長幼(おいたるわかき)の序(ついで)を失ひて、社稷(くに)を闚闟(うかが)ふ権(はかりごと)を挟(わきはさ)みていることを憤(イクヒ)」

いく-ぶん【郁文】〘名〙（「論語-八佾」の「周監二於二代一、郁郁乎文哉」から）文化の盛んなこと。↓郁郁

いく-ぶん【幾分】 [一]〘名〙いくつかの部分に分けること。また、その分けられた部分。一部分。また、すこし。＊伊藤特派全権大使復命書附属書類(1885)天津談判筆記・四「我に在ても亦同じく我兵の幾分を駐めざるを得ず」＊吾輩は猫である(1905-06)〈夏目漱石〉二「毎朝主人の食ふ麺麭(パン)の幾分に砂糖をつけて食ふ」＊あむばるばりあ(1933)〈西脇順三郎〉失楽園・内面的に深き日記「おれの脊髄の内部に幾分のチョコレートを感じ」 [二]〘副〙いくらか。ある程度。すこし。＊悪魔(1903)〈国木田独歩〉三「反抗の念をすら幾分(イクブン)曖昧にしてしまった」＊苦の世界(1918-21)〈宇野浩二〉一・一「彼女ははじめのうちはいくぶん母に遠慮してゐたが」＊今年竹(1919-27)〈里見弴〉伸び行く・一「いくぶん気のひけるところはあった」発音〈標ア〉0〈京ア〉0

いくぶん-か（「か」は副助詞）「いくぶん(幾分)[二]」に同じ。＊筆まかせ(1884-92)〈正岡子規〉一・日本語の利害「句読の法を厳密に定めて之に従ふ様になせば幾分か療治し得べし」＊金(1926)〈宮嶋資夫〉五「心の悩みを幾分(イクブン)かでも軽くしたい」発音〈標ア〉0

いくぶん-かん【郁文館】 常陸国(茨城県)土浦藩の藩校。寛政一一年(一七九九)藩主土屋英直のとき創立。文武の両館があった。発音〈標ア〉ブ

いく-へん【幾遍】〘名〙どれくらいの回数。幾度。何べん。また、多くの回数。「いくへんもくりかえして読む」発音〈標ア〉イ

いくほう-もん【郁芳門】 平安京大内裏(だいだいり)外郭門の一つ。東側南端、大宮大路に通じる。大炊(おおい)門。古名、的(いくは)門。発音イクホーモン〈標ア〉ホ 辞書文明 表記郁芳門(文)

いくほう-もんいん【郁芳門院】 白河天皇の皇女。名は媞子(ていし)。父白河天皇に鍾愛され、のちに、堀河天皇の准母として皇后の称を与えられた。承保三～永長元年(一〇七六～九六)。＊俊頼髄脳(1115頃)「郁芳門院の御時に根合といへる事ありしに」発音イクホーモンイン〈標ア〉モ

いく-ほど【幾程】〘名〙数量、程度の不明、不定なこと。また、多いこと。いくらぐらい。どれほど。＊浜松中納言(11C中)二「われも人も、いくほどの年も積らぬに」＊讃岐典侍(1108頃)下「いそがしさ、いまいく程なく残り少なくなりにたれば」＊山家集(12C後)下「いくほどもながらふまじき世の中に物を思はで経るよしも哉」＊東関紀行(1242頃)前島より興津「此の庵のあたり幾ほど遠からず、峠といふ所にいたりて」＊幸若・いふき(室町末-近世初)「いくほとならぬしゃうがいを、見るこそ中々あはれなれ」発音〈標ア〉イ〈ア史〉江戸○◉ ◉○と○○◉○の両様〈京ア〉0 辞書文明・伊京・明応・天正・黒本・日葡・書言 表記幾程(文・伊・明・天・黒・書)

い-ぐま・る【居曲】〘自ラ四〙（「いぐくまる(居曲)」の意）身体を前に傾けてすわる。身をかがめてすわる。＊洒落本・間似合早粋(1769)早粋の辞「月にむかひ雪にこもりて埋火のもとに居(イ)ぐまりて、一寸外を見ぬ人にでも、風流に心をそむれば」

いく-まん【幾万】〘名〙「なんまん(何万)」に同じ。＊新体詞選(1886)〈山田美妙編〉戦景大和魂〈樵耕〉「敵は幾万ありとても、すべて烏合の勢なるぞ」

いくみ-だけ【組竹】〘名〙葉が組み合って茂っている竹。繁茂している竹。＊古事記(712)下・歌謡「本には 伊久美陀気(イクミダケ)生ひ 末へには たしみ竹生ひ」＊書紀(720)継体七年九月・歌謡「隠国(こもりく)の 泊瀬(はつせ)の川ゆ 流れ来る 竹の 以矩美娜開(イクミダケ)よ竹」語源説(1)イクミダケ(気含竹)の義か〔和訓栞〕。(2)イは接頭語。クミは込・籠リと同語〔日本古語大辞典=松岡静雄〕。

いく-みん【育民】〘名〙(王などが)民衆を育て、養うこと。＊新令字解(1868)〈荻田嘯〉「育民 イクミン タミヲヤシナフ」＊漢語字類(1869)〈庄原謙吉〉「育民 イクミン タミヲソダテル」発音〈標ア〉0

い-く・む【―組】〘自マ四〙（「い」は接頭語）組み合う。組む。＊古事記(712)下・歌謡「いくみ竹 伊久美(イクミ)は寝ず たしみ竹 たしには率寝(ゐね)ず 後もくみ寝む その思ひ妻あはれ」

いく・む【憤】〘自マ四〙（「息含(いくくむ)」の変化した語）心に怒りを含む。いきどおる。いくくむ。いくぶ。＊書紀(720)皇極三年正月(岩崎本訓)「乃ち蘇我臣入鹿が君臣(きみやつこらま)、長幼(このかみおとと)の序を失ひ、社稷(くに)を闚闟(うかが)ふ権(はかりごと)を挟(わいはさ)むことを憤(イクミ)」

い-く・む【射組】〘他マ四〙互いに矢を射合う。射かわす。＊今昔(1120頃か)二五・三「各、楯を寄せて、今は射組(いくみ)なむと為る程に」＊曾我物語(南北朝頃)一・奥野の狩の事「吉川四郎、保野にいくみてありけるが」発音〈標ア〉ク 辞書言海 表記射組(言)

い-ぐ・む【居組】〘自マ四〙多くの人と同席する。＊極楽寺殿御消息(1256-61)七条「人にゐくみたらん所にては、希(さかな)・菓(くわし)ていのあらんをは、我もとるやうに振舞(ふるまう)とも、とりはつしたる様にて、人におほくとらすへし」

いぐ・む〘自マ四〙（背丈などが）ちぢこまっている。すづまりである。＊評判記・満散利久佐(1656)八島「せいひきく、たちすがた、うしろつきなどは、いぐみて、気のどく也」＊評判記・吉原呼子鳥(1668)にしほ「せいちいさく、いぐみてみゆるが、まづ第一の難也」

いく-むかし【幾昔】〘名〙①いかほどの昔。どれほど古い時代。＊右京大夫集(13C前)「あせにけるすがたの池のかきつばたいくむかしをか隔てきぬらむ」＊玉葉(1312)雑五・二五八六「人も世も思へばあはれいく昔いく移りして今になりけむ〈従三位為子〉」②(抹茶には、初昔(はつむかし)、後昔(のちむかし)などと「昔」の名のついたものがあったところから) いくつかの抹茶の種類。＊浮世草子・好色産毛(1695頃)三・五「角の入江に茶の湯、茶は幾(イク)むかしも見え、こちらに湯釜たぎらせ」発音〈標ア〉イ

いく-むすひ【生魂】〘名〙（「いく」は接頭語。「いくむすび」とも）万物を生み出すいきいきとした生命力。＊延喜式(927)祝詞・祈年祭(享保板訓)「大御巫(おほみかんなぎ)の辞竟(ことを)へ奉(まつ)る皇神等の前に白さく、神魂(かんみむすひ)、高御魂(たかみむすひ)、生魂(イクムスヒ)〈略〉と御名(みな)をば白して」

いく-むすび【幾掬】〘名〙水などを幾度か手にすくうこと。＊二度本金葉(1124-25)夏・一五四「夏の夜の月まつほどのてすさびに岩もる清水いくむすびしつ〈藤原基俊〉」

いく-むらさめ【幾村雨】〘名〙幾度か、また、幾度も降り過ぎる村雨。＊建保二年九月尽日月卿雲客妬歌合(1214)「けふも又露わけ衣ほしあへていく村さめかみくま野のおく〈七条院権大夫〉」

いく-め【幾目】〘名〙どれぐらいの目方。どれほどの重量。＊順集(983頃)「露を重み堪へぬばかりの青柳はいくめかけたる黄金なるらむ」

いくめいりびこいさち-の-みこと【活目入彦五十狭茅尊・伊久米伊理毗古伊佐知命】 垂仁天皇の名。

いく-めぐり【幾廻・幾巡】〘名〙いくかえり。何回。いくたび。＊類従本一宮紀伊集(1113頃)「いくめくりすぐしきぬらん春秋のそむる衣をうつろはしつつ」＊新勅撰(1235)秋下・二九四「いくめぐり過ぎゆく秋にあひぬらむ変らぬ月の影をながめて〈小侍従〉」＊続後撰(1251)秋中・三六九「昔だになほふる里の秋の月知らず光のいくめぐりとも〈藤原定家〉」発音イクメグリ〈標ア〉イ

い-くもん【居公文】〘名〙「いなり(居成)の公文(くもん)」に同じ。＊蔭涼軒日録-永享八年(1436)八月二三日「蓮花王院居公文御判被レ遊」

いく-もん-か【行―】〘連語〙方言だめだ。高知県038 ◇いくかよ 高知市867 ◇いっか 香川県829 ◇いっけ 香川県志々島829

いく-やなぎ【生柳】〘名〙神霊の宿る、生命力のある柳。＊琴歌譜(9C前)伊勢神歌「さはかる 大日霊女(おほひるめ)の先使(さきつかひ) よよよよ 先使先使 伊久也奈支(イクヤナギ)伊久也奈支(イクヤナギ) 先使」補注用例、「幾柳(多くの柳の意)」とする説もある。

いくやま-しし【幾山獅子】〘名〙越後獅子の以前に行なわれた獅子舞。＊俚言集覧(1797頃)「いく山獅子 今の越後獅子の以前のものの由画手本にありといふ。此画図松平露秀子所持」

いく-ゆみや【生弓矢】〘名〙（「いく」は接頭語）いきいきとした生命力のある弓と矢。＊古事記(712)上「其の大神の生大刀(いくたち)と、生弓矢(いくゆみや)及(また)其の天の沼琴(ぬごと)とを取り持ちて逃げ出づる時」

いく-よ【幾代・幾世】〘名〙①どれほどの世代。どのくらいの年月。また、長い年月。多くの代。長年。＊万葉(8C後)一・三四「白波の浜松が枝の手向草(たむけぐさ)幾代(いくよ)までにか年の経ぬらむ〈川島皇子〉」＊古今(905-914)雑上・九〇六「住吉の岸の姫松人ならばいく世か経しと問はましものを〈よみ人しらず〉」＊源氏(1001-14頃)宿木「いくよしもあらじを、見奉らむ程は、なほかひあるさまにて見え給へ」②「いくよもち(幾世餅)」の略。＊雑俳・柳多留-五〇(1811)「其あした幾世淡雪売切れる」発音〈標ア〉①はイ 辞書書言・言海 表記幾世(書・言)

いく-よ【幾夜】〘名〙どれぐらいの夜。幾晩。また、多くの夜。＊古事記(712)中・歌謡「新治(にひばり) 筑波(つくは)を過ぎて 伊久用(イクヨ)か寝つる」＊万葉(8C後)一〇・二二三九「ぬばたまの夜渡る鴈はおほほしく幾夜(いくよ)を経てか己(おの)が名を告(の)る〈作者未詳〉」＊二度本金葉(1124-25)冬・二七〇「淡路島かよふ千鳥の鳴く声にいくよ寝ざめぬ須磨の関守

〈源兼昌〉」 発音〈標ア〉イ〈京ア〉ク 辞書 書言・言海 表記 幾夜（書・言）

いく-よう【育養】〔名〕育て養うこと。養育。＊西国立志編（1870–71）〈中村正直訳〉四・二二「職業を勧めて、児子を育養し」＊明六雑誌‐二〇号（1874）孤説の広義〈阪谷素〉「四時の気候万物の大小に随ひ之を育養生殺する如くなれば」＊論衡‐骨相「富貴之家、役二使奴僮一、育二養牛馬一」 発音イクヨー〈標ア〉0

いく-よう【煜燿】〔形動タリ〕明らかに輝くさま。＊佳人之奇遇（1885–97）〈東海散士〉一三「離奇明滅、光彩煜燿たり」＊崔琮‐五星同色賦「光二芒井口一、煜二燿斗辺一」

いくよう-いん【育幼院】〔名〕小学校入学以前の幼い子を集めて教育する所。幼稚園。＊仏国学制（1873–76）〈佐沢太郎訳〉小学総論・一・一「仁恵の心深きと、幼稚を教育するの必要なることに注目せるとに因りて、遂に育幼院を開くに至れり」 発音イクヨーイン〈標ア〉ヨ

いくよ-さ【幾夜―】〔名〕（「さ」は接尾語）どれほどの夜。幾夜。幾晩。また、多くの夜。＊歌舞伎・幼稚子敵討（1753）六「大橋殿、幾夜さか幾夜さか行ても情無（つれな）い返事をさっしゃる」

いくよ-じま【幾世縞・幾世島】〔名〕紅、紫、萌葱（もえぎ）等の色糸を用いて織った伊達模様の縞羽二重。元禄年間（一六八八～一七〇四）流行した京織の一種。＊万金産業袋（1732）四「幾世（イクヨ）嶋。京織、幅壱尺、丈三丈壱弐尺、生糸の嶋はぶたえ也。〈略〉女かたびらに宜し」 発音〈標ア〉0

いくよ-ぞめ【幾世染】〔名〕派手な模様染めの一種。＊浮世草子・西鶴伝授車（1716）一「例のむらさき帽子をいただき、幾世染の大振袖、八条の羽織に白茶の袖口」＊雑俳・出世丸（1730）「散る木のは今時花出る幾世染」 発音〈標ア〉0

いくよ-たけ【幾節竹】〔名〕ふしのいくつかある竹。また、ふしの多い竹。＊読本・南総里見八犬伝（1814–42）六・五六回「しかるを又、この君は男の技にも堪能にて、幾節竹（イクヨタケ）の一本立（ひともとたち）、八尋細（やひろぼそ）の綱渡、これらは特（こと）に本事（えもの）也」 補注 例文の「幾節竹の一本立」は曲芸の名称。また、「山家集‐下・雑」の「竹の色も君がみどりに染められていくよともなく久しかるべし」「呉竹の今いくよかは起き伏して庵の窓を上げおろすべき」など、「幾代」または「幾夜」などと、竹の幾節（いくよ）とをかけた例は多くある。 発音〈標ア〉ヨ

いくよ-もち【幾世餅】〔名〕江戸名物のあん餅。元禄一七年（一七〇四）小松屋喜兵衛が、吉原の遊女、幾世を落籍して妻とし、その名を冠して江戸両国で売り始めたため、この名があるといわれる。幾代・幾世。＊歌舞伎・追善彼岸桜（中将姫京雛）（1708）彼岸桜「曾我の十郎世に落ち、幾代餅（イクヨモチ）の店を出して居る所へ」＊談義本・根無草（1763–69）前・四「沫雪（あはゆき）の塩からく、幾世餅の甘たるく」＊随筆・耳嚢（1784–1814）一・両国橋幾世餅起立の事「新吉原町の遊女幾世といへるを妻として夫婦にて餅を拵へ〈略〉両国橋幾世餅と妻の古名を名代にて商ひせしが」 発音〈標ア〉ヨ

いく-よろずよ【幾万世】〔名〕どれほどの長い世代。また、非常に長い時代。＊歌仙本信明集（970頃）「行年の越えてはすぎぬ芳野山いく万代の積りなるらむ」＊弁内侍（1278頃）寛元五年正月七日「とねり召す春の七日の日のひかりいくよろづよの影かめぐらむ」＊曾我物語（南北朝頃）六・曾我にて虎が名残おしみし事「いく万代を重ねても名残尽くべきにあらず」

いく-ら【幾―】（「ら」は接尾語）■一〔名〕（助詞「の」が付き、あるいは単独で直接に、体言につづくこともある）いくらぐらい。どれほど。数、量、程度、値段などの不明、不定の場合に用いる。また、それらのはなはだしいことにも用いる。＊落窪（10C後）一「四の君はいくら大きさに成り給ひぬる」＊平中（965頃）五「君が思ひ今はいくらに分くればか我に残りの少なかるらむ」＊拾遺（1005–07頃か）雑上・四四七「流れくる滝の白糸絶えずしていくらの玉の緒とかなるらん〈紀貫之〉」＊十訓抄（1252）一・女房焼櫛燈火事「御ふところより櫛をいくらともなくとりいでて」＊日葡辞書（1603–04）「Icurani（イクラニ）ヲカイアッタカ?」＊和英語林集成（初版）（1867）「ネダンワ Ikura（イクラ）」＊浮雲（1887–89）〈二葉亭四迷〉二・七「あの方が幾程（イクラ）宜（いい）か知れない」■二〔副〕①（下に仮定の条件を表わす「とも」「ても、でも」「たって」「といって」などがきて）どんなに…しても、どれほど…であっても、の意を示す。＊史記抄（1477）一一・孝子列伝「いくら巧笑美目ありとも、礼が本じゃほどに、底に礼がなうてはすぢない事ぞ」＊西洋道中膝栗毛（1874–76）〈総生寛〉一五・七「いくら、かきさがしたっても、ありゃアしねへ」＊浮雲（1887–89）〈二葉亭四迷〉二・一一「幾程（イクラ）苦しいと云って…課長の所へ…」＊女難（1903）〈国木田独歩〉五「私が幾何（イクラ）なだめても聴かないで」＊吾輩は猫である（1905–06）〈夏目漱石〉一「いくら考へ出さうとしても分らない」②（「いくらでも」の形で用い）㋑どんなに多くても。必要なだけたくさん。「金ならいくらでもやる」㋺どれほどのことがあっても、なんとしてでも、どうあっても、の意を表わすことがある。＊歌舞伎・大名なぐさみ曾我（1697）上「『いくらでも五郎が役はさせよとあるに、汝等がさせまいとは堪忍がならぬ』『殿様よりはさせぬ』」 方言 ❶測りきれないほど甚だしいさま。どんなにか。非常に。ひどく。三重県南牟婁郡603 熊本県天草郡038 ◇いきら 沖縄県首里993 ❷わずか。少々。 ◇いきら 沖縄県首里993 発音〈なまり〉イックラ〔信州読本〕イックラ〔愛知〕〈標ア〉イ〈ア史〉江戸○◎○〈京ア〉0 辞書 日葡・書言・ヘボン・言海 表記 幾等（書・言） 幾第（ヘ）

いくら 幾（いく）ら（「いくら（幾―）」を重ねたもの）具体的な数値の代わりに用いる語。多くは金銭についていう。＊入江のほとり（1915）〈正宗白鳥〉九「これまでの俸給の総てを貯蓄してゐたらば、幾らになってゐたのにと、諳算をしながら、山を下って学校へ行った」＊父親（1920）〈里見弴〉「どこの株をどれだけ売って置けば、いくらいくら儲かる、といふやうな、『とらぬ狸の皮算用』やらで」 発音〈標ア〉イ2

いくら か ⇨親見出し

いくら かくら（「いくら」に対して、類似の音を持つ「かくら」を続けて、対比的にくりかえしのようにしたもの。「か」に指示代名詞の意味をこめている）いくらぐらい。どれほど。ものの値について、あれこれといい立てる意に用いる。近世末頃の俗語。＊合巻・蝶双春花壇（1834）上「『お礼の所はシテいかほど進ぜれば宜しう厶（ござ）るな』『何さ、いくらかくらと云ふでもなし』」＊歌舞伎・蔦紅葉宇都谷峠（文彌殺し）（1856）五幕「いくらかくらは言はねえから、路用の金を貸して下せえ」＊怪談牡丹燈籠（1884）〈三遊亭円朝〉一八「幾許（イクラ）かくらと限られるものぢゃアねえ」

いくら が 物（もの） どれほどの値打。＊咄本・無事志有意（1798）値段「『九年母、蒲鉾〈略〉直ぶみなしにいくらが物が有』『どれどれ八分、八分』」

いくら なんだって どんな事実があったとしても。また、どういう面から考えても。いくらひどいといっても。いくらなんでも。＊都会の憂鬱（1923）〈佐藤春夫〉「夫婦揃って大川秋帆の家来には、いくら何だってなりたくはないと思って居たのです」 発音〈標ア〉イ＝ナ

いくら なんでも 「いくら（幾）なんだって」に同じ。＊一兵卒の銃殺（1917）〈田山花袋〉九「嫂どんでも持たせて、行々は分家でもさせるやうにしてやったら、いくら何でもちっとは了簡も出べい」＊夜光時計（1969）〈津村節子〉「いくらなんでも怠慢すぎはしないか」 発音〈標ア〉イ

いくら ばかり どれくらい。いかほど。数や量の不明なときにいうが、多量なこと、または少量の場合を予想していうこともある。＊大和（947–957頃）一二七「しかのねはいくらばかりの紅ぞふりいづるからに山の染むらむ」＊宇津保（970–999頃）藤原の君「いと尊きことなり、御みあかしはいくらばかり奉らむ」＊拾遺（1005–07頃か）賀・二七八「青柳のみどりの糸をくりかへしいくら許の春を経ぬらむ〈清原元輔〉」＊栄花（1028–92頃）ゆふしで「物華やかならむも人目つつましうおぼしめされて、ただ御門のもとよりはいくらばかりかは御覧ぜられむなど、いと心もとなかるを」 発音〈標ア〉イ 0 辞書 名義 表記 幾許（名）

いくら 久（ひさ）さ 「いくひささ（幾久）」に同じ。＊永久百首（1116）恋「立ち別れいくらひささもなけれども逢はでも年の過ぎにけるかな〈藤原仲実〉」

いくら 程（ほど） どれくらい。いかほど。＊漢書列伝竺桃抄（1458–60）「財をばいくらほと、田地をばいくらほともちたなんど云ふをば本国へかへすか、別処にをく欤するぞ」＊黒本本節用集（室町）「幾良程 イクラホド」＊狂言記・末広がり（1660）「高直におぢゃる、いくらほどでござるぞ」 辞書 文明・黒本 表記 幾等程（文） 幾良程（黒）

いくら も ①（下に肯定を表わす語がきた場合）いくつも。たくさん。数、量などの多いことを示す。＊落窪（10C後）二「人もいくらも参らせ給へ、女房多かる所なむ、心にくく花やかにも聞ゆる」＊平家（13C前）七・忠度都落「さりぬべき歌いくらもありけれ共」＊宇治拾遺（1221頃）二・一「食はむやうも見まほしくて、めしつべくは、いくらもめせといへば」＊日葡辞書（1603–04）「Icura（イクラ）、すなわち、ヲヲキコト〈訳〉物の量や数の多いこと。〈例〉Icuramo（イクラモ）アル。〈訳〉非常に多くある」②（下に、否定の意を含む語がきた場合）それほど。たいして。数や量などが、あまり多くないことを示す。＊万葉（8C後）一七・三九六二「年月も 伊久良母（イクラモ）あらぬに〈大伴家持〉」＊古今（905–914）恋三・六四七「むばたまの闇のうつつはさだかなる夢にいくらもまさらざりけり〈よみ人しらず〉」 発音〈標ア〉イ ラ〈京ア〉ラ 辞書 文明・日葡 表記 彌干（文）

いくら も 幾（いく）ら も どれほども。数多く。＊浜松中納言（11C中）二「今にこの御方にあまた出で来給へらむをいくらも見あつかはまほしう思（おぼ）し願ふ御心なれば」＊狂言記・絹粥（1660）「くがに赤旗いくらもいくらも立て並べ」

イクラ〔名〕（ロシア ikra「魚の卵」の意）サケ、マスの成熟卵を塩水漬にした食品。一粒ずつ卵巣から分離したものをいい、そのままのものは筋子（すじこ）という。はららご。＊日本家庭大百科事彙‐二（1928）タマゴ「現今市場に見るカビヤ（ロシア名産『イクラ』）は鮭卵である」＊広場（1940）〈宮本百合子〉一「イクラだの酸っぱくした牛乳だの小魚の燻製だのを買った」＊新西洋事情（1975）〈深田祐介〉植民都市歓迎の背景「イスタンブールからいくらを輸入したりして工夫を凝らしている日本料理屋」 語誌 一九〇四～〇五年頃、日露戦争出兵時のロシア人がキャビアの代用品として食べたのが最初といわれる。昭和初期、日本の市場でキャビア（当時は「カビア」）として出回っていたのはイクラであった。 発音〈標ア〉0 イ〈京ア〉0／イ

い-ぐら【居座】〔名〕魚をとるために網代（あじろ）の見張りをする人のすわっている所。＊類従本堀河百首（1105–06頃）冬「ゆふだたみ田上川の網代木のゐぐらにひをもくらすころかな〈藤原顕仲〉」 方言 溝や小

川などの岸が自然に掘りくぼめられ、魚の隠れ場所になっている所。秋田県鹿角郡133

いーぐら【居蔵】〘名〙取引所の所有する、あるいは指定する倉庫。

いぐら〘名〙方言❶かわらぶきの家。かわら屋根。山口県豊浦郡798 大島801 熊本県919 大分県941 ◇**いぐらえ**〔—家〕熊本県919 ◇**いぐらや**〔—家〕大分県941 ◇**いぐらぶき**〔—葺〕宮崎県955 ◇**いがら** 広島県上蒲刈島・江田島771 ❷金持ち。財産家。熊本県上益城郡919 ❸藻、いしげ(石毛)。◇**いむら**とも。長崎県壱岐島914

いくら-か【幾—】■一〘名〙すこし。多少。いくぶん。数、量、程度などの少ないこと。*日本国考略(1523)寄語略・人事「多少 一故頼介 イクラカ」*怪談牡丹燈籠(1884)〈三遊亭円朝〉九「懐中より金子若干(イクラカ)を取出し」*五重塔(1891-92)〈幸田露伴〉一「立って幾干(イクラ)かの金を渡せば」■二〘副〙すこしばかり。いくぶんか。多少。*当世書生気質(1885-86)〈坪内逍遙〉四「むかしゆかりの人々より多少(イクラカ)資本(もと)を借うけつつ」*多情多恨(1896)〈尾崎紅葉〉前・二「言はずに思っとるのはなほ不愉快だ、言っとれば多少(イクラカ)気が霽れるから」*坊っちゃん(1906)〈夏目漱石〉二「いくらか薄い地には相違なくっても暑いには極ってる」方言どれ程か。どんなにはなはだしく。新潟県西頸城郡385 福岡県三井郡038 ◇**いっくらか・いっくらく** 東京都神津島322 発音〈標ア〉イ ラ〈京ア〉ラ

いーくら・す【居暮】〘他サ四〙そこに居ついて、日の暮れるまでの時間を過ごす。*源氏(1001-14頃)夢浮橋「すずろにゐくらさむも怪しかるべければ、帰りなんとす」*文明本節用集(室町中)「居黒 イクラス イクロムル」辞書文明 表記居黒(文)

いぐら-めし【—飯】〘名〙(「いぐら」は海草イシゲの壱岐島などでの称)イシゲをまぜて炊いた飯。いご飯。いむら飯。

いぐら-わたし【居蔵渡】〘名〙証書の交付により、居蔵に入れたままで貨物の受渡しをすませること。〔取引所用語字彙(1917)〕発音イグラワタシ〈標ア〉ワ

いくり【郁李】〘名〙植物「にわうめ(庭梅)」の漢名。*大和本草(1709)一〇「郁李 本草灌水類にのせたり。一名棠棣」*薬品手引草(1778)「薁李(イクリ)いくりにん也」方言❶植物、すもも(李)。愛媛県一部030 高知県030 福岡県一部030 長崎県一部030 熊本県030 下益城郡930 宮崎県一部030 鹿児島県一部030 ◇**いくい** 佐賀県一部030 ◇**いくりもも**〔—桃〕福岡県一部030 宮崎県一部030 鹿児島県肝属郡964 ◇**いぐりもも・いぐりも** 宮崎県児湯郡947 ◇**ゆくしもも** 宮崎県一部030 ❷植物、すぐり(酸塊)。大分県一部030 ❸植物、はたんきょう(巴旦杏)。高知市867 ❹松茸(まつたけ)によく似た茸(きのこ)。奈良県吉野郡685

いーくり〘名〙(「い」は接頭語、「くり」は海中に隠れている岩をいうか)海中にある岩。暗礁。*古事記(712)下・歌謡「由良の門(と)の門中(となか)の伊久理(イクリ)に 振れ立つ 漬(なづ)の木の さやさや」*万葉(8C後)二・一三五「韓(から)の崎なる 伊久里(イクリ)にそ 深海松(ふかみる)生ふる〈柿本人麻呂〉」語源説(1)塊の義か〔水上語彙〕。石塊の略転〔大言海〕。(2)イは接頭語。クリは石の意〔釈日本紀〕。(3)イは接頭語。クリはクロ(畔)と同語か〔日本古語大辞典=松岡静雄〕。(4)イは発語。クリはクリ(栗)から。形を栗にたとえていう〔名言通〕。(5)イコリ(石凝)の転〔言元梯〕。

いくり〘名〙詐欺賭博の共犯者をいう、詐欺師仲間の隠語。〔隠語輯覧(1915)〕

いーぐり【鋳繰】〘名〙鋳金法の一種。全体を一度に鋳ることができない梵鐘や大型の仏像などを造る場合、下部から上部へ順に鋳継ぎをしてゆくこと。発音イグリ〈標ア〉0

いぐり〘名〙熱灰の中に物を入れて暖めること。*俚言集覧(1797頃)「いぐり く濁 遠江にて火を焼熱灰の中へ物をさし入てあたためなとするをいぐりと云 その熱灰をいぐり灰といふ」方言灰。◇**いっぐり** 静岡県庵原郡534

いぐり〘名〙方言❶ものを運ぶわら製の道具。ふご。もっこ。愛媛県845 ◇**えぐり** 愛媛県840 周桑郡845 ◇**ゆぐり・いんぐり・ゆんぐり** 愛媛県840 842 845 ◇**えんぐり** 愛媛県大三島848 ❷山仕事に出る時にやかんなどを入れて運ぶ、棕櫚(しゅろ)で編んだ目の粗い網袋。◇**ゆぐり** 高知県土佐郡866 ❸わらで編んだ飯びつ入れ。福岡県久留米市・朝倉郡872 ❹赤ん坊を入れておくわら製のかご。◇**えぐり** 兵庫県赤穂郡660 ❺米揚げざる。◇**いくり** 静岡県520 ❻ざる。広島県771

いぐり-ぶね【居繰船】〘名〙江戸時代、秋田県から富山県にかけての川で利用された川舟の名の一つ。*小鹿の鈴風(1810)「背海(うしろうみ)といふ浜辺に下りて赤狭間(あかさま)といふ処より、衣具利舟とて、丸木の小舟に足なげて乗りぬ」方言川で用いる小舟。富山県390 ◇**いっくりぶね** 富山県390 ◇**いくるうね** 富山市近在392 ◇**いくり** 富山県高岡市395 ◇**いくる** 富山県砺波398

いくり-もも【郁李桃】〘名〙方言⇩いくり(郁李)

いくーりん【育林】〘名〙森林を育てること。

いくる〘動〙方言❶曲げる。また、曲がる。新潟県佐渡348 ❷揺れる。富山県390 ❸くくる。縛る。京都府久世郡634

いぐる〘動〙方言❶いじる。静岡県520 ◇**えぐる** 山梨県甲府454 ❷睡眠中に体を動かす。長野県481 488 492 ❸うつぶせに倒れる。つんのめる。突っ伏す。静岡県榛原郡541 ❹埋める。いける。静岡県榛原郡541

いくーるい【幾類】〘名〙どれくらいの種類。何種類。*日葡辞書(1603-04)「Icuruy(イクルイ)」辞書日葡

イグルー〘名〙(英 igloo 元来エスキモー語で「家」の意)エスキモー(イヌイット)が冬季に獲物を求めて移動する途中、仮泊するために作る家。凍った雪を切り出し、ドーム型に積みあげてつくる。発音〈標ア〉グ

いーくるみ【鋳包】〘名〙鋳金法の一種。鋳物の一部である足や耳などを別に鋳ておいて、鋳型に入れて密着させる方法。発音〈標ア〉0

いーぐるみ【矰繳】〘名〙(「射包(いくるみ)」の意)狩猟用具の一種。矢に糸や網をつけて射放ち、鳥や魚にからませて捕えるようにくふうしたもの。いとゆみ。*応永本論語抄(1420)述而第七「弋とは繳射(しゃくしゃ)也。いくるみと云者也」*易林本節用集(1597)「矰繳 イグルミ」*慶長見聞集(1614)一「弋猟といふ事有。弋はいくるみとよむ、矢のさきに網を付て、鳥を射くるむ。猟は狩する事也」*俳諧・類船集(1676)以「糸〈略〉矢に糸を付て鳥をいるを繳(ケキ イクルミ)と云」辞書和玉・易林・書言 表記繳(玉・書)矰繳(易・書)

いーくる・める【射包】〘他マ下一〙いぐるみで、鳥、魚などを包みとらえる。*和訓栞(1777-1862)「いぐるみ 矰繳をいふ。射くるめるなり」

いくーれつ【郁烈】〘形動ナリ・タリ〙香りなどが、強烈なさま。非常にかんばしいさま。*聖徳太子伝暦(917頃か)上・皇極天皇二年「擎二香炉一大誓、香気郁烈、上通二烟雲一」*曹植-洛神賦「践二椒塗之郁烈一、歩二衡薄一而流レ芳」発音〈標ア〉0

いーくろ・む【居—】■一〘自マ四〙大勢集まりかたまる。*愚管抄(1220)四・後三条「人も居くろみたるさまにてもなくて、こはた岡のやまでもはるばると見やられてありけるに」■二〘自マ下二〙住みなれる。住みつく。居つく。*俳諧・崑山集(1651)三・春「子むまんと巣や居くろむる親鳥〈勝孝〉」*歌舞伎・傾城魔術冠(1766)四幕「家賃なら、ちっと居くろめてから上げませう」*浄瑠璃・伽羅先代萩(1785)一「私も大勢の太夫様方をまはしたれど、此様に内かたへ来るといふは是が始り、だんだんとお居くろめなされて、お二人の中に和子(わこ)様も出来る様」辞書文明 表記居黒(文)

いーぐろめ【居—】〘名〙居なれ住み慣れたこと。(両京俚言考)。

いーぐわ【鋳鍬】〘名〙農具。ふみぐわの一種。足で踏んで地面の中に突き入れて土を掘り起こすもの。刃先部は約一メートル。柄は刃先部と鈍角をなし、長さ約二メートルある。*農具便利論(1822)上「鋳鍬(イグワ)下総国辺に専ら用ゆ。〈略〉土人いんぐわとよべり。ふみくわとも云」方言農具、唐鋤(からすき)。茨城県稲敷郡188

鋳鍬〈農具便利論〉

いーくわ・う【率加】〘自ハ下二〙⇩いくう(率加)

いーくん【異訓】〘名〙(おもに訓点資料や古辞書で)漢字で書かれた語や語句に対して、二種類以上の訓がついているとき、主流と認められる訓に対して他の訓をよぶ。別訓。発音〈標ア〉0

いーくん【異薫】〘名〙他と異なったかおり。*蝶の皿(1969)〈秦恒平〉「絵柄の美しさに惹かれてようやっと仏界の異薫に胸底の洗われます始末」発音〈標ア〉0

いーくん【偉勲】〘名〙戦争などでの大きなてがら。すぐれた功績。*西国立志編(1870-71)〈中村正直訳〉一三・二五「屡(しばしば)偉勲〈注〉オホイナルテガラを建てし時」*田舎教師(1909)〈田山花袋〉四八「勇敢なる偉勲(ヰクン)を奏した兵士の記事を以て満され」発音〈標ア〉0イ〈京ア〉イ 辞書言海 表記偉勲(言)

いーくん【意訓】〘名〙漢語の意味をとって国語として読むこと。また、その読み。和訓。*読本・南総里見八犬伝(1814-42)九・贅言「拙文、唐山(からくに)なる俗語さへ抄(せう)し載(のせ)て、且意訓(イクン)をもて彼義を知しむ」発音〈標ア〉0

いーくん【遺訓】〘名〙死んだ人が後に残した教え。また、父祖から子孫への教訓。ゆいくん。遺戒。*毎月抄(1219)「仰げばいよいよたかき事に侍るめりと先賢の遺訓も、今こそ思ひしられて侍れ」*山陽詩鈔(1833)八・過桜井駅址「駅門立レ馬臨二路岐一、遺訓丁寧垂髫児」*人情本・貞操婦女八賢誌(1834-48頃)四・序「せめては遺訓(ヰクン)を空(あだ)にせじと」*教育に関する勅語-明治二三年(1890)一〇月三〇日「斯の道は実に我が皇祖皇宗の遺訓にして、子孫臣民の倶に遵守すべき所」*史記-魯周公世家「賦レ事行レ刑、必問二於遺訓一而咨二於固実一」発音〈標ア〉0イ〈京ア〉イ 辞書ヘボン・言海 表記遺訓(へ・言)

いーくん【遺勲】〘名〙長く後世にまで知られる功労。遺功。*日本外史(1827)一・源氏前記「思二貞盛清盛遺勲一」*東京新繁昌記(1874-76)〈服部誠一〉初・招魂社「義士の遺勲、忠士の余功、赫々として万世に輝く可く、不朽に伝ふ可し」発音〈標ア〉0〈京ア〉イ

いーくん【遺薫】〘名〙物に移って、残されたかおり。移り香(が)。遺香。発音〈標ア〉0

いーくん【彝訓】〘名〙人の守るべき道。常に行なうべき教え。*広益熟字典(1874)〈湯浅忠良〉「彝訓 イクン ヨキオシヘ」*書経-酒誥「聰二聴祖考之彝訓一、越二小大徳一小子惟一」

いーくん【懿訓】〘名〙うるわしい教訓。良いいましめ。*慎思録(1714)一「是聖門之懿訓、万生之模範也」

いけ【生・活】〘名〙(動詞「いける(生)」の連用形の名詞化)①生かしておくこと。*歌舞伎・霊験曽我籬(1809)九幕「煮るとも焼くとも刺身でも、旅と違って江戸前のこの長兵衛が活(イケ)の魚」②仮死状態の人や気絶した人を生き返らせること。活(かつ)。*浄瑠璃・伊賀越道中双六(1783)八「倒れ伏したる組子ども、引起して死活(しくゎつ)のいけ」③植物を、植えた

り花器に入れたりすること。＊歌舞伎・浮世柄比翼稲妻(鞘当)(1823)序幕「活(イ)けの手際(てがは)でくろめても、仇附きな花配り」発音〈標ア〉ケ

いけを入(い)れる 気絶している者を生き返らせる。活(かつ)を入れる。＊浄瑠璃・太平記菊水之巻(1759)三「きゃつに生(イケ)を入い」＊歌舞伎・韓人漢文手管始(唐人殺し)(1789)一「ト伝七、思入(おもひいれ)有(あっ)て丹平を引起し、いけを入る」

いけ【池】〘名〙①くぼ地に水が自然にたまった所。または、地面を掘ったり土手を築いたりして水をためた所。ふつう、湖沼より小さいものをいう。＊古事記(712)中・歌謡「水たまる 依網(よさみ)の伊気(イケ)の 堰杙(ゐぐひ)打ちが 刺しける知らに」＊書紀(720)武烈五年六月(図書寮本訓)「人をして塘(イケ)の槭(ひ)に伏せ入ら使む」＊古今(905-914)夏・一三五「わが宿の池の藤なみさきにけり山郭公(やまほととぎす)いつか来なかむ〈よみ人しらず〉」②硯(すずり)の、水をためておくくぼみ。海。＊玉塵抄(1563)一三「その硯の池の中に黄なちいさいつぶせに打ほどな石があったぞ」③刑務所をいう、盗人仲間の隠語。池底。〔隠語輯覧(1915)〕 方言❶川水をせき止めた所。井堰(いせき)。福井県431 ❷井戸。富山県389 石川県404 408 414 福井県427 滋賀県607 京都府620 629 兵庫県佐用郡659 山口県阿武郡795 豊浦郡798 徳島県海部郡811 愛媛県840 周桑郡・新居郡845 福岡県嘉穂郡872 ◇いけど 滋賀県愛知郡608 ❸洗濯場などで水のわき出る所に埋めてある丸いおけ。長野県上水内郡469 ❹小さな堀の水たまり。岡山県苫田郡748 ❺すずり。神奈川県001 三重県度会郡599 兵庫県飾磨郡662 福岡県三瀦郡・山門郡872 長崎県壱岐島914 熊本県919 大分県938 ◇いけうみ〔―海〕大分市941 ❻埋める穴。鹿児島県屋久島981 ❼墓穴。奈良県吉野郡688 和歌山県日高郡054 熊本県球磨郡054 玉名郡058 ◇いいき 鹿児島県沖永良部島984 〔方言の補注〕❻❼は「埋け」の意か。 語源説(1)イケ(生)の義。魚を生けておくことから〔桑家漢語抄・日本釈名・箋注和名抄・雉岡随筆・和訓栞・大言海〕。(2)イセキの略か〔和語私臆鈔〕。(3)ひでりに水をいけておくために掘るものであるから。水が涸(か)れるのに対し、イケ(生)というものか〔和句解〕。 発音〈なまり〉エケ〔東京・福井・福井大飯・伊賀・鳥取〕ユケ〔和歌山県・紀州・島根・広島県〕〈標ア〉ケ〈ア史〉平安○○ 室町来◎○〈京ア〉イ 上仮名イケ 辞書和名・色葉・名義・下学・和玉・文明・伊京・明応・天正・饅頭・黒本・易林・日葡・書言・〈ボン〉・言海 表記池(和・色・名・下・玉・文・明・天・饅・黒・易・書・へ・言) 沼(色・名・下・伊・明・黒) 陂(色・名) 堤(名・玉) 阪・隄・防(名) 汪・浙・漨・溏・隍(玉) 湫・邕(書)

いけの面(おも・おもて) 池の水面。池の水の表面。＊順集(983頃)「いけのおもに照る月なみを数ふればこよひぞ秋のも中なりける」＊能因本枕(10C終)六七・草は「はすの浮き葉のいとらうたげにて、のどかに澄める池のおもてに」

いけの鏡(かがみ) 鏡のように物の影をうつす池の水。＊源氏(1001-14頃)賢木「さえわたる池のかがみのさやけきにみなれしかげを見ぬぞかなしき」＊増鏡(1368-76頃)一三・秋のみ山「照る月波も、曇りなき池のかがみに、いはねどしるき秋のもなかは」

いけの心(こころ) ①(「池心(ちしん)」の訓読み)池の中心の所。または、池の底。＊源氏(1001-14頃)桐壺「池のこころひろくしなしてめでたくつくりののしる」＊今昔(1120頃か)三一・二二「其の後は池(いケ)の心も少くて有ける程に、漸く其の残たる池も皆失せて」＊増鏡(1368-76頃)五・内野の雪「山のたたずまひ木深く、池の心ゆたかに、わたつうみをたたへ」②池を人にたとえて、その心。＊躬恒集(924頃)「散りぬとも影をやとめぬ藤の花いけのこころのあるかひもなき」＊栄花(1028-92頃)歌合「笛けしきばかり吹きすさびて、伊勢の海うたひて、いけの心にまかせて棹さして参るを見れば」

いけの堤(つつみ) 池の周囲の堤防。池堤(いけづつみ)。＊書紀(720)持統四年二月(北野本訓)「天皇、腋上(わきのかみ)の陂(イケノツツミ)に幸して、公卿大夫の馬を観たまふ」＊万葉(8C後)一四・三四九二「小山田の伊気能都追美(イケノツツミ)にさす柳成りも成らずも汝(な)と二人はも〈東歌〉」＊栄花(1028-92頃)根合「浪の上いけのつつみは高くとも月日にいかで近くなるらん」

いけの氷(つらら) 池の水面に張った氷。＊正治初度百首(1200)冬「誰ゆゑの池のつららの床ならんみなるる鳥はよがれしにけり〈守覚法親王〉」

いけの渚(なぎさ) 池の水際。＊万葉(8C後)三・三七八「いにしへの古き堤は年深み池之瀲(いけのなぎさ)にみくさ生ひにけり〈山部赤人〉」

いけの辺(へ) 池のほとり。池の岸辺。池辺。＊万葉(8C後)七・一二七六「池辺(いけのへの)小槻(をつき)がもとの細竹(しの)な刈りそね それをだに君が形見に見つつしのはむ〈人麻呂歌集〉」＊万葉(8C後)八・一六五〇「池辺(いけのへ)の松の末葉(うらば)に降る雪は五百重(いほへ)降りしけ明日さへも見む〈作者未詳〉」

いけの間(ま) 梵鐘の部分の名。乳(ち)の間の下の部分で、銘などの刻んである所。銘の間。

いけ【池】 姓氏の一つ。発音〈標ア〉0

い‐け【医家】〘名〙「いか(医家)」に同じ。＊色葉字類抄(1177-81)「医家 イケ 陰陽部」＊日葡辞書(1603-04)「Iqe (イケ)〈訳〉医者の家」 辞書色葉・日葡・書言 表記医家(色・書)

い‐け(ゐ)【藺笥】〘名〙(「いげ」とも)藺を編んで作った、飯を盛る器。＊菅家文草(900頃)三・代翁答之「藺笥為ㇾ名在㆓手工㆒」＊延喜式(927)一・神祇・四時祭「盛㆓藺笥㆒納ㇾ櫃居ㇾ案」＊観智院本名義抄(1241)「藺笥 ヰゲ」＊和訓栞(1777-1862)「ゐげ 延喜式に藺笥と見え、飯を盛の笥也」 辞書名義 表記藺笥(名)

いけ〘名〙①盗んだ貴重品をいう、盗人仲間の隠語。〔隠語輯覧(1915)〕②財布をいう、盗人仲間の隠語。〔隠語輯覧(1915)〕

いけ〘接頭〙近世語。多く好ましくない意味を含む名詞、形容詞、形容動詞などの上に付いて、卑しめ、非難する気持を表わす。㋑名詞、形容動詞の上に付く場合。「いけ癖」「いけぞんざい」「いけ年」「いけ不器用」「いけ面倒」など。㋺形容詞の上に付く場合。「いけあたじけない」「いけあつかましい」「いけしつこい」「いけずうずうしい」など。㋩副詞、形容詞句、動詞、動詞句などの上に付く場合。「いけしゃあしゃあ」「いけずうずうと」など。＊雑俳・川柳評万句合‐安永五(1776)智一「いけよくのふかいあまだとあばたいい」＊洒落本・田舎談義(1790)「いけげへぶんの悪い」＊歌舞伎・お染久松色読販(1813)序幕「ヱヱ此男がいけ情の強(こわ)い」＊滑稽本・八笑人(1820-49)四・上「いけ利(きい)た風に、耳学問のこうぜへた口をたたきたがるから」 語誌(1)接頭語「いき」の変化したものか。また、「生ける」の連用形「いけ」かとか、「余計」の変化したものかなどといわれるが、語源については未詳。(2)近世前期の上方には、用例は少なく、ほとんどが「いけ年寄」のように名詞に冠して用いられている。その後、用法を広げ、近世後期の江戸語では、(1)形容動詞、(2)形容詞、(3)動詞、(4)副詞、さらには(5)形容動詞句、形容詞句の上に付けて用いられるようになる。今日もいう「いけしゃあしゃあ」「いけぞんざい」なども江戸語以来の用法である。 発音〈なまり〉イキ〔壱岐〕

いげ【棘】〘名〙①植物などのとげ。いばら。いぎ。＊日葡辞書(1603-04)「Igue (イゲ)〈訳〉棘。カミ(上方)ではイギという」②稲。籾(もみ)のついた米。＊日葡辞書(1603-04)「Igue (イゲ)〈訳〉外皮のついた米。シモの語。女性の言葉」 方言㊀❶とげ。山口県803 福岡県872 876 877 佐賀県887 長崎県904 906 917 熊本県926 930 933 大分県938 宮崎県947 鹿児島県038 961 970 ❷麦や稲ののぎ。◇いがら 島根県邑智郡725 ◇いがす 高知県869 ❸栗(くり)のいが。筑紫†035 ◇いがぐし 群馬県多野郡246 ◇いんがら 青森県三戸郡086 富山県390 ◇えがら・えんがら 富山県389 390 ❹動物、うに(海胆)。備前†032 京都府竹野郡622 ❺魚の小骨。長崎県054 906 911 熊本県玉名郡926 ❻針。長崎県対馬911 ❼えら。静岡県520 ㊁植物。❶とげのある植物。いばら(茨)。大分県941 ◇いげぞろ 宮崎県児湯郡040 ◇いげんと 大分市941 ❷のいばら(野茨)。薩摩†137 福岡県築上郡964 長崎県南高来郡964 熊本県玉名郡929 八代郡964 鹿児島県薩摩郡・肝属郡965 ◇いげくさ〔―草〕高知県幡多郡808 ◇いげぼたん〔―牡丹〕福岡県築上郡964 鹿児島県桜島965 ◇いげんどろ 熊本県玉名郡929 宮崎県西臼杵郡964 ◇いげどら 宮崎県延岡947 ◇いげどろ 熊本県下益城郡930 宮崎県西臼杵郡964 ◇いげだら 長崎県対馬912 ❸ばら(薔薇)。長崎県053 大分県941 鹿児島県963 ◇いげぼたん 福岡市877 長崎県899 906 917 熊本県926 931 936 大分県938 鹿児島県961 種子島054 ◇いげぶたん 熊本県玉名郡926 ◇いげばな〔―花〕長崎県五島917 ◇いげどろぼたん 熊本県下益城郡930 ❹さるとりいばら(菝葜)。◇いげのは 福岡県大牟田964 熊本県鹿本郡964 ◇いげんは 熊本県玉名郡929 辞書日葡・書言 表記荊棘(書)

い‐げ【以下・已下】〘名〙①「いか(以下)①」に同じ。＊続日本紀‐文武元年(697)八月庚辰「親王已下百官人等賜ㇾ物有ㇾ差」＊今昔(1120頃か)一四・四一「大臣以下の人民に至まで、此を不嘆(なげか)ずと云ふ事无し」＊愚管抄(1220)四・崇徳「内大臣いげ家礼(けらい)の人多くありけるをも」＊文明本節用集(室町中)「已下 イゲ イカ」②「いか(以下)②」に同じ。＊平家(13C前)六・横田河原合戦「さる程に寿永二年になりけり。節会以下常の如し」＊保元(1220頃か)上・親治等生捕らるる事「聞書には『宇野七郎親治已下、十六人の凶徒、搦めまゐらする賞なり』とぞ記されける」＊天草本伊曾保(1593)イソポの生涯の事「ジネンニ シャウズル サウモクワ シダイノ タメニワ ソノ ホカノ ゴコク ygueua (イゲワ) シダイノ タメニワ ママコノ ココロヂャニ ヨッテ」③身分などの低いこと。下賤。＊日葡辞書(1603-04)「Igueno (イゲノ) モノ〈訳〉下等、下位の者」＊仮名草子・恨の介(1609-17頃)上「いげの譬(たとへ)にも申すぞかし」 発音イゲ〈標ア〉イ 辞書文明・易林・日葡・書言・〈ボン〉・言海 表記以下(文・易・書・へ・言) 已下(文)

い‐げ【湯気・飯気】〘名〙(「ゆげ(湯気)」の変化した語。「いけ」とも)湯や食べ物などから立ちのぼる水蒸気。＊詩学大成抄(1558-70頃)二「江上水辺は烟があるぞ。水からいげが立が烟の如なぞ」＊俳諧・毛吹草(1638)七「ふかふかと置はすの葉の露みえて いげたちやまぬ盆のこはいひ」＊仮名草子・仁勢物語(1639-40頃)上・八「白髪(しらが)なる頭の鉢に、いげの立ちければ」＊書言字考節用集(1717)六「餾 ヰゲ 飯気 同」＊滑稽本・浮世風呂(1809-13)前・上「湯気(イケ)に上ったよ」＊和英語林集成(初版)(1867)「Ige イゲ 飯気」 辞書書言・〈ボン〉 表記飯気(書・へ) 餾(書)

い‐げ【意解】〘名〙①こころに了解するところ。所見。見解。＊行事鈔‐上・四「昔斉文宣王撰㆓在家布薩儀㆒、普照沙門道安開士撰㆓出家布薩法㆒。並行㆓於世㆒、但意解不ㇾ同、心相各別」②仏語。こころの解脱。＊改邪鈔(1337頃)「なかんづくにかの名帳と号する書において、序題をかきあまさへ意解(イゲ)をのぶと云々」＊注維摩経‐一「漏尽意解。肇曰、無著之道於ㇾ法無ㇾ受無ㇾ染、漏尽九十八結漏既尽、故意得㆓解脱㆒成㆓阿羅漢㆒也」

い‐げ(ゐ)【遺偈】〘名〙臨終のとき、あとに残す偈(げ)。多く禅僧が行なうもの。ゆいげ。＊空華日用工夫略集‐嘉慶二年(1388)四月三日「衣鉢侍者咨曰、可ㇾ書㆓遺偈㆒否、師曰、吾四十年来、被㆓人抑逼㆒、杜上㆓紙墨㆒者不ㇾ拗」

*蕉堅藁(1403)悼簡上人「事業不㆓将㆒形質朽、貫花遺偈少林春」 *読本・春雨物語(1808)樊噲・下「侍者、客僧等すすみて申す。いとたふとし。遺偈一章しめし給へ」 *死について(1956-57)〈唐木順三〉一「庫から正受老人の遺偈(イゲ)の軸をもちだしてきて」 *周賀-哭閑霄上人詩「凍髪亡夜剃、遺偈病時書」 発音イゲ〈標ア〉イ

いげ〘名〙方言⇩いがき(蜘蛛網)

いけ-あたじけな・い〘形口〙(「いけ」は接頭語)ひどくけちくさい。*歌舞伎・お染久松色読販(1813)序幕「アノ此中仮宅へ上った時の勤(つとめ)の勘定をしろと催促するやつよ。いけあたじけねへ、誰がやる物か」 *歌舞伎・東海道四谷怪談(1825)二幕「それ見たか、エエ、いけあたじけねえ」 発音〈標ア〉ナ

いけ-あつかまし・い【━厚】〘形口〙(「いけ」は接頭語)いやにずうずうしい。非常に恥しらずだ。*歌舞伎・御摂勧進帳(1773)二番目「姉輪の平次が前とも憚らず、いけ厚かましくうしゃアがって」 *歌舞伎・彩入御伽草(1808)小平次内の場「エエ、イケあつかましい小二才だ」 発音イケアッカマシイ〈標ア〉シ

いけ-あみ【生網】〘名〙(「いけ」は生かしておく意の「いける」から)魚を生かしておく網製の魚入れ。びく。発音〈標ア〉0

いけ-あらい【生洗・活洗】〘名〙(「いけ」は生かしておく意の「いける」から)しみやよごれのついた和服類を、解き放し端縫(はぬい)して、色や布地をいためないようにしみ抜きと洗濯を行なうこと。*改正増補和英語林集成(1886)「Ikearai イケアラヒ」 *藪の鶯(1888)〈三宅花圃〉二「幾度かいけあらひをしたといふ半襟をかけて」 発音〈標ア〉ア

いけあらい-や【生洗屋】〘名〙いけあらいを業とする家。また、その人。*風俗画報-二四〇号(1904)人事門「洗濯(あら)ってのびず、濡にぞぬらしても色の変らぬが生洗屋(イケアラヒヤ)の、類と真似のなき、特技ともいはましや」 発音〈標ア〉0

いけあらしくない〘形〙方言❶憎らしい。嫌いだ。岩手県気仙郡100 宮城県遠田郡118 ◇いけあらしけない 宮城県栗原郡114 ❷悪い。◇いけあらしない 宮城県玉造郡116 仙台市121

い-けい【医経】〘名〙漢説の医書。いきょう。*蘭東事始(1815)上「古来医経に説たる所の、肺の六葉、両耳、肝の左三葉、右四葉などいへる分ちもなく」 *漢書-遊侠伝・楼護「護誦㆓医経本草、方術数十万言㆒、長者咸愛㆓重之㆒」

い-けい【威恵】〘名〙威光と恩恵。恩威。*仮名草子・祇園物語(1644頃)上「いにしへの明君の忠良(ちうりゃう)の臣をもとめ、隠賢を聘(へい)し給ふも賞罰威恵(イケイ)のただしからんとの事也」 *翁問答(1650)上・本「ただし刑賞威恵(イケイ)の権柄(けんへい)をば、かりそめにもかしあづけぬものなり」 *明治月刊(1868)〈大阪府編〉四「法を用ひ衆を威し、恵を施して士を懐け、威恵並行はるるにより」 *魏志-王基伝「為ㇾ政清厳、有㆓威恵㆒、明設㆓防備㆒、敵不㆓敢犯㆒」 発音イケイ〈標ア〉0

い-けい【畏敬】〘名〙偉大な人や権力のある人を、おそれうやまうこと。*経国美談(1883-84)〈矢野龍渓〉前・一「希臘人民の深く尊信畏敬する一宇の神廟あり」 *硝子戸の中(1915)〈夏目漱石〉三八「気六(きむ)づかしい兄も母丈には畏敬(ヰケイ)の念を抱(いだ)いてゐた」 *異端者の悲しみ(1917)〈谷崎潤一郎〉三「彼等の社会から畏敬されたり、信頼されたりする事が、どれだけ己の真価に関係するだらう」 *管子-内業「厳容畏敬、精将㆓至定㆒」 発音イケイ〈標ア〉0〈京ア〉⓪

い-けい【畏景】〘名〙(「景」は日ざしの意)夏の強い日ざし。*本朝無題詩(1162-64頃)四・夏日作〈藤原明衡〉「夏日優遊興味余、占ㇾ涼更識畏景虚」 *劉言史-広州王園寺伏日即事寄北中親友詩「曲池煎㆓畏景㆒、高閣絶㆓微飈㆒」

い-けい【胃痙】〘名〙「いけいれん(胃痙攣)」の略。*くだもの(1901)〈正岡子規〉「だんだん気候が寒くなって後にくふと、すぐに腹を傷めるので、前年も胃痙をやって懲り懲りした事がある」 発音イケイ〈標ア〉0

い-けい【異形・異型】〘名〙〘形動〙「いぎょう(異形)」に同じ。*造化妙々奇談(1879-80)〈宮崎柳条〉一「此他尚全地上許多の異形(イケイ)なる者ある可し」 *物質の弾道(1929)〈岡田三郎〉「額に乱れかぶさる長髪の異形(イケイ)にマダムは顔をひそめながら」 発音イケイ〈標ア〉0

い-けい【異系】〘名〙系統、系譜の異なること。発音イケイ〈標ア〉0

い-けい【異計】〘名〙珍しいはかりごと。すぐれている計略。*源平盛衰記(14C前)一四・三井寺僉議「異計(イケイ)を廻(めぐ)らさんとて徒らに時日を隔つならば、敵に上手(うはて)を討たれて後悔益無からん」 *筌蹄録(1909)〈釈宗演〉一・四「外道禅と云ふのは異計を帯びて欣上厭下する」 *後漢書-劉焉伝「撫㆓納離叛㆒、務行㆓寛恵㆒、而陰図㆓異計㆒」

い-けい【意計】〘名〙思いはかること。はかりごと。*江戸繁昌記(1832-36)五・千住「都門繁会の地、偸子拐子、意計の及ぶ所に非る者有云々」 *後漢書-朱浮伝「浮密奏寵遣ㇾ吏迎ㇾ妻而不ㇾ迎㆓其母㆒、又受㆓貨賄㆒、殺㆓害友人㆒、多聚㆓兵穀㆒、意計難ㇾ量」 発音イケイ〈標ア〉0

い-けい【意景】〘名〙意図とその現われた姿。心の中とその表現された姿。一説に、意中の景、すなわち意図の現われた姿とする。*九位(1428頃)「言語を絶して、不二(ふに)妙体の意景を現はす処、妙花風也」 *拾玉得花(1428)「舞歌(ぶが)の曲をなし、意景(イケイ)、感風の心耳(しんに)をおどろかす堺」

い-けい【維景】〘名〙(「維」は「これ」「この」の意の助辞)この景色。*再昌草-永正二年(1505)二月二〇日「東風次第百花新、維景維時最約人」

い-けい【遺形】〘名〙昔のもので現在まで残ったすがた、かたち。遺物。*将来之日本(1886)〈徳富蘇峰〉一二「吾人嘗て各地に遊び其封建城下なるものを見るに、寂寞たる空壕、破屋、秋草茫々の裡に自から過去社会の遺形を残せり」 *曹植-叙愁賦「観㆓図像之遺形㆒、窃庶㆓幾乎英皇㆒」

い-けい【遺計】〘名〙①はかりごとに手ぬかりのあること。また、そのはかりごと。失計。遺算。*後漢書-桓郁伝「慮無㆓遺計㆒、挙無㆓過事㆒」 ②はかりごとを死後に残すこと。また、そのはかりごと。遺策。発音イケイ〈標ア〉0イ

い-けい【遺経】〘名〙あちこちに分散して伝えられた書物。また、聖賢の残した著述。遺書。*閑耳目(1908)〈渋川玄耳〉三十年前の套語「蓋し彼は或る時代に膠着したまま、遂に新潮流に乗じて浮み出すことの能(でき)なかった一個の廃船である。〈略〉さながら白首遺経(ヰケイ)を抱く窮措大に対する感を起さしめた」 *晉書-荀崧范汪伝論「崧則思業該通、緝㆓遺経於已紊㆒、汪則風飈直亮、抗㆓高節於将顚㆒」

い-けい【遺慶】〘名〙(祖先などが)後代に残した善事。*続日本紀-霊亀元年(715)九月庚辰「朕君㆓臨天下㆒、撫㆓育黎元㆒、蒙㆓上天之保休㆒、頼㆓祖宗之遺慶㆒、海内晏静、区夏安寧」

い-けい【縊刑】〘名〙罪人の首をしめて死なせる刑罰。絞罪。絞首刑。*西国立志編(1870-71)〈中村正直訳〉九・二六「窊林登(ウエリントン)その搶却するものを縊刑に行ふ」 *自由之理(1872)〈中村正直訳〉四「これに由て縊刑に処せられしことありき」 発音イケイ〈標ア〉0

いけい-かん【異形管・異型管】〘名〙鉄管、陶管、土管の接続などに用いられる曲管、枝付管、十字管などの総称。主として鋳鉄管についていう。発音イケイカン〈標ア〉0

いけい-いけ【行行】〘名〙(形動)(動詞「いく(行)」の命令形を重ねた語)①ほったらかしのこと。放任。放置。*歌舞伎・桑名屋徳蔵入船物語(1770)二「『さうして十年も家へ往(い)なずに、後はどうなった』『どうなったやらいけいいけぢゃ』」 ②受け渡しや損益の差し引きがゼロであること。相殺(そうさい)。*両京俚言考(1868-70頃)「いけいいけ 計算上に双方差引過不足なく取遣り無きをいふは是も双方往け往けといふ義ならん」 ③やたらに威勢がいいこと。むやみと元気なさま。方言❶やりっぱなし。高知県862 ◇いけいけすっぽ 香川県大川郡829 ❷行きあたりばったりで計画性のないこと。徳島県811 ❸あり合わせのもので間に合わせること。奈良県宇陀郡680 ❹共通にして間に合わせること。奈良県678 ❺隣家などの境界になんの設備もなく行ったり来たりできること。大阪市637 ❻勘定が差し引きなしになること。相殺。大阪市638 奈良県北葛城郡679

いけいけ(の)三八(さんぱち) いいかげんにほったらかしにする、どうでもかまわない、の意を擬人化した語。いきゃいきゃ三八。*浮世草子・当世芝居気質(1777)一・一「芝居師の損はかまはぬ、いけいけ三八」 方言島根県邑智郡725

いけい-こうはい【異系交配】〘名〙生物の交配のうちで、異なる属、種または系統間の交配の総称。主に品種改良などに利用される。↔同系交配。発音イケイコーハイ〈標ア〉コ

いけい-ざい【違警罪】〘名〙旧刑法(明治一三年太政官布告三六号)に規定した拘留、科料にあたる軽い罪。初め、違警罪を管轄する治安裁判所を設ける予定であったが、違警罪即決例(明治一八年太政官布告三一号)により、正式裁判によらず警察署長が即決処分によって処罰することが認められた。昭和二三年軽犯罪法施行で失効。*有喜世新聞-明治一五年(1882)六月一五日「違警罪は地方長官の適宜とはいへ妙な処へ罰則を設けたものではある」 *内地雑居未来之夢(1886)〈坪内逍遥〉緒言「軽罪違警罪(ヰケイザイ)は日本の裁判所にて之を糺し」 *社会百面相(1902)〈内田魯庵〉学生・上「酒に陥(くら)ひ酔って違警罪(ヰケイザイ)を犯して一晩警察へ拘留になった」 発音イケイザイ〈標ア〉ケ0 辞書言海 表記違警罪(言)

いけい-さいせい【異形再生・異型再生】〘名〙生物の再生において、再生した部分がもとの器官、組織と異なる現象。多くは極性の反転によって生じる。たとえばトカゲの後あしの部分に尾が生じるなど。異質再生。異形生。発音イケイサイセイ〈標ア〉サ

いけい-さいぼう【異形細胞・異型細胞】〘名〙植物の組織内にあり、形、大きさ、構造、含有物などにおいて周囲の細胞といちじるしく異なる細胞。発音イケイサイボー〈標ア〉サ

いけい-しつ【異形質・異型質】〘名〙生物の細胞で、原形質と後形質の間の性質を持つと考えられる部分。べん毛、繊毛、眼点などで、原形質から変化して特別な構造と働きをもつ。発音イケイシツ〈標ア〉ケ

いけい-せつごう【異形接合・異型接合】〘名〙生物の有性生殖で、異形配偶子による接合をいう。異形配偶。↓異形配偶子。発音イケイセツゴー〈標ア〉セ

いけい-せんしょくたい【異型染色体】〘名〙細胞の核内にある染色体の一つ。真正染色体に対していう。細胞分裂の時期以外にも、凝縮したままのもので、全染色体の一〇〜二〇%を占める。発音イケイセンショクタイ〈標ア〉0

いけい-そうえつ【怡渓宗悦】 江戸時代中期の禅僧、茶人。大徳寺座主。片桐貞昌について茶道を学び、石州流怡渓派の祖とされる。著書に「石州流三百箇条註解」。正保元〜正徳四年(一六四四〜一七一四)

い-けいたい【異形態】〘名〙言語学で、ある形態

素が持つ二つ以上の変異体。結合する他の形態素との音韻的条件によって定まることが多い。英語の名詞複数形、/-s/, /-z/ という異形態は、前者は /buk-s/ のように、無声子音で終わる形態素と結合する場合であり、後者は /dɔg-z/ のように、有声子音と結合する場合の例である。発音イケイタイ〈標ア〉ケ

いけい-てっきん【異形鉄筋】〘名〙鉄筋コンクリート造りで、コンクリートに対する付着力を大きくするため、表面に節状の突起をもたせた鉄筋。発音イケイテッキン〈標ア〉テ

いけい-は【怡渓派】〘名〙茶道流派の一つ。片桐石州門下の茶僧怡渓宗悦が開祖。これから江戸、会津、越後怡渓派などに分かれた。怡渓流。発音イケイハ〈標ア〉0

いけい-はいぐうし【異形配偶子・異型配偶子】〘名〙形、大きさ、性質などにちがいのある配偶子のこと。↕同形配偶子。発音イケイハイグーシ〈標ア〉グ

いけい-ぶんれつ【異形分裂・異型分裂】〘名〙生殖細胞が形成されるとき、二回続いておこる核分裂のうち、相同染色体がその接着面で分かれる方の核分裂をいう。ふつうは減数分裂の第一分裂にみられる。還元分裂。↕同形分裂。発音イケイブンレツ〈標ア〉ブ

い-けいれん【胃痙攣】〘名〙上腹部におこる突発性のはげしい痛みのこと。単一の病名ではなく、急性胃炎、胃潰瘍、幽門痙攣、回虫症、胆石症、膵臓炎、虫垂炎、腎結石などが原因でおこる。*折口信夫日記-大正四年(1915)月未詳一二日「びくびくはねかへる様な胃痙攣に苦しみ乍らその苦しみに順応して、正確な苦痛を測定することの出来る者はない」*赤西蠣太(1917)〈志賀直哉〉「胃痙攣だと思ふから針を水落ちの辺に打って見たのだが」発音イケイレン〈標ア〉ケ〈京ア〉ケ

いけうえ【池上】姓氏の一つ。発音〈標ア〉ケ

いけ-うお【生魚】〘名〙(「いけ」は生かしておく意の「いける」から) 食用のために生簀(いけす)などで飼ってある魚。いきうお。*摂津名所図会(1796-98)八・矢田部郡・上「兵庫生洲 当津南浜今在家町にあり〈略〉諸魚を多く放生(はなちいけ)て常に貯ふ、これを兵庫の生魚(イケウヲ)と云ふ」発音〈標ア〉ケ〈京ア〉ケ

いけうお-ぶね【生魚船】〘名〙生魚を運ぶために生簀(いけす)を設けた船。*財政経済史料-四・交通・水運・河海取締・文化七年(1810)一一月「近来沖直通生魚船印鑑所持不〻致通行いたし、并野〆之外生け魚積候船々も沖直通致」辞書言海

いけうお-や【生魚屋】〘名〙生簀(いけす)のさかなを売るさかな屋。新鮮ななまざかなを売る店。*俳諧・へらず口(不角撰)(1694)「水売の隣に我は活(いケ)魚屋」発音〈標ア〉0

いけうお-やく【池魚役】〘名〙江戸時代、池沼での漁業者または漁獲の多い村方に課した役金(小物成)をいう。*地方凡例録(1794)五「池魚役 是は池にて雑喉を取る役金を総村より納るもあり、亦漁者極りあれば、其者よりをさむるもあり」

いけ-うす【―嘘】〘名〙方言うそ。福島県155 千葉県夷隅郡040 ◇いけおそ 山形県東田川郡139 ◇いけす・えけす・いけ 千葉県夷隅郡040

いけうち【池内】姓氏の一つ。発音〈標ア〉ケ

いけうち-ひろし【池内宏】東洋史学者。文学博士。東京出身。東京帝国大学卒業、のち、同校教授。東北アジアの古代、中世史を研究。著に、「元寇の新研究」「満鮮史研究」。明治一一～昭和二七年(一八七八～一九五二)

いけ-うめ【生埋】〘名〙(「いけ」は生かしておく意の「いける」から) 生かしたまま埋めること。いきうめ。*三百則抄(1662)三「活け埋めにしてきずをつけまじいぞ」*温泉宿(1929-30)〈川端康成〉夏逝き・五「ぢぢいを川原へ生け埋めだ」発音イケウメ〈標ア〉メ0

いけ-うるさ・い【―煩】〘形口〙(「いけ」は接頭語) ひどくうるさい。非常にやかましい。*洒落本・甲子夜話(1801)悋気の争「あすこへ行ったからどふだの、ヤレここで咄したからこふだのと、いけうるさい」発音〈標ア〉サ

いけ-うんじょう【池運上】〘名〙江戸時代、水草や鯉鮒などを取るため、一定の期間その池全体の差配を請負った者が納める金銭。池役と異なり年季を限っている。*地方凡例録(1794)五「池運上 是は池にて水草を取、亦は鯉鮒其外魚取も、其池一円に支配して運上申付る」

いけ-お・く【生置】〘他カ四〙生かしておく。*歌舞伎・傾城倭荘子(1784)二「兎角(とかく)生(イ)け置(オ)いては邪魔な野郎め」*歌舞伎・韓人漢文手管始(唐人殺し)(1789)四「大学をいけおいてはお家の仇」発音〈標ア〉0オ

いけ-おぶね【生小船】〘名〙生簀(いけす)を備えている小船。小型の生船(いけふね)。*俳諧・俳諧次韻(1681)鷹にきけといふ五文字をこたふ「あらめの茵(しとね)辛螺(にし)を枕と〈揚水〉 心地やむ鯛に針さす生小船(イケヲブネ)〈其角〉」発音〈標ア〉オ

いけ-か・える【生替・埋替】〘他ア下一〙(ハ下二)文いけか・ふ〘他ハ下二〙①(生替) 花器にさしてある草木などを新しく取りかえる。*浮世草子・好色一代男(1682)五・一「花を生替(イケカエ)土圭(とけい)を仕懸なをし」②(埋替) 埋めてある物を、もういちど埋めなおす。発音〈標ア〉0エ

いけ-かがみ【池鏡】〘名〙家の影が水にうつるような配置。岡山県苫田郡などでは、悪い家相とする俗信がある。

いけ-がき【生垣】〘名〙(「いけ」は生かしておく意の「いける」から) 庭木などの低木類を植えてつくった垣根。*多聞院日記-天文一九年(1550)八月二六日「坊之生垣、善阿み来沙汰了」*浮世草子・日本永代蔵(1688)六・一「程なく大屋敷を買もとめ〈略〉生垣(イケガキ)も枸杞(くこ)五加木(うこぎ)を茂らせ」*雑俳・柳多留-三(1768)「生垣のそばにすす竹小半年」*こがね丸(1891)〈巌谷小波〉六回「結ひ繞らしたる生垣(イケガキ)を閃(ひらり)と跳り越え」発音イケガキ〈標ア〉ケ 0〈京ア〉イ 辞書書言・ヘボン・言海 表記生垣(書・へ・言)

いけ-かご【生籠】〘名〙(「いけ」は生かしておく意の「いける」から) 捕獲した水産物を生かしたままたくわえておくために、水中に浸しておく籠。発音イケカゴ〈標ア〉ケ

いけ-がつお【生鰹】〘名〙①アジ科の海魚。体は細長く、側扁する。南日本産で、体長は約五〇センチメートルに達する。体の背部は青みがかった銀白色で、体側に二本の小黒点列がある。学名はScomberoides lysan ②魚「まながつお(真魚鰹)」の異名。発音イケガツオ〈標ア〉ガ

いげ-がましい【棘―】〘形〙方言❶魚の小骨やとげが特に多い。長崎県対馬913 ◇いがましい 山口県803 ◇いぎがましい 山口県大島801 ❷理屈っぽく人当たりが悪い。性格が扱いにくい。長崎県対馬911 ◇いがましい 山口県大島801

いけがみ【池上】(大池の上手にあることから呼ばれたとの伝説があり、また藤原兵衛祐忠が洗足池の上方に住み、自ら池上と名乗ったことから地名になったともいう) 東京都大田区の中央部の地名。日蓮上人入寂の地で、池上本門寺がある。発音イケガミ〈標ア〉ケ

いけがみ【池上】姓氏の一つ。発音イケガミ〈標ア〉ケ

いけがみ-せんぶ【池上千部】〘名〙東京都大田区の池上本門寺で、毎年三月一九日から二八日まで催す、法華経千部の読誦(どくじゅ)会。*俳諧・手挑灯(1745)中「池上千部 長栄山本門寺 毎年三月一九日より二八日まで」発音イケガミセンブ〈標ア〉セ

いけがみ-は【池上派】〘名〙東京都大田区の池上本門寺を本山とする日蓮宗の一派。日蓮の高弟日朗を開祖とする。*寺格帳(1741)下・日蓮宗「日蓮宗池上派〈御朱印〉高百石〈本寺 池上〉本門寺」発音イケガミハ〈標ア〉0

いけがみ-ほんもんじ【池上本門寺】東京都大田区池上にある本門寺の通称。*風俗画報-一五七号(1898)四月「二十二日 池上本門寺に於て二十八日まで千部経の法会あり」発音イケガミホンモンジ〈標ア〉ホ

いけかわ【池川】(「いけがわ」とも) 姓氏の一つ。発音〈標ア〉イケカワ ケ イケガワ 0ケ

いけ-きも【―肝】〘名〙(「いけ」は接頭語) 肝をいやしめののしっていう語。*俳諧・やつこはいかい(1667)「百ゐんの巻がしらを、がいにおもしらふ、いけきもにひっちみて、棒を二本ひんなぐり申た」発音〈標ア〉0ケ

いけ-きも【生肝】〘名〙(「いけ」は生かしておく意の「いける」から) 「いきぎも(生肝)」に同じ。*米沢本沙石集(1283)五本・九「我が妻猿の生け肝(キモ)を願へば」発音〈標ア〉0ケ

いけ-くせ【―癖】〘名〙(「いけ」は接頭語) 癖をののしっていう語。*一茶方言雑集(1819-27頃)「いけくせになる、僻也」

いけ-くち【―口】〘名〙(「いけ」は接頭語) 相手の口、ものいいをののしっていう語。にくい口。いけっくち。*歌舞伎・彩入御伽草(1808)小平次内の場「悪婆(あくば)とかおれが事か、ウヌ、いけ口(クチ)を引っ裂いてやらう」*歌舞伎・都鳥廓白浪(忍ぶの惣太)(1854)二幕「『ええ、そのいけ口(クチ)を』と立ち掛るを」発音〈標ア〉0ケ

いけくち たたく 口をきくことをののしっていう。生意気なことをいう。よけいなことをいう。*浄瑠璃・近頃河原達引(おしゅん伝兵衛)(1785)中「そ奴を帰していけ口叩かれては、此方(こち)とらが身の破滅」方言❶むだ口をたたく。長野県佐久493 ❷暴言を吐く。おうへいな口をきく。長崎県壱岐島914

いけ-くち【生口】〘名〙証言する人。証人。*高野山文書-嘉禄二年(1226)一一月二八日・関東御教書(大日本古文書二・五六五)「仍搦取三人乞食法師〈略〉於二人者切其頸、失生口了」*塵芥集(1536)四一条「右しせうなくば、いけくちをとり、そのさた有べきなり、どうるいの事、いけくちまかせたるべし」発音〈標ア〉ケ

いけ-くち【行口】〘名〙酒類が相当飲める性質。弁舌がたくみなことなどにもいう。*竹沢先生と云ふ人(1924-25)〈長与善郎〉竹沢先生とその兄弟・二「このくらゐなら、まあ害はあるまい。お前は元来いけ口の方なんだからな」発音〈標ア〉0ケ

いけ-くび【―首】〘名〙(「いけ」は接頭語) 相手の首をいやしめののしっていう語。いけっくび。*浄瑠璃・京四条おくに歌舞妓(1708)一「鉄山をやこがいけ首を引ぬき捨んと飛出る」発音〈標ア〉ケ

いけ-くび【生首・生頸】〘名〙(「いけ」は生かしておく意の「いける」から) 「いきくび(生首)」に同じ。*平家(13C前)四・宮御最期「わが頸うてとの給ひければ、主のいけくびうたん事のかなしさに」発音〈標ア〉ケ

いけ-ぐり【生栗】〘名〙(「いけ」は生かしておく意の「いける」から) なまのままの栗。なまぐり。*清水寺文書-応永七年(1400)四月八日・塔供養経営注文「六十文 いけくりの代」*俳諧・新増犬筑波集(1643)油糟・秋「尻のいたさにひだるさぞます 生栗(イケグリ)をごりめかさむも今一里」*浮世草子・正月揃(1688)二・二「せんべい、こんぶ、かちぐり、いけぐり、茶礼(さ

れい)をはって」＊俳諧・七番日記-文化一三年(1816)八月「いけ栗や我塚も今あの通り」 発音イケグリ〈標ア〉ケ

い-げげ【藺下下】〘名〙藺で作った緒の細い女性・子供用のぞうり。→げげ。＊鎌倉殿中以下年中行事(1454か)正月二三日「御沓役御輿の左の方より廻て、御いげげをめさせ申」＊醍醐寺新要録(1620)「賢真僧都記云、〈略〉表袴 扇 井けけ」＊書言字考節用集(1717)七「藺屦 キケゲ 又云藺金剛」 辞書書言 表記藺屦(書)

いけ-ごい【生鯉】〘名〙(「いけ」は生かしておく意の「いける」から) 食用のために生簀(いけす)などに入れて生かしてある鯉。＊新撰六帖(1244頃)三「水舟にうきてひれふるいけごゐの命まつまもせはしなのよや〈藤原光俊〉」＊虎寛本狂言・鱸庖丁(室町末-近世初)「迚(とても)の事に、いけ鯉に致いて上(あげ)うと存て」＊読本・夢想兵衛胡蝶物語(1810)後・食言郷「賢人に生魚(イケゴヒ)一尾饋(おく)るものあり」 発音イケゴイ〈標ア〉ケ

いけ-こしぬけ【―腰抜】〘名〙(「いけ」は接頭語) いくじなし。臆病者をののしっていう。＊洒落本・淫女皮肉論(1778)深川の密談「いけこしぬけがと口のうちでいふ」

いけ-ごと【池事】〘名〙池を作って遊ぶままごと。＊雑俳・住吉みやげ(1708)「池事や蛙子はなつ手水鉢」 方言三重県志摩郡585 発音イケゴト〈標ア〉ケ

いけ-こみ【生込・埋込】〘名〙①(生込) 植物を花器にさして形をととのえること。＊洒落本・一事千金(1778)二「さんごじゅの花器には活(イケ)こみの秋の千くさ」 ②(埋込) 土などの中に埋め込むこと。 発音〈標ア〉0

いけこみ-ばしら【生込柱】〘名〙根元を地面に埋めこんだ柱。掘立柱。 発音〈標ア〉バ

いけ-こ・む【生込・埋込】〘他マ五(四)〙①(生込) 植物を花器にさして形をととのえる。いける。②(埋込) 地中または灰の中などに埋め入れる。うずめかくす。いける。＊落語・たらちめ(1894)〈四代目橘家円喬〉「モー独身者学校は卒業為て居るから、火は蓄込(イケコ)んで有る」＊満韓ところどころ(1909)〈夏目漱石〉三三「大きい四角な桶を縁迄地の中に埋(イ)け込(コ)んだと同じ様な槽(ふね)である」＊ヤゴの分際(1962)〈藤枝静男〉「二年前の秋生けこんだ紅睡蓮の花がふたつ浮かび」 発音〈標ア〉0

いけ-ころし【生殺】〘名〙(「いけ」は生かすの意から転じて強めること。「ころし」は弱めること) 歌舞伎で、役者の演技やその他舞台の進行状況にあわせて、下座(げざ)音楽を強めたり弱めたりすること。また、一般の三味線音楽の場合にもいい、せりふの抑揚、強弱をもいう。いきころし。＊歌舞伎・お染久松色読販(1813)中幕「トやはりいけころしのてんつつにて、此せりふ」＊歌舞伎・与話情浮名横櫛(切られ与三)(1853)六幕「ト思入(おもひいれ)。浪の音いけころし」 発音〈標ア〉0

いけ-こんじょ【―根性】〘名〙 方言意地悪。宮城県仙台市121 新潟県東蒲原郡368 ◇いけこんじょわり〔―悪〕 新潟県東蒲原郡368 ◇いけすじょう〔―素性〕 茨城県062 ◇いけしょう〔―性〕 長崎県南高来郡904

いけ-ざかし【―賢】〘形〙 方言❶ずるい。こうかつだ。青森県073 岩手県岩手郡050 気仙郡100 ❷こましゃくれている。青森県津軽075

いけ-ざし【生差】〘名〙(「いけ」は生かしておく意の「いける」から) 釣りで、生き餌(え)を生かしたまま針につけること。 発音〈標ア〉0

いけ-ざつ【―雑】〘形動〙(「いけ」は接頭語) ひどくだらしがないさま。非常に粗末なさま。＊歌舞伎・四天王楓江戸粧(1804)二番目「コレエエ、こいつはいけざつな。もう寐やアがったな。あればかりの酒に廻ったな」

いけ-さらい【池浚】〘名〙(「いけざらい」とも) 池の底にたまっている泥やごみなどをすっかり取り除くこと。池さらえ。＊江戸から東京へ(1921)〈矢田挿雲〉六上・一「又池浚(イケザラ)ひの時に何千匹の鯉や鯰が網に入って夫れが誰の所得になるか」 発音〈標ア〉サ

いけ-ざる【生猿】〘名〙(「いけ」は生かしておく意の「いける」から) 捕らえて生かしておいてある猿。＊古今著聞集(1254)二〇・七〇〇「いけざるをばつなぎて、その前に死にたる猿どもを置きたりけるに」 発音〈標ア〉0

いけざわ【池沢】(「いけさわ」とも) 姓氏の一つ。 発音〈標ア〉0

いけ-し【池司】〘名〙「いけもり(池守)」に同じ。

いけし-しちぼうこう【居消質奉公】〘名〙江戸時代の質奉公契約の一種。前借金の担保である質奉公から給金目当ての年季奉公に移る過渡的な奉公形態。奉公人の労働により、前借金の元利を一定年限までに消却していくもの。済崩(なしくずし)。居消奉公。潰れ奉公。

いけ-じちねえ〘形〙 方言だらしない。東京都八王子311 神奈川県津久井郡317

いけ-しつこ・い〘形口〙(「いけ」は接頭語) にくらしいほど、しつこい。いやになるほどくどい。＊滑稽本・東海道中膝栗毛(1802-09)五・下「ハテおいらアしらねへ。いけしつこいやろうめだは」 発音〈標ア〉コ

いけ-しぶと・い〘形口〙(「いけ」は接頭語) にくらしいほど、しぶとい。ひどく強情で意地っぱりだ。＊滑稽本・東海道中膝栗毛(1802-09)四・上「ヱヱいけしぶといやつだ。もふいいかげんに尻尾(しっぽ)を出しおれ」＊歌舞伎・与話情浮名横櫛(切られ与三)(1853)五幕返し「いけしぶといその詞」 発音〈標ア〉ト

いげし-ぼうこう【居消奉公】〘名〙「いげしちぼうこう(居消質奉公)」に同じ。

いけしま【池島】(「いけじま」とも) 姓氏の一つ。 発音〈標ア〉0

いけ-しめ【生締・活締】〘名〙(「いけじめ」とも) ①活魚、養殖魚などを出荷する前に、輸送の途中で死なないように馴(な)らしたり、与えた餌の臭味(くさみ)をぬいたりするために、数日間狭い場所に絶食状態にしておくこと。②とれた魚(タイ・ヒラメ・スズキなど)の鮮度を保つために、鰓(えら)と尾の付け根に包丁で切れ目を入れ、血を抜くこと。

いけ-しゃあしゃあ〘副〙(「いけ」は接頭語。「と」を伴う場合が多い) にくらしいほどに平気でいるさま。非常にあつかましいさま。＊雑俳・柳多留-一(1765)「入髪でいけしゃあしゃあと中の丁」＊滑稽本・東海道中膝栗毛(1802-09)四・上「犬がきても、いけしゃアしゃアとして居おるから、さては狐(きゃつ)ではねへ」＊塩原多助一代記(1885)〈三遊亭円朝〉五「マアどふも、いけしゃアしゃア、能く他(ひと)の娘を攫っておいて」 発音イケシャーシャー〈標ア〉シャ2シャ1

いけ-しゃあつく〘形動〙(「いけ」は接頭語) いけしゃあしゃあとしているさま。＊当世書生気質(1885-86)〈坪内逍遙〉一四「なんだこんな柳原を、いけ洒落(シャア)つくな女だと思ひながら」 発音イケシャーツク〈標ア〉シャ

いけ-じゃま【―邪魔】〘形動〙(「いけ」は接頭語) ひどく邪魔なさま。＊歌舞伎・隅田川花御所染(1814)中幕「惣太また鉈(なた)を踏みつけ『アイタタタタ。エエ、いまいましい。いけ邪魔(ジャマ)な』」＊歌舞伎・景清(1842)「ヤアいけ面倒なる重忠の物知り顔、手ぬるい手ぬるいいけ邪魔な女郎(めらう)めら」 発音〈標ア〉0

いけ-しゃらくさ・い〘形口〙(「いけ」は接頭語) ひどくなまいきだ。こしゃくだ。＊歌舞伎・お染久松色読販(1813)大切「いけしゃらくさい素丁稚(すでっち)め」 発音〈標ア〉サ

いけ-じょうだん【―冗談】〘形動〙(「いけ」は接頭語) ふざけて言うさま。ふざけてたわむれるさま。＊洒落本・傾城買花角力(1804)茶かした取組「こりゃいけじょうだんな客で、折々いのちのせんたくに来るのでございやせう」＊滑稽本・浮世風呂(1809-13)前・上「『こんぺらばア』と、いけぜうだんにどぶ板の上へつきとばすと」 発音イケジョーダン〈標ア〉ダ

いけじり【池尻】姓氏の一つ。江戸時代前期に成立した堂上公家。藤原北家、勧修寺の一門である清閑寺家の分かれで、清閑寺共房の次男共孝を家祖とする。家格は名家。 発音〈標ア〉ケ

いけじり-でら【池後寺】奈良県生駒郡斑鳩(いかるが)町岡本にある聖徳宗の寺、法起寺(ほっきじ)の別称。池後尼寺。岡本寺。 発音〈標ア〉0 辞書文明 表記池尻寺(文)

いけ-じわ・い【―吝】〘形口〙(「いけ」は接頭語) いやになるほどけちくさい。けちんぼうである。いけっちわい。＊雑俳・柳多留-二六(1796)「いけじわい女めだなどもふゑんじゅ」 方言岩手県東磐井郡107 新潟県上越市382 ◇いけちわい 新潟県上越382 発音〈標ア〉ワ

いけ-す【池―】〘名〙 方言❶池。秋田県南秋田郡130 山形県139 茨城県新治郡188 真壁郡191 千葉県東葛飾郡277 夷隅郡288 富山市393 岐阜県498 502 504 滋賀県彦根609 広島県771 779 大分県941 944 ❷小さい池。新潟県佐渡352 ❸庭池。新潟県347 中頸城郡383 長野県上伊那郡488 広島県比婆郡774 ❹家の後方の小さな堀。兵庫県赤穂郡061

いけ-す【生簀】〘名〙(「いけず」とも。「いけ」は生かしておく意の「いける」から) ①漁獲した水産動物、または、料理用の魚などを水中に生かしておく装置。また、その場所。自然の岩礁を利用したり、竹籠で囲ったり、または長方形の木箱や小船の形をしたものを水中に浮かべたり、網や竹籠を用いたりする。箱いけす、籠いけす、船いけす、堀いけす、網いけすなどがある。＊十巻本和名抄(934頃)五「籞 唐韻云籞〈音語 以介須〉池水中編竹籬養魚也」＊観智院本名義抄(1241)「籞 イケズ」＊虎明本狂言・武悪(室町末-近世初)「某がいつもとって上るいけすほどな所が、有」＊俳諧・鷹筑波(1638)四「神々の留守や見舞に北時雨 池すにははり番となる氷かな」 ②京都・大坂で、川魚料理屋をいう。生洲。＊浪花聞書(1819頃)「生淵(イケス) 如レ此看板行燈出し有料理茶屋、万川魚と看板出しある料理屋と出し物等都て同様也」＊雑俳・笠付類題集(1834)「よかったぞ・はらの痛(いと)ない生洲行」＊随筆・守貞漫稿(1837-53)五「普通の料理屋とは別にて鯉のみそしる、鮒の刺身等河魚を専とし、又海魚も交へ用ふ。然ども掛行燈には必ず万川魚と記せり。俗に是を号て生洲と云。いけすと訓ず」 語源説(1)イケス(池簀)の義〔箋注和名抄・和訓栞〕。(2)イケス(生簀)の意〔俗語考・日本語源=賀茂百樹〕。(3)イケス(生巣)の意〔万葉集叢攷=高崎正秀〕。 発音〈なまり〉イカス・イケシ・イケシ゜〔鹿児島方言〕イケッ〔鳥取〕イキス〔富山県・鳥取〕イケソ〔南知多〕エケス〔岐阜・鳥取〕〈標ア〉0 ス〈ア史〉平安・鎌倉○○○〈京ア〉イ 辞書和名・色葉・名義・和玉・日葡・書言・〈ヘボン〉・言海 表記籞(和・色・名・玉・書・言) 簎・蘺(玉) 魰(書) 牲巣(へ)

いけす に 躍(おど)る魚(うお) 自由に動きまわっているように見えても、その運命が他人に握られていることのたとえ。＊歌舞伎・金門五山桐(1778)大切「謀叛のやから、何千人あって身を忍ぶとも、いはば、生洲(イケス)に躍(ヲド)る魚(ウヲ)同然。いつでも成敗は久吉が勝手」

いけす の 魚(うお)〔=鯉(こい)〕 いけすで飼われている魚。束縛されて自由にならない身のたとえ。籠(かご)の鳥。＊新撰六帖(1244頃)三「世中はよどのいけすのつなぎこゐ身を心にもまかせやはする〈藤原知家〉」＊評判記・もえくゐ(1677)「かごのうち

のとり、いけすのうをににたる身なればこそ」＊雑俳・軽口頓作(1709)「かあひそうに・いけすの魚のじゃくは雨」＊読本・椿説弓張月(1807-11)後・二九回「口の網を括(くく)り留たれば、生洲(イケス)の魚(ウヲ)、筬(かご)の中の鳥に等しけれど」

い-け・す【─消】『他サ四』(「い」は接頭語) 消す。＊蜻蛉(974頃)上・康保三年「火ともしたるに、いけさせて下りたれば」

いけ-ず『名』(形動) ①意地の悪いこと。心がねじけていること。また、その人やそのさま。いかず。＊咄本・軽口ひやう金房(1688-1704)三・八「もろこしの楊貴妃と云美人は、柚の香ひすると云事をきいて、去いけずのむすめ、常にふところに柚を入けり」＊浄瑠璃・傾城吉岡染(1710頃)朧染「こづらにくいいけずが、そばにがさりとねたるは」＊咄本・軽口大黒柱(1773)五「或女房、殊の外のいけずの癖に、大の自堕落者(じだらくもの)」＊世相(1946)〈織田作之助〉二「ただ一言、『阿呆？ 意地悪(イケズ)！』」 ②たちのよくないこと。また、その人やそのさま。悪人。ならず者。＊浄瑠璃・夏祭浪花鑑(1745)六「今も今迚(とて)いけず達がわっぱさっぱ。連合(つれあひ)は其出入に行かれました」＊新撰大阪詞大全(1841)「いけずとは、わるい人」 ③不良じみたこと。また、そのさま。＊大阪の宿(1925)〈水上滝太郎〉八・六「あの人酔ははったら、何時もあのやうにいけずしやはりまんのか」 ④贋金(にせがね)など通用しない貨幣。＊両京俚言考(1868-70頃)「いかね いかず いけず 通用金銀の焼け金、贋金の通用し兼る物をさして言ひ初めしならん」［方言］❶いたずら者。わんぱく者。おてんば。三重県名張市585 兵庫県佐用郡047 赤穂郡660 奈良県675 宇陀郡680 鳥取県西伯郡718 島根県725 愛媛県840 高知県高岡郡864 ◇いけじ・いけじご〔─子〕 島根県出雲724 ◇えけずご 島根県725 ❷いたずら。島根県725 愛媛県842 845 846 ◇えけじ 島根県出雲728 香川県豊島829 ❸だだっ子。兵庫県神戸市054 ❹意地悪な人。つむじ曲がり。長野県長野市・上水内郡054 滋賀県彦根609 京都002 大阪市638 泉北郡645 奈良県678 香川県小豆島829 高知県863 ❺意地悪な女。すなおでない女。兵庫県加古郡664 ❻意地悪。気まま。滋賀県607 612 京都府629 大阪市639 兵庫県神戸市670 大分県941 ❼悪い人。悪党。長野県長野市・上水内郡054 広島県高田郡779 ❽意地っぱり。意気地。新潟県東蒲原郡368 大阪府泉北郡646 奈良県宇陀郡683 ［発音］〈京ア〉［ケ］

いけ-ずうずうし・い【─図図】『形口』(「いけ」は接頭語) 小憎らしいほどずうずうしい。いやになるほど厚かましい。＊洒落本・廓節要(1799)「源八どんは、モウうんざりしィす。いけずふずふしひッちゃァおっせん」＊銀座細見(1931)〈安藤更生〉一二・ステッキガール「奴等のアマチャンなイケヅウヅウしい気持を断然軽蔑したくなるよ」＊卒塔婆小町(1952)〈三島由紀夫〉「五組の前後をいけ図々しくひろひつつ、中央のベンチに近づき」 ［発音］イケズーズーシイ〈標ア〉［シ］［0］〈京ア〉［1］[2]

いけずうずうし-さ【図図─】『名』(形容詞「いけずうずうしい」の語幹に接尾語「さ」のついたもの) いやになるほど厚かましいこと。また、その度合。＊闘牛(1949)〈井上靖〉「仕事師の面貌をまる出しにしてくる、ちょっと顔をそむけたくなるやうないけ図図しさもあった」 ［発音］イケズーズーシサ〈標ア〉［シ］［ズ］[2]

いけずうずう-と【図図─】『副』(形容詞「いけずうずうしい」の語幹に「と」の付いたもの) いやになるほどずうずうしく。＊滑稽本・浮世風呂(1809-13)二・上「当り合(ゐ)へ)のものを枕にして、いけずうずうと昼寐さ」

いけ-すかし【生透】『名』(「いけ」は生かしておく意の「いける」から) すかし彫りの一種。地金の中に彫り抜いた絵模様が表にも裏にも抜け出ないようにしたもの。

いけ-すか・ない【─好】『連語』(「いけ」は接頭語) まったく好きになれない。非常に気にくわない。感じがわるい。＊談義本・根無草(1763-69)前・三「えいかと思ふて、いけすかないごてれつめ」＊滑稽本・東海道中膝栗毛‐発端(1814)「日頃からいけすかねへ頬(つら)の皮の厚い男」＊坊っちゃん(1906)〈夏目漱石〉五「又内所話をする位なら、おれなんか誘はなければいい。いけ好かない連中だ」 ［発音］〈標ア〉［0］［ス］

いけ-すか・ぬ【─好】『連語』(「いけ」は接頭語)「いけすかない(─好)」に同じ。多くは連体修飾に用いられる。＊談義本・地獄楽日記(1755)三・一「敵に自得之介なんどといふ、いけすかぬ奴があれば気遣」＊雑俳・柳多留‐一四四(1836)「いけすかぬ男の文は母に見せ」 ［発音］〈標ア〉［カ］〈京ア〉［カ］〈なまり〉イキスカン〔岐阜〕イキスカネー〔栃木〕イケスカネー・エケスカネー・エケスカナイ〔埼玉方言〕

いけ-ずき【─好】『名』(形動)(「いけ」は接頭語) 極めて好色なこと。また、その人やそのさま。宇治川の先陣争いの名馬「生食(いけずき)」にかけて、川柳でいうことが多い。＊雑俳・末摘花(1776-1801)四「いけずきな奴に佐々木の店は売れ」＊雑俳・柳多留‐六四(1813)「いけずきへ佐々木を付けていなかせ」 〈標ア〉［カ］

いけずき【生食・生唼・池月】 佐々木高綱が源頼朝から賜わった名馬の名。梶原景季の「磨墨(するすみ)」と宇治川の合戦で先陣を争ったことで有名。＊平家(13C前)九・宇治川先陣「佐々木四郎が給はったる御馬は、黒栗毛なる馬の、きはめてふとうたくましいが、馬をも人をもあたりをはらってくひければ、いけずきとつけられたり。八寸の馬とぞきこえし」 ［発音］〈標ア〉［ケ］〈ア史〉江戸◎◎○○〈京ア〉［イ］ ［辞書］易林・書言 ［表記］生食(易) 生唼(書)

いけず-ぐち【─口】『名』 たちのわるい口。にくらしい言葉。悪口。＊歌舞伎・傾城筑紫𤢖(1814)六「俺が惚たら何じゃい。うぬ等よふいけず口(グチ)吐(ぬ)かす餓鬼じゃ」 ［発音］イケズグチ〈標ア〉［0］

いけ-すじ【─筋】『名』［方言］青筋。仙台†057 岩手県気仙郡100

いけす-だま【生簀玉】『名』 生簀の魚をすくいあげるのに用いる小型の網。四角のわくに網を張ったもの。

いけ-ずぶと・い【─図太】『形口』(「いけ」は接頭語) いやになるほど横着である。まったくずうずうしい。いけずうずうしい。＊歌舞伎・傾情吾嬬鑑(1788)序幕「この女郎めは、いけ図太(ズブト)い事を吐(ぬ)かしたな」＊歌舞伎・与話情浮名横櫛(切られ与三)(1853)三幕「なんとマア、いけ図太い野郎めだなア」 ［発音］〈標ア〉［ス］

いけす-ぶね【生簀船・籞船・生洲船】『名』 魚類を生かしたままでたくわえておくため、木箱または小船の形をしたものなどを水中に浮かべておくもの。いけふね。《季・夏》 ［発音］〈標ア〉［ト］

いけ-ずみ【埋炭】『名』(「いけ」は埋める意の「いける」から) 火の持ちをよくするために、灰の中に埋めてある炭。うずみ火。［語源説］本来はイケ(生)の意。灰で炭火を埋めて活気を保たせることから、物を土中に埋める意のイクルが出た〔国語の語根とその分類＝大島正健〕。 ［発音］〈標ア〉［ブ］ ［辞書］言海 ［表記］埋炭(言)

いけず-もの【─者】『名』 たちのよくない者。ならずもの。いけず。いかずもの。＊浮世草子・枕童児抜差万遍玉茎(1751-64頃)一〇「又娘はいけずものにて祇園もふづとめのだだけもの」＊洒落本・根柄異軒之伝(1780)「汝がいたく貧乏にして、しかも其上いくぢなく、箸にもかからぬいけず者、なれども性得律儀にて」［語源説］イケルはイキエル(成得)の意〔大言海〕。 ［発音］〈標ア〉［ケ］〈京ア〉［0］

い-けず・る【射削】『他ラ四』 矢を射当てて、物の表面をけずりとる。＊曾我物語(南北朝頃)一・河津がうたれし事「おもひもよらでとほりける河津、のりたる鞍の後の山形をいけづり、行縢(むかばき)の着際(きぎは)を前へつっとぞいとほしける」＊歌舞伎・霊験曾我籬(1809)四幕「鞍の山形射削って」 ［発音］〈標ア〉［0］［ノ］

いけ-ずる・い【─狡】『形口』(「いけ」は接頭語) いやになるほどずるい。ずるがしこい。いけずるっこい。＊洒落本・こんたん手引くさ(1782)「御茶をだせよ。そりゃ、御手がなるに。いけづるいがきめへ」＊歌舞伎・人間万事金世中(1879)序幕「あんまり貴様達がいけづるいから」 ［発音］〈標ア〉［ズ］

いけずる-さ【狡─】『名』(形容詞「いけずるい」の語幹に接尾語「さ」の付いたもの) ずるがしこいこと。また、その度合。＊雑俳・柳多留‐七(1772)「どふせもふ知れたと下女のいけずるさ」 ［発音］〈標ア〉［ル］

いけ-ずるっこ・い【─狡】『形口』(「いけ」は接頭語)「いけずるい(─狡)」に同じ。＊滑稽本・寒紅丑日待(1816-26)めでたい事「きりまへがみの左櫛(ひだりぐし)、ひきずり下駄のはなをのよふに、心までがいけずるっこくなり」 ［発音］〈標ア〉［コ］

いけ-ぜんせい【─全盛】『名』(「いけ」は接頭語) 遊女などの、客が多くてはやることをいやしめていう語。＊洒落本・其あんか(1786)其二階「このこじきあまめへ、いけぜんせへなさるじゃアねへか」 ［発音］イケゼンセー〈標ア〉［ゼ］

いけ-そうぞうし・い【─忩忩・─騒騒】『形口』(「いけ」は接頭語) いやにさわがしい。たいへんやかましい。＊洒落本・傾城買四十八手(1790)やすひ手「コレ銀治や、いけそふぞふしひ、ぶしゃれめへぞよ」＊滑稽本・浮世風呂(1809-13)二・上「中折の下駄をがたがたがたと、いけさうざうしくはきすてて」＊当世書生気質(1885-86)〈坪内逍遥〉一五「なんだネ、いけさうざうしい」 ［発音］イケソーゾーシイ〈標ア〉［シ］

いけ-ぞこ【池底】『名』 刑務所をいう、盗人仲間の隠語。〔隠語輯覧(1915)〕

いけ-ぞめ【生初・活初】『名』 新年に、はじめて花器に花をいけること。生け花始め。挿花(そうか)始め。《季・新年》 ［発音］〈標ア〉［0］

いけ-ぞんき『形動』(「いけ」は接頭語) いやに無愛想なさま。思いやりがないさま。＊滑稽本・浮世風呂(1809-13)二・下「ほんにほんに、あんなにいけぞんきな者(もな)ア、鉄(かね)の草鞋で尋ねてもあるめへ」

いけ-ぞんざい『形動』(「いけ」は接頭語) ①ひどくなげやりにするさま。雑であるさま。粗末なさま。＊洒落本・駅舎三友(1779頃)きぬきぬ「新宿も、もうさへぬはへさへぬはへ、まづ惣躰(そうてへ)がいけぞんざへだ」＊滑稽本・浮世床(1813-23)初・上「もっと敷居の脇を能く掃(はけ)ヱ。いけぞんざへなべらぼうだ」＊あらくれ(1915)〈徳田秋声〉六二「仕事がいけぞんざいだと云って、如何(どう)かすると物差で伯母に手を打(ぶ)たれたりした」＊大阪の宿(1925-26)〈水上滝太郎〉一三・二「給仕の子供が、室の入口に顔を出して、いけぞんざいに叫んだ」 ②ひじょうに乱暴なさま。ひどく無礼なさま。ひどく無作法なさま。＊雑俳・川柳評万句合‐宝暦一一(1762)仁四「龍宮へいけぞんざいなあわびとり」＊洒落本・仕懸文庫(1791)二「ざしきのとこの間へいけぞんざいにしりをまくってこしをかけてゐる」［方言］生意気なさま。こしゃくなさま。島根県隠岐島725

いけだ【池田】 ㊀㊀大阪府北西部の地名。江戸時代は能勢街道沿いの市場町。とくに池田炭・酒の集散地として繁栄。植木の栽培がさかん。昭和一四年(一九三九)市制。古名、呉服(くれは)の里。 ㊁静岡県磐田市の西部にあった東海道の宿駅。もと天龍川の西岸にあったが、河道変化のため東岸になる。謡曲「熊野(ゆや)」の主人公熊野の生地。 ㊂(明治初年池田氏の農場が設置されたことによる) 北海道南東部、十勝支庁の地 ［発音］〈標ア〉［ザ］〈京ア〉［ゾ］

名。十勝地方の交通の要地であり、米、穀類の集散地。近年、ワインの町として発展。四美濃国(岐阜県)の北西端にあった郡。古くは安八郡の一部。明治三〇年(一八九七)大野郡と合併して揖斐郡となる。＊二十巻本和名抄(934頃)五「美濃国〈略〉池田〈伊介太〉」 二『名』「いけだずみ(池田炭)」の略。＊落語・一ツ穴(1895)〈四代目橘家円喬〉「小形(きゃしゃ)な小粋な桐の胴丸の火鉢に利休形の鉄瓶、中に池田の上等が埋け込んである」 発音〈標ア〉0 辞書和名・易林 表記池田(和・易)

いけだ【池田】(「いけた」とも) 姓氏の一つ。 発音〈標ア〉0

いけだ-えいせん【池田英泉】 江戸後期の浮世絵師。別号渓斎。はじめ、狩野派の画法を学んだが、のち菊川英山に師事し浮世絵に転じた。官能的な美人画のほか風景画にもすぐれる。一筆庵可候の名で戯作を、无名(むめい)翁の名で随筆も書いた。寛政二～嘉永元年(一七九〇～一八四八)

いけだ-きかん【池田亀鑑】 国文学者。東大教授。平安朝文学の権威であり、「古典の批判的処置に関する研究」では文献批判の方法論を確立し、また、とくに「源氏物語」の文献学的研究に貢献した。著「源氏物語大成」「宮廷女流日記文学」など。明治二九～昭和三一年(一八九六～一九五六)

いけだ-きくなえ【池田菊苗】 化学者。東京帝国大学教授。理化学研究所の創設に尽力。「味の素」の発明者として知られる。帝国学士院会員。元治元～昭和一一年(一八六四～一九三六)

いけだ-こううん【池田好運】 江戸初期の天文学者。通称与右衛門。長崎の人。ポルトガル人に航海術を学び、ルソンに渡る。著「元和航海書」「按針術」など。生没年不詳。

いけだ-しげあき【池田成彬】 実業家。三井財閥の発展改革につとめ、三井の大番頭といわれた。のち日銀総裁、蔵相、枢密顧問官を歴任。慶応三～昭和二五年(一八六七～一九五〇)

いけだ-しょうえん【池田蕉園】 日本画家。輝方の妻。旧姓榊原。本名百合子。水野年方、川合玉堂に学び、美人画をよくした。明治二一～大正六年(一八八八～一九一七)

いけだ-そうたん【池田宗旦】 江戸時代の俳人。俵屋孫兵衛と称す。別号を也雲軒、夕雨、兀翁。摂津国伊丹(いたみ)の人。松江維舟の門人。伊丹に也雲軒を創始し、国文、俳諧を指導。伊丹風の祖。辞世に「世の中はただ瓢箪の大鯰抑へ抑へてにげて往にけり」がある。寛永一三～元禄六年(一六三六～九三)

いけだ-だいご【池田大伍】 劇作家。大正期の新劇と二世市川左団次のために「名月八幡祭」「滝口時頼」「西郷と豚姫」などを書く。明治一八～昭和一七年(一八八五～一九四二)

いけだ-たいしん【池田泰真】 江戸末期、明治の漆芸家。江戸に生まれる。柴田是真(ぜしん)に学び、蒔絵(まきえ)にすぐれた。帝室技芸員。江戸薬研堀に住んだことから、その一門は「薬研派」と呼ばれる。文政八～明治三六年(一八二五～一九〇三)

いけだ-つねおき【池田恒興】 安土桃山時代の武将。美濃大垣城主。俗名信輝。織田信長、豊臣秀吉に仕える。長久手の戦いで徳川家康の軍に敗れ、討死。天文五～天正一二年(一五三六～八四)

いけだ-てるまさ【池田輝政】 安土桃山時代の武将。播磨、備前、淡路の領主。恒興の子。織田信長、豊臣秀吉に仕え、関ケ原の戦いでは徳川方につき功をたてる。永禄七～慶長一八年(一五六四～一六一三)

いけだ-のぶてる【池田信輝】 ⇨いけだつねおき(池田恒興)

いけだ-はやと【池田勇人】 政治家。大蔵官僚を経て、吉田茂に見込まれ自由党に入党。蔵相、通産相などを歴任。昭和三五年(一九六〇)自民党総裁となり、三たび内閣を組織。所得倍増計画を発表し、高度成長政策を推進した。明治三二～昭和四〇年(一八九九～一九六五)

いけだ-まさのり【池田正式】 江戸中期の俳人、狂歌師。大和郡山藩士。松永貞徳の門下。俳論に「古保里山(こおりやま)」、狂歌に「堀河百首題狂歌集」がある。生没年不詳。

いけだ-みつまさ【池田光政】 江戸前期の備前岡山藩主。輝政の孫。熊沢蕃山を用い、諸制度を整え、農産業を開発し、学問の興隆をはかった。慶長一四～天和二年(一六〇九～八二)

いけだ-ろしゅう【池田蘆洲】 漢学者。大阪の人。名は胤(いん)。通称四郎次郎。二松学舎専門学校、国学院大教授。主著に「故事熟語大辞典」「日本芸林叢書」「定本史記補注」など。元治元～昭和八年(一八六四～一九三三)

い-げた【井桁】『名』①井戸の上部のふちを、地上で井の字形に組んだ木の囲い。＊謡曲・金札(1384頃)「深きいげたを切るなるは、欄井(らんせい)のつるべ縄」＊運歩色葉(1548)「井桁 イゲタ」＊三体詩素隠抄(1622)三・一「井欄は、井(い)げたぞ」＊雪中梅(1886)〈末広鉄腸〉下・一「店前に井欄(ヰゲタ)を据ゑ、飛泉潺々として其の間に噴出す」②井の字の形。また、材を井の字の形に組み合わせたもの。根がらみ。天井、障子などの継組など。＊鮫(1963)〈真継伸彦〉三「大きな薪を井桁に組んで、肩の高さほどに積みあげているのを見た」＊蘭を焼く(1969)〈瀬戸内晴美〉「マッチの軸を皿型の灰皿の上に井げたにいくつも積み重ねて」③紋所の名。「井」を菱形に図案化したもの。かげの井桁、から井桁、ひし井桁、ふと井桁、みつ井桁、破井桁などの種類がある。特に、江戸時代、彦根藩主井伊家の定紋として有名。＊長倉追罰記(15C中)「山中は日扇、溝口は井桁、但三葉かしはを打事も有」＊硝子戸の中(1915)〈夏目漱石〉二三「私の家の定紋(ぢゃうもん)が井桁(ヰゲタ)に菊なので」＊夜明け前(1932-35)〈島崎藤村〉第二部・上・四・一「井桁(ヰゲタ)の紋じるしを黒くあらはした彦根勢」④数の四をいう魚小売商などの符牒(ふちょう)。 発音イゲタ〈標ア〉イ〈京ア〉イ／0 辞書伊京・饅頭・日葡・書言・ヘボン・言海 表記幹(伊・饅・書) 井桁(へ・言)

井　桁 ①〈扇面法華経〉

いげたに橘(たちばな) ⇨親見出し

いげたに藤(ふじ) ⇨親見出し

いけ-だい【生鯛】『名』(「いけ」は生かしておく意の「いける」から) 捕えてから需要に備えるため、または遠くへ輸送するために生かしておく鯛。＊雑俳・かざし草(1792)「いさぎよい・生鯛はねる市はねる」＊歌舞伎・芽出柳緑翠松前(1883)五幕「此間から不漁(しけ)続きで、川岸(かし)にたった四五枚あった、神奈川廻りの活鯛(イケダイ)だ」 発音〈標ア〉ケ

いけ-だいこん【生大根・埋大根】『名』(「いけ」は生かす、埋める意の「いける」から) ①畑から引き抜いたままの大根を地中に深くうずめて、翌年の春まで貯蔵し、食用とするもの。いけだいこ。《季・冬》＊俳諧・笈日記(1695)中・彦根「寒菊の隣もありやいけ大根〈許六〉」＊俳諧・屠龍之技(1813)「山蔭の梅まだ寒し活大根」②大根の栽培品種で、根が地上に出ないで、深く地中に隠れているもの。二、三月頃に収穫する。かつて京都付近で多く栽培された。《季・春》＊俳諧・骨書(1787)下・春「かくれ家や花咲かかるいけ大根〈鶴市〉」 発音〈標ア〉ダ

いけ-たいそう【―大層】『形動』(「いけ」は接頭語) いやに大げさであるさま。あきれるほどはなはだしいさま。いけってえそう。＊洒落本・三人酩酊(1799か)実泪上戸の段「そんなにねへ事迄もいけてへそうに角をはやすは」＊洒落本・倡客竅学問(1802)三「爰(ここ)の内の女郎衆は、おしょくだの夜食だのと、いけてへそふな」 発音イケタイソー〈標ア〉タ

いげた-がすり【井桁絣】『名』井桁模様の絣。＊恋慕ながし(1898)〈小栗風葉〉五「赤糸の入った井桁絣(ヰゲタガスリ)の綿琉の長羽織を引被けて」＊浅草紅団(1929-30)〈川端康成〉八「黒地に赤の井桁(ヰゲタ)がすりの銘仙、その上に濃い緑の事務服、革帯に大きい革カバンをさげ」 発音イゲタガスリ〈標ア〉ガ

いげた-がま【井桁釜】『名』茶湯釜の一種。四角で上部が井桁の形をしているもの。 発音イゲタガマ〈標ア〉タ

いけだがわ-の-しぶながし【池田川渋流】『連語』(池田川は大阪府池田市を流れる川で鮎の名産地。「渋流し」は有毒植物の液を川水に流して魚を捕える方法で、「鮎かなわぬ」を「相かなわぬ」にかけたしゃれ) 許されない。かなわない。処置なし。

いけ-たご【生担桶】『名』(「いけ」は生かしておく意の「いける」から) 魚を入れて生かしておく飯櫃(めしびつ)形の桶。鰹(かつお)売りなどが持ち歩いた。＊談義本・銭湯新話(1754)四・俄道心者俗山伏と内所話「鮫がとれねば荒波じやとて、生担桶(イケタゴ)洗ふ偏屈者」＊雑俳・柳多留-二三(1789)「生けたごへ小判を入れるめづらしさ」＊歌舞伎・垣衣草手向発心(1808)序幕「生けたごを担ぎ上げる。大日坊、恟(びっく)りして『これこれその鯉をどうするのだ』」 発音イケタゴ〈標ア〉0

いけ-だこ【生蛸】『名』(「いけ」は生かしておく意の「いける」から) 生簀(いけす)などに生かしたままかっておく蛸(たこ)。＊富本・四季詠寄三大字(1813)「すい道(ど)の水にあらひあげたるいけだこの生ていでもの見世さきの」 発音〈標ア〉ダ

いけだ-こ【池田湖】 鹿児島県薩摩半島の最南部、開聞(かいもん)岳のふもとにある九州最大の湖。カルデラ湖。霧島屋久国立公園の一部。面積一〇・九平方キロメートル。池田沼。 発音〈標ア〉ダ

いけだ-さけ【池田酒】『名』(「いけだざけ」とも) 摂津国池田(大阪府池田市)で造られる酒。江戸時代、良質をもって知られ、伊丹(いたみ)酒と並び称された。＊天明寛政期酒造一件諸控(1793)「先達て江戸問屋共より天明四辰より午年迄三ケ年、同八年申年より寛政弐戌年迄三ケ年之池田酒入津高初鹿野河内守御役所へ書出し候樽数、池田村より積下候樽数余程相違仕候」＊随筆・三省録(1843)六「同二十(享保)卯年、四月十一日、一 四百五拾六文、極上池田酒五升」 発音〈標ア〉ダ

いけだ-ざさ【池田笹】『名』紋所の名。竹の葉、枝などをかたどったもの。 発音〈標ア〉ダ

いけだ-じょう【池田城】 阿波(徳島県)の三好氏の居城、大西城の別称。 発音イケダジョー〈標ア〉ダ

いけだ-しりがい【池田鞦】『名』摂津国(大阪府)池田の名産である鞦。

いけだ-ずみ【池田炭】『名』摂津国能勢郡(大阪府豊能郡)および川辺郡東谷村一庫(ひとくら＝兵庫県川西市)などで焼いた上質の炭。豊島郡池田(大阪府池田市)の炭商人が炭市を立てて集荷し、大坂表へ積出したためこの称がある。一庫炭(ひとくらずみ・いちくらずみ)。いけだ。＊俳諧・鷹筑波(1638)五「長者かやおほくくべ置池田炭(イケだスミ)〈定主〉」＊浄瑠璃・心中重井筒(1707)中「こがるるもみぢばを、もったるごときいけだずみゑんりょもないぎがこたつにうつし」＊随筆・守貞漫稿(1837-53)二三「注連縄の飾には、裡白、ゆづる葉、海老、だいだい〈略〉池田炭、ところ」 発音〈標ア〉ダ 辞書言海 表記池田炭(言)

いけだ-そうどう【池田騒動】 寛永一七年(一六四〇)播磨国(兵庫県)山崎城主池田輝澄の家中で

起こった新旧家臣間の権勢争い。輝澄が新参の小河四郎右衛門を重用したのに対し、重臣伊木伊織が結党・脱藩した。全藩あげての騒動となるが、審議は江戸で行なわれ、伊木ら一一名は切腹、領主輝澄の所領は没収された。 発音 イケダソードー 〈標ア〉ソ

いけだ-タバコ【池田煙草】〘名〙（タバコは、ポルトガル tabaco）阿波国池田（徳島県三好郡池田町）から産するタバコ。↓阿波葉（あわば）。 発音〈標ア〉タ

いけたに【池谷】 姓氏の一つ。 発音〈標ア〉ケ

いけたに-しんざぶろう【池谷信三郎】 小説家、劇作家。滞欧経験を書いた「望郷」で文壇に登場。演劇活動にも従事した。小説「おらんだ人形」「有閑夫人」など。明治三三～昭和八年（一九〇〇～三三）

いげた-に-たちばな【井桁橘】〘名〙 井桁の形の中に橘を描いた紋様。日蓮宗の紋所として有名。＊歌舞伎・三人吉三廓初買（1860）二幕「井桁（ヰゲタ）に橘（タチバナ）、信者講と印せし長提灯を持ち」 発音 イゲタニ＝タチバナ 〈標ア〉イ＝チ

いげた-に-ふじ【井桁藤】〘名〙 井桁の形の中に「藤」の字を書いた紋様。＊歌舞伎・勧善懲悪覗機関（村井長庵）（1862）序幕「下駄にて、井桁（ヰゲタ）に藤（フヂ）という印の附し白張の傘（からかさ）をさし出来り」 発音 イゲタニ＝フジ 〈標ア〉イ＝0

いげた-もよう【井桁模様】〘名〙「井」の字形に組み合わせた模様。＊琉球物語（1948–56）〈火野葦平〉山原乙女・七「ナベさんは小さい井桁（イゲタ）模様のある卵色の芭蕉布を頭から被っていなさる」 発音 イゲタモヨー 〈標ア〉モ

いけだや-じけん【池田屋事件】 幕末、元治元年（一八六四）六月、京都三条の旅宿池田屋で謀議中の長州、土佐、肥後各藩の尊攘派浪士を新撰組が襲撃した事件。「池田屋騒動」とも。 発音〈標ア〉ジ

いけだ-りんどう【池田龍胆】〘名〙 紋所の名。リンドウをかたどったもの。 発音〈標ア〉リ

いけ-ちくしょうづら【─畜生面】〘名〙（「いけ」は接頭語）「畜生づら」をののしっていう語。＊滑稽本・叶福助略縁記（1805）「いけ畜生（チクショウ）づらを銭宝をさんだして見物のするとは、でっけいべらぼうだ」 発音〈標ア〉0

いげち-な・い〘形口〙文いげちな・し〘形ク〙①薄情である。冷淡である。いげつない。えげつない。＊浄瑠璃・万戸将軍唐日記（1747）三「ヱヱいげちない、埒の明ぬ、もう爰へ見えたぞや」②むごい。むごたらしい。同情心がない。＊洒落本・男倡新宗玄々経（1751–64頃）「座敷をつとめて、おそろしき山法師あるひは在郷の熱鉄坊にも出会ひ、いげちなきうきめにあふ事也」＊物類称呼（1775）五「情なきといふ詞のかはりに 大坂及播磨辺にて、いげちないと云」＊滑稽本・続膝栗毛（1810–22）一一・上「いげちない、まだとしもいかない子を売ずと、わし二三ねんも身をうるべいと」③厚かましい。貪欲である。意地汚ない。＊浄瑠璃・義仲勲功記（1756）二「あのの物のいうてゐると、いげちないは男の気、つひ取結びが出来る物」＊浄瑠璃・近江源氏先陣館（1769）五「どうで儕（おのれ）は聞きおよんだ鱺（やつめ）の鱗蛇（おろち）の再来か。酒呑童子（すってんどうし）の眷属かいげちない酒好きと」＊洒落本・短華蘂葉（1786）「『庄八ヤゐらふ、こけいそぎをするな』『なんのマアおれがいつそんないげちない事した』」④かわいらしい。＊物類称呼（1775）五「かはいらしいと云詞のかはりに〈略〉上野にて、いげちないと云 肥前及薩摩にて、むざうと云 是等は皆かはゆひといふ事也」 方言❶気の毒だ。哀れむべきだ。かわいそうだ。丹波†115 富山市393 福井県431 大飯郡447 京都府629 中郡623 与謝郡624 鳥取県岩美郡・気高郡715 愛媛県840 大分県南海部郡939 ❷むごい。残酷だ。京都府629 ❸濃厚だ。しつこい。山口県豊浦郡798 発音 イゲチナイ 〈標ア〉ナ

いげちな-さ〘名〙（形容詞「いげちない」の語幹に接尾語「さ」の付いたもの）いげちないこと。なさけないこと。また、その度合。＊滑稽本・田舎草紙（1804）三「かちうの衆も、あんなげこんなげに、うっちってしまはれたと、きいたときのいげちなさ」 発音 イゲチナサ 〈標ア〉ナ チ

いげちな-じょうご【─上戸】〘名〙（「いげちな」は「いげちない」の語幹）あくことを知らない大酒飲み。意地の汚ない大酒飲み。＊浄瑠璃・近江源氏先陣館（1769）六「なら漬くさいおくびしながら、まだ呑みたがるいげちな上戸」＊浄瑠璃・糸桜本町育（1777）八「マア二三盃続けて受けうと、いけぢな上戸の息なし呑み」 発音 イゲチナジョーゴ 〈標ア〉ジョ

いけ-ちょうがい【池蝶貝】〘名〙 イシガイ科の淡水二枚貝。琵琶湖の特産種で、水深二メートルまでの砂泥底にすみ、霞ケ浦にも移殖されている。殻長約二〇センチメートルに達する菱形で、ふくらみは少なく、殻は厚い。幼貝は黄緑色で、次第に黒色になり、内面は真珠光沢のある青白色。淡水真珠の養殖母貝に用い、貝細工の材料ともする。えかきがい。おんがい。学名は Hyriopsis schlegelii 発音 イケチョーガイ 〈標ア〉チョ

い-けつ【已決】〘名〙 物事がすでに決定していること。特に裁判で、判決が確定していること。既決。＊米欧回覧実記（1877）〈久米邦武〉三・六〇「牢牢すべて五〇八室あり、已決の罪囚を此にいるる、即ち懲役場なり」＊風俗画報‐一七五号（1898）永楽町「七年十一月司法省及び裁判所附の監を除き、全国の未決已決の両監を内務省の統轄と為す」 発音〈標ア〉0

い-けつ【貽厥】〘名〙（「貽」は「のこす」、「厥」は「その」の意。「詩経‐大雅・文王」にみえる「貽厥孫謀」の初めの二字をとったもの）孫。または子孫にのこすはかりごと。＊新編覆醬続集（1676）九・挽石谷宗淳居士序「貞廉風節為貽厥、桂子蘭孫且向栄」＊随筆・孔雀楼筆記（1768）一「子孫断滅すれば、貽厥（いケツ）よからざるの、祖宗の悪子孫にむくゆるのなどいふ」＊新聞雑誌‐四〇号付録・明治五年（1872）四月「吾、天祖、天孫貽厥の謀にして」＊詩経‐大雅・文王有声「貽厥孫謀、以燕翼子」

い-けつ【蝟結】〘名〙 むらがりあつまること。蝟集。＊日本教育策（1874–75頃）〈森有礼編〉ジョン＝エー＝ガルフヒールド氏の書翰「憾むらくは官事左右に蝟結し、未だ大に鄙懐を吐露するに暇あらざるを」

い-けつ【遺缺・遺欠・遺闕】〘名〙 欠けて不足すること。＊文明本節用集（室町中）「遺缺 イケツ」＊日本開化小史（1877–82）〈田口卯吉〉二・四「斯く鎌倉政府が内外の事務に於て大方は遺闕の少かりしものは其ゆゐなきにあらざるなり」＊蜀志‐馬忠伝「発諸県兵五千人、以補遺闕」 辞書 文明 表記 遺缺（文）

い-けつ【遺傑】〘名〙 前代からいるすぐれた人物。＊薩長土肥（1889）〈小林雄七郎〉四藩気質「其は城山の鬼魁が旧幕の遺傑と刎頸ならざりしを以て証す可きなり」

い-げつ【維月】〘名〙 執政の臣、公卿のこと。＊醍醐寺文書‐延元三年（1338）五月一五日・北畠顕家奏状「維月之位者朝端之所重、青雲之交者象外之所撰也」

い-げつ【遺孼】〘名〙（「孼」は、ひこばえ。切った草木の根や株から生え出た芽）①死後に残された妾腹（めかけばら）の子。正統ではないが血をひくもの。＊語孟字義（1705）下・論堯舜既没邪説蠭行又作「唯黄老之説、遺孼猶在、至漢再熾」＊日本外史（1827）七・足利氏正記「獲新田氏遺孼二人、送京師斬之」②滅びた家の血統をひくもの。また、残党。余孼。＊本朝文粋（1060頃）四・貞信公辞摂政准三宮等表〈大江朝綱〉「余燼遺孼。逆心長滅」＊読書放浪（1933）〈内田魯庵〉読書放浪・一二「啻だ独り宗門に対しては寸毫も仮借せず、〈略〉且三族までも絶やして遺蘗なからしめた」＊徐陵‐為貞陽侯与陳司空書「残厥兇渠、曾靡遺孼」

いけつ-かん【已決監】〘名〙 裁判で有罪が決定した人が入れられる監獄。明治時代の語。既決監。＊太政官達第八一号‐明治一四年（1881）九月一九日・三七条「未決監已決監及ひ懲治場は男監女監の別を厳画すへし」＊太政官達第五二号‐明治一八年（1885）九月二一日（法令全書）「根室県管下釧路国川上郡熊手村へ已決監を設置し」 発音〈標ア〉ツ

いけっ-くち【─口】〘名〙「いけくち（─口）」の変化した語。＊歌舞伎・御摂勧進帳（1773）三立「こいつあんまり人を安くする奴だ。そのいけっ口を」＊歌舞伎・猿若万代厦（1786）三立「いけっ口を聞くとちめ郎め。先づそいつから引っ括（くく）せ」

いけっ-くび【─首】〘名〙「いけくび（─首）」の変化した語。＊歌舞伎・時桔梗出世請状（1808）二幕「小癪な奴だよ、片っぱし、生けっ首とは思へども、役にも立たぬ一文首」＊歌舞伎・四天王産湯玉川（1818）三立「道押っ開いて通さばよし、支へこさへをしゃアがると、其いけっ首をさらばひ落し」

いけ-づくり【生作・活作】〘名〙（「いけ」は生かしておく意の「いける」から）①生きた魚などを、頭、尾、大骨はそのままに、肉を切りとって刺身にし、もとの骨の上に並べて、生きていた時のようなすがたにして出す日本料理の一種。いけもの。いきづくり。＊人情本・貞操婦女八賢誌（1834–48頃）六・五三回「其方（そなた）の体を生作（イケヅク）り、その庖丁の切味を饗応（ふるま）ひ呉れん」＊語彙（1871–84）「いけづくり 俗 鯉鮒等活動するものを細切し鱠（ひときれ）にせず食用にする制作をいふ」＊連環記（1940）〈幸田露伴〉「旨（うま）く味はふが為に雉子の一羽や二羽の生（イケ）づくりが何であらう」②新鮮な魚の刺身。 発音〈標ア〉ズ 〈京ア〉ズ 辞書 言海 表記 生作（言）

いけっ-こしゃく【─小癪】〘形動〙（「いけこしゃく」の変化した語。「いけ」は接頭語）いやになるほどこざかしいさま。ひどくなまいきなさま。＊洒落本・松登妓話（1800）二「いけっこしゃくな小坊主め、わるくあぎとをならしゃアがると、かぼちゃあたまをはりまげるぞ」＊滑稽本・八笑人（1820–49）三・追加上「むてへなつらをして居ながら、いけっ小（コ）しゃくな事をいはねへで」 方言 よけいな世話をするさま。栃木県安蘇郡197

い-けっせい【已結正】〘名〙 処罰のすでに定まった罪。↔未結正。＊続日本紀‐和銅七年（714）六月癸未「罪無軽重、已発覚、未発覚、已結正、未結正」＊随筆・折たく柴の記（1716頃）中「已発覚、未発覚、已結正、未結正、罪大小となく、ことごとくこれを赦除するにはあらず」

いけっ-ちゃ【行茶】〘名〙 方言 人が帰る時や出て行く時に出す茶。群馬県勢多郡236 長野県佐久493

いけっ-ちわ・い【─吝】〘形口〙「いけじわい（─吝）」の変化した語。＊滑稽本・浮世風呂（1809–13）三・上「あの児（がき）はろくな者（もん）にはならねへ。いけっ悋（チハ）くして溜た金は、ささほうさにされるのよ」

いけ-づつ【生筒】〘名〙 生花をいける筒。花いけの筒。＊雑俳・和合楽（1730）「生（いケ）筒に逢夜は立てな鶏頭花」＊歌舞伎・隅田川花御所染（1814）四立「ト生筒（イケヅツ）に入れし桃の花の白と赤とを取って二つの口へさし」 発音〈標ア〉ケ

いけ-づつみ【池堤】〘名〙「いけ（池）の堤」に同じ。＊曾丹集（11C初か）「こほりするみはらのいけの池つつみおほはぬ箱の鏡とぞ思ふ」

いけっ-てえそう【─大層】〘形動〙「いけたいそう（─大層）」の変化した語。＊洒落本・廓節要（1799）「いけってへさうな。みす紙につつんだげぢげちじゃァあんめへし、ひねるこたァねへ」＊滑稽本・浮世風呂（1809–13）二・下「いけっ大造（テヘソウ）な。てめへ独り買切た湯じゃアあんめへし」 発音〈標ア〉ズ

いげつ-な・い〘形口〙人情、愛情に欠けていて、利欲の心が深い。薄情である。えげつない。いげちない。＊両京俚言考(1868-70頃)「いげつない 不仁不道徳の利欲家をいふ」方言❶かわいそうだ。鳥取県西伯郡718 ❷残酷だ。無慈悲だ。大分県大野郡941 ❸意地汚い。貪欲(どんよく)だ。長崎県対馬913 ❹かわいらしい。いとおしい。岡山県042

いけ-つび【―屎】〘名〙(「いけ」は接頭語、「つび」は女陰の古語) 女陰をいやしめののしっていう語。＊雑俳・柳多留-二一(1786)「いけつびをふんさくといふ遣り手ばば」方言◇いけっつび 山梨県西山梨郡455

いけっ-ぷと・い【―太】〘形口〙「いけぶとい(―太)」の変化した語。＊洒落本・二日酔巵觶(1784)「藤兵へめがすり替(けへ)たにきはまった。生(イケ)ッぷてへ野郎めだ」＊歌舞伎・傾城金秤目(1792)二幕「いけっ太(プト)い女めでござるわえ」＊真景累ケ淵(1869頃)〈三遊亭円朝〉五三「己(うぬ)、いけっ太(プテ)え奴、能くも彼(あ)の谷へ突落しゃアがったな」

いけ-づむ【息詰】〘動〙方言 ⇩いきづむ(息詰)

いけ-づら【―面】〘名〙(「いけ」は接頭語) 面(つら)をいやしめののしっていう語。いやなつら。方言◇いけつら 新潟県361 東蒲原郡368 ◇いけっつら 新潟県西頸城郡385

いけ-づら【池傍】〘名〙池のほとり。池のそば。＊安法集(983-985頃)「いけづらにかしら白き女の浮水葱(うきなぎ)摘みけるを見て」発音〈標ア〉0

いけ-づり【池釣】〘名〙池で魚を釣ること。池の魚を釣ること。発音〈標ア〉0

いけ-つんつん〘副〙(「いけ」は接頭語) とりすまして、いやになるほど愛想のないさまを表わす語。＊人情本・春秋二季種(1844-61頃)二・六段の後談「面のいいのを鼻にぶらさげて、イケつんつんする我鬼だ」

いけでら-ほんぼう【池寺本坊】(ホンバウ) 滋賀県犬上郡甲良(こうら)町にある天台宗の寺、西明寺(さいみょうじ)の別称。発音イケデラホンボー〈標ア〉ホ

いけ-ど【池―】〘名〙方言 ⇩いけ(池)

いけ-どう〘名〙(形動)(「いけ」「どう」ともに卑しめののしる意を表わす語) ずうずうしいこと。また、その人やそのさま。＊歌舞伎・梅柳若葉加賀染(1819)大詰「お前も初心らしい、いけどうな所を、お習ひな」＊歌舞伎・契恋春粟餅(1861)「ええやかましいいけどうめら、喧嘩を売るなら買って遣らう」

いけどう-こじき【―乞食】〘名〙(「いけ」「どう」ともに接頭語) 乞食(こじき)をいやしめ、ののしっていう語。＊常磐津・神路山色琫(油屋)(1855)下「何んで睨(にら)みさらすのぢゃ。エエいけどう乞食(コジキ)の生盗人(いけぬすびと)め」

いけどう-ずり【―掏摸】〘名〙(「いけ」「どう」ともに接頭語) 掏摸(すり)や盗人をののしっていう語。転じて、人をいやしめ、ののしる時にも使う。＊浄瑠璃・心中天の網島(1720)中「女房子共の身のかははぎ、其手でおやまぐるひ、いけどうずりめ」

いけ-どし【―年】〘名〙(「いけ」は接頭語。多く、「いけどしをして」などの形で) 年をとっていること。いい加減な年配になっていること。また、言動がその年にふさわしくないのをののしる場合に用いる。いい年。＊滑稽本・当世阿多福仮面(1780)「こんたもこんた、いい生(イケ)どしをして、あんまり気てんのない人だ」＊洒落本・二筋道三篇霄の程(1800)一「いけどしをして、馬鹿よおろかとわらわいで」＊滑稽本・浮世風呂(1809-13)三・上「いけ年(ドシ)仕(つかまつ)って、その眉毛(まみゑへ)は何のまねだ」＊浮雲(1887-89)〈二葉亭四迷〉二「いけ年を仕(つかまつ)っても兎角人真似は轍(や)められぬもの」方言岩手県気仙郡100 宮城県仙台市123 新潟県岩船郡366 ◇いけどしょお 仙台†057 岩手県江刺郡096 東磐井郡106 宮城県「いげどしょうな子だ」114 121 126 福島県会津「いけどしょおして遊んでいられっか」155 ◇いけどしゅう 新潟県361 発音〈標ア〉ケ

いけ-どしより【―年寄】〘名〙(「いけ」は接頭語) 年寄りをいやしめ、ののしっていう語。役に立たない老いぼれ。＊浄瑠璃・大職冠(1711頃)一「いけ年寄のすいさん者、ひねり殺すはやすけれ共」方言青森県三戸郡083 新潟県佐渡352 発音〈標ア〉ド

いけ-どの【池殿】 京都市東山区池殿町にあった平清盛の継母池禅尼、その子平頼盛の邸宅。平氏六波羅第の一つ。また、その主たる池禅尼および平頼盛(池大納言)の別称。

いけ-どり【生捕・生取・生擒】〘名〙(「いけ」は生かしておく意の「いける」の連用形から) ①人や動物を生かしたままで、つかまえること。捕虜にすること。また、その捕えられたもの。＊万葉(8C後)一六・三八八五「韓国(からくに)の 虎といふ神を 生取(いけどり)に 八頭(やつ)とり持ち来〈乞食者〉」＊平家(13C前)一一・一門大路渡「おなじき廿六日、平氏のいけどりども京へいる」＊古今著聞集(1254)一・一八「隆覚が方の軍兵おほく命を失ひにけり。廿余人はいけどりにせられにけり」＊寛永刊本蒙求抄(1529頃)二「充国が陣へ捕へ得たる生とりが申す事は」②そっくりそのまま取ること。丸取り。＊俳諧・類船集(1676)以「生捕(イケトリ)〈略〉碁打の詞にも生とりと言事有」＊浮世草子・立身大福帳(1703)一「若五百両にて札をおとせば、四百五拾両のいけどりと申されしかば」＊洒落本・三躰誌(1802)「月花さんが人のおしへたもん句を、いけどりにしたうちがおかしいね」発音〈なまり〉イキドリ〔富山県〕〈標ア〉リ0ド〈ア史〉江戸●●●○〈京ア〉0 辞書下学・和玉・文明・伊京・天正・饅頭・黒本・易林・書言・言海 表記生捕(下・文・天・饅・黒・易・書・言) 虜(玉・文・伊・天・易・書) 活捉・俘・擒・生口(書)

いけ-どり【生鳥】〘名〙(「いけ」は生かしておく意の「いける」から) 鷹狩り用の鷹の餌にするために飼っておく鳥。＊禰津松鷗軒記(室町末か)「おもひ返しの事。鷹物を取て後こりたるに、いけ鳥をかふ事を云也」＊俳諧・犬子集(1633)六・霜「生鳥に皆塩するや今朝の霜〈貞徳〉」発音〈標ア〉ケ

いけどり-すずき【生捕鈴木】 狂言。梶原景時に生捕られた源義経の家来鈴木三郎重家は、源頼朝に尋問され、義経の頼朝に対する忠誠と、梶原の讒言(ざんげん)を述べ、ついに許される。「奈須」のように一人で語るもので、版本の「狂言記」だけに載っている。発音〈標ア〉ス

いけどり-ぶくろ【生鳥袋】〘名〙生鳥を入れておく袋。生袋(いけぶくろ)。

いけ-ど・る【生捕・生取・生擒】〘他ラ五(四)〙(「いけ」は生かす意の「いける」の連用形) ①人や動物などを生きたままでつかまえる。捕虜にする。＊吾妻鏡-治承四年(1180)九月一四日「遂生虜親政訖」＊保元(1220頃か)上・親治等生捕らるる事「親治たけく思へ共、力なく自害にも及ばず生捕られにけり」＊史記抄(1477)一七・大宛列伝「生(イケ)とりて、もっていて、にかひては大事ぞ」＊天草本伊曾保(1593)エジットよりの不審の条々「ギリホトユウ ヲウキナ トリヲ ヨッツ iqedotte (イケドッテ) カノ トリノ アシニ カゴヲ ユイツケ」②そっくりまき上げる。丸取りする。③遊女を呼んで来ることをいう遊里語。つかむ。＊浄瑠璃・大磯虎稚物語(1694頃)三「それ虎さまいけどれと、つかひが走れば」発音〈標ア〉ド〈京ア〉0 辞書明応・日葡・ヘボン・言海 表記生捕(へ・言) 虜(明)

いげ-どろ【棘―】〘名〙方言 ⇩いげ(棘)

いけ-どろぼう【―泥棒・―泥坊】(バウ)〘名〙(「いけ」は接頭語) 「いけぬすびと(―盗人)」に同じ。＊歌舞伎・与話情浮名横櫛(切られ与三)(1853)三幕「いけ泥坊め、動きゃアがるな」方言茨城県062 発音イケドロボー〈標ア〉ド

いけ-・ない【行―】 ⇩「いける(行)」の子見出し

いけなが【池永】 姓氏の一つ。発音イケナガ〈標ア〉ケ

いけ-なみ【池波】〘名〙池の中にたつ波。池の波。＊万葉(8C後)三・二五七「松風に池浪(いけなみ)立ちて〈鴨足人〉」発音〈標ア〉0

いけ-なり【池成】〘名〙洪水などのため、田地が池状に冠水したもの。年貢を減免された。＊根来要書-久安二年(1146)五月・鳥羽院庁下文案(平安遺文六・二五七七)「為洪水四十余町已成池朽損〈略〉不被入替件池成代者、以何所出可進済御年貢哉」＊高野山文書-嘉暦四年(1329)四月二三日・六波羅下知状(大日本古文書一・一〇〇)「同郷福富清遠名池成事。右、如同状者、毎年官物米伍升、可令免除云々矣」

いけなり-ひき【池成引】〘名〙江戸時代、洪水などのために耕地が掘られて池ができ、急には埋め立てて耕地にもどすことのできない部分を、一時的に村高から控除したこと。＊地方凡例録(1794)六「池成引 是は出水の砌(みぎり)、堤切入田畠の内深ほり池に成、急に埋立起返など難成分、池成ひきに相立る也」

いげ-に〘副〙方言❶実に。本当に。島根県石見725 ❷残念ながら。口惜しくも。島根県江津市・大田市725 ❸実は。初めて打ち明ける時や前言をひるがえす時にいう。島根県石見725

いけ-にえ【生贄・犠牲】(ヘ:ニ) 一〘名〙(「いけ」は生かしておく意の「いける」から) ①生きものを生きたまま神に供えること。また、その供え物。＊十巻本和名抄(934頃)五「犠牲 礼記云祭祀供犠牲〈二音義生 論語注牲生曰餼々、音気、訓伊介邇倍〉」＊今昔(1120頃か)二六・八「此国に験じ給ふ神の御(おは)するが、人を生贄に食也」＊宇治拾遺(1221頃)四・七「三河の国に風祭といふことをしけるに、いけにへといふことに、猪を生けながらおろしけるをみて」＊寛永刊本蒙求抄(1529頃)九「白馬をなけしづめていけにへにし、身を沈んとしたぞ」＊日葡辞書(1603-04)「Iqeniye (イケニエ)〈訳〉人が犠牲としてカミにささげるいけにえ」②ある物事、ある人のために生命や名利を投げ捨てること。犠牲(ぎせい)。＊あめりか物語(1903)〈永井荷風〉酔美人「狼の前に小羊が立(たち)すくんだやうな果敢ない犠牲(イケニヘ)の覚悟が、我知らず心の底に起って来るのでした」二(生贄) 謡曲。四番目物。廃曲。作者不詳。富士権現の使い、日の御子の神が生贄のくじに当った旅の一家を助ける。語源説(一について) (1)イケニヘ(生贄)で、犠牲の意ではない。「イケ」は活け飼いする意。いつでも神の贄に供えることのできるように飼っている動物を、植物性の贄と区別する語〔信太妻の話=折口信夫〕。(2)生物の命を神に供するのをいう。生きながら贄物に当てる意〔和訓栞・両京俚言考〕。発音〈なまり〉イキニエ〔岐阜〕〈標ア〉0エ〈ア史〉平安・鎌倉○○○○〈京ア〉0 辞書和名・色葉・名義・和玉・文明・易林・日葡・書言・ヘボン・言海 表記牲(色・名・玉・易・書・へ・言) 犠(色・名・玉・文・易・書) 犠牲(和) 餼(名) 犧(玉)

いけにえを殺(ころ)し血(ち)を啜(すす)る 昔中国で、諸侯が会盟の時、盟約を守ることを誓う儀式として、いけにえの血をすすったということをいう。＊太平記(14C後)九・足利殿御上洛事「異国より吾が朝に至るまで、世の乱れたる時は、覇王諸侯を集めて、牲(イケニヱ)を殺(コロ)し血(チ)を啜(スス)って弐(ふたごころ)無からん事を盟(ちか)ふ。今の世の起請文是也」補注「礼記-曲礼・下」の「約信曰誓、涖牲曰盟」の疏に「殺牲於坎上、割牲左耳、盛以珠盤、又取血、盛以玉敦、用血為盟、書成乃歃血而読書」とある。

いけにし【池西】 姓氏の一つ。発音〈標ア〉ケ

いけにし-ごんすい【池西言水】 江戸初期の俳人。本名則好。奈良の人。松江重頼の門人で、談林風から蕉風に近づいた。「木枯の果はありけり海の音」の

句により「木枯の言水」と呼ばれた。主著に「江戸新道」「東日記」。慶安三～享保七年（一六五〇～一七二二）

いけ-にら【池韮】『名』植物「みずにら（水韮）」の異名。＊生物学語彙（1884）〈岩川友太郎〉「Isoetes　水韮（イケニラ又はみづにら）属」

いけ-にわ（はに）**【池庭】**『名』泉池を有する日本庭園様式。上代より伝わる、枯れ山水に対応する様式。

いけ-ぬすびと【━盗人】『名』（「いけ」は接頭語）盗人をいやしめののしっていう語。いけ泥棒。＊歌舞伎・御摂勧進帳（1773）二番目「『中納言義明をどうする』『どうするものだ。いけ盗人め』」 方言◇いけぬすとお　茨城県稲敷郡188　北相馬郡195　発音〈標ア〉ヌ

発音〈標ア〉0

いけの【池野】　姓氏の一つ。発音〈標ア〉イ

いけの-せいいちろう【池野成一郎】　植物学者。東京帝国大学教授。ソテツの精子を発見して羊歯（しだ）植物と裸子（らし）植物の親縁関係を解明する。帝国学士院会員。慶応二～昭和一八年（一八六六～一九四三）

いけ-の-あま【池の尼】「いけのぜんに（池禅尼）」に同じ。＊義経記（室町中か）四・頼朝義経対面の事「頼朝いけのあまの宥められしによりて」＊俳諧・千代見草（1692）「池の尼歎す笑顔の命乞ひ」

いけのお（いけのを）**【池尾】**　京都府宇治市南東部、宇治川のほとりの地名。喜撰法師隠棲の地とされる宇治山（喜撰山）がある。＊今昔（1120頃か）二八・二〇「今昔、池の尾と云ふ所に禅智内供と云ふ僧住き」発音〈標ア〉ノ〈京ア〉ノ

いけ-の-おもだか【池沢瀉・池面高】『名』植物「あさざ（莕菜）」の異名。＊物類称呼（1775）三「莕　あさざ〈略〉伊勢にて、どんがめぐさ　同国白子にて、いけのおもだか」

いけのかわ-ぬいばり（いけのかはぬひばり）**【池川縫針】**『名』近江国（滋賀県）大津の追分で作られる縫い針。万治二年（一六五九）大黒屋森越清兵衛が山城国（京都府）伏見池川村から移住して、作り始めたところからいう。池の川針。追分針（おいわけばり）。＊俳諧・本朝文選（1706）二・賦類・湖水賦〈李由〉「縫村鍋、四十九張のきせる、池の川縫針、守山鞦（しりがい）」

いけのかわ-の-はりや（いけのかは：）**【池川針屋】**　池の川針元祖大黒屋森越清兵衛の店。＊浮世草子・日本永代蔵（1688）二・二「池（イケ）の川の針屋（ハリや）ほそき事なれ共娘を京への縁組を聞立」

いけのかわ-ばり（いけのかは：）**【池川針】**『名』「いけのかわぬいばり（池川縫針）」に同じ。＊近江国輿地志略（1734）九七・土産・一「池の川針。是又大谷町土人の製する所、女工用ゆる所の針也。池の川は此地の名にあらず、中世山城国伏見池川村の商家を以て今の大谷の地に移す、爾来池の川針といふと」

いけ-の-ぜんに【池禅尼】　平忠盛の後妻、平清盛の義母、平家盛、平頼盛の母。藤原宗兼の娘。「池の」という呼称は六波羅の池殿に住んだことによる。平治の乱の後、幼い源頼朝の助命を乞うた。池の尼。池殿。生没年未詳。

いけ-の-たいが【池大雅】　江戸中期の南画家。京都の人。名は無名（ありな）。号を待賈堂、九霞山樵、三岳道者、竹居。祇園南海、伊孚九（いふきゅう）に学び、のびやかで深みのある独自の様式を築いて、蕪村とともに日本南画の大成者とされ、和歌、書にもすぐれた。代表作「山水人物図襖絵（ふすまえ）」。享保八～安永五年（一七二三～七六）

いけ-の-だいなごん【池大納言】　平頼盛の別称。池殿。＊平家（13C前）七・一門都落「池の大納言頼盛卿も池殿に火をかけて出られけるが」

いけ-の-はた【池之端】（池のほとりの意）東京都台東区の地名。不忍池（しのばずのいけ）の西畔および北畔の二地区からなる。古くは不忍池の周辺一帯をさした。＊俳諧・当世男（1676）付句「池の端にて口をこそきけ　目あかしは見知たるらん鬢髭を〈長信〉」＊浮世草子・好色一代男（1682）二・六「香具には池の端（ハタ）の万吉、黒門の清蔵」＊雑俳・柳多留‐一四八（1838‐40）「池の端男斗（ばかり）の惣籬（そうまがき）」発音〈標ア〉ノ

いけのはた の ずいき（意地の悪い意の「いけずうずうしい」を「池」と「ずいき」にわけて表現したしゃれ）いじわる。

いげのは-まんじゅう【棘葉饅頭】『名』方言　菝葜（さるとりいばら）の葉で包んだ団子。福岡県大牟田964　熊本県玉名郡058　◇いぎのはだんご〔刺葉団子〕山口県大津郡964　◇いげだこ　熊本県鹿本郡964

いけのべのなみつき-の-みや【池辺双槻宮】　用明天皇の皇居。奈良県桜井市阿部付近、または同市池之内付近にあったといわれる。磐余池辺双槻宮（いわれのいけのべのなみつきのみや）。池辺宮。＊書紀（720）用明即位前（図書寮本訓）「磐余に宮（みやつく）る。名づけて池辺双槻宮（いけへノナミツキノみや）と曰ふ」

いけ-の-ぼう（：バウ）**【池坊】**　一『名』（元来、六角堂頂法寺の坊の名）「いけのぼうりゅう（池坊流）」に同じ。＊日次紀事（1685）臨時「立花会。今時立花有三流、六角堂中池坊、本能寺中大受院、河原町周玉是也、三流之徒弟互分争」＊浮世草子・西鶴織留（1694）一・一「立花は池の坊に相生（あいおひ）迄習ひ鞠は紫腰をゆるされ」＊雑俳・もみぢ笠（1702）「ほめにけり座敷野にする池の房」　二　池坊流の家元の名。発音イケノボー〈標ア〉ノ〈京ア〉ノ

いけのぼう-せんけい【池坊専慶】　室町中期、一四六〇年前後ごろ活躍した華道家。京都頂法寺六角堂の僧。それまでの供花（くげ）の法式を脱した立花を工夫し、池坊流派の開祖とされる。生没年未詳。

いけのぼう-せんこう【池坊専好】　一　初世。安土桃山時代の池坊立花の名手。織田信長、豊臣秀吉などの支持を受け、池坊流発展の端を開く。元和七年（一六二一）没。　二　二世。江戸時代初期の池坊立花の名手。法橋（ほっきょう）に叙任。後水尾院の親任を得て、宮廷で立花を指導した。天正三～万治元年（一五七五～一六五八）

いけのぼう の 立花（立華）（りっか）①池坊特有の立花。②陰暦七月七日、京都三条の六角堂（頂法寺雲林院）で催された池坊派の立花会。七夕星に供えたものという。現今は一一月一六日から三日間行なわれる。＊日次紀事（1685）七月七日「六角堂池坊（いけノばう）立花」＊俳諧・玄峰集（1750）秋「飛鳥井、なんばどのの蹴鞠、いけの坊の立花、みやこの田夫、いなかの風流、立て見るあり居て見るあり。秋風のうしろを覗く立花哉」

いけのぼう-りゅう（いけのバウリウ）**【池坊流】**『名』華道の流派の一つ。室町中期、池坊専慶（せんけい）が完成。従来の供花（くげ）をもとに立花を発展させ、専鎮（せんちん）の時に足利義政から華道家元の名を与えられ、以来、代々継承。華道の中心勢力として、多くの分派、支流を生じ、現在に至る。発音イケノボーリュー〈標ア〉0

いけ-の-ま【生間】『名』方言　⇨いけま（生間）

いけ-のみ【生呑】『名』物をかまずにそのまま飲みこむこと。うのみ。まるのみ。＊仙台方言（1817頃）通用「いけのみ。鵜呑のこと。生呑なり」方言岩手県気仙郡100

いけのもくず（いけのもくづ）**【池藻屑】**　江戸中期の歴史物語。一四巻。荒木田麗女著。安永三年（一七七四）序。「増鏡」の後を受けて、後醍醐天皇の元弘三年（一三三三）から後陽成天皇の慶長八年（一六〇三）まで、一四代約二七〇年間のできごとを素材とし、老尼が物語る形式で、雅文体で記す。発音〈標ア〉0

いけ-ば【生場・活場】『名』池や海の中で魚などを生かして飼っておく所。＊青べか物語（1960）〈山本周五郎〉貝盗人「その沖が貝の活け場であることも」

発音〈標ア〉バ0

いけ-ばか【埋墓】『名』両墓制の場合、死体を埋葬するほうの墓。うめ墓。↔詣り墓。＊先祖の話（1945）〈柳田国男〉五七「石塔がもとは埋墓（イケバカ）とは独立した祠廟であったことは前に述べたが」方言福井県若狭430　兵庫県神戸市665

いけ-ばかばかし・い【━馬鹿馬鹿】『形口』（「いけ」は接頭語）はなはだばからしい。何の得にもならない。つまらない。＊歌舞伎・隅田川花御所染（1814）中幕「この坊様は、人にばかり口をきかせて、コレサ、挨拶をさっしゃれよ、いけ馬鹿馬鹿しい」＊人情本・清談若緑（19C中）三・一八回「その和郎断（め）が喰余りを、旦那の新嫁にしられるものか。イケ馬鹿馬鹿（バカバカ）しい評定だ」＊春雨文庫（1876‐82）〈松村春輔〉一回「大枚壱分（いちぶ）といふ金を取に来て五十ばかりの端多銭が持て帰られるものか、いけ馬鹿馬鹿しい」

発音イケバカバカシイ〈標ア〉シ

いけ-はぎ【生剥】『名』「いきはぎ（生剥）①」に同じ。＊書紀（720）神代上（兼方本訓）「則ち斑駒（ふちこま）を生剥（イケハギ）にし、其の殿の内に納（なげいる）」＊延喜式（927）祝詞・六月晦日大祓（享保板訓）「天つ罪と畔放（あはなち）、溝埋（みぞうめ）〈略〉生剥（イケハギ）、逆剥（さかはぎ）、屎戸（くそと）、ここだくの罪を天つ罪と法（の）り別けて」＊古今著聞集（1254）一六・五二一「いけはぎにせられざらんもことわりや、骨と皮とのひつきさまには」発音イケハギ〈標ア〉0　辞書言海　表記生剥（言）

いけ-はた【池端】『名』池のほとり。池のそば。＊書陵部本名義抄（1081頃）「堤　抄玉云　イケハタ」

発音〈標ア〉0

いけ-ばち【埋櫃・生鉢・埋鉢】『名』倉庫や納屋などをいう、盗人仲間の隠語。〔隠語輯覧（1915）〕

いけ-は・つ【生果】『他タ下二』（「いけ」は、生かしておく意の「いける」の連用形）すっかり生きかえらせる。元気を回復させる。＊源氏（1001‐14頃）手習「尼君は、おやのわづらひ給ふよりも此人をいけはてて見まほしう愛（を）しみて」

いけ-ばな【生花・活花】『名』（「いけ」は、生かしておく意の「いける」の連用形から）木の枝や草花などを切りとり、枝葉の形をととのえて、花器にさすこと。また、さしたものや、その技術、方式。華道（かどう）。＊仙伝抄（1445）「つりくゎびんのこと〈略〉時のちゃはんの物をつり花びんと用たつること有ども、花はいけばなともいふ」＊浮世草子・男色大鑑（1687）七・一「生花（イケバナ）は毎日かはりたる事ぞと申き」＊灰燼（1911‐12）〈森鷗外〉一「新坂町の活花の師匠の所で」

語誌(1)仏に花を供えることはすでに奈良時代に行なわれ、また、切り取った花や木を器に飾る描写が平安時代の文献に見られる。それが貴族の遊びとして一つの芸道に高められたのは室町時代で、花を飾る技術が法式化され、「仙伝抄」や「池坊専応口伝書」などそれをまとめた書物も作られるようになった。「いけばな」という表現もこの頃に生まれたものと思われる。(2)「立花（たてばな・りっか）」や「投入（なげいれ）」などとならぶ一つの法式として「いけばな」といわれる場合もあるが、現在では、一般的にそれらを総称して用いられている。

語源説(1)水によって生かしておく花の意〔大言海・国語の語根とその分類＝大島正健〕。(2)根を切り放してすでに殺した花を、再びイケル（生）が如くさし飾ることから〔両京俚言考〕。

発音〈標ア〉ケ〈京ア〉0　辞書〈ボン・言海〉　表記挿花（ヘ）　生花（言）

いげ-ばな【棘花】『名』方言　⇨いげ（棘）

いけばな-かい（：クワイ）**【生花会】**『名』生花を陳列し

て見せる会。生花の発表会。＊談義本・当世穴穿(1769-71)三・いけばなの立ぎき「茶やの入口に活花会(イケバナグハイ)といふ札をかけたり」＊黄表紙・高漫斉行脚日記(1776)中「村田自休鶴が岡の茶屋つた屋にていけ花会をもよおし、門人をあつむる」 発音〈標ア〉ナ

いけばな-くず【生花屑】『名』 生花につかった残りの花や木。＊浄瑠璃・心中宵庚申(1722)上「生花(イケバナ)くずを花盆に、花の露うく前髪ざかりすると立出」 発音〈標ア〉ク

いけばな-や【生花屋】『名』 生花を売る店。また、その人。花屋。 発音〈標ア〉0

いけばなや の 看板(かんばん) 近世、生花屋の看板として、門前に一本の柳を植えたこと。また、その柳。＊洒落本・吉原楊枝(1788)「垣の内に一と本の柳をうえ〈略〉但し生花屋のかんばんなるか、何にもせよかわった物ずき也」

いけ-はば【池幅】『名』 池の幅。＊幻影の盾(1905)〈夏目漱石〉「池幅(イケハバ)の少しく逼りたるに、臥す牛を欺く程の岩が向側から半ば岸に沿ふて」 発音〈標ア〉0ケ

いけばよし『名』 方言 ❶悪漢。ごろつき。 佐賀県887 ❷追いはぎ。 ◇いけばやし 長崎県壱岐島915

いけはら【池原】 姓氏の一つ。 発音〈標ア〉ケ

いけ-び【生火・埋火】『名』 消えないように灰の中にいけた炭火。うずみ火。＊俳諧・鷹筑波(1638)四「はいかかる蛍は尻にいけひかな〈勝次〉」＊咄本・百物語(1659)上・一〇「蛍をいけ火にたとふるは、蛍めいわく也といひて」 方言 ごみを焼いて肥料の灰をつくること。 鹿児島県肝属郡054 発音〈標ア〉ケ〈京ア〉ケ

いけび の 官人(かんにん) 朝賀、御即位などの儀式の時、殿前の香炉に香をたくために火をそなえる主殿(とのも)寮の役人。＊弘化四年御即位次第証注(1847頃)「『次主殿生』火図書焼』香』此主殿は下司にて生火官人二人有。東西の火炉のもとの床子につく」

いけび-ごや【埋火小屋】『名』 方言 カリ肥料として草木灰をつくった小屋。あくやしば。 鹿児島県肝属郡054

いけ-ぶきよう【―不器用】『形動』(「いけ」は接頭語) 技芸などがひどくへたなさま。手ぎわがいやになるほど悪いさま。＊滑稽本・八笑人(1820-49)三・下「全体(ぜんてへ)、いけぶ器用な手合(てあひ)だ」 発音 イケブキヨー〈標ア〉キ

いけ-ぶぎょう【池奉行】『名』 中世、寺院などにおける池水管理の責任者。分水奉行(ぶんすいぶぎょう)。→池守(いけもり)。＊法隆寺衆分成敗曳引-天文一四年(1545)五月「鹿田池堤の丑寅角に三井衛門作する下地在」之。以外堤へ切り入るる間、池奉行 長芸英賀 池守長泉坊以下札をうち如」本築く処」 発音 イケブギョー〈標ア〉ブ

いけ-ふぎょうぎ【―不行儀】『形動』(「いけ」は接頭語) いやになるほど無作法であるさま。まったくだらしがないさま。＊人情本・婦女今川(1826-28)一・一回「藤次郎は何かじれて、いけふぎゃうぎな着物を一つきせる事も出来ねへと、小言をいひながら来るあとから」

いけ-ぶくろ【生袋】『名』(「いけ」は生かす意の「いける」から) 鷹にやるための生き餌を入れておく袋。生鳥袋。＊虎明本狂言・餌差(室町末-近世初)「こざほ、めつぶし、おねは、こずはひとりどりいけぶくろこしみのの上に取付て」＊運歩色葉(1548)「生袋 イケフクロ 鷹」 辞書 饅頭・言海 表記 生袋(饅・言)

いけぶくろ【池袋】 ㊀(多くの池があったため名づけられたといわれる) 東京都豊島区の地名。明治三六年(一九〇三)山手線の池袋駅が開設され、以後近郊電車の発着駅、文教都市として発展。渋谷と並ぶ山手の副都心。＊再板増補江戸惣鹿子名所大全(1751)「池袋 江戸より二里、上板橋、練馬筋、川越通り也」 ㊁『名』 池袋出身の下女。江戸時代、池袋出の下女と関係すると、夜中に石が降ったり、台所の道具が舞い上がったりするという俗信があった。＊雑俳・柳多留-七三(1821)「なぐさみになる化物は池袋」＊雑俳・柳多留-一〇一(1828)「男より女にたたる池ふくろ」 発音〈標ア〉ブ

いけ-ふざ・ける【―巫山戯】『自カ下一』(「いけ」は接頭語) ひどくふざける。無作法にふるまう。＊洒落本・多荷論(1780)「女ながらもいけふざけた、ろくにいやすと」＊人情本・仮名文章娘節用(1831-34)前・二回「聞く耳やもたねへ。エエいけふざけた、はなさねへか」＊和英語林集成(再版)(1872)「Ikefuzakeru, ta イケフザケル」 発音〈標ア〉ケ 辞書〈ボン〉

いけ-ふさふさし・い『形口』(「いけ」は接頭語) いやにふてぶてしい。非常にあつかましい。＊滑稽本・浮世風呂(1809-13)二・下「能(いい)かと思って大勢の人さまも聞てござる中でいけふさふさしい」

いけ-ぶしょう【―不精・―無性】『形動』(「いけ」は接頭語) 非常にぶしょうなさま。あきれるほど、ものぐさなさま。＊滑稽本・浮世風呂(1809-13)二・下「能(いい)よ、打遣(うっちゃっ)ておきゃ。其隙に流板(ながし)を砂で磨が能、いけ無性(ブシャウ)な」＊滑稽本・七偏人(1857-63)三・上「いけ懶惰(ブシャウ)な男ぢゃアねへか」 発音 イケブショー〈標ア〉ショ

いけ-ぶしん【池普請】『名』 冬の間に、池の底にたまった泥や雑物をさらったり、堤を補強したりすること。＊明治新題句集(1910)「こぼれ日の足元照るや池普請〈董哉〉」 発音〈標ア〉プ

いけ-ぶと・い【―太】『形口』(「いけ」は接頭語。「いけふとい」とも) あきれるほどずぶとい。いけずうずうしい。いけっぷとい。＊雑俳・柳多留-一一(1776)「いけぶといやつと又行く後三年」＊歌舞伎・四天王楓江戸粧(1804)五立「サア、たった今返せ。イケ太い野郎めでござるわえ」＊歌舞伎・花街模様薊色縫(十六夜清心)(1859)三幕「いけ太(プテ)え奴だなあ」

いけ-ふね【生船】『名』 ①(「いけ」は生かす意の「いける」から。「いけぶね」とも) 魚類を生かしたままでたくわえておく水槽。また、その設備をもった生魚運搬船をいう。いけすぶね。＊浮世草子・日本永代蔵(1688)二・四「魚嶋時に限らず、生船(イケフネ)の鯛を何国(いづく)迄も無事に着(つけ)やう有」＊俳諧・炭俵(1694)下「松陰や生船(イケふね)揚に江の月見〈里東〉」 ②金魚、緋鯉(ひごい)などを飼養する水槽。＊浮世草子・西鶴置土産(1693)二・二「金魚、銀魚を売ものあり。庭には生舟(イケフネ)七八十もならべて、溜水清く」 ③豆腐を入れておく水槽。＊歌舞伎・船打込橋間白浪(鋳掛松)(1866)三幕「こりゃあ豆腐屋のいけ槽(ブネ)に干してあったのを持って来たのだ」 方言 漁船の中の生簀(いけす)。 ◇いけぶね 香川県大川郡829 発音〈標ア〉0〈京ア〉0 辞書 言海 表記 生舟(言)

い-けぶり【―煙】『名』「ゆけぶり(湯煙)」の変化した語。＊浄瑠璃・信州川中島合戦(1721)一「にらみやったる信濃路や、かうべにのぼるいけぶりは、浅間のだけかと疑はる」＊浄瑠璃・源頼家源実朝鎌倉三代記(1781)九「佐々木は無念に立のぼる。頭のいけぶり湯玉のごとく、五臓六腑を立切歯がみ」

いけ-べ【池辺】『名』 池のほとり。いけのへ。＊堀河百首(1105-06頃)春「蛙なく真野の池辺をみ渡せば岸の山吹八重咲にけり〈藤原仲実〉」 発音〈標ア〉0ベ

いけべ【池辺】 姓氏の一つ。 発音〈標ア〉0イ

いけべ-さんざん【池辺三山】 新聞記者。本名は吉太郎。パリ留学中、新聞「日本」にパリ通信を寄せて文名をあげる。のち大阪・東京朝日新聞主筆として活躍。元治元～明治四五年(一八六四～一九一二)

いけべ-よしかた【池辺義象】 国文学者。歌人。号藤園。一高教授。御歌所寄人。著書に「日本法制史書目解題」「日本文学史」など。文久元～大正一二年(一八六一～一九二三)

いけ-ほいど『名』(「いけ」は接頭語、「ほいど」は「ほいと」、乞食の意) やたらにほしがること。がつがつすること。＊蟹工船(1929)〈小林多喜二〉二「いけほいどして、がつがつまくらふな。仕事もろくに出来ない日に、飯は鱈腹食はれてたまるもんか」 方言 ひどく吝嗇(りんしょく)な者。けちんぼう。 ◇いけほいと 青森県上北郡082 三戸郡083 岩手県気仙郡100 秋田県鹿角郡132 新潟県東蒲原郡368

いけ-ぼし【池干】『名』 池の底が見えるまで水を取り去ること。＊遙拝隊長(1950)〈井伏鱒二〉「『明日は、ハツタビュラの、池干しぢゃのう』と、新宅さんが云った」 発音〈標ア〉0

いげ-ぼたん【棘牡丹】『名』 方言 ⇒いげ(棘)

いけま【生馬】『名』(アイヌ ikema) ガガイモ科のつる性多年草。各地の山地に生える。根は紡錘形で大きい。葉は長さ五～一五センチメートル、幅四～一〇センチメートルの心臓形で先がとがり、長い柄をもち、対生する。夏、葉腋(ようえき)から葉柄よりもやや長い柄を出し、その頂に白色の細かい花を多数散形状につける。果実は長さ八～一〇センチメートル、幅一センチメートルと細長いさやで、種子の一端に多数の白い冠毛があり、これで飛散する。根に脳痙攣(けいれん)を起こす一種のアルカロイドを含み、漢方では利尿薬とする。漢名には「牛皮消」を用いる。学名は Cynanchum caudatum ＊物類品隲(1763)三「いけま 蝦夷に産す。蝦夷人此の物と、えぶりこの二種諸病ともに用。金瘡打撲等にも用。本邦にても産後前に用て大に験ありと云」＊日本植物名彙(1884)〈松村任三〉「イケマ 牛皮消」 発音〈標ア〉0 辞書 言海 表記 生馬(言)

いけ-ま【生間・活間】『名』(「いけ」は生かす意の「いける」から) ①漁船の中央部に設けて、通水孔により、海水を通じて生魚、生餌を生かしておく所。＊幻談(1938)〈幸田露伴〉「船頭は魚を掬って、鉤(はり)を外(はづ)して、舟の丁度真中の処に活間(イケマ)がありますから魚を其処へ入れる」 ②天然の小入江、または岩礁などを掘り下げて仕切り、生魚、生餌などを生かしておく所。 方言 ❶漁船の一区画で、魚を入れる生簀(いけす)になっている所。 島根県725 山口県大島801 徳島県海部郡811 ◇いきま 鹿児島県沖永良部島985 ◇いけのま・いけんま 和歌山市020 695 ◇いかし 新潟県佐渡351 愛知県知多郡570 島根県八束郡725 ❷角形の木製生簀(いけす)。 ◇いかし 大分県北海部郡054 ❸魚を入れるかご。びく。 ◇いかし 島根県八束郡730

いけ-まじまじ『副』(「いけ」は接頭語。多く「と」を伴って) いやになるほど平然としているさま。いやにずうずうしく。＊黄表紙・即席耳学問(1790)「猫はいけまじまじとして嬉しい事も知らぬもんだといふが」＊滑稽本・浮世風呂(1809-13)二・下「女の智恵を借りてその上に、いけまじまじと、おかるが親里へ行て、居候になって居るはサ」 発音〈標ア〉マ1

いけ-まず・い【―不味・―拙】『形口』(「いけ」は接頭語) ひどくまずい。あきれるほどへただ。＊洒落本・野路の多和言(1778)「床机も取のけてしまふはさりとはいけまずひしかた也」 発音〈標ア〉ズ

いけ-ませ-ん『連語』「いけない」の丁寧な言い方。→「いける(行)」の子見出し「いけない」の補注

いけみ【息】『名』(「いけむ(息)」の連用形の名詞化)「いきみ(息)」に同じ。＊俳諧・昼礫(1695)「難産に産ぬ家内の途(むだ)いけみ」＊雑俳・柳多留拾遺(1801)巻一〇「かんきんにいけみが付としまひ也」

い-けみ【居検見】『名』 江戸時代の検見の一つ。現地に行かないで村役人に収穫の模様を聞いたり、数年間の平均収穫量を基準としたりして年貢額を決定するもの。検見役人を派遣しにくい小知行所で行なわれた。請免。

いけみ-ぐさ【池見草】『名』 ①植物「はす(蓮)」

の古名。＊蔵玉集(室町)「池見草。蓮。かげうづむ花やくもらん池み草波にかかりて青葉見えつつ」＊譬喩尽(1786)一「池見草 イケミグサ 蓮を云」②(「蓮」にかけて)美しくて浮気な女。はすっぱな女。〔かくし言葉の字引(1929)〕 発音 イケミグサ〈標ア〉ミ 辞書 言海

表記 池見草(言)

いけ-みず【池水】『名』池にたたえた水。池の水。＊万葉(8C後)二〇・四五一二「伊気美豆(イケミヅ)に影さへ見えて咲きにほふ馬酔木(あしび)の花を袖にこきれな〈大伴家持〉」＊源氏(1001-14頃)明石「住みなれ給ひし故郷の池水思ひまがへられ給ふに」＊平家(13C前)灌頂・大原御幸「池水にみぎはのさくら散りしきてなみの花こそさかりなりけり」＊説経節・あいごの若(山本九兵衛板)(1661)六「いのり給へは、ふしきやいけ水ゆりあげゆりあげ、くろくも北へさかり、十六ぢゃうの大じゃ、あいごのしがいをかづき、だんの上にそおきにける」 発音〈標ア〉ケ 辞書 日葡

いけみず-の【池水―】 枕 池の水を引く設備の樋(いい)は「言い」に、池水の底の意から「そこ」「下」「深き」に、また池の堤の意から「つつむ」にかかる。＊後撰(951-953頃)恋四・八九〇「池水のいひいづる事のかたければみごもりながら年ぞへにける〈藤原敦忠〉」＊拾遺(1005-07頃か)雑恋・一二二一「池水のそこにあらではねぬなはのくる人もなしまつ人もなし〈明日香采女〉」＊続類従本定頼集(1053頃)「つれなさにいひ絶えにしを池水のつつみあへぬは涙なりけり」 発音〈標ア〉ケ

いけ-みっともな・い『形口』(「いけ」は接頭語) ひどくみっともない。非常にていさいが悪い。＊西洋道中膝栗毛(1876)〈仮名垣魯文〉初・上「そんなことをぬかしゃアがるとしらねへ、人はほんとだと思はアいけ見(ミ)っともねへ」 発音〈標ア〉ナ

いけ・む【息】『自マ四』「いきむ(息)」に同じ。＊御伽草子・鼠の権頭(古典文庫所収)(室町末)「さてもさても、けなげさうに候。いますこしいけみ、御うみ給へ」＊評判記・秘伝書(1655頃)なみだのひしょの事「めのいろをかへたきときは。いけめば。めのうちに、あかすじはるなり」＊洒落本・青楼五雁金(1788)「水道尻の穴窄(せまき)不佞(やつがれ)此小冊(しゃれ)を努(イケ)みいだすこと呼嗟(ああ)」＊滑稽本・東海道中膝栗毛(1802-09)六・下「ソレ出るわいの。まちっとじゃ。いけまんせ」

いけ-めし【生飯】『名』清酒原料の蒸米冷却法の一つ。蒸米を、風に当てないで徐々に冷やすため、莚(むしろ)に包んで、底の浅い桶に入れるか、またさらに上から莚をかけておくこと。また、その飯。 発音〈標ア〉ケ

いけ-めんどう【―面倒】『形動』(「いけ」は接頭語) いやになるほど厄介なさま。ひどくわずらわしいさま。＊歌舞伎・四天王産湯玉川(1818)四立「いけ面倒(メンダウ)な、構はず御所へ踏んごめ」＊歌舞伎・景清(1842)「ヤア、いけ面倒なる重忠の物知り顔」 発音 イケメンドー〈標ア〉ド

いけ-もと【池本】 姓氏の一つ。 発音〈標ア〉ケ

いけ-もの【生物・活物】『名』(「いけ」は生かす意の「いける」から) ①生け花。＊狂言記・酢薑(1660)「此見せをみさしませはてゐいいけ物」②生かしたまま市場で取引される魚貝類。鮮度の高い魚貝類。＊歌舞伎・新皿屋敷月雨暈(魚屋宗五郎)(1883)中幕「魚は芝の活物(イケモノ)を安く売るので直(ぢき)に売れ」③「いけづくり(生作)①」に同じ。＊歌舞伎・音聞浅間幻燈画(1888)序幕「一と口に云ふ山の手の鯉のあらひも活物(イケモノ)に、泥っくせえと思ふか知らぬが」④実際に活用できるもの。＊評判記・色道大鏡(1678)一「たとへば金銀にてうるはしくつくれる雕物(ほりもの)などの半物(はしたもの)になりて用にたたず、何にもつかはれぬを、いけものにはならず、つぶしにせよとてうちつぶす故」＊浮世草子・人倫糸屑(1688)尽費「機嫌の善悪は冬空の晴曇るにひとしく〈略〉とにかくいけ物にはならぬとて」

いけ-もり【生盛】『名』料理の一種。ダイコン、ニンジンなどを細くきざみ、細くそいだ魚、鳥の肉を添えて盛り、酢で味つけしたもの。＊庖丁聞書(室町末か)「いけ盛といふは、鴻、鵠、鳫などの躬(み)を細くそぎ、細作りにして、いり酒にて出すなり」＊雑俳・柳多留‐一一(1776)「いけもりの酢の無いをくふ内気もの」＊洒落本・面美多勤身(1790-91頃)「すいは身をくふとはいへど鴨もたたけば骨もしょくすとかや。いづれかいけ盛(モリ)のすいをしらざらんや」 方言 ❶刺身。青森県三戸郡083 ❷生け作りにした刺身。長崎県壱岐島915 ❸宴席のごちそう。魚、野菜などを盛り合わせた皿。神奈川県藤沢市319 広島県芦品郡776 発音〈標ア〉リ〇 辞書〈ポン〉

表記 活盛(ヘ)

いけ-もり【池守】『名』中世、池水管理の担当者。池水の番人。井守(いもり)。→池奉行。＊斑鳩旧記類集‐応安元年(1368)五月一四日・講衆評定「若自由入ニ用件池水ニ者、禅円房 并 池守可レ被レ処ニ罪科ニ者也」＊法隆寺衆分成敗曳引‐天文一四年(1545)五月「池奉行 長芸英賀 池守長泉坊」 方言 ため池の守り番。池の世話係り。奈良県南大和683 香川県三豊郡054 発音〈標ア〉ケ

いけ-や【池谷】 姓氏の一つ。 発音〈標ア〉イ

いけ-やあい【行―】『連語』 方言 ⇨いけよ(行―)

いけ-やかまし・い【―喧】『形口』(「いけ」は接頭語) ひどく気むずかしい。また、いやにうるさい。＊洒落本・船頭深話(1802)四「辰巳上りもいけやかましい」＊滑稽本・浮世風呂(1809-13)三・上「ヤイヤイ、此あまめらは何をふざけゃアがる。いけやかましい」＊人情本・春色辰巳園(1833-35)初・六回「おれがことばかりいけやかましく目くじらたって言ながら」 発音 イケヤカマシイ〈標ア〉シ

いけ-やく【池役】『名』近世、池で水草を取り、また、真菰(まこも)を刈って肥料にするなど、池が村の助けになる場合、その池に課した小物成(こものなり)＝雑税)。池料。＊地方凡例録(1794)五「一、池役是は池にて水草等を取り肥しになし、亦は真菰を刈、其外にも村かたの助になる池なれば、役米永をさむる事を云」 発音〈標ア〉〇

いけ-やま【池山】『名』池と山。庭池と築山(つきやま)。＊源氏(1001-14頃)橋姫「広くおもしろき宮のいけ山などのけしきばかり昔に変らで」 発音〈標ア〉ケ

いけ-ゆか【池斎甕】『名』古代、神前に供えるかめの一種。ゆかの大きなものか。＊延喜式(927)五・神祇・斎宮寮「池由加一口、由加四口、叩瓮四口」

いけ-よ【行―】『連語』 方言 ❶客が帰るのを送る挨拶の言葉。さようなら。 伊豆八丈島(下層)†077 ◇いかっしゃれ 上野吾妻郡†087 ◇いかさいせ 北陸023 ◇いけやあい 東京都大島326 ❷別れる時の挨拶の言葉。さようなら。 ◇いきよお・いきやあ 鹿児島県喜界島983 ◇いこわよい 東京都八丈島042 ◇いかさいせ 石川県鹿島郡411 ◇おいけんさい〔御―〕 佐賀県藤津郡895 ◇いってこかい 石川県鳳至郡409 ◇いってこやい 石川県金沢市404 ◇いかいせよお 和歌山県西牟婁郡690 ◇いくろよお 新潟県佐渡038 ◇いかいい 沖縄県首里(目下に対して)993 ◇いちゃびら 沖縄県062

いけ-ようだい【―容体・―容態】『形動』(「いけ」は接頭語) いやにもったいぶるさま。妙にきどるさま。＊新内・与話情浮名横櫛(源氏店)(1868-70頃か)「おきァがれ、扱かひだの挨拶だのと、いけ容態(ヨウダイ)に吐(ぬか)しゃがって」 発音 イケヨーダイ〈標ア〉

いけり-とも-な・し【生―】 ⇨「いく(生)」の子見出し

㊂

いけ-りょう【池料】『名』中世、池水の使用に対する賦課。→池役・井料。＊高野山文書‐弘安九年(1286)一〇月三日・源為時起請文(大日本古文書一・四四八)「不レ可レ取ニ仕池料等公物ニ」 発音 イケリョー〈標ア〉ケ

いけ-る【生―】『連語』(四段動詞「いく(生)」の命令形「いけ」に、完了の助動詞「り」の連体形「る」の付いたもの) 生きている。 発音〈標ア〉ケ〈京ア〉ケ／〇〈ア史〉平安〇〇● 鎌倉『いくる』〇〇● 江戸●〇〇 辞書 色葉・名義・和玉・文明・易林・書言 表記 生(色・名・文・易・書) 存(玉)

いける 甲斐(かい) 生きている張り合い。生きがい。いける験(しるし)。＊貫之集(945頃)六「明けてばまづ刺す紐(ひも)の糸弱び絶えて逢はずはなどいけるかひ」＊源氏(1001-14頃)若菜下「いけるかひありつるさいはひ人の光うしなふ日にて、雨はそぼふるなりけり」＊徒然草(1331頃)二一七「貧しくてはいけるかひなし」

いける 限(かぎ)り この世に生きている間。一生。生涯。＊源氏(1001-14頃)若菜「わが罪のほど恐ろしう、あぢきなきことに心をしめて、いけるかぎりこれを思ひなやむべきなめり」＊続拾遺(1278)雑下・一二六七「思ひねの身のあらましに見る夢をいける限のうつつともがな〈藤原隆博〉」

いける 屍(しかばね・かばね) 〔一〕肉体的には生きているが、精神的には死んだも同然の人。特に、極端な悲しみなどで、精神的な張りを失った人などにいうことが多い。＊舞姫(1890)〈森鷗外〉「エリスが生ける屍を抱きて千行の涙を濺(そそ)ぎしは幾度ぞ」＊人間失格(1948)〈太宰治〉第三の手記「死にぞこないの、恥知らずの、阿呆のばけものの、謂はば『生ける屍(シカバネ)』としか解してくれず」〔二〕⇨親見出し

いける 浄土(じょうど) 生き仏の浄土。この世の極楽。いける仏の国。＊源氏(1001-14頃)蓬生「いとかしこう、いける上どの飾りに劣らず」

いける 験(しるし) 「いける(生―)甲斐」に同じ。＊万葉(8C後)六・九九六「御民(みたみ)吾(われ)生有験(いけるしるし)あり天地の栄ゆる時にあへらくおもへば〈海犬養岡麻呂〉」＊万葉(8C後)一八・四〇八二「あまざかる鄙(ひな)の奴(やつこ)に天人(あめひと)しかく恋ひすらば伊家流思留事(イケルシルシ)あり〈大伴家持〉」

いける 仏(ほとけ) この世の仏。生身の仏。転じて高徳の僧などにいう。＊釈門正統‐三「時優塡王、不レ堪ニ恋慕ニ、鋳レ金為レ像、聞ニ仏当レ下、以レ象載レ之、仰候ニ世尊ニ、猶如ニ生仏ニ」

いける 仏(ほとけ)の国(くに) 「いける(生―)浄土」に同じ。＊源氏(1001-14頃)初音「春の御殿(おとど)の御前、とりわきて梅の香も御簾(みす)の内の匂ひに吹きまがひて、いける仏のみくにとおぼゆ」

いける 身(み) 生身。生きている身。＊源氏(1001-14頃)蓬生「いける身を捨て、かくむくつけきすまひするたぐひは、侍らずやあらむ」＊堀河本拾遺(1005-07頃か)恋一・六八五「恋ひ死なむのちは何せむいける身のためこそ人は見まくほしけれ〈大伴百世〉」

いける 世(よ) 生きている間の、この世。現世。＊万葉(8C後)四・七四六「生有代(いけるよ)に吾はいまだ見ず言(こと)絶えてかくおもしろく縫へる袋は〈大伴家持〉」＊源氏(1001-14頃)薄雲「いける世の限り、思ふ事のこさず、後の世のつとめも心にまかせて、こもり居なむと思ひ侍るを」

いける を 放(はな)つ (「放生(ほうじょう)」の訓読み) 捕えた生物を逃がしてやる。＊車屋本謡曲・放生川(1430頃)「さればこそ放生会とはいけるを放つ祭ぞかし」＊俳諧・毛吹草(1638)六「生(いけ)るをやはなちはなたぬ弓八幡〈安利〉」＊俳諧・江戸弁慶(1680)「鼠火や生るを放つけふの月〈一楽〉」＊浄瑠璃・蘆屋道満大内鑑(1734)二「非常の大赦か生(イケ)るを放(ハナツ)善根こそ」

い・ける【生・活・埋】〘他カ下二〙図い・く〘他カ下二〙①命を保たせる。生存させる。死なないようにする。＊蜻蛉(974頃)上・康保元年「いでなほここながら死なんと思へど、いくる人ぞいとつらきや」＊宇津保(970–999頃)藤原の君「ひばりのほし鳥、これらをいけてをとりにて取らば、多くの鳥いできぬべし」＊源氏(1001–14頃)手習「此人をいけ果ててみまほしう、をしみてうちつけに添ひゐたり」＊今昔(1120頃か)二〇・八「今は生けむも殺さむも其(そこ)の御心也」＊平家(13C前)一一・文之沙汰「是を鎌倉の源二位に見えなば、人も多く損じ、我身も命いけらるまじ」＊日葡辞書(1603–04)「トリヲ コロサズシテ iquru (イクル)」＊浮世草子・世間胸算用(1692)五・三「我身の事はとかふ申がたし。宿にいますれば、方々よりいけておかぬ身なり」＊雑俳・柳多留‐一〇(1775)「いけて置やつでは無いと五両とり」＊小学読本(1874)〈榊原・那珂・稲垣〉四「翌年光仁天皇御即位有りて道鏡をば命計をいけて下野国の薬師寺を造る別当にせられ」②死んだもの、死にかけたものの命をとりもどす。よみがえらせる。＊古本説話集(1130頃か)五八「『この馬(むま)いけて給はらん』と念じいりたるほどに、この馬、目を見あぐるままに、首をもたげて起きむとしければ」＊仮名草子・竹斎(1615–40)上「これはいかなる事やらんと、大声上げて呼び生くる」③魚を生簀(いけす)などに入れて飼う。＊滑稽本・八笑人(1820–49)三・上「鱸(すずき)を一本さし上ませうとぞんじて、今朝とり寄まして、生洲(いけす)へ活(イケ)ておきました所が」＊和英語林集成(初版)(1867)「サカナヲ ikeru (イケル)」④(鑑賞のために形をととのえて)草花や木の枝などを花器にさす。＊玉塵抄(1563)二二「すみえの画軸に白い椿の花、水仙花、梅と三を花瓶にいけたをかいた。賛に月翁和尚の三四の句に、嚕等本非韓信伍一瓶誰挿白山茶とあり」＊日葡辞書(1603–04)「ハナヲ iquru (イクル)〈訳〉新鮮さを保つよう、花の根もとを水にいれる」＊俳諧・俳諧新選(1773)四・冬「生けらるるやうに咲たり水仙花〈守大〉」⑤(埋)(火鉢などで、火を保ったり、熱気を防いだりするために)火を灰の中に埋める。＊日葡辞書(1603–04)「ヒヲ iquru (イクル)」＊四河入海(17C前)一五・一「灰中にいけて置た炭が不ㇾ知して消尽するが如きぞ」＊浄瑠璃・心中重井筒(1707)中「ここ迄火気が来まする、ちといけて消しませふ」＊滑稽本・浮世風呂(1809–13)三・上「中にちょんぼりと火のいけてある形が」⑥(埋)(保存のために)野菜などを土に埋める。(悪くならないように処置して)しまい貯わえる。＊日葡辞書(1603–04)「クリ ミカン ナドヲ iquru (イクル)〈訳〉栗、オレンジその他の果実を、長持ちするよう地面の下に保存する」＊浮世草子・好色一代男(1682)八・五「台所には生舟(いけぶね)に鰌(どじゃう)をはなち、牛房(ごばう)、薯蕷(やまのいも)、卵をいけさせ」＊土(1910)〈長塚節〉二「大根も干したり土へ活(イ)けたりして闇いから闇いまで働いた」⑦(埋)物の全部、または一部を地面に入れこむ。＊和英語林集成(初版)(1867)「ゴミヲ ツチニ ikeru (イケル)〈略〉ハシラヲ ikeru (イケル)」＊満韓ところどころ(1909)〈夏目漱石〉四七「窓の外に大きな甕(かめ)が埋(イ)けてある」⑧盗品や証拠品を隠すことをいう、盗人仲間の隠語。〔隠語輯覧(1915)〕 方言 ❶生かす。奈良県683 ❷魚を生簀(いけす)に入れておく。徳島県海部郡811 香川県高見島829 ❸植える。岐阜県稲葉郡498 北飛騨499 ❹葬る。埋葬する。秋田県鹿角郡132 発音〈標ア〉ケ 〈ア史〉平安『いく』○◐ 鎌倉『いくる』○○● 江戸●○○ 〈京ア〉⓪ 辞書 文明・日葡・〈ヘボン〉・言海 表記 生(文・へ・言) 活(へ)

いけず殺(ころ)さず (「いけ」は動詞「いける(生)」の未然形) 生かしもせず、殺しもせず、中途半端に苦しめておく。かろうじて生きていける程度の状態に置くことをいう。生かさず殺さず。なま殺し。

いけつ殺(ころ)しつ (「いけ」は動詞「いける(生)」の連用形) 生かしたり殺したり。特に、人に注意を与えるときなどに、おだてたりけなしたり。いけみ殺しみ。＊俳諧・口真似草(1656)一・花「咲ちるやいけつころしつ花の雨〈正村〉」＊譬喩尽(1786)一「生(イケ)つ殺(コロ)しつ呉見(いけん)する」 辞書 書言 表記 活殺(書)

いけながら (「いけ」は動詞「いける(生)」の連用形) 生かしたままで。＊今昔(1120頃か)二・三二「其の国の習として生たる時、夫妻愛念せる者、夫、死ぬれば其の妻を生(いけ)ながら埋む事、定れる例也」＊今昔(1120頃か)一九・二「猪(ゐ)を捕(とり)、生け乍(なが)ら下(おろ)してけるを見て」＊御伽草子・中書王物語(室町時代小説集所収)(室町中)「いけながら、人を海にしづめられば、いよいよ龍神、いかりをなして」 発音 イケナガラ〈標ア〉ナ

いけみ殺(ころ)しみ 「いけ(生)つ殺しつ」に同じ。＊源氏(1001–14頃)蛍「いけみころしみ、いましめおはする御さま、尽きせず若くきよげに見え給ふ」＊書言字考節用集(1717)八「活殺 イケツコロシツ」＊俳諧・父の終焉日記(1801)四月二九日「生みころしみ、父の戒は皆我身の幸にしあれば、なじか悪ざまに請(うく)べき」 辞書 書言 表記 活殺(書)

い・ける【行】〘カ下一〙(「いく(行)」の可能動詞)①行くことができる。＊和英語林集成(初版)(1867)「コノ ミチワ ikeru (イケル)カ」②することができる。やっていくことができる。特に、うまくできる。じょうずにやれる。→いけもしない。＊歌舞伎・幼稚子敵討(1753)二「それ、渋と脂とに固まる松。いけるものじゃない」＊談義本・根無草(1763–69)前・三「向は国家の御大名、お妾の器量えらみ〈略〉爰(ここ)なお娘をすりみがきしたら、いけそふなものかと思ふ」＊歌舞伎・菊宴月白浪(1821)五段目「こなたもよくこの餓鬼を庇(かば)ふが、そんな生ぬるい事でいけるものか。馬鹿な親仁だ」＊婦系図(1907)〈泉鏡花〉前・一五「学位は持っちゃ居らんけれど、独逸のいけるのは僕が知ってるからね」③なかなかいいものである。多く、美しい、おいしい、すばらしいなどの意に用いる。→いけもしない。＊洒落本・辰巳之園(1770)「『すかねヱ子だがねヱ』『まだなれねヱからさ』『いけるのじゃねヱ』『おかんさんのくさすも、久しいもんだ』」＊雑俳・末摘花(1776–1801)初「かた思ひそのくせいけるつらでなし」＊鱧の皮(1914)〈上司小剣〉四「鱧の皮、細う切って、二杯酢にして一晩ぐらゐ漬けとくと、温飯(ぬくめし)に載せて一寸いけるさかいな」＊善財(1949)〈石川淳〉一「しぐさに修練のみがきがかかって、耳のうらに垢をためてゐるやつらにくらべては、まあ『いける』はうであった」④酒が、相当の量飲める。また、食物が相当の量食べられる。→いける口。＊滑稽本・浮世風呂(1809–13)三・下「お昼はちっと早かったから、未だ腹(おなか)が能(いい)かと思って、食て見たら、又いける」＊安愚楽鍋(1871–72)〈仮名垣魯文〉三・下「お前もうしはたべないなんぞとこのあひだ氷月でおいいだったがうそかだまかしだネずゐぶんいけるじゃアないか」＊彼岸過迄(1912)〈夏目漱石〉風呂の後・七「田川さん、貴方(あなた)本当に飲(イ)けないんですか、不思議ですね」 方言 ❶うまくできる。うまくいく。青森県三戸郡083 岐阜県北飛騨499 高知県高岡郡864 ❷食事が進む。よく食べる。青森県三戸郡083 静岡県小笠郡537 広島県高田郡779 福岡県嘉穂郡057 福岡県872 熊本県玉名郡058 八代郡921 ❸物分かりがよい。役に立つ。◇いくる 滋賀県彦根609 ❹仲よくしている。愛媛県周桑郡840 ❺動くものや道具などが壊れて使えなくなる。新潟県上越市「このじどうしゃいけた」382 ❻死ぬ。新潟県中頸城郡384 発音〈標ア〉⓪ 〈京ア〉⓪ 辞書〈ヘボン〉・言海 表記 可行(へ)

いけない (動詞「いける(行)」の未然形に打消の助動詞「ない」の付いたもの。現在では一語的に用いる) ①(非難めいた気持をこめて)よくない。望ましくない。許されない。だめだ。いかん。いけぬ。いけん。わるい。よくない。多く連体修飾語として用いる。また、親愛の気持からいう場合もある。＊談義本・当世花街談義(1754)二・品二「こりゃまたなんのことだいけなひけづり廻しめ」＊洒落本・郭中掃除雑編(1777)「あなたもさる御人じゃと、いけない地口(ぢぐち)でどふやらかふやら、さるにしくさった」＊雑俳・末摘花(1776–1801)四「いけねへひゃうたくれと下女蔵を出る」＊思出の記(1900–01)〈徳富蘆花〉三・三「鈴江君は好娘(いいこ)であったが、唯一ついけない癖は」＊家(1910–11)〈島崎藤村〉下・三「お前はいけない奴に成った、今迄はもっと優しい奴だと思って居た」②(困惑の気持をこめて)物事がうまくできない。具合が悪い。困る。文頭に来て感動詞的にも用いる。しまった。＊人情本・春色梅児誉美(1832–33)後・一〇齣「どびんの湯がにゑたちチイ引フウ引『アレ兄さんいやだよ。髪がよごれるはね、いけないヨ』」＊和英語林集成(初版)(1867)「オテンキガ ワルクッテ ikenai (イケナイ)」＊安愚楽鍋(1871–72)〈仮名垣魯文〉二・上「金がたりないのでひょっとはぢをかくといけないからぜひぜひたのむ」＊当世書生気質(1885–86)〈坪内逍遥〉二「『イケないぜ。遅くなると』『ナニイ。大丈夫じゃ。門限は十時じゃによって、少々早う戻ればえいは』」＊青春(1905–06)〈小栗風葉〉春・三「眩暈が為て、それに気分が始終悒う鬱して可(イ)けないです」＊疲労(1907)〈国木田独歩〉「それで居て此方で少し大(おほき)く出ると又直ぐ怒るのだ。始末にいけない」③先の望みがない。よくなる見込みがない。だめである。＊人情本・春色梅児誉美(1832–33)三・一三齣「とても私(わちき)は苦労したとっていけないからはやく死んでしまふヨ」＊和英語林集成(初版)(1867)「コノ ウチワ ikenakunatta (イケナクナッタ)」＊野菊の墓(1906)〈伊藤左千夫〉「家のお母さんは民子が未だ口をきく時から、市川へ往って居って、民子がいけなくなると、もう泣いて泣いて泣きぬいた」＊家(1910–11)〈島崎藤村〉下・七「塩瀬の御店もイケなく成ったさうです」④(多く「…てはいけない」「…なければいけない」の形、または、単独の形で)禁止の意を表わす。＊人情本・春色恵の花(1836)二・一二回「アレサそんな心ぼそいことを、おいひなさっちゃアいけないはねへ」＊闇桜(1892)〈樋口一葉〉下「寝て居なくてはいけない」＊吾輩は猫である(1905–06)〈夏目漱石〉七「うまい肴は食へないと諦めなければいけない」⑤(同情の気持をこめて)気の毒だ。＊或る女(1919)〈有島武郎〉前・一二「お嘔(もど)しなさった…それはいけない」 補注 丁寧な表現の場合は「いけません(いけませぬ)」となる。「中の町までお出(いで)なさらねへぢゃァいけませんネ」〔人情本・春色恵の花‐二・一〇回〕、「如何(どの)やうに口上がよくとも、する事が悪ければやはり不好(イケマセヌ)」〔伊蘇普物語〈渡部温訳〉三・三二〕、「風邪ですか、そりゃ不可(イケ)ませんナ」〔社会百面相〈内田魯庵〉鉄道国有・五〕、「アラ、いけませんってば。およしなさいよ」〔俳諧師〈高浜虚子〉一八〕など。 発音〈なまり〉イカナイ〔讃岐・土佐〕イカンネー・イケネァー・イケネー・エケネァー・エケネー〔埼玉方言〕イカン・イガン〔鹿児島方言〕エゲニャー〔静岡〕〈標ア〉⓪ 〈京ア〉ケ 辞書〈ヘボン〉 表記 不可行(へ)

いけぬ (動詞「いける(行)」の未然形に打消の助動詞「ぬ」の付いたもの)「いけ(行)ない」に同じ。＊仮名草子・元の木阿彌(1680)下「宿屋亭主まかり出で、いけぬこせきの巻舌にて、山鳥のながながしき口上を」＊洒落本・郭中掃除雑編(1777)「百会から出るやうな金ぎり声でいけぬめりやす」＊鳩翁道話(1834)

一・下「八兵衛はわるい奴じゃ、おまつはいけぬ女(をなご)じゃと」＊いさなとり(1891)〈幸田露伴〉四「これその冗弁(むだぐち)が第一いけぬ」＊売花翁(1893)〈斎藤緑雨〉「まるまる支度のないのもいけず爾(さう)かと云て器量のあんまりなのもいけず」＊思出の記(1900–01)〈徳富蘆花〉五・八「かなはぬまでもと医師が百方手を尽しても、去った霊魂再びかへらず、大息(といき)と共に『已矣(イケヌ)』と云ふ宣告をあらためて聞ゐた時の心地」 発音〈標ア〉0

いけもしない (「いけ」は動詞「いける(行)」の連用形) ①することもできない。できもしない。いけもせぬ。＊滑稽本・浮世風呂(1809–13)二・下「ヱヱ、おしゃらく御乳母(おんば)め、いけもしねへ」 ②よくない。多く、美しくもない、うまくもないなどの意に用いる。いけもせぬ。＊滑稽本・浮世風呂(1809–13)三・上「つい一言もこごとを申ますと、口三絃(くちざみせん)でいけもしない鼻唄さ」＊滑稽本・浮世床(1813–23)初・下「いけもしねへ誹諧で芭蕉の真似をして行脚に出たっけが」＊春雨文庫(1876–82)〈松村春輔〉一回「此頃じゃア美(イケ)も為(シ)ない顔を真白に塗立(ぬりたっ)ておつうすまして歩くがネ」 発音〈標ア〉ケ

いけもせぬ ①「いけ(行)もしない①」に同じ。＊浄瑠璃・浦島年代記(1722)一「泊瀬の皇子を太子に立よといけもせぬ賢女だて」＊随筆・独寝(1724頃)下・一〇六「すべて人々、その身のいけもせぬおごりをきはめたのしむ心より」 ②「いけ(行)もしない②」に同じ。＊歌舞伎・金岡筆(1690)二「いけもせぬこゑで、上るりをかたると」＊浄瑠璃・右大将鎌倉実記(1724)しづか大和巡り「ヤイ備前摺鉢め、いけもせぬしゃっ面(つら)で、静御前に恋慕とは」＊洒落本・婦美車紫鹿(1774)「いけもせぬ高慢ばかりいってそしてなりをみさっしゃい」 発音〈標ア〉ケ

いける口(くち) 酒が相当の量飲める人。酒飲み。＊大内旅宿(1907)〈高浜虚子〉「お梅ドンの前の盃はいつ見ても空(から)だ、なかなかいける口と見える」＊善財(1949)〈石川淳〉一「オカミと呼ばれるやつが、これもいける口らしく」

いけん (「いけぬ」の変化した語) 「いけ(行)ない」に同じ。＊咄本・春袋(1777)福神の俄「俵しょいた秀さと。これはいけんと、みなみな大笑」＊新撰大阪詞大全(1841)「いけんとは よろしからぬこと」＊あひゞき(1888)〈二葉亭四迷訳〉「こわしちゃいけんぜ」＊小鳥の巣(1910)〈鈴木三重吉〉上・九「そこは考へて上げないといけんけれどのい」 方言いけない。だめだ。よくない。山形市139 新潟県佐渡357 福井県遠敷郡445 山梨県南巨摩郡465 長野県上伊那郡488 岐阜県恵那郡514 静岡県榛原郡542 三重県584 585 596 滋賀県蒲生郡612 兵庫県047 但馬050 奈良県675 鳥取県062 712 720 島根県724 岡山県748 767 768 広島県安芸郡783 豊田郡786 山口県791 香川県三豊郡054 愛媛県840 高知県鵜来島025 幡多郡038 福岡県小倉市874 長崎県対馬038 南高来郡905 大分県939 鹿児島県種子島038 ◇いかな・いかなあ 香川県三豊郡829 ◇いけせん 茨木県水戸市062 三重県度会郡599 ◇いけりゃあせん 鳥取県711 岩美郡716 気高郡717 岡山県749 751 753 ◇いけんやんせん 茨城県猿島郡188 ◇いけらん 大分県南海部郡939 ◇いかんあんたな 大分県939 発音〈標ア〉0

いける-しかばね【生屍】 ㊀〔名〕 ⇨「いける(生ー)」の子見出し。 ㊁(原題ロシア Živoj Trup) 戯曲。六幕。トルストイ作。作者の死後、一九〇〇年発表。偽善的な社会制度に適応できない主人公プロターソフが、潔癖さのゆえに自殺する話。 発音〈標ア〉ケ

いける-とも-な・し【生ー】 ⇨「いく(生)」の子見出し

いけれ-まゆ【ー繭】〔名〕 光沢のない、淡紅黄色を帯びている、品質の劣るまゆ。銹繭(さびまゆ)。

いげ-わら〔名〕 いばらの林。または、いばらのある所。＊日葡辞書(1603–04)「Igueuara (イゲワラ)」 辞書日葡

い-けん【夷険】〔名〕 土地の平らなこととけわしいこと。順境と逆境。険夷。＊明極楚俊遺稿(14C中か)和古林和尚賦瀫山遠覧台韻「蒼蒼未ㇾ易ㇾ分ニ夷険一黯黯終難ㇾ定ニ有無一」＊三国伝記(1407–46頃か)一二・二「勤苦して道を南北に求め、遊び尋ねて夷険を択ばず」＊潘岳-射雉賦「夷険殊ㇾ地、駢驫異ㇾ変」

い-けん【位権】〔名〕 位が高く権威、権力があること。＊寸鉄録(1606)「『高明』とは、位権(イケン〈注〉クヮン)ありて、人のひいきおほくして、不ㇾ善あれども、あらはれがたく、罰のをよびがたきものなり」

い-けん【威権】〔名〕 威力と権力。威勢と権柄(けんぺい)。＊吾妻鏡-建久六年(1195)正月八日「誇ニ威権一依ㇾ現ニ無礼一、季光相咎云々」＊海道記(1223頃)鎌倉遊覧「士風塵を払ふ、威権遠く誡にして四方悉く聞に恐る」＊文明本節用集(室町中)「威権 イケン」＊集義和書(1676頃)一五「後世、悪逆の主・無道の君の、時に威権つよく、其悪を後世に伝へん事を恐れて、これを記す事をふせげり」＊読本・椿説弓張月(1807–11)続・三八回「君を惑しまゐらするか、と疑ひながら、威権(イケン)に怕(おそ)れて、明白には論じ得ず」＊西洋事情(1866–70)〈福沢諭吉〉外・一「昔伊太里に強賊あり其賊首は金玉を以て衣裳を飾り配下の者を号令するに甚だ威権ありしと云ふ」＊漢書-異姓諸侯王年表「用ニ壱威権一、為ニ万世安一」 補注「落葉集」には「威権 いげん」とある。→「いげん(威言)」の補注。 発音〈標ア〉0 辞書文明・言海 表記威権(文・言)

い-けん【異見】〔名〕 ①他の人とちがった見解。異議。異論。異存。＊史記抄(1477)七・高祖本紀「さりながら是も聊記ニ異見一までこそあれ」＊醍醐寺新要録(1620)「嘉元記云、〈略〉予立転供新門不ㇾ被ㇾ立。加ニ異見一」＊米欧回覧実記(1877)〈久米邦武〉二・二五「門を出て数町を歩し帰れば、必す一二の新聞異見の話すべきことありとす、其言語を綴りて、文字となすや、率爾の語も之を録記す」＊梁書-処士伝・劉歊「前達往賢互生ニ異見一」 ②⇨いけん(意見)。 発音〈標ア〉0〈京ア〉0 辞書言海 表記異見(言)

い-けん【意見・異見】〔名〕 ①ある物事や判断に対して持つ考え。見解。＊続日本紀-養老五年(721)二月甲午「各仰ニ属司一、令ㇾ言ニ意見一」＊色葉字類抄(1177–81)「意見 イケン 政理分」＊平家(13C前)一・二代后「此の事天下において異なる勝事なれば、公卿僉議あり。おのおの意見をいふ」＊黒本本節用集(室町)「異見 イケン 又作意見」＊語孟字義(1705)上・仁義礼智「漢唐儒者、議論雖ㇾ浅、猶未ㇾ失ニ古意一、去ㇾ仁未ニ甚遠一。為ニ其不ㇾ用ニ意見一也」＊哲学字彙(1881)「Opinion 説、意見」＊韓愈-新修滕王閣記「吾雖ㇾ欲ㇾ出ニ意見一、論ニ利害一、聴ニ命於幕下一」 ②(ーする) 思うところを述べて、いさめること。忠告。説教。訓戒。＊平家(13C前)一〇・請文「新中納言知盛の意見に申されけるは」＊寛永刊本蒙求抄(1529頃)四「四五日して魯夫人の異見(イけん)してよばせたぞ辞してとは意見してぞ」＊虎明本狂言・宗論(室町末–近世初)「そなたへ異見がいひたい」＊日葡辞書(1603–04)「Iqenuo (イケンヲ) マウス またはクワユル〈訳〉忠告、助言を与える」＊説経節・さんせう太夫(与七郎正本)(1640頃)「三郎此由きくよりも、太郎殿の御いけん、きく事もあらうず。又きかぬ事も御さらう」＊延宝八年合類節用集(1680)八「異見 イケン 直ニ人悪ニ之言也」＊浮世草子・好色一代男(1682)六・二「身おもふ人には世の事を異見し、女房のある男にはうらむべき程を合点させ」 ③室町幕府や寺院の訴訟制度において、意見衆(評定衆、右筆衆あるいは供僧など)が衆議して決定した答申。→意見状。＊東寺百合文書-ハ・延文元年(1356)四月二一日・東寺供僧意見状「右両条、可ㇾ注ニ賜御意見一矣」＊実隆公記-延徳二年(1490)九月一日「昨日奉行衆意見、本所之儀得利云々」＊内閣文庫本建武以来追加-永正七年(1510)一〇月二〇日・右筆方意見条々(中世法制史料二・追加法三六七)「意見一ケ条事切之時、被ニ相定ニ右筆、於ニ当座一被ㇾ認ニ草案一、其以後可ㇾ有ㇾ披ニ露自余之儀一事」 語誌(1)表記は、挙例のように「色葉字類抄」に「意見」とあるが、中世後期の古辞書類になると「異見」とするものが多く、「又作意見」(黒本本節用集)のように注記を添えて表記に上げているが、明治時代に入ると典拠主義の辞書編纂の立場から「意見」が再び採られるようになり「異見」は別の語とされた。文学作品の用例を見ても、中世後期から近世にかけては、「異見」が一般的であった。(2)「意見」は、「色葉字類抄」に「政理分」と記されていることや「平家物語」の用例によると、本来は政務などに関する衆議の場において各人が提出する考えであった。そのような場で発言するには、他の人とは異なる考えを提出する必要がある。そのようなところから、「異見」との混同が生じたものと思われる。(3)中世も後期になると、「異見」の使用される状況も拡大し、②の挙例「虎明本狂言・宗論」などに見られるように、二者間においても使用されるようになった。それに伴い、「日葡辞書」が示すような②の意味も生じてきた。この意味での使用が多くなり、「異見す」というサ変動詞や「異見に付く」や「異見を加ふ」といった慣用句までできてきた。最初のうちは、相手が目上・目下に関わらず使用されていたが、訓戒の意が強くなり、次第に目上から目下へと用法が限定されてきた。 発音〈なまり〉ユケン〔南知多・島根・周防大島〕〈標ア〉イ〈京ア〉イ 辞書色葉・文明・伊京・明応・天正・饅頭・黒本・易林・日葡・書言・ヘボン・言海 表記異見(文・伊・明・天・饅・黒・易・書・ヘ・言) 意見(色・伊・明・天・黒・言)

いけん三両(さんりょう)堪忍(かんにん)五両(ごりょう) 他人の忠告、助言をすなおに聞くのは三両の価値があり、堪忍の徳は五両の価値がある。意見と堪忍は共に尊重し守るべきだということ。＊洒落本・傾城異見之規矩(1781)跋「此書亦(また)かんにんを第一とせり、これ寔(まこと)に異見(イケン)三両、かんにん呉綾(ごれう)ともいはん歟(か)」

いけんに付(つ)く 他人の忠告に従う。＊天草版金句集(1593)「ミダルル クニノ ウチニモ ケンジンワ アレドモ、ソノ yqenni tçucanuni (イケンニ ツカヌニ) ヨッテ、ツイニ ホロブル」＊天草本伊曽保(1593)野牛の子と狼の事「コワ ヲヤノ yqenni tçuqu (イケンニ ツク) ナラバ アシイ コトワ スコシモ アルマイ」＊滑稽本・浮世床(1813–23)初・中「足下(そこ)もおれが異見について、ちっとは物まなびを[illegible]なせへ」

い-けん【違憲】〔名〕 ①国家のおきてにそむくこと。＊後漢書-第五倫伝「縄以ㇾ法則傷ㇾ恩、私以ㇾ親則違ㇾ憲」 ②成文憲法に違反すること。法律、命令、規則、条例、詔勅および国の行政行為などが、憲法に違反すること。日本では無効となり、最高裁判所がその審査権を有する。↔合憲。＊時事新報-明治三六年(1903)一二月二日「政府が前議会に於し否決したる費目に対し、予備金を支出したるは違憲なりと認む」 発音〈標ア〉0〈京ア〉0

い-けん【遺賢】〔名〕 官吏にならないで民間にいる有能な人物。広く認められないでいる立派な人。＊和漢朗詠(1018頃)上・鶯「鶏すでに鳴いて忠臣旦(あした)を待つ 鶯いまだ出でずして遺賢谷に在り〈賈嵩〉」＊中華若木詩抄(1520頃)中「遺賢とは、野にのこりている賢人也」＊学問のすゝめ(1872–76)〈福沢諭吉〉五・明治七年一月一日の詞「甚しきは野に遺賢なしと云てこれを悦ぶ者あり」＊書経-大禹謨「野無ニ遺賢一、万邦咸寧」 発音〈標ア〉0〈京ア〉0

い-けん【緯圏】〔名〕 天球上の、等赤緯を連ねた線

で、恒星が日周運動をするのに沿うもの。赤緯等圏。

い-げん【医言】〘名〙医師のことば。医学関係のことば。元禄頃（一六八八〜一七〇四）から「医言拙解」「医言叢書」の医書が見られる。＊明治月刊（大阪府編）(1868)三「何ぞ旧疾の再発する理あらんやといふて、絶て医言を信ぜざるもの多く」発音イゲン〈標ア〉0

い-げん【委言】〘名〙何かを基準にしてものを言うこと。＊異制庭訓往来（14C中）「如レ是前規不レ足二委言一」発音イゲン〈標ア〉0

い-げん【威言】〘名〙おおげさな言葉。また、高慢なものの言い方。大ぐち。大言。広言。＊日葡辞書（1603-04）「Iguenuo（イゲンヲ）スル。または、Iguenuo（イゲンヲ）ユウ〈訳〉傲慢（ごうまん）なことばを語る」＊仮名草子・竹斎（1621-23）下「その時竹斎は御調儀に乗り、ゐげんをぞ申ける」＊歌謡・紙鳶（1687）序「懐中の二管にあまたの曲をこめし芸なれば、〈略〉琴三味線の所狭きにはるかにまされるにやと、威言をふきちらして云爾（しかいふ）」＊浄瑠璃・日本西王母（1699頃）三「いげんではござりませぬが、わたくしの駕の中では、皆且那衆がこまかな写し物をなさるるに、机で書くよりなかなか書きよいと御意なさるる」補注「落葉集」には「威権 いげん」とあり、例に引いた「日葡辞書」の「イゲン」の項の解説には「なにか尊大に構えて権勢を誇示すること」とあるので、「日葡辞書」や「竹斎」の例は「威権（いげん）」である可能性もある。→いけん（威権）。発音イゲン〈標ア〉0 日葡・書言 表記威言（書）

い-げん【威厳】〘名〙威光があっておごそかなこと。近づきがたいほど堂々として立派であること。いかめしさ。＊太平記（14C後）一二・公家一統政道事「上無二威厳一、下必可レ有二暴慢心一」＊文明本節用集（室町中）「威厳 イゲン」＊集義和書（1676頃）四「学者の人と品、静重にして威厳（イゲン）なるは、たとへば田畠の地福よきがごとし」＊新撰字解（1872）〈中村守男〉「威厳 イゲン ケムタイ」＊当世書生気質（1885-86）〈坪内逍遥〉九「なるべく此方（こっち）で以て威厳を張って、女子を近づけんやうにするが」＊破戒（1906）〈島崎藤村〉六・二「皺枯れた中にも威厳のある父の声で」＊礼記-曲礼「行レ法非レ礼、威厳不レ行」発音イゲン〈標ア〉0〈京ア〉0 辞書文明 表記威厳（文）

い-げん【威験】〘名〙祈願、祈禱などによって、神仏の現わす偉大な力。霊験。＊観智院本三宝絵（984）下「天平三年に彼（かの）処に威験をのべあらはれておほやけ御幣を奉れり」＊今昔（1120頃か）四・一六「仏の威験の新（あらた）なるを見奉て彌（いよいよ）誠を至して供養恭敬し奉けり」＊愚管抄（1220）三・醍醐「天神の霊の時平につかせ給たりけるを、浄蔵が加持してしたたかにせめければ、仏法威験にかちがたくて」発音イゲン〈標ア〉0

い-げん【韋弦】〘名〙①なめし皮と弓づる　②「いげん（韋弦）の佩」に同じ。＊業鏡台（1394-1428頃）祭沢侍者文「迭成二韋弦一、相為二箴規一」＊魏志-劉廙伝「且韋弦非二能言之物一、而聖賢引以自匡」

いげん の 佩（はい）（「韋」はなめし皮。昔、中国の西門豹がなめし皮を身につけて、その性急な性格をいましめ、董安于が弓づるを帯びて、その緩慢な性格を改めたという「韓非子-観行」の故事から）自分の性格の欠点を直すためのいましめ。＊杜牧-送杜顗詩「還須レ整二理韋弦佩一、莫三独矜二誇玳瑁簪一」

い-げん【異言】〘名〙表面の態度や事実などと言うこととがちがうこと。また、いろいろと異なった言葉や説。普通とちがう珍しい言葉。＊文明本節用集（室町中）「異言 イゲン」＊評判記・難波物語（1655）「かれもとより、其心ねをしりて、うはつらには、はらのたつやうにみせて、我らどちよりては、いげんにいふ事也」＊新撰字解（1872）〈中村守男〉「異言 イゲン 我クニノ人デナイコトバ」＊近世紀聞（1875-81）〈染崎延房〉七・一「長防二州の動静これ迄種々の異言（イゲン）ありて真偽分明ならざるにつき」＊礼記-王制「関執二禁以讖一、禁二異服一識二異言一」発音イゲン〈標ア〉0 辞書文明 表記異言（文）

い-げん【異験】〘名〙ふしぎな効験、ききめ。＊虎明本狂言・膏薬煉（室町末-近世初）「まづ某のかうやくのいげんは」

い-げん【違言】〘名〙①道理に反した言葉。＊管子-戒「邪行亡二於体一、違言不レ存レ口」②異なった意見。さからった言葉。また、言葉の行き違い。異言。＊江戸繁昌記（1832-36）三・侠客「江戸人の気を抗し威を軋する一句の違言、万丈怒を湧す」＊春秋左伝-隠公一一年「鄭息有二違言一、息侯伐レ鄭」発音イゲン〈標ア〉0〈京ア〉イ

い-げん【慰言】〘名〙なぐさめのことば。＊二人比丘尼色懺悔（1889）〈尾崎紅葉〉自序「われ諸謔（くゎいぎゃく）自ら喜べど涙なきに非ず。口よく罵れど慰言（ヰゲン）なきにあらず」＊内村鑑三（1949）〈正宗白鳥〉一「牧師の慰言も親友の勧告も今は怨恨を起すのみにして」発音イゲン〈標ア〉0

い-げん【慰唁】〘名〙（「唁」は悲しみにあった人を見舞いなぐさめる意）とむらいなぐさめること。災難にあった人や、戦死者の遺族などを見舞ってなぐさめること。＊空華集（1359-68頃）一四・答石室和尚慰火事書「伏承。慰二唁鹿峰回祿之変一」＊袁桷-車行詩「詩成記二労勤一、旅次時慰唁」

い-げん【遺言】〘名〙①死にぎわに言葉を残すこと。また、その言葉。いごん。いいごん。ゆいごん。ゆいげん。＊浮世草子・真実伊勢物語（1690）三・二「むようのいげんを書置けると」＊浮世草子・万の文反古（1696）三・二「それそれに相渡し申せとのいげん則目録の通り書しるし」＊布令字弁（1868-72）〈知足蹄原子〉五「遺言 イゲン ユイゴン」＊春秋左伝-哀公三年「夫子有二遺言一、命二其圉臣一曰、南氏生レ男、則以告二於君与一大夫一而立レ之」②先人が生前言ったこと。また、その言葉。後世の人の立場からいう。＊読本・椿説弓張月（1807-11）残・六六回「天孫氏嘗（かつて）遺言（イゲン）すらく『虬（みづち）は是わが国の大なる寇（あた）なり。子孫もし奇を好むものありて、彼虬墳（みづちつか）を発（あばか）ば、君徳これより衰（おとろへ）て、ながく国家（くに）を失ふべし』」＊荀子-勧学「不レ聞二先王之遺言一、不レ知二学問之大一也」③⇨いごん（遺言）②。発音イゲン〈標ア〉0 辞書書言・言海 表記遺言（書・言）

い-げん【遺彦】〘名〙（「彦」は、才能のすぐれた男子の意）世に知られていない賢人。遺賢。＊艸山集（1674）一四・和欧陽読書詩「経二行林野間一、有レ時遇二遺彦一」＊宋書-順帝紀「朕将二親覧一、甄二其茂異一。庶野無二遺彦一、永激二避芬一」発音イゲン〈標ア〉0

いげん-いせき【渭原遺跡】朝鮮平安北道渭原郡龍淵洞にある遺跡。明刀銭を、銅、鉄製品とともに出土した。発音イゲンイセキ〈標ア〉イ2

いけん-がまし・い【意見―・異見―】〘形口〙図いけんがまし〘形シク〙（「がましい」は接尾語）意見をするようなさまである。まるで説教忠告をするかのようである。＊ロドリゲス日本大文典（1604-08）「I-quengamaxij（イケンガマシイ）」＊仮名草子・浮世物語（1665頃）三・一四「何を禿めが異見（イケン）がましき申事かな」＊人情本・春色梅美婦禰（1841-42頃）三・一三回「こんな異見がましい叓（こと）をいふと可笑（おかしい）けれど」＊和英語林集成（初版）（1867）「アマリ Ikengamashii（イケンガマシイ）コト ヲ イウナ」発音イケンガマシイ〈標ア〉シ〈京ア〉マ 辞書ヘボン 表記異見敷（ヘ）

いけん-こうこく【意見広告】〘名〙政党、団体、個人などが特定の事がらについて、有料の媒体を使ってみずからの意見を公に訴える広告。発音イケンコーコク〈標ア〉コ1

いけん-ごうしゃ【意見巧者・異見巧者】〘名〙上手に忠告や助言を言う人。訓戒することのたくみな人。＊雑俳・柳多留-二（1767）「来るとまづ異見ごうしゃは蔵へ呼び」発音イケンゴーシャ〈標ア〉ゴ

いけんし【夷堅志】奇談集。中国南宋の洪邁（こうまい）の編著。もとは四二〇巻あったが散逸し、現在は二〇〇巻たらずが残っている。官吏として各地を歩く間に見聞した奇風や怪事を集成したもので、宋代の民衆生活の状況がうかがえる貴重な文献であり、後世の小説に多くの材料を提供した。

いけん-しゃ【威権者】〘名〙他を支配し服従させる力を持つ者。権威者。＊将来之日本（1886）〈徳富蘇峰〉九「生活上の最大威権者は唯正義なり」発音〈標ア〉ケ

いけん-じゃ【意見者】〘名〙訓戒、忠告をする人。＊コンテムツスムンヂ（捨世録）（1596）三・六四「ケンリヨ タダシキ yqenja（イケンジャ）モ ヤクニ タツ ヘンタウヲ ナス コト カナワズ」＊古活字本毛詩抄（17C前）一二「意見者が多が、賢者でない程に、其謀が成就せぬぞ」発音〈標ア〉ケ 辞書日葡

いけん-しゅう【意見衆】〘名〙貴人の諮問に応えて意見を述べる人の総称。＊十輪院内府記-文明一四年（1482）九月一日「東山普請中沙汰取乱之上、為二意見衆一述二理運一之旨可レ然也」発音イケンシュー〈標ア〉ケ

いけん-しょ【意見書】〘名〙自分の意見、考えを記し述べた文書。＊議院法（明治二二年）（1889）六五条「各議院に於て請願の採択すべきことを議決したるときは意見書を附し」＊思出の記（1900-01）〈徳冨蘆花〉六・一二「更に『善後策如何』と云ふ一篇の意見書を公にした」＊陰獣（1928）〈江戸川乱歩〉一〇「糸崎検事に提出する為に、右の意見書（イケンショ）を書き上げたのは」発音〈標ア〉0 ショ〈京ア〉ン／0

いけん-じょう【委権状】〘名〙「いにんじょう（委任状）」に同じ。＊改訂増補哲学字彙（1884）「Warrant 保任状、委権状」発音イケンジョー〈標ア〉ジ

いけん-じょう【意見状】〘名〙①中世の寺院での訴訟について、供僧（ぐそう）が意見を記した文書。訴訟当事者双方の主張を整理して二項に分け、一通の文書で二者択一的に供僧に問い、供僧らはその文書にそれぞれの意見を書いた。＊東寺百合文書-ハ・延文元年（1356）四月二一日・東寺供僧意見状「公文職事 意見状」②室町中期以後、幕府訴訟制度において、当初には評定衆と右筆方が、のちには専ら右筆方が訴訟の判決に関する意見を書きしるした文書。意見状の結論と判決はほぼ一致し、単独で証文ないしは傍証として通用した。＊室町家御内書案-永享一一年（1439）六月九日「次意見状之儀、当番衆被二相調一衆中之被レ取二判形一、〈略〉意見と加銘、両人申合披露之処、任二意見之旨一可レ被レ成二御下知一之由御裁許也」＊石山本願寺日記-証如上人日記・天文一二年（1543）一〇月六日「御領加州嶋田新保事、於二武家一、〈略〉曇花院殿任二理運一被レ成二奉書一了。仍此旨可二申付一由候〈十八奉行意見状出之也〉」発音イケンジョー〈標ア〉0

いけん-だて【異見立】〘名〙忠告がましいことを、ことさらに述べたてること。＊浮世草子・世間娘容気（1717）三「女の身として一国一城の主にむかひ、経文ひいての異見（ヰケン）だて」＊譬喩尽（1786）一「異見立（イケンダテ）して迷惑する」＊歌舞伎・韓人漢文手管始（唐人殺し）（1789）一「其弁（わきま）へもないそち達が異見立。慮外は免（ゆる）す、取措（おけ）取措け」発音〈標ア〉0

い-けんち【居検地】〘名〙近世の検地の一種。古検地の高、反別より現在のそれが著しく増加しているときに行なわれる再検地の際、村方の請願によって実際の検地を略し、検地役人の目測をもって増高を定めること。＊地方凡例録（1794）二「居検地と云事稀に有レ

之、これは古検の場所、地味能地広故、致二地押一さば打出可レ有場処、村方依レ願可レ致二竿入一、見計ひ増だか申つけ、反別は不レ改につき、何程増といふ儀なりがたく、たか年貢計相増ゆゑ、無地増だかと村だかの内書に記、本だかに組入る也、これを居検地と云」

いけん-づら【意見面】〘名〙訓戒をして人を従わせようとする顔つき。しかつめらしく、説教をしようとする様子。＊評判記・もえくゐ(1677)「こぶんづらにうなりまはりたるとても、このさかいに入たる人は、かへってしゃらなるいけんづらや」＊評判記・たきつけ草(1677)「その子にこひをさせまいとのいけんづらは、人のぼらけやきらふらんにてはなきか」発音〈標ア〉0

いけんでん-こげんでん〘連語〙方言 ⇩いかな(如何)事

いけん-ばん【意見番】〘名〙「いけんやく(意見役)」に同じ。＊忠義(1917)〈芥川龍之介〉一「彼はこれまで、始終修理に対して、意見番の役を勤めてゐた」発音〈標ア〉0 ケ

いげん-びょう【医原病】〘名〙自然発生的な病気に対して、医師の過剰治療、医療過誤、または、治療の合併症として生ずる病気。キノフォルム剤の過剰投与によるスモン病、薬の中毒によって起こる肝障害など。発音イゲンビョー〈標ア〉0

いけん-ふうじ【意見封事】〘名〙平安時代、国家に事ある時、勅旨をもって臣下の意見を求めたのに対して、密封して奉った意見書。醍醐天皇の時の三善清行の「意見十二箇条」、村上天皇の時の菅原文時の「封事三箇条」が有名。平安中期以後は、実質的な意義が失われた。→封事。＊本朝文粋(1060頃)二「意見封事 公卿意見六箇条 格〈略〉意見十二箇条 善相公」＊読本・春雨物語(1808)海賊「三善の清行こそ、〈略〉意見封事(イケンフウジ)十二条は文もよく、事共も聞くべかりけるを」＊東京日日新聞-明治二九年(1896)一一月一三日「意見封事を上らんと欲するもの尠(すくな)からざるも」発音イケンフージ〈標ア〉フ

いけん-ぼ【池―】〘名〙方言 池。栃木県198 群馬県佐波郡242 ◇いけんど 滋賀県坂田郡・東浅井郡608 ◇いけっぽ 栃木県198 群馬県邑楽郡244

いけん-やく【意見役・異見役】〘名〙主君の言行をはじめ、政事の得失、是非について、意見、忠告する役。意見番。＊救急或問(江戸末頃)「筒井順慶和州郡山を領せし時、異見役と云る官を創めて、君の過失を始めとし、政事の是非得失等に至る迄、口を極めて議論することを許せり」発音〈標ア〉0

いけんりっぽう-しんさけん【違憲立法審査権】〘名〙いっさいの法律、命令、規則または処分が憲法に違反しないかどうかを審査する裁判所の権限。違憲問題についての終審裁判所は最高裁判所である。発音イケンリッポーシンサケン〈標ア〉サ

いけん-ろん【違憲論】〘名〙ある法律、命令、規則、条例、条約、詔勅および国の行政行為などが、憲法に違反しているとする意見、論。＊日本-明治三〇年(1897)一〇月三〇日「左れば新任の長官は各案の統一を謀るといふよりは寧ろ違憲論を打消して」発音〈標ア〉ケ

いこ【厳・最】〘副〙(「いこう(厳)」の変化した語)たいそう。ひどく。＊滑稽本・東海道中膝栗毛(1802-09)八・上「あなたはいこふけてお出じゃわいな」＊滑稽本・続膝栗毛(1810-22)四・上「いこねぶたうなりよった」

い-こ【已去】〘名〙以降。以後。＊私聚百因縁集(1257)二・八「十五歳以前十歳已去(イコ)なるを」

い-こ【衣桁】〘名〙「いこう(衣桁)」の変化した語。＊かた言(1650)四「衣桁(イカウ)を いこ」

い-こ【衣袴】〘名〙(「衣」は上着、「袴」は、はかまの意) ①上下の衣服。＊聖徳太子伝暦(917頃か)上・推古天皇二九年「太子亦沐浴。服二新潔衣袴一」＊史記-匈奴伝「衣袴皆列敞、以レ示レ不レ如二旃裘之完善一也」②軍隊で、ズボンをいう。＊初年兵江木の死(1920)〈細田民樹〉三「濡れた衣袴(イコ)を展げるやうに手に持って、日光に晒しながら丘を降りて来た」発音〈標ア〉イ

い-こ【依怙】〘名〙公平でないこと。不公平。えこ。＊随筆・孔雀楼筆記(1768)一「ただ儒者の依怙(イコ)甚しきを笑のみ」発音〈標ア〉イ

い-こ【易故】〘名〙非常にたやすいこと。＊布令字弁(1868-72)〈知足蹄原子〉六「易故 イコ タヤスイ」発音〈標ア〉イ

い-こ【意故】〘名〙おもわく。おもうところ。＊令集解(701)僧尼・修営条「古記云。如有二意故一。謂既無二事故一。仮作二逗留一。相嘱請之類也」＊呉志-孫堅伝「道路不レ治、軍資不レ具、請収二主簿一、推二問意故一」

い-こ【遺孤】〘名〙親の死後に残された子供。わすれがたみ。遺児。遺子。＊菅家文草(900頃)二・路次観源相公旧宅有感「一朝焼滅旧経営、苦問遺孤何処行」＊本朝文粋(1060頃)一四・一条院四十九日御願文〈大江匡衡〉「豈図更引二遺孤一、呑レ悲而経二営今日之事一」＊明月記-寛喜元年(1229)七月二八日「失父之嫡子、為縦縲之遺孤者、前途定危歟」＊日本開化小史(1877-82)〈田口卯吉〉五・一〇「徳川氏は必ず其旧功を記し其遺孤を重封せり」＊魏志-明帝紀注「雖レ有二存者一、遺孤老弱」発音〈標ア〉イ

い-こ〘名〙方言 竹を細く割いて作ったかご。腰に付ける小かご。富山県高岡市395 石川県金沢市062

いこ〘名〙方言 ❶いこじ。長野県佐久493 ❷ひたすらなさま。長野市473

い-こ〘副〙(「いっこう(一向)」の変化した語)まるっきり。まったく。＊雑俳・太箸集(1835-39)二「寒い朝いこ見ぬ鳥が川岸ありく」方言 ❶どうしても。長野県佐久493 ❷めったに。うかつに。愛知県知多郡570

い-ご【以後・已後】〘名〙(多く時、年齢、事件などを表わす語に付いて)その時点を含み、それよりのちの意を表わす。また、その時点を含まないでいう場合もある。以降。㋑過去や未来のある時点、またある年齢を起点にしていう。…よりのち。↔以前。＊今昔(1120頃か)六・三七「此の洲の人の習として、七歳以後は皆、念仏を修す」＊古事談(1212-15頃)一・遷都以後内裏焼亡事「遷都以後、始内裡焼亡者、天徳四年九月廿三日也」＊平家(13C前)三・法印問答「保元以後は、乱逆打つづいて」＊徒然草(1331頃)一四八「四十以後の人、身に灸を加へて三里をやかざれば、上気の事あり」＊天草本伊曾保(1593)雞と犬の事「マコトニ ソノ ygoua (イゴワ) ヒサシュウ タイメン マウサヌ」＊南史-劉杳伝「郊居以後、無二復此作一」㋺現在を起点にしていう。今よりのち。これからさき。現在を表わす語「自今」「今より」などが上に付く場合と、単独の場合とがある。＊今昔(1120頃か)二四・二六「文時、若し此詩を勝劣を慥に不申は、今より以後、文時が申さむ事、我に不可奏(そうすべからず)」＊平家(13C前)一〇・首渡「今度平氏の頸ども大路をわたされずは、自今以後なんのいさみあってか凶賊をしりぞけんや」＊天草本伊曾保(1593)イソポの生涯の事「イマヨリ ygo (イゴ) ナンヂラニ ガイヲ ナス コトワ アルマジイゾ」＊狂言記・寝声(1700)「やいやい此度はゆるすぞ。已後をたしなめ」＊浄瑠璃・神霊矢口渡(1770)三「鎌倉への往来には、丁どよい中休。以後は一寸一寸(ちょっちょっ)と御尋申さふ」語誌(1)㋑と同様に、「以降」「以来」も、年月日時、年齢、事件等を受けて、ある事柄の起こる期間の始点を示すが、「以来」の基準は過去の時点に限られ、「以降」は主として継続的な事柄に関して用いられる。いずれも時点として示される日時・年齢等は、問題の期間に含めるのが通例である(「一二日以後」は一二日を含む)。なお、「後(ご)」は、事件を基準にし(「震災後」「退院後」など)、また期間を示して事柄の起こる時点を指定する(「開通二年後」など)。(2)↓「いぜん(以前)」の語誌。発音イゴ〈標ア〉イ〈京ア〉イ 辞書文明・易林・日葡・書言・ヘボン・言海 表記以後(文・易・書・へ・言)已後(文・易・書)

い-ご【伊語】〘名〙イタリア語。または、その語学。＊仏国風俗問答(1901)〈池辺義象〉珈琲店のありさま其の雑事「内外人打交ぜにて英語もあり、独語もあり、伊語もあり、露語もあり、我々の日本語もあるといふわけにて、真に雑居雑談万国の出店なり」＊文部省令第一三号-明治三七年(1904)五月三一日・二条「学科は分ちて英語学科、仏語学科、独語学科、露語学科、伊語学科〈略〉韓語学科とす」発音イゴ〈標ア〉イ

い-ご【囲碁】〘名〙碁(ご)。また、碁を打つこと。＊懐風藻(751)釈弁正伝「以レ善二囲碁一、屢見二賞遇一」＊小右記-天元五年(982)六月九日「於射場殿聊有前日囲碁負態」＊江吏部集(1010-11頃)中・述懐古調詩一百韻「囲碁厭二坐隠一、投壺罷二般還一」＊十訓抄(1252)一・源義家乍囲碁間捕犯人事「堀川右府の御許に参て囲碁をうちけり」発音イゴ〈標ア〉イ〈京ア〉イ 辞書下学・書言・ヘボン・言海 表記囲碁(下・書・へ・言)

い-ご【咿唔・伊吾】〘名〙書を読む声。むにゃむにゃいうこと。唔咿(ごい)。＊頼山陽詩集(1827)一九・丁亥閏六月十五日、訪大塩君子起、君謝客而上酉作此贈之「獰卒候レ門取二裁決一、左塾猶聞喧二咿唔一」＊東京新繁昌記(1874-76)〈服部誠一〉初・学校「内には則ち英書仏籍の咿唔を断たず」＊花柳春話(1878-79)〈織田純一郎訳〉一五「直ちに起(たっ)て己れの書室に入り、再び書を読み、咿唔(イゴ)琅々然たり」＊続春夏秋冬(1906-07)〈河東碧梧桐選〉冬「冬枯や魯に入て聞く咿唔の声〈未央〉」発音イゴ〈標ア〉イ

い-ご【異語】〘名〙違う言葉。また、言うことが異なること。＊落葉集(1598)「異語 いご」＊日葡辞書(1603-04)「Igo (イゴ)〈訳〉別の格言」＊秋山記行(1831)一「主親子が只里振りに言葉改めるを、予が為には不地走なれども、其内耳にとまりし異語は書ぬ」＊論衡-答佞「事有レ所レ応、左右異レ語」発音イゴ〈標ア〉イ 辞書日葡

い-ご【飯籠】〘名〙(「いいご」の変化した語) ①飯を入れる容器。飯びつ。おはち。＊物類称呼(1775)四「飯櫃 めしびつ めしつぎ、京にて いご 上総 下総 常陸 これにをなじ」＊俚言集覧(1797頃)「いこ こ濁、上総 下総にて飯器をいごといふ」②昆虫「かまどうま(竈馬)」の異名。＊重訂本草綱目啓蒙(1847)三七・化生「竈馬〈略〉いご 筑前」方言 ❶飯びつ。茨城県188 千葉県東葛飾郡279 山梨県456 ❷虫、かまどうま(竈馬)。群馬県多野郡246 ❸虫、こおろぎ(蟋蟀)。長崎県南高来郡904 壱岐島914 熊本県919 930 ❹虫、あぶらむし(油虫)。長崎県五島054 大分県大分市・大野郡914 語源説(1)イヒゴ(飯籠)の約〔大言海〕。(2)イヒケ(飯笥)の転か〔俚言集覧〕。

い-ご【違忤】〘名〙さからうこと。そむくこと。＊童子問(1707)下・二〇「又有一種心多二憂戚一、或世事違忤、強欲二排遣一而不レ能」＊広益熟字典(1874)〈湯浅忠良〉「違忤 キゴ マチガヒ」＊佳人之奇遇(1885-97)〈東海散士〉九「寧ろ従順して言を遠け、違忤して以て生を喪はず」＊漢書-張敞伝「以レ正違二忤大将軍霍光一、而使レ主二兵車一、出レ軍省二減用度一」

い-ご【違期】〘名〙期限にまにあわないこと。期限に遅れること。＊三代格-七・大同四年(809)九月二七日・太政官符「案二大同三年十二月廿九日格一、調庸違レ期、依レ律科処、不二必解一レ任」＊保元(1220頃か)下・為朝生捕り遠流に処せらるる事「已前の事は合戦の時節なれば力なし。事すでに違期せり」＊御成敗式目(1232)一六条「而依自然之運遁来之族、近年聞食及者縡已違期之上」＊文明本節用集(室町中)「違期 イゴ」発音イゴ〈標ア〉イ 辞書文明 表記違期(文)

い-ご【違誤】〘名〙たがいあやまること。まちがい。＊権記-長保六年(1004)正月五日「大臣仰二違誤一之由、

即令三召レ使仰二外記一」

いーご【維護】〘名〙（「維」はつなぎ止める意）守り続けること。＊解体新書(1774)三「蓋下膈膜者、主三維二護腸、使二物無三疑二滞於此一也」

いーご【遺語】〘名〙昔の人の残した言葉。遺言(いげん)。＊俳諧・古学截断字論(1834)下・寂栞「是は尊とき遺語也」＊皮日休‐奉和魯望寄南陽広文詩「八会旧文多二搭写一、七真遺語剰二思量一」

いーご〘名〙方言 ⇩いがわ(井川)

いご〘名〙植物「くろぐわい(黒慈姑)」の異名。＊重訂本草綱目啓蒙(1847)二九・蓏「烏芋 くろぐわゐ〈略〉ぎわゐづる 播州、いご するりん 共に同上」方言 くわい(慈姑)。秋田県一部030

いご〘名〙方言 ⇩いごう/いごっそう

いこい【憩】〘名〙（動詞「いこう(憩)」の連用形の名詞化）休むこと。休息。発音〈なまり〉ヨカィ〔大分・豊後〕ヨクウィー・ヨケー〔福岡〕ヨケ・ヨコイ〔豊後〕〈標ア〉0〈京ア〉0

いご・い〘形口〙仕事などがつらい。えらい。酷である。＊歌舞伎・善悪両面児手柏(妲妃のお百)(1867)五幕「今夜の仕事はそっくりと、骨折らさずと思ってゐたが、野暮に仕事がいごかったね」

いごーいご〘副〙（「と」を伴って用いることもある）①うるさくしゃべるさまを表わす語。＊浄瑠璃・富仁親王嵯峨錦(1721頃)一「二歳め迄がいごいごと、身体(からだ)に過ぎたあごた骨、捻ぢ歪めんと飛びかかるを」②活気がなく、ぐずぐず動くさまを表わす語。＊両京俚言考(1868‐70頃)「いごいご 半死半生の物の動くをいふ」方言❶絶えず動くさま。体を細かく動かすさま。広島県比婆郡774 高田郡779 香川県綾歌郡・仲多度郡829 ◇えこえこ 岩手県気仙郡100 ❷うごめくさま。やっとのことで動くさま。ぐずぐず。兵庫県加古郡664 鳥取県西伯郡719 徳島県811 ◇いごまご・えごまご 鳥取県西伯郡719 ❸もじもじするさま。◇いごしゃご 栃木県河内郡198

イゴイスト〘名〙⇩エゴイスト

いこいーどころ【憩所】〘名〙しばらく仕事などから解放されて休憩する所。休息する所。憩い場。＊人情本・貞操婦女八賢誌(1834‐48頃)五・五〇回「木樵草刈する者の、連を這所にて待ち合す、憩所(イコヒドコロ)でありぬべし」発音〈標ア〉ド

いこいーば【憩場】〘名〙「いこいどころ(憩所)」に同じ。＊冬の宿(1936)〈阿部知二〉三「さういふわけで、せめて夜の憩(イコ)ひ場としてこんな温かさうな家庭に泊めてもらひたかったのだ」発音〈標ア〉0

いこう【厳・最】〘副〙（形容詞「いかい(厳)」の連用形「いかく」の変化した語）たいそう。ひどく。はなはだしく。＊御伽草子・福富長者物語(室町末)「かくていかうやつれて、ふくやかなりしかほばせもやせやせと」＊寛永刊本蒙求抄(1529頃)二「誠にいかう酔うたげなと云てをかれたそ」＊虎明本狂言・靫(室町末‐近世初)「誠にいかう水がでて御ざる」＊天草本平家(1592)三「シノワラ デ ノ カッセンニワ サウハウ icŏ(イカウ) シンダ ナウ?」＊仮名草子・仁勢物語(1639‐40頃)下・五九「をかし、男、経をばいかう習ひて、彼岸に読まむと思ひ入て」＊浄瑠璃・夕霧阿波鳴渡(1712頃)中「アアいかふつめたい」＊咄本・座笑産(1773)なんきん「やがて平吉、筆おっとり、なんきんと書た処が、下がいかうつまり、かなにては書きしまわれぬゆへ、皿と字にて書きければ」＊俳諧・父の終焉日記(1801)五月一三日「けさは別して心よしとて、酒たうべたきと云るるに、医師(くすし)のいかう禁(と)めたれば」発音イコー〈標ア〉イ 辞書日葡・言海

いこう【一向】〘副〙（「いっこう(一向)」の促音が表記されなかった形。「に」を伴っている）「いっこう(一向)❶①」に同じ。＊宇津保(970‐999頃)国譲下「をば君にあづけ奉りて、いかうにこのことを後見(うしろみ)奉らん」＊落窪(10C後)二「医師(くすし)なり。御病もふとやめ奉りて。今宵よりはいかうにあひ頼み給へ」＊源氏(1001‐14頃)玉鬘「いと悲しくて隠れ給ひにしを、そのかはりにいかうにつかふまつるべくなむ、志を励まして」発音イコー〈標ア〉0 辞書〈ボン〉・言海 表記一向(へ)

いこう【已講】〘名〙（「三会已講師(さんえいこうし)」の略）僧の学階を表わす称号で、有職三綱の一つ。宮中の御斎会、薬師寺の最勝会、興福寺の維摩会の三会の講師を勤めあげた僧をいう。のちに、天台宗では天台三会の講師を勤めた者をもいう。法相宗、浄土宗などでは今日も学階の一つとして行なわれている。＊大乗掌珍論天暦九年点(955)識語「天暦九年三月四日念仏院講論講師観理已講」＊観智院本三宝絵(984)下「維摩、御斎、最勝是を三会といふ。講師は同人つかうまつる。終(をへ)ぬれば已講といふ。次(ついで)によりて律師の位にをさめ給。格に見(みえ)たり」＊栄花(1028‐92頃)玉の飾「心誉僧都、教円已講など、さるべき僧ども集りて加持参るに」＊大鏡(12C前)五・道長上「南京の法師三会講師しつれば、已講と名づけて、その次第をつくりて、律師僧綱になる」発音イコー〈標ア〉0 辞書色葉・下学・文明・伊京・書言 表記已講(色・下・文・伊・書)

いこう【以降・已降】〘名〙ある基準になる時からあと、または、今まで。以後。＊聖徳太子伝暦(917頃か)上・推古天皇二六年「法華一乗翻伝以降。修行託生。歴二数十身一」＊色葉字類抄(1177‐81)「以降 イカウ 又作已降」＊文明本節用集(室町中)「已降 イカウ 古今部」＊新聞雑誌‐五号・明治四年(1871)六月「丁卯以降(イコウ)人心日に開化に進歩し今日に在ては」＊卍(1928‐30)〈谷崎潤一郎〉一九「誓約書〈略〉昭和某年七月十八日以降左の条件の下に骨肉と変りなき兄弟の交りを締すべきことを誓約したり」＊史通‐載文「自二曹馬一已降、其取レ之也則不レ然」語誌→「いご(以後)」の語誌。発音イコー〈標ア〉イ〈京ア〉イ 辞書色葉・文明 表記以降(色・文) 已降(文)

いこう【夷考】〘名〙（「夷」はたいらかの意）公平に考察すること。＊日本詩史(1771)二「夷二考其中一、不レ能レ不三玉石相混一也」＊孟子‐尽心下「夷二考其行一、而不レ掩焉者也」

いこう【衣香】〘名〙着物にたきしめる薫香。また、そのかおり。＊大安寺伽藍縁起并流記資財帳‐天平一九年(747)二月一一日(寧楽遺文)「合衣香拾両 仏物」＊続春夏秋冬(1906‐07)〈河東碧梧桐選〉秋「大極殿萩に簪影衣香かな〈橡面坊〉」＊庾信‐春賦「池中水影懸二勝鏡一、屋裏衣香不レ如レ花」発音イコー〈標ア〉0 イ

いこう【衣桁】〘名〙衣服をかけておく台。鳥居のような形の、ついたて式のものと、真中から二枚に折れる折り畳み式とがある。衣架(いか)。御衣(みぞ)かけ。ころもざお。いこ。＊文明本節用集(室町中)「衣桁 イカウ」＊御伽草子・福富長者物語(室町末)「かかる破れ着る物、よも召さじ。嫁にも孫にも、何しに着すべきとて、いかうより引き下して」＊評判記・色道大鏡(1678)三「次の間には絵莚(ゑむしろ)をしき、衣桁(イカウ)にゆかた、下帯をかけて相まつ」＊虚子句集(1915)〈高浜虚子〉春「春雨の衣桁に重し恋衣」＊岑参‐山房春事詩「数枝門柳低二衣桁一、一片山花落二筆牀一」発音〈なまり〉イコ〔伊賀・紀州〕エコ〔伊賀〕ユコ〔大阪・淡路・播磨・大和・和歌山県〕ユコー〔愛知・和歌山・紀州・島根・岡山・徳島・伊予大三島・瀬戸内・長崎〕ユコウ〔和歌山県〕〈標ア〉0〈京ア〉イ/0 辞書文明・伊京・明応・天正・饅頭・黒本・易林・日葡・書言・〈ボン〉・言海 表記衣桁(文・伊・明・天・饅・黒・易・書・へ・言)

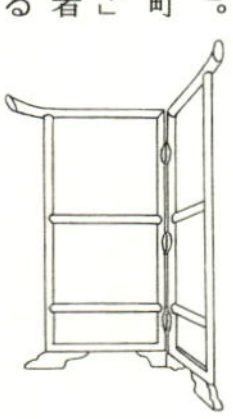

衣　桁

いこう【衣篝】〘名〙衣服に香をたきこめる際に用いる竹のかご。薫籠。＊江戸繁昌記(1832‐36)四・仮宅「衣篝烟足る。便ち起て衣を更ふ」＊周邦彦‐浣沙渓・其二「金屋無人風竹乱、衣篝尽日水沈微」

いこう【医工】〘名〙医療の技術。＊信長記(1622)一上・義昭公ひそかに南都を落給ふ事「此宗賢は武勇にも達し、医工(イコウ)も且心へたる者にて御座候」

いこう【医功】〘名〙医者としての経験。医療の実績。＊落葉集(1598)「医功 いこう」＊日葡辞書(1603‐04)「Icŏ(イコウ)」発音イコー〈標ア〉0 辞書日葡

いこう【委巷】〘名〙（「委」は、曲がりくねる意）曲折した路地。むさくるしいちまた。転じて、下層社会。＊駿台雑話(1732)五・言は身の文「其言をきくに委巷(ヰカウ)の談のごとく奴隷の語に似たり」＊礼記‐檀弓上「曾子曰、小功不レ為レ位也者、是委巷之礼也」

いこう【威光】〘名〙人がしぜんにおそれ敬い、それに従おうとするような勢いや力。権威。威勢。＊観智院本三宝絵(984)下「四には身のはだへやはらかになめらかにして威光ならびなし」＊今昔(1120頃か)一二・二六「誠に知ぬ、此、大安寺の釈迦の威光、誦経の功徳の致せる也」＊平家(13C前)六・入道死去「大法秘法の効験もなく、神明三宝の威光もきえ、諸天も擁護し給はず」＊史記抄(1477)六・項羽本紀「項羽本紀であるに、十罪を数へ立て記すれば、羽が威光を減ずるほどに、此には不書して高紀に書ぞ」＊西洋道中膝栗毛(1874‐76)〈総生寛〉一二・上「英吉利人の地中海にて威光(ヰクヮウ)を耀かすは」＊曹植‐魏徳論「神武蓋レ天、威光佐レ掃」発音イコー〈標ア〉0〈京ア〉0 辞書下学・文明・伊京・天正・饅頭・黒本・易林・日葡・書言・言海 表記威光(下・文・伊・天・饅・黒・易・書・言)

いこう【胃腔】〘名〙①海綿動物の体内中央にある空所。体壁の小さな穴から海水とともに取り入れられた食物は、ここの壁面にならぶ襟細胞(えりさいぼう)で消化吸収され、水は上部の大きな穴から外界に出る。食物を消化吸収はするが、まだ消化器官と呼べるほど発達したものではない。また、腔腸(こうちょう)動物の口から通じている空所。腔腸。②動物の胃の内腔。発音イコー〈標ア〉0

いこう【惟孝】〘名〙父母のことを思うこと。父母を大切に考えること。＊日本詩史(1771)一「惟孝之徳足レ頌、而加有二好文之美一」

いこう【異甲】〘名〙舞楽用の甲(かぶと)で、その曲特定のもの。別様の甲(かぶと)。

いこう【異香】〘名〙（「こう」は「香」の呉音）「いきょう(異香)」に同じ。＊洒落本・聖遊廓(1757)「金らんの帯に異香(イカウ)くゆらせ」＊宝の山(1891)〈川上眉山〉団円「異香(イカウ)忽(たちま)ち鼻を撲(う)って、迦陵頻伽(かりゃうびんが)の囀(さへ)づる中に」＊後漢書‐賈琮伝「旧交阯土、多二珍産一、明璣、翠羽、犀、象、瑇瑁、異香、美木之属」発音イコー〈音史〉中世、近世はもっぱら『いきゃう』とよむ。〈標ア〉0 辞書言海 表記異香(言)

いこう【異候】〘名〙通常とは異なった気候。＊米欧回覧実記(1877)〈久米邦武〉一・二「我一行の逢ひし、此回落機(ロッキー)の大雪は、十年間一たびある異候なりと云」＊柳宗元‐与蕭翰林俛書「忽過二北風晨起、薄寒中一レ体、則肌革惨懍、毛髪蕭條、瞿然注視、怵惕以為二異候一」発音イコー〈標ア〉0

いこう【異寇】〘名〙外国から攻めて来ること。また、その攻めて来る者。外敵。＊東潜夫論(1844)王室第一「異寇を防ぐには此策より善きは無かるべし」

いこう【移行】〘名〙①ある状態から他の状態へ移って行くこと。うつりゆき。＊芸術・歴史・人間(1946)〈本多秋五〉四「彼等のもっとも年若いものも、二五歳前後に軍国主義時代への移行を経験してゐるとすれば」＊ドン・ファン論(1949)〈花田清輝〉「ヒュームは二十世紀芸術の特徴を、生命的・有機的なものから、幾何

学的・無機的なものへの移行に求めたが」②場所・位置を動かすこと。また、場所・位置が他へ移り動くこと。＊野火(1951)〈大岡昇平〉一八「しかし会堂の天井に添って移行する私の眼に映る、比島の見すぼらしい会堂の内部には、何も私の呼声に答へるものはなかった」＊鳩を撃つ(1970)〈五木寛之〉「野性鳩が山地、農村から次第に集団で都会へ移行しはじめたきざしとも受け取れるのではないか」発音イコー〈標ア〉0〈京ア〉0

い-こう【移項】〘名〙代数の等式や不等式において、一方の辺にある項を符号を変えて他方の辺に移すこと。発音イコー〈標ア〉0〈京ア〉0

い-こう【偉功】〘名〙すぐれた大きいてがら。偉大な業績。偉勲。＊鄰艸(1861)「縦ひ己れ国家に偉功ありとも」＊布令必用新撰字引(1869)〈松田成己〉「偉功 イコウ タイソウナテガラ」＊経国美談(1883-84)〈矢野龍渓〉後・七「各地の戦に此の一団が常に偉功を奏して」＊福翁百話(1897)〈福沢諭吉〉五三「其働は文弱軟骨輩の比に非ずして果して偉功(ヰコウ)を奏す可きは疑を容れず」発音イコー〈標ア〉0〈京ア〉0 辞書言海 表記偉功(言)

い-こう【偉行】〘名〙すぐれた行ない。＊西国立志編(1870-71)〈中村正直訳〉一二・一六「これより平生にあらざる大勢力を生じ、進脩の志を励し、遂に貞節偉行の士となるもの、往々にこれあり」発音イコー〈標ア〉0

い-こう【偉効】〘名〙すぐれた効果。りっぱなききめ。卓効。＊東京学(1909)〈石川天崖〉一四「恰も電気の偉効(ヰカウ)あると共に危険なると同じである」発音イコー〈標ア〉0〈京ア〉0

い-こう【意向・意嚮】〘名〙心の向かうところ。どうするかについての意志、判断。考え。おもわく。＊太政官第二一四号-明治五年(1872)八月二日・一七章(法令全書)「督学局は総て地方官と協議すべしといへども直に学区取締を呼出し本局の意向を論示することあるべし」＊改訂増補哲学字彙(1884)「Tendency 偏向、意向」＊其面影(1906)〈二葉亭四迷〉三「帰って一応当人の意嚮(イカウ)を確めた上での事にせう」＊道草(1915)〈夏目漱石〉一一「然し彼にはまた反対にそれを避けたい意向(イカウ)があった」＊南史-庾杲之伝「要是意向如レ此」発音イコー〈標ア〉0〈京ア〉0

い-こう【意好】〘名〙感情。思い。＊童子問(1707)上・二〇「豈鶩二空虚一、任二意好一、而恣二其独智一者之所二能及一哉」＊宋書-袁淑伝「義康不レ好二文字一、雖二外相礼接一、意好甚疎」

い-こう【煒煌】〘形動タリ〙明らかに輝くさま。＊古事記(712)序「心鏡は煒煌として、明らかに先代を覩(み)たまひき」

い-こう【維綱】〘名〙おおづな。おおもと。根本基準。＊管子-禁蔵「得二天之時一而為レ経、得二人之心一而為レ紀、法令為二維綱一、吏為二網罟一」

い-こう【遺功】〘名〙死後に残されたてがら。故人の残した功績。遺勲。＊破垣(1901)〈内田魯庵〉二「亡父が曽て国事に奔走した遺功と己れが暫らく元老諸公の帷幕に参画した功労とで」＊後漢書-馮異伝「将下及二景風一、章二叙旧徳一、顕中兹遺功上焉」発音イコー〈標ア〉0〈京ア〉0

い-こう【遺行】〘名〙その人のいなくなった後まで残っているおこない。＊浮雲(1887-89)〈二葉亭四迷〉一・六「他の課長の遺行を数て暗に盛徳を称揚する事も折節はあるので」

い-こう【遺香】〘名〙物に残っているかおり。遺薫(いくん)。残香。余香。＊陸亀蒙-秋荷詩「盈盈一水不レ得レ渡、冷翠遺香向二愁人一」発音イコー〈標ア〉0

い-こう【遺構】〘名〙残存する古い建築物。また、昔の土木建築の構造や様式などを知る手掛かりとなる残存物。＊大和古寺風物誌(1943)〈亀井勝一郎〉唐招提寺「金堂は奈良時代の大寺の金堂の形式を伝へる唯一の遺構といはれる」＊雪の涯の風葬(1969)〈高井有一〉一〇「全周約十米の楕円の遺構を発掘した」＊杜甫-玉華宮詩「不レ知何王殿、遺構絶壁下」発音イコー〈標ア〉0

い-こう【遺誥】〘名〙後の人に残したいましめ。また、君主が生前言い置いた、民に告げることば。＊泰西国法論(1868)〈津田真道訳〉三「君主薨逝する時は〈略〉或は又其遺誥特詔に因て継嗣を変更し得たり」＊高允-鹿苑賦「覩二天規于今日一、尋二先哲之遺誥一」

い-こう【遺稿】〘名〙発表されないまま死後に残された原稿。＊羅山先生文集(1662)五〇・五山文編序「余閲二経子史集一之暇、偶見二本朝詩人文人及五山禅林之遺稿一」＊書言字考節用集(1717)七「遺稿 ヰカウ」＊随筆・南嶺遺稿(1757)跋「曩門人梓二南嶺子一、今也拾二其余一而為二遺稿一」＊洒落本・部屋三味線(1789-1801頃)序「此草紙は妓女の遺稿なる事明(あきらけ)し」＊煤煙(1909)〈森田草平〉三二「今度その友の遺稿を出すについて、本屋との交渉も略(ほぼ)纏(まと)まったから」＊宋史-欧陽修伝「得二唐韓愈遺藁於廃書簏中一」発音イコー〈標ア〉0〈京ア〉0 辞書書言・言海 表記遺稿(書・言)

い-こう【遺蝗】〘名〙地下にのこされた、いなごの幼虫。大雪が降るとさらに深くもぐるという。＊黄葉夕陽邨舎詩-前編(1812)二・雑詩三首・一「祁寒養二麦根一、大雪瘞二遺蝗一」＊蘇軾-雪後書北台壁詩・其二「遺蝗入レ地応二千尺一、宿麦連雲有二幾家一。〈王十朋注〉蝗遺二子於地一、若雪深一尺、則入レ地一丈」

い-こう【縊孔】〘名〙首をくくった縄のあと。縊痕(いこん)。＊多甚古村(1939)〈井伏鱒二〉オキヌ婆さんの件「溢血点といひ、首の縊孔といひ、縊死に間違ひないです」発音イコー〈標ア〉0

い-こう【緯候】〘名〙(「緯」は「緯書」、「候」は「尚書中候」。経書に付随して作られた一連の予言書)吉凶、禍福、符瑞、予言に関することなど。讖緯学(しんいがく)。＊本朝文粋(1060頃)七・奉菅右相府書〈三善清行〉「緯候之家、創二論於前一、開元之経、詳二説於下一」＊後漢書-方術伝・序「至二乃河洛之文、亀龍之図、箕子之術、師曠之書、緯候之部、鈐決之府、皆所下以探二抽冥賾一、参中験人区上、時有二可レ聞者一焉」

い-こう【懿行】〘名〙(「懿」はうるわしい意)美しく良い行ない。＊童子問(1707)下・三六「但於二古今之大治乱、大機会、大成敗、及賢人君子讜論懿行一、須二歴記取一」＊唐書-柳玭伝「実芸懿行、人未二必信一」

いこう〘名〙(「こえ(声)」の倒語「えこ」の変化したものか)声をいう、てきや、盗人仲間の隠語。〔隠語輯覧(1915)〕

いこ・う【憩・息】【一】〘自ワ五(ハ四)〙息をつぐ。休息する。休憩する。＊霊異記(810-824)上・二〇「車を駕(か)け薪を載せ、憩(イコフ)こと无(な)く駈(おひつか)はれ〈興福寺本訓釈 憩 伊己不己止〉」＊班子女王歌合(893頃)「夏草も夜の間は露にいこふらむつねに焦(こが)るるわれぞ悲しき」＊新撰字鏡(898-901頃)「鮎 息也 止之息也 又伊己不也」＊大唐西域記長寛元年点(1163)三「苦行して昼夜に精勤して寧息(イコフ)に遑あらず」＊寛永刊本蒙求抄(1529頃)五「ちといかわうと思ふが、其ならば我汝を呼う時に、答て諾といへ、調法せうと云ぞ」＊湯葉(1960)〈芝木好子〉「良人の抱擁に心から憩って陶酔したことも蕗にはなかったように思われた」【二】〘他ハ四〙いこうようにする。休息させる。安らかにする。＊地蔵十輪経元慶七年点(883)一「苦を息(イコヒ)、安楽を獲たまひつ」＊日本開化小史(1877-82)〈田口卯吉〉二・四「常に凌蔑せられたる農商も、始めて気息を伸べ肩を息ふを得て」【三】〘他ハ下二〙【二】に同じ。＊書紀(720)継体一〇年五月(前田本訓)「慰(イコヘ)問ふこと慇懃(ねむごろ)なり」＊書紀(720)仁徳四年三月(前田本訓)「今より以後、三年に至るまでに、悉に課役(おほせつかふこと)を除(や)めて、百姓の苦を息(イコヘ)よ」＊今昔(1120頃か)二八・三八「国の政(まつりごと)をも息(いこ)へ、物をも吉く納めさせ給て」＊海道記(1223頃)序「木々の下には下ごとに翠帳を垂て行客の苦をいこへ」語源説(1)イキカフ(息生)の義〔和語私臆鈔・名言通・和訓栞〕。(2)イキオフ(息生)の略転〔言元梯・大言海〕。(3)イキハフ(気生)の転〔音幻論＝幸田露伴〕。(4)息の義のイコを活用したもの〔国語溯源＝大矢透〕。(5)イキツキアフ(息突合)の約〔日本語原学＝林甕臣〕。(6)イキコフ(息乞)の義〔菊池俗言考〕。発音文イコーとも〈なまり〉ヨク〔大隅〕ヨクー〔佐賀〕ヨクウ〔鹿児島〕ヨコフ〔福岡〕〈標ア〉コ〈ア史〉平安○○◐【三】は鎌倉『いこふる』○○○●〈京ア〉0 上仮名イコフ 辞書字鏡・色葉・名義・和玉・文明・易林・日葡・書言・ヘボン・言海 表記休(色・名・玉・文・易)息(色・名・玉・文・書・言)憩(色・玉・文・書・へ)愒(字・色・名)鮎(字・名)頣・活・慰・塈(色・名)憇(書・言)歇・偈(名・玉)穏(色)呬・肆・掲・栖・労・態・舣・憩(名)鮎(玉)棲息(書)

同訓異字【憩・息・休】
【憩】(ケイ)ある場所にとどまってやすむ。「休憩」「小憩」《古 いこふ・やすむ・いきつく》
【息】(ソク)息をする。転じて、活動をやめてやすむ。「安息」「休息」《古 いこふ・やすむ・いたはる・やむ》
【休】(キュウ)物事をやめ、やすみいこう。「休日」「休息」「休憩」「帰休」《古 やすむ・いこふ・やむ・とどまる》

い-ごう【位号】〘名〙身分上の地位を示す称号。＊続日本紀-大宝元年〔701〕三月甲午「始依二新令一、改二制官名位号一」＊遣唐船(1936)〈高木卓〉九「鑑真が伝燈大法師の位号を以て東大寺から迎へられるや」＊漢書-元后伝論「位号已移二於天下一、而元后巻巻猶握二一璽一」発音イゴー〈標ア〉イ

い-ごう【異号】〘名〙別の呼び名。別名。別称。＊評判記・色道大鏡(1678)一「香車(きょうしゃ)は、一筋にむかふへ行(ゆく)がゆへに、異号を鑓(やり)といへば、是になぞらへて、遣手を香車といひ来れり」発音イゴー〈標ア〉イ

い-ごう【移郷】〘名〙律に規定された刑罰の一つ。本貫(ほんがん＝本籍)の地を追われて他郷に移されること。人を殺して死罪に当たる者が、恩赦にあってその刑を免れた場合などに行なわれる。＊続日本紀-慶雲四年(707)七月壬子「前後流人非二反逆縁坐一、及移郷者、並宜二放還一」＊律(718)賊盗・移郷条「凡殺レ人応レ死。会レ赦免者移郷」＊今昔(1120頃か)二三・一三「請戦たる維衡が罪軽(かろ)し、移郷一年可壬(あたるべ)し〈略〉維衡をば淡路の国に被移郷ぬ」

い-ごう【意業】〘名〙仏語。三業の一つ。心の働き、活動。心にこうしようと思うこと。心業。＊往生要集(984-985)大文四「第三作願門者、以下三門。是三業相応之意業也」＊撰集抄(1250頃)一・五「是ぞ三業の中の意業の行に侍れば、百千無量の仏塔をつくらんにはすぐれやし侍らん」＊ロドリゲス日本大文典(1604-08)「サンゴウ、すなはちシンゴウ、クウゴウ Ygô (イゴウ)」＊勝鬘経-摂受章「守二護六根一、浄二身、口、意業一」発音イゴー〈標ア〉イ 辞書易林 表記意業(易)

いごう〘名〙中風などにかかって、口のゆがんでいること。また、そのような容貌。＊かた言(1650)五「中風いごうといへるは異口(ゐこう)の字(じ)にや」＊仮名草子・東海道名所記(1659-61頃)六「瘡毒うちに責ては筋ちぎれ、骨くじけて、いごう引つり、かなつんぼうになりつつ」方言❶中風などにかかって、口のゆがんでいること。また、その口やその人。◇よんごぐち〔―口〕長崎市053 熊本県天草郡936 ◇よごぐち 熊本県玉名郡058 ◇よごうぐち 熊本県下益城郡930 ❷口をゆがめたしかめ面。◇いご 愛媛県北宇和郡・宇和島市840 ❸ゆがんだもの。◇よんごう 佐賀県887

いこう-ざお【衣桁棹】〘名〙衣桁の代わりに用いる棹。＊雑俳・住吉おどり(1696)「野がけかな・並

木そのまま衣桁ざほ」 発音イコーザオ〈標ア〉コ

いごう-せんすいかん【伊号潜水艦】〘名〙旧日本海軍における水上基準排水量一〇〇〇トン以上の潜水艦。一等潜水艦。 発音イゴーセンスイカン〈標ア〉イ

いこう-どうおん【異口同音】〘名〙「いくどうおん（異口同音）」に同じ。＊文明本節用集（室町中）「異口同音 イコウトウヲン」＊日葡辞書（1603-04）「Icôdôuonni（イコウ ドウヲンニ） ユウ」 辞書文明・日葡 表記異口同音（文）

いこう-びょうぶ【衣桁屏風】〘名〙衣桁二つ以上を蝶番（ちょうつがい）で屏風のようにつらねたもの。ゆこうびょうぶ。 発音イコービョーブ〈標ア〉ビョ

いこう-ぶ【囲口部】〘名〙原生動物繊毛虫類の食物をとり入れる体表のくぼみの部分。囲口部の壁面に生えている繊毛で水流をおこし、その奥にある口から咽頭へ食物を送る。 発音イコーブ〈標ア〉コ

いこう-みょうあん【惟高妙安】室町後期の臨済宗の僧。別号懶安。近江の人。法を相国寺の瀑岩等紳に嗣ぐ。景徐周麟を始め多くの学僧に参じて仏書・詩文を学び、若くからその学才を称讃された。山名・尼子両氏に招かれて長く伯耆・出雲に留まり、後に相国寺九十世の住持や鹿苑僧録を勤めた。著に「詩淵一滴（詩学大成抄）」「玉塵（玉塵抄）」など。文明一二～永禄一〇年（一四八〇～一五六七）

イコール〘名〙（英 equal）《イクオル・エコール》①数学で、等しいことを表わすのに用いる記号「=」の読み方。等号。「a=b（a イコール b）」＊野の花（1901）〈田山花袋〉八「人間にはヒュマニティといふ者が有るんだからな。数学の一プラス一イクヲル二といふやうな訳には行かないからな」＊青の時代（1950）〈三島由紀夫〉一一「三割四分マイナス一割九分イコオル一割五分」②（形動）等しいこと。同じであるさま。＊欅の芽立（1936）〈橋本英吉〉二「要助は、新家と同一人格なのだ。要助エコール新家なのだ」＊文学読本・理論篇（1951）Ⅱ・現代日本小説〈平野謙〉「私小説も心境小説もひとしく現実処理イクォル芸術処理という一元的な立場にたっていた」 発音〈標ア〉コ〈京ア〉コ

いごか・す【動】〘他サ五（四）〙（「うごかす（動）」の変化した語）位置や状態を変える。また前後左右などに揺らす。＊御伽草子・浦風（室町時代物語集所収）（室町末）「さらに、いこかしたてまつるべき、きしょくも、なかりければ」＊狂言記・因幡堂（1700）「どうでも、いごかす事でもない」＊浮世草子・世間娘容気（1717）三「娘をそばに引付置、一寸もいごかさず」＊滑稽本・浮世風呂（1809-13）前・下「此方（こっち）の駒まで動（イゴカ）して、大きにお世話な事（こっ）た」 発音イゴカス〈標ア〉カ

いこ-かわ〘副〙（「かわ」は接尾語）「いっこかわ」に同じ。＊浄瑠璃・歌枕棣棠花合戦（1746）三「扨と、ヲヲ供の者が来たら、回廊へむけて来いといへ。急度申渡したと、いこかは社へ入る跡より」＊浄瑠璃・忠孝大礒通（1768）五「『アイ大礒からでござります。お返事遣はされますなら。明日（あす）の廻りに寄ります』と。云捨いこかは立帰る」

いごき【動】〘名〙（「うごき（動）」の変化した語）①動くこと。＊評判記・たきつけ草（1677）「とこに、ひたひたともってきたるいき、いやはやとかふいごきのとらるることではない」＊浄瑠璃・大経師昔暦（1715）下「ヲヲいごきもしませぬと約束かたき、銀がかたきと知らざりし身のなるはてぞ浅ましき」②地震をいう盗人仲間の隠語。〔隠語輯覧（1915）〕 方言❶（主人が変動するところから）月に五日、一〇日と日を限って雇われる者。島根県石見725 ◇いごきにん〔―人〕島根県益田市725 ❷一定した数家を回って稼ぎをなす者。山口県阿武郡795 ❸働き手。◇いごきて 静岡県磐田郡546 宮崎県東諸県郡954 ❹葬式などの手伝い人。◇いのきて 静岡県周智郡521 発音イゴキ〈標ア〉キ 辞書言海 表記動（言）

いごき が 取（と）れぬ どうにもならない。取り扱いに困る。うごきがとれない。＊歌舞伎・いとなみ六方（1674頃）「八まんいごきがとられ申さぬ」＊浮世草子・好色敗毒散（1703）一・二「顔の異風なるも、是が道具の景ぢゃと、奔走したまふべけれども、かけ離れたる人の評判にはいごきのとれぬ物なり」

いごき-なき【動泣】〘名〙働きながらぶつぶつ不平をいうこと。うごきなき。＊滑稽本・浮世床（1813-23）初・下「口答へばっかりして、動啼（イゴキナキ）をする野郎よ」＊落語・繋馬雪の陣立（1898）〈六代目桂文治〉「何故然（さ）うお前動（イゴ）き泣きするのだへ。夫れは奉公人根性と云ふ者だ」

いごき-まわ・る【動回】〘自ラ五（四）〙あちこち移動して歩く。うごきまわる。＊多情多恨（1896）〈尾崎紅葉〉前・一一「亭主は動（イゴ）き廻るから魚だ、内君（おかみさん）は澄してゐるから水だらう」 発音イゴキマワル〈標ア〉0ワ

いこぎ-むか・う【漕向】〘自ハ四〙船を漕（こ）いで行ってめぐり合う。＊万葉（8C後）九・一七四〇「海（わたつみ）の 神の乙女に たまさかに 伊許芸趍（イコギむかひ） あひとぶらひ 言（こと）なりしかば〈虫麻呂歌集〉」

いこぎ-めぐ・る【漕回】〘自ラ四〙船を漕（こ）いであちこち移動する。こぎめぐる。＊万葉（8C後）一九・四一八七「布勢の海に 小船連並（つらな）め 真櫂（まかい）懸け 伊許芸米具礼（イコギメグレ）ば〈大伴家持〉」

いこぎ-わた・る【漕渡】〘自ラ四〙船を漕（こ）いで渡る。こぎわたる。＊万葉（8C後）八・一五二〇「朝凪（あさなぎ）に い掻き渡り 夕潮に 伊許芸渡（イコギわたり）〈山上憶良〉」＊万葉（8C後）二〇・四四〇八「海原の 畏き道を 島伝ひ 伊己芸和多利（イコギワタリ）て あり廻（めぐ）り〈大伴家持〉」

い-こく【夷国】〘名〙えびすの国。未開国。＊海道記（1223頃）池田より菊川「闘乱の乱将は花域（くゎゐき）より飛て、合戦の戦士は夷国より戦ふ」 発音〈標ア〉イ 辞書書言 表記夷国（書）

い-こく【威克】〘名〙相手を抑えつけて勝つこと。＊仮名草子・智恵鑑（1660）四・膽智部「一つに威克（イコク）といへるはつよみをあらはしてかつの智也」

い-こく【異国】〘名〙よそのくに。外国。とつくに。＊玉葉‐承安二年（1172）九月一七日「異国定有ㇾ所ㇾ言歟、可ㇾ恥可ㇾ恥」＊水鏡（12C後）中・四四代「このころならばかたおもふきに、異国の人にいちのあひ給なきことなりなどぞそしり申さまし」＊平家（13C前）五・都遷「きさき神功皇后御世をうけとらせ給ひ、〈略〉異国のいくさをしづめさせ給ひて後」＊浮世草子・世間胸算用（1692）四・四「ひそかに唐人をかたらひ、『何と異国（イコク）にかはりたるものはないか』といへば」＊小学読本（1873）〈田中義廉〉二「人々が、遠き異国に行くは、皆其国人と、貿易をなして、我国の利益を、得んと、欲するなり」＊李陵‐答蘇武書「遠託二異国一、昔人所ㇾ悲」 発音〈標ア〉0イ〈京ア〉0 辞書下学・文明・易林・日葡・書言・言海 表記異国（下・文・易・書・言）

いこく の 鬼（おに）となる 外国の地で死に、葬られる。＊妾の半生涯（1904）〈福田英子〉二・四「儂（のう）今仮令（たと）ひ異国の鬼となるも、事幸ひに成就せば、儂平常の素志も、彼等同志の拡張する処ならん」

い-こく【移刻】〘名〙時刻が移ること。時間が過ぎること。また、その時間。 発音〈標ア〉0

いこく〘副〙方言❶ひたむきなさま。岐阜県498 青森県津軽075 ❷何もかも一緒なさま。青森県上北郡074 津軽075 岩手県気仙郡100 ❸なんとなく。島根県江津市725 ❹必ず。きっと。島根県那賀郡725

い-こ・ぐ【―漕】〘他ガ四〙（「い」は接頭語）船を漕ぐ。→いこぎむかう・いこぎめぐる・いこぎわたる。＊万葉（8C後）一九・四二五四「磐船（いはふね）浮かべ 艫（とも）に舳（へ）に 真櫂（まかい）繁貫（しじぬ）き 伊許芸（イコギ）つつ〈大伴家持〉」 発音イコグ〈標ア〉コ

いご・く【動】〘自カ五（四）〙（「うごく（動）」の変化した語）位置や状態が変わる。また、前後左右などに揺れる。＊虎明本狂言・昆布売（室町末‐近世初）「いやいごかぬ」＊延宝八年合類節用集（1680）「動 いごく」＊浮世草子・新色五巻書（1698）三・四「埒（らち）明（あか）ぬ内はいかないかないごく者ではない」＊浄瑠璃・薩摩歌（1711頃）夢分舟「門より外へ一寸も出しはせぬぞ。いごくな」 方言働く。東京都青ケ島323 和歌山県那賀郡696 ◇いごこ 東京都利島323 発音イゴク〈標ア〉ゴ 辞書言海 表記動（言）

いこく-けいご【異国警固】〘名〙文永一一年（一二七四）の蒙古襲来の後、鎌倉幕府がその再襲に備えて九州の御家人に課した沿岸警備義務。また、警備すること。建治元年（一二七五）幕府は九州御家人には京都大番役を免除して、一定期間交替で九州要地の沿岸を警備させた。異国警固番役。蒙古番役。＊歴代鎮西要略‐三・弘安三年（1280）九月一二日「少弐経資在判牒曰、異国警固右築地、袖浜内弐丈五尺被ㇾ築終之条承畢、又曰異国警固博多番役事、自二八月廿七日一至二九月十二日一被二勤仕一畢」＊新編追加‐弘安九年（1286）七月二五日（中世法制史料集一・追加法五九六）「異国警固不二落居一之程者、不ㇾ可ㇾ譲二女子一、無二男子一者、以二親類一為二養子一、可ㇾ譲ㇾ之」 発音イコクケイゴ〈標ア〉ケ

いこくけいご-ばんやく【異国警固番役】〘名〙異国警固をする役。

いこく-ご【異国語】〘名〙外国の言葉。外国語。＊ボール紙の皇帝万歳（1927）〈久野豊彦〉「実に夥（おびただ）しく、ばらまかれた異国語の中にあって、一斉射撃をすることになってゐたのである」＊チャンス（1946）〈太宰治〉「チャンスといふ異国語はこの場合、日本に於いて俗に言はれる『ひょんな事』『ふとした事』『妙な縁』『きっかけ』『もののはずみ』などといふ意味に解してもよろしいかと思はれるが」 発音イコクゴ〈標ア〉0

いこく-ごしゅいんちょう【異国御朱印帳】〘名〙江戸時代初期、幕府が海外渡航の船舶に許可証として下付した御朱印状の、年月、姓名およびその他の事項を集録してある帳簿。

いこく-しゅみ【異国趣味】〘名〙①物珍しい外国の風物、物事から感じとられるおもむき、味わい。また、それをあこがれ好むこと。エキゾチシズム。＊江戸から東京へ（1921）〈矢田挿雲〉四・五「和蘭公使館、聖路加病院等を中心とせる異国趣味（イコクシュミ）が新喜楽や瓢屋の日本趣味とは全然別途の姿を見せてゐる」＊自由学校（1950）〈獅子文六〉自由を求めて「顔も、南洋型の眼鼻立ちで、野性に富んでる上に、戦後的な異国趣味をも満足させた」②芸術上、日常の世界から遠くはなれた外国の人物、事象に取材して、非通俗的、あるいは非現実的美などの表現の手段とすること。エキゾチシズム。 発音〈標ア〉シュ

いこく-じょうしょ【異国情緒】〘名〙「いこくじょうちょう（異国情調）」に同じ。 発音イコクジョーショ〈標ア〉ジョ〈京ア〉ジョ

いこく-じょうちょ【異国情緒】〘名〙「いこくじょうちょう（異国情調）」に同じ。＊月は東に（1970-71）〈安岡章太郎〉一「あの異境の町の重苦しい生活が、はやくも〝過去〟の中でハイカラな異国情緒の色どりだけになって見えているのだろうか」＊がらくた博物館（1975）〈大庭みな子〉よろず修繕屋の妻「前にも言ったが、異国情緒の中で人々が何やらわかるように感じてよい気分になるのは主として性的な霊感といっ

たものであるから」 発音イコクジョーチョ〈標ア〉ジョ〈京ア〉ジョ

いこく-じょうちょう【異国情調】〘名〙いかにも外国らしい風物がつくり出す雰囲気（ふんいき）や気分。異国情緒。エキゾチシズム。＊訂正増補や、此は便利だ(1918)〈下中芳岳〉五・一「異国情調（イコクジャウテウ）Exotic mood 外国の目新しき風物を借り来ったが為に、その作品の中に味はるる新しき気分」＊或る女(1919)〈有島武郎〉前・五「眼の前に異国情調の豊かな贅沢品を見ると、彼女の貪慾は甘いものを見た子供のやうになって」＊読書放浪(1933)〈内田魯庵〉銀座と築地の憶出・三「市松格子の色硝子戸や、軒や廊下に釣るした南京玉作りの絵硝子の燈籠は神風楼の錦絵を懐はせる異国情調を味はせて当時の文明開化人を喜ばした」発音イコクジョーチョー〈標ア〉ジョ〈京ア〉ジョ

いこく-じん【異国人】〘名〙①外国人。他国の人。異人。いこくもの。いこくびと。＊九冊本宝物集(1179頃)二「山の春永が異国人をちうせし」＊幸若・ほり川(室町末-近世初)「しらぬはいこく仁かなとて」＊日葡辞書(1603-04)「Icocujin（イコクジン）」＊政談(1727頃)一「平人と別境界に隔たる者夥しくなるは、異国人を連来りて夥しく御城下に放し置が如し」＊続歌舞妓年代記(1907)二七・嘉永六年「彼我たねを身に宿し兄梶作が家にかへり産おとせしは則汝。され共異国人の種を恥」②普通とちがう人。変人。異人。＊曾我物語(南北朝頃)六・弁才天の御事「あまりの辞退はいこくじん、異体は御免候へ」語誌江戸時代には「外国の人」を表わす語として用いられたが、開国の頃から公文書などでは「外国人」という呼称と急速に交替するようになる。庶民の間では引き続き使われたものの、「異人」の方が多く使われた。「日本大辞書」(一八九三)では、「異国人」について、「この語やや今日は廃語となる」との注記がなされ、明治中期以降、ほとんど使われなくなる。発音〈標ア〉ク〈京ア〉ク 辞書日葡・言海 表記異国人(言)

いこく-せん【異国船】〘名〙日本船に対する外国の船。江戸時代にはすべての外国船の称であったが、通交を許されていたオランダ船、唐船、朝鮮船を除く外国船の意に使う場合が多い。異船。いこくぶね。＊財政経済史料-三・経済・外国通商・抜荷取締・正徳四年(1714)八月「異国船より抜荷を買取候金元を致、人を雇候而抜荷仕候者有之由相聞候間」＊随筆・文会雑記(1782)三・下「土州南海に臨める国ゆへ、異国船の来りしに守禦の備なり、南海は至て荒海ゆへ、古より船軍等のことは聞へず」＊近世紀聞(1875-81)〈条野有人〉初・一「浦賀湊へ異国船（イコクセン）四艘渡来せり」発音〈標ア〉0 辞書言海 表記異国船(言)

いこくせんうちはらい-れい【異国船打払令】江戸後期、文政八年(一八二五)に出された外国船追放令。見つけしだい鉄砲を使って追い払い、上陸するものは逮捕、打ち殺すことと命じたが、徹底しないまま、天保一三年(一八四二)廃止された。無二念打払令。文政打払令。発音イコクセンウチハライレイ〈標ア〉イ2

いこく-てき【異国的】〘形動〙外国のような感じのするさま。いかにも外国らしい味わいをもつさま。エキゾチック。＊暴君へ(1916)〈有島生馬〉「あなたの寛服の胸の異国的な一種の香が鼻をつくので」＊旅日記から(1920-21)〈寺田寅彦〉四「こんな些細な事でも自分の異国的情調を高めるに充分であった」発音〈標ア〉0〈京ア〉0

いこく-ばなし【異国話】〘名〙ある外国についての話。＊安土の春(1926)〈正宗白鳥〉二「先日（こないだ）も愛智川べりへ鷹狩りに行った帰りに南蛮の寺へ寄って、伴天連（バテレン）どもの異国話を聞いたので、ひどく面白い思ひをしたのだが」発音〈標ア〉バ

いこく-ばり【異国張】〘名〙江戸時代に行なわれた洗い張り仕上げの一方法。元来、舶来品を洗い張りする特殊な方法であったものが、広く一般に行なわれ、文化、文政頃(一八〇四~三〇)から特に江戸で流行した。異国洗い張り。＊滑稽本・客者評判記(1811)中「麻（しつけ）のかかった着物もちと流行に後れたやつだ。しかも異国張（イコクバリ）にかけたやつだらう」＊雑俳・柳多留-一四二(1835)「紺屋の笑ふ天草の異国張り」辞書言海 表記異国張(言)

いこく-びと【異国人】〘名〙「いこくじん（異国人）」に同じ。＊読本・椿説弓張月(1807-11)続・拾遺考証「天龍地龍の社あり。是を天妃（てんはい）といふ。今異国人（イコクビト）の菩薩と称ふるは是也」発音〈標ア〉ク

いこく-ぶね【異国船】〘名〙「いこくせん（異国船）」に同じ。＊俳諧・西鶴大矢数(1681)第三「はやり吸啜（キセル）に松は煙りて 初時雨其日は懸る異国舟」＊浮世草子・日本永代蔵(1688)五・一「国々の商人爰に集る中に京大坂江戸堺の利発者共万を中くくりにして雲をしるしの異国船（ヰコクブネ）になげかねも捨（すたらず」発音〈標ア〉ブ

いこく-もの【異国者】〘名〙「いこくじん（異国人）」に同じ。＊歌謡・松の葉(1703)二・恋ごころも「わけよきを知らぬはゐこくものかなと」発音〈標ア〉0

い-ごこち【居心地】〘名〙ある場所や地位にいるときの気分、ぐあい。腰を落ちつけた時の感じ。住みごこち。居心（いごころ）。＊疲労(1907)〈国木田独歩〉「常旅宿となると矢張居心地（ヰゴコチ）が可いからサ」＊生(1908)〈田山花袋〉一八「衝突はするものの、それがまた不愉快で居心地が悪い」＊或る女(1919)〈有島武郎〉後・四五「そこは伝染病室とは比べものにならない位新式の設備の整った居心地のいい所だった」発音イゴコチ〈標ア〉0 チ ゴ〈京ア〉ゴ

い-ごころ【医心】〘名〙医術の心得。＊俳諧・大坂独吟集(1675)下「医者は医心又あだ心 付さしも過るを以毒ならし〈悦春〉」＊浮世草子・椀久二世(1691)上・見ぬ世の人にあいまして「此（この）ごふく屋すこし医心（イココロ）有て」＊雑俳・柳多留-一(1765)「医心の有て女房事にせす」発音イゴコロ〈標ア〉ゴ

い-ごころ【居心】〘名〙「いごこち（居心地）」に同じ。＊俳諧・俳諧新選(1773)三・秋「一つ家の居心とはん花野原〈天露〉」＊其面影(1906)〈二葉亭四迷〉二四「お奥も左程居心の悪くなくなった五日目の晩に」＊侏儒の言葉(1923-27)〈芥川龍之介〉天才「天才の悲劇は『小ぢんまりした、居心の好い名声』を与へられることである」発音イゴコロ〈標ア〉ゴ

いご-さらし【一晒】〘名〙（「いご」は、エゴノリのことか）イゴという海草を乾してさらし、寒天のようにした食品。東日本では盆の供物として欠かせないもので、煮溶かしたのを丸い鏡状にして供える。発音イゴサラシ〈標ア〉サ

い-こし【居越】〘名〙連日、よそに泊まって自宅に帰らないこと。特に遊里に連日泊まること。いつづけ。＊観延政命談(1803)二・三「番に出られると、毎日居こしと見へて、一向うちへ帰らるる事はなし」

い-こし【射越】〘名〙矢や弾丸を発射して、その物の向こうがわにまで飛ばすこと。＊信長公記(1598)一四「馬を乗りまはし候ても、射越の矢にあたらぬごとくに、まはれば二里が間、前後に築地高々とつかせ」発音〈標ア〉0

い-こじ【意固地・依怙地】〘名〙〘形動〙（「えこじ（依怙地）」の変化したものとも、「いきじ（意気地）」の変化したものともいう）意地を張ってつまらないことに頑固なこと。また、そのような性質やそのようなさま。かたいじ。えこじ。＊洒落本・婦身嘘(1820)居続宵汼の段「そんなにたのんできたものを、かさねへといっては いこじのよふだ、いってくるがいい」＊二人女房(1891)〈尾崎紅葉〉中・五「繁々（しげしげ）は行きかねる。行きかねるほど意固地（イコヂ）に念（おもひ）は増す」＊義血侠血(1894)〈泉鏡花〉八「人間といふものは意固持（イコヂ）なもんだ」＊其面影(1906)〈二葉亭四迷〉六四「姉様は今一寸意固地（イコヂ）になってるから、話が纏まらない」方言意地悪。栃木県那須郡197 発音〈標ア〉0〈京ア〉イ 0

いこじ-しん【依怙地心】〘名〙意地っ張りで頑固な心。＊面白半分(1917)〈宮武外骨〉寧ろ悪を勧めよ「況して依怙地心（イコヂシン）の強い下品の人間共が、善を為せといはれても矢張り悪事を為るのは止むを得ないことである」発音〈標ア〉ジ

いご-してつ【囲碁四哲】〘名〙江戸時代の、特にすぐれた棋士といわれる本因坊元丈、安井知得仙知、井上幻庵因碩（げんなんいんせき）、本因坊秀和をさす。発音イゴシテツ〈標ア〉イ

いこじ-もの【依怙地者】〘名〙意地っ張りで頑固な人。＊当世書生気質(1885-86)〈坪内逍遙〉一二「彼奴（きゃつ）め、例の通り意地悪（イコヂ）ものだから」発音〈標ア〉0

いこ-じる〘動〙方言（「いこじ（意固地）」の動詞化か）❶我を張る。強情を張る。偏屈になる。すねる。群馬県吾妻郡218 長野県468 480 484 ◇えこじれる 静岡県榛原郡541 ❷差し出る。いばる。◇いこずる 福岡県築上郡872 ◇いこおずる 大分県下毛郡939

いこじ-わる・い【依怙地悪】〘形口〙文いこぢわる・し〘形ク〙意地悪く頑固である。＊洒落本・二筋道三篇霄の程(1800)三「むすめごへもいいきかせ得心の返答を聞てから薬も遣ましょといこじわるくいふを」＊俳諧・七番日記-文化一四年(1817)一一月「古郷は寒もいごぢわろき哉」方言毒々しい。岡山県真庭郡746 発音〈標ア〉ル

いこ・す【熾】〘動〙方言火をおこす。火勢を盛んにする。三重県松阪584 名張市586 滋賀県彦根609 京都府621 629 633 大阪府大阪市638 泉北郡646 兵庫県664 668 670 奈良県675 和歌山市691 岡山県児島郡763 徳島県809 香川県829 愛媛県840 大三島848 高知県862

い-こ・す【射越】〘他サ四〙矢や弾丸を発射して、物の上方を通過させる。矢や弾丸をその物の向こうがわにまで飛ばす。＊太平記(14C後)二八・慧源禅巷南方合体事「其の矢河の面（おも）て四町余を射越して、漢王の前に扣（ひか）へたる兵の鎧の草摺より引敷の板裏をかけず射徹し」＊日葡辞書(1603-04)「Icoxi, su, oita（イコス）」＊狂歌・堀河百首題狂歌集(1671)雑「武士の矢田野はながしためとものゆんぜいならば射こし給ん」発音〈標ア〉0 コ 辞書日葡

いこ・す〘他サ四〙（「よこす（寄越）」の変化した語）こちらへ渡す。＊咄本・さとすずめ(1777)兵筆の帳合「いせ屋から参りました。酒壱升いこして下さへ」＊滑稽本・東海道中膝栗毛(1802-09)四・上「コリャおさんおさん。だれぞはやう、いこしてくれぬか」方言❶先方からこちらに送ってくる。他から自分にくれる。尾張1020 新潟県佐渡358 岐阜県501 504 516 愛知県558 560 563 三重県度会郡599 京都府620 ◇いこせる 愛知県知多郡570 ❷渡す。与える。岐阜県飛騨502 ◇いこせる 愛知県知多郡570 ❸度を過ごす。奈良県吉野郡683

いこ・す〘自サ四〙（「こいす（恋）」の倒語か）恋する相手に、自分の気持をそれとなく知らせることをいう、てきや、盗人仲間の隠語。〔隠語輯覧(1915)〕方言❶ほれる。恋慕する。石川県金沢市062 岐阜県飛騨502 郡上郡504 愛知県名古屋市062 ❷有頂天になる。夢中になる。富山県高岡市395 ❸気が変である。精神に異常をきたす。岐阜県飛騨502 愛知県名古屋市562 ◇いくす 富山県婦負郡396 砺波398 石川県金沢市404 ◇くす 滋賀県愛知郡606 ◇おこす 広島県安佐郡771 ◇よこす 岐阜県大垣市498 ❹腐りかける。壊れかける。岐阜県飛騨502

愛知県名古屋市062　◇いくす 富山県高岡市395 石川県404　◇よこす 岐阜県安八郡498

い-こ・ず【―掘】〘他動〙（「い」は接頭語）根こそぎ掘り抜く。こず。＊万葉（8C後）八・一四二三「去年（こぞ）の春伊許自（イコジ）て植ゑしわが宿の若木の梅は花咲きにけり〈阿部広庭〉」＊琴歌譜（9C前）歌返「島国の 淡路の三原の篠 さ根掘（こ）じに 伊己之（イコジ）持ち来て」 補注 連用形の用例しかないので、活用は上二段か四段か不明だが、ザ行上二段か。

いこ・ず〘自ダ上二〙（終止形は普通「いこづる」の形をとる）意地っ張りで、頑固である。＊玉塵抄（1563）五五「狼は韻会の註に不二聴従一なりとあり。人にしたがわぬいこぢたことぞ」＊日葡辞書（1603-04）「Icogi, zzuru（イコヅル）。〈略〉Icogita（イコヂタ）ヒト」 辞書 日葡

い-こぞ・る【居挙】〘自ラ四〙多くの人が集まっている。一か所に皆が集まりそろう。＊発心集（1216頃か）八・聖梵永朝離山住南都事「興福寺の方には人おほく居こぞりて、いみじうにぎやかなり」＊舞姫（1906）〈与謝野晶子〉「おん舟に居こぞる人の袴より赤き紅葉の島さして来ぬ」 発音〈標ア〉ゾ

い-こつ【医骨】〘名〙医術の秘訣（ひけつ）。医道の心得。＊米沢本沙石集（1283）二・一「此の僧医骨（イコツ）も無りければ、万（よろづ）病に、藤の疣（こぶ）を煎じてめせ、とぞ教へける」＊庭訓往来（1394-1428頃）「此間持病再発、又心気・腹病・虚労等更発、旁以為二療治灸治一、雖レ相二尋医骨之仁一候ヒ」＊文明本節用集（室町中）「医骨 イコツ」 発音〈標ア〉イ 辞書 文明・饅頭・黒本・易林・日葡・書言 表記 医骨（文・饅・黒・易・書）

い-こつ【遺骨】〘名〙死者の骨。火葬などのあとに残った骨。ゆいこつ。＊思出の記（1900-01）〈徳富蘆花〉五・八「宇和島の土になりに行く一片の遺骨を送って」＊社会百面相（1902）〈内田魯庵〉矮人巨人・三「人は龍骨と称し或は〈略〉と云ってるが之れが即ちアンテアスの遺骨である」＊列仙伝‐上・甯封子「甯封子讃、鑠質洪鑪、暢二気五煙一、遺骨灰炉、寄二墳甯山一」 発音〈標ア〉0〈京ア〉イ／0

いこつ-ごそう【遺骨護送】〘名〙戦地などで亡くなった人の遺骨を原隊や実家に送り届けること。 発音 イコツゴソー〈標ア〉ゴ

いごっそう〘名〙 方言 ❶名利にとらわれず信念を貫く者。一徹者。頑固者。いっこく者。高知県050 862　◇えごっそ 徳島県811 海部郡823　◇いこっちょ 兵庫県淡路島671　◇いごつ 高知県862 高知市867 ❷気むずかし屋。かんしゃく持ち。　◇いごっそ 愛媛県北宇和郡854 高知県幡多郡870 ❸乱暴者。いたずらっ子。徳島県810 愛媛県宇和840　◇いご 愛媛県840 大三島848　◇いごすけ・いごはち・いごさく 愛媛県大三島848

いご-づれ【以後連】〘名〙先妻をなくした以後のつれあい。 発音 イゴズレ〈標ア〉0

い-ごて【射籠手】〘名〙騎射（うまゆみ）装束の一種。軍陣の片籠手（かたごて）のように、装束の左肩を脱いで弓手（ゆんで）に嵌（は）める布帛（ふはく）製の籠手の袋。犬追物所用を犬射籠手（いぬいごて）、狩猟用を狩の籠手という。弓籠手（ゆごて）。

射　籠　手〈石山寺縁起絵〉

いこなひめのみこと-じんじゃ【伊古奈比咩命神社】静岡県下田市白浜にある神社。旧県社。祭神は伊古奈比咩命ほか四柱。延喜式名神大社。白浜神社。五社明神。 発音〈標ア〉ジ

いご-ねり【―練】〘名〙（「いご」は、エゴノリのことか）イゴという海草をさらして練った食品。えごねり。 方言 いぎすを煮て溶かして薄く板上に延ばしたもの。切ってしょうゆを掛けて食べる。新潟県佐渡352　◇いご 新潟県見附市040

いこ・う【憩】 一〘自ハ四〙いこう。休息する。＊散木奇歌集（1128頃）秋「山里はいでいこのへるたもとに風そよめきて袖しほるなり」＊名語記（1275）九「いこのふといへる事、如何。いきのふ、をいこのふといひなせる歟。「慰 イコフ イコノフ」＊字鏡集（1245）「息延也」 二〘他ハ下二〙休める。＊延慶本平家（1309-10）六末・法皇小原へ御幸成る事「心少し落居して、人々も身をいこのへ心を延べて侍る程に」

いごの・う〘自ハ四〙「古事記‐中」に見える「伊能碁布」を諸本が誤って「伊碁能布」と伝えたところからの実在しない語。→いのごう（期剋）

イコノグラフィー〘名〙（フランス iconographie ドイツ Ikonographie）①古代学における肖像研究。②キリスト教美術で、一定の表現形式をもつ神学的意味を明らかにする学問。また、広義には仏教美術なども含む美術の形式にあらわれている内容を明らかにする学問。→イコン。 発音〈標ア〉グ

イコノロジー〘名〙（フランス iconologie）イコノグラフィーの成果に基づき、美術作品のもつ象徴的価値を解明する学問。図像解釈学。 発音〈標ア〉ノ

いご-ばん【囲碁盤】〘名〙碁を打つのに用いる台。碁盤。＊宇治拾遺（1221頃）三・五「湯舟に、湯桶を下にとりいれて、それが上に囲碁盤を、うら返して置きて、莚を引きおほひて」 発音 イゴバン〈標ア〉ゴ

い-こぼ・す【沃零】〘他サ四〙（「い」は「いる（沃）」の連用形）そそぎかける。＊今昔（1120頃か）一九・三「廁に居たるける音は楾（はんざふ）の水を沃泛（いこぼ）す様也」＊発心集（1216頃か）四・武州入間河沈水事「雨いこぼす如くふりて、おびたたしかりける夜中ばかり」 発音〈標ア〉0〈京ア〉ボ

い-こぼ・れる【居零】〘自ラ下一〙文 ゐこぼ・る〘自ラ下二〙その場からあふれるほど、多くの人が集まっている。座席にすわりきれなくなって、人が外にはみ出る。いあまる。＊平家（13C前）二・教訓状「其外諸国の受領、衛府、諸司なんどは、縁にゐこぼれ、庭にもひしとなみゐたり」 発音〈標ア〉レ〈京ア〉0 文『ゐこぼる』〈標ア〉ボ〈京ア〉0

いこま【生駒】 一奈良県の北西部の地名。生駒山東麓、富雄川・生駒川（龍田川）の上流域にある。宝山寺（生駒聖天）の門前町として栄え、第二次世界大戦後は大阪の住宅都市としても発展。高山茶筌（ちゃせん）の産地。昭和四六年（一九七一）市制。 二奈良県の北西端の郡。生駒山地と矢田丘陵の間にある。明治三〇年（一八九七）平群（へぐり）郡と添下（そえしも）郡が合併して成立。 発音〈標ア〉イ

いこま【生駒】姓氏の一つ。 発音〈標ア〉イ0

いこま-いし【生駒石】〘名〙奈良県生駒山付近から産出する硬質の花崗岩（かこうがん）。白みを帯びたものと黒みを帯びたものとがある。大阪地方で灯籠、手水鉢（ちょうずばち）、庭石などに用いる。 発音〈標ア〉マ

いこま-がみなり【生駒雷】〘名〙奈良県と大阪府との境にある生駒山地のあたりから起こる雷。＊浮世草子・貧人太平記（1688）下「あきしのや外山のみねに雲かかり、伊駒がみなり雨をささそひければ」 発音 イコマガミナリ〈標ア〉ガ

いこま-ざお【生駒竿】〘名〙天正一五年（一五八七）、佐々成政が肥後国（熊本県）に封ぜられた時、生駒小千（おせん）に命じて肥後国で行なった検地の称。＊農政座右（1829）二・検地「佐々伝記曰、天正十五年六月、秀吉公肥後国は佐々成政に賜りぬ。〈略〉国中の田畑を検地すべしとて、生駒小千（をせん）と云ものに竿を打せ、是までは何町何反といひしを、何石と究めける、土俗伝へて生駒竿と云ふ、一反三百六十歩なり」

いこま-そうどう【生駒騒動】江戸初期、讃岐国（香川県）高松の生駒家（一七万石）に起こったお家騒動。藩主高俊の暗愚に乗じて江戸家老前野助左衛門一派が藩政をほしいままにしたため、寛永一七年（一六四〇）国家老の生駒帯刀（たてわき）らが幕府に訴えた。高俊は一万石に減封され出羽国（秋田県）由利に配流、前野らは死罪となった。 発音 イコマソードー〈標ア〉ソ

いこま-たいまつひき【生駒松明引】〘名〙生駒山の宝山寺で、陰暦八月一一日に、ススキの穂で作った松明を車にのせて火をつけ、百姓たちが引き合った行事。引き寄せた方の畑には冬に虫が出ないといわれた。＊俳諧・新季寄（1802）八月「生駒松明引 十一日 芒の穂を松明にして大なる車にのせ南北の百性これに火をつけひきかちたる方、冬作に虫のなきといふ。やけのこりたる穂を田畠にさし置也」 発音〈標ア〉ツ イ＝ツ

いこま-やま【生駒山】大阪府と奈良県の境にある生駒山地の主峰。中腹に宝山寺（生駒聖天）、山頂には天文台、遊園地がある。金剛生駒紀泉国定公園の一部。標高六四二メートル。草香山（くさかやま）。鬼取山。＊万葉（8C後）一〇・二二〇一「妹がりと馬に鞍置きて射駒山（イこまやま）うち越え来れば紅葉（もみち）散りつつ〈作者未詳〉」＊万葉（8C後）一二・三〇三二「君があたり見つつも居らむ伊駒山（イこまやま）雲なたなびき雨は降るとも〈作者未詳〉」 発音〈標ア〉0 辞書 文明・天正・書言 表記 伊駒山（文・天） 生駒山（書）

い-こみ【射込】〘名〙魚、鶏の切身に切れ込みをいれて袋状につくり、中に他のものをつめたさしみ。また、野菜類をくりぬき、中にひき肉や卵などのつめものをする場合にもいう。 発音〈標ア〉0

い-こみ【鋳込】〘名〙溶かした金属を鋳型（いがた）へ流し込んで鋳物を製作すること。また、その方法。いだし。＊稿本化学語彙（1900）〈桜井錠二・高松豊吉〉「Casting Giessen, n 鋳込」 発音〈標ア〉0〈京ア〉0

いごみ〘名〙 方言 ❶土芥（どかい）の混じったもの。池や川の沈殿物。また、それらでよどんだ所。千葉県東葛飾郡276　◇えごみ 神奈川県津久井郡314　◇いぐみ 茨城県北相馬郡188 ❷出水によってたまった肥えた粘土。泥土。　◇えごみ 千葉県東葛飾郡280 神奈川県314 320　◇えぐみ 神奈川県中郡320

い-こ-み-き【已己巳己】〘名〙（相互の字形が似ているところから）互いに似ている物をたとえていう語。＊雑俳・柳多留‐一二二（1804）「已己巳己（イコミキ）のよふに廓の格子先」

い-こ・む【居籠・居込】〘他マ下二〙①大勢の者が狭いところに身をわりこませる。つめてすわる。＊紫式部日記（1010頃か）寛弘五年九月一〇日「今、里より参る人々は、なかなかゐこめられず、裳の裾、衣の袖わくらむかたも知らず」＊大鏡（12C前）六・道長下「ゐこめたりつる人もみなくづれいづるほどにまぎれて」②へやなどにとじこめる。拘禁する。幽閉する。＊梵舜本太平記（14C後）七・船上臨幸事「義綱則ち出雲へ渡て、塩冶判官を語ふに、塩冶如何思ひけむ、義綱をゐこめて置て、隠岐の国へ帰さず」 補注 紫式部日記の例は、「身を落ちつけてすわる」とする説や、「率込む」（つれこむの意）とする説がある。

い-こ・む【射込・射籠】 一〘他マ五（四）〙①矢または弾丸を、射て、ねらう物の中に入れる。射入る。＊平家（13C前）一一・弓流「ひゃうづばと射て、筈（はず）のかくるる程ぞゐこうだる」＊保元（1220頃か）中・白河殿攻め落す事「左の小耳の根へ、篦中（のなか）計（ばかり）射こまれたれば」＊太平記（14C後）三四・紀州龍門山軍事「僅なる谷底へ沓（くつ）の子を打たる様に引へたる中へ、差下して射こむ矢なれば」②（比喩的に用いて）光、視線、言葉などを、鋭く、突然、物や人に向かって放ち入れる。＊行人（1912-13）〈夏目漱石〉兄・四三「『二郎何とか云はないか』と励しい言葉を自分の鼓膜に射込（イコ）んだ」＊海に生くる人々（1926）〈葉山嘉樹〉四「その難波船に射込むやうな眼を投げて 発音〈標ア〉コ

ゐた」＊大道無門(1926)〈里見弴〉遠雷・三「そこへ、いきなり、紫の光が、ぱッと射込(イコ)まれた」［二］『他マ下二』①［一］に同じ。＊太平記(14C後)二二・畑六郎左衛門事「障子の板の外より肩崎へ射籠(コメ)られたりける白羽の矢一筋」②(網のついた)矢を射て網の中へ獲物をとじこめる。＊応永本論語抄(1420)述而第七「矢さきに網を付て射る時、風に吹れて口がひろがりて中へ鳥をいこめて後を自、口のしまるやうにしたる者也」 発音〈標ア〉[コ][0] 辞書易林・日葡・言海 表記射籠(易) 射込(言)

い-こ・む【鋳込】『他マ五(四)』金属を溶かして鋳型(いがた)の中に流し込む。＊米欧回覧実記(1877)〈久米邦武〉一・一二「鉛字を組立たる活版を、其摶泥(はにつち)の上に圧し、模型をなさしめて、鉛『アンチモニー』の和剤を、其模(いかた)に鋳込むなり」＊江戸から東京へ(1921)〈矢田挿雲〉七・八三「鐘は〈略〉寛永十三年九月二十八日の日附と大日本国武州江戸豊島郡湯島五台山源空寺開山円誉霊門の名を鋳込(イコ)み」 発音〈標ア〉[コ][0]〈京ア〉[0]

いこめ-お・く【居込置】『他カ四』部屋などにとじこめた状態にしておく。拘禁しておく。＊葉隠(1716頃)六「所の者押留、御文箱の火を消、居込置」 発音〈標ア〉[0][オ]

いこ-め・く『自カ四』(「いごめく」とも)自分の体を左右に動かして身振りをする。＊色葉字類抄(1177-81)「飆悠 イコメク」＊黒本本節用集(室町)「飆悠 イゴメク」＊日葡辞書(1603-04)「Icomeqi, u, eita (イコメク)〈訳〉ある方法、身振りをもって、自分の体を左右に動かす」 辞書色葉・文明・伊京・黒本・日葡 表記飆悠(色・黒) 飆然(文) 颸悠(伊)

いこ-も【炒粉―】『名』「いこもち(炒粉餅)」の略。

いこ-もち【炒粉餅】『名』(「いりこもち(炒粉餅)」の略)薩摩国(鹿児島県)鹿児島の名物。糯(もちごめ)と粗い糝粉(しんこ)を原料として、砂糖をかきまぜて練り、これを蒸して臼(うす)でつき、平たくのばして適当な形に切った餅菓子。いりこ。いこも。

いご-もち【伊吾餅】『名』小さくちぎって、餡(あん)、胡麻(ごま)、きな粉などをまぶした餅。寛政八年(一七九六)二月、江戸の芝泉岳寺の八相曼荼羅(まんだら)開帳とともに赤穂義士の遺物を見せた時、その門前の餅屋で、仮名手本忠臣蔵十段目、天川屋の丁稚(でっち)伊吾にちなんで売ったのがはじまり。＊狂歌・近世商賈尽狂歌合(1852)附録「伊吾餅 是は芝辺を商ふ。豆粉、黒胡麻、あん三色を餅につけ、一つ二文づつなり」＊歌舞伎・是評判伊吾同餅(1869)「伊吾よ、伊吾よとお子さま方が、皆御存じの伊吾餅(イゴモチ)は、本家本芝雑魚場(ざこば)が本元」 発音イゴモチ〈標ア〉[ゴ]

い-ごもり【斎籠・忌籠・居籠】『名』(「居籠」は当て字)けがれに触れないように物忌みをして家内に閉じこもること。特に、各地の神事で、正月の亥(い)の日から巳(み)の日までの間、家内にこもって祭りを待つ習俗。↓西宮(にしのみや)の忌籠り。《季・新年》＊実隆公記‐延徳二年(1490)九月一二日「今日親王御方月次御会也〈略〉伯卿依二斎籠一不レ参 云々」＊日次紀事(1685)正月「此月初申日至二亥朝一、和州杵森土人作二居籠(イコモリ)一」＊俳諧・誹諧通俗志(1716)時令・正月「ゐ籠り 九日 西宮」＊浮世草子・当世乙女織(1706)一・一「命からがら表を戸ざして、ときならぬ居籠(ヰゴモリ)、気のつきばらしのいっそ酒」 発音イゴモリ〈標ア〉[0]

いごもり-まつり【斎籠祭】『名』祭りの前の物忌みを主要行事とする祭り。氏子の厳重な忌籠りを特色とする祭り。兵庫県加古川市の日岡神社、京都府相楽郡精華町祝園(ほうぞの)、山城町棚倉、高知市一宮の土佐神社など類例が多い。＊摂津志(1735)九「大国主西神社 盤勒在二西宮村一。毎歳正月十日修二斎居(ヰコモリ)祭一。前日閉レ戸其一昼夜過二密声響一」 発音イゴモリマツリ〈標ア〉[マ]

い-こも・る【斎籠・忌籠】『自ラ四』(「いみこもる」の変化した語)けがれに触れないように、からだを清めて家または社寺の中にこもる。＊栄花(1028-92頃)玉の飾「内の大殿は、年頃造らせ給へるあたらし殿に渡らせ給ひて、いこもり給へりと聞ゆ」＊江家次第(1111頃)一九・殿上賭弓「前一日夜忌二籠可一レ然所一云々」＊山家集(12C後)上「ほととぎす卯月の忌(いみ)にいこもるを思ひしりても来鳴くなる哉」＊観智院本名義抄(1241)「斎籠 イコモル」 発音〈標ア〉[モ] 辞書色葉・名義・易林 表記斎籠(色・名・易)

い-ごや【居小屋】『名』方言❶炭焼き小屋。炭焼き人が寝泊まりする山小屋。岩手県気仙郡100 栃木県安蘇郡・上都賀郡198 新潟県佐渡356 福井県今立郡429 ❷そま小屋。奈良県吉野郡688

いこ-よか【岐嶷】『形動』(「いこ」は、「いか(厳)」と同じ意で、しっかりしていて立派な、の意)生まれつき、しっかりしていて立派なさま。幼少時のさまについていうことが多い。いややか。＊書紀(720)仁徳即位前(前田本訓)「大王(きみ)は風姿(みやび)岐嶷(イコヨカ)にましします」＊書紀(720)天武即位前(北野本訓)「生(あ)れましより岐嶷(イコヨカ)なる姿(みすがた)有り」 辞書言海

イコライザー『名』(英 equalizer)音声の録音・再生時に、音声信号の周波数特性を補正・変更するための電気回路。また、その装置。 発音〈標ア〉[ラ]

いこり-び【熾火】『名』赤くおこった炭火。熾(おき)。熾火(おきび)。＊鮫(1937)〈金子光晴〉鮫「コークスのいこり火のうへに」

いこ・る【熾】『自ラ四』(「おこる(熾)」の変化した語)火が炭にうつってさかんに燃える。おこる。＊太政官(1915)〈上司小剣〉六「かんてきの火の真赤にいこったやつを一つ火箸で挟んで」 方言❶火がおこる。火勢が盛んになる。福井県大飯郡447 滋賀県蒲生郡612 京都府629 633 大阪市637 兵庫県047 652 奈良県678 宇陀郡680 和歌山市691 島根県鹿足郡・邑智郡725 岡山県042 763 765 広島県709 771 779 香川県829 愛媛県840 大三島848 高知県862 ◇いかる 島根県石見725 ❷怒る。いきりたつ。腹を立てる。新潟県西頸城郡385 長野県北西部476 479 480 奈良県南大和683 愛媛県840 発音〈京ア〉[0]

いころ『名』方言❶身体の抵抗力。山口県大島801 ◇いこ 山口県豊浦郡798 ❷身体の勢い。元気。愛媛県840 高知県中村市864

いごろ『名』方言⇨いぐち

い-ころ・す【射殺】『他サ五(四)』矢を射あてて殺す。＊書紀(720)神代下(水戸本訓)「鳴声(ねなき)悪(あや)しき鳥、此の樹の上(すゑ)に在(を)り。射(イコロシ)つ可し」＊竹取(9C末-10C初)「つゆも、物空にかけらば、ふといころし給へ」＊観智院本三宝絵(984)上「必ず来たりむつれむを窃(ひそか)に構へて射殺さむと」＊雑兵物語(1683頃)下「足軽衆二人のうちでも、弭鑓で突殺たと、矢で射殺したとは、矢のかたが手柄は上だとおもふ」 発音〈標ア〉[0][ロ]〈京ア〉[0] 辞書日葡・書言・ヘボン 表記射殺(書・ヘ)

い-こん【恚恨】『名』いかりうらむこと。＊彼日氏教授論(1876)〈ファン＝カステール訳〉一四・二「若し生徒の為めに破損汚穢せらるるときは、亦恚恨なきこと能はず」＊漢書‐韋玄成伝「室家問二賢当一レ為二後者一、賢恚恨不レ肯レ言」

い-こん【異根】『名』植物「せきしょう(石菖)」の異名。＊文明本節用集(室町中)「異根 イコン 石菖蒲ノ名」 辞書文明 表記異根(文)

い-こん【意根】『名』(「意」は梵 manas 「根」は梵 indriya の訳)仏語。六根(ろっこん)の一つ。思量の働きをもつ器官。意識のよりどころ。＊伝光録(1299-1302頃)第一祖摩訶迦葉尊者「まさしく意根を坐断して鶏足山にいり、はるかに慈氏の下生をまつ」＊十善法語(1775)六「等虚空界の意根をうる、得失是非わが安立するところにしたがふ」＊彰所知論‐下「心法七界、謂六識及意根界」

い-こん【遺恨】『名』①残念に思うこと。思いをのこすこと。心残り。遺憾。＊田氏家集(892頃)下・春風歌「解二却畜懐一梅只爰、消二除遺恨一柳眉開」＊大鏡(12C前)六・道長下「遺恨のわざをもしたりけるかなとて、あまえおはしける」＊中右記‐大治二年(1127)六月九日「依二院仰一参入、殿上人十人許云々。予依二所労一不二参入一、甚遺恨也」＊無名抄(1211頃)「いる日をあらふといひ、月おちかかるといへる、いみじきことばなれど、むねこしの句をばえいひかなへず遺恨の事なり」＊陸機‐文賦「放二庸音一以足レ曲、恒遺恨以終レ篇」②恨み。忘れられない憎しみ。宿怨(しゅくえん)。＊康頼宝物集(1179頃)下「長者の妻急返て男を恨みて云く〈略〉年来又遺恨無して過つるに、如何に瓶の中に形好女を隠し置て」＊平家(13C前)一・鹿谷「家嫡(けちゃく)にてましましけるが、超えられ給ひけるこそ遺恨なれ」＊浄瑠璃・伽羅先代萩(1785)七「此義意根(イコン)の元とならば、終(つい)には両家の不和となって」＊人情本・貞操婦女八賢誌(1834-48頃)三・二八回「両個(ふたり)共行衛(ゆくゑ)知れねば、意根(イコン)は猶も晴れ難く、〈略〉怨みを報はんと思ふにぞ」＊後漢書‐王常伝「今得レ見二闕庭一、死無二遺恨一」 発音〈標ア〉[イ]〈ア史〉江戸◎○○〈京ア〉[イ] 辞書色葉・文明・伊京・明応・天正・饅頭・黒本・易林・日葡・書言・ヘボン・言海 表記遺恨(色・文・明・天・饅・黒・易・書・ヘ・言) 遺根(伊)

いこんを達(たっ)す 恨みをはらす。＊政基公旅引付‐永正元年(1504)七月七日「只源六宮内を高野へ相具して可レ達二其遺恨一之由彼順良申間」

イコン『名』(ラテン icon ドイツ Ikon)ギリシア正教のキリスト、マリア、聖人などの聖画像。→イコノグラフィー②。＊ソフィアの秋(1968)〈五木寛之〉三「その聖像画(イコン)は、〈ミネルバ茶房〉の影山さんからもらって来たものである」 発音〈標ア〉[イ]

い-ごん【遺言】『名』①「いげん(遺言)」に同じ。②法律で、人が、死亡後に法律上の効力を生じさせる目的で、遺贈、相続分の指定、認知などにつき、一定の方式に従って単独に行なう最終意思の表示。一般では「ゆいごん」という。＊民法(明治二九年)(1896)一〇六〇条「遺言は本法に定めたる方式に従ふに非ざれば之を為すことを得ず」 発音イゴン〈標ア〉[0]〈京ア〉[イ]/[0]

いこん-うち【遺恨討】『名』特別の恨みや意趣があって、人をうち果たすこと。意趣討ち。＊俳諧・文化句帖‐三年(1806)九月「是たからをうばふ盗人にもあらず、又、意恨打にもあらで、かかる災ひの起りけるは」 発音〈標ア〉[0][チ]

い-こんごう【藺金剛】『名』藺を材料として編んだ金剛草履(こんごうぞうり)。うらなし。＊東寺百合文書‐ち・宝徳元年(1449)八月五日・二十一口方評定引付(大日本古文書四・一五)「尻切井金剛脱而御礼申」＊娵入記(1443-73頃)「くらゐの人は、いこんがうたるべし。あしだはくろぬり、ざうりはしもべがたの事なり」＊日葡辞書(1603-04)「Icongô (イコンガウ)〈訳〉藺で編まれた、または作られた靴」＊浮世草子・当世乙女織(1706)四・四「玄関にて善七家老出合、諸事つめひらき有って、いこんがう四足出したり」 辞書日葡

いごん-しっこうしゃ【遺言執行者】『名』遺言の内容を実現するために、一定の職務及び権限を与えられる者。遺言者の指定または家庭裁判所の選任による。＊民法(明治二九年)(1896)一〇一七条「遺言執行者は、之を相続人の代理人と看做す」 発音イゴンシッコーシャ〈標ア〉[コ]

いごん-しゃ【遺言者】『名』遺言をする者。＊民法(明治二九年)(1896)一〇六三条「遺言者は遺言を為す時に於て其能力を有することを要す」 発音イ

ゴンシャ〈標ア〉ゴ

いごん-しょ【遺言書】『名』遺言を記載した書面。民法によってその方式が規定され、それによらないものは無効となる。自筆証書、公正証書、秘密証書のほか、死亡危急者の場合などの特別の方式もある。＊民法（明治三一年）（1896）一〇七〇条・三「自己の遺言書なる旨」 発音 イゴンショ〈標ア〉0ショ

いこん-とう【已今当】『名』（「已」は過去、「今」は現在、「当」は未来の意）仏語。過去、現在、未来の三世。＊阿彌陀経略記（1014）「三種往生、理在於此臨終迎摂、已今当生」＊三帖和讃（1248-60頃）浄土「已今当の往生は、この土（ど）の衆生のみならず」＊日蓮遺文-撰時抄（1275）「已今当にすぐれて法華経より外は仏になる道なしと強盛に信じて」 補注「法華経-法師品」に「已説、今説、当説、而於其中、此法華経、最為難信難解」、「仏説阿彌陀経」に「若已生、若今生、若当生」の句がある。

いごん-のうりょく【遺言能力】『名』遺言者が遺言をする時に備えていなければならない資格。意思能力を必要とし、民法では、年齢については満一五歳に達した者にはその能力があるとしている。 発音 イゴンノーリョク〈標ア〉ノ

いさ【鯨】『名』「いさな（鯨）」に同じ。＊仙覚抄（1269）二「壱岐風土記云〈略〉俗に鯨を云ひて伊佐（イサ）と為」

いさ【伊佐】鹿児島県の北部の郡。川内（せんだい）川の上流域にある。明治二〇年（一八八七）北伊佐・南伊佐の二郡に分かれたが、同三〇年に北伊佐郡が菱刈郡と合併して再び伊佐郡となった。南伊佐郡は薩摩郡に編入されて消滅。

いさ【伊佐】姓氏の一つ。 辞書 文明・易林 発音〈標ア〉イ 表記 伊佐（文・易）

い-さ【医者】『名』「いしゃ（医者）」に同じ。＊随筆・胆大小心録（1808）書おきの事「儒者ろん語、医さは傷寒ろん、哥よみは万葉集」

い-さ【委瑣】『名』こまかく、くわしいこと。＊哲学字彙（1881）「Minute 精微、委瑣」＊司馬相如-難蜀父老文「且夫賢君之践位也、豈特委瑣喔躤、拘文牽俗」

い-さ【為作】『名』つくり出すこと。＊妙一本仮名書き法華経（鎌倉中）七・常不軽菩薩品第二〇「このひとを軽賤して、不軽のなを為作（ヰサ〈注〉ツクリ）せしもの」

い-さ【違左】『名』くいちがうこと。約束を違えること。＊蔭凉軒日録-長享三年（1489）八月一七日「又白驚通西堂事之条、聊不可有違左云々」

いさ『名』 方言 ⇩いさんご／ゆさ

いさ ㊀『感動』①よくわからないこと、答えかねることをたずねられた時に、返事をあいまいにするための、さしあたっての応答のことば。さあ。ええと。いやなに。どうだか。→いさともいさや。＊万葉（8C後）一一・二七一〇「犬上の鳥籠（とこ）の山なる不知也河（いさやがは）不知（いさ）とを聞こせ吾が名告（の）らすな〈作者未詳〉」＊落窪（10C後）一「何の名ぞ、落窪は、と言へば、女いみじくはづかしくて、いさ、といらふ」＊源氏（1001-14頃）末摘花「しかじかの返り事は、見給ふや、心みにかすめたりしこそ、はしたなくて止みにしか、と憂ふれば〈略〉いさ、見むとしも思はねばにや、見るとしもなし、といらへ給ふを」②肯定しがたく承服しがたいことを言われた時に、相手の発言を否定するための応答のことば。「いさとよ」という形をとることの方が多い。いいえ。でも。だって。→いさとよ。＊源氏（1001-14頃）若紫「この寺にありし源氏の君こそ、おはしたなれ。など見給はぬ、と宣ふを、人々、いと、かたはら痛し、と思ひて、あなかま、ときこゆ。いさ、見しかば心地のあしさなぐさみき、と宣ひしかばぞかし」㊁『副』①下に「知らず」の意の語を伴って用いる。さて（わからない）。どうだか（知らない）。→いさや・いさ知らず。＊古今（905-914）春上・四二「人はいさ心もしらずふるさとは花ぞむかしのかににほひける〈紀貫之〉」＊新古今（1205）羇旅・九一五「旅衣たち行く浪ぢ遠ければいさしら雲の程も知られず〈寂然〉」＊拾遺愚草（1216-33頃）上「しきしまのみちにわが名はたつのいちやいさまたしらぬやまとことのは」②下に否定的な表現を伴って用いる。どうも（…できない）。とても（…しがたい）。どうせ（…したところで）。＊拾遺（1005-07頃か）恋二・七〇〇「無名のみたつの市とは騒げどもいさまた人をうる由もなし〈柿本人麻呂〉」＊続古今（1265）恋三・一一九八「ながらへん人の心はいさや川いさわればかり恋ひわたるとも〈亀山天皇〉」③「知らず」の意味を含ませて用いる。さあどうだか知らない。わからない。上代、「に」を伴っても用いた。→いさに。＊古今（905-914）恋三・六三〇「人はいさ我はなき名の惜しければ昔も今も知らずとを言はむ〈在原元方〉」＊俳諧・夜半叟句集（1783頃か）「花鳥はいさ初しほの浜やしき」 語誌 ⑴本来は相手の発言をさえぎる㊀の①のような応答詞であったのだろうが、否定の気持が発展して㊀の②のような、「いな」に近い応答詞となり、かつ㊁のような副詞となる。一方、歌にとり入れられて、形も複雑な派生形を作り、意味も微妙になってくる。⑵形のよく似た感動詞に、勧誘などを表わす「いざ」があり、昔から勧誘の方は「いざ」と濁り、不知の方は「いさ」と清むと注意されてきた。だが「いさ知らず」などは、好んで使われるうちに「いざ知らず」ともいうようになり、「いさ」は「いざ」に混同されるようになる。 発音〈標ア〉イ〈ア史〉㊁は平安・鎌倉○◎か○◐か 辞書 色葉・名義・文明・日葡・書言・言海 表記 不知（色・名・文・書） 去来（文）

いさ知（し）らず（副詞「いさ」に「知らず」の付いたもの）まったくわからない。何も知らない。＊枕（10C終）一四三・殿などのおはしまさで後「『さば、いさしらず。な頼まれそ』などむつかりければ」＊史記抄（1477）八・孝武本紀「いさ不知元鼎元年乙丑の年は朔旦冬至てもなかったやらうぞ」＊風俗歌拾遺（体源鈔所収）（1512頃）伊予湯「伊予の湯の　湯桁（ゆげた）は幾つ　いさしらずや　算（かず）へずや　数（よ）まずや　れそよや　なよや　君ぞ知るらうや」＊浄瑠璃・猫魔達（1697頃）三「扨は左様に候か、かかる事とはいさしらず、遊女をいとひしくやしさよ」 発音〈標ア〉イ 辞書 色葉・文明・日葡 表記 不知（色・文）

いさとも いさや（感動詞「いさ」が重なり、助詞「と」「も」「や」の付いたもの）さあもう、まったくどうにも（味気ない）。＊後撰（951-953頃）雑四・一二九三「世の中はいさともいさや風の音は秋に秋そふ心地こそすれ〈伊勢〉」

いさとよ（感動詞「いさ」に助詞「と」「よ」が付いて語調を強めた形）「いさ㊀」に同じ。さあねえ。さてどうだか。＊源氏（1001-14頃）若菜下「いさとよ。〈略〉さしはさみしを忘れにけり」＊千五百番歌合（1202-03頃）一三八五番「いづかたぞたつみの鹿も風の音もいさとよいかに聞きぞ分かれぬ〈慈円〉」＊延慶本平家（1309-10）三・有王丸油黄島へ尋行事「流人とてありし人は、と尋ねけるに其の度は少し心得たりけるやらむ、いさとよ、さる人見えしが、二人は過ぎにし頃都へとて帰り上りき。今一人はいづくともなく迷ひ行きしが、行方を知らず」＊サントスの御作業（1591）二・パトリアルカジョセフ「カノ ヒト マウサレケル ワ、isatoyo（イサトヨ） ソノ ヒトビト ワ コノゴロ ココニ ヲワセヌナリ」 発音〈標ア〉イ〈ア史〉江戸○◎○○〈京ア〉イ 辞書 日葡・言海

いさに ⇩親見出し

いさや ⇩親見出し

い-ざ【居座】『名』①能楽で、古くワキ、地謡（じうたい）、囃子（はやし）方などがすわる場所の意味か。現在の能舞台の後座（あとざ）、または地謡座のことか。＊花伝髄脳記（1584頃）方角「おもては三けん四方にして、居座を一間にせり」＊舞正語磨（1658）上・紅葉狩「太夫正面へ後をなし、居座のかたへ行ときは」②（形動）「いざだか（居座高）」の略。＊浄瑠璃・三社託宣由来（1678）四「治部卿ゐざに成、いやこれ左近、はかいむざんとはおろか也」

い-ざ【移座】『名』座を他へ移すこと。動座。＊白居易-九日登西原宴座詩「移座就菊叢、餻酒前羅列」

いざ『名』（「いざこざ」の略）①もめごと。ごたごた。＊黄表紙・金々先生栄花夢（1775）「こんやのおまづが仕打とかく合点ゆかずとおもひ、大きにいざをおこし」＊咄本・春袋（1777）聞損「そんなら何ぞ、いざでも出来たか」＊にごりえ（1895）〈樋口一葉〉一「少しやそっとの粉雑（イザ）があろうとも縁切れになって溜る物か」②苦情。不平。＊洒落本・郭中奇譚（1769）弄花巵言「『三まいで参りました、そこをナチとおたのみ申ます』『いざはないつもりだに』」＊雑俳・柳多留-八（1773）「たにことをよせてふられたいざをいひ」＊滑稽本・浮世風呂（1809-13）前・下「是計（これんばかし）もいざア云たことのねへ東子（あづまっこ）だ」 発音〈標ア〉イ

いざ『感動』①相手を誘うとき、自分と共に行動を起こそうと誘いかけるときなどに呼びかける語。さあ。㋑一人に呼びかける場合。＊古事記（712）中「伊奢（イザ）刀（たち）合はさむ」＊古事記（712）中・歌謡「伊奢（イザ）吾君（あぎ）　振熊（ふるくま）が　痛手負はずは　鳰鳥（にほどり）の　淡海の海に　潜（かづ）きせなわ」＊伊勢物語（10C前）一四「栗原のあれはの松の人ならば都のつとにいざと言はましを」＊源氏（1001-14頃）夕顔「いざ、いと心やすき所にてのどかに聞（きこ）えん、など語らひ給へば」㋺居合わせる人々皆に呼びかける場合。＊万葉（8C後）八・一六四六「ぬばたまの今夜（こよひ）の雪に率（いざ）ぬれな明けむ朝（あした）に消（け）なば惜しけむ〈小治田東麻呂〉」＊平中（965頃）二二「この女ども、『音にのみ聞きつるを』『いざ、呼びゐてもの言はむ』『いかがあると聞かむ』とて」＊今昔（1120頃か）一〇・二七「去来（いざ）、我等、此の家を売て其の直（あたひ）を三に分て、三人して分（わか）ち取て此（ここ）を去りなむ」＊ロドリゲス日本大文典（1604-08）「Iza（イザ） マイラウ」②ある行動を思い立って実行に移そうという時に発する声。さあ、どれ。＊万葉（8C後）四・六五二「玉守りに玉は授けてかつがつも枕とわれは率（いざ）二人寝む〈大伴坂上郎女〉」＊古今（905-914）秋上・二〇二「秋の野に人松虫の声すなり我かとゆきていざとぶらはん〈よみ人しらず〉」＊伊勢物語（10C前）九「名にし負はばいざ事問はむ都鳥わが思ふ人はありやなしやと」③（現在では多く「いざと…」の形で用いられる）予期された事態や突発的な事態が急に起こった状態や、意気込んでものを始めようという状態。いよいよ。→いざという時・いざといえば・いざとなる。 補注「いざなふ」と同根。「書紀-開化元年一〇月」の訓注に「率川、此云伊社箇波」、また「書紀-履中即位前」に「去来 此云伊弉」とある。「率」は「いざなう・ひきいる」という字義から「いざ」とよまれたもの。「去来」はもと、陶淵明の「帰去来辞」中の「帰去来兮」が「かえりなん、いざ」と訓ぜられ、本来は「帰去」が動詞で「来」が語助の辞であるのを、「帰」と「去来」とに分けて、「去来」を「いざ」と理解したものとされる。 方言 動作を促す時の語。さあ。どれ。 山形県村山138 ◇いじゃ 山梨県453 ◇いだい 三重県度会郡599 語源説 ⑴イは発語。サは誘う声のササ（サアサア）のサ〔大言海〕。⑵いさみ勇む時のかけ声〔本朝辞源=宇田甘冥〕。⑶梵語アイサ（阿伊佐）の略語〔和語私臆鈔〕。 発音〈標ア〉イ〈ア史〉平安・鎌倉・江戸○◎か○◐か〈京ア〉イ 辞書 字鏡・色葉・名義・文明・伊京・黒本・日葡・書言・ヘボン・言海 表記 去来（色・名・文・伊・黒・へ） 相咋（伊） 卒（書） 不知（文）

いざ いざ ⇩親見出し

いざうれ 人を誘う時の声。いざ。さあ。中世の軍記物などから、武士のことばとして、よく使われてい

る。＊平家(13C前)一一・能登殿最期「いざうれ、さらばおれら死途(しで)の山の供せよ」＊浄瑠璃・平仮名盛衰記(1739)四「いさふれ早(はや)お暇(いとま)」と勇いさんで手束弓(たつかゆみ)」〔語誌〕「うれ」は対称の代名詞「おれ」の変化したもの。「いざ」に続けて使われる時は、感動詞的になっていると見られる。なお、近世では「いさうれ」のように、澄んで発音されていたといわれ、また「いそふれ」の形でも用いられる。

いざ帰(かえ)りなん （陶淵明の詩「帰去来辞」の冒頭、「帰去来兮、田園将ㇾ蕪、胡不ㇾ帰」にもとづく）さあ、帰ろう。＊宴曲・宴曲集(1296頃)四・無常「されば にや証果の羅漢も しばらく化城に留まりて 漸く宝所に到らしむ 釈尊八相の成道も 先づ其の姿を顕す 帰去来(いざかへんなん)六の道に 休らひ終(はて)ぬ身と成りて」〔発音〕〈標ア〉〔イ〕=〔ナ〕

いざかし （「かし」は、発言の内容を相手に訴えかける終助詞。「いざ給へかし」の変化したもの）さあいらっしゃい、さあおいでなさい、いっしょにいきましょう、など、相手の行動をうながすことば。＊平中(965頃)三五「憂きことよいかで聞かじと祓(はら)へつつ違へながすの浜ぞいざかし」＊宇津保(970-999頃)内侍督「誰ぞや。いざかし、とて率(ゐ)て」＊源氏(1001-14頃)若紫「乳母(めのと)にさし寄りて、いざかし、ねぶたきに、とのたまへば」＊和泉式部日記(11C前)「うつろはぬときはの山も紅葉せばいざかし行きてとふとふも見ん」

いざ鎌倉(かまくら) さあ一大事が起こった、の意。中世鎌倉幕府の頃、大事件が起これば諸国の武士が鎌倉に召集されたところからいう。＊滑稽本・七偏人(1857-63)二・中「是でもいざ鎌倉(カマクラ)といふ時じたばたと跂(はね)まはる役に立(たた)うか」〔補注〕直接の出典としては、謡曲「鉢の木」で、佐野源左衛門常世が、宿を貸した回国の僧、実は執権北条時頼に向かって語る、「自然鎌倉に御大事あらば、ちぎれたりとも此腹巻をき、錆たり共其長刀をよこたへ、〈略〉一番に馳せ参じ着到に付き」ということばが考えられる。〔発音〕〈標ア〉〔イ〕〈京ア〉〔イ〕=〔0〕

いざさせ給(たま)え （「させ給え」は尊敬で、その上に来るはずの動詞を略したもの）①何かの動作をすすめる場合に用いる。さあなさいませ。＊宇津保(970-999頃)内侍督「なほはや、少しよしあらん御衣(ぞ)奉り、見所あらん御かたち見出でて、いざさせたまへ」＊義経記(室町中か)三・弁慶義経に君臣の契約申す事「いざさせ給へ。武芸につけて勝負次第に賜はり候はん」＊謡曲・昭君(1435頃)「この柳もさながら昭君の姿、いざさせ給へ、鏡に映(うつ)して影を見ん」②特に、人を誘う場合に用いる。さあいらっしゃい。＊今昔(1120頃か)二六・一七「去来(いざ)、させ給へ、大夫殿、東山の辺に湯涌(わか)して候ふ所に」＊太平記(14C後)一八・金崎城落事「いささせ給へ、若(もし)やと隠れて見ん」＊曾我物語(南北朝頃)四・虎を具して曾我へゆきし事「さして所望の子細(しさい)あり、いざさせ給へ、とていざなひ」＊浄瑠璃・平仮名盛衰記(1739)三「立ち寄りいさめ慰(なぐさめ)て、いざさせ給へ、と御手を引」〔語誌〕「誘う」意味の四段動詞「いざす」の未然形に「せ給ふ」を下接したとする説、「いざせさせ給へ」の「せ」が脱落したとする説などもある。「いざさせ給へ」は一般に「いざ給へ」よりも丁重な言い方とされる。〔辞書〕言海

いざさは （「さ」は指示代名詞、「は」は助詞）さあそれでは。＊東遊(10C後)駿河舞「七草の妹(いも)は ことこそ良し 逢へる時 以左々者(イササハ)寝なむや 七草の妹 ことこそ良し」＊拾遺(1005-07頃か)恋五・九九三「忘るるかいざさは我も忘れなん人にしたがふ心とならば〈よみ人しらず〉」＊新古今(1205)秋下・五四九「身にかへていざさは秋を惜しみみむさらでももろき露の命を〈守覚法親王〉」

いざさら （「いざさらば」の助詞を略した形）さあそれでは。＊歌謡・おどり(女歌舞伎踊歌)(1630頃)塩汲「ここは何処ぞよ、堺の浜よ、いざさら出でて浜ならそ、今日は沖が長閑(のどか)に御座る、いざさら網を下(おろ)そ」＊浄瑠璃・以呂波物語(1684頃)四「いざさら御供申さんと」

いざさらば ①さあ、それでは。冒頭にあって、行動をうながす時に発する語。＊今昔(1120頃か)二五・一〇「目ざましくも云ふ奴(やっこ)かな。去来然(いざさら)ば、同くは此奴射殺(ころ)して頸取て、河内殿に奉らむ」＊金刀比羅本平治(1220頃か)下・義朝内海下向の事「いかがせむと言へば、いざさらば長田(おさだ)討たん、とて経居(つねゐ)のかたへ走り入りにけり」＊続古今(1265)雑上・一五五〇「いざさらば涙くらべんほととぎす我も憂き世になかぬ日はなし〈雅成親王〉」＊俳諧・花摘(1690)上「いざさらば雪見にころぶ所迄〈芭蕉〉」②最後の別れにいう挨拶のことば。それでは、さようなら。＊唱歌・あふげば尊し(1884)「おもへばいと疾し、このとし月。今こそわかれめ、いざさらば」＊軍歌・討匪行(1932)〈八木沼丈夫〉「花を手向けて 懇ろに 興安嶺よ いざさらば」〔発音〕〈標ア〉〔イ〕〔辞書〕日葡・言海

いざ知(し)らず （正しくは「いさ知らず」。副詞「いさ」と感動詞「いざ」との混同によってできたもの）一つの事をあげて、それについてはよくわからないがの意で、後述するもう一つの事を強調する表現。＊文明本節用集(室町中)「不知 イザ イザシラス」＊滑稽本・古朽木(1780)二「内証向はいざしらず福々敷ぞ見えし」＊花間鶯(1887-88)〈末広鉄腸〉上・二「国会開設の後はイザ知らず今日の社会に於ては」＊福翁自伝(1899)〈福沢諭吉〉品行家風「他人はイザ知らず私が自分で左様(さう)思ふから」〔発音〕〈標ア〉〔イ〕

いざ給(た)べ （「たべ」は「たまえ」の変化したもの）「いざ給(たま)え」に同じ。＊梁塵秘抄(1179頃)二・四句神歌「いざたべ隣殿、大津の西の浦へ雑魚(ざこ)漉(す)きに」

いざ給(たま)え （「たまえ」は尊敬の意を表わす補助動詞「たまう(給)」の命令形で、上に来るはずの「行く」「来る」の意を表わす動詞を略したもの）さあ、おいでなさい。場面によって、私といっしょに行きましょうの意にも、私の所へいらっしゃいの意にもなる。中古以降、親しい間柄、気楽な相手への誘いかけとして、よく用いられている。いざたべ。↓いざさせたまえ。＊宇津保(970-999頃)吹上上「御(み)いとまなくとも、かの主(ぬし)は出で立ち給なん。いざたまへ、桂(かつら)へ」＊枕(10C終)九九・五月の御精進のほど「いざ給へかし、内裏(うち)へ、といふ」＊宇治拾遺(1221頃)一三・一四「萩、すすきの生ひ残りたる所へ、手を取りて、いざ給へ、とて引き入れつ」＊読本・椿説弓張月(1807-11)前・一四回「誘(イザ)たまへ、直(ただ)に三郎太夫が第(やしき)に押よせ詰腹切らせて日来(ひごろ)の怨を散(はら)すべし」〔発音〕〈標ア〉〔イ〕〔辞書〕言海

いざという=時(とき)［=場合(ばあい)］ 重大なこと、緊急になすべきことが起きたとき。さあというとき。万一のとき。いざといえば。＊落語・湯屋番(1893)〈三代目三遊亭円遊〉「其処は好男子てへ者はイザと云ふ時にゃア離れ業を為ます…」＊多情多恨(1896)〈尾崎紅葉〉後・七「卒(イザ)といふ時には働けさうにも考へぬけれど」＊狐(1951)〈永井龍男〉C「自分の無能力を知り尽してゐれば、いざといふ場合はこの家を売るより他に救ひの道はない」

いざと言(い)えば 「いざという時」に同じ。＊落語・三人無筆(1895)〈三代目柳家小さん〉「帳面も厚いのを一札綴ぢて置いたといふ勘定で、イザと言へば直に間に合ふ」＊邪宗門(1918)〈芥川龍之介〉二八「私どもが太刀を捨ててしまったのを幸に、いざと云(イ)へば手ごめにでもし兼ねない勢ひで、口々に凄じく罵り騒ぎながら」

いざとなる 緊急になすべきことが現実に起きる。＊浮雲(1887-89)〈二葉亭四迷〉三・一五「其声を聞くと均しく、文三起上りは起上ったが、据ゑた胸も率(イザ)となれば躍る」＊自転車日記(1903)〈夏目漱石〉「直様馳け出されるかどうだかの問題はいざとならなければ解釈がつかないから」

いざや ⇩親見出し

いざよ ⇩親見出し

いざわ ⇩親見出し

いざ-あ・う 〔ふ:あ〕【誘】〘他ハ四〙「いざなう(誘)」に同じ。＊曾我物語(南北朝頃)一・杵臼・程嬰が事「さて、二人の臣下、都にかへり、太子をいざあひいだして、養じけるぞ、無慙なる」

イザーク （Heinrich Isaac ハインリヒー）フランドル楽派の作曲家。当時最大の対位法音楽の巨匠。代表作「インスブルックよ、さようなら」。（一四五〇頃〜一五一七）〔発音〕〈標ア〉〔ザ〕

い-さい 〔:ヰ〕【委細】〘名〙①細かに、くわしいこと。こまごまとした、くわしい事情。詳細。＊浄瑠璃・鑓の権三重帷子(1717)上「ゐさいは忠太殿まで申入れませう」＊黄表紙・金々先生栄花夢(1775)「金々先生いさいを知らず、一すじに真実と思ひ」②(単独または「に」を伴って、副詞的に用いられる) 細かに、くわしいさま。また、細かいことまですっかり。すべて。＊雑談集(1305)九・事理の行事「経に委細に説けり」＊太平記(14C後)一二・公家一統政道事「諸大将に其手の忠否を委細尋究(たづねきはめ)て」＊寛永刊本蒙求抄(1529頃)三「一諾は委細(イサイ)心得申すと云たはましと云ぞ」＊黄表紙・高漫斉行脚日記(1776)下「いさいかしこまりました」〔発音〕〈標ア〉〔イ〕[1]〈京ア〉〔イ〕[1]〔辞書〕色葉・文明・伊京・明応・天正・饅頭・黒本・易林・日葡・書言・ヘボン・言海〔表記〕委細(色・文・伊・明・天・饅・黒・易・書・へ・言)

いさい構(かま)わず 他のことすべてに構うことなく。事情のいかんにかかわらず。＊咄本・聞上手(1773)掛乞「『ちっとまってゐさしゃい』と、いさいかまわず帳合してゐれば」＊歌舞伎・傾情吾嬬鑑(1788)序幕「何にもしろ、小紫がお主の舟へ乗ったら、委細構はず乗出してくれろ」＊多情多恨(1896)〈尾崎紅葉〉前・四「車は委細管(カマ)はず一間ばかり行過ぎる」

い-さい【異才】〘名〙人並みでないすぐれた才能。また、その持ち主。異能。異材。＊神祇官より諸省へ達-明治三年(1870)四月二三日(法令全書・第四・明治三年一月二三日)「巡行先に於て孝子義僕節婦其他嘉徳善行異才異能の者見聞に及ひ候はは」＊緑蔭茗話(1890-91)〈内田魯庵〉一「彼れ此の異才(イサイ)を蓄へて猶ほ今日に名を留むるを得ず、僅に一時文学海を噪がせし鰐魚と為って終りぬ」＊魏志-王粲伝「此王孫也、有二異才一吾不ㇾ如也」〔発音〕〈標ア〉〔0〕〈京ア〉〔イ〕[1]

い-さい【異彩】〘名〙〘形動〙普通と異なった色彩。きわだった色。また、周囲と異なったおもむき。＊本朝無題詩(1162-64頃)二・賦瞿麦〈藤原敦基〉「落英薄暮愛ㇾ難ㇾ飽。異彩崇朝惜不ㇾ遑」＊将来之日本(1886)〈徳富蘇峰〉八「実に上古に於て武備機関を設けざる可らざるの必要は既に他の一種、異様異彩なる貴族的の現像を生ぜざる可からざるの必要を産せしめたり」＊思出の記(1900-01)〈徳富蘆花〉四・二二「其一見人を射るの異彩なきにもせよ久ふしていよいよ愛す可く敬す可き人品は」＊門(1910)〈夏目漱石〉一六「彼は平凡な宗助の言葉のなかから、一種異彩(イサイ)のある過去を覗く様な素振を見せた」＊後漢書-文苑伝・杜篤「躬履二節倹一、側二身行一仁、食不二二味一、衣無二異采一」〔発音〕〈標ア〉〔0〕

〈京ア〉[0][0]

いさいを放(はな)つ ①普通とは異なった色どりや光を出す。＊義血侠血(1894)〈泉鏡花〉九「渠(かれ)の眼色(めざし)は、顰(ひそ)める眉の下より異彩(イサイ)を放(ハナ)てり」＊婦系図(1907)〈泉鏡花〉前・六〇「書物の、背のクロオスの文字が、〈略〉きらきら異彩を放つのを」②きわだって見える。すぐれて見える。＊吾輩は猫である(1905-06)〈夏目漱石〉三「偉大なる鼻が益(ますます)異彩を放って」＊雲は天才である(1906)〈石川啄木〉二「相場の決った平凡人でなくて、実に優秀なる異彩を放つ所の奇男子である」＊ル・パルナス・アンビュラン(1910)〈森鷗外〉「併し爰に異采を放った会葬者が一人ある」

い-さい【異綵】〔名〕美しい色どり。めずらしい模様。＊本朝文粋(1060頃)二・答諸公卿請減封禄表勅〈菅原文時〉「衣彌盧無二異綵一、食亦嫌レ有二兼珍一」

い-さい【移栽】〔名〕植物を他の所に移し植えること。移植。＊米欧回覧実記(1877)〈久米邦武〉一・一〇「亜米利加白楊(ポプラ)は、生植し易き木にて、成長も亦速に、能く繁茂し、容易に枯ることなく、移栽二年にて形状備り、風を防ぎ日を蔽ふ」発音〈標ア〉[0]

い-さい【偉才】〔名〕すぐれた才能。また、それを持つ人。偉材。＊緑簑談(1888)〈須藤南翠〉前・発端「此の愛すべき恐るべき俊秀偉才の一少年は」＊シェークスピアの本体(1933)〈菊池寛〉二「これは無論彼の偉才を証明するものであるが、ベン・ジョンソンの如くこれを遺憾とする者も少からず」＊謝朓-酬徳賦・序「以二冠世偉才一、眷レ予以二国士一」発音〈標ア〉[0]〈京ア〉[イ1]/[0]

い-ざい【居采】〔名〕賭博(とばく)で、さいころの目が前の目と同じようにでること。〔特殊語百科辞典(1931)〕

い-ざい【異材】〔名〕人並みすぐれた才能。また、その持ち主。異才。＊史記抄(1477)一五・平津主父「茂異は茂林異材のものぞ」＊星巌集-乙集(1837)西征集三・耶馬渓絶句九首「人遭二知己一死亦足、木遇二良工一為二異材一」＊若菜集(1897)〈島崎藤村〉哀歌「文科大学の異材なりしが年僅かに二十七にしてうせぬ」発音〈標ア〉[0]

い-ざい【異財】〔名〕財産を共有とせず、それぞれ分有すること。＊内閣文庫所蔵大乗院文書-文永四年(1267)八月二二日・明法条々勘録(鎌倉遺文一三・九七五七)「戸婚律云、祖父々々在而子孫別籍異財者、徒二年」

い-ざい【偉材】〔名〕すぐれた人物。偉才。＊日本詩史(1771)一「当レ為二棟梁偉材一」＊啾々吟(1953)〈松本清張〉五「予は大隈の偉材に私淑していたから」発音〈標ア〉[0]〈京ア〉[イ1][0]

い-ざい【遺材】〔名〕①官に用いられないでいるすぐれた人物。遺賢。遺才。＊家伝(760頃)上(寧楽遺文)「人得二其官一、野无二遺材一」②建物をこわしたあとに残った材木。発音〈標ア〉[0]

い-ざい【遺財】〔名〕死んだ人の残した財産。遺産。＊法曹至要抄(1210頃)下「仮令父遺財有二布七十五端一、嫡母廿端、継母廿端、嫡子廿端、庶子十端、女子五端、以レ之為二分得之法一」＊古事談(1212-15頃)三・覚猷臨終処分事「弟子後見などを召寄せて、令レ注二遺財等一」＊うたかたの記(1890)〈森鷗外〉中「世事には極めて疎かりければ、家に遺財つゆばかりもなし」＊南史-王倹伝「倹寡二嗜慾一、唯以二経国一為レ務、車服塵素、家無二遺財一」発音〈標ア〉[0]

いざい〔名〕方言 ⇩いさり(漁)

イザイ (Eugène Auguste Ysaÿe ウージェーヌ＝オーギュスト―)《イザイエ》ベルギー出身のバイオリニスト、作曲家。近代バイオリン奏法の開拓者。欧米で演奏活動を行ない、ブリュッセル音楽院教授として後進を育成。弟テオもピアニストとして有名。(一八五八～一九三一)発音〈標ア〉[イ1]

いさい-か【聊―・些―】〔副〕「いささか(聊)㊁」に同じ(改正増補和英語林集成(1886))。

いさい-こう【囲鰓腔】〔名〕ホヤ類やナメクジウオ類などの原索動物にみられる鰓嚢(さいのう)と体壁との間のすきま。口から入った海水は無数にあいた鰓嚢の壁の穴から囲鰓腔に出、出水管から体外へ排泄されるが、その際に肛門から排出された不消化物もいっしょに体外へ出される。また、生殖時期には卵や精子が一たん囲鰓腔へ出され、それから海水と共に海中へふき出される。

いさいこさい-なし【委細巨細無】〔連語〕方言 ⇩いさいなし(委細無)

いざ-いざ〔感動〕(「いざ」を重ねて用いたもの)①人を誘う時にいう語。さあさあ。＊枕(10C終)一三七・五月ばかり、月もなういとくらきに「いざいざ、これまづ殿上に行きて語らむ」＊紫式部日記(1010頃か)寛弘五年一二月三〇日「内匠(たくみ)の君いざいざと先に押し立てて」＊宇治拾遺(1221頃)一四・一「これをかしきことにてあるかあるか、いざいざわらはん」＊コンテムツスムンヂ(捨世録)(1596)一・二三「izaiza (イザイザ) キョウダイ イマコソ チカラニ ヲヨブホド ノ コトヲ ナスベキ ギ ナレ」②ある行動を思い立って実行に移そうという時に発する声。さあ。どれ。いざ。＊幸若・大織冠(室町末-近世初)「すはやこくむのきやうけいよ、いさいさ御迎にまいらん」発音〈標ア〉[イ1] 辞書 文明・天正・日葡・書言 表記 将々(文・天) 去来去来(書)

いさい-しょうちのすけ【委細承知之助】〔名〕すべて承知したの意の「委細承知」を人名に擬していう語。転じて、早呑込みをする人、または何事をも知ったふりをする人。承知之助。発音 イサイ＝ショーチノスケ〈標ア〉[イ1]＝[ノ]

い-ざいそく【居催促】〔名〕(「いさいそく」とも)その場にすわり込んで、しつこく催促すること。＊浄瑠璃・神霊矢口渡(1770)三「サアどふだどふだと二人して恋の手詰の居催促(ヰサイソク)、聞程つらき身の難儀」＊滑稽本・浮世風呂(1809-13)三・跋「敦(いづ)れことしの発市(うりだし)にと附に従(つい)たる居催促(ヰサイソク)」＊真景累ケ淵(1869頃)〈三遊亭円朝〉三一「方々から借金取が来て、新吉に新吉にと居催促(ヰザイソク)でもされちゃア」発音〈標ア〉[ザ]〈京ア〉[ザ] 辞書〈ボン・言海 表記 居催促(へ・言)

いざいそく-にん【居催促人】〔名〕その場にすわり込んで、借金などの催促をする人。また、特にそれを職業としていた人。発音〈標ア〉[0][ク]

いさい-なし【委細無】〔名〕方言 理屈もなしにするさま。突然。いやおうなし。新潟県387 ◇いさいくさいなし・いさいこさいなし 和歌山市690 691

いさい-は【以哉派】〔名〕俳諧流派の一つ。各務支考(かがみしこう)に始まる美濃派のなかで、安永(一七七二～八一)頃、安田以哉坊(別号雪炊庵)が再和坊朴斎と分かれて立てたもの。雪炊派。雪炊門。発音〈標ア〉[0]

いざいほう〔名〕沖縄県久高島の神事。午年の旧暦一一月に行なわれる巫女集団への加入儀礼。

いさい-りゅう【意斎流】〔名〕近世初期、京都の鍼医(はりい)松岡意斎のはじめた鍼術(しんじゅつ)の一流派。発音 イサイリュー〈標ア〉[0]

いさう〔名〕植物「まお(苧麻)」の異名。〔語彙(1871-84)〕

いさ・う【吐】〔他ハ四〕⇩いさぶ(吐)

いさお【功・勲・績】〔名〕「いさおし(功)」に同じ。＊狐の裁判(1884)〈井上勤訳〉一〇「斯る功績(イサヲ)のありながら、卑臣(それがし)父子は王家に対し少しの忠義も竭さずと誰か陛下に申し上げたる」＊湖処子詩集(1893)〈宮崎湖処子〉歳暮月「年の終になるごとに、績(イサヲ)のなきを嘆くなり」語源説 勇武の男子を意味するイサヲ(勇雄)から転じた語〔言元梯・日本古語大辞典＝松岡静雄〕。発音〈標ア〉[0]〈京ア〉[0] 辞書〈ボン・言海 表記 功(へ・言)

同訓異字【功・勲・績】

【功】(ク・コウ) 努力を重ねてあげたよい結果。優れた成果。「功罪」「功績」「功徳」「軍功」《古 つくのふ・いたはる》

【勲】(クン) 国家や君主などに対して力をつくしてあげた、晴れがましいてがら。「勲一等」「勲章」「元勲」《古 ことわざ》

【績】(セキ) 糸をつむぐ。転じて、少しずつ積み重ねて立派なことをなしとげる。「業績」「功績」「成績」《古 うむ・やしなふ》

いさ-お【勇男】〔名〕勇ましい男。気力のすぐれた男。ますらお。勇士。＊書紀(720)持統称制前(北野本訓)「美濃の軍の将(きみ)等と大倭の桀豪(イサヲ)と、共に大友皇子を誅(ころ)して、首を伝へて不破宮(ふわのみや)に詣づ」＊日本紀竟宴和歌-延喜六年(906)「草木皆ことやめよとて葦原の国へたちにし夷装鳴(イサヲ)なりけり〈矢田部公望〉」

いさおし【功・勲】〔名〕手柄があること。手柄。功績。いさお。＊書紀(720)神代上(水戸本訓)「所以(このゆゑ)に五十猛命を称(なづ)けて有功(イサヲシ)の神と為(す)」＊四季物語(14C中頃か)正月「君とひとの掟正しく、かぞいろのいさをしをしるくして」＊俳諧・笈日記(1695)下・悼松倉嵐蘭「文質偏ならざるをもて、君子のいさおしとす」語源説 イサヲス(勲為)の義〔名言通・日本古語大辞典＝松岡静雄〕。発音〈標ア〉[0]〈ア史〉室町○◉○○〈京ア〉[0] 辞書〈ボン・言海 表記 功(へ・言)

いさお・し【功・勲】〔形シク〕(「いさお(勇男)」の形容詞化)①勇ましい。雄々しい。＊書紀(720)大化二年正月(北野本訓)「里坊の長には、並びに里坊の百姓の清正(いさぎよ)く、強幹(イサヲシキ)者を取りて宛てよ」＊日本紀竟宴和歌-延喜六年(906)「伊佐袁志久(イサヲシク)正しき道のおむがしさとこそわが名も君は賜ひし〈葛井清鑒〉」＊宇津保(970-999頃)俊蔭「としかげ、いさおしき心、早き足をいたしてゆくに」②勤勉だ。努め励んでいる。＊書紀(720)推古一二年四月(北野本訓)「其れ如此(これら)の人は皆、君に忠(イサヲシキこと)無く、民に仁(めぐみ)無し」＊書紀(720)大化五年三月(北野本訓)「聊に望はくは、黄泉(よもつくに)にも尚忠(イサヲシキこと)を懐きて退らむ」＊類聚国史-一九〇・風俗・俘囚・延暦一一年(792)一一月甲寅・宣命「今より往前(さき)も伊佐乎之久仕奉(つかへまつ)れば」＊唱歌・蛍の光(1881)「いたらんくにに、いさをしく。つとめよわがせ、つつがなく」③功績をあげている。手柄をたてている。＊書紀(720)天武元年八月(北野本訓)「諸の有功勲(イサヲシキ)者に恩勅(みことのり)して、顕(あきらか)に寵賞(めぐみたまもの)す」＊書紀(720)天武二年二月(北野本訓)「有功勲(イサヲシ)き人等(ひとたち)に爵(かぶり)賜(たま)ふこと差(しな)有り」語源説 イサミヲヲシキ(勇雄々)の義か〔和訓栞〕。発音〈ア史〉鎌倉『いさをしき』○○○◓ 辞書 書言・言海 表記 功・勲功・忠節・績(書)

いさおし-ひと【功人】〔名〕①強く勇気のある人。＊書紀(720)天武元年六月(寛文版訓)「是の時に三輪君高市麻呂、鴨君蝦夷等、及び群の豪傑者(イサヲシヒトども)、響の如く悉に将軍の麾下に会ひぬ」②手柄をたてた人。＊書紀(720)顕宗即位前(図書寮本訓)「此の天子の位は有功者(イサヲシヒト)、処(を)る可し」

いさか【井坂】(「いざか」とも)姓氏の一つ。発音〈標ア〉[イ]

いさかい【諍・闘諍】〔名〕(動詞「いさかう(諍)」の連用形の名詞化)言い争うこと。いざこざ。けんか。＊大和(947-957頃)一四七「人のいさかひする音のしければ」＊落窪(10C後)二「いさかひしける程に、一の車のとこしばりをふつふつと切りて」＊宇治拾遺

(1221頃)一〇・一「伴大納言の出納の家の幼き子と、舎人が小童といさかひをして」＊俳諧・望一後千句(1652)三「白あかき花のなさけの酔のうち いさかいしやうを春の山人」＊浜荻(庄内)(1767)「けんくはを いさかひ いさかふと云詞は源氏物語などにも多く出て悪しからねど、江戸にては少しの争ひもけんくはと云。上方にてはいさかひともいふ」 発音〈なまり〉イザカイ・エザシャカイ〔飛騨〕イサケ〔鹿児島方言〕イサケー〔埼玉方言〕イカイ〔山梨奈良田〕エサカイ〔富山県〕エスゲァ〔秋田〕〈標ア〉0 〈ア史〉江戸●●○○ 〈京ア〉0 辞書 色葉・名義・文明・伊京・明応・天正・饅頭・黒本・易林・日葡・書言・〈ヘボン〉・言海 表記 闘諍(文・伊・明・天・饅・黒・易・書・ヘ) 闘(色) 闘覚・闘競(名) 口闘(天) 喧豗(書) 諍(言)

いさかい=果(は)てて[=過(す)ぎて]の棒乳切木(ぼうちぎりき・ぼうちぎりぎ) (「ちぎり木」は中央をやや細くけずった棒) けんかが終わってから棒を持ち出す意で、時機に遅れてなんの役にも立たないたとえ。けんか過ぎての棒ちぎり。＊金刀比羅本保元(1220頃か)上・新院御所各門々固めの事「勝負を決せんには時剋(じこく)あひのぶべし。〈略〉いさかひはててのちぎり木(キ)にてぞあらん」＊平家(13C前)一一・志度合戦「会にあはぬ花、六日の菖蒲、いさかいはててのちぎりきかなとぞわらひける」＊虎明本狂言・乳切木(室町末-近世初)「是かや事のたとへにも、いさかひはててのちぎりきとは」＊俳諧・毛吹草(1638)二「いさかひはててのぼうちぎりぎ」＊浄瑠璃・烏帽子折(1690頃)一「軍といへばにげあしはやく、いさかひ過てのぼうちぎり木」

いさかい-いだ・す【諍出】〘自サ四〙言い争いやいざこざを起こす。＊咄本・昨日は今日の物語(1614-24頃)下「ある者、久々添ひたる女房をこはかこいやがり、何とぞしていさかひ出して、追出さんとたくみけれ共」

いさかい-かえ・す【諍返】〘自サ四〙こちらからも争いをしかける。＊秋成本落窪(10C後)二「威勢(いきほひ)まさりたらば、いさかひかへしてもいぬべし」

いさかい-じし【諍―】〘名〙(形動) けんかをしかけようとするような態度であること。また、そのさま。喧嘩腰。＊評判記・難波物語(1655)「やり手どもすこしいさかひじしにいひをこする類をいふなり」

いさかい-じまい【諍仕舞】〘名〙けんかを終えること。また、その時。けんかの終わり。＊浮世草子・西鶴織留(1694)四・一「其跡はいさかひ仕舞(シマイ)に〈略〉とわめき別れぬ」

いさか・う【叱】〘他ハ四〙しかる。責める。＊平中(965頃)二四「さる間に、この女の親、けしきや見けむ、くぜち、まもり、いさかひて」＊十訓抄(1252)七・徽宗皇帝事「客人の前には犬をだにもいさかふまじとこそ文にも見えたれ」＊温故知新書(1484)「訶 イサカウ」＊評判記・難波鉦(1680)五「今のほどいさかわしゃりましても、おまへさまのことたのましゃるとおしゃります」 発音 文 イサコーとも 〈標ア〉カ コ

いさか・う【諍・闘諍】〘自ハ四〙互いに言い争う。口論する。口げんかする。また、つかみ合う。けんかする。＊大和(947-957頃)一四七「いみじうさきのごといさかふなり。〈略〉御とくに年ごろねたき物うち殺し侍りぬ」＊落窪(10C後)一「いふべき人のなきままにこそ、いさかはれ侍れ、といふ」＊源氏(1001-14頃)東屋「かの殿にはけふもいみじくいさかひ給ひけり」＊観智院本名義抄(1241)「闘 タタカフ イサカフ」＊寛永刊本蒙求抄(1529頃)八「相忤とはいさかふたぞ」 方言 からかう。京都府629 語源説 (1)イヒサカフ(言逆)の義〔古言類韻=堀秀成〕。(2)イサカフ(否合)の義〔大言海〕。(3)イサカフ(競逆)の義〔和訓栞〕。(4)イサカフ(息争合)の義〔日本語源=賀茂百樹〕。(5)イサカヒはイサミカハシ(勇交)の義〔名言通〕。(6)イサカヒはイヒサキアヒ(言騒合)の義〔言元梯〕。(7)イサキアフ(勇来合)から〔国語本義〕。(8)イキサカコハハルの反。腹が立つと、息がさかさまになるという意〔名語記〕。 発音 文 イナコーとも 〈なまり〉エサカウ〔富山県〕イサコ〔鹿児島方言〕〈標ア〉カ コ 〈京ア〉0 辞書 色葉・名義・文明・伊京・日葡・〈ヘボン〉・言海 表記 闘(色・名・文) 陣(名・伊) 摧・闘覚・闘競(名) 闘諍(ヘ) 諍(言)

いさ-がに【―蟹】〘名〙「あしはらがに(葦原蟹)」の異名。＊重訂本草綱目啓蒙(1847)四一・亀鼈「沙狗は〈略〉いしはらがに いさがに 備前」 辞書 言海

いざか-みせ【居酒店】〘名〙「いざかや(居酒屋)❶」に同じ。＊雑俳・川柳評万句合-安永元(1772)梅三「銭かなか先きへぬかせと居酒見世」＊雑俳・柳多留-九(1774)「そりゃ出たと子供のさわぐ居酒みせ」 発音〈標ア〉カ

いざか-や【居酒屋】❶〘名〙店先で気楽に酒を飲ませる酒屋。また、安酒を飲ませる店。もと、味見に飲ませたものが一杯売りとなり、のち、簡単な料理を提供するようになったもの。居酒店。いざけ。いざけや。＊雑俳・雲鼓評万句合-宝暦元(1751)「居酒屋に人がら捨て呑んでいる」＊洒落本・虚誕伝(1775)序「貴人の河豚じる、居酒屋(イザカや)の鮟鱇」＊滑稽本・東海道中膝栗毛-発端(1814)「居酒屋(ヰザカヤ)へはよったが、居飯屋(ゐめしや)へはよらなんだ」＊妻(1908-09)〈田山花袋〉二二「荷車が一二台置かれてある居酒屋には、酒に酔った労働者の声がする」 ❷(原題 L'Assommoir) 長編小説。ゾラの出世作。一八七七年刊。洗濯女ジェルベーズと、ブリキ職人クーポーの夫婦が、ふとしたことから転落してゆく話を中心に、貧しい労働者たちの悲惨を描く。フランス自然主義文学の先駆とされる。 発音〈標ア〉0 カ 〈京ア〉0

い-さか・る【―離】〘自ラ四〙(「い」は接頭語) 離れる。

いさ-がわ【率川】(「いざかわ」とも) ❶奈良市を流れる川。春日山を源とし、猿沢の池の南辺を西流して佐保川に入る。能登川。歌枕。＊万葉(8C後)七・一一一二「葉根蘰(はねかづら)今為(す)る妹をうら若みいざ率去河(いざかは)の音の清(さや)けさ〈作者未詳〉」 ❷「いさがわじんじゃ(率川神社)」の略。＊大乗院寺社雑事記-長享二年(1488)二月二四日「奈良の子守社者南向也。云率川とも云子守とも。東十一面、女体、率川大明神」 発音 イサガワ 〈標ア〉0

いさがわ の 祭(まつり) 奈良市の率川神社の祭り。近世、祭礼は絶え、名称だけが残り、同社祭礼としては、三枝祭(さいぐさまつり)だけが行なわれるようになったという。《季・春》＊北山抄(1012-21頃)一・上酉日率川祭事「上酉日率川祭事 付春日祭幣使」＊師光年中行事(1259-70頃)二月「上酉日。率川祭事。〈春日祭明日〉。或三枝祭云々。如神祇式者。四月祭之」＊太平記(14C後)二四・朝儀年中行事「二月には上の丁日(ひのとのひ)尺奠(しゃくてん)、上の申日(さるのひ)春日祭。翌日卒川祭(イサガワノマツリ)」＊俳諧・誹諧初学抄(1641)中春「一、春日祭 二月上の申の日なり。〈略〉一、率川(イサカハ)祭 同上の酉の日也。養老年中始る也」

いさがわ-じんじゃ【率川神社】奈良市本子守町にある神社。祭神は媛蹈鞴五十鈴姫命(ひめたたらいすずひめのみこと)、玉櫛姫命(たまぐしひめのみこと)、狭井大神(さいのおおかみ)。大神(おおみわ)神社の摂社。中世以降、興福寺の支配が続き、明治元年(一八六八)神仏分離により春日社の摂社とされたが、同一二年大神神社境外摂社と定められた。例祭は六月一七日、三枝祭・ゆり祭と呼ばれる。三枝神社。春日三枝神社。子守社。 発音 イサガワジンジャ 〈標ア〉ジ

い-さき【居先】〘名〙身を寄せている先。他所に身を寄せている、その居場所。＊雪中梅(1886)〈末広鉄腸〉下・二「木賀宮下堂島まで一軒一軒尋ねて見ても君の居先が分らぬ」＊別れた妻に送る手紙(1910)〈近松秋江〉「私にはお前の居先きは判らぬ」 発音〈標ア〉0

い-さき【梧桐】〘名〙植物「あおぎり(青桐)」の異名。 方言 高知県高岡郡808 辞書 言海

いさき【伊佐木・鶏魚】〘名〙(「いさぎ」とも) イサキ科の海魚。体はやや細長く、体長約四〇センチメートルに達する。体の背部は緑褐色で、腹部は白色。幼魚には黄褐色の三条の縦帯があるが、成魚では不鮮明となる。沖縄を除く本州中部以南の沿岸の岩礁域に分布。夏が美味で、刺身、塩焼きなどにする。いせぎ。ひさき。おくせいご。うず。学名は Parapristipoma trilineatum 《季・夏》＊本朝食鑑(1697)八「伊左幾(イサキ)魚 名義未詳」＊大和本草(1709)一三「いさき 長一尺ばかり。其形めばるに似て長し。新鮮なるは味可也」 発音〈なまり〉イッサキ〔壱岐・対馬〕〈標ア〉イ 0 〈京ア〉イ 辞書 言海

いざき〘名〙狩りでイノシシを追わせる猟犬。＊幡多方言(1828)「野猪をかるに用る犬をいざきと云也」 方言 高知県土佐郡866

いさぎい〘形〙方言 ⇩いさぎいい(潔)

いさぎいい【潔】〘形〙方言 ❶勇ましい。元気がいい。すばらしい。長崎市906 ◇いさぎい 福岡県嘉穂郡872 大分県938 939 宮崎県947 ◇いさぎよか 福岡市877 長崎県南高来郡904 ◇いさっか 熊本県058 933 ❷たいへん多い。たいへん大きい。福岡県久留米市 ◇いさげえ 福岡県久留米市883 ◇いさっか 熊本県玉名郡058 ❸甚だしい。副詞的にも用いられる。たいそう。◇いさぎい 熊本県057 930 935 宮崎県西臼杵郡951 ◇いっさぎよか 福岡市878 ❹(感動詞のように用いて)大変だ。ひどい。◇いさぎ 熊本県玉名郡058 菊池郡054 宮崎県西臼杵郡063

いさき-めぐ・る【―廻】〘自ラ四〙(「い」は接頭語) 波がしらが白く花の咲くように砕けて、岸べ一帯に打ち寄せる。いさく。＊万葉(8C後)六・九三一「白波の 五十開廻有(いさきめぐれる) 住吉(すみのえ)の浜〈車持千年〉」

いさぎよ・い【潔・屑・清】〘形口〙文 いさぎよ・し〘形ク〙①自然の事物、風景などがひじょうに清らかである。よごれていない。清浄だ。また、清らかですがすがしい。＊書紀(720)雄略元年三月(前田本訓)「清(イサギヨ)き庭に徐歩(しめやかにあり)く者(ひと)は誰が女子とか言ふ」＊金葉(1124-27)雑下・六二〇「いさぎよきそらのけしきを頼むかな我まどはすな秋の夜の月〈行尊〉」＊曾我物語(南北朝頃)一二・少将法門の事「高野山は〈略〉八葉の峰、八の谷、冷々として水いさぎよしといへども三従の垢をばすすがず」＊御巫本日本紀私記(1428)神代上「清陽者〈以左岐与久安加良加奈留者〉」 ②心や行為に道徳やきまりに反するところや汚れた点がない。潔白だ。＊書紀(720)大化二年正月(北野本訓)「其の坊(まち)の令(うながし)には坊の内に明廉(イサギヨク)強直(こはくただ)しくして時の務に堪ふる者を取りて宛(あ)てよ」＊袋草紙(1157-59頃)上「宇佐御歌 ありきつつきつつしれどもいさぎよき君が心をわれ忘れめや」＊今鏡(1170)一〇・作り物語のゆくへ「あるは女のいさぎよき道を守(まほ)りていさめごとに違(たが)はず。この世を過しなどし給へるも」＊日葡辞書(1603-04)「ココロノ isaguiyoi (イサギヨイ) ヒト〈訳〉純粋で清い人」＊十善法語(1775)二「仏者の身をいさぎよくし、肉食婬事を断絶するは斎戒の法なり」 ③未練がなくさっぱりしている。思い切りがよい。わるびれない。＊私聚百因縁集(1257)九・一五「今も昔も実とに心を発(おこ)せる人〈略〉浄(イサギヨク)名利は捨てけるなり」＊徒然草(1331頃)一一五「死を軽くして、少しもなづまざるかたのいさぎよく覚えて」＊浄瑠璃・曾根崎心中(1703)道行「いさぎよう死ぬまいか、世にたぐひなき死にやうの、手本とならん、いかにもと」＊大塩平八郎(1914)〈森鷗外〉一「それ

は責(せめ)を引く潔(イサギヨ)い心ではなくて、与党を怖れ、世間を憚る臆病である」 ④明快で心地よい。小気味がよい。りっぱだ。＊寛永刊本江湖集鈔(1633)三「爰では文章の潔いをほめたなり」＊虎寛本狂言・棒縛(室町末-近世初)「『諸すねを打て打て、打なやいてやりまする』『扨々いさぎ能い事じゃなあ』」 語誌 漢文訓読語であり、「源氏物語」など中古和文の中では用いられていない。ただし、釈教歌や仏教歌謡には例が見られる。中古和文で、これに当たる語としては、「きよらなり」「うるはし」などがある。 語源説 (1)イタキヨシ(甚清)の音転か〔大言海〕。(2)イサミキヨシ(勇清)の義〔名言通・菊池俗言考・和訓栞〕。(3)イ-サキヨシ(真清)の義〔日本語源＝賀茂百樹〕。(4)イサは発言。キヨシはキヨシ(吉)の義〔古言類韻＝堀秀成〕。(5)イヤキヨシ(彌清)から〔言元梯〕。(6)アサキヨシ(朝清)の転。キヨシはキヨシ(気好)の義〔和語私臆鈔〕。(7)キヨシ(清)の上にイサを添えたもの。イサは勇の義から転じて、語勢を強め純の義を示すものであろう〔国語の語根とその分類＝大島正健〕。(8)イサは神聖の意を表わすイササの約。イはユ(斎)と同語で、ササは清爽の意〔日本古語大辞典＝松岡静雄〕。 発音 イサギヨイ 〈標ア〉ヨ 〈京ア〉ギ 文『いさぎよし』イサギヨシ 〈標ア〉ギ ヨ 〈ア史〉平安●●●●◐ 鎌倉『いさぎよき』●●●●◐ 室町『いさぎよき』●●●●● ○ 〈京ア〉ヨ 辞書 色葉・名義・和玉・文明・饅頭・易林・日葡・書言・〈ボン〉・言海 表記 潔(色・名・文・饅・書・ヘ・言) 清(色・名・文・易・書) 浄(色・名・玉・書) 屑(色・名) 爽(名・文) 洌(名・玉) 潔斎・潔澄(色) 鮮・祭・廠・恩・涸・冽・潔・九(玉) 冷(易) 帕・明廉(書)

いさぎよし と＝しない〔＝せず〕 あることを自分の考え、信念に照らして好ましいと思わない。不満に思って受け入れない。＊書言字考節用集(1717)九「不屑教誨 イサギヨシトセザルノヲシエ」＊西国立志編(1870-71)〈中村正直訳〉一・一七「童子の時、牧羊を業とせしが、これを為すことを屑(イサギヨシ)とせずして」＊虞美人草(1907)〈夏目漱石〉一一「相手に合槌(あひづち)を打つ事を屑(イサギヨシ)とせざる時に」＊侏儒の言葉(1923-27)〈芥川龍之介〉自由「自由とは〈略〉即ち神だの道徳だの或は又社会的習慣だのと連帯責任を負ふことを潔しとしないものである」 辞書 書言 表記 不屑(書)

いさぎよ-さ【潔―】〘名〙(形容詞「いさぎよい」の語幹に接尾語「さ」の付いたもの) よごれのないこと。悪びれたところのないこと。また、その度合。＊コンテムツスムンヂ(捨世録)(1596)四・五「タトイ Anjo ノ isaguiyosa(イサギヨサ)、マタワ S. Ioan Baptista ノゴトク シャウジャウナリトモ」＊日葡辞書(1603-04)「Isaguiyosa(イサギヨサ)」＊星座(1922)〈有島武郎〉「彼れの眼に映る大通りの雪景色は、その広さと潔(イサギヨ)さに於て彼の心に等しかった」 発音 イサギヨサ 〈標ア〉ヨ 〈京ア〉0 辞書 日葡

いさぎよ・し【潔】〘形ク〙⇨いさぎよい(潔)

いさく【伊作】 鹿児島県、薩摩半島の中西部にあった郡。明治二二年(一八八九)阿多郡に編入。阿多郡は同三〇年に日置郡に合併されて消滅。＊二十巻本和名抄(934頃)五「薩摩国 〈略〉伊作〈伊佐久〉」 辞書 和名・色葉 表記 伊作(和・色)

い-さく【葦索】〘名〙葦(あし)をなって作った綱。東北の鬼門に神荼(しんと)と鬱塁(うつりつ)の二神があり、悪鬼をつかまえるとき、この綱を用いて捕え、虎に食わせるという。元旦に門にかけて魔よけ、邪気払いにする。＊俳諧・年浪草(1783)春・一「葦索(イサク〈注〉アシノナワ)」＊荊楚歳時記「有掛雞于戸、懸葦索於其上、挿桃符於旁、百鬼畏之」

い-さく【意作】〘名〙何か趣向をこらすこと。また、趣向をもうけること。＊仮名草子・伊勢物語ひら言葉(1678)上・二「なり平の方へ、かうかうの事にて今はとて別れにおよべ共、何事もいさくなる事もゑせでつかはすと文に書て」

い-さく【違作】〘名〙農作物のみのりが当初の予想より悪いこと。不作。凶作。＊禁令考-前集・第六・巻五七・天保五年(1834)「米穀払底に付江戸廻し其外売捌之儀御触書〈略〉去巳年陸奥出羽稀之違作に而、江戸廻米無之」＊風俗画報-一六八号(1896)漫録「現に昨秋の如きは全国違作(ヰサク)にして其収穫平均六分作なりしかば洽く全国の需要に応ずる能はず」 発音 〈標ア〉0 辞書 言海 表記 違作(言)

い-さく【違錯】〘名〙混乱して間違うこと。間違い。＊漁村文話(1852)命意「この処に違錯あるか、陳腐なるか、泛濫なるか」＊魏志-牽招伝「中間違錯、天子命曹公代之」 発音 〈標ア〉0

い-さく【遺作】〘名〙死後に残された作品。＊フランス文壇史(1954-56)〈河盛好蔵〉早熟の天才「匿名の出版者が、ラディゲの遺作と称する猥褻な詩集を刊行するという事件が起った」＊面影(1969)〈芝木好子〉一「地下に桂真子の遺作が納められているのを」 発音 〈標ア〉0 〈京ア〉0

い-さく【遺策】〘名〙①はかりごとに、手落ちがあること。＊公議所日誌-一二・明治二年(1869)五月「要地に〈略〉諸侯を置かざるは〈略〉制度上に於ては、毫も遺策ある事なし」＊軍隊内務令(1943)三二二「出火の際に於ける処置は其の場に現在する者臨機の処置に依り遺策なきを期するを本旨とす」＊呂氏春秋-不苟「所言無遺策」 ②すでに死んでしまった人が、作りのこしたはかりごと。＊日誌字解(1869)〈岩崎茂実〉「遺策 イサク ノコセシハカリゴト」＊賈誼-過秦論「蒙故業、因遺策」 発音 〈標ア〉0

イサク（Isaak）「旧約聖書-創世記」に出てくるイスラエルの族長。アブラハムとサラとのあいだに、神との契約によって生まれた子。 発音 〈標ア〉イ

い-さ・く〘自カ四〙(「い」は接頭語)⇨いさきめぐる(―廻)

い-さ・ぐ【射下】〘他ガ下二〙矢を目標の下部に射当てる。＊就弓馬儀大概聞書(1464)「笠懸射る時、的の下へいさげて有に不審なる時。蟇目尻をみる様あり」

いさ-くさ〘名〙①双方の意志のもつれから起こるもめごと。ごたごた。紛糾。悶着(もんちゃく)。いざこざ。＊黄表紙・孔子縞于時藍染(1789)上「おのづから君子の徳至れば、いさくさのなき御代となり」＊滑稽本・浮世風呂(1809-13)四・上「『作さん、きのふのいさくさはどうなりました』『済んだ済んだ』」＊人情本・春色辰巳園(1833-35)三・四条「おれ一人この世を捨てしめへさへすりゃア、いさくさはいらねへといふものだ」＊明治大正見聞史(1926)〈生方敏郎〉大正十年歳晩記「真面目な人なら、さうしたイサクサの附いた家には一月は愚か半月ゐるのも厭でせう」 ②相手にさからうような言い分。文句。抗議。いざこざ。＊歌舞伎・彩入御伽草(1808)蛍ケ沼の場「それが否(いや)なら、あの女中にいさくさは無いか」＊滑稽本・東海道中膝栗毛-発端(1814)「おやぶんいさくさをいひに来たる」 ③(副詞的に用いる) 苦情を言うさまにいう。ぐずぐず。つべこべ。いざこざ。＊或る女(1919)〈有島武郎〉前・一八「何んでも正面から打(ぶ)っ突かって、いさくさ云はせず決めてしまふ外はないよ」 方言 つべこべ。あれこれ。滋賀県滋賀郡606 語源説 イ(行)クサク(来)サの約か〔大言海〕。 発音 〈標ア〉0 辞書 〈ボン〉・言海

い-ざけ【居酒】〘名〙①酒屋の店先で酒を飲むこと。また、その酒。＊俳諧・いつを昔(1690)交題百句「名月や居酒のまんと頬かぶり〈其角〉」＊洒落本・風俗八色談(1756)一・貧乏神の託諠の事「酒屋の鄽(みせ)に居酒(イザケ)をたのしみ。腹がへれば温飩屋へ駆出して飢を助け」＊雑俳・柳多留-二(1767)「片足を仕廻って居酒のんでゐる」 ②「いざかや(居酒屋)❶」に同じ。＊浮世草子・風俗遊仙窟(1744)二「卓文君に田楽焼せて、居酒(ヰザケ)の思付(おもひつき)、いづれ一中(あて)あてたるも最(もっとも)ぞかし」＊咄本・吟咄川(1773)「夜たか大勢居酒へより」＊歌舞伎・敵討噂古市(正直清兵衛)(1857)五幕「ここの親方は津の観音寺前で居酒(ヰザケ)をしてゐたが、今度この櫛田川へ升(ます)酒を出したのさ」 方言 酒屋で立ち飲みする酒。また、立ち飲みすること。大阪府泉北郡646 奈良県679

いざけ-のみ【居酒飲】〘名〙酒屋の店先で酒を飲むこと。また、その人。＊雑俳・柳多留-八(1773)「見せ中を雪にして行居酒のみ」 発音 〈標ア〉0

いざけ-や【居酒屋】〘名〙「いざかや(居酒屋)❶」に同じ。＊談義本・当風辻談義(1753)三・無縁坂法界寺書状の反詞せし事「居酒屋(イザケや)で呑逃にさへ逢ふ」

いさ-ご【砂・沙・沙子】〘名〙石のきわめて細かいもの。すな。すなご。まさご。＊書紀(720)神功元年三月・歌謡「たまきはる内の朝臣(あそ)が 腹内(はらぬち)は 異佐誤(イサゴ)あれや いざ闘(あ)はな我は」＊東大寺諷誦文平安初期点(830頃)「黄金白玉をば瓦(かはら)石(いし)と同じくせり。青珠赤瑀(あかたま)をば沙(イサゴ)土(つち)と斉しくせり」＊十巻本和名抄(934頃)一「砂 纖砂附 声類云砂〈所加反 和名以佐古 一云須奈古〉水中細礫也」＊宇津保(970-999頃)俊蔭「苔をしき、いさごをまきて清げなるかげに、立ちよりてこわづくり給へば」 語源説 (1)イサコ(石小子)の義〔和訓栞・日本語源＝賀茂百樹〕。(2)イシスナコの約略〔和訓考〕。(3)イシコ(石細)〔言元梯〕。(4)「水にていさる石の粉」であるから〔本朝辞源＝宇田甘冥〕。 発音 イサゴ 〈標ア〉0 〈ア史〉平安・室町●●● 〈京ア〉0 上仮名 イサゴ 辞書 字鏡・和名・色葉・名義・和玉・文明・明応・天正・饅頭・易林・日葡・書言・〈ボン〉・言海 表記 砂(和・色・名・玉・文・明・天・書・言) 沙(色・玉・文・明・天・饅・易・書・ヘ) 磣・墋(字) 潬(名) 塱・磸(玉)

いさご長(ちょう)じて＝巌(いわお)〔＝岩(いわ)〕となる ①砂が成長して大きな岩となる程の長い期間をいう。人の命や権勢が長く続くことを祝っていうことば。さざれ石の巌となる。＊古今(905-914)真名序「砂長為巌之頌。洋々満耳」＊宇津保(970-999頃)藤原の君「あしたづのうつる千とせのやどりには今やいさごのいはとなるらん」 ②小さなもの、価値あるものとなる。塵も積もれば山となる。＊仮名草子・為愚痴物語(1662)六・一一「ちりつもりて山と成、いさご長じて岩となり」

いさごに金(こがね)泥(でい)に蓮(はちす) 煩悩(ぼんのう)の泥の中にあっても、さとりの花を開いていること。つまらないものの中にも、優秀なものがまじっていること。＊謡曲・阿古屋松(1430頃)「砂に金、泥に蓮濁りに染(し)まぬも人の心によるものをと」 補注 「浄土論」に「淤泥花」、「往生論註-下」に「卑湿淤泥乃生蓮花」とある。

いさごの中(なか)の金(こがね) つまらないものの中に、きわめて尊いりっぱなものがまじっていること。泥中の蓮。はきだめに鶴。＊浄瑠璃・聖徳太子絵伝記(1717)三「島主がせがれといはね共あきらかに、砂の中の金とは汝らがことならん」＊浄瑠璃・仮名手本忠臣蔵(1748)一〇「扨々(さてさて)驚き入たる御心底。泥中の蓮(はちす)、砂(イサゴ)の中の金(コガネ)とは貴公の御事」

いさごの波(なみ) (裟婆(しゃば)の省略字「沙波」の訓読み) この世。現世。＊宇津保(970-999頃)菊の宴「からくれなゐの 海を出でて 黄なる泉におり立ちて いさごのなみを うちそむき」

いさごを集(あつ)めて仏塔(ぶっとう)をなす ①非常に気の長いたとえ。また、むなしい作業のたとえ。②(「法華経-方便品」に「乃至童子戯、聚沙

為二仏塔一、如レ是諸人等、皆已成二仏道一」とあるところから）仏の功徳の広大であるたとえ。＊知連抄(1374頃)「これも仏の道とこそきけ いつとなくいとけなき身の戯れて 是は法華経に、聚沙為仏塔、乃至童子戯、皆已成仏道、かやうに思ひの外に詞を心得て付也」 辞書 書言

い-ざこ【雑魚】〘名〙各種入りまじっている小ざかな。ざこ。〔語彙(1871-84)〕

いさこい-ばら【―薔薇】〘名〙植物「こうしんばら(庚申薔薇)」の異名。

いざ-こう【膝行公・躄公】〘名〙(「いざ」は「いざり(膝行)」の略。「こう」は接尾語) 足が不自由で立って歩けない人を、かつて軽蔑していった語。＊滑稽本・一盃綺言(1813)「ヲヤさういったら膝歩公(ヰザカウ)が居るやつさ」 発音 イザコー〈標ア〉コ

いさご-がわ【砂川】〘名〙河原が細かい砂でできている川。＊歌舞伎・樟紀流花見幕張(慶安太平記)(1870)二幕「又麓には清き流れの砂川(イサゴガハ)、小高き巖に泰然と一人の老翁釣を垂れ」 発音 イサゴガワ〈標ア〉ゴ

いざ-こざ〘名〙①「いさくさ①」に同じ。＊談義本・根無草(1763-69)後・三「先座の委細巨細(イザコザ)、新造の人身御供、させども貰ひもめれども来る」＊雑俳・柳多留拾遺(1801)巻一二上「明る日はいざこざ聞かんみやこどり」＊浮雲(1887-89)〈二葉亭四迷〉一・一「叔母一人の機に入ればいざこざは無いが」②「いさくさ②」に同じ。＊談義本・風流志道軒伝(1763)四「一日も逗留(たうりう)叶はず。いざこざなしに早立ちのけ」＊浄瑠璃・妹背山婦女庭訓(1771)四「こっちも一番いうた跡は、もういざこざはないわいの」＊俳諧・文政句帖-六年(1823)一〇月「いざこざを雀もいふや村しぐれ」③(副詞的に用いる)「いさくさ③」に同じ。＊売卜先生糠俵(1777)後・上「田舎の暮しの貧しき事は忘れ果て、青梅島は肩がさすの、小倉の帯は腰が重いの何の角(か)のといざこざいふ」＊洒落本・短華蘂葉(1786)「さっきに庄八がいざこざいふたが。新造様はなんにもいわずと。よふ逢たナア」 語誌「いさくさ」から転じたものともいわれるが、「いざこざ」が一八世紀の宝暦・明和(一七五一〜七二)頃から見られるのに対して、「いさくさ」はもっぱら一八世紀末以後の江戸語で用いられているので疑問。 発音〈なまり〉イザゴザ〔東京〕〈標ア〉0〈京ア〉0 0 辞書〈ボン〉

いさご-じ【砂路】〘名〙(「いさごち」とも) 砂ばかりの道。砂の多い道。すなみち。すなじ。まさごじ。いさごみち。＊新撰六帖(1244頃)三「波風のあらき浜べのいさごぢにうちかさねてぞ物はかなしき〈藤原光俊〉」＊弁内侍(1278頃)寛元四年一〇月二四日「見わたしたれば、はるかに、いさごぢ白々と見えて河風さえたりしに」＊地蔵菩薩霊験記(16C後)二・一四「草木の根も埋(うづも)れて雪を曝(さら)せる砂路(イサゴチ)の一条の河原と成て」 発音 イサゴジ〈標ア〉ゴ 0〈京ア〉ゴ

いさご-せんべい【砂子煎餅】〘名〙砂糖、鶏卵、水に小麦粉を練りまぜて、鉄板に薄く流した上にけし粒をふりかけ、狐色(きつねいろ)に焼いて角形に切り分け、そりまげたせんべい菓子。 方言 卵の入った軽いせんべい。宮城県仙台市123 発音 イサゴセンベイ〈標ア〉セ

いさご-づち【砂土】〘名〙砂のまじっている土。 発音 イサゴズチ〈標ア〉ゴ

いさご-はら【砂原】〘名〙砂原(すなはら)。＊孔雀船(1906)〈伊良子清白〉夏日孔雀賦「長き花総地に垂れて 歩めば遠し砂原(イサゴハラ)」 発音 イサゴハラ〈標ア〉ゴ

イサコフスキー（Mihail Vasil'jevič Isakovskij ミハイル＝ワシリエビチー）ソ連の詩人。詩は平易で歌謡性に富み、「カチューシャ」「ともしび」はわが国でも愛唱されている。(一九〇〇〜七三) 発音〈標ア〉キ

いさご-みち【砂道】〘名〙「いさごじ(砂路)」に同じ。＊長唄・乗掛情の夏木立(1764)「留むる袖を振切って急ぐ足さへ砂道(イサゴみち)直(すぐ)には行かぬ駒の足」＊妻木(1904-06)〈松瀬青々〉夏「昼顔をむしり散らすやいさご道」 発音 イサゴミチ〈標ア〉ゴ

いさご-むし【沙虫・石蚕】〘名〙トビケラ類の幼虫の俗称。体は円筒状で、体長約二センチメートル。小石や植物片などでミノムシ状の巣をつくり、水中を移動しまたは他物に固着する。ニンギョウトビケラ類の幼虫の巣は小石をつづりあわせたもので、人形に似ているため、人形石と呼ばれる。各地の渓流や湖畔などに分布。魚釣りの餌(え)に用いられる。せむし。ごみかつぎ。げな。いわむし。＊康頼本草(1379-91頃)本草虫部下品集「石蚕 伊佐己无之」＊重訂本草綱目啓蒙(1847)三五・卵生「石蚕 いさごむし 古名、げな 京〈略〉流水中石上の虫なり背に小砂石を綴り負て石に附漁人取て釣餌とす」 発音 イサゴムシ〈標ア〉ゴ 辞書 言海 表記 砂蟲(言)

いささ〘名〙植物「ねざさ(根笹)」の異名。＊丹波通辞(1804-11)「根笹(ねささ) いささ」

いささ 一〘接頭〙体言の上に付いて、いささかの、すこしばかりの、の意を表わす。「いささおがわ」「いささおざさ」「いささがわ」「いささみず」など。＊古今著聞集(1254)五・一七八「手にむすぶいささせがはのまし水に袂涼しく夕風ぞ吹く」＊馬鈴薯の花(1913)〈島木赤彦〉明治四四年「いささ瀬の水にうつろふ夕映(ゆふばえ)に菜洗ふ手もと明るみにけり」 二〘名〙いささかのこと。わずかなこと。＊百座法談(1110)閏七月一一日「ここにいささの疑ひ候ことは、五逆罪をおかしたらむだに、さばかりの十念に罪のほろぶべきことかは」 補注「万葉-一九・四二九一」の「わが宿の伊佐左(イササ)むら竹吹く風の音のかそけきこの夕へかも〈大伴家持〉」の「いささ」を「いささか」の意の接頭語とする説もある。 語源説(1)イは発語。ササはササ(細小)の義〔大言海〕。(2)イは小の義。ササは細の義〔国語の語根とその分類=大島正健〕。

いさざ【魦】〘名〙①琵琶湖特産のハゼ科の淡水魚。全長は普通五〜八センチメートル。体色は淡褐色。昼間は三〇メートル以深の湖底付近に大群をなしてすみ、夜間は表層近くに浮上して餌をとる。産卵期は四〜六月で、湖岸の浅所へ来て石の裏面に産卵する。あめだき、佃煮などにする。いさだ。学名は Chaenogobius isaza《季・冬》＊俳諧・毛吹草(1638)四「和邇崎(わにがさき)の魦(イサザ)」＊俳諧・はなひ草(寛永二〇年本)(1643)四季之詞・一一月「いさざ」＊浄瑠璃・以呂波物語(1684頃)二「あれこそは鮒これ成は、折にふれたる柳ばへいざさ小鰕(ゑび)の連れ諸子(もろこ)」②魚「しろうお(素魚)」の異名。＊謡曲・河水(1541頃)「鱏(えい)鱧(はむ)鰆(さはら)、これまでなりと、暇(いとま)申して、庭上を太刀魚、魦(いさざ)鯔(いな)んと」＊元和本下学集(1617)「鯑 イササ」＊重訂本草綱目啓蒙(1847)四〇・魚「鱊魚 いさざ〈略〉いさざは摂州兵庫にて季春のとき布網を海礒に布てとるながさ一寸ばかり白色にして微黒水と一色なり水中に於てはその形を見ずただ目睛黒し」③「いさざあみ(魦醤蝦)」の略。 方言 ❶魚、めだか(目高)。石川県河北郡062 ❷しらす。富山県390 ❸琵琶湖(びわこ)産の小魚。滋賀県滋賀郡606 彦根609 ❹縞鰍(しまごり)の幼魚。島根県美濃郡・鹿足郡725 ❺動物、あみ(醤蝦)。青森県上北郡082 語源説 イササウヲ(細小魚)からか〔大言海〕。 発音〈標ア〉0 辞書 下学・日葡・書言・言海 表記 鯑(下) 魦(書)

い-ざさ【笹】〘名〙(「い」は接頭語か) たけの低い竹。笹。＊運歩色葉(1548)「笶 イササ 篠 同」＊日葡辞書(1603-04)「Izasa (イザサ)〈訳〉草の一種で、丈の低い竹に似たもの」 方言 竹の枝の総称。鹿児島県肝属郡970 辞書 伊京・日葡 表記 笶(伊)

いさざ-あみ【魦醤蝦】〘名〙アミ科の一種。各地の内湾や汽水域にすむ。エビに似て体長一〇ミリメートル内外。魚類の天然のえさになるほか、佃煮として食用にされる。学名は Neomysis intermedia 発音〈標ア〉ザ

いささ-おがわ【―小川】〘名〙(「いささ」は接頭語) ちいさな川。川幅のせまい流れ。いさら小川。＊新撰六帖(1244頃)二「かた山のいささを川の石づたひ心細くて世を過ごすらん〈藤原知家〉」＊元禄版古今著聞集(1254)五・小大進依歌蒙北野神助事「手にむすぶいささおがはのま清水に袂涼しく夕風ぞ吹く」＊読本・椿説弓張月(1807-11)続・四二回「いささ小(ヲ)川の徒渉(かちわたり)、裾も袂も幹(ほし)あへぬ夜行(よみち)はいとどたつきなく」 辞書 書言 表記 潦小川(書)

いささ-おざさ【―小笹】〘名〙(「いざさおざさ」とも。「いささ」は接頭語) 少しばかりの笹(ささ)。一説に、「いささ」は「い笹」の意で、「おざさ」と同意であり、たけの低い竹の意とする。＊平家(13C前)灌頂・大原御幸「うしろは山、前は野辺、いささをざさに風さわぎ、世にたたぬ身のならひとて」＊天草本平家(1592)四・二七「ウシロワ ヤマ、マエワ ノベ、izasa vozasa (イザサ ヲザサ) カゼ サワイデ」

いささ-か【聊―・些―】 一〘形動〙①かりそめであるさま。ほんのちょっと。＊万葉(8C後)一九・四二〇一「伊佐左可(イササカニ)思ひて来しを多祜の浦に咲ける藤見て一夜経ぬべし〈久米広縄〉」＊醍醐寺本遊仙窟康永三年点(1344)「片子(イササカナル)信(かたみ)を留めむ」②程度の少ないさまをいう。少しばかり。わずか。＊竹取(9C末-10C初)「いささかなる功徳を翁つくりけるによりて」＊土左(935頃)発端「そのよし、いささかにものに書きつく」＊源氏(1001-14頃)澪標「いささかなる消息をだにして、心慰めばや」＊大唐西域記長寛元年点(1163)「其の中に更に小(イササカ)なる城を築けり」＊徒然草(1331頃)二三八「昔の人はいささかの事をも、いみじく自讃したるなり」 二〘副〙①(下に打消のことばを伴って)少しも。ちっとも。→いささかも。＊枕(10C終)二六二・文ことばなめき人こそ「ただ名のる名をいささかつつましげならずいふは、いとかたはなるを」＊源氏(1001-14頃)総角「此の世には、いささか、思ひ慰むかたなくて、過ぎぬべき身どもなりけり」＊大鏡(12C前)六・道長下「しるしをつけて、人の参りたりければ、いささかとりたがへず」＊連理秘抄(1349)「それを聊かつくろはずして」②少し。わずか。また、ほんのちょっとでも。＊蜻蛉(974頃)中・安和二年「いささか物おぼゆる心ちなどする程に」＊源氏(1001-14頃)乙女「いささかもの言ふをも制す。なめげなりとてもとがむ」＊更級日記(1059頃)「心地もいささか悪しければ、これをやこの国に見捨ててまどはむとすらむと思ふ」＊徒然草(1331頃)一二「いささかたがふ所もあらん人こそ」＊天草本伊曾保(1593)鳥と狐の事「ヲンジャウガ isasaca (イササカ) ハナゴエデ アキラカニ ナイト マウスガ」③かなり。なかなか。＊俳諧・奥の細道(1693-94頃)仙台「聊(いささか)心ある者と聞きて知る人になる」 語誌 中古では、一は漢文訓読系の資料に、二は和文や和歌に用いられるという傾向がみられる。中世以降は二が多用されるようになるが、下に打消を伴う用法は次第に減少する。現代ではやや改まった文語的な表現として用いられる。 方言 確かに。十分。長野県南部062 語源説(1)イトササヤカの意〔日本釈名・燕石雑志〕。(2)イは発語。ササヤカの義〔和訓栞〕。(3)イは発言。ササはササ(小)。カは形状〔古言類韻=堀秀成・日本語源=賀茂百樹〕。(4)イササは細小の義。カは形状をいう語〔俚言集覧〕。 発音〈標ア〉サ[1]〈ア史〉鎌倉○○◎○ 室町・江戸◎○○○〈京ア〉0 辞書 色葉・名義・和玉・文明・明応・天正・饅頭・黒本・易林・日葡・書言・〈ボン〉・言海 表記 聊(色・玉・文・明・天・饅・黒・書・へ) 屑少(色・文・黒) 箇略(色・文) 勘(色・名・易) 苟・偸・権(書)

いささかも（「いささか」に係助詞「も」の付いたも

の）①（下に打消のことばを伴って）少しも。全然。いささかもって。＊源氏（1001-14頃）桐壺「世にいささかも人の心をまげたることはあらじ」＊大鏡（12C前）五・道長上「いささかもたがはせ給はねば」＊小学読本（1874）〈榊原・那珂・稲垣〉五「其銭は天下に通用して有れば聊も無用には為らず」②ちょっとでも。＊宇治拾遺（1221頃）六・五「いささかもはたらかば、谷に落入ぬべし」＊増鏡（1368-76頃）八・飛鳥川「いささかもいでやとうち思さるるひとふしもなくものし給ふを」＊仮名草子・伊曾保物語（1639頃）下・二〇「心にはげにもと思ひて、いささかも謙（へりくだ）る心有べし」発音〈標ア〉サ¹ 辞書日葡

いささか-もって「いささか（聊）も」に同じ。＊天草本平家（1592）読誦の人に対して書す「ヨモ マタザウアク フゼンノ ミニ シテ、isasacamotte（イササカモッテ）クリキ ナシト イエドモ、コノ ヒトビトヲ シ トシ、ソノ シリエニ シタガイ、ネガイヲ ヲナジュウ ス」＊日葡辞書（1603-04）「Isasacamotte（イササカモッテ）」発音〈標ア〉サ¹モ 辞書日葡

いささ-かけぶね【―掛舟】〘名〙帆かけ舟。＊古今打聞（1438頃）中「わたつみの浪のまにまにたゆむ也いささかけ船ききうごけども 業平 いささかけ船とは帆かけたる舟をいふ也。たゆむとはゆらるる義也」補注「いささ」は、いささかの意味を表わす接頭語とされているが、「笹掛け舟」とも考えられる。

いささか-ごと【聊事】〘名〙ささいな事がら。小事。＊書紀（720）天武七年一〇月（北野本訓）「輙ち小故（イササカゴト）に縁て辞されるは、階を進むる例にあらず」

いささ-がわ【―川】〘名〙（「いささ」は接頭語）小川。川幅の狭い川。いささ小川（おがわ）。また、雨水の流れるのを小川にたとえていう。＊詞林三知抄（1532-55頃）上・雑「潦川 いささ河 雨の河のごとくにながる躰成べし」＊浄瑠璃・心中天の網島（1720）橋尽し「網島の大長寺、藪の外面（そとも）のいささがは流れみなぎる樋の上を」＊読本・南総里見八犬伝（1814-42）三・二五回「これより後はいささ川、堰れて中は絶たれど」発音イササガワ〈標ア〉サ²

いささ-ぐさ【―草】〘名〙植物「ささげ（豇豆）」の異名。＊蔵玉集（室町）「以前草。大角草。いささぐさいかなる風に靡けばか花は咲ども雪と見えぬは」

いささ-け・し【聊―】〘形ク〙（「けし」は接尾語）わずかである。少しばかりである。＊書紀（720）天武一一年一二月（北野本訓）「唯し小（イササけ）き故（こと）に因りて、己が族に非ざらむ者をば輙（たやす）く附くること莫れ」語誌「いささか」と語根を同じくする語でその形容詞形。「さやか―さやけし」「しづか―しづけし」「はるか―はるけし」などと同様な関係で派生したもの。発音〈標ア〉ケ 辞書言海

いささけ-わざ【聊業】〘名〙いささかなわざ。ほんのわずかなこと。＊土左（935頃）承平五年一月四日「まさつら、酒よきものたてまつれり。このかうやうにものもてくる人になほしもえあらで、いささけわざせさす。ものもなし」

いさざ-こ【魦―】〘名〙魚「いさざ（魦）」の古名。＊新撰字鏡（898-901頃）「魦 知々夫 又比乎 又伊佐佐古 又乎加彌」語源説イササコ（細小子）か。コは添語〔大言海〕。辞書字鏡 表記魦（字）

いさざ-じる【魦汁】〘名〙魦（いさざ）を材料としてしたてた汁。＊雑俳・神の胞衣（1730）「口と口・喰あふ中のいさざ汁」＊随筆・仙台間語（1764）四「いささ汁とて、あみを桶に入れ和レ塩、熟する時代ニ未醤ニ」発音〈標ア〉ジ

いさざ-ずし【魦鮨】〘名〙魦（いさざ）で作ったすし。越前国（福井県）の名産。発音〈標ア〉ザ

いささ-の-おはま【五十狭狭小汀】「日本書紀」の所伝で、大己貴神（おおなむちのかみ）と少彦名命（すくなひこなのみこと）とが出合ったという海浜。島根県簸川（ひかわ）郡大社町稲佐、また、大分県杵築（きつき）地方の海浜ともいわれている。いださのおはま。いなさのおはま。

いさざ-ひお【魦―】〘名〙魚「しろうお（素魚）」の異名。＊重訂本草綱目啓蒙（1847）四〇・魚「鱠魚 しろうを〈略〉一種しろうを 筑前、一名しらいを 肥前、いさざ 雲州同名あり、いさざびを 同上」

いさざ-ぶね【魦船】〘名〙魦（いさざ）をとる船。《季・冬》＊俳諧・猿蓑（1691）一「時雨きや並びかねたる魦ぶね〈千那〉」発音〈標ア〉フ

いささ-みず【―水】〘名〙（「いささ」は接頭語）少しばかりの水。わずかな流れ。また、雨水の流れをいう。＊藻塩草（1513頃）五・水「いささ水 潦水と書。是は雨の降時河にあるみづと云々。又云、やり水の躰と云々」＊俳諧・桃の実（1693）「わか竹やきぬ踏洗ふいささ水〈兀峰〉」＊俳諧・西歌仙（1816）「落栗やかはたれ時のいささ水〈阿兮〉」＊迦具土（1901）〈服部躬治〉「卯の花の垣根をめぐるいささ水いささか月の影ほのめきぬ」発音〈標ア〉サ²

いささ-むらたけ【―群竹】〘名〙①（「いささ」の語義未詳。接頭語「いささ」とする説と、「い笹」（「い」はもと神聖の意の「斎」で、接頭語）とする説とがある。「むらたけ」は群生している竹）語義未詳。＊万葉（8C後）一九・四二九一「我が宿のいささ村竹吹く風の音のかそけきこの夕べかも〈大伴家持〉」＊新古今（1205）夏・二五七「窓ちかきいささ村竹風吹けば秋におどろく夏の夜の夢〈藤原公嗣〉」②（「いささ」を「い笹」の意に解釈して）群生している笹。＊読本・椿説弓張月（1807-11）後・二九回「遠き寺々の鐘幽（かすか）に聞えて、草葉に集（すだ）く虫の音に小篠（イササ）むら竹夕くれて」③（「いささ」を「いささか」の意に解釈して）わずかに生えている竹。＊良寛歌（1835頃）「もものなかのいささむらたけいささめにいささか残す水茎（みづくき）の跡」発音〈標ア〉ラ

いささめ〘名〙①「さんしょううお（山椒魚）」の異名か。＊塵袋（1264-88頃）六「鯢（げい）といふ魚の最少なるあり、文選には尺沢鯢豈能与レ之量ニ江海大一哉と云へり、これは世の人のいささめといふもの歟」②魚「しろうお（素魚）」の異名。＊聞書集（12C後）「いまゆらもさでにかかれるいささめのいさ又しらずこひざめのよや」＊易林本節用集（1597）「魦 イササメ」辞書和玉・易林 表記魦（玉・易）鱥（玉）

いささめ〘副〙（古く「いさざめ」とも。多く「いささめに」の形で用いられる）①一時的であるさま。かりそめ。ちょっと。＊万葉（8C後）七・一三五五「真木柱作るそま人伊左佐目（イササメ）にかりほのためと作りけめやも〈作者未詳〉」＊古今（905-914）物名・四五四「いささめに時まつまにぞ日は経ぬる心ばせをば人に見えつつ〈紀乳母〉」＊大唐西域記長寛元年点（1163）四「霜雪微（イササメ）に降る」＊滑稽本・浮世床（1813-23）二・上「むかしある男〈略〉めづらしき女をよびいれてあさからず契りけり、此妻、いささめも心にかけず、うらみたるけはひもなく」②（「明白」「明明地」「白地」などと書く）他にはっきりわかるように行なうさま。公然。＊易林本節用集（1597）「早目 イササメ 白地之義也」＊読本・南総里見八犬伝（1814-42）二・一三回「この婚縁は明々地（イササメ）にとり結（むすべ）るにあらねども」＊狐の裁判（1884）〈井上勤訳〉六「倘（も）し此事を明白（イササメ）に聞さば」語誌(1)「いささか」などと同根。(2)①は、奈良時代語が訓点語に残った例とされるが、平安前期作品の和歌にも残存している。(3)①の意で「日葡辞書」に「Izasameni（イザサメニ）」と濁音の例が見られる。(4)②はおもに近世以降の用法であり、用字などから考えて、あるいは①とは別語とも見られるが、語構成が明らかでなく、①がもとになって意味変化したものか。語源説(1)イササはイササカの語幹。メは時の意〔万葉集辞典＝折口信夫〕。(2)イササマ（細小間）の転か〔大言海〕。(3)イササカからか〔和訓栞〕。(4)イは発語。ササメは小笹で葦草であろう〔万葉集類林〕。(5)イは接頭語。ササメはササメ（些目）の意で、わずかに見えること〔日本古語大辞典＝松岡静雄〕。発音〈音史〉①は平安末・鎌倉は『いさざめ』か。〈標ア〉０〈京ア〉０ 上仮名イササメ 辞書易林・日葡・書言・〈ヘボン〉・言海 表記早目（易・書）只暫（書）仮初（ヘ）

いざさわけ-の-かみ【去来紗別神・伊奢沙和気神】福井県敦賀市の気比（けひ）神宮の祭神。記紀に見え、「古事記」によれば、はじめ品陀和気命（ほむだわけのみこと＝応神天皇）の前名であったが、神功皇后の朝鮮遠征の帰途、角鹿（つぬが）の笥飯（けひ）の大神（誉田別神）が夢に現われて、名をとりかえることを望んだという。発音〈標ア〉カ

いさしか-ぶり【―振】〘形動〙方言 ⇩ひさしかぶり（久振）

い-・さす【射―】〘連語〙（動詞「いる（射）」に、使役の助動詞「さす」が付いたもの）使役表現を用いて、受身の意を表わしたもの。射られる。＊平家（13C前）四・宮御最期「三位入道七十にあまっていくさして、弓手（ゆんで）のひざ口をゐさせ、いたでなれば、心しづかに自害せんとて」＊太平記（14C後）二・師賢登山事「佐々木判官も馬を射させて乗がへを待程に、大敵左右より取り巻て」発音〈標ア〉サ

いざ・す〘他サ四〙（感動詞「いざ」を四段動詞に活用させたものか）さあと言って誘う。＊古事記（712）中・歌謡「赤ら嬢子（をとめ）を 伊邪佐（イザサ）さば 良（よ）らしな」＊万葉（8C後）一四・三四八四「麻苧（あさを）らを麻笥（をけ）にふすさに績（う）まずとも明日著せさめや伊射西（イザセ）小床（をどこ）に〈東歌〉」語誌主として右の二例からその存在を推定した動詞。「古事記」の「いざささ」を、「いざ」は感動詞、「ささ」は占有する意の動詞の「さす」の未然形とみる説もあって確実ではない。また「万葉集」の「いざせ」は、感動詞「いざ」にサ変動詞「す」の命令形「せ」の付いた、「さあ、なさい」の意とみることもでき、さらに「せ」は「背（せ）」の意であるとする説もある。

いさすみ-じんじゃ【伊佐須美神社】福島県大沼郡会津高田町にある神社。旧国幣中社。祭神は伊邪那岐命（いざなぎのみこと）、伊邪那美命（いざなみのみこと）、大毘古命（おおびこのみこと）、建沼河別命（たけぬなかわわけのみこと）。崇神天皇一〇年の創祀とされる。奥州二宮。岩代一宮。会津総鎮守。発音〈標ア〉ジ

いさぜりひこ-の-みこと【五十狭芹彦命】「日本書紀」の所伝で、孝霊天皇の皇子。吉備津彦命（きびつひこのみこと）の別名がある。発音〈標ア〉リ

いさだ【魦】〘名〙「いさざ（魦）」の変化した語。＊両京俚言考（1868-70頃）「イササ 沙魚 湖水の小魚といふイサダといふは訛ならん」方言❶しろうお（素魚）。兵庫県揖保郡015 ❷琵琶湖産の小魚。滋賀県彦根609 ❸縞鯐（しまごり）の幼魚。島根県美濃郡・鹿足郡725 ◇いさだごり〔―鯐〕とも。

いざ-だか【居座高】〘形動〙怒って、すわった姿勢からのびあがるようにするさま。いたけだか。居座。＊仮名草子・よだれかけ（1665）二「茶煙を霞とみるも僻事ならんといへば、傀儡子にじりいで、居座高になりていはく」

いさ・ちる〘自タ上二〙はげしく泣く。慟哭（どうこく）する。いさつ。＊古事記（712）上「何由に汝は事依させし国を治らずて、哭（な）き伊佐知流（イサチル）」＊古事記（712）上「唯大御神の命以ちて、僕が哭（な）き伊佐知流（イサチル）事を問ひ賜へり」語誌(1)「古事記」では上一段活用の例のみであるが、「書紀」古訓では上二段活用の例もある。→いさつ。(2)上一段から上二

段へ変化したと考えるのが自然であるが、上二段から上一段へ変化したものには「フ→干(ヒ)ル」「フ→嚔(ヒ)ル」「ウ→居ル」などがあるものの、その逆の例は見当たらず、それを疑う説もある。上代に上一段、上二段の両形があり、後世では上二段が一般的になるものに、「荒ビル—荒ブ」の例があり、イサチルもあるいは同様であったか。 語源説 (1)イサ(勇)チアルの約。勇の意が転じ、あばれる意になる〔日本古語大辞典=松岡静雄〕。(2)イサツ(率)の義。その人を動かす意から〔名言通〕。(3)キサ(気進)の活用語〔日本語源=賀茂百樹〕。

い-さつ【遺札】『名』(手紙など)現在にのこされた、物の書かれてある紙。＊吾妻鏡-正嘉二年(1258)二月一九日「被レ供ニ養普賢菩薩像并法花経二部、内一部者灑ニ聖霊遺札、為ニ真文料紙ニ」＊実隆公記-延徳元年(1489)一〇月八日「黐ニ旧院上臈遺札-書ニ写阿彌陁経ニ」

い-さつ【縊殺】『名』首をしめて殺すこと。くびり殺すこと。＊西国立志編(1870-71)〈中村正直訳〉一二・序「義律(イーリヲット)曰く、人身は、縊殺せらるべし、行状は縊殺せらるべからず」＊春秋公羊伝-僖公元年「桓公召而縊ニ殺之ニ」 補注「名物六帖-人事箋」に「縊殺シメコロス」とある。

いさ・つ『自タ上二』(上一段動詞「いさちる」の上二段化したもの)「いさちる」に同じ。＊書紀(720)神代上(水戸本訓)「且、常に哭(な)き泣(イサツル)を以て行(わさ)と為」＊書紀(720)欽明一五年一二月(寛文版訓)「明王、天に仰ぎて、大に息(なげ)き涕泣(イサツ)」＊御巫本日本紀私記(1428)神代上「哭泣〈奈岐以左津留遠毛天〉」＊読本・春雨物語(1808)血かたびら「蜑(あま)なれや、おのが物からもていさつ」＊改正増補和英語林集成(1886)「Izachi, tsu イザツ」 発音〈音史〉平安[illegible]〈ア史〉平安○○◐か、『いさづる』○○●○も。鎌倉『いさづる』○○○● 〈京ア〉0 辞書言海

いざつ・い『形』方言 ⇩いざとい(寝聴)

い-ざと【寝聴】『形動』目をさますのが早いさま。＊宇津保(970-999頃)あて宮「あて宮起きゐ給へり。あな、いざとや、などの給ふ程に」＊洞院百首(1232)郭公「よもすがらねぐらさだめぬこゑすなりさもいさとなるほととぎすかな〈源家長〉」 方言『副』朝早く。宮崎県西臼杵郡063 948 発音〈標ア〉0

いさどい『形』方言 ❶勇ましい。元気がいい。富山県389 石川県珠洲郡408 能美郡419 福井県432 岐阜県飛騨502 ❷りっぱだ。豪華だ。富山県390 石川県404 ◇いさどくらしい 石川県404 412 414 ❸自慢らしい。傲慢だ。富山県西礪波郡401 石川県能美郡419 石川郡421 ❹鋭い。敏捷(びんしょう)だ。新潟県佐渡352 岐阜県飛騨502 山口県豊浦郡798 ❺瀟洒(しょうしゃ)だ。粋(いき)だ。千葉県東葛飾郡276 ❻あさはかだ。新潟県佐渡352

い-ざと・い【寝聴】『形口』文いざと・し『形ク』(「い」は「眠り」の意)目をさますのが早い。めざめやすい。めざとい。よざとい。↔いぎたない。＊宇津保(970-999頃)国譲中「かの御かたに、いざとくひとさぶらへ。きくやうあり」＊枕(10C終)一二四・はずかしきもの「色このむ男の心の内。いざとき夜居の僧」＊日葡辞書(1603-04)「Izatoi(イザトイ)〈訳〉〈略〉カミ(上方)では、ヨザトイという」＊日葡辞書(1603-04)「Izatô(イザトウ)ゴザレ〈訳〉皆用心していよ、または、ぐっすりと寝込むな」 方言❶睡眠中にわずかの物音にも目を覚ましやすい。目ざとい。新潟県佐渡348 ◇いざつい 鹿児島県肝属郡970 ◇いざっか 長崎県五島054 ❷落ち着きが悪い。寝つきが悪い。◇いさとい 新潟県西頸城郡385 ❸性急だ。気ぜわしい。岐阜県郡上郡504 発音〈なまり〉イザッィ〔大隅〕〈標ア〉ト 辞書日葡・言海 表記寝総(言)

い-ざとう【寝聴】『名』(「いざとくあれ」の意から)長崎県の平戸島で、葬式の夜から数日後に、親族近隣一同が金品を出しあい、仏前にごちそうを供えて遺族をなぐさめる行事。同県生月島では婚礼翌日の里帰りのこと。慰里、慰座禱、慰茶湯などの文字をあてている。また、ぐっすり眠ってしまうなの意で、葬式のあとや娘を嫁に出したあとの、不安定な気持の人々に、何事も起こらぬようにとの思いやりを示した言葉。 方言『副』❶朝早く。◇よざてえとも。宮崎県西臼杵郡063 948 ❷早く。◇いざて 宮崎県西臼杵郡948

いざと-げ【寝聴—】『形動』(形容詞「いざとい」の語幹に接尾語「げ」の付いたもの)いざといさま。＊源氏(1001-14頃)浮舟「『あれは、誰(た)そ』といふ声々、いざとげなり」

いざと-さ【寝聴—】『名』(形容詞「いざとい」の語幹に接尾語「さ」の付いたもの)いざといこと。また、その[illegible]のいざとさにけぶりを急ぐ冬の山がつ」

いさ-な【鯨・勇魚】『名』(「な」は魚のことで、「いさ(鯨)」という魚の意)「くじら(鯨)」の異名。《季・冬》＊藻塩草(1513頃)一三・鯨鯢「いさな 是鯢也と云々」＊和漢三才図会(1712)五一「鯨 勇魚(イサナ) 万葉集訓ニ伊佐奈ニ」＊書言字考節用集(1717)五「鯨 イサナ 出レ久勇魚同」＊読本・椿説弓張月(1807-11)後・二九回「海鰍(イサナ)鮮(き)る刀を腰に帯びて、来るものあり」 補注上代では「いさな取り」の形で枕詞として用いられる。→いさなとり。 語源説 (1)イサナ(勇魚)の義〔万葉代匠記・東雅・万葉集類林・和訓栞・国語の語根とその分類=大島正健・日本語源=賀茂百樹〕。(2)イソナ(磯魚)の転〔言元梯・日本古語大辞典=松岡静雄・大言海〕。(3)イは発語。サナはソソナ(潜魚)の転〔俗語考〕。(4)イサナ(五十尺魚)の義〔言元梯・たべもの語源抄=坂部甲次郎〕。(5)イサナ(不知魚)の義。水中の計り知れぬ所にいるから〔槻の落葉信濃漫録〕。(6)イは発語。サナドリはスナドリの転〔野乃舎随筆〕。 発音〈標ア〉0 辞書書言・言海 表記勇魚(書・言) 鯨(書)

いさな寄(よ)る浦(ほ)虎(とら)伏(ふ)す野辺(のべ)(鯨の泳ぎ寄る浦や虎の伏している野辺の意から)遠い未開の土地。＊慶長見聞集(1614)二「いかなる鯨の寄る浦、虎ふす野辺をふみわけ、草村の露ときえんも此道也」

いさ-な【小魚・細小魚】『名』(「いさ」は「いささ」の意か)小さな魚。ざこ。＊言塵集(1406)四「魚 いさなとは 小魚也」＊草根集(1473頃)六「浅瀬行くいさなとるとや夢にさへみぎはの鷺の眠り立つまは」＊湖処子詩集(1893)〈宮崎湖処子〉とまらぬ水「里の小川を来て見れば、小魚(イサナ)とるとて子どもらが」 発音〈標ア〉0

いざな【伊舎那】「いざなてん(伊舎那天)」に同じ。＊瑜伽論記-九「云ニ伊舎那ニ者、此云ニ自在ニ、即大自在天」＊大智度論-五六「伊睒那是大自在天王」

いざ-ない【誘】『名』(動詞「いざなう(誘)」の連用形の名詞化)いざなうこと。さそうこと。すすめること。さそい。＊土井本周易抄(1477)一「坤は不レ為レ倡(イサナイヲ)」＊妙好人伝(1842-52)初・上・和州清九郎「朋友義詮師の誘引(イサナヒ)によりて大和路におもむき」＊邪宗門(1909)〈北原白秋〉魔睡・魔国のたそがれ「草も木もかの誘惑(イザナヒ)に化(な)されつる」 発音〈標ア〉ナ0〈ア史〉平安○○●● 〈京ア〉0

いざない-い・ず【誘出】『他ダ下二』さそって外へ連れ出す。さそい出す。＊紫式部日記(1010頃か)寛弘五年九月一六日「はし近くゐたるを、左の宰相の中将殿の中将の君いざなひいで給て」＊源氏(1001-14頃)総角「つまどおしあけ給て、もろともにいざなひいでてみ給へば」

いざない-い・る【誘入】『他ラ下二』さそって入れる。導き入れる。＊太平記(14C後)二〇・義貞首懸獄門事「内へいざなひ入奉れば、其の夜やがて翠の髪を剃り下し、紅顔を墨染にやつし給ふ」＊仮名草子・仁勢物語(1639-40頃)下・六五「殿達の御出なれば、轡(くつは)出て、奥へいざなひ入れて退きぬ」 発音〈標ア〉イ3 0

いざない-ぐ・す【誘具】『他サ変』さそって連れて行く。＊今昔(1120頃か)二六・九「彼嶋へ行むと云者を皆倡(いざなひ)具して、蜜に出立て」＊苔の衣(1271頃)一「内のおとどのさい将いざないぐせんとて、しのびてさいゐんへわたり給へれば」

いざない-こ・む【誘込】『他マ五(四)』さそって中に入れる。＊彼岸過迄(1912)〈夏目漱石〉雨の降る日・五「其烟の香が、二時間前とは全く違ふ世界に誘(イザ)なひ込(こ)まれた彼等の鼻を断えず刺戟した」 発音〈標ア〉コ0

いざない-すす・む【誘勧】『自マ四』人をさそって、心がはやる、先ばしったことをする。一説に、この「すすむ」は下二段活用他動詞の「すすむ」と同じで、さそいすすめる、勧誘するの意ともいう。＊続日本紀-天平宝字八年(764)一〇月一四日・宣命「君の位を謀り窃かに心を通はして人を伊佐奈比須々牟(イザナヒスム)こと莫(な)かれ」

いざない-た・つ【誘立】『他タ下二』(「立つ」はうながす意)さそいうながす。さそいすすめる。いざないすすむ。＊源氏(1001-14頃)匂宮「上達部あまたこれかれにのりまじり、いざなひたてて六条院へおはす」

いざない-と・る【誘取】『他ラ四』さそって迎え取る。さそい出して迎え入れる。＊源氏(1001-14頃)常夏「さて、もてはなれ、いざなひとりては思ひもたえなんや。いふかひなきにて、さもしてむ」

いざ-な・う【誘】『他ワ五(ハ四)』(「いざ」は感動詞。「なう」は接尾語)さそう。勧める。また、勧めて連れて行く。さそいともなう。＊続日本紀-天平勝宝元年(749)一二月二七日・宣命「神我天神地祇を率(ひき)ゐ伊左奈比(イザナヒ)て必ず成し奉(まつ)らむ」＊万葉(8C後)一七・四〇一一「露霜の 秋に至れば 野もさはに 鳥すだけりと ますらをの とも伊射奈比(イザナヒ)て〈大伴家持〉」＊新撰字鏡(898-901頃)「佐 勧於人也 伊佐奈不 又佐曽不」＊蜻蛉(974頃)下・天禄三年「十よ日のほどに、れいのものする山寺に、紅葉も見がてら、とこれかれいざなはるればものす」＊源氏(1001-14頃)関屋「伊予の介といひしは、〈略〉常陸になりてくだりしかば、かのはは木も、いざなはれにけり」＊観智院本名義抄(1241)「倡 イザナフ」 語源説 (1)感動詞イザの活用語〔和訓栞・古言類韻=堀秀成〕。(2)イザナフ(率合)の約〔名言通〕。(3)イは息。サはサソフのサ。ナフはウベナフ、ニナフなどのナフ〔日本語源=賀茂百樹〕。 発音文イザノーとも〈標ア〉ナ ノ〈ア史〉平安○○●○ 鎌倉○○○● 室町●●○○ 江戸●●●●か〈京ア〉匚 辞書字鏡・色葉・名義・和玉・文明・饅頭・易林・日葡・書言・ヘボン・言海 表記倡(色・名・玉・文) 率(字・色・名) 唱(色・名・文) 誘(色・文・饅・へ・言) 佉・嘩(字・名) 引唱(色・名) 説(玉) 叱(文) 倡行(易) 倡引・誘引(書)

いざなぎ『名』方言 魚。❶ひめおこぜ(姫虎魚)。和歌山県有田郡694 ◇いさなぎ 泉州†030 ❷はおこぜ(葉虎魚)。紀州†030

いざなぎ-けいき【伊弉諾景気】『名』昭和四〇年(一九六五)から同四五年にかけて続いた好景気のこと。日本建国以来と称する神武景気や岩戸景気を上回る好景気であったことから名付けられた。 発音イザナギケイキ〈標ア〉ケ

いざなぎ-じんぐう【伊弉諾神宮】兵庫県津名郡一宮町にある神社。旧官幣大社。祭神は伊邪那岐命、伊邪那美命。「日本書紀」に見える伊邪那岐命の幽宮(かくれみや)とされる。昭和二九年(一九五四)伊弉諾神社を現名に改称。延喜式内名神大社。淡路国一の宮。多賀宮。淡路島明神。津名神。いっくさん。 発音イザナギジングー〈標ア〉グ

いざなぎ-の-みこと【伊邪那岐命・伊弉諾

尊】（古くは「いざなきのみこと」か）記紀などに見える神。国生みを行なった男神。神代七代の最後の神。「古事記」によれば、天神の命で、伊邪那美命とともに大八洲（おおやしま）の国をはじめ、山川草木や万物を司る神々を生み、最後に天照大神、月読命（つくよみのみこと）、須佐之男命（すさのおのみこと）を生んで、治めさせる国々を定めた。「日本書紀」本文では天神の命はなく、国生み・神生みは二神の意志による。語源説(1)イザはイザナフの語根。ギは男性を示し、イザナミのミは女性を示す〔古事記伝・野乃舎随筆・日本の神話＝松本信広〕。(2)イサは、功徳を意味するイサヲの語根イサであろう。キなどのK系のことばは男、ミなどのM系のことばは女を表わす〔神代史の新研究＝白鳥庫吉〕。(3)梵語のイシャナテン（伊舎那天）、イシャナクウ（伊舎那后）からか〔神皇正統記〕。発音イザナギノミコト〈音史〉古くは『いざなきのみこと』か。〈標ア〉0 辞書下学・文明・伊京・黒本・易林・書言 表記伊弉諾尊（下・文・伊・黒・易・書）

いさなこ【鯑】〘名〙魚「いさざ（魦）」の異名か。＊伊京集（室町）「鯑 イサナコ」辞書伊京・明応・書言 表記鯑（伊・明・書）

いざな-てん【伊舎那天】（伊舎那は梵 Īśāna の音訳。伊邪那、伊賒那とも書き、伊沙とも略す。支配者の意）仏語。欲界第六天の主で、大自在天（摩醯首羅天＝まけいしゅらてん）ともいう。密教の胎蔵界曼荼羅（たいぞうかいまんだら）では、外金剛院の上首に位する。十二天の一つ、東北方の護法神で、その形は、黒青色で、怒りの三目と上を向いた牙（きば）をもち、首に髑髏（どくろ）の瓔珞（ようらく）をかけ、左手には血を盛った器盤、右手には鉾鎗を持ち、黄牛に乗る、とされる。いざな。いしゃなてん。いしゃな。＊秘蔵記（異本）（835頃か）「次外金剛院〈従二東北一座。〉伊舎那天〈黒青色。面上三目。繋二髑髏瓔珞一、左手持二器盤一、右手鉾鑯。〉前在二伊舎那天后一」＊神皇正統記（1339-43）上・大日孁尊「或説に伊弉諾・伊弉冊は梵語なり。伊舎那天、伊舎那后なりと云」発音〈標ア〉ナ

いさな-とり【鯨取・勇魚取】㊀枕 鯨を取る意で、海、浜、灘（なだ）など海に関する語にかかる。＊書紀（720）允恭一一年三月・歌謡「常（とこ）しへに君も会へやも異舎儺等利（イサナトリ）海の浜藻の寄る時時を」＊万葉（8C後）六・九三一「鯨魚取（いさなとり）浜辺を清み うちなびき 生ふる玉藻に〈車持千年〉」＊万葉（8C後）一七・三八九三「昨日こそ船出はせしか伊佐魚取（イサナトリ）比治寄（ひぢき）の灘を今日見つるかも〈作者未詳〉」㊁〘名〙鯨をとること。捕鯨。《季・冬》＊いさなとり（1891）〈幸田露伴〉九三「為ることは異（かは）らぬ鯨魚取（イサナトリ）ながら」補注（㊀について）「いそ（磯）の鳥」の変化したものとして、「磯の鳥」すなわち鵜から「う」と同音をもつ「うみ」にかかるとする説もある。発音〈標ア〉ナ〈ア史〉㊀は平安◍◍◍◍○〈京ア〉ト

いさなとりえことば【勇魚取絵詞】（いさなとりエことば）著者未詳。天保三年（一八三二）刊。小山田与清の跋（ばつ）がある。平戸の生月（いきつき）島の益富又左衛門の漁場を例として捕鯨事業を詳細に絵解きした書。

いざなみ〘副〙（「万葉-一〇・二二八四」の「率爾」を、古く「いざなみに」と訓んだところから生じた語か）かりそめ。ちょっと。＊堀河百首（1105-06頃）秋「いざなみに今も又みん女郎花しのふのすがたあく時もなし〈藤原仲実〉」＊色葉和難集（1236頃）一「和云、いざなみとは引率と書てよめり。いざなひともなふ由にや」発音〈標ア〉コ

いざなみ-の-みこと【伊邪那美命・伊弉冉尊】記紀などに見える神。伊邪那岐命とともに国生みを行なった女神。神代七代の最後の神。「古事記」では火の神迦具土神（かぐつちのかみ）を生んだとき火傷して死に、黄泉国（よもつくに）の神となった。しかし、「日本書紀」本文では死は語られず、伊弉諾尊とともに日神・月神・素戔嗚尊を生んだとされる。語源説↓「いざなぎのみこと（伊邪那岐命）」の語源説。発音〈標ア〉0 辞書下学・文明・伊京・黒本・易林 表記伊弉冊尊（下・文・伊・黒・易）

いさ-に〘副〙（感動詞「いさ」に副詞を作る接尾語「に」の付いたもの）判断がつかない気持、ためらう気持を表わす。さあどうだろうか。＊万葉（8C後）一六・三七九一「いにしへ ささきし我や はしきやし 今日（けふ）やも子らに 五十狭邇（いさに）とや 思はえてある〈作者未詳〉」

いさ-は【斑葉】〘名〙①草木の葉の表面に、白、黄、赤など色の異なった斑点、線紋などがあるもの。斑（ふ）入りの原因には葉緑素発達不全の場合と、表皮が葉肉からはがれてその間に気泡があることによる場合とがある。特に観葉植物として珍重されるものもある。一一代将軍徳川家斉の好みによって流行したという。ふいり。ふいりば。＊雑俳・柳多留-四七（1809）「ゐんがわでいさはに涼む夏の月」＊随筆・耳嚢（1784-1814）三・利を量りて損をなせし事「彼もの或日庭前を見廻りしに、柾木のいさ葉一本有り。珍らしからざる柾木ながら、其頃いさ葉の流行はじめなれば」＊白羊宮（1906）〈薄田泣菫〉金星草の歌「黄金斑（こがねふ）の紋葉（イサハ）とはなれ」②ごましお頭のたとえ。＊雑俳・柳多留-二八（1799）「奥家老髪は時行のいさ葉也」＊安愚楽鍋（1871-72）〈仮名垣魯文〉二・上「にん間もいさ葉だと、がうせいおもしろ味があるのウ」方言斑入りの葉。常陸†064 関東†035 ◇いさば 福島県相馬161 神奈川県北相模314 語源説エセハ（似非葉）の転か〔大言海〕。発音〈標ア〉0 辞書言海

いさ-ば【五十集】〘名〙①江戸時代、魚市場、魚商人のほか、漁場、漁船、水産加工業者にも共通して用いた語。江戸の中期以降は主として魚問屋、魚の仲買人をさすようになった。いそば。＊随筆・続昆陽漫録補（1768）「大坂辺にて、魚をいろいろ商ふを五十集（いそば）と云ふなり。或云く、今はいさばと云ふと」＊地方凡例録（1794）五「漁者と五十集（いさば）商人（魚をば五十集物、同商売する者を五十集商人と云）」②「いさばぶね（五十集船）」の略。＊和漢船用集（1766）四・海舶之部「磯場（イサハ）小船にして磯辺を行の義、磯場舟なり」③窃盗犯をいう、盗人仲間の隠語。いさば屋。〔隠語輯覧（1915）〕方言❶漁場。千葉県香取郡062 新潟県佐渡352 ❷漁師。新潟県下越387 ❸魚売り。魚の行商人。魚屋。青森県津軽059 南部084 岩手県088 098 102 秋田県鹿角郡132 千葉県海上郡268 新潟県352 361 382 山梨県西山梨郡455 南巨摩郡465 ◇いさばうり〔─売〕 岩手県磐井050 山形県東田川郡139 岐阜県飛驒502 ◇いさわうり 富山県389 ❹魚の仲買人。千葉県夷隅郡054 東京都大島326 神奈川県001 静岡県浜名郡545 ❺天草などの仲買人。東京都八丈島337 ❻干魚類を売る店。塩物屋。水産物商。群馬県館林245 ❼魚市。東国†009 ❽担いかご。静岡県浜松062 ❾漁具を売る船。香川県伊吹島829 ❿帆前船。長崎県北松浦郡899 五島917 鹿児島県肝属郡970 ⓫千石船造りの荷物運搬船。長崎県壱岐島916 ⓬二、三百石の船。三重県志摩郡585 語源説（①について）(1)イソナバ（磯魚場）の約〔大言海〕。(2)イサバ（磯端）の義か又はイサナバ（勇魚場）か〔和訓栞〕。(3)イサナバ（勇魚場）の義〔俗語考〕。(4)イソバ（磯間）の義〔日本語源＝賀茂百樹〕。辞書言海 表記五十集（言）

いさば〘名〙魚「どちざめ（奴智鮫）」の異名。

いさば-あきゅうど【五十集商人】（あきうど）〘名〙魚、干物、塩物を売買する商人。いさばし。いさば。＊地方凡例録（1794）五「いわしを取るは海中第一の大業也。網引上たる時、漁者と五十集商人〈略〉其浜の役人立会、引上たるいわしを何百何十盃と計り、其日の相場を極る」

いさば-うり【五十集売】〘名〙方言⇩いさば（五十集）

いさば-し【五十集師】〘名〙①「いさばあきゅうど（五十集商人）」に同じ。＊俗語考（1841）いさばし「魚あきなひする者を、いさば師と云」②先端にかぎをつけた竹竿で窓口などから釣り取るようにして衣類などを盗む者をいう、盗人仲間の隠語。あやつり。たこつり。〔隠語輯覧（1915）〕方言魚の仲買人。新潟県刈羽郡380

いさば-ぶね【五十集船・磯場船】〘名〙（「いさばもの（五十集物）」を運送する船の意。あるいは、磯辺を行く小船の義からともいう）江戸時代、水産物や薪炭などを主として運送する小廻船の一種。大きさは二、三十石積から、二、三百石積くらい。船形は地域により違いがあり、瀬戸内、九州では弁財（べざい）造りかそれを簡素にした形式が多い。いさば。＊和漢船用集（1766）四・海舶之部「磯場（いさは）小船にして磯辺を行の義、磯場舟なり、磯辺舟とも書へし」語源説(1)イソベブネ（磯辺舟）の略転か〔嬉遊笑覧・摂陽奇観・大言海〕。(2)魚肆をいうイサバから出た語か〔和訓栞〕。(3)イソハブネ（磯間船）の略〔日本語源＝賀茂百樹〕。

五十集船〈淡路島 鳥飼八幡宮 船絵馬〉

いさば-もの【五十集物】〘名〙魚の干物（ひもの）、塩物（しおもの）などの類。また、魚類全般を指していう。＊地方凡例録（1794）五「網引上たる時、漁者と五十集（いさば）商人、（魚をば五十集物、同商売する者を五十集商人と云）、其浜の役人立会」＊俚言集覧（1797頃）「あひ物。如今いさば物と云」方言魚類。海産物。山形県139

いさはや【諫早】長崎県南東部の地名。中世、伊佐早荘の地で、島原、長崎、西彼杵（にしそのぎ）の各半島を結ぶ交通・経済の要地。雲仙天草国立公園の玄関口。昭和一五年（一九四〇）市制。発音〈標ア〉0 辞書書言 表記諫早（書）

いさば-や【五十集屋】〘名〙①魚、干物（ひもの）、塩物（しおもの）などを売る店。また、その人。＊俚言集覧（1797頃）「いさばや 磯辺の義にして醃魚など商ふ人をいふ」＊最暗黒之東京（1893）〈松原岩五郎〉一「或は塩鮭、干鱈、乾鰑、鯖、鯵の干物、串柿を売る五十集屋（イサバヤ）」②魚市場の仲買人。または魚問屋。③「いさば（五十集）③」に同じ。〔隠語輯覧（1915）〕方言❶さかな屋。青森県073 岩手県062 095 100 宮城県仙台市054 栗原郡114 山形県139 福島県155 千葉県安房郡054 愛知県北設楽郡062 ❷魚の仲買人。魚問屋。千葉県安房郡302 ❸乾魚商。塩物屋。岩手県上閉伊郡097 群馬県館林245 愛知県名古屋市562

いさば-やく【五十集役】〘名〙江戸時代、おもに魚問屋に課した税。鰯漁では一般に水揚代金の二〇分の一、仙台藩では魚の売上げ一〇〇文に対して四文、弘前藩ではいさば屋一人につき、本役からは銀一枚、半役からは銀二三匁を年々上納させた。＊散小物成帳-金沢藩・天明六年（1786）「新川郡 百九十三匁 四十物役（イサバやく）銀」

いさ・ぶ【叱】〘他バ四〙しかる。とがめる。非難する。＊大智度論平安初期点（850頃か）一四「金剛力士、瞋りの目をもちて之を比（叱）（イサヒ）き」＊享和本新撰字鏡（898-901頃）「譺 伊左不 又佐支奈牟」＊法華義疏長保四年点（1002）一「若し、有所得の善を修行するときは、行い仏と乖（そむ）きぬ。菩提の根に非ぬなり。故に仏の為に呵（イサハ）れたてまつる」＊観智院本名義抄（1241）「叱 イサフ サイナム」＊随筆・折たく柴の記（1716頃）上「まして人を叱（イサ）ひ給ふにも、あらあらしきことのたまひし事は聞かず」語誌(1)平安時代の

訓点資料に散見し、和文に見出し難い語。和文には「いさむ(諫)」が用いられ、これとの音韻交替で成立した語と推定される。(2)平安時代には四段活用の例が多いが、「大慈恩寺三蔵法師伝院政期点」には下二段の例があり、「四分律行事鈔平安初期点」には上二段の例があって、ゆれている。下二段活用で成立したものが、上二段活用に転じ、さらに四段活用に転じたものかと考えられている。(3)院政期に「イサフ」と清音に発音されるようになり、ハ行転呼によって「イサウ」を生じ、室町時代末期からは合音化して「イソウ」と変化したものと考えられる。[発音]〈音史〉古く『いさふ』とも。〈ア史〉平安『いさふ』○○◐ 鎌倉『いさふ』○○● 〈京ア〉[0] [辞書]字鏡・色葉・名義・和玉・文明・黒本・易林・言海 [表記]叱(色・文・黒・易・言) 訶(名・玉・易) 謔(字) 仡(色) 嚇・哥・咄・喊・譴・訾・制(名) 化(文)

いさ-ぶ・る【揺振】〘他ラ四〙(「ゆさぶる(揺振)」の変化した語) ゆり動かす。動揺させる。＊両京俚言考(1868-70頃)「いさぶる 物の一決治定しかねて是に彼に迷はさるるを、いさぶらるといふは、砂の水中に淘れて落付かぬさまに准へて、いさごふる(砂振)などひ初めしにやあらん」

イザベラ-いっせい【―一世】(Isabel I) カスティーリャの女王(在位一四七四〜一五〇四)。アラゴン太子フェルナンドと結婚。夫の即位で両国を合併し、スペインを共同統治した。コロンブスの援助者としても有名。イサベル女王。(一四五一〜一五〇四)

いざほわけ-の-みこと【去来穂別尊・伊邪本和気命】 履中(りちゅう)天皇の名。[発音]〈標ア〉[0]

い-ざま【居様】(ゐ)〘名〙すわっている様子。いずまい。坐作(ざさ)。＊今昔(1120頃か)三一・二九「其の式部の丞が居様を極く不心得ね」＊雑俳・柳籠裏(1783-86)三月二日「いろいろの居ざまは外科の玄関也」[発音]〈標ア〉[0] [辞書]言海 [表記]居様(言)

いさま。し【勇】〘形シク〙⇨いさましい(勇)

いさまし・い【勇】〘形口〙[文]いさま。し〘形シク〙(動詞「いさむ(勇)」の形容詞化。勇むさまであるのをいう) ①気乗りがしている。気が進んでいる。＊讃岐典侍(1108頃)下「いさましく嬉しきいそぎにてあらんだに、それにさはるべきことかは」＊徒然草(1331頃)五八「必らず生死(しょうじ)を出でんと思はんに、なにの興ありてか、朝夕君に仕へ、家を顧みる営みのいさましからん」＊日葡辞書(1603-04)「Isamaxij(イサマシイ) ココロヲ モッテ ゴホウコウヲ マウセ」②勢いが強く、しりごみしない。勇敢である。＊浄瑠璃・絵本太功記(1799)一〇日「あたり眩ゆき出立(いでたち)は、爽かなりし其骨柄、ヲヲ適(あっぱ)れ武者振り勇ましし」＊長唄・正札附根元草摺(1814)「派手な所がわしゃ嬉し、コレ止まらんせ、勇ましや」＊滑稽本・浮世床(1813-23)初・中「一体は御当地のお人様は義強うてトット人気(じんき)が勇(イサマ)しいナ」③様子が活気に満ちている。勇壮である。＊東京の三十年(1917)〈田山花袋〉明治二十年頃「ひろい平坦な通りを箱馬車が勇しく駆けて行った」④女性の、不良性を帯びていたり、つつましさに欠け、大胆な行動をとったりするさま。〔特殊語百科辞典(1931)〕＊自由学校(1950)〈獅子文六〉夏の花咲く「ひんぴんとして、新聞雑誌に伝えられる勇ましい夫人や娘の行状は」[発音]イサマシイ〈標ア〉[シ]〈京ア〉[マ] [文]『いさまし』〈標ア〉[マ]〈京ア〉[マ] [辞書]日葡・ヘボン・言海 [表記]勇(へ・言)

いさまし-が・る【勇―】〘自ラ五(四)〙(「がる」は接尾語) 勇ましいふりをする。＊虱(1916)〈芥川龍之介〉一「しかし、その船へ乗組んでゐる連中は、中中(なかなか)勇(イサ)ましがってゐる所(どころ)の騒ぎではない」[発音]イサマシガル〈標ア〉[ガ]

いさまし-ぐさ【―草】〘名〙植物「まつ(松)」の異名。＊日葡辞書(1603-04)「Isamaxigusa(イサマシグサ)。すなわち、マツ〈略〉歌語」[辞書]日葡

いさまし-げ【勇―】〘形動〙(形容詞「いさましい」の語幹に接尾語「げ」の付いたもの) いかにも活気があると感じられるさま。＊小学読本(1874)〈榊原・那珂・稲垣〉四「折檻院に送らんとするに折節側より一人の小童勇しげなる顔色にて出来り我此処に在り我が姉憂ふる事勿れと言ひて裁判役の前に立てり」＊多情多恨(1896)〈尾崎紅葉〉後・八・二「時としてはなかなか帰来(かへり)の勇しげに響く日もあった」＊忘れえぬ人々(1898)〈国木田独歩〉「勇ましげな売声や」[発音]イサマシゲ〈標ア〉[シ]

いさまし-さ【勇―】〘名〙(形容詞「いさましい」の語幹に接尾語「さ」の付いたもの) 勢いや活気のあること。勇敢なこと。また、その度合。＊とはずがたり(14C前)三「『ただ今御ふねにめさるるに、まゐれ』とおほせらるるに、なにのいさましさにかとおもひて、たちもあがらぬを」＊日葡辞書(1603-04)「Isamaxisa(イサマシサ)」＊破戒(1906)〈島崎藤村〉二・五「音楽隊の物真似、唱歌の勇しさ」＊自由学校(1950)〈獅子文六〉自由を求めて「人形の家の女主人公のような勇しさ」[発音]〈標ア〉[マ]〈京ア〉[0] [辞書]日葡・ヘボン [表記]勇(へ)

いさみ【勇】〘名〙(動詞「いさむ(勇)」の連用形の名詞化) ①勇ましい手柄。雄々しき武功。＊書紀(720)垂仁五年一〇月(北野本訓)「天皇、是に、将軍八綱田の功(イサミ)を美(ほ)めたまふて」＊日本紀竟宴和歌-天慶六年(943)「くろかねのまとを通せる伊佐美(イサミ)にぞ 名を賜はりて世に伝へける〈源仲宣〉」②勇んで物事にあたる気持。積極的に立ち向かう気持。勇気。気力。活気。はげみ。＊宇津保(970-999頃)俊蔭「悲しびは余りありといへども、まねびつかうまつるいさみはなし」＊金刀比羅本保元(1220頃か)上・親治等生捕らるる事「基盛よき敵からめとりて、いさみのいろをなし」＊古今著聞集(1254)八・三〇二「我いきたりとも、母を失ひては何のいさみかあらん」＊仮名草子・身の鏡(1659)中「しかる時は役者にもいさみをうしなはせ、又見物の衆も興をさますものなり」＊談義本・根無草(1763-69)後・五「栢車、薪水二年の内に故人となり、劇場も何か物足らぬ風情にて〈略〉世上のいさみうすかりしが」＊いさなとり(1891)〈幸田露伴〉七二「彦右衛門勇(イサミ)を発して金四郎を蹴据ゑ」③(形動)市井にて、侠気を売り物にし、威勢のよい言語や振舞をなすこと。また、そのさまやその人。勇み肌。＊洒落本・部屋三味線(1789-1801頃)「顔ににきびのできてゐる勇(イサミ)な客人で」＊歌舞伎・名歌徳三舛玉垣(1801)五立「へイ、私は大津の牛飼、独鈷(とっこ)の駄六と申ますするいさみとやらでござりまする」＊洒落本・船頭深話(1802)一「町抱で候の出入場で候のと、なんだか勇(イサミ)で暮す様だが」＊滑稽本・浮世床(1813-23)初・中「出刃庖丁は任侠(イサミ)の魂だ」④酒。＊物類称呼(1775)四「さけ 出羽にて、いさみと云。〈略〉今按に、いさみといふは羽州羽黒山などの隠語なるべしを、俗人もそれに倣(なら)ひて専らいさみといふにや成けん」[語誌](1)一八世紀後半頃より、特に江戸下町のとびや職人などに属する侠気ある若者のことを「いさみ」あるいは「いさみ肌」というようになった。彼らは、何事においても威勢がよく、「滑稽本・東海道中膝栗毛-四・下」に「すこしいさみ肌のまき舌にて」とあるところから、いわゆる江戸訛りで話したものと思われ、刺青を施す者も多かったようである。(2)江戸時代前期には肯定的にみられていたが、次第に、滑稽本で笑いの対象とされるなど、低くみられるようになる。類義語に、「いなせ(鯔背)」「きおい(競)」「きおいはだ(競肌)」「きゃん(侠)」などがある。[方言]酒。福島県南会津郡165 [発音]〈標ア〉[0]〈京ア〉[0] [辞書]和玉・文明・日葡・ヘボン・言海 [表記]勇(玉・文・言) 侠者(へ)

いさみ を 付(つ)ける 勇気を持たせる。奮いおこさせる。＊洒落本・淫女皮肉論(1778)深川の密談「味方におくれさせまいと、密に鳩を飛ばせてみせて、いさみをおつけなさったもの」＊思出の記(1900-01)〈徳富蘆花〉一・九「『坊っちゃま、えらい人になって御帰んなさい。〈略〉』なんぞ勇みをつけた」

いさみ を なす 元気づく。勇気にあふれふるい立つ。＊太平記(14C後)一三・足利殿東国下向事「若(もし)詰進を経(へ)て軍勢の忠否(び)を奏聞せば、挙達(ぎょたつ)道遠して忠戦の輩(ともから)勇(イサミ)を成す可からず」＊浮世草子・好色一代男(1682)八・三「八百屋、肴屋いさみをなして」

いさみ を 振(ふ)る 勇気をふるいおこす。勇ましがる。＊雑俳・柳多留-四三(1808)「鰒汁を勇を振て五はいくい」

いさみ-あし【勇足】〘名〙①相撲で、相手を土俵際に追いつめながら、勢いあまって自分から土俵の外へ足を踏み出すこと。②物事を行なう場合、調子にのりすぎて目的をはずれたり、仕損じたりすること。＊白く塗りたる墓(1970)〈高橋和巳〉三「そういうことがなけりゃ、若い記者の勇み足ということですむ」[発音]〈標ア〉[ミ][0]〈京ア〉[0]

いさみ-あにい【勇兄】〘名〙勇み肌の兄貴株。侠気ある兄貴分の男。＊新内・道中膝栗毛(1848-60頃か)「神田々々の八丁堀、勇み兄いの栃面(とちめん)屋」[発音]イサミアニー〈標ア〉[ニ]

いさみ-あらそ・う【勇争】(あらそふ)〘自ハ四〙気負い立って争う。＊金刀比羅本保元(1220頃か)上・官軍勢汰へ「以上四千五百余騎、我も我もと勇諍(イサミアラソヒ)て」＊太平記(14C後)二六・四条縄手合戦事「手分の一揆互に勇争(イサミアラソフ)て陣の張(はり)密(きび)しければ」[発音][文]イサミアラソーとも〈標ア〉[ソ]

いさみ-おご・る【勇驕】〘自ラ四〙勇みふるいたって、気負いたつ。＊曾我物語(南北朝頃)三・兄弟を母の制せし事「物の隙よりしのび見るに、いさみおこる時は、身づからが心もともにいさましく」

いさみ-がお【勇顔】(ほ)〘名〙奮い立ち勢い込んだ顔つき。気負った勇ましそうな顔。＊仮名草子・大仏物語(1642)「臆病者のくせとして、いさみ顔をする人は心のうちにこそしらるれ」[発音]イサミガオ〈標ア〉[0]

いさみ-かか・る【勇懸】〘自ラ四〙気負い立って事にとりかかる。＊太平記(14C後)二六・四条縄手合戦事「余りに勇み懸て大事の敵を打ち漏らすな」＊歌舞伎・勧進帳(1840)「皆山伏は打刀を抜きかけて勇みかかれる有様」[発音]〈標ア〉[カ2]

いさみ-げ【勇―】〘形動〙(「げ」は接尾語) 勇気のあふれた様子。勇み立つさま。＊太平記(14C後)一八・越前府軍「是程目出たき砌(みぎり)にて候に、などや勇みげなる御気色も候はぬやらん」

いさみ-ごえ【勇声】(ごゑ)〘名〙威勢のよいかけ声。＊俳諧・金川文藻(1779)「松竹のいさみ声あり宿の春〈東舎〉」[発音]イサミゴエ〈標ア〉[ゴ]

いさみ-じょうご【勇上戸】(ジャウゴ)〘名〙酒に酔うと元気にさわぎ出す人。＊西洋道中膝栗毛(1874-76)〈総生寛〉一二・下「喜多八は元よりいさみ上戸にて何とかしてさわぎたき風なるゆへ」

いさみ-すす・む【勇進】〘自マ四〙きおい立って前進する。＊金刀比羅本保元(1220頃か)上・官軍勢汰へ「星旄電戟(せいぼうでんげき)の威をふるっていさみ進(ススミ)てうち出し、刑勢(ぎゃうせい)〈注〉ありさま)ことがら、あっぱれ大将軍也とぞみえし」＊太平記(14C後)一四・箱根竹下合戦事「名を重んじ命を転んずる千葉、宇津宮、菊地、松浦の者共、勇進(イサミススン)で戦ひける」＊人情本・貞操婦女八賢誌(1834-48頃)四・三九回「結句忍ぶに便りよしと、勇(イサ)み扨(スス)んで立ち出づるを、今更禁(とど)めん言話(ことば)もなく」[発音]〈標ア〉[ス2]

いさみ-だ【勇田】〘名〙中国地方で、笛や太鼓で囃(はや)しながら行なう大田植え。囃田(はやしだ)。

いさみ-た・つ【勇立】〘自タ五(四)〙勢い込む。きおいたつ。奮起する。＊俳諧・続猿蓑(1698)上「いさみ立鷹引すゆる嵐かな〈里圃〉 冬のまさきの霜ながら飛〈沾圃〉」 ＊浄瑠璃・近江源氏先陣館(1769)九「女房篝火勇み立ち」 ＊地獄の花(1902)〈永井荷風〉一九「自分は最う勇立って世に出る勇気は失(なく)なった」 発音〈標ア〉タ 〈京ア〉0

いさみ-であい【勇出合】(あひ)〘名〙いさみはだの連中の集まり。＊洒落本・船頭深話(1802)一「葬礼のこしをよいよいわいわいではやしながらゆすり散らしてかつひで通るいさみであいの其中から」

いさみ-ののし・る【勇罵】〘自ラ四〙気負って喊声をあげる。＊金刀比羅本保元(1220頃か)中・朝敵の宿所焼き払ふ事「相随ふ兵(つはもの)共いさみののしること斜(なのめ)ならず」 ＊太平記(14C後)三四・新将軍南方進発事「津々(つづ)山(やま)の人々皆勇訇(イサミノノシッ)て」 発音〈標ア〉シ 辞書日葡

いさみ-はだ【勇肌】〘名〙威勢がよく、強者をくじき弱者をいたわる任侠の気風。おとこ気ある侠客的な気性。また、その人。伝法肌。＊滑稽本・東海道中膝栗毛(1802-09)四・下「三人づれの旅人、是もゑどものと見へて、すこしいさみ肌のまき舌にて」 ＊人情本・春色恵の花(1836)初・四回「物やはらかなれども勇壮(イサミ)はだなり」 ＊坊っちゃん(1906)〈夏目漱石〉一一「あのべらんめえと来たら、勇み肌の坊っちゃんだから愛嬌がありますよ」 発音〈標ア〉0 辞書言海

いさみ-ひと【勇人】〘名〙勇気のある人。勇士。勇者。＊書紀(720)垂仁七年七月(熱田本訓)「出雲国に勇士(イサミヒト)有(はむへ)り。野見宿禰と曰ふ」 発音〈標ア〉ミ ハ 〈京ア〉0

いさみ-ぶし【勇節】〘名〙近世俗謡の一つ。文政(一八一八～三〇)の頃、飴売(あめうり)の髷長半三郎(まげながはんざぶろう)が豊年飴を売るために、江戸市中をうたい歩いたのに始まる。

いさみ-ほこ・る【勇誇】〘自ラ四〙元気いっぱいで気負い立つ。＊閑居友(1222頃)上・かう野のひしりの山からによりて心おおこす事「いま一の山がら、ものいみじくくひて、いさみほこれり」 ＊太平記(14C後)四〇・最勝講之時及闘諍事「宗徒の大衆腰刀許にて取て返し、勇誇(イサミホコッ)たる南都の衆徒の中へ、面も振らず切って入る」 ＊日葡辞書(1603-04)「Isamifocori, ru, otta (イサミホコル)」 発音〈標ア〉コ 辞書名義・日葡 表記婞嫌(名)

いさみ-よろこ・ぶ【勇喜】〘自バ四〙よろこんで心が勇み立つ。うれしさに心がふるいたつ。＊平家(13C前)三・赦文「平家の人々はただ今皇子御誕生のある様に、いさみ悦ひあはれけり」 ＊太平記(14C後)二六・楠正行最期事「魯陽二度白骨を連ねて韓構に戦ひける心も、是には過ぎじと勇悦て」 ＊日葡辞書(1603-04)「Isamiyorocobi, u, ôda (イサミヨロコブ)」 発音〈標ア〉コ 辞書日葡

いさ・む【勇】 ㊀〘自マ四〙(「いさ」は「いさな(鯨)」「いさまし(勇)」などの「いさ」と同語源) ①心が奮い勇気がわく。気負ってはやり立つ。勢い込む。＊万葉(8C後)二〇・四三三一「伊佐美(イサミ)たる 猛き軍卒(いくさ)と ねぎたまひ〈大伴家持〉」 ＊色葉字類抄(1177-81)「半漢 イサム」 ＊宇治拾遺(1221頃)二・一三「この相撲、人よりたけたかく大きに、わかくいさみたるをのこにて」 ＊日葡辞書(1603-04)「タケク isameru (イサメル) ツワモノ ドモ」 ＊浄瑠璃・博多小女郎波枕(1718)下「聞も果ず縄付共、よみ返たる心地して一度にあっとぞいさみける」 ②馬がいななく。武士の言葉で「いななく」の「なく」が、「泣く」に通じるのを忌んでいう。③水戦で、貝を吹き鳴らす。④タバコをのむ意の盗人仲間の隠語。〔隠語輯覧(1915)〕 ㊁〘他マ下二〙⇨いさめる(勇)。方言❶船霊(ふなだま)が大漁やしけの時、鈴の音のような声を発する。福井県坂井郡・丹生郡025 島根県那賀郡025 浜田市725 岡山県児島郡014 香川県仲多度郡014 愛媛県越智郡025 温泉郡054 高知県鵜来島025 大分県北海部郡025 鹿児島県甑島976 屋久島981 ◇いさめく 山口県阿武郡797 ◇いさなむ 長崎県壱岐島916 ❷酒の勢いで言う。酒に酔って上機嫌であれこれ言う。栃木県198 語源説(1)イキスサム(気進)の約略〔大言海・国語の語根とその分類=大島正健〕。(2)イサナフ(率)の義〔名言通・和訓栞・言葉の根しらべ=鈴江潔子〕。(3)イは息、サはサユル心、ムは向ウ心〔日本声母伝〕。(4)イススム(勢進)の転〔言元梯〕。発音〈標ア〉0 サ 〈ア史〉平安●●○ 鎌倉来●●● 〈京ア〉0 辞書色葉・名義・和玉・文明・伊京・明応・天正・饅頭・黒本・日葡・書言・〈ボン〉・言海 表記勇(色・名・玉・文・明・天・饅・黒・へ・言) 半漢(色・名・伊・天・黒・書) 佐・悍・貴(色・名・玉) 沛艾(色・天・書) 揆・驍(色・名) 咄・扞・獷(色) 吒・皤・猛・勃・騎(名) 悤・敵(玉)

いさ・む【営】〘他マ四〙「いとなむ(営)」に同じ。＊猿投本文選正安四年点(1302)「何によてか遽(すみ)に陵墓を営(イサム 別訓 イトナマム)。徒に其の城郭之制を観れは則旁(かたかた)三の門を開く」

いさ・む【諫】〘他マ下二〙⇨いさめる(諫)

イサム-ノグチ (Isamu Noguchi) 日系アメリカ人の彫刻家。父は、詩人野口米次郎、母はアメリカ人女性。パリでブランクーシに師事。彫刻・舞台美術・造園などに幅広く活躍。(一九〇四～一九八八)

いさめ【勇・慰】〘名〙(動詞「いさめる(勇)」の連用形の名詞化) ①勇気づけること。元気づけること。はげまし。＊浄瑠璃・国性爺合戦(1715)道行「栴檀女(せんだんにょ)小むつがいさめ力にて、大明国へと思ひ立つ」 ＊浄瑠璃・義経千本桜(1747)三「いさめの詞に引き立られ」 ②なぐさめ。＊浄瑠璃・傾城反魂香(1708頃)上「おつれづれをいさめの為、嫁菜(よめな)のひたしに豆腐の煮しめ、竹筒(ささえ)でも致しまして」 ＊浄瑠璃・生玉心中(1715か)下「昼は名に負ふ遊山所の、貴賤群集のだて尽くし、人をいさめの芸尽くし」 発音〈標ア〉0 メ

いさめ【諫】〘名〙(動詞「いさめる(諫)」の連用形の名詞化) ①禁止すること。制止。禁制。＊書紀(720)天武一〇年四月(北野本訓)「辛丑、禁式(イサメののり)、九十二条を立つ」 ＊和泉式部日記(11C前)「あふみちは神のいさめにさはらねど法(のり)のむしろにをれば立たぬぞ」 ②忠告。注意。諫言(かんげん)。＊源氏(1001-14頃)桐壺「この御方の御いさめをのみぞ猶わづらはしう心ぐるしう思ひきこえさせ給ひける」 ＊平家(13C前)一・祇園精舎「楽しみをきはめ、諫(いさ)めをも思ひ入れず、天下の乱れむことをさとらずして」 ＊新撰菟玖波集(1495)雑・四「つらかりし人も恋しく袖ぬれて いさめの杖は後にこそしれ〈兼載〉」 発音〈標ア〉0 メ 〈ア史〉室町●●● 〈京ア〉0 辞書文明・日葡・〈ボン〉・言海 表記諫(文・へ・言) 諍(文)

いさめ の 鼓(つづみ) (「諫鼓(かんこ)」の訓読み) 古代中国で、民衆の政治に対する声を聞くために朝廷に置いた鼓。意見のある者は鼓を打ち鳴らして自分の意見を知らせたという。＊正治初度百首(1200)祝「君が代はいさめのつつみとりなれて風さへ枝を鳴さざりけり〈源通親〉」 ＊土御門院集(1231頃)「諫鼓苔深鳥不驚 音たえしいさめのつつみとりなれて苔むす程に年ぞへにける」

い-さめ【居寤】(ゐ)〘名〙そこにいて意識を回復すること。＊古事記(712)中「玉倉部の清泉に到りて息(いこ)ひ坐しし時、御心稍(やや)に寤(さ)めましき。故、其の清泉を号けて、居寤(ゐさめ)の清泉と謂ふ」

い-さめ【寝覚】〘名〙(「いざめ」とも。「い」は眠りのこと) ねざめ。＊古今六帖(976-987頃)五・雑思「われのみと思ふは山のいさめ里ゐさめに君を恋ひあかしつる」 ＊改正増補和英語林集成(1886)「Izame イザメ」 発音〈標ア〉0 辞書言海 表記寝覚(言)

いさめ-かえ・す【諫返】(かへす)〘他サ四〙おしとめてもとへ返す。辞退する。ことわる。＊源氏(1001-14頃)若菜上「左大将殿の北の方若菜まゐり給ふ。〈略〉いといたく忍びておぼし設けたりけれは、にはかにてえいさめかへしきこえ給はず」

いさめ-ごと【諫言】〘名〙(古くは「いさめこと」) 禁じたこと。禁じたことば。禁制。諫言(かんげん)。＊書紀(720)用明元年五月(図書寮本訓)「皇子乃ち諫(イサメコト)に従ひて止(や)みぬ」 ＊今鏡(1170)一〇・作り物語りのゆくへ「あるは女のいさぎよき道をまほりていさめごとに違はず、この世を過しなどし給へるも」 ＊観智院本名義抄(1241)「諫 イサメコト」 発音イサメゴト 〈標ア〉0 ト 辞書名義 表記諫(名)

いさめ-だて【諫立】〘名〙はっきりと忠告すること。＊星座(1922)〈有島武郎〉「その人が溺れてゐる悪い習慣の結果を考へるなら、不愉快を忍んでも諫め立てをするのが当然だった」 発音〈標ア〉0

いさめ-とどめ【諫止】〘名〙忠告してやめさせること。かんし。＊太平記(14C後)一六・正成首送故郷事「父が名を失ひはて君の御用に合進(まゐ)らせん事有べし共不覚と泣くなく勇(イサ)め留に抜たる刀を奪とれば」

いさめ-の-のり【禁式】〘名〙法式。規定。きんしき。＊書紀(720)天武一〇年四月(北野本訓)「禁式(イサメノノリ)、九十二条を立つ」

いさめ-もど・く【諫擬】〘他カ四〙忠告して非難する。いさめてしかる。＊こんてむつすむん地(1610)三・二「一つにはかれらがあくをいさめもどく事、二つにはしょぜんのすすめなり」

いさ・める【勇・慰】〘他マ下一〙文いさ・む〘他マ下二〙①はげます。力づける。元気づける。＊平治(1220頃か)中・義朝青墓に落ち着く事「あまりにおくれたれば、いさむる也、とて太刀をさされぬ」 ＊日葡辞書(1603-04)「カネフサ コノ コトバニ isamerare (イサメラレ)、ヨワイ ココロヲ ヒキタテテ」 ＊浮世草子・好色一代男(1682)三・七「いづれも有難き事かなと、様々いさめけるうちに」 ＊改正増補和英語林集成(1886)「コマヲ isameru (イサメル)」 ②慰める。慰めやわらげる。＊説経節・あいごの若(山本九兵衛板)(1661)六「廿一むらうちこ共、まつり事をぞはしめける、神をいさめ奉る、我てうにかくれなく、上下ばんみんおしなへて、かんせぬ物こそなかりけれ」 ＊浮世草子・日本永代蔵(1688)六・四「町の衆を舟遊びにさそひ、琴引女をよびよせ、女ばう一門をいさめ」 ＊浄瑠璃・妹背山婦女庭訓(1771)三「女子どもなんなりと、娘が気に合ふ遊びをして、随分と勇めてくれと」 ＊和英語林集成(初版)(1867)「カミヲ isameru (イサメル) スズノ オト」 方言励ます。激励する。島根県那賀郡025 ◇いさみゆん 沖縄県首里993 発音〈標ア〉0 メ 辞書日葡・〈ボン〉 表記慰(へ)

いさ・める【諫】〘他マ下一〙文いさ・む〘他マ下二〙①禁止する。制止する。とめる。＊書紀(720)大化二年三月(北野本訓)「縦(も)し詔に違ひて禁(イサムル)所を犯す者有らば、必ず、其の族(やから)を罪せむ」 ＊万葉(8C後)九・一七五九「此の山を うしはく神の 昔より 禁(いさ)めぬわざぞ〈虫麻呂歌集〉」 ＊伊勢物語(10C前)七一「恋しくは来ても見よかしちはやぶる神のいさむる道ならなくに」 ②多く、目上の人の悪事、欠点などについて忠告して改めさせる。諫言する。＊書紀(720)雄略五年二月(前田本訓)「皇后聞(きこ)しめし、悲しびたまひて、感(みおもひ)を興(おこ)して止(イサメ)まつりたまふ」 ＊源氏(1001-14頃)桐壺「我なくなりぬとて、口惜しう思ひくづほるなと、かへすがへすいさめおかれ侍りしかば」 ＊平家(13C前)二・烽火之沙汰「国に諫る臣あれば其の国必ずやすく、家に諫る子あ

れば其の家必ずただし」＊天草版金句集(1593)「ミタビシュジンヲ isamete (イサメテ) キカズンバ シンカノ トガワ ナイゾ」 補注「観智院本名義抄」では、叱、詰、諫、諷諫、禁に「イサム・イサフ」の訓がある。 語源説 (1)イヒスサムル(言進)の約略。イサフ(叱)と通じる〔大言海〕。(2)禁ずる意のイサフと関係のある語〔日本釈名〕。(3)イサム(勇)から転義〔和訓栞・言葉の根しらべ=鈴江潔子〕。(4)イヒサマス(言覚)の約転〔和句解・紫門和語類集〕。(5)イヒススム(言進)の約転〔言元梯〕。(6)イサム(率)から転義〔和語私臆鈔・名言通〕。(7)イはヨキの約。サはスサの約。ヨキ(能)ヲ進ムの意から〔和訓集説〕。(8)イサは不知。メはその起こりはじまる処の意〔国語本義〕。(9)イは忌、サは然、メは活用語尾〔日本古語大辞典=松岡静雄〕。 発音〈標ア〉0メ〈京ア〉0 文『いさむ』〈標ア〉0サ〈ア史〉平安○○◐ 鎌倉『いさむる』○○●● 室町・江戸『いさむる』●●●●か〈京ア〉0 辞書 字鏡・色葉・名義・下学・和玉・文明・明応・天正・黒本・易林・書言・ヘボン・言海 表記 諫(色・名・下・玉・文・明・天・黒・易・書・へ・言) 証(字・色・名) 諷・叱(色・名) 詢・説・訩(字) 詢・諷・詞・敢(色) 詰・禁・諷諫(名) 争(玉) 諍(文)

いさ-も-くさ-も-な・い 〘連語〙(「いさくさない」を分けて助詞「も」を添えたもの) もめるような問題もない。文句もない。＊滑稽本・狂言田舎操(1811)上「いさもくさもねへ。すっぱりといふ所を書くはス」＊人情本・閑情末摘花(1839-41)四・二一回「不肖して配(そっ)て呉れる気なら、夫(それ)でいさもくさもなし」

いさ-や (「いさ」に助詞「や」の付いたもの) ㊀〘感動〙①さあ、どうだか。→いさ㊀①。＊宇津保(970-999頃)蔵開上「三宮の『昔より数にも侍らぬ身なれば、誰かはさ思ひ侍らん』大宮『などかはさおぼさるる』女御の君『いさや、この御心にぞ見給へわびぬる』」＊源氏(1001-14頃)帚木「さてその文のことばはと問ひ給へば、いさや、ことなる事もなかりきや」＊無名草子(1198-1202頃)仏「『紫式部が法華経をよみ奉らざりけるにや』と言ふなれば、『いさや、それにつけてもいと口惜しくこそあれ』」②いいえ。でも。→いさ㊀②。＊蜻蛉(974頃)中・天禄二年「呉竹植ゑんとて乞ひしを、このごろ、奉らんといへば、いさや、ありもとぐまじう思ひにたる世の中に、心なげなるわざをやしおかん」＊宇津保(970-999頃)嵯峨院「『まめやかには、早う、ともかくもよろしきさまにものし給へ』宮『いさや、所狭きまで多かれば、あわてぬや』」㊁〘副〙①さて(わからない)。どうだか(知らない)。→いさ㊁①。＊後撰(951-953頃)恋一・五二六「淵瀬ともいさやしら波立ち騒ぐわが身一つはよるかたもなし〈よみ人しらず〉」＊太平記(14C後)四・笠置囚人死罪流刑事「其の行末何(いづ)く共聞き定めず、又逢はん世の憑(たのみ)もいさや知らねば」②どうも(…できない)。とても(…しがたい)。→いさ㊁②。＊源氏(1001-14頃)松風「桂に見るべきことと侍るを、いさや心にもあらで、ほど経にけり」＊新勅撰(1235)恋二・七三六「つらしともいさやいかがはいはは清水逢瀬まだきにたゆる心は〈上総〉」③さあどうだか知らない。わからない。→いさ㊁③。＊宇津保(970-999頃)藤原の君「秋の色も露をもいさやをみなへし木隠れにのみおくとこそみれ」＊源氏(1001-14頃)澪標「いと頼もしげにかずまへ宣ふめれど、いさやまた島漕ぎ離れなか空に心細きことやあらむ」 発音㊁は〈標ア〉[イ]

いざ-や 〘感動〙(「いざ」に間投助詞「や」の付いたもの。中世に多く用いられる) 相手を誘うときなどに呼びかける語。また、あることを思い立って実行に移そうというときに発する声。さあ。いざ。いざよ。＊能因本枕(10C終)一四〇・五月ばかりに月もなくいとくらき夜「いさや、これ殿上に行てかたらむとて、中将新中将六位どもなど、ありけるはいぬ」＊新古今(1205)釈教・一九四九「さらずとていくよもあらじいざやさは法(のり)にかへつる命と思はん〈藤原経家〉」＊金刀比羅本保元(1220頃か)下・為朝生捕り遠流に処せらるる事「鎮西八郎こそ生捕られて渡さるるなれ。いざや見ん」＊太平記(14C後)一六・正成兄弟討死事「敵前後を遮って御方は陣を隔てたり、今は遁れぬ処と覚ゆるぞ、いざや先づ前なる敵を一散し追ひ捲(まく)って後ろなる敵に戦はん」＊バレト写本(1591)「コレコソ シュジン リョシュ ナレバ yzaya (イザヤ) ガイシテ」 発音〈標ア〉[イ]〈ア史〉室町●○○ 江戸○●○〈京ア〉[イ] 辞書 和玉・文明・日葡 表記 侶(玉) 諸去来(文)

イザヤ (Isaiah) ユダヤ王国の偉大な預言者。BC七四〇年頃、神エホバの預言者に召される。外敵の侵攻は国民の不信仰によるものとして、約四〇年間ひたすら神エホバへの正しい信仰を訴え、殉教した。「旧約聖書」中の「イザヤ書」は彼の預言を伝えたもの。 発音〈標ア〉[イ]

いさや-がわ(は…が)【不知哉川】 鈴鹿山脈北端の霊仙山から彦根市を流れて琵琶湖に注ぐ芹川、一名大堀川の古名。いさら川。歌枕。＊万葉(8C後)四・四八七「淡海路(あふみぢ)の鳥籠(とこ)の山なる不知哉川(いさやがは)日(け)のこのごろは恋ひつつもあらむ〈斉明天皇〉」＊万葉(8C後)一一・二七一〇「犬上の鳥籠(とこ)の山なる不知也河(いさヤがは)不知(いさ)とを聞こせわが名告(の)らすな〈作者未詳〉」＊続古今(1265)恋三・一一九八「ながらへん人の心はいさや川いさわればかり恋ひわたるとも〈亀山院〉」 語誌「万葉」に二例見えるが、二七一〇番が「古今六帖-五・雑思」では「いさらかは」となっており(「いさらがわ(一川)」の挙例)、「源氏-朝顔」でも「いさらかは」とみえ(同上)、「いさやがは」から「いさらがは」に転じたらしい。→「いさらがわ(一川)」の語誌。 発音 イサヤガワ〈標ア〉[ヤ] 辞書 文明・天正・黒本・書言 表記 不知哉川(天・書) 不知幾川(文) 不知哉河(黒)

イザヤしょ【一書】「旧約聖書」の第二三巻で三大預言書の一つ。腐敗堕落したユダヤ民族は神エホバの裁きを受けるが、救世主により、再び平和を得ると預言している。 発音〈標ア〉[ショ]0

いさ-よ 〘感動〙はやしことば。＊浄瑠璃・八百屋お七(1731頃か)江戸桜「さりし御見の夜の雨、殿御待つ間の畳算、逢ふ夜逢はぬのよ、いさよ恨みても、ほかに悪所は誓文と」

いざ-よ 〘感動〙(「いざ」に終助詞「よ」の付いたもの)「いざや」に同じ。＊浜松中納言(11C中)三「いとをかしげにて、いざよ、母諸共(もろとも)に、と首を抱(いだ)きてさそひしを」 発音〈標ア〉0

いざよい(いざよひ)【十六夜・猶予】〘名〙(動詞「いざよう(猶予)」の連用形の名詞化。古くは「いさよい」) ㊀(猶予) ためらうこと。ぐずぐずすること。＊万葉(8C後)一四・三五一一「青嶺ろにたなびく雲の伊佐欲比(イサヨヒ)に物をそ思ふ年のこのころ〈東歌〉」＊古今(905-914)恋四・六九〇「きみやこむ我やゆかんのいさよひにまきのいたどもささずねにけり〈よみ人しらず〉」 ㊁(十六夜)《季・秋》①「いざよい(十六夜)の月」の略。＊相模集(1061頃か)「人のもとにてあまた人々、ねまちの月をふしてみるかなといふもとをなむつけつるときて、いさよひもたちまちにやはいづるとて」＊桂明抄(1448)「打まかせて十六日の月をいさよひと申候」＊俳諧・曠野(1689)七・名所「いざよひもまださらしなの郡哉〈芭蕉〉」②陰暦十六日。また、その夜。＊源氏(1001-14頃)葵「かのいさよひのさやかならざりし秋の事など」＊木工権頭為忠百首(1136頃)月「いさよひの程になりぬと思へどもいづらは月の遅くかけする〈藤原親隆〉」＊読本・椿説弓張月(1807-11)前・一二回「縦(たとひ)翌あさてまで、ここに居るとも妨はあらず。十六夜(イザヨヒ)にはかならず待(もてな)し)かへし進(まゐ)らすべし」③一六歳のこと。＊浮世草子・浮世栄花一代男(1693)一・三「すこしありて後十六夜(イザヨヒ)ばかりの丸良の美女」④楊弓、大弓などで銭を賭けるとき、一六文の隠語。＊類聚名物考(1780頃)調度部一五・貨財「所務的(今の矢代的なり)に銭を賭物にする時の辞あり〈略〉楊弓にてもいへり〈略〉十六銭。いざよひ、或は括の二山」 語誌 →「いざよう(猶予)」の語誌。 語源説 (1)やすらうの意のイサヨフの名詞形。十六夜の月が山の端を出ようとしてまどるのを、イサヨフ(躊躇)と文学的に表現したもの〔花鳥余情・日本釈名・和訓栞〕。(2)イサヨフ(小夜更)の義〔言元梯〕。 発音〈音史〉上代は『いさよひ』、平安末ごろは『いさよひ』『いざよひ』の両様、中世ごろから『いざよひ』と濁音になるらしい。〈標ア〉0〈ア史〉㊁は鎌倉○○○○〈京ア〉0 辞書 文明・明応・天正・黒本・書言・ヘボン・言海 表記 十六夜(文・明・天・黒・書・へ) 不知歴月・不知夜月(文) 哉生魄・既望夜(書) 猶予(言)

いざよい の 月(つき) (満月の翌晩は月がいさよう、つまり出がやや遅くなるところから) 陰暦十六夜の月。既望の月。いざよい。いざよいづき。《季・秋》＊源氏(1001-14頃)末摘花「いさよいの月をかしきほどにおはしたり」＊木工権頭為忠百首(1136頃)月「みちて出し昨日のくれの気色にもおとらずみゆる十六夜の月〈藤原為忠〉」＊八雲御抄(1242頃)三「いさよいの月は、十六日月也云々」＊運歩色葉(1548)「十六夜月 イサヨイノつき」＊日葡辞書(1603-04)「Izayoino tçuqi (イザヨイノ ツキ)。すなわちジュウロクニチノ ヨノツキ」＊俳諧・増山の井(1663)八月「名月〈略〉十六夜(イザヨイ)の月」 発音〈標ア〉[キ] 上仮名 イサヨヒ 辞書 明応・天正・饅頭・日葡・言海 表記 不知夜月(明・天・饅) 不知歴月(明) 十六夜(明) 十六夜月(言)

いざよい-せいしん(いざよひセイシン)【十六夜清心】 歌舞伎脚本。「小袖曾我薊色縫(こそでそがあざみのいろぬい)」の通称。 発音 イザヨイセイシン〈標ア〉[セ]

いざよい-づき(いざよひ)【十六夜月】〘名〙「いざよい(十六夜)の月」に同じ。＊俳諧・俳諧新式(1698)八月「いさよひ月 十六夜をいふなり。いさよひとも又いさよふ月とも有べし」＊譬喩尽(1786)一「十六夜月 イザヨヒヅキ 生魄正字 哥に 秋風に岑行雲を出やらで待程過ぐる十六夜の月 新六帖 為家卿」 発音〈標ア〉[ヨ][イ]²

いざよい-にっき(いざよひニッキ)【十六夜日記】 鎌倉中期の紀行文。一冊。阿仏尼作。夫藤原為家の死後、実子為相と先妻の子為氏との播磨国細川庄をめぐる領地相続争いの訴訟のため、弘安二年(一二七九)一〇月一六日に京都から鎌倉に下ったときの日記。出立事情の説明、道中風物、鎌倉滞在記、巻末の長歌から成る。多くの和歌を挿入し、擬古文体を用いる。いさよいにっき。 発音〈標ア〉[二]〈京ア〉[二]

いざよいにっきざんげつしょう(いざよひニッキザンゲツセウ)【十六夜日記残月鈔】「十六夜日記」の最初の注釈書。三巻。小山田与清(ともきよ)と、その弟子北条時隣(ときちか)の共著。文政七年(一八二四)刊。 発音 イザヨイニッキ=ザンゲッショー〈標ア〉[二]=[ツ]

いざよい-ばら(いざよひ)【十六夜薔薇】〘名〙バラ科の落葉低木。中国原産で古く日本に渡来し、観賞用として栽植する。全体に無毛で、とげが葉の根元に双生する。葉は羽状複葉で六～七対の小葉からなり、各小葉は楕円形で縁に鋸歯(きょし)がある。夏、一方に欠所のある直径約六センチメートルの淡紅色花を開くところから「いざよい」の名がつけられた。やえのさんしょういばら。学名は Rosa roxburghii 発音〈標ア〉[ヨ][イ]²

いさよ・う(いさよふ)【誘】〘他ハ四〙いざなう。さそう。＊閑居友(1222頃)下・東山にて往生するめのわらはのこと「かならずたちかへり、ともをいさよふえにもなせかしと也けり」＊壬二集(1237-45)「人ならば宮こに見ましみや木のの露をいさよふ萩の夕風」 発音 文 イサ

ヨーとも〈標ア〉ヨ

いざよ・う【猶予】〘自ハ四〙（古くは「いさよう」）①進もうとして進めないでいる。ためらう。*古事記(712)中・歌謡「海が行けば 腰泥(こしなづ)む 大河原の 殖草(うゑぐさ) 海がは 伊佐用布(イサヨフ)」*万葉(8C後)三・三七二「雲居なす 心射左欲比(イサヨヒ) その鳥の 片恋のみに〈山部赤人〉」②進まないでとまりがちになる。停滞する。とどこおる。*万葉(8C後)三・二六四「もののふの八十氏河の網代木に不知代経(いさヨフ)浪の行く方知らずも〈柿本人麻呂〉」*万葉(8C後)三・四二八「隠口(こもりく)の泊瀬の山の山の際に伊佐夜歴(イサヨフ)雲は妹にかもあらむ〈柿本人麻呂〉」*山家集(12C後)上「いざよはで出づるは月の嬉しくて入る山の端はつらきなりけり」 語誌 (1)「いさ」は感動詞「いさ」と同根。「よふ」は「ただよふ(漂)」などの「よふ」か。「古事記」「万葉」では「伊佐用布」「伊佐夜歴」などで清音。鎌倉以降の「古今集」声点本に濁声の注記があって、中世以降に濁音化したと思われる。(2)「十六夜」をイサヨヒと訓むのは、陰暦十六夜の月が遅く「いさよひ」ながら出てくるところから。 語源説 (1)イサ(不知)の活用形がイナ(否)の義に転じ、否んで進まない意になったものか。ヨフは揺(うご)いて定まらない意の助動詞のようなもの〔大言海〕。(2)イサヨフ(去来夜経)の義か〔和訓栞〕。(3)イサヨロフ(率備)の転〔名言通〕。(4)イサヤオフ(生)の義。イサは誘うの意〔国語本義〕。(5)イザはイサメ(禁)の語幹、ヨは形容語尾ヤの転呼。イサメの形容詞形イサヤを動詞に活用したもの〔日本古語大辞典=松岡静雄〕。 発音 文 イザヨー とも 〈音史〉上代は『いさよふ』、中世頃から『いざよふ』と濁音になるか。〈標ア〉ヨ 〈ア史〉鎌倉○○○● 〈京ア〉0 上仮名 イサヨフ 辞書 書言・言海 表記 猶予(書・言)

いざよう 空(そら)や人(ひと)の世(よ)の中(なか) 人の心の早くも変わること。たのみがたい人の心のたとえ。*譬喩尽(1786)一「十六夜(イザヨフ)空(ソラ)や人(ヒト)の世(ヨ)の中(ナカ) 早傾心」

いざよう 月(つき)（古くは「いさよう月」）①出そうで出ない月。*万葉(8C後)七・一〇七一「山の末(は)に不知夜歴月(いさヨフつき)を出でむかと待ちつつ居(を)るに夜そふけにける〈作者未詳〉」*源氏(1001-14頃)夕顔「いさよふ月にゆくりなくあくがれんことを、女は思ひやすらひ」*俳諧・三冊子(1702)わすれ水「いさよふ月、又月に不限(かぎらず)、ひかりいさよふなどといふは」②特に、陰暦十六夜の月。いざよいの月。八月十六夜の月についていうことが多い。《季・秋》*木工権頭為忠百首(1136頃)月「はかなくも我よのふけをしらずしていさよふ月を待わたる哉〈源仲正〉」*十六夜日記(1279-82頃)「ゆくりもなく、いさよふ月に、さそはれいでなんとぞ思ひなりぬる」

いさら〘接頭〙多く水に関係のある体言の上に付いて、いささかの、わずかばかりの、の意をそえる。「いさらい」「いさらがわ」「いさらなみ」「いさらみず」など。 語誌 (1)「日本書紀」の古訓から見えはじめて、近世にまで至るが、実例は少ない。歌語的なものであったろう。類似の語形に「いささ」があるが、「いささ」より古くから使われている。(2)語源は不明。小さい意をあらわす接頭語に「さ」「さざ」「さざれ」などの形があり、それらとの関係や「いささか」などとの関係が推測されるにすぎない。 辞書 言海

いさら-い【―井】〘名〙（「いさら」は接頭語）水の少ししかない井。井は水をくみとる所であるから、小さな水たまりのような意に用いると同時に、小さな水の流れをもさしていう。*源氏(1001-14頃)藤裏葉「亡き人の影だに見えずつれなくて心をやれるいさらゐの水」*俳諧・玉海集(1656)二・夏「いさらゐは尻をひやさん泉かな〈正式〉」*譬喩尽(1786)一「小井(イサラヰ) 秦(うづまさ)西門外桂宮院西人家前在レ之」 辞書 言海

い-さらい【臀】〘名〙（「いざらい」とも）すわる時に、座席と接触する身体の部分。しり。いしき。いさらえ。*十巻本和名抄(934頃)二「臀 唐韻云尻〈苦刀反 之利〉臀也〈音屯俗云井佐良比〉坐処也」*観智院本名義抄(1241)「臀 シリ シシムラ 俗云 ヰザラヰ」*書言字考節用集(1717)五「臀 ヰザラヰ ヰシキ 出レ之 髖同 仝レ上」*読本・椿説弓張月(1807-11)続・四四回「是(これ)彼(かれ)臀(ヰサラヒ)の肉を啖(くひ)とられて、鮮血(ちしほ)さと流れ出」 語源説 (1)ヰサリ(膝行)の延〔日本釈名・箋注和名抄・和訓栞・大言海〕。(2)ヰスワリ(井坐)の転〔言元梯〕。(3)ヰサリアヒ(坐去合)の義〔日本語原学=林甕臣〕。 発音 〈音史〉平安は『ゐざらひ』と濁音。〈ア史〉平安●●●● 〈京ア〉サ／0 辞書 和名・色葉・名義・和玉・書言・ヘボン・言海 表記 臀(和・色・名・玉) 臀(書・ヘ・言) 尻(名) 骶・胐(玉) 髖(書)

い-さらい【井浚】〘名〙井戸の水をくみほして、きれいにすること。井戸浚え。井戸替(いどがえ)。いさらえ。《季・夏》*雑俳・俳諧觿一二四(1819)「井さらひの済で涼しき気草臥」 方言 田の用水路のごみをさらって掃除すること。長野県上伊那郡488 ◇えざらい 福島県石城郡178 富山県高岡市395 砺波398 ◇ゆざらい 岐阜県飛騨502 ◇ゆざらえ 高知県土佐郡866 発音 〈標ア〉サ

い-さらい【鋳浚】〘名〙「いさらえ(鋳浚)」に同じ。 発音 〈標ア〉0

い-さらえ【臀】〘名〙「いさらい(臀)」に同じ。*随筆・孔雀楼筆記(1768)三「予輿(かご)中にありて、頭しばしば輿のやねを打ち、いさらへ常にをどりてやまず。翌日見れば、いさらへ所々すれ傷(やぶれ)て血出づ」

い-さらえ【井浚】〘名〙「いさらい(井浚)」に同じ。*俳諧・俳諧四季部類(1780)六月「乹坤〈略〉井戸替井さらへ」 発音 〈標ア〉サ

い-さらえ【鋳浚】〘名〙（「いざらえ」とも）鋳型で鋳た金属の表面を鏨(たがね)でなめらかにしたり模様を彫りいれたりすること。また、そのようにして彫金のように見せかけた安物の金属製品。いさらい。*浮世草子・好色一代女(1686)六・一「竹簾に中古(ちうこ)の鉄鍔、鋳撥(イサラヘ)の目貫」*万金産業袋(1732)二「鋳ざらへといふは、右の鋳をろしをよくふち耳をばをろし、その目貫、虎ならば虎の紋、鳥ならば鳥の羽形(はねなり)、すこしづつ鑽目(たがねめ)をいれ彫(ほり)をいるる、是をゐざらへといふ也」

いさら-おがわ【―小川】〘名〙（「いさら」は接頭語）川幅のとくにせまい川。流れの細い川。いささ小川。*永久百首(1116)秋「岩間ゆくいさらをがはのせはしきにわれて宿れる有明の月〈源兼昌〉」*俳諧・寛政三年帰郷日記(1791)あやしき一夜「されど志をそむくもほいならねば、その心にまかせて、いさら小川に足をそそぎ、ぬれものなど壁にかけたり」 辞書 明応・天正 表記 潦小川(明・天)

いざら-か・す【膝行―】〘他サ四〙（「かす」は接尾語）物をずり動かす。*雑俳・太箸集(1835-39)一「水風呂桶・降出したとてゐざらかす」

いさら-がわ【―川】〘名〙（「いさら」は接頭語）小さな川。川幅も狭く、少ない水がさらさらと流れる川。*俳諧・雑談集(1692)下「山鳩いとどくもる日の声〈岩翁〉 ゐさら川蕪の枯葉をかき流し〈其角〉」*浄瑠璃・吉野都女楠(1710頃か)かちぢの御幸「御わらんづに流るる血は、草葉に染めていさら川、紅葉しがらむごとくなり」 発音 イサラガワ 〈標ア〉ラ

いさら-がわ【―川】「いさやがわ(不知哉川)」の変化した名。「いさ」の序となる。*古今六帖(976-987頃)五・雑思「いぬかみやとこの山なるいさらかはいさとこたへてわが名もらすな〈あめのみかど〉」*源氏(1001-14頃)朝顔「いとかく世のためしになりぬべき有様、もらし給ふなよ。ゆめゆめ、いさらかはなども、なれなれしや」*後拾遺(1086)序「しかはあれど、後見んために、吉野川よしといひながさん人に、近江のいさら川いささかにこの集をえらべり」 語誌 「古今六帖」の例は、「万葉-一一・二七一〇」の「犬上(いぬがみ)の鳥籠(とこ)の山なる不知也河(いさやがは)いさとを聞こせわが名告(の)らすな〈作者未詳〉」の変化したもの。「古今和歌集」には、元永本で恋五・七五一番歌の次、六条家系統本で恋三・六四九番歌の次にある。俊成本・定家本では、巻末に墨滅歌として掲げ、「いさら川」は「なとり川」となっている。さらに、「古今六帖」の異本や「顕昭古今集注」「顕注密勘」では、「いささ川」ともする。いずれも、「万葉集」の歌から派生したものだが、多様な異伝、誤伝が存在した。 発音 イサラガワ 〈標ア〉ラ

いさらご-ぶ【伊皿子麩】〘名〙江戸の芝伊皿子町(東京都港区三田四丁目、高輪一・二丁目)にあった有名な麩屋の麩。*狂歌・大団(1703)六「又伊皿子麩送られければ あぢはひもゐいさいさらご麩やんれこゐかけ賞みしまする」*雑俳・鶯宿梅(1730)「夫婦してちぎり弘まる伊皿子麩」*俳諧・名物かのこ(1733)「いさらこ麩 麩屋涼しもとよりねれもとしま後家〈沾峰〉」 発音 イサラゴブ 〈標ア〉ゴ

い-さらし【井晒】〘名〙夏、井戸の水を清めるために、水をくみ出し、底をさらうこと。晒井(さらしい)。井戸浚。井戸替。《季・夏》*妻木(1904-06)〈松瀬青々〉夏「井さらしや玉の簪は誰がもの」 発音 〈標ア〉サ

いさら-なみ【―波】〘名〙（「いさら」は接頭語）霧の異名。霧を小さな波に見たてたもの。*保安二年関白忠通歌合(1121)「いさらなみ晴れにけらしな高砂の尾の上の空に澄める月かげ〈源師俊〉」*桂宮本八雲御抄(1242頃)三「霧。いさらなみ 是も霧名也」

いさら-みず【―水】〘名〙（「いさら」は接頭語）いささかの水。すこしばかりの出水。すこしあふれてたまったような水についていう。*書紀(720)安閑元年七月(寛文版訓)「此の田は天旱(ひでり)するに漑(みづまか)せ難く、水潦(イサラみづ)するに浸(こ)み費(つく)すこと易し」*書紀(720)皇極四年六月(岩崎本訓)「是の日に、雨下(ふ)りて潦水(イサラミヅ)庭(おほば)に溢(いは)めり」 補注 「いさらみづ」という読み方は、「書紀」の古訓によく見える語で、他書にはあまり見られない。「万葉集」などでは、「潦水」などの文字は、ふつう「にはたづみ」と訓んでいる。

いさり【漁】〘名〙（古くは「いざり」）①魚貝をとること。漁をすること。→「あさり(漁)」の語誌。*万葉(8C後)六・九三九「沖つ浪辺波(へなみ)しづけみ射去(いざり)すと藤江の浦に船そさわける〈山部赤人〉」*万葉(8C後)一五・三六五三「しかの浦に伊射里(イザリ)する海人(あま)家人(いへびと)の待ち恋ふらむに明かし釣る魚〈遣新羅使人〉」*日葡辞書(1603-04)「Isari(イサリ)」②「いさりび(漁火)」の略。*万葉(8C後)一五・三六七二「ひさかたの月は照りたりいとまなく海人の伊射里(イザリ)はともしあへり見ゆ〈遣新羅使人〉」*浄瑠璃・心中二つ腹帯(1722)二「数は幾つぞ八軒屋、海士の漁(イザリ)と掲げたる、宿の行燈(あんどう)しんしんと」③夜の漁。九州の五島あたりから沖縄の八重山にいたる島々で、灯火をつけてする漁。 語誌 磯や潟で貝を採る「あさり」に対して、舟で沖に出てする漁。「月傾けば伊射里(イザリ)する海人のともし火」〔万葉-一五・三六二三〕のように夜、篝火(かがりび)をともしての漁を詠むことが多く、平安以降は「いざり火の」「いざり舟」が「火(ほ)」と掛けられた「ほのか」を導き出すことばとして夜中に燃え盛る恋情を表出するようになった。 方言 ❶簎(やす)などで魚貝を突いて取ること。熊野†106 山口県大島801 ❷夜、たいまつをともしてする漁。◇いざい 鹿児島県喜界島980 ◇いだい 鹿児島県屋久島981 喜界島983 沖永良部島984

沖縄県首里993 ❸魚を突く漁具。兵庫県淡路島671 香川県829 ❹蛸(たこ)を捕る一種の釣り針。岩手県上閉伊郡097 語源説 (1)イソ(磯)アサリから〔関秘録・本朝辞源＝宇田甘冥〕。(2)イサナトリの略。或いはイソナトリの略〔冠辞考・槻の落葉信濃漫録・箋注和名抄〕。(3)イソカリ(磯猟)の転〔万葉考・和訓集説・和訓栞〕。(4)オキ(沖)アサリの転〔雅言考〕。(5)イソから分かれ生まれた語か〔北小浦民俗誌＝柳田国男〕。(6)イソオリ(磯下)の約か。または、イは接頭語で、原語はサリか〔日本古語大辞典＝松岡静雄〕。 発音〈音史〉鎌倉ごろまでは『いざり』と濁音。室町ごろから『いさり』と清音になるか。〈標ア〉0リ 〈ア史〉鎌倉『いざり』●●● 〈京ア〉0 辞書 日葡・書言・ヘボン・言海 表記 漁(へ・言) 漁猟・潜(書)

いさり たく火(ひ) 「いさりび(漁火)」に同じ。＊万葉(8C後)一七・三八九九「あま少女伊射里多久火(イザリタクひ)のおぼほしく都努(つの)の松原おもほゆるかも〈作者未詳〉」

いさり【耒底・犂底】〔名〕 犂(からすき)の底で、地面にふれる部分。床(とこ)。＊十巻本和名抄(934頃)五「犂 唐韻云犂〈音黎 加良須岐〉墾田器也〈略〉楊氏漢語抄云耒底〈為佐利 上音頼〉耒骨〈為佐利乃江〉」 語源説 ヰサル(膝行)の義〔大言海〕。 発音〈ア史〉平安●● 〈京ア〉0 辞書 字鏡・和名・色葉・名義・書言・言海 表記 耒底(字・和・色・名・言) 犂底(書・言)

いーざり【膝行・躄】〔名〕(動詞「いざる(膝行)」の連用形の名詞化) ①ひざやしりを地につけて、手を使って進むこと。膝行(しっこう)。＊兼盛集(990頃)「あふことのかたゐざりする緑子のたたむ月にもあはじとやする」＊源氏(1001-14頃)柏木「秋つかたになれば、このきみはゐざりなど」 ②足が不自由で、立って歩けない人をいった語。躄者(へきしゃ)。＊虎明本狂言・三人片輪(室町末-近世初)「高札のおもてに付て参た、まづたて、いやいざりでござる」＊咄本・醒睡笑(1628)四「われ等の家へ常に参る乞食の候。ゐざりにてあればふびんに存じ」＊滑稽本・東海道中膝栗毛(1802-09)六・序「酒のあとをひくことは、行坐(ヰザリ)を飛脚にやりたるよりも長く」 ③(茎が地面をはうところから)サツマイモやカボチャのことをいう、盗人仲間の隠語。〔日本隠語集(1892)〕 語源説 (1)ヰサリ(居去)の義〔言元梯〕。(2)ヰ(居)ジリサリの略〔両京俚言考〕。 発音〈なまり〉イザー・イザル〔鳥取〕イジャリ〔福島・埼玉方言〕イダリ〔島根・NHK(広島)〕エザイ〔佐賀〕エザリ〔飛騨〕エザリ〔鹿児島方言〕エザル〔岩手〕エジャリ〔津軽語彙・山形・福島〕エッジャリ〔秋田〕〈標ア〉0 〈京ア〉0 辞書 易林・日葡・書言・ヘボン・言海 表記 膝行(易・書・言) 坐行(書) 蹇(へ)

いざり＝三百文(さんびゃくもん)[＝三百(さんびゃく)] (いざってでも行けるほどの近所に引っ越しても、やはりかなりの費用がかかるところから)引っ越しには、予想以上に費用がかかることをたとえていった。転じて、ちょっとでも外出すれば、よけいな金がかかるという意。＊滑稽本・魂胆夢輔譚(1844-47)初・下「居去(ヰザリ)三百(さんビャク)勘弁所」

いざり に 雪駄(せった) 無用な物をたとえていった。

いざり に 煮(に)え茶(ちゃ)浴(あ)びせるよう 弱い者に無理無体なことをしかける。抵抗力のない者をいじめるさまをたとえていった。

いざり の 居計(いばからい) 足の立たない人がすわったままで仕事を行なうこと。転じて、急いで、その場だけの間にあわせの仕事をすることをたとえていった。＊歌舞伎・金門五山桐(1778)大切「毎年の嘉例、外してはならぬと、あったふた、躄(イザリ)の居計(ヰハカ)らひ」＊譬喩尽(1786)一「膝行(イザリ)の居計(ヰバカ)らひ」

いざり の お尻(いど) (「穴擦(あなず)る」に「侮(あなず)る」をかけたもの) あなどることをたとえていった。

いざり の 着物(きもの) (「尻(しり)抜く」を「知り抜く」にかけたもの) 知り抜いていること、知りつくしていることをたとえていった。

いーざり〔名〕 方言 ❶虫、ありじごく(蟻地獄)。愛知県海部郡549 三重県度会郡586 宇治山田市591 ❷猿葉虫(さるはむし)の幼虫。広島県比婆郡774

いざり-あし【膝行足】〔名〕 立たずに、ひざを地につけた格好で移動すること。 補注 「雑俳・信州会所本」に「千金の袋やおもしゐざり足」の例が見られる。 発音〈標ア〉リ

いざり-あり・く【膝行歩】〔自カ四〕 立たずに、ひざを地につけた格好で動きまわる。＊唐物語(12C中)下「なをつみてゐざりありくを、ゆゆしげなるもののすがたかなとみるほどに」＊弁内侍(1278頃)寛元四年一一月二二日「むかし女房のやうにいざりありきしもをかし」＊滑稽本・浮世風呂(1809-13)前・上「役者のまねをして上下(かみしも)でゐざりありく」 発音〈標ア〉リ[2]

いざり-あるき【膝行歩】〔名〕 ひざを地につけた格好のまま動きまわること。＊春の城(1952)〈阿川弘之〉三・一五「もう一度軽い溢血に見舞われると、その後はいざり歩きも出来なくなって、完全にぼけてしまった」 発音〈標ア〉ア0

いざり-い・ず【膝行出】〔自ダ下二〕 「いざりでる(膝行出)」に同じ。＊蜻蛉(974頃)中・安和二年「かうはあらんと心おきて、いざりいづるままに」＊落窪(10C後)一「今しばし、教へて縫はせんとて、からうじて起きて、ゐざり出たり」 発音〈標ア〉イ[2]

いざり-い・る【膝行入】〔自ラ四〕 立たずに、ひざを地につけた格好のまま進んで入る。＊宇津保(970-999頃)楼上下「小さき扇さし隠し給て、ゐざりいり給ふを、一院几帳のほころびより御覧じて、いとうつくしと思す」＊源氏(1001-14頃)末摘花「いとはづかしと思て人にものきこえむやうもしらぬとて奥ざまへゐざり入り給ふ」＊夜の寝覚(1045-68頃)三「宣旨の君、御まへにさぶらひ給へとて、いざりいらせ給ひぬるを」 発音〈標ア〉イ[2]

いざり-うお【躄魚】〔名〕 カエルアンコウ科の海魚。アンコウに近縁の魚だが体形は球形。全長約一〇センチメートル。淡黄色の地に黒褐色の斑紋があり、体表には小さなとげが密生する。口は上を向き、上あごの上にある触手状の突起物で動物を誘いよせて捕食。胸びれと腹びれは腕状をしている。本州中部以南に分布する。食用には適しない。学名は Antennarius striatus カエルアンコウに改名。＊生物学語彙(1884)〈岩川友太郎〉「Walking-Fish イザリウヲ」 発音〈標ア〉リ

いさり-お【漁夫】〔名〕 漁をして生活をたてている人。漁師(りょうし)。漁夫(ぎょふ)。＊塔影(1905)〈河井酔茗〉行く春の海辺に立ちて「翁さびして漁夫(イサリヲ)が晴るる曇るを行く雲の」＊孔雀船(1906)〈伊良子清白〉夏日孔雀賦「三保の松原漁夫(イサリヲ)の懸る見してふ天(あめ)の衣(きぬ)」

いさり-おぶね【漁小舟】〔名〕 魚をとる小舟。小さい漁船。＊高遠集(1011-13頃)「波のよるいさりをぶねの見えつるはいをねられねば見ゆるなりけり」 発音〈標ア〉オ

いさり-がさ【―笠】〔名〕 近世、阿波国(徳島県)で作られたたけのこ笠。＊浮世草子・四民乗合船(1714)工之部・三「加賀の国にはすげ笠、阿州のいさり笠とて竹の子笠見事に仕出す」

いざりかつごろう【躄勝五郎】 浄瑠璃「箱根霊験躄仇討(はこねれいげんいざりのあだうち)」の通称。 発音 イザリカツゴロー〈標ア〉ツ

いざり-ぐるま【膝行車】〔名〕 いざりが乗り、自分の、また他人の手によって動かす車。＊俳諧・七柏集(1781)朱弦亭興行「駒込の不二の往来の夜もすがら〈亀文〉 膝行車の他力まちては〈キ国〉」＊歌舞伎・伊勢平氏栄花暦(1782)三立(暫)「躄車で引かれずば、送って矢車、文車」 発音 イザリグルマ〈標ア〉グ

いざり-しごと【膝行仕事】〔名〕 すわったままでする手仕事。＊浮世草子・世間妾形気(1767)四・三「楊枝けづりていざり仕事いと侘し」 発音 イザリシゴト〈標ア〉シ

いざり-しぞ・く【膝行退】〔自カ四〕 すわったままひざで後ろへさがる。＊源氏(1001-14頃)行幸「しりゐざまにゐざりしぞきてみおこせたまふ」

いざり-だ・す【膝行出】〔自サ五(四)〕 「いざりでる(膝行出)」に同じ。＊滑稽本・七偏人(1857-63)四・下「茶目吉二ばんに居(ヰ)ざり出し」＊良人の自白(1904-06)〈木下尚江〉中・一九・二「俊三拳を固めて臥床をイザリ出そうとする」

いざり-つ・る【漁釣】〔他ラ四〕 漁(いさ)り火をたいて釣りをする。＊万葉(8C後)二〇・四三六〇「海人小舟 はららに浮きて〈略〉遠近(をちこち)に 伊射里都利(イザリツリ)けり〈大伴家持〉」

いさり-て【漁手】〔名〕 漁夫。漁師。いさりお。＊虻(1910)〈青木健作〉一「前には此頃になると毎晩、磯の水が松明の火に焦げる程に漁人(イサリテ)が出たもんぢゃが」

いざり-・でる【膝行出】〔自ダ下一〕 立たずに、ひざを地につけた格好のままで進み出る。＊ヰタ・セクスアリス(1909)〈森鷗外〉「尾藤の奥さんが閾際にいざり出る」＊大阪の宿(1925-26)〈水上滝太郎〉一一・四「中学出の職工はいざり出て、田原の手をとりながら」 発音〈標ア〉0テ

いざり-どじぼ〔名〕(「どじぼ」はイモのこと)薩摩芋(さつまいも)をいう、盗人仲間の隠語。いざりばいぼく。〔日本隠語集(1892)〕

いざりのあだうち【躄の仇討】 浄瑠璃「箱根霊験躄仇討(はこねれいげんいざりのあだうち)」の通称。

いざり-の・く【膝行退】〔自カ四〕 ひざを地につけた格好のまま動いてその場所から離れる。＊源氏(1001-14頃)賢木「御ぞをすべしおきてゐざりのき給ふに」＊夜の寝覚(1045-68頃)一「御格子まゐりて、御殿油などまゐりてよといふなれば、近くまゐる人のゐざりのきたるほどに」

いざり-ばい【膝行這】〔名〕 ひざを地につけてはうようにして進むこと。 発音〈標ア〉0

いざり-ばいぼく〔名〕「いざりどじぼ」に同じ。〔隠語輯覧(1915)〕

いざり-ばた【居坐機】〔名〕 すわったまま足を動かして操作する機織具。腰かけて織る高機(たかばた)に対していう。地機(じばた)。下機(しもはた)。 発音〈標ア〉リ 0

居坐機

いさり-び【漁火】〔名〕(古くは「いざりひ」「いざりび」) 夜、魚を漁船の方へ誘い集めるために燃やすたいまつ、かがり火の類。今日では集魚灯など電気照明に変わっている。ぎょか。＊万葉(8C後)一二・三一六九「能登の海に釣する海人(あま)の射去火(イザリひ)の光にいませ月待ちがてり〈作者未詳〉」＊太平記(14C後)六・楠出張天王寺事「志城津の浦、住吉・難波の里に焼(た)く篝(かがり)は、漁舟に燃(とぼ)す居去火(イサリビ)の、波を焼(た)くかと怪しまる」＊文明本節用集(室町中)「求食火 イザリビ〈万葉 漁火〉廻島 イザリビ〈日本記云漁父火也〉」＊日葡辞書(1603-04)「Isaribi (イサリビ)」 発音〈音史〉上代は『いざりひ』。〈標ア〉リ0 〈ア史〉鎌倉●●●● 〈京ア〉リ

辞書 文明・明応・天正・黒本・日葡・書言・ヘボン・言海 表記 求食火(文・明・天・黒・書) 廻島(文・明・黒) 漁火(書・へ・言) 回島火(書)

いさりび-の【漁火―】 枕 (古くは「いざりひの」)「火」は古語で「ほ」といい、また、漁り火は遠くより「ほのか」に見えるところから、表面に現われ出るの意などに使う「ほ」、または「ほのか」にかかる。＊万葉(8C後)一九・四二一八「鮪(しび)突くと海人(あま)のともせる伊射里火之(イザリひの)ほにか出ださむわが下思ひを〈大伴家持〉」＊後撰(951-953頃)恋二・六八一「いさり火のよるはほのかにかくしつつ有へばこひのしたにけぬべし〈藤原忠国〉」 発音 〈音史〉上代は『いざりひの』。〈標ア〉リ

いさり-ぶね【漁船】『名』①魚をとる船。すなどりぶね。漁船。＊千載(1187)恋一・六四五「藻くづ火の磯まを分くるいさり舟ほのかなりしに思ひそめてき〈藤原長能〉」＊続後撰(1251)恋二・七五七「見るめなきしかつのあまのいさり舟きみをばよそにこがれてぞふる〈藤原教実〉」②薫物(たきもの)の名。沈香(じんこう)、丁字(ちょうじ)香、甲香、甘松(かんしょう)香、薫陸(くんろく)香をねり合わせたもの。＊五月雨日記(1479)「六種薫物合〈文明一〇年一一月一六日判衆儀〉〈略〉薫物之方〈略〉いざり舟 一、沈 八両二分。二、丁子四両二分。三、甲香 三両二分。四、甘松 一両一分。五、薫陸 一分」 発音 〈標ア〉ブ〈京ア〉ブ/リ 辞書 日葡・書言・ヘボン・言海 表記 漁船(書) 漁舳(へ) 漁舟(言)

いざり-まつ ゐざり:【躄松】『名』植物「はいまつ(這松)」の異名。＊俳諧・山の井(1648)年中日々之発句・正月「こしおれし子日の歌やいさり松」＊浄瑠璃・平家女護島(1719)二「打てかかるもひょろひょろ柳。僧都は枯木のいざり松、両方気力渚(なぎさ)の砂原」 発音 〈標ア〉リ

いざり-やたい ゐざり:【膝行屋台】『名』祭り囃子の屋台の一つ。人力で持ち上げて移動させ、町内の各所で演じるもの。＊歌舞伎・当穐八幡祭(1810)六幕「いざり屋体を拵へたな。ちっと囃しに行かうか」＊歌舞伎・謎帯一寸徳兵衛(1811)大切「十二軒に、ゐざり屋体が出来て、アレ、あのやうに太鼓の音で浮き浮きする」

いざり-よ・る ゐざり:【膝行寄】『自ラ四』すわってひざや尻を地につけた格好のまま進んで近寄る。＊蜻蛉(974頃)中・安和二年「かたはらなる唐櫃にゐざりよりていれつ」＊源氏(1001-14頃)手習「つつましけれど、ゐざりよりて、いらへし給ふ」＊浄瑠璃・碁盤太平記(1710)「こりゃ岡平、用が有爰へこいとにこやかに云ければ、ないとこたへてゐざりよる」 発音 〈標ア〉ヨ〇

いさ・る【漁】『他ラ四』(古くは「いざる」)魚や貝をとる。漁をする。＊万葉(8C後)一五・三六四八「海原の沖へにともし伊射流(イザル)火はあかしてともせ大和島見む〈遣新羅使人〉」 方言 愛媛県840 語源説 (1)イソ(磯)アサルから〔大言海〕。(2)イスアルの約。イスは委しの意で魚の集まる所〔国語本義〕。 発音 〈音史〉鎌倉ごろまでは『いざる』と濁音。室町ごろから『いさる』と清音になるか。〈標ア〉〇サ 辞書 言海 表記 漁(言)

いざ・る『動』 方言 ❶いばる。自慢する。見えを張る。石川県金沢市040 石川郡417 福井県427 岐阜県恵那郡498 飛驒502 福岡県872 ◇いざる 岐阜県益田郡498 ❷しかる。富山県氷見郡390 砺波398 石川県404 ❸騒ぐ。新潟県西頸城郡385 石川県404 408 412 ❹憤る。石川県能美郡419 ❺いななく。富山県390 ❻網などが、膨らんでゆとりがある。長崎県壱岐島915 ❼沈殿する。沈む。長崎県対馬913 熊本県玉名郡058

い-ざる【笸・篩】『名』竹を編んで作った器。ざる。＊新撰字鏡(898-901頃)「笸 舟笥也 小篋也 又作箪 志太美 又阿自加 又伊佐留」＊新撰字鏡(898-901頃)「笸 盛穀之竹器也 籭也 篩也 志太彌 又伊佐留」＊随筆・独寝(1724頃)下・九七「甲斐の国は珍しき辞をつかふ所也。〈略〉いかきを イザルと云なり」 方言 甲斐†035 新潟県中頸城郡384 山梨県452 南巨摩郡465 長野県471 476 493 岐阜県恵那郡498 静岡県520 ◇いじゃる 甲斐†089 山梨県中巨摩郡458 南巨摩郡463 長野県470 471 480 静岡県520 ◇いざろ 山梨県西山梨郡455 北都留郡457 長野県上水内郡469 佐久493 静岡県520 駿東郡527 ◇いじゃろ 山梨県453 長野県470 484 487 静岡県520 田方郡530 ◇いざある 山梨県甲府050 南巨摩郡465 長野県諏訪481 ◇いじゃある 山梨県455 460 462 長野県諏訪468 上田475 ◇いじゃあろ 長野県上田475 語源説 (1)ユサリ(湯去)の転〔大言海〕。(2)イヒ(飯)ザルの義か〔和訓栞〕。(3)イ-サル(去)の義。サルは漉(こし)去(さ)らしめる意〔日本語源=賀茂百樹〕。 発音 〈なまり〉イザロ・イジャロ〔信州上田・静岡〕イジャール・エジャーロ〔信州上田〕イジャル〔信州上田・静岡〕エジャロ〔信州読本〕 辞書 字鏡 表記 篩・笸(字)

いざ・る ゐざ:【膝行・躄】『自ラ五(四)』(「居さる」の意。「居」はすわる、腰をおろす。「さる」は移動する)①すわったままで移動する。ひざをついたり、しりを地につけたままの姿勢で進む。膝行(しっこう)する。＊宇津保(970-999頃)楼上下「そちの君三尺の几帳ひきそへていざりいでたり」＊枕(10C終)一八四・宮にはじめてまゐりたるころ「ゐざりかへるにやおそきとあげちらしたるに、雪降りにけり」＊たまきはる(1219)「御障子(さうじ)の御あとへいでさせおはしますとて、やをらいさりて」＊二人比丘尼色懺悔(1889)〈尾崎紅葉〉自害「凋(しを)れて式台に座したる若葉。じりじりと居去(ヰザ)って夫の草摺に縋れバ」②すわる。坐す。＊物類称呼(1775)四「居(すは)るといふ事を、〈略〉土州にて、いざると云」③船が、浅瀬に船底をすらせながら、のろのろ進む。＊土左(935頃)承平五年二月九日「こころもとなさに、あけぬから、ふねをひきつつのぼれども、かはのみづなければ、ゐざりにのみぞゐざる」④物が、置かれた場所からずれて動く。＊俳諧・崑山集(1651)五・夏「むつき過春はいざるや夏木立」＊俳諧・炭俵(1694)冬「干物を日向(ひなた)の方へいざらせて〈利牛〉 塩出す鴨の苞(つと)ほどくなり〈孤屋〉」＊即興詩人(1901)〈森鷗外訳〉隧道・ちご「我が縛られたる手はいざり落ちて地に達したり」 方言 ❶座る。高知県861 862 867 ❷船などが走る。新潟県佐渡844 愛知県名古屋市562 ❸泥や雪の中を歩く。新潟県佐渡351 ❹ずれる。移る。移動する。新潟県佐渡352 愛媛県松山846 ◇いだる 島根県石見725 ❺転動する。新潟県佐渡352 ❻松などが横にはう。岡山市762 ❼いすに掛ける。新潟県東蒲原郡368 語源説 (1)居ナガラ去ルの義で、去ルは行の義〔名語記・日本釈名・和訓栞・国語の語根とその分類=大島正健〕。(2)ヰスル(居摺)の転〔名言通〕。 発音 〈標ア〉ザ〇〈京ア〉〇 辞書 色葉・和玉・文明・伊京・饅頭・黒本・ヘボン・言海 表記 膝行(色・文・伊・饅・黒・言) 趄(玉) 居坐(文) 臀行(へ)

いされ『感動』さあ。＊古今著聞集(1254)一六・五二〇「いされ高雄へ。かいもちひくれう」

いざろ【笸】『名』 方言 ⇨いざる(笸)

いさわ【石和】 山梨県東八代郡の地名。江戸時代、甲州街道の宿駅として栄え、代官所が置かれていた。石和温泉がある。謡曲「鵜飼」の舞台。 発音 〈標ア〉〇

いさわ いさは【胆沢】 岩手県の南西部の郡。北上川右岸にあり、西は奥羽山脈によって秋田県に接する。中世には伊沢とも記され、松浦(松良)郡とも呼ばれた。＊二十巻本和名抄(934頃)五「陸奥国〈略〉膽沢〈伊佐波〉」 辞書 和名 表記 膽沢(和)

いざわ いざは【伊沢・井沢】(「いさわ」とも)姓氏の一つ。 発音 〈標ア〉〇

いざわ-しゅうじ【伊沢修二】 教育家。長野県出身。米国留学後、文部省で国定教科書を編纂。欧米の教育学・音楽の導入・育成に努め、東京音楽学校長、東京盲唖学校長、東京高師校長などを歴任。後年楽石社を創設し吃音(きつおん)教育に尽くした。嘉永四～大正六年(一八五一～一九一七)

いざわ-らんけん【伊沢蘭軒】 江戸後期の医者、儒者。名は信恬(のぶさだ)。備後福山の藩医。森鷗外に史伝小説「伊沢蘭軒」がある。安永六～文政一二年(一七七七～一八二九)

いざ-わ『感動』(「いざ」は感動詞。「わ」は感動の助詞)誘うときに発することば。＊書紀(720)神武即位前「『天神の子、汝(いまし)を召す。怡奘過(イザわ)、怡奘過(イザわ)』といふ〈過の音は倭〉」＊万葉(8C後)一三・三二四六「見欲しきは 雲居に見ゆる うるはしき 十羽(とば)の松原 わらはども 率和(いざワ)出で見む〈作者未詳〉」 補注 「日本書紀」の用例は、八咫烏の鳴き声なので、「イザクヮ」とみる説もある。

いさわ-がわ いさは:がは【石和川】 山梨県東部の御坂峠の北側から北流して笛吹川に注ぐ、金川(かねがわ)の末流部分の称。笛吹川の流路変更のため、現在は笛吹川本流に含まれる。日蓮が鵜飼勘作の霊を弔うため、題目を石に一字ずつ書いて投げ込んだという故事で有名。鵜飼川。＊謡曲・鵜飼(1430頃)「そもそもこの石和川と申すは、上下(かみしも)三里が間は堅く殺生禁断の所なり」＊浄瑠璃・大覚大僧正御伝記(1691頃)道行「いさは川いしにみのりをかきとめて、とぶらふためしもありすがは」 発音 イサワガワ〈標ア〉ワ[1]

いざわ-じょう いさはジャウ【胆沢城】 岩手県水沢市にあった古代の城柵。延暦二一年(八〇二)、蝦夷征伐の拠点として坂上田村麻呂が築き、ついで多賀城にあった鎮守府を移す。平安中期に機能を低下させたが、前九年の役頃まであったとされる。柱脚跡などが残る。 発音 イザワジョー〈標ア〉ワ

いざわ-ばんこ【射和万古】『名』万古焼(ばんこやき)の一派。伊勢国射和村(三重県松阪市)の竹川竹斎が、安政二年万古焼の陶法によって焼いたもの。射和万古または積徳園などの押印がある。 発音 〈標ア〉バ

い-さん ヰ:【胃散】『名』胃病に用いる健胃散のこと。主な成分は重曹。＊言継卿記-天文二二年(1553)一一月一七日「薄書状到、〈略〉薄平胃散所望云々」＊落語・素人浄瑠璃(1889)〈禽語楼小さん〉「此義太夫を聴くのに胃散(ヰサン)は如何(どう)でげせう」＊千曲川のスケッチ(1912)〈島崎藤村〉四・中棚「菓子に胃散をつけて食ふ男があるよ」 発音 〈標ア〉〇〈京ア〉イ/〇

い-さん ヰ:【胃酸】『名』胃液中に含まれる酸。主なものは塩酸。病的な胃液は発酵によって生じる有機酸を含む。胃酸の酸度を測定すれば病気の進度具合がわかる。 発音 〈標ア〉〇〈京ア〉イ/〇

い-さん【意三】『名』仏語。十善の中の不貪欲、不瞋恚(しんい)、不邪見の三、およびこれに対応する十悪の中の貪欲、瞋恚、邪見の三のことで、これらが身、口、意の三業のうち、意業によることを示したもの。＊謡曲・柏崎(1430頃)「人間の身三(しんさん)、口四(くし)、意三の十の道多かりき」＊四十二章経「衆生以二十事一為レ善。亦以二十事一為レ悪。身三、口四、意三。身三者殺、盗、婬。口四者両舌、悪罵、妄言、綺語。意三者嫉、恚、癡」

い-さん ヰ:【違算】『名』①計算が正しいものと相違すること。計算ちがい。勘定(かんじょう)ちがい。＊花間鶯(1887-88)〈末広鉄腸〉下・三「歳出入の比較表に少し違算(ヰサン)があった様じゃ」＊民事訴訟法(明治二三年)(1890)二四一条「裁判所は申立に因り又は職権を以て何時にても判決中の違算、書損及び此に類する著しき誤謬を更正す」②計画が見込みのものと相違すること。みつもりのちがうこと。見当ちがい。＊不如帰(1898-99)〈徳富蘆花〉下・二「母は初めて吾違算(ヰサン)を悟り」＊明暗(1916)〈夏目漱石〉一三四「斯ういふ心得に万(ばん)違算のある筈はないと初手から極めて掛かって」 発音 〈標ア〉〇〈京ア〉〇 辞書 言海 表記 違算(言)

い-さん ヰ:【潙山】 ❶中国、湖南省寧郷県の西にある山の名。唐代の僧、大円霊祐禅師がここに住み、潙山禅

師と呼ばれたことで有名。㊁『名』（大円霊祐禅師の法話に、百年後に牛になるという話のあるところから）牛肉をいう僧侶仲間の隠語。＊現代語大辞典（1932）〈藤村作・千葉勉〉「いさん 潟山 僧侶間で牛肉のこと」

い‐さん（ヰ：）【遺産】『名』①死者の残した財産。所有権、債権などの権利のほか債務も含む。＊雪中梅（1886）〈末広鉄腸〉下・五「随分親の遺産がある様子だから」＊民法（明治二九年）（1896）一〇一二条「遺産の分割は相続開始の時に遡りて其効力を生ず」②比喩的に、前代の人々が残した業績や文化財などをいう。＊文学と政治のあいだ（1947）〈杉浦明平〉「われわれの遺産は世界じゅうで一番貧しいというわけではない」 発音〈標ア〉0〈京ア〉イ/0

い‐さん（ヰ：）【遺算】『名』取りはからいに不完全なところのあること。ておち。＊漢語便覧（1871）〈横山監〉「遺算 イサン ツモリチガヒ」＊露国に対する宣戦の詔‐明治三七年（1904）二月一〇日「凡そ国際条規の範囲に於て、一切の手段を尽し、遺算なからむことを期せよ」＊周書‐文帝紀・下「仗ㇾ鉞専征、挙無㆓遺算㆒」 発音〈標ア〉0

い‐ざん【易産】『名』「あんざん（安産）」に同じ。＊満済准后日記‐永享五年（1433）閏七月二四日「御産今暁寅末、平安、姫君降誕云々。仍早速之間、御験者不ㇾ及㆓御加持㆒云々。近比易産珍重々々」

いさん‐あらそい（ヰサンあらそひ）【遺産争】『名』遺産の相続をめぐる争い。遺産相続争い。＊イタリアの歌（1936）〈川端康成〉「材木問屋のところへは、毎日親戚連中がつめかけてゐた。遺産争ひだ」 発音〈標ア〉ア

いさん‐かた（ヰサンクヮタ）【胃酸過多】『名』「いさんかたしょう（胃酸過多症）」の略。＊硝酸銀（1966）〈藤枝静男〉四「お父ちゃんは胃酸過多だんて、こうしてお腹のなかで重曹で中和するだよ」 発音〈標ア〉カ

いさん‐かたしょう（ヰサンクヮタシャウ）【胃酸過多症】『名』胃液中の塩酸が、異常に高いことによって起こる胃部圧迫感、灼熱感、胸やけ、おくびなどの症状。食後一、二時間で過酸症状が起こる。不規則な生活、心身過労、神経性疾患、消化器疾患などが原因。＊夢声戦争日記〈徳川夢声〉昭和一七年（1942）一一月二五日「軍医大尉見えて、胃酸過多症だが、胃ガンの心配はないと言う」 発音イサンカタショー〈標ア〉タ

いさん‐けつぼうしょう（ヰサンケツバフシャウ）【胃酸欠乏症】『名』胃液中の塩酸がなくなったり、極度に少なくなる病症。慢性胃炎、胃癌などの場合に起こる。 発音イサンケツボーショー〈標ア〉ボ

いさんご『名』子供の遊び。ぶらんこ。＊菊池俗言考（1854）「いさんご 縄綱などを梁より下（さげ）て児を乗しめ遊はしむるわざを云へり」 方言◇いっさんご 熊本県919 ◇いさ 鹿児島県種子島054 ◇いさご 大分県南海部郡939 ◇いんさんぶさん 新潟県347 ◇おさんご 熊本県球磨郡919 語源説(1)ユッサンコの訛り〔全国方言辞典＝東条操〕。(2)イサメコ（勇児）の意か〔菊池俗言考〕。

いさん‐そうぞく（ヰサンサウゾク）【遺産相続】『名』死者の残した財産をうけつぐこと。相続。民法改正（昭和二二年）前は、家督相続に対して、戸主以外の家族が死亡した場合の財産相続のこと。＊民法（明治三一年）（1898）九九二条「遺産相続は家族の死亡に因りて開始す」 発音イサンソーゾク〈標ア〉ソ〈京ア〉ソ/ソ

いさん‐そうぞくにん（ヰサンサウゾクニン）【遺産相続人】『名』遺産を相続する人。＊民法（明治三一年）（1898）九九四条「被相続人の直系卑属は左の規定に従い遺産相続人と為る」 発音イサンソーゾクニン〈標ア〉0ク〈京ア〉ク/0＝ク

い‐ざんまい（ゐ：）【居―】『名』（「いざま」と「いずまい」との混同したものか）いざま。いずまい。すわりよう。＊落語・宝萊（1899）〈六代目桂文治〉「男は場を取っていけないが、女は居三昧（ヰザンマイ）がいいからは入（いれ）るだらう、どうかしてやらう」＊それから（1909）〈夏目漱石〉六「代助を見るや否や、急に坐三昧（ヰザンマイ）を直して」 辞書言海

いし【石】『名』①鉱物質のかけら、かたまり。普通、岩より小さくて、砂より大きいものをいう。広くは、岩石、鉱物を総称する。装飾的な庭石、置き石などにもいう。＊古事記（712）中・歌謡「みつみつし 久米（くめ）の子が 頭椎（くぶつつ）い 伊斯都都伊（イシつつい）もち 撃ちてし止まむ」＊万葉（8C後）五・八六九「帯日売（たらしひめ）神のみことの魚（な）釣らすとみ立たしせりし伊志（イシ）を誰見き〈山上憶良〉」＊十巻本和名抄（934頃）一「石 鍾乳附 陸詞云石〈常尺反 和名以之〉凝土也」＊源氏（1001‐14頃）胡蝶「中島の入江の岩かげにさし寄せて見れば、はかなきいしのたたずまひも、ただ絵に書いたらむやうなり」②（①の一般的性質、状態から）堅いもの、冷たいもの、無情なもの、つまらないもの、困難なこと、堅固なことなどのたとえに用いる。＊東大寺諷誦文平安初期点（830頃）「黄金白玉をば瓦（かはら）石（イシ）と同じくせり 青（あをき）珠、赤瑦（あかたま）をば沙（いさご）土（つち）と斉しくせり」＊浮世草子・立身大福帳（1703）四・一「別れし人の為に、永く一代身を石にするがってん」③建造物の石材、または土台などの石。＊日本国考略（1523）寄語略・地理「石 依水―在木古（イシ―ザイモク）」＊読本・春雨物語（1808）樊噲・下「石高く積みし白壁きらきらしく、門高く見入れはるか也」④①のうち、特定のものをさす。㋑めずらしい石。宝石。＊宇津保（970‐999頃）蔵開中「故治部卿の主の唐より持て渡り給へりける、未（ま）だ革もつけでいしにて侍り」＊兵隊の宿（1915）〈上司小剣〉六「指輪もよそいきの石の入ったのを一つ」㋺時計の歯車の軸に用いる宝石。㋩火打ち石。＊長秋詠藻（1178）上「いしをうつ光のうちによそふなるこの身の程をなに歎くらむ」＊浄瑠璃・男作五雁金（1742）阿波座堀紺屋「打つ石（イシ）も、涙にしめる火打箱」㊁ライターの発火用の合金。ライターいし。⑤胆汁（たんじゅう）の成分などからできる、かたい物質。たん石。結石（けっせき）。＊医語類聚（1872）〈奥山虎章〉「Calculus 石或結石病」⑥囲碁や昔の双六（すごろく）などに用いた白と黒の石。碁石。＊徒然草（1331頃）一三七「継子立（ままこだて）といふものを双六（すごろく）の石にて作りて」＊雑俳・柳多留‐二三（1789）「石は生きたが死にめにはあはぬなり」＊暗夜行路（1921‐37）〈志賀直哉〉三・一四「『総（すべ）て四倍勘定なんだ、その他は別に変りはないけど』さう石（イシ）を分けながら末松が云った」⑦墓石（はかいし）、石碑（いしぶみ）のこと。＊謡曲・定家（1470頃）「まことの姿はかげろふの、石に残す形だに、それとも見えぬ蔦葛」＊有明集（1908）〈蒲原有明〉碑銘「人々よ、奥津城（おくつき）の冷たき碣（イシ）を」＊収穫（1910）〈前田夕暮〉下「静（しづか）とは冷たき碑（イシ）にきざむ名にあらじあらずと足ずり泣けど」⑧石炭、泥炭などのこと。＊浮世草子・好色万金丹（1694）五・一「石（イシ）を薪にする在所、蛇を餅にする国もあり」⑨じゃんけん（石拳＝いしけん）の手の一つ。ぐう。にぎりこぶしであらわす。＊明治大正見聞史（1926）〈生方敏郎〉憲法発布と日清戦争・一「その分け方はちいりこ（東京のジャンケン）できめ、『ちいりこさいよ。合こでさいよ。』と手を振り鋏や石や風呂敷（東京の児童のいふ紙）の形を出して決めること」⑩石御器（いしごき）のこと。茶わん。まれに杯のこと。＊浄瑠璃・妹背山婦女庭訓（1771）四「これからは嘉例の騒ぎぢゃ、調子が合はいで面白ない。この石（イシ）できゅうっとやらんせ」＊浄瑠璃・源頼家源実朝鎌倉三代記（1781）七「マア石で一つ行（ゆこ）ぞへと、二つ名の有てんばかか、薬茶碗できゅっと呑（のむ）。〈略〉お下々（したじた）のお詞は格別、扨は此お家では盃を石と申ますかへ」＊新撰大阪詞大全（1841）「いしとは、同ちゃわんのこと」⑪道しるべのために置く石。道石（みちいし）。＊雑俳・柳多留‐九八（1828）「不案内石に聞いてはまがって行」⑫石だたみ、石がわらのこと。＊馬鈴薯の花（1913）〈中村憲吉〉大正元年「舗石（イシ）の上に曇影（くもり）ふみつつたまたまに己（おの）が足（あ）の音（と）にさめ返るかな」＊測量船（1930）〈三好達治〉甃のうへ「ひとりなる わが身の影をあゆまする甃（イシ）のうへ」⑬陰毛を切るために、湯屋（ゆや）の流し場などにある石。湯屋の石。毛切り石。＊雑俳・柳多留‐七（1772）「石で切るのをあぶながる女の気」＊雑俳・柳多留‐七三（1821）「小僧の月代（さかやき）せんとうへ石二つ」⑭能楽で用いる舞台道具の一つ。①の形に作り中央から二つに割れるもの。「殺生石」「一角仙人」などに用いる。⑮「石（こく）」を訓よみにしたもの。米一石（こく）。＊咄本・醒睡笑（1628）五「教月坊、例の狂歌を持たせ定家のもとへ、『教月がしはすのはてのそら印地（いんじ）としうち越さん石一つたべ』よねを五斗参らせられし、『定家がちからの程を見せんとて石（いし）引分けてなからこそやれ』」⑯紋所（もんどころ）の名。いしだたみぐるま、まるにひとついし、よついしなど数種類ある。⑰盗人、てきやなどの隠語。㋑歯のこと。〔日本隠語集（1892）〕㋺（石頭から）頭のこと。〔隠語全集（1952）〕㋩白米。〔隠語輯覧（1915）〕 方言❶石炭。筑後1039 福岡県糟屋郡872 熊本県玉名郡919 ❷墨をする文具。すずり。奈良県675 ❸魚、いしもち（石持）。香川県大川郡829 ❹魚、もつご（持子）。愛知県尾張567 語源説(1)イは発語の詞。シは沈むの意〔万葉集仙覚抄〕。(2)イシヤの中略〔和句解・紫門和語類集〕。(3)イは発語。シは下の意〔東雅・和訓栞・言葉の根しらべ＝鈴江潔子〕。(4)イカシの中略か〔類聚名物考〕。(5)イは発語。シはシメ（締）の略〔名言通〕。(6)ヰシムル（居占）ものであるから、ヰシという。ヰは動かぬこと。シはしまり堅いこと〔本朝辞源＝宇田甘冥〕。(7)イと小の義をもつシとを結んで、岩の小破片から生じた物の名とした語〔国語の語根とその分類＝大島正健〕。 発音〈なまり〉イス・エシュ〔鳥取〕エシ〔埼玉方言・富山県・鳥取〕〈標ア〉シ〈ア史〉平安来●○〈京ア〉イ 辞書和名・色葉・名義・下学・和玉・文明・明応・天正・饅頭・黒本・日葡・書言・ヘボン・言海 表記石（和・色・名・下・玉・文・明・天・饅・黒・書・ヘ・言）砏（色・名）砆（玉・書）礫・礪（名）磠・硋・磵・碖・砣・礁（玉）

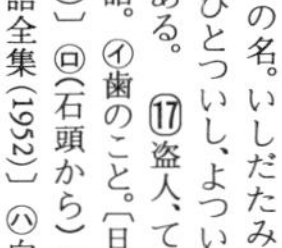
四つ石

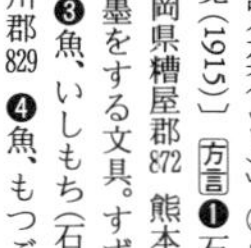
三つ石

いしが流（なが）れて木（こ）の葉（は）が沈（しず）む（「陸賈新語」の「夫衆口之毀誉、浮ㇾ石沈ㇾ木」から）物事が道理とは逆になっていることをいうたとえ。

いしたたく（鶺鴒（せきれい）の異名を「いしたたき」ということから）枕詞のように「せきれい（鶺鴒）」にかけて用いることば。＊浄瑠璃・日本振袖始（1718）四「石たたく鶺鴒の鳥飛び来たり」

いしで手（て）を詰（つ）める 動きのとれないこと、進退きわまること、また、貧乏で動きのとれないことのたとえ。＊俳諧・毛吹草追加（1647）上「石で手やつめし岩間のかき蕨（わらび）〈保友〉」＊浮世草子・懐硯（1687）一・三「此まま朽果る身のならひ、日影にうづむ苔の石にて手をつめたるごとくになりぬ」＊浄瑠璃・太平記忠臣講釈（1766）七「常の薬の才覚さへ、石（イシ）で手詰（テヅ）めた貧の病」 補注囲碁より出たことばという（諺苑）。 方言頑固で融通のきかないことのたとえ。高知県土佐郡866 長崎県対馬913

いしで根継（ねつ）ぎ「いし（石）に根継ぎ」に同じ。＊浮世草子・世間胸算用（1692）三・四「柱も朽ぬ時より石（イシ）で根（ネ）つぎをして」

いしとなる樟（くす） 樟（くす）は、年数を経ると、化石になるという俗説によることば。＊浄瑠璃・曾

我扇八景(1711頃)紋尽し「石と成たる楠に桜さかせしごとく也」＊俳諧・蕪村遺稿(1801)「石となる樟の梢や冬の月」

いしとなる樟(くすのき)も二葉(ふたば)の時(とき)は摘(つ)まるべし わざわいや悪も小さい時なら除くことができるが、大きくなってからでは、どうすることもできなくなることのたとえ。＊譬喩尽(1786)一「石(イシ)となる楠(くすのき)も二葉(ふたば)の時(とき)は摘(つ)まるべし」

いしに=噛(かじ・かぶ)りついても[=食(く)いついても] (目的を達するためには)どんな苦しい思いをしても、それを耐え忍んで。＊人情本・明烏後正夢(1821-24)初・五回「石(イシ)にかぶり付(ツイ)ても、よくなろふと思ってさへ、埒のあかぬは薬の廻り」＊浮雲(1887-89)〈二葉亭四迷〉一・五「石に噛付(カジリツイ)ても出世をしなくっちゃアならないと心懸なければならない所(とこ)だ」＊婦系図(1907)〈泉鏡花〉後・四六「最う一度、石に喰いついても恢復(なほ)って」

いしに灸(きゅう) 他者からの働きかけも、まるできき目を表わさないことのたとえ。石に針。＊江戸名所記(1662)七「よき人の異見を聞ても、蛙のおもてに水をそそぐがごとく、石に灸治をするがごとくに、跡かたもなく打すてて」＊浄瑠璃・極彩色娘扇(1760)二「石に灸の耄(おいぼれ)親仁」

いしに漱(くちすす)ぎ流(なが)れに枕(まくら)す (中国、晋(しん)の孫楚(そんそ)が「石に枕し流れに漱ぐ」を「石に漱ぎ流れに枕す」と言い誤ったのを、「石に漱ぐ」は歯を磨くため、「流れに枕す」は耳を洗うためだとこじつけ弁解したという「晋書-孫楚伝」の故事から) 負け惜しみが強く、自分の誤りにへ理屈をつけていいのがれることのたとえ。夏目漱石の号はこれに由来する。岩に漱ぐ。

いしに腰掛(こしか)ける 腰が暖まらない意で、長続きしないことのたとえ。＊俳諧・毛吹草(1638)二「いしにこしかけたるごとし」

いしに錠(じょう) 「いし(石)に判(はん)」に同じ。＊浮世草子・風俗誹人気質(1763)二・二「此人が此節千五百両のかし付けたしかなる事は石に錠(ヂャウ)のやうな註文なれど」

いしに精(せい)あり水(みず)に音(おと)あり 俗に木石に心なしなどというが、石にも精魂があり、水にも声がある。万物はみな精を宿している。＊謡曲・河水(1541頃)「石に精あり水に音あり、波の鼓も時を得て」

いしに立(た)つ矢(や) (石を虎(とら)と思って矢を放ったところ射通ったという「韓詩外伝-六」に見える楚の熊渠子(ゆうきょし)、「史記-李広伝」に見える漢の李広などの故事から) 一心をこめて事を行なえば、不可能なことはないということのたとえ。念力岩をも通す。岩に立つ矢。＊謡曲・恋重荷(1423頃)「唐国(からくに)の、虎と思へば石にだに立つ矢のあるぞかし」＊正徹物語(1448-50頃)下「寄虎恋にては〈略〉此題は生きたる虎の事なれば、虎ふす野べも、石にたつ矢など読みたるがよき也」＊浄瑠璃・愛護若塒箱(1715頃)一「恋のそめ羽の色に出て、思ひ込んだる一念の、石に立つ矢の例(たとへ)をば知られまほしきばかりにと」

いしに謎(なぞ)かける こちらのいうことが相手に通じないで、全く反応がないこと、てごたえのないことのたとえ。＊浄瑠璃・女殺油地獄(1721)中「エエもどかしい徳兵衛殿。石になぞかける様に口でいふて聞やつか」

いしになる木(き) (化石になるという俗説から) 樟(くすのき)のこと。＊雑俳・柳多留-七二(1820)「石になる木は南朝のはしら也」

いしに名(な)を残(のこ)す 名を石に刻んで後世に残す。名がながく朽ちないで後に残る。＊浄瑠璃・碁盤太平記(1710)「万劫末代万々年くちせぬ石に名を残し、主君の子孫家はんじゃう」

いしに根継(ねつ)ぎ 丈夫の上になお一層丈夫にするたとえ。いよいよ確かなこと。石で根継ぎ。＊茶屋諸分調方記(1693)三「あのものと石にねつぎするごとくぎんみして」＊浄瑠璃・八百屋お七(1731頃か)下「入婿取ていつ迄(まで)も、石にねつぎの錠愛が過ぎての今の苦しみを」＊浄瑠璃・太平記忠臣講釈(1766)八「只倹約を第一は、石に根継の蔵普請」

いしに花(はな) 「いし(石)に花(はな)咲く」に同じ。＊浄瑠璃・出世握虎稚物語(1725)五「二(ふた)度あふは石に花」

いしに花(はな)咲(さ)く 現実には起こるはずもないことのたとえ。石に花。岩に花咲く。＊俳諧・誹諧発句帳(1633)「石に花の咲ためしかや岩つつじ〈宗寿〉」＊浄瑠璃・賀古教信七墓廻(1714頃)一「いったる種の生ひ出て、石に花咲ひろひもの、よみがへりたる若君の、悦びに」

いしに針(はり) 「いし(石)に灸(きゅう)」に同じ。＊雑俳・雪の笠(1704)「さりとてはなびかぬ恋の石に針」＊俳諧・玉藻集(1774)夏「石に針生姜(しょうが)も入ず清水哉〈秋色〉」

いしに判(はん) 確かなものをさらに確実にすることのたとえ。きわめて確実なこと。石に錠(じょう)。＊洒落本・風俗通(1800)三「石(イシ)に判(ハン)といふかてへ事もねへもんだから」＊読本・通俗巫山夢(1815)二「若紫の心底、石(イシ)に判(ハン)とはおもへども」＊人情本・春色梅児誉美(1832-33)四・二三齣下「蔭八が、判人なれど石(イシ)に判(ハン)、堅いが疵と活業(よわたり)に」

いしに布団(ふとん)は着(き)せられず 父母が死んでからでは、孝行を尽くそうとしても、おそいことのたとえ。孝行をしたい時分に親はなし。

いしに枕(まくら)し流(なが)れに漱(くちすす)ぐ 山野の勝地に隠遁して自由な生活をする。＊太平記(14C後)二〇・義貞夢想事「夫れ石を枕(マクラ)にし泉に嗽(クチススイ)で、幽栖を楽しむは一身の為也」＊蜀志-彭羕伝「枕レ石漱レ流、吟詠縕袍、偃二息於仁義之途一」

いしに耳(みみ)あり 密談などの漏れやすいことのたとえ。壁に耳。＊浮世草子・一夜船(1712)二・一「さては今日道中にて不覚悟なる物がたりせしを、石に耳(ミミ)ありてかたき聞つけ、かへり討にすべきと是まできたりけん」

いしに灸(やいと)の仇煙(あだけむり) (「仇煙」はむだな煙の意)「いし(石)に灸(きゅう)」に同じ。＊新内・鬼怒川昔噂(法印場)(1815)「医者よ護符よと心の丈(たけ)を尽せども、石(イシ)に灸(ヤイト)の仇煙(アダケム)り」

いしの油(あぶら) 石油のこと。いしあぶら。＊康頼本草(1379-91頃)本草玉石之下品集「方解石 味苦辛大寒无レ毒。和伊之乃安不良。无レ時採レ之」＊邪宗門(1909)〈北原白秋〉魔睡・邪宗門秘曲「腐れたる石の油に画くてふ麻利耶の像よ」 発音〈標ア〉0 辞書言海 表記石油(言)

いしの飴(あめ) 半透明な水飴色の石。飴石(あめいし)。

いしの祝(いわい) 「いしうち(石打)⑤」に同じ。＊浄瑠璃・艶狩剣本地(1714)二「水祝ひより、先御祝言の夜の石のいはひ」 発音〈標ア〉ワ

いしの上(うえ)にも三年(さんねん) (冷たい石の上でも三年すわり続ければ暖まるの意から) たとえつらくてもしんぼう強くがんばれば、やがて報われるということ。＊俳諧・毛吹草(1638)二「いしのうへにも三年ゐればあたたまる」＊浮世草子・西鶴織留(1694)四・一「商人(あきんど)、職人によらず、住なれたる所を替(かゆ)る事なかれ。石の上にも三年と俗言(ぞくご)に伝へし」＊浮世草子・和国小姓気質(1746)三・一「石の上にも三年居れば煖(あたたま)るといひならはせし世話も、今は人の気も短く」

いしの大床(おおとこ) 石造りのかんおけ。石棺(せっかん)。

いしの帯(おび) (「石帯」の訓読み) 束帯の時用いる革製の帯。＊延宝版宇津保(970-999頃)蔵開中「貞信公のいしのおび、いとかしこきなり」＊新撰六帖(1244頃)五「思ひきやわが身しづめる石の帯のうはてに人をかけて見んとは〈藤原光俊〉」＊浄瑠璃・国性爺合戦(1715)三「しゃうほの冠花もんの沓、さんごはくの石の帯(オビ)」 発音〈標ア〉オ 辞書書言・言海 表記石帯(書・言)

いしの形代(かたしろ) 石塔。＊和訓栞(1777-1862)「いしのかたしろ 石の形代也。石塔をいふといへり」

いしの辛櫃(からと) 「いし(石)の辛櫃(からびつ)」に同じ。

いしの辛櫃(からびつ) (「から」は死骸の意) 石で作ったひつぎ。死骸を納める石棺(せっかん)。石の大床(おおとこ)。転じて、ふたのある石製の箱。＊宇津保(970-999頃)蔵開中「中納言『なほものの底になよみ入れ給ひそ。よろしくは』大将『いしのからびつに入るるぞかし』右大弁『壁の中に納めさせ給へとにやあらん』」＊宇治拾遺(1221頃)六・二「塚をほり崩すに、中に石の辛櫃あり」 発音〈標ア〉0

いしの辛櫃(かろうど) 「いし(石)の辛櫃(からびつ)」に同じ。＊虎明本狂言・二千石(室町末-近世初)「戌亥のすみにだんをつき、いしのからうとをきってすへ〈略〉石のからうとのふたの、ふっとする程うたひ入て」＊黄表紙・莫切自根金生木(1785)下「人ぶをあつめ、あまたの松をほらせければ、中よりいしのからうとをほりだし、あけてみければ」 発音イシノカロード〈標ア〉ロ

いしの階(きざはし) 「いしだん(石段)」に同じ。＊書言字考節用集(1717)一「石階 イシノキサハシ」＊唱歌・鎌倉(文部省唱歌)(1910)〈芳賀矢一〉「上るや石(イシ)のきざはしの 左に高き大銀杏」 発音〈標ア〉0 辞書書言 表記石階(書)

いしの獅子(しし) 石造の獅子。神社の両脇に立っているこま犬など。＊恋衣(1905)曙染〈与謝野晶子〉「頬(ほ)よすれば香る息はく石の獅子ふたつ栖むなる夏木立かな」 発音〈標ア〉シ2

いしの下(した) ①囲碁で、相手の石を打ちあげた自分の石が、逆に相手によってとりかえされる形になること。＊安吾捕物帖(1950-52)〈坂口安吾〉石の下「敵の石をとって二眼できたとき、とった石を又とり返される筋があるのを見落していたのである。〈略〉この手筋を碁の術語で『石の下』と云うのである」 ②漬物をいう、盗人仲間の隠語。〔隠語輯覧(1915)〕 方言植物、ゆきのした(雪下)。山形県飽海郡・東村山郡139 発音〈標ア〉タ

いしの下(した)の鰍(かじか) (鰍はよく石の下にいることから) 漬物類をいう、盗人仲間の隠語。〔日本隠語集(1892)〕 方言たくあん漬け。◇石(いし)のしったの鰍(かじか) 長野県佐久493

いしのすだま 石の精。＊和玉篇(15C後)「蜽 イシノスダマ」＊易林本節用集(1597)「魎 イシノスタマ」 辞書和玉・易林 表記蜽(玉) 魎(易)

いしの竹(たけ) (「石竹」の訓読み)「せきちく(石竹)」に同じ。《季・夏》＊散木奇歌集(1128頃)祝「君が代のためしにひかん春日野の石の竹にも花咲きにけり」＊俳諧・鷹筑波(1638)四「打もせで火花や出る石の竹〈出石〉」 発音〈標ア〉0 辞書日葡

いしの乳(ち) 地下の空洞(くうどう)の天井から

たれさがった、乳房状の石灰岩。鍾乳石(しょうにゅうせき)。石の氷柱(つらら)。石の涎(よだれ)。＊十巻本和名抄(934頃)一「石 鍾乳附〈略〉新抄本草云石鍾乳 出備中国英賀郡 和名以之乃知」＊書言字考節用集(1717)一「鍾乳 イシノチ」 方言◇いしのちち 土州1039 発音〈ア史〉平安◎○○と○○○○の両様 辞書和名・色葉・名義・書言・言海 表記石鍾乳(和・色・名) 鍾乳(書) 石乳(言)

いしの使(つか)い 硯(すずり)の異称。いしづかい。

いしの壺(つぼ) 「いしつぼ(石壺)」に同じ。

いしの面(つら) 石積みで、外部から見える石の表面をいう。 発音〈標ア〉ラ

いしの氷柱(つらら) 「いし(石)の乳(ち)」に同じ。

いしの戸(と) 盆の月の朔日。長野県各地でいう。この日に地面に耳をつけると、地獄の石の戸の開く音が聞こえるとか、先祖様が石の戸を打ち破って出てくるとかいう。

いしの鳥居(とりい) 大阪、四天王寺の西門の外にある、石造りの衡門(こうもん)の俗称。＊謡曲・弱法師(1429頃)「天王寺の西門石の鳥居にて大施行(だいせぎゃう)を引かれ候ふが」＊仮名草子・浮世物語(1665頃)二・五「天王寺に詣でばやと思ひ、〈略〉新清水、庚申堂をも打過て、石の鳥井に著く」 発音〈標ア〉0

いしの中(なか)の蜘蛛(くも) 恐れて家にとじこもっていること、身が自由にならないことのたとえ。＊保元(1220頃か)中・為義最後の事「当時都には平氏の輩、権威を取って、守の殿は、石の中の蛛とやらんのやうにておはしませば」

いしの投子(なんご) 「いしなご(石子)①」に同じ。＊洒落本・龍虎問答(1779)「きのふ今日迄も、石(イシ)のなんごで、日を暮(くら)せ)しお乳母殿も」

いしの階(はし) ①「いしだん(石段)」に同じ。＊播磨風土記(715頃)印南「石橋(いしのはし)有り。伝へて云はく、上古の時、此の橋天に至りて、八十人衆、上り下り往来ひき」＊源氏(1001-14頃)須磨「いしのはし、松の柱、おろそかなるものから、めづらかにをかし」 ②「いしばし(石橋)」に同じ。 発音〈標ア〉シ2

いしの鉢(はち) 石で作った鉢。仏鉢。釈尊が成道の時、四天王の献じた四つの石鉢で一鉢をつくり、以後これを用いて、弟子に石の鉢の使用を許さなかったという故事がある。＊竹取(9C末-10C初)「かぐや姫のもとには、けふなん天竺へ石のはち取りにまかる、ときかせて」 発音〈標ア〉チ

いしの花(はな) 鍾乳石(しょうにゅうせき)の一種。＊和訓栞(1777-1862)「いしのはな 石の花の義、亀島より出、潮の干(ひ)たる時石より涌出る品也。是寇宗奭が所レ説の石花也。また、石梅をも又鍾乳の種に石花あり。又貝の品にも石花あり」＊改正増補和英語林集成(1886)「Ishinohana イシノハナ」 発音〈標ア〉ナ

いしの腸(はらわた) 実際にはありえないもののたとえ。＊虎明本狂言・膏薬煉(室町末-近世初)「薬種は〈略〉うみのそこにすむしろがらす、松の木になったるはまぐり、石のはらわた」 発音〈標ア〉ワ

いしの火(ひ) ①火打ち石を打って出す火。きり火。＊浄瑠璃・生玉心中(1715か)下「鍔を火打の石の火の」＊和訓栞(1777-1862)「いしのひ 燧石の火也」 ②石が熱せられて発すると考えられた火。＊宇津保(970-999頃)春日詣「春のわらびに雪きえ、いしのひにこほりとく」 ③(またたく間に消えるところから)きわめて短い瞬間、または、人生のはかないこと、無常であることのたとえ。＊千五百番歌合(1202-03頃)一四四三番「石の火にこの身をよせて世の中の常ならずなほ思ひ知るかな〈嘉陽門院越前〉」＊虎寛本狂言・呂蓮(室町末-近世初)「又人間の命のはかない事は風の前のともし火、水の上の沫(あは)、電光朝露、石の火よりもまだはかないは人間の命で御座る」＊随筆・独寝(1724頃)上・六「人世百とせにたらず、〈略〉石の火、稲妻の影よりもろき身として」 発音〈標ア〉ヒ

いしの火(ひ)石(いし)に戻(もど)らず (火打ち石から発した火は、ふたたび石にもどらない意から)過ぎ去った歳月は永遠にもどらないことのたとえ。＊俳諧・一茶寛政三年帰郷日記(1791)あやしき一夜「石の火の石にもどらず、行水のゆきてかへらず、なげきてもかへらぬことと思ひかへて」

いしの火(ひ)の光(ひかり) きわめて短い瞬間。また、人生の短いことのたとえ。石火の光。＊謡曲・敦盛(1430頃)「逢ふこと堅き石の火の、光の間ぞと思はざりし」＊草根集(1473頃)二「うき中のかはりやすきは石の火の光のまさへ猶ぞのどけき」＊仮名草子・恨の介(1609-17頃)上「わが身の程を案ずるに、電光朝露、石の火のひかりのうちを頼む身の、しばし慰む方も無し」

いしの火(ひ)の間(ま)[=内(うち)] きわめて短い瞬間。

いしの蓋(ふた) 小判その他の宝物を入れて、土の中に埋める石櫃や石壺のふた。また、厳重に財宝を保管するところから、手堅い身代のたとえ。＊雑俳・柳多留-七(1772)「けいせいの力で動く石のふた」＊雑俳・柳多留拾遺(1801)巻二〇「石のふたむすこの代にははねのける」 発音〈標ア〉0

いしの文(ふみ) 石のように硬くそっけない手紙。非常につれない手紙。＊仮名草子・薄雪物語(1632)上「白菊の花めづらしき、色もかはらぬ金(かね)より固きいしのふみ、見るより恋も一しほに重くなり申候」 発音〈標ア〉フ

いしの間(ま) ⇩親見出し

いしの枕(まくら) ①石造りの枕。また、石を枕にすること。重いこと、固いことなどのたとえにいう。＊古今六帖(976-987頃)五・服飾「ひとりねの床にたまれる涙にはいしの枕も浮きぬべらなり」＊仮名草子・薄雪物語(1632)下「あまりつれなきも事により候。いしのまくらやかたく候」 ②「いしまくら(石枕)③」に同じ。＊雑俳・柳多留-三六(1807)「くゎんぜおん石の枕じゃ濡事師」＊和訓栞後編(1887)「いしのまくら 石枕の義 名所歌枕に 武蔵には霞が関やひとつ屋の石のまくらや野守あるてふ 霞が関は江戸桜田の中にあり ひとつ屋は往昔浅草観音堂近き所にあり 野守は即今の浅草寺なり 此ひとつ屋に就ていひ伝へたる俗説あり」

いしの港(みなと) 硯(すずり)の異称(異名分類抄(1783頃))。 発音〈標ア〉マ

いしの室(むろ) 「いしむろ(石室)①」に同じ。＊梁塵秘抄(1179頃)二・僧歌「迦葉尊者のいしのむろ祇園精舎(さうざ)の鐘の声」

いしの物(もの)言(い)う 秘密がもれやすいことのたとえ。岩に口。岩の物言う。多く「壁に耳」に続けて用いる。＊公武歌合(1475)「一度は壁に耳ありて人のきかん事をはぢていなみ、一たびは石の物いひて、よそのそしりあらん事を恐れ侍れ共」＊仮名草子・薄雪物語(1632)上「壁に耳、いしのものいふうき世の習ひ、たがひの身の上にて、おそろしや」＊浄瑠璃・鬼一法眼三略巻(1731)一「壁に耳石の物言ふ世の中に出る儘(まま)の過言禍を招くか」＊雑俳・柳筥(1783-86)二「留守の事石の物いふ時分なり」

いしの床(ゆか) 床のようになっている岩石。＊承久元年内裏百番歌合(1219)「山人もすまでいくよのいしのゆか霞に花は猶にほひつつ〈藤原定家〉」

いしの涎(よだれ) 「いし(石)の乳(ち)」に同じ。 発音〈標ア〉0

いしを抱(いだ)きて淵(ふち)に=入(い)る[=臨(のぞ)む] (「韓詩外伝-巻三」に「君子行不レ貴二苟難一〈略〉夫負レ石而赴レ河、行之難レ為者也、而申徒狄能レ之、君子不レ貴者、非二礼義之中一也」とあるところから)むやみに大きな危険をおかすこと。意味なく命を失ったり悲運をまねくことのたとえ。＊今昔(1120頃か)二〇・一〇「宝の山に入て手を空くして出、石を抱て深き渕に入て命を失ふが如し」＊太平記(14C後)一・頼員回忠事「今の世に加様(かやう)の事、思ひ企て給はんは、偏(ひとへ)に石を抱(イダイ)て淵(フチ)に入る者にて候べし」＊俳諧・類船集(1676)以「石を抱て淵に入とは愚なる事」＊読本・椿説弓張月(1807-11)後・一六回「鬼が島に赴き給はんは、石(イシ)を抱(イダ)きて淵(フチ)に臨(ノゾム)よりも危し」

いしを打(う)つ ①石を投げつける。また、石を投げ合って遊ぶ。＊俳諧・続都ぶり(1700)秋「石打って立する鴫はあはれなし〈言水〉」＊歌舞伎・時桔梗出世請状(1808)二幕「狂言綺語は讃仏乗の内とやら、人間の善悪を綴り、石打つ童の学びにも相成る事ぢゃ」 ②婚礼の夜、近隣の若者などが、その家に石を投げつけて祝う。→石打ち⑤。＊浄瑠璃・曾我五人兄弟(1699頃)紋尽し「町人民家の嫁どりにこそ石をうつ法はあれ、弓矢取の婚礼〈略〉今宵石打狼藉者」＊浄瑠璃・愛護若塒箱(1715頃)二「妻迎へ舟寿(ことぶき)に、一家一門上下を清平公の御舘(やかた)は、石を打つやら謡ふやら」 辞書書言

◇**石をぶつ** 岐阜県稲葉郡498 大垣市512 方言石を投げる。

いしを切(き)る 双六(すごろく)で相手のじゃまになるような所へ石をやる。＊浄瑠璃・祇園女御九重錦(1760)二「オオさうぢゃさうぢゃ、其石切って、マアマア六地をお塞(ふさ)ぎなされ」

いしを抱(だ)いて寝(ね)る 情の通じないことのたとえ。＊浄瑠璃・待賢門夜軍(1732)四「思はぬ方とそひぶしは、苔のしとねに岩枕、石をだいてねる心地」

いしを抱(だ)かせる 石抱(いしだき)の拷問(ごうもん)にかける。転じて、問いただして無理に白状させる。＊雑俳・柳多留拾遺(1801)巻七「御新造(ごしんぞ)はお草(ぞう)に石をだかせる気」＊洒落本・三千之紙屑(1801)二「石をだかせるのといわれる罪はさんせんにへ」

いしを抱(だ)く 石抱(いしだき)の拷問(ごうもん)を受けることをいう。転じて、どんな困難、苦痛をも堪えしのぶ意にいう。＊洒落本・文選臥坐(1790)河東の艶詞「わっちもはかねへかかへの身だが、たてひきづくなら、石でもだく、かにしてくんねへ」＊歌舞伎・四天王産湯玉川(1818)三立「『あの仲光めは、よくよく慈悲深い奴でござるわえ』『違ひねえ。まだしも石を抱かねえのが見つけ物だ』」

いしを立(た)つ 庭園に石を組み立て配置する。石立(いしだて)をする。＊作庭記(1040頃か)「池をほり石をたてん所には、先地形をみたてたよりにしたがひて、池のすがたをほり島々をつくり」

いしをつつんで金(こがね)となす 無価値なものを大切にするたとえ。＊太平記(14C後)二四・依山門嗷訴公卿僉議事「暗挙二西来之宗旨一、漫(みだりに)破二東漸之仏法一。守レ之者蒙レ瓫(ほとぎ)向レ壁、信レ之者緘レ石為レ金(イシヲツツムデコガネトナス)」。其愚心皆如レ斯矣」＊太平記抄(1596-1624頃)二四「緘レ石為レ金。荀子云宋之愚人得二燕石一而蔵レ之以為レ宝周客聞而観焉掩口笑曰与二瓦甓一不レ殊此の古事に依て云へるなるべし」

いしをもて水(みず)に投(な)ぐるが如(ごと)し 石を水に投げ入れる。堅いものを柔らかいものに投げると、中へめりこんではね返さないことのたとえ。「文選-運命論」に「其言也如二以レ石投一レ水、莫二之

逆ㇾ也」とあり、輸注に「以ㇾ堅投ㇾ柔、其勢必入、故不ㇾ逆也」とあるのによる。*書紀(720)推古一二年四月(岩崎本室町時代訓)「便ち財有(あ)るものの訟は如石投水(イしヲモテみづニナクルごとし)」

い‐し【井司】〘名〙中世の灌漑制において、用水の分配にあたり、その事務を担当する庄官。領主によって補任された。いつかさ。井行事。*大鳥大明神文書‐延喜二二年(922)四月五日・和泉国大鳥神社流記帳(平安遺文一・二一八)「川堰一所 字大鳥井 法尻公田一百余町、但、以二禰宜一為二井司一、以ㇾ祝為二井守一云々」*東大寺文書‐仁治元年(1240)九月四日・僧英舜譲状(大日本古文書三・七七)「右件田畠屋敷幷下司職、名主、井司等、元者僧英舜之先祖相伝私領也」

い‐し【以次・已次】〘名〙(「し」は「次」の漢音)官位地位などによる席順が、上席の人に次ぐこと。また、その人。次席。次位。*西宮記(969頃)一・五日叙位儀「四条大納言説云、着二議所一時、一大臣入ㇾ自ㇾ南、以次大臣以下入ㇾ自二艮角一」*二水記‐大永二年(1522)正月二日「第一大臣外、取ㇾ酌之人無ㇾ之歟、已次之大臣只、杯許歟」発音〈標ア〉イ

い‐し【夷俟】〘名〙うずくまって人を待つこと。また、その無礼な態度。*哲学字彙(1881)「Pride 傲慢、夷俟、倨肆、驕倨」*論語‐憲問「原壌夷俟、子〈略〉以ㇾ杖叩二其脛一」

い‐し【位子】〘名〙令制で、父の位階によって官人として登用される者。内六位以下、八位以上の嫡子で、年二一歳以上で現任の官職のない者は、試験をして三等級に分け、儀容が端正で書算に巧みなものを上等、からだが強く弓馬にすぐれているものを中等、からだが弱く文算を知らないものを下等とし、上等、下等を式部省に送り、上等を大舎人、下等を使部とし、中等は兵部省に送って兵衛とした(軍防令)。位子は戸籍に記して徭役(ようえき)を免じた。*続日本紀‐和銅元年(708)四月癸酉「貢人位子、无ㇾ考之日、浪入二常選一、白丁冒ㇾ名預二貢人例一、此色且多〈略〉准ㇾ令、嫡子唯得二貢用一。庶子不ㇾ合」*正倉院文書‐神亀三年(726)山背国愛宕郡雲上里計帳(寧楽遺文)「男少初位下出雲臣馬長、年参拾壱歳、正丁、右掌黒子位子」*類聚国史‐一〇七・職官一二・大舎人寮・延暦一四年(795)六月己酉「勅、自今以後。左右大舎人、以二蔭子孫一補ㇾ之。其位子者依ㇾ令簡試。以下容止端正工二於書筭一者補ㇾ之。不ㇾ得下妄以二雑色及畿外人一補上ㇾ之」

い‐し【医史】〘名〙医学の歴史。医学史。発音〈標ア〉イ

い‐し【医師】〘名〙①(明治期には「医士」の表記も見られる)病気の診察、治療を職業とする人。医者。くすし。現在では、医療のほかに保健指導も行ない、免許、試験、義務などすべて「医師法」の適用をうける。法律的には、歯科医師を含めない場合もある。*観智院本三宝絵(984)中「医師をよひて薬をもちてつくろへとつひになほらず」*平家(13C前)三・医師問答「異国の医師を王城へいれむ事、国の辱(はぢ)にあらずや」*虎寛本狂言・神鳴(室町末‐近世初)「『私は医師で御座る』『石が物をいふものか』」*日葡辞書(1603-04)「Ixi(イシ)。すなわちクスシ」*落語・お若伊之助(1897)〈三代目春風亭柳枝〉「医士(イシ)に頼みますと、薬よりも成丈胸格の開く様に賑やかな所へ連れて行っては」②令制における典薬寮の職員。人数は一〇人。そのほかに令制では衛門府、左右兵衛府に各一人、左右衛士府に各二人、大宰府に二人の医師を置く。診療、治療および医術の教授をつかさどる。*令義解(718)職員・典薬寮条「医師十人〈掌下療二諸疾病一。及診候上〉」*続日本紀‐養老三年(719)九月辛巳「始置二衛門府醫師一人一」③江戸幕府の職員。典薬頭、奥医師、番医師、寄合医師、小普請医師、養生所医師、目見医師などがある。*御当家令条‐二六・御医師衆へ被仰渡覚・貞享五年(1688)九月一三日「一、御医師衆、向後家業被入精、可被相勤事」*蘭東事始(1815)上「御医師(イシ)野呂玄丈老、御儒者青木文蔵殿との両人被蒙仰候」発音〈標ア〉イ〈京ア〉イ 辞書文明・伊京・明応・天正・饅頭・黒本・易林・日葡・書言・ヘボン・言海 表記医師(文・伊・明・天・饅・黒・易・書・ヘ・言)

い‐し【依止】〘名〙よりどころとしてとどまること。頼みとすること。*栂尾明恵上人遺訓(1238)「師なき時は、所の上首に依止すべし」*蕉堅藁(1403)山居十五首次禅月韻「空王住処堪二依止一、回ㇾ首人間事々乖」*杜甫‐岳麓山道林二寺行詩「依二止老宿一亦未ㇾ晩、富貴功名焉足ㇾ図」

い‐し【委旨】〘名〙くわしい趣き。くわしいこと。*参天台五台山記(1072-73)一「委旨在二伝録一」*治承元年公卿勅使記(1177)八月四日「委旨注二別記一了」発音〈標ア〉イ 辞書文明 表記委旨(文)

い‐し【胃歯】〘名〙①軟体動物のアメフラシ類にみられる胃の前方に並ぶ十数個の堅い粒状体。消化酵素を含み、食物を砕く働きをすると同時に、酵素も供給する。胃板(いばん)。②エビ、カニなどの甲殻(こうかく)類において、胃の内面にある炭酸カルシウムを多く含んだキチン質の突起。食物を砕く働きをする。発音〈標ア〉イ

い‐し【倚子】〘名〙腰かけの一種で、宮中では高官だけが使用をゆるされたもの。背もたれとひじかけのあるものとないものがあり、その形は、用いる者の身分によって違いがあった。立礼(りゅうれい)の際に使用。*延喜式(927)三八・掃部寮「凡庁座者。親王及中納言已上倚子」*枕(10C終)一六一・故殿の御服のころ「上達部のつき給ふいしなどに女房どものぼり」*江家次第(1111頃)一七・東宮御元服「春宮御倚子欄事、重明親王天慶八年記無ㇾ欄云々」*色葉字類抄(1177-81)「倚子 イシ」補注古くは「いし」といったが、禅宗渡来以後、唐宋音に基づいて「いす」というようになり、用字も多く「椅子」とするようになった。発音〈ア史〉平安◐●と●●の両様〈京ア〉0 辞書色葉・名義・言海 表記倚子(色・名・言)

倚　子〈旧儀式帖〉

いしの御座(おまし) 倚子(いし)をすえて天皇、上皇、皇后などの席とした所。貴人の着座される倚子。*天徳四年内裏歌合(960)「清涼殿の西面の御簾一間あげさせ給ひて、〈略〉西向にいしのおましよそひておはします」*栄花(1028-92頃)根合「かたほにものし給はん人の、居丈高に髪少にて、倚子のおましに上り給はんは、見苦しうやあらまし」

いしを立(た)**つ** 倚子(いし)をすえて席を設ける。*拾遺(1005-07頃か)雑春・一〇一〇・詞書「おなじ御時梅花のもとに御いしたてさせ給て花宴せさせ給に」*源氏(1001-14頃)宿木「南のひさしのみすあげて、いしたてたり」

い‐し【異旨】〘名〙他と異なる考え。*西洋事情(1866-70)〈福沢諭吉〉初・二「別に大統領の異旨を書記し案文に副て再議を発す」発音〈標ア〉イ

い‐し【異志】〘名〙①むほんの心。陰謀や野心。異心。*済北集(1346頃か)一八・通衡之三「梵書曰祖ㇾ右肩者示ㇾ不ㇾ畜二異志一也」*玉石志林(1861-64)三「此巴査は、陽に土に服従すれども久しく異志を懐く」*経国美談(1883-84)〈矢野龍渓〉前・三「益々列国を併呑するの異志あるものに似たり」*春秋左伝‐襄公一六年「荀偃怒且曰、諸侯有二異志一矣」②普通の人とは違うすぐれたこころざし。すぐれた考え。*報徳記(1856)一「之を記さざる時は、〈略〉誰か先生幼若の時より異志(イシ)出群(しゅつぐん)の所行を知らん」発音〈標ア〉イ

い‐し【移徙】〘名〙①移ること。場所をかえること。また、移すこと。*続日本紀‐宝亀一一年(780)八月乙卯「然今積以二歳月一。尚未二移徙一」*傀儡子記(1087-1111頃)「穹廬氈帳。逐二水草一以移徙」*玉石志林(1861-64)一「其島を取り領し人民を移徙して力を竭すも労して功なしと思ひ」*司馬相如‐難蜀父老文「昔者洪水沸出、氾濫衍溢、民人升降移徙、崎嶇而不ㇾ安」②転居すること。とのうつり。やうつり。*玉葉‐承安三年(1173)一二月一六日「此日、関白御新造家移徙也、吉時戌刻云々」*吾妻鏡‐治承四年(1180)一二月一二日「前武衛将軍新造御亭有二御移徙之儀一。為二景義奉行一」*親元日記‐文明一五年(1483)六月二七日「東山殿御移徙戌時」発音〈標ア〉イ 辞書色葉 表記移徙(色)

い‐し【意旨】〘名〙文章や話などの言おうとしている考えや事柄。また、物事の中心となるおもむき。趣意。*正法眼蔵(1231-53)仏教「教外別伝を道取する漢、いまだこの意旨をしらず」*大学垂加先生講義(1679)「此所は儒学の大関要、此らの意旨を能々認得て子細(しさい)に己(おのれ)に切にすべし」*哲学字彙(1881)「Sense 覚性、官能、意旨、覚官」*後漢書‐党錮伝序「張倹郷人朱並、承二望中常侍候覧意旨一」発音〈標ア〉イ 辞書文明 表記意旨(文)

い‐し【意志】〘名〙①目的のはっきりした考え。あることをしたいという思い。こころざし。*書言字考節用集(1717)八「意志 井シ」*訓幼字義(1717)七・意「意とは、意志とつづきて、心の内にたくわへおもふことなり」*殉情詩集(1921)〈佐藤春夫〉心の廃墟「私は他人の意志は尊重しますからね」*淮南子‐繆称訓「兵莫ㇾ憯二於意志一、莫邪為ㇾ下、寇莫ㇾ大二於陰陽一、枹鼓為ㇾ小」②(─する)物事を思慮し、選択、判断して実行しようとする積極的な心ぐみ。また、その心ぐみを持つこと。特に、心理学で、知識、感情に対立する精神作用の一つ。*哲学字彙(1881)「Will 意志」*葛飾砂子(1900)〈泉鏡花〉八「随分気の確な女、むづかしく謂へば意志が強いといふ質(たち)で」*青鬼の褌を洗ふ女(1947)〈坂口安吾〉「私が意志して生れたわけではないのだから」③哲学で、多くの動機、目標、手段から一つを選択し、その実現を意欲すること。広義にはある目的を実現しようとする人間または人間集団の、行動を触発する過程または原因をいう場合もある。語誌(1)漢籍に典拠を持つ語であるが、中国では一九世紀に入ってから、メドハーストの「英漢辞典」(一八四七~四八)に、Idea, Motive の訳語にあてられており、Will の項には、「志意」があてられている。(2)日本では、「哲学字彙」(一八八一)に収録され、定着を見た。(3)明治中期から後期にかけて「意思」との混同が起こったが、「意志」は、主に哲学、心理学また、日常生活で多く用いられ、今日に至る。→「いし(意思)」の語誌。発音〈標ア〉イ〈京ア〉イ 辞書書言 表記意志(書)

いし薄弱(はくじゃく) ⇩親見出し

い‐し【意思】〘名〙①何事かをしようとする考え。思い。心持。*左経記‐長元七年(1034)八月二五日「此事如二意思一に令二相叶一給はは」*大学垂加先生講義(1679)「これをかうせふずとぢっと心に覚悟するところ、意思なども云義にて、力の入る思入なり」*学問のすゝめ(1872-76)〈福沢諭吉〉八「人には各意思あり。意思は以って事を為すの志を立つ可し」*西京繁昌記(1877)〈増山守正〉凡例「次序錯雑順列を正さず、唯僕が意思の浮むに従ふて其事情を書す」*英和外交商業字彙(1900)〈篠野乙次郎〉「Idea 観念 意思」*論衡‐変動「況自刑賞意思不ㇾ欲ㇾ求二寒温一乎」②法律用語。㋑民法上では行為の直接の原因となる心理作用。あるいは、法律上の効果を発生させようという意欲をいう。*民法(明治二九年)(1896)九一条「法律行為の当事者が法令中の公の秩序に関せざる規定に異なりたる意思を表示したるときは其意思に従ふ」㋺刑法上では、自分がしようとする行為に対する認識をいい、犯意と同じ意味に使用される場合もある。*刑法(明治四〇年)(1907)四三条「犯罪の実行に著手し之を遂げざる者は

其刑を減軽することを得。但自己の意思に因り之を止めたるときは其刑を減軽又は免除す」 語誌 (1)漢籍に典拠を持つ語であるが、中国では一九世紀に入ってから英華辞書類、例えばモリソンの「字典」(一八一五)やメドハーストの「英漢辞典」(一八四七〜四八)、ロプシャイトの「英華字典」(一八六六〜六九)などで、Idea, Motive, Will などの訳語にあてられていた。この訳語は、幕末・明治初期の日本の英和辞書にも受け継がれ、一般に使用された。西周の「知致啓蒙」(一八七四)でも、Will を「意思」と訳している。(2)明治中期から後期にかけて「意志」との混同が起こったが、その徴候は、メドハーストの辞典で既に見られる。その後、「意思」は、主に法律関係の文脈で用いられ、今日に至る。 発音〈標ア〉イ〈京ア〉イ

いーし【意指】『名』①意のあるところ。意図。意向。心ばせ。＊拘幽操辨(1686)「『語類』『文集』に聖人の微意とある、をもしろい、意指のあることぞ」＊史記－酷吏列伝「君為二天子一決レ平、不レ循二三尺法一、専以二人主意指一為レ獄」②心で感じるところのもの。心にとまるもの。＊江戸繁昌記(1832-36)初・吉原「意指目撃、鸞を品し鳳を評す」＊東京新繁昌記(1874-76)〈服部誠一〉四・麦湯「客榻前に蟻集して意指目撃、梅に戯れ桃を挑む」 発音〈標ア〉イ

いーし【意詞】『名』心とことば。＊雑談集(1305)五・天運之事「古人の意詞多くは大権の垂迹の故、仏法の旨を含めり」

いーし【意趣】『名』「いしゅ(意趣)」の変化した語。＊洒落本・青楼娭言解(1802)二「くひもののいしはこわいものざんすよ」

いーし【違旨】『名』趣旨にたがうこと。仰せにそむくこと。心にたがうこと。＊新撰字解(1872)〈中村守男〉「違旨 イシ トリモチヒス」 発音〈標ア〉イ

いーし【違詞】『名』そむくことば。反対の言論。＊匏菴十種(1869)〈栗本鋤雲〉暁窓追録「謂て現世帝王の最と為す誰か違詞あらん」

いーし :ヰ【遺士】『名』先代の王朝や主家などの滅亡後、生き残っている士。＊穏健なる自由思想家(1910)〈魚住折蘆〉「征韓論者の暴動が寧ろ明治政府に不満なる旧幕の遺士に依て助けられ」 発音〈標ア〉イ

いーし :ヰ【遺子】『名』父の死後、残された子。わすれがたみ。遺児。＊一年有半(1901)〈中江兆民〉二「七月十三日故五代友厚君の遺子某女、東京より小山久之助君の書翰を齎して来り」＊三月変(1929)〈岡田三郎〉「先年死んだ長兄の遺子(ヰシ)で、来年あたり中学へはひらうと云ふ年頃の宏と」 発音〈標ア〉イ〈京ア〉イ

いーし :ヰ【遺旨】『名』前人の残した考え。＊随筆・秉燭譚(1729)二「先人の遺旨によりて、その大意を見得するは不思議のいたりにあらずや」＊日本政記(1838)一五・後土御門天皇「政元称二義政遺旨一、諸将莫二敢異議一」＊別れ霜(1892)〈樋口一葉〉二「子々孫々の末迄も同心協力事を処し、相隔離すべからずといふ遺旨(ヰシ)かたく奉戴して」 発音〈標ア〉イ

いーし :ヰ【遺址】『名』昔、建物などのあったあと。＊艸山集(1674)二三・遊九条旧業賡関誉韻「感レ時念二維桑一、相携訪二遺址一」＊随筆・秉燭譚(1729)五「平安城朱雀の末に羅城門あり。遺址今に存在す」＊読書放浪(1933)〈内田魯庵〉東西愛書趣味の比較「且此の第四世紀経は今から八十年前にシナイの廃寺の遺祉から偶然発見されたもので」＊袁皓－梵林寺詩「梵林遺址在二松蘿一、四十年来両度過」 発音〈標ア〉イ〈京ア〉イ

いーし :ヰ【遺志】『名』前人が果たさないで残したこころざし。生前の意志。＊文明論之概略(1875)〈福沢諭吉〉一・二「其先生の遺志を継て、尚立君専政の古風を守らんとせば」＊近世紀聞(1875-81)〈染崎延房〉四・三「皇神の霊に報い奉り下は祖先の遺志(ヰシ)を継述仕り度奉存候」＊高允－承詔議興学校表「申二祖宗之遺志一、興二周礼之絶業一」 発音〈標ア〉イ〈京ア〉イ

いーし :ヰ【遺屍】『名』残された死体。なきがら。死骸。＊浮城物語(1890)〈矢野龍渓〉四四「今笹野氏の遺屍を迎取らん乎、若し尚ほ氏が生きて在らんには鎮台の愚弄を甘受するに似たり」＊妾の半生涯(1904)〈福田英子〉五・四「親戚故旧打ち寄りて、妾(せふ)の不運を悲しみ、遺屍(ヰシ)引き取りの相談までなせしとの事なりしも」 発音〈標ア〉イ

いーし【頤使・頤指】『名』あごでさしずすること。見下したような態度で、人を使うこと。＊文明本節用集(室町中)「頤指 イシ 不レ言以レ頤遣レ人義也」＊布令必用新撰字引(1869)〈松田成己〉「頤指 イシ アゴテサシツスル」＊春窓綺話(1884)〈高田早苗・坪内逍遙・天野為之訳〉九「想ふに彼れは到底唯唯として人の頤使(イシ)を受くべきものにあらず」＊魚玄機(1915)〈森鷗外〉「瘟(をん)は独り汚れ垢(あか)ついた衣(きぬ)を着てゐて、兎角公子等に頤使(イシ)せられるので」＊漢書－賈誼伝「今陛下力制二天下一、頤指如レ意」 発音〈標ア〉イ 辞書 文明 表記 頤指(文)

いーし【縊死】『名』首をくくって死ぬこと。首つり。首くくり。いっし。＊随筆・中陵漫録(1826)一一「余曾て聞く。縊死の後、再縊るものあり」＊大塩平八郎(1914)〈森鷗外〉附録「瀬田済之助は同国高安郡恩地村で縊死してをって」＊漢書－五行志「羅人軍レ之、大敗、莫囂縊死」 補注「名物六帖－人事箋」に「縊死痕 クヒククルアト」とある。 発音〈標ア〉イ〈京ア〉0

いーし :ヰ【闈司】『名』後宮十二司の一つ。宮中の鑰(かぎ)の管理、およびその出納をつかさどった官司。尚闈、典闈、女孺など女官が勤務する。御門司。みかどのつかさ。＊令義解(718)後宮職員・闈司条「闈司 尚闈一人。〈掌二宮閤管鑰。及出納之事一〉」＊九暦－九暦抄・天暦三年(949)五月一日「番奏後賜二御扇一、欲二拝舞一間、取二内案一闈司早就レ版」 辞書 色葉 表記 闈司(色)

いーし【懿旨】『名』皇后、皇太后、太皇太后の命令。令旨。＊故事成語考「皇后之命、乃称二懿旨一」

いし『代名』(「にし」の変化した語) 対称。おまえ。きさま。＊物類称呼(1775)五「他(ひと)をさしていふ詞に、〈略〉上総にて、にし、下総にて、いしと云」＊洒落本・真女意題(1781)「いしもとところなしイ語りやれ」＊滑稽本・浮世風呂(1809-13)前・下「いしゃア長刀ア何処からつん出した。巾着からつん出した。いしゃア爰(こけ)来(こ)う。首斬るべい」＊新編常陸国誌(1818-30頃か)方言「にし主の意なり、これ古言なり、魏志日本伝に、国官曰二爾支(にし)一と云ふことあり、これなり、鹿島辺にてはいしとも云ふ」 方言 宮城県119 120 123 山形県新庄市・最上郡139 茨城県188 195 栃木県198 群馬県邑楽郡244 館林245 埼玉県南埼玉郡054 千葉県038 261 280 東京都三宅島038 新島322 新潟県佐渡358 東蒲原郡368

いーし(「い」「し」とも副助詞) 体言または用言の連体形に付いて、強調を示す。＊続日本紀－天平勝宝元年(749)四月一日・宣命「是を以て王たち大臣の子等(こども)治め賜ふ伊自(イシ)天皇が朝に仕へ奉りははに仕へ奉るにはあるべし〈略〉故(かれ)是を以て子は祖(おや)の心なす伊自(イシ)子にはあるべし」＊万葉(8C後)四・五三七「言(こと)清くいたくもな言ひ一日だに君伊之(イシ)無くはあへかたきかも〈高田女王〉」

い。し【美】『形シク』⇩いしい(美)

い。し【稚】『形シク』おさない。若い。＊書紀(720)神代上(水戸本訓)「古に、国(くに)稚(イシ)く地(つち)稚(イシ)き時に、譬へば浮膏(うかべるあぶら)の猶(ごと)くして漂蕩(ただよ)へり」 語源説 (1)ウヒシ(初)の急呼〔類聚名物考・俗語考・大言海〕。(2)もとイは主格を示す助辞。シは強めの助辞で、古訓を誤解し、稚の訓と考えたもの。神代紀は本来は「国イシ稚ク地イシ稚キ」と訓むべきであろう〔書紀の一書「国稚地稚之時」の訓法＝鈴木棠三〕。

いーじ ぢゐ【井路・井地】『名』灌漑用水を流す川。みぞ。＊浄瑠璃・道成寺現在蛇鱗(1742)四「右手(めて)の田面(たのも)に打続く、井路(ヰぢ)のかけはしささやきの、橋も怨めし」＊浄瑠璃・源平布引滝(1749)二「御座も吹ちる風に連(つれ)、辻堂の絵馬一枚深田の洫(イヂ)へ落散ったり」

いーじ :ヰ【位次】『名』位階の高低によって席次を定めること。また、その座席の順序。席順。＊十七箇条憲法(604)「四曰〈略〉是〈一有二以字一〉君臣有レ礼。位次不レ乱」＊令義解(718)公式・文武職事条「凡文武職事散官。朝参行立。各依二位次一為レ序」＊足利本論語抄(16C)八佾第三「逆祀(げきし)とは、文公の位次を乱て木主を置を云ぞ」＊経国美談(1883-84)〈矢野龍渓〉後・一六「営塁の位次順序を其儘に戦隊の位次順序に用るの便法ならん」＊史記－陳丞相世家「以二絳侯勃一為二右丞相一、位次第一、平徙為二左丞相一、位次第二」

いーじ【医士】『名』「いし(医師)」に同じ。＊落葉集(1598)「医士 いじ」＊日葡辞書(1603-04)「Iji(イジ)〈訳〉医者」 辞書 日葡

いーじ【医事】『名』傷病の診察、治療に関すること。＊随筆・胆大小心録(1808)一四「汝京坂に久しく在りて、医事は学びたらめど、真術をえ学ばず」＊志都の岩屋講本(1811)上「右の如く医事を行ふ者は、これが真に蒼生(ひとくさ)を慈み憫むの大医と云ふべき者ぢゃ」 発音〈標ア〉イ

いーじ チ:【医治】『名』(「いち」とも) 病気を治すこと。治療。療治。＊菅家文草(900頃)四・依病閑居、聊述所懐、奉寄大学士「身未二衰微一心且健。医治有レ験復如何」＊安愚楽鍋(1871-72)〈仮名垣魯文〉三・序「牛痘牛肉の世に功あるを知るものから、随って医治(ヰヂ)を全ふし億兒百歳の寿を存し」＊改正増補和英語林集成(1886)「Ichi イチ 医治」＊心機妙変を論ず(1892)〈北村透谷〉「この袈裟の横死は彼が一生の惑溺を医治(イヂ)したり」＊辛棄疾－満庭芳詞「恨牡丹多レ病、也費二医治一」 発音〈標ア〉イ

いーじ【易事】『名』たやすいこと。やさしいこと。⇔難事。＊語孟字義(1705)下・忠信「宋儒之意、以為主二忠信一甚易事、無二難レ行者一」＊条約改正論(1887)〈小野梓〉六「税権を回復するの事素より易事に非らず」 発音〈標ア〉イ

いーじ :ヰ【畏事】『名』おそれかしこんでつかえること。敬って師事すること。＊宕陰存稿(1867)三・送安井仲平東遊序「予深畏二事之一」＊荀子－不苟「不能則恭敬縛絀、以畏二事人一」 発音〈標ア〉イ

いーじ【異字】『名』①異なった文字。他の文字。また、誤った文字。＊言継卿記－大永七年(1527)三月二一日「白川少将光臨、大乗経〈十四、十九〉、被二持来一候。僧にかかせられ候。異字落字等あり。可二校合一由被レ申候間、校合仕遣了。異字落字等あり」＊現行法律語の史的考察(1930)〈渡部万蔵〉一・三「同義若しくは類義で異字語、及異字で同義語若しくは類義語」②標準字体以外の漢字。異体字。⇔正字。＊史記抄(1477)四・秦本紀「亝は斉の異字也」 発音〈標ア〉イ

いーじ【異事】『名』①普通と異なった事柄。非常の事態。また、めずらしい、変わったこと。変事。＊史記抄(1477)一二・刺客列伝「三国志なんどにも、かかる異事多けれども、本文にはなうて、注にくわしくしたぞ」＊文明本節用集(室町中)「異事 イジ」＊和英語林集成(初版)(1867)「Iji イジ 異事」＊近世紀聞(1875-81)〈染崎延房〉一二・三「士民等異事に与する体(てい)なく却て佐賀の残党を敵視なせるの趣きなれば」＊礼記－曲礼・下「輟レ朝而顧、不レ有二異事一、必有二思慮一」②他の事。別事。＊史記抄(1477)一一・申韓列伝「又別人をほめて、此人の行はよい、我も此様に同レ行すると云わば、説者かまいて、其異事異人を文飾してようさうと云へぞ」＊呂氏春秋－上農「賈不三敢為二異事一」 発音〈標ア〉イ 辞書 文明・ヘボン・言海 表記 異事(文・へ・言)

いーじ チ:【異治】『名』武勇。＊色葉字類抄(1177-81)

「異治 イチ 武勇也」 辞書色葉 表記 異治(色)

い-じ【異時】『名』今以外の時。ほかの時。他日。＊空華集(1359-68頃)六・贈徳操松侍者「異時成二大樹一為レ蔭独期レ君」＊落葉集(1598)「異時 いじ」＊日本開化小史(1877-82)〈田口卯吉〉三・六「即ち知る、此等の教皆な当時に欠くべからざるの一具にして異時異処の見識を以て賤蔑すべからざる事を」＊漢書-司馬相如伝・下「異時嘗通為二郡県一矣」 発音〈標ア〉イ

い-じ【異辞】『名』ことばを異にすること。用いることばをその場に応じて違えること。また、そのことば。＊一年有半(1901)〈中江兆民〉附録・大奮発を要す「殆ど異辞無きものの如し、然ども吾人を以て之を観るに」

い-じ【萎薾】『名』しおれやつれるさま。おとろえ弱まるさま。＊江戸繁昌記(1832-36)二・鶯頭舗「近日、詩風萎薾、纖弱軽薄、之を読めば嘔吐す」＊文芸類纂(1878)〈榊原芳野編〉六「大に後世医術の萎薾を慨し、陰陽五行の旧染を一洗し」＊哲学字彙(1881)「Decline 萎薾、衰微、凋落、傾倒、荒墜」

い-じ【偉事】『名』すぐれた事柄。＊明六雑誌-二五号(1874)政教の疑余〈阪谷素〉「大使の帰る実に絶大の偉事なり」 発音〈標ア〉イ

い-じ【貽事】『名』残された事柄。＊古事談(1212-15頃)二・忠実告急速召時衣装不可論夏冬事于師光事「内弁官奏執筆納言騎馬物参等皆無二貽事一」

い-じ【意地】『名』①仏語。心のはたらきのうちの第六の意識。また、そのはたらきをなす器官としての意根。＊一遍上人語録(1763)下・門人伝説「衆生の意地をきらひすつるなり。三毒は三業の中には意地具足の煩悩なり」＊倶舎論-一〇「依二五識身所引意地喜等近行一故、作二是説一。如下依二眼識一引二不浄観一、此不浄観唯意地摂上」 ②気だて。気性。＊玉塵抄(1563)一五「いぢがすねこわばりて、人なみなみにない者あるぞ」＊日葡辞書(1603-04)「Igi (イヂ)〈訳〉性情」＊評判記・そぞろ物語(1641)常佐眼をとつる事「ひたすらに常佐、女を見じと目をとぢたるも、かたくななるいじなりといへり」 ③自分の主張や行動をおし通そうとする心。いこじ。がんこ。＊岩瀬本大鏡(12C前)三・兼通「心いぢにておはせし殿にて」＊浄瑠璃・源頼家源実朝鎌倉三代記(1781)七「一身五骸(いっしんごたい)。ずだずだに成まで切て切死。謀の先途を見ず、相果るも武士道の意路(ヰヂ)」＊李陵(1943)〈中島敦〉三「想像を絶した困苦・欠乏・酷寒・孤独〈略〉を平然と笑殺して行かせるものが意地だとすれば」 ④物欲。食欲。→意地汚い。⑤創作する時の心の働き。創作をする時の心の使い方。＊九州問答(1376)「詞を聞き取りたる計にて意地が次になる程に、当座の感がなき也。意地は強く詞柔かなるべし。当時の人常にするは、意地は弱く詞は強し」 方言❶性質。精神。岡山県児島郡763 長崎県壱岐島054 ❷勇気。元気。気力。広島県高田郡779 沖縄県島尻郡975 首里993 石垣島996 ◇いじり 沖縄県首里993 ❸怒り。かんしゃく。島根県725 沖縄県首里993 ❹嬰児(えいじ)が泣くこと。子供がだだをこねること。岡山市054 762 発音〈標ア〉ジ 〈京ア〉イ 辞書文明・日葡・書言・ヘボン・言海 表記 意地(文・書・ヘ・言)

いじが かいない 辛抱が足りない。元気がない。気力がない。 方言 茨城県062 新治郡188 北相馬郡195

◇**いじかいない** 兵庫県加古郡664

いじが 汚(きたな)い 「いじきたない(意地汚)」に同じ。＊洒落本・大門雛形(1789-1801)二「いぢのきたねへやうだが喰はなしをしたらちっとはらがきたやうだ」＊滑稽本・浮世風呂(1809-13)二・下「遊(あす)びに参るならまだしもでございますが、意地(イヂ)のきたない人で、兎に角近所の娘御や何や角(か)や、いぢり散しまして」

いじが=張(は)る[=突(つ)っ張(ぱ)る] やたらに自分のしたいことや主張を押し通そうとする気持が強い。＊滑稽本・客者評判記(1811)下「ヱヱ意地のはった小僧め、ソレ食(くら)へ」＊滑稽本・浮世風呂(1809-13)二・上「此子の様ないぢのつっぱった子はねへよ」 辞書言海

いじが 焼(や)ける 方言❶思うようにならず気をもむ。腹だたしく思う。常陸†064 茨城県北相馬郡188 真壁郡191 栃木県198 千葉県下総059 東葛飾郡276 ❷多弁になる。茨城県真壁郡001

いじが=よい[=いい] 性格がよい。気だてがよい。↔意地が悪い。＊日葡辞書(1603-04)「Igino yoi (イヂノ ヨイ)、または、ワルイ ヒト」＊浄瑠璃・源平布引滝(1749)二「お意路(ヰヂ)のよいはお顔で知れる」＊滑稽本・客者評判記(1811)中「おらがおっかさんは意地が能(イイ)よ」

いじが 悪(わる)い 性質、気だてが悪い。↔意地がよい。＊虎明本狂言・丼礑(室町末)「いつの間にそちへ御ざったぞ。いぢのわるひ事をなさるる」＊古今集遠鏡(1793)一「霞が一めんにどこもかも立てかくして花を見せぬわい。さてもいぢのわるい霞かな」＊滑稽本・浮世風呂(1809-13)二・下「その内にも、殿のお子はおいたづらばかりでございますが、女の子は意地(イヂ)の悪(ワル)いものでございますて」 方言❶やかましく、よくしかる。島根県那賀郡736 鹿足郡739 ❷子供がわんぱくだ。長崎県五島054

いじに かかる 「いじ(意地)になる」に同じ。＊通人三国師(1781)道行うらの名所「御身にさはりゐすから、ふかかアあがりゐすなともふしゐすれば、なをゐじにかかってあがりなんす」＊滑稽本・浮世風呂(1809-13)二・上「おれが跡から廻っては、掘出して捨れば、いぢにかかって、お竈(へっつい)さまへ液(つばき)を吐はな」＊人情本・英対暖語(1838)初・一回「何も他所(よそ)の娘を意地にかかって賞(ほめ)ずと能(よい)はね」

いじに なる 反対や障害などにあい、かえって頑固に自分の主張や行動をおし通そうとする。＊道草(1915)〈夏目漱石〉二〇「機嫌の好い時はそれを黙認した。けれども悪い時は意地になってわざと見せろと逼る事があった」＊子を貸し屋(1923)〈宇野浩二〉五「佐蔵は意地になったやうに〈略〉団子を、三日目か四日目毎には新しくこしらへた」

いじに も 逆らって無理にも。意地になって。意地から。＊行人(1912-13)〈夏目漱石〉兄・二三「一旦何か云ひ出すと、意地にも夫(それ)を通さなければ承知しなかった」＊途上(1932)〈嘉村礒多〉「意地にも万難を排し他日必ず雪子と結婚しようと思った」

いじにも 我(が)にも 意地を張っても、我慢(がまん)をしても。耐えられないことにいう。＊浄瑠璃・平家女護島(1719)五「アアづなふ草臥(くたびれ)た。意路(イヂ)にもがにも、百里足らず、二日にはきつい道」

いじを 折(お)る 意地を張るのをやめる。意地がくじける。＊桐一葉(1894-95)〈坪内逍遙〉五・一「子の可愛さに立て通した、意地を折る法もあれ、縁(えにし)の糸をつなぎもせう」

いじを 付(つ)ける 自分の考えを人に押しつける。＊歌舞伎・勧善懲悪孝子誉(1877)二幕「私の装(なり)が穢いから側へ寄るなと大きな者が、皆(みんな)に意地(イヂ)を付(ツ)ける故、私ばかり除者(のけもの)にされるのが」＊塩原多助一代記(1885)〈三遊亭円朝〉一〇「追出してしまった方がいいなんて、旦那に意地を附けねいで下せいヨ」

いじを 通(とお)す 自分の主張や考えをどこまでも押し進めていく。＊草枕(1906)〈夏目漱石〉一「情に棹させば流される。意地を通せば窮屈だ」

いじを 張(は)る 自分の考えをあくまでも押し通そうとする。強情を張る。＊滑稽本・風来六部集(1780)放屁論後編「世にある人は銭をほしがり、銭なき者は意地(イヂ)をはり、渇しても盗泉の水を飲ず」＊吾輩は猫である(1905-06)〈夏目漱石〉九「愚人は得てこんな所に意地を張るものだ」

いじを 焼(や)く 方言小言を言う。うるさく言う。茨城県001 長野県481 488 492

い-じ【意字】『名』文字の二大分類の一つ。一字ごとに一定の意味を表わす文字。漢字などをいう。表意文字。→音字。 発音〈標ア〉イ

い-じ【違字】『名』(正誤表でとりあげる)誤字や脱字。＊ぎやどぺかどる(1599)下・目録「下巻違字少々」

い-じ【維持】『名』物事を現在の状態のままに持続すること。もちこたえること。＊童子問(1707)中・三〇「若好子孫相継、善維二持之一」＊江戸繁昌記(1832-36)三・侠客「安(いづく)んぞ世教を維持するの物たるを見ん」＊花柳春話(1878-79)〈織田純一郎訳〉二四「焉(いづ)くんぞ能く此善心を維持するを得んや」＊吾輩は猫である(1905-06)〈夏目漱石〉五「此不自然なる姿勢を維持しつつ両人とも不平も云はず大人なしく熟睡して居る」＊千宝-晉記総論「頼二道徳典刑一、以維二持之一也」 発音〈標ア〉イ 〈京ア〉0 辞書言海 表記 維持(言)

い-じ【慰辞】『名』なぐさめることば。慰問のことば。 発音〈標ア〉イ

い-じ【遺児】『名』①父母に死なれた子。わすれがたみ。＊妻(1920)〈田中純〉「彼女は旧旗本の遺児であって」＊話の屑籠〈菊池寛〉昭和七年(1932)三月「殊に佐々木味津三君の如き、〈略〉一管の筆に依って、数多き兄の遺児を引き受けて、奮闘してゐる方が」 ②すてご。棄児。＊新撰字解(1872)〈中村守男〉「遺児 イジ ステタルコ」 発音〈標ア〉イ 〈京ア〉イ

い-じ【遺事】『名』①昔から伝わり残っている事柄。＊翰林葫蘆集(1518頃)七・耕閑軒記「求二国家之遺事一考二賢人哲士之所二終始一作二唐之一経一」＊小説神髄(1885-86)〈坪内逍遙〉下・時代小説の脚色「なるべくだけは風俗、遺事、双方ともにならび存して其物語の髄ともなりなば、最も完全と称すべきなり」＊史記-楽毅伝「夫斉覇国之余業、而最勝之遺事也」 ②死者のし残した事柄。③ある計画、事業などでもれ残った事柄。 発音〈標ア〉イ 辞書書言 表記 遺事(書)

いじ『名』柴などをたばね、水中に入れて魚を集めとるもの。また、そのために沼などに特に深く掘った所をいう。＊和訓栞(1777-1862)「いじ 魚を捕ふ具にいふ。惨也といへり。又沼中にほる池をもいへり」

いじ『名』方言❶つむじ。岩手県上閉伊郡097 福井県敦賀郡443 岐阜県養老郡498 三重県志摩郡585 京都府愛宕郡054 京都市621 ◇いじぐり 愛知県563 564 575 ◇いちぐり 愛知県幡豆郡549 ❷弟。新潟県中魚沼郡379 ❸川の入り江になった所。徳島県三好郡810

いし-あか【石垢】『名』河川の底の石に付着する硅藻(けいそう)。＊俳諧・去来発句集(1771)夏「石垢になを喰入るや淵の鮎」 発音〈標ア〉0

いし-あげ【石揚】『名』囲碁で、相手の死んだ石を盤上からとり除くこと。＊俳諧・野犴集(1650)六「いくつになれどしなれざりけり 石あげの碁にまけつつも腹立て」 発音イシアゲ 〈標ア〉ゲ 0

いし-あたま【石頭】『名』①石のように堅い頭。堅くて打っても痛みを感じないような頭。＊雑俳・俳諧觿-二一(1813)「抜けかはる歯へくらやみの石天窓」＊滑稽本・七偏人(1857-63)初・上「是ほど強くやざう極(きめ)ても、根っから葉っぱり痛がらねへのは、鉄槌(かなづち)あたまか石天窓(イシアタマ)だったなア、ああ痛(いて)い」＊塩原多助一代記(1885)〈三遊亭円朝〉一三「ひどい石頭(イシアタマ)か」 ②融通がきかず、ものわかりが悪いこと。また、その人。＊巨海代抄(1586-99)下「霊とをせられた石頭などの御修行を以ては答話の処をば見様ずが慕レ諸聖重二巳霊一は山下足本の事だ」＊雑俳・柳多留-一四三(1836)「佐用姫は生れ落から石天窓」＊真理の春(1930)〈細田民樹〉この歓

び・三「少しものの解らない、石頭(イシアタマ)の夫人である」 発音〈標ア〉ア 〈京ア〉ア

いし‐あやめ【石菖蒲】『名』植物「せきしょう(石菖)」の異名。＊語彙(1871‐84)「いしあやめ せきしゃう、ねがらみ〈略〉『異本大同類聚方残篇』石菖伊斯阿夜女」 辞書 言海 表記 石菖蒲(言)

いし‐あわせ【石合】『名』物合わせの一つ。石に歌を詠み添え、左右につがい合わせて優劣を定める遊戯。一説に石の優劣を競争すること(墨水遺稿)。＊散木奇歌集(1128頃)祝「いしなとりの石あはせといふ事せさせ給ひけるに、小き草子の、いしなとりの石の大きなるをつくりて」 方言 石当て遊び。 山形県西村山郡139 発音〈標ア〉ア

いし‐い【石井】『名』①岩間からわく水。また、岩石をうがって、水をためてある所。あるいは石で囲って造った井。＊古今(905‐914)離別・四〇四・詞書「志賀の山越えにて、いしゐのもとにて」＊更級日記(1059頃)「山寺なるいし井に寄りて、手にむすびつつ飲みて」②「いしいりゅう(石井流)」の略。＊東京風俗志(1899‐1902)〈平出鏗二郎〉下・一〇・能楽「拍子方には笛に森田一噌(いっそう)、小鼓に大倉、大鼓に石井、葛野、太鼓に金春、観世等の諸流ありて」 発音〈標ア〉0

いしい【石井】 姓氏の一つ。 発音〈標ア〉0

いしい‐きくじろう【石井菊次郎】 外交官、政治家。大隈内閣の外相。米国特派大使として石井・ランシング協定を結び、昭和二年(一九二七)にはジュネーブ軍縮会議の全権となる。慶応二～昭和二〇年(一八六六～一九四五)

いしい‐しょうすけ【石井庄助】 江戸中期の蘭学者。名は当光。明和八年(一七七一)小通詞末席となり、のち江戸に出て松平定信に仕える。稲村三伯、宇田川玄随らにオランダ語を教授。稲村三伯の「ハルマ和解」は庄助の訳稿を基にしたもの。寛保三年(一七四三)生。没年未詳

いしい‐つるぞう【石井鶴三】 彫刻家。東京都出身。柏亭の弟。東京美術学校卒。水彩画や版画もよくし、挿し絵画家としても活躍した。代表作「俊寛(頭部試作)」。明治二〇～昭和四八年(一八八七～一九七三)

いしい‐ばく【石井漠】 舞踊家。本名、忠純。秋田県生まれ。日本人に適した自由舞踊を唱え、創作舞踊の発展につとめた。明治一九～昭和三七年(一八八六～一九六二)

いしい‐はくてい【石井柏亭】 洋画家。本名、満吉。浅井忠に学ぶ。二科会、一水会の創立に参加、平明で写実的な画風で水彩画もよくした。日本芸術院会員。明治一五～昭和三三年(一八八二～一九五八)

いしい‐ろげつ【石井露月】 俳人。本名、祐治。子規の指導を受け「日本派」の一翼となる。雑誌「俳星」を創刊。句集に「露月句集」、文集に「蜩(ひぐらし)を聴きつつ」がある。明治六～昭和三年(一八七三～一九二八)

いし‐い【石猪】『名』石造の猪。土製の埴輪(はにわ)と同性質のもの。＊筑後風土記逸文(釈日本紀所載)(1274‐1301)「側に石猪四頭あり。贓物(ざうもつ)と号く。贓物は盗みし物なり」

いし・い【美】『形口』文いし・し『形シク』①よい。好ましい。＊栂尾明恵上人遺訓(1238)「破戒無慙なる事のみあれども、人の甚だ信仰して威徳ある事あり。其をいしき事と思ふべからず」＊弁内侍(1278頃)建長元年「鞠はいしいものかな。あれほど左衛門督をはしらすることよ」＊義経記(室町中か)二・義経鬼一法眼が所へ御出の事「五人の者どもこれを見て、さしも、いしかりつる湛海だにもかくなりたり。まして我々叶ふまじと皆散り散りにぞ成りにける」＊水戸本丙日本紀私記(1678)綏靖「不能致果〈以志岐奈加良須〉」②立派だ。みごとだ、けなげだ、神妙だなどと、感心したり、感嘆したりする時にいう。↓いしくも。(イ)じょうずだ。巧みである。うまい。＊中務内侍(1292頃か)「馬をよく相して、この御馬はかさ驚きやし侍らんと申せば、いしく相したりとて」＊源平盛衰記(14C前)一七・祇王祇女仏前事「歌の音(こゑ)のよさよ。いしし、いししと嘆(ほ)められたり」(ロ)けなげである。殊勝である。神妙である。＊平治(1220頃か)上・信西出家の由来並びに南都落ちの事「汝いしくまゐりたり。春日山のおく、しかじかの所也とをしへて」＊平家(13C前)九・三草合戦「いしう申させ給ふ田代殿かな。さらばやがてよせさせ給へとて」＊義経記(室町中か)六・関東より勧修坊を召さるる事「いしく申したりとて、佐原十郎初めて奉行(ぶぎゃう)を承りて」③(多く女性が用い、のち接頭語「お」を付けて「おいしい」となる) 美味だ。おいしい。うまい。＊太平記(14C後)二三・土岐頼遠参合御幸致狼籍事「狂歌を一首天龍寺の脇壁の上にぞ書たりける。いしかりしときは夢窓にくらはれて周済(しゅさい)計(ばかり)ぞ皿に残れる」＊日葡辞書(1603‐04)「Ixij(イシイ)〈訳〉おいしい、あるいは、良い味のもの。この語がこの意味で用いられる時は、通常女性が用いる」＊俳諧・犬子集(1633)三・桃実「打見ればいしさうなれや椿桃〈良春〉」＊女重宝記(元禄五年)(1692)一・五「むまいといふを、いしい」＊譬喩尽(1786)一「いしゐ 女の詞、美旨、うまひこと」④驚くべき事態である。大変だ。重大だ。＊梵舜本沙石集(1283)七・一七「あらいしの、のみのおほきさやと云ひけり」⑤(本来の意味を逆に用いて) 荒々しい。粗暴である。また、わるい。よくない。＊梵舜本沙石集(1283)八・一七「いしい悪口(あくこう)仕りて候」＊浄瑠璃・加増曾我(1706頃)一「身代もいしくなって、わんぼ一枚にはなったれ共(ども)」＊物類称呼(1775)五「わるいといふ事を〈略〉上総下総にて、いしいと云」＊和訓栞(1777‐1862)「いしく、〈略〉出羽にて悪しき事をいしいといふ」 方言 ❶おいしい。うまい。 東武†020 畿内†020 ❷(本来の意味を逆に用いて) 悪い。よくない。醜い。 栃木県河内郡204 群馬県吾妻郡218 219 多野郡230 246 埼玉県秩父郡251 千葉県001 安房郡302 新潟県中越373 山梨県北都留郡457 広島県安佐郡771 ◇いっしい 千葉県香取郡285 山梨県453 ❸うるさい。いとわしい。 ◇いっしいとも。 兵庫県但馬040 ❹甚だしい。ひどい。 広島県世羅郡777 佐賀県040 ❺荒い。 千葉県山武郡270 ❻古い。 ◇いっしい 山梨県西山梨郡455 語源説 (1)エシ(吉)、またはヨシ(美)の転か〔大言海〕。(2)イミジの略言〔類聚名物考〕。 発音 イシイ〈標ア〉シ 〈京ア〉シ 文『いし』〈標ア〉イ 〈京ア〉イ 辞書 日葡・言海・ヘボン 表記 善(へ) 美(言)

いし‐いけ【石生】『名』華道の手法の一つ。水盤(すいばん)に活(い)けた花体の根元に石を配したもの。陸を表現するとともに、花体を安定し、根元を隠す役割もする。定法は五石、略式では三石または一石を用いる。配石。 発音〈標ア〉0

いし‐いし【以次以次・已次已次】『名』(「いしし(以次)」を重ねた語) ①官位、地位などがそれより下であること。また、その人たち。そのつぎつぎ。以下。已下(いげ)。＊北山殿行幸記(1408)「つぎに関白いしいし公卿しだいにちゃくざす」＊延徳御八講記(1490)「伏見殿、仁和寺宮、梶井宮いしいしまゐりつどはせ給ふ」②(単独で、または「と」を伴って副詞的に用いる) 次々。次第次第。順々。続々。＊狭衣物語(1069‐77頃か)一「おぼろげの人は、ふと答(いら)へにくく、はづかしげなればにや、そこらいしいしと聞ゆる人々、御答へはなくて」＊金沢文庫古文書‐元徳二年(1330)三月二四日・崇顕書状(鎌倉遺文四〇・三〇九八四)「いしいしと仰下され候て、陣中ことことしく御さた候けるを」＊北山殿行幸記(1408)「つねの御所よるのおとどの御衣、いしいしの御まうけも、いかめしき事どもきこえしかども」

いし‐いし『名』小笠懸の的のつくりの名。＊了俊大草紙(1395頃)「三三九八的四六三とりとどめ、いしいしと云作物に候なり」＊了俊大草紙(1395頃)「当世の犬追物のやうは、長井治部少輔と二階堂下野判官等をまなひしなり。武田、小笠原柄野いしいしと云し」

いし‐いし『名』(「いし(美)」を重ねた語か。おいしい物の意という) 女房詞で、団子をいう。おいしいし。＊御湯殿上日記‐文明一〇年(1486)正月二日「あしたの御いわゐ。御こわく御御いしいし昨日におなし」＊物類称呼(1775)四「団子〈略〉女詞にいしいしと云 尾州にてはひらめに丸きをいしいしといふ」＊滑稽本・東海道中膝栗毛(1802‐09)五・下「江戸で団子(だんご)のことを、いしいしといふから」＊十三夜(1895)〈樋口一葉〉上「お月見の真似事(まねごと)に団子(イシイシ)をこしらへて」 方言 ❶団子。 大阪市637 兵庫県加西郡663 ❷亡くなった人のまくら元に供える団子。 ◇いしいしだんご〔―団子〕 三重県名賀郡584 辞書 ヘボン・言海

いじ‐いじ『副』①態度や行動がはっきりしないでいじけているようす。おじおじ。＊社会百面相(1902)〈内田魯庵〉投機・七「お前さんのやうないじいじした人は」＊黴(1911)〈徳田秋声〉六六「いぢいぢした声で泣き出す正一を」＊大道無門(1926)〈里見弴〉影法師・一「いじいじと退(ひ)けた感じ」②けちなさま。けちけち。 方言 ❶気をもみ、落ち着かないさま。いらいら。うずうず。 栃木県198 長野県上伊那郡488 大阪市638 岡山県児島郡763 ❷意地悪く憎々しげに言うさま。 新潟県佐渡352 長崎県対馬913 壱岐島915 ❸小さいことにこだわって絶えず人に注意したり小言を言ったりするさま。 新潟県佐渡351 西頸城郡382 長野県下伊那郡492 ❹悪寒がするさま。 兵庫県加古郡664 発音〈標ア〉イ1 〈京ア〉イ1 辞書 ヘボン・言海

いじいじ‐ぬり【―塗】『名』漆の塗り方の一つ。漆の表面にきわめて細かい波紋の模様を塗り出すもの。京都の塗師近藤道志の創始したものという。 発音〈標ア〉0 辞書 言海

いし‐いづつ【石井筒】『名』井戸の地上の部分を石で円形にかこった井戸。石井。＊散木奇歌集(1128頃)夏「ひさきおふる山片蔭のいしゐづつ踏みならしても涼む頃かな」＊散木集注(1183)「石ゐづつは石井の管なり。巌より出る井を云ふなり。盤井とも書く」＊類聚名物考(1780頃)地理三五・井「石井筒 いしゐづつ 筒井の丸きかはを石にて作れるなり、今もこの物富貴の家には多く作れり」 発音〈標ア〉イ2

いし‐いも【石芋】『名』①かたくて食べられない芋。その由来を説明する伝説は、全国に広く分布している。多くは弘法伝説に結びつき、旅の大師が芋を乞うたが石芋だといって与えなかったため、その地の芋は今も固くて食えないという。＊雑俳・雲鼓評万句合‐寛延二(1749)二「石芋は今に大師の置土産」＊雑俳・柳多留‐三四(1806)「石芋は空海の無いなされかた」②植物「くわずいも(不食芋)」の異名。＊多聞院日記‐天正一〇年(1582)一〇月八日「長柄殿上洛。餅、石芋被レ持了」＊重訂本草綱目啓蒙(1847)二三・菜「野芋 くはずいも いしいも」③植物「オランダかいう(―海芋)」の異名。 方言 植物。❶やう(野芋)。 越後†034 ❷おにどころ(鬼野老)。 武蔵†065 ❸つゆいも(露芋)。 上総†068 ❹きくいも(菊芋)。 秋田県一部030 ❺ジャガいも(―芋)。 石川県江沼郡404 鳥取県一部030 発音〈標ア〉0 辞書 言海 表記 石芋(言)

いしい‐ランシング‐きょうてい【石井―協定】 大正六年(一九一七)日本特派大使石井菊次郎と、アメリカ国務長官ロバート＝ランシングにより調印された日米共同宣言。日本の中国における特殊権益の承認と、中国の領土保全、門戸開放、機会均等などを規定。同一二年、ワシントン会議で廃棄。 発音 イシイランシングキョーティ〈標ア〉キョ

いし‐いり【石入】〘名〙宝石がはめこんであること。また、そのもの。＊造化妙々奇談(1879‐80)〈宮崎柳条〉八「僕がのは竜頭捲(りうづまき)なり石入(イシイリ)なりと、徒らに外観の虚飾を愛し」＊鉄幹子(1901)〈与謝野鉄幹〉断霞「帯止めはなに宝石(イシ)いりの雌龍雄龍をこがねにて」＊新世帯(1908)〈徳田秋声〉八「石入の指環を嵌めてゐた」

いしい‐りゅう【石井流】〘名〙能楽の囃子方(はやしかた)、大鼓役(おおつづみやく)の一流。葛野(かどの)流から出て、一派を成したもので、石井庄左衛門を祖とする。発音イシイリュー〈標ア〉0

いしうえ【石上】姓氏の一つ。発音〈標ア〉シ

いし‐うす【石臼】〘名〙①石でつくった臼。物をひき、またはつくのに用いる。ひき臼。転じて、大きいものや重いもの、品のないもののたとえに用いる。＊和玉篇(15C後)「磑 イシウス」＊蔭凉軒日録‐長享二年(1488)六月七日「糒造ㇾ之。以石臼二ケ牽ㇾ之」＊日葡辞書(1603‐04)「Ixiusu (イシウス)」＊甲陽軍鑑(17C初)品四〇上「石臼と云物は、種々の用にたて共、百姓さへ座敷へはあげぬ也。扨又茶臼と云物は、茶を引一種なれ共、是は又侍の所にて、一入馳走いたす。信玄が見たては、家康が無能は、茶臼、氏政、氏真手跡(しゅせき)のよきと哥の作は、ただ石臼のごとし」＊わらんべ草(1660)三「石うすは、万事のようをたっする物なれど、くがいへいでぬ物なり」②「いしうすげい(石臼芸)」に同じ。＊随筆・異説まちまち(1748)二「石うす芸をそしれる事〈略〉世録のものは、石臼にても足りなむ。何事か主用に立べきもしらねばなり。専門の者は、其委くきはめんことこそあらまほしき」＊滑稽本・当世真々乃川(1785)三「多くは六つき、石臼(イシウス)のはしたものにて、六芸(りくげい)はおろか、一芸に達る事かたし」③泳げない者。語誌(1)木製、土製の挽臼(ひきうす)が籾(もみ)すりに用いられるのに対し、石製の挽臼は主に製粉に使用される。鎌倉時代ごろから、堅い石材の加工技術が伝えられるに伴って徐々に普及するようになり、木製の臼に対して「いしうす」と呼ばれるようになったものと思われる。当時のものは小形で、絵の具や薬剤の調製、また製茶などに使われていた。(2)粉挽き臼として庶民の中に定着したのは江戸時代中期以降。従来の搗臼(つきうす)に比べはるかに能率がよく、米麦の製粉の他、そばや豆腐の製造にも用いられた。方言泳げない人。奈良県生駒郡678 発音〈なまり〉イシシ〔鳥取・島根〕イシス〔福島・千葉〕イショース〔山梨〕イスース・エシウス・エシオシ・エシシ・エスオス〔鳥取〕イスウス〔栃木〕イスス〔福島・栃木・埼玉方言・千葉・鳥取〕イヒッウス〔鹿児島方言〕エショース〔島根〕エスス〔栃木・埼玉方言・千葉・新潟頸城・信州上田・鳥取〕〈標ア〉ウ0〈京ア〉シ 辞書和玉・文明・黒本・日葡・書言・ヘボン・言海 表記磑(玉・文・書) 石臼(へ・言) 碓(黒) 磨(書) 石磨(へ)

石 臼 ①〈大和耕作絵抄〉

いしうす 切(き)らんより茶臼(ちゃうす)切(き)れ 同じ労力を費やすならば、価値の高いものや利益の多いものを作れということ。＊俳諧・毛吹草(1638)二「いしうすきらんより茶うすきれ」

いしうす を 箸(はし)にさす (石臼を箸で突き刺すのは不可能なことから) 無理なことをいうことのたとえ。だだをこねる。＊雑俳・軽口頓作(1709)「何(なん)成と石臼箸にさすが親」＊浮世草子・世間娘容気(1717)一「ひょっと寝付にわやくが出ますと、石臼(イシウス)箸にさそうでござります」＊譬喩尽(1786)一「石臼を箸に刺す」

いしうす‐かか【石臼嚊】〘名〙不器用で気のきかない妻。鈍重な女房。＊浮世草子・諸道聴耳世間猿(1766)二・一「針手もきかぬ石臼(イシウス)嚊」

いしうす‐げい【石臼芸】〘名〙(石臼は何でも粉にするが、できた粉が粗いところから) 芸事をいろいろこなすが、あらっぽくてものにならないこと。また、その芸。＊わらんべ草(1660)三「げいに、石うすげいと云あり。それは何にても、少づつおぼへ、用をたっすといへども、一色にても名をとるげいなきを云」＊仮名草子・曾呂利狂歌咄(1672)五「何につれても心得はべりけれと、世にいふなる石臼芸(イシウスゲイ)になりつつ身もなりたたず」＊浄瑠璃・鬼鹿毛無佐志鐙(1710頃)一「一色に勝れるを茶臼芸と云ひ、取りまぜて習ふを石臼芸(イシウスゲイ)と申して嫌ふ事にて候」発音イシウスゲィ〈標ア〉ス

いしうすげい より 茶臼芸(ちゃうすげい) (茶臼は茶を引くだけであるが、人が特別大事に扱う、ということから) 芸事をいろいろ習いながら、一芸もものにならないよりは、一芸にだけ集中して秀(ひい)でる方がよい。＊譬喩尽(1786)一「石磨芸(イシウスゲイ)より茶磨芸(チャウスゲイ)に為(せ)よ」

いしうす‐なげ【石臼投】〘名〙石臼を地面に投げつけるように、物や人を地響きを立たせて投げること。＊浄瑠璃・おなつ清十郎寿連理の松(1811)湊町「かけ入る所を引かづき、庭へどっさり石臼投(イシウスナゲ)。腰骨打ってしかみ顔」発音イシウスナゲ〈標ア〉0

いしうす‐ぼん【石臼本】〘名〙百般の事をつきまぜた重宝な本。節用集の類をいう。＊随筆・蘿月菴国書漫抄(1827頃か)三「石うす本〈略〉節用集は石うす本也といひしもの、若年の頃ききし、実にさる事ぞかし。中華にも万宝全書、学府、説郛の類、石うす本なるがごとし」発音〈標ア〉0

いし‐うち【石打】〘名〙①石を投げつけること。武器、凶器として用いる場合にも、遊戯として行なう場合にもいう。石投げ。石合戦。印地(いんじ)。印地打(いんじうち)。＊上井覚兼日記‐天正一四年(1586)七月二七日「彼仁は驄而手負候て死候、右之衆皆々石打に被ㇾ合候て、散々之式共也」②(鳥が飛び立つからという) 鳥が羽を広げたとき、その両端に出る羽。端の方より第一の羽を大石打、第二の羽を小石打という。矢羽として珍重された。石打の羽。＊鷹秘抄(14C前)「一、鷹の尾名。鈴付。次尾、たすけ。次尾、をはかり尾。次尾、ならしば。次尾、石打。次尾、小石打」＊永祿二年本節用集(1559)「羽色〈略〉石打」③(「石打の矢」の略) ②を用いて作った矢。＊源平盛衰記(14C前)三五・東使戦木曾事「十八指いたる鵰(とび)の石打(イシウチ)頭高に負ひ」④近世、軍陣の外側に張る幕のいちばん下の部分をいう。横につないだ五枚の布の第五番めの名称。芝打。＊兵法雄鑑(1645)四九・兵具「幕の名所の事、幷詞。幕の名所は一の乃を天の乃と云、其次を三の乃と云、其次を二の乃と云、或はあひの乃と云、其次を勝の乃と云、其次を芝打とも石打の乃ともいふなり」⑤婚礼の家や行列に向かって近隣の人や若者仲間などが石を投げつける風習。本来は村外婚の場合に行なわれ、酒食を強要する手段にも用いられた。石の祝い。＊浄瑠璃・井筒業平河内通(1720)二「祝言の夜の石打は打かためるとてめでたけれ共」＊諸国風俗問状答(19C前)大和国高取領風俗問状答・一二月・一一五「婚礼の時石打、水あふせ御法度に候得とも、町在家にて兼て意趣あるものには折節有之。一通りは無之候」⑥魚が隠れている石に石を叩きつけて魚を捕える漁法。⑦紐の組み方で、しっかりと堅く組むこと。また、そのように組んだ紐。＊随筆・守貞漫稿(1837‐53)一六「ぶよ打の紐 十年前は石打と云堅く組たるを流布とす、其後ぶよと云は和かなるを用ふ、石打は廃す」方言魚の隠れている水中の石に、石をたたきつけて捕る漁法。長野県下伊那郡492 発音〈標ア〉チ ウ 0 辞書黒本・日葡・言海 表記石打(黒・言)

いしうち の 征矢(そや) 「いしうち(石打)②」を矢竹にはめこんで作った戦闘用の矢。羽性も強く、もっとも矢飛びがよく、また「敵をいしいしと打つ」の意に通じ、多くは大将軍が帯用するものとされた。＊源平盛衰記(14C前)三〇・真盛被討「長井斎藤別当真盛は〈略〉十八差(さ)いたる石打(イシウチ)の征矢(ソヤ)負ふて」＊文明本節用集(室町中)「石打征矢 イシウチノソヤ」辞書文明・天正・易林・日葡・書言・言海 表記石打征矢(文・天・易・書・言)

いしうち の 羽(はね) 「いしうち(石打)②」に同じ。＊四季草(1778)一・石打の征矢(古事類苑・兵事三五)「大鳥(大鷲)の石打の羽にてはぎたる征矢を云ふ也、是れは、大将軍の用ふる矢也〈略〉石打の羽とは、尾の最下に重りたる羽也」＊武用弁略(安政再板)(1856)三「石打(イシウチ)の羽と云は鷹の尾の石打也。此羽、強が故に、取分是を用。何の鳥にも石打は侍ども、別而石打の征矢など云て、鷹に限事也」辞書言海 表記石打羽(言)

いしうち の 矢(や) 「いしうち(石打)の征矢(そや)」に同じ。＊平治(1220頃か)上・源氏勢汰への事「嫡子悪源太義平は、〈略〉石打の矢負ひ、滋籐の弓もって」＊平家(13C前)九・木曾最期「石うちの矢の、其日のいくさに射て少々残ったるを、かしらだかに負ひなし」

いしうち の 胡籙(やなぐい) 石打の征矢(そや)を入れて背に負う武具。＊源平盛衰記(14C前)三五・高綱渡宇治河事「爰に義仲赤地の錦の鎧直垂に、紅の衣を重ねて石打(イシうち)の胡籙(ヤナグイ)に、紫威(むらさきをどし)の鎧を著て」辞書言海 表記石打胡籙(言)

いしうち‐いちぶきん【石打一分金】〘名〙甲州金の一種。石の台座の上に金属片をのせ、極印を表面に打ち込む方式で製造された一分金で、裏面に石の目が現われている。

いしうち‐じま【石打縞】〘名〙奈良県月ケ瀬村などから産する麻織の縞物(しまもの)。

いし‐うま【石馬】〘名〙石を彫ってつくった馬。＊一握の砂(1910)〈石川啄木〉秋風のこころよさに「松の風夜昼ひびきぬ 人訪(と)はぬ山の祠(ほこら)の石馬(イシウマ)の耳に」発音イシヴマ〈標ア〉0

いし‐うめ【石梅】〘名〙植物「てんのうめ(天梅)」の異名。方言薩摩1034

いし‐うら【石占】〘名〙古代の、石による占いの一種。石を蹴り、または持ち上げて、その軽重によって吉凶を判定するといわれる。神社の境内などの石を使い、また、その石を投げて定めた所に達するかどうか、あるいはその方角、石の数の増減によって占うともいわれる。いわうら。＊万葉(8C後)三・四二〇「夕占問ひ 石卜(いしうら)もちて わが宿に みもろを立てて〈丹生王〉」＊正卜考(1844)三「埃嚢抄に、道祖神に祈りて石の軽重につけて卜問すといへるは、すなはち石卜にて」発音〈標ア〉0

いし‐うら【石裏】〘名〙川の瀬に突き出ている石のしもてのよどみ。魚がそこに集まる習性がある。「石裏を釣る」発音〈標ア〉0

いしうり‐かか【石売嚊】〘名〙京都で、北白川から同地産の白川石を馬に積んで市に売りに来た女。＊浄瑠璃・堀川波鼓(1706頃か)下「白川石を商ひに賤の嚊等(かから)が馬追連れて〈略〉今の石売かか共が馬の沓(くつ)が打たれぬ打たず

石売り嚊〈人倫訓蒙図彙〉

に引てかへれとは」

いし-うるし【石漆】〘名〙漆の枝から取ったままの液。ねばりが強く、石や器具などのこわれたものを継ぐのに用いる。せしめうるし。＊浄瑠璃・浦島年代記(1722)二「ひったり抱き付かしゃんすやいなや、とんと吸い付いて離れぬ股ぐらの鮑(あはび)、石うるし、石うるし」＊洒落本・一向不通替善運(1788)「早つぎの石うるしはかたひおやぢの心を打わりわかげにやはらぐつぎ直し」＊滑稽本・浮世風呂(1809–13)三・下「取付(とっつい)て離ねへなら狐(こんこん)さま。引付て離ねへなら石漆(イシウルシ)」 発音〈標ア〉ウ

いし-おう【石王】〘名〙「いしおうじょう(石王尉)」に同じ。＊四座系図(近世初)「石王兵衛正友。雛尉、鼻院、石王、アユフ　メウカ」

いしおう-じょう【石王尉】〘名〙能面の一つ。石王兵衛が創作したので、この名があるという。老人を表わす面で、脇能物の後ジテの神体を意味する舞のための面ともいえる。古くから下掛かり(金春、金剛、喜多三流)がこれを用いたという。「雨月」「遊行柳」「白楽天」などに用いられる。石王。石王兵衛。 発音イシオージョー〈標ア〉オ

いしおう-ひょうえ【石王兵衛】室町初期に出た能面作者。名工の一人。 発音イシオーヒョーエ〈標ア〉ヒョ

いしおか【石岡】茨城県中部、霞ケ浦北岸の地名。奈良時代に常陸(ひたち)国の国府が置かれた。江戸時代は松平氏(府中藩・二万石)の城下町。清酒、しょうゆの産地として知られる。昭和二九年(一九五四)市制。 発音〈標ア〉カ 0

いしおか【石岡】姓氏の一つ。 発音〈標ア〉0

いし-おきば【石置場】㈠〘名〙石材を置く場所。また、石船から石を陸揚げする場所。石河岸。＊おぼろ夜(1899)〈斎藤緑雨〉「実のではなけれど石置場(イシオキバ)の伯母(をば)さんもあることなれば、其時理解をきかせたらと分別らしく考へたもやっぱり若気の無分別」 ㈡近世の深川の地名。現在の江東区古石場の付近。岡場所があった。石場とも。＊洒落本・婦美車紫鹿子(1774)九蓮品定・中品中生之部「昼夜四ツ切引はり、白拍子　深川石置場」 発音〈標ア〉オ 0

いしおき-ひき【石置引】〘名〙江戸時代の、免租の一種。出水などによって大石が田畑に流れ込み、取り除くことができない場合や、石砂の入った田畑を復旧する時に捨場がなく田畑内に積んで置いた場合、その土地に対して年貢を免除すること。＊地方凡例録(1794)六「石置引　これはたに川山沢連々すな流れこみ、川床たかく成に附、両縁の土手を次第にたかくして、田畠は地低にて屋のむね川などと唱ふる類、〈略〉石すなの除場近所に空地無之、田はたの内に積立、石塚にいたし置鋪地など、石置びきと唱」

いし-おこし【石起】〘名〙方言❶強烈な台風。鹿児島県肝属郡970 ❷ぶってえ(雑魚を捕る簀)または二つ手網などを水中の石の下流に当て、その石を揺り起こして石の下に潜んでいる魚を捕る漁法。神奈川県津久井郡317 ❸魚、みみずはぜ(蚯蚓沙魚)。和歌山県西牟婁郡690

いし-おとし【石落】〘名〙城門の楼上、やぐら、天守閣のすみなどに床を前方に突き出すようにつくって、そこから下方を監視し、また、石を落とすなどして、敵を近づけないようにする装置。＊城(1965)〈水上勉〉一〇「鉄砲狭間、石落しなど、軍事的要所を堅牢にする」 発音〈標ア〉オ

いし-かい【医師会】〘名〙医事、保健衛生の改良発達をはかり、医師の権利を守るために医師によって構成される社団法人組織の団体。第二次世界大戦以前は医師法によって定められた公共団体。＊田舎医師の子(1914)〈相馬泰三〉六「或る博士が、ある医師会の席場に試みた、終焉に関しての講演」＊笹まくら(1966)〈丸谷才一〉五「父は医師会で四国へ行ったときの思い出話や」 発音〈標ア〉シ カ

いし-がい【石貝】〘名〙イシガイ科の淡水産二枚貝。北海道から九州の河川の砂礫底にすむ。殻長約四センチメートルで、細長い長方形。殻は厚く、外面に黒色の厚い殻をもち、内面は真珠光沢がある。学名は Unio douglasiae ＊重訂本草綱目啓蒙(1847)四二・蚌蛤「蚌〈略〉殻外の薄皮色黒し故にからすがひと云〈略〉いしがひ　江州、いしかたがひ　佐州」 方言❶貝、からすがい(烏貝)。鹿児島県963 ◇いしかたがい　佐州1039 ❷貝、あさり(浅蜊)。鹿児島県963 ❸貝、おにあさり(鬼浅蜊)。◇いしかい　香川県直島829 ❹湖畔の泥地に産する貝。滋賀県彦根609 発音イシガイ〈標ア〉シ

いし-がえし【意趣返】〘名〙「いしゅがえし(意趣返)」の変化した語。＊滑稽本・浮世風呂(1809–13)三・上「能(いい)きび能きび、〈略〉此中(このぢう)の遺趣返(ヰシゲヘ)しだよ」 辞書言海

いし-かがみ【石鏡】〘名〙つやつやした石の表面に影が映ること。＊叢書本謡曲・千引(室町末)「影はそれかや石鏡(いしかがみ)変はれる姿は恥づかしや」 発音イシカガミ〈標ア〉カ

いし-がき【石垣】㈠〘名〙(「いしかき」とも)石を積み上げて造った垣。石の塀。防衛や風防、土砂どめ、境界標示のために造る。いしついじ。いしがけ。＊信長公記(1598)九「四月朔日より、当山大石を以て御構(おんかまへ)の方に石垣を築かせられ」＊日葡辞書(1603–04)「Ixicaqi(イシカキ)〈訳〉石墻、または石の塀」＊めぐりあひ(1888–89)〈二葉亭四迷訳〉一「石垣の上に建ててある少(ち)ひさな観楼(ものみ)の中から」 ㈡〔一〕京都石垣町のこと。京都市東山区宮川町付近の町。水防のため、鴨川に石垣を築いたことによる。近世、色茶屋や陰間宿が多かった。＊浮世草子・西鶴置土産(1693)三・一「石垣(イシカキ)のおやまどもまま喰(くい)さしてはしり出」＊歌舞伎・時桔梗出世請状(1808)二幕「俄に出来た遊女町。京で石垣(イシガキ)、大阪で髭剃り、江戸で云はうなら、切り見世といふ代物よ」 〔二〕沖縄県八重山諸島の石垣島と尖閣諸島からなる市。昭和二二年(一九四七)市制。→石垣島。 発音イシガキ〈なまり〉イシカク〔岩手〕イシカケ〔岐阜・愛知・南知多・淡路・伊予・鹿児島〕イシガケ〔栃木・埼玉方言・東京・京言葉・大阪・神戸・播磨・大和・和歌山県・紀州・鳥取・島根・瀬戸内・徳島〕イシカッ・イヒガッ〔鹿児島方言〕イシッカケ・エシカケ・エスカキ〔埼玉方言〕イスガキ〔鳥取〕〈標ア〉0〈京ア〉0 辞書日葡・書言・ヘボン・言海 表記石垣(書・ヘ・言)

いしがき【石垣】姓氏の一つ。 発音イシガキ〈標ア〉0

いしがき-あみ【石垣編】〘名〙模様編みの一つ。単位となる模様をくり返して石垣形を表わす編み方。 発音イシガキアミ〈標ア〉0

いしがき-いちご【石垣苺】〘名〙石垣栽培によるイチゴ。 発音イシガキイチゴ〈標ア〉イ2

いしがき-がた【石垣形】〘名〙模様の名。石垣を模様化したもの。＊随筆・守貞漫稿(1837–53)一五「長襦半、半襦半ともに表地三都とも処女、新婦等専ら緋縮めん、或は絞り、或は無地、或は鹿の子、或は山蚕入。又三都とも近年流布せし石垣形板じめ絞り縮緬也。嘉永に至り廃す」 発音イシガキガタ〈標ア〉0

いしがき-くずれ【石垣崩】〘名〙①石垣の積み石がくずれること。②京都石垣町の色茶屋に勤めた遊女のなれの果て。＊浮世草子・好色一代女(1686)六・一「何とお内儀めづらしいものはないかと庭に立ながらいへば、京の石垣(イシカキ)くづれなりと、さる御牢人衆(ろうこんしゅ)の娘御なりと」 発音イシガキクズレ〈標ア〉ク

いしがき-さいばい【石垣栽培】〘名〙丘陵の南斜面や、風あたりの少ない所に土を盛りあげてその南面に石やコンクリートブロックを積みあげ、その間にイチゴなどを栽培する方法。石やブロックの太陽熱を吸収する力を利用し、その成熟を早める。 発音イシガキサイバイ〈標ア〉サ

いしがき-じま【石垣島】(「いしがき」は、信覚(しがき)の変化した語といわれる) 琉球諸島西部、八重山諸島の主島。奈良時代の初め使者をよこした信覚国はこの島ともいわれる。黒糖、パイナップル、八重山上布を産出。気象観測上の要地。面積二二一平方キロメートル。 発音イシガキジマ〈標ア〉0

いしがき-だい【石垣鯛】〘名〙イシダイ科の海魚。体全体に黒褐色の斑紋があり、これが石垣に似ているところからこの名がある。全長約八〇センチメートルにもなる。本州中部以南の岩礁にすむ。雄の老成魚では、体側の石垣状の斑紋が消えて全身が灰褐色になり、口先だけが白色になり、これをクチジロという。イシダイと共に磯づり対象魚。学名は Oplegnathus punctatus 発音イシガキダイ〈標ア〉キ

いしがき-づくり【石垣作】〘名〙「いしがきさいばい(石垣栽培)」に同じ。 発音イシガキズクリ〈標ア〉ズ

いしがき-どい【石垣土居】〘名〙石で築いた土手。 発音イシガキドイ〈標ア〉キド

いしがき-ばる【石垣原】大分県別府市の中央部、大平山(扇山)のふもとに広がる扇状地で、周縁部に別府八湯がある。鶴見原(つるみばる)。 発音イシガキバル〈標ア〉キ

いしがき-ふぐ【石垣河豚】〘名〙ハリセンボン科の海魚。全長六〇センチメートルに達する。体は細長い球状、背部が淡褐色で、体の表面に太く短いとげが散在する。津軽海峡以南の太平洋の温、暖帯域の沿岸の岩礁域やサンゴ礁域に分布。肉は無毒で、八丈島では食用とする。いばらふぐ。学名は Chilomycterus reticulatus 発音イシガキフグ〈標ア〉フ

いしがき-まち【石垣町】「いしがき(石垣)㈡〔一〕」に同じ。＊浮世草子・好色一代男(1682)四・三「石垣町(イシガキマチ)の鯉屋の、小まんが執心思ひしらせん」＊談義本・風流志道軒伝(1763)三「跡の紋日の請合(うけあひ)も約束かたき石垣町」 発音イシガキマチ〈標ア〉キ

いしがき-やま【石垣山】神奈川県小田原市の南西部にある山。明応四年(一四九五)北条早雲が攻め登り、天正一八年(一五九〇)に小田原征伐の豊臣秀吉が一夜城を築いた。標高二四一メートル。笠懸山。 発音イシガキヤマ〈標ア〉0

いし-がけ【石垣・石崖】㈠〘名〙(「いしかけ」とも)①「いしがき(石垣)㈠」に同じ。＊鹿苑日録-慶長二年(1597)三月二九日「今日者斎了赴二大閤一於二御前一有レ飯。飯後石懸之御普請大閤御一覧。予亦付二驥尾一」＊滑稽本・浮世風呂(1809–13)前・下「くやしくは石垣(イシカケ)へあたまを打付(ぶっつけ)て、死(しん)ででもしまったが能(いい)」＊西洋道中膝栗毛(1870–76)〈仮名垣魯文〉一一・上「ピラミドの石塔が〈略〉石垣(イシガケ)のやうに築(つき)立って」＊良人の自白(1904–06)〈木下尚江〉前・二〇・一「城の石礫(イシガケ)は」 ②「いしがけこもん(石垣小紋)」の略。＊雑俳・柳多留-一八(1783)「御所でだといって石かけはやる也」 ㈡「いしがき(石垣)㈡〔一〕」に同じ。＊浮世草子・好色一代女(1686)五・一「石垣(イシカケ)の恋(こひ)くづれ」 発音イシガケ〈標ア〉0〈京ア〉0 辞書言海 表記石崖(言)

いしがけ-こもん【石垣小紋】〘名〙染模様の名。大小の多角形を組み合わせて、石垣の形を染め出した小紋。 発音イシガケコモン〈標ア〉モ コ

いしがけ-しぼり【石垣絞】〘名〙絞り染の一種。六角形を縦横に並べ、亀甲(きっこう)形に染め抜く模

様の絞り。石垣の積み石に似ているところからいう。＊語彙(1871-84)「いしかけしぼり㊗ 文脉六角にして石を畳みたる如き纈纈(しぼり)をいふ」 発音イシガケシボリ 〈標ア〉シ2 辞書言海 表記石崖絞(言)

いしがけ-ちょう【石垣蝶】『名』 タテハチョウ科のチョウ。はねは白地に濃褐色の美しい網目模様があり、石がきのようにみえる。大きさはモンシロチョウよりやや大。幼虫はイヌビワ、イタビカズラなどの葉を食べる。紀伊半島以南に分布するが、本州ではまれである。いしがきちょう。学名は Cyrestis thyodamas 発音イシガケチョー 〈標ア〉ケ

いし-かご【石籠】『名』 あらく編んだ長い籠の中に石などをつめたもの。河川の護岸のために用いる。蛇籠(じゃかご)。＊多聞院日記-天文一九年(1550)七月二九日「三蔵院東の川の石籠つませられ了」＊俳諧・曠野(1689)八・釈教「石籠に施餓鬼の棚のくづれ哉〈文里〉」＊地方凡例録(1794)九「石籠出〈略〉石かごは出し大小に憑、差渡二尺籠も一尺五寸籠にも出す」＊和訓栞後編(1887)「じゃかご 石籠也といへり蛇の形に似たるをもて名く」 発音イシカゴ 〈標ア〉0

いし-がこい【石囲】『名』 石を低く積んで、ある物を囲うこと。また、そのもの。＊羽なければ(1975)〈小田実〉二一「あそこの水がとなりの御堂の石囲いした、水ごりするようなところにチョロチョロ出て来て」 発音イシガコイ 〈標ア〉ガ

いしかご-せき【石籠堰】『名』 石籠で作った堰。蛇籠堰(じゃかごせき)。＊地方役人-四・用水普請之事(古事類苑・政治九七)「堰は石関、土俵関、材木関、箍関、土負木関、石籠関抔と品々あり」 発音イシカゴセキ 〈標ア〉コ

いし-がし【石河岸】『名』 石の陸揚げ場所とする河岸。石の置き場となっている河岸。＊雑俳・柳多留-一二(1777)「高をくって石河岸の明けはなし」 発音イシガシ 〈標ア〉0

いし-がし【石菓子】『名』 砂糖で小石の形につくった菓子。近江国(滋賀県)石山の名物。 発音イシガシ 〈標ア〉ガ

いしかた-がい【石一貝】『名』 方言 ⇩いしがい(石貝)

いし-かち【石搗】『名』 方言 ⇩いしばかち(石場搗)

いし-がち【石一】『形動』(「がち」は接尾語) 石の多いさま。＊蜻蛉(974頃)上・安和元年「水はいしがちなる中よりわきかへりゆく」 発音イシガチ 〈標ア〉0

いし-がっせん【石合戦】『名』 二手に分かれ、石を投げ合って戦うこと。祭礼、年中行事、または子供の遊びとしておこなわれた。徳川家康が幼時、安倍川原で見物し、勝敗を予言した話はよく知られている。印地打(いんじうち)。＊尋常小学読本(1887)〈文部省〉七「ある年の端午の節句に、僕と共に、安倍河原に遊びて、子供の石合戦を見たるに、其一方の人数は、殆ど他の方の二倍なりし故、見る者、皆多き方に就きたり」 発音イシガッセン 〈標ア〉ガ 〈京ア〉ガ

いし-がなわ【石鉄輪】『名』 五徳の代用として鍋をかけるのに用いる三つの石(日葡辞書(1603-04))。＊日葡辞書(1603-04)「Ixiganaua (イシガナワ)」＊俳諧・崑山集(1651)一一・秋「みつまたの岸や花火の石かな輪〈良次〉」 発音イシガナワ 〈標ア〉ガ 辞書日葡

いし-がに【石蟹】『名』 ①ワタリガニ科のカニ。北海道南部以南の岩礁や内湾にふつうに見られる。甲は暗青色または暗緑色で、前側縁に六本、額縁に六本のとげがならぶ。はさみは大きい。肉は美味であるが、量は少ない。学名は Charibdus japonica ＊十巻本和名抄(934頃)八「石蟹 兼名苑注云石蟹〈以之加邇〉生海際石下故以名之」 ②「さわがに(沢蟹)」の異名。＊本朝食鑑(1697)一〇「石蟹者生渓澗石穴中」＊大和本草(1709)一四「谷がにあり。山谷の石間に生ず。小にして赤し。是亦不可食。野人は食ふ。本草の集解に石蟹と云。是なるべし」 発音イシガニ 〈標ア〉0 〈ア史〉平安●●○ 〈京ア〉0 辞書和名・色葉・名義・易林・書言・言海 表記石蟹(和・色・名・易・書・言)

いし-かね【石金】『名』 ①石と金属。＊寛永版曽我物語(南北朝頃)三・九月十三夜名ある月に一万箱王庭に出で父の事を歎きし事「親の敵とやらんの首の骨は、いしかねよりも堅きものか」＊大観本謡曲・逆矛(1432頃)「土はさながら石かねなりしを、矛の刃先にあたり砕けば、平らかなるを、あらかねの土といひ」＊浄瑠璃・用明天皇職人鑑(1705)一「石金にても焼くをもって火の徳たり。いはんや火を取て紙にうつさば焼くる道理焼く道理」 ②人情を解しないもの、またはがんこなもののたとえ。いわき。木石(ぼくせき)。＊康資王母集(1106頃か)「かかる世に我のみぞいしかねにてあると申す人に」 発音〈標ア〉0

いし-かね-くろろ【石金枢】『連語』(「くろろ」は、「くるる」の変化したもの) 石と鉄と戸の枢(くるる)。かたく、しっかりしたもののたとえ。＊浄瑠璃・児源氏道中軍記(1744)四「女(おなご)をうぞらす器量に似合ぬ、いしかねくろろ、かたい斗りが見めでもない」＊浄瑠璃・忠孝大礒通(1768)八「七生迄の勘当と母が詞は石金くろろ。勘当の詫言(わびこと)とは。聞もうるさい穢(けが)らはしいと」

いし-かべ【石壁】『名』 切石を積んで造った壁。＊太平記(14C後)三・笠置軍事「城の北に当たる石壁(イシカベ)の数百丈聳て、鳥も翔り難き所よりぞ登りける」＊吾輩は猫である(1905-06)〈夏目漱石〉七「坊主が石壁を向いてしゃがんで居ると後ろから、小坊主がしきりに肩を叩いている」＊鶫の巣(1930)〈岡田三郎〉「石階をのぼる途中、厚い石壁(イシカベ)を刳(えぐ)って長方形の明りとりが、遠景の尖塔や屋根や緑の塊や青空をくっきりと切りとってゐる」 発音〈標ア〉0

いし-かべり【石被】『名』 方言 ❶(脳に石があるというところから) 魚、てんじくだい(天竺鯛)。備後†030 愛媛県越智郡019 ❷(おもしに石を載せるところから) 漬け物。広島県神石郡771

いし-がま【石釜】『名』 河原石や割石に灰、赭土(あかつち)などを混ぜて塗り固めた製塩用の釜。＊小説平家(1965-67)〈花田清輝〉三・三「その塩水を石釜(イシガマ)のなかで煮つめて」 発音イシガマ 〈標ア〉0

いし-がま【石窯】『名』 ①製炭窯の一つ。石を積み重ねて築き、内部に粘土を塗ったもの。白炭、または堅炭を製する。 ②「いしがまずみ(石窯炭)」に同じ。 発音イシガマ 〈標ア〉0

いし-がま【石鎌】『名』 彌生時代の石器の一つ。穀物を刈り取るのに用いた農具。現在の鎌に似ており、柄をつけて使った。↓石包丁。 発音イシガマ 〈標ア〉0

いし-がまえ【石構】『名』 石でつくられた垣。石垣(いしがき)。＊雪の宿(1973)〈加賀乙彦〉「墓の裏手の石構えが斜面の雪の圧力でこわれているのを」 発音イシガマエ 〈標ア〉ガ

いしがま-ずみ【石窯炭】『名』(石窯で焼くところからいう) 表面が白く粉をふいたように見える、質が密で堅い炭。白炭。 発音イシガマズミ 〈標ア〉マ

いし-かませ【石噛】『名』 埋葬を終わって帰るとき、死者の親族が墓にうしろむきになり、肩越しに石を投げて振り向かずに帰る習俗。長崎県対馬でいう語。

いし-かみ【石紙】『名』「いしけん(石拳)」に同じ。＊暗夜行路(1921-37)〈志賀直哉〉一・二「ニッケル渡(わたし)の遊びをする為めに、石紙(イシカミ)で三人づつに分かれた」 方言香川県829 830 大分県大分郡941 ◇いしとあみ 熊本県天草郡919

いしがみ【石上・石神】(「いしかみ」とも) 姓氏の一つ。 発音イシガミ 〈標ア〉0

いし-がみ【石神】 ━『名』 神霊が石にこもり、また、石に寄りついて顕現するという信仰にもとづき、その依代(よりしろ)をまつった神。しゃくじん。しゃぐじ。さぐじ。＊播磨風土記(715頃)揖保「神嶋と称ふ所以は、此の島の西の辺に石神在す。形、仏の像に似たり」＊金葉(1124-27)恋下・四八三「あふことをとふ石神のつれなさに我が心のみうごきぬるかな〈待賢門院堀河〉」＊篁物語(12C後か)「社(やしろ)にもあだきね据ゑぬ石神は知ること難し人の心を」 ━ 狂言。各流。妻に愛想をつかされ離縁話を持ち出された夫が、妻の祈誓する石神になりすまして自分に都合のよい託宣を下す筋立て。 発音イシガミ 〈標ア〉0

いしかみ-じゃん【石紙―】『名』 じゃんけんをするときのかけ声。また、じゃんけん。石拳(いしけん)。

い-しがむ【居―】『自マ四』(「いしかむ」とも) とりすがる。しがみつく。＊万両(1931)〈阿波野青畝〉「糸取や蠅の居しがむ姐被(あねかぶ)り」＊父―その死(1949)〈幸田文〉菅野の記「張板にかがんだまま、はっとどきどきしたり、虎斑のやうになってじりじり乾いて行く布を見てゐるとき急にこはいやうに居しかんだり、そんな時うろたへて立たうとすると眼がくらんだ」

いじかむ『動』 方言 ❶ねたむ。富山県390 砺波398 ❷子供が機嫌を悪くする。新潟県岩船郡366 ❸いじける。心や顔のさまなどにいう。新潟県佐渡352 ❹堪える。千葉県山武郡270

いし-がめ【石亀・水亀】『名』(「いしかめ」とも) イシガメ科のカメ。甲らは暗褐色をした卵形で、長さ約一八センチメートル。幼体はゼニガメと呼ばれ愛玩用。甲らに緑藻類が着生したものはミノガメと呼ばれる。日本の特産種で本州、四国、九州の川や沼などに最も普通に見られる。＊新撰字鏡(898-901頃)「鼊 石加女」＊本草和名(918頃)「秦亀、鴦亀、一名呷蛇亀、和名 以之加女」 発音イシガメ 〈標ア〉0 〈ア史〉平安●●○○と●●●●の両様 〈京ア〉0 0 辞書字鏡・和名・色葉・名義・易林・日葡・書言・言海 表記秦亀(和・色・易・書) 蠵蠵(色・名) 石亀(言)

いしがめ=の[=も]地団駄(じだんだ) (「雁が飛べば石亀も地だんだ」の略。雁が飛ぶのを見て石亀も飛ぼうとするが、石亀のできるのはじだんだを踏むぐらいのことだ、の意から) 身の程を知らないで、他の人のすることをまねても、自分の力でできることは限度があることのたとえ。ゴマメのはぎしり。鵜(う)のまねをする烏。＊仮名草子・東海道名所記(1659-61頃)一「えならずうら山しくて、うすき身上の者なれども、石亀(イシカメ)もじだんだとかや」＊浄瑠璃・仮名手本忠臣蔵(1748)一〇「何とぞ此恥辱雪(すすぎ)やうはないかと、りきんで見ても、泰亀(イシガメ)のじだんだ、及ばぬ事と存た所へ」

いじか・める『他マ下一』 ①ものをとる。いがめる。＊新撰大阪詞大全(1841)「いじかめるとは、ものをとること」 ②いじめる。＊一茶方言雑集(1819-27頃)「いじかめる、通言いじめるに同じ」 方言いじめる。苦しめる。信濃†090 群馬県吾妻郡218 山梨県456 長野県470 473 480

いし-から【石―】『名』 方言 ❶石の多い場所。石地。青森県073 岩手県上閉伊郡097 気仙郡100 秋田県由利郡130 鹿角郡132 ◇いいわら〔石原〕 鹿児島県揖宿郡969 ◇いしぇえら 沖縄県石垣島996 ◇いしぇえらじい〔石原地〕 沖縄県石垣島・竹富島996 ◇いしぇえらぬみい 沖縄県石垣島996 ◇いしがあら 山口県防府791 ◇いしがっぱらじ・いしがまじ 鹿児島県奄美大島974 ◇いしがら 宮城県仙台市121 京都市621 兵庫県淡路島671 鳥取県西伯郡712 島根県725 広島県高田郡779 熊本県天草郡936 大分県東国東郡941 ◇いしがらく 徳島県美馬郡816 ◇いしがらた 京都府竹野郡622 島根県出雲725 ◇いしがんくら 青森県三戸郡083 ◇いしがんとわら 長崎県壱岐島915 ◇いしがんつう 大分県大野郡941 ◇いしぐうばる〔石子原〕 沖縄県島尻郡975 ◇いしぐ

じん 沖縄県中頭郡975 ◇いしくるうみい・いしぐるぐるうみい 沖縄県那覇市975 ◇いしごおとお 島根県邑智郡725 ◇いしごおとぐろ 島根県鹿足郡739 ◇いしごおどぐろ 島根県鹿足郡725 ◇いしごおとわら 長崎県壱岐島915 ◇いしこおら 大分県大分市・大分郡941 ◇いしごおら 岡山県邑久郡761 大分県大分市・大分郡941 ◇いしごおろ 新潟県中頸城郡383 長野県上田475 島根県725 徳島県美馬郡810 ◇いしこつ 長野県飯田市012 ◇いしごつ 長野県上伊那郡488 ◇いしごっとお 静岡県榛原郡521 ◇いしごと 大分県東国東郡・速見郡941 ◇いしごとお 静岡県榛原郡541 ◇いしこら 岩手県和賀郡095 ◇いしごらじ 兵庫県氷上郡052 ◇いしごらた 京都府竹野郡622 ◇いしごろ 大阪府泉北郡646 奈良県宇智郡683 島根県出雲市725 香川県小豆島829 ◇いしごろつう 大分県北海部郡941 ◇いしごんつ 大分県速見郡941 ◇いしごんとお 島根県鹿足郡725 ◇いしっかあら 栃木県198 ◇いしっから 長野県下水内郡470 ◇いしっかわら 群馬県吾妻郡219 ◇いしっくゎむい 鹿児島県喜界島975 ◇いしぬみい 沖縄県石垣島996 ◇いしぬみいじい 沖縄県新城島996 ◇いしはら 大分県941 ◇いしやら 山形県北村山郡144 東京都大島326 神奈川県高座郡054 ❷小石の多い道。石ころ道。砂利道。 青森県073 岩手県気仙郡100 ◇いしぇえらみつぃ〔石原道〕 沖縄県石垣島996 ◇いしかからあみち 沖縄県首里993 ◇いしがら 宮城県石巻120 仙台市121 鳥取県西伯郡712 ◇いしがらみち 宮城県仙台市124 ◇いしがんぱらあみつぃ 沖縄県石垣島996 ◇いしごつみち 長野県上伊那郡488 ❸石の多い畑。 ◇いしぇえらぱたぎ〔石原畑〕 沖縄県石垣島996 ◇いしからばたけ 青森県上北郡074 ◇いしごおろ 長野県佐久493 ◇いしっからばたけ 栃木県198 ◇いしぬみいぱてえ 沖縄県新城島996 ❹小石。砂礫(されき)。石ころ。 山口県防府791 ◇いしがら 兵庫県出石郡652 島根県隠岐島741 ◇いしご 奈良県宇智郡683 ◇いしごおら 岡山県御津郡764 ◇いしこつ 香川県高松062

いし-がら【石殻】〘名〙 石炭を乾留した燃料。コークス。 ＊重訂本草綱目啓蒙(1847)五・石「石炭〈略〉九州にては薪に代或は炭にかゆ水を得て愈熾なり然れとも臭気甚きゆへ筑州にて焼反し浮石の如くなりたるを用て炊爨に供す臭気少し此を筑後にていしがらと云」 方言❶石炭。 大分県速見郡・大分郡941 ❷軽石。 熊本県玉名郡919 発音イシガラ〈標ア〉0

いし-からびつ【石唐櫃】〘名〙 石でつくった唐櫃。 ＊神道集(1358頃)八・四九「屍をは石唐櫃に入、高井の郷の鳥喰池、辰巳の方に当りたる蚰喰池中の、鳴当蚰塚の岩屋云る岩中に深く収ける」

いし-がらみ【石絡】〘名〙 方言植物。❶つた(蔦)。 長野県475 488 493 ❷つるまさき(蔓柾)。 長野県北佐久郡485 ❸ゆきのした(雪下)。 ◇いしからみ 岩手県九戸郡088

いしから-みち【石塊道】〘名〙 いしころの多い道。いしころみち。 ＊南小泉村(1907-09)〈真山青果〉七「冬三が三匹の豚を追ひながら、雨上りの固い石塊(イシカラ)道を素足でこちらへやって来た」 方言宮城県石巻120 秋田県鹿角郡132 発音〈標ア〉ラ

いしかり【石狩】 ㊀明治二年(一八六九)定められた北海道一一か国の一つ。石狩川水系のほぼ全流域を含む。 ㊁北海道中央部、日本海に面する支庁。大正一一年(一九二二)成立。支庁所在地は札幌市。 ㊂北海道中西部の地名。石狩川の河口にあたる。近年は札幌市の衛星都市化が進む。平成八年(一九九六)市制。 発音〈標ア〉0

いしかり-がわ【石狩川】 ㊀北海道中央部の石狩岳に源を発し、上川盆地、空知(そらち)平野、石狩平野を流れて石狩湾に注ぐ北海道第一の川。上流に層雲峡、神居古潭(かむいこたん)の峡谷があり、中・下流では雨龍川、空知川、千歳川などを合わせる。典型的な自由蛇行を示し、三日月湖が多い。長さ二六八キロメートル。 ㊁小説。本庄陸男作。昭和一四年(一九三九)刊。著者の生まれ故郷石狩の、維新後の開拓史に取材した長編歴史小説。 語源説 (㊀について) (1)アイヌ語 Ishikaripet のIは接頭語ではなはだの意。shikari は蜒々(えんえん)たる、回り曲がったの意。pet は川。また、shikari は時に、閉ざされたという意に用いられるので、川口の閉じた川の意もある〔アイヌ語より見たる日本地名研究＝バチェラー〕。 (2)イシカラベツ(Ishikarapet)で、中流に住む人は、回流川の意とし、上流に住む人は、イシュは美しく、カラは作る、「美しく作った川」の意とする〔大日本地名辞書＝吉田東伍〕。 発音イシカリガワ〈標ア〉リ

いしかり-さんち【石狩山地】 北海道中央部にある山地。石狩岳(一九六七メートル)を主峰に、三国山(一五四一メートル)、音更(おとふけ)山(一九三二メートル)などがあり、日本海、太平洋の両斜面をわける分水界。 発音〈標ア〉サ

いしかり-だけ【石狩岳】 北海道、石狩山地にある山。石狩川と十勝川支流の音更(おとふけ)川が源を発し、北海道有数の原生林がある。標高一九六七メートル。 発音〈標ア〉リ

いしかり-たんでん【石狩炭田】 北海道中央部、夕張山地西側斜面の南北を占める炭田。明治元年(一八六八)幌内(三笠市)で発見。北部の空知炭田と南部の夕張炭田とに分かれ、夕張炭田は平成二年(一九九〇)閉鉱。 発音〈標ア〉タ

いじかり-なき〘名〙 さっぱりと思いきりかねること。ぐずぐず。近世、仙台地方でいった。 ＊仙台方言(1817頃)性情「いぢかりなき。さっぱりと思ひきりかねること。いぢかりなきをして、銭多く出したがらず。いぢかりなきをして、火燵をはなれず。など云意なり」

いしかり-なべ【石狩鍋】〘名〙 多く北海道で冬の間に作る鍋料理の一つ。鮭を骨ごとぶつ切りにし、昆布だしを下地にして、豆腐、葱、ほうれんそうなどを入れ、しょうゆ、みそなどで味つけして煮こんだもの。鮭鍋。《季・冬》 発音〈標ア〉ナ

いしかり-へいや【石狩平野】 北海道中西部、石狩川およびその支流が形成した沖積平野と扇状地とからなる北海道最大の平野。札幌を中心とする北海道の文化・産業の中心地帯。 発音イシカリヘイャ〈標ア〉ヘ

いじかり-また【―股】〘名〙 両足を広げ、ひざをまげて歩くさま。内股にはれ物などがあったり、重い物をせおったりする時の歩き方。 ＊雑俳・柳多留-三(1768)「五百両いじかりまたにあるかせる」 ＊咄本・笑長者(1780)雪隠「いろあをざめたる男、いぢかりまたで立てゐる」 ＊艶魔伝(1891)〈幸田露伴〉「踏張足(ふんばりあし)齷齪足(あくせくあし)外輪大股いぢかり股無論美人ならず」 補注「いじかり」は「いじけ」からとか、「萎縮」「居敷」「意地雁」などが当たるのではないかといわれているが、不詳。 発音〈標ア〉0 辞書〈ボン〉

いじかり-ゆび【―指】〘名〙 やや開きぎみで、異様に曲がっている指。 ＊雑俳・柳多留-一四三(1836)「弁慶はいじかり指で数珠をもみ」 発音〈標ア〉リ

いしかり-わん【石狩湾】 北海道中西部、日本海岸の積丹(しゃこたん)岬と雄冬(タンパケ)岬を結ぶ線から南側の海域。石狩川が注ぎ、小樽港がある。かつてニシン漁場の中心。小樽湾。 発音〈標ア〉リ

い-しか・る【居敷】〘自ラ四〙 (「いじかる」とも) すわる。どっしり腰を落ち着ける。すわり込む。 ＊俳諧・玉海集(1656)一・春「ゐしかってみるは岩間のつつじかな〈文索〉」 ＊雑俳・替狂言(1702)「汐干には千石船もいぢかりて」 ＊物類称呼(1775)五「居(すは)るといふ事を〈略〉畿内にて、いしかるといふ」 ＊浄瑠璃・彦山権現誓助剣(1786)三「御前ぢゃ御前ぢゃ、居(ヰ)しかられ、ハア、と手を下げ踞(つくば)ふ顔」 ＊滑稽本・東海道中膝栗毛(1802-09)六・上「ちと退(のい)てかさんせ。粽(ちまき)のうへに、いしかってじゃわいな」 ＊歌舞伎・心謎解色糸(1810)二幕「憚りながら商売に抜目のない佐五兵衛、糸屋の店にゐじかっては、きなかの銭でも自由には致させませぬ」 方言❶座する。座る。 京都†120 ❷居座る。座り込んで動かない。長居をする。 青森県上北郡082 秋田県鹿角郡132 新潟県348 361 366 ❸うずくまる。 ◇いじかる 石川県江沼郡404 能美郡419 発音〈標ア〉カ

いし-がれい【石鰈】〘名〙 カレイ科の海魚。体は扁平な卵形で、両眼は体の右側にある。成魚の有眼側の体側に石状の骨板が約三列に並んでいるのでこの名がある。全長五〇センチメートルに達する。日本各地の沿岸の砂泥地にすみ河口へ入り込むこともある。甲殻類、二枚貝の類を食べる。美味。いしもちがれい。学名は Kareius bicoloratus ＊浮世草子・好色一代男(1682)三・二「いとより、馬刀(まて)、石王余魚(イシカレイ)取重て」 ＊本朝食鑑(1697)八「一種大者尺許或自二七八寸一至二一二寸一者表之黒皮鰭之両辺自レ上向レ下有二黒片石子一而相聯者号曰二石鰈(イシカレイ)一」 ＊俳諧・広原海(1703)一〇「石鰈座頭目明きの二人役」 方言魚、めいたがれい(目板鰈)。 ◇いしがれ 勢州土師†030 発音イシガレイ〈標ア〉ガ 辞書言海 表記石鰈(言)

いし-かわ【石川】 ㊀〘名〙 ①小石が多く底の浅い川。 ＊書紀(720)神代下・歌謡「天離(あまさか)る鄙(ひな)つ女の い渡らす迫門(せと) 以嗣箇播(イシカハ) 片淵」 ＊仮名草子・為愚痴物語(1662)八・一「あふみのみづうみのきよき水も、どろ川に入てはにごり、石川にてはすみ、ふかき所に行てはふちと成」 ②江戸時代、河川を大河、小河、石川、砂川、泥河、谷川に分けたうちの一つ。 ＊地方凡例録(1794)九「一 石出 是は石川の荒川仕立る水刎也、小石にて保たず」 ③「あまのがわ(天川)①」の異名。 ＊新撰菟玖波集(1495)発句下「石河や踏むあと遠き逢瀬哉〈宗伊〉」 ㊁㊀京都の鴨川(賀茂川)の異名。 ＊新古今(1205)神祇・一八九四「いしかはや瀬見の小川の清ければ月も流れを尋ねてぞすむ〈鴨長明〉」 ＊山城風土記逸文(釈日本紀所載)(1274-1301)「賀茂川を見廻して言(の)りたまひしく、狭小さくあれども石川の清川(すみかは)にあり、とのりたまひき。仍(よ)りて名づけて石川の瀬」 ㊁「いしかわけん(石川県)」の略。 ㊂沖縄本島中部の地名。第二次大戦後、一時アメリカの民政、軍政の中心地となる。昭和二一年(一九四六)市制。 ㊃福島県南東部の郡。阿武隈山地南西部の山間地にある。 ㊄石川県南東部の郡。北半は手取川扇状地で、現在は大半が金沢・松任市域。南半は白山山地で福井県に接する。 ＊二十巻本和名抄(934頃)五「加賀国〈略〉石川〈伊之加波〉」 ㊅大阪府の南東端にあった郡。明治二九年(一八九六)南河内郡に統合され消滅。 ＊二十巻本和名抄(934頃)五「河内国〈略〉石川〈以之加波〉」 発音〈標ア〉0 〈京ア〉0 辞書和名・言海 表記石川(和・言)

いしかわ の 船(ふね) 石の多い川を渡るために、底に竹簀をあててその間にすきまをつくり、船底の破損を防ぐ装置のある船。

いしかわ【石川】 姓氏の一つ。 発音〈標ア〉0

いしかわ-こうめい【石川光明】 明治時代の彫刻家。木彫の浮彫と象牙彫にすぐれた。帝室技芸員。嘉永五～大正二年(一八五二～一九一三)

いしかわ-ごえもん【石川五右衛門】 安土桃山時代の伝説的な盗賊。文禄三年(一五九四)京都三条河原で釜煎(い)りの刑に処せられたという。「傾城吉岡染(けいせいよしおかぞめ)」「楼門五三桐(さんもんごさんのきり)」など、多くの戯曲、小説などの題材になる。

いしかわ-さんしろう【石川三四郎】 社会主義運動家。埼玉県生。「平民新聞」発刊に協力し、キリスト教社会主義を主張。大逆事件後、一時ヨーロッパ

に逃れ無政府主義に転じる。明治九～昭和三一年(一八七六～一九五六)

いしかわ-じゅん【石川淳】 小説家。東京出身。東京外語大卒。「普賢」で第四回芥川賞を受賞し作家的地位を確立。やがて方法意識を強く持った特異な作品世界を築く。また、和漢籍、仏文学などの幅広い文学素養をもとに、警抜なエッセイを多く残した。作品「白描」「紫苑物語」「天馬賦」「狂風記」「森鷗外」「夷斎筆談」など。明治三二～昭和六二年(一八九九～一九八七)

いしかわ-じょうざん【石川丈山】 江戸初期の漢詩人、書家。本名重之。号六六山人、四明山人、詩仙堂。徳川家の家臣であったが、大坂夏の陣で、軍規を犯したことから辞して剃髪。のち藤原惺窩(せいか)に儒学を学んで比叡山麓に詩仙堂を建て、文筆生活に専念した。著に「詩仙詩」「詩法正義」など。天正一一～寛文一二年(一五八三～一六七二)

いしかわ-たくぼく【石川啄木】 明治末期の浪漫派の歌人、詩人。本名一(はじめ)。岩手県生まれ。与謝野鉄幹夫妻に師事。口語体の三行書きによる生活派の歌をよんだ。また評論「時代閉塞の現状」などで社会主義への関心を示した。歌集「一握の砂」「悲しき玩具」、小説「雲は天才である」など。明治一九～四五年(一八八六～一九一二)

いしかわ-たつえもん【石川龍右衛門・石川辰右衛門】 室町初期の能面作家。名は重政。京都の人という。とくに女面に名品を残す。生没年未詳。

いしかわ-たつぞう【石川達三】 小説家。秋田県生まれ。早大中退。ブラジル移民を描いた「蒼氓」で第一回芥川賞を受賞し、以後社会性の強い長編小説に手腕を発揮した。日本文芸家協会理事長や日本ペンクラブ会長などを歴任。作品「生きてゐる兵隊」「風にそよぐ葦」「人間の壁」「青春の蹉跌」など。明治三八～昭和六〇年(一九〇五～八五)

いしかわ-ちよまつ【石川千代松】 動物学者。東京帝国大学教授。ワイスマンの進化論の紹介、普及に尽力。万延元～昭和一〇年(一八六〇～一九三五)

いしかわ-とものぶ【石川流宣】 江戸前期の浮世草子作者、俳人、画家。江戸に住す。通称伊左衛門、名は俊之、号は流宣、画俳軒など。浮世草子、咄本を著す一方、菱川師宣派の浮世絵師として絵図などを手掛けた。著は「好色江戸紫」「好色俗むらさき」「武道継穂の梅」など、画業に「絵本年中行事」「江戸図鑑綱目」など。生没年未詳。

いしかわ-とよのぶ【石川豊信】 江戸中期の浮世絵師。号は明篠堂秀葩。俗称七兵衛。江戸の人。漆絵、紅摺絵(べにずりえ)にすぐれ、艶麗な美人画を描いた。また木目摺りを考案。石川雅望(まさもち)は豊信の子。正徳元～天明五年(一七一一～八五)

いしかわ-の-いらつめ【石川郎女】 「万葉集」の女流歌人。生没年未詳。㊀久米禅師と歌を贈答した女性。「巻二-九七・九八」の作者。㊁大津皇子の贈歌に対して答えた女性。「巻二-一〇八」の作者。㊂日並皇子(ひなめしのみこ)と歌を贈答し、字を大名児(おおなこ)という女性。「巻二-一一〇」の題詞に見える。㊃大伴田主に求婚し拒絶された女性。あるいは大名児と同人か。「巻二-一二六・一二八」の作者。㊄大伴安麻呂の妻で坂上郎女の母。石川朝臣(あそみ)、石川命婦(ひめとね)、石川内命婦、邑波(おおば)ともいう。「巻二-一二九」の作者。㊅藤原宿奈麻呂朝臣の妻。「巻二〇-四四九一」の左注に見える。 補注 ㊁㊂㊃は同一人かといわれている。

いしかわ-まさもち【石川雅望】 江戸後期の狂歌師、国学者。狂名、宿屋飯盛(やどやのめしもり)。浮世絵師石川豊信の子。家は代々宿屋。狂歌を頭光(つむりひかる)、四方赤良(よものあから)に学んで一家をなし、狂歌四天王の一人と呼ばれた。主著「雅言集覧」「源註余滴」「都の手ぶり」「しみのすみか物語」など。宝暦三～天保元年(一七五三～一八三〇)

いしかわ-りきのすけ【石川理紀之助】 農村指導者。秋田県出身。農業研究会をおこし、勤勉と倹約による農業をすすめて各地の農村救済と振興に努力。弘化二～大正四年(一八四五～一九一五)

いしかわ-けん【石川県】 中部地方北西部の県。加賀・能登の二国を含む。明治四年(一八七一)の廃藩置県後、金沢県から石川県となり、一時は越中・越前を併せたが、同一六年に現在の県域となる。県庁所在地は金沢市。 発音〈標ア〉ワ〈京ア〉ワ

いしかわ-じま【石川島】 (旗本石川八左衛門が徳川家光から拝領したため名づけられた) 東京都中央区南東部、隅田川の河口にあった島。現在の佃一丁目にあたる。江戸初期に埋め立てられ、明治初期佃島町の一部になる。寛政二年(一七九〇)人足寄場が置かれた。幕末、水戸藩がわが国初の洋式造船所を設立。森島。鎧島(よろいしま)。＊狂歌・徳和歌後万載集(1785)一三「玉くしげ 箱入にして 温石(をんじゃく)の 石川嶋も ちかくみゆらん」 発音〈標ア〉0

いしかわ-の-しょうじゃ【石川精舎】 敏達天皇一三年(五八四)蘇我馬子が石川の自宅に仏像を安置したというわが国最初の寺。現在の奈良県橿原市石川町の浄土宗本明寺の地とされる。 発音 イシカワノショージャ〈標ア〉ショ

いじかわ-ぶね【井路河舟】『名』 河内国(大阪府)の河川で荷物を運ぶ小型の剣先船のこと。または村々の小河川で使う小船をいう。＊和漢船用集(1766)五・江湖川船之部「井路河舟 村々の井路川をのる舟、或は河州在々に荷物運送の小剣先舟をいふ也」

いし-かわら【石瓦】『名』(「いしがわら」とも) ①石と瓦。価値のない物にたとえたりする。＊康頼宝物集(1179頃)上「磨かざれば石瓦のごとし」＊五代帝王物語(1302-27頃)亀山「南殿の上に百千の石瓦を高きところよりうつしおく音のやうにしけるが」＊ヰタ・セクスアリス(1909)〈森鷗外〉「西隣に空地がある。石瓦の散らばってゐる間に、げんげや菫の花が咲いてゐる」 ②粘板岩でつくった屋根瓦。 発音〈標ア〉カ

いし-がわら【石河原】『名』 石のころがっている河原。＊幸木(1948)〈半田良平〉昭和一五年「石河原なかに挟みて釜無と笛吹川の板橋わたる」＊鮫(1963)〈真継伸彦〉二「青草がところどころに萌えでた眼下の広い石河原に」 発音 イシガワラ〈なまり〉イシカワラ〔秋田鹿角〕イシ゜コラ〔鹿児島方言〕エシカラ〔青森・津軽ことば・津軽語彙・岩手・秋田〕エスカラ・エスコラ〔岩手〕〈標ア〉カ

いしかわ-りゅう【石川流】『名』 ①書道、志津摩流の一派。享保(一七一六～三六)頃、佐々木志津摩の門人、石川勘介栢山の始めたもの。＊雑俳・川柳評万句合-宝暦一一(1761)鶴一「せっかいに石川流をのたくらせ」＊歌舞伎・貞操花鳥羽恋塚(1809)五立「心の丈を散らし書で、大橋流と思し召しても、石川流(イシカハリウ)のきつい堅蔵」 ②(宇都宮の釣り天井の変の時、徳川家光の家来石川八左衛門が一人で家光を江戸までかつぎもどったという伝説から) 戻駕籠(もどりかご)を一人でかつぐことをいう。＊雑俳・柳多留-六三(1813)「石川流にかついでくもどり駕」 発音 イシカワリュー〈標ア〉0

いし-がんとう【石敢当】『名』 道の突きあたりや辻に立てる魔よけの石。多くは「石敢当」の文字が刻んである。 発音 イシガントー〈標ア〉0

いし-き【石城・石槨】『名』 木造の棺を納める石造りの棺、また、石棺を納めるために、墓の中につくられた石の部屋。石槨(せっかく)。いわき。＊書紀(720)天智六年二月(北野本訓)「万民を憂へ恤(めぐ)む故に、石槨(イシキ)の役(えだち)を起さしめず」 発音〈標ア〉0

い-しき【位色】『名』 位階に相当する色。衣服令に規定されている朝服の色は、一位深紫、二、三位浅紫、四位深緋、五位浅緋、六位深緑、七位浅緑、八位深縹、初位浅縹。いしょく。→当色(とうしき)。＊令義解(718)儀制・凶服不入公門条「凡凶服不レ入二公門一。其遭レ喪被レ起者。朝参処。亦依二位色一。在レ家依二其服制一」＊延喜式(927)一八・式部「凡諸節会行列次第。〈略〉五位已上位色不レ同。雖二是下官一。猶先二高色一」

い-しき【居敷・臀】『名』 ①座。席。座席。＊書紀(720)神功四九年三月(熱田本訓)「若し草を数(か)りて坐(ヰシキ)と為ば、恐らくは火に焼かれ」＊書紀(720)応神一三年九月(熱田本訓)「始めて髪長媛を喚して、因りて宴(とよのあかり)の席(ヰシキ)に上坐(はべ)らしむ」 ②尻(しり)。おいど。＊米沢本沙石集(1283)一〇末・三「座禅する事多年、いしきに瘡(かさ)出てうみくさり、虫いでくるほど也けれども、退せざりけり」＊書言字考節用集(1717)五「臀 ヰザラ井 ヰシキ出之」＊浄瑠璃・神霊矢口渡(1770)三「マア有ふ事か、大な臀(ヰシキ)を振廻して」＊滑稽本・浮世風呂(1809-13)三・上「紐も茶鹿子の縮緬を幅広に仕立て大きな尻(イシキ)へ巻きつけます」 方言 ❶臀部(でんぶ)。しり。兵庫県淡路島671 岡山県小田郡767 広島県向島054 比婆郡774 高田郡779 ◇いっすく 富山県砺波398 ◇いすけ 富山県下新川郡391 ◇いしち 沖縄県首里993 ❷肛門(こうもん)。神奈川県314 長野県下水内郡470 ◇いすけ 富山県下新川郡391 ❸肛門(こうもん)の周囲。◇いじき 長崎県壱岐島914 ❹単衣(ひとえ)や腰巻きの臀部(でんぶ)に当てる裏布。居敷当て。青森県三戸郡083 長野県下伊那郡492 語源説 (1)ヰシキ(居底)の義〔大言海〕。(2)ヰシキ(居敷)の意〔言元梯・日本語原考=与謝野寛・国語の語根とその分類=大島正健〕。 発音〈標ア〉イ 辞書 易林・書言・ヘボン・言海 表記 居敷(易・言) 臀(書) 居鋪(へ)

い-しき【異式】『名』『形動』 異なる形式。ちがうしきたり。また、形式やしきたりが異なるさま。＊米欧回覧実記(1877)〈久米邦武〉一・一八「東洋の貨幣は、西洋式とは総て形を異にせり、古今を挙て異式ならざるはなし」 発音〈標ア〉0

い-しき【意識】『名』 ①仏語。六識、八識の一つ。眼、耳、鼻、舌、身の五識が五根を通してそれぞれとらえる色、声、香、味、触の五境を含む一切のもの(一切法)を対象(法境)として、それを認識、推理、追想する心の働き。狭義には前五識の対象である色境等の五境を除いたもの(法境)を対象とする心の働き。この心の働きが眼から身までの五識を伴って起こるのを、五倶(ごぐ)の意識といい、単独で起こるのを独頭(どくず)の意識という。第六識。第六意識。＊貞享版沙石集(1283)一・九「独散の意識とも闇昧の意識とも云へり」＊宴曲・宴曲集(1296頃)五・心「諸法は意識の成す所や 心地観経心地品 般若心経心月輪 心のまことを悟りえてぞ これらの御法も曇りなき」 ②目ざめているときの心の状態。狭義には、自分や自分の体験していることやまわりのことなどに気づいている心の状態。哲学では中心課題であり、特に観念論では自然や物質の独立性を否定し、これを根源的なものとする。＊解体新書(1774)二「夫頭者。円居二一身之上一。意識府也」＊和蘭字彙(1855-58)「een benaauwd geweeten 差迫ル意識」＊生性発蘊(1873)〈西周〉一・一「英 コンシウスニッス〈略〉爰に意識と訳す」＊哲学字彙(1881)「Consciousness 意識」＊雁(1911-13)〈森鷗外〉二二「此感情には自分を岡田の地位に置きたいと云ふことが根調をなしてゐる。しかし僕の意識(イシキ)はそれを認識することを嫌ってゐる」＊羅生門(1915)〈芥川龍之介〉「饑死などと云ふ事は、殆、考へる事さへ出来ない程、意識の外に追ひ出されてゐた」 ③(―する) 何事かを気にとめること。㋑心に悟ること。わかること。また考えること。＊論衡-実知「衆人闊略、寡レ所二意識一、見二賢聖之名レ物、謂二之神一」 ㋺ある意図をもってすること。＊青

年(1910–11)〈森鷗外〉一三「これまでの新聞の発展は、社主が意識(イシキ)して遂げさせた発展ではなかった」 *忘却の河(1963)〈福永武彦〉七「やさしく親切に振舞おうと意識してつとめていたにも拘らず」 ㋩自分やまわりのようすがどうなっているかに気づくこと。*冷笑(1909–10)〈永井荷風〉七「つまり夜の寂寥に対する美的恍惚が自分の生きてゐる時代を意識させる周囲の生活から一歩離れた別の世界に連れて行く」 *道草(1915)〈夏目漱石〉二「健三は相手の自分に近付くのを意識(イシキ)しつつ、何時もの通り器械のやうに又義務のやうに歩かうとした」 *忠義(1917)〈芥川龍之介〉一「時としてこの怖れが、稲妻のやうに、己を脅かすのを意識(イシキ)した」 ㋥特別にある人や物事を気にかけること。「異性を意識する」「勝ちを意識してかたくなる」 *黒い眼と茶色の目(1914)〈徳富蘆花〉八・四「此為替を出奔の路用にする不孝を意識(イシキ)せずには居れなかった」 *禁色(1951–53)〈三島由紀夫〉一一「芸術作品の感動がわれわれにあのやうに強く生を意識させるのは、それが死の感動だからではあるまいか」 ④ある物事に対してもっている見解、感情、思想など、社会的、歴史的な影響を受けてかたちづくられる心の内容。多く、内容を示す連体修飾句がついて用いられる。→意識が高い(低い)。「社会の一員としての意識が足りない」 *自然生長と目的意識(1926)〈青野季吉〉「即ち階級的意識によって導かれて始めて、それは階級のための芸術となるのである」 *大阪の話(1934)〈藤沢桓夫〉四「自分のこの頃してゐることは悪いことだと言ふ意識を持ってゐた。つまり、始終一種の罪の意識を持ってゐた」 発音〈標ア〉イ〈京ア〉イ

いしきが高(たか)い ある状況・問題のありようなどを自らはっきり知っているさま。また、分別や判断の能力がすぐれているさま。↔意識が低い。

いしきが低(ひく)い ある状況・問題のありようなどをあまり知らないでいるさま。↔意識が高い。また、分別や判断の能力が劣っているさま。*党生活者(1933)〈小林多喜二〉五「意識の低い、普通の女工が知らずに抱いてゐるやうな考へや偏見などを」 *プレオー8の夜明け(1970)〈古山高麗雄〉「きみたち、意識低いなあ。せっかく僕がきみたちの幸せを考えて努力しているのに」

いしきに上(のぼ)せる 自分やまわりの状況などについて、自分の心にはっきりわからせる。自覚させる。*善心悪心(1916)〈里見弴〉「自分を悖徳漢(はいとくかん)なりと意識することを恐れる彼は、その恐れてゐるといふことをも意識に上(ノボ)せないでゐる」

いしきに上(のぼ)る 自分やまわりの状況などについて、今まで気づいていなかった物事がはっきり知覚される。*阿部一族(1913)〈森鷗外〉「心の中(うち)には〈略〉力の弛(ゆる)みと心の落着きとが満ち溢れて、その外の事は何も意識(イシキ)に上(ノボ)らず」

いしきの閾(しきい・しきみ・いき) 刺激によって感覚や反応が起こる境界。無意識から意識へ、また、意識から無意識へと移るさかい目。識閾(しきいき)。*青年(1910–11)〈森鷗外〉四「意識(イシキ)の閾(シキヰ)の下を、此娘の影が往来してゐたのかも知れない」 *忘却の河(1963)〈福永武彦〉七「しかし石は沈んでも記憶はやはり意識の閾(シキミ)の上を、浮くともなく沈むともなく漂っているのだ」

いしきの流(なが)れ (英 stream of consciousness の訳語) ①意識が常に連続的に変化し流動していくことをあらわすウィリアム＝ジェームズの用語。*国民百科新語辞典(1934)〈新居格・木村毅〉「イシキノナガレ　意識の流れ　〔哲〕ゼームスの哲学、心理学に於ける用語」 ②言語、行動に現われない人間の内面的な意識の動き。また、それをそのまま表現しようとする文学上の手法、立場。*ジェイムズ・ジョイスのメトオド「意識の流れ」に就いて(1930)〈伊藤整〉「創作上の方法としての『意識の流れ』Stream of consciousness はジェイムズ・ジョイスの諸作を中心にして、最近数年間の英米文壇の論議の中心となった」 発音イシキノナガレ〈標ア〉イ

いしきを失(うしな)う[＝なくす] 心の働きがなくなる。気が遠くなる。失神する。*橇(1927)〈黒島伝治〉九「彼等は、とぼとぼ雪の上をふらついた。…でも、彼等は、まだ意識を失ってはゐなかった」

い-しき【違式】(ヰ:) 〘名〙 ①一定のきまり、慣習からはずれること。*音訓新聞字引(1876)〈萩原乙彦〉「違式　イシキ　ハフニタガフ」 *東京年中行事(1911)〈若月紫蘭〉一月暦「通の語る所によると其他にも少からぬ違式(ヰシキ)が有った様だ」 *宋史‐呂溱伝「及㆑違㆑式受㆓餽贐㆒、事下㆓大理議㆒」 ②律令制における施行細則である式(あるいは例)に違反すること。違式の罪に問われた。*三代格‐二〇・延暦二一年(802)一〇月二二日・太政官符「其犯㆓違法令㆒、宜㆔処以㆓恒科㆒。若事違㆓弾例㆒、即科㆓違式罪㆒」 ③明治政府が制定した、軽犯罪取締りの規定にそむくこと。→違式詿違(かいい)条例。*新聞雑誌‐六九号(1872)一一月「違式詿違条例　第一条　一、違式の罪を犯す者は五拾銭より少からず、七拾五銭より多からざる贖金を追徴す」 *歌舞伎・富士額男女繁山(女書生)(1877)二幕「女子を男子と偽りしは、今々思へば子の愛に溺れしままの違式の罪、危い事でありしよなあ」 補注挙例の「女書生」(明治一〇年四月初演)に見える男装の禁は、違式詿違条例第五十二条に「男にして女粧(にょしょう)し、女にして男粧(なんそう)し、或は奇怪の粉飾をなして醜躰を露はす者。但俳優舞妓等は勿論、女の着袴する類は此限にあらず」とある。 発音〈標ア〉イ〇 辞書言海 表記違式(言)

い-しき【遺式】(ヰ:) 〘名〙 前代から残された方式、儀式。遺法。*宋書‐孝武帝紀「礼㆓九疑于盛唐㆒、祀㆓蓬萊于渤海㆒、皆前載流訓、列聖遺式」 発音〈標ア〉〇

いしき-あ・う【及会】(ふ:あ) 〘自ハ四〙 (「い」は接頭語。「しき」は動詞「しく」の連用形で、追いつくの意) 追いついて会う。*古事記(712)下・歌謡「山城に　い及(し)け鳥山　い及け　吾が愛(は)し妻(づま)に　伊斯岐阿波(イシキアハ)むかも」

いしき-あて【居敷当・臀当】(ゐしき:) 〘名〙 衣服の裏の尻の当たる所につける布地。しりあて。*歌舞伎・有松染相撲浴衣(有馬猫騒動)(1880)四幕「その内にも此縞は第一に幅があり、臀当(イシキアテ)をするやうな苦労がなうて徳用向き」 *幼年時代(1968)〈柏原兵三〉三「ズボンに居敷あてがついていなかった」 発音〈標ア〉キ〈京ア〉ア

いしき-いっぱん【意識一般】〘名〙(ドイ Bewußtsein überhaupt の訳語) 哲学で、客観的普遍的な認識をなりたたせる意識のあり方。カントの用語に始まる。超越論的あるいは先験的統覚。*国民百科新語辞典(1934)〈新居格・木村毅〉「イシキイッパン　意識一般　〔哲〕先験哲学に於いて、認識の主体となすもの」 発音〈標ア〉イ[1]

いしき-お・る【頻折】(を:る) 〘他ラ四〙 (「いしき」は「しく(頻)」に接頭語「い」の付いた「いしく」の連用形で、「くりかえし」「たびたび」の意) 何度も何度もくりかえし折る。一説に、「いしき(敷)折る」で、(葉を)平らにして折るの意とも。*万葉(8C後)一九・四二〇五「皇祖神(すめろき)の遠御代御代は射布折(いしきを)り酒(き)飲みきといふそこのほほがしは〈大伴家持〉」

いしきかいい-じょうれい【違式詿違条例】(ヰシキクヮイヰデウレイ) 〘名〙 明治五、六年(一八七二、七三)各府県に公布された、日常生活に関係の深い軽犯罪の取締規定。違式は故意犯、詿違は過失犯を表わす。明治一五年(一八八二)の刑法制定とともに、違警罪規定に移された。違式律。違式例。

いしき-かほう【伊式火砲】(:クヮハウ) 〘名〙 明治一六年(一八八三)、イタリアから輸入された青銅製の野戦砲。 発音イシキカホー〈標ア〉カ

いしき-かん【意思機関】(:キクヮン) 〘名〙 社団の意思を決定する議決機関。社団法人の社員総会などがこれにあたる。*新しき用語の泉(1921)〈小林花眠〉「意志機関　法律上の用語で、法人の意志をつくる機関をいふ」 発音〈標ア〉カキ

いし-ぎく【石菊】〘名〙 動物「きくめいし(菊目石)」の異名。*重訂本草綱目啓蒙(1847)五・石「石芝　くさびらいし〈略〉形小くして菊花の状の如くなるあり、いしぎくと呼」 発音イシギク〈標ア〉シ 辞書言海 表記石菊(言)

いしき-しょうがい【意識障害】(:シャウガイ) 〘名〙 一般に、覚醒水準の低下、病的な睡眠状態をいう。脳の原発性疾患のほか、他の部位の身体病のため二次的に脳が障害されてもおこる。軽い段階から、昏蒙、昏眠、昏睡とわけられる。昏睡状態では、外部からの刺激に全く反応を示さなくなる。幻覚や妄想を伴う場合もある。 発音イシキショーガイ〈標ア〉ショ

いじ-きたな【意地汚】(イヂ:) (形容詞「いじきたない」の語幹。名詞・形容動詞的に用いる。「いじぎたな」とも) いじきたないこと、また、そのさまにいう。*人情本・春色恵の花(1836)二・八回「コウコウそれほど意地きたなではねへぜ」 *滑稽本・八笑人(1820–49)三・廻状「いぢきたな御連の御事ゆへ後日御恨不㆑被㆑成候様為㆑念申入候」 *歌舞伎・金看板侠客本店(1883)四幕「十六七の娘とは、又お前さんが意地(イヂ)ぎたなの、祟りぢゃアありませんか」 *蓼喰ふ虫(1928–29)〈谷崎潤一郎〉七「『菓子よりその方が欲しくなった』『意地きたなねえ』」 発音〈標ア〉タキ

いじ-きたな・い【意地汚】(イヂ:) 〘形口〙文いぢきたな・し〘形ク〙(「いじぎたない」とも) 飲食や金銭などを、むやみにむさぼる心が強い。意地がきたない。*随筆・皇都午睡(1850)三・中「意地穢なきを、あたじけない」 *和英語林集成(再版)(1872)「Ijigita-nai, ki, ku, shi イヂギタナイ」 *黒潮(1902–05)〈徳富蘆花〉一・六・二「若し伯に其意地汚ない野心があったとすれば」 発音〈標ア〉ナ〈京ア〉タ 文『いぢきたなし』〈標ア〉タ〈京ア〉ナ 辞書ボン・言海 表記意地穢(言)

いじきたな-げ【意地汚―】(イヂきたな:) 〘形動〙(形容詞「いじきたない」の語幹に接尾語「げ」の付いたもの) 意地のきたないさま。*独身(1910)〈森鷗外〉三「意地きたなげに、酒をちびちび飲みながら」 発音イジキタナゲ〈標ア〉ナゲ

いじきたな-こんじょう【意地汚根性】(イヂきたなコンジャウ) 〘名〙 いじのきたない気質。*いさなとり(1891)〈幸田露伴〉一七「自分の我慢弱くて意地汚根性(イヂキタナコンジャウ)に勝てざりしが口惜しくなりて」 発音イジキタナコンジョー〈標ア〉コ

いじきたな-さ【意地汚―】(イヂきたな:) 〘名〙(形容詞「いじきたない」の語幹に接尾語「さ」の付いたもの) 意地きたないこと。また、その度合。*故旧忘れ得べき(1935–36)〈高見順〉一「その意地穢(イヂキタナ)さを隠さうとする本能的なものが」 *現実拒否の文学(1956)〈大井広介〉二「おのずと支配層の意地汚さをあますところなく暴露し、下手な小説は到底かなわない」 発音〈標ア〉タ

いじ-きたなし【意地汚】(イヂ:) 〘名〙 意地のきたない人。*滑稽本・七偏人(1857–63)初・上「茶め吉を見る様な意地穢(イヂキタナ)しを誡めの為に」 *社会百面相(1902)〈内田魯庵〉学生・下「奴はナ、意地汚なしで下婢(おさん)の撮(つま)み喰(ぐひ)をして」 発音〈標ア〉タ

いしき-つくり【石城造】〘名〙 古代、貴人の石棺、石室を造ることを職務とした部民。*古事記(712)中「又其の大后比婆須比売命の時、石祝作(いしきつくり)

を定め、又土師部を定めたまひき」 補注「古事記」の「石祝」は、「石棺」の誤りとする説（賀茂真淵、本居宣長）もある。

いしき-てき【意識的】『形動』①自覚しているさま。判断してするさま。＊大道無門（1926）〈里見弴〉白夜・二「この言葉は、待ち構へてゐて、最初の機会を捉へたといふほど意識的（イシキテキ）ではなかったけれど」＊侏儒の言葉（1923-27）〈芥川龍之介〉作家所生の言葉「時には意識的には敵とし、怪物とし、犬となすものにもいつか帽子を脱いでゐるものである」②それと知りながら、わざとするさま。故意。＊善心悪心（1916）〈里見弴〉「然し彼は夢にもさう意識的（イシキテキ）に工（たく）らむだ覚えはない」＊他人の顔（1964）〈安部公房〉白いノート「たぶん意識的に避けていたのだろう」 発音〈標ア〉0 〈京ア〉0

いしき-な・し【美無】『形ク』（「いしき」は形容詞「いし（美）」の連体形）よい効果があげられない。＊書紀（720）綏靖即位前（熱田本訓）「吾は乃兄（いましがこのかみ）として儒（つたな）く弱く、不能致果（イシキナキこと）」

いしき-の-ながれ【意識流】 ⇨「いしき（意識）」の子見出し

いしき-ふめい【意識不明】『名』（形動）意識を失った状態。自分が何をしているか、また、どういう状態にあるかわからないこと。また、そのさま。前後不覚。 発音イシキフメイ〈標ア〉イ

いしき-や【意識野】『名』ある瞬間における意識経験の全範囲。識野。 発音〈標ア〉キ

いしきょ『名』警察署をいう、盗人仲間の隠語。〔隠語構成様式并其語集（1935）〕

いし-きょう【異旨教】『名』キリスト教で、国教会と教義を異にする教会。また、ユダヤ教を信奉する人。＊明六雑誌-五号（1874）米国政教〈加藤弘之〉「加特力教、異旨教（按ずるに国教会と教旨を異にする教会を云ふ。但し基督諸派中に就て云ふのみ）或は猶太教を信奉する臣民」 発音イシキョー〈標ア〉0

いし-きり【石切】『名』①山から石を切り出すこと。また、それを職業とする人。＊御伽草子・浜出草紙（室町末）「惣奉行を給はりしいしきり、鶴の嘴をもって高き所を切りたいらげ」＊雑俳・一夜泊（1743）「石切のあつかひ兼ねし白豆腐」②石材を細工して建築用材、墓石などを作ること。また、それを職業とする人。石工。石屋。＊春日社記録-正応二年（1289）三月二一日「石切友安宿願也」＊看聞御記-嘉吉三年（1443）一二月一三日「仮屋事初之儀〈略〉此外

石切り②〈人倫訓蒙図彙〉

鍛冶、石切、おか引」＊三十二番職人歌合（1494頃）二〇番「石きり あな尊つくるつくるも石の火の光をやがて放つ御仏」＊日葡辞書（1603-04）「Ixiqiri（イシキリ）〈訳〉石工」③石を切り出すため、また、彫刻するための鉄製の道具。方言❶平たい小石を水面すれすれに水平に投げ、弾む数の多いのを争う遊び。静岡県志太郡535 ❷麻糸の一端を石や瓦（かわら）のかけらに結びつけ、これを掛け合わせて勝負を争う遊び。長崎市906 ❸石工。石屋。香川県829 熊本県919 ◇いしきい 熊本県球磨郡919 ◇いしきっどん 熊本県玉名郡919 ◇いしかた〔石方〕熊本県919 ◇いしかたどん 熊本県天草郡919 ◇いしかっどん 熊本県宇土郡919 発音〈標ア〉リ 0 キ 〈京ア〉キ 辞書日葡・書言・ヘボン・言海 表記石工（書・へ）石切（言）

いしきり の 金玉（きんたま） ①ぶらぶら、またはふらふらしているものにたとえていう。＊洒落本・富賀川拝見（1782）尾竹屋の段「七八十に成る、石切（イシキリ）の金玉の、くゎくらんしたやうなおやぢが、かなしび声で菜を売りに来る」②落ちそうでなかなか落ちないさまにいう。＊滑稽本・人心覗機関（1814）上「大丈夫大磐石、石工（イシキリ）の陰嚢（キンタマ）を針銅で巻いたといふ男になりス」③冷えて固まっているさま。人が堅くなっているさまのたとえ。＊人情本・花鳥風月（1830-44頃）初・中「先刻（さっき）から此処へ来てあたんなと云っても、石切（イシキリ）の金玉（キンタマ）の様に固く斗り成って居るものを」

いし-きり【石錐】『名』石器時代の打製石器の一つ。黒曜石や硅岩（けいがん）などで作り、先端を鋭くとがらせ、穴をあけるのに用いる。せきすい。＊風俗画報-九九号（1895）コロボックル風俗考第六回「第一類に属するものを、打製石斧、石槍、石鏃、石錐、石匕、等とす」 発音〈標ア〉キ 0

いし-ぎり【意趣斬】『名』「いしゅぎり（意趣斬）」の変化した語。

いしきりかじわら【石切梶原】 浄瑠璃。時代物。五段。長谷川千四、文耕堂合作。本名題「三浦大助紅梅靮（みうらのおおすけこうばいたづな）」。享保一五年（一七三〇）大坂竹本座初演。頼朝挙兵の際の、三浦大助義明とその一党および畠山重忠、梶原景時などの忠節を描いたもの。特に、梶原が名刀の切れ味をためす三段目の切（きり）が名高い。 発音〈標ア〉ジ

いしき-りつ【違式律】『名』「いしきかいいじょうれい（違式詿違条例）」に同じ。＊東京新繁昌記（1874-76）〈服部誠一〉初・新聞社「幸にして而して某の日邏卒の警視に触れ違式律に因て若干の償金を出すと云ふ。是れ乃ち余にして而して疇昔之罰金一件也」 発音〈標ア〉キ

いしきり-にんそく【石切人足】『名』石切りの仕事をする人夫。＊暗夜行路（1921-37）〈志賀直哉〉二・三「松林の中で石切人足が絶えず唄を歌ひながら石を切り出してゐる」 発音〈標ア〉二

いしきり-にんぷ【石切人夫】『名』「いしきりにんそく（石切人足）」に同じ。＊象のいないサーカス（1968）〈井上光晴〉「石切人夫たちを監督するために、自分も人夫と同じような裾を締めつけたズボンをはき」 発音〈標ア〉二

いしきり-のみ【石切鑿】『名』石を切り、彫刻するのに用いる鋼鉄製の鑿。いしのみ。＊和爾雅（1688）五「石鏨（イシキリノミ）」＊和漢三才図会（1712）二四「鏨（イシキリノミ）」 発音〈標ア〉リ 辞書書言・言海 表記石鏨（書）石切鑿（言）

いしきり-ば【石切場】『名』石材を切り出す作業をする所。石山。＊旅日記から（1920-21）〈寺田寅彦〉二「海岸に石切り場がある。崖の風化した柔い岩の中に花崗石の大きな塊が嵌って居るのを火薬で割って出すらしい」＊暗夜行路（1921-37）〈志賀直哉〉二・三「同じ島の左手の山の中腹に石切り場があって」 発音〈標ア〉0

いしき-れい【違式例】『名』「いしきかいいじょうれい（違式詿違条例）」の俗称。＊文明田舎問答（1878）〈松田敏足〉学校「それこそ無差（むさ）とした楽書などとて、大変な目に逢ふのみか、違式例にあてがっても、御法通りの罰金何拾何銭」 発音イシキレイ〈標ア〉キ

いじ-きん【維持金】『名』「いじひ（維持費）」に同じ。＊福翁自伝（1899）〈福沢諭吉〉王政維新「塾の維持金（ヰヂキン）を集め」 発音〈標ア〉0 ジ

いし-く【石工】『名』石を切り出し、または石を刻んで細工する職人。石屋。石大工。せっこう。＊地方凡例録（1794）九「土にて築たて候石墻は人計にては出来ず、石工を入、功者成人足手伝にて仕たてる」＊恩讐の彼方に（1919）〈菊池寛〉三「数人の石工が市九郎の事業を援ける為に雇はれた」 発音〈標ア〉0 〈京ア〉イ 辞書ヘボン・言海 表記石工（へ・言）

い-し・く【一及】『自カ四』（「い」は接頭語）追い着く。およぶ。とどく。＊古事記（712）下・歌謡「山城に 伊斯祁（イシケ）鳥山 伊斯祁（イシケ） 伊斯祁（イシケ） 吾が愛（は）し妻（づま）に 伊斯岐（イシキ）会はむかも」＊書紀（720）雄略一三年九月・歌謡「ぬばたまの 甲斐の黒駒 鞍着せば 命死なまし 甲斐の黒駒〈一本に、命死なましといふに換へて伊志歌孺阿羅麻志（イシカずあらまし）と云へり〉」 発音〈ア史〉平安○●○ 〈京ア〉シ／0

い-し・く【居敷】『自カ四』かしこまった姿勢ですわる。＊文明本節用集（室町中）「居鋪 イシク 又居敷」＊虎寛本狂言・素襖落（室町末-近世初）「暫（しばらく）居敷いておりましたに依て、ちとしびりがきれました」 辞書文明 表記居鋪・居敷（文）

いし-ぐい【石杭】『名』石のくい。コンクリートのくい。＊或る女（1919）〈有島武郎〉後・二二「海沿ひに立て連ねた石杭（イシグヒ）を繋ぐ頑丈な鉄鎖」 発音イシグイ〈標ア〉0 シ

いし-ぐさ【石草】『名』植物「せんだんぐさ（棟草）」の異名。＊重訂本草綱目啓蒙（1847）一二・隰草「鬼針草、せんだんぐさ〈略〉石くさ 越後」 方言植物。❶ゆきのした（雪下）。青森県津軽073 ◇いしくさ・いしがきばな〔石垣花〕長野県下水内郡470 ❷りゅうきゅういのもとそう（琉球井之許草）。鹿児島県与論島965 ❸まんねんぐさ（万年草）。福島県相馬054 ❹せんだんぐさ（棟草）。◇いしぐさり〔石鎖〕新潟県002

いじ-くさり【意地腐】『名』①精神の腐っていること。節操のないこと。根性の欠けていること。また、そういう人。＊浄瑠璃・山崎与次兵衛寿の門松（1718）上「そなたの様ないぢくさりに、小判の手木（てこ）でもいごく女郎じゃないぞや」②いじわるなこと。また、その人。方言㊀❶意地の強い人。意地っぱり。片意地者。意地悪。山形県東田川郡054 三重県志摩郡585 度会郡586 愛媛県845 846 ◇いじくされ 青森県069 076 085 岩手県088 098 102 宮城県113 秋田県130 鹿角郡132 山形県139 島根県725 高知県863 大分県宇佐郡939 ◇いじぐされ 島根県鹿足郡739 ❷欲ばり。◇いじくされ 島根県美濃郡・鹿足郡725 ❸節操のない人。ふがいない人。意気地なし。◇いじくされ 宮城県登米郡115 石巻120 島根県美濃郡・鹿足郡725 ㊁（種子が伝播（でんぱ）のため衣服にこびりつくところから）植物。❶いのこずち（牛膝）。山形県139 ◇いじくされ 山形県東田川郡139 ◇いじくされだだ（「だだ」はおやじの意）山形県139 ❷やぶじらみ（藪虱）。山形県酒田市・飽海郡139 ◇いじくされ 秋田県河辺郡・由利郡131 ❸やまごぼう（山牛蒡）。山形県酒田市139 ❹ぬすびとはぎ（盗人萩）。秋田県河辺郡・由利郡131 山形県西田川郡139 ❺きんみずひき（金水引）。秋田県河辺郡・由利郡131 山形県東田川郡139 ❻おなもみ（葈耳）。山形県酒田市139 ❼たこしぎ（田五加）。秋田県131 発音〈標ア〉クサ

いしくし【伊石求子】『名』一〇月に琉球に来る渡り鳥の一つ。＊読本・椿説弓張月（1807-11）続・三八回「翅（つばさ）は緑（あを）く眉白きを、麻石求子（ましくし）、と人の呼ぶ子鳥、石求読（しくどく）、伊石求子（イシクシ）、莫読史（ばくどくし）の諸島渡る秋の庭」

いじ-くじ『副』てきぱきしないで、ためらっているさま。いじいじ。うじうじ。方言❶とやかくと意地を張ってものを言うさま。意地悪くすなおでないさま。新潟県佐渡352 山口県大島801 ◇いじぐじ 新潟県西蒲原郡371 ❷曲がるさま。くねくね。三重県志摩郡586 ❸意見が合わずに起こるもめ事。いざこざ。新潟県西蒲原郡371 愛媛県伊予市040 松山846

いし-くしろ【石釧】『名』古墳時代の石でつくった腕輪状のもの。内径五～六センチメートルの環状で、碧玉（へきぎょく）製、滑石（かっせき）製などがある。芋貝

（いもがい）を横に切った形を石にうつしたもので、放射状の彫刻がある。多くは実用品というより宝器と考えられる。

いし-くずし【石崩】『名』子供の遊戯の一種。小石を積み上げ、順番に一つの石をとって、他の石が動かなければまたとることができる。多くの石をとったものを勝ちとする。発音〈標ア〉シ ク

いし-くち【石口】『名』（「いしぐち」とも）礎石の上面で柱の根元に接しているところ。土台石の上端。根石上端（ねいしうわば）。＊説経節・説経しんとく丸(1648)上「こだねさつけてたまはる物ならは、みたうこんりう申べし、天じくよりもから木おくだし、いしぐちけたぐちお、からかねもってふくませ」発音〈標ア〉ク

いし-くど【石竈】『名』石づくりのかまど。へっつい。＊咄本・露五郎兵衛新はなし(1701)百日の日マリより一時の洪水「いまだ四条に諸道具をかたづけ、菰ばりをめくりかけ、石くどに茶がますへて、小むすめが化粧のゆなど涌すなるも多し」発音〈標ア〉０シ

いし-くなぎ【石婚・鶺鴒】『名』鳥「せきれい（鶺鴒）」の異名。＊就弓馬儀大概聞書(1464)「射まじき鳥の事。鶯、鴈、ふくろふ、みみづく、いしくなぎ、庭鳥、木ねずみ、むささび、鷹の事は不ㇾ及ㇾ申」＊黒本本節用集(室町)「鶺鴒 イシクナギ」＊玉塵抄(1563)四一「あおうまだらに尾が長う石くなきに似たぞ」方言山梨県南巨摩郡463 長野県476 481 488 ◇えっちくなぎ 新潟県西頸城郡385 ◇いしくなき 京都府加佐郡629 ◇いしくない 新潟県中頸城郡382 長野県054 488 ◇いじくない 長野県下水内郡470 ◇いしくなげ 新潟県中魚沼郡062 中頸城郡384 ◇うしこなげ 長野県北安曇郡476 ◇ひっこなぎ 山形県東田川郡139 ◇しくなぎ・しくなげ 新潟県347 361 ◇しくなきどんり〔―鳥〕秋田県由利郡130 ◇しくらげとり 青森県津軽075 ◇ひくなぎ 秋田県雄勝郡130 ◇ひこなぎ 秋田県雄勝郡130 山形県東田川郡139 ◇ひこなぎり 山形県西田川郡050 庄内139 語源説(1)イシクナギ（石揺）の意〔大言海〕。(2)クナギは、交合の意のクナグの名詞形か。尻を振る動作から交合を連想したもの〔鈴木棠三説〕。発音イシクナギ〈標ア〉ク 辞書和玉・伊京・明応・天正・饅頭・黒本・易林・日葡 表記鶺鴒（伊・明・天・饅・黒・易）鶺・鴒（玉）

いじ-くね【意地拗】『名』（「くね」は、「くねる」の意）心がひねくれていて、意地悪いこと。「悪い」「いがむ」などの語を伴って強調することが多い。＊雑俳・かはりごま(1701)「梶原がいぢくねに似ぬ箙梅」＊桐一葉(1894-95)〈坪内逍遙〉五・二「せんころの縁談を、根にもってのしかへしごころ、頭（つむり）ばかりは丸うても、意地くねのいがんだ」＊千鳥(1906)〈鈴木三重吉〉「これまで見た事のある厭な意地くねの悪い顔を色々取り出して」発音〈標ア〉０

いじ-くねえ【意地拗】『名』「いじくね（意地拗）」に同じ。＊一茶方言雑集(1819-27頃)「いじくねへ意地悪い事」

いじくね-わる・い【意地拗悪】『形口』心がひねくれて、意地がわるい。根性がひねくれている。＊浄瑠璃・鵜山姫捨松(1740)二「四も五も要らぬ、出した出したと頤（おとがひ）を、つかふ詞も意地（イヂ）くねわるく」＊洒落本・くたまき綱目(1761)「無理いひ疑ふて、いぢくねわるふふく客の」＊蠢く者(1924)〈葛西善蔵〉「あいつが何かしら意地くねわるい気持から俺にまだ隠してゐるのか」発音〈標ア〉ル

いし-くばり【石配】『名』①「いしぐみ（石組）」に同じ。②囲碁で、打ち始めに各要所に石を置いて、大体の陣形を整えること。最初の布石。石だて。発音〈標ア〉ク

いし-ぐみ【石組】『名』日本庭園の造園技法の一つ。自然石を組み合わせて配置したもの。主として、滝、流水、池などの近くに設ける。岩組み。石くばり。石立て。＊日本の庭(1947)〈加藤周一〉二「石組みの方が、苔よりも重んじられていた証拠だと思われる」方言焼畑作業の時などに出た小石を集めて積んだ所。石塚。◇いしくみ 秋田県雄勝郡018 発音イシグミ〈標ア〉０ミ〈京ア〉０

いしく-も【美―】『連語』（形容詞「いしい」の連用形「いしく」に助詞「も」が付いて強められたもの）①見事にも、けなげにも、殊勝にもなどと、感嘆したり賞賛したりするときにいう。㋑巧みにも。見事に。いみじくも。うまく。＊御伽草子・秋の夜の長物語（南北朝）「ゐしくも此梅若公を取り奉りける。さらずは是程の軍（いくさ）何の故にか出で来べき」＊歌舞伎・伊賀越乗掛合羽(1776)五「いしくも謀られし、手柄手柄」＊読本・椿説弓張月(1807-11)後・三〇回「密（ひそか）に外面（とのかた）より遶（めぐ）り入りて、なほその細（くは）しきをしれり。さて微妙（イシク）もはからひ給ふものかな」㋺けなげにも。殊勝にも。神妙にも。＊太平記(14C後)九・足利殿打越大江山事「いしくも宣ひたり。我も事の体（てい）怪しくは存じながら是も又如何なる配立かあるらんと」＊曾我物語（南北朝頃）九・十番ぎりの事「神妙（しんびゃう）に申したり。いしくも見たり」＊大観本謡曲・土蜘蛛(1570頃)「いしくも早く来たる者かな。近う来り候へ。語って聞かせ候べし」＊狐の裁判(1884)〈井上勤訳〉七「微妙（イシク）も覚悟したりしかば怒を押へ胸を擲（さす）りて、彼が侮辱に応ぜざりけり」②（非難すべき行為やひどい仕打ちに対して）よくもよくも。ひどくも。＊俳諧・父の終焉日記(1801)五月一二日「今迄の水は似せ物なり。いしくも一茶は我をたばかりける哉とてむづかり給ふ」発音〈標ア〉イ

いしくら【石倉】姓氏の一つ。発音〈標ア〉ク０

いし-ぐら【石倉・石蔵】『名』石を積み上げて造った倉庫。＊筑後風土記逸文（釈日本紀所載）(1274-1301)「彼の処に亦石馬三匹、石殿三間、石蔵二間有り」＊運歩色葉(1548)「石倉 イシグラ」＊築城記(1565)「木戸は内へ入てかまへ候也。土居にても石ぐらにても堀にても透のなきやうに立る也」＊男五人(1908)〈真山青果〉四「二坪ばかりの小庭を距てて、開き前は直ぐ隣の石蔵（イシグラ）」発音イシグラ〈標ア〉０ 辞書言海 表記石倉（言）

いし-ぐら【石座】『名』石を積み上げてつくった垣。防波堤。また、波浪を防ぎ、内側に停泊所を作るための築島をもいう。＊三代格一六・仁寿三年(853)一〇月一一日・太政官符「応ㇾ修㆓造大輪田船瀬石椋幷官舎小破㆒事。右得㆓摂津国解㆒偁、件石椋毎ㇾ起㆓風波㆒頽致㆓破損㆒」＊文明本節用集（室町中）「磊 イシグラ」＊玉塵抄(1563)一二「磧は海や江の水ぎわに石ぐらをさいて、きしのやうにしてかきにしたを云ぞ」＊日葡辞書(1603-04)「Ixigura（イシグラ）。すなわち、イシガキ〈訳〉石の壁または塀」方言❶石垣。三重県志摩郡585 鹿児島県961 ◇いしくら 三重県志摩郡585 ◇いしなぐら 山形県庄内052 ❷石の多い場所。石地。大分県直入郡941 ◇いしくら 新潟県北魚沼郡012 ❸焼き畑作業の時などに出た小石を集めて積んだ所。石塚。和歌山県日高郡690 ◇いしくら 福島県南会津郡185 ◇いしやぐら〔石櫓〕山形県西置賜郡・東置賜郡139 新潟県岩船郡362 長野県下水内郡470 ❹石ころ。◇いしくら 岐阜県恵那郡514 ❺死んだ人を葬る穴。塚穴。和歌山県日高郡698 辞書文明・明応・天正・饅頭・黒本・日葡・書言 表記磊（文・明・天・饅・黒・書）

いし-くらい【石喰】『名』魚「よしのぼり（葦登）」の異名。＊洒落本・浪花色八卦(1757)桐臺卦「金魚の中の石くらひも又一興也」＊俳諧・糸切歯(1762)一一月「杜父魚（かくふつ）〈略〉此もの至て種類多し。京師にて鮇（こり）、石ふし、だんぎほう。難波にて石喰ひ」

いじくらし・い『形』方言❶うるさい。煩わしい。富山県390 395 398 石川県404 408 419 島根県出雲726 ◇いじっかしい 石川県金沢市040 ◇えじくらし・えんつくらし 青森県津軽075 ❷ぬれて気持ちが悪い。鳥取県西伯郡718 島根県出雲723 ❸汚い。不潔だ。◇えじくらしい 島根県出雲725 ❹かわいそうだ。残酷だ。兵庫県加古郡664 ❺窮屈だ。青森県上北郡082

いじ-くらべ【意地比】『名』互いに意地を張り合うこと。＊人情本・春色梅美婦禰(1841-42頃)二・七回「互に意地くらべ、張争ひしを」＊異端者の悲しみ(1917)〈谷崎潤一郎〉一「母や妹のやうな、哀れな人間と意地くらべをして」発音〈標ア〉ク

いじくり-まわ・す【弄回・弄廻】『他サ五（四）』①指先でやたらになでたりひねったりする。また、収集物や器械などをなぐさみにもてあそぶ。＊田舎教師(1909)〈田山花袋〉五三「よせ切の集った呉服屋の前に長い間立って、あれのこれのといぢくり廻したりした」＊明暗(1916)〈夏目漱石〉一五四「今迄死んでゐると許り思って、弄（イヂク）り廻（マハ）してゐた鳥の翅（つばさ）が」②はっきりした方針や目的もなく、物事にあれこれとやたらに手を入れて変えたり、動かしたりする。＊明治大正見聞史(1926)〈生方敏郎〉大正八年夏の世相「多くの藪医者の手にかけていぢくり廻し、遂には本当の大疵にしてしまふんだ」＊炎の人(1951)〈三好十郎〉五「君も、いいかげんに福音だとか道徳なんぞ、いじくりまわしていると、気違いになるかフンづまりになるのが落ちだぞ」発音〈標ア〉ク０

いじく・る【弄】『他ラ五（四）』①指先でなでたりひねり回したりして、しきりにもてあそぶ。＊落語・殿様の廓通ひ(1890)〈禽語楼小さん〉「千松は庭へ下て雀を玩弄（イヂク）ッたり何かして居る」＊野分(1907)〈夏目漱石〉一〇「細君はかう思案しながら、火鉢をいぢくって居る」＊母を恋ふる記(1919)〈谷崎潤一郎〉「さう云って乳母は、彼女の胸に手をあてて乳首をいぢくってゐる私の顔を、覗き込むのが常であった」②なぐさみに収集物や器械などをもてあそぶ。ちょっとした物事を手先で扱う。自分の場合には、やや軽べつの気持を含め、他人の場合にはへりくだる気持を含めていう。「数字をいじくる」＊われから(1896)〈樋口一葉〉七「無器用なお前様が此子いぢくる訳にも行くまじ、お帰りに成るまで私が乳を上げませうと、有さまを見かねて」＊福翁自伝(1899)〈福沢諭吉〉雑記「君がこんな大造（たいそう）な長い刀を弄（イヂ）くると云ふのは、君に不似合だ」＊彼岸過迄(1912)〈夏目漱石〉風呂の後・六「斯う見えて盆栽も弄（イヂ）くるし、金魚も飼ふし、一時は画も好きで能く描いたもんですよ」③はっきりした方針や目的もなく、または、部分的に物事にあれこれと手を入れて変えたり、動かしたりする。＊道程(1914)〈高村光太郎〉或る宵「誠意のない彼等は事件の人間をさし置いて唯事件の当体をいぢくるばかりだ」＊ブラリひょうたん(1950)〈高田保〉審査投票「国語をいじくること、これがもしもフランスだったら大騒動だろう」補注「いじる」の③以下とほぼ同義であるが、「いじくる」の方が、より細かい物事について言う場合が多く、また、しつこくもてあそぶ感じがこもる場合もある。方言❶意地悪く責める。折檻（せっかん）する。いじめる。いびる。岩手県九戸郡088 栃木県上都賀郡・安蘇郡198 埼玉県秩父郡251 新潟県佐渡348 ❷人を困らせる。なぶる。かまう。埼玉県秩父郡251 ❸こき使う。酷使する。島根県那賀郡725 ❹ねだる。せびる。石川県河北郡414 ❺子供などが無理を言う。むずかる。岩手県九戸郡088 発音〈標ア〉ク〈京ア〉０ 辞書言海

いし-ぐるま【石車】『名』①大石を運搬するための四輪車。車体は低く、厚い車輪をもつ。修羅（しゅら）。＊俳諧・物種集(1678)「跡へもさきへもゆかぬ往生 書置にこれまでのする石車〈西鶴〉」＊浮世草子・西鶴織留(1694)三・三「跡へも先へもうごかぬ時、石車を銀にしてほしやと願ふに」＊浮世草子・新色五巻書(1698)五・四「石車（イシグルマ）のあとへもさきへもいごかれ

ぬ身となるは、皆欲と色との迷ひにてぞありけり」②「いしだたみぐるま（石畳車）」に同じ。発音イシグルマ〈標ア〉グ 辞書書言・ヘボン・言海 表記石車（ヘ・言） 砷車（書）

いしぐるま に 乗（の）る ①小石を踏み、足をとられてひっくり返る。＊集成本狂言・独松茸（室町末-近世初）「ああ悲しや。石車に乗って既に谷に落ちようとした」 ②むやみと調子にのって失敗する。＊浄瑠璃・松風村雨束帯鑑（1707頃）三「先は男振り、それが好いとて、一心の下り坂、石ぐるまにのってあだ惚れするは、男の屑（くづ）の葛餅（くづもち）」＊諺苑（1797）「石車にのりたるが如し」 方言小石を踏んで滑り転ぶ。神奈川県丹沢山麓018 新潟県佐渡352 東蒲原郡368 長野県佐久493 静岡県志太郡535 奈良県吉野郡688 島根県隠岐島725 山口県大島801

いしぐるま を 踏（ふ）む 小石を踏み、足をとられてひっくり返る。＊雲の上の白い旗（1969）〈武田八洲満〉「やはり夕刻近くなって事がおこった。惣助が石ぐるまを踏んだのである」

いし-くれ【石塊】〘名〙石のかけら。石ころ。小石。＊書言字考節用集（1717）一「礫 イシクレ〔文選註〕石細者 出已」＊湖処子詩集（1893）〈宮崎湖処子〉流水「いつともしらずながれ来て、あさせにとまる石くれも」 方言熊本県玉名郡926 熊本県下益城郡931 発音〈標ア〉0 レ〈京ア〉0 辞書書言・言海 表記礫（書） 石塊（言）

いしくれ【石榑】 姓氏の一つ。発音〈標ア〉0

いしくれ-ちまた【石榑千亦】 歌人。本名辻五郎。佐佐木信綱に師事し「心の花」の編集に参加。海を歌った作品が多い。歌集「潮鳴」「鴎」「海」など。明治二～昭和一七年（一八六九～一九四二）

いじ-くれ【意地―】〘名〙方言❶意地。和歌山県日高郡698 香川県小豆島829 ❷意地の悪い人。奈良県南大和683 和歌山県那賀郡696 ❸すね者。高知県864

いじくれ-だけ【―竹】〘名〙ねじれ曲がっている竹。＊俳諧・七番日記-文化一〇年（1813）五月「古垣やいぢくれ竹もわか盛」発音〈標ア〉レ

いじくれ-まつ【―松】〘名〙枝がねじれ曲がっている松。手を加えて枝ぶりをまげてある松。＊俳諧・我春集（1811）「門口のいぢくれ松も朧かな」発音〈標ア〉レ

いしくれ-みち【石塊道】〘名〙小石が数多く散らばってある道。石ころ道。＊妻木（1904-06）〈松瀬青々〉秋「栗の毬石くれ道に青き哉」発音〈標ア〉レ

いじ-く・れる〘自ラ下一〙ひねくれて、人にさからう。すねる。＊黴（1911）〈徳田秋声〉六九「笹村は意地くれた愛憎の情の狂ひやすい自分の日常生活から大分遠ざかってゐるやうな気がした」方言我意を張ってすねる。高知県862 土佐郡866 発音〈標ア〉レ

いしぐろ【石黒】 姓氏の一つ。発音イシグロ〈標ア〉0

いしぐろ-ただのり【石黒忠悳】 軍医。陸奥生まれ。江戸の医学所に学び、軍医総監、日本赤十字社社長などを歴任し、子爵となる。陸軍軍医制度や日本赤十字社の設立に尽くす。弘化二～昭和一六年（一八四五～一九四一）

いしぐろ-むねまろ【石黒宗麿】 陶芸家。富山県生まれ。独自に東洋古陶磁を研究、特に宋窯の天目の技法を解明し、それを基に卓越した創意と自由闊達な作調で知られた。明治二六～昭和四三年（一八九三～一九六八）

いしぐろ-は【石黒派】〘名〙①馬術の一流派。江戸時代の初期、姫路藩主池田利隆の臣、石黒甚右衛門の始めたもの。②金工の一流派。文政（一八一八～三〇）頃の金工、石黒政常を祖とし、各種各色の合金を応用して彩色画のような美しい花鳥を彫刻するのを特色とする。発音イシグロハ〈標ア〉0

いし-げ【石毛】〘名〙褐藻類イシゲ科の海藻。東北地方以南の太平洋沿岸、本州中部以南の日本海沿岸の潮間帯付近の岩上に群生する。暗褐色で、高さ一〇センチメートルぐらいになり、直径三ミリメートルほどの円柱または扁円状で分枝をくりかえす。学名は Ishige okamurae 発音イシゲ〈標ア〉0

いしげ【石毛】 姓氏の一つ。発音イシゲ〈標ア〉イ 0

いし-げ【美気】〘形動〙（形容詞「いしい」の語幹に、接尾語「げ」の付いたもの）好ましく感じられるさま。また、おいしそうなさま。＊御湯殿上日記-文明一八年（1486）一二月二七日「よるの御ときに、いしけなるひめ宮するすると御たんじやう。めてたしめてたし」＊狂歌・永正狂歌合（1508）「先打まかせ、花びらもちのいしげなる気味を、しゃうくゎん申侍るべし」

いじけ〘名〙（動詞「いじける」の連用形の名詞化）消極的になり、ひねくれたり物おじしたりすること。＊にんげん動物園（1981）〈中島梓〉八六「そして、いじけを絵にかいたような上目づかいで（よけいタレ目になるよ、って云うんでしょ。いいもん、いいもん）指をくわえてすみっこにうずくまりなどして」方言寒がり。三重県伊賀585 奈良県吉野郡683 ◇いじけご〔―子〕・いじけそ 三重県名張市585 ◇いじけんぼ〔―坊〕三重県名張市・阿山郡585 奈良県宇智郡683 ◇いじけんぼう 神奈川県054 三重県585 発音〈標ア〉0

いじけい-はんもん【い字形斑紋】〘名〙カイコの幼虫に現われる半月紋の別称。発音イジケイハンモン〈標ア〉ハ

いじけ-かえ・る【―返】〘自ラ五（四）〙すっかり元気がなくなる。ひっ込み思案になる。＊いさなとり（1891）〈幸田露伴〉二五「ひとしほ萎縮（イヂケ）かへりながら顔洗ひ済し〈略〉誰も責めはせぬに云訳らしき独り語（ごと）」発音〈標ア〉カ

いじけ-がち【―勝】〘形動〙（「がち」は接尾語）ちぢこまって、元気がなくなることが多いさま。＊藤鞆絵（1911）〈森鴎外〉「寒い風が西北から吹いて来る。振って花見に出た人も、動（やや）もすればいぢけ勝（ガ）ちで、たまに瓶詰正宗の附け景気をして見るものがあっても」発音イジケガチ〈標ア〉0

いじけ-くね・る〘自ラ五（四）〙ちぢこまって、ねじれまがる。＊断橋（1911）〈岩野泡鳴〉一〇「平野にいじけくねった槲の木」発音〈標ア〉ネ

いじけ-こ・む【―込】〘自マ五（四）〙物おじして元気がなくなる。消極的になり、ひっ込み思案になる。＊竹沢先生と云ふ人（1924-25）〈長与善郎〉竹沢先生とその兄弟・六「その醜態を人から嗤（わら）はれる事の恐はさのためにいかに多くの善人がいぢけこんぢまふだらう」＊海に生くる人々（1926）〈葉山嘉樹〉一六「彼には種（いろ）んな発作的の行動があるのだ。船長は、それを知ってゐた。それでいぢけ込んでしまった」発音〈標ア〉コ

いしげ-じま【石下縞】〘名〙茨城県石下町付近で産する縞木綿（しまもめん）。発音イシゲジマ〈標ア〉0

いじけ-な・し〘形ク〙（「なし」ははなはだしいの意の接尾語）ひどく恐れちぢこまっている。＊浮世草子・猿源氏色芝居（1718）二・三「うけとりどりの女中、おのこ子まさりに御つとめなれば、これにひとしほいぢけなう、何所やらがさびしいやうで、気のつきる事も有ながら」

いじけ-ねこ【―猫】〘名〙寒さに体をちぢこまらせたネコ。＊雑俳・十八公（1729）「いぢけねここたつや恋のふた思ひ」発音〈標ア〉ネ

いしげ-やき【石欅】〘名〙植物「あきにれ（秋楡）」の異名。方言植物。❶けやき（欅）。奈良県南大和683 ◇いしげやく 福岡県八女郡964 ❷あきにれ（秋楡）。高知県幡多郡808 ❸にれ（楡）。山口県阿武郡795

いし-けり【石蹴】〘名〙子供の遊びの一種。地面にいくつかの円形や四角形などの区画を描き、小石をけって、その区画に順々に入れて、片足で移動して行き、最後の区画に先にたどり着いた者が勝ちとなる。方法は地方によりちがいがある。＊東京風俗志（1899-1902）〈平出鏗二郎〉下・一一・児戯「縄とび、石蹴（ケ）りの如きは男女を通じて行はるるなり」＊銀の匙（1913-15）〈中勘助〉前・四三「こちらが早いときはひとりで石蹴りや縄とびをしてもうかもうかと待ってゐる」＊河明り（1939）〈岡本かの子〉「子供が石蹴りをしてゐる」方言片足跳び。岩手県紫波郡093 神奈川県愛甲郡054 津久井郡316 三重県上野市・伊勢585 奈良市583 発音〈なまり〉イシケー〔鳥取〕イスキリ〔岩手〕〈標ア〉リ ケ〈京ア〉ケ

いじ・ける〘自カ下一〙①寒さや恐れ、空腹などのために、体がちぢこまって元気がなくなる。萎縮する。＊俳諧・いつを昔（1690）「草は皆女いじけぬさがの町〈加生〉」＊和英語林集成（初版）（1867）「サムクテ ijikeru（イジケル）」＊坑夫（1908）〈夏目漱石〉「身体（からだ）はいぢけてゐるが腹の中はさっきより大分豊かになった」＊青年（1910-11）〈森鴎外〉五「春から芽を出しながら、百合は秋の初、コスモスは秋の季（すゑ）に覚束なげな花が咲くまで、いぢけた儘に育つのである」②物事に消極的になり、ひねくれたり物おじしたりする。ひっ込み思案になる。＊評判記・満散利久佐（1656）田村「かほだち、しほありてよし。されどうれぬゆへか、いぢけたり」＊浮雲（1887-89）〈二葉亭四迷〉三・一九「かうと思ひ定めぬうちに、まづ気が畏縮（イヂ）けて、どうも其気にもなれん」＊銀の匙（1913-15）〈中勘助〉前・二六「ある日また私をお向ふの門内へつれていった。さうしていぢけるのを無理やりにお国さんの隣へわりこませたが」語誌(1)語源については、「語源説(1)(2)」のほかに、「いじかり指」「いじかり股」「えじかり股」の「いじかり」「えじかり」を「いじける」の変化かとする説〔大言海〕もあるが、「いじかる」「えじかる」は「開きぎみに異様に曲がる」「がにまたになる」意なので、「いじける」と同義とするには問題がある。(2)一方、「いじける」の類義語「すくむ（竦）」は硬直して動かなくなる意で、平安時代以降の多くの文献に見られるが、近世から現われる「いじける」の意味・用法を担っていたものと思われる。方言❶寒さなどのために縮む。寒がる。福井県大飯郡447 三重県名張市585 ❷おじける。◇いじげる 千葉県山武郡270 ❸不満で小言を言う。長野県上伊那郡488 ❹文字や草木がゆがむ。茨城県真壁郡・猿島郡188 語源説(1)オヂケル（怖）の音転か〔大言海〕。(2)ヒシケル（挫）の転〔名言通〕。発音〈標ア〉0〈京ア〉0 辞書ヘボン・言海

いし-けん【石拳】〘名〙遊びの拳（けん）の一種。二人以上の者が、片手で、石、紙、はさみの形をまねて、同時にそのいずれかの形を出して勝負を決める。普通、石ははさみに勝ち、はさみは紙に勝ち、紙は石に勝つ。物事の順序などを決める簡便な方法としても行なわれる。じゃんけん。いし。いしかみ。＊風俗画報-六〇号（1893）遊芸門「三竦みの拳は蟲拳石（イシ）拳、狐拳虎拳の四種とす」方言❶じゃんけん。宮城県115 116 121 山形県西置賜郡152 三重県名賀郡585 ◇えすけ 岩手県紫波郡054 ◇いしけんど 山形県置賜139 ◇いっけん 愛知県知多郡570 香川県綾歌郡829 ◇いっけんしょ 愛知県知多郡570 ❷片足跳び。神奈川県054 316 香川県829 ◇いしけんこ・いしけんこんこ 神奈川県津久井郡054 ◇いしけんご 島根県安来市724 大田市725 ◇いしけんげ 島根県簸川郡・大原郡725 ◇いしけんけん・いしけんかっこ・いしけっこ 神奈川県愛甲郡054 ◇いしこんこん 埼玉県比企郡054 神奈川県都筑郡・橘樹郡054 ◇いしけんぎょお 福岡県久留米市844 ◇いしけんとび〔―跳〕神奈川県中郡054 発音〈なまり〉イッケン〔南知多〕エスケ〔岩手〕シッケン〔神奈川〕チッケン〔埼玉方言・神奈川〕〈標ア〉0 辞書言海 表記石拳（言）

いし-こ【石子】〘名〙①石のかけら。小石。いしこ

ろ。いしくれ。＊和英語林集成（初版）（1867）「Ishiko イシコ 石子」 ②（「いしご」とも）碁石。＊雪中梅（1886）〈末広鉄腸〉下・二「碁を囲み、方（ま）さに輪贏（かちまけ）を争ふ真最中なりしが、忽ち唐紙外れて枰上に倒れ、石子（イシゴ）バラバラと席上に散乱す」 ③「いしく（石工）」に同じ。＊狂言歌謡・石河（鷺小舞）（室町末-近世初）「石河（いしこ）藤五良殿は、石を引るの」 発音〈標ア〉0 コ 辞書〈ボン・言海〉 表記 石子（へ・言）

いし-こ【石粉】〘名〙 石を粉にしたもの。①長石の粉末。陶磁器の原料に用いる。②寒水石または石灰岩の粉末。人造石の原料、またはタイル、大理石の目地に用いる。③砕石をさらに粉砕して微粉末にしたもの。砕石、砂利のすきまのつめもの、コンクリートの防水材にする。④耐火粘土を加熱した後、砕いて粒にしたもの。耐火れんがの原料。焼き粉。シャモット。 方言❶食器などを洗って磨くのに使う粉。磨き砂。滋賀県彦根609 広島県高田郡779 ❷石灰。三重県伊賀585 ❸精米の時に混ぜた粉。磨き粉。新潟県佐渡352 ❹石の粉。石ぼこり。新潟県佐渡352 ❺さんご礁などを砕いた細かい砂利。 ◇いしぐう 沖縄県首里993 発音〈標ア〉0 コ〈京ア〉0 辞書 言海 表記 石粉（言）

いし-こ【石海鼠】〘名〙 ククマリア科に属する海鼠（なまこ）の一種。 発音〈標ア〉0

いしこ（形容詞「いしこい」の語幹）生意気なこと。＊洒落本・瓢金窟（1747）「吁（をを）無遜（イシコ）、吁不好（すかん）、吁無礼（なめ）、皆一郭之艶語」＊滑稽本・東海道中膝栗毛（1802-09）八・下「『いめへましいやつらだ。よこっつらはりとばすぞ』『アアいしこやの、どやいてこませやい』」 方言❶不適当、不似合いなさまを冷評していう語。滋賀県滋賀郡606 ❷生意気なさま。滋賀県滋賀郡・伊香郡606

いじこ〘名〙 乳児を入れて遊ばせておく、わら製のかご。＊仙台方言（1817頃）器形「いぢこ。愚按ずるに、江戸にて用ゆるをはち入れのこと。百姓家にて、赤子を其内に入れてそだてることなり」＊新編常陸国誌（1818-30頃か）方言「いじこ、小児を入る籠なり」 補注「いじこ」は「いづめこ（飯詰籠）」の転か。また、「えじこ」に「嬰児籠」が当てられることもある。 方言❶わらで編んだもっこ。ふご。岐阜県恵那郡514 静岡県520 521 536 愛知県549 565 滋賀県608 612 616 ◇ひじこ 滋賀県蒲生郡608 ◇いじっこ 長野県054 062 480 ◇いちご 盛岡†054 ◇いちこ 愛知県062 575 577 滋賀県蒲生郡608 ◇いちっこ 東京都八王子311 神奈川県藤沢市319 中郡320 ❷山仕事などに持って行く用具や弁当を入れる背負い袋。栃木県日光市・安蘇郡198 愛知県設楽054 三河064 ◇いじいこ 長野県飯田市012 下伊那郡492 ◇いじっこ 長野県飯田市012 静岡県駿東郡012 ◇いちこ 長野県松本市054 ◇いじこぶくろ〔―袋〕 愛知県三河064 ❸乳児を入れて遊ばせたり、飯びつを入れたりするわら製のかご。青森県076 082 宮城県玉造郡116 山形県139 ◇いちこ 青森県津軽071 宮城県仙台市121 山形県139 茨城県040 ◇えちこ 青森県三戸郡083 ◇いっこ 青森県074 078 084 山形県東田川郡054 ◇えつこ 青森県三戸郡083 岩手県和賀郡095 宮城県石巻120 山形県北村山郡144 ◇えんちこ 青森県三戸郡083 岩手県上閉伊郡097 気仙郡102 秋田県雄勝郡・平鹿郡130 山形県139 新潟県岩船郡366 ◇えんちこご 山形県飽海郡・西置賜郡139 ◇いんつこ 青森県069 南部084 岩手県気仙郡100 山形県139 ◇えんつこ 青森県073 宮城県仙台市121 秋田県北秋田郡130 鹿角郡132 山形県139 ❹鱩（はたはた）のすし漬け。◇えんつこ 秋田県北秋田郡130 ◇えんちこ 秋田県鹿角郡132 ◇えんちこはたはた〔―鱩〕 秋田県河辺郡・平鹿郡（塩漬け）130 語源説 イヅメ（飯詰）の転イヂメに籠の意のコが付いてイヂメコとなり、略されてイヂコとなった〔嫁が君＝楳垣実〕。

いしこ・い〘形口〙①人がえらぶっている様子をあざけっていう。不遜（ふそん）だ。生意気だ。→いしこ。＊浄瑠璃・新うすゆき物語（1741）上「恥つらかいたがおれひとりか。いしこそふに手前秋月門弟でござるとしゃにかまへ」＊古今集遠鏡（1793）六「おれも夏の間（あいだ）はいしこさうに、暑いによって独寝（ひとりね）をすると、人なみに云て、まぎらかしておけども」 ②力が強い。＊和訓栞後編（1887）「いしこ〈略〉出羽にて力の強きをいしこいといふ」 ③悪い。みにくい。＊新編常陸国誌（1818-30頃か）方言「いしこい、悪きことを云ふ、しこいと斗も云ふ、古言なり、しこ男しこ女の意に同じ」 ④丈夫である。＊浜荻（仙台）（1813頃）「いしこひ 江刺郡人首村辺の田舎にて丈夫なることを石こひといふとぞ。石の如く也といふ心ならん。こひは付字」 方言❶悪い。粗悪だ。不良だ。粗末だ。茨城県久慈郡188 稲敷郡193 栃木県東部197 198 ◇しこい 常陸†064 ◇いしかい 栃木県那須郡197 ◇いしっけ 茨城県新治郡038 栃木県東部197 198 ◇いしたい 茨城県稲敷郡193 千葉県下総266 268 270 ◇いいしたい 千葉県266 268 269 ◇いいすって 千葉県匝瑳郡285 ❷醜い。醜悪だ。茨城県188 栃木県東部198 ◇いしっけ 栃木県198 ❸卑しい。栃木県芳賀郡203 ❹強い。じょうぶだ。健康だ。岩手県気仙郡100 福島県相馬郡156 兵庫県加古郡664 ❺強情だ。兵庫県加古郡664 ❻強欲だ。兵庫県加古郡664 ❼強圧的だ。押しつけがましい。兵庫県加古郡664 ❽荒っぽい。粗暴だ。千葉県山武郡270 ❾生意気だ。大阪府泉北郡646 ❿かわいそうだ。京都府620

いし-ごい【石鯉】〘名〙「せんざんこう（穿山甲）」の異名。＊書言字考節用集（1717）五「鯪鯉 イシゴイ 石鱗魚。龍鯉。並仝。〔本草〕其形似ㇾ鯉穴ㇾ陵而居故云ㇾ爾」 辞書 書言・言海 表記 鯪鯉（書） 石鯉（言）

いしご-おとわら【石―】〘名〙 方言 ⇩いしから（石―）

いし-ごおら【石―】〘名〙 方言 ⇩いしから（石―）

いし-ごき【石御器】〘名〙（「ごき」は食器の意）茶碗の異称。＊日本行脚文集（1690）六「郷父は碗（イシゴキ）に月を酌（くむ）」＊浄瑠璃・博多小女郎波枕（1718）上「石五器（イシゴキ）に一二はい、肝のたばねへ諸白（もろはく）をいっかけた薩摩二さい」＊物類称呼（1775）四「茶碗〈略〉肥前の鍋島奥州二本松にて、いしごきといふ」＊歌舞伎・戻橋脊御摂（1813）三立「鯡（にしん）を肴（さかな）にいしごきで、ぐっと一ぱいあほっきり」＊浜荻（久留米）（1840-52頃）「いしごき 石五器也。茶碗」 方言 越後†087 甲州†088 福岡県小倉市040 長崎市906 ◇いしごけ 愛知県宝飯郡062

いし-ごけ【石後家】〘名〙 貞操の堅い未亡人。〔新かくし言葉辞典（1930）〕 発音 イシゴケ 〈標ア〉0

いじ-こ・ける【自カ下一】文 いぢこ・く【自カ下二】（「こける」は接尾語）ひどくちぢこまって元気がないさまである。＊瀬山の話（1924）〈梶井基次郎〉「田圃の作物の中でも黒い土の中からいぢこけて生えてゐる大根葉が好きだった」 発音〈標ア〉ケ

いし-こっかしけん【医師国家試験】〘名〙 国家が、医師としての資格を認め、免許を与えるために行なう試験。日本の大学で医学部を卒業した者、および外国の大学で医学を修業したのち予備試験に合格した者に受験資格がある。＊医師法（昭和二三年）（1948）一〇条「医師国家試験及び医師国家試験予備試験は、毎年少くとも一回、厚生大臣が、これを行う」 発音〈標ア〉イ=ケ

いし-ごっとお【石―】〘名〙 方言 ⇩いしから（石―）

いし-ごっぱ【石木端・石屑】〘名〙（「いしこっぱ」とも）石の刻み屑（くず）。石くず。＊洒落本・駅舎三友（1779頃）出立「あんな石こっぱを煮ころばしにしたやうなやつらがよくされるものよ」＊洒落本・一目土堤（1788）「芸者のおかよとやらが客に顋会（あたま）をくらはされて、べっかうのくしかうがいが、石こっぱのやふになったといふ事だが」＊語彙（1871-84）「いしごっぱ 石を刻たる屑をいふ」 発音 イシゴッパ 〈標ア〉ゴ 辞書 言海

いしこ-づみ【石子積】㊀〘名〙①墓の上に小石を積み重ねること。または小石で墓を築き固めること。＊和爾雅（1688）「墓〈略〉塚〈略〉墳（イシコヅミ）〔墓上積ㇾ石為ㇾ墳〕」 ②「いしこづめ（石子詰）」に同じ。＊御伽草子・ささやき竹（室町末）「さてこそさいくわうがたくみし事あらはれて、ぜんだいみもんのくせ事なれば、いしこづみにやせん、ふしづけにやおこなはんとせんぎしけるなかばに」＊日葡辞書（1603-04）「Ixicozzumini（イシコヅミニ）スル」＊慶長見聞集（1614）四「其罪のかるへからす。只石こつみにするにはしかし」＊当道新式目（1692）科行の次第の事「当道においても盗人虚官〈略〉或は石こづみ或は簀巻或は獄罪に処すべき事」 ㊁謡曲「刀（かたな）」の別名。 方言 子供が死んだ時、墓前または自宅の入り口に小石を積むこと。青森県三戸郡083 発音〈標ア〉0 辞書 日葡

いしこ-づめ【石子詰】〘名〙 中近世の頃の処刑の一つ。罪人を生きながら穴に入れ、小石を詰めて圧殺したといわれる。多く私刑として各地方で行なわれた。施行の推移など未詳。石子積み。＊咄本・初音草噺大鑑（1698）七・一一「これ罪人に至極せり。しゃばの業にまかせて、八大ぢごくの石（イシ）こづめにせよ」＊浄瑠璃・持統天皇歌軍法（1713）二「惣じて当社の御制禁、鹿に疵でも付し者は急度（きっと）罪科行る、ましてつかひ打殺し大垣の刑罰、石こづめのがれがたし」＊随筆・孔雀楼筆記（1768）三「谷行（たにかう）に人を石こづめにす」 語源説 コヅムは、海岸などに波でうず高くなっているのをコヅム（木積）というのと同語で、石の中へコヅミ込ムこと〔山の霜月舞＝折口信夫〕。 発音〈標ア〉0 辞書〈ボン・言海〉 表記 石子瘞（へ） 石子詰（言）

いじ-こと〘名〙 物をねだること。近世、仙台でいった。「いじことをいう」＊仙台言葉以呂波寄（1720）「いぢ（す）ことをす（し）る、ねだる事」

い-しこば・る【自ラ四】（「居醜張る」の意）両足を開いて構えてから、かわるがわる外側に高く上げ、手を膝にそえて力強く地を踏む。しこをふむ。しこをくむ。

いじこ-ば・る【意地張】【自ラ四】 意地を張る。いじばる。＊雑俳・夜の花（1758）「位牌持竹田を見よといぢこばり」 方言 香川県伊吹島829 発音〈標ア〉バ

いし-こぶ〘名〙「くも（蜘蛛）」の異名。＊重訂本草綱目啓蒙（1847）三六・卵生「蜘蛛〈略〉こぶ 薩州、いしこぶ 同上」

いしごや〘名〙 陶器類をいう、盗人仲間の隠語。〔隠語輯覧（1915）〕

いし-ごら【石―】〘名〙 石。また、石のかたまり。＊十善法語（1775）一二「地上に石ごらのあるごとく、手足十指の端にかたまりしくを爪といふ」 方言❶石。石塊。奈良県南葛城郡683 和歌山県日高郡698 ❷一面に小石の所。石地。和歌山県日高郡690

いしこらし・い〘形口〙（「らしい」は接尾語）りっぱそうにしている様子や、子供が大人びている様子などをあざけっていう。生意気である。もっともらしい。えらそうにしている。自慢たらしい。＊浄瑠璃・歌枕棣棠花合戦（1746）二「いしこらしい若殿呼はり」＊浄瑠璃・妹背山婦女庭訓（1771）道行「大それた人の男を盗みくさって、なんぢゃいしこらしい内祝言ぢゃ。余りな踏附けやう」＊滑稽本・浮世風呂（1809-13）二・上「いしこらしう江戸子じゃ何たら角（か）たら云ても」＊浪花聞書（1819頃）「いしこらしい、自慢らしいなり」 発音 イシコラシイ 〈標ア〉シ² 〈京ア〉ラ

いしこりどめ-の-みこと【石凝姥命・伊斯許理度売命】 記紀などに見える神。鏡作部の祖神。天糠戸神（あまのぬかどのかみ）の子。天の岩屋戸に隠れた天照大神を導き出すため天の香久山の金で祭祀用の鏡を作った。天孫降臨に従った五部神（いつとものお

のかみ)の一神。発音〈標ア〉リ

いーしこ・る【居痼・居凝】〘自ラ五(四)〙くっつき固まる。*雪たゝき(1939)〈幸田露伴〉上「叱咤したとて雪は脱(と)れはしない、益々固くなって歯の間に居(ヰ)しこるばかりだった」発音〈標ア〉コ

いし-ころ【石塊】〘名〙石の小さいもの。小石。石のかけら。いしくれ。*滑稽本・東海道中膝栗毛(1802-09)二・上「ふところからどうまきを出し、ふるって見れば、かみにつつんだやつががったりとおちる。あけてみればみないしころ」*滑稽本・浮世風呂(1809-13)大意「糠洗粉軽石糸瓜皮にて垢を落し、石子(イシコロ)で毛を切るたぐひ、則智也」*一路(1924)〈木下利玄〉富士山へ上る「頂上の石塊(イシコロ)しきて下に居れば午(ご)の日真に照り我れ山に酔ふ」語源説 ロは、ネ(嶺)ロ、ヲ(尾)ロ、イヌコ(犬子)ロのロ。イシクレの転ではない〔大言海〕。発音〈なまり〉イシッコ・エシッコ〔栃木〕イシッコロ〔千葉・東京〕エシコロ〔栃木・埼玉方言〕エシッコロ〔埼玉方言〕〈標ア〉コ〈京ア〉0 辞書 言海

いしころ-みち【石塊道】〘名〙(「いしごろみち」とも)小石が数多く散らばってある道。石のごろごろしている道。石くれ道。*たけくらべ(1895-96)〈樋口一葉〉一三「跣足(はだし)で石ごろ道は歩けない」*伊豆の踊子(1926)〈川端康成〉二「街道から石ころ路や石段を一町ばかり下りて」発音〈標ア〉ロ

いし-ごろも【石衣】〘名〙和菓子の一つ。あずきのあんを小さく丸め、糖蜜の衣で包んで固めたもの。*朝霧(1950)〈永井龍男〉「二月十三日 快晴 鯉こく、ライス・カレー。石ごろも三箇甘し 牛乳一合。配給なし」発音 イシゴロモ〈標ア〉ゴ〈京ア〉ゴ

いし-こんこん【石ー】〘名〙方言 ⇩いしけん(石拳)

いし-さ【美ー】〘名〙(形容詞「いしい」の語幹に、接尾語「さ」の付いたもの)好ましいこと。みごとなこと。また、その度合。*日葡辞書(1603-04)「Ixisa(イシサ)」*俳諧・崑山集(1651)一一・秋「菊酒はせんにんびきのいしさ哉」辞書 日葡

いし-ざいく【石細工】〘名〙石を細工すること。また、その細工品。*浮世草子・傾城禁短気(1711)三・二「私親は其石細工(イシザイク)名人にて」*政談(1727頃)二「今其足軽の子孫、水野和泉が家に在て、今に石細工を為也」発音〈標ア〉ザ

いし-ざか【石坂】〘名〙(「いしさか」とも)①石の多い坂道。*露団々(1889)〈幸田露伴〉一四「幽谷を走り、竹藪に走り石坂(イシサカ)に走りて得る所もなく」②石を段々に敷きつめた坂。石段。*俳諧・俳諧新選(1773)三・秋「石坂を菓(このみ)飛(とぶ)なり山おろし〈太祇〉」*読本・椿説弓張月(1807-11)続・四一回「軈(やが)て砂(イシサカ)を下りたちて」*江戸から東京へ(1921)〈矢田挿雲〉二・四「天保年間神田の町火消『い』組以下四組が醵金して明神下から境内に達すべき高い石坂(イシザカ)を献納した」方言 石段。山形県西置賜郡・飽海郡139 発音〈標ア〉0 辞書 言海 表記 石坂(言)

いしざか【石坂】(「いしさか」とも)姓氏の一つ。発音〈標ア〉0

いしざか-たいぞう【石坂泰三】財界人。東京出身。東京帝大卒。逓信省を経て第一生命に入社、のち社長。第二次大戦後、東京芝浦電気社長、会長。昭和三一年(一九五六)に経団連会長となり、高度成長期の代表的財界人として活躍した。明治一九～昭和五〇年(一八八六～一九七五)

いしざか-ようじろう【石坂洋次郎】小説家。青森県生まれ。慶大卒。第二次大戦前「若い人」「麦は死なず」の二長編で作家的地位を確立、その健全な常識に立った青春性、庶民性が広く受け入れられた。作品「青い山脈」「石中先生行状記」「陽のあたる坂道」など。明治三三～昭和六一年(一九〇〇～八六)

いし-ざか〘名〙「いしとさか(石鶏冠)」に同じ。*寛元記本弁内侍(1278頃)宝治三年三月三日「万里の小路の大納言のまゐらせられたるあかとりの、いしさかなるが、毛色も美しきをたまはりて」*日葡辞書(1603-04)「Ixizaca(イシザカ)〈訳〉鶏のとさかの低くて大きいさま」辞書 日葡

いしざき【石崎】姓氏の一つ。発音〈標ア〉シ

いしざき-ばり【石崎鉤】〘名〙鮎のどぶ釣りに用いる手鉤。愛媛県松山の石崎長潔の考案。

いじ-ざけ【意地酒】〘名〙意地になって無理に飲む酒。*浄瑠璃・生玉心中(1715か)上「恋のいぢ酒」発音〈標ア〉ジ0

いし-さじ【石ヒ・石匙】〘名〙縄文時代の打製石器の一つ。珪石(けいせき)、讃岐(さぬき)石、黒曜石などを加工して、匙(さじ)の形にしたもの。小刀として獣の皮剝(かわはぎ)などに用いたと思われる。東日本に多い縦形と西日本に多い横形に分けられる。江戸時代には天狗の飯匙(めしさじ)とよばれた。石小刀。せきひ。かわはぎ。*風俗画報‐九九号(1895)コロボックル風俗考第六回「第一類に属するものを、打製石斧、石槍、石鏃、石錐、石ヒ等とす」発音〈標ア〉0

いし-ざし【石ー】〘名〙石を築いて造った塀。石垣。*応仁別記(15C末か)「彼焼跡いささか石さし高ければ鏡の方これへ取あがり」*日葡辞書(1603-04)「Ixizaxi(イシザシ)、すなわち、イシカキ〈訳〉石の壁または垣」辞書 日葡

いし-ざら【石皿】〘名〙①縄文時代に用いられた石器の一つ。安山岩、花崗(かこう)岩などを長方形または楕円形の扁平な形にして、中央を皿状にくぼめたもの。物をすりつぶしたり、ひいたりするのに用いたとされる。②江戸時代、街道茶屋などで煮しめを盛るのに用いた磁器製の安物の皿。主に濃尾地方産を用いた。また、磁器を石焼きということから、磁製の皿の通称とする場合もある。*浮世草子・好色二代男(1684)四・二「丸盆にふたつ盃、石皿(イシサラ)に小鯣魚(するめ)さき入て」*狂歌・滄洲楼家集(1830頃か)夏「石皿へ山にもりとの初鰹煮るとはあまり心なし村」方言 生魚などを入れておく粗末な焼き物皿。宮城県仙台市123 発音〈標ア〉0〈京ア〉シ

いしざわ【石沢】姓氏の一つ。発音〈標ア〉0

いし-さんご【石珊瑚】〘名〙イシサンゴ類の腔腸(こうちょう)動物の総称。主に熱帯から温帯の浅い海底に着生するが、寒海や深海には単体のものが分布する。形態、色はさまざまで、イソギンチャクに似たポリプ(サンゴ虫)と共同の肉体をもち、造骨細胞から分泌される石灰質によって、堅く丈夫な骨格を形成する。群生するものにはイボヤギ、ミドリイシ、キクメイシなどがあり、多数寄り集まってサンゴ礁をつくる。*英和和英地学字彙(1914)「Ishisango Madrepora 石珊瑚」発音 イシサンゴ〈標ア〉サ

いしし〘名〙団子をいう女房詞。いしいし。方言 岐阜県養老郡498

いし-じ【石地・鹵地】〘名〙①石の多いやせた土地。*古活字本毛詩抄(17C前)一三「崎ーは山のさがしい、磽埆(かくかく)は石地ぞ」*浮世草子・万の文反古(1696)四・三「岩の平かなる所にちはむしろを敷て、石地(イシヂ)の芋を塩煮にして濁(にごり)酒を呑申候より楽しみなく候」*浄瑠璃・用明天皇職人鑑(1705)二「領内のはなれ島石地をひらきはたをうつ、土民のわざをすがみのに」*広益国産考(1859)四「鹵地(イシぢ)に生ずるものは毒あり」*引照新約全書(1880)馬太伝福音書・一三「土うすき磽地(イシヂ)に遺(おち)し種あり。直に萌出たれど 日の出しとき灼れしかば根なきが故に槁(かれ)たり」②「いしじぬり(石地塗)」の略。方言 ❶家の土台石。礎石。沖縄県首里993 石垣島・鳩間島996 ❷沓脱石(くつぬぎいし)。沖縄県首里993 発音〈標ア〉0 辞書 書言・ヘボン・言海 表記 石地(書・へ・言) 磽・磁(書)

いーじし〘名〙方言 ⇩いえじし(癒肉)

いし-しき【井司職】〘名〙中世における職(しき)の一つ。灌漑(かんがい)用水の配分などの事務を担当する。特定の給田や分水権の一部が与えられたほか、井料をも徴収し、その一部が得分権となって売買、譲与の対象となった。分水奉行。井守。*集古文書‐三三・文和元年(1352)二月一〇日・摂津国上郡真上村村請文「一同村井司職〈井析在之〉井析稲〈村内反別三把宛、村外反別六把宛〉」

いし-じき【石敷】〘名〙石を敷きつめた床。石だたみ。発音〈標ア〉0

いし-しけん【医師試験】〘名〙旧医師法に基づいて行なわれた試験。現在の医師国家試験にあたるもの。*医師法(明治三九年)(1906)第一条「医師たらむとする者は〈略〉医師試験に合格したるもの」発音〈標ア〉ケ

いしじ-こ【石地粉】〘名〙石地塗りに用いる粉。漆をガラス板に数回塗り、かわいてから水にひたして、はげ落ちた皮膜(ひまく)を乾燥して粉にしたもの。乾漆粉(かんしつふん)とも。発音〈標ア〉0

いし-じぞう【石地蔵】〘名〙①石に刻んだ地蔵菩薩像。また、地蔵菩薩の石像。子供を守ると信じられ、道の辻、路傍などに立てられる。*仮名草子・東海道名所記(1659-61頃)一「小磯の町はづれに小橋あり。その先に切通あり。右のかたに石地蔵あり」*俳諧・おらが春(1819)「飯を一椀見せびらかしていふやう、是をあの石地蔵のたべたらんには汝にもとらせん」②人にたとえていう。㋑色恋について興味や反応を示さない女性。*滑稽本・東海道中膝栗毛(1802-09)四・上「『モシお淋(さび)しかア、女郎さんがたでもおよびなさりませ』『ばかアいふな。石地蔵(イシヂザウ)を抱てねるこたアいやだ』」*歌舞伎・五十三駅扇宿附(岡崎の猫)(1887)四幕「石地蔵(イシヂザウ)だと評判の、堅い女房を口説くには」㋺無口な人。また、口のきけない人。*浮雲(1887-89)〈二葉亭四迷〉一・三「終(つひ)には、『仰しゃらぬとくすぐりますヨ』とまで迫ったが、石地蔵と生れ付たせうがには」*塵埃(1907)〈正宗白鳥〉「その翌日、出社すると、小野君は元の石地蔵で、何処を風が吹いてるかと、冷然としてゐる」㋩身体をかたくして動かずにいること。*付焼刃(1905)〈幸田露伴〉三「下らないナア、石地蔵なんぞ仕たって何様なるものかネ」発音 イシジゾー〈標ア〉ジ〈京ア〉ジ

いしじぞう-かつぎ【石地蔵担】〘名〙婚礼の家に、若者たちが石地蔵をかつぎ込み、酒食を強要する風習。嫁が石地蔵のように、その家に末永く居続けるようにと説明することもある。発音 イシジゾーカツギ〈標ア〉カ

いし-しだ【石羊歯】〘名〙植物「はこねしだ(箱根羊歯)」の異名。*重訂本草綱目啓蒙(1847)一六・石草「石長生、はこねぐさ〈略〉いししだ 駿州」

いし-じつげん【意思実現】〘名〙契約の申込みに対して、承諾の通知をしなくても承諾の意思があると推断されるような行為をすること。たとえば注文の申込みを受けて、承諾の通知を出さないままで注文品を発送することなど。推断行為。発音 イシジッゲン〈標ア〉イ

いし-しで【石四手】〘名〙方言 植物。❶くましで(熊四手)。静岡県524 ❷いぬしで(犬四手)。群馬県甘楽郡・多野郡003 ❸しでのき(四手木)。加賀1035

いしじ-ぬり【石地塗】〘名〙漆塗りの一種。漆を塗った上に石地粉(いしじこ)をまいてかわかしてから、更に漆をうすく塗って少しといだもの。灰色で光沢がない仕上がりになる。石地。発音〈標ア〉0

いしじま【石島】姓氏の一つ。発音〈標ア〉0

いし-しゃ【縊死者】〘名〙首をくくって死んだ人。くびつり。縊死人。*彼と彼の内臓(1927)〈江口渙〉「この縊死者が縊死する時、前方に近く何か堅固な障害物

があった」 発音〈標ア〉シ

いじ-しゃ【意地者】〘名〙自分の思ったことをどこまでも通そうとする人。いじっぱり。＊思出の記(1901)〈徳富蘆花〉一・三「此の谷第一の金満家、一番の知慧者、一番の意地者たる叔父の不機嫌を冒しても」 発音〈標ア〉ジ

いし-じゃこ【石雑魚】〘名〙 方言 ❶魚、てんじくだい（天竺鯛）。讃州八島†030 香川県三豊郡829 ❷頭の中に硬い小石のようなものが入っている雑魚。香川県塩飽諸島829

いし-しゅぎ【意思主義】〘名〙意思表示の効力に関して、その人の行為よりも真意を重んずる主義。 発音イシシュギ〈標ア〉シュ

いし-しょう【異嗜症】〘名〙倒錯的な食欲症状。ふつうの人が口にしないようなもの、またそもそも食べられないものを好んで食べたがる。異食症。異味症。 発音イシショー〈標ア〉0シ

いじ-じょう【伊治城】（「これはるじょう」とも）神護景雲元年（七六七）に、陸奥胆沢（いざわ）地方の蝦夷（えぞ）に対するために築かれた城塞。宮城県栗原郡内にあったとされる。 発音イジジョー〈標ア〉ジ

いし-じり【石尻】〘名〙石垣などで挿し込んだ石の奥の方の端。 発音〈標ア〉0

いじ-しりょう【維持飼料】〘名〙労働もしないし、乳、卵などの生産もしない家畜、家禽（かきん）の健康を保つのに必要な程度の飼料。↓生産飼料。 発音イジシリョー〈標ア〉シ

いし-じるし【石印】〘名〙石碑に字を刻むこと。また、その字面。＊浅草紅団(1929-30)〈川端康成〉二七「この『石（イシ）じるし』の教へる『蛇が池の旧跡』は馬道六丁目三番地の人家の真中で」 発音〈標ア〉ジ

いし-じろ【石白】〘名〙水稲の品種の一つ。中晩生種。粒は小さいが品質は優良。北陸地方で多く栽培される。

イシス（ギリシア Isis）古代エジプトの女神。オシリスの妻、ホルスの母。殺されたオシリスの遺体を探し出し、これをよみがえらせたという。エジプト以外にも、ヘレニズムからローマ時代に広く地中海世界で崇拝された。↓オシリス・ホルス。 発音〈標ア〉0

いし-ずえ【礎・磌・礩】〘名〙（古くは「いしすゑ」。「石据ゑ」の意から）①建造物の柱、壁などの下に土台となる石をすえること。また、その石。土台石。柱石。つみいし。根石（ねいし）。礎石（そせき）。＊十巻本和名抄(934頃)三「柱礎　唐韻云磌〈徒年反　都美以之　一云以之須恵〉柱礎也　礎〈音楚〉柱下　石也」＊宇津保(970-999頃)楼上上「『これは〈略〉いしずへのままか』『しか侍り』」＊徒然草(1331頃)二五「おのづからいしずへばかり残るもあれど」＊五重塔(1891-92)〈幸田露伴〉二三「さて龍伏（イシズヱ）は其月の生気の方より右旋（みぎめぐ）りに次第据ゑ行き」②物事の基礎となるもの。また、そのような人。もとい。＊浄瑠璃・伽羅先代萩(1785)六「出かしゃった出かしゃった、そなたの命は出羽奥州五十四郡の一家中、所存のほぞを堅めさす誠に国の礎（イシズヘ）ぞや」＊歌舞伎・韓人漢文手管始（唐人殺し）(1789)一「宝を取返すまでは、町人と成て、御辛抱がお家の石ずへ」＊西洋道中膝栗毛(1870-76)〈仮名垣魯文〉四・総編本文読例「趣向は友人左燕子が航海の日記を礎（イシヅエ）とせり」 発音〈音史〉平安は『いしすゑ』と清音か。〈標ア〉0エズ〈ア史〉平安●●●〈京ア〉0 辞書和名・色葉・名義・下学・和玉・文明・伊京・明応・天正・饅頭・黒本・易林・日葡・書言・〈ボ〉・言海 表記礎（名・下・玉・文・伊・明・天・饅・黒・易・書・へ・言）磌（和・色・名・玉・文・易）柱礎（色・書）磽（下・玉）磉（玉・文）磶（玉）碣（書）

いしずえ-つきはじめ【礎突始】〘名〙建造物の基礎となる根石を突き固める工事に着手する儀式。いしずえはじめ。＊醍醐寺新要録(1620)「慶長四年〈己亥〉十月十七日　下拝殿釿始。十九日　鍬始。廿五日礎突始」

いしずえ-はじめ【礎始】〘名〙「いしずえつきはじめ（礎突始）」に同じ。＊醍醐寺新要録(1620)「慶延記云〈略〉久安二年十一月五日辛未　中門庇礎始、座主僧都御房結構也」

いしずか【石塚】⇩いしづか（石塚）

いしずく〘名〙植物「いぬびわ（犬枇杷）」の異名。＊重訂本草綱目啓蒙(1847)二七・夷果「やまびは　肥前、ちちぶ　筑後、いしづく　同上」

いじ-ずく【意地尽】〘名〙（形動）（「ずく」は接尾語）あくまでも意地を張りとおすこと。＊浮世草子・新色五巻書(1698)二・一「爰（ここ）は男のいぢづく、本望とげずしては一分も立たぬ事」＊人情本・英対暖語(1838)四・一九章「千話（ちわ）の喧嘩のもつれては、又意地づくにて暫時（しばらく）の、離別（わかれ）もままあるならひにや」＊夜明け前(1932-35)〈島崎藤村〉第二部・上・六・五「百姓総代として町人気質（かたぎ）の旦那衆に対抗してきた意地づくからも」 発音〈標ア〉ク0ズ〈京ア〉ジ 辞書〈ボ〉・言海 表記意地尽（へ・言）

いし-すずり【石硯】〘名〙石で作ったすずり。陶硯、瓦硯などに対していう。＊亀山殿七百首(1323)恋「水茎のたよりと見ても石硯かたき契りのはてぞ悲しき〈道我〉」 発音〈標ア〉ス

いしすないり-びき【石砂入引】〘名〙江戸時代の年貢減免の一種。大雨、出水などによって山が崩れたり堤防が決壊したりして、石砂が入ったために、農作ができなくなった田畑の年貢を減免すること。＊地方凡例録(1794)六「一　石砂入引　これは大水にてつつみ切入、川々の砂石田地へおし込、又は谷川山川など大雨のとき水あふれ、砂利走込潰れ地に成たるを云」

い-しずま・る【居鎮】〘自ラ四〙座について静かになる。一定の場所におちつく。鎮座する。＊枕(10C終)三三五・小白河といふ所は「講師のぼりぬれば、みなゐしづまりて、そなたをのみ見る程に」＊源氏(1001-14頃)手習「下衆ども皆はかばかしきは御厨子所などあるべかしき事どもをかかるわたりには急ぐ物なりければゐしづまりなどしたるに」＊御巫本日本紀私記(1428)神代下「坐定　井志津末利奴留止岐」 発音〈標ア〉マ

いし-ずみ【石炭】〘名〙石炭（せきたん）のこと。江戸時代には主として筑前、筑後の両国から産出した。＊和漢三才図会(1712)六一「石炭　いしすみ〈季・冬〉」＊重訂本草綱目啓蒙(1847)五「石炭　からすいし　いはき　長州、たきいし　もへいし　いしずみ　筑前」＊随筆・蒹葭堂雑録(1856)五「石炭（イシズミ）は中国九州等より多出（いだ）せり。俗に五平太（ごへいた）といふ」 方言丹後†035 筑前†018 山口県791 玖珂郡800 福岡県002 佐賀県藤津郡895 長崎県南高来郡905 熊本県919 八代郡921 大分県大分市・速見郡941 ◇いっずみ 熊本県下益城郡919 ◇いしずい 佐賀県三養基郡894 ◇いしずめ 熊本県鹿本郡919 ◇いしたん〔石炭〕沖縄県石垣島996 ◇いすだん 沖縄県竹富島996 発音〈標ア〉シ0 辞書〈ボ〉・言海 表記石炭（へ・言）

いし-ずり【石摺】〘名〙①石碑などに刻まれた書画を、墨をつけて紙に写しとること。また、写しとったもの。地が黒く、書画の部分が白く出る。拓本（たくほん）。打碑（だひ）。乾打碑（かんだひ）。＊拾遺古徳伝絵詞(1301)九「義之（ぎし）がいしずり一紙のおもてに十二行（かう）、〈八十余字〉これに一首のうたをあひそへり」＊史記抄(1477)七・高祖本紀「打碑と云て、古人の書ニ石碑ニたるを鐫つけたぞ〈略〉今も石すりなんどと云てあるは是様なことぞ」＊政談(1727頃)二「石摺も誠の仕方は工手間掛る故難レ成」＊随筆・槐記‐享保一二年(1727)閏正月二八日「筆意を得んと欲して、石摺等の跡を見ては、筆意は得られそもなきものに非ずやと存ず」②書画を板に刻み、墨をつけて地が黒く、書いた部分が白く出るように、紙に写しとること。また、写しとったもの。＊俳諧・桃青三百韻附両吟二百韻(1678)「東坡が小者竹の一村〈芭蕉〉　そのさとへ石摺（いしズリ）の文かよひけり〈信章〉」＊黄表紙・御存商売物(1782)上「青本は〈略〉日ごろ近しき洒落本にひそかにはなさんと出かけ、道にて石ずりにあい、つれだちて観音へ参詣せんといふ」③（①による文字が「白い文字」であるところから）しゃれで、「しろゆもじ（白湯文字）」をいう。＊随筆・摂陽奇観(1833)七・髭剃「世俗白ゆもじを石摺と綽名するは白イ文字といふ心なるよし」④魚の鰭（ひれ）。 発音〈標ア〉①②は0〈京ア〉0 辞書和玉・書言・〈ボ〉・言海 表記石摺（へ・言）腴（玉）石刻・石刊（書）

いしずり-え【石摺絵】〘名〙版画の一種。石摺りのように地を黒く塗りつぶし、絵だけを白く浮きあがらせたもの。江戸中期、西村重信の創案といわれる。 発音〈標ア〉リズ

いしずり-ぶすま【石摺襖】〘名〙石摺りの書画をはったふすま。 発音〈標ア〉フ

いし-せい【異歯性】〘名〙一個体において、歯が、そのある場所や機能の差異によって形態の分化が起こり、さまざまな形態になること。爬虫類、哺乳類の多くの群に見られ、哺乳類では、その形態によって門歯、犬歯、前臼歯（きゅうし）、後臼歯に区別される。↕同歯性。 発音イシセイ〈標ア〉0

いし-ぜき【石堰】〘名〙石を積み上げて作った堰（せき）。いしづみぜき。＊地方役人一四（古事類苑・政治九七）「用水普請之事石関と云は根より大石を並べせく也。船往来の川筋は、真中に澪を抜置、用水の内は是を塞ぎ、用水被レ廻て後、澪を明て船を通す也。石関は毎レ春に水筋を塞ぐ計の普請にて造作もなく、永代損せざる故に、是をよしとす」 発音〈標ア〉0

いし-せっいん【石雪隠】〘名〙茶室の庭に設けられる装飾物の一つ。露地口の内に自然石を置き、川砂を盛り、杖を添えてある。元来は貴人の用いる雪隠（便所）であったが、利休以後は露地の一種の装飾として置かれた。飾雪隠（かざりせっいん）。砂雪隠（すなせっいん）。＊茶道早合点(1771)上「荘雪隠（かざりせっいん）、当代は小便所とも号く。〈略〉石雪隠なりとも、砂を置ときは下腹雪隠としるべし」 発音〈標ア〉セ

いし-ぞこ【石底】〘名〙①河川の底が石でできていること。また、そのような所。＊林檎の下の顔(1971-73)〈真継伸彦〉三「とりどりの木立を植えこんだり石底の小川を引いたりして」②「いしぞこおり（石底織）」に同じ。 発音〈標ア〉0

いしぞこ-おり【石底織】〘名〙経（たていと）、緯（よこいと）共に太い綿糸を密に織った、厚地の堅牢な布。たび底などに用いる。茨城県下館市が主産地。石底。織り底。 発音〈標ア〉0

いしぞこ-じ【石底地】〘名〙「いしぞこおり（石底織）」に同じ。 発音〈標ア〉0

いし-そこひ【石底翳】〘名〙「緑内障（りょくないしょう）」の俗称。 発音〈標ア〉ソ

いし-そとば【石卒都婆・石卒塔婆】〘名〙石で作った卒都婆（そとば）。＊左経記‐類聚雑例・長元九年(1036)五月一九日「御墓上立二石率都婆一蔵二陀羅尼一、其廻立二釘貫一」＊富岡本栄花(1028-92頃)あさの衣に立かふる「ただしるしばかりのいしそとば一本ばかりたてれば」＊日葡辞書(1603-04)「Ixisotoba（イシソトバ）〈訳〉死者の墓に立てる石で、銘文のついているもの」 発音〈標ア〉ソ 辞書日葡

いし-そね〘名〙植物「くましで（熊四手）」の異名。 方言植物。❶くましで（熊四手）。栃木県日光市003 ◇いしぞね 下野日光†029 宮城県伊具郡008 茨城県008 多賀郡003 ◇いしぞの・いしその 埼玉県秩父郡003 251 ❷さわしば（沢柴）。茨城県003 ❸いぬしで（犬四手）。◇いしその 伊豆†070 ❹いぬつげ（犬黄楊）。◇いしずの 群馬県多野郡003

いした『感動』方言 ❶失敗した時に発する語。いやはや。しまった。宮崎県日向955 鹿児島県961 肝属郡970 口之永良部島982 ❷汚いものや冷たいものに触れた時に発する語。宮崎県東諸県郡954 鹿児島県961 肝属郡970 ❸軽べつした者に対して発する語。鹿児島県961

いしだ【石田】 長崎県、玄界灘の壱岐島南部にあった郡。同島の南半部を占めたが、明治二九年(一八九六)壱岐郡に併合されて消滅。＊二十巻本和名抄(934頃)五「壱岐島〈略〉石田〈伊之太〉」 辞書 和名・易林 表記 石田(和・易)

いしだ【石田】(「いした」とも) 姓氏の一つ。 発音 〈標ア〉⓪

いしだ-えいいちろう【石田英一郎】 文化人類学者。大阪生まれ。東京大学教授、多摩美術大学学長などを歴任。日本民族、文化の比較民族学的研究に寄与した。著に「河童駒引考」「桃太郎の母」「文化人類学序説」など。明治三六〜昭和四三年(一九〇三〜六八)

いしだ-ばいがん【石田梅岩】 江戸中期の思想家。石門心学の祖。丹波の人。名は興長。通称、勘平。梅岩は号。京都の商家に奉公するかたわら小栗了雲に師事。神、儒、仏三教を合わせた、独自の実践的倫理思想を、特に商人に対して平易に説く。主著に「都鄙(とひ)問答」「斉家論」。他に、門弟編集の「語録」がある。貞享二〜延享元年(一六八五〜一七四四)

いしだ-はきょう【石田波郷】 俳人。愛媛県松山市の生まれ。本名、哲大(てつお)。昭和八年(一九三三)、「馬酔木(あしび)」(主宰水原秋桜子)の同人。昭和一二年、石塚友二らと「鶴」を創刊、主宰となる。中村草田男・加藤楸邨らと共に人間探求派と呼ばれ、特に結核との闘病生活を詠んだ句集「惜命(しゃくみょう)」は大きな反響を呼んだ。句集「風切」「病雁」「春嵐」「酒中花」など。大正二〜昭和四四年(一九一三〜六九)

いしだ-みつなり【石田三成】 安土桃山時代の武将。近江の人。幼名佐吉。治部少輔と称する。豊臣秀吉に仕え、五奉行の一人として、特に太閤(たいこう)検地など、行政面に実績をあげ、近江佐和山城主に封ぜられる。秀吉の死後、反徳川勢の中心となるが、関ケ原の戦で敗れ、処刑された。永禄三〜慶長五年(一五六〇〜一六〇〇)

いしだ-みとく【石田未得】 江戸前期の俳人、狂歌師。江戸生まれ。通称、又左衛門。乾堂、巽庵と号す。松永貞徳の門人で、江戸五哲の一人。廻文俳諧流行の端緒を作り、また半井卜養とともに江戸の狂歌師を代表する。著に狂歌集の「吾吟我集(ごぎんわがしゅう)」など。天正一五〜寛文九年(一五八七〜一六六九)

いし-だい【石台】『名』墓標、記念像などの台座。＊冷笑(1909-10)〈永井荷風〉「祖国の過去を回顧せしめた事件の一つは〈略〉墓標や記念像の石台(イシダイ)に刻された古人の詩句をさぐるに等しい趣のある事を感じた事である」 発音 〈標ア〉⓪

いし-だい ひ‥だ **【石鯛】**『名』イシダイ科の海魚。幼魚は流れ藻の下に集まる習性があり、体に数本の鮮明な黒い横帯がある。このしまは成長するに従い不明瞭となる。雄の老成魚ではこの横帯が完全に消滅し、口先だけ黒くなる。これをクチグロという。そのため、クロクチ、ブラックマスクともいわれる。全長八〇センチメートル以上になるものもある。北海道以南の沿岸に分布し、岩に付着するウニ、フジツボなどを含む底生動物などを食べる。磯づりの対象魚として人気がある。夏、特に美味。シマダイ。学名は Oplegnathus fasciatus《季・夏》＊本朝食鑑(1697)八「一種色黒肉硬歯如二人之歯一曰二石鯛(イシだい)一」＊生物学語彙(1884)〈岩川友太郎〉「Hoplegnathes イシダヒ属」 方言 魚、こしょうだい(胡椒鯛)。愛知県蒲郡市016 発音 〈標ア〉シ⓪ 辞書 言海 表記 石鯛(言)

石　鯛

いし-だいく【石大工】『名』石材を加工して建築したり、諸具を造ったりする職人。また、その棟梁(とうりょう)。石工(いしく)。石造大工(いしづくりだいく)。＊仮名草子・悔草(1647)中「今は万亀相(そさう)のみなれど、事により、手利(てきき)もあり。万似たり物、諸事の手廻し。石大工(イシだいク)、今織のるひ書物の開板、其外いろいろ」 発音 〈標ア〉ダ

いしだ-うけ【石田受】『名』「いしだづめ(石田詰)」に同じ。 発音 〈標ア〉⓪

いし-だか【石高】『名』(形動) ①道などが、石が多くて、でこぼこになっているさま。＊三体詩幻雲抄(1527)三「山は遠々登んとすれば石高なる径で悪し人家は結句峯頂の白雲生ずる処の絶頂にある也」＊日葡辞書(1603-04)「Ixidacana (イシダカナ) ミチ」＊浮世草子・懐硯(1687)一・一「草鞋(わらんぢ)に石高(いしダカ)なる京の道をふみ出しに」＊俳諧・蕪村連句会草稿(1779)「石高な都よ花のもとり足」 ②(花ガルタ用の計算具である貫木(かんぎ)に碁石(白四個=四貫、黒一二または一〇個=一貫)を代用するところから) 花ガルタで得点の多いこと。＊暗夜行路(1921-37)〈志賀直哉〉三・一四「後見(こうけん)についてゐると、何時か直子(なほこ)が一番の石高となってゐた」 発音 〈標ア〉⓪ ダ 辞書 日葡

いし-だかせ【石抱】『名』「いしだき(石抱)」に同じ。

いしだか-みち【石高道】『名』石が多くて、でこぼこになっている道。＊滑稽本・東海道中膝栗毛(1802-09)初「けふは名にあふ筥根八里、はやそろそろと、つま上りの石高道(イシダカミチ)をたどり行ほどに」＊歌舞伎・白縫譚(1853)六幕「もし、照葉(てりは)さま、馴れぬ旅路の石高道(イシダカミチ)、嘸(さぞ)おみ足が痛みまするでござりませう」 発音 〈標ア〉カ

いし-だき【石抱】『名』江戸時代の牢問の一つ。被疑者に白状させるために、薪(たきぎ)あるいは三角柱にした木を数本並べた上にすわらせ、膝の上に一枚一二貫目(四五キログラム)ほどの切石を載せていくもの。普通、笞打(むちうち)と交互に科せられた。石抱かせ。 発音 〈標ア〉⓪

いしだ-ぐみ【石田組】『名』石田検校(けんぎょう)の始めた将棋定跡の一つ。＊雑俳・柳多留-六二(1812)「石田組尻の金から総くづれ」 発音 イシダグミ 〈標ア〉⓪

いし-たけ【石竹】『名』(漢語「石竹」を訓読みした語)「せきちく(石竹)」に同じ。＊永久百首(1116)夏「石竹の花さくやどにいかにしてふしよき竹を垣に結はまし〈源忠房〉」

いし-だけ・い【石―】『形口』文 いしだけ・し『形ク』石が多くてでこぼこしている。＊玉塵抄(1563)八「石頭と云所は石だけうて、ぬめるほどに用心さしめ」＊玉塵抄(1563)三六「遠国のいやしい村里の経路の石たけいことぞ」

いし-だこ【石蛸】『名』「いいだこ(飯蛸)」の異名。 方言 動物、あしながだこ(足長蛸)。富山県390

いし-だし【石出】『名』堤防の補強のために、河流に直角に突き出して、石を積み上げたもの。みずはね。いしつみ。＊地方凡例録(1794)九「一 枠出 是は重に甲州にて用る川除也、堤欠所前又は水刎に仕出す石出しの様なるもの也」 方言 片足跳び。神奈川県高座郡054

いしだ-じま【石田縞】『名』福井県鯖江市石田から産した縞木綿(しまもめん)。＊梨の花(1957-58)〈中野重治〉二三「女学校生徒は揃いの縞着物で袴をはいている〈略〉女学校の生徒のことを中学校の生徒は『石田縞』といっている」 発音 〈標ア〉⓪

いし-たたき【石敲】『名』①雨だれを受けるために置かれた石。＊義経記(室町中か)三・書写山炎上の事「ころころと転び落ち、雨落ちの石たたきにどうど落つ」 ②(尾を上下に振る習性のあるところから)「せきれい(鶺鴒)」の異名。《季・秋》＊言塵集(1406)五「稲負鳥 種々あれども石たたきなり。むぎまき鳥也。庭くなぶりとも。とづきおしへ鳥とも」＊俳諧・毛吹草(1638)二「俳諧四季之詞・八月〈略〉庭たたき 石たたきとも」 ③採鉱のため、小さなつちで鉱石を打ち砕くこと。また、それに用いるつち。また、それを業とする鉱夫。 方言 ❶鳥、よしきり(葦切)。香川県三豊郡829 ❷鳥、ひたき(鶲)の総称。長崎県壱岐島914 ❸鶺鴒(せきれい)の青黄色のもの。薩摩†020 発音 〈標ア〉タ1 辞書 和玉・文明・伊京・明応・天正・易林・日葡・書言・ヘボン・言海 表記 鶺鴒(文・易・書・ヘ) 鴒(伊・明・天) 鷑(玉) 教鳥(書) 石敲(言)

いし-だたみ【石畳・甃】『名』①庭や道路などに敷きつめてある、方形または長方形の平らな石。また、その石を敷きつめた所。敷石。石敷。＊新訳華厳経音義私記(794)「皆砌 上古諧反 道也 上進也 陛也 下千計反 限也 倭云石太太美」＊宇津保(970-999頃)国譲中「おとどのだんの上より水いだして、いしだたみのもとまで水せきいれて」＊大鏡(12C前)二・忠平「この三人の大臣達のまいらせ給ふれうに、小一条の南、勘解由(かげゆ)の小路には、石だたみをぞせられたりしが」＊多聞院日記-天正一三年(1585)九月二〇日「過夜夢に白蛇・赤蛇・いしたたみの様に文ある蛇三疋見了」 ②「いしだん(石段)」の古称。＊続古今(1265)神祇・七三六「三熊野の神くら山の石だたみのぼりはてても猶祈るかな〈藤原実氏〉」 ③模様の一つ。方形を、上下左右に色が互い違いになるように並べた模様。染物、織物などに用いる。近世、市松という。また、この細かい模様を、小石畳、あられという。＊たまきはる(1219)「こうばいのにほひのうはぎ、もん、いしだたみ」＊日葡辞書(1603-04)「Ixidatami (イシダタミ)〈訳〉〈略〉絹布、むしろ、ござなどに見られる(モザイクタイルを模倣した)格子縞模様の縞目とか刺繡」＊浮世草子・好色二代男(1684)八・二「拾八人揃帷子に〈略〉石畳(イシタタミ)の巾広帯、黒羽織夢といふ字の大紋」 ④③の模様を織り出したござ。うきよござ。＊雑俳・柳多留-七七(1823)「堅くない座敷備後の石畳」 ⑤紋所の一つ。③の模様をかたどった紋。その数により三石畳、四石畳、八石畳、九石畳があり、配列の方法により、三寄石畳、四組石畳、石畳車などの種類がある。＊浄瑠璃・曾我会稽山(1718)四「乗手はしれた挑灯(ちょうちん)に、上と下とは石だたみ、中にふたゐの松かはびし」＊滑稽本・大千世界楽屋探(1817)口絵「あれはいしだたみといふ形だけれど、元祖佐野川市松といふ役者がこのんで着たさうさ」 ⑥指物(さしもの)で、箱などのかどを組み合わせる木口が交互に現われるようにしたもの。 ⑦「いしだたみがい(石畳貝)」に同じ。 発音 〈音史〉古くは『いしたたみ』と清音か。〈標ア〉ダ ミ 〈京ア〉ダ 辞書 色葉・名義・和玉・伊京・天正・饅頭・黒本・易林・日葡・書言・ヘボン・言海 表記 甃(色・玉・伊・天・饅・黒・易・書・ヘ) 瓬(名) 甎・甓・瓵・磲(玉) 瑩(伊) 甋瓳(書) 石燈(ヘ) 石畳(言)

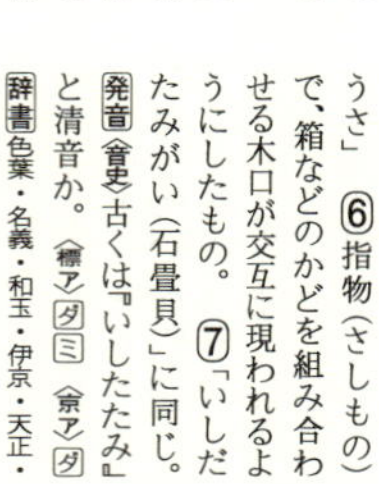
石　畳⑥

いしだたみ-おり【石畳織】『名』紋織物の一つ。「いしだたみ(石畳)③」のように織ったもの。着尺、帯地に多く用いられる。また、こまかい方形の織り目が粒立って見える織り方をした厚地の布。主として男子の紋付羽織に使用する。魚子(ななこ)織り。

いしだたみ-がい ひ‥が **【石畳貝】**『名』ニシキウズガイ科の巻貝。北海道から沖縄までの潮間帯の岩礁や転石帯にすむ。殻高約二センチメートルの丸い円錐形。表面に 発音 〈標ア〉⓪

石畳状の彫刻、黒緑色や赤褐色の地に黄紅色の斑紋がある。食用。いしだたみ。学名は Mondonta confusa 発音イシダタミガイ〈標ア〉ミ

いしだたみ-ぐるま【石畳車】〔名〕紋所の一つ。「いしだたみ(石畳)⑤」の一種。発音イシダタミグルマ〈標ア〉グ

いしだたみ-もよう【石畳模様】〔名〕「いしだたみ(石畳)③」に同じ。＊面白半分(1917)〈宮武外骨〉元祿模様は元祿時代のものに非ず「彼の市松形と称する石畳(イシダタ)み模様(モヤウ)は佐野川市松の発明にあらずして、其前既に行はれたる模様なり」発音イシダタミモヨー〈標ア〉モ

いしだ-づめ【石田詰】〔名〕将棋の駒組の一つである石田流に対抗するための駒組。石田受け。＊雑俳・柳多留-五三(1811)「石田詰尻から金吾中納言」発音〈標ア〉0

いし-たて【石盾】〔名〕石で作った、たて。＊筑後風土記逸文(釈日本紀所載)(1274-1301)「石人と石盾と各六十枚、交(こもごも)陣(つら)なり行(つら)を成して四面に周匝(めぐ)れり」

いし-だて【石立】〔名〕①「いしぐみ(石組)」に同じ。＊今鏡(1170)五・故郷の花の色「ほう金剛院のいしたてなどにめされてまゐり給ひけるとかや」＊家屋雑考(1842)二・庭「仮山 石立 仮山は築山なり。又石立(イシタテ)といふ事あり。是は庭の岩組をする事なり」②「いしくばり(石配)②」に同じ。＊仮名草子・悔草(1647)中「本因坊(ほんゐんはう)の哥に、石立(イシタテ)は、あひ手によりて、打かへよ、さて劫(こう)つもり、時の見あはせ」

いしたに【石谷】姓氏の一つ。発音〈標ア〉0

いし-たふ-や 枕「あまはせづかひ」にかかる。語義および、かかり方未詳。＊古事記(712)上・歌謡「伊斯多布夜(イシタフヤ) あまはせづかひ 事の語り言も こをば」補注(1)語義については、「い」は接頭語、「や」は間投助詞として、「したふ」には、(イ)「した(下)」を動詞化した語で、下にいるの意、(ロ)「下経」で、水底を泳ぐの意、(ハ)上から下へ来る意、(ニ)「慕ふ」の意など、諸説ある。(2)かかり方は、(イ)(ロ)は、水中にいる(水底を泳ぐ)海人の意で「あまはせづかい(海人馳使)」にかかるとし、(ハ)は、天から来るところから「あまはせづかい(天馳使)」にかかるとする。他に、「石飛ぶや」と解し、石の飛ぶように「天馳使」にかかるとする説もある。

いし-だま【石玉】〔名〕①玉のような石。＊五家正宗賛抄(1600頃)二「わるい玉につぐ碔―の石し玉のつれはすつるぞ」②二つ三つの物を交互に投げあげては受け取る遊び。おてだま。方言❶お手玉。岐阜県加茂郡052 郡上郡498 愛媛県840 845 ❷石ころ。◇いしったま 長野県469

いし-だより【石便】〔名〕「すずり(硯)」の異称。＊蔵玉集(室町)「石便 硯」

いしだ-りゅう【石田流】〔名〕将棋の駒組の一つ。慶安(一六四八〜五二)の頃、盲人棋士石田検校(けんぎょう)の始めたもので、飛車を角行の隣に移し、その筋より飛車、角行協力して攻勢をとるもの。もとは先手の奇襲作戦、現在は後手が用いる。＊俳諧・西鶴大矢数(1681)第一五「上に梵天下懸りには 石田流其声雲に響して 三番目には葛城の山」発音イシダリュー〈標ア〉0

いし-だん【石段】〔名〕石で造った階段。いしばし。いしのきざはし。いしだたみ。＊日葡辞書(1603-04)「Ixidan (イシダン)〈訳〉石の階段」＊滑稽本・東海道中膝栗毛(1802-09)八・上「是より境内の石段を西におりたち、谷町どをりに出たるに」＊当世書生気質(1885-86)〈坪内逍遙〉四「やをら権現の石階(イシダン)を、降り果たる其折しも」発音〈標ア〉0〈京ア〉ダ 辞書日葡・言海 表記石段(言)

いしだん の 合方(あいかた) (「曾我のだんまり」で、近江、八幡(やわた)が石段の立廻りに用いたところからいわれる) 歌舞伎の下座音楽用語。大小の鼓を伴った本調子の合方。時代立廻りに使用する。

いし-だん【石壇】〔名〕石を敷きつめて造った壇。せきだん。＊謡曲・羅生門(1516頃)「羅生門の石壇に上がり、しるしの札を取り出だし、壇上に立て置き、帰らんとするに」＊書言字考節用集(1717)一「石壇 イシタン」＊和英語林集成(初版)(1867)「Ishi-dan イシダン 石壇〈訳〉石の壇」発音〈標ア〉0 辞書書言・ヘボン 表記石壇(書・へ)

いしだん-いし【石段石】〔名〕①茶室の庇(ひさし)の下、出入口の所にすえられる高低の段のある二つの自然石。沓脱(くつぬぎ)石と踏段石(二番石)のこと。②庭にすえられる踏み石。発音〈標ア〉ダ

いし-だんご【石団子】〔名〕砂粒が、水酸化鉄によって結合され、塊状になったもの。黒褐色の円い塊状をなし、内部には白色または青白色の細粉がつまっている。子持石(こもちいし)。糗石(はったいいし)。饅頭石(まんじゅういし)。＊改正増補和英語林集成(1886)「Ishidango イシダンゴ」発音イシダンゴ〈標ア〉ダ

いしぢよ【石千代】〔名〕⇩いしんじょ(石千代)

いじ-ちょうふくほけん【異時重複保険】〔名〕重複保険のうち、数個の保険契約が、時を異にして締結された場合をいう。商法では、損害額に相当する額に至るまで、最初の保険者から順に保険金を負担するものと定めているが、保険約款では、保険金額の割合で負担額を決めるものとしている。異時保険。発音イジチョーフクホケン〈標ア〉ホ

い-しつ【委悉】〔名〕(形動) 物事をくわしく、こまかくすること。また、そのさま。委細。＊屋代本平家(13C前)七・同返牒事「事人口に在り、委悉(イシツ)するに能はず」＊文明本節用集(室町中)「委悉 イシツ」＊地蔵菩薩霊験記(16C後)一四・五「閫門(けいもん)和楽ひとへに此の本尊を祈玉ふべし委悉(イシツ)に縁起を尋ぬべし」＊開化本論(1879)〈吉岡徳明〉下・六「禽獣も口有て言を発し、耳有て声を聞けども、音に限有て之を委悉すること能はず」＊蕭子良-与孔中丞書「比見、君別更委悉也」発音〈標ア〉0 辞書文明 表記委悉(文)

い-しつ【異質】〔名〕(形動)①物事や人などの性質が他とちがっていること。また、そのさま。⇔同質。＊ブラリひょうたん(1950)〈高田保〉対面「同気同質の二人なら、対面して話の末に何か生れることもあるだろうが、異気異質の二人ではどうにもなるはずがない」＊志賀直哉論(1953)〈中村光夫〉内村鑑三・一「すべて生活と異質な観念に捕えられた青年に」②他と異なる、すぐれた才能。また、その才能のある人。＊魏志-武帝紀注「若文俗之吏、高才異質〈略〉或不仁不孝而有二治国用兵之術一、其各挙レ所レ知、勿レ有レ所レ遺」発音〈標ア〉0〈京ア〉0

い-しつ【痿疾】〔名〕手足などがしびれて感覚を失い、動作が自由にならなくなる病。しびれやまい。＊駿台雑話(1732)五・壬子試筆の詞「身に痿疾(ヰシツ)を得て、手足もあがらず、起居もなやめるまま」

い-しつ【違失】〔名〕まちがうこと。しくじり。過失。落度。＊九暦-逸文・天慶二年(939)正月一七日「右大将、須先参内承仰着二射礼一、而直地着二彼座一、仍蔵人相職朝臣承仰、更召二取大将一給二仰事一、是若将軍違失歟」＊古今著聞集(1254)一〇・三六一「誠に違失なし。おど感にたへず」＊東寺百合文書-ヒ・建治三年(1277)四月九日・佐伯氏女田地売券(鎌倉遺文一七・一二七〇二)「全以不レ可レ有二他妨違乱一者也。若有二違失之儀一時者、本直銭可レ令二返進一也」＊文明本節用集(室町中)「違失 イシツ」＊牧民金鑑-六・定免・天保一四年(1843)七月二二日「諸事先達而申渡置候通、廉々無違失取調可被相伺候」＊漢語便覧(1871)〈横山監〉雑語「違失 イシツ マチガイアヤマル」＊後漢書-百官志「有二違失一挙二刻之一」発音〈標ア〉0 辞書文明・書言 表記違失(文・書)

い-しつ【遺失】〔名〕①物事を忘れてあとに残すこと。とりおとすこと。忘れること。なくすこと。＊扶桑略記(12C初)神護景雲三年六月「汝承二此言一、莫二遺失一矣」＊文明本節用集(室町中)「遺失 イシツ」＊西国立志編(1870-71)〈中村正直訳〉五・三五「新しき実事を集むる機会あれば、これを拿住し、決して遺失する事なし」＊史記-亀策伝「其精微深妙、多レ所二遺失一」②あやまち。落度。欠点。＊杜甫-北征詩「雖レ乏二諫諍姿一、恐君有二遺失一」③動産の占有者が自分の意思によらないでその所持した物品を失うこと。＊遺失物法(明治三二年)(1899)一条「他人の遺失したる物件を拾得したる者は」発音〈標ア〉0〈京ア〉0 辞書下学・文明・言海 表記遺失(下・文・言)

いしづ【石津】㊀大阪府堺市西部の地名。石津川の下流域にあり、古くは軍事・商業上の要港であった。延元三年(一三三八)北畠顕家が高師直(こうのもろなお)に敗れて戦死した古戦場。＊土左(935頃)承平五年二月五日「いしづといふところの松原おもしろくて、はまべとほし」＊太平記(14C後)二五・住吉合戦事「先づ住吉の敵を追出さんと、石津(イシツ)の在家に火を懸けて、瓜生野の北より押寄せたり」㊁岐阜県の南西端にあった郡。明治一三年(一八八〇)上石津・下石津の二郡に分割。同三〇年上石津郡は養老郡に、下石津郡は海津郡に編入された。＊二十巻本和名抄(934頃)五「美濃国〈略〉石津〈伊之津〉」発音〈標ア〉0 辞書和名 表記石津(和)

いしづ【石津】姓氏の一つ。発音〈標ア〉0

い-じつ【畏日】〔名〕(「春秋左伝-文公七年」の「夏日可レ畏」による) 夏の日。暑さのひどい夏の日。⇔愛日。＊俳諧・俳諧新式(1698)夏の詞よせ・四月「畏日(イシツ)左伝に夏日可レ畏と出たり」＊南郭先生文集-二編(1737)二・苦熱行「畏日炎旱正煌煌、雲雷空望南山陽」＊蘇軾-次韻劉貢父独直省中詩「明窗畏日暁光暾、高柳鳴蜩午更喧」辞書書言 表記畏日(書)

い-じつ【異日】〔名〕その日とは別の、過去または将来のある日。他日。＊本朝続文粋(1142-55頃)一・参安楽寺詩〈大江匡房〉「異日化二仙訣一、斯処留二龍轜一」＊史記抄(1477)一一・張儀「異日に、又はまいりさうまいぞ。異日は先日とあるが、其も不定ぞ。ここは後日と云心ぞ」＊読本・近世説美少年録(1829-32)三・三〇回「然らば約束せし人より、異日(イジツ)に使を来さるるとも」＊かくれんぼ(1891)〈斎藤緑雨〉「孰(たれ)か知らん異日(イジツ)の治兵衛はこの俊雄」＊人に与へて煩悶の意義を説く(1905)〈綱島梁川〉「予が今現に有する心証一味の、世にも稀有なる光明は、異日より君が心光を点じて限なかるべしと信ず」＊荘子-徳充符「哀公異日以告二閔子一」発音〈標ア〉イ 辞書文明 表記異日(文)

いし-ついじ【石築地】〔名〕石造りの築地(ついじ)。石塀。石垣。＊蒙古襲来絵詞(1293頃)下「竹房の固めし役所の石つい地のまへに」＊応仁別記(15C末か)「一若は堀を飛越、石築地を飛挙、陣屋の片脇に火をかけければ」＊日葡辞書(1603-04)「Ixitçuigi (イシツイヂ)〈訳〉石の塀」発音〈標ア〉ツ 辞書日葡

いし-つうち【意思通知】〔名〕自分の意思を他人に通知する法的な行為。たとえば、履行の請求など。発音イシツーチ〈標ア〉ツ

いし-づか【石塚】〔名〕①石碑。また、墓石。＊歌舞伎・与話情浮名横櫛(切られ与三)(1853)七幕「稲荷大明神と記したる石塚、これへ続き川端の駒寄」＊十二の石塚(1885)〈湯浅半月〉一「百合花のたてるも高し 十二の石塚」②石の積み重なった小さい丘。＊歌舞伎・隅田川花御所染(1814)三立「この石塚(イシヅカ)を清玄坂、上なるは桜姫の宮」方言❶信仰のための積み

石。静岡県富士郡012 ❷石を積んで堤を作り、水の逃げるのを防ぐもの。奈良県吉野郡686 ❸家の周りの石垣。愛知県北設楽郡054 ❹石の堆積(たいせき)した所。◇いしなづか 石川県能美郡012 発音〈標ア〉⓪シ

いしづか【石塚】 姓氏の一つ。発音〈標ア〉⓪

いしづか-たつまろ【石塚龍麿】 江戸後期の国学者、国語学者。遠江(静岡県)の人。本居宣長に学び、古代語の語法、特に万葉仮名遣いを研究。著に「仮名遣奥山路」「古言清濁考」など。明和元〜文政六年(一七六四〜一八二三)

いしづか-ともじ【石塚友二】 俳人、小説家。新潟県生まれ。横光利一に師事。俳句は石田波郷主宰の「鶴」で選者となり、昭和四四年(一九六九)波郷没後は同誌を主宰した。句集に「方寸虚実」など。明治三九〜昭和六一年(一九〇六〜八六)

いし-づかい【石使】〖名〗「すずり(硯)」の異称。

いし-づかい【石遣】〖名〗双六(すごろく)の賽(さい)のあつかい方。*浮世草子・御前義経記(1700)二・三「こちの内にてをりは双六にでっちといふはさしあひなり。重てたしなめといふ石遣(イシヅカヒ)、恋目は三六」発音〈標ア〉ズ

いし-づき【石突】〖名〗①建造物の土台とする石を突き固めること。また、その土台。*春鑑抄(1629)信「五常の中にても信が肝要なるほどに、仁・義・礼・智・信と次第して、一の石づきにをいたぞ」*浮世草子・椀久一世(1685)上・三「はや石突(イシヅキ)柱立すぎて屋根葺(ふ)くばかりの日までも」②刀剣のさやの末端部。また、そこを包む金具。こじり。*新撰字鏡(898〜901頃)「鏢 石豆支」*大鏡(12C前)二・忠平「もののけはひして、御大刀のいしづきをとらへたりければ」*古事談(1212〜15頃)一・坂上宝剣事「延喜野行幸之時、被レ入二腰輿一之御剣の石付落失云々」③槍、矛、薙刀(なぎなた)、また、杖、蝙蝠傘(こうもりがさ)などの柄の端の、地面を突く部分。また、そこを包む金具。*太平記(14C後)一六・正成兄弟討死事「薬師寺十郎次郎只一騎〈略〉二尺五寸の小長刀の石づきを取延べて」*日葡辞書(1603〜04)「Ixizzuqi(イシヅキ)〈訳〉杖、槍などの先端に取りつけてある金具」*仮名草子・東海道名所記(1659〜61頃)六「釈迦の鑓(やり)も垢(さび)果て、降伏の石づきもぬけて」*吉凶うらなひ(1951)〈井伏鱒二〉「杖を本棚の裏から取り出して見ると、石突きの取れてゐる普通のトネリコのステッキであった」④相手を突く兵術。*幸若・信太(室町末〜近世初)「棒をつかう兵法に、しばなぎ、いしつき、はらひうち、木の葉かへしの水車、馬人きらはずうちふする」⑤きのこ類の根もとの、かたい部分。*日葡辞書(1603〜04)「Ixizzuqi(イシヅキ)〈訳〉きのこの根、または、茎」*浮世草子・世間胸算用(1692)二・二「何に入る事じゃやら、松茸の石づき迄(まで)取よせて」⑥竹の根の、地中に埋もれたままくさったもの。薬として用いる。⑦褌(ふんどし)を作る布の、両端を細く折って縫った部分。*随筆・守貞漫稿(1837〜53)一四「今世京坂は縮緬以下木綿褌ともに両端を細く折て縫レ之、号けて石突と云」方言亥(い)の子の日、子供たちが組を組んで家の門口ごとに石突きをし、ものをもらう行事。◇いしつき 香川県伊吹島829 ◇いしいのこ〔石亥子〕徳島県美馬郡816 発音〈標ア〉⓪ 辞書字鏡・和玉・文明・伊京・明応・天正・饅頭・黒本・日葡・書言・〈ヘボン〉・言海 表記石突(文・饅・黒・言) 礩(文・伊・天) 鏢(字・玉) 鏁(饅・黒) 鐏(書・へ) 石築(明) 鐓(書)

いしつき-うた【石搗唄】〖名〗石突き、地突きをする時に人夫のうたう労作民謡。発音〈標ア〉キ

いじっ-きたな【意地汚】 形容詞「いじきたない」の語幹「いじきたな(意地汚)」の変化した語。*滑稽本・八笑人(1820〜49)四・追加・上「いまいましいいぢっきたなだぞ」発音〈標ア〉タ

いじっ-きたな・い【意地汚】〖形口〗「いじきたない(意地汚)」の変化した語。発音〈標ア〉ナ

いし-づくえ【石机・石卓】〖名〗石製のテーブル。*舞姫(1890)〈森鷗外〉「冷なる石卓(いしづくゑ)の上にて、忙はしげに筆を走らせ」*有明集(1908)〈蒲原有明〉晩秋「石づくゑ、琢ける面の 薄鈍(うすにば)み曇るわびしさ」発音〈標ア〉ズ

いし-づくり【石造・石作】〖名〗①石材で物を造ること。また、造った物。それを業とする人。石切り。*国基集(1102頃)「ゆめのつげのままにいしあり。いしつくりしてわらすれば、一度に十二にこそわれて侍りしか」*長秋記-天承元年(1131)四月一二日「召二法成寺石作一被レ造也」*玉塵抄(1563)四四「蛟は竜の部類ぞ。足が四あり。角はないぞ。くびがほそいぞ。かいごでうまるるぞ。かいごの大さ、まるさ、石つくりの大なつぼほどなぞ」*塩原多助一代記(1885)〈三遊亭円朝〉四「家造(やづく)りが石造(いしツクリ)、或は店蔵(みせぐら)に成ったり」②大化前代の部(べ)の一つ。石棺や石室をつくることを職掌とする。垂仁天皇の代に皇后の石棺をつくったことから設置されたとの伝承を持つ。石棺造(いしきづくり)。*新撰姓氏録(815)左京・神別・下「石作連 火明命六世孫建真利根命之後也。垂仁天皇御世、奉三為皇后日葉酢媛命一作二石棺一献レ之、仍賜二姓石作大連公一也」辞書色葉・〈ヘボン〉・言海 表記石作(色・言) 石造(へ) 発音〈標ア〉ズ〈京ア〉ズ

いしづくり-だいく【石造大工】〖名〗「いしだいく(石大工)」に同じ。*兵範記-仁平三年(1153)七月一六日「次石造大工、被物一重、白布五段、馬一疋、同於レ晴給レ之」発音〈標ア〉ダ

いしつくり-の-みこ【石作皇子】「竹取物語」の登場人物。かぐや姫に求婚する貴公子の一人で、姫に仏の御石の鉢(はち)を望まれるが、にせ物をさし出したのがばれて、求婚に失敗する。発音〈標ア〉ク

いしっけ〖形〗方言⇩いしこい

いし-づけ【石漬】〖名〗魚を捕える仕掛けの一つ。川または沼などの浅い所を掘って、くぼみをつくり、そのまわりに石を積み重ねて置き、魚を誘いこんで捕える。発音〈標ア〉⓪

いじっ-こ〖名〗方言⇩いじこ

いしっ-ころ【石塊】〖名〗「いしころ(石塊)」の変化した語。*雑俳・末摘花(1801)四「またぐらをかり込み石っころでする」*滑稽本・浮世風呂(1809〜13)四・上「四十貫目ほどの礫(イシッコロ)を打付(ぶっつけ)たが、岩が脳天へぽかアんと中って頸(あたま)が真二つ」*玄武朱雀(1898)〈泉鏡花〉一「かう、石塊(イシッコロ)で打缺(ぶっか)いたんかな」発音〈標ア〉コ〈京ア〉⓪

いしつ-しゃ【遺失者】〖名〗物をなくした当人。遺失主。*遺失物法(明治三二年)(1899)一条「遺失者又は所有者其の他物件回復の請求権を有する者に、其の物件を返還し」発音〈標ア〉ツ

いしつ-しゃかい【異質社会】〖名〗文化や人種などを異にする成員によって構成された社会。↕同質社会。発音〈標ア〉シャ

い-じった〖名〗方言⇩いえじった(家下)

いし-づたい【石伝】〖名〗石から石へと伝って行くこと。敷石、飛び石や、川の浅瀬の石などを順に踏んで渡ること。*新撰六帖(1244頃)二「かた山のいささ小川のいしづたひ心ぼそくて世を過すらん〈藤原知家〉」発音〈標ア〉ズ

いし-づち【石槌】〖名〗①縄文時代の打製石器の一つ。穀物などをついたり、つぶしたりするのに用いたものとされる。②地固めに用いる大きな石。数本の縄を結び付け、数人で持って上下させて地面を固める。発音〈標ア〉⓪

いしづち-こくていこうえん【石鎚国定公園】 石鎚山を中心として愛媛、高知の両県にわたる山岳公園。瓶(かめ)ケ森(一八九六メートル)、筒上山(一八五九メートル)、二ノ森(一九二九メートル)などの山と面河(おもご)渓などの渓谷を含む。昭和三〇年(一九五五)指定。発音イシズチコクテイコーエン〈標ア〉コ2

いしづち-さんみゃく【石鎚山脈】 石鎚山を主峰として四国の西部を東西に走る山脈。東は大歩危(おおぼけ)小歩危(こぼけ)の峡谷、西は肱(ひじ)川流域に連なる。中央北部に別子銅山がある。発音〈標ア〉サ

いしづち-じんじゃ【石鎚神社】 愛媛県西条市西田にある神社。旧県社。祭神は石土毘古(いしづちひこ)神。大和時代に創祀。修験道の役小角(えんのおづの)が開山して以来、神仏習合して石土蔵王権現(ざおうごんげん)と称した。石鎚山の山頂に頂上社、中腹に成就社(中之宮)、ふもとに本社(口之宮)を置く。発音〈標ア〉ジ

いしづち-やま【石鎚山】 愛媛、高知の県境にある山。四国山地中の最高峰。山頂に石鎚神社があり、古くから山岳信仰で有名。石鎚国定公園の一部。標高一九八二メートル。*浄瑠璃・嵯峨天皇甘露雨(1714)四「六十五ばん三角寺、是よりさきはさぬきぢと、ここにふだうつ石土山」発音〈標ア〉⓪

いしづちやま-もうで【石鎚山詣】〖名〗四国の石鎚山の山頂にある石鎚神社へ、陰暦六月一日ころに参詣すること。*俳諧・俳諧四季部類(1780)五月「石槌山詣 〈廿八日 伊与〉」発音イシズチヤマモーデ〈標ア〉モ

いし-つつ【石椎】〖名〗柄頭(つかがしら)を石または石のように固いもので作った剣か。*古事記(712)中・歌謡「みつみつし 久米の子が 頭椎(くぶつつ)い 伊斯都都(イシツツ)いもち 撃ちてし止まむ」補注語構成を「石(いし)っ霊(ち)」の変化したものとし、石器とする説もある。他に、「いしつつい」で一語とみなす説もある。語源説イシは稚、小の義〔柳庵随筆〕。

いし-づつ【石筒・石管】〖名〗掘った穴のまわりを囲むように石を積み重ねること。また、そのもの。*今昔(1120頃か)一一・二八「寺の下に石筒を立たる一の井有り」発音〈標ア〉⓪

いし-づつみ【石堤】〖名〗江戸時代の築堤法の一つ。石積みの堤。特に、川の水当たりが強く、決壊を生じやすい箇所に多く築かれた。*地方凡例録(1794)九「石塘の仕方も土つつみに替ることなく、併石の積み方不功者にては、石畳む事も有、また一つ二つ宛抜出て、其所より及二大破一」*ふらんす物語(1909)〈永井荷風〉船と車「岸は一帯に堅固な石堤(イシヅツミ)で、其の上は広い大通になって居るらしく」発音〈標ア〉ズ

いしつ-てき【異質的】〖形動〗性質がちがっているさま。*わが思想の歩み(1952)〈亀井勝一郎〉「異質的な文化とのかなり突発的な接触、性急な接木作用、そこに生じた混乱の諸特徴」*私の詩と真実(1953)〈河上徹太郎〉詩人との邂逅「ここに中原がヴェルレーヌと似れば似る程異質的なものが発生してゐるのである」発音〈標ア〉⓪

いしつ-ぬし【遺失主】〖名〗自分の占有する物品を遺失した者。遺失者。*民法(明治二九年)(1896)一九三条「被害者又は遺失主」発音〈標ア〉ツ

いしつ-ばいすうせい【異質倍数性】〖名〗染色体が基本数の整数倍あり、しかも異なるゲノム(染色体組)を含む場合をいう。ゲノムの数に応じて異質三倍体、四倍体などの異質倍数体ができる。発音イシッバイスーセイ〈標ア〉⓪

いしつ-ばいすうたい【異質倍数体】〖名〗異質倍数性をしめす個体。異種交配などによって生じ、自然倍数種として植物に多くみられる。たとえば普通の栽培コムギは三種のゲノム(染色体組)よりなる異質六倍体である。発音イシッバイスータイ〈標ア〉⓪

いし-つばめ【石燕】〖名〗腕足類の化石動物。世界的に分布するが、日本では秩父地方に多く見られる。せ

きえん。スピリフェル。＊和漢三才図会(1712)六一「石燕(イシツバメ)。本綱 石燕 永州祁陽県有レ之、状如二蜆蛤之状一、色如レ土、堅重如レ石、円大者為レ雄、長小者為レ雌、此乃石類也」 発音〈標ア〉ツ

いじっ-ぱり【意地張】〘名〙(形動)「いじばり(意地張)」の変化した語。＊雑俳・柳多留-三三(1806)「兄弟で書のしを喰ふいじっぱり」＊人情本・英対暖語(1838)三・一六章「意地っぱりな父上(おとっ)さんでござゐますから」＊地獄の花(1902)〈永井荷風〉五「真実(ほんとう)に私はどうしてかう意地っ張りでお転婆だらうと自分ながら呆れてしまうんですが」 発音〈標ア〉リ〇パ〈京ア〉パ

いしつ-ひん【遺失品】〘名〙置き忘れたり、落としたりした物品。忘れ物。落とし物。遺失物。＊野分(1907)〈夏目漱石〉二「今日は新橋の先迄遺失品を探がしに行って」＊自由学校(1950)〈獅子文六〉その道に入る「地見屋といって、往来に落ちてる遺失品を拾うのも、彼の兼職の一つだが」 発音〈標ア〉〇ツ

いしつ-ぶつ【遺失物】〘名〙①「いしつひん(遺失品)」に同じ。②占有者の意思に基づかないでその所持を離れた物品。＊民法(明治二九年)(1896)一九三条「盗品又は遺失物なる時は」＊百鬼園随筆(1933)〈内田百閒〉間抜けの実在に関する文献「それから遺失物の届出の帳面を繰って」 発音〈標ア〉ツ1〈京ア〉ツ1

いしつぶつ-おうりょうざい【遺失物横領罪】〘名〙横領罪の一つ。遺失物、漂流物その他、占有者の意思に基づかないでその所持を離れた物品を横領することによって成立する罪。占有離脱物横領罪。 発音イシツブツオーリョーザイ〈標ア〉ツ1リョ〈京ア〉ツ2

いしつぶつ-ほう【遺失物法】〘名〙遺失物および埋蔵物の取扱方法を定めた法律。明治三二年(一八九九)施行。 発音イシツブツホー〈標ア〉〇ツ2

いし-つぶて【石礫・礫】〘名〙小石を投げること。また、その石。つぶて。＊書陵部本応仁記(15C後)「谷深く隔れば、下り渡て潜(かづく)処を、石礫(ツフテ)にてぞうち退けにける」＊俳諧・望一後千句(1652)第七「やりくらをしづのおとこの石礫 麻の衣のかたをぬきけり」＊地獄の花(1902)〈永井荷風〉一六「飄然、一発の石つぶてがハッシとばかり車の硝子戸を打破(うちわ)ったが」 発音〈標ア〉ツ

いし-つぼ【石壺・石坪】〘名〙①石製のつぼ。＊評判記・赤烏帽子(1663)序「かかる事しらざるは、石壺の中にて年月を送り、井の中の蝦蟆(かへる)のたとへ誠なるべし」②(「つぼ」は地点の意) 皇太神宮の祭典の時、勅使、神官などが着座する位置を示すために、石を敷いてある所。いしのつぼ。＊江家次第(1111頃)一二・伊勢公卿勅使「次使進跪二石壺一、置レ笏」＊新後撰(1303)神祇・七一七「榊もて八つの石つぼ踏みならし君をぞ祈るうぢの宮人〈荒木田延成〉」③(「つぼ」は中庭の意) 邸宅内で、小石を敷きつめた一区画。後世の白洲(しらす)の類。＊吾妻鏡-元暦元年(1184)正月二七日「三人使者、皆依レ召参二北面石壺一、聞二食巨細一」 発音〈標ア〉〇

いじっ-ぽ・い【意地─】〘形口〙(「ぽい」は接尾語) いかにもいじっぱりといったさま。＊門三味線(1895)〈斎藤緑雨〉一一「下駄の音、荒らかに馳帰れるに座は白け、意地(イヂ)っぽい児と跡に文字兼(もじかね)の呟くは」 発音〈標ア〉ポ

いし-つみ【石積】〘名〙(「いしづみ」とも) ①石を積み上げたもの、建造物。また、それを造ること。＊家忠日記-天正一七年(1589)四月二九日「晩に駿川普請奉行衆より、御本城石つみ崩候間早々こし候へ之由申来候」＊先祖の話(1945)〈柳田国男〉七一「何者のしわざとも知れぬ不思議の石積みが必ず有る」②水刎(みずはね)の一種。堤防の補強のために、川の流れに沿った河原の一部に、石堤状に石を積んだもの。また、それを積むこと。石出し。水刎(みずはね)。＊地方凡例録(1794)九「石積と云水刎有、川原また岸上等に堤の如く石を川形に長く積立る」＊あにいもうと(1934)〈室生犀星〉「七杯の舟に石積みの手分けをし、蛇籠止の棒喰を打つものを裸で水のなかへ追ひこみ」③子供の遊戯の一種。小石を積み上げた山から、他の石を動かさないようにして一つずつ取り、動かしたら次の者に交代し、多く取った者を勝ちとするもの。石崩し。 発音〈標ア〉ミツ

いしづみ-ぜき【石積堰】〘名〙「いしぜき(石堰)」に同じ。 発音〈標ア〉ミ

いしづみ-ぶね【石積舟】〘名〙石を積みこんで運ぶ舟。＊あにいもうと(1934)〈室生犀星〉「石積舟の上で投げこむ蛇籠の石を見積りしてゐる彼は」 発音〈標ア〉ブ

いじ-づよ【意地強】(形容詞「いじづよい」の語幹) 強情(ごうじょう)であること。我(が)が強いこと。＊門三味線(1895)〈斎藤緑雨〉一五「意地強(イヂヅヨ)のお浜あとへは緋鹿子の片袒(かたはだぬき)」 発音〈標ア〉〇

いじ-づよ・い【意地強】〘形口〙文いぢづよ・し〘形ク〙どこまでも自分の思いこんだことを押し通そうとする態度が強い。いじっぱりである。＊浄瑠璃・平家女護島(1719)二「入道殿慈悲心なく、意路づよき気質を今病中にも一つの悔み」＊歌舞伎・五大力恋緘(1793)一幕返し「ハテ意地強いやつ、様々に口説(くど)いても、今に於て其返事致さぬ」 発音〈標ア〉ヨ

いしつり-ぐさ【─草】〘名〙植物「めひしば(雌日芝)」の異名。＊俳諧・新季寄(1802)八月「植物〈略〉石つり草」

いしつり-ふね【石釣船】〘名〙船底に穴を開け、そこから石を吊って運搬した船。＊農具便利論(1822)下「石釣舩(イシツリフネ)の図 一名そこなし舟」 発音〈標ア〉フ

いし-てき【意志的】〘形動〙意志のあるさま。積極的な心構えをもって物事にあたるさま。＊竹沢先生と云ふ人(1924-25)〈長与善郎〉竹沢先生の家・六「先生にもっと、謂はば意志的な行き方を飽くまでもして行ってほしい気がするんです」＊暗夜行路(1921-37)〈志賀直哉〉四・七「本統にさうだ。然し意志的(イシテキ)にでも努力するのだな」＊蒼ざめた馬を見よ(1966)〈五木寛之〉一「固く結ばれた意志的な唇、そしてその表情全体に漂っている一種孤高な雰囲気」 発音〈標ア〉〇

いして-じ【石手寺】愛媛県松山市石手にある真言宗豊山派の寺。山号は熊野山。神亀五年(七二八)聖武天皇の勅により伊予大領越智玉純(澄)が開創。二王門は国宝。四国八十八か所五一番札所。石手のお大師さん。 発音〈標ア〉ジ〇

いしで-たてわき【石出帯刀】〘名〙江戸時代、江戸の小伝馬町の牢屋を世襲的に管理した町奉行支配下の幕府役人。役名は正式には囚獄であるが、俗に牢屋奉行と呼んだ。禄高三百石、格式は与力格御目見以下で、牢屋敷一切の監督取締に任じたほか、刑罰の執行、赦免(しゃめん)の申渡しなどに立ち会った。＊禁令考-前集・第三・巻二三・宝暦四年(1754)二月「石出帯刀先祖本多図書儀、大御番組之由」

いし-でん【一身田】〘名〙「いっしんでん(一身田)」に同じ。

いし-ど【石砥】〘名〙砥石のこと。＊山科家礼記-文明一二年(1480)正月二六日「御率分取様〈略〉一、いしと 一かに三文」＊俳諧・犬子集(1633)四・渋鮎「さび鮎の瀬々に身をとぐ石砥哉〈光香〉」 発音〈標ア〉〇

いしどう【石塔】姓氏の一つ。斯波・一色らとならぶ源姓足利氏の一族。足利泰氏の子(一説には孫)頼茂が石塔氏を称したことに始まるとされる。南北朝期には、頼茂の子義房は足利尊氏に従い、伊豆・駿河両国の守護、奥州総大将などを歴任したが、観応の擾乱以後、尊氏から離反し、直義方に加わった。義房の子頼房も直義方につき歴戦したが、足利義詮に降った。頼房以降、系譜上は二、三代の間、確認されるが、その後の動向は明らかではない。

いしどう-あめ【石堂飴】〘名〙福岡県博多の名物で、糯(もちごめ)でつくった白色の晒飴(さらしあめ)。 発音イシドーアメ〈標ア〉シ

いしどう-が-みね【石堂峰】兵庫県と岡山県の境、赤穂市の北西部にある石堂丸山(四二二メートル)のことといわれる。＊太平記(14C後)三六・山名伊豆守落美作城事「播磨と美作との境には、竹山、千草、吉野、石堂(イシダウ)が峰(ミネ)、四箇所の城を構へて」 発音イシドーガミネ〈標ア〉ド

いしどう-は【石堂派】〘名〙刀工の流派の一つ。明応(一四九二〜一五〇一)の頃、一文字助宗の子孫助長が、近江国(滋賀県)の蒲生家の招きに応じて蒲生郡桜川村石塔寺の門前に移住して、石塔を姓としたのを、その祖とするもので、後には多く石堂の字を用いた。この派は古刀時代ではそれほど有名ではなかったが、新刀時代には江戸、紀伊、大坂、筑前にまで分布し、江戸の橘常光、石堂是一、紀伊の橘為康、大坂の多々良長幸、筑前の守次などが有名。 発音イシドーハ〈標ア〉〇

いしどうまる【石童丸】㊀和歌山県高野山の苅萱(かるかや)堂や、長野市安楽山の往生寺の縁起などに伝わる人物。「苅萱堂縁起」によると一二世紀後半の人で、筑前(福岡県)苅萱の武士加藤繁氏の子。出家して苅萱道心となった父を、母と共に高野山にたずねるが、父は名乗りをせずに別れる。母に死別したのち再び高野山に登り苅萱の弟子となる。㊁説経節「苅萱(かるかや)」の別名。作者未詳。江戸初期成る。㊂琵琶の歌曲。説経節「苅萱」に取材し、二種類ある。薩摩琵琶では、明治中期に四竈訥治(しかまとつじ)作歌、吉水経和作曲。後に永田錦心が改良。錦心流の代表曲。筑前琵琶では、初代橘旭翁(一八四八〜一九一九)が薩摩琵琶に新しく節づけしたもの。橘流奥伝の一つ。 発音イシドーマル〈標ア〉ド〈京ア〉1

いしどうまる-ようかん【石童丸羊羹】〘名〙和歌山県高野山の名物の羊羹。苅萱、石童丸父子対面の伝説にちなんだもの。 発音イシドーマルヨーカン〈標ア〉ヨ

いしどう-もの【石堂物】〘名〙近江国蒲生郡在住の刀工、石堂派の鍛錬した刀。斬れ味の鋭いことで知られる。 発音イシドーモノ〈標ア〉〇

いし-どうろ【石灯籠】〘名〙「いしどうろう(石灯籠)」の変化した語。＊東寺百合文書-ち・明徳五年(1394)六月二三日・二十一口方評定引付(大日本古文書三・一)「毎年百疋可レ致二其沙汰一、以二彼足一可レ被レ宛二于石燈炉之夜燈高辻地之闕分一」＊日葡辞書(1603-04)「Ixidôro(イシドウロ)」＊浮世草子・好色一代男(1682)三・四「跡見かへる面影、石燈籠(イシドウロ)の光にうつりぬ」＊雑俳・柳多留-一四(1779)「石とうろつくばって居て気ばる也」 発音イシドーロ〈標ア〉ド 辞書日葡

いし-どうろう【石灯籠】〘名〙石造りの灯籠。笠石、火袋(ひぶくろ)、脚石、台石の各部から成る。多く、自然石を加工するが、そのまま利用したものもある。社寺の前にすえて灯火をともし、また庭園などに置いて飾りとする等、その用途によって種類がきわめて多い。いしどうろ。＊東寺百合文書-ち・応永二九年(1422)六月二日・二十一口方評定引付(大日本古文書三・五)「石燈籠油事 八条五段田二段余在レ之、為二其下地本役一、致二其沙汰一」＊浄瑠璃・鑓の権三重帷子(1717)上「炉路(ろじ)の飛石、敷松葉、石燈籠は苔蒸(こけむ)して」＊譬喩尽(1786)一「石燈籠(イシドウロウ) 春日形と云は六角也是を秋戸の社の前に有レ之秋戸形と云住吉形と云は四角也此外雪見形織部形」＊龍宝山大徳禅寺世譜

(1855頃)龍光院「庭石小堀遠州好中有二朝鮮石燈籠一」 発音 イシドーロー〈標ア〉ド 0 辞書 書言・ヘボン・言海 表記 石燈楼(書) 石鐙籠(へ) 石燈籠(言)

いし-どこ【石床】〘名〙川などの底の、石を敷きつめたようになっている所。＊遠天(1941)〈吉井勇〉穴居のあと「いにしへの穴居の民がほのぼのと相抱きけむ石床(イシドコ)ぞこれ」 発音〈標ア〉0

いし-とさか【石鶏冠】〘名〙鶏などのとさかの、石のように堅いもの。いしざか。＊弁内侍(1278頃)宝治三年三月三日「万里の小路の大納言の参らせられたる、あかとりのいしとさかあるが、毛色も美しきをたまはりて」 発音〈標ア〉ト

いし-どの【石殿】〘名〙石で造った殿舎。＊筑後風土記逸文(釈日本紀所載)(1274〜1301)「上妻県〈略〉彼の処に赤石馬三疋、石殿三間、石蔵二間あり」

いし-とび【石跳】〘名〙 方言 ❶片足跳び。島根県隠岐島724 ❷川の浅瀬などで飛び石伝いになっている所。熊本県玉名郡058 鹿児島県肝属郡970

いし-どめ【石止】〘名〙盛り花を花器に定着させる器具の一つ。

いし-どり【石取】〘名〙「いしなご(石子)①」に同じ。＊浮世草子・風流曲三味線(1706)二・三「むかしは十五六までも門に出て、あないち、はぢき、石どりして、男童まじりに遊び暮し」 方言 ❶石けり。 ◇いしとり 愛媛県周桑郡845 ❷お手玉。長崎市906 ◇いしこどり〔石子取〕長崎県壱岐島914 発音〈標ア〉ド 0

いし-どりい【石鳥居】〘名〙石でつくった鳥居。 発音〈標ア〉ド

いしとり-にんそく【石取人足】〘名〙築堤などの土木工事に必要な石を採集する人夫。工事の規模により、村高百石に何人と徴用数をきめて就労させるのを普通としたが、幕府の施行する土工には、材料の石を拾い集める人足を一坪当り何人と定めた定法(規定)があった。＊地方凡例録(1794)九「一 石取人足定法之事 一つぼに付石取場道法 一町四人内 一人石拾ひ 三人石もち運送仕立とも」 発音〈標ア〉二

いしとり-の-しんじ【石取神事・石採神事】〘名〙三重県桑名市上本町の春日神社の例祭。古くは陰暦八月一八日に、現在は八月五日から七日にかけて行なわれる。氏子が小石を俵につめて神前に献上するのでこの名がある。桑名祭。石取り祭り。《季・夏》＊俳諧・俳諧小筌(1794)七月「石取神事 七日朝 いせ」＊俳諧・俳諧歳時記(1803)下・八月「七月七日の神事あり氏子員弁(いんべ)川に於て石をとり来りて両社に献ずこれを石取の神事といふ」 発音〈標ア〉シ[2]

いしとり-ば【石取場】〘名〙石を採集する山、または川原などの拾石場。多くは村人の共有に属したが、二か村以上入会(いりあい)の採石場もあり、石運上や石屋役を課される場所もあった。＊禁令考-後集・第一・巻九・論所見分并地改遺候事・文政一〇年(1827)一二月二一日「双方石取場、物干場等にいたす筈にて内済いたす」 発音〈標ア〉0 バ

いしとり-まつり【石取祭・石採祭】〘名〙「いしとりのしんじ(石取神事)」に同じ。《季・夏》 発音〈標ア〉マ

いじとん【異次頓】五世紀頃の新羅の殉教者。新羅に仏教が伝わった法興王(在位五一四〜五四〇年)の時代に、諸臣の反対の中、異次頓が一人仏教の信奉を主張。彼の殉教により仏教が公認されることとなった。生没年未詳。

いし-な【石―・礫―】〘名〙小石。砂利(じゃり)。＊物類称呼(1775)二「石 いし 畿内にて ごろたと云は石の小なる物を云 東国にて 石ころといふ〈略〉越中にて いしなといふ 江戸にて じゃりと云」 方言 山形県139 145 新潟県361 383 385 富山県390 391 398 石川県409 412 424 福井県427 岐阜県498 502 504 愛知県549 三重県585 586 599 滋賀県609 612 614 京都市621 大阪市639 奈良県675 高市郡683 和歌山県日高郡690

いし-なおされ【石直】〘名〙囲碁の指導を受けること。現今では初段以上の者が、上位者と打ち、その成績によって昇段を許可される囲碁試験をいう。手直り。＊仮名草子・仁勢物語(1639〜40頃)上・五「をかし、男有けり。名人の碁打へ石なをされに行きけり」 発音〈標ア〉ナ

いし-なかし【石仲士】〘名〙石材の荷揚げ運搬人足。＊雑俳・名付親(1814)「名を付けて浜角力へ出ぬ石仲士」 発音〈標ア〉カ

いし-なぎ【石投】〘名〙「おおくちいしなぎ(大口石投)」に同じ。《季・夏》＊滑稽本・七癖上戸(1810)下「鯛の貴(たっと)きも石薙(イシナギ)の賤しきに位を奪はるるなど」 発音 イシナギ〈標ア〉0 辞書 言海

いしなぎ の 味噌吸(みそず)(「味噌吸」は「味噌吸物」の略)石投は姿は鯛に似ているが味の劣る魚、すなわち、鯛の味噌吸に似て実はそうでないもの。転じて、ちょっと見ると似ているが、実際はそうでないものの意。まやかしもの。＊人情本・契情肝粒志(1825〜27)初・下「青楼の美景ここに尽ぬれば、後世拙き筆を以てこれを述んとするは、いしなぎの味噌吸(ミソス)、赤にしの壺やき、鯛と栄螺(さざい)のおっかぶせも」

いし-なげ【石投】〘名〙①石を投げること。＊鳥獣戯話(1960〜62)〈花田清輝〉三・二「信玄の養成した石投げの特技をもった連中のことであって」②遊戯の一種。小石を投げあい、的に当てたり、石の飛ぶ距離などを競うもの。つぶてうち。いしうち。＊石山寺本瑜伽師地論平安初期点(850頃)二三「所謂(いはゆる)按摩し、拍毬(まりこ)え、託石(イシナケ)し、跳躑し、蹴蹋(ふみしら)ひ」＊五島本梵網経平安中期点(950頃)「弾碁(いしはしき)し、六博(すくろくう)ち、拍毬(まりこ)え、擲石(イシナケ)し」③「いしなご(石子)①」に同じ。＊和漢三才図会(1712)一七「擲石(イシナゴ)和名以之奈介 俗云石奈古」④歌舞伎や文楽における型の名。石を投げたような形で見得をきるもの。⑤ふたまたになっている支軸にゴムを結びつけ、小石などをはさんで飛ばすおもちゃ。パチンコ。＊暑中休暇(1892)〈巖谷小波〉一「此間も君に投石器(イシナゲ)を遣ったら〈略〉君許(きみんとこ)の阿母様(おっかさん)に叱られたぜ」＊シェイクスピア(1952)〈吉田健一〉十二夜「ああ、石投げで旨く眼玉に当ててやりたいものだ」 方言 片足跳び。青森県津軽054 ◇いしやげ 神奈川県中郡054 発音 イシナゲ〈標ア〉ゲ ナ〈京ア〉ナ

いしなげ の 見得(みえ) 見得の一つ。両足をそろえて立ち、左足を上げ、右手を頭上に上げて掌をぱっと開く。身体はやや横向きに、ぐっとそらせて、石を投げたような形になるもの。

いしなげ-ん-じょ【石投―】〘名〙長崎県西彼杵(そのき)郡江ノ島でいう妖異現象の名。出漁中、とつぜん岩が大きな音をたてて崩れ落ちる音が聞こえるが、翌日行ってみると何事もないという。五月頃靄(もや)の深い晩にあらわれる。海姫や磯女の類。

いし-なご【石子】〘名〙(「いしなこ」とも)①古くから女児の間に行なわれていた遊戯の一種。いくつかの小石をまき、その中の一つを投げ上げて落ちないうちに、まいた石とともに取り、早く拾いつくしたものを勝ちとするもの。現在のお手玉に似た遊び。いしどり。いしなごとり。いしなどり。いしなげ。いしなんご。＊聞書集(12C後)「いしなごの玉の落ちくるほどなさに過ぐる月日はかはりやはする」＊浄瑠璃・国性爺合戦(1715)道行「あまの子共の打むれて、はじき石なご又長か半、三つ四つ五つかぞへては、おさなあそびもむつまじく」＊物類称呼(1775)五「石投(イシナゴ) 江戸にて、手玉といふ。東国にて、石なんご、又、なっこともいふ〈略〉中国及薩摩にて、石なごといふ」②石。小石。＊俳諧・誹諧之連歌(飛梅千句)(1540)何カ第七「なみすさましく何おとりけん 川原とはいへど石なこなき物を」＊菅江真澄遊覧記(1784〜1809)牧乃冬かれ「木浪といふはまよりとり来りしとて、ちちの色なるいしなこを人のくれたりけるに」 語誌 (1)「いしなげ(石投)」の転とも、また、「いしすなご(石砂)」の約ともいわれるが、詳細については不明。(2)鎌倉時代には一般化した遊びとみられるが、地域によっては、小石以外にも、木の実や貝殻の類を用いたり、近世期以降、布に小豆や小石、もみ殻などを入れたものを用いたりするようになる。(3)遊具の変化と共に遊び方も多様化し、それに伴って名称も変化し、様々な呼び方がなされる。中でも、挙例の「物類称呼-五」でいうように、近世の江戸を中心とした名称としては、「手玉」がかなり一般的であったことが知られ、現在、全国的な通称となっている。(4)現在も「いしなご」を使用する地域には、方言欄に見られるように九州・四国地方、近畿・中部地方の一部や東北地方南部などがある。 方言 ❶石。小石。庄内060 山形県139 145 新潟県西蒲原郡371 京都市621 兵庫県淡路島671 ◇いしなこ 福井県遠敷郡445 大飯郡447 ◇いしなぐ 沖縄県国頭郡975 石垣島996 ◇いしぬぐ・いしぬぐう 沖縄県小浜島975 996 ◇いつぃぐう 沖縄県与那国島996 ◇いしゃぐ 鹿児島県徳之島975 ◇いしぇえなあ・いしゃあなあ・いしゃあま 沖縄県石垣島996 ◇いすぃなあ 沖縄県竹富島996 ❷砂。◇いしのお 沖縄県小浜島996 ◇いしょおん 沖縄県波照間島996 ◇いのお 沖縄県石垣島・小浜島・黒島996 ◇いのおん 沖縄県鳩間島996 ◇いんの 沖縄県竹富島996 ◇いなう 沖縄県新城島996 ❸お手玉。福島県相馬郡156 茨城県188 193 新潟県中蒲原郡361 石川県珠洲郡407 福井県432 坂井郡433 岐阜県大垣市512 京都府583 621 兵庫県但馬・丹波583 奈良県宇陀郡678 島根県隠岐島724 岡山県岡山市762 児島郡947 徳島県810 愛媛県840 周桑郡845 高知県862 福岡県久留米市(小石でするものに限る)872 947 大分県大分市・速見郡941 宮崎県947 鹿児島県鹿児島郡947 ◇いしなごゆり 愛媛県新居郡・周桑郡845 ◇いしなぐ 沖縄県首里993 ◇いしなん 島根県隠岐島724 ◇いしなやあご 京都府竹野郡622 ◇いしでんこ 島根県大原郡724 ◇きしなご 愛媛県周桑郡845 ❹石をはじいて遊ぶ子供の遊び。おはじき。千葉県下総264 富山県砺波398 長野県上伊那郡493 徳島県美馬郡816 高知県862 高知市867 宮崎県児湯郡・宮崎郡947 ❺巻き貝の一種。おはじきにする。香川県佐柳島829 ❻足のくるぶし。千葉県山武郡270 長生郡286 ❼ほくろ。千葉県上総001 語源説 (1)ナゴはナゲ(投)の音転〔和漢三才図会・和訓栞・大言海〕。(2)イシノコ(石子)の訛りか。また、石投の意でもあるか〔常陸方言〕。 発音 イシナゴ〈標ア〉0 辞書 日葡・書言・言海 表記 投石(書) 石投子(言)

いしなご-せん【石子銭】〘名〙子供が物を買ったり売ったりするままごと遊びの時に、銭として用いる小石。 発音 イシナゴセン〈標ア〉0

いしなご-とり【石子取】〘名〙「いしなご(石子)①」に同じ。 発音 イシナゴトリ〈標ア〉ゴ

いし-なし【石梨】〘名〙①植物「やまなし(山梨)」の異名。＊狂歌・才蔵集(1787)一一「くどけども落ちぬ心は石なしか返事にかたきしんをあらはす」②ナシの果実の異常の一種で、乾燥や不良な栄養状態から果面に凹凸ができ果肉が硬いもの。＊俳諧・文政句帖-八年(1825)七月「石梨や盲の面に吹つける」 発音〈標ア〉シ[1]

いしな-だま【石玉】〘名〙いしなご遊びなどの子供の遊戯に用いる小石。＊浮世草子・紅白源氏物語(1709)一「むらさきのうへはいとけなく、ひゐなのとのをつくりすへ、はねつくりてまり、いしな玉、まだそのわけの道とては、ゆめにもしらぬあどなさの、色をはなれしたはぶれぞよ」

いしな-だんご【石団子】〘名〙「いしだんご(石団子)」に同じ。＊重訂本草綱目啓蒙(1847)六・石「禹余

粮、いしなだんご 讃州」 辞書言海 表記石投団子（言）

いしな-づか【石塚】〘名〙方言 ⇩いしづか（石塚）

いしな-つぶて【石礫】〘名〙①「いしつぶて（石礫）」に同じ。＊俳諧・犬筑波集（1532頃）恋「なげやりざまの情こそあれ 玉札をいしなつぶてにゆひ付て」②「石子（いしなご）①」のあそびをするときに用いる小石。＊浄瑠璃・傾城吉岡染（1710頃）上「お袖の情の施（ほどこ）し受、諸国をさまよふうき身のはて、いにしへは一歩小判石なつぶてとなしたるばち」

いしな-どり【石取】〘名〙「いしなご（石子）①」に同じ。＊拾遺（1005–07頃か）雑賀・一一六三・詞書「東宮のいしなどりの石召しければ、三十一を包みて、一つにひと文字を書きて参らせける」＊栄花（1028–92頃）月の宴「碁、双六（すぐろく）うたせ、偏をつがせ、いしなどりをせさせて」＊たまきはる（1219）「貝おほひ、いしなどり、らんごなどやうの、あそび事をも」方言お手玉。◇いしなとり 山形県鶴岡145 発音〈標ア〉[ナ]〈ア史〉鎌倉◎◎◎◎◎〈京ア〉[ド] 辞書易林・書言・言海 表記投石（易・書）石投取（言）

いし-なぶり【石嬲】〘名〙すごろくで、賽（さい）をもてあそぶこと。＊波形本狂言・双六（室町末–近世初）「されば相手の上手は、かならず石なぶりして簺（さい）を打物也」

いし-なべ【石鍋】〘名〙①石でつくった鍋。蒸し物をする時に使用された。＊延慶本平家（1309–10）一本・平家殿下に恥見せ奉る事「又前に石鍋（ナヘ）に毛立したるものを置たり」②蠟石（ろうせき）に似た石でつくった鍋。温度の平均を保つのに必要な料理に用いられる。朝鮮（韓国）で多く使用されるので、朝鮮鍋ともいう。また、彌生時代の石製什器の一つとして北九州地方から多く出土する。

いしなべ【石鍋】 姓氏の一つ。発音〈標ア〉[0]

いし-なみ【石並】〘名〙（「なみ」は四段動詞「なむ（並）」の連用形の名詞化）川の浅瀬に石を置き並べて橋としたもの。石橋（いわばし）。＊万葉（8C後）二・一九六「飛ぶ鳥の 明日香の河の 上つ瀬に 石橋（いはばし）渡し 一云石浪（いしなみ）」〈柿本人麻呂〉」＊万葉（8C後）二〇・四三一〇「秋されば霧立ちわたる天の川伊之奈彌（イシナミ）おかば継ぎて見むかも〈大伴家持〉」補注「万葉集–二〇・四三一〇」の例は「なみ」を動詞「並む」の連用形とする説がある。発音〈標ア〉[ミ]

いし-なめ【石舐】〘名〙清流の川底の石に付着した珪藻を鮎が細長く縦横に食べ取ったあと。鮎の有無多少を知る手がかりとされる。食跡（はみあと）。発音〈標ア〉[0]

いし-なんご【石子】〘名〙（「いしなんこ」とも）①「いしなご（石子）①」に同じ。＊物類称呼（1775）五「石投（イシナゴ）江戸にて、手玉といふ、東国にて、石なんご又なっこともいふ」②「いしなご（石子）②」に同じ。＊風俗画報–一五二号（1897）言語門「小石を石なども石なんこ共いふ石なんこは石なこなり」方言❶石。小石。◇いしなんこ・いしなんころとも。山形県139 ❷お手玉。京都府竹野郡583 兵庫県但馬652 鳥取市711 気高郡717 島根県隠岐島724 岡山県邑久郡761 岡山市762 広島県比婆郡772 ◇いしなんこ 北海道松前†050 兵庫県加古郡664 ❸足のくるぶし。千葉県山武郡270

い-じに【射死】〘名〙矢に当たって死ぬこと。＊源平盛衰記（14C前）四一・平家人人歎「討死射死（イシニ）をもして、名を後の世に留め」

いし-にら【石蒜】〘名〙「ひがんばな（彼岸花）」の異名。＊俳諧・篗纑輪（1753）「曼珠沙花（まんじゅさけ）本名石蒜（ニラ）彼岸花と云」

いし-にわ【石庭】〘名〙庭木をほとんど使わないで石や岩を配置して作ってある庭。また、石や岩だけで作ってある庭。せきてい。発音〈標ア〉[0]

いし-にん【縊死人】〘名〙首をくくって死んだ人。縊死者。＊夢の女（1903）〈永井荷風〉二〇「小田辺と云ふ哀れむべき縊死人の魂は何処（いづこ）を彷徨（さまよ）って」発音〈標ア〉[0]

いじ-ぬり【一塗】〘名〙「いじいじぬり（一塗）」に同じ。発音〈標ア〉[0]

いじ-ねんきん【遺児年金】〘名〙国民年金制度の遺族給付の一つで、一八歳未満の孤児に支給される年金。発音〈標ア〉[ネ]

いしの【石野】 姓氏の一つ。発音〈標ア〉[イ]

いじ-の-あざまろ【伊治呰麻呂】 奈良末期の武将。蝦夷（えみし）より出て陸奥上治郡の大領となる。牡鹿郡の大領道嶋大楯に侮られたため乱を起こし、大楯と按察使（あぜち）紀広純を殺した。この乱を伊治呰麻呂の乱という。名は、あたまろ、しまろ、きずまろ。また近年、伊治はこれはる、ともいう。生没年未詳。

いし-のうりょく【意思能力】〘名〙自己の行為の結果を認識、判断できる精神能力。＊現代文化百科事典（1937）「いしのーりょく 意思能（ノウ）力 人が独立して事物を判断し得る能力」発音イシノーリョク〈標ア〉[ノ]

いしのカラト-こふん【石のカラト古墳】 奈良県奈良市山陵町と京都府相楽郡木津町にまたがる、横口式石室をもつ上円下方墳。発音〈標ア〉[コ]

い-しの-ぐ【率凌】〘他ガ四〙連れていって難を避ける。＊万葉（8C後）七・一三〇八「大海をさもらふみなと事しあらば何方（いづへ）ゆ君は吾（わ）を率凌（ゐしのが）む〈人麻呂歌集〉」

いし-のこぎり【石鋸】〘名〙縄文時代の石器の一つ。打製と磨製の二種がある。①朝鮮、長崎県五島などから出土した、黒曜石製小型打製石器で、鋸歯（きょし）状の刃がある。②半月形の磨製石器で薄い刃をもち、石を切り取るのに用いたと思われる。発音イシノコギリ〈標ア〉[ノ]

いじ-の-さんてん【い字三点】〘名〙仏語。悉曇（しったん）文字のいの字は∴と書き、三つの点によって一字となっているので、これをもって涅槃（ねはん）の内容をなす法身、般若、解脱の三徳の不離の関係にたとえる。また、三菩提、三仏性、三観などにも配する。＊北本涅槃経–二「何等名為秘密之蔵、猶如伊字三点。若並則不成伊、縦亦不成、如摩醯首羅面上三目、乃得成伊三点、若別亦不得成、我亦如是」

いしのね-かくし【石根隠】〘名〙方言植物、かんあおい（寒葵）。大分県直入郡964 ◇いしばさみ〔石挟〕勢州†039

いし-の-ま【石間】〘名〙権現（ごんげん）造りの神社の、本殿と拝殿との間で土間になっている場所。合（あい）の間。〔日本建築辞彙（1906）〕発音〈標ア〉[0]

いしのまき【石巻】 宮城県中東部、北上川河口の地名。鎌倉時代・戦国時代に葛西氏の城下町として発展。江戸時代には港町としても繁栄。昭和八年（一九三三）市制。伊寺之水門（いしのみなと）。＊俳諧・奥の細道（1693–94頃）石の巻「終（つひ）に路ふみたがえて、石の巻といふ湊に出」＊俳諧・陸奥衛（1697）五「茂る藤やいかさま深き石の巻」発音〈標ア〉[ノ]

いしのまき-せん【石巻銭】〘名〙江戸時代、陸奥国仙台領石巻（宮城県石巻市）の銭座で鋳造した寛永通宝銭。享保一三年（一七二八）以降、慶応二年（一八六六）まで数回鋳造されているが、享保期と天明期は銅一文銭、慶応期は鉄四文銭、その他はすべて鉄一文銭である。発音〈標ア〉[0]

いしのまき-せんしゅうだいがく【石巻専修大学】 宮城県石巻市にある私立の大学。明治一三年（一八八〇）創立の専修大学を母体とし、平成元年（一九八九）発足。発音イシノマキ＝センシューダイガク〈標ア〉[ノ]＝[ダ]

いしのまき-もなか【石巻最中】〘名〙宮城県石巻市の名物の最中。餡（あん）はしろささげでつくり、皮は白く、夏でも味がわりしない点に特色がある。発音〈標ア〉[モ]

いしのま-づくり【石間造】〘名〙神社の建築様式の一つ。拝殿と本殿とを、石の間あるいは合の間でつないだもの。権現（ごんげん）造り。八棟（やつむね）造り。＊神道名目類聚抄（1699）一「石間造（イシノマヅクリ）、俗に八棟（やつむね）造と云」＊古今要覧稿（1821–42）五「神明作り、石間作り、皇子作り 又春日作り」発音〈標ア〉[ズ]

いし-のみ【石鑿】〘名〙「いしきりのみ（石切鑿）」に同じ。＊曾我物語（南北朝頃）八・富士野の狩場への事「水は、いしのみにあらず。索は、木の鋸にあらず」＊浄瑠璃・一谷嫩軍記（1751）三「はっしと打ったる手裏剣は、骨を貫く鋼鉄（はがね）の石鑿（イシノミ）」発音〈標ア〉[0] 辞書言海 表記石鑿（言）

いし-の-わた【石綿】〘名〙「ほこりたけ（埃茸）」の異名。＊俳諧・桃青三百韻附両吟二百韻（1678）延宝五之冬「前は海入日をあらふうしろ疵（きず）〈信章〉松が根まくら石の綿とる〈信徳〉」＊浮世草子・浮世親仁形気（1720）一・一「御怪我をなされた、石のわたよ血止よとさはぐを」方言長門†122 予州†039 発音〈標ア〉[タ]

いし-ば【石場】[一]〘名〙①（「石庭」とも書く）石でできている平らな場所。石の広場。また、石を敷いた通路。＊醍醐寺新要録（1620）「石場事〈略〉寅云、八足の門内より、廻廊の西小門の前まて、中央一返に石をたたみ敷満也。中央の石は高し、左右の地はひきし、是を石庭と云」＊幸木（1948）〈半田良平〉昭和一二年「蝙蝠嶽（かうもりだけ）のいただきは広き石庭（イシバ）にて霧ひとしきり外（そ）れてゆきたり」②石を置く場所。石置場。＊随筆・飛鳥川（1810）「藤堂和泉守揚場より、駒留の入江までは石場也」③八丈島で、石を積んで神のしるしとしたもの。＊八丈実記（1848–55）居宅「鎮守は邸隅にあり。ただ丸石を積て花表をたつ、これを石場と云う」[二]江戸時代、深川にあった岡場所の一つ。万治（一六五八～六一）頃、幕府の石置場であったのでこの名がある。のち、古石場、新石場に分かれた。前者は延享四年（一七四八）、後者は天明二年（一七八二）に創設。それらの岡場所の併称。また、その遊女。＊洒落本・辰巳之園（1770）序「新地、入船、石場、三間堂を譬て爰（ここ）に楽む。姉女郎（おいらん）あれば、年廻（としま）有」＊歌舞伎・蝶々孖梅菊（1828）序幕「それより、早く石場（イシバ）へ行って、一切り遊ぶ方がよい」方言❶台所などの洗い水を流す所。流し。熊本県919 ◇いしえん〔石縁〕熊本県玉名郡058 ❷台所。熊本県八代郡919 ❸家を建てる時に土台石を突きすえる作業。山形県庄内052 新潟県岩船郡362 発音〈標ア〉[0]

いしばい【石】〘名〙方言つぶて。小石。仙台†057 山形県置賜139

いし-ばい【石灰】〘名〙①石灰石や貝殻などを焼いて得られる生石灰（酸化カルシウム）、それを空中にさらして粉末となった風化石灰、また、水を加えて発熱させ粉末とした消石灰（水酸化カルシウム）の総称。古くから、消毒、肥料、漆喰（しっくい）などに使用。せっかい。＊十巻本和名抄（934頃）三「石灰 兼名苑云石灰 一名堊灰〈以之波比〉焼青白石成熟冷竟澆之砕成灰也」＊枕（10C終）六六・草は「いつまで草は〈略〉まことのいしばひなどには、え生ひずやあらんと思ふぞわろき」＊天草本伊曾保（1593）烏と鳩の事「アル カラス トット コエタ ハトヲ ミテ イカウ ウラヤマシュウ ヲモウテ、ixibaiuo（イシバイヲ）ミニ ヌッテ」＊浮世草子・日本永代蔵（1688）二・三「大分にすたり行（ゆく）貝がらを拾ひて霊岩嶋にして石灰（イシバイ）を焼（やく）か」②①を防腐剤として用いた下等な酒。現在は見られない。発音〈なまり〉イシパイ〔徳島方言〕イシビャ・イシベ〔鳥取〕イシベー〔埼玉方言〕イスバェー〔千葉〕〈標ア〉[シ][0]〈京ア〉[シ] 辞書和名・色葉・名義・文明・伊京・

明応・天正・饅頭・黒本・易林・日葡・書言・ヘボン・言海 表記 石灰(和・色・名・文・伊・明・天・饅・黒・易・書・ヘ・言) 堊灰(色・名) 堊(文) 蜃灰(書)

いしばい の 御拝(ごはい) 石灰の壇で、天皇が毎朝伊勢大神宮を遙拝(ようはい)すること。両段再拝の丁重な拝。＊讃岐典侍(1108頃)下「日ごとにいしばひの御はいのをりは、いかがさせ給ひしかと先づ思ひ出らる」

いしばい の 壇(だん) 清涼殿東廂(ひがしびさし)の南隅にあって、板敷きと同じ高さに土を盛り上げ石灰で塗りかためた壇。天皇が、伊勢大神宮、内侍所を拝するなど、特定の神事を行なった所。いしばい(石灰)の間(ま)。＊侍中群要(1071か)一〇「塗二石灰壇一事」＊江家次第(1111頃)一五・大神宮「次於二石灰壇一御二覧神宝御直衣一」＊平家(13C前)三・法皇被流「内裏には臨時の御神事とて、主上夜ごとに清涼殿の石灰壇にて、伊勢大神宮をぞ御拝ありける」 辞書 言海 表記 石灰壇(言)

いしばい の 間(ま) 「いしばい(石灰)の壇(だん)」に同じ。＊中右記‐嘉承二年(1107)二月一一日「使立之間、依二御物忌一於二石灰間一有二御拝一云々」＊弁内侍(1278頃)寛元四年一二月一二日「日ごろ降る雪さえとほりたるに、いしばひの間にかへりたち、つくづくと待ちゐたりし」

いしばい-いし いしばひ:【石灰石】〘名〙 炭酸石灰から成る水成岩で、有孔虫の殻などが水底につもってできたもの。せっかいせき。 発音〈標ア〉バ 辞書 言海 表記 石灰石(言)

いしばい-え いしばひヱ【石灰絵】〘名〙 泥鏝(どろこて)で石灰を塗って描く絵。 発音〈標ア〉バ

いしばいかせぎ-みょうが いしばひかせぎミャウガ【石灰稼冥加】〘名〙 「いしばいやきかせぎみょうが(石灰焼稼冥加)」に同じ。

いしばい-がま いしばひ:【石灰窯・石灰竈】〘名〙 石灰を製造するために、石灰石などを焼くかま。石灰炉(せっかいろ)。 発音 イシバイガマ〈標ア〉バ

いしばい-ぐすり いしばひ:【石灰釉】〘名〙 陶器を焼くときにかける釉(うわぐすり)のうち、比較的多量のカルシウム分を含むもの。釉の溶媒剤の一つである木灰の代わりに石灰石を使用したもの。 発音 イシバイグスリ〈標ア〉グ

いしばい-こう いしばひ:【石灰工】〘名〙 石灰を焼く職人。＊続日本後紀‐承和二年(835)九月癸卯「石灰工一人」＊延喜式(927)一八・式部「凡木工寮長上工、木工一人〈略〉石灰工一人」

いしば-いし【石場石】〘名〙 方言 家屋の土台石。礎石。新潟県佐渡352 福井県大飯郡447 京都府竹野郡622

いしばい-やき いしばひ:【石灰焼】〘名〙 石灰石などを焼いて石灰を製造すること。また、それを職業とする人。＊羅葡日辞書(1595)「Calcarius 〈略〉Ixibaiyaqi (イシバイヤキ)」 発音〈標ア〉0

いしばいやきかせぎ-みょうが いしばひやきかせぎミャウガ【石灰焼稼冥加】〘名〙 江戸時代、石灰焼きを職業とする者に課した冥加金(みょうがきん)。天保一四年(一八四三)免除。いしばいかせぎみょうが。＊財政経済史料‐三・経済・商業・雑商・天保一四年(1843)二月一五日「此度諸国石灰焼稼冥加不レ残免除被二仰付一候」

いしばい-ろ いしばひ:【石灰炉】〘名〙 清涼殿の石灰の壇の一隅に設けた凹所。塵などをはき入れる所。また、時にはこの中で火をたいたという。塵壺(ちりつぼ)。

いしば-かち【石場搗】〘名〙 方言 ❶建築前の敷地や礎石の地固め。地突き。また、その作業後の祝宴。新潟県中魚沼郡062 佐渡352 岐阜県飛驒502 郡上郡504 ◇いしばんかち 岐阜県郡上郡504 ◇いしかち 新潟県佐渡398 富山県砺波398 ◇いしかし 富山県高岡市395 ◇いんばかつ 新潟県佐渡352 ❷地鎮祭。新潟県佐渡352 ◇いしかち 新潟県佐渡352 富山県砺波397 岐阜県北飛驒499 ❸(❶から転じて) 話を確かめること。念を押すこと。◇いしかち 富山県砺波397

いし-はくじゃく【意志薄弱】〘名〙〘形動〙 意志の力が弱く、がまん強さに欠けるさま。また、他からのおだてにのりやすく、自分独自の決断を下し得ないさま。＊自然主義は窮せしや(1910)〈魚住折蘆〉「科学の発達が宿命説になったり、意志薄弱の結果を生じたりするなんどと云へば」＊竹沢先生と云ふ人(1924‐25)〈長与善郎〉竹沢先生とその兄弟・一「どうも意地きたないで困るんですのよ。いい齢して、お腹が弱いくせに。意志薄弱で」 発音〈標ア〉イ

いし-ばさみ〘名〙 植物「かんあおい(寒葵)」の異名。＊重訂本草綱目啓蒙(1847)九・山草「杜衡 かんあふひ〈略〉いしばさみ 勢州」

いし-ばし【石階】〘名〙 ①石でつくった階段。石段。いしのはし。いしのきざはし。＊新撰字鏡(898‐901頃)「磴 橋階也 石波志」＊蜻蛉(974頃)中・天禄二年「二丁の程を、いしはしおりのぼりなどすれば」＊権記‐寛弘八年(1011)九月五日「又出入之時踏二石橋一二三足」＊弁内侍(1278頃)寛元四年一一月「たかきいしはしにはかまのふみどころたどられて扇もさされず、いとわりなし」 ②とびとびに伝ってゆく石。とび石。＊十巻本和名抄(934頃)三「石橋 爾雅注云矼〈音江 以之波之〉石橋也」＊幡多方言(1828)「今の俗に飛石と云を石橋(イシバシ)と云」 方言 ❶石段。長野県下伊那郡054 三重県南牟婁郡603 ◇いしばつか 山形県西置賜郡139 ❷門口。伊豆八丈島†077 発音〈標ア〉0 〈ア史〉平安●●●○と●●●●の両様 〈京ア〉イ 辞書 字鏡・和名・色葉・名義・和玉・文明・伊京・明応・天正・饅頭・黒本・易林・書言 表記 磴(字・色・名・玉・文・伊・明・天・黒・易) 砌(字・名) 杠(色・文) 矼(色・名・玉・文・易・書) 碕(玉) 懸磴(書)

いし-ばし【石橋】〘名〙 石でつくった橋。石の橋。岩橋。せっきょう。＊玉塵抄(1563)一六「梁は石をわたいて橋にしてわたるを云ぞ。そこの石ばしのあたりに、くつねが、めをつとならうでいたぞ」＊日葡辞書(1603‐04)「Ixibaxi (イシバシ)〈訳〉石の橋」＊あめりか物語(1908)〈永井荷風〉市俄古の二日「電車から溢れ出る無数の男女は互に肩を摩り合はさぬばかりに、ぞろぞろとプラットフォームから続いた頑丈な石橋を渡って行く」 発音〈標ア〉0 〈京ア〉イ 辞書 日葡・ヘボン・言海 表記 石橋(ヘ・言)

いしばし 金槌(かなづち) 堅固な石橋でも、それを金槌で叩いて安全を確かめる意。用心に用心を重ねるさまのたとえ。＊福翁百話(1897)〈福沢諭吉〉八三「俗に云ふ石橋鉄槌(イシバシカナヅチ)の用心のみにしては文明の進歩期す可らざるなり」

いしばし を 叩(たた)**いて渡**(わた)**る** 堅固に見える石橋でも、叩いてその堅固さを慎重に確かめてから渡るの意。用心の上にも用心することのたとえ。念には念を入れる。＊譬喩尽(1786)一「石橋(イシバシ)叩(タタ)ひて渉(ワタ)る」＊歌舞伎・五大力恋緘(1793)三幕「石橋(イシバシ)を叩(タタ)いて渡(ワタ)るより丈夫さうな事ぢゃ」＊社会百面相(1902)〈内田魯庵〉投機・七「お父さんは極(ごく)堅いのがお好きで石橋を叩いて渡る方だから」

いしばし【石橋】 栃木県下都賀(しもつが)郡北東部の地名。日光街道の旧宿場町。かんぴょうの産地。 発音〈標ア〉0

いしばし【石橋】 姓氏の一つ。 発音〈標ア〉0

いしばし-しあん【石橋思案】 小説家。尾崎紅葉らと硯友社(けんゆうしゃ)をおこす。作品に江戸戯作小説風の「乙女心」「京鹿の子」「わが恋」などがある。慶応三～昭和二年(一八六七～一九二七)

いしばし-たんざん【石橋湛山】 ジャーナリスト、政治家。東京生まれ。早稲田大学卒業。東洋経済新報社に入り、自由主義の立場での言論活動を行なう。同社社長を経て、第一次吉田内閣蔵相、昭和三一年(一九五六)首相となるが、二か月で病気のため辞職。明治一六～昭和四八年(一八八四～一九七三)

いしばし-にんげつ【石橋忍月】 文芸評論家、小説家、弁護士。ドイツ文学の素養をもとに、理想主義的、浪漫的批評を発表。慶応元～大正一五年(一八六五～一九二六)

いし-はじき【石弾・抛石・旝】〘名〙 ①上代の武器の一種。城壁やがけの上に装置し、木や綱で留めた石を弾き飛ばして敵を殺傷するようにした仕掛け。石弓。＊書紀(720)推古二六年八月(岩崎本訓)「故(かれ)、俘虜(とりこ)貞公、普通二人と鼓吹、弩、抛石(イシハシキ)の類(たぐひ)十物(とくさ)、并せて土物(くにつもの)、駱駝一疋とを貢献(たてまつ)る」＊十巻本和名抄(934頃)五「旝 四声字苑云旝〈音膾 以之波之岐〉建大木置石其上発機以投敵也」 ②遊戯の一種。現在のおはじきの前身。盤の上などに碁石または碁石大の小石を並べ、指先でその石をはじいて相手の石に当てて取り、勝負を争うもの。弾棊(だんき)。おはじき。＊五島本梵網経平安中期点(950頃)「弾碁(イシハシキ)し、六博(すくろくう)ち、拍毬(まりこ)え、擲石(いしなけ)し」＊宇津保(970‐999頃)祭の使「中の大殿(おとど)に庚申(かうしん)し給て、男、女かたわきて、石はじきも給ふ」 発音〈標ア〉ハ 〈ア史〉平安●●●●○ 〈京ア〉ハ/ハ 辞書 和名・色葉・名義・伊京・易林・書言・言海 表記 旝(和・色・名・伊・書) 石弾(色・言) 石抛 擲石(易) 弾碁(書)

石　弾 ①〈海国兵談〉

いしばし-やま【石橋山】 神奈川県小田原市南部にある山。治承四年(一一八〇)源頼朝が大庭景親、伊東祐親らとの戦いに敗れた古戦場。＊平家(13C前)五・早馬「三百余騎、石橋山に立籠(ごもっ)て候ところに」＊俳諧・誹枕(1680)上「石橋山戦場を思ひてうつぼ木や頼朝朽て飛蛍〈露沾〉」 発音〈標ア〉0 辞書 書言 表記 石橋山(書)

いし-ばしら【石柱】〘名〙 石の柱。せきちゅう。＊日葡辞書(1603‐04)「Ixibaxira (イシバシラ)」＊浄瑠璃・唐船噺今国性爺(1722)下「しゃくる鎖に引立られ、根深くすへたる石柱、風の柳とひらめいたり」 発音〈標ア〉バ 辞書 日葡

いし-ばしる【石走】枕 「滝」にかかる。→「いしばしる(自ラ四)」の語誌。＊古今(905‐914)春上・五四「いしばしる滝なくもがな桜花たをりてもこんみぬ人のため〈よみ人しらず〉」＊散木奇歌集(1128頃)祝「石はしる滝のそとものそなれ松かげをならべて幾世経ぬらん」 発音〈標ア〉シ

いし-ばし・る【石走】〘自ラ四〙 石の上を水がはげしく流れる。岩走る。＊久安百首(1153)秋上「石ばしる水のしら玉数みえて清滝川にすめる月かな〈藤原顕広〉」＊壬二集(1237‐45)「いしばしりをられぬみづのたきつせになつなき浪のはなぞちりくる」＊仮名草子・尤双紙(1632)上・一五「はやき物の品々〈略〉曲水さかづき、石(イシ)はしる水、くだりざか」 語誌 (1)「古今集」以後の用語。「万葉集」の「石走」「石激」「石流」などの「いわばしる」を、「いしばしる」と読んだことによって生じた語か。(2)枕詞「いしばしる」の挙例「古今‐春上・五四」の歌は、イワバシルの誤字と見る説もあるが、「家持集‐雑」「猿丸集」にもイシハシルとして見え、特に、「猿丸集」の西本願寺本には「花みにまかれるに、山かはのいしに花のせかれたるをみて」と詞書があることから、イシハシルでなければ成り立たない。 発音〈標ア〉シ2

いし-はぜ【石爆】〘名〙 陶器を焼く際に、陶土に含まれた小粒の長石などが器面に現われたもの。石の白

色と器肌の色とが一種の調和を示すので茶人などに賞美される。伊賀焼、信楽焼、備前焼などに見られる。発音〈標ア〉0

いし-はだ【石肌】『名』石の表面。発音〈標ア〉0

いし-ばち【石鉢】『名』①石をくりぬいて造った鉢。主として縁先の手水鉢(ちょうずばち)などに用いる。＊日葡辞書(1603-04)「Ixibachi(イシバチ)〈訳〉洗盤、石の鉢」＊浮世草子・好色一代女(1686)一・四「しばしありて手水に立、石砵(イシバチ)に水はありとも改めて水かへさせて」②(石焼きの鉢の意)磁器製の鉢。発音〈なまり〉イショバッ〔秋田〕〈標ア〉0 辞書日葡

いしば-づき【石場搗】『名』建築にとりかかる前に、地面をならして、固めること。地固め。石搗(いしづき)。地形(じぎょう)。＊夜明け前(1932-35)〈島崎藤村〉第一部・上・六・二「建前の手斧始(てうなはじ)めをしたが、これで石場搗(イシバヅ)きの出来るのは二百十日あたりにならう」方言❶建築の地づき。地固め。◇いしばつき 兵庫県但馬062 ◇いしぼづき 熊本県八代郡・葦北郡933 ❷地突き歌。一般の祝宴にも歌われる。◇いしばつき 京都府竹野郡622

いしは-どり【石端取】『名』方言 ⇨はどり(端取)

いし-はなび【石花火】『名』植物「いそまつ(磯松)②」の異名。〔語彙(1871-84)〕発音〈標ア〉八 辞書言海 表記 石花火(言)

いしはま【石浜】東京都台東区の北東部、橋場、清川一帯の旧地名。正平七年(一三五二)新田義興が足利氏と戦った古戦場。室町時代には千葉氏の石浜城も築かれ、船着場、奥州街道の町として繁栄した。＊太平記(14C後)三一・武蔵野合戦事「将軍石浜(イシハマ)を打渡り給ひける時は」＊読本・南総里見八犬伝(1814-42)六・五六回「此ころ鎌倉より女田楽の色子共五六名、石浜の城下に来にけり」発音〈標ア〉0

いし-はまぐり【石蛤】『名』ハマグリを焼石(やきいし)に載せて焼く料理。ハマグリの石焼き。＊俳諧・類船集(1676)以「石〈略〉四国には石蛤(ハマグリ)有」＊日本行脚文集(1690)七「行脚咄海石(イシハマグリ)に早旦(あけ)にけり」方言❶はまぐり(蛤)。香川県伊吹島829 ❷あさり(浅蜊)。香川県826 伊吹島829 発音イシハマグリ〈標ア〉マ

いし-はら【石原】『名』⇨いしわら(石原)〔名〕

いしはら【石原】(「いしわら」とも)姓氏の一つ。発音〈標ア〉0

いしはら-かんじ【石原莞爾】陸軍軍人。山形県出身。昭和三年(一九二八)関東軍参謀となり、満州事変の立て役者となる。後、参謀本部作戦課長となり、軍事戦略を対ソ戦に一元化し総力戦体制構築を画策。明治二二〜昭和二四年(一八八九〜一九四九)

いしはら-けん【石原謙】神学者。純の弟。東北大学教授、東京女子大学学長などを歴任。著「ヨーロッパ－キリスト教史」など。明治一五〜昭和五一年(一八八二〜一九七六)

いしはら-しのぶ【石原忍】医学者。東京帝国大学教授。色覚異常検査表の創案者として知られる。明治一二〜昭和三八年(一八七九〜一九六三)

いしはら-じゅん【石原純】理論物理学者、歌人。名は「あつし」とも。量子論、相対性理論の研究者。アララギ派の歌人として、歌集「靉日(あいじつ)」がある。明治一四〜昭和二二年(一八八一〜一九四七)

いしはら-まさあきら【石原正明】江戸中期の国学者、歌人。号蓬堂。尾張の人。本居宣長、塙保己一に学び、「群書類従」の編纂に従事。有職故実に通じる。著「制度通考」「年々随筆」「尾張廼家苞(おわりのいえづと)」など。宝暦九〜文政四年(一七五九〜一八二一)

いしはら-やつか【石原八束】俳人。本名は登。中央大卒。三好達治、飯田蛇笏に師事し、俳誌「秋」を主宰。季語を通して人間の内面風景をさぐる「内観造型」の俳句を主張した。句集「秋風琴」「黒凍みの道」「仮幻」、評論「川端茅舎」「駱駝の瘤にまたがって—三好達治伝」「飯田蛇笏」など。大正八〜平成一〇年(一九一九〜九八)

いしはら-わさぶろう【石原和三朗】唱歌作詞者。小学校訓導。「うさぎとかめ」「はなさかぢぢい」「牛若丸」「うらしまたらう」「おつきさま」「おほえやま」「大こくさま」などを作詞。慶応元〜大正一一年(一八六五〜一九二二)

いし-ばり【石張】『名』①土木工事で、地盤を堅固にするために、石またはセメントを張ること。②コンクリート造りの建物の壁の表面に薄い石材を張り付けて、石造りのような外観を造り出す仕上げ法。発音〈標ア〉0

いし-ばり【石鍼・砭・石針】『名』①中国の鍼術(しんじゅつ)で用いる、石で作った鍼(はり)。焼いて患部に刺し、療治する。また、その療治。＊史記抄(1477)三・夏本紀「砮はやりにする石ぞ。もとは石の性がつようて針にもしたぞ。石針と云て、たてたぞ」＊書言字考節用集(1717)七「砭 イシバリ」②(—する)寒気などが骨身にまでしみること。また、他人の教え、忠告、思いやりなどが心を強く打つこと。＊俳諧・青根が峯(1698)俳諧自讃之論「一言に寄て筋骨(すぢぼね)に石針(イシバリ)するがごとし」＊浄瑠璃・関八州繋馬(1724)二「遠近(おちこち)は皆白妙の雪か雲か八寒八風、人の肌骨(きこつ)に砭(イシバリ)し、歯を食しばって帰らるる」辞書文明・黒本・書言 表記 砭(文・黒・書)

いじ-ばり(イヂ:)【意地張】『名』(形動)意地をはること。自分の思いこんだことを他人に逆らっても押し通そうとすること。また、その人。あるいは、そのような性質や態度であること。強情っぱり。いじっぱり。＊いさなとり(1891)〈幸田露伴〉八九「みな我を無理に意地張りのなまじひな侠客(をとこ)くさくした奴等ではある」＊彼岸過迄(1912)〈夏目漱石〉須永の話・二八「僕は意地張(イヂバリ)といふ点に於て、何方(どっち)かといふと寧ろ陰性の癇癪持だから」発音〈なまり〉イジッパリ〔東京〕エッチパリ〔福島〕〔仙台音韻〕〈標ア〉リ 0 パ

いじ-ぱり(イヂ:)【意地張】『名』じゃまをすること。＊方言達用抄(1827)「いぢぱり。じゃまをはる」方言❶じゃまをすること。宮城県068 116 ◇いじぽり 宮城県加美郡117 ❷がまん強い人。◇えんずぱり 秋田県平鹿郡130

いじばり-ずく(イヂバリヅク)【意地張尽】『名』(形動)(「ずく」は接尾語。「いじはりずく」とも)もっぱら意地をはること。また、そのさま。意地尽く。＊西洋道中膝栗毛(1870-76)〈総生寛〉一二・下「一升袋は元より一升一杯機げんに意地張(イヂハリ)づくなり」

いしばり-だい(…ダヒ)【——鯛】『名』魚「ぐそくだい(具足鯛)」の異名。〔語彙(1871-84)〕発音〈標ア〉0 ク 辞書言海 表記 石針鯛(言)

いじばり-だて(イヂバリ:)【意地張立】『名』(「だて」は接尾語)ことさらに意地をはること。＊人情本・所縁の藤波-初(1821)五回「すねて意地(イヂ)ばりだてする、つらのにくさ」発音〈標ア〉0

いじ-ば・る(イヂ:)【意地張】『自ラ五(四)』他人に逆らっても、自分の思い込んだことを通そうとする。また、それを感じさせるような様子である。＊浮世草子・傾城禁短気(1711)五・四「手を取っていぢばるを無理に引き立て」＊浄瑠璃・鑓の権三重帷子(1717)下「どうでもいくと、いぢばったり」＊浮雲(1887-89)〈二葉亭四迷〉三・一五「お勢の部屋で、さも意地張った声で、『私ゃアもうこの家に居るのは厭だ厭だ』」発音〈標ア〉バ〈京ア〉0 辞書ヘボン 表記 意地張(ヘ)

いし-ひ【石樋】『名』石でつくったとい。石のとい。＊新撰六帖(1244頃)三「まかせつる石ひの水の下にのみすます心は知る人もなし〈藤原家良〉」＊米欧回覧実記(1877)〈久米邦武〉一・八「隧道は磚瓦(かはら)にて円規に堅築し、水底八十尺の下を通す石樋なり」発音〈標ア〉0

いし-び【石火】『名』戦国末期に西欧から伝来した大砲。フランキ。石火矢。＊絅斎先生敬斎箴講義(17C末-18C初)「譬ひ国崩と云仏郎機(イシビ)を発ても、ぎくともせず防がうと、建て置き」発音〈標ア〉シ 0

いし-び『名』方言植物。❶ひば(檜葉)。茨城県003 栃木県003 那須郡・塩谷郡198 ❷ひのき(檜)。◇いしっぴ 茨城県003

いじ-ひ(ヰヂ:)【維持費】『名』組織、施設などの運営を今までと同様に一定の水準を保っていくのにかかる費用。維持金。＊東京日日新聞-明治三九年(1906)八月二六日「局の維持費は勿論不足にて、利益は悉く逓信省のものとなり、此点に於て吉田局には」＊生活改善同盟会の本領(1921)〈江藤栄吉〉「賛助員は一口以上の維持費を納入するものとす」

いし-ひき【石引・石曳】『名』①巨石をころなどにのせて引き運ぶこと。昔、宮殿、社寺、城郭などの建築に必要な石材を運ぶのに、一人が石上に乗って音頭をとり、多人数が拍子を合わせていっせいに引いた。＊看聞御記-応永三〇年(1423)七月一五日「次風流又山村へ行〈殿原田向侍共作ㇾ之〉。石引之体也。馬乗一人先行。次石〈石上に人形持ㇾ幣〉付ㇾ縄大勢引ㇾ之。風情其興不ㇾ少」＊運歩色葉(1548)「石拽 イシヒキ」＊俳諧・類船集(1676)曽「汰(そろゆる)〈略〉戦場には矢先をそろへ、石引は声をそろへてやるぞ」＊随筆・閑田次筆(1806)四「加藤清正、音頭をとりて〈略〉石曳人数、一やうの出立なるも、まことに、一時の壮観なるべしと見ゆ」②「いしひきうた(石引唄)」の略。＊歌謡・大幣(1685)三・破手唱歌「いし引 ここは三条か釜の座か」発音〈標ア〉キ ヒ

いしひき-うた【石引唄】『名』石引きの音頭をとるのにうたわれた歌。木遣(きやり)歌の類。いしひき。＊声曲類纂(1839)五「大ぬさに載る所 石引唄 ここは三条かまの座か」発音〈標ア〉キ

いしひき-つな【石引綱】『名』石材などを引き運ぶために用いる太い綱。＊歌舞伎・猿若万代厦(1786)大詰「東の大柱、石引綱(イシヒキツナ)。これに愛護を引上げ」発音〈標ア〉キ

いし-ひく『連語』方言❶売買の仲介などで頭をはねる。ちょろまかす。福岡市879 ❷内証金をつくる。大分県西国東郡941

いしひ・く『他カ四』事実を隠すことをいう、盗人仲間の隠語。〔隠語輯覧(1915)〕

いし-ひじり【石聖】『名』①俗事、人情に心を動かされないで、仏道に専心している僧。道心堅固な僧。＊梵舜本沙石集(1283)一・四「東大寺の石聖(イシヒジリ)経住が、我は観音の化身なりと名乗れども」②他人のことに冷淡で、人情を解しない人を皮肉っていう語。発音〈標ア〉ヒ

いし-びす【石伏】『名』魚「よしのぼり(葦登)」の異名。〔語彙(1871-84)〕

いし-びつ【石櫃】『名』奈良時代の蔵骨器の一つ。火葬骨を入れるもので、多くは凝灰岩で作られている。

いし-ひと【石人】『名』墓の周囲に儀装物として立てた、石造りの人形。石で人物をかたどったもの。せきじん。＊筑後風土記逸文(釈日本紀所載)(1274-1301)「墓田(はかどころ)は、〈略〉石人と石盾と各六十枚、交(こもごも)陣なり行(つら)を成して」

いし-ひばち【石火鉢】『名』陶磁器製の火鉢。＊日葡辞書(1603-04)「Ixifibachi(イシヒバチ)〈訳〉石の火鉢」＊浮世草子・懐硯(1687)三・五「膝の下に石火鉢(いしひばち)古綴(つづれ)の火縄わづかに煙をたてて」発音〈標ア〉ヒ 辞書日葡

いし-ひみ【石干見】〘名〙潮の干満の差のはげしい遠浅(とおあさ)の場所に、石垣を湾曲形に作っておき、満潮時にそこに入り、干潮時に残ったままになっている魚をとること。また、その方法。

いし-びや【石火矢・石火箭】〘名〙①火薬の力で石片、または鉄、鉛の弾丸を発射する、城を攻めるための兵器。中国伝来の原始的な火砲の一種。＊日葡辞書(1603-04)「Ixibiya(イシビヤ)〈訳〉射石砲、あるいは、そのほかの大砲」＊浄瑠璃・国性爺合戦(1715)一「韃靼(たったん)勢もあまさじと、鉄炮石火矢(イシビヤ)すきまなく、矢玉とばせて戦ひける」②戦国末期に、西洋から伝来した大砲の呼び名。フランキ。石火。＊駿府記(1611-15)慶長一九年一二月一七日「佐竹陣場の高処より石火矢数張打たしめ給ふ」＊大友興廃記(1637頃か)一八(古事類苑・武技一六)「薩州勢臼杵江打出事〈略〉先年南蛮国より渡たる国崩と云大石火矢、城中にあり」＊禁令考-前集・第六・巻六一・承応三年(1654)五月一八日・南蛮船取計方之事「一縦湊え船入候共、幾度も右之通之働仕においては、兼而所々に石火矢を掛、陸より船を打しづめ可申候」＊おあむ物語(1661-73頃)「いし火矢(ビヤ)をうてば、櫓もゆるゆるうごき、地もさけるやうに、すさまじいさかいに」＊和漢三才図会(1712)二一「砲石 いしびや〈略〉大明嘉靖中自西洋蕃国始得而伝之」＊書言字考節用集(1717)七「銅発熕 イシビヤ〈略〉西洋砲同」＊和蘭通船(1805)一「王是れに大船八艘を造り与へ、これに奇器・財貨・錦帛を載せ、従者数百人、各軍器を設けたること払良器(イシビヤ)の如き者なり」③タバコ(煙草)。＊和訓栞(1777-1862)「いしびや、〈略〉煙草にいふは甲州也」方言大砲。長崎市906 ◇いしびゃあ 沖縄県首里993 ◇いひや 長崎県五島917 発音〈標ア〉ビ〇〈京ア〉ビ 辞書日葡・書言・ヘボン・言海 表記銅発熕(書・へ) 西洋砲(書) 石火矢(言)

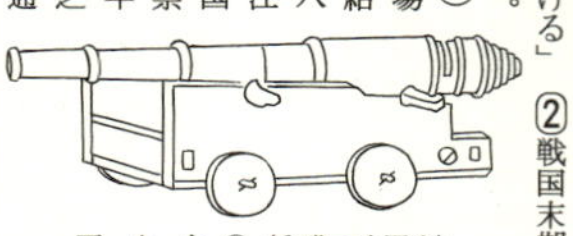
石　火　矢②〈和漢三才図会〉

いしびや-だい【石火矢台】〘名〙石火矢をすえつけてある台。＊浄瑠璃・唐船噺今国性爺(1722)下「千筋の引綱、からみの鎖、石火矢だいの立石(たていし)にしっかとくくらせ」発音〈標ア〉ヤ

いしびや-ぶね【石火矢船】〘名〙石火矢を仕掛けた船。砲船。＊能島家伝(17C初か)三「一先陣の備、一に斥候船 四艘小 右二左二、二に石火矢船 四艘小 右二左二」発音〈標ア〉フ

いし-ひょうじ【意思表示・意志表示】〘名〙①(意思表示)契約の申込み、承諾など一定の法律上の効果を発生させようとする意思を外部に表示すること。＊民法(明治二九年)(1896)九七条「隔地者に対する意思表示は其通知の相手方に到達したる時より其効力を生ず」②(意志表示)ある事をしようとする自分の考えを他人に示すこと。＊目撃者の反省(1941)〈杉山英樹〉「黙ってゐることがひとつの誠実な意志表示である場合だってある」＊亜剌比亜人エルアフイ(改作)(1957)〈犬養健〉四「私の父は歓迎の意志表示でせうか、口汚く山羊や豚を追ひ立てて、そのかはり廏から自慢の仔馬を引き出して先生に見せました」発音イシヒョージ〈標ア〉ヒョ〈京ア〉ヒョ

いし-びり〘名〙けちなこと。吝嗇(りんしょく)。＊仙台方言(1817頃)態芸「いしびり。しわんぼう。すべて吝嗇なること」方言宮城県玉造郡116 ◇いしぴり 岩手県東磐井郡107 宮城県栗原郡113 登米郡115 ◇いしぺり 宮城県栗原郡114

いし-ひん【石品】〘名〙陶器類をいう、てきや、盗人仲間の隠語。〔隠語輯覧(1915)〕

いしぶ〘名〙方言❶股(もも)の付け根などのリンパ腺(せん)がはれること。茨城県062 徳島県美馬郡054 愛媛県上浮穴郡840 高知県862 土佐郡866 ❷足の裏にできる痛みの強いはれ物。山口県豊浦郡798 ❸足の指や足の裏のまめ。兵庫県加古郡664 ❹かかと。愛媛県温泉郡840 ◇いしぼ 京都府629

いし-ぶき〘名〙植物「つわぶき(槖吾)」の異名。方言植物、おきなわじんこう(沖縄沈香)。鹿児島県奄美大島965

いし-ぶぎょう【石奉行】〘名〙①戦国武将に仕えて砦(とりで)や城の石積み工事を宰領し、また、その石の切り出しにあたった奉行人。＊信長公記(1598)九「天正四年丙子、〈略〉四月朔日より当山大石を以て御構の方に石垣を築かせられ、又其内に天主を仰付けらるべきの旨にて、〈略〉石奉行、西尾小左衛門〈略〉大石を撰取り、小石を選退けられ」②徳川幕府の職名。作事奉行の下で土木工事をつかさどる奉行。元祿二年(一六八九)材木奉行を兼ね、材木石奉行と称し、若年寄の支配下となった。＊徳川実紀-寛永一七年(1640)五月二一日「今度本城構造不日に成功し、御感の旨をつたへられ〈略〉石奉行石野六左衛門広吉、〈略〉金あるは三枚あるは二枚たまひ」補注戦国時代の石奉行は、職制上の奉行でなく、単なる宰領者である。発音イシブギョー〈標ア〉フ

いし-ふぐ【石河豚】〘名〙魚「うみすずめ(海雀)③」の異名。＊重訂本草綱目啓蒙(1847)四〇・魚「すずめふぐは一名すずめうを いしふぐ」

いし-ふし〘名〙(「ふし」は「いし」に類似音の語を重ねたものか、または、「節」の意か)うらみ。こだわり。意趣。＊浄瑠璃・敵討襤褸錦(1736)中「母が心にいしふしの継母根性も出来ようかと」＊咄本・軽口豊年遊(1754)五・ふんどし吟味「祇園町へ遊にゆきしに、其うちにひとり、其茶やの中居といしふしの有男有」

いし-ぶし【石伏・石斑魚】〘名〙ハゼ科の淡水魚「よしのぼり(葦登)」を琵琶湖沿岸地方でいう。カジカに似た小魚で、常に小石の多い水底にいることからこの名がある。食用とし、小さいものはみそ汁の実に、大きいものはつくだ煮とする。《季・夏-秋》＊十巻本和名抄(934頃)八「鮖 崔禹食経云鮖〈音夷 伊之布之〉性伏沈在石間者也」＊宇津保(970-999頃)国譲中「あゆ一こ、はえ一こ、いしぶし、小鮒(こぶな)入れさせ、あらきなどそへさせて」＊源氏(1001-14頃)常夏「西川より奉れる鮎、近き川のいしぶしやうのもの、お前にて調じて参らす」＊日葡辞書(1603-04)「ixibuxi(イシブシ)またはイシモチ」＊和訓栞(1777-1862)「いしぶし、〈略〉南産志にいふ抱石魚也といへり〈略〉美濃にては今も石ぶしといひ」方言かじか(鰍)。近江†020 岐阜県郡上郡504 ◇いしびし 越前†039 石川県能美郡404 岐阜県郡上郡504 発音〈標ア〉〇〈ア史〉平安〇〇●● 辞書和名・色葉・名義・文明・明応・天正・饅頭・易林・日葡・書言・言海 表記鮖(和・色・名・易・書) 鮖(文・明・天・饅) 石伏(言)

いしぶたい-こふん【石舞台古墳】奈良県高市郡明日香村島ノ庄に所在する古墳時代最末期の古墳。一辺約五四㍍の巨石を用いた方形墳で、蘇我馬子の桃原墓に擬せられており、封土(ほうど)を失った横穴式石室天井の巨石が舞台のようであるのでこの名がある。昭和二九年(一九五四)国特別史跡に指定。石太屋。

いし-ぶち【石打・石撃】〘名〙「いしうち(石打)」に同じ。＊後世への最大遺物(1894)〈内村鑑三〉二「川原へ行って見たところが、子供の二群が戦をして居った、石撃(イシブチ)をして居った」発音〈標ア〉ブ コ

いし-ぶね【石船】〘名〙①石を運送する荷船。海船は播州御影(神戸市東灘区)の御影石を積むものが代表的で、伝道船(てんどうぶね)に似た船であり、御影船ともいう。紀州ほか所々にあった。また、川船では大坂のものが寛永一二年(一六三五)一八艘を許可されたが、船体の上側に板を敷きつめ、その上に石を載せるもので、俗に団兵衛と呼んだ。＊和漢船用集(1766)五・江湖川船之部「摂州川舟の石舟、是を団兵衛と云」②石で造った水槽、または浴槽。いしぶろ。＊日葡辞書(1603-04)「Ixibune(イシブネ)〈訳〉石の水槽」＊浄瑠璃・平家女護島(1719)四「小袖引ぬぎ裸身(はだかみ)を、もしやとずっぷり石船にひたせばくらくら、水は其儘湯と成て涌返り」＊妻木(1904-06)〈松瀬青々〉夏「石船に清水溢るる名所哉」③釣縄漁を行なう時、おもりに用いる石を積む船。方言❶石の水槽。◇いっぶね 鹿児島県鹿児島郡968 ❷井戸のそばに水をためておく瓶(かめ)。福井県427 発音〈標ア〉ブ〇 辞書日葡

いし-ぶみ【石文・碑】㊀〘名〙事跡や業績などを記念し、後世に伝えるために、その事実を文章にして石に刻み地上に建てたもの。碑(ひ)。石碑。＊和玉篇(15C後)「碑 イシブミ」＊日葡辞書(1603-04)「Ixibumi(イシブミ)」㊁(碑)平安時代、歌枕として著名であった奥州の「つぼのいしぶみ(壺碑)」。もと、坂上田村麻呂が奥州七戸壺村に建てたと伝える。＊堀河百首(1099-1104頃)恋「石ふみのけふのせは布はつにあひみても猶あかぬけさ哉〈藤原仲実〉」＊清輔集(1177頃)「いしふみやつがろのをちにありと聞くえぞ世の中を思ひ離れぬ」語誌(1)㊀について「高田里結知識碑銘(上野多野郡八幡村字山名所在)」(七二六)に「如是知識結而、天地誓願仕奉石文」とあり、「石文」を「いしぶみ」と読んだという確証はないものの、このような石碑は各地に建てられたと思われる。(2)平安末期頃からは、歌枕としての㊁をさすことが一般化する。顕昭の「袖中抄-一九」には坂上田村麻呂によって弓の筈で「日本中央」と刻まれた、「陸奥のおく」「つぼ」の地にある碑(現在の青森県上北郡天間林村が比定される)と解説され、都の歌人に異境への憧れを誘う素材であった。発音〈標ア〉〇〈ア史〉㊁は鎌倉●●●●〈京ア〉〇 辞書和玉・日葡・書言・ヘボン・言海 表記碑(玉・書・言) 石碑(書・へ) 碣(書)

いし-ぶろ【石風呂】〘名〙①蒸し風呂の一種。岩穴をくりぬき、あるいは石で造った密室に蒸気をこもらせて、蒸気浴をするもの。石で焼いて水をそそぐ方法(温石=おんじゃく)、海草などを焼いて蒸気を出す方法(塩風呂)などがある。かまぶろ。＊言継卿記-大永八年(1528)三月一八日「阿彌陀寺と申し候処にて石風呂候て入り候了」＊日葡辞書(1603-04)「Ixiburo(イシブロ)〈訳〉そこで蒸風呂にはいる、石でできた暑い所」＊咄本・昨日は今日の物語(1614-24頃)上「百姓ども御馳走に石ぶろをたき、入れ申」②石で造った浴槽。石造のすえぶろ。方言塚穴。和歌山県日高郡698 発音〈標ア〉〇 辞書日葡

いし-べ【石部】〘名〙①三個の賽でする賭博で、一が二つ、二が一つ出た時の賽の目。＊洒落本・蚊不喰呪咀曾我(1779)「いしべにたつ矢もあるものを」②「いしべきんきち(石部金吉)」の略。＊雑俳・大福寿覚帳(1711-16頃)「さてもねた事さてもねた事 いしべかとおもふてゐればどぢゃうじる」発音〈標ア〉イ

いしべ【石部】(石部鹿塩上(いそべかしおのかみ)神社があるところから呼ばれた)滋賀県甲賀(こうか)郡にある地名。東海道五十三次の、水口(みなくち)と草津の間の宿駅。磯部(いそべ)。＊浮世草子・御前義経記(1700)三・二「よひやみにうつ石部(イシベ)にはうどんそば切うつつとも、ゆめにとわたるよこた川」＊浄瑠璃・丹波与作待夜の小室節(1707頃)上・道中双六「今はあふみのいしべの馬借に奉公しまする」発音〈標ア〉〇

いし-べい【石塀】〘名〙石を積み上げてつくった塀。＊鶏(1909)〈森鷗外〉「此辺は要塞が近いので石塀や煉瓦塀を築くことはやかましいが」＊碑文(1923)〈横光利一〉「壁を突き破り、石塀を乗り越えて、火を待つ油のやうに益々四方へ追ひ拡った」発音イシベイ〈標ア〉シ〇

いしべ-うじ【石部氏】『名』石部金吉（いしべきんきち）の氏名をとった語で、まじめで融通のきかない人物、特に武士をいう。＊滑稽本・八笑人（1820-49）四・追加・下「御翠簾の内外、諸家中の見物、五節句の外、にっこりともせぬ石部氏（イシベウヂ）まで、一同たまりかね、御前も思はず、どっととわらひ」 発音〈標ア〉ベ

いしべ-きんきち【石部金吉】『名』（石と金と二つの堅いものを並べた擬人名）道徳的に堅固で、金銭や女色に心を迷わされない人。また、物堅くきまじめ過ぎて、融通のきかない人。男女間の情愛などを解しない人。かたぞう。＊評判記・役者評判蚰蜒（1674）伊藤小太夫「初太の為にはくらまの白はし箕尾（みのお）の一のとみ見物の為にはひそうはんみやういかなやほの石部金きちもたつた一ふくころり山升みそ」＊浄瑠璃・丹波与作待夜の小室節（1707頃）中「しゃら草津の三介三蔵、石部金吉とまりなら泊めてたも」＊浄瑠璃・神霊矢口渡（1770）三「旦那様は石部（イシベ）金吉。女護が島へやって置いても気遣ひの気の字もない」＊歌舞伎・五大力恋緘（1793）一幕「菊野さんは評判の石部金吉（イシベキンキチ）、これ迄方々のお客が、色々と言うてぢやけれど、其方は大嫌（おほぎらひ）でござります」 発音〈標ア〉イ＝0 イ＝チ 〈京ア〉キ2

いしべきんきち 金兜（かなかぶと） 石部金吉に金（かね）のかぶとをかぶせたような人のことで、極端な堅物（かたぶつ）の意。＊譬喩尽（1786）一「石部金吉鋏兜（イシベキンキチカナカブト）」＊人情本・仮名文章娘節用（1831-34）後・四回「石部金吉鉄（イシベキンキチカナ）かぶとといふかたい内へ、花街（はなまち）からもらったものが出されるものかな」

いし-べっつい【石竈】『名』石でつくったかまど。 言〈書言〉ヘ

いしべ-とう【石部党】『名』石部金吉（いしべきんきち）である連中。くそまじめで融通のきかない連中。＊当世書生気質（1885-86）〈坪内逍遥〉一一「よしんば頑固連や石部党（イシベトウ）が何といはふがノウ」＊火の柱（1904）〈木下尚江〉九・一「彼奴（あいつ）誠に人情を解せん石部党で」 発音イシベトー〈標ア〉0

いしべや-の-きんざえもん【石部屋金左衛門】『名』「いしべきんきち（石部金吉）」に同じ。＊評判記・難波鉦（1680）一「けさから大徳寺へ、いしべやの金左衛門さまと御参りなされましたが」＊人情本・花筐（1841）二・一一回「知っての通り、自己（おいら）は性質（うまれつき）石部屋（イシベヤ）の、金左衛門（キンゼヘム）とは往かねえから」

いしべ-りゅう【石部流】『名』石部金吉（いしべきんきち）の流儀。きまじめで融通のきかないやりかた。＊洒落本・当世穴知鳥（1777）序「北遊穴知どりと題して、石部流（イシベリウ）の学者たちの眼玉を驚かしむる而已」 発音イシベリュー〈標ア〉0

いし-へん【石偏】『名』①漢字の偏の一つ。「砂」「破」などの「石」の部分。石偏の字は、字典では大部分石部に属する。＊運歩色葉（1548）「石 イシヘン」②俗に、物堅いことや頑固な人についていう。＊歌謡・音曲色巣籠（19C前頃）一〇・色里口説偏づくし「姿は扠てもよね偏と、互に堅う石偏や、是を楽しみ幾秋の」③砂糖をいう、てきや、相場師などの隠語。〔日本隠語集（1892）〕 発音〈標ア〉0 〈京ア〉0

いし-ほう【医師法】『名』医師の免許、試験また義務などについて規定した法律。旧医師法は明治三九年（一九〇六）に公布。現行医師法は昭和二三年（一九四八）公布。 発音イシホー〈標ア〉シ0

いし-ぼう【石棒】『名』縄文時代の遺物の一つ。安山岩、花崗岩（かこうがん）、緑泥片岩等でつくられた棒状の磨製石器。棒の一端、または両端に頭部をつくったものと、全く頭部のないもの、また、頭部に精巧な彫刻をほどこしたものなどがあり、長さは、四〇～五〇センチメートルから一メートル内外のもの。その用途については諸説があるが、小型のものは武器として用いられたらしく、大型のものは性器のシンボルともいわれ、儀礼的、宗教的な意味もあったと思われる。せきぼう。＊面白半分（1917）〈宮武外骨〉政教文芸の起源は悉く猥褻なり「後世の考古学者が雷槌と称して珍重する石棒（イシバウ）の如き物も、原人の包茎時代に於ける石神本体なるべし」 発音イシボー〈標ア〉0

いし-ぼうちょう【石包丁・石庖丁】『名』彌生時代の磨製石器。長さ十数センチメートルの板状半月形で、片側に刃をつけ、反対側の背に近く二個の紐通し穴があけられている。稲などの穂をつみとったものと推定される。 発音イシボーチョー〈標ア〉ボ

いじ-ほけん【異時保険】『名』「いじちょうふくほけん（異時重複保険）」の略。

いし-ほこら【石祠】『名』石のやしろ。石造のほこら。＊一路（1924）〈木下利玄〉六甲越「頂上の白山（はくさん）権現の石祠（イシホコラ）照り下ろす日に小（ち）さくし見ゆる」 発音〈標ア〉ホ

いし-ぼたん【石牡丹】『名』「いそぎんちゃく（磯巾着）」の異名。〔語彙（1871-84）〕 発音〈標ア〉ボ 辞書言海 表記石牡丹（言）

いし-ぼとけ【石仏】『名』①石を刻んで造った仏、菩薩などの像。＊日葡辞書（1603-04）「Ixibotoqe（イシボトケ）」＊浮世草子・好色二代男（1684）四・三「礼場の朝風茂りの草ほうほうと、石仏（イシボトケ）はありしままにて立帰る」＊俳諧・続猿蓑（1698）秋「団栗の落て飛けり石ぼとけ〈為有〉」②感情を容易に外にあらわさない人。または口数の少ない人。 方言❶石碑。石塔。岩手県紫波郡093 気仙郡100 宮城県栗原郡114 仙台市121 東京都八丈島025 ❷（墓前に戒名を記した石を建てる慣習から）三十三年忌。山形県139 発音〈標ア〉ボ 〈京ア〉ボ 辞書日葡・書言・ヘボン・言海 表記石仏（書・ヘ・言）

いしぼとけ に 虱（しらみ） （痛くもかゆくも感じないの意）反応の鈍いこと、甲斐（かい）のないこと、効果のないこと、のたとえ。＊談義本・当世花街談義（1754）二「聾の耳に茶、石仏（イシボトケ）に虱（シラミ）ではあれども、口の役にいふてやる」

いしぼとけ の 懐（ふところ） 期待に反して冷淡な扱いを受けること。助けを求めても、冷たく断られること。＊譬喩尽（1786）一「石仏（イシボトケ）の懐（フトコロ）」

いし-ぼり【石彫】『名』石に彫刻すること。また、その彫刻された物。＊永日小品（1909）〈夏目漱石〉印象「坂の下には、大きな石刻（イシボリ）の獅子がある。全身灰色をして居った」 発音〈標ア〉0

いしま【窳・窪】『名』器物などに、ゆがみ、くぼみ、きず、割れ目のあること。また、そのもの。＊元永元年十月二日内大臣忠通歌合（1118）「基云〈略〉水もるとは、玉だれのかめなどの、石間あらむ心ちぞし侍る」＊観智院本名義抄（1241）「窪 クボム マガレリ イシマ」＊太平記（14C後）三二・直冬与吉野殿合体事「河浜に陶（すゑものづくり）するに、器（うつはもの）皆苦（ゆがみ）窳（イシマ）あらず」＊御伽草子・猿の草子（室町末）「つくもと名付しいわれは、彼つぼに石間あり、百とせに一とせたらぬつくもがみ我を恋らしといへる心なり」 語源説イシム（窳）の名詞形イシミの転、あるいはイシミマ（窳間）の義〔大言海〕。 辞書色葉・名義・和玉・文明・言海 表記窳（色・名・玉・文）窪（名）

いし-ま【石間】『名』谷川などの石や岩の間。いわま。＊古今（905-914）恋四・六八二「いしまゆく水のしらなみたちかへりかくこそは見めあかずもあるかな〈よみ人しらず〉」＊源氏（1001-14頃）朝顔「こほりとぢいしまの水は行きなやみ空すむ月の影ぞ流るる」 方言小石の多い土地や畑。石地。群馬県多野郡246 東京都八王子311 長野県054 481 488 発音〈標ア〉0

いじ-まがり【意地曲】『名』（形動）意地悪で性質が素直でないこと。意地悪でつむじまがり。＊野菊の墓（1906）〈伊藤左千夫〉「奥底のないお増と意地曲りの嫂とは」 発音イジマガリ〈標ア〉マ

いし-まき【石槇】『名』 方言植物。❶くぬぎ（櫟）。広島県比婆郡774 ❷こなら（小楢）。愛知県東加茂郡565

いし-まくら【石枕】『名』①古墳時代の遺物で、被葬者の頭部を安定するのに使用された石製の枕。滑石、安山岩、凝灰岩などを原材とする。石棺に造り付けられたものと単独のものとがある。前者は西日本の前・中期の古墳に、後者は東日本の中・後期の古墳に多い。②陶製の枕。夏、ひるねなどに愛用される。陶枕（とうちん）。《季・夏》＊続春夏秋冬（1906-07）〈河東碧梧桐選〉秋「石枕玉簪の触るる音すなり〈葦水〉」③旅人を誘って泊め、石の枕をさせて打ち殺し、金品を奪ったという、各地にある伝説に出てくる石の枕。＊廻国雑記（1487）「浅草といへる所に泊りて〈略〉この里のほとりに、石枕といへる不思議なる石あり。〈略〉罪とがのくつる世もなき石枕（イシマクラ）さこそは重きおもひなるらめ」＊雑俳・柳多留‐一五〇（1838-40）「石枕浅草紙を婆々（ばばア）当て」 発音〈標ア〉マ

いじまし・い『形口』意地きたない。けちくさい。せせこましい。＊随筆・皇都午睡（1850）三・中「銭湯〈略〉上方の湯は上り湯は夕方ならではなくいぢましく思わる」＊月は東に（1970-71）〈安岡章太郎〉一「ふと自分が盗み読みでもしているようなイジましいものを感じて」＊冷え物（1975）〈小田実〉「外側の缶まで齧じらんばかりのいじましい食べ方であった」 方言❶じれったい。歯がゆい。いたたまれない。新潟県東蒲原郡368 大阪市638 岡山県761 762 763 ❷けち臭い。意地汚い。せせこましい。新潟県東蒲原郡368 大阪市638 兵庫県651 神戸市054 加古郡664 香川県三豊郡・小豆島829 ❸汚らしい。気味が悪い。兵庫県加古郡664 神戸市665 岡山県児島郡763 香川県島嶼829 ❹うるさい。新潟県東蒲原郡368 岡山市762 ❺痛ましい。いとおしい。ふびんだ。新潟県東蒲原郡368 香川県島嶼829 発音〈京ア〉イジマシイ マ

いし-まてがい【石蟶貝】『名』イガイ科の二枚貝。房総半島以南の沿岸に分布。酸を分泌し砂岩やイシサンゴ類に穴を掘って、その中にすむ。殻は長さ約五センチメートルの細長い円筒状で、やや薄く、表面は褐色で内面は灰白色をしている。やわらかい岩石に穴をあけてすむのでイシワリともいう。肉は美味。いしわりがい。かつおぶしがい。ひみずがい。しみず。学名はLithophaga curta 発音イシマテガイ〈標ア〉テ

いし-まめ【石豆】『名』（岩石などにからみつくところから）植物「まめづた（豆蔦）」の異名。＊重訂本草綱目啓蒙（1847）一六・石草「螺靨草〈略〉いしまめ 長州」 方言❶植物、まめづた（豆蔦）。長州122 ❷植物、そらまめ（空豆）。広島県一部030 ❸植物、のえんどう（野豌豆）。鹿児島県062 ❹植物、のささげ（野大角豆）。鹿児島県伊佐郡964 ❺豆のなかなか煮えない固いもの。新潟県東蒲原郡368 山口県豊浦郡798 長崎県壱岐島914 ◇いしっぷみ 新潟県東蒲原郡368 ❻足の裏にできるまめ。新潟県東蒲原郡368 山口県豊浦郡798 発音〈標ア〉0

いしまる【石丸】 姓氏の一つ。 発音〈標ア〉0

いしみ【畚】『名』竹で編んだかご。いしみけ。たけかご。ふご。＊散木奇歌集（1128頃）恋下「君をこそあさはの原にをはぎつむ賤（しづ）のいしみのしみ深く思へ」＊色葉字類抄（1177-81）「籃 イシミ 籠属也」＊夫木（1310頃）一「心ざし深き深谷（みたに）に摘みためていしみゆすりて洗ふ根芹か〈藤原仲実〉」 方言粗い竹製の箕（み）。ちり取りや野菜入れなどに用いる。岐阜県養老郡498 静岡県志太郡535 辞書色葉・名義・言海 表記籃（色）畚・筩（名）

いじみ『名』魚「かながしら（金頭）」の異名。＊物類称呼（1775）二「方頭魚 かながしら 参河にて かなごと云 越後糸魚川にて いぢみと呼」 方言新潟県西頸城郡347 ◇いじんこお 新潟県刈羽郡347

いじみ-かえ・る【窳返】〔自ラ四〕すっかり異様な姿になる。いじんかえる。

いしみかわ【石見川・杠板帰・石膠】〔名〕①タデ科の一年草。各地の原野、路傍に生える。茎はつる性で長さ約二メートルに達し、逆向きのとげがある。葉は三角形状で先が鋭くとがる。托葉(たくよう)は円いたて形で茎はその中央を貫く。秋、淡緑白色の小さい花が穂となって咲く。実は不明瞭な三つの角をもつ紫色の球形で、数個かたまり、藍色の宿存がくに包まれる。学名は Persicaria perfoliata ＊重訂本草綱目啓蒙(1847)一四下・蔓草「いしみがはは一名あしかき 丹波、うしのひたい 越後」＊日本植物名彙(1884)〈松村任三〉「イシミカハ 杠板帰」②タデ科の多年草「つるそば(蔓蕎麦)」の誤称。＊和爾雅(1688)七「赤地利 イシミカハ 赤薛茘、五毒草、山蕎麦、並同」＊重訂本草綱目啓蒙(1847)一四下・蔓草「赤地利 つるそば〈略〉古より いしみがはと訓するは非なり」発音〈標ア〉ミ 辞書言海

石見川①

いし-みち【石道】〔名〕①石が多い道。＊浄瑠璃・冥途の飛脚(1711頃)下「岩屋越へとて、いしみちや、野越え山暮れ里々越へて」＊思出の記(1900-01)〈徳富蘆花〉巻外・五「新五の馬が踏み艱むだ凸凹の石逕(イシミチ)は、今坦々たる砥の如き県道となって居る」②石を敷きつめた道。＊畜生塚(1970)〈秦恒平〉六「甃(イシ)みち、築山、それに萩があちこちにうずくまったようにみえる」発音〈標ア〉シ〈京ア〉シ

いし-みつ【石蜜】〔名〕蜂蜜(はちみつ)の一種。＊大和本草(1709)一四「蜂蜜〈略〉石蜜は高山岩石の間に作ㇾ之。其蜂、常の蜜蜂に異り、黒色にして似ㇾ虻日本も処々有ㇾ之」＊和漢三才図会(1712)五二「蜜(みつ)〈略〉石蜜生巖石、色白如ㇾ膏、最為ㇾ良」

いし-みね【石峰】〔名〕石の多い山。発音〈標ア〉0

いしみね の花(はな) 石山の花。石の多い峰に草花の咲くことがめずらしいように、きわめて少ないことのたとえに用いる。＊霊異記(810-824)下・序「代を観るに、善を修する者は、石峰花の若(ごと)く、悪を作る者は、土山の毛(くさ)に似たり」

いし-みょうが【医師冥加】〔名〕医者として神仏から受ける冥加、すなわち冥々の加護。神や仏にかけて誓うときに言う語。＊洒落本・阿蘭陀鏡(1798)五「五条の天神医師冥加(イシメウガ)、神の誓ひをかけまくうへは、豈虚言(きょこん)は一切(いっせつ)申さぬ」発音イシミョーガ〈標ア〉ミョ

いし・む【窳・窪】〔自マ四〕器物などの形がゆがむ。くぼむ。いしまができる。→窳(いしま)。＊壒嚢鈔(1445-46)四「河浜に在て、陶(すへもの)作りする、器もの皆不ㇾ苦、非ㇾ窳(イシマ)」辞書言海

いじ-むさ【意地―】〔名〕方言❶意地汚いこと。食いしん坊。長野県472 477 480 ❷次々と女性に手を出す者。漁色家。長野県東筑摩郡480 ◇いじむっさとも。

いじ-むさ・い【意地―】〔形口〕意地がきたない。根性がひねくれている。＊文明田舎問答(1878)〈松田敏足〉「どうでも神様が、日本はいぢむせへとて内は外に空社(おるす)になったか」発音〈標ア〉サ

いじ-むじ ■一〔副〕(「と」を伴う場合もある。「うじうじ」「もじもじ」などと関連のある擬態語か)①ものごとがすっきりとしないで、入り乱れているさま。くしゃくしゃ。ごちゃごちゃ。＊雑俳・うき世笠(1703)「いじむじと焼き筆でかくせうきのゑ」②何やかやともめるさま。いざこざ。とやかく。＊浄瑠璃・心中万年草(1710)中「それにいぢむぢ言ふ人はほかからかいて置かしゃんせ」＊浄瑠璃・いろは蔵三組盃(1773)七「跡でいぢむぢせぬ様に、持合せの銀成と、内入にやってしまはしゃれ」■二〔名〕あれこれと文句をいうこと。もんちゃくを起こすこと。＊浄瑠璃・苅萱桑門筑紫轢(1735)一「いよいよ大悲のお力で、いぢむぢのない様に」＊浄瑠璃・小栗判官車街道(1738)四「跡でいじむぢのないやうに、極の旅籠代受取ったら渡せ」発音〈標ア〉イ

いし-むすめ【石娘】〔名〕妊娠する能力のない女。うまずめ。＊改正増補和英語林集成(1886)「Ishimusume(イシムスメ)」発音〈標ア〉ム

いし-むのうりょくしゃ【意思無能力者】〔名〕意思能力のない者。幼児、重度の知的障害者、心神喪失者など。その法律行為は無効とされ、法定代理人が代わってする。また、その不法行為は本人の責任にならないで、監督義務者が賠償責任を負う。発音イシ=ムノーリョクシャ〈標ア〉イ=ク

いしむら【石村】姓氏の一つ。発音〈標ア〉シ

いし-むら【石群】〔名〕石の群れ。多くの石。いわむら。＊書紀(720)崇神一〇年九月・歌謡「大坂に 継ぎ登れる 伊辞務邏(イシムラ)を 手越(たごし)に越さば 越しかてむかも」発音〈標ア〉0〈ア史〉平安●●●●

いし-むろ【石室】〔名〕①天然の岩屋を利用したり、石を積んだりして造った小屋。岩屋。＊滑稽本・滑稽富士詣(1860-61)四・下「登りつめたる頂上の、やくし十二の石室に、着てはいとどものすごく」＊温泉宿(1929-30)〈川端康成〉二「湯殿は床下の石室(イシムロ)だ」②岩石を積んで造った古代人の墳墓、または民間信仰の神をまつった石造りの室。せきしつ。＊山吹日記(古事類苑・礼式三〇)「家居のうしろの山際にいしむろあり。南に向ひて入口の高さ五尺余り、横三尺あまり、〈略〉うへもめぐりも、きはなき石もてたためる也」＊左千夫歌集(1920)〈伊藤左千夫〉明治四四年「石室(イシムロ)の雨に蒸す夜のくらやみにたたりの神等つどひゐるかも」③位牌(いはい)をおさめて、霊屋(たまや)の中に安置する石造りの厨子。＊色葉字類抄(1177-81)「祏 イシムロ」発音〈標ア〉0〈京ア〉0 辞書色葉・名義 表記祏(色・名)

いし-め【石女】〔名〕子を産めない女。うまずめ。せきじょ。しゃくにょ。＊妾の半生涯(1904)〈福田英子〉五・六「妾(せふ)のみは、未だ有るべきものをだに見ざるを知りて、母上はいよいよ安からず、若しくば世にいふ石女(イシメ)の類にやなど思ひ悩み給ひにき」発音〈標ア〉0シ

いし-め【石目】〔名〕①節理や地層の走向などのために岩石の裂けやすい方向。石工が岩を割る時に利用する。＊随筆・凌雨漫録(1804-30頃か)「金山〈略〉石目とて大金ある所は、げんのうにて打はづす也」②彫金の技法の一つで、たがねを使ってすきまなく打ち出した細かな点。ななこ。＊俳諧・六百番誹諧発句合(1677)一一四番「こつくゐのかねに咲けり花石目〈聞也〉」＊書言字考節用集(1717)七「石目 イシメ 彫刻所言」＊三貨図彙(1815)二〇「銀小判 背石目、重さ七分七厘」＊置炬燵(1890)〈斎藤緑雨〉中「姫は自(み)が煙草入これも鼠繻珍、唯一輪つくね牡丹彫たる銀の細煙管、金の吸口袖に拭てささぐ、其時燈火にきらめく指環、石目(イシメ)の延べの打ばなしなり」③自然石の模様。また、それを利用した石細工。＊君台観左右帳記(1511)「硯は石眼第一にて候、端渓石もおとり候はず候」＊即興詩人(1901)〈森鷗外訳〉古市「壁又歩牀(ゆか)には石目もて方円種々の飾文を作る」発音〈標ア〉メ 0 辞書書言・言海 表記石目(書・言)

いじめ【苛】〔名〕(動詞「いじめる(苛)」の連用形の名詞化)弱い者などを、苦しめたり悩ませたりすること。＊姉と弟(1892)〈嵯峨之屋御室〉五「是を意地目(イヂメ)の手始として」補注昭和六〇年(一九八五)ごろからは、特に学校において、弱い立場の生徒を集団で肉体的または精神的に苦しめる、陰湿化したいわゆる校内暴力を指すことが多い。発音〈標ア〉0

いじめ〔名〕乳児を入れるわら製のゆりかご。＊浜荻(庄内)(1767)「ゆさを いじめ 物字には龍車とかく。ゆさぶる故の訓也」方言山形県139 145 群馬県勢多郡236 新潟県東蒲原郡368 愛知県062

いしめ-あみ【石目編】〔名〕石目の模様を穴あきで表わした棒針(ぼうばり)編み。＊東京風俗志(1899-1902)〈平出鏗二郎〉中・六・厨器「味噌漉は篩の底を竹条(たけ)の石目編(イシメアメ)にしたるを用ふ」発音〈標ア〉0

いしめ-がみ【石目紙】〔名〕石目のような模様のある和紙。播磨国(兵庫県)から産した。〔紙鑑(1777)〕発音イシメガミ〈標ア〉メ

いじめ-ころ・す【苛殺】〔他サ五(四)〕さんざん苦しめ悩まして殺す。苦しめ抜いて死なせる。いじりころす。＊人情本・梅之春(1838-39)初・五回「お前様(まはん)にいぢめ殺(コロ)されれば、本望だと思って居ますから」＊吾輩は猫である(1905-06)〈夏目漱石〉一一「大抵のものは智慧が足りないから自然の儘に放擲して置くうちに、世間がいぢめ殺してくれる」＊田舎芝居(1935)〈川端康成〉「花の一番望ましいことは、里子が竹三郎にいぢめ殺されることである」発音〈標ア〉ロ

いしめ-ざいく【石目細工】〔名〕①金属などの彫刻面に石目の模様を細工すること。また、そのもの。いしめぼり。②自然石の模様を利用した石細工。＊即興詩人(1901)〈森鷗外訳〉古市「偶々その一を読めば、石目細工の家と題したり」発音〈標ア〉ザ

いしめ-たがね【石目鏨】〔名〕たがねの一種。金属の面に石目を打つのに用いるもの。発音イシメタガネ〈標ア〉タ

いじめ-だ・す【苛出】〔他サ五(四)〕いじの悪いことをして苦しめ、いたたまれないようにして家から追い出す。いじりだす。＊塩原多助一代記(1885)〈三遊亭円朝〉六「お亀母子(おやこ)は増長して多助を虐(イヂ)め出さうとするうち」＊われから(1896)〈樋口一葉〉四「貴郎(あなた)は私をいぢめ出(ダ)さうと為さるので御座んすか」発音〈標ア〉ダ

いじめ-ちら・す【苛散】〔他サ四〕さんざんに苦しめたり困らせたりする。ひどくいためつける。＊滑稽本・浮世風呂(1809-13)二・下「やったらむせうにいぢめちらして、着物がきたねへの、貧乏人だのと、色々なことを云て」発音〈標ア〉ラ

いじめ-つ・ける【苛付】〔他カ下一〕文いぢめつ・く〔他カ下二〕さんざん苦しめ悩ませる。＊浮雲(1887-89)〈二葉亭四迷〉二・七「たたみかけて意地目つけるネ。よろしい。覚えてお出でなさい」＊真理の春(1930)〈細田民樹〉森井コンツェルン・一九「海倉はこれらの『赤鬼』から、さんざん虐(イヂ)めつけられ」発音〈標ア〉ケ

いじめっ-こ【苛―】〔名〕(「こ」は接尾語)互いにいじめ合うこと。いじめたり、いじめられたりすること。＊嗚咽(1919)〈加藤武雄〉「おれとお前とは、かうしていぢめっこをしなければならぬやうに運命づけられてゐるのだ」発音〈標ア〉0

いじめっ-こ【苛子】〔名〕弱い者をいじめて威張っている子。いじの悪いことをして、仲間をいやがらせる子。＊日本橋(1914)〈泉鏡花〉五「私、いぢめッ児を、皆引張って電車通りの方へ行って下すった後姿を見て拝んだんですよ」＊銀の匙(1913-15)〈中勘助〉後・一二「下の町のいぢめっ子のあげるはんぎゃ(般若)の二枚凧はみんなに嫌はれてゐた」発音〈標ア〉0

いしめ-ぼり【石目彫】〔名〕「いしめざいく(石目細工)」に同じ。発音〈標ア〉0

いしめ-やすり【石目鑢】〔名〕木材および軟質金属の加工に用いるやすり。鬼目やすり。わさびやすり。発音〈標ア〉ヤ

いじ・める【苛・虐】〔他マ下一〕①弱い者に対

して意識的に精神的または肉体的な苦痛を与える。いじわるをして苦しめる。いためつける。さいなむ。＊滑稽本・浮世風呂(1809-13)三・上「わたしが初ての座敷の時、がうぎといぢめたはな」＊随筆・世事百談(1843)一・俗語「いぢめるといふ詞あり。これは意地(イヂ)の音を活用(はたらか)していへるなり。さればいぢるとも、いぢめるともいへり」＊松翁道話(1814-46)三・上「自身つとめても見ずに、人ばっかりいぢめるものがあるものぢゃ」 ②指先でもてあそぶ。いじる。＊はやり唄(1902)〈小杉天外〉八「礼之助は雪江をぢろぢろ視て居たが、さて何とも云はずに紙巻莨(シガレット)ばかりを弄(イヂ)めて居る」 ③叱る。＊方言達用抄(1827)「いぢめる。しかりてふす」 [方言] しかる。責める。岩手県050 097 福島県安達郡062 茨城県北相馬郡188 栃木県198 東京都八丈島343 長野県北佐久郡482 滋賀県神崎郡616 ◇いじめえる 長野県佐久493 [語源説] (1)イジル(弄)からか〔大言海〕。(2)イヂ(意地)を活用した語〔海録・世事百談・国語の中に於ける漢語の研究=山田孝雄〕。(3)イーシメル(締)の意〔国語本義・日本語源=賀茂百樹〕。(4)イヒチヂメルの略語か〔両京俚言考〕。 [発音]〈なまり〉イジメー〔鳥取〕イチメル〔福島〕イッメル〔岩手〕エジメル〔埼玉方言〕ジメル〔島根〕〈標ア〉[0]〈京ア〉[0] [辞書] ヘボン・言海

いし-めんきょしょう【医師免許証】『名』医師国家試験(旧制、医師試験)に合格した者に、医師の免許を与え、医籍に登録したことを証明する公文書。＊医師法施行規則(明治三九年)(1906)一条「内務大臣は、免許を与ふる時は医籍に登録し医師免許証を下付す」＊医師法(1948)六条・二「厚生大臣は、免許を与えたときは、医師免許証を交付する」 [発音] イシメンキョショー〈標ア〉[キ]

いし-も【石藻】『名』「せっかいそう(石灰藻)」に同じ。 [発音]〈標ア〉[0]

いし-もずく【石水雲・石海雲】『名』褐藻類ナガマツモ科の海藻。各地の潮間帯からやや深い地帯にかけての岩の上に生える。全体が緑褐色で、長さ約二〇センチメートル。細く枝分かれする。食用になる。学名はSphaerotrichia divaricata [方言] ふともずく(太海蘊)。阿波†033 ◇いしもじょく 青森県上北郡082

いし-もち【石持・石首魚】『名』①魚「しろぐち(白口)」の異名。頭骨内の内耳にあたる部分にある耳石が大きく目立つために、この名がつけられた。《季・夏》＊十巻本和名抄(934頃)八「鯼 子公切訓二石持(イシモチ)一〈略〉按江都魚市謂小者曰二石持一中者曰二久知一大者曰二仁倍一石持者頭中有レ石之称」＊本朝食鑑(1697)八「鯼 字指云鯼〈音聰 伊之毛知〉其頭中有石故亦名石首魚也」＊尾張方言(1749)気形「いしもち 石首魚 よそににべといふ。又くちといふ」＊雑俳・柳多留-四九(1810)「石持ちといへどもかるい肴なり」 ②魚「かじか(鰍)」の異名。＊物類称呼(1775)二「杜父魚 かじか 京大坂にていしもち、加茂川にてごり、嵯峨にていまる、伏見にて川をこぜ」 ③屋根石を支える横木。やあら。 ④「いしもちこもん(石持小紋)」の略。 [方言] ㊀魚。❶かじか(鰍)。京都†005 ❷てんじくだい(天竺鯛)。泉州†030 紀州日高郡†030 兵庫県明石015 和歌山県日高郡・西牟婁郡694 香川県829 ❸にべ(鮸)。越後†041 尾張†099 京都†020 福島県石城郡016 茨城県那珂郡016 東京都016 神奈川県三浦郡016 新潟県016 静岡県浜松016 愛知県豊橋・三谷016 島根県松江016 香川県三豊郡829 ◇いしもて 長崎県壱岐島915 ❹鮸(にべ)の幼魚。江戸†003 三重県南牟婁郡016 和歌山県新宮016 ❺いしがれい(石鰈)。香川県大川郡・木田郡829 九州016 ◇いしもちがれ〔―鰈〕 九州016 ❻かわあなごう(川穴子)。高知市865 ㊁動物、いしがに(石蟹)。◇いしもちがね〔―蟹〕とも。香川県三豊郡829 [発音]〈標ア〉[0][モ][チ]〈ア史〉平安●●●●〈京ア〉[モ][0] [辞書] 和名・色葉・名義・下学・和玉・伊京・易林・日葡・書言・ヘボン・言海 [表記] 鯼(和・色・名・下・玉・書)石首魚(色・易・書・ヘ)鮖(名)鮎(伊)黄花魚・鮸(書)石持(言)

いしもち の 斑猫(はんみょう) (「いしもち」は、女がこれを食べると妊娠しないといわれる魚。「斑猫」は劇毒を含む昆虫)恐ろしいもののたとえ。＊浮世草子・御前義経記(1700)三・一「そちが為には石(イシ)もちのはんめう、何から何までさりとはわるい二人の卦(け)」

いし-もち【石持】『名』①植物「めなもみ(豨薟)」の異名。＊重訂本草綱目啓蒙(1847)一一・隰草「豨薟 めなもみ いしもち 勢州」 ②植物「いしもちそう(石持草)」の異名。＊重訂本草綱目啓蒙(1847)一三・菜「茅膏菜〈略〉すなもちさう 江州、いしもち 播州」 [方言] もうせんごけ(毛氈苔)。岐阜県恵那郡498

いしもち-こもん【石持小紋】『名』和服地の染め物の名。布全体に、石を積み上げたような形の模様を型染めにしたもの。 [発音]〈標ア〉[モ][コ]

いしもち-そう【石持草】『名』モウセンゴケ科の多年草。関東地方以西の山野の水湿地に自生する食虫植物。高さ一〇～二五センチメートル。地下に直径六ミリメートルほどの塊茎をもつ。葉は小さく幅五ミリメートルほどの三日月形で、縁と上面に腺毛が密生し粘液を分泌して虫を捕らえる。初夏、直径一センチメートルほどの白い五弁の花が数個集まって咲く。はえとりばな。はえころし。はえとりそう。いしもち。すなもち。学名はDrosera peltata var. nipponica ＊日本植物名彙(1874)〈松村任三〉「イシモチサウ 茅膏菜 石龍牙草」 [発音] イシモチソー〈標ア〉[0]

石 持 草

いしもちそう-か【石持草科】『名』「もうせんごけか(毛氈苔科)」の旧称。 [発音] イシモチソーカ〈標ア〉[0]

いし-もと【石本】 姓氏の一つ。 [発音]〈標ア〉[シ]

いし-もり【石森】 姓氏の一つ。 [発音]〈標ア〉[シ]

いし-もろこ【石諸子】『名』魚「もつご(持子)」の異名。

い-しゃ【位者】『名』位にあるもの。世の中に、ある地位を得ている人。＊延慶本平家(1309-10)一本・平家先祖事「縦ひ人事は詐(いつはる)と云とも天道詐りがたき者哉、王麗なる猶如此、況(いはんや)人臣位者争(いかで)か慎まざるべき」

い-しゃ【医者】『名』傷病の診断、治療を職業とする人。医師。くすし。いさ。＊文明本節用集(室町中)「医師 自二岐伯一始也 又医者(イシャ)同」＊細流抄(1525-34)九「くすしなと いしゃなとこそかやうにしてはさふらへとなり」＊仮名草子・伊曾保物語(1639頃)中・六「この内のいしゃは狂人を治す人なり」＊談義本・風流志道軒伝(1763)五「其跡にては日本に風をひくもの一人もなくんば、いしゃども渡世に難儀たるべく思ほゆれば」＊多情多恨(1896)〈尾崎紅葉〉前・八「して見ると病気かなあ、医者に係らうかなあ」＊隋書-麦鉄杖伝「顧謂二医者呉景賢一曰、大丈夫性命自有レ所レ在」 [語誌] 近世までの医者の多くは剃髪であったが、京の後藤艮山(一六五九～一七三三)以来惣髪になったと言われる。古い呼称の「くすし」は次第に衰え、西洋医学を取り入れた明治以後、医師・医者の呼び方が主になる。 [発音]〈なまり〉イサ〔岩手・鹿児島方言〕イッシャ・エシャ〔富山県〕イヒャ〔石川〕エサ〔津軽語彙・岩手〕エシャ〔鳥取〕〈標ア〉[0]〈京ア〉[0] [辞書] 文明・易林・日葡・書言・ヘボン・言海 [表記] 医者(文・易・書・ヘ・言)

いしゃ 寒(さむ)からず、儒者(じゅしゃ)寒(さむ)し 医者は金持ちになれるが、学者は常に貧乏である。＊随筆・妙妙奇談(1821頃か)六回「俗にいはゆる医者寒からず儒者寒しと。宜哉。〈略〉当分の著述ありといへ共、刻すべき余財なく」

いしゃ 智者(ちしゃ)福者(ふくしゃ) (「徒然草-一一七段」に「よき友三つあり、一には物くるる友、二にはくすし、三には智恵ある友」とあるところから)①友達として有益な人。良友とするに足る人。＊慶長見聞集(1614)八「人の付近へきはいしゃ、智者、福者と古人もいへり」 ②世の中の宝とすべき人。この世で尊重すべき人。＊俳諧・西鶴大矢数(1681)第三「三つの宝をぬすまれな風 詠やる医者智者福者けふの月」＊浮世草子・西鶴織留(1694)四・二「世の宝は医者(イシャ)智者(チシャ)福者(フクシャ)といへり。中にも、医者のなき里には住(すむ)事なかれ」

いしゃ と 出家(しゅっけ)は老(お)いたるがよし馬(うま)の口取(くちとり)と火消(ひけし)の鳶(とび)の者(もの)とは若(わか)きがよし 医者と僧侶は経験豊かな老人がよく、馬子(まご)と火消し人足は体力のある若者がよい。その仕事、役割にふさわしい年齢のあることのたとえ。＊譬喩尽(1786)一「医者(イシャ)と出家(シュッケ)は老(オヒ)たるがよし。馬驪(ムマノクチトリ)と火消(ヒケシ)の鳶(トビ)の者(モノ)とは若(ワカキ)がよし」

いしゃ の 玄関構(げんかんがまえ) (医者は、玄関を立派に構え、はきものをたくさん並べて、いかにも患者が多くて繁盛しているかのように見せかけるところから)外観を飾りたてることのたとえ。

いしゃ の 只今(ただいま) (医者は往診の時、すぐ行くと言っても、なかなか来ないところから)あてにならないことのたとえ。紺屋(こうや)の明後日(あさって)。

いしゃ の 長羽織(ながばおり) (近世、医者は丈(たけ)の長い羽織を着たところから)往診するまで時間が長くかかる意。＊浄瑠璃・源氏冷泉節(1710頃)上「早ふ早ふとせいてもせかぬ医者の心の長ばをり」

いしゃ の 不養生(ふようじょう) (患者に摂生をすすめる医者が、自分では意外に不摂生なことをしている意で)他人にはりっぱなことを教えながら、実行のともなわないことのたとえ。＊談義本・風流志道軒伝(1763)二「医者(イシャ)の不養生、坊主の不信心、昔よりして然り」＊譬喩尽(1786)一「医者(イシャ)の不養生(フヤウジャウ)、儒者の不届、神道者の不直、仏者の不如法」＊妹背貝(1889)〈巌谷小波〉秋「医者の不養生法律家の不徳義で、西洋に居た頃から、香水―臭い風聞もあったとやら」

いしゃ の 若死(わかじに)出家(しゅっけ)の地獄(じごく) 医者は不養生をして若死にをし、僧侶は堕落して地獄に落ちる者が多いことをいう。人は救っても、自分を救うことはむずかしいことのたとえ。

いしゃ は 先医(せんい)を誹(そし)り物縫(ものぬ)う女(おんな)は針手(はりて)を誹(そし)る 同業者はねたみあうことが多いというたとえ。＊浮世草子・本朝諸士百家記(1709)五「医者の先医をそしると、物縫へる女の針手をそしるはつねのならひ」

いしゃ は 見掛(みかけ)によらぬ 外見だけでは医者の上手下手はわからない。＊浄瑠璃・源氏冷泉節(1710頃)下「いしゃは見かけによらぬぞ」

い-しゃ【倚藉】『名』(「倚」はよる、「藉」はかりるの意)たよること。たのむこと。＊大日本帝国憲法及び皇室典範制定の御告文-明治二二年(1889)二月一一日「洵に皇祖皇宗及び我が皇考の威霊に倚藉するに由らさるは無し」＊福恵全書-庶政部・禁造仮銀「倚二藉勢豪一、勾二連市棍一」

い-しゃ【移写】『名』①一度写した写本や絵などを、また写し取ること。またうつし。転写。＊葛原詩話(1787-1804)前・三「本と写したるものを手本として、又写すことを、俗にまたうつしと云。華語に移写と云」＊恵洪-雲門禅師画像賛序「僧原静移二写其本一、蔵二於鍾

山こ ②彫刻の際、原型と同比例に、木材、石材などにうつしとること。発音〈標ア〉イ

い-しゃ【欹斜】〔名〕ななめにそばだつこと。ななめにかたむくこと。＊匏菴十種(1869)〈栗本鋤雲〉暁窓追録「常に隊伍斉整画一ならす往々参差欹斜する者あり」

い-しゃ【慰者】〔名〕なぐさめる人。慰藉者(いしゃしゃ)。＊詩人と人道(1896)〈田岡嶺雲〉「嗚呼誰れか此等の慰者となり庇護者となり、之に代(かはり)て天下に愬へ、之に代て懐抱を伸ぶべきものぞ」発音〈標ア〉イ

い-しゃ【慰藉】〔名〕苦しみなどを慰め助けること。なぐさめいたわること。なぐさめ。＊真愚稿(1422頃か)次搏姪人日詩韻「阮家頼有青雲器 慰二藉龍鐘一老身」＊日本外史(1827)一・源氏前記「説以二大義一且慰二藉之一」＊花柳春話(1878-79)〈織田純一郎訳〉六三「フロレンス低声に之を慰藉して曰く」＊田舎教師(1909)〈田山花袋〉三八「甘いものと、音楽と、絵の写生とこの三つが僕のさびしい生活の慰藉(ヰシャ)だ」＊後漢書-隗囂伝「素聞二其風声一、報以二殊礼一〈略〉所三以慰二藉之一良厚」発音〈標ア〉イ〈京ア〉0

いし-や【石屋】〔名〕石を山から切り出す職人。また、その石を加工し、販売する人。または、店。＊雑俳・奈良土産(1694)「嘉例にて石屋の雑煮五りん餅」＊随筆・北越雪譜(1836-42)二・三「長さは三四尺ばかり、長短はひとしからず。石工(イシヤ)の作りなしたるが如し」＊塩原多助一代記(1885)〈三遊亭円朝〉一四「彼処(あすこ)の手前の横町に石屋がありやすから」発音〈なまり〉イーシャ〔讃岐〕イジャ〔島原方言〕イッシャ〔富山県・播磨・讃岐〕エッシャ〔富山県〕〈標ア〉0〈京ア〉イ 辞書〈ボン・言海 表記 石工(へ) 石屋(言)

いじゃ（「いでは」の変化したもの）終助詞的に反語の意を表わす。…しなくては。…しないでよいものか。＊浄瑠璃・道成寺現在蛇鱗(1742)一「何ぼ嬉しいとて其辛抱はせいじゃいの」＊浄瑠璃・恋女房染分手綱(1751)九「借(かし)た物取らいじゃ」

いじゃ〔動〕方言（「いじゃる」の命令表現）❶行こう。行きましょう。山形県139 長野県469 488 492 静岡県520 小笠郡537 愛知県558 571 ◇いじゃあ 青森県三戸郡083 静岡県榛原郡541 ◇いじゃやれ 仙台†056 ❷おいで。おいでなさい。静岡県520 531 533 愛知県岡崎市575 ◇いじゃ 静岡県榛原郡542 ◇んじゃ 新潟県東蒲原郡347 ❸行け。歩め。山形県062 長野県062 468 475

いしゃ-いらず【医者不要】〔名〕方言 ⇩いしゃころし(医者殺)

いしゃ-かご【医者駕籠】〔名〕近世、医師が乗る引き戸のついたかご。＊随筆・守貞漫稿(1837-53)二九「江戸医師乗物 虀巻(ござまき)なれども、聊か小形にて、上特に狭く唯軽きを旨とす。又窓は常の大さなれども、簾を長くするは、立派を好む也。京坂医駕、上狭からず、惣て常の虀打乗物に異なることなし。〈略〉追書茲に医師乗物と書たれども、のり物とは云ず、形乗物なれども、医者駕籠と云也」発音イシャカゴ〈標ア〉シャ

いし-やき【石焼】〔名〕①白磁器の俗称。素地膚が白い石に似ているところからいう。石焼物。②魚、いも、豆腐などを焼け石を用いて焼く料理法。また、そのもの。＊料理物語(1643)一「ばい ころばかし、にもの、いしやき」＊俳諧・望一後千句(1652)九「君か代に楽治計に治りて とりくふ鮎はさされ石やき」＊咄本・無事志有意(1798)湯どうふ「『ハイ豆腐でござります』〈略〉『いしやきか』」方言 焼き豆腐。長野県下伊那郡054 南部062 発音〈標ア〉0〈京ア〉0 辞書 言海 表記 石焼(言)

いしやき-いも【石焼芋】〔名〕さつま芋を焼けた小石の中で焼いたもの。《季・冬》発音〈標ア〉キ〈京ア〉0／キ

いしやき-どうふ【石焼豆腐】〔名〕豆腐を油でいため焼きにし、大根おろしとしょうゆで食べる料理。焼き豆腐をだしと薄いしょうゆ味でしたて、しょうが汁をかける料理をもいう。江戸時代に、火熱した石の上で豆腐を焼いて、みそのたまりなどをかけて食べたのでこの名がある。＊豆腐百珍(1782)妙品「石焼(イシヤキ)とうふ もと石にてやくを略して鍪子(なべ)を用る也。炭火を武(つよく)し、鍪子に油を少し入れ〈略〉豆腐を一寸方、あつさ三分あまりに切て〈略〉すぐに用る也。おろし蘿蔔(だいこん)、生豆油(きじゃうゆ)にて用ゆ」＊洒落本・古契三娼(1787)「ふぢ棚の石(イシ)やき豆腐(ドウフ)はお鷹じゃうと岡釣のたて場になりやした」＊随筆・松屋筆記(1818-45頃)七八・五三「石焼豆腐(イシヤキドウフ)あり。焼豆腐を醤油にて煮たる也」発音イシヤキドーフ〈標ア〉ド 辞書 言海 表記 石焼豆腐(言)

いしやき-もの【石焼物】〔名〕「いしやき(石焼)①」に同じ。＊随筆・陶器楽草(19C前か)「石焼物手数の事 一、新石を水車にてはたきたるを水へおろし」＊うもれ木(1892)〈樋口一葉〉五「吾邦(わがくに)に特有の石陶器(イシヤキモノ)、価廉といへど」発音〈標ア〉ヤ

い-しゃく【依嘖】〔名〕他人に依頼して、しかり責めること。＊高野山文書-正平九年(1354)一〇月・隅田庄三供僧契状(大日本古文書四・一三)「支配之内、任諸庄之例、過十月中、致二未進懈怠一者、可レ為二供僧依嘖一事」

い-しゃく【井杓】〔名〕井戸から水をすくいとる器。＊壬生家文書-文治六年(1190)四月日・主殿寮年預伴守方解(鎌倉遺文一・四四〇)「一 摂津国年別篝藁三百七十、井杓十五枝、汲部十口」

い-じゃく【胃弱】〔名〕胃の筋肉の緊張が減少して、消化力の衰弱した状態のこと。＊医語類聚(1872)〈奥山虎章〉「Bradypepsia 胃弱」＊文明論之概略(1875)〈福沢諭吉〉一・一「胃弱を恐れて滋養を廃しなければ患者は遂に斃(たふ)る可きなり」＊吾輩は猫である(1905-06)〈夏目漱石〉一「彼は胃弱で皮膚の色が淡黄色を帯びて弾力のない不活潑な徴候をあらはして居る」発音〈標ア〉0〈京ア〉0 辞書 言海 表記 胃弱(言)

い-じゃく【萎弱】〔名〕しおれて弱々しくなること。活気を失ってしまうこと。＊舎密開宗(1837-47)内・二・四八「之を日光に曝せば茎葉の面に細かき瓦斯の泡星(〈注〉あわ)を発し漸く大泡と為て水上に聚る其機、枝葉萎弱して始て歇む」＊青年(1910-11)〈森鴎外〉一三「今の文壇は、愚痴といふものの外に、力の反応を見ることの出来ない程に萎弱(ヰジャク)してゐるのだが」発音〈標ア〉0

い-じゃく【痿弱】〔名〕〔形動〕手足がなえる病気で、ひ弱なこと。また、身体が虚弱なこと。＊和蘭字彙(1855-58)「verlamdheit〈略〉痿弱」＊西国立志編(1870-71)〈中村正直訳〉六・一一「小児の時、痿弱にして行歩すること能はず」発音〈標ア〉0

いじゃ-ぐい【一食】〔名〕方言❶むだ食い。愛知県碧海郡574 ◇いちゃぐい 愛知県岡崎市575 ❷間食。岐阜県加茂郡052 愛知県設楽063 知多郡570

いじゃく-か【胃弱家】〔名〕胃腸が弱い人。＊文明論之概略(1875)〈福沢諭吉〉一・一「猶かの胃弱家が滋養物を喰ひ、これを消化すること能はずして却て病を増すが如し」発音〈標ア〉0

いしやくし【石薬師】（真言宗東寺派石薬師寺があるので名づけられた）三重県鈴鹿市の地名。東海道五十三次の四日市と庄野の間にあった旧宿駅、高富里(たかとみのさと)大木。＊俳諧・市の庵(1694)「膳つきすゆる窻の月影〈キ柳〉 秋風の暮て宿かる石薬師〈蓑立〉」＊浄瑠璃・丹波与作待夜の小室節(1707頃)道中双六「亀山にたばこ、火うちの石やくし、おっとくはなの舟わたし」発音〈標ア〉ヤ

いじゃく-しゃ【胃弱者】〔名〕「いじゃくか(胃弱家)」に同じ。＊大阪の宿(1925-26)〈水上滝太郎〉二・一「胃弱者に見るやうな蒼黒い顔つきの、細っこい亭主にひきかへて」発音〈標ア〉ジャク

いしゃく-ほうしゃく【以尺報尺】〔名〕自分が悪意や害を受けたら、同じ程度の仕返しをする。目には目、歯には歯。＊文芸当座帳(1926)〈菊池寛〉悪口「自分は以尺報尺主義だ。自分に悪意を示した人間に対しては、何かの機会でそれ丈の復讐をするのは当然だと思ってゐる」発音イシャクホーシャク〈標ア〉イ0

いし-やぐら【石櫓】〔名〕方言 ⇩いしぐら(石座)

いしゃくる〔動〕方言 ⇩ゆすくる(揺―)

いし-やげん【石薬研】〔名〕薬などをひく石鉢。＊日葡辞書(1603-04)「Ixiyaguen(イシヤゲン)」辞書 日葡

いしゃ-ごころ【医者心】〔名〕医術の心得。医術を身につけていること。＊浄瑠璃・松風村雨束帯鑑(1707頃)三「いやまた器用なお人で、いしゃ心も有かして」発音イシャゴコロ〈標ア〉ゴ

いじゃ-ござい〔連語〕(「いざござれ」の変化した語)「おいでなさい」の意。＊滑稽本・東海道中膝栗毛(1802-09)三・上「もどりかごのっていじゃござい」

いしゃ-ころし【医者殺】〔名〕方言㊀みそ汁に湯を加えたもの。養生薬、風邪の妙薬という。長野県東筑摩郡480 ㊁植物。❶げんのしょうこ(現証拠)。秋田県河辺郡・由利郡131 埼玉県秩父郡251 島根県美濃郡964 岡山県都窪郡744 愛媛県840 ◇いしゃごろし 群馬県多野郡246 佐波郡794 山口県阿武郡794 ◇いしゃなかせ〔医者泣〕富山県砺波397 福井県大飯郡447 静岡県524 磐田郡546 愛知県北設楽郡054 愛媛県840 ◇いしゃなかし 愛媛県840 ◇いしゃいらず〔医者不要〕秋田県北秋田郡131 山形県西田川郡139 新潟県中越373 和歌山県那賀郡692 ❷きらんそう(金瘡小草)。奈良県宇智郡683 ◇いしゃごろし 高知県幡多郡870 ❸どくだみ(蕺草)。大分市941 ❹はぶそう(波布草)。◇いしゃいらず 和歌山県690 ❺アロエ。静岡県志太郡535 鹿児島県阿久根市964 ❻サボテン(仙人掌)の一種。香川県829

いしゃ-ころばし【医者転】〔名〕(病気によくきくところから)湯に汁を少し加えたもの。＊浜荻(仙台)(1813頃)「いしゃころばし 膳の湯に少し汁をさしたる也。養生になる事医者もかなはぬといふ心也」方言 宮城県仙台市125

いじ-やし【意地卑】方言㊀〔名〕食いしん坊。埼玉県秩父郡251 神奈川県054 長野県上田475 ◇いじらし 神奈川県愛甲郡054 ㊁〔形〕意地汚い。食いしん坊である。群馬県山田郡240 長野県佐久493

いしゃ-しゃ【慰藉者】〔名〕慰め助けてくれる人。＊田舎教師(1909)〈田山花袋〉一一「非常に有力な慰藉者(ヰシャシャ)を得たやうに思はれた」発音〈標ア〉シャ1

いしゃ-しゅう【医者衆】〔名〕医者たち。幕府などにお抱えの医者。＊鹿苑日録-慶長二年(1597)一二月一〇日「医者衆五員御折檻也、竹田・驢庵・祐乗・盛方・祐庵、今度大閤御病中。昼夜欠番之咎也」発音イシャシュー〈標ア〉シャ

いし-やじり【石鏃】〔名〕⇩せきぞく(石鏃)

いしゃ-だおし【医者倒】〔名〕植物「みやまとべら」の異名。＊重訂本草綱目啓蒙(1847)一四下・蔓草「山豆根 いしゃだうし 肥後、せんぶり 同上〈略〉みやまとべら 土州」方言❶げんのしょうこ(現証拠)。京都府何鹿郡964 和歌山県那賀郡692 岡山県岡山市762 御津郡764 徳島県809 ◇いしゃたおし 香川県西部・豊島829 ❷きらんそう(金瘡小草)。◇いしゃたおし 長崎県壱岐島914 ❸みやまとべら(深山―)。紀伊†110 肥後上益城郡†018 ❹しこくふうろ(四国風露)。徳島県麻植郡820 ❺えびすぐさ(夷草)。和歌山県東牟婁郡690 新宮市692 辞書 言海

いしゃっ-ぽう【医者坊】〔名〕(「いしゃぼう(医者坊)」の変化した語)「いしゃぼうず(医者坊主)」に同じ。＊西洋道中膝栗毛(1870-76)〈仮名垣魯文〉一〇・上

「一体此病院の大先生は、何処の国の医者(イシャ)っぽうだへ」 発音イシャッポー〈標ア〉0

いしゃと『名』「かまきり(蟷螂)」に同じ。＊混効験集(1711)上「いしゃと、蟷螂の事」 方言◇いしゃとぅ 鹿児島県沖永良部島975 ◇いしゃとぅう 沖縄県那覇市975 首里993

いしゃ-どん【医者殿】『名』方言あんま。越後†081

いしゃ-な【伊舎那】「いざな(伊舎那)」に同じ。

いしゃ-なかせ【医者泣】『名』方言⇩いしゃころし(医者殺)

いしゃな-てん【伊舎那天】「いざなてん(伊舎那天)」に同じ。

いしゃ-ぶり【医者振】『名』医師の様子をまねること。＊寒川入道筆記(1613頃)愚痴文盲者口状之事「不文字なる人、医者振りをして、病者の脈をとりて、次の間へ立て、我等の手柄にては成申間敷候」 発音〈標ア〉0

いしゃ-ぼう【医者坊】『名』「いしゃぼうず(医者坊主)」に同じ。＊浮世草子・風流曲三味線(1706)四・二「頃日は人も無気なる医者坊(イシャバウ)が振舞」 発音イシャボー〈標ア〉0

いしゃ-ぼうず【医者坊主】『名』(医者は多く、髪をそっていたところから)近世、医者の称。いしゃぼう。いしゃぼん。＊浮世草子・浮世栄花一代男(1693)二・一「是は端手(はで)なるいしゃ坊主(ボウズ)と見えて女なり」 発音イシャボーズ〈標ア〉ボ

いしゃ-ぼり【石屋彫】『名』額、賞牌(しょうはい)等の大文字を彫刻する手法の一つ。平面に弧型に凹彫りする。 発音〈標ア〉0

いしゃ-ぼん【医者坊】『名』(「いしゃぼうず(医者坊主)」の変化した語)①「いしゃぼうず(医者坊主)」に同じ。＊浄瑠璃・義経東六法(1711頃)上「薬はないかいしゃぼんと」＊浮世草子・好色文伝受(1688)五・二「一座ひとり見知ぬ人、いかさまいしゃぼんらしき風にて候」＊俳諧・鶉衣(1727-79)前・上・一二・隅田川涼賦「女中の酒の座には、頭巾かぶりし医者坊(ボン)あり」 ②(形動)元禄(一六八八〜一七〇四)頃の上方での流行語。望みどおりにならないこと。また、不可能なこと。＊浮世草子・傾城色三味線(1701)湊・一「是ぞ浮世のはやり詞に、かなはぬ事をいしゃぼんといふは、汝が事よとわらはれし」＊浮世草子・元禄大平記(1702)一・京と大坂に本替の沙汰「近年米につれて、紙の売買高直(たかい)によって、書物屋の分すべて医者坊(イシャボン)」 発音〈標ア〉0

いし-やま【石山】『名』①石の多い山。岩石の重なっている山。＊日葡辞書(1603-04)「Ixiyama (イシヤマ)〈訳〉多くの石のある山または山脈」＊虞美人草(1907)〈夏目漱石〉五「石山(イシヤマ)、松山、雑木山と数ふる遑(いとま)を行客に許さざる疾き流れは」 ②石材を切り出す山。 方言❶石の堆積(たいせき)した所。新潟県北魚沼郡012 ❷炭坑。◇いっしゃま 長崎県北松浦郡898 発音〈なまり〉エシシャマ〔仙台音韻〕〈標ア〉0〈京ア〉0 辞書日葡・書言・言海 表記砠(書) 石山(言)

いしやま【石山】㊀滋賀県大津市にある地名。東は瀬田川、西は音羽山、笠取山を越えて京都に連なる一帯。近江八景の「石山の秋月」、琵琶湖八景の「瀬田石山の清流」として名高い。石山寺、石山貝塚がある。歌枕。＊新古今(1205)雑上・一五一四「都にも人やまつらん石山の峰にのこれるあきのよの月〈藤原長能〉」 ㊁(蓮如上人が道場を建てるときに、数々の不思議がおこり、石が土中に敷きつめられていたため名づけられた)大阪市中央区馬場(ばんば)町あたりの旧称。石山本願寺のあった所。のち、大坂城が建てられた。 ㊂岡山市丸の内付近の古称。 ㊃㊀にある石山寺(真言宗東寺派)の通称。＊古今(905-914)秋下・二五六・詞書「いし山にまうでける時、おとは山のもみぢをみてよめる」＊源氏(1001-14頃)真木柱「いし山の仏をも、弁のおもとをも、並べていただかまほしう思へど」 発音〈標ア〉0〈京ア〉0 辞書文明 表記石山(文)

いしやま【石山】姓氏の一つ。 発音〈標ア〉0

いしやま-かいづか【石山貝塚】滋賀県大津市石山寺辺町にある縄文時代早期の淡水貝塚。尖底土器、骨角器、石器、屈葬人骨などが出土した。 発音〈標ア〉カ¹

いしやま-キセル【石山煙管】『名』キセルの一種。石山という人の創製した変わった形をしたもの。＊随筆・おほうみのはら(1779頃か)「石山殿、中ごろことやうなるきせるをつくりいだされたりけるを、石山きせるとて、人々もて興じけり」 発音〈標ア〉キ

いしやま-ぎれ【石山切】平安時代の書跡、古筆切(こひつぎれ)の名。「西本願寺本三十六人集」のうち、「貫之集-下」と「伊勢集」を昭和四年(一九二九)に分割するさい、本願寺が大坂の石山にあったのにちなんで命名された。 発音イシヤマギレ〈標ア〉0

いしやま-ぐんき【石山軍記】『名』石山合戦を題材とした講談、浄瑠璃、歌舞伎等の総称。多くは顕如上人の徳を賛仰する意図のもとに成立した。とくに三世勝諺蔵作の歌舞伎「御文章石山軍記」が有名。 発音〈標ア〉グ

いしやま-げんじ【石山源氏】箏曲。山田流奥許(おくゆるし)物。千代田検校(けんぎょう)作曲。歌詞は謡曲「源氏供養(げんじくよう)」に取材。天保、弘化年間(一八三〇〜四七)に成る。 発音〈標ア〉ゲ

いしやま-こふん【石山古墳】三重県上野市才良にある四世紀末〜五世紀初頭の前方後円墳。全長約一二〇メートル。石塚古墳。 発音〈標ア〉コ

いしやま-すずり【石山硯】滋賀県大津市石山寺の源氏の間にある紫式部の用いたと伝えられる硯のこと。＊歌舞伎・宝萊曾我島物語(島の徳蔵)(1870)二幕「はて、石山硯(イシヤマスズリ)の牛経文、控へて居よ」 発音〈標ア〉ス

いしやま-でら【石山寺】滋賀県大津市石山寺にある真言宗東寺派の寺。山号は石光山。天平勝宝年間(七五〇〜七五九)良弁が開創。本尊は如意輪観音。本堂東方の源氏の間で「源氏物語」が書き始められたという。近江八景の一つ「石山の秋月」で知られる観月の名所。西国三十三か所第一三番札所。本堂、多宝塔は国宝。＊随筆・独寝(1724頃)下・九二「今江戸の事思へば、桑名の七里の渡し、はや石山寺、このおかしい石のすがた」 発音〈標ア〉0〈京ア〉テ／マ 辞書書言 表記石山寺(書)

いしやまでら-えんぎ【石山寺縁起】石山寺建立の由来、本尊の観世音菩薩の霊験を描いた絵巻物。七巻。一〜三巻高階隆兼(たかしなたかかね)、四巻土佐光信、五巻粟田口隆光、六〜七巻谷文晁(ぶんちょう)筆、詞書(ことばがき)は石山寺の杲守僧正、三条西実隆(さねたか)、冷泉為重(れいぜいためしげ)、飛鳥井雅章(あすかいまさあき)などと伝える。原本は鎌倉末期に隆兼が作ったといわれるが散佚し、後世補修したため巻により筆者が異なる。 発音イシヤマデラエンギ〈標ア〉エ

いしやまほんがんじ【石山本願寺】後の大坂城本丸にあたる地(中央区大阪城)にあった浄土真宗の寺。明応五年(一四九六)蓮如(れんにょ)が開き、天文元年(一五三二)山科本願寺焼失ののち、本寺となる。織田信長との石山合戦の末、天正八年(一五八〇)焼失。石山御坊。石山御堂。大坂御坊。 発音イシヤマホンガンジ〈標ア〉ホ

いしやま-まつり【石山祭】『名』近江国(滋賀県)石山寺で三月一日から三日間行なわれた祭礼。境内の三十八所明神、寺辺村にある新宮明神、国分村の近津尾八幡宮の祭礼の総称。現在の大津市新宮神社の節句祭のことで、近世までは仁王八講、狂言、獅子舞(ししまい)などがあって盛大であった。《季・春》＊俳諧・毛吹草(1638)二「三月〈略〉石山祭 三日」＊案内者(1662)二「三月三日 石山祭 粟津祭 草餅」 発音〈標ア〉マ²

いしやま-もうで【石山詣】『名』滋賀県大津市の石山寺にまいること。特に陰暦一〇月甲子の日に参詣すること。＊落窪(10C後)二「かの石山まうでのをり、ひとりえり捨て給ひしも思ひ出でられて、心うし」＊大鏡(12C前)五・道長上「故女院の御石山詣に、この殿は御むまにて、帥殿はくるまにてまゐりたまふに」＊金刀比羅本平治(1220頃か)下・悪源太誅せらるる事「難波次郎経遠、をりふし五十余騎にて石山(イシヤマ)まうでして下向しけるが」 発音イシヤマモーデ〈標ア〉モ

いしゃ-むかい【医者迎】『名』医者を迎えに行くこと。また、その人。＊雑俳・柳多留-四(1769)「いしゃむかい少しこごんで先へたち」 発音〈標ア〉ム

いじゃ-もじゃ『名』乱れるさまをいう。いざこざ。いじむじ。もめごと。＊雑俳・銭ごま(1706)「いじゃもじゃの内は初中後在に居て」

いしや-やく【石屋役】『名』江戸時代、石のきり出しや石積みを専業とした石工に課せられた役銭をいう。＊地方凡例録(1794)五「石屋役 是は石工の役銭なり、尤も上方筋御影村伊豆国などに多くあり、其外遠国にても所々へ石を伐出しに廻す場所ありて、其村役に納るもあり」 発音〈標ア〉0

いしゃら-がい【一貝】『名』貝「きさご(細螺)」の異名。＊物類称呼(1775)二「細螺、きさご 中国にて、いしゃらがいといふ、〈略〉肥の唐津にて、こぶらといふ」

いしゃら-はじき【一弾】『名』イシャラガイをはじいて遊ぶ女の子の遊戯。

いし-やり【石遣】『名』方言❶割り竹の先に石を挟んで遠くへ飛ばす道具。また、それを使ってする遊び。山口県豊浦郡798 香川県丸亀市・小豆島829 ❷石の投げ合い。石投げ。奈良県南大和683 岡山県邑久郡761

いし-やり【石槍】『名』石器時代の遺物の一つ。黒曜石をはじめ、珪質諸岩をつかって菱形または柳葉形につくったもの。長さは六〜二〇センチメートル。槍として用いたと思われる。せきそう。＊風俗画報-九九号(1895)コロボックル風俗考第六回「第一類に属するものを、打製石斧、石槍、石鏃、石錐、石匕等とす」 発音〈標ア〉0

い-じゃり【犁・居去】『名』方言牛馬に引かせて田畑を耕す農具。唐鋤(からすき)。栃木県198 ◇いだい 鹿児島県喜界島983

いしゃ-りょう【慰謝料・慰藉料】『名』生命、身体、名誉、貞操などの侵害により生じた精神的苦痛に対する損害賠償金。＊牛山ホテル(1929)〈岸田国士〉二「離婚の訴訟は向うから起したのだから、こっちにも、慰藉料ぐらゐ請求する理由は十分にある」＊帰郷(1948)〈大仏次郎〉牡丹の家「お種にやる代りに、私にその手切金とか慰藉料とやらを下さい」 補注「慰謝料」は「慰藉料」の書きかえ字。 発音イシャリョー〈標ア〉シャ〈京ア〉0

いしゃ・る『自ラ四』しりぞく。＊新編常陸国誌(1818-30頃か)方言「ゐしゃる、居退るなり」 方言茨城県188 栃木県197 198

いじゃる【飯笊】『名』方言⇩いざる(笊)

い-じゃ・る【膝行】『自ラ四』「いざる(膝行)」の変化した語。＊滑稽本・旧観帖(1805-09)二・上「うらがぢさまアハア三年越腰がぶちぬけて、畳の上でもいじゃってありき申さア」

いじゃる『動』方言行く、来る、居るの意の尊敬語。おいでになる。いらっしゃる。→いじゃ〔動〕。駿河†098 新潟県347 長野県479 480 493 静岡県榛原郡541 ◇えざる 青森県三戸郡083 ◇いじゃく 長野県西筑摩郡491 岐阜県恵那郡498

いじゃろ【飯笊】『名』方言⇩いざる(笊)

いしゃ-ろうにん【医者浪人】『名』治療を

頼む人のない医者を、祿を失った浪人にたとえていう語。患者の来ない医者。＊浮世草子・自笑楽日記(1747)四・一「乗物にはのれども、呼人(よびて)のなき医者浪人(イシャラウニン)」[発音]イシャローニン〈標ア〉[0]

いしゃ-ろく【医者陸】〘名〙(「ろく」は「陸尺(ろくしゃく)」の略) 医家に奉公している駕籠舁(かごかき)。＊歌舞伎・勧善懲悪覗機関(村井長庵)(1862)六幕「あの長庵は根が医者陸(イシャロク)、早乗三次が兄弟分で売った娘の客を誑(だま)し、五十両取ったとやら」[発音]〈標ア〉[0]

い-しゅ【医手】〘名〙医者。＊明治月刊(大阪府編)(1868)三「常に医手をして宮鏡を用ひ娼婦の陰道を照して其病の有無を験せしめ」[発音]〈標ア〉[イ]

い-しゅ【委趣】〘名〙くわしいおもむき。こまごました趣旨。＊明衡往来(11C中か)中本「件男自執申歟、仍不ㇾ尽二委趣一」[発音]〈標ア〉[イ] [辞書]文明・易林 [表記]委趣(文・易)

い-しゅ【異殊】〘名〙(形動) 他と異なっていること。また、そのさま。殊異。＊政教新論(1886)〈小崎弘道〉一〇「ギゾー古代の文明と欧洲近世の文明(基督教の文明)とを区別するに其性質形体の単独致一なると之が複雑異殊なるとを以てせり」[発音]〈標ア〉[イ]

い-しゅ【異種】〘名〙種類がちがっていること。異なった種類、種族。かわりだね。⇔同種。＊和蘭字彙(1855-58)「onvermengd〈略〉異種ノ交ラズニ居ル」＊新聞雑誌-五八号・明治五年(1872)八月「泰西人極めて花卉(かき)を愛し、遠く各国の異種を移植す」＊文明論之概略(1875)〈福沢諭吉〉一・三「君主は恰も一種珍奇の頭の如く、政治風俗は体の如し。同一の頭を以て異種の体に接す可し」＊後漢書-祭彤伝「彤慰納賞賜、稍復親二附其異種満離、高句驪之属一」[発音]〈標ア〉[イ]〈京ア〉[0]／⓪

い-しゅ【異趣】〘名〙普通と異なったおもむき。特異なおもむき。＊梵舜本沙石集(1283)五・二「されども執心有りて、異趣にとどこほりけるにや」＊入郷記(1906)〈国木田独歩〉「時としては其山河の光景の異趣、奇観」＊法書要録-張懐瓘書断中「魏鍾繇〈略〉点画之間、多有二異趣一、可ㇾ謂二幽深無ㇾ際、古雅有ㇾ余」[発音]〈標ア〉[イ]

い-しゅ【移種】〘名〙「いしょく(移植)①」に同じ。＊白居易-有木詩「主人不ㇾ知ㇾ名、移種近二軒闌一」

い-しゅ【意趣】〘名〙①心のむかうところ。意向。考え。仏教では仏の説法によって、平等意趣、別時意趣、別義意趣、補特伽羅(ふどがら)意楽意趣の四つを立てる。＊今昔(1120頃か)六・五「能尊王〈略〉事の趣きを問ひ給ふ。聖人、意趣を具(つぶさ)に語り給ふ」＊台記-保延二年(1136)一一月五日「他社司申云、令ㇾ申二御願意趣毛一不ㇾ令ㇾ承、欲ㇾ令ㇾ申ㇾ祝之条如何」＊平家(13C前)二・一行阿闍梨之沙汰「衆徒の意趣に至るまでならびなく、賤しき法師原までも世もって軽しめず」＊歎異抄(13C後)三「この条、一旦そのいはれあるににたれども、本願他力の意趣(いしゅ)にそむけり」＊法華経-方便品「随ㇾ宜所ㇾ説意趣難ㇾ解」＊南史-蕭恵開伝「其意趣不ㇾ常如ㇾ是」②言わんとすること。意味。＊敬説筆記(18C前)「格物致知の詳なること、敬の意趣、『或問』に於て詳に著し」＊随筆・秉燭譚(1729)三「査仲本と云ものの説には、至二無処一皆同きを言なりと。意趣各別うらはらなり」③わけ。理由。事情。＊吾妻鏡-四・文治元年(1185)五月二四日「源義経、乍ㇾ恐申上候。意趣者被ㇾ撰二御代官其一一為二勅宣之御使一傾二朝敵一」＊保元(1220頃か)上・新院御謀叛露顕「その難をのがれんために出づるなり。全く別の意趣にあらずとて」＊バレト写本(1591)「タダス ベキ yxuuo(イシュヲ) アタエタマワル ナリ」＊浄瑠璃・堀川波鼓(1706頃か)下「神妙に意趣をのべ物の見事に討たんずる」④周囲の事情からやめられないこと。ゆきがかり。また、どうしてもやりとおそうとする気持。意地。＊金刀比羅本保元(1220頃か)下・左大臣殿の御死骸実検の事「大臣は此の世にても、随分意趣(イシュ)深かりし人なれば、苔の下迄さこそ思はるらめ」＊古今著聞集(1254)九・三四七「従者一人失ひてんずることは損なれども、意趣なればと思ひて」⑤人を恨む心があること。恨みが心に積もること。また、その心。遺恨。＊江談抄(1111頃)二「貞信公与二道明一有二意趣一歟」＊愚管抄(1220)四・後三条「大方は宇治殿をばふかく御意趣どもありけるにやとぞ人は思ひならひたる」＊浮世草子・けいせい伝受紙子(1710)五・一「誠は自分の意趣(イシュ)をかんにんして主命の時進むを侍の本意といへり」⑥「いしゅがえし(意趣返)」に同じ。＊読本・椿説弓張月(1807-11)後・二二回「父の意趣(イシュ)を遂(とげ)、讃岐院を位に復し奉らばやと思へばこそあれ」[発音]〈なまり〉イシ〔島根・岡山〕〈標ア〉[イ]〈京ア〉[イ] [辞書]色葉・文明・伊京・明応・天正・饅頭・黒本・易林・日葡・書言・ヘボン・言海 [表記]意趣(色・文・伊・明・天・饅・黒・易・書・ヘ・言)

い-しゅ【遺珠】〘名〙忘れられた玉。拾い残された宝玉。転じて、世間に知られないまま残された、すぐれた詩文をいう。＊日本詩史(1771)三「遺珠棄璧、何啻千百哉」＊張籍-罔象得玄珠詩「赤水今何処、遺珠已渺然」

い-しゅ【遺種】〘名〙残された種。子孫。＊伊蘇普物語(1873)〈渡部温訳〉七一「暴君の民の厭(いとは)る事如此し、如何ぞ遺種(イシュ)ある事を欲せられんや」＊蘇洵-論商鞅「子孫無二遺種一」

い-しゅ【縊首】〘名〙首をくくって死ぬこと。首つり。首くくり。＊報知新聞-明治三八年(1905)五月三〇日「毒殺の上縊首の体に見せ懸け其金を奪ひ」＊彼と彼の内臓(1927)〈江口渙〉「索溝が頸の前半にあって後方に無い事、索溝の上部に表皮脱落帯がある事、これが縊首による自殺の外部的な何よりの特徴です」[発音]〈標ア〉[イ]

い-じゅ【医儒】〘名〙医者で儒者を兼ねた人。医者であり儒者である人。儒医。[発音]〈標ア〉[イ]

い-じゅ【意樹】〘名〙意という樹。意を樹木にたとえたもの。＊本朝文粋(1060頃)一三・朱雀院平賊後被修法会願文〈大江朝綱〉「意樹逆ㇾ春、解脱之枝点ㇾ萼」＊江都督納言願文集(平安後)五・女三位八講「意樹風芳、将ㇾ開二即身覚蘂一」＊詩序集(1133頃)翫庭前小松詩序〈藤原明衡か〉「便催二意樹於晩冬一、初開二詞葉於今日一」

い-しゅ-いしょく【異種移植】〘名〙ある個体に種属の異なる個体からの臓器組織を移し植えること。一般に、極めて困難とされる。[発音]〈標ア〉[イ]2

い-しゅう【已脩】〘名〙すでにおさめたこと。＊康頼宝物集(1179頃)下「過現当来の已脩未来の善水往生極楽の大誓願の海に流入して」

い-しゅう【伊州】伊賀国の別称。＊蔭涼軒日録-長享三年(1489)七月一六日「春洞庵竺源西堂自二伊州一帰洛。持二越絹一匹一来」[発音]イシュー〈標ア〉[イ]

い-しゅう【夷酋】〘名〙異民族のかしら。外国の王。えびすのおさ。＊日本政記(1845)九・堀河天皇「冬十二月。出羽夷酋清原武衡・家衡等作ㇾ乱。陸奥守源義家討平ㇾ之」＊紅蘭遺稿(1879)上・偶成「慨然有ㇾ涙君休ㇾ笑、英吉夷酋亦婦人」

い-しゅう【衣袖】〘名〙衣服の袖(そで)。＊日葡辞書(1603-04)「Ixǔ(イシウ)。コロモノ ソデ〈訳〉衣服の袖」＊東京新繁昌記(1874-76)〈服部誠一〉二・京橋煉化石「熟(つらつら)四壁と衣袖とを視れば」＊江淹-傷内弟劉常侍詩「風至衣袖冷、況復蟪蛄鳴」[辞書]日葡

い-しゅう【衣摺】〘名〙衣服のひだ。＊随筆・山中人饒舌(1813)上「近日画史所ㇾ写人物、面孔鬚眉、以至二衣摺纈紋一、用筆行墨、簡便巧黠」

い-しゅう【壱州】壱岐(いき)国の別称。[発音]イシュー〈標ア〉[イ] [辞書]黒本 [表記]壱州(黒)

い-しゅう【異州】〘名〙「いこく(異国)」に同じ。＊浮世草子・近代艶隠者(1686)五・五「あやしき妙なる曲に我国ならぬ異州(イシウ)来て、湘妃の怨曲をきくかとあやしく」[発音]イシュー〈標ア〉[イ]

い-しゅう【異宗】〘名〙異なった宗教。また、宗派。他宗。＊米欧回覧実記(1877)〈久米邦武〉一・六「西洋人の異宗を畏る此類なり」[発音]イシュー〈標ア〉[イ]

い-しゅう【異臭】〘名〙へんなにおい。いやなにおい。不快なにおい。＊一年有半(1901)〈中江兆民〉三「曰く彼れ異臭有り醜穢極まれり」＊土(1910)〈長塚節〉一七「竹籃(たけかご)の塒(とや)には鶏の糞が一杯に溜(たまっ)たと見えて異臭(イシウ)が鼻を衝(つ)いた」＊自由学校(1950)〈獅子文六〉自由を求めて「異臭が強く鼻を打つ」[発音]イシュー〈標ア〉[0]〈京ア〉[0]／⓪

い-しゅう【異執】〘名〙仏語。異論や誤った見解をとって、固くそれに執着すること。＊教行信証(1224)六「夫拠二諸修多羅一勘二決真偽一、教二誡外教邪偽異執一者」＊観経疏-四「異見、異学、異執」

い-しゅう【渭州】現在の中国甘粛省平涼市付近。宋時代には異民族の西夏に対する最前線。[発音]イシュー〈標ア〉[イ]

い-しゅう【彙集】〘名〙類によって集めること。いろいろなことがらを分類して集めること。＊泰西国法論(1868)〈津田真道訳〉凡例「羅馬古来の法律及ひ批文の法と為す可き者を彙集せしめしに因て始て書を成したり」＊真善美日本人(1891)〈三宅雪嶺〉日本人の任務・二「異なれる経験より獲得せる極めて多くの異なれる事理を彙集し、同異を剖析し」

い-しゅう【意執】〘名〙あることを心にかたく信じて、それから離れられないこと。ひとりよがりの意見。頑固な意志。片意地。＊源平盛衰記(14C前)一九・文覚頼朝対面「意執(イシウ)我執(がしう)を存ぜんこと三途(さんづ)の苦悩遁(のが)れ難し」[発音]イシュー〈標ア〉[0]

い-しゅう【蝟集】〘名〙(「蝟」は、ハリネズミのこと) ハリネズミの毛のように、たくさんの物事が一か所に一時に寄り集まること。＊日本外史(1827)三・源氏正記「箭蝟二集於冑一」＊西国立志編(1870-71)〈中村正直訳〉九・一六「或は一日の間に諸事蝟集(イしふ)する事あれば、むしろ眠食の時を減ずるとも」＊伸子(1924-26)〈宮本百合子〉三・一一「この苦しい、この輝いた、追想の蝟集(ヰシフ)を何と母に告げよう」＊兪安期-衡岳賦「華榱蝟集而縦横」[発音]イシュー〈標ア〉[0]〈京ア〉[0]

い-しゅう【遺習】〘名〙現在まで残されている、昔の風習。＊日本の下層社会(1899)〈横山源之助〉五・本邦現時の小作制度に就て「従来地主と小作人との関係は徳義的思想たりし遺習たらずんばあらず」＊社会百面相(1902)〈内田魯庵〉犬物語「男女七歳にして席を同ふせざる封建道徳の遺習」＊シベリヤ物語(1950-54)〈長谷川四郎〉勲章「旧軍隊の遺習である飯上げなるものが行われ」[発音]イシュー〈標ア〉[0]

い-じゅう【衣什】〘名〙衣服などの日用品。＊枕山詩鈔-二編(1861)下・悼忙「食単終日求二精美一、衣什随ㇾ時要二潔斉一」

い-じゅう【依従】〘名〙依り従うこと。承知して従うこと。＊自由之理(1872)〈中村正直訳〉三「後人をして遵従せしめんと期望せしものなれども、尽くこれに依従すべからざるの理あり」＊哲学字彙(1881)「Dependence 依従、附庸」

い-じゅう【居住】〘名〙(「きょじゅう(居住)」の湯桶読み) 住みつくこと。また、その家。＊文明本節用集(室町中)「居住 イヂウ」＊運歩色葉(1548)「居住 イチウ」[発音]イジュー〈標ア〉[0] [辞書]文明・ヘボン [表記]居住(文・ヘ)

い-じゅう【威従】〘名〙威儀師と従威儀師。＊江家次第(1111頃)三・御斎会「威従着二長橋上床子一」

い-じゅう【異獣】〘名〙ふだん見なれないけもの。めずらしいけもの。変わったけもの。＊日葡辞書(1603-04)「Ijǔ(イジュウ)。コトナル ケダモノ」＊随

筆・北窓瑣談(1829)後・二「寛政九年丁巳九月、伊勢国櫛田にて異獣を得たり」 *西洋聞見録(1869–71)〈村田文夫〉前・中「雄獣の身を戦はすもの、其余奇鳥異獣枚挙に暇あらず」 *漢書-終軍伝「献享之精交レ精、積和之気塞レ明、而異獣来獲宜矣」 発音イジュー〈標ア〉0 辞書日葡

い-じゅう【移住】〘名〙 ①住む場所を変えること。*紀伊続風土記附録一栗栖氏文書-建久五年(1194)二月八日・紀実俊解(鎌倉遺文・七〇八)「右、直川者斯実俊先祖相伝之地也。然依レ不レ堪二公事之器量一、移二住傍庄一之日、付二属当郷刀禰職於舎弟範成朝臣一已畢」 *太平記(14C後)二一・三人僧徒関東下向事「壮年の比(ころ)より醍醐寺(だいごじ)に移住(イヂウ)して」 *親元日記-政所賦銘引付・文明一五年(1483)一一月四日「正親町宝町代々敷地事、善法寺一旦乍二移住一号二沽却一、飯尾肥前守之種跡与二三左衛門一押領」 *書言字考節用集(1717)八「移住 イヂウ」 *安井夫人(1914)〈森鷗外〉「斑竹山房とは江戸へ移住する時、本国日野村字仮屋の虎斑竹(こはんちく)を根こじにして来たからの名である」 *杜甫-曲江三章詩「故将レ移二住南山辺一、短衣匹馬随二李広一、看レ射二猛虎一終二残年一」 ②開拓、征服、商売など、おもに政治、経済上の目的で、国内の他の土地や国外の土地へ移り住むこと。*外国事情書(1839)「此今は比『大モンコル』も英吉利亜(イギリス)払郎察(フランス)仏郎機(ポルトガル)に拠られ候而、北の方山附に移住仕候由」 *漫遊記程(1877)〈中井弘〉下「米国に移住する人民其数前に挙るが如しと雖ども」 *無窮(1899)〈国木田独歩〉「十余年前此一家こぞりて北海道に移住(イヂュウ)せしため」 *思出の記(1900–01)〈徳富蘆花〉六・一四「病気は御祈禱や葛根湯では行かぬと云って一里程の所から医師を移住させたり」 発音イジュー〈標ア〉0〈京ア〉⓪ 辞書易林・書言・言海 表記移住(易・書・言)

い-じゅう【遺什】〘名〙 残された什器。遺物。遺品。*日本詩史(1771)序「視二其遺什一、猶二典謨一」

いじゅういん【伊集院】 鹿児島県、薩摩半島基部にある地名。室町末期、島津氏の直轄地となり、宿場町として発展。妙円寺詣りで有名な徳重神社がある。発音イジューイン〈標ア〉ジュ

いじゅう-しゃ【移住者】〘名〙 よその土地に移り住む人。*日本の下層社会(1899)〈横山源之助〉五・七「表面より裏面より移住の可なることを寸小を棒大にして奨め、かくて五十人百人の移住者を拉して去る」 *それから(1909)〈夏目漱石〉八「明治の初年に横浜へ移住奨励のため、政府が移住者(イヂュウシャ)に土地を与へた事がある」 *夜明け前(1932–35)〈島崎藤村〉第一部・上・四・三「年も万延元年と改まる頃には、日に日に横浜への移住者がふえた」 発音イジューシャ〈標ア〉ジュ〈京ア〉①

いしゅ-うち【意趣討】〘名〙 遺恨をはらすために、相手を討ち取ること。江戸時代、仇討(あだうち)とともに、敵討(かたきうち)の俗称として用いられた。意趣斬り。意趣がえし。*葉隠(1716頃)七「我に意趣の覚なし。とどめを差(ささ)ば意趣打に成。是は無二是非一切かかられて切捨候ものなるべし」 *浄瑠璃・信州川中島合戦(1721)一「ゐしゅ討か時の口論か、品によって主人と主人の確執と成義有」 *地方落穂集(1763)一二「一喧嘩又は意趣討等にて人を殺立退候はば、其所へ尋申付」 発音〈標ア〉0チ

いじゅう-ち【移住地】〘名〙 今いる所から移って、改めて定住する土地。*郵便報知新聞-明治二五年(1892)五月一八日「海外移住民同志会は、曩きに渡辺勘十郎氏を派遣して移住地を撰択せしめたるが」 発音イジューチ〈標ア〉ジュ

いじゅう-みん【移住民】〘名〙 他国などへ移住する人々。移民。*内務省令第二二号-明治九年(1876)七月三日・六条「北海道移住民の募集を業とするものにして、其の募集人員に付与の北海道庁長官の認可を受けたるもの」 *あめりか物語(1908)〈永井荷風〉夜半の酒場「各国の移住民や労働者の群集するところ」 *欧米印象記(1910)〈中村春雨〉加州雑記・七「大西洋方面から米国への移住民(イヂウミン)は」 発音イジューミン〈標ア〉ジュ〈京ア〉①

い-じゅうろく【イ十六】〘名〙 第二次世界大戦中に製作された、ソ連製の低翼、単葉、単座の戦闘機。*日本文化私観(1942)〈坂口安吾〉四「いつか、羽田飛行場へでかけて、イ-十六型戦闘機を見たが」 発音イ=ジューロク〈標ア〉イ=ク

いし-ゆか【石床】〘名〙 石を敷きつめた床。石だたみ。石じき。*アパアトの女たちと僕と(1928)〈龍胆寺雄〉五「ポオチの石床(イシユカ)を切って、濡れたコンクリートの階段へかかった時、だしぬけに後ろで扉が開いて、灯影を黒い人影が切って」 発音〈標ア〉0

いしゅ-がえし【意趣返】〘名〙 うらみを返すこと。しかえし。いしがえし。意趣晴らし。*浮世草子・傾城禁短気(1711)一・二「太夫に鼻を明かさす程の意趣(ヰシュ)がへしは有(ある)まじ」 *滑稽本・東海道中膝栗毛(1802–09)三・下「おいらを川へはめた意趣返(イシュゲヘ)しをしてやらふ」 *少年(1911)〈谷崎潤一郎〉「明日学校で意趣返しされると云ふ恐れがあるので」 発音イシュガエシ〈なまり〉イシカイシ〔東京〕イシガエシ〔島根〕イシゲーシ〔埼玉方言〕〈標ア〉ガ〈京ア〉ガ 辞書言海 表記意趣返(言)

いしゅ-ぎり【意趣斬】〘名〙 遺恨をはらすために人を斬ること。*甲陽軍鑑(17C初)品四〇下「我意趣切(イシュキリ)にも、かたきうちにも、敵の家へ、忍こみて、切すますは、一入よき心ばせ、と申さんや」 *浄瑠璃・平仮名盛衰記(1739)四「鎌田殿を討たるは。意趣切(イシュきリ)闇打の業でもなく」 *歌舞伎・幼稚子敵討(1753)二「見れば脳を打砕き、止めを刺してござるが、意しゅ切りか」 発音イシュギリ〈標ア〉0

い-しゅく【畏縮】〘名〙 おそれて体や気持が小さくなること。*訳文筌蹄初編(1714–15)題言十則「但読下有二和訓一者上、而遇下無二和訓一者上、畏縮不二敢読一矣」 *西国立志編(1870–71)〈中村正直訳〉八・二〇「一人も畏縮戦慄するものなく、尽く叛民に抵抗し」 *別天地(1903)〈国木田独歩〉上・三「やるべし、やるべし、持重(ぢちょう)は畏縮(ヰシュク)を意味する」 *金史-章宗紀「遂畏縮不レ言下其悉レ心戮レ力、毋上レ得二緘黙一」 発音〈標ア〉0〈京ア〉⓪ 辞書言海 表記畏縮(言)

い-しゅく【胃宿】〘名〙 二八宿の西方第三宿。東の婁(たたら)と昴(すばる)の間にあり、おうし座の三星より成る。発音〈標ア〉0

い-しゅく【萎縮】〘名〙 ①物がしぼんでちぢむこと。*吾輩は猫である(1905–06)〈夏目漱石〉二「何だか穴の明いた風船玉の様に一度に萎縮する感じが起る」 *鼻(1916)〈芥川龍之介〉「あの顋の下まで下ってゐた鼻は、殆(ほとんど)嘘のやうに萎縮(ヰシュク)して」 ②相手の勢いや雰囲気などにのまれて、心がなえちぢむこと。のびのびとできないこと。*学問のすゝめ(1872–76)〈福沢諭吉〉五・明治七年一月一日の詞「人民既に自国の政府に対して痿縮震慄の心を抱けり」 *彼岸過迄(1912)〈夏目漱石〉松本の話・四「僕はまづ其調子に度を失った。次に彼の眼の色を見て萎縮(ヰシュク)した」 ③生体の組織あるいは臓器の容積が小さくなる病的変化のこと。細胞の構成単位の縮減をもたらす病変なので、機能の衰弱、減退をおこす。*かのやうに(1912)〈森鷗外〉「脳髄が医者の謂ふ無動作性萎縮(ヰシュク)に陥いらねば好いが」 発音〈標ア〉0〈京ア〉⓪

い-じゅく【已熟】〘名〙 すでに熟していること。*太平記(14C後)一二・千種殿並文観僧正奢侈事「茅舎を移して深居に入り、山居の風味を詠じて已熟(イジュク)の印可を得給へり」

い-じゅく【医塾】〘名〙 医学を教授する学校。*療治茶談-五(1803)(古事類苑・方技一〇)「総論〈略〉今の時勢を以て其損益の処を考ふるに、医塾を設て医学を精勤する、国益多きにはしかず」 発音〈標ア〉イ

いじゅく-しき【異熟識】〘名〙 「あらやしき(阿頼耶識)」の別名。*華厳法界義鏡(1295)上・五「一本質境。即阿頼耶所変相分生、有二一念異熟識起一、頓爾即変二三種境一」

いしゅく-じん【萎縮腎】〘名〙 腎臓が小さくかたくなって萎縮し、機能も非常に悪くなる疾患の総称。症状としては、強い頭痛、吐きけ、嘔吐、血尿、けいれんなど。*現代文化百科事典(1937)「いしゅくじん 萎縮(ヰシュク)腎〔医〕炎症が急激にあらずして慢性的に進行するもの、腎臓実質の変性萎縮、間質結締組織の続発性増殖を来す」 *随筆寄席(1954)〈辰野・林・徳川〉五「何もなかったが萎縮腎の徴候だけあったなんてね、老人だから」 発音〈標ア〉ク

いしゅくせい-いえん【萎縮性胃炎】〘名〙 胃の粘膜が萎縮をおこして機能が減退し、胃液が減酸または無酸状態となる病症。慢性胃炎の一型。発音イシュクセイイエン〈標ア〉イ2

いしゅくせい-びえん【萎縮性鼻炎】〘名〙 鼻甲介粘膜が、しだいに萎縮していくために、鼻腔から咽頭の間が乾燥し、かさぶたが鼻の内面につく疾患。若い女性に多発する。発音イシュクセイビエン〈標ア〉ビ

いしゅく-びょう【萎縮病】〘名〙 作物の茎や葉が縮小し、しだいに枯死する病気。ウイルスによるもので、イネ科の作物に多く発生する。発音イシュクビョー〈標ア〉0〈京ア〉ク

いしゅ-こうはい【異種交配】〘名〙 異なる種の生物をかけあわせること。たとえば、ウマにロバをかけあわせてラバを得るなど。発音イシュコーハイ〈標ア〉コ

いしゅ-ざし【意趣指】〘名〙 恨んで告げ口をすること。*雑俳・柳多留-二一(1786)「たびもどりいしゅざしをする出来ぬやつ」 発音〈標ア〉0

イシュタル（Ishtar）バビロニア・アッシリアの女神。シュメールのイナンナと同一視される。愛の女神であると同時に戦争の女神であり、天の女王とも呼ばれる金星の神。メソポタミアのビーナス。発音〈標ア〉イ

い-しゅつ【移出】〘名〙 貨物を一国内の他所へ送り出すこと。外国との間の「輸出」と区別していう。↔移入。*英和外交商業字彙(1900)〈篠野乙次郎〉「Emigration 移住、移出」 *台湾総督府令第六〇号-明治三七年(1904)八月九日・一条「台湾産米穀を基隆港安平港及打狗港より内地に移出せんとするときは、検査を受くべし」 *ノリソダ騒動記(1952–53)〈杉浦明平〉五「仲買としてこの漁民たちのとったミル貝を名古屋や東京へ移出していた」 発音〈標ア〉0〈京ア〉⓪

い-じゅつ【医術】〘名〙 病気や傷を診察、治療する技術。*続日本紀-大宝三年(703)九月癸丑「施二僧法蓮豊前国野冊町一。褒二醫術一也」 *徒然草(1331頃)一二二「医術を習ふべし。身を養ひ、人をたすけ、忠孝のつとめも、医にあらずはあるべからず」 *文明本節用集(室町中)「医術 イジュツ」 *西洋事情(1866–70)〈福沢諭吉〉外・三「医術研究の為めに死体を解剖するを見て無知の小民は之を医生の罪とせり」 *呉志-虞翻伝「以三翻兼知二医術一、請以自随」 発音〈標ア〉イ〈京ア〉イ 辞書文明・饅頭・黒本・易林・書言・ヘボン・言海 表記医術(文・饅・黒・易・書・ヘ・言)

い-じゅつ【異術】〘名〙 ①異なったやりかたをすること。*養生訓(1713)六「養生の術も医方も皆宗とすべし。老荘を好んで異術の人なれど、長ずる所多し」 *後漢書-杜篤伝「守レ国之勢、同レ帰異レ術」 ②すぐれたわざ。不思議な術。魔法、妖術の類。*三国伝記(1407–46頃か)一一・四「彼の国兵衆異術有りと疑ひ」 *俚

言集覧(増補)(1899)「いじゅつ 妖術幻術等めなれざる術をいふ」＊北史‐江武伝「殊芸、異術、王教一端」 発音〈標ア〉イ

いじゅつかいぎょう‐しけん【医術開業試験】『名』医師国家試験の旧称。明治一六年(一八八三)一〇月公布の医術開業試験規則によって試験を受け、免許を受けるべきものとする。試験は毎年二回行なう。大正五年(一九一六)九月廃止。＊郵便報知新聞‐明治二五年(1892)四月七日「今度施行する府下本年第一回医術開業試験は本年より一層厳重にし」＊羽鳥千尋(1912)〈森鷗外〉「羽鳥は明治四十一年の夏貧と病との為めに、兼ねて大学へ這入らうと思ってゐた志を翻して、医術開業試験(イジュツカイゲフシケン)を受けようと思ひ立った」 発音 イジュツ＝カイギョーシケン〈標ア〉ケ イ＝ケ

い‐しゅっけつ【胃出血】『名』胃壁から出血すること。胃潰瘍のとき、しばしばみられる現象。 発音〈標ア〉シュ〈京ア〉シュ

い‐しゅつにゅう【移出入】『名』移出と移入。 発音 イシ＝ツニュー〈標ア〉ツ

いしゅ‐ばらし【意趣晴】『名』仕返しをして、恨みをはらすこと。＊浄瑠璃・十二段(1698頃)道行「きょねん松川印地の場、朋輩打たせしいしゅばらし」＊歌舞伎・韓人漢文手管始(唐人殺し)(1789)一「わたしを色々口説(くど)いても、振って振って振付た、其意趣晴らしに是非身請すると」＊夢酔独言(1843)「林町の兄が先年のはじしめた意趣ばらしに、内中が寄てなゐことまで大兄へつげたといふことを慥(たしか)に聞留たから」 発音〈標ア〉バ〈京ア〉バ

いしゅ‐ふし【意趣節】『名』(「節」は苦情、難癖の意)恨みになるいろいろな点。恨みや難癖。＊歌舞伎・傾情吾嬬鑑(1788)序幕「関心さまも長兵衛も、切れてしまへば意趣節(イシュフシ)ないと云ふもの」 発音〈標ア〉シュ

いし‐ゆみ【石弓・弩】『名』①中国古代の武器で、手で引いて射る弓に対し、一種の機械仕掛けの弓。ばねを使って石を発射し、遠距離を攻撃する大型のはじき弓。弩(ど)。おおゆみ。＊浄瑠璃・国性爺合戦(1715)三「矢狭間(やざま)にいしゆみすきまなく、所々に石火矢をしかけ置」＊書言字考節用集(1717)七「弩 イシユミ」②城壁やがけの上に石をくくりつけておき、敵の近づくのを待って綱を切り、石を落として敵を圧殺する装置。いしはじき。＊平家(13C前)二・山門滅亡堂衆合戦「城の内より石弓はづしかけたりければ、大衆官軍かずをつくいてうたれにけり」＊源平盛衰記(14C前)九・堂衆軍事「岡には大石を並て石弓(イシユミ)をはる」＊奥州後三年記(1347)上「遠きものをば矢をもってこれを射、近きものをば石弓をはづして是をうつ」③股状の小枝にゴム紐を張り、小石をはじき飛ばして小鳥などをとる道具。ぱちんこ。 方言 ぱちんこ。長野県佐久493 岐阜県飛騨502 発音〈標ア〉0〈京ア〉0 辞書 文明・易林・日葡・書言・ヘボン・言海 表記 石弓(易・言) 弩(書・へ) 砮(文)

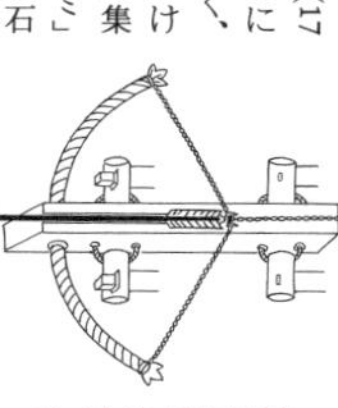
石　弓 ①〈海国兵談〉

い‐しゅるい【異種類】『名』種類が異なること。異種。⇔同種類。＊野分(1907)〈夏目漱石〉四「又あとからぞろぞろついて来るものも、皆異種類(イシュルヰ)の動物で」 発音〈標ア〉シュ

い‐じゅん【依循・依遵】『名』よりしたがうこと。＊万国公法(1868)〈西周訳〉二・一二「一旦約を結ぶに及ては〈略〉約上に本きたる事件は是に依循せしむ」

い‐じゅん【依準】『名』それを基準としてしたがうこと。よりどころとすること。＊呉志‐韋曜伝「依二準古義一、有レ所二改立一」

い‐じゅん【委順】『名』①自然のなりゆき。また、自然のなりゆきに、すなおにしたがうこと。＊荘子‐知北遊「生非二汝有一、是天地之委和也、性命非二汝有一、是天地之委順也」②人間の死をいう。＊蔗軒日録‐文明一八年(1486)二月二九日「明浦珠首座古標和尚神足也、曾在此山委順、今日乃忌日也」

い‐じゅん【違順】『名』①仏語。逆境と順境。苦の境界と楽の境界。＊三帖和讃(1248‐60頃)正像末「愛憎違順することは高峰(かうぶ)岳山(がくさむ)にことならず」＊梵舜本沙石集(1283)四・九「近代の学者、法門も義理も高く談じ、広く論ずれども、違順の境にあひて、悪愛の心やみがたきにや」＊徒然草(1331頃)二四二「とこしなへに違順(ゐじゅん)につかはるる事は、ひとへに苦楽のためなり」＊安楽集‐上「以二貪瞋境界、違順多一故。自起二煩悩一返堕二悪道一故也」②合致していることと違反していること。＊清原宣賢式目抄(1534)二三条「爰無レ子之輩、不レ辨二法令之違順一、養二便宜之児子一、或譲二資財一、或継二家業一」 発音〈標ア〉0 辞書 文明 表記 違順(文)

いしゅん‐かん【移春檻】『名』花木を植えた箱に車輪を付けて移動できるようにしたもの。唐の開元・天宝年間(八世紀前半)に流行した。＊玩鷗先生詠物雑体百首(1794)祇園祭優行「隋宮剪彩移春檻、爛漫牡丹回レ首視」＊開元天宝遺事‐移春檻「楊国忠子弟毎二春至之時一、求二名花異木一、植二于檻中一、以レ板為レ底、以レ木為レ輪、使二人牽一レ之自転、所レ至之処檻在二目前一、而便即歓賞、目レ之為二移春檻一」

い‐しょ【衣書】『名』衣類と書籍、特に経書。

いしょを曝(さら)す 中国から伝来した風習で、七夕(たなばた)に衣装や経書をさらすこと。衣装を曝す。《季・秋》＊俳諧・滑稽雑談(1713)七月「曬二衣書一〈略〉崔寔四民月令曰、七月七日作レ麴、合二藍丸及蜀漆丸一、暴二経書及衣裳一、習俗然也」

い‐しょ【位所】『名』「いしょ(位署)」に同じ。＊柱史抄(1232)上・私記「社司国造等位記、服解之人、雖レ書二位所一不レ入レ名云々」＊東大寺図書館蔵文書‐正安二年(1300)二月日・地頭代沙彌迎蓮重申状案「云二位所一云二判形一更無二相違一上者、何可レ令二承伏一哉。眼前虚誕也。所詮正文歴然之上者」＊相良家文書‐延慶二年(1309)一一月日・肥後国多良木村地頭代陳状案「出帯状又無二位所一之間、不レ足二証文一」＊大乗院寺社雑事記‐文明二年(1470)正月一一日「心経会廻請位所共相乱了」＊醍醐寺新要録(1620)「不レ然者、執行・公文之位所、必以不レ可レ有之者也」

い‐しょ【位署】『名』官位、姓名を公文書に記すこと。また、その書式。→いしょがき(位署書)。＊古今著聞集(1254)五・一四九「披講の時これを抜き見るに、位署並に題ばかりをかきて」＊徒然草(1331頃)二三八「おのおの見侍りしに、行成位署、名字、年号、さだかにみえ侍りしかば、人皆興に入る」＊職原鈔(1341)後附「位署体、先レ官次レ位」＊随筆・貞丈雑記(1784頃)九「位署を書べきには官位相当と不相当とを先能吟味して可書也、〈略〉扱位と官をつらぬるに兼守行(けんしゅぎょう)の三字を書加ふ事あり」 辞書 言海 表記 位署(言)

い‐しょ【医書】『名』医学、医術について記した書物。医学書。＊中右記‐元永元年(1118)二月一日「近日従レ唐所持来之医書従レ院借給、誠有レ興書也」＊古今著聞集(1254)七・二九八「もろもろの医書ども、みなことごとくひきのせて、ゆゆしく注(しる)し申したり」＊随筆・秉燭譚(1729)二「医書に云、風犬咬傷と是なり。しかれば風と云字は、ただ気と意得てよし」 発音〈標ア〉イ〈京ア〉イ 辞書 文明・易林・書言・ヘボン・言海 表記 医書(文・易・書・へ・言)

い‐しょ【異処】『名』ちがった場所。居場所を異にすること。＊日本開化小史(1877‐82)〈田口卯吉〉三・六「即ち知る、此等の教皆な当時に欠くべからざるの一具にして異時異処の見識を以て賤蔑すべからざる事を」＊孔叢子‐居衛「仮令周公堯舜不二更時異処一、其書同矣」 発音〈標ア〉イ

い‐しょ【異書】『名』①世にまれに見る書物。めずらしい書。異本。珍本。＊随筆・山中人饒舌(1813)下「従二春嶽一学レ画、以二痴翁一為レ帰、又蔵二異書一」＊後漢書‐王充伝「不レ見レ異レ人、当レ得二異書一」②同じ内容の書で多少異なるところのある書。異本。③儒書に対して道家の書をいう。仙術など神秘的なことを書いた書物。＊神皇正統記(1339‐43)上・神代「但異書の説に、混沌未分のかたち、天、地、人の初を云へるは、神代の起(おこり)に相似たり」＊寛永刊本蒙求抄(1529頃)六「時の人が云ふことは、異(い)人にあうて伝へた不レ然は異書を得たげなと云たぞ」＊荘子‐知北遊「且夫博之不二必知一、〈釈文〉博之不二必知一、観二異書一為レ博」 補注 ①は「名物六帖‐器財箋」に「異書 メツラシキホン」とある。 発音〈標ア〉イ

い‐しょ【移書】『名』一般の人に知らせるために文書をまわすこと。また、その文書。うつしぶみ。ふれぶみ。まわしぶみ。＊漢書‐劉歆伝「歆因移二書大常博士一、責二譲之一」

い‐しょ【意緒】『名』思うところ。心のもち方。また、糸のように乱れやすい思い。＊本朝麗藻(1010か)下・観謁之後以詩贈太宋客羌世昌、重寄〈藤原為時〉「嬰児生長母兄老、両地何時意緒通」＊江談抄(1111頃)二「顕定宇治殿方人也云々。定頼二条殿方人也。故有二意緒一歟」＊台記‐保延二年(1136)一一月五日「予答云、進れ、可レ令レ陳二意緒一也」＊運歩色葉(1548)「意緒 イショ」＊王融‐詠琵琶詩「絲中伝二意緒一、花裏寄二春情一」

い‐しょ【遺書】『名』①死後のために書きのこした文書。かきおき。遺言状。＊随筆・文会雑記(1782)三・下「其夜忽自殺せり。遺書もなし。有司も跡式のこと如何すべきと思へり」＊西国立志編(1870‐71)〈中村正直訳〉九・三二「罷克礼(バークレイ)は自ら己の遺書にふ人といふべし」＊棠陰比事‐下「因呼二族人一、為二遺書一、令二悉以一レ財属一レ女」②後世にのこした著書。遺著。また、死後に残した蔵書、書物。＊大学垂加先生講義(1679)「遺書は其人死して其書のこれる也」＊談義本・風流志道軒伝(1763)一「早そろそろと、大学は孔氏の遺書にして、初学徳(とく)に入るにも出るにも、人を付け置き、なをざりならぬ養育に」＊公議所日誌‐一五上・明治二年(1869)五月「先其自て来る所を禦ぎ、其遺書を焚き、其巨魁を誅し」＊陶潜‐感士不遇賦「奉二上天之成命一、師二聖人之遺書一」③あちこちに散らばってなくなってしまった書物、文書。＊漢書‐芸文志「使二謁者陳農、求二遺書於天下一」 補注 ①は、「名物六帖‐人事箋」に「遺書 カキヲキ」とある。 発音〈標ア〉イ〈京ア〉イ 辞書 書言・言海 表記 遺書(書・言)

い‐しょ【遺緒】『名』先人の残した事業。遺業。＊国際連盟脱退に関する詔書‐昭和八年(1933)三月二七日「朕亦遺緒(ヰショ)を継承して苟(いやしく)も懈(おこた)らず」＊書経‐君牙「惟予小子、嗣二守文武成康遺緒一」

い‐しょ【緯書】『名』中国前漢末から後漢にかけて、経書に対して作られた書物。書緯、詩緯、礼緯、楽緯、易緯、春秋緯、孝経緯等がある。儒教の経義にかこつけて、禍福、吉凶、符瑞などについて説き、後漢、南北朝にかけて、大いに流行したが、のち禁書となり、逸文だけが伝わる。 発音〈標ア〉イ

い‐じょ【夷女】『名』野蛮国の女性。外国の女性。＊今昔較(1874)〈岡三慶〉下「(びくとりや)とは、囲霧洲(イギリス)の内室(かみさん)の事也、天下の大丈夫、何ぞ夷女の風を学んや」

い‐じょ【位叙】『名』位階、官職。官位。＊国歌八論(1742)官家「五位以上ならば位叙を必ず史に記すべし」

い‐じょ【居所】『名』住んでいるところ。きょし

ょ。いどころ。＊仮名草子・悔草(1647)中「人は居所(ヰショ)によって、所作のよしあし有といへり」＊浮世草子・万の文反古(1696)一・二「手代仲間九人、御居所(ヰジョ)のごふくたなあづかり申候者ども、おそれながら愚札(ぐさつ)をもって所存の通り申上候」 発音 〈標ア〉イ

いーじょ【遺女】〔名〕父の死後に残された女子。＊春秋左伝‐襄公二一年「先守某公之遺女、若而人、斉侯許レ婚」

いーしょう【衣装・衣裳】〔名〕①上半身に着る衣(きぬ)と、下半身につける裳(も)。転じて、広くきもの、衣服をいう。＊続日本紀‐大宝元年(701)正月庚寅「直広弐已上者、特賜二御器膳并衣裳一」＊大鏡(12C前)五・道長上「おきないまだ世に侍るに、衣裳やれ、むづかしきめみ侍らず」＊色葉字類抄(1177‐81)「衣裳 イシャウ」＊徒然草(1331頃)八「匂ひなどは仮のものなるに、しばらく衣裳に薫物(たきもの)すと知りながら、えならぬ匂ひには、必ず心どきめきするものなり」＊信長公記(1598)一二「御布施には金銀を参らせ候人もあり。着たる衣装を参らせ候ずる者もあり」＊一茶方言雑集(1819‐27頃)「衣裳(イセウ)、もめんどてらにても皆いせうと云」＊易経‐繋辞・下「黄帝、堯、舜垂二衣裳一、而天下治」 ②演劇、舞踏などの、舞台で扮装に用いる衣服。能では多く装束という。＊風姿花伝(1400‐02頃)二「いしゃうを飾りて、衣紋を繕ひてすべし」＊わらんべ草(1660)一「面、いしゃう、其外の道具も、まへかどにこしらへおくべし」＊劇場新話(1804‐09頃)上「衣装の事は一体に立者はいふに不及 中通りとて三階に居る役者の分は衣装に構ひなく稲荷町とて下立役の者へは座元より衣装を渡す事也」 語誌 (1)「易経‐繋辞・下」に上衣である「衣」と下衣の「裳」とが結合した「衣裳」がみえる。日本では挙例の「続日本紀」以降、中世までの「衣裳」は、キヌ・キルモノなどと共に、ほぼ着衣の総称として用いられている。(2)近世に入ると、華美な、扮装としての舞台衣裳や晴れ着の用法が中心となり、その後、表記は、熟語全体の意味の類似性から「衣装」の書き換えも定着した。(3)東北・九州地方などにみられるイショなどの方言は、この近世中央語の用法が、庶民の着衣の意味として一般化したものと考えられる。 方言 ❶衣類。着物。仙台†057 薩摩†136 宮城県仙台市121 福島県会津053 石城郡054 長野県佐久484 487 佐賀県053 長崎市053 鹿児島県肝属郡038 薩摩053 沖永良部島(外出着)975 ◇いしょ 岩手県気仙郡103 宮城県115 120 121 秋田県130 山形県139 福島県155 157 千葉県東葛飾郡063 新潟県東蒲原郡368 長野県長野市・上水内郡054 福岡県三井郡038 宮崎県西諸県郡947 鹿児島県961 975 982 ◇いしゅ 鹿児島県奄美大島975 ◇いそ 岩手県気仙郡100 鹿児島県967 968 ❷晴れ着を身につけること。着飾ること。東京都八丈島343 兵庫県加古郡664 発音 イショー〈なまり〉イショ〔紀州・NHK(熊本)〕〈標ア〉イ〈ア史〉江戸◎○○〈京ア〉イ 辞書 色葉・下学・文明・伊京・明応・天正・饅頭・黒本・易林・日葡・書言・ヘボン・言海 表記 衣裳(色・下・文・伊・明・天・饅・黒・易・書・言) 衣装(ヘ)

いしょうの御法度(ごはっと) 江戸時代、華美をいましめるために、女の衣装、特に遊女、役者の衣装について金紗(きんしゃ)、総鹿子(そうかのこ)などの高価な衣装を用いることを禁じた法令。＊浮世草子・好色二代男(1684)八・二「次第に身持はむつかしく、衣襞(イシャウ)の御法度(ハット)なくば、何か唐織(からをり)上に着物(きるもの)も有まじ」 語誌 (1)江戸時代初期、町人の衣服は、農民同様粗末なものだったが、慶安(一六四八〜五二)以降、小袖の流行や雛形本の刊行があり、町人の経済的台頭にともなって華美になり、将軍と伊達競べをする、石川六兵衛の女房のような者も現われるようになった。(2)分限による衣服着用の法令は、元和元年(一六八一)以後の武家諸法度にも見られ、倹約奨励・奢侈禁止のため、しばしば衣服の材料や加工・代金など細部にわたる制限が加えられた。(3)奢侈禁止令は、江戸時代を通じて出されたが、あまり効果はなく、武家も町人の衣服をまねるという、逆転現象が見られるようになる。

いしょうを曝(さら)す 七夕(たなばた)に牽牛(けんぎゅう)、織女(しょくじょ)に貸し与えるために小袖などをさらす。衣書を曝す。《季・秋》＊俳諧・俳諧歳時記栞草(1851)秋・七月「曬二衣裳一(イシャウヲサラス)」

いーしょう【医生】〔名〕「いせい(医生)①」に同じ。

いーしょう【囲障】〔名〕法律で、垣根、塀、その他のかこいをいう。＊民法(明治二九年)(1896)二二六条「囲障の設置及び保存の費用は」 発音 イショー〈標ア〉0

いーしょう【囲牆】〔名〕かこい。家や村のまわりをかこんだ土塀。＊五国対照兵語字書(1881)〈西周〉「Clôture〈略〉囲牆」＊作戦要務令(1939)一・一一八「村落及囲牆内には長く位置せざるを要す」 発音 イショー〈標ア〉0

いーしょう【委詳】〔名〕(形動) 細かくくわしいこと。＊布令字弁(1872)〈知足蹄原子〉六「委詳 イシャウ クワシクツマビラカ」 発音 イショー〈標ア〉0

いーしょう【威慴】〔名〕おそれふるえること。ふるえおそれさせること。＊日本風俗備考(1833)二「兵器、壁書及び罪人を威慴する諸具の外」＊佳人之奇遇(1885‐97)〈東海散士〉五「果毅軽断、谷風に虎歩し、万乗を威慴して」＊曹植‐七啓「威二慴万乗一、華夏称レ雄」

いーしょう【韋昭】 中国、三国時代呉の学者、政治家。字(あざな)は弘嗣(こうし)。呉郡雲陽の人。孫皓(そんこう)のとき高陵亭侯に封ぜられたが、のち死刑。大史令の時「呉書」を編集し、「国語注」二〇巻を著わした。(二〇四頃〜二七三頃)

いーしょう【倚床】〔名〕ねどこ。＊匏菴十種(1869)〈栗本鋤雲〉暁窓追録「未定罪牢は一人づつ六畳程の室にあり、其内臥榻倚床盥器便器皆具す」

いーしょう【称唯】〔名〕(「称唯(しょうい)」を「いしょう」と逆に読んだもの) 宮中で官人が天皇の召しを受けたとき、「おお」あるいは「おし」と、口をおおって声を発して答えること。＊続日本後紀‐承和九年(842)五月壬戌「俄遷二少納言一。父子相襲居二斯職一。以レ富二声音一也。時論以為。称唯之音。細而且高。猶勝二於父一」＊儀式(872)一・祈年祭儀「大臣喚二召使一二声 召使称唯 進二立舎前一」＊愚管抄(1220)三・一条「女院の、大納言道長に太政官文書は奏せよと、とくおほせくだせと仰せられければ、俊賢たかくゐせうしてまかりたちて」＊宣胤卿記‐永正一四年(1517)正月九日「称唯(イセウ)。せうと書て、さかさまによむ也。唯は仰を領承の詞也」 語誌 (1)漢字表記は「称唯(しょうゐ)」であるのに、「ゐしょう」と逆に読むのが通例となっている。これは音が「譲位(じょうゐ)」と似ているのを嫌ったためと説かれるが、「称(しょう)」と「譲(じゃう)」では清濁も異なる上に、室町末期までは「ーしょう」と「ーじゃう」との発音の区別が保たれていたはずなので、従い難い。(2)「色葉字類抄」では、「唯称 ヰショウ」とあり、表記どおりの読み方になっている。同じような読み方をする「定考(かうぢゃう)」を含め、変体漢文による破格の影響等を考慮する必要があると思われる。 辞書 色葉 表記 唯称(色)

いーしょう【帷牆】〔名〕(「帷」はとばり、はしためのいる所。「牆」はかきね、臣下のいる所) そばづかえの小者。近侍の臣妾。

いしょうの制(せい) 君主が近侍の臣妾のためにおさえられて、力を失うこと。＊鄒陽‐獄中上書自明「今人主沈二諂諛之辞一、牽二帷牆之制一」

いーしょう【異生】〔名〕(梵 pṛthag-jana の訳語。「凡人」とも訳す) 仏語。凡夫の異名。＊秘蔵宝鑰(830頃)上「凡夫作二種種業一、感二種種果一、身相万種而生、故名二異生一。愚痴無智均二彼羝羊之劣弱一、故以喩レ之」＊大日経疏‐一「凡夫者、正訳応レ云二異生一。謂由二無明一故、随レ業受レ報不レ得二自在一、堕二於種種趣中一、色心像類各各差別、故曰二異生一也」

いーしょう【異姓】〔名〕「いせい(異姓)」に同じ。＊平家(13C前)一一・六代被斬「三歳より大炊御門の左大臣経宗卿の養子にして、異姓他人になり」＊曾我物語(南北朝頃)七・二宮太郎にあひし事「いかでかか様の大事、智には知らせ候べき。いしゃう他人にては候はずや」 発音 イショー〈標ア〉0

いーしょう【異性】〔名〕①仏語。二十四不相応行法の一つで不和合性のこと。因縁の和合によってものが成立する場合、その和合をさまたげるもの。また、その能力、性質。②ばけもの。へんげ。 発音 イショー〈標ア〉0

いーしょう【異称】〔名〕別の呼び名。別称。異名。＊公議所日誌‐六・明治二年(1869)四月「其実名を用ひずして、異称を設る等」 発音 イショー〈標ア〉0〈京ア〉0 辞書 言海 表記 異称(言)

いーしょう【異象】〔名〕不思議な現象。奇妙な現象。＊改正増補和英語林集成(1886)「Ishō イシャウ 異象」＊帰省(1890)〈宮崎湖処子〉八「鼠の族の、物に驚きて遁ゆく声のみ、恐ろしくも礎に響きつつ、異象を誘ふ心に事ありげなる此夜半に」＊歌仙(1952)〈石川淳〉「雲の中のあやかしは出陣の前夜に見た異象といふことにする」 発音 イショー〈標ア〉0

いーしょう【意生】〔名〕仏語。こころのままに生まれること。仏、菩薩が世の人を救うために必要な姿をとって生まれること。＊楞伽経‐二「意生者、譬如二意去迅疾無礙一、故名二意生一」

いーしょう【意匠】〔名〕①(おもに絵画、詩文などで) 心中にくふうを凝らして制作すること。こころだくみ。＊権記‐寛弘八年(1011)八月一一日「於レ是院司等運二意匠一、以整二仏具一、抽二心機一、以織二法服一」＊海道記(1223頃)鎌倉遊覧「大方、魯般、意匠を窮めて、成風天の望に冷(すず)しく」＊小説神髄(1885‐86)〈坪内逍遥〉下・文体論「如(しか)ず時代物を抛擲(はうてき)して世話物にのみ意匠(イシャウ)を費し未曾有の物語を工風すべし」＊様々なる意匠(1929)〈小林秀雄〉一「私はただ、彼等が何故にあらゆる意匠を凝らして登場しなければならぬかを、少々不審に思ふ許りである」＊杜甫‐丹青引贈曹将軍覇「詔謂二将軍一払二絹素一、意匠惨憺経営中」 ②(美術品、工芸品、工業製品などで) 物品に応用するための、形状、色彩、模様などの結合による装飾的な考案。また、それを考案すること。デザイン。法律用語としては意匠法に規定される。＊哲学字彙(1881)「Design 意匠」＊風俗画報‐一六六号(1898)人事門「衣裳帯の柄、当年流行の透模様は三井呉服店の意匠(イシャウ)さこそと思はるる」＊意匠法(明治四二年)(1909)一条「物品に応用すべき形状、模様、色彩又は其の結合に係る新規なる工業的意匠を案出したる者は本法に依り意匠の登録を受くることを得」＊家(1910‐11)〈島崎藤村〉下・八「正太が意匠した翫具(おもちゃ)の空箱が沢山積重ねてあった」＊羽鳥千尋(1912)〈森鷗外〉「書籍の装釘(そうてい)の意匠(イシャウ)なんぞに強烈な好悪がある」 ③(自然界の)しくみ。からくり。＊植物小学(1881)〈松村任三訳〉九・植物分科の理「自然分科法は植物の本性を区別するの便益あるのみならず実に造化巧妙の意匠を表明するに足る」＊真理一斑(1884)〈植村正久〉五「中に就て動物体に意匠の存するを認め」 語誌 (1)元来、漢籍で詩文や絵の制作にあたっての「おもいつき」「おもいいれ」という意味の語であって、挙例の杜甫の詩に見えることで知られている。(2)日本では、明治期に「附音挿図英和字彙」(一八七三)の fancy の項に、「意匠(ムナヅモリ)」とある一方、design, speculation の訳語にもなっており、工芸品などの「装飾的考案」「趣向」の意味に転じた。「哲学字彙」に至って、「design 意匠」という対訳関係がほぼ確定したと見られる。その後、意味範囲が広がり、動詞的な用法も見られたが、明治二二年（一八八九）に、「意匠条例（勅令八五号）」が布告されるに及び、法律用語としての意味も獲得し、今日につながる。 発音 イショー 〈標ア〉⓪ イ〈京ア〉イ

いしょう を 凝（こ）らす 絵画、詩文、デザインなどで、おもしろいくふう、考案をめぐらす。＊片われ月（1901）〈金子薫園〉例言「不折画伯の、わきて意匠をこらされしものをよせて」＊明暗（1916）〈夏目漱石〉一六九「思ひ思ひに意匠（イシャウ）を凝（コ）らした温泉場の広告絵を眺めながら」

い‐しょう【意象】（イシャウ）『名』心の中に描かれる姿や形。心に考え思うこと。想念。心象。幻想。＊日本詩史（1771）三「意象間雅、殊可二諷詠一」＊淡窓詩話（19C中）下「一曰。有レ篇而無レ句。二曰。意象所レ無、虚構仮設」＊哲学字彙（1881）「Fancy 意象」＊真善美日本人（1891）〈三宅雪嶺〉狩野芳崖〈岡倉天心〉「観音は理想的の母なり、万物を起生発育する大慈悲の精神なり〈略〉余此意象を描かんと欲する茲に年あり」＊一年有半（1901）〈中江兆民〉三「身家の便を思ふ外、人民てふ意象を其脳中に映出す底の人物果て之れ有る乎」＊文心雕龍‐神思「玄解之宰、尋二声律一而定レ墨、独照之匠、闚二意象一而運レ斤」 発音 イショー 〈標ア〉⓪

い‐しょう【遺笑】（ヰセウ）『名』後世の人に笑われること。長く後人の笑うところとなること。＊読本・椿説弓張月（1807‐11）残・序「原（もと）是一時燈下の戯墨、百年遺笑（イセウ）の冊子たり」＊人情本・明烏後正夢（1821‐24）五・二六回「一時燈下の戯墨に成て、百年遺笑（ヰセウ）のわざくれ文なれば、作者もあへてこれらの事に懸念するに及ばず」

い‐しょう【遺詔】（ヰセウ）『名』（「いじょう」とも）先帝の遺言（ゆいごん）。遺勅。＊続日本紀‐大宝二年（702）一二月甲寅「太上天皇崩。遺詔。勿二素服挙哀一。内外文武官釐務如レ常。喪葬之事務従二倹約一」＊愚管抄（1220）一・光仁「高野天皇遺詔曰宜下以二大納言白壁王一立中皇太子上」＊文明本節用集（室町中）「遺詔 イゼウ」＊随筆・文会雑記（1782）附録・二「康熙帝の遺詔をよめば、誠に開国の人君非常の帝なり」＊開化本論（1879）〈吉岡徳明〉下「則ち皇国の古き祝詞は多く天祖天神の遺詔なれば」＊史記‐秦始皇本紀「受二始皇遺詔一」 発音 イショー 〈標ア〉⓪ 辞書 文明・書言・言海 表記 遺詔（文・書・言）

いしょう の 奏（そう） 遺詔を奏すること。＊禁中方名目鈔校註（1741‐60頃）上「遺詔（イゼウ）奏。先帝の御遺言を奏する也」

い‐しょう【遺照】（ヰセウ）『名』その人の死後に他人の手本とされるような生前の行為。＊日葡辞書（1603‐04）「Ixô（イショウ）ノコシテラス」＊北条霞亭（1917‐20）〈森鷗外〉一五五「茶山集甲寅の作中に遺照（ヰセウ）に題する詩が見えてゐるからである」＊王昌齢‐観江淮名勝図詩「而我高二其風一、披レ図得二遺照一」 発音 イショー 〈標ア〉⓪ 辞書 日葡

い‐しょう【遺蹤】『名』残されたあと。遺跡。＊本朝無題詩（1162‐64頃）六・秋日林亭即事〈藤原茂明〉「平津佳趣伝猶在、大麓遺蹤行欲レ通」＊羅山先生詩集（1662）三・菅神廟「菅氏家風儒者宗、霊神今古仰二遺蹤一」＊潘岳‐西征賦「眺二華岳之陰崖一、覿二高掌之遺蹤一」

い‐じょう【已成】（ジャウ）『名』できあがっていること。すでにできあがったこと。＊梵舜本沙石集（1283）一・三「已成（いじゃう）の仏の三業の妙用（めうゆう）を学びて」

い‐じょう【以上・已上】（ジャウ）㊀『名』①ある数量や程度より上であること。その基準を含んでそれより上であることを示す。↔以下（いか・いげ）。㋑（数量、段階などの基準を表わす語について）＊続日本紀‐文武天皇元年（697）八月壬辰「賜二王親及五位已上食封一各有レ差」＊令義解（718）戸・定郡条「凡郡以二廿里以下。十六里以上一為二大郡一」＊神皇正統記（1339‐43）下・二条院「参議已上にあがるもありき」＊足利本論語抄（16C）学而第一「我より学の以上なる者を友とせいぞ」＊社会百面相（1902）〈内田魯庵〉投機・四「『百円以上！』と織江は呆れ返った」＊論語‐雍也「中人以上、可二以語一上也、中人以下、以不レ可二以語一上也」㋺（物事を比較するとき、一方の事柄を表わす語について）その他がそれより程度の著しいことを示す。＊古い玩具（1924）〈岸田国士〉一「黙ってゐるのが、云ひ出すのと同じくらゐ、いや、それ以上恐ろしいやうな気がするんです」＊竹沢先生と云ふ人（1924‐25）〈長与善郎〉竹沢先生の散歩・七「その経済状態を知ってゐる自分は、恐縮以上に、感謝する以上に、困って、只『どうも済みませんね』とつぶやいた」＊家族会議（1935）〈横光利一〉「幼いときからひそかに泰子を愛してゐたことに於ては練太郎は高之以上であった」②室町時代以降の書状の追伸部分（追而書＝おってがき）の書留（かきとめ）文言。追伸部分が終結したことを表わす。追而書は本来文書の右端の袖の空白部分に書いたので、追而書がない場合にも書くことがあった。近世では追而書のほか書状そのものやその他の文書の書留文言としても使われた。＊上杉家文書‐（永禄五年）（1562）二月一三日・上杉輝虎書状（大日本古文書三・九八八）「返々、細々いんしんよろこび入候。手彌あかり候へば、手本まいらせ候。以上」＊柏木文書‐（年未詳）（室町）二月二一日・羽柴秀吉折紙「以上。急度申遣候。明石郡在レ之池堤普請等、及レ見可二申付一候」＊木因宛芭蕉書簡‐延宝九年（1681）七月二五日「しばしづつ成共得二御意一度候。以上」＊随筆・塩尻（1698‐1733頃）三四「近世書札の終に以上とかく此二字の意詳ならす、或人曰これ其本贈物の目録の終に以上と書す〈略〉贈物は先を尊て以て上ると書す夫より書札にも以上の字を筆せしなりと云々、ともに近き俗なるへし」③箇条書、目録などの文書の終結部分に使う文言。しめくくりの意。＊三島神社文書‐大永二年（1522）九月一一日・北条氏印判状（日本の古文書）「定法度。一西郡大井之宮社領〈略〉。一神領之事〈略〉。一社人等事〈略〉。以上。右定置条、若背二此旨一輩有レ之者」＊小早川家文書‐天正二〇年（1592）六月三日・豊臣秀吉朱印状（大日本古文書・五〇七）「先手備之事。一七千人、小西摂津守。一五千人、羽柴対馬侍従〈略〉。以上。都合十三万人」④（男子の書状の末にしるしたところから）男のことをしゃれていう語。＊雑俳・柳多留‐四（1769）「師匠さまかしこと以上別に置」⑤上にあげた事柄。今まで述べた事柄。＊武蔵野（1898）〈国木田独歩〉八「自分は以上の所説に少しの異存もない」＊吾輩は猫である（1905‐06）〈夏目漱石〉五「以上の感想が自然と胸中に湧き出でたのである」⑥（「おめみえいじょう（御目見以上）」の略）江戸幕府の制度で、幕府直参の一万石以下の士で、将軍に謁見する資格のあるもの。↔以下。＊雑俳・柳多留‐六（1771）「けんきゃうの娘以上へやる気也」⑦（接続詞のように用いる）㋑その後。また、その結果。つまり。＊平治（1220頃か）上・信頼信西を亡ぼさるる議の事「親類皆梟（けう）せられ、已上義朝一人にまかりなり候へば」＊日葡辞書（1603‐04）「Ijǒ（イジャウ）〈訳〉要するに。すなわち。約言すると。または、畢竟」㋺全部で。合わせて。合計。＊平家（13C前）七・北国下向「大将軍には小松三位中将維盛〈略〉悪七兵衛景清を先として、以上大将軍六人」＊謡曲・安宅（1516頃）「主従以上十二人、未だ慣らはぬ旅姿」＊豊島宮城文書‐（元亀三年）（1572）正月九日・北条氏印判状「改二定着到一之事、六拾五貫三百六十文 大間木、十三貫文 小淵之内中居、〈略〉以上弐百八拾四貫四百文」＊浄瑠璃・心中宵庚申（1722）道行「つらい目斗に日を半日心をのばす事もなく、しなふとせしも以上五たび」⑧（接続助詞のように用いる）ある事態が起こることはやむを得ないと考える理由を示す。…のうえは。…からには。＊雪中梅（1886）〈末広鉄腸〉上・三「我々が社会を組織する以上は、多数の幸福の為めに必要なる時は、一身の利益を放棄せねばなるまい」＊吾輩は猫である（1905‐06）〈夏目漱石〉八「かうして学校の隣りに住んで居る以上は、時々はボールも飛んで来ませう」＊竹沢先生と云ふ人（1924‐25）〈長与善郎〉竹沢先生の人生観・三「直接でない迄も間接な責任者の一人として生活してゐる以上、さう云ふ現象その物に対しては吾々は毫も『驚き』はしない」㊁『副』どうしても。まるっきり。＊人情本・縁結月下菊（1839）上・一「さっきから考へますが、いじゃうわけがわかりませぬ」＊語彙（1871‐84）「いじゃう 以上の転にてイジャウイカヌ イジャウデキヌなど始終の意にも用ゐるなり」＊浮雲（1887‐89）〈二葉亭四迷〉二・九「あせる計りで凄み文句は以上見附からず」＊坑夫（1908）〈夏目漱石〉「神さまなんかに聞いて見たって、以上（イジャウ）分（わかり）っ子ない」 語誌 (1)㊀①㋑の数量につく場合は、「二歳以上」「八キログラム以上」のように〈数詞＋助数詞類〉の形になる場合が大半であるが、「三分の一以上」のように割合を示す数に直接つく場合もある。また、「以上」で示される基準に達しない場合は、「以下」あるいは「未満」を用いて表現する（「五人以上」↔「四人以下・五人未満」）。(2)現代語では「以下」は基準となる数値を含んでその数値を割る場合、「未満」は基準となる数値を含まないで、その数値を割る場合である。なお、特に古典語の場合、基準となる数値を含むかどうかは必ずしも厳密ではない。 方言 ❶全く。まるで。どうしても。決して。岩手県上閉伊郡098 神奈川県314 高知県862 864 867 ❷始終。いつも。鳥取県岩美郡716 気高郡717 ❸とかく。◇いじょ 島根県邑智郡735 ❹それ以来。それ以後。高知県861 862 867 発音 イジョー 〈標ア〉イ 〈京ア〉イ 辞書 文明・易林・日葡・書言・ヘボン・言海 表記 以上（文・易・書・ヘ・言）已上（文）

い‐じょう【以上・位上】（ジャウ）『名』①高い地位や技術に到達すること。＊至花道（1420）闌位の事「是（ぜ）を集め、非を除けて、い上して、時々上手の見する、手位の心力也」＊申楽談儀（1430）序「何と舞ひしやらんと覚えける也。かやうなれども、いじゃうして道は有を」②実力以上のものとして扱うこと。また、そうふるまうこと。おごりたかぶること。＊玉塵抄（1563）二「吾をきれいに吾と身を位上して、けだかう思て奉公もせいで山居したぞ」＊玉塵抄（1563）三一「分剤もない者が位上（イじゃう）すれば、必おしさげらるることでくるぞ。いかにもへり下れば人が尊ぞ」＊古活字本荘子抄（1620頃）一「君となり臣となるも時々による。君とて以上し、臣とて賤（さげすま）んことではないぞ」 発音 イジョー 〈標ア〉⓪ 辞書 文明・易林 表記 位上（文・易）

い‐じょう【夷情】（ジャウ）『名』外国・外国人の事情。外国を軽蔑していう語。＊近世紀聞（1875‐81）〈染崎延房〉四・三「夷情（イジャウ）や測り難く候得ば沿海の武備に於ては益以て奮発勉励仕り」

い‐じょう【囲城】（ヰジャウ）『名』軍勢が城をとりかこむこと。また、囲まれた城。＊泰西国法論（1868）〈津田真道訳〉二・七「囲城或は舟中に糧食尽たる時」＊布令必用新撰字引（1869）〈松田成己〉「囲城 イジャウ カコマレタシロ」＊経国美談（1883‐84）〈矢野龍渓〉後・四回「同都は今方に囲城の中に在れば止むを得ずして」＊史記‐魯仲連伝「曷為下久居二此囲城之中一而不上レ去」 発音 イジョー 〈標ア〉⓪

い‐じょう【囲場】（ヰヂャウ）『名』天子の狩猟場としてくぎられた地域。お狩り場。

い‐じょう【囲繞】（ヰゼウ）『名』（「じょう」は「繞」の漢

音）まわりをとりかこむこと。いにょう。＊新撰朗詠(12C前)下・眺望「嵩山囲繞して渓霧を興し、洛水廻流して野煙に入る〈慶滋為政〉」＊玩鷗先生詠物百首(1783)蜂窠「拮据猶畏寇兵至、囲繞故為二刀剣防一」＊広益熟字典(1874)〈湯浅忠良〉「囲繞 ヰジャウ メグリメグル」＊後漢書-独行伝・王嘉「賊囲繞数十重、白刃交集」 発音イジョー〈標ア〉0

い-じょう【委状】〘名〙「いにんじょう(委任状)」に同じ。＊渋柿(鎌倉末か)明恵上人伝「諸国の富める者に、我れ所負主に成りて委状を書かせ、判を加へて米を借りて」＊近世紀聞(1875-81)〈染崎延房〉一二・三「某も又船将の指揮に従ひ出張為たれば拒るるとて其意に任せ何条空しく引退くべき和殿等尚も渡さじとなら其長官へ委状(イジャウ)を達し」 発音イジョー〈標ア〉0

い-じょう【委情】〘名〙詳しい事情。＊近世紀聞(1875-81)〈染崎延房〉二・一「委情(ヰジャウ)は書中に具(つぶさ)なれば」

い-じょう【委譲】〘名〙権限などを他の人や機関にゆずってまかせること。 発音イジョー〈標ア〉0〈京ア〉⓪

い-じょう【居城】〘名〙城主などが、日頃住んでいる城。きょじょう。＊文明本節用集(室町中)「居城 イジャウ」＊日葡辞書(1603-04)「Ijŏ (イジャウ)」＊仮名草子・身の鏡(1659)上「むかし甲斐の信玄大国あまたきりしたがへ、威を扶桑国にふるひ給へり。しかりといへども、居城(イジャウ)とてもなく屋敷がまへにて御座候事」 発音イジョー〈標ア〉0 辞書文明・日葡 表記居城(文)

い-じょう【倚杖】〘名〙たよること。たのみにすること。＊西国立志編(1870-71)〈中村正直訳〉六・一二「抑も白士像を造れる小児、偏へに自己の力に倚仗し」＊魏志-王粛伝「各展二才力一、莫二相倚杖一」

い-じょう【倚畳】〘名〙ぴったりと積みかさねること。＊江戸繁昌記(1832-36)初・山鯨「其獣は則猪・鹿〈略〉九尾羊等の物、倚畳して有り」＊宋史-河渠志「実二石於竹籠一、倚畳為レ岸」 発音イジョー〈標ア〉0

い-じょう【異条】〘名〙普通とは異なること。別条。＊思出の記(1900-01)〈徳富蘆花〉六・一「関西学院に於ける僕の第二年は何の異条もなく始まった」 発音イジョー〈標ア〉0

い-じょう【異状】〘名〙異常な状態。普通とはちがったさま、かたち。→「いじょう(異常)」の語誌。＊台記-久安四年(1148)一二月八日「師国朝臣使三人告二叡子内親王〈法皇女、皇后所レ生、年十四〉異状一」＊私聚百因縁集(1257)四・一六「咸(ことごと)く同く一類にして形異状(イシャウ)無し」＊吾輩は猫である(1905-06)〈夏目漱石〉三「其鼻にも何か異状がある事と察せられます」＊杜甫-石硯詩「巨璞禹鑿余、異状君独見」 発音イジョー〈標ア〉0〈京ア〉⓪

い-じょう【異常】〘名〙(形動) 普通と異なっていること。並みはずれていること。また、そのさま。↔正常。＊日本開化小史(1877-82)〈田口卯吉〉一「人の疾病を見て、初めて其異常の有様に恐るるの色あり」＊小説神髄(1885-86)〈坪内逍遥〉上・小説の変遷「何にてもあれ異常(イジャウ)にして稍々(やや)注目を促がすべき新奇の性質あるものありなば」＊半日(1909)〈森鷗外〉「此女は神経に異常がありはせぬかと思ふと」＊今年竹(1919-27)〈里見弴〉焼土・五「何かしら異常な緊張を感じた」＊後漢書-光烈陰皇后紀「上二尊号一、異常之事、非二国休福一」 補注「唐話纂要-一」に「異常 ヨノツネナラズ」とある。 語誌「異常」と「異状」は、現代語において、意味・用法に類似したところがあるが、「異常」は、普通の状態との異なりのほうに重点があり、「異状」は、普通とは異なった状態そのものに重点がある。したがって、「…が」「…を」「…に気づく」のような名詞的用法の場合には「異状」が用いられ、「…な」「…に興奮する」のような形容動詞的用法の場合には「異常」が用いられるのが原則である。ただし、「精神の異常をきたす」のように、名詞的用法の場合でも「異常」が用いられることもある。 発音イジョー〈標ア〉0〈京ア〉⓪

い-じょう【異情】〘名〙考えや気持を異にすること。また、異なる考えや気持。＊日葡辞書(1603-04)「Ijŏ (イジャウ)。タガウ ココロ」＊新撰字解(1872)〈中村守男〉「異情 イジャウ ココロガカハル」＊宋書-謝霊運伝論「徒以二賞好異一レ情故、意製相詭」 発音イジョー〈標ア〉0

い-じょう【移状】〘名〙移の形式をもった公文書。＊三代格-八・承和一一年(844)一一月一五日太政官符「下二知彼省一、待二此省移状一、令レ致レ弁二進雑賦之物一者」

い-じょう【移乗】〘名〙ほかの船などに乗りうつること。乗りかえ。＊春の城(1952)〈阿川弘之〉二・三「彼は一旦瑞鶴に移乗したが」 発音イジョー〈標ア〉0〈京ア〉⓪

い-じょう【移譲】〘名〙ほかへ移しゆずること。 発音イジョー〈標ア〉0〈京ア〉0

い-じょう【渭城】中国、咸陽(かんよう)のこと。秦が都を置いた。 発音イジョー〈標ア〉イ

い-じょう【葦杖】〘名〙葦の杖。体罰刑を加えるための道具として使われるが、葦の杖で打っても痛くないところから、仁愛ある裁決による寛大な刑罰、形式的な軽い刑罰をいう。＊江都督納言願文集(平安後)三・顕季卿仁和寺堂供養願文「葦杖蒲鞭之下、唯思二手足之无一レ措」＊曹植-対酒歌「蒲鞭葦杖示レ有レ刑」＊沈約-斉故安陸昭王碑文「南陽葦杖未レ足レ比二其仁一、潁川時雨無三以豊二其沢一」

い-じょう【遺状】〘名〙死後にのこす文書。遺言(ゆいごん)状。遺書。＊園太暦-貞和元年(1345)一月二八日「鎌倉前大納言送使者、二階堂安芸守成藤、以人〈仲康〉問答、男女且可書遺状事有之」＊日本外史(1827)一二・足利氏後記「臨レ死作二遺状一、不レ能二速成一也」 発音イジョー〈標ア〉0 辞書ボン 表記遺状(へ)

いしょう-あわせ【衣装合】〘名〙演劇などの上演にさきだって、衣装を実際に着てみること。また、結婚式にさきだって行なうものにもいう。 発音イショーアワセ〈標ア〉ア

いしょう-え【衣装絵】〘名〙厚紙を女の姿などに切り、美しい布をはり、綿をふくませ高低をつけて作る絵。押し絵。＊俳諧・独吟一日千句(1675)第八「千話文てはる御たてゑぼし 衣装絵や生たやうにも作るらん」＊俳諧・桃青三百韻附両吟二百韻(1678)延宝五之冬「涙じみたるつぎ切(きれ)の露〈芭蕉〉 衣裳絵(イシャウヱ)の姿うごかす花の風〈信章〉」＊浮世草子・浮世親仁形気(1720)四・二「むすめが細工にせし衣装絵(イセウヱ)に哥をかかせ」 発音イショーエ〈標ア〉ショ

いしょうえ-や【衣装絵屋】〘名〙衣装絵をつくる人。また、その店。＊浮世草子・国姓爺明朝太平記(1717)序「衣裳絵屋浮世絵師は、国姓爺が我ままいふて、古来より仕付来りし唐流を和国の風になして」

いしょう-おしみ【衣装惜】〘名〙衣服を人に貸したがらないこと。着物の貸し惜しみをすること。小袖惜しみ。＊浮世草子・世間娘容気(1717)二「ひとりの姪に衣裳(イシャウ)をしみしてかさぬ卑劣の心入をきびしく異見すべき」 発音イショーオシミ〈標ア〉オ

いしょう-が【意匠画】〘名〙自分で意匠をくふうして描く画。意匠をめぐらして描く画。考案画。 発音イショーガ〈標ア〉0

いしょう-がえ【衣装替】〘名〙舞台の俳優などが演技の際に用いる衣服をかえること。＊オールド・ノース・ブリッジの一片(1968)〈島尾敏雄〉「衣装替えをした彼女が入口近く立っていた」 発音イショーガエ〈標ア〉0

いしょう-かさね【衣装重】〘名〙近世、京都、島原の遊里で九月九日の菊の節句の前後三日間、遊女等が揚屋の二階座敷などを借りて、所持している衣装や道具類を飾りたて、各自の全盛を競いあった行事。＊浮世草子・好色一代男(1682)七・七「さて今日よりは色里の衣裳(イシャウ)かさね、これをみる事命のせんだく」

いしょう-かた【衣装方】〘名〙演劇、舞踊などで、衣装の調達、保管、修理などを担当する者。＊評判記・難波立聞昔語(1686)小桜小太夫「今に影なりし身ぶりどこやらに残り衣装方(イシャウカタ)我が物にならず」＊戯場楽屋図会(1800)下「衣裳方(イシャウカタ) 芝居衣裳を着る役者衆中へ此所より衣裳を出すなり」＊劇場新話(1804-09頃)上「衣裳方は染ものの誂へ幕廻り子役の衣裳加役の聞合せ色々日限に間なき故」＊多情仏心(1922-23)〈里見弴〉楽屋・一二「衣装方、男衆の忙しく立ち働く場席をあけるために」 発音イショーカタ〈標ア〉0

衣　装　方〈戯場楽屋図会〉

いしょう-かばん【衣装鞄】〘名〙衣装を入れておくかばん。＊細雪(1943-48)〈谷崎潤一郎〉中・一三「徐ろに自分の衣裳鞄を詰め」 発音イショーカバン〈標ア〉カ

いしょう-がら【衣装柄】〘名〙着物のようす。衣装つき。＊浄瑠璃・聖徳太子絵伝記(1717)三「いづれも奥様御前さまけだかく着なす衣裳がら」

いじょうかんそう-ちゅういほう【異常乾燥注意報】〘名〙空気や木材が異常に乾燥し、火災の発生が心配される時に、気象台から発せられる注意のしらせ。 発音イジョーカンソーチューイホー

いじょうきけん-じゅんびきん【異常危険準備金】〘名〙損害保険会社などが地震その他の異常災害による損害に備えて、積み立てる準備金。 発音イジョーキケンジュンビキン〈標ア〉ビ0

いじょう-きしょう【異常気象】〘名〙過去三〇年程度の平均的な気象現象とくらべて著しくかけ離れた気象。異常高温、異常低温、異常多雨、異常少雨など。エルニーニョ、火山の噴火、温室効果などが原因といわれている。 発音イジョーキショー

いしょう-きせ【衣装着】〘名〙能、歌舞伎などで、役者に装束(しょうぞく)、衣装を着せる係の者。衣装付(いしょうづけ)。衣装方(いしょうかた)。＊俳諧・西鶴大矢数(1681)第三三「萩のはなすり衣裳着せ共鈴虫は面箱よりも嗒衽て」＊雍州府志(1684)八「能大夫於二楽屋一刷二装束一、臨二橋懸一之処謂二幕際一、斯処懸二大円鏡一、照二見吾形一、故或謂二鏡間一、若有二不レ正之事一、則使下著二其衣裳一者改中正之上、其人称二衣裳著(いしゃうきせ)一」＊楽屋図会拾遺(1802)下「自前の衣裳といふは、立もの衆中銘々持衣裳をさして自前といふ。此所へ衣裳屋より衣しゃう着(キセ)二人を出だすなり」 発音イショーキセ〈標ア〉ショ

いしょう-くみはん【意匠組版】〘名〙活字の大きさ、書体、配列などにくふうをこらして、装飾的に印刷する組版。 発音イショークミハン〈標ア〉ミ

いしょう-ぐら【衣装蔵】〘名〙衣装を入れておく蔵。特に劇場で下級役者の着用する舞台衣装を入れておく部屋。＊戯場訓蒙図彙(1803)二「衣装蔵(イシャウグラ) 蔵衣装此所に有。足軽、中間、とったりの類、衣装を付る」＊劇場新話(1804-09頃)上「衣装蔵といふは楽屋頭取坐の脇三階梯子の向ふにある也。〈略〉衣装着せの者ここに居る」 発音イショーグラ〈標ア〉0

いしょう-くらべ【衣装比】〘名〙①女性が互いに衣装の美しさをきそいあうこと。＊浮世草子・

好色五人女(1686)三・三「皆衣嫂(イシャウ)くらべの姿自慢」＊浮世草子・傾城禁短気(1711)五・一「一つ家の女郎十一人、衣裳(ヰシャウ)くらべの花をあらそひ」②(京都知恩院の法然忌に参詣する人が華美をきそいあったことから)法然忌の俗称。《季・春》 発音イショークラベ〈標ア〉ク

いしょう-ケース イシャウ【衣装—】〘名〙(ケースは英 case)衣装をしまっておくケース。 発音イショーケース〈標ア〉ケ

いしょう-げしん イシャウ【意生化身】〘名〙(意生の化身の意)仏語。仏、菩薩が世の人を救うため、意のままに姿を現わした、その変化身のこと。＊大観本謡曲・藤(室町末)「意生化身、自在不滅の縁に引かれて、夜もすがら歌舞をなさんと参りたり」

いしょう-けん イシャウ【意匠権】〘名〙意匠原簿に登録することによって発生する工業所有権の一つ。登録意匠にかかる物品を、独占的に、業として製作、使用、譲渡などすることのできる権利。＊意匠法(明治四二年)(1909)八条「意匠権は登録に依り発生す」 発音イショーケン〈標ア〉ショ

いしょう-こうこく イシャウクワウコク【意匠広告】〘名〙意匠と図案とを主として組み合わせた形式の新聞広告。 発音イショーコーコク〈標ア〉コ

いじょう-こうせん イジャウクワウセン【異常光線】〘名〙光が方解石などを通過して二方向に分かれて屈折したとき、屈折の法則に従わないほうの光線をいう。偏光になっている。⇔常光線。 発音イジョーコーセン〈標ア〉コ

いしょう-ごのみ イシャウ【衣装好】〘名〙衣服のえりごのみをしたり、美しい着物や多くの衣類を所持しようと願ったりすること。また、そのような性質の人。＊巨海代抄(1586‐99)下「今ほど叢林を徘徊する僧どものなりを見るに、衣裳好みをし、形づくろいをして、一向に青いやつら計だ」＊浮世草子・男色大鑑(1687)一・三「ひとつは衣装好(イシャウコノミ)に人を誑かす事ぞかし」＊浮世草子・傾城色三味線(1701)京・二「女郎狂ひといふは、男も衣裳好(イシャウゴノミ)して色作り」 発音イショーゴノミ〈標ア〉ゴ〈京ア〉ゴ

いしょう-し イシャウ【意匠紙】〘名〙織物の経(たていと)と緯(よこいと)の組み合わせを描くのに用いる方眼紙。たて、よこの密度に応じ各種がある。 発音イショーシ〈標ア〉ショ

いしょう-し ヰセウ【遺詔使】〘名〙先帝の遺詔を奏し、また、これを伝える使い。＊後成恩寺関白諒闇記(1481頃)「御葬礼以前有二遺詔一〈使院司殿上人巻纓帯剣〉上卿着陣。遺詔使申詞云。某院遺詔曰〈略〉外記着レ軾申上卿、上卿以二職事一奏聞、勅答被二聞食一之由也。上卿召二外記一仰レ之。遺詔使不レ承二勅答一退出、故実也」

いじょう-し イジャウ【異常死】〘名〙普通とかなりちがった、正常ではない死。＊宗教と文学(1957)〈亀井勝一郎〉近代化と死「誰もが自己の異常死を予想などしてゐない」 発音イジョーシ〈標ア〉ジョ

いじょう-じ イジャウ【異常児】〘名〙精神的、身体的に常態でない児童をいった語。＊脱出(1935)〈福田清人〉四「それが先天的に遺伝素質によるか、後天的に環境によるかの問題は断言すること困難でありますが、とにかく異常児であることは疑ひありませぬ」 発音イジョージ〈標ア〉ジ

いじょう-じ イジャウ【異常事】〘名〙普通でない、または正常でない事。事態。異常事態。＊目撃者の反省(1941)〈杉山英樹〉「戦争とか、革命とか、さうした異常事そのもののうちに」＊青鬼の褌を洗ふ女(1947)〈坂口安吾〉「女学生だけ二人づれでゴルフに行くなんて破天荒の異常事だといふことなどは気がつかないのだ」 発音イジョージ〈標ア〉ジョ

いじょう-しゃ イジャウ【異常者】〘名〙精神に異常をきたしていると思われる人。＊海辺の光景(1959)〈安岡章太郎〉「相手をハッキリ異常者だと意識しながら話し合ったことも」 発音イジョーシャ〈標ア〉ジョ

いしょう-じるし イシャウ【衣装印】〘名〙紋所など、衣装につけるしるし。＊浄瑠璃・曾我扇八景(1711頃)上「衣裳印はいふに及ず、鞍(くら)あぶみに至る迄、俄に紋を付けかゆる」 発音イショージルシ〈標ア〉ジ

いじょう-しんいき イジャウシンヰキ【異常震域】〘名〙地震のとき、震央から遠く離れているのに、周囲とくらべ異常に大きい震度を示す地域。深発地震のとき現われやすく、地域的にも常習地帯がある。 発音イジョーシンイキ〈標ア〉シ

いじょう-しんり イジャウ【異常心理】〘名〙正常ではない心的現象。＊中国人の抗戦意識と日本人の道徳意識(1949)〈竹内好〉四「戦術上の必要からではなく、また戦場の異常心理でも説明のつかない。無目的の破壊である」＊雲のゆき来(1965)〈中村真一郎〉一七「一混血女性の異常心理の表明としてだけ受けとっていたのだ」 発音イジョーシンリ〈標ア〉シ

いじょう-しんりがく イジャウ【異常心理学】〘名〙正常人の例外的心理状態および精神異常者の心理状態を研究対象とする心理学。 発音イジョーシンリガク〈標ア〉リ

いしょう-ず イシャウヅ【意匠図】〘名〙意匠紙の上に織物の経(たていと)、緯(よこいと)の組み合わせを示した図。 発音イショーズ〈標ア〉ショ

いじょう-せいかく イジャウ【異常性格】〘名〙知能には著しい欠陥は認められないが、はなはだしくかたよっている性格。環境に適応することができないで、反社会的あるいは非社会的行動を示す。＊記念碑(1955)〈堀田善衛〉「ハンブールク、ベルリンなどを、無差別爆撃をした、嗜虐性異常性格者、卑畜カーチス・ルメーだってか、ははあ」 発音イジョーセイカク〈標ア〉セ

いじょう-せいよく イジャウ【異常性欲】〘名〙性的欲求が正常でないこと。性欲の異常亢進(こうしん)・減退、性対象の倒錯など。 発音イジョーセイヨク〈標ア〉セ

いしょう-せっち-けん ヰシャウセッチ【囲障設置権】〘名〙所有者が異なる二棟の建物の間に空地があるとき、各所有者が共同の費用でその境界に垣根や塀を設置できる権利。 発音イショーセッチケン〈標ア〉ショ

いじょう-たいしつ イジャウ【異常体質】〘名〙医学的に普通の人では反応しないような小さな刺激にも敏感に反応してしまう体質。過敏体質。＊徳山道助の帰郷(1967)〈柏原兵三〉一「土をいじると湿疹ができるという異常体質なのである」 発音イジョータイシツ〈標ア〉タ

いしょう-たとう イシャウたたう【衣装畳紙】〘名〙厚手の和紙に渋や漆を塗り、折目をつけて、たたむようにした紙で、衣類を入れるのに用いるもの。＊朱を奪うもの(1956)〈円地文子〉二「滋子は苦笑して衣装畳紙(いしゃうタトウ)の上に優美な線を流してひろがっている自分の着物を眺めた」 発音イショータトー〈標ア〉タ

いしょう-だな イシャウ【衣装棚】〘名〙衣装を入れておく戸棚。衣装戸棚。＊滑稽本・浮世風呂(1809‐13)前・下「二かいの戸だなはかし切の衣装棚ゆゑ、戸に紙をはりて、家々のしるしを書付あり」＊手紙(1911)〈夏目漱石〉一「着物や白襯衣(しろしゃつ)を衣裳棚(イシャウダナ)へ仕舞はうとするときに」 発音イショーダナ〈標ア〉ショ

いしょう-たにん イシャウ【異姓他人】〘名〙姓の異なる他人。あかの他人。異姓他門。＊曾我物語(南北朝頃)一・伊東を調伏する事「我こそ、嫡々なれば、嫡子に、いしゃうた人の継女の子、この家にいりて相続するこそ、やすからね」＊義経記(室町中か)二・義経鬼一法眼が所へ御出の事「いしう他人なれば、是を切て平家の御見参に入て、勲功に預らばやと思ひて伺ひけれども」

いしょう-たもん イシャウ【異姓他門】〘名〙「いしょうたにん(異姓他人)」に同じ。＊幸若・高だち(室町末‐近世初)「いしゃう他門をかたきにうけ、かくなりぬるとおもひなば、うらみはさらにのこるまじ」

いしょう-だんす イシャウ【衣装箪笥】〘名〙衣服の保管整理に使うたんす。茶だんすなどに対して、普通のたんすをいう。＊伸子(1924‐26)〈宮本百合子〉五・四「洋服をぬぎ、それを衣裳箪笥(イシャウダンス)にかけてゐる」 発音イショーダンス〈標ア〉ダ

いじょう-ち ヰゼウ【囲繞地】〘名〙「いにょうち(囲繞地)」に同じ。 発音イジョーチ〈標ア〉ジョ

いじょう-ちょういき イジャウチャウヰキ【異常聴域】〘名〙火山噴火のとき、その爆発音がより近い区域では聞こえず、数百キロメートル遠方の区域で聞こえる場合に、遠方の、その音の聞こえる区域をいう。地上数十キロメートルにある気温逆転層からの音波の反射によって生ずる。 発音イジョーチョーイキ〈標ア〉チョ

いしょう-つき イシャウ【衣装付】〘名〙衣装の着こなし。着物を着た姿。えもんつき。＊評判記・野郎虫(1660)松本小蔵人「此人の能をせらるるを、見し人の語りしは、衣装(イシャウ)つきあしくて、くびみじかく見え侍るは生れつきたるやらん」＊浮世草子・好色一代女(1686)一・三「尻付ゆたやかに、物越(ものごし)衣嫂(イシャウ)つきよく、姿に位そなはり」＊浄瑠璃・国性爺合戦(1715)書船「なんぼうつくしうても唐の女房の、いしゃう付あたま付き、弁才天を見る様で」＊二人女房(1891)〈尾崎紅葉〉二「借りものとは想はれぬ衣裳附(イシャウツキ)由々しげに推列(おしなら)び」 発音イショーツキ〈標ア〉ショ

いしょう-づくし イシャウ【衣装尽】〘名〙衣装にぜいたくをこらすこと。＊浮世草子・懐硯(1687)五・五「袖累(かさ)ねの衣嫂(イシャウ)づくし鹿の子ならざる小褄(こづま)もなく、美をかざりての女酒もり」＊浄瑠璃・曾我虎が磨(1711頃)上「衣裳づくしの色がさね、裾吹かへすもみ裏は、さながら花の吹雪(ふぶき)よの」 発音イショーズクシ〈標ア〉ズ

いしょう-つけ イシャウ【衣装付】〘名〙衣服、特に和服を形よく着ること。着付け。＊新浦島(1895)〈幸田露伴〉七「其癖外へ出る時は他所の男に見せやうとてか化粧(みじまひ)にも衣裳つけにも黒人(くろうと)の三倍も騒ぎちらすといふ間違ひきった白痴(こけ)を尽し」 発音イショーツケ〈標ア〉ショ

いしょう-づけ イシャウ【衣装付】〘名〙①衣装方が俳優の扮装(ふんそう)に必要な衣装の明細を書きとめておく帳面。＊滑稽本・大千世界楽屋探(1817)下「一寸出るにも捨利(すてり)の身請で衣装付(イシャウヅケ)は大尽風」②「いしょうきせ(衣装着)」に同じ。＊耳を搔きつつ(1934)〈長谷川伸〉岩五郎の死「母は父に捨てられて後、私を抱へて芝居の衣裳つけとなりました」③(俳優などの)衣装の着こなし。着物を着た姿。衣装つき。＊洒落本・岡女八目佳妓窺(1801‐04)三「客は廿四五、きゐたふう、いしゃうつけ鉄御納戸の紋附、つむぎの小袖」＊滑稽本・浮世床(1813‐23)初・中「よく衣装付(イシャウヅケ)を見るのう。おいらア顔ばかり見るから外(ほか)までは目が及ばねへ」＊浮雲(1887‐89)〈二葉亭四迷〉一・一「洋袴(ヅボン)は何か乙な縞羅紗で、リウとした衣裳附(イシャウヅケ)」 発音イショーズケ〈標ア〉0 ケ

いしょう-つづら イシャウ【衣装葛籠】〘名〙舞台衣装を入れておくつづら。 発音イショーツズラ〈標ア〉ツ

いしょう-てつがく イシャウテツガク【衣装哲学・衣裳哲学】㊀(原題ラテン Sartor Resartus「仕立屋の仕立なおし」の意)カーライル著の訳名。一八三六年刊行。宇宙を衣服のようなものとみなし、魂と意志の力を強調した自叙伝的評論。衣服哲学。㊁〘名〙転じて、人間が衣装をまとう現象についての理論。＊話術(1950)〈徳川夢声〉二・二・一・二「同じ材料で、如何に見事な、スマートな服装が出来るか、を面白く衣裳哲学を混えて斯

道の達人に語って貰ひたいです」 発音 イショーテッガク〈標ア〉テツ

いじょう-でんあつ【異常電圧】『名』電気回路の一部あるいは負荷が異状を呈したとき発生する過大電圧。雷雲の誘導、雷の直撃などによって発生する異常に高い電圧をいうこともある。 発音 イジョーデンアツ〈標ア〉テ

いじょう-どうじょ【異乗同除】『名』珠算で、正比例の問題の算法。 発音 イジョードージョ〈標ア〉ド

いしょう-どうらく【衣装道楽】『名』衣類を多く所持したり、着飾ったりするのを特に好むこと。また、その人。着道楽。＊今年竹(1919-27)〈里見弴〉片輪な子・一「でっぷりと肥った、衣裳道楽らしい母親が」＊蓼喰ふ虫(1928-29)〈谷崎潤一郎〉一「ずゐぶん衣裳道楽の方で、月々何の彼のと拵へるらしいのだけれども」 発音 イショードーラク〈標ア〉ド

いしょう-とうろく【意匠登録】『名』意匠考案者の請求により、特許庁が意匠に関する必要事項などを意匠原簿に記入し、登録すること。＊報知新聞-明治三九年(1906)六月二日「同月十二日迄には已に八種計りの意匠登録を得、この時よりして経木真田と絹とを交ぜたる優美なるものを造るに至れり」＊意匠法(明治四二年)(1909)一六条「意匠登録の出願を為す者は、出願中及登録後三年以内其の意匠を秘密にせむことを請求することを得」 発音 イショートーロク〈標ア〉ト〈京ア〉ト

いしょう-どころ【衣装所】『名』近世初期、大名の邸内で衣装をおさめ、また裁縫する室。＊武家名目抄(19C中か)居処部・衣裳所「大友興廃記云〈略〉是は不断御座候御衣裳所と見え申候。御衣裳其外不及申、女中の衣裳色々を尽し、かけをかれ候」 発音 イショードコロ〈標ア〉ド

いしょう-とだな【衣装戸棚】『名』衣類を入れる戸棚。＊滑稽本・浮世風呂(1809-13)前・下「イヱ、衣裳戸棚(イシャウトダナ)でござります」＊歯車(1927)〈芥川龍之介〉一「それを部屋の隅の衣裳戸棚(イシャウトダナ)の中へ抛りこんだ」 発音 イショートダナ〈標ア〉ト

いじょう-どめ【以上止】『名』書簡文の末尾を、「以上」という語で結ぶこと。＊俳諧・毛吹草(1638)六「晦日を以上どめなる文月哉〈重貞〉」＊雑俳・あかゑぼし(1702)「そさう也・八分と書く以上どめ」 発音 イジョードメ〈標ア〉0

いしょう-ながもち【衣装長持】『名』衣服を入れて運ぶための長持。 発音 イショーナガモチ〈標ア〉ナ

いじょうならびにぶけごふちにん-れいがき【以上幷武家御扶持人例書】江戸後期、町奉行所の編纂(へんさん)した刑事判例集の一種。旗本、御家人を主とし、これらの者の家臣や藩臣などをも含めて、町奉行所で取り扱った武士の刑事判例を整理したもの。

いしょうにほんでん【異称日本伝】江戸初期の史書。三巻。京都の儒医松下見林の著。元禄元年(一六八八)刊行。上巻三部、中巻八部、下巻四部に分けて中国の漢から元、明代にわたる史書と朝鮮の史書から日本関係の記事を抄出し、「今按…」として日本の史料等を引用しながら私見を加えたもの。 発音 イショーニホンデン〈標ア〉ホ

いじょう-にゅう【異常乳】『名』乳房炎のウシや搾乳間隔が異常に開いたウシから搾った、成分組成が正常でない牛乳。また、搾乳作業やその後の取り扱いで、微生物や汚水、化学物質などで汚染された牛乳。 発音 イジョーニュー〈標ア〉ジョ

いしょう-にんぎょう【衣装人形】『名』衣装をつけた人形。押し絵のものと、木彫り人形に絹布を着せたものと二様あり、多く俳優、遊女、若衆などの姿をかたどった。着付け人形。＊浮世草子・好色一代男(1682)八・四「長櫃(ながびつ)十二さほ運ばせ、此中より太夫の衣襲人形(イシャウニンギャウ)、京で十七人、江戸で八人、大坂で十九人、彼舞台に名書てならべける」＊雍州府志(1684)七「衣裳人形 木偶人作男女、老少形、施衣裳、其小者謂芥子人形」＊人倫訓蒙図彙(1690)五「衣装人形(イシャウニンギャウ) 諸(もろもろ)の織物をもて、ゑを切抜、これをつくる」 発音 イショーニンギョー〈標ア〉ニ

衣装人形〈人倫訓蒙図彙〉

いじょう-にんしん【異常妊娠】『名』普通とは違った経過をとる妊娠。多胎妊娠や子宮外妊娠などをいう。 発音 イジョーニンシン〈標ア〉ニ

いしょう-ぬい【衣装縫】『名』死人に着せるための白衣を縫うこと。色縫い。 発音 イショーヌイ〈標ア〉ショ

いしょう-ば【衣装場】『名』能、狂言、歌舞伎などの舞台裏にあって、衣装を着たり、脱いだりする場所。＊浄瑠璃・傾城酒呑童子(1718)四「楽屋につづく衣裳場(イシャウバ)に」 発音 イショーバ〈標ア〉0

いじょう-ばくはつ【異常爆発】『名』ガソリンエンジンの燃焼室内における気筒内の混合ガスが正常の行程によらないで、普通より早く、もしくは遅く爆発燃焼する現象。ノッキング。激爆。 発音 イジョーバクハツ〈標ア〉バ

いしょう-ばこ【衣装箱】『名』衣装をしまっておくはこ。＊山吹(1944)〈室生犀星〉六「紀介は衣装筺の前に立った時、急にそれを思ひ出してたづねた」 発音 イショーバコ〈標ア〉ショ〈京ア〉1

いじょう-はっこう【異常発酵】『名』発酵作用に異常がおこり、特殊な化学変化がおきること。 発音 イジョーハッコー〈標ア〉ハ

いしょう-はっと【衣装法度】『名』「いしょう(衣装)の御法度」に同じ。＊浮世草子・日本永代蔵(1688)一・四「此時節の衣襲法度(イシャウハット)、諸国諸人のため、今思ひあたりて有がたくおぼえぬ」 発音 イショーハット〈標ア〉ハ

いしょう-びいな【衣装雛】『名』「いしょうびな(衣装雛)」に同じ。《季・春》＊浮世草子・世間娘容気(1717)三「雛祭すれど女雛の分は首をぬき、あるひはけっこうにみがきたてたる衣装(イシャウ)びいなのかほに墨をぬりて」 発音 イショービーナ〈標ア〉ビ

いしょう-びつ【衣装櫃】『名』衣装を入れておく大型の箱。＊浄瑠璃・心中天の網島(1720)中「つづら、長持、いしゃうびつ」 発音 イショービツ〈標ア〉シ

いしょう-びな【衣装雛】『名』衣装を飾った雛祭(ひなまつり)の人形。《季・春》＊俳諧・雑巾(1681)春「けふとてや紅(もみ)の媚ある衣裳雛」 発音 イショービナ〈標ア〉シ

い-じょうぶ【偉丈夫】『名』体が大きくたくましい男子。また、人格のすぐれてりっぱな男子。偉男子。＊西国立志編(1870-71)〈中村正直訳〉一三・三八「偉丈夫の力を有(も)つは、甚だ好し。然に偉丈夫の如くに、力を用ふるときは暴虐となるなり」＊巡査(1902)〈国木田独歩〉「骨格の逞しい、背の高い堂々たる偉丈夫(ヰヂャウブ)である」＊夢声半代記(1929)〈徳川夢声〉月給十円時代余録「河野君は天下の偉丈夫(ヰヂャウブ)にして、奇なる蛮声の所有者」＊宋史-范祖禹伝「母夢一偉丈夫被金甲入寝室」 補注「名物六帖-人品箋」に「偉丈夫 セイノタカキヲトコ」とある。 発音 イジョーブ〈標ア〉ジョ〈京ア〉ジョ

いじょう-ぶんさん【異常分散】『名』媒質が特定の光を選択吸収する場合に、その波長の前後では屈折率が急激に変わり、波長の長い光が短い光よりも多く曲げられる現象。 発音 イジョーブンサン〈標ア〉ブ

いしょう-べや【衣装部屋】『名』「いしょうぐら(衣装蔵)」に同じ。 発音 イショーベヤ〈標ア〉0

いしょう-まく【衣装幕】『名』花見などのとき、木の間に綱をはりわたし、それに婦人の着がえの花見小袖などをかけ並べて花やかな幕としたもの。小袖幕(こそでまく)。＊浮世草子・西鶴諸国はなし(1685)四・二「衣襲幕(ヰシャウマク)のうちには、小哥まじりの女中姿」＊浮世草子・浮世栄花一代男(1693)一・二「東叡山の春の盛(さかり)都にも見ぬ衣襲幕(イシャウマク)」＊風俗画報-一一二号(1896)服飾門「花見の折りに色めく小袖数を尽して木々の梢にかけつらねて外の隔と為す。之を衣裳幕と云ふ」 発音 イショーマク〈標ア〉シ

衣　装　幕〈風俗画報〉

いしょう-もち【衣装持】『名』衣装をたくさん持っていること。また、その人。＊咄本・鹿の巻筆(1686)五・九「お主(のし)はさりとてはいしゃうもちかな」＊浮世草子・世間娘容気(1717)二「生れつき寛闊にして物をしみせぬ大気な女、殊更いしゃうもちなれば」＊雑俳・手ひきぐさ(1824)「連を見て簞笥へかかる衣裳もち」＊社会百面相(1902)〈内田魯庵〉投機・五「衣裳持(イシャウモチ)だからネ、二日続けて同じ着物を着るのは嫌なんだらう」 発音 イショーモチ〈標ア〉シ モ

いしょう-や【衣装屋】『名』①俳優の必要とする衣装を調達する店。②「いしょうかた(衣装方)」に同じ。③衣服を売る店。＊放浪時代(1928)〈龍胆寺雄〉二・一「ある鉱物商の飾窓(ウヰンドウ)は、彼女を惹(ひ)く点で衣裳屋(イシャウヤ)や化粧品店をしのぐぐらゐだったのだ」 発音 イショーヤ〈標ア〉0

いしょ-がき【位署書】『名』官位、姓名をつづけ書きする際の書式。(1)官位が相当する場合、中納言従三位某のように官を上に位をその下に書き、姓名を下につづける。(2)官位が相当しない場合、位を上に官を下に書く。(イ)位が高く官が低いときは(正二位行大納言のように)その間に「行(ぎょう)」の字を加える。(ロ)官が高く位が低いときは(従四位上守治部卿のように)間に「守(しゅ)」の字を加える。(3)兼官がある場合、官位と兼官の間に「兼(けん)」の字を加えるが、位との高低によって「守」「行」の字をさらに加えることがある。従三位守大納言兼行春宮大夫、左近衛大将従三位兼守大納言行民部卿など。いくつかの官を兼ねるときは文官—武官—外国四等官の順にする。(4)摂関、参議、別当、蔵人、征夷大将軍、造興福寺長官などの官職は、(別当造興福寺長官修理左宮城使左中弁兼阿波介のように)捧物(ささげもの、ほうもち)と称して最初に書く。また、位署は一行に書くことを原則としたから、長い場合には文字の割書きをする。(5)無官の場合、「散位」の字を位の上に加える。このほか条件によって書式を異にした。＊去来宛芭蕉書簡-元禄三年(1690)七、八月頃「曲水位署書、一旦加生の指図にもまかせ候へ共」＊制度通(1724)五「入衡といふことは衡は官衡とつづきて前官と当官と相ふくみたる義にて官位を書き並べつらぬることなり 日本にて位署書と云即この事なり」＊随筆・貞丈雑記(1784頃)九「位署書(イショカキ)と云は官位ある人官と位と姓と名乗まで書きつらぬるを云也」 発音 イショガキ〈標ア〉0 辞書 書言 表記 位署書(言)

い-しょく【衣食】『名』①衣服と食物。着ることと

食べること。＊方丈記(1212)「衣食のたぐひ、またおなじ。藤の衣、麻のふすま、〈略〉野辺のおはぎ、峰の木の実、わづかに命をつぐばかりなり」＊平家(13C前)一一・康頼祝言「衣食を常に送られければ、それにてぞ俊寛僧都も康頼も、命をいきて過しける」＊日葡辞書(1603-04)「Ixocu(イショク)。キモノ、クイモノ」＊春秋左伝-荘公十年「衣食所レ安、弗ニ敢専一也、必以分レ人」②(―する)生活を維持してゆくこと。くらし。＊随筆・孔雀楼筆記(1768)二「凡そ年中遊賞のこと、これを賞する人あれば、これに衣食するものあり」＊江戸繁昌記(1832-36)五・千住「那(か)の輩大胆、刑場に向(お)いて猶を這等の衣食(〈注〉セウバイ)を為す」＊硝子戸の中(1915)〈夏目漱石〉一五「私は御存じの通り原稿料で衣食(イショク)してゐる位ですから、無論富裕とは云へません」＊春秋左伝-昭公三年「民参ニ其力一、二入ニ於公一、衣ニ食其一一」 発音〈標ア〉イ〈ア史〉江戸●○○〈京ア〉イ 辞書 文明・日葡・ヘボン・言海 表記 衣食(文・ヘ・言)

いしょく足(た)りて＝礼節(れいせつ)[＝栄辱(えいじょく)]を知(し)る (「管子-牧民」の「倉廩実則知ニ礼節一、衣食足則知ニ栄辱一」による)生活にこと欠かなくなって、人は初めて礼儀に心を向ける余裕ができる。＊続日本紀-和銅七年(714)二月辛卯「詔曰、人足ニ衣食一、共知ニ礼節一、身苦ニ貧窮一、競為ニ奸詐一」＊史記抄(1477)一一・管晏列伝「先倉にものがみちてこそ、礼節も、行なわれうすれ。衣食が足てこそ、栄辱をも知らうずれぞ」＊思出の記(1900-01)〈徳富蘆花〉六・五「衣食足而知礼節(イショクタッテレイセツヲシル)の格で彼等の身霊を併せ救ふの建議を教会に持ち出したが」

いしょくの道(みち) 生活の方法。生計。＊囀氷冷語(1899)〈内田魯庵〉「著述以外に衣食(イショク)の道(ミチ)なき者ならば報酬として若干を請求するは当然の権利である」

い-しょく【位色】『名』「いしき(位色)」に同じ。

い-しょく【囲職】『名』囲い女郎の異称。＊評判記・色道大鏡(1678)一「大夫を上臈といひ、囲職(イショク)以下を下臈といはば、道理にしたかふへけれど」

い-しょく【依嘱・依属】『名』よりどころにして頼むこと。たよりにすること。たよること。つき従うこと。いぞく。＊宗教的真理の性質(1902)〈綱島梁川〉「宗教上の信仰は、理性の根拠にのみ依属するものにあらずして」＊詩経箋-小雅・緜蛮「(道之云遠、我労如何)在レ国依ニ属于卿大夫之仁者一」 発音〈標ア〉0

い-しょく【委嘱】『名』特定の仕事をひとに頼んでまかせること。委託。いぞく。＊社会教育法(1949)一五条・二「社会教育委員は、左の各号に掲げる者のうちから、教育委員会が委嘱する」 発音〈標ア〉0〈京ア〉0

い-しょく【異色】『名』①同じでない色。また、普通とはちがった色。＊田氏家集(892頃)下・禁中瞿麦花詩三十韻「重栄兼ニ絵意一、異色度ニ炎涼一。不レ問洲蘋白、誰占県菊黄」＊沈約-和劉中書仙詩「殊庭不レ可レ及、風熛多ニ異色一」②普通と変わっていて目だつこと。毛色が変わっていること。目だった特色があること。＊垂加文集(1714-24)一「埋レ犬記〈略〉見ニ異色之人一、雖レ昼吠レ之」＊雲は天才である(1906)〈石川啄木〉「とある町の彼方から極めて異色ある一人物が来る」＊星座(1922)〈有島武郎〉「矢部さんの講義は何といっても異色だ」 発音〈標ア〉0〈京ア〉0 0

いしょくを放(はな)つ 同類の他の物に見られない特色をもっていて目だつ。異彩を放つ。＊話の屑籠〈菊池寛〉昭和七年(1932)七月「吸ひかけた煙草に火をつけようとしたところなど、洋の東西を問はず、今まで暗殺された人の最期としては、異色を放ってゐる」

い-しょく【移植・移殖】『名』①植物をある場所から他の場所に移し植えること。特に、苗床で育成した苗または田畑に仮植しておいた苗を、本田または本畑に定植すること。植え付け。植え替え。＊天徳闘詩行事略記(959)蘭気入軽風〈橘直幹〉「移植若逢ニ新雨露一、毎秋猶欲レ播ニ清芬一」＊煙草と悪魔(1916)〈芥川龍之介〉「西洋の薬用植物か何かを、日本へ移植しようとしてゐるのだと、思ったのである」＊趙至-与稽茂斎書「蘭芷傾頓、桂林移殖」②転じて、外国の文物、制度などを自国に移して用いること。＊近時政論考(1891)〈陸羯南〉第四期の政論「代議制度は元と泰西より取来るにもせよ、一旦之を日本に移植する上は」＊抒情詩(1897)独歩吟〈国木田独歩〉序「『自由』は欧州に在りて詩人の熱血なりき。日本に移植されては唯だ劇場に於ける壮士演説となり得しのみ」③人を、ある場所から他の地域に移り住ませること。＊漂荒紀事(1848-50頃)一「マラッコ、ネーケルス等の国に近しと雖、虎兕獅子ロイバルド等の猛獣の窟なれば、人を移殖する能ず」④生物体のある器官、または器官の組織の一部分を、他の場所または別の個体に移しかえること。医学の外科的治療や、植物では優良品種の維持などの面に利用されているが、異種間にこれを行なうことは特殊な場合以外は成功しない。「心臓(皮膚)の移殖」＊現代術語辞典(1931)「移植 動物の組織、臓器或は其一部を自己の体の他の部へか、或は動物の体内に移し植ゑるものをいふ。植皮術は其の一例(医)」⑤コンピュータで、ある特定の機種で動くプログラムを、他の機種でも動くように変更すること。 発音〈標ア〉0〈京ア〉0

い-しょく【意属】『名』思いをかけること。思いを寄せること。＊本事詩-情感「独倚ニ小桃斜柯一佇立、而意属殊厚」

い-しょく【遺殖】『名』地に残された骨。遺骨。＊随筆・秉燭譚(1729)四「骨殖のこと 字彙、正字通等、ただ貨殖封殖の義ありて他の注なし。按ずるにこの字に骸骨の義あり。骨殖、遺殖とつづけり。俗義なるべし」

い-しょく【遺嘱】『名』生前の頼み。死後のことについての依頼。遺託。ゆいそく。＊晋書-隠逸伝・王織「生不レ喜レ存、死不レ悲レ没、素有ニ遺属一、属ニ諸知識一」

い-じょく【居職】『名』印判師、裁縫師などのように、自宅にいて仕事に従事する職業。また、その人。居職人。⇔出職(でしょく)。＊滑稽本・寒紅丑日待(1816-26)めでたい事「ゐぢょくをするせむしの七」＊安愚楽鍋(1871-72)〈仮名垣魯文〉二・下「としごろ四十ぐらい居じょくていの男」＊歌舞伎・霜夜鐘十字辻筮(1880)三幕「花道より以前のお百抱児(だきご)を抱き、角彫(つのぼり)師鈍斎縞の半天着流し、駒下駄居職(ヰジョク)のこしらへにて出来る」＊にごりえ(1895)〈樋口一葉〉六「片足あやしき風になりたれば人中(ひとなか)に立まじるも嫌(い)やとて居職(ヰショク)に飾の金物をこしらへましたれど」 発音〈標ア〉0 辞書 言海 表記 居職(言)

いしょく-ごて【移植鏝】『名』植木、苗などの移植に用いるこて。中のくぼんだ、または平らな鉄板に、柄をつけたもの。＊くさびら譚(1968)〈加賀乙彦〉三「ポケットから取出した小型の移植鏝を左手に」＊ひと廻り(1975)〈後藤明生〉「梯子を引きずり出し、移植鏝を持って登った」 発音イショクゴテ〈標ア〉ク

いしょく-さく【異色作】『名』同類の他の物に見られない目だった特色をもった作品。毛色の変わった作品。＊壺中庵異聞(1974)〈富岡多恵子〉二「しゃんそんも絵も、全部えっちんぐで描いてある異色作」 発音〈標ア〉ク

い-しょくじゅう【衣食住】『名』衣服と食物と住居。また、生活をたててゆくこと。くらしむき。生活。＊浮世草子・世間胸算用(1692)一・三「分際相応に人間衣食住(イショクジウ)の三つの楽(たのしみ)の外なし」＊随筆・胆大小心録(1808)六六「応挙は度々出会したが、衣食住の三つにとんと風流のない、かしこい人じゃあった」＊文明論之概略(1875)〈福沢諭吉〉一・二「近来我国に行はるる西洋流の衣食住を以て文明の徴候と為す可きや」＊露団々(1889)〈幸田露伴〉一〇「衣食住や財産爵位名誉等に十分になると」 発音イショクジュー〈標ア〉ク ショ〈京ア〉ク

いしょくじゅうの三(みっ)つに留(とど)まる 人間にとって、最大の関心事はけっきょく、衣、食、住の三つである。＊譬喩尽(1786)一「衣食住(イショクヂウ)の三つに留(トド)まる」

いしょく-じんしゅ【異色人種】『名』皮膚の色のちがった他の人種。 発音〈標ア〉ジ

いしょく-ぞめ【異色染】『名』綿と毛、絹とレーヨンのように異質の繊維で混紡、交織し、一方の繊維は染まりにくい染料で染めて、それぞれ異なる色に染め分けること。⇔同色染め。 発音〈標ア〉0

いしょく-どうげん【医食同源】『名』医薬品も食物も共に人間の生命を養い、健康を保つ上で欠くことができないもので、その源は同じだということ。物をバランスよく食べていれば健康によく、特に薬など必要としないという中国の古くからの考え。 発音イショクドーゲン〈標ア〉イ イ=0

いじょく-にん【居職人】『名』居職を営む人。自宅で仕事をする職人。裁縫師、印判師の類。居職。⇔出職人。＊民法(明治二九年)(1896)一七三条「居職人及び製造人の仕事に関する債権」＊日本の下層社会(1899)〈横山源之助〉二・二「職人を大別して二種とすべし、居職人及び出職人是なり。錺職、下駄、鼻緒、袋物、蒔絵、縫箔、製本、裁縫、塗物、煙管、提灯等の職に従事するは居職人にして」 発音〈標ア〉0

いしょく-めんえき【移植免疫】『名』他個体からの臓器や組織を移植された生体が、移植片に対して起こす免疫反応。

いじら-かいい【―痒】『形』方言 ❶なんとなくかゆい。むずがゆい。大分県玖珠郡939 ◇いじらがいい 愛媛県840 ◇いしりがいい 島根県鹿足郡725 ◇ししらがいい 島根県石見725 ◇ししりがい 島根県邇摩郡725 ❷気がいらだつほどかゆい。◇いしりがいい 島根県石見725

いしらこ『名』石をいう。いしなご。＊混効験集(1711)下「いしらこ、石の事なり」 方言◇いしらご 沖縄県首里995

いじらし・い『形口』文 いぢらし・し『形シク』(「意地」を形容詞化した語か)自分より年齢、能力などが劣っている者の心や様子、行動などが、痛々しく同情される様子。けなげで、いたわしい。あどけなく、かわいそうな感じがする。多く、子供の様子について用いられる。＊浮世草子・好色万金丹(1694)二・一「されば禿は人間の種ならぬぞいぢらしき」＊浄瑠璃・義経千本桜(1747)一「つき詰った気の細いお人そふで余りと申せばいぢらしし」＊浄瑠璃・傾城阿波の鳴門(1768)八「おお道理ぢゃ、可愛やいぢらしやと、我を忘れて抱き付き」＊多情多恨(1896)〈尾崎紅葉〉後・五・三「お種は沁々(しみじみ)柳之助が惨(イヂラ)しかった」 方言❶忙しい。多忙である。◇いじろおしいとも。島根県浜田市725 ◇いじゃあしい 島根県那賀郡723 ❷ものの言い方などが意地悪くとげとげしい。長崎県壱岐島054 対馬913 ❸むごたらしい。残酷である。大阪†116 発音イジラシイ〈標ア〉シ〈京ア〉ラ 文『いぢらし』〈標ア〉ラ〈京ア〉ラ 辞書 ヘボン・言海

いじらしが・る『他ラ五(四)』(形容詞「いじらしい」の語幹に接尾語「がる」の付いたもの)いたいたしくてかわいそうに思う。けなげで可憐(かれん)に思う。＊浄瑠璃・生写朝顔話(1832)宿屋の段「盲目(めくら)でこそあれ器量は好し、声は好し、見る程の者がいぢらしがり、朝顔々々といふて」 発音イジラシガル〈標ア〉ガ

いじらし-げ『形動』(形容詞「いじらしい」の語幹に接尾語「げ」の付いたもの)いじらしく感じられる

様子。 発音イジラシゲ〈標ア〉シ

いじらし-さ〘名〙(形容詞「いじらしい」の語幹に接尾語「さ」の付いたもの) いじらしいこと。また、その度合。*浄瑠璃・妹背山婦女庭訓(1771)三「サアサア嗅様(かかさま)切っていの。未練にござんす母様と泣ぬ顔するいぢらしさ」*芋粥(1916)〈芥川龍之介〉「その顔を見、その声を聞いた者は、誰でも一時(いちじ)或いぢらしさに打たれてしまふ」 発音〈標ア〉ラ〈京ア〉0

い-しらまか・す【射白―】〘他サ四〙(「かす」は接尾語)「いしらます(射白)」を強めて言った語。*保元(1220頃か)中・白河殿攻め落す事「敵魚鱗に懸(け)破らんとすれば、御方鶴翼につらなって射しらまかす」*太平記(14C後)八・摩耶合戦事「矢種を惜しまず、散々に射ける間、寄手少し射しらまかされて」*日葡辞書(1603-04)「Ixiramacaxi, su, aita (イシラマカス)〈訳〉矢または鉄砲をうって、人をたおす。あるいは、退却させる」 発音〈標ア〉カ 辞書日葡

い-しらま・す【射白】〘他サ四〙矢などをはげしく射て、敵の勢いをくじく。いしらまかす。いしらむ。*平家(13C前)一一・鶏合壇浦合戦「まっさきに進んでたたかふが、楯も鎧もこらへずして、さんざんにゐしらまさる」*太平記(14C後)三一・八幡合戦事「散々に射る間、面に立つ土岐と細河が兵共、射しらまされて進み得ず」 発音〈標ア〉マ 辞書〈ボン・言海 表記射煞(へ) 射白(言)

いしり〘名〙夕方の魚取りをいう、東国(関東)の漁夫の語。*随筆・塩尻(1698-1733頃)三四「東の海士のことくさに、あしたにするをあさりといひ、夕べにするをいしりといふ。ともに足探(あしさはり)の意にて、求の字も書也」

いじり【弄】〘名〙(動詞「いじる(弄)」の連用形の名詞化) いじること。いじめること。また、「庭いじり」「嫁いじり」などのように他の名詞と熟して使われる。*黒潮(1902-05)〈徳富蘆花〉一・九・一「『喜多川が政党いぢりは評判ものだからな』『政党いぢりは細君いぢめより猶(まだ)可(いい)わ』」*唐人お吉(1928)〈十一谷義三郎〉序「元来古いもの弄(イヂ)りなど、余り好きでない自分で」 発音〈標ア〉0

い-じり【井尻】〘名〙馬の鞍壺(くらつぼ)の後ろの方。*今昔(1120頃か)二六・五「日も暮ぬべければ、構へて馬に乗て、伯父井尻に乗て、漸く行ければ」

い-じり【寝尻】〘名〙蚕の就眠に先立って、蚕座に堆積した食べ残しの桑や排出物を取り除くこと。除沙(じょしゃ)。 発音〈標ア〉0

いじり〘名〙方言 ⇨いじ(意地)

いじり-あい【弄合】〘名〙互いに言い争うこと。いがみ合い。*浮雲(1887-89)〈二葉亭四迷〉一・六「『如何したんです。鬩(イヂ)り合(ア)ひでもしたのかネ』『鬩合(イヂリア)ひなら宜(いい)がいぢめられたの』」 発音〈標ア〉0

いじり-あ・う【弄合】〘他ワ五(ハ四)〙①手でもてあそび合う。いじくり合う。②互いに言いあらそう。いじめ合う。責め合う。*雑俳・柳多留-四(1769)「引けまへに素見と茶ひきいじり合」*洒落本・遊僊窟烟之花(1802か)三「これさぼた餅だの、べそかきだのと、そんなやぼな事を言っていぢりやわねへもんだ」*歌舞伎・独道中五十三駅(1827)五幕「又、役の事でいぢり合ふのか、鎮まらっしゃい」 発音文イジリオーとも〈標ア〉0ア(オ)

いじり-あ・げる【弄上】〘他ガ下一〙ねだり取る。ゆする。責めたてて取ろうとする。*歌舞伎・恋飛脚大和往来(1757)序幕「さうして金をいぢり上(ア)げるのか」 発音イジリアゲル〈標ア〉0ゲ

いじり-ぎたな・い【―汚】〘形口〙「いじきたない(意地汚)」に同じ。*浮世草子・当世芝居気質(1777)二・一「扨もいじりぎたない、一〆や二〆でそだてらるるものか。つきもどしてこまそう」 方言兵庫県淡路島671

いじり-ぐい【弄食】〘名〙意地きたなく大食いすること。*歌謡・松の葉(1703)四・草摺引「和田の一門九十三騎を引具して、長者の許に打寄りて、国土の魚のいぢりぐい、あとはら病まずの大遊山」 発音イジリグイ〈標ア〉0

いじり-くじり〘副〙方言❶座席にじっとしていられずに体を動かすさま、また、背負われた子供が背中で動くさまを表わす語。島根県美濃郡725 ◇いじりこじり 島根県邑智郡725 ❷ぐずぐずと小理屈を並べるさまを表わす語。福岡市879 熊本県918

いじり-ぐち【弄口】〘名〙こせこせと意地悪くいうことば。相手をいじめる言い方。*ありのすさび(1895)〈後藤宙外〉四「『今の若い者は、皆利口だもの、私なぞに聞かいでも』とのいぢり口、その儘ツイと立ちしもたびたび」 発音イジリグチ〈標ア〉0

いじり-こ〘名〙方言虫、ありじごく(蟻地獄)。広島県能美島054 ◇いずもこ 奈良県添上郡678

いじり-ころ・す【弄殺】〘他サ五(四)〙「いじめころす(苛殺)」に同じ。*いさなとり(1891)〈幸田露伴〉八三「父母なき汝(そなた)を遺(お)きて恐しき世に汝を任すは、仮令(たとへ)ば我みづから汝を弄(イヂ)り殺すことは能くすとも尚かつ出来ず」 発音〈標ア〉0 ロ

いじり-こんにゃく【弄蒟蒻】〘名〙蒟蒻(こんにゃく)をつくる時のようにいじりまわすこと。いじり散らすこと。*俚言集覧(1797頃)「いぢり蒟蒻」*一茶方言雑集(1819-27頃)一「いじり蒟蒻する」

いじり-じょうご【弄上戸】〘名〙意地きたない大酒飲み。意地きたなく酒をねだる上戸。*浄瑠璃・三拾石艠始(1792)六「あの関口様の格(しは)さ、花といふ物は水ばなもたれず、其くせ酒はいぢり上戸」 発音イジリジョーゴ〈標ア〉ジョ

いじり-せっちょう【弄折打】〘名〙(「せっちょう」は、折檻(せっかん)と打擲(ちょうちゃく)の意) いじめさいなむこと。いじめ抜くこと。*歌舞伎・男伊達初買曾我(1753)三「日頃は沢山さうに打ったり叩いたり、いぢりせっちゃうしたが」

いじり-だ・す【弄出】〘他サ四〙「いじめだす(苛出)」に同じ。*和英語林集成(初版)(1867)「Ijiri-dashi, -sz, -sh'ta イヂリダス」*良人の自白(1904-06)〈木下尚江〉続・一七・一「黄口(にさい)の弁護士なぞタラシ込んで、義理ある家婦(かみ)さんを虐(イヂ)り出して」 発音〈標ア〉0ジダ 辞書〈ボン

いじり-ちらか・す【弄散】〘他サ五(四)〙器械や物などを手先でいろいろさわったりひねったりしてばらばらにする。*西洋道中膝栗毛(1870-76)〈総生寛〉一二・下「狂った時辰斗(とけい)を買こんで直しに遣っても職人が役に立ねへって見放したものを、色々にいぢりちらかして見ても」 発音〈標ア〉0カ

いじり-ちら・す【弄散】〘他サ四〙(「ちらす」は、やたらに…するの意) ①「いじめちらす(苛散)」に同じ。②だれかれの区別なくもてあそぶ。やたらにおもちゃにする。*滑稽本・浮世風呂(1809-13)二・下「近所の娘御や何やかやいぢり散らしまして、人聞きも悪うございますのさ」 発音〈標ア〉0ジラ

いじり-つか・う【弄使】〘他ハ四〙乱暴に使う。ひどい使い方をする。*浮世草子・本朝諸士百家記(1709)二・三「わかとう下部をいじりづかひ、万の事に不理窟をつくし」

いじり-まわ・す【弄回・弄廻】〘他サ五(四)〙①指先で、しきりになでたりひねったりする。いろいろともてあそぶ。*談義本・当世穴穿(1769-71)四・乗合ぶねの日記「世の中の学問者とやらは、いかふ片押(かたをし)な物と承及ましたが、仏様をもいぢり廻す物でござりますか」*人情本・春色梅児誉美(1832-33)後・一〇齣「たづねて出す火打箱、それさへ袋のがま穂くち、いぢりまはして笑ひだし」*蟹工船(1929)〈小林多喜二〉五「ポケットからピストルを取り出して、玩具のやうにいぢり廻した」②しきりに苦しめたり、困らせたりする。いろいろといじめる。*ありのすさび(1895)〈後藤宙外〉四「母の不興は前と少しも変らず、お信をいぢり廻はすを折々もれ聞いては、余りよい心持もせず」 発音〈標ア〉0ジワ

いじり-やき【弄焼】〘名〙餅などを焼くのに、気ぜわしくひっくり返しながら焼くこと。*俳諧・鶉衣(1727-79)前・上・八・餅辞「春雨つれづれと降り出づる頃は、かき餅のいぢり焼にぞ、かの右馬頭が夜咄もしみつべけれ」 方言いろりで、芋、栗(くり)、餅(もち)、柿(かき)などを焼くこと。新潟県佐渡352 発音〈標ア〉0

いし-りょく【意志力】〘名〙決めたことがらを最後までしようとする力。*初年兵江木の死(1920)〈細田民樹〉二「ズ、ズーンと魂を削(そ)ぎ尖(とが)らして、食ひ入っても命中せずには置かない意志力を、強暴に露出しながら飛んで来る奴」*スポーツ讃(1949)〈佐々木基一〉「主人の卓抜な意志力によって自己の能力を極限にまで発揮出来る態勢を整えているしなやかな肉体」 発音〈標ア〉シ

いじ・る【弄】㊀〘他ラ五(四)〙①弱い者を困らせたり、苦しめたりする。からかったり、いじめたりする。ちょっとしたことをこせこせ言う。*茶屋諸分調方記(1693)二・三「きはめのごとくはろふべしといぢるきゃくあり。もとより此いろ代のきわめなし」*浮世草子・傾城禁短気(1711)二・一「腰ぬけて鬼婆々となって嫁子をいじり」*浄瑠璃・山崎与次兵衛寿の門松(1718)上「いとしぼげに女郎衆いぢってなんの男」*浄瑠璃・大塔宮曦鎧(1723)一「公家衆倒し、百姓虐(せた)げ、町人いぢり」②無理に求める。強要する。ねだる。*浮世草子・好色一代男(1682)四・一「なれこ舞、何にても芸をせよといじる」*浄瑠璃・万戸将軍唐日記(1747)三「銭をかりたいといぢりをる」③指先でなでたり、ひねったりする。*雑兵物語(1683頃)上「唐辛をおっつぶして、尻から足の爪さきまでぬれば、凍ゑないもんだぞ。手にもぬったらばよかんべいが、とっぱづして目なんどをいじった時、血目玉ががいにうずくべいぞ」*物類称呼(1775)五「なぶる 手にてなれふるるなり 関西にて、いらふと云、東国にて、いぢる 又 いびるといふ」*黄表紙・長生見度記(1783)「『柏餅でも黒酒でも上りませ』『妹めがいぢりたがるには困ります』」*咄本・無事志有意(1798)白眼競「だんだん目玉が痛くなるゆへ、両方の関取も手を出して、目をいぢろふとすれば」*滑稽本・浮世風呂(1809-13)前・下「糖(あめ)をいぢって、其指をなめては、又各別能(いい)はいい」④なぐさみに、収集物や器械などをもてあそぶ。ちょっとした物事を手先で扱う。自分の場合は謙遜の気持をこめていう。「庭をいじる」*異端者の悲しみ(1917)〈谷崎潤一郎〉「その頃の彼女の容態は、今ほど重くなかったので、寝床の上に据わりながら機械をいぢるぐらゐの事は出来たのである」⑤はっきりした方針や目的もなく、または、部分的に、物事にあれこれと手を入れて変えたり、動かしたりする。*抱擁家族(1965)〈小島信夫〉二「あわてて塀なんか、いじったりすると、何もかも台なしになる」*笹まくら(1966)〈丸谷才一〉六「噂を手がかりにして人事をいじるわけにはゆきません」㊁〘自ラ五(四)〙むずかる。*信仰之道(1894)〈松村介石〉安心立命・二「泣けば勦(いた)はり、意地(イヂ)れば歎(すか)し」 語誌(1)㊀③の類義語として「もてあそぶ」「いらう」「なぶる」があるが、これらの諸語が「いじる」の語義と関わってくる時期は異なっている。「もてあそぶ」は奈良時代に見えるが、「いじる」が一般的に物理的な行為として表現されるのに対し、「もてあそぶ」は後世には、感情などの抽象的なものをも対象として表現するようになる。「いらう」は室町時代以降に見ら

れ、現在は関西、中国地方で「いじる」の意で使われている。「なぶる」は、平安時代初期から現代まで「からかいもてあそぶ」意味で使われているが、江戸時代に「いじる」が盛行し、意味領域を広げたのに対し、「なぶる」はその意味の拡大をほとんどせず、現在に及んでいる。
(2)→「いじくる」の補注。 方言 ❶意地悪く責める。折檻(せっかん)する。いじめる。いびる。岩手県096 097 100 宮城県栗原郡114 栃木県198 埼玉県秩父郡251 川越255 千葉県海上郡268 印旛郡271 新潟県佐渡348 東蒲原郡368 石川県404 三重県志摩郡585 滋賀県彦根609 奈良県680 683 島根県石見725 徳島県美馬郡816 香川県829 ◇いしくる 青森県上北郡082 ◇いじらう 新潟県佐渡348 ❷人を困らせる。なぶる。かまう。東国†035 庄内†060 岩手県気仙郡100 山形県鶴岡145 茨城県稲敷郡193 埼玉県秩父郡251 長野県南佐久郡054 島根県那賀郡054 ❸ねだる。せびる。尾州†020 新潟県佐渡348 東蒲原郡368 福井県大飯郡448 岐阜県497 510 512 愛知県名古屋市562 滋賀県犬上郡615 神崎郡616 大阪市638 兵庫県加古郡664 愛媛県840 高知県861 867 ❹子供などが無理を言う。むずかる。岩手県九戸郡088 島根県石見725 岡山県苫田郡748 吉備郡766 ❺火や燃えさしを人の体やものに擦りつける。島根県725 山口県阿武郡795 ◇いじりつける〔―付〕 山口県豊浦郡798 ❻玉蜀黍(とうもろこし)を皮のまま灰に入れて焼く。また、するめを焼く。島根県出雲725 ❼焼いた金棒で穴をあける。島根県大原郡725 語源説 イチ(意地)を活用した動詞〔語簏〕。 発音〈なまり〉イジイ・イジッ〔鹿児島方言〕イゼル〔新潟頸城・飛驒・静岡〕エジル〔栃木・埼玉方言〕エゼル〔静岡〕〈標ア〉ジ〈京ア〉0 辞書 ボン・言海 表記 弄(へ)

い‐じ・る ゐ:【居―】〔自ラ四〕膝で身体を移動させる。ずれうごく。にじる。いざる。＊浄瑠璃・本朝用文章(1698頃)二「ここをゐじらぬ法もあれ」＊和訓栞後編(1887)「居躙(ヰジル)の義なるべし、ゐじりよるなどいへり」 方言 大阪市638 鳥取県西伯郡719 島根県725 岡山県759 762 763 広島県比婆郡774 山口県豊浦郡798 ◇いじくる 岐阜県本巣郡510

い‐じるし【い印】〔名〕(「いろ(色)」の略) はっきり表わすのをさけて、情人を遠回しにさしていう語。＊歌舞伎・河原噂京諺(1806)序幕「『申し、新兵衛さま、私が身の上、知って居やしゃんすからは、定めて彼のお方の事も』『サア、お前のい印(ジル)しは承知々々』」 発音〈標ア〉ジ

い‐じるし ゐ:【い印】〔名〕(「い」は、「いなか(田舎)」の略) いなかものをいう芸人仲間の隠語。＊明治浮世風呂(1887)〈浮世粋史〉四「編者曰く芸人社会は多く隠語を用ゆ故に田舎漢(ゐなかもの)をゐ印と云ひ通人がるを単にがると云ふ」

いじるし‐がんぎ【イ印岩岐】〔名〕岩岐石(がんぎいし)の売石の一つ。相模国(神奈川県)から産出する堅い石。〔日本建築辞彙(1906)〕

いじ‐れる〔動〕 方言 いらだつ。じれる。東京都八丈島335 山梨県460 462 463 長野県468 480 488

いじろき〔名〕(「みじろき(身動)」の変化した語という) 身を動かすこと。身動き。「いじろきがない(ならない)」の形で、「窮屈である」の意に用いることが多い。＊雑俳・柳多留‐八(1773)「いぢろきの無い所(とこ)に居るほれたやつ」＊雑俳・川柳評万句合‐天明六(1786)宮一「いじろきもなりゃせんよとかごを出る」＊歌舞伎・当穐八幡祭(1810)二幕「今夜は剛気な人で、ゐじろぎがならない」 方言 長野県諏訪468 東筑摩郡480 ◇いじろけ 長野県東筑摩郡480

いじろく〔動〕 方言 動く。体の位置を変える。鳥取県西伯郡718 島根県隠岐島723 ◇いじろぐ 島根県725

いじ‐わ イチ:【意地悪】〔名〕(形動)「いじわる(意地悪)」の略。＊黄表紙・扮接銀煙管(1788)「二つのくび、けんくゎをしてより、たがいにいぢわとなり」＊洒落本・南極駅路雀(1789)「ありやぁ庄さんがいぢわでしゃくりなんしたのさ、皆うそで有んした」＊洒落本・部屋三味線(1789‐1801頃)「どこの茶屋でも番頭や娘分に上手をつかっておかねへと、まんざら出直りになる所も外の子を出すようないぢわもあるのさ」＊雑俳・末摘花(1776‐1801)四「先妻の退夜いぢわでさせたがり」

いし‐わく【石枠】〔名〕①木材、鉄筋コンクリート、鋼材などで側壁と底とを有する枠を作り、中に粗石を詰め込んだもの。橋梁の基礎、防波堤の基礎工事に用いられる。②護岸や水流制御などのために設ける石を詰めた竹かごの類。＊俳諧・両吟一日千句(1679)第九・時雨「麓川水におぼれてこはいかに〈友雪〉其身が袖にいるる石篗(いしワク)〈西鶴〉」 発音〈標ア〉0

いしわく‐ほう フ:ハ【石枠法】〔名〕水中の基礎工法の一つ。石枠を作り、これを橋梁、堤防、堰(せき)などの基礎とするもの。 発音 イシワクホー〈標ア〉0ク

いしわた【石渡】姓氏の一つ。 発音〈標ア〉0

いし‐わた【石綿】〔名〕蛇紋石、角閃石の繊維が変化して綿のようになったもの。耐火材、保温材として使用されてきたが、発癌性があるとして現在は用いられない。せきめん。アスベスト。＊物類品隲(1763)二・石部「冷滑石 和名いしわた。和俗いしわたと云もの類多し。混ずべからず。是は滑石の青蒼石なるものなり」＊和訓栞後編(1887)「いしわた 石絨の義冷滑石也といへり。青石を爪にてすれば綿となるもの也」 方言 茸、おにふすべ(鬼燻)。島根県浜田市・那賀郡725 発音〈標ア〉0〈京ア〉0 辞書 言海 表記 石綿(言)

いしわた‐いと【石綿糸】〔名〕石綿の繊維で作った糸。 発音〈標ア〉イ2

いしわた‐がわら はら:が【石綿瓦】〔名〕石綿にセメントと泥とを混ぜ、それを圧搾して作った耐火瓦。 発音 イシワタガワラ〈標ア〉ガ

いしわた‐ごろも【石綿衣】〔名〕石綿で作った防火用の着物。火浣布(かかんぷ)。 発音 イシワタゴロモ〈標ア〉ゴ

いしわた‐スレート【石綿―】〔名〕(スレートは 英 slate) 石綿とセメントを混ぜて作る板。平板と波板とがあり、壁板や屋根葺(ふ)きに用いる。石綿セメント板。 発音〈標ア〉レ

いし‐わたどの【石渡殿】〔名〕石を敷いた回り廊下。＊白羊宮(1906)〈薄田泣菫〉ああ大和にしあらましかば「石廻廊(イシワタドノ)のたたずまひ」 発音〈標ア〉0

いしわた‐なべ【石綿鍋】〔名〕石綿製の鍋。内側に網または金属製の受け皿を置いて、材料を入れて蒸し焼きにする。 発音〈標ア〉ナ

いしわたり【石渡】姓氏の一つ。 発音〈標ア〉ワ

いし‐わら ら:は【石原】〔名〕小石のたくさんある、ごつごつした平地。いしはら。＊日葡辞書(1603‐04)「I-xivara(イシワラ)〈訳〉石だらけの所」＊浄瑠璃・百合若大臣野守鏡(1711頃)二「山坂、石原、すべり道、またげ飛び越え、一つ橋」 方言 ❶石の多い場所。石地。新潟県中頸城郡383 滋賀県彦根609 京都市621 兵庫県淡路島052 広島県高田郡779 香川県829 佐賀県藤津郡895 熊本県玉名郡058 熊本県天草郡936 大分県941 鹿児島県揖宿郡969 ❷石の多い畑。香川県829 発音〈なまり〉イシアラ〔静岡〕イシャラ・エッシャラ〔福島〕イシャラ〔伊豆大島〕〈標ア〉0 辞書 日葡・言海 表記 石原(言)

いしわら いしはら【石原】⇒いしはら(石原)

いしわら‐がに いしはら:【石原蟹】〔名〕海浜の砂地の穴にいるカニ。＊重訂本草綱目啓蒙(1847)四一・亀鼈「沙狗は、つまじろ かくれがに すながに〈略〉いしはらがに〈略〉海浜、潮水退たる跡の沙上に穴多し。蟹、其旁に出で居る」

いしわら‐みち いしは:ら【石原道】〔名〕小石がたくさんある道。石のごろごろしている道。＊渚(1907)〈国木田独歩〉三「町とは名のみ凸凹(でこぼこ)した礫原道(イシハラミチ)を挟んで家が並んで居るばかりである」

いしわら‐やかん いしはらヤクヮン【石原薬缶】〔名〕だみ声で高い調子の声を、石原にやかんを引きずる音にたとえた語。がらがら声。＊洒落本・角雞卵(1784か)後夜の手管「亀が声もむつかしい声だぜ。ノウ。石はらやくはんどこぢゃアねへ。つりがねを引ずるよふだ」＊譬喩尽(1786)一「石原薬鑵(イシハラヤクハン)、拽摺(ひきずる)」

いし‐わり【石割】〔名〕①石を割ること。②石を割る、大きい金づちあるいは石工具(日葡辞書(1603‐04))。③工事などで、石の大きさ、形状、すえ付けの位置、目地(めじ)の幅などを設計して、割り付けること。その詳細図を石割図という。④「いしわりせった(石割雪駄)」の略。＊随筆・我衣(1825)「貞享頃迄は、〈略〉革足袋を商ふ人、大津の石割とて、強向きの雪踏を売る。尤もはやる」⑤「いしわりがい(石割貝)」の略。⑥「ひくいどり(火食鳥)」の異名。＊重訂本草綱目啓蒙(1847)四五・林禽「駝鳥 ひくひどり いしわり」＊和訓栞後編(1887)「いしわり 鳥に云ふ。石割の義、骨託を云ふ。玉匣記に、如ㇾ雛食ニ鉄石一と見えたり」＊俚言集覧(増補)(1899)「いしわり、鳥名ひくひどりをいふ」⑦植物「きく(菊)」の異名。＊浄瑠璃・鬼一法眼三略巻(1731)三「此菊は打水に露を含みて濡鷺(ぬれさぎ)や。斯程優しき花の名を誰が石わりと名付けけん」⑧(かつて、京阪地方で盗賊が横行し、各家で戸締りを厳重にしたため、盗賊が石で戸を破って侵入したところから) 強盗をいう、盗人仲間の隠語。〔隠語輯覧(1915)〕 方言 ❶石工。石屋。熊本県菊池郡・宇土郡919 ◇いしわっどん 熊本県天草郡919 ❷鳥、しめ(鴲)。佐賀県004 ❸魚、したびらめ(舌鮃)。兵庫県城崎郡016 ❹魚、はぜ(鯊)の一種。三重県南牟婁郡603 ❺貝、いしまでがい(石蟶貝)。周防†122 筑前†019 福岡県筑前002 ❻茸、しめじ(占地)。山形県東田川郡139 発音〈標ア〉0 辞書 日葡・言海 表記 石割(言)

いしわり‐がい ひ:が【石割貝】〔名〕「いしまでがい(石蟶貝)」の異名。＊大和本草(1709)一四「石わり貝 筑紫の海辺、石中にあり」 方言 貝、うちむらさき(内紫)。香川県小豆島829 辞書 言海 表記 石割貝(言)

いしわり‐ざくら【石割桜】岩手県盛岡市盛岡地方裁判所構内にあるヒガンザクラの一種。大きなカコウ岩の中央の割れ目から生え、高さ五メートル、幹の周囲二・七メートルに育ったもの。国指定天然記念物。＊葬列(1906)〈石川啄木〉「石割桜で名高い裁判所の前を過ぎて」 発音〈標ア〉ザ

いしわり‐じごく ゴクヂ:【石割地獄】〔名〕八大地獄の一つである、衆合地獄(しゅごうじごく)をいう。せっかつじごく。 発音 イシワリジゴク〈標ア〉ジ

いしわり‐ず ヅ:【石割図】〔名〕石工が、石の配置をする前に、各石の寸法を明記して石の位置、配列を指定した図。〔日本建築辞彙(1906)〕 発音〈標ア〉リ

いしわり‐せった【石割雪駄】〔名〕せったの一種。かかとの部分に鉄片を打ちつけた雪駄。路上の石を砕く雪駄の意という。いしわり。＊浄瑠璃・夏祭浪花鑑(1745)八「友達に心を砕た石割雪踏の合印」＊談義本・遊婦多数寄(1771)二「何年はくやら大坂の石割雪踏(イシワリセッタ)」＊洒落本・恵世物語(1782)そのあと「大坂下り石わりせったにて、ちゃらんちゃらんと出にけり」 発音〈標ア〉セ

いじ‐わる イチ:【意地悪】〔名〕(形動) 他人、特に弱い者に冷たいしうちをすること。人を苦しめたり、困らせたりして、性質がすなおでないこと。また、そのような人。＊玉塵抄(1563)四「いぢわるさうななりなり」＊咄本・軽口ひやう金房(1688‐1704)四・三「これびんぼがみ、どこへいきやるといへば、こいつもいぢわるにて、そなたの所へいくといふた」＊滑稽本・浮世床(1813‐23)初・上「彦ん兵衛が意地悪に掛声をして三弦(さみせん)を弾(ひき)かける」＊人情本・春色辰巳園(18

33-35)三・五条「いいきびいいきび。意(イヂ)わるを言たから、直(ぢき)にばちがあたったのだ」＊いさなとり(1891)〈幸田露伴〉七〇「彼(あの)意地わるの金四郎が」＊わかれ道(1896)〈樋口一葉〉中「足が痛くて歩かれないと言ふと朋輩の意地悪(イヂワル)が置ざりに捨てて行ったと言ふ」 方言❶よく泣いたりむずかったりする子供。兵庫県赤穂郡661 ❷鳥、すずめ(雀)。千葉県夷隅郡290 発音〈標ア〉ワ ルジ〈京ア〉0

いじ-わる・い イヂ【意地悪】〘形口〙文いぢわる・し〘形ク〙①他人、特に弱い者などに冷たいしうちをするさま。ことさら悪意を持っているような態度、様子である。＊評判記・難波立聞昔語(1686)松本兵蔵「諸芸みぬとても大形(かた)ならんと是をさっす。然れ共みぬ事なればあしきをほめてせんなし。よきをさましていぢわるし。とかくは重て書付ませふ」＊浄瑠璃・曾我扇八景(1711頃)上「左へよくれば左へ寄り、いぢわるく附け廻はり」＊滑稽本・八笑人(1820-49)二・下「あのいぢわるいお局のトいふ形(ふう)だ」＊好人物の夫婦(1917)〈志賀直哉〉四「知らず知らず意地悪い厭がらせを云ふ調子でそれを云って居た」②わざと意地を張ったりして、すなおでない。＊浮雲(1887-89)〈二葉亭四迷〉二・八「お勢の貌(かほ)を視るまでは外出(そとで)などを倣度(したく)無いが、故意(わざ)と意地悪く、『是から往って頼んで来よう』ト口に言って」③ぐあいが悪い。都合が悪い。＊人情本・恩愛二葉草(1834)二・四章「御気には入らぬ筈と、諦めて死んだ者を、意地悪く蘇生(よみがへ)り」＊多情多恨(1896)〈尾崎紅葉〉前・四「両側の屋根の霜は的皪(ぎらぎら)と輝いて、習(そよ)との風の有るでも無いに、寒気(さむさ)は意地悪く骨身に浸みて」 発音〈標ア〉ル〈京ア〉ワ

いじわる-がお イヂわるがほ【意地悪顔】〘名〙意地悪そうに見える顔。＊判任官の子(1936)〈十和田操〉二「一寸意地悪顔に見えて、いかにも継子(ままこ)いぢめをするやうになる」 発音イジワルガオ〈標ア〉0

いじわる-げ イヂわる【意地悪気】〘形動〙(形容詞「いじわるい」の語幹に接尾語「げ」の付いたもの)いじわるそうなさま。＊アパアトの女たちと僕と(1928)〈龍胆寺雄〉五「さう云って、彼女は細い丈高なからだを僕の前へ運んで、一寸意地悪げな眼で、ジロジロとそこらを見廻した」 発音イジワルゲ〈標ア〉0ル

いじわる-こんじょう イヂわるコンジャウ【意地悪根性】〘名〙意地悪な性質。＊滑稽本・浮世風呂(1809-13)四・上「是ほどの子どもの中でおめへ計(ばっかし)だ。意地悪根性(イヂワルコンジャウ)め」＊大道無門(1926)〈里見弴〉隠家・三「運命なんてものは、さういふ意地悪根性(イヂワルコンジャウ)です」 発音イジワルコンジョー〈標ア〉コ

いじわる-さ イヂわる【意地悪─】〘名〙(形容詞「いじわるい」の語幹に接尾語「さ」の付いたもの)いじわるいこと。また、その度合。＊竹沢先生と云ふ人(1924-25)〈長与善郎〉竹沢先生東京を去る・三「大概の否定主義は実に人間に対する我利々々の反感と、他の生命の善福を祝し得ざる吝かな意地わるさとから生じるものと先生は考へてゐた」＊橋(1927)〈池谷信三郎〉八「人生が又同じ歩みを歩んで行く事が、何故か彼女にとって、ひどく排他的な意地悪るさを感じさせた」 発音〈標ア〉ワ

いじわる-もの イヂわる【意地悪者】〘名〙いじわるい人。＊人情本・春色恵の花(1836)初・四回「毎時(いつ)でもすねる癖、他(ひと)いびりなる根生悪者(イヂワルモノ)」 発音〈標ア〉0ノ

いじわる-わらい イヂわるわらひ【意地悪笑】〘名〙意地悪な笑い。また、悪意をもっているような笑い。＊気違ひマリア(1967)〈森茉莉〉「マリアの(もと市外庶民)に対する怒りはモオゼの怒りのやうに烈しいが、そのマリアの腹の底からの怒りは、いよいよ彼らの嗜虐に満ちた意地悪笑ひを陰々として昂進させるのだ」 発音〈標ア〉ワ2

いじ-わろ・い イヂ【意地悪】〘形口〙文いぢわろ・し〘形ク〙「いじわるい(意地悪)」に同じ。 辞書言海 発音〈標ア〉0

い-しん ヰ【委信】〘名〙信頼し任せること。＊西国立志編(1870-71)〈中村正直訳〉一〇・一二「余昔し一人の委信する僕に、金を償ふ事を托し置きけるが」＊自由之理(1872)〈中村正直訳〉二「衆人の才なく、学なきものは、固より安心して、この人に委信すべきなり」 発音〈標ア〉0

い-しん【怡心】〘名〙心を喜ばせること。＊匏菴十種(1869)〈栗本鋤雲〉暁窓追録「名を悦目怡心に託し」＊上官昭容-遊長寧公主流杯池詩「巖壑恣二登臨一、瑩レ目復怡レ心」 発音〈標ア〉0

い-しん ヰ【威信】〘名〙人に示す威厳と、人から寄せられる信望。威勢と人望。＊寛永刊本蒙求抄(1529頃)九「三歳居て徼(きょう)外の蛮夷(ばんい)を撫て威信に帰附させたぞ」＊思出の記(1900-01)〈徳富蘆花〉六・二一「今更復職と云ふも学校の威信に関する訳で」＊火の柱(1904)〈木下尚江〉二二「日本軍隊の威信と名誉に関はるからと云ふんでネ」＊後漢書-郭伋伝「聞二伋威信一、遠自二江南一、或従二幽冀一、不レ期倶降」 発音〈標ア〉0〈京ア〉0

い-しん ヰ【畏心】〘名〙おそれしたがう心。＊花柳春話(1878-79)〈織田純一郎訳〉二二「性朴訥にして、畏心(イシン)を懐く者の如く」＊司馬法-厳位「人有二畏心一、惟畏之視」 発音〈標ア〉0

い-しん ヰ【畏慎】〘名〙かしこまりつつしむこと。気をひきしめて慎重に行動すること。＊泰西勧善訓蒙(1871)〈箕作麟祥訳〉三・五〇章「人其休憩の為め多く時を費すを怠惰と云ひ、胃腑の欲を恣にするを貪食と云ふ。此二不善は他の不善を生ずるの源なり。故に過眠飽食は人之を畏慎せざる可からず」＊漢書-昌邑哀王伝「血者、陰憂象也。宜二畏慎自省一」

い-しん【倚信】〘名〙信頼してそれにたよること。＊自由之理(1872)〈中村正直訳〉二「吾が胸中にこれこそ真理なるべしと倚信する基礎、次第に立つことを得べし」＊最暗黒之東京(1893)〈松原岩五郎〉六「稍宏量にして仁心ある処よりして貧人の倚信(イシン)を得」＊十八史略-宋「即位後、専与謀議、倚二信之一」

い-しん【恚心】〘名〙仏語。六蔽心(ろくへいしん)の一つ。怒りの心。瞋恚心(しんいしん)のこと。＊尺素往来(1439-64)「有下生二恚心一之者上。全皆不レ足二信仰一」

い-しん ヰ【惟神】〘名〙神の御心のまま。かんながら。＊大日本帝国憲法(明治二二年)(1889)告文「皇宗の神霊に誥け白さく皇朕れ天壌無窮の宏謨に循ひ惟神の宝祚を承継し」

い-しん【異心】〘名〙異なる心。相手を裏切ろうとする心。謀反をたくらむ心。ふたごころ。異志。＊玉葉-治承五年(1181)五月一日「伝聞、頼朝已欲二上洛一云々、是武蔵之有勢之輩等、有二異心一」＊寛永刊本蒙求抄(1529頃)四「分は異心あるを分と云としたぞ」＊文明論之概略(1875)〈福沢諭吉〉四・八「互に異心なきを誓ふて信を表し」＊法華経-譬喩品「若人恭敬、無レ有二異心一、離二諸凡愚一、独処二山沢一、如レ是之人、乃可二為説一」＊後漢書-耿純伝「純恐二宗家懐二異心一、廼使三訢宿帰焼二其廬舎一」 発音〈標ア〉0 辞書文明・言海 表記異心(文・言)

いしん を 挟(はさ)む 裏切りの気持をもつ。謀反(むほん)をたくらむ。＊夜明け前(1932-35)〈島崎藤村〉第一部・上・六・三「毛頭も幕府に対し異心を挟んだのではないといふことから書き初めて」

い-しん【異親】〘名〙両親が異なっていること。＊翁問答(1650)上・本「朋友は異親(イシン)同気の兄弟なれども、天倫同胞のしたしみよりはかろきによって」 発音〈標ア〉0

い-しん【移審】〘名〙上訴の提起によって、訴訟事件が下級審の裁判所から上級審の裁判所に移ること。 発音〈標ア〉0

い-しん ヰ【彙進】〘名〙同類が集まって進出すること。＊日本外史(1827)一・源氏前記「間群小彙進、覬覦不レ已」＊欧陽脩-読張李二生文詩「朝廷清明天子聖、陽徳彙進羣陰剝」

い-しん【意心】〘名〙こころ。おもい。心意。＊英政如何(1868)四「第一に味方を贔負(ひいき)し敵を悪むの意心あまりに強く」

い-しん【意深】〘名〙考えの深いこと。深い意味。＊談義本・当世穴穿(1769-71)五・万度御はらいの託宣「神代の巻の意深(イシン)をしらば、天地陰陽道体を極め、受用して余りあるべし」＊梁書-鐘嶸伝「若専用二比興一、則患在二意深一。意深則辞躓」

い-しん ヰ【痿身】〘名〙病弱の体。＊開化本論(1879)〈吉岡徳明〉上・五「若くは痿身羸弱宿痾不具并に徒刑以上の罪名ある者はこれを省く」

い-しん ヰ【維新・惟新】〘名〙(「維」は「これ」の意の発語)①(─する)すべて改まり新しくなること。＊台記-久安六年(1150)一〇月二日「終日無二片雲一又無レ風。衆庶歎美。同法験惟新焉」＊徴兵令制定の詔・御布告書-明治五年(1872)一一月二八日「大政維新、列藩版図を奉還し」＊花柳春話(1878-79)〈織田純一郎訳〉四五「主人ラムリの言を味はふに一家の維新せしを喜ぶの意あれば」＊昭和維新の歌(1932)〈三上卓〉「昭和維新の春の空 正義に結ぶますらおが 胸裡百万兵たりて 散るや万朶の桜花」＊書経-胤征「咸与惟新」②明治維新のこと。御一新。一新。＊布令字弁(1868-72)〈知足蹄原子〉五「維新 イシン ゴカイカク」＊当世書生気質(1885-86)〈坪内逍遙〉四「其父母は維新前に世を去りて、只一人の兄ありしのみ」 語誌(1)中国の古典籍にも見える語であるが、日本では幕末から開国政策への転換と近代化への取り組みを御維新と呼んだために、流行語となり、明治初期の漢語、漢字辞書のほとんどに、例外なく収録されている。語の意味は「シンキニナル」「ゴカイカク」と解釈されていたが、やがて、専ら②の意で使われるようになった。(2)昭和七年(一九三二)の五・一五事件の際、皇道派青年将校が現状打破、国家改造を目ざして提唱した理念に「昭和維新」があり、同一一年(一九三六)の二・二六事件ではこの語がスローガンであったが、その事件を境に使用されなくなり、かわって「新秩序」「新体制」が政府によってとなえられた。 発音〈標ア〉イ〈京ア〉イ 辞書言海 表記維新(言)

いしん の 三傑(さんけつ) 明治維新の元勲、西郷隆盛、大久保利通、木戸孝允の三人をいう。＊東京日日新聞-明治二一年(1888)六月二三日「維新の三傑と尊ばれたる方々にて、西郷翁は其終を全くせず、木戸公は病に薨じ、残る所は唯この公のみなりしに」

い-しん ヰ【遺臣】〘名〙先代または前朝に仕えていた旧臣。また、主家の滅亡後、残っている旧臣。＊日本外史(1827)八・足利氏正記「赤松氏遺臣、因擁二則重一起二播磨一」＊文明論之概略(1875)〈福沢諭吉〉五・九「唯北条家の遺臣を伐ちしのみのことにて」＊日本開化小史(1877-82)〈田口卯吉〉六・一三「朱明の遺臣朱舜水を重聘して漢籍を勧め」 発音〈標ア〉0イ

い-しん ヰ【遺身】〘名〙遺体。遺骸。なきがら。＊金沢文庫蔵諸経要文所収伽陀(1228か)「遺身舎利を恭敬して わづかに供養するひとは はじめは天に楽をうけ 終(のち)には涅槃を証得す」

い-しん ヰ【遺針】〘名〙紛失した針。＊六如庵詩鈔-二編(1797)二・所養払菻狗一旦失之踰年復還感紀其事「東捜西索杳無レ迹、有レ若二滄海撈二遺針一」

い-しん【懿親】〘名〙(「懿」は美しいの意)親族間の美しい親しみ。また、親しい血族。親族の間柄。＊常山文集(1718)春之仲「促レ帰鴻雁両三点、坐有二兄弟一且懿親」＊国史略(1826)二「吾弟尚二懿親之情一」＊松浦松洞宛吉田松陰書簡-安政五年(1858)九月九日「吾等一

身不ㇾ足ㇾ言といへども、辱くも祖先の諸業を受継、幕府之懿親に備り」＊日誌字解(1869)〈岩崎茂実〉「懿親 イシン ヨクシタシム」＊春秋左伝‐僖公二四年「其四章曰、兄弟閲二于牆一、外禦二其侮一。如ㇾ是則兄弟雖ㇾ有二小忿一、不ㇾ廃二懿親一」

いーじん【伊人】『名』イタリア国の人。イタリア人。発音〈標ア〉0

いーじん【夷人】『名』①(「夷」はたいらかの意)平凡な人。凡人。＊書経‐泰誓・中「受有二億兆夷人一、離ㇾ心離ㇾ徳」②(「夷」は野蛮人の意)文明の開けていない国の人。野蛮人。えびす。また、外国人、異民族を軽視していう語。＊令義解(718)賦役・辺遠国条「凡辺遠国有二夷人雑類一〈謂。夷者。夷狄也。雑類者。亦夷之種類也〉之所」＊名語記(1275)五「えぞとは夷人といふ音が、えぞとはいひまされたるにやと存じ侍るべきもの也」＊公議所日誌‐九・明治二年(1869)四月「或は夷人を切るべし」＊風俗画報‐四六号(1892)人事門「土俵を数多積み累て夷人上陸の設けとす」発音〈標ア〉0

いーじん【医人】『名』医者。医師。＊江戸繁昌記(1832‐36)四・馬喰街客舎「聞く、医人の出身、按摩より手を下すにあらざるよりは、大家起し得ずと」補注「名物六帖‐人品箋」に「医人 イシャ」とある。発音〈標ア〉イ

いーじん【威神】『名』①仏語。人知には測り知ることができない霊妙不思議なこと。また、仏の持つそのような力。＊今昔(1120頃か)一・一八「仏、威神の力を以て難陀を迫(せめ)て、阿難を以て令出家(しゅっけせしめ)給つ」＊塩山和泥合水集(1386)「皆是れ仏の威神を以て事に即して塵労を捨てしむるなり」＊勝鬘経‐摂受章「今当下復承二仏威神一説中調伏大願真実無上ㇾ異」②いかめしくとおといこと。＊漢書‐叙伝下・述哀紀「孝哀彬彬、克攬二威神一」＊顔延之‐赭白馬賦「所下以崇二衛威神一、扶中護警蹕上」＊杜甫‐江陵望幸詩「雄都尤壮麗、望ㇾ幸欻威神」発音〈標ア〉0 辞書文明 表記威神(文)

いーじん【異人】『名』①普通でない人。㋑すぐれた才能、人格をもった人。偉人。＊臥雲日件録‐文正二年(1467)二月二一日「恵心弟子寛印供奉。異人也。後还俗、故有二供奉之称一」＊蔭凉軒日録‐長享三年(1489)六月九日「又七歳参内。扇子賛引ㇾ筆篇々成ㇾ之。岩栖院殿以二其異人一為二養子一」＊寛永刊本蒙求抄(1529頃)六「時人が云ふことは、異人にあうて伝へたが不ㇾ然は異書を得たげなと云たぞ」＊浄瑠璃・絵本太功記(1799)一日「頭上に喜怒骨(きどこつ)ある者は、主人に祟ると異人(イジン)の禁(いましめ)」＊漢書‐公孫弘伝「羣士慕嚮、異人並出」㋺この世の者とは思えない姿の人。奇怪な人。＊滑稽本・針の供養(1774)一「かの異人(イジン)呼留給ひ〈略〉『我はこれ地獄の主(あるじ)閻魔大王なり』」＊読本・椿説弓張月(1807‐11)後・序「我国毎代必生二一(ひとりの)異人(イジン)一、身首相半。曰二称福祿寿一」㋩いっぷう変わった性質の人。変人。＊蔭凉軒日録‐長享二年(1488)五月七日「晩来狩野大炊助来云、此五六十日在二大津一。与二京兆一同所。件々彼三昧話ㇾ之。実異人也」＊蘭東事始(1815)下「其君昌鹿(まさか)公は其素志の情合(じゃうあひ)をよく知召し、『彼は元来異人なり』とて、深く咎もし給はず」＊広益熟字典(1874)〈湯浅忠良〉「異人 イジン カワッタヒト」㊁不思議な術を行なう人。仙人。＊十善法語(1775)五「天台山にあって異人にあひてその術をつたふる」＊読本・椿説弓張月(1807‐11)続・三六回「異人(イジン)は『〈略〉』といひもあへず、内縛して呪文を念じ」②ほかの人。別人。＊史記抄(1477)一一・申韓列伝「又別人をほめて、此人の行はよい、我も此様に同ㇾ行すると云わば、説者かまいて其異事異人を文飾してようさうと云へぞ」＊春秋左伝‐襄公二二年「楚君以二鄭故一、親集二矢於其目一、非二異人任一、寡人也」＊郭璞‐江賦「納二隠淪之列真一、挺二異人乎精魄一」③よその国の人。外人。外国人。＊財政経済史料‐七・経済・外国通商・外船外人取扱・安政元年(1854)四月「亜墨利加船渡来、潟繋之節、異人共橋船にて若上陸之体にも見請候得者」＊安愚楽鍋(1871‐72)〈仮名垣魯文〉三・上「売主の異人(ヰジン)も日本がこれほどまで下りゃアしめへと思って積込んで来たところが」＊春雨文庫(1876‐82)〈松村春輔〉二回「横浜へ来たからと言って洋客(イジン)さんに出すやうな事は此身(おいら)がさせねへ」④ある社会の外側に住むもの。異界に住むもの。よそもの。狭義に、妖怪や鬼を指していうこともある。語誌もと「偉人」あるいは「奇怪な人」の意味であったが、次第に「外国の人」の意味で使われるようになった。江戸時代には、公文書にも、「異国人」とともに使用されたが、開国の頃から「外国人」が用いられるようになった。しかし、明治期の庶民層では「外国の人」を表わす語として、「異人」が最もよく使われた。方言植物、さとうきび(砂糖黍)。千葉県一部030 発音〈標ア〉0〈京ア〉0 辞書〈ボン・言海〉 表記異人(ヘ・言)

いーじん【偉人】『名』すぐれて立派な人。すぐれた能力、性格などを備え、偉大な業績をなし遂げた人。＊緑蔭茗話(1890‐91)〈内田魯庵〉「如何なる方面にも偉人(ヰジン)を有せざる社会が独り文壇に向って偉人を請求し得るや否や」＊思出の記(1900‐01)〈徳富蘆花〉六・一「昔吾理想として崇めた百の偉人英傑も」＊吾輩は猫である(1905‐06)〈夏目漱石〉九「是こそ大見識を有して居る偉人に相違ない」＊魏志‐鍾繇「此三公者、乃一代之偉人也、後世殆難ㇾ継矣」発音〈標ア〉0〈京ア〉イ

いーじん【遺塵】『名』前人の残したあと。遺跡。＊菅家文草(900頃)五・三月三日、同賦花時天似酔「曲水雖ㇾ遙、遺塵雖ㇾ絶、書二巴字一而知二地勢一、思二魏文一以翫二風流一」＊詩序集(1133頃)月前弾雅琴詩序〈藤原有業〉「陪二蓬莱之万里一、纔雖ㇾ継二祖跡之遺塵一焉」＊皇字沙汰文(1296‐97)「凡荒木田氏人者、本是或物忌、或内人也、而継二当氏曩祖之遺塵一、僅成二本宮禰宜之称号一」＊左思‐魏都賦「先王之桑梓、列聖之遺塵」＊竇牟‐奉誠園聞笛詩「曾絶二朱纓一吐二錦茵一、欲下披二荒草一訪中遺塵上」辞書文明 表記遺塵(文)

いじん-いも【異人芋】『名』方言植物、ジャガいも(―芋)。熊本県天草郡919 ◇いじんがいも 長崎県西彼杵郡054 ◇いじんがらいも〔異人唐芋〕長崎県樺島054 熊本県天草郡919

いじん-が-いも【異人芋】『名』方言⇩いじんいも(異人芋)

いじん-かえ・る【竄返】『自ラ四』「いじみかえる(竄返)」の変化した語。＊洒落本・虚実情の夜桜(1800)宵の虚言「『いっそ、ふうをかいて、ぐっと、いじんでいかう』『なに、いじんかいったら、たんぼで雉子がなくだろう』」

いじん-かん【異人館】『名』西洋人の住んでいる洋風建築の家。＊西洋道中膝栗毛(1870‐76)〈仮名垣魯文〉初・下「おれが面を見りゃア、異人館(ヰジンクヮン)の洋犬(かめ)までが尻尾をさげる」＊思出の記(1900‐01)〈徳富蘆花〉巻外・五「十九年の間に、故郷も大分変って居た。〈略〉僕等が通った茅葺の小学校が何処の異人館かと思ふ程の立派な建物になって」発音〈標ア〉ジ

いじん-きび【異人黍】『名』方言植物、さとうきび(砂糖黍)。岡山県一部030 熊本県一部030 ◇いじんさとう〔異人砂糖〕静岡県一部030

いしん-こう【囲心腔】『名』心臓をとり囲む体腔。心外膜と囲心嚢(のう)の間の部分で体液に満ちる。節足動物は血液循環の働き、軟体動物では排出の働きをするので、他の高等動物とは構造を異にする。心嚢腔。囲心洞。発音イシンコー〈標ア〉シ

いしん-じだい【維新時代】慶応三年(一八六七)一二月より明治四年(一八七一)七月ごろまで、明治維新で政治変革の特に激しかった時期をさす。発音〈標ア〉ジ

いーじんしゅ【異人種】『名』異なった人種。＊青年(1910‐11)〈森鷗外〉二〇「日本人は異人種(イジンシュ)の鈍い憎悪の為めに、生命の貴さを覚らない処から廉価な戦死をするのだ」＊こゝろ(1914)〈夏目漱石〉下・三一「二人は異人種(イジンシュ)のやうな顔をして、忙がしさうに見える東京をぐるぐる眺めました」発音〈標ア〉ジ

いしん-じょ【石千代・石丈】『名』①石のように堅くてじょうぶなこと。また、その人。頑健(がんけん)。＊俳諧・西鶴大矢数(1681)第三八「膏肓にすえて給れ烟の山 それから先は石千代(イシンヂョ)になる」②石のようにがんこなこと。また、その人。堅物(かたぶつ)。＊浄瑠璃・山崎与次兵衛寿の門松(1718)上「与次兵衛様には幼なじみの本妻有り。ててご様は、隠れもなひいしんぢょ也」語誌「瑠璃天狗」には、「いしじょう(石丈)」の変化したものであるとして、「いしんぢょは、石丈と書いて、石の如くかたき人といふことなり。丈は丈夫といふことにて、男の通称なり」と説く。また、「好色一代女‐二・世間寺大黒」に「名は石千代(いしじょ)と、うまれぬ先から祝いける」とあるのは、「いしんじょ」を人名化したものとも、あるいはこの語の原型ともいう。

いしんしりょう-へんさんかい【維新史料編纂会】明治維新史料の収集・編纂機関。明治四四年(一九一一)に設立された。文部大臣の管轄。初代総裁井上馨。「大日本維新史料」「概観維新史」等を刊行したが、昭和二四年(一九四九)、東京大学史料編纂所に吸収された。発音イシンシリョー=ヘンサンカイ〈標ア〉シ2=サ

いじん-でん【偉人伝】『名』偉人の伝記。偉人の事績を集録した書物。発音〈標ア〉ジ〈京ア〉ン

いしん-でんしん【以心伝心】『名』①仏語。ことばでは表わせない悟りや真理を心から心へと伝えること。主として禅家で用いる。＊正法眼蔵(1231‐53)葛藤「胡蘆藤の胡蘆藤をまつふは、仏祖の仏祖を参究し、仏祖の仏祖を証契するなり。たとへばこれ以心伝心なり」＊譬喩尽(1786)一「以心伝心(イシンデンシン)仏心宗」＊吾輩は猫である(1905‐06)〈夏目漱石〉四「禅家で無言の問答をやるのが以心伝心であるなら」＊景徳伝燈録‐一三「仏滅後、付二法於迦葉一、以ㇾ心伝ㇾ心」②無言のうちに心が互いに通じ合うこと。わざわざ口で説明しなくても、自然に相手に通じること。＊文明論之概略(1875)〈福沢諭吉〉三・六「或は古人の書を読み或は今人の言行を聞見して其徳行に倣ふ可きのみ。所謂以心伝心なるものにて」＊初恋(1889)〈嵯峨之屋御室〉「以心伝心娘の驚きが直自分の胸にも移った」③自由恋愛、自由結婚をいう、学生仲間の隠語。＊常用モダン語辞典(1933)〈伊藤晃二〉「以心伝心(イシンデンシン)〈略〉近頃女学生などは、意気相投ずるという意味から『相思相愛』『自由恋愛』などの意味に用ひる」発音〈なまり〉イシンテンシン〔愛知〕〈標ア〉イ〈京ア〉イ=0 辞書文明・書言・言海 表記以心伝心(文・書・言)

いじん-ふう【異人風】『形動』姿や動作が、いかにも外国人、特に西洋人のようであるさま。＊ブルジョア(1930)〈芹沢光治良〉三「知合った人々にも挨拶もせず、細々(こまごま)した注意を残して去った。其の時異人風に接吻した妻を微笑して見送った」発音イジンフー〈標ア〉0

いしん-ぽう【医心方】現存するわが国最古の医書。丹波康頼撰述。三〇巻。永観二年(九八四)完成。「外台秘要」「病源候論」など、隋、唐および朝鮮の医書八十余種から引用、編纂(へんさん)したもの。長らく朝廷の秘書となっていたが、万延元年(一八六〇)江戸幕府の手で刊行された。「日本古典全集」(五期)ほかに所収。発音イシンポー〈標ア〉シ

いじん-まめ【異人豆】『名』方言植物、らっかせい(落花生)。神奈川県中郡320 山梨県一部030 福岡県三

池郡063

いじん-やしき【異人屋敷】『名』外国人の住んでいる屋敷。＊夜明け前(1932〜35)〈島崎藤村〉第一部・上・四・一「二十戸ばかりの異人屋敷、最初の居留地とは名ばかりのような隔離した一区域が」発音〈標ア〉ヤ

いす【柞・蚊母樹】『名』「いすのき(柞)」に同じ。＊浄瑠璃・菅原伝授手習鑑(1746)一「髪の錺(かざり)の鼈甲(べっこう)もいつかは檮(イス)の引櫛とかはり果たる友拵(ともかせぎ)」＊和訓栞(1777〜1862)「ゆす　柞をよめり　ゆしに同じ　今いすといへり」＊日本植物名彙(1884)〈松村任三〉「イス　ヒョンノキ　蚊母樹」辞書〈ボン・言海〉表記柞(へ・言)

いすの笛(ふえ)　柞(いすのき)の葉で、小虫のために袋状にふくれたものを取り、穴をあけて作った笛。ひょんの笛。

い-す【椅子・倚子】『名』(「す」は「子」の唐音) ①禅宗の僧が説教をする時などに用いる寄り掛かりのある木製の腰掛け。高座。説教台。→「いし(倚子)」の補注。＊尺素往来(1439〜64)「独榻(とくたつ)。椅子(イス)。凳子(てんす)」＊運歩色葉(1548)「椅子　イス　禅家所乗物」＊浮世草子・近代艶隠者(1686)二・五「むかふに生死(しゃうじ)事大の額掛て四十斗(ばかり)の男椅子(イス)に寄かかりて、遊ぶにて有し」＊景徳伝燈録-一二「玄沙嘗問曰、三界唯心、汝作麼生会。師指二倚子一」②腰掛け。→倚子(いし)。＊唐話纂要(1716〜18)五「椅子　イス」＊随筆・一話一言(1779〜1820頃)補遺・一「かびたんをはしめ外(ほか)の阿蘭陀人倚子に座し宴をもうけ」＊西洋道中膝栗毛(1870〜76)〈仮名垣魯文〉九・上「ゐすを五つ六つをしならべて」＊桐の花(1913)〈北原白秋〉銀笛哀慕調「青き果のかげに椅子よせ春の日を友と惜めば薄雲のゆく」③近世の京都で、産婦の使う台。産後七日間座る。＊浮世草子・世間姑気質(1772)一・一「やや産む椅子(キス)を産台で候のといひ」＊浮世草子・世間仲人気質(1776)五・一「大坂では子を産でから七夜の間すわり居る物を産台と云。京では是を椅子(イス)といふなり」④会社や官庁などの役職または地位。ポスト。＊落語・地獄旅行(1892)〈三代目三遊亭円遊〉「已に英国の総理大臣は八十一歳で其(その)の椅子を占めたと云ふお話を承りましたが」＊地獄の花(1902)〈永井荷風〉八「貴族女学校の習字の教員が、他に転任した事から、其の後の椅子に自分を推薦してくれるものがあって」＊社会百面相(1902)〈内田魯庵〉貧書生「此前牛飼君が内閣の椅子を占められた時」方言産婦を入れておく枠。京都†120　語源説倚子、すなわちヨル(倚)物。木で造るから「椅子」と書く〔国語研究-金田一京助〕。発音〈なまり〉エス〔栃木・埼玉方言・石川・鳥取〕ユス〔和歌山県・紀州・讃岐・伊予・愛媛周桑〕〈標ア〉0〈京ア〉0　辞書下学・文明・伊京・明応・天正・饅頭・黒本・易林・書言・ボン・言海　表記椅子(下・文・伊・明・天・饅・黒・書・へ・言)　倚子(文・易)

い-す【鋳巣】『名』鋳物が冷却するときに生じるすきま。す。発音〈標ア〉イ

いす『名』盗品などを故買する者をいう、盗人仲間の隠語。いすけ。かいす。〔日本隠語集(1892)〕

いす『名』(「すい(吸)」の変化した語か) タバコをいう、不良仲間の隠語。〔隠語全集(1952)〕

イス『名』(ポルトガル espada(剣の意)の略) 天正カルタ四八枚のうち、剣の印のある札一二枚をいう。現在のトランプのスペードにあたる。＊仮名草子・東海道名所記(1659〜61頃)四「柿かたびら赤まへだれの賤の女はかるたのいすのそうた人かも」＊雍州府志(1684)七「凡賀留多有二四種紋一、一種各十二枚、通計四十八枚也、一種紋謂二伊須一、蛮国称レ剣曰二伊須波多一、此紋形似レ剣」＊咄本・鹿の巻筆(1686)一・一「それかるたは人間の盛衰(せいすい)のもと、されば仏法にいわんには、まづ四十八枚は彌陀の四十八願なり。〈略〉さてまた、いす、こっぷ、はう、おうる四しなにさだめしは、須彌(しゅみ)四州をかたどりたり」

い-す【夷】㊀『自サ変』平らになる。＊自然と人生(1900)〈徳富蘆花〉自然に対する五分時・山百合「磯山の次第に夷して海に下る所」㊁『他サ変』平らにする。ならす。＊春秋左伝-成公一六年「塞レ井夷レ竈、陳二於軍中一而疏二行首一」

い-す【衣】『自サ変』⇨いする(衣)

い-す【医】『他サ変』⇨いする(医)

い-す【委】『他サ変』⇨いする(委)

い-す【威】『他サ変』恐れさせる。おどかす。おどろかす。＊文明本節用集(室町中)「武能威レ敵(テキヲイス)〔史記〕」＊文明論之概略(1875)〈福沢諭吉〉四・七「棒を振揚げて、犬を威するものなり」＊易経-繋辞・下「弦レ木為レ弧、剡レ木為レ矢、弧矢之利、以威二天下一」発音〈標ア〉イ　辞書文明　表記威(文)

い-す【授】『他サ四』さずける。物などを与える。＊南海寄帰内法伝平安後期点(1050頃)一「或るいは自ら瓶を持たり、或るいは人をして水を授(イサ)令む」

い-す【違】『自サ変』一致しなくなる。相違する。違う。＊海道記(1223頃)草津より矢矧「心に違する気色は友を背に似たれども」＊名語記(1275)五「この義にゐすなどいへる、如何。答、ゐすは違す也。たがふ也」＊雑談集(1305)一・一四「大小の戒綱、順する事は十に一二なり、違する事は八九なり」＊書経-堯典「吁静言庸違、象恭滔天」

い-す【慰】『他サ変』⇨いする(慰)　発音〈標ア〉イ

い-す【饐】『自サ変』食物がいたんでくさる。薬や茶が古くなるなどして変質する。＊文明本節用集(室町中)「饐　イスル　茶薬饐」＊永禄二年本節用集(1559)「饐(イス)　茶の饐ると云に書」＊易林本節用集(1597)「饐　ヰス　於利切　饐餲(アイ)臭味変」＊論語-郷党「食饐而餲、魚餒而肉敗、不レ食」辞書文明・饅頭・易林　表記饐(文・饅・易)　饐(文)

いす『助動』(活用は「いせ(いしょ・いし)・いし・いす・いす・あすれ・いし」) 動詞の連用形につく。近世、江戸の遊里語。丁寧語。ます。→えす。＊洒落本・虚誕伝(1775)「わたしが方(はう)は、どふぞして、仕廻(しま)って置(をき)いすから、何日(いつか)に来なんし」＊洒落本・世説新語茶(1776〜77か)「お前が来なんせん段になれば、わっちゃア生きちゃアいられゐせん」＊咄本・蝶夫婦(1777)足留の盃「後(のち)にはどふともしゐすから、居てくんなんすよふに、おめへをお頼(たのん)もふしんす」＊人情本・春色梅児誉美(1832〜33)四・二三齣上「なま中(なか)に今おいらんがあのせきへ出なはいましては、半さんのますますお為になりイすまい」語誌(1)成立については、㋑マス→ス→イス、㋺ンス→イス→エス、㋩ヤリマス→ヤンス→ヤス→イス(エス)→スなどの諸説がある。(2)明和(一七六四〜七二)頃、江戸の吉原の遊女ことばとして発生し、後ながく用いられたが、岡場所の女郎なども用いていた。方言❶動詞の連用形に付いて、丁寧の意を表わす。ます。山梨県「あり-すけ-(ありますか)」461　❷動詞の未然形に付いて、本来、尊敬の意を表わす。敬意がほとんど失われた場合も多い。三重県南牟婁郡「ちょっと待たいせ」702　和歌山県東牟婁郡「早く学校へいかいし」690 704

いず【何】㊀『代名』上代東国方言。不定称。場所を表わす。どこ。＊万葉(8C後)一四・三五四九「多由比潟(たゆひがた)潮満ちわたる伊豆(イヅ)ゆかも愛(かな)しき背ろが吾(わ)がり通はむ〈東歌〉」㊁『語素』接尾語または形式的な名詞と結合して、場所、方角に関する不定称代名詞をつくる。「いづく」「いづち」「いづへ」「いづら」「いづれ」「いづこ」語源説(1)不定代名詞イと数称接尾語ツ〔日本古語大辞典=松岡静雄〕。(2)イヅは「異」の入声音It〔日本語原考=与謝野寛〕。辞書言海　表記何(言)

いず【柚】『名』「ゆず(柚)」の変化した語。＊俚言集覧(増補)(1899)「いず　江戸及び出雲にて、ゆずをいふ」

い-ず【不寝】『名』蚕が就眠期になっても眠らないこと。多くは微粒子病、膿病にかかっているもので、蚕座の上を動き回って死ぬ。

いず【伊豆】　東海道一五か国の一つ。古くから温泉と重罪人の流刑地で知られる。鎌倉時代は北条氏、南北朝時代は上杉氏、戦国時代は小田原の後北条氏が支配。江戸初期、伊豆金山が栄え幕府直轄地となる。廃藩置県後、足柄県を経て明治九年(一八七六)伊豆半島部は静岡県に合併、伊豆七島は同一一年東京府に入る。豆州。＊書紀(720)持統称制前「但、礪杵道作(ときのみちつくり)のみは伊豆(イヅ)に流せ」＊平家(13C前)五・富士川「伊豆、駿河の人民、百姓等がいくさにおそれて或は野に入り、山にかくれ」語源説(1)イヅ(出)の意。地形が海中に出ているから〔日本釈名・蒼梧随筆・和訓栞〕。(2)ユデ(湯出)の転〔大日本地名辞書=吉田東伍〕。(3)イヅ・イツ(厳)の義〔古史通或問・日本古語大辞典=松岡静雄〕。発音〈標ア〉0〈ア史〉鎌倉・江戸●●〈京ア〉ズ　辞書色葉・文明・伊京・明応・天正・饅頭・黒本・易林　表記伊豆(色・文・伊・明・天・饅・黒・易)

いず『名』植物「ゆずりは(譲葉)」の異名。

い・ず【出】㊀『自ダ下二』(ある限られた所、外から見えない所、私的な所などから)広々とした所、人目にたつ所、表だった所などに現われる。でる。①(ある限られた場所から)その外へ進み動いて行く。また、外のある場所に位置を変える。㋑(出発点に重点がおかれ、動作性が強い場合) 外へ行く。出かける。出発する。＊古事記(712)上・歌謡「青山に　日が隠らば　ぬばたまの　夜(よ)は伊伝(イデ)なむ」＊書紀(720)崇神八年一二月二〇日・歌謡「味酒(うまさけ)　三輪の殿の　朝戸にも　伊弟(イデ)てゆかな　三輪の殿戸を」＊万葉(8C後)二〇・四三三一「ますらをの靫(ゆき)取り負ひて伊田(イデ)ていけば別れを惜しみ嘆きけむ妻〈大伴家持〉」＊古今(905〜914)羇旅・四〇八「宮こいでてけふみかの原いづみがは川風さむし衣かせ山〈よみ人しらず〉」＊平家(13C前)三・足摺「ゆるされもないに、三人ながら島を出(いで)たりなど聞えば」㋺(目的先に重点がおかれ、状態性が強い場合) 姿を現わす。(特に、目的先が、ある働きを必要とするような場所の場合) 出仕、出陣、出場、出演、出席などする。＊万葉(8C後)二〇・四三六〇「浜に伊泥(イデ)て海原見れば〈大伴家持〉」＊伊勢物語(10C前)二三「田舎(ゐなか)わたらひしける人の子ども、井のもとにいでてあそびけるを」＊源氏(1001〜14頃)葵「君、南の方にいで給ひて」＊方丈記(1212)「頼むかたなき人は、みづからが家をこぼちて、市にいでて売る」＊天草本伊曾保(1593)鳥と獣の事「カウモリゾレノ　ヲクビャウモノドモガ　ゴマンジュウマン　テキニ　ツイタレバトテ、センヂャウエ　ide-teua(イデテワ)　ヒトハモ　エヲウマイゾ」㋩(ある働きをやめる事情が含まれている場合) 離れる。去る。離職、離縁、出家、卒業などする。＊栄花(1028〜92頃)月の宴「その暁にいで給ひて、法師になり給ひにけり」＊たまきはる(1219)「こよひいで候はんほどのこと、いひでんとすれば、声のかはりて、さてやみなどせしかば」②(今まで隠れていたものや、なかったものなどが)表に現われる。㋑(さえぎられたり、おおわれたりなどして隠れていたものが)表に現われてくる。出現する。＊万葉(8C後)一四・三三六八「足柄(あしがり)の土肥の河内に伊豆流(イヅル)湯の世にもたよらに子ろが言はなくに〈東歌・相模〉」＊万葉(8C後)一四・三四八八「おふ楉(しもと)この本山のましばにも告(の)らぬ妹が名象(かた)に伊弖(イデ)むかも〈東歌〉」＊古今(905〜914)雑上・八七七「おそくいづる月にもあるかなあしひきの山のあなたも惜しむべらなり〈よみ人しらず〉」＊枕(10C終)三八・池は「いみじう照るべき年は、春のはじめに水なんおほくいづる」＊平家(13C前)一二・紺播之沙汰「兵衛佐殿流人でおはすれども、するた

のもしき人なり、もし世に出(いで)てたづねらるる事もこそあれ」 ㋺(なかったものが)新しく生じる。発生する。生まれる。また、ある土地から産出する。＊伊勢物語(10C前)九六「身に瘡(かさ)も一つ二ついでたり」＊源氏(1001-14頃)桐壺「かかる人も世にいでおはするものなりけり」＊源氏(1001-14頃)明石「音もいとになういづる琴どもをいとなつかしうひきならしたるも」＊大鏡(12C前)五・道長上「この四家よりあまたのさまざまの国王、大臣、公卿おほくいで給ひて」＊徒然草(1331頃)三八「智恵出(いで)ては偽あり。才能は煩悩の増長せるなり」＊浮世草子・好色一代男(1682)三・二「神崎中町にしろど、白目などいへる遊女の出(いで)し所也」 ㋩表だった所に発表される。特に、出版される。「掲示に出づ」「新聞に出づ」「大著出づ」 ③(多く助動詞「たり」を伴って) 外に向かってはりだす。でっぱる。つきだす。＊徒然草(1331頃)三四「甲香(かひかう)は、ほら貝のやうなるが、ちひさくて、口のほどの、細長にしていでたる貝のふたなり」＊俳諧・奥の細道(1693-94頃)松島「雄島が磯は地つづきて海に出(いで)たる島也」 ④ある限界、標準などを超える。超越する。ぬきんでる。＊宇治拾遺(1221頃)一・六「生死のさかひをいでなんと思ひとりたる聖人に候ふ」＊徒然草(1331頃)五八「この世をはかなみ、必ず生死をいでんと思はんに」＊花間鶯(1887-88)〈末広鉄腸〉上・二「政府の歳入は僅々八千万円の上に出でず」 ⑤(あることに)原因がある。もとづく。＊近世紀聞(1875-81)〈染崎延房〉六・二「其処置過激に出(イヅ)るをもて現(げ)に理りとも言ひがたく」＊小説神髄(1885-86)〈坪内逍遙〉上・小説の変遷「是れしかしながら、アルレゴリイと勧懲主眼の小説との差別(けぢめ)を知らぬに出(イデ)たることにて」 ⑥(動詞の連用形に付いて) その動詞の示す作用や状態によって、現われる意。「歩みいづ」「起きいづ」「逃げいづ」「降りいづ」 ㊁『他ダ下二』 ①外に現わす。いだす。＊万葉(8C後)一七・四〇〇八「言に伊泥(イデ)て言はばゆゆしみ〈大伴池主〉」＊古今(905-914)春下・一〇四「花見れば心さへにぞうつりける色にはいでじ人もこそ知れ〈凡河内躬恒〉」＊宇津保(970-999頃)俊蔭「一寸をもちてむなしきつちをたたくに、一万恒沙のたはらをいづべき木なり」＊平家(13C前)一一・志度合戦「当社第三の神殿より鏑矢(かぶらや)の声いでて、西をさして罷り候ひぬ」 ②(動詞の連用形に付いて) その動詞の示す作用によって、表に現わす意。「言ひいづ」「染めいづ」「取りいづ」「召しいづ」 補注 自動詞は後に一段活用となって、口語「でる」となる。他動詞には、四段活用の「いだす」およびその口語形「だす」がある。 語源説 イヅ(息出)の意で、イル(息有)の反対〔日本語源＝賀茂百樹〕。 発音 〈なまり〉ズル〔島原方言〕ツル〔福岡・島原方言〕〈標ア〉イ 〈ア史〉平安○◐ 鎌倉『いづる』○○◉ 室町・江戸『いづる』◉○○ 〈京ア〉⓪ 辞書 色葉・名義・和玉・文明・天正・饅頭・日葡・ヘボン・言海 表記 出(玉・文・天・饅・言) 升(色・名) 撤(色) 生・起・読(名) 顱・擢・退・犨(玉)

いずさ入(い)るさ (「さ」は接尾語) 出る時と入る時。出たり入ったりする時。＊夫木(1310頃)二一「もののふのいづさ入さに枝折(しをり)するとやとやとほりのむやむやの関〈よみ人しらず〉」

いずる息(いき) 謡曲の発声法の一つ。横隔膜を下げてする腹式呼吸の要領で呼吸しながら、息を気管から口腔外へ吐き出すようにすること。この反対に息を吸い込みながら発声するのを「入(い)る息」という。この発声法を呂(りょ)の声、または横(おう)ともいう。＊音曲声出口伝(1419)「音曲にしうげん、ばうをくの声の分目をしる事。これは呂律の二より出たり。呂といふは、よろこぶこゑ、出るいきのこゑなり。律と云は、かなしき声、入るいきと云り」＊風曲集(1423頃)「音声に横主(おうじゅ)の二あり。〈略〉横は出息のあつかひ、主は入息の色どりなるべし。此出入のいきづかいによりて、声をたすけ、曲を色どる音感あるべし。文字により、声(しょう)によりて出息、入息のこじつあるべき事、心うべし」＊わらんべ草(1660)四「入いきにつくと、出るいきにつくとかわり有」 辞書 和玉・書言 表記 歙・欲・歔(玉) 遣去(書)

いずる息(いき)の入(い)るを待(ま)つべからず 一呼吸する、きわめて短い時間も、人の命はどうなるかわからない。人生のはかなさをたとえる語。＊平松家本平家(13C前)一・義王「出つる息(イキ)の入をも不レ可レ待、蜻蛉電光よりも猶墓無(はかな)し」＊歎異抄(13C後)一六「一切の事に、朝夕に廻心して往生をとげさふらふべくは、人のいのちは、いづるいき、いるいきをまたずして終ることなれば」

いずる杭(くい)は必(かなら)ず打(う)たるる 頭角を現わす者は他から妬(ねた)まれて妨害されるものだ。でる杭は打たれる。＊評判記・吉原呼子鳥(1668)りしゃうの君「いづる株(クイ)はかならずうたるる物なりとしり給ふべし」

いずるに警(けい)し、入(い)るに蹕(ひっ)す 天子の出入りや、貴人の通行の際、声をかけて道筋の人を戒める儀礼をいう。＊浄瑠璃・聖徳太子絵伝記(1717)真の立花「出るに警(ケイ)し入に蹕(ヒッ)す、天子をまねる守屋がおごり」＊漢書-文三王伝・梁孝王「得レ賜二天子旌旗一、従二千乗万騎一、出称レ警、入言レ蹕、儗二於天子一」

いずる日(ひ)つぼむ花(はな) 上る朝日と蕾(つぼ)む花との意から、前途明るく勢いがますます盛んになるものをたとえていう。＊幸若・信太(室町末-近世初)「ちはらは入日のごとくなり。信田殿をたとうれば、いつる日つほむ花なれや」＊俳諧・毛吹草(1638)五「今朝やげに出る日つぼむ花の春〈貞盛〉」

いずれば費(ついえ)あり 外出すれば思わぬ費用がかかるものだ。＊譬喩尽(1786)一「出れば費あり不レ如(しかじ)禁足には」

い・ず【茹】ヅイ 『他ダ下二』(「ゆづ」の変化した語) 茹(ゆ)でる。室町時代頃に用いられた語。＊運歩色葉(1548)「茹 イズル」＊日葡辞書(1603-04)「Ide, zzuru, eta (イヅル)〈訳〉食物をゆでる」 辞書 日葡

い-・ず【射出】ヅ 『他ダ下二』(「いいず(射出)」の変化した語) 矢を射放つ。＊高野山文書-四(年月日未詳)(室町)志富田庄百姓等言上状(大日本古文書四・三九五)「百姓等小々いでたることは候しかども、〈略〉御山の使をいはらはんずる心地にては候はず候」

いず-あぶら【伊豆油】イヅ 『名』 伊豆七島から産出する椿油。 発音〈標ア〉ア

い-すい【伊水】 中国、河南省洛陽の南を流れる川。伊河。 発音〈標ア〉イ1

い-すい【渭水】ヰ 中国、黄河の大支流。甘粛省南東部に発し、陝西省にはいり、潼関(どうかん)付近で黄河に注ぐ。渭河。ウェイシュイ。ウェイホー。→いすいぼんち(渭水盆地)。＊本朝無題詩(1162-64頃)一・行幸平等院〈藤原実綱〉「倩思斯処翠華幸、何必周文渭水陽」＊岑参-西過渭州見渭水思秦川詩「渭水東流去、何時到二雍州一」 発音〈標ア〉イ1

い-すい【葳蕤】ヰ 『形動タリ』 草木の花が咲き乱れるさま。＊類聚句題抄(11C中)晴蛍穿竹見〈一条天皇〉「葳蕤影底飛猶映、蕭瑟声中映未蔵」＊本朝無題詩(1162-64頃)二・賦瞿麦〈藤原敦基〉「何物送レ秋感二寸腸一、葳蕤残菊満二沙場一」＊黄葉夕陽邨舎詩-後編(1823)七・秋日雑咏「葳蕤秋卉媚二煙霏一、風意泠泠小釣磯」＊左思-蜀都賦「敷蘂葳蕤、落英飄颻」

い-すい【痿瘁】ヰ 『名』 手足がなえる病気にかかること。しびれやまい。＊彼日氏教授論(1876)〈ファン=カステール訳〉五「一手は痿瘁して死物の如くならん」 辞書 易林 表記 萎顇(易)

い-ずい【異瑞】『名』 未来を示すような不思議なしるし。吉兆。奇異な瑞相。＊太平記(14C後)八・谷堂炎上事「かかる異瑞(イズイ)奇特の大伽藍を咎なふして滅ぼされければ」＊文明本節用集(室町中)「異瑞 イスイ」＊杜甫-洗兵行「寸地尺天皆入貢、奇祥異瑞争来送」 発音〈標ア〉0 辞書 文明 表記 異瑞(文)

い-ずい【萎蕤】ヰ 『名』 植物「あまどころ(甘野老)」の漢名。《季・夏》＊和漢三才図会(1712)九二「萎蕤(イズイ)和名恵美久佐 一云阿末奈」＊薬品手引草(1778)「萎蕤(イズイ)玉竹あまところ和せうが手佳」 方言 和歌山県690

い・ず・い 『形口』 可愛い。愛らしい。＊物類称呼(1775)四「かはいらしいと云詞のかはりに津軽にて、いずいと云」 方言 ㊀『形』 ❶目や衣服の間に異物が入ったようで痛くかゆい。北海道065 青森県上北郡082 宮城県栗原郡114 玉造郡116 茨城県062 ◇いじい 宮城県栗原郡113 玉造郡116 ❷思うままにならず具合が悪い。◇いじい 宮城県栗原郡113 ❸偉い。賢い。島根県石見725 広島県佐伯郡・山県郡771 山口県笠戸島054 ㊁『副』 ❶非常に。たいそう。島根県石見725 山口県阿武郡798 ❷量の多いさま。たくさん。◇いじい 福岡県三井郡872 熊本県922 930 ◇いずいい 福岡県久留米市883

いすい-かんけい【胃水管系】ヰスイクヮン 『名』 動物の消化系の一つ。消化管が循環、排出、呼吸などの働きを兼ねている場合にいう。腔腸(こうちょう)動物にみられる。 発音 イスイカンケイ〈標ア〉0

いずいし【出石】イヅイシ 「いずし(出石)」に同じ。

いずいしの小刀(こがたな) 「いずし(出石)の刀(かたな)」に同じ。＊水戸本丙日本紀私記(1678)垂仁「出石小刀一口 以津以之乃古加太奈比止川(イシノコガタナひとつ)」

いず-いし【伊豆石】イヅ 『名』 静岡県、神奈川県の海岸から産出する安山岩。色が青黒く、江戸時代以来、庭石、石碑、建築に用いる。小松石。＊雑俳・柳多留-六四(1813)「伊豆石で押へて地から雷も出ず」＊歌舞伎・木間星箱根鹿笛(1880)四幕「本舞台一面の平舞台上の方伊豆石(イヅイシ)を積上げ下の方材木の置場にて見切り」＊家(1910-11)〈島崎藤村〉下・八「伊豆石を積み重ねた物置場を隔てて」 発音〈標ア〉0 辞書 言海 表記 伊豆石(言)

いすい-ぼんち【渭水盆地】キスイ 渭水流域の盆地。中国古代文明の中心の一つで秦・漢以来は「関中」とよばれた。天水、宝鶏、咸陽(かんよう)、西安等の都市がある。 発音〈標ア〉ボ

いすい-りえん【渭水離筵】キスイ 『名』 画題。中国、戦国時代(前四〇三～前二二一)の人、荊軻(けいか)の故事を描く。

いすい-わいこう【倚翠偎紅】『名』 「わいこういすい(偎紅倚翠)」に同じ。＊西廂記-第三本第三折「晴乾了尤雲殢雨、悔過了窃玉偸香膽、刪抹了倚翠偎紅話」

い-すう【異数】『名』 ①(「数」は等級、順位の意) ふつうとは違う待遇。特別の恩恵。＊日本外史(1827)一・源氏前記「比二十八九一、以レ捕二海賊二十人一功上、為二四位兵衛佐一。人以為二異数一焉」＊ぢいさんばあさん(1915)〈森鷗外〉「隠居所の婆さんに銀十枚を下さったのだけは、異数として世間に評判せられた」＊春秋左伝-荘公一八年「王命二諸侯一、名位不同、礼亦異数、不三以レ礼仮二人一」 ②(形動) ふつうとは違うさま。他に例のないこと。異例。＊広益熟字典(1874)〈湯浅忠良〉「異数 イスウ人ノカズノホカ」＊道草(1915)〈夏目漱石〉四〇「余所から貰ひ受けた一人っ子として、異数(イスウ)の取扱ひを受けてゐた」＊光と風と夢(1942)〈中島敦〉二「その場限りでないもの、組織的なものを求める傾向が、この青年の中にある。ポリネシア人としては異数のことだ」 発音〈標ア〉0 ス 〈京ア〉⓪ 0

い-す・う【射据】『他ワ下二』(室町時代頃からヤ行にも活用した) 矢を射て敵を倒す。弓矢の力で屈伏さ

せる。射伏す。＊太平記(14C後)二一・塩冶判官讒死事「懸寄せては射落し、抜いてかかれば射すへられて矢場(やには)に死せる者十一人、手負(ておふ)者は数を知らず」＊天草本平家(1592)四・一六「キクワウト ユウモノ コノ クビヲ トラウズルトテ、カカルヲ ヲトトノ タダノブ マタ コレヲ ysuyureba(イスユレバ)」＊日葡辞書(1603-04)「Isuye, uru, eta (イスユル)」辞書日葡

いすう-せい【異数性】『名』染色体数がその種に固有の基本数の整数倍とならないで、多少増減する現象。異数体を生ずる。発音イスーセイ〈標ア〉0

いすう-たい【異数体】『名』正常(二の倍数)とは異なる数の染色体を持つ個体。染色体の不分離・欠失・倍加などによって生じる。染色体数の変化が何らかの障害を引き起こすことも多い。ヒトでは、二一番染色体が三本になるとダウン症になる。

いず-え【何辺】『代名』⇩いずへ(何辺)

いず-おおしま【伊豆大島】 伊豆諸島の主島。→大島❶②。発音イズオーシマ〈標ア〉オ

いずおがさわら-かいこう【伊豆小笠原海溝】 伊豆諸島・小笠原諸島の東方を南北にのびる海溝。北は房総半島沖で日本海溝に接する。

いすか【居】『名』方言居所。住まい。岩手県気仙郡100 宮城県仙台市123

いすか【鶍・交喙】『名』①アトリ科の鳥。全長約一七センチメートル。雄は赤褐色、雌は緑黄色で、尾羽と翼は雌雄とも黒褐色を帯びる。上下のくちばしが湾曲して交差しており、松かさの中の種子をついばむのに適する。北半球北部に分布し、日本には主に冬鳥として渡来。学名はLaxia curvirostra《季・秋》→「いすかの嘴(はし)」の語誌。

鶍 ①

＊天正本狂言・鳥説経(室町末-近世初)「同(おなじ)いろのくわさぎをつぼりの上よりかけす、しとしとあゆみより、いすかの上にとびあがり」＊文明本節用集(室町中)「鶍 イスカ 觜不合鳥也」＊俳諧・清鉋(1745以前)二「色鳥〈略〉しゃこ あとり 鶍(イスカ) みみつく」＊博物図教授法(1876-77)〈安倍為任〉二「交啄(イスカ)は『アカイスカ』『アヲイスカ』の二種あり 共に秋末に渡り来り其嘴互に齟齬するに因り古来より諺に挙て人の知る所なり」②棒や柱状の木の先端を、一方から斜め下へ半分切り、反対側から交差するように同じく斜め下へ半分切り、食い違った尖端を作ること。〔E本建築辞彙(1906)〕③「いすか(鶍)の嘴(はし)」の略。＊歌舞伎・四天王産湯玉川(1818)五立「包みの品を取った上に、あの女も抱いて寝ようと思ったら、二つに一つ皆いすか」＊歌舞伎・三人吉三廓初買(1860)三幕「折角娘が帰ったらと、思った金も鶍(イスカ)となり」＊歌舞伎・名大津絵劇交張(大津絵)(1871)「ト此うち皆々闇の心、探り合ひの振り、思ひ思ひ鶍(イスカ)になり」④以前の話と、つじつまが合わないこと。うそをいう江戸の俗語。＊物類称呼(1775)五「いつはり〈うそ〉といふを〈略〉又いすかなどといふ 是はうそ鳥の雌(め)なればかく云にや いすかといふ鳥はくちばしの合ぬ故 口の合ざるにたとへたるか」方言大まちがい。群馬県佐波郡242 語源説(1)イスカシ(佷)の語根。嘴が曲って上下交差しているさまをいう〔大言海・日本語源＝賀茂百樹〕。(2)くちばしが、クヒスガヒテあわないことから。その上下略〔日本釈名〕。(3)ユキスグル(行過)の転。くちばしが上下くい違うのをいう〔名言通〕。発音〈標ア〉0〈京ア〉0 辞書文明・伊京・明応・天正・饅頭・黒本・日葡・書言・ヘボン・言海 表記鶍(文・伊・明・天・饅・黒・書) 鶍(書・ヘ・言)

いすか の 嘴(はし) (鶍の上下のくちばしが左右にくい違って合わないところから) 物事がくい違って思うようにならないこと。＊寛永刊本蒙求抄(1529頃)七「世界と我といすかのはしにすりちがうて候ほどにぞ」＊狂歌・吾吟我集(1649)六「わが中ははなれもやらずあひもせでいすかのはしのねをのみぞなく」＊本朝食鑑(1697)六「伊須加鳥 訓如ㇾ字 集解状大如ㇾ鶺而頭背蒼赤腹臆最赤紫色觜蒼而齟齬作ㇾ叉故俗称ㇾ世之相違者ㇾ曰ㇾ如ㇾ伊須加之觜ㇾ」＊浄瑠璃・仮名手本忠臣蔵(1748)六「かほど迄する事なす事、いすかの觜(ハシ)程違ふといふも」＊歌舞伎・千歳曾我源氏礎(1885)三幕「得心させんと思ひしも、鶍の嘴と喰違ひ」語誌「寛永刊本蒙求抄」には二例あるが、いずれも「すりちがう」を導く比喩として使われており、その後、歌舞伎や浄瑠璃などでは「食違ふ」などを添えた形が普通になる。時代が下るにつれ、「鶍の嘴」さらに「鶍」だけでその意を表わすようになった。発音〈標ア〉シ 辞書言海 表記鶍ノ觜(言)

いすか『名』方言❶魚、さより(細魚)。紀州有田郡1030 ❷(多く「に」を伴って) 非常に。たいそう。栃木県足利市・都賀198 群馬県217 221 223 埼玉県秩父郡251 大里郡252 長野県南佐久郡487 静岡県520 ◇えすか 長野県上田475 佐久484 486 ❸(「に」を伴って) 量の多いさま。たくさん。群馬県伊勢崎市235 ◇えすか 長野県南佐久郡487 熊本県下益城郡931 ❹(「に」を伴って) さすがに。まことに。群馬県館林245 ◇いす 長野県更級郡038

いす-かご【椅子駕籠】『名』椅子に腰をかけたままでかつぐようにした乗り物。発音イスカゴ〈標ア〉0

いすか・し【佷・很】『形シク』心がねじけている。かたくなである。みだりがわしい。ひすかし。＊書紀(720)継体二四年一〇月(前田本訓)「毛野臣、人と為(な)り傲(もと)り佷(イスカシく)して治体(まつりごと)を閑(なら)はず」＊続日本後紀-嘉祥二年(849)三月庚辰「其長歌詞曰〈略〉世中の伊須賀志(イスカシ)態を」

いすか-しま【佷—】『形動』心のねじけているさま。ひすかしま。＊水戸本丙日本紀私記(1678)神武「稟性〈比止々奈利〉愎佷〈以須加之末爾毛止利氏(イスカシマにもとりて)〉」

い-すか・す【射透】『他サ四』①矢で射倒して敵兵の数を減らす。＊太平記(14C後)一四・箱根竹下合戦事「彼等が射ける矢には楯(たて)も物具もたまらざりければ、向ふ方(かた)の敵を射(イ)すかさずと云ふ事なし」②威圧的な態度で見すえる。＊雪たゝき(1939)〈幸田露伴〉中「其眼はジッと女の下げてゐる頭(かしら)を射透(イスカ)すやうに見守ってゐる」

い-すがた【居姿】『名』すわっているようす。↕立ち姿。＊浮世草子・好色二代男(1684)三・二「居姿(イスガタ)の女、忽然とあらはれ」＊浄瑠璃・吉野忠信(1697頃)三「ゐすがたけだかきよそほひは、いかさまくげの御息女も、よも是程には有まいと」＊人情本・春色雪の梅(1842頃)四・一九回「乳房を含める其有様、〈略〉居姿(ヰスガタ)薄く色青く」

いず-かた【何方】『代名』不定称。①方向を表わす。どの方向。どちら。どっち。＊伊勢物語(10C前)二一「いづかたに求め行かむと、門(かど)に出でて、と見かう見みけれど」＊方丈記(1212)「知らず、生まれ死ぬる人、いづかたより来たりて、いづかたへか去る」②事物を表わす。なに。どれ。＊源氏(1001-14頃)藤袴「いづかたのゆゑとなむ、えおぼし分かざめりし」＊徒然草(1331頃)一八八「その外をばうちすてて、大事を急ぐべきなり。何方(いづかた)をも捨てじと心にとり持ちては、一事も成るべからず」③場所を表わす。どこ。＊徒然草(1331頃)九五「箱のくりかたに緒を付くる事、いづかたに付け侍るべきぞ」＊虎明本狂言・唐相撲(室町末-近世初)「最前の者はいづかたにいるぞ」④人を表わす。どなた。どちらさま。＊源氏(1001-14頃)浮舟「いづかたもいづかたも、ことごとしかるべき官(つかさ)ながら、いとつきづきしうひきあげなどしたる姿も、をかしかりけり」＊堤中納言(11C中-13C頃)思はぬ方にとまりする少将「男も女も、いづかたも、ただ同じ御心のうちに、あいなう胸ふたがりてぞ思さるる」＊浮世草子・好色五人女(1686)一・一「『菟角(とかく)はすぐにいづかたへもお暇(いとま)申てさらば』とてかへられける」発音イスガタ〈標ア〉ス 発音〈標ア〉0〈ア史〉江戸○○●●と○○●○の両様〈京ア〉0 辞書日葡・書言・ヘボン・言海 表記何方(書・へ・言)

いずかた-ざま【何方様】『代名』不定称。人を表わす場合と、方角、方面を表わす場合とがある。助詞「にも」の下接する事が多い。①どちらの人(にとっても)。＊源氏(1001-14頃)浮舟「いづかたさまにも、いとほしくこそは、ありとも、防ぐべき、人の御心、ありさまならねば」＊苔の衣(1271頃)三「いづかたざまにもみじかくのみ見え給へば、我もさやうなるべきにやとあはれにおぼされて」②いずれの面(につけても)。

＊紫式部日記(1010頃か)寛弘六年正月「心ざまなどもめやすく、露ばかりいづかたざまにもうしろめたいかたなく、すべてさこそあらめと、人のためしにしつべき人がらなり」

いすか-つぎ【鶍継】『名』天井の棹縁(さおぶち)、三味線の棹の継ぎなど、三方が見える材に用いる継ぎ手。一半はその下端から斜めに、他の一半はその上端から下に向かって斜めに、鶍のくちばしのようにくい違わせた形になっている継ぎ方。重量のかかるのを防ぐため、杭頭にも用いる。〔日本建築辞彙(1906)〕

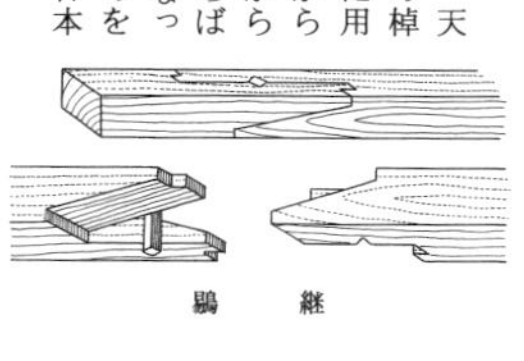
鶍 継

いすか-とり【鶍鳥】『名』「いすか(鶍)」に同じ。＊和漢三才図会(1712)四四「伊須加鳥(イスカトリ) 正字未ㇾ詳 俗云伊須加止利」

いすぎ-ちゃ【濯茶】『名』方言⇩ゆすぎちゃ(濯茶)

いす・ぐ【濯】『他ガ四』(「ゆすぐ(濯)」の変化した語) ゆり動かして洗う。ざっと洗う。洗濯のあと水洗いする。＊俳諧・西鶴五百韻(1679)早何「盞をいすいてまいれ飛鳥川〈西六〉 流てはやき卵そうめん〈西吟〉」＊滑稽本・東海道中膝栗毛(1802-09)初・発語「おれが脚半も、ざっといすいでおきや」＊滑稽本・七偏人(1857-63)初・中「下へ往って口を濯(イスイ)で来よう」発音イスグ〈標ア〉0

いず-く【何処】『代名』(「く」は場所を表わす接尾語) 不定称。場所を表わす。「いづこ」の古形だが、平安時代以後も併用された。どこ。＊古事記(712)中・歌謡「この蟹や 伊豆久(イヅク)の蟹 ももづたふ 角鹿(つぬが)の蟹 横去らふ 伊豆久(イヅク)に到る」＊大和(947-957頃)一二五「いづくに物したまへる便りにかあらむ」＊太平記(14C後)三・主上御没落笠置事「皆、歩跣(かちはだし)なる体にて、何くを指ともなく足に任せて落ち行き給ふ」＊天草本伊曾保(1593)イソポの生涯の事「ワシ ヒトツ トンデ キテ カノ シュゴノ ユビガネヲ フクンデ izzucutomo (イヅクトモ) シラズ トビサッタ トコロデ」＊虎清本狂言・薬水(室町末-近世初)「やい、いづくまでもいかうとおもふたが、もはやくたびれた」＊歌舞伎・傾城仏の原(1699)二「『いづくへも立退かん』ト打ちつれ出でんとしたりしが」発音〈標ア〉イ 0〈ア史〉平安～室町○●● 江戸○○●〈京ア〉0 辞書和玉・文明・日葡・書言・ヘボン・言海 表記何処(へ・言) 何(玉) 何所・奚(文) 何国(書)

いずく か ①どこに…か。どこへ…か。＊万葉(8C後)三・四八〇「大伴の名に負ふ靫(ゆき)帯びて万代に頼みし心何所可(いづくカ)寄せむ〈大伴家持〉」＊千載(1187)秋下・三六七「立田山松のむら立(だち)なかりせばいづくかのこるみどりならまし〈藤原清

輔〉」 ②どこが…か。どんな所が…か。＊源氏(1001-14頃)玉鬘「又、さるたぐひおはしましなむや」と思ひ侍るに、いづくかおとり給はむ」 ＊広本拾玉集(1346)一「あだなりと何か思はむ草枕いつくかつひの住かなるべき」 ③(推量のことばを伴って)どうして。なんとかして。＊書紀(720)成務四年二月(寛文版訓)「稟気懐霊(よろつのもの)、何(イツクカ)得処(やすから)ざらむ」 ＊海人手子良集(970頃)「山彦をしるべになしてみどりにもいづくか亀の内に通はん」

いずく三界(さんがい) (「三界」は、ある語に添えて、遠く隔たっている所をさしていう語) どんな遠方。どこの国の果て。どこの場末。どこくんだり。＊一中節・此頃草(18C前)「なうなうあれなる渡し守、我が殿御を舟に乗せ、何国三界(イヅクサンガイ)雪の国、虎伏す野辺も一緒ぞえ」

いずくともなし ①「いずこ(何処)ともなし①」に同じ。＊宇津保(970-999頃)楼上上「古郷はいづくともなく忍ぶ草しげき涙の露ぞこぼるる」 ＊枕(10C終)四〇・花の木ならぬは「いづくともなく雪のふりおきたるに見まがへられ」 ②「いずこ(何処)ともなし②」に同じ。＊六家集本山家集(12C後)上「五月雨はいささ小川の橋もなしいづくともなくみをに流れて」 ＊謡曲・花月(1423頃)「われ俗にて候ひし時子を一人(いちにん)持ちて候ひしを、いづくともなく失ひて候ふほどに」 ＊怪談牡丹燈籠(1884)〈三遊亭円朝〉一五「源次郎お国の両人は此処を忍び出て、何国(イヅク)ともなく落て往く」 ③どこからであるかわからない。＊浮世草子・西鶴諸国はなし(1685)四・三「折ふし十二三のうつくしき女の子、何国(イヅク)ともなく来りぬ」 ＊五百句(1937)〈高浜虚子〉大正二年「濡縁にいづくとも無き落花かな」

いずくにか ⇨親見出し

いずくにぞ ⇨親見出し

いずくはあれど どこというのはとにかくとして、その中でも。多くある中でも特別に。＊古今(905-914)東歌・一〇八八「みちのくはいづくはあれどしほがまの浦こぐ舟のつなでかなしも〈みちのくのうた〉」 ＊新千載(1359)春上・一九「子日(ねのひ)するいづくはあれど亀の尾の岩根の松をためしにぞ引く〈藤原為家〉」 ＊浄瑠璃・道成寺現在蛇鱗(1742)二「大慈大悲の御誓、何処(イヅク)はあれど名も高き壺坂寺の門前に」

いずくを=はか[=はかり]と 「いずこ(何処)をはかと」に同じ。＊栄花(1028-92頃)鳥辺野「中納言、白雪の降りつむ野辺は跡絶えていづくをはかと君を尋ねむ」 ＊有明の別(12C後)二「いづくをはかとなくまかで給ふも」 ＊苔の衣(1271頃)四「げにいかなる所にさすらふらんと、心うくおぼさるれどいづくをはかりとたづねたまふべきかたなし」

いずく-に-か【何―・安―・焉―】〖副〗「いずくんか(何―)」に同じ。＊万葉(8C後)一・五八「何所爾加(いづくニカ)船泊てすらむ安礼の崎漕ぎ廻(た)み行きし棚無し小舟〈高市黒人〉」 ＊観智院本名義抄(1241)「於焉 イツクニカ」 辞書 名義・文明 表記 於・於焉(名) 安(文)

いずく-に-ぞ【安―・焉―】〖副〗(「いずく(何処)にぞ」の意から一語化した語)「いずくんぞ(安―)」に同じ。＊天理本金剛般若経集験記平安初期点(850頃)「焉(イツクニソ)肯勤而行乎」 補注 漢文訓読語から出た語で、「いずくんぞ」と変化して広く用いられた。

いすくはし 枕 語義、かかり方など未詳であるが、「勇細(くはし)」「磯細(くはし)」の意で、「鯨」にかかるという説、また「イ巣細(くはし)」「很(いすくは)し」の意で、「鷹(くち)」(朝鮮語)にかかるという説などがある。＊古事記(712)中・歌謡「宇陀の高城(たかき)に鴫(しぎ)わな張る わが待つや 鴫は障(さや)らず 伊須久波斯(イスクハシ) 久治良(くぢら)障(さや)る」

いずく-へ【何処辺】〖代名〗(「へ」は「あたり」の意)どこのあたり。どのへん。＊万葉(8C後)一三・三二七七「眠(い)もに寝ずあが思ふ君は何処辺(いづくへ)に今夜(こよひ)誰とか待てど来まさぬ〈作者未詳〉」

い-すくまり【居竦】〖名〗(「いずくまり」とも)同じ場所から動けなくなること。同じ場所に動かないでいること。また、どうしたらよいか行動や処置の決定ができなくなること。＊洒落本・多佳余宇辞(1780)「初会そうそう女郎は引かれまいし、傘一本買ふしがくはなし、居ずくまりと云ふのだ」 ＊滑稽本・続膝栗毛(1810-22)一一・上「たうぢしてゐすくまりになったせいか、がうてきに草臥(くたびれ)た」 発音〈標ア〉0

い-すくま・る【居竦】〖自ラ五(四)〗(「いずくまる」とも)恐ろしさ、寒さなどのために、すわったまま動けなくなる。また、じっとすわったまま動かないでいる。いすくむ。＊雑俳・川柳評万句合-宝暦一一(1761)桜一「のけて置く・一見の僧居すくまり」 ＊滑稽本・浮世風呂(1809-13)四・上「そこに居すくまると到頭(とうとう)あたまの上へ二丈も積る」 ＊改正増補和英語林集成(1886)「サムイ カラ izukumatte(ヰズクマッテ)ヲル」 ＊門三味線(1895)〈斎藤緑雨〉一二「お詫びも申せお礼も申せと母の睨(ね)めつくるに、しょんぼりと居縮(ヰズク)まる」 発音〈標ア〉マ〈京ア〉0 辞書 ヘボン・言海 表記 坐縮(へ) 居竦(言)

い-ずくみ【居竦】〖名〗すわったまま体がすくんで動けなくなること。誓言に用い、もし、この語が偽りであったならば神仏の冥罰(みょうばつ)を蒙り、すわったまま動けなくなってもよいの意。＊浄瑠璃・冥途の飛脚(1711頃)中「かふいへば忠兵衛をにくみそねむやうなれど、ゐずくみぞあの男が身のなるはてがかはいひ」 発音〈標ア〉0ズ

い-すく・む【居竦】〖自マ四〗「いすくまる(居竦)」に同じ。＊栄花(1028-92頃)若ばえ「女房達ゐすくみて、たつ心地いと佗し」 ＊四河入海(17C前)七・一「あまりやほりをれば、腰も脚もいすくむものぞ」 ＊浄瑠璃・こ大ぶ(1641)六「ろうのとびらをひらき、ようようよろおひ出給ふが、ひさしくゐすくみましませば、ぎゃうぶもさらにかなはぬは」 ＊良人の自白(1904-06)〈木下尚江〉後・一三・四「お玉は声も身も震はして蚊帳の隅に居縮(ヰスク)んだ」

い-すく・める【射竦】〖他マ下一〗文 いすく・む〖他マ下二〗①矢を盛んに射て敵を恐れ縮みあがらせる。＊太平記(14C後)五・大塔宮熊野落事「是を見て、敵へて近付く者一人もなし。只遠矢に射すくめければ」 ＊読本・椿説弓張月(1807-11)拾遺・五六回「外(ほか)に援(たすけ)の兵(つわもの)なければ、二人もろともに射(イ)すくめられて」 ②相手を威圧的な視線、目つきで恐れさせる。また、強い光を投げかけてちぢまらせる。＊青春(1905-06)〈小栗風葉〉夏・一〇「怨に輝いた男の其の目に会ふと、射竦(イスク)められるやうに直ぐ又俯いて了ふ」 ＊彼岸過迄(1912)〈夏目漱石〉須永の話・一二「妻の眼から出る強烈な光に堪へられないだらう。〈略〉僕は屹度其光の為に射竦(イスク)められるに極ってゐる」 ＊海に生くる人々(1926)〈葉山嘉樹〉四五「低級な人間の中に、高級な彼をも威圧して射すくめてしまふだけの威厳を見た」 ＊異形の者(1950)〈武田泰淳〉「大伽藍の外に一歩出ると、古い都の街並は真夏の烈日に射すくめられたやうに、ひっそりと横たはってゐた」 発音〈標ア〉0メ〈京ア〉0 文『いすくむ』〈標ア〉ク0〈京ア〉0 辞書 書言 表記 射遮(書)

いずくら-にんぎょう【伊豆蔵人形】〖名〗(宮中の御用達商人伊豆蔵が納入したところからいう)「ごしょにんぎょう(御所人形)」の異称。＊少年(1911)〈谷崎潤一郎〉「信一は地袋の中から、奈良人形の猩猩や、木目込み細工の尉と姥や、西京の芥子人形、伏見人形、伊豆蔵人形(イヅクラニンギャウ)などを二人のまはりへ綺麗に列べ」 ＊抱擁(1973)〈瀬戸内晴美〉二「まるい顔はここからは目鼻がちんまりしていづくら人形のように見える」 発音 イズクラニンギョー〈標ア〉二

い-すぐり【居勝】〖名〗陣中に敵兵が混入したと思われるとき、かねて定めておいた合図にしたがって急に居すわり、行動の一致しない敵兵を発見すること。＊太平記(14C後)三四・平石城軍事「夜討強盗をして帰る時立勝(すぐ)り居(イ)勝りと云事あり。是は約束の声を出して、諸人同時に颯と立ち颯と居、角て敵の紛れ居たるをえり出さん為の謀也」

いすく・る〖他ラ四〗金品を贈ることをいう、盗人仲間の隠語。〔隠語構成様式幷其語集(1935)〕

いす-ぐるま【椅子車】〖名〗①能楽の作り物の一つ。椅子の両側に車のついたもの。「車僧」では、僧がこれに乗って、ひとたび法力を出すと、牛もいないのに山野を自由に巡るといわれる。白布と紺布とを交互に車体に巻いてある。②「くるまいす(車椅子)」に同じ。＊大英游記(1908)〈杉村楚人冠〉本記・サットン・プレース「卿の弟、前日自動車より落ちて肋骨を挫きたりとて、椅子車(イスグルマ)に乗りたる儘、卓子に向ふ」 発音 イスグルマ〈標ア〉グ

いすくわし〔いすくはし〕 枕 ⇨いすくはし

いずくん-か【何―・安―・焉―】〖副〗(「いずく(何処)にか」の変化した語)①どこに…か。どの場所に…か。＊文鏡秘府論保延四年点(1138)「室に入りて問ふ、何(イツクンカ)之(ゆ)くと」 ＊文明本節用集(室町中)「仲尼焉学(イヅクンカマナビン)」 ②(①の陳述副詞化したもの)どうしてか。何としてか。＊文鏡秘府論保延四年点(1138)「賢に非ずは、安(イツクンカ)任す可し」 語誌 漢文訓読の世界で成立した語。「いづこにか・いづこんか」「いどこにか・いどこんか」などと同じく、不定の場所を表わす。まれに②のように陳述副詞として用いられた例が見られるが、用例は少ない。「いずくんぞ」が場所を表わす用法をほとんど持たず、もっぱら陳述副詞として用いられているのと対照的である。→「いずくんぞ」の語誌。 発音〈標ア〉ク〈ア史〉鎌倉・室町○●●○○〈京ア〉ク・ン 辞書 文明・書言・言海 表記 何・焉・悪(文) 烏(書) 安(言)

いずくん-ぞ【安―・焉―・悪―・奚―・寧―】〖副〗(「いずく(何処)にぞ」の変化した語)漢文訓読の用語で、下に推量表現を伴って反語を表わす。どうして(…であろうか、そうではない)。＊漢書楊雄伝天暦二年点(948)「焉(イツクソ)八龍の委蛇たるに駕せむや」 ＊大慈恩寺三蔵法師伝承徳三年点(1099)七「美を前王に校ぶるに、焉んそ同年にして語ふべけむや」 ＊仮名草子・浮世物語(1665頃)四・一「今の人は表は人に似て、けだものの心なり。安(イヅ)くんぞ測(はかる)べきと言へり」 語誌「いづくにぞ」は元来「何処に…であろうか」の意。「何処に…の可能性があろうか」のような意味を経て、反語の副詞に落ち着いたものと思われる。→「いずくんか」の語誌。 発音〈標ア〉ク〈京ア〉ク・ン 辞書 色葉・名義・和玉・文明・伊京・黒本・易林・書言・ヘボン・言海 表記 安(名・玉・文・伊・黒・易・書) 焉(名・玉・文・易・書・へ・言) 奚(名・玉・文・易・書) 胡(名・易・書) 悪(玉・文・書) 何(名・玉) 悪・肎(色・名) 争・若・於・孰・儻(色) 曷(名) 豈・那・覩・曷・烏(玉)

いずくんぞ知(し)らん どうしてその事を知っているだろうか、いや知らないはずだ。また、転じて、ところが、何ということだろう。＊新体詩抄(1882)序〈矢田部良吉〉「是れ我輩の稍心に嘉しとする所なれども安ぞ知らん世人は之を奇怪千万野鄙至極のものとなして」 ＊二人女房(1891)〈尾崎紅葉〉下・五「周三夫婦を情無く怨む〈略〉焉(イヅク)んぞ知らむ、周三といふものが無く、月十円といふ扶持を仕送る源(ところ)が微(な)かっせば、隠居の境遇は甚麼(どん

な)ものであらう！」＊日本橋(1914)〈泉鏡花〉一一「件(くだん)の間夫の妹と称する、奚(イヅクン)ぞ知らん品川の女郎上り」

い‐すけ【伊助】〘名〙 盗品を買い取る商人をいう、盗人仲間の隠語。〔隠語輯覧(1915)〕

いず‐こ いづ:**【何処】**〘代名〙（「いずく」の変化した語）不定称。場所を表わす。平安時代から用いられた。どこ。＊神楽歌(9C後)採物・杖「本 この杖は 伊津古(イツコ)の杖ぞ 天にます 豊岡姫の 宮の杖なり」＊古今(905-914)春上・三「春霞たてるやいづこみよしのの吉野の山に雪はふりつつ〈よみ人しらず〉」＊宇津保(970-999頃)俊蔭「いづこより、たが手を伝へけるぞ」＊今鏡(1170)六・唐人の遊び「預かりたるものなど、取り出づる事あれば、『こはいづこなりつるぞ』などいひて」＊読本・春雨物語(1808)樊噲上「いづこより来たる。あやしき男也」＊幼学読本(1887)〈西邨貞〉三「ここはいづこなるか。是れは横浜の港なり」 語誌 (1)上代には、「いづく」という語形で用いられていたが、平安初期には「いづこ」という形も現われ、以後両方の語形が併用される。「いどこ」という形も平安後期には確例が見える。(2)平安期の和文の「いづこ」「いづく」は、意味用法に顕著な差を見出しにくいが、院政期以前までは「いづこ」の方がよく用いられ、院政期以降になると散文、韻文ともに「いづく」の方が多用される傾向にある。(3)和文資料では場所を問う用法に限定されるが、平安期の訓点資料には「いづくにか・いづこにか・いづくにぞ・いづこにぞ」のような形で、理由を問う用法が現われる。特に「ぞ」を伴う形には場所を問う用法はなく、「いづくんぞ」などの訓点語を生みだした。 発音 〈標ア〉[イ][0] 〈ア史〉平安・鎌倉○●● 〈京ア〉⓪ 辞書 日葡・書言・ヘボン・言海 表記 何処(書・ヘ・言)

いずこ ぞ ⇨親見出し

いずこ とも なし ①どこへというあてもない。＊貫之集(945頃)六「山びこの声のまにまに尋ね行かばいづこともなく我や惑はむ」＊蜻蛉(974頃)下・天延二年「ささがにのいづこともなくふく風はかくてあまたになりぞすらしも」＊源氏(1001-14頃)夕顔「道いと露けきにいとどしき朝ぎりにいづこともなくまどふ心地し給ふ」②どこというはっきりした所もなく、ぼんやりとしている。＊更級日記(1059頃)「あはれに、人離れて、いづこともなくておはする仏かなと、うち見やりて過ぎぬ」③どこという限定もない。一面に。＊曾丹集(11C初か)「須磨のあまも今は春べと知りぬらしいづこともなくなべて霞めば」＊曾丹集(11C初か)「三笠山さしても見えず夏なればいづこともなく青みわたれり」

いずこ の 沙汰(さた)も金次第(かねしだい) 世の中の事は何でも金の力で自由にできるという諺。地獄の沙汰も金次第。金の世の中。＊滑稽本・見て来た咄(1799)四「其の上いづこの沙汰も金次第との事なれば」

いずこ は あれど 「いずく(何処)はあれど」に同じ。＊拾遺愚草(1216-33頃)中「霞とも花ともいはじ春のかげいづこはあれど塩竈の浦」

いずこ はかと 「いずこ(何処)をはかと」に同じ。＊班子女王歌合(893頃)冬歌「わが宿は雪ふる野辺に道もなしいづこはかとか人の求(と)めこむ」

いずこ はかりに 「いずこ(何処)をはかと」に同じ。＊後撰(951-953頃)秋下・四三〇「あかからば見るべき物をかりがねのいづこ許に鳴きて行くらん〈源済〉」＊安法集(983-985頃)「衣うつ音にあはする雁がねはいづこはかりにかりはきぬ覧」

いずこ も ①どこも。どこもかしこも。＊源氏(1001-14頃)幻「なくなくも帰りにしかなかりの世はいづこもつひの常世(とこよ)ならぬに」＊後拾遺(1086)秋上・二六四「今夜こそ世にある人はゆかしけれいづこもかくや月を見るらん〈赤染衛門〉」＊待賢門院堀川集(1145-46頃)「はかなくぞこれを旅ねと思ふ哉いづこも仮の宿とこそきけ」②誰も誰も。誰にも。＊枕(10C終)一五八・うらやましげなるもの「内裏(うち)、春宮の御乳母(めのと)。上の女房の、御方々いづこもおぼつかなからずまゐり通ふ」 発音 〈標ア〉[イ][0]

いずこ を 面(おもて)に なんの面目あって。＊源氏(1001-14頃)賢木「いつこをおもてにてかは、またも見えたてまつらん」

いずこ を=はか[=はかり]と 「はか」は「めあて」の意。どこを目あてにして。いずこはかりに。いづこはかと。＊伊勢物語(10C前)二一「いづかたに求め行かむと門に出でて、と見かう見みけれど、いづこをはかりとも覚えざりければ」＊後撰(951-953頃)恋二・六四〇「今日過ぎばしなまし物を夢にてもいづこをはかと君がとはまし〈中将更衣〉」＊源氏(1001-14頃)夕顔「かく、うらなくたゆめて、はひかくれなばいづこをはかりとか、我もたづねん」＊更級日記(1059頃)「のぼりけむ野べは煙もなかりけむいづこをはかと尋ねてか見し」

いずこ‐ぞ いづこ:**【安━・焉━】**〘副〙（「いずこにぞ」の変化した語）「いずくんぞ(安━)」に同じ。＊白氏文集天永四年点(1113)三「安(イツコソ)司天台高さ百尺なるを用て為む」

いず‐ごんげん いづ:**【伊豆権現】** 「いずさんじんじゃ(伊豆山神社)」の別称。 発音 イズゴンゲン 〈標ア〉[ゴ]

いずこん‐ぞ いづこん:**【安━・焉━】**〘副〙（「いずこにぞ」の変化した語）「いずくんぞ(安━)」に同じ。＊世俗諺文鎌倉期点(1250頃)「後世畏るべし。焉(イッコンソ)来らむ者の今に如かざることを知らむ」

いずさん‐おんせん いづサンヲンセン**【伊豆山温泉】** 静岡県熱海市の北東、伊豆山にある温泉。平安中期の発見と伝えられる。塩類泉。泉質は含食塩石膏(せっこう)泉。リウマチ、胃腸病に効く。走り湯。滝の湯。 発音 〈標ア〉[オ]

いずさん‐じんじゃ いづサンジン:**【伊豆山神社】** 静岡県熱海市伊豆山にある神社。旧国幣小社。伊豆山神・伊邪那岐命(いざなぎのみこと)、伊邪那美命(いざなみのみこと)をまつる。もと伊豆権現、走湯(そうとう)山権現と称し、箱根権現(箱根神社)とともに二所と並び称された。源頼朝以来、鎌倉・江戸幕府の崇敬あつく、関東の総鎮守といわれた。伊豆権現。走湯(はしりゆ)権現。 発音 〈標ア〉[ジ]

い‐すじ ゐすぢ**【井筋】**〘名〙 田畑の灌漑(かんがい)水や飲料水を引くための水路。井路。井堰(いせき)。＊地方凡例録(1794)九「水の通流する溝はせきには非ず、井筋・井路・井せき等、何れにも井の字を不ㇾ付しては字義には当らざれども、都て関東にては大概用水堀筋を関筋と唱る里語也」

い‐ずし【━鮨】〘名〙（「いお(魚)ずし」の変化した語）魚を米飯と麴で漬けた保存食。秋田のはたはたずし、金沢のかぶらずしが代表的なもの。 発音 〈標ア〉[イ]

いずし いづし**【出石】** ㊀兵庫県北東部にある地名。古くは丹後と但馬を結ぶ要地にあり、江戸時代は仙石氏五万八千石の城下町として発展。縮緬(ちりめん)、柳行李、出石焼を産出。＊浮世草子・武道伝来記(1687)六・二「昔、但馬なる出石(イヅシ)の里のいつの春」＊浄瑠璃・鑓の権三重帷子(1717)下「わきて出石の山はあれど、恋の病はしるしなき」㊁兵庫県の北東部の郡。円山川の支流、出石川の流域を占める。＊二十巻本和名抄(934頃)五「但馬国〈略〉出石〈伊豆志〉」 発音 〈標ア〉[0] 辞書 和名・色葉・文明・易林 表記 出石(和・色・文・易)

いずし の 刀(かたな) 垂仁天皇の時代に、新羅(しらぎ)の王子、天日槍(あめのひほこ)が持って来た宝物の一つと伝えられる小刀。但馬国(兵庫県)出石に蔵してまつった。＊書紀(720)垂仁三年三月(北野本訓)「将来(もてきた)る物は、羽太玉(はふとのたま)一箇(ひとつ)、足高玉(あしたかのたま)一箇、鵜鹿鹿赤石玉(うかかのあかしのたま)一箇、出石小刀(イヅシノカタナ)一口(ひとつ)」＊釈日本紀(1274-1301)一〇「出石刀子、至于淡路島、立祠〈略〉先師説云、出石可ㇾ読二伊豆之一也云々」

いずし の 桙(ほこ) 垂仁天皇の時代に新羅の王子天日槍(あめのひほこ)が持って来た宝物の一つと伝えられる桙。但馬国(兵庫県)出石に蔵してまつった。＊書紀(720)垂仁三年三月(熱田本訓)「出石小刀(いづしのかたな)一口(ひとつ)、出石桙(いづしのホコ)一枝」

い‐ずし【貽鮨】〘名〙 貽貝(いがい)の鮨。＊土左(935頃)承平五年一月一三日「ほやのつまのいずし、すしあはびをぞ、心にもあらぬ脛(はぎ)にあげて見せける」

いず‐し いづ:〘代名〙 不定称。「いづち」の上代東国方言。＊万葉(8C後)一四・三四七四「植ゑ竹の本さへ響(とよ)み出でて去(い)なば伊豆思(イヅシ)向きてか妹が嘆かむ〈東歌〉」

いずし‐かたな いづし:**【出石刀】** 「いずし(出石)の刀」に同じ。

いずし‐じんじゃ いづし:**【出石神社】** 兵庫県出石郡出石町にある神社。旧国幣中社。祭神は天日槍命(あめのひぼこのみこと)、出石八前大神(いずしやまえのおおかみ=八種の神宝)を神体とする。延喜式内名神大社。但馬国一の宮。 発音 〈標ア〉[ジ]

いず‐しちとう いづシチタウ**【伊豆七島】** 伊豆半島の南東方にある大島、利島(としま)、新島、神津島、三宅島、御蔵島、八丈島の七島。東京都に属する。特産物は椿油のほか、新島のくさや、三宅島のバター、八丈島の黄八丈など。＊読本・椿説弓張月(1807-11)後・一七回「男女を一つに住(すま)し、伊豆七嶋(イヅシチトウ)のうちに加へば」＊官報‐明治四〇年(1907)三月一六日「沖縄県間切島竝東京府伊豆七島及小笠原島に於ける名称及区域の変更等」 発音 イズシチトー 〈標ア〉[チ] 〈京ア〉イズヒチトー ㋪

いずしちとう‐しまかいしょ いづシチタウしまクヮイショ**【伊豆七島島会所】**〘名〙 伊豆七島の産物を江戸で売りさばく所。寛政八年(一七九六)に設け、幕府勘定奉行所の支配下に伊豆七島の産物を一手に引き受け、入札によって江戸市中の特定の商人に売りさばいた所。島会所。島方会所。

いずし‐ちりめん いづし:**【出石縮緬】**〘名〙 兵庫県出石地方で織り出される縮緬。 発音 〈標ア〉[チ]

いずし‐ほこ いづし:**【出石桙】** 「いずし(出石)の桙」に同じ。

いずし‐やき いづし:**【出石焼】**〘名〙 兵庫県出石町から産出する陶磁器。藩主仙石氏の御用窯で、寛政初年(一八世紀末)有田焼の陶法を伝えたもの。＊暗夜行路(1921-37)〈志賀直哉〉四・一一「桑木細工、麦藁細工、出石焼、さう云ふ店々が続いた」

いず‐しゅくしゃ いづ:**【伊豆縮砂】**〘名〙 植物「はなみょうが(花茗荷)」の異名。また、薬用とする種子の称。＊重訂本草綱目啓蒙(1847)一〇・芳草「山薑〈略〉実を結ぶ熟すれば色赤く形円長五分許破れば中に子ありこれを伊豆縮砂と称して偽り貨子の形縮砂に似たるを以なり」 発音 〈標ア〉[0]

いず‐しょとう いづショタウ**【伊豆諸島】** 伊豆半島の南東方、太平洋に散在する火山列島。伊豆七島と、さらに南方の青ケ島、鳥島その他の属島を含む。東京都に属する。富士箱根伊豆国立公園の一部。 発音 イズショトー 〈標ア〉[ショ]

いすず‐がわ いすずがは**【五十鈴川】** 三重県伊勢市神路山を源とし、伊勢神宮の内宮神域内を通って、二手に分かれ二見町の今一色と江で伊勢湾に注ぐ川。内宮の宇治橋から見る清流および手水場(ちょうずば)が有名。全長一六キロメートル。宇治川。御裳濯川(みもすそがわ)。歌枕。＊太平記(14C後)三六・仁木京兆参南方事「五十鈴川(イスズカハ)をせいて魚を捕り、神路山に入て鷹を仕ふ」＊浄瑠璃・国性爺合戦(1715)千里が竹「日本の地ははなるる共、神は我身にいすずがわ、大神ぐらの御祓なうじゅ、などかなからんや」 語源説 (1)イセゼ(五十瀬々)の転。イ(五十)は数の多い義。スズは瀬々の転か〔大言海〕。(2)イスギ(洗い濯ぐ意)川の意〔古史通或問〕。(3)イはユ(斎)、ススはササ(篠)と同語。イスズ川は、神聖の川の意〔日本古語大辞典=松岡静雄〕。 発音 イスズガワ〈標ア〉ズ 辞書 下学・明応・天正・黒本・易林・書言 表記 五十鈴川(明・書) 五十鈴河(天・黒) 五百川(下・易)

いすすき『名』(動詞「いすすく」の連用形の名詞化)驚き騒ぐこと。あわてること。＊延喜式(927)祝詞・大殿祭「御床つひのさやき夜目の伊須須伎(イススキ)いづつしき事なく平けく安く護り奉る神の御名を白さく」

いすす・く『自カ四』(「うすすく」と関係ある語か)驚き騒ぐ。あわてる。＊古事記(712)中「爾に其の美人(かほよきひと)驚きて、立ち走り伊須須岐(イススキ)」＊播磨風土記(715頃)揖保「一の女人ありて、資(つかひびと)に己が真子を上(たてまつ)らむとして、江に堕ちき。故(かれ)宇須伎(うすき)と号(なづ)く。新辞(いまのことば)には伊須須久(イススク)といふ」 語源説 (1)イは発語。ススクはスズログ義〔和訓栞〕。(2)イは発語。ススクはススム(進)、ススログと通じる〔大言海〕。(3)イススク(息進)の意〔日本語源=賀茂百樹〕。(4)イは接頭語、ススは浚巡、キは活用語尾〔日本古語大辞典=松岡静雄〕。 辞書 言海

い-すずくれ-つき【―涼暮月】『名』(「い」は接頭語。涼しい暮れ方の月の意という)陰暦六月の異称。＊古今打聞(1438頃)上「彌涼暮月 六月 いすすくれ月ほととぎす古郷恋ひて帰るなりいすすくれ月になりぬる空とて〈本近院太子〉」

いすず-の-みや【五十鈴宮】伊勢の皇大神宮(内宮)の別称。＊古事記(712)上「此の二柱の神は、佐久久斯侶、伊須受能宮(イスズノみや)に拝(いつ)き祭る」 発音〈標ア〉0

いすず-み【伊寿墨】『名』イスズミ科の海産魚。幼魚は流れ藻に付き、成魚は沿岸の岩礁にすむ。全長七〇センチメートル以上に達し、体は楕円形で側扁する。体側に鱗がある。体色は青褐色で、体側に鱗の列に沿った多数の黄色の縦走線がある。本州中部以南、西太平洋からインド洋に分布する。冬季、磯釣りの対象とされる。身に特有の臭みがあるので食べない地方が多いが、地方によっては食用とする。いずすみ。ごくらくめじな。学名は Kyphosus vaigiensis 発音〈標ア〉0

いすす-め【石臼目】『名』(「いすす」は「いしうす(石臼)」の変化した語)石臼に刻まれた目。＊滑稽本・浮世床(1813-23)二・下「おらが隣りぢゃよい聟とウリて、石臼目(イススメ)も切る、桶の箍(たが)掛(か)アける」

いすずより-ひめ【五十鈴依媛】「日本書紀」の所伝で、事代主神(ことしろぬしのかみ)の娘。綏靖(すいぜい)天皇の皇后。同天皇の叔母にあたる。安寧(あんねい)天皇の生母。川派媛(河俣毘売=かわまたびめ)の別名がある。 発音〈標ア〉リ

いず-するめ いづ【伊豆鯣】『名』静岡県伊豆近海に産するマイカ、または、スルメイカで作ったするめ。 発音〈標ア〉ス

いす-せき【椅子席】『名』劇場や飲食店などで、立見席や畳などにすわる席に対して、椅子にすわる席。＊寡婦とその子達(1925)〈細田源吉〉一「はつも常設館の椅子席で二人をみつけた時にも、同い年齢(どし)のトキ子がユミの分も払って入ったことを聞かされ」＊ヴィヨンの妻(1947)〈太宰治〉一「お店の土間の椅子席でお酒を飲むといふ事は無く、奥の六畳間で電気を暗くして大きい声を立てずに、こっそりと酔っぱらふといふ仕組になってゐまして」 発音〈標ア〉0ス

いず-せんりょう いづせん リャウ【伊豆千両・杜茎山】『名』ヤブコウジ科の常緑低木。関東南部以西の暖地の林内に生える。高さ約一メートル。葉は長さ六〜一六センチメートルの長楕円形。雌雄異株。初夏、帯黄白色の鐘形の小さい花が葉腋(ようえき)に集まって咲く。実は熟すと白色。うばがねもち。かしわらん。かしらん。みかどがしわ。学名は Maesa japonica ＊日本植物名彙(1884)〈松村任三〉「イヅセンリャウ 杜茎山」 発音 イズセンリョー〈標ア〉セ 辞書 言海 表記 伊豆千両(言)

いず-だい いづ だひ【伊豆鯛】『名』魚「いしだい(石鯛)」の異名。〔語彙(1871-84)〕 発音〈標ア〉ズ

イスタラビ『名』一六世紀末、西欧から輸入された太陽の高度を測るための観測具。主として、航海に使用された。＊和漢三才図会(1712)一五「按以須太良比蛮語也。可以測晷器なり」＊紅毛談(1765)下「イスタラビ、是は日中をはかる器なり」 語源説 ポルトガル語またはイスパニヤ語のアストロラービョ(astrolabio)のなまり〔東亜語源志=新村出〕。 発音〈標ア〉タ

イスタンブール(トルコ İstanbul)トルコ北西部、ボスポラス海峡東西両岸にあるトルコ最大の都市。ギリシアの植民市ビザンティウムとして始まり、東ローマ帝国とオスマントルコの首都となる。旧称コンスタンティノポリス。アヤソフィア寺院など、ビザンチン文化遺跡やイスラム教寺院が多い。 発音〈標ア〉フ

いず-ち いづ【何方】『代名』(「ち」は場所を示す接尾語)不定称。不定の方向、場所を表わす。＊万葉(8C後)五・八八七「たらちしの母が目見ずておほほしく伊豆知(イヅチ)向きてかあが別るらむ〈山上憶良〉」＊伊勢物語(10C前)六二「衣(きぬ)脱ぎてとらせけれど捨てて逃げにけり。いづちいぬらんとも知らず」＊平家(13C前)一一・先帝身投「尼ぜ、われをばいづちへ具してゆかんとするぞ」＊俳諧・犬子集(1633)一七「のまんとすれと夏の沢水〈宗長〉 蛇におはれていつちかいるらん〈宗鑑〉」＊書言字考節用集(1717)一「何処 イヅチ イヅコ」 補注 上代には「いづく」が不定の場所、「いづち」が不定の方向という使い分けがなされていた。上代、平安期を通じて第一例のように助詞を伴わずにそのままで副詞的に使われる。 語源説 (1)チは道の義〔和訓栞〕。(2)チは方向、場所を示す接尾語〔時代別国語大辞典-上代編〕。(3)イヅは異の入声 It で、これに地(Chi)を添えたもの〔日本語原考=与謝野寛〕。 発音〈標ア〉イ〈ア史〉平安・鎌倉○●○ 江戸○○●〈京ア〉0 辞書 色葉・名義・書言・ヘボン・言海 表記 何(色・名) 何地(書・へ) 何処(書・言) 安(名)

いずち とも なし どこをめざしてというわけでもない。いずくともなし。＊源氏(1001-14頃)若紫「いづちともなくて、おはしましけること」＊後拾遺(1086)別・四九二詞書「物いひける女の、いづちともなく、遠き所へなんいくといひ侍りければ」＊忠度集(1182頃)「身の程は思ひあまれる景色にていづちともなく行く蛍(ほたる)哉」

いずち なく どこへともなく。＊読本・春雨物語(1808)捨石丸「捨いしは主を殺せしよと思ひて、家にも帰らず、何地(いづち)なく逃うせたり」

いずち も いずち も どこへなりとも。どこへでも。＊竹取(9C末-10C初)「いづちもいづちも、足の向きたらん方(かた)へいなむ」＊源氏(1001-14頃)玉鬘「人ひとりの御身にかへたてまつりて、いづちもいづちもまかり失せなむに、咎(とが)あるまじ」

い-すて【射棄】『名』矢を使い捨てにすること。また、その矢。粗製の数矢をさす。懸矢(かけや)。＊愚得随筆(1770)「懸矢、愚按、近世云ふ射捨の数矢也」

いずて-の-ふね いづ て【伊豆手船・五手船】『名』「いずてぶね(伊豆手船)」に同じ。＊万葉(8C後)二〇・四四六〇「堀江こぐ伊豆手乃船(イヅてのふね)のかぢつくめ音しばたちぬ水脈(みを)速みかも〈大伴家持〉」

いずて-ぶね いづ て【伊豆手船・五手船】『名』(「手」は作ったものの意)伊豆国製の船。伊豆国式の船。＊万葉(8C後)二〇・四三三六「防人の堀江こぎづる伊豆手夫禰(イヅてブネ)かぢとるまなく恋はしげけむ〈大伴家持〉」＊宴曲・宴曲集(1296頃)海辺「満ち来る汐の彌増しに湊を隔つる出手舟(イツてブネ)の名残を留むる猪名(ゐな)の渡」 語誌 平安時代の例は見いだし難いので、その間に意味は忘れられたらしく、歌学書が輩出するに及んで、「いつてぶね(五手船)」と解して、十挺艪(ろ)の船の意、帆、かじ、錨(いかり)、櫓(ろ)、械(かい)の五つを備えた船の意などさまざまの意味に説かれた(→語源説)。その結果、数はさほど多くはないが歌語として復活し、原義が忘れられたことと歌学書の影響が相俟って、「出手舟」「五手舟」「伊豆出舟」などとさまざまに表記され、「出づ」とともに詠まれたり、「はやし」や「五」を導く語としても用いられた。なお、「万葉-二〇・四四六〇」には「伊豆手乃船(イヅてノふね)」の例がある。 語源説 (1)テ(手)は手製、作製の意〔時代別国語大辞典-上代編〕。(2)テはツヘ(之方)の約。その向(むき)、その趣の意から、その型を意味し、伊豆国で造る型の船をいう〔大言海〕。(3)テは千座(ちくら)の置戸などをいうトの転訛。伊豆式の舟の意〔日本古語大辞典=松岡静雄〕。(4)伊豆出船。伊豆国で造られたところから〔袖中抄〕。(5)イヅテブネ(厳手船)の義〔和訓栞〕。(6)五手船の義。二人を一手というので、一〇人でこぐ船の意〔奥義抄〕。(7)イズテは五手。帆、械(かじ)、綱、錨(いかり)、櫓械(ろかい)をいう。舟はこの五色で走るので五手という〔歌林樸樕〕。

イスト『語素』(英・ドイツ -ist フランス -iste イタリア -isto)…する人。また、…を奉じる人。…論者。…主義者。…信奉者。＊新しき用語の泉(1921)〈小林花眠〉「―イスト -ist (英)〈略〉近来、これをわが国風に活用して、短歌を作る人のことをタンキスト、与太をいふ人のことをヨタリストなどといふ」＊新ファッシズム論(1954)〈三島由紀夫〉「この私が『何とかイスト』呼ばはりされたのははじめてで」

いず-と いづ【伊豆砥】『名』静岡県伊豆地方から産出する砥石。 発音〈標ア〉0

いす-とり【椅子取】『名』室内遊戯の一つ。椅子または座蒲団(ざぶとん)を人数よりも一つ少なく円形に並べ、座中の者が一列になってその外側を回り、局外者の合図によって同時に各自が一個ずつ席を占め、席を取ることのできなかった者は仲間から除かれて椅子または座蒲団を一つを持って退く。このようにして毎回これを続けて、最後に残った者を勝ちとする遊び。 発音〈標ア〉リト

いすと・る『他ラ四』「いすくる」に同じ。〔隠語輯覧(1915)〕

い-ずな いづ な【飯綱】『名』①飯綱使いが用いるという動物。小さな鼠ほどの狐の姿をしているとも、管狐(くだぎつね)と同じとも、また、ヤマネともいわれる。→いいずな。②「いずなつかい(飯綱使)」の略。転じて、手品のこと。＊歌舞伎・日本八葉峯(1703)一「やがていづなのもんをとなへければ、こうしつのくびと見へしは、たちまちまりと成」＊浄瑠璃・孕常盤(1710頃)一「魔法、ゐづなを行なふとも、変化、鬼神も討てば討つ」＊滑稽本・古朽木(1780)四「是全く邪法飯綱(イヅナ)の類にあらず」 発音〈標ア〉0 辞書 ヘボン 表記 飯綱(へ)

いずな の 法(ほう)[=術(じゅつ)] 飯綱使いの妖術。＊本朝食鑑(1697)一一「近世本邦術家有使狐者者、呼称修飯綱(イツナ)法」＊浄瑠璃・難波丸金鶏(1759)瑞兄山飯綱の段「いかに飯綱の法じゃとて、爰ら辺を海にして、こちらを大蛇に呑そふとは大それた工(たくみ)事」＊浄瑠璃・彦山権現誓助剣

(1786)三「危きうしろに冥々と、顕れ出づる但馬が姿、猶も闇浮(えんぶ)の幻(イヅナ)の術」＊東京日日新聞‐明治五年(1872)四月一三日「彼はイヅナの法を用ゆるか、切支丹を学ぶにあらずんば」

いずな‐ごんげん【飯綱権現・飯縄権現】

いずな‐さん【飯綱山・飯縄山】⇨いいずなやま(飯綱山)

⇨いいずなごんげん(飯綱権現)

いずな‐し【飯綱師】〘名〙「いずなつかい(飯綱使)」に同じ。

いずな‐つかい【飯綱使】〘名〙飯綱を使う人。また、その法。飯綱が諸方へ行って、見聞を主人に伝える性質を持つと信じられるところから、巫女、祈禱師の類が飯綱を使うのだという。また、信濃の人伊藤忠綱が、天福元年(一二三三)、信州戸隠山飯綱神社で修行して授かった法だという俗説がある。＊浮世草子・浮世親仁形気(1720)三・一「徳三が鉄輪(かなわ)の手品を見て、あの子は飯綱(イヅナ)つかひではござらぬかと」＊咄本・芳野山(1773)いづなつかひ「いづなつかひ裏店をかり引越して家主の所へ来り」＊詞葉新雅(1792)「イズナツカヒ、まぼろし」＊雪たゝき(1939)〈幸田露伴〉中「其の怜悧で、機変を能く伺ふところの、冷酷険峻の、飯綱使(イヅナヅカ)ひ魔法使ひと恐れられた細川政元が」 発音〈標ア〉ツ カ 辞書ポン・言海 表記役鬼者(へ) 飯綱使(言)

いず‐ぬま【伊豆沼】宮城県の北部にある沼。迫(はさま)川の遊水池的性格をもち、長沼、内沼とともに低湿地帯をつくる。ハクチョウ・ガン・カモなどの飛来する国指定天然記念物。大沼。

いず‐の‐うみ【伊豆海】伊豆の国に面した相模湾のこと。歌枕。＊金槐集(1213)雑「箱根路をわれ越えくればいづのうみや沖の小島に波のよる見ゆ」＊俳諧・太祇句選(1772‐77)冬「木がらしの箱根に澄や伊豆の海」 発音〈標ア〉0 辞書文明 表記伊豆海(文)

いずのおどりこ【伊豆の踊子】小説。川端康成作。大正一五年(一九二六)発表。伊豆を旅する一高生と旅芸人の踊子との間の淡い思慕を描いた、作者の出世作。 発音〈標ア〉ウ

いず‐の‐おやま【伊豆御山】(「いずのみやま」とも)伊豆山のこと。伊豆山神社がある。＊相模集(1061頃か)「思ふ事ひらくるかたを頼むにはいづのみやまの花をこそ見め」＊平家(13C前)五・福原院宣「弟子共には、伊豆の御山に人にしのんで七日参籠の心ざしありとて」＊続後撰(1251)賀・一三五九「ちはやぶるいづのをやまの玉椿八百万(やほよろづ)世も色はかはらじ〈源実朝〉」 発音〈標ア〉0

いす‐の‐かみ【石上】枕「いそのかみ(石上)㊁①」に同じ。＊書紀(720)武烈即位前「伊須能箇瀰(イスノカミ)布留を過ぎて、薦枕(こもまくら)高橋過ぎ」＊琴歌譜(9C前)七日あゆだ振「伊須乃可美(イスノカミ)布留の山の、熊が爪六つ、まろかもし」

いす‐の‐き【柞・柞樹・蚊母樹】〘名〙マンサク科の常緑高木。本州中部以西の暖地に生える。高さ二〇㍍、直径一㍍ほどに達する。樹皮は灰白色。葉は長さ五〜八センチ㍍、幅二〜四センチ㍍の長楕円形で、時に大きな虫こぶができる。春、紅色の小さい花が総状に集まって咲く。実は卵形のさやとなり毛が密生する。虫こぶはタンニンを含むので染料の原料とし、材は堅く、床柱や床板のような建築材、櫛(くし)などの器具類、炭、薪に用いられるほか、柞灰(いすばい)を作る。いす。ゆすのき。ひょんのき。ゆしのき。くしのき。学名は Distylium racemosum《季・秋》＊俳諧・篗纑輪(1753)「ヒヨン 本名 蚊子木 和名イスノ木 木葉ともに女貞(ねずもち)に似て葉厚し花赤く実は如レ豆」 発音〈標ア〉イ ノ

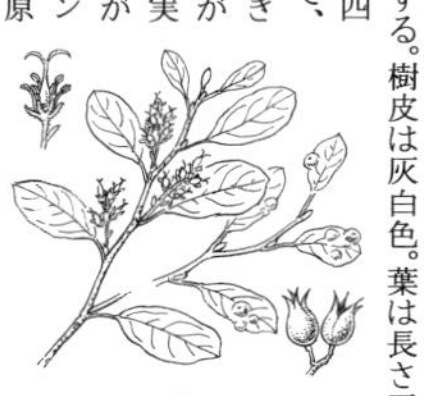

柞

いず‐の‐き【一木】〘名〙方言❶植物、ゆずりは(譲葉)。伊豆八丈島1071 ❷植物、えぞゆずりは(蝦夷譲葉)。◇いずのは〔一葉〕秋田県131 ❸植物、いちい(一位)。◇えすのき 長野県上水内郡469

いず‐の‐さき【伊豆崎】伊豆半島のこと。

いず‐の‐つまぐし【厳爪櫛】〘名〙(「いず」は厳の意か)「ゆっつまぐし(湯津爪櫛)」からの造語か。歯数の多い神聖な櫛。＊歌舞伎・太鼓音智勇三略(酒井の太鼓)(1873)二幕「鏡台の鏡にうつる夫の顔、見れば心の曇りてか冴えぬ面を打ち案じ、いづのつま櫛(グシ)はらはらと、落つる雫に振返り」

いず‐のり【伊豆海苔】〘名〙静岡県伊豆近海に産するアマノリの一種。長さ一〜三センチ㍍、淡黄緑色を帯び、香りが強く、味もよい。 発音〈標ア〉ズ 0

いす‐ばい【柞灰】〘名〙磁器の釉(うわぐすり)の一つ。柞(いすのき)の灰。磁器釉の媒溶剤に適し、古くから有田焼などに多く用いられた。大隅、日向地方を主産地とする。 発音〈標ア〉ス

イスパニア(ラテン Hispania スペ España)《イスパニヤ・イスパンヤ》「スペイン」に同じ。＊随筆・西遊記(新日本古典文学大系所収)(1795)九「フランス国、イスパンヤ国一致仕、ヱゲレス国と合戦に及び」＊幼学読本(1887)〈西邨貞〉五「今より三百二十余年前、いすぱにあ人始めて之れを見出だせしなり」＊冷笑(1909‐10)〈永井荷風〉一三「仏蘭西の作家モオリス、バレスが其漫遊記中に西班牙(イスパニヤ)の土壌より発する空気を官能的に叙したる一章を記憶す」 発音〈標ア〉0

いず‐ははこ【伊豆母子】〘名〙キク科の一種で、越年草。本州の関東以西、四国、九州の暖地の海岸近くに生える。高さ約三〇センチ㍍。全体に灰白色の短毛を密布。根生葉は放射状につき、茎葉は茎を抱く。葉身は倒卵形または倒披針形で長さ三〜一〇センチ㍍。初夏、紫色を帯びた淡緑色の小さな頭状花が多数集まって咲く。小花はすべて管状花で冠毛は赤褐色。わたなやまじおうぎく。学名は Eschenbackia japonica ＊日本植物名彙〈松村任三〉「ヤマヂワウギク イヅハハコ」 発音〈標ア〉ハ1

イスパハン ⇨イスファハン

いず‐はら【厳原】長崎県、対馬南部の地名。壱岐、博多との連絡港で、対馬唯一の貿易港。室町中期以来、対馬藩宗(そう)氏の城下町。府中。 発音〈標ア〉ズ

いすはら‐はちまんぐう【柞原八幡宮】⇨ゆすはらはちまんぐう(柞原八幡宮)

いす‐はり【椅子張】〘名〙椅子に布、籐、板または革を張ること。 発音〈標ア〉0 リ

いず‐はんとう【伊豆半島】静岡県東部の半島。相模灘、駿河湾にはさまれる。富士火山帯に属する天城山、達磨山などの火山がある。熱海、伊東、修善寺、熱川などの温泉がある。磯浜海岸で、黒潮の影響により温暖。海岸が美しく、史跡も多い。海岸線と主要部分は富士箱根伊豆国立公園に編入。 発音イズハントー〈標ア〉ハ〈京ア〉ハ

イスパンヤ ⇨イスパニア

いす‐ひばち【椅子火鉢】〘名〙椅子に腰かけながら手を暖めるのに用いる火鉢。多くは陶製で、普通の火鉢よりもおよそ三倍ぐらいたけが高い。 発音〈標ア〉ヒ

イスファハン(Esfahan)《イスパハン・エスファハン》イラン中部の都市。紀元前六世紀アケメネス朝ペルシア帝国の頃建設され、一六、七世紀にはイランの首都となった。イスラム様式の見事な建造物が残されている。 発音〈標ア〉ファ

いず‐ぶし【伊豆節】〘名〙伊豆半島および伊豆七島から産するかつお節。島節。＊雑俳・柳多留‐一(1765)「伊豆ぶしも八代まではだしがきき」 発音〈標ア〉0

いす‐ぶとん【椅子蒲団】〘名〙①椅子に敷く座蒲団。②鉄製のよりかかりのある座蒲団。座椅子。 発音〈標ア〉ブ

いす‐ぶ・る【揺振】〘他ラ五(四)〙(「ゆすぶる(揺振)」の変化した語)ゆり動かす。ゆさぶる。＊東京方言集(1935)「いすぶる 揺する。『そんなにいすぶっちゃ字が書けないよ』」 発音〈標ア〉0 辞書言海

いず‐へ【何辺】〘代名〙不定称。どの辺。＊万葉(8C後)二・八八「秋の田の穂の上(うへ)に霧(き)らふ朝霞何辺(イツヘ)の方に我が恋ひやまむ〈磐姫皇后〉」＊万葉(8C後)一九・四一九五「わがここだしのはく知らにほととぎす伊頭敝(イヅヘ)の山を鳴きか越ゆらむ〈大伴家持〉」＊一路(1924)〈木下利玄〉日向へ「馬車とまればとみにひそけしたそがれの野中(のなか)のせせらぎ何辺(イヅベ)にか鳴り」

イズベスチヤ(ロシア Izvjestjija「報道」の意)《イズヴェスチア》ロシアの新聞。旧ソビエト最高会議幹部会が発行した政府機関紙。日刊。一九一七年創刊。一九九一年のソ連崩壊後は、ロシア連邦の一民間新聞。 発音〈標ア〉ベ

いずま〘名〙方言⇨いずまい(居住)

い‐ずまい【居住・居住居】〘名〙①すわっている姿勢。また、その態度。いざま。＊枕(10C終)一四六・碁を、やむごとなき人のうつとて「おとりたる人の、ゐずまひもかしこまりたるけしきにて」＊観智院本名義抄(1241)「坐作 ヰズマヒ」＊御伽草子・高野物語(室町末)「うれしくもぶつじんのひきあはせたまふかと、かたきのゐずまひ見すまして、ししゃうさまにたたんとし給ふそでをひかへて」＊咄本・軽口初売買(1739)四・女房のはつめい「さるところに、いづまひわるきおとこ成りけるが」＊人情本・春色辰巳園(1833‐35)初・四回「いづれも仇なる五六人、其品々の座住居(ヰズマヰ)は、六哥仙めく唄妓(げいしゃ)の気儘(きまま)」②住んでいる場所。まわりの様子。環境。＊宇津保(970‐999頃)沖つ白浪「中納言をいかにぞや、御たびずみはいかにびんなくおぼさるらん。ゐずまひがらといふやうに」＊史記抄(1477)一二・李斯「人と云者もいずまいによる事ぞ、富貴官位なれば、其によりて気もかはるものぞ」方言❶行儀。和歌山県新宮702 宮崎県西臼杵郡948 ◇いずめ 長崎県壱岐島914 ◇えんじゃめ 青森県津軽054 ◇えんざめぁ 秋田県平鹿郡130 ◇えんじゃま 青森県北津軽郡054 ❷足を組んですわること。あぐら。三重県一志郡589 ◇いじまい 奈良県宇陀郡680 ◇いずま 岐阜県498 502 516 島根県出雲725 岡山県小田郡767 ◇いじま 岐阜県飛驒502 郡上郡504 島根県出雲728 ◇ええじんまい 三重県飯南郡590 発音〈なまり〉イザマウィ〔新潟頸城〕エザメァ〔岩手〕エジャマ〔秋田〕エジャメェ・エンジャメァ〔津軽語彙〕〈標ア〉ズ 0〈京ア〉ズ 辞書色葉・名義・文明・伊京・易林・書言・ヘボン・言海 表記坐作(色・名・伊・易・書) 居栖(文) 居住(言)

いずまい を 正(ただ)す［=直(なお)す］きちんとした姿勢ですわりなおす。＊雑俳・若とくさ(1790)「おもひ出し居すまゐ直す肥た嬶」＊浮雲(1887‐89)〈二葉亭四迷〉二・一二「吃驚(びっくり)した面相(かほつき)をして些(すこ)し飛上って居住居(ヰズマヰ)を直ほした」＊魔風恋風(1903)〈小杉天外〉前・子爵家・五「初野ははッと坐作(ヰズマヒ)を正して」

い‐ずま・う【居住】〘自ハ四〙(「いすまう」とも)いずまいをなおす。すわりなおす。きちんとすわる。＊歌舞伎・与話情浮名横櫛(切られ与三)(1853)四幕「両人顔見合せ、居住(イズマ)ふ。多左衛門二重へ直る」＊浮雲(1887‐89)〈二葉亭四迷〉一・三「然らばといふ口付からまづ重くろしく折目正敷居すまって」＊続春夏秋冬(1906‐07)〈河東碧梧桐選〉夏「胴の間に居すまふ禰宜や祭船〈百世庵〉」 発音文イズモー とも〈標ア〉マ(モ)

いず‐まえ【伊豆前】〘名〙伊豆の国の海でとれ

る魚介。＊洒落本・見通三世相(1796か)序幕「かつほもなまげいも伊豆(イヅ)めいは大味だの」

いず‐まめ【伊豆豆】〘名〙植物「そらまめ(空豆)」の異名。方言 和歌山県690

いすみ【夷隅】 千葉県南東部の郡。房総丘陵の南東部、夷隅川の流域を占める。古くは「いしみ」「いじみ」といい、伊甚・伊自牟・夷灊と書いた。補注「二十巻本和名抄‐五」には「上総国〈略〉夷灊〈伊志美〉」とある。発音〈標ア〉⓪ 辞書 易林 表記 夷隅(易)

いず‐み【泉】 ■一〘名〙①(「出水」の意) 地中からわき出てくる水。また、そのわき出る場所。《季・夏》＊書紀(720)持統七年一一月(北野本訓)「沙門法員、善往、真義等を遣りて、試みに近江の益須郡の醴泉(こさけのイツミ)を飲ましめたまふ」＊宇津保(970‐999頃)俊蔭「前よりいづみ出でくる、掘り改めて、水流れ面白くなりぬ」＊色葉字類抄(1177‐81)「泉 イツミ 濫 同」＊徒然草(1331頃)一三七「泉には手あしさしひたして、雪にはおりたちて跡つけなど」＊俳諧・都曲(1690)上「結ぶより早(はや)歯にひびく泉かな〈芭蕉〉」＊英和和英地学字彙(1914)「Izumi Fountain, Spring 泉」②(①を比喩的に用いて) ものごとの出てくるもと。源泉。＊くれの廿八日(1898)〈内田魯庵〉五「人生の苦限を救ふのは愛(ラヴ)の霊泉(イヅミ)だと初めて気が附いた」＊馬上の友(1903)〈国木田独歩〉「僕は彼に知識の泉(イヅミ)を貸したばかりでなく」③「いずみどの(泉殿)」の略。＊讃岐典侍(1108頃)下「堀河のいづみ、人々見んとありしを」④(死の世界を「黄泉(こうせん)」というところから) 死者の行く世界。よみのくに。黄泉。＊車屋本謡曲・松山鏡(1539頃)「往事渺茫としてすべて夢ににたり。旧遊零落して半(なかば)泉(イズミ)に帰す」■二㊀横浜市の行政区の一つ。昭和六一年(一九八六)戸塚区から分離成立。市南西部、境川支流の和泉川東岸にある。相模鉄道いずみ野線が通じ、通勤住宅地として発展。㊁仙台市の行政区の一つ。平成元年(一九八九)成立。市北西部、七北田(ななきた)川流域にある。旧泉市域。商業・住宅地域。方言 井戸。兵庫県淡路島050 徳島県809 香川県827 愛媛県宇摩郡049 ◇いいずみ 香川県三豊郡829 ◇いずみさん 香川県大川郡・木田郡829 発音〈標ア〉⓪ 〈ア史〉平安○○○ 室町●●○ 〈京ア〉イ 上仮名 イヅミ 辞書 色葉・名義・和玉・文明・明応・天正・饅頭・黒本・易林・日葡・書言・ヘボン・言海 表記 泉(色・名・玉・文・明・天・饅・黒・易・書・へ・言) 濫(色) 洤(玉)

いずみ の 下(した) 冥土(めいど)。よみの国。＊琴後集(1810)一五「わがかくことあげするを、泉のしたもさやかにきこしめし」

いずみ の 屋(や) 「いずみどの(泉殿)②」に同じ。＊吾妻鏡‐建長八年(1256)八月二三日「三献之後渡二御泉屋一」＊おもひのままの日記(14C中)「ことはてぬれば、またいづみのやへ帰らせ給ふ」

いずみ【泉・和泉】 姓氏の一つ。発音〈標ア〉イ

いずみ‐きょうか【泉鏡花】 小説家。本名、鏡太郎。石川県金沢に生まれる。尾崎紅葉の門下。はじめ「夜行巡査」「外科室」などの観念小説を発表、のち「湯島詣」「高野聖」で作風の完成をみ、神秘的、浪漫的世界を展開した。ほかに「照葉狂言」「歌行燈」「婦系図」「滝の白糸」など。明治六～昭和一四年(一八七三～一九三九)

いずみ‐ちかひら【泉親衡・泉親平】 鎌倉初期の武士。小二郎と称する。信濃の人。北条氏討滅をはかったが、発覚して追討を受け、以後の伝記は不明。朝比奈義秀と並ぶ大力無双の勇士と称される。

いずみ‐めきち【泉目吉】 ⇨めきち(目吉)

い‐ずみ【⿱竹飯】〘名〙(「飯詰」の意か) 乳児を入れて眠らせるかご。いずめ。いずみき。揺籃(ようらん)。＊書言字考節用集(1698)七「⿱竹飯 イヅミ〔字彙〕竹器以息二小児一者」方言❶わらなどで編んだ物入れの袋。また、背負いかご。富山県砺波398 石川県能美郡054 河北郡062 福井県429 (竹製や木製もある)430 滋賀県高島郡054 ◇いずん 富山県砺波398 ❷わら製の飯びつ入れ。お鉢入れ。長野県佐久493 愛知県名古屋市562 ◇いずめ・いずめこ 新潟県東蒲原郡368 ❸乳児を入れる、わらなどで作ったかご。山形県東田川郡・飽海郡139 福島県南会津郡185 新潟県東蒲原郡368 長野県054 481 493 岐阜県498 504 510 愛知県北設楽郡054 名古屋市562 ◇いずめ 秋田県秋田市062 南秋田郡132 山形県139 福井県427 ◇いんずめ・いんずめっこ 秋田県130 山形県西田川郡139 ◇うずみ 富山県389 ◇いずみかご(―籠) 群馬県吾妻郡219 ◇ゆずみ・ゆずみかご 新潟県佐渡351 352 ◇いずめこ 山形市139 ◇いずまい 石川県加賀040 →いじこ。辞書 書言 表記 ⿱竹飯・⿱竹傅・⿱竹畄(書)

⿱竹飯

いずみ【出水】 ㊀鹿児島県北西部の地名。産業は主に農業。また、水産ではクルマエビが特産。特別天然記念物のツルの渡来地として有名。昭和二九年(一九五四)市制。㊁鹿児島県の北西部の郡。八代海・東シナ海に面し、長島・獅子島なども含まれる。＊二十巻本和名抄(934頃)五「薩摩国〈略〉出水〈伊豆美〉」発音〈標ア〉⓪ 辞書 和名・色葉・文明・書言 表記 出水(和・色・文・書)

いずみ【和泉】 ㊀(大和朝廷の御料地の頃、現在の和泉市の地に泉が湧き「和泉(にきいずみ)」または「いずみ」と呼ばれた) 畿内五か国の一つ。古くは茅渟(ちぬ)といい、河内国に属した。霊亀二年(七一六)これを三分して和泉監(げん)を置き、天平宝字元年(七五七)和泉国となる。鎌倉時代は北条氏、室町時代は細川氏が守護。江戸時代は幕府直轄地のほか二藩が置かれた。廃藩置県により堺県となり、明治一四年(一八八一)大阪府に編入。泉州。㊁大阪府南西部の地名。和泉国府が置かれた所。黄金塚(こがねづか)古墳、松尾寺がある。「和泉白木綿」は有名。大阪の衛星工業都市。昭和三一年(一九五六)市制。㊂大阪府の南西部にあった郡。明治二九年(一八九六)大島郡と合併して泉北郡となる。＊二十巻本和名抄(934頃)五「和泉国〈略〉和泉」四能狂言の一流派「和泉流」の略。＊東京風俗志(1899‐1902)〈平出鏗二郎〉下・一〇・狂言「和泉(イヅミ)の一流伝はり来りて盛なり」語源説 (㊀について) 国府の地に清い泉があることから国名となる〔日本釈名・和訓栞〕。発音〈標ア〉イ 〈ア史〉江戸●●○ 〈京ア〉イ 辞書 和名・色葉・文明・伊京・明応・天正・饅頭・黒本・易林 表記 和泉(和・色・文・伊・明・天・饅・黒・易)

いずみあなし‐じんじゃ【泉穴師神社】 大阪府泉大津市豊中にある神社。旧府社。祭神は天忍穂耳命(あめのおしほみみのみこと)、栲幡千々姫命(たくはたちぢひめのみこと)。延喜式内社。和泉国二の宮。我孫子(あびこ)の宮。発音〈標ア〉ジ

いずみ‐いし【和泉石】〘名〙大阪府阪南市付近から産する砂岩。大阪から九州にかけても分布する。青緑色または緑灰色を帯び、石質が硬く、石碑などに用いる。発音〈標ア〉ミ

いずみ‐いせき【和泉遺跡】 東京都狛江市和泉に所在する古墳時代中期の遺跡。その出土する土器は前期土師器(はじき)に属し、和泉式土器の標式。発音〈標ア〉イ2

いずみおおつ【泉大津】 (和泉国府の外港を形成していたところからいう。また、「おおつ」は小津の泊の変化したものともいわれる) 大阪府南西部、大阪湾に臨む地名。紀州街道の宿駅として発展。かつては縞木綿、真田紐(さなだひも)の産地、現在は毛布類の生産で有名。昭和一七年(一九四二)市制。軽之津。発音イズミオーツ〈標ア〉オ

いず‐みかげ【伊豆御影】〘名〙静岡県下田市付近から産出する凝灰質砂岩。青味を帯び、石質はあまり硬くない。土木、建築材に用いる。発音イズミカゲ〈標ア〉ミ

いずみ‐がわ【泉川】〘名〙①わいて流れ出る川。泉の水が流れ出て川をなすもの。②(寛政の頃の力士泉川の得意の手であったところからいう) 相撲の手の一つ。相手の差し手を両手でかかえ、ねじるようにして土俵の外へ押し出すもの。〔モダン新用語辞典(1931)〕発音イズミガワ〈標ア〉ミ

いずみ‐がわ【泉川】 ㊀京都府南部を流れる木津川の古名。歌枕。＊万葉(8C後)一七・三九五七「あをによし 奈良山過ぎて 泉河(いづみがは) 清き川原に 馬とどめ〈大伴家持〉」＊古今六帖(976‐987頃)三・水「みかの原わきて流るるいつみ川いつみきとてか恋しかるらん」㊁近世の銘酒の一つ。＊浄瑠璃・艶容女舞衣(三勝半七)(1772)下「一度にわっと湧き出る、涙浪花江いづみ川、小きんを汲出すごとく也」＊滑稽本・七偏人(1857‐63)初・上「私のききでは泉川か滝水(たきすゐ)だらうとぞんじます」発音イズミガワ〈標ア〉ミ〈京ア〉ミ 辞書 書言 表記 泉川(書)

いずみ‐かん【和泉監】〘名〙⇨いずみのげん(和泉監)

いずみ‐き【葛籠】〘名〙「いずみ(⿱竹飯)」に同じ。＊童謡・栞(1920)〈藤森秀夫〉「星の葛籠(イヅミキ)おころりよ」方言❶わら製の飯びつ入れ。長野県佐久493 ❷乳児を入れるわらなどで作ったかご。長野県479 493

いずみ‐こじろう【和泉小二郎】〘名〙(夏、京都の南方和泉の上空に現われるところから) 雲の峰のこと。＊俳諧・新季寄(1802)六月「乾坤〈略〉雲の峰異名 丹波太郎 和泉小次郎」

いずみ‐さがん【和泉砂岩】〘名〙①和泉山脈、淡路島南部、讃岐(さぬき)山脈、高縄半島にかけて分布する白亜紀の砂岩層。和泉層群。②①のうち特に大阪府泉南郡に産する緑灰色の砂岩。土木、墓石、砥石などに用いる。和泉石。泉州青石。発音イズミサガン〈標ア〉サ

いずみざき‐やき【泉崎焼】〘名〙沖縄の泉崎(那覇市壺屋)から産する陶器。元禄頃(一六八八～一七〇四)に始められたという。発音〈標ア〉⓪

いずみさの【泉佐野】 大阪府南部、大阪湾沿岸の地名。平安時代から紀州街道沿いの宿駅・市場町として発展。江戸時代は廻船問屋町。明治以後、紡織、特にタオル生産で知られる。昭和二三年(一九四八)市制。発音〈標ア〉イ

いずみ‐さぶろう【和泉三郎】〘名〙「いずみこじろう(和泉小二郎)」に同じ。＊新板何によらず人の名の付物角力(1818‐30頃か)「南雲の泉三郎」

いずみ‐さんみゃく【和泉山脈】 大阪府と和歌山県の境、紀ノ川の北側にある山脈。白亜紀の和泉砂岩から成る傾動地塊。最高峰は岩湧山(八九七メートル)。全長約五〇キロメートル。西走して紀淡海峡に至る。発音〈標ア〉サ

いずみ‐しきぶ【和泉式部】 ■一平安中期の女流歌人。中古三十六歌仙の一人。大江雅致(まさむね)の娘。和泉守橘道貞と結婚し小式部内侍を産む。また、為尊(ためたか)親王、敦道(あつみち)親王と恋愛し、のち藤原保昌と再婚するなど一生を恋愛に終始し、情熱的な歌をよんだ。「和泉式部集」「和泉式部日記」がある。生没年不詳。■二〘名〙和泉式部に仮託した伝説。墓や木像、手植えの梅などと称するものが全国にきわめて多い。水辺で宗教行為を行ないつつ回国した女性たちが、この伝承を広めたともいわれる。発音〈標ア〉キ〈京ア〉シ

いずみしきぶにっき【和泉式部日記】 日記。一巻。和泉式部の自作、他作両説がある。長保五年(一〇〇三)四月から翌年正月までの、敦道(あつみち)親王との恋愛の初期の経過を贈答歌を中心に物語風にしるす。和泉式部物語。発音〈標ア〉ニ〈京ア〉ニ

いずみ-じんじゃ【出水神社】 熊本市水前寺公園にある神社。旧県社。細川家歴代藩主と忠興夫人玉子（ガラシャ）をまつる。明治一一年（一八七八）旧お茶屋水前寺成趣園の一角に社殿を建立。

いずみ-しんでん【和泉新田】〘名〙タバコの一種。享保（一七一六～三六）の頃、おもに女性の吸ったもの。＊随筆・後はむかし物語（1803）「和泉新田とて白く麻色なる烟草を女は多分のみたりと見ゆ」 発音〈標ア〉ジ

いずみ-ず【和泉酢】〘名〙和泉国（大阪府南部）から産する上等の酢（す）。＊雲形本狂言・酸蓋（室町末‐近世初）「誠に和泉酢（イヅミズ）の名物はどなたにもよう御存知有て」 ＊俳諧・毛吹草（1638）追加・上「涼しきは実泉酢の膾哉」 ＊本朝食鑑（1697）二・酢「自ㇾ古以二和泉酢一為ㇾ上、今亦多造ㇾ之、贈二四方一鬻二于都市一」 発音〈標ア〉ミ

いずみだ【泉田】 姓氏の一つ。 発音〈標ア〉ミ

いずみたに【泉谷】 姓氏の一つ。 発音〈標ア〉ミ

いずみ-タバコ【出水煙草】〘名〙（タバコは ポルトガル tabaco ）薩摩国（鹿児島県）出水郡から産出したタバコ。 発音〈標ア〉タ

いずみだゆう-ぶし【和泉太夫節】〘名〙浄瑠璃節の一つ。薩摩浄雲の門下の和泉太夫が語り出したもの。万治、寛文（一六五八～七三）頃、江戸で流行した。和泉節。 発音 イズミダユーブシ〈標ア〉0

いずみ-どの【泉殿】〘名〙①平安、鎌倉時代における泉のある邸宅。＊為房卿記（1070‐1114）寛治四年六月六日「今夕上皇御幸于法勝寺泉殿」 ②邸宅内の泉の出る所に建てられた建物。泉廊。泉の屋。＊宇津保（970‐999頃）楼上上「こなたかなたの人は、いづみどのに出でて聞く」 ＊太平記（14C後）二六・執事兄弟奢侈事「棟門唐門四方にあけ、釣殿、渡殿、泉（イツミ）殿、棟梁高く造り双て奇麗の壮観を逞（たくまし）くせり」 ＊無言抄（1598）下・三「夏〈略〉泉殿　ただいつみとばかりも 夏也」 発音〈標ア〉0

泉　殿 ②〈祭礼草紙〉

いずみ-なだ【和泉灘】 瀬戸内海の東北端大阪湾の別称。いずみのなだ。茅渟（ちぬ）の海。摂津灘。難波潟。＊土左（935頃）承平五年二月一日「けふ、からくして、いづみのなだより小津のとまりをおふ。松原、目もはるばるなり」 ＊俳諧・大坂独吟集（1675）上「和泉灘花の浪立うき名立　恋風東風風吹とばすふね〈意楽〉」 発音〈標ア〉ミ

いずみ-ねつ【泉熱】〘名〙（報告者金沢医大泉仙助氏の姓による命名）しょうこう熱によく似た伝染病。病原体は一種のウイルスで、発疹と発熱を主症状とする。学童から思春期までの人がかかることが多く、飲食物を通して伝染する。昭和二年（一九二七）、金沢地方で流行した。 発音〈標ア〉ミ〈京ア〉ミ

いずみ-の-げん【和泉監】〘名〙奈良時代、霊亀二年（七一六）河内国に珍努宮（ちぬのみや）が造営されたのに伴って、同国の大鳥、和泉、日根の三郡をさいておかれた特別行政区画。また、その職員。天平一二年（七四〇）河内国に併合されて廃された。＊続日本紀‐霊亀二年（716）四月甲子「割二大鳥、和泉、日根三郡一、始置和泉監」 ＊続日本紀‐天平一二年（740）八月甲戌「和泉監并河内国焉」

いずみ-ば【出水葉】〘名〙「いずみタバコ（出水煙草）」に同じ。 発音〈標ア〉ミ

いずみ-ばし【和泉橋】 東京都千代田区神田、神田川にかかる橋。岩本町と佐久間町を結ぶ。藤堂和泉守の屋敷が橋の北側にあった。 発音〈標ア〉0

いずみ-ぶし【和泉節】〘名〙「いずみだゆうぶし（和泉太夫節）」に同じ。＊雑俳・ちゑぶくろ（1709）「やかましや金平さわぐいづみぶし」 ＊風俗画報‐六〇号（1893）論説「和泉節は薩摩浄瑠璃派にして勇壮を主となし」 発音〈標ア〉0

いずみや【泉谷】 姓氏の一つ。 発音〈標ア〉ミ

いずみやま-いし【泉山石】〘名〙佐賀県有田町の泉山から産出する風化した石英粗面岩。有田焼の主な原料とする。 発音〈標ア〉マ

いずみ-りゅう【和泉流】〘名〙①能狂言の一流派。近世、慶長の頃、山脇和泉守元光およびその子元宜の創始といわれる。大正五年（一九一六）一一代和泉元照没後、養嗣子として和泉保之がこれを継ぎ、また、このもとに野村派、三宅派などがある。＊東京風俗志（1899‐1902）〈平出鏗二郎〉下・一〇・狂言「和泉流には山脇元清（もときよ）（もと名古屋徳川家の御抱狂言師）これが家元として、一流の牛耳を執れり」 ②近世における船の設計法である木割法の一流派。軍船と荷船の木割法があって、ともに「尋掛（ひろがかり）」を主とし、近世初期より瀬戸内方面で行なわれたが、境井流、唐津流などの主流からみれば傍流であった。＊和泉流船作事書（17C中頃）「右和泉流船作事掛り前、小早より大関船に至る迄、一様に図面引方相成れとも」 発音 イズミリュー〈標ア〉0〈京ア〉0

イズミル（トルコ İzmir ）トルコ西部、エーゲ海に面した港湾都市。古代ギリシアの植民地として建設された。古代スミルナ。 発音〈標ア〉イ

イズム（英 -ism ）㊀〘語素〙おもに固有名詞の下につけて、…主義、…説、…教、の意を表わす。また、ふざけて、「ガッチリズム」「チャッカリズム」「ガンバリズム」などと使われることもある。＊くれの廿八日（1898）〈内田魯庵〉六「矮黒痘痕（わいこくとうこん）君の非（アンチ）人間イズムの演説は大拍手喝采の中に終った」 ＊青春（1905‐06）〈小栗風葉〉夏・三「一高イズムと云ったやうな偏狭な一主義の下に束縛するのは固陋（ころう）だと言ふのだ」 ＊鶴は病みき（1936）〈岡本かの子〉「理想がどうだの、何イズムだのと陰に陽にお祭り騒ぎして居るけれど」 ㊁〘名〙しっかりした根拠に基づく考え。説。主義。＊思ひ出す事など（1910‐11）〈夏目漱石〉二七「学者の習慣として、自己の説を唱ふる前には、あらゆる他のイズムを打破する必要を感ずるものと見えて、〈略〉在来からの処生上の主義に一も二もなく非難を加へた」 ＊丸善と三越（1920）〈寺田寅彦〉「さうでなくては成り立ちさうもない学説やイズムが吾々の眼に触れる程だから」 ＊生活の探求（1937‐38）〈島木健作〉二・五「何に限らず彼にはまだイズムはないのだった」 語誌 (1)英語のイズム（-ism）は、ギリシア語の接尾辞 -ismos に由来するもので、広く行為・状態・特性・主義などの意を付与する。また一七世紀頃より、やや軽蔑的に主義・学説の意を示す名詞 ism も使用される。(2)日本語の語素としてのイズムの使用例も明治の中頃から見え始めるが、意味は主義・学説に偏り、訳語も「主義」のみ当てられることが多い。また明治末には、「ズルズルベッタリズム」（里見弴「手紙」）のような擬態語にイズムを接続する例が見られ、大正には人名に接続する「福本イズム」なども使われた。 発音㊁は〈標ア〉イ〈京ア〉イ

いずむ〘動〙方言 憎む。ねたむ。ひがむ。長野県上田475 佐久493 山口県豊浦郡「いずみおー（いがみ合う）」798

◇いずん 富山県砺波398

いずめ〘名〙方言 ⇨いずみ（籀）

いずも【出雲】 ㊀山陰道八か国の一つ。古代出雲神話の舞台。大化改新により一国となり、意宇（おう）郡に国府が置かれた。鎌倉時代は佐々木氏、戦国時代は尼子氏から毛利氏、江戸時代は堀尾氏、京極氏、佐々木氏を経て松平氏が支配。廃藩置県により、明治四年（一八七一）島根県に編入。雲州。＊古事記（712）上・歌謡「八雲立つ　伊豆毛（イヅモ）八重垣　妻ごみに　八重垣作る　その八重垣を」 ＊出雲風土記（733）総記「出雲と号（なづ）くる所以（ゆゑ）は、八束水臣津野命、詔（の）りたまひしく『八雲立つ』と詔りたまひき。故、八雲立つ出雲といふ」 ㊁出雲国（島根県）北西部の旧郡名。近世以降「しゅっとう（出東・出雲）」とも呼ばれた。明治二九年（一八九六）簸川（ひかわ）郡に統合された。＊出雲風土記（733）出雲「出雲の郡　合せて郷は八〈里は廿三〉、神戸は一〈里は二〉なり」 ㊂島根県北東部、出雲平野中央部の地名。山陰道の宿場町、市場町として発展。繊維工業都市。昭和一六年（一九四一）市制。 語源説 (1)イヅはイツ（厳）の義か。モはクモ（雲）のことをさしたものか〔大日本地名辞書＝吉田東伍〕。(2)八雲立つイヅモは、美称のイツにモ（裳）の意で、やつめさす出雲建のイヅモは、美称のイツにモ（藻）である〔日本古語大辞典＝松岡静雄〕。(3)イヅクモ（出雲）の約〔和訓栞〕。(4)伊豆のイヅと同語。地形が海の方へ出ていることからイヅ（出）の意〔類聚名物考〕。 発音〈標ア〉イ〈ア史〉平安・鎌倉○○○と○●○の両様　江戸●●○と○●○の両様〈京ア〉ズ 表記 出雲（和・色・文・伊・明・天・饅・黒・易） 辞書 和名・色葉・文明・伊京・明応・天正・饅頭・黒本・易林

いずも の 大社（おおやしろ）「いずもたいしゃ（出雲大社）」に同じ。＊虎寛本狂言（室町末‐江戸初）節分「是のは今夜出雲の大社へ年籠りに行れて」 ＊浮世草子・好色五人女（1686）一・四「私もよき男を持してくださりませいと申。それは出雲（イヅモ）の大社（アフヤシロ）に頼め。こちらはしらぬ事」 辞書 文明・書言 表記 出雲大社（文・書）

いずも の 神（かみ）①出雲大社の祭神。大国主命（おおくにぬしのみこと）。＊日本書紀私見聞（1426）「伊勢国風土記に云はく、伊勢と云ふは、伊賀の安志の社に坐す神、出雲神の子、出雲建子命又の名は伊勢都彦命、又の名は櫛玉命なり」 ②（全国の神々が毎年一〇月、出雲に集まって氏子男女の縁結びの相談をするという伝説から）男女間の縁結びの神。＊歌舞伎・小袖曾我薊色縫（十六夜清心）（1859）二幕「かう入り組んだ筋合を結び合すは出雲の神も芝居の作者と同じだ」 ③（②から転じて）仲人（なこうど）。＊商品としての文学（1931）〈杉山平助〉「今日の仲買人は詩人と読者を結びつける出雲（イヅモ）の神みたいなものとなる」 ＊最新百科社会語辞典（1932）「いづものかみ　出雲の神〔俗〕結婚の媒介をする人のこと」 発音〈標ア〉イ〈京ア〉ズ

いずも の 国造（くにのみやつこ）**の 神賀詞**（かむよごと）出雲の国の造（みやつこ）が新任をしたときに、一年の潔斎を経てのち、朝廷に参向して奏聞した大御代の長寿万歳を祝う詞。その後また一年潔斎して、参向し述べる。ヨゴトは本来、長寿（齢＝よ）をことほぐ意。

いずも の 帳外（ちょうがい）縁結びの出雲の神の記帳以外のこと。男女の仮の契り。＊滑稽本・東海道中膝栗毛（1802‐09）六・上「相宿（あいやど）の木まくらに、結ぶ縁は出雲（イヅモ）の帳外（チャウグハイ）、二方くゎうじんのとなり同士は、長屋附合の外にして」

いずも【出雲】 姓氏の一つ。 発音〈標ア〉イ

い-ずもう【居相撲・居角力】〘名〙すわったままでとる相撲。すわりずもう。＊俳諧・信徳十百韻（1675）「酔ごころ月見の酒の一きほひ　諸肌ぬいでかかる居相撲」 ＊浮世草子・武道伝来記（1687）三・二「是も興覚めて又居相撲（ヰスマウ）と云ふ程に」 ＊雑俳・柳多留‐二二（1788）「居角力の行事あんどん下（さげ）あるき」 ＊改正増補和英語林集成（1886）「Izumō（イズマウ）ヲ トル」 発音 イズモー〈標ア〉ズ 辞書〈ボン〉 表記 居角力（ヘ）

いずも-うし【出雲牛】〘名〙出雲国（島根県）か

ら産する牛。体は小さいが、よく労役に堪えるのが特色。＊駿牛絵詞(13C後-14C初)「新大納言伊良礼子、出雲牛、〈略〉已上五頭、左中将実忠朝臣筆」発音〈標ア〉モ

いずも-おうらい【出雲往来】京都から出雲国へ通じる街道。京都から山陽道の十数駅を経て、美作国にはいり、苫田(とまた)から四十曲峠(しじゅうまがりとうげ)を越えて、伯耆国を経、出雲に達するもの。出雲街道。発音イズモオーライ〈標ア〉オ

いずも-かな【出雲仮名】〘名〙ひらがな。大江匡房の「江談抄」にある、空海が出雲で作ったという伝説に由来。辞書言海 表記出雲仮名(言)

いずも-ぐすり【出雲薬】〘名〙江戸時代の小児用疳(かん)の薬。出雲大社で作られて売りに出されたところからいう。丸薬(がんやく)。発音イズモグスリ〈標ア〉グ

いずも-ぐつわ【出雲轡】〘名〙くつわの一種。出雲製の鉄轡で、鏡の部分を十文字に彫り透かした様式という。＊源平盛衰記(14C前)二〇・石橋合戦事「元来強き馬なりけれども、己が力を憑(たの)みつつ、出雲轡(イヅモグツワ)の大なるに、手綱二筋より合はせてぞ乗りたりける」＊岡本記(1544)「いづもくつわといふ事は、かち上手にてならさずもする也。これ夜討にもちいるくつわ也」発音イズモグツワ〈標ア〉グ

いずも-ぐわ【出雲鍬】〘名〙出雲国(島根県)で製作される鍬。＊俳諧・誹枕(1680)中「苗代や八重垣つくる出雲鍬〈木也〉」発音イズモグワ〈標ア〉モ

いずも-ごと【出雲琴】〘名〙琴の一種。二弦から成り、普通、琴台に載せて弾ずる。八雲琴(やくもごと)。発音イズモゴト〈標ア〉ゴ

いずもざき【出雲崎】新潟県三島(さんとう)郡の地名。江戸時代は北陸街道の宿駅で、佐渡への官船が出入。明治初年日本最初の油井が掘られた。良寛の出生地。＊浮世草子・好色一代男(1682)三・五「佐渡の国かな山に望を懸行に、十八里こなた出雲崎(イヅモサキ)といふ所に渡り日和(ひより)を待て」＊俳諧・俳諧勧進牒(1691)上・秋「いつもさきにて 荒海や佐渡によこたふ天の川〈芭蕉〉」発音〈標ア〉モ

いずもざき-おけさ【出雲崎―】〘名〙新潟県出雲崎地方で歌われるおけさ。出雲崎の遊女「おけさ」がうたい始めたという伝説がある。「おけさ見よとて、葭簀(よしず)で眼を突いた、おけさとかくに眼の毒よ」は、昔の遊女が葭簀張りの中にいたのを歌ったもの。発音〈標ア〉オ

いずもざき-ぶし【出雲崎節】〘名〙新潟県出雲崎地方の民謡。船唄で、出雲節の変化したものといわれる。あるいは「出雲崎おけさ」のことか。発音〈標ア〉0

いずも-じ【出雲寺】㊀山城国愛宕(おたぎ)郡出雲路(京都市上京区・北区)にあった寺。上、下(出雲寺)の二寺から成る。建立より二百余年後、伝教大師(最澄)が草庵を構えたという。＊宇治拾遺(1221頃)一三・八「王城の北、上つ いづも寺という寺」㊁京都市上京区藪ノ下町にある浄土宗の寺、念仏寺の別称。山号は光明寺。上出雲寺の廃絶後、明治五年(一八七二)本尊を移した。出雲観音。発音〈標ア〉0ジ

いずもじ-の-かみ【出雲路神】京都から出雲へ行く入り口である、京都、賀茂の河原の西、一条の北にある出雲路の障(さえ)の神。縁結びの神である出雲の神のかわりとして信仰される。＊曾我物語(南北朝頃)二・兼隆聟にとる事「契り朽ちずはいづもぢの神の誓は浅からず、妹背の仲は変らじとこそまぼり給ふなれ」＊評判記・そぞろ物語(1641)三島の平太郎三年奉公の事「いもせの道といふ事は、わたくしならず、いづもじの神の結びあはせにて」発音〈標ア〉カ

いずもじ-は【出雲路派】〘名〙真宗の一派の名。福井県武生(たけふ)市の毫摂寺を総本山とする。京都の出雲路にあったのが、兵火によって焼失し越前に移ったところからいう。発音〈標ア〉0

いずも-じゃくさん【出雲若山】〘名〙島根県玉湯町布志名(ふじな)で焼かれた、布志名焼の一種。明治初年ごろ、輸出を目的に布志名の小字若山の名を採って若山製陶社を作り、製品にこの銘款を用いた。発音〈標ア〉ジャ

いずも-じゅんれい【出雲巡礼】〘名〙結婚前の男女が三月の節句から八十八夜頃までに出雲国(島根県)三十三か所の札所を巡礼すること。また、その人。昔は、出雲国の慣習として、この巡礼をしない女は嫁に行けなかったという。発音イズモジュンレイ〈標ア〉ジュ

いずも-しんこう【出雲信仰】〘名〙出雲大社を中心とする信仰。民間では、祭神、大国主命と大黒天とを結びつけ、農神、福の神、縁結びの神として信仰される。また、神無月(かみなづき)に神々が出雲へ集まるという伝承も広く行なわれる。発音イズモシンコー〈標ア〉シ

いずも-じんじゃ【出雲神社】山口県佐波郡徳地町にある神社。旧県社。祭神は事代主神(ことしろぬしのかみ)、大己貴神(おおなむちのかみ)。霊亀元年(七一五)の創祀と伝えられる。周防国二の宮。発音〈標ア〉ジ

いずも-たいしゃ【出雲大社】島根県簸川(ひかわ)郡大社町にある神社。旧官幣大社。主祭神は大国主命(おおくにぬしのみこと)。他に、天之御中主神(あまのみなかぬしのかみ)ほか四柱をまつる。祭祀は天穂日命(あまのほひのみこと)の子孫の出雲国造(くにのみやつこ)千家(せんげ)・北島両家によって受け継がれ、出雲大社教・出雲教を組織している。陰暦一〇月の神無月(かみなづき)は、全国の氏神が集まるとされ、ここでは神在月(かみありづき)という。本殿は大社造(たいしゃづくり)といわれ、国宝。日本最古の様式をもつ。出雲国一の宮。杵築大社(きずきのおおやしろ)。いずものおおやしろ。発音〈標ア〉タ〈京ア〉タ

いずもたいしゃ-さんげつえ【出雲大社三月会】〘名〙島根県大社町の出雲大社で三月一日から三日まで行なわれる祭礼。二条天皇の応保元年(一一六一)に始まるといわれる。その日には結番相撲、流鏑馬(やぶさめ)、貴徳舞などがあって盛大であったが、文明年間(一四六九～八七)以後衰えた。発音イズモタイシャ＝サンゲツエ〈標ア〉タ＝ゲ

いずも-だいじんぐう【出雲大神宮】京都府亀岡市千歳町出雲にある神社。旧国幣中社。祭神は大国主命(おおくにぬしのみこと)、三穂津姫命(みほつひめのみこと)。和銅二年(七〇九)の創建と伝える。丹波国一の宮。元出雲。発音イズモダイジングー〈標ア〉ジ＝グ

いずも-でら【出雲寺】⇨いずもじ(出雲寺)

いずも-にゅうどう【出雲入道】〘名〙(夏季、出雲地方の空に見えるところから)入道雲、南雲、雲峰(くものみね)をいう。発音イズモニュードー〈標ア〉ニュ

いずも-の-おくに【出雲阿国】歌舞伎の創始者となった女性。生涯については不明な点が多い。出雲大社の巫女(みこ)と称し、慶長八年(一六〇三)京北野神社で歌舞伎踊りを始めた。一般に歌舞伎の祖とされる。発音〈標ア〉イ＝ク

いずものくにの-ふどき【出雲国風土記】⇨いずもふどき(出雲風土記)

いずも-のり【出雲海苔】〘名〙島根県平田市の十六島(うっぷるい)地方を中心に産出する海苔。ウシケノリ科の紅藻植物で、海岸の干満線間の岩礁などに付着する。乾海苔、剣海苔、髪海苔(かもじのり)にする。うっぷるいのり。学名は Porphyra pseudolinearis ＊実隆公記-享祿元年(1528)閏九月二〇日「出雲海苔一合被送之」＊俳諧・誹枕(1680)中「若和布もや汁の妻こめ出雲のり〈救済〉」発音〈標ア〉モ

いずも-は【出雲派】〘名〙吉田流の弓術の一派。吉田流の開祖、吉田重賢の孫、出雲守重高の始めたもの。一説に、重賢の子、出雲守重政を祖とするともいう。＊武術流祖録(1843)射術「出雲派吉田出雲守源重高」発音〈標ア〉0

いずも-ぶし【出雲節】〘名〙出雲国(島根県)に発生した民謡。初め、嘉永、安政(一八四八～六〇)の頃、出雲国安来(やすき)で起こり、海路を経て、日本海沿岸および九州地方にも及んだ。出雲崎節、仙台節、博多節、安来節(やすきぶし)の源流をなしている。「雨ではことづけ、風では便り」と唄い出し、願をかける文句のあと、「表はドンチャン、裏からコッソリ」の囃子詞(はやしことば)がつく。発音〈標ア〉0

いずも-ふどき【出雲風土記】地方誌。和銅六年(七一三)の中央官命によって出雲国司から報告した上申文書。天平五年(七三三)二月成立。編纂(へんさん)者は出雲臣広島。官命に応じて出雲国九郡の地理、産物、古伝承などを各郡ごとに記す。現存する五つの風土記のうち唯一の完本。出雲国風土記(いずものくにのふどき)。→古風土記(こふどき)。発音〈標ア〉ド〈京ア〉ズ＝ド／0＝ド

いずも-へいや【出雲平野】島根県東部の沖積平野。斐伊(ひい)川、神戸(かんど)川の流域に発達。簸川(ひのかわ)平野。発音イズモヘイヤ〈標ア〉ヘ

いずも-まつり【出雲祭】〘名〙島根県大社町の出雲大社の五月一四日の例祭。明治四年(一八七一)に官幣大社に列せられた日を記念して祭日とした。的射(まとい)、流鏑馬(やぶさめ)等の神事が行なわれる。《季・夏》発音〈標ア〉マ

いずも-むしろ【出雲莚】〘名〙中古、出雲国(島根県)から産出した目の粗いむしろ。＊延喜式(927)六・神祇・斎院司「毎年禊祭料、出雲莚四枚。〈二枚社料。二枚夏座料〉」＊枕(10C終)一四九・いやしげなるもの「まことのいづもむしろの畳」＊堤中納言(11C中-13C頃)よしなしごと「むしろは荒磯海(ありそうみ)の浦にうつるなるいづもむしろにまれ、生(いき)の松原のほとりに出で来なる筑紫むしろにまれ」＊大乗院寺社雑事記-文正元年(1466)四月晦日「長櫃一合・出雲莚一枚事」発音〈標ア〉ム

いずも-やき【出雲焼】〘名〙楽山焼(らくざんやき)、布志名焼(ふじなやき)、袖師焼(そでしやき)、意東焼(いとうやき)、母里焼(もりやき)など、出雲国から産する陶磁器の総称。雲州焼。＊太郎坊(1900)〈幸田露伴〉「所へ細君は小形の出雲焼の燗徳利を持って来た」＊虞美人草(1907)〈夏目漱石〉一八「底を立てて出雲焼(イヅモヤキ)の皿に移すと、真中にある青い鳳凰の模様が」＊妻(1908-09)〈田山花袋〉七「出雲焼(イヅモヤキ)の火焙(てあぶり)」＊大川端(1911-12)〈小山内薫〉四一「出雲焼(イヅモヤキ)の古風な飯茶碗」発音〈標ア〉0

いず-ら【何―】〘代名〙(「ら」は漠然とした空間をさす接尾語)不定称。①所在を問うのに用いる。どこ。どこいら辺。＊万葉(8C後)一五・三六八九「いはた野に宿りする君家人の伊豆良(イヅラ)とわれを問はばいかに言はむ〈遣新羅使人〉」＊落窪(10C後)一「いづら、櫛の箱のありつるは。あこぎといふさくじり居りて、早う取り隠してけり」＊書言字考節用集(1717)八「幾処等 イヅラ」②催促するのに用いる。さあさあ。どうした。＊蜻蛉(974頃)上・康保三年「『まだ魚(いを)なども食はず、今宵なんおはせばもろともにとてある。いづら』など言ひてもの参らせたり」＊源氏(1001-14頃)花宴「『頭中将、いづら、遅し』とあれば」＊宇治拾遺(1221頃)一四・一一「『ここは何事ぞ。とく笑はかし給へ。いづらいづら』とせめられて」③(多く「いずらは」の形で)反語で、所在を否定するのに用いる。どこにもな

い。＊古今(905-914)雑体・一〇一五「むつごともまだ尽きなくに明けぬめりいづらは秋の長してふ夜は〈凡河内躬恒〉」＊栄花(1028-92頃)月の宴「四宮帝がねと申し思ひしかど、いづらは。源氏の大臣の御婿になり給ひしに、事違ふと見えしものをや」 語誌 (1)「いづこ」「いづち」「いづれ」よりも、もっと漠然とした表現に用いる。(2)上代から、場所を表わす助詞を伴うことなく、また述語を伴わずそれ自身が述語であるような使い方がなされる。そこから、「いづく」が単に行為の場所や到着点がどこであるかを問うのに対し、「どこにあるか(行くか)」という所在そのものを問う用法が本来の用法であると考えられる。(3)どこにいるかという、所在を問う用法から、はやくその姿を見せなさいといった促しの心情を伴った呼び掛けにも用いられた。 発音 〈標ア〉イ 〈ア史〉鎌倉○●● 江戸○●○ 〈京ア〉0 辞書 日葡・書言・言海 表記 幾処等(書) 何(言)

いずらや いずら (物のありかを尋ね問うのに用いる語) どこにどこに。どこにあるの。どこにいるの。＊平家(13C前)一〇・内裏女房「年ごろははぢてみえ給はぬ女房の、せめての思ひのあまりにや、『いづらやいづら』とてはしりいでて、手づからふみをとってみ給へば」

イスラエル (Israel)(ヘブライ語 yisrā'ēl は、神が支配する、神と競う、などの意) ㊀「旧約聖書」において、ヤコブの子一二人に始まる一二部族からなる民族名。北西セム系の半遊牧民で、パレスチナからエジプトに移住。前一二世紀頃モーゼに導かれてカナンに至り、ダビデ、ソロモンのとき強大な王国として栄えた。ソロモンの死後、北のイスラエル王国と南のユダ王国に分裂、イスラエル王国は前七二一年新アッシリアに、ユダ王国は前五八六年新バビロニアに滅ぼされた。アケメネス朝ペルシア時代に復興するが、のち、ローマ帝国の支配下にあって独立に失敗、徹底的に鎮圧されて分散し、以後流浪の民族となった。ユダヤ人。ヘブライ人。＊旧約全書(1888)創世記・三二「其人いひけるは汝の名は重ねてヤコブととなふべからずイスラエルととなふべし」 ㊁西アジアの地中海東岸にある共和国。一九四八年イギリスの旧委任統治領パレスチナの大部分を領域に、世界じゅうに分散したユダヤ人の統一をめざしてイスラエル共和国として独立。首都はエルサレム。 発音 〈標ア〉ラ 〈京ア〉ラ／ラ

イスラマバード (Islamabad) パキスタン＝イスラム共和国の首都。インダス川上流に建設され、一九六七年に首都となる。 発音 〈標ア〉パ

イスラム 〖名〗(アラビア Islām 神に服従することの意)《イスラム》①「イスラムきょう(―教)」に同じ。＊外来語辞典(1914)〈勝屋英造〉「イスラム Islam (英) マホメットの開きし宗旨」 ②イスラム教を国教とする国々、あるいはイスラム文化圏をいう。 発音 〈標ア〉0

イスラム-きょう【―教】〖名〗七世紀前半、アラビア半島の西部、ヒジャーズ地方のメッカの人マホメットが、メッカ郊外のヒラー山中の洞窟でアラーの啓示を受けたことにより始まった宗教。啓示を集録したコーランを教典とする。教義の内容は信仰(イーマーン)と義務(イバーダード)に分けられ、前者はアラーを唯一全能の神と信ずること、天使の存在、啓示の真実、預言者の正統性、終末と来世の存在、最後の審判を信ずることであり、後者はイスラム教の五柱と呼ばれる信仰告白、礼拝、断食、救貧税、メッカへの巡礼の五つの義務を守ることである。偶像崇拝を認めない。預言者マホメットの死後もハリーファ(カリフ＝預言者の代理者の意)たちにより布教活動が続けられ、死後一〇〇年ほどの間に世界宗教となった。現在では、西南アジア、北アフリカ、東アフリカ、インド、中央アジア、東南アジア等に広まる。回教。マホメット教。フイフイ教。＊新しき用語の泉(1921)〈小林花眠〉「イスラム教(キョー) マホメット教におなじい」 発音 イスラムキョー 〈標ア〉0

イスラム-げんりしゅぎ【―原理主義】〖名〗(英 Islam fundamentalism の訳語) 西欧的近代化を否定し、イスラムの教えに基づく国家、社会を築こうとする運動。 発音 イスラムゲンリシュギ 〈標ア〉イ＝シュ シュ

イスラム-ぶんか【―文化】〖名〗イスラム教とアラビア語を背景とした文化。 発音 〈標ア〉ブ

イスラム-ほう【―法】〖名〗イスラム教徒の個人の内面から社会のあり方に至るまで、人間生活の全体にわたって具体的に規制する法体系。コーランやスンナを基礎に拡大したもの。聖法。シャリーア。

イスラム-れき【―暦】〖名〗イスラム教諸国で用いられている太陰暦の一種。一暦年を一二暦月とし、一暦月は二九日の月と三〇日の月が交互におかれ、新月の日を各月の第一日目としている。さらに三〇年を一期として、その間に一一日の閏日を挿入し、各期の第二、五、七、一〇、一三、一六、一八、二一、二四、二六、二九年の最終月を閏月とする。これによって一年は平年が三五四日、閏年は三五五日となり、太陽暦とは一〇日あるいは一一日の差ができる。預言者マホメットがメッカからメジナへ移った聖遷(ヒジュラ)の年の陰暦元旦(西暦六二二年七月一六日)がこの暦の紀元一年一月一日となっている。ヒジュラ暦。回教暦。マホメット暦。 発音 〈標ア〉ム

いすり【強請】〖名〗(「ゆすり」の変化した語) 人をおどかして、金品をねだりとること。＊歌舞伎・黒手組曲輪達引(1858)三幕「『わっちが強請(イスリ)だとえ』『知れたことだ』」＊塩原多助一代記(1885)〈三遊亭円朝〉五「能く他(ひと)の娘を攫っておいて、強談(イスリ)がましい事をおいひだが」 辞書 言海

いすり-ば【強請場】〖名〗(「ゆすりば」の変化した語) 芝居の世話狂言などで、ゆすりを演ずる場面。

いすり-ば〖名〗植物「みぞそば(溝蕎麦)」の異名。

い-する【衣】〖自サ変〗文 い・す〖自サ変〗衣服を身につける。＊野分(1907)〈夏目漱石〉三「寒に衣(イ)し、餓に食するは此人格を維持するの一便法に過ぎぬ」 発音 〈標ア〉ス

い-する【医】〖他サ変〗文 い・す〖他サ変〗病気をなおす。また、つかれ、かわき、痛みなどをやわらげる。いやす。＊文明本節用集(室町中)「耆婆〈略〉平生窃持二薬王樹枝一、照二見人之五臓病根一、医(イス)之」＊西国立志編(1870-71)〈中村正直訳〉一一・四「これを医するには、ただ適宜労働の一法あるのみ」＊花柳春話(1878-79)〈織田純一郎訳〉一「一日の脚労を医せよ」＊国語−晉語・八「上医医レ国、其次疾人、固医官也」 補注 田山花袋の「東京の三十年−KとT」に「その傷痍の痕の痛みをいくらか医す膏薬位には役立つことは出来たのである」とあるように四段活用化した例も見られる。 発音 〈標ア〉ス 辞書 文明 表記 医(文)

い-する【委】〖他サ変〗文 ゐ・す〖他サ変〗①まかせる。ゆだねる。＊色葉字類抄(1177-81)「委 ヰス 任彼也」＊名語記(1275)五「委すといへる、如何。これは、附属の詞にいへり。委附もおなじ。諸事をくはしく、いひさづくる心なるべし」＊江戸繁昌記(1832-36)三・侠客「常に手帕を放たず、或は肩端に委し、或は頭上に安んじ」＊春秋左伝−文公六年「予二之法制一、告二之訓典一、教二之防利一、委二之常秩一」 ②ある状態や他人の行為などに、逆らわないでまかせる。なすがままにする。＊紫(1901)〈与謝野鉄幹〉日本を去る歌「空しく北夷の蹂躙に委(イ)したる」＊社会百面相(1902)〈内田魯庵〉附録「若し深く心を用ゐず漫に一小俗吏の手に委(ヰ)し其稟申(りんしん)に由て直ちに禁止の命令を伝ふるものならば」＊肉弾(1906)〈桜井忠温〉一二「我れ一度之を収めたる上は、などて再び敵手に委(ヰ)すべきぞ」 ③捨てる。ほうっておく。＊細君(1889)〈坪内逍遙〉三「交遊に笑はるれば婦人の名誉は泥に委(ヰ)し」＊火の柱(1904)〈木下尚江〉二一・五「一点の汚塵だも留めたるなき一輪の白梅、あはれ半夜の狂風に空しく泥土に委(ヰ)すらんか」＊春秋左伝−昭公元年「若野賜レ之、是委二君貺於草莽一也」 発音 〈標ア〉ス 辞書 色葉 表記 委(色)

いす・る【揺】〖他ラ五(四)〗(「ゆする(揺)」の変化した語) ①ゆり動かす。 ②(強請) いいがかりなどをつけて金銭をおどしとる。 方言 子供がやんちゃを言う。せがむ。ねだる。島根県725 発音 〈標ア〉0 辞書 〈ボン・言海〉

い-する【慰】〖他サ変〗文 ゐ・す〖他サ変〗なぐさめる。いたわりねぎらう。心を落ち着かせる。＊太平記(14C後)二六・正行参吉野事「叡慮先憤を慰(イ)する条、累代の武功返返(かへすがへす)も神妙(しんべう)也」＊中華若木詩抄(1520頃)中「細々参りあいて、旅客を慰しつるに」＊読本・忠臣水滸伝(1799-1801)前・一回「義貞が亡霊を慰すべし」＊花柳春話(1878-79)〈織田純一郎訳〉一三「請ふ暫らく憩ふて長途の労を慰せよ」＊詩経−邶風・凱風「有二子七人一、莫レ慰二母心一」 発音 〈標ア〉ス

い-ずる【弋・弋射】〖名〗飛んでいる鳥を射るのに、矢に糸をつけて、その体に巻きつく装置のしてあるもの。いぐるみ。＊十巻本和名抄(934頃)二「弋射 唐韻云弋〈以豆留〉射也」＊色葉字類抄(1177-81)「弋射 イツル 又ヨコヤイル 欲為事歟」 語源説 (1)イヅル(射蔓)の意〔箋注和名抄〕。糸をツル(蔓)と見たもの〔大言海〕。(2)イヅル(射釣)の意〔東雅・和訓栞〕。 辞書 和名・色葉・名義・易林 表記 弋射(色・名・易) 弋(和)

いず・る【譲】〖他ラ四〗「ゆずる(譲)」の変化した語。

いず・る〖自ラ四〗座する。すわる。＊浜荻(久留米)(1840-52頃)「いづる 座することなり」

いするぎ【石動】富山県小矢部(おやべ)市にある地名。江戸時代は北陸街道の宿場町。＊俳諧・玉海集(1656)一「さかせんと枝や石動花のかせ〈貞室〉」＊俳諧・口状(1723)「愚老は此度も石動にて和漢文操を見てもらひ、あしき所は直して貰ひ申候」 発音 イスルギ 〈標ア〉0

いず-れ【何―・孰―】㊀〖代名〗不定称。おもに個々の事物からの選択を示す。→いずれか。①多くの事物の中から一つを取り出して示す。どれ。＊万葉(8C後)一八・四〇八九「百(もも)鳥の 来居て鳴く声 春されば 聞きのかなしも 伊豆礼(イヅレ)をかきてしのはむ〈大伴家持〉」＊源氏(1001-14頃)桐壺「いづれの御時にか、女御更衣あまたさぶらひ給ひける中に」＊色葉字類抄(1177-81)「孰与 イツレ 何焉 同」＊平家(13C前)一一・那須与一「いづれもいづれも晴ならずといふことなし」 ②二つの事物のうち、一方を選んでいう。どちら。どっち。＊土左(935頃)承平五年一月二一日「わが髪の雪と磯(いそ)べの白波といづれまされり沖つ島守」＊今鏡(1170)二・手向「末つ方に、『極楽と兜率と、いづれをか願ふ』と宣はせければ」＊中華若木詩抄(1520頃)中「何れが主やら、何れが客やら、知らぬぞ」 ③わからない場所をさす。いずこ。どこ。＊小学読本(1873)〈田中義廉〉三「此舟は、何れの方へ行くや」＊落語・皺め(1896)〈三代目柳家小さん〉「これはこれは何(イヅ)れからお出でに成った」 ㊁〖副〗①いずれにしても、の意。少し違いがあっても結局は。どのみち。どちらにせよ。＊虎寛本狂言・文相撲(室町末−近世初)「『扨今のは某がまけか』『何れ御勝とは見えませぬ』」＊三体詩素隠抄(1622)三・三「いつれ見るにつけ、聞くにつけ、すさまじき事ばかりなるべしとぞ」＊浄瑠璃・八百屋お七(1731頃か)中「雪に身内は冷へぬきて顔見ぬ内に消ゆる身と、泣音もいづれ弱げ也」＊滑稽本・浮世風呂(1809-13)三・上「器はいづれ新しいから、奇麗な事は百も承知で居て」＊蓼喰ふ虫(1928-

29)〈谷崎潤一郎〉六「いづれ君のやうな閑人のやる事だな」 ②（多く、「また」「そのうち」などの語を伴うが、現在では単独でも用いる）そう遠くない将来において。近々。「いずれ参ります」 ＊人情本・閑情末摘花(1839‐41)一・三回「何(イヅ)れ都合して二三日中にゃア出かけ様と思ふから」 ＊浮雲(1887‐89)〈二葉亭四迷〉三・一三「いづれ考えてから、またそのうちに」 補注 ㊀の用例でもわかるように、不定称ではあるが、結局個々の事物の中に該当するものがあるというのが元来の用法である。→いずら。 方言 ❶なにしろ。どうしても。高知県862 ❷たいそう。たくさん。高知県中村市864 幡多郡870 語源説 (1)レはカレ・コレ・ソレのレに同じ〔国語溯源＝大矢透〕。(2)イヅクタレ(何国誰)の略〔名言通〕。 発音〈標ア〉⓪〈ア史〉平安〜室町○●● 江戸○○●〈京ア〉⓪ 辞書 色葉・名義・和玉・文明・黒本・易林・日葡・書言・〈ボン〉・言海 表記 何(色・名・玉・文・易・書・ヘ・言) 孰(名・玉・文・易・書) 孰与(色・名・文・黒) 何焉(色・名) 誰(名・玉) 去来(色) 詎・幾・曷(名) 甚・那・伊・胡・底(玉) 孰若(文) 甚麼・什麼(書)

いずれ 菖蒲(あやめ) （源頼政がぬえ退治で菖蒲前という美女を賜わるに当たって、同じような美女一二人の中から菖蒲前を選ぶよう命じられた時よんだ和歌「五月雨に沢辺の真薦水越て何れ菖蒲(アヤメ)と引ぞ煩ふ〔太平記‐二一・塩冶判官讒死事〕」によるという）どれもすぐれていて選択に迷うことにいう。 ＊雑俳・削かけ(1713)「見くらべる・いづれあやめと引ぞわづらふ」 ＊洒落本・遊子方言(1770)夜のけしき「猶もすががきの音にうかされて、五つの町をめぐり、いづれあやめと見れば」 ＊雑俳・柳多留拾遺(1801)巻二「山椒みそ何れあやめのかしは餅」 発音〈標ア〉⓪

いずれ 菖蒲(あやめ) **か 杜若**(かきつばた) （「あやめ」も「かきつばた」も同科の花で区別しにくいところから）「いずれ(何)菖蒲(あやめ)」に同じ。

いずれ か ①二者(あるいはそれ以上)のうち、どれが選ばれるかという疑問や反語を表わす。どれが…か。どちらが…か。㋑疑問を表わす。 ＊後撰(951‐953頃)恋四・八八八「帰るべき方も覚えず涙河いづれか渡る浅瀬なるらん」 ＊源氏(1001‐14頃)夕顔「げにいづれか狐なるらんな。ただはかられ給へかし」 ＊徒然草(1331頃)一八八「一生のうち、むねとあらまほしからん事の中に、いづれかまさるとよく思ひくらべて」 ㋺反語を表わす。 ＊古今(905‐914)仮名序「生きとし生けるもの、いづれか歌をよまざりける」 ＊大唐西域記長寛元年点(1163)五「功孰(イヅレカ)焉(これ)より大ならむ。幸に辞(いな)ぶこと无かれ」 ②（①の誤用から）どれもこれも。どちらも。 ＊謡曲・忠度(1430頃)「げに漁(いさ)りの海人小舟(あまをぶね)、藻塩の煙松の風、いづれか淋しからずといふことなき」 ＊浮世草子・西鶴織留(1694)三・一「されば近年人のありさまを見るに、いづれか愚かなるはひとりもなし」 発音〈標ア〉⓪ 辞書 文明・書言・言海 表記 孰(文・書)

いずれ ぞ ①問題にしている点について、二者(あるいはそれ以上)のうち、どちらであるかを問う語。どちらか。 ＊源氏(1001‐14頃)花宴「いづれぞと露の宿りをわかむまに小笹が原に風もこそ吹け」 ②何故に。どうして。 ＊聖語蔵本成実論天長五年点(828)二三「答曰、余の三諦をいふのは云何(いつくにかそ 別訓 イツレソ)」

いずれ と なし どちらがどうということもない。同じようだ。優劣がつかない。 ＊宇津保(970‐999頃)楼上上「若君もおはしたり。いづれとなく。さまざまにきよらにうつくしげにおはする」 ＊源氏(1001‐14頃)若菜下「いづれとなき中に、琵琶は、すぐれて上手めき神さびたる手づかひ、澄みはてておもしろく聞ゆ」

いずれ とも なし 「いずれ(何―)となし」に同じ。 ＊枕(10C終)三五・小白河といふ所は「色あひの花ばなど、いみじう匂ひあざやかなるに、いづれともなき中の帷子(かたびら)を」 ＊拾遺(1005‐07頃か)雑下・五一〇「おほかたの秋に心はよせしかど花見る時はいづれともなし〈俊子〉」

いずれ に ①どのみち。どうせ。いずれにせよ。 ＊土井本周易抄(1477)二「いつれに天下にわざある程に事とよませたぞ」 ＊寛永刊本蒙求抄(1529頃)八「又算術を秘して云ぬか、いづれに心得ぬぞ」 ＊三体詩絶句鈔(1620)六「此千牛は何れに、大名富貴なる者ぞ」 ②そのうちに。近々に。遠からぬうちに。 ＊洒落本・北廓鶏卵方(1794)一「いづれにてめへと一生そふ気だから、今迠延延にしたのサ」 発音〈標ア〉⓪

いずれ に しても どのみち。どうせ。 ＊蓑虫と蜘蛛(1921)〈寺田寅彦〉「いづれにしても昆虫の世界に行はれると同じやうな闘争の魂があらゆる有脊椎動物を伝はって来て」 ＊夜明け前(1932‐35)〈島崎藤村〉第一部・下・一〇・二「大平(おほだひら)峠を越えるか、梨子野峠を越えるか、いづれにしても奥山の道を辿らねばならない」 発音〈標ア〉テ

いずれ に せよ 「いずれ(何―)にしても」に同じ。 ＊流人島にて(1953)〈武田泰淳〉「いづれにせよ、『任務』を果たすため、明日は阿修羅ヶ原へ赴かねばならぬ」 発音〈標ア〉セ

いずれ の 緒(お) （「琴の音に峰の松風通ふらし何れの緒よりしらべそめけん(拾遺‐雑上)」の歌から）「こと(琴)」の異称。 ＊雑俳・柳多留‐二六(1796)「おめかけはいづれの緒よりだか知らず」 ＊雑俳・柳多留‐四四(1808)「何れの緒でも一曲と娵をさめ」

いずれ の 道(みち) **でも**〔＝道(みち)〕 「いずれ(何―)にしても」に同じ。 ＊浄瑠璃・博多小女郎波枕(1718)中「いずれの道でも命有中、一夜も爰(ここ)では明されず、エエ是非に及ぬ惣七が運も是迄」 ＊人情本・春の若草(1830‐44)二・一〇回「いづれのみちこのうちへおいちゃアきのやすまる事にはいくまいが」

いずれ も ⇩親見出し

いずれ を いずれ どちらがどれということもない。どれもこれも。 ＊滑稽本・浮世床(1813‐23)初・上「軽庵口の口入所は、縁談の世話印判の墨。孰(イヅレ)を孰(イヅ)れ地口のごとく、御町便小使無用(おんまちだよりこづかひむよう)、孰(イヅレ)を孰(イヅ)れ謬誤(あやまり)なるべし」

いずれ を 見(み)**て も 山家育**(やまがそだ)**ち** どれをとってみても、身分の卑しい田舎育ちばかりで、役にたちそうな者はひとりもいないの意。「菅原伝授手習鑑‐寺小屋の段」の武部源蔵のせりふとして有名。 ＊浄瑠璃・菅原伝授手習鑑(1746)四「ヱヱ氏(うぢ)より育といふに、繁花の地と違ひ、いづれを見ても山家育(ソダチ)、世話がいもなき役に立ずと」 ＊滑稽本・東海道中膝栗毛(1802‐09)初「いづれを見ても山家(ヤマガ)そだち、身がはりにするつらがあるものか、ろくなくびはひとつもない」

いずれ-も いづれ:【何―・孰―】『代名』 ①他称。複数の人を指す。中世から近世にかけて用いられた。 ＊虎明本狂言・雁盗人(室町末‐近世初)「はやおのおのへ人をやったれは、いつれもござらうと仰らるるが、何としたものじゃあらう」 ＊浮世草子・好色盛衰記(1688)一・一「其後(そののち)大夫は末社のいづれもお床によびよせ」 ②対称。複数の人を指す。中世から近世にかけて用いられた。→いずれもさま②。 ＊虎寛本狂言・右近左近(室町末‐近世初)「ハア、何れも近来(ちかごろ)御太儀に存じまする」 ＊浮世草子・西鶴織留(1694)四・二「いづれもはお気が付ますまい」 ＊歌舞伎・幼稚子敵討(1753)六「是は是はいづれも、よふ御出なされた」 ③複数の事物を指す。どれも。 ＊虎明本狂言・夷大黒(室町末‐近世初)「汝がのぞむ、金銀珠玉、いつれもいつれも、ほしい物を心のままに、つりとるつりばりを」 ＊尋常小学読本(1887)七〈文部省〉「或は大なるもあり、小なるもありて、何れも他の同じ大さの虫に比ぶる時は、力強く、且りこうなるものの如し」 ④結局。とにかく。いずれにしても(日葡辞書(1603‐04))。 語誌 (1)ある範囲からの選択を示す「いづれ」に係助詞「も」のついたものが一語化したもの。(2)そこにいる人全部を敬意を含んで指し示す人称代名詞として用いられたが、近世には敬意が低くなり、それを補うように「いづれもがた」「いづれもさま」などが用いられるようになった。 発音〈標ア〉⓪ レ〈京ア〉レ 辞書 日葡

いずれも-がた いづれも:【何方】『代名』 ①近世語。他称。複数の上位者を指す。 ②近世語。対称。複数の上位者を指す。 ＊歌舞伎・幼稚子敵討(1753)二「ヤ、今日はいづれも方の幸(さいはひ)の参会でござる故、申そふと存て居りましたが」 ＊人情本・いろは文庫(1836‐72)二五・五〇回「何(イヅ)れも方(ガタ)御覧なせへ」 語誌 「いずれもさま」と同じとする説もあるが、「いずれもがた」の方が敬意が軽く、おそらく位相的な偏り(使用者は男性、特に武士が多いなど)が考えられる。 発音 イズレモガタ〈標ア〉モ

いずれも-さま いづれも:【何様】『代名』 ①他称。複数の上位者を指す。皆様。 ＊歌舞伎・傾城金秤目(1792)五「何れも様もおとりこみ、兄さん後方」 ②対称。複数の上位者を指す。「いずれも」より敬意が高い。→いずれもがた②。 ＊虎寛本狂言(室町末‐江戸初)右近左近「是は何れも様近頃御苦労に存まする。御免有(な)りませう」 ＊浄瑠璃・八百屋お七(1731頃か)中「コレハコレハいずれも様、めづらしからぬ饗応(もてなし)にかへって御苦労かけまする」 ＊歌舞伎・韓人漢文手管始(唐人殺し)(1789)一「それお免(ゆる)しが出た。いずれも様」 発音〈標ア〉レ

いすろ-ごい いすろごひ『名』 争いや喧嘩(改正増補和英語林集成(1886))。

いすろ-ご・う いすろごふ『自ハ四』 語義未詳。心勇み、心勇み争う、の意か。 ＊延喜式(927)祝詞・大殿祭「皇御孫命の同じ殿の裏(うち)に塞(さや)り坐して参入り罷出る人の選び知ろしめしし神等の伊須呂許比(イスロコヒ)あれび坐すを言直し和(やは)しまして」 補注 語形を「いすこぶ」とする説や「いすろこび」で名詞とする説もある。 語源説 (1)イサカヒという義であろう〔延喜式祝詞解〕。(2)イスロ(息進)コロビの義〔日本語源＝賀茂百樹〕。

い-すわり ゐ:【居坐・居据】『名』 ①すわったまま動かないこと。同じ場所や地位や状態にずっととどまること。また、そのさま。 ＊病牀六尺(1902)〈正岡子規〉五九「二十年一日の如く働いて居るが月給も二十年居据りである」 ＊坑夫(1908)〈夏目漱石〉「身体(からだ)が動かないから、心も働かないのか、心が居坐(ヰスワ)りだから身体が怠けるのか」 ＊苦心の学友(1930)〈佐々木邦〉試験の成績「僕は君と約束したぐらゐ上れる積りだが、若し居据(ヰスワ)りだったらどうする？」 ②江戸三座の名題俳優が、毎年一一月の交代期にも交代しないで次年度も続いて同じ座に出勤すること。現在も座組の変更にかかわらず、継続してその座に出演することをいう。また、寄席芸人が同じ寄席に連続出演すること。 ③取引相場で、値が上がりも下がりもしない状態。〔取引所用語字彙(1917)〕 方言 ❶座ったまま動かないこと。◇いずわり 山口県豊浦郡798 ❷毎日。毎日。度々。岡山県児島郡763 発音〈標ア〉⓪〈京ア〉⓪ 辞書 言海 表記 居坐(言)

い-すわり-ごうとう ゐすわりガウタウ【居坐強盗】『名』 物売りなどに見せかけて家に入り、すわりこんで金品を強迫する強盗。 発音 イスワリゴートー〈標ア〉ゴ

いすわり-こ・む【居坐込】〘自マ五(四)〙 人の迷惑を顧みず、人の所や地位にすわったまま動かないでいる。＊海辺の光景(1959)〈安岡章太郎〉「かへって客に居坐りこまれたやうな気持にさへなってきた」 発音〈標ア〉コ

いすわり-せんじゅつ【居坐戦術】〘名〙 相手方に会見を求め、話の要領を得るまではその場を動かない戦術。 発音〈標ア〉セ

い-すわ・る【居坐・居据】〘自ラ五(四)〙 ①すわったまま動かないでいる。同じ場所、地位などにずっといつづける。また、一般に、もとのままの状態で動かない。＊中華若木詩抄(1520頃)上「梅梢に双立すると云は、居すはりはせいで、梅の梢にかた足にて居た也」＊和英語林集成(初版)(1867)「フネガ iszwatta（イスワッタ）」＊社会百面相(1902)〈内田魯庵〉老俗吏「辞職しやうと思ったのが矢張(やっぱり)居据って了う」＊こがね虫たちの夜(1968)〈五木寛之〉九「その年の冬は、長く居坐っていた」 ②相場などが固定している。＊交易問答(1869)〈加藤弘之〉上「併丸で初から交易をしなければ、諸色が始終下直(やすい)なりに居すわって居るから、其方が猶よいではござらんか」 発音〈標ア〉ワ〈京ア〉0 辞書 書言・ヘボン・言海 表記 鍜(書・ヘ) 居坐(言)

い-す-を-さす〘連語〙 密告することをいう、盗人仲間の隠語。〔日本隠語集(1892)〕

いせ【僻】〘名〙 似て非であること。まやかし。えせ。＊永久百首(1116)雑「いせならば僻事(ひがごと)ぞとや思はまし山と成てふみまさかの池〈源忠房〉」＊袋草紙(1157-59頃)上「伊勢物語〈略〉其名目有二二義一。有二密事一之故、為レ称二僻事一之由、号二伊勢物語一。諺、伊勢は僻言歟也」 補注「えせ(似非・以非)」の変化した語か。一説に「伊勢人はひがごとす」などのことわざから、ひがごとの意を「伊勢」といったとする。

いせ の 物語(ものがたり) いかがわしい物語。えせ物語。→伊勢人(いせびと)は僻言(ひがごと)す。＊枕(10C終)八二・頭の中将の、すずろなるそら事を「あやしう、いせの物がたりなりやとて見れば」 補注「枕草子」の用例は、「春曙抄」では、「伊勢物語-八四」の「しはすばかりにとみのこととて御文あり」により、「急用の意」と解する。

いせ【伊勢】 一 (一)東海道十五か国の一つ。古くから皇大神宮の鎮座地として開け、大化改新で一国となる。以後、平、北畠、織田の支配を経て江戸時代は六藩に分かれ、幕府の直轄地山田には奉行が置かれた。廃藩置県後、安濃津、度会(わたらい)県となり、明治九年(一八七六)合併して三重県となる。勢州。神国。＊古事記(712)下「伊勢(イセ)の国の三重の婇、大御盞(おほみうき)を指挙(ささ)げて献りき」＊書紀(720)景行四〇年是歳「便(すで)に伊勢(イセ)に移りて、尾津に到りたまふ」 (二)三重県中部、志摩半島北側にある地名。伊勢神宮の鳥居前町として発展。明治三九年(一九〇六)宇治山田市として市制。昭和三〇年(一九五五)改称。 (三)旧日本海軍の戦艦。大正六年(一九一七)完成。第二次大戦中、航空戦艦に改装。広島県呉(くれ)で爆撃を受けて大破。排水量三万六千トン。 (四)「いせじんぐう(伊勢神宮)」の略。＊徒然草(1331頃)二〇二「さる事ならば、伊勢にはことに祭月とすべきに、その例もなし」 (五)「いせものがたり(伊勢物語)」の略。＊雑俳・柳多留-一九(1784)「むかしむかしあったとさといせしるし」 (六)「たけむらいせ(竹村伊勢)」の略。＊洒落本・遊僊窟烟之花(1802か)一「伊勢が玉露糖の土用見まひの折は相かはらねど」 二〘名〙 ①「いせ(伊勢)の御師(おし)」の略。②「いせごよみ(伊勢暦)」の略。 語源説 (1)イセ(五十瀬)で、瀬が多い意〔日本書紀通証・和訓栞〕。(2)飯稲であろう〔槻の落葉信濃漫録〕。(3)イソ(磯)の転〔日本古語大辞典＝松岡静雄〕。(4)アイヌ語で、Iは音調を示し、seは発する意。音のする所の意〔アイヌ語より見たる日本地名研究＝バチェラー〕。 発音〈標ア〉イ〈京ア〉イ〈ア史〉平安～室町●○と●●の両様 江戸●○ 辞書 和名・色葉・文明・伊京・明応・天正・饅頭・黒本 表記 伊勢(和・色・文・伊・明・天・饅・黒)

いせ 移(うつ)**す** 伊勢神宮の祭神、天照大神を他所へ請い迎える。伊勢のみたまを勧請(かんじょう)する。いせうつしする。＊浮世草子・西鶴諸国はなし(1685)一・四「宮木を引、萱を苅り、ほどなふ伊勢(イセ)うつしてあがめるにしたがひ」

いせ 清(きよ)**め の 雨**(あめ) 陰暦九月一八日に降る雨。伊勢神宮の内宮、外宮の御遷宮の行事の後に降る雨の意という。＊譬喩尽(1786)一「伊勢清(キヨ)めの雨(アメ)毎年九月一八日の雨をいへり」

いせ の 海人(あま) 伊勢国の海人。＊万葉(8C後)一一・二七九八「伊勢乃白水郎(いせのあま)の朝な夕なに潜(かづ)くといふ鰒(あはび)の貝の片思(かたもひ)にして〈作者未詳〉」＊宇津保(970-999頃)国譲中「いせのあまもみるめをかへしかづきせばうきに心はしづまざらまし」

いせ の 斎宮(いつきのみや) ①「いつきのみや(斎宮)②」に同じ。＊続日本紀-文武二年(698)九月丁卯「遣二当耆皇女一侍二于伊勢斎宮一」 ②「いつきのみや(斎宮)③」に同じ。＊伊勢物語(10C前)六九「かの伊勢の斎宮なりける人の親、『つねの使よりは、この人よくいたはれ』といひやりければ」

いせ の 海(うみ) ⇨親見出し

いせ の 大枡(おおます) 伊勢神宮の外宮の子良館で御饌米(ごせんまい)を量るための枡。京枡の約六升九合五勺(一二・五リットル)にあたる。おまがり升。

いせ の 御師(おし) （「御師」は暦や御祓(おはらい)を配った下級の神官のこと）伊勢神宮に属して、暦や御祓を配り、また、参拝者の案内や宿をした神職。伊勢太夫。＊浄瑠璃・碁盤太平記(1710)一「お祓いくばりのいせのおし」＊浄瑠璃・菅原伝授手習鑑(1746)三「伊勢の御師か何ぞの様に白太夫とお付なされた」＊雑俳・柳多留-五(1770)「いせの御師扨(さて)銭の無いさかりに来」

いせ の 御田植(おたうえ) ①伊勢の皇大神宮の神田で行なう田植えの儀式。三重県伊勢市楠部の神田では五月二〇日頃、三重県志摩郡磯部町の神田では、六月二四日に行なう。御田祭。御田扇。《季・夏》＊俳諧・俳諧筆真実(1787)五月「神祇釈教之部〈略〉伊勢御田植」 ②旧暦五月中の一日、田植えを忌む日。期日は土地により違うが、伊勢神宮の田植え日として、常人は遠慮して田植えをしないとされる。

いせ の 御祓(おはら)**い** 伊勢神宮発行のお守りやお札。神札。＊御湯殿上日記-明応七年(1498)四月一三日「いよとのいせの御はらゐのはこ、あわ百まいる」＊日葡辞書(1603-04)「Ixeno vofarai（イセノヲハライ）〈訳〉カミ(神)のお参りに行った巡礼者達が伊勢の国から持ち帰るある種の箱」＊俳諧・成美家集(1816)上・春「かげろふやいせの御祓捨てある」 辞書 日葡

いせ の 神垣(かみがき) ①伊勢神宮の垣根。転じて、伊勢神宮のこと。＊光悦本謡曲・野宮(1470頃)「伊勢の神かきへたてなく、法の教への道すくに、爰に尋ねて宮所」 ②皇后などのお産の時、寄りかかるための蒲団。＊後宮名目(14C前-中か)三「伊勢の神垣は、御産に臨ませ給ふ時の、御よりそひの物なり。大さ御清所の御厨子棚の大さにして中に細綿を入侍ると云々」 ③皇后のお産の時、守護する人。

いせ の 神風(かみかぜ) 伊勢神宮の威力によって、吹き起こされる神風。＊風雅(1346-49頃)神祇・二一二二「かたそぎの千木は内外に変れども誓ひは同じいせの神風〈度会朝棟〉」

いせ の 国奉行(くにぶぎょう) 「いせまちぶぎょう(伊勢町奉行)」に同じ。＊徳川実紀-万治元年(1658)閏一二月五日「伊勢国奉行石川大隅守正次にいとま下され、美濃国奉行岡田将監善政に内宮造営奉行命ぜられ」

いせ の 鍬神(くわがみ) 江戸時代、願人坊主(がんにんぼうず)が下級の神人をよそおい、家の軒に立って、禍福吉凶を説いて合力(ごうりき)を乞い歩いたもの。伊勢神宮には無関係。「鹿島の事触れ」の類。

いせ の こうやま 方言 ⇩いせこやま(伊勢―)

いせ の 斎宮寮(さいぐうりょう) 斎宮に関するいっさいの事を扱った役所。＊故実拾要(1720頃)一三「伊勢斎宮寮、頭、相当従五位下 無唐名〈略〉是伊勢斎宮に立玉ふ皇女の事を掌る也」 辞書 文明 表記 伊勢斎宮寮(文)

いせ の 祭主(さいしゅ) 伊勢神宮の長官。＊紫式部日記(1010頃か)寛弘五年九月一五日「大輔 伊勢のさいしゅ輔親が女」＊とはずがたり(14C前)四「いせのさいしゅがゆかりあるに」

いせ の 小食(しょうしょく)**に 信濃**(しなの)**の 大食**(たいしょく) 伊勢の人は伊勢乞食(いせこじき)といわれるように節約のため小食で、信濃の人は出かせぎをして働くので大食である。＊譬喩尽(1786)一「伊勢の小食(セウショク)に信濃の大食(タイショク)といへり」

いせ の 上人(しょうにん) 伊勢国宇治山田(三重県伊勢市)の尼寺慶光院の住職の称号。この寺の三世清順が諸国に勧進(かんじん)して、宇治橋を作りかえた功績によって後奈良天皇から上人の称号を賜わったのにはじまる。住職は江戸時代までは宮家の息女がなり、伝奏を経て、ただちに紫衣を許された。いせしょうにん。＊随筆・年山紀聞(1702)一「伊勢の上人。永禄元年日記(記者不詳)、後六月三日、中山亜相(神宮伝奏)被レ談云、去月廿三日神宮(外宮)上棟無事令二沙汰一之由、注進有レ之、或比丘尼号二上人一〈註〉先皇御代被レ下二上人号一、女房御例歟、名はし号二慶光院一」＊伊勢参宮名所図会(1797)四「伊勢上人(イセシャウニン)〈註〉中の切右の方にあり慶光院と号す。禅家の尼寺なり、世に上人の位にすすみて、伊勢上人と称して寺号を称せず」

いせ の 除夜(じょや) 一二月晦日(みそか)の夜、伊勢神宮に参詣して、代官、庄屋その他の者の非行を嘲笑した風俗。→千葉笑い。＊雑俳・柳多留-九三(1827)「売ことば買のも神事いせの除夜」

いせ の 茶屋(ちゃや) 伊勢国明星(みょうじょう)村(三重県明和町)の茶屋。ここで伊勢神宮の参詣者は身を清めて参拝に向かった。明星が茶屋。＊雑俳・馬たらひ(1700)「ならんだり・星の名をつく伊勢の茶屋」

いせ の 使(つか)**い** 朝廷から伊勢神宮へ遣わされる勅使。毎年の神嘗祭(かんなめさい)の例幣使(れいへいし)、臨時の祭の奉幣使(ほうへいし)などをいう。＊西宮記(969頃)一八・伊勢使「伊勢使 当日早旦沐浴、次修レ禊〈略〉、次給二陰陽師禄一」＊中右記-永長元年(1096)六月一五日「伊勢使給二幣物一、次召二使王一、給二宣命一了」

いせ の 出店(でみせ・でだな) 伊勢商人が江戸、京都などに出した商店。＊俳諧・蕪村句集(1784)春「のうれんに東風吹いせの出店哉」

いせ の 禰宜(ねぎ) 「いせ(伊勢)の御師(おし)」に同じ。＊雑俳・楊梅(1702)「気をつけて・坊主を見出すいせの禰宜」＊雑俳・楊梅(1702)「くちぐちに・立ちてお宿と伊勢の禰宜」

いせ の 浜荻(はまおぎ) ①伊勢国の浜辺に生えている荻。＊万葉(8C後)四・五〇〇「神風の伊勢乃浜荻(イセのはまをぎ)折り伏せて旅宿(たびね)やすらむ荒き浜辺に〈碁檀越の妻〉」＊御伽草子・唐糸草子(室町末)「いせのはまおぎ、難波の蘆、鎌倉山や武

蔵野の、草の名多しと申せども、しぼりはぎくにしくものは候はじ」 ②植物「あし(葦)」の異名。＊謡曲・歌占(1432頃)「神風や、伊勢の浜荻名を変へて、葦(よし)といふも蘆(あし)といふも、同じ草なりと聞くものを」 語誌 (1)①の「万葉-四・五〇〇」の歌は平安以降も「柿本集」「古今六帖」「新古今集」に見られ、これを本歌として「伊勢の浜荻」が多く詠まれた。(2)浜荻を葦の異名とするのは、「嘉応二年住吉社歌合」の俊成の判詞「かの神風伊勢しまには、はまをぎと名づくれど、難波わたりにはあしとのみいひ、あづまの方にはよしといふなるがごとくに」などによる。(3)「菟玖波集-雑・三」の「草の名も所によりてかはるなり難波の芦は伊勢の浜荻〈救済〉」にもとづき、「浜荻」は、近世方言書の書名とされた(庄内、仙台、久留米)。 発音 イセノハマオギ〈標ア〉イ

いせの浜荻(はまおぎ)**難波**(なにわ)**の蘆**(あし) 伊勢国で浜荻というのは、大阪でいう蘆のことである。場所によって同じ物の呼び名が変わることのたとえ。難波の蘆は伊勢の浜荻。＊御伽草子・唐糸草子(室町末)「いせのはまおぎ、なにはのあし、鎌倉山や武蔵野の草の名多しと申せども」＊浄瑠璃・吉野都女楠(1710頃か)三「伊勢の浜荻なにはのあし、所にかはるは草の名よ」

いせの浜荻筆(はまおぎふで) (「伊勢の浜荻」と「難波の蘆」は同じ物ということから)蘆筆(あしふで)をいう。

いせの万宝(ばんぽう) 伊勢参宮の土産の玩具(がんぐ)。赤紙で巻いた一二センチ㍍ほどの細い竹の両端の口に赤い綿をつめて、その口から赤糸を出し、その中央に黄色に塗った土製の小鈴をむすびつけたもの。

いせの二柱(ふたはしら) 伊勢神宮にまつる二神、すなわち内宮の天照大神(あまてらすおおみかみ)と外宮の豊受大神(とようけのおおかみ)のこと。

いせの＝文(ふみ)[**＝状**(じょう)] 伊勢神宮の御師(おし)からの御祓(おはら)い、暦、案内などの書状。紋切り型であるので開封の必要がないとされた。＊雑俳・柳多留-一五一(1838-46)「封の儘置く初会文伊勢の文」

いせの風呂吹(ふろふ)**き** 伊勢国の蒸風呂(むしぶろ)で、息を吹きかけながら風呂にはいる人の垢(あか)を掻き落とすこと。また、それをする人。＊随筆・骨董集(1813)上・一七「伊勢の風呂吹。〈略〉伊勢人の物語を聞(きく)に風呂を吹(ふく)といふは空風呂にあることなり。これを伊勢の小風呂といふ。垢(あか)を掻(かく)者風呂に入(いる)者の身上(みうち)に息を吹かけて垢をかくなり」

いせの奉幣(ほうへい) 「いせ(伊勢)の例幣(れいへい)」に同じ。＊無言抄(1598)下・三「伊勢奉幣(ホウヘイ) 九月十一日なり 伊勢の海の波のしらゆふなどよめり これも連哥にはつかうまつりにくからんか」

いせの三河祭(みかわまつり) 三重県伊勢市の宮川で、陰暦五月八日に鮎を三千三百三十三尾とらえて、伊勢神宮の各社に奉納する儀式。《季・夏》

いせの奉幣使(みてぐらつか)**い** 伊勢神宮へ奉幣(ほうへい)するための勅使。毎月九月一一日に遣わされた。伊勢の使い。＊類従本紫式部日記(1010頃か)寛弘五年九月一一日「頭の中将頼定、けふ伊勢の奉幣使(みてぐらづかひ)、帰るほど、のぼるまじければ」＊栄花(1028-92頃)初花「伊勢のみてぐらづかひもまだ帰らざりつれば、内の御使ひ、えひたたけて参りゐず」

いせの世様(よためし) 正月一四日、伊勢神宮の庭で二本の柱を立てて月影をはかり、その年の豊凶をうらなったこと。《季・新年》＊俳諧・新季寄(1802)正月「神釈〈略〉伊勢世様(ヨタメシ) 十四日」

いせの留守(るす) 夫を伊勢参宮に出した留守。その間に妻が間男すると神罰が当たるといわれた。＊雑俳・川柳評万句合-明和六(1769)義四「いせの留守一としあんしていやといふ」＊雑俳・柳多留-一四(1779)「いせの留守女房あこぎな事をする」

いせの例幣(れいへい) 毎年の神嘗祭(かんなめさい)に、朝廷から伊勢神宮に勅使を派遣して幣(ぬさ)を奉らせること。＊日本紀略-康保元年(964)九月一一日「伊勢例幣也。内裏自二昨日一有二犬死穢一、仍不レ奉二宣命一、上卿者参二八省一行レ事」＊太平記(14C後)二四・朝儀年中行事「九月には、九日重陽の宴。十一日は伊勢の例幣(レイヘイ)祈年(としこひ)、月次(つきなみ)、神嘗(かんなめ)、新嘗、大忌風神」

いせの例幣使(れいへいし) 伊勢の例幣に遣わされる勅使。この勅使には中世以来、五位以上の王氏を卜定して任命し、中臣、忌部、卜部(うらべ)三氏が随従する。これを四姓の使いといい、常に九月一一日に出発し、二〇日に復命する。伊勢の使い。いせれいへいし。＊光台一覧(1775か)一「十一日伊勢の例幣使藤波殿常に伊勢の祭主と極れる家也」

いせは津(つ)**で持**(も)**つ津**(つ)**は伊勢**(いせ)**で持**(も)**つ尾張名古屋**(おわりなごや)**は＝新城**(しんしろ)[**＝城**(しろ)]**で持**(も)**つ** 伊勢は津の港があるために沢山の参拝客が来、津の港は伊勢への参拝客の利用でにぎわっている。尾張の名古屋は新しい城ができたために栄えている。＊譬喩尽(1786)一「伊勢は津(ツ)で持(モ)つ津(ツ)は伊勢で持つ尾張(オハリ)名護屋(ナゴヤ)は新城(シンシロ)で持(モ)つ」

いせへ七度(ななたび)**熊野**(くまの)**へ三度**(さんど) 信心はいくら深くしてもし過ぎないということ。また、信心を熱心にすることにいう。あとに、「愛宕様(山)へは月参り」と続けてもいう。＊浮世草子・風流比翼鳥(1707)八「有王おもひのあまり、伊勢へ七度、熊野へ三度、あたご様へは足を空(そら)になし日毎の参詣」＊浄瑠璃・糸桜本町育(1777)八「どうぞあいつばかりは、まめで達者で屋敷で出世をさせたいと、コリャ伊勢へ七度熊野へ三度愛宕様へは月参りをしられたわいやい」＊譬喩尽(1786)一「伊勢へ七度(ナナタビ)熊野(クマノ)へ三度(サンド)愛宕山へは月参り」＊滑稽本・東海道中膝栗毛(1802-09)二・上「扨(さて)もわれわれ、伊勢(イセ)へ七度(ナナタビ)熊野(クマノ)へ三度(サンド)、愛宕さまへは月参の大願を起し」

いせや日向(ひゅうが)**の物語**(ものがたり) 話の前後つじつまが合わないこと。互いの言動がくいちがっていること。また、物事の秩序、序列がよくわからないことにいう。＊伊勢物語知顕抄(1200-86頃)上「ある事の、次第不同にしてさだかならず、左ざまなる事を、いせやひうがのと言ひならはしたるなり」＊謡曲・雲林院(1426頃)「色を変へ花を摘みて、その品々もいかならん、げにげに伊勢や日向のことは、たれかは定めありぬべき」＊浮世草子・西鶴名残の友(1699)五・二「ひとつひとつほめらるる事皆伊勢(イセ)や日向(ヒウカ)なり」＊浄瑠璃・国性爺後日合戦(1717)参宮「知るも知らぬも大幣(ぬさ)のいせや日向(ヒウガ)の物がたり」 語誌 この語の由来について、「伊勢物語知顕抄」は「ある時、伊勢の男と日向の男が同時に死んだが伊勢の男にはまだ寿命があったので、閻魔(えんま)の庁では、生き返らせることにしたが、すでに火葬にした後であったので、日向の男の体にその魂を入れて蘇生させた。そのため生き返った日向の男は魂が別人であったため、言うことがちぐはぐであったという話による」という。また、「諺草」は「天鈿女命(あめのうずめのみこと)の問に対して、猿田彦神(さるたひこのかみ)が皇孫は日向の高千穂に、猿田彦は伊勢の五十鈴川上にと答えた説話による」とする。

いせ【伊勢】 平安前期の女流歌人。三十六歌仙の一人。伊勢守藤原継蔭(つぎかげ)の娘。中務の母。宇多天皇の中宮温子に仕え、藤原仲平、時平、宇多帝らとの恋が、その作品に反映。家集「伊勢集」がある。生没年未詳。 発音〈標ア〉イ

いせ【伊勢】 姓氏の一つ。 発音〈標ア〉イ

いせ-さだたけ【伊勢貞丈】 江戸中期の有職故実家。号安斎。江戸の人。家学伊勢流を継ぎ、文献学的な考証によって武家の故実を大成。著書に「貞丈雑記」「安斎随筆」「軍用記」などがある。享保二～天明四年(一七一七～八四)

いせ-さだちか【伊勢貞親】 室町中期の幕府政所執事(まんどころしつじ)。伊勢守。貞国の子。将軍義政の信任が厚かった。文正元年(一四六六)不正行為により近江に逃れたが翌年召還され幕政に参与。著書に「伊勢貞親家訓」がある。応永二四～文明五年(一四一七～七三)

い-せ【五十瀬】〘名〙多くの瀬。＊後撰(951-953頃)雑四・一二五六「いせ渡る河は袖より流るれど問ふに問はれぬ身は浮きぬめり〈伊勢〉」

いせ〘名〙(下一段動詞「いせる」の連用形の名詞化) ①着物などを縫い合わせる時、長短二枚の長い方をちぢめて縫うこと。ぬいしめ。＊家庭袋物細工全書(1915)〈中村興湖・村井秋翠〉「勢ひ其長い方を縮まして合せて縫ふ様になります。斯くの如き縮ませを縮(イ)せを取ると申します」 ②漁網を作る場合に、綱に対して網地をたるませてつけること。いさり。よせ。 発音〈標ア〉0

い-ぜ(ゐ)**【井堰】**〘名〙灌漑(かんがい)用溝。田の用水をせきとめてあるところ。いせき。 方言 ❶いせき。島根県725 広島県771 779 山口県791 宮崎県西臼杵郡・西諸県郡063 ❷用水路。溝。滋賀県滋賀郡606 和歌山県伊都郡690 熊本県阿蘇郡919 大分県941

いせ-あみがさ【伊勢編笠】〘名〙伊勢国から産する、太藺(ふとい)で編んだ目の細かい編み笠。めせきがさ。＊歌謡・宗安小歌集(1599-1615頃か)「しゅすの袖ほそにいせあみ笠は、めすきぎゃとの、おめすきぎゃとの」＊京童(1658)一・四条河原「見物の男女老たる若き、あるひははたのそりたる伊せあみがさをかぶり」＊仮名草子・東海道名所記(1659-61頃)一「老たる若き男女、伊勢あみがさ、あふみすげがさをきたるもあり」 発音 イセアミガサ〈標ア〉ガ

いせ-あらそい(あらそひ)**【伊勢争】**〘名〙どちらが伊勢の名物であるかを競うこと。＊俳諧・犬子集(1633)四・荻「浜荻と伊勢あらそひか松の声〈重頼〉」 発音〈標ア〉ア

い-せい【已成】〘名〙すでに完成したもの。いじょう。⇔未成。＊米欧回覧実記(1877)〈久米邦武〉二・二三「昨日みる所の砲台、無桅の甲鉄艦、及び其形式の小なる撞撃甲鉄艦、已成未成を並せて十艘に及ぶ」＊管子-山権数「軌守二其数一、准平二其流一、動二於未形一、而守二事已成一」

い-せい【以西】〘名〙それより西の方。現在、「東京以西」という場合、東京を含んでいう。＊米欧回覧実記(1877)〈久米邦武〉一・五「『ロッキ』以西は印甸(インヂヤン)の部にて加利福尼(カリホルニア)州は墨是科(メキシコ)国中に論列せり」＊春秋左伝-昭公二〇年「聊摂以東、姑尤以西、其為レ人也多矣」 発音 イセイ〈標ア〉イ〈京ア〉イ

い-せい【夷斉】 伯夷(はくい)と叔斉(しゅくせい)。周の武王が殷(いん)の紂(ちゅう)王を討とうとしたとき、いさめていれられず、周の天下になってから、首陽山に餓死したという兄弟の名。＊蕉堅藁(1403)山居十五首次禅月韻「伝レ法未レ能同二粲可一、垂レ名何肯羨二夷斉一」＊哲烈禍福譚(1879-80)〈宮島春松訳〉五「誤って鉾尖(ほこ)をむくるものは、罪三族におよぶべし。比

干既に死するも、亦夷斉(イセイ)なきにしもあらず」＊孔叢子‐陳士義「夷斉無レ欲、雖二文武一不レ能レ制、君安得而臣レ之」 発音イセイ 〈標ア〉イ

い‐せい【医生】〘名〙①令制において、宮内省典薬寮(てんやくりょう)に属して、医博士の下で諸医療のことを学んだ者。定員四〇人。いしょう。＊令義解(718)職員・典薬寮条「医博士一人〈掌三諸薬方脉経。教二授医生等一〉。医生卅人〈掌レ学二諸医療一〉」＊唐六典‐太医署・医生「医生四十人、典学二人」②医学を学ぶ者。医学生。＊養生訓(1713)六「医療に妙を得る事は、医生にあらざれば、道に専一ならずして成がたし」＊随筆・胆大小心録(1808)一四「伊勢人村田道哲、医生にて大坂に寓居す」＊公議所日誌‐七下・明治二年(1869)四月「医生は等級に応じ、前例に傚ふべし」 発音イセイ 〈標ア〉イ

い‐せい【医政】〘名〙医療行政。＊軍制綱領(1875)〈陸軍省編〉一・第二「軍医部は〈略〉医政を施行する事を掌り」 発音イセイ 〈標ア〉0

い‐せい【医聖】〘名〙非常にすぐれた技術、学識をもった医者。＊俳諧・本朝文選(1706)九・弁類・人参弁〈許六〉「むかし丹渓(たんけい)、素問(そもん)を見て、四十より医に入る、古今の医聖と称す」＊随筆・胆大小心録(1808)一四「雀田(つるた)何がしと云ふ医師の、薄衣薄食といふ事を常にこころ得よとて教へしかば、彼里ちかくすむ人は病せずとぞ。是はまことに医聖也」 発音イセイ 〈標ア〉0

い‐せい【依棲】〘名〙他所に身を寄せて住みつくこと。＊司空図‐上陌梯寺懐旧僧詩・其一「依棲応レ不レ阻、名利本来疎」

い‐せい【威政】〘名〙きびしい政治のこと。

い‐せい【威勢】〘名〙①(―する) 人を威圧する力。はげしいいきおい。また、権力をふるって威圧すること。＊百座法談(1110)六月一九日「王、輪法の威勢にて、鉄のあみをすき、いくさをおこして、海にむかひて龍王をせめ給に」＊色葉字類抄(1177‐81)「威勢 ヰセイ」＊平家(13C前)八・征夷将軍院宣「平家頼朝が威勢におそれて宮こを落ち」＊玉塵抄(1563)二八「桓温が政をとっていせいして殷を尚書の官にして用のことにつかわうと思て状をかいてやったぞ」＊浄瑠璃・嫗山姥(1712頃)一「姉女院のゐせいをかって中なごんの右大将にへあがり」＊管子‐明法解「人主之所三以制二臣下一者威勢也」②(多く「威勢がよい(ある)」などの形で用いる) 意気のさかんなようす。活気のあるさま。元気。＊勝山記‐永正八年(1511)「此年長尾伊賢、此郡を武州へとをり威勢を取らるる也」＊滑稽本・浮世風呂(1809‐13)前・下「石段の立(たて)は威勢(イセヘ)が能(いい)っちゃアねへヨ」＊土(1910)〈長塚節〉一「『おっかあか』と直(すぐ)におつぎの返辞が威勢(ヰセイ)よく聞えた」 方言❶みごとなさま。ぜいたくなさま。福岡市038 ◇いずぇえ 長崎県壱岐島914 ◇いぜ 滋賀県滋賀郡608 ❷大きいさま。◇ごいせ〔御―〕長野県北安曇郡469 ❸威勢がよいさま。元気のよいさま。◇ごいせえ 茨城県猿島郡188 ❹めんどうなさま。手数の掛かるさま。◇ごりせえとも。静岡県520 発音イセイ 〈なまり〉エセ〔富山県〕〈標ア〉0 〈京ア〉0 辞書色葉・下学・文明・伊京・明応・天正・饅頭・黒本・易林・日葡・書言・〈ボン〉・言海 表記威勢(色・下・文・伊・明・天・饅・黒・易・書・へ・言)

い‐せい【為政】〘名〙政治を行なうこと。＊宝生院文書‐永祚二年(990)一一月八日・尾張国郡司百姓等解(平安遺文二・三三九)「抑為政之道、猶若煮魚、優民之心」＊花間鶯(1887‐88)〈末広鉄腸〉下・一〇「川岸は独逸に行はるる有司為政(ヰセイ)を主張し」＊論語‐為政「為政以レ徳、譬如下北辰居二其所一、而衆星共上レ之」 発音イセイ 〈標ア〉0

い‐せい【異成】〘名〙異なったできあがりかた。違った成立。＊乾坤弁説(1656)利「されば天の異成自己の循環を見るに、其数十あり」

い‐せい【異声】〘名〙①かわった声。異様な声。＊釈氏要覧「息二三暴害一、身口暴害者、於二屏処一蔵レ身作二異声一怖レ人等」②故意に作り出した、いつもの声とは違う声。＊新撰字解(1872)〈中村守男〉「異声 イセイツクリコヘ」③外国語。耳慣れない言語。＊造化妙々奇談(1879‐80)〈宮崎柳条〉二編・七「仏人初めて此地に到りし時遙に異声(ヰセイ)を聞く。恰も蚊虻(ぶんばう)の群り鳴に似たり」

い‐せい【異姓】〘名〙①姓の違うこと。姓の異なる他の一族。また、その姓。いしょう。他姓。↔同姓。＊令義解(718)獄令・犯死罪条「有下欲二養為一子者上。雖二異姓一皆聴之」＊伊勢参宮名所図会(1797)附録「異姓家の事。此家々衆多なり。其姓源、平、藤、橘、〈略〉等なり。皆神職家なれど前の二姓に対して、異姓(イせい)といふ」＊思出の記(1900‐01)〈徳富蘆花〉一〇・一「わざわざ財産背負はして異姓を名乗らせに義弟をやるにも当らぬ事とのさばった」＊春秋左伝‐成公八年「凡諸侯嫁レ女、同姓媵レ之、異姓則否」②兄弟の娘の婿をいう。また、母方の親戚をいう。＊称謂録‐兄弟之婿・異姓「古者同姓不レ為レ婚、故親戚称二異姓一、〈略〉密親称レ婿、異姓称二姪婿一、皆最古之称」 発音イセイ 〈標ア〉0 〈京ア〉◎0

いせい 他人(たにん) 同じ姓に属さないまったくの他人。所領などの相続で、ある相続(候補)者にその資格がないと非難する語として用いられる。＊肥前龍造寺文書‐元徳四年(1332)七月一六日・鎮西下知状(鎌倉遺文四一・三一七八一)「俊家為二異姓他人一。令レ相二伝持善遺領末吉名内田地一之上者、任二置文一、可レ被レ返二□氏女一」

いせい の 外族(がいぞく) 広義の親類中、他家からの入婿(いりむこ)および女系血族(娘方の孫、姉妹の子)の称。＊御触書寛保集成‐一・宝永七年(1710)四月一五日「子なからんものは、同姓の中、その後たるべき者を撰むべし。〈略〉同姓の中継嗣たるべきもののなきにおゐては、旧例に准じて、異姓の外族を撰みて言上すべし」

い‐せい【異性】〘名〙①他のものと違った性質をもっていること。また、そのもの。↔同性。＊異人恐怖伝(1850)上「彼此各々(おのおの)異種、異性、殊状、殊品ならむこと、是皆決定し難からざるの道理なり」＊論衡‐譴告「凡物能相割截者、必異レ性者也」②男(雄)と女(雌)の性が違っていること。また、そのようなものどうし。特に、男が女を、女が男をさしていう語。↔同性。＊春迺屋漫筆(1891)〈坪内逍遙〉壱円紙幣の履歴ばなし・一九「意もろき異性(イセイ)を風前の鵞毛とせんとするにひとし」＊東京年中行事(1911)〈若月紫蘭〉六月暦「河鹿は〈略〉多くの場合に於て異性(イセイ)を呼ぶが為に鳴き」＊暗夜行路(1921‐37)〈志賀直哉〉一・五「彼は〈略〉愛子が相当の年になっても妙に異性(イセイ)としては強く来なかった」③化学で、分子式は同じであるが、構造の異なる物質が二種以上存在する現象。異性体。 語誌②の用法は明治期に始まる。単なる「性質を異にする」意から男女の区別を表わす用法に転じたのは、明治期に語基「性」が英語 sex あるいは gender の訳語として定着したためと考えられる。 発音イセイ 〈標ア〉0 〈京ア〉0／◎

いせい を 知(し)**る** 異性との性行為を経験する。

い‐せい【異星】〘名〙普通とはちがった星。＊近世紀聞(1875‐81)〈条野有人〉初・三「同月下浣(するつか)より西北の間に方(あた)り異星(イセイ)顕れ其長き事数十丈一天に薄く靡く事恰も銀河の如し」 発音イセイ 〈標ア〉0

い‐せい【違世】〘名〙俗世を避けること。＊南郭先生文集‐四編(1758)一・春艸「赤羽渓辺艸、頗関二違世情一」＊曾鞏‐虞部郎中戚公墓志銘「侍郎家梁自祖琮、違世怙幽樹儒術」 発音イセイ 〈標ア〉イ

い‐せい【蝟生】〘名〙ハリネズミの毛が立つように、多くのものごとが一時におこること。蝟起。＊米欧回覧実記(1877)〈久米邦武〉一・一七「国会に於て、議論蝟生し、民間には怨讟沸起すれども」 発音イセイ 〈標ア〉0

い‐せい【遺世】〘名〙世間を忘れること。俗世を棄てて隠棲すること。＊童子問(1707)下・三九「若夫山林隠士、遺世無レ営之徒」＊南郭先生文集‐三編(1745)三・夏日閑居八首「思玄昔夢崑崙上、遺世還遊華胥郷」＊孫綽‐游天台山賦「非二夫遺レ世、道、絶レ粒茹レ芝者一、烏能軽挙而宅レ之」

い‐せい【遺制】〘名〙①今にのこっている昔の制度、風習、文物。＊続日本紀‐神亀元年(724)一一月甲子「其板屋草舎、中古遺制、難レ営易レ破、空殫二民財一」＊小学読本(1874)〈榊原・那珂・稲垣〉二「鎗は中古の創造にして、古の鉾の遺制なり、俗に鑓の字を用ゐて通す」＊真善美日本人(1891)〈三宅雪嶺〉国民論派〈陸実〉「封建遺制の錯雑を一掃して」＊白居易‐新楽府・二王後「備二威儀一助二郊祭一、高祖太宗之遺制」②天子の遺言状。＊布令字弁(1868‐72)〈知足蹄原子〉五「遺制 イセイ 天子ノゴユイゴン」 補注②は、「名物六帖‐人事箋」に「遺制 ゴユイジャウ」とある。 発音イセイ 〈標ア〉0 〈京ア〉◎

い‐せい【遺政】〘名〙昔の政治のなごり。＊南国記(1910)〈竹越与三郎〉六・仏国の殖民政策「当時の遺政として、今日に存するものは、人民の土地所有権なりとす」 発音イセイ 〈標ア〉0イ

い‐せい【遺精】〘名〙性行為を伴わないで起こる射精。睡眠中に起こる夢精と昼間に起こる昼間遺精とがある。＊滑稽本・風来六部集(1780)痿陰隠逸伝「遺精(イセイ)妄想蒲団を穢(よご)すことあり」＊筆まかせ(1884‐92)〈正岡子規〉二・悟り「今夜は遺精をやりさうだ抔と話しながら寝につきしが、果して三月一日のあけがた、あけの明星のきらとせし頃精液を漏したり」 発音イセイ 〈標ア〉0 辞書書言・〈ボン〉・言海 表記遺精(書・へ・言)

い‐せい【緯星】〘名〙木、火、土、金、水の五星をいう。五緯。＊制度通(1724)一・日星躔度の事「五星は他の星にかまはず、各自に別に運行す、故に是を緯星と云」 発音イセイ

い‐ぜい【遺蛻】〘名〙ぬけがら。また、亡骸(なきがら)をいう。＊黄葉夕陽邨舎詩‐遺稿(1832)二・木鳳歌為儀満氏「我亦中葉経二喪乱一、姑寄二遺蛻一傒二徳輝一」＊宋濂‐万寿宮住持提点張公碑銘「後三日、奉二遺蛻一焚二於石子岡一、執レ紼従者至二数千人一」

いせい‐あらそい(ヰセイあらそひ)【威勢争】〘名〙互いの勢力を比べ争うこと。＊古活字本毛詩抄(17C前)二「衛の国には君も臣も威勢あらそいをせらるるぞ」＊日葡辞書(1603‐04)「Yxei arasoiuo (イセイ アラソイヲ) スル」＊俳諧・毛吹草(1638)二「威勢あらそひしょくがたき」＊狂言記・犬山伏(1730)「互に威勢争ひの様に、何かと言い合せられては埒が明きませぬ」 発音イセイアラソイ 〈標ア〉ア

いせい‐か(ヰセイ:)【為政家】〘名〙「いせいしゃ(為政者)」に同じ。＊伊藤特派全権大使復命書附属書類(1885)天津談判・上・一「素より閣下は東洋に於て、名望最高き為政家なれば、是等の事は復た敢て陳言するの要なからん」 発音イセイカ 〈標ア〉0

いせい‐がお(ヰセイがほ)【威勢顔】〘名〙自分の勢力を誇る顔つき。＊花屋抄(1594)「いきまきいせゐかほする也」 発音イセイガオ 〈標ア〉0

いせいか‐こうそ(イセイクワカウソ)【異性化酵素】〘名〙異性体の転換を触媒する酵素。

い‐せいかつ(:セイクヮツ)【衣生活】〘名〙(食生活、住生活に対していう) 生活の中で、着ることや着るものに関すること。＊新生活と服飾(1942)〈小川安朗〉「この際必要なことは、『衣生活』を構成する諸々の要素に充分の検討を加へ、その綜合的な結論を引きだすといふこ

とであらうと思ふ」 発音イセイカッ〈標ア〉セ〈京ア〉セ

いせいか-とう【異性化糖】『名』ぶどう糖を異性化酵素によって部分的に果糖に変えたもの。ぶどう糖よりも甘味が強く、菓子などに用いられる。

いせい-くらべ【威勢比】『名』「いせいあらそい（威勢争）」に同じ。＊浮世草子・西鶴織留（1694）三・三「我にはりあふ買手あらば、おそらくはいせゐくらべ」＊浮世草子・傾城禁短気（1711）二・二「是は同じ女郎共の威勢（ヰセイ）くらべにて」

いせい-しゃ【為政者】『名』政治を行なう者。為政家。当局者。＊田園雑感（1921）〈寺田寅彦〉六「さうした田舎の塵塚に朽ちかかって居る祖先の遺物の中から新しい生命の種子を拾ひ出す事が、為政者や思想家の当面の仕事ではあるまいか」＊金（1926）〈宮嶋資夫〉八「為政者（ヰセイシャ）の無能」 発音イセイシャ〈標ア〉セ〈京ア〉イ

いせい-たい【異性体】『名』（英 isomer の訳語）同一の分子式でありながら、化学構造の違いによって異なった性質を示す化合物。＊稿本化学語彙（1900）〈桜井錠二・高松豊吉〉「Isomeride(isomer) Isomer,n 異性体」 発音イセイタイ〈標ア〉0

いせい-だて【威勢立】『名』（「だて」は接尾語）他人の権威を笠にきて、威勢をふるうこと。＊清原宣賢式目抄（1534）二五条「募二権威一とは、月卿雲客の妻也とて、権門たて威勢たてをして、公事を不二勤仕一、永代譲得る所領を辞退させらるへきなり」 発音イセイダテ〈標ア〉0

いせ-いち【伊勢―】『名』方言❶東北の風。◇いせちとも。鳥取県711 ◇いせえち 鳥取県西伯郡（夏から秋にかけて吹く）719 ❷九月に多い東風。◇いせち 京都府竹野郡622 ❸東南の風。島根県八束郡844 ◇いせち 京都府竹野郡622 中郡623 ◇いせつ 島根県出雲729 ❹西南の風。◇いせぐち 愛知県西春日井郡558 ［方言の補注］伊勢の方角から吹いてくる風というだけでなく、西北から吹く「たまかぜ」、「あなぜ」に対抗すると信じられたため、神都の名を特に掲げて呼んだものと思われる〔風位考＝柳田国男〕。

いせい-どうちょう【異世同調】『名』「いだいどうちょう（異代同調）」に同じ。 発音イセイドーチョー〈標ア〉0

いせい-ば・る【威勢張】『自ラ四』権威をふるう。人を恐れさせ服従させる力を持つ。威勢をはる。＊鳩翁道話（1834）三・上「亭主はなくとも、かまど将軍で威勢（ヰセイ）ばり、おのれがままにくらしたい」 発音イセイバル〈標ア〉バ

いせ-いも【伊勢薯】『名』ナガイモの一品種。主に三重地方で産する。不規則な凹凸のある扁球形で、粘り気が強く、食用とする。伊賀薯。巾着薯。方言植物。❶つくねいも（捏芋）。福島県一部030 岐阜県一部030 愛知県030 三重県030 ❷ながいも（長芋）。◇いっせいも 長野県更級郡054 発音〈標ア〉セ0

いせ-いんでん【伊勢印伝】『名』革の名。青漆で紋を刷ったもの。絵革。銀革。苔革（こけがわ）。 発音〈標ア〉イ2

いせ-うば【伊勢嫗】『名』取り上げ婆（ばば）のこと。 発音〈標ア〉セ

いせ-うま【伊勢馬】『名』伊勢参宮のための道中馬。＊俳諧・大坂独吟集（1675）上「ふり分髪より相借屋衆 講まいりすでに伊勢馬立られて〈三昌〉」 発音〈標ア〉0セ

いせ-えそ【伊勢狗母魚】『名』魚「あかえそ（赤狗母魚）」の異名。

いせ-えび【伊勢海老】『名』①イセエビ科の一種。茨城県から九州までの太平洋岸の岩礁に多くすむ。雄は体長三〇センチメートル以上になるが、雌は雄より小形である。体は円筒状で、尾部は扁平に近く、体色は濃褐色。頭胸部の甲羅は特に堅く、表面に多くのとげがある。第二触角は体よりも長い。五対の胸脚にははさみがない。肉は美味でいろいろな料理に用いられるほか、姿が美しいので祝儀の際にも用いられる。漁期は一〇月から翌五月頃。かまくらえび。学名はPanulirus japonicus《季・新年》＊料理物語（1643）一「海老〈略〉伊勢海老も、車同前。但ゆでて又やきても出し候」＊浮世草子・日本永代蔵（1688）四・五「其年は上方も稀にして大坂などにても伊勢（イセ）ゑび弐匁五分代々七八分づつせしに春の物とて是非調（ととのへ）て蓬萊を餝（かざ）りける」＊雑俳・住吉おどり（1696）「まん中にいせゑびかざる門の松」＊大和本草（1709）一四「海鰕（イセエビ）本草載曰。有二小毒一。此えび、伊勢より多く来る故、伊勢鰕と号す。江戸には鎌倉より来る故、鎌倉えびと称す」②（よく跳ねまわるというところから）おてんばをいう、女学生間の語。補注季語としては、「伊勢海老飾る」「伊勢海老祝う」などの形でも用いる。方言動物、くるまえび（車海老）。富山県390 愛知県尾張016 発音〈標ア〉セ0〈京ア〉セ 辞書書言・言海 表記海蝦（書）伊勢蝦（言）

伊勢海老 ①

いせ-おこし【伊勢粔籹・伊勢興】『名』粔籹米（おこしごめ）の一種。木の下おこしなどの類。＊歌謡・今様くどき（1710頃）菓子軍「ここに又、伊勢粔籹（オコシ）、木野下の味よしとて、銭取り一人ありけるが」 発音〈標ア〉コオ

いせ-おしろい【伊勢白粉】『名』伊勢国射和（いさわ）村（三重県松阪市）から産出したおしろい。水銀を原料とし、上等品とされた。いせこ。はらや。＊虎寛本狂言・素襖落（室町末‐近世初）「おく様へはいせおしろい、稚子様がたへは愛らしう笙のふえを上ませう」＊仮名草子・尤双紙（1632）上・三二「しろき物のしなじな〈略〉いせおしろいや、きらら、石灰（いしばい）」＊浮世草子・好色一代女（1686）六・二「松坂に行て旅籠屋の人待女となりて、昼は心まかせの楽寝（らくね）して、八つさがりより身を拵（こしら）へ、所がらの伊勢白粉（イセオシロイ）、髪は正直のかうべに油を付」 発音〈標ア〉オ 辞書言海

いせ-おとめ【伊勢少女】『名』伊勢国の少女。少女の名を地名で呼んだもの。また、伊勢の少女を親しんで呼んだものか。＊万葉（8C後）一・八一「山辺の御井を見がてり神風の伊勢処女（イセをとめ）ども相見つるかも〈長田王〉」

いせ-おどり【伊勢踊】『名』近世初頭に、御託宣によるとして伊勢神宮の神霊を諸国に送る神送りの踊り。慶長一九年（一六一四）から翌元和元年にかけて大流行した。近世中期、伊勢音頭が流行してからは、それに合わせて踊る踊りを称するようになった。＊会津塔寺村八幡宮長帳‐元和七年（1621）「霜月之始上よりも、御伊勢天照大神奥州え御下之由申来。村々郷々に而御宮作立、其上たんす、もち、御酒、御作上よりのおしゐの歌うたい申、御伊勢おとり有り」＊俳諧・犬子集（1633）五・雑秋「哥いづれ小町おどりや伊勢おとり〈貞徳〉」＊浄瑠璃・平家女護島（1719）一「世に有し昔は妓（まいこ）おどり子妼（こしもと）まじり。様々のかはり踊。やこおどり木曾おどり小町おどりいせおどり」＊随筆・嬉遊笑覧（1830）五・下「伊勢をどりは伊勢音頭にてをどるなり」 発音〈標ア〉オ 辞書書言 表記伊勢躍（書）

いせお-の-あま【伊勢海人】『名』（「お」は感動の助詞）伊勢国の漁師。歌語。＊後撰（951-953頃）恋三・七一八「鈴鹿山いせをのあまの捨て衣しほなれたりと人や見るらん〈藤原伊尹〉」＊源氏（1001-14頃）須磨「うきめ刈るいせをのあまを思ひやれ藻汐垂るてふ須磨の浦にて」＊浄瑠璃・今宮心中（1711頃）上「いせおのあまにあらねども其はまおぎ野八重ぎりを」補注「譬喩尽‐一」では「伊勢雄の海士とて男海士なり」としている。

いせ-おんど【伊勢音頭】■一『名』①近世、伊勢の宇治山田の船着き場、川崎の盆踊りから出た民謡の総称。盆踊りうた、木遣りうた、祝儀うた、道中うたなどを含み、伊勢参宮の流行とともに全国に広まった。「ヤートコセ、ヨイヤナ…」のはやしことばを持つ。いせおんどう。松坂音頭。川崎音頭。＊随筆・兎園小説拾遺（1829-32）二「道にて見請候道者の物、男女打交り、尤女子十六七歳位の女、五十人計にて揃のゆかたを着し、同音にて伊勢おんどをうたひながらの参宮もいせいよろしく」②江戸時代享保年間（一七一六～三六）、奥山桃雲が俳人梅路に作詞させ、鍛冶屋長右衛門に節付けさせて広めた長唄風の踊りうた。古市の遊里などで行なわれ、三味線、胡弓などを伴奏とし、踊り手が左右から踊りながら出て正面ですれちがいになって入ってゆく伊勢踊りに合わせて行なわれた。＊洒落本・風俗八色談（1756）二・野水問答の事「河東儀太夫豊後の音曲をつくして。めりやす。伊勢音頭（イセオンド）に。色声をあやなし」＊滑稽本・浮世風呂（1809-13）三・上「あれと、伊勢音頭（イセオンド）が、上方者の押物（おしもん）だよ」＊歌舞伎・浮世柄比翼稲妻（鞘当）（1823）大切「これより向うの二階明るくなり、伊勢音頭（イセオンドウ）のやうなる唄になり」■二歌舞伎脚本。世話物。四幕七場。近松徳三作。本名題「伊勢音頭恋寝刃（こいのねたば）」。寛政八年（一七九六）七月、大坂角の芝居で初演。同年五月、伊勢古市遊郭の油屋で宇治山田の医師孫福斎（いつき）が妓女お紺のことから仲居のおまんほか数名を殺傷した事件を脚色したもの。一夜漬狂言の代表作。 発音〈標ア〉オ〈京ア〉オ 辞書言海 表記伊勢音頭（言）

いせおんど に 掛（か）ける 取り調べにあたり、事実を偽ったり、他人に罪をかぶせたりして不当に処罰を逃れようとすることをいう、盗人仲間の隠語。〔隠語輯覧（1915）〕

いせおんどこいのねたば【伊勢音頭恋寝刃】「いせおんど（伊勢音頭）■二」の本名題。

いせ-かい【伊勢海】伊勢湾のこと。いせのうみ。 発音〈標ア〉セ

いせ-かいどう【伊勢街道】伊勢神宮への参詣路の総称。東海道の四日市追分から南下する参宮街道や、大和の桜井から初瀬を経て青山峠を越える初瀬街道などがある。

いせ-かぐら【伊勢神楽】『名』伊勢神宮奉納と称して家々を回って奏し、米銭をもらって歩く神楽。太神楽（だいかぐら）。太々神楽（だいだいかぐら）。＊浮世草子・西鶴織留（1694）四・一「伊勢神楽（イセカグラ）のくゎんじん禰宜（ねぎ）、鹿島のことぶれあたまにゐぼし被（かづく）ほどの者は」＊一中節・神楽高砂（1736-44頃）「ちゐもや渥美たくみの介、頼みをかけていせ神楽、打つれ立て出給ふ」＊牛部屋の臭ひ（1916）〈正宗白鳥〉一「青葉の頃にこの村へ廻って来る伊勢神楽の一座や」 発音イセカグラ〈標ア〉カ

いせ-かぜ【伊勢風】『名』「いせこち（伊勢東風）」に同じ。

いせ-がた【伊勢形】『名』魚の形をした鏃（やじり）。

いせ-がま【伊勢釜】『名』伊勢国で鋳造した、草花や竹樹などの細かい模様のある釜。＊松屋会記‐久政茶会記・天文八年（1539）正月八日「瓜林に梅 伊勢釜、板に、玉輿」＊雍州府志（1684）七「釜〈略〉厨料之大釜、或大鐺売レ之。伊勢国之所レ鋳、草花竹樹等之紋甚細密。是謂二伊勢釜一」 発音イセガマ〈標ア〉セ

いせ-がみ【伊勢紙】『名』伊勢国の名産の壺屋紙（つぼやがみ）。＊雑俳・柳多留‐一一三（1831）「伊勢紙で口も二見の三度提（さんどさげ）」＊歌舞伎・女化稲

荷月朧夜(1885)三幕「からは踏まねえ伊勢紙(イセガミ)ゆゑ、後日の証拠にならねえやう、往来ばたへ捨てたれば」発音イセガミ〈標ア〉セ

いせ‐からむし【伊勢苧】〘名〙伊勢国から産出した麻布。＊万金産業袋(1732)四「葛布〈駿州欠川〉伊勢からむし等、諸国諸国より出る所数々あり。しなじなあり」発音〈標ア〉ラ

いせ‐かわり【伊勢替】〘名〙伊勢節の節を少し替えた音頭(おんど)。替わり伊勢節。＊浮世草子・男色大鑑(1687)四・一「投節(なげぶし)伊勢(イセ)かはりなどとは各別にして、音曲さへかく豊(ゆたか)におもしろければ」

いせかんみそのまつり【伊勢神御衣祭】〘名〙毎年衣がえの季節に、朝廷から伊勢の皇大神宮に、絹布の和妙(にぎたえ)と麻布の荒妙(あらたえ)とを奉納する祭礼。昔は陰暦四月と九月の一四日に行なわれた。現在は五月と一〇月の一四日に行なわれる。御衣祭(みそのまつり)。神衣祭(かんそまつり)。《季・夏》＊公事根源(1422頃)六・四月・伊勢神衣祭「伊勢神衣祭十四日 麻績(をみ)の連(むらじ)といふ氏人、麻をうみて敷和(うつはた)の衣を織て神明に奉るを神(かん)みその祭とは申也」＊俳諧・増山の井(1663)四月「伊勢神衣祭(イセカンミソノマツリ) 十四日」

い‐せき【一跡】〘名〙(「いっせき(一跡)」の変化した語。親の財産全部というところから) 相続人、嫡子、長男、跡取り養子をいう。＊随筆・裏見寒話(1753)付録「いせき 人の養子を云」＊洒落本・後編啞意忙思(1802)べに花染「おらア息子(イセキ)にもまだ娵(よめ)のヲとらねえさア」方言❶家の跡取り。嗣子。埼玉県001 千葉県上総001 東京都001 伊豆諸島322 神奈川県314 山梨県東八代郡460 静岡県520 ◇いせきむすめ〔―娘〕神奈川県三浦郡(長女)314 ❷養子。むこ養子。山梨県062 ❸息子。静岡県田方郡530 発音〈標ア〉0

い‐せき【井堰】〘名〙水を他に引くために、土や木などで川水をせきとめた所。い。せき。いで。また用水溝(みぞ)や用水堀をもいう。＊十巻本和名抄(934頃)一「堰埭 唐韻云堰〈音偃 和名井勢岐〉壅水〈或本同上〉」＊拾遺(1005‐07頃か)雑下・五四八「なのみしてなれるも見えず海津河ゐせきの水ももればなりけり〈よみ人しらず〉」＊平家(13C前)四・宮御最期「龍田河の秋の暮、いせきにかかって流れもやらぬにことならず」＊鵤庄引付‐永正九年(1512)(兵庫県史)「小宅弁赤井端、就二井関之儀一当庄人夫悉出処」＊浄瑠璃・傾城反魂香(1708頃)三熊野「水をかり成たはぶれも終にはまよひのゐせきにからみ」方言❶田などへ引くために、川水をせき止めた所。三重県一志郡589 島根県725 広島県高田郡779 ◇いせぎ 静岡県志太郡535 ◇いぜき 秋田県仙北郡130 新潟県東蒲原郡368 ❷溝。どぶ。◇いんじげ 秋田県平鹿郡130 語源説ヰセキ(井塞)の意〔名語記・箋注和名抄〕。発音〈標ア〉イ0 辞書和名・色葉・名義・和玉・文明・伊京・明応・天正・饅頭・黒本・易林・日葡・書言・言海 表記堰(和・色・名・玉・明・言) 堰埭(和・文・伊・天・黒・書) 井磧(文・伊・明・天・饅・黒) 井関(文・伊・明・天・黒) 埭(色・玉・明) 塢塞(色) 塘(文) 埭堰(易) 井堰(書)

い‐せき【伊昔】〘名〙(「伊」は惟に通じ、あらたまった感じを表わす語) 昔。＊黄葉夕陽邨舎詩‐前編(1812)一・寄紀州西山子絅「伊昔肄二経史一、舒巻与レ君倶、困倦相警励、忻戚共笑吁」＊陸機‐答賈長淵詩「伊昔有レ皇、肇済二黎蒸一」

い‐せき【位席】〘名〙位(くらい)を持つこと。位階。官位。＊読本・英草紙(1749)三・五「王城の判官たる時、兄頼朝に辞せずして、先達て位席(ヰセキ)にすすむ」発音〈標ア〉0

い‐せき【医籍】〘名〙①医師免許を持つ者の氏名、本籍など、医師免許に関する事項を登録する厚生労働省の公簿。＊布令字弁(1868‐72)〈知足蹄原子〉五「医籍 イセキ イシャ人別カキ」＊医師法(明治三九年)(1906)四条「内務省に医籍を備え」②「いしょ(医書)」に同じ。発音〈標ア〉0

い‐せき【胃石】〘名〙ザリガニ、アカテガニなどの甲殻類の胃にある二個の結石。球形または半球形で白色、カルシウムを含む。ザリガニの胃石は古くからオクリカンキリと呼ばれ、眼病の薬とされた。発音〈標ア〉0

い‐せき【射席】〘名〙⇨いむしろ(射席)

い‐せき【移籍】〘名〙①婚姻、縁組などにより、本籍を他の戸籍へ移すこと。転籍。＊南史‐謝霊運伝「遂移二籍会稽一、修二営旧業一、傍レ山帯レ江、尽二幽居之美一」②プロのスポーツ選手などが、所属を他の団体へ移すこと。発音〈標ア〉0〈京ア〉0

い‐せき【偉跡・偉蹟】〘名〙偉大な事蹟。偉大な事業のあと。＊新聞雑誌‐三号・明治四年(1871)六月「従来の巨観偉跡(ゐセキ)も自然陳腐(すてもの)に帰し」＊広益熟字典(1874)〈湯浅忠良〉「偉迹 イセキ スグレタシアト」＊経国美談(1883‐84)〈矢野龍渓〉後・一「当国の諸氏は先づ斉武回復の挙を讃美して実に空前絶後の偉蹟なるを評し」＊韓愈‐潮州謝上表「鋪二張対天之鴻休一、揚二厲無前之偉蹟一」発音〈標ア〉0イ

い‐せき【偉績・偉勣】〘名〙偉大な功績。大きないさお。大功。偉功。＊童子問(1707)中・六「他卓行偉績、雖レ有レ可レ取、然少於レ仁有レ闕、則皆不レ足レ為レ徳」＊明治月刊(大阪府編)(1868)四「我が志を述べ、偉績(イセキ)を立て」＊西国立志編(1870‐71)〈中村正直訳〉一二・一五「その中に含たる嘉言偉績を師法とし、これに跂及せんことを期すべきなり」＊呉師道‐観南陽王誥詞詩「至仁惟不レ殺、偉勣更無レ前」発音〈標ア〉0イ

い‐せき【貽績】〘名〙(「貽」は、残す、伝えるの意) 残した功績。

い‐せき【慰惜】〘名〙なぐさめ、いたわる心。いたわり惜しむこと。＊落梅集(1901)〈島崎藤村〉雲「一たびは、われ驚怖を抱き、一たびは、われ慰惜を感じぬ」

い‐せき【慰藉】〘名〙「いしゃ(慰藉)」に同じ。＊近世紀聞(1875‐81)〈染崎延房〉七・一「軍職を一橋黄門に譲らんと奏請に及ばれしが朝廷これを慰藉(イセキ)して」＊青春(1905‐06)〈小栗風葉〉春・九「僕は又貴方と云ふ同情者を得て何位(どのくらい)慰藉(ヰセキ)されてるか知れませんよ」発音〈標ア〉0イ

い‐せき【遺跡・遺蹟】〘名〙①昔の人にゆかりのある場所。歴史的事件のあった場所や建築物、建物のあった跡。旧跡。古跡。遺址。ゆいせき。＊三代格‐二・仁和二年(886)七月二七日・太政官符「専二西塔之仏事一、篤励二学徒一、興二隆遺跡一」＊十輪院内府記‐文明一七年(1485)二月一八日「又訪二前相公遺跡一、聞分遺二鳥目一了」＊読史余論(1712)三・足利殿北朝の主を建られし事「今も東山銀閣などの遺跡あるにて知りぬ」＊白居易‐遊石門澗詩「石門無二旧径一、披レ榛訪二遺跡一」②故人の遺した領地、官職など。ゆいせき。＊吾妻鏡‐建久三年(1192)一二月一四日「以二亡室遺跡廿ケ所一、譲二補男女子息一」＊実隆公記‐明応四年(1495)九月二一日「抑今日小川御所被二召寄一帥以下日野一家輩、故中納言政資卿遺跡事冬光父子間被レ定之、可レ存二其旨一之由被レ仰云々」③公家や武家の当主の死後、その家を相続する者。＊明徳記(1392‐93頃か)上「伊予守早世しぬる上は、無レ力被二思食一けるに、其遺跡の輩伊豆守、宮内少輔、右馬頭以下猶過分なる而耳ならず」＊建内記‐永享一一年(1439)六月二八日「為之朝臣去年逝去了。然而根本文書猶在二彼遺跡小生之許一」＊大乗院寺社雑事記‐長禄三年(1459)八月一八日「甲斐美濃入道遺跡事、八郎在陣之間、被レ仰二付千喜久一了」④貝塚、古墳、住居跡など、考古学的遺物が残っている場所。⑤昔の人ののこした業績。＊敬斎箴講義(17C後)「弟子を養て遺跡を令レ蹈相続之道也と」＊後世への最大遺物(1897)〈内村鑑三〉一「アングロサクソン民族が濠太利亜(アウストラリヤ)を従へ、南亜米利加に権力を得て、南北亜米利加を支配する様になったのも彼の遺蹟と言はなければなりませぬ」発音〈標ア〉0イ〈京ア〉0 辞書饅頭・言海 表記遺跡(饅・言)

い‐せき【遺籍】〘名〙死後に残した書籍。古人の書き置いた書物。遺書。＊陸機‐弔魏武帝文「覧二遺籍一以慷慨、献二茲文一以悽傷」

いせ‐き【伊勢忌】〘名〙一一月二一日、三十六歌仙の一人、伊勢(伊勢守藤原継蔭の娘)の忌を修すること。また、その命日。＊俳諧・新季寄(1802)一一月「神釈〈略〉いせ忌」＊妻木(1904‐06)〈松瀬青々〉冬「住かへてここに営む伊勢忌かな」

いせき【伊勢記】鎌倉前期の紀行文。鴨長明著。文治二年(一一八六)成立。長明三二歳の時、伊勢神宮に参詣した折りの紀行で、歌三〇数首を含む。原本は散逸。「蓮胤伊勢記」「鴨長明伊勢記」とも。発音〈標ア〉セ

いせ‐ぎ【伊勢木】〘名〙①伊勢神宮へ祈願をこめるための神木。氏神の境内の一樹木に注連縄(しめなわ)を張って神木とするところもあり、皮つきの材木を社殿に奉安する例もあった。＊夜明け前(1932‐35)〈島崎藤村〉第一部・序・五「伊勢木とは、伊勢太神宮へ祈願を籠めるための神木を指す」②材木を伐採するときの斧(おの)始めに一本切る木。御初穂にあたる。中部日本の各地では、これを伊勢神宮に奉納する気持をこめて切る。③木曾川上流地方の山村から伊勢神宮の御師(おし)へ奉納する定額の初尾(穂)木。木曾川の錦織綱場の通関税、十分の一役を免除されたため、伊勢木に名をかり、民材の無税通過をはかるものが多かった。＊濃州徇行記‐錦織湊高札・寛文三年(1663)「木曾御材木之内を杣本じめ、川狩りの者等、我ままに伊勢木と名付、大一の木口印を打ち候て、忍び忍びに出し来近年甚多なり、宮に紛敷事共も有之候て作法悪敷由、此頃露顕致候」発音イセギ〈標ア〉セ

いぜき【井関】(「いせき」とも) 姓氏の一つ。発音〈標ア〉イ

いぜき‐いえしげ【井関家重】江戸初期の能面作者。近江の人。井関家の四代目で、彩色にすぐれた。天正九～明暦三年(一五八一～一六五七)

いぜき‐ちかのぶ【井関親信】室町末期の能面作者。井関家の祖。近江の人。上総介と称する。三光坊の門弟。生没年未詳。

いぜき‐ともたつ【井関知辰】江戸中期の和算家。島田尚政の門人。行列式の算法を述べた「算法発揮」(一六九〇年刊)の著者。生没年未詳。

いせ‐ぎく【伊勢菊】〘名〙キクの一品種。伊勢地方で作られた栽培品種。中輪で、花弁はやや縮れながら伸びて下垂する。発音イセギク〈標ア〉セ

いせき‐こ【遺跡湖】〘名〙地質時代の海が地変により湖沼となったもの。せき止め、河川の堆積作用によるものも含む。宍道(しんじ)湖、八郎潟など。発音〈標ア〉キセ

いせき‐しょうもん【遺跡証文】〘名〙江戸時代、養子をするにあたり、将来養父が隠居する場合、その家の持ち高の三分の一または三分の二を養子の実家に与える旨を約した証文。＊全国民事慣例類集(司法省編)(1880)養子の事「又遺跡証文と唱へ、該家持高山林等の内三分の一、或は三分の二を養父母の隠居料となし、残り田畑山林等に至る迄悉皆証書に記載し、戸主并に五人組親戚連署を以て養子の実家へ渡す事あり」発音イセキショーモン〈標ア〉ショ

いせき‐そうぞく【遺跡相続】〘名〙中世、故人の領地・諸職・官職などを相続すること。江戸時代でも武士、庶民を通じて財産相続の意に用いられた。幕府法上、武士については隠居による相続である家督相続に対して、死亡による相続をいう。発音イセキソーゾク〈標ア〉ソ

いせき‐そうろん【遺跡相論】〘名〙故人の家督、財産などの相続に関する訴訟。遺領相論。＊式

目新編追加‐正応三年(1290)四月一八日(中世法制史料集一・追加法六一六)「遺跡相論時、非二子息一由、称申輩事」 発音イセキソーロン〈標ア〉ソ

いせき‐ちょう〔ヰセキチャウ〕【遺跡帳】『名』江戸時代、江戸で町年寄方に備えて置き、生前に相続者を定めたとき記入した帳簿。＊全国民事慣例類集(司法省編)(1880)家産相続の事「生前の日遺跡相続の者を定るときは、町年寄方に設けある遺跡帳へ記載すべき旨、享保六年町触もあれども」 発音イセキチョー〈標ア〉0

いせ‐きっつけ【伊勢切付】『名』馬具の「下鞍(したぐら)」の一種。伊勢国で生産した、切付(きっつけ)とよぶ下鞍。＊庭訓往来(1394‐1428頃)「武蔵鐙、佐渡沓、伊勢切付」

いせき‐ど【移積土】『名』「うんせきど(運積土)」に同じ。

いせき‐ひろめ〔ヰセキ‥〕【遺跡広】『名』(屋号、姓名、財産などの)跡継ぎになったことを世間に広く知らせること。＊人情本・明烏後正夢(1821‐24)初・四回「是から所帯はのしのもの、少しほとぼりが抜たなら、ちっとも早く居跡弘(ヰセキヒロメ)をし」 発音〈標ア〉ヒ

いせきみぞしき‐びき〔ゐせきみぞしき‥〕【井堰溝敷引】『名』灌漑(かんがい)用水を引くための堀や溝を造るのに田畑を掘り割らなくてはならない場合、その敷地となってつぶれた部分を高の内引として年貢を免除すること。＊地方凡例録(1794)六「井堰溝敷引 是はため井より用水ひき取、または川々谷水等田地へ懸、用水溝堀筋を井せきとも、用水溝とも、堀ともいふ〈略〉検地以後田地の内を堀割仕立る分は、高内引に立るなり」

いせき‐むすめ【一跡娘】『名』方言 ⇨いせき(一跡)

い‐せ・く〔ゐ‥〕【堰】『他カ四』水をせき止める。＊享和本新撰字鏡(898‐901頃)「堰 井世久」＊源賢集(1020頃)「彌生のつごもりの日、ゐせく所にて。逝春のゐせきにとまるものならば、先づおりたちて我れぞせかまし」 辞書字鏡 表記堰(字)

いせ‐くじら〔‥くぢら〕【伊勢鯨】『名』伊勢国の海で捕った鯨。その塩漬けは伊勢の御師(おし)が立ち寄る家々に土産としておくることが多い。＊雑俳・川柳評万句合‐宝暦九(1759)智一「小田原のうろこは元がいせくじら」＊雑俳・柳多留‐七一(1819)「身ひとつを諸国へ配るいせ鯨」 発音〈標ア〉ク

いせ・くる『動』方言 ⇨えせる

いせ‐ぐんだい【伊勢郡代】『名』「いせまちぶぎょう(伊勢町奉行)」に同じ。＊貞享三年武鑑(古事類苑・官位七四)(1686)「伊勢郡代」

いせ‐こ【伊勢粉】『名』「いせおしろい(伊勢白粉)」に同じ。＊浮世草子・傾城太々神楽(1705)六・二「おのへが鉄醬つけ楊枝、小里が新艘の時用ひし伊勢粉、夕霧が十七年忌のもりものの饅頭」

いせご『名』魚「ぼら(鯔)」の異名。 発音〈標ア〉0 方言鱸(すずき)の幼魚。せいご。島根県鹿足郡725

いせ‐ごい〔‥ごひ〕【伊勢鯉】『名』①魚「ぼら(鯔)」の異名。＊和玉篇(15C後)「鯔 イセゴイ」＊日葡辞書(1603‐04)「Ixegoi (イセゴイ)〈訳〉鯔または鯔属の魚」＊俳諧・毛吹草(1638)六「大淀の浦や伊勢鯉秋の波〈徳元〉」＊物類称呼(1775)二「いせごいとは、勢州鳥羽の海浜にて多く是をとり、又鯉に類するをもって、いせ鯉と云関西の称なり。東国には、ぼらとのみ呼也」②魚「めなだ(目奈陀)」の異名。 方言魚。❶ぼら(鯔)。畿内†010 周防†122 石川県加賀418 ❷めなだ(目奈陀)。畿内†036 静岡県浜名郡545 発音イセゴイ〈標ア〉0セ 辞書和玉・日葡・書言・言海 表記鯔(玉・書) 伊勢鯉(言)

いせ‐こう【伊勢講】『名』伊勢参宮のために結成した信仰集団。旅費を積み立てておいて、籤(くじ)に当たった者が講仲間の代表として参詣し霊験を受けてくる。神宮に太太神楽(だいだいかぐら)を奉納するので太太講ともいう。伊勢太太(だいだい)講。《季・春》＊俳諧・犬筑波集(1532頃)雑「けつけをやする伊勢講の銭 道者舟さながら算をおきつ浪」＊日次紀事(1685)正月元日「伊勢講〈俗間三人或五人常合レ心、約二其日一、聚二其家一謀二其事一謂レ講、其日多用二三首日及十六日一、今月今日其所レ聚之家称二頭人一、是首長之謂也〉」＊浮世草子・万の文反古(1696)四・三「是を御請なされ伊勢講(イセカウ)中の掛銭百七十目かり申候を」 補注(1)本来「講」は「法華八講」にみられるように仏教上の集まりを指すが、神仏習合の潮流の中で現われた神祇講の一つ。(2)中世以降諸国を巡回するようになった伊勢の御師(おし)が次第に信仰を集め、村々で講が形成されたが、それが更に戦国期から江戸期には、伊勢参りのための組織へと発展した。 発音イセコー〈なまり〉イセコ〔紀州〕〈標ア〉0

いせこう の 頭人(とうにん)〔＝頭(とう)〕 伊勢講の主宰者。＊狂言記・乳切木(1700)「誰が伊勢講の当人(タウニン)ぢゃ」＊狂言記・乳切木(1700)「伊勢講(イセカウ)の当(タウ)にあたった」

いせ‐こじき【伊勢乞食】『名』①伊勢神宮に参拝する人を相手に物乞いをした乞食。＊雑俳・江戸高点附句集(1771)「雪解する道に湧出る伊勢乞食」②近世、伊勢商人が節倹で江戸で栄えているのを江戸の者がねたんで言ったことば。→近江泥棒伊勢乞食。＊常磐津・神路山色琫(油屋)(1855)下「客が女郎を欺して取るとは、世に珍らしい新板(しんぱん)だわえ。これが真(ほん)の伊勢乞食(イセコジキ)だ」＊歌舞伎・敵討噂古市(正直清兵衛)(1857)六幕「何ぼ伊勢乞食だといって、葬式の強飯を土産には持って帰られぬ」 発音〈標ア〉コ

いせ‐こち【伊勢東風】『名』(伊勢国が東南に当たるところから、京都で)東南風。おしゃな。伊勢風。＊袖中抄(1185‐87頃)二〇「たつみの風をばおしゃなと云ふ。又伊勢こちと云ふ」

いせ‐ことば【伊勢言葉】『名』①伊勢国の方言。＊浮世草子・好色一代男(1682)三・二「『是なん、此所の肴売内裏小島より出るたたじゃう』と申。伊勢(イセ)こと葉にややといへり」②伊勢神宮に仕える人々の使う忌み詞。斎宮忌み詞。＊雑俳・ぬり笠(1697)「ちがふなり・中子染紙伊勢言葉」 発音〈標ア〉コ

いせ‐このわた【伊勢海鼠腸】『名』伊勢国の名産のこのわた。＊俳諧・雑巾(1681)冬「しる人ぞしる服部烟草伊勢海鼠腸〈常矩〉」

いせ‐こ・む『他マ五(四)』「いせる」に同じ。 発音〈標ア〉コ

いせ‐こやま【伊勢―】『名』方言❶南西の風。宇治山田†101 三重県伊勢001 ◇いせながし 静岡県磐田郡062 ◇いせよお 静岡県浜名郡844 ❷伊勢の朝熊山より起こる風。◇いせのこおやま 三重県志摩001

いせ‐ごよみ【伊勢暦】『名』近世、伊勢の暦師が作製し、伊勢神宮の御師(おし)が土産として全国に配った暦。頒暦の代表とされた。細長い折本で、明治一六年(一八八三)以後は神宮で刊行するようになった。神宮暦(じんぐうれき)。《季・新年》＊俳諧・小町踊(1665)春・上「年徳の神秘やひらく伊勢暦〈方女〉」＊浮世草子・世間胸算用(1692)四・四「只伊勢ごよみを見て春のちかづくをわきまへ」＊人情本・春色梅児誉美(1832‐33)三「アアつがもなき梅暦の評判は、伊勢(イセ)ごよみのこまかに穿(さぐ)りて」 発音イセゴヨミ〈標ア〉ゴ

伊勢暦

いせ‐さいれい【伊勢祭礼】『名』陰暦六月一六、一七日に行なわれた伊勢神宮の祭礼。＊俳諧・毛吹草(1638)二「六月〈略〉伊勢祭礼(サイレイ) 十六日七日出家も御免にて詣」 発音イセサイレイ〈標ア〉サ

いせざき【伊勢崎】□一(正しくは「いせさき」)群馬県南東部にある地名。古くは赤石郷と呼ばれたが、一六世紀中期、伊勢神宮に神領を寄進したので伊勢前(のち伊勢崎)になったという。江戸時代、酒井氏二万石の城下町、市場町として発展。養蚕は奈良時代から行なわれ、「伊勢崎銘仙」で知られる。昭和一五年(一九四〇)市制。□二『名』「いせざきめいせん(伊勢崎銘仙)」「いせざきじま(伊勢崎縞)」などの略。＊破垣(1901)〈内田魯庵〉一「平常着(ふだんぎ)に伊勢崎とは奢(しゃ)れてるネ」＊虞美人草(1907)〈夏目漱石〉一〇「是? 是は伊勢崎でせう」 発音〈標ア〉セ〈京ア〉0

いせざき‐おり【伊勢崎織】『名』群馬県伊勢崎地方で産出する織物の総称。 発音〈標ア〉0

いせざき‐がすり【伊勢崎絣】『名』かすり模様の伊勢崎銘仙。＊あきらめ(1909)〈田村俊子〉一「伊勢崎絣の単衣を皺だらけにした袴の腰板の上へも序に目をやった」 発音イセザキガスリ〈標ア〉ガ

いせざき‐じま【伊勢崎縞】『名』縞柄の伊勢崎銘仙、または太織り。古くは伊勢崎織はほとんど縞柄であった。 発音〈標ア〉0

いせざき‐じょう〔‥ジャウ〕【伊勢崎城】上田城の別称。 発音イセザキジョー〈標ア〉キ

いせざき‐ちょう〔‥チャウ〕【伊勢佐木町】横浜市中区の地名。JR関内(かんない)駅近くの繁華街。

いせざき‐ふとおり【伊勢崎太織】『名』群馬県伊勢崎地方に産した絹織物。享保(一七一六〜三六)の頃からつくられたが、明治期に入って銘仙が盛んになるにつれて衰微した。

いせざき‐めいせん【伊勢崎銘仙】『名』群馬県伊勢崎地方から産出する銘仙。伊勢崎太織りから発展したもので、太織りの地合を密にして織りあげたもの。明治以降の称。＊風俗画報‐一一二号(1896)流行門「第二は結城紬、大縞紬、第三伊勢崎銘仙(イセザキメイセン)、秩父縞等なり」 発音イセザキメイセン〈標ア〉メ〈京ア〉メ

いせ‐ざくら【伊勢桜】『名』①サトザクラの園芸品種。四月下旬、淡紅色の半重弁花を開く。大阪府高槻市の伊勢寺から出たと伝え、観賞用として栽植される。《季・春》＊俳諧・毛吹草(1638)二「三月〈略〉いせさくら」＊花譜(1698)中「いせ桜は、八重にて、これも少紅色をおべり。摂津国伊勢寺より出たりといふ。一説、桜のおはりにちかき頃さくゆへに、名づくといふ。伊勢は、尾張にちかければなり」②伊勢神宮の境内に咲く桜の花。＊浄瑠璃・賀古教信七墓廻(1714頃)桜祭文「さては神明伊勢桜」 発音〈標ア〉ザ

いせ‐ざらし【伊勢晒】『名』伊勢国から産出する漂白した布。＊万金産業袋(1732)五「さらしもめんは、いせ晒、小はばにてほそくち」 発音〈標ア〉ザ

いせ‐さるがく【伊勢猿楽】『名』室町時代、伊勢皇大神宮の神事に奉仕した猿楽。和屋、勝田、主門(青宇＝あおそ)の三座が伊勢国にあった。 発音イセサルガク〈標ア〉ル

いせ‐さんぐう【伊勢参宮】『名』伊勢神宮に参詣すること。お伊勢参り。参宮。《季・春》＊大観本謡曲・須磨源氏(1430頃)「未だ伊勢大神宮へ参らず候ふ程に、此の度思ひ立ち、伊勢参宮と志して候」＊日次紀事(1685)二月「自二今月一至二四月一、伊勢参宮徒多」＊俳諧・奥の細道(1693‐94頃)市振「伊勢参宮するとて、此関までおのこの送りて」 語誌→「いせまいり(伊勢参)」の語誌。 発音イセサングー〈標ア〉サ

いせ‐じ【伊勢寺】大阪府高槻市の北東部にあった里。古くは金龍寺の山のふもとにあたり、のちには平安前期の女流歌人伊勢が隠棲した草庵だった所をいう。北方に能因法師の墓がある。＊浮世草子・浮世栄花

一代男(1693)三・一「水無瀬(みなせ)の滝、伊勢寺(イセジ)といふ所は歌人の伊勢が古里とて」 発音〈標ア〉0

いせ-じ(ぢ)【伊勢路】 脇街道の一つ。中古では、鈴鹿で東海道から分かれ、伊勢国の南部を縦貫して伊勢神宮に至り、さらに志摩国(三重県南部)の国府まで達する道。近世では、東海道日永追分より分かれ、神戸(かんべ)、津を過ぎて伊勢神宮に至る道。伊勢街道。参宮街道。五十丁。＊太平記(14C後)二二・佐々木信胤成宮方事「道に少しも跰(やすら)はず、軈(やが)て伊勢路(いせヂ)に趣きけり」＊虎寛本狂言・千鳥(室町末‐近世初)「是から伊勢路へ掛って参れば、浜辺で、鵆(ちどり)を伏する所が御座るが」 発音〈標ア〉セ0

いせ-しばい(しばゐ)【伊勢芝居】『名』 伊勢古市および中の地蔵にあった芝居小屋。またそこで興行された歌舞伎。評判のよい役者は京、大坂歌舞伎に起用された。＊評判記・難波の㒵は伊勢の白粉(1683頃)三「これ応長の比、伊勢芝居(イセシバヰ)よりのぼり子共ありといへども、当地に尻のすはる事まれ也」 発音〈標ア〉シ

いせ-しま【伊勢島】(大和を大和島というのと同じ、一種の歌ことば)「いせ(伊勢)❶①」に同じ。＊源氏(1001‐14頃)須磨「いせしまやしほひの潟にあさりてもいふかひなきはわが身なりけり」＊千載(1187)恋四・八九三「伊勢島やいちしの浦のあまだにもかづかぬ袖はぬるるものかは〈道因〉」 発音〈標ア〉0

いせ-しま【伊勢志摩】(志摩は、大宝年間(七〇一～七〇四)、伊勢国と合併し、養老年間(七一七～七二四)、さらに分離するなどのことがあったところから)志摩国(三重県東部)をいう。＊神楽歌(9C後)明星・湯立歌「伊勢之末(イセシマ)の 海人(あま)の刀禰(とね)らが 焼(た)く火(ほ)の気 おけおけ」＊和訓栞(1777‐1862)「しま〈略〉国の志摩も島の義也。古事記にみゆ。続日本後紀に伊勢答志郡と見えて伊勢を分てりといふ。よて伊勢島などいへり」

いせ-じま【伊勢縞】『名』①伊勢国松坂あたりで産する縞もめん。近世、商家の使用人の仕着せなどに用いた。伊勢もめん。＊浮世草子・新吉原常々草(1689)上「此男よい年まで爰を見ずして朝暮伊勢嶋のもめんきる物の女房見た目なれば」＊洒落本・道中粋語録(1779‐80頃)「是もねまきすがたにて、いせじまの油じみたる布子に、黒ぬめの如く光る色の丸ぐけを〆」＊寛政四年三月掟法帳(1792)大伝馬町木綿店長谷川「常服之儀支配人支配人脇は二子縞類。三番より以下伊勢島着用可致」②転じて、近世、商家の奉公人をさす語。＊雑俳・柳多留‐初(1765)「いせ島の内はゐんまを尊とがり」＊雑俳・柳多留拾遺(1801)巻八上「いせしまも娘の方へぬけまいり」 発音〈標ア〉0

いせしま-こくりつこうえん(コクリツコウエン)【伊勢志摩国立公園】 三重県東部の志摩半島、伊勢市、五ケ所湾などを含む国立公園。伊勢神宮のほか、真珠の養殖で名高い英虞(あご)湾、二見浦、大王崎などの景勝地がある。昭和二一年(一九四六)指定。 発音イセシマ＝コクリツコーエン〈標ア〉コ² イ＝コ²

いせじま-ぶし【伊勢島節】『名』 慶安・承応(一六四八～五五)の頃、虎屋源太夫の門人伊勢島宮内(くない)が語り始めた浄瑠璃。節斎節(せっさいぶし)。＊音曲道智編(1764‐72頃か)二「宮内節元祖源太夫門弟〈京都の住〉伊勢島宮内。伊勢島(シマ)ぶしとて、慶安の頃流行す」＊声曲類纂(1839)一・下「伊勢島宮内 江戸虎屋源太夫の門弟にして、一流を語り出す。伊勢島節として承応の頃より行れぬ」 発音〈標ア〉0

いせ-じゅう(ヂュウ)【伊勢重】『名』 伊勢春慶塗りの重箱。 発音イセジュー〈標ア〉セ

いせ-しゅっけもうで(シュッケまうで)【伊勢出家詣】『名』 陰暦六月一六、一七日に行なわれた伊勢神宮の祭礼に、ふだんは参詣を許されない僧侶が許されて参詣すること。＊俳諧・新季寄(1802)六月「伊勢出家詣 十六日十七日」 発音イセ＝シュッケモーデ〈標ア〉イ＝モ

いせ-しゅんけい【伊勢春慶】『名』 三重県伊勢市から産出する春慶塗りの漆器。 発音イセシュンケイ〈標ア〉シュ

いせ-しょうにん(シャウニン)【伊勢上人】『名』「いせ(伊勢)の上人」に同じ。

いせ-しょうにん(シャウニン)【伊勢商人】『名』 中世、伊勢のあきゅうどといわれ、江戸時代、江戸、京都に店を持った伊勢国出身の商人。商才にたけ、勤勉、節約で有名。松坂商人がその中心をなし、伊勢屋を屋号とするものが多い。 発音イセショーニン〈標ア〉ショ

いせ-じんぐう【伊勢神宮】 三重県伊勢市にある皇大神宮(内宮)と豊受大神宮(外宮)の総称。内宮は皇祖神である天照大神をまつり、神体は三種の神器の一つである八咫(やたの)鏡。白木造りで、二〇年ごとに遷宮を伴う改築がある。明治以後国家神道の中心として国により維持されてきたが、昭和二一年(一九四六)宗教法人となった。伊勢大廟。伊勢大神宮。大神宮。 発音イセジングー〈標ア〉グジ〈京ア〉ジ

いせ-しんじゅ【伊勢真珠】『名』 伊勢国から産出する真珠。＊和漢三才図会(1712)四七「蜮蛦(あこやがひ)〈略〉按〈略〉勢州多有之、其珠光沢、謂二之伊勢真珠一」 発音〈標ア〉シ

いせ-しんとう(シンタウ)【伊勢神道】『名』 神道説の一つ。鎌倉時代、伊勢外宮の神主度会(わたらい)氏の創始になるもので、伊勢の内宮、外宮の祭神に関する書(神道五部書)を典拠に、老荘思想、仏教説、陰陽五行説をまじえて発展した。内宮に対する外宮の位置を高めようとしたもの。外宮神道。度会神道。社家神道。伊勢流。→神道五部書。 発音イセシントー〈標ア〉シ

いせしん-ひゃくいん(いせシンヒャクヰン)【伊勢新百韻】 俳諧撰集。一冊。乙由・反朱編。元禄一一年(一六九八)刊。巻頭に俳席の心得五か条と芭蕉の教えを記し、団友・乙由・支考らの七吟百韻一巻を収める。平明な伊勢風の先唱をなすもの。

いせしんめいしょうたあわせえまき(いせシンメイショうたあはせヱまき)【伊勢新名所歌合絵巻】 絵巻物。下巻一巻のみ残る。絵は土佐隆相の作と伝えられ、筆致が「男衾(おぶすま)三郎絵詞」に類似。永仁年間(一二九三～九九)の作とみられる。弘安九年(一二八六)伊勢の新名所十景を選んで詠んだ歌合わせにそれぞれの景色の絵を配したもの。

いせ-ずり【一銭剃】『名』「いっせんぞり(一銭剃)」の変化した語。＊俳諧・蘿葉集(1767)冬「いせ剃の床にわすれる頭巾かな」

いせ-すりこぎ【伊勢擂粉木】『名』 伊勢国から産出するすりこぎ。

いせ-すりばち【伊勢擂鉢】『名』 伊勢国から産出するすりばち。伊勢鉢。＊咄本・昨日は今日の物語(1614‐24頃)上「小杵(こぎね)、窓菰、いせすりばち、是三色が惜しい事じゃ」＊狂歌・千紅万紫(1817)「すり小木もれん木も同じ山椒みそ伊勢すり鉢に備前摺鉢」

いせ-ぜに【伊勢銭】『名』 薄手の、紋のないぜに。古く、伊勢神宮の賽銭(さいせん)用として特別にこしらえたもので、参拝者はこれを買ってあげた。鳩の目。伊勢宮銭(いせみやせん)。＊浮世草子・色里三所世帯(1688)中・一「六十つなぎの伊勢銭(イセセニ)をそもそも壱貫弐百より三貫五百までかけて」 発音〈標ア〉ゼ

いせ-せんぐう【伊勢遷宮】『名』 伊勢神宮で、内宮、外宮ともに二〇年目ごとに新造して、その年の九月一六日に神座を奉遷する祭儀。種々の儀式が行なわれる。正遷宮(せいせんぐう)。《季・秋》＊中右記‐寛治七年(1096)一二月二五日「但大夫弁右中弁師頼朝臣不レ立二行香一、是依レ為二伊勢遷宮行事一也」＊長秋記‐保延元年(1135)八月二二日「九月伊勢遷宮間、畿内国々可レ勤事巨多也。其程暫不レ加レ催矣宜歟」＊俳諧・誹諧通俗志(1716)時令・九月「伊勢御遷宮」 発音イセセングー〈標ア〉セ²

いせ-ぞうぐうし(ザウグウシ)【伊勢造宮使】『名』 伊勢神宮の造営をつかさどるために臨時に置く職。多くは祭主神祇官(じんぎかん)の職員がなった。造神宮司(ぞうじんぐうし)。＊日本紀略‐天暦二年(948)三月一五日「召二式部一給二伊勢造宮使召名一」＊西宮記(969頃)一五・伊勢造宮使同大神宮司「伊勢造宮使、同大神宮司事已上以官符給式部、式部申補任、次給官符」

いせ-ぞうり(ザウリ)【伊勢草履】『名』 伊勢国間山(あいのやま)で作られた名物の草履。また、それにならって作った草履。＊洒落本・二蒲団(1801)「足袋はちくさのてうせんぐつにいせざうりをはき」 発音イセゾーリ〈標ア〉ゾ

いせ-だいさん【伊勢代参】『名』①他の人や集団の代理として伊勢神宮に参拝すること。また、その代参の人。②江戸時代、正月七日に将軍年始詣(もう)での代理として伊勢神宮に人を差し遣わし参詣させたこと。また、その使い。

いせ-だいじんぐう【伊勢大神宮】 伊勢神宮の別称。 発音イセダイジングー〈標ア〉ダイ¹

いせ-だいだいこう【伊勢太太講】『名』「いせこう(伊勢講)」に同じ。＊随筆・嬉遊笑覧(1830)五「伊勢太々講、今世町人等人数を定め醵銀を集め是を積み手を経て伊勢に参宮し太々神楽を奉る費用を設くるを太々講といふ」 発音〈標ア〉グダジ

いせ-たいびょう(タイベウ)【伊勢大廟】 伊勢神宮の別称。 発音イセタイビョー〈標ア〉タ

いせ-だち【伊勢建】『名』 伊勢神宮ふうの建築様式。伊勢神宮を模した家屋の建て方。また、その家。＊譬喩尽(1786)一「伊勢建(イセダチ)は所に撰(より)て不レ為(せぬ)もの。破風見二正面一也」 発音〈標ア〉0

いせ-たゆう(タイフ)【伊勢太夫】『名』「いせ(伊勢)の御師(おし)」に同じ。＊雑俳・柳多留‐五一(1811)「序と切りは三河太夫と伊勢太夫」

いせ-ちゃ【伊勢茶】『名』 伊勢国から産出する茶。 発音〈標ア〉セ

いせ-ちゃわん【伊勢茶碗】『名』「いせてんもく(伊勢天目)」に同じ。＊浮世草子・懐硯(1687)三・三「釣鍋(つるなべ)に少(ちいさ)き鑵(いかき)を仕かけ葉茶を煎じて伊勢茶碗(イセチャワン)の手厚きに汲なして我を饗応(もてなし)しける」 発音〈標ア〉チャ

いせ-ちょう(チャウ)【伊勢町】❶東京都中央区日本橋室町、本町付近の旧称。北条氏村が小田原落城の後江戸に出て、姓を伊勢と改め、その子善次郎が名主となったため町名とした。米問屋が多かった。いせまち。＊洒落本・通言総籬(1787)一「万事に渡る日本ばしの真中から、ふりさけみれば神風や、伊勢町(イセテウ)の新道に奉公人口入所といふ簡板(かんばん)のすぢむこふ」❷『名』江戸の町家で、飯のこと。「みんな伊勢町をやってしまいな」 発音イセチョー〈標ア〉セ

い-せつ【医説】『名』 医学に関する説。医学説。＊蘭東事始(1815)下「尤、医説、内景抔(など)の事に至りては、誰壱人知る人なき筈也」＊福翁百話(1897)〈福沢諭吉〉四七「医説(イセツ)に上流の婦人が往々便秘を訴ふるは其社会の平生便通を忍ぶ場合ひ多く且つ風気を洩(も)らすことも極めて稀なるが為め」＊四庫全書総目‐子部・医家類「医説十巻 宋張杲撰」 発音〈標ア〉0 イ

い-せつ【異説】『名』①既に出されている説や一般の通説とは違う説。異論。＊古今著聞集(1254)六・二五七「今度異説を吹きたりけるに、度を失し拍子をあやまりにけり」＊太平記(14C後)二五「何れも異説(イセツ)多端なり。委細に尽すに遑(いとま)あらず」＊日葡辞書(1603‐04)「Ixet(イセツ)。コトナリ トク〈訳〉他の説、またはことなった意見」＊月上女経‐下「無量功徳最大尊、利二益衆生一無二異説一」＊揚子法言‐学行「一閧之市、不レ勝二異意一焉、一巻之書、不レ勝二異説一焉」

②怪しげな説。変な説。＊徒然草（1331頃）一一六「何事も珍しき事を求め、異説を好むは、浅才の人の必ずある事なりとぞ」＊花柳春話（1878-79）〈織田純一郎訳〉三八「君の説も亦或は異説に非るなきを保たんや」＊晉書-荀勖伝「去二奇技一抑二異説一」 発音〈標ア〉⓪〈京ア〉⓪ 辞書 文明・日葡・書言・言海 表記 異説（文・書・言）

いーせつ【移設】〘名〙工場などの建物を移転し、建設すること。発音〈標ア〉⓪

いせーづくり【伊勢造】〘名〙（伊勢船の造りの意）中世末期から近世中期にかけて伊勢地方を中心に造られた、船首を箱形にした船型。安宅船や大型荷船として主用された。伊勢船。伊勢物造。＊安宅造覚書（17C初）「伊勢造とはにうし（水押）なしにして、荷舟の如く造立」 発音〈標ア〉ズ

いせーつばき【伊勢椿】〘名〙植物「ぼくはん（卜伴）」の異名。《季・春》＊俳諧・誹諧発句帳（1633）春・椿「きて見よやあみ笠なりの伊勢椿〈親重〉」＊俳諧・毛吹草（1638）二「二月〈略〉伊勢椿〈散り椿、とび入椿〉」＊重訂本草綱目啓蒙（1847）三二・灌木「山茶〈略〉石榴茶は俗名いせつばき又れんげつばきとも云下にある五弁大にして中に細弁多く簇りて千葉の御米（けし）花の如し」 発音〈標ア〉ツ

いせつひこーのーみこと【伊勢都比古命】 神の名。伊和の大神の子。伊勢都比売命（いせつひめのみこと）とともに伊勢野の地にまつられる。 発音〈標ア〉ツ

いせーつむぎ【伊勢紬】〘名〙伊勢国（三重県）から産出するつむぎ。特に松坂紬は有名。＊浮世草子・長者機嫌袋（1705）一・三「衣裳はここら見なれぬ伊勢つむぎに浅黄（あさぎ）うら、万目に立男なりしが」 発音 イセツムギ〈標ア〉ツ

いせつーもく【異節目】〘名〙「ひんしもく（貧歯目）」に同じ。また、同目中の亜種に位置づけられることもある。 発音〈標ア〉ツ

いせつーもじ【伊勢津綟子】（ぢ:も）〘名〙伊勢国津地方から産出する綟子織（もじおり）。近世には幕府への献上用として麻製の衣服地を織ったが、明治以後は綿の肌着地および漁網などを主とする。＊随筆・八十翁疇昔話（1716頃か）「むかしは四月ごろより伊勢津戻子（イセツモジ）とて、板にはさみ、うりありく事夥し。千石以下の面々調へ着る。価壱匁程なり」

いせーで【伊勢手】〘名〙瀬戸焼の茶入れの一種。釉（うわぐすり）に「一筋流れ」のあるもので、伊勢と尾張との国境で焼いた。 発音〈標ア〉⓪

いせーてんもく【伊勢天目】〘名〙近世、伊勢参宮の土産用として広く使われた瀬戸焼の茶わん。伊勢茶碗。伊勢水呑。＊類従本君台観左右帳記（1476）「建盞（けんさん）はいとじり一文字にて、そこくろし。伊勢天目のつくりけむざんににたり」＊宗達茶湯日記-天文一八年（1549）一〇月七日「天目　伊勢天目歟。茶　無上」＊浮世草子・椀久一世（1685）下・六「ふところに伊勢天目（イセテンモク）すひ口なしの烟管（きせる）」 発音〈標ア〉テ

いせーどうしゃ【伊勢道者】（ダウ:シャ）〘名〙他国から伊勢神宮に参宮する者。＊常磐津・花舞台霞猿曳（新うつぼ）（1838）「まはらば廻れ伊勢同者、昔は車、今は銭、投さんせ投さんせ」 発音 イセドーシャ〈標ア〉ド

いせーどうふ【伊勢豆腐】〘名〙料理の一種。山芋をおろしたものに、鯛のすり身や豆腐、卵の白身などを加えてよくすりまぜ、布を敷いた杉の箱に入れて包み、煮てから適当な大きさに切り、葛餡（くずあん）やおろししょうが、わさび、みそなどをかけた料理（料理物語（1643）一二）。 発音 イセドーフ〈標ア〉ド

いせーどり【伊勢鳥】〘名〙 方言（伊勢神宮の使いの鳥という俗信から）鳥。❶せきれい（鶺鴒）。静岡県志太郡535 奈良県吉野郡688 ◇**おいせどり**〔御―〕静岡県志太郡532 愛媛県840 ◇**いせのさんため** 滋賀県蒲生郡608 ❷せぐろせきれい（背黒鶺鴒）。◇**おいせどり**とも。愛媛県007 ❸きせきれい（黄鶺鴒）。◇**おいせどり** 愛媛県007 高知県007 ❹みそさざい（鷦鷯）。◇**おいせどり** 愛媛県007 ❺いわつばめ（岩燕）。◇**おいせどり** 高知県007

いせーどりい【伊勢鳥居】（りゐ:ど）〘名〙伊勢神宮などに造られる鳥居。かさ木が五角形で、角貫（かくぬき）が神明鳥居に似ているもの。伊勢神明鳥居。 発音〈標ア〉ド

いせーな【伊勢菜】〘名〙①植物「たかな（高菜）」の異名。②植物「きょうな（京菜）」の異名。＊日本植物名彙（1884）〈松村任三〉「ミヅナ　イセナ　水菜」 発音〈標ア〉⓪

いせーながうじ【伊勢長氏】（うぢ:なが）⇨ほうじょうそううん（北条早雲）

いせーなでしこ【伊勢撫子】〘名〙セキチクとカワラナデシコの雑種と思われる園芸植物。花弁の先が長く裂けている。おおさかなでしこ。さつまなでしこ。学名は Dianthus × isensis 発音〈標ア〉テ

いせーに【伊勢荷】〘名〙伊勢地方から発送された荷。＊俳諧・七柏集（1781）芭蕉菴興行「武庫はれて風は出船に吹かはり〈魚文〉伊勢荷ときけば神在らん〈蓼太〉」 発音〈標ア〉⓪

いせーのーうみ【伊勢海】 ㊀伊勢湾のこと。伊勢国の海をさす場合もある。歌枕。＊古事記（712）中・歌謡「神風の　伊勢能宇美（イセノウミ）の　大石（おひし）に　這（は）ひ廻（もとほ）ろふ　細螺（しただみ）の　い這ひ廻り　撃（う）ちてし止（や）まむ」＊古今（905-914）恋一・五〇九「伊勢のうみにつりするあまのうけなれや心ひとつをさだめかねつる〈よみ人しらず〉」 ㊁催馬楽（さいばら）の曲名。平調（ひょうじょう）。律の部に属する。「楽家録-六」所収「催馬楽歌字」の「いせのうみのきよきなぎさにしほがひに」で始まるものをさす。平安中期に最も栄え、室町末期に絶えた。現在のものは、寛永三年（一六二六）四辻大納言季継が古譜により再興したもの。催馬楽の代表曲。 発音〈標ア〉イ 辞書 文明 表記 伊勢海（文）

いせーのーおおすけ【伊勢大輔】（すけ:おほ）⇨いせのたゆう（伊勢大輔）

いせーのーかみ【伊勢守】〘名〙未詳。一説に酒屋の受領（ずりょう）名かという。＊浮世草子・好色二代男（1684）二・一「艫（とも）の間には伊勢守が斗樽。高砂屋の白味噌、川越瓜（ふり）の組籠」＊浮世草子・俗つれづれ（1695）一・二「伊勢の守の御膳酒、其の御滴の民草のすゑ葉の菊まで重陽の祝儀かはらず」 発音〈標ア〉ノ

いせーのーさぶろう【伊勢三郎】（ラウ:サブ）㊀伊勢国の人。名は義盛。源義経の四天王の一人。平家追討に武名をあげた。＊義経記（室町中か）二・伊勢三郎はじめて臣下になる事「伊勢三郎義盛とは、その時の宿の主（あるじ）なり」 ㊁新歌舞伎十八番の一つ。河竹黙阿彌作。本名題「莩（みばえ）源氏陸奥日記」。源義経と伊勢三郎との対面を描いたもの。いせのさむろう。 補注 語り物などでは「いせのさむろう」と読ませることが多いが、平曲の譜本である「平家正節」では、「いせのさぶろう」と読ませている。 発音 イセノサブロー〈標ア〉イ

いせーのーさんため【伊勢―】〘名〙 方言 ⇨いせどり（伊勢鳥）

いせーのーたゆう【伊勢大輔】（イフ:タ） 平安中期の女流歌人。中古三十六歌仙、三才女の一人。大中臣輔親の娘。上東門院彰子に仕えた。のち高階成順（なりのぶ）の妻。家集「伊勢大輔集」。いせのおおすけ。生没年未詳。

いせーのり【伊勢海苔】〘名〙①伊勢国で産出する海苔。＊歌舞伎・いとなみ六方（1674頃）「いせのり、はばのり、かさいのり、あさくさのりはひとつなれど」＊俳諧・桜川（1674）春二「伊勢のりはきよき渚の玉藻かな〈忠知〉」②洗い張りなどに使うのり。ふのり。＊新編常陸国誌（1818-30頃か）方言「いせのり、江戸にてふのりと云ふ」 発音〈標ア〉セ

いせーは【伊勢派】〘名〙①俳諧流派の一つ。芭蕉の門人、岩田涼菟（りょうと）、中川乙由らが美濃派の各務支考と提携して伊勢に起こした蕉門の一流派。平俗の作風をもって地方に浸透した。乙由の別号にちなんで麦林派ともいう。伊勢風。伊勢流。②本居宣長を中心とする和歌の流派。 発音〈標ア〉⓪

いせーはがき【伊勢羽書・伊勢端書】〘名〙伊勢国で江戸初期に通用した古紙幣。慶長・元和（一五九六～一六二四）の頃、伊勢国の山田、松坂、射和、丹生、宇治などの富豪が、その信用力を基盤に発行したものであるが、そのうち山田羽書はその後強固な発行組織をととのえ、明治初年まで引きつづき発行した。 発音 イセハガキ〈標ア〉ハ

いせーばち【伊勢鉢】〘名〙「いせすりばち（伊勢擂鉢）」に同じ。＊鵤荘引付-応永五年（1398）九月（兵庫県史）「伊勢鉢六、面々一つつ被レ出レ之」＊物類称呼（1775）四「摺鉢、すりばち、江戸にて、すりばち〈略〉上総及出羽にて、いせばち」 方言 すり鉢。千葉県上総002 大分県北海部郡941 ◇**えせんばち** 秋田県130 ◇**いしよばち** 岩手県和賀郡095 秋田県南秋田郡130 ◇**えへはじ** 秋田県河辺郡134 ◇**いしばち** 石川県珠洲郡404

いせーはなび【伊勢花火】〘名〙キツネノマゴ科の多年草。中国原産で、観賞用として栽培され、また、暖地に帰化して生える。高さ三〇～六〇センチメートルのやや低木状で、茎は多数分枝する。葉は対生し、長さ三～五センチメートル、幅〇・八～一・五センチメートルの披針形で先はとがり、縁に波状の鋸歯（きょし）がまばらにある。夏から秋に、枝先に穂状花序をつけ、十数個の淡紫色の花を開く。花冠は長さ一・五～二センチメートルのろうと状で、下部は長い筒となり、上部が五裂して開く。いわぎきょう。学名は Strobilanthes japonicus ＊日本植物名彙（1884）〈松村任三〉「イセハナビ」 発音〈標ア〉ハ

いせはら【伊勢原】（元和六年（一六二〇）、伊勢国からの移住者が開いたところからいう）神奈川県中央部の地名。大山寺（たいさんじ）の門前町、伊勢商人の市場町として発展。昭和四六年（一九七一）市制。＊俳諧・鞁随筆（1759）二「伊勢原や山から活て初鰹〈米舟〉」 発音〈標ア〉セ

いせーばんこ【伊勢万古】〘名〙江戸時代、元文年間（一七三六～四一）、伊勢国桑名近くで創製した万古焼。後世これに模して作られたものを江戸万古、秋田万古、下野万古と呼ぶのに対し、本家の伊勢国産のものをいう。 発音〈標ア〉バ

いせび〘名〙 方言 ❶植物、うつぎ（空木）。宮崎県西諸県郡003 西臼杵郡497 ❷植物、やぶでまり（藪手毬）。鹿児島県薩摩062 ❸植物、がまずみ（莢蒾）。宮崎県東臼杵郡964 ◇**いせぶ** 宮崎県東臼杵郡965 ◇**いせつ・いせつのき**〔―木〕山口県熊毛郡965 ◇**いせぎのき** 鹿児島県肝属郡965 ❹植物、はくさんぼく（白山木）。鹿児島県中之島965 ◇**いせぶ** 鹿児島県甑島965 ◇**いせつ・いせずら** 鹿児島県肝属郡965 ◇**いせき** 鹿児島県川内市965 ◇**いせびのき** 鹿児島県肝属郡965 ◇**いせぶのき** 鹿児島県垂水市965 ◇**いせつのき** 鹿児島県加世田市・肝属郡965 ◇**いせきのき** 鹿児島県揖宿郡965 ❺虫、せみ（蟬）。宮崎県東諸県郡947

いせーびくに【伊勢比丘尼】〘名〙伊勢寺の勧進と称して、尼姿を装い、小唄を歌い歩いた遊女。本来は慶光院上人のもとに、女性の受刑者が出家したものであったが、元禄（一六八八～一七〇四）の頃から世上に現われた。＊浄瑠璃・国性爺後日合戦（1717）参宮「ぬめの帽子のいせびくに、笑な小びくにがちとくはん」＊浄瑠璃・妹背山婦女庭訓（1771）三「して儕（おのれ）は伊勢か熊野か、イヤ私は伊勢比丘尼、それならば比丘尼の司」 発音〈標ア〉ビ

いせーびと【伊勢人】〘名〙伊勢国の人。伊勢者。＊源氏（1001-14頃）須磨「伊勢人の浪の上漕ぐ小舟にもうきめは刈らでのらましものを」＊風俗歌（9C前-11

C中か)伊勢人「伊世比止(イセビト)は あやしき者をや 何ど言(て)へば 小舟に乗りてや 波の上(うへ)を漕ぐや 波の上(へ)を漕ぐや」 *謡曲・蘆刈(1430頃)「この蘆を伊勢人は浜荻といひ、難波人は蘆といふ」 発音〈標ア〉セ

いせびと は 僻言(ひがごと)す 伊勢の人はうそつきである。伊勢の人は都の人と反対のことをいう。 *伊勢記(1186)「伊勢人はひがごとしけり津島より甲斐川ゆけば泉野の原」

いせ-ぶ【伊勢布】『名』洗い張りの時に使うのり。ふのり。 *浜荻(仙台)(1813頃)「いせぶ〔和名鈔〕海蘿布苔、或云伊勢より多く来る故かくいふ。江戸絵熊野ふのりなど。江戸 ふのり」 方言岩手県気仙郡100 宮城県113 120 123 山形県東村山郡・北村山郡139 ◇いせぶのり〔—海苔〕 秋田県鹿角郡132

いせ-ふう【伊勢風】『名』「いせは(伊勢派)①」に同じ。 発音イセフー〈標ア〉0

いせ-ぶし【伊勢節】『名』①近世、明暦(一六五五~五八)から元禄(一六八八~一七〇四)頃まで流行した小唄節。遊郭などでうたわれた。 *歌謡・当世小歌揃(17C後頃)いせぶし「いせぶし 秋のよのしかはないても明かす。人目忍べばうやつらや、泣くも泣かれず」 ②「あいのやまぶし(間山節)㊀」に同じ。 *浮世草子・西鶴織留(1694)四・三「間(あい)の山の乞食〈略〉。中にもおたまおすぎとて、ふたりの美女あって、身の色を作り三味線を引ならし、あさましや女のするゑと伊勢(イセ)ぶしをうたひける」 発音〈標ア〉0

いせ-ぶね【伊勢船】『名』①中世末期から近世中期にかけて伊勢地方を中心に造られた船型。船首を箱形の戸立(とだて)造りにしたのが特徴で、安宅船や大型荷船として重用された。近世中期以後は帆走性能と経済性の点で二成(ふたなり)船や弁才(べざい)船に及ばず、ほとんど姿を消したため、二成船がこれと混同されるようになった。伊勢造り。 *新撰六帖(1244頃)三「しほむかふをの湊の流れ江になほ漕ぎかねてとまるいせ船〈藤原光俊〉」 *九鬼流船具之書(1654)「いせ舟の艫はひだろとて」 ②江戸時代末から明治にかけて知多半島伊勢湾沿いの野間、内海、常滑等に多かった買積船、内海船(うつみぶね)の別称。 発音〈標ア〉ブ0

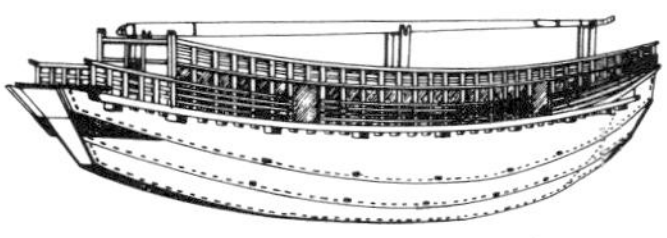

伊勢船①〈伊勢船造安宅図より〉

いせ-ぶのり【伊勢布海苔】『名』 方言 ⇩いせぶ(伊勢布)

いせ-ぶろ【伊勢風呂】『名』伊勢国の蒸し風呂の一種。一室に焼き石を並べ、それに水を注ぎ、石の上に簀子(すのこ)を設けてその湯気を浴するもの。極めて熱い蒸し風呂。 *甲陽軍鑑(17C初)品二五「風呂はいづれの国にも候へ共、伊勢の国衆ほど熱(あつき)風呂を好て能吹申さるるに付て、上中下共に熱風呂にすく」 *俳諧・口真似草(1656)「国のしをきはよくたちにけり、伊勢風呂のむかしも今もあつくして〈延貞〉」 発音〈標ア〉0ブ

いせ-べ【伊勢部】『名』「古事記」に記す部の一つ。実態は明らかでないが、磯部を示すとする説が有力。 *古事記(712)中「此の御世に、海部(あまべ)、山守部、伊勢部(イセベ)を定め賜ひき」

いせ-へいし【伊勢平氏】(古くは「いせへいじ」とも) 桓武平氏のうち高望王の曽孫(ひまご)維衡(これひら)の子孫をいう。維衡が伊勢守となって以来、伊勢、伊賀地方に勢力を張り、五代目忠盛に至り中央政界に進出。その子清盛が政権をとって栄華をきわめたが、文治元年(一一八五)源氏により壇の浦で滅亡。 *平家(13C前)一・殿上闇討「忠盛御前のめしにまはれければ、人々拍子をかへて、『伊勢平氏はすがめなりけり』とぞはやされける」 *天草本平家(1592)二・一〇「フジガワノ セゼノ イワ コス ミヅ ヨリモ、ハヤク モヲツル Yxe Feiji (イセ ヘイジ) カナ」 発音イセヘイシ〈標ア〉ヘ

いせ-へいじ【伊勢瓶子】『名』伊勢産のとっくり。質が悪く、酒を入れることができなくて、酢を入れるのに用いられた。 補注「平家-一・殿上闇討」に「伊勢平氏」に掛けた表現として、「伊勢平氏はすがめなりけり」がある。 発音イセヘイジ〈標ア〉ヘ

いせ-へいや【伊勢平野】 三重県東部、伊勢湾に面する海岸平野。木曽、長良、鈴鹿、安濃、櫛田などの河川が東流する。 発音イセヘイヤ〈標ア〉ヘ

いせ-ぼうどう【伊勢暴動】 明治九年(一八七六)に起こった、地租改正反対の一揆中、最大の一揆。三重県を中心に愛知・岐阜などに広がり、翌年政府は地租を地価の三パーセントから二・五パーセントに引き下げた。

いせ-ぼうふう【伊勢防風】『名』植物「はまぼうふう(浜防風)」の異名。 *重訂本草綱目啓蒙(1847)九・山草「防風〈略〉浜防風あり。春間菜店に嫩葉を貨食品とす故に八百屋防風とも云。又伊勢防風とも云。海浜に自生す」 *日本植物名彙(1884)〈松村任三〉「ハマボウフウ ヤヲヤボウフウ イセボウフウ」 発音イセボーフー〈標ア〉ボ 辞書言海 表記伊勢防風(言)

いせ-ま【伊勢間】『名』京間、田舎間等に対していう柱間(はしらま)寸法で、曲尺(かねじゃく)五尺八寸(約一・七七メートル)を一間(いっけん)とする測り方。伊勢国で家の広さを測るのに用いられたところからいう(両京俚言考(1868-70頃))。 発音〈標ア〉0

いせ-まい【伊勢米】『名』伊勢国(三重県)から産出する米。 発音〈標ア〉0

いせ-まいり【伊勢参】『名』①「いせさんぐう(伊勢参宮)」に同じ。《季・春》 *咄本・学習院本昨日は今日の物語(1614-24頃)「うつくしき坊主、いせ参りする」 *俳諧・春の日(1686)「春めくや人さまざまの伊勢まいり〈荷兮〉 桜ちる中馬ながく連〈重五〉」 *滑稽本・東海道中膝栗毛(1802-09)初・発語「この宿はづれより、十二三才斗のいせ参(マイリ)跡になり先になりて」 *諸国風俗問状答(19C前)阿波国風俗問状答・一二五「伊勢参り・西国巡拝・辺路抔に首途を送り申とて、町の出口又は船の乗場迄、親類懇意の者酒肴を持たせ賑ひ、餞別申事に候」 ②男女のかけ落ち、また、単に逃走をいう隠語。〔特殊語百科辞典(1931)〕 語誌(1)伊勢神宮は本来皇室祖先神を祭る神社で、一般の奉幣は禁じられていたが、中世以降朝廷の財政的支持が衰えると、御師(おし)が諸国を巡回して五穀豊穣、息災延命等を祈請すると共に、神札、暦などを配り、米銭などの初穂料を徴収するようになって信者を集めた。伊勢神宮へは貴族のみでなく庶民も参詣するようになり、室町末期には伊勢参りをしない者は人間でない、との風潮にまでなった。(2)江戸時代には、旅費を積み立てくじ引きで順に代参する伊勢講が各地に多数組織された。多くは農閑期に行なわれ、代参者の出発時には講仲間による見送りの宴が催され、留守宅には見舞品が届けられ、出迎えの宴では代参者が講仲間に祓札や伊勢土産を配った。(3)民衆の間に一生に一度は伊勢参りをするものだという通念が生まれ、特に、六〇年ごとのお陰年を期した「お陰参り」には大挙して参詣し、また親や主人の許しを受けずに青年や使用人が参詣できる「抜け参り」も流行した。信仰だけでなく息抜きの旅行の面も窺える。 方言寒気の強い時に麦が抜けて無くなること。神奈川県津久井郡317 発音〈標ア〉マ〈京ア〉マ

いせまいり と 節季(せっき) 節季(せっき)とは おはらいが第一 (「お祓(はら)い」と「支払い」とを掛けた文句) 決算期ごとに支払いをきちんと済ませるのが大事である。 *譬喩尽(1786)一「伊勢参(イセマイリ)と節季(セッキ)節季とはおはらひが第一じゃ」

いせ-まち【伊勢町】「いせちょう(伊勢町)㊀」に同じ。 *浮世草子・西鶴置土産(1693)二・二「伊勢町(イセマチ)の月夜の利左門といへる大臣」

いせ-まちぶぎょう【伊勢町奉行】『名』江戸幕府の遠国奉行の一つ。伊勢国山田に設置。伊勢神宮の警衛と遷宮の奉行、伊勢、志摩両国の支配と公事裁き、鳥羽港の警備などをつかさどった。山田奉行。伊勢郡代。伊勢山田町奉行。伊勢の国奉行。 *延宝六年江戸鑑(古事類苑・官位七四)(1678)「伊勢町奉行」 発音イセマチブギョー〈標ア〉ブ

いせ-まら【伊勢魔羅】『名』三重県伊勢の人の男根。「筑紫つび」と対して機能的に極上という俗信があった。 *古今著聞集(1254)一六・五四四「まらは伊勢まらとて、最上の名をえたれども」

いせ-みずのみ【伊勢水呑】『名』「いせてんもく(伊勢天目)」に同じ。 *虎明本狂言・吃(室町末-近世初)「いせみづのみの古くして、はたのくゎっと欠けたに、紅をちっと移ひて」

いせ-みち【伊勢道】『名』(伊勢神宮の内宮と外宮との間の五〇町を一里としたところから) 距離の遠いことのたとえ。 *和訓栞後編(1887)「いせみち 俗に程遠きたとひにいへり。内外の宮の間五十町を一里とするに起れり」 方言❶回り遠いこと。愛知県尾張567 ❷耳の遠い人。耳の聞こえない人。宇治山田†101 静岡県田方郡526 愛知県南設楽郡554 三重県伊勢001 滋賀県蒲生郡612 ❸動作や反応の鈍い人。愛知県尾張567

いせ-みやげ【伊勢土産】『名』伊勢参宮の際の土産物。 *浮世草子・好色二代男(1684)二・三「鼻筋さしとをって、二皮目の形うるはしく、伊勢土産(イセミヤゲ)の笛を吹きて、門にあそびしを、あの子はと思ひしに、今見れば其姿はなくて」 発音イセミヤゲ〈標ア〉ミ

いせみや-せん【伊勢宮銭】『名』「いせぜに(伊勢銭)」に同じ。 発音〈標ア〉0

いせむ『動』 方言 ⇩えせむ

いせ-むしゃ【伊勢武者】『名』①「いせへいし(伊勢平氏)」の異称。のちには一般に、伊勢出身の武士をいう。 *平家(13C前)四・宮の御最期「伊勢武者は皆ひをどしの鎧着て宇治の網代(あじろ)にかかりぬるかな」 *雑俳・柳多留-八二(1825)「伊勢武者にしては清盛大気也」 ②「いせえび(伊勢海老)」の異名。 *雑俳・柳筥(1783-86)四「伊勢武者をつとにして売(うる)市二日」 発音〈標ア〉ム

いせ-むしろ【伊勢筵】『名』伊勢国神戸(かんべ)地方で産するむしろか。 *俳諧・はなひ草(寛永二〇年本)(1643)「伊勢の神、名所也。伊勢桜、いせ莚(ムシロ)、かやうの類 いづれにても出がちに一たるべし」 発音〈標ア〉ム

いせ-もの【伊勢者】『名』伊勢国生まれの人。伊勢の人。伊勢子(いせご)。伊勢人。 *滑稽本・東海道中膝栗毛(1802-09)四・下「ここのていしゅいせものにて、あきなひはこうしゃ也」 発音〈標ア〉0

いせものがたり【伊勢物語】㊀平安時代の歌物語。作者不明。現存本は、ある男の初冠(ういこうぶり)から辞世の歌に至る約一二五の章段より成る。「古今集」以前に存在した業平の歌物語を中心にしてしだいに他の章段が付加され、「後撰集」以降に現在の形になったかという。在五が物語。在五中将日記。在中将。勢語。 ㊁「いせ(僻)の物語」に同じ。 発音イセモノガタリ〈標ア〉ガ〈京ア〉ガ 辞書日葡

いせもの-づくり【伊勢物造】『名』「いせづくり(伊勢造)」に同じ。 発音〈標ア〉ズ

いせ-もみ【伊勢揉】『名』伊勢国で作る合成皮革製のタバコ入れ。 *洒落本・京伝予誌(1790)豊後「此ごろはやるにがほのゐをすったいせもみのたばこ入れか

ら」＊俚言集覧（1797頃）「伊勢もみの紙たばこ入 参宮道中に土産にする名産也」

いせ-もめん【伊勢木綿】『名』伊勢国から産出する縞もめん。伊勢縞。発音〈標ア〉モ

いせ-や【伊勢屋】『名』①伊勢出身の商人がつけた自分の店の屋号。また、その商人。＊雑俳・蘐姑柳（1785）三月二五日「浜荻（はまおぎ）でござると伊勢屋じゃうを張り」＊滑稽本・浮世風呂（1809-13）前・上「御用はよろしう、伊勢屋（イセヤ）はよう、御用は能（い）、御用は能、徳利のお明はござりませんかな」②（近世、伊勢出身の商人は極めて倹約家が多かったところから）けちな人間をいう。伊勢乞食（いせこじき）。＊雑俳・柳多留-一七（1782）「尾かしらの無いがいせやの初がつほ」＊婦系図（1907）〈泉鏡花〉前・二二「鰻屋の前を通って、好い匂がしたと云っても、直ぐに隣の茶漬屋へ駈込みの、箸を持ちながら嗅ぐ事をしない以上は、速断して、伊勢屋だとは言憎い」発音〈標ア〉0

いせや 稲荷（いなり）に犬（いぬ）の糞（くそ） 江戸市中いたる所にあって、最もよく目につくものは、伊勢国出身の商人の伊勢屋という屋号の店と稲荷のほこらと路上の犬のくそである。ざらにあるもののたとえ。＊随筆・守貞漫稿（1837-53）二三「諺に江戸に多きを云て、伊勢屋稲荷に犬の糞と云也」

いせ-やくぶくまい【伊勢役夫工米】『名』平安中期以後、伊勢内宮および外宮の遷宮費用として全国の荘園公領から徴収された役夫工米（やくぶくまい）。銭納もされたが、室町後期には廃止された。＊金沢文庫古文書-元亨三年（1323）一二月二六日・益済所領沽券（七・五三二八）「大（番）役、鹿嶋香取神役、伊勢役夫工米、臨（時）夫役并検断沙汰停止之」

いせ-やしき【伊勢屋敷】『名』近世、伊勢の御師（おし）が御祓（おはらい）の札を持って諸国を巡る時の宿にあてるために、各地に設けた屋敷。＊地方凡例録（1794）六「尤伊勢やしき有レ之村先づは少く、多分は御師宿百姓家にて致すむらかた多し」発音〈標ア〉ヤ

いせやしき-びき【伊勢屋敷引】『名』郷村にある伊勢屋敷の屋敷年貢が免除されること。＊地方凡例録（1794）六「伊勢屋敷引 是はまれに有事にて、伊勢御師の家来御秡持参在廻の時、旅宿の為家を立置、敷地年貢は古来より高内引に成居るむらもあり、又村中より年貢致ニ弁納一たか内引に不ニ相成一所もあり、或は空地を見立やしき取立置、検地の見捨地に相成分も有レ之」

いせや-しっぺい【伊勢屋新平】『名』酒をほめるのにいう語。仙台地方で用いられた。＊洒落本・真女意題（1781）陸野奥右衛門国詞「伊勢屋しっぺい 酒をほむるに云、酒屋の名也」＊洒落本・真女意題（1781）「一口呑で、頭をびっしゃり『伊勢や新平（シッヘイ）、つけへねへ、コレヤ生一っぽんもし』」

いせ-やなぎ【一柳】『名』方言 植物、はこやなぎ（箱柳）。兵庫県姫路市003 広島県安芸郡003

いせやま-こうたいじんぐう【伊勢山皇大神宮】 横浜市西区宮崎町にある神社。旧県社。祭神は天照大神。明治三年（一八七〇）横浜総鎮守として創立された。

いせやまだ-まちぶぎょう【伊勢山田町奉行】『名』「いせまちぶぎょう（伊勢町奉行）」に同じ。

いせや-よそうじ【伊勢屋与惣治】『名』（「伊勢屋」はけちな人の意。遊興などにさそわれても「よそう」と言って逃げる）けちな男をいう擬人名。＊雑俳・柳多留-一二一（1833）「伊勢屋与惣治矢大臣から別れ」

いせり-いし【井芹石】『名』熊本県宇土市花園町で採石される凝灰角礫岩。土木用石材。発音〈標ア〉リ

いせ-りゅう【伊勢流】『名』①武家典礼の流派の一つ。伊勢武蔵守満忠を祖とする。足利義政に仕えて政所職にあった伊勢貞親以降、代々足利幕府の殿中の作法の指導にあたった。元禄（一六八八～一七〇四）頃からは小笠原流諸礼が盛行したため、だんだん非実用化した。＊随筆・貞丈雑記（1784頃）一「我家に伝へ来る所の礼法、故実は、京都将軍の御家風になるによりて、流義を名づけていはば、足利流といふべき事なれども、世上にて左様にはいはず。伊勢流と云也」＊古道大意（1813）上「伊勢平蔵平貞丈先生と云ふ人あり。〈略〉世にこの家の学風を伊勢流と云ふ」②「いせしんとう（伊勢神道）」に同じ。＊浮世草子・元禄大平記（1702）七・今の学者を指折てみる「伊勢流（イセリウ）は松下見林。本源和平の神道は林中助」③鞍打師の一流派。足利義満の臣伊勢貞継の孫貞長が鞍鐙（くらあぶみ）の製法を大坪道禅の高弟畠山中務少輔から受けて以来数代続いた。④「いせは（伊勢派）①」に同じ。＊俳諧・俳論（1764）一「伊勢流〈略〉勢州の誹諧の祖は守武なれども他国より呼んで世俗伊勢流と号する事此乙由より称す」⑤砲術の一派。佐伯毛利家の始祖、毛利伊勢守高政を祖とする。仙台藩二代目藩主、伊達忠宗も弟子の一人。語誌 (1)①は室町後期においては、代々政所執事の要職世襲を背景に、将軍家の傅育役、殿中の作法をとりしきる殿中総奉行、御厩別当などいわゆる故実礼式家として活躍した。(2)徳川幕藩体制下になって、武家故実家として、小笠原流二家（縫殿介家・平兵衛家）とともに旗本として禄されたが、武家儀礼の下問に答える家柄にとどまり、勅使のもてなしや日光代参などの礼法実技は、高家である吉良家・一色家などがあたることになり、伊勢流は次第に衰えた。発音イセリュー〈標ア〉0

い・せる『他サ下一』①一方は長く、一方は短い二つの布を縫い合わせる時、長い方を縮めながらしわをよせて縫う。いせこむ。＊書言字考節用集（1717）八「纈イセル 縫衣所言」＊和英語林集成（初版）（1867）「Iseru（イセル）トコロハナイ〈訳〉しわがなく、平らかになめらかに縫ってある」②魚網を縁綱に取り付けるとき、広がりをもたせるために縁綱より長い網地を取り付ける。③からかったり待たせたりしていらいらさせる。じらす。からかう。＊雑俳・江戸むらさき（1731）「待針のいせておそゐか出合茶屋」④海に波が激しく立つ〔和訓栞（1777-1862）〕。語源説 (1)ヨセル（寄）の転〔大言海〕。(2)イは発語。セルは狭の義か〔俚言集覧・語簏〕。(3)スイヨセルの略か〔両京俚言考〕。(4)イセル（入責）、またはイセル（衣縫）の義〔言元梯〕。発音〈今なまり〉エヘル〔津軽ことば〕〈標ア〉0〈京ア〉0 辞書 書言・ヘボン・言海 表記 纈（書・へ）

いせる『動』方言 ⇩えせる

いぜる『動』方言 ❶意地を張る。◇いじるとも。岐阜県大野郡498 502 ❷身をもがいて焦る。岐阜県飛騨497 ❸鳥獣などが他を威嚇する。うなる。熊本県下益城郡930 宮崎県東諸県郡954

いせ-れいへいし【伊勢例幣使】『名』「いせ（伊勢）の例幣使」に同じ。

いせ-わかめ【伊勢若布】『名』伊勢国産のわかめ。特に良質のものとされている。＊天理本狂言・若和布（室町末-近世初）「伊勢若和布でなければ用にたたぬ」＊浄瑠璃・国性爺後日合戦（1717）参宮「おみや召せ召せ、二見ぜぜ貝、いせわかめ」発音〈標ア〉ワカ 辞書 言海

いせ-わん【伊勢湾】 愛知県と三重県にまたがる太平洋岸の内海。志摩半島北東部の答志島と渥美半島先端の伊良湖（いらご）岬の間を湾口とする。湾奥に名古屋、四日市などの港がある。伊勢の海。発音〈標ア〉セ〈京ア〉セ

いせわん-たいふう【伊勢湾台風】 昭和三四年（一九五九）九月二六日潮岬に上陸、その後伊勢湾を通って能登半島方面から日本海にぬけた超大型の台風。この台風のため伊勢湾では三・四五㍍に達する高潮がおこり、愛知県の低地帯で死者・行方不明者五一〇一人、流失家屋四万戸以上に及ぶ大きな被害を出した。発音イセワンタイフー〈標ア〉フタ

い-せん【夷船・異船】『名』外国の船。西洋の船。＊十三湊往来（室町後）「滄海之夷船、京船群集」＊杉梅太郎宛吉田松陰書簡-嘉永六年（1853）六月二〇日「九日暮方夷船退出之筈之処」＊夜明け前（1932-35）〈島崎藤村〉第一部・下・八・四「浪人武士数十人異船へ乗り込みいよいよ打払ひの由に相成り候」発音〈標ア〉0

い-せん【医専】『名』旧制の医学専門学校の略称。＊雨蛙（1924）〈志賀直哉〉「某（なにがし）の息子が新潟の医専を出て」＊放浪記（1928-29）〈林芙美子〉「いつもの医専の学生の群れがはいって来る」発音〈標ア〉0〈京ア〉0

い-せん【胃腺】『名』胃壁にある消化腺。哺乳類では噴門腺、胃底腺、幽門腺の三種があり、胃液を分泌する。発音〈標ア〉0

い-せん【異銭】『名』特異な貨幣。かわった銭。＊米欧回覧実記（1877）〈久米邦武〉一・一八「我邦に古今の異銭を集めて、珍蔵するものあるも、好奇にすぎざるのみ」＊南史-斉武帝紀「又得ニ異銭一、文為ニ北斗星一、双刀双貝、及有ニ人形帯レ剣焉」発音〈標ア〉0

い-せん【移遷】『名』移り変わること。また、移すこと。転居すること。＊米欧回覧実記（1877）〈久米邦武〉一・一三「日耳曼（ゼルマン）は同十六七年の飢饉より、移民をまし、近年兵役を避けて、益移遷し」＊花柳春話（1878-79）〈織田純一郎訳〉四一「徒らに人情の変易、世態の移遷を嘆じて、唯た万死あらんとするのみ」発音〈標ア〉0

い-せん【渭川】 ㊀「いすい（渭水）」に同じ。㊁京都の鴨川（賀茂川）の別称。発音〈標ア〉イ〈京ア〉イ

い-せん【意銭】『名』銭を投げて遊ぶ一種の遊戯。穴一（あないち）。銭打（ぜにうち）。＊近衛家本追加-嘉禄二年（1226）正月二六日（中世法制史料集一・追加法一六）「抑意銭之好者、余戯之内也」＊後漢書-梁冀伝「能ニ挽満弾棊、格五六博、蹴鞠意銭之戯一」

い-せん【緯線】『名』地球上における位置を示すために赤道を零度とし、これに平行に南北両極まで等距離の地点を連ねた緯度を表わす線。零度より九〇度まで。↔経線。＊百学連環（1870-71頃）〈西周〉一・二「緯線の中央を赤道とし、夫より分って南北共に九十度づつとし、帯を五帯とす」＊坤輿万国全図「東西緯線数天下之長、自昼夜平線為中而起、上数至北極、下数至南極」語誌 元来、「経」は縦糸、「緯」は横糸の意味であったが、のち前漢の「大戴礼-易本命」「凡地東西為レ緯、南北為レ経」、「周礼-考工記・匠人」の唐の賈公彦の疏、さらに「晉書-地理志・上」「所謂南北為レ経、東西為レ緯」にみられるように大地の方向を指すようになる。これを「線」と結びつけ「経線」「緯線」としたのは挙例のマテオ＝リッチの「坤輿万国全図」（一六〇三）である。発音〈標ア〉0 辞書 言海 表記 緯線（言）

い-ぜん【已然】『名』すでにそうなっていること。すでに終わったさま。もはや。＊漢学師承記-銭大昕「防ニ其未然一、非レ刺ニ其已然一也」発音〈標ア〉0〈京ア〉イ

い-ぜん【以前・已前】『名』①（時、年齢、事件などを表わす語について）その時点を含み、それより前。また、その時点を含まないでいう場合もある。↔以後。＊令義解（718）考課・内外官条「八月卅日以前校定」＊九暦-逸文・天暦四年（950）閏五月一日「件銭分配以前、非違別当中納言退帰、依レ畏ニ法制一歟」＊栄花（1028-92頃）つぼみ花「四月御生（みあれ）の日より手斧始めして来年の二月以前に造り出ださざらんをば」＊平家（13C前）一〇・首渡「いくさ以前より大事の御いたはりとて、八嶋に御渡候あひだ」＊読本・椿説弓張月（1807-11）続・三八回「廉夫人（れんふじん）宮中へ召されざる以前（イゼン）より、従弟どちなれば」＊獺祭書屋俳話（1892）〈正岡子規〉俳句の前途「故に和歌は明治已前に於て略々尽きたらんかと思惟するなり」＊史記-趙

世家「今三世以前、至二於趙主之子孫為レ候者一其継有二在者一乎」 ②現在からだいぶ隔たった過去のある時期。むかし。 ＊大観本謡曲・七騎落(1483頃)「以前某に心をつくさせられ候、その返報に」 ＊天草本伊曾保(1593)大海と野人の事「yjenno (イゼンノ) シンラウヨリモ ナヲ ヲウキナ クゲンニ ワウテ ミヲ シル モノヂャ」 ＊咄本・醒睡笑(1628)三「この四十年ばかり以前、江州永原に祈禱連歌ありし」 ＊浮世草子・日本永代蔵(1688)二・二「坂本屋仁兵衛殿とて以前(イぜん)は大商人なりしが大分の銀をなくなし」 ③勅や太政官符などの公式様文書(くしきようもんじょ)において、事書(ことがき)の次の行の本文(事実書という)の書き出し部分に使われた文言。事書の内容が二か条以上にわたるときは「以前」、一か条の場合は「右」と書く習慣であった。 ＊三代格-一八・養老六年(722)八月二九日・太政官符「太政官符。東海道五国〈略〉。東山道二国〈略〉。右一十九国、承前依レ令不レ聴レ乗レ駅。〈略〉以前件状如レ前。謹以申聞」 ＊東南院文書-天平勝宝元年(749)一一月二一日・柘殖郷長解(寧楽遺文)「柘殖郷長解 中常地売買懇田立券事。神田柒段〈略〉以前、懇田売買人、依二法式一立レ券者如レ件」 ④聞き手に対して、前に一度紹介した人や物事を再び述べるとき用いる。さっき。 ＊平家(13C前)九・一二之懸「以前になのっつる武蔵国住人、熊谷次郎直実、子息小次郎直家、一の谷の先陣ぞや」 ＊謡曲・蘆刈(1430頃)「いかに以前の人のわたり候ふか」 ＊天草本伊曾保(1593)蝿と蟻の事「ハイワ yjenno (イゼンノ) クヮウゲンヲ タチマチニ ヒキカエテ ヲメヲメトシテ タチサッタ」 ＊洒落本・傾城買二筋道(1798)冬の床「今はこれまでと、いぜんのかみそりとりいだし、すでにあやうく見へたるに」 ＊当世書生気質(1885-86)〈坪内逍遥〉二「中にも素敏(すばや)き以前(イゼン)の小娘」 ⑤ある事柄や範囲に達する前の段階。 ＊竹沢先生と云ふ人(1924-25)〈長与善郎〉竹沢先生の人生観・二「自然対人間、もしくは人間の生命対宇宙的運命と云ふ問題、換言すれば倫理以前、実践以前の大問題」 ＊ネオヒューマニズムの問題と文学(1933)〈三木清〉一「かやうな文学以前のものも実は文学にとって決して無関係ではない」 語誌(1)①は基準点を含んで(あるいは、含まないで)前であることを表わし、ほぼ「以後」の反対の意味になる。また、基準点より離れた点に新しい基準点を設ける数値をつける場合もある(「試験のある三日以前に問題を発表する」)。「以後」もこれと同様の用法を持つ。なお、「以後」には②に対応する隔たった時点を示す用法はないので、この意味の「以前」の反対語としては「将来」を用いる。(2)「以後」を現在を基準点として用いる場合は、「以前」とは異なり、現在の直後から未来までを指す(「以後、注意します」)。「このまえ」「このあと」にもこれと似た関係が見られ、「このまえ」は少し隔たった過去であるが、「このあと」はすぐ直後になる。 方言先刻。さっき。 鹿児島県阿久根市「(子供が)いじぇんから待っとっとじゃいがあ」038 鹿児島郡968 ◇いぜんさっ 鹿児島県鹿児島郡968 発音〈標ア〉イ 〈ア史〉江戸◎○○ 〈京ア〉イ 辞書文明・易林・日葡・書言・ヘボン・言海 表記以前(文・書・へ・言) 已前(文・易・書)

い-ぜん【夷然】『形動タリ』落ち着いて物に動じないさま。平然。 ＊明六雑誌-一六号(1874)愛敵論〈西周〉「己れ既に其匹敵に非れば、彼の憤然我に抗する者、我則ち夷然之を受く」 ＊一年有半(1901)〈中江兆民〉附録・大恥辱大滑稽「而して公等は夷然たり、怡然たり、談笑自若たり」

い-ぜん【依然】『形動タリ』(現在では専ら「いぜんとして」の形、または、語幹だけで副詞的に用いる) ある事物の状態が長い間変わらないで、同じであるさま。もとのままであるさま。前のとおりだ。 ＊法性寺関白御集(1145か)秋意在山水「依然秋意今何在。楚水胡山地也南」 ＊古今著聞集(1254)一五・五〇〇「遙尋二祖跡一思依然」 ＊俳諧・夜半叟句集(1783頃か)「元興寺の塔依然たる野分かな」 ＊当世書生気質(1885-86)〈坪内逍遥〉八「雨は大に小降になったが風が依然(イゼン)として烈しいから」 ＊露国に対する宣戦の詔勅-明治三七年(1904)二月一〇日「露国は〈略〉依然満州に占拠し、益々其の地歩を鞏固にして、終に之を併呑せむとす」 ＊韓翃-送斉山人詩「柴門流水依然在、一路寒山万木中」 発音〈標ア〉0 〈京ア〉0 辞書言海 表記依然(言)

い-ぜん【怡然】『形動タリ』楽しみ喜ぶさま。柔和な表情をするさま。 ＊本朝文粋(1060頃)九・藤亜相山庄尚歯会詩序〈菅原文時〉「慠然怡然。忘二吾生復将幾時一耳」 ＊空華日用工夫略集-永和四年(1378)四月一七日「見二霊容一、其顔怡然、和雅如レ生」 ＊童子問(1707)中・三七「而後父母之心、怡然驩然、有下不レ勝二其悦一者上」 ＊柳北詩鈔(1894)一・帰去来図「醜妻痴児怡然語、援レ琴而歌把レ巻哦」 ＊金色夜叉(1897-98)〈尾崎紅葉〉続・四「それとも、君は怡然(イゼン)として楽しんで居る乎(か)」 ＊不如帰(1898-99)〈徳富蘆花〉上・五「小山の如き体格と常に怡然(ヰゼン)たる神色とは洶々たる三軍の心をも安からしむ可し」 ＊列子-黄帝「黄帝已寤、怡然自得」

いぜん【惟然】(ヰゼン) 江戸前期の俳人。美濃の人。本名、広瀬源之丞。別号素牛、鳥落人、梅花仏など。芭蕉の門人で、清貧の生活と世間を気にしない奇行が愛されたが、芭蕉没後は風羅念仏を唱えて、諸国を行脚、無技巧を尊んで季語や定型にとらわれない口語調の特異な句風をひろめた。編著「藤の実」「二葉集」。正徳元年(一七一一)没。 発音〈標ア〉イ

い-ぜん【偉然】(:ヰ)『形動タリ』すぐれたさま。盛大なさま。りっぱなさま。 ＊日本詩史(1771)二「功豈不二偉然一哉」 ＊西国立志編(1870-71)〈中村正直訳〉八・二六「永く黒奴の苦厄を救ひたるは 豈に偉然たる大丈夫にあらずや」 ＊欧陽脩-江鄰幾文集序「握レ手言笑、意気偉然、可レ謂二一時之盛一」

いぜん-けい【已然形】『名』(「已然」は、すでにそうなっているの意) 日本文語文法における用語。活用語(動詞・形容詞・形容動詞・助動詞)の活用形を通常六段に整理するうちの第五。おもな機能としては、下に「ば・ど・ども」などの助詞をともなって(上代では単独でも)、順接、逆接の確定条件(動作状態がすでにそうなっていることを条件とする)を表わし、また、係助詞「こそ」を受けて文を結ぶ。「已然形」の名は、江戸後期の国学者、東条義門(とうじょうぎもん)の「和語説略図(わごせつのりゃくず)」での命名、已然言(いぜんげん)に基づく。已然段。既然形。 ＊中等教科明治文典(1904)〈芳賀矢一〉二・二「第五活用形の『死ぬれ』は『死ぬれども』『死ぬれば』の如く、或条件の已に成立せるを許していふ時に用ゐる形なれば已然形といふ」 発音イゼンケイ 〈標ア〉0 〈京ア〉ン

いぜん-げん【已然言】『名』日本文語文法の用語。活用形の一つ。「已然形」に同じ。江戸後期の国学者、東条義門(とうじょうぎもん)が「和語説略図(わごせつのりゃくず)」の中で命名した。 発音イゼンゲン 〈標ア〉ゼ 辞書言海 表記已然言(言)

い-せんこう【胃穿孔】(:ヰ)『名』胃壁に孔(あな)があくこと。胃潰瘍などが悪化して起こる。

い-せんじょう【胃洗浄・胃洗滌】(ヰセンジャウ・ヰセンデウ)『名』胃を洗いきよめること。 ＊ある女(1973)〈中村光夫〉一「なれない手付で胃洗滌をする祖父と、神妙にその手伝ひをする伯母の顔をみながら」 ＊地を潤すもの(1976)〈曾野綾子〉一・三「病院へ着きましたら、胃洗浄くらいはやって頂かねばならないだろう、と覚悟していました」 発音イセンジョー 〈標ア〉セ

いぜん-だん【已然段】『名』「已然形」に同じ。江戸後期の国学者、富樫広蔭(とがしひろかげ)が、「詞玉襷(ことばのたまだすき)」などで命名した。 発音〈標ア〉ゼ

いせん-づくり【異船造】『名』外国船の船型、構造によって日本で造られた船。ふつう江戸末期幕府や諸藩で建造した西欧型の帆船をいう。異国造り。船型にはバーク、スクーナーが多い。 ＊財政経済史料-一〇・附録『酒問屋書上ケ控帳』・慶応三年(1867)五月二〇日「異船造御船旭丸、右船に而酒荷物六百四拾樽積下り」 発音〈標ア〉ズ

いせんど『名』植物「からすのえんどう(烏野豌豆)」の異名。 ＊重訂本草綱目啓蒙(1847)二三・菜「翹揺 のえんどう〈略〉三種あり其一はからすのえんどう一名〈略〉いせんど 能州」

い-せんどう【居船頭】(:ゐ)『名』江戸時代、船に乗らない廻船の所有者、すなわち船主。雇われて実際に船を運航する船頭を沖船頭と呼ぶのと区別した。通常二艘以上の廻船所有者で、沖船頭に運航、商売上の取引などの権限を与えるが、廻船一艘の船主では、自ら船に乗って運賃積や買積を行なう場合が多く、これを直乗船頭といった。おりせんどう。 ＊浦手形-寛政元年(1789)六月一八日「船頭方より国元え飛脚被遣候処、居船頭吉三郎代彌左衛門十四日暮方着被致」 方言鹿児島県屋久島981 ◇いせんど 高知県幡多郡870

いせん-ひつご【意先筆後】『名』書道で、文字を書くとき、まず頭の中に字の形を考えて、それから筆を下ろすべきであるということ。

いそ【磯・礒・石】 一『名』①石。岩。巌(いわお)。 ＊万葉(8C後)三・四四八「礒(いそ)の上に根ばふむろの木見し人をいづらと問はば語りつげむか〈大伴旅人〉」 ＊万葉(8C後)一五・三六一九「伊蘇(イソ)の間(ま)ゆたぎつ山川絶えずあらば又もあひ見む秋かたまけて〈遣新羅使人〉」 ②岩石の多い波打ちぎわ。湖、池、浜、海、川などに用いる。 ＊古事記(712)中・歌謡「浜つ千鳥浜よは行かず伊蘇(イソ)伝ふ」 ＊万葉(8C後)二〇・四五〇三「君が家の池の白波伊蘇(イソ)に寄せしばしば見とも飽かむ君かも〈大伴家持〉」 ＊新撰字鏡(898-901頃)「湄 水澄也、波万 又伊曾。濆 水涯也、水支波 又伊曾 又波万」 ＊古今(905-914)賀・三四五「しほの山差出(さしで)のいそに棲む千鳥君が御代をばやちよとぞ鳴く〈よみ人しらず〉」 ＊源氏(1001-14頃)若紫「西の国の、おもしろき浦うら、いその上をいひ続くるもありて」 ③特に海岸の波打ちぎわやその近くの海中で、岩塊や岩礁の多い所。「磯遊び」「磯釣り」 ④冠の縁(へり)の名。 ＊元和本下学集(1617)「磯 冠の殻(こう)也」 ＊類聚名物考(1780頃)装飾・一「冠磯、かうふりのいそ、磯は、冠の縁(へり)なり」 ⑤琵琶、和琴(わごん)、箏の胴の側面の名。 ＊楽家録(1690)七・一「磯、是左右腋之総名也」 ＊類聚名物考(1780頃)装飾・一「琴のへりをも磯といふ」 ⑥鞍の前輪、後輪の海に添う高いところ。 ⑦官許を受けていない色里や町家。官許の遊里(京都島原・大坂新町)を「沖」と呼ぶのに対していう。 ＊浮世草子・好色盛衰記(1688)五・三「身躰(しんだい)をおもひの外なる磯にて舟をそこなひ、きのふにかはる心川」 二『形動』(「富士は磯」の略。日本一の富士山でも、沖の深いのに比べれば、浅い磯も同様だとみるところから) ①はるかに及ばないさま。 ＊評判記・色道大鏡(1678)一「磯(イソ)。富士は磯といふ上略なり」 ＊浮世草子・武道伝来記(1687)七・三「扨も早業、古の田原藤太が勢田の橋は磯なり」 ＊浮世草子・御前義経記(1700)二・四「十四五なる小女郎〈略〉今義がやさがたなる姿みやり見おろし、見世ふみはづして落たるは、うたてや久米の仙人もいそ也」 ②浅薄であるさま。未熟であるさま。下賤なさま。 ＊浮世草子・男色大鑑(1687)六・四「礒(イソ)なる色遊びは目緩(めまたるく)て、皆此美少にあひぬ」 ＊浮世草子・傾城色三味線(1701)湊・一「椀久磯(イソ)に金銀つかんで〈略〉ずいぶんとさはげど」 ＊浮世草子・傾城禁短気(1711)一・二「かふした模様はそち達のやうな礒(イソ)なよね狂ひ達は出ぬが道理」 方言❶海浜で貝や海草などを取ること。 岩手県上閉伊郡097 三重県志摩郡054 岡山

県児島郡763 香川県827 829 愛媛県大三島848 長崎県壱岐島916 鹿児島県宝島980 ◇いそいき〔―行〕 岡山県邑久郡761 香川県826 長崎県対馬913 ◇いそいっ 鹿児島県揖宿郡969 ❷魚を釣ること。魚介を取ること。東京都八丈島335 ◇いす 鹿児島県喜界島983 ◇いしゅ 沖縄県石垣島996 ❸海岸近くにある岩礁。暗礁。また、その付近の海。千葉県安房郡054 兵庫県淡路島052 山口県大島801 香川県829 宮崎県児湯郡054 ❹岩。徳島県美馬郡810 ❺海岸、島から遠ざかるにしたがって、深くなっている所。広島県豊田郡786 ❻自分に近い方。手前。「沖」に対していう。富山県射水郡052 ❼沖で着る着物。広島県豊田郡771 語源説 (1)イシ(石)の転〔南留別志・俚言集覧・和訓栞〕。(2)イソ(石添)の義〔桑家漢語抄・和句解・日本釈名〕。イシソヒ(石添)の義〔名言通〕。(3)イシソソグの義〔日本釈名〕。(4)イはヨリ(寄)の約、ソはサル(去)の義〔和訓集説〕。(5)イソ(石所)の義〔言元梯〕。(6)イシト・イサト(石処)の約転〔国語の語根とその分類＝大島正健〕。(7)アサ(浅)の転訛〔碩鼠漫筆・古言類韻＝堀秀成〕。(8)浪の寄せてセマル所の意〔古言類韻＝堀秀成〕。(9)イソ(石)から出た語〔万葉集講義＝折口信夫〕。 発音 〈標ア〉0 〈ア史〉❶は鎌倉・江戸◎◎ 〈京ア〉0 上仮名 イソ 辞書 字鏡・色葉・名義・下学・和玉・文明・明応・天正・饅頭・黒本・易林・日葡・書言・ヘボン・言海 表記 礒(色・名・下・玉・文・明・天・饅・黒・易・書) 磯(玉・書・ヘ・言) 湄・瀆(字) 碩(玉) 磧(書)

いその鮑(あわび)の片思(かたおも)い (あわびの貝は二枚貝の片方のように見えるところから「かた」の序となる) 相手はまったく無関心なのに、こちらだけ恋い慕っている状態をいう。片思い。＊落語・女郎買の教授(1899)〈四代目柳亭左楽〉「私の方で此位ゐ思って居るのに華魁が思って呉れ無いのは、真実(ほんたう)に磯の鮑の片思ひだよ」

いその口明(くちあ)け 濫獲を防ぎ、あるいは収穫の均衡を保つための磯物採取の禁止期間を解除すること。浜の口明け。海下(うみお)り。↕磯の口止め

いその口止(くちど)め 磯物採集を、一定期間禁止すること。↕磯の口明け

いその崎(さき) 海辺につき出ている所。海につき出た磯の端(はな)。＊古事記(712)上・歌謡「うち廻(み)る 島の埼埼 かき廻る 伊蘇能佐岐(イソノサキ)落ちず 若草の 妻もたせらめ」＊万葉(8C後)一九・四二四五「さしよらむ 礒乃崎々(いそノさきざき) 漕ぎ泊(は)てむ 泊り泊りに〈作者未詳〉」

いそ＝へも沖(おき)へも着(つ)かず［＝にも寄(よ)らず浪(なみ)にもつかず］ どっちつかずである。中途半端である。＊浄瑠璃・嵯峨天皇甘露雨(1714)三「討れもせず添はれもせず、礒へも沖へもよるべなき憂き身は一人にとどめたり」＊浄瑠璃・敵討御未刻太鼓(1727)上「いかにも太兵衛とならば夫婦になりませう、といふことが恥かしい、なんどと思ふて、磯(イソ)へも沖(ヲキ)へもつかぬ返事」

いそを拵(せせ)る 貝拾いをする。また、たいして重要でもないことをせかせかとすることのたとえにもいう。＊日葡辞書(1603-04)「Isouo xexeru (イソヲ セセル)」＊三河物語(1626頃)三「我せがれ寄弓うつぼを付て、度々の事に相付て有物を、いそをせせりていかがせん」

いそを付(つ)ける 門、戸の錠を外したりこわしたりして、家屋に侵入することをいう、盗人仲間の隠語。〔隠語輯覧(1915)〕

いそ【磯】 姓氏の一つ。 発音 〈標ア〉イ

い-そ【五十】『名』(「い」は五、「そ」は十の古語) 数のごじゅう。また、数の多いこと。いそじ。＊古今六帖(976-987頃)一・天「いはのうへの松のこずゑにふる雪はいそかへりふれのちまでも見ん」＊散木奇歌集(1128頃)秋「一夜にはいそあひみける七夕をしらでや人のうらみそめけん」＊賀茂翁家集(1806)二・羇旅「百づたふいそのうまやになる鈴のおとづれをだにたえずせよ君」 補注 この語にあたる上代の形は「い」。→「い(五十)」の語誌。 発音 〈標ア〉イ 〈ア史〉鎌倉◎○ 辞書 ヘボン・言海 表記 五十(ヘ・言)

い-そ【医祖】『名』医学の始祖。＊養生訓(1713)六「張仲景は百世の医祖也。其後歴代の明医すくなからず」＊志都の岩屋講本(1811)上「神農氏が医薬の始では无いことを知って、医祖としては、祭るべからざることをも考へるが宜しいでござる」 発音 〈標ア〉イ

い-そ【居候】(ゐ：)『名』「いそうろう(居候)②」の略。＊洒落本・二蒲団(1801)「おれもだんだんのふ首尾で此ころはさるかたへいそとなって居る」＊二人女房(1891)〈尾崎紅葉〉下・一「親と子の間であれば、城井の食客(イソ)にして知らぬ顔もしてゐられぬといふので」

イソ【ＩＳＯ】(英 International Standardization Organization の略)「国際標準化機構」の通称。工業規格の国際統一を目的とした国際機関。

イソ『語素』(iso- 元来、ギリシア語) 化学で、有機化合物の異性体を示すのに用いる。

いそ-あいなめ【磯鮎並】『名』チゴダラ科の海魚。体長三〇センチメートルに達する。体の後方は側扁し、吻(ふん)は短く先は鈍い。腹びれは胸びれよりも前にあり、鱗は円鱗で小さい。体色は紫褐色で、背びれと尻びれの縁は紫黒色。銚子以南の太平洋岸に分布。ひげだら。学名は Lottela phycis ＊生物学語彙(1884)〈岩川友太郎〉「Lotella イソアイナメ属」 方言 魚、かんだい(寒鯛)。和歌山県002 発音 〈標ア〉ア

いそ-あけ【磯明】『名』漁業の禁制が解かれること。また、その日。磯の口明け。 発音 〈標ア〉0

いそ-あざみ【磯薊】『名』植物「はまあざみ(浜薊)」の異名。 方言 紀伊熊野†106 発音 〈標ア〉ア

いそ-あそび【磯遊】『名』①磯に出て遊ぶこと。また、特に三月の節句のころ、海岸や川原に遊びに行く年中行事。禊祓(みそぎはらえ)の変化したもので、臨時の竈(かまど)を築いて煮炊きするのが古い風習であるが、現在は弁当を持っての行楽や潮干狩と結びついている。《季・春》＊日葡辞書(1603-04)「Iso asobini (イソ アソビニ) イヅル〈訳〉海浜へ休息に行く」＊蟹(1963)〈河野多恵子〉「磯遊びで濡らすかもしれないと文子が持ってきて、預けて往った下着に取り替えて」 ②下級の遊女と遊興すること。いそぐるい。いそぜせり。＊浮世草子・三島暦(1691)一「一生小まへに、よいかげんないそあそびしてくらさるる国のあるまいものでなしと」 方言 ❶三月三日に磯へ出かけて遊ぶ年中行事。山口県見島797 鹿児島県屋久島981 ❷雛(ひな)の節句に雛壇の前でする女児のままごと。静岡県賀茂郡521 発音 〈標ア〉ア 辞書 日葡

いそ-あま【磯―】『名』 方言 ⇩あまめ

いそ-あらい【磯洗】『名』 方言 海藻の生えやすいように、村人が共同でする海辺の掃除。青森県下北郡025 長崎県五島054 ◇いそそうじ〔磯掃除〕 千葉県夷隅郡054

いそ-あらし『名』植物「つばき(椿)」の異名。

いそ-ありき【磯歩】『名』磯を歩きまわること。＊迦具土(1901)〈服部躬治〉「磯ありきわれに集ふ子今朝見えず親や病みけむ否さにはあらじ」 発音 〈標ア〉ア

いそ-あわび【磯鮑】(：はび)『名』磯辺近くにあるあわび。→磯の鮑の片思い。＊浄瑠璃・松風村雨束帯鑑(1707頃)龍神風流「逢ふ夜ありそのいそあはび、思ひつくより離れじと」 発音 〈標ア〉ア

いそ-あわもち【磯粟餅】(：あはもち)『名』イソアワモチ科のナメクジ状の巻貝。房総半島以南の暖海に分布し、春から夏にかけて岩礁上に見られる。体は楕円形で貝殻をもたず、体長は約四センチメートル。背面は黄土色で沢山のいぼがあり、形が粟餅に似ているところからこの名がある。頭に一対の触角があり、その先端に目がある。学名は Onchidium verruculatum 発音 〈標ア〉ワ

いそ・い【磯】『形口』①危い、危険であることをいう、てきや、露店商、盗人仲間などの隠語。〔隠語構成様式并其語集(1935)〕 ②犯罪の捜査、訊問などが厳重であることをいう、盗人仲間の隠語。〔隠語輯覧(1915)〕

いそ-いし【磯石】『名』波打ちぎわにある岩石。＊人情本・貞操婦女八賢誌(1834-48頃)四・三八回「片辺にあり合ふ磯石(イソイシ)に、二個(ふたり)はやをら腰打ちかけ」 発音 〈標ア〉0 ソ

いそ-いそ『副』(「と」を伴う場合が多い) ①心が進み、勇むさま。＊念仏行者訓条(1204)「心をも身をもはげましととのへすすむべき也。〈略〉人の心ざまは、いたく目もなれ耳もなれぬれば、いそいそとすすむ心もなく」＊俳諧・口真似草(1656)一・桃花「ほろ酔(えい)て気もいそ五十(いそ)や桃の酒〈則常〉」＊浄瑠璃・艶狩剣本地(1714)一「東山の春秋をお庭に御覧なさるるは今の事、少いそいそ遊ばせ」＊平凡(1907)〈二葉亭四迷〉四一「反(かへ)ってお婿さんが極って怡々(イソイソ)してゐるやうだった」 ②心づかいのゆきとどいているさま。＊洒落本・交代盤栄記(1754)「松風〈略〉愛敬あり気しついさきよく心ばへいそいそとして一座に興あり」 ③嬉しさに心をはずませて動作をするさま。＊人情本・花筐(1841)初・二回「母子はいそいそ酒盛の、道具をとり出すその折から」＊化銀杏(1896)〈泉鏡花〉七「父親(とっちゃん)居ないというと、いそいそ入って来ちゃあ、私が針仕事をして居る肩へつかまって」＊恋慕ながし(1898)〈小栗風葉〉二「如何にも待ち侘びたるものの如く、嘻々(イソイソ)と其軽い袂に縋り寄る女の子を、彼は魚膠(にべ)も無く振払って」 語源説 (1)イソグ(急)の語根を重ねた語〔大言海〕。(2)イサヲシキをいう〔俚言集覧〕。(3)イはイクル(活)のイ。ソはイサオ(勇)の約〔国語本義〕。(4)イサギヨサウニ(潔)の略か〔両京俚言考〕。 発音 〈標ア〉イ1 〈京ア〉イ1 辞書 ヘボン・言海

いぞ-いぞ『名』「いそいそがに(―蟹)」に同じ。＊物類称呼(1775)二「一種豆蟹又蜘蛛蟹と俗に云 備前小嶋にて いぞいぞといふ」 方言 備前小嶋†019

いぞ-いぞ『副』(多く「と」を伴って用いる) 葉などが多く繁っているさま、また、一般に密集しているさまを表わす語。＊玉塵抄(1563)四「くさの一所にいぞいぞとあつまり生じてしげったなりぞ」＊玉塵抄(1563)一五「万民のいぞいぞと多なりが草や木のあをあをとをゐでた如な心で云ぞ」

いそいそ-がお【―顔】(：がほ)『名』嬉しさにあふれた顔。＊第3ブラリひょうたん(1951)〈高田保〉日和所「町の若い衆が三人ほど、いそいそ顔に連れ立って停車場の方へ歩いて来た」 発音 イソイソガオ 〈標ア〉0

いそいそ-がに【―蟹】『名』小形のカニの俗称。まめがに。〔語彙(1871-84)〕 辞書 言海

い-そう【夷装】(：サウ)『名』野蛮人の装い。明治初期に西洋風の装いをさしていった語。＊東京詞(1869)〈大沼枕山〉「満世夷装士志遷、力人妓女服依然」

い-そう【衣装】(：サウ)『名』①衣服と荷物。＊列子-説符「牛缺者上地之大儒也。下之邯鄲、遇盗於耦沙之中、尽取其衣装、車牛、歩而去」 ②「いしょう(衣装)①」に同じ。＊呉均-奉使廬陵詩「客子饑寒多、江上衣装薄」

い-そう【位相】(ヰサウ)『名』①数学で、収束や連続の概念が定義できるようにするために、集合に与える構造。通常その集合の部分集合から成るある種の集合族のことをいう。すなわち、集合Aの部分集合から成る集合族Gのうち、次の四条件をみたすものをAの上の位相という。AはGに属する。空集合はGに属する。Gに属する任意個数の集合の和集合はGに属する。Gに属する二つの集合の共通部分はまたGに属する。Aの上には一般に多くの位相があるが、そのうちの一つを指定することを、Aの上に位相を定義するという。トポロジー。→位相空間。 ②物理学で、単振動や波動のよう

に同じ運動が周期的にくり返されるとき、一周期ごとにくり返される変数の値をいう。振動や波動で時刻や場所が同じ状態にあるところを同位相にあるという。＊工学字彙(1886)〈野村龍太郎〉「Phase 位相」 ③(②を利用して国語学上の術語とした菊沢季生の位相論から) 男女、年齢、職業、階層、地域、あるいは会話と文章、などの違いによって言葉の違いが現われる現象のこと。 ④転じて、ある世界や社会などの中で、どういう位置にあるかということ。また、その位置。＊歴史文学論(1942)〈岩上順一〉「史伝」的ロマンの主要特質「そこに描かれた生活の位相そのものも、上は封建領主より下は町人百姓に到るまで」 発音イソー〈標ア〉[0]〈京ア〉[0]／⓪

い-そう【囲匝】《名》まわりをとりまくこと。かこいめぐらすこと。＊玉石志林(1861‐64)一「且多くは細溝を以て之を囲匝せり」

い-そう【韋荘】中国、唐末の詩人。字(あざな)は端己。陝西省杜陵の人。詞にも優れ、温庭筠(おんていいん)と並び称せられる。黄巣の乱下の惨状を述べた長編物語詩「秦婦吟」、詩集「浣花集」、唐詩の選集「又玄集」がある。(八三六～九一〇)

い-そう【異相】《名》(形動) 発音イソー〈標ア〉[イ] ①普通とは様子、姿、人相などが異なっていること。また、そのさま。すぐれてよい場合にも悪い場合にもいう。㋑人、動物の場合。＊聖徳太子伝暦(917頃か)上・敏達天皇一二年「太子聞㆘日羅有㆓異相㆒者㆖」＊日本往生極楽記(983‐987頃)「今撿㆓国史及諸人別伝等㆒、有㆓異相往生者㆒」＊蔭涼軒日録‐長享三年(1489)五月一一日「京兆賓対㆓不烏帽㆒。衣裳不㆑美。異相之人也」＊天草本伊曾保(1593)鳥と鳩の事「カラスモ マタ ソノ イロ スガタノ ysŏnauo(イサウナヲ) ミテ」＊浄土論‐下「其得㆓往生㆒人、依㆓経論㆒咸得㆓光台異相㆒者」＊老学庵筆記‐九「有㆑僧、熟視曰、汝有㆓異相㆒」 ㋺物事の場合。＊中華若木詩抄(1520頃)上「此詩は、常の格でないぞ。異相な詩と云こと也」＊将来之日本(1886)〈徳富蘇峰〉一五「アングロサクソンの自由主義も是を我邦に移せば自ら其性質を一変し、寧ろ是を日本流若くは封建的の自由主義と云はざる可らざるか如き異相を呈したり」＊記念碑(1955)〈堀田善衛〉「二階ではお通夜、下では出征歓送会で村の人が酒を飲み、めでたいめでたいと云うという異相な光景」 ②能で、本道にはずれたやり方。普通とは違ったやり方。異風。非風。＊至花道(1420)二曲三体の事「二曲三体の本道よりは入門せずして、あらゆる物まね、異相(イサウ)の風をのみ習へば」＊四座役者目録(1646‐53)下「善珍は、異相なる事を好み、或はゑぼうしまねきの裏を金銀の箔を押し」＊わらんべ草(1660)四「されど、万能一心とたしなむべし、名人にいさうなし」 ③仏語。㋑性質、すがたを異にすること。⇔一相・一理。＊法華義疏(7C前)一・方便品「然理則今昔雖㆑異、只是一理、更無㆓異相㆒」＊維摩経‐下「我観㆓如来㆒〈略〉三垢已離、順㆓三脱門㆒、具㆘足三明与㆓無明㆒等㆖、不㆓一相㆒、不㆓異相㆒」 ㋺万物を三世にわたって生滅変化させるものを生、往、異、滅と分けた、その一つ。異。現在の位で変異させるものをいう。 ㋩華厳宗で説く六相円融の教義に見える六相(総相・別相・同相・異相・成相・壊相)の一つ。存在するものはすべて六相をそなえると説き、同相と対応する。例えば総相を家全体とすれば、別相はそれを構成する部分、同相は柱など同じ性質のものをいうのに対して、異相は縦の柱に対する横の梁(はり)の如く、異なっていることをいう。＊華厳法界義鏡(1295)下・八「多義各異、名為㆓異相㆒。如㆓施非㆑戒忍非㆑進等㆒異故」 ④物理学で、位相の異なる状態。 方言(「な」を伴って) 奇妙なさま。希有(けう)なさま。汚いさま。 徳島県美馬郡810 高知市867 ◇いそうげ 高知市867 ◇いそげ 徳島県美馬郡810 発音イソー〈標ア〉[0]〈京ア〉⓪ 辞書文明・伊京・明応・天正・饅頭・黒本・易林・日葡・書言・ヘボン 表記異相(文・伊・明・天・饅・黒・易・書・ヘ)

い-そう【異草】《名》珍しい草。＊西洋聞見録(1869‐71)〈村田文夫〉前・中「奇木異草より花菓根茎の類に至る迄」＊梁簡文帝‐七励「異草双㆑条、霊禽比㆑翼」 発音イソー〈標ア〉[0]

い-そう【異装】《名》見慣れない変わった装いをすること。また、その服装。＊西洋聞見録(1869‐71)〈村田文夫〉前・中「古代の軍服を著し一種異装をなしたる番人出来て」＊愛弟通信(1894‐95)〈国木田独歩〉海上の忘年会「此の異装(イサウ)せる一隊会場を一周して」＊葬列(1906)〈石川啄木〉「自分は一目見た丈けで、此異装の男が、盛岡で誰知らぬものなき無邪気な狂人、高沼繁であると解った」 発音イソー〈標ア〉[0]

い-そう【異僧】《名》①外国または、他郷の僧侶。＊日葡辞書(1603‐04)「Isô(イソウ)。イコクノ バウズ」＊読史余論(1712)二・北条代々天下の権を司る事「導師は宋の僧道隆たり。蘭渓と号す。大覚禅師、是也。異僧の来る是を始とす」＊劉克荘‐全州詩「異僧留㆑塔在、過客入㆑城稀」 ②異様な姿や容貌の僧。異相をもった僧侶。＊米沢本沙石集(1283)五末・七「怪しみをなして見給へば、異僧一人飢て以せり」 発音イソー〈標ア〉[0] 辞書日葡

い-そう【異想】《名》仏語。当面のこととは異なった、別のことを思うこと。また、その思い。＊三国伝記(1407‐46頃か)八・一「散花焼香し端坐して七日、念に異想無く」＊地蔵菩薩霊験記(16C後)一・六「自他の異想(イサウ)を忘じ衆生の受苦即ち是れ菩薩の受苦なりと知る」

い-そう【移相】《名》電圧や電流などの位相を変化させること。「移相装置」 発音イソー〈標ア〉[0]

い-そう【移送】《名》①人や物を現在の場所から他の場所へ移し送ること。＊令義解(718)戸・鰥寡条「仍加㆓医療㆒并勘㆓問所由㆒。具注㆓貫属㆒。患損之日。移㆓送前所㆒」＊読書放浪(1933)〈内田魯庵〉読書放浪・一二「野州龍江院のカテキ様が上野の博物館へ移送され、追て国宝に登録されるといふ評判で」 ②行政上の手続きあるいは訴訟の所管をある機関から他の機関へ移すこと。＊続日本紀‐和銅五年(712)五月乙酉「若有㆓廃闕㆒者、乃具㆓事状㆒、移㆓送式部㆒、考日勘問」＊民事訴訟法(明治二三年)(1890)九条「自己の管轄内の区裁判所に其訴訟を移送す可し」 発音イソー〈標ア〉[0]〈京ア〉⓪

い-そう【移葬】《名》古代、死者を、一時葬ってあった殯宮(あらきのみや)から陵墓に移し葬ること。＊万葉(8C後)二・一六六・左注「右一首今案不㆑似㆓移葬之歌㆒」

い-そう【萎草】《名》しおれた草。＊狐の裁判(1884)〈井上勤訳〉六「此方は轍魚(てつぎょ)の水を得つ、萎草(ヰサウ)の雨に逢ひたりける時を得顔の『ライネッケ』は」

い-そう【意想】《名》物事に対して持つ、あるまとまった考え。＊童子問(1707)下・二八「二氏之教、皆出㆓其意想造作㆒而非㆓自然之正道㆒」＊日本風俗備考(1833)七「日本の字書は、〈略〉大区別を為せる体裁の者も又これあり。其区別は十四門を分て其意想を寓す」＊偽悪醜日本人(1891)〈三宅雪嶺〉醜「宜しく内部より意想を富まし、観念を富まさざる可らず」＊韓非子‐解老「故諸人之所㆓以意想㆒者、皆謂㆓之象㆒也」 発音イソー〈標ア〉[0]

い-そう【遺奏】《名》大臣などが、死後に遺した上書。＊愚管抄(1220)二・清和「座主内供奉安恵。貞観六年二月十六日宣命。五十五。此時改㆓官符㆒為㆓宣命㆒。慈覚大師遺奏之故也。治四年。同十年四月三日入滅。五十八」＊唐書‐令狐楚伝「夜十数騎梃㆑刀邀取㆑楚、使㆑草㆓遺奏㆒」 発音イソー〈標ア〉[0]

い-そう【遺草】《名》生前に書きのこした詩や文章の原稿。遺稿。＊蘇頲‐故刑部尚書中山李公詩法記「相如有㆑作、没者竟伝㆓遺草㆒」 発音イソー〈標ア〉[0]

いそ・う【叱】《他ハ四》「いさぶ(叱)」に同じ。＊書言字考節用集(1717)九「叱 イソフ」 辞書書言 表記叱・訶(書)

いそ・う【争・勤】《他ハ四》先を争う。また、先を争って勤める。→いそわく。＊書紀(720)皇極二年二月(岩崎本室町時代訓)「争(イソヒ)て神語の入微(たへ)なる説(ことば)を陳(まう)す」＊色葉字類抄(1177‐81)「争 イソフ 競 同」＊醍醐寺本遊仙窟康永三年点(1344)「頬(つら)の上の花開きて春を闘(イソフ)に似たり」 語源説(1)イはイキ(息)の略。ソフはアラソフ、キソフのソフ〔大言海〕。(2)キソフ(息並)の義〔俚言集覧〕。 辞書色葉・和玉・書言 表記争・競(色・書) 角(色) 踆(玉)

い-そ・う【―副】《自ハ四》(「い」は接頭語) 一緒にいる。そばにつき従う。連れそう。＊古事記(712)中・歌謡「斯くもがと 我が見し子に うたたけだに 向かひ居るかも 伊蘇比(イソヒ)居るかも」 上仮名イソ|フ

い-ぞう【倚像】《名》台座に腰を掛けて両足を下へたらしている姿の仏像。広隆寺、中宮寺などの釈迦如来像など。

い-ぞう【遺像】《名》①前人のおもかげを残した像。死んだ人の姿をうつした絵や彫刻。ゆいぞう。＊読本・椿説弓張月(1807‐11)拾遺・付言「帝の遺像(イゾウ)を安して、もて祀(まつ)り奉る」＊晋書‐庾闡伝「及㆘造㆓長沙㆒観㆗其遺像㆖、喟然有㆑感」 ②心理学で「残像」の旧称。 発音イゾー〈標ア〉[0]

い-ぞう【遺贈】《名》遺言によって、財産を他人に贈与すること。＊仏和法律字彙(1886)〈藤林忠良・加太邦憲〉「Legs Izō 遺贈」＊民法(明治三一年)(1898)一〇八八条「受遺者は遺言者の死亡後何時にても遺贈の拋棄を為すことを得」 発音イゾー〈標ア〉[0]〈京ア〉⓪

いそ-うお【磯魚】《名》磯辺の岩、または海草などのあるほとりなどにすむ魚の総称。海岸近くにすむ魚。⇔沖魚。＊俳諧・井華集(1789)「こよろぎのいそ魚買んゆふ涼」 発音〈標ア〉[0][ソ]

いそう-がい【意想外】《名》(形動) 思いがけないこと。思いもよらないさま。思いのほか。意外。予想外。案外。＊一年有半(1901)〈中江兆民〉附録・愚拙無造作「変幻極まり無く、所謂一日千機万機ありて、意想外より意想外に移り」＊馬上の友(1903)〈国木田独歩〉「国之助の驚愕(おどろき)は実に意想外(イサウグヮイ)であった」＊湖畔手記(1924)〈葛西善蔵〉「余り意想外な話なので」 発音イソーガイ〈標ア〉[ソ]〈京ア〉(一)[一]

いそう-きかがく【位相幾何学】《名》位相写像によって不変な、幾何学的図形の性質や、連続写像自身の性質を研究する、連続の幾何学。狭義の位相数学。 発音イソーキカガク〈標ア〉[カ]

いぞう-ぎむしゃ【遺贈義務者】《名》遺贈の履行をなすべき義務を負う相続人。＊民法(明治三一年)(1898)一〇八九条「遺贈義務者其他の利害関係人は相当の期間を定め其期間内に遺贈の承認又は放棄を為すべき旨を受遺者に催告することを得」 発音イゾーギムシャ〈標ア〉[ム]

いそう-きんかん【医宗金鑑】中国の医書。九〇巻。清の乾隆帝の勅撰。「傷寒論」「金匱要略」等清代までの中国医学を集大成したもので、現代でも中国では基本的な医書とされる。

いそう-くうかん【位相空間】《名》①(英topological spaceの訳語) 数学で、位相の定義された集合。この空間では点列の収束や、関数の連続性などを論ずることができる。 ②物理学で、位置を指定する一般化座標に、これと対応する一般化運動量の概念を導入して、力学系の任意の状態を代表できるように位相づけられた抽象空間。 発音イソークーカン〈標ア〉[ク]

いそう-げ【異相―】《名》方言 ⇨いそう(異相)

いそう-ご【位相語】《名》男女、年齢、職業階層などの違いによって独特に用いられる単語、また語彙

（ごい）。女性語、幼児語、学生語や芸能界、花柳界その他特殊な社会の隠語、中古の和文に現われない漢文訓読語など。発音イソーゴ〈標ア〉0

い-ぞうさ【居造作】『名』方言❶針仕事。裁縫。愛知県北設楽郡553 ◇いぞさ 愛知県北設楽郡011 ◇いどさ 長野県下伊那郡054 静岡県磐田郡546 ❷家の中での仕事。座り仕事。◇いどさ 静岡県磐田郡546

いそうさ-けんびきょう【位相差顕微鏡】『名』無色透明な物体を見るために、物体を透過する光の位相差を明暗の差に変えた顕微鏡。主として生物学、医学、鉱物学で用いられる。一九三五年、オランダのゼルニケが発明、ノーベル賞を受けた。発音イソーサケンビキョー〈標ア〉0ソ

いそう-しゃぞう【位相写像】『名』数学で、位相空間から位相空間への写像のうち、一対一で連続、かつ逆写像も連続なものをいう。発音イソーシャゾー〈標ア〉シャ

いそう-じん【異相人】『名』服装、習慣、性格などが普通と異なる人。変わり者。変人。異相もの。＊虎明本狂言・麻生(室町末-近世初)「あれはいさう人じゃ程に、きかれたらば其ままおでやらう」＊日葡辞書(1603-04)「Isôjin（イサウジン）、または、イサウモノ〈訳〉風変りで、服装や行状がとっぴな人」発音イソージン〈標ア〉ソ 辞書日葡

いそう-しんりがく【位相心理学】『名』ドイツの心理学者レビンの心理学。個体が行動を起こす瞬間における生活空間が、直後に個体の行動を規定するという説に基づく。トポロジー心理学。発音イソーシンリガク〈標ア〉リ

いそう-ず【意想図】『名』建物などについて、工事にかかる前に、できあがった姿を想像し、主として遠近図法によって描いた図。見取り図。発音イソーズ〈標ア〉ソ

いそう-すうがく【位相数学】『名』位相空間の諸性質を研究する数学の分野。トポロジー。発音イソースーガク〈標ア〉ス

いそう-そくど【位相速度】『名』ある波の波面が媒質中を移動する速度。速度の異なる波が重なる場合は、合成波の移動する速度（群速度）はそれぞれの波の位相速度と異なる。発音イソーソクド〈標ア〉ソ[2]

いそ-うたせあみ【磯打瀬網】『名』引き網の一種。磯に近い海底を引き回して、いか、うみたなご、ひらめ等の魚をとる、小形の打瀬網。発音〈標ア〉セ

いそうち-ぎわ【磯打際】『名』岩石の多い波打ちぎわ。＊西洋道中膝栗毛(1870-76)〈仮名垣魯文〉八・上「汐の干たるをうちながめいそうちぎはよりうみに入るに」

いそう-もの【異相者】『名』「いそうじん（異相人）」に同じ。＊日葡辞書(1603-04)「イサウジン、または、isômono（イサウモノ）」＊甲陽軍鑑(17C初)品四○上「若き者に、三人あり。第一に異相者、第二にだてもの、第三にゐちもの、是三人也」発音イソウチギワ〈標ア〉0 辞書日葡

いそ-うり【磯売】『名』漁場の漁業権を売ること。発音〈標ア〉0

い-ぞうり【藺草履】『名』藺草（いぐさ）を編んで作ったぞうり。いいぞうり。＊浮世草子・けいせい伝受紙子(1710)三・二「紫竹のほそづゑ、素足にゐざうり、しづかに丹波口をゆけば」＊俳諧・北国曲(1722)三「星を待宿や藺草履ちらし砂〈居士〉」＊滝口入道(1894)〈高山樗牛〉五「萌黄（もえぎ）の狩衣に、摺皮（すりかは）の藺草履（ヰザウリ）など、よろづ派手やかなる出立」発音イゾーリ〈標ア〉ソ

いそ-うれ『感動』（「いざうれ」の変化した語。「いそふれ」とも表記）江戸時代、さあ来い、さあ行けなど、人を誘いたてるときに用いた語。目下の者に対して用いることが多い。さあ。いざ。いで。＊浄瑠璃・絶狩剣本地(1714)三「今は是迄、これよりは頼むは神仏天道次第、いそうれ房若、いざ給へ母上」＊浄瑠璃・義経千本桜(1747)四「いそふれ旁（かたがた）其昔」＊浄瑠璃・一谷嫩軍記(1751)二「いそうれ組まん、と敦盛は、打物からりと投げ給へば」

いそうれ やっ「いそうれ」を強めた表現。＊浄瑠璃・菅原伝授手習鑑(1746)四「現世の対面是迄也。いそふれやっと御声も、倶（とも）に烈しきはやち風」＊浄瑠璃・源頼家源実朝鎌倉三代記(1781)九「早く此旨諸軍に触よ、いそふれやっと性急の仰に」

い-そうろう【居候】『名』①近世の公文書で、同居人であることを示す肩書。＊禁令考-後集・第三・巻二六・享保二〇年(1735)四月「似せ家主を拵奉行所江訴訟に出候もの。〈略〉右仁右衛門方に居候 善次郎」＊禁令考-後集・第四・巻三六・天保二年(1831)四月「奴女取計之事。〈略〉木挽町六町目 武兵衛店 勘五郎方居候 歌扇事 かね」②（①から転じて）他人の家に身を寄せ、養ってもらっていること。また、その人。かかりうど。食客。厄介（やっかい）。いそ。いそろ。＊雑俳・川柳評万句合-安永四(1775)仁四「かんしんが所にも壱人（ひとり）居候」＊滑稽本・浮世床(1813-23)初・下「あすこも爰も居候（ヰソウロウ）で」＊浮雲(1887-89)〈二葉亭四迷〉一・二「昨日までは叔父の家とは言ひながら食客（ヰサフラフ）の悲しさには」方言次男、三男や次女、三女などの、いつまでも縁づかないで生家にいる者。山口県豊浦郡798 発音イソーロー〈なまり〉イソロ〔大阪〕イソロー〔鳥取〕エソロ〔千葉・富山県〕エソロー〔千葉〕〈標ア〉0〈京ア〉0 辞書ボン・言海 表記寄食児（ヘ）居候（言）

いそうろう 置（お）いてあわず居（い）てあわず 居候を置く方も、居ついて世話になる方も共に割に合わないものである。＊雑俳・柳多留-一六六(1838-40)「居候置いてもあわず居てあわず」

いそうろう 置（お）き候（そうろう）を裸（はだか）にし（「置き候」は「居候」を置く者を「候」をかけてしゃれていったもの）居候が、置いてくれた人に厄介をかけ、その人を無一文にしてしまうこと。＊滑稽本・浮世床(1813-23)初・下「居候置（オキ）候をはだかにし、ト前句付にある通り恩を知らぬものよ」

いそうろう=おくびなり[=おくみなり]の餅（もち）を食（く）う（「おくび（み）なり」は、衽（おくみ）の先のように斜めになった形）居候は餅を食うにも切れ端の餅を食うことになる。＊洒落本・客衆一過表(1789-1801)叙「帽（つま）下のつまらぬ身とならば彼の川柳が所謂居候（イソウロウ）おくみなりの餅を食ふ実（げに）も身を持つ子弟は禱（みごころ）と日頃が大事ならずや」

いそうろう 角（かく）な座敷（ざしき）を丸（まる）く掃（は）き 川柳。居候はとかく横着者であるということ。

いそうろう 三杯目（さんばいめ）にはそっと出（だ）し 川柳。居候は世話になっている手前、食事の際にも遠慮することをいう。

いそうろう しょう事（こと）なしの子煩悩（こぼんのう） 川柳。居候は、世話になっている手前、仕方なく子煩悩らしくみせて主人の子供をかわいがる。

いそ-えい【磯鱝】『名』方言魚。❶しろえい（白鱝）。紀州若山†030 ❷いとまきえい（糸巻鱝）。◇いそえ 和歌山県日高郡694 ◇いそなで〔磯撫〕和歌山県日高郡・有田郡690

イソオクタン『名』（英 isooctane）メタン列炭化水素の一つ。化学式 C_8H_{18} 無色の液体で、アンチノック性が強い。ガソリンのアンチノック性を測る標準燃料に用いられる。

いそ-おけ【磯桶】『名』方言海女（あま）が、取った貝類を入れるのに用いるおけ。三重県志摩郡054 山口県見島797 発音〈標ア〉オ

いそ-おなご【磯女子】『名』九州沿岸地方でいう磯に出る妖怪。前から見ると（または上半身は）美女の姿をしており、うしろから見ると（または下半身は）岩であったり、幽霊のようにぼやけている。舟に海水をすくい入れて沈めるという。

いそ-おにわやき【磯御庭焼】『名』陶器の薩摩焼の一つ。嘉永六年（一八五三）藩主島津斉彬（なりあきら）が、別邸のあった磯（鹿児島市吉野町）に集成館を設け、その事業の一つとして製造したのに始まり、昭和二年（一九二七）頃まで続いた。

いそ-おぶね【磯小舟】『名』磯辺を漕ぎゆく小舟。＊浄瑠璃・賀古教信七墓廻(1714頃)鉢たたき「うき世のなみにくらぶれば、阿波の鳴門はいそをぶね」発音〈標ア〉0

いそ-がい【磯貝】『名』①波で海岸に打ち上げられた貝殻。二枚貝が離れて一枚だけになったものや、アワビなど一枚貝に見えるものが多い。②「すずめがい（雀貝）」の異名。〔語彙(1871-84)〕方言動物、ふじつぼ（富士壺）。香川県小豆島836 発音イソガイ〈標ア〉ソ 辞書言海 表記磯貝（言）発音〈標ア〉オ

いそがい【磯貝】 姓氏の一つ。発音イソガイ〈標ア〉ソ

いそがい-の【磯貝─】枕（「磯貝①」の意から）「片」「寄る」にかかる。＊万葉(8C後)一一・二七九六「水くくる玉にまじれる礒貝之（いそかひの）片恋のみに年は経につつ〈作者未詳〉」＊読本・椿説弓張月(1807-11)後・二三回「こころつよきは武士（もののふ）の常とはいへど鰒（イソガヒ）の、たまたまここによりながら」

いそ-かいめん【磯海綿】『名』イソカイメン科の海綿動物の総称。各地の磯にふつうに見られる。形は不定で、岩盤上を皮状に薄くおおう。表面には多くの突起があって、その先端に円い出水孔が開き、その周囲に無数の小孔がある。橙色のダイダイイソカイメン、黒または黒灰色のクロイソカイメンなどがある。利用価値はない。発音〈標ア〉カ

いそがい-りゅう【磯貝流】『名』柔術の一流派。正保年間（一六四四～四八）、磯貝次郎左衛門が、中国、明（みん）の帰化人陳元贇（ちんげんぴん）に中国の拳法を学んで、みずから工夫して始めたもの。発音イソガイリュー〈標ア〉0

いそ-かえり【五十返】『名』（「五十回」の意から）多くの回数。たびたび。＊古今六帖(976-987頃)一・天「岩の上の松のこずゑにふる雪はいそかへりふれ後までも見ん」

いそ-かき『名』植物「つるな（蔓菜）」の異名。＊仙台方言(1817頃)器形「いそかき。つるな」方言羽州米沢†034 播州姫路†034 宮城県仙台市121 ◇いそがき 秋田県一部030 新潟県一部030

いそ-がき【磯牡蠣】『名』海岸の磯に付くカキの仲間、ケガキ、イワガキなどの俗称。＊延喜式(927)三一・宮内省「伊勢 椎子。蠣。礒蠣」＊重訂本草綱目啓蒙(1847)四二・蚌蛤「いそがきは白色にして微黒を帯おきがきは浅黒色にして微臭あり」方言貝。❶ひざらがい（膝皿貝）。香川県小豆島829 ❷かき（牡蠣）。香川県大川郡・三豊郡829 辞書言海 表記磯蠣（言）

いそ-がく・る【磯隠】㊀『自ラ四』海浜または海中の石の陰に隠れる。＊万葉(8C後)三・三八八「潮騒（しほさゐ）の浪をかしこみ 淡路島 礒隠（いそがくり）居て いつしかも この夜の明けむと〈作者未詳〉」㊁『自ラ下二』㊀に同じ。＊源氏(1001-14頃)行幸「うらめしや興津玉藻（おきつたまも）をかづくまで磯がくれけるあまの心よ」＊千載(1187)恋二・七四八「磯がくれかきはやれどももしほ草たちくる波にあらはれやせん〈藤原家実〉」語誌(1)「万葉」の表記は「礒隠」で、動詞「かくる」の上代における活用に従って「いそがくり」と

訓まれるが、西本願寺本訓は「イソカクレ」で、中古・中世にはこの下二段「いそがくれ」で受容された。(2)万葉歌では❶のように実際に隠れる意で用いられているが、中古では❷のように海人(あま)が水中の岩などに隠れて海草を採る景を詠んで、人目を忍ぶ意の比喩として用いる。平安末期以降、「いそがくれ真梶しげぬき漕ぐ舟の早くうき世を離れにしかな」〔長秋詠藻‐上〕のように、万葉語としての効果を意識的に狙った例も見られるようになる。

いそ‐がくれ【磯隠】〘名〙磯の岩や海辺の湾曲などで隠れて見えなくなること。→「いそがくる(磯隠)」の語誌。＊謡曲・高砂(1430頃)「波は霞の磯隠れ、音こそ汐の満ち干なれ」＊日葡辞書(1603‐04)「Isogacure-ni.(イソガクレニ) フネガ ユク」 発音イソガクレ〈標ア〉ガ 辞書日葡

いそ‐かげ【石影】〘名〙水面に映っている、岸にある岩石の影。＊万葉(8C後)二〇・四五一三「伊蘇可気(イソカゲ)の見ゆる池水照るまでに咲ける馬酔木(あしび)の散らまく惜しも〈甘南備伊香〉」

いそ‐かげ【磯陰】〘名〙磯の人目につかない隠れた所。＊太平記(14C後)一七・金崎城攻事「中村六郎と云ふ者痛手を負ふて舟に乗り殿(おく)れ、礒陰(イソカゲ)なる小松の陰に太刀を倒(さかさま)について」 発音イソカゲ〈標ア〉カ⓪

いそが。し【忙・急】〘形シク〙⇩いそがしい(忙)

いそがし・い【忙・急】〘形口〙文いそが。し〘形シク〙〔動詞「いそぐ(急)」の形容詞化〕①早くしなければならない用事に追われるさまである。また、用事が多く重なったりして暇がない。多忙である。＊石山寺本大般涅槃経平安初期点(850頃)「吾は今劇務(イソカシ)」＊伊勢物語(10C前)六〇「宮仕へいそがしく心もまめならざりけるほどの家刀自(いへとうじ)」＊書陵部本名義抄(1081頃)「時澆(アハテ)政劇 イソカシ」＊虎明本狂言・雁礫(室町末‐近世初)「やらいそがしや、急ぎの御使に参る」＊俳諧・曠野(1689)員外「墨ぞめは正月ごとにわすれつつ〈野水〉 大根きざみて干(ほす)にいそがし〈荷兮〉」＊当世書生気質(1885‐86)〈坪内逍遙〉一六「『イヤどうも事務多端で』『定めし多忙(イソガシ)いだらうネヱ』」②せかされるような感じで落ち着かない心持ちである。落ち着いてはいられない気持である。気がせく、あわただしい。せわしい。＊源氏(1001‐14頃)宿木「例の心のくせなれば、いそがしくもおぼえず」＊栄花(1028‐92頃)初花「御台(みだい)なども参らぬにはあらで、なかなか常よりも物をいそがしう参りなどせさせ給ひけるに」＊ロドリゲス日本大文典(1604‐08)「カノ ラウジン ココロ isogaxǔte (イソガシュウテ) ウチエ モドリ(黒船物語)」＊二人比丘尼色懺悔(1889)〈尾崎紅葉〉戦場「遽(イソ)がしく馬を下り、鑣(くつばみ)とって進み寄れば」③ものごとが次から次へとたえまなく続くさまにいう。とめどない。＊古今集遠鏡(1793)五「なぜに此やうに涙がいそがしうこぼれることやら」＊日本読本(1887)〈新保磐次〉五「時計の面に小なる円を画き、ここに亦針ありて甚急がしく回転す」＊唐人お吉(1928)〈十一谷義三郎〉一「夜なべの音がちょいと乱れ、またすい・すい・とんと急がしくつづいてゆく」④追われたり、調べられたりして、犯人が危険な状態にあるさまをいう、盗人仲間の隠語。〔隠語輯覧(1915)〕⑤悪事をたくらむ、悪事に夢中になるさまをいう、盗人仲間の隠語。〔隠語全集(1952)〕 語誌(1)連体修飾語となる場合に類義の「せわしい・せわしない」との意味の重点の差がはっきりする。「いそがしい人」は、仕事や遊びの予定がつまっているなど、その人をとりまく客観的な状況についていうのに対して、「せわしい・せわしない人」は、落ち着きがないなど、その人の性向をいうと考えられる。「いそがしい」も性向をいう場合(「まったくいそがしい男だ」)があり、「せわしい・せわしない」も客観的な状況をいう場合(「年の瀬になり、せわしい〈せわしない〉毎日を送る」)があるが、意味の重点は「いそがしい」は客観的な状況に、「せわしい・せわしない」は、性向に傾く。また、「せわしい・せわしない」は、性向に限らず、落ち着きのないその場の雰囲気についてもいう。(2)「仕事(会社・週末)が～」など、性向に関係しないものが主格となる場合、「いそがしい」はいえても、性向に重点がある「せわしい・せわしない」はおさまりにくい。「あるき方・しゃべり方」ならば「せわしい・せわしない」と結びつく。 方言❶苦しい。宮城県栗原郡113 ❷急いでいるさまだ。速い。宮崎県西臼杵郡038 語源説(1)イソグ(急)の未然形イソガを活用させた形容詞〔古言類韻＝堀秀成・大言海〕。(2)イソギアシの約〔和訓考〕。(3)イチサトカナセル(市里哉)の反〔名語記〕。 発音イソガシイ〈なまり〉イショガシ〔岩手〕イソアシ・エソアシ〔信州読本〕イソガワシー〔栃木〕イソマシ〔福島〕エショガシ〔岩手・秋田〕エソガシ・エソガシー〔鳥取〕ヨソカシー〔新潟頸城〕ヨソガシー〔福井・鳥取〕〈標ア〉シ〈京ア〉ガ 文『いそがし』イソガシ〈標ア〉ガ〈ア史〉平安○○○◓〈京ア〉ガ 辞書名義・和玉・日葡・ヘボン・言海 表記快(名・玉) 忙(へ) 闇(言)

同訓異字 **いそがしい【忙・急・匆・怱】**

【忙】(ボウ) 次から次へといろいろなことがあって落ち着くひまがない。やることが多すぎて気持がせく。「忙殺」「忙中」「多忙」「繁忙」《古 いそく・いそかはし》

【急】(キュウ) いそいでやらなければならない。ことが差し迫っている。にわかだ。「急進」「急増」「急務」「至急」転じて、早くしてしまおうと心がせく。あせる。せわしない。「性急」《古 すみやかなり・いそぐ・はやし・とし・たちまち》

【匆・怱】(ソウ) 気ぜわしく落ち着かない。あわただしい。「匆々」「匆卒」《古 いそがはし・いそぐ・すみやか》

いそがし‐い・ず【急出】〘他ダ下二〙急がせて外へ出す。せかして出す。＊源氏(1001‐14頃)浮舟「ただいそがしにいそがしいづれば、我にもあらで出で給ひぬ」

いそがしがり‐や【忙屋】〘名〙いつも忙しそうにしている人。また、進んでそうする人。＊最後の旅(1969)〈加賀乙彦〉「今迄の忙しがりやが今度はのべつ苛々する人になり」 発音イソガシガリヤ〈標ア〉⓪

いそがし‐が・る【忙―】〘自ラ五(四)〙(形容詞「いそがしい」の語幹に接尾語「がる」の付いたもの) 忙しそうにする。また、いそいそと進んでする。＊大鏡(12C前)五・道長上「されば、まゐる下人も、いみじういそがしがりてぞすすみつどふめる」＊虞美人草(1907)〈夏目漱石〉一二「忙(イソガ)しがる小野を無理に都合させて」 発音イソガシガル〈標ア〉ガ²／⓪〈京ア〉ガ²

いそがし‐げ【忙―】〘形動〙(形容詞「いそがしい」の語幹に接尾語「げ」の付いたもの) 忙しそうなさま。忙しい感じ。＊源氏(1001‐14頃)末摘花「やがてかへり参りぬべう侍りと、いそがしげなれば」＊名語記(1275)九「人ごとに、そそめきいそがしげなる也」＊草枕(1906)〈夏目漱石〉七「嘴(くちばし)をいそがしげに働かして」 発音イソガシゲ〈標ア〉シ

いそがしげ‐さ【忙―】〘名〙(「さ」は接尾語) 忙しそうな程度。また、そうした状態。＊栄花(1028‐92頃)鳥辺野「今はただ念仏を隙(ひま)なく聞かばやとおぼしながら、又この僧達のもてなし有様(ありさま)、いそがしげさなども、罪をのみこそは作るべかめれなどおぼされて」

いそがし‐さ【忙―】〘名〙(形容詞「いそがしい」の語幹に接尾語「さ」の付いたもの) 忙しい程度。＊讃岐典侍(1108頃)下「いそがしさ、今いくほどなく、残りすくなくなりにたれば」＊日葡辞書(1603‐04)「isogaxisa (イソガシサ)」＊浄瑠璃・心中宵庚申(1722)上「お鷹帰りの御入とて、〈略〉降(ふっ)てわいたるいそがしさ」 発音イソガシサ〈標ア〉ガ〈京ア〉⓪ 辞書日葡・ヘボン 表記忙(へ)

いそがし‐ずくめ【忙尽】〘名〙ずっと忙しいことがつづくこと。＊茶話(1915‐30)〈薄田泣菫〉肥大婦「店の仕事が忙(イソガ)しづくめなので、十年許といふもの、滅多に戸口から外へ出なかった」 発音イソガシズクメ〈標ア〉ズ

いそがし‐た・つ【急立】〘他タ下二〙せき立てる。急がせる。＊源氏(1001‐14頃)澪標「よろしき日なりければ、いそがしたて給ひて」＊別れ霜(1892)〈樋口一葉〉一〇「楼婢(ろうひ)はもどかしげに急がしたてて、お客さまも嘸(さぞ)お待ちかね〈略〉と手をとらへて引立るに」 発音イソガシタツ〈標ア〉タ

いそがし‐ぶり【忙振】〘名〙いかにも忙しいと思わせるような様子。＊仮名草子・虫歌合(続類従所収)(1624‐44頃)「かたかかりもいやしげにて、かりそめにも、いそかしふりにてかけはしり給へば」＊俳諧・犬子集(1633)六・雪「雪も今いそがしぶりをしはす哉〈休甫〉」＊狂歌・堀河百首題狂歌集(1671)冬「時雨さへいそかしふりに成ぬればまして木の葉のしりもたまらん」＊談義本・世間万病回春(1771)四・離魂病評「昼夜事多に候などといそがしぶりは何事ぞや」 発音イソガシブリ〈標ア〉⓪

いそがし‐まぎれ【忙紛】〘名〙忙しくてどうしようもない状態。忙しさのあまり。＊浮世草子・世間胸算用(1692)四・二「いそがしまぎれに売けるに、これもせんさくする人なく売て通りけるに」＊浮世草子・本朝浜千鳥(1707)三・三「しばらく懐へ入しを、鬧(イソガシ)まぎれにうちわすれ」＊咄本・鯛の味噌津(1779)栄螺「いそがしまぎれにとりちがへて、亭主によき栄螺(さざい)を据えたれば」 発音イソガシマギレ〈標ア〉マ

いそがし‐や【忙屋】〘名〙いつも仕事などが多くて暇がない人。＊江戸から東京へ(1921)〈矢田挿雲〉四・三「夜食後の寸閑を最も有効に享楽せんとする気の永い忙がし屋がカッフェーに夜店に近代的の気分を追求する」 発音イソガシヤ〈標ア〉⓪

いそがし‐や・る【急遣】〘他ラ四〙急がして行かせる。急いで行かせる。せき立てて出す。＊蜻蛉(974頃)下・天延二年「『とく装束(さうぞ)きてかしこへを参れ』とて、いそがしやりたりければ、まづぞうち泣かれける」

いそがし‐らし・い【忙―】〘形口〙(「らしい」は接尾語) 見るからに忙しそうである。＊葛飾砂子(1900)〈泉鏡花〉一「踵(くびす)を返すと何か忙しらしく入らうとしたが」 発音イソガシラシイ〈標ア〉シ²

いそがし‐わざ【忙業】〘名〙〘形動〙忙しさのあまり物事をぞんざいにすること。また、そのさま。＊俳諧・西鶴大矢数(1681)第四「かけしや袖に懸りをれ藤ゆく春やいそかし業(ワサ)の玉手繦(たすき)」＊浮世草子・好色一代女(1686)四・二「古髻(ふるもとゆひ)かけて、いそがし態(ワザ)にゆがむもかまわず」＊浄瑠璃・信田森女占(1713)三「妻戸のかぎの明方にあだし男のしのび入、いそがしわざの中にてもおきはまりなるむつ言に」

いそが・す【急】〘他サ五(四)〙事を急ぐようにさせる。せき立てる。＊宇津保(970‐999頃)俊蔭「ただいそがしにいそがして衣とりいでて着せて、そそのかし給へば」＊源氏(1001‐14頃)鈴虫「御対面の、まれにいぶせうのみおぼされければ、いそがされ給て、かく心安きさまにとおぼしなりけるになん」 発音イソガス〈標ア〉ガ〈ア史〉江戸◉◉○○〈京ア〉⓪ 辞書言海 表記急(言)

いそが‐たまえ【急給】〘連語〙(「急がせ給え」の意) お急ぎ下さい。急いで下さい。＊謡曲・通盛(1430頃)「『すは遠山寺の鐘の声、この磯近く聞こえ候』『入相(いりやい)ござめれ、急が給へ』」

いそ‐がに【磯蟹】〘名〙イワガニ科のカニ。各地の海岸の潮間帯にふつうに見られる。甲長約二五ミリメートル、

甲幅約二八ミリメートルの、前方にやや開いた丸みのある四角形で、額は中央がややくぼんだ板状。甲羅には青緑色と濃紫色の斑があり、歩脚にも濃紫色の縞がある。学名は Hemigrapsus sanguineus 《季・夏》 発音イソガニ 〈標ア〉0

いそ-がね【磯金】〘名〙 方言 鮑(あわび)取りで、鮑を岩から離すために使う鉄製の漁具。千葉県安房郡025 夷隅郡054 福岡県志賀島025 大分県北海部郡054

いそ-かぶり【磯被】〘名〙 筑前で、海女(あま)が額の部分に巻く布。〔分類漁村語彙(1938)〕 発音〈標ア〉カ

いそ-かまど【磯竈】〘名〙 志摩で、囲いの中で火をたくようにした、海女(あま)の休息所。《季・春》〔分類漁村語彙(1938)〕 発音〈標ア〉カ

いそ-がり【磯狩】〘名〙 磯に出て、貝や海藻などを拾うこと。潮干狩りなど。 発音イソガリ 〈標ア〉0

いそ-かりがね【磯雁金】〘名〙 植物「てんのうめ(天梅)」の異名。

いそがわ・し【忙】〘形シク〙 ⇨いそがわしい(忙)

いそがわし・い【忙】〘形口〙文いそがは・し〘形シク〙(第三者的な立場から見て) いそがしい。せわしい感じである。するべきことがたくさんあって落ちつかない様子である。また、目的をできるだけ早い時期に短時間で達成しようとしているようである。*大慈恩寺三蔵法師伝永久四年点(1116)六「軍事忙(イソガハシク)迫む」 *色葉字類抄(1177-81)「営 イソカハシ」 *観智院本名義抄(1241)「忩 イソガハシ イソグ」 *平家(13C前)七・主上都落「あけがたの月しろくさえて、鶏鳴(けいめい)又いそがはし」 *徒然草(1331頃)七五「走りていそがはしく、ほれてわすれたる事、人皆かくのごとし」 *日葡辞書(1603-04)「Isogauaxij (イソガワシイ)」 *浮世草子・日本永代蔵(1688)二・一「鬧(イソカハ)敷(しき)時の人遣ひ、諸道具の取置もやかましきとて」 *俳諧・猿蓑(1691)三「月見れば人の砧にいそがはし〈羽紅〉」 *浮雲(1887-89)〈二葉亭四迷〉二・七「お政は、茫然としてゐたお勢の袖を匆(イソガ)はしく曳揺(ひきうご)かして」 語誌 平安時代には漢文訓読文中心に見られ、和文で用いられる「いそがし」とは区別があったようである。意味的には、「いそがし」が主体の実際の状況を示すのに対し、「いそがわしい」は「いそがしいように見える」の意で、そばで見ている第三者の視点から主体の様態を表現する。 語源説 (1)イソガシ(忙)の転〔大言海〕。(2)イソギハセヤカシ(急馳如)の義〔日本語原学=林甕臣〕。 発音 イソガワシイ 〈標ア〉シ 辞書 色葉・名義・和玉・文明・伊京・明応・天正・黒本・易林・日葡・書言・ヘボン・言海 表記 忙(色・玉・文・天・黒・易・書・言) 忩(色・名・玉・明・天) 鬧(色・名・玉・文・書) 忙敷(文・伊・明・天・黒) 劇(色・玉) 匆(玉・文) 営・悩・市・懐(色) 悤(玉) 劇談(黒) 擾・憒鬧(易) 倥偬・促衿・憒・無工夫(書)

いそがわし-が・る【忙—】〘自ラ四〙(形容詞「いそがわしい」の語幹に接尾語「がる」の付いたもの) 忙しそうにする。*天草版金句集(1593)「ヲウヤケニ ナニゴトゾ アレバ、アマタノ ショクニン シタジタノ モノモ トモニ isogauaxigaru (イソガワシガル) モノゾ」

いそがわし-げ【忙—】〘形動〙(形容詞「いそがわしい」の語幹に接尾語「げ」の付いた語) 忙しそうなさま。また、そうした感じ。*梵舜本沙石集(1283)二・六「打ち捨てて、いそがはしげにておはしつると思ひて」 *人情本・春色梅美婦禰(1841-42頃)初・二回「跡には胸もやすからず、手紙の封を切る間さへ、いそがはしげに押ひらき、半(なかば)より読(よむ)其文言(もんごん)」 発音イソガワシゲ 〈標ア〉シ

いそがわし-さ【忙—】〘名〙(形容詞「いそがわしい」の語幹に接尾語「さ」の付いたもの) せわしい程度。忙しさ。*中華若木詩抄(1520頃)下「終夜のいそがわしさ也」 *日葡辞書(1603-04)「Isogauaxisa (イソガワシサ)」 *咄本・鹿の巻筆(1686)三・九「いそがわしさにさうさう持ちて馳け走りける」 発音イソガワシサ 〈標ア〉ワ 辞書日葡

イソ-かんど【ISO感度】〘名〙 ISO(国際標準化機構)が定める感光材料の感光度の規格。数値はASA感度に同じ。

いそ-き〘名〙 植物「すぎ(杉)」の異名。*古今打聞(1438頃)下「大井川いそきの筏くだすなりしづのをのこのえいや声して。いそきとは椙を云ふ也」

いそぎ【急】〘名〙(動詞「いそぐ(急)」の連用形の名詞化) ①急いで物事をすること。せわしさ。また、急いでしなければならないこと。急用。*万葉(8C後)二〇・四三三七「水鳥の発(た)ちの已蘇岐(イソギ)に父母に物言(ものは)ず来(け)にて今ぞくやしき〈有度部牛麻呂〉」 *徒然草(1331頃)一八九「今日はその事をなさんと思へど、あらぬいそぎ先(まづ)出来てまぎれくらし」 *ロドリゲス日本大文典(1604-08)「isoguino (イソギノ) フミ ヨソヨリ キタルカ〔物語〕」 ②ある行事や催しなどのためのとりはからい。準備。支度。また、準備したその行事や催し。*蜻蛉(974頃)上・安和元年「あくれば御禊(ごけい)のいそぎ、ちかくなりぬ」 *宇津保(970-999頃)嵯峨院「かくてのり弓に、〈略〉かづけ物のいそぎし給ふ」 *枕(10C終)二六・たゆまるるもの「精進の日のおこなひ。とほきいそぎ」 *源氏(1001-14頃)若菜上「この御いそき果てぬれば、三日過ぐして、つひに御髪おろし給」 *徒然草(1331頃)一九「公事(くじ)ども繁く、春のいそぎにとり重ねて催し行はるるさまぞ、いみじきや」 語誌 平安時代の和文では多く②の意で用いられ、漢文訓読系では「経営(けいめい)」が使われた。→「けいめい(経営)」の語誌。 発音イソギ 〈標ア〉ギ 〈京ア〉0 上仮名イソギ 辞書和玉・文明・伊京・日葡・言海 表記急(文・言) 務(玉) 亟(伊)

いそぎ の 文(ふみ)は静(しず)かに書(か)け
急ぎの手紙ほど大事な用件が多いので、書き誤りや書き落としのないように慎重に書け。*譬喩尽(1786)一「急(イソ)ぎの文章(フミ)は静(シヅ)かに書(カ)け」

いそ-ぎ【磯木】〘名〙 海辺で拾うたきぎ。 発音イソギ 〈標ア〉0

いそ-ぎ【磯着】〘名〙 海で漁をするときに着て行くきもの。 発音イソギ 〈標ア〉0

いそぎ-あし【急足】〘名〙 早く進もうとする歩き方。急いでいる足どり。早足。*当世書生気質(1885-86)〈坪内逍遥〉二「独語(ひとりごと)をいひひ、急(イソ)ぎあしにて」 *武蔵野(1887)〈山田美妙〉上「処へ大層急足(イソギアシ)で西の方から歩行(あるい)て来るのはわづか二人の武者で」 *其面影(1906)〈二葉亭四迷〉三〇「散歩がてらの騒(ぞめ)きの人に、用を抱へた急足(イソギアシ)の人も交って」 発音イソギアシ 〈標ア〉ギ 辞書言海 表記急足(言)

いそぎ-あり・く【急歩】〘自カ四〙 急いで歩き回る。また、かけ回って、物事がうまく運ぶように努力する。*宇津保(970-999頃)楼上下「さがのといひしぞ、〈略〉大将のむまれ給ふべきこといそぎありきしなりけり」 *源氏(1001-14頃)帚木「あるじも、肴(さかな)求むとこゆるぎのいそぎありく程、君はのどやかに眺め給て」 発音イソギアリク 〈標ア〉リ

いそぎ-い・ず【急出】〘自ダ下二〙 急いで出る。*蜻蛉(974頃)下・天延元年「相撲(すまひ)のことにより、うちにさぶらひつれど、こちものせんとてなむ、いそぎいでぬる」 *源氏(1001-14頃)夕顔「はしたなきほどにならぬさきにと例のいそぎいで給て」 *後拾遺(1086)春上・一八「春立ちてふる白雪を鶯の花ちりぬとやいそぎいづらん〈よみ人しらず〉」 発音イソギイズ 〈標ア〉イ2

いそぎ-い・る【急入】〘自ラ四〙 急いではいる。*源氏(1001-14頃)明石「ことなる御逍遥などなくて、いそぎいり給ひぬ」 発音イソギイル 〈標ア〉イ2

いそぎ-おも・う【急思】〘他ハ四〙 早くしようと思う。気をもむ。*源氏(1001-14頃)玉鬘「心のうちにこそいそぎ思へど、京の事はいやとほざかるやうにへだたりゆく」

いそぎ-かえ・る【急帰】〘自ラ四〙 急いで帰る。*蜻蛉(974頃)下・天禄三年「あけぬれば『車など異様ならん』とて、いそぎかへられぬ」 *源氏(1001-14頃)須磨「さいひながらも、物の聞えをつつみて、いそぎかへり給ふ」 *平家(13C前)八・猫間「興さめて、のたまひあはすべきことも一言もいださず、軈(やがて)いそぎ帰られけり」 発音イソギカエル 〈標ア〉カ

いそ-ぎく【磯菊】〘名〙 キク科の多年草。千葉県銚子から静岡県までの海岸の崖や砂浜に自生。高さ約三〇センチメートル。細長い地下茎から茎が斜上する。葉は倒卵形で葉先に浅い鋸歯(きょし)があり、下面と縁には銀白色の毛が密生する。秋、茎の上部で多く分枝し、黄色の管状花からなる小形の頭状花を密につける。いわぎく。しもかつぎ。きらくさ。学名は Chrysanthemum pacificum 《季・秋》 方言植物。❶さつまのぎく(薩摩野菊)。鹿児島県甑島965 ❷おおしまのじぎく(大島野路菊)。鹿児島県奄美大島965 発音イソギク 〈標ア〉ソ

磯菊

いそぎこま-せん【急駒銭】〘名〙 江戸時代の絵銭(えぜに)の一つ。かけ足の人が俵をつけた馬の手綱を引く絵のあるもの。

いそぎ-さわ・ぐ【急騒】〘自ガ四〙 用意、支度などに大騒ぎする。*今昔(1120頃か)一四・四四「其の郷(さと)の者共極(いみ)じく忩(いそ)ぎ騒ぐ」 発音イソギサワグ 〈標ア〉ワ

いそぎ-た・つ【急立】 ■一〘他タ四〙 さかんに準備する。支度にとりかかる。*源氏(1001-14頃)藤裏葉「人の装束(さうぞく)なにかのことも、やむごとなき御有様におとるまじく、いそぎたつ」 *長秋詠藻(1178)中「きみが代は吉身(よしみ)の村の民(たみ)もみな春を待つとやいそぎたつらむ」 ■二〘自タ四〙 急いで出かける。*蜻蛉(974頃)中・安和二年「はつかよひのほどに、御嶽にとて、いそぎたつ」 *和泉式部日記(11C前)「とくいそぎたちたらましかばと思ふ」 発音イソギタツ 〈標ア〉タ

いそぎ-たまぐり【急—】〘副〙 方言驚き急ぐさまを表わす語。あわてて。急いで。長崎県壱岐島915 ◇いそぎはやとき 山口県防府市802

いそぎ-は・つ【急果】〘他タ下二〙 準備をし終える。用意を整える。*大和(947-957頃)三「そのものどもを九月つごもりにみないそぎはててけり」

いそぎ-ふため・く【急—】〘自カ四〙 急ぎあわてる。あわてふためく。*史記抄(1477)一九・貨殖列伝「いそぎふためいて、急なるなりぞ」 *四河入海(17C前)二三・二「長老及衆僧も、いそきふためいて衣をきらるる」 発音イソギフタメク 〈標ア〉メ

いそぎ-まい・る【急参】 ■一〘自ラ四〙 急いで参上する。*大和(947-957頃)七七「されど召なりければ、えとどまらでいそぎまいり給ひければ」 *枕(10C終)一二八・八幡の行幸のかへらせ給ふに「めでたき馬をうちはやめて、いそぎまゐりて」 *平家(13C前)一一・副将被斬「『こよひはとくとく帰れ。〈略〉あしたはいそぎまいれ』との給へども」 ■二〘他ラ四〙 急いで、してさしあげる。急いでさしあげる。*源氏(1001-14頃)東屋「みかうしを苦しきにいそぎまいりて」 *平家(13C前)一・鱸「おほきなる鱸の船に踊入たりけるを〈略〉『是は権現の御利生也。いそぎまいるべし』と申しければ」 発音イソギマイル 〈標ア〉マ ソ 辞書文明 表記急

参〈文〉

いそぎ-まか・ず【急退出・急罷出】『自ダ下二』急いで退出する。＊宇津保(970-999頃)嵯峨院「かた時ほかにとまる事なく、まれにうちに参りては、すなはちいそぎまかでつつ、例ありしやうに宮づかへもせず」＊紫式部日記(1010頃か)寛弘五年一一月「ことさらにいそぎまかでて、とく参らむとありしもそらごとにて、程経るなめり」 発音イソギマカズ〈標ア〉カ

いそぎ-まさ・る【急勝】『自ラ四』いよいよ急ぐ。いっそう急ぐ。＊蜻蛉(974頃)中・天禄二年「あさましやのどかにたのむ床のうらをうちかへしける波の心よ、いとつらくなんとあるをみれば、まいていそぎまさりて、ものしぬ」 発音イソギマサル〈標ア〉サ

いそぎ-まど・う【急惑】『自ハ四』物事を急いで心が乱れる。あわてふためく。＊落窪(10C後)三「いでたちもし給はぬ心地に、装束もしあへず、いそぎまどひて、右のおほい殿にまうで給ひて」 発音イソギマドウ 文イソギマドー とも〈標ア〉ド

いそぎ-み・つ【急満】『自タ四』誰もかれも皆忙しく動く。＊栄花(1028-92頃)花山たづぬる中納言「貞元二年三月廿六日に、堀川院に行幸あるべければ、天下いそぎみちたり。その日になりて渡らせ給」

いそぎ-もの【急物】『名』①急いで作ったり届けたりしなければならない品物。急ぎの仕事、注文。②相場が変わったりしたために急いで処分したい株。③製糸業者が早急な資金繰りに迫られて、多少安く売ること。また、その生糸。また船積みする日に間に合わせるために、間近になって足りない分の生糸を買い込むこと。また、その生糸。 発音イソギモノ〈標ア〉ノ モ〈京ア〉〇

いそ-ぎり【磯切】『名』浅草海苔(のり)または青海苔を焼いて、細かくしたのをまぜて打った蕎麦(そば)。 発音イソギリ〈標ア〉〇

いそ-ぎわ【磯際】『名』波打ち際。海岸べり。磯辺。＊土佐風土記逸文(釈日本紀所載)(1274-1301頃)「皇后(おほきさき)、嶋に下りて礒際に休息(いこ)ひまし」＊天草本平家(1592)四・六「キタノ ヤマギワ カラミナミノ isoguiua (イソギワ) マデ タイセキヲ カサネ」＊仮名草子・竹斎(1621-23)下「さてあるべき事ならねば、舟に召され候へとて、いそぎは遠く漕ぎ出す」＊俳諧・春の日(1686)「磯ぎはに施餓鬼の僧の集りて〈旦藁〉 岩のあひより蔵みゆる里〈野水〉」 発音イソギワ〈標ア〉〇

いそ-ぎんちゃく【磯巾着】『名』六放サンゴ類に属するミドリイソギンチャク、タテジマイソギンチャク、ウメボシイソギンチャクなど一群の総称。体は柔らかい円筒状で、底面を浅海の岩石などにつけて生息する。先端の

磯巾着

中央には口があり、その周囲にふさ状をした多数の触手がある。獲物が触手にふれると体の中に包み込み、きんちゃくの口を締めたようになる。体壁には刺胞群があり、自衛および獲物を殺すのに用いる。種類は多く、有性または無性生殖で繁殖し群体をなすものもある。他の動物と特別な関係をもつものも多くあり、ヤドカリとヤドカリイソギンチャク、カクレクマノミとハタゴイソギンチャクなどの共生の例がよく知られている。ベニヒモイソギンチャク、イシワケイソギンチャクなどは食用になる。いしぼたん。《季・春》＊小学読本(1884)〈若林虎三郎〉五「(二)(三)は共に莵葵𦬇(イソキンチャク)なり」＊道程(1914)〈高村光太郎〉新緑の毒素「二十日鼠は天井裏に交み 磯巾著は気味悪き擬手を」 発音イソギンチャク〈標ア〉ギ〈京ア〉チャ

い-そく【夷則】『名』①中国の音楽の十二律の一つ。黄鐘(こうしょう)よりも八律高い音で、日本の十二律の鸞鏡(らんけい)に当たる。＊楽家録(1690)三五「十二律之名出二于周礼一、所謂黄鐘、大呂、〈略〉夷則、南呂」＊周礼-春官・大司楽「舞大夏、以祭二山川一、乃奏二夷則一」②陰暦七月の異名。音楽の十二律を、十二支および十二か月に当てたもの。＊本朝文粋(1060頃)一・河原院賦〈源順〉「春玩二梅於孟陬一。秋折二藕於夷則一」＊異制庭訓往来(14C中)「夷則八日、謹上式部大輔殿」＊元和本下学集(1617)「夷則 イソク 七月」＊礼記-月令「孟秋之月〈略〉其音商、律中二夷則一」 発音〈標ア〉〇 辞書色葉・下学・文明・伊京・明応・天正・饅頭・黒本・易林・日葡・言海 表記夷則(色・下・文・伊・明・天・饅・黒・易・言)

い-そく【慰息】『名』慰めと安らぎ。＊近年の文海に於ける暗潮(1896)〈戸川秋骨〉「今こと更らに其名を挙げずとも、典雅優麗なる詩文の吾人に真実なる慰息を与ふるもの其の数少なからざるなり」

い-そく【遺息】『名』親の死後にのこった子供。遺子。＊三国伝記(1407-46頃か)七・二七「納言又薨ず。生年六十五。遺息(ヰソク)七男七女あり」 発音〈標ア〉〇

いそ・ぐ【急】㊀『自ガ五(四)』早く目的を果たそうと心掛ける。①したいこと、しなければならないことに早くとりかかる。また、早くしとげようとする。せいて事を行なう。＊新撰字鏡(898-901頃)「経紀 伊曾伎毛止牟」＊多武峰少将物語(10C中)「『いそぎ物へまかる』ときこえ給ひて」＊源氏(1001-14頃)桐壺「こよひすぐさず御返奏せんといそぎまゐる」＊天草本伊曾保(1593)獅子と鼠の事「isogui (イソギ) ソノ ホトリニハシリキテ」＊尋常小学読本(1887)〈文部省〉二「お竹は、急ぎて人形をひきあぐる間に」②目的地に早く到着しようとする。＊土左(935頃)承平五年一月三〇日「からくいそぎて、いづみのなだといふ所にいたりぬ」＊蜻蛉(974頃)中・天禄二年「この大夫の、まれまれ京に物しては、日だにかたぶけば、山寺へといそぐをみ給ふるに」＊日葡辞書(1603-04)「ウマニ ムチウッテ モミニ モウデ isoida (イソイダ)」＊人情本・英対暖語(1838)三・一三章「勿論路を急ぐに、お房の踊の衣裳といひ、足も遅きものなれば」＊尋常小学読本(1887)〈文部省〉七「人の一生は、重荷を負ひて、遠き道をゆくが如し、いそぐ可らず」㊁『他ガ四』目的を果たすために処置や対応を早める。①その目的を早く果たそうとする気持を態度や行為に表わす。＊枕(10C終)一八四・宮にはじめてまゐりたるころ「あかつきにはとく下りなんといそがるる」＊海道記(1223頃)西帰「上洛已(すで)に五更になりぬれば、余波(なごり)の莚を巻て出(いで)なん事をいそぐ」＊徒然草(1331頃)四九「速(すみやか)にすべき事をゆるくし、ゆるくすべきことをいそぎて」＊疑惑(1913)〈近松秋江〉「『それで今日の話は、どうするんです？』新吉は話を急いだ」＊鉄路に近く(1956)〈島尾敏雄〉「家路にいそごうとしているじぶんの姿が」②物事を行なう準備を進める。用意する。したくする。＊宇津保(970-999頃)嵯峨院「御仏名はててつごもりになりぬれば、正月の御さうぞくいそぎ給ふ」＊源氏(1001-14頃)乙女「むつきの御装束など、宮は、ただこの君ひと所の御事を、まじることなういそい給ふ」＊美濃千句(1472)七「こゆる日に暮なん年をはやしりて 薪をいそく冬の山かげ」 語誌(1)形容詞「いそし(勤)」と同根。せっせと怠らず物事をすすめる意から、㊀の準備をする、用意をする、支度するの意が生じた。㊁の意味は、平安時代以降の文献に見える「いとなむ」にも認められ、語源説(8)なども提出されたが、両語の関係は未詳である。→「いそし(勤)」の語誌。(2)「いそぐ」と「せく」は、何事かを早くしたいと思う気持を持つことにおいて共通するが、「いそぐ」はそれが具体的な行為に現われる意志的な行為であるのに対して、「せく」は、その気持を持つこと自体を指す。したがって、具体的には使用はほとんど重ならない。 方言働く。三重県南牟婁郡603 語源説(1)イキセク(息急)の略転か〔大言海〕。(2)イは発語。イーシク(及)の義で、及は急の意を有する〔和訓栞〕。(3)イソグ(息進)の義〔日本語源＝賀茂百樹〕。(4)ユキセク(往激)の義〔名言通〕。(5)イキ(息)ヲソグの義〔日本声母伝〕。(6)イセク(往急)の義〔言元梯〕。(7)イソは磯か。クは行クから〔和句解・紫門和語類集〕。(8)イソはイトナム(営)の語根イトに通ず〔国語の語根とその分類＝大島正健〕。 発音イソグ〈なまり〉イサク〔飛騨〕エショグ〔津軽語彙〕ヨソグ〔新潟頸城〕〈標ア〉ソ〈ア史〉平安〇〇◒ 江戸●〇〇〈京ア〉〇 辞書字鏡・色葉・名義・和玉・文明・伊京・天正・饅頭・易林・日葡・書言・ヘボン・言海 表記急(玉・文・天・饅・易・書・へ・言) 悤(色・名・玉・饅) 劇・忙・務(色・名) 角(名・伊) 擾・竸・力・孜・徇(名) 僾・仂・廠・猥・翗(玉)

いそがば 高火(たかび) 急いで物を煮たい時は近火にしないで、かえって火から遠くせよということ。＊俚言集覧(1797頃)上「いそがば高火、上野州の諺也 高火とは急ぐ時物を烹るに火を高くすべしと也」

いそがば 回(まわ)れ 危険な近道をするよりも、遠回りでも安全確実な道を歩いた方が結局は得策であるというたとえ。＊雲玉和歌抄(1514)雑「もののふのやばせの舟ははやくともいそかはまはれせたの長はし〈俊頼〉」＊咄本・醒睡笑(1628)一「『いそがば廻れ』といふことば、物毎にあるべき遠慮なり。宗長がよめる、武士(もののふ)のやばせの船は早くともいそがば廻れ瀬田の長橋」

い-ぞく【夷俗】『名』えびすの風俗。蛮人の風俗。＊西洋事情(1866-70)〈福沢諭吉〉外・三「人類に於ては仮令ひ草昧夷俗たりと雖ども私有の得失を弁別すること遙かに禽獣に優れり」＊荀子-王制「使二夷俗邪音不一レ敢乱一レ雅、大師之事也」 発音〈標ア〉イ

い-ぞく【夷賊】『名』ある民族または種族からみて、他の民族(種族)を野蛮人として、軽蔑していう語。えびすの賊。＊壒嚢鈔(1445-46)五「尊は、万死を脱(のがれ)て、一生を得給まひ、若干(そこばく)の夷賊を、亡ぼし給ひけり」＊三国伝記(1407-46頃か)一・六「生虜(いけとり)の夷賊をは太神宮に進らせ」＊近世紀聞(1875-81)〈染崎延房〉五・二「叡慮を奉ぜず諸藩を欺き夷賊(イゾク)に対してはますます懇親を厚くし」 発音〈標ア〉イ

い-ぞく【依嘱・依属】『名』「いしょく(依嘱)」に同じ。＊広益熟字典(1874)〈湯浅忠良〉「依属 イゾク ヨリカカル」＊春酒屋漫筆(1891)〈坪内逍遙〉政界叢話・九「若し今依頼ある一件を辞(いな)まば〈略〉予は実に恩を知らざるものとなり了るべし依嘱(イゾク)の件は諾、正に諾」 発音〈標ア〉〇

い-ぞく【委嘱】『名』「いしょく(委嘱)」に同じ。＊読売新聞-明治二〇年(1887)一〇月一日「憲太郎の委嘱(ヰゾク)を受け視察として下坂(げはん)し清兵衛に面談するや」 発音〈標ア〉〇

い-ぞく【異俗】『名』①風俗が違っていること。また、珍しい習わし。変わった風俗。異風。＊本朝文粋(1060頃)一一・讃法華経二十八品和歌序〈藤原有国〉「当朝之化人。異俗之権者」＊花柳春話(1878-79)〈織田純一郎訳〉附録・一二「遠近の異俗を記し」＊礼記-王制「広谷大川異レ制、民生二其間一者異レ俗」②悪い習わし。悪習。＊史記-秦始皇本紀「匡二飭異俗一、陵レ水経レ地、憂二恤黔首一、朝夕不レ懈」 発音〈標ア〉イ 〇

い-ぞく【異族】『名』①血統を異にする者。異姓。＊明六雑誌-一一号(1874)妻妾論・二〈森有礼〉「彼の異族の子を迎へて養子と為すは或は耻と思はざるも」＊周礼-春官・小宗伯「及二執事一涖二大斂小斂一、帥二異族一而佐」②異なる種族。＊オロッコの娘(1930)〈深田久彌〉「遊牧の土民オロッコの一族が、異族の土民ギリヤークと程近く屯(たむろ)したある冬のこと」＊化書-巻五・膠竿「故蛇豕可二以友而羣一、虎兕可二以狎而馴一、四夷可二以率而賓一、異族猶若レ此」 発音〈標ア〉イ

い-ぞく【異賊】『名』異国または異種族の敵。外敵。＊平家(13C前)七・願書「頼義朝臣敵の陣にむかって、

〈略〉火を放つ。風忽に異賊の方へ吹きおほひ、貞任が館栗屋河の城（じゃう）焼けぬ」＊太平記（14Ｃ後）一・後醍醐天皇御治世事「又永仁元年より、鎮西に一人の探題を下し、九州の成敗を司らしめ、異賊（イゾク）襲来の守を堅うす」＊日葡辞書（1603-04）「Izocu（イゾク）。コトナル ヌスビト。すなわち、タコクノ ヌスビト〈訳〉他国の盗賊」 発音〈標ア〉[イ] 辞書日葡

い-ぞく【遺俗】『名』現在までのこっている、昔の風俗、習わし。遺習。＊東海一漚集（1375頃）二・此山住天龍江湖疏「故家遺俗流風猶有二存者一」＊百物語（1911）〈森鷗外〉「今一人が舞踏を未開時代の遺俗（ヰゾク）だとしての観察から」＊孟子－公孫丑・上「其故家遺俗、流風善政、猶有二存者一」 発音〈標ア〉[イ][0]

い-ぞく【遺族】『名』死亡した者の後にのこった家族。死亡した者の配偶者、子、父母、その他の親族のほか、親族関係はなくても、死亡当時主としてその収入によって生計を維持していた者を含む場合もある。法律によってそれぞれの場合の範囲が細かく規定されている。＊官吏恩給法施行規則（明治二三年）（1890）一五条「恩給を受くる者死去したるときは其遺族より地方庁に届出べし」＊道草（1915）〈夏目漱石〉六三「死んだ養子の遺族（ヰゾク）へ毎年下がる扶助料丈で活計（くらし）を立てて行った」 発音〈標ア〉[イ]〈京ア〉[イ] 辞書言海 表記遺族（言）

い-ぞく【遺嘱】『名』「いしょく（遺嘱）」に同じ。

い-ぞく【彝族】『名』中国の少数民族の一つ。四川・雲南省境を中心に、貴州・広西の山地に拡がる。八世紀に南詔国を、宋代に烏蒙国を建てた。言語は、チベット－ビルマ語系の彝語。

いぞく-きゅうふ【遺族給付】『名』①共済組合に加入している組合員が公務で死亡した場合などに、遺族に対して支払われる金銭。遺族年金、遺族一時金などがある。多くの共済組合法に規定。②警察官の職務に協力した者が、死亡した場合、その遺族に対して支払われる金銭。 発音イゾクキューフ〈標ア〉[キュ]

いぞく-こうはい【異属交配】『名』生物で、同一の科で異なる属の種をかけあわせること。コムギ属とエジロプス属の自然交配によってパンコムギが作られるなどが代表例。 発音イゾクコーハイ〈標ア〉[コ]

いぞく-こんいん【異族婚姻】『名』異なった部族の人同士の婚姻。族外婚。＊哲学字彙（1881）「Exogamy 異族婚姻（世）」 発音〈標ア〉[コ]

いそ-くさ【磯臭】『名』（形容詞「いそくさい」の語幹）海岸特有のにおいがすること。＊虎明本狂言・岡太夫（室町末－近世初）「いやいやそのやうな物ではなかった。いそくさやなふ」

いそ-くさ【磯草】『名』①磯辺に生える草の総称。＊俳諧・発句題叢（1820-23）冬中「磯草のかげも恃みて霜の庵〈葛三〉」＊舞姫（1906）〈与謝野晶子〉「磯草にこほろぎ啼くや夕月の干潟あゆみぬ人五六人」②磯のあたりにはえる海藻。＊料理物語（1643）二「第二磯草之部、昆布〈略〉若和布〈略〉青苔」 方言海藻。宮崎県児湯郡054 発音〈標ア〉[0]

いそ-くさ・い【磯臭】『形口』文いそくさ・し『形ク』①（魚貝、海藻などのにおいが混じった）海岸特有のにおいがするさま。＊浮世草子・好色一代男（1682）一・六「髪に指櫛（さしくし）もなく〈略〉わけもなふ礒（イソ）くさく、ここちよからざりしを」＊俳諧・曠野（1689）員外「手もつかず昼の御膳もすべりきぬ〈芭蕉〉物いそくさき舟路なりけり〈越人〉」＊青春（1905-06）〈小栗風葉〉秋・六「波頭（なみがしら）の白い泡と一緒に打ち上げらるる藻や海草や、磯臭（イソクサ）い匂が」②十分成熟していないさま。あおくさい。＊雑俳・川柳評万句合－宝暦一三（1763）仁三「ねせ付てそって遣るのは礒くさい」 発音〈標ア〉[サ]〈京ア〉[ク]

いそくさ-ぬり【磯草塗】『名』漆の変わり塗りの一つ。海草をまきちらしたような模様を研（と）ぎ出したもの。 発音〈標ア〉[0]

いぞく-ねんきん【遺族年金】『名』各種の社会保障法に基づき、遺族に対して定期的に支給する一定額の金銭。 発音〈標ア〉[ネ]

いぞく-ふじょりょう【遺族扶助料】『名』恩給法上の恩給の一つ。公務員の遺族に支給されるもので、年金の扶助料と一時金である一時扶助料とがある。民間で行なわれる同様のものをいうこともある。＊日本の下層社会（1899）〈横山源之助〉四・二・八「工女を使役する紡績工場には〈略〉職工救済方法、即ち賜金恩給金の制、葬祭料遺族扶助料、貯金の方法等は多少備はり居れりと雖も」 発音イゾクフジョリョー〈標ア〉[ジョ]

いぞく-ほしょう【遺族補償】『名』労働者が業務上死亡した場合、使用者が遺族などに対して行なう補償。＊労働基準法（1947）七九条「使用者は、遺族又は労働者の死亡当時その収入によって生計を維持した者に対して、平均賃金の千日分の遺族補償を行わなければならない」 発音イゾクホショー〈標ア〉[ホ]

いそ-ぐみ【磯胡頽子】『名』植物「まるばぐみ（丸葉胡頽子）」の異名。 方言東京都三宅島・御蔵島333

イソクラテス（Isokratēs）古代ギリシア、アテナイ（アテネ）の弁論家。学園を創設し、修辞学を教えた。アテナイとスパルタが先頭に立ってペルシアを征討すべきだと説いた演説など残存。（ＢＣ四三六～ＢＣ三三八）

いそ-ぐるい【磯狂】『名』「いそぜせり（磯拵）②」に同じ。＊浮世草子・西鶴置土産（1693）二・三「惣じて女郎ほど〈略〉おもしろき物はなきに、おしきはあたら銀にて磯（イソ）ぐるひ」 発音〈標ア〉[ラ]

いそ-ぐるま【磯車】『名』三重県志摩郡志摩町あたりの大きな海人舟（あまぶね）で、潜水を容易にするための鉄または鉛の重しを上下させる滑車。

いそご【磯子】横浜市の行政区の一つ。昭和二年（一九二七）成立。市南部、大岡川上流にある。第二次大戦後、根岸湾臨海工業地域造成とともに住宅団地が急増。ＪＲ根岸線・京浜急行が通る。同二三年に金沢区を分区。 発音イソゴ〈標ア〉[0]

い-ぞこ【亥底】『名』亥の日には相場が底値をつくという相場師間の俗信。

いそ-ごい【磯鯉】『名』魚「めなだ（目奈陀）」の異名。 方言魚、ぼら（鯔）。周防†122

イソ-コード【ＩＳＯ─】『名』（コードは英code）ＩＳＯ（国際標準化機構）が定めたコンピュータの情報交換用の標準符号。

いそ-ごかい【磯沙蚕】『名』ゴカイ科の環形動物。東北地方以南の沿岸にふつうに見られる。体長約一〇センチメートル。体の前部は青黒く、他は灰褐色、頭部には二対の眼点がある。五、六月頃が生殖時期で、夜間に水面を泳ぎながら生殖を行なう。キス、ハゼ、メバル、カレイなどの釣り餌に用いる。すないそめ。すなむし。いしがらまむし。学名は Perinereis nuntia 発音〈標ア〉[ゴ]

いそ-ごっこ【磯─】『名』方言❶鳥、いそひよどり（磯鵯）。◇いそごき・いそごきめとも。東京都八丈島338 ❷鳥、せきれい（鶺鴒）。◇いしごっことも。東京都八丈島335 ❸植物、はまぎく（浜菊）。◇いそごき 伊豆八丈島†072

い-そこな・う【射損】『他ワ五（ハ四）』「いそんずる（射損）」に同じ。＊応永本論語抄（1420）八佾第三「ここへ撰て出るほどの者なれば、射そこなふまじけれども、只今いはづせるは俄に病する故なるべし」＊虎明本狂言・雁礫（室町末－近世初）「いそこなふたらは、あんなひなしにとれといふ約束する所で」 発音[文] イソコノーとも〈標ア〉[0][ナ][ノ]

いそ-ごぼう【磯牛蒡】『名』方言植物。❶ふじあざみ（富士薊）。根はゴボウに似て食用になる。豆州†034 ❷はまあざみ（浜薊）。鹿児島県中之島964

いぞこ・る『動』方言沈殿する。滋賀県神崎郡616 ◇いどこる 兵庫県神戸市054 ◇いとごる 兵庫県加古郡664 ◇いとこる 岡山県邑久郡761

いそ-ざかな【磯魚】『名』磯でとれる魚。磯にいる魚。＊自然と人生（1900）〈徳富蘆花〉湘南雑筆・鯵釣り「ベラなどの磯魚（イソザカナ）が二三尾釣れたのみで」 発音〈標ア〉[ザ]

いそざき【磯崎】姓氏の一つ。 発音〈標ア〉[ソ]

いそ-ざくら【磯桜】『名』磯辺の桜。海辺に咲く桜。《季・春》＊俳諧・五元集拾遺（1747）春「散時を斗に買む磯ざくら」＊俳諧・風やらい（1801）「磯桜ちらさぬほどに波のよる〈路三〉」 発音〈標ア〉[ザ]

いそ-さしあみ【磯刺網】『名』岩礁地帯の水深数メートルの所に仕掛けて、イセエビなどをとる底刺網（そこさしあみ）。

いそ-ざる【磯─】『名』方言動物、うに（海胆）の一種。伊豆八丈島†071 東京都八丈島338

いそ-ざんしょ【磯山椒】『名』植物「てんのうめ（天梅）」の異名。〔語彙（1871-84）〕

いそ・し【勤】『形シク』①よく勤め励んでいる。勤勉だ。＊万葉（8Ｃ後）四・七八〇「黒木取り草（かや）も刈りつつ仕へめど勤（いそしき）わけと誉（ほ）めむともあらず〈大伴家持〉」＊新撰字鏡（898-901頃）「伪 勤也 伊曾志支」＊源氏（1001-14頃）行幸「いとかやすくいそしく〈略〉志を尽くして宮仕へしありきて」②忙しい。せわしい。＊山家集（12Ｃ後）下「海士（あま）人のいそしく帰るひじきものはこにし蛤（はまぐり）寄居虫（がうな）細螺（しただみ）」＊随筆・麓の色（1768）四「六を限の関の戸はゆるさじと、帰るさ急ぐ編笠と摺ちがふ袖頭巾、ゆきかふさまいそしき」＊読本・南総里見八犬伝（1814-42）二・二〇回「天の祐と竊に歓び、心いそしく来て見れば」 語誌「万葉－四・七八〇」や「新撰字鏡」の例から見ても、古くは精勤のさまをいったと考えられる。「源氏－行幸」の例も同じ意であるが、室町期の古注釈「源氏和秘抄」では、この部分を「いそしく いそがしくなり」と注しており、この頃にはすでに②の忙しいの意が中心であったことが知られる。なお、「いそぐ（急）」「いそふ（争）」も同根の語であるが、この両語にも上代語には精勤の意と解釈しうる例が存在する。 語源説(1)イサヲシ（功）から〔和訓栞・大言海・古言類韻=堀秀成〕。イサホシキ（勲如）の転〔名言通〕。(2)卒急のイサの転声。シは助字〔和語私臆鈔〕。(3)イソシ（勇）の義〔日本古語大辞典=松岡静雄〕。 上仮名イソ|シ 辞書字鏡・言海 表記伪（字）

いそ-じ【五十・五十路】『名』（「じ」は接尾語）①数の五〇。いそ。＊後拾遺（1086）序「これかれ妙（たへ）なる歌、ももち余りいそちをかきいだし」②五〇歳。五〇年。＊書紀（720）継体即位前（北野本訓）「天皇、年五十七歳（イソチあまりななつ）」＊竹取（9Ｃ末－10Ｃ初）「翁、今年は五十ばかりなりけれども」＊方丈記（1212）「すなはち、いそぢの春を迎へて、家を出で、世をそむけり」＊続古今（1265）釈教・七六七「かぞふればとをちの里に衰へていそちあまりの年ぞへにける〈崇徳院〉」＊諷誦鈔（1600頃）六・邯鄲「いそちの春秋 五十年の春秋なり」＊金色夜叉（1897-98）〈尾崎紅葉〉中・四・一「年は五十路（イソヂ）ばかりにて頭の霜繁く」 補注「五十日」を「いか」というなど、接頭語的に用いられる「い」という形が古く存在したところから、「いそぢ」にあたる古い形は「いち」であったろうとする説もある。 発音〈標ア〉[イ][ソ]〈京ア〉[イ][0] 辞書日葡・書言・ヘボン・言海 表記五十歳（書）五十年（へ）五十（言）

いそじ の 賀（が） 五十歳の祝い。＊古今（905-914）賀・三五一・詞書「貞保（さだやす）のみこのきさいの宮の五十の賀たてまつりける御屏風に」

いそじ の=床（とこ）の楽（たの）しみ〔=栄華（えいが）〕 盧生という者が、邯鄲（かんたん）の旅宿の

床で、黄粱(こうりょう)が炊きあがる間に、五十年の栄華の夢を見たという中国の故事から出た語。邯鄲の枕。＊浄瑠璃・加増曾我(1706頃)二「いそじの床のたのしみも覚めての後の悔(くや)しさは」＊浄瑠璃・曾我扇八景(1711頃)紋尽くし「下々迄も御馳走の、半季の給銀いそぢのゑいぐは」

いそじの夢(ゆめ) 人間の寿命五十年のはかなさを夢にたとえていう語。夢のようなはかない生涯。＊浄瑠璃・東山殿子日遊(1681)三「いそじの夢の果しなば、消へやすき身を知れとての」

いそ-じ ぢ【磯路】『名』磯伝いの道。＊拾遺愚草(1216-33頃)上「海渡るうらこぐ舟のいたづらにいそぢをすぎてぬれし浪かな」＊御伽草子・朝顔の露(室町時代物語集所収)(室町末)「それより、いそぢにさしかかり、かのなりひらの中将、いとどしく、すぎにしかたの、こひしきに、うらやましくも、かへるなみかな、とながめ給ひし、うらをすぎ」 発音〈標ア〉0 辞書言海 表記磯路(言)

いそしい『形』方言❶いそいそとよく働く様子だ。勤勉だ。まめまめしい。和歌山県日高郡698 徳島県美馬郡810 香川県三豊郡829 愛媛県840 宇和島855 高知市867 ❷健康だ。無事だ。奈良県吉野郡683 和歌山県新宮703 愛媛県840 ❸気持がいい。熊本県球磨郡054

いそ-しお ほ:し【磯潮】『名』磯に寄せる潮。＊林泉集(1916)〈中村憲吉〉磯の光「磯潮(イソシホ)のひかりを浴みて斯くのみに常に真幸(まさき)くあらんと思へや」 発音〈標ア〉0

いそ-しぎ【磯鴫】『名』シギ科に属するムクドリ大の小形のシギ。全長約二〇センチメートル。背面はオリーブ色で黒斑があり、飛ぶと翼に白い横帯が目立つ。腹面は白色。くちばしは細長く頭とほぼ同じ長さ。アジア、ヨーロッパに広く分布。本州中部以北の湖沼、河川のほとりで繁殖し、冬には南アジア、アフリカ、オーストラリアに渡るが、西日本には冬も残る。学名は Tringa hypoleucos《季・秋》 発音イソシギ〈標ア〉シ 0

いそ-しぐれ【磯時雨】『名』磯で降る時雨。＊俳諧・句兄弟(1694)下「網形にふけゐの浦や磯時雨〈横几〉」＊俳諧・焦尾琴(1701)雅「蜑の子や松を逆手に磯しぐれ〈重巽〉」 発音イソシグレ〈標ア〉シ

いそ-しじみ【磯蜆】『名』シオサザナミガイ科の二枚貝。殻長約五センチメートル。殻は楕円形で、外面は黄褐色の殻皮をかむり、内面は紫色を帯びる。北海道から九州に分布し、内湾の潮間帯から水深約一〇メートルの砂泥底にすむ。肉は食用。学名は Nuttallia olivacea 発音〈標ア〉シ

いそ-しば【磯柴】『名』方言植物。❶はまひさかき(浜柃)。長崎県南高来郡964 ❷やまびわ(山枇杷)。長州†122

いそ-しみず みづ:し【磯清水】『名』磯辺にわき出している清水。《季・夏》＊衆妙集(1671)雑下「よさの浦松の中なるいそ清水都なりせば君もくみみむ」＊俳諧・宗因七百韵(1677)「よれくまん両馬があひに磯清水〈宗因〉すすみ出てや先一夜酒〈似春〉」 発音〈標ア〉シ

いそし・む【勤】『自マ五(四)』①心をこめて勤め励む。＊書紀(720)持統六年六月(寛文版訓)「大内の陵を造りし時に勤(イソシ)みて懈らざりしを美(ほ)めたまへり」②物事を毎日規則的に励み行なう。＊苦の世界(1918-21)〈宇野浩二〉一・四「労働にいそしんでゐる」＊夜明け前(1932-35)〈島崎藤村〉第二部・上・七・三「読書の道なぞにいそしみ通せるものでは猶更ない」 発音〈標ア〉シ〈京ア〉0 上仮名イソ|シム 辞書言海

いそ-しゃ【磯者】『名』方言⇩いそど(磯人)

いそ-しろ【五十代】『名』令制以前、一人の食料に相当するときめられた稲五〇束を刈り取ることのできる田の面積。令制の一段(三六〇歩)の別称。＊政事要略-五三・雑田・慶雲三年(706)九月二〇日格「撿二旧説一、令前租法、熟田五十代、租稲一束五把、以二大方六尺一為レ歩、歩内得二米一升一〈此大升也〉二百五十歩為二五十代一」

いそ-すずめ【磯雀】『名』方言鳥。❶いそひよどり(磯鵯)。東京都御蔵島333 ❷うみすずめ(海雀)。広島県安芸郡007 ❸せきれい(鶺鴒)。愛媛県伯方島・上浮穴郡840

いそ-ぜせり【磯拵】『名』①海岸を歩いて貝を拾うこと。海岸であちこちを掘って貝を拾いあさること。＊玉塵抄(1563)一九「此やうにほりもとめていそせせりなこと景徐の大にきらわしむたぞ」②下級の遊女や商売女、素人女との遊びに夢中になること。磯狂い。遊郭で格の高い遊女と遊ぶのを「沖をこぐ」「沖を泳ぐ」というのに対する。近世、主として上方で用いられた。＊浮世草子・傾城色三味線(1701)大坂・六「第一の太夫職祇王祇女は、親父手池にしてかよはれぬれば、少しさしあいをくりて、是非なく磯(イソ)ぜせりにかかって」＊浄瑠璃・将門冠合戦(1740)三「まだ其上に磯(イソ)ぜせり、渋り皮の剝けた女子は片っ端から片付ける」＊洒落本・蕩子筌枉解(1770)贈喬侍御「俠侍(きゃんさむらい)あり。此俠ふか川へんで名高き大尽、よく磯(イソ)ぜせりの妙をえたり」 発音〈標ア〉ゼ

いそ-ぜせ・る【磯拵】『自ラ四』磯拵(いそぜせり)②をする。＊浮世草子・傾城禁短気(1711)一・四「室町の井文(せいぶん)息災なる昔、大橋に懸かって力瘤を出し、此里に珍らしき太夫となして、礒(イソ)ぜせる大臣共に肝を潰させ」 発音〈標ア〉セ

いそ-そうじ【磯掃除】『名』方言⇩いそあらい(磯洗)

いそだ【磯田】姓氏の一つ。 発音〈標ア〉イ

いそ-だい【磯鯛】『名』方言⇩いそもの(磯物)

いそ-だか【磯高】『名』前額部の磯を高く大形に作った冠。厚額(あつびたい)。

いそ-たきび【磯焚火】『名』海女(あま)などが海からあがって暖をとるために、磯辺で焚き火をすること。《季・春》 発音〈標ア〉タ

いそだけ『名』方言植物、こうしゅううやく(衡州烏薬)。鹿児島県甑島965 ◇**いそやまだけ** 薩州†039

いそ-だこ【磯蛸】『名』磯にいるタコ。＊虻(1910)〈青木健作〉一「旧十月の末であるから磯蛸魚(イソダコ)も大分大きくなって居るだらう」 発音〈標ア〉0 ダ

いそ-だたみ【磯畳】『名』「いそやき(磯焼)」に同じ。 発音〈標ア〉ダ

いそ-だて【磯伊達】『名』三重県志摩郡志摩町の海女(あま)の潜水装束をいう。〔分類漁村語彙(1938)〕

いそ-だら【磯鱈】『名』タラのうち、外海を回遊しないで、近海に群れすむもの。根鱈。↔沖鱈。《季・冬》 発音〈標ア〉0

いそ-たる【五十足】『連体』十分に足りるの意で、宮殿をほめたたえる語。＊出雲風土記(733)楯縫「五十足(いそたる)天の日栖の宮の縦、横の御量は、千尋の栲縄(たくなは)持ちて、百結び結び、八十結び下げて」 発音〈標ア〉ダ

いそ-ちどり【磯千鳥】■一『名』①磯辺にいる千鳥。浜千鳥。《季・冬》＊千五百番歌合(1202-03頃)九四七番「たびねからききやしのばぬいそ千鳥なれたるあまの袖をとはばや〈源通光〉」＊謡曲・芦刈(1430頃)「沖の鷗磯千鳥、連れ立ちて友呼ぶや」＊俳諧・明和五年句稿(1768)「磯ちどり足をぬらして遊びけり〈蕪村〉」②ヒゲマキナワボラ科の巻き貝の一種。房総より熱帯太平洋に広く分布し、イタボガキなどの殻上に着生する。貝殻は笠形で、長さ約二・五センチメートル、高さ約一センチメートル。殻の表面は黄褐色の殻皮でおおわれている。殻頂は後ろにつき出てらせん状になっており、殻頂より三条のはっきりした放射稜がある。＊英和和英地学字彙(1914)「Isochidori Emarginula 磯千鳥」■二箏曲。地唄。生田流(山田流でも演奏)。手事物。菊岡検校(けんぎょう)が地唄として作曲、これに八重崎検校が箏の替手(かえで)をつけた。橘岐山作詞。文政・天保年間(一八一八~四四)に成る。光源氏が須磨で、過去の華やかな生活を追懐する気持をうたう。方言鳥、ちどり(千鳥)類の総称。長崎県東彼杵郡004 発音〈標ア〉チ〈京ア〉チ

いそづき-ひゃくしょうむら :ヒャクシャウむら【磯付百姓村】『名』江戸時代、自村の地先漁場の漁業権をほとんど持たなかった沿岸の農村をいう。漁業を生業として公認されている本猟場と違い、自給食料、自給肥料の範囲内でだけ磯漁、肥取漁が認められ、漁獲物を販売することは禁じられていた村。端浦(はうら)。＊横浜市史稿(江戸)「私共浦方之儀は磯付百姓村と違」

いそっ-くさ・い【磯臭】『形口』「いそくさい(磯臭)」の変化した語。＊母を恋ふる記(1919)〈谷崎潤一郎〉「左の方から例の磯ッ臭い汐風が吹いて来る度びに」 発音〈標ア〉サ

いそ-つぐみ【磯鶇】『名』鳥「いそひよどり(磯鵯)」の異名。＊日葡辞書(1603-04)「Isotçugumi(イソツグミ)〈訳〉つぐみ」＊大和本草(1709)一五「つぐみ〈略〉いそつぐみ、色青黒し。海辺に出」 方言薩摩†027 発音イソツグミ〈標ア〉ツ 辞書日葡・言海

いそっ-ぐろう『名』方言(「急ぎっくら」の転か)競走。駆けっこ。熊本県天草郡936 ◇**いそっぐりゃ** 長崎県南高来郡905

いそ-つげ【磯黄楊】『名』方言植物。❶はまひさかき(浜柃)。鹿児島県肝属郡965 ◇**いそつぎ** 鹿児島県奄美大島965 ❷ひめつげ(姫黄楊)。防州†122

いそ-づたい たひ:づ【磯伝】『名』磯辺に沿って行くこと。また、沿って移動するさま。海路にも陸路にもいう。いそべづたい。＊源氏(1001-14頃)真木柱「よるべなみ風のさわがす舟人も思はぬかたにいそづたひせず」＊幸若・笈さかし(室町末-近世初)「いそづたひ山づたひ、たえだえほそきたにのみち」＊日葡辞書(1603-04)「Isozzutai(イソヅタイ)」＊俳諧・奥の細道(1693-94頃)黒部「是より五里、いそ伝ひして、むかふの山陰にいり」＊帰去来(1901)〈国木田独歩〉一六「磯(イソ)づたひに、だみ声を振立てて船歌を歌ひながら来るものがある」 発音〈標ア〉ヅ 辞書日葡

いそ-づた・う たふ:づ【磯伝】『自ハ四』磯伝いに行く。＊古事記(712)中・歌謡「浜つ千鳥 浜よは行かず 伊蘇豆多布(イソヅタフ)」 発音文イソヅタフ・イソズトーとも〈標ア〉タ ト

いそ-つつじ【磯躑躅】『名』ツツジ科の常緑低木。北海道、本州北部の湿地に生える。高さ二〇~三〇センチメートル。葉は長さ四センチメートルくらいの長楕円形で裏面に白毛がある。夏、直径一センチメートルほどの白い花が枝先に多数固まって咲く。「えぞつつじ」が誤り伝えられたことによる名で、磯とは関係はない。えぞしゃくなげ。にっけいそう。学名は Ledum palustre subso. diversipilosum ＊日本植物名彙(1884)〈松村任三〉「イソツツジ エゾシャクナゲ」 発音〈標ア〉ツ2

いそ-つび【磯屎】『名』方言■一動物。❶いそぎんちゃく(磯巾着)。紀州熊野†029 和歌山県日高郡698 ◇**いそっつび** 神奈川県三浦郡054 ◇**いそのどつび** 和歌山県日高郡・西牟婁郡693 ◇**いそのじゅうっべ** 愛媛県840 ◇**いそべべ** 茨城県188 和歌山県西牟婁郡706 山口県阿武郡796 ◇**いそべえ** 和歌山県西牟婁郡690 ❷あめふらし(雨降)。紀州海草郡†030 ◇**いそぶべ** 鹿児島県961 ❸かめのて(亀手)。佐州†012 ❹うみうし(海牛)。◇**いそびい** 東京都御蔵島333 ❺もくずがに(藻屑蟹)。◇**いそっぴ** 千葉県安房郡054 夷隅郡289 ◇**いそっぴい** 千葉県夷隅郡288 ■三泣き虫。◇**いそっつび** 静岡県庵原郡534

いそっぴい『名』方言⇩いそつび(磯屎)

イソップ(英 Æsop, Aesop ギリシア Aisōpos (アイソポス)の英語名)「イソップ物語」の作者とされる人物。その存在も未詳であるが、紀元前六世紀頃のギリシアの

サモス王の奴隷で、寓話を巧みに話し、その機知の故に解放されたと伝えられる。

イソップものがたり【━物語】 紀元前三世紀頃、イソップの作と伝えられる動物寓話集。はじめの部分にイソップの伝記があるが、後世の付加が多いと考えられ、原作がどういうものかは全く不明。イソップ寓話集。→伊曾保(いそほ)物語。 発音〈標ア〉ソ〈京ア〉イ/ッ 発音イソップモノガタリ〈標ア〉ガ〈京ア〉ガ

いそ-づり【磯釣】〘名〙海岸、または岸近い岩間などで魚を釣ること。↔沖釣り。＊随筆・孔雀楼筆記(1768)四「明石にて一歳(ひととせ)冬礒釣(イソづり)に出づ」＊風俗画報-一二二号(1896)人事門「九月の候は篠小鯛と云魚の釣るる場処にして釣者の群集夥し、之を磯釣と云ふて我庄内地方の者は之を唯一の楽みとなす」＊旅-昭和九年(1934)一一月号・十一月の釣〈魚住清適〉「海釣では磯や岸辺から釣る磯釣(イソヅリ)と舟に乗って釣る沖釣によって道具が多少異なって居る」 発音〈標ア〉0〈京ア〉0

いそ-ど【磯人】〘名〙方言❶海女(あま)。三重県志摩郡054 愛媛県大三島848 ◇いそばたど〔磯端人〕三重県志摩郡054 ❷山間に住み、貝や海草などを取るために磯にやって来る人。新潟県岩船郡366 ❸漁師。◇いしょと・いしょしゃ〔磯者〕・いしょおしゃあ 鹿児島県奄美大島974 975 ◇いそおぴす 沖縄県黒島996 ❹好色漢。漁色家。◇いそしゃ 愛媛県周桑郡844

いそ-どうふ【磯豆腐】〘名〙豆腐料理の一つ。やっこに切った豆腐に片栗粉を薄くまぶして、もみ海苔(のり)をつけ、煮立った湯の中を通すもの。薬味を添えて、生じょうゆで食べる。 発音イソドーフ〈標ア〉ド

いそ-とせ【五十年】〘名〙年の五〇。ごじゅうねん。＊新葉(1381)序「弘和のいまにいたるまで、世は三つぎ、としはいそとせのあひだ」＊三草集(1827)「五十とせのむかしはよそにみし雲の行衛をしたふ夕ぐれの雨」

いそ-とび【磯飛】〘名〙泉水に配置した飛び石。沢飛(さわとび)。方言魚、せみほうぼう(蟬魴鮄)。和歌山県694 発音〈標ア〉0

いそ-とり【磯鳥】〘名〙「いそなどり(磯鳥)①」に同じ。＊新撰字鏡(898-901頃)「鵜 伊曾鳥」＊読本・南総里見八犬伝(1814-42)四・三一回「水や天(そら)なる走帆(はしりほ)に、沙鳥(イソトリ)飛て江山(かうざん)の雲に入る」 発音〈標ア〉ソ 辞書字鏡 表記鵜(字)

いそ-な【磯菜】〘名〙海辺に生えている草で食用になるものの総称。いそなぐさ。＊古今(905-914)東歌・一〇九四「こよろぎのいそ立ちならしいそなつむめざし濡らすな沖にをれ浪〈みちのくうた〉」＊太平記(14C後)一八・金崎城落事「或は江魚(えのうお)を釣て飢を資(たす)け、或は礒菜を取て日を過す」＊俳諧・曠野(1689)二・初春「側濡て袂のおもき礒菜かな〈藤羅〉」方言香川県伊吹島829 発音〈標ア〉0ソ 辞書言海 表記礒菜(言)

い-ぞなえ【居備(ゐぞなへ)】〘名〙大将がいる陣備え。本陣をいう。＊籾井家日記(1582頃)池上夜軍「信長の居備と見えたる陣を見すまして、静々と掛かり」＊随筆・常山紀談(1739)九・関白宇都宮にて佐野天徳寺と物語事「何条車がかり、坐備(ヰゾナヘ)みなたはことなり」 発音〈標ア〉ゾ

いそなかり-ぶね【磯菜刈舟】〘名〙磯菜を刈りとって積み運ぶ小舟。＊高遠集(1011-13頃)「風いたみながゐしつべきいかの江にゆめ漕ぎよするいそなかりぶね」

いそ-なき【磯鳴】〘名〙鳥などが磯で鳴くこと。＊明日香井集(1294)「いそなきのなけど来ぬ身の浜千鳥ひとりやよはに友恨むらん」 発音〈標ア〉0

いそな-ぐさ【磯菜草】〘名〙「いそな(磯菜)」に同じ。＊康保三年順馬毛名歌合(966)「須磨の蜑(あま)のあさなあさな摘むいそなぐさ今日勝鞭(かちぶち)は波ぞうちつる」 発音イソナグサ〈標ア〉ナ

いそ-なげき【嘯歎】〘名〙(「いそ」は口をすぼめて息を出す意の「うそ」の変化したもの。「なげき」は長息の意)長崎県大村湾で海女(あま)が海から出て息を強くつくときに、口を吹き鳴らすことをいう。《季・春》〔分類漁村語彙(1938)〕

いそな-つみ【磯菜摘】〘名〙磯菜を摘みとること。《季・新年-春》＊無言抄(1598)下・三「春〈略〉磯菜摘 春なりこれは雑なりといふ説あるゆへにつぶさに尋侍れば可為春となり」＊俳諧・樗庵麦水発句集(1783頃)冬「鶴の為とどめて行かばや磯菜摘」

いそ-なで【磯撫】〘名〙方言 ⇩いそえい(磯鱏)

いそ-などり【磯鳥】〘名〙(「な」は「の」の意)①磯にいる鳥。＊匠材集(1597)一「いそな鳥 千鳥なり」＊和歌呉竹集(1795)一「いそな鳥 千鳥の異名也」②「ちどり(千鳥)」の異名。 発音〈標ア〉ナ

いそ-なみ【磯波】〘名〙①磯に打ち寄せる波。＊夫木(1310頃)二六「たかし山松なきかたの松風や麓の浦のいそ波の声〈藤原雅有〉」＊義経記(室町中か)七・大津次郎の事「いづくとも知らぬ浦を過行ば、いそなみの聞えければ」②遠浅の沿岸でよく見られる、海岸に平行に進む砕け波。 発音〈標ア〉0

いそなれ-ごろも【磯馴衣】〘名〙潮風の荒い所に何日も旅寝をして磯の香のしみついた衣。旅衣。＊俳諧・俳諧一葉集(1827)「浜風の碁盤(ごばん)に余る音冴(さえ)て〈信徳〉 磯なれ衣おもくかけつつ〈芭蕉〉」

いそなれ-まつ【磯馴松】〘名〙強い潮風のために枝や幹が地面をはっている松。そなれまつ。＊俳諧・西鶴大矢数(1681)第一一「茶舟中間の浪の行末 礒馴衾しなだれ懸って伽やらう」＊一中節・松づくし(1650-1724)「磯馴松(イソナレマツ)に宿かりてすまの浦松風さぶみ」 発音〈標ア〉マ

いそ-な・れる【磯馴】〘自ラ下一〙文いそな・る〘自ラ下二〙①強い潮風のために樹木が地面になびいて生え延びる。＊俳諧・白雄句集(1793)一「礒なれし松も見らるるねはんかな」(改正増補和英語林集成(1886))。②海岸にながく住みなれる。 発音〈標ア〉レ

いそ-なわ【磯縄】〘名〙方言❶釣り糸。◇いそのおとも。東京都八丈島335 ❷海女(あま)が持つ磯桶(いそおけ)に結びつける縄。三重県志摩郡054 ❸はえ縄の一種。新潟県佐渡356

イソニコチンさん-ヒドラジッド【━酸━】〘名〙(英 isonicotinic acid hydrazide の訳語)抗菌剤の一つで、結核性疾患に用いる。一九五二年に発表された。ストレプトマイシンの約一〇倍の効果をもつといわれる。

いそ-にな【磯蜷】〘名〙エゾバイ科の巻貝。房総半島から九州南部までの潮間帯の岩礫底にすむ。殻高約四センチメートルの細長い円錐形。表面はほぼ平滑で、青褐色に褐色の不規則な雲形斑がある。殻口は卵形。ウミニナとは、殻が太く表面に溝がないなどの特徴で明瞭に区別される。いわにな。学名は Japeuthria ferrea 発音〈標ア〉ジ

いそ-ね【磯根】〘名〙磯のほとり。磯辺。＊夫木(1310頃)二五「沖津潟いそねに近き岩枕かけぬ波にも袖はぬれけり〈源光行〉」方言海岸の岩礁。◇いそばとも。千葉県安房郡025 辞書言海 表記磯根(言) 発音〈標ア〉0

いそ-ね【磯寝】〘名〙磯辺に宿って寝ること。磯枕。＊月清集(1204頃)下「まつしまや秋かぜさむきいそねかなあまのかるもをひじきものにて」＊草根集(1473頃)三「知らざりき磯ねの秋の雨のよに世のうきさがをきはめけるとは」 発音〈標ア〉0 辞書言海 表記磯寝(言)

いそ-ねずみ【磯鼠】〘名〙方言❶魚、きたまくら(北枕)。伊豆八丈島1076 東京都八丈島338 ❷動物、あめふらし(雨虎)。紀州和歌山1030 ❸植物、いぼたのき(水蠟樹)。長崎県壱岐島915

いそね-まつ【磯根松】〘名〙磯辺に生え、根の現われている松。＊広本拾玉集(1346)二「田子の浦に藤咲きぬらし磯根松梢染めゆく紫の浪」 発音〈標ア〉ネ

い-その【居園(ゐその)】〘名〙住宅とそれに付属する園宅地。特に中世、九州の武士が百姓家と区別して用いた語。＊相良家文書-延慶四年(1311)三月五日・相良蓮道置文(大日本古文書一・三九)「かれらかとうしのいそのはゆつりにはいらすといえとも、かたみときのためにをくへし」

いその【磯野】 姓氏の一つ。 発音〈標ア〉イ

いそのかみ【石上】■一〘一〙奈良県天理市石上・布留(ふる)付近の地域名。「日本書紀」によれば、安康天皇の石上穴穂宮(いそのかみのあなほのみや)、仁賢天皇の石上広高宮があった。石上神宮、布留遺跡がある。歌枕。＊堤中納言(11C中-13C頃)よしなしごと「いそのかみにあなる大和鍋にてもあれ」＊惣七(猿雖)宛芭蕉書簡-元禄元年(1688)四月二五日「石の上有原寺井筒の井の深草生たるなど尋て」〘二〙石上神宮。いそのかみのみや。＊更級日記(1059頃)「いその神も、まことにふりにける事、思ひやられて、むげに荒れはてにけり」＊元和本下学集(1617)「石上 イソノカミ 在二大和一」＊浄瑠璃・暦(1685)道行「神のひもろぎ物さびて、ふりにしこともいそのかみ」■二枕①■一〘一〙の中の地名。「ふる」にかかる。「いすのかみ」とも。＊書紀(720)顕宗即位前・歌謡(図書寮本訓)「石上(イソノカミ)振(ふる)の神榲(かみすき)〈榲、此をば須擬と云ふ〉本(もと)伐(き)り末(すゑ)截(おしはら)ひ」＊万葉(8C後)三・四二二「石上(いそのかみ)振(ふる)の山なる杉群(むら)の思ひ過ぐべき君ならなくに〈丹生王〉」＊古今(905-914)恋四・六七九「いその神ふるの中道なかなかに見ずはこひしとおもはましやは〈紀貫之〉」②地名「ふる」と同音の「降る」「振る」「古る」「古し」、「古し」また「古る」と類義の「珍しげなし」にかかる。＊万葉(8C後)四・六六四「石上(いそのかみ)降るとも雨につつまめや妹にあはむと言ひてしものを〈大伴像見〉」＊万葉(8C後)一二・三〇一三「吾妹子や吾を忘らすな石上(いそのかみ)袖振る川の絶えむと思へや〈作者未詳〉」＊古今(905-914)雑体・一〇二二「礒のかみふりにし恋の神さびてたたるに我はいぞねかねつる〈よみ人しらず〉」＊拾遺(1005-07頃か)春・四五「春くればまづぞ打ち見るいその神珍しげなき山田なれども〈壬生忠見〉」＊新古今(1205)仮名序「いそのかみ古き跡を恥づといへども」＊新撰莵玖波集(1495)冬「やふしわかねはめぐみをそまつ いそのかみゆきふるさとの冬ごもり〈飛鳥井雅親〉」■三〘名〙(「古る」にかかる枕詞から転じて)①古くなったもの。＊大和(947-957頃)四六「白露のおきふし誰れを恋ひつらんわれは聞きおはずいそのかみにて」②昔。往昔。＊源氏(1001-14頃)御法「げにいそのかみの世々を経たる御願にやとぞ見えたる」＊浮世草子・近代艶隠者(1686)五・五「いそのかみ名にきく飛鳥井(あすかゐ)の姫の、扇残して哀をとどめし所よと、聞にむかし恋しく」 語源説(■一について)(1)イは発語。ソノカミフル(昔時旧)の義〔和訓栞・言元梯〕。(2)イソ、イニシソノカミフル(往昔旧)の義〔言元梯〕。(2)イソ、イシは相通であるから、石神の意であったかも知れない〔日本古語大辞典=松岡静雄〕。 発音〈標ア〉ノ 辞書色葉・下学・易林・書言・言海 表記石上(色・下・易・書・言)

いそのかみささめごと【石上私淑言】 江戸中期の歌論書。三巻。本居宣長著。宝暦一三年(一七六三)成立か。歌の本質などについて問答体で記す。 発音イソノカミ=ササメゴト〈標ア〉ノ=メ

いそのかみ-じんぐう【石上神宮】 奈良県天理市布留町にある神社。旧官幣大社。主祭神布都御魂(ふつのみたま)大神は神武天皇の東征の時、建御雷(たけみかずち)神が高天原から降したと伝えられる神剣。拝殿は入母屋造(いりもやづくり)、丹塗(にぬり)で、七

支刀（七枝刀＝ななさやのたち）と共に国宝。布留社。発音 イソノカミジングー〈標ア〉グ

いそのかみ-でら【石上寺】 奈良県天理市石上町にあった寺。貞観年間（八五九〜八七七）石上神宮寺として創建され、布留の良因寺（宵薬師堂）址と推定されている。僧正遍昭とその子素性（良岑）が住んだので良峰（りょうぶ）寺ともいう。在原寺に同じとする説もある。よしみねでら。歌枕。発音〈標ア〉0

いそのかみ-の-あなほのみや【石上穴穂宮】 安康天皇の皇居。奈良県天理市田町にあったといわれる。穴穂宮。発音〈標ア〉ノ1=0

いそのかみ-の-ひろたかのみや【石上広高宮】 石上は地名（今の奈良県天理市石上神宮付近）、広高は美称。仁賢天皇の皇居をいう。所在地は「帝王編年記」の記載から石上市神社の地に比定されている。発音〈標ア〉ノ1=0

いそのかみ-の-まろ【石上麻呂】 ㈠大和時代、奈良時代初期の政治家。石上宅嗣（いそのかみのやかつぐ）の祖父。もと物部連、物部朝臣を称した。天武五年（六七六）一〇月に遣新羅大使に任命。天武一三年（六八四）石上朝臣（いそのかみのあそん）の姓を賜わる。慶雲五年（七〇八）に左大臣に。万葉集に歌を残している。舒明一一〜霊亀三年（六三九〜七一七）。㈡「竹取物語」中で、かぐや姫に求婚する貴公子の一人。姫にのぞまれたつばめの子安貝を取ろうとして失敗し、腰を折って死ぬ。中納言いそのかみのまろたり。

いそのかみ-の-やかつぐ【石上宅嗣】 奈良時代の文人、貴族。号、芸亭居士（うんていこじ）。経史、詩文に長じ、その儒書をおさめた芸亭は、日本最初の図書館といわれる。天平元〜天応元年（七二九〜七八一）

いそのかみ-まつり【石上祭】〘名〙 奈良県天理市の石上神宮で九月一五日に行なう祭礼。布都御魂（ふつのみたま）の剣を祭る戦争の神で、同日武者行列が行なわれる。《季・秋》 発音〈標ア〉マ

いそ-の-かりがね【磯雁金】〘名〙 植物「てんのうめ（天梅）」の異名。〔語彙（1871-84）〕

いそ-の-き【磯木】〘名〙 クロウメモドキ科の落葉低木。本州、四国、九州で山野の水湿地に生える。高さ一・五〜三メートル。葉は長さ約一〇センチメートルの長楕円形か倒卵形で、先が急にとがり、縁には細かい鋸歯（きょし）が、裏には細毛がある。夏、黄緑色の小さい花が葉腋に多数集まって咲く。実は直径約六ミリメートルの球形で、熟すと黒くなる。学名は Rhamnus crenata ＊日本植物名彙（1884）〈松村任三〉「イソノキ」 発音〈標ア〉ノ

いその-じんじゃ【伊曾乃神社】 愛媛県西条市中野にある神社。旧国幣中社。祭神は天照大神（あまてらすおおみかみ）、武国凝別命（たけくにこりわけのみこと）。社宝に日本三大古系図の一つとされる与州新居系図（国重文）がある。 発音〈標ア〉ジ

いそ-の-ぜんじ【磯禅師・磯前司】 源義経の愛妾静御前の母。讃岐小磯の人。藤原通憲に学んで白拍子（しらびょうし）を始め、静に伝えたといわれる。生没年不詳。 発音〈標ア〉ゼ

いそ-の-たちはき〘名〙「さる（猿）」の異名。＊袖中抄（1185-87頃）一三「猿には異名多し。或ひはたかといふ。日吉社には、たかのみことといふ。或物には匡房卿はいそのたちはきといはれけり」 語源説 猴（さる）が刀をはいて、不浄参詣人を追いはらったという伝説、旧慣から。イソは神祠の前をさす古名か〔南方熊楠全集〕。

いそ-の-たもとまい【磯袂舞】（たもとまひ）〘名〙「さる（猿）」の異名。＊能因歌枕（11C中）「猿をば、いそのたもとまひといふ」

いそ-の-どつび【磯ー屎】〘名〙 方言 ⇩いそつび（磯屎）

いそ-の-はな【磯花】〘名〙 広島市の名物の菓子。糯米（もちごめ）の粉で作った求肥（ぎゅうひ）に、青海苔（のり）を細く切って練りまぜ、拍子木形に切って片栗粉でまぶしたもの。 発音〈標ア〉ナ

いそ-の-み【磯鑿】〘名〙 志摩で、アワビを岩膚から引き離して捕る道具。いそがね。あまがね。あわびがね。〔分類漁村語彙（1938）〕

いそ-の-みや【磯宮】 皇大神宮の古名。内宮の地にあった斎宮（いつきのみや）の居所ともいう。宇治宮。 発音〈標ア〉0

いそのもり-かいづか【磯之森貝塚】（かひづか） 岡山県倉敷市粒江、通称磯之森にある、縄文時代前期の貝塚。土器は磯之森式と呼ばれる。 発音〈標ア〉カ1

いそのわらわ【磯童】（いそのわらは） 謡曲「香椎（かしい）」の別名。 発音〈標ア〉ワ1

いそ-ば【五十集】〘名〙「いさば（五十集）①」に同じ。＊随筆・続昆陽漫録補（1768）五十集「大坂辺にて魚をいろいろ商ふを五十集（イソバ）と云ふなり。或云く、今はいさばと云ふと」

い-そば・う【ー戯】（そばふ）〘自ハ四〙（「い」は接頭語）遊びたわむれる。ふざける。＊万葉（8C後）一三・三二三九「汝が母を 取らくを知らに 汝が父を 取らくを知らに 伊蘇婆比（イソバヒ）をるよ 斑鳩（いかるが）とひめと〈作者未詳〉」 上仮名 イソ｜バフ

いそ-ばた【磯端】〘名〙 磯のほとり。磯辺。海浜。海岸。＊史料編纂所本人天眼目抄（1471-73）二「女浪（めなみ）がだうと打てくれば、男波（おなみ）がだうと打てくる磯ばたこそすきわあれ。おきわちっともさかいはないぞ」 ＊天草本伊曾保（1593）片目な鹿の事「ヲリシモ ソノ isobatauo（イソバタヲ） フネガ トヲッタガ」 ＊浄瑠璃・大職冠（1711頃）三「明日は、磯ばたのせんまのかか乳貰ふて飲ませふと」 ＊滑稽本・七偏人（1857-63）二・上「磯端（イソバタ）から船で往（ゆか）うかお駕籠にしようか」 方言 ❶磯（いそ）近くの海面。大分県北海部郡054 ◇いそべた 静岡県浜名郡545 ❷海岸。波打ち際。三重県志摩郡062 香川県伊吹島・高見島829 ❸河岸。島根県邑智郡725 ❹潮干狩り。三重県志摩郡054 発音〈なまり〉イソッパタ〔千葉〕〈標ア〉0 辞書 日葡・ヘボン 表記 磯端（へ）

いそばた-ど【磯端人】〘名〙 方言 ⇩いそど（磯人）

いそばた-りゅう【磯端流】（リウ）〘名〙 剣道の一流派。新陰流の祖、上泉伊勢守の高弟、出羽国（山形、秋田県）上戸沢の人、磯端伴蔵秀国の始めたもの。磯端神陰流。 発音 イソバタリュー〈標ア〉0

いそ-ばな【磯花】〘名〙 花中綱イソバナ科の刺胞（しほう）動物の一種。房総半島以南の暖海に分布し、潮通しのよい岩礁の側面に群生する。群体は赤または黄色の樹枝状で、扇状に広がり、高さは二〇センチメートル内外。骨軸は石灰質からできているが、乾燥すると枝はもろくて、くだけやすい。個虫は枝の側面に多くつく。くささんご。学名は Melithaea flabellifera 方言 植物、ぼたんぼうふう（牡丹防風）。 鹿児島県奄美大島965 発音〈標ア〉0

いそ-はなび【磯花火】〘名〙 植物「いそまつ（磯松）②」の異名。＊日本植物名彙（1884）〈松村任三〉「イソマツ イソハナビ 石蓯蓉」 発音〈標ア〉ハ

いそ-はま【磯浜】〘名〙 造園で、泉水のほとりに砂利を敷いて、磯に模した所。 発音〈標ア〉0

いそ-びい【磯ー】〘名〙 方言 ⇩いそつび（磯屎）

いそ-ひさかき【磯柃】〘名〙 植物「はまひさかき（浜柃）」の異名。 発音〈標ア〉サ

いそ-ひたい【磯額】（ひたひ）〘名〙 冠の部分の名の、磯と額。＊金葉（1124-27）恋下・四九八「あふ事はかたねぶりなる磯額ひねりふすともかひやなからん〈よみ人しらず〉」 ＊梁塵秘抄（1179頃）二・二句神歌「老いの波いそひたひにぞ寄りにけるあはれ恋しき若の浦かな」 補注「金葉集」の例について、伴信友は「比古婆衣ー七」で、海人が磯辺で干した「磯干鯛なるべし」としている。

いそ-ひばり【磯雲雀】〘名〙 磯辺にいるヒバリ。＊あこがれ（1905）〈石川啄木〉「高きに磯雲雀うたふや朝の迎への愛の曲」 発音〈標ア〉ヒ

いそ-ひめ【磯姫】〘名〙 鹿児島県出水郡地方で、磯女子（いそおなご）のことをいう。海女房（うみにょうぼう）。〔分類漁村語彙（1938）〕

いそ-ひよ【磯鵯】〘名〙 鳥「いそひよどり（磯鵯）」に同じ。〔語彙（1871-84）〕 発音〈標ア〉0

いそ-ひよどり【磯鵯】〘名〙 ヒタキ科ツグミ亜科の鳥。全長二六センチメートル。雄は暗青色で腹部が栗色。雌は黒灰色で下面は灰黄色の地に一面に暗褐色の斑がある。日本各地の岩の多い海岸にすむ留鳥。澄んだ声でさえずる。いそひよ。いわつむぎ。いそつぐみ。学名は Monticola solitarius 《季・夏》 ＊語彙（1871-84）「いそつぐみ 俗 いそひよどり」 ＊生物学語彙（1884）〈岩川友太郎〉「Monticola イソヒヨドリ属」 発音〈標ア〉ヨ 辞書 言海 表記 磯鶫（言）

いそ-びらき【磯開】〘名〙 磯の海草、貝類をとることを解禁すること。また、その日。→磯の口明け。《季・春》 発音〈標ア〉ピ

いそ-ぶえ【磯笛】〘名〙 海女が水中から浮上したときの、激しい呼吸。口笛のように鳴る。

いそ-ぶき【磯蕗】〘名〙 方言（ふきに似た葉で海辺に自生することから）植物、つわぶき（槖吾）。 東京都利島331 三宅島・御蔵島333 静岡県524

いそ-ふぐ【磯河豚】〘名〙 魚「しょうさいふぐ（潮際河豚）」の異名。＊重訂本草綱目啓蒙（1847）四〇・魚「一種しゃうさいふぐ江戸一名すずめふぐ まめふぐ予州、しほさい 同上、いそふぐ 佐州豊後」 方言 佐州†033 ◇いそふぐとお 淡州津名郡†030 辞書 言海

いそ-ぶし【磯節】〘名〙 民謡の一つ。もとは茨城県の沿岸一帯で漁師が櫓（ろ）をこぐときに歌っていた舟唄であったが、のちに那珂川河口の祝町遊郭の酒宴の歌となり、明治中期に手が加わって原形ができた。「磯で名所は大洗様よ。松が見えますほのぼのと」「船はちゃんころでも炭薪（すみまき）は積まぬ。積んだ荷物は米と酒」「三十二反の帆を巻きあげて、行くよ仙台石巻」の類。＊東京風俗志（1899-1902）〈平出鏗二郎〉下・一一・巷歌「磯節は、もと常州大洗にて行はれし歌なるを、これに遊びし客の伝へ来りしに起れり」 ＊蔵の中（1918-19）〈宇野浩二〉「私は、かたい寝床の中で、常陸土浦の女中がうたふ本場の磯節を聞いて」 発音〈標ア〉0

イソブチレン〘名〙（英 isobutylene） 石油精製ガス、ナフサ熱分解ガスなどの中に含まれる気体。分子式 $(CH_3)_2C=CH_2$ ブチルーゴムの原料などに用いる。 発音〈標ア〉チ

いそ-ぶね【磯船】〘名〙 磯物をとるための小船。磯辺の海況にあった船型、構造をもつ。現在でも男鹿半島などでは、杉の丸木船を使用している。 発音〈標ア〉ブ0

いそ-ふり【磯触・石振】〘名〙 海岸に打ち寄せる荒波。＊土左（935頃）承平五年一月一八日「いそふりの寄する磯にはとしつきをいつともわかぬ雪のみぞふる」 ＊万葉代匠記（初稿本）（1688頃）一四「相模国風土記云。鎌倉の郡見越崎に毎（つね）に速浪ありて石を崩す。国人名けて伊曾布利と号（い）ふ。謂ふこころは石を振るふなり」 発音〈標ア〉0

いそ-ふれ〘感動〙 ⇩いそうれ

イソプレン〘名〙（英 isoprene） 脂肪族不飽和炭化水素で天然ゴムの構成分子。化学式 C_5H_8 無色透明で刺激臭のある揮発性液体。石油分解物からも合成される。塩酸、金属ナトリウムなどで重合すると合成天然ゴムになり、また、合成ゴム、合成樹脂の原料となる。 発音〈標ア〉プ

イソプロパノール〘名〙（英 isopropanol） イソプロピルアルコールの慣用名。分子式 $CH_3CH(OH)CH_3$ 無色、揮発性の液体で、引火性が大。工業原料や溶剤、化粧品・医薬品の合成原料として用いる。 発音〈標ア〉ノ

いそ-べ【磯辺】〘名〙①磯のほとり。磯端。磯間。＊土左(935頃)承平五年一月二一日「わがかみのゆきといそべの白波といづれまされり沖つ島守」＊平家(13C前)七・福原落「或は磯べの浪枕、八重の塩路に日をくらし、或は遠きをわけ、けはしきをしのぎつつ、駒に鞭うつ人もあり」＊歌謡・閑吟集(1518)「是は磯べにより藻かく、あまの捨草いたづらに、朽まさり行、袂かな」＊日葡辞書(1603-04)「Isobe(イソベ)」②和琴(わごん)および箏の部分の名。胴の両側面。いそ。＊楽家録(1690)八・箏「礒 是器之腋、凡謂之礒、一曰礒辺」③海苔(のり)を使った料理につける形容語で、磯ともいう。磯辺もち、磯辺煮、磯辺あえ、磯辺おろしなどがある。発音〈標ア〉0〈京ア〉0 辞書日葡・ヘボン・言海 表記磯辺(へ・言)

いそべ【磯部・磯辺】姓氏の一つ。

いそべ-あえ【磯辺和】〘名〙魚、貝、野菜などを、海苔(のり)であえた、あえものの一種。＊武家調味故実(1535)「白鳥いそべあへといふ事、ひったれ、身の皮をすきて、火にしろめてほそながに小鮎ににせてつくり、ひほのなますにあへぐすべし。紅葉のかいしきして盛て、上にくろあしをほそく作て、をきて進ずべし。口伝有」発音〈標ア〉イ0

いそべ-おんせん【磯部温泉】群馬県安中市の妙義山北のふもとにある温泉。天明四年(一七八四)浅間山噴火のときにできたといわれる。泉質は含重曹食塩泉(鉱泉)。飲用療法で、胃腸病、リウマチ、婦人病に効く。語源説アイヌ語でIsoは孤立せる岩、beは水の意〔アイヌ語より見たる日本地名の研究＝バチェラー〕。発音〈標ア〉オ

いそ-べこ【磯褌】〘名〙(「へこ」は島根、山口、九州地方で女褌(ふんどし)をいう) 海女(あま)が潜水する際使用する褌。〔分類漁村語彙(1938)〕 方言福岡県宗像郡025

いそべ-せんべい【磯部煎餅】〘名〙群馬県磯部温泉の名物のせんべい。鉱泉の水を用いて砂糖、鶏卵、小麦粉などを混ぜてつくったもの。＊風俗画報-二一八号(1900)飲食門「磯部煎餅は其鉱泉の水を利用して、此の地の菓子舗金波堂及数軒の製造に係り、頗る衛生的滋養の性質に富む」発音イソベセンベイ〈標ア〉セ

いそべ-づたい【磯辺伝】〘名〙「いそづたい(磯伝)」に同じ。＊浄瑠璃・国性爺合戦(1715)道行「いそべづたひに寄り藻かく、あまの子共の打むれて」

いそべ-に【磯辺煮】〘名〙料理の一種。白魚、海老(えび)、烏賊(いか)等を適当に切って、食塩、酒、しょうゆで薄味に煮て、水で溶いた葛(くず)を少量流し込み、すぐ火からおろして、青海苔(のり)をふりかけたもの。発音〈標ア〉0

いそべ-の-やま【石辺山】滋賀県南部、石部(いしべ)町の磯部山といわれる。歌枕。＊万葉(8C後)一一・二四四四「白真弓石辺山(いそへのやま)の常磐(ときは)なる命なれやも恋ひつつをらむ〈人麻呂歌集〉」＊新勅撰(1235)恋三・八五六「白真弓いそべのやまの松の色のときはにものを思ふころかな〈源実朝〉」発音〈標ア〉マ

いそ-べべ【磯―】〘名〙方言⇩いそつび(磯屎)

イソポ(ポルトガル Esopo)「イソップ」のポルトガル名。エソポとも。仮名草子に「伊曾保(イソホ)物語」がある。発音〈標ア〉0

いそ-ほおずき【磯酸漿】〘名〙海酸漿(うみほおずき)のこと。〔随筆・嬉遊笑覧(1830)〕 方言❶海ほおずき。◇いそふずき 高知県062 ❷動物、かぶとがに(兜蟹)。安房†020 発音イソホーズキ〈標ア〉ホ

いそほものがたり【伊曾保物語・伊蘇保物語】㊀キリシタン文学書。イソップ物語の一六世紀末の口語訳本。宣教師の日本語学習用に編纂された。イソップ伝をもつ。寓話七〇話。訳者未詳。文祿二年(一五九三)刊。通称エソポのハブラス(物語)。㊁江戸初期の仮名草子。三巻。九四話。「イソップ物語」の翻訳本で、漢字平仮名混じりの文語に訳したもの。訳者未詳。上巻は伊曾保の伝記、中下巻は喩言六四話を収める。慶長・寛永年間(一五九六～一六四四)に出版された、さし絵なしの古活字本数種をはじめ、万治二年(一六五九)の絵入り整版本など数種の版がある。補注㊀と㊁はいずれもプラヌデスのものの系統に属するが、㊀と㊁との間には直接の関係はないと考えられる。発音イソホモノガタリ〈標ア〉ガ

いそ-ま【磯間】〘名〙(「ま」はあたりの意) 磯のあたり。磯のほとり。＊後撰(951-953頃)恋二・六七〇「白波の寄するいそまをこぐ舟のかぢとりあへぬ恋もする哉〈大伴黒主〉」＊千載(1187)恋一・六四五「藻くづ火の磯まをわくるいさり舟ほのかなりしに思ひそめてき〈藤原長能〉」＊新千載(1359)恋一・一〇五五「浪かくる磯まの海士よことはんなれもみるめに袖はぬるやと〈藤原公明〉」発音〈標ア〉0

いそま の 浦(うら) 磯のあたりの海岸。＊続拾遺(1278)恋二・八二七「煙だにおもひはかりはしるべせよいそまの浦のあまのもしほ火〈藤原行能〉」＊玉葉(1312)冬・九二六「冬の夜は潮風さむみ神島のいそまの浦に千鳥なくなり〈津守国冬〉」辞書文明 表記磯間浦(文)

いそまき-たまご【磯巻卵】〘名〙海苔(のり)で、薄焼きの卵を巻いたもの。発音イソマキタマゴ〈標ア〉マタ

いそ-まくら【石枕・磯枕】〘名〙水辺の石を枕に旅寝すること。和歌では、七夕(たなばた)に二星が天の川原で会うことをいうことが多い。＊万葉(8C後)一〇・二〇〇三「あが恋ふる丹(に)の穂の面(おもわ)今夕(こよひ)もか天の河原に石枕(いそまくら)まく〈人麻呂歌集〉」＊堀河百首(1105-06頃)秋「ひこ星のあまの岩ふねふな出して今夜やいそに磯枕する〈藤原顕仲〉」＊洞院百首(1232)「いほはらや清見がさきの磯枕たびたびみれどあかぬ浦かな〈源家長〉」＊河越千句(1470)一〇「折しく柴のしばしかもねむ〈修茂〉 礒まくら塩汲夜半の月をみて〈宗祇〉」発音〈標ア〉マ 辞書言海 表記磯枕(言)

いそ-まつ【磯松】〘名〙①磯辺に生えている松。＊万葉(8C後)二〇・四四九八「はしきよし今日の主(あろじ)は伊蘇麻都(イソマツ)の常にいまさね今も見ること〈大伴家持〉」②イソマツ科の多年草。伊豆七島および屋久島以南の海岸に生える。高さ約一五センチメートル。小低木状で茎の古い部分はクロマツの幹のように黒色で鱗片状に割れる。葉は厚く長さ三センチメートル内外のへら形で先は丸い。夏、淡紫色で小さい鐘形の花が、枝分かれした穂となって咲く。いそはなび。いわはなび。いそれんげ。学名は Limonium wrightii var. arbusculum ＊草木六部耕種法(1832)一〇「磯松も甚だ珍奇なる者なり。此の者は南国暖地の海岸なる岩間に自ら生ず、幹は蘇鉄の如く鱗形あり」＊日本植物名彙(1884)〈松村任三〉「イソマツ イソハナビ 石薐蓉」方言❶動物、うみからまつ(海唐松)。東京都三宅島・御蔵島333 ❷動物、さんご(珊瑚)。◇いしょまつ 鹿児島県奄美大島975 ❸植物、おきなわはいねず(沖縄這杜松)。◇いしょまつとも。鹿児島県奄美大島965 ❹藻、みる(海松)。相模†018 発音〈標ア〉0 辞書言海 表記磯松(言)

いそまつ-か【磯松科】〘名〙双子葉植物の科名。一〇属五〇〇種あり、広く世界に分布するが、特に海岸の草原に多く生育する。多年草または低木で、葉は通常互生し、単葉で托葉(たくよう)はない。花序は総状、集散など様々の型があり、小包葉がある。花は両性、放射相称で五数性。雄ずいは花冠の破片に対する。子房は上位で一室。学名は Plumbaginaceae ＊生物学語彙(1884)〈岩川友太郎〉「Plumbaginaceæ 礒松(イソマツ)科」発音〈標ア〉0

いそ-まつかぜ【磯松風】〘名〙①磯辺の松を吹きわたる風。②菓子の一種。小麦粉に砂糖、食塩、水を混ぜ、ふくらし粉を加えて木枠に流し込んで蒸し、紫蘇(しそ)の粉末を振りかけたもの。発音〈標ア〉カ

いそ-まつり【磯祭】〘名〙桃の節句に女たちが仕事を休み、浜に集まって物を食べたり、潮干狩をしたりして遊ぶ漁村の習俗。磯遊び。浜下(はまおり)。瀬祭。《季・春》発音〈標ア〉マ

いそ-まめ【磯豆】〘名〙①植物「はまなたまめ(浜鉈豆)」の異名。＊和訓栞後編(1887)「いそまめ、海浜の野に生ず よりて磯豆とよぶ。一名はまなたまめ 葉は葛に似たり。実は刀豆(なたまめ)の如し」②菓子の一種。大豆を、一晩重曹を入れた水にひたしてやわらかくしてから炒(い)り、糖蜜を煮詰めて青海苔(のり)を加えた中に入れて混ぜたあとで、砂糖の衣をかぶせたもの。方言植物、はまなたまめ(浜鉈豆)。伊豆八丈島†071 長門†122 周防†122 和歌山県日高郡692 発音〈標ア〉0 辞書言海 表記磯豆(言)

いそまりゅう【五十間流】〘名〙料理の流派の一つ。京都の料理家、五十間某の始めたもの。発音イソマリュー〈標ア〉0

いそ-まんじゅう【磯饅頭】〘名〙饅頭の一種。白砂糖、米粉、青海苔(のり)にヤマノイモのすりおろしたものを練り合わせて皮とし、小倉餡(おぐらあん)またはつぶし練り餡を包み、腰高の楕円形にして蒸し、その表面に海老(えび)、さざえ、あわび等の焼印を押した饅頭。発音イソマンジュー〈標ア〉マ

いそ-み【磯回・磯廻】〘名〙①(―する)(「み」はめぐる意) 磯に沿ってゆきめぐること。＊万葉(8C後)三・三六八「大船に真梶繁貫(しじぬ)き大君のみことかしこみ礒廻(いそみ)するかも〈石上乙麻呂〉」＊万葉(8C後)七・一一六四「潮干(ふ)れば共に潟に出で鳴く鶴の声遠ざかる礒廻(いそみ)すらしも〈作者未詳〉」②(「み」は湾曲した場所の意) 磯の湾曲した所。海辺が陸の方へはいりこんでいる所。＊万葉(8C後)七・一二三四「潮速み礒廻(いそみ)に居れば潜(かづ)きする海人とや見らむ旅行く我を〈古集〉」＊万葉(8C後)一七・三九五四「馬並めていざうち行かな渋谷(しぶたに)の清き伊蘇未(イソミ)に寄する波見に〈大伴家持〉」補注「万葉-一七・三九五四」などの「伊蘇未」を元暦校本などにより「伊蘇末」とし、「いそま」と訓む説もある。→磯間

いそみ の 浦(うら) 磯のめぐりの海岸。磯の湾曲している海岸。＊万葉(8C後)一五・三五九九「月(つく)よみの光を清み神島の伊素未乃宇良(イソミノウラ)ゆ船出(ふなで)すわれは〈遣新羅使人〉」補注「万葉-一五・三五九九」の例は、「伊素末乃宇良」とする古写本により「いそまのうら」と訓む説もある。→磯間の浦

いそ-み【磯見】〘名〙箱眼鏡などを用いて海中をのぞきながら簎(やす)や鉾(ほこ)で魚や貝を突き取り、竿に鎌などをつけて海藻をとる漁法の一種。かなぎ。方言❶船に乗りこみ、近海で貝類や海藻を取ったり、魚を捕らえたりすること。島根県石見725 ❷和船。島根県石見724 ❸簎や矛で魚や貝を突き取る漁法。鳥取県岩美郡711

いそ-みみず【磯蚯蚓】〘名〙ヒメミミズ科の海浜にすむミミズ。体長約一〇センチメートルで体は細く、赤みを帯びる。潮間帯の砂の中や石の下、また下水が流れ込んで有機物の多い所にすむ。釣り餌に用いられる。学名は Pontodrilus matsushimensis 発音〈標ア〉ミ

い-そ・む【居―】〘自マ下二〙①すわる。すわり込む。＊蜻蛉(974頃)下・天延二年「『今日よき日なり。円座(わらうだ)かい給へ。ゐそめん』などばかりかたらひて」②最初に居住する。住みはじめる。＊本福寺跡書(1560頃)「真野の漁師、堅田に居初めて漁をし、渡守

をす」 補注 ①の用例については、一説に「居初む」（すわりぞめをする）とする。

いそむら【磯村】 姓氏の一つ。 発音〈標ア〉ソ

いそ-むろ【磯榁】『名』磯辺に生える杜松（ねず）。＊林泉集（1916）〈中村憲吉〉磯の光「磯榁（イソムロ）の樹皮（こがは）こぼるる日のさかりおのづから悲しひとり思へば」

いそ-め【磯目】『名』環形動物、イソメ科の総称。体は細長く、多くの環節よりなる。第三節以下の各節には一対のいぼ足がある。イワムシ、オニイソメ、サンゴイソメなどがあり、海岸の砂泥地にすむものが多い。この科にスゴカイやギボシイソメの類を含めることもある。釣り餌にする。 語源説 イソ（磯）メメズの下略〔大言海〕。 発音〈標ア〉0

い-ぞめ【射初】『名』新年に初めて弓を射る式。武家では正月七日に行ない、江戸時代には、将軍の上覧のもとに盛大に行なわれた。弓始め。的始め。《季・新年》 ＊俳諧・小町踊（1665）春・上「年の矢の射上射初や去年今年〈作十〉」 ＊俳諧・手挑灯（1745）中「正月〈略〉弓始 的始 射初（イソメ）」 ＊江戸から東京へ（1921）〈矢田挿雲〉七・六〇「堂は寛永二十年四月二十二日落成し射術の名人吉田出雲守重政六代の孫粂助重信が台命を奉じて射初（イゾメ）の式を行ひ」 発音〈標ア〉0

い-ぞめ【鋳初】『名』新年に吉日を選んで、鋳物業者が仕事始めとして祝う式。鋳物始（いものはじめ）。《季・新年》 発音〈標ア〉0

いそ-め・く【急—】『自カ四』（「めく」は接尾語）忙しそうに行動する。いそいそと行なう。＊弁内侍（1278頃）宝治三年二月一日「権大納言、万里の小路、冷泉の大納言など、そのまぎれにもゆゆしげにいそめきあはれけるに中納言のすけ殿よく御介錯して」 辞書 言海

いそ-めぐり【磯回・磯廻】『名』磯辺を見物して歩くこと。＊新内・与話情浮名横櫛（源氏店）（1868〜70頃か）「外（そと）面白き磯（イソ）めぐり、浪の花貝桜貝」 ＊手紙雑誌‐一・七号（1904）網打にゆき給ふお供して〈藤島延子〉「近き程に犬若、犬吠、霧が浜など磯（イソ）めぐり致し」 発音 イソメグリ〈標ア〉メ

いそ-めばる【磯目張】『名』魚「もうお（藻魚）」の異名。＊物類称呼（1775）二「藻魚 もうを、西国にていそめばると云」 方言 魚、かさご（笠子）。 ◇いそめばり 島根県松江市016 辞書 言海 表記 磯眼張（言）

いそ-めんどり【磯—】『名』 方言 魚、ひめじ（比売知）。紀州田辺†043 和歌山県西牟婁郡690

いそ-も【磯藻】『名』波打ちぎわの岩石に付く藻。＊新浦島（1895）〈幸田露伴〉二一「苦み踠く勇菊を引抱へて磯藻（イソモ）の畳積れる岸に泳ぎ上り」 発音〈標ア〉0

いそ-もく【磯藻屑】『名』褐藻類の海藻。中部日本以西の沿岸に広く分布し、岩上に生える。高さ三〇〜五〇センチメートル。多数の側枝が互生する。基部の葉は長楕円形だが、上部の葉は長刀形で短い柄がある。気胞はアズキ大の卵形で側枝の上にあり、緑変する。学名は Sargassum hemiphyllum 発音〈標ア〉0

いそ-もじ【急文字】『名』忙しいことをいう、女房詞。＊浄瑠璃・生玉心中（1715か）上「数万（すまん）人、心心の願立（ぐゎんたて）に、神のお身さへ、アアいそもじの」 発音〈標ア〉ソ

いそ-もっこく【磯木斛】『名』 方言 植物、しゃりんばい（車輪梅）。和歌山県日高郡692 ◇いそじ 紀伊牟婁郡†110

いそ-もと【磯許】『名』磯の波打ちぎわ。いそべ。＊万葉（8C後）七・一二三九「大海の礒本（いそもと）ゆすり立つ波の寄らむと思へる浜の清けく〈古集〉」

いそ-もなか【磯最中】『名』貝形の最中。また、普通の最中の皮の中に青海苔（のり）を混ぜた餡（あん）を入れたもの。 発音〈標ア〉モ

いそ-もの【磯物】『名』①磯近くでとれる海草、貝、小魚の類。＊十六夜日記（1279〜82頃）「いそ物などのはしばしも、いささかつつみ集めて」 ＊浮世草子・世間胸算用（1692）三・四「山ばかりの京には真鰹も喰い、海近き妥には磯（イソ）ものにて埒（らち）を明ける」 ＊譬喩尽（1786）一「磯物（イソモノ）、海辺の小魚蛤等を云り」 ②食用魚類の中で、近海でとれるものの称。③寄居虫。やどかり。＊物類称呼（1775）四二・蚌蛤「寄居虫〈略〉やどかり〔大和本草〕〈略〉いそもの 豆州 駿州」 方言 ❶魚介類、海藻類の総称。東京都利島331 八丈島337 徳島県那賀郡810 ❷海の岩礁にいる小貝類の総称。三重県志摩郡584 度会郡599 徳島県811 ❸磯の貝類。特に、鮑（あわび）のこと。長崎県五島054 対馬913 壱岐島916 ❹魚、ぶだい（武鯛）。和歌山県690 ◇いそだい〔磯鯛〕 和歌山県有田郡694 ❺小貝の名。三重県志摩郡054 和歌山県西牟婁郡699 ❻小魚。徳島県海部郡・徳島市811 香川県829 ❼潮干狩り。三重県志摩郡054 香川県829 発音〈標ア〉C 辞書 言海 表記 磯物（言）

いそもの-とり【磯物取】『名』磯で海草、貝、小魚などをとること。＊御伽草子・浦風（室町時代物語集所収）（室町末）「うらうらの娘どもは、袖ふりはへて、いそものとりに、をりゐたりけるが」 方言 東京都八丈島337

いそ-もみじ【磯紅葉】『名』海、湖などの水辺にある木々の黄葉。＊浮世草子・近代艶隠者（1686）五・三「漫々たる夕干潟（ゆふひかた）はるかに有て。磯艶（イソモミヂ）の普通に遠さかる浪の上を見れば」 発音〈標ア〉モ

いそや【磯谷】 北海道南西部、後志（しりべし）支庁の郡。明治二年（一八六九）後志国の一郡として成立。

いそ-や【磯屋・磯家】 ㊀『名』磯辺にある漁師などの家。磯館（いそやかた）。＊千載（1187）羇旅・五二七「玉藻ふく磯屋がしたにもる時雨旅寝の袖もしほたれよとや〈源仲綱〉」 ＊新古今（1205）恋二・一一一六「もしほ焼く蜑（あま）のいそやの夕煙立つ名もくるし思ひたえなで〈藤原秀能〉」 ＊太平記（14C後）二〇・義貞首懸獄門事「内侍は都近き海人（あま）の磯屋（イソヤ）に、身をかくし給ひければ」 ㊁（磯屋）謡曲「はるちか（治親）」の別名。 発音〈標ア〉0 辞書 言海 表記 磯屋（言）

いそ-やかた【磯館・磯屋形】『名』「いそや（磯屋）㊀」に同じ。＊夫木（1310頃）二六「荒れはてて人もなぎさの磯やかたいつよりあまの住みうかれけむ〈増恵〉」 ＊浄瑠璃・菖蒲前操弦（1754）三「登り下りの苫舟（とまぶね）も、居ながら見ゆる風景は、花の都も磯館（イソヤカタ）」 発音〈標ア〉ヤ

いそ-やき【磯焼】『名』もち菓子の一種。小麦粉に砂糖と薄醤油を混ぜて練ったものを、銅板の上で焼き、あずき餡を包んで、三角状にたたんだもの。磯畳。＊東京風俗志（1899〜1902）〈平出鏗二郎〉中・八・菓子「下谷岡野（栄泉堂）の最中、京橋青柳の磯焼（イソヤキ）・金鍔」 発音〈標ア〉0 辞書 言海 表記 磯焼（言）

いそ-やけ【磯焼】『名』海岸近くの海水が変化して生物が被害を受ける現象。豪雨のあとなど海水が低塩分、低温になったとき生じる。海藻類が死滅して一面に黄白色となることもある。磯枯れ。

いそ-やま【磯山】『名』磯辺にある山。 発音〈標ア〉0 ＊新後撰（1303）羇旅・五八七「清見潟磯山つたひ行き暮れて心と関にとまりぬるかな〈源有房〉」 ＊竹林抄（1476頃）一「風もうきあたら桜の花の陰 舟を出だせば霞む磯山」 ＊読本・椿説弓張月（1807〜11）後・一七回「巽（たつみ）なる磯（イソ）山に、大なる洞穴ありけり」 発音〈標ア〉0

いそやま-あらし【磯山嵐】『名』磯辺の山から吹きおろす嵐。磯山颪（おろし）。＊玉葉（1312）秋下・七一四「雲はるる磯山あらし音ふけて沖つ潮瀬に月ぞかたぶく〈藤原冬平〉」 ＊太平記（14C後）二六・妙吉侍者事「礒山嵐（イソやまアラシ）沖津浪、互に響きを参（まじ）へて」 発音〈標ア〉ア

いそやま-おろし【磯山颪】『名』「いそやまあらし（磯山嵐）」に同じ。＊浄瑠璃・国性爺合戦（1715）一「いそ山おろし、松の風、乱れし髪を掻き上げて、あたりをにらんで立たりし」 発音〈標ア〉オ

いそやま-かげ【磯山陰】『名』磯辺にある山のかげ。＊新葉（1381）秋下・三九九「時雨（しぐれ）行く磯山陰の下紅葉（したもみぢ）いくしほまでとさして染むらむ〈源頼武〉」

いそやま-かぜ【磯山風】『名』磯辺の山から吹いて来る風。＊十六夜日記（1279〜82頃）「東路の磯山かぜのたえまより波さへ花のおもかげに立つ」 ＊太平記（14C後）一六・新田殿湊河合戦事「巴の旗と輪違と、東へ靡き西へ靡き、磯山（イソヤマ）風に翩翻して」 発音〈標ア〉マ

いそやま-ざくら【磯山桜】『名』磯辺の山に咲く桜。＊夫木（1310頃）四「あしの屋のなだの塩風心あらばいそ山ざくら浪に散らすな〈藤原道家〉」 発音〈標ア〉ザ

いそやま-まつ【磯山松】『名』磯辺の山に生えている松。＊浄瑠璃・大職冠（1711頃）三「磯山松の下庵に、あまのみるめのひしき物」 発音〈標ア〉マ

いそやま-もと【磯山下】『名』磯辺にある山のふもと。＊風雅（1346〜49頃）雑中・一七一二「清見潟磯山もとは暮れそめて入日のこれるみほの松原〈藤原冬隆〉」

いそ-ようかん【磯羊羹】『名』相模国（神奈川県）三浦三崎の名産の羊羹。青海苔（のり）をまぜて作ったもの。 発音 イソヨーカン〈標ア〉ヨ

いそ-よもぎ【磯蓬】『名』 方言 植物。❶いそぎく（磯菊）。 ◇いそよむぎとも。東京都三宅島333 ❷よもぎ（蓬）。江州†012

いそ-ら【磯—】『名』（「ら」は接尾語）「いそ（磯）」に同じ。＊草根集（1473頃）六「かへる也ぬるや磯らのみるめにも及ばぬ浪のかけてくるしき」

いそら【磯良】 神功皇后の三韓出兵を助けた海神。五体に貝など付着し醜い姿をしていたとされる。＊随筆・独寝（1724頃）下・九八「神功皇后の三韓を退治し給ひたる折ふし、罷出しいそらとやらんいふものの如く」

い-ぞり【居反】『名』相撲の決まり手の一つ。相手ののしかかってくる体を、しゃがんで股の間などに頭を入れてもぐりながら両ひざをかかえ、身を反らせて後ろへ投げる技。 発音〈標ア〉0〈京ア〉0

いそ-りょう【磯猟】『名』沿岸で営まれる漁業。その漁場は、江戸時代には原則として地元漁村の専用漁場で、入会（いりあい）漁場とされた漁場で行なう沖猟に対していう。＊禁令考‐後集・第一・巻一〇（江戸）「一 磯猟は地付次第なり、沖は入会」 発音 イソリョー〈標ア〉ソ

いそ-れんげ【磯蓮華】『名』植物「いそまつ（磯松）②」の異名。＊語彙（1871〜84）「いそれんげ（俗） 暖国に産する草にして其葉厚く、きりんかくの葉の如く惟霜雪をおそる」 方言 植物、むらさきかたばみ（紫酢漿草）。和歌山県有田郡692 辞書 言海 表記 磯蓮華（言）

い-そろ【居候】『名』「いそうろう（居候）②」に同じ。＊雑俳・塵手水（1822）「ほめられて尻のこそばい居候の手」

いぞろ『名』 方言 ⇩いどろ／しどろ

い-そろ・う【射揃】『他ハ下二』どんな種類の矢でも同じ程度に命中させる。＊謡曲・柏崎（1430頃）「弓は三つ物とやらんを射揃（いそろ）へ、歌連歌早歌小歌も上手にて」

いそろくじょう【異素六帖】 洒落本。二巻二冊。中氏嬉斎（沢田東江）作。宝暦七年（一七五七）刊。国学者、儒者、僧侶の三人が遊里のことを談じ、遊里の題に「唐詩選」と「百人一首」の句をつけあうという筋立て。書名は中国の仏書「魏楚六帖」をもじったもの。江戸における初期洒落本の代表作とされる。 発音 イソロクジョー〈標ア〉ク

いそ-わ【磯回・磯廻】〘名〙(「磯回(いそみ)」を誤って「いそわ」と読んだことによって生じた語という)磯の入りこんだ所。いそみ。＊肥後集(12C初)「すすぎつるいそわのあまのことならばさりともきみはうけひきてまし」＊山家集(12C後)上「淡路島いそわの千鳥声しげみ瀬戸の潮風さえわたる夜は」

いそ-わかな【磯若菜】〘名〙磯辺に生えている若菜。《季・新年》＊俳諧・藤の首途(1731)人「漕よせて摘ばや船に磯若菜〈藤袖〉」＊俳諧・俳諧四季部類(1780)正月「植物類 いそわかな」発音〈標ア〉ワ

いそわ-く【争―・勤―】(動詞「いそう(争)」のク語法)競争すること。＊万葉(8C後)一・五〇「持ち越せる 真木の瓜手を 百足らず いかだに作り のぼすらむ 伊蘇波久(イソハク)見れば〈藤原宮の役民〉」上仮名 イソ|ハク

いそわけ-ごろも【磯分衣】〘名〙海岸に生活する漁夫や海女の衣服。＊俳諧・七百五十韵(1681)四「棚なし茶舟ゆきかひの春〈信徳〉 蜆(しじみ)とる礒分衣袖ぬれて〈如泉〉」発音イソワケゴロモ〈標ア〉ゴ

いそ-わし【磯鷲】〘名〙鳥「とび(鳶)」の異名。＊随筆・裏見寒話(1753)付録「磯鷲 鳶の事」辞書言海 表記磯鷲(言)

い-そん【依存】〘名〙(「いぞん」とも)他のものに頼って生活または存在していること。＊大増補改訂や、此は便利だ(1936)〈下中彌三郎〉「いそん 依存 或者の存在又は性質が、他の者の存在性質に依て制約さるる関係を言ひ表はす語」＊農地法(1952)三条・二「農地及び採草放牧地を主としてその労働力に依存するだけでは」発音〈標ア〉0〈京ア〉0

い-そん【畏尊】〘名〙おそれ尊ぶこと。＊経国美談(1883-84)〈矢野龍渓〉後・一八「永く列国をして斉武の国威を畏尊せしめんが為め之を希臘全土の尊敬する泥比(デルヒー)の神廟に献じ普く天下後世に示したり」発音〈標ア〉0イ

い-そん【異損】〘名〙平安時代、天災などのために田地の収穫が異常に減少し、予定収穫高の三割以上減収すること。三割以内の減収を表わす例損に対する語。＊日本紀略-延長七年(929)九月九日「依二異損一止二節会一」＊北山抄(1012-21頃)三・異損事「異損事　五六分戸只免レ租、七分戸免二租調一、八分以上戸課役倶免」

い-そん【貽孫】〘名〙子孫。＊本朝文粋(1060頃)一〇・古廟春方暮詩序〈大江以言〉「未レ如下吾霊廟。金策頻加、極二人位於夜台之後一、素功遂立、恣二霊望於日域之中一、方配二大祖之食一、永伝中貽孫之慶上焉」

い-そん【遺存】〘名〙残りながらえること。あとに残ること。今に残ること。＊経国美談(1883-84)〈矢野龍渓〉後・一三「其草案は今日迄遺存せり」＊日本風景論(1894)〈志賀重昂〉五「独り海上のみならず、陸上にも亦た海水浸蝕の奇蹟遺存せるあり」＊陸機-歎逝賦「顧二旧要於遺存一、得二十一於千百一」

い-ぞん【異存】〘名〙他人とは違った、または、反対の意見、考え。異議。異見。＊西洋事情(1866-70)〈福沢諭吉〉初・二「大統領其案文を見て同意なれは之に調印すへきなれども若し異存あれは其異存の趣旨を述へて之を返すへし」＊学制に関する勅諭-明治一五年(1882)二月二一日「故に其教則等に於ても、総て朕が異存を措く所なし」＊十三夜(1895)〈樋口一葉〉下「親々の言ふ事なれば何の異存(イゾン)を入れられやう」＊武蔵野(1898)〈国木田独歩〉八「自分は以上の所説に少しの異存もない」発音〈標ア〉0〈京ア〉0 辞書〈ボン〉・言海 表記異存(へ・言)

いぞん-しゅ【遺存種】〘名〙現在ではある特定の地域にわずかに生存しているだけだが、かつては広範囲に分布していたと考えられる生物。植物では中生代のイチョウ、動物では古生代の総鰭(そうき)類の仲間のシーラカンスなど。発音〈標ア〉ゾ

いぞん-しょう【依存症】〘名〙あるものに依存し、それ無しには平常の状態を保てなくなる状態。ギャンブルなどに対する心理的なものと、アルコールや薬物に対する身体的なものとがある。

い-そん・じる【射損】〘他ザ上一〙(「射損ずる」の上一段化したもの)「いそんずる(射損)」に同じ。発音〈標ア〉0ジ

い-そん・ずる【射損】〘他サ変〙文いそん・ず〘他サ変〙矢を的や敵にあてそこなう。射そこなう。射損じる。＊平家(13C前)一一・那須与一「射損じ候ひなば、長きみかたの御きずにて候ふべし」＊保元(1220頃か)中・白河殿へ義朝夜討ちに寄せらるる事「一の矢を射損じて、二の矢をつがふ所を」＊日葡辞書(1603-04)「Isonji, zuru, ita.(イソンズル)〈訳〉弓などで射そこなう」発音〈標ア〉0ズ〈京ア〉0 辞書日葡・言海 表記射損(言)

いそん-でん【異損田】〘名〙異損を生じた田地。→損田。＊北山抄(1012-21頃)三・異損事「其異損田、預二言上一之、十月卅日以前進二坪附帳一、十一月一日申二大弁一、五日申二一上一、七日奏レ之、奏定儀如二不堪一」

いそん-ひん【易損品】〘名〙荷物運送などで、こわれやすい品物として扱う小荷物。精密機械、陶器、ガラス器などの類。発音〈標ア〉0

い-た【行―】〘連語〙「行った」の促音が略されたもの。＊虎明本狂言・清水(室町末-近世初)「汝がいた時は、何といふたぞ」＊浄瑠璃・女殺油地獄(1721)上「こっちは京の方あの山はくらがりか比叡山か、どこへいたらばのがれうと」

いた【板】〘名〙①薄く平らにした木材。＊古事記(712)下・歌謡「い寄り立たす わきづきが下の 伊多(イタ)にもが あせを」＊新撰字鏡(898-901頃)「板 布綰反 伊太」＊十巻本和名抄(934頃)五「板 唐韻云板〈歩綰反 伊太 功程式有波多板歩板〉薄木也」②金属や石、その他の薄く平らな物。「あかがねいた」「ガラスいた」「とたんいた」など。③「いたじき(板敷)」の略。＊落窪(10C後)二「夜ふくるまで板の上に居て、冬の夜なれば、身もすくむ心地す」＊枕(10C終)三六・七月ばかりいみじうあつければ「いとつややかなるいたのはし近う、あざやかなる畳一ひらうち敷きて」＊南方録(17C後)覚書「深三畳は道具畳向の方、一尺五寸切て其分板にし」＊説経節・をぐり(御物絵巻)(17C中)五「そのみは、ひろゐんにおどりあがり、いたふみならし、くゎんきょをひいておとされたり」④「いた(板)の物」の略。⑤(「まないた(俎)」の略)魚を料理する平らな木の台。＊虎明本狂言・鱸庖丁(室町末-近世初)「いたにこいをいだす、其時のはうちゃうじんは、しくゎんの太夫ただまさなり」⑥料理場。台所。また、料理人をもさす。板前。板場。板元(いたもと)。＊滑稽本・四十八癖(1812-18)初「コウ板は誰だ。ナニ金おやぢか。ムムありがてへありがてへ」＊歌舞伎・浮世柄比翼稲妻(鞘当)(1823)序幕「おれも今では煮方をして居るが、これでも何処かへ行けば板へ直るに、道具をぽつぽつ拵へにゃアならねえ」⑦料理屋などで、その日にできる料理や魚の名などを記した板。献立表。＊模範新語通語大辞典(1919)〈上田景二〉「イタ 板。料理屋の献立表のこと」＊明治世相百話(1936)〈山本笑月〉味覚本位の食道楽「少し気の利いた割烹店へ飛込むと女中が煙草盆と一緒に『板』を持ってくる、赤い塗板などへその日その日の魚の名ばかり列べてある」⑧(「かみよりいた(神寄板)」の略)古く、神を招請するときに、琴頭に立てておく杉の台。また、転じて、とくに紀州熊野神社等の巫女(みこ)の称。＊山家集(12C後)下「み熊野のむなしきことはあらじかし虫垂(むしたれ)いたのはこぶあゆみは」＊源平盛衰記(14C前)一一・金剛力士兄弟事「母にて侍し者は、夕霧の板(イタ)とて山上無双の御子、一生不犯の女にて候ひし程に」⑨板木(はんぎ)。また、出版。→板に上(のぼ)す。＊浮世草子・好色破邪顕正(1687)上「せめて世の鑑とならぬ書なりとも、板を後世に伝へん物を彫べきにと後悔」＊去来宛芭蕉書簡-元禄七年(1694)九月一〇日「則板之事申遣し候間、髄成便に此書状江戸へ急便に頼存候」⑩板付き(かまぼこ)をいう室町期の女房詞「おいた」の「お」が脱落したもの。板付き。おいた。＊洒落本・まわし枕(1789)「硯ぶたのかまぼこをとってくい 此板アめっそう塩ッかれへぜ」＊兵隊の宿(1915)〈上司小剣〉五「蒲鉾(イタ)と厚焼を十枚づつ買うて」⑪「いたじめ(板締)①」の略。⑫「いたがね(板金)②」の略。＊北野天満宮目代日記-目代久世日記・慶長一二年(1607)一二月四日「松梅院より裳そくの銀子渡可レ申との使にて〈略〉四十三匁請取也。但いた也」＊雑俳・軽口頓作(1709)「めがはやい・銭屋が板をちゃんちゃんちゃん」＊歌舞伎・七月二八曙(1773)中「銀壱貫目、無心いわふと思ふて尋ねて来たのじゃ。八百目は板にして、弐百目は小玉をまぜて貰ひたい」⑬板状の鬢付油(びんつけあぶら)。＊洒落本・青楼昼之世界錦之裏(1791)「楓屋のかよひをもっていって、板(イタ)を一本とゑりつけ」⑭江戸深川などの岡場所で、遊女の名をしるし、稼ぎの多い順に寄せ場に並べ掲げる板札。＊洒落本・仕懸文庫(1791)二「寄場(よせば)へいって板(いた)をみてきやしたが、いい子どもしはさっぱりさ」＊洒落本・風俗通(1800)一「駒下駄の音は雷に如(ひと)しく耳をつらぬき、よせ場にかしましく、茶屋の女は板を見てあとをつける」⑮芝居の舞台。→板に付く・板に乗せる・板に上(のぼ)す。⑯(「板削る」の洒落か。一説に、「いたみ(伊丹)」の略)酒。おもに大工の隠語として用いられる。〔隠語輯覧(1915)〕＊新ぱん普請方おどけ替詞(1818-30頃か)「さけを、いた」⑰写真の乾板。〔隠語輯覧(1915)〕⑱かき餅、餅をいう、盗人仲間の隠語。〔隠語輯覧(1915)〕方言❶床板。新潟県佐渡352 ❷かまぼこ。板かまぼこ。群馬県邑楽郡244 館林245 長野県佐久493 岐阜県稲葉郡498 愛知県尾張567 三重県伊賀585 京都府054 葛野郡631 兵庫県赤穂郡660 加古郡664 奈良県678 香川県829 ❸凧(たこ)。三重県名張市585 語源説(1)ヒタ(直)か〔大言海〕。(2)イは発語。タは手〔東雅・和訓栞・国語の語根とその分類=大島正健〕。(3)イは発語。タはタヒラ(平)〔名言通〕。(4)ヘイテ(片手)の転〔言元梯〕。(5)カタ(片)の転声〔和語私臆鈔〕。(6)イヘタテ(家建)の略〔本朝辞源=宇田甘冥〕。(7)「牖」の入声 It が Ita と定着した〔日本語原考=与謝野寛〕。発音〈なまり〉イダ〔富山県・鹿児島方言〕エタ〔石川・福井・鳥取〕〈標ア〉イ〈ア史〉平安・鎌倉○◍ 江戸◍◍〈京ア〉0 辞書字鏡・和名・色葉・名義・和玉・文明・明応・天正・饅頭・黒本・日葡・書言・〈ボン〉・言海 表記板(字・和・色・名・玉・文・明・天・饅・黒・書・へ・言) 版(字・玉・文・書) 賠・欣・艪(玉)

いた＝一枚(いちまい)［＝三寸(さんずん)］下(した)は地獄(じごく)「いたご(板子)一枚下は地獄」に同じ。＊浄瑠璃・夏祭浪花鑑(1745)八「殊に俺は海船は嫌(きらい)じゃ、板一枚下は地獄(ヂゴク)、〈略〉海上は俺(おり)ゃいやじゃ恐(こは)い」＊読本・夢想兵衛胡蝶物語(1810)前・少年国「板(イタ)三寸下(さんズンシタ)は地獄(ヂゴク)と知りながら、海船(かいせん)乗って世を渡る者もあり」

いたに掛(か)ける「いた(板)に乗せる」に同じ。

いたに付(つ)く(「いた」は舞台の意)役者が経験を積んで、芸が舞台にしっくりと調和する。また一般に、その仕事に物慣れている様子。また、服装、態度などがよく似合う様子にいう。＊現代語辞典(1923)〈生田長江〉「板につく 演劇用語。俳優がしっくり舞台に調和し、不自然を感じさせないこと。転じて一般に適材の適所にあること」＊夫婦善哉(1940)〈織田作之助〉「半年経たぬ内に押しも押されぬ店となった。蝶子のマダム振りも板についた」

いたに乗(の)せる(「いた」は舞台の意)舞台にかける。上演する。板に掛ける。

いたに上(のぼ)す①(「いた」は板木の意)出版

する。上梓(じょうし)する。 ②(「いた」は舞台の意) 戯曲、台本を上演する。＊茶話(1915–30)〈薄田泣菫〉劇作者と舞台監督「舞台監督の気にかなって、板(イタ)に上(ノボ)すことが出来るのだったら」

いたの下(した) 方言 床下。岩手県九戸郡088 岩手郡089 ◇**いたま〔板間〕のした** 青森県上北郡082

いたの帆(ほ) (船の周囲を板で囲んであるところから) 糞尿を運ぶ船。くそ船。こえ船。＊雑俳・柳多留‐一二(1772)「順風に板の帆が来ていやがらせ」

いたの間(ま) ⇩親見出し

いたの物(もの) (芯(しん)に板を入れて平たくたたんだことから) 唐(から)織物。いたもの。いた。＊高野山文書‐(天文一三年)(1544)興隆作事雑事入目日記(大日本古文書三・五一一)「一 次御供所造立之事〈略〉五貫五百文祝言道具 キヌ、ヲヒ、イタノモノ、ワタ、ソメヌノ、白ヌノ、カミ」＊言継卿記‐永禄九年(1566)一〇月三日「絹屋之宗知、予許可之書状一紙等祝着之由申、板物 浅黄一端 送ㇾ之」 発音〈標ア〉イ 辞書 日葡・言海 表記 板物(言)

いたを買(か)う (「いた」は寄せ場に掛けてある遊女の板の名札) 江戸深川の岡場所で、呼び出し女郎を予約する。＊洒落本・客衆一華表(1789–1801頃)丹波屋之套「いつもとまりになるおきゃくだからといって、富岡で板(イタ)を買(カイ)やした」＊洒落本・船頭部屋(19C初)鶴ケ岡耶摩本の套「お八重、さきへいって指和屋の板(イタ)を買(カヒ)きっておきや」

いたを削(けず)る (「いた」は酒の意) 酒を飲むことをいう、てきや、盗人仲間の隠語。〔特殊語百科辞典(1931)〕

いたを背負(しょ・せお)う (「いた」は寄せ場に掛けてある遊女の板の名札。名札の前に居残っている意) 江戸深川の岡場所で、芸妓や娼妓が、客がなく暇なことにいう。吉原などでいう「お茶を挽(ひ)く」に同じ。＊洒落本・意妓口(1789–1801頃)二「此女郎は年中板をしょってめう代にばかり出てゐるから、ねざうが悪ひ」

いたを担(にな)うて片片(かたかた)ばかり見(み)る 板をかついでいる者は、一方だけを見て他方は見えない意から、一を知って二を知らない、一部分だけ知って全体を知らないことのたとえ。＊洒落本・噺之画有多(1780)「聖経賢伝をせんじてあひても、板(イタ)を担(ニナ)ふて片片(カタカタ)ばかり見(ミ)ての筆勢ならん」

いたを引(ひ)く (「いた」は寄せ場に掛けてある遊女の板の名札) 江戸深川の岡場所で、遊女が、客をとらずにひきこもっている。＊洒落本・部屋三味線(1789–1801頃)「先月中病気で板をひいてから、アノ梶の長兵衛さんもやっぺしいぢにかかって来なはるのさ」

いた【痛・甚】 (形容詞「いたい」の語幹) ①程度のはなはだしいさま。激しいこと。ひどいこと。↓いとう・いたく・いたも。＊古事記(712)下・歌謡「伊多(イタ)泣かば 人知りぬべし 波佐の山の 鳩の 下泣きに泣く」＊万葉(8C後)一五・三七八五「ほととぎす間しまし置け汝が鳴けば吾が思(も)ふこころ伊多(イタ)もすべなし〈中臣宅守〉」 ②世話のやける相手を見下げあざける感情を表わす。ひどいこと。やっかいなこと。＊宇治拾遺(1221頃)三・四「けいたう坊、あせを押しのごひて、『あな、いたのやつばらや。まだしらぬか』といひて立帰りにけり」 ③肉体的または精神的に苦痛なさま。いたいこと。＊たまきはる(1219)「あないたとよ、これもてではかなしがりてか」＊虎明本狂言・岡太夫(室町末‐近世初)「なふいたやなふ、そのやうにめさらふならば、いんでとどさまかかさまにいはふぞよ」 語誌 副詞「いと」とは母音交替の関係で、語源的につながるものと思われる。①は副詞とも扱えるが、上代において既に用法が固定化しており、「万葉集」ではすべて「も」を伴い、しかもほとんどが「いたもすべなし」及び「いたもすべなみ」である。ただ①に示した「いた泣かば」や、「板(いた)も風吹き」〔万葉‐一〇・二三三八〕などから、形容詞の修飾に限られる「いと」と異なり、古く「いた」は動詞・形容詞ともに修飾する用法をもっていたと考えられる。 語源説 イタル(到)、イタス(致)、イタム(痛)などの語根。物のイタリ(至)極ったさまをいう〔日本語源＝賀茂百樹〕。 発音〈標ア〉イ 〈京ア〉0／イ 辞書 書言 表記 痛(書)

いた〘名〙潮の古い言い方。＊新編常陸国誌(1818–30頃か)方言「いた、潮を云ふ、今はいはず」 方言 ❶潮。徳島県811 ❷波の静かなこと。静岡県志太郡521 ❸植物、しい(椎)の一種。鹿児島県薩摩062

いた〘名〙乞食をいう、盗人仲間の隠語。〔隠語輯覧(1915)〕

いた〘動〙方言 ⇩いただこ(頂)

いだ【井田】 姓氏の一つ。 発音〈標ア〉0

い‐だ【委蛇・逶迤】〘形動タリ〙 ①まがりくねったさま。＊即興詩人(1901)〈森鷗外訳〉古祠・瞽女「委它たる細径は荊榛の間に通ぜり」＊司馬相如‐上林賦「酆鎬潦潏、紆余委蛇」 ②文や言葉の修辞が、いろいろと飾られているさま。＊仮名草子・智恵鑑(1660)五「術智は、手だてをして利をうるの智也〈略〉三つの品あり。一つに委蛇(いた)といふは、わざとなまぬるきやうに見するの智也」＊国歌八論(1742)準則「語路逶迤としていささかも閑あらず、実に詞花言葉の精粋なるものなり」＊修辞及華文(1879)〈菊池大麓訳〉一般文体の品格を論す「夫の委蛇冗蔓なる語気に至ては」 ③悠々自適のさま。＊日本詩史(1771)序「王室粛雝、公卿委蛇、有二寧処之遑一、而無二鞅掌之労一」＊篁園全集(1844)「庶保二歳寒盟一、永此得二逶迤一」 補注「蛇」「迤」は「ダ」「イ」両音があるため、「イダ」「イイ」の二つの読み方がある。

↓いい(逶迤)

い‐だ【洟唾】〘名〙鼻水とつば。また、それらを流すこと。＊本朝文粋(1060頃)三・神仙〈都良香〉「莫ㇾ不下垂二虹帯一拖二霓裳一、洟二唾百川一、呼二吸万里一上」

いだ【韋陀】 「ベーダ(吠陀)」に同じ。

い‐だ【藺田】〘名〙畳表、花むしろ、灯心などの原料となる藺を作る田。収益性の高い藺は地味のすぐれた田でなくては育ちが悪く、また、中国筋や近江などでは藺の裏作に稲を植えつけることができたため、検地の時には、麻田や麦田とともに上田の上位に格付けされるのが普通だった。《季・夏》＊延喜式(927)二六・主税「凡営二掃部寮藺田一町一料稲三百束、毎年以二山城国正税一充二彼寮一」＊俳諧・初蟬(1696)夏「草取りも黒う痩せたり藺田の畦〈惟然〉」＊地方凡例録(1794)二「藺麻は上田に無ㇾ之ては、仕附の成難きものゆゑ、藺田、麻田有ㇾ之分は、其村の内にて上々の位につける」 発音〈標ア〉イ

いだ〘名〙魚「うぐい(鯎)」の異名。＊日葡辞書(1603–04)「Ida(イダ)」＊物類称呼(1775)二「伊多、いだ 畿内及西国にて、いだ。讃岐にて、がうら〈略〉此魚上州利根川に多し」＊丹波通辞(1804–11)「鯎(うくひ)、いだ」 方言 魚。❶うぐい(鯎)。兵庫県加西郡015 島根県石見725 岡山県真庭郡016 広島県比婆郡774 高田郡779 徳島県809 香川県016 愛媛県016 高知県865 福岡県016 佐賀県016 長崎県016 熊本県016 929 大分県016 宮崎県016 鹿児島県016 ◇ゆだ 京都府加佐郡016 山口県厚狭郡016 鹿児島県肝属郡970 ❷にごい(似鯉)。西国†010 薩摩†036 山口県豊浦郡798 熊本県下益城郡930 ❸いわな(岩魚)。鹿児島県薩摩062 ❹ぎす(義須)。高知市016 ❺かんだい(寒鯛)。和歌山県日高郡690 ◇いざ 和歌山県690 ❻つむぶり(紡錘鰤)。高知県幡多郡870 辞書 日葡

いだ〘名〙処女をいう、盗人仲間の隠語。〔隠語輯覧(1915)〕

いだ〘代名〙方言 ❶自称。わたし。おれ。愛媛県054 840 855 ◇いんだ 鹿児島県961 ◇いつ 岐阜県飛驒502 ◇いんどお 大分県(複数にも用いる)941 ◇いんげら 奈良県吉野郡(婦人語)683 ❷対称。君。あなた。◇いだあ 奈良県吉野郡683 ◇いどお 奈良県吉野郡(男子の一部に用いる)683

いだ〘感動〙さあ。いざ。＊和訓栞後編(1887)「いだ、〈略〉伊勢人はいでといふ辞をいだといふ也」 方言 三重県度会郡599

いたあげ‐ゆうぜん【板揚友禅】〘名〙型付け板と型板とを使って、模様を染め上げた友禅。 発音 イタアゲユーゼン〈標ア〉ユ

いた‐あし【板足】〘名〙衝重(ついがさね)の一種。足をつけた折敷(おしき)でその足に透かしのない様式。 方言 扁平足。熊本県玉名郡058 下益城郡930 発音〈標ア〉0

いだ‐あずき【━小豆】(ゐだあづき)〘名〙アズキの栽培品種。粒が小さくて淡紅色のもの。＊重訂本草綱目啓蒙(1847)二〇・穀「赤小豆、〈略〉粒小にして淡紅色なるを、ゐだあづき 江州 と云食用に良とす」 方言 江州†034 発音〈標ア〉ア

いた‐あばら【板豁】〘名〙(板状のあばら木の意) 和船の船底材と船梁(ふなばり)とのあいだに張る隔壁。江戸時代の商船では根船梁の下に入れるだけだが、軍船では防水隔壁として大型のものを入れることが多い。＊今西氏家船縄墨私記(1813)坤「又根船梁と敷の間へ張入れたる板を板豁と言」

いた‐あめ【板飴】〘名〙平たく板状にした飴。＊牛部屋の臭ひ(1916)〈正宗白鳥〉三「土産に貰った堅い板飴を有難さうにしゃぶった」 発音〈標ア〉タ

いた‐アルヘイ【板有平】〘名〙(アルヘイは ポルトガル al-feloa) 薄く平たくして、種々の形に作った有平糖。 発音 イタアルヘイ〈標ア〉ア

い‐たい【衣体】〘名〙身なり。服装。＊浮世草子・鬼一法眼虎の巻(1733)五・二「衣体(イタイ)を改め明朝来るべし」＊公議所日誌‐前・上(1868)「衣体は麻上下着用可ㇾ有ㇾ之」

い‐たい【衣帯】〘名〙①身につけている帯。＊多聞院日記‐天文一一年(1542)閏三月二八日「衣帯百廿五文に一筋買了」＊古詩十九首「相去日以遠、衣帯日以緩」 ②着物と帯。転じて、装束、着衣。＊聖徳太子伝暦(917頃か)上・用明天皇二年「天皇不予。太子不ㇾ解二衣帯一。日夜侍ㇾ病」＊大乗院寺社雑事記‐長禄四年(1460)九月一二日「衣帯一給ㇾ之計也」＊管子‐弟子職「夙興夜寐、衣帯必飭」 発音〈標ア〉イ

いたいを正(ただ)しくす 身なりをきちんとして、威儀を正しくする。＊平家(13C前)四・厳島御幸「これみな襁褓(きゃうほう)のなかに包まれて衣帯(いたい)を正しうせざっしかども」

い‐たい【位袋】〘名〙大宝令に定められた装身具の一種。親王、諸臣が朝服に着けた袋。袋の色、緒の色および結び方は位階によって異なった。養老六年(七二二)に廃止。＊令集解(722)衣服・朝服条「私。養老六年二月廿三日格云。太政官謹奏。停二止位袋一事。右奉二勅旨一。従三位行授刀頭藤原朝臣房前上二意見一。一品以下初位以上位袋者。一切停却者」

いた‐い【板井】(ゐ)〘名〙清水のわき出る所を板で囲んだもの。板で囲んだ井。板井筒。↓流れ井・走り井。＊神楽歌(9C後)採物・杓「我が門の 伊多為(イタヰ)の清水 里遠み 人し汲まねば 水さびにけり」＊宇津保(970–999頃)祭の使「ぬるみゆくいた井の清水手にくみてなほこそたのめ底はしらねど」 発音〈標ア〉タ 0〈ア史〉鎌倉〇〇〇〈京ア〉0 辞書 日葡・言海 表記 板井(言)

い‐たい【韋帯】〘名〙なめし革の帯。無官貧賤の人が着けるもの。転じて、貧賤の人、無官の人をいう。＊本朝文粋(1060頃)四・入道大相国公復重上表〈大江匡

衡〉「雖二布衣韋帯一、身存則幸甚」 ＊古学先生文集(17C後頃)一・与片岡宗純書「自二王侯大人一以至二布衣韋帯一、一人必有二一箇稚繊子一」 ＊佳人之奇遇(1885-97)〈東海散士〉三「夫れ布衣韋帯の士にして、能く王公相将を動し」 ＊淮南子-修務訓「布衣韋帯之人、過者莫レ不二左右睥睨而掩一レ鼻」

いーたい【異体】〘名〙①「いてい(異体)」に同じ。＊歌行燈(1910)〈泉鏡花〉六「霜げた冬瓜(とうがん)に草鞋(わらぢ)を打着(ぶちつ)けた、と言ふ異体(イタイ)な面(つら)を」 ②別な形体、様子。＊神道集(1358頃)二・七「我等三人異躰事、即法躰俗躰女躰形是」 ＊荀子-富国「万物同レ宇而異レ体、無レ宜有レ用」 ③漢字で、標準の字体とは違っていること。また、その字体。異体字。異体文字。④植物で、雌雄異株。＊生物学語彙(1884)〈岩川友太郎〉「Dioecious or Dioicous 雌雄異株又ハ異体ノ」 発音〈標ア〉0〈京ア〉⓪ 辞書〈ボン〉 表記 異躰(ヘ)

いたい同心(どうしん) ⇨親見出し

いーたい【異態】〘名〙ふつうと異なった様子。すぐれた状態。＊司馬相如-上林賦「蕩蕩乎八川分流、相背而異態」 発音〈標ア〉0

いーたい【意態】〘名〙心の働き方。心ざま。また、物の状態。＊本朝麗藻(1010か)下・観謁之後以詩贈太宋客羌世昌、重寄〈藤原為時〉「六十客徒意態同。独推二羌氏一作二才雄一」 ＊六如庵詩鈔-二編(1797)五・画馬引為福井敬斎君賦「歩者嗅者揩レ痒者、意態各自閑且雅」 ＊米欧回覧実記(1877)〈久米邦武〉二・二四「或は文を艸し、或は書を閲し、中には画を模写する人もあり、意態万状にて、百花の燦爛たる観をなす」 ＊漢書-景十三王伝・広川恵王「栄姫視瞻、意態不レ善」

いーたい【遺体】(ヰ)〘名〙①父母が、あとにのこした身体。すなわち、その(父母の)子。ゆいたい。＊三国伝記(1407-46頃か)一一・一九「緇素(しそ)誰人か親の遺体を崇め不(ざら)ん」 ＊寛永刊本蒙求抄(1529頃)九「人は親の恩を受て生るるほどに、身は父母の遺体也」 ＊人情本・閑情末摘花(1839-41)三・六回「人毎に其身ある事を知りて父母の遺体といふことを忘るるが故なり」 ＊礼記-祭義「身也者、父母遺体也」 ②死んだ人のからだ。なきがら。死体。遺骸。＊読本・桜姫全伝曙草紙(1805)四・一五「狼犬の遺体(ヰタイ)を損じ、盗賊の遺財を窺ふを恐れ、公光みづから棺(ひつぎ)をまもり」 ＊田舎教師(1909)〈田山花袋〉五一「クルーゲル今歿す。瑞西(すゐっつる)の山中に肺に斃れたるかれの遺体(ヰタイ)は、故郷(ふるさと)のかれが妻の側に葬らるべし」 発音〈標ア〉0〈京ア〉⓪

いた・い【痛・甚】〘形口〙文いた・し〘形ク〙㊀①肉体的に苦痛である。からだの内部の故障や、外から加えられる打撃などで苦しくつらい。＊万葉(8C後)五・八九七「いとのきて 痛伎(いたキ)傷には 鹹塩(からしほ)を そそくちふがごとく〈山上憶良〉」 ＊源氏(1001-14頃)夕顔「みぐしもいたく、身も熱き心地して」 ＊説経節・さんせう太夫(与七郎正本)(1640頃)中「いたうもあつうもないやうに、をもどしあってたまはれの」 ＊歌謡・松の葉(1703)四・寛濶一休「堂塔門院古寺古跡、拝みめぐりてそののちは、花にもいたし首の骨」 ＊当世書生気質(1885-86)〈坪内逍遙〉一〇「ポカポカポカ。『ア痛(イタ)い桐山ア。痛い僕じゃ』」 ②精神的に苦痛である。また、困ることをされて閉口する。とりかえしがつかないほどひどい。つらい。情けない。＊万葉(8C後)二〇・四三〇七「秋といへば心そ伊多伎(イタキ)うたてけに花になそへて見まくほりかも〈大伴家持〉」 ＊蜻蛉(974頃)上・天暦一一年「『いと胸いたきわざかな。世に道しもこそはあれ』などいひののしるを聞くに」 ＊源氏(1001-14頃)藤裏葉「少将のすすみ出だしつる『葦垣』の趣は耳とどめ給ひつや。いたきぬしかな。『河口の』とこそさしいらへまほしかりつれ」 ＊雑俳・柳多留-一九(1784)「いたひ事ばばあを以て言わしむる」 ＊浮雲(1887-89)〈二葉亭四迷〉三・一七「お勢が悪たれた一段となると〈略〉大笑に笑って、『そいつア痛かったらう』」 ③程度がはなはだしい。おもに連用形を用いる。→いたく・いとう。④すぐれたさま。気に入ったさま。よい。ほめてよい。すばらしい。＊源氏(1001-14頃)若紫「かの国のさきの守新発意(しぼち)の娘かしづきたる家、いといたしかし」 ⑤才能のないさまをいう、関西方面の芸人仲間の隠語。ばかだ。あわて者だ。「あいつは大分いたいなあ」 ⑥いやだという意の、闇屋仲間の隠語。〔隠語全集(1952)〕 ㊁動詞の連用形に付いて、その動詞の表わす状態がはなはだしい意味を示す形容詞をつくる。「あきれいたし」「あまえいたし」「うもれいたし」「くんじいたし」。また「あきたし」「めでたし」のように、熟合することもある。 語誌 (1)「痛む」と同根の、程度のはなはだしさを意味するイタから派生した形容詞で、上代では肉体的・精神的な苦痛をいうのに用いられた。ただし、単に「痛し」という場合は肉体的苦痛を意味し、精神的な苦痛をいう場合は「心痛し」「胸いたし」などと、心や胸などの身体的部位を指す語を伴った。(2)連用形「いたく」は、上代では「我が妻は伊多久(イタク)恋ひらし」〔万葉-二〇・四三二二〕のように胸中に苦痛を伴う哀切感を表わす。それが平安時代になると、苦痛を伴わない精神的な驚愕や感動をも表わすようになっていった。また、単に程度が甚だしい意でも用いられるようになって、程度を表わす副詞「いたく」が誕生した。→「いたく(痛)」の語誌。 方言 ❶熱い。徳島県811 香川県829 愛媛県845 熊本県054 933 宮崎県947 鹿児島県大隅963 ◇いちゃさい 鹿児島県喜界島983 ◇いたさん 沖縄県竹富島996 ◇いっつぁあん 沖縄県鳩間島996 ❷病気だ。体の具合が悪い。千葉県長生郡286 徳島県811 佐賀県三養基郡894 ❸哀れだ。◇いたさる 沖縄県波照間島996 語源説 (1)イタル(至)の語根を活用〔大言海〕。(2)イトシキ、イトフの語幹イトが転じてイタとなり、同情、苦痛を感じる意の形容詞となる。〔国語の語根とその分類=大島正健〕。 発音〈なまり〉イタ〔鳥取・伊予〕イター〔鳥取・伊予・瀬戸内〕イッタアイ〔岐阜〕イッダイ・エッデエ〔山形〕イッテイ〔愛知〕イテ〔鹿児島方言〕イテー〔埼玉方言〕イテイ・エタイ〔福井〕エタタエ〔富山県〕エチャ・エテ〔鳥取〕エテー〔栃木・埼玉方言〕〈標ア〉タ〈京ア〉イ 文『いたし』〈標ア〉イ〈ア史〉平安○○◓ 鎌倉『いたき』○○◓ 江戸『いたき』◍○○〈京ア〉タ 辞書 和名・色葉・名義・和玉・文明・日葡・〈ボン〉・言海 表記 痛(和・色・名・へ・言) 卟(名・玉) 切・冢・致・酷(名) 恫・叩・顇・楚(玉) 甚(言)

いたい上(うえ)の=針(はり)〔=針立(はりた)て〕 痛い所にさらに針を刺す。災難の上に災難が重なること。泣き面(つら)に蜂(はち)。＊俳諧・毛吹草(1638)二「いたいうへのはり」 ＊浮世草子・和国小姓気質(1746)四・二「一跡(いっせき)残らず、二箇所の土蔵に火の入て、痛(イタ)い上の針立(ハリタテ)」

いたい上(うえ)を叩(たた)かれるようなもの 重ねてひどい目にあわされることのたとえ。＊譬喩尽(1786)一「痛(イタ)ひ上(ウヘ)を叩(タタ)かれるやうなもの」

いたい所(ところ) 弱点や欠点。急所。＊明暗(1916)〈夏目漱石〉一二四「第一好んで痛(イタ)い所(トコロ)に触れる必要は何処にもなかった」 ＊春泥(1928)〈久保田万太郎〉冬至・三「かれにすると、だから、最も痛いところにさう触(さは)られたのである」

いたい程(ほど) (下に「わかる」「知る」などを伴って)自分のした行為の結果や、他人の苦しい経験などが十分身にしみて。＊忘却の河(1963)〈福永武彦〉四「一度うしなったものにはもう代りというものがないことを痛いほど知ったが」

いたい目(め) つらい経験。手痛い思い。＊談義本・当風辻談義(1753)一・大藤内が霊芝居の作者を称美せし事「曽根崎の狂言見たとて、悉く痛目(イタイメ)して死もせまじ」

いたか放(はな)せ (「いたか」は「いたくは」の変化した語。物を握っている手をねじ上げて、痛いなら放せと言って、物を取り上げる意から) 暴力で従わせることのたとえ。痛くば放せ。＊浄瑠璃・釜淵双級巴(1737)中「金借る度にいたかはなせ、さう胴慾にはいはぬものと」 ＊浄瑠璃・姫小松子日の遊(1757)四「痛か放せぢゃ。サア応か、但しいやか、サア何んと」

いたくない腹(はら)を探(さぐ)られる (腹痛でもないのに、痛い所はここかあそこかと探り回される意から) 何の悪いことも、やましいこともしないのに他人から疑いをかけられることをいう。＊浮世草子・好色一代女(1686)四・三「いたうもない腹(ハラ)さぐられて口借(くちおし)や」 ＊譬喩尽(1786)一「痛(イタ)ふ無(ナ)い腹(ハラ)探(サグ)らる」 ＊歌舞伎・蔦紅葉宇都谷峠(文彌殺し)(1856)序幕「旦那へ対して私が中途でやりくったやうに思はれて、痛(イタ)くねえ腹(ハラ)を探(サグ)られるやうなものだから」 ＊くれの廿八日(1898)〈内田魯庵〉二「有川の資産を目的(あて)に養子に来たらしく痛くない腹を捜られる様な気が咎めて」

いたくば放(はな)せ 「いたか(痛)放せ」に同じ。＊浮世草子・当世銀持気質(1770)一・三「此わび金弐百両今渡さるるなら了簡する。さもなくば町所へことはる計と、いたくばはなせのよこしま非道」

いたくも痒(かゆ)くもない なんの影響も受けない。まったく平気である。痛痒(つうよう)を感じない。

いたし痒(かゆ・かい)し ①(かけば痛く、かかなければかゆい意から) 二つのことが互いにさしさわりがあって、一方を立てれば他方に支障があるという状態で、どちらとも決められないことをいう。＊雑俳・柳多留-二(1767)「佐殿もいたしかゆしのふくみ状」 ＊洒落本・南遊記(1800)五「此事を打割ていふと、おまへさんへどふも済ぬことも出来るし、といふて云はねばおまへの疑ひが晴(はれ)ず、痛(イタ)し癢(カイ)しじゃけれど」 ②二つのことが、両方ともさしさわりがあること。＊俳諧・口真似草(1656)「雨風はいたしかゆしや花の顔〈重明〉」 発音〈標ア〉イ=カ カ〈京ア〉カ／タ=ユ 辞書 言海 表記 痛癢(言)

いたし痒(かゆ)しも瘡(かさ)にこそよれ 「いたしかゆし」などというのも事柄や場合によってである。＊譬喩尽(1786)一「痛(イタ)し痒(カイ)しも瘡(カサ)にこそ依(ヨ)れ」

いーだい【医大】〘名〙「いかだいがく(医科大学)」の略称。＊人間失格(1948)〈太宰治〉第三の手記「男の子がひとり、それは千葉だかどこだかの医大にはひって」 発音〈標ア〉0〈京ア〉⓪

いーだい【異代】〘名〙異なった時代。別の世代。＊和漢朗詠(1018頃)下・交友「蕭会稽が古廟を過(よ)ぎつし、託(つ)けて異代(いたい)の交りを締(むす)べり〈大江朝綱〉」 ＊玉葉-安元元年(1175)二月一八日「此条非レ有二異代之大事一者」 ＊一年有半(1901)〈中江兆民〉三「強き者両々相対するときは、勢ひ勝敗相ひ半せざる能はず、故に異代の相撲を把り来りて、之が絶対の優劣を判ずるは、殆ど出来可らざる事也」 ＊班固-幽通賦「素文信而底レ麟、漢賓二祚于異代一」 発音〈標ア〉イ[1]

いーだい【萎腇】(ヰ)〘名〙弱々しいこと。やつれ衰えること。＊本朝文粋(1060頃)四・為貞信公辞摂政第一表〈大江朝綱〉「猥以二萎腇之身一、謬承二崇重之寄一」 ＊後漢書-馬援伝「萎腇咋レ舌、叉レ手従レ族乎」

いーだい【偉大】(ヰ)〘形動〙すぐれて大きいさま。非常にりっぱなさま。＊新撰字解(1872)〈中村守男〉「偉大 イダイ オホヒナルコト」 ＊小説神髄(1885-86)〈坪内逍遙〉上・小説の主眼「其功もまた偉大(ヰダイ)ならずや」 ＊思出の記(1900-01)〈徳富蘆花〉六・一「『神の子』

と名のる基督の次第に大きく、大きく、其頭はまさしく天に聳ふるまで偉大に現はれ」 発音〈標ア〉⓪〈京ア〉⓪

い-だい【遺題】『名』江戸時代の和算家が自分の著書の終わりに書き置いた問題。寛永一八年（一六四一）版の「塵劫記」に始まり、約一〇〇年間続けられた。

いだい『感動』方言 ⇩いざ〔感動〕

いたい-いたい【痛痛】『名』痛いことや切ること、傷やはれ物、また、刃物などをいう幼児語。いたいた。＊弱い結婚（1962）〈小島信夫〉「頭いたいいたいで、ねんねしているんだから」 方言 青森県三戸郡083 発音〈標ア〉タ2

いたいいたい-びょう【痛痛病】『名』（病人が「痛い痛い」を連発することからいう。普通「イタイイタイ病」と表記される）富山県神通川流域に発生した慢性カドミウム中毒。腰、手足、関節の痛みが起こり、歩行障害をきたし、全身が衰弱する。大正（一九一二〜二六）から昭和二〇年代（一九四五〜五四）にかけて多発。鉱山廃水が原因であることが解明され、昭和四三年（一九六八）公害病に認定された。＊白く塗りたる墓（1970）〈高橋和巳〉二「イタイイタイ病、排気ガス〈略〉いやというほど、人々は苦しめられている」 発音 イタイイタイビョー〈標ア〉⓪

いたい-がな【異体仮名】『名』一般に使用されている「かな」とは異なっている字体の「かな」。主として漢字の略体から出たカタカナでは、通用のと異なる略し方によるもの、たとえば「尹（伊イ）」「于（宇ウ）」「子（子ネ）」などがあり、また漢字の草書から出たひらがなでは、通用のものと字源を異にするものと、草書のしかたの異なるもの、たとえば「阿」からの「あ（あ）」、「可」からの「か（か）」、「奈」からの「な（な）」などがある。ひらがなの場合は、特に変体がなということが多い。 発音 イタイガナ〈標ア〉⓪

いたい-け【幼気】『形動』①幼くてかわいらしいさま。素朴なさま。また、子どもなどのいじらしいさま。＊中華若木詩抄（1520頃）上「揔じて詩は、かやうに、あり目のたけを云て、いたいけながよいなり」＊運歩色葉（1548）「壮気 イタイケ」＊玉塵抄（1563）三五「たちたちとして、ころぶまねなどして、あれがまだおさなうて年もいかぬいたいけなと云て、母を喜せうとてしたぞ」＊俳諧・崑山集（1651）五・夏「いたいけやうむ卯の花の雪仏〈貞徳〉」＊浄瑠璃・夕霧阿波鳴渡（1712頃）中「侍の乗る馬は是此様にはいはい、はいはいと親の心もしらあはかませ、門内に乗入しふり、いたいけにおとなしし」＊露団々（1889）〈幸田露伴〉一八「情愛の胸に充ちし女子（をなご）の事なれば、果敢（はか）なく苦しむ心根もおしはかられていたいけなる」②幼稚で愚かなさま。＊大乗院寺社雑事記-文明一一年（1479）一一月朔日紙背「其方らう人の事出張沙汰此方にも候。いたいけおかしき事にて候由申候」③（物などが）小さくて愛すべきさま。＊看聞御記-嘉吉三年（1443）二月二一日「両人罷て見之、いたいけなる小庭也」＊仮名草子・仁勢物語（1639-40頃）上・一六「『かうかう今はとて罷るを、いたいけなる物も得やらで遣はす』と書きて」＊鳥影（1908）〈石川啄木〉五・三「水近い礫（こいし）の間には可憐（イタイケ）な撫子が処々に咲いた」④言動に思いやりがあり、やさしいさま。＊洒落本・傾城鱜（1788）「松葉屋瀬山。〈略〉万事心ざしやさしくいたいけにて甚だはつめい也」＊洒落本・傾城買二筋道（1798）冬の床「いたいけに言わるる程猶はらたてどもあたろふしまもあらざれば」 語誌 (1)「随筆・嬉遊笑覧-六下」では「いたいけは痛気（イタイケ）なるべし。いと愛（をし）む意の深きをいふなり」としており、かわいらしさが「痛し」というほど強く心に感じられる様子であるところからいうか（語源説(1)）。同様の語構成を持つ語に「にくいけ」がある。(2)形容詞的に用いる際には、鎌倉時代頃までは「いたいけす＋たり」の形を取るが、室町時代頃に「いたいけなり」という形容動詞形が現われて定着し、「日葡辞書」では「Itaiqena（イタイケナ）」が見出しになっている。 方言 ❶幼児などの愛らしいさま。山形県米沢市149 新潟県中頸城郡383 ◇いちゃいけ 京都府何鹿郡629 ◇いたけ 新潟県中頸城郡382 ◇いちゃけ 富山県390 398 石川県404 414 419 福井県坂井郡427 ◇えたやかげ 新潟県西蒲原郡371 ❷気の毒なさま。かわいそうなさま。新潟県西頸城郡382 ❸（「いたいけながら」などの形で）人にものを贈るときなどの語。備後†124 語源説 (1)イタキケ（傷気）の音便〔大言海〕。痛気の義〔嬉遊笑覧・和訓栞〕。(2)イタイタシ（痛々）から〔本朝辞源＝宇田甘冥〕。(3)イトヲシケ（最愛）の転か〔両京俚言考〕。(4)イダキコ（懐児）の転略〔紫門和語類集〕。 発音〈なまり〉イチャケナ〔石川〕イテギナカ〔壱岐続〕〈標ア〉⓪ イ2〈ア史〉江戸●●○○〈京ア〉⓪⓪ 辞書 文明・黒本・日葡・書言・ヘボン・言海 表記 荘気（文・黒） 幼気・至慶（書） 最愛気（へ）

いたいけ なる 馬（うま） 四尺二寸（約一・二七メートル）までの馬〔弓馬聞書〕。馬の背たけの標準は、前脚の蹄（ひづめ）から肩先まで四尺とされているから、標準よりやや大きいが、軍馬には四尺五寸以上の大馬が多く、これと比較していったものか。

いたいけ に する かわいがる。＊滑稽本・大師めぐり（1812）上・上「こちの姑御（しうとめご）さまは、わたしをいたいけにしておくれなさるさかい」

いだい-け【韋提希】「いだいけぶにん（韋提希夫人）」に同じ。＊観無量寿経「国大夫人韋提希」 発音〈標ア〉ダ

いだい-けいしょう【遺題継承】『名』和算家が先人の遺題に解答をほどこし、新しく自分の遺題をその著に記すこと。遺題承継。遺題承答。

いたいけ-がお【幼気顔】『名』幼くてかわいい顔。＊浄瑠璃・平仮名盛衰記（1739）二「いたいけ顔のにこやかに猿のあたまをたたいつ撫（なで）つ」 発音 イタイケガオ〈標ア〉⓪

いたいけ-ごろ【幼気頃】『名』幼くてかわいい盛りの年頃。＊浮世草子・日本永代蔵（1688）五・二「哀（あはれ）や、いたいけ比（ゴロ）の娘『今いくつねてから、正月じゃ』と云（いふ）を」 発音 イタイケゴロ〈標ア〉ゴ

いたいけ-さ【幼気―】『名』（「さ」は接尾語）かわいらしいこと。また、幼くておろかに感じられること。また、その度合。＊幸若・くらま出（室町末-近世初）「与市らくにほこって、にぐる心のいたひけさに、手綱もとらでけかけたり」＊仮名草子・尤双紙（1632）上・五「ひろき物之しなじな〈略〉おふぢのづきん孫のきて、おやのくつはくいたいけさよ」 発音〈標ア〉ケ

いたいけ-ざかり【幼気盛】『名』子どもなどのいちばんかわいらしい年頃、時期。＊俳諧・毛吹草（1638）五「つほみぬる花はいたいけ盛哉〈政公〉」＊浮世草子・好色五人女（1686）五・三「いまだいたひけ盛（ザカリ）の子をうしなひ又はすへずへ永く契を籠し妻の若死」＊浄瑠璃・神霊矢口渡（1770）二「まだ三歳の徳寿丸、乳母（めのと）が膝にいたいけ盛（ザカリ）」 発音〈標ア〉ザ

いたいけ-・す【幼気】『自サ変』かわいらしく見える。かわいらしいと感じる。＊平家（13C前）六・小督「門をほそめにあけ、いたひけしたる小女房、顔ばかりさしいだいて」＊弁内侍（1278頃）寛元五年「かしらけづらずといふ木の、小さくていたいけしたるを」＊仮名草子・恨の介（1609-17頃）下「恨の介が手を、いたいけしたる御手にて取らせ給ひ」＊談義本・万世百物語（1751）一・不思議懐胎「孫とみれはいたいけして、そのままやしなひ」 発音〈標ア〉⓪

いたいけ-な・い【幼気―】『形口』文いたいけな・し『形ク』（「ない」は接尾語）いかにもかわいらしく、いじらしいさまである。「いたいけない寝顔」 発音〈標ア〉ナ

いだいけ-ぶにん【韋提希夫人】（「いだいけ（韋提希）」は梵 Vaidehī の音訳）古代インドのマガダ（摩訶陀）国王ビンビサーラ（頻婆娑羅）の后（きさき）。子のアジャータシャトル（阿闍世）に幽閉された時、仏陀に教えを請うたので、仏陀は「観無量寿経」を説き浄土往生の道を示されたという。韋提希。＊平家（13C前）灌頂・女院死去「韋提希夫人の如に、みな往生の素懐をとげるとぞ」 発音〈標ア〉ブ

いたいけ-らし・い【幼気―】『形口』文いたいけらし・し『形シク』（「らしい」は接尾語）いかにもかわいらしい様子をしている。＊三河物語（1626頃）三「上方衆のやうに、いたいけらしきこゝろづかいして〈略〉けいはくを云事は」＊説経節・伍太力菩薩（1673-84頃）五「おや子の中のわりなさは、さまではばかる、ていもなく、いたいけらしき手を出し、父が泪（なみだ）をおしぬぐい」＊浄瑠璃・賀古教信七墓廻（1714頃）一「孫を持ったも名斗（ばかり）で、いたいけらしい顔も見ず」 発音 イタイケラシイ〈標ア〉シ

いた-いし【板石】『名』①自然石で、平たく、板のようなもの。＊随筆・茶山翁筆のすさび（1836）二「対馬にも木板石あり。長四尺計（ばかり）広四尺許、厚三四寸、土人橋となし畳になす、天然（てんぜん）の板石なり」②板状の石材。加工程度によって、荒板、のみ切板、山たたき板、ひき石などに分けられる。舗装用の敷石、石張りなどに用いる。＊家族会議（1935）〈横光利一〉「でこぼこした板石の長い道である」 発音〈標ア〉タ

いたい-じ【異体字】『名』「いたいもじ（異体文字）」に同じ。 発音〈標ア〉タ

いだ-いし【井田石】『名』静岡県伊豆半島の北西部、戸田（へだ）村井田で採石される安山岩。建築、土木用石。戸田石。 発音〈標ア〉ダ

いた-いた【痛痛】㊀『名』「いたいいたい（痛痛）」に同じ。＊浄瑠璃・箱根霊験躄仇討（1801）五「アレ祖父様（じいさま）がいたいたぢゃ」＊人情本・柳之横櫛（1853頃）四・二三回「お手々の胼皸（イタイタ）を大事にして」＊海に生くる人々（1926）〈葉山嘉樹〉四「夜食べると、ポンポンいたいたですよ。ナ、ねんね」㊁『副』（「と」を伴って）残酷に。いたいたしく。ひどく。＊史記抄（1477）一五・汲鄭列伝「あまり客人もてあつかいをするほどに、いたいたと人をしかったりなんどせぬぞ」 方言 ㊀幼児語。❶灸（きゅう）。大阪府泉北郡646 愛媛県844 ◇いた 山口県玖珂郡800 ❷火。愛媛県松山846 ❸傷。けが。富山県390 兵庫県加古郡664 岡山県709 徳島県810 ◇いた 島根県石見725 山口県豊浦郡798 ㊂植物。❶あざみ（薊）。新潟県中越373 岐阜県飛驒（幼児語）502 静岡県田方郡526 兵庫県加古郡664 和歌山県有田郡692 山口県玖珂郡800 ◇いたいたのき〔―木〕 奈良県南大和683 ◇いたいたぼうず〔―坊主〕 岐阜県飛驒（幼児語）502 ◇いたいたぼぼ 岐阜県飛驒（花をいう）502 ❷ひいらぎ（柊）。三重県036 奈良県036 宇陀郡678 ❸いたどり（虎杖）。三重県上野市585 ❹いばら（茨）の類。大阪府泉北郡646 発音〈標ア〉㊀はタ2

いだいだ『名』警察署をいう、盗人仲間の隠語。〔隠語輯覧（1915）〕

いたいた-ぐさ【痛痛草】『名』植物「いらくさ（刺草）」の異名。＊重訂本草綱目啓蒙（1847）一三・毒草「いたいたぐさ 加州」 方言 ❶いらくさ（刺草）。山形県鶴岡市・飽海郡139 三重県591 ❷まむしぐさ（蝮草）。山形県飽海郡139 辞書 言海 表記 痛痛草（言）

いたいた-し・い【痛痛・傷傷】『形口』文いたいた・し『形シク』（いたましい意の形容詞「いたし」の語幹を重ねて、意味を強めたもの）①非常にかわいそうだと感じられるさまである。見ていて気の毒に思う状態である。たいへん哀れである。＊胡琴教録（13C初）下・晴所作「広庭数人之中にては、もはらすがたをしつして、そこぶるはやくいたいたしくひくべきなり」＊日葡辞書（1603-04）「Itaitaxij（イタイタシイ）〈訳〉心の痛むこと、または憐憫の心（同情）をおこすような

こと。Itaitaxŭ（イタイタシュウ） セッカンスル」＊浄瑠璃・丹波与作待夜の小室節（1707頃）道中双六「可愛（かはい）の形（なり）や、いたいたしや」＊何処へ（1908）〈正宗白鳥〉一三「お鶴や千代の前ですら、美に誇ってる様子が思ひやられて傷々（イタイタ）しくなる」＊偸盗（1917）〈芥川龍之介〉八「赤ん坊は、針にでも刺されたやうに、怨ちいたいたしい泣き声を上げる」②程度のはなはだしいさま。大層。＊玉塵抄（1563）四六「よい酒をすごいていたいたしう飲で、酔て離騒経を読誦してよからうとしるさうずことぞ」＊三体詩素隠抄（1622）三・三「いたいたしく父母をなかしむることなかれ」 発音 イタイタシイ 〈標ア〉イ² 〈京ア〉タ² 文『いたいたし』〈標ア〉シ 〈京ア〉タ² 辞書 日葡・ヘボン・言海 表記 痛痛敷（へ）傷傷（言）

いたいたし-げ【痛痛―】『形動』（形容詞「いたいたしい」の語幹に接尾語「げ」の付いたもの）①見ていて気の毒だと感じられるさま。＊月は東に（1970-71）〈安岡章太郎〉一「まともに眼を向けて見ていられないほどイタイタしげなものがありそうに思った」②いかにも気の毒だと思っているようなさま。＊業苦（1928）〈嘉村礒多〉「『まあ、お濡れになったのね』と眉根に深い皺を刻んで傷々しげに言った」＊風立ちぬ（1936-38）〈堀辰雄〉冬「その髪の毛の少しほつれてゐる窶れたやうな顔をいつになく痛々しげに見つめ出した」 発音 イタイタシゲ 〈標ア〉シ

いたいたし-さ【痛痛―】『名』（形容詞「いたいたしい」の語幹に接尾語「さ」の付いたもの）非常に気の毒に感じられること。また、その度合。＊日葡辞書（1603-04）「Itaitaxisa（イタイタシサ）」＊浄瑠璃・津国女夫池（1721）三「それ共知らず、我を頼に馴れ馴染（なじ）むいたいたしさ」 発音 〈標ア〉タ² 〈京ア〉0 辞書 日葡

いたいた-の-き【痛痛木】『名』 方言 ⇩いたいた（痛痛）

いたいた-ぼぼ【痛痛―】『名』 方言 ⇩いたいた（痛痛）

いたい-いづつ【板井筒】『名』「いたい（板井）」に同じ。＊為尹千首（1415）秋「月は猶そこにとまれどいた井つつ袖にも同じ影宿りけり」

いたい-どうしん【異体同心】『名』体は別でも心は一つであるということ。夫婦・朋友などの心が一致していること。＊吾輩は猫である（1905-06）〈夏目漱石〉一一「異体同心とか云って、目には夫婦二人に見えるが、内実は一人前なんだからね」 発音 イタイドーシン 〈標ア〉0

いだい-どうちょう【異代同調】『名』時代は違っても、人間、事物には通じ合う趣や調子があること。異世同調。＊謝霊運-七里瀬詩「誰謂古今殊、異代可同調」

いたい-もじ【異体文字】『名』漢字やかなにおいて、同字ではあるが、標準と考えられている字体とは違った形をとるもの。かなでは、「異体がな」「変体がな」ということが多い。漢字では、たとえば起源からの異体「國」と「圀」「国」、構成の変化からの異体「花」と「苍」、省略やくずれからの異体「龜」と「亀」などがある。異体字。 発音 〈標ア〉モ

いた-うま【板馬】『名』岩手県盛岡市名産の玩具。四輪をつけた黒塗りの台の四隅に、白線を引き、上に板で作った馬を載せて、海上を乗り切る馬に模したもの。

いた-うら【板裏】『名』「いたうらぞうり（板裏草履）」の略。＊女工哀史（1925）〈細井和喜蔵〉一六・五四「脚を上げ、宛ながら馬の如く地面を後ろへ蹴るのである。そしてばしっと板裏の音を立てる」 方言 人の足の裏の平らなもの。扁平足。 宮崎県東諸県郡954 発音 〈標ア〉0

いたうら-ぞうり【板裏草履】『名』草履の裏に割った板を張ったもの。板草履。板裏。＊永井龍男句集（1976）〈永井龍男〉「船長の板裏草履みやこ鳥」 発音 イタウラゾーリ 〈標ア〉ゾ 〈京ア〉ゾ

いた-え【板絵】『名』板に描いた絵。板扉、板壁などの装飾に用いる。板壁画。板絵図。＊閨秀（1972）〈秦恒平〉一「絵馬堂とは、物思いが凝って形になって、つまり奇妙に頑な板絵として納まる場所なのだ」 発音 〈標ア〉タ 0

いた-えず【板絵図】『名』「いたえ（板絵）」に同じ。＊俳諧・七柏集（1781）奥八町目社中「板絵図の儘にふり行宮柱〈春町〉 伊奈海道の昼も賠（むささび）〈金馬〉」

いた-える【沍】『動』 方言 ❶凍る。凍える。 兵庫県但馬652 ❷地面が凍る。 京都府竹野郡622 ❸冷え込む。 新潟県347 発音 〈標ア〉エ

いた-えん【板縁】『名』板を張って作った縁側。＊御伽草子・太子開城記（室町時代物語集所収）（室町末）「一間のいたえんある、庭前へぞ、出たりける」＊浄瑠璃・浦島年代記（1722）三「竹縁、板ゑん、ぐゎったりひっしゃり」＊高野聖（1900）〈泉鏡花〉一一「屈んで板縁（イタエン）の下を覗いて」＊青年（1910-11）〈森鷗外〉一「上り口の板縁（イタエン）に雑巾を掛けてゐる十五六の女中が」 発音 〈標ア〉タ 辞書 書言 表記 板縁（書）

いた-えんま【板絵馬】『名』板に描いた絵馬。＊浄瑠璃・富仁親王嵯峨錦（1721頃）一「尾上（をのへ）の方よりも紅葉につれてちらちらと吹かれて来る板絵馬」

いた-おい【板笈】『名』笈の一種。箱形の笈に対して、薄板に縁をめぐらし、旅行用具などを結び付けて背負うようにしたもの。修験者（しゅげんじゃ）が用いる。縁笈（ふちおい）。

板　笈〈北野天神縁起〉

いた-おうぎ【板扇】『名』杉や檜（ひのき）などの材を薄く裂いて作った板の扇。 発音 イタオーギ 〈標ア〉オ

いた-おこし【板起】『名』ろくろによって成形した器を竹べらを使ってろくろ台から切り離す方法。 発音 〈標ア〉オ

いた-おこし【板粔籹】『名』板状に固めたおこし。＊随筆・続飛鳥川（19C中）「駄菓子、板おこし、達摩糖、くり焼、肉桂糖、大ころばし也」 発音 〈標ア〉コ オ

いた-おさえ【板押】『名』板の動くのを止めるために押えとするもの。〔日本建築辞彙（1906）〕 発音 〈標ア〉オ

いた-おしき【板折敷】『名』足のついていない折敷。＊東寺百合文書-を・宝徳三年（1451）一〇月七日・彼方寿阿彌陀華蔵庵器具注文（大日本古文書六・二四四）「いたおしき大小 廿まい」＊仮名草子・仁勢物語（1639-40頃）下・八一「かたぎ翁、板折敷の端に這ひ来て」 方言 足のついていない白木の膳（ぜん）。 新潟県佐渡356 発音 〈標ア〉オ

い-たおす【射倒】『他サ五（四）』矢などを射て相手をたおす。＊平家（13C前）一一・弓流「しゃ頸の骨をひゃうふつと射て、船底へさかさまにゐたをす」＊日葡辞書（1603-04）「Itauoxi, u, oita.（イタヲス）〈訳〉矢または弾丸で地上に倒す」 発音 〈標ア〉0 オ 辞書 日葡・書言・ヘボン 表記 射倒（書）射斃（へ）

いた-おち【板落】『名』空中に飛び上がって体を回転させること。宙返り。＊随筆・嬉遊笑覧（1830）四「この板落といへるは、宙返りなり。筋斗は勢すくなく、板落はいたく勢ひあるさまにや」 補注 「東京夢華録-駕登宝津楼諸軍呈百戯条」に「両々出陣格闘、作₂奮刀撃刺之態₁百端₁訖、一人棄₂刀在地₁、就₂地擲₁身、背著₂地₁有₁声、謂₂之板落₁」とある。

いた-おび【板帯】『名』帯芯（おびしん）に板目紙を用いて折れないように仕立てた帯。＊随筆・難廼為可話（1832）一「つけ帯の事、〈略〉板おびとも俗に云。板の如くにして真に綿を入ず、多くは地黒の紅に金薄のすりこみ、扨又は金糸の縫いろいろの花紅葉をもあやなして製す」 発音 〈標ア〉0

いた-おみき【板御神酒】『名』板状にした酒の糟（かす）。いたかす。＊浄瑠璃・夏祭浪花鑑（1745）一「板お造酒（ミキ）でも振舞（ふるまへ）と」 方言 石川県江沼郡062 岐阜県飛驒502 徳島県美馬郡811 発音 〈標ア〉0 オ

いた-おもり【板錘】『名』「いたなまり（板鉛）」に同じ。＊東京風俗志（1899-1902）〈平出鏗二郎〉下・一一・釣魚「錘（おもり）にも板錘（イタオモリ）・球錘等の種類あり」

い-たおり【嵶】『名』山の鞍部（あんぶ）。山と山との間の低くたわんだ所。たおり。＊新撰字鏡（898-901頃）「嵶 山正直之皃 久万又井太乎利」 辞書 字鏡 表記 嵶・嶼・寮・岸（字）

いた-おろし【板卸】『名』①近世、板本（はんぽん）の初摺（はつずり）。②奉公して初めての冬（譬喩尽（1786））。 発音 〈標ア〉オ

い-たか【居高・居鷹】『名』（形動）傲慢（ごうまん）なこと。思い上がったさま。また、大げさで信用のおけないさま。人をまどわすさま。＊文明本節用集（室町中）「居鷹 イタカ 又作₂依陀家₁ 虚人（ウツケ）」＊温故知新書（1484）「尊 イタカ」＊玉塵抄（1563）「新（垣平）はいたかなことを云たぞ。天をまつり、奇瑞なことをつくって云て、のちにあわぬぞ」＊駒沢大学本臨済録抄（16C後）中「言は、学者が卒度参禅なんどをして、早や我こそめく、今は皆われぞ参禅僧であると、ふだを付てまわるなり。百面（イタカ）なることぞ」＊日葡辞書（1603-04）「Itacana（イタカナ）モノ、または、itaca（イタカ）モノ〈訳〉高慢で厚かましい人」 辞書 文明・伊京・明応・天正・黒本・易林・日葡 表記 居鷹（文・伊・明・黒・易）依陀家（文）百面（伊） 依他家（天）

いた-か『名』（「いたかき（板書）」の意か）乞食坊主の一種。供養のために、板の卒塔婆（そとば）に経文、戒名などを書いて川に流したり、経を読んだりして銭をもらって歩くもの。また、堕落した僧侶を卑しめてもいう。＊報恩録（1474）上「よく産と思い、又長者の婦も是を聞て修証なと思て産れたらうには、其れはいたか、売僧、鉢敲きよ」＊七十一番職人歌合（1480頃か）三六番「文字はよし見えも見えずもよるめぐるいたかの経の月のそら読み」＊和訓栞（1777-1862）「いたか、職人歌合に流れ灌頂をして物をもらふものをいへり。今もみやこには、かかるものあり」 語源説 (1)イタカキ（板書）の略〔嬉遊笑覧〕。(2)東北地方の巫女をイタコということ関係があるか〔綜合日本民俗語彙〕。

いたか〈七十一番職人歌合〉

いたが『名』病気。＊玉塵抄（1563）二四「人の身にうれいかなしむことあるは、身にいたがのありはれものきずなどのあると同ぞ」＊浄瑠璃・役行者大峰桜（1751）二「恬（かく）とも知らぬ幼児は、総身の瘡（くさ）に風当り、痛痒（イタガ）に苦む泣声も、次第次第に弱果て」 方言 ❶体の弱いこと。病身。 岡山県真庭郡040 苫田郡748 ❷体の痛む所。傷やはれ物など。 岡山県備中北部745 ◇いたご 薩摩†137 山口県豊浦郡798

い-だか【位高】『名』（形動）品位を高く保つこと。＊役者論語（1776）舞台百ケ条「役々の情をかんがへみるに、けいせいは位高（イダカ）にして、心はしゃれたるもの也」

いたかい【居】『連語』 方言 訪問の際の挨拶の言葉。いらっしゃいますか。御免ください。 青森県上北郡082 岩手県気仙郡100 長野県西筑摩郡・上伊那郡038 ◇いた

かや 岩手県気仙郡100 ◇いたか 岩手県和賀郡095 気仙郡100 福島県南会津郡185 新潟県岩船郡038 ◇いたと 青森県三戸郡083 ◇いたかにし 青森県上北郡082 ◇いてかあ・いとおかあ 山梨県南巨摩郡463 ◇いましたか 山梨県北都留郡038 ◇いなったか 福井県427 ◇いなってか 福井県坂井郡427 ◇いやったかし 山形県置賜139

いた-がい【板貝】〘名〙 貝「まどがい（窓貝）」の異名。＊重訂本草綱目啓蒙（1847）四二・蚌蛤「海鏡 まどがひ いたがひ とうかがみがひ とうろうがひ」

いた-がい【櫪飼】〘名〙 馬を板囲いの厩（うまや）の中で飼うこと。厩飼い。また、その馬。板立（いただち）。立飼（たてがい）。＊延喜式（927）四・神祇・伊勢太神宮「凡二所太神宮櫪飼（いたかひ）御馬各二疋、簡二幣馬内一。恒令二養飼一。自外馬皆放二神牧一」 ＊延喜式（927）四八・左右馬寮「凡馬牛分二充衛府一者左近衛看督馬二疋櫪飼（いたかひ）一疋 放飼一疋」 語源説 イタガヒ（板飼）の義〔和訓栞〕。 発音 イタガイ 〈標ア〉0

い-だか・い【居高・位高】〘形口〙文 ゐだか・し〘形ク〙 人を圧するような態度や物言いをする。また、品位や威厳がある。＊歌舞伎・猿若万代厦（1786）五立「『二条の梅丸が留る。猿又、この梅若に仕へてくれろやい』『はあ、いだかい人だ、うぢどのもおれを留るのか』」 ＊人情本・春色梅美婦禰（1841-42頃）四・二〇回「お京は元来（もとより）位高（ヰダカ）き様なる生得を〈略〉幼少（あどけなく）化粧（つくり）し乙女風（きむすめふう）」 ＊招魂祭一景（1921）〈川端康成〉「『さくらさん』威高くちらり桜子は振り返った」 発音 〈標ア〉カ

いだか・う【抱】〘他ハ下二〙 腕にかかえこむ。＊竹取（9C末-10C初）「女ぬりこめの内にかくや姫をいだかへてをり」 補注 「いだく」の未然形に動作の継続、反復を表わす古い助動詞「ふ」が付き、下二段化したものか。また、「いだきかかふ」の変化したものとも考えられる。 辞書 言海

いた-がえし【板返】〘名〙 ①板ぶきの屋根の板を、ふき直すこと。＊咄本・醒睡笑（1628）三「板がへしをせんと屋根葺（ふき）二三人やとひ出し」 ②玩具の名。小さな長方形の板をいくつも紙で蝶番（ちょうつがい）につなぎ、一方の端の板を持って下げると、板の表が次々に現われ、手を返すと、裏が次々に出てくるようにしたもの。 ③（②の絵が、繰り返し出るところから）同じことを繰り返して話すこと。また、陳腐な表現や話。＊かた言（1650）五「たれもたれも云なれ聞ふれたる板返（イタガヘ）しの秀句などはうたてしくて」 ＊俳諧・鶉衣（1727-79）前・中・三〇・物忘翁伝「よのつねききわたる茶のみがたりも、はじめ聞（きき）ける事の耳にのこらねば、世に板がへしといふ咄（はなし）ありて、またかの例の大阪陣かと、若き人々はつきしろひて、小便にもたつが中にも」 ④板をひっくり返すように、敵を投げ倒すこと。また、ひっくり返ること。＊浄瑠璃・京今宮御本地（1678頃）二「まっかうにくる者のほろつけせんだんいたがへしつつぬきねぢくび人つぶて、さんざんに打ちらし」 ＊浄瑠璃・忠孝大礒通（1768）二「両方より、只一（ひと）乗りとかけくる平首、両手にはっしと当られて、馬はきりりといた返し。直（すぐ）に左右に尾筒を摑、引落さんとゑいと引く」 ⑤歌舞伎の小道具で首を板の裏に付けて置き、糸を引いて板を起こすと、首が出るような仕掛け。＊歌舞伎・戻橋脊御摂（1813）三立「忠正が首を見事に切る。板返（イタガヘ）しにて一巻を持ちたる忠正の首出る」 方言 屋根板を、二、三〇年目ごとに取り替えること。群馬県多野郡246 発音 イタガエシ 〈なまり〉イタガヤシ〔飛驒〕 〈標ア〉ガ

いたがえし-の-で【板返出】〘名〙 切目縁（きりめえん）で、板の突出部がその厚さに等しい場合のこと。〔日本建築辞彙（1906）〕

いた-かえるまた【板蛙股・板蟇股】〘名〙 かえるまたの一種。厚い一枚板からなり、板の輪郭をかえるまた式にしたもの。梁（はり）の上において上からの荷重を支える。

いた-かき【板欠】〘名〙 板の端を受けさせるため、梁（はり）などの縁を切り欠くこと。〔日本建築辞彙（1906）〕 発音 イタガキ 〈標ア〉0

いた-がき【板垣】〘名〙 板を並べて作った垣。板塀。＊皇太神宮儀式帳（804）「板垣 廻長一百卅八丈六尺」 ＊源氏（1001-14頃）蓬生「めぐりの見ぐるしきにいたがきといふもの、打ちかためつくろはせ給ふ」 ＊鹿苑日録-永正元年（1504）四月一日「修二衣鉢閣前之板垣一。常住無レ資、自レ私弁レ之」 ＊偸盗（1917）〈芥川龍之介〉二「仆（たふ）れかかった板垣（イタガキ）の中には、無花果（いちじゅく）が青い実をつけて」 発音 イタガキ 〈標ア〉0 辞書 言海 表記 板垣（言）

いたがき【板垣】 姓氏の一つ。 発音 イタガキ 〈標ア〉タ

いたがき-せいしろう【板垣征四郎】 陸軍大将。岩手県出身。近衛、平沼両内閣の陸相。満州事変に主導的役割を果たした。第二次大戦後、極東国際軍事裁判で戦争責任者の一人として、東条英機らとともに絞首刑を宣告され、刑死。明治一八～昭和二三年（一八八五～一九四八）

いたがき-たいすけ【板垣退助】 政治家。旧姓、乾（いぬい）。土佐藩出身。幕末、討幕運動を推進。維新後、参議となったが征韓論を主張して辞職。愛国公党を結成して民選議院設立建白書を提出する。以後自由民権運動を指導して自由党を創設。のち、立憲自由党を組織し内相となる。天保八～大正八年（一八三七～一九一九）

いた-がき【板書】〘名〙 黒板に書くこと。また、書かれたもの。ばんしょ。＊若い人（1933-37）〈石坂洋次郎〉上・四「間崎は一度も板書きする機会が無かった白墨を先刻のやうに手づかみにして」 発音 イタガキ 〈標ア〉0

いた-がけ【板掛】〘名〙 縁板、棚板などの端を受けるように、他の材に横木をとりつけること。また、その横木。板摺（いたずり）。板持ち。〔日本建築辞彙（1906）〕 発音 イタガケ 〈標ア〉0

いた-かご【板籠】〘名〙 平たくて大きい板状のかご。養蚕などに使う。＊重右衛門の最後（1902）〈田山花袋〉五「養蚕の板籠を山のごとく積み重ねた間口の広い家」 発音 イタカゴ 〈標ア〉タ

いた-がこい【板囲】〘名〙 仮に作った板塀。建築工事場などの周囲に作る羽目板張りの仮の囲い。＊浄瑠璃・生玉心中（1715か）上「彼の板（イタ）がこひの惣領殿が一昨日（おととひ）から在りしょが知れず」 ＊財政経済史料-四・土木・営繕・市街家屋・天保二年（1831）九月一八日「町々普請之節、板囲格別高く補理、風雨火災之憂に相成候由」 ＊義血侠血（1894）〈泉鏡花〉八「此所彼所（ここかしこ）に見世物小屋の板囲（イタガコヒ）を洩るる燈火は」 ＊普請中（1910）〈森鷗外〉「河岸通りに向いた方は板囲ひになってゐて」 発音 イタガコイ 〈標ア〉ガ 〈京ア〉0 辞書 〈ボン〉・言海 表記 板囲（へ・言）

いた-がしら【板頭】〘名〙 ①江戸の深川、千住、品川などの岡場所の遊女屋で、一月の揚げ代が最も多い女郎の称。吉原遊郭の、お職（しょく）に相当する。寄せ場に掛ける遊女の名札の板が、その月の稼ぎ高の順で、最高の者が、その首位に掛けてあるところからいう。板元（いたもと）。＊洒落本・仕懸文庫（1791）一「さうさ、あの子なんざア、みへきでの板がしらさ。〈板がしらとは、よせばの板がしらだといふ事、大いその通詞也〉」 ＊洒落本・辰巳婦言（1798）四つ明の部「[女郎おとま]爰の内の板もと也。但し子共やによりて板がしらといふ家も有り。青楼ならおしょくといふもの」 ＊歌舞伎・蝶々孖梅菊（1828）序幕「藤屋の内では板頭（イタガシラ）は、吾妻さんが評判だ」 ②転じて、ある仲間、または同類の中での第一番。筆頭。首座。＊洒落本・風俗通（1800）四「地口（ぢくち）にかけてはおいらア板頭（イタカシラ）だ」 ＊滑稽本・大千世界楽屋探（1817）中「おとしといひごねんくゎいといひ、おめさんはしゃうれうながやのたながしら、ゐはいだうのいたがしらだけあって」 発音 イタガシラ 〈標ア〉ガ

いた-かす【板糟・板粕】〘名〙 ①板状に固めた酒の糟（かす）。 ②油をとったあとの大豆かすを圧搾して板状にしたもの。窒素肥料にする。 発音 〈標ア〉0 カ 辞書 言海 表記 板糟（言）

いた-かず【板数】〘名〙 板の枚数。＊浮世草子・傾城禁短気（1711）三・二「皆の衆のやうに天井の板数（イタカズ）よんでござるよりは、大分増（まし）な相手を手池にいたし置ぬれば」 発音 〈標ア〉0

いた-がすり【板絣】〘名〙 板締めの原理で染めた絣糸で織った絣。東京都下の村山大島、山形県の白鷹つむぎなど。板締め絣。 発音 イタガスリ 〈標ア〉ガ

いた-がったり〘名〙 木製のがったり。革で作る場合もある。紐で胴に結び付けた。→がったり二①

いた-がね【板金・板銀】〘名〙 ①金属を延ばして、板状にしたもの。工学上は普通、幅一五〇ミリメートル以上の鋼板をいう。いた。＊多聞院日記-天正一一年（1583）八月一六日「やねはにしきにてはる。〈略〉四方のそて板金にそとをたみて、其上にほたんをけっこうに書レ之」 ②金銀を薄く板状に延ばしたもの。近世初期から、貨幣として用いられることがあった。また、特に丁銀（ちょうぎん）をさしていうことがある。いた。＊日葡辞書（1603-04）「Itagane（イタガネ）〈訳〉銀、または金の延金」 ＊浮世草子・好色二代男（1684）三・四「板銀（イタカネ）を山なして、ほしそふなる下々にくだし給ふに」 ＊浮世草子・傾城禁短気（1711）六・二「十文字掛けた五百目包を解き初め、板銀（イタガネ）で捌き出す段からは」 ＊書言字考節用集（1717）七「鈑 イタガネ 金鈑曰二大判一、銀鈑曰二丁銀一」 ＊随筆・守貞漫稿（1837-53）七「今の京坂俗〈略〉丁銀を板がねとも」 発音 イタガネ 〈標ア〉0 〈京ア〉0 0 辞書 日葡・書言・〈ボン〉・言海 表記 鈑（書） 板金（へ・言）

いたがね〘名〙 方言 ❶氷。長崎県壱岐島914 ❷植物、ゆずりは（譲葉）。山口県玖珂郡800

いたがね-くさり【板金鎖】〘名〙 「いたぐさり（板鎖）」に同じ。

いたがね-ざいく【板金細工】〘名〙 ブリキ板、銅板などの金属板を用いて玩具、器具等をつくること。また、そのもの。 発音 イタガネザイク 〈標ア〉ザ

いた-かぶ【板株】〘名〙 近世、書物を出版する際、板木（はんぎ）を所有する権利。現在の版権に当たる。 発音 〈標ア〉タ

いたか-ぶり【居高―】〘名〙 自分だけでいい気になっている様子。他人の軽蔑に気づかずうぬぼれた態度。＊見咲三百首和歌（江戸初）「ぶげんある人さへあしきいたかふり ましてぶんなき人は見ぐるし」 ＊仮名草子・悔草（1647）上「かたはらをみれば俗性いやしきなりたちを、知る者有て云伝へ人々嘲る事はしらで。とみにおかされ。居（ヰ）たかぶりのていたらく」 発音 〈標ア〉0

いたか-ぶ・る【居高―】〘自ラ四〙（「ぶる」は接尾語）居丈高（いたけだか）な態度をとる。いきりたつ。 発音 〈標ア〉ブ

いた-かべ【板壁】〘名〙 板を張った壁。＊義経記（室町中か）三・書写山炎上の事「小法師原（ばら）を二三十人集めて、いたかべを敲（たた）いて同音に笑はせける」 ＊思出の記（1900-01）〈徳富蘆花〉五・四「食堂の外の板壁（此板壁は学校の掲示場で〈略〉凡百の公掲文字は此処に張られる）を見ると」 ＊海に生くる人々（1926）〈葉山嘉樹〉四七「恰も彼等は禁錮刑囚のやうに、監房の板壁を眺めた」 方言 塀。熊本県菊池郡919 ◇いたのべ 熊本県天草郡919 発音 〈標ア〉タ0 〈京ア〉0タ

いたか-ぼとけ〘名〙 山形県の羽黒山麓の村々で、

特殊な家筋の家が正月にまつるもの。神体は戒名を書いた経木だという。

いた-がまい【板構】〘名〙 板で造られる門などの建造物。＊読書放浪(1933)〈内田魯庵〉銀座繁昌記・二「駅を出ると正面はトンネル長屋とでも云ひさうなバスのギャレージで、骨組が出来たばかりの板構ひや半分破壊された儘の家で前後を囲繞(とりかこ)まれてゐる」 発音イタガマイ〈標ア〉ガ

いた-かましき【板釜敷】〘名〙 茶道で用いる釜敷の一つ。桐、朴(ほう)その他の木板を、厚さ三分(一センチメートル)、五寸(一六センチメートル)四方に切り、角(かど)を一寸一分(三・五センチメートル)切り落とし真中に直径一寸(三センチメートル)の丸い穴を開けたもの。炭手前のとき釜をその上に上げる。

いた-かまぼこ【板蒲鉾】〘名〙「いたつきかまぼこ(板付蒲鉾)」の略。＊松屋会記-久政茶会記・文祿元年(1592)一二月二五日「かんなかけに板かまほこ」 発音〈標ア〉カ マ

いた-がみ【板紙】〘名〙 ①(「まないたがみ」の略か) 鯉などを料理するとき、まな板の上に敷く紙。＊四条流庖丁書(1489)「俎紙(イタカミ)上に土器可ㇾ置様の事。鯉を俎に置て出時。内より庖丁人を召出すべきには。筋刀を俎上に不ㇾ置して。俎紙の上に土器に置て出也」＊日葡辞書(1603-04)「Itagami (イタガミ)〈訳〉肉を切盛する人が刃物を綺麗にするある種の紙」 ②「いためがみ(板目紙)」に同じ。 ③洋紙の一種。板のように厚くて堅い紙。麦わらや稲わら、屑紙などを原料とする。段ボール原紙、白板紙、黄板紙、チップボール、建材原紙などの種類があり、用途は広い。ボール紙。馬糞紙。＊和英語林集成(初版)(1867)「Itagami イタガミ 板紙(n) Pasteboard」＊東京日日新聞-明治二六年(1893)九月一五日「他の製紙会社と異り重もに板紙其他厚物類及上等印紙等を製造する」 発音イタガミ〈標ア〉0〈京ア〉ガ 辞書日葡・ヘボン 表記板紙(へ)

いたか-もの【居高者】〘名〙 高慢な人。あつかましい人。＊運歩色葉(1548)「百面者 イタカモノ 居鷹者 イタカモノ」＊日葡辞書(1603-04)「イタカナモノ、または itaca mono (イタカモノ)」 発音〈標ア〉0 辞書天正・饅頭・日葡 表記居鷹者(天・饅)

いた-がゆ・い【痛痒】〘形口〙 痛くて、かゆい。また、痛いのかかゆいのかわからない感じである。＊妻(1920)〈田中純〉「夫人は何時までもどちらにも気を持たせるやうな態度で、その痛痒(イタガユ)い快感にひたってゐた」 発音イタガユイ〈標ア〉ユ 0

いたがゆ-さ【痛痒―】〘名〙(形容詞「いたがゆい」の語幹に接尾語「さ」の付いたもの) 痛くて、かゆい感じ。＊レクイエム(1969)〈津島佑子〉午後「ゆきの手はその鋭い振動でしびれ、しばらく痛痒さが残った」 発音イタガユサ〈標ア〉ガ

いた-からくり【板絡繰】〘名〙 板仕掛けの覗絡繰(のぞきからくり)。板からのぞくところからいう。 発音〈標ア〉カ

いた-ガラス【板硝子】〘名〙(ガラスは英 glass) 板状のガラスの総称。普通(並)板ガラス、磨き板ガラス、安全ガラス、網入り板ガラス、熱線吸収板ガラス、複層ガラス、色板ガラスなど。＊日本-明治三三年(1900)七月二〇日「板ガラスは我国に於て製造するものなく」＊放浪時代(1928)〈龍胆寺雄〉一・四「店頭の装飾に幾分でも注意を払って居る店とさうでない店とは、飾窓(ウヰンドウ)の板硝子(イタガラス)をちょいと見ただけでも大体わかる」 発音〈標ア〉ガ〈京ア〉ガ ガ

いた-からど【板唐戸】〘名〙 一枚または数枚の板を上下の端喰(はしばみ)または裏桟(うらざん)で止めた扉。桟唐戸に対していう。〔日本建築辞彙(1906)〕 発音〈標ア〉ラ

いた-がらま【潮空間】〘名〙 有明海地方で干潮のこと。空干(からっぴ)。〔分類漁村語彙(1938)〕

いた-がり【痛―】〘名〙 痛みを感じること。転じて費用のかかること。出費。いたごと。＊洒落本・南江駅話(1770)「ここでも新造を出す時のいたがりは『大きいとも大きいとも、野わきが新造の時は、仕舞が十五日、せいらうは染之助よりは多ヲかったノウ』」 発音イタガリ〈標ア〉0 リ

いた-が・る【痛―】〘自ラ五(四)〙(形容詞「いたい」の語幹に接尾語「がる」の付いたもの) ①程度がはなはだしいと思う。ひどく感服する。一説に、恐縮する。よい意味にも悪い意味にも用いる。＊土左(935頃)承平五年一月七日「しつべき人もまじれれども、これをのみいたがり、物をのみくひて、夜ふけぬ」 ②痛いという気持を外に表わす。痛いという様子をする。＊左経記-万寿三年(1026)五月五日「御体多腫、頗令ㇾ動給之時以多加良之女給云々」＊今昔(1120頃か)二八・一八「今や物突迷ひ、頭を痛がり狂ふと、心もと無く見居たるに、惣(すべ)て其の気色も无ければ」＊御湯殿上日記-文明一八年(1486)五月六日「しん大すけ殿、けさより御はらいたかりて御さふらひなし」＊虎明本狂言・太刀奪(室町末-近世初)「さやにてたたくいたがりて、目付大臣ばしら両方へいて」＊俳諧・曠野(1689)員外「川越の歩(ぶ)にさされ行(ゆく)穐の雨〈野水〉 ねぶと痛がる顔のきたなき〈落梧〉」 発音イタガル〈標ア〉ガ〈京ア〉0 辞書ヘボン 表記疼(へ)

いた-かんばん【板看板】〘名〙 ①板で作った看板。 ②(酒の名を刻んだ板の看板を掛けたところから) 京阪地方で、小売酒店をいう。江戸では枡酒屋(ますざかや)といった。＊随筆・守貞漫稿(1837-53)四「京坂酒小売店を異名の如く板看板と云。いたかんばんと訓ず。又江戸の小売店をますさかやと云。桝酒屋也」 発音〈標ア〉カ〈京ア〉カ カ

いたぎ〘名〙 ①植物「いたやかえで(板屋楓)」の異名。 ②植物「ひとつばかえで(一葉楓)」の異名。 方言植物。❶いたやかえで(板屋楓)。富山県003 石川県008 福井県003 長野県西筑摩郡003 岐阜県飛騨008 静岡県安倍郡003 京都府003 兵庫県宍粟郡003 鳥取県008 島根県出雲003 岡山県008 ❷あおはだ(青膚)。滋賀県北部008

いだき【抱】 ㊀〘名〙(動詞「いだく(抱)」の連用形の名詞化) だくこと。 ㊁〘接尾〙 両手でかかえる程の大きさ。かかえ。うだき。＊書紀(720)推古三年四月(岩崎本訓)「沈(ぢむ)水淡路嶋に漂着(よ)れり。其の大さ一囲(イダキ)」＊書紀(720)天武八年(北野本訓)「是年紀伊国伊刀郡、芝草(しさう)を貢れり。其の状、菌(たけ)に似たり。茎(もと)の長さ一尺、其の蓋(いたたき)二囲(イダキ)なり」

いだき-あ・う【抱合】〘自ワ五(ハ四)〙 互いにいだく。だきあう。＊七十一番職人歌合(1500頃か)二六番「もし我にいたきやあふと聖天のごとくに人をつくりなさばや」＊日葡辞書(1603-04)「Idaqiai, uŏ, uŏta (イダキワウ)」 発音文イダキオーとも〈標ア〉0 ア オ 辞書日葡

いだき-あ・ぐ【抱上】〘他ガ下二〙 両腕でかかえて上にあげる。だきあげる。＊今昔(1120頃か)二・二六「乍喜(よろこびなが)ら懐き上げて湯を沐(あぶ)して見るに」＊古本説話集(1130頃か)四九「谷の底の木の葉の多くたまりたる上になん、落ちかかりて、ふせりければ、人々見ていだきあげて」＊日葡辞書(1603-04)「Idaqiague, uru, eta (イダキアグル)」＊浄瑠璃・国性爺合戦(1715)一「血しほの中のはつ声は玉の様成おのこ親王(みこ)、〈略〉やる方涙に母后の袖引ちぎり押つつみ、いだきあげしが」 発音イダキアグ〈標ア〉ア 0 辞書日葡

いだき-あつか・う【抱扱】〘他ハ四〙 だいて世話をする。＊源氏(1001-14頃)薄雲「ことごとなくいだきあつかひもてあそび聞え給ひて、乳母(めのと)もおのづから近うつかうまつりなれにけり」＊とりかへばや(12C後)中「この若君をいとかなしげにおぼして、つねにいだきあつかひ給ふめれば」

いだき-いし【抱石】〘名〙 囲碁で、敵の一石を三方から囲むことを抱く、またはかかえるといい、それに用いる石のこと。現在はあまり用いない。＊歌舞伎・柳風吹矢の糸条(1864)「濫りに討って入る事のならぬ左右にいだき石(イシ)」 発音〈標ア〉キ

いだき-い・ず【抱出】〘他ダ下二〙 ①だいて外へ出る。また、だいて現われる。＊源氏(1001-14頃)紅葉賀「例の中将の君、こなたにて御遊びなどし給ふに、いだきいで奉らせ給て」＊浜松中納言(11C中)二「まづ姫君いだきいでて見せ奉り給ふ」 ②産む。お産する。＊源氏(1001-14頃)真木柱「十一月にいとをかしきちごをさへいだきいで給へれば、大将も思ふやうにめでたしと」 発音〈標ア〉イ 2 0

いだき-い・る【抱入】〘他ラ下二〙 ①だいて中に入れる。だき入れる。＊枕(10C終)五九・ちごは、あやしき弓「ちごは〈略〉しもとだちたる物などさげて遊びたる、いとうつくし。車などとどめて、いだき入れて見まほしくこそあれ」＊源氏(1001-14頃)手習「泣く泣くごだちをいだして、いだきいれさす」＊やみ夜(1895)〈樋口一葉〉八「見ず知らずの最初抱(イダ)き入(イ)れて介抱の心切はつくろひなき誠実(まこと)なれば」 ②仲間に引き入れる。だきこむ。＊仮名草子・浮世物語(1665頃)二・一「谷の流れも雨降れば濁るなど言はれて、大勢のかたにいだきいれられて、へつらひものになるもあり」 発音〈標ア〉イ 2 0

いだき-おお・う【抱覆】〘他ハ四〙 両腕でおおうようにしてだく。うだきおおう。＊書紀(720)仁徳即位前(北野本所引日本紀私記訓)「万民(おほむたから)を治むる者は、蓋(イダキオホフこと)天(あめ)の如く、容(うけいるること)地(つち)の如し」

いだき-おお・す【抱生】〘他サ四〙 だいて養い育てる。かわいがって育てる。いだきそだつ。＊たまきはる(1219)「御所に、幼くよりいだきおほさせ給ひけるとて」

いだき-おこ・す【抱起】〘他サ四〙 横になっているものを腕でかかえ上げる。だきおこす。＊讃岐典侍(1108頃)上「『苦しうたへがたくおぼゆる、いだきおこせ』と仰せらるれば」＊徒然草(1331頃)八九「これは如何にとて、川の中よりいだきおこしたれば」＊闇桜(1892)〈樋口一葉〉下「少し起きて見る気なら僕に寄りかかって居るがいいと抱(イダ)き起(オコ)せば」 発音〈標ア〉コ 0

いだき-おどろか・す【抱驚】〘他サ四〙 だいて目をさまさせる。＊源氏(1001-14頃)若紫「君は何心もなく寝給へるを、いだきおどろかし給ふにおどろきて」

いだき-おろ・す【抱下】〘他サ四〙 だいて下におろす。だきおろす。＊源氏(1001-14頃)薄雲「若君は、道にて寝給ひにけり。いだきおろされて泣きなどはし給はず」 発音〈標ア〉ロ 0

いたぎ-かえで【―楓】〘名〙 植物「いたやかえで(板屋楓)」の異名。

いだき-かか・う【抱抱】〘他ハ下二〙 両腕に囲み入れて持つ。だきかかえる。＊太平記(14C後)一八・瓜生判官老母事「杵臼我が子の三歳に成りけるを旧主の孤(みなしご)なりと披露して、是を抱(イダ)きかかへ」 発音文イダキカコーとも〈標ア〉カ 2 (コ) 0

いだき-かく・す【抱隠】〘他サ四〙 だいて見えないようにする。＊源氏(1001-14頃)鈴虫「若君らうがはしからむ。いだきかくし奉れ」 発音〈標ア〉ク 0

いだき-かしず・く【抱傅】〘他カ四〙 だいて大切に世話をする。＊源氏(1001-14頃)松風「ちごをわりなうらうたきものにし給ふ御心なれば、得ていだきかしづかばやとおぼす」＊太平記(14C後)二五・宮方怨霊会六本杉事「何(いか)なる人の産みたらむ子を、是こそよとて懐(イダ)き冊(カシヅ)かれむずらんとて」

いだき-こ・む【抱籠】『他マ下二』①両手でかかえて内に入れる。だきこむ。＊落窪(10C後)一「『あなわびし、あなうたて』と、いとほしくて腹立てど、動きもせず、いだきこめられて、かひもなし」②仲間にひき入れる。また、まきぞえにする。発音〈標ア〉コ0

いた-ぎしみ【板軋】『名』板のきしむこと。床板などがぎしぎしと音をたてること。＊或る女(1919)〈有島武郎〉前・四「ぎしぎしと板ぎしみのする真黒な狭い階子段(はしごだん)を上って」発音イタギシミ〈標ア〉ギ

いだき-し・む【抱締】『他マ下二』締めつけるようにしっかりだく。強くだく。だきしめる。＊浄瑠璃・傾城反魂香(1708頃)中「よふ顔見せて下んせと、すがれば男もいだきしめ涙のほかは声もなし」発音〈標ア〉シ0

いた-きずり【板木摺】『名』漆喰(しっくい)や紙壁を保持するために打った壁下地としての板。〔日本建築辞彙(1906)〕発音〈標ア〉0

いたきそ-じんじゃ【伊太祁曾神社】和歌山市伊太祈曾(いだきそ)にある神社。旧官幣中社。祭神は五十猛命(いたけるのみこと)ほか二柱(伊太祁曾三神)。延喜式内名神大社。紀伊国一の宮。山東(さんどう)宮。発音〈標ア〉ジ

いだき-そだ・つ【抱育】『他タ下二』だいて大切に育てる。かわいがって育てる。いだきおおす。＊太平記(14C後)三九・芳賀兵衛入道軍事「鎌倉左馬の頭基氏、幼少より上杉に懐(イダ)きそだてられたりし旧好捨て難く思はれければ」＊日葡辞書(1603-04)「コヲ idaqi sodatçuru(イダキソダツル)」発音〈標ア〉ダ2 辞書日葡

いだき-つ・く【抱付】『自カ四』しっかりと離れないようにすがりつく。かじりつく。だきつく。＊太平記(14C後)二一・塩冶判官讒死事「八幡六郎は、判官が次男の三歳に、成るるが、母に懐(イダ)き付たるを懐いて」＊日葡辞書(1603-04)「Idaqitçuqi, u, uita(イダキツク)」＊仮名草子・恨の介(1609-17頃)下「西に向ひて手を合せ十念し、此姫にいだきつき、自害してこそ死したりけり」＊浄瑠璃・用明天皇職人鑑(1705)二「もったいなくも諸岩が朽ちたる蓑にいだきつき、御声をあげてぞ泣き給ふ」発音〈標ア〉ツ0 辞書日葡・ヘボン 表記抱附(へ)

いだき-とど・む【抱止】『他マ下二』「いだきとむ(抱止)」に同じ。＊浄瑠璃・傾城反魂香(1708頃)三・熊野「元信いだきとどめんとすがり付ばかげもなく」

いだき-と・む【抱止】『他マ下二』だいて動けないようにする。だきとめる。いだきとどむ。＊浄瑠璃・傾城反魂香(1708頃)上「四郎二郎合点ゆかず逃んとするをいだきとめ」＊内地雑居未来之夢(1886)〈坪内逍遙〉一三「アナヤと後ざまに抱(イダ)きとめて」発音〈標ア〉ト0

いだき-と・る【抱取】『他ラ四』両腕で受けて自分の手にだく。だきとる。＊宇津保(970-999頃)国譲中「かしこういだきとり給つ」＊源氏(1001-14頃)柏木「いだきとりたまへば、いと心やすくうち笑みて、つぶつぶと肥えて白うつくし」＊日葡辞書(1603-04)「Idaqitori, u, otta(イダキトル)」＊浄瑠璃・源平布引滝(1749)三「水子是へといだき取、男子を女子にくろめんと心配れど」発音〈標ア〉ト0 辞書日葡

いだき-も・つ【抱持】『他タ四』だいてささえもつ。だいて保つ。＊宇津保(970-999頃)蔵開中「うつくしみて、いだきもちておはせし」＊源氏(1001-14頃)竹河「かんの君つといだきもちて、うつくしみ給ふに」＊徒然草(1331頃)一七五「物も着あへずいだきもち、ひきしろひて逃ぐる、かいとり姿のうしろ手」発音〈標ア〉モ0

いだき-もの【抱物】『名』身につけている物。かかえている物。＊塵芥集(1536)四八条「いたき物の事、相そへかへし付へし。かかへおしむにおゐては、とうさひたるへし」発音〈標ア〉0

いだき-よ・す【抱寄】『他サ下二』かかえて引き寄せる。だきよせる。＊御伽草子・朝顔の露(室町時代物語集所収)(室町末)「すでに御まつことをみえしとき、ひめきみ、御そばちかくいたきよせ」＊浄瑠璃・曾根崎心中(1703)道行「道に迷ふな違ふなといだきよせ肌を寄せ」

いた-ぎれ【板切】『名』(「いたきれ」とも) 板の切れはし。いたっきれ。いたびきれ。＊丸血留の道(1615-24)「船を破損して后悔の板ぎれ取付、悪の海底より浮んことを、汝髄に知たるや」＊浮世草子・世間胸算用(1692)一・四「桝(ます)おとしのかいづめ、油火を消(けす)板(イタ)ぎれ、鰹節引てこまくら」＊めぐりあひ(1888-89)〈二葉亭四迷訳〉一「末には種々(さまざま)の木片(きぎれ)板片(イタギレ)が横ってゐた」＊火事とポチ(1922)〈有島武郎〉「人夫たちも親切に世話してくれた。そして板きれでポチのまはりに囲(かこ)ひをしてくれた」発音イタギレ〈標ア〉0〈京ア〉0 辞書言海 表記板切(言)

いた-きん【板金】『名』金を薄く板状に延ばしたもの。近世初期から貨幣としても用いられた。いたがね。ばんきん。＊風俗画報-四六号(1892)器財門「古金の通用貨は沙金(しゃきん)練(ねり)金延(のへ)金板(イタ)金」＊江戸から東京へ(1921)〈矢田挿雲〉三-一「戦国時代までの通貨は粒金(つぶきん)、板金(イタキン)と云って目方の取引であったのを」発音〈標ア〉0

いたく【痛・甚】『副』(形容詞「いたい」の連用形から) 程度のはなはだしいさま。ひどく。はなはだしく。ずいぶん。↓いとう。＊古事記(712)上「豊葦原之千秋長五百秋之水穂国は、伊多久(イタク)さやぎてありなり」＊万葉(8C後)五・八四七「我が盛り伊多久(イタク)くたちぬ雲に飛ぶ薬はむともまたをちめやも〈大伴旅人〉」＊源氏(1001-14頃)夕顔「大弐の乳母の、いたく煩ひて尼になりにける、とぶらはむとて」＊新古今(1205)秋下・五〇九「今よりは又さく花もなきものをいたくなおきそ菊の上の露〈藤原定頼〉」＊米沢本沙石集(1283)七・七「聊の事に依て腹を立て打んとしける程に、物にけつまつきていたく倒れて、彌彌(いよいよ)腹をすゑかねて」語誌(1)「いたし」は極度である意も表わすが、上代では肉体的・精神的苦痛を表わす例がめだつ。中古に入ると程度のはなはだしさを示す用法は連用形「いたく」にかたよるようになり、これが上代の「いた」の副詞的用法にも通じる副詞となった。(2)音便化して「いたう」となるが、韻文では後まで「いたく」の形が好んで使われ、特に「いたくな…そ」の禁止表現は、一つの定まった表現のように用いられた。(3)「いたく」は動作・作用の程度のはなはだしさを表わす語としてもっぱら動詞の修飾に用いられ、形容詞についてその状態のはなはだしさをいう場合は「いと」が使用された。発音〈標ア〉イ〈ア史〉江戸○◎○〈京ア〉タ 辞書字鏡・名義・文明・書言・ヘボン・言海 表記痛(へ) 甚(言)

い-たく【依託・依托】『名』①物事を他人に頼んでやらせること。任せてやってもらうこと。依頼すること。委託。＊文明本節用集(室町中)「依託 イタク」＊日本書紀桃源抄(15C後)下「鬼物どもが依託して非情の者もものを云」＊経国美談(1883-84)〈矢野龍渓〉前・一二「昨日巴氏より今朝此書翰を三ケ処に送致せよとの依托を受けたることを告げ」＊行人(1912-13)〈夏目漱石〉友達・一「母から依託(イタク)された用向についても大した期待も興味もなかった」＊後漢書-光武帝紀・下「被レ略為二奴婢一者、皆一切免為二庶民一、或依託為二人下妻一、欲レ去者恣レ聴之」②物によりかかること。もたせかけること。＊開化本論(1879)〈吉岡徳明〉上・五「命とは比霊魂を各自の身体に依托して生涯連持する所以の者なり」＊歩兵操典(1928)第八三「銃を地物に依托するは射撃効力を発揚するに価値あるものとす」③かこつけること。＊六韜-龍韜・王翼「術士二人、主下為二譎詐一、依二託鬼神一、以惑中衆心上」発音〈標ア〉0〈京ア〉0 辞書文明 表記依託(文)

い-たく【委託・委托】『名』①「いたく(依託)」に同じ。＊日本外史(1827)三・源氏正記「頼朝深知二其長者一、委二託後事一」＊当世書生気質(1885-86)〈坪内逍遙〉六「皆々我輩を信用して、倅(せがれ)共を三人まで今回我輩に委託(ヰタク)したぞ」＊舞姫(1890)〈森鷗外〉「引かれて大臣に謁し、委托せられしは独逸語にて記せる文書の急を要するを翻訳せよとの事なり」＊旧五代史-晋少帝紀賛「奢淫自縦、謂レ有二泰山之安一、委二託非人一、坐受二平陽之辱一」②法律用語。ある行為、事務などを他人、または他の機関に頼むこと。＊民法(明治二九年)(1896)六四三条「委任は当事者の一方が法律行為を為すことを相手方に委託し」＊吾輩は猫である(1905-06)〈夏目漱石〉一〇「用事を弁じさせる為めに、ある権限を委託した代理人の様なものだ」③商取引で、客が商品仲買人や証券業者に注文を出すこと。発音〈標ア〉0〈京ア〉0 辞書言海 表記委託(言)

い-たく【居宅】『名』(「きょたく(居宅)」の湯桶(ゆとう)読み) 住んでいる家。すまい。＊浮世草子・椀久一世(1685)上・二「家質(いへじち)のながれまへを知りながら、居宅(ヰタク)を大きに申なし」＊浮世草子・世間子息気質(1715)一・三「居宅(ヰタク)も売り残し商売物も小躰にして」＊洒落本・舌講油通汚(1781)「あとで引かけられても、居宅(イタク)の家賃迄はよほどうるおうと申もの」方言(小屋に対して)母屋。住まい。神奈川県藤沢市319 発音〈標ア〉0 辞書ヘボン 表記居宅(へ)

い-たく【遺宅】『名』死んだ人の住んでいた家。死んだ人の残した家。＊百鬼園随筆(1933)〈内田百閒〉梟林漫筆・八「是非一度遺宅を訪ねて、仏になった人の前に御辞儀をして来たいと思ひつめた」発音〈標ア〉0

い-たく【遺沢】『名』後世に残る恩沢。＊孜孜斎詩話(1776)下「周南資性謹実〈略〉以レ故遺沢不レ斬」＊宋書-孝武帝紀「属二承景業一、闡二揚遺沢一、無レ廃二厥心一」発音〈標ア〉0〈京ア〉0

い-たく【遺託・遺托】『名』臨終に際してゆだね任したこと。死に際に言い残した頼み。＊翰林葫蘆集(1518頃)一四・鹿苑院殿百年忌陞座「頼之以二宗室之耆老一、受二先主遺託一以翼衛」＊随筆・折たく柴の記(1716頃)下「前代の御遺託をうけて、此年月幼主をたすけまゐらせ天下大小の事ども議せられし所も」＊文明論之概略(1875)〈福沢諭吉〉三・六「就中(なかんづく)其太閤の遺託に背て大阪を保護するの意なく」発音〈標ア〉0

い-だく【唯諾】『名』快く、また気軽に応じること。承諾すること。また、あいさつ。返答。＊西京繁昌記(1877)〈増山守正〉初・下「客去り客来って絹々絶へず、手を拍ち物を命じて唯諾頻(しきり)なり」＊日本文学史骨(1893)〈北村透谷〉二「何の目的もなく、在来の倫理に唯諾し」＊礼記-曲礼上「摳レ衣趨レ隅、必慎二唯諾一」

いだ・く【抱・懐・擁】『他カ五(四)』①両腕にかかえて持つ。だく。うだく。＊書紀(720)履中即位前(図書寮本訓)「一に云はく、大前宿禰、太子を抱(イダキ)まつりて馬に乗せまつれりといふ」＊土左(935頃)承平五年二月九日「ひとみな、ふねのとまるところに、こをいだきつつおりのりす」＊源氏(1001-14頃)横笛「二宮みつけ給て、まろも大将にいだかれんとの給ふを」②中に包み込むようにする。擁する。＊書紀(720)欽明五年三月(寛文版訓)「将士(いくさ)を遣りて、任那を擁(イダキ)守(まも)ること、懈(おこた)り息(やす)むことと無し」③心の中に、ある考えや感情を持つ。＊大唐三蔵玄奘法師表啓平安初期点(850頃)「慕ふこと異にして、荒れたることを懐(イダ 別訓 ウダ)けば、寔(まこと)に朝化に資(たす)けられて」＊海道記(1223頃)萱津より矢矧「楊妓が路に泣て騒人の根をいだきけんも」＊小説神髄(1885-86)〈坪内逍遙〉上・小説総論「外

山矢田部井上の大人(うし)たちがここに遺憾を抱(イダ)かれつつ新体詩抄一部をあらはし」＊火の柱(1904)〈木下尚江〉五・三「何人(なんぴと)か罪の悩を抱(イダ)かぬ心を有(も)つでせうか」＊吾輩は猫である(1905–06)〈夏目漱石〉一「吾輩は少なからず恐れを抱いた」 語誌 (1)同意語の「むだく」「うだく」「いだく」「だく」の先後関係は、「むだく」が奈良時代から平安初期、「うだく」が平安初期から鎌倉時代頃、「いだく」が平安初期から現代、「だく」が平安中期から現代、という順になる。(2)ダクが①の意味で勢力を拡大していくのに伴って、イダクは次第に③の意味に限定されるようになり、現在に至る。(3)イダク→ダクの変化は、他にイダス→ダス(出)、イドコ→ドコ(何処)などの類例がある。これを語頭狭母音の脱落と考える説と、濁音節前のいりわたりの鼻音がイ表記されたものの省略と見る説とがある。 語源説 (1)ウダクの転〔大言海〕。ウデ(腕)よりウダクが生じ、イダクに転じた〔国語の語根とその分類=大島正健〕。(2)イは発語。ダクはテガク(手掛)の転〔名言通〕。(3)ダクは、ダク(手組)の義〔紫門和語類集〕。(4)ウチデマキク(内手巻来)の義〔日本語原学=林甕臣〕。 発音 〈なまり〉インダク〔島原方言〕ウダク〔富山県・石川・紀州・土佐・福岡・壱岐・対馬・大分〕ウダグ〔壱岐続〕オダク〔石川・淡路・和歌山県〕ザク〔豊後〕〈標ア〉ダ 〈ア史〉平安●●● 鎌倉●●● 江戸●○○か 〈京ア〉0 辞書 色葉・名義・和玉・文明・明応・天正・饅頭・黒本・易林・日葡・書言・〈ボン〉・言海 表記 抱(文・明・天・黒・易・書・へ・言) 懐(玉・文・明・天・饅・黒・易・書) 任・抱(色・名) 囲・拉(色) 把・勒(名) 挟・勵(玉) 擁(文)

同訓異字 **いだく**【抱・懐・擁・挟・腹】

【抱】(ホウ) だきかかえて中に取り入れて置く。「抱擁」「抱腹」「介抱」 また、心にある気持や考えなどを持つ。「抱負」「辛抱」《古 いだく・うだく・もつ》

【懐】(カイ) ふところや体の中に入れて持つ。「懐中」「懐妊」「懐炉」 また、心に思う。心の奥深くに、ある感情を伴って何かをいだく。「懐疑」「述懐」「本懐」《古 いだく・だく・おもふ・とどむ・はらむ・ふところ・こころ》

【擁】(ヨウ) 手で抱え込むようにだく。「抱擁」「囲擁」《古 かかふ・かいいだく・かこむ・ととむ・ふさぐ》

【挟】(キョウ) はさんで持ちかかえる。「挟持」《古 はさむ・わきはさむ・たもつ・いだく》

【腹】(フク) 体のはら。転じて、こころ。こころの中に持つ。「腹案」「腹芸」《古 ふところにす》

いだ-ぐい【—食】〘名〙 方言 ❶菓子などを絶えずだらしなく食べること。むだ食い。間食。 ◇**いだぐらい**とも。 愛知県名古屋市562 ❷食べること以外に才能のないこと。無芸大食。 愛知県西春日井郡558

いたく-がいしゃ ヰタクグワイシャ【委託会社】〘名〙 ①信託契約を結んで、銀行または信託銀行に物上担保付社債の募集を依頼する起債会社。＊担保附社債信託法-明治三八年(1905)二三条「委託会社は信託契約に依り社債の募集を受託会社に委任することを得」 ②証券投資信託で、受益者のために、信託財産の投資を受託会社に指図する会社。 発音 〈標ア〉ガ

いたく-がくせい【依託学生】〘名〙 ある団体が学資を支給して、ある学校に教育を任せ頼んだ学生。依託生。＊陸軍省令第三四号-明治三二年(1899)七二条「衛生部依託学生、同依託生徒の要員は〈略〉高等学校長若くは府県立医学校長に通牒し志願者を召集するものとす」 発音 イタクガクセイ 〈標ア〉ガ

いたく-かこうぼうえき ヰタク【委託加工貿易】〘名〙 国際的な賃加工制。国内の製造業者または貿易業者が、外国の委託者から送られてくる原料を加工し、委託者または指定外国に輸出する貿易。反対に、国内の業者が外国の業者に委託する場合にもいう。 発音 イタクカコーボーエキ 〈標ア〉ボ

いたく-きん ヰタク【委託金】〘名〙 管理、運用などを任された金。＊日本教育史略(1877)付録・日本文部省沿革略記「官金をして普く全国の小学に及ばしめんことを欲して、〈略〉府県に委托せんことを令す。委托金と称する者即是なり」＊道草(1915)〈夏目漱石〉七七「官途に縁がなくなってから、不如意に不如意の続いた彼は、つい其委託金(ヰタクキン)に手を付けた」 発音 〈標ア〉0 ク

いたくきん-ひしょう ヰタクキンヒセウ【委託金費消】〘名〙 委託金を任せた人の了解を得ないで、自分勝手に使うこと。＊社会百面相(1902)〈内田魯庵〉宗教家・上「待合遊びから妄狂ひした挙句が一万円足らずも委託金費消をやって逃出すといふンだから」＊続俳諧師(1909)〈高浜虚子〉二八「委託金費消の罪名で、其実(そのじつ)会社の為めに行使した賄賂」 発音 イタクキンヒショー 〈標ア〉0

いたく-こうさく ヰタクカウサク【委託耕作】〘名〙 小規模農家や労力不足の農家が、一定の契約のもとに耕作を他の農家にゆだねること。 発音 イタクコーサク 〈標ア〉コ

いたく-こうしゅうでんわ ヰタク【委託公衆電話】〘名〙 保管や取り扱いを委託して店舗などに設置した公衆電話。→赤電話

いた-ぐさり【板鎖】〘名〙 多数の板金を目釘(めくぎ)で連続した鎖。工作機械、自動車、オートバイなどの動力の伝達に用いる。くさりベルト。いたがねくさり。 発音 イタグサリ 〈標ア〉グ

いたく-しゃ ヰタク【委託者】〘名〙 ①ある行為、事務などの委託をする人。＊国会論(1888)〈中江兆民〉「政府の名義を正して真の政府と為し受托者と為し人民の名義を正して真の人民と為し委托者(イタクシャ)と為し」＊英和外交商業字彙(1900)〈篠野乙次郎〉「Mandator 委託者」 ②最低賃金法で、物品の製造、加工などを家内労働者に委託する者、およびその代理人。 ③商品仲買人または証券業者に売買を依頼する者。〔取引所用語字彙(1917)〕 発音 〈標ア〉クタ 〈京ア〉ク

いたく-しゃげき【依托射撃】〘名〙 小銃射撃で、小銃を樹木、托架などにもたせかけて、照準を安定させて射撃すること。 発音 イタクシャゲキ 〈標ア〉シャ

いたく-しゅっぱん ヰタク【委託出版】〘名〙 出版委託者(著作権者)が出版事務の一部または全部を出版受託者(出版業者)に委託して行なう出版。ふつう、受託者は販売しないで、その損失、義務は委託者が負う。 発音 〈標ア〉シュ

いたく-じょ【依託所】〘名〙 他人の依託を受けて、事務を取り扱う所。また、他人の依頼によって物品などを管理する所。 発音 〈標ア〉0

いたく-しょうけん ヰタク【委託証券】〘名〙 発行者が、第三者にあてて給付を委託する旨を記載した証券。〔現代文化百科辞典(1937)〕 発音 イタクショーケン 〈標ア〉ショ

いたく-しょうこきん ヰタク【委託証拠金】〘名〙 株式の信用取引や商品の先物(さきもの)取引などで、投資家が証券会社や商品取引員に預ける担保。委託保証金。証拠金。〔取引所用語字彙(1917)〕 発音 イタクショーコキン 〈標ア〉0 コ

いたく-せい【依託生】〘名〙 「いたくがくせい(依託学生)」に同じ。＊文部省令第二三号-明治四〇年(1907)四条「委託生には授業料を徴収せず」 発音 イタクセイ 〈標ア〉クタ

いた-ぐそく【板具足】〘名〙 当世具足の一種。細かい札仕立(さねじたて)の毛引威(けびきおどし)にしないで、大きい板札(いたざね)を綴じて作ったもの。→具足。 発音 〈標ア〉グ

いた-くち【痛口】〘名〙 馬術で馬を制するために、くつわを強くおさえること。

いたく-てがた ヰタク【委託手形】〘名〙 第三者に委託された振出人が委託者の計算において振出人の名で振り出す為替手形。 発音 イタクテガタ 〈標ア〉テ

いたく-ばいばい ヰタク【委託売買】〘名〙 ①商品の購入や販売を、他の商人に頼んで行なってもらうこと。＊英和商業新辞彙(1904)〈田中・中川・伊丹〉「Sale on Commission 委託売買」 ②取引所の会員である証券会社または商品仲買人が、客から頼まれて行なう売買。↔自己売買。 発音 〈標ア〉バ1 〈京ア〉バ1

いたく-はんばい ヰタク【委託販売】〘名〙 販売を他に任せること。また、頼まれて売ること。その報酬として売上金の一定歩合を任せた人や機関に手数料として支払うもの。＊仏和法律字彙(1886)〈藤林忠良・加太邦憲〉「Consignation 〈略〉 Itakuhambai 〈略〉委託販売」＊吾輩は猫である(1905–06)〈夏目漱石〉六「下品な依託販売をやる必要はないですよ」＊東京年中行事(1911)〈若月紫蘭〉一月暦「日本全国から輸送して来る魚を受取って委托販売(ヰタクハンバイ)を専業の五軒の問屋と」 発音 〈標ア〉八 〈京ア〉八

いたく-ひん ヰタク【委託品】〘名〙 委託された物品。委託物。 発音 〈標ア〉0 ク

いたく-ぶつ ヰタク【委託物】〘名〙 「いたくひん(委託品)」に同じ。 発音 〈標ア〉ク

いたく-ぼうえき ヰタク【委託貿易】〘名〙 商品の販売を外国の商社などに委託する貿易方法。 発音 イタクボーエキ 〈標ア〉ボ 〈京ア〉ボ

いたく-ぼしゅう ヰタクボシフ【委託募集】〘名〙 ①社債募集方法の一つ。社債の募集とその事務手続きを、銀行や信託銀行に代行してもらうこと。 ②労働者を募集しようとする者が、その雇用者以外の者に募集を行なわせること。出稼労働の募集人などが、虚偽の労働条件を示さないように、厚生労働大臣の許可を必要とする。 発音 イタクボシュー 〈標ア〉ボ

いたく-よういく ヰタクヤウイク【委託養育】〘名〙 他人の委託を受けて、児童を養育すること。また、その事業。 発音 イタクヨーイク 〈標ア〉ヨ

いたくら【板倉】 滋賀県草津市の西部、琵琶湖東岸の地とも、琵琶湖西岸の高島郡高島町付近ともいわれる。 発音 〈標ア〉0

いたくら【板倉】 姓氏の一つ。 発音 〈標ア〉0 タ

いたくら-かつあき【板倉勝明】 江戸末期の上野国安中藩主。号甘雨亭。節山。「甘雨亭叢書」を編んだ。文化六～安政四年(一八〇九～五七)

いたくら-かつしげ【板倉勝重】 江戸初期の徳川氏の家臣。もと僧であったが、家康の命で還俗(げんぞく)。駿府奉行、関東代官を経て慶長六年(一六〇一)京都所司代となる。元和六年(一六二〇)まで勤め、この年、その子重宗が継ぐ。天文一四～寛永元年(一五四五～一六二四)

いたくら-しげまさ【板倉重昌】 江戸初期の大名。三河深溝(ふこうず)の領主。勝重の三男。島原の乱に際し上使として鎮定に向かったが成功せず、戦死。天正一六～寛永一五年(一五八八～一六三八)

いたくら-しげむね【板倉重宗】 勝重の長子。周防守。父に代わり京都所司代となり、在職三五年間、明快な裁決を下した。「板倉政要」は、父子の京都における施政・裁判の大要を後人が書き著したもの。のち、下総関宿城主となり五万石を領した。天正一五～明暦二年(一五八七～一六五六)

いた-くら〘名〙 方言 ❶すずめ(雀)。 三重県南牟婁郡603 奈良県吉野郡004 和歌山県日高郡698 徳島県美馬郡817 高知県高岡郡862 ◇**いったくろ** 三重県南牟婁郡(幼児語)586 ◇**いったくら** 三重県南牟婁郡603 ◇**いたくろ** 和歌山県海草郡690 ◇**いたくらすずめ**〔—雀〕 奈良県吉野郡004 ❷にゅうないすずめ(入内雀)。 ◇**いたくらすずめ** 奈良県添上郡004 語源説 (1)東北地方のイタコ(巫女)と同じくイタは読誦すること。クラはツバクロ、チンチクロのクロと同様に、鳥を意味する〔綜合日本民族語彙〕。(2)沖縄の昔話に雀の啼き声

をクルクルと聞きなしていたところがあり、それからクラという名が出てきた〔野鳥雑記＝柳田国男〕。

いた-ぐら【板倉・板蔵】〘名〙 壁を板にした倉。また、校倉(あぜくら)のように板で壁体を組んだもの。＊正倉院文書-天平九年(737)・和泉監正税帳(寧楽遺文)「不動 東第壱板倉 長一丈六尺九寸 広一丈五尺九寸 高一丈五寸」＊土(1910)〈長塚節〉五「勘次は〈略〉村の中の姻戚(みより)の処へ行って板蔵の二階へ隠れて寝て居た」＊小鳥の巣(1910)〈鈴木三重吉〉上・九「向ひの材木屋の板倉で大きな木材を挽いてゐる」 方言 山形県飽海郡139 東京都八丈島337 岐阜県北飛驒499 和歌山県日高郡054 ◇いたくら 山形県139 発音 イタグラ〈標ア〉0 辞書 言海 表記 板倉(言)

いたぐら〘名〙 方言 ❶足を組んで座ること。あぐら。滋賀県犬上郡606 奈良県吉野郡687 福岡県粕屋郡872 長崎県佐世保市902 熊本県玉名郡058 宮崎県えびの市947 西臼杵郡948 鹿児島県肝属郡970 ◇いたうら 三重県阿山郡585 ◇いたぐあめ 鹿児島県始良郡967 ◇いたぐれ 鹿児島県961 ◇いたびら 三重県伊賀001 滋賀県607 609 611 ◇いたぶら 三重県上野市585 阿山郡596 滋賀県062 607 611 ◇いたまぐら 福岡県久留米市872 ◇いたまぐり 熊本県玉名郡058 八代郡921 ◇いったぐら 長崎市054 ◇うたぐら 三重県南牟婁郡603 奈良県吉野郡675 和歌山県日高郡054 東牟婁郡704 ◇うたびら 伊賀†035 京都府620 ◇おたぐら 三重県南牟婁郡603 奈良県吉野郡683 和歌山県691 702 ◇おたひら 新潟県佐渡358 ◇ひだぐら 栃木県河内郡197 ◇びたぐら 常陸†064 福島県中部155 茨城県多賀郡188 稲敷郡193 栃木県(卑語)198 ◇ふたぐら 奈良県吉野郡683 ❷ひざ。◇おとびら 奈良県吉野郡683

いたくら-こたつ【板倉炬燵】〘名〙 火のないこたつをいう江戸言葉。→板倉殿の冷え炬燵。＊随筆・秉穂録(1795-99)一・下「尾州にて、火のなきこたつを、岩倉こたつといふ。昔、岩倉殿とよべる人、貧しくして、こたつに火なく、海蝦を煮たる殻を入れ置たりしより、かくはいふなりと、江戸にては、板倉こたつといふ。これも同じさまに云伝ふ。岩倉、板倉、相近し。何れか是なる事をしらず」 発音〈標ア〉コ

いたくら-すずめ【━雀】〘名〙 方言 ⇩いたくら

いたくら-どの【板倉殿】〘名〙(京都所司代周防守板倉重宗が非のうちどころのない政治を行なったところから) 非のうちどころのない人。また「非がない」と「火がない」にかけて、火が消えて冷たくなったこたつをいうしゃれ。板倉殿の冷え炬燵(ごたつ)。＊俳諧・五元集(1747)亨「周防どのは、才ある人にて、政事行るに一生非なし、ひなきをめでて、板くらどのと申とかや」 発音〈標ア〉0

いたくらどの の 冷(ひ)え炬燵(ごたつ) 「冷え炬燵」は「火がない」で「非がない」にかけていったしゃれ。＊諺苑(1797)「板倉殿のひへ火燵」＊随筆・嬉遊笑覧(1830)一〇・下「世諺に板倉殿の冷こたつとて、すりきり給ひしことのありしやうに心得るは、火の消たやうにさみしきといふとおなじ意とするにてこそいみじき僻言なり」

いたくらどの の 瓢簞公事(ひょうたんくじ) 近世初期、名判官とうたわれた京都所司代板倉勝重が、ある三人の子に残された形見の瓢簞のすわり具合から相続人を判定したという、有名な裁き。＊浮世草子・世間胸算用(1692)二・三「借屋の親仁(おやぢ)に板倉(イタクラ)殿の瓢簞(ヘウタン)公事(クジ)の咄しをさせ」

いたぐらみ〘名〙 あぐらをかくこと。いたぐらめ。＊物類称呼(1775)五「ゆるやかに坐する事を京大坂にて、じゃうらくむといふ。関東にて、あぐらかくと云〈略〉肥前及薩摩にて、いたぐらみといふ」 方言 熊本県阿蘇郡948 宮崎県東諸県郡954 ◇いたぐらみあ 長崎県佐世保市902

いたぐらめ〘名〙「いたぐらみ」に同じ。＊物類称呼(1775)五「ゆるやかに坐する事を〈略〉肥後にて いたぐらめといふ」＊浜荻(久留米)(1840-52頃)「いたぐらめ 安座することなり。〈略〉あぐらをかくことを いたぐらめにいづると云」 方言 佐賀県887 長崎県052 904 906 熊本県930 933 936 鹿児島県961 969 ◇いだくらめ 福岡県粕屋郡876 福岡市877 ◇いたぐらめい 鹿児島県揖宿郡969 語源説 イタアグラマへ(痛足坐前)の約か〔菊池俗言考〕。

いたくら-やま【板倉山】 滋賀県草津市の西部、琵琶湖東岸の山とも、琵琶湖西岸の高島郡今津町の山ともいわれる。板蔵山。歌枕。 発音〈標ア〉0 辞書 文明 表記 板倉山(文)

いた-ぐり【板栗】〘名〙 栗の実の大きなもの。＊和漢三才図会(1712)八六「栗(くり)〈略〉板栗(イタクリ)栗之大者」

いたく-りんや【委託林野】〘名〙 その保護を地元集落などに委託し、一定の産物の採取を認めた国有林野。 発音〈標ア〉リ

いた-ぐるま【板車】〘名〙 ①牛車の一種。板張りの箱の車。手軽な車として貴賤の別なく用いられたが、一条天皇の長保(九九九～一〇〇四)頃、五位は筵張(むしろばり)、六位は板車と定められた。のち、網代車(あじろぐるま)の盛行につれて全くすたれ、文書を納めて移動させる文庫(ふぐるま)に、その形状を伝えている。＊西宮記(969頃)一七・車「板車 上下通用之〈近代無二乗用之人一〉、筵車及二種々車一、任レ意乗レ之」 ②板を敷いただけの小型の荷車。＊風俗画報-二六九号(1903)通運館「外に自転車、人力車、小児車(せうにくるま)、板車(イタクルマ)あり」 方言 荷車の小型のもの。大阪市637 発音 イタグルマ〈標ア〉グ

いた-くれ【板榑】〘名〙 江戸時代の材種の一つ。材木の切り跡に残る枯損木や株木から製して、多く屋根板に用いた。＊木曾山雑話(1759)「板榑 坪木共 元来御山内に打捨り候株木、寐木、古木之内、大小長短形不拘取集め、長四尺、横六尺、高三尺に積上げ、是を壱坪として厘代何程と相極申候」 発音〈標ア〉0

いた-ぐわ【板鍬】〘名〙 各隅が直角にとがった長さ三〇センチメートル前後、幅一五センチメートル前後の長方形の本体に、一メートルぐらいの柄(え)をすげた鍬。粘土質の畑を耕すのに用いられる。＊虻(1910)〈青木健作〉三「塩田に多くの仕事師が赤銅色の裸体を日光に曝し乍ら、各々機械の様に板鍬(イタグワ)を左右に振り廻して居るのを」 発音 イタグワ〈標ア〉0

い-たけ【居丈】〘名〙(「いだけ」とも) すわっている時の身の丈。肩から腰までの丈。＊宇津保(970-999頃)国譲下「御ぐしはゐたけにて、いとけだかう」＊源氏(1001-14頃)末摘花「まずゐたけの高く、をせながに見え給ふに」＊古本説話集(1130頃か)七〇「この三井寺のほとけは、みろくにおはす。ゐたけは三尺なり」＊バレト写本(1591)「ソノ キョー ヤガテ ヒトノ イダケ ホド アリ」 辞書 易林・言海 表記 居長(易) 居丈(言)

いた-げ【痛━】〘形動〙(形容詞「いたい」の語幹に接尾語「げ」のついたもの) 痛そうに見えるさま。＊源氏(1001-14頃)末摘花「痩せ給へること、いとほしげにさらぼひて、肩のほどなどは、いたげなるまで衣(きぬ)の上まで見ゆ」＊俳諧・類船集(1676)波「旅籠屋〈略〉又は暮過て足いたげなる折から、いづれにか立よらんとおもふ」＊俳諧・如行子(1687)「蟬の音(こゑ)単(ひとへ)の衣も身に付(つけ)ず〈亀洞〉 細きかいなの枕いたげに〈越人〉」 発音 イタゲ〈標ア〉イ

いたけ-く【痛━】(形容詞「いたし」のク語法) 痛いこと。苦しいこと。＊万葉(8C後)一七・三九六二「うちなびき 床(とこ)にこい伏し 伊多家苦(イタケク)し 日にけにまさる〈大伴家持〉」＊万葉(8C後)一七・三九六九「うちなびき 床にこい伏し 伊多家苦(イタケク)の 日にけにませば〈大伴家持〉」 上仮名 イタケク

いたけ-だか【居丈高・威丈高】〘形動〙(「いだけだか」「いだけたか」とも) ①すわった時の背が高いこと。＊栄花(1028-92頃)根合「かたほにものし給はん人の、居たけたかに髪すくなにて、倚子のおましにのぼり給はんは」＊黒潮(1902-05)〈徳富蘆花〉一・七・三「居丈高(ヰダケダカ)な東老人の半身眼立つ程顫(ふる)ふて」 ②(「威丈高」とも表記) すわったまま、身をぐっとそらせるさま。人を威圧するような態度や、怒りを含んでいきり立つさまにいう。＊太平記(14C後)二一・長崎新左衛門尉意見事「武家の安泰万世に及ぶべしとこそ存じ候へと、居丈高(イタケタカ)に成て申しける間」＊寛永刊本蒙求抄(1529頃)二「まん中にいたけたかに大ひざくんでそこへよれとも云ぬぞ」＊日葡辞書(1603-04)「Idagedacani(イダケダカニ)〈訳〉からだをまっすぐに立てているさま」＊延宝八年合類節用集(1680)八「居長高 イタケダカ」＊浄瑠璃・嫗山姥(1712頃)五「渡辺ゐだけ高になりからからと笑ひ」＊破戒(1906)〈島崎藤村〉二・三「郡視学は威丈高(ヰタケダカ)になった」 発音〈標ア〉0ケ〈京ア〉ケ 辞書 文明・日葡・書言・ヘボン・言海 表記 居長高(文・書) 居尺高(へ) 居丈高(言)

いたける-の-みこと【五十猛命】「日本書紀」の一書に見える神。素戔嗚尊(すさのおのみこと)の子。父とともに新羅(しらぎ)に渡ったが、のち、樹種を持って出雲に移住し、全国に植林した。和歌山市伊太祈曾(いだきそ)の伊太祁曾神社の祭神。大屋毘古命(おおやびこのみこと)と同神ともいう。 発音〈標ア〉タ

いたこ【潮来】 ㊀茨城県南東部の地名。霞ケ浦と北浦の間にある。大化改新の頃から駅が置かれていたが、江戸時代に香取、息栖(いきす)、鹿島の三社もうでの船客の中継地として栄えた。水郷筑波国定公園の一中心。古くは「いたく(板来、板久)」とも。＊常陸風土記(717-724頃)行方「此より南十里に板来(いたく、または、イタコ)の村あり。近く海浜に臨みて駅家(うまや)を安置(お)けり」 ㊁〘名〙「いたこぶし(潮来節)」の略。＊洒落本・通言総籬(1787)二「けふ此比(このごろ)はいたこやかるい沢ではやる時分」＊歌舞伎・名歌徳三舛玉垣(1801)四立「屋根船と洒落(しゃれ)て引出す、潮来(イタコ)に歌ふ心意気」＊滑稽本・浮世風呂(1809-13)前・下「ヲイ、金公久しく潮来(イタコ)を聞ねへぜ。ちっとうたはっし」 語源説 (1)イラコ(粗砂)の訛〔日本古語大辞典＝松岡静雄〕。(2)アシタコ(朝来)の転〔冠辞考・海録・松屋筆記〕。 発音〈標ア〉0コ

いたこ〘名〙 ①東北地方に広く見られる巫女(みこ)。中年以上の盲目の女性であることが多く、神おろしや口寄せを業とし、おしら様の祭りなども行なう。口寄せ。いちこ。＊岩手の山-天明八年(1788)六月二八日「此ものや神おろしをし、いのりかぢ、すずのうらとひをし、あるは、なきたまよばひし、みさかをしらするは、神の移託(いたく)てふことをや、しか、いたことはいへらんかし」＊赤痢(1909)〈石川啄木〉「恐しい不安は、常でさへ巫女(イタコ)を信じ狐を信ずる住民の迷信を煽り立てた」＊防雪林(1928)〈小林多喜二〉一「いたこっ来て、吉川のお父(と)うばおろしてみたっけァなあ、お父、今死んで、火焚きばやって苦しんでるんだって云ったどよ」 ②盲目で、門付けなどをして歩く女性。瞽女(ごぜ)。＊御国通辞(1790)「ごぜ 瞽女 いたこ」 補注 青森県津軽地方には、イタコ(巫女)がタユ(神官)の妻となって、神楽で一緒に舞うことから「イダコまわればタユさまおどる」のような童謡があり、さらに水生の小昆虫の「みずすまし」をイタコ、「あめんぼ」をタユとする方言もある。 語源説 (1)言う、語るの意をもつアイヌ語イタクから出た語か〔イタカ及びサンカ＝柳田国男〕。中世イタカと称していた漂泊民と関係あるか〔伝説＝柳田国男〕。沖縄のユタ(巫女)などの語を包括して、もとも

と存在した語であろう〔綜合日本民族語彙〕。(2)神の委託の義か〔岩手の山〕。発音〈標ア〉0

いたこ『名』方言日本髪に結った時の髪飾りの一種。手絡(てがら)。岐阜県飛騨502 愛知県549 553 和歌山県東牟婁郡690

いた-ご【板子】『名』①船の底に敷くあげ板。踏立板(ふたていた)。*和漢船用集(1766)一〇・船処名「踏立(ふたて)ふたて板と云。朝鮮軍記、其外、軍書等に板子といへり」*雑俳・柳多留-一三(1778)「もふ壱歩ちょきの板ごをはねてみる」*読本・椿説弓張月(1807-11)拾遺・四六回「遽(あはて)て助(たすけ)あげんとて、もろ船の軍兵等(ぐんびゃうら)、板子(イタコ)を流し、鉤索(かぎなわ)を手繰(たぐり)おろし」②江戸時代の材種の一つ。おもに建具、家具を含めた造作材料にあてられ、長さ七尺、幅一・四～一・六尺、厚さ四～五寸を標準規格とした。多くは檜(ひのき)の大木を割って作られるため、主産地は木曾、伊那(長野県)および飛騨(岐阜県)地方。宍料(ししりょう)。*熱田白鳥材木奉行覚書(1746)乾「板子 長〈壱丈二尺位より三尺位迄〉厚、幅有ㇾ之、角木之ごとく杣取いたし、心無ㇾ之木を板子と云」方言板にする材。丸太。愛知県南設楽郡554 和歌山県日高郡054 発音イタゴ〈標ア〉0〈京ア〉0 辞書ヘボン・言海 表記板子(ヘ・言)

いたご一枚(いちまい)下(した)は地獄(じごく)
舟の床板の下は、落ちたら生きて戻ることの難しい深くて恐ろしい海である。舟乗り稼業(かぎょう)の危険なことをたとえていう。板一枚(三寸)下は地獄。*洒落本・見通三世相(1796か)序幕「板子(イタゴ)一枚(まい)下は地獄(ぢごく)と云々」*歌舞伎・吾嬬下五十三駅(天日坊)(1854)四幕「だいぶ海上にも難船があったさうぢゃが、板子(イタゴ)一枚(マイ)下(シタ)は地獄(チゴク)船乗りするのは厭なことぢゃ」*歌舞伎・青砥稿花紅彩画(白浪五人男)(1862)三幕「板子(イタゴ)一枚(マイ)その下(シタ)は地獄(チゴク)と名に呼ぶ暗闇も」

いたご-かえで【―楓】(へで:か)『名』植物「ひとつばかえで(一葉楓)」の異名。

いた-こき【板扱】『名』家賃や代金など支払うべきところを全然支払わないで逃げることの意か。*浮世草子・当世銀持気質(1770)一・三「家賃の金を三百両板(イタ)こきにせられ是非なく本家もはらはねばならぬわけ」

いた-ごくもん【板獄門】『名』江戸時代、大坂の米仲買が自己の出入りする蔵名前、すなわちその藩の蔵米入れの特権を取り上げられる処罰をいう。たとえば払い米を落札しながら敷銀を納めない場合には、蔵屋敷は「無敷返米人」という看板を出してその落札を無効とし、その者の蔵名前を取り上げたのでこの称がある。発音〈標ア〉コ

いたこ-さわぎ【潮来騒】『名』(潮来節(いたこぶし)の騒ぎ唄(うた)の意)歌舞伎の下座の囃子(はやし)の一種。*歌舞伎・青楼詞合鏡(1797)序幕「これより潮来騒(イタコサワ)ぎになり、小兵衛、生酔ひにて」発音イタコサワギ〈標ア〉サ

いた-ごし【板輿】『名』腰輿(ようよ)の一種。屋根や腰の両側を、板張りにした輿。軽装の遠出に用いた。室町時代には「木輿(きごし)」ともいい、上皇以下諸臣の公卿、僧侶等が用いた。賀柄輿(がえごし)。*満済准后日記-永享元年(1429)九月二一日「宗済僧都、隆済僧都、顕済等板輿体、御後参了」*御湯殿上日記-文明一七年(1485)八月一一日「宮の御かた、二の宮の御かたさいちゃう所へ御まいり、御いたこしにて御下すたれにもかかる」*醍醐寺新要録(1620)「寅云、主仁は令ㇾ乗二袖白輿一給。供奉の輩は板輿也。如ㇾ此、極略之乗物也」発音イタゴシ〈標ア〉タ0 辞書言海 表記板輿(言)

板　輿〈粉河寺縁起絵〉

いたこし-ちがい【板腰違】(ち:がひ)『名』足が悪く歩くのが不自由な人をいう大工仲間の隠語。〔東京語辞典(1917)〕

いたこずし【潮来図誌】(いたこヅシ)江戸後期の名所記。一冊。二峰編。天保一〇年(一八三九)頃刊。潮来の地理・地誌から、この地にちなむ漢詩・和歌・俳諧・狂歌・民謡、遊里細見まで網羅した案内書。巻頭に芭蕉の「五月雨に鳰の浮巣を見に行かむ」の句を掲げる。発音〈標ア〉ズ

いたこ-でじま【潮来出島】㊀茨城県南東部、行方郡潮来町南端のデルタ状地域と内浪逆(うちなさか)の干拓地帯の俗称。*歌謡・松の葉(1703)二・色香「憎か打たりょか、何でもこれは、あ痛(いた)あ痛、いたこでじまのこん小手招き、まねく袂(たもと)に文や玉章(たまづさ)」㊁端唄、うた沢、小唄の曲名。茨城県の潮来から出て、江戸で流行した潮来節の歌詞の一つ「潮来出島の真菰(まこも)の中に…」を江戸で作曲したもの。発音〈標ア〉テ

いた-こと【板琴】『名』①日本独特の弦楽器の一つ。幕末に発明された一弦琴で、一枚の板と一本の弦で作られる。須磨琴。②板に絵模様を描き五弦を張って箏の琴に似せて作った玩具。発音〈標ア〉タ

いた-ごと【痛事】『名』(懐をいためることの意から)費用のかかること。出費。ものいり。江戸時代、明和(一七六四～七二)頃から通人の間で用いられた語。*洒落本・無量談(1771)「頗長(よこのび)の痛(イタ)ごとの理窟有(りくあり)の」*洒落本・虚誕伝(1775)「三会(さんくゎい)めの時、吉原にては、やりて出る也。金壱歩のいた事あり」*黄表紙・江戸生艶気樺焼(1785)中「手水(ちゃうづ)手ぬぐいをあつらへ、これも比翼紋(ひよくもん)にて、諸所のはやり神へ、ずいぶん目にたつやうに奉納する。これもよっぽどのいたごと也」*春雨文庫(1876-82)〈和田定節〉一二回「宜(ゑゑ)はちっと散財(イタゴト)だが翌日(あす)は終日(いちにち)見物させやう」

いたこ-ぶし【潮来節】『名』茨城県南東部、行方郡潮来町で起こった俗謡。明和(一七六四～七二)の頃から江戸で流行した舟唄で、元唄は「浮かれ草」の小唄「潮来出島の真菰の中で、菖蒲(あやめ)咲くとは、しほらしや、ションカイー」で、その他長短さまざまな替え歌があった。今は菖蒲踊りを伴う。いたこ。*咄本・無事志有意(1798)はやり諷「その妹外にて潮来節(イタコブシ)の新文句の唄をかいてもらい」*滑稽本・浮世風呂(1809-13)四・下「さうかとおもへば、潮来曲(イタコブシ)などといふものが、さのみヤンヤとも思ひやせんが癈らずにはやる」*洒落本・潮来婦誌(1829-30)ひるのありさま「江戸にて唄ふいたこぶしとへるは此さとの川さきぶしをとりて章句を江戸流になほしたるもの也。世にいたこぶしといふてもてはやすは此処よりはじまれり」発音〈標ア〉0

いたこ-ぶね【潮来船】『名』茨城県南東部の潮来地方の水郷をこいで行く船。*俳諧・暁台句集(1809)秋「ひたぶる船頭に句を乞れて、川稲の香とりをさして潮来船」発音〈標ア〉ブ

いた-ごみ【板込】『名』遠州流、石州流の生け花に定式として用いる花止め。板を合わせて二筋の溝を作り、両端を麻縄、針金などで縛ったもの。江戸末期、遠州流の某宗匠の創案したところから、遠州込みともいう。木込み。挽き込み。溝込み。発音イタゴミ〈標ア〉0

いたこ-むし【―虫】『名』昆虫、みずすまし(水澄)。*物類称呼(1775)「まいまいむし 江戸にて 水すまし〈略〉四国にて いたこむし又 しろかきむし」*和訓栞(1777-1862)「まひまひむし〈略〉東四国にいたこむし」方言青森県上北郡082 ◇いたこ 青森県津軽073

いた-ごや【板小屋】『名』板を打ちつけて作った粗末な小屋。*鮫(1963)〈真継伸彦〉二「崩れかかった板小屋が十戸あまりならんでいる」発音イタゴヤ〈標ア〉0

いたこ・る【潮来】『自ラ四』(潮来節の略「いたこ」をラ行の動詞に活用させたもの)潮来節をうたう。*洒落本・寸南破良意(1775)一座「サア、つれぶしで、いたころうではなへか」

いた-こんごう【板金剛】(:コン ガウ)『名』金剛草履(こんごうぞうり)の一種。草履の裏に板をつけたもの。板草履。板付け草履。板裏草履。*七十一番職人歌合(1500頃か)二一番「ざうりつくり。じゃうり、じゃうり、いたこんがう召せ」*読本・昔話稲妻表紙(1806)五・一八「深編笠をまぶかにきて、絡(くり)かけずの緒をつけたる、板金剛(イタコンガウ)をはきならしつつ」*読本・南総里見八犬伝(1814-42)三・二一回「竹縁(ちくえん)に、出れば額蔵をり立て、板金剛(イタコンゴウ)を取すえたり」発音イタコンゴー〈標ア〉コ 辞書言海

いたこんごう-うり【板金剛売】(いたコン ガウ::)『名』板金剛を売ること。また、その人。*読本・桜姫全伝曙草紙(1805)一・二「板金剛(コンガウ)売、算者(さんおき)などに、姿を似せたる賊どもなり」

いた-こんぶ【板昆布】『名』板状に平らに干したこんぶ。*日本料理通(1929)〈楽満斎太郎〉料理法の巻・一「昆布〆といふ料理があります。魚肉を上等の板昆布で巻きしめ、昆布の風味を魚にうつし〈略〉ここに両者一致の味を出させます」発音〈標ア〉コ

いた-さ【痛―】『名』(形容詞「いたい」の語幹に接尾語「さ」の付いたもの)痛い感じ。また、その度合。*蜻蛉(974頃)中・天禄二年「かしらのいたさのまぎれぬれば、端(はし)の簾(す)まきあげて、みいだして」*今昔(1120頃か)五・一〇「地獄に堕(おち)て〈略〉刀山火樹に身を交へむ時の痛さは」*平家(13C前)九・河原合戦「腰をつき損じたりけれども、いたさはうれしさにまぎれておぼえず」*明暗(1916)〈夏目漱石〉一一「それは彼の胸に来る痛(イタ)さで、彼の頭に応(こた)へる痛(イタ)さではなかった」発音〈標ア〉イ〈京ア〉0 辞書日葡・ヘボン

いた-ざい【板材】『名』丸太を板にした木材。厚さにより、四分板、六分板、一寸板などに分ける。発音〈標ア〉0タ〈京ア〉タ

いた-さいしき【板彩色】『名』板木に色料を塗って刷り出した彩色絵。発音〈標ア〉サ

いた-ざえもん【板左衛門】(:ザエ モン)『名』浄瑠璃語りをののしっていう、人形浄瑠璃社会の隠語。*滑稽本・狂言田舎操(1811)上「どうぢゃい、どうぢゃい、板左衛門(イタザヱモン)、何をとちりくさるぞい〈板左衛門とは太夫をののしる詞〉」

いたざか-りゅう【板坂流】(:リ ウ)『名』江戸時代、医術の婦人科、小児科の流儀の一つ。近江国坂本の人、板坂宗頓、また、その子宗徳の始めたもの。発音イタザカリュー〈標ア〉0

いた・し【痛・甚】『形ク』⇩いたい(痛・甚)

い-だし【鋳出】『名』溶かした金属を鋳型に入れて鋳物を作り出すこと。また、その鋳物。いこみ。*和玉篇(15C後)「鎔 ヨウ トラカス トケル カネワカス イタシ」発音〈標ア〉0 辞書和玉 表記鎔(玉)

いだし-あこめ【出衵】『名』出衣(いだしぎぬ)の一種。衵(あこめ)の裾を外から見えるように出すこと。*小右記-治安四年(1024)四月一七日「今日童装束改着、以二唐白綾一為二出衵一」*今昔(1120頃か)三一・五「綾の欄(なほし)に葡萄染(えびぞめ)の織物の指貫(さしぬき)の着て、紅の出し衵をして」*宇治拾遺(1221頃)一一・一「直衣のながやかにめでたき裾より、青き打ちたる出しあこめして、指貫も青色の指貫をきたり」

発音〈標ア〉ア

いだし-あわ・す【出合】『他サ下二』①互いに金銭などを出して、一つに合わせる。＊日葡辞書（1603-04）「カネヲ idaxi auaxete（イダシアワセテ）アキナイヲ スル」②互いに軍兵などを出して戦わせる。＊梵舜本太平記（14C後）一九・義貞攻落越前府城事「大塩、松ケ崎の辺に、兵を出し合せて、日々夜々に軍の絶ゆる隙もなし」＊日葡辞書（1603-04）「リャウヂン タガイニ ノブシヲ idaxi auaxete（イダシアワセテ）タタカワシム」 辞書日葡

いたし・い『形口』からだに苦痛を感じる。苦しく、つらい。＊夢声半代記（1929）〈徳川夢声〉祖母の死「『暑いでのう…、いたしいでのう…』と云ったまま、またもウツラウツラとそれこそ文字通り、いたし気であった」 方言❶痛々しい。弱々しい。鳥取県711 ❷残酷だ。鳥取県711 ❸惜しい。残念だ。青森県075 082 083 ❹苦しい。難儀だ。鳥取県西伯郡718 島根県725 岡山県阿哲郡751 広島県比婆郡772 高田郡779 山口県阿武郡795 玖珂郡800 ❺着物などが窮屈だ。広島県三次市054 愛媛県大三島848 ❻難しい。困難だ。島根県725 岡山県小田郡758 広島県774 779 785 山口県792 愛媛県840 大三島848 ❼忙しい。大分県西国東郡939

いたし-いだ・す【致出】『他サ四』（「しいだす」をへりくだって丁重にいう謙譲語）し始める。しでかす。＊虎寛本狂言・花子（室町末-近世初）「何とがな致うやれと存る所に、爰に思案を致し出いた事が御座る」 発音〈標ア〉ダ

いた-じいら【板粃】『名』未熟な籾（もみ）。いかし。しいら。 方言岡山市762

いだし-い・る【出入】『他ラ下二』出入りさせる。＊源氏（1001-14頃）紅葉賀「たまさかにても、かからん人をいだしいれて見んに、ますことあらじと見え給ふ」＊あさぢが露（13C後）「飽かぬことなき御さまを、いかでと心をつくし、かしづきいだしいれたてまつり給ふ」

いだし-うた【出歌】『名』五節（ごせち）の乱舞にそえて歌う歌。＊弁内侍（1278頃）建長二年「いたしうたも乱舞も、手をつくし侍るべし」

いたし-うち【致打】『名』（「うち」は接尾語）何かをしがちであること。また、するのが当然であること。＊咄本・喜美賀楽寿（1777）取成「『そればかりならば、しらぬふりをしても遣はふが、小ぬすみもするそうだ』『イヱ、あいらが小（こ）ぬすみは、いたし内（ウチ）でござります。わるくすると、だんな衆（しゅ）が大ぬすみをなさります』」

いだし-うちき【出打着・出袿】『名』（後世「いだしうちぎ」とも）「いだしぎぬ（出衣）①」に同じ。＊枕（10C終）四・三月三日は「桜の直衣（なほし）にいだしうちきして、まらうどにもあれ、御せうとの君たちにても、そこちかくゐて物などうち言ひたる、いとをかし」＊今昔（1120頃か）二八・四「殿上人・蔵人の出し袙をし、織物の指貫（さしぬき）を着」 発音〈音史〉近世末頃まで『いだしうちき』と清音。以後『いだしうちぎ』とも。〈標ア〉ウ 辞書言海 表記出袿（言）

いたし-かた【致方】『名』（「しかた」を丁重にいう謙譲語。いくらかかしこまった堅苦しい言い方としても用いる）する方法。やり方。いたしざま。いたしよう。＊滑稽本・東海道中膝栗毛（1802-09）五・下「さやうでなくばそのにせもの、いたしかたがござるものを」＊良人の自白（1904-06）〈木下尚江〉前・一四「如何（いかん）とも致し方が御座いませず」＊吾輩は猫である（1905-06）〈夏目漱石〉七「鳥の勘公とあって見れば致し方がない」 発音〈標ア〉0〈京ア〉0

いた-じき【板敷】『名』①床を板張りにすること。また、そのようにした床。あるいは、床が板張りで、畳のない所。板の間。＊尊勝院文書-天平勝宝七年（755）五月三日・越前国使等解（寧楽遺文）「草葺板敷頁屋一間」＊栄花（1028-92頃）嶺の月「やがてその夜三条院に帰らせ給て、西の廊、渡殿などのいたじきおろして」＊徒然草（1331頃）二八「諒闇の年ばかり、哀なる事はあらじ。倚廬（いろ）の御所のさまなど、板敷をさげ、あしの御簾をかけて」＊俳諧・猿蓑（1691）五「なに故ぞ粥すするにも涙ぐみ〈去来〉 御留主となれば広き板敷〈凡兆〉」＊天鵞絨（1908）〈石川啄木〉四「お定はすぐ起きて、寝室にしてゐる四畳半許りの板敷を出た」②建物の外側にある、板張りの縁。板（いた）。＊十巻本和名抄（934頃）三「簀 板敷附 蔣魴切韻云簀〈音責 功程式板敷 簀子 和名須乃古〉床上藉竹也」＊伊勢物語（10C前）四「あばらなるいたじきに月のかたぶくまでふせりて」＊蜻蛉（974頃）上・安和元年「轅（ながえ）をいたじきにひきかけてたてたり」＊枕（10C終）二三・清涼殿の丑寅のすみの「うへのこなたにおはしませば、戸口の前なる細きいたじきにゐ給ひて」＊平家（13C前）二・小教訓「入道みづからいたじき高らかにふみならし、大納言のおはしけるうしろの障子をさとあけられたり」③歌舞伎で、舞台をいう。板（いた）。④舞台の上で、板の間に敷く布。白布の表面を特に板を並べたように彩色してあるもの。 方言❶床板。青森県上北郡074 ❷縁側。香川県高見島829 ❸祭りや婚礼の宴会の後に催す小宴。大分県大分郡941 発音〈なまり〉イタジゲ〔津軽ことば〕イタシッ〔鹿児島方言〕〈標ア〉0〈京ア〉0 辞書色葉・文明・饅頭・黒本・易林・日葡・書言・〈ボン〉・言海 表記板敷（色・文・饅・黒・易・書・へ・言）

いたし-きたり【致来】『名』してきたこと。伝えてきたこと。しきたり。＊隣語大方（18C後）七「況数百年致来の事で御座りまする故」

いだし-ぎぬ【出衣】『名』①直衣（のうし）姿の晴（はれ）の風流の装飾。時に衣冠姿にも行なう。下着の袙（あこめ）の重ねを美麗に仕立て、前身を指貫（さしぬき）に着籠めずに、裾先を袍（ほう）の襴（らん）の下からのぞかせること。出袙（いだしあこめ）。出打着（いだしうちき）。出褄（いだしづま）。＊讃岐典侍（1108頃）下「北の門より、長櫃に、ちはや著たる者ども、すはうのこき、うたるくはうこくの出しきぬ入てもてつづきたる」＊桃花蘂葉（1480）「出衣。同単。直衣始并刷之日可㆑着之。各以㆓先規㆒可㆓進退㆒也。袍袙見㆑上。老者張袙。刷之日着之。暦応元薄青衣。白張単。不㆑出㆑衣 云云」＊新野問答（1725頃）「出衣と申候は直衣衣冠等を着する時風流のためきぬのすそを聊袍のすそに見せ候やうに着なす事に候。是を出衣とも申候。又は出袿とも申候」②牛車の簾（すだれ）の下から女房装束の裾先を出して装飾とすること。寝殿の打出（うちで）のように装束だけを置いて飾りとするが、童女の車は実際に乗って童女装束の汗衫（かざみ）や袴の裾を出す。↓出車（いだしぐるま）。＊弁内侍（1278頃）寛元四年四月一日「平野の祭なり。上卿土御門大納言〈顕定〉。弁〈経俊〉。車〈すけつぐ〉。くやく〈ときつな〉。いだしぎぬ〈若かへで〉」③模様や意匠などを表に打ち出したり押し出したりした衣。 語誌①は、袍・直衣は身分・年齢によって色が決められていたので袙を見えるように出して自らの美意識を示したもの。「源氏物語」には見えないところから、一一世紀に入ってのちに若い貴公子の間で始まったものと思われ、やがて五節に蔵人が紅の衣を出し、春日の使いが袍にも直衣にも出すようになって、晴れの時の着方となった。 発音イダシギヌ〈標ア〉ギ

出衣①〈承安五節絵詞〉

出　衣②〈石山寺縁起絵〉

いたじき-ばらい【板敷払】『名』 方言❶客の退出後またはその翌日に、内輪の者が集まって飲食すること。大分県938 ❷祭りや婚礼の宴会の後に催す小宴。長崎県五島054 大分県941 宮崎県955 ◇いたじきばら・いちじきばらい 大分県大分市・大分郡941

いだし-ぐるま【出車】『名』盛儀の際、出だし衣（ぎぬ）の装飾を施して用いる牛車。また、随行の女房が装束の裾を出だし衣とした牛車。＊宇津保（970-999頃）国譲上「人の参るやうにていだしぐるまにて夜々（よるよる）必ず」＊源氏（1001-14頃）賢木「八省に立て続けたるいだし車どもの、袖口、色あひも目馴れぬさまに」＊古来風体抄（1197）上「いだしぐるまなどよせて、女房かつかつのるほどになりて」＊増鏡（1368-76頃）一〇・老のなみ「出車あまた、みな白きあはせの五衣、濃き袴、同じ単（ひとへ）にて」 語誌(1)女房の乗った車からは袖口及び裳の褄（つま）、童女の乗った車からは袴と汗衫（かざみ）の一部を打ち出す。「源氏物語-葵」では賀茂斎院の御禊（ごけい）の物見車の「人の袖口」「ほのかなる袖口・裳の裾、汗衫」「下簾の隙間ども」の材質、色合い、襲ねの趣向、打ち出す程度から、光源氏には車の主がわかったとある。(2)女は打ち出しによって自身を外部に誇示し、御簾をはさんで男女の交歓が艶麗に示される。また、宮中の諸儀式や行幸、あるいは臣下の殿移りなどの晴れの儀では、随行の女房女官が乗った出車を立て続けるその華麗さに示威的な効果があった。 発音イダシグルマ〈標ア〉グ

いだしぐるま の 衆（しゅう） ⇨「すいしゃ（出車）」の子見出し「すいしゃ（出車）の衆（しゅう）」

いたしくろしい『形』 方言 ⇨いたわしい（労）

いたし-ざま【致様】『名』（「しざま」を丁重にいう謙譲語）「いたしかた（致方）」に同じ。＊俳諧・父の終焉日記（1801）五月一三日「表には父をいたはると見へて、心には死をよろこぶ人達のいたしざまこそ口おしけれ」 発音〈標ア〉0

いた-じし【板獅子】『名』羽前国（山形県）庄内地方の名産の玩具。板二枚を合わせて獅子頭（ししがしら）を作って、その柄（え）を持って振ると、口がぱくぱく動く仕組みのもの。

いだし-す・う【出据】『他ワ下二』①出してそこに置く。出してすわらせる。＊宇津保（970-999頃）国譲下「御上わたらせ給へば、皆いだしすへたてまつりて、乳母（めのと）たちは御几帳のうしろになみゐて」②連れ出してある地位につかせる。＊源氏（1001-14頃）総角「うちわたりにもうれへ聞え給ふべかめれば、いよいよおぼえなくていだしすえ給はむも憚る事いと多かり」 発音〈標ア〉ジ

いだし-た・つ【出立】『他タ下二』①（用意をととのえて）人を外へ出してやる。出立（しゅったつ）させる。促して出す。＊伊勢物語（10C前）六九「あしたには狩にいだしたててやり、夕さりは帰りつつ、そこに来させけり」＊宇津保（970-999頃）吹上下「大将殿、装束、馬、鞍より始めて、いだしたて給ふ」②宮仕えに出す。出仕させる。＊竹取（9C末-10C初）「宮仕へにいだしたてばしぬべし」＊更級日記（1059頃）「『さてもおのづからよきためしもあり。さてもこころみよ』といふ人々ありて、しぶしぶにいだしたてらる」③声に出して歌う。歌い出す。＊源氏（1001-14頃）篝火「頭中将、心づかひして、いだしたてがたうす。おそしとあれば、弁の少将ひゃうし打ち出でて、忍びやかに謡ふ声、鈴虫にまがひたり」 発音〈標ア〉タ

いたし-つ・く【致付】『他カ下二』（「しつける」を丁重にいう謙譲語）ずっと続けてしている。するのに慣れている。＊虎寛本狂言・布施無経（室町末-近世初）

「毎月進上致し付た物で御座るを、今日に限て進上致さいでは心掛りに御座る」

いだし‐づま【出褄】『名』「いだしぎぬ（出衣）①」に同じ。＊弁内侍（1278頃）寛元四年一一月二二日「殿上の櫛形ある間には、徳大寺の大将〈さねとも〉を始めて、上達部のいだしづまの姿ども、目にとまりてぞ見ゆる」

いた‐じとみ【板蔀】『名』板を打ちつけて作ったしとみ。＊散木奇歌集（1128頃）恋上「風吹けばたじろぐ宿のいたじとみやぶれにけりな忍ぶこころは」＊龍舌蘭（1905）〈寺田寅彦〉「台所に続く物置の板蔀の、其上が一寸しゃれた中二階になって居る」発音〈標ア〉ジ 辞書 言海 表記 板蔀（言）

いたし‐ならい【致習】（ならひ）『名』（「しならい」を丁重にいう謙譲語）しはじめ。初心。＊虎寛本狂言・八句連歌（室町末‐近世初）「私も致し習らひで御座るに依て、あしい所が有らば、何卒直いて被下い」

いだし‐ぬ・く【出抜】『他カ四』他人のすきをみて先を越してする。だしぬく。＊十訓抄（1252）七・俊綱欲得笛吹成方大丸笛事「始めはゆゆしくはやりたちたりけれども、終にいだしぬかれにけり」発音〈標ア〉0 ヌ

いたし‐のこ・す【致残】『他サ四』（「しのこす」を丁重にいう謙譲語）途中までして残す。＊虎寛本狂言・二本柱（室町末‐近世初）「某も普請を致て御ざるが〈略〉今少し致し残いた所が御ざるによって」発音〈標ア〉コ

いだし‐はな・つ【出放】『他タ四』①出して放す。出して行かせる。ほうり出す。手放す。＊宇津保（970‐999頃）蔵開上「おのれこそ、かかるおほたかりにいだしはなたれて、よには憂くまがまがしき事を聞き」＊源氏（1001‐14頃）澪標「入道も、さていだしはなたむはいとうしろめたう、さりとてかくうづもれ過ぐさむをおもはむも、なかなか〈略〉心づくしなり」②遠ざける。＊源氏（1001‐14頃）総角「まらうどゐのかりそめなるかたにいだしはなち給へれば、いとからしと思ひ給へり」

いた‐しばり【板縛】『名』板にしばりつけること。身動きできないようにしばること。転じて、行動の自由を奪うこと。束縛。＊洒落本・船頭深話（1802）二「先をくぐって板（イタ）しばりじゃアねへが、内中へ惣花以の外なりさ」＊歌舞伎・時桔梗出世請状（1808）二幕「安土の城を枕とは、敵を板じめ板（イタ）しばり」＊人情本・花筐（1841）二・一二回「今さらに、板（イタ）しばりなる松次郎が詞の罠（わな）のやるせなく」発音〈標ア〉シ

いだし‐ふづくえ【出文机】『名』（「いだしふみづくえ」とも）「付書院（つけしょいん）」の古称。床の間の脇につけた窓のところに、幅六尺（約一八〇センチメートル）奥行き二尺（約六〇センチメートル）くらいの板を、文机の高さにつくりつけた棚。これを机のかわりとした。書院どこ。あかりどこ。いだしふみだな。だしふづくえ。＊法然上人行状画図（1307‐16頃）七「かの法蓮坊、〈略〉出文机の明障子を、あけまうけて」＊随筆・嬉遊笑覧（1830）一・上「附書院の製はいまだ禅法行はれず書院といふものなき已前より有しを後かの書院なる床棚などの趣に似たるから附書院といふ名も出きしなり。もとこれをば出（イダ）し文机（フミヅクヱ）とぞいひける」

いだし‐ふみだな【出文棚】『名』「いだしふづくえ（出文机）」に同じ。

いたし‐まな・ぶ【致学】『他バ四』（「まなぶ」を丁重にいう謙譲語）まねをする。手本とする。＊虎寛本狂言・千鳥（室町末‐近世初）「迚（とても）の事に、仕方を致し学ふで、御目に掛ませう」

いた‐じめ【板締】『名』①染色法の一つ。板の片面あるいは両面に同じ模様を彫り、それを二枚以上重ねて、その間に縮緬（ちりめん）、その他、絹物などの布を堅くはさんで染め抜く方法。また、その染めたもの。夾纈（きょうけち）、板締め染め、板締め絞りなどの総称。＊洒落本・青楼昼之世界錦之裏（1791）「仕着せ布子のよごれて黒光りにひかるやつに板〆ののろまいろになったほそおびをしめ」＊随筆・胆大小心録（1808）五八「三十石船のせんどうは、昔は鬼のやうな物じゃあった。今は下り船には板じめのじゅばんきて、黒ちりめんのほうかぶりしている事じゃ」＊当世書生気質（1885‐86）〈坪内逍遥〉一四「帯は赤い唐縮緬（イタジメ）と紫繻子の腹合せ」②①に用いる板のように、物を両側からしめつけること。また比喩的に、板ばさみにすること。＊歌舞伎・時桔梗出世請状（1808）二幕「安土の城を枕とは、敵を板（イタ）じめ板しばり、さしも根強き居城たりとも、只一ひしぎに、まつこの通り」発音〈標ア〉0 メ 辞書 言海 表記 板締（言）

いたじめ‐がすり【板締絣】『名』「いたがすり（板絣）」に同じ。発音 イタジメガスリ〈標ア〉ガ

いたしめ‐ごと【―事】『名』折檻（せっかん）。処罰。＊御伽草子・頼朝の最後（古典文庫所収）（室町末）「ひめぎみをも、ねうばうしゅをも、いたしめ事はなくして」

いたじめ‐しぼり【板締絞】『名』①「いたじめ（板締）①」に同じ。＊随筆・守貞漫稿（1837‐53）一七「板じめ絞りと云て種々の模様を幅尺長尺四五の板の両面に彫レ之物同形数片を以て木綿縮緬等を固く挟み、藍染にすれば板に押す所白く余り、彫たる所藍染となる」②板締①の手法を用いた雪花模様の絞り。二枚の小さな板で、くくり畳んだきれ地をはさんで締め、染料にひたして染める。発音〈標ア〉シ

いたじめ‐ジュバン【板締襦袢】『名』（「ジュバン」はポルトガル gibão から）《いたじめジバン》板締め染の手法で染めた布でつくった襦袢。＊洒落本・太平楽巻物（1782）「五分なかのいたじめじゅばんで、座いとののみをきゅっきゅっといわせ」

いた‐し・める『他マ下一』①いためつける。いじめる。＊スピリツアル修行（1607）御パッションのメヂタサン「カレラガ ケガレタル テヲ モッテ ギョクタイヲ itaxime（イタシメ） タテマツリ」＊ゆく年（1928‐29）〈久保田万太郎〉「あれだけいたしめられれば、幾らあんな奴でもちっとは身に」②人に知れないように自分のものにする。こっそり取る。＊歌舞伎・傾城天の羽衣（1753）五幕「ばばの気では、其三百両いたしめて」＊雑俳・川傍柳（1780‐83）四「おとこをいたしめて平川へは入」＊滑稽本・続膝栗毛（1810‐22）四・上「なんでもあの親仁（おやぢ）め、ここの後家をいたしめてをると見えるわ」方言❶痛めつける。いじめる。苦しめる。富山県390 391 397 長野県北安曇郡476 東筑摩郡480 岐阜県郡上郡498 大野郡502 三重県阿山郡585 ◇いとしめる 長野県東筑摩郡480 ❷懲らしめる。富山県390 394 岐阜県大野郡502 香川県829 ❸取る。盗む。富山市近在392 和歌山市691

いたじめ‐ろう【板締蠟】（ラフ）『名』魚油をこして得た蠟。西洋ろうそくの原料となるもの。発音 イタジメロー〈標ア〉メ

いたし‐もの【税】『名』民から取り立てる税金。租税。みつぎもの。＊大唐西域記長寛元年点（1163）五「其の侶、金銭の税（イタシモノ）、悦で心に以て競ふ」＊観智院本名義抄（1241）「税 マツル イタシ物」辞書 名義 表記 税（名）

いた‐じゃくり【板決・板抉】『名』板を留めるため、材に彫った溝。〔日本建築辞彙（1906）〕

いた‐じゃみせん【板三味線】『名』胴（どう）が四角でひらたく、皮を張らずすべて板で作られた三味線。普通より小型で、鹿児島地方で用いられる。

いた‐しゃりん【板車輪】『名』円板状で、歯車のような歯が周囲にない車輪。接触による摩擦力によって、回転と動力を伝達する平らな円板形の車。発音〈標ア〉シャ

いだし‐や・る【出遣】『他ラ四』出してやる。送り出す。＊古今（905‐914）雑下・九九四・左注「河内へいくごとに男の心のごとくにしつつ、いだしやりければ」＊成尋母集（1073頃）「などて物もいはで、ただ泣き悲しむことのみしていだしやりきこえけむ」発音〈標ア〉0 ヤ

いた‐しょう【板匠】（シャウ）『名』板を組み合わせて、家具、器具をつくる職人。指物師（さしものし）。＊雍州府志（1684）七「板匠 凡桐、杉并紫檀、黒檀〈略〉等諸品木、造二筥并棚或椅子、机案、卓子之類一」発音 イタショー〈標ア〉0

いたし‐よう【致様】（ヤウ）『名』（「しよう」を丁重にいう謙譲語。いくらかかしこまった言い方としても用いる）する方法。やり方。いたし方。いたしざま。＊虎明本狂言・入間川（室町末‐近世初）「某にあのやうなことばをつかはふものはおぼえぬが、私も返事のいたしやうが有」＊歌舞伎・小袖曾我薊色縫（十六夜清心）（1859）三立「一（ひと）まづ手前主人の屋敷迄、御同道被下（くださり）ませ。又致しよふもござりませふ」発音 イタショー〈標ア〉0

いた‐じょうり【板草履】（ジャウリ）『名』「いたぞうり（板草履）」に同じ。＊大乗院寺社雑事記‐康正三年（1457）八月二四日「龍花院念仏の板上利は両座のえんたの役也」

いた‐しりん【板支輪】『名』縦木（たてき）を使わずに、板だけで作ってある禅宗様の簡単な支輪。〔日本建築辞彙（1906）〕発音〈標ア〉シ

いた‐じるし【痛印】『名』（「じるし」は接尾語）痛いということをいう、江戸の通人の語。＊黄表紙・桃太郎発端話説（1792）「こっちの顳顬（こめがみ）がいた印（ジルシ）いたいのねと来たわ」＊雑俳・柳多留拾遺（1801）巻一九「いた事のいた印のといひならべ」発音〈標ア〉ジ

いた・す【致】■一『他サ五（四）』（動詞「いたる（至）」に対する他動詞形という）□一①届くようにする。至らせる。＊書紀（720）持統四年一〇月（北野本訓）「其の水田は曾孫（ひひこ）に及至（イタセ）」②全力をあげて事を行なう。㋑（おもに「心」に関係のある語に付いて）誠意を尽くす。できる限りの事をする。＊伊勢物語（10C前）四一「心ざしはいたしけれど、さるいやしきわざもならはざりければ、うへのきぬの肩を張り破（や）りてけり」＊源氏（1001‐14頃）夕霧「などてかくなにがしが心をいたしてつかうまつる御修法、しるしなきやうはあらむ」＊今昔（1120頃か）六・三八「其後、彌（いよい）よ信を至して、一部を書畢（かきをはり）ぬ」＊平家（13C前）一二・判官都落「義経君の御為に奉公の忠を到す事」＊くれの廿八日（1898）〈内田魯庵〉七「赤誠を以て君と結托して敢て一臂の力を効（イタ）さうとしたのだ」＊戊申詔書‐明治四一年（1908）一〇月一三日「寔（まこと）に克く恪守し、淬励（さいれい）の誠を輸（いた）さば、国運発展の本近く斯に在り」㋺（命、身などの語を伴って）命を差し出す。身を捧げて事を行なう。＊書紀（720）雄略九年三月（前田本訓）「身を対馬の外に投（イタシ）、跡を匝羅（さくつら）の表（ほか）に竄（かく）す」＊太平記（14C後）二六・正行参吉野事「危を見て命を致す処、兼ねて思ひ定め候ひけるかに依て」＊論語‐学而「事レ君能致二其身一」③（①の意から）ある状態にたち至らせる。多く、よくない結果を引き起こすことをいう。＊宇津保（970‐999頃）藤原の君「おほやけの御ためにさまたげをいたし、ひとのためにくるしみをいたせ」＊宇治拾遺（1221頃）三・一四「無礼（むらい）をいたすものをば、やがてたち所に罰せさせおはしましければ」＊平家（13C前）灌頂・女院死去「是はただ入道相国〈略〉死罪流刑、おもふさまに行ひ、世をも人をも憚かられざりしがいたす所なり」＊太平記（14C後）七・千剣破城軍事「落ち重なって手を負ひ、死をいたす者、一日が中に五六千人に及べり」④（「富を致す」な

どのかたちで）獲得する。手に入れる。＊小学入門（甲号）（1874）〈民間版〉「学問を好めば智識を増し家業を励めば富を致（イタ）す」＊坊っちゃん（1906）〈夏目漱石〉六「学校の職員や生徒に過失のあるのは、みんな自分の寡徳の致す所で」 ⑤話相手に対し自分や自分の側の者を下位に置く場合や、目下の者に重々しく言う改まった場面などで、「（物事を）する・なす」の意に用いる。動詞の連用形に助詞「は・も」などの付いた形を受けるときは補助動詞的な働きになる。＊虎明本狂言・引敷聟（室町末-近世初）「今日ひもよふござる程に、むこいりを致す」＊虎寛本狂言・伯母が酒（室町末-近世初）「『見るな』『見は致さぬ』」＊天草本伊曾保（1593）燕と諸鳥の事「ワレワ イマヨリ ヲノヲノニ イチミヲ itasumai（イタスマイ）」＊洒落本・婦美車紫鹿（1774）高輪茶屋の段「わるじゃれをいったりしたりいたしますゆへ」＊滑稽本・浮世風呂（1809-13）三・上「ふて寐を致（イタ）すのが第一にわるうございます」 ⑥（隠語のように用いて）男性が女性と関係を結ぶ。 三補助動詞として用いられる。㊀の⑤と同意。㋑動作性の名詞、主として漢語名詞に付く。＊玉塵抄（1563）四一「結句云ことは上から赤心を下れたほどに返報いたさいではぢやほどに戦栗を進上まうすと云たぞ」＊虎明本狂言・鶏聟（室町末-近世初）「てまがいらふかとぞんじたれば、やすい事でまんぞくいたひて御ざる」＊天草本伊曾保（1593）イソポの生涯の事「ショニン ヲンミヲ ソウキャウ itasŏzu（イタサウズ）」＊三体詩素隠抄（1622）三・四「友と別れて。すごすごとして。故郷へ帰らる。心中推量いたしたとぞ」＊古道大意（1813）上「今ここに演説いたします所は、古道の大意で」＊歌舞伎・怪談月笠森（笠森お仙）（1865）序幕「留立（とめだ）て致（イタ）すな」 ㋺敬語名詞（動詞の連用形に敬意の接頭語「お」を冠したものを含む）に付く。＊虎明本狂言・筑紫の奥（室町末-近世初）「よいつれじゃ程に、都までおともいたさう」＊虎明本狂言・麻生（室町末-近世初）「安堵の御教書を下され、新地を拝領いたし」＊虎寛本狂言・人馬（室町末-近世初）「永う御奉公致うと存て御ざるが」＊浄瑠璃・心中万年草（1710）上「お梅様のお頼みで、ひそかにお咄（はな）しいたせと有」＊滑稽本・浮世風呂（1809-13）二・上「ちと拝見いたしたうございます」＊歌舞伎・四十七石忠矢計（十二時忠臣蔵）（1871）三幕「最早お入りに間もあるまい、是にてお出迎ひ致しませう」 二〘自サ五（四）〙改まった場面で用いる「する」の意の丁重な、いくらか堅苦しい表現。＊虎明本狂言・乞聟（室町末-近世初）「申々、うちにござらぬと仰らるるが、声がいたす」＊滑稽本・浮世風呂（1809-13）三・上「湯具（ゆもじ）を〈略〉居るにも立（たつ）にも、ぴらぴらと致（イタ）すから」＊塩原多助一代記（1885）〈三遊亭円朝〉一五「多助は其の母の姿を視て喫驚（びっくり）致しましたが」 語誌 (1)上代・中古では、漢文訓読語として現われるのがほとんどで、漢語「致」の意義に応じて「行為をなす」「尽くす」「結果としてある事態を招く」などの意で用いられている。(2)中古の後半から記録体漢文や「今昔物語集」などにかなりの用例が見えるようになる。語義の上でも、後世の「なす」「する」に転化していく兆しを見せながらも、前代からの漢文的・文章語的性格を多分に残していた。(3)室町時代頃から「なす」「する」の謙譲語として用いられるようになり、文章語的性格が次第に失われる。下位者に対する重々しい、やや尊大な表現に類義語「仕る」にはない独自性がある。(4)江戸時代には、「いたす」「…いたす」は話し手（主として武士階級）の聞き手に対してへりくだる自卑・丁重の表現、「お…いたす」は動作の及ぶ対象に敬意を表わす謙譲表現として用いられ、それが現代に及んでいる。(5)江戸期には二段活用のような語形になる例がある。「狂言記・二人大名」の「やれさて、にくい事をいたする」、「浄瑠璃・殺生石-四」の「庇の撿分いたするに、中々武士の手際なり」など。(6)現代語では❶の㊀⑤、㊁、❷の場合、ふつう「ます」を伴って「いたします」の形をとる。また、「お…いたします」の形で、対象への待遇価値が非常に高い表現として用いられている。 方言 補助動詞として用いる。❶「する」の意を表わす。三重県宇治山田市600 ❷ていねいな意を表わす。よくない事柄にいう。東京都八丈島042 335 語源説 (1)イタラス（致）の略〔和訓栞〕。(2)イダシム（令出）の意から〔日本古語大辞典＝松岡静雄〕。 発音〈標ア〉⓪ダ〈ア史〉平安●●○ 鎌倉・江戸●●● 〈京ア〉⓪ 辞書 色葉・名義・和玉・文明・黒本・易林・日葡・書言・ヘボン・言海 表記 致（色・名・玉・文・黒・易・書・言）底（玉・文）效（名）忠・考・臻（玉）砥（文）

いたし そうろう（動作性の意味を含む名詞に付く。「する」の謙譲表現）いたします。いたしました。「仕り候」にくらべて敬意が軽い。候文の慣用表現。＊木因宛芭蕉書簡 延宝九年（1681）七月二五日「御手紙忝致拝見候」＊浮世草子・傾城禁短気（1711）六・三「ありがたき御教化信服いたし候」＊琵琶伝（1896）〈泉鏡花〉一「斯（こ）の遺言を認（したた）め候時の拙者が心中の苦痛を以て、御身に謝罪いたし候」

いたせり尽（つ）くせり 「いたれ（至）り尽（つ）くせり」に同じ。＊古活字本荘子抄（1530）三「人をしり天道をしれば至せり尽せりぞ」

いだ・す【出】〘他サ四〙㊀（ある限られた所、外から見えない所などから）人目にたつ所、表立った所などに現われるようにしむける。だす。①（ある限られた場所から）その外へ進み動くようにしむける。また、外のある場所に位置を変えさせる。㋑（出発点から離れることに重点が置かれる場合）外へ行かせる。出かけさせる。＊万葉（8C後）一五・三五八二「大船を荒海（あるみ）に伊太之（イダシ）います君つつむことなく早帰りませ〈作者未詳〉」＊竹取（9C末-10C初）「ちゃうのうちよりも出さずいつきやしなふ」＊枕（10C終）二五・すさまじきもの「夜すこしふけて、忍びやかに門たたけば、胸すこしつぶれて、人いだして問はするに」＊高野本平家（13C前）一・祇王「縦（たとひ）都をいたさるるとも、嘆くべき道にあらず」 ㋺（姿を現わす場所に重点が置かれる場合）ある場所に現われるようにしむける。特に、その場所がある働きを必要とする所である場合には、出仕、出陣、出場、出演、出席などさせる意。＊源氏（1001-14頃）須磨「いとかうざくなる名をとりて、宮仕へにいだし給へりしに」＊更級日記（1059頃）「そののちは、この猫を北おもてにもいださず、思ひかしづく」＊徒然草（1331頃）一六二「この法師をとらへて、所より使庁へ出したりけり」 ②（今まで見えなかったもの、なかったものなどを）外に現わす。㋑（隠れていたものや、しまってあったものなどを）人前に現わす。提出する。提供する。＊伊勢物語（10C前）六九「女がたよりいだすさかづきの皿に、歌をかきていだしたり」＊枕（10C終）九〇・宮の五節いださせ給ふに「宮の五節いださせ給ふに、かしづき十二人、こと所には、女御、御息所の御方の人いだすをば、わるきことにすると聞くを、いかにおぼすにか、宮の御方を、十人はいださせ給ふ」＊源氏（1001-14頃）行幸「世の人聞きに、しばしこのことといださじとせちにこめ給へど」＊平家（13C前）三・大塔建立「八葉の中尊を宝冠をばわが首（かうべ）の血をいだいて書かれけるとぞ聞こえし」 ㋺（なかったものを）新しく生じさせる。発生させる。ひきおこす。＊大鏡（12C前）三・伊尹「検非違使まゐりて、きのふことといだしたりしわらはべとらふべしといふ」 ㋩声に表わす。言う。歌う。吟じる。また、模様や色として表面に現わす。＊源氏（1001-14頃）桐壺「なかなかあやふくおぼしはばかりて、いろにもいださせ給はずなりぬるを」＊源氏（1001-14頃）梅枝「弁少将、ひゃうしとりて梅が枝いだしたるほど、いとをかし」＊讃岐典侍（1108頃）上「しばしばかりあいて、すこし出されたるをきけば、方便品の比丘偈にかかるほどの長行をぞよまる」＊平家（13C前）一一・那須与一「みな紅（くれなゐ）の扇の日いだしたるが、しら波の上にただよひ、うきぬ沈みぬゆられければ」 ㊁内から外へ延ばし現わす。特に、出だし衣（ぎぬ）をする。＊古今（905-914）仮名序「花すすき、ほにいだすべき事にもあらずなりにたり」＊枕（10C終）二三・清涼殿の丑寅のすみの「濃きむらさきの固紋（かたもん）の指貫（さしぬき）、しろき御衣（ぞ）ども、うへには濃き綾の糸あざやかなるをいだしてまゐり給へるに」＊大鏡（12C前）四・兼家「きぬながういださせて、くれなゐのはかまにあかき色紙の物忌いとひろきつけて」 ㋭表立った所に登場させる。文章などを発表する。掲載する。また、出版する。＊風姿花伝（1400-02頃）七「花伝にいだす所の条々を、ことごとく稽古し終りて」＊俳諧・炭俵（1694）上「右の二句はふか川の庵へをとづれし比、他国よりの状のはしに有つるをみて今爰（ここ）に出しぬ」＊小説神髄（1885-86）〈坪内逍遥〉上・小説の変遷「われまた軒下に店をいだして」＊筆まかせ（1884-92）〈正岡子規〉一・日本の小説「西鶴抔を元祖として追々に発達の度著しく、其磧、自笑、京伝等の名家を出だせしが」 三補助動詞として用いられる。①その動作が内から外に向かって行なわれる意を表わす。「言い出だす」「見出だす」「眺め出だす」など。②その動作によって表、外に現われるようにする意を表わす。「染め出だす」「書き出だす」「作り出だす」など。③その動作が始まる意を表わす。「言い出だす」「歌い出だす」など。 語誌 (1)自動詞「いず」に対応するもので、口語では「だす」となる。(2)「虎明本狂言」の調査結果によれば、当時の口語において、単独の動詞としてはダスが一般に用いられていたこと、およびイダスには補助動詞としての用法が多かったことがうかがえる。 方言 言い当てる。岩手県気仙郡102 発音〈標ア〉ダ〈ア史〉平安○○◐ 鎌倉○○● 室町・江戸●○○ 〈京ア〉⓪ 辞書 色葉・名義・和玉・文明・易林・日葡・ヘボン・言海 表記 出（色・名・玉・文・易・へ・言）輸（色・名・玉）発（名・文）歃・溢・屈・昰・毷毯（名）耀（三）

い‐だ・す【射出】〘他サ四〙「いいだす（射出）」に同じ。＊天草本平家（1592）四・八「コレヲ ミテ ヨッピイテ イレバ、カワラ タラウガ ヒダリノ ワキヲ ミギノ ワキエ ツット idasarete（イダサレテ）」

い‐だ・す【鋳出】〘他サ五（四）〙溶かした金属を鋳型に入れて、ある形を作り出す。＊漢書列伝竺桃抄（1458-60）賈誼第一八「さらば此銅で人を鋳出て見よとて人になすぞ」＊大砲鋳造法（1840-44頃か）秘伝鋳法「捻（ねじ）を鋳出すにも別に男ねぢの小きわくを作り形を造り筒の跡に而鋳べし」＊社会百面相（1902）〈内田魯庵〉電影・四「重箱の型で鋳出（イダ）したやうな真四角な肩を怒らした男は」 発音〈標ア〉⓪ダ〈京ア〉⓪

いたずいこ〘名〙 方言 植物、いたどり（虎杖）。長野県054 471 493 三重県員弁郡584 ◇いたずいこん・いたじいこ 石川県鳳至郡・珠洲郡407 ◇いたじっこ 静岡県田方郡521 ◇いたずらすいこ・いたこん 長野県北佐久郡485 ◇いたずら 和歌山県日高郡690 香川県仲多度郡829

いたずかわ・し【労】〘形シク〙（「いたつく（労）」の形容詞化。「いたつかわし・いたずがわし」とも）①つとめて骨折る。ご苦労千万だ。＊色葉字類抄（1177-81）「労 イタヅカハシ 汗 同」＊観智院本名義抄（1241）「労 イタツカハシ ネギラフ」＊徒然草（1331頃）九三「愚かなる人、この楽しびを忘れて、いたつかはしく外の楽しびを求め」＊太平記（14C後）二八・慧源禅巷南方合体事「何ぞいたづがわしく項羽と独身（ひとりみ）にして戦ふ事を致さん」②仕事などで疲れている。疲れなやむ。＊大慈恩寺三蔵法師伝承徳三年点（1099）九「心痛（いた）み、背（せなか）悶（イタヅカハシク）、骨酸（み）るに肉楚（いた）し」＊日葡辞書（1603-04）「Itazzugauaxij（イタヅガワシイ）」③煩わしい。めんどうだ。気苦労だ。＊観智院本名義抄（1241）

「煩 ワヅラハシ イタツカハシ」 *釈日本紀(1274-1301)一八「莫煩餝語 イタツカハシクなかざりいひそ」 *仮名草子・伊曾保物語(1639頃)中・一四「我より上なる人とともなへば、いたづがはしき事のみあって、その徳一つもなき物なり」 発音〈音史〉平安時代には『いたづかはし』『いたつかはし』の両形があり、室町以降には『いたづかはし』『いたづがはし』の両形がみられる。〈標ア〉ワ 〈ア史〉平安○○○○○◐ 〈京ア〉ワ 辞書色葉・名義・和玉・文明・日葡・ぽン・言海 表記 煩(色・名・玉・文) 労(色・名・文・へ) 汗(色) 歊(玉)

いたずかわし-さ【労(いたづかはし…)―】『名』(形容詞「いたずかわし」に接尾語「さ」の付いたもの。「いたつかわしさ」とも) 煩わしいこと。煩わしさ。 *日葡辞書(1603-04)「Itazzugauaxisa (イタヅガワシサ)」 辞書日葡

いた-すき【板漉】『名』 簀(す)の上でなく、直接板の上で紙をすくこと。 *文芸類纂(1878)〈榊原芳野編〉七「古製の紙を見るに、簀文なきを、板スキなりといふ」

いたずき【労・病(いたづき)】『名』 ⇨いたつき(労)

いたずき-い・る【労入(いたづき…)】『自ラ下二』 ⇨いたつきいる(労入)

い-たす・く【居助(ゐ…)】『他カ下二』 寄り添って助ける。 *書紀(720)天智六年一〇月(北野本室町時代訓)「是に、城内の二(ふたり)の弟、側助(ヰタスクル)士大夫の悪しき言を聞きて拒きて入るること勿し」

いたず・く【労(いたづく)】『自カ四』 ⇨いたつく(労)

いた-すずり【板硯】『名』 紙ばさみほどの大きさの板の上に、料紙、硯(すずり)を載せて、紐(ひも)で結んだもの。床棚(とこだな)の飾りにする。 発音〈標ア〉ス

いた-すだれ【板簾】『名』 細長い薄い板を糸でつづって作った簾。《季・夏》 発音〈標ア〉ス 〈京ア〉ス

いたずら【徒・悪戯(いたづら)】 一『形動』(徒) ①存在する物事が、無益、無用であること。役に立たないこと。むだで価値がないさま。 *万葉(8C後)一七・三九六九「時の盛りを 伊多豆良爾(イタヅラニ) 過し遣りつれ〈大伴家持〉」 *宇津保(970-999頃)俊蔭「この中にいたづらなる所は、耳のはた、鼻のみねなりけり」 *源氏(1001-14頃)若紫「我が身のかくいたづらに沈めるだにあるを、この人一人にこそあれ」 *徒然草(1331頃)五一「大方廻らざりければ、とかく直しけれども、終に廻らで、いたづらに立てりけり」 *寸鉄録(1606)「遊民とて、田をもつくらず職人にてもなく、なにのしごとをもせずして、ただいたづらにくらしついやすものを」 ②あるべき物がないために物足りないこと。物がなく空虚なさま。 *書紀(720)孝徳・大化元年八月(北野本訓)「又閑曠(イタヅラナル)所に、兵庫(くら)を起造(つく)りて、国郡の刀(たち)、甲(よろひ)、弓矢を収め聚め」 *更級日記(1059頃)「入江のいたづらなる洲(す)どもに、こと物もなく、松原の茂れる中より」 *徒然草(1331頃)二二四「少しの地をもいたづらにおかんことは、益(やく)なき事なり」 ③用がなく、ひまなこと。する事もなく、手持ちぶさたなさま。所在ないさま。 *土左(935頃)承平五年一月一八日「ふねも出(いだ)さでいたづらなれば」 *源氏(1001-14頃)賢木「いたづらにいとまありげなる博士ども召し集めて」 *たまきはる(1219)「いたづらなるままに、ながめ暮す日かずの、いくかとだに、たどられぬに」 ④本来の目的、意図などを果たさないで終わること。むなしく事を終えること。成果があがらないさま。→いたずらに。 *落窪(10C後)一「いかに。かかる雨にきたるを、いたづらにてかへすな」 *宇治拾遺(1221頃)一〇・四「其の時に、盗人ども、いたづらにて逃げ帰りけるとか」 二『名』 一(形動)(一の転じたもので、のちにもっぱら「悪戯」の字があてられる) ①(―する) 無益な行為。また、そのような行為をしがちであること。 ㋑他人に迷惑をかけるようなよくないふるまい。わるさ。また、それをしばしば行なうさま。 *虎明本狂言・六地蔵(室町末-近世初)「乍去、是にいたづらなしんぼちが二人御ざる」 *虎寛本狂言・真奪(室町末-近世初)「きっととらへて御ざらぬに依て、きゃつが色々いたづらを致しまする」 *天草本平家(1592)一・一「サテサテ ソレワ itazzurana (イタヅラナ) コトヲ クゲタチワ セラレタノ?」 ㋺子供などがふざけてするわるさ。もてあそぶべきでない物をおもちゃにするさま。 *洒落本・禁現大福帳(1755)序「発明(かしこい)と誉(ほめ)そやされると悪騒(イタヅラ)が不成(ならぬ)ゆへ」 *当世書生気質(1885-86)〈坪内逍遥〉四「何を悪戯(イタヅラ)をするんだ。そこらの樹木を折ると巡査がやかましくいふぞ」 *即興詩人(1901)〈森鷗外訳〉わが最初の境界「かく悪戯(イタヅラ)せば、好きをぢ御の許にやるべし」 *波(1928)〈山本有三〉妻・二・五「どうしてそんな悪戯(イタヅラ)をするんだ。あれ程いったのに」 ㋩自分のした事を謙遜していう語。「ほんのいたずらのつもりでございます」 ②性愛に関する行為、感情などを主として否定的にいう語。 ㋑性に関してだらしがないこと。みだらであるさま。好色な感じ。 *咄本・内閣文庫本醒睡笑(1628)七「亭主は留守にて、若き女房の徒(イタヅラ)さうなるあり」 *浮世草子・好色五人女(1686)二・五「いたづらなる七つ鉢め、枕せずにけはしく寝れば髪はほどくる物じゃ」 *役者論語(1776)あやめぐさ「女形の仕様、かたちをいたづらに、心を貞女にすべし」 ㋺性的な衝動。異性に対する思い。 *浮世草子・好色五人女(1686)一・二「恥は目よりあらはれ、いたづらは言葉にしれ、世になき事にもあらねば」 *浮世草子・好色一代女(1686)四・二「明暮こころだまにいたづらおこれど、さながらそれとは云がたく」 ㋩(―する) 男女間の、道にはずれた関係。不品行な行為。特に、夫婦でない男女がこっそりあうこと。不義。密通。姦通。 *浄瑠璃・山崎与次兵衛寿の門松(1718)中「もし私にいたづらあらば、先の相手を切りも殺しもなさる筈」 *浄瑠璃・八百屋お七(1731頃か)中「火事故寺でいたづらし火事故今度の嫁入し」 *怪談牡丹燈籠(1884)〈三遊亭円朝〉二〇「若気の至に源次郎様と不義、淫行(イタヅラ)」 三(徒) ①女の前髪の末を、髻(もとどり)の左右から背に出したもの。ふりわけ。 *随筆・守貞漫稿(1837-53)一〇「前髪の末を髻の左右より背に出す、京坂にて振分或はいたづらと云」 ②操り人形の鬘(かつら)の一つ。若い男の耳の所から顔の横に細長く出ている毛。 ③前髪の両端に垂れ下げる飾り。若い女は細いものを、年配者は太いものをつける。 語誌「いたずら」が無用な、むだな状態を表わすのに対して、類義語「むなし」は、物自体が存在しない状態をいう。したがって、死を表現する場合、「むなしくなる」が単に消えることをいうのに対して、「いたずらになる」は、むだに生命を亡くする意で用いられる。 方言❶おうちゃく。わがまま。 愛媛県
840 ❷気の強いこと。また、短気な人。 新潟県中魚沼郡
347 379 ❸むごいさま。残酷なさま。 島根県能義郡・隠岐島
725 語源説(1)イタウツラ(痛空)の約か〔大言海〕。(2)イトウツラ(最空)の転〔言元梯〕。イトウツロ(最虚)の転か〔日本古語大辞典=松岡静雄〕。イトウツロ(最空)の転か〔大言海〕。(3)イタツクラシ(痛辛)の義〔和訓栞・本朝辞源=宇田甘冥〕。(4)ウツラウツラと日を送るこころか。また、イタハシキツラか〔和句解〕。(5)イトヅラ(息時連)の義〔国語溯源=大矢透〕。イトマツラ(暇連)〔名言通〕。(6)イタの約ア、ツラの約タで、アタの延言〔万葉考〕。(7)イタス(致)に同じ。ラは、致すべきを致さぬ意〔古言類韻=堀秀成〕。(8)ヤミヂ(闇路)ヤタルラカの反〔名語記〕。 発音〈なまり〉イダザ・イタンザ〔福島〕 イテズラ・エテズラ〔静岡〕 〈標ア〉0 〈ア史〉平安・室町●●●● 〈京ア〉0 辞書色葉・名義・和玉・文明・伊京・明応・天正・饅頭・黒本・易林・日葡・ぽン・言海 表記 徒(色・名・文・伊・明・天・饅・黒・易・へ・言) 閑(名・玉・文) 逗(色) 捎・庚(名) 虚・辻・煩(玉)

いたずら に なす(いたづら…) ①役に立たないようにする。むだにしてしまう。みのりのないままに終わらせる。 *宇津保(970-999頃)俊蔭「『この人につきてこそは、かかる住居もおぼし立ちけるを、これをいたづらになさぬにおぼしとりて、なほ出で給へ』とせちにのたまへど」 *狭衣物語(1069-77頃か)三「いとかくあらまほしからぬ有様を見つつ、この心を、いたづらになしつるは、仏は、あはれと思しなん」 *今昔(1120頃か)一・三八「此等皆闕(かき)て、我等、心を以て二世を徒に成せり」 ②(多く「身をいたずらになす」の形で用いる) 死なせる。または、生きていても仕方がないような状態に陥らせる。破滅させる。 *竹取(9C末-10C初)「多くの人の身をいたづらになしてあはざるかぐや姫はいかばかりの女ぞと」 *古今(905-914)恋一・五四四「夏虫の身をいたづらになす事もひとつおもひによりてなりけり〈よみ人しらず〉」 *源氏(1001-14頃)夕顔「浮かびたる心のすさびに、人をいたづらになしつるかごと負ひぬべきが、いとからきなり」 辞書言海 表記 徒ニナス(言)

いたずら に なる(いたづら…) ①期待されたような結果にならないままに終わる。役に立たなくなる。むだになる。だいなしになる。 *宇津保(970-999頃)藤原の君「『仏に奉る物は、いたづらにならず、来世、未来の功徳なり』ときこゆれば」 *徒然草(1331頃)一二六「さしよりて、するなほして去(い)にければ、上人の感涙いたづらになりにけり」 *車屋本謡曲・景清(1466頃)「恨めしや、遙々(はるばる)の道すがら、雨風露霜を凌ぎて参りたる心ざしも、いたづらになる恨めしや」 ②死ぬ。また、生きていても仕方がないような状態になる。 *伊勢物語(10C前)二四「あひ思はで離(か)れぬる人をとどめかねわが身は今ぞ消えはてぬめる、と書きて、そこにいたづらになりにけり」 *拾遺(1005-07頃か)恋五・九五〇「あはれともいふべき人は思ほえで身のいたづらになりぬべきかな〈藤原伊尹〉」 *源氏(1001-14頃)浮舟「すべていたづらになる人多かる水に侍り」 辞書文明・言海 表記 成ㇾ徒(文) 徒ニナル(言)

いたずら を 立(た)つ もっぱら、みだらな生活にふける。情事にふける。 *文明本節用集(室町中)「立ㇾ徒 イタヅラヲタツル」 *日葡辞書(1603-04)「Itazzurauo tatçuru (イタヅラヲ タツル)」 *浮世草子・好色一代男(1682)二・七「小家ぎんみをおそれ、ひとりは男分に世間をたて、其身はいたづらを立、中寺町、小橋の坊主ころし」 辞書文明 表記 立ㇾ徒(文)

いたずらいたずら-し・い【悪戯悪戯(いたづらいたづら…)】『形口』 いかにもいたずらっぽい。子供などが活発な感じである。 *或る女(1919)〈有島武郎〉後・三二「わざと短く仕立てた袴と共に可憐にもいたづらいたづらしく見せた」 *アパアトの女たちと僕と(1928)〈龍胆寺雄〉八「いたづらいたづらしい跫音が一つ一つ間を置いて、忍ぶ様に階段を登って来た」

いたずら-いね【徒寝(いたづら…)】『名』(和歌で、多く「徒稲(いたづらいね)」にかけて用いられる) 「いたずらね(徒寝)」に同じ。

いたずら-いね【徒稲(いたづら…)】『名』 実のならない稲。和歌で、多く「徒寝(いたずらいね)」にかけて用いられる。 *後撰(951-953頃)恋四・八四五「秋の田のかりそめぶしもしてけるがいたづらいねをなににつつまし〈藤原成国〉」 *古今六帖(976-987頃)五・服餝「わがつめるいたづらいねのかずならばあふはかりなしなににかかけまし」

いたずら-うた【徒歌(いたづら…)】『名』 管弦などの伴奏もなく、ひとりで歌うこと。また、その歌。ひとりうた。 *字鏡集(1245)「謡 ヒトリウタ イタツラウタ」

いたずら-おとこ【徒男(いたづらをとこ)】『名』 みだらなことをする男。また、浮気な男。 *浮世草子・好色五人女(1686)二・五「はかなくなりぬ。其後なきがらもいたづら男も、同し科(とが)野に恥をさらしぬ」 *咄本・軽口

露がはなし(1691)四・一四「此後も、あのとなりのいたづら男のやうに身をもつな」 発音〈標ア〉オ

いたずら-おんな【徒女】『名』異性関係のみだらな女。また、色を売る女。いたずらめろう。*浮世草子・好色貝合(1687)上「徒(イタヅラ)女の身のはては、皆、御坊をふづくるしかけなり」*浮世草子・人倫糸屑(1688)徒女「いたづら女と名によばれるからは、密夫(まおとこ)し、さられなどと異名をつかずといふ事なし」*浮世草子・西鶴織留(1694)五・二「ひとつもある着(きる)物を売喰にしをって、後には夜るうたをうたふてありくいたづら女に成ぞ」 発音〈標ア〉オ

いたずら-かか【徒嬶】『名』男女間の情事に通じている中年の女。*浮世草子・好色五人女(1686)二・二「彼樽屋にたのまれしいたづらかか、面屋(おもや)に門口のいまだ明掛てありしを見合」 発音〈標ア〉カ1

いたずら-がき【徒書・悪戯書】『名』書くべきでない所に無用の文字や絵などを書くこと。また、その書かれたもの。むだがき。らくがき。*当世書生気質(1885-86)〈坪内逍遥〉一九「相替らずいたづら書の空論だらう」*浮雲(1887-89)〈二葉亭四迷〉一・六「火箸を執て灰へ書く楽書(イタヅラガキ)も倭文字」 発音イタズラガキ〈標ア〉0

いたずら-がき【徒餓鬼】『名』いたずらな子供をののしっていう語。*咄本・鹿の巻筆(1686)二・四「玄関口へ出ければ、又かのいたづらがき、玄関のわきに居けり」 発音〈標ア〉ラ

いたずら-かたぎ【徒気質】『名』みだらな性格。気質が浮気なこと。*浮世草子・好色五人女(1686)三・五「中にもいたづらかたぎの女を持あはす男の身にして、是程なさけなき物はなし」 発音イタズラカタギ〈標ア〉カ

いたずら-がみ【徒髪】『名』①襟足(えりあし)のあたりなどに垂れ下がった髪の毛。おくれ毛。*談義本・風流志道軒伝(1763)三「ゑりの白きに、いたづら髪のふりかかれるもおくゆかしく」*浮雲(1887-89)〈二葉亭四迷〉一・三「些(すこ)し蒼味を帯んだ瓜実顔に、ほつれ掛ッたいたづら髪、二筋三筋扇頭の微風に戦(そよ)いで」②まにあわせに自分の手で結い上げた髪。めかす気もなく束ねた髪。いたずらわげ。*浄瑠璃・桜鍔恨鮫鞘(1769)鰻谷の段「徒髪(イタツラガミ)にとめ伽羅の、浅き薫や香具屋の、花と成りしと聞くよりも」 発音イタズラガミ〈標ア〉0

いたずら-ぎ【徒気・悪戯気】『名』「いたずらごころ(徒心)」に同じ。*桐畑(1920)〈里見弴〉病犬・四「擽(くすぐ)るやうに、男の胸に起って来る悪戯気(イタヅラギ)」*姉弟と新聞配達(1923)〈犬養健〉三「悪戯気(イタヅラギ)のまじった好奇心が、押へ切れず起って来た」

いたずら-ぐい【徒食】『名』働かないで、遊んでばかりいること。むだめしを食べていること。*百丈清規抄(1462)三「何をもせいでいたづら食ばかりしてをるものは」*四河入海(17C前)二三・一「いたつらくいする民が二つ添た程に、民が食に艱なると云が」

いたずら-くさ・い【悪戯臭・徒臭】『形口』文いたづらくさ・し『形ク』いかにも性的にだらしなさそうなさまである。いかにも好色らしい。*新浦島(1895)〈幸田露伴〉一九「ぱっとした八丈に藤色の異(かは)り裏少し油の気のある束髪、見るからが淫奔(イタヅラ)臭い、濡のきく眼つき、寄席で知らぬ男に尻をつめられても黙って色眼で見かへりそうな質(たち)」 発音〈標ア〉サ

いたずら-ぐるい【徒狂】『名』欲情のおもむくままにふるまうこと。みだらな行為に夢中になること。また、そのような人。*俳諧・鷹筑波(1638)五「我身世に唯をちぶるる也 花の色はうつるいたづらくるひにて」*浮世草子・西鶴織留(1694)五・二「さのみいたづらぐるひを我ままにするといふ、楽みばかりにはあらず」*浄瑠璃・平家女護島(1719)三「御前往来の男を呼入、放埒いたづらぐるひとも申」 発音イタズラグルイ〈標ア〉グ

いたずら-げ【徒気】『名』みだらな気持。*浮世草子・好色一代女(1686)一・二「されども母の親つき添て、外(ほか)なる女と同じきいたづらげはみぢんなかりし」 発音イタズラゲ〈標ア〉ラ ゲ

いたずら-こ【悪戯児】『名』「いたずらっこ(悪戯児)」に同じ。*滑稽本・客者評判記(1811)惣客者目録「いたづら子 迷惑」*語彙(1871-84)「いたづらこ いたづらものに同じ。徒事(いたづらわざ)をする小児を云ふ」*三人妻(1892)〈尾崎紅葉〉後・三五「盲人の我杖を頼まずして、道路(みちばた)の悪太郎(イタヅラコ)に手引されて、街渠(どぶ)の中へ陥(は)められたらむも同じやうの愚さ」 発音〈標ア〉ラ

いたずら-ごころ【徒心・悪戯心】『名』冗談半分に、よくない事をしてやろうと思う気持。一時的に異性に働きかける気持。*或る女(1919)〈有島武郎〉前・一七「一時の悪戯心(イタヅラゴコロ)から髪に挿してゐた小さな造花を投げてやると」*大道無門(1926)〈里見弴〉一番雛・三「なみひと通りの出来心や、悪戯心(イタヅラゴコロ)でないこともよく解りました」 発音イタズラゴコロ〈標ア〉ゴ

いたずら-こぞう【悪戯小僧】『名』いたずら好きで、人を困らせる少年。いたずら盛りの子供。悪童。いたずらわっぱ。いたずらっこ。*雑俳・柳多留-一五三(1838-40)「いたづら小僧直(じき)しばる法蔵寺」*明暗(1916)〈夏目漱石〉二一「其所にさも悪戯小僧(イタヅラコゾウ)らしく笑ひながら立ってゐる叔父の子を見出した」 方言植物、いのこずち(牛膝)。山形県西置賜郡139 発音イタズラコゾー〈標ア〉ゾ

いたずら-ごと【徒言】『名』価値のないことば。表現、伝達などを十分果たさない言語行為。無用の言。*千載(1187)雑下・一一六〇「つれづれと、いたづらごとを、かきつめて〈源俊頼〉」*拾遺愚草員外(1240頃)「つれづれなりしかば歌にもなりなんやと試に書きならべて侍りしいたつらことを思ひ出でて」 発音イタズラゴト〈標ア〉0

いたずら-ごと【徒事】『名』①何の役にも立たないこと。無益、無用な行為。くだらないこと。むだごと。*有明の別(12C後)二「いたづらごとのみ思ひ続けられて、大ばん所に続きたる格子・遣戸の中にただひとりながめゐ給へるを」*史記抄(1477)一七・佞幸列伝「田を耕作すれども、凶年なれば、いたづら事ぞ」*大学要略(1630)上「工は諸しよく人なり。此内にも何の用にはたたず、いたづらごとにて費になるは工とはいわず」②根拠のないこと。正しくないこと。いつわり。うそ。*仮名草子・夫婦宗論物語(1644-46頃)「男は胸に知恵無くして心に知恵深しと云ふはいたづら事也」③みだらなこと。また、色恋沙汰。*浮世草子・世間娘容気(1717)二「殊さら当世の歌舞妓狂言いたづら事を第一にたてて不作法なる行跡(ふるまひ)をして見すれば」*読本・春雨物語(1808)海賊「恋の部とて五巻まで多かるは、いたづら事のつつしみなき也」*人情本・閑情末摘花(1839-41)三・一四回「たとへ情合があるにもしろ、夫は互の淫奔事(イタヅラゴト)、表はれて祝言の弘めなけば内証の幕」④十分ではないこと。いいかげんな状態。*虞美人草(1907)〈夏目漱石〉一三「行くも帰るも徒事(イタヅラゴト)では通れない」 発音イタズラゴト〈標ア〉0 辞書文明・日葡・言海 表記徒事(文) 徒言(言)

いたずら-ことば【徒詞】『名』むだな語句。適切ではない用語。*為兼和歌抄(1285-87頃)「哥の父母といふほどの哥、いたづら詞はよもあらじと思ふに」*言塵集(1406)七「あはれあたら才覚をと被仰たるは、則如此の事也。いたづらこと葉になしたる事なり」 発音〈標ア〉コ

いたずら-ざかり【悪戯盛】『名』一生のうちで、最もいたずらをする時期。悪さをしがちな年頃。少年・少女時代にいう。*当世少年気質(1892)〈巌谷小波〉四「口やかましく、悪戯盛(イタヅラザカリ)の頑意(わんぱく)共」*水彩画家(1904)〈島崎藤村〉九「女の児とは言ひながら悪戯盛(イタズラザカ)り」*田舎教師(1909)〈田山花袋〉二〇「九歳から十歳までのいたづら盛り」 発音〈標ア〉ザ〈京ア〉ザ

いたずら-じに【徒死】『名』何の役にも立たないで死ぬこと。何の役にも立たない死に方をすること。むだじに。いぬじに。*今昔(1120頃か)二七・四四「赤被瞰(くらはれ)なば、何(いかで)かは不死まじき、徒死(いたづらしに)せよかし」 発音〈標ア〉0 辞書言海 表記徒死(言)

いたずら-ずき【悪戯好・徒好】『名』『形動』いたずらをするのが好きなこと。わるさを好むさま。また、そのような人。*ボール紙の皇帝万歳(1927)〈久野豊彦〉「屋上庭園の畑には、誰か上から頭でもなぐれば直ぐ下まで流行(はや)ってゆきさうな、かの悪戯ずきの階段教室になってゐて」*屋根の上のサワン(1929)〈井伏鱒二〉「おそらく気まぐれな狩猟家か悪戯(イタヅラ)ずきな鉄砲うちが狙ひ撃ちにしたものに違ひありません」 発音〈標ア〉0

いたずらっ-け【悪戯気】『名』冗談半分でおどけた悪さをする気持。*招魂祭一景(1921)〈川端康成〉「泣いた後機嫌直した子供のいたづらっ気で、ぴょいと〈略〉それに飛び移ってしまった」*茶話(1915-30)〈薄田泣菫〉滑稽作家の諧謔「この滑稽作家が持前の悪戯(イタヅラ)っ気(ケ)はむくむくと頭をもちあげかかった」*百鬼園随筆(1933)〈内田百閒〉晩餐会「実は盲人をからかふ悪戯っ気も手伝って、わざと声をひそめ」 発音〈標ア〉ラ

いたずらっ-こ【悪戯児】『名』(「いたずらこ(悪戯児)」の変化した語) 他人の迷惑になるような戯れをする子供。悪太郎。悪童。いたずらこぞう。*咄本・譚嚢(1777)徒っ子「小蔵(ぞう)の事なれば、何が羽向たらだらの所へ、いたつらっ子が起て来て、椽(ゑん)がわから雪の中へ小便」*灰燼(1911-12)〈森鷗外〉八「うるさい、いたづらっ子だね」*多情仏心(1922-23)〈里見弴〉うはさ・一三「急に、悪戯っ児らしく眼を輝かして、幾代は一膝のり出した」 発音〈標ア〉ラ〈京ア〉ラ

いたずらっ-ぽ・い【悪戯―・徒―】『形口』(「ぽい」は接尾語) ①好色らしいさまである。姿、態度などがみだらな感じである。*人情馬鹿物語(1955)〈川口松太郎〉六「おれんが、『一緒に寝てあげませうか』と、悪戯っぽい顔をしていひ」②悪戯をしそうなふうである。わるふざけといった感じである。*黒猫(1930)〈龍胆寺雄〉三「ふと僕の心にいたづらっぽい計画がうかんだ」*大阪の話(1934)〈藤沢桓夫〉三「そこで、彼女は、やや悪戯(イタヅラ)っぽく、彼の眼を見て、わらった」 発音〈標ア〉ポ

いたずらっぽ-さ【悪戯―・徒―】『名』(形容詞「いたずらっぽい」の語幹に接尾語「さ」の付いたもの) 好色らしいこと。また、悪戯をしそうな様子。*医師高間房一氏(1941)〈田畑修一郎〉三・二「その微笑してゐる切れの長い眼つき、悪戯(イタヅラ)っぽさと羞みとのまざり合ってゐる様子だの」 発音〈標ア〉ポ

いたずら-でんわ【悪戯電話】『名』電話本来の目的でかけるのでなく、人に迷惑になるようなことや、みだらなことを言ったり、何回も無言でかけたりする電話。*抱擁(1973)〈瀬戸内晴美〉序「二度ばかりたてつづけにいたずら電話ともいやがらせともわからない電話事件があり」 発音〈標ア〉デ

いたずら-なかま【徒仲間】『名』共に好色な生活をしている者。また、悪戯を共にしている連中。*浮世草子・傾城禁短気(1711)三・一「さまざまの料理

させて、同じいたづら中間（ナカマ）打寄りて喰尽し」 発音〈標ア〉ナ

いたずら-に【徒―】〘副〙（形容動詞「いたずらなり」の連用形の副詞化）何ら目的、理由、原因などがないのに、物事をしたり、また、状態が進行したりするさまが甚だしいさまを表わす語。むやみやたらに。わけもなく。ただひたすら。＊今昔（1120頃か）一〇・二二「馬も徒に離れて来れり、衾（ふすま）も飆（つむじかぜ）巻き持来れり」＊十六夜日記（1279-82頃）「いたつらにめかり塩やくすさびにも恋しや馴れし里のあま人」＊東寺百合文書-を・応永三二年（1425）九月八日・鎮守八幡宮宮仕等連署結番請文（大日本古文書六・一三五）「いたづらに火をたきてあたるべからさる事」＊夜明け前（1932-35）〈島崎藤村〉第一部・上・四・四「無謀の戦はいたづらにこの国を害するに過ぎない」 発音〈標ア〉0 辞書名義・文明・書言・ヘボン・言海 表記 徒（文・書・へ・言）唐捐（名） 胡然・無用（書）

いたずら-ね【徒寝】〘名〙恋い慕う人にあえないで、ひとりで寂しく寝ること。いたずらいね。いたずらぶし。あだぶし。あだね。＊中務集（989頃）「人待つと泣きつつすぐす夜な夜なはいたづらねにもなきぬべきかな」＊兼盛集（990頃）「逢ふことのなきつつ帰るよなよなはいたづらねにもなりにけるかな」 発音〈標ア〉ラ 辞書言海 表記 徒寐（言）

いたずら-ばな【徒花】〘名〙実のならない花。むだ花。あだ花。やくざ花。＊浄瑠璃・平家女護島（1719）三「恋の花や、いたづら花やうちや匂ひわたった」 発音〈標ア〉ラ

いたずら-はんぶん【悪戯半分】〘名〙（形動）なかばはいたずらをしようと思う気持からであること。＊行人（1912-13）〈夏目漱石〉塵労・四六「それが徒爾半分（イタヅラハンブン）の出放題でない事は」＊大阪の話（1934）〈藤沢桓夫〉二「神様が悪戯（イタヅラ）半分に阿母（おふくろ）さんのおなかにあるあらゆる醜悪なもので自分を作り、残りの綺麗なもので弟をつくったやうな気がしてならなかった」 発音〈標ア〉八〈京ア〉八／ン

いたずら-びと【徒人】〘名〙①元の職務、地位などを離れた人。用のなくなった人。＊宇津保（970-999頃）国譲上「かくいたづらびとにて侍れば、官（つかさ）、位のようも侍らねど」＊随筆・胆大小心録（1808）一二三「世をも君をも、あなづらしくて在りしかば、ついにつみなはれしも、又いたづら人たちにてぞありける」②おちぶれた人。見るかげもなくなってしまった人。＊宇津保（970-999頃）国譲下「親の人なみなみにていたはるにこそ、女は人とも見ゆめれ。かかるいたづら人の子をば何にせん」＊源氏（1001-14頃）明石「かかる人ものし給ふとは、ほの聞きながら、いたづら人をばゆゆしきものにこそ、思ひすて給らめと」③身体的・精神的に問題があって、世の中の役に立たない人。＊源氏（1001-14頃）真木柱「かのさうじみは、とてもかくてもいたづら人と見え給へば」＊御伽草子・二十四孝（室町末）「弟は大いにおごりて、いたづら人なり」④死んだ人。死人。＊宇津保（970-999頃）国譲下「此の頃、里なりとてだに恋ひ悲しび、ものも参らず、影のごとなり給はむ人は、まいてかけても聞き給はば、いたづら人になり給なんものを」＊源氏（1001-14頃）夕霧「ただ今は、またいたづら人に見なしたてまつるべきにやと」⑤無法な行い、わるさをする人。＊寛永刊本版蒙求抄（1529頃）六「うでこぎだてをめさるる人でいたづら人であったぞ」 発音〈標ア〉ラ 辞書文明・言海 表記 徒人（文・言）

いたずら-ふう【徒風】〘名〙みだらな風情。異性の気をひくそぶり。＊長唄・門出京人形（1755）「男出立の徒風（イタヅラフウ）に、しゃんしゃんしゃんとこぎりめに帯引締めて」 発音イタズラフー〈標ア〉0

いたずら-ぶし【徒臥】〘名〙「いたずらね（徒寝）」に同じ。＊拾遺（1005-07頃か）恋三・八〇四「いかなりしときくれ竹の一よだにいたづらぶしをくるしといふらん〈よみ人しらず〉」＊源氏（1001-14頃）帚木「君は解けても寝られ給はず、いたづらぶしと思さるるに」 発音〈標ア〉0 辞書言海 表記 徒臥（言）

いたずら-ぼう【悪戯坊】〘名〙「いたずらぼうず（悪戯坊主）②」に同じ。＊桑の実（1913）〈鈴木三重吉〉九「いたづら坊で母が弱ってるんですよ」 発音イタズラボー〈標ア〉ラ

いたずら-ぼうこう【徒奉公】〘名〙堅気（かたぎ）でない奉公。水商売や妾奉公（めかけぼうこう）。＊浮世草子・世間娘容気（1717）五「上問屋下問屋へ蓮葉女といふいたづら奉公つとめ」 発音イタズラボーコー〈標ア〉ボ

いたずら-ほうし【徒法師】〘名〙「いたずらぼうず（徒坊主）①」に同じ。＊甲陽軍鑑（17C初）品四八「彼法順、何と申有共、女をとどめん儀、やすきといへども、彼僧、大きなる徒（イタツラ）法師にて、ただはとめらるまじ」＊随筆・足薪翁記（1842頃）一「いたづら法師〔古糸屑集〕〈延宝三年　重安撰〉小田の僧都冬はいたづら坊主かな〈友世〉」 発音イタズラホーシ〈標ア〉ホ

いたずら-ぼうず【徒坊主・悪戯坊主】〘名〙①役に立たない坊主。また、仏道を守らないふしだらな坊主。いたずら法師。＊甲陽軍鑑（17C初）品四〇上「所詮、徒（イタヅラ）坊主、座頭には、つきあはぬが秘事にてあり」②（悪戯坊主）いたずらをする子供。いたずら小僧。いたずらっこ。 発音イタズラボーズ〈標ア〉ボ〈京ア〉ボ

いたずら-まいり【徒参】〘名〙みだらな目的をとげるため、口実として参詣すること。色恋のための参詣。＊浮世草子・西鶴織留（1694）四・三「今の若い者が、参宮をよせ事にいたづら参り」 発音〈標ア〉マ

いたずら-むすめ【徒娘】〘名〙みだらな娘。ふしだらな娘。＊浮世草子・世間娘容気（1717）五・目録「傍輩の悪性うつりにけりな徒娘（イタヅラムスメ）」＊子を貸し屋（1923）〈宇野浩二〉七「いたづら娘の私生児とか、まづしい家の子とか」 発音〈標ア〉ム

いたずら-めろう【徒女郎】〘名〙「いたずらおんな（徒女）」に同じ。＊浄瑠璃・摂州合邦辻（1773）下「大恩の夫を捨て、家出したいたづら女郎（メラウ）」 発音イタズラメロー〈標ア〉メ

いたずら-もの【徒物】〘名〙何の役にもたたないもの。無用の物。＊梵舜沙石集（1283）一・一〇「余仏余教皆いたづら物なりとて」＊筑波問答（1357-72頃）「如何におもしろき句にてもあれ、聊も道理にそむきたるはいたづら物なり」 発音〈標ア〉0

いたずら-もの【徒者・悪戯者】〘名〙①役に立たない者。何のとりえもない人間。無用の者。いたずらびと。＊平家（13C前）一・禿髪「世にあまされたるいたづら者なんどの」＊古今著聞集（1254）五・一六七「今はつかさもなきいたづらものになれるよしなり」＊筑波問答（1357-72頃）「連歌も生まれつきより天性を得たる上手もあるべし。また生得のいたづらものもあり」②粗暴または、気ままなよくない行為をする者。悪賢い者。ならずもの。いたずらびと。＊曾我物語（南北朝頃）四・箱王が元服の事「堅固のいたづらもの、教に順はざらん弟子をば」＊史記抄（1477）一〇・孫呉「さうてあちこち馳説の縦横者のいたづら者をば破りのけてよせぬぞ」＊仮名草子・伊曾保物語（1639頃）下・四「『かかる無理無法なるいたづらものをば、もとの所へやれ』とておっ立たり」＊語彙（1871-84）「いたづらもの 粗暴驕恣にして制するを聞ぬものなり」③無為に日を過ごしている人。なまけもの。ぶしょう者。＊史記抄（1477）一六・儒林列伝「博士の弟子たる者か奉禄をち取て学問をも心に入れてせずは、いたづら者ぞ」＊日葡辞書（1603-04）「Itazzuramono（イタヅラモノ）〈訳〉閑人、放浪者、無精者、悪人または邪悪な心をもった人」＊読本・英草紙（1749）二・四「かれは家業を嫌ふ大浪子（イタヅラモノ）の世事しらず」④江戸時代、治安取り締まりの対象になった、正業をもたない非行者、治安を乱すもてあまし者。つまはじき者をいう。＊正宝事録-五九・慶安四年（1651）七月「町中家持共之儀は勿論、人々之店かり借屋之者共に組々を致させ、徒者無レ之様、常々下々迄も吟味いたし候様可レ仕候、自然徒者有之は穿鑿之上、其組中同罪之曲事に可二申付一事」⑤みだらな者。特に、ふしだらな女。＊両足院本毛詩抄（1535頃）七「美人ではあるがいたづら物で天下を乱た物ぞ」＊咄本・山岸文庫本昨日は今日の物語（1614-24頃）「みな様の御意見につき夫（つま）をもうけて候へば、いたずらもののあの女が、我が男にて候と申上ぐる事」＊浄瑠璃・平家女護島（1719）一「手かけ妾（めかけ）と成様なすけべいの徒者（イタヅラモノ）」＊濹東綺譚（1937）〈永井荷風〉三「読者はこの娘がこの場合の様子や言葉使のみを見て、淫奔娘（イタヅラモノ）だと断定してはならない」⑥わるさをする者。いたずらをして他人をからかう者。＊寒川入道筆記（1613頃）落書附誹諧之事「かくれなき藤戸石を、上京細川殿御屋敷より室町畠山様御屋敷へ、信長公御引なさるる。数日御手間入けれは、いたつらもの、花よりも団子の京となりにけり けふもいしいしあすもいしいし」＊咄本・昨日は今日の物語（1614-24頃）下「有もの、よき女房をまうけて、自慢するを、さるいたづら者の云、『貴殿のお内儀、方のごとくすぐれたるが玉に疵ぢゃ』」＊土（1910）〈長塚節〉五「彼等は悪戯者（イタヅラモノ）に水をさされて慌てた機会（はずみ）に」＊硝子戸の中（1915）〈夏目漱石〉四「すぐ前の医者の宅（うち）にゐる彼と同年輩位の悪戯者（イタヅラモノ）であった」⑦ネズミの異名。近世から明治にかけて、江戸日本橋馬喰町の吉田屋製石見銀山鼠取薬を売り歩く行商が「いたずら者はいないかな、云々」と呼び歩いたところからいう。＊随筆・江戸自慢（1854-60か）「いたづら物は居ないかと呼はり行は、鼠取売」 発音〈標ア〉0〈京ア〉0 辞書文明・日葡・言海 表記 徒者（文・言）

いたずら-や【徒屋】〘名〙使っていない建物。不用な家屋。あき屋。＊枕（10C終）二八七・神は「平野は、いたづら屋のありしを、『なにする所ぞ』と問ひしに、『御輿宿（こしやどり）』といひしも、いとめでたし」

いたずら-わげ【徒髷】〘名〙「いたずらがみ（徒髪）②」に同じ。＊浮世草子・三千世界色修行（1772）三・一「せんげんたる燈籠びん、死ねころせのいたづらわげ、すんとしたうまれつき」

いたずら-わざ【徒業】〘名〙「いたずらごと（徒事）」に同じ。＊文明本節用集（室町中）「徒態 イタヅラワザ」 発音〈標ア〉ラ 辞書文明 表記 徒態（文）

いたずら-わっぱ【悪戯童】〘名〙「いたずらこぞう（悪戯小僧）」に同じ。＊文明開化（1873-74）〈加藤祐一〉初・上「夏の頃或るいたづらわっぱのてんがうに、猫を捕へて来て」 発音〈標ア〉ワ

いた-ずり【板摺】〘名〙「いたがけ（板掛）」に同じ。＊万国新話（1868）〈柳河春三編〉二「耕作、大工、鍛冶、仕立師、靴造り、料理人、『パン』焼、板摺等一切の作業を教へ」 発音〈標ア〉0

いたずろ-うど【徒人】〘名〙無能で役に立たない人。いたずらもの。＊玉塵抄（1563）九「尸祿と云は無能にして功もなさいでほうろくをうけているいたづらう人（ド）を云ぞ」

イタ-セクスアリス（原題「ヰタ・セクスアリス」。ラテン Vita sexualis で、「性欲的生活」の意）小説。森鷗外作。明治四二年（一九〇九）に発表、発禁処分を受けた。幼年期から青年期に至る性欲を自叙形式で描いた作品。 発音〈標ア〉イ＝ア

いた-ぞうり【板草履】〘名〙（「いたつけぞうり（板付草履）」の略）「いたこんごう（板金剛）」に同じ。

*浅草紅団(1929-30)〈川端康成〉五四「船チビは板草履(イタザウリ)を両手に持って、もう橋の欄干の上に突っ立ってゐた」*明治世相百話(1936)〈山本笑月〉履物趣味の変遷史「だが平素は麻裏草履や真田の鼻緒の幅の狭い板草履(俗に草履下駄といふ)がおきまり」*おはん(1957)〈宇野千代〉六「咄嗟の間に思ひつきますと、私はそのまま板草履(イタザウリ)つっかけて」 発音イタゾーリ〈標ア〉ゾ〈京ア〉ゾ

いた-そで【板袖】〘名〙板物製の鎧(よろい)の袖。革と鉄の二種類があり、小札(こざね)製の袖に対していう。*小弓御所様御討死軍物語(1538)「兜の錣、鎧の板袖、相々、膝を折りてぞ備へたる」*日葡辞書(1603-04)「Itasode(イタソデ)」 辞書日葡

いただき【戴・頂】〘名〙(動詞「いただく(戴)」の連用形の名詞化) ①頭のてっぺん。頭頂。また、頭。*竹取(9C末-10C初)「かみさへいただきに落(おち)かかるやうなるは」*十巻本和名抄(934頃)二「頂顙 陸詞曰顚〈音天訓以太々岐〉頂也 頂顙〈音寧〉頭上也」*源氏(1001-14頃)手習「ただいただきばかりをそぎ、五戒ばかりを受けさせ奉る」*宇治拾遺(1221頃)一二・六「僧正、いただきより黒煙をいだして加持し給ふに」*徒然草(1331頃)四二「ただ恐ろしく、鬼の顔になりて、目はいただきのかたにつき、額のほど鼻に成りなどして」 ②頭頂の結髪。→いなだき。*新撰字鏡(898-901頃)「髻 結髪 伊太々支」 ③山のいちばん高い所。頂上。山頂。*書紀(720)神武即位前戊午年九月(熱田本訓)「天皇、彼の菟田の高倉山の巓(イタタキ)に陟て域(くに)の中を瞻望(おせ)りたまふ」*新撰字鏡(898-901頃)「岌峩 山頭也 彌禰 又伊太々支」*竹取(9C末-10C初)「駿河の国にあなる山のいただきにもてつくべきよしおほせ給ふ」*十巻本和名抄(934頃)一「巓 孫愐曰巓〈都年反 和名伊太々岐〉山頂也」*自然と人生(1900)〈徳富蘆花〉自然に対する五分時・自然の声「絶巓(イタダキ)は束立(そくりつ)せる岩より成り」 ④物事のいちばん上の部分。てっぺん。*書紀(720)天武八年是年(北野本訓)「紀伊国の伊刀郡、芝草を貢れり。其の状菌(たけ)に以たり。茎(もと)の長さ一尺、其の蓋(イタタキ)二囲(いたき)」*枕(10C終)二九八・節分違などして「みなほかざまに火をかきやりて、炭を重ねおきたるいただきに、火を置きたる、いとむつかし」*浜松中納言(11C中)四「御髪(ぐし)をかきいで給へれば、いただきより末まで迷ふ筋といふものなく、つやつやと繰りかかりて」*色葉字類抄(1177-81)「槇 イタタキ 木槇也」*浄瑠璃・五十年忌歌念仏(1707)下「笠を此比取出せばいただきの下に此ふみ有」 ⑤物事の限度。これ以上ないという最高の度合。極点。*玉塵抄(1563)三〇「欲にはいたたきない者ぞ」*滑稽本・浮世風呂(1809-13)四・中「其上にまだ御不足か。ヤ、欲には頂(イタダキ)なしだぞ」*油地獄(1891)〈斎藤緑雨〉一五「貞之進が恨は此時頂(イダキ)きに上り」 ⑥(「いただきもちい(戴餅)」「いただきもちい(戴餅)」の略) ㋑「いただきもちい(戴餅)」に同じ。*浜松中納言(11C中)四「我は若君のいただきせさせ奉らんとおぼして」*多聞院日記-永禄八年(1565)一二月二七日「ゐたたき九膳通取レ之」 ㋺「いただきもち(戴餅)②」に同じ。*東都歳事記(1838)四月八日「灌仏会〈略〉今日仏に供する所の餅を号していただき、又花くそといふ。年中行事大成に、花供御の誤にやといへり」 ⑦物事をしそこなうこと。しくじり。特に芝居の世界でいう。不出来。失敗。*洒落本・御膳手打翁曾我(1796か)「是からが大わらひサ。わたしがいやみにちいさな声もめんぼくねい。むごひいただきさ〈いただきとは芝居の通語也しろう人にてはたいたといふ事〉」*滑稽本・客者評判記(1811)上「入りがあるのないのと論じ、わら詰だの、いただきだの、ヤレ金づかへ幕づかへ、病気でひいた女形を持病の疝気といやがらせ」 ⑧大した苦労もなく、また、そのままの形で手に入れたり自分のものにしたりすること。→いただく㊀㊀⑦。「これできょうの試合はいただきだ」 方言❶ものを頭に載せて運ぶこと。和歌山市020 香川県高見島・佐柳島829 ❷魚などの海産物を容器に入れ、頭に載せて売り歩く行商女。石川県羽咋郡412 徳島県811 香川県827 愛媛県宇和島市853 ❸鏡餅(かがみもち)。お供え。青森県三戸郡083 東京都新島322 新潟県347 奈良県吉野郡685 ◇いただきさん 香川県827 ◇おいただき〔御―〕 高知県土佐郡866 ❹神仏の供物を下げて食べること。◇おいただき 高知県土佐郡866 ❺頭のひよめき。島根県美濃郡・鹿足郡724 語源説(1)イタダク(戴)の名詞形〔大言海〕。(2)イトタカ(最高)の転〔和訓栞・日本古語大辞典=松岡静雄〕。一二高キ意〔名語記〕。(3)イタツキ(板貼)から〔名言通〕。 発音〈標ア〉0〈ア史〉平安・鎌倉◉◉◉◉〈京ア〉0 辞書字鏡・和名・色葉・名義・下学・和玉・文明・伊京・明応・天正・饅頭・黒本・易林・日葡・書言・ヘボン・言海 表記巓(和・色・名・玉・文・伊・明・天・饅・黒・易・書) 頂(字・色・名・下・玉・文・天・饅・黒・易・ヘ・言) 顚(字・和・色・名・玉・文) 顙(色・名・玉) 髻・槩・峩(字) 嶺(玉) 頭顚・頂顙・絶頂・埊・嶸・崿・隴首(書)

いただき の 祝(いわい) 子どもが生まれて、初めての正月を祝うこと。一一日または吉日を選んで行なう。〔諸国風俗問状答(19C前)三河国吉田領〕

いただき の 餅(もち) 除夜の鐘が鳴るとすぐ食べる餅。大阪府南河内郡でいう。最初の臼(うす)から取った二つの餅を切って、家族の者が年齢順に食べる。 方言鏡餅(かがみもち)。お供え。山形県西置賜郡139

いただき-さかな【戴肴】〘名〙①酒宴の席上などで、目上の人が杯に添え、箸にはさんで出す料理を頂戴すること。また、その料理。祝儀をもいう。②「いただきもち(戴餅)②」に同じ。*俗曲・十二ケ月(1807-08頃)「四月八日はお釈迦の誕生、〈略〉甘茶を呑んで、ぺんぺん草花、戴肴(イタダキサカナ)で」

いただき-じょろしゅ【戴女郎衆】(ヂョロシュ) 発音〈標ア〉サ 〘名〙(俗謡の一節「岡崎女郎衆」をもじったしゃれ)「いただく(戴)」をいう江戸の通人間の語。*洒落本・三躰誌(1802)誹人之百声三吟者「お盃はどこだね。ちっといただき女郎衆は能(よい)女郎衆としてヱね」*滑稽本・浮世風呂(1809-13)前・下「『まづ金(きん)をいただき女郎衆(ヂョロシュ)と』『ハハア、惜い成金を取(とら)れたかい。是にて将棊(せうぎ)はおだ仏かい』」

いただき-だち【戴立】〘名〙御馳走になってすぐその席を立つこと。*歌舞伎・鏡山錦栬葉(加賀騒動)(1879)四幕「然らば身共は、自由ながら頂き立ちにいたさう」*蓼喰ふ虫(1928-29)〈谷崎潤一郎〉三「それではあの、頂き立ちで甚だ勝手なんですが」 方言和歌山県691 発音〈標ア〉0

いただき-だんご【戴団子】〘名〙「いただきもち(戴餅)②」に同じ。*俳諧・俳諧歳時記(1803)上・四月「灌仏 八日〈略〉武江にてはこの日小餌(だんご)を製しこれを指腹の如くひらめて上に餡を盛りて仏に供ずこれを頂(イタタ)き団子といふ又鼻くそ団子ともいふ」 発音イタダキダンゴ〈標ア〉ダ2

いただき-つ・ける【頂付】〘他カ下一〙頭の上に物を当てる。*歌舞伎・桑名屋徳蔵入船物語(1770)二「なんぢゃ知らぬが頭へ喰入るやうな、どうぞこれに頂付(イタダキつ)けてくれぬか」

いただき-どうろ【戴灯籠】〘名〙置き灯籠の尾のあるもの。京都北山辺で陰暦七月一五日の夜、頭に載せて踊った。踊灯籠。*言継卿記-永禄二年(1559)七月二二日「二条妙覚寺へ参二見物一了。驚レ目者也。四躍有レ之。頂燈呂之衆百廿人、其外種々出立共以上二百余人有レ之」*貞徳文集(1650)「六月一三日条 戴灯籠笠鉾鐘鋳時躍衆之装束、不レ残可レ付二恩借一候」*随筆・嬉遊笑覧(1830)一〇・下「戴燈呂〈略〉是をどり燈呂なり。京師花園は北山辺の在名なり。七月十五日の夜をどるなり、在所の新婦は必置燈呂の尾のあるを頭に戴き踊るものなり」

いただき-にげ【戴逃】〘名〙他から受けた杯を、返杯しないで、その座をたつこと。*人情本・柳之横櫛(1853頃)二・一一「戴(イタダ)き逃(ニゲ)でお気の毒で御座いますが、お先へ帰りますヨ」 発音イタダキニゲ〈標ア〉0

いただき-ぶくろ【戴袋】〘名〙公卿が宮廷へ伺候(しこう)する時、下人の頭に戴かせて持参した宿直(とのい)装束を納める上刺袋(うわざしぶくろ)。*随筆・好古小録(1795)下「戴き袋。古画を以考るに、無星の秤、無寸の尺のみ、近来、一仏刹所レ伝の古物をみるに、其体、後世の物にあらず」

いただき-ます【戴―】〘連語〙食事を始める時のあいさつの言葉。 発音〈標ア〉マ

いただき-もち【戴餅】〘名〙①「いただきもちい(戴餅)」に同じ。②糕(しんこ)の餅を丸く平たくして、中央部をくぼめ、そこにあずきのあんを載せたもの。旧暦四月八日の灌仏会(かんぶつえ)に、仏に供えた。いただき。 発音〈標ア〉キ 辞書言海 表記戴餅(言)

いただき-もちい【戴餅】(もちひ)〘名〙公家で、子供の幸福を願って行なう儀式。また、その時用いる餅。五歳まで年の初めの吉日や、生後一二〇日目の食初めの時に、子供の頭上に三度餅を触れさせて、前途を祝う。いただき。いただきもち。*紫式部日記(1010頃か)寛弘七年正月一日「ことし正月三日まで、宮たちの御いただきもちゐに日々にまうのぼらせたまふ、御ともに、みな上らふもまゐる」*古事談(1212-15頃)六・信西祝言基明事「安芸守基明嬰子之晬、正月戴餅之間、少納言入道祝言、才学者如二祖父一、文章如レ父」*随筆・嘉良喜随筆(1750頃)一「戴餅と云こと公家にあり。児生て百廿日の食始にあること也。小き餅を下にをき、二番目に中のもち、上に大の餅をく、上程大也、三かさぬ、大根と橘を先の方に両方にをく、へぎにすへて出す」 語誌(1)男子は、嫡子が七歳、庶子が三歳、女子は五歳までの儀式で、平安時代末期の例では、その際、「官位(つかさくらゐ)かたかれ、命かたかれ」などの呪言を唱えたらしい。(2)餅には、近江国の火切(ひきり)の餅が使われた。戴き餅は大人たちの行なう歯固めにあたるもので、一定の年齢を過ぎると大人たちと同じ歯固めの行事にかわっていった。 発音〈標ア〉モ 辞書言海 表記戴餅(言)

いただき-も・つ【戴持】〘他タ四〙うやうやしく捧げ持つ。奉戴する。*万葉(8C後)五・八九四「家の子と 選びたまひて 勅旨(おほみこと) 戴持(いただきもち)て 唐(もろこし)の 遠き境に 遣はされ〈山上憶良〉」

いただき-もの【戴物】〘名〙①「もらい物」の謙譲語。人から頂戴した品物。*大つごもり(1894)〈樋口一葉〉上「此巾着(きんちゃく)も半襟もみな頂(イタダ)き物(モノ)」*矢島柳堂(1925-26)〈志賀直哉〉赤い帯「あれは頂き物をしたお客様の所へ皆お礼に持って行くんです」 ②飲食物をいう謙譲語。 発音〈標ア〉0

いただき-やま【戴山】〘名〙(「山」は語尾に添える江戸時代の流行語)「いただく(戴)」をしゃれていう語。*洒落本・女鬼産(1779)「君が付(つけ)ざしをいただき山としゃれたまへば」*滑稽本・七偏人(1857-63)四・中「兎も角も一服いただき山としやせう」 発音〈京ア〉0

いただ・く【戴・頂】㊀〘他カ五(四)〙(一)①頭の上に載せる。また、上にあるようにする。*万葉(8C後)二〇・四三七七「母刀自(あもとじ)も玉にもがもや伊多太伎(イタダキ)て角髪(みづら)のなかにあへ纏(ま)かまくも〈津守小黒栖〉」*拾遺(1005-07頃か)雑下・五六四「おいはてて雪の山をばいただけどしもと見るにぞ身はひえにける〈よみ人しらず〉」*詞花(1151頃)雑下・三七四「年を経て星をいただく黒髪の人よりしもになりにけるかな〈大中臣能宣〉」*平家(13C前)

三・有王「髪は空さまへ生ひあがり、よろづの藻くづとりついて、おどろをいただいたるが如し」*日葡辞書(1603-04)「シラガ、ユキ、シモヲ itadaqu(イタダク)」*幼学読本(1887)〈西邨貞〉二「雄は頭に美しきとさかをいただけり」*礼記-曲礼上「父之讎、弗二与共戴一天、兄弟之讎、不レ反レ兵」 ②つつしんで受けたり、ありがたい気持ちを表わしたりして、物を高くささげる。また、敬って大切にする。上の者として敬い仕える。奉戴する。*続日本紀-天平元年(729)八月二四日・宣命「我がかく云ふ其の父と侍る大臣の、皇(すめら)が朝(みかど)を助(あななひ)奉り輔(たす)け奉りて、頂(いただ)き恐(かしこ)み供奉(つかへまつり)つつ」*源氏(1001-14頃)真木柱「石山の仏をも、弁のおもとをも、ならべていただかまほしう思へど」*後拾遺(1086)雑六・一一六一「おほぢ父むまご輔親(すけちか)三代までにいただきまつるすべら御神〈大中臣輔親〉」*日葡辞書(1603-04)「サカヅキヲ itadaqu(イタダク)〈訳〉さかづきを上げる」 ③(身分の高い人から物をもらうとき、高くささげて受けるところから)「もらう・買い受ける」の謙譲語。頂戴する。「古本高価にいただきます」*太平記(14C後)九・山崎攻事「足利殿は代々相州の恩を戴(イタタ)き徳を荷(にな)って」*虎明本狂言・鏡男(室町末-近世初)「やまとびめのみこと、御神鏡をいただき、国々を御めぐりあり」*天草本伊曾保(1593)イソポの生涯の事「リンシヲ ソエテ クダサレタレバ、Esopo コレヲ itadaite(イタダイテ)」*俳諧・炭俵(1694)上「物毎も子持になればだだくさに〈野坡〉又御局の古着いただく〈利牛〉」*洒落本・郭中奇譚(1769)弄花巵言「弐百づついただきとふござります」*大道無門(1926)〈里見弴〉隠家・二「お風呂を頂(イタダ)いちまひませうか」 ④「食う・飲む」の謙譲語。つつしんで飲食する。また、「食う・飲む」の丁寧な言い方。*虎寛本狂言・猿座頭(室町末-近世初)「『さらば呑う。扨是をそなたへおまさう』『わらはがいただきませう』」*滑稽本・浮世風呂(1809-13)四・上「日に三度米飯を三膳づつ頂(イタダ)いてゐるは天上の栄花だとおもってゐれば、何も不足はない」*滑稽本・素人狂言紋切形(1814)下「鄙人(ひなびと)といふものはどうもこまるぞ、御膳を頂(イタダイ)てとか、お食(めし)を食ってとかいふものだ」*人情本・花筐(1841)三・一三回「どれ一喫(いっぷく)頂(イタダ)いて行かうか」 ⑤ありがたいと感じる。また、ありがたく拝む。*浮世草子・好色一代男(1682)六・五「よき風なる殿ぶりとかしらからいただかせて、皆うれしがらせ」*浮世草子・傾城禁短気(1711)二・三「結縁の為、女郎の書捨てを拝ませふ、ちと太夫分の舞台子達へいただかせておきゃれ」 ⑥(「小言をいただく」意から)物事をしそこなう。しくじる。*洒落本・船頭深話(1802)二「『今夜はいただいた晩だ。よっぽど評判がわりい』いただくともはたきともいふ。芝居のつう言なり」*滑稽本・八笑人(1820-49)初・一「扨々(さてさて)じれってへ事だぞ。だうりで茶番のたんびにいただくはずだあ」*西洋道中膝栗毛(1870-76)〈仮名垣魯文〉二・下「彼旅舎(はたごや)の大不可(ふでかし)にて荷主広蔵を不快(イタダキ)しが」*語彙(1871-84)「いただく 東京㊗ 事を為損ふをいふ」 ⑦大した苦労もなく手に入れる。勝負事で勝ちを得ることや他人の考えをそのまま引用することにいう。↓いただき⑧。「この試合はいただいた」「そのアイデアいただくよ」 ⑧買うことをいう、盗人仲間の隠語。〔隠語輯覧(1915)〕 [二]補助動詞として用いられる。①自分のために相手に何かをしてもらう意の謙譲表現。㋑動詞の連用形に、助詞「て」を添えた形の下に付く。*滑稽本・七偏人(1857-63)五・中「何は兎もあれ、早く見て戴(イタダイ)たらよからう」*人情本・春色恋廼染分解(1860-65)四・二一「可哀さうだとか、不憫(ふびん)だとか、思ってさへ頂(イタダ)けば」*浮雲(1887-89)〈二葉亭四迷〉二・七「貴嬢の口から僅(たった)一言、『断念(あきら)めろ』と云って戴きたい」㋺動詞の連用形に、敬意の接頭語「お」「おん」を冠した形の下に付く。*手紙雑誌-二・五号(1905)風涼しき別天地の生活〈大河内国子〉「今日は昼過より雨にて候へば、猶々淋しく、詠み出で候歌どもしるしつけ候まま、御直しいただき度候」*痴情(1926)〈志賀直哉〉四「御はかまを忘れましたので御送り申上ましたが御うけとり戴きました事と存じ升(ます)」㋩動作性の敬語名詞の下に付く。「お世話いただく」「御心配いただく」「御覧いただく」「御検討いただく」 ②相手に願って、自分が何かすることを許してもらう意の謙譲表現。動詞に使役の助動詞などの付いたものに、助詞「て」を添えた形の下に付く。*其面影(1906)〈二葉亭四迷〉二六「そんなら、然(さ)う為(さ)せて戴きます」*桑の実(1913)〈鈴木三重吉〉五「ではまたあとでゆっくり見させて戴きますから」*多情仏心(1922-23)〈里見弴〉茶断塩断・五「ちょいとおみ足を洗はして頂かうと思って」 [三]〔他カ下二〕頭の上に載せる。いただかせる。*阿吒薄倶元帥修行儀軌嘉保二年点(1095)「頭に七宝花冠を戴(イタタケよ)」*春秋経伝集解巻十保延五年点(1139)「畚に寘(お)いて婦人をして載(イタタケ)て以て朝を過きしむ」 語誌(1)本来は、頭上に載せる意の普通語であったが、上位者から物をもらう時、同様の動作をしたところから、中世以降、もらう意の[一]③の謙譲用法が確立した。また、上位者からもらった物を飲食するところから、飲食する意の[一]④の謙譲用法が生じ、さらに、丁寧用法も派生した。(2)現在においても、謙譲用法の勢力は衰えないので、「先生、お昼をいただきましたか」などは誤用とされる。飲食する意では、現在、話し手以外の者が主語になる表現が使われ始めている。これは「食う」の丁寧表現「食べる」が、普通語の感じになって来たので、「いただく」がその代わりとなったもの。 方言❶女性がものを頭に載せて運搬する。香川県島嶼014 ❷やり損なう。しくじる。東京都002 ❸ささげて礼を言う。◇いだなく 岐阜県飛騨502 語源説(1)イは発語。タダクはタアク(手上)の約か〔大言海〕。(2)ヒダダク(額抱)の義〔日本釈名〕。(3)イタリテイダクの義〔和句解〕。(4)ウナダク(頂抱)に通ず〔国語の語根とその分類=大島正健〕。(5)イタダキ(頭上)という所へささぐるところから〔俗語考〕。(6)イトタカアゲク(最高上来)の義〔日本語原学=林甕臣〕。 発音〈なまり〉イターク〔和歌山〕 イタザク〔和歌山県〕 イタダッ〔鹿児島方言〕 イダナク〔岐阜・飛騨〕 イナダク〔岐阜・飛騨・静岡・愛知・南知多〕 ウナダク〔岐阜〕〈標ア〉⓪〈ア史〉平安●●●○ 江戸●●●● 〈京ア〉⓪ 辞書色葉・名義・和玉・文明・明応・天正・饅頭・黒本・易林・日葡・書言・〈ボン〉・言海 表記戴(色・名・玉・文・明・天・饅・黒・易・書・へ) 頂(色・名・文・言) 冢・冠(色・名) 稽(玉・文) 冒・口(色) 上・天(名) 岨(玉)

いただく物(もの)は夏(なつ)もお小袖(こそで) (もらう物なら、夏に不用の絹の綿入れでも喜んでもらう意から) 欲の深いことのたとえ。

いただ・ける【戴・頂】〔カ下一〕(「いただく(戴)」の可能動詞) ①いただくことができる。もらえる。また、飲食することができる。②(多く、否定表現を伴って用いられる) よいと認めて受け入れることができる。*大阪の宿(1925-26)〈水上滝太郎〉三・四「玄人(くろうと)の特徴も頂けなかった」*私のサハリン(1972)〈李恢成〉「祖国の受難時代に背を向けて、自分だけの仕合せを求める生き方はまったくいただけない」 発音〈標ア〉⓪〈京ア〉⓪

いただこ【頂】〔動〕方言ください。ちょうだい。補助動詞としても用いる。三重県上野市・名張市585 ◇いだあこ 三重県上野市585 ◇ざあこ 三重県伊賀585 ◇だあこ 三重県阿山郡585 ◇いたあかいて・いたかして 和歌山県690 ◇いたあかひて・いたあかひてよお 和歌山市691 ◇いた 和歌山県日高郡698 香川県830 ◇いたあ 香川県829 ◇いたい 香川県高松市829

い-たた-・す【一立一】〔連語〕(「い」は接頭語。「す」は上代の尊敬の助動詞)「立つ」の尊敬語。お立ちになる。*万葉(8C後)一・九「莫囂円隣之大相七兄爪謁気吾が背子が射立為(イたたせり)けむ厳橿(いつかし)が本〈額田王〉」

いた-だたみ【板畳】〔名〕①板を芯(しん)にして作った畳。床の間などに用いる。②畳と同じ平面に板を敷きつめた所。板じき。また、そこに敷きつめた板。大きさにより中板、半板、長板などがある。*洒落本・山下珍作(1782)任風貌者「せきだをいただたみの上からばたりとおろし」*文明開化(1873-74)〈加藤祐一〉初・上「禁裡の御殿むきは、石だたみや板畳(イタダタミ)で、皆沓のままで上られる様に成てゐる」 方言❶すのこ。富山県高岡市395 ❷畳の大きさの板張りの敷物。◇いちゃだたん 沖縄県首里993 ❸文字を記して何度でも消して使える漆を塗った板。塗り板。盛岡†054 岩手県紫波郡093 発音〈標ア〉ダ 辞書〈ボン〉・言海 表記板畳(へ・言)

いた-だち【板立】〔名〕「いたがい(櫪飼)」に同じ。*止由気宮儀式帳(804)「板立御馬二疋」

いた-たまがき【板玉垣】〔名〕玉垣の一種。厚板を透かして並べ、裏には横木を打ちつけてつくった、簡単な神社の垣根。〔日本建築辞彙(1906)〕 発音イタマガキ〈標ア〉マ

いたたまら-・ず〔連語〕「いたたまらない」に同じ。*浄瑠璃・神霊矢口渡(1770)四「余り人使がひどいから、幾度置ても奉公人が、三日とは居たたまらぬ故」*多情多恨(1896)〈尾崎紅葉〉後・一〇・二「其時の眼色(めざし)も定めて恁うであったらうと考へると、もう居耐らずに、此を出て了ったのである」*銀の匙(1913-15)〈中勘助〉前・四五「私はゐたたまらずに門のところへいって扉の陰からうかがってゐたら」 〈標ア〉マ

いたたまら-・ない〔連語〕(居堪らないの意)それ以上じっとしていられない。これ以上がまんできない。いたたまれない。いたまらない。*滑稽本・浮世風呂(1809-13)三・上「わたしが初ての座敷の時、がうぎといぢめたはな〈略〉それから居溜(ヰタタマ)らねへから下らうと云たらの」*多情多恨(1896)〈尾崎紅葉〉前・六「否といふほど附絡(つきまと)はれるので、内には居禁(ヰタタマ)らなくなって」*暗夜行路(1921-37)〈志賀直哉〉序詞「私は妙に居堪(ヰタタマ)らない気持になって来た」 発音〈標ア〉ラ〈京ア〉ラ

いたたまり〔名〕方言小さな流れのよどんでいる所。また、沈殿物。おり。島根県美濃郡・益田市725 徳島県811

いたたまる〔動〕方言沈殿する。愛媛県840 高知県864 ◇いたつまる 愛媛県新居郡845 ◇いたまる 愛媛県今治市840

いたたまれ-・ない〔連語〕「いたたまらない」に同じ。*人情本・花の志満台(1836-38)三・一七回「詰らなくなると、さア、彼奴(あいつ)めが我儘一杯(いっぺえ)を働いて、なかなか居(ヰ)たたまれねえ様にするから、忌々しさに出は出て見たが」*滑稽本・七偏人(1857-63)二・下「自己(おいら)ア此処にゃア居たたまれねへ」*虞美人草(1907)〈夏目漱石〉一二「焦慮(じれった)いが高じて、布団の上に坐(ヰ)たたまれないからである」*夜明け前(1932-35)〈島崎藤村〉第二部・下・一二・四「お隅はそれを聞くと座にもゐたたまれない」 発音〈標ア〉レ

いた-だる・い〔形口〕痛くてぐったりとして元気が出ない。*多情仏心(1922-23)〈里見弴〉飛礫・一「打ちのめされたやうに体ぢうが痛(イタ)だるくて、慾にも得にも起きてゐられなかったので」

いたち【鼬・鼬鼠】[一]〔名〕①イタチ科の哺乳類。体長は雄で約三五センチメートル、雌は小さく約二〇センチ

メートル。体は細長く、太く長い尾をもち、脚は短い。体毛は黄褐色。ネズミ、ヘビ、ニワトリなどを襲って食べ、敵に襲われると肛門腺から悪臭を放つ。日本・中国・朝鮮・シベリアの平地や低山の水辺にすむ。毛皮はミンクの代用にされ、養殖されたこともある。なお、本州から九州にすむものを独立種ニホンイタチとする説もある。学名は Mustela sibirica 《季・冬》 ＊十巻本和名抄(934頃)七「鼬鼠 爾雅集注云鼬鼠〈上音酉〉状如鼠赤黄而大尾能食鼠 今江東呼為鼪〈音性以太知〉漢語抄云鼠狼〉」 ＊源氏(1001-14頃)東屋「うしろやすくは、頼み聞えさせながら、いたちの、侍らむやうなる心地のし侍れば、よからぬ者どもに、憎み恨みられ侍る」 ＊源平盛衰記(14C前)一三・鳥羽殿鼬沙汰事「赤く大なる鼬(イタチ)の、何(いづ)くより来り参りたり共、御覧ぜざりけるに」 ②(「いたちうり」の略) 植物「きゅうり(胡瓜)」の異名。 ③敏腕の刑事をいう、盗人仲間の隠語。〔隠語輯覧(1915)〕 ④熊をいう山言葉。 ⑤魚(種類不明)の一種の異名。＊滑稽本・大千世界楽屋探(1817)標目「鼬(イタチ)、唐人と諢名(あだな)する魚あり」 ＊滑稽本・四十八癖(1812-18)四「昆布と調じて煮れば、鱈をあざむく魚あり。一種をいたちとよび、一種を唐人といふ」 ㊁戯曲。三幕。真船豊作。昭和九年(一九三四)発表。同年初演。東北地方の寒村における旧家の没落を背景に、醜い人間像を描いた作品。 [語誌] ことわざなどから見ると、いたちはうとまれがちだったようで、「いたちの道を切る」「いたち火に祟(たた)る」「いたちの火柱」などといった、不吉な前兆を示すという類のものが多い。 [方言] ❶魚、ひげだら(鬚鱈)。千葉県安房郡016 ❷魚、くじめ(久慈目)。千葉県夷隅郡016 ❸熊(くま)をいう山言葉。青森県050 [語源説] (1)魚を好み、とりつくすことからイヲタチ(魚絶)の転〔紫門和語類集〕。(2)尾をくわえて高くなり、火柱に似るところからヒタチ(火立)の意。また、ヰタチ(居立)の義か〔和句解〕。(3)獲物をとる時の様子からイキタチ(息絶)の略。また、イキタチ(気立)の略〔和訓栞〕。(4)キダチ(気立)、またはヒタチ(火起)の転〔兎園小説〕。(5)イタチスウ(最血吸)の略か。あるいはイキダチ(往断)からか。また、鳴く声ともいう〔日本語源＝賀茂百樹〕。(6)いたちの道切りの意のユキタダチ(行径)の約転〔名言通〕。(7)イタヘハナチ(痛苦屁放)の義〔日本語原学＝林甕臣〕。 [発音] 〈なまり〉イタツ・エタツ〔鳥取〕 イタッ・イタチッ・イタテ・イタテン〔鹿児島方言〕 イタテ〔豊後〕 イタテン〔大隅〕 イッタチ〔志摩・伊賀・大和・和歌山県・和歌山・紀州・讃岐〕 エタチ〔鳥取・讃岐〕 エッタチ〔讃岐〕 ユタテ〔壱岐・壱岐続〕 〈標ア〉[0] [チ] 〈ア史〉平安○○○ 〈京ア〉[イ] [辞書] 和名・色葉・名義・下学・和玉・文明・伊京・明応・天正・饅頭・黒本・易林・日葡・書言・ヘボン・言海 [表記] 鼬(名・下・玉・文・伊・明・天・饅・黒・易・言) 鼪(色・名・玉・天) 鼬鼠(和・色・書) 狸(名・玉) 狖・猶・鼠猿・鼢(色・玉・天) 鼠狼・黄狖(名) 鼫(玉) 鼪鼠・黄鼠狼(書) 田鼠(へ)

鼬 ❶①

いたち に なり貂(てん)になり いろいろの方法でやってみること。手をかえ、品をかえてすることにいう。貂になり兎になり。＊浄瑠璃・大塔宮曦鎧(1723)四「親御の手に余る我夫(つま)、鼬(イタチ)になり貂(テン)になり、意見するほどひがみ根性」

いたち の＝最後屁(さいごっぺ・さいごぺ)〔＝最後(さいご)の屁(へ)〕 鼬が敵に追われた時、悪臭を放って難をのがれること。転じて、せっぱ詰まった時、非常手段を用いること。また、最後に醜態を演じること。＊俳諧・類船集(1676)以「鼬(いたち)。〈略〉鼬の最後の屁(へ)とて一命あやうき時ひる事有」 ＊和訓栞(1777-1862)「いたち〈略〉鼬の最後屁といふ諺(ことわざ)は、本草に畏レ狗逐レ之、急便撒レ屁数十満室悪臭不レ可レ嚮と見えたり」 ＊社会百面相(1902)〈内田魯庵〉変哲家「全体道徳なんてものは意気地無しで社会(よのなか)に生存出来ない奴が自分を保護する武器に作ったものだ。先(ま)ア例へたら、鼬(イタチ)の最後屁(サイゴペ)のやうなものだ」

いたち の 無(な)き間(ま)の貂(てん)誇(ほこ)り (鼬は貂を捕えるので、鼬がいない間だけ、貂がいばるところから) 自分よりも強いものやすぐれたものがいない所で、いばることのたとえ。いたちの無き間の鼠。鳥なき里の蝙蝠(こうもり)。いたちの間(ま)。＊源平盛衰記(14C前)三三・依行家謀叛木曾上洛事「鼬(イタチ)のなき間(マ)の貂(テン)誇(ホコリ)とかやの様に、院のきり人して、院宣を給はり」 ＊玉塵抄(1563)四三「此も近来ねずみのやうな本の書生でもないが古老のとだえた間(ま)いたちのないまにてんほこると云たつれにほこって」 ＊浄瑠璃・出世握虎稚物語(1725)四「鼬のなき間のてんほこり、国を呑まんず一(ひと)手立」

いたち の 無(な)き間(ま)の鼠(ねずみ) 「いたち(鼬)の無き間の貂(てん)誇り」に同じ。＊萩野本宇津保(970-999頃)国譲中「いたちのなきまのねずみとしも仕まつれとてなむ」

いたち の 一声(ひとこえ)は火(ひ)に祟(たた)る 鼬をいじめたり、鳴き声を聞いたりすると、たたって火事を起こすという俗信。いたち火に祟る。＊譬喩尽(1786)一「鼬の一声(ヒトコヱ)は火に祟(タタ)る」

いたち の 火柱(ひばしら) 鼬の群がっている所には焔気が火柱のように立つという俗信。＊和訓栞(1777-1862)「いたち〈略〉鼬のいくつも累りて気を吹か自ら火と見ゆるを俗に鼬の火柱といへり、其消尽る所必す火災ありといふ」 [補注]「曾我物語-二・泰山府君の事」に「鼬なきさわげば、つつしみて水をそそくまじなひ」とあり、「俳諧・望一千句-六」に「いたち計ぞ月にちろめく　さ夜ふけば心がけよの火の廻り」と見え、「本朝食鑑-一一・鼬鼠」に「村市夜間空中有ニ焔気一高升如レ立レ柱。呼称ニ火柱一。其消尽処必有ニ火災一。此言ニ群鼬作レ妖也」とある。

いたち の 間(ま) 「いたち(鼬)の無き間の貂(てん)誇り」の略。＊宇津保(970-999頃)国譲中「こよひはいたちのまとどこそ聞き給けるは、もの一つあそばせ、つかうまつりて心みむ」

いたち の 目陰(まかげ) (「目陰(まかげ)」は手を目の上にさしかざして遠方を見ること。鼬が人を見る時にそうするという俗信から) 疑わしげに人を見る様子。＊河海抄(1362頃)一九「いたちのまかげと云ふ事歟。たとへばおぼつかなき心にや」 ＊細流抄(1525-34)一四「いたちのまかげなど云ふも疑心のある故也」 [補注] 右の二例は、「源氏物語-東屋」の「いたちの侍らむやうなる心地のし侍れば、よからぬものどもに」についての注解である。また、「源氏物語-手習」の「いたちとかいふなる物がさるわざする、額に手をあてて」について「河海抄-二〇」では「鼬のまかげさすといふ事也」と注している。なお「源平盛衰記-一三・鳥羽殿鼬沙汰」に「赤く大きなる鼬の〈略〉踊り上り踊り上り、目影なんどして」とあり、「狂歌・古今夷曲集-九・雑下」に「てむまでは及びもなきぞみぞいたち和哥の道にはまかげさすとも」とある。

いたち の 道(みち) 「いたち(鼬)の道を切る」に同じ。＊洒落本・志羅川夜船(1789)素見高慢「酢のこんにゃくのとうたせるから、ぐっといたちの道にしたよ」 ＊歌舞伎・女化稲荷月朧夜(1885)三幕「牛窪様はいたちの道(ミチ)、さっぱりお出(い)でなさらぬ所へ、鼠鳴きする今夜の嬉しさ」 ＊おかめ笹(1918-20)〈永井荷風〉二「夫婦の約束をして彼方此方(あっちこっち)と女を引張り廻した挙句鼬の道をきめられては女の身が立たない」 [発音]〈標ア〉[0] 〈京ア〉[0]

いたち の 道切(みちきり) 「いたち(鼬)の道を切る」に同じ。＊浄瑠璃・百合若大臣野守鏡(1711頃)四「鳥なき、とんびなき、すずめの小をどり、いたちの道切」

いたち の 道(みち)を切(き)る 鼬の通路を遮断する。俗説に、鼬の通路を遮断すると、同じ通路を再び通らないということから、往来、交際、音信などが絶えるのにたとえる。いたちのみち。いたちのみちきり。＊浮世草子・世間胸算用(1692)一・四「鼬(イタチ)の道切(ミチキル)とがり杭、桝おとしのかいづめ」 ＊浄瑠璃・傾城思升屋(1715頃)下「此程は、鼬鼠(イタチ)の道(ミチ)切(キ)った様になぜ訪れもない事ぞ」 ＊譬喩尽(1786)一「鼬(イタチ)の道を切ったやうに来(こ)ぬ　鼬無骨、竹筒中振返居立自由、故名之」 [語誌]他に「いたちが自分の前の道を横切る」ことにより、縁起が悪い、訪ね先が不在、石を投げぬと化かされるなどなどの俗説があり、いずれも凶兆としてとらえられている。

いたち 火(ひ)に祟(たた)る 「いたち(鼬)の一声(ひとこえ)は火に祟る」に同じ。

いたち 笛(ふえ)吹(ふ)く猿(さる)奏(かな)ず 平安時代に流行した風俗歌の一節。＊狭衣物語(1069-77頃か)三「『いたちふえふくさるかなづ』と弾き給ふを」 ＊風俗歌拾遺(体源鈔所収)(1512)うばらこぎ「茨小木の下には、いたちふえふく　さるかなづ　稲子丸は拍(ひゃうし)打つ　蟋蟀(きりぎりす)は鉦鼓打つ」

いたち 眉目(みめ)佳(よ)し 鼬の醜い顔を、わざと器量がいいと反対にいう語。鼬に出会った時の呪文(じゅもん)。鼬の声を聞くと火事にあい、群れをなして鳴くと凶事があるという迷信があり、その時、この語をとなえると、火災、凶事から免れるという。＊咄本・醒睡笑(1628)八「『鼬(イタチ)眉目(ミメ)よし。ま一度こい、顔見う』と世話にいふを、秀句ずきなる人の門にて、『いかきみめよし、めす』と言ふ」 ＊本朝食鑑(1697)一一「若看レ之祝曰ニ鼬眉目美一(いたチミメヨシ)、則凶変作ニ吉兆一」 ＊随筆・嬉遊笑覧(1830)一二「今童部是をみる時鼬みめよし猫の貌杓子といへり。あしきをよしといふは反語なり。〈略〉猫の貌杓子は後に添たることなり」

い-たち ゐ【居立】〔名〕 立ったりすわったりすること。立ち居。ふるまい。＊栄花(1028-92頃)暮待つ星「殿のゐたちせさせ給ふ事なれば、世の中なびきていとめでたし」 ＊落語・茶碗屋敷(1891)〈三代目春風亭柳枝〉「どうもナ、居立(ヰタチ)さへも、誠に自由に往(いか)んで、夫(それ)ゆゑまだ店にも出んで殆んど困難いたして居る」 [発音]〈標ア〉[0] [辞書]言海 [表記]居立(言)

いたち-あざみ 【鼬薊】〔名〕 植物「きくあざみ(菊薊)」の異名。〔語彙(1871-84)〕

いたち-あなぐま 【鼬穴熊】〔名〕 イタチ科のイタチアナグマ属の動物の総称。三～四種に分類される。インド・東南アジア・中国・台湾の森林地帯や草原にすむ。体長三五～四〇センチメートル、尾長一五～二五センチメートル。イタチとアナグマの中間形で全身褐色。顔には黒っぽいマスク状の斑がある。雑食性で夜間活動し、敵に襲われると臭い液を出す。学名は Melogale [発音]イタチアナグマ 〈標ア〉[アナ]

いたち-いお をい【鼬魚】〔名〕 「いたちうお(鼬魚)」に同じ。＊和漢三才図会(1712)四九「油身魚 俗云阿布良女魚 又云伊太知以乎〈略〉頗似ニ油色一又似ニ鼬毛色一故名レ之尾無レ岐肉」 [方言]魚、うみどじょう(海泥鰌)。勢州阿曾浦†030

いたち-うお をう【鼬魚】〔名〕 イタチウオ科の海魚。全長約六〇センチメートル。体色はイタチの毛色に似て茶褐色。背びれと尻びれは尾びれとつながっている。両あごにそれぞれ三対のひげをもつ。南日本、西太平洋からインド洋に分布する。浅海にすむ。食用。あぶらめ。うみなまず。学名は Brotula multibarbata [方言]魚、あかひげだら(赤髭鱈)。東京都016 [発音]〈標ア〉[チ] [辞書]言海 [表記]鼬魚(言)

いたち-うり【鼬瓜】『名』きゅうり(胡瓜)。＊俳諧・季寄新題集(1848)秋「七月〈略〉鼬瓜 木瓜のあかく色つきたるものなり」[方言]愛知県海部郡神守549

いたち-か ‥クヮ【鼬科】『名』哺乳類食肉目の一科名。イタチ、ミンク、テン、アナグマ、カワウソ、ラッコなどを含む。[発音]〈標ア〉[0]

いた-ちがい ‥ちがひ【板違】『名』板張りで、隣に合う板の木目が交互に直角になるように張ったもの。または交互に板の種類をかえて市松模様に張ったもの。格天井(ごうてんじょう)などに用いられる。〔日本建築辞彙(1906)〕[発音]イタチガイ〈標ア〉[チ]

いたちがい-ごうてんじょう いたちがひガウテンジャウ【板違格天井】『名』隣接する板の種類または木目を交互に違えてつくってある格天井。[発音]イタチガイゴーテンジョー〈標ア〉[テ]

いたち-がや【鼬茅・鼬萱】『名』イネ科の多年草。本州南部・四国・九州などの山ろく斜面に生える。高さ一〇〜三〇センチメートル。茎は非常に細く、直立して多数束生する。葉は薄く狭長楕円形で先が鋭くとがり、基部は細長いさやとなる。夏から秋に、二つの長い羽毛状の柱頭を持つ黄褐色の花が茎頂に集まって花穂となる。ひめちょうせんがりやす。学名は Pogonatherum crinitum ＊日本植物名彙(1884)〈松村任三〉「イタチガヤ ヒメテウセンガリヤス」[発音]イタチガヤ〈標ア〉[チ]

いたち-ぐさ【鼬草・三廉草】『名』①植物「たかさぶろう」の異名。＊重訂本草綱目啓蒙(1847)一二・隰草「鱧腸〈略〉いたちぐさ〈略〉此草路傍溝瀆の側に多し水草に非す〈略〉花実の形たかさぶらふに異ならず」＊千曲川のスケッチ(1912)〈島崎藤村〉一二・第一の花「三月の石垣の間には、いたち草、小豆草、蓬、蛇ぐさ、人参草、嫁草、大なづな」②植物「れんぎょう(連翹)」の古名。＊本草和名(918頃)「連翹 和名以多知波世 一名以多知久佐」＊随筆・胆大小心録(1808)八〇「連翹をいたち草、芍やくをえいす草」[方言]植物、げんのしょうこ(現証拠)。長野県上田475 [語源説]イは発語。茎が直立して曲がらないのでタチグサという〔古今要覧稿〕。[発音]イタチグサ〈標ア〉[チ]〈ア史〉平安○○○●○〈京ア〉[チ] [辞書]和名・色葉・名義・書言・言海 [表記]連翹(和・色・書) 三廉草(名)

いたち-ぐも【鼬雲】『名』入道雲のような夏の雲。積乱雲。＊物類称呼(1775)一「夏雲 なつのくも、〈略〉加賀にて、いたちぐもといふ」

いた-ちくわ【板竹輪】『名』[方言]⇨いたつけ(板付)

いたち-ごっこ【鼬―】『名』(「いたちこっこ」とも。「ごっこ」は「事」を意味する幼児語)①子供の遊戯の一つ。何人かで向かい合って、互いに「いたちごっこ、ねずみごっこ」と唱えながら、相手の手の甲をつまみながら順次にその手を重ねてゆく遊び。鼠ごっこ鼬ごっこ。ねずみごっこ。＊雑俳・柳多留‐四二(1808)「いが栗を鼬こっこでつまみ上げ」＊滑稽本・浮世床(1813‐23)初・中「『ヲヲ斯(かう)して取る』とむなぐらを抓(つかめ)へると『所を斯して』と又こっちから手を出して鼠(ねずみ)こっこ鼬(イタチ)こっこをするやうな手つきをして」②互いに同じようなことをしあって、なかなか埒があかないこと。愚かしい繰り返しをすること。＊語彙(1871‐84)「いたちこっこ〈略〉転じて同じ事をするをもいふ」＊福翁自伝(1899)〈福沢諭吉〉老余の半生「自分より下に向て威張れば上に向ては威張られる。鼬(イタチ)こっこ鼠こっこ、実に馬鹿らしくて面白くない」＊海に生くる人々(1926)〈葉山嘉樹〉八「寒さに対しては、彼等は必要以上に体を揺り動かした。眠さに対しては、彼等は膝関節がグラグラして、作業が空になるのであった。そして、それが、お互に鼬ごっこをしてゐるのであった」[語誌]鼠かイタチの習性から考えられた遊びと解されるが、イタチが群れを成すと災いの前兆であるといわれることなどから、鼠やイタチの行動から災いを察知するようにという遊びとして始まったものか。また、遊びの動作が何回もくり返されるところから、②のような用法が派生したものと思われる。[発音]イタチゴッコ〈標ア〉[ゴ]〈京ア〉[ゴ] [辞書]言海

いたち-ささげ【鼬豇豆・決明】『名』マメ科の多年草。北海道・本州・九州の山野に生える。高さ約一メートル。葉は長さ三〜七センチメートルの楕円形の小葉、二〜四対からなり、葉軸の先は伸びて分岐し、巻ひげとなる。托葉(たくよう)は矢羽根を半切りにした形で、縁に粗い鋸歯(きょし)を持つこともある。夏、黄色でのちに褐色に変わる蝶形の花が総状に咲く。実は長さ八〜一〇センチメートルのさやとなり一〇個ほどの種子を持つ。えんどうそう。学名は Lathyrus davidii ＊和爾雅(1688)七「決明 イタチササゲ」＊書言字考節用集(1717)六「草決明 イタチササゲ 本名馬蹄決明」＊日本植物名彙(1884)〈松村任三〉「イタチササゲ ヱンドウサウ 茳芒決明」[発音]イタチササゲ〈標ア〉[サ]1 [辞書]書言・言海 [表記]草決明(書)

いたち-じそ【鼬紫蘇】『名』植物「ちしまおどりこそう(千島踊子草)」の異名。

いたち-しだ【鼬羊歯】『名』シダ類ウラボシ科の常緑多年草。本州中部以西の山野で、樹下などに生える。根茎は短く、塊状で、葉は束生する。葉柄は長さ一五〜三〇センチメートルで黒褐色の鱗片を密生する。葉は長さ三〇〜七〇センチメートルの長卵形で二回羽状に分かれ、最下羽片の最下小羽片は特に大きい。胞子嚢(のう)群は大きく、小羽片の主脈近くに二列に並び白色の膜をかぶる。学名は Dryopteris varia ＊日本植物名彙(1884)〈松村任三〉「イタチシダ」[発音]〈標ア〉[シ][チ]

いたち-の-あし【鼬足】『名』植物「きつねのぼたん(狐牡丹)」の異名。＊重訂本草綱目啓蒙(1847)一三・毒草「毛茛 うまのあしがた〈略〉又一種きつねのぼたんと呼ものあり仙台にて大ぜりといふ、勢州にていたちのあしと云」

いたち-の-けたがえし ‥けたがへし【鼬桁返】『名』植物「がまずみ(莢蒾)」の異名。＊重訂本草綱目啓蒙(1847)三一・喬木「莢蒾 がまずみ〈略〉いたちのけたがへし」

いたち-の-こしかけ【鼬腰掛】『名』植物「さるのこしかけ(猿腰掛)」の異名。＊新編常陸国誌(1818‐30頃か)方言「いたちのこしかけ、江戸にてさるの腰かけと云ふ、かれ木に生ずる物なり」

いたち-の-ひともとぐさ【鼬―草】『名』植物「たかさぶろう」の異名。＊重訂本草綱目啓蒙(1847)一二・隰草「鱧腸〈略〉いたちのひともとくさ 佐州」

いたち-はじかみ【鼬椒】『名』①植物「さんしょう(山椒)」の古名。＊新撰字鏡(898‐901頃)「秦椒 八九月採実陰干 伊太知波自加彌 又加波自加美」＊本草和名(918頃)「蔓椒 和名保曾岐 一名以多知波之加美」＊散木奇歌集(1128頃)連歌「垣ねにはいたちはじかみはえにけり、つく、ねずもちの木よ心して咲け」②植物「さんしゅゆ(山茱萸)」の異名。＊本草和名(918頃)「山茱萸 和名以多知波之加美 一名加利波乃美」[発音]〈標ア〉[ハ] [辞書]字鏡・和名・色葉・名義・言海 [表記]蔓椒(和・色) 秦椒(字) 槾椒(名)

いたち-はぜ【鼬黄櫨】『名』植物「れんぎょう(連翹)」の古名。＊新撰字鏡(898‐901頃)「連翹 二八月採根、実陰干。阿波久佐、形似保々豆支、実似栗子一云伊太知波世」＊本草和名(918頃)「連翹 和名以多知波世 一名以多知久佐」[発音]〈標ア〉[チ]〈ア史〉平安○○○○●〈京ア〉[ハ] [辞書]字鏡・和名・色葉・名義・言海 [表記]連翹(和・色) 連苕・連蘠(字)

いたち-はぜこ【鼬―】『名』植物「あきにれ(秋楡)」の異名。＊重訂本草綱目啓蒙(1847)三一・喬木「榔楡 あきにれ いたちはぜこ 和州」

いたち-はなび【鼬花火】『名』花火の一種。火をつけると、鼬が走り回るように動くもの。＊五重塔(1891‐92)〈幸田露伴〉二二「頭上(あたま)に鼬花火(イタチハナビ)載せて火をつくるぞ」[発音]〈標ア〉[ハ]

いたち-ぼり【立売堀・鼬堀】大阪市西区の地名。立売堀川に沿い、江戸時代は材木商が多く、新町遊郭が近くにあった。また、立売堀川のこと。西横堀川と木津川を結んでいた運河。伊達堀。＊浮世草子・好色一代男(1682)七・五「八郎右衛門取持(とりもち)にて、鼬堀(イタチホリ)のお敵(てき)と中なをり申候」＊浮世草子・傾城禁短気(1711)五・三「かの頼もしうおっしゃる眉目(みめ)のよい鼬堀(イタチボリ)の六さま」

いたち-みち【鼬道】『名』[方言]❶非常に狭い小路。細道。愛媛県840 大三島848 ❷田舎道。愛媛県840 [発音]〈標ア〉[0]

いた-ちゃ【板茶】『名』紅茶または緑茶のくずを蒸して板状に固めた下等の茶で、削って用いる。シベリア、モンゴル地方で飲用される。磚茶(だんちゃ)。[発音]〈標ア〉[タ]

いたち-や【鼬―】『名』(「いたちごっこ」で交互に手の甲をつまむところから)つねることをしゃれていう語。＊歌舞伎・三人吉三廓初買(1860)三幕「『つねっておやんなんし』『いや、いたち屋は御免でござります』」

いた-チョコ【板―】『名』(チョコはチョコレートの略)「いたチョコレート(板―)」に同じ。＊寡婦とその子達(1925)〈細田源吉〉三「二人して板チョコを買ってちまったんだって…呆れた」＊放浪記(1928‐29)〈林芙美子〉「板チョコを頬ばりながら、子供はかすんだやうな嬉しい眼をして海を見てゐる」[発音]〈標ア〉[0]〈京ア〉[0]

いた-チョコレート【板―】『名』(チョコレートは英 chocolate)板状のチョコレート。いたチョコ。＊魔都(1937‐38)〈久生十蘭〉一四「やがてモゾモゾと上衣の衣嚢を探って鼻紙といっしょに潰れかかった板チョコレートを取り出して花のはうへ差出し」＊ボロ家の春秋(1954)〈梅崎春生〉「折しも学校から戻ってきた野呂がにこにこしながら、いいものがあるよ、と僕に一枚の小さな板チョコレートをつきつけました」[発音]〈標ア〉[レ]

いたち-わな【鼬罠】『名』イタチを捉らえるために仕掛ける罠。《季・冬》＊年尾句集(1957)〈高浜年尾〉「鼬罠あるてふ庫裏に廻り見る」

いた-ちん【板賃】『名』①板木の彫刻料。＊浮世草子・元禄大平記(1702)五・是から末は学問のみち「黄楊板(つげはん)の三重韻発(おこ)りしは、桜が絶しゆへかとおもへばさにはあらで、黄楊はかへって板(イタ)ちん桜に五割増じゃといふ」②板木の使用料。＊高野山文書‐文安二年(1445)五月二三日・三所十聴衆評定事書案(大日本古文書四・三二三)「一、於本書等被摺者、向後以板ちん可被摺之事。一、於板ちん之料足者、箱をさし、じゃうをさして、両所学道之一臈、二臈幷沙汰人のはんをつけて被置之」[発音]〈標ア〉[タ]

い-たつ【已達・以達】『名』(已(すで)に達しているの意)①仏語。悟道を極めた高僧。已達の大徳。＊易林本節用集(1597)「以達 イタツ」＊語彙(1871‐84)「いたつ 以、已通し用ゐたるにて仏家四度化行の終りたる僧をいふ」②芸道などで、一流に達したもの。＊十問最秘抄(1383)「是は已達の後の事也」＊ささめごと(1463‐64頃)下「諸道に種、熟、已達とて三つの位あるべしとなり」

いたつ の 大徳(だいとく) 仏語。阿羅漢果を証した聖者。已(すで)に道に達した高僧。已達。[辞書]易林 [表記]以達(易)

い-たつ【意達】『名』意味が通ずること。気持がわかること。＊英政如何(1868)序「文字は意達を主とし、

訳は穢当にして解し易きを務む」＊後漢書‐李雲伝論「貴在ニ於意達一、言従ニ理帰一乎」

い‐た・つ【―立】〘自タ四〙（「い」は接頭語）立つ。立ち止まる。たたずむ。＊万葉（8C後）九・一八〇一「この道を 行く人ごとに 行き寄りて 射立（いたち）なげかひ〈福麻呂歌集〉」

い‐た・つ【居立】〘自タ四〙①立ったりすわったりする。気にかかってじっとしていられないさまや、熱心に世話をするさまにいう。＊宇津保（970‐999頃）国譲中「げにめづらしき心地はし給けんかし。さる人の、心にいれてゐたちてし給ける事なれば」＊源氏（1001‐14頃）若菜下「太政大臣（おほきおとど）ゐたちて、いかめしくこまかに、物の清ら儀式をつくり給へりけり」＊栄花（1028‐92頃）月の宴「帝、后諸共にゐたたせ給ひて出だしたて奉らせ給ひし程」②（「いだつ」とも）能楽で、片膝を立ててすわる下居（したい）の型から、かかとをあげ、つま先立ってやや中腰になる。発音〈標ア〉タ

い‐だつ【移奪】〘名〙奪い取ること。＊黄葉夕陽邨舎詩‐後編（1823）八・送鈴木曹長之東都「所以洙泗流、翻作ニ奔競衢一、権勢相移奪、倚伏変ニ須臾一」＊駱賓王‐帝京篇「始見田竇相移奪、俄聞衛霍有ニ功勲一」発音〈標ア〉0

い‐だつ【遺脱】〘名〙漏れ落ちること。抜けて残ること。遺漏。＊文明本節用集（室町中）「遺脱 イダツ」＊政談（1727頃）一「其外の御政務には、箇様の談を申立つる人なき故にや、一二遺脱せること多し」＊国歌八論（1742）古学「古今伝授の人の子たりと雖も、自らは遺脱してこれを受得ず」＊経国美談（1883‐84）〈矢野龍渓〉後・自序「欧米の進歩せる繁密の世事を叙記して毫も遺脱なからしむる欧米の語文法体を移し来て」＊六韜‐虎韜・略地「勿レ令ニ遺脱一」発音〈標ア〉0 辞書文明 表記遺脱（文）

いたつかわ・し【労】〘形シク〙⇨いたずかわし（労）

いたつかわし‐さ【労―】〘名〙⇨いたずかわしさ（労―）

いたつき【労・病】〘名〙（動詞「いたつく（労）」の連用形の名詞化。「いたづき」とも）①骨折り。苦労。＊大和（947‐957頃）一四七「そのいたつき限りなし」＊平中（965頃）一八「のちに聞きければ、いたつきもなく、人の家刀自にぞ、なりにける」＊大唐西域記長寛元年点（1163）五「善を求むるに労（イタツキ）を忘る」②病気。＊古今（905‐914）仮名序「咲く花に思ひつくみのあぢきなさ身にいたつきのいるも知らずて」＊日葡辞書（1603‐04）「Itazzuqi（イタヅキ）〈訳〉病気、または病気である。〈例〉Itazzuqi（イタヅキ）マイラセソロ〈訳〉私は病気である」＊蘭東事始（1815）序「いささか風の心ちあらせ給ひしより、軽からぬいたづきの事あり」＊山田杜皐宛良寛書簡（1826‐31）「もろともに踊り明しぬあきの夜を身にいたつきのゐるも知らずて」＊福音道志流部（1885）〈植村正久〉一「終におもき疾病（イタツキ）にかかりて頓て消えゆかんとする生命を果敢みて」語源説(1)イタツキ（痛付）の略〔名言通〕。(2)イタミツキ（痛続）の略〔言元梯〕。(3)イタツキ（痛着）の義〔国語の語根とその分類＝大島正健〕。→「いたつく（労）」の語源説。発音〈音史〉平安は『いたづき』『いたつき』の両様か。鎌倉以後『いたづき』が多用か。〈標ア〉0〈京ア〉0 辞書名義・和玉・日葡・書言・ヘボン・言海 表記労（書・言）我（名）功（玉）煩（書）病（ヘ）

いた‐つき【板付】〘名〙①板が張ってある場所。板の間。板敷。＊師説自見集（1408）上「とへかしな身もいたつきのさし莚ひとへに恋る心ながさを、いたつかはしきと云詞を板付となずらへたる歟」＊浮世草子・好色一代女（1686）五・目録「にしの板付（イタツキ）にきいたお声」②（「板」は芝居の舞台の意）芝居で幕があいた時、または回り舞台が回ってきた時、俳優がすでに舞台の位置についていること。また、その俳優。転じて、旅役者に対して、京都や大阪の本舞台を踏む役者や技芸容貌のすぐれている役者をもいう。＊俳諧・西鶴大矢数（1681）第二五「板つきへ月まで誘ふて仕与まるる〈元尚〉野山の色を二番続に〈幸作〉」＊浮世草子・椀久二世（1691）上・銀にならざる笹の浮世「其分にはとまらず次第に板付（イタツキ）にのぼりて大坂にかよひなれて」＊浮世草子・傾城禁短気（1711）二・一「売若衆あり。上品（じゃうぼん）なるを名づけて、太夫子、舞台子、板付（イタツキ）といへり」＊まんだん読本（1932）彼氏と運転手〈松浦翠波〉「誰が見ても、板付（イタツ）きか素通りの田舎者として衣裳小道具が、ピッタリ柄にはまってゐる」③近世、罪人の首を載せてさらしものにした台の板。獄門台。＊歌舞伎・蔦紅葉宇都谷峠（文彌殺し）（1856）大切「奉公人の四五人も使ふ旦那と、坂附（イタツキ）に列（なら）んで掛かりゃあ本望だ」＊歌舞伎・綴合於伝仮名書（高橋お伝）（1879）七幕「果は千住で板附（イタツキ）に親の顔より我首へ、泥を塗られて晒（さら）されるのだが」④（文政・天保（一八一八〜四四）頃の流行語）初め。始まり。＊当世花詞粋仙人（1832）「はじまり 板つき」⑤板についていること。適任。ぴったり。＊浄瑠璃・玉藻前曦袂（1751）三「郡代様のさばきが板付き」方言❶かまぼこ。長野県481 488 493 ❷はんぺん。長野県南佐久郡054 香川県大川郡829 発音〈標ア〉タ〈京ア〉0

いた‐つき【平題箭】〘名〙（「いたづき」とも。「平」はとがっていない意、「題」は頭の意）鏃（やじり）の一種。角、木、鉄、錫（すず）などで作った、先のとがっていない小さい鏃。多くは射術の練習用の的矢につける。また、この鏃をすげた矢。いたつけ。＊続日本紀‐天平七年（735）四月辛亥「従八位下下道朝臣真備献ニ〈略〉、射甲箭廿隻平射（いたつきの）箭十隻一」＊十巻本和名抄（934頃）五「平題箭 楊雄方言云鏃不レ鋭者謂ニ之平題一〈以太都岐〉郭璞曰題猶頭也今之戯射箭也又的矢也」＊宇治拾遺（1221頃）七・七「いたつき三人の中に三手なり」＊日葡辞書（1603‐04）「Itazzuqi（イタヅキ）〈訳〉的を射るのに使用する鏃」語誌古来、弓の的は薄い板（後世は紙）が多く使用され、これを弓で射て、それを割って練習した。したがって、その鏃は頭のとがっていないものが用いられた。鏑矢などもイタツキに属する。語源説(1)イタツキ（板着）の義か〔和訓栞〕。(2)イタツキ（板突）か〔日本語源＝賀茂百樹〕。木造の的を射突く意か〔大言海〕。(3)イタダキ（頂戴）の義か〔名語記〕。発音〈音史〉後世は『いたづき』と濁音。〈ア史〉平安・鎌倉◍◍◍ ◍〈京ア〉0 辞書和名・色葉・名義・文明・伊京・明応・天正・饅頭・黒本・易林・日葡・言海 表記平題（和・名・文・明・天・饅・黒）平題箭（色・伊・饅・黒）衡鏑（色・文・易）平頭箭・板衝（文）板付（言）

いたつき‐い・る【労入】〘自ラ下二〙苦労をする。力を尽くす。＊宇津保（970‐999頃）祭の使「殿のおほむいたつきいれず、子の世、むまごの世、うしろやすくておはしまさせんとなむきこゆる」

いたつき‐かまぼこ【板付蒲鉾】〘名〙小板に盛りつけて蒸したかまぼこ。板蒲鉾。発音〈標ア〉カ

いたつき‐ぞうり【板付草履】〘名〙「いたこんごう（板金剛）」に同じ。＊東京風俗志（1899‐1902）〈平出鏗二郎〉中・七・履物及び傘笠「草履下駄（板付草履（イタツキザウリ））も一時盛に行はれしものの、足の疲れ易き為めにや、幾もなくして廃れぬ」発音イタツキゾーリ〈標ア〉ゾ

いたつき‐まゆ【板付繭】〘名〙蚕が狭い場所で、蚕具や蔟（まぶし）に密着してつくった繭で、蚕具や蔟のあとが付いているもの。蔟著繭（ぞくちゃくけん）。

いたっ‐きれ【板切】〘名〙（「いたきれ」の変化した語）「いたぎれ（板切）」に同じ。＊閑散無双（1934）〈滝川夢声〉トロンボ夫妻行状記「板っ切れと、トタンがありさへすりゃ、湯殿なんざ訳なしでさア」＊巷談本牧亭（1964）〈安藤鶴夫〉ある初夏に「もうこれ以上はただの板ッ切れだというような、ちびて、ひしゃげた下駄に」発音〈標ア〉0レ

いたつ・く【労】（「いたづく」とも）㊀〘自カ四〙①苦労する。ほねをおる。＊蜻蛉（974頃）上・康保元年「とかうものすることなど、いたつく人おほくて、みなしはてつ」②疲れる。悩む。病気する。＊書紀（720）雄略二三年八月「筋力（かたち）精神（こころたましひ）一時（もろとき）に労竭（イタツキ）ぬ」＊大唐西域記長寛元年点（1163）五「教化、労（イタツケ）るかな。末世を開導（みちびくこと）、寔に此れ冀（ねがひ）と為（す）」㊁〘他カ四〙①煩わす。労する。動かす。②いたわる。大事にする。世話をする。＊伊勢物語（10C前）六九「かくてねむごろにいたつきけり」＊源氏（1001‐14頃）桐壺「御心につくべき御遊びをし、あふなあふなおぼしいたつく」方言病む。病気になる。大分県大分郡941 語源説(1)イタツク（傷就）の義〔大言海〕。イタツク（痛竭）の訓意〔和訓集説〕。(2)イタミツク（痛）の略〔和訓栞〕。→「いたつき（労）」の語源説。発音〈音史〉平安は『いたづく』『いたつく』の両様か。鎌倉以後『いたづく』が多用か。〈標ア〉0ツ 辞書言海 表記労（言）

いた‐つくえ【板机】〘名〙古代、儀式に用いた机の一種。＊止由気宮儀式帳（804）「造儲雑器 結机八具、板机十一前、机代、折櫃六十合」発音〈標ア〉ツ

いた‐づくり【板造】〘名〙板でつくること。また、そのもの。＊今弁慶（1891）〈江見水蔭〉五「石段の上に板造りの小家ありて」発音〈標ア〉ズ

いた‐つけ【板付】〘名〙①「いたつけくぎ（板付釘）」の略。＊日葡辞書（1603‐04）「Itatçuqe（イタツケ）〈訳〉家の屋根板を打ち付ける小さい釘」②（「いたつけぞうり（板付草履）」の略）「いたこんごう（板金剛）」に同じ。＊雑俳・歌羅衣（1834‐44）三「板付けの千足下駄も雨上り」③俳優の姿、立ち木、遠山などの輪郭をはっきりさせるために、舞台の屋台内の欄間裏や戸外の立ち木、遠見の山の切り出しの後ろなどにとりつける照明器具。板、またはブリキで作った細長い箱の中に数個の電球が装置してある。④「いたつけぶね（板付舟）」に同じ。〔分類漁村語彙（1938）〕方言❶かまぼこ。板かまぼこ。新潟県上越市382 中頸城郡383 長野県上田475 佐久484 徳島県809 香川県三豊郡829 愛媛県845 鹿児島県鹿児島郡968 ◇いたづけ 香川県三豊郡829 愛媛県840 ◇いたこ 三重県阿山郡585 ◇いたちくわ〔板竹輪〕長野県上伊那郡488 ❷はんぺん。長野県南佐久郡054 ❸浅い刳船（くりぶね）を船底材にして、前後左右に板を打ち付けた小舟。艪（ろ）を用いてこぐ。鹿児島県沖永良部島985 発音〈標ア〉タ 辞書日葡・言海 表記板付（言）

いた‐つけ【平題箭】〘名〙「いたつき（平題箭）」に同じ。辞書書言 表記平題・衡鏑・手預（書）

いたづけ【板付】福岡市博多区にある地名。福岡空港（板付飛行場）がある。発音〈標ア〉0タ

いたづけ‐いせき【板付遺跡】福岡市博多区板付にある縄文時代晩期、弥生時代前・中期の遺跡。住居跡、水田跡などのほか、数々の遺物を出土。昭和五三年（一九七八）縄文時代晩期のものと考えられる木製の鍬を発見。出土する板付式土器は、弥生時代前期最古に属する。発音〈標ア〉イ2

いたつけ‐くぎ【板付釘】〘名〙薄い板を打ち付けるのに用いる長さ六、七分（約二センチメートル）の釘。板付け。方言薄い板を打ち付けるのに用いる、極めて小さいくぎ。◇いたづきくぎ 山口県豊浦郡798 発音イタツケクギ〈標ア〉ケ

いたつけ‐ぞうり【板付草履】〘名〙「いたこんごう（板金剛）」に同じ。＊語彙（1871‐84）「いたつけざうり 草履の裏に板を着けたるにて、泥土の道を行に用ゐるものなり」発音イタッケゾーリ〈標ア〉ゾ 辞書言海 表記板付草履（言）

いたつけ-ぶね【板付舟】〘名〙奄美大島で用いられる小船で、浅い刳船(くりぶね)を船底材にし、前後左右に板を打ち付けたもの。刳船に対する呼称。板付け。発音〈標ア〉ブ

いたっ-た【至━】〘連体〙(動詞「いたる(至)」の連用形に助動詞「たり」の連体形の付いた「いたりたる」の変化したもの)程度が甚だしい、これ以上ない、の意を表わす。＊玉塵抄(1563)二〇「太雅の声や至た上々の声の心ぞ」＊玉塵抄(1563)二四「至たくがいな公道な上にはけんばう正直なうえには私やひいきのしたしい等閑ないなどと云ことはないぞ」

いたっ-て【至━】〘副〙(「いたりて」の変化した語)非常に。きわめて。全く。＊曾我物語(南北朝頃)一二・虎いであひ呼び入し事「親子恩愛のいたって切なる事」＊日葡辞書(1603-04)「Itatte(イタッテ) ソレホドゾンゼヌ〈訳〉その事について私はそう深く根本的には知らない」＊仮名草子・浮世物語(1665頃)五・四「いたって拙愚に生れつきたる者は」＊滑稽本・浮世風呂(1809-13)前・上「『どうも銭金といふやつはたまりませぬ』『イヤイヤ至(イタ)って溜能ものだ』」＊滑稽本・続膝栗毛(1810-22)一一・下「はる名の池といふにいたる。これはいたっての大池にて」＊日本開化小史(1877-82)〈田口卯吉〉一・二「上古の時代には、政府も至って質素にて」方言 無理なさま。新潟県佐渡352 発音〈標ア〉0タ〈京ア〉イ 辞書 文明・日葡・ヘボン・言海 表記 至(文・へ・言)

いた-つば【板鐔】〘名〙透かしや彫りのない板面の無地の鐔。

いたっ-ぱし【板端】〘名〙板の切れはし。板切れ。＊刑余の叔父(1908)〈石川啄木〉一「少年等が好きで、時には、厚紙の軍帽やら、竹の軍刀板端(イタッパシ)の村田銃、其頃流行った赤い投弾まで買って呉れて」発音〈標ア〉0

いたっ-ぴし【板━】〘名〙方言 ⇩いたんぱ(板端)

いたっ-ぴら【板片】〘名〙薄い板切れ。いたっぺら。いたぺら。＊方丈記私記(1970-71)〈堀田善衛〉三「移転先や疎開先を記した板ッピラなどがたてられていたものであったが」発音〈標ア〉0ピ

いたっ-ぺら【板━】〘名〙「いたぺら(板━)」に同じ。＊街の物語(1934)〈榊山潤〉「マンホールの蓋はずっと前に盗まれて、二三枚の板っぺらが渡してある」

いたつぽう〘名〙植物「いぬびわ(犬枇杷)」の異名。＊重訂本草綱目啓蒙(1847)二七・夷果「いたぶ 土州、いたつぽう 大坂」発音〈標ア〉0ペ

いた-つるまき【板弦巻】〘名〙板でできている弦巻。＊随筆・続飛鳥川(19C中)「替弦を板弦巻へ納て、弓の上弭より差込持歩行、弦切たる節是を懸替」

い-たて【鋳立】〘名〙溶かした金属を型に流し込んで、ある形のものをつくること。＊大砲鋳造法(1840-44頃か)秘伝鋳法「大砲鋳筒両三年来造立其数不レ可レ知。〈略〉癸卯至夏御老中水野越前守屋敷にて鋳立あり」＊近世紀聞(1875-81)〈染崎延房〉六・三「鐚銭(びたせん)鋳立(イタテ)の場所」発音〈標ア〉0

いた-で【痛手】〘名〙(古くは「いたて」)①刀や矢などの武器で身に受けた深い傷。深手。重傷。＊古事記(712)中・歌謡「振熊が 伊多弖(イタテ)負はずは」＊平家(13C前)四・宮御最期「弓手(ゆんで)のひざ口を射させ、いたでなれば、心しづかに自害せんとて」＊日葡辞書(1603-04)「Itadeuo(イタデヲ) ヲウ」②ある事から、物質的または精神的に受けた大きな打撃。大きな損害やショック。＊暗夜行路(1921-37)〈志賀直哉〉一・五「愛子との事で受けた彼の傷手(イタデ)はそれ程に未だ、彼には生々しかった」＊家族会議(1935)〈横光利一〉「昨日の荒で痛手を受けた東京方の、追証の払へるのを待ってゐるのに違ひなかった」語誌 挙例の「古事記-中・歌謡」以外にも、「書紀-神功摂政元年三月・歌謡」に「伊多氏」とあるところから、上代は清音イタテと推定される。濁音を資料的に確認できるのは中世以降である。語源説 テは傷。強くテを負う意〔両京俚言考〕。イトテ(鋭創)の意か。傷を意味するテはチ(血)の転音、転義か〔日本古語大辞典=松岡静雄〕。発音〈音史〉上代は『いたて』と清音か。〈標ア〉0〈ア史〉平安○○○ 江戸●●●〈京ア〉0⓪ 辞書 饅頭・日葡・書言・ヘボン・言海 表記 痛手(饅・書・言) 傷手(へ)

い-だて【井立】〘名〙井堰(いせき)や灌漑溝(かんがいこう)などを修理すること。井戸立。稲立。

いた-てつ【板鉄】〘名〙板状の鉄。鉄板(てついた・てっぱん)。＊鉄山必要記事(1784)六「鉄板の事。板鉄大坂よりの誂の形は、小割鉄に成べきを」＊英和商業新辞彙(1904)〈田中・中川・伊丹〉「Plate Iron 板鉄 鉄をロール(Roll)で引延ばし板としたものである」発音〈標ア〉タ

いたて-に〘副〙速く、いっさんに。＊堀河百首(1105-06頃)雑「かさはやの沖つ塩まみたかくともいたてにはしれむこの浦迄〈藤原公実〉」＊夫木(1310頃)二一「追風にいたてに走れ筑紫船しき浪の関せきとどむとも〈永縁〉」補注 使用例の限られた特殊な語。「大辞典」に、接頭語「い」と「縦に」との連語か、とあるが、「い」は動詞に付くのが普通だから疑問。方言 急に。どっと。一度に。むやみに。仙台†057 青森県津軽075 岩手県九戸郡088 ◇いったでに 青森県南部073

いたて-の-かみ【射楯神】「いたけるのみこと(五十猛命)」に同じ。

いたてひょうず-じんじゃ【射楯兵主神社】兵庫県姫路市総社本町にある神社。旧県社。祭神は射楯神、兵主神ほか。養和元年(一一八一)一六郡一七四座の神を合祀して、播磨国総社・府中社として知られる。延喜式内社。発音 イタテヒョーズジンジャ〈標ア〉ジ

い-た・てる【射立】〘他タ下一〙図いた・つ〘他タ下二〙①矢をさかんに射る。矢をたて続けに射かける。＊太平記(14C後)一七・隆資卿自八幡被寄事「高武蔵守師直が五百余騎、射立(イたて)られて引き退く」＊日葡辞書(1603-04)「テキヲ、ヲモウサマ itateta(イタテタ)〈訳〉矢を射て、または銃を撃って、敵を逃走させちりぢりにした」②矢を身体に突き立たす。矢を身体に射通す。＊平家(13C前)七・篠原合戦「敵(かたき)あまたうちとり、矢七つ八ついたてられて、立ち死ににこそ死ににけれ」＊名語記(1275)五「敵人の身に、いたてつれば、決定しぬ」発音〈標ア〉0テ 辞書 日葡・ヘボン 表記 射立(へ)

い-た・てる【鋳立】〘他タ下一〙図いた・つ〘他タ下二〙溶かした金属を型に流し込み、ある形のものをつくる。鋳出す。＊日葡辞書(1603-04)「Itate, tçuru, eta(イタツル)〈訳〉ある物を金属で鋳造し終える」＊浄瑠璃・用明天皇職人鑑(1705)職人尽・三「世尊火坑三昧(くゎきゃうざんまい)のたたらをもって、ゐたて給ひし鐘の声」＊英政如何(1868)一〇「記念銭は往々勝利の功業或ひは勝軍を後世に伝へる為に鋳立てる者にして」発音〈標ア〉0テ 辞書 日葡

いだ-てん【韋駄天】一(梵 Skanda 塞建陀、揵陀、韋駄などと音訳。韋将軍ともいう)(一)仏語。南方の増長天に属する八将軍の一。四天王の八将軍を合わせた三十二将軍全体の長。もとバラモン教の神で、シバ神またはアグニ神の子という。仏教に取り入れられ、僧あるいは寺院の守護神となった。形像は、身に甲冑(かっちゅう)を着け、合掌した両腕に宝剣を持つ。釈迦が涅槃(ねはん)の後、捷疾鬼(しょうしつき)が仏舎利から歯を盗み去ったとき、この神が追いかけて取り戻したという俗説がある。非常な速さで駆け、魔鬼を排除するとされるところから、足の速いことや人をもいう。＊源平盛衰記(14C前)八・法皇三井灌頂事「毘沙門天の御子に韋駄天(イダテン)と申す将軍に対面して、仏法の物語し給ひける明徳は律宗の祖師終南山の道宣大師ばかりと見えたり」＊寂照堂谷響集(1689)一〇「客曰、毎聞、仏涅槃時、捷疾鬼盗二取仏牙一双一。時韋駄天、急追還取。至二唐代一、授二南山宣律師一」＊滑稽本・東海道中膝栗毛(1802-09)三・上「わっちらアあるくこたア韋駄天(イダテン)さまさ。サアといふと、十四五里づつは歩きやす」＊吾輩は猫である(1905-06)〈夏目漱石〉八「根拠地の方へ韋駄天の如く逃げて行く」(二)能楽。観世小次郎信光作。韋駄天から舎利を受けた律師が一寺を建立するという曲。番外曲で現在は上演されない。二〘名〙①「いだてんばしり(韋駄天走)」の略。＊たけくらべ(1895-96)〈樋口一葉〉四「おっと来たさの次郎左衛門(じろざゑもん)、今の間とかけ出して韋駄天(イダテン)とはこれをや」②足の速い人。＊浮世草子・好色盛衰記(1688)二・二「いだてんの茂作という船頭、さる大臣をのせけるに、上下弐人は此ふねのさだめなるにおもひの外あし入て」③芝居の囃子(はやし)の合方の一つ。「伊勢音頭恋寝刃-油屋の段」の追っかけのように、駆け出す場に用いる。④文楽で用いる人形の型の一つ。団七走りに比べるといくぶんやさしい走り方。発音〈標ア〉0〈京ア〉⓪ 辞書 書言・言海 表記 韋駄天(書・言)

韋駄天一(一)〈仏像図彙〉

いだてん-あし【韋駄天足】〘名〙非常に速く走ること。また、その能力を持つこと。＊読本・春雨物語(1808)樊噲・上「今はあぶれにあぶれて、親も兄も谷の流にけおとして、韋它天足して、いづちしらず逃げうせぬ」発音〈標ア〉テ

いだてん-あしげ【韋駄天葦毛】〘名〙足の非常に速い葦毛色の馬。＊浄瑠璃・大磯虎稚物語(1694頃)馬揃へ「四番に立る葦毛こそ、今関東にかくれなきはや足の逸物いだてんあしげ是なんめり」発音 イダテンアシゲ〈標ア〉ア

いた-てんじょう【板天井】〘名〙板張りの天井。板張り天井。〔日本建築辞彙(1906)〕発音 イタテンジョー〈標ア〉テ

いた-てんじん【板天神】〘名〙①板でつくった天神様の像。四角ばってしなやかでない人の姿や品物などにたとえる。＊俳諧・山之端千句(1680)下「え方ぞとかふりもふらで夕日影〈四友〉 板天神のいたの隙より〈似春〉」＊絅斎先生敬斎箴講義(17C末-18C初)「衣冠から見れば、板天神のやうに成て、気苦労になる」＊浮世草子・傾城色三味線(1701)湊・三「馴染のなき都大臣は、何いわるべき種もなくて、さりとはすまぬ顔して、作りつけの板天神の如し」＊諺苑(1797)「板天神、衣類に糊をしてこはばりたるを板天神のやうになりたると云」②気むずかしい人。＊浄瑠璃・安倍宗任松浦簦(1737)五「御年がましき癪持(しゃくもち)の板天神の企(くわだて)でござんすなり」発音〈標ア〉テ

いだてん-じん【韋駄天神】仏語。「いだてん(韋駄天)一(一)」に同じ。＊合部金光明経-三「釈提桓因 及日月天 閻摩羅王 風水諸神 違駄天神 及毘紐天 大弁天神 及自在天 火神等神 大力勇猛 常護二世間一」発音〈標ア〉テ

いだてん-だち【韋駄天立】〘名〙韋駄天のように甲冑(かっちゅう)をつけ剣をささげて立っている姿。毘沙門(びしゃもん)立ちの類。＊浄瑠璃・信州姥捨山(1730)四「庵室の守護神と、云はぬばかりの韋駄天立(ヰダテンダチ)」＊浄瑠璃・伊豆院宣源氏鏡(1741)三「肌に小具足小手脚当、韋駄天立(イダテンダチ)に突立上り」発音〈標ア〉0

いだてん-ばしり【韋駄天走】〘名〙韋駄天のように非常に速く走ること。韋駄天。＊浄瑠璃・本朝三国志(1719)一「坂をのぼりにいだ天走、八町三所足も

ためず飛んで来るは」＊読本・春雨物語（1808）樊噲・上「『にくしにくし』とて追しけど、足は韋駄天走（ヰダテンバシ）りして迯（にげ）ゆく」＊其面影（1906）〈二葉亭四迷〉六八「逸（にが）して成るものかと後追かけたが、先は気負の韋駄天走り」＊旅‐昭和五年（1930）八月号・新時代の感覚超特急は走る〈佐藤正雄〉「特急を抜くこと約一時間十分正に偉駄天走（ヰダテンバシ）りである」 発音〈標ア〉バ 〈京ア〉バ

いた-ど【板戸】『名』板を張って作ってある戸。雨戸の類。＊古事記（712）上・歌謡「嬢子（をとめ）の 寝（な）すや伊多斗（イタト）を 押そぶらひ」＊万葉（8C後）一四・三四六七「奥山の真木の伊多度（イタド）をとどとしてわが開かむに入り来て寝（な）さね〈東歌〉」＊古今（905-914）恋四・六九〇「君や来む我や行かんのいさよひに槇のいたどもささず寝にけり〈よみ人しらず〉」＊日葡辞書（1603-04）「Itado（イタド）〈訳〉板でできた戸」＊カズイスチカ（1911）〈森鷗外〉「濃い褐色に光ってゐる戸棚の板戸（イタド）の前に」 発音〈音史〉上代は『いたと』『いたど』の清濁両形か。〈標ア〉タ 〈ア史〉平安○○○ 鎌倉○○◍ 〈京ア〉⓪／イ 辞書日葡・〈ボン〉・言海 表記板戸（へ・言）

いた-とうば【板塔婆】『名』供養のために、梵字または経文を書いて墓に立てる細長い板。発音イタトーバ〈標ア〉ト

いた-どこ【板床】『名』①板を敷いて作ってある床の間。＊二人女房（1891）〈尾崎紅葉〉中・四「一間の板床（イタドコ）に古薩摩の唐冠の香爐（かうろ）」＊落語・牛褒め（1896）〈四代目橘家円喬〉「其処で何うも塗框（ぬりがまち）の方が叔父さんシットリとして好うございます、第一何うも板床（イタドコ）より結構でゲスなァ」②畳の芯（しん）に用いた板。発音〈標ア〉タ⓪

いたとこ-しょうぶ【行所勝負】『名』（「いたとこ」は「いったところ」の変化した語）その場しだいで態度、処理方法などをきめること。出たとこ勝負。＊雑俳・冠付五百題（1857）「往た所勝負・おいら馴染は別に無い」

いたどり【虎杖】『名』①タデ科の多年草。各地の山野、路傍に生える。高さ一メートル内外。茎は中空で節をもち、若い茎には紅紫色の斑点がある。葉は長さ五～一五センチメートルの広卵形または卵状楕円形で先がとがる。雌雄異株で夏、白または淡赤色の小さい花が葉腋（ようえき）に総状に咲く。果実には翼がある。若い茎はやや酸味をおび食用となり、根茎は利尿、健胃剤などとされる。漢字表記に「疼取」を当てるが、あて字。漢名、虎杖、黄薬子。たんじ。すかんぽ。すっぱぐさ。たじい。さいたずま。学名は Reynoutria japonica

虎 杖 ①

《季・春》▼いたどりの花《季・夏》＊書紀（720）反正即位前（図書寮本訓）「多遅の花は、今の虎杖（イタトリ）の花（はな）なり」＊本草和名（918頃）「虎杖根、一名蒤、一名武杖、一名酢菜、一名苦杖、和名以多止利」＊枕（10C終）一五四・見るにことなることなきものの「いたどりは、まいて虎の杖とかきたるとか。杖なくともありぬべきかほつきを」＊俳諧・寂砂子（1824）下「虎杖やはらはらりと旅の雨〈草琚〉」＊日本植物名彙（1884）〈松村任三〉「イタドリ 虎杖 黄薬子」②紋所の名。イタドリの花と葉とを図案化したもの。語源説(1)表皮から糸状のものをとることからイトドリ（糸取）の転〔滑稽雑談〕。(2)根を薬に用いることからイタドリ（痛取）の意〔和句解・古言類韻＝堀秀成・日本語源＝賀茂百樹〕。(3)イタチ（板血）の延言〔名言通〕。発音〈なまり〉イタードリ・イタイドリ・イタロー・エタイドリ・エタンドリ・エタンドロ〔島根〕 イタズリ〔伊予・愛媛周桑〕 イタヅラ・イタッレ・イタンヅリ〔広島県〕 イタヅリ〔広島県・徳島・土佐〕 イタヅル〔大和〕 イタドイ〔鹿児島方言〕 イタドレ・イッタンド・イッタンドリ・イッタンミレ〔飛騨〕 イタメリ〔志摩〕 イタンドリ〔埼玉方言・飛騨・志摩・伊賀・大和〕 イッタドリ〔伊賀〕 イッタンダラケ〔岐阜・飛騨〕 イッタンドリ〔埼玉方言・志摩・伊賀〕 イッタンドレ〔岐阜〕 エッタンドリ・オッタンドリ〔埼玉方言〕〈標ア〉⓪タ 〈京ア〉ド 辞書字鏡・和名・色葉・名義・下学・和玉・文明・伊京・明応・天正・饅頭・黒本・易林・日葡・書言・〈ボン〉・言海 表記虎杖（和・色・名・下・文・伊・明・天・饅・黒・易・書・へ・言） 蒤（玉・天） 虎杖根・茶（字） 武杖（色）

いたどり-くらべ【虎杖競】『名』山城国（京都府）の貴船神社で、陰暦四月一日に行なわれる神事。この日、上賀茂の氏人が騎馬で参詣（さんけい）し、帰途に市原野で、虎杖を採ってその大小、多少を競争したもの〔日次紀事（1685）〕。虎杖祭。《季・夏》＊俳諧・篗纑輪（1753）「四月〈略〉虎杖競（イタトリクラヘ） 朔日 貴船の神事也」 発音〈標ア〉ク

いたどり-まつり【虎杖祭】『名』「いたどりくらべ（虎杖競）」に同じ。《季・夏》 発音〈標ア〉マ

い-たど・る【―辿】『自ラ四』（「い」は接頭語）とぼとぼ行く。たどる。＊万葉（8C後）五・八〇四「少女らが さ寝（な）す板戸を おし開き い多度利（イタドリ）よりて〈山上憶良〉」

いた-ながし【板流】『名』板敷きの流し場。＊歌舞伎・蝶鸚山崎踊（1819）大詰「裏の板流しを張ってしまはう」＊歌舞伎・新皿屋敷月雨暈（魚屋宗五郎）（1883）中幕「長の時化（しけ）続きに、板流（イタナガ）しより内証（ないしょ）が干上り」 発音イタナガシ〈標ア〉ナ

いた-な・く【甚泣】『自カ四』（形容詞「いたい」の語幹と動詞「な（泣）く」が一語となったもの）ひどく泣く。たいそう激しく泣く。＊古事記（712）下・歌謡「天飛（あまだ）む 軽の嬢子（をとめ） 伊多那加（イタナカ）ば 人知りぬべし 波佐の山の 鳩の 下泣きに泣く」

いた-なまり【板鉛】『名』釣具の一つ。釣鉤（つりかぎ）を沈めるおもりとして釣糸に巻きつける薄板状の鉛の小片。巻錘（まきおもり）。巻沈（まきしずみ）。板錘（いたおもり）。発音〈標ア〉ナ

いた-にかわ【板膠（かはに）】『名』板状につくった、にかわ。発音〈標ア〉ニ

いた-にん【板人】『名』江戸時代の劇場で鬘師（かつらし）の親方の称。＊劇場新話（1804-09頃）上「座頭の女形に附しかつら師は、寄親といひて、その芝居に付て居る事にて、惣かつら師の世話役也。俗に板人といふ」 発音〈標ア〉⓪

いた-ぬき『名』手突き。すなわち、弓を使わないで、手で投げる矢のことか。＊易林本節用集（1597）「手預矢 イタヌキ」 辞書易林 表記手預矢（易）

いだ-ぬき【射狸】狂言。大蔵流八右衛門派番外曲。鷺流保教（やすのり）本にも見える。古狸が狩人のおばの尼に化けて殺生の恐ろしさを説くが、あとで正体を見破られ、追いかけられる。

いた-ぬ-ま【板間】『名』（「いたのま（板間）」の変化した語）板の間稼ぎをいう、盗人仲間の隠語。〔特殊語百科辞典（1931）〕 発音〈標ア〉ダ

いた-ねぶ【板舐】『名』「いたねぶり（板舐）」に同じ。＊雑俳・末摘花（1776-1801）二「板ねぶとおぼしさ人の青女房」

いた-ねぶり【板舐】『名』（風呂屋の流し場の板をねぶることの意から）長い陰茎、または、その人。いたねぶ。＊雑俳・末摘花（1776-1801）三「小桶からなめらの下がる板ねぶり」 発音〈標ア〉ネ

いたの【板野】徳島県の北東部の郡。吉野川の下流北岸にあり、北は讃岐山脈によって香川県と接する。＊二十巻本和名抄（934頃）五「阿波国〈略〉板野〈伊太乃〉」 辞書和名・色葉・易林 表記板野（和・色・易）

いたの-ぎく【―菊】『名』植物「まつむしそう（松虫草）」の異名。〔語彙（1871-84）〕

いた-の-ま【板間】『名』①板敷きのへや。床（ゆか）を板敷きにしただけで畳を敷かない所。いたま。＊書言字考節用集（1717）一「板間 イタノマ」＊雑俳・あふむ石（1839）「是でよろしいお茶漬板の間でよばれ」＊怪談牡丹燈籠（1884）〈三遊亭円朝〉七「それは我（お）れが悪るかった。此の通り板の間へ手を着て謝るから往ってやれ」＊吾輩は猫である（1905-06）〈夏目漱石〉一「台所の板の間で他（ひと）が顫（ふる）へて居ても」②特に、風呂屋の脱衣場。＊備前老人物語（17C前か）「風炉をたく時は、男弐人板の間におきて垢かき」＊浮世草子・好色一代女（1686）五・二「思ひ思ひの明衣（ゆかた）踵（きびす）うってゆき短かに、龍門の二つ割を後に結び、番手に板の間を勤めける」＊滑稽本・浮世風呂（1809-13）二・下「板（イタ）のまのかはきたる所へ小桶の水をゆびに付てゆび先にて書く」③「いたのまかせぎ（板間稼）」の略。＊雑俳・柳多留‐四一（1808）「板の間と長田（おさだ）異名を付られる」＊歌舞伎・浮世柄比翼稲妻（鞘当）（1823）三幕「わしはこの新道の滝の湯の番頭だが、この親仁（おやぢ）が度々来て板の間を働くが、今日も無くった物があるから追ッかけて来たのだ」＊歌舞伎・小袖曾我薊色縫（十六夜清心）（1859）序幕「いつか手前（てめへ）も板の間から、筒持（つつもた）せやらゆすりやら、いい拵（かせぎて）になったな」④劇場の舞台。略して、板（いた）とも。⑤歌舞伎楽屋の用語。薄縁（うすべり）を敷いただけの板の間であったところから三階の、大部屋と称する広間。また、相中（あいちゅう）、中通（ちゅうどおり）の階級の役者。東京では、新富座の中期（明治一三、四年頃）から、畳を敷くようになり、この名称はすたれた。＊滑稽本・戯場粋言幕の外（1806）下「本中、合中、いたのま、お囃子、みんながばりつく能顔だ」⑥岡場所などの下働きの下女。＊雑俳・冠付五百題（1857）「はさみ・板の間おれに惚れとおる」 発音〈なまり〉イダルマ〔津軽語彙〕 エタヌマ〔埼玉方言〕〈標ア〉⓪ 〈京ア〉⓪ 辞書書言・言海 表記板間（書・言）

いたのまを稼（かせ）ぐ 風呂屋の脱衣場で他人の衣服、金銭などを盗む。＊歌舞伎・お染久松色読販（1813）序幕「『コレお前（めへ）、日暮だよ。帯を置て行きねへ』『ほんに板の間をかせがれちゃアならねへ』」

いたのま-かせぎ【板間稼】『名』風呂屋の脱衣場で、他人の衣服、金品などを盗み取ること。また、その盗人。板の間。板の間働き。板場稼ぎ。板場踏み。＊人情本・珍説豹の巻（1827）後・下「押込、昼盗（ひるとんび）、板の間稼ぎ、一寸持（ちょっくらもち）油断も透（すき）もなりませぬ」＊風流仏（1889）〈幸田露伴〉一〇・下「女房持たば音楽師、画工（ゑかき）産婆三割徳ぞ、ならば美人局（つつもたせ）、板の間拵ぎ等の業出来て然も英仏の語に長じ」＊断腸亭日乗〈永井荷風〉五・昭和一八年（1943）一二月四日「銭湯の混雑甚しく且つ板の間かせぎも激増せり」 発音イタノマカセギ〈標ア〉カ 〈京ア〉㋕

いたのま-ぎれ【板間布】『名』歌舞伎の大道具の一つ。板の間の模様を描いた布で、御殿の場などに、舞台に敷いて用いる。同類のものに浪布（なみぬの）、山布などがある。＊歌舞伎・松栄千代田神徳（徳川家康）（1878）大詰「正面御簾襖、みすおろしあり、前の方（かた）へ板（イタ）の間布（マギレ）を敷き、二重斜めに飾り」 発音イタノマギレ〈標ア〉⓪

いたのま-ながし【板間流】『名』酒宴のあとの打ちとけた酒盛りや宴会の翌日の酒宴を、山梨県や愛媛県などでいう。いたじきばらい。

いたのま-ばたらき【板間働】『名』「いたのまかせぎ（板間稼）」に同じ。＊随筆・守貞漫稿（1837-53）二二「浴戸に浴客の衣服を盗む者を俗に板間働と云」 発音〈標ア〉バ

いた-ば【板場】『名』①まな板、のし板が置いてあ

る場所。また、そこにいる者、すなわち調理人。おもに関西でいう。関東では、板前が普通。いたもと。いた。＊歌舞伎・油商人廓話(1803)序幕「高の知れた目くされ金、板場(イタバ)なりと拾はうぞい」＊體の皮(1914)〈上司小剣〉一「靴音荒々しく、板場で焼く鰻の匂を嗅ぎながら、暖簾を潜って去った」＊桐畑(1920)〈里見弴〉二つの心・一「ここの料理人(イタバ)であらう、日本橋の真ン中で聞かうとは思はない大阪弁の会話が、ひとかけら洩れて来たりした」②型紙捺染(なっせん)の工場で、型付けの作業をする場所。方言❶板敷きの床。板の間。岩手県気仙郡100 山形県飽海郡・庄内139 福島県若松市171 大沼郡175 福井県大飯郡447 兵庫県赤穂郡061 島根県725 ❷縁側。香川県高見島829 ❸台所。岩手県気仙郡102 石川県江沼郡422 三重県上野市・名張市585 広島県771 772 779 山口県803 ❹料理屋などの調理場。また、料理人。岐阜県飛騨502 大阪市638 兵庫県神戸市665 鳥取県岩美郡・気高郡716 山口県803 徳島県811 ❺種油や蠟(ろう)油をしめる工場。山口県803 豊浦郡798 発音〈標ア〉0〈京ア〉0

いた-ば【板歯】『名』板のような形状の、とがっていない歯。前歯。＊蔭凉軒日録-文明一八年(1486)一一月四日「雑話之間不レ覚愚当面之板歯一枚欠矣。於レ爰慨然起二老年之嘆一。実可レ怜也」＊随筆・胆大小心録(1808)七二「人は板歯に生れて骨をかみて味ふべき者にあらず。馬牛のおそろしきも、人と同じく板歯なれば、草秣をくらふならずや」

いたば『名』若い女をいう、盗人仲間の隠語。〔隠語輯覧(1915)〕

いた-はいだて【板脛楯】『名』脛楯の一種。布帛の地に長方形の革または鉄の板を並べて綴じつけたもの。＊随筆・安斎随筆(1783頃)一八「板はいたてはかたの如く切りて重ねずして並べとづるなり」

いたば-かせぎ【板場稼】『名』板の間稼ぎをいう、盗人仲間の隠語。〔隠語輯覧(1915)〕方言大阪市638

いた-はぎ【板矧】『名』板を継ぎ合わせること。発音イタハギ〈標ア〉0ギ

いた-ばけ【板刷毛】『名』練り白粉を溶いて塗るのに用いる刷毛。柄が板状で、幅一面に毛を植えたもの。＊どなたにもわかる洋髪の結ひ方と四季のお化粧(1928)〈早見君子〉「水白粉を溶いた小皿に、練白粉を溶き、板刷毛に充分それを含ませ」発音〈標ア〉タ

いた-ばさまり【板挟】『名』「いたばさみ(板挟)②」に同じ。＊暗夜行路(1921-37)〈志賀直哉〉二・八「俺は本統に自分の無力を歯がゆく思ふ。全く板(イタ)ばさまりだ」発音〈標ア〉バ

いた-ばさみ【板挟】『名』①二枚の板の間にはさまること。＊夢の女(1903)〈永井荷風〉三「云はば左右から自分の身を板挟みにする様な堪難い心持になるのであった」②対立する二者の間にはさまって自分の態度を決しかね、迷い悩むこと。いたばさまり。＊雑俳・柳多留-一二八(1833)「板ばさみ上下講の大一座」＊露団々(1889)〈幸田露伴〉一〇「恩と威権の板(イタ)ばさみ」＊暁月夜(1893)〈樋口一葉〉四「夫れとなく促がせば、僕も貰って遣りたけれど、姉様が下さらねばと、哀れ板(イタ)ばさみに成りて困り入りし体(てい)」＊和解(1917)〈志賀直哉〉一四「永い間板挟みの苦しい位置にゐて」発音〈標ア〉バ〈京ア〉0

いた-ばし【板橋】㊀『名』板で作ってある橋。＊夫木(1310頃)一六「谷の戸のあくるもふかき霧のうちに霜をわたせるまきのいたばし〈藤原為家〉」＊易林本節用集(1597)「板橋 イタハシ」＊俳諧・曾良随行日記(1689)俳諧書留「此秋も門の板橋崩れけり〈重行〉 赦免にもれて独り見る月〈芭蕉〉」＊思出の記(1900-01)〈徳富蘆花〉五・七「一方は崖、一方は高い柱にもたしてしつらった三畳位〈略〉の小屋で、母屋との間には板橋がかかっている」㊁東京都二三区の一つ。中山道の旧宿場町。神事芸能の田遊びが演じられる北野神社・諏訪神社がある。昭和七年(一九三二)区制。同二二年練馬区を分離。＊延慶本平家(1309-10)五・上総介弘経佐殿の許参事「此の橋を打渡て武蔵国豊嶋の上滝野川の板橋と云ふ所に陣を取り」＊浮世草子・好色一代男(1682)二・六「後は物縫の小宿、板橋(イタばし)のたはれ女も見のこさず」発音㊀〈標ア〉バ〈京ア〉バ/バ0 ㊁〈標ア〉タ 辞書易林・ヘボン・言海 表記板橋(易・へ・言)

いたばし【板橋】(「いたはし」とも)姓氏の一つ。発音〈標ア〉タ

いた-はじかみ【痛薑】『名』植物「さんしょう(山椒)」の古名。語源説(1)イタは痛で、とげある意か〔大言海〕。(2)イトハシカミ(痛歯𤿎)の義〔日本語源＝賀茂百樹〕。辞書言海

いた-ばしご【板梯子】『名』桁や足をかける横木に板を用いた、階段状のはしご。梯子段。＊鳥羽家の子供(1932)〈田畑修一郎〉「女中部屋は以前物置になってゐたのを畳を入れ、天井を張っただけで、狭い急な板梯子(イタバシゴ)を上ると、煤けた天井裏の一部が見え」発音〈標ア〉バ

いたば-した【板場下】『名』床下、または地下室をいう、盗人仲間の隠語。〔隠語輯覧(1915)〕

いた-ばしら【板柱】『名』盗み、また、その犯人をいう、盗人仲間の隠語。〔隠語輯覧(1915)〕

いた-ばせん【板馬氈】『名』馬具の名。鞍敷(くらしき)の一種。鞍橋(くらぼね)の居木(いぎ)の上を覆う牛革を芯(しん)とした敷物。＊大友記(17C前)豊州勢高城を責事「わた馬せんは水におぼれてあしし。いた馬せんがよきぞ」

いた-はたき『名』近世、仙台地方で料理人をののしっていう語。＊浜荻(仙台)(1813頃)「いたはたき 料理人を罵る詞。俎をたたく心なり」

いだはち【伊太八】新内「おのえいだはち(尾上伊太八)」に同じ。発音〈標ア〉0チ

いた-ばっつけ【板張付】『名』(「ばっつけ」は「はりつけ」を江戸訛(なまり)で強くいったもの)物、人などを板に張りつけること。＊歌舞伎・独道中五十三駅(1827)三幕「口惜しくっても板(イタ)ばっつけ。どうして手出しがなるものか」

いた-はな【板端】『名』板のはし。また、板の間(ま)のはし。＊洒落本・通言総籬(1787)二「はしごををりる。板はなに文がならべてあり」

いたはな【板鼻】群馬県安中市の地名。中山道の旧宿場町。碓氷(うすい)川の舟運の港でもあった。＊太平記(14C後)三九・芳賀兵衛入道軍事「上野(かうづけ)の板鼻(イタバナ)に陣を取てぞ待たせける」＊車屋本謡曲・鉢木(1545頃)「墨のころもの碓氷川、くだすいかだの板はなや、さののわたりに着きにけり」発音〈標ア〉0

いた-ばな【板花】『名』紅草の花弁の赤い部分だけを採って、細かく砕いて板状に圧縮したもの。中国産の紅の原料。発音〈標ア〉0

いたば-にん【板場人】『名』板場で働く人。いたまえ。＊世相(1946)〈織田作之助〉四「板場人や仲居に指図する声もひそびそと小さくて」発音〈標ア〉0

いた-ばね【板発条】『名』板状のばね。荷重が横から湾曲力として加わる場合に用いる。鋼板一枚のばねと、長さの少しずつ異なる数枚の鋼板を重ねた重ねばねがあり、車台と車輪との間に使用される。発音〈標ア〉タバ

いたば-ふみ【板場踏】『名』板の間稼ぎをいう、盗人仲間の隠語。〔隠語輯覧(1915)〕

いた-ばめ【板羽目】『名』板張りの羽目。板張りの壁、または板張りの塀。＊雑俳・柳多留-一六五(1838-40)「板羽目へ傘の絵あどけ無い浮名」＊滑稽本・七偏人(1857-63)初・中「奥の方の板羽目(イタバメ)へグヮンと言ほど天窓を打付(うちつけ)」＊日本建築辞彙(1906)〈中村達太郎〉「いたばめ(板羽目)〈略〉板羽目の中には、目板羽目、布羽目、熨斗(のし)羽目、竪羽目、横羽目の類あり」発音〈標ア〉0 辞書ヘボン 表記板壁(へ)

いた-はら【痛腹】『名』(腹を痛める意)腹を切ること。切腹(せっぷく)。割腹(かっぷく)。＊俳諧・本朝文選(1706)二・賦類・吉野賦〈丈草〉「口の山門は彦四が痛腹(イタバラ)の所、つつじが岡は、忠信が空腹(そらばら)の地なり」

いた-ばり【板張】『名』①板を物に張りつけること。また、そのようにしてあるもの、場所。＊南方録(17C後)滅後「玄関の外に、ひきく竹すのこにても、板ばりにても、小ゐんを付て」＊雪中梅(1886)〈末広鉄腸〉上・六「獄舎は左右相対して、都(すべ)て四十房に分つ。房の四方は板張にして」＊倫敦消息(1901)〈夏目漱石〉二「板張の椅子が堅くって」②もめんや絹など洗濯した布を糊(のり)づけして張り板に張り、しわを伸ばしたり、つやを出したりすること。洗い張り。＊世帯(1928)〈谷川長八〉「従来の洗濯は石鹸を付けて、揉み洗ひして其を干して糊をして、それから板張りとかシンシ張りとかして、雨が降れば出来なかったのです」③(板塀などの陰で会うことからか)女工との逢引きをいう、不良仲間の隠語。〔隠語全集(1952)〕発音〈標ア〉0〈京ア〉0

いたばり-てんじょう【板張天井(テンジャウ)】『名』板で張ってある天井。板天井。発音イタバリテンジョー〈標ア〉テ〈京ア〉テ

いた-はん【板版】『名』板の上に文字や絵を彫刻して作った印刷用の版。もくはん。＊俳諧・崑山集(1651)四・春「板はんになりても開く桜哉」発音〈標ア〉0

いた-ばんづけ【板番付】『名』相撲を興行する時、力士を東西に分け、取組の順序を板に記して掲げておくもの。＊歌舞伎・有松染相撲浴衣(有馬猫騒動)(1880)六幕「仮令(たとひ)何と言はしっても板番附(イタバンツケ)に名前がなければ、それだけ相撲に障るから」＊東京風俗志(1899-1902)〈平出鏗二郎〉下・一〇・相撲「興行前、数日より回向院の門前に櫓を構へ〈略〉板番附(イタバンヅケ)を掲げ、贔負方より力士、行司、または勧進元に贈れる幟幾十本となく立て列ね」発音〈標ア〉バ

いた-び【板碑】『名』鎌倉時代から室町時代にかけて盛んに行なわれた、死者供養のための石の卒塔婆(そとば)。板状の石の上部に仏、菩薩を表わす梵字を、下部に仏、菩薩の像や氏名などを刻んだもの。関東ではおもに秩父産の緑泥片岩を用いたので、青石塔婆ともいう。板仏。板本尊。＊社会百面相(1902)〈内田魯庵〉古物家「大人(だいじん)の御依頼でがすから同じ難題でも定めし風流な事で、何処そこに板碑(イタビ)があるから盗んでこいとか乃至は」発音〈標ア〉タ

いたび【木蓮子】『名』植物「いたびかずら(崖石榴)」の古名。＊新撰字鏡(898-901頃)「析傷木 伊太比 一云木蓮」＊本草和名(918頃)「木蓮子 和名 以多比」補注人名として「書紀-安閑元年三月」に「紗手媛が弟香香有媛、物部木蓮子〈木蓮子、此をば伊陀寐といふ〉」とある。語源説イツイヒ(厳粒)の約であるイチビの転〔日本古語大辞典＝松岡静雄〕。上仮名イタビ 辞書字鏡・和名・色葉・名義・言海 表記折傷木(字・色・名) 木蓮子(色・名) 木蓮子(和)

いたび-かずら【崖石榴(づら)】『名』①クワ科の常緑低木。本州中部から台湾まで、および中国大陸の暖地に生える。茎はつる状で長さ一・五～五メートル。下部は地をはい、根を下ろして木や岩につく。葉は長楕円形で長さ五～一二センチメートル、幅二～三センチメートル。表は滑らかで裏は白色を帯びる。夏、直径一〇～一二ミリメートルの球形のいちじく状の花嚢(のう)をつけ、熟すと紫黒色となり甘い。つるいちじく。いたび。いぬたぶ。きんまじ。学名は Ficus nipponica ＊重訂本草綱目啓蒙(1847)一四下・

蔓草「いたみ〈日本紀〉いたび いたびかづら」＊日本植物名彙〈1884〉〈松村任三〉「イタビカヅラ 薜荔」 ②植物「おおいたび（大崖爬）」の異名。 発音〈標ア〉カ

いた-ひき【板挽】〘名〙材木をひいて板にすること。また、それを職業とする人。木挽（こびき）。 発音〈標ア〉タ キ 辞書言海 表記板挽〈言〉

いた-びき【板引】〘名〙①糊（のり）で硬化し、蠟（ろう）でつやを出した絹地の加工名。漆塗りの板に蠟を引き、糊をつけて絹や綾の類を張り、よく乾かして引きはがすこと。また、その絹。＊細流抄（1525-34）一「夏もひねりかさねとてしたのかさねはいたびきなり」＊言継卿記-天文三年（1534）三月一五日「従正親町裾之裏板引事頼入由申て、入候のりの代十疋来候了」 ②底引き網で、網の口を開くために左右に開口板を付けて網を引く漁法。濫獲になりやすいので使用を禁止している。 発音〈標ア〉0

いたび-きれ【板切】〘名〙板の切れはし。鋸（のこぎり）でひいて残った板の切れ端。いたぎれ。

いた-びさし【板庇】〘名〙①板ぶき屋根のひさし。＊千載（1187）羇旅・四九九「はりま路やすまの関屋の板びさし月もれとてやまばらなるらん〈源師俊〉」＊新古今（1205）雑・一六〇一「人住まぬ不破の関屋のいたびさし荒れにし後はただ秋の風〈藤原良経〉」＊右京大夫集（13C前）「いたびさし時雨ばかりはおとづれて人目まれなるやどぞかなしき」 ②板で葺（ふ）いてある家。＊浮世草子・西鶴諸国はなし（1685）三・一「すこしの板（イタ）びさしを借て住けるに」 発音〈標ア〉ビ〈京ア〉ビ 辞書日葡・書言・ヘボン・言海 表記板庇（書・へ・言）

いたび-だま【木蓮子玉】〘名〙イタビカズラの実のような黒色の玉。＊肥前風土記（732-739頃）彼杵「此の人美しき玉を有てり。名をば石上神之木蓮子玉（いそのかみのいたびだま）と曰ふ」

いた-びっこ【板—】〘名〙方言板切れ。板の小片。東京都三宅島・御蔵島333 山梨県南巨摩郡465 ◇いたびっこお 静岡県520 安倍郡540 榛原郡541 ◇いたべっこ 埼玉県大里郡252 北葛飾郡258 ◇いたべっちょ 茨城県猿島郡188 埼玉県北葛飾郡258

いた-びょうし〔ーベウシ〕【板表紙】〘名〙板で作った表紙。法帖（ほうじょう）、折手本などに用いる。＊歌舞伎・繰返開花婦見月（三人片輪）（1874）序幕「卜豊（ゆたか）思入あって懐より板表紙（イタベウシ）の手本を出す」＊語彙（1871-84）「いたべうし 板表紙なり。摺帖（てほん）の表に貼（はり）たる板をいふ」 発音イタビョーシ〈標ア〉ビョ 辞書言海 表記板表紙〈言〉

いたびら〘名〙方言⇩いたぐら

いたぶ〘名〙①植物「いたびかずら（崖石榴）」の異名。＊日葡辞書（1603-04）「Itabu（イタブ）〈訳〉ポルトガルのいちじくの様な常春藤（きずた）の野生の果実」 ②植物「いぬびわ（犬枇杷）」の異名。＊重訂本草綱目啓蒙（1847）二七・夷果「無花果、いちじく〈略〉いちじくといふは天仙果のことなりと大和本草に見えたり〈略〉いたぶ 土州」 方言㊀植物。❶いぬびわ（犬枇杷）。高知県866 870 964 長崎県南高来郡964 ◇いちゃぶ 鹿児島県奄美大島965 ◇いんたび 鹿児島県出水郡964 ◇いんたぶ 山口県熊毛郡965 鹿児島県出水郡965 ◇いちゃひゃ 鹿児島県沖永良部島965 ◇いたぼ 熊野†106 三重県南牟婁郡603 ◇いたんぼ 和歌山県東牟婁郡692 ◇いたんぽ 三重県南牟婁郡584 ◇いたびのき〔—木〕 鹿児島県悪石島964 ◇いたっのき 長崎県五島914 ◇たぶ 熊本県八代郡964 鹿児島県964 965 ◇たぶのき 鹿児島県出水郡964 屋久島965 ◇たび 鹿児島県062 964 ◇たびのき・たびかずら〔—葛〕 鹿児島県肝属郡964 965 ❷いちじく（無花果）。長崎県五島（野いちじく）917 熊本県天草郡919 ◇たび 熊本県919 鹿児島県一部030 ◇たつ 鹿児島県一部030 ❸おおいたび（大崖爬）。長崎県五島964 ◇いんたぶ 鹿児島県出水郡965 ◇いんいたぶ 長崎県壱岐島914 ◇たびかずら 鹿児島県肝属郡965 ❹いたびかずら（崖石榴）。高知県860 ❺つるそば（蔓蕎麦）。高知県幡多郡870 ❻いたどり（虎杖）。高知県幡多郡864 ◇いたぼ 奈良県吉野郡683 ◇いたぼぼ 三重県度会郡591 ◇いたっぽ 奈良県吉野郡683 和歌山県那賀郡690 高知県幡多郡864 ◇いたんぽ 兵庫県淡路島052 奈良県吉野郡683 徳島県西部811 香川県829 高知県西部864 ◇いたんぽこ 兵庫県淡路島671 香川県829 ◇いたんぼ 徳島県美馬郡（幼児語）810 香川県木田郡829 愛媛県宇和島市850 高知県幡多郡864 ◇ゆたんぽ 香川県綾歌郡829 ◇いたんこ 兵庫県淡路島671 奈良県宇智郡683 徳島県美馬郡（幼児語）810 三好郡811 香川県037 高知県高岡郡・安芸郡864 ◇いたんご 香川県829 ◇ゆたんこ 香川県島嶼037 愛媛県島嶼037 ◇いったんこ 奈良県宇智郡・吉野郡683 ◇いいたんこ 奈良県宇智郡683 ◇いんたんこ 奈良県吉野郡683 ◇いったんだらけ 岐阜県飛騨502 ㊁布を打ち柔らげるための台。きぬた。沖縄県小浜島・鳩間島996 ◇いちゃぶ 沖縄県首里993 ◇いたぐ 沖縄県波照間島996 ◇いたぶやま 沖縄県黒島996 辞書日葡

いた・ぶ【痛】〘自バ四〙「いたむ（痛）」に同じ。＊書紀（720）敏達元年五月（前田本訓）「天皇聞こしめし、傷惻（イタビ）たまふこと極めて甚（にへさ）なり」 辞書言海 表記傷〈言〉

いた-ふき【板拭】〘名〙方言ぞうきん。特に板の間をふくぞうきん。青森県073 岩手県九戸郡088 新潟県佐渡352 ◇いたふきん〔板布巾〕 岩手県気仙郡102

いた-ぶき【板葺】〘名〙屋根を板で葺くこと。また、その屋根あるいは家。板の大きさによって大板葺、木賊葺（とくさぶき）、柿葺（こけらぶき）、小板葺、関板、小羽板葺などと呼ばれる。→茅葺・瓦葺。＊書紀（720）皇極二年四月（北野本訓）「権宮（かりみや）より移りて飛鳥の板蓋（イタフキ）の新宮に幸（みゆき）す」＊源氏（1001-14頃）蓬生「下の屋どものはかなきいたぶきなりしなどは、骨のみ僅かに残りて」＊俳諧・葛の松原（1692）「板ぶきや秋の小鳥のありく音〈落梧〉」＊小学読本（1873）〈榊原芳野〉一「屋根に瓦葺板葺草葺等有り」＊破戒（1906）〈島崎藤村〉一・一「さすが信州第一の仏教の地〈略〉奇異な北国風の屋造（やづくり）、板葺（イタブキ）の屋根」 発音〈なまり〉エタブキ〔鳥取〕〈標ア〉0〈京ア〉0 辞書ヘボン・言海 表記板葺（へ・言）

いたぶき-や【板葺屋】〘名〙屋根を板で葺いた建物。＊三代格-一二・承和一五年（846）三月二一日・太政官符「三間板葺屋一宇、草（かや）葺屋一宇」 発音〈標ア〉キ

いたぶき-やね【板葺屋根】〘名〙板で葺いてある屋根。板葺きの屋根。板葺き。板屋。＊家（1910-11）〈島崎藤村〉上・一〇「郊外は開け始める頃であった。三吉が妻子を連れて移らうとする家の板葺屋根は新緑の間に光って見えて来た」 発音〈標ア〉ヤ〈京ア〉ヤ

いた-ぶくり【板木履】〘名〙方言深い泥の田にもぐらないように稲刈りの時にはく、歯のない大形のげた。岐阜県大野郡502 広島県山県郡011

いた-ふだ【板札】〘名〙板で作った札。木札。＊書言字考節用集（1717）七「方策 イタフダ 板札 同 和俗所用」＊歌舞伎・三人吉三廓初買（1860）大切「本舞台真中に、雪の積りし火の見櫓、此の前に町木戸、触書の板札（イタフダ）を掛け」＊近世紀聞（1875-81）〈染崎延房〉二・二「一本の竹の先へ一つの首を串（つらぬ）きたる其竹の中程に一枚の板札（イタフダ）を横さまに打附けつつ其罪条を記して云く」 発音〈標ア〉タ 辞書書言 表記板札・方策（書）

いた-ぶとん【板蒲団】〘名〙綿が堅くて板のようになった蒲団。煎餅蒲団。 発音〈標ア〉ブ

いた-ぶね【板舟】〘名〙①薄い板で作った小舟。深い水田で早苗や刈稲を載せるのに使用される。＊宝治百首（1248）夏「けふも又田子のいた舟さしうけてぬまえをふかみとる早苗かな〈藤原知家〉」 ②江戸時代から大正年間、東京日本橋の旧魚河岸で、魚商が市場区域内西側の一定区域を限って魚類を販売した際、その魚を並べた、幅一尺から二尺三寸（約三三センチメートルから七六センチメートル）、長さ五、六尺（約一七〇センチメートルから二〇〇センチメートル）の板。初め、この板が船形をしていたところからいう。＊人情本・藪の鶯（1827）中「今日はから不漁（しけ）よ、板舟（イタブネ）が全然（まるで）干上って居る」 ③「いたぶねかぶ（板舟株）」の略。＊読書放浪（1933）〈内田魯庵〉銀座繁昌記・一〇「其の頃の府議や市議には板舟の内職もなく陣中見舞金の役徳も無かったから、稲田は持出す一方で終に店を閉めるの止むを得なくなった」 発音〈標ア〉0 ブ

いたぶね-かぶ【板舟株】〘名〙東京日本橋旧魚河岸における売場の権利を、板舟（魚を載せる板）を単位として持分化したもの。売買の対象とされて、その価格も高騰した。板舟権。 発音〈標ア〉ネ

いたぶね-けん【板舟権】〘名〙「いたぶねかぶ（板舟株）」に同じ。＊最新百科社会語辞典（1932）「いたぶねけん（板船権）〔法〕」 発音〈標ア〉ネ

いたぶね-もち【板舟持】〘名〙板舟株を所有していること。また、その人。 発音〈標ア〉ネ

いた-ぶみ【板踏】〘名〙板の間かせぎをいう、盗人仲間の隠語。〔隠語全集（1952）〕

いた-ぶら〘名〙方言⇩いたぐら

いたぶら・し【甚振】〘形シク〙（動詞「いたぶる（甚振）」の形容詞化）心が激しく動いて落ち着かない。＊万葉（8C後）一四・三五五〇「おして否（いな）と稲は春（つ）かねど波の穂の伊多夫良思（イタブラシ）もよ昨夜（きそ）独り寝て〈東歌〉」

いた-ぶり【甚振】〘名〙（動詞「いたぶる（甚振）」の連用形の名詞化）他人に金品をねだること。せびり取ること。また、その人。＊浮世草子・当世乙女織（1706）七・二「ほれぬ男にいたぶりをして嬉しがらすも傾城の商売」＊雑俳・柳多留-一一（1776）「いたぶりであろふと妾逢ひに出る」＊歌舞伎・心謎解色糸（1810）序幕「おれもてまへや女房のお時が事を思って、もうもういたぶりや、手慰みをさっぱり止めようと思へばこそ」 発音〈標ア〉0

いた-ぶ・る【甚振】（「いた」は形容詞「いたい」の語幹から）㊀〘自ラ四〙物が激しく揺れ動く。はなはだしく動揺する。＊万葉（8C後）一一・二七三六「風をいたみ甚振（いたぶる）波の間（あひだ）無くあが思ふ君は相思ふらむか〈作者未詳〉」＊滑稽本・浮世風呂（1809-13）三・上「おつにごろつく雷の脳天から、わるくいたぶる地震の尻（けつ）の毛まで」 ㊁〘他ラ四〙①激しく揺り動かす。＊俳諧・発句類聚（1807）春「いたぶりて寝る鴨君子寺の海〈長翠〉」＊彼岸過迄（1912）〈夏目漱石〉風呂の後・九「大木の枝も幹も凄まじい音を立てて、一度に風から痛振（イタブ）られるので」 ②金品などを無理にねだる。ゆする。＊雑俳・柳多留-一一（1776）「いわうかと下女をいたぶる樽ひろひ」＊滑稽本・浮世風呂（1809-13）三・上「伯父御でもいたぶらねへきゃア、出所（でどこ）がねへはな」＊真景累ケ淵（1869頃）〈三遊亭円朝〉五〇「何もお前さん方に三拾両の大金を強請（イタブ）られる因縁は有りません」 ③いじめる。いやがらせをする。＊試みの岸（1969-72）〈小川国夫〉試みの岸「娘や子供をいたぶっているんならともかく」 方言❶ねだる。石川県金沢市404 ❷しかり詰問する。徳島市811 語源説(1)イタフル（甚振）の意。或いはイタに荒浪の意あるか〔万葉集辞典＝折口信夫〕。(2)イトフルの転。太く振る意〔日本古語大辞典＝松岡静雄〕。 発音〈なまり〉エタブル〔千葉〕ユタブル〔信州風物〕〈標ア〉ブ 0 辞書ヘボン・言海

いた-ぶれ〘名〙方言❶板切れ。富山県砺波398 ❷いろりの中にある踏み板。富山県西礪波郡398

いた-ふろ【板風炉】〘名〙茶の湯で用いる風炉の

一つ。杉など木板で方形に作り、上面の中央に丸い穴をあけ、五徳がなくても釜をかけることができるようにしてあるもの。豊臣秀吉の小田原征伐の時、千利休が小田原陣中で創案したと伝えられるところから、小田原風炉ともいう。多く名残りの茶事に用いられる。＊宗湛日記‐文祿三年(1594)四月二日「かべに楚石の文字懸て、板ふろに釜」＊和漢茶誌(1728)二「版風炉。和製以二杉木縦理横版一造レ之。古来用二其質一。杉以レ下産二於秋田一者上為レ最。一曰野風炉、二曰左風炉、三曰小田原風炉」 発音〈標ア〉0フ

いた‐ぶろ【板風呂】〘名〙板で囲った風呂。＊今物語(1239頃)「或所にいたぶろと云物をして、人々入けるに」 発音〈標ア〉0〈京ア〉0

いた‐ぶんこ【板文庫】〘名〙草紙ばさみの類。二枚の板で書物をはさみ、それをひもでしばっておくもの。＊随筆・安斎随筆(1783頃)一二「板文庫と云ふ物有り。是も草紙ばさみの如し。是は織物にて板をはりて、下の板に二所づつ緒を通す様にして、上の板の面にて結ぶなり。緒は紫村濃の平組なり」 発音〈標ア〉フ

いた‐べい【板塀】〘名〙①板で作った塀。いたがき。＊洒落本・禁現大福帳(1755)二「爰の木戸かしこの板塀(イタヘイ)へ張ちらし」＊滑稽本・浮世床(1813–23)二・下「日向を歩くと、板塀(イタベイ)へうつる罔両(かげぼし)を偸眼(しりめ)に見ながら」＊内地雑居未来之夢(1886)〈坪内逍遙〉五「矢張旧風(むかしふう)に江一格子、松に板塀(イタベイ)ときさうなものだが」＊少年の悲哀(1902)〈国木田独歩〉「四方板塀(イタベイ)で囲まれ隅に用水桶が置いてある」②立ち番また巡視することをいう、盗人仲間の隠語。〔日本隠語集(1892)〕 発音 イタベイ〈なまり〉イタペ〔福井大飯〕〈標ア〉タ〈京ア〉イ 辞書 ボン・言海 表記 板屏(へ・言)

いた‐ぺら【板―】〘名〙薄い板の切れはし。いたっぺら。＊大将の銅像(1922)〈浜田広介〉「男は手に紫いろの風呂敷を持ってゐました。それには薄い板(イタ)ぺらのやうな物が包まれてゐました」 発音〈標ア〉0

いた‐べり【板縁】〘名〙板の端の方。板の縁。＊破戒(1906)〈島崎藤村〉一九・七「動揺する船橋の板縁(イタベリ)近くで歩いて」

いたぼ‐がき【板甫牡蠣】〘名〙イタボガキ科の二枚貝。房総半島以南の内湾の岩礫に付着したり、海底に転がった形で生活する。殻長約一五センチメートル。殻は平たく、やや円形。表面は灰褐色で、細かい放射肋(ろく)と檜皮状の成長脈があり、内面は白い。卵胎生で産卵期は六～九月。殻は貝灰の原料になる。肉は美味だが、まだ養殖はされていない。学名は Ostrea denselamellosa《季・冬》 方言 貝、かき(牡蠣)。香川県大川郡829 ◇いたぼ 香川県高見島829 発音 イタボガキ〈標ア〉ボ

いた‐ぼかし【板暈】〘名〙ぼかし摺(ず)りの一種。木版でぼかしをつくるため、ぼかしの部分を少し斜めに削ってすり出すもの。透綾(すきや)の羽織、顔面の肉色などをぼかすのに用いる。＊随筆・百戯述略(1868–70頃か)一「板ぼかしは、文化中豊国等が筆の草双紙に始り、板木の一方を低く削りて、自らぼかしに相成、尤一つの板木とて、外の板は用ひ不レ申、村雲、黒煙、鮮血等に相用ひ候処、近年はまた彩色も摺にも此板ぼかしを相用、勇士の面部身体岩石木の枝、其外にも限取に相用ひ申候」 発音〈標ア〉ボ

いた‐ぼくり【板木履】〘名〙泥の深い水田などで、人が沈まないようにはく、幅の広い下駄(げた)。田下駄。水下駄。大足(おおあし)。 発音〈標ア〉ボ

いた‐ぼとけ【板仏】〘名〙①板を仏像の形に切り取って彩色したもの。また、銅板に打ち出した仏像。②「いたび(板碑)」に同じ。 方言 ❶戒名を書いて墓前に立てるもの。板碑。埼玉県入間郡257 新潟県佐渡352 ❷魚、さかたざめ(坂田鮫)。静岡県田方郡016

いた‐ぼぼ〘名〙方言 ⇩いたぶ

いた‐ぼり【板彫】〘名〙板に彫刻すること。また、板に彫刻したもの。＊随筆・耳嚢(1784–1814)五・地蔵の利益の事「土に汚れて分り兼しが古き板彫にありける故」 発音〈標ア〉0

いた‐ほんぞん【板本尊】〘名〙「いたび(板碑)」に同じ。＊俳諧・雑談集(1692)下「なげ入にする四五文が菊〈其角〉月影に板本尊をおがむ也〈遠水〉」

いた‐ま【板間】〘名〙①板屋根の葺(ふ)き板などの透き間や裂け目。＊古今(905–914)雑体・一〇〇二「わが宿の しのぶ草生ふる いたまあらみ〈紀貫之〉」＊源氏(1001–14頃)手習「山のはに入るまで月をながめ見んねやの板まもしるしありやと」＊平家(13C前)三・少将都帰「荒たる宿のならひとて、ふるき軒の板間より、もる月影ぞくまもなき」＊日葡辞書(1603–04)「Itama(イタマ)〈訳〉板の割れ目とか裂け目」②床を板敷きにしてある所。板の間。＊室町殿日記(1602頃)一〇「ある酒屋へたちよりて酒をのまんと思ひて中の板間にこしをかけて」＊滑稽本・七偏人(1857–63)五・上「足を爪だてちょこちょこと縁の板間(イタマ)を歩行(あるき)ながら」＊訂正増補雪中梅(1890)〈末広鉄腸〉下・三「今入浴を畢(をは)りしと見へ、板間(イタマ)にて一人(ひとり)は湿(ぬ)れ手拭にて体を拭き」＊満韓ところどころ(1909)〈夏目漱石〉一九「応接間の入口は低い板間(イタマ)で、突当りの高い所に蒲団が敷いてある」 発音〈なまり〉イタバ〔福島〕イダバ〔岩手〕エダバ〔山形小国〕〈標ア〉0タ 辞書 日葡・言海 表記 板間(言)

いたま‐あられ【板間霰】〘名〙板と板の透き間から吹きこんで来るあられ。＊丹後守為忠百首(1134頃か)冬「もりくなるいたま霰のなかりせばたまの衣を着て寝ましやは〈藤原為業〉」

いた‐まい【板舞】〘名〙シーソー。ぎったんばっこん。ぎっこんばったん。＊読本・椿説弓張月(1807–11)残・六八回「琉球にては、今に年首毎(としのはじめごと)に、少女子等が板舞(イタマヒ)の戯(あそび)といふことをする也」

いた‐まえ【板前】〘名〙①料理場などでまな板を置く場所。調理場。また、そこにいる人。調理人。料理人。いた。板さん。西洋料理の調理人をコックというのに対し、日本料理を専門とする人をさしていう。関西では板場が普通。＊洒落本・遊僊窟烟之花(1802か)一「ソレかういっちゃア板(イタ)までもはたらひたやうだがどこの茶屋じゃア」＊滑稽本・八笑人(1820–49)五・上「いめへましい板めへ最中だア。(いためへとはれうり人をいふ)」＊おぼろ夜(1899)〈斎藤緑雨〉「板前(イタマへ)の彌太(やた)さんとて最(も)うこれ四十男」②料理の方法。腕まえ。手並み。 方言 ❶板の間。岩手県上閉伊郡097 宮城県登米郡115 玉造郡116 ❷床下。岩手県九戸郡088 ◇いたえとも。 語源説 マナイタマヘ(魚板前)の上略〔大言海〕。 発音〈標ア〉0〈京ア〉0

いたま‐か・す【痛―】〘他サ四〙「いたます(痛)」に同じ。＊ロドリゲス日本大文典(1604–08)「Itamacaxi, su(イタマカス)」 方言 傷つける。破損させる。富山県砺波397 岐阜県飛騨502 郡上郡504 ◇いたみかす 新潟県佐渡351

いたま‐く【痛―】（動詞「いたむ(痛)」のク語法）痛むこと。＊書陵部本名義抄(1081頃)「愴 イタマクハ」＊良寛歌(1835頃)「今日の日をいかに消たなむ空蟬の浮世の人のいたまくもをし」 辞書 名義 表記 愴(名)

いた‐まくら【神今食】〘名〙「じんこんじき(神今食)」に同じ。＊書言字考節用集(1717)三「神今食 イタマクラ」＊俳諧・俳諧歳時記(1803)上・六月「神今食(ジンゴンシキ〈注〉イタマクラ)」 辞書 書言 表記 神今食(書)

いたまぐら〘名〙方言 ⇩いたぐら

いた‐まさ【板柾】〘名〙柾目(まさめ)の通っている板。まさめの板。まさ板。＊名語記(1275)五「木に、いたまさあり」 発音〈標ア〉0

いたまし・い【痛・傷】〘形口〙文 いたま・し〘形シク〙（動詞「いたむ(痛)」の形容詞化）①相手を哀れみ、同情して、心が痛む。また、心を痛ませるような状態である。かわいそうで見るに忍びない。ふびんだ。痛々しい。いたわしい。＊春華秋月抄草嘉禎四年点(1238)「痛哉 イタマシキカナヤ」＊十訓抄(1252)一〇・陸奥守師綱郤藤原基衡賂斬信夫郡司季春事「主人の下知によてしいでたる事ゆゑ、忽(たちまち)に命を失ふ事せちにいたましく覚えければ」＊徒然草(1331頃)一二八「彼に苦しみを与へ、命を奪はん事、いかでかいたましからざらん」＊日葡辞書(1603–04)「Itamaxij(イタマシイ)〈訳〉憐れみをもよおし、同情心をおこさせること」＊別れ霜(1892)〈樋口一葉〉一三「惨(イタ)ましし可惜(あたら)青年の身花といいはば蕾(つぼみ)の枝に今や吹き起らん夜半の狂風」＊珊瑚集(1913)〈永井荷風訳〉秋のいたましき笛「秋のいたましき笛は泣く おだやかならぬ夕まぐれ」②心身が苦しみ悩む。つらい。苦しい。悩ましい。＊徒然草(1331頃)一「声をかしくて拍子とり、いたましうするものから、下戸ならぬこそをのこはよけれ」＊真福寺本遊仙窟文和二年点(1353)「心中百処傷(イタマシ)」 方言 ❶惜しい。岩手県093 095 100 宮城県113 117 121 秋田県130 山形県040 139 福島県155 新潟県東蒲原郡368 下越387 ❷大切だ。宮城県仙台市121 ❸物をもらった時などの礼の言葉。ありがたい。東京都利島331 ◇おいたましい 越後1087 群馬県吾妻郡218 発音 イタマシイ〈標ア〉シ〈京ア〉マ 文『いたまし』〈標ア〉マ〈ア史〉江戸『いたましき』●●●○○〈京ア〉マ 辞書 和玉・日葡・書言・ヘボン・言海 表記 傷敷(書・へ) 傷(書・言) 憯(玉) 痛敷・忉怛(書)

いたまし‐が・る【痛―】〘自ラ五(四)〙（形容詞「いたましい」の語幹に、接尾語「がる」の付いたもの）同情して心を痛めている気持を態度に現わす。＊うたかたの記(1890)〈森鷗外〉下「久しく民に面を見せたまはざりし国王なれど、流石にいたましがりて、憂を含みたる顔も街に見ゆ」 発音 イタマシガル〈標ア〉ガ

いたまし‐げ【痛―】〘形動〙（形容詞「いたましい」の語幹に、接尾語「げ」の付いたもの）①かわいそうで心が痛むようであるさま。＊運命論者(1903)〈国木田独歩〉二「其眼元には心の底に潜んで居る彼の優(やさ)しい、正直な人柄の光さへ髣髴(ほのめ)いて、自分には更に其が惨(イタマ)しげに見えた」②いかにも同情に堪えないというさま。＊大道無門(1926)〈里見弴〉微症・二「『まア』眉間に、悼(イタマ)しげな縦皺をよせて、三千子は微な叫声をあげた」 発音 イタマシゲ〈標ア〉シ〈京ア〉シ

いたまし‐さ【痛―】〘名〙（形容詞「いたましい」の語幹に接尾語「さ」の付いたもの）相手を哀れみ、同情して、心が痛むこと。また、その度合。＊私聚百因縁集(1257)六・一九「縄を綣(く)り挙げ一人帰り給はん事労(イタマシサ)也」＊日葡辞書(1603–04)「Itamaxisa(イタマシサ)」＊別れ霜(1892)〈樋口一葉〉一二「戸のすき間よりさし覘(のぞ)く家内のいたましさよ」＊まぼろし(1898)〈国木田独歩〉「自分は当時(そのころ)、渠を見る毎に言ふ可からざる痛(イタ)ましさを感じた」 発音〈標ア〉マ〈京ア〉0 辞書 日葡

いたま‐し・む【痛―】〘連語〙（動詞「いたむ(痛)」の未然形に、使役の助動詞「しむ」の付いたもの）①からだに苦痛を与える。＊書紀(720)神代上(水戸本訓)「天照大神驚動(おどろきたまひて)梭(かひ)を以て身を傷(イタマシム)」②心に強い悲しみを感じさせる。＊平家(13C前)九・小宰相身投「見る人聞く者、肝魂をいたましめずといふ事なし」＊徒然草(1331頃)一二九「身をやぶるよりも、心をいたましむるは、人をそこなふ事なほ甚(はなはだ)し」＊日葡辞書(1603–04)「ココロヲ itamaximuru(イタマシムル)」＊俳諧・奥

の細道(1693–94頃)越後路「遙々のおもひ、胸をいたましめて、加賀の府まで百卅里と聞(きく)」 補注 意味は「いためる」とほとんど同じであるが、文章語の性格が強い。 発音〈標ア〉シ 辞書 和玉・日葡 表記 傷・労・惻(玉)

いたま・す【痛】〘他サ四〙心に悲しみや悩みをいだかせる。痛むようにする。悩ませる。いたまかす。 辞書 言海 表記 傷(言)

い‐だます〘名〙九州の山村などで、熊、鹿、猪(いのしし)などの狩りの獲物を、射手が分配するときの分け前。 方言 ❶猪を射た人の得る分け前。 宮崎県児湯郡010 ❷野生の猪の肝臓。 鹿児島県肝属郡970

いた‐まつ【板松】〘名〙歌舞伎の大道具の一種。板製の丈(たけ)の低い松の切り出し。＊歌舞伎・貞操花鳥羽恋塚(1809)後の四立「本舞台、三間の間、うしろ黒幕、板松(イタマツ)の並木。舞台先に岩組み。崖の心」 発音〈標ア〉タ

いたま‐まつり【井霊祭】(ゐたま:)〘名〙新たに井戸を掘るなどした時、陰陽家を招き、井戸の神霊をまつる祭り。＊親長卿記‐文明一一年(1479)七月一八日「井霊御祭可ㇾ然歟、其謂、此間此亭井凡人用ㇾ之、可ㇾ被ㇾ清歟、然者井霊祭可ㇾ然、可ㇾ仰㆓陰陽頭㆒」

いたまら‐ない【居堪】(ゐたまら:)〘連語〙「いたたまらない」に同じ。＊茶話(1915–30)〈薄田泣菫〉女の手「娘はたうとう居溜(ヰタマ)らなくなってこそこそ次の室(ま)に逃げ出したさうだ」 発音〈標ア〉ラ

いた‐まり【板毬】〘名〙手まりの一種。芯(しん)に綿を用い、表面を糸できつく巻いて作り、板のような堅いものの上でよくはずむもの。＊滑稽本・浮世風呂(1809–13)三・上「よくかがったねへ、これは板毬(イタマリ)かヱ。いいへ、畳の上でよヲくはづむよ」 発音〈標ア〉タ

いたま・る【炒】〘自ラ五(四)〙いためられる。いためた状態になる。 発音〈標ア〉マ

いたまる〘動〙 方言 ⇩いたたまる

いたみ【痛・傷・悼】〘名〙(動詞「いたむ(痛)」の連用形の名詞化)①傷や病気などのために、からだに苦しみを感じること。苦痛。＊地蔵十輪経元慶七年点(883)序「鍼石も一たびにして違はば、死生の巨なる痛(イタミ)有り」＊観智院本名義抄(1241)「疲 イタミ」＊平家(13C前)三・医師問答「多くの戦ひにあひて疵を蒙りしかども、そのいたみなし」②心に強い悲しみを感じること。心痛。いたましさ。＊書紀(720)顕宗元年二月(図書寮本訓)「古より以来(このかた)、如斯(かか)る酷(イタミ)莫し」＊御伽草子・熊野の本地(室町末)「たとひ汝が身の上にいかなる事あるとも、われらが祈り申さば、何のいたみかあるべき」＊和英語林集成(初版)(1867)「ムネノ itami (イタミ)ヲ ナオス クスリガ ナイ」③さしつかえること。具合の悪くなること。多く、反語的な表現を伴って用いる。＊太平記(14C後)一六・新田殿被引兵庫事「軍勢を渡しはてて、義貞後に渡るとも何の痛(イタミ)かあるべき」④物質的な損害を被むること。損失。損耗。疲弊。＊黄表紙・心学早染草(1790)下「おれが身上(しんしゃう)で一年に三百や四百の金つかふたとて、さのみいたみにもならぬ事」＊洒落本・青楼昼之世界錦之裏(1791)「こいつもとど高くて夜具安くて着ものぐらいのいたみと見へるなり」＊社会百面相(1902)〈内田魯庵〉投機・三「身体にさしたる減損(イタミ)は無いが」⑤(器物、建造物、衣類、書籍、植物などに)きずがついたり、機能や材質などが悪くなったりすること。破損。また、食物、特にくだものや野菜、魚などのなまものが腐敗すること。くされ。＊談義本・風流志道軒伝(1763)五「かかる風雨の中にても、船は少(すこし)もいたみもなく」＊牧民金鑑第五・天保八年(1837)八月申渡「去申年(天保七)は稀之違作に付、村々之痛みも一と通りに而者立戻申間敷候」＊和英語林集成(初版)(1867)「Itami (イタミ) ノ アル チャワン」⑥他からの好意に対し、恐縮すること。申しわけなく、もったいなく思うこと。いたみいること。＊経覚私要抄‐文安四年(1447)閏二月一三日「昨日折以下畏悦之由申ㇾ之。以㆓木阿㆒懇申給。還為ㇾ痛之由仰了」⑦(悼)人の死を嘆き悲しむこと。哀悼(あいとう)。＊中華若木詩抄(1520頃)上「これは、悼(イタミ)の詩也」＊俳諧・猿蓑(1691)二・夏「七十余の老医みまかりけるに、弟子共こぞりて泣くまま、予にいたみの句乞(こひ)ける」＊歌舞伎・茶臼山凱歌陣立(1880)四幕「重成様の御悼(イタ)みをまだ申上げませぬが」⑧病気のことを近世、久留米地方でいう。＊幡多方言(1828)附録「病気をいたみと云」＊浜荻(久留米)(1840–52頃)「いたむ 痛也、人の痛所あるのみを通と云に非ず、病気のことをいふ。煩也。縦令(たとえ)ばおいたみ如何(いかが)など云」 方言 ❶病気。 佐賀県887 藤津郡895 長崎市906 熊本県058 919 ❷死ぬこと。不幸。 島根県邇摩郡725 ❸費用を掛けさせること。散財。 ◇おいたみ〔御―〕 岩手県気仙郡100 宮城県石巻120 仙台市121 発音〈標ア〉ミ〈ア史〉室町●●○ 江戸●●● 〈京ア〉0 上仮名 イタミ｜ 辞書 字鏡・名義・和玉・文明・日葡・書言・〈ボン〉・言海 表記 傷(玉・文・言) 痛(書・へ・言) 悒(字) 媒・疲(名) 慨(玉) 疼・痩(書)

いたみ の 物(もの) 死者を悼んで、親、親類などに送る弔いのことば。＊文明本節用集(室町中)「悼物 イタミノモノ 死人之弔」＊日葡辞書(1603–04)「Itaminomono (イタミノモノ)〈訳〉死者をたたえて、父親や親類などの家におくる、墓誌のごとき詩文」 辞書 文明・日葡 表記 悼物(文)

いた‐み【痛―】(形容詞「いたし」の語幹に接尾語「み」の付いたもの)上に助詞「を」を伴って「…を痛み」の形で用いられることが多い。①痛いので。苦しくて。＊万葉(8C後)一・五「むら肝の 心を痛見(いたみ)〈軍王〉」＊万葉(8C後)一四・三五四二「さざれ石に駒を馳させて心伊多美(イタミ)吾が思ふ妹が家のあたりかも〈東歌〉」②激しいので。ひどくて。＊万葉(8C後)一八・四〇九三「英遠(あを)の浦に寄する白波いや増しに立ちしき寄せ来東風(あゆ)を伊多美(イタミ)かも〈大伴家持〉」＊古今(905–914)恋四・七〇八「須磨の海人の塩焼く煙風をいたみ思はぬ方にたなびきにけり〈よみ人しらず〉」

いたみ【伊丹】㊀兵庫県南東端の地名。西国街道および猪名川に沿う交通の要所で、中世は伊丹、荒木氏の城下町。荒木氏が織田信長に滅ぼされて後は幕府領、近衛家の領地。伊丹酒が知られ、大阪国際空港がある。昭和一五年(一九四〇)市制。＊浮世草子・本朝二十不孝(1686)二・三「咽(のんど)かはけば伊丹(いタミ)鴻之池の四斗入を扱(くみ)かはし」＊浄瑠璃・心中天の網島(1720)上「太兵様に請出され、ざいしょとやら伊丹とやらへいかんす筈」㊁〘名〙①伊丹風俳諧。伊丹派の俳人。＊俳諧・去来抄(1702–04)先師評「この比(ごろ)伊丹の句に、彌兵へとはしれど憐や鉢扣(はちたたき)と云有」＊俳諧・続一夜松後集(1786)「鶯や梅にとまるはむかしから、と聞えける伊丹の風調をおもひ出て」②「いたみざけ(伊丹酒)」の略。

いたみ の 大灯籠(おおとうろう) 発音〈標ア〉イ 摂津国豊島郡池田村(大阪府池田市)の愛宕権現の祭りで、七月二四日の夜、愛宕火と称して点灯した大きな灯籠。＊俳諧・梅翁宗因発句集(1781)秋「天も酔りげにや伊丹の大灯籠」

いたみ【伊丹】 姓氏の一つ。

いたみ‐まんさく【伊丹万作】 発音〈標ア〉イ 映画監督・脚本家。本名池内義豊。愛媛県出身。映画監督として、時代劇に新風を吹き込む。代表作「赤西蠣太(かきた)」「国士無双」など。脚本に「無法松の一生」などがある。明治三三～昭和二一年(一九〇〇～四六)

いた‐み【板箕】〘名〙板で作った、箕(み)の形をした塵取り。和歌山県那賀郡などでいう。 方言 新潟県東蒲原郡054 富山県砺波398 和歌山県日高郡054 那賀郡690 島根県出雲725 山口県見島797 ◇いたみい 島根県隠岐島725

いたみ〘名〙①植物「いたびかずら(崖石榴)」の古名。＊重訂本草綱目啓蒙(1847)一四下・蔓草「木蓮 いたみ〈日本紀〉」②植物「むべ(郁子)」の異名。

いたみ‐あたごび【伊丹愛宕火】〘名〙摂津国豊島郡池田村(大阪府池田市)の愛宕権現の祭りで、七月二四日の夜、灯籠に点火された火。愛宕火。＊俳諧・鬼貫句選(1769)上・秋「伊丹あたご火 あたご火に稲つま光るとひゃうし哉」

いたみいった【痛入】〘連体〙 方言 ❶痛ましい。惜しい。 福島県相馬郡038 ◇いたみった 岩手県上閉伊郡097 秋田県鹿角郡132 ❷大切な。りっぱな。 ◇いたみった 秋田県鹿角郡132 ◇いためた 秋田県平鹿郡130

いたみ‐い・る【痛入】〘自ラ五(四)〙①他人から寄せられた親切、好意、手厚い待遇などを、自分にはもったいないこととして心に深くすまないと思う。恐縮する。恐れ入る。＊醍醐寺文書‐(年月日未詳)(室町)大僧正満済書状土代(大日本古文書別集一・五九四)「昨夕は以外御煩候ける。傷入候」＊文明本節用集(室町中)「痛入 イタミイル」＊言継卿記‐天文一九年(1550)六月一〇日「松田宗喜暫来談、晩飡之中酒被振舞了、痛入者也」＊咄本・軽口露がはなし(1691)三・三「あまり慇懃(いんぎん)なるあひさつにいたみ入」＊浄瑠璃・仮名手本忠臣蔵(1748)三「是は是は痛(イタミ)入たる仕合せ」②うまく意表をつかれて、やられたと心に強く感じる。また、あつかましい態度などにあきれる。恐れ入る。＊談義本・地獄楽日記(1755)二・二「夫(それ)なる死骸は引きとられよと、痛(イタミ)いらせる挨拶に」＊桐一葉(1894–95)〈坪内逍遙〉一・一「さう無遠慮ではとっともう痛み入る」＊坊っちゃん(1906)〈夏目漱石〉七「此挨拶には痛み入って返事が出来なかった」③苦痛に思う。弱る。困る。＊太閤記(1625)三・備中国冠城落去「物にこえて痛入しは、蛇、鼠、いたちやうの物、床の上に親しみ来て、はらへ共はらへども首をかたぶけ寄来たるに」 方言 ❶気の毒に思う。 山形県139 ❷ものなどをいただく。 ◇いたみる 山形県西田川郡139 発音〈標ア〉タ 0 イ^{2} 〈京ア〉イ=0 辞書 文明・書言・〈ボン〉・言海 表記 痛入(文・書・へ) 傷入(書・言)

いたみ‐うら・む【痛恨】〘他マ上二〙不満な気持で憎む。＊書紀(720)神武即位前戊午年一二月(寛文版訓)「天皇御(ふふみも)ちたまふて、常に憤懟(イタミウラムルこと)を懐(うだ)きたまふ」＊水戸本丙日本紀私記(1678)神武「憤懟 以太美宇良牟」

いたみ‐おのの・く【悼慄】(…をののく)〘自カ四〙心恐ろしくて、ふるえ恐れる。＊書陵部本名義抄(1081頃)「悼慄 イタミヲノノク〔詩〕」 辞書 名義 表記 悼慄(名)

いたみ‐ざき【痛咲】〘名〙盆栽などで、木が痛んだために花期が狂ったり、花の色が異常だったりすること。また、その花。＊四河入海(17C前)一〇・一「此石榴のあるが、いたうで病やうなぞ。なにさま花はいたみさきにさいたる程に、もへいるやうにもなくして」＊雑俳・大花笠(1716–36)「痛み咲き・局ではやる太夫也」 発音〈標ア〉0

いたみ‐ざけ【伊丹酒】〘名〙摂津国河辺郡伊丹(兵庫県伊丹市)で醸造する酒。すでに慶長年間(一五九六～一六一五)には江戸に積み出され、丹醸の美酒として池田酒とともに賞味された。いたみもろはく。＊御伽草子・隠れ里(室町時代物語集所収)(江戸初)「ならもろはく、いたみさけ、あさぢしゃうちう、にんだうしゅ」＊雑俳・媒口(1703)「やはらかに江戸で味(あぢ)つく伊丹酒」＊正徳五年減石令の節増石嘆願書(1715)「伊丹酒之義は南都同事之名酒と申義被為聞召届候由に而」 発音〈標ア〉ミ〈京ア〉ミ 辞書 言海 表記 伊丹酒(言)

いたみ‐しょ【痛所】〘名〙からだの中で、けがなど

のため、痛みを感じる部分。痛い所。痛む場所。いたみどころ。＊浮世草子・懐硯(1687)五・三「ひそかなる野寺に行て面疵(おもてきず)痛(イタミ)所を養生しけるこそ身より出せしとかめなれ」＊詞葉新雅(1792)「イタミショ　いたづき」＊雑俳・柳多留‐三八(1807)「いたみ所があって土蔵へ小手をあて」＊歌舞伎・会稽源氏雪白旗(1888)中幕口「わしが粗相にて矢当たの額口へ痛(イタ)み所(ショ)をこしらへたれば」[発音]〈標ア〉[0][ショ]

いたみ‐だる【伊丹樽】『名』伊丹酒を入れる樽。＊読本・占夢南柯後記(1812)一「内へ入子(いれこ)の米櫃は、箍(たが)のゆるびし伊丹樽(イタミダル)」[方言]❶酒を醸造するための樽(たる)。群馬県館林245　❷酒だる。漬け物用の樽(たる)。栃木県198　[発音]〈標ア〉[ミ]

いたみった【痛入】『連体』[方言]⇩いたみいった(痛入)

いたみ‐どころ【痛所】『名』「いたみしょ(痛所)」に同じ。＊文明本節用集(室町中)「痛処　イタミドコロ」＊西洋道中膝栗毛(1870‐76)〈仮名垣魯文〉一〇・上「みゃくをとりいたみどころをとくと見て」＊福翁自伝(1899)〈福沢諭吉〉暗殺の心配「是れが病気を煩ふとか、痛所(イタミドコロ)があるとか何とか云へば家内に相談し朋友に謀ると云ふ様なこともあるが」[発音]〈標ア〉[0][ド]　[辞書]文明　[表記]痛処(文)

いたみ‐どめ【痛止】『名』患部の痛みを止めること。また、そのための薬や注射など。鎮痛。＊地の群れ(1963)八〈井上光晴〉「痛み止めの注射は三十分ももてんし」＊他人の顔(1964)〈安部公房〉黒いノート「せめて痛み止めでも飲むしかあるまい」[発音]〈標ア〉[0]

いたみ‐なげ・く【痛嘆】『自カ四』心に苦痛を感じて悲しむ。憂い嘆く。＊書紀(720)敏達一四年三月(前田本訓)「是に由りて馬子宿禰敢へて命に違はずして、惻愴(イタミナゲク)、啼泣(いさ)ちつつ尼等を喚び出して御室に付く」＊新撰字鏡(898‐901頃)「悒　鬱悒而憂也　悁悒也　伊太彌奈介久」[発音]イタミナゲク〈標ア〉[ゲ][0]　[辞書]字鏡　[表記]悒(字)

いたみ‐は【伊丹派】『名』「いたみふう(伊丹風)」に同じ。[発音]〈標ア〉[0]

いたみ‐ふう【伊丹風】『名』俳諧の一派。近世初期、談林派の松江重頼の流れをくみ、摂津国伊丹に起こったもの。池田宗旦によって確立され、口語、俗語をとり入れた自由でのびやかな俳風に特色があった。この派から鬼貫(おにつら)が出た。いたみは。＊俳諧・独こと(1718)上「いにしへ談林風伊丹風などいひて句にさまざま異形をつくせし時節も」＊俳諧・俳論(1764)一・伊丹流「摂州伊丹の誹諧は〈略〉かく全体一風流なり伊丹風といへるは此鬼貫いたって行ふゆへにかくいふ」[発音]イタミフー〈標ア〉[0]

いたみ‐ぶね【痛船】『名』風浪や座礁などで損傷した船。＊御廻米取斗伺書(1790)「空船に而逢難風、痛船に成、廻船に難相成節は」[発音]〈標ア〉[フ]

いたみ‐まい【痛米】『名』痛みの入った米。腐った米。＊大坂繁花風土記(1814)浜方手引草「痛米。文字の通り」[発音]〈標ア〉[0]

いたみ‐もの【痛物】『名』①破損した物。腐った物。＊不良児(1922)〈葛西善蔵〉「店のガラス箱の上に二三十置いてあった機械の動かない傷み物の中から」②破損しやすい物。腐りやすい物。[発音]〈標ア〉[0][ノ]

いたみ‐もろはく【伊丹諸白】『名』(「諸白」は仕込み用の蒸し米、こうじ米ともに精米を使用した最上酒の意を示す語)①「いたみざけ(伊丹酒)」に同じ。＊浮世草子・西鶴織留(1694)一・一「爰(ここ)に津の国伊丹諸白(イタミモロハク)を作りはじめて家久しく」＊浮世草子・元禄大平記(1702)一・京と大坂に本替の沙汰「春の花のあした、秋の月の夜ごとに伊丹諸白(イタミモロハク)を引かけ」②(「伊丹」を「痛み」にかけて)「いたみいります」の意でいうしゃれ。＊雑俳・銀の月(1740)「是は扨是はさてさて是は扨　慇懃の礼いたみ諸白」＊洒落本・辰巳之園(1770)「『御影(おかげ)でおもしろふ、芝居を見やした』『これは御礼で、伊丹諸白(イタミモロハク)』」[発音]〈標ア〉[モ][ロ]

いたみや【伊丹屋】『名』近世の良酒、伊丹酒を販売する店をいう。京都、大坂に多かった。＊浮世草子・椀久一世(1685)下・六「伊丹屋の四季延命酒。春桃花。夏は菖蒲。秋は菊花」[発音]〈標ア〉[0]

いたみ‐や・む【痛病】『自マ四』心につらいものを感じてなやむ。＊書陵部本名義抄(1081頃)「悁　イタミヤム〔書〕」[辞書]名義　[表記]悁・忡(名)

いたみ‐わけ【痛分】『名』相撲で取り組み中、一方が負傷したために、引き分けになること。転じて、喧嘩、議論などで、双方とも相当被害があって結論が持ち越しになること。[発音]〈標ア〉[0]〈京ア〉[0]

い‐た・む【━回・━廻】『自マ上二』(「い」は接頭語)めぐる。まわる。回(た)む。＊万葉(8C後)二〇・四四〇八「玉桙の　道に出で立ち　岡のさき　い多牟流(イタムル)ごとに　よろづたび　かへり見しつつ〈大伴家持〉」

いた・む【炒】『他マ下二』⇩いためる(炒)

いた・む【痛・傷・悼】━『自マ五(四)』①傷や病気などのために、からだに苦しみを感じる。助詞「を」によって痛む箇所を示す用法もある。＊書紀(720)神武即位前戊午年五月(北野本訓)「五瀬の命の矢瘡(いたやくしのきず)痛(イタミますこと)甚(はなはだ)し」＊今昔(1120頃か)二・三二「途中にして腹を痛むで産せり」＊天草本伊曾保(1593)獅子と馬の事「itamu (イタム)トコロガ　アラバ　ミセイ。クスリヲ　ホドコサウ」＊俳諧・ひさご(1690)「歯を痛(イタム)人の姿を絵に書て〈珍碩〉　薄雪たはむすすき痩たり〈正秀〉」②心に強い悲しみを感じる。心痛する。→いたましむ。＊書紀(720)神代上(水戸本訓)「脱免(まぬかるる)に由無し。故以(このゆゑに)哀傷(イタムと申)」＊西大寺本金光明最勝王経平安初期点(830頃)「各慈の心を起して悽(かなし)び傷(イタミ)愍み念ひて」＊新撰字鏡(898‐901頃)「惻減　悲傷之皃　伊太牟」＊和英語林集成(初版)(1867)「ムネガ　itamu (イタム)」③いやだ、迷惑だ、不快だと強く感じる。苦痛に思う。＊保元(1220頃か)上・新院為義を召さるる事「すべて今度の大将宣、いたみ存ずる之細おほく侍り」＊徒然草(1331頃)一七五「いたういたむ人の、しひられて少し飲みたるもいとよし」＊日葡辞書(1603‐04)「itôda (イタウダ)コトヂャ」＊浮世草子・本朝桜陰比事(1689)三・一「殊更罪なき者を難儀にあはせる事もいかがなり。爰(ここ)は外のいたまざる事に悪人あらはるる分別あり」④物質的な損害をこうむる。損をする。＊太閤記(1625)一・藤吉郎殿薪奉行之事「百姓等不ㇾ痛やうに価を遣すべき旨仰けるに」＊浮世草子・好色盛衰記(1688)五・二「銀(かね)かりて済(すま)さぬ心と、借(かし)ぞんしてもいたまぬほどの違ひ有(あり)」＊滑稽本・浮世床(1813‐23)初・上「正金で七両二分といたんだは」＊ノリソダ騒動記(1952‐53)〈杉浦明平〉二「直接自分の腹がいたむわけではなし」⑤(器物、建造物、衣類、書籍、植物などに)きずがつく。そこなわれる。破損する。また、機能や材質などが悪くなる。＊平家(13C前)二・烽火之沙汰「ふたたび実なる木は其根必ずいたむとみえて候」＊滑稽本・浮世床(1813‐23)初・上「今年も本堂の家根が痛んだから、檀方中を回って勧化して上た」＊和英語林集成(初版)(1867)「チャワンガ　itanda (イタンダ)」＊当世書生気質(1885‐86)〈坪内逍遙〉一「羽織は糸織のむかしもの、母親の上被(うはぎ)を仕立直したものか、其証拠には裾の方ばかり、大層痛みたるけしきなり」⑥(果物、魚、酒など)飲食物が悪くなる。腐る。＊日葡辞書(1603‐04)「コノ　サケガ　itôda (イタウダ)」〈訳〉この酒が悪くなった。カミでは『サケガ　ソコネタ』と言う」＊和英語林集成(初版)(1867)「コノ　ダイコンガ　itanda (イタンダ)」⑦病気をする。煩う。＊筑紫方言(1830頃)「病む　江戸にて煩ふと云を　いたむ、やみ臥て居るをいたんで居ゆと云」━『他マ五(四)』①ある事を、苦痛だと強く思う。＊平家(13C前)一一・腰越「海底に沈まん事をいたまずして、かばねを鯨鯢(けいげい)の鰓(あぎと)にかく」＊徒然草(1331頃)一八八「一事を必ずなさんと思はば、他の事の破るるをもいたむべからず」＊こんてむつすむん地(1610)四・五「われをかせしとがをばみないたみ奉る也」＊うつせみ(1895)〈樋口一葉〉五「何事も明(あけ)すけに言ふて除ける事が出来ぬからとて、お倉はつくづく儘ならぬを傷(イタ)みぬ」②からだに苦痛を感じさせる。傷つける。＊御伽草子・天稚彦物語(室町時代物語集所収)(室町初)「いかなることのはんべるとも身のいたみたまふなといさめおきて」③(悼)人の死を嘆き悲しむ。＊古活字本毛詩抄(17C前)七「悼と云はいたむ体ぞ。いたむ時は胸中が震動するやうなぞ」＊俳諧・曠野(1689)七・無常「李下が妻のみまかりしをいたみて　ねられずやかたへひえゆく北おろし〈去来〉」＊和英語林集成(初版)(1867)「シンダヒトヲ　itamu (イタム)」＊思出の記(1900‐01)〈徳富蘆花〉五・九「二人ながら秀づ可くして半途に折れた者―僕は実にこれを悼(イタ)む」━『他マ下二』⇩いためる(痛)。[補注]「いたむ」「うずく」ともに、生理的に体のある部分に苦痛を感じる意味と、心理的に苦痛を感じる意味を持つ。(1)生理的な意味では、「うずく」は「いたむ」のあり方の一つであり、意味的に「うずく」は「いたむ」に含まれている。擬態語で表現するならば、「うずく」はズキズキとする苦痛であり、キリキリやヒリヒリする苦痛は「うずく」ではない。(2)「うずく」は鼓動を伴うような継続的な苦痛をいう。苦痛の度合は、弱い苦痛にはいわないが、激痛にくらべれば、ややゆるやかな苦痛についていう。したがって、瞬間的で鋭い苦痛についてはいわない。苦痛の範囲も「いたむ」に比べて限定的であり、歯や傷など部位を限定していうことが多く、「体中がうずく」などは、比喩的な意味でなければいいにくい。これに対して「いたむ」は、これら苦痛の度合、範囲、瞬間か継続かについても特に限定されない。(3)心理的な場合をみると、「心がいたむ」は、自分が関与したか否かにかかわらず、悲しむことを一般的に表現するが、「心がうずく」となると、自分が関係したことについて、後ろめたさ、継続的な後悔を伴った気持が含まれてくる。[語誌]上代には確例がない。「万葉‐三・四六六」の「胸己所痛」、「万葉‐八・一六二九」の「胸許曾痛」を「胸こそ痛め」と訓読し、上代の用例として扱うこともあるが、同じく「万葉‐一七・四〇一六」に「心し伊多思(イタシ)」、「万葉‐一七・四〇一一」に「草こそ之既吉(シゲキ)」とあるところから、「胸こそ痛し」と読むべきものと思われる。しかし、だからといって上代にイタムが成立していなかったというのではなく、━②の挙例「西大寺本金光明最勝王経平安初期点」や「書紀」の古訓に複数例存するところから、この語の成立は上代にさかのぼる可能性もある。[方言]❶病む。煩う。久留米†127　福岡県872　879　佐賀県887　長崎市906　熊本県038　921　930　❷死ぬ。岩手県宮古市038　島根県邇摩郡・邑智郡725　❸難船する。島根県邇摩郡725　[語源説](1)イタル(至)の語根の活用〔大言海〕。(2)息ヲタムルの義〔和訓栞〕。(3)イキトム(息止)の転〔名言通〕。(4)イタキから出た動詞〔国語の語根とその分類＝大島正健〕。(5)イヤタヘミル(彌耐見)の義〔日本語原学＝林甕臣〕。(6)身ニ至ルの義〔和句解〕。[発音]〈なまり〉エタム〔富山県〕イタン〔鹿児島方言〕〈標ア〉[タ]〈ア史〉平安○○◐　鎌倉○○◍〈京ア〉[0]　[辞書]字鏡・色葉・名義・和玉・文明・伊京・明応・天正・黒本・易林・日葡・書言・〈ボン〉・言海　[表記]痛(色・名・玉・文・明・天・黒・易・へ・言)　悼(色・名・玉・文・伊・黒・書)　傷(色・玉・文・黒・易・へ・言)　忡(字・色・名・玉)　惆(色・文・易・書)　慟・悵・悰(色・名・玉・文)　憯・戚(色・名・文)　惻(色・玉・文)　快(字・玉)　酸・彫・侗・肯・譾・愸・惕・劇・斬(色・名)　倭・倦・妯・怚・慨・

痗・感・戔・憯・閔・愴(名・玉) 恫(色・玉) 慼(名・文) 蠹(玉・天) 疼(玉・易) 縮(文・天) 惻減・惆悅(字) 悲慟(色) 惻愴(名) 惜(玉) 惘(文) 瘁(天) 戚々(書)

同訓異字 **いたむ【痛・傷・悼・弔・疼・惨・悽・悵・惻・悲・愴】**

【痛】(ツウ) からだに強いいたみを感じる。「痛風」「痛痒」「鎮痛剤」 転じて、心に深くしみこむようないたみを感じる。「痛恨」「心痛」「悲痛」《古 いたむ・たへかたし》

【傷】(ショウ) からだなどがきずつく。転じて、こころにきずを受けて嘆き哀しむ。「家が傷む」「傷心」「感傷」「哀傷」《古 いたむ・やぶる・そこなふ・うれふる》

【悼】(トウ) こころの中で深くかなしむ。人の死を深くかなしみいたむ意に使うのが普通。「悼辞」「哀悼」「追悼」「彼の死を悼む」《古 いたむ・おそる》

【弔】(チョウ) 人の死をいたみとむらう。「弔辞」「弔意」「慶弔」《古 とぶらふ・とふ》

【疼】(トウ) からだにうずくようないたみを感じる。ずきずきいたむ。「疼痛」《古 いたむ》

【惨】(サン) むごい。ひどい。転じて、むごいことに出合い心が深くいたむ。「惨禍」「惨憺」「悲惨」《古 いたむ・うれふ・あはれふ・かなしふ》

【悽】(セイ) 悲しくてなげきいたむ。「悽惨」「悽悽」《古 いたむ・うらむ・うれふ・あはれふ・かなしふ》

【悵】(チョウ) ことが思うように運ばず、がっかりしてうれえなげく。「悵恨」「悵然」《古 いたむ・うれふ・うらむ・かなしふ》

【惻】(ソク) 人のつらい気持を思いやって、あわれみいたむ。「惻隠」「惻惻」《古 いたむ・いたはらしむ・いたましむ》

【悲】(ヒ) かなしみいたむ。「悲愴」「悲痛」「悲愁」《古 かなしふ・あはれふ》

【愴】(ソウ) きず。また、心がきずつき、心の底からかなしみいたむ。「愴然」「悽愴」「悲愴」《古 いたむ・うれふ・かなしむ・あはれふ》


いたまぬ腹(はら)を探(さぐ)らる 「いたく(痛)ない腹(はら)を探られる」に同じ。*浮世草子・昼夜用心記(1707)一・三「寺へわかき女を置事、世の人口あれば、姪とは評判せず、いたまぬ腹(ハラ)を探(サグ)られては出家の身一分たたず」

いた・む【撓】『他マ下二』⇨いためる(撓)

いため【炒】『語素』油で炒める材料や、油の種類を表わす語に付いて、炒め料理の名を示す。「油炒め」「野菜炒め」「バター炒め」

いため【痛】『名』(動詞「いためる(痛)」の連用形の名詞化)「いためぎんみ(痛吟味)」の略。*法曹後鑑-牢問致方之事(1773か)(古事類苑・法律六〇)「牢問致方は、囚人え再応利解申聞、相陳候得者、痛め可ㇾ申旨申威し候上、後ろ手に縛り申候」

いた-め【板目】『名』①板と板との合わせ目。板と板との葺(ふ)き合わせ目。*万葉(8C後)一一・二六五〇「そき板もち葺ける板目(いため)の合はざらば如何にせむとかわが寝そめけむ〈作者未詳〉」②板の木目(もくめ)が平行に通らないで、山形や不規則な波形にまがっているもの。↔柾目(まさめ)。*富家語(1151-61)「笏横目あるは見苦事也。近来如何。笏見に希有事也。今案、古御笏の上吉と有ㇾ仰は皆板目也」*名語記(1275)六「木にいため、まさめといへるはつねの事也」*甲陽軍鑑(17C初)品一六「まる桶の寸法。〈略〉そこは柾目に、上は板目(イタめ)に作るなり」③「いためがみ(板目紙)」に同じ。④「いためはだ(板目肌)」に同じ。 発音〈標ア〉0 〈京ア〉0/イ 辞書日葡・〈ボン・言海 表記板目(へ・言)

いため-がみ【板目紙】『名』和紙の一種。美濃紙や半紙を一〇～一五枚ものりで張り重ねて、板のように堅く厚くしたもの。書物の表紙、男袴の腰板などに用いた。板紙。厚紙。いため。*雑俳・柳多留-八五(1825)「徳に入門の戸びらも板目紙」*滑稽本・八笑人(1820-49)四・追加上「ふところより、手ごしらへのいため紙にてはりたるめがねをいだし」*虞美人草(1907)〈夏目漱石〉一〇「板目紙の上へ千代紙を張り付けて」 方言裏打ち。仙台1057 発音イタメガミ〈標ア〉メ 辞書〈ボン・言海 表記合紙(へ) 板目紙(言)

いため-がわ【撓革】『名』牛革を火であぶり、または膠(にかわ)を溶いた水につけ、木槌でたたいて固めたもの。撓(いた)めた革。鎧(よろい)の札(さね)や太刀の鐔(つば)などに用いる。*太平記(14C後)三二・赤坂城軍事「面々に持楯をはがせ、其の面にいため皮を当てて」*史記抄(1477)一七・大宛列伝「革とは、こわい皮ぞ。こちにいため皮と云たり。なめしと云様なものぞ」*仮名草子・尤双紙(1632)下・一〇「こはき物之しなじな〈略〉いためがわ。なまにへなるいりこ」 発音イタメガワ〈標ア〉メ 辞書文明・饅頭・日葡・書言・言海 表記撓皮(文・饅・書) 撓革(言)

いため-ぎんみ【痛吟味】『名』江戸時代の拷問のこと。「拷問」と呼ばれた笞打(むちう)ちと、「牢問」と呼ばれた石抱(いしだ)き、海老責(えびぜ)め、吊責(つるしぜ)めの四種の幕府法上の総称。被疑者が普通の吟味で白状しない場合に、肉体を痛めつけ、苦痛を与えることにより自白させたところからいう。いため。責問(せめどい)。厳敷吟味(きびしきぎんみ)。*公事吟味物心得「一痛め吟味いたし候ものは、厳敷、又は再応厳しく及吟味候と吟味書に認可申事」 発音〈標ア〉ギ

イタ-めし【ー飯】『名』(イタは「イタリア」の略)俗に、イタリア料理をいう。 発音〈標ア〉0

いため-じお【炒塩】『名』焼き塩の古称。煎(い)り塩。*堺本枕(10C終)一五五・もじに書きてあるやうあらんに心えぬものの名「いためしほ。衵(あこめ)。帷子(かたびら)。屐子(けいし)。泔(ゆする)。桶舟(をけぶね)」*厨事類記(1295頃)「寒汁実〈略〉そのそばに、橘の葉、わさび、いためしほ、とろろなど盛り具して参らす」 発音〈標ア〉メ

いため-じゃく【板目笏】『名』板目②の板で作った笏(しゃく)。*世俗浅深秘抄(1211-13頃)上「以㆓板目笏㆒為ㇾ善。近代用㆓満佐㆒事、僻事也。古最上宝物、皆板目也」 発音〈標ア〉メ

いため-ちぎ・る【痛千切】『他ラ五(四)』めちゃくちゃにいためつける。*或る女(1919)〈有島武郎〉後・三五「感興と昂奮とに自分を傷めちぎった芸術家のやうにへとへとに疲れ切ってゐた」 発音イタメチギル〈標ア〉0 ギ

いため-つけ【痛付】『名』精神的、または肉体的に苦痛を与えること。*出発は遂に訪れず(1962)〈島尾敏雄〉「手ひどい肉体のいためつけが私はほしい」 発音〈標ア〉0 ケ

いため-つ・ける【痛付】『他カ下一』文いためつ・く『他カ下二』①精神的、または肉体的に苦痛を与える。きびしく責める。ひどい目にあわせる。また、比喩的に、物質的に損害を与える。*人情本・縁結娯色の糸(1839-48)三・一六回「強気(がうき)に痛(イタ)め付(ツ)ける事だね」*語彙(1871-84)「いためつける俗 人を痛むる義なり面(まのあたり)其人の過を譴(とが)め又他の言を以て其事を諷するをもいふ」*それから(1909)〈夏目漱石〉七「今迄嫂(あによめ)にちびちび、無心を吹き掛けた事は何度もあるが、斯う短兵急に痛(イタ)め付(ツ)けるのは始めてである」②(「撓(いた)める」の意からか) 油やのりで、塗り固める。身づくろいのため、髪や衣服をきちんとさせることにいう。*浮世草子・浮世親仁形気(1720)二・二「むかし伽羅の油にていため付たる頭も」*談義本・地獄楽日記(1755)二・一「小石塁之介、上下いため付(ツ)けていういうと座に着き」*二人女房(1891)〈尾崎紅葉〉上・二「柱を後にして、大礼服(フロックコオト)をいためつけて」③(②から転じて、自動詞的に) いかめしい身なりをする。かたくるしく、もったいぶる。*浄瑠璃・艶狩剣本地(1714)一「五十ばかりの使者男、いため付けたる出でたちの、ひんと反ったる朱鞘の刀」 発音〈標ア〉0 タ ケ 〈京ア〉0 文『いためつく』〈標ア〉0 〈京ア〉0 辞書言海

いため-に【炒煮】『名』魚、肉、野菜などを油で炒めてから煮た料理。 発音〈標ア〉0

いため-はだ【板目肌】『名』刀の鍛え方の名。刀身が板目②のような肌合いに鍛えられたもの。いため。 発音〈標ア〉メ

いため-ひき【板目挽】『名』木材を板目を出すように年輪に沿ってひきわること。 発音〈標ア〉0

いため-ぼり【板目彫】『名』板目②の版木に彫刻すること。または、その作品。↔木口彫(こぐちぼり)。 発音〈標ア〉0

いため-もくはん【板目木板】『名』板目②の板に彫った版木。ツゲ、サクラ、ホオなどを用いる。浮世絵および明治二〇年(一八八七)以前の木版画は、すべてこの種の版木で刷った。 発音〈標ア〉モ

いため-もの【炒物】『名』野菜、魚肉などの食品を油で炒めた料理。*エオンタ(1968)〈金井美恵子〉一一「音量をあげたレコードと人の話し声と炒物のたてる音が、とけ合わない不協和音のまま、狭い店内につめこまれている」 発音〈標ア〉0 ノ

いた・める【炒・煠】『他マ下一』文いた・む『他マ下二』野菜、魚肉などの食品を、少量の油などで、こげつかないように火を通して料理する。*料理物語(1643)一〇「鳥鱠 何もつくり、鳥ばかりすにていため候て、その後鱠其外も入あへ候て出し吉」*語彙(1871-84)「いためる俗 油を以て菜蔬(あをもの)の硬(こはき)を輭(やはらか)にし又魚肉等の鯹(なまぐさき)を殺(そぐ)をいふ割烹(りゃうり)の言なり」*落語・素人洋食(1891)〈三代目三遊亭円遊〉「少し位腐って居ても油で痛めれば知れなくなって仕舞ふ」 発音〈標ア〉メ 〈京ア〉0 文『いたむ』〈標ア〉タ 〈京ア〉0 辞書言海

いた・める【痛・傷】『他マ下一』文いた・む『他マ下二』①からだに苦痛を感じさせる。痛い目にあわせる。いためつける。*平家(13C前)二・西光被斬「足手をはさみ、さまざまにいためとふ」*徒然草(1331頃)一二八「大方、いける物を殺し、いため、たたかはしめて遊びたのしまん人は、畜生残害のたぐひなり」*サントスの御作業(1591)一・サンタヘブロニヤ「イショウヲハガルルコトハサタニヲヨバズ、ミノカワヲハグトイフトモ itamu (イタム)ベカラズ」*日葡辞書(1603-04)「ヒトヲ itamuru (イタムル)」②からだに、痛みや故障を起こす。「腰をいためる」*西洋道中膝栗毛(1870-76)〈仮名垣魯文〉一〇・上「からだはちっといためてゐるが」*銀の匙(1913-15)〈中勘助〉後・一三「腹を痛めないかぎりに許しがでるのを」③心に苦痛を感じさせる。悲しませる。苦しめる。*御伽草子・こほろぎ草子(室町時代物語大成所収)(室町末)「木の枝に、小鳥の音もきく時は、きゆるおもひにこころをいため」*人情本・春色恵の花(1836)二・一〇回「裾のよごれるに気もいためぬは」*改正増補和英語林集成(1886)「ムネヲ itameru (イタメル)」*破戒(1906)〈島崎藤村〉五・三「あれでも余程頭脳(あたま)を痛めたのさ。種々な字典を参考するやら何やら」④物質的な損害を与える。打撃を与える。「ふところをいためる」*それから(1909)〈夏目漱石〉五「小遣(こづかひ)に困る事はよくあるが、困るたんびに嫂(あによめ)を痛(イタ)めて事を済ましてゐた」⑤(器物、建造物、衣類、書籍などに)きずをつける。機能や材質を悪くさせる。そこなう。*改正増補和英語林集成(1886)「キモノヲ itameru (イタメル)」*二人の友(1960)〈庄野潤三〉四「砂ぼこりがエンジンの中に入ると車をいためるのだそうだ」⑥(果物、野菜、魚など)食品にきずをつける。腐らせる。 方言❶打擲(ちょうちゃく)する。茨城県西茨城郡188 石川県404 滋賀県蒲生郡(卑語)612 広島県高田郡779 ❷傷つける。富山県砺波398 ❸いじめる。富山県

射水郡394 石川県408 419 421 長野県下伊那郡492 兵庫県但馬652 鳥取県因幡715 西伯郡719 島根県725 岡山県北木島054 岡山市762 広島県西南部771 783 785 山口県浮島054 香川県829 ❹損をさせる。困らせる。茨城県稲敷郡193 ❺汚す。鳥取県西伯郡719 ❻相手を気の毒な目に遭わす。迷惑を掛ける。山形県東置賜郡139 ❼狐(きつね)などが人間について苦しめる。島根県飯石郡725 発音〈標ア〉メ〈京ア〉0 文『いたむ』〈標ア〉タ〈ア史〉江戸『いたむる』●○○〈京ア〉0 辞書日葡・ヘボン・言海 表記痛(へ・言) 傷(言)

いた・める【撓】〘他マ下一〙文いた・む〘他マ下二〙革を膠水(にかわみず)に浸して、かなづちでたたいてかためる。練る。発音〈標ア〉メ 辞書言海 表記撓(言)

いた-も【痛―・甚―】〘副〙(形容詞「いたい」の語幹「いた」に助詞「も」の付いたもの)程度のはなはだしいさまを表わす語。とても。非常に。＊万葉(8C後)三・四五六「君に恋ひ痛毛(いたモ)すべ無み葦鶴(あしたづ)のねのみし泣かゆ朝夕(よひ)にして〈余明軍〉」＊万葉(8C後)一五・三七八五「ほととぎす間しまし置け汝が鳴けば吾が思(も)ふ心伊多母(イタモ)すべなし〈中臣宅守〉」補注上代、特に「万葉」に集中し、かつ「いたもすべなし」という表現にあらわれる。

いだ-もだ〘副〙ぐずぐず文句をいうさまを表わす語。いざこざ。＊浄瑠璃・歌枕棣棠花合戦(1746)三「是が勝負の切上場、跡でいだもだいふまいと」

いた-もち【板持】〘名〙棚板などの端をささえるために、他の物に取りつける桟(さん)。板がけ。方言屋根の軒に付ける横木。愛知県北設楽郡063 発音〈標ア〉チ モ

いた-もと【板元】〘名〙①料理場。特に、まな板の置いてある所。板場。板前。＊虎寛本狂言・鱸庖丁(室町末-近世初)「板もとにおし直り、箸刀おっ取って」＊浄瑠璃・心中宵庚申(1722)上「台所の板本には、青物の淵、魚鳥の山」②料理人。板前。板。＊咄本・軽口耳過宝(1742)五・御料理方「さる御大名、板(イタ)もとを召され、是までしなじなの料理は出せども鯉のぬたを不出(ださず)」＊洒落本・遊客年々考(1757)「近年の板本(イタモト)は料理は少しわるふても、しまつするをゑひとかかへるゆへ」＊光台一覧(1775か)二「御煮方板元十人斗、其外彼等の下役少々有ㇾ之」＊浄瑠璃・有職鎌倉山(1789)二「板元覈方に至る迄」③「いたがしら(板頭)①」に同じ。＊洒落本・辰巳婦言(1798)四つ明の部「〔女郎おとま〕爰の内の板もと也。但し子共やによりて板がしらといふ小家も有り。青楼ならおしょくといふもの」方言料理。三重県伊賀001 熊本県上益城郡919 発音〈標ア〉0 ト

いたもと-ぎんみやく【板元吟味役】〘名〙近世、朝廷の役人で、板元の調理した天皇の料理を吟味する役。＊慶応四年都仁志喜(1868)「御板元吟味役 小谷早太」

いた-もの【板物】〘名〙「いた(板)の物」に同じ。発音〈標ア〉タ 辞書言海 表記板物(言)

いたや【板谷】姓氏の一つ。発音〈標ア〉イ

いたや-はざん【板谷波山】陶芸家。名は嘉七。茨城県出身。整った形と精密な文様で知られる。日本芸術院会員。文化勲章受章。明治五～昭和三八年(一八七二～一九六三)

いた-や【板屋・板家】〘名〙①板で葺いた屋根。板屋根。板葺き屋根。＊枕(10C終)二五六・さわがしきもの「いた屋の上にてからすの斎の生飯(さば)食ふ」＊更級日記(1059頃)「荒れたるいたやのひまより月の洩り来て」＊俳諧・暁台句集(1809)秋「椎の実の板屋を走る夜寒哉」②屋根を板で葺いた家。板葺きの家。＊続日本紀-神亀元年(724)一一月甲子「其板屋草舎、中古遺制、難ㇾ営易ㇾ破」＊宇津保(970-999頃)俊蔭「檜皮の大殿五、廊、渡殿、さるべきあてあてのいたやどもなど、有るべきかぎりにて」＊源氏(1001-14頃)夕顔「いたやのかたはらに堂建てて行へる尼の住居いとあはれなり」＊平家(13C前)八・太宰府落「讃岐の八島にかたのやうなるいた屋の内裏や御所をぞつくらせける」③能楽の作物(つくりもの)の一つ。六尺(約一・八メートル)と三尺(約〇・九メートル)の家台に、折板(へぎいた)で一部を残して屋根を葺いたもの。「雨月(うげつ)」に用いる。④江戸時代に、板を販売した商家。また、その業者。⑤「いたやかえで(板屋楓)」に同じ。＊花壇地錦抄(1695)三「板家(イタヤ) 葉十二ひとへのごとくにて大きさ四五寸ほどもある物大木の下には雨もらざるよし」＊千曲川のスケッチ(1912)〈島崎藤村〉一〇・山の上へ「橇は人力車の輪を取除して、それに『いたや』の堅い木片で造った橇を代用したやうなものだ」⑥植物「はうちわかえで(羽団扇楓)」の異名。⑦「いたやがい(板屋貝)」の略。方言植物。❶いたやかえで(板屋楓)。秋田県131 栃木県西部198 京都府北桑田郡032 ◇いたやばな〔―花〕群馬県多野郡003 新潟県長岡市003 ◇いたやぎ〔―木〕岐阜県養老郡032 ❷さとうかえで(砂糖楓)。岩手県九戸郡088 ❸かえで(楓)の一種。青森県南部071 新潟県佐渡352 東蒲原郡368 長野県下水内郡470 ❹かえで(楓)。盛岡†054 青森県津軽077 南部085 ◇いたやもみじ〔―紅葉〕仙台†056 発音〈標ア〉タ 0〈ア史〉江戸●●○〈京ア〉0 辞書日葡・ヘボン・言海 表記板屋(へ・言)

板 屋 ②〈春日権現験記絵〉

いたや の 霰(あられ)(板葺き屋根に降るあられは、ころころと音をたてながらよく転がるところから)よく転がる物のたとえ。＊虎明本狂言・文蔵(室町末-近世初)「たとへばいたやのあられ、玉木のはしなきがごとく、ころりころりところぶほどに」＊俳諧・犬子集(1633)一〇・冬「板屋のあられ音の高さよにえ釜をしかけ置たるいろりにて〈貞徳〉」＊洒落本・淫女皮肉論(1778)買女街の過「かすがひ四五千打音は、板屋(イタヤ)のあられのごとくなり」

いたや-がい【板屋貝】〘名〙①イタヤガイ科の二枚貝。北海道南部から九州、中国に分布し、水深一〇～六〇メートルの細砂底にすむ。形はホタテガイに似て、左殻は平らで赤褐色、右殻は深く湾曲し白色。殻長約一〇センチメートル。幅が広くて低い放射肋が八～一三条あり、板葺(ぶ)き屋根の桟(さん)に似ているのでこの名がある。貝柱は非常に美味で各種の料理に用いられ、殻は細工して杓子(しゃくし)などに使われる。しゃくし貝。学名は Pecten albicans《季・春》＊本草和名(918頃)「文蛤 一名蛤、和名以多也加比」＊新撰六帖(1244頃)三「輿津風あれたる浦のいたや貝そも身の程のすみか成けり〈藤原家良〉」②紋所の名。発音イタヤガイ〈標ア〉ヤ〈ア史〉平安○○●○と○○○○●の両様〈京ア〉ヤ 辞書和名・色葉・名義・明応・易林・書言・言海 表記文蛤(和・色・名・易・書) 魁蛤(色) 文貝(明) 花蛤・余泉(書) 板屋貝(明・言)

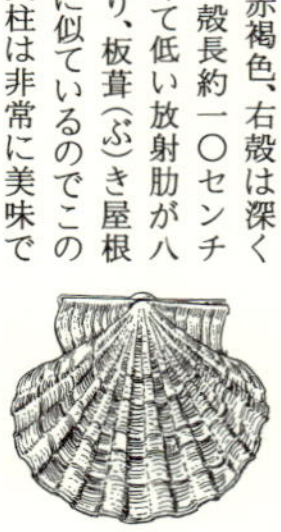
板屋貝 ①

丸に板屋貝

離れ三つ板屋貝

いたや-かえで【板屋楓】〘名〙カエデ科の落葉高木。各地の山地に生える。高さ二〇メートル、直径一メートルに達する。若い枝は鮮褐色で軟毛がある。葉は長さ、幅ともに五～一〇センチメートルで、五～七に掌状に浅く裂け、秋には黄褐色となって散る。花は淡黄色で四、五月頃咲き、実は長さ一・五センチメートル、幅はその半分ぐらいの翼をもつ。材は建築、器具、車両などに用いられ、樹液からは砂糖を製造する。いたぎ。つたもみじ。ときわかえで。学名は Acer pictum ＊俳諧・清鉋(1745頃)二「九月〈略〉紅葉異名〈略〉名月 一名板屋楓」＊熊の出る開墾地(1929)〈佐左木俊郎〉「両側には山毛欅(ぶな)、いたやかへで〈略〉などの落葉喬木類が密生してゐた」発音〈標ア〉カ

板 屋 楓

いた-やかた【板屋形】〘名〙屋根を板で葺いた牛車。また、その屋根。板車(いたぐるま)。＊宇津保(970-999頃)藤原の君「いたやかたの車の輪かけたるに」発音〈標ア〉ヤ 辞書言海 表記板屋形(言)

いたやかた-ぶね【板屋形船】〘名〙平安・鎌倉時代に用いられた屋形船のうち、板屋形の屋形を設けた船のこと。粗末なものを意味するが、当時はこれが標準的な造り。＊扶桑略記(12C初)寛治二年二月二四日「有二板屋形船一殿上人兼ㇾ之」

いた-やき【板焼】〘名〙料理の一種。雁や鴨などの鳥肉をうすく切り、みりん、しょうゆ、煮だし汁などにひたして、杉板にのせて焼くもの。片木(へぎ)焼き。杉板焼き。＊浮世草子・好色一代男(1682)八・一「銀の間鍋に名酒の数々、木具ごしらえの茶漬めし。雁(がん)の板焼(イタヤキ)に赤鰯を置合(をきあはせ)」＊浮世草子・西鶴織留(1694)一・一「鴫の板焼(イタヤキ)は火鉢をすぐにお座敷へ出すぞと勝手は煙立つづき」方言かまぼこ。香川県高松市829 発音〈標ア〉0

いたやき-かまぼこ【板焼蒲鉾】〘名〙焼き目をつけたかまぼこ。宇和島の「焼き板」が有名。発音〈標ア〉カ

いたや-ぎつね【板屋狐】〘名〙秋田県仙北郡では、イタヤの薄い削り板で細工物を作るが、その余技に、木の節などを利用して作った、狐や馬の形をした玩具。大小二つこしらえて親子馬などともいう。

いたやき-どうふ【板焼豆腐】〘名〙豆腐を平たく切ってみそをつけ、杉板にはさんで焼いた料理。発音イタヤキドーフ〈標ア〉ド

いたやき-みそ【板焼味噌】〘名〙焼きみその一種。表面に筋目を切った板に、ごまみそを塗りつけ、囲炉裏の灰に立てて焼いた料理。下野国(栃木県)日光近辺の名物。発音〈標ア〉ミ

いた-やぐし【痛矢串】〘名〙身体に突き刺さって、重傷を負わせ、ひどい痛みを与える矢。＊古事記(712)中「是に登美毘古と戦ひたまひし時、五瀬命御手に登美毘古が痛矢串(いたやぐし)を負ひたまひき」＊水戸本丙日本紀私記(1678)神武「流矢〈以太也久之(イタヤクシ)〉」発音〈標ア〉0

いたや-どう【板屋堂】〘名〙板屋根の堂。＊今昔(1120頃か)二七・四二「夜に成ぬれば、寺戸の西の方なる板屋堂の檐(のき)に下居て」発音イタヤドー

いたや-とうげ【板谷峠】福島市から米沢市に通じる山形県南端部の峠。吾妻山の北のふもとに位置し、近世初期、上杉氏が、ここで江戸往来の交通を取り締まった。明治一三年(一八八〇)万世大路ができて廃道となった。発音イタヤトーゲ〈標ア〉ト

いた-やね【板屋根】〘名〙板で葺いた屋根。板屋。板葺き。板葺き屋根。＊初恋(1889)〈嵯峨之屋御室〉「林中の立木を柱に取って、板屋根をさしかけたほったて小屋」＊夜明け前(1932-35)〈島崎藤村〉第一部・序・一「風雪をしのぐための石を載せた板屋根が」発音〈標ア〉ヤ 0〈京ア〉0 辞書言海 表記板屋根(言)

いたや-の-つかさ【板屋司】〘名〙奈良時代、和銅年間(七〇八～七一五)に設置されていた官司。和銅二年(七〇九)設置の造雑物法用司を改組したもので、

造営関係の官司か。＊続日本紀‐和銅六年(713)一〇月庚子「板屋司班秩。一准㆑寮焉。蓋改㆓法用司㆒為㆓板屋司㆒也」

いたや-は【板屋派】〘名〙日本画の住吉派の一支派。住吉派の住吉広守の門人、板谷慶舟広当(ひろまさ)を祖とするもので、代々幕府の御絵師になったもの。また、その門人。画風は住吉派と大同小異である。発音〈標ア〉⓪

いたや-ぶき【板屋葺】〘名〙板で屋根を葺(ふ)くこと。また、その屋根。板葺き屋根。＊浄瑠璃・夏祭浪花鑑(1745)八「梯子(はしご)追っ取りおだれに打掛け、登るも心板屋ぶき重ね重ぬる身の科(とが)も」発音〈標ア〉⓪

いたや-めいげつ【板屋明月】〘名〙カエデ科の落葉小高木。各地の山地に生える。高さ五㍍に達する。葉は対生し、長さ、幅とも六～八センチ㍍ほどの掌状で七～九に中裂し、縁には鋸歯(きょし)がある。春、葉と同時に白黄色の五弁の花が数個ずつ咲く。実は長さ一～一・五センチ㍍、幅五～八ミリ㍍の翼をもつ。こはうちわかえで。きばなうちわかえで。学名は Acer sieboldianum 発音イタヤメイゲツ〈標ア〉メ

いた-よせ【板寄】〘名〙取引所で、競売買によって値段を決める方法の一つ。撃柝(げきたく)係が前の立ち会いの引値を基準に適当な値段を唱え、売方と買方から売買の申し出を誘い、売の数量と買の数量が一致したとき、それを決定値段とするもの。〔取引所用語字彙(1917)〕発音〈標ア〉⓪

いたら-がい【伊多良貝】〘名〙①「いたやがい(板屋貝)①」に同じ。＊伊京集(室町)「鵤 イタラガヒ」＊日葡辞書(1603‐04)「Itaragai(イタラガイ)」＊咄本・私可多咄(1671)一・五七「昔、いたら貝(かい)は、海にある時はいかやうにしてとるぞ」＊浄瑠璃・国性爺合戦(1715)二「ほやほや笑ふ赤貝に、心よせ貝、アいたら貝、君は酢貝と吸い附けど」＊雑俳・川柳評万句合‐宝暦一一(1761)鶴一「御姫さま御はなしまでもいたら貝」②板屋貝②の異称。＊幸若・夜討曾我(室町末‐近世初)「いたらがいは岩永たう」＊浄瑠璃・曾我会稽山(1718)四「いたらがいは岩崎様」③イタラガイに似た鐶付(かんつき)をもった茶釜。また、その鐶付。方言貝。❶いたやがい(板屋貝)。香川県小豆島829 福岡県久留米市872 大分県北海部郡054 ◇いんたらげ 鹿児島県961 鹿児島郡968 肝属郡970 ❷ほたてがい(帆立貝)。尾張†099 大分県北海部郡939 発音イタラガイ〈標ア〉ラ 辞書伊京・天正・日葡・ヘボン・言海 表記鵤(伊)板屋貝・文貝(天)海扇(へ)

いたら-ない【至―】〘連語〙「いたらぬ(至―)」に同じ。＊或る女(1919)〈有島武郎〉後・二四「もういい勘忍して下さいよ。姉さんが矢張り至らなかったんだから」＊今年竹(1919‐27)〈里見弴〉二夫婦・一二「もし遊びだしたら、それはお前がいたらないせゐなのだから」方言及ばない。必要ない。秋田県山本郡130

いたらな-さ【至―】〘連語〙(「さ」は接尾語)思慮が浅く、行き届かないこと。未熟で欠点が多いこと。また、自己の未熟さをへりくだっていう場合にも用いる。＊私の詩と真実(1953)〈河上徹太郎〉神への接近「この言葉と共に自分の到らなさを神に預けて安心してゐられるやうな不埒な心懸けも生じる」

いたら-・ぬ【至―】〘連語〙(動詞「いたる(至)」の未然形に、打消の助動詞「ず」の連体形が付いたもの)思慮が不十分で、物事に気がつかない。注意が行き届かない。また、気がきかない。未熟で欠点が多い。＊玉塵抄(1563)八「いたらぬ小民がかわいいことは夏あつうてかなしいと云て天をうらみごとを云いなきなげくぞ」＊咄本・醒睡笑(1628)三「京より、いたらぬ者ども連立ち、石山寺に参り」＊当世書生気質(1885‐86)〈坪内逍遙〉二「時節がら熱さうなとは、到らぬ素人の考にて」＊二人女房(1891)〈尾崎紅葉〉中・八「御母様に然う取られますのは私の到(イタ)らぬゆゑ」発音〈標ア〉⓪ラ

いたり【至】㊀〘名〙(動詞「いたる(至)」の連用形の名詞化)①心の働きなどが、物事に行きわたる度合。思慮、学問などの深さ。→至り深し・至り賢し。＊源氏(1001‐14頃)帚木「折節にしいでむわざの、あだ事にもまめ事にも、わが心と思ひ得(う)ることなく、深きいたりなからむは、いとくちをしく」＊源氏(1001‐14頃)明石「えもいはぬ入江の水など、絵にかかば、心のいたり少なからん絵師は、かき及ぶまじと見ゆ」＊大鏡(12C前)三・伊尹「いみじういたりありける人にて」②物事の極点に達すること。きわまるところ。きわみ。極致。＊書紀(720)神代下(兼方本訓)「其の誠欵(まこと)の至(イタリ)を陳(まう)す」＊大慈恩寺三蔵法師伝承徳三年点(1099)九「喜賀の至に勝へ不して」＊平家(13C前)七・木曾山門牒状「懇丹(こんたん)の至に堪(たえ)ず」＊徒然草(1331頃)二一九「短慮のいたり、きはめて荒涼の事なれども」＊日葡辞書(1603‐04)「シュウチャクノ itari(イタリ)ナリ〈訳〉大いなる喜び」＊咄本・軽口露がはなし(1691)三・一六「慮外のいたり成べし」＊吾輩は猫である(1905‐06)〈夏目漱石〉二「残念の至に存候」③ある事の結果、そうなるところ。＊浮世草子・傾城歌三味線(1732)一・一「今迄は若げの至(イタ)りと了簡してゆるしぬ」④気がきいていること。粋なこと。上品なこと。また、ぜいたくなこと。＊咄本・鹿野武左衛門口伝はなし(1683)上・二「すこしいたりをいはんとおもひて」＊浮世草子・好色万金丹(1694)三・二「『是(これ)細い目を覚まして執筆(しゅひつ)さんせ』と、文台あてがへば、『八幡是は至(イタリ)也〈略〉』」＊浮世草子・傾城色三味線(1701)京・五「見へぬ所に結構をつくし、至りといふて珍重がるべし」＊歌舞伎・助六廓夜桜(1779)「伽羅は虱(しらみ)の大禁物、人目に到りと見せうとは、イヤきゃら臭え奴だ」㊁〘語素〙近世、さまざまな名詞の上に付けて用いられた。①非常に上等である、ぜいたくであるの意を表わす。「いたり茶屋」「いたり料理」など。②気のきいた、しゃれているの意を表わす。「いたり大尽」「いたり染め」など。③下接する名詞の程度のはなはだしいことを表わす。「いたり病(やまい)」「いたり気質」など。発音〈標ア〉⓪ リ〈ア史〉鎌倉・江戸●●●〈京ア〉⓪ 辞書日葡・ヘボン・言海 表記至(へ・言)

いたり賢(かしこ)し 考え深く、才知がすぐれている。＊枕(10C終)二四四・蟻通の明神「この中将も若けれど、いと聞えあり、いたりかしこくして、時の人におぼすなりけり」

いたりがない 方言❶不行き届きだ。至らない。高知県長岡郡869 ◇いたらむねえ 長崎県対馬913 ◇いたれない 青森県津軽073 ❷不必要だ。よけいだ。◇いたらむねえ 長崎県対馬911 大分県日田郡939 ❸無情だ。つれない。◇いたれない・いたいない 青森県津軽071 075 ❹だらしない。みだらだ。◇いたいもね 鹿児島県961 鹿児島郡968 ❺ずるい。◇いたいもね 鹿児島県963 ❻ぶしつけだ。無礼だ。◇いたいもね 鹿児島県肝属郡970 ❼親しい。昵懇(じっこん)だ。◇いたいもね 鹿児島県肝属郡970

いたり深(ふか)し ①注意や心づかいが、物事に行きわたっている。思慮深く手ぬかりがない。＊源氏(1001‐14頃)帚木「私ざまの世に住まふべき心おきてを思いめぐらさむ方も、いたりふかく」＊源氏(1001‐14頃)横笛「この君もいといたりふかき人なれば、思ひよることとあらむかしとおぼす」②学問などに深く通じている。造詣(ぞうけい)が深い。また、風景などに奥深さが感じられる。趣が深い。＊源氏(1001‐14頃)若紫「なにのいたりふかき隈(くま)はなけれど、ただ海のおもてを見渡したる程なん、あやしくこと所に似ず、ゆほびかなる所に侍る」＊源氏(1001‐14頃)須磨「言の葉、筆づかひなどは、人よりことになまめかしく、いたりふかう見えたり」＊増鏡(1368‐76頃)一・おどろの下「この院の上は、よろづの事にいたりふかく、御心も花やかに、物にくはしうおはしましける」

イタリア【伊太利】(イタリア Italia)《イタリヤ》ヨーロッパ大陸南部、イタリア半島およびシチリア、サルデーニャ島などからなる共和国。西ローマ帝国の滅亡後、小国の乱立が続いたが、一八六一年、サルデーニャ王がイタリア統一を達成して成立。第二次大戦にはファシスト党のムッソリーニのもとで枢軸側につく。一九四六年、イタリア共和国が成立。首都ローマ。イタリー。発音〈標ア〉⓪〈京ア〉⓪

イタリア-おうこく【―王国】(:ワウコク)一八六一年にイタリア統一運動により成立し、一九四六年まで続いた立憲君主国。サルデーニャ王国のエマヌエレ二世が初代国王。発音イタリアオーコク〈標ア〉オ

イタリア-がくは【―学派】〘名〙刑法学理論の一つ。イタリアのロンブローゾらが一九世紀後半に確立したもので、犯罪よりも犯罪人を考察すべきであると主張した。実証学派ともいう。発音〈標ア〉ガ

イタリアきこう【イタリア紀行】(イタリアキカウ)(原題ドイツ Italienische Reise)ゲーテのイタリア旅行記。一八一六～二九年刊。「詩と真実」に次ぐ自伝的な記録。発音イタリアキコー〈標ア〉キコ

イタリア-ご【―語】〘名〙インド‐ヨーロッパ語族のイタリック語派ロマンス諸語の一つ。イタリア本国のほか、スイス南部、フランスのコルシカ島、クロアチアのイストラ半島などで話される。ロマンス諸語の中でもラテン語の面影をかなりよく残す。母音で終わる単語が圧倒的に多い。日本語に入った単語には音楽関係のものが特に多く、コンチェルト、フィナーレ、プリマドンナなど。伊語。＊露団々(1889)〈幸田露伴〉一三「英語、仏語、独逸語、伊太利亜(イタリア)語」＊社会百面相(1902)〈内田魯庵〉温泉場日記「伊太利(イタリヤ)語らしき唄を」発音イタリアゴ〈標ア〉⓪

イタリア-さんご【―珊瑚】〘名〙地中海で産する桃色珊瑚。＊或殺人(1962)〈森茉莉〉「寝台の枠には伊太利(イタリア)珊瑚の入ったペンダントが引掛ってゐる」発音イタリアサンゴ〈標ア〉サ

イタリアしき-ていえん【―式庭園】(:ティエン)〘名〙ルネッサンスの影響を受けた、イタリアの庭園様式。傾斜地を利用し、露壇、噴水、壁泉、瀬滝などが設けられ、露壇式庭園ともいう。発音イタリアシキテイエン〈標ア〉⓪

イタリア-じん【―人】〘名〙イタリア共和国の民族。紀元前千年ごろ北方から移動し、一派であるラテン人が中部イタリアのラティム地方に定着した。中世にはアラブ人との接触、ノルマン人などの侵入を受けた。ラテン人の特色として、比較的小柄で、黒色の瞳を持つ。宗教はほとんどすべてローマカトリック教である。伊人。＊幼学読本(1887)〈西邨貞〉四「日本人には日本人の間につう用することば有り。〈略〉ふらんす人、いたりあ人等皆然り」＊花間鶯(1887‐88)〈末広鉄腸〉上・一「伊太利亜人(イタリヤジン)の手に成れる美しき油絵」＊露団々(1889)〈幸田露伴〉一三「饂飩(うどん)のぬらりとした伊太利人(イタリイジン)」発音〈標ア〉ア

イタリア-とういつせんそう【―統一戦争】(:トウイッセンサウ)一八五九年、イタリア全土の統一をめざすサルデーニャ王国とオーストリアとの間の戦争。ナポレオン三世と密約を結んだサルデーニャは連戦連勝したが、サルデーニャの強大化を恐れるナポレオン三世の裏切りにより、ロンバルディアを回復したにとどまった。発音イタリアトーイツセンソー〈標ア〉セ

イタリア-トルコ-せんそう【―戦争】(:センサウ)「いとせんそう(伊土戦争)」に同じ。

イタリア-はんとう【―半島】(:ハンタウ)ヨーロッパ大陸南部の半島。地中海を東西に分ける長ぐつ形の半

島で、中央部をアペニン山脈が走る。発音イタリアハントー〈標ア〉ハ

イタリア-やき【—焼】〔名〕イタリアで作られる陶器、ことにマジョリカの古称。＊新らしい言葉の字引(1918)〈服部嘉香・植原路郎〉「イタリア焼き Italian pottery〔英〕第十一世紀から十三世紀までのイタリア焼はエナメル焼であったが、十四世紀には金属的の光沢色彩を以て特色と為すに至り、多く画題は宗教的のものをとる様になって来た」発音〈標ア〉0

いたり-あゆみ【至歩】〔名〕非常にすばらしいしゃれた歩きぶり。＊歌舞伎・景政雷問答(1700)三「かかる所へ奥州張肘(はりひぢ)のいたり歩(アユ)み、のしのしと道中し来る」発音〈標ア〉ア

イタリア-りょうり【—料理】〔名〕《イタリヤ料理・イタリー料理》イタリアで発達した料理。パスタや海鮮類を使った料理が主で、味付けにサルサ・ディ・ポモドーロと呼ばれるトマトソースを用いたり、オリーブ油を調味料として用いたりするのが特徴。＊古川ロッパ日記-昭和一一年(1936)九月二八日「イタリ料理のラヴィオリ・ニュアスとてもよろし」＊ロッパ食談(1955)〈古川緑波〉日本の幸福「アイリーンのハンガリア料理、ハムブルグのドイツ料理、麻布には、イタリー料理の店も出来た」発音イタリアリョーリ〈標ア〉リョ

イタリアン〔語素〕(英 Italian) イタリアの。イタリア風の。常に他の名詞の上に付いて連体詞的に用いられる。「イタリアン-スタイル」

イタリアン-クロス〔名〕(英 Italian cloth) 経(たていと)に綿糸、緯(よこいと)に細い梳毛(そもう)糸を用い、緯が表面に出る繻子(しゅす)織。ふつう黒の無地で光沢に富み、なめらかな風合をもつ。イタリア繻子。毛繻子。＊外来語辞典(1914)〈勝屋英造〉「イタリアン・クロース Italian cloth (英) 経に綿糸、緯にイタリアン・クロース・ヤーンを用ゐたる繻子地及び綾織の綿毛交織布」発音〈標ア〉ク

イタリー (英 Italy)「イタリア」の英語名。＊明治月刊(大阪府編)(1868)一「伊太利国 一名 撒丁 原名 イタリー 或 サルデヰニヤ」

いたり-いしょう【至衣装】〔名〕これ以上はないくらいのぜいたくな衣装。最高の衣装。＊浮世草子・猿源氏色芝居(1718)四「拾ひ草履にあしをやすめて、絹はつむぎをいたり衣装とおもひ」発音イタリイショー〈標ア〉イ2

いたり-かしこし【至賢】 ⇨「いたり(至)」の子見出し

いたり-かたぎ【至気質】〔名〕これ以上はないけっこうな性質。おうようで気のきいた性格。ぜいたくで気がよい性質。＊浮世草子・世間子息気質(1715)一・三「惣領の万助が至り形気(カタギ)、稚い時から辛目を見ずゆたかにそだちて」発音イタリカタギ〈標ア〉カ

いたり-ぎ【至気】〔名〕何事にも最上を求める気風。しゃれてぜいたくな気風。＊浮世草子・猿源氏色芝居(1718)三「そうじて上方のいたり気、江戸大ざかにすぐれて、目ずいせうのしゃれ所」発音イタリギ〈標ア〉リ

いたり-きゃく【至客】〔名〕最も上等の客。これ以上に望めない最上の客。＊談義本・教訓雑長持(1752)三・浅草寺に奴集り主人を評議せし事「分限者の婚礼振廻、家督の弘め、花の会の、菊合のと、兎角上品の至客(イタリキャク)のと」

いたり-くさり〔名〕方言 汚いことに平気でかまわない人。無精者。怠け者。宮崎県947 954 ◇いたりたあれ・いたったあれ・いだったあれ・いたったあし 長崎県対馬909 910 913

いたり-げ【至気】〔形動〕(「げ」は接尾語) 風流の極地に達したさま。＊俳諧・やつこはいかい(1667)「公家方はなまいたりけに身にしみて 伽羅をいぶせる玉簾の内」発音イタリゲ〈標ア〉0リ

いたり-げい【至芸】〔名〕ぜいたくで、しゃれた芸事。気どった芸事。ふつう連俳、茶、香、楊弓などをさしていう。至り稽古。＊談義本・教訓雑長持(1752)三・浅草寺に奴集り主人を評議せし事「虎屋が五種香の香もなく、柳屋が石磨(いしうす)の音もなければ、誠に上天の至芸(イタリゲイ)」＊談義本・当世下手談義(1752)二・八王子の臍翁座敷談義の事「江戸の遊人のまねして、連誹茶香楊弓などの至(イタ)り芸(ゲイ)」発音イタリゲ(ゲ)イ〈標ア〉リ

いたり-げいこ【至稽古】〔名〕「いたりげい(至芸)」に同じ。＊談義本・興談浮世袋(1770)三・女共寄合噺の事「五六人づれで、十種香とやら五種香とやら、町人に似合ぬいたり稽古(ケイコ)」発音イタリゲイコ〈標ア〉ゲ

いたり-ごけ【至後家】〔名〕万事に気がきいていて、粋な未亡人。＊浮世草子・浮世栄花一代男(1693)二・一「手づよき男の生れつきたるを何者によらずあまた抱(かか)へ置、〈略〉いたり後家ともにかづける事ぞかし」発音〈標ア〉リ

いたり-しもやしき【至下屋敷】〔名〕至れり尽くせりのぜいたくな別荘。粋をこらした別邸。＊浮世草子・俗つれづれ(1695)二・一「今の難波のいたり下屋敷に、中二階のすだれまきあげ」発音〈標ア〉ヤ

いたり-すがた【至姿】〔名〕気がきいてしゃれたみなり。至り風(ふう)。＊歌謡・落葉集(1704)三・成相「十七小女郎が酌をとる。いたり姿でうい事言うた」＊浮世草子・当世乙女織(1706)二・二「始終を伽羅でふすべ上、極々のいたりすがたに仕立、人の心をとろかす事而已(のみ)をおしへ」発音イタリスガタ〈標ア〉ス

いたり-ぜんさく【至穿鑿】〔名〕①粋の限り、ぜいたくの限りを尽くし、いろいろ吟味して、自分の好みに合わせること。ぜいたくこのうえない物好み。しゃれすぎた物好き。＊浮世草子・好色一代女(1686)四・一「万の事此ごとく人しらぬ物入次第にいたりせんさくの世なり」＊浮世草子・傾城色三味線(1701)江戸・一「上(うは)がへの蹴出し腰のひねり、すあしにわら草履のいたりぜんさく、いづれかしほろしからざる所なし」②うるさく知ろうとすること。＊にごりえ(1895)〈樋口一葉〉二「ああ貴君(あなた)もいたり穿索(センサク)なさります」発音〈標ア〉ゼ

いたり-ぞめ【至染】〔名〕手のこんだぜいたくな染め方。非常に粋で気のきいた染め方。＊浄瑠璃・傾城島原蛙合戦(1719)五「りんず小袖のいたり染め」発音〈標ア〉0

いたり-だいじん【至大尽】〔名〕万事に行き届いて粋な金持の遊び客。＊浮世草子・風流曲三味線(1706)二・一「櫃(ひつ)臭き布(ぬのこ)を着し、至(イタ)り大臣(ダイジン)の仕出しを見ならひ」発音〈標ア〉ダ

いたり-だんな【至旦那】〔名〕このうえもなくよく気がついて粋な金持の客。＊浮世草子・御伽名代紙衣(1738)五・一「常に御出なさるる上京の歴々の至(イタ)り旦那(ダンナ)の風を移せば」発音〈標ア〉ダ

いたり-ちゃや【至茶屋】〔名〕非常にしゃれた色茶屋。ぜいを尽くしている高級な茶屋。＊浮世草子・西鶴置土産(1693)五・一「南江のいたり茶屋(チャヤ)にあそんで」発音〈標ア〉リ

イタリック〔名〕(英 italics) 欧文活字の書体の一つ。少し右に傾いている字体。イタリアのマヌチウス(一四五〇～一五一六)が創始したという。ふつうの字体(ローマン)の文の中で、強調する時や作品名、外来語を表わすのに用いる。例 *italics* イタリック体。＊舶来語便覧(1912)〈棚橋一郎・鈴木誠一〉「イタリック 欧文活字の一種 Italic (英) 伊太利の、伊太利人の義。印刷上にイタリック体(*Italic*)とは毎字少しく右方に傾斜するを特色とし」発音〈標ア〉リ〈京ア〉タ／ツ

いたり-つ・く【至着】〔自カ四〕目的地に着く。到着する。＊蜻蛉(974頃)中・天祿元年「走井(はしりゐ)には、これかれ、馬うちはやしてさきだつもありて、いたりつきたれば」＊源氏(1001-14頃)玉鬘「かしこにいたりつきては、まいて、はるかなるほどを思ひやりて、恋ひ泣きて」発音〈標ア〉ツ0

イタリック-ごは【—語派】〔名〕インド-ヨーロッパ語の一語派。二群に分けられ、一つはラテン-ファリスク語群、他はオスク-ウンブリア語群。いずれもイタリア半島で話されていたが、ラテン語がのち有力となり、他のすべてを駆逐した。このラテン語から現代のロマンス諸語(フランス語、イタリア語、ポルトガル語、スペイン語、ルーマニア語など)が出ている。発音〈標ア〉ゴ

いたり-て【至—】〔副〕(動詞「いたる(至)」の連用形に、助詞「て」が付いて一語化したもの。程度のはなはだしいさまを表わす) とても。非常に。まったく。＊続日本紀-天平宝字八年(764)九月二〇日・宣命「至天(いたりテ)浄(きよ)く仏の御法を継ぎ隆(ひろ)めむとおもほしまし」＊西大寺本金光明最勝王経平安初期点(830頃)一〇「鍾(イタ)りて愛(めぐ)くいまししは」＊古今著聞集(1254)二・三七「しかれども慈悲いたりて深きが故に」＊徒然草(1331頃)八五「己すなほならねど、人の賢を見て羨むは尋常(よのつね)なり。いたりて愚かなる人は、たまたま賢なる人を見て、これをにくむ」語誌「いたりて」は、漢文訓読特有語で、和文系の「いと」に対応する。「いたりて」と同義の語に「きわめて」があるが、この語も漢文訓読特有語で、「いたりて」と同様に「極」を訓読することから生じた。後に音便形の「いたって」が使われるようになる。発音〈標ア〉タ

いたり-どうちゅう【至道中】〔名〕(「道中」は遊女が着飾って遊廓の中をねり歩くこと) このうえもなく華美で粋な遊女の道中。＊浮世草子・傾城禁短気(1711)四・一「歴々さへ手怖ぢせらるる高雄が至り道中を待かけ、近くになれば此男、お手を取りてぢっと締めるに」発音イタリドーチュー〈標ア〉ド

いたり-どこ【至床】〔名〕河原や川の上につくった、非常にぜいたくでしゃれた涼み床。＊浮世草子・男色大鑑(1687)八・一「夜の編笠はしれものいたり床(トコ)にしかけ」発音〈標ア〉リ

いたり-ねこ【至猫】〔名〕家に飼われていないネコ。のらねこ。＊物類称呼(1775)二「関西東武ともにのらねことよぶ 東国にて ぬすびとねこ いたりねこともいふ」方言 群馬県勢多郡222

いたり-ばなし【至話】〔名〕気のきいたしゃれた話。みえを張ってする俗っぽくない話。至り物語。＊浮世草子・新吉原常々草(1689)下「糸筋静に引ならし、すこし位ひをとっていたり咄しなどして大やうにかまへたるは、女良もおらしかねて」＊浮世草子・浮世親仁形気(1720)一・一「それから、むしゃうに至(イタ)り咄(バナシ)、十炷香の噂、連俳茶湯鞠(まり)楊弓の沙汰をして」発音〈標ア〉バ

いたり-ふう【至風】〔名〕気がきいて粋な様子。しゃれた服装。至り姿。＊浄瑠璃・曾我虎が磨(1711頃)上「忍び出かけの至り風」＊浮世草子・傾城歌三味線(1732)一・一「万(よろづ)上方の至(イタ)り風(フウ)をまなびぬれば」発音イタリフー〈標ア〉0

いたり-ふか・し【至深】 ⇨「いたり(至)」の子見出し

いたり-まっしゃ【至末社】〔名〕万事ぬけめなく行き届いた、たいこもち。気がきいて粋なたいこもち。＊浮世草子・好色盛衰記(1688)四・二「さて嶋原の手引に花さき左吉といへる、いたり末社(マッシャ)をつれて」＊浮世草子・風流曲三味線(1706)二・一「よい所見て来た至(イタ)り末社(マッシャ)に揉(も)まれて、傾国のいきかたを聞覚へて」発音〈標ア〉マ

いたり-みもち【至身持】〔名〕非常にぜいたくな

生活態度をとること。＊浮世草子・日本新永代蔵(1713)六・三「是生れながら長者にて、銀のまうけがたき事知ず、なんの苦労なしにあたまから、雲上(イタリ)身持して、向上成事のみをわきまへ」発音〈標ア〉ミ

いたり-ものがたり【至物語】〘名〙非常に気のきいた話。しゃれた話。いたり話。＊浮世草子・好色一代女(1686)一・四「いたり物語(カタ)りふたつみつかしらにそそらずして」発音イタリモノガタリ〈標ア〉カ゚

いたり-やまい【至病】〘名〙これ以上はないほどの重い病気。非常な難病。死病。＊浄瑠璃・傾城三度笠(1715頃)下「どうで一度は死病(しにやまひ)、賢慮内損労咳(ろうがい)のいたり病(ヤマヒ)の上を行く、恋の刃に囲(かこ)まれて」発音〈標ア〉ヤ

いたり-ゆい〘動〙方言⇩いたる(至)

いたり-よう【至様】〘名〙気のきいた様子や態度。物知りぶった様子。＊成通卿口伝日記(1136頃)「いたり様に、物教へすべからず」発音イタリヨー〈標ア〉ヨ

いたり-りょうり【至料理】〘名〙手のこんだぜいたくな料理。凝った料理。＊俳諧・七百五十韻(1681)四「けふぞ月到り料理の限もなく〈仙菴〉引て金翅鳥(こんじてう)蒸王余魚(むしがれ)の露〈常之〉」＊浮世草子・日本永代蔵(1688)四・一「朝夕の鴨鱠(なます)杉焼のいたり料理(れうり)が胸につかへて迷惑」発音イタリリョーリ〈標ア〉リョ

いたり-りょうりぢゃや【至料理茶屋】〘名〙豪華で粋な料理茶屋。行き届いて気のきいた料理茶屋。＊浮世草子・渡世身持談義(1735)一・三「古(いにしへ)は大根畠にてありし所、今は新地の家建(たち)続き、至(イタ)り料理茶屋(リャウリチャヤ)に鴨鍋焼の匂ひもして」発音イタリリョーリジャヤ〈標ア〉ジャ リ2

いた・る【至・到】〘自ラ五(四)〙(他動詞「いたす(致)」に対する自動詞形という) ①物事がある点から出発して、他の点まで達する。㋑ある場所に行き着く。到着する。＊古事記(712)中・歌謡「百(もも)伝ふ 角鹿(つぬが)の蟹(かに) 横去らふ 何処(いづく)に伊多流(イタル)」＊万葉(8C後)一四・三四四一「ま遠くの雲居に見ゆる妹が家(へ)にいつか伊多良(イタラ)む歩めあが駒〈東歌〉」＊竹取(9C末-10C初)「かくや姫のある所に至りて見れば、猶物思へるけしきなり」＊平家(13C前)一〇・戒文「専(もっぱ)ら名号(みゃうがう)を称すれば、西方にいたる」＊日葡辞書(1603-04)「ヒゼン、または、ナガサキニ itaru(イタル)」㋺ある時点に達する。ある時期、時節になる。＊万葉(8C後)一七・四〇一一「露霜の 秋に伊多礼(イタレ)ば〈大伴家持〉」＊大鏡(12C前)一・後一条院「世はじまりて後、今にいたるまで」＊説経節・説経苅萱(1631)中「ゑんりやく八ねん、六月六日にあひはなれ、けふにいたるまてたいめん申さす」㋩ある地位に達する。＊平治(1220頃か)上・信頼、信西不快の事「年たけよはひかたぶけて後、わづかに従三位までこそいたりしか」＊宇治拾遺(1221頃)一・四「善男、縁につきて、京上(きゃうのぼり)して大納言にいたる」＊古今著聞集(1254)一・三一「汝かならず大夫史にいたるべきものなり」㊁ついに、ある状態になる。ある段階、時機などに達する。＊日葡辞書(1603-04)「ハンジャウノ トキ itatta(イタッタ)」＊文明論之概略(1875)〈福沢諭吉〉三・六「或は他をして之(これ)を羨ましむるに至る可(べ)し」＊花柳春話(1878-79)〈織田純一郎訳〉一九「談遷(うつり)て英人の風俗を誹謗するに至る」＊清国に対する宣戦の詔勅-明治二七年(1894)八月一日「事既に玆(ここ)に至る。〈略〉公に戦を宣せざるを得ざるなり」②物事の限界、極点に達する。㋑(多く「にいたるまで」の形で)物事の両極、または一方の極をあげて、その範囲、限界などを示す。＊万葉(8C後)三・四二〇「天雲の そくへのきはみ 天地(あめつち)の 至流(いたれル)までに〈丹生王〉」＊古今(905-914)仮名序「梅(むめ)をかざすよりはじめて、ほととぎすを聞き、もみぢを折り、雪を見るにいたるまで」＊大鏡(12C前)二・実頼「つゆ恐ることなくて、すゑずゑの船にいたるまで、平らかにのぼり給ひにき」＊徒然草(1331頃)二「衣冠より馬、車にいたるまで、あるにしたがひて用ゐよ」㋺(多く「いたれる」「いたりたる」の形で)極点に達する。このうえない状態になる。きわめる。→至りて・至って。＊大唐三蔵玄奘法師表啓平安初期点(850頃)「至(イタ)りたる理」＊大鏡(12C前)六・道長下「まことにこれは徳いたりたる翁共にて候」＊古今著聞集(1254)五・一七二「能因はいたれるすきものにてありければ」＊日葡辞書(1603-04)「ゼン、または、ガクモンニ itatta(イタッタ)ヒト」③広くゆきわたる。特に、注意などがすみずみまで届く。＊西大寺本金光明最勝王経平安初期点(830頃)三「嘉(よ)き名普く曁(イタ)り、衆に欽仰(せ)られむ」＊蜻蛉(974頃)上・天暦八年「いたらぬところなしと聞きふるしたる手も、あらじとおぼゆるまで悪しければ」＊源氏(1001-14頃)帚木「女といはんからに、世にある事の公、私につけて、むげに知らずいたらずしもあらむ」＊浮世草子・風流曲三味線(1706)二・一「爰(ここ)は至(イタ)った茶屋じゃぞや。吸物まで出してと悦ぶ」＊日本開化小史(1877-82)〈田口卯吉〉三・六「専横放肆至らざる所なし」④事物や人、また、新しい事態、時期などが自分の方へやってくる。＊落窪(10C後)一「此時ぬす人いたらんやは。男にこそおはすらめ」＊大鏡(12C前)三・伊尹「身のざえ、人おぼえやむごとなき人なりければ、頭になるべき次第いたりたるに」＊平家(13C前)五・福原院宣「時にいたって行なはざれば、かへって其殃(わざはひ)をうくといふ本文あり」＊徒然草(1331頃)一〇八「刹那覚えずといへども、これをはこびてやまざれば、命を終ふる期(ご)、忽ちにいたる」＊花柳春話(1878-79)〈織田純一郎訳〉六六「艱難併(なら)び臻(イタ)り、薄命極て殆ど将さに死に迫らんとするに臨み」⑤ある事の結果、そうなる。＊義経記(室町中か)六・判官南都へ忍び御出ある事「それは臆病のいたるところぞ。など奪らざらん」＊虎明本狂言・文蔵(室町末-近世初)「口にくわへてぬくべきを、わかげのいたる所にや、かぶりのいたにおしあてちゃうちゃうちゃうどうちければ」⑥(「にいたっては」「にいたりては」の形で)事柄をいくつかあげ、最後に、強調したいものとして、ある事柄を特にとりあげる表現。…ということになる。…に話が及ぶ。＊大慈恩寺三蔵法師伝承徳三年点(1099)一〇「群雄慮(おもひ)を革(あらた)め、聖主光廻らしたまふが若(ごと)きに至ては、三蔵に之を備へたり」＊方丈記(1212)「四大種のなかに、水、火、風はつねに害をなせど、大地にいたりてはことなる変をなさず」＊吾輩は猫である(1905-06)〈夏目漱石〉一「知識は黒よりも余程発達して居る積りだが腕力と勇気に至っては到底黒の比較にはならない」⑦粋になる。上品になる。＊評判記・役者評判蛐蜒(1674)藤田小平次「みじか刀に中脇指(さし)らしやの羽織に四方かみといたりにいたる」＊浮世草子・新吉原常々草(1689)上「大坂の色町、月影汐といふ事すこしいたらせける」＊浮世草子・渡世身持談義(1735)四・二「上品(じゃうほん)女郎に揉(もま)れ、心至(イタ)り野卑(やひ)なる仕業なく」⑧惜しまないで費用をかけるようになる。はでになる。＊浮世草子・渡世身持談義(1735)一・三「昨日迄正月買と至(イタ)りし大尽(だいじん)、今宵は紙子頭巾目迄引被(ひきかぶ)り」＊浮世草子・御伽名代紙衣(1738)一・四「次第に大きに至(イタ)り出して、一角(かく)やりし末社が花も、二角三角になり」方言❶ぜいたくをする。おごる。見栄を張る。富山県390 砺波398 福井県坂井郡433 山口県豊浦郡798 宮崎県東諸県郡954 ❷遊蕩(ゆうとう)する。◇いたりゆい 鹿児島県喜界島983 ❸行く。福岡県057 872 佐賀県東松浦郡・佐賀郡038 長崎県038 899 熊本県天草郡038 下益城郡930 宮崎県955 鹿児島県038 963 ❹死ぬ。長野県上田475 ❺奥義に達する。◇いたりゆい 沖縄県首里993 語源説(1)イキタル(行足)の略か〔万葉考・和訓集説・名言通・和訓栞・大言海〕。(2)イキタル(気足)の略〔紫門和語類集〕。発音〈標ア〉⓪タ〈ア史〉平安●●○ 鎌倉来●●● 〈京ア〉⓪ 辞書色葉・名義・和玉・文明・伊京・天正・饅頭・黒本・易林・日葡・書言・ヘボン・言海 表記到(色・名・玉・文・伊・天・饅・黒・易・書)至(色・名・玉・文・天・饅・黒・易・書・へ・言)格(色・名・玉・文・伊・書)達(色・名・玉・文・易・書)及・臻(色・名・玉・文)届(色・名・玉・易・書)迄(色・名・玉・書)耆(色・名・文)迨(色・名・易)抵(名・玉・文)逮(名・易・書)仮・投・摧・距・往・致・造・戻・狃・詹(色・名・玉)曁(名・玉・文)効・偈・迪・逝・篚・自・抱・掲・泊・予・周・演・漸・集・踵・欸・参・郊・怛・悃・察・応・厲・死・放(色・名)泊・抵・挌・極・底・厎・摯・臻・痄・跮・之・趴・逨・徹・洎(名・玉)傅・走(色・玉)詣(色・文)弔(玉・書)訖・戒(色)止・孔(名)逕・遂(玉)陀・流(文)面謁(伊)

同訓異字 **いたる【至・到・戻・底・格・造・達・詣】**

【至】(シ)ある一定のところに行き着く。達する。「至極」「夏至」「必至」《古 いたる・きはまる》

【到】(トウ)ある一定のところまで次第に進んでいって着く。行き着く。「到着」「到達」「到来」「殺到」《古 いたる》

【戻】(レイ)そむく。もどる。転じて、行き着く。「戻止」「戻天」《古 いたる・きたる・めぐる》

【底】(テイ)そこ。転じて、到着点に行き着き、その場所にとどまる。「底止」《古 とどむ・ゐる・いたる》

【格】(カク)しかるべきところにいたる。「恥有りて且つ格る(=論語の言葉。人民は恥を知るようになり、さらに善にいたるの意)」「物に格る(=朱子の言葉。個々の事物についての道理を徹底的に明らかにする意)」また、神霊が来てとどまる。「来格」《古 いたる・きたる》

【造】(ゾウ)尊ぶべきものに近づいて行って到達する。今日では、学問、芸術、技芸等をきわめた場合に用いる。「造詣」《古 いたる・つく・とぶらふ》

【達】(タツ)通っていたる。一定の過程を経て目指すところやものに行き着く。「達意」「達成」「到達」「上達」《古 いたる・とほる・つかはす・ゆく》

【詣】(ケイ)尊ぶべきものに近づいて行って着く。「造詣」《古 まうづ・まゐる・いたる・おもふく》

いたらん 事(こと) 方言❶つまらないこと。むだなこと。肥後†131 福岡市879 長崎県北松浦郡900 伊王島907 ◇いたらんこつ 長崎県五島054 熊本県下益城郡930 ◇いたらんこ 長崎県五島917 ❷むだ口。冗談。福岡県粕屋郡872

いたる 所(ところ) 行くさきざきすべて。また、どこもかしこも全部。あちらこちら方々。助詞「で」「に」などを伴うことが多いが、単独で連用修飾の働きをする場合もある。＊伊京集(室町)「到処鄽土 イタルトコロニツチヲツカム」＊中華若木詩抄(1520頃)下「いかに絶景ありて到処面白くとも」＊当世書生気質(1885-86)〈坪内逍遙〉一「到る処に車夫あり、赴く所に学生あり」＊彼岸過迄(1912)〈夏目漱石〉松本の話・一〇「約束の音信(たより)は至(イタ)る所(トコロ)からあった」＊高適-九曲詞「到処尽逢歓洽事、相看総是太平人」発音〈標ア〉タ ロ〈京ア〉⓪ 辞書文明・伊京 表記到処(文・伊)

いたれり 尽(つ)くせり (動詞「いたる(至)」「つくす(尽)」の命令形に、それぞれ完了の助動詞「り」の付いたもの)非常によく行き届いている。また、そういうようす。現代では一語的に用いられる。＊応永本論語抄(1420)堯曰「堯の一言は至れり尽せりと云て、此に不足はなけれども、其一言をよく心得させん為にそへたる辞也」＊俳諧・伊勢紀行(1686)跋「一たび吟じて感を起し、ふたたび誦して感を忘る。みたびよみて其無事なることを覚ふ。此人や、この道に到れり尽せり」＊国歌八論(1742)準則「今の世にては、

全く貫之が如くに詠み出でたりとも、至れり尽せりとはいふべからず」 ＊福翁自伝（1899）〈福沢諭吉〉始めて亜米利加に渡る「彼方（あっち）の人の歓迎と云ふものは、それはそれは実に至（イタ）れり尽（ツク）せり、此上の仕様がないと云ふ程の歓迎」 ＊荘子‐斉物論「至矣尽矣、不レ可二以加一矣」 発音〈標ア〉レ＝セ セ 〈京ア〉レ＝セ

いだ・る【茹】〘自ラ四〙（「ゆだる（茹）」の変化した語）うだる。＊日葡辞書（1603‐04）「Idari, u, atta（イダル）」 方言 ❶困却する。さんざんな目に遭う。兵庫県淡路島671 徳島県811 ❷寒さのために草や木の葉が赤く焼ける。高知県土佐郡866 辞書 日葡

イタル‐タス【ITAR-TASS】（ロシア Informacija Tjeljegrafnoje agjentstvo Russija, Tjeljegrafnoje agjentstvo Sovjetskogo Sojuza の略）ロシア国営通信社。一九二五年に創立され、ソ連閣僚会議に直属したタス通信社の後身で、本社はモスクワ。八九年のソ連解体に伴いロシアの通信社となり、九二年にイタルタスと改称。九三年には国営となった。↓タス（TASS）

いたれない〘形〙方言 ⇩いたり（至）がない

いたれり‐つくせり【至尽】 ⇩「いたる（至）」の子見出し

いた‐ろく【板六】〘名〙囲碁で、六目の矩形の地域をかこんだ石の形。発音〈標ア〉0

いた‐わき【板脇】〘名〙主に江戸深川の岡場所で、板頭（いたがしら）に次いで、一か月の揚げ代の多い女郎の称。＊洒落本・風俗通（1800）一「福しまの板かしら、板わきといふこともにて、五日勘定にはいつもほめられるてやい」 ＊洒落本・意妓口（1789‐1801頃）二「お色さんがこんだの勘定に板がしらで、わたいが板わきにでもなって見なせへし」 発音〈標ア〉0

いた‐わく【板枠】〘名〙板で作った枠。＊いつか汽笛を鳴らして（1972）〈畑山博〉二「くず紙を固めるのに本当はプレス機を買いたいのだけれど、まだその資力がないので、板枠に詰めた紙くずを突き棒で突いて固めている」 発音〈標ア〉0

いた‐わさ【板山葵】〘名〙（「いたわさび」の略）板蒲鉾（いたかまぼこ）を切って、おろしわさびを添えた料理。発音〈標ア〉0

いたわ◦し いたはし**【労】**〘形シク〙⇩いたわしい（労） 発音〈標ア〉0 〈京ア〉0／0

いたわし・い いたはしい**【労・痛】**〘形口〙文いたは◦し〘形シク〙①（困難なことで）骨がおれて苦しい。（重大なことで）心配だ。気苦労だ。きづかわしい。＊書紀（720）允恭即位前（図書寮本訓）「願はくは、大王（おほきみ）労（イタハシ）と雖も猶天皇位（あまつひつぎ）即（しろしめ）せ」 ＊書紀（720）舒明即位前（北野本訓）「愛（うるはし）き叔父（をぢのおきなども）労思（イタハシク）して一介之使（ひとつつかひのきみ）のみに非（あら）ず、重臣等（かしこきまへつきむたち）を遣して教（をし）へ覚（さとす）」 ＊白氏文集天永四年点（1113）三「繚綾は女工の労（イタハシキ）を念へり」 ＊大慈恩寺三蔵法師伝永久四年点（1116）四「奘、学浅く智微なりと雖も、之に当りて必ず了（さと）りなむ。願はくは諸徳煩（イタハシク）憂へざれ」 ②病気で苦しい。気分が悪くて悩ましい。＊万葉（8C後）五・八八六「己（おの）が身し 伊多波斯計礼（イタハシケレ）ば 玉桙（たまほこ）の 道の隈廻（くまみ）に 草手折り 柴取り敷きて 床じもの うち臥（こ）い伏して〈山上憶良〉」 ③大事なものとして重んじたい。いたわって大切にしたい。＊万葉（8C後）一三・三三三五「とゐ波の 塞（ささ）ふる道を 誰が心 労（いたはし）とかも 直（ただ）渡りけむ〈作者未詳〉」 ＊源氏（1001‐14頃）紅葉賀「物語などしてうち笑み給へるがいとゆゆしううつくしきに、我が身ながらこれに似たらむは、いみじういたはしうおぼえ給ふ」 ＊方丈記（1212）「わが身は次にして人をいたはしく思ふあひだに、稀々得たる食ひ物をも、かれにゆづるによりてなり」 ＊平家（13C前）八・名虎「かれは守文継躰（けいてい）の器量あり、是は万機輔佐の心操あり。かれもこれもいたはしくて、いづれもおぼしめしわづらはれき」 ④（他人の状態に対して）心が痛む。あわれみを感じる。気の毒である。ふびんである。いたいたしい。＊太平記（14C後）九・足利殿御上洛事「御台（みだい）の御事は、又赤橋殿とても御座（おはしまし）候はん程は、何の御痛敷（イタハシキ）事か候べき」 ＊史記抄（1477）一六・酷吏列伝「竇太后は景帝の母ぞ。臨江王のためには祖母でわたるぞ。臨江王をつよくいたわしう思てぞ」 ＊謡曲・鞍馬天狗（1480頃）「見る人もなき山里の桜花、よその散りなん後にこそ咲かば咲くべきに、あら痛はしのおんことや」 ＊雲形本狂言・武悪（室町末‐近世初）「わづか扇ほどの事にお事をかかせらるといふは、扠もおいたはしい事ぢゃわいやい」 ＊虎明本狂言・薩摩守（室町末‐近世初）「近比いたわしひ事じや程に、茶の銭もさしおかふず」 ＊浄瑠璃・源三位頼政（扇の芝）（1714頃）二「去ながらあまり見る目もいたはしし」 方言 ❶痛々しい。弱々しい。岡山県児島郡763 香川県829 ◇いちゃさん 沖縄県首里993 ❷心細い。新潟県東蒲原郡368 ❸惜しい。残念だ。北海道美唄市・松前郡038 青森県073 岩手県上閉伊郡097 宮城県栗原郡114 秋田県062 鹿角郡132 山形県139 新潟県054 366 368 ◇いたらしい 岩手県上閉伊郡097 気仙郡102 ◇いとわしい 島根県邑智郡725 ◇いちゃさん 沖縄県首里993 ❹大切だ。北海道松前郡038 ❺着物などが窮屈だ。◇いたしくろしい 愛媛県大三島848 ❻難しい。困難だ。◇いたしくろしい 愛媛県大三島848 語源説 イタハリシ（痛）の略〔言元梯〕。発音 イタワシイ〈なまり〉イダシ〔津軽ことば・津軽語彙〕イダマシ〔秋田〕イタラス・エダラス〔岩手〕イトワシー〔島根〕〈標ア〉シ 〈京ア〉ワ 文『いたはし』イタワシ〈標ア〉ワ 〈ア史〉平安○○◐か 江戸『いたはしき』●●●○○ 〈京ア〉ワ 辞書 色葉・名義・文明・伊京・明応・天正・饅頭・黒本・易林・日葡・書言・ヘボン・言海 表記 痛敷（文・伊・明・天・饅・黒）労煩（易）悼敷（ヘ）労敷（易・書）勤・憂（色）防（名）板輪敷（黒）

いたわし‐が・る いたはし‐**【労―・痛―】**〘他ラ五（四）〙（形容詞「いたわしい」の語幹に接尾語「がる」の付いたもの）気の毒に思う気持を外に表わす。ふびんに思う。＊御伽草子・天神の本地（室町時代物語大成所収）（室町末）「たかきもいやしきも、かんせうしゃうの御事をいたはしかり申さぬ人はなかりけり」 ＊仮名草子・東海道名所記（1659‐61頃）三「船中皆いたはしがりて、会津の薬とて、瓢簞（ひゃうたん）の黒焼を取らする人もあり」 発音 イタワシガル〈なまり〉イダシカル・イタラシガル〔岩手〕〈標ア〉カ

いたわし‐げ いたはし‐**【労―・痛―】**〘名〙（形容詞「いたわしい」の語幹に接尾語「げ」の付いたもの）心をくばって大切にすること。思いやりのあること。いたわる様子。＊太平記（14C後）三五・北野通夜物語事「一人の獄卒これを聞きて、いたはしげもなく鉄（くろがね）の鉾（ほこ）に貫いて焔の中より指し出し」 ＊義経記（室町中か）七・如意の渡にて義経を弁慶打ち奉る事「腰なる扇抜き出し、いたはしげもなく、続け打ちに散々にぞ打ちたりける」 発音 イタワシゲ〈なまり〉イダシゲ〔津軽語彙〕〈標ア〉シ

いたわし‐さ いたはし‐**【労―・痛―】**〘名〙（形容詞「いたわしい」の語幹に、接尾語「さ」の付いたもの）いたわしいこと。また、その度合。＊今鏡（1170）三・虫の音「鳥羽の院には、次の帝定め申させ給ふに、誠にや侍りけむ、女院の御事のいたはしさにや、姫宮を女帝にやあるべきなどさへ計らはせ給ふ」 ＊苔の衣（1271頃）三「これは今すこしいたはしさ添ひ給へれば、まだしきに心ことに思ひかしづき給ふ」 ＊車屋本謡曲・景清（1466頃）「余りに御いたはしさに、是まで御供申して候」 ＊不言不語（1895）〈尾崎紅葉〉一四「御臨終の御愴惻（イタハシサ）など憶ふにつけて」 発音〈標ア〉ワ 辞書 日葡

いたわし‐なみだ いたはし‐**【労涙】**〘名〙かわいそうに思って流す涙。同情の涙。＊談義本・根無草（1763‐69）前・五「明けていはれぬ胸の内、いたはしなみだしきなみの、そこよ爰よと大舟の、思ひ頼みて求むれど」 発音〈標ア〉ナ

いたわし‐み いたはし‐**【労―】**（形容詞「いたわしい」の語幹に接尾語「み」の付いたもの）気の毒に思って。＊万葉（8C後）一九・四二一一「大夫（ますらを）の 語（こと）労美（いたはしミ） 父母に 申し別れて 家離（ざか）り 海辺に出で立ち〈大伴家持〉」 上代仮名 イタハシミ

いた‐わたし【板渡】〘名〙仲をとりもつこと。なかだち。橋渡し。＊歌舞伎・鐘鳴今朝噂（1761）下「新助さまの板渡（イタワタ）しに、念もないやう」 発音〈標ア〉ワ

い‐たわ・む【―撓】〘他マ下二〙（「い」は接頭語）曲げる。たわめる。＊天降言（1771‐81頃か）「花散れるふぢなが草をすくひわのいたはめつつもその実はむしも」

いたわり いたはり**【労】**〘名〙（動詞「いたわる（労）」の連用形の名詞化）①ほねをおること。格別の労力を使うこと。苦労。＊源氏（1001‐14頃）松風「何のいたはりもなく建てたる寝殿の、事そぎたるさまも」 ②ほねをおって、てがらをたてること。功労。＊書紀（720）神代上（水戸本訓）「吾が在るに由ての故に、汝其の大造（おほよそ）の績（イタハリ）を建つこと得たり」 ＊書紀（720）皇極三年正月（岩崎本訓）「功名（イタハリ）を立つ可き哲主（さかしききみ）をば求む」 ③人のほねおりをねぎらうこと。慰労。＊宇津保（970‐999頃）国譲下「殿上人、蔵人などぞ、これかれ御いたはりにて」 ④ねんごろに扱うこと。大事にすること。肝煎（い）り。世話。＊宇津保（970‐999頃）内侍督「人の婿（むこ）といふものは若き人などをば、本家のいたはりなどして立つるをこそはおもしろきことにはすれ」 ＊落窪（10C後）二「此の御妻のいたはり、かうやいと得まほしくおはする」 ⑤あわれみの心をかけること。いとおしみ。慈愛。＊宇津保（970‐999頃）沖つ白浪「みかど、殿の御いたはりにて、ゆたかにて」 ＊源氏（1001‐14頃）澪標「乳母にも、ありがたうこまやかなる御いたはりの程浅からず」 ＊桐畑（1920）〈里見弴〉二つの心・七「何故もっと、いたはりの心をこめて捨てなかったのだらう」 ⑥身のわずらい。病気。また、心の痛み。＊宇津保（970‐999頃）吹上下「とかくすれどもおこたらず、このあざりにつけ奉れば、かしこくしていたはりやめつ」 ＊平家（13C前）九・木曾最期「山吹はいたはりあって、都にとどまりぬ」 ＊御伽草子・三人法師（室町末）「我ら幼少に候ひし時、かやうのいたはりをして候ひしが、養生仕り候て十四五日にてなをり候ひしほどに」 発音〈標ア〉ワ リ 〈ア史〉江戸●●●● 〈京ア〉0 辞書 書言・言海 表記 煩（書）

いた‐わり【板割】〘名〙①板を割ること。また、それを職業とする人。②長さ三・六メートル、幅二〇～三〇センチメートル、墨掛三センチメートルの杉板。東京では杉の一寸板をいい、地方ではこれを中板ともいう。〔日本建築辞彙（1906）〕 ＊明治世相百話（1936）〈山本笑月〉木場に残った江戸風景「板割を扱かふハガラ屋、カク材を主とする角問屋とあって」 発音〈標ア〉0

いたわり‐いしま いたはり‐〘名〙植物の一つ。実体は未詳。＊読本・椿説弓張月（1807‐11）後・一七回「ある時はいたはりいしまといふ草を食（たう）べ、或時はくさだみといふ果（このみ）を拾ひて粮（かて）に宛（あて）」

いたわり‐か・う いたはりかふ**【労飼】**〘他ハ四〙大事に養う。かわいがって飼う。＊宇津保（970‐999頃）内侍督「かしこくいたはりかはせたまふ五尺のかげ、九寸のくろといひて、なだかき御馬」 ＊宇治拾遺（1221頃）一〇・五「この牛をいたはりかふ程に」

いたわり‐かしず・く いたはりかしづく**【労傅】**〘他カ四〙大事にして世話をする。ねんごろにもてなす。＊源氏（10

01–14頃)手習「亡せにし女ごの代りにと、思ひ喜び侍て、随分にいたはりかしづき侍りけるを」＊随筆・胆大小心録(1808)二〇「かの学問者の妻が『ようこそつれておかへりなされました』とて、いたはりかしづく事尤よし」 発音〈標ア〉ズ

いたわり-げ【労―】『名』(「げ」は接尾語)いたわる気持。あわれむような様子。＊仮名草子・浮世物語(1665頃)四・一「課役を掛けて取り倒し、民家滅却すれども、いたはりげもなし」＊大道無門(1926)〈里見弴〉一番雞・三「『うるさい！』少しの刎(イタハ)り気もなく、力いっぱい胸を突かれて、思はずうしろへよろめいたが」 発音イタワリゲ〈標ア〉リ ゲ

いたわり-ぞうり【板割草履】『名』割った板を裏に打ちつけた草履。粗末な草履。＊神の道化師(1955)〈椎名麟三〉「その善やんの板割草履は、不覚にもどこかのゴミ箱から拾って来たようなひどいものだった」＊手品師(1964)〈吉行淳之介〉「板割り草履をはいた若い男が扉から出て」 発音イタワリゾーリ〈標ア〉ゾ

いたわり-どころ【労所】『名』①たいせつに取り扱ってくれる所。めんどうをみてくれる所。世話人。＊宇津保(970–999頃)内侍督「いたはりどころもなくて、本家のはづかしくものせらるるなん物しき」②気にかける点。同情の余地。＊栄花(1028–92頃)月の宴「『おいおいさなりさなり』と宣ふ程、いたはりどころなう心憂く見えさせ給ふを、わびしう思す程に」③からだの具合の悪い所。病気。＊宇津保(970–999頃)蔵開上「侍る所にし触穢(そくゑ)の候ひつれば、なほかののちは、いたはりどころの侍りしかば」 発音〈標ア〉ド

いたわり-のぞ・む【労望】『他マ四』功労を言いたてて、それに応じた昇進・褒美を望む。＊源氏(1001–14頃)葵「大殿もまゐり給へば、君たちもいたはりのぞみ給ふ事どもありて、との御あたりはなれ給はねば」

いたわり-やしな・う【労養】『他ハ四』①仏法僧の三宝に対して供物を捧げる。＊書紀(720)敏達一四年六月(前田本訓)「新に精舎(みてら)を営(つく)りて、迎へ入れて供養(イタハリヤシナフ)」②大事に世話をする。＊当世書生気質(1885–86)〈坪内逍遙〉四「斯く余所人(よそびと)が陰へまはりお芳をいたわり養(ヤシナ)ふことをば」 発音文イタワリヤシノーとも〈標ア〉0 ナ ノ

いたわ・る【労】㊀『自ラ四』①あれこれ心づかいをする。骨を折る。苦労する。＊書紀(720)舒明即位前(北野本訓)「朕、寡(いやし)く薄きを以て、久しく大業(こと)に労(イタハレ)り。今、暦運(よ)将(まさ)に終(つ)きなむとす」＊源氏(1001–14頃)梅枝「左衛門督は、ことごとしうかしこげなるすぢをのみ、好みて書きたれど、筆のおきて澄まぬ心地して、いたはり加へたる気色なり」②病気で苦しむ。気をやむ。わずらう。＊宇津保(970–999頃)国譲下「日ごろいたはる所侍て、院にも内にも参り侍らぬ」＊幸若・笈さかし(室町末–近世初)「『水橋殿のひめぎみの、きゃへいをつよくいたはりてぞむめひ不定におはせしを』」＊俳諧・猿蓑(1691)三「みちのくより三越路にかかり行脚しけるに、かがの国にていたはり侍りて、いせまで先達けるとて」㊁『他ラ五(四)』①(骨折りに対し感謝の気持をもって)ねぎらう。慰労する。＊書紀(720)欽明二三年六月(寛文版訓)「我が気(け)長足姫尊、霊聖(くしひ)に聰く明にして天の下を周行(めぐ)ります。群庶(もろひと)を勧労(イタハリ)、万の民を饗育(やしな)ひたまひ」②(疾病に対し)手当てを加える。治療する。また、休養する。＊宇津保(970–999頃)国譲中「『いざ、かかる所にて、脚病(かくびゃう)いたはらん』とのたまひて」＊平家(13C前)四・競「さる馬は持って候ひつれども、此ほどあまりに乗り損じて候ひつる間、しばらくいたはらせ候はんとて、田舎へつかはして候」＊読本・椿説弓張月(1807–11)後・二四回「『まづ痍負(ておひ)を勦(イタハ)り給へかし』と宣へば」③(大切なものとして遇する気持をもって)手厚く大事にもてなす。念を入れて丁重に扱う。＊伊勢物語(10C前)六九「つねの使よりは、この人よくいたはれといひやれりければ」＊宇津保(970–999頃)藤原の君「聟どりて、限りなくいたはりて、すませ奉り給ふほどに」＊宇治拾遺(1221頃)一二・一九「この男をばなほ惜しみとどめて、いたはりければ、妻子を恋ひて」④(弱小の人や苦悩している人に対し同情する気持をもって)やさしく慰める。あわれみをかける。＊日葡辞書(1603–04)「ワランベヲ itauari (イタワリ) ソダツル」＊浄瑠璃・新版歌祭文(お染久松)(1780)座摩社「何とした小助殿、怪我はないかと勦(イタ)はれば」＊春(1908)〈島崎藤村〉二五「親切な家族の人々に慰撫(イタハ)られたことを話した」 語誌(1)上代における確例を欠くが、「石山寺本大方広仏華厳経平安初期点」に「イタハ(ル)こと 労」、「観智院本名義抄」に「労 イタハル」とあり、また「書紀」の古訓に複数例の「労 イタハル」が存するところから、上代から存した可能性も残されている。(2)古くは、対象が自己であるか他者であるかを問わず、苦労や病気等によって肉体的・精神的苦痛を感じることを意味したが、その苦痛に対して払われる心遣いに意味が移動して、他者をねぎらうこと、同情することなどを意味するようになったと推定される。 方言❶大切に取り扱う。岩手県気仙郡102 ❷養生する。岩手県上閉伊郡097 徳島県811 美馬郡816 ◇えだる 語源説(1)イタム(傷)の転か〔和訓栞〕。(2)イトフ(厭)の延〔名言通〕。(3)イタユル(堪)の転〔紫門和語類集〕。 発音〈標ア〉ワ〈ア史〉平安○○◎○ 江戸◎○○〈京ア〉0 辞書色葉・名義・和玉・文明・天正・易林・日葡・書言・ヘボン・言海 表記劬(色・名・玉・文・易・書) 労(色・名・玉・文・書・へ) 修(色・名・玉・天) 勦(色・名・書) 勤・惓(色・名) 功・勘(名・玉) 忍・栄・惆・憚(色) 賢・息・恤・屑(名) 卬・悵(易)

い-たん【一旦】『副』「いったん(一旦)」の促音が表記されなかったもの。＊とはずがたり(14C前)二「久我あまうへが申状、いたん、そのいはれなきにあらず」＊高野山文書–(年未詳)(鎌倉)八月一九日・法橋快真書状案(大日本古文書五・一一四五)「たかき御はからひは、いたんはまことにとかくおぼゆる事も候へども」

い-たん【夷坦】『名』(「夷」は平、「坦」は安の意)おだやかで平らなこと。＊張九齢–始興南山詩「世路少夷坦、孟門未嶇嶔」

い-たん【畏憚】『名』おそれて気をつかい、遠慮すること。＊匏菴十種(1869)〈栗本鋤雲〉二「ナポレオンと雖ども猶畏憚するに至る、何ぞ其れ壮なるや」＊布令字弁(1868–72)〈知足蹄原子〉六「畏憚 イタン キヅカイ」＊彼日氏教授論(1876)〈ファン=カステール訳〉九・五「正直教師の此罰を施行するは、白日の光明を畏憚する所なし」＊史記–貨殖伝「凡編戸之民、富相什則卑下之、伯則畏憚之」

い-たん【異端】『名』①(「論語–為政」の「攻乎異端、斯害也已」から)思想、信仰、学説などで、一般的に信じられ権威のある正統からはずれていること。儒教以外の教えや、仏教以外の宗教をさしていわれることが多かった。また、特にキリスト教で、多数の者に一般的に承認されている正統に対して、それ以外の特殊な少数の者によって信じられ主張される教義。また、それを信奉する人。例えばカトリックに対するドナトゥス派など。↓異教。＊続日本紀–天平元年(729)四月癸亥「有学習異端、蓄積幻術、厭魅呪咀害傷百物者、首斬従流」＊仮名草子・ぬれぼとけ(1671)上「いらざる儒・仏の修行して、だんむ・いたんにおちんより、わかき時はそのままに、くすんでなにしよただぬめれ」＊都鄙問答(1739)一・都鄙問答「異端(イタン)と云は聖人の道にあらず。其者が別に私意を以て教を立(たて)、世上の愚なる者を誣(しひ)くらませて、性を知(しる)の、心を知るのと、向上の論議を為(なし)、人を惑(まどは)すことなり」＊国歌八論(1742)古学「その説を聞く人、明なれば則ち服し、暗ければ則ち拒む。三人聴くときは二人は必ず異端と称せり」＊十善法語(1775)八「まことに老子も外ならぬ人ぞ。異端とはいはれぬ。外道とはいはれぬ」＊音訓新聞字引(1876)〈萩原乙彦〉「異端 イタン タダシカラヌオシヘ」＊引照新約全書(1880)可林多前書・一一「正き者の爾曹の中に顕れんため異端(イタン)おこらざるを得ざれば也」＊竹沢先生と云ふ人(1924–25)〈長与善郎〉竹沢先生と赤い月・六「基督教なぞから云はせると異端な怪力のやうに見えるものに対して」＊漢書–武五子伝・戻太子「使通賓客、従其所好、故多以異端進者」②先例に従わないこと。新例を開くこと。＊玉葉–文治三年(1187)一一月二二日「大神宝之時、上下各一備。是為流例。更無異端」＊糟粕記–応仁三年(1469)四月一一日「改元定事、於洛外皇居有被行公事之例之上者、不及異端歟」 補注キリスト教でいう異端は正統と根本を共通にしていて、キリスト教と仏教のような異教の関係とは異なる。 発音〈標ア〉0〈京ア〉0 辞書文明・書言・言海 表記異端(文・書・言)

いたん『名』方言 ⇩いとさま(幼様)

い-だん【い段】『名』五十音図の第二の段をいう。い、き、し、ち、に、ひ、み、い、り、ゐ。 発音〈標ア〉イ

い-だん【異談】『名』変わった、珍しい話。＊万国奇談–跋(1873)〈青木輔清〉「看官宜しく二編三編に至て真に珍奇異談を知り玉へといふ」 発音〈標ア〉0

いたん-し【異端視】『名』正統からはずれているとみなし、そのように扱うこと。＊猟銃(1949)〈井上靖〉「日本猟人倶楽部の機関誌であるだけに、その中にあっては、私の猟銃観は、大なり小なり、異端視され、敬遠さるべき性質のものであった」＊第3ブラリひょうたん(1951)〈高田保〉教育と公務員「新しい酒を古い皮袋に盛ろうとする態度で、思いきって新教育へ踏み出そうとする若い先生を異端視する」 発音〈標ア〉タ

いたん-じ【異端児】『名』社会的な常識などを無視して奔放に生きる人。異端者。 発音〈標ア〉タ

い-だんし【偉男子】『名』①体のすぐれて大きい男子。偉丈夫。偉男児。＊将来之日本(1886)〈徳富蘇峰〉一一「それ軀幹短小なりと雖ども才智抜群の人は以て魁然たる偉男子を制するを得可し」②性格の偉大な男子。 発音〈標ア〉ダ

い-だんじ【偉男児】『名』「いじょうぶ(偉丈夫)」に同じ。＊内地雑居未来之夢(1886)〈坪内逍遙〉一四「皇天は果して偉男児(ヰダンジ)を嫉むや」 発音〈標ア〉ダ

いたん-しゃ【異端者】『名』①異端の宗教、思想、学説などを信じ、主張する人。↓異端。＊童子問(1707)下・三〇「有異端者出、不因旧套、創倡新説」＊硝子戸の中(1915)〈夏目漱石〉四「是は基督教徒に相応(ふさは)しいジョンといふ名前を持ってゐたが、其性質は異端者(イタンシャ)のヘクトーより遙に劣ってゐたやうである」②伝統・権威・世俗的な常識などから外れて孤立している人。アウトサイダー。＊女工哀史(1925)〈細井和喜蔵〉五・一二「甚く割の悪い方へ廻された。それが紡績の異端者となった動機だ」＊脱出(1935)〈福田清人〉四「その後、将軍の『経済的軍備の改造』と題するパンフレットを配付したことなど、T元帥、U大将などから異端者として眺められた」 発音〈標ア〉タ〈京ア〉ン

いたん-じゃせつ【異端邪説】『名』(「宋史–道学・程顥伝」から)よこしまな教えや説。＊人権新説(1883)〈加藤弘之〉一・一四条「古聖先王及び孔孟が治教を明かにして所謂異端邪説を除き以て万民を化育したるが如き」＊思出の記(1900–01)〈徳富蘆花〉六・二〇「斯くの如き異端邪説を」＊夜明け前(1932–35)〈島崎

藤村〉第一部・上・七・三「外国より入って来るものを異端邪説として蛇蝎(だかつ)のやうに憎み嫌った人のやうに」 発音〈標ア〉0

いたんぱ【板端】〘名〙 方言 板切れ。 千葉県北西部271 275 276 ◇いたんぼ 千葉県東葛飾郡276 ◇いたぱし 山形県139 ◇いたっぱし 山形県139 福島県東白川郡157 ◇いたっぱち 福島県東白川郡157 茨城県188 191 193 栃木県198 ◇いたっぴし 静岡県島田市536 ◇いたっぺら 山形県西置賜郡139 栃木県198 ◇いたびら 沖縄県石垣島996 ◇いたこっぱ〔板木端〕 山形県139 茨城県稲敷郡193 ◇いたぱんこ 山形県139

いたんぼ〘名〙 方言 ⇩いたぶ

いち〘字音語素〙 一・壱・逸

【一】呉 ①数の一。ひとつ。／万一／一語、一条、一膳、一台、一度、一日、一人、一年、一名、一問、一葉、一両、一例、一輪、一期一会／ ②いちど。ひとたび。／一往、一望、一列、一喜一憂、一栄一落／ ③第一の。はじめ。／第一／一位、一次、一番、一流、一塁／ ④ひとまとまり。同じもののひとまとまり。／一円、一丸、一群、一軍、一座、一団、一味、一門、一概、一同、一様、一律、一類／ ⑤最上のもの。／世界一、全校一、東洋一、日本一／一乗、一人／ ⑥もっぱら。ひたすら。／一途、一念、一路、一任、一定／ ⑦少し。わずか。／一握、一瞥、一抹、一縷／ ⑧あるひとつ。／一日、一時、一芸、一名所、一事件、一日本人／〔↓イッ漢〕 ⇩いち(一・壱)

【壱=壹】呉 ①大字として、数の一に代用する。／壱円／ ②もっぱら。／壱意／〔↓イッ漢〕

【逸=逸】呉 すぐれている。／逸物／〔↓イッ漢〕

いち【一・壱】 ■一〘名〙 ①数の名。最初の基本数。また、いくつかに分けたものの一つ。ひとつ。ひと。いつ。＊万葉(8C後)一六・三八二七「一(いち)二の目のみにはあらず五六三四さへありけり双六(すぐろく)の采(さえ)〈長奥麻呂〉」 ＊方丈記(1212)「惣(すべ)て都のうち、三分が一に及べりとぞ」 ＊日葡辞書(1603-04)「Ichi (イチ)〈訳〉一つ」 ＊易経-繋辞・上「天一地二」 ＊論語-公冶長「回也、聞一以知十、賜也、聞一以知二」 ②物事の始め。最初。第一番目。＊宇津保(970-999頃)藤原の君「父母恋ひ悲しびて死ぬるもしらで、唐土(もろこし)に渡りて、ふみを一にてよむ」 ＊枕(10C終)一四二・なほめでたきこと「一の舞はいとうるはしう袖をあはせて」 ＊源氏(1001-14頃)桐壺「一の御子は右大臣の女御の御腹にて」 ＊皇太神宮年中行事(1192)六月十五日贊海神事歌「我がや漕ぐ 伊千(イチ)の帆筒の 滑車(せみ)の上に」 ＊春の城(1952)〈阿川弘之〉一・五「帰って来たら、又、一からやり直しだね」 ＊老子-四二「道生一、一生二、二生三、三生万物」 ③最もすぐれていること。最も大事なこと。また、そのもの。第一。最上。一等。＊霊異記(810-824)中・序「一を得て運を撫で」 ＊性霊集-六(835頃)弘仁太上奉為桓武皇帝講御礼法花経達嚫「太上天皇超然守一、姑射忘帰」 ＊枕(10C終)一〇一・御かたがた、君たち「すべて人に一に思はれずは、なににかはせん」 ＊宇治拾遺(1221頃)一四・六「唐人は、あしき波風に合ひぬれば、舟のうちに一の宝と思ふ物を海に入るるなるに」 ＊新浦島(1895)〈幸田露伴〉八「家に帰って働いただけを食ふて行く分には物も入らず気も忙しからず清貧に甘んずるが一と思ふて」 ④(名詞の上について) 多くの中の不確定な一つをさす。ある。＊日の出前(1946)〈太宰治〉「昭和のはじめ、東京の一家庭に起った異常な事件である」 ⑤極端なこと。はなはだしいこと。＊大観本謡曲・七騎落(1483頃)「此の御供のうちに、某(それがし)一の老体にて候程に」 ⑥三味線の糸の中の最も太いもの。いちのいと。＊雑俳・柳多留-四(1769)「年わすれかわれぬ時分一が切れ」 ＊洒落本・通言総籬(1787)叙「我かの籬(まがき)の下に店三弦(みせさみせん)の一(いチ)を打て、番新の万(ばん)を知るに至ずといへども」 ⑦髷(まげ)などの、元結(もとゆい)でくくったところから、後方に出た部分。＊滑稽本・浮世風呂(1809-13)二・上「一(イチ)が上り過たじゃあないかね」 ＊随筆・守貞漫稿(1837-53)八「今俗元結より背を一と云前を刷毛と云也」 ⑧酒の一合。＊滑稽本・八笑人(1820-49)五・中「両国の四方(よも)で、紅葉(もみぢ)おろしで一(イチ)よ。親父橋がいもで又一(イチ)よ」 ⑨「いちにち(一日)」の略。特に八月一日(八朔=はっさく)。＊雑俳・川傍柳(1780-83)三「一(いチ)はのがれたが十五是天命」 ⑩さいころの一の目のこと。＊仮名草子・竹斎(1621-23)上「ここを以(もっ)て案ずるに、一の裏は六、悪の裏は善也」 ＊仮名草子・是楽物語(1655-58)中「きく人みな世の一治一乱の理りを聞て、猶一のうらは六なりとつぶやくに」 ⑪笙(しょう)の管名。盤渉(ばんしき)の音律を出すもの。＊楽家録(1690)一〇・鳳笙「譜十字十〈双調〉下〈下無〉乙〈平調〉工〈上無〉美〈鳧鐘〉一〈盤渉〉行〈黄鐘〉凡〈壱越〉乞〈下黄鐘〉比〈神仙〉」 ■二〘副〙 一番。第一に。最も。↓いいち・いっち。＊足利本論語抄(16C)公冶長第五「孔子七十余国を遍歴するに居陳三年そ一久しいそ」 ＊虎明本狂言・祇園(室町末-近世初)「けふのはやしのそのうちに、いちほねおりて見えけるはいかなる人ぞふしぎやな」 ＊ロドリゲス日本大文典(1604-08)「最上級か、一層という意の比較級かを示す。例えば Ichi vosoi (イチ ヲソイ)。ichi vosoroxij (イチ ヲソロシイ)」 ＊四河入海(17C前)一一・二「此の画中にをいてどこがいち面白そ」 方言❶(形が一文字であるところから) ちょんまげ。 和歌山市691 ❷魚、めいちだい(目一鯛)。 和歌山県東牟婁郡690 発音〈なまり〉イッ〔鹿児島方言〕 イッチ〔津軽語彙・東京・飛騨・大分〕 〈標ア〉チ 〈ア史〉江戸◎○ 〈京ア〉イ 辞書 文明・易林・日葡・書言・ヘボン・言海 表記 壱(文・易・書・言) 一(文・書・へ・言) 弌(書)

⇩いち〔字音語素〕

いち 井戸(いど)、二楽(にらく)、三唐津(さんからつ) (「井戸」は井戸茶碗、「楽」は楽茶碗、「唐津」は唐津焼のこと) 茶人に愛用された茶碗のランクをいう。一番が井戸茶碗、二番が楽茶碗、三番が唐津焼。＊青井戸(1972)〈秦恒平〉「"一井戸、二楽(ラク)、三唐津"というのは私も知っているが」

いち 淫(いん)二酒(にしゅ)三湯(さんとう)四力(よりき)五行(ごぎょう)六音(ろくおん)=七煙(しちえん)八火(はちか)〔=七火(しちか)八風(はちふう)九白(くはく)十細(じっさい)〕 眼病にかかったとき、避けるべき事柄を列挙したもの。第一に色事、第二に飲酒、第三に入浴、第四に力仕事、第五に遠道、第六に音楽、第七にけむい所、第八に火のそば。また、第七を火のそばとし、第八に風にあたること、第九に反射の強い白色、第十に細かいことをあげる場合もある。＊浄瑠璃・志賀の敵討(1776)八「療治よりは御養生が第一、世間でも申通、一淫(ヰン)二酒(シュ)、三湯(タウ)四力(ヨリキ)、五行(ギャウ)六音(オン)、七煙(ヱン)八火(ハックヮ)とやら」 ＊譬喩尽(1786)六「眼の養生十禁あり。一淫(いちイン)二酒(にシュ)三湯(さんタウ)四力(よリキ)五行(ごギョウ)六音(ろくヲン)七火(しちクヮ)八風(はちフウ)九白(くハク)十細(じっサイ)」

いち 運(うん)二腰(にこし)三拍子(さんびょうし) 相場でもうけるには、第一には幸運、第二には腰の強いこと、つまり不屈の精神、第三には時の拍子、つまり時機にめぐまれることが大切であるの意。〔取引所用語字彙(1917)〕

いち 押(お)し二押(にお)し あくまで我意を貫こうとすること。＊婦系図(1907)〈泉鏡花〉前・二三「一押二押(イチオシニオシ)で悪くすると出来ますよ」 ＊漫才読本(1936)〈横山エンタツ〉恋の学問「恋を拾はふと思ったら、そう諦めずに、一押(オ)し二押(オ)し三も押(お)しと、強う押しの一手(ひとて)で行かなあかん」

いち 押(お)し二金(にかね)三男(さんおとこ) 女を得るには、押しが第一で、金があることや男ぶりのよいことは、第二、第三の条件である。

いち 買(か)い二遣(にや)り 相場が一〇銭または一円ならば買いで、二〇銭または二円ならば売るの意。たとえば、三一円なら買い、三二円なら売る。また、一〇円一〇銭なら買い、一〇円二〇銭なら売ること。転じて、取引相場をいう。

いちが栄(さか)える ⇩「いち(市)」の子見出し

いちか八(ばち)か (カルタ賭博から出た語) ①結果がどうなるか予想のつかないことを、運を天にまかせて思いきってやってみること。のるかそるか。一か六か。＊浄瑠璃・小栗判官車街道(1738)道行「一か罰(バチ)かの仕上を見るも、此地(こっち)の内から只一目」 ＊歌舞伎・与話情浮名横櫛(切られ与三)(1853)四幕「ナニあの時、一か八か、片をつけたもよかったらう」 ＊歌舞伎・人間万事金世中(1879)序幕「そこが所謂一(イチ)かばち、危ふい橋を渡らねば大きい儲けは出来ぬ世の中」 ＊断橋(1911)〈岩野泡鳴〉一四「渠も亦いよいよ窮して来て、一かばちかの勝負を仕出した、な」 ②二つのうちのどちらであるか。＊浄瑠璃・嵯峨天皇甘露雨(1714)二「此世の手みその報ひで、もし青馬(あをむま)の腹へなど、生れては行れぬか、但し釈迦になられたか、いちかばちかが知りたい」 補注「一か罰か」で壺皿にふせた骰子(さい)の目に一が出るかしくじるかの意とか、「丁か半か」の「丁」「半(半)」の文字の上の方を取ったものとかいわれる。 発音〈標ア〉チ=チ バ 〈京ア〉イッチカバチカ バ

いち 髪(かみ)二化粧(にけしょう)三衣装(さんいしょう) 女の容姿の美しさは、第一に黒髪、第二に化粧、第三に衣装によってきまる。

いちから十(じゅう)まで (十を数の限度として) 何から何まで、の意を表わす言葉。すべて。全部。＊毛利家文書-(天正一一年)(1583)八月二二日、安国寺恵瓊書状(大日本古文書三・八六三)「一から十まで御調候て、首尾合たる衆可有御上候」 ＊浄瑠璃・蘆屋道満大内鑑(1734)三「おわらひ草も顧ず、一から十迄申上ましょ」 ＊諺苑(1797)「一から十まで 悉皆の義」 ＊当世書生気質(1885-86)〈坪内逍遥〉一八「手前の不所行(ふしだら)は一(イチ)から十(ジフ)まで、すっかりおれの方にしれては居るが」 ＊十三夜(1895)〈樋口一葉〉上「唯もう私の為(す)る事とては一(イチ)から十(ジフ)まで面白くなく覚(おぼ)しめし」

いちか六(ろく)か (一と六はさいころの目の数で、賭博用語から出たもの) 「いち(一)か八(ばち)か」に同じ。＊雑俳・軽口頓作(1709)「めっそうに・青田をかふは一か六」 ＊浄瑠璃・替唱歌糸の時雨(1782)上・口「此間に我等は勝手で一盃、一か六か骰子(さい)のこけを待て居ります」

いち 眼(がん)二左足(にさそく)〔=二早足(にさそく)〕三体(さんたい) 武芸においてはまず第一に目をよく働かせること、第二に左足のかまえに注意すること(足をすばやく動かすこと)、第三に体を機敏に動かすことが大切であるということ。＊浄瑠璃・道中亀山噺(1778)六「力松屹度(きっと)一眼二早足(いちガンにサソク)、小太刀押取飛上り」 ＊浄瑠璃・石田詰将棊軍配(1783)三「兵法の極意といっぱ、一眼二早足(いちガンにサソク)三な四ゆ、五番に河内の壺坂寺、六道能化の七福神」 ＊譬喩尽(1786)一「一眼二左足(イチガンニサソク)」 ＊雑俳・柳多留-四一(1808)「一眼(いちガン)二そく三寸の舌五百」

いち 金(きん)二男(になん) 遊興などで女を得るには、金力が第一に必要で、男ぶりはその次であるということ。＊浮世草子・好色盛衰記(1688)五・二「されば音曲にも一声二節と申なり。色里かよひもその

通、一金二男（いちキンにナン）と申」＊譬喩尽（1786）一「一金二男（イチキンニナン）」

いち工面（くめん）二働（にはたら）き 大切なことは、第一に工夫、次に勤勉なことである。

いち声（こえ）二節（にふし）三臓（さんぞう） 音曲では、第一に声がよいこと、第二に節回しが上手であること、第三に肺臓が強くて息が長いことが大切な条件であるということ。＊金春座系伝書‐宗筠袖下（16C後）「三命の事、只声、只節、只拍子是なり。一声二節と申も此心也」＊俳諧・毛吹草（1638）五「いち声に二ふしも有や郭公〈正依〉」＊俳諧・貝おほひ（1672）一番「一声二ふしともいへば、猶にほひ有声に心ときめき侍りて、仍左を為レ勝」＊浮世草子・好色盛衰記（1688）五・二「されば音曲にも一声二節（いちコヱにフシ）と申なり」＊歌謡・落葉集（1704）四・竹馬踊「朝の出がけにゃ小室節、一（イチ）こゑ二（二）ふし三臓（ザウ）や」

いち黒（こく）直頭（ろくとう）耳小（にしょう）歯違（はちがう） （「一石六斗二升八合」にかけたしゃれ）牛の鑑定法。牛は、全身黒色で、頭がまっすぐであり、耳が小さく歯並びが食い違っているのがよい。＊浄瑠璃・菅原伝授手習鑑（1746）四「天角地眼一黒（いちこく）直頭（ロクトウ）耳小（ニセウ）歯違（ハチガフ）。天晴御牛候よ」

いち誹（そし）り二笑（にわら）い三惚（さんほ）れ四風（しかぜ） くしゃみの数による判断法。一つなら悪口を言われているしるし、二つなら笑われる、三つならほれられる、四つなら風邪（かぜ）をひく前兆であるという。

いちと言（い）って＝二（に）とない［＝二（に）と（は）くだらぬ］ とびぬけていて、あとに続くものがない。また、二番に下がることがないという意を表わすことば。＊浄瑠璃・源平布引滝（1749）三「七つの年から奉公せば、木曾の御内に、一（いチ）といふて二のなき家来」＊滑稽本・風来六部集（1780）里のをだ巻評「有るが中にもお江戸の吉原、一といふて二のなき事は人々のしるところなれば」＊落語・隅田の馴染め（1889）〈三代目三遊亭円遊〉「本町で小浪と云っては、一と云って二とは下るめエと思ふ」＊良人の自白（1904‐06）〈木下尚江〉続・二・六「先づ此の村でも七五郎と云や、懶け百姓の一と言って二とは下（クダ）らねへ野郎じゃ無へか」

いちに看病（かんびょう）二（に）に薬（くすり） 病気の回復には、薬よりも、行き届いた看病のほうが大切である。＊諺苑（1797）「一（イチ）に看病（カンビャウ）二に薬」

いちに心（こころ）二（に）に手綱（たづな）三（さん）に鞭（むち）四（し）に鐙（あぶみ） 乗馬の心得。第一に心のもち方、第二に手綱さばき、第三にむちのあて方、第四に馬具の良否が大切である。

いちに白川（しらかわ）二（に）に吉祥院（きちじょういん）三（さん）に西院（さいいん） 京都で、灌漑がよく、米のよくとれる田地とされた所。＊譬喩尽（1786）一「一（イチ）に白川（シラカハ）二（ニ）に吉祥院（キチジャウヰン）三（サン）に西院（サヰ）とて、京辺の水掛（みづがか）りよく、しかも水損なき田地といへり」

いちに俵（たわら） （大黒舞の歌詞「一に俵ふまへて、二ににこっと笑うて、三に酒を造って」から出た言葉）物事を並べあげるとき、その言い出しに用いる表現。＊俳諧・西鶴大矢数（1681）第一七「大黒殿や波濃大声　一に俵二には喰物三に酒」＊浮世草子・好色二代男（1684）一・三「是から杓子（しゃくし）果報と嵐が盛（もり）、一に俵（タハラ）は仕合、こなたへは槌が行（ゆく）」＊浮世草子・日本永代蔵（1688）二・三「一に俵（タハラ）、二階造り、三階蔵を見わたせば、都に大黒屋といへる分限者有ける」＊人情本・春色辰巳園（1833‐35）後・一〇回・上「『だアるま大師といふ人は』、『コリャ一（イチ）に俵（タハラ）をふんまへて』『二には完爾（にっこり）鶏（にはっとり）』」

いちに調子（ちょうし）二（に）に振（ふ）り三（さん）に男（おとこ） 役者の三拍子（びょうし）。役者として大事なことは、第一に調子、すなわち台詞（せりふ）の上手なこと、次に振り、すなわち科（しぐさ）のよいこと、次に男ぶりのよいこと。

いちにも二（に）にも ほかの事を考えないで、まずその事を頭におくさまを表わす。何をおいてもまず。「一にも」と「二にも」の間に語句がはいる場合もある。一も二も。＊いさなとり（1891）〈幸田露伴〉七〇「何事と無く意（こころ）を用ひ、一にも二にも機嫌そこねぬやう立ち働らき」＊機械（1930）〈横光利一〉「一にも主人二にも主人と思って来た軽部にも拘らず」

いちに養生（ようじょう）二（に）に介抱（かいほう） 病気には養生が最も大事であるということ。

いちの足（あし） 太刀を佩用する際に、足緒、足革などを通すためにつける金具で、鞘口に近いもの。

いちの阿闍梨（あじゃり） 東寺の長者。阿闍梨の第一の位にあるもの。一の長者。＊神皇正統記（1339‐43）上・嵯峨「延喜の御宇に綱所の印鎰を東寺の一阿闍梨（いちのあじゃり）にあづけらる」

いちの家（いえ） 摂関家。一の人の家。

いちの板（いた） ①甲冑（かっちゅう）の部分の名。兜（かぶと）の鞠（しころ）、鎧（よろい）の草摺、袖、栴檀（せんだん）の板等の威しあげた最も上の板。＊保元（1220頃か）中・白河殿攻め落す事「草摺ならば一の板とも二の板共、矢つぼを慥（たしか）に承って二の矢を仕らん」 ②籠手（こて）の表面の座盤（ざばん）の手甲に続く部分の板。

いちの糸（いと） （一番目の糸の意）三味線、琴、琵琶などに張ってある糸で一番手前にあるもの。最も太く調子も一番低い。＊雑俳・柳多留‐四（1769）「一の糸新ぞう呼んで喰い切らせ」＊滑稽本・浮世風呂（1809‐13）三・下「ふとざをの一の糸もて、紐（ひぼ）につけたる、ぬかぶくろを口にくはへて」 発音〈標ア〉チ

いちの院（いん） 一時に院がふたり以上ある時の、第一の院。中院、新院と区別される。いちいん。本院。＊宇津保（970‐999頃）嵯峨院「一院、三宮、大臣、公卿のみこ、娘も」＊源氏（1001‐14頃）若菜上「内、東宮、一院、きさいの宮つぎつぎの御ゆかりいつくしきほど」＊台記‐久安二年（1146）九月八日「昨日一院御霍乱云々、仍馳参、別事不レ坐云々、帰路詣二新院一」＊保元（1220頃か）上・後白河院御即位の事「三歳にて御即位あり。よって先帝をば新院と申し、上皇をば一院とぞ申ける」 発音〈標ア〉チ

いちの腕（うで） 肩から肱（ひじ）までの間の腕。＊日葡辞書（1603‐04）「Ichino vde（イチノ ウデ）」 辞書 日葡

いちの午（うま） 二月の最初の午の日。全国各所の稲荷神社で祭典を行なう。初午。《季・春》 発音 イチノウマ〈標ア〉チ

いちの裏（うら）は六（ろく） （さいころの目の「一」の裏は「六」であることから出た語）悪いことのあとには良いことがあり、善悪は循環するということ。＊仮名草子・竹斎（1621‐23）上「ここを以て案ずるに、一のうらは六、悪の裏は善也」＊浄瑠璃・平家女護島（1719）三「なふ笛竹殿、むだぼね折たじゃないかいの。いやいや一のうらは六、陸路（ろくぢ）かろげにそれそこへ」

いちの弟（おと・おとと） 一番末の弟。＊虎寛本狂言・痺（室町末‐近世初）「兄々へは、色々のものを譲られて御ざれ共、私は一の弟じゃと有て、持病の痿痺を譲られて御座る」＊四河入海（17C前）二五・四「子由が子の、一のをととの遠なんどは、小東坡と云はるるものなる程に」

いちの大臣（おとど） 「いち（一）の上（かみ）」に同じ。

いちの折（おり） 「いち（一）の懐紙（かいし）」に同じ。

いちの貝（かい） （「頁」の字を分解したもので、貝偏の「貝」と区別していう）漢字の旁（つくり）の一つ。「おおがい（頁）」のこと。→大貝②。 発音〈標ア〉チ

いちの懐紙（かいし） 連歌、連句の懐紙で最初の一折りの名称。百韻の連歌は折紙四枚に記す。折紙は懐紙を横二つに折り、折り目を下にして、その表と裏とに句を記す。表に八句、その裏以下四の懐紙の表まで各一四句記す。初の懐紙。一の折り。初折（しょおり・はつおり）。＊筑波問答（1357‐72頃）「ただの連歌にも、一の懐紙の面の程は、しとやかの連歌をすべし」 発音〈標ア〉チ

いちのかしら 第一番。いの一番。＊虎寛本狂言・釣狐（室町末‐近世初）「殺生を一のかしらに戒めておかれた」

いちの刀（かたな） 「いち（一）の太刀（たち）」に同じ。＊愚管抄（1220）六・順徳「一の刀の時、おやの敵はかくうつぞと云ける、公卿どもあざやかに皆聞けり」＊大観本謡曲・檀風（1465頃）「一の刀をば梅若子遊ばされ候へ」 発音〈標ア〉チ

いちの上（かみ） （「いち（一）の上卿（しょうけい）」の略を訓読した語か）左大臣の別称。左大臣が関白となった場合は右大臣をさす。一の大臣。＊小右記‐長徳三年（997）九月三〇日「今暁左府被レ参二長谷寺一云々。一上布衣城外例、仰二訪前古一所レ不レ聞也」＊宇津保（970‐999頃）国譲上「一のかみなどになり給ぬれば」＊愚管抄（1220）三・醍醐「唯藤氏長者、一のかみにて、延喜の御時は貞信公、後にこそ朱雀院八にて御位なれば摂政にならせ給へ」＊平家（13C前）一・俊寛沙汰「一のかみこそ先達なれども父宇治の悪左府の御例其憚あり」＊職原鈔（1340）上「太政官〈略〉官中事。一向左大臣統二領之一。故云二一上一。関白之人為二左大臣一之時、右大臣行二一上事一」 発音〈標ア〉チ 辞書 書言・言海 表記 一上（書・言）

いちの髪（かみ） 馬の肩の上の方にあるたてがみ。＊小笠原流手綱之秘書（1450）「一の髪のもとに、馬手のかたの手綱をつめて結びて」

いちの上（かみ）の宣下（せんげ） 一の上の宣旨を賜ること。＊百寮訓要抄（1368‐88頃）「左大臣とは一の上の宣下といふ事有、第一の臣下なれば、太政官のうちの事を悉く沙汰する也」

いちの上（かみ）の宣旨（せんじ） 一の上に任ずるという宣旨。＊台記‐久安三年（1147）三月九日「被レ下二一上宣旨一事」

いちの側（かわ） 「いち（一）の土間（どま）」に同じ。

いちの后（きさき） （第一の后の意から）「こうごう（皇后）」の異称。＊浜松中納言（11C中）一「御子達、東宮の母にておはする一の后の父、一の大臣、おそろしき人なり」 発音〈標ア〉チ＝サ 辞書 言海 表記 一妃（言）

いちの城戸（きど） 城の最も外側にある城門。内にはいるに従って、二の城戸、三の城戸と呼ぶ。＊源平盛衰記（14C前）三六・熊谷向大手事「一の城戸（キト）を破りぬれば、後陣（ごぢん）の兵武（たけ）く勇むと、鎌倉殿仰せられしかば」＊読本・椿説弓張月（1807‐11）前・四回「一の木門（キド）をさっと開せ、百五十騎の兵（つはもの）を前後左右に従へて、驀地（はっしくら）に走出（はせいで）たり」 発音〈標ア〉チ

いちの杭（くい） 牛馬の市で、牛馬をつなぐ場所の一番上手（かみて）の方の杭。＊虎明本狂言・牛馬（室町末‐近世初）「此所に牛馬の新市をたてさせられて御ざる。御制札には、主にはよるまひ早々罷出て、一の

くひにつなひだる者を、末代一のくひにつけさせられうずるおことでござる」

いちの草摺(くさずり) 鎧(よろい)の草摺りの一の板。＊源平盛衰記(14C前)二三・畠山推参「景親心弱くなりて、鎧の一の草摺(クサズリ)切り落として、二所権現に奉り」

いちの口(くち) 第一番目の出入り口。第一の小口。＊とりかへばや(12C後)上「れいけい殿の、一のくちにうち招ねきとどめて参らせよと侍りつる」＊政基公旅引付‐文亀二年(1502)七月二六日「槌丸為一口之間要心也。又橘口同可用心也」方言船室の中で舳(みよし)に最も近い部屋。新潟県佐渡356 発音〈標ア〉チ1

いちの国(くに) 第一の国。最高の国。＊枕(10C終)一八五・したり顔なるもの「除目にその年の一の国得たる人」

いちの位(くらい) ①第一等の位階。②十進法で最初の位。一けた。③わが国の旧算法で、単位をいう名称。＊俚言集覧(1797頃)「一の位。算法、米穀、量数は、石を一とし、金は両を一とし、銀は匁を一とし、度は寸を一とし、銭は一文を一とし、永銭は貫を一とす」発音〈標ア〉チ

いちの暗(くら)**がり** 近世、九州久留米で夕方をいう。＊浜荻(久留米)(1840‐52頃)「いちのくらがり 一之昏也、黄昏也。くれがた暮方也」

いちの暗(くら)**み** 薄暮のこと。鳥取県などでは、この刻限に神だなにお灯明を上げる。また、節分の日の一の暗みに本を読むと、鳥目になるという俗信がある。長崎では節分の日の夕刻、家々で多くの灯火を掲げ、その刻限に、すべての灯火を消して豆はやしを始める行事がある。

いちの暮(く)**れ** 方言日が暮れて間もなくのころ。夕暮れ。熊本県919 大分県南部941 ◇**いちくれ** 石川県金沢市415

いちの黒(くろ) 弓や鉄砲の的(まと)の真中の黒い部分。＊佐竹宗三聞書(1515か)「小眼の白二尺七寸置て。一の黒三寸五分。二の黒二寸五分。三の黒三寸に絵を出さすべし」＊随筆・貞丈雑記(1784頃)一二「的の絵に黒き輪を三重に書、真中の輪を一ノ黒と云」発音〈標ア〉チ

いちの後陣(ごじん) いちばん後方に控える陣。＊太平記(14C後)二九・越後守自石見引返事「上杉が先懸(さきがけ)の五百騎、一の後陣に打ちける陶山(すやま)が百余騎の勢を目に懸けて」

いちの座(ざ) いちばん上席。いちばん上手(かみて)の座席。一の上座(しょうざ)。＊寛永版曾我物語(南北朝頃)四・箱王祐経に遭ひし事「君の左の一のざは誰ぞ」発音〈標ア〉チ

いちの才(ざえ) 学び得た技芸の中で第一のもの。得意の才芸。＊宇津保(970‐999頃)楼上下「大将の御ありさま、おほやけわたくしの天下〈略〉一のざえ、かたち、心ありさまをみきく」＊源氏(1001‐14頃)絵合「さらぬ事の中には、琴ひかせ給事なん一のざえにて、つぎにはよこぶえ」

いちの先手(さきて) 第一番の先陣。＊武家名目抄(19C中か)軍陣部・一ノ先手「愚耳旧聴記云 大光寺初度合戦之条、先一の先手には兼而望みし事なれば乳井大隅を大将と被レ成云々」

いちの史(し) 左大史(さだいし)の別称。太政官の史の筆頭。平安時代以来、小槻(おづき)家が務め、官務(かんむ)と称された。→史。＊職原鈔(1340)上「太政官〈略〉史八人 左右。大史各二人。〈略〉中古以来、小槻宿禰為二一史一。行二官中事一。謂二之官務一。多是五位也」

いちの字(じ) ①(明治初期、巡査が六尺棒を持って歩いていた頃、その棒を「横一文字」と呼んだところから)巡査をいう、盗人仲間の隠語。〔日本隠語集(1892)〕②錠(じょう)をいう、盗人仲間の隠語。〔隠語輯覧(1915)〕

いちの上卿(しょうけい) 左大臣の別称。上卿の第一席の意。一の上(かみ)。＊北山抄(1012‐21頃)一・位禄事「一上卿着陣、左大弁申二事由一、史歴名、別納租穀勘文、官充文、并目録」

いちの上座(しょうざ) 「いち(一)の座(ざ)」に同じ。＊虎明本狂言・茫々頭(室町末‐近世初)「まくの内へよび入て、一の上座におかれてござる」＊談義本・根無草(1763‐69)前・三「一の上座に坐し居たる鯨ゆうゆうと立ち出で申しけるは」

いちのず 肩の骨の一部。背骨の先から下に向かってある第二の骨〔日葡辞書(1603‐04)〕。辞書日葡

いちの膳(ぜん) 正式の日本料理で、二の膳、三の膳に対して主となる膳。本膳(ほんぜん)。発音〈標ア〉ノ〈京ア〉イ

いちの対(たい) ①寝殿造りの寝殿の対屋(たいのや)の一つ。東北の対に対して東の対、北の対に対して西の対をいう。＊宇津保(970‐999頃)蔵開下「左大将おりかかりて、東の一のたいのかたへおはしぬ」＊弁内侍(1278頃)寛元四年八月一六日「二条の后、後涼殿に候ひ給ひけむは、此の一の対の程ぞかし」②寝殿造りの配置形式が崩れて、後方に付属屋(対屋)がいくつか並んだとき、その一番目の対屋。また、そこに住む人。＊栄花(1028‐92頃)根合「京極殿におはします。寝殿を南殿にて西対を清涼殿にしたり。北対に一品宮おはします。北の一のたいを内侍所などにしたり」＊親長卿記‐文明八年(1476)一一月一三日「仍自二一対妻一被レ召二御車一〈大納言典侍持二剣璽一〉。内侍所駕輿丁奉レ舁。出二御小川御所一」＊上井覚兼日記‐天正一四年(1586)二月一六日「彼人頃義統被二召仕一候一之対を盗取、挌護被レ申候」発音〈標ア〉チ 辞書日葡

いちの大臣(だいじん) 「いち(一)の上(かみ)」に同じ。＊浜松中納言(11C中)一「御子達、東宮の母にておはする一の后の父、一の大臣、おそろしき人なり」＊今昔(1120頃か)二二・八「左の大臣の、一の大臣と云ふ乍ら、美麗の装束、事の外にて参たる」発音〈標ア〉チ=ダ 辞書言海 表記一大臣(言)

いちの大納言(だいなごん) 首席の大納言。＊今昔(1120頃か)二八・四三「一の大納言の御旧烏帽子(ふるえぼうし)をこそは給はりてせめ」＊大鏡(12C前)三・伊尹「一大納言にていとやむごとなくてさぶらはせ給ふに」＊平家(13C前)一・鹿谷「中にも徳大寺殿は一の大納言にて、花族栄耀、才学雄長、家嫡にてましましけるが」

いちの太刀(たち) 最初に斬りつけること。また、その刀。一の刀。＊曾我物語(南北朝頃)八・屋形まはりの事「一の太刀には左衛門、二の太刀には王藤内と思ひ定めて、屋形よりこそ帰りけれ」発音〈標ア〉チ1

いちの=棚(たな)[=**店**(たな)] ①市場で最も格式のある店。＊虎明本狂言・鍋八撥(室町末‐近世初)「一のたなについだ者を、末代つけさせられうずるとのお事じゃ」②一方の棚。＊成通卿口伝日記(1136頃)「棚を二まうけて、一の棚にはまりをおく。一の棚にはやうやうの供祭をいろいろにかまへて」

いちの長者(ちょうじゃ) 「いち(一)の阿闍梨(あじゃり)」に同じ。＊中右記‐寛治四年(1090)一二月一九日「予参東寺、結縁灌頂 胎蔵界、一長者権大僧都定賢行之」＊高野山文書‐元亨二年(1322)七月一三日・大塔料所文書・御影堂奉納目録(大日本古文書二・二四四)「一長者御教書一通 事始事、并定朝勘状一通」

いちの突(つ)**き** 江戸時代、富くじで、六方箱の中の桐札を突いて当選番号を決定する場合の、その最初の突き。

いちの鼓(つづみ) 「いっこ(一鼓)②」に同じ。

いちの手(て) ①第一になすべき手段。また、最もすぐれた手段。いちのてだて。＊談義本・地獄楽日記(1755)五・一「宮姫君の御行方を尋ぬるが一の手と心を極(きは)め」＊諺苑(1797)「にげるが一の手」＊洒落本・二筋道後篇廓の癖(1799)三「なる程、浮世はこしらへ物だ。はやく悟るほうがいちの手だ」②最初にしたこと。また、それをする者。＊随筆・異本洞房語園(1720)抄書「木戸の内にて両人からめ取たり〈略〉集三が一の手なり。何某殿も一の手にてありし由」③「いち(一)の手摺(てすり)」の略。方言得意。十八番。◇**いっのて** 鹿児島県鹿児島郡968 発音〈標ア〉チ

いちの手摺(てすり) 舞台の背景に最も近い位置にある人形芝居の手摺。本手摺(ほんてすり)。一の手。発音〈標ア〉チ

いちの手段(てだて) 「いち(一)の手(て)①」に同じ。＊梅松論(1349頃)上「川を後にあてて戦ふ時にこそ、退くまじき謀に、舟を焼き、橋を切るこそ武略の一の手だてなれ」

いちの手(て)**の挊**(かせ)**ぎ合**(あ)**い** 甲州流の戦法。鉄砲、弓、長柄(ながえ)、武者の四段に備え、敵がおよそ二、三町に近づくと、まず鉄砲をうち、半町で弓を射る。やがて、一三、四間で長槍を用い、最後に機を見て武者が突入する戦法〔兵法一家言(1833)七〕。

いちの胴(どう) 胴の上部で、腋(わき)から少し下の部分。＊俳諧・天満千句(1676)四「夢はびっくり金棒の音〈如見〉手枕は一の胴迄打込て〈西鬼〉」＊浮世草子・人倫糸屑(1688)上「一胴(イチノドウ)にても二胴にてもお望次第。づでんどうときれば、血烟がはったつ」＊浄瑠璃・傾城反魂香(1708頃)上「試して見たい新刀(あらみ)はないか。一の胴か、二の胴か、望んでをけ」発音イチノドー〈標ア〉チ

いちの所(ところ) 「いち(一)の人(ひと)」に同じ。＊枕(10C終)一五七・くるしげなるもの「一の所などに時めく人も、えやすくはあらねど、そはよかめり」＊栄花(1028‐92頃)花山たづぬる中納言「関白殿の姫君、内に参らせ奉り給ふ。世の一の所におはしませば、いみじうめでたきうちに」＊職原鈔(1340)下「蔵人所〈略〉別当為二公卿第一一之人補レ之、世俗称二一人一者執柄也。一人一所称レ之」発音〈標ア〉チ 辞書書言 表記一所(書)

いちの土間(どま) 旧式劇場で、舞台のすぐ下の第一列の客席。雨落(あまおち)。こいち。一の側(かわ)。＊雑俳・柳多留‐一四五(1837)「生首が膝にころがる一の土間」発音〈標ア〉チ

いちの富(とみ) ①富くじで第一番の当たりくじ。《季・新年》＊雑俳・柳多留‐一五(1780)「一のとみどこかのものがとりはとり」＊洒落本・突当富魂短(1781)吉原の遊び「これらは女郎の真の客、一(いチ)の富(トミ)のあたりはこんな事なるべし」②近世、滝安(ろうあん)寺(大阪府箕面市)で、正月七日に行なわれた富。二月三日に行なわれる二の富に対していう。＊評判記・役者評判蚰蜒(1674)伊藤小太夫「初太の為にはくらまの白はし箕尾(みのお)の一のとみ見物の為にはひそうはんみゃう」

いちの寅(とら) 一月の最初の寅の日。この日は、初寅(はつとら)参りと称して、全国各所で毘沙門天に参詣する。ことに京都の鞍馬寺の毘沙門天への参詣が有名。初寅。発音〈標ア〉チ0

いちの酉(とり) 一一月の最初の酉の日。この日、各所の鷲(おおとり)神社に酉の市が立つ。東京都台東区の大鳥神社の市が有名。初酉(はつとり)。→二の酉・三の酉。《季・冬》＊風俗画報‐三四号(1891)人事門「三度市を開く故に一の酉二の酉三の酉の称あり」発音〈標ア〉0ノ〈京ア〉0

いちの鳥居（とりい） ①神社の入口から社殿の方向に数えて第一番目の鳥居。一番外側にある鳥居。また、まれに社殿の側から逆算する場合もある。＊梁塵秘抄（1179頃）二・神社歌「住吉のいちのとりゐに舞ふ巫（きね）は、神はつきがみ衣（きぬ）はかり衣しりけれも」＊春日権現験記詞（1309）一一「永万二年七月廿三日、春日の一の鳥居のまへにふだをたてたり」②特に近世、江戸では深川の富岡八幡宮の一番目の鳥居をさす。＊洒落本・古契三娼（1787）「八まんさまのまつりは八月の十四日十五日さ。〈略〉一ノ鳥居は代々木場からおさまりやす」＊洒落本・意妓口（1789–1801頃）一「そうどうこの釜のふたは一のとりゐのごとくごたいさうなり」 発音〈標ア〉チ 〈京ア〉0

いちの鳥居（とりい）**を越**（こ）**す**（近世、江戸深川の富岡八幡宮の一の鳥居を越すと深川の岡場所があるところから）深川の遊里の事情に精通する。江戸の通人の語。＊洒落本・御膳手打翁曾我（1796か）「此子なざアまだ一の鳥居をこさねへから」

いちの内侍（ないし） 内侍司の女官の掌侍（ないしのじょう）の中で第一の位のもの。勾当（こうとう）の内侍。＊禁秘鈔（1221）上「六人 正四人、権二人、権自二上古一有レ之、此内以二一内侍一為二勾当一、随二補日一為二一二一也」

いちの縄（なわ・つな） 木遣で物を運ぶ時の本綱。＊俳諧・西鶴五百韻（1679）何餅「人は我でもつ山の端農色〈西友〉 一の縄て上らふ物敷露時雨〈西花〉」

いちの狭間（はざま） 城の外囲いの垣。

いちの火（ひ） 奈良県五條市の宇智地方で、葬列の先頭に立つ松明（たいまつ）のこと。方言奈良県南大和683

いちの襞（ひだ） 袴（はかま）の両脇の縫い目から第一番目にある前ひだ。

いちの左（ひだり） 舞楽、歌合わせなど左右に分かれるものの、左舞の第一番目の舞人。＊増鏡（1368–76頃）一三・秋のみ山「舞人にも、よき家の子どもをえらびととのへられたり。一左に、中院の前の大納言通顕の子通冬少将」

いちの人（ひと） 最高の権力者。左大臣（内覧宣旨を有する）、太政大臣にもいうが、おもに摂政関白をさす。第一の座に着くことを許す宣旨が与えられる例になっているところからいう。鎌倉中期以後は、五摂家の家長および直系血族をもいう。一の所（ところ）。＊宇津保（970–999頃）吹上下「かぎりなき宝の王にて、世の中の一の人のめにてなん侍し」＊枕（10C終）八八・めでたきもの「一の人の御ありき」＊古今著聞集（1254）一五・四八三「一の人御参の時は、ことにその間をばおそれさせ給とぞ」＊徒然草（1331頃）一「一の人の御ありさまはさらなり。ただ人も舎人など給はるきははゆゆしと見ゆ」＊職原鈔（1340）上「太政官〈略〉爾来彼一門為二執柄之臣一也。又執柄必蒙二一座宣旨一。故称二一人（イチノひと）一又云二一所一」 発音〈標ア〉チ 辞書書言・言海 表記一人（書・言）

いちの鰭（ひれ） 魚のひれの、頭に最も近いもの。また、そのひれについている肉。＊四条流庖丁書（1489）「鯉、鯛以下、鰭を可レ盛事〈略〉飯の時は、一のひれを可レ用」

いちの笛（ふえ） 笛吹きの最上の位の者。＊古今著聞集（1254）一五・四九九「すでに一笛也、景基下臈たるうへ、当時重服也」

いちの筆（ふで） ①最初に書くこと。転じて、最初。第一。筆頭。＊俳諧・犬子集（1633）一・春上・土筆「一の筆にのせん肴やつくつくし〈貞徳〉」＊浮世草子・御前義経記（1700）二・二「名村八郎次様と申て、女郎買ひの一の筆」＊歌謡・新編歌祭文集（1688–1736頃）二七・大経師おさん茂兵衛「京でおさんと好色の、五人女の一の筆」②軍陣で一番首を取ったことを首帳（くびちょう）の最初にしるしたこと。第一の手柄とされた。＊平家（13C前）九・越中前司最期「其日の高名の一の筆（ふで）にぞ付きける」＊義経記（室町中か）四・住吉大物二ケ所合戦の事「不覚とも高名とも沙汰の限りとて、一の筆にぞ付けられける」③年頭の書き初め。＊俳諧・小町踊（1665）五・ちらし「こころむや三十文字あまり一乃筆〈知徳〉」 発音〈標ア〉チ

いちの船梁（ふなばり） 和船で、船首から一番目の船梁。肋骨を用いない特殊な構造のため、船首から船尾にかけて多数の船梁を設ける。貫木（かんぬき）ともいい、この方が慣用される。＊瀬戸流秘書（1663）「いちの上の舟はり、だいの厚さほどさげてぬき申候」

いちの幣立（へいだち・へいだて）**二**（に）**の幣立**（へいだち・へいだて）（「へい」は、地名「一戸（いちのへ）、二戸（にのへ）」の「戸」と「幣」を掛け、「へいだち」は神馬に御幣を立てる意と「源平盛衰記‐三四・東国兵馬揃」に「陸奥国三戸立の馬」とある「立ち」、すなわち馬の出自の意と掛ける）奥州一戸、二戸産の馬。中世の数え歌的な歌謡に用いる語。＊謡曲・嵐山（1520頃）「一の幣（へい）立ち二の幣立て、三の黒駒信濃取れ」＊虎明本狂言・靫猿（室町末–近世初）「一のへいだて二のへいたで、三にくろごましなのをとれ」

いちの間（ま） 和船の間取りの名称の一つで、菱垣廻船など瀬戸内廻船では、船首小間の次の間である、いわゆる二の間をいう。船大工より廻船筋で用いることが多く、この場合、淦間（あかま）を二の間と呼ぶ。また、伊勢、東海方面では、いわゆる胴（どう）の間をいい、淦間船梁を一の間船梁という。＊倉田家文書（1797–98）荷打改之事「改方の儀は艫先（へさき）より改掛り、一の間、二の間、胴の間、間（はさ）み、艫と順に改可申候」

いちの舞（まい） 舞のうちで最初に舞うもの。また、その舞手。舞楽は左舞（唐楽）と右舞（高麗楽）とで一番（ひとつがい）とし、左がまず舞うので、一番の左舞をいう。また、それには優れたものが当たったので舞人の上首のものをもいう。＊枕（10C終）一四二・なほめでたきこと「一の舞の、いとうるはしう袖をあはせて二人（ふたり）ばかり出で来て」＊大鏡（12C前）六・道長下「舞人にはたれたれそれそれのきみたちなどかぞへて、一舞には関白殿君とこそはせさせ給ひしか」＊江家次第（1111頃）一〇・賀茂臨時祭「於二竹台辺一発二哥笛一、所雑色若衆昇二御琴一、或此間被レ仰二一舞一」 発音〈標ア〉チ

いちの松（まつ） 能舞台の橋掛（はしがかり）の前面の白洲（しらす）に植えてある三本の松の中で、舞台に最も近いもの。また、橋掛の、この松にあたる場所。要（かなめ）の松。＊虎明本狂言・二九十八（室町末–近世初）「一の松の本にまつ」＊虎寛本狂言・横座（室町末–近世初）「シテ、一の松にて名乗る」 発音〈標ア〉チ

いちの丸（まる） 天守閣を築き、城主のいる、城の最も重要な中心部。本丸。＊日葡辞書（1603–04）「Ichinomaru（イチノマル）」 発音〈標ア〉0 辞書日葡

いちの回（まわ）**り** ①取引相場で寄付きから大引けまでに、各種、各期の売買を二巡して終わる定期取引で、最初の一巡をいう。②大阪株式取引所で、寄付値段を決める第一回の売買のこと。

いちの御子（みこ） 第一番目に生まれた皇子。第一皇子。一の宮。＊宇津保（970–999頃）蔵開中「一のみこまことに心ざしありてやおもふらん、又我心を思たるにやあらんとおぼす」＊源氏（1001–14頃）桐壺「一のみこは右大臣の女御の御はらにて」 発音〈標ア〉チ 辞書言海 表記一御子（言）

いちの御台（みだい）（「台」は台盤の略）第一に奉る御食膳（ごしょくぜん）。＊雲図抄（1115–18頃）裏書「蔵人頭為二陪膳一、先取二一御台一居二御箸一双一」

いちの宮（みや） ①第一番目の皇子、または皇女。＊大和（947–957頃）一三九「故兵部卿の宮、若男（わかをとこ）にて一宮ときこえて」＊宇津保（970–999頃）蔵開上「『内よりかくなんのたまはせたる』とて、一の宮にたてまつり給ふ」＊源氏（1001–14頃）若菜下「六条の女御の御はらのいちの宮、坊（ぼう）にゐ給ひぬ」②諸国の由緒（ゆいしょ）ある神社で、その国の第一位に待遇される神社。また、一郡、一郷あるいは一社中の各社殿の内、一位に遇せられるもの。現在、各地に地名として残っている。＊今昔（1120頃か）一七・二三「今昔、周防の国の一の宮に玉祖（たまつおや）の大明神と申す神在（まし）ます」＊金葉（1124–27）雑下・六八一・詞書「能因を歌よみて、一宮に参らせて祈れと申しければ」 辞書日葡・言海 表記一宮（言）

いちの妻（め） 第一の妻。正妻。＊宇津保（970–999頃）藤原の君「人の見たいまつるべくあらば、国王の一のめになりたうべらむにも劣らじをや」

いちの＝物（もの）［＝者（もの）］ ①すぐれた物。また、すぐれた人。＊源氏（1001–14頃）若菜上「ふるき代の一の物と名ある限りは、皆つどひ参る御賀になんあめる」②第一に気に入っている物。また、人。＊大鏡（12C前）三・伊尹「いみじき一のものども、高帽頼勢をはじめとして、御車のしりにおほくうちむれ参りし」③楽所（がくそ）の職階の一つ。勾当（こうとう）の別称で、左楽と右楽にそれぞれ一人ずつ定めた最高の技芸者。今の宮内庁楽部の楽長に当たる。＊醍醐寺雑事記‐慶延記・一〇・天暦元年（1184）九月九日「今年御祭違例非レ一。無二〈略〉一物一、無二田楽一」＊古今著聞集（1254）六・二七二「むかしはかく芸によりて、賞のさたありけり。ちか比より、その善悪の沙汰までもなくて、ただ一者になりぬれば、左右なく賞をおこなはるる習になれば」＊歌儛品目（1818–22頃）一「一者（イチノモノ）又一の者、一の物に作る。即ち楽所の勾当なり」 発音〈標ア〉チ

いちの銛（もり） 鯨を突く際、第一番目に打ち込む銛。《季・冬》＊日葡辞書（1603–04）「Ichino mori（イチノモリ）」＊俳諧・桜川（1674）冬二「つくやくじら価千金一のもり〈師繕〉」＊浮世草子・日本永代蔵（1688）二・四「塩吹けるを目がけ、一の鑓（モリ）を突て、風車の験（しるし）をあげしに」＊俳諧・手挑灯（1745）中「一一月〈略〉鯨（くじら）〈略〉一の銛（モリ）二のもりとあらそふ」 発音〈標ア〉チ 辞書日葡

いちの門（もん） 城のいちばん表にある門。一の城戸（きど）。＊清正記（1663）一「則木村常陸助〈略〉平岡以下二万余、岩付え押寄、即時に外構共乗破、千余討捕之、本城一之門へ相付候」

いちの矢（や） 最初に放つ矢。矢二本を一手（ひとて）といい、その第一の矢。→二（に）の矢。＊平家（13C前）四・鵼「一の矢に変化の物を射損ずるものならば、二の矢には雅頼の弁のしゃ頸の骨をゐんとなり」＊保元（1220頃か）中・白河殿へ義朝夜討ちに寄せらるる事「一の矢を射損じて、二の矢をつがふ所を、為朝能引（よっぴい）て兵（ひゃう）といる」 発音〈標ア〉ノ

いちの山（やま） 鯨の頭部の表皮上にある三つの隆起のうち、口に最も近いもの。

いち播磨（はりま）**二越前**（にえちぜん） 「いち（一）播（ばん）二越（にえち）」に同じ。＊諺苑（1797）「一（イチ）播磨二（ニ）越前 此は善国の次第なり」

いち播（ばん）**二越**（にえち） 全国で、最も豊かで米のよくとれる国は、第一に播磨（はりま＝兵庫県西部）、次に越前（福井県）である。＊譬喩尽（1786）一「一播（イチバン）二越（ニヱチ）一に播磨二に越前を云り。日本第一肱腴の国と云は尾張也と云り。雖レ然右の名目も世に称美せり」

いち姫（ひめ）**二太郎**（にたろう） 子を産み育てる

には、長子は女、次に男の子が生まれるのが理想的であるということ。一般に、女児のほうが育てやすいことをいい、また、男児を熱望したのに女児が生まれて失望する者への慰めのことばにも使われる。＊椀久物語（1899）〈幸田露伴〉六「やがて儲けたは最初に妾、次に男の子、一女二太郎（イチヒメニタラウ）と世話にいふ通りと悦ぶ間も無く」＊珍太郎日記（1921）〈佐々木邦〉五「其でも『一姫二太郎（いちヒメにタラウ）』といふし、外国にも、『幸運の者は初生児に娘を授かる―The lucky man has a daughter for his first born』といふ諺のあるところを見ると」 発音 イチヒメ＝ニタロー 〈標ア〉チ＝0

いち富士（ふじ） ⇨親見出し

いちも取（と）らず二（に）も取（と）らず 二つのものを両方とも手に入れようとすると、どちらも手に入れることができないということ。あぶはち取らず。＊俳諧・毛吹草（1638）二「一もとらず二もとらず」＊浄瑠璃・嫗山姥（1712頃）燈籠「時には冠者丸も世に出ず。一（いチ）もとらず二もとらず、源氏の破滅此の時也」

いちも二（に）も （「一でも二でも」の意から）他の事は考えず、その事だけが頭にあるさまをいう。すべて。なんでも。「一も」と「二も」の間に語句の入る場合もある。一にも二にも。＊かくれんぼ（1891）〈斎藤緑雨〉「一も二も明し合ふたる姉分のお霜へ」＊春酒屋漫筆（1891）〈坪内逍遙〉壱円紙幣の履歴ばなし・三「西洋の学者と聞けば一も二も神のやうに貴がるもあれどさるは買かぶりの骨頂也」＊古い玩具（1924）〈岸田国士〉二「だけど、日本人の体面も、いい加減なものよ。一とかど立派な日本人のつもりでゐる人が、一も西洋、二も西洋なんですからね」

いちも二（に）もない ①あれこれと、文句や反対を言う事がない。とやかく言わない。議論の余地がない。副詞的な用法では、「いやおうなしに」「すぐさま」とほぼ同意。＊諺苑（1797）「一も二もない 直（ただ）一条の理のみありて余論なき意なり」＊人情本・軒並娘八丈（1824）初・二套「一も二もない詰る所は、お駒が心只一つ」＊当世書生気質（1885-86）〈坪内逍遙〉九「門鑑を監事の処（とこ）へ持っていけば、一（イチ）も二（ニ）もない事じゃが」＊吾輩は猫である（1905-06）〈夏目漱石〉五「浅薄なる三平君に一も二もなく同意して」＊雁（1911-13）〈森鷗外〉二二「まさか岡田さんに一（イチ）も二（ニ）もなく厭な女だと思はれることはあるまい」 ②元も子もない。すべてがだめになる。＊洒落本・通人三国師（1781）発端「主しのやうに一国にいっちゃア一（いチ）も二もねヱといふもんだが」＊人情本・毬唄三人娘（1862-65）五・二六回「取逃がして高飛されちゃア、一も二もねぇから」＊婦系図（1907）〈泉鏡花〉後・三八「然う云って了っては、一も二も無いけれど」

いち物作（ものづく）り二商（にあきな）い 生産者が第一で、商人は二の次であること。農工商の順をいう。＊譬喩尽（1786）二「一作二商 イチモノヅクリニアキナイ」

いち楽（らく）二萩（にはぎ）三唐津（さんからつ） 茶碗に対する評価を表わすことば。楽焼を第一とし、萩焼、唐津焼の順に位付けしたもの。

いちを挙（あ）げて百（ひゃく）を廃（はい）す （「孟子-尽心」の「所レ悪レ執レ一者、為二其賊一レ道也。挙レ一而廃レ百也」による）一つの事にこだわって多くの事をおろそかにする。

いちを押（お）す 女と共寝をして情を遂げる。〔特殊語百科辞典（1931）〕

いちを聞（き）いて＝十（じゅう）を［＝万（ばん）を］＝知（し）る［＝悟（さと）る］ （「論語-公冶長」の「回也、聞レ一以知レ十。賜也、聞レ一以知レ二」による）非常に賢くて理解がはやいことの形容。少しのことを聞いて、他のすべてのことがわかる。＊聖徳太子伝暦（917頃か）上・推古天皇三年「太子問レ道。聞レ一知レ十。聞レ十知レ百」＊今昔（1120頃か）二四・二二「算（さん）を心に入れて教へけるに、一の事を聞て十の事を悟る様也ければ」＊太平記（14C後）一・儲王御事「承鎮親王の御門弟と成せ給ひて、一（イチ）を聞て十を悟（サト）る御器量」＊浄瑠璃・伊賀越道中双六（1783）八「一手二手と教ゆる中、一を聞いて十を知る頓智といひ器量といひ」＊歌舞伎・慈江戸小腕達引（腕の喜三郎）（1863）序幕「一を聞（キ）いて万（バン）を知（シ）る衆に勝れし彼れが上達」

いちを聞（き）いて二（に）を知（し）る （「論語-公冶長」の「賜也、聞レ一以知レ二」による）一つの事を聞いて、それを推し量って二つの事を悟り知る。「一を聞いて十を知る」よりも下の段階。一字を二字と悟る。＊元和本下学集（1617）「浄蔵貴所〈略〉四歳而読二千字文一聞レ一知レ二（いちヲきいテにヲしル）」＊合巻・雲龍九郎偸盗伝-初（1827）「十二歳の小倅（こせがれ）には似気なく、一を聞いて二を知るの才なれば」

いちを知（し）って二（に）を知（し）らず （「荘子-天地」の「孔子曰、彼仮二修渾沌氏之術一者也、識二其一、不レ知二其二一。治二其内一而不レ治二其外一」による）一方だけを知って、他方を知らない。狭い見解をいう。

いちを賞（しょう）して百（ひゃく）を勧（すす）め一（いち）を罰（ばっ）して衆（しゅう）を懲（こ）らす （「文中子-立命」の「賞レ一以勧レ百、罰レ一以懲レ衆」による）一人の善行を表彰して、多くの人に善行を勧め、一人の悪行を処罰して、多くの人に悪行をさせないように戒める。

いちを立（た）てる 夜間、漁夫が網を海に入れるとき、いっせいに合図の鬨（とき）の声をあげる。

いちを以（もっ）て之（これ）を貫（つらぬ）く （「論語-里仁」の「参乎。吾道一以貫レ之」による）一つの道理をもって全体を貫く。＊読本・春雨物語（1808）海賊「汝が名、以レ一貫レ之と云ふ語をとりたる者とはしらる」

いちを以（もっ）て万（ばん）を＝知（し）る［＝察（さっ）す］ （「荀子-非相」の「君子故曰、以レ近知レ遠、以レ一知レ万、以レ微知レ明、此之謂也」による）「いち（一）を聞いて十を知る」に同じ。＊祈雨日記-（万寿五年）（1028）四月一二日・後一条天皇綸旨写「綸旨如レ此。以レ一察レ万、如レ件」＊御伽草子・二十四孝（室町末）「されば、一をもって万を知るなれば、そのほかの孝行、推し量られたるとて」＊俳諧・毛吹草（1638）二「一をもちて万（ばん）をしれ」＊浄瑠璃・持統天皇歌軍法（1713）三「一を以て万をしる。定ておのれは、父先生殿を殺させても、命助かる所存よな」

いち【一・市・都・城】〘接尾〙盲人の名につける語。→一名（いちな）。＊黄表紙・高漫斉行脚日記（1776）中「なんと清いち、証文の文言（もんごん）はあれでよかろうが」

いち【市】〘名〙㈠①人が多く集まる所。原始社会や古代社会で、高所や大木の生えている神聖な場所を選び、物品交換、会合、歌垣（うたがき）などを行なった。＊古事記（712）下・歌謡「大和の この高市（たけち）に 小高（こだか）る 伊知（イチ）の高処（つかさ）」 ②特に物品の交換や売買を行なう所。市場。日を定めて定期的に開かれるものと、毎日定時的に開かれるものとがある。＊万葉（8C後）七・一二六四「西の市（いち）にただ独り出でて眼並べず買ひてし絹の商（あき）じこりかも〈古歌集〉」＊新訳華厳経音義私記（794）「市肆 上又作市 市音之 訓伊知 肆陳也」＊大和（947-957頃）一〇三「なかごろは、よき人々いちにいきてなむ色好むわざはしける」＊虎明本狂言・鍋八撥（室町末-近世初）「誠にめでたい御代なれば、市あまた御ざあるとは申せども、とりわき此所に新市をたてさせられてござる」＊日葡辞書（1603-04）「Ichi（イチ）ガ タツ」＊尋常小学読本（1887）〈文部省〉四「一人の農夫、狐を捕へ、これを、雑穀物と共に、市に持ち行きて、売らんとす」 ③（「とし（年）の市（いち）」の略）特に一二月一七、一八日の浅草観音の市をいうことが多い。＊雑俳・柳多留-五（1770）「市帰り大戸上げろとしょって居る」＊石井士彰東都歳事記（1838）一二月一七日一八日「於二浅草里一、売二諸器用一為レ市。従二倉廩街一至二大悲閣下一、凡二三里、買人載レ路、貴賤倶競市二什物一」 ④市街。まち。＊散木奇歌集（1128頃）雑「数ならぬ我が身はいちの溝なれや行きかふ人の越えぬなければ」＊虎明本狂言・夷毘沙門（室町末-近世初）「神といははれ候はば、いかにもきれひなるもり林にもすみはせで、あの市の中に不断すんで」＊咄本・八行整版本昨日は今日の物語（1624-34頃）「八十ばかりなる婆、市（イチ）にたちけるが」 ㈡「いちこ（市子）①」の略。＊雑俳・西国船（1702）「いただいて・鈴より市の笑ひ良（がお）」

市 ㈠② 〈一遍聖絵〉

語誌 古代には主に㈠の①②に解説されるような機能や意義をもっていたことが「令義解」（関市令）や「延喜式」によって確認される。市で歌垣が催されたことは「書紀-武烈即位前」の「海柘榴市」の記事に明らかであり、そこが恋愛の場であったことも「万葉-一二・三一〇一、三一〇二」の問答歌「紫は灰さすものぞ海石榴市（つばきち）の八十の衢に逢へる児や誰」「たらちねの母が呼ぶ名を申さめど道行き人を誰と知りてか」によって知られる。また、②の挙例「大和-一〇三」の記述から、貴族までも色好みを目的として市に出没していたことが窺われる。 方言 ❶家が建て込み、種々の店が集まっている所。市街。広島県山県郡054 ❷神楽を舞ういちこ。みこ。滋賀県608 ◇いちんど〔一人〕 滋賀県野洲郡・栗太郡608 ◇いっどん 長崎県五島917 ❸いちこ。みこ。◇いちんど 京都府054 ◇いちふり 奈良県吉野郡683 ◇いちくち 山梨県南巨摩郡463 ◇いちい 長野県松本市（竈祓のみこ）064 語源説 （㈠について）(1)イチ（五十路）の義か〔和訓栞・大言海〕。(2)イチ（生路）の意〔国語の語根とその分類＝大島正健〕。(3)イチ（商所）の義。アキの反はイ〔言元梯〕。(4)ウリミチ（売路）の転〔名言通・日本語原学＝林甕臣〕。(5)イソギタチの約〔和訓考〕。(6)イルチ（集路）の約〔日本釈名〕。(7)イルチ（入所）の約〔類聚名物考〕。(8)イチ（火集）の義〔日本語源＝賀茂百樹〕。(9)イチの古義は山姥や山人が里へ出てくる鎮魂のにわ（場）という意〔翁の発生＝折口信夫〕。（㈡について）(1)イツキメ（斎女）から〔山の人生＝柳田国男〕。(2)イツキの義〔和訓栞〕。 発音 〈なまり〉イッ〔鹿児島方言〕 エチ〔鳥取〕 〈標ア〉イ 〈ア史〉平安・鎌倉○● 〈京ア〉0 辞書 和名・色葉・名義・和玉・文明・明応・天正・饅頭・黒本・易林・日葡・書言・〈ボン〉・言海 表記 市（和・色・名・玉・文・明・天・饅・黒・易・書・へ・言） 衢（玉）

いちが栄（さか）える （「栄えた」という形で用いられることが多い）物語や昔話などの終わりに言うきまり文句で、「めでたし、めでたし」の意。＊諺苑（1797）「市がさかへた 談論の畢りに云辞」＊合巻・修紫田舎源氏（1829-42）四・序「それで一期（イチガ）さかえるまで、年々春毎編を次ぐべし」＊吾輩は猫である（1905-06）〈夏目漱石〉二「『それで市が栄えたのかい』と主人が聞く」＊婦系図（1907）〈泉鏡花〉二五「すぐにお蔦が、新しい半襟を一掛礼に遣って、其の晩は市が栄えたが」 補注「一期（いちご）栄える」の転じたもの（俚言集覧）ともいう。→一期（いちご）

栄えた

いちが立(た)つ 市が開かれる。市場ができる。＊詩学大成抄(1558-70頃)一「どこにも笛笙を吹て、歌こと、市のたった如ぞ」＊日葡辞書(1603-04)「Ichiga tatçu（イチガ タツ）」＊歌舞伎・盟三五大切(1825)大詰「どうでもう世間中に借りがあるから、もう今に借銭乞ひの市(イチ)が立(タ)つよ」方言 騒々しい。子供が騒ぐ場合などにいう。大阪市638

いち立(た)てる ①多くの人が集まって物品の売買をする。せり市を開く。市場を開く。＊浄瑠璃・袂の白しぼり(1710頃)下「洩さで済(すく)ふ網島に、かかる鯉鮒市(イチ)立てて」＊浄瑠璃・博多小女郎波枕(1718)中「市たてて、屋財家財のくづし売捨売(すてうり)に相場なし」②(市が立つとき、非常に騒がしいところから)子供が大勢でわいわい騒ぐ。

いちに帰(き)するが如(ごと)し（「孟子‐梁恵王・下」の「仁人也。不レ可レ失也。従レ之者如レ帰レ市也」から）市に人が集まるように、徳のある者に人の慕い集まることのたとえ。

いちに曝(さら)す みせしめの刑罰の一つ、犯罪人を市場にさらす刑に処する。＊宇都宮家式条(1283)六〇条「若為二下輩之族一者、溺二取其身一、可レ被レ曝二于市一」

いちに三虎(さんこ)を致(いた)す「いち(市)に虎(とら)あり」に同じ。＊読本・南総里見八犬伝(1814-42)九・一一〇回「君侯(との)は素より賢明にて、佞便利口の小人を信容(うけい)れ給ふべくあらねど、衆口は金を鑠(とろか)し、市(イチ)に三虎(サンコ)を致すといふ古人の常言(ことわざ)、以あるかな」

いちに虎(とら)あり（「戦国策‐魏策」の「一人、または二人の人間が、町に虎が出ると言っても信じないが、三人まで同じことをいうと、事実は虎が出なくても信じられるようになる」という故事から）事実無根の風説も、言う人が多ければ、ついに信じるようになるということ。また、存在しないことや偽りなどが、まことしやかにいわれることのたとえ。三人虎を成す。＊教行信証(1224)六「設末法中有二持戒一者、既是怪異、如二市有一レ虎、此誰可レ信」

いちに虎(とら)を放(はな)つ如(ごと)し（人の多く集まる市に虎を放す意から）非常に危険なことのたとえ。

いちの馬(うま) 年(とし)の市の雑沓(ざっとう)の中を押し分けて行くために、馬だ馬だと、偽って叫んで道をよけさせたこと。＊雑俳・柳多留‐一九(1784)「声あってかたちなし市の馬市の馬」

いちの鏡(かがみ)（「神異経」などに見える故事による語）夫婦が離れ離れになる時、鏡を割って、各半分を分けて持ち、後に、その鏡を市で売りに出し、それを印として再会したという鏡。破鏡(はきょう)。＊和訓栞(1777-1862)「いちのかがみ 古今詩話に、陳の徐徳言、国の破れし時に、鏡を破りて、其妻と半(はん)を分ち、情縁絶えずば、成都に売んと、正月の望日を約し、後に其妻を得たりし事を載ぬ」

いちの神(かみ) ⇨いちがみ(市神)

いちの蔵(くら)「いちぐら(肆)」に同じ。＊今昔(1120頃か)二九・一「西の市の蔵に盗人入にけり」

いちの上人(しょうにん)「いち(市)の聖(ひじり)」に同じ。

いちの棚(たな) 市場で商品を陳列し販売する場所。＊俳諧・紅梅千句(1655)三・花「名月の夜におほき盗賊〈政信〉心して運べ宝の市の棚〈正章〉」＊書言字考節用集(1717)一「市店 イチノタナ」辞書 書言 表記 市店(書)

いちの中(なか)の隠者(いんじゃ) 町の中に住んでいても、世俗を脱して超然と生活している隠者。＊俳諧・毛吹草(1638)二「いちのなかの隠者(インジャ)」

いちの中(なか)の虎(とら) 言われているだけで実際には存在しないことにいう。↓市に虎あり。＊日蓮遺文‐祈禱鈔(1272)「正像既に過ぬれば持戒は市の中の虎の如し」

いちの始(はじ)め「いちぞめ(市初)」に同じ。＊虎明本狂言・牛馬(室町末‐近世初)「やいやい此めでたひ市のはじめに、何とてわっはと申ぞ」発音〈標ア〉イ

いちの日(ひ)「いちび(市日)」に同じ。＊俳諧・類題発句集(1774)春「市の日は裏から通ふ乙鳥哉〈和巾〉」

いちの聖(ひじり)（町の中に住んで人々の間に交わり、大衆に仏の道を説く僧の意から）空也の異称。市の上人。＊発心集(1216頃か)七・同人脱衣奉松尾大明神事「ある時、市の中に住して諸(もろもろ)の仏事をすすめ給ふに依りて、市の聖とも聞ゆ」

いちの道(みち) 市中の道。＊書陵部本名義抄(1081頃)「隧 イチノミチ〔選〕」辞書 色葉・名義・書言 表記 隧(色・名・書) 隊(名)

いちを為(な)す ①市場を開いて、物品の売買をする。交易する。＊宴曲・宴曲集(1296頃)五・朝「朝市の栄花盛りにしてや君の恩も事繁く市をなす楽みは仕ふる道有る御代なれば」＊春秋公羊伝注‐宣公一五年「(什一者)通二財貨一、因二井田一以為レ市」②人が多く集まる。群集する。↓もんぜん(門前)市を成す。＊今昔(1120頃か)一・九「此の事、十六の大国に皆聞えぬ。見物、市を成す、上中下人、残る事无し」＊兵範記‐仁安四年(1169)三月一三日「午剋御幸、見物人々連車置並、道路為レ市」＊謡曲・弱法師(1429頃)「近里の貴賤、市をなして皆々施行を受け候」＊天草本平家(1592)四・一〇「ミル ヒト カワラニ ychiuo naitegozaru（イチヲ ナイテゴザル）」＊易林‐一・小過「初憂後喜、与レ福為レ市」辞書 日葡・言海 表記 市ヲ為ス(言)

いちを振(ふ)る せり市で、手を振って値をせる。振る。＊随筆・守貞漫稿(1837-53)五「大坂も雑喉場問屋へ漁村より贈る、問屋にては一夫台上に立ち、魚籃一つ宛を捧げ、さあなんぼなんぼと云、さあは発語、なんぼは何程の略也。此時大坂市中魚買群集し、所レ欲の価を云、其中貴価なる者に売与す。これを市を振ると云」

い‐ち【位置・位地】(ヰ)〘名〙①ある人、物、事柄などが、全体または他との関係で占める場所。置かれるべき場所。＊寛斎先生遺稿(1821)二・買石「位置安排猶未レ定、夕陽沈処踞レ床看」＊哲学字彙(1881)「Position 位置」＊坑夫(1908)〈夏目漱石〉「長屋が沢山ある。〈略〉大きさも長さも似たもんで、みんな崖下にあるんだから位地(ヰチ)にも変りはないが、向丈(むきだけ)は各々違ってる」＊作戦要務令(1939)一・一六「指揮官の位置は軍隊の指揮に重大なる影響を及すものにして」＊歴代名画記‐巻一「画有二六法一、〈略〉経営位置」②(―する) ある場所に置くこと。ある場所を占めること。また、その場所。＊江戸繁昌記(1832-36)二・葬礼「幹人此を期と為し、本堂に上て霊具を位置す」＊碑文(1923)〈横光利一〉「或る哲学者は、ガルタンがヘルモン山上に位置するを以って云ひ」＊作戦要務令(1939)一・二四五「馬匹及車輌は常に安全なる地に位置せしめ」③人の地位や立場。＊国会論(1888)〈中江兆民〉「凡そ国民たる者は其職業や其位地は如何に相異なるも皆同様なる横目竪鼻の人類なり」＊破戒(1906)〈島崎藤村〉二・一「賢いと言はれる教育者は、いづれも町会議員なぞに結托して、位置の堅固を計るのが普通だ」＊二人の友(1915)〈森鷗外〉「其間に私は君のために位置(ヰチ)を求める。それも、君だけの材能があって見れば、多少の心当がないでもない」＊周書‐王褒伝「寵遇日隆、而褒愈自謙虚、不下以二位地一矜上レ人」発音〈標ア〉イ〈京ア〉⓪ 辞書 ヘボン・言海 表記 位置(へ・言)

い‐ち【医治】〘名〙 ⇨いじ(医治)

い‐ち【恚痴】〘名〙 いかりと愚かな心。瞋恚(しんい)と愚痴。＊艸山集(1674)二二・次拾得韻「今代無為学、執レ情長二恚癡一」

い‐ち【逶遅】(ヰ)〘名〙 のろのろと進むさま。いざること。＊音訓新聞字引(1876)〈萩原乙彦〉「逶遅 イチ イザリユク」＊謝荘‐宋孝武宣妃誄「旌委二鬱於飛飛一、龍逶二遅於歩歩一」

い‐ち【意致】〘名〙 おもむき。おもわく。＊円照上人行状(1302)「随二真空上人一、深領二意致一」＊随筆・監禅画適(1852)「蘊藉淳厚抜俗の意致を以て既に一世に雄視す」＊米欧回覧実記(1877)〈久米邦武〉二・二三「英国の物品は、只器械力にて製出せる、麤大の物品のみ多く、其風韻意致の優美なるに於ては、反て小国と見侮りたる」

いち〘名〙 巡査、または弁護士をいう、盗人仲間の隠語。〔隠語輯覧(1915)〕

いち〘名〙（「鶏姦」を hen (にわとり)と言い換えた語の頭文字、「エッチ(H)」の変化したものか）男色をいう、不良仲間の隠語。〔隠語輯覧(1915)〕

いち〘接頭〙 主として形容詞、時に名詞や動詞の上について、勢いのはなはだしい意味、すぐれている意味をつけ加える。「いちさかき」「いちしろし」「いちはやぶ」「いちはやし」「いちもち」「いちあし」など。語誌 (1)「いたく(痛・甚)」の「いた」、「いつかし(厳)」の「いつ」、副詞の「いと(最・甚)」と同語源か。「いた」は原始日本語の「一」を表わす数詞だったとする説があり、また「いた」「いち」「いつ」から「他に抜きん出ている」意の語根 it を推定し、「いた」が母音交替して「いと」を生じたとする説がある。(2)「いち」「いつ」については、「いち」が非自立的でもっぱら接頭語として用いられるのに対し、「いつ(厳)」は「いつの」と助詞「の」を伴うことが多く体言的性格が強い。→「いと(最)」の語誌。

いちあい‐いっさつ【一挨一拶】〘名〙（「挨」は軽く、「拶」は強くふれる意）禅家で、師と修行者、または、修行者同士が出会ったときに、ことばや動作で互いに相手の悟りの深浅などをためすこと。＊碧巌録‐二三則・垂示「一言一句。一機一境。一出一入。一挨一拶。要レ見二深浅一」辞書 文明 表記 一挨一拶(文)

いち‐あがり【一上】〘名〙①三味線調弦法の名称。一の糸を本調子より一音すなわち二律高めた調子。例は少なく、長唄「軍艦」「伏猫」に使われているだけである。一上り調子。＊浄瑠璃・蘆屋道満大内鑑(1734)三「おゆるしが出たはやりうた一(いチ)あがり諷ぞや」＊雑俳・柳多留拾遺(1801)巻八・上「いち上りなどで岡崎ひいて居る」②「一万円」をいう盗人仲間の隠語。発音 イチアガリ〈標ア〉ア

いち‐あきない【市商】(あきなひ)〘名〙 市場で商売すること。＊宇都宮家式条(1283)六一条「一 宮仕下部等自身市商事」発音〈標ア〉キ ア

いち‐あく【一悪】〘名〙 一つの悪事。ちょっとした悪行。＊平家(13C前)一〇・請文「一悪をもって其の善をすてず、小瑕(せうか)をもって其功をおほふ事なかれ」＊文明本節用集(室町中)「不下以二一悪(イチアク)一忘中其善上」＊日葡辞書(1603-04)「Ichiacu（イチアク）〈訳〉一つの悪業、悪事」＊管子‐戒「好レ善而悪レ悪已甚、見二一悪一終身不レ忘」発音〈標ア〉チ ⓪ 辞書 文明・日葡 表記 一悪(文)

いち‐あく【一握】〘名〙 片手で握ること。また、その分量。ひとにぎり。ほんのわずかなことについていう。＊本朝無題詩(1162-64頃)三・秋月詩〈大江佐国〉「迎レ晴庭躅二千里雪一。臨レ老鬢添二一握霜一」＊医語類聚(1872)〈奥山虎章〉「Handful 一握」＊一握の砂(1910)〈石川啄木〉我を愛する歌「頬(ほ)につたふなみだのごはず一握(イチアク)の砂を示しし人を忘れず」＊淮南子‐原

道訓「舒レ之幎ニ於六合一、巻レ之不レ盈ニ於一握一」 発音〈標ア〉チ

いちあくのすな【一握の砂】 歌集。石川啄木著。明治四三年（一九一〇）東雲堂書店刊。新形式三行書きの啄木の処女歌集。 発音〈標ア〉チ

いち-あさ【市朝】〘名〙（「あさいち（朝市）」の倒語）朝市をいう、露店商人仲間の隠語。〔隠語構成様式幷其語集（1935）〕

いち-あし【逸足】〘名〙急いで走ること。また、はや足。疾走。古くは馬がはや足で駆けることにいう。いつあし。＊文明本節用集（室町中）「駿足 イチアシ 馬」＊浮世草子・新御伽婢子（1683）三・両妻夫割「とかくに袖を引はなし逸足（イチアシ）はやく逃のぼる」＊滑稽本・指面草（1786）小「悚懼（をそれ）嘮（わなな）き卒足（イチアシ）して、実（げ）に蜘の子を散すが如く〈略〉逃て行」＊和英語林集成（初版）（1867）「Ichi-ashi（イチアシ）ニ ニゲル」 発音〈標ア〉チ 辞書文明・饅頭・易林・〈ボン〉・言海 表記駿足（文・饅・易）逸足（易・言）一足（ヘ）

いちあし 出（いだ）す 馬などを急ぎ走らせる。また、はや足で駆ける。＊太平記（14C後）八・四月三日合戦事「五十余騎の者共、同時に馬を引き返し、逸足（イチアシ）を出してぞ逃げたりける」＊仮名草子・東海道名所記（1659-61頃）五「たかつな鞭をあげ、逸足（イチアシ）いだして、かけければ」＊浄瑠璃・源頼家源実朝鎌倉三代記（1781）三「かけ飛ながら足踏ため、寂前忍びの乗物は、頼家が小倅ならん、いで此通注進と逸（イチ）足出して逃帰る」

いち-あつ【一斡】〘名〙一巡りさせること。＊真善美日本人（1891）〈三宅雪嶺〉日本人の任務・一「破天荒の新理論を組成し、果然として学術界の方針を一斡するニュートンの如き」

いち-あん【一案】〘名〙いろいろ考えられるうちの、一つの考え。また、別の思いつき。＊明六雑誌‐一号（1874）洋字を以て国語を書するの論「拙陋を省みず奇々怪々の一案を呈して聊か社中諸先生の駭愕に供せむとす」 発音〈標ア〉0

いち-い【一位】〘名〙①第一等の地位。首位。②位階の第一位。正一位、従一位の位。＊令義解（713）衣服・諸王条「一位、礼服冠。〈五位以上。毎ニ位及階一。各有ニ別制一。諸臣准レ此〉」＊御湯殿上日記‐文明一五年（1483）三月二二日「こよひ大納言殿一位のせん下あり」＊日葡辞書（1603-04）「Ichii（イチイ）」③一の桁（けた）の数。一から九までの整数。一の位。④イチイ科の常緑高木。各地に広く生える。高さ二〇メートル、直径〇・八メートルに達する。樹皮は赤褐色を帯び、浅く裂けめがはいる。葉は長さ二センチメートル内外の線形で密生し、横枝では左右に開いて二列に並ぶ。雌雄異株。春、葉腋に花が咲く。雄花は淡黄色の小さな楕円形の花序となり、雌花は緑色で単生し、実は熟すと赤くなる多肉質の仮種皮でおおわれ、これは甘くて食べられる。材は淡赤褐色で建築、家具、彫刻材とする。いちいのき。あららぎ。おんこ。すおうのき。学名は Taxus cuspidata ▼いちいの花《季・春》▼いちいの実《季・秋》＊日本植物名彙（1884）〈松村任三〉「イチヰ」＊晩涼（1955）〈富安風生〉「一位の実含みて吐きて旅遠し」 語源説（④について）笏を飛騨位山の櫟（いちい）で作るから一位をあてたという説もある〔和訓栞〕。 発音〈標ア〉チ ④は0チ〈京ア〉チ／チ ④はチ 辞書日葡・書言・言海 表記一位（書・言）

一 位 ④

いち-い【一尉】〘名〙自衛官の階級で、一等陸（海・空）尉をいう。旧軍隊の大尉に相当する。 発音〈標ア〉チ

いち-い【一葦】〘名〙（一枚の葦（あし）の葉にたとえていう）①一そうの小舟。＊本朝麗藻（1010か）下・代迈陵島人感皇恩詩〈源為憲〉「一葦洗摧身殆没。孤蓬暗転命纔存」＊江都督納言願文集（平安後）六・美濃前司知房願文「一葦任レ風。一蔟共乗ニ済度之船一」＊六如庵詩鈔‐二編（1797）五・甲寅中秋〈略〉泛舟遊巨椋湖各賦「載レ酒共作ニ好中秋一、一葦渺然凌ニ遙空一」＊蘇軾‐前赤壁賦「縦ニ一葦之所一レ如、凌ニ万頃之茫然一」②ひとりの人。＊苦痛と解脱（1903）〈綱島梁川〉「因果は一葦の我を殺すべし」

いちい の 水（みず） 幅の狭い水の流れ。一衣帯水（いちいたいすい）。いちいすい。＊東京朝日新聞‐明治三七年（1904）九月二六日「朕惟ふに、本国は日本国と一葦之水を隔て輔車の形勢をなし」

いち-い【一意】〘名〙①一つの考え。また、考えが同じになること。同心。＊サントスの御作業（1591）一・サンパウロ「S.Paulo ト、Silas トニ ichiy（イチイ）スル モノ ナリ」＊日葡辞書（1603-04）「Ichii（イチイ）スル〈訳〉他の人と考えなどが一致する」＊史記‐酷吏列伝・張湯「務在下絶ニ知友賓客之請一、孤立行中一意上而已」②（副詞的に用いて）ひたすら一つのことに心をそそぐさま。もっぱら。＊西国立志編（1870-71）〈中村正直訳〉九・二一「又苟且に過さずして、これを進修の事に一意勉強せんには数年の後に及んで」＊国会論（1888）〈中江兆民〉「但泰西諸国有志の中天資矯激狠戻なる者一意（イチイ）に自家執る所の旨義に熱中し」＊こゝろ（1914）〈夏目漱石〉中・四三「Kが古い自分をさらりと投げ出して、一意（イチイ）に新らしい方角へ走り出さなかったのは」＊新語‐懐慮「専心一意、身無ニ境外之交一、心無ニ敧斜之慮一」 発音〈標ア〉チ 辞書日葡

いちい 専心（せんしん） ⇨親見出し

いちい 直到（ちょくとう） ⇨親見出し

いちい 同心（どうしん） ⇨親見出し

いちい〘名〙①植物「いちいがし」の異名。＊古事記（712）中「竊（ひそ）かに赤檮（いちひ）以ちて、詐刀（こだち）に作り、御佩（みはかし）と為て」＊万葉（8C後）一六・三八八五「あしひきの この片山に 二つ立つ 伊智比（イチヒ）が本（もと）に〈乞食者〉」＊十巻本和名抄（934頃）九「櫟子 崔禹食経云櫟子〈上音歴 伊知比〉相似大於椎子者也」②イチイガシの実でつくった酒。＊正倉院文書‐万葉仮名文（奈良）（寧楽遺文）「止毛知宇良波、伊知比爾恵比天、美奈不之天、阿利奈利」 語源説(1)イシヒ（石椎）の転〔言元梯〕。(2)イチヒ（最火）の義〔和訓栞〕。(3)イツイヒ（厳粒）の約〔日本古語大辞典‐松岡静雄〕。(4)イタリミ（至実）の義〔名言通〕。 発音〈なまり〉イチ〔岐阜〕イッチー〔福岡〕〈標ア〉0チ〈ア史〉平安〇〇〇〈京ア〉チ 上仮名イチヒ 辞書和名・色葉・名義・和玉・文明・天正・饅頭・黒本・易林・日葡・言海 表記櫟（色・名・玉・文・天・饅・黒・易・言）櫟子（和）櫧・梂（天）橡実・栖（名）

いちい-か【一位科】〘名〙裸子植物の科名。世界に四属約二〇種がある。木本で、北半球に広く分布するが南半球ではわずかにスラウェシ（セレベス）島に生育する。雄花は単生するかまたは花穂をなし、胞子嚢（のう）は二～八。雌花は腋生で頂生し、数対の鱗片葉に包まれる。卵子は一個で、肉質の仮種皮におおわれている。子葉は二個。イチイの仲間は材が美しいので、建材、彫刻、細工物として用いられたり、また、庭園や盆栽として観賞もする。学名は Taxaceae 発音〈標ア〉0

いちい-がし【一樫】〘名〙ブナ科の常緑高木。本州中部以西の暖地に生える。高さ三〇メートル。直径一・七メートルに達する。樹皮は暗褐色で片状にはがれる。葉は長さ五～一五センチメートルの長楕円形で、先が急にとがり、裏に黄褐色の短毛が密生する。春、黄褐色の尾状の穂となる雄花と三個ずつ葉腋（ようえき）につく雌花が咲く。実は褐色の楕円形のどんぐりで、食べられる。材は堅く、建築、器具などに用いる。漢名の石櫧は誤用。いちがし。学名は Quercus gilva《季・夏》＊日本植物名彙（1884）〈松村任三〉「イチヰガシ 石櫧」 発音イチイガシ〈標ア〉イ² 辞書言海

いちい-がり【一狩】〘名〙クヌギ、イチイガシなどの実を採り集めること。＊浮世草子・好色二代男（1684）四・五「袖垣の森のあたりは、櫟狩（ヰチイガリ）の折ふし、所の人の手馴れし、振梢（ふりずはひ）を打掛ばらりと落るは、袖に時雨（しぐれ）の音のみ」 発音イチイガリ〈標ア〉0

いちい-ざいく【一位細工】〘名〙イチイの材を用いて細工すること。また、その細工物。 発音〈標ア〉ザ

いちい-すい【一葦水】〘名〙「いちい（一葦）の水（みず）」に同じ。＊日本風景論（1894）〈志賀重昂〉二「日本の地形、一葦水の海峡を距てて朝鮮半島より満州の寒帯平原に通じ」 発音〈標ア〉イ²

いちい-せい【一意性】〘名〙数学で、定義されたもの、条件を満たすものなどの実体がただ一つしかないこと。一意的に定まるともいう。 発音イチイセイ〈標ア〉0

いちい-せんしん【一意専心】〘名〙ひたすら一つの事に心を集中すること。専心一意。＊星を造る人（1922）〈稲垣足穂〉「ラホール近郊の廃寺に籠って一意専心に究めたアブラカブストラと称する妖術教の奥義から」＊女工哀史（1925）〈細井和喜蔵〉六・一八「一意専心勤倹を旨とし獲る所の賃金は皆之を家郷に逓送し」＊軍隊内務令（1943）綱領・一二「兵は一意専心上官の教訓に遵ひ」＊管子‐内業「四体既正、血気既静、一意摶心、耳目不レ淫、雖レ遠若レ近」 発音〈標ア〉チ〈京ア〉三‐0／チ‐0

いちいたい-すい【一衣帯水】〘名〙（「衣帯」は帯のこと）一すじの帯を引いたような狭い水の流れや海峡。また、そのような水によって隔てられていること。＊日本外史（1827）一二・足利氏後記「元就曰、吾祖騎ニ渡劫川一。況此一衣帯水乎」＊将来之日本（1886）〈徳富蘇峰〉一「其東方には一衣帯水を隔てて世界に無類なる大帝国の支那と相対し」＊さざなみ軍記（1938）〈井伏鱒二〉「一衣帯水をなしてゐるその対岸の島には、岡の麓に民家が一軒もなかった」＊南史‐陳後主紀「我為ニ百姓父母一、豈可下限ニ一衣帯水一、不上レ拯レ之乎」 発音〈標ア〉チ

いち-いち【一一】〘名〙①一つ一つの物。それぞれのこと。＊延喜式（927）二〇・大学寮「凡釈奠秋祭。座主博士引ニ問者等一候ニ於内裏一。随レ召昇レ殿、一一論義」＊梵網経開題（835頃）「一一字字、一一句句、皆是諸尊法曼荼羅身」＊観智院本三宝絵（984）中「智徳名僧おどろきあやしみて各（おのおの）文（もん）を出て問心みるに尼よく一々に是をこたへてはばかることなし」＊百座法談（1110）二月二八日「人にすすめられて法花経六十四字をかきし、一々の文字皆仏となりて光をはなちたまひけり」＊寛永刊本蒙求抄（1529頃）序「一々には不レ載。十が四五をとりてのするぞ」＊韓非子‐内儲説上「宣王死湣王立、好ニ一一聴レ之」②ひとりびとり。めいめい。＊栄花（1028-92頃）若ばえ「侍（さふらひ）の人々、あるは刀自、すましなどいちいちにいひわたす」＊平家（13C前）二・西光被斬「此一門をほろぼして天下をみだらんとする企（くはだて）あり。一々に召とってたづね沙汰仕るべし」＊歌舞伎・傾城壬生大念仏（1702）上「侍共戸を破らんと大勢立かかる所へ、彦六一文字（もんじ）に駈付、一々に取て投げ」＊尋常小学読本（1887）〈文部省〉五「主人は、一々様子を見るに、皆かしこげなる者のみにて、何れとも定め難かりき」＊文天祥‐正気歌「時窮節乃見、一一垂ニ丹青一」③（副詞的に用いて）一つ残らず。どれもこれも。ことごとく。ことこまかに。＊虎明本狂言・牛馬（室町末‐近世初）「尤あれが申所いちいち聞えて御ざる」＊捷解新語（1676）五「おしらるたうりいちいち御もっともなことで御ざる」＊浄瑠璃・本朝二十四孝（1766）一「大将いちいち聞こし召し」＊牧民金鑑（1853）一・御代官心得方・正徳三年（1713）四月「都て此等之入用其村中へ割付、惣百姓之難渋及候由相聞候、御代官中委細に穿鑿之上、逸々禁制あ

るべき事」＊尋常小学読本(1887)〈文部省〉四「太郎は、暫く考へて、遂に公園地の図を書きて、一々語り聞かせければ」 発音〈標ア〉チ1〈ア史〉江戸●●○○〈京ア〉チ1 辞書日葡・書言・言海 表記一一(書・言)

いちいち-もって 一つ一つ。＊天草本平家(1592)読誦の人に対して書す「コノ コト マコトニ ソノ イワレ ナキニ アラズ、ichiichimotte (イチイチモッテ) ミナ シカ ナリ」＊日葡辞書(1603-04)「Ichi-ichi motte (イチイチモッテ)〈訳〉ひとつひとつ」 辞書日葡

いちいち 文文是真仏(もんもんぜしんぶつ) 中国並州の名書家李遺龍が、並州の司馬のたっての願いにより、父、烏龍の遺戒にそむいて法華経の題目六四字を書き、夢に、その一字一字が仏身に化して地獄に堕ちていた父の苦しみを救うのを見たという故事。＊浄瑠璃・賀古教信七墓廻(1714頃)五「げにや一々文々是真仏(ゼシンブツ)と聞(きく)時は、一字の文字も仏の尊容成ものをまぶの文とて引やぶりまろめまろめて」

いちいち『名』方言 ⇩いちっこ

いちいちご-けみ【一一五検見】『名』江戸時代、上州(群馬県)高崎辺りで行なわれた検見法。年貢取米の計算を簡単にするため、その年の出来高を一・一五で割って取米高を算出する方法をいう。＊地方凡例録(1794)三「一々五検見之事 上州之内高崎城附邑々検見の法は、前々引付にて田別検見と唱、一々五の法四六の延と申、余国に無レ之」

いちいち-しだい-に【一一次第—】『副』一つ一つ順を追って。順次に一つ残らず。＊浄瑠璃・花屋(1634)四「御まへにまいり、一々次第にうらなひて、あらめんほくのうらなひや」＊浄瑠璃・宇治の姫切(1658)四「都にてのいくさの次第、御かとのいけとられさせ給ふだん、一々次第に申上る」

いちい-ちょくとう【一意直到】『名』思ったことを偽らずに、そのまま表わすこと。 発音イチイチョクトー〈標ア〉チ

いちい-どうしん【一意同心】『名』考えが同じであること。気持や意見などが同じであること。同じ意志。一味同心。＊国民性十論(1907)〈芳賀矢一〉三「赤穂四十七士が一意同心、打揃って敵上野介の首を取った時」 発音イチイドーシン〈標ア〉チ

いちい-とうぜん【一以当千】『名』「いっきとうせん(一騎当千)」に同じ。＊続日本紀-天応元年(781)六月戊子「而伊佐西古、諸絞、八十嶋、乙代等、賊中之首、一以当千」＊台記-久安六年(1150)五月一七日「保頼従者六人、於二宇治一発乱、資盛独進、奪二賊剣一、成二其乱一、可レ謂二一以当千一、令レ感二彼勇一賜レ之」 発音イチイトーゼン〈標ア〉チ

いちい-の-き【一木】『名』植物「いちいがし」に同じ。＊新撰字鏡(898-901頃)「櫟 一比乃木」 辞書字鏡・明応 表記櫟・杞・枸(字) 櫟木(明)

いちい-の-き【一位木】『名』「いちい(一位)④」の別名。＊大和本草(1709)一二「飛驒国位山の一位の木にて、笏を作ると云。いちいの木、葉は榧に似て小なり」＊夜明け前(1932-35)〈島崎藤村〉第二部・下・一三・四「御笏の料とした一位の木(あららぎ)を産するのでも名高い」 発音〈標ア〉キチ

いちい-ぼり【一位彫】『名』一刀彫りの一種。飛驒国高山の人、松田亮長の始めたもので、同地の名産。 発音〈標ア〉0

いち-いん【一印】『名』一つの印契(いんげい)を結ぶこと。

いちいん 一明(いちみょう) ⇩親見出し

いちいん 頓成(とんじょう) ⇩親見出し

いち-いん【一因】『名』仏語。①一つの原因。＊倶舎論-六「倶有等因唯同類熟。能作一因兼二同異一熟故」②一切に備わる真実絶対の理体。＊法華義疏(7C前)序品「妙是絶麁之号、法即此経中所説一因一果之法也」 発音〈標ア〉0チ〈京ア〉0

いちいん 一果(いっか) ⇩親見出し

いち-いん【一員】『名』①令制において規定された、各省寮司の定数が一であること。＊三代格-五・仁寿四年(854)八月一日・太政官符「応レ加二置陸奥国少掾一員一事〈略〉加二掾一人一以済二庶務一者」＊延喜式(927)四・神祇・伊勢太神宮「凡太神宮司二員。大宮司一員正六位上官。少宮司一員正七位上官」＊今鏡(1170)一・初春「靫負(ゆげひ)の佐(すけ)一員など、ひきつくろひたるけしき、心異なるべし」②近衛府の将監(しょうげん)・将曹(しょうそう)・府生(ふしょう)、兵衛府、衛門府の尉(じょう)・志(さかん)・府生をいう。楽人や舞人が多く任じられた。＊春日権現験記絵詞(1309)二「寛治七年三月舞人一員をめしくして春日社に御幸あり」＊名目鈔(1457頃)諸公事言説「一員 於二近衛府一者、将監将曹府生是也」③ひとり。特に団体を構成する一人をいう。＊鹿苑日録-天文五年(1536)七月二三日「巳刻法花衆陣中喧嘩。入道一員剪倒也」＊書言字考節用集(1717)一〇「一員 イチヰン ヒトリ」＊こゝろ(1914)〈夏目漱石〉九「家庭の一員として暮した事のない私のことだから、深い消息は無論解らなかったけれども」＊竹沢先生と云ふ人(1924-25)〈長与善郎〉竹沢先生の人生観・六「人類の一員としては出来るだけ勤勉忠実な仕事師として」＊詩経疏-曹風・候人「賢者之身、充二此徒中之一員一耳」 発音〈標ア〉0チ〈京ア〉0 辞書書言 表記一員(書)

いち-いん【一院】『名』①「いち(一)の院」に同じ。＊謡曲・八島(1430頃)「一院のおん使、源氏の大将、検非違使五位の尉、源の義経と、名のり給ひしおん骨柄」＊名目鈔(1457頃)諸公事言説「一院 院数ケ所御之時、第一の院を申也」＊天草本平家(1592)一・二「Ichiin (イチイン)ワ ゴシュッケ ナサレテ ゴザッタ」②一つの寺院、または、院と称せられる所。＊正法眼蔵(1231-53)嗣書「晩年におよびて官家に陪銭し、一院を討得して住持職に補するときは法語、頂相の師に嗣法せず」＊咄本・醒睡笑(1628)五「山の一院に児(ちご)三人あり」＊白居易-銷暑詩「何以銷二煩暑一、端居一院中」③二院制の議会において、その中のいずれか一方の議院。＊枢密院官制及事務規程(明治二一年)(1888)事務規程・二条「帝国議会若(もし)くはその一院」④単一の院によって構成されている議会。＊一局議院論(1884)〈植木枝盛〉六・一「二院制度の全く非なること并に必ず一院の制度にせざるべからざる事」⑤院にいる人すべて。院じゅう。＊本朝文粋(1060頃)一二・秋夜書懐〈蒔原衆海〉「一院挙哀憂未レ尽、両家沾レ職悦無レ窮」 発音〈標ア〉チ 辞書言海 表記一院(言)

いち-いん【一飲】『名』一度飲むこと。また、一口飲むこと。→一飲一啄。＊李白-将進酒「烹レ羊宰レ牛且為レ楽、会須二一飲三百杯一」

いちいん-いちみょう【一印一明】『名』仏語。一つの印契(いんげい)を結び、一つの真言を唱えること。→三密(さんみつ)。＊真言内証義(1345)「既に此の宗の謂を信得し、自身即仏の理を疑はずして、一印一明を授かり、昼夜に精進修行すべし」＊太平記(14C後)一八・高野与根来不和事「清憲僧正の室に入り一印一明(いちインいちミャウ)を受けて、又百日行ひ給ひければ、其法忽に成就して」

いちいん-いっか【一因一果】『名』一乗真実の教えとしての一因によって、法身の悟りとしての一果が得られること。法華経の迹本の二門を示したもの。＊法華義疏(7C前)序品「実相義、謂今日一因一果義也」

いちいん-いったく【一飲一啄】『名』(「荘子-養生主」の「沢雉十歩一啄、百歩一飲、不レ蘄レ畜二乎樊中一、神雖レ王、不レ善也」から)一口飲み、一口ついばむこと。気ままに飲食することから、分に安んじて他に求めないことのたとえ。＊談義本・労四狂(1747)下「籠の中に羽を屈して、心のごとくに山沢に遊ばざるは、餌飼の、あまりありて腹ふくるるよりは、一飲一啄(いちインいったク)の労をよしとする也」＊江戸繁昌記(1832-36)五・鳶烏雀犬鶴「山翟沢雉、我と同く是れ鳥類。却って是れ年中餌に乏しく、一飲一啄、平生多く飢う」 発音〈標ア〉チク

いちいん-え【一印会】『名』仏語。金剛界九会曼陀羅(くえまんだら)の第六会。簡略を好むもののために金剛薩埵(こんごうさった)の一尊の大印または三摩耶形(さんまやぎょう)の一印を描くもの。この一尊の真言を唱え、その三摩地(さんまじ)にはいる曼陀羅であるところから一印曼陀羅ともいう。

いちいん-じゅ【一印呪・一印咒】『名』仏語。手に一つの印契(いんげい)を結び、口に一つの呪文を唱えること。一印陀羅尼。→三密(さんみつ)。

いちいん-せい【一院制】『名』議会が、単一の院によって構成される制度。日本では都道府県市町村議会がこれであるが、東欧諸国などでは国の議会においてもこの制度を採っている。→二院制。＊哲学字彙(1881)「Unicameral system 一院制」 発音イチインセイ〈標ア〉0〈京ア〉0

いちいん-だらに【一印陀羅尼】『名』(陀羅尼は「呪(じゅ)」の梵語)仏語。「いちいんじゅ(一印呪)」に同じ。＊十訓抄(1252)一〇・源三位頼政射鵺事「僧徒の勤には八宗の修学。一院陀羅尼行者。法華持者等也」

いちいん-とうてい【一韻到底】『名』中国の古体詩の押韻法則の一つ。詩の全編が同一の韻をふむこと。

いちいん-とんじょう【一印頓成】『名』仏語。わずか一つの印相を習い、または、印契(いんげい)を結ぶことによって、直ちに成仏の利益を得ること。＊撰集抄(1250頃)七・覚鑁上人事「真言宗を悟りきはめて、一ゐんとんじゃうの春の花は、匂を寂寞の霞の衣にうつし」＊俳諧・枇杷園随筆(1810)高野登山端書「坊舎地をしめて仏閣甍をならべ、一印頓成の春の花は寂莫の霞の空に匂ひておぼえ」

いち-う【一宇】㊀『名』①(「宇」は「のき」の意で、家を数える助数詞)一軒。一棟(ひとむね)の建物。＊皇太神宮儀式帳(804)「御船殿一宇」＊宇治拾遺(1221頃)四・一五「その魚のぬしが家、ただ一宇、そのことをまぬかるによりて」＊信心録(ヒイデスの導師)(1592)四・一「sinagoga ト ユウ トコロ ノ ichiv (イチウ) ノミ ニ クンジュ シテ」＊浄瑠璃・八百屋お七(1731頃か)上「色衣(しきえ)を着し敬いも一宇の寺をつかさどり、聖人(しょうにん)とも言はるる身に玉子酒を飲まそふとは」＊後漢書-祭祀志上「永茲一宇垂二於後昆一」②屋根を同じくすること。「八紘一宇の精神」㊁『副』(「家の中のものがこぞって」の意から)全く。全然。一切。 発音〈標ア〉チ〈京ア〉チ 辞書文明・日葡・書言・言海 表記一宇(文・書・言)

いち-う【一盂】『名』(「盂」は飲食物を盛る鉢形の器)ひとはち。＊篁園全集(1844)一・五荘行「有レ客采樵過二絶澗一、一盂紅飯漾二漣漪一」＊史記-滑稽伝「一豚蹄、酒一盂」

いち-う【一雨】『名』①ひとしきり降る雨。一たびの雨。ひとあめ。＊日葡辞書(1603-04)「Ichiv (イチウ)。ヒトアメ」＊艸山集(1674)一九・癸卯孟夏二十七日新天子登極余偶在京師朝雨之後天陰日静就枕一覚起来独笑而作「少年天子万年初、一雨油然満二九衢一」＊塩鉄論-水旱「雨不レ破レ塊、風不レ鳴レ条、旬而一雨、雨必以レ夜」②仏語。仏の教えを雨にたとえていう。＊法華経-薬草喩品「譬如下〈略〉雖二一地所一レ生一雨所上レ潤、而諸草木各有中差別上」 発音〈標ア〉チ 辞書日葡

いち-うち【一打】『名』①箇条書の初めに、一つ

何々と一の字を記すこと。＊俚言集覧(1797頃)「一打(ウチ) 箇条の一書の一字を記するを一打と云」＊雑俳・柳多留-一四一(1835)「一(いチ)うちは万里へ響く御条目」 ②(一の字を書いたように見えるところから)眉をいう。＊雑俳・柳多留-一二(1777)「一打(いちうち)を剃刀ですおしい事」

いち-うつ【一鬱・壱鬱】〘名〙心がふさがり、気の晴れないこと。＊色葉字類抄(1177-81)「壱鬱 イチウツ」 辞書色葉・文明 表記 壱欝(色) 一欝(文)

いち-うら【市裏】〘名〙(「うら(裏)」はうちの意)平安時代、京都東西両市の市場内をいう称。ここには、肆(いちくら)があって、商いが行なわれるが、定住する者はいない。＊延喜式(927)四二・東西市司「凡市町准市裏本司加勘糺随犯科責」

いち-うり【市売】〘名〙商品を市場に出して売りさばくこと。＊今堀日吉神社文書-(享禄三年頃)(1530頃)近江五ケ所商人等申状「市売・里売迄、悉差別次第、商買道の古実に候」 発音〈標ア〉⓪

いちうり-ぶいちきん【市売分一金】〘名〙江戸時代、雑税の一種。市場における売上高の二十分の一、あるいは三十分の一を雑税として徴収するもの。その率は当該市場の慣例により一定しない。＊財政経済史料-五・財政・雑税・収税雑規(江戸)「市売分一金と云は、市場にて売買物の高に応じ弐拾分一或は三拾分一、其市場所之仕来を以取立る事あり、又売高等拘らず、敷筵の数に応じ取立る所もありて、所々不同なり」

いちう-りゅう【一羽流】〘名〙剣道の一派、一波流の俗称。文祿(一五九二～九五)年間に飯篠家直の門人諸岡一羽(もろおかいちう＝一波斎)が常州(茨城県)江戸崎で始めたもの。諸岡流。諸岡一羽流。＊武術流祖録(1843)刀術「一羽流、諸岡一羽」 発音イチウリュー〈標ア〉⓪

いち-うん【一雲】〘名〙一つの雲。ひとひらの雲。＊妙一本仮名書き法華経(鎌倉中)三・薬草喩品第五「一雲(イチウン)〈注〉ひとつくも)の所雨、その種性にかなひて、しかも生長することえて、華菓、敷実せん」＊日葡辞書(1603-04)「Ichivn (イチウン)。ヒトツノ クモ」＊杜甫-秋雨歎詩「闌風長雨秋紛紛、四海八荒同一雲」 発音〈標ア〉チ 辞書日葡

いち-うんじょう【市運上】〘名〙「いちばうんじょう(市場運上)」に同じ。＊地方凡例録(1794)五「一 市場運上〈略〉吟味のうへ御益御免になる事もある故、いち運上は定をさめ小物なりとも定がたし。先は浮役の類也」 発音イチウンジョー〈標ア〉ウ

いち-え【一会】〘名〙①一つの集まり。一つの会合・集会。㋑説法、仏事などの集まり。一つの法会(ほうえ)。また、その場所。あるいは、その座にいる人々。＊正法眼蔵(1231-53)重雲堂式「堂のうちにて念誦看経すべからず。檀那の一会の看経を請せんはゆるす」＊伝光録(1299-1302頃)摩訶迦葉尊者「ただ形の醜悴し、衣の麁陋なるをみて、一会ことごとくあやしむ。これによりて、処々の説法の会ごとに、釈尊座をわかち迦葉を居らしむ」＊太平記(14C後)一一・書写山行幸事「梵音遠く叡山の雲に響て、一会(ヱ)の奇特を顕せし事共、委細に演説仕りたれば」＊満済准后日記-応永二五年(1418)六月一二日「今日於小川殿法華懺法在之、〈略〉一会儀昨日両人同沙汰之」＊文明本節用集(室町中)「一会 イチヱ 水陸一会施餓鬼也」 ㋺芸能などの催し。演奏。＊習道書(1430)「中楽の一会(ヱ)をなす役人、面々我一身習得する所をもて、心に又遠慮をもつべき道あり」＊看聞御記-永享七年(1435)正月二八日「主人入興、関白之句共指合被返遅遅間、利口一会之為逸興」 ㋩茶事。茶芸。②ひとたび会うこと。「一期(いちご)一会」 発音〈標ア〉チ 辞書文明・天正 表記 一会(文・天)

いち-え【一衣】〘名〙着物などの一枚。一枚の衣服。＊御伽草子・さよひめ(室町時代小説集所収)(室町末)「さむきものには、いちへをきせ、うへたるものには、ゐぢきをあたへ」＊日葡辞書(1603-04)「Ichiye (イチエ)。ヒトツノ コロモ」＊俳諧・奥の細道(1693-94頃)草加「只身すがらにと出立侍るを、帋子一衣は夜の防ぎ、ゆかた、雨具、墨、筆のたぐひ」 発音〈標ア〉チ 辞書日葡

いち-えい【一栄】〘名〙一度栄えること。わずかの栄華。＊経国集(827)一一・奉和春日作〈藤原衛〉「時去時来秋復春、一栄一酔偏感人」＊海道記(1223頃)東国にさまよひ行く子「具縛の憂身は一栄の肴に勧められて三毒の酒に酔臥し」＊日葡辞書(1603-04)「Ichiyei (イチエイ)。ヒトツノ サカエ〈訳〉一つの繁栄」＊俳諧・ゆめみ草(1656)春「一栄や一らくやうの花見酒〈正之〉」 発音イチエイ〈標ア〉チ 辞書日葡

いち-えい【一詠】〘名〙詩歌などを一度詠じること。＊本朝無題詩(1162-64頃)六・暮春池頭即事〈大江隆兼〉「池塘好処艶陽辰、一詠一觴相促頻」＊信長記(1622)一上・義昭公ひそかに南都を落給ふ事「まことに此良夜をいかで、一詠(いちヱイ)なかるべきとて、蜂腰一首を綴て」

いち-えい【一翳】〘名〙眼に感じるちょっとしたかげり。＊悲哀の高調(1902)〈綱島梁川〉「疑ふらくは、玲瓏一翳を着けざるの境にありきとは、言ふべからざらむ」 辞書日葡

いちえい 眼(まなこ)にあれば空華(くうげ・くうか)＝乱墜(らんつい)す[＝乱(みだ)れ落(お)つ]

(目に、なにかくもりがあると、実態のない花のようなものが乱れ落ちるさまが見えるところから)心に妄念があると、心が乱れて正しい認識ができないことのたとえ。＊梵舜本沙石集(1283)七・二五「一翳眼にある時は、空花みだれをつ。一妄心にある時、恒沙生滅す」＊太平記(14C後)二三・大森彦七事「盛長是程の不思議を見つれ共、其の心猶も動ぜず。『一翳在眼空花乱墜(いちエイまなこニあレバクウケランツイ)す』といへり」＊日葡辞書(1603-04)「Ichiyei manaconi areba, cŭqua rantçui su (イチエイ マナコニ アレバ クウクヮ ランツイス)」＊仮名草子・為愚痴物語(1662)六・一二「又古人の云、一翳(ヱイ)まなこにあれば、空花乱堕(クウクハランツイ)すといへり、まなこに病あれば、うつくしき花みだれおちて、さまざまの妄想見ゆるがごとし」＊景徳伝燈録-一〇・福州芙蓉山・霊訓禅師「一翳在眼、空華乱墜」

いちえい-いちぎん【一詠一吟】〘名〙(「詠」も「吟」も詩歌を作りうたうこと)詩歌を作ったりそれを歌ったりすること。＊本朝無題詩(1162-64頃)五・暮秋即事〈藤原忠通〉「今翫庚申廻盞客、一詠一吟至五更」＊十二月消息(1403頃)八月日「一詠一吟、欲暢幽情候之処」

いちえい-いちじょく【一栄一辱】〘名〙一たび栄えたかと思うと、すぐおちぶれて恥ずかしめを受けること。一栄一落。＊四河入海(17C前)三・一「凡為士者之一栄一辱する事は幾ぞや。不可勝計ぞ」＊当世書生気質(1885-86)〈坪内逍遙〉一七「七転八起、一栄一辱(イチエイイチジョク)、棺に白布を盖ふにいたって、初て其名誉が定まるんだ」

いちえい-いちらく【一栄一落】〘名〙(草木が春には花が咲き、秋には葉が落ちるところから)人の世の、一度栄えたかと思うと、すぐ衰えること。世の栄枯盛衰の激しさをいう。＊菅家後集(903頃)明石駅亭口詩「駅長莫驚時変改 一栄一落是春秋」＊車屋本謡曲・二人静(1464頃)「まことに、一栄一落、まのあたりなる憂世とて、又この山を落ちてゆく」＊日葡辞書(1603-04)「Ichiyei ichiracu (イチエイ イチラク)。マノアタリ〈訳〉繁栄がすぐに衰えることはあきらかである」

いちえい-いっすい【一栄一衰】〘名〙一度栄えたかと思うと、すぐ衰えること。＊洒落本・素見数子(1802)一「今まで唄ひ戦きたるも、忽然寂然と成。灯火の消たるごとく。一栄一衰(イチエイイッスイ)目前にあり」

いち-えつ【一噎】〘名〙一度むせぶこと。一度食事をのどにつまらせること。＊明六雑誌-二一号(1874)女飾の疑〈阪谷素〉「一噎に懲りて佳食を廃せんとするは何ぞや」＊陳子昂-答制問事・賢不可疑科「賢人於国、亦猶食之在人、固不為一噎而絶餱糧、亦不可以謬賢而遠正士」

いち-えつ【一閲】〘名〙一度調べること。ざっと目を通すこと。＊授業編(1783)三「三四年前に書林の余に見てくれよと云まま一閲(イチエツ)したれども今更何とすべきやうもなければ」＊伊藤特派全権大使復命書附属書類(1885)天津談判・上・二「閣下幸に此公文を一閲あれ」 発音〈標ア〉⓪

いち-エネルギー【位置―】〘名〙(エネルギーはドイツ Energie)物体がその位置によって潜在的にたくわえているエネルギー。ポテンシャル-エネルギー。 発音〈標ア〉ネル

いち-えん【一円】■一〘名〙①完全であること。完全に行なうこと。すべて。＊本朝無題詩(1162-64頃)一〇・遊山寺談僧〈藤原実光〉「一円深理燈前聴、万法皆空涙裏知」＊清原宣賢式目抄(1534)八条「不論理非と云文は、由緒もなく支証もなく、一円の無理を以て、他の所領を押領して」②ある地域全体。＊吉田文書-延長七年(929)一一月二七日・豊受大神宮司解(平安遺文一・二三六)「内一段卅六歩宅地、一円知行之者也。三百廿四歩者公田也」＊豊前永弘文書-弘安二年(1279)二月日・宇佐保広申状案(鎌倉遺文一八・一三四七九)「件別符者、本為一円御神領」＊園太暦-貞和三年(1347)九月二〇日「其上東方蜂起、小山於田一円之上、宇都宮自吉野下向本国之由、飛脚到来云々」＊内閣文庫本建武以来追加-応安元年(1368)六月一七日(中世法制史料集二・追加法九七)「禁裏、仙洞御料、寺社一円仏神領、殿下渡領等、異于他之間、曾不可有半済之儀」＊建内記-嘉吉元年(1441)一〇月二日「吉川半分代官稲田代、去七日入部之処〈略〉一円可居一人之代官之由、地下人申之也」 ③貨幣の単位。一銭の百倍。■二〘副〙①(「に」を伴う場合が多い)すべて。ことごとく。＊常陸税所文書-建久五年(1194)二月一五日・源頼朝下文案(鎌倉遺文二・七一二)「於為神領内者、一円に可宛催也」＊平治(1220頃か)下・頼朝義兵を挙げらるる事「多喜の庄をば、一円に給はるべし」＊満済准后日記-応永二三年(1416)七月一二日「御祈事山門一円承云々」＊舞正語磨(1658)上・翁「惣じて翁より脇迄は、略の義を一円きらふ也」②(「に」を伴って)一心に。専一に。ひとすじに。＊御伽草子・三人法師(室町末)「只一円に人の物を取給ひしも今はかなはず」＊日葡辞書(1603-04)「Ichiyen ni (イチエンニ) コノ コトヲ ツカマツラウズ〈訳〉この事だけはどんなにしてもしよう」③(まれに「に」を伴う。あとに打消の語を伴って用いる)いっこうに。さらに。少しも。＊天草本伊曾保(1593)イソポの生涯の事「ソレワ イマコソ サヲウセラルルトモ、ychiyen (イチエン) ソノ、ブンデワ ナカッタ」＊信長公記(1598)一「定て今度は美濃衆を手先へ夫兵に差遣はさるべしと、みの衆存知の処に、一円御構なく」＊三河物語(1626頃)三「大炊河ぎりと仰候儀は、一円に心得不申」＊浮世草子・武家義理物語(1688)四・一「男一円同心せず、その子細を是非に申せと聞きかかる」＊滑稽本・風来六部集(1780)放屁論後編「新五左衛一円に呑込まず」 語誌(1)平安時代では、■一②挙例の「吉田文書」など荘園関係の文書類に多く見られ、名詞としての用法が中心であった。鎌倉初期から、■二①挙例の「常陸税所文書」のような副詞用法の兆しが見られるようになり、次第に程度副詞として定着していく。(2)中世後期から江戸初期にかけては、程度副詞から陳述副詞へとその用法を転成し、文末に否定

表現を伴うことによって「一円」の意味は「ことごとく」から「一向に、全く」に逆転した。江戸初期以降は、副詞の「一円」は次第に衰退し、現在使用されているのは「近畿一円」のような名詞用法だけとなった。 発音〈なまり〉イッチェン〔伊予〕〈標ア〉チ0 〈京ア〉0 一③は〈標ア〉0 〈京ア〉チ 辞書下学・文明・伊京・明応・天正・黒本・易林・日葡・書言・ヘボン・言海 表記一円（下・文・伊・明・天・黒・易・書・へ・言）

いちえん【一円】鎌倉後期の臨済宗の僧、無住道暁の号。「沙石集」「雑談集」などを著わす。嘉禄二～正和元年（一二二六～一三一二） 発音〈標ア〉チ

いち-えん【一莚】〘名〙茶道七事式花月（かげつ）の一つ。仙遊（せんゆう）の式を一回行なうこと。「一莚催す」という。七事式の追加として、裏千家玄々斎の創案になる。

いち-えん【一煙】〘名〙（かまどから立ち上る煙を家とみて）一軒。一戸。＊延喜式(927)二一・諸陵寮「山辺道上陵 纏向日代宮御宇景行天皇。在大和国城上郡。兆域東西二町。南北二町。陵戸一烟」 発音〈標ア〉0

いちえんいちげん-せつ【一円一元説】〘名〙二宮尊徳の根本思想。すべての事物はその起源を一つにし、その一つの根源から百般の事物が分化発展したとする説。

いちえん-かへい【一円貨幣】〘名〙額面一円の貨幣。明治四年（一八七一）五月新貨幣条例公布後今日まで次の各種が発行されている。(1)⇩いちえんぎんか（一円銀貨）。(2)⇩いちえんきんか（一円金貨）。(3)黄銅貨。昭和二三年（一九四八）制定。昭和二八年（一九五三）一二月末限り通用禁止。(4)アルミニウム貨。昭和三〇年（一九五五）制定。 発音イチエンカヘイ〈標ア〉カ

いちえんき-さん【一塩基酸】〘名〙分子中に金属原子または陽性基で置換できる水素原子を一つだけもつ酸で、分子一個から水素イオン一個を出す。塩酸、酢酸など。一価の酸。＊稿本化学語彙(1900)〈桜井錠二・高松豊吉〉「Monobasic acid. Einbasische Säure, f. 一塩基酸」 発音〈標ア〉0キ

いちえん-きんか【一円金貨】〘名〙額面一円の金貨。明治四年（一八七一）五月公布の新貨条例により制定されたが製造に至らず、翌五年一二月同案を改正したものが製造発行された。また、同一一月には直径をやや縮めることになった。明治三〇年貨幣法の公布により、額面の倍位二円に通用を規定された。 発音〈標ア〉キ

いちえん-ぎんか【一円銀貨】〘名〙額面一円の銀貨。明治四年（一八七一）五月公布の新貨条例によって制定。当初貿易専用として発行され、正式の名称は「貿易一円銀」と付けられたが、明治一一年五月本位貨幣となり、国内でも通用した。形式の上では、明治七年三月および同八年二月と二回図案や量目などの改正が行なわれた。同八年改正のものには「貿易銀」という名称が鋳貨面に出された。明治三〇年貨幣法公布、金本位制度確立によって、翌三一年四月一日限り、国内での通用が禁止されたが、国外では円形銀塊（えんぎょうぎんかい）という新名称のもとに流通した。 発音〈標ア〉ギ

いちえん-さつ【一円札】〘名〙「いちえんしへい（一円紙幣）」に同じ。＊当世書生気質(1885-86)〈坪内逍遙〉二「残るは壱円紙幣（いちヱンサツ）一枚のみなり」＊放浪記(1928-29)〈林芙美子〉「銀貨を一円札に替へてもらって田舎へ出す手紙の中に入れておいた」 発音〈標ア〉エ

いちえん-しへい【一円紙幣】〘名〙額面一円の紙幣。明治四年（一八七一）以後発行されたもので、次の各種がある。(1)大蔵省兌換証券（政府紙幣）、明治四年一〇月発行。(2)開拓使兌換証券（政府紙幣）、明治五年（一八七二）一月発行。以上明治八年（一八七五）五月末限り通用禁止。(3)新紙幣（政府紙幣）、明治五年四月発行。明治三二年（一八九九）一二月末限り通用禁止。(4)国立銀行紙幣、旧券は明治六年（一八七三）八月発行、新券は明治一〇年（一八七七）一二月発行。ともに明治三二年一二月九日限り通用禁止。(5)改造紙幣（政府紙幣）、明治一四年（一八八一）二月発行。明治三二年一二月末限り通用禁止。(6)日本銀行券、明治一八年（一八八五）九月、明治二二年（一八八九）五月、大正五年（一九一六）八月、昭和一八年（一九四三）一二月、昭和一九年（一九四四）一二月、昭和二一年（一九四六）三月発行。以上の日本銀行券は、いずれも現在通用禁止とはなっていない。一円札。＊春酒屋漫筆(1891)〈坪内逍遙〉壱円紙幣の履歴ばなし・二「箱館より札幌、札幌より秋田、秋田より仙台と渡りあるき一円紙幣（イチヱンシヘイ）の名さへ一円すへいと呼ばるるまでに田舎び」＊葉書(1909)〈石川啄木〉「一円紙幣が二枚と五十銭銀貨一枚と」＊道草(1915)〈夏目漱石〉五五「紙入の中から一円紙幣（イチエンシヘイ）を出して」 発音イチエンシヘイ〈標ア〉シ

いちえん-しょむ【一円所務】〘名〙中世、合法・非合法にかかわらず、所領を排他的に支配し、他人の介入を許さないこと。＊東寺百合文書-は・文和四年(1355)八月二五日・氏名未詳連署奉書（大日本古文書一・一三七）「若狭国太良保領家職事。以半済、為兵粮料所、被預置之処、被致一円所務云云」

いちえん-しんし【一円進止】〘名〙一円に支配し処分すること。またその権限をもっていること。＊報恩院文書-四・貞和四年(1348)三月・醍醐寺報恩院所司初問状案「且又目録之内悉以無一円御進止之状、傍例繁多歟」＊高野山文書-（年月日未詳）（室町）高野山年預書状案（大日本古文書五・七五四）「彼庄無人数小所候、学衆一円進止之処候」

いちえん-そう【一円相】〘名〙①「えんそう（円相）②」に同じ。＊仮名草子・尤双紙(1632)下・三七「まるき物のしなじな〈略〉禅家には一円（いちヱン）そう」＊わらんべ草(1660)一「おる扇子は、三かくにて火なり、まるくまはす扇子は水なり、一円さう也」＊随筆・独寝(1724頃)上「余、いつぞや青楼十牛の図といふものをしたて、〈略〉其終に一円相をかきて、名月やさがのあたりの窓自慢といふ句をせし也」＊碧巌録-第六九則・本則「挙南泉、帰宗、麻谷、同去礼拝忠国師、至中路、南泉於地上画一円相云、道得即去、帰宗於円相中坐、麻谷便作女人拝、泉云、恁麼則不去也」②華道の松月堂古流、遠州流などの根本義で、「水は方円の器に従う」ということばの意味を挿花の形に表わすこと。また、その心構え。

いちえん-ち【一円地】〘名〙一円知行している土地。一円領（いちえんりょう）。＊東寺百合文書-ヨ・文永一一年(1274)一一月一日・関東御教書（中世法制史料集一・追加法四六三）「彼凶徒寄来者、相催国中地頭御家人并本所領家一円地之住人等、可令禦戦」

いちえん-ちぎょう【一円知行】〘名〙中世、領有する所領について、他人の支配を許さないで知行すること。一円領知。＊小早川家文書-文永三年(1266)四月九日関東下知状（大日本古文書一・一一五）「一円知行之間、不可有惣字、相分当庄令処分之時、載惣字畢」＊高野山文書-元弘三年(1333)一一月一六日・小河柴目番頭百姓等起請文（大日本古文書七・一六一五）「小河柴目庄、依為旧領之内、高野山一円御知行之上者、於向後者、不可奉成敵対」

いち-えんぶだい【一閻浮提】〘名〙（閻浮提は梵 Jambu-dvīpa の訳。須彌山（しゅみせん）の南方にある、四大州の一つで、具体的にはインドをさしたが、後世、一般的に人間の住むこの世界の意）仏語。人間界全体。＊日蓮遺文-主師親御書(1255)「仏は一閻浮提第一の道心者にてましましし」＊日蓮遺文-高橋入道殿御返事(1275)「十方世界の大鬼神一閻浮提に充満して、四衆の身に入りて」

いちえん-りょう【一円領】〘名〙「いちえんち（一円地）」に同じ。＊高野山文書-（年月日未詳）（鎌倉）阿氏河庄雑掌申状案（大日本古文書五・一一五〇）「為寺家一円領」

いちえん-りょうち【一円領知】〘名〙「いちえんちぎょう（一円知行）」に同じ。＊政基公旅引付-文亀元年(1501)五月八日「九条前関白家雑掌申、泉州日根野、入山田村事、為開発領主一円領知之処、号有地頭分、被及違乱云々」

いち-おう【一往・一応】〘名〙（元来「一往」であるが、のちに「一応」とも書かれるようになった。②③は副詞的にも用いる）①一度行くこと。一度行なうこと。＊海道記(1223頃)序「況や一往の新賓なれば感思をさへがたし」＊政基公旅引付-文亀三年(1503)七月二七日「抑自此谷、日根野に一往返事は不可然候条、如何可申哉」＊李白-古風詩「一往桃花源、千春隔流水」②十分とはいえないが、ひととおり。細かい点はおいて、ひとわたり。とおり一ぺん。大略。ひとまず。仮に。＊聖語蔵本成実論天長五年点(828)巻十四識語「天長五年七月一日一往聴了」＊貞享版沙石集(1283)三・一「前の重々の訴陳は一往さもときこゆ」＊史記抄(1477)一〇・呉太伯世家「小司馬か一往のあたりはわさなれとも」＊評判記・満散利久佐(1656)野関「人の云事、一わうにて、心にうけず、しぶときかたぎ也」＊交易問答(1869)〈加藤弘之〉上「成程足下（おまへ）のいひなさる所も、一応は尤な様だが」＊坊っちゃん(1906)〈夏目漱石〉「念の入ったのは差し出した辞令を受け取って一応拝見をして夫を恭しく返却した」＊宋書-孔琳之伝論「孔琳之、覩其末而不統基本、豈慮有開塞、将一往之談可然乎」③一度。一回。＊太平記(14C後)一二・大内裏造営事「勅請の旨一往（いちワウ）辞し申すと雖（いへど）も度々に及ばば争（いかで）か参内仕らで候べき」＊東寺百合文書-ち・応永二六年(1419)三月二四日・二十一口方評定引付（大日本古文書三・三）「雖然、今一往実相寺相共可被歎申」＊後奈良天皇宸記-天文四年(1535)五月六日「即位伝奏可存知之由被仰。雖然一往先以斟酌也」＊人国記(1502-73頃か)尾張「一応の威光厳を以て是をとりひしくとも」＊日葡辞書(1603-04)「Ichiuŏ（イチワウ）。ヒトツ ユク〈訳〉一度」＊浮雲(1887-89)〈二葉亭四迷〉二・一一「母親は勿論叔母さんにまで種々御心配を懸けまして甚だ恐入りますから今一応篤と考へて見まして」 語誌(1)漢語「一応（いちおう）」は、「あらゆる・すべての・いっさいの」という意の中国近世語であり、「一往（いちわう）」とは本来は別語。開合の混乱を契機として、「一応」が「一往」の宛字として用いられるようになった。開合の混乱した例の多く見られる室町時代においても、「いちわう」を「いちおう」と発音することは、一般には容認されていなかったらしく、「一応」の用例は通俗的文書に認められるに過ぎない。近代に至って、広く「一応」の表記が見られるようになった。(2)現代語では、②からの派生として、「僕は一応大学生です」「一応〇〇商事に勤めています」「博士論文は一応書いたのですが」のように、高い位置づけを持つと一般的に考えられていることがらに対して、「一応」を用いて、謙譲的な、「胸を張ってそうは言えないが」「いばって言うわけではないが」のようなニュアンスを持つ用法も見られる。 発音イチオー〈標ア〉0 〈京ア〉0 辞書文明・伊京・明応・天正・饅頭・黒本・易林・日葡・書言・ヘボン・言海 表記一往（文・伊・明・天・饅・黒・易・書）一応（へ・言）

いちおう も＝二応（におう）［＝再応（さいおう）］も 一度ならず、繰り返して。一応再応。＊浄瑠璃・津国女夫池(1721)一「義昭公の御心底（てい）一応も再応も、尋問（と）ふての上のこと」＊浮雲(1887-89)〈二葉亭四迷〉二・一一「『今一応篤と考えて見まして』『今一応も二応も無いぢゃ有りませんか、お前さんがモウ官員にゃならないと決めてお出でなさるんだから』」＊闘牛(1949)〈井上靖〉「大阪新夕刊の経済状態

を一応も二応も調査してゐない筈はなかった」

いち-おう【一泓】〘名〙（「泓」は、水の深いさま、また清いさま）ひとたまりの水。＊蕉堅藁（1403）春日尋北山故人「万畳晴巒清客眼、一泓新水照人心」＊篁園全集（1844）一・二月一日、蕉園招飲、席上分賦十二体、得七言古韻侵「縹螘一泓浮玉斝、紫鱗千片落金砧」＊白居易−酬微之誇鏡湖詩「一泓鏡水誰能羨、自有胸中万頃湖」

いち-おう【一漚】〘名〙一つの水のあわ。はかない物のたとえ。＊六如庵詩鈔−二編（1797）三・寄題波響楼「峨舸大艑過楼下、簸弄万斛似一漚」＊首楞厳経−六「空生大覚中、如海一漚発」

いちおう-さいおう【一応再応】〘副〙「いちおう（一応）も二応も」に同じ。＊消息（1899−1900）〈正岡子規〉「自分は一応再応は両君に向って読書を勧め候へども、其後は強ひてとも不申過行候」発音イチオーサイオー〈標ア〉0

いちおう-じょうしん【一往情深】〘名〙思いや感情が深く存すること。＊五山堂詩話（1807−16）一「又極有風情者〈中略〉一往情深語、令人想見重於世者、以其得史遷之神也、其神之所寓、一往情深、而紆廻曲折次之」

いちおか【市岡】 姓氏の一つ。発音〈標ア〉0

いち-おく【一億】〘名〙一万の一万倍。日本の総人口が約一億であったところから、全国民の意にも用いられる。発音〈標ア〉チ 辞書書言 表記一億（書）

いち-おつ【壱越】〘名〙（「壱越調（いちこつちょう）」の意から）ひときわ。いちだん。＊浮雲（1887−89）〈二葉亭四迷〉一・二「眼鏡越しにジット文三の顔を見守（みつ）め、『ウー八十の二か』と一越（イチヲツ）調子高な声を振立てて、また一心不乱に弾き出す」発音〈標ア〉0

いちおつ-ちょう【壱越調】〘名〙「いちこつちょう（壱越調）」に同じ。＊色葉字類抄（1177−81）「壱越調 イチヲツテウ」発音イチオッチョー〈標ア〉0 辞書色葉 表記壱越調（色）

いちお-りゅう【一尾流】〘名〙茶道の一流派。天和（一六八一〜八四）頃、細川三斎（忠興）の高弟である一尾伊織徹斎が創始した。＊茶伝集−茶人系譜（古事類苑・遊戯九）「一尾伊織 三斎遺言により以来一尾流と号す」発音イチオリュー〈標ア〉0

いち-おん【一音】〘名〙①一つの音。また、同一の音。＊本朝文粋（1060頃）三・鳥獣言語〈菅原淳茂〉「一音能説。仏語雖無二三」＊玉葉−仁安二年（1167）正月一六日「只一音仰之」＊太平記（14C後）二四・依山門嗷訴公卿僉議事「舎利弗一音を出して咄々（とつとつ）と叱し給ふに」＊淮南子−説林訓「趍舎之相合、猶金石之一調、相去千歳、合一音也」②一つの音声。一つの言葉。仏教では、仏の説法をさす。いっとん。＊世阿彌筆本謡曲・盛久（1432）「ただ一をんなりとても、我を念ずる時節の、王難の災は遁すべし」＊維摩経−仏国品「仏以一音演説法、衆生随類各得解」発音〈標ア〉0 チ

いちおん 無辺（むへん）の月（つき） 仏の教えが一切のものを救って果てしがないことを、月の光にたとえたもの。＊三国伝記（1407−46頃か）六・七「一音無辺の月は九界之天に輝く」

いちおん-いちぎ-せつ【一音一義説】〘名〙五十音図のそれぞれの音（一音節）には固有の意義があるとする説。橘守部（たちばなもりべ）、富樫広蔭（とがしひろかげ）、堀秀成（ほりひでなり）などが主張。たとえば堀秀成の「言霊妙用論（ことだまみょうようろん）」の、「は」は含みたるを開く象、「い」は立ち昇る象、「ゐ」は満ち止まる象という類。音義説。→一行一義説。発音イチオン=イチギセツ〈標ア〉チ=ギ

いちおん-いっきょく【一音一曲】〘名〙一人で一音曲を謡うことになっている曲。＊習道書（1430）「返々、一身一音（いちオン）一曲の節風を、かなはねばとて、人数をたて、あまさへ、下座より同音をうたふ事、さらにさらに道にてはあるまじきなり」発音〈標ア〉チ=ク

いち-が【一河】〘名〙一すじの川。また、同じ川。いっか。＊海道記（1223頃）木瀬川より竹の下「四方は高き山にて、一河、谷に流れ、嵐おちて枕を叩く、問へば是松の音」＊日葡辞書（1603−04）「Ichiga（イチガ）。ヒトツノ カワ」＊三略−上略「夫一箪之醪、不能味一河之水」発音イチガ〈標ア〉チ 辞書日葡

いちが の 流（なが）れを汲（く）む 同じ川の流れを共に汲み合うの意。そのようなちょっとした人間関係もみな前世からの因縁である、という気持で用いる。一樹（いちじゅ）の陰（かげ）。＊太平記（14C後）二・俊基被誅事「一樹の陰に宿り、一河の流を汲（クム）程も〈略〉別となれば名残を惜習なるに」＊義経記（室町中か）二・伊勢三郎義経の臣下にはじめて成る事「一がのながれをくむも皆これ他生の契（ちぎり）なり。何か苦しく候べき」＊説法明眼論「或処一村、宿一樹下、汲一河流、〈略〉親疎有別、皆是先世結縁」＊浄瑠璃・嫗山姥（1712頃）二「そふしたなりになりやったは定めし深いわけあらん。一河（いちが）のながれも他生のえん、つつまずかたりゃと有ければ」

いち-がい【一咳】〘名〙せきばらいを一つすること。＊授業編（1783）四「先生ここに於て一咳（イチガイ）すと云までも記するならはしにて」＊花柳春話（1878−79）〈織田純一郎訳〉一九「一咳（イチガイ）して室中に入り来り」発音イチガイ〈標ア〉0

いち-がい【一涯】〘名〙一方のはて。＊蕉堅藁（1403）懐旧「蚤歳尋師天一涯、山中江上総為家」＊枕山詩鈔−三編（1867）上・三月之望、確堂学士、命門生某某、会青村橘陰穀堂蘆洲及余〈略〉翌日学士、見示長句、即次原韻、記陪遊之栄云「遠寺鐘鳴天漸暮、酒楼邀客水一涯」＊古詩十九首−其一「相去万余里、各在天一涯」

いち-がい【一買】〘名〙たまたま一度だけ買ってみること。＊談義本・教訓乗合船（1771）三・禅僧の談義「適適一買（いちガイ）の女郎にも、いき過た、すきんせんと、当られても、気が付ず」発音イチガイ〈標ア〉0

いち-がい【一蓋】〘名〙①一つのおおい。一つのかさ。特に、仏具の一種として、行道の時などに導師にさしかけるかさや、天井から仏像などをおおう木製、金属製などの天蓋、宝蓋などをさす。＊周礼−地官・司市「命夫過市、罰一蓋」＊維摩経−仏国品「仏之威神令諸宝蓋合成一蓋」②仏語。一つの煩悩（ぼんのう）。修行者の善心をおおい隠す妨げ。

いち-がい【一概】〘名〙〘形動〙（「概」は「斗搔（とかき）」の意で、枡（ます）の縁をならす短い棒。枡で物を量るときに量に過不足がないように、平らにかきならす意から）①おしなべて同一に扱うこと。すべてをひっくるめるさま。大概。＊竹居清事（1455頃）夢降三仏図記為平濃州「然而巫祝一槩之話不足徴也」＊史料編纂所本人天眼目抄（1471−73）二「宛転と云は是を非とし非をば是となし曲をば直となしまがつつすぐなつつ一概（カイ）にはないぞ」＊明治の光（1875）〈石井富太郎〉二「余り物事を一概にすると、恵比須三郎が、天の邪鬼に釣り針を呑ませた様な、可笑しひ事が出来升」＊楚辞−九章・懐沙「同糅玉石兮、一槩而相量」②（「いちがいに」の形で副詞として用いる）⇩いちがいに（一概−）。③まったくそう思いこむこと。また、そのさま。自分の意志を立て通すこと。強情なこと。がんこなこと。＊両足院本毛詩抄（1535頃）三「犯人は一槩を守て云ものぞ」＊日葡辞書（1603−04）「Ichigaiuo（イチガイヲ）タツル〈訳〉自分の意志を強情に通す。Ichigaina（イチガイナ）モノ〈訳〉強情な人」＊評判記・色道大鏡（1678）五「いやとおもはばこぬがよし、むねにあはずはあはぬがよしと、ただ一涯（いちガイ）におのが心に埒（らち）をあけて」＊浄瑠璃・八百屋お七（1731頃か）上「なんにも御存（ごぞんじ）ない故に御贔屓（ひいき）が一がいな」方言❶強情なこと。頑固なこと。偏屈なこと。また、そのさま。越後†081 新潟県352 361 368 富山県砺波397 岐阜県498 499 502 鳥取県711 島根県725 岡山県児島郡763 広島県高田郡779 山口県玖珂郡800 大島801 愛媛県840 大三島033 高知県860 ❷真っ正直なさま。富山県富山市近在392 婦負郡396 岐阜県郡上郡498 三重県志摩郡054 ❸しつこいさま。香川県伊吹島829 ❹いちずなさま。ひたすらなさま。山形県139 岐阜県大野郡498 郡上郡504 ❺急なさま。にわかなさま。また、一度にするさま。岩手県気仙郡102 胆沢郡105 山形県139 149 栃木県198 新潟県368 380 384 山梨県南巨摩郡463 464 ◇いちげ 愛媛県大三島848 ❻いつものことであるさま。新潟県東蒲原郡368 発音イチガイ〈標ア〉チ0〈京ア〉チ 辞書文明・日葡・書言・ヘボン 表記一概（文）一槩（書・ヘ）

いちがい に 物（もの）はせぬもの 一筋に思いつめて行動するのは危険であるの意。＊譬喩尽（1786）一「一概（イチガイ）に物（モノ）は為（セ）ぬもの」

いちが-いく【一蛾育】〘名〙蚕の品種の改良および学術研究、または原種を作る目的で、一匹の雌蛾（めすが）の産んだ卵を他の蛾の卵と区別して飼育する方法。発音イチガイク〈標ア〉ガ

いちがい-に【一概—】〘副〙（多く打消の語を伴って）細かい区別をしないで、おしなべて。ひとくちに。ひっくるめて。＊足利本人天眼目抄（1471−73）中「一槩に意得べからず」＊浮世草子・傾城禁短気（1711）四・一「ただ一概（イチガイ）にはいひがたし」＊浄瑠璃・心中宵庚申（1722）上「をのが身の分際（ぶんげん）もしらず、一がいに殿がお吝（しわ）いお吝いともったいない陰言（かげごと）」＊和英語林集成（初版）（1867）「アノ ヒト ワルイト ichigai（イチガイ）ニモ イワレナイ」＊当世書生気質（1885−86）〈坪内逍遥〉一「一概（イチガイ）に何処（いづこ）の方言（ことば）とも定めがたければなり」発音イチガイニ〈なまり〉イッチガイニ〔静岡〕〈標ア〉チ0〈京ア〉チ 辞書言海 表記一概（言）

いちがい-ぼっこ【一概—】〘名〙〘形動〙方言偏屈で融通が利かないこと。また、その人やそのさま。岐阜県飛騨502 郡上郡504 鳥取県岩美郡・気高郡716 ◇いちがいぼっけ 富山県砺波398 岐阜県飛騨502 ◇いちがいもっこ 岐阜県飛騨502

いちがい-もの【一概者】〘名〙方言❶頑固者。一徹者。富山県砺波（律義過ぎる者）398 島根県邑智郡・邇摩郡725 広島県比婆郡774 高田郡779 愛媛県大三島033 ◇いちがいこき 新潟県361 東蒲原郡368 ❷正直者。高知県幡多郡870

い-ちが・う【射違】〘他ハ下二〙（室町時代にはヤ行にも活用）互いに弓矢を射合う。＊太平記（14C後）一四・将軍御進発大渡山崎等合戦事「朝霞の紛れに、大江山へ推寄せ、一矢射違（イチガフ）る程こそ有りけれ、抜き連れて責め上りける間」＊太平記（14C後）一七・山門攻事「搔楯（かいたて）を搔き互に遠矢を射違（イチガヘ）て」＊四河入海（17C前）一三・一「さて塵ほこりをけたて、まっくろにある中に、白羽の箭を射（イ）ちかゆる事多して」

いち-がえり【市帰】〘名〙年の市（いち）から帰ること。また、その人。市もどり。＊雑俳・柳多留−五（1770）「市帰り大戸上けろとしょって居る」発音イチガエリ〈標ア〉ガ

いち-かく【位置角】〘名〙天球上の二点の相対位置を表わす要素の一つ。天球上で第一の点に対して第二の点の位置する方向を示す角度で、第一の点から天の北極に引いた大円と、第一の点、第二の点をつなぐ大円とがなすもの。角度は北極方向を零度とし、時計の針のむきに測る。発音〈標ア〉チ

いち‐がく【一壑】〘名〙一つの谷。また、谷全体。＊寛斎摘草(1786)三・出山「一壑高情未二是閑一、短笻孤負白雲還」＊荘子‐秋水「且夫擅二一壑之水一、而跨二跱埳井一之楽、此亦矣」

いちがく‐りょうき【一鶚両驥】〘名〙(「鶚」はミサゴで精悍な鳥、「驥」は速く走る馬の意)才能などが人並み外れて素晴らしいこと。＊詩序集(1133頃)月出先照山詩序〈藤原明衡〉「一鶚両驥(いちガクりょうキ)之才、尽称二地勢之叶一詩境二」

いち‐がけ【市掛】〘名〙町なかにする小屋掛け。芝居または見世物を興行するため町なかに建てた小屋。＊浮世草子・猿源氏色芝居(1718)三・二「神武より此かた、女ならで座本する事かなはず、市がけの芝居もゆるされぬ事とはなりぬ」 方言 盆や歳末に各地の市(いち)を次々に回って商いをすること。岩手県気仙郡100 発音 イチガケ〈標ア〉0 ケ

いち‐がし【一樫】〘名〙植物「いちいがし(一樫)」の異名。《季・夏》

いち‐がしら【市頭】〘名〙市場の上手(かみて)。↔市末(いちずえ)。＊狂言記・柿売(1660)「まづ市がしらへまいらふ」

いち‐かぜ【市風】〘名〙世の中のきびしい雰囲気。世間の冷たさ。＊葉隠(1716頃)二「幼稚の時分、市風に吹せ、人馴申ためとて、唐人町出橋に節々遣候由」 発音〈標ア〉0

いち‐かた【一方・都方】〘名〙平家琵琶の一流派。鎌倉末期の如一検校(にょいちけんぎょう)の弟子明石覚一を祖とするもの。志道派、戸島派、玄正派、名官派に分かれ、これらの派に属するものは、その名に一、都、市などの字を用いる。一方流。坂東流。＊書言字考節用集(1717)四「都方 イチカタ 伝云琵琶法師如一検校法眷、覚一法流曰之都方」＊随筆・翁草(1791)一二一「盲人五派、一方 志道派、戸島派、玄正派 城方 大山派、妙文派」 発音〈標ア〉カ 辞書 書言 表記 都方(書)

いちかた‐ぼん【一方本】〘名〙一方流の「平家物語」の台本。 発音〈標ア〉0

いちかた‐りゅう【一方流】〘名〙「いちかた(一方)」に同じ。 発音 イチカタリュー〈標ア〉0

いち‐がち【一月】〘名〙「いちがつ(一月)」に同じ。

いち‐かつ【一喝】〘名〙「いっかつ(一喝)」に同じ。＊米沢本沙石集(1283)一〇末・一三「喝する事一喝(イチカツ)してやがて入滅す」＊日葡辞書(1603‐04)「Ichicat(イチカツ)。仏教語〈訳〉咎め」 辞書 日葡

いち‐がつ【一月】〘名〙①暦の月一つ。ひとつき。一か月。いちげつ。＊雑俳・柳多留‐三〇(1804)「一ち月斗りけいこして寺を出る」②暦で一年のはじめの月。陰暦では春、陽暦では冬。正月。いちがち。いちげつ。むつき。祝い月。太郎月。《季・冬(陰暦では春)》＊日葡辞書(1603‐04)「Ichiguat(イチグヮツ)〈訳〉月の数え方」＊俳諧・猿蓑(1691)一「一月は我に米かせはちたたき〈丈草〉」 発音 イチガツ〈標ア〉ツ(副詞的)0〈京ア〉ガ 辞書 日葡

いちがつ‐きり【一月限】〘名〙(「いちがつぎり」とも)一月末に受渡しをする約定で売買をする定期取引。一限(いちぎり)。一月限(いちげつぎり)。 発音 イチガツキリ〈標ア〉リ 0

いちがつ‐さんしゅう【一月三舟】〘名〙⇨いちげつさんしゅう(一月三舟)

いちがつ‐じ【一月寺】 千葉県松戸市小金にあった普化(ふけ)宗金先(こんせん)派の本寺。建長年間(一二四九～五六)北条経時の帰依を受けて宋僧、金先(斬全)が創建。明治四年(一八七一)普化宗廃止によって廃寺となった。 発音 イチガツジ〈標ア〉ジ

いちがつ‐ばしょ【一月場所】〘名〙東京都の国技館で毎年一月に興行する本場所の相撲。二場所ないし四場所制の春場所。六場所制の初場所。 発音 イチガッバショ〈標ア〉0

いち‐かど【市門】〘名〙平安時代、京都の東西の市に入る門。東市の市門は猪熊通りの南にあった。後、「市の柱」とも。＊拾遺(1005‐07頃か)哀傷・一三四四・詞書「市門にかきつけて侍りける。一度も南無阿彌陀仏といふ人の蓮の上にのぼらぬはなし〈空也〉」＊拾遺抄註(1183‐90)「市門は七条猪限なり、七条町といへる僻事なり 市屋あり、市まつりある所なり、〈略〉昔は其の市にてあきなひはしけり。〈略〉その小路の末をば、ふるくは市門といひける、今は北小路となづけたり」 発音〈標ア〉0 カ 辞書 色葉・名義・和玉・書言 表記 闠(色・名・書) 闠(玉)

いち‐がね【市金】〘名〙江戸時代、市場での商取引において、一般の金銀相場によらないで、その商売限りの相場を決めて取引する慣行をいう。幕府は天保一三年(一八四二)、株仲間停止や物価引下げ政策の障害になるとの理由でこの市金取引を禁止した。＊御触書并承知印形帳‐天保一三年(1842)七月(大阪市史四)「諸色市立を以、致売買候商売向の内、市金と唱、通用の銀銭相場に不拘、夫々商売限の相場、兼て取極有之、其相場を以、致取引候分も不少由相聞候、右は古来よりの仕来にて新規の儀には無之とは乍申、紛敷仕方、其上此度都て株札、弁問屋、仲間、組合等唱候儀停止、素人直売買勝手次第相成候上は、旁以来右商売限の相場相用候儀差止、其品物相当の直立を以、正路の取引可致候」 発音 イチガネ〈標ア〉チ

いち‐がみ【市神】〘名〙市(いち)の立つ場所にまつり、その場所を守護するとともに、幸運をもたらすとされる神。神体はたいてい円形の自然石で、卵形、石柱形など種々あり、「市神」の文字を刻んだものもある。市の神。＊琉球神道記(1608)五「末に蛭児明神、世に市神と崇む」＊閭里歳時記(1780頃か)上・一月一〇日「今日田町初市なり。市神を祭る。市神或は天王ともいふ。牛頭天王なるべし」＊俳諧・類題狭蓑集(1843)冬「市神に燈火たてつ冬の月〈歩文〉」 発音 イチガミ〈標ア〉チ 0

いちがみ‐まつり【市神祭】〘名〙毎年、時期を定めて行なう市神の祭礼。一月一〇日頃に行なわれることが多いが、氏神などの祭日と合わせて行なうこともある。＊諸国風俗問状答(19C前)陸奥国白川領風俗問状答・正月・二〇「城下町にては、十四日大手先へ神体〈しかと道祖神共分り兼候〉を遷座いたし祭申候。是を市神祭と申候」 発音 イチガミマツリ〈標ア〉マ

いちがや【市ケ谷】 東京都新宿区の東部にある台地一帯の地名。かつては四谷まで四つの谷があり、第一を一カ谷といい、のち「市ケ谷」と表記するようになった。自衛隊駐屯地がある。江戸時代は寺社・武家屋敷地で、市ケ谷見付があった。いちがい。＊浮世草子・好色二代男(1684)五・三「太夫その日は蔦屋の市左衛門かたに一谷(いちガイ)の去(さる)御方に出合」＊談義本・風流志道軒伝(1763)三「市ケ谷の八幡前、天満神(あまみつがみ)のあたり近き室咲の梅手折らんと」 発音 イチガヤ〈音史〉近世・近代は『いちがい』『いちがえ』とも。〈標ア〉チ イ〈京ア〉0

いち‐かりや【市仮屋】〘名〙「いちごや(市小屋)」に同じ。＊鷺賢通本狂言・鍋八撥(室町末‐近世初)「いや参る程にこれははや市仮屋と見えて、夥(おびただ)しい様子ぢゃ」

いちかる〘動〙 方言 ❶乗る。上がる。茨城県稲敷郡193 栃木県198 群馬県山田郡240 ◇ちかる 栃木県198 埼玉県川越255 ◇いっちかる 栃木県198 ◇ちっかる 埼玉県入間郡257 ◇えんがる 長野県佐久484 ❷座る。腰掛ける。茨城県新治郡・猿島郡188 栃木県198 ◇いっちかる 栃木県197 ◇ちかる 茨城県猿島郡188 栃木県197 198 ◇ちっかる 千葉県東葛飾郡040

いち‐がろう【一家老】〘名〙首席の家老。＊浮世草子・武道伝来記(1687)一・二「妻女は一家老(いちカラウ)市川右衛門息女を、殿の御姨君(をばぎみ)妙松院の娘御ぶんにあそばされおくり給はり」 発音 イチガロー〈標ア〉ガ

いちかわ【市川】 千葉県西部の地名。江戸川をはさんで東京都に接する。大化改新後、下総国の国府、国分寺が置かれ、古くから開けた。江戸川水運の河港として発展。東京の住宅衛星都市。「真間の手児奈」の伝説地。昭和九年(一九三四)市制。＊俳諧・桃隣句選(1804)秋「市川 朝霧や川を隔て関に人」 発音〈標ア〉カ

いちかわ【市川・市河】 ㊀姓氏の一つ。 発音〈標ア〉カ (市川)歌舞伎俳優の姓の一つ。市川団十郎に始まり、㊁主に江戸で活躍。

いちかわ‐うだんじ【市川右団次】 歌舞伎俳優。初世。屋号鶴屋のち高島屋。四世小団次の子。大阪南座の座頭(ざがしら)となる。所作事やケレンをよくし、翻訳物や散切(ざんぎり)物に新生面を開いた。天保一四～大正五年(一八四三～一九一六)

いちかわ‐えびぞう【市川海老蔵】 歌舞伎俳優。市川団十郎の前名、または、俳名。→いちかわだんじゅうろう(市川団十郎)

いちかわ‐えんのすけ【市川猿之助】 歌舞伎俳優。屋号沢瀉(おもだか)屋。㊀初世。殺陣師(たてし)の名人坂東三太郎の子。江戸の人。立役、敵役が当たり芸。安政二～大正一一年(一八五五～一九二二) ㊁二世。初世の長男。晩名猿翁。大正八年(一九一九)欧米の演劇を視察。春秋座を結成して劇界の革新を図った。芸術院会員。明治二一～昭和三八年(一八八八～一九六三)

いちかわ‐かんさい【市河寛斎】 江戸後期の朱子学者、詩人。名は世寧。通称小左衛門。別号江湖詩老。昌平黌(しょうへいこう)に学び、富山藩校教授として二〇年在職。主著「全唐詩逸」「日本詩紀」「寛斎遺稿」など。寛延二～文政三年(一七四九～一八二〇)

いちかわ‐くめはち【市川久女八・市川九女八】 歌舞伎女優。屋号成田屋。明治二六年(一八九三)東京三崎座の座頭(ざがしら)となり、新派や新演劇にも出演した。「道成寺」「鷺娘」などが当たり芸。弘化三～大正二年(一八四六～一九一三)

いちかわ‐こだんじ【市川小団次】 歌舞伎俳優。四世。屋号高島屋。俳名米升。江戸の人。怪談物の早変わりや宙乗りを得意とし、河竹黙阿彌と提携して、白浪物を上演。文化九～慶応二年(一八一二～六六)

いちかわ‐さだんじ【市川左団次】 歌舞伎俳優。屋号高島屋。㊀初世。俳名莚升(えんしょう)、松蔦(しょうちょう)。四世市川小団次の養子。大阪の人。明治時代の代表的名優で、団十郎、菊五郎とともに「団菊左」と呼ばれた。明治座を創設。当たり役は「慶安太平記」の丸橋忠彌など。天保一三～明治三七年(一八四二～一九〇四) ㊁二世。初世の長男。本名栄次郎。俳名杏花。小山内薫と提携して自由劇場を結成し、岡本綺堂と結んで新歌舞伎を樹立するなど、演劇革新運動に貢献した。明治一三～昭和一五年(一八八〇～一九四〇) ㊂三世。六世市川門之助の子。昭和二七年(一九五二)三世を襲名。芸域が広く、戦後の歌舞伎界において、後進の指導に尽くした。明治三一～昭和四四年(一八九八～一九六九)

いちかわ‐さんき【市河三喜】 英語学者。東京生まれ。東京大学教授。日本の英語学の基礎を築く。主著「英文法研究」、また「英語学辞典」の編纂などがある。明治一九～昭和四五年(一八八六～一九七〇)

いちかわ‐じゅかい【市川寿海】(三世)歌舞伎俳優。屋号成田屋。五世市川小団次に入門し、明治二七年(一八九四)初舞台。昭和二四年(一九四九)二世寿美蔵から三世を襲名。寿美蔵時代は二枚目役者として、新歌舞伎の上演に意欲を示し、寿海改名後は、座頭役者として活躍。明治一九～昭和四六年(一

八八六～一九七一）

いちかわ-だんじゅうろう【市川団十郎】 歌舞伎俳優。屋号成田屋。定紋三升(みます)。〔一〕初世。本姓堀越。俳名才牛。幼名海老蔵。江戸の人。荒事(あらごと)の創始者。元禄年間(一六八八～一七〇四)の江戸歌舞伎の代表的名優。三升屋兵庫の名で「参会名護屋=暫(しばらく)」、「源平雷(なるかみ)伝記=鳴神」などの脚本を書き、これを得意芸とした。俳優生島半六(一説に杉山半之丞)に市村座の舞台で殺された。万治三～宝永元年(一六六〇～一七〇四) 〔二〕二世。初世の長男。俳名栢莚など。市川家の基礎を固めた。元禄元～宝暦八年(一六八八～一七五八) 〔三〕四世。初世松本幸四郎の養子。引退後俳名海老蔵を名乗り、演技研究のための「修行講」を主宰。正徳元～安永七年(一七一一～七八) 〔四〕五世。四世の子。俳名白猿。寛政期(一七八九～一八〇一)の名優。寛保元～文化三年(一七四一～一八〇六) 〔五〕七世。五世の孫。俳名寿海老人。あらゆる役をよくした江戸末期の代表的名優。歌舞伎十八番を制定し、「勧進帳」を創演した。寛政三～安政六年(一七九一～一八五九) 〔六〕九世。七世の五男で八世の弟。明治七年(一八七四)団十郎を相続し、明治の劇聖といわれる。活歴劇の創始、新歌舞伎十八番の制定など、歌舞伎の向上発展にも尽力した。天保九～明治三六年(一八三八～一九〇三) 〔七〕一一世。七世松本幸四郎の長男。昭和三七年(一九六二)一一世を襲名。昭和一五年以来、海老蔵の名で親しまれ、戦後の歌舞伎復興に貢献した。明治四二～昭和四〇年(一九〇九～六五)

いちかわ-だんぞう【市川団蔵】 歌舞伎俳優。屋号三河屋。代々の俳名は市紅。〔一〕初世。三河の人。初世市川団十郎の門弟。荒事、敵役を得意とした。貞享元～元文五年(一六八四～一七四〇) 〔二〕四世。京都の人。三世の門弟。東西を往来した寛政期(一七八九～一八〇一)の名優。「差し出し」の演出法を創始した。俗に「目黒の団蔵」といわれた。延享二～文化五年(一七四五～一八〇八) 〔三〕五世。四世の養子。誇張をきらった質実な芸風で、俗に「渋団」といわれた。天明八～弘化二年(一七八八～一八四五) 〔四〕七世。六世の養子。九世団十郎に劣らない芸で、団十郎、菊五郎にもまさる人気を得ていた。団蔵型を創始。天保七～明治四四年(一八三六～一九一一)

いちかわ-ちゅうしゃ【市川中車】(七世) 歌舞伎俳優。屋号立花屋。市川八百蔵の俳名を七世が晩年に芸名としたもの。大阪の人。時代物にすぐれ、光秀役として知られる。万延元～昭和一一年(一八六〇～一九三六)

いちかわ-ふさえ【市川房枝】 婦人運動家、政治家。愛知県出身。平塚らいてうとともに新婦人協会を創立、婦人参政権獲得、婦人労働問題のために活躍。戦後、参議院議員。明治二六～昭和五六年(一八九三～一九八一)

いちかわ-べいあん【市河米庵】 江戸後期の書家、儒者。江戸の人。寛斎の子。名は三亥(みつい)。宋の米元章、唐の顔真卿などの書法を学び、門弟五千人を集めた。幕末三筆の一人。安永八～安政五年(一七七九～一八五八)

いちかわ-がみ【市川紙】『名』和紙の一種。甲斐国(山梨県)市川大門近辺で産出した。肌吉(はだよし)の糊入(のりいれ)紙などで知られる。〔発音〕イチカワガミ〈標ア〉〔ワ〕

いちかわ-ざらし【市川晒】『名』文政期(一八一八～三〇)に姫路藩の財政整理に当たった河合寸翁がもめん専売の制をたて、その晒場として平野川、市川、阿成河原、船場川、小川の五か所を特許指定したところから、一般に、姫路付近から産出した、さらしもめんをいう。姫路晒。姫路木綿。

いちかわ-じたて【市川仕立】『名』男帯の仕立て方の一つ。帯の両端を少し残して縫い、表を返して芯(しん)を入れた後で両端をくけ縫いし、ちょうど全部を裏から縫ったように見せたもの。俳優市川某の創案なのでこの名称が生まれたという。縫いぐけ仕立て。〔発音〕〈標ア〉〔ジ〕

いちかわ-すさ【市皮苆】『名』黄麻の皮から製した船綱の廃物を、切りほどいて作った薄粟色の浜苆。

いちかわだいもん【市川大門】 山梨県西八代郡の地名。甲府盆地の南西、笛吹川に沿う。「吾妻鏡」によれば代々市河氏の居住地で庄名を市川といい、平塩寺の門前町を合わせて呼んだ。江戸時代は幕府の代官所があった。和紙、市川花火などを産する。〔発音〕〈標ア〉〔ダ〕

いちかわ-りゅう【市川流】『名』①箏(そう)の流派の一つ。江戸時代、貞享・元禄(一六八四～一七〇四)の頃、京都の地唄の名人市川検校(けんぎょう)の始めたもの。今は伝わらない。*浮世草子・好色二代男(1684)三・二「居姿の女勿然(こつぜん)とあらはれ〈略〉哥うとふやうにもあり。正しく初山が上調子の声とも聞え、市川流(いちかはリウ)の琴かとうたがはれ」 ②歌舞伎の芸系の一つ。元禄(一六八八～一七〇四)の頃、初代市川団十郎が始めて、代々家の芸とする荒事(あらごと)。歌舞伎十八番を生み出した。*談義本・根無草(1763-69)後・一「『薬研堀に隠れなき不動明王を見しらぬか』と市川流で白眼(にらみ)付くれば」*雑俳・柳多留-六八(1815)「市川流でぶちころす大鼠」*滑稽本・和合人(1823-44)初・序「賞讃の余にもとづきて独ともし火をてらし、市川流の荒文句も、是は山王夜みやサト」 ③舞踊の一流派。俳優七代目市川団十郎の舞踊風を伝え、九代目市川団十郎によって確立されたもの。〔発音〕イチカワリュー〈標ア〉〔0〕

いち-かん【一巻】『名』「いっかん(一巻)①」に同じ。*天草本平家(1592)三・六「ヨロイノ ヒキアワセ カラ マキモノ ヲ ychiquan (イチクヮン) トリダイテ」*天草本伊曾保(1593)イソポの生涯の事「ソレカラ ychiquã (イチクヮン) ノ ショヲ ツクッテ ミカドエ コレヲ タテマツッタレバ」〔発音〕〈標ア〉〔カ〕〔0〕〔辞書〕日葡・書言 〔表記〕一巻(書)

いち-かん【一寒】『名』「いっかん(一寒)」に同じ。*歌舞伎・忠臣蔵形容画合(1865)「寒(かん)の師走も日の六月も、紺のだいなし只一(イチ)かんで、二貫、三貫酒屋の借りは」

いち-がん【一丸】『名』①ひとまるめ。ひとかたまり。また、そのもの。一団。*朝野新聞-明治二五年(1892)一〇月一日「府下の梨園界に苦情の種なりし大小劇場の区別を打破して一丸となし丸く治むる程の者は」*青鬼の褌を洗ふ女(1947)〈坂口安吾〉「強い相手には初めから心構へや気組みが変って慎重な注意と旺盛な闘志を一丸に立向ってゐるからなのである」*後漢書-隗囂伝「王元曰、請以二一丸泥一、為二大王一東封二函谷関一、此万世一時也」 ②一発の弾丸。*白居易-和大觜烏詩「数粒未レ入レ口、一丸已中レ胸」〔発音〕イチガン〈標ア〉①は〔0〕②は〔チ〕〈京ア〉〔0〕

いち-がん【一眼】『名』①一方の目。一つの目。いちげん。*蔗軒日録-文明一八年(1486)二月一二日「一手動時千手動、一眼視時千眼視」*日葡辞書(1603-04)「Ichigan (イチガン)。ヒトツ マナコ」*陳書-孝行伝・張昭「兄弟並因レ毀成レ疾、昭失二一眼一」 ②片目。独眼。隻眼。*雑俳・柳多留-四九(1810)「いち眼であぶない所を関にする」 ③一度見ること。ひとめ。一目。*殿上詩合(1056)泉石夏中寒「一眼孤峰含瑟瑟。金商風景暗相催〈藤原隆方〉」*俳諧・奥の細道(1693-94頃)象潟「此寺の方丈に座して簾を捲ば、風景一眼の中に尽て、南に鳥海天をささえ」*六如庵詩鈔-二編(1797)六・峨山松蕈歌「牙家一眼算如レ神、買レ山便為二仮主人一」 ④「一眼レフ」の略。〔発音〕イチガン〈標ア〉〔チ〕〔0〕④は〔0〕〔辞書〕日葡・言海 〔表記〕一眼(言)

いちがん の 亀(かめ)浮木(ふぼく)に=逢(あ)う[=乗(の)る] 「いちげん(一眼)の亀(かめ)浮木(ふぼく)に逢う」に同じ。*幸若・信太(室町末-近世初)「諸天のめぐみの有により、不慮にまいりあふ事は、いちがんの亀のたまさかに浮木にあへるごとし」*評判記・役者評判蚰蜒(1674)南北さふ「まことにいちかんの亀のふぼくにあひ海月がほねとやらんにてかかる大舞台をふむ事おもひもよらぬ事なりき」

いち-がん【一龕】『名』一つの龕塔。一つの厨子。また、そのようなもの。*蕉堅藁(1403)梅花帳「使三人幾宿二羅浮月一、夢破暁堂雲一龕」*蘇軾-追和戊寅歳上元詩「一龕京口嗟二春夢一、万炬銭塘憶夜帰」〔発音〕〈標ア〉〔チ〕

いち-かんかく【位置感覚】『名』姿勢や身体各部の相互的位置を認知する感覚。視覚や聴覚によらず、内耳の平衡感覚、筋肉や関節の圧覚の総合によって生じる。〔発音〕〈標ア〉〔カ〕

いちかん-ぎょう【一巻経】『名』①数巻の経典を一人一巻ずつ分担して書写すること。特に法華経八巻または開経の無量義経、結経の観普賢経を加えた一〇巻についていうことが多い。法華経を二八品としてとらえる時には一品経(いっぽんぎょう)という。*明月記-寛喜二年(1230)八月二六日「八条殿一巻経、無量義経闕如」 ②数巻の経巻を一冊にまとめたもの。〔発音〕イチカンギョー〈標ア〉〔0〕

いちかんじんじ『名』〔方言〕⇩いっけんとび(一間跳)

いち-かんもん【一肝文】『名』一番肝心な文。最もたいせつな文。*山本東本狂言・布施無経(室町末-近世初)「この不晴不晴の時が、なかにも今日の一肝文でござる。もそっとこれへ寄らせられい」〔発音〕〈標ア〉〔カ〕

いち-かんよう【一肝要】『名』一番大事なこと。最も肝心なこと。*山本東本狂言・粟田口(室町末-近世初)「粟田口はめいあるべし。めいなくはにせものたるべし。イエ、これが一肝要じゃ。早う問うてこい」〔発音〕イチカンヨー〈標ア〉〔カ〕

いちがん-レフ【一眼―】『名』(レフは「レフレックスカメラ」の略) 一個のレンズが、焦点調節用と撮影用を兼ねているレフレックスカメラ。一眼。〔発音〕イチガンレフ〈標ア〉〔レ〕〈京ア〉〔レ〕

いちき【一木】 姓氏の一つ。

いちき-きとくろう【一木喜徳郎】〔発音〕〈標ア〉〔0〕 法学者、政治家。静岡県出身。岡田良平の弟。東京帝国大学教授。文部、内務、宮内大臣、枢密院議長などを歴任。天皇機関説論者とみられて暴漢に襲われた。慶応三～昭和一九年(一八六七～一九四四)

いち-ぎ【一義】『名』①一つの道理。一理。一つの意義。*太平記(14C後)二四・依山門嗷訴公卿僉議事「山門聊(いささか)嗷訴(がうそ)に似て候へ共、退いて愚案を加ふるに、一義有りと存じ候」*都のつと(1367)「げにもさる一義も侍るにや」*世説新語-文学「支通二一義一、四座莫レ不レ厭レ心。許送二一難一、衆人莫レ不二抃舞一」 ②一通りの意義。一通りのわけ。*光悦本謡曲・賀茂(1470頃)「総じて神の御事を、あさあさしくは申さねども、あらあら一儀を顕すべし」 ③根本の意義。第一番目に挙げるべき物事。第一義。*蔗軒日録-文明一八年(1486)五月一〇日「南家と云は、摂政関白之正統一義也」*硝子戸の中(1915)〈夏目漱石〉七「美しいものや気高いものを一義(イチギ)に置いて人間を評価すれば、問題が違って来るかも知れません」 ④一つの義理。一つの志。 ⑤一つの意味。「一音一義説」〔発音〕イチギ〈標ア〉〔チ〕〈京ア〉〔チ〕〔辞書〕文明・言海 〔表記〕一義(文・言)

いち-ぎ【一儀】『名』①一つの事柄。一件。話題とする事柄をさしていう。あの事。*高野山文書-(文禄元年)(1592)七月二三日・島田大蔵清堅・明知坊宗照連署状(大日本古文書三・四六一)「仍木上様と御衆徒中、御一儀に付て、帥法へ御懇書」＊日葡辞書(1603-04)「Ichigui (イチギ)。ヒトツノ ギ〈訳〉一つの事」＊人情本・貞操婦女八賢誌(1834-48頃)五・四二回「妹に愛溺(あま)き此姉が、願ひは只此一義(イチギ)のみ」＊当世書生気質(1885-86)〈坪内逍遙〉一七「尤も今度の出京の理由は専ら先刻の妹の一義(イチギ)で」＊淮南子-斉俗訓「一儀不レ可ニ以百発ー、一衣不レ可ニ以出ー歳」②いささかの気持。寸志。＊上杉家文書-(永正一七年)(1520)二月二三日・毛利広春書状(大日本古文書一・二三六)「抑太刀一腰令レ進候、誠表ニ一儀ー計候」③特に男女、または男色の交接のことをさしていう。＊仮名草子・犬枕(1606頃)「嫌なる物、〈略〉いちぎ」＊咄本・昨日は今日の物語(1614-24頃)上「ある夫婦のもの、一ぎをするたびたびに女房にいふやうは」＊評判記・野郎虫(1660)山本万之助「一義(ギ)ことの外きらい也」＊浮世草子・好色訓蒙図彙(1686)中「かやうの人は、大虚人也。一儀の事、にしのうみえさらり」語誌①のように「一つの事柄」、また、②のように「一」を「少し」の意ととらえ、自己の行為の謙譲の意味あいも含みつつ「いささかのこと」として用いた。これらは、書状や文書などに見られるように公的な場面での用法が主であったが、近世になると公的な場面以外でもこの「一儀」を広く用いるようになり、「私的なこと」としての用法から、さらには、婉曲に、性的行為をも指し示すものとして用いるようになった。発音イチギ〈標ア〉チ 辞書饅頭・日葡・言海 表記一儀(饅・言)

いち-ぎ【一議】『名』①一度の評議。一度の会議。＊太平記(14C後)二八・直冬朝臣蜂起事「強(あながち)に勧め申しければ、将軍一義にも及び給はず、都の警固には宰相中将義詮を残し置き奉りて」＊人情本・貞操婦女八賢誌(1834-48頃)四・三四回「言ひつつ小廝(こもの)を喚び近付け、綷如此々(ことしかじか)と吩ひ咐くれば、誰れか一義(イチギ)に及ぶべき」②一つの議論や意見。また、異論。異議。＊平治(1220頃か)上・光頼卿参内の事「勅定なればとて、いかでか存ずる旨を一義申さざるべき」＊太平記(14C後)一七・立儲君被著于義貞事「貞満が朕を恨み申しつる処、一儀(いちギ)其の謂れあるに似たりといへ共、猶(なほ)遠慮の足らざるに当れり」発音イチギ〈標ア〉チ〈京ア〉チ 辞書言海 表記一議(言)

いちぎ に 及(およ)ばず すこしの議論もしない。異論を述べることもない。また、問題にしない。＊太平記(14C後)一〇・亀寿殿令落信濃事「廿余人の侍共、一義にも及ばず、『皆御定(ごぢゃう)に随ふべし』とぞ申しける」＊東寺百合文書-る・応永七年(1400)四月二二日・最勝光院方評定引付(大日本古文書五・一八)「於ニ去年ー者、不レ及ニ一儀ー之間、難レ及ニ是非御沙汰ー候」＊読本・南総里見八犬伝(1814-42)九・一三三回「痴情異なるべからねば、一議に及ばず承引(うけひき)て、倶に中倉(きゃくのま)に赴きて」＊近世紀聞(1875-81)〈条野有人〉初・二「渠に密意を示すにぞ一議に及ばず領承して」

いちぎ も 言(い)わず 異論や意見も言わない。即座に同意することにいう。＊太平記(14C後)一五・三井寺合戦「秀郷一義も不レ謂(イハズ)、『子細有るまじ』と領状して」

いちぎ (も) ない 一度の相談、論議もしない。一言の異論もない。＊外科室(1895)〈泉鏡花〉上「伯爵は一議(イチギ)もなく、衆皆これに動ずるを見て」＊新浦島(1895)〈幸田露伴〉二「親親に相談して一議(イチギ)無く許されたるを幸ひ二貫の銭を途中の糧に、丹波越して京に上りけるが」

いちき-かいづか【市来貝塚】 鹿児島県日置郡市来町にある縄文時代後期の貝塚。出土する土器は市来式と呼ばれる。発音イチキカイズカ〈標ア〉カ1

いち-きげん【一紀元】『名』一つの時代。その前後の時代とはっきり区別できる時代。大きなできごと、偉大な功績などについていう。＊読書放浪(1933)〈内田魯庵〉下谷広小路「十年前の戊辰の修羅場に一大歓楽郷を展開して満都の市民を踊躍さしたのは確かに上野新繁昌記の一紀元であった」発音イチキゲン〈標ア〉キ

いち-きじく【一機軸】『名』一つの方式。新しい方法。新機軸。いっきじく。＊小説神髄(1885-86)〈坪内逍遙〉下・文体論「多少斟酌折衷して更に一機軸(キヂク)をいださざる可らず」＊何処へ(1908)〈正宗白鳥〉一「会話にゃ格別苦心して、一機軸を出したつもりだから、まあ読んで呉れ給へ」発音〈標ア〉キ

いちきしまひめ-の-みこと【市杵島姫命・市寸島比売命】 記紀などに見える神。天照大神と素戔嗚尊が天の安の河で誓約を行なった際生まれた三女神中の一神。田心姫(たごりひめ)、湍津姫(たぎつひめ)とともに、宗像(むなかた)の神として知られる。厳島神社、田島神社の祭神でもある。発音〈標ア〉マ

いちぎ-せい【一義性】『名』意味、結果などが一種類だけであること。＊学生と教養(1936)〈鈴木利貞編〉教養としての社会科学〈蠟山政道〉五「科学的実験はその法則の一義性をもって枠をなすものであり、その枠は顕在のあらゆる内容を、一つの形式、即ち、合悟性的に把握する性質の形式のうちに包括するものなるが故である」発音イチギセイ〈標ア〉0

いちぎ-てき【一義的】『形動』①意味が一種類であるさま。ただ一つで、他に解釈の余地を残さないさま。＊竹沢先生と云ふ人(1924-25)〈長与善郎〉竹沢先生と赤い月・六「先生の答へは自分の予期にはづれていかにも一義的であった」＊現実拒否の文学(1956)〈大井広介〉一「なんらかの現実を反映しているということと、現実の反映が一義的ということは別だし」②最も重要な根本的な意義であるさま。第一義的。発音イチギテキ〈標ア〉0〈京ア〉0／0

いちぎ-でん【一妓点】『名』語義未詳。遊女を点者とする雑俳か。＊洒落本・青楼昼之世界錦之裏(1791)「ゆふべ茶屋のてやいをよんで一妓点(イチギデン)をいたしやした。突出しの白鞘ものをとりたててといふ句をしたがどうだらうね」

いち-きめ【一極】『名』「いちきわめ(一極)」に同じ。＊随筆・嬉遊笑覧(1830)六・下「此戯も一極めで鬼となる者を定むる事なり」

いちぎめ-せいぎょ【位置決制御】『名』外部からの指令によって、対象物を所望の位置に移動させ、停止させ、途中の経路を問わない制御。工作機械のテーブル、工具などの制御に用いる。発音イチギメセイギョ〈標ア〉セ

いち-きゃく【一客】『名』一番のなじみ客。もっともたいせつな客。いっきゃく。＊俳諧・西鶴大矢数(1681)第一一「一客にはや椀ならすけさの露 平皿つたふ蔦の葉かつら」＊浮世草子・好色一代女(1686)五・四「秋田の一客(いちキャク)を見すまして昼夜御機嫌をとりて」＊浄瑠璃・曾根崎心中(1703)「これの初が一きゃく平野屋の徳兵衛めが、身が落した印判を拾ひ、二貫目のにせ手形でかたらふとしたれ共」発音〈標ア〉チ

いち-きやめ【一極】『名』「いちきわめ(一極)」の変化した語。＊滑稽本・浮世風呂(1809-13)前・下「あら程、虫拳(むしけん)をして、一極(イチキヤメ)をしたじゃアねへかナ。能(よ)うじぶっくるぜへナア」

いちぎゅう-こうち【一牛吼地】『名』(「吼」は、ほえるの意)「いちぎゅうめいち(一牛鳴地)」に同じ。＊翻訳名義集「拘盧舎。此云ニ五百弓ー、亦云ニ一牛吼地ー、謂ニ大牛鳴声ー、所ニ極聞ー」

いちぎゅう-めいち【一牛鳴地】『名』インドの尺度の単位。一匹の牛の鳴き声の聞えるほどの近い距離の所。一牛吼地。いちごみょうち。＊島隠集(1508)下・隣寺尋花「花下搞レ門ニ月春、一牛鳴地竹成レ隣」補注王維の「与蘇盧二員外詩」に「廻看双鳳闕、相去一牛鳴」とある。

いち-ぎょう【一行】『名』①「いっこう(一行)①」に同じ。②文章のひとくだり。また、書かれた文字の一列。いちごう。＊延喜式(927)五〇・雑式「凡内外諸司解文。〈略〉不レ得ニ一行過ニ十三四箇字ー」＊百座法談(1110)二月二九日「法花経の方便品をかきたてまつるに最初の一行をかきはてむとするに」＊李白-寄遠詩「一行復一行、満紙情何極」③「いっこう(一行)②」に同じ。④「いっこう(一行)③」に同じ。⑤「いっこう(一行)④」に同じ。＊造化妙々奇談(1879-80)〈宮崎柳条〉二編・七「空中に一大巨鳥あり。翼を張る恰も垂雲の半空に懸るに似たり。一行(イチギャウ)皆驚怖し。進退維れ谷まれり」⑥「いっこう(一行)⑤」に同じ。＊日葡辞書(1603-04)「Ichiguiŏ (イチギャウ)。ヒトツノ ヲコナイ〈訳〉一つの行ない。また、徳行」⑦仏語。一事に専心すること。また、一つの行(ぎょう)。＊教行信証(1224)三「宗師云ニ専念ー即是一行、云ニ専心ー即是一心也」＊一言芳談(1297-1350頃)上「一行におもひさだめて後、人のとかくいへばとて、変改の条無下の事なり」＊観経四帖疏-一「道理成仏之法、要須ニ万行円備方乃剋成ー、豈将ニ念仏一行ー即望レ成者無レ有ニ是処ー」発音イチギョー〈標ア〉(名詞的)チ ギョ (副詞的)チ 0〈京ア〉(名詞的)チ (副詞的)0 チ 辞書日葡・書言 表記一行・一件(書)

いちぎょう【一行】 中国唐代の僧。嵩山、普寂より禅を、のち、善無畏、金剛智より密教を学ぶ。「大日経疏」二〇巻を撰して、密教の基礎を築いた。また、天文暦数にくわしく、従来の暦の計算を正し、「大衍暦(たいえんれき)」五二巻を著わした。一行阿闍梨。大慧禅師。(六八三～七二七)

いち-ぎょう【一形】『名』仏語。人の姿、形の存続する期間。一期(いちご)。一生涯。＊三帖和讃(1248-60頃)高僧「一形(ヰチギャウ)悪をつくれども 専精(せんじゃう)にこころをかけしめて つねに念仏せしむれば 諸障自然(じねん)にのぞこりぬ」＊法事讃-下「上尽ニ一形ー、至ニ十念、三念、五念ー、仏来迎」発音イチギョー〈標ア〉チ

いち-ぎょう【一業】『名』一つの仕事。一つの職業。＊小学読本(1873)〈田中義廉〉三「壮年に至りて、一業、一事も、習ひ得たる芸なく、遂に貧窮、困苦に、陥いるは、皆、自ら、招くの災なり」発音イチギョー〈標ア〉0チ

いちぎょういちぎ-せつ【一行一義説】『名』五十音図の各行には、それぞれ一定の意義があるとする説。国学者の中の音義学派に属する平田篤胤(あつたね)、鈴木重胤(しげたね)、清原道旧(みちふる)らの主張したもので、たとえば篤胤の「古史本辞経」に「か行」には極、「さ行」には進、「た行」には立、「な行」には成、「は行」には合等の意があるとする類。その原型は大毘盧遮那神変加持経または中国唐代の涅槃経文字品などにみられる。→一音一義説。＊近代語新辞典(1923)〈坂本義雄〉「一行一義説(イチギョウイチギセツ) 我国の五十音の各行には固有の意義があるといふ説」発音イチギョー＝イチギセツ〈標ア〉チ＝ギ

いちぎょう-ざんまい【一行三昧】『名』①ひたすら坐禅して真理を観ずること。純粋な瞑想の実践。＊筌蹄録(1909)〈釈宗演〉一・四「最後が円頓の禅と云ふたり、若くは最上乗の禅と云ふたり、或は一行三昧、或は真如三昧」＊文殊般若経-下「法界一相、繫ニ縁法界ー、是名ニ一行三昧ー」②四種三昧の一つ。法界の平等を観ずること。天台宗ではこれを常座の一行を修め、一仏の名を称え、実相を観ずる三昧とした。＊源平盛衰記(14C前)五・一行流罪事「彼の一行阿闍梨と申すは、本は天台の一行三昧(ざんマイ)の禅師也けるが」③一心に念仏すること。念仏三昧。＊往生礼讃偈-前・序「如ニ文殊般若云ー、明ニ一行三昧ー唯勧ニ独処空閑ー捨ニ諸乱意ー係ニ心一仏ー

不レ観二相貌一専称二名字一即於二念中一得レ見二阿彌陀仏及一切仏等一」 ④転じて、一事に専心すること。＊花鏡(1424)知習道事「心に好きありて、此道に一行さんまいになるべき心、一」 発音イチギョーザンマイ〈標ア〉ザ

いちぎょう-さんらい【一行三礼】『名』 写経で一行を書写するごとに三度仏を礼拝すること。＊親長卿記-文明四年(1472)三月八日「書二写一行三礼心経一。女房所労之故也」 発音イチギョーサンライ〈標ア〉チ 0

いちぎょう-じ【一行寺】『名』 ハウチワカエデの園芸品種。葉が大きく、直径一〇センチメートルほどあり、七裂して先はとがる。 発音イチギョージ〈標ア〉0

いちぎょう-もの【一行物】『名』 文字を一行に書いた墨蹟。＊洒落本・契国策(1776)発端「床(とこ)には沢庵の一行物と有べきを」＊歌舞伎・早苗鳥伊達聞書(実録先代萩)(1876)序幕「向う折廻し上手一間の置床、是れに一行物(いちギャウモノ)の掛物」 発音イチギョーモノ〈標ア〉0

いち-きょしゅ【一挙手】『名』「いっきょしゅ(一挙手)」に同じ。＊悪魔(1903)〈国木田独歩〉八「此処に一個鋭利なる小刀(ナイフ)あり、〈略〉以て胸を刺すに足る。イザ一挙手(イチキョシュ)のこと！ 十分にして或は五分間にして足る」 発音〈標ア〉キョ

いち-きり【一切】『名』 カルタ賭博で、いんちきなやり方の一つ。＊浄瑠璃・歌枕棣棠花合戦(1746)二「扱札物は手めが上手、三枚一切せいせり馬」

いちきり『名』 瓦石を投げて目当てに近いものを勝ちとする遊び。＊秋長夜話(1781-1801頃)「広島の小児の戯に、いちきりといふ事あり。瓦石を拋(なげ)て志子(めあて)近きを贏(かち)とす」

いち-ぎり【一限】『名』(「いちきり」とも)「いちがつきり(一月限)」に同じ。〔取引所用語字彙(1917)〕 発音イチギリ〈標ア〉リ 0

いち-きりょう【一器量】『名』 ひとかどの人物。＊浄瑠璃・近江源氏先陣館(1769)一「十八歳の角前髪(すみまへがみ)諸士に式礼衣紋の著ぶり、おめず臆せぬ一器量、人に勝れて見えにける」 発音イチキリョー〈標ア〉キ

い-ちぎ・る【射―】『他ラ四』 物を射あてて切り離す。また、ひどく射る。＊寛永刊本蒙求抄(1529頃)四「懸不絶と云が、きれもせいでかかっていたぞ。列子が筆ぞ。妙なぞ。いちぎりはせぬぞ」＊虎清本狂言・禁野(室町末-近世初)「いで、よはごしをいちぎらう」

いち-きわめ【一極】『名』 子供の遊戯で、鬼などを決めたり、また、順番を決めたりすること。いちきめ。＊諺苑(1797)「一(イチ)きはめ 双陸(すごろく)の詞」＊滑稽本・浮世風呂(1809-13)二・上「此うち一(いち)きはめすむ『おまへが一で、私が二さ、お冬さんは三だよ』」 発音〈標ア〉キ

いち-ぎん【一吟】『名』 詩歌を一度吟じること。＊本朝麗藻(1010か)下・偸見左相府宇治作有感〈具平親王〉「一吟佳句讃二遊楽一、初慰終年寂寞情」

いちぎん-いちえい【一吟一詠】『名』「いちえいいちぎん(一詠一吟)」に同じ。＊本朝無題詩(1162-64頃)五・初冬即事〈藤原忠通〉「一吟一詠詩哥客、秋気早臻動二感情一」

いち-く【一九】『名』 読みガルタで、九と虫(龍の絵の札)とを取ること。読みガルタでは勝ちとなり、三枚ガルタでは負けとなる。＊浮世草子・商人軍配団(1712か)一「三枚の時、九と虫ととれば銭をしてやられて大きに損をする。又よみがるたのにぎりに、九と虫をとれば一九とて銭を取込、大きに徳をとる事なり」

い-ちく【移築】『名』 ある建築物を取りこわして、その材料で原形を保たせたまま他の場所に建てかえること。＊国有財産法(1948)一四条・五「行政財産である建物を移築し、又は改築しようとするとき」 発音〈標ア〉0〈京ア〉0

いち-ぐ【一具】㊀『名』①器具、衣服(袴など)、甲冑などの一そろい。一組。一式。＊観智院本三宝絵(984)中「行基閼伽一具をそなへてそのむかへにいだしやる」＊後二条師通記-永長元年(1096)三月二六日「法華法結願也。阿闍梨装束一具」＊徒然草(1331頃)八二「物を必ず一具にととのへんとするは、つたなきもののする事なり。不具なるこそよけれ」＊日葡辞書(1603-04)「Ichigu (イチグ)」＊随筆・貞丈雑記(1784頃)一五「一具と云は何にても対に揃ひたる物を云」＊漢書-王莽伝上「左建二朱鉞一右建二金戚一甲冑一具」 ②雅楽で、「五常楽(ごしょうらく)」のように、序、破、急などその曲の構成部分を完備していること。＊続教訓鈔(14C前か)「凡当曲一具ある事は、先例希なること也」＊実隆公記-永正七年(1510)八月九日「今日春鶯囀一具秘曲舞立 云々、御所作鳳管」＊歌儛品目(1818-22頃)五・上「一具 凡楽曲、序破急を以て一曲とするに、其備りたるを一具と称す」 ㊁『形動』同じ、または、いっしょであるさま。＊真俗交談記(1191)「資実暫不レ申二其旨一。有二斟酌気一。親経一具可レ被レ申之由。被レ加二誘詞一」＊愚管抄(1220)五・二条「その子は文覚が一具の上覚と云ふひじりにや」＊後鳥羽院御口伝(1212-27頃)「季経が一具にいひなして平懐する事、すこぶるいはれなし」＊園太暦-康永三年(1344)一二月二一日「衆徒、学侶於二一具一当座了見申候哉」＊政基公旅引付-文亀三年(1503)七月二七日「仍日根野、入山田一具之御家門領にては候へ共」 発音イチグ〈標ア〉チ 辞書文明・天正・易林・日葡・書言 表記一具(文・天・易・書)

いちぐ の 沙汰(さた) 鎌倉、室町幕府の訴訟法で、二件の訴訟をまとめて審理すること。一具訴訟。一具沙汰。＊沙汰未練書(14C初)「与奪状とは、一具之沙汰事を本奉行申渡訴状也」

いち-ぐ【一隅】『名』「いちぐう(一隅)」に同じ。＊書陵部本応仁記(室町中)「さて又諸宗の寺々を数るに、先、相国寺の広大を一隅(グ)を挙て可レ量」＊易林本節用集(1597)「一隅 イチグ」 辞書易林 表記一隅(易)

いちぐ の 管見(かんけん) 「いちぐう(一隅)の管見」に同じ。＊御伽草子・秋の夜の長物語(南北朝)「衆徒の恨申す処、一往其の謂(いはれ)在るに似たりと云へども、是は皆一隅(いちグ)の管見なり」

いちぐ を 挙(あ)**ぐるに三隅**(さんぐ)**をもて反**(かえ)**そうず** 「いちぐう(一隅)を挙げて三隅(さんぐう)を反そうず」に同じ。＊米沢本沙石集(1283)三・一「一隅(イチク)をあぐるに、三隅(サンク)をもてかへさうずるは、先賢の讃る所也」

いち-ぐう【一遇】『名』 一度会うこと。一回出会うこと。＊十訓抄(1252)一・行尊侍鳥羽上皇御遊用意琵琶事「千載の一遇なりとなむ中務申しける」＊日葡辞書(1603-04)「Ichigŭ (イチグウ)。ヒトツ アウ」＊陶潜-酬丁柴桑詩「放二歓一遇一、既酔還休」 発音イチグー〈標ア〉0 辞書日葡

いち-ぐう【一隅】『名』①一方のすみ。片すみ。＊山家学生式(818-819)「照二于一隅一、此則国宝」＊書言字考節用集(1717)一〇「一隅 イチグウ ヒトスミ」＊浮雲(1887-89)〈二葉亭四迷〉一・一「坐舗(ざしき)の一隅(いちグウ)を顧みると」＊別天地(1903)〈国木田独歩〉下・二「野田大尉は卓の一隅(いちグウ)に倚って酒を用意して自分を待て居た」＊呂氏春秋-士容論・士容「火燭二一隅一、則室偏無レ光」 ②一つの方面や部分。また、ある一つの考え方や見解。＊性霊集-二(835頃)大唐青龍寺故三朝国師碑「所以、挙二一隅一示二同門一者也」＊後鳥羽院御口伝(1212-27頃)「そのうち、姿まちまちにして、一隅をまもりがたし」＊天草本平家(1592)読誦の人に対して書す「カシコキ ヨリ カシコカラント ナラバ、ソノ テダテヲ カエ、ichigŭuo (イチグウヲ) マモル ベカラズ」 発音イチグー〈標ア〉0 チ〈京ア〉0 辞書日葡・書言 表記一隅(書)

いちぐう の 管見(かんけん) 物の一端しか見ない狭い考え方や見解。いちぐのかんけん。＊正法眼蔵(1231-53)山水経「これらを仏祖の道業とするにあらず、一隅の管見なり」

いちぐう を 挙(あ)**げて三隅**(さんぐう)**を反**(かえ)**そうず** (「論語-述而」の「挙二一隅一不下以二三隅一反上、則不レ復也」から) 一端を示して、その他のことを自覚させること。いちぐを挙ぐるに三隅(さんぐ)をもて反そうず。＊譬喩尽(1786)一「一隅(イチグウ)を揚(アゲ)て三隅(サングウ)を反(カヘッ)さふす」

いち-ぐさ【一草】『名』 植物「めのまんねんぐさ(雌万年草)」の異名。＊和漢三才図会(1712)九八「以知草、正字未詳。景天草(べんけいそう)和名謂二以岐久佐一此亦景天之属也。故誤曰二以知草一乎。按以知草似二景天草一而極小者又似二爪蓮華苗一」＊語彙(1871-84)「いちくさ 草名、まんねんぐさの雌種なり」 辞書言海

いちぐ-さしかけ【一具指掛】『名』「いちぐゆがけ(一具弓掛)」に同じ。

いちぐ-ざた【一具沙汰】『名』「いちぐ(一具)の沙汰(さた)」に同じ。＊神護寺文書-三・康永二年(1343)一〇月二二日・足利直義裁許下知状「及二直訴一、為二飯尾修理進入道宏昭奉行一、成二問状一畢。而当寺領一具沙汰、先立信重参行之間、所レ令二与奪一也」＊東寺百合文書-ち・応永三二年(1425)一一月二四日・二口方評定引付(大日本古文書三・六)「乗真乗賢兄弟相二論不動預職一事、此条、或於レ私令二相論一之、或於二公方一及二訴論一之間、〈略〉一具沙汰歟」

いち-くじ【一籤】『名』 一番価値の高いくじ。＊古活字版蒙求抄(1529-34)「王は天下の一ぢやほどに、一くしがをりいではぞ」

いちぐ-そしょう【一具訴訟】『名』「いちぐ(一具)の沙汰(さた)」に同じ。

いち-ぐも【蛈蝪】『名』 地蜘蛛(じぐも)のこと。

いちぐ-ゆがけ【一具弓掛】『名』 騎射用の左右ともにつける韘(ゆがけ)。一般の弓技の片韘に対して、ゆがけ一具をいう。諸韘(もろゆがけ)。一具さしかけ。＊就弓馬儀大概聞書(1464)「一具ゆがけさして、貴人の前へ出づることあらば」＊武用弁略(安政再板)(1856)四「韘(ゆがけ) 韘は今の指懸(ゆがけ)也。一具韘、双韘など云て、左右の手に指也。本式の韘とす」

いち-ぐら【肆】『名』(古くは「いちくら」。市座(いちくら)の意。座(くら)は財物を置く所) 古代に、市場で売買や交換のために、商品を並べて置いた所。市の店。のちに、商いの店。＊新訳華厳経音義私記(794)「市肆 上又作レ市、市音之、訓伊知、肆陳也、下音四、訓伊知久良 謂二陳レ貨鬻レ物也」＊十巻本和名抄(934頃)三「肆 市附 唐令云諸市毎肆〈伊知久良〉立標題」＊平家(13C前)七・聖主臨幸「今日は肆(いちぐら)の辺に水をうしなふ枯魚の如し」＊寛永刊本蒙求抄(1529頃)七「肆頭と云は物うる辺ぞ。いちぐらと云ぞ」＊洒落本・通言総籬(1787)一「鮑魚のいちぐらに同じ門口」 語源説(1)イチクラ(市座)の義〔大言海〕。(2)イチクラ(市倉)の意〔箋注和名抄・日本語源=賀茂百樹〕。 発音イチグラ〈音史〉上代は『いちくら』か。平安以降『いちくら』『いちぐら』の両様。〈標ア〉0〈ア史〉平安・鎌倉〇〇〇〇〈京ア〉0 辞書和名・色葉・名義・和玉・文明・伊京・明応・天正・黒本・易林・書言・言海 表記肆(和・色・名・玉・文・伊・明・天・黒・易・書・言) 鄽(玉・文・伊・明・天・黒・易・書) 廛(色・玉) 匣(色) 庫・墉(名) 壥(玉) 市鄽(易)

いちくら-ずみ【一庫炭】『名』(「いちくら」は摂津(兵庫県)の地名、「一庫(ひとくら)」の誤読)「いけだずみ(池田炭)」に同じ。 辞書言海 表記一庫炭(言)

いち-くれ【一暮】『名』 方言 ⇨いち(一)の暮れ

いちくわ-まつ【一鍬松】『名』 正月の一鍬の行事の時に立てたものが根付いて、成長したという伝承をもつ松。また、その伝説。茨城県北相馬郡にある。

いち‐ぐん【一軍】〘名〙①一隊の軍勢。一万二千五百人の兵士で構成される軍隊。＊三代実録‐元慶三年(879)三月二日「以二一万三千六百人一為二一軍一。分作二三軍一」＊日葡辞書(1603‐04)「Ichigun（イチグン）〈訳〉一万二千五百の兵からなる一隊」＊周礼‐夏官・大司馬「凡制レ軍、万有二千五百人為レ軍。王六軍、大国三軍、次国二軍、小国一軍」②軍中の者全部。全軍。＊漢書列伝景徐抄(1477‐1515)陳勝項籍第一「蒼頭は士卒の卓巾するを云ぞ。一軍のあひじるしにぞ」＊史記‐淮陰侯伝「人人各自以為得二大将一。至レ拝二大将一、乃韓信也。一軍皆驚」③一つの軍隊。一方の軍隊。＊戦国策‐楚策「大王不二従親一、秦必起二両軍一、一軍出二武関一、一軍下二黔中一」④(「一軍（ひといくさ）」を音読して)一度の戦い。一回の合戦。＊浄瑠璃・用明天皇職人鑑(1705)二「御味方をかりあつめ、粉骨尽し一ぐんに、敵をほろぼし」⑤スポーツ、特にプロ野球で、公式試合に常時出場する選手によるチーム。「二軍」に対していう。 発音イチグン〈標ア〉[0][チ]〈京ア〉[0] 辞書日葡・書言 表記一軍(書)

いち‐ぐん【一群】〘名〙一つの群れ。ひとむれ。ひとむら。＊六如庵詩鈔‐二編(1797)一・西山採蕈十絶句「穿レ谷凌レ峯各自鑾、一群分散似二相逃一」＊日誌字解(1869)〈岩崎茂実〉「一群 イチグン ヒトムレ」＊反動期に於ける文学と哲学(1934)〈戸坂潤〉「問題はなぜ最近かうした一群の文学主義が台頭して来たかである」＊庾信‐奉答賜酒詩「野人相就飲、山鳥一群驚」 発音イチグン〈標ア〉[0][チ]〈京ア〉[0]

いち‐げ【一夏】〘名〙(「一夏九旬（いちげくじゅん）」の略) 仏語。安居(あんご)を行なう、四月一六日から七月一五日までの夏の九〇日間。また、安居のこと。《季・夏》＊今昔(1120頃か)一三・一五「深き山に籠居て一夏を勤め行ふ事十余度也」＊梁塵秘抄(1179頃)二・法文歌「一夏のあひだを勤めつつ、昼夜に信心怠らず」＊平家(13C前)四・三井寺炎上「一夏の花もなければ、阿伽の音もせざりけり」＊空華日用工夫略集‐応安四年(1371)五月六日「一夏黙坐過レ日」＊日葡辞書(1603‐04)「Ichigue（イチゲ）。ヒトナツ〈訳〉一つの夏」＊浄瑠璃・用明天皇職人鑑(1705)三「そもそも野釈(やしゃく)は此尾上の松の下陰に、一げを送る道心成が」＊景徳伝燈録‐一七「曹山一生行脚、到処只管九十日為二一夏一」 発音イチゲ〈標ア〉[チ] 辞書日葡・書言・言海 表記一夏(書・言)

いちげ に 入(い)る 仏語。安居にはいること。＊浮世草子・新可笑記(1688)一・四「朝暮の勤行暇なかりき、かくて三年も過行ば、一夏(いちげ)に入て」

いち‐げ【一華】〘名〙一輪の花。いっか。仏教では、分かれる前のもとのものや、悟りを求める心(菩提心)などにたとえる。＊景徳伝燈録‐三「吾本来二茲土一。伝レ法救二迷情一、一華開二五葉一、結果自然成」 発音イチゲ〈標ア〉[チ]

いちげ 開(ひら)けて天下(てんか)の春(はる) (一輪の花が開くことによって天下に春が来たのを知る意から) 心眼が一度開けると、今あるそのままが、法界の妙相であると知ることのたとえ。転じて、一端を知ることによって全体を察知することのできるたとえにもいう。一葉落ちて天下の秋を知る。＊往生講式(1079)「抑一華開者天下皆春。一発心者法界悉道。身雖二人身一、心同二仏心一」＊車屋本謡曲・箙(1478頃)「生田の、おのづから盛をえて、かつ色見する梅がえ、一花ひらけては天下の春よと、いくさのかどでを祝ふ、心の花も咲きかけぬ」

いち‐げ【一偈】〘名〙①経文の中にある偈(げ)の一つ。＊梁塵秘抄(1179頃)二・法文歌「十界十如は法算木、法界唯心覚(さと)りなば、一文一偈をきく人の、仏に成らぬは一人無し」＊日葡辞書(1603‐04)「Ichigue（イチゲ）〈訳〉シャカの経文中にある偈の一つ」＊法華経‐法師功徳品「是人意清浄、明利無二穢濁一、以二此妙意根一、知二上中下法一、乃至聞二一偈一、通二達無量義一」②完全な文となっていない成句、または語の複合したものの一つ(日葡辞書(1603‐04))。 発音イチゲ〈標ア〉[チ] 辞書日葡

いちげ‐あんご【一夏安居】〘名〙一夏九〇日間修する安居のこと。一夏。安居。＊源平盛衰記(14C前)一六・三井僧綱被召「一夏安居(いちゲアンゴ)の仏前もなければ、供花の薫りも絶えにけり」 発音イチゲアンゴ〈標ア〉[ア]

いち‐げい【一芸】〘名〙ある一つの技術、芸能。＊延喜式(927)二八・兵部省「弓若馬便レ習二一芸一。同与二上考一」＊徒然草(1331頃)一五〇「かくいふ人、一芸もならひうることなし」＊寛永刊本蒙求抄(1529頃)序「一人二才ある者、一芸に能ある者なり」＊日葡辞書(1603‐04)「Ichigueino（イチゲイノ）アル ヒト〈訳〉一つの芸能にすぐれている人」＊千曲川のスケッチ〈島崎藤村〉一一・山に住む人々の二「何か一芸に長じたものと見れば」 発音イチゲイ〈標ア〉[チ][0]〈京ア〉[0] 辞書文明・日葡 表記一芸(文)

いちげい の 士(し) ある一つの芸にすぐれている人。＊新五代史‐司天考・序「使三一芸之士、布レ算積二分、上求二数千万歳之前一」

いち‐げい【一睨】〘名〙ひとにらみすること。＊太平記(14C後)二六・芳野炎上事「一睨(いちゲイ)大に忿(いか)て魔障降伏(がうぶく)の相を示し」＊江戸繁昌記(1832‐36)五・鳶烏雀犬鶴「衆鳶、一顧一睨、咸道ふ、好東西(〈注〉よきもの)」＊花柳春話(1878‐79)〈織田純一郎訳〉二「戸口を一睨(いちゲイ)し、将に我が敵来るべしと大喝せんとするとき」＊不如帰(1898‐99)〈徳冨蘆花〉中・六「小間使が女主人の一睨(いちゲイ)に会ひて」＊王粲‐遊海賦「翼二驚風一而長駆、集二会稽一而一睨」 発音イチゲイ〈標ア〉[0]

いち‐げき【一隙】〘名〙ちょっとしたすきま。＊西国立志編(1870‐71)〈中村正直訳〉二・六「近世学術昌盛の時に至りて、古人看出せる一隙の光より、遂にその全体の明を顕せり」＊李白‐草創大還詩「羅絡四季間、綿微無二一隙一」 発音イチゲキ〈標ア〉[0]

いち‐げき【一撃】〘名〙①一回の攻撃、打撃。ひとうち。＊玉山先生詩集(1754)四・画鷹「猛気平生思二一撃一、図中歳月徒悠悠」＊二人むく助(1891)〈尾崎紅葉〉三「得たりと力まかせに一撃(イチゲキ)の大斧(まさかり)は首筋深く撃籠(うちこ)むで」＊園遊会(1902)〈国木田独歩〉三「舌頭の戦なら〈略〉多年の手練を以て一撃(ゲキ)の下に国子さんを破って見せます」＊酉陽雑俎‐寺塔記・下「一撃百千有レ規、其意連撃二十杵」②飛び立つこと。＊本朝無題詩(1162‐64頃)六・初冬林亭眺望〈中原広俊〉「蒼鷹一撃過二寒樹一、白鷺群飛帰二故池一」＊玩鷗先生詠物百首(1783)白鷺「似レ卜二桃花春水漲一、青山一撃作二移居一」 発音イチゲキ〈標ア〉[0]〈京ア〉[0]

いちげ‐きすみれ【一華黄菫】〘名〙スミレ科の多年草。静岡県、中国山脈の一部、九州中・北部に不連続分布し、日当たりの良い山地に生える。高さ一〇～一五センチメートル。短い根茎がある。根元から生じる葉は心臓状卵形で、先が急に鋭くとがり長い柄をもつ。茎上の葉は葉柄が短い。春から夏にかけて、濃黄色の花が葉腋(ようえき)に一、二個咲く。花弁は外側に濃赤紫色のぼかしが、側弁と唇弁に紫色のすじがある。いちげすみれ。学名は Viola orientalis 発音イチゲキスミレ〈標ア〉[ス]

いちげ‐くじゅん【一夏九旬】〘名〙(「旬」は一〇日間の意) 一夏九〇日の意で、その間の安居(あんご)のこと。一夏安居。一夏。安居。《季・夏》＊金刀比羅本保元(1220頃か)中・左府御最後の事「当寺の本仏と申すは、昔、西天月氏の釈迦如来、御母摩耶夫人の為に報恩経を説かせ給ふとて、一夏九旬(イチゲクジュン)の間、忉利天にましましに」＊梵舜本沙石集(1283)一・一「仏哀みて、五百羅漢を師として、一夏九旬の間、一偈を教給へり」＊譬喩尽(1786)一「一夏九旬(イチゲクジュン)〈仏書自二四月八日一至二七月八日一是云二安居一〉」 発音イチゲクジュン〈標ア〉[チ]

いちげ‐さくらそう【一華桜草】〘名〙サクラソウ科の多年草。ヨーロッパ原産。高さ二〇センチメートルになり、地際に多数の葉を叢生する。葉は長楕円形または倒卵形。春に葉間から花茎を伸ばし、淡黄色で直径四センチメートルほどの一花を頂生する。古くから園芸に利用され、紅、白、紫色などさまざまな花色をもつ多数の園芸品種がある。アコーリス。いちげさくら。学名は Primula vulgaris 発音イチゲサクラソー〈標ア〉[0]

いちげ‐すみれ【一華菫】〘名〙「いちげきすみれ(一華黄菫)」の異名。 発音イチゲスミレ〈標ア〉[ス]

いちげ‐そう【一夏草】〘名〙植物「めのまんねんぐさ(雌万年草)」の異名。＊尺素往来(1439‐64)「師子鬚。一夏草。万年草」＊大和本草(1709)七「仏甲草。本草綱目、石草類所レ載を考るに、今京都及諸州に一夏草と云物あり。是也」 発音イチゲソー〈標ア〉[0] 辞書言海 表記一花草(言)

いちげ‐そう【一華草・一花草】〘名〙植物「いちりんそう(一輪草)」の異名。＊大和本草(1709)七「一花草 和品、葉はつたに似て茎の長二寸ばかり、冬小寒に始て葉を生じ、立春の朝花忽ひらく」＊日本植物名彙(1884)〈松村任三〉「イチリンサウ イチゲサウ」 方言和歌山県伊都郡690 発音イチゲソー〈標ア〉[0] 辞書言海 表記一花草(言)

いち‐げつ【一月】〘名〙①暦の月一つ。ひとつき。一か月。いちがつ。＊光悦本謡曲・羽衣(1548頃)「一月夜々の天少女、法事を定め役をなす」＊日葡辞書(1603‐04)「Ichiguet（イチゲツ）〈訳〉月数の数え方」＊浮世草子・好色一代女(1686)二・三「一月(イチゲツ)に六斎づつ」＊青楼半化通(1874)〈万亭応賀〉上「今日といふまに翌日(あす)となり一月(イチゲツ)二月(にげつ)は夢の間(ま)なれば」＊渋江抽斎(1916)〈森鷗外〉四三「榛軒が歿してから一月(いちゲツ)の後(のち)」＊詩経‐小雅・采薇「戎車既駕、四牡業業、豈敢定居、一月三捷」②暦で一年の第一番目の月。いちがつ。正月。＊高橋阿伝夜叉譚(1879)〈仮名垣魯文〉初・一回「本年一月(いちゲツ)下旬」＊幼学読本(1887)〈西邨貞〉一「とし明ければ一げつになります」＊浮雲(1887‐89)〈二葉亭四迷〉一・二「一月(ゲツ)が復(また)来たやうで、何にとなく賑かな心地がした」＊渋江抽斎(1916)〈森鷗外〉一〇八「此年(このとし)一月(いちゲツ)に大蔵省の職を罷(や)めて」＊書経‐武成「惟一月壬辰、旁死魄」③一輪の月。＊曾我物語(南北朝頃)一〇・犬房が事「数量あひつらなるといへども、一月にしかず」＊淮南子‐説林訓「百星之明、不レ如二一月之光一」 発音イチゲツ〈標ア〉[ツ] 辞書日葡・書言・言海 表記一月(書・言)

いちげつ‐ぎり【一月限】〘名〙(「いちげつきり」とも)「いちがつきり(一月限)」に同じ。〔取引所用語字彙(1917)〕 発音イチゲツギリ〈標ア〉[リ][0]

いちげつ‐さんしゅう【一月三舟】〘名〙仏語。舟を浮かべて月を見るとき、舟それぞれの動静によって月が異なって見えるように、仏の教えを衆生(しゅじょう)がそれぞれ異なって受け取ること。

いちげ‐ふうろ【一華風露】〘名〙フウロソウ科の多年草。本州北部以北の平地に生える。高さ一五～四〇センチメートル。茎と葉柄には逆向きの毛がある。葉は掌状に三または五に深く裂け、両面には毛がある。夏、淡紅色または白色で、直径一センチメートルほどの花が葉腋(ようえき)に一個ずつ咲く。学名は Geranium sibiricum var. glabrius 発音イチゲフーロ〈標ア〉[フ]

いちける〘動〙方言載せる。乗せる。上げる。茨城県稲敷郡193 栃木県198 群馬県242 244 245 埼玉県大里郡252 北葛飾郡258 千葉県印旛郡272 ◇いっちける 福島県岩瀬郡176 栃木県197 198 群馬県山田郡240 ◇いっつける 栃木県佐野市・大田原市198 ◇うちける 群馬県吾妻郡

221 多野郡230 ◇うっける 埼玉県秩父郡251 千葉県山武郡270 ◇うっちける 群馬県多野郡246

いち-けん ヰチ【位置圏】『名』 ある天体が一定の高度に見える地球上の地点の軌跡をいう。その軌跡は、天体を天頂に見る地点を中心とする円になる。航海の際、ある二天体を観測し、その二つの位置圏の交点により船の位置を推定するのに用いられる。 発音〈標ア〉チ ケ

いち-げん【一元】『名』 ①物事の根元がただ一つであること。同一の根元。また、事の起こり。 *太平記(14C後)一五・賀茂神主改補事「大凶一元(いちゲン)に帰して万機の政(まつりごと)を新たにせられしかば」 *垂加文集(1714-24)二・槇氏字説「夫天地之間、一元而已矣」 *音訓新聞字引(1876)〈萩原乙彦〉「一元 イチゲン テンチノハジマリ」 *漢書-董仲舒伝「案二春秋謂一元之意一、一者万物之所レ従始也、元者辞之所レ謂大也」 ②一つの年号。特に、天皇一代の間にただ一つの年号を用いること。 *明治改元の詔-明治元年(1868)九月八日「自レ今以後、革二易旧制一、一世一元、以為二永式一」 ③暦法で、四五六〇年のこと、また、易で六〇年をいう。 *制度通(1724)一「一蔀一元と云ことありて、六甲六十年を一元とす」 ④世界の変化が一循環する一二万九千六百年。北宋の哲学者邵雍(しょうよう)の主張したもの。 *童子問(1707)中・六五「仏者説二三千世界一。儒者以二十二万九千六百年一為二一元一」 ⑤中国の貨幣の単位。→元(げん)。 ⑥代数方程式で未知数が一個であること。 ⑦「いちげん(一見)②④」に同じ。〔通人語辞典(1922)〕 *世相(1946)〈織田作之助〉六「大阪中さがしても一元(イチゲン)で泊めてくれるやうな宿屋は一軒もないだらうといふことだ」 発音イチゲン〈標ア〉0〈京ア〉チ

いちげん 一利(いちり)の法(ほう) 利息の総額が元金の額を超えた場合、超えた分の利息を支払わなくともよいとする金の貸し方。 *政談(1727頃)二「利息を順路に出たるも、一元一利の法にて、利足の総高本金の高と同じ位に成たらば、其上は利足を出さず、成し崩しなるべし」

いち-げん【一見】『名』 ①(「げん」は「げんざん(見参)」の略) 初めて対面すること。 *仮名草子・心友記(1643)下「大かた人間の心は、一げんにて見ゆるなり」 *滑稽本・浮世風呂(1809-13)四・中「可愛らしい口つきして、磔(はっつけ)たら、べらぼうたら、いふ所見ちゃ、わしが様なぐずつきは、一見参(イチゲン)で辟易(へきえき)ぢゃ」 ②なじみでなく、初めてであること。もと、上方の遊里で「初会」の意に用いたが、のち、一般町家でも用いた。一面識。 *浄瑠璃・心中刃は氷の朔日(1709)中「今日の客は一げんの田舎の侍」 *浄瑠璃・心中万年草(1710)上「一げんになれなれ敷事ながら、同国のよしみと申」 ③婚礼諸式の一つ。婿が初めて嫁の親に対面すること。初婿入り。もともと婿入婚の儀式であったが、嫁入婚になって意味内容が混乱し、親族の初対面や里帰りの挨拶の意にまで使われるようになった。 *人情本・萩の枝折(1818-30)前・二回「世間でする様に、婚礼の前に聟どのを、一現(ゲン)に連れて来て下すっては」 *明治大正見聞史(1926)〈生方敏郎〉憲法発布と日清戦争・三「岡山のMが嫁を連れて今日一現に来るちうが」 ④「いちげんきゃく(一見客)」の略。 *浄瑠璃・心中天の網島(1720)上「痛はし共笑止(せうし)共一げんながら武士の役」 *浮世草子・傾城歌三味線(1732)一・三「十八公さんとやらいふおかたは、一げんに頼もせぬお世話」 ⑤「いちげんぢゃや(一見茶屋)」の略。 *茶屋諸分調方記(1693)二・三「又一げんにてあそび、茶代はらわぬ事あり」 方言❶初対面であること。大阪†116 群馬県邑楽郡245 新潟県東蒲原郡368 香川県829 ❷初対面の客。栃木県198 奈良県678 ❸祝儀などで初めて他家に行くこと。長野県佐久493 新潟県東蒲原郡368 ❹見合い。岐阜県飛驒502 ❺結納。栃木県198 ◇いちえんとも。 ❻婿入り。新潟県刈羽郡380 ❼結婚式の前、嫁が婿方を訪問すること。栃木県安蘇郡208 ❽嫁が結婚式を挙げるために婿の家に行くこと。新潟県東蒲原郡368 ❾婚礼の朝、嫁を迎えに婿や婿方の者が行くこと。また、迎えに行く人々。群馬県勢多郡236 邑楽郡245 ❿婚礼の時、婿入り、嫁入りに付き添って行く近親。群馬県勢多郡236 長野県下伊那郡492 ⓫結婚の前後に、嫁の家で婿を招待する式。新潟県中頸城郡382 ⓬婿が嫁の家に、また、嫁が婿の親戚(しんせき)などの家に、初めて招かれる宴。新潟県西蒲原郡371 ⓭嫁方の親戚(しんせき)一同が出かけて行って婿方の親戚と挨拶すること。埼玉県秩父郡054 新潟県東蒲原郡368 ⓮婚礼の時の最初の親戚(しんせき)づきあい。長野県諏訪481 上伊那郡488 ⓯嫁婿そろっての初めての里方訪問。新潟県361 ⓰里帰り。埼玉県北葛飾郡258 新潟県東蒲原郡368 発音イチゲン〈標ア〉0〈京ア〉0

いち-げん【一言】『名』(「げん」は「言」の漢音)「いちごん(一言)①」に同じ。 *申楽談儀(1430)勧進の舞台、翁の事「南阿彌陀仏一げんによりて、清次出仕し、せられしより」 *易林本節用集(1597)「一言 いちゲン いちゴン」 *日葡辞書(1603-04)「ヒトワ ソノ ichiguenuo(イチゲンヲ) キイテ、ケングヲ シル モノナリ」 *仮名草子・尤双紙(1632)下・一一「まことなる物の品々〈略〉君子の一言(イチゲン)」 *滑稽本・浮世床(1813-23)二・下「狼狽に当惑を加味して一言(イチゲン)を出す者なし」 *安愚楽鍋(1871-72)〈仮名垣魯文〉三・序「依りて簡端に一言(イチゲン)を贅(ぜい)しもって感読を謝すると爾云(しかいふ)」 *福翁百話(1897)〈福沢諭吉〉三六「念の為めに一言(イチゲン)せんに」 発音イチゲン〈標ア〉0〈京ア〉0/チ 辞書文明・易林・日葡 表記一言(文・易)

いち-げん【一弦・一絃】『名』「いちげんきん(一弦琴)」の略。 *黄葉夕陽邨舎詩-前編(1812)八・千詩画引応原雲卿需「最思霞関重九宴、君弄二一絃一我賦レ詩」

発音イチゲン〈標ア〉チ 0

いち-げん【一眼】『名』「いちがん(一眼)」に同じ。

いちげんの亀(かめ)浮木(ふぼく)に=逢(あ)う[=乗(の)る] 会うことがきわめてむずかしいこと。また、めったにないことにいう。仏、または仏の教えにあうことがむずかしいことのたとえ。盲亀(もうき)の浮木(ふぼく)。いちがんの亀浮木に逢う。 *康頼宝物集(1179頃)上「人界に生を受けたる事は爪の上の土のごとし。仏法に値へる事は、一眼の亀の浮木に乗るがごとし」 *法華経-妙荘厳王本事品「仏難得、値、如二優曇鉢羅華一、又如三一眼之亀値二浮木孔一」

いち-げん【一源】『名』 一つのみなもと。一つの根源。 *閻浮集(1366頃)山居十首「万法由来只一源 更将何事入吟魂」 *日葡辞書(1603-04)「Ichiguen(イチゲン)。ヒトツノ ミナモト」 *大学垂加先生講義(1679)「人・物共に云こめて、万物一源の上で云へば唯一理也」 *造化妙々奇談(1879-80)〈宮崎柳条〉一「故に始生の祖一原(ゲン)より出で」 *列子-湯問「一源分為二四埒一、注二於山下一」 発音イチゲン〈標ア〉0 辞書日葡

いちげん-いっこう カウ イッ【一言一行】『名』 一つ一つのことばと一つの行ない。一つ一つの言動。また、ちょっとした言動。 *黒潮(1902-05)〈徳富蘆花〉一・七・八「人の上に立つ者は一言一行も謹まなければならぬ」 *人さまざま(1921)〈正宗白鳥〉「彼女の心は、自然と夫の一言一行の上に注がれた」 *顔氏家訓-慕賢「凡有三一言一行取二於人一者、皆顕二称之一」 発音イチゲンイッコー〈標ア〉0

いちげん-か クワ【一元化】『名』 多くの問題、機構、組織などを一つに統一すること。 発音イチゲンカ〈標ア〉0 ケ〈京ア〉ン

いち-げんき【一元気】『名』「げんき(元気)①」に同じ。 *仮名草子・ぬれぼとけ(1671)上「夫天地ひらけざるいぜんは、大極無極一元気(ゲンキ)ともいふ」 *童子問(1707)中・六三「所謂太極云者、亦斥二此一元気一而言耳」 発音〈標ア〉ゲ

いちげん-ぎ【一見着】『名』 婿と舅(しゅうと)の初対面の時、着る衣服。転じて、晴れ着。

いちげん-きゃく【一見客】『名』 なじみでない、初めての客。上方の遊里で初会の客をいう。 *浄瑠璃・生玉心中(1715か)上「大和の一言(ゲン)きゃくが、今日は天満の社内の茶屋で、酒と出かけて遊ばんと」 *大阪朝日新聞-明治三六年(1903)四月五日「こっちは又陰に受けて負けるものかと、此程からいよいよ一現客を取る事に決定し」 発音イチゲンキャク〈標ア〉ゲ

いちげん-きん【一弦琴・一絃琴】『名』 長さ三尺六寸(約一・一メートル)の杉材などの胴に、一本の弦を張った琴。須磨琴(すまこと)。板琴(はんきん)。独弦琴。 *日本後紀-延暦一八年(799)七月庚午「是月有二一人一、乗二小船一、漂二著参河国一〈略〉自謂天竺人、常弾二一弦琴一」 *風俗画報-一〇四号(1895)遊芸門「前号に挿入したる清楽合奏席の図及び一弦琴(ゲンキン)の図は本号に掲出したる楽器の図と前後したるものなれば」 *道草(1915)〈夏目漱石〉三四「三味線を弾いたり、一絃琴(イチゲンキン)を習ったり」 *晉書-孫登伝「好読レ易、撫二一絃琴一」 発音イチゲンキン〈標ア〉0 ゲ〈京ア〉ン[1] 辞書言海 表記一絃琴(言)

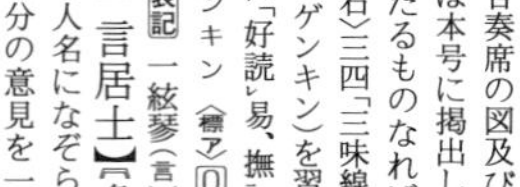
一 弦 琴〈風俗画報〉

いちげん-こじ【一言居士】『名』(「一言抉(こじ)る」を人名になぞらえたもの) 何事にも、自分の意見を一つ言わないと、気のすまない人。いちごんこじ。 *新時代用語辞典(1930)〈長岡規矩雄〉議会用語「一言居士 何事にも何等か一言意見を開陳せずに居れない議員のこと」 発音イチゲンコジ〈標ア〉コ〈京ア〉コ

いち-けんしき【一見識】『名』 人並みすぐれた見識。物事に対して持っている、しっかりした考え。いっけんしき。 *小津桂窓宛馬琴書簡-天保四年(1833)五月一日「増かがみ抔は、国字の史類に御座候。それに擬して書つぎ候半に者、一見識なくては行れがたく候半歟」 *国語のため(1895)〈上田万年〉言語学者としての新井白石「其時代の思想から離れて一見識を立てました点にいたりましては、白石に同感を表します」 発音〈標ア〉ケ〈京ア〉ケ

いちげん-ぢゃや【一見茶屋】『名』 京阪地方で、紹介のない客や、なじみでない客でも現金取引で自由に遊ばせた茶屋。一見。→本茶屋。 *大坂穴探(1884)〈堀部朔良〉一六「一現茶屋と云ふありて現金払ひの青楼(ちゃや)もあれど、此地の風習として、是を等外青楼(ぢゃや)とも呼び倣(なら)し品位遙かに下れり」

いちげん-てき【一元的】『形動』 すべての事物の種々の現象の本質をただ一つのものと見るさま。表面にはさまざまな姿、形を示していても、ある一つの原理によって統一されているさま。 *現代語解説(1924-25)「一元的〈略〉すべての物の変化を解釈するに、その変化の源を唯一つのものに帰するといふ意味である」 *私の詩と真実(1953)〈河上徹太郎〉認識の詩人「彼は我と世界を一元的に解明して見せる所が魅力だった」 発音イチゲンテキ〈標ア〉0

いちげんてき-こっかろん コク カロン【一元的国家論】『名』 国家は主権を持ち、他のすべての社会集団に対する絶対的な優越性を持つという考え方。国家を美化し絶対化する考え方で、ヘーゲルがその典型的論者。 発音イチゲンテキコッカロン〈標ア〉カ

いちげん-にじほうていしき ニジハウ テイシキ【一元二次方程式】『名』 未知数が一個で、それを x とすれば、$ax^2+bx+c=0$ $(a \neq 0)$ という形に整理できる方程式のこと。未知数が一個で、かつその最高次数が二であるところからいう。 発音イチゲンニジホーテイシキ

〈標ア〉テ

いちげん-はんじ【一言半辞】〘名〙「いちごんはんく（一言半句）」に同じ。＊書言字考節用集（1717）八「一言半辞 イチゲンハンジ〔史記〕」＊史記‐信陵君伝「吾所㆔以待㆓侯生㆒者備矣、天下莫㆑不㆑聞、今吾且㆑死、而侯生曾無㆓一言半辞送㆒㆑我、我豈有㆑所㆑失哉」 発音イチゲンハンジ〈標ア〉ハ 辞書書言 表記一言半辞（書）

いちげん-びょうしゃ【一元描写】〘名〙小説の描写法の一種。小説中の事件および人物の心理は、すべて作中の一人物の視点を通して見たものとして描写すべきであるとするもの。田山花袋の平面描写に対し、大正七年（一九一八）、岩野泡鳴の提唱したもの。泡鳴は一元的描写とも表現している。↔多元描写。＊一元描写の実際証明（1919）〈岩野泡鳴〉四「一元描写では、地の文句も作者直接の説明であってはいけないのだ」＊風俗小説論（1950）〈中村光夫〉近代リアリズムの発生・三「『破戒』の手法は、後に泡鳴などの唱へた一元描写（イチゲンベウシャ）にかなり近いので」 発音イチゲンビョーシャ〈標ア〉ビョ

いちげん-ぶるまい【一見振舞】〘名〙初対面の酒宴。方言婚礼をした家で、初めて双方の親戚（しんせき）が集まって開く祝宴。飛騨†094

いちげん-ろん【一元論】〘名〙①特定の問題や現実の事象をただ一つの原理で説明しようとする考え方。＊硝子戸の中（1915）〈夏目漱石〉二七「彼は芸術一元論（イチゲンロン）を主張し出した」②すべての事物は究極的な原理によって統一されており、すべてがそこから展開していくという世界観。スピノザの実体、シェリングの絶対者、ショーペンハウエルの意志などにおける哲学原理。↔二元論・多元論。＊新らしい言葉の字引（1918）〈服部嘉香・植原路郎〉「一元論 哲学上の語。宇宙の本源、実在を唯一のものに帰せんとする論である」 発音イチゲンロン〈標ア〉ゲ〈京ア〉ン[1]

いち-こ【市子・巫子】〘名〙（「いち」は斎（いつ）くの意か）①神前で神楽を演奏する舞姫。神楽女（かぐらめ）。神巫（みこ）。一殿（いちどの）。いち。＊吾妻鏡‐治承五年（1181）七月八日「相模国大庭御厨庤（まうけ）一古娘、依㆑召参上。奉㆓行遷宮事㆒」＊咄本・初音草噺大鑑（1698）二・一七「あらおもしろの竈神やと、あづま哥をうたひまふ女みこを、いち子ともかまばらひともいへり」②生霊（いきりょう）、死霊（しりょう）を神がかりして招きよせ、その意中を語る職業の女。梓巫（あずさみこ）。口寄（くちよせ）。巫女（みこ）。＊談義本・当風辻談義（1753）三・無縁坂の法界寺書状の反詞せし事「つゐに此方の親父は、成仏しませぬげな、此間口よせの巫子（イチコ）に、慥（タシカ）な便を聞ましたと」＊物類称呼（1775）一「梓巫 あづさみこ 東国にて、降巫（イチコ）又口よせといふ」＊雑俳・柳多留‐一四（1779）「いとあわれな声にていちこいひ」＊虞美人草（1907）〈夏目漱石〉一〇「聞かないでも分かるのか。丸で巫女（イチコ）だね」 語源説(1)イツキコ（斎子）の転〔筆の御霊・大言海〕。イツキの義〔嬉遊笑覧〕。(2)イチミコ（市神子）の意〔言元梯〕。 発音〈なまり〉イターコ〔秋田鹿角〕イタコ・イダッコ〔岩手〕イダコ〔津軽ことば・津軽語彙・岩手・秋田〕イチッコ〔伊豆大島〕エッチコ・エッコ・エンッコ〔秋田〕〈標ア〉0〈京ア〉0 辞書書言・〈ボン〉・言海 表記降巫（書・へ）

いち-こ【市児】〘名〙町家の子供。町なかの子。＊聞書集（12C後）「いちこもるうはめをうなの重ね持つこのてがしはにおもてならべん」

いち-こ【市粉】〘名〙葉を仕入れ、これを刻んで、毎朝、市で売るタバコ。＊浮世草子・立身大福帳（1703）六「刻たばこ買やう 刻は市粉を買ふが徳なり。市粉とてひんなるたばこ切、葉を一日の仕事程づつ買ひ、それをきざんで毎朝市にてうる」

いちこ〘名〙方言⇩いじこ

いちご【苺・莓】〘名〙①バラ科のオランダイチゴ属、カジイチゴ属、ヘビイチゴ属、さらにキジムシロ属の一部をも含めた植物の総称。主として小低木または多年草で、実が多汁質で多数種子があり、食用となるものが多い。《季・夏》▼いちごの花《季・春》＊本草和名（918頃）「蓬蘽 和名以知古」＊枕（10C終）四二・あてなるもの「いみじううつくしきちごの、いちごなどくひたる」＊俳諧・犬子集（1633）三・覆盆子「花と実の二期あるも名はいちご哉〈重頼〉」②植物「オランダいちご（―苺）」の通称。《季・夏》▼いちごの花《季・春》＊寒山落木〈正岡子規〉明治二七年（1894）夏「いちご盛って紅の雫流れけり」＊白羊宮（1906）〈薄田泣菫〉零余子「熟色（うみいろ）の黄金（こがね）覆盆子（イチゴ）は」

苺

方言❶水分の多い小果実の総称。島根県鹿足郡739 山口県玖珂郡794 大分県大分郡941 ❷桑の実。島根県邑智郡724 広島県比婆郡773 ❸植物、ぐみ（茱萸）。広島県高田郡779 ❹植物、あきぐみ（秋茱萸）。島根県邑智郡724 語源説(1)イチビコ（蓬蘽）の略〔東雅・大言海〕。イチビはイツイヒ（厳粒）の転〔日本古語大辞典=松岡静雄〕。(2)イヲ（魚）の血ある子のごとしというところから〔日本釈名・滑稽雑談所引和訓義解〕。(3)ヨキチコリ（好血凝）の義〔名言通〕。(4)イチはイチ（息集）の義〔日本語源=賀茂百樹〕。(5)イはイシイ（美味）の上略。チはチ（乳）の味。コは如の意〔和句解〕。 発音イチゴ〈なまり〉イチゴ〔島原方言〕イチンゴ・イッゴ〔鹿児島方言〕エチゴ〔飛騨・鳥取〕エッゴ〔鳥取〕エッゴロ〔富山県〕エッジグ・エンジグ〔秋田〕〈標ア〉0〈ア史〉平安○●○〈京ア〉チ 辞書和名・色葉・名義・下学・和玉・文明・伊京・明応・天正・饅頭・黒本・易林・日葡・書言・〈ボン〉・言海 表記覆盆子（和・下・文・明・天・易・書）苺（玉・書・へ・言）覆盆（色・饅・黒）蕧葐子・苺子・莓（色）覆葐子・覆留子（名）堇（玉）覆葐子（伊）缺盆（書）

いち-ご【一後】〘名〙いちばんあと。最後。＊正徹物語（1448〜50頃）下「末座の輩は一後に書く也」

いち-ご【一晤】〘名〙一たび対面すること。＊篁園全集（1844）一・二月一一日、蕉園招飲、席上分賦十二体、得七言古韻侵「四美能具良難㆑得、一晤直抵万黄金」

いち-ご【一期】〘名〙①人の生まれてから死ぬまでの間。一生。また、一生が終わること。＊真如観（鎌倉初）「一期（イチゴ）生涯尽て、眼閉む時」＊平家（13C前）一二・六代被斬「但頼朝一期の程は誰か傾くべき。子孫の末ぞ知らぬ」＊吾妻鏡‐貞応元年（1222）四月二七日「尼一期之後。子息長詮法橋可㆓相伝㆒之由被㆑仰云々」＊米沢本沙石集（1283）六・七「一期（ゴ）は夢の如く電光の如く朝露の如くして」＊徒然草（1331頃）五九「おほやう人を見るに、少し心あるきはは、皆此のあらましにてぞ一期はすぐめる」＊歌謡・閑吟集（1518）「なにせうぞ、くすんで、一期は夢よ、ただ狂へ」＊咄本・醒睡笑（1628）五「何にか思ひたちけん。一期酒をのむまいと神文（しんもん）し」＊談義本・根無草（1763〜69）後・四「四十四歳を一期（ゴ）とし、〈略〉眠るがごとき臨終に」②（「一期の」の形で）一生に一度しかないようなこと。一生にかかわるようなことの意を添える。↓一期の浮沈。＊平家（13C前）四・鵼「此人一期の高名とおぼえし事は」＊曾我物語（南北朝頃）一・伊東二郎と祐経が争論の事「一ごの大事と金銀をととのへ、ひそかに奉行所へぞのぼせける」＊天草本伊曾保（1593）山と杣人の事「ヲノノ エヲ イッポン クダサレバ ychigono（イチゴノ）ゴヲント ゾンジョウズル」＊浮世草子・好色万金丹（1694）四・三「一期（ゴ）のきのどく此時にきはまりけるを」＊歌舞伎・勧進帳（1840）「つひに泣かぬ弁慶も一期（イチゴ）の涙（ナンダ）ぞ殊勝なる」③人の死にぎわ。末期。臨終。↓一期の灌頂（かんじょう）・一期の別れ。 方言〘副〙今後きっと。決して。山口県792 ◇いちごに 山口県祝島054 発音イチゴ〈標ア〉チ〈京ア〉チ 辞書色葉・文明・天正・饅頭・易林・日葡・書言・〈ボン〉・言海 表記一期（色・文・天・饅・易・書・へ・言）

いちご 栄（さか）えた（一生涯栄えた、の意）昔話などの結末の句。「めでたしめでたし」などと同類。市（いち）が栄える。＊清元・玉兎月影勝（玉兎）（1820）「よいきみしゃんとかたきうち、それでいちごさかえた、手柄ばなしにのりがきて」

いちご と思（おも）う 一生離れまいと思う。死生を共にしようと思う。＊浄瑠璃・心中二枚絵草紙（1706頃）上「一期とおもふ女房を、わがもの顔の見にくさに、いらつは恋のくせなれど」

いちご の男（おとこ） 一生連れ添う男。夫。＊浮世草子・好色一代男（1682）四・三「一期（イチゴ）の男（オトコ）に毒を飼て、そなたに思ひ替しに」

いちご の灌頂（かんじょう） 人の死ぬ時、成仏のしるしとして行なう灌頂。＊浄瑠璃・唐船噺今国性爺（1722）中「アア有がたい是ぞ我一期の灌頂、未来の血脈疑ひなふ成仏します」

いちご の始（はじ）め 生まれて初めて。＊浄瑠璃・最明寺殿百人上臈（1699頃）含み状「ほんに男に手をとられた、一ごの始にあたどうよくな」

いちご の浮沈（ふちん） 一生の大事。一生の浮き沈みのきまる大事な時。運命の分かれめ。＊謡曲・安宅（1516頃）「すはわが君を怪しむるは、一期の浮沈極まりぬと」＊浄瑠璃・凱陣八島（1685頃）二「いづれもはっとをとろき、一ごのふちん爰也き」

いちご の領主（りょうしゅ）「いちごりょうしゅ（一期領主）」に同じ。＊御成敗式目追加‐文永一一年（1274）六月一日（中世法制史料集一・追加法四六二）「若継母兄弟并他人等、為㆓一期之領主㆒、有㆓罪科㆒」

いちご の別（わか）れ 一生の別れ。死別。＊俳諧・西鶴大矢数（1681）第二九「三介か是は挑灯もつ所 一期の別れ今は泣けさせて」

いち-ご【一語】〘名〙一つの語。わずかなことば。ひとこと。一言（いちごん）。＊蕉堅藁（1403）送列侍者「於㆑是勉成㆓一語㆒、惜㆓其去㆒而趣㆓其来㆒云」＊随筆・胆大小心録（1808）二二「『京は不義国じゃぞ。覚悟して』といわれた。十六年すんで、又一語をくわへて、不義国の貧国じゃと思ふ」＊邪宗門（1909）〈北原白秋〉例言「一語もこれに答ふる所なかりしは」＊史記‐范雎伝「一語無㆑効、請伏㆓質斧㆒」 発音イチゴ〈標ア〉チ〈京ア〉チ

いちご〘名〙方言⇩いじこ

いちご-いちえ【一期一会】〘名〙（安土桃山時代の茶人で、千利休の弟子であった宗二の著「山上宗二記‐茶湯者覚悟十体」にある「一期に一度の会」から）一生に一度会うこと。また、一生に一度限りであること。＊茶湯一会集（1845頃）「抑茶湯の交会は、一期一会といひて、たとへば、幾度おなじ主客交会するとも、今日の会にふたたびかへらざる事を思へば、実に我一世一度の会なり、去るにより、主人は万事に心を配り、聊（いささか）も麁末なきやう〈略〉実意を以て交るべき也、是を一期一会といふ」＊れくいえむ（1973）〈郷静子〉「再びこの初老の婦人と逢うことはないであろうと節子は思った。〈略〉毎日が文字通り一期一会なのであった」 語誌茶道書で、茶室での交会の心構え、態度を示す語句として発生し、後、人との出会いを大切にするという意の一般語として用いるようになった。

いちご-いちじゅう【一伍一什】〘名〙一から十まで。始めから終わりまで。一部始終。＊浮城物語（1890）〈矢野龍渓〉四二「バタビヤ鎮台が笹野氏を拘留せし迄の一伍一什を詳話す」 補注「小説精言‐一」には「劉公急急走㆓到裏面㆒。一五一十〈注〉イチブシジフ）学㆓于媽媽㆒」とある。 発音イチゴイチジュー〈標ア〉チ[1] チ[2]

いちご-いばら【苺茨】〘名〙 方言 植物。❶ふゆいちご（冬苺）。和歌山県東牟婁郡・西牟婁郡692 ❷きいちご（木苺）。和歌山県東牟婁郡・西牟婁郡690 ❸もみじいちご（紅葉苺）。秋田県南秋田郡131 ❹なわしろいちご（苗代苺）。◇いちごばら〔苺荊棘〕 長野県北佐久郡485

いちご-いろ【苺色】〘名〙 イチゴの熟した実のような赤い色。＊蛙（1938）〈草野心平〉祈りの歌「その頸は横転逆転し切り口の苺色がみえたり眼玉がとびだしたり暗くなったり」 発音 イチゴイロ 〈標ア〉0

いち-ごう【一号】〘名〙 ①雑誌・新聞などの定期刊行物で一番はじめのもの。②「いちごうかつじ（一号活字）」の略。＊面白半分（1917）〈宮武外骨〉活字の大小と新聞「後には四号とか三号とかの活字を使用するやうになり、更に一号（ガウ）初号と云ふ風にだんだんと多様の大活字が出来た」 ③洋画の大きさで、一番小さいもの。ほぼはがき大。④乗り物や順序のある物で一番はじめのもの。発音 イチゴー 〈標ア〉チ

いち-ごう【一合】〘名〙 ①ある単位の十分の一を示す。㋑（容積の単位）一升（いっしょう）の十分の一。＊文明本節用集（室町中）「一合 イチガフ 米」 ＊歌舞伎・好色芝紀島物語（1869）四幕「一合呑みゃあ真赤になるおれだ」 ㋺（土地の面積の単位）一坪の十分の一。＊日葡辞書（1603-04）「Ichigǒ（イチガウ）〈訳〉枡の十分の一。耕地や宅地の計り方」 ㋩山のふもとから頂上までの道のりの十分の一。②「いっこう（一合）」に同じ。＊読本・昔話稲妻表紙（1806）二・八「果して一合（イチガウ）の白木の箱を得て携へ来り」 ③切り合いの際に、刀をまじえて一度打ち合うこと。＊天覧試合陪観記（1934）〈菊池寛〉「立ち上ってわづかに数秒、まだ一合もしないのにアッと思ふと、左の長刀を真向からふり下して敵の右小手を斬ってゐた」 ＊宋書-孟懐玉伝「龍符奮、稍接戦、毎二一合一、輒殺二数人一」 ④（①は少量であるところから、副詞的に用い）いささか。少し。＊浄瑠璃・八百屋お七（1731頃か）上「自分にをいて一合も非道の沙汰は致さねども、若殿の御難儀を救い申さん為計。私欲の科（とが）を身に被（かぶ）り」 ＊雑俳・柳多留-一〇（1775）「大門を一合にしてふけわたり」 発音 イチゴー 〈なまり〉イチゴ〔南伊勢〕 〈標ア〉（名詞的）ゴ ③は0（副詞的）0 〈京ア〉チ 辞書 文明・天正・日葡・書言 表記 一合（文・天・書）

いちごう取（と）っても武士（ぶし）は武士（ぶし） どんなにわずかな禄でも武士には武士の誇りと本分があり、町人、百姓などとは違う。＊浄瑠璃・敵討襤褸錦（1736）中「一合取っても武士は武士、互に心恥合ひて」 ＊浄瑠璃・京羽二重娘気質（1764）一「一合取ても武士の身は、孰（いづ）れ劣（おとり）はム（ござ）らぬと」

いち-ごう【一行】〘名〙「いちぎょう（一行）②」に同じ。＊地蔵菩薩霊験記（16C後）二・五「此（ここ）に地蔵菩薩来現（らいげん）し玉いて即ち一行（ガウ）の文を誦（よみ）玉ふ」 ＊日葡辞書（1603-04）「Ichigǒ（イチガウ）〈訳〉文字の書いてある行の数え方」 辞書 日葡

いち-ごう【一毫】〘名〙 ①一本の細い毛筋。転じて、わずかなもの。ほんの少し。寸毛。寸毫。一毛。毫末。＊正法眼蔵（1231-53）唯仏与仏「こころとみと、一毫のへだてなく、全露にてあるべし」 ＊日葡辞書（1603-04）「Ichigǒ（イチガウ）。ヒトツノ ケ〈訳〉一本の毛、つまり、わずか」 ＊木因宛芭蕉書簡-天和二年（1682）二月上旬「聊了簡引見ん為、書付遣し申候処、愚案一毫の違無二御座一、誠不レ浅候」 ＊童子問（1707）上・四三「而無二一毫残忍刻薄之心一、正謂二之仁一」 ＊西国立志編（1870-71）〈中村正直訳〉八・一三「且つその尤も称すべきは、一毫も矜高自大の心なく」 ＊列子-楊朱「損二一毫一利二天下一、不レ与也」 ②（長さや重さ、比率の単位で）一厘の十分の一。一毛。＊書言字考節用集（1717）一〇「一毫 イチガウ イチモウ〔算学啓蒙〕忽度之名、蚕所吐之糸為一忽、十忽為一糸、十糸為一毫」 発音 イチゴー 〈標ア〉チ 0 辞書 日葡・書言 表記 一毫（書）

いちごう未断（みだん）の凡夫（ぼんぷ） 一本の毛ほどの小さな煩悩やとらわれさえ断ち切ることができないでいるもの。＊私聚百因縁集（1257）八・六「罪悪生死の一毫（カウ）未断（ミタン）凡夫、一生修福の念仏に依て」 ＊日葡辞書（1603-04）「Ichigǒ midanno bonbu（イチガウ ミダンノ ボンブ）」

いち-ごう【一郷】〘名〙 人々が住む一つの地域。一つの里。＊尋常小学読本（1887）〈文部省〉七「印度の或る処にては、虎の害を怖れて、一郷の住民、悉く他に引き移りしことありと云ふ」 ＊孟子-尽心下「一郷皆称二原人一焉」 発音 イチゴー 〈標ア〉チ

いち-ごう【一業】〘名〙（「業」は梵 karman の訳で、行為のこと）仏語。一つの行為。結果を招く一種の力をもったはたらき。＊金刀比羅本平治（1220頃か）下・頼朝遠流に宥めらるる事「御菩提をもとぶらひたてまつり、一業（ゴウ）をもうかび給ふかと思ふにこそ」 ＊日葡辞書（1603-04）「Ichigô（イチゴウ）。ヒトツノワザ」 ＊倶舎論-一七「一業引二一生一、多業能円満」 発音 イチゴー 〈標ア〉チ 0 辞書 文明・日葡 表記 一業（文）

いちこう-いちしん【一向一心】〘名〙（形動）⇨いっこういっしん（一向一心）

いちごういっそん-ちぎょう【一郷一村知行】〘名〙 幕臣の旗本や大名家臣の給人の知行が一郷一村の全体に及び、その郷村一円を支配する知行形態。入相知行（いりあいちぎょう）の反対をいう。＊長州藩郡中制法（1660）「山河之儀、不依大小身、一郷一村配遣所之儀は給主可為裁許、雖然用木採用候て地下を於出は、奉行所へ相断上可許之」

いちごう-かつじ【一号活字】〘名〙 号数活字の一つ。最も大きい活字（初号）の次に大きい活字。一号。＊社会観察万年筆（1914）〈松崎天民〉「その代り此の四雑誌は、初号活字、一号活字の陳列会とも云ふべく、主として力を本文の内容に注いで居るは、結構の事の様なれど、題材の捉へ方、兎角興味中心に流れて、読んで有益な事を第二、第三にして居る風あるは」 発音 イチゴーカッジ 〈標ア〉カ

いちごう-じょうご【一合上戸】〘名〙 わずかな量で酔ってしまう酒飲み。＊洒落本・花街鑑（1822）上・二「わっちも、数多（たんと）はいかねへ、ほんの一合上戸（ジャウゴ）だが」 ＊歌舞伎・好色芝紀島物語（1869）四幕「成程手前は一合上戸」 発音 イチゴージョーゴ 〈標ア〉ジョ

いちごう-しょかん【一業所感】〘名〙 ①仏語。それぞれの人が、同じ業によって、同じ果を感ずること。同じ業ならば、同じ果を得ること。＊平家（13C前）三・少将都帰「一業所感の身なれば、先世の芳縁も浅からずや思ひしられけん」 ＊御伽草子・玉水物語（有朋堂文庫所収）（室町末）下「我も畜類なれば、一業所感（イチゴフショカン）の身として、何れを教化すべしといふ」 ②芸道などで、自分の進む道は宿命的なもので、他に生きる道はないと考えること。芸道に心ひかれること（日葡辞書（1603-04））。発音 イチゴーショカン 〈標ア〉チ 0 辞書 下学・伊京・明応・黒本・易林・日葡・書言 表記 一業所感（下・伊・明・黒・易・書）

いちごう-ます【一合枡】〘名〙 ①メートル法実施以前に使用された日本固有の計量器。液体、穀物などの量を計る、一合（約〇・一八リットル）入りの容器。＊和訓栞（1777-1862）「ます、〈略〉合を一合ますといひ、斗をとますといふ」 ＊椀久物語（1899）〈幸田露伴〉五「手前方へ一寸御来臨（おいで）になりませぬか、ははは、一合枡（イチガフマス）ほどな住居を御覧になるも一興」 ＊虱（1916）〈芥川龍之介〉二「一人づつ、持ってゐる茶碗を倒（さかさま）にして、米屋が一合枡で米をはかるやうに、ぞろぞろ虱をその襟元へあけてやると」 ②囲碁で、隅の正方形の九目の地域を囲んでいる石の形。普通一線へのサガリのない場合をいう。発音 イチゴーマス 〈標ア〉ゴ 〈京ア〉1 辞書 言海 表記 一合枡（言）

いちごうますで切飯（きりめし）もできず（「切飯」は枠の中にかたくつめて圧（お）した飯を適当に切ったもの）形は似ていても、その代用にはならない、似ていてもやはり用途が違うことのたとえ。＊譬喩尽（1786）一「一合枡（イチガフマス）で切飯（キリメシ）も不出来（デキズ）」

いちごう-めし【一合飯・一合食】〘名〙（貞享、元禄（一六八四～一七〇四）期の武家の扶持米は下女一食一合、一日三合であったところから）婦女の一度の食事。＊浮世草子・好色一代女（1686）四・二「同じ枕の女はうばいも目覚して手づから寝道具を畳揚（たたみあげ）て、一合食（いちガウメシ）を待かね」 発音 イチゴーメシ 〈標ア〉ゴ

いちご-かぎり【一期限】〘名〙 一生の最後。臨終。＊曾我物語（南北朝頃）一・伊東二郎と祐経が争論の事「ここに祐継、一ごかぎりの病の床に臨む刻み」 発音 イチゴカギリ 〈標ア〉カ

いちこ-がさ【巫子笠】〘名〙 巫子（いちこ）のかぶった、竹の子笠。近世の巫子は売色を兼ね、客に呼ばれたとき、この笠を伏せてその家にはいれば、拒絶、この笠を仰向けにすれば、承諾の印とした。発音 イチコガサ 〈標ア〉ガ

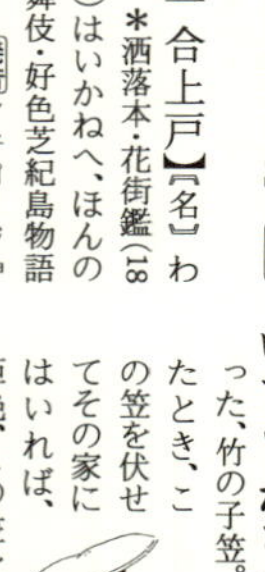
巫子笠〈風俗画報〉

いちご-がり【苺狩】〘名〙 苺を採りに行くこと。＊卍（1928-30）〈谷崎潤一郎〉八「その前の日曜に夫と二人で苺狩に行たことが光子さんの手紙にありますでせう」 発音 イチゴガリ 〈標ア〉0

いちご-かん【苺羹】〘名〙「いちごようかん（苺羊羹）」に同じ。発音 イチゴカン 〈標ア〉0

いち-こく【一石】〘名〙「いっこく（一石）」に同じ。＊天草本伊曾保（1593）犬と羊の事「アル イヌ ヒツジニ ユウハ、ナンヂニ ヲウセタ コムギ ychicocu（イチコク） イソイデ カエセト サイソク シタレドモ」 辞書 日葡

いちこく-ばし【一石橋・壱石橋】 東京都中央区八重洲と日本橋本石町を結ぶ橋。日本橋の西方にある。八見橋。いっこくばし。＊雑俳・柳多留-一五（1780）「へのやうな由来一石ばしのなり」 ＊江戸名所図会（1834-36）一「一石橋〈略〉この橋の南北に後藤氏両家〈略〉の宅ある故に、その昔五斗（ごとう）五斗といふ秀句にて、俗に一石橋と号（なづ）けしとなり」 発音 〈標ア〉ク

いちこく-びより【一石日和】〘名〙 定まらない天候。いっこくびより。＊物類称呼（1775）五「日和の定らぬを 尾張にて 一両日和と云 筑紫にて 一石（コク）日和と云〈略〉雨ふらんや ふるまいやといふを 筑紫にて降うごとふるまいごとと云〈略〉如々（ごとごと）を米穀などの五斗五斗になぞらへて一石日和と云」 ＊諺苑（1797）「一両日和（いちりゃうひより） 一石日和（イチコクヒヨリ）」 方言 西国1025 福岡市879 宮崎県西臼杵郡948 ◇いっこっびよい 鹿児島県963 ◇いちくくじんち 沖縄県首里054

いちご-けいせい【一期傾城】〘名〙 一生涯遊郭で暮らす遊女。発音 〈標ア〉ビ

いちご-ざけ【苺酒】〘名〙 苺の実の汁に焼酎（しょうちゅう）、砂糖を混ぜて醸造した果実酒。いちごしゅ。＊俳諧・桜川（1674）夏一「色いづれむせるあはもりいちご酒〈紫塵〉」 ＊俳諧・類船集（1676）以「覆盆子（いちご）〈略〉酒に和（くゎ）していちご酒と云」 ＊和漢三才図会（1712）一〇五「薬酒（くすりざけ） 按〈略〉雞卵酒（たまござけ）、覆盆子（イチゴ）酒等不二枚挙一」 発音 イチゴザケ 〈標ア〉ゴ

いちご-ざし『名』①植物「からすむぎ(烏麦)」の古名。*重訂本草綱目啓蒙(1847)一八・穀「雀麦 ちゃひき からすむぎ すずめむぎ いちごさし 予州」②植物「めひしば(雌日芝)」の異名。*重訂本草綱目啓蒙(1847)一一・隰草「蕕〈略〉馬唐はめひしば〈略〉いちござし 備後」 方言 植物、めひしば(雌日芝)。備後1028

いちご-ジャム【苺―】『名』(ジャムは英 jam)苺を砂糖で煮て作ったジャム。*みそっかす(1949-50)〈幸田文〉お産「苺(イチゴ)ジャムのいっぱい付いた大きなパン」 発音 イチゴジャム〈標ア〉ジャ〈京ア〉ジャ

いちご-しゅ【苺酒】『名』「いちござけ(苺酒)」に同じ。 発音 イチゴシュ〈標ア〉0

いちご-しょう【一期生】『名』「いちご(一期)①」に同じ。*大観本謡曲・江島(室町末)「一度も歩みを運ぶともがらは、三千界の内にまづ、三千界の内にまづ、無量福の宝を得、一期生の後に早く不退転の位に至る」

いちご-しょうみょう【一期称名】『名』仏語。生涯にわたって続けられた称名念仏。*私聚百因縁集(1257)二・四「一期称名之功を以て、不退に叶はん事、誰か帰せざる」

いちご-じる【苺汁】『名』苺の果実をしぼった汁。苺ジュース。 発音 イチゴジル〈標ア〉ジ

いちご-シロップ【苺―】『名』(シロップは英 syrup)糖蜜(白砂糖を煮つめたもの)に苺の果汁を加えたもの。また、これに似せて、合成したもの。 発音 イチゴシロップ〈標ア〉ロ シ

いち-こじん【一個人】『名』「いっこじん(一個人)」に同じ。 発音〈標ア〉コ

いちご-すい【苺水】『名』いちごのシロップをかけた氷水。氷いちご。*苦笑風呂(1948)〈古川緑波〉ロッパ放談「そして、公園の露店の赤いイチゴ水は、七月上旬一杯五十銭の看板が出てゐたのが、お盆になったら一円になってゐるのだ」 発音 イチゴスイ〈標ア〉ゴ

いちご-スプーン【苺―】『名』(スプーンは英 spoon)いちごをつぶしやすいように作ったスプーン。平らな底にいちごの形がついている。 発音 イチゴスプーン〈標ア〉プ

いちご-ちぎょう【一期知行】『名』一期分(いちごぶん)を知行すること。当人存命中に限り所領を持っていて、その死後所領は惣領、または未来領主に返される。*御成敗式目追加-文永一一年(1274)六月一日(中世法制史料集一・追加法四六二)「一期知行之輩、依二罪科一被レ召二所領一之間、未来之領主、雖レ無二其誤一、永佗傺之条」*新編常陸国誌(1818-30頃か)一四・元徳二年二月二日・某袖判安堵下文「且面々一期知行之程者、造営以下都鄙沙汰事、向二惣領一随二分限一可二合力沙汰一」 発音 イチゴチギョー〈標ア〉チ

いちこち-ちょう【壱越調】『名』「いちこつちょう(壱越調)①」に同じ。*源氏(1001-14頃)若菜下「いちこちてうの声に、発(はつ)の緒を立てて、ふとも調べやらでさぶらひ給へば」 発音 イチコチチョー〈標ア〉0

いち-こつ【壱越】『名』(「いちこつちょう(壱越調)」の略)①「いちこつちょう(壱越調)①」に同じ。*名語記(1275)六「壱越調はいちおつなれども、いきつき、こはくて、いちこつといはれ」*花鏡(1424)舞声為根「おのおの、双・黄・一こつ・平・盤の、その時々にあたれり」*俳諧・犬子集(1633)八・夏「てうしの口にそふる橘 一こつに名乗五月の郭公〈貞徳〉」②「いちこつちょう(壱越調)②」に同じ。*仮名草子・尤双紙(1632)上・四「ひくき物之品々〈略〉いちこつの地声、しのび寝の睦ごと」③「いちこつちょう(壱越調)③」に同じ。*浄瑠璃・舎利(1683)二「時に俊芿一越(コツ)を上(あげ)、『〈略〉急々に去れ去れ』と払子を以て丁ど打(うつ)」 発音〈標ア〉0 辞書 易林・言海 表記 壱越(易・言)

いちこつ-ちょう【壱越調】『名』(「いちこつぢょう」とも)①雅楽の六調子の一つ。壱越の音、すなわち洋楽音名の「ニ」の音(D)を主音とした音階。いちおつちょう。いちこちちょう。いちこつ。→十二律(じゅうにりつ)。*二十巻本和名抄(934頃)四「壱越調曲 皇帝破陣楽」*源氏(1001-14頃)椎本「つぎつぎひきいで給て、一こつてうの心にさくら人あそび給ふ」*増鏡(1368-76頃)一〇・老のなみ「其後、壱越調の調子を吹て、楽人、舞人、衆僧集会の所にむかひて」②低い声。低い声の調子。③声をいっぱいに出すこと。また、その声。張り上げた声。*咄本・一休咄(1668)四・八「みな人あきれて立居りて聞ければ、一休一越調(イチコツデウ)をあげて仰られけるは」*浄瑠璃・日本振袖始(1718)二「ヲヲ覚へがなふて大将が成物かと、壱越調(イチコツテウ)をかすり上げ」*談義本・教訓乗合船(1771)一・六十六部の話「諸国の奇妙はなしに、取まぜての一越調(コッチャウ)、皆々首をかたむけたり」*譬喩尽(1786)一「一越調(イチコツテウ)で喚(わめ)く」*雑俳・柳多留拾遺(1801)巻一七「いちこつてうでつかみ合ふ十三日」 語源説 コツは朝鮮音という〔大言海〕。 発音 イチコッチョー〈標ア〉0 辞書 明応 表記 一越調(明)

いちご-つなぎ【苺繋】『名』イネ科の多年草。各地の山地、路傍、河原などの日当たりのよい場所に生える。高さ五〇～七〇センチメートル。茎は束生して株立ちとなる。葉は長さ一〇～一五センチメートル、幅二ミリメートルほどの線形で、縁は茎とともにざらざらしている。初夏、淡緑色の花が長さ三～七センチメートルの円錐形の穂となって咲く。ざらつきいちごつなぎ。かわらいちごつなぎ。ひめいちごつなぎ。学名は Poa sphondylodes *日本植物名彙(1884)〈松村任三〉「イチゴツナギ ニラミグサ」 方言 ❶野生の苺(いちご)に通してつなぐ草。鹿児島県肝属郡970 ❷植物、すずめのかたびら(雀帷子)。長崎県002 ❸植物、やまあわ(山粟)。山形県北村山郡139 ❹植物、ひめくぐ(姫莎草)。◇いちんごつなぎ 鹿児島県川内市965 発音 イチゴツナギ〈標ア〉ツ

いちご-の-ほう【一五法】『名』田と畑とでは年貢取米高が異なり、田からの取米一斗は畑の取米六斤に当たるのをいう。田畑六分違(たはたろくぶちがい)。*地方凡例録(1794)一「一五の法と云は、二石五斗の直段に六分ちがひを乗じ、実米一石五斗と成る、則米の実直段也」

いちご-はむし【苺金花虫】『名』ハムシ科の甲虫。体長四・五ミリメートル内外。楕円形をし、体色は暗黄褐色で黄褐色の短毛がある。タデ、ギシギシ類、オランダイチゴなどの葉を食べる。日本各地に分布。学名は Galerucella grisescens 発音 イチゴハムシ〈標ア〉ハ

いちご-ふさい【一期夫妻】『名』一生連れ添う夫婦。生涯結ばれる夫婦。*三国伝記(1407-46頃か)三・二〇「此の男下向して聴て此歌をつかはしければ、女もいなびがたくて打ちとけにけり。一期夫妻の契にて侍りけり」

いちご-ぶん【一期分】『名』中世、財産相続の一形態。鎌倉末期から室町時代にかけて、財産を譲与、相続する場合、相続人が死亡したときは惣領または、未来領主に返還される特約のついた財産。おもに土地、財産の分割相続による所領の減少を防ぐための処置で、特に女子に対する譲与はこの形をとることが多く、時には庶子にも及んだ。また、後家分(ごけぶん)、隠居分の場合も同様。分割相続から単独相続にいたる過渡期にひろく見られた。↔永領。→惣領制。*入来院文書-貞和五年(1349)閏六月二三日・渋谷重勝置文(南北朝遺文九州編三・二六〇六)「一虎松無二子孫一者、虎一につくべし、虎一無二子孫一者、可レ持二虎松一云々。女子においては壱町壱箇所壱期分もつべし」*香取文書纂-一六・文亀三年(1503)正月・おと尼譲状「右彼田地等の事、女子は大方一期分たりといへども、あまがもとめ候間、永代相伝」 発音 イチゴブン〈標ア〉プ

いちご-ぶん【一語文】『名』一単語から成り立っている文。「すてき!」「どろぼう!」など。 発音 イチゴブン〈標ア〉0 ゴ

いちご-ます『名』植物「まゆみ(檀)」の異名。〔語彙(1871-84)〕

いちご-まつだい【一期末代】『名』この世は一生涯、未来は永劫(えいごう)。いついつまでも続くこと。*狂言記・釣女(1660)「こなたとわたくしとは、一期まつだひしょたいがせんぢゃぞや」 発音 イチゴ=マツダイ〈標ア〉チ=ツ

いちこ-まめ【珂孚豆】『名』丸い形で、玉のように美しい豆。*十巻本和名抄(934頃)九「珂孚豆 崔禹食経曰珂孚豆〈井知古末女〉状円円如玉而可愛故以名之」 発音〈標ア〉コ〈ア史〉平安○●●●○〈京ア〉マ 辞書 和名・色葉・名義・書言 表記 珂孚豆(和・色・名) 珂孛豆(書)

いちご-みょうち【一牛鳴地】『名』「いちぎゅうめいち(一牛鳴地)」に同じ。

いちご-ミルク【苺―】『名』(ミルクは英 milk)苺に牛乳と砂糖をかけた食品。*女の部屋(1950)〈武田泰淳〉「いちごミルクの注文をうけた」 発音 イチゴミルク〈標ア〉ミ〈京ア〉ミ

いちご-もどき【苺擬】『名』大根をおろして、酢(す)とともにミカンをあえ、苺に似せて盛ったもの(俚言集覧(1797))。 発音 イチゴモドキ〈標ア〉モ 辞書 言海 表記 苺擬(言)

いち-ごや【市小屋】『名』市(いち)のために建てられた小屋。市仮屋。*俳諧・発句五百題(1807)夏「市小屋のさまざまながらはつ茄子〈蝶伽〉」 発音 イチゴヤ〈標ア〉0

いちご-やまい【一期病】『名』一生治らない病気。不治の病。死病。*仮名草子・東海道名所記(1659-61頃)四「瘡(かさ)をうつりて、一期やまひになるもあり」*譬喩尽(1786)一「一期病(イチゴヤマヒ)となる」 発音 イチゴヤマイ〈標ア〉ヤ

いちご-ようかん【苺羊羹】『名』苺の汁をまぜて作ったようかん。いちごかん。 発音 イチゴヨーカン〈標ア〉ヨ

いちご-りょうしゅ【一期領主】『名』一期分(いちごぶん)を知行する領主。当人存命中だけ所領を持つ領主。一期の領主。これに対し、一期領主の没後に当該所領を知行すべく定められた者を未来領主という。*円覚寺文書-建武二年(1335)二月一〇日・左衛門尉胤道請文(大日本史料六・二)「彼田屋敷祖母尼静妙、為二一期領主一令二管領一候」*看聞御記-応永二八年(1421)五月一四日「就二其法安寺田事一、方丈一期領主之間、始終為二御菩提料所一、真乗寺に可レ有二寄附一云々」 発音 イチゴリョーシュ〈標ア〉リョ

いち-ころ【一―】『形動』①(「一度でころり」の意で、簡単に倒れるところから)たやすく勝負がつくさま。きわめて容易なさま。〔隠語全集(1952)〕*鶸(1972)〈三木卓〉「おれにあの自動小銃があれば、あんなやつは一ころだ。叩きのめしてやる」②マージャンで、ひとりだけがマイナス点になること。 発音〈標ア〉0〈京ア〉0

いち-ごん【一言】『名』(「ごん」は「言」の呉音)①(―する)ひとこと。短いことば。また、それを言うこと。いちげん。一語。*顕戒論(820)上「和上慈悲、一心三観、伝二於一言一、菩薩円戒、授二於至信一」*朝野群載-永久三年(1115)一二月九日藤原重基鐘一口返送状「一言銘レ肝。寸心服膺。不レ経二幾時一、奄然即レ世」*太平記(14C後)六・赤坂合戦事「資忠父が首を一目見て、一言(いちゴン)をも出さず、只、涙に咽(むせ)んで居たりけるが」*日葡辞書(1603-04)「Ichigon(イチゴン)〈訳〉一つのことば」*読本・椿説弓張月(1807-11)続・三七回「某(それがし)今一言(イチゴン)あり。君命なりとも、且(しばら)く手をとどめて、衆(みな)聞候へ」*滑

稽本・浮世風呂(1809‒13)前・上「どうだ、一言(イチゴン)もあるまい」*春秋左伝‐昭公三年「晏子一言、而斉国省㆑刑」 ②転じて、ひとことで示された言葉。*日蓮遺文‐立正観鈔(1274)「開㆑目思㆓妙法㆒、随縁真如也。閉㆑目思㆓妙法㆒、不変真如也。此両種真如、只一言妙法有。我唱㆓妙法㆒時、万法玆達、一代修多羅含㆓一言㆒」*韋応物‐酬閻員外陟詩「雖㆑蒙㆓一言教㆒、自愧㆓道情疎㆒」 発音 イチゴン〈標ア〉[0][チ]〈京ア〉[0] 辞書 易林・日葡・言海 表記 一言(易・言)

いちごん既(すで)に出(い)ずれば駟馬(しば)も追(お)い難(がた)し (「駟」は四頭立ての馬車、または、その馬のこと。「論語‐顔淵」にある「駟不㆑及㆑舌」に基づくことば) 一度口から出たことばは四頭立ての馬車で追っても取り返せない。ことばを慎むべきことのたとえ。*浮世草子・小夜嵐物語(1698)一・一「かまへてかまへて、ふと物をいふとも、指合をくり思惟して云べし。一言すでに出れば、駟馬追がたしと云事あり」

いちごん以(もっ)て之(これ)を蔽(おお)う (「論語‐為政」の「詩三百、一言以蔽㆑之、曰、思無㆑邪」による) 一言で全体の意味を言い尽くす。*童子問(1707)上・三九「曰、仁之為㆑徳大矣。然一言以蔽㆑之。曰、愛而已矣」

いちごんも無(な)い 一言も言わない。また、ひとことも弁解できない。ぐうのねもでない。*洒落本・跖婦人伝(1753)「一言もなくいいふせられ、二人の女郎は、天窓(あたま)も上らず」*黄表紙・文武二道万石通(1788)下「今日はしたたか、油をとられるとみへる。なんときめられても、一言(ゴン)もない」*内地雑居未来之夢(1886)〈坪内逍遙〉九「理窟詰に来られる時には、此方一言(ゴン)もない訳ですから」*家(1910‒11)〈島崎藤村〉上・二「真実(ほんたう)に吾子の前では一言もないやうなことばかり仕出来したんですからね」

いちごん‐いっく【一言一句】〘名〙①「いちごんはんく(一言半句)」に同じ。*寛永刊本江湖集鈔(1633)二「伶利の学者於㆓一言一句下㆒悟り了るの義也」*浄瑠璃・鑓の権三重帷子(1717)上「家の大事、訳(わけ)知らぬ下々にも一言(ゴン)一句(ク)聞せまい」②ひとつひとつのことば。*秘密(1911)〈谷崎潤一郎〉「女の語る一言一句が、遠い国の歌しらべのやうに、哀韻を含んで私の胸に響いた」*女工哀史(1925)〈細井和喜蔵〉一四・四二「大学の学長といふものは、非常に権威のあるもので、吐く一言一句は、彼の民主々義政治に於ける立法上にまで影響を及ぼすといふ程だ」 発音 イチゴンイック〈標ア〉[イ]2〈京ア〉[ン]

いちごん‐いっしゅく【一言一宿】〘名〙一度だけことばをかわし、また、一夜だけ同じ宿に泊まり合わせること。*浄瑠璃・心中宵庚申(1722)中「たとへ一ごん一宿のつき合にも、人の心は知るる物」 発音 イチゴンイッシュク〈標ア〉[チ][0]

いちこんこ〘名〙 方言 ⇨いちっこ/いっけんとび(一間跳)

いちごん‐こじ【一言居士】〘名〙「いちげんこじ(一言居士)」に同じ。 発音 イチゴンコジ〈標ア〉[コ]

いちごん‐し【一言詩】〘名〙一字で一句をなす詩。たとえば、「詩経‐鄭風・緇衣」の「緇衣之宜兮、適㆓子之館㆒兮、還、予授㆓子之粲㆒兮」の「還」の類。 発音 イチゴンシ〈標ア〉[ゴ]

いちごん‐せっく【一言隻句】〘名〙ほんの短いことば。ちょっとしたことば。一言半句。片言(へんげん)隻句。片言隻語。*愛妾二代(1952)〈円地文子〉「高瀬の一言隻句は、九鼎の重みを持って財界の虎豹からも憚られた」 発音 イチゴンセック〈標ア〉[セ]

いちごん‐だい【一言題】〘名〙雑俳の前句付の一種。かなの三字または四字から成る簡単な一語の題句の意味をくんで詠むもの。たとえば「もはや」の題に「一葉から秋の哀れを告げて来る」と詠み、「どこも」に対して「仲人に聞けば姑は皆仏」と詠む類。 発音 イチゴンダイ〈標ア〉[ゴ]

いちごん‐はんく【一言半句】〘名〙(「いちごん」を強調した語で、多く否定文に用いる) ちょっとしたことば。片言隻句(へんげんせっく)。一言隻句。一言半辞。*早雲寺殿廿一箇条(17C初)一四条「上下万民に対し、一言半句にても虚言を申べからず」*滑稽本・七偏人(1857‒63)四・上「仰天し、一言(ゴン)半句の辞(ことば)も出ず」*西洋道中膝栗毛(1874‒76)〈総生寛〉一二・下「生酔の一言半句(イチゴンハンク)が癪のたね」*朱熹‐答陳安卿書「一言半句、亦自可㆑見」 発音 イチゴンハンク〈標ア〉[ハ]〈京ア〉[ハ] 辞書 言海 表記 一言半句(言)

いちごん‐はんじ【一言半辞】〘名〙⇨いちげんはんじ(一言半辞)

いちごん‐へんく【一言片句】〘名〙ほんの短いことば。ちょっとしたことば。一言半句。片言隻句(へんげんせっく)。*ルネサンス人シェイクスピア(1947)〈中野好夫〉「注意すべきことは、芸術家シェイクスピアに関する言及は一言片句もない」 発音 イチゴンヘンク〈標ア〉[ヘ]

いちごん‐ほうおん【一言芳恩】〘名〙一言を賜わった恩に感じて主と仰ぎ頼むこと。また、その人。*太平記(14C後)一〇・三浦大多和合戦意見事「その外譜代奉公の郎従、一言芳恩(いちゴンハウヲン)の軍勢共、三百余人引返し、討死しける間に」 発音 イチゴンホーオン〈標ア〉[チ][0]

いちごんほうだん【一言芳談】 浄土各流の高僧中、法然、聖光、良忠、貞慶など二十余師の法語百六十余を雑然と集めたもの。一巻本、二巻本、三巻本があるが、一巻本が原型とされる。編者不明。鎌倉後期の作といわれる。 発音 イチゴンホーダン〈標ア〉[チ][0]

いち‐こんりゅう【一建立】〘名〙能楽で、一つの創造、一つのくふうなどを強めていうこと。*申楽談儀(1430)観阿「彼の先祖の風体を合せて、世子一こんりうの十体に引合すれば、観阿一こんりうの上に、猶もれたること有るべからず」 発音 イチコンリュー〈標ア〉[コ]

いち‐ざ【一座】〘名〙①(—する) 第一の座席につくこと。また、その座席。かみ座。上席。首席。*愚管抄(1220)二・仲恭「摂政左大臣道家。〈略〉同廿六日為㆓藤氏長者㆒。兵仗、勅授、一座、牛車等任㆓例宣下㆒」*平治(1220頃か)上・光頼参内の事「信頼卿一座して、其の座の上﨟座、皆下にぞつかれける」*宇治拾遺(1221頃)一三・一三「さて諸僧、一座より次第に鉢をとばせて、物をうく」②(—する) 同じ座席、場所にすわっていること。同席。同座。*田氏家集(892頃)中・残春宴集「同情乍会頻回㆑首、一座相看共解㆑頤」*仮名草子・東海道名所記(1659‒61頃)一「韓娥(かんが)、虞公(ぐこう)に一座したる心地す」*浄瑠璃・冥途の飛脚(1711頃)上「近日一座いたしたいとたくしかくれば」*洒落本・辰巳之園(1770)「イイエ。一座(いちざ)はいたしやせんが、此間中川(なかがわ)で、後から見掛やした」③同じ座席にいる全体の人。満座。*史記抄(1477)九・孝武本紀「言語道断奇特かなとて一坐尽驚たぞ」*浄瑠璃・博多小女郎波枕(1718)上「よふよふ身うけの大じん様こりゃ誰が大じんぞ、小女郎さまの大じんと一座がはらりと取廻し、座興も過れば」④多数の人がある目的で一箇所に集まる会合。㋑宴会など座敷で催す会合。一席。*曾我物語(南北朝頃)一・おなじく相撲の事「ただ一ざの一興にまけ申て、おもしろし」*評判記・野郎虫(1660)田中左門「面躰くるしからず。はなしをする事すき也。一座(サ)のとりもちも、おくれぬ人なり」*浮世草子・好色一代男(1682)六・一「今宵は中立売の竹屋の七様の一座に、紀州の人、きちじょにはじめて出合ひ」㋺ただ一回の修法のこと。一座行法ともいい、ただ一度の修法に、普門あるいは一尊の供養法を修することをいう。*正法眼蔵(1231‒53)弁道話「多劫の修行をふることなく、一座に五仏の正覚をとなふ、仏法の極妙といふべし」㋩僧侶などの一回の説法や講演。一席。*梵舜本沙石集(1283)六・一三「説経などもせぬ僧なれども、もし希望(けもう)の心もあり、色代(しきだい)に請用(しょうよう)せよとて、『一座の供養し給ひなんや』と、いはせければ」*天正本節用集(1590)「一座 イチザ 懺法」*虎清本狂言・泣尼(室町末‐近世初)「だんぎがうけたまはりたいほどに一座あそばいてきかせられい」㊁会席を設け、数人で連歌、俳諧を興行すること。また、そこでできあがった作品。*連理秘抄(1349)「一座を張行(ちょうぎょう)せんと思はば、まづ時分を選び眺望を尋ぬべし」*実隆公記‐長享三年(1489)二月一一日「宗祇法師来、昨日之一座見㆑之」⑤神社の数え方。一社。*延喜式(927)九・神祇・神名帳「広瀬郡五座 大一座小四座」*書言字考節用集(1717)一〇「一座 イチザ 神社」⑥仏像などの一体。一基。⑦一つの興行を共に行なっている能役者、歌舞伎役者などの俳優や芸人の一団体。*風姿花伝(1400‒02頃)六「能に嵩も出で来、垢も落ちて、いよいよ名望も一ざも繁昌する時は」*却来華(1433)「当流の道たえて、一座すでにはめつしぬ」*日葡辞書(1603‒04)「Ichiza(イチザ)〈訳〉芝居、幕間狂言、ミサ、説教をする人々の劇団および集団の数え方」*日本の裏街道を行く(1957)〈大宅壮一〉九州イデオロギーの群像・「親分」という無形の財産「北九州をまわっているストリップの一座は八つほどあるが」⑧宴会の雰囲気やそのとりもちをいう近世の遊里語。座興。座配。*浮世草子・好色一代男(1682)七・六「其日の敵の心にそむかず、まして初而(はじめて)の出合には、なを一座(ザ)をかため」*浮世草子・新吉原常々草(1689)下「意気はりつよく一座は残る所なく」⑨大坂堀江の本茶屋へ出入りする上級女郎を二等級に分けた下等の方の女郎。*洒落本・浪花色八卦(1757)宝結卦「本茶屋といふ名目ありて、此宿へ徘徊する女郎を上品とし〈略〉上品といへども一座二座のわかちありて」⑩大坂堀江で芸妓二人を一組にしていう呼び名。*随筆・守貞漫稿(1837‒53)一九「芸子〈略〉二人を一座と云、一座花代三匁二分也。他に此の称なし」⑪茶屋女への祝儀、花代の数え方。 発音〈標ア〉[チ]〈京ア〉[0] 辞書 文明・天正・日葡・書言・ヘボン・言海 表記 一座(文・天・書・言) 一坐(ヘ)

いちざ の=宣旨(せんじ)[=宣(せん)] 第一の上座につくことを許す宣旨。摂政と三公(太政大臣・左右大臣)の座次の上下は複雑だが、たいてい摂関は一座宣旨をうけて、官位に関係なく三公の上に列する。*葉黄記‐寛元四年(1246)一〇月一七日「参㆓殿下㆒申㆓承万事㆒、其中、一座宣旨事、粗被㆑仰㆓子細㆒、云々」*公卿補任‐文永一〇年(1273)・藤忠家「関白不㆑被㆑下㆓一座宣旨㆒之間、与㆓左大臣㆒座次未敷」*職原鈔(1340)上・太政官「執柄、必蒙㆓一座宣旨(いちざノせんじ)㆒故称㆓一人㆒〈又云一所〉」*大乗院寺社雑事記‐宝徳二年(1450)七月二六日「安位寺前大僧正御房大僧正一座宣」

いちざ 弱(よわ)し 宴席に侍したときの遊女などが、その宴の座を十分にさばけない。宴席などで他の人にひけをとる。→一座⑧。*浮世草子・色里三所世帯(1688)下・三「道中もはでになく人の内義めきてあしをとしづかにさのみ風情もつくらず利発もおもてに出さずして、一座(いちザ)よはからずうち見たる所は太夫にしては請取がたし」

いちざ を成(な)す 一座の芸能をうまくやって行く。うまくみんなの能が演じられるようにする。*習道書(1430)「よきにもしたがひ、あしきにもしたがふをもて、わきのしてとす。これ第一のぐぎゃう也。ぐぎゃうなくば能すがた無異にあるべからず。このことはりを、よくよく心えて、一座をなすを、脇のしての道とは申すべきなり」

いち-ざ【市座】『名』中世の市場に設けられた特定の販売座席。市場での販売権。市場の領主へ市座役（営業税）を納めて、その固定的権利が認められた。この市座が設けられていない無座の市が楽市である。＊今堀日吉神社文書-貞和元年（1345）三月廿日・近江長野・甲良・平方市奉行連署状案「雖無市座候、自昔買売無其煩候間」＊親元日記-政所内評定記録・寛正四年（1463）六月二六日「市座輩自往古無商売之段勿論之由小串次郎右衛門南岸坊注進之上者」 発音〈標ア〉0

いちざ-あそび【一座遊】『名』二人以上の遊客が各自のあいかたと共に同じ席に集まって遊興すること。＊浄瑠璃・女殺油地獄（1721）下「かごをとばするあげやきゃく。あふぎで忍ぶちゃ屋のきゃく。一座あそびは女方（にょほふ）めく」 発音〈標ア〉ア

いち-ざい【一剤】『名』薬剤の一回分。また、それを紙に包んだもの。一服。＊運歩色葉（1548）「一剤 いちザイ 薬」＊音訓新聞字引（1876）〈萩原乙彦〉「一剤 イチザイ クスリ一ップク」 辞書 文明・明応・天正・饅頭・黒本・易林・日葡・書言 表記 一剤（文・明・天・饅・黒・易・書）

いち-ざいしょ【一在所】『名』一つの村。また、一つの村全体。一村の居住民をもいう。＊波形本狂言・腹不立（室町末-近世初）「是は此在所の者でござる。一在所（イチざいしょ）として堂を建立致てござるが」＊日葡辞書（1603-04）「Ichizaixo（イチザイショ）〈訳〉一つの村落」＊浄瑠璃・曾根崎心中（1703）「引かへしてざいしょへ行き一ざいしょのわびことにて、母より銀を請取たり」 発音〈標ア〉ザ 辞書 日葡

いちざ-いっく【一座一句】『名』「いちざいっくもの（一座一句物）」に同じ。＊俳諧・鷹筑波（1638）三「一声は一座一句（ク）のほととぎす〈玄公〉」 発音〈標ア〉イ[2]

いちざいっく-もの【一座一句物】『名』連歌で一巻の中に一句しか用いることのできないことば。一座一句。＊連理秘抄（1349）「一座一句物 若菜、藤、款冬、躑躅、杜若 如此植物類」 発音〈標ア〉チ

いちざ-がかり【一座掛・一座懸】『名』江戸時代、寺社、町、勘定の三奉行が、評定所に集まって行なう合議裁判のこと。管轄権が入り組んでおり、三奉行がそれぞれ単独では裁判を行なうことができなかった事件などが裁判された。＊御触書天保集成-七五・寛政三年（1791）三月「評定所一座懸り公事訴訟 幷 三奉行一役限又は手限吟味物等」 発音 イチザガカリ〈標ア〉ガ

いち-さかき【柃】『名』植物「ひさかき（柃）」の異称。＊古事記（712）中・歌謡「後妻（うはなり）が 肴（な）乞はさば 伊知佐加紀（イチサカキ） 実の多けくを こきだひゑね」 補注 語源は、「いち」は神聖な、また、勢い盛んななどの意の「いつ（厳）」で、「さかき」は「栄（さか）木」で、神聖な木または、繁茂する（めでたい）木の意。 上仮名 イチサカキ

いち-さがり【一下】『名』①三味線の調弦法の名称。一の糸を本調子より一音、すなわち二律さげた調子。②転じて、調子が下がり、変わること。＊西洋道中膝栗毛（1874-76）〈総生寛〉一五・上「一下（イチサガ）りが事をするも、大概（てへげへ）があるぜ」 発音 イチサガリ〈標ア〉サ〈京ア〉サ

いちさがり-ひぜんぶし【一下肥前節】『名』歌舞伎の下座音楽の一つ。唄なしの三味線だけの曲。時代物の狂言で、立派な武士や仙人などの出入り、またはゆっくりした立ち回りに使う。

いち-さき【一先】『名』まっさき。始め。第一。

いちざ-きゃく【一座客】『名』一座遊びの客。連れの客。＊浮世草子・男色大鑑（1687）七・一「時勢粧の舞ぶり見し人是に悩ぬはなし。殊更一座客（キャク）のこなし、調謔（たはぶれ）しめやかに情ふかく」＊洒落本・傾城買四十八手（1790）しっぽりとした手「〔一座きゃく〕今夜はでへぶはださむいばんだ」 発音〈標ア〉ザ

いちざ-きり【一座切】『名』その場限り。＊浮世草子・男色大鑑（1687）五・三「一座切（ザキリ）に興をあらせ、客を自由に手に入（いれ）、我なぐさみになせり。奥程ゆかしきを其ままに読み捨ぬ」 発音〈標ア〉リ

いち-ざけ【市酒】『名』市場で売っている酒。＊狂言記・隠狸（1700）「市酒（イチザケ）飲まう。酒を買ひに行（い）て取って来い」 発音〈標ア〉チ 0

いちざごく-もの【一座五句物】『名』連歌で、一巻の中に五句まで用いることのできることば。＊連歌新式追加幷新式今案等（1501）「一座五句物 世〈只一、浮世、世中の間一、恋の世一、前世一、後世一、浮世、世中号名世事、難信用、只述懐世二たるべし云々、仏の世は前後の世の内に可用〉」 発音〈標ア〉チ

いちざ-こんりゅう【一座建立】（コンリフ）『名』能楽の一座を経営してゆくこと。＊風姿花伝（1400-02頃）五「この芸とに、衆人愛敬をもて、一座建立（コンリウ）の寿福とせり」 発音 イチザコンリュー〈標ア〉チ

いちざさんく-もの【一座三句物】『名』連歌で、一巻の中に三句まで用いることのできることば。＊連理秘抄（1349）「一座三句物 花三用之 此の外、浪の花、はなぞめの袖などいひて、又一句用之」＊連歌新式追加幷新式今案等（1501）「一座三句物 春月〈只一。有明一。三日月一〉。夏月〈同前〉。冬月〈同前。有明。秋之外一。三日月は四季之中只一可然也。可及二三事如何々々〉」 発音〈標ア〉チ

いちざしく-もの【一座四句物】『名』連歌で、一巻の中に四句まで用いることのできることば。＊連理秘抄（1349）「一座四句物 雪 三用之此の外、春雪一」 発音〈標ア〉チ

いちざ-せん【市座銭】『名』市座に課する税。座役。＊経覚私要鈔-宝徳三年（1451）一二月六日「就市座銭事、自方衆矢負共上奈良、市屋形三十間計焼之云々」＊春日神社文書-二二（1533）（天文二年）高天市懸札掟旨「神供自然闕如之時節、以彼市座銭可有償沙汰之旨、一味同心条々事」

いちざ-とうりょう【一座棟梁】（トウリャウ）『名』芸能の一座を率いる第一人者。一座のかしら。＊九位（1428頃）「其の外、一座棟梁の輩、至極、広精風までを習道して、正花風にも上らずして」 発音 イチザトーリョー〈標ア〉ト

いちざ-ながれ【一座流】『名』遊女や客が、その場だけは愛想よくして、あとは冷淡な態度をとること。その場だけのつきあいで、後まで交際を続けないこと。上方遊里の語。＊浄瑠璃・心中天の網島（1720）橋尽し「大事の男をそのかしての心中は、さすが一ざながれのつとめの者」＊浄瑠璃・壇浦兜軍記（1732）二「七兵衛さんやら八兵衛さんやら一座流れのお客の名」 発音 イチザナガレ〈標ア〉ナ

いちざにく-もの【一座二句物】『名』連歌で、一巻の中に二句まで用いることのできることば。＊連理秘抄（1349）「一座二句物 春月 只一、在有明一 夏月〈同〉冬月〈同〉暁 只一、其の暁とて一 春風」 発音〈標ア〉チ

いちざ-まわし【一座回・一座廻】（まはし）『名』遊女を一座客に回すこと。一人の遊女を、連れ立って来た客に順に回すこと。＊歌舞伎・東海道四谷怪談（1825）序幕「おきゃアがれ、とんだものを一座廻（いちざマハ）し」＊歌舞伎・女化稲荷月朧夜（1885）序幕「それでも一つ女郎衆を一座廻（いちざマハ）しは出来ません」 発音〈標ア〉マ

いち-ざら【位置皿】（ヰチ）『名』食卓での席を示す皿。西洋料理では、食卓につく前にナプキンを添えた皿を用意し、すわる場所を表示する。

いち-ざん【一山】『名』⇩いっさん（一山）

いちさん-えんき【一酸塩基】『名』酸度一の塩基。分子中に酸基または陰性基で置換できる水酸基を一つだけもつ塩基をいう。水酸化ナトリウム、水酸化カリウムなど。一価の塩基。＊稿本化学語彙（1900）〈桜井錠二・高松豊吉〉「Monoacid base. Einwertige Base, f 一酸塩基」 発音〈標ア〉エ

いちざん-き【一山忌】『名』日本禅宗二十四派の一つである一山派の祖、一山一寧（いちざんいちねい）の忌日。一〇月二四日（旧暦九月二四日）。京都南禅寺では、毎年一〇月二五日に法会（ほうえ）を行なう。＊俳諧・新季寄（1802）一〇月「神釈〈略〉一山忌 廿五日 ナンセン寺」 発音〈標ア〉ザ

いち-さんご【一三五】『名』囲碁の布石で、黒が最初の三手を三隅で方向の違う小目（こもく）に打つ型。江戸後期、本因坊秀策が好んで使った。秀策流。

いちざん-は【一山派】『名』日本禅宗二十四派の一つ。中国、宋の帰化僧一山一寧（いちざんいちねい）を祖とするもの。 発音〈標ア〉0

いち-さんまい【一三昧】『名』「いっさんまい（一三昧）」に同じ。

いちし【一志】三重県の中央部の郡。雲出（くもず）川の流域にあり、伊勢湾に面する。＊二十巻本和名抄（934頃）五「伊勢国〈略〉壱志〈伊知之〉」 辞書 和名・色葉・文明・易林 表記 壱志（和・色・文・易）

いちし【壱師】『名』タデ科の植物「ぎしぎし（羊蹄）」の古名か。＊万葉（8C後）一一・二四八〇「路の辺の壱師（いちし）の花のいちしろく人皆知りぬわが恋妻は〈人麻呂歌集〉」＊歌経標式（772）「道の辺の伊知旨（イチシ）の原のしろたへのいちじろしくも吾れ恋ひめやも〈大伴志売夜若子〉」＊書言字考節用集（1717）六「羊蹄 イチシ」 辞書 書言 表記 羊蹄（書）

いち-じ【一字】『名』①一つの文字。＊性霊集-一（835頃）遊山慕仙詩「光明満法界、一字務津梁」＊車屋本謡曲・鸚鵡小町（1570頃か）「所詮此返歌を只一字にて申さう」＊日葡辞書（1603-04）「Ichiji（イチジ）〈訳〉文字の数え方」＊説経節・説経苅萱（1631）中「なにかほとけのことなれは、ししやうの一しをおさづけあれば、十じ□おさとりある、がくもんにくらいことはましまさず」＊開化のはなし（1879）〈辻弘想〉二「然れども僻陬（いなか）には一丁字（イチジ）も読ぬ水呑百姓のみにて」＊晉書-衛恒伝「大則一字径尺、小則方寸」②漢数字の「一」の文字。真一文字。③「一字御免」において高貴の人が与える諱（いみな）の一つの文字。普通、諱の下字を与えるが、上字を与えるときは優遇を意味する。一字拝領した者は自家の通り名をその下に付して自身の諱とする。僧家、公家にも例を見るが、武家においてはすでに頼朝に始まり、特に室町、戦国時代にはその主従関係強化の政治的意図の下に多く行なわれた。＊鎌倉殿中以下年中行事（1454か）正月一四日「国人一揆中には御酒一献。但元服ありて御一字を被申時は三献。有御一字被下やうは。折紙に名乗計被遊て。御酒よりまへに公方様有御持直に被下也」＊上杉家本古文書-大永八年（1528）一〇月五日・長尾憲長書状（大日本古文書一・三五六）「就若君様御一字之義、重而申入候之処、御懇蒙仰候」④一文銭の四分の一。二分五厘にあたる。一文銭の表に四文字あるところからいう。＊書言字考節用集（1717）一〇「一字 イチジ 土俗以二分五厘為一字、四字合為一銭之義」⑤小額な金としての銭一文を強調していう。「一文一字」「一字半銭」「一銭一字」などと熟して用いる。＊浄瑠璃・心中二枚絵草紙（1706頃）中「一文一字ちがふても、おのれがいけておかれうか」＊浄瑠璃・賀古教信七墓廻（1714頃）三「是よりは修行をかへ、一字半銭の頭陀（づた）をためて」⑥一筆書（ひとふでがき）のこと。＊俳諧・大坂独吟集（1675）上「あそばした一字の夢やさますらん 其時ていも家むねに手ををく〈三昌〉」⑦⇩いちじ（一時）⑥。 発音〈標ア〉チ〈京ア〉チ 辞書 日葡・書言 表記 一字（書）

いちじ の 恩（おん） 一つの文字の教えを受けた

恩。→一字の師。＊俳諧・三千化(1725)花鳥之歌仙・春之部「梅が香にまよはぬ道のちまた哉〈丈草〉一字の恩に月も千金〈蓮二〉」＊李商隠-為絳郡公上李相公啓「昔在二孔門一、常忝二四科之列一、今瞻二魯史一、将レ期二一字之恩一」

いちじ の 恩(おん)に舌(した)を抜(ぬ)け 一字でも教えを受けた恩は極めて大きい、どのようなことをしてもその恩に報いなければならない、の意にいう。＊諺苑(1797)「一字の恩に舌(シタ)をぬけ 教を受るの恩徳の大なるを云」

いちじ の 師(し) (一字の誤読、誤書、また詩の一字の不適当な表現を訂正してくれた恩人を呼んだ「唐摭言-切磋」に見える李相の故事などによる) 一文字の教えを受けた師。また、詩文などを添削し指導してくれた人。＊随筆・戴恩記(1644頃)上「一字の師匠なりとも、芳恩謝徳のこころざしをつねに持べし」＊俳諧・本朝文選(1706)八・伝類・牧童伝〈支考〉「其時の翁の心にあそびて、今も一字の師の影をも、ふまざれとなり」

いちじ を 二字(にじ)と悟(さと)る 「いち(一)を聞いて二(に)を知る」に同じ。＊御伽草子・小敦盛(室町末)「さる程に成人ましまして、学問人にすぐれ、一字(ジ)を二じとさとり給ふ児(ちご)なり」

いち-じ【一寺】〔名〕一つの寺。また、その寺全体。＊謡曲・鞍馬天狗(1480頃)「安芸(あき)の守(かみ)清盛が子どもたるによって、一寺の賞翫他山の覚え」＊日葡辞書(1603-04)「Ichiji (イチジ)。ヒトツノ テラ」＊書言字考節用集(1717)一〇「一寺 イチジ 又云一院」＊張祜-題虎丘西寺詩「囂塵楚城外、一寺枕通レ波」 発音〈標ア〉チ 辞書日葡・書言 表記一寺(書)

いち-じ【一次】〔名〕①(「次」はつぐ、つづくの意から、回数を数える語となったもの) いっぺん。一度。一回。＊蔗軒日録-文明一六年(1484)七月一〇日「晴、浴一次」＊一国の首都(1899)〈幸田露伴〉「数次に運搬せんことを欲せずして一次に運搬せんことを企図するがため」＊宋史-選挙志・科目上「遂詔更行二科挙一次一」②(「第一次」の略) 最初。第一回。一番目。＊地方官会議日誌-一四・明治八年(1875)七月八日「午前第十時十五分開議 第一次会 地方民会議問」③「いちじコイル(一次―)」の略。④数式ないしは数学的概念で、なんらかの意味で二次以上のものを含まないものをいう。＊数学ニ用ヰル辞ノ英和対訳字書(1889)〈藤沢利喜太郎〉「Linear 一次」 発音〈標ア〉チ 〈京ア〉チ

いち-じ【一事】〔名〕①一つの物事。一つの事柄。＊令義解(718)宮衛・諸門出物条「凡諸門出レ物。无レ牓者。一事以上。並不レ得レ出。〈謂。一事猶二一物一〉」＊大鏡(12C前)二・頼忠「一事のすぐるるだにあるに、かくいづれの道もぬけいで給ひけんは、いにしへも侍らぬ事なり」＊平家(13C前)六・入道死去「今生の望一事も残る処なし」＊徒然草(1331頃)一八八「第一の事を案じ定めて、其外は思ひすてて、一事をはげむべし」＊日葡辞書(1603-04)「Ichiji (イチジ)。ヒトツノ コト」＊小学読本(1873)〈田中義廉〉一「一事にても、覚えたるときは、能く気を附けて、これを、忘るべからず」＊白居易-除夜寄元微之詩「鬢毛不レ覚白毿毿、一事無レ成百不レ堪」②一つの事件。また、有事。＊浄瑠璃・大磯虎稚物語(1694頃)道行「小柴の帚部勝重とて、都伏見の中納言殿に公家奉公して罷在る。一事の力共成申さん」③弓一張、また、矢五〇本の称。＊令義解(833)宮衛・儀仗軍器条「凡儀仗軍器。十事以上。〈謂。弓一張。箭五十隻。各為二一事一〉」 発音〈標ア〉チ 〈京ア〉チ 辞書日葡

いちじ が 万事(ばんじ) 一つの事を見るだけで、他のすべての事がおしはかられる、一つの小さな事でも、ひいては万事その調子になるということ。＊甲陽軍鑑(17C初)品四〇下「高野聖が半弓にて鍋釜盗人を一人射殺たるとて足軽をあづけ、弓大将にせらるるなれば、一事(ジ)が万事にわたる故、何としても人を見しりなされん」＊浄瑠璃・曾我五人兄弟(1699頃)四「かやうの事もしらぬゆへ、一事が万事にわたり不孝なるもことはりぞや」＊随筆・松屋筆記(1818-45頃)七八・八二「俗に一事は万事といへり 一事にさとき者は万事にさときよし也」＊歌舞伎・天衣紛上野初花(河内山)(1881)二幕「やみ雲に怒るばかりが能ぢゃあねえ、〈略〉一事(いちじ)が万事(バンジ)これ丑松、立騒がずと我慢をしろ」 発音イチジガ=バンジ〈標ア〉チ=バ

いち-じ【一時】〔名〕①少しの間。暫時。ひととき。いっし。＊本朝無題詩(1162-64頃)八・秋日長楽寺即事〈藤原敦光〉「雲色泉声尋二洛東一。一時賞翫感相通」＊海道記(1223頃)萱津より矢矧「我は一時の命なれば後見を期し難し」＊太平記(14C後)九・六波羅攻事「諸卒心を一にして、一時(イチジ)が間に責め落とす可し」＊親長卿記-文明四年(1472)正月二二日「参二安禅寺殿一、大乗経銘書レ之。一時之間百四十巻書レ之、退出」＊当世書生気質(1885-86)〈坪内逍遙〉三「一時(イチジ)休学致候て只管(ひたすら)治療に手を尽居候処」＊荀子-正名「其累二百年之欲一、易二一時之嫌一」②その時だけ。かりそめ。＊西洋道中膝栗毛(1870-76)〈仮名垣魯文〉九・下「アノときゃア一時(イチジ)のしゃれをやったのだ」③ある時。かつて。＊法華経-序品「一時仏住二王舎城耆闍崛山中一」④その当時。同時代。当代。＊性霊集-序(835頃)「前御史大夫泉州別駕馬攙一時大才也」＊国史略(1826)二「頼山陽初在二於京師一、声名重二於一時一」⑤同時。また、一度。→一時に。⑥時刻の名称の一つ。午前と午後とある。明治初期には「第」をつけ、「時」ではなく「字」を用いることが多かった。また、一時間をいう場合もある。＊公議所日誌-一六・明治二年(1869)四月「第十二字より第一号改正議案の可否を決し、第一字より里数改定の評論を、且読み且論じ、〈略〉第四字一同退散せり」＊語彙(1871-84)「いちじ 時刻にいふ、一昼夜を廿四にわかちて、そのひとつを一字といふ」＊航西日乗(1881-84)〈成島柳北〉二月一日「土曜 雪意〈略〉午後一時米人カッセイ氏及び同寓三子と共にカタコンブ(即ち地下の旧墓地)を観る」 発音〈標ア〉チ 〈京ア〉チ 辞書日葡・ヘボン・言海 表記一時(ヘ・言)

いちじ の 煙(けぶり)となる ほんのわずかの間に火災でついえてしまう。一度に烏有(うゆう)に帰す。＊談義本・労四狂(1747)下「たくはえ置し数の宝、一時(イチジ)の煙(ケフリ)となり」

いちじ の 大会(だいえ) 当代では、規模のひときわ大きな集まり。＊蔭凉軒日録-長享三年(1489)八月二六日「宴了則暁鐘已鳴、一時大会也」

いち-じ(ぢ)【市路】〔名〕市(いち)へ通じる道路。市の開かれている道。＊万葉(8C後)三・二八四「焼津辺(やきづへ)に吾(わ)が行きしかば駿河なる阿倍の市道(いちぢ)に逢ひし子らはも〈弁基〉」＊頼政集(1178-80頃)下「事しげきあべのいちぢに我ただじ恋をみしれる人もこそあれ」

いちじ-あずかりしょ(あづかりショ)【一時預所】〔名〕荷物や自転車などを一時的に有料(または無料)で預かる所。一時預かり。＊鉄路に近く(1956)〈島尾敏雄〉「かどの自転車一時預り所の男がいつもの革ジャンパーをきて」 発音〈標ア〉ショ

いちじ-あずけ(あづけ)【一時預】〔名〕荷物などを一時的に預けること。また、その所。＊春の城(1952)〈阿川弘之〉二・五「東京へ着くと、彼は荷物を一時預けにして」 発音〈標ア〉ア

いちじ-あたり【一字当】〔名〕謡曲の節あつかいの一つ。耳につく音の部分を、一字だけなめらかな調子に謡(うた)うこと。 発音〈標ア〉ア

いちじ-いじょう(イジャウ)【一事以上】〔名〕すべてのこと。＊東南院文書-寛和三年(987)二月一日・東大寺家符案(大日本古文書二・五三四)「一事以上随二使所勘一」

いちじ-いちぎ【一字一義】〔名〕一つの漢字で、一つの意味しかもたないもの。↔一字数義。＊馬氏文通-正名・界説・一〇「字有二一字一義者一、亦有二一字数義者一」 発音イチジ=イチギ〈標ア〉チ=チ

いちじいちぶつ-ほけきょう(ホケキャウ)【一字一仏法華経】〔名〕法華経の経文一字ずつに菩薩像を描いた経巻。平安時代に作製された。→一字蓮台法華経

いちじ-いちらん(イチヂ)【一治一乱】〔名〕治まったり乱れたりすること。一乱一治。＊孟子-滕文公下「天下之生久矣。一治一乱」

いちじ-いっく【一字一句】〔名〕一つの文字と一つの句。わずかな字句。一言一句(いちごんいっく)。＊性霊集-二(835頃)大唐青龍寺故三朝国師碑「一尊一契。證道之径路。一字一句。入仏之父母者也」＊吾輩は猫である(1905-06)〈夏目漱石〉八「一字一句の裏(うち)に宇宙の一大哲理を包含するは無論の事」 発音〈標ア〉イ2 〈京ア〉チ=0

いちじ-いっしょ【一時一処】〔名〕その時その場のこと。ものごとがその時一回きりであることをいう。＊文明論之概略(1875)〈福沢諭吉〉四・七「彼も一時一処なり。此も一時一処なり。到底世の中の事に、一以て之を貫く可き道はある可らず」 発音〈標ア〉チ=イ

いちじ-いっせき【一字一石】〔名〕仏語。経文を墨または朱で一字ずつ小石一個に書いたもの。これを地中に埋めて、祖先や生き物の冥福を祈った。＊続春夏秋冬(1906-07)〈河東碧梧桐選〉夏「一字一石夏行の君の机上かな〈泊雲〉」 発音〈標ア〉チ

いちじいっせき-きょう(キャウ)【一字一石経】〔名〕仏語。小石一つ一つに一字ずつ写された経。 発音イチジイッセキキョー〈標ア〉チ

いちじいっせき-とう(タフ)【一字一石塔】〔名〕一字一石経を埋めた上に建てた石塔。 発音イチジイッセキトー〈標ア〉チ

いちじ-いってん【一字一点】〔名〕字一つ、点一つ。極めて少しのことのたとえ。＊虎明本狂言・茶壺(室町末-近世初)「両人ながら一字一点ちがはずよう申てある」＊俳諧・毛吹草(1638)六「ちがはじな一字一点(いちじいっテン)天津鴈」 発音〈標ア〉チ=テ

いちじ-いん【一字印】〔名〕「いちじばん(一字版)」に同じ。＊慶長日件録-慶長一〇年(1605)七月二八日「長橋御局へ参り、高麗銅一字印、返進上」 発音〈標ア〉ジ

いちじ-うちゅうせん(ウチウセン)【一次宇宙線】〔名〕宇宙から直接地球に飛び込んでくる大きなエネルギーをもった放射線。主として陽子から成り、アルファ粒子(ヘリウム原子核)のほか、炭素、酸素などの重い原子核を少量含む。正電気をもつため地磁気の影響を受け、地球上の緯度により強さが異なる。 発音イチジウチューセン〈標ア〉チ

いちじ-エネルギー【一次―】〔名〕(エネルギーは ドイ Energie) 石油、石炭、天然ガス、原子力、水力、太陽エネルギー、地熱など、天然に存在し、人類が利用しうるエネルギー。 発音〈標ア〉ネル

いちじ-おさえ(おさへ)【一字押】〔名〕謡曲の節あつかいの一つ。前の字を浮かさないで、この符号の付いている一字を押えるもの。ツヨ吟(ぎん)の拍子に合う謡の中音の句末にある節。 発音〈標ア〉オ

いちじ-おさえ(おさへ)【一時押・一時抑】〔名〕痛みなどを当座おさえること。また、その薬。＊秋立つまで(1930)〈嘉村礒多〉「中枢神経の衰弱が歯に及んだのであらう。一時押への付薬をぬり、アスピリンを服用して、口を微かに開いて天井ばかり見て臥蓐」 発音〈標ア〉オ

いちじ-おとし【一字落】〔名〕謡曲の落節(おとしぶし)の一つ。文字の右脇に付する「落」の符号で示さ

れる。「さし」または「かかる」調子の謡の場合にあり、一字落、二字落、三字落などがある。ヨワ吟の場合には、この符号のある字の母音を上音のウキへ上げて、また元にもどす。ツヨ吟の場合には、この符号のある字を強く謡って（ついて）、元へもどす。発音〈標ア〉オ

いちじ-おんきゅう【一時恩給】『名』公務員が、恩給を支給される年限に達しないで退職した場合に与えられる一時金。＊恩給法（1923）六七条「文官在職三年以上十七年未満にして退職したるときは之に一時恩給を給す」発音イチジオンキュー〈標ア〉オ

いちじ-かいこ【一時解雇】『名』「レイオフ」に同じ。発音〈標ア〉カ

いちじ-かいせん【一次回線】『名』「いちじコイル（一次―）」に同じ。発音〈標ア〉カ

いちじ-がき【一字書】『名』①字体をくずして、一筆に書きくだすこと。墨つぎをしないで一筆で書くこと。一筆書（ひとふでがき）。続書（つづけがき）。＊浄瑠璃・心中天の網島（1720）下「光は暗き門行燈（かどあんどう）やまとや伝兵衛を一字がき」②習字などで、紙一枚に一字ずつ書くこと。発音イチジガキ〈標ア〉０

いちじ-かきだし【一字書出】『名』古文書（こもんじょ）の様式の一つ。武士が元服して実名（じつみょう）を名乗る場合、将軍、大名などから名乗りの一字を与えられる際の文書。たとえば、将軍足利義晴が晴の字を長尾彌六郎に与え、晴景と名乗らせるなど。定式化したものは、与える一字のほか、袖に花押を書き、年月日と宛所を記すだけのしごく単純な文面で、用紙は折紙・切紙・堅紙など一定しない。一字の書式。一字状（いちじじょう）。名字状（みょうじじょう）。加冠状（かかんじょう）。

いちじ-がけ【一字掛】『名』北野神社や清水寺などで大きな字を一字書いて陳列し、その技を競う風習。発音イチジガケ〈標ア〉０

いちじ-かむり【一字冠】『名』文字鎖（もじぐさり）の類で、前の古歌の末一字を受けて、その字で始まる古歌を唱える遊び。＊随筆・嬉遊笑覧（1830）三・下「冠りに五字かふりアの一字かむり有、これもじくさりの類なり」発音〈標ア〉カ

いちじかりいれ-きん【一時借入金】『名』国や地方公共団体が一時的な資金の不足を補うために短期間借り入れる金。原則としてその年度内の歳入で償還しなければならない。＊英和商業新辞彙（1904）〈田中・中川・伊丹〉「Unfunded Debt 一時借入金 政府が一時歳入の欠漏を補ふ為めに借入るる金を云ふ」＊財政法（1947）七条・一「国は、国庫金の出納上必要があるときは、大蔵省証券を発行し又は日本銀行から一時借入金をなすことができる」発音〈標ア〉チ

いち-じかん【一時間】『名』①六〇分間。②学校などで、授業時間の一単位。＊坊っちゃん（1906）〈夏目漱石〉三「最初の一時間は何だかいい加減にやって仕舞った」発音〈標ア〉ジ〈京ア〉ジ

いちじ-かんすう【一次関数】『名』変数の一次式で表わされる関数。変数が x ならば $f(x)=ax+b$ の形に表わされる。発音イチジカンスー〈標ア〉カ

いち-じき【一直】『名』直接に管理を委ねること。＊大乗院寺社雑事記‐文明二年（1470）六月二〇日「御料所と申は一直之給人与同事也」

いち-じき【一食】『名』十二頭陀（じゅうにずだ）の一つ。仏家の食法で、午前中に一度だけ食事をすること。＊性霊集‐七（835頃）僧寿勢入先師忌日料物願文「衣愛二百納一。日貴二一食一」＊雲形本狂言・柿山伏（室町末‐近世初）「一食（イチジキ）断食、立行（たちぎゃう）居行（ゐぎゃう）、か程貴い山伏が」＊日葡辞書（1603‐04）「Ichijiqi（イチジキ）。ヒトタビ ショクス」＊行事鈔‐下・三「不レ得二数数食一、応二一食一」辞書天正・日葡 表記一食（天）

いちじき の 頃（きょう）「いちじききょう（一食頃）」に同じ。＊顕戒論（820）中「菩薩若能教二三千大千世界中衆生一令レ行二十善一不レ如下菩薩如二一食頃一一心静処一入中一相法門上乃至聞受読誦解説上」

いち-じき【一時期】『名』ある一定の期間。また、しばらくの間。副詞的にも用いる。＊国語のため（1895）〈上田万年〉今後の国語学「之れは古来我邦国語の研究上特殊の功績を奏し、一時期を劃するに足るべき人物の事業につきて審査するなり」＊小説の方法（1948）〈伊藤整〉日本の方法「漱石は一時期明かに鏡花の影響下に立ち」発音〈標ア〉ジ

いちじききゅう-せい【一時帰休制】『名』企業が不況対策のため、一定期間後の再雇用を約束して労働者を休職させる制度。事前に労働協約を結ばなければならない。また、帰休者は離職中、失業保険の給付を受けることができる。昭和二九年（一九五四）労働省が各都道府県知事あてに出した通達で明文化した。発音イチジキキューセイ〈標ア〉チ０

いちじき-きょう【一食頃】『名』仏語。一度の食事をする間。転じて、ちょっとの間。暫時。

いちじき-ぼうさい【一食卯斎】『名』僧が、一日に一度だけ卯の刻（午前六時頃）に食事をとること。いちじき。＊遠羅天釜（1747）答鍋島摂州侯近侍書「山林野外に在て、一食卯斎し、六時行道する人さへ、道業純一になる事能はず」

いちじ-きょくたい【一次極体】『名』一次卵母細胞の分裂で生じる二個の細胞のうち小さい方。核のみで細胞質はほとんどなく、卵の動物極付近に放出され、多くはやがて消滅する。大きい方の細胞は二次卵母細胞という。発音〈標ア〉キョ

いちじ-きん【一時金】『名』①一度だけ支給する金。継続的に支給される年金などに対していう。＊巡査看守退隠料及遺族扶助料法（明治三四年）（1901）二条「巡査又は看守〈略〉第一条第一項各号の一に当るときは一時金を給す」＊恩給法（1923）二条「傷病賜金、一時恩給及一時扶助料は一時金とす」＊レイテの雨（1948）〈大岡昇平〉「戦死の一時金が貰へないといふ打算が入ってゐると思はれるが」②賞与。特に労働組合関係でいう。発音〈標ア〉０ジ〈京ア〉ジ

いちじ-きんりん【一字金輪】『名』仏語。①（梵 ekākṣara-uṣṇīṣacakra の訳）大日如来が最勝の三昧にはいって説いた真言である・（勃嚕唵＝ぼろん、梵語 bhrūṃ）の一字を人格化した五仏頂尊の一つ。五仏頂尊は仏の三十二相中の無頂見相の仏格化で、転輪聖王のうち金輪王が最勝であるところから、これにたとえて一字金輪仏頂ともいう。その像は結跏趺坐（けっかふざ）して手に印を結ぶが、その印上に金輪をおくものを釈迦金輪、五智宝冠を頂くものを大日金輪という。一字金輪仏。一字頂輪。＊阿娑縛抄（1242‐81頃）五六「一字金輪、亦名二大金輪明王一。秘録云〈略〉持二金輪一随二一字真言一、具二此二一云二一字金輪一也」＊浄瑠璃・薫屋道満大内鑑（1734）五「鈴おっ取てちりりんちりりりん。いちじきんりん金峰山蔵王権現りうざうごんげん」②「いちじきんりんのほう（一字金輪法）」の略。＊増鏡（1368‐76頃）一五・むら時雨「七仏薬師の法は青蓮院の二品法親王慈道勤めさせ給ふ。〈略〉一字きんりんは浄経僧正、如法尊勝は桓守僧正」発音〈標ア〉チ 辞書書言 表記一字金輪（書）

いちじきんりん の 法（ほう） ⇨親見出し

いちじきんりん-ごだんのほう【一字金輪五壇法】『名』仏語。「いちじきんりんのほう（一字金輪法）」に同じ。＊平家（13C前）三・御産「其外五大虚空蔵、六観音、一字金輪五壇法、六字加輪、八字文殊、普賢延命にいたるまで残る処なう修（しゅ）せられけり」＊浄瑠璃・京今宮御本地（1678頃）四「三井寺の僧正、叡山は天台座主（ざす）一字（ジ）きんりん五だんの法（ホフ）、〈略〉もみたていのらるる」

いちじきんりん-の-ほう【一字金輪法】『名』仏語。一字金輪を本尊として行なう修法。いっさいの妙果の成就や除災などを祈るもので、昔は東寺の長者だけが修することを許された。一字金輪五壇の法。いちじこんりんのほう。＊左経記‐長元元年（1028）九月八日「従二来十三日一三七箇日、於二上醍醐一、仁海僧都率二二口番僧一、奉二為宮一可レ修二一字金輪法一」＊吾妻鏡‐文応元年（1260）六月五日「被レ行二止雨御祈一、安祥寺僧正良瑜修二一字金輪法一」＊浄瑠璃・以呂波物語（1684頃）五「空海は〈略〉うつさま明王五大尊の法を責めかけ、責めかけ祈らるる。守敏は一字きんりんの法、我劣らじと責めかけらる」

いちじきんりん-ぶつ【一字金輪仏】『名』「いちじきんりん（一字金輪）①」に同じ。発音〈標ア〉リ

いち-じく【一軸】『名』一幅（いっぷく）の掛軸。また、一巻の巻物。＊文明本節用集（室町中）「一軸 いちぢク」＊日葡辞書（1603‐04）「Ichigicu（イチヂク）〈訳〉一枚の掛軸」＊俳諧・句餞別（1744）「独（ひとり）簾（すだれ）を編くらす妻〈沾荷〉一軸の形見の連歌膝に置（おき）〈露荷〉」発音〈標ア〉チ０ 辞書文明・日葡・書言 表記一軸（文・書）一弓（書）

いちじく【無花果・映日果】『名』①クワ科の落葉小高木。小アジア原産で江戸初期に渡来し、各地で栽植される。高さ二～五メートル。樹皮は褐色。多く分枝し、幹、枝は湾曲する。葉は掌状に三～五裂し、裏面に細毛をもつ。春から夏に倒卵形で肉厚の花嚢をつける。花嚢は中に無数の白い小さな花をもち、暗紫色か白緑色に熟し、食用となる。乾した茎、葉、実は駆虫、緩下剤、下痢止めになり、液汁は疣（いぼ）、うおのめなどに効くという。とうがき。ほろろいし。学名は Ficus carica《季・秋》＊俳諧・続猿蓑（1698）夏「無菓花や広葉にむかふ夕涼〈惟然〉」＊書言字考節用集（1717）六「無花菓 イチヂク 一名映日菓。時珍云五月内不レ花而実出二枝間一者」＊大和本草（1709）一〇「無花果（イチヂク〈注〉タウカキ）寛永年中 西南洋の種を得て、長崎にうふ。今諸国に有レ之。葉は桐に似たり。花なくして実あり。異物なり。実は龍眼の大にて殻なし。皆肉なり。味甘し。可レ食。〈略〉又日本にもとよりいちぢくと云物別にあり。後にあらはすいちぢくに似たる故に、無花果をもいちぢくと云」＊日本植物名彙（1884）〈松村任三〉「イチジク 無花果」②植物「いぬびわ（犬枇杷）」の異名。＊大和本草（1709）一二「いちぢく（和品）無花果をもいちぢくと云。それには非ず。葉は木犀に似てうすく、冬おつ。其実、無花果より小なれども能似たり」語源説(1)映日菓の上下略、転音〔古今要覧稿〕。ペルシア語 anjir を音訳して、シナで映日果といい、その近世音インヂクヮがイチヂクとなったものか〔外来語の話＝新村出〕。(2)イチジュク（一熟）の義〔古今要覧稿・和訓栞後編・大言海〕。(3)イタメチチコボル（傷乳覆）の約転〔名言通〕。発音〈なまり〉イソズキ・イッヅク〔福岡〕イチジッ〔鹿児島方言〕イチジュク〔島原方言・NHK（長崎）〕イッズク・エジジク〔千葉〕イッヅキ〔熊本分布相〕イッヅク〔鳥取〕〈標ア〉チ〈京ア〉ジ 辞書書言・ヘボン・言海 表記無花菓（書）無花果（へ）

無花果①

いちじ-くう【一字空】『名』「いちじけつ（一字欠）」に同じ。＊随筆・南留別志（1736）「吾邦のむかしは、一字平出と一字空までなり」

いちじく-か【無花果果】『名』クワ科のイチジク、イヌビワなどに見られる果実の一種。倒卵形で壺状の肉厚の花序の中に、小さな花が多数つくもの。発音〈標ア〉ク

いちじくせい-けっしょう【一軸性結晶】『名』光軸を一本だけ持つ結晶。灰重石、黄銅鉱

などの正方晶系、石英、方解石などの六方晶系がこれに属す。発音イチジクセイㇺケッショー〈標ア〉0

いちじく-ようかん【無花果羊羹】〘名〙広島県三原市糸崎町の名物の羊羹。この地方に多く産出するイチジクの果実を調味の材料にしたもの。発音イチジクヨーカン〈標ア〉ヨ

いちじ-くり【一字繰】〘名〙謡曲のクリ節の一つ。上音からこの符号がついた一字だけを「クリ」に上げて謡うもので、ツヨ吟のノリ地にまれにある。普通の「入り」のようについて上げる。発音〈標ア〉ジ

いちじ-けつ【一字缺】〘名〙(「けつ」は「缺字」の略)天皇、または高貴な人の名に敬意を表する意味で、文中にその字のあるとき、その前の一字分を空白にすること。一字空(くう)。→一字台頭。*随筆・可成三註(江戸中か)二「吾邦のむかしは、一字平出と一字闕まで」

いちじ-けつごう【一次結合】〘名〙変数、ベクトルなどを一次式の形に結合したもの。発音イチジケッゴー〈標ア〉ケ

いち-じげん【一次元】〘名〙一個の数によって定められる空間の広がり。すなわち、長さだけの広がり。線。発音イチジゲン〈標ア〉ジ

いちじげん-くうかん【一次元空間】〘名〙どの要素も一つの数値で表わせる数学的空間。たとえば、直線で表わせる空間。発音イチジゲンクーカン〈標ア〉ク

いちじ-コイル【一次―】〘名〙(コイルは英 coil)二つのコイルを並べ、一方に変化する電流を流し、他方に誘導電流を生じさせるとき、前者のコイルをいう。変圧器では電源に接続、他方の二次コイルは負荷に接続される。一次回線。一次。発音〈標ア〉コ

いちじ-こうすい【一時硬水】〘名〙煮沸すると軟水になる硬水。炭酸水素カルシウムなどを多量に含み、煮沸すると炭酸塩が沈殿するもの。発音イチジコースイ〈標ア〉コ

いちじ-こつ【一次骨】〘名〙脊椎動物の硬骨のうち、軟骨組織の状態で発生する骨。原始骨。軟骨性骨。発音〈標ア〉ジ

いちじ-ごめん【一字御免】〘名〙主君が家臣などに自分の諱(いみな)の一字を与えること。家臣などの側からは一字拝領という。→一字③。発音〈標ア〉チ

いちじこんりん-の-ほう【一字金輪法】〘名〙仏語。「いちじきんりんのほう(一字金輪法)」に同じ。*浄瑠璃・弘徽殿鵜羽産家(1715)一「両博士は両壇にしめ引き廻し、五十串(いぐし)立て、道満は冥道供(めうだうぐ)一字金輪(いちジコンリン)の法を修す」発音イチジコンリンノホー〈標ア〉チ

いちじ-さげ【一字下】〘名〙①「いちじおとし(一字落)」に同じ。②文章を書き出すとき、または改行するときに、一字下げて書くこと。発音イチジサゲ〈標ア〉0ゲ

いちじ-さんぎょう【一次産業】〘名〙「だいいちじさんぎょう(第一次産業)」に同じ。発音イチジサンギョー〈標ア〉サ

いちじ-さんぴん【一次産品】〘名〙まだ加工されていない自然形態の生産物。農産物、水産物、鉱産物など。*一次産品のための共通基金を設立する協定(1989)「新たな国際経済秩序の確立のための不可欠の条件として一次産品の分野における国際協力の形式を改善することが必要であることを認識し」発音〈標ア〉サ

いちじ-さんらい【一字三礼】〘名〙(形動)経文を書写するとき、一字書くごとに三度仏を礼拝すること。また、そのように非常に敬虔な態度で経文を写すさま。→一行三礼・一刀三礼。*高倉院升遐記(1182)「月ごとに法花経を一字三礼に書かんと思ひ立ちて」*吾妻鏡‐文治二年(1186)六月一五日「毎月啒十口僧侶、一字三礼令書写如法経」*日蓮遺文‐種々御振舞御書(1275)「円智房は清澄の大堂にして三箇年が間、一字三礼の法華経を我とかきたてまつり」*太平記(14C後)一三・藤房卿遁世事「五部の大乗経と一字三礼に書供養して」発音〈標ア〉チ

いちじ-じ【一字児】〘名〙(「児」は助辞。中国の近世語から)横一文字になること。*江戸繁昌記(1832‐36)四・馬喰街客舎「衆客便ち一斉に楼を下り、一字児坐下し、箸を挙ぐ」補注「小説精言‐三」に「上面一字児(〈注〉ヒトナガレニ)擺下七個筵席、下辺列著一個陪卓」とある。

いちじ-しき【一次式】〘名〙未知数の最高次数が一次の整式。発音〈標ア〉ジ

いちじ-しきん【一時賜金】〘名〙国に功労のあった官吏などに与えられる一時金。*戦役事変の際一時賜金を公債証書にて交付制(明治三七年)(1904)「戦役若は事変に際し賜はるべき一時賜金は」*道草(1915)〈夏目漱石〉五八「今迄継続して来た自分の職を辞した。彼は其行為に伴なって起る必然な結果として、一時賜金(イチジシキン)を受取る事が出来た」発音〈標ア〉キ

いちじ-しけん【一次試験】〘名〙数次にわたって試験を行なうときの、最初の試験。発音イチジシケン〈標ア〉ケ

いちじ-じしゃく【一時磁石】〘名〙軟鉄など、磁界中に置かれたときだけ一時的に磁性を帯びる磁石。電磁石はその例。↔永久磁石。発音〈標ア〉ジ²

いちじ-しのぎ【一時凌】〘名〙その場だけ一時的に切り抜けること。一時の間に合わせ。一花凌ぎ。一過凌ぎ。*微光(1910)〈正宗白鳥〉一五「一時凌ぎだと思へばこそ、どんな男とでも一緒になってゐられるもの」*黴(1911)〈徳田秋声〉二「ガラクタが、其男の親類の家に預けてあった事を想出して、それを一時凌ぎに使ふことにした」発音イチジシノギ〈標ア〉シ〈京ア〉シ

いちじ-しゃくおん【一字借音】〘名〙俳諧の賦物(ふしもの)の一つ。句中の音の一つを借りて他の音に通わせること。→一字露顕(いちじろけん)。*俳諧・独稽古(1828)一八「一字借音 化はひなと有時、此化の字を借りて毛(け)ときかしむ、句の中の音(こゑ)を一字借るなり。一字露顕に似たれ共、音を借ると直に訓を顕すとなり」

いちじ-じょう【一字状】〘名〙「いちじかきだし(一字書出)」に同じ。発音イチジジョー〈標ア〉0

いちじ-じょうよう【一字畳用】〘名〙中国の古典詩で、一編の中に同一の文字を幾度も用いたもの。「悠悠」「青青」などのように同じ字を重ねた語のほかは、一つの詩で同一の文字は使わないのが近体詩の規則である。

いちじ-しょとく【一時所得】〘名〙継続した仕事以外から生じた一時的な所得。懸賞の賞金、馬券の払戻金、生命保険金などからの所得。発音〈標ア〉ショ〈京ア〉ショ

いちじ-しりょう【一次資料】〘名〙第一段階の基礎的な資料。発音イチジシリョー〈標ア〉シ

いちじ-しんごう【一字信号】〘名〙国際信号書に定められた信号法の一つ。アルファベット二六文字中の一文字によって、緊急、重要または、もっとも多く使用される通信文を符字化したもの。発音イチジシンゴー〈標ア〉シ

いちじ-すうぎ【一字数義】〘名〙一つの漢字に数種の意味のあること。↔一字一義。*馬氏文通‐正名・界説・一〇「字有一字一義者、亦有一字数義者」発音イチジスーギ〈標ア〉ス

いちじ-せい【一時性】〘名〙しばらくの間だけ起こるという性質。*彼岸過迄(1912)〈夏目漱石〉報告・七「絶えず監視の下に置かれた様な此状態は、一時性(イチジセイ)のものでなくって」*或る女(1919)〈有島武郎〉前・一二「一時性貧血を起した額は死人のやうに冷え切って」発音イチジセイ〈標ア〉0

いちじ-せい【一時星】〘名〙光度が時間的に変化する恒星。変光星。発音イチジセイ〈標ア〉ジ

いちじ-せいひん【一次製品】〘名〙自然形態のままの生産物を加工して、最初にできた製品。たとえば、綿花を加工してつくる綿糸。発音イチジセイヒン〈標ア〉セ

いちじ-せんい【一次遷移】〘名〙植物の種子、胞子などがまったく存在しない状態から始まる植物群落の遷移。火山の噴火後に溶岩流上で始まる遷移などがこれに当たる。極相群落に到達するまでには数千年を要する。→遷移。↔二次遷移。発音〈標ア〉セ

いちじ-せんきん【一字千金】〘名〙(「史記‐呂不韋伝」に、呂不韋が書を著わした時、咸陽の市門に千金と共に掛け、一字でも添削できた者にはその金を与えようと言った故事による)①一字だけで千金もの価値があること。詩文の表現や筆跡などを尊重していう語。*江吏部集(1010‐11頃)中・昔高祖父江相公、為忠仁公之門人備顧問。祖父江中納言、為貞信公之門人備下問。皆蒙不次之賞列卿相。今匡衡為相府之家臣、時々備下問有所発明「幸当下問不停滞、一字千金万々金」*仮名草子・悔草(1647)下「是以学文の徳なれば、誠に一字(ジ)千金にかへじと也」*浄瑠璃・菅原伝授手習鑑(1746)四「一字千金、二千金、三千世界の宝ぞと、教へる人に習ふ子の」*詩品「文温以麗、意悲而遠、驚心動魄、可謂幾乎一字千金」②師恩の厚いことをたとえていう。*本朝文粋(1060頃)一四・左相府為寂心上人四十九日修諷誦文〈大江匡衡〉「薫戒香而答恩。一字千金。思金容而謝徳」*曾我物語(南北朝頃)一一・菅丞相の事「天台の座主、一じ千きんの力をもって、やうやうなだめたてまつり」*大観本謡曲・雷電(室町末)「荒き風にもあてじと御志の今までも、一字千金なり、いかでか忘れ申すべき」*御伽草子・御曹子島渡(室町末)「師弟の契約と名のるぞや。七生の契也。一じ千金(センキン)のことわり、師匠の恩は七百歳と説かれたり」発音〈標ア〉チ 辞書書言・言海 表記一字千金(書・言)

いちじせんきん【一事千金】 洒落本。一冊。田螺金魚作。安永七年(一七七八)序。善光寺如来とともに江戸に来た善光大尽が、吉原の遊女に入れあげて進退きわまり、遊女と死のうとした所に如来が現われて二人を済度するという筋。本所回向院の善光寺開帳に当てこんだ作品で、題名は「一字千金」のもじり。発音〈標ア〉チ

いちじ-たい【一字体】〘名〙花押(かおう)の様式の一つ。自分の名乗りの一字、あるいは吉字を選んで花押にしたもの。平安時代の草名(そうみょう)、鎌倉時代の二合体(にごうたい)に続いて鎌倉末期から戦国時代にかけて流行。足利義満以来の室町将軍の公家様(くげよう)の花押が典型。*押字考(1717‐84)「一字体。名の一字ばかりを押字に用る也。石林燕語に所謂王安石が押字に石の字を用ひし類也。俗に是を二別(にべつ)と云。蓋(けだし)二合(にごう)に対して云歟」発音〈標ア〉0

いちじ-だい【一字題】〘名〙①和歌などの題が、月、雪、花のように漢字一字で成っているもの。いちもじだい。*毎月抄(1219)「題をわかち候事、一字題をばいくたびも下句にあらはすべきにて候」②雑俳の種目の一つ。泣、笑など漢字一字を前句題として付句するもの。また、一口題の物づくしや、漢字一字を句頭に置く冠題をいうこともある。発音〈標ア〉ジ

いち-じだい【一時代】〘名〙一つの時代。相当の長さをもった歴史的な一期間。ある特別な意味をもって他の時代と区別される一つの時代。「一時代を築く」*こころ(1914)〈夏目漱石〉上・一二「二人とも私に比べ

ると、一時代（イチジダイ）前の因襲のうちに成人したために」 発音〈標ア〉ジ

いちじ-たいとう【一字台頭】〘名〙 天皇、または高貴な人に敬意を表するために、名前や称号などのその人に関する文字の部分で行を変え、他の行よりも一字だけ上に出して書くこと。↓一字缺（いちじけつ）・一字平出（いちじへいしゅつ）

いち-しーち【一子地】〘名〙 仏語。すべての人に対して差別なく、平等に憐れみをたれる菩薩の位。これを菩薩の第七地、または初地とする説がある。＊三帖和讃（1248-60頃）浄土「平等心をうるときを一子地となづけたり 一子地は仏性なり安養にいたりてさとるべし」＊南本涅槃経-一五「若諸菩薩住二一子地一能如レ是者」

いち-しちにち【一七日】〘名〙（古く「いっしちにち」とも）①七日間。＊続日本紀-神護景雲元年（767）正月己未「勅、畿内七道諸国。一七日間。各於二国分金光明寺一行二吉祥天悔過文法一」＊栄花（1028-92頃）玉の村菊「大将殿日頃御心地いと悩しうおぼさる。〈略〉かくて一七日過ぎぬ」＊梵網経-下「若二七日、三三七日、乃至一年、要見二好相一」②人の死後の七日間。または、七日目にあたる日。初七日（しょなのか）。ひとなのか。いっしちにち。＊説経節・説経苅萱（1631）下「むなしうおなりあって、きのふ一七日にてあるあひだ、御とぶらひ、せんにふのきゃうをよませ申」＊浄瑠璃・出世景清（1685）二「とどろきの御坊にて一七日はつや申」＊歌舞伎・傾城壬生大念仏（1702）下「娘の死骸を土中へ築込め、一七日の念仏を申ます」 発音〈標ア〉チ3 0

いちしちにち の うち魂（こん）は飛（と）んで魄（はく）はその家（いえ）を離（はな）れず （「魂」は陽のたましい、「魄」は陰のたましい）死者のたましいは、肉体を離れても、七日の間はその家から離れない。＊仮名草子・竹斎（1621-23）上「一七日の内は、こんはとんで、はくはその家をはなれずと承り候へば、御跡を誰細やかに弔ひ申べし」

いち-しちや【一七夜】〘名〙 人の死後七日間の夜。または、七日目の夜。一七日（いちしちにち）。＊浄瑠璃・山本版出世景清（1685頃）二「轟（とどろき）の御坊にて一七夜は通夜申し、やがて帰り対面せん」 発音〈標ア〉0

いち-じつ【一日】〘名〙（「いち」は「一」の呉音、「じつ」は「日」の漢音）「いちにち（一日）」に同じ。＊文明本節用集（室町中）「有三能一日（イチジツ）用二其力於仁一」＊日葡辞書（1603-04）「Ichijit（イチジツ）〈訳〉日数の数え方」＊浮世草子・日本永代蔵（1688）二・一「見世をはなれず、一日（ジツ）筆を握（にぎ）り」＊書言字考節用集（1717）一〇「一日 イチジツ ヒトヒ」＊浮雲（1887-89）〈二葉亭四迷〉一・二「或一日（イチジツ）、お勢の何時になく眼鏡を外して頸巾（くびまき）を取ってゐるを怪むで」 補注 現代では「一月一日（イチジツ）」「一日（イチジツ）の長」「一日（イチジツ）千秋」のような固定した表現に用いられる程度で、使用範囲は狭い。 発音〈標ア〉（名詞的）ツ（副詞的）0〈京ア〉（名詞的）ジ（副詞的）0 辞書 文明・日葡・書言・言海 表記 一日（文・書・言）

いちじつ の 計（けい）は晨（あした）に在（あ）り 「いちにち（一日）の計は朝（あさ）にあり一年（いちねん）の計は元旦（がんたん）にあり」に同じ。

いちじつ の 長（ちょう） 「いちにち（一日）の長」に同じ。＊雁（1911-13）〈森鷗外〉一九「僕の智識には岡田に比べて一日（イチジツ）の長があった」＊明暗（1916）〈夏目漱石〉七二「男女関係に一日（イチジツ）の長（チャウ）ある年上の女として相当の注意を与へて遣りたい」 発音 イチジツノチョー〈標ア〉チョ

いち-じつ【一実】〘名〙 仏語。①（「一」は不二絶対、「実」は真実）究極・唯一の真理。絶対の真実そのもの。＊性霊集-七（835頃）僧寿勢入先師忌日料物願文「三空蕩二三有之雲一、一実灑二一心之雨一」＊栄花（1028-92頃）玉のうてな「七宝の橋に跪きて、万徳の尊容をまぼり、一実の道を聞きて、普賢の願海に入る」＊教行信証（1224）二「斯行、即是摂二諸善法一具二諸徳本一極速円満、真如一実功徳宝海」②円教（えんぎょう）、一乗（いちじょう）などをいう。＊愚禿鈔（1255）上「頓中之頓、真中之真、円中之円、一乗一実、大誓願海」＊法華経玄義-七上「因中則有二三権一実一。在レ果則四実而無レ権」③物が十分あること。また、心が満ち足りていること。＊談義本・世間万病回春（1771）五・時山医評「一実（イチジツ）をしれば天下の君となり一虚（きょ）をしれば天下の師となるとて」

いちじつ の 円宗（えんしゅう） 仏語。唯一絶対の真実の教えを説いて、何一つ欠けることなく備わっている宗旨。天台宗の自称。一乗円宗。＊源平盛衰記（14C前）五・澄憲賜血脈事「聖代明時掌を一実之円宗（いちジツのエンシウ）に合はせ、皇門后宮頭（かしら）を一山之効験に傾く」 辞書 日葡

いちじつ-いちや【一日一夜】〘名〙「いちにちいちや（一日一夜）」に同じ。＊サントスの御作業（1591）二・二〇「ミャウクヮ ノ ウチ ニ、ichijit ichiya（イチジツ イチヤ）ノ アイダ マシマセドモ」

いちじつ-えんどん【一実円頓】〘名〙 仏語。絶対不二であって真実である理法は、その功徳が完全で、しかも、それによる成仏の実現が極めてすみやかである、ということ。法華経の教えをたたえたもの。＊太平記（14C後）一・儲王御事「御器量世に又類も無りしかば、一実円頓（いちジツヱンドン）の花匂を荊渓（けいけい）の風に薫じ、三諦即是の月の光を玉泉の流れに浸せり」

いちじつ-さんしゅう【一日三秋】〘名〙「いちにちさんしゅう（一日三秋）」に同じ。＊書言字考節用集（1717）八「一日三秋 イチジツサンシウ」＊譬喩尽（1786）一「一日三秋（イチジツサンシウ）の思ひをなす」 発音 イチジッサンシュー〈標ア〉0 辞書 書言 表記 一日三秋（書）

いちじつ-じょう【一実乗】〘名〙 仏語。唯一絶対にして真実である仏の教え。法華経。＊源平盛衰記（14C前）三二・福原管絃講事「されば、管絃も読経も、円音教に帰し、妓楽も講唱も、一実乗（いちジツゼウ）に混じて」

いちじつ-しんとう【一実神道】〘名〙 両部習合神道の一つ。中古以来、天台宗の仏徒によって唱導されたもの。山王一実神道（さんのういちじつしんとう）。＊仏国暦象編（1810）序（古事類苑・神祇四三）「又妨二吾皇国皇神之道一、并吾山家所レ伝一実神道、野山所レ伝御流、及両部神道等、為皆将二蕪蔵一矣」 発音 イチジッシントー〈標ア〉シ

いちじつ-しんにょ【一実真如】〘名〙 仏語。唯一絶対にして真実なる理法。すなわち真如。略して一実ともいう。＊梁塵秘抄（1179頃）二・法文歌「釈迦の御法（みのり）は品品に、一実真如の理をぞ説く」 発音〈標ア〉シ

いちじつ-せんしゅう【一日千秋】〘名〙「いちにちせんしゅう（一日千秋）」に同じ。＊落語・花見趣向（1897）〈四代目橘家円蔵〉「兄弟の者が此年月の艱難辛苦如何斗（いかばか）り、雨に打たれ風に曝され一日（ジツ）千秋の思ひをなし」 発音 イチジッ＝センシュー〈標ア〉0〈京ア〉ジ＝0

いちじつ-そう【一実相】〘名〙 仏語。現象としての存在の背後にある、実在。唯一絶対の真実の理法。＊新後撰（1303）釈教・六五七・詞書「美福門院に極楽六時讃を絵にかかせられてかくべき歌つかうまつりけるに、七重宝樹の風には一実相の理をしらべん」

いちじつ-ちゅうどう【一実中道】〘名〙 仏語。一実とは唯一絶対にして真実の教えであるが、それはすなわち中道であるということ。天台宗の教え。＊幸若・満仲（室町末-近世初）「止観の窓の前には、一実中道の月をすまし又、忍辱の衣の袖に、四曼相応の、花をつつみて」＊仮名草子・恨の介（1609-17頃）下「誠に一実中道の車は無二無三の門に轟き、鳥の林に遊ぶに似たり」

いちじつ-はれ【一日晴】〘名〙「いちにちばれ（一日晴）」に同じ。＊随筆・槐記-享保一三年（1728）二月二〇日「竹の船の事。先達ても仰せありしやうに、一日晴（イチジツハレ）のものにて」 発音〈標ア〉0

いちじつ-ばんき【一日万機】〘名〙（「書経-皐陶謨」の「兢兢業業、一日二日万幾」による。「機」は物事の発動する機会）一日の中でもいろいろの事が起こる意で、天子を一日も怠ることのないように戒めた語。転じて、一日の多くの重要な政務。＊平家（13C前）一・額打論「是は彼の周旦の成王に代はり、南面にして一日万機の政を治め給ひしに准（なぞら）へて、外祖忠仁公幼主を扶持し給へり」＊布令必用新撰字引（1869）〈松田成己〉「一日万機 イチジツバンキ 天子ノオショクブン」

いちじつ-へんし【一日片時】〘名〙「いちにちへんじ（一日片時）」に同じ。＊天草本平家（1592）一・八「ychijit fenximo（イチジツ ヘンシモ）ヒトノ イノチ タエテ アラウズル ヨウモ ナカッタ」

いちじつ-むそう【一実無相】〘名〙 仏語。真実の教えは唯一絶対にして、仮の相をとって現われた諸々の現象界を離れたものであるということ。＊太平記（14C後）一八・比叡山開闢事「一実無相（いちジツムサウ）の開顕（かいけん）八箇年、遂に滅度を抜提河（ばつだいが）の辺（ほとり）双林樹下に唱へ給ふ」

いちじ-づめ【一字詰】〘名〙 謡曲の節あつかいの一種。現在、不詳。＊わらんべ草（1660）二「一、いかくる（ます）一、一字、づめ、一、二字延」 発音〈標ア〉0

いちじ-ていし【一時停止】〘名〙 自動車や自転車が標識に従い、通行の安全を確かめるためにいったん停止すること。＊道路交通法（1960）四三条「交差点に入ろうとする車両等は、公安委員会が道路又は交通の状況により特に必要があると認めて指定した場所においては、一時停止しなければならない」 発音 イチジテイシ〈標ア〉テ

いちじ-てき【一時的】〘形動〙 しばらくの間だけであるさま。＊団栗（1905）〈寺田寅彦〉「全く一時的な気管の出血であったと思って居たらしい」＊行人（1912-13）〈夏目漱石〉帰ってから・三〇「夫（それ）はほんに一時的（イチジテキ）の事であったらしい」 発音〈標ア〉0〈京ア〉0

いちじてき-きゅうふ【一時的給付】〘名〙 一回で完結する給付。たとえば、売買代金の支払いなどのように一回の給付で債権の目的が達成される給付。非継続給付。⇔継続的給付。 発音 イチジテキキューフ〈標ア〉0

いちじ-てん【一字点】〘名〙 漢画の樹葉の描き方の一つ。一の字を不規則に重ねて樹葉の繁茂するさまを描写するもの。 発音〈標ア〉ジ

いちじ-でんち【一次電池】〘名〙 一度放電してしまうと、充電して再び使用することのできない電池。ふつうの乾電池など。＊電気訳語集（1893）〈伊藤潔〉「Primary Battery 一次電池」 発音〈標ア〉テ

いちじ-どうそ【一時同訴】〘名〙 中世、ある訴訟の係属中、訴人（原告）からさらに同一事件につき訴えること。＊深堀記録証文-三・正和三年（1314）三月日・肥前国戸町浦内野母地頭深堀平五郎仲家重陳状「時行仮二子息孫房丸之名字一、号二訴人之由一、一時同訴之上者、不レ各別二之条顕然也、云二両様一云二奸訴一罪科重畳畢」

いちじ-な【一字名】〘名〙①姓名の名が一字のもの。たとえば源信（まこと）、渡辺競（きほふ）の類。一字名乗り。＊雑俳・住吉おどり（1696）「いかいこと・一字名をつくさがげんじ」②和歌、連歌の懐紙・短冊などに、実名の代わりに用いる一字の名。雅号の一種で、桐

（室町時代の代々の将軍）、松（伏見宮貞成親王・豊臣秀吉）、竹（誠仁親王・伏見宮貞常親王）のように時代によって作者の違う場合がある。いちじめい。③正式の名の中の一字を取り、他を省略して呼ぶこと。のちに遊里などで、客をその名の上の一字で呼ぶこと。また、その名。＊応永本論語抄（1420）泰伯「渭叟と云は、渭水に釣する時の称也。一字名に仕ふ時は、姜とも望とも呂ともする也」＊評判記・色道大鏡（1678）一一「入郭の人の名を求む事、故実あり。当道において一字名を呼ぶ事、勿論の事也」 発音〈標ア〉ジ

いちじ-なのり【一字名乗】〘名〙「いちじな（一字名）①」に同じ。＊金刀比羅本平治（1220頃か）中・義朝六波羅に寄せらるる事「渡辺の一字名乗（いちジナノリ）の者共、一人して百騎千騎にもあはなんといひけれども」＊寛永刊本蒙求抄（1529頃）二「一字なのりぞ。劉氏は劉累と云から出たぞ」 発音〈標ア〉ナ

いちじ-に【一時―】〘副〙同時に物事が集中するさまや、いっせいに同じ行為をするさまにいう。一度に。いちどきに。＊平家（13C前）四・南都牒状「仏法と云（いひ）王法と云、一時にまさに破滅せんとす」＊史記抄（1477）一四・扁鵲倉公「松井福富と一時に云われたものぞ」＊今弁慶（1891）〈江見水蔭〉一「一時（イチジ）に掛る二人の首元、むづと攫（つか）むで左右に振れば」＊死（1898）〈国木田独歩〉三「今まで暗かった室が俄かに明るくなり机の脚もとまで流れてゐる鮮血が一時（いちジ）に物すごく光った」 発音〈標ア〉チ〈京ア〉チ 辞書言海 表記一時（言）

いちし-の-うら【一志浦】三重県一志郡香良州（からす）町付近の海岸。歌枕。＊千載（1187）恋四・八九三「伊勢島やいちしの浦のあまだにもかづかぬ袖はぬるるものかは〈道因〉」＊俳諧・毅随筆（1759）二「いちしの浦にて蛤を買とり」 発音〈標ア〉ラ 辞書文明 表記一志浦（文）

いちじ-のがれ【一時逃】〘名〙その場だけつくろって苦境を脱しようとすること。いっときのがれ。一花逃れ。一過逃れ。＊人情本・梛の二葉（1823）中・四「我が身に迫る此の場の仕儀、一時逃（いちジノガ）れと心に思ひ」＊煤煙（1909）〈森田草平〉九「一時逃れにさうは云ったものの、そんな事が自分の口から言はれるものでない」＊今年竹（1919–27）〈里見弴〉小さな命・四「一時遁れの出鱈目を言ふ」＊暗夜行路（1921–37）〈志賀直哉〉一・五「変に一時逃（いちジノガ）ればかりして」 発音イチジノガレ〈標ア〉ノ〈京ア〉ノ

いちじ-はいごん【一字俳言】〘名〙俳諧で、句中にある語の、わずか一字だけが俳言であるもの。たとえば、「道忙しき人」を「道忙しい人」として俳言とするなど。俳諧ではこれを嫌う。 発音イチジハイゴン〈標ア〉チ

いちじ-はいりょう（ハイリャウ）【一字拝領】〘名〙君主の諱（いみな）の一字をいただいて、自分の名に付けること。↓一字御免。＊武家名目抄（19C中か）儀式部・一字拝領「一字拝領」 発音イチジハイリョー〈標ア〉チ

いちじ-ばさみ【一字挟】〘名〙語の一音ごとに、同段のカ行音などを付け加えていうこと。たとえば、「さむいかぜ」を「さかむくいきかかぜけ」という類。近世、深川などの岡場所で行なわれ、明治以後、花柳界に広まった。はさみことば。唐言（からこと）。＊滑稽本・風来六部集（1780）里のをだ巻評「客の前にて咡（ささや）き合ひ、一字はさみであて付けたり」＊随筆・嬉遊笑覧（1830）九・下「一字ばさみといふことあり。明和七年、辰巳園と云ふ冊子に、唐（から）ことと名づけて、五音を以ていふ事、人の知る所なれど」 語誌宝暦（一七五一〜六四）末頃起こったかといわれる。一音ごとに同段のカ行音を付すのが知られるが、キ付き・サ付き・シ付きなど特定の一音だけを挟んでいくこともあり、適当にカ行音のいずれかを付していく場合もあったようである。このように一種の暗号とすることで、遊女屋の者などが、客に悟られることなく、ちょっとした用件を済ませるときに用いた伝達法である。 発音〈標ア〉バ

いちじ-ばたらき【一時働】〘名〙常にはなまけていて、その場になって、急に働くこと。節供働（せっくばたらき）。＊諺苑（1797）「ぶしゃう者の一時ばたらき」 発音〈標ア〉バ

いちじ-ばね【一字撥】〘名〙連歌、俳諧の切字（きれじ）の一つ。上の部分に疑問の意の「や」「か」「いつ」「何」などの語がなくて、句の終わりを「む」「ん」で結ぶもの。＊至宝抄（1585）「一字ばねと申事、けん・なん・せん。右の字なくとも、はね申候」＊俳諧・三冊子（1702）白双紙「句によりて押字なくてはねる有。一字ばねなり。をらん、ちらんの類也」 発音〈標ア〉0

いちしば-の〔枕〕「いち」と類音の「いつ」を持つ「いつしか」にかかる。＊万葉（8C後）四・五一三「大原のこの市柴乃（いちしばの）何時しかと吾が思（も）ふ妹にこよひ逢へるかも〈志貴皇子〉」 補注「万葉」例は、「いつしば」と訓む説もある。

いちしば-はら【厳柴原】〘名〙⇨いつしばはら（厳柴原）

いちじ-ばらい（らひ）【一時払】〘名〙いちどきに支払いをすますこと。一括払い。↔分割払い。＊濹東綺譚（1937）〈永井荷風〉八「わたしの方は持ってるだけのお金をみんな出して、一時払ひにして、権利も何も彼も買ってしまはうと思ってゐるのよ」 発音〈標ア〉パ〈京ア〉パ

いちじ-ばん【一字版】〘名〙近世初期における木活字版の呼称。中世には特定寺院などによる刊行に限られていた出版事業が、文祿慶長の役（一五九六）の後、朝鮮から活版印刷技術が移入されて、広く普及し、諸寺院、天皇、幕府武将、医者等による刊行がみられる。植字版（うえじばん）。一字印。↔一枚版。↓古活字版。＊補註蒙求-跋（1596）「甫庵道喜新刊二一字板一繍二此書一以応二童蒙之求一也〈略〉文祿第五丙申小春吉辰道喜記」＊慶長日件録-慶長八年（1603）正月二一日「白氏文集之中上陽人陵園妾李夫人王昭君詩四五首長恨哥伝等五妃曲ト名て被二撰抜一以二一字板一百部被二新摺一」＊遺老物語（1733）永祿以来出来初の事「一字板これは高麗入ありし故なり」 発音〈標ア〉0 辞書言海 表記一字版（言）

いちじ-はんく【一字半句】〘名〙ほんのわずかな短いことば。一言半句（いちごんはんく）。片言隻句（へんげんせっく）。＊福翁自伝（1899）〈福沢諭吉〉緒方の塾風「会読本の不審は一字半句も他人に質問するを許さず」 発音〈標ア〉ハ

いちじ-ふさいぎ【一事不再議】〘名〙議会で一度否決した法律案は、同会期中、再び提出することができないとする原則。「大日本帝国憲法-第三九条」に規定。現憲法には明示されないが、議事運営上認められている。＊報知新聞-明治三六年（1903）一二月一二日「奉答文は一事不再議の法理に基き再議に附するの必要を認めず」 発音イチジフサイギ〈標ア〉サ

いちじ-ふさいり【一事不再理】〘名〙刑事訴訟法の原則の一つ。すでに確定判決がなされた事件については、重ねて公訴の提起を許さない、とするもの。現行憲法の第三九条に規定。 発音〈標ア〉サ

いちじ-ふじょりょう（フジョレウ）【一時扶助料】〘名〙公務員が普通恩給を受ける年限に達しないで在職中死亡した場合などに、遺族に支給される一時金。＊恩給法（1923）二条・二「一時恩給及一時扶助料は一時金とす」 発音イチジフジョリョー〈標ア〉ジョ

いちじ-ふせつ【一字不説】〘名〙仏語。仏の悟りの内容は、ことばや文字では表わせないほど深いものであるということ。＊狂雲集（15C後）不妄語戒「一字不説不二信道一 大蔵経巻已落草」＊譬喩尽（1786）一「一字不説（イチジフセツ） 涅槃経」＊死について（1956–57）〈唐木順三〉二「四十年説法してなほ一字不説といはざるをえないもの」 補注仏典では多く「不説一字」の形になる。「大般若経-五七一」に「善思又問、諸仏菩薩、亦有二言説一、皆虚妄耶。最勝答曰、諸仏菩薩、従レ始至レ終、不レ説二一字一、云何虚妄」とある。

いちじ-ふつう【一字不通】〘名〙字を知らなくて一字も読めないこと。＊俳諧・去来抄（1702–04）修行「蕉門のほ句は、一字不通の田夫、十歳以下の小児も、時に寄ては好句あり」＊咄本・無事志有意（1798）無筆「一字不通（イチジフツウ）の者、〈略〉近所の人を二人たのんで名を書てもらふ」

いちじ-ふとうしき【一次不等式】〘名〙左右両辺ともに x の一次式からなる不等式。整理すると $ax+b>0$ の不等式の形にできる。 発音イチジフトーシキ〈標ア〉ト

いちじ-ぶんげん【一時分限】〘名〙大きな利益を得て急に金持になること。また、その人。俄分限（にわかぶげん）。 発音イチジブンゲン〈標ア〉ブ

いちじ-へいしゅつ【一字平出】〘名〙文中に、天皇または貴人の名前、称号などの字のあるとき、その人に対する敬意の表われとして、その一字を次の行へ上げ出して、他の行の頭と同じ高さに書くこと。↓一字缺・一字台頭。＊随筆・南留別志（1736）「吾邦のむかしは、一字平出と一字空までなり。明朝の法は五字擡頭までであるなり」 発音イチジヘイシュツ〈標ア〉チ

いちじ-へんい【一時変異】〘名〙遺伝的でなく環境の影響による、生物個体の変異。個体変異。

いちじ-へんかん（ヘンクワン）【一次変換】〘名〙①ベクトル空間からベクトル空間へのある種の写像。ベクトル空間Uからベクトル空間Vへの写像 f のうち、$f(\alpha a+\beta b)=\alpha f(a)+\beta f(b)$（$a$、$b$ はUの要素、α、β は実数）をみたすものをUからVへの一次変換という。②複素数に複素数を対応させるある種の写像。$z'=(az+b)/(cz+d)$ という形で表わされるようなもの。

いちじ-へんし【一時片時】〘名〙ほんのわずかな間。ちょっとの間。＊日葡辞書（1603–04）「Ichiji fenximo（イチジ ヘンシモ） ワスレヌ」 発音〈標ア〉ヘ 辞書日葡

いちじ-ほうていしき（ハウテイシキ）【一次方程式】〘名〙未知数の最高次数が一である方程式。＊数学ニ用キル辞ノ英和対訳字書（1889）〈藤沢利喜太郎〉「Equality, Linear 一次方程式」＊平凡（1907）〈二葉亭四迷〉二一「一次方程式、二次方程式、簡単なのは如何（どう）にかなっても」 発音イチジホーテイシキ〈標ア〉テ

いちじ-ほうへん【一字褒貶】〘名〙（杜預の「春秋左伝-序」の「春秋雖下以二一字一為中褒貶上、然皆須二数句一以成レ言」より出た語）一字の使い分けで、人をほめたり、けなしたりすること。春秋の筆法。 発音イチジホーヘン〈標ア〉チ

いちじ-めい【一字名】〘名〙「いちじな（一字名）②」に同じ。＊雑俳・若の浦（1805）「堆き連歌の脇の一字銘」 発音イチジメイ〈標ア〉ジ

いち-じゃく（ヂャク）【一着・一著】〘名〙一回で決めること。一致決定すること。＊文明本節用集（室町中）「一著 いちヂャク」＊日葡辞書（1603–04）「Ichigiacu（イチヂャク）〈訳〉一度の決定、または、裁定」＊ロザリオの経（一六二二年版）（1622）ビルゼン・サンタ・マリア、ロザリオに現し給ふ御奇特の事・九「ヲンナヲ イキナガラ ウヅメント ichigiacu（イチヂャク）シ」 辞書文明・饅頭・日葡 表記一著（文）一着（饅）

いちじゃま〘名〙（「生魂（いきだま）」ともいう）沖縄や奄美群島で口寄せ巫女（いちこ）のこと。職業ではなく、他人を不吉におとしいれる力をもつと信じられている者。その特殊な力は、母から娘へ女系で伝わるものとされている。

いち-じゅ【一樹】〘名〙一本の樹木。＊法性寺関白御集（1145か）春裏花尤貴「行人税駕無二空過一一樹猶伝

万石名」 ＊平家〈13C前〉三・少将都帰「旅人が一村雨の過行に、一樹の陰(かげ)に立ちよって」 ＊評判記・野郎虫〈1660〉山本万之助「助㆑緑藤花色、不㆑如㆓一樹(イチジュ)春㆒」 ＊礼記‐祭義「夫子曰、断㆓一樹㆒、殺㆓一獣㆒、不㆑以㆓其時㆒、非㆑孝也」 発音〈標ア〉チ〈京ア〉チ 辞書日葡

いちじゅの陰(かげ)一河(いちが)の流(なが)れも他生(たしょう)の縁(えん) 知らぬ者同士が、雨を避けて同じ木陰に身を寄せ合うのも、あるいは同じ川の水をくんで飲み合うのも、前世からの因縁によるものだということ。 ＊海道記〈1223頃〉西帰「一樹の陰、宿縁浅からず」 ＊平家〈13C前〉七・福原落「一樹の陰に宿るも、先世の契(ちぎり)あさからず。同じ流をむすぶも、多生の縁猶(なほ)ふかし」 ＊謡曲・山姥〈1430頃〉「一樹の蔭一河の流れ、皆これ他生の縁ぞかし」 ＊読本・椿説弓張月〈1807‐11〉残・六〇回「共に一樹の蔭に宿るも、他生の縁とて捨(す)つるに忍びず」 語誌 仏教的な表現だが、漢訳仏典には用例がなく日本で作られたものか。「説法明眼論」(聖徳太子に仮託されるが江戸期の成立とみられる)を典拠とする説もあるが(「随筆・世事百談‐二・一樹の陰に宿るも他生の縁といふ詞」等)、現在知られている例では本文に引く「海道記」の例が最も古い。「平家物語」(覚一本で四例)や謡曲に多く使われたため、中世・近世の文学に広まったと考えられる。

いち‐じゅう【一十】〖名〗じゅう(十)。 ＊妙一本仮名書き法華経〈鎌倉中〉五・従地涌出品第一五「いはむやまた、一千、一百、乃至、一十(イチシフ)あり」 ＊漢書‐食貨志「次七分三銖、曰㆓幺銭一十㆒」

いち‐じゅう【一汁】〖名〗一品の汁(しる)。汁一杯。 ＊書言字考節用集〈1717〉一〇「一汁 イチジフ」 ＊雑俳・磯の波〈1747〉「一汁に後妻振舞ふ時津ふく」 発音イチジュー〈標ア〉0 辞書書言 表記一汁(書)

いち‐じゅう【一重】㊀〖名〗① 重箱、また塔などのように重なったものの、ひとかさね。ひとえ。 ＊日葡辞書〈1603‐04〉「Ichigiû (イチヂュウ)〈訳〉皿棚、戸だな、重箱〈略〉日本の塔、位階の階級について、階床のように、重なったものを、一つ一つ上に数える数え方」 ＊浮世草子・傾城色三味線〈1701〉京・五「うまきものをしんじますと、一重(ヂウ)に芋入て、帯にてさげられしを請取」 ②(形動) ひときわ程度のはなはだしいこと。一段ときわだっているさま。 ＊貞享版沙石集〈1283〉四・八「まづ世間の名利をすつる、一重の妄苦をはなるるはじめなり」 ＊為兼和歌抄〈1285‐87頃〉「先づはじめの一重なる不審にもせられぬべきを」 ＊太平記〈14C後〉三四・龍泉寺軍事「但城へ切て入らんずる事は、又一重の大事ぞ」 ㊁〖副〗いっそう。一段と。 ＊玉塵抄〈1563〉三一「一重上(うえ)を坡が云たぞ」 ＊三体詩素隠抄〈1622〉三・四「此の寺の住持は、一重上の見解にて、無言と云ことをも、うち忘れたとぞ」 ＊評判記・難波物語〈1655〉「心をつくしてうそをたくみ、よく思はれんと、たちまはるは、思ひいれたるしるし也と、一ぢうふかくいる人もあれど」 発音イチジュー〈標ア〉0 辞書天正・饅頭・易林・日葡・書言 表記一重(天・饅・易・書)

いちじゅう‐いっさい【一汁一菜】〖名〗副食物が汁(しる)一品、おかず一品だけの食事。質素な食事をいうことがある。 ＊咄本・枝珊瑚珠〈1690〉三・一「ある人麦飯の一汁(ヂウ)一菜(サイ)の約束にて、近所の人を振舞ける」 ＊随筆・守貞漫稿〈1837‐53〉四「酒肴備り、次に一汁一菜の飯」 ＊黒潮〈1902‐05〉〈徳富蘆花〉一・七・一〇「諸君が一汁一菜で、女に費す金を其方(そのほう)に向けたら」 補注「甲陽軍鑑‐品一三」に「一、饗応(ふるまい)、大身小身共に一汁(ジュ)一菜(サイ)の事」とある。 発音イチジューイッサイ〈標ア〉0 イ2〈京ア〉0

いちじゅう‐ぎり【一重切】〖名〗竹の花入れの一種。竹の上部に節を置いて、その中段に窓一つを切ったもの。 発音イチジューギリ〈標ア〉0

いちじゅう‐ごさい【一汁五菜】〖名〗飯と汁(しる)のほかに膾(なます)、坪(香の物)、平皿(ひらざら)、猪口(ちょく)、焼物(やきもの)の五菜を添えてある膳立(ぜんだ)て。 発音イチジューゴサイ〈標ア〉0 ゴ

いちじゅう‐さいじゅう【一入再入】〖名〗染汁(そめしる)の中へ一度入れ、さらにもう一度入れること。染色の濃いこと。多く、「一入再入の紅(くれない)」の形で、恩愛の情の深いことをたとえていう。 ＊平家〈13C前〉二・烽火之沙汰「其恩のふかき事を案ずれば、一入再入の紅にも過ぎたらん」 ＊天草本平家〈1592〉一・六「ソノ ヲン ノ フカイ イロ ヲ アンズレバ、ychijŭ saijŭ (イチジュウサイジュウ) ノ クレナイ ニモ スギタ」

いちじゅう‐さんさい【一汁三菜】〖名〗汁(しる)一品、菜三品からなる料理。手前に向かって右方に汁、左方に飯、向こう側の右方に膾(なます)、左方に平皿(ひらざら)を付け、中央に香の物を付ける日本料理の基本的な膳立(ぜんだ)て。 ＊鹿苑日録‐天文一三年〈1544〉一二月一五日「斎、軒中衆転本坊看坊、経衆七条也。一汁三菜也」 ＊浄瑠璃・心中宵庚申〈1722〉上「殿の御膳は一汁三菜と先達て言ひ越す所、三汁九菜の魚鳥づくし、身が身上を板本で切はたくか」 発音イチジューサンサイ〈標ア〉0 サ1

いち‐しゅうせい【位置習性】〖名〗動物が、どちらに行くべきかといった選択に際して、いつも同じ側を選ぶ習性。 発音イチシューセイ〈標ア〉シュ

いちじゅう‐だな【一重棚】〖名〗茶道具の棚ものの一種。桐または杉の板を細い白竹でつった棚。茶室の点前畳(てまえだたみ)の手が届く所や水屋に設け、薄茶器、香合、羽箒(はぼうき)などを飾る。 発音イチジューダナ〈標ア〉ジュ

いちじゅく【無花果】〖名〗①「いちじく(無花果)①」に同じ。 ＊多識編〈1631〉三「無花果 波奈々志、久太毛乃、今案、一熟也」 ＊和漢三才図会〈1712〉八八「無花果(イチジュク)」 ＊語彙〈1871‐84〉「いちじゅく〈略〉無花果」 ＊恋慕ながし〈1898〉〈小栗風葉〉四「龍鍾(よぼよぼ)した五十余の、左の耳の附根に天仙果(イチジュク)程の団瘤(たんこぶ)の下(さが)った朦朧車夫が」 ＊邪宗門〈1909〉〈北原白秋〉天草雅歌・角を吹け「鐘やみて蠟の火の消ゆるまで 無花果(イチジュク)の乳をすすり、ほのぼのと歌はまし、汝が頸の角を吹け」 ②「いちじく(無花果)②」に同じ。〔語彙(1871‐84)〕 発音〈標ア〉チ 辞書言海

いち‐じゅん【一巡・一順・一循】㊀〖名〗［一］① 一回りすること。人や事物の間、またはその回りを一回りすること。酒宴の席などで、杯が人々の間を一回りすること。 ＊古事談〈1212‐15頃〉一・円融上皇子日御幸事「次居㆓公卿及侍臣衝重㆒。一巡之後、大納言為光以下侍臣等起㆑座」 ＊随筆・松の落葉〈1829〉四「なみゐたる座にてさかづきを一たびめぐらしのむをば一巡といへり」 ＊阿部一族〈1913〉〈森鷗外〉「杯が一順(ジュン)した時母が云った」 ② 連歌や俳諧連句の座で、その会席に連なった人々が、発句から順番に一句ずつ作って、一回り付け終わること。 ＊私用抄〈1471〉「一巡の名をはじめよりしるすこと、わたくしの儀なり」 ＊実隆公記‐文明七年〈1475〉二月二五日「於㆓御学問所㆒有㆓御連歌㆒、源大納言入道一順之後被㆑参」 ＊日葡辞書〈1603‐04〉「Ichijun (イチジュン)〈訳〉大勢の人が一緒に詩を作る時、それぞれの人が円座の順序で既に一度自分の詩を言ったこと」 ＊俳諧・三冊子〈1702〉わすれ水「句の直しを願ふ時、書て遣(つかは)す法在(あり)。たとへば、一順廻りし時、書翰を以てうかがふ」 ③ 一般に、一回りすること。一周。 ＊今弁慶〈1891〉〈江見水蔭〉八「近江八景一巡(イチジュン)なし」 ＊真空地帯〈1952〉〈野間宏〉一・一「彼は身軽に木谷の身の廻りを一巡して見てやった」 ④ 何回かの連続によって完結する事柄の一回り。 ＊女工哀史〈1925〉〈細井和喜蔵〉一四・四三「聞かざる処は次回の講話にて聞かしむと云ふ風に兎に角講話項目の一循を修了する迄出席せしむ」 ［二］次から次へと連続すること。順を追っていること。 ＊太平記〈14C後〉一五・三井寺合戦「僅(わづか)に半町にもたらぬ細道を、只一順(いちジュン)に前(すす)まんとすれば」 ＊歌舞伎年代記〈1811‐15〉八・寛政一〇年「『一順(イチジュン)の風に連(つれ)、雲に閃めく一と品は』『〈略〉正しくあれは錦の御旗』」 ㊁〖副〗① 一回り。一渡り。 ＊門三味線〈1895〉〈斎藤緑雨〉一〇「いでそよ人々索(もと)むるに誰れも見当らず、如何(いか)にしたると一順(いちジュン)瞻廻(みまは)したるお浜の心利かして」 ＊吾輩は猫である〈1905‐06〉〈夏目漱石〉六「一順列座の顔を公平に見廻はす」 ② 一応。ひととおり。 ＊歌舞伎・伊勢平氏栄花暦〈1782〉三立(暫)「まづまづ拙者に一順口説かせて下され、頼みます頼みます」 ＊大阪の宿〈1925‐26〉〈水上滝太郎〉七・四「夕刊を読んで居た娘の手からひったくって一巡目を通した」 発音〈標ア〉0〈京ア〉0 辞書文明・易林・日葡・書言 表記一巡(文・易)一順(書)

いち‐じゅん【一旬】〖名〗一〇日間。旬日。いつじゅん。 ＊本朝麗藻〈1010か〉上・四月未全熱〈藤原公任〉「千畝麦風秋暗報、一旬萍日暑猶慵」 ＊今昔〈1120頃か〉五・三二「一旬を経るに一斤を不削得(けづりえ)ず」 ＊海道記〈1223頃〉西帰「経廻わづかに一旬にして、上洛已に五更に成りぬれば」 ＊和英語林集成(初版)〈1867〉「Ichijun イチジュン 一旬」 ＊周礼‐秋官・朝士「凡士之治、有㆓期日㆒、国中一旬、郊二旬」 発音〈標ア〉0〈京ア〉0 辞書ヘボン 表記一旬(へ)

いち‐じゅん【一准・一準】〖名〗必ずそうなると決まっていること。決まっていて変わらないこと。一定していること。 ＊金刀比羅本保元〈1220頃か〉中・為義降参の事「世間のならひ、かならず一准(イチジュン)ならず。高き所を行く時もあり、ひきき所をゆく時もあるべし」 ＊吾妻鏡‐貞応二年〈1223〉正月二五日「去廿日御占。不㆓一準㆒之条。非㆑無㆓不審㆒」 ＊大乗院寺社雑事記‐文正元年〈1466〉九月一三日「河内合戦様雑説不㆓一准㆒」 ＊日葡辞書〈1603‐04〉「Ichijun (イチジュン) ナラズ〈訳〉同一の方法、手段でない」 ＊魏書‐出帝紀「理有㆓一準㆒、則民無㆓覬覦㆒、法啓㆓二門㆒、則吏多㆓威福㆒」 辞書文明・日葡 表記一准(文)

いちじゅん‐しょくぶつ【一巡植物】〖名〗「いちねんせいしょくぶつ(一稔性植物)」に同じ。 発音〈標ア〉ク

いちじゅん‐ばこ【一巡箱】〖名〗一座を順送りに回す箱。 ＊俳諧・大坂独吟集〈1675〉上「約束も時付をして仲人かく 一順箱は恋のよび出し〈西鶴〉」 ＊雑俳・すがたなぞ〈1703〉「持て来た一巡箱に箸二膳」 発音〈標ア〉ジュ

いち‐じょ【一女】〖名〗① ひとりの娘。ひとりの女。いちにょ。 ＊歌舞伎・幼稚子敵討〈1753〉二「伊弉諾(いざなぎ)伊弉冉(いざなみ)の尊、天の逆矛にて御所(みと)の交合(まぐばい)なされしより、一女三男段々に別れ」 ② いちばん上の娘。長女。いちにょ。 発音〈標ア〉チ〈京ア〉チ

いち‐じょ【一助】〖名〗少しの助け。何かの足し。 ＊洒落本・迷処邪正按内拾穂抄〈1758〉序「此書下かかりに便(たより)、色情の得手物(ゑてもの)によそへ、実不実の味ひを弁(わきま)へば、慎(つつしみ)の一助(イチジョ)歟」 ＊授業編〈1783〉序説「其の言(こと)のげにもと思ふ事もあらばゑらみ採りて芸文考索の一助(イチジョ)ともせよかしと」 ＊人情本・春色梅児誉美〈1832‐33〉初・二齣「邪見の匹夫をして、心をやわらぐ一助(イチヂョ)とならんか」 ＊新聞雑誌‐九号・明治四年〈1871〉八月「夫(おっと)と申合せ暮し方の一助(ジョ)にもせんとて」 ＊史記‐留侯世家「上知㆓此四人賢㆒、則一助也」 発音〈標ア〉チ〈京ア〉チ

いち-じょう【一丈】ヂヤウ『名』①尺貫法の長さの単位。一〇尺。一尺の一〇倍。約三・〇三メートル。＊枕(10C終)二七八・関白殿、二月廿一日に「桜の一丈ばかりにて、いみじう咲きたるやうにて」＊今昔(1120頃か)三一・一八「浜に小き船被打寄(うちよせられ)たりけり、広さ二尺五寸、深さ二寸、長さ一丈許(ばかり)也」＊文明本節用集(室町中)「一丈 いちヂャウ」＊天草本平家(1592)四・一八「ナギナタ ワキニ カイハサミ、ychigiǒ (イチヂャウ) バカリ ユラリト トビ、ミカタノ フネニ ノビサセラレタ」＊説苑-辨物「十寸為二一尺一、十尺為二一丈一」②中世に行なわれた地方的な地積の示し方。一反の五分の一(七二歩)にあたるか。杖(じょう)。＊遠江国御神領記-弘安七年(1284)四月一二日定・永財沽却渡畠地立券文事「在下粟野村内字桑原垣二段壱杖中内彌陀寺敷地」 方言 いたけだかになること。仙台†058 発音 イチジョー〈標ア〉チ〈京ア〉イ 辞書 文明・天正・日葡・書言 表記 一丈(文・天・書)

いち-じょう【一条】デウ『名』①道、川、煙、布など細長いもの。一本。ひとすじ。＊皇太神宮儀式帳(804)「一新宮遷奉御装束用物事〈略〉御床土代敷細布御帳一条」＊菅家文草(900頃)七・右大臣剣銘「暁霜三尺 秋水一条」＊平家(13C前)五・咸陽宮「一条の羅縠(らこく)はつよくとも、ひかばなどかはたえざらん」＊六如庵詩鈔-二編(1797)五・暮春与伴蒿蹊春蘭洲遊兎道「蘗山近接兎道里、一条白道片時程」＊読本・椿説弓張月(1807-11)後・二六回「ここに従ふものとては、一条(イチデウ)の杖、一蓋(いっかい)の笠に過ず」＊宝の山(1891)〈川上眉山〉五「一条(いちデウ)の烟立登りしが」＊李白-冬日帰旧山詩「一条藤径緑、万点雲峰晴」②平城京、平安京などの条坊制で、京城を九条にくぎったうちの一つ。③箇条書きや数えあげる事柄などのひとくだり。＊万葉(8C後)一八・四一〇六・序文「七出例云、但犯二一条一即合レ出レ之、無二七出一輙弃者徒一年半〈大伴家持〉」＊俳諧・其袋(1690)夏「清少納言の橋はと有(ある)一条、あさむつのとかける所也」＊浮雲(1887-89)〈二葉亭四迷〉一・二「茲(ここ)にチト艶(なまめ)いた一条のお噺(はなし)があるが」＊唐書-選挙志「問二大義一条、総三条一」④ある一つの事柄。多く、相手がそれを知っている場合に用いて、「例のあの事」の意。一件。＊人情本・春色梅美婦禰(1841-42頃)四・二四回「拙者が絶命の一条今日に迫り」＊地獄の花(1902)〈永井荷風〉一七「私の一条を御聞合せにでもなりましたのですか」⑤(①の細いひとすじの意から転じて) わずかなもののたとえ。＊良人の自白(1904-06)〈木下尚江〉中・二〇・一「乙田も其れにやや一条の活路を開いて」⑥本質的なつながりのあるもの。同じ道理。＊徒然草(1331頃)三八「いかなるをか智といふべき。可、不可は一条なり」＊荘子-徳充符「以二死生一為二一条一」⑦古い田積(面積を示す単位)の一つ。＊書言字考節用集(1717)「一条 イチデウ 三十六町為二一里一。六里為レ条」 発音 イチジョー〈標ア〉チ〈京ア〉チ 辞書 日葡・書言・言海 表記 一条(書・言)

いちじょう【一条】イチデウ 姓氏の一つ。 発音 イチジョー〈標ア〉チ

いちじょう-かねよし【一条兼良】(「いちじょうかねよし」とも) 室町中期の公家、学者。経嗣(つねつぐ)の子。桃華老人、三関老人、東斎と号す。摂関家の当主として摂政関白等を歴任。その博学多才は当代随一とされた。「歌林良材集」「日本書紀纂疏」「花鳥余情」「樵談治要」「公事根源」「文明一統記」など、多数の著書がある。法名覚恵。応永九～文明一三年(一四〇二～八一)

いちじょう-ふゆよし【一条冬良】(「いちじょうふゆよし」とも) 室町後期の公家、学者。兼良の子。関白太政大臣。諡号後妙華寺。兼良の訓育をうけて一条家の学業を継承した。明応四年(一四九五)の「新撰菟玖波集」に太政大臣として序を作った。家集「流霞集」。寛正五～永正一一年(一四六四～一五一四)

いちじょう-よしやす【一条能保】 鎌倉初期の公家。藤原通重の子。従二位権中納言。源頼朝と親しく、九条兼実とともに、京都における親幕派の中心人物。後に対立する源通親に追われた。法名保蓮。久安三～建久八年(一一四七～九七)

いち-じょう【一状】ヂヤウ『名』同様。ひとしなみ。＊宝覚真空禅師録(1346)乾・山城州西山西禅寺語録「陽春白雪、一状領過」

いち-じょう【一定】ヂヤウ ㊀『名』(形動) 物事が、確かに一つに定まること。確定すること。確実。また、はっきりした事実。＊蜂須賀侯爵所蔵文書-貞観一〇年(868)二月二三日・筑前国牒案(平安遺文一・一五七)「庄田之中、注二寺家治田一、彼此雑年難二一定一。因レ茲不レ可二弁行一」＊小右記-寛弘二年(1005)二月二七日「明日首途事依二左府御気色不快一不二一定一者」＊栄花(1028-92頃)もとのしづく「今は一定になりて、おのおのいかがせましと、ききにくきまで思ひ騒ぐ」＊古今著聞集(1254)一七・五九三「或ひは夢想とも人申しけり。一定をしらず」＊歎異抄(13C後)九「往生は一定とおもひたまふべきなり」＊寸鉄録(1606)「よく人を見知んとおもはば、まづこのたぐいをみわけずば、まどいてだまされたぶらかされんこといちぢゃうなり」＊随筆・折たく柴の記(1716頃)中「船なる物ども盗みし事は一定(イチヂャウ)なれど」＊浄瑠璃・源平布引滝(1749)二「とっくと御賢慮をめぐらされ下さるべしと手をつけば、然らば知らぬに一定(いちヂャウ)せり」㊁『副』確実であるさま。確かに。必ず。きっと。＊小右記-万寿四年(1027)七月四日「又有二木工頭事一、挙二申大舎人頭守隆一。頗有二和気一。一定可レ存二禅室御心一歟」＊古本説話集(1130頃か)一「一定極楽へ参らせ給ひぬらん」＊台記-久安七年(1151)正月九日「職事偏令二沙汰一者、一定妨出来之由、承事等侍はや」＊平松家本平家(13C前)九・一谷合戦事「一定討たれ給ひぬと聞き給へども」＊曾我物語(南北朝頃)一・おなじく相撲の事「大の男がふんばりて、すこしも動かざれば、一ぢゃう、われも負けぬべし」＊仮名草子・身の鏡(1659)下「国々に内通の与力の大名多ければ、一定(デウ)天下取給はん」 語誌 (1)古くは「文明本節用集」「日葡辞書」などに示すように、「定」を呉音読みしてイチヂャウと読んだが、明治以降漢音読みのイッテイが行なわれるようになった。(2)副詞としての用法は一二世紀に一般化し、命令・意志・推量表現に用いられたが、のち推量表現の場合が主となる。これは和語の副詞「かならず」と用法上の分担がなされたために用法が狭まったものと考えられる。 発音 イチジョー〈標ア〉0〈京ア〉0 辞書 文明・天正・饅頭・日葡・書言・言海 表記 一定(文・天・饅・書・言)

いち-じょう【一帖】デフ『名』①折りたたんだものの一つ。＊源氏(1001-14頃)絵合「かたはなるまじき一でうづつ、さすがに浦々の有様さやかに見えたるを、選り給ふついでにも」＊江家次第(1111頃)九・一一日小安殿行幸「西方南北各立二御屏風一帖一」②まとまった紙を数える単位。半紙二〇枚、美濃紙五〇枚(大正一四年八月以前は四八枚)、その他の紙は五〇枚。＊天正本節用集(1590)「一帖 いちデウ」＊日葡辞書(1603-04)「Ichigiô (イチヂョウ)」＊説経節・さんせう太夫(与七郎正本)(1640頃)中「かみを一でうとりいだし、十二ほんの御へいきって、ごまのだんにたてられたは」③薬一剤。 発音 イチジョー〈標ア〉0〈京ア〉チ 辞書 文明・天正・易林・日葡・書言 表記 一帖(文・天・易・書)

いち-じょう【一乗】『名』①(「一」は唯一絶対の真実、「乗」は乗物の意) 仏語。世のすべてのものを救って、悟りにと運んでいく教え。→一乗の法。＊勝鬘経義疏(611)一乗章「大乗、一乗、大意雖二復同一、所二以少異一、大乗猶是三中之別名、一乗則無二三二之称一」＊百座法談(1110)閏七月八日「一乗無二の宝所にいたらむ事は極めてありがたく候ふべきを」＊梁塵秘抄(1179頃)二・法文歌「数多(あまた)の菩薩の頂(いただき)を、釈迦の右の手(た)ふさして、三たび掻い摩(な)でたまひしは、一乗弘めむ為なりき」＊勝鬘経-一乗章「声聞縁覚乗皆入二大乗一。大乗者即是仏乗。是故三乗即是一乗」②(「一」は最初、または第一の意) 一番勝れた教えの意。③乗り物を数えるときの一つ。＊読本・昔話稲妻表紙(1806)五・一九「一乗(イチジャウ)の駕籠をかかげて馳来りけるが」 補注 ①は、それぞれの立場によって異なるが、法華経をさしていうとする理解は日本ではとくに強く、法華信仰の流布を物語る。また、一乗の「一」を差別対立のうえでとらえるか、それを超えたものとしてとらえるか分かれるが、また、超えながら包容する意とも説かれる。 発音 イチジョー〈標ア〉チ0

いちじょう の 珠(たま) 仏語。一乗の妙法である法華経が珠のたとえによって説く一乗の妙旨をいう。「五百弟子品」の衣珠、「安楽行品」の髻珠(けしゅ)、「提婆品」の龍女の宝珠など。＊栄花(1028-92頃)もとのしづく「妙法一乗の経典、文字ごとに空しかるべからず。綾羅、錦繡、黄金、珠玉の飾り給へる衣の裏に一乗のたまをかけ給ひつ」

いちじょう の 法(ほう・のり) 仏語。一乗真実の教えの意で、主として法華経をさす。一乗法。＊枕(10C終)一〇一・御かたがた、君たち「『一じょうの法なり』など、人々もわらふことのすぢなめり」＊大鏡(12C前)一・後一条「いにしへをきき、いまをみ侍るに、二もなく三もなく、ならびなく、はかりなくおはします。たとへば一乗の法のごとし」＊米沢本沙石集(1283)一〇本・四「昔の大王は国の位を捨てて一乗の御法(ミノリ)を習ひ、菜をつみ水汲み、千歳の給仕をだにもし給けるぞかし」

いちじょう の 文(もん)［=妙文(みょうもん)］ 仏語。一乗真実の教えを説く経文のこと。主として法華の経文。＊和漢朗詠(1018頃)下・仏事「已(すで)に未(いま)だ習はざる千年の役(やく)を終へぬ、儻(たまたま)逢ひ難き一乗(イチジョウ)の文(モン)を得たり〈慶滋保胤〉」

いち-じょう【一城】ヂヤウ『名』①一つの城。また、一つの都市。＊日葡辞書(1603-04)「Ichijǒ (イチジャウ)。ヒトツノ シロ」②城全体。＊曾我物語(南北朝頃)七・千草の花見し事「此草の事は、『花開き落ちて同じく、一じゃうの人たぶらかすが如しと見えたり』これは楽府(がふ)のことばなり」＊白居易-新楽府・牡丹芳「花開花落二十日、一城之人皆如レ狂」 発音 イチジョー〈標ア〉0チ〈京ア〉0 辞書 日葡

いち-じょう【一場】ヂヤウ『名』①一つの場所。また、その場所全体。＊太平記(14C後)四〇・中殿御会事「一場(チャウ)偉観、千載の徽猷者耶」＊日葡辞書(1603-04)「Ichigiǒ (イチヂャウ)〈訳〉一つの庭、または広場」＊新聞雑誌-三二号・明治五年(1872)二月「一場を開き諸人に見物せしむる由」＊経国美談(1883-84)〈矢野龍渓〉後・二一「諸邦を結合せる功勲は啻に一場の戦勝を得たるが如きの類にはあらざりき」＊白居易-感桜桃花因招飲客詩「誰能聞レ此来相勧、共泥二春風一酔二一場一」②その場限りであること。ほんの短い間。＊雲壑猿吟(1429頃)憶昔「吟辺偶記曾遊事、髣髴春宵夢一場」＊狂雲集(15C後)雲門示衆云、古仏与露柱相交、是第幾機「小姑縁レ底嫁二彭郎一、雲雨今宵夢一場」＊授業編(1783)序説「見て益なきのみならず畢竟一場のなぐさみにもなるまじ」＊地獄の花(1902)〈永井荷風〉一三「決して一場の冗談ではない」＊竹沢先生と云ふ人(1924-25)〈長与善郎〉竹沢先生の顔・二「一場の主観的印象にすぎなかったのであるが」＊朱熹-答方耕道書「所謂只作二一場話説一、務レ高而已者、不レ可二以不一レ戒也」③(事柄、話などの)ひとまとまり。一席。＊文明論之概略(1875)〈福沢諭吉〉二・四「今一場の事に就てこれを察せ

んとするも」＊雪中梅〈1886〉〈末広鉄腸〉下・二「前日も此の事情に関して一場の演説を為したれば」＊思出の記〈1900〜01〉〈徳富蘆花〉六・一六「くやみを述べ、猶一場の逸話を語った」 [発音]イチジョー 〈標ア〉[0] [チ] 〈京ア〉[0] [辞書]日葡

いちじょう の 春夢（しゅんむ）［＝夢（ゆめ）］（その場だけで跡かたもなく消える短い春の夢の意から）栄華のきわめてはかないことのたとえ。＊侯鯖録〈19C後か〉巻七「東坡老人在昌化、嘗負大瓢行歌於田間。有老婦年七十、謂坡云、内翰昔日富貴、一場春夢、坡然之、里人呼此媼為春夢婆」＊思出の記〈1900〜01〉〈徳富蘆花〉一・三「其も今は一場の夢となった。〈略〉唯二人此宇宙に残されたのである」＊張侹寄人「倚柱尋思倍惆悵、一場春夢不分明」

いち-じょう【一畳】〘名〙畳一枚。または、畳一枚分の広さ。御所間、京間、田舎間などで異なるが、平均では約一・六五平方メートルにあたる。＊文明本節用集〈室町中〉「一畳 イチヂョフ 畳一畳」＊宗湛日記-文祿元年〈1592〉一二月一七日「三でう敷の内、一てうは上段にして、一枚しゃうじ、くぐり無」 [発音]イチジョー 〈標ア〉[ジョ] 〈京ア〉[チ] [辞書]文明・天正・易林・日葡・書言 [表記]一畳（文・天・易・書）一帖（書）

いち-じょう〘名〙壱岐で、百合若（ゆりわか）説経をして歩く女。ユリと称する曲物（まげもの）の容器の上に弓を横たえ、二本の箸（はし）で弦をたたきながら誦（よ）む。

いちじょう-いちげ【一上一下】〘名〙（「と」を伴って副詞的にも用いる）①あるいは上がり、あるいは下がること。また、上げたり下げたりすること。＊義血俠血〈1894〉〈泉鏡花〉一「車体は一上一下（イチジャウイチゲ）と動揺して」＊多情多恨〈1896〉〈尾崎紅葉〉後・二「息も吐かずに肉叉（フォーク）と食刀（ナイフ）を十文字に構へたが、梭（をさ）を投げるやうに左右の一上一下するのを、感心して視てゐた姫松は」＊呂氏春秋-季春紀・圜道「精気一上一下、圜周復雑、無所稽留」②刀を上から打ちおろし、下に打ち払うこと。刀で激しく打ち合うこと。＊読本・南総里見八犬伝〈1814〜42〉四・三一回「鋭（とき）大刀風に撃（うつ）を発石（はっし）と受留て、払へば透さず数刀尖（こむきっさき）を拄（ささえ）て流す一上一下（イチゼウイチゲ）」＊人情本・貞操婦女八賢誌〈1834〜48頃〉三・一九回「互ひに争ふ虚々実々、這方（こなた）は十手那方（かなた）は短刀、一上一下（イチジャウイチゲ）と砍（き）り結ぶ」③その瞬間瞬間の場面に応じて適切に対処すること。あれこれかけひきをすること。臨機応変。＊内地雑居未来之夢〈1886〉〈坪内逍遙〉一〇「或は風流に或は武骨に、一上一下（イチジャウイチゲ）虚々実々」＊かくれんぼ〈1891〉〈斎藤緑雨〉「それ知られては行くも憂し行ぬも憂しと肚裡（はらうち）は一上一下（いちジャウいちゲ）虚々実々」 [発音]イチジョーーイチゲ 〈標ア〉[チ]

〈京ア〉[イ]

いちじょう-いちみ【一乗一味】〘名〙仏語。一乗真実の教えを味にたとえて、差別のない唯一不二であることを示したもの。「法華経-薬草喩品」による。＊源平盛衰記〈14C前〉一六・円満院大輔登山事「一乗一味（いちぜうゐちミ）の法門は、三塔三井の所学（しょがく）也」

いちじょう-いっさいじょう【一成一切成】〘名〙仏語。華厳宗（けごんしゅう）の説く教えで、ある一つのものが完成するとき、一切すべてのものが完成し、一人が成仏するとき、一切の人が成仏するということ。＊華厳経疏-二「出現品云。如来成正覚時、於其身中、普見一切衆生成正覚、乃至普見一切衆生入涅槃。皆同一性。所謂無性。理遍事故、一成一切成」

いちじょう-いん【一乗院】奈良市登大路町にあった興福寺の塔頭（たっちゅう）で門跡寺。天祿元年（九七〇）定昭の創建。摂関家の子弟が入室し、大乗院と交互に別当に任じた。明治維新後、廃寺。＊古今著聞集〈1254〉二・四九「一乗院の大僧都定昭は法相宗兼学の人也」＊太平記〈14C後〉五・大塔宮熊野落事「一乗院の候人（かうにん）、按察法眼好専」 [発音]イチジョーーイン 〈標ア〉[ジョ]

いちじょう-えんかい【一乗円戒】〘名〙仏語。天台一乗で依用する円満完全な戒の意で、梵網経に説く梵網戒をいう。→円頓戒（えんどんかい）。＊法然上人行状画図〈1307〜16頃〉一〇「高倉院御在位のとき、承安五年の春、勅請ありしかば、主上に一乗円戒をさづけたてまつらる」

いちじょう-えんしゅう【一乗円宗】〘名〙仏語。一乗円教の妙旨を説く宗の意で、天台宗をいう。＊金刀比羅本保元〈1220頃か〉上・将軍塚鳴動「其後伝教大師江州に北嶺をひらき、一乗円宗（イチジョウエンシウ）の徳風を普（あまね）く天にあふぎ」＊源平盛衰記〈14C前〉五・山門奏状事「前座主僧正は、顕密兼学、〈略〉公家には一乗円宗（いちぜウエンシウ）の御師範也」 [発音]イチジョーーエンシュー 〈標ア〉[エ]

いちじょう-えんゆう【一乗円融】〘名〙仏語。一乗真実の教え。それは円融、円満、円頓の教えでもあるから、その一つを取っていったもの。＊扶桑略記〈12C初〉康平三年一一月二六日「一乗円融之嶺、開顕之花春鮮。五部惣持之園、智慧之菓秋盛」＊源平盛衰記〈14C前〉八・法皇三井灌頂事「止観玄文の窓の前には、一乗円融（いちぜウエンユウ）の玉を磨き」

いちじょうがたに-じょう【一乗谷城】福井市の南東、一乗城山中腹にあった朝倉氏の城館。文明三年（一四七一）朝倉孝景が主家斯波氏にかわって越前守護に任ぜられてのちに築城。天正元年（一五七三）織田信長に攻められ落城。国特別史跡・名勝。朝倉館。一乗谷朝倉氏館。↓いちじょうだに（一乗谷）。 [発音]イチジョーーガタニジョー 〈標ア〉[二]

いちじょう-きょう【一乗経】〘名〙仏語。一乗真実の妙理を説く経の意で、主として法華経をさす。＊古今著聞集〈1254〉二・四九「右手に五鈷をもち、左手に一乗経をもつ」 [発音]イチジョーーキョー 〈標ア〉[0]

いちじょう-ぐせん【一乗弘宣】〘名〙仏語。釈尊が、これまで説いて来た教えは真実をあらわしたものではなく、方便のためだったとして、初めて霊鷲山（りょうじゅせん）で法華経を説いたことをいう。＊源平盛衰記〈14C前〉五・澄憲賜血脈事「適（たまたま）釈尊出世の昔、一乗弘宣（いちぜウグセン）の時、本迹二門に権智実智の一心三観を演（のべ）らる」

いちじょう-こう【一丈紅】〘名〙植物「たちあおい（立葵）」の異名。＊文明本節用集〈室町中〉「葵 又云一丈紅 此花畏日以葉衛其足也」＊ロドリゲス日本大文典〈1604〜08〉「Ichigiŏcô（イチヂャウコウ）」

いちじょう-じ【一乗寺】㈠兵庫県加西市坂本町、法華山上にある天台宗の寺。山号は法華山。白雉元年（六五〇）インドの僧法道仙人の開基と伝える。寛永五年（一六二八）本多忠政が堂宇を再建。西国三十三所の第二六番札所。絹本着色聖徳太子および天台高僧像、三重塔は国宝。㈡京都市左京区南部、比叡山南西麓の地名。もと同名の寺院があったため呼ばれた。近江（滋賀県）に通ずる古路越、今路越の要所。石川丈山の詩仙堂（丈山寺）、芭蕉が住んだ金福（こんぷく）寺、曼殊院など旧跡が多い。また、宮本武蔵と吉岡一門との決闘の場所としても有名。 [発音]イチジョーージ 〈標ア〉[チ] 〈京ア〉[ジョ]

いちじょうしかん-いん【一乗止観院】延暦寺の旧称、または別称。＊拾遺往生伝〈1111頃〉上「廿年十一月、於一乗止観院、展一会之席、十口之名徳、講三部之典、叩六宗疑関」 [発音]イチジョーーシカンイン 〈標ア〉[カ]

いちじょう-じっそう【一乗実相】〘名〙仏語。一乗真実の法華経に説かれる諸法実相の妙理のこと。＊梁塵秘抄〈1179頃〉二・法文歌「一乗実相珠清し、衣の裏にぞ繫（か）けてける、酔（ゑ）ひの後にぞ悟りぬる、昔の親の嬉しさよ」 [発音]イチジョーージッソー 〈標ア〉[チ]

いちじょう-しほう【一丈四方】〘名〙面積が縦・横一丈であること。＊寛永刊本蒙求抄〈1529頃〉八「環堵の室は一丈四方を礼記の儒行の篇にあり」 [発音]イチジョーーシホー 〈標ア〉[シ]

いちじょうじ-まつり【一乗寺祭】〘名〙京都市左京区一乗寺町の八大神社で五月五日に行なわれる祭。五月一日以後は精神が入ると称して、触穢（しょくえ）を避ける。もとは三月五日に行なわれ、走馬などの行事があった。＊俳諧・毛吹草〈1638〉二「三月〈略〉一乗寺祭 五日」 [発音]イチジョージマツリ 〈標ア〉[マ] 〈京ア〉[マ]

いちじょう-しゅう【一乗宗】〘名〙仏語。一乗真実の教え、およびそれを説く宗。主として天台宗をいう。一乗円宗。＊今昔〈1120頃か〉一一・一〇「今は比叡山を建立して多の僧徒を令住めて、唯一无二の一乗宗を立て」 [発音]イチジョーーシュー 〈標ア〉[ジョ]

いちじょう-だい【一畳台】〘名〙能楽での作物（つくりもの）の一つ。畳一畳ほどの大きさで、高さ六〜七寸（約二〇センチメートル）の木造の台。その上を台掛けと称する赤色などの掛け布でおおう。その台掛けには台の上と横とに地色と異なる緞子（どんす）を用いる。その用途は多く、「嵐山」では山、「石橋」では橋、「咸陽宮」では玉座を、それぞれ象徴する。 [方言]一畳の広さの縁台や涼み台。 ◇いっちょうだえ 岡山市762 ◇いっちょだい 岡山県児島郡763

いちじょう-だに【一乗谷】福井市南東部、足羽川に注ぐ一乗谷川に沿う谷間。戦国大名朝倉氏の本拠地。居館や城下町の遺跡が発掘され、国特別史跡。

いちじょう-てんのう【一条天皇】第六六代の天皇。円融天皇の第一皇子。名は懐仁（やすひと）。寛和二年（九八六）即位。在位した二五年間は、道長を中心とする藤原文化の最盛期。天元三〜寛弘八年（九八〇〜一〇一一） [発音]イチジョーーテンノー 〈標ア〉[チ] [ノ]

いちじょう-どくじゅ【一乗読誦】〘名〙仏語。一乗真実の教えを説く経を読誦すること。主として法華経の読誦。＊平家〈13C前〉二・座主流「嶺には一乗読誦年ふりて、麓には七社の霊験日新（あらた）なり」＊海道記〈1223頃〉手越より蒲原「一乗読誦の声は十二廻の中に聞えて絶（たゆる）事なし」

いちじょう-の-こうどう【一条の革堂】（革上人（かわのしょうにん）行円の建てた一条の堂の意）京都市中京区にある天台宗の寺、行願寺の俗称。革堂。＊浮世草子・好色二代男〈1684〉六・二「一条（シャウ）の革堂（カウタウ）のまへなる、橘の清といふ男と、二世のかたらひ」 [発音]イチジョーーノコードー 〈標ア〉[チ] 〈京ア〉[チ]＝[0]

いちじょう-は【一条派】〘名〙「いちじょうりゅう（一条流）」に同じ。 [発音]イチジョーーハ 〈標ア〉[0]

いちじょう-はっこう【一乗八講】〘名〙仏語。「ほっけはっこう（法華八講）」に同じ。＊元亨釈書〈1322〉三・延暦寺円珍「珍詣紀州熊野。〈略〉自此熊山一乗八講雖晴天、置蓑講師座下、以為式」 [発音]イチジョーーハッコー 〈標ア〉[八] [チ]

いちじょう-べんぽう【一条鞭法】〘名〙中国、明末から清初の税制。銀流通の一般化を背景に、徭役（ようえき）や田賦などの雑多な税目を一括して銀で代納させたもの。中国税制史上、両税法以来の変革で、江南にはじまり全国に普及した。条鞭法。条編。

いちじょう-ほう【一乗法】〘名〙仏語。「いちじょう（一乗）の法」に同じ。＊無難禅師仮名法語〈1670〜76頃〉「一乗法は妙なり、妙は心なり、心は無一物な

り、無一物は天地のかたちなり、天地は形なきなり」＊遠羅天釜続集(1749-51)答念仏与公案優劣如何問書「殊に知らず、十方仏土中唯有一乗法なる事を」＊法華経-方便品「十方仏土中、唯有二一乗法一」

いちじょう-ぼだい【一乗菩提】『名』一乗真実の悟りであって、二乗、三乗のような方便の悟りではない、という意。＊古今著聞集(1254)一三・四七二「たちまちに十善の王位をすてて、一乗菩提の道にいらせ給ひにけり」＊幸若・十番斬(室町末-近世初)「一乗菩提の駒は平等大会の苑に嘶ふ」 発音イチジョーボダイ〈標ア〉チ

いちじょう-みょうてん【一乗妙典】『名』(「いちじょうみょうでん」とも) 仏語。法華一乗の妙理を説く経典の意。法華経のこと。＊平家(13C前)六・小督「彼の一乗妙典の御読誦も怠らせ給はず」＊保元(1220頃か)上・将軍塚鳴動「伝教大師は比叡山を開基して、一乗妙典をあがめ」 発音イチジョーミョーテン〈標ア〉チ

いちじょう-みょうほう【一乗妙法】『名』仏語。「いちじょう(一乗)の法(ほう・のり)」に同じ。＊梁塵秘抄(1179頃)二・法文歌「般若畢竟空の理は、斯くの如くぞ思ふべき、正法四十余年に、一乗妙法説いたまふ」＊海道記(1223頃)極楽西方に非ず「十方仏土に又二となき一乗妙法に生れ逢ひて」 発音イチジョーミョーホー〈標ア〉チ

いちじょう-もち【一丈餅】『名』方言 積んだ廐肥(きゅうひ)の高さが一丈(約三・〇三メートル)になったのを祝ってつく餅(もち)。福島県石城郡178

いちじょう-もどりばし【一条反橋・一条戻橋】 京都市上京区、堀川の一条大路にかかる橋。渡辺綱が鬼女の腕を切り落とした場所と伝えられる。一条小反橋。一条還橋。 発音イチジョー=モドリバシ〈標ア〉チ=リ〈京ア〉チ=リ

いちじょう-ようけつ【一乗要決】 三巻。源信著。天台宗の教義にのっとって一乗思想を強調した書。全体を八門に分け、法相宗の五性(ごしょう)各別を説破して「一切衆生悉有仏性」の義を論じたもの。＊大日本国法華経験記(1040-44)下・八三「製二一乗要決一、顕二一切衆生皆成仏道之円意一、斥二定性無性不成仏之偏執一」

いちじょう-りゅう【一条流】『名』浄土宗、鎮西派六流の一つ。礼阿然空を祖とするもの。彼の門葉が多く京都一条の清浄華院に住したところからいう。また、彼の住んでいた仁和寺の西谷、法光明院にちなんで、西谷流、西谷義また法光明義ともいう。徳川初期に衰微して、法灯が絶えた。一条派。 発音イチジョーリュー〈標ア〉0

いちじょう-ろ【一条路】『名』ひとすじの道。長く続いている一本の道。＊語孟字義(1705)下・学「何者、血脈猶二一条路一。既得二其路程一、則千万里之遠、亦可二従レ此而至一矣」

いちしょ-けんめい【一所懸命】『名』⇨いっしょけんめい(一所懸命)

いちじ-りゅうこう【一時流行】『名』蕉風俳論で用いる語。俳諧の生命である新しみを求めて、停滞を打破し、時々刻々に変化を重ねてゆくこと。通俗的には、その時々の世の好みに応じた一時的な新しさの意と解され、その意で用いられる場合が多い。↔不易流行。＊俳諧・去来抄(1702-04)修行「去来曰く蕉門に千歳不易の句、一時流行の句と云有り。是を二つに分て教へ給へる、其元は一つ也。不易を知らざれば基たちがたく、流行を知らざれば風新たならず。不易は古によろしく、後に叶ふ句成故、千歳不易といふ。流行は一時一時の変にして、昨日の風今日宜しからず、今日の風明日に用ひがたき故、一時流行とはいふ。はやる事をする也」＊青年(1910-11)〈森鷗外〉九「あんなクラシックな、俳諧の用語で言へば、一時流行(イチジリウカウ)でなくて千古不易の方に属する作を味ふ余裕は、青年の多数には無いと云っても好からう」 発音イチジリューコー〈標ア〉チ

いちじ-りょうよう【一事両様】『名』①一つの事を二様に見たり、言ったりすること。同じ事柄に対して、時と場合によって違った態度をとること。＊公名公記-嘉吉元年(1441)閏九月二〇日「而永代沽却地事、被レ破レ之者、山門売得地在所々可レ為二一山滅亡一之由、致二訴訟一、依レ是去十八日先被レ引二壁書一之由有二沙汰一、一事両様為之如何」＊日葡辞書(1603-04)「Ichiji-reôyô (イチジリャウヤウ)〈訳〉一つの方法で二つの命令をすること」＊咄本・醒睡笑(1628)一「そなたは、我に阿彌陀経を教へて善男子、善女人といへといふておいて、今はまたさういはぬとは、一事両様なる事を」②中世の訴訟法において、事実と関係者の申し立てとの間に相違があること。＊沙汰未練書(14C初)「一事両様とは事与レ詞違目也」③中世の訴訟法において、すでに裁判所に訴えた事案をはじめて訴えるように訴訟すること。＊島津伊作家文書-元徳二年(1330)一二月二〇日・鎮西下知状(鎌倉遺文四〇・三一三一九)「而下地相論未レ断之処、澄円又嘉暦元年、致二押領物訴訟一之条、一事両様之奸訴、難レ遁二其咎一歟」 発音イチジリョーヨー〈標ア〉チ 辞書易林・日葡・書言 表記一事両様(易・書)

いちじる-いっさい【一汁一菜】『名』「いちじゅういっさい(一汁一菜)」の俗な言い方。

いちじる・し【著】『形ク』(「いち」は、勢いの盛んな意、「しるし」は、はっきりしている意。古くは「いちしるし」)「いちじるしい(著)」に同じ。＊書紀(720)孝徳即位前(北野本訓)「皎(イチシル)きこと日月の如し」＊霊異記(810-824)下・三三「灼然(イチシルク)過(あやまち)無きを慇(ねもころ)に探り、毛を吹きて疵をば求む可からず。〈真福寺本訓釈 炯然 移知シルク〉」＊枕(10C終)一五〇・胸つぶるるもの「ことにまたいちしるからぬ人の声、聞きつけたるはことわり」＊源氏(1001-14頃)若菜上「大将の御ことにてさへあやしくうらみそねみ給ふなるを、かやうにききていかにいちしるく思ひあはせ給はん」＊大唐西域記長寛元年点(1163)四「特(イチシルク)深く論一切有部毗婆沙論を研き究めたり」＊色葉字類抄(1177-81)「掲焉 イチシルシ」＊史記抄(1477)一五・平津主父「表は立ていちしるく見るやうなものぞ。表率なんどのよい出処の字ぞ」＊日葡辞書(1603-04)「Ichixiru (イチシルウ)」＊人情本・貞操婦女八賢誌(1834-48頃)初・九回「元来(もとより)当社の神徳は、古(いにしへ)より明白(イチジルク)、今また、真弓が神霊の、実(じつ)に託する有様を、さも、厳重(おごそか)に見せたりければ」＊唱歌・水師営の会見(文部省唱歌)(1910)〈佐佐木信綱〉「庭に一本(ひともと)棗(なつめ)の木、弾丸あともいちじるく」 語誌「いちしろし」が古い形とされる。中古以降「いちしるし」の語形が中心となるが、「観智院本名義抄」には「いちしろし」の例もある(→いちしろし(著))。中世に入って、第三音節の濁音化した「いちじるし」やシク活用化した例も見られるようになるが、「日葡辞書」にあるような清音でク活用の形が最も普通の言い方であったか。 語源説イトシルシ(最著)の転〔大言海・猫も杓子も=楳垣実〕。 発音〈音史〉平安頃まで『いちしるし』『いちじるし』と清音らしい。中世・近世は『いちしるし』『いちじるし』の両様か。〈標ア〉ジ〈ア史〉平安『いちしるき』○○○○◓ 鎌倉『いちしるし』○○○○◓ 〈京ア〉ル 辞書色葉・名義・和玉・文明・伊京・天正・易林・日葡・書言・ヘボン・言海 表記掲焉(色・名・文・伊・天・易) 掲・熠(色・名) 現(名・玉) 白(玉・易) 著(玉・言) 炳然(易・書) 著明(書・へ) 灼然(色) 見・竪・白地・宣著・喧著・太著(名) 然・傑・殊(玉) 掲然(書)

いちじるし・い【著】『形口』文いちじる・し『形シク』(ク活用の「いちじるし」がシク活用に転じたもの) 物事が目だってはっきりしている。明白である。顕著である。また、人についてその性情の顕著なさまをいう。→いちじるし。＊源平盛衰記(14C前)三・左右大将事「入道もいちじるしき人にて、思ひ直さるる事も有りなん」＊古活字本荘子抄(1620頃)二「声名のいちしるしい事を出さん事をほせず」＊黄表紙・金々先生栄花夢(1775)「そもそも目黒不動尊は霊験いちじるしく、あまねく諸人のしるところなり」＊小説神髄(1885-86)〈坪内逍遙〉下・文体論「上流の人に対する言語(ことば)とおの同等の人に対する言語と下流の人に対する言語とおのおの著明(いちじる)しき相違ありて」 語誌「源平盛衰記」や抄物にはク活用とシク活用の例が併存する。近世においてもク活用が多く、シク活用が一般化したのはかなり後のようである。→「いちじるし(著)」の語誌。 発音イチジルシィ〈標ア〉シ〈京ア〉ル 辞書言海 表記著(言)

いちじ-れいきゃくすい【一次冷却水】『名』核分裂によって多くの熱が発生する原子炉の炉心部分を冷却する循環水。発電炉では、この冷却水によって原子炉から熱エネルギーを取り出す。 発音イチジレィキャクスイ〈標ア〉ク キャ

いちじれんだい-ほけきょう【一字蓮台法華経】『名』法華経で経文の一字ごとに蓮華座を描いた経巻。経文尊崇の心を表わすもので、平安時代末に流行した。

いち-じろ・い【一白】『形口』(「いち」は接頭語) いちだんと白い。＊妻(1908-09)〈田山花袋〉二一「屋敷町の松飾には霜がいち白く、路には羽根やら毛根やら蜜柑の皮などが落ちて居た」

いちじ-ろけん【一字露顕】『名』連歌、俳諧の賦物(ふしもの)の一つ。一句中に一音から成る同音異義の物名を掛けて詠みこむもの。「巣」に「酢(す)」、「寝」に「音(ね)」という類。→一字借音。＊連歌初学抄(1452頃)「一字露顕 日 火 蚊 香 名 菜 如レ此一字有二一字之訓一類也」＊御湯殿上日記-天文二年(1533)三月一五日「ほつく菅中納言、一字露けんの御連歌なり」＊俳諧・そらつぶて(1649)跋「賦物さまざまにとる人あれど、古き人のとりたるは、連歌の用やう同事にて、文字はかはれり。先ここにて誹言の一興あり。されども一字露顕、二字返音等は、かはる沙汰なし」

いち-しろ・し【著】『形ク』(「いちじるし(著)」の古形)「いちじるしい(著)」に同じ。＊万葉(8C後)一七・三九三五「隠沼(こもりぬ)の下ゆ恋ひ余り白波の伊知之路久(イチシロク)出でぬ人の知るべく〈平群氏女郎〉」＊観智院本名義抄(1241)「皛 アキラカナリ アラハス ウツ イチシロシ」＊運歩色葉(1548)「掲焉 イチシロク」＊菅江真澄遊覧記(1784-1809)恩荷奴金風「弓手の方の木の茂る中に、萱葺たるかん社の軒と、鶏栖の見へていちしろけん」 語源説イチシルシ(イトシルシ)の転〔大言海・万葉集辞典〕。 上仮名イチシロシ 辞書色葉・名義・言海 表記白(色・名) 皛(名) 著(言)

いち-じん【一人】『名』①「いちにん(一人)」に同じ。＊文明本節用集(室町中)「万民主不レ阿二一人(イチジン)一」＊玉塵抄(1563)一「子の位は平(へい)さぶらいの中で大名のうちでいちじんのをとなづれぞ」②(天下の唯一人者という意から)天皇をいう。上一人(かみいちじん)。＊本朝文粋(1060頃)一三・北野天神供御幣并種々物文〈大江匡衡〉「或塩二梅於天下一、輔二導一人一」＊高野本平家(13C前)一・鱸「太政大臣は、一人(ジン)に師範として、四海に儀けいせり」＊書言字考節用集(1717)三「一人 イチジン 諸臣斥二天子一云爾。尊敬之至也」＊書経-君奭「故一人有レ事二于四方一。孔安国注 一人、天子也」 発音〈標ア〉チ 辞書文明・書言・言海 表記一人(文・書・言)

いち-じん【一神】『名』一柱の神。＊平家(13C前)一一・志度合戦「二神御船のともへに立って、新羅をやすくせめおとされぬ。帰朝の後、一神は摂津国住吉のこ

ほりにとどまり給ふ。〈略〉いま一神は信濃国諏訪のこほりに跡を垂る」 *日葡辞書(1603-04)「Ichijin (イチジン)〈訳〉カミの数え方」 辞書 日葡

いち-じん【一陣】〘名〙①第一の陣。第一線の陣地。先陣。先鋒(せんぽう)。一番手。*陸奥話記(11C後か)「清原武貞為一陣、〈略〉橘貞頼為二陣、〈略〉吉彦秀武為三陣」 *今昔(1120頃か)一・二九「舎衛国の軍は武く強き者を撰て一陳に結び、次の者ば次々の陳に結べり」 *保元(1220頃か)中・白河殿攻め落す事「鎮西八郎為朝、一陣を承ってかためたり」 *平家(13C前)六・祇園女御「今度もわづかに一陣を破るといへ共、残党をせめねば、しいだしたる事なきが如し」 ②敵陣へ最初に攻め入ること。さきがけ。一番駆け。*吾妻鏡-文治元年(1185)二月一六日「泰経雖不知兵法、推量之所覃、為大将軍者未必競一陣歟」 *閑居友(1222頃)下・なにかしの院の女房の尺迦仏おたのむこと「また、一陳(チン)かくるもののふの、胡録(ころく)〈注〉えびら)のやをはやくぬき」 *源平盛衰記(14C前)三七・平家開城戸口「関東にて、一陣(ヂン)二陣の諍ひありけるに、熊谷(くまがへ)は城戸口へ寄する事は一陣(ジン)」 ③戦陣における一個の軍隊。*陸奥話記(11C後か)「五陣中亦分三陣、一陣将軍、一陣武則真人、一陣国内官人等也」 *日葡辞書(1603-04)「Ichigin (イチヂン)〈訳〉中隊など、軍の単位の数え方」 ④(—する) 風や雨などが、ひとしきり吹いたり降ったりすること。*翰林葫蘆集(1518頃)三・風簾花影「晩来一陣狂風起。欲圧飛紅無海牛」 *詩聖堂詩集-初編(1810)四・急雨「一陣狂雷一陣風、乱来白雨撲簾櫳」 *西国立志編(1870-71)〈中村正直訳〉自助論第一板序「一陣の驟雨俄かに降り灑ぎ、石版に書したる数目を洗ひ去り」 *旧習一新(1875)〈増山守正〉下「四隣寂莫陰風一陣す」 *裴説-聞砧詩「一陣霜風殺柳条、濃煙半夜成黄葉」 発音〈標ア〉0 チ 〈京ア〉0 辞書 饅頭・日葡・書言・言海 表記 一陣(饅・書・言)

いちじん の 雨(あめ) 風を伴うなどしてひとしきりさっと降って過ぎる雨。*俳諧・去来抄(1702-04)故実「急雨と書て、必竟一陣雨(いちぢんのあめ)なれば」 *花間鶯(1887-88)〈末広鉄腸〉上・五「忽ち黒雲天を蔽ふて一陣(ヂン)の雨を送り」

いちじん の 風(かぜ) ひとしきりさっと吹く風。*済北集(1346頃か)一・夏日偶作「一陣風入林。枝揺碧葉明」 *太平記(14C後)二・長崎新左衛門尉意見事「将首当白刃。截断一陣風(いちぢんノかぜ)」 *黄表紙・高漫斉行脚日記(1776)上「おりふし一ぢんの風ふききたり」

いちじん 破(やぶ)れて残党(ざんとう)全(まった)からず 先陣が敗れ去ると、残りの軍勢も総くずれになる。*平家(13C前)九・河原合戦「一陣やぶれぬれば残党まったからず。ただかけよ」 *太平記(14C後)九・六波羅攻事「一陣破れて残党全からざれば、六波羅の勢竹田の合戦にも打ち負け」

いち-じん【一塵】〘名〙①ひとつの塵。塵ひとつ。転じて、きわめてこまかいこと、わずかなことにいう。*性霊集-八(1079)勧進奉造仏塔知識書「所以一塵崇大嶽、一滴深広海、同心勠力之所致也」 *今昔(1120頃か)二〇・二〇「人、此を以て可知、一塵の物也と云とも、借用せし物をば慥に可返き也」 *読本・本朝酔菩提全伝(1809)四・七「漸(やうやく)物の声きこえずなりて、一塵(ヂン)不染(そまらず)万念尽忘(ことごとくわすれ)、心清く情安きことを覚えけり」 *円悟仏果禅師語録-一「一塵含法界。一念遍十方」 *唐彦謙-遊清霊寺詩「一塵不到心源浄、万有倶空眼界清」 ②(「も」を伴うなどして、副詞的に用い、下に打消の表現をとる) すこしも。*兵範記-久安五年(1149)一〇月一九日「今日事一塵無懈怠奉行遂了」 *高野山文書-嘉暦元年(1326)八月三日南部庄年貢米和与請文(大日本古文書一・三〇二)「右云現米、云色代銭、無一塵之未進、毎年可令究済之」 *太平記(14C後)一九・相模次郎時行勅免事「時行一塵(ヂン)も君を恨み申す処を存じ候はず」 *御伽草子・秋の夜の長物語(南北朝)「一塵(ヂン)も衆徒の僻事とは存候はず」 発音〈標ア〉チ 0 〈京ア〉0 辞書 日葡

いち-しんきげん【一新紀元】〘名〙ものごとが新しく変わった最初の年。一つの新しい時代。紀元。「一新紀元を画す」 *真面目なれ(1908)〈後藤宙外〉自然派の態度を難ず「即ち人生観及び文芸観上に一新紀元を開く程の思想上の大革命を行はうと為るものである」 発音 イチシンキゲン 〈標ア〉キ

いち-じんぶつ【一人物】〘名〙①ひとりの人。②見識のある、ひとかどの人物。発音〈標ア〉ジ 〈京ア〉ジ

いちじん-ほっかい【一塵法界】〘名〙仏語。微細な塵ひとつの中にも、法界、すなわち宇宙全体が備わっているということ。*謡曲・芭蕉(1470頃)「一塵法界の心地(しんち)の上に、露霜雪の形を見す」

いち-しんるい【一親類】〘名〙方言 親類のうち最も大切である本家と分家の関係にあるもの。岩手県下閉伊郡059 東京都三宅島025 新潟県東蒲原郡054 中頸城郡382

いち-・す【市】〘自サ変〙市に店を出して、商いをする。商売する。*宇津保(970-999頃)藤原の君「その物をたくはへて、いちしあきなはばこそ、かしこからめ」 発音〈標ア〉イ

いち-ず【一途】〘名〙①一つの方法。特に仏語としては、悟りを求める一つの方法。*三十四箇事書(1250頃)「但於理即位妙覚仏成道云事、実一途教門也」 *太平記(14C後)三〇・吉野殿与相公羽林御和睦事「是も亦偽って申す条、子細無く覚ゆれ共、謀(はかりごと)の一途(ヅ)たれば、先義詮(よしのり)が申す旨に任せられ」 *安楽集-上「若径攀大車、亦是一途。只恐現居退位、嶮径遙長」 ②(形動) 他のことを顧みないで、一つの方針または事柄に向かってゆくこと。また、その方針や事柄、およびそのさま。*太平記(14C後)二・長崎新左衛門尉意見事「各死罪に行はるべしと評定一途(ヅ)に定て」 *日葡辞書(1603-04)「Ichizzu (イチヅ)。すなわち、ヒトミチ〈訳〉一つの道、習慣、あるいは生き方。Ichizzuna (イチヅナ) モノ〈訳〉ある行為、習慣などで変わらず、ぐらつかない人」 *浄瑠璃・松風村雨束帯鑑(1707頃)二「松風を助んと、一づにしあんきわめしが」 *人情本・明烏後正夢(1821-24)三・一六回「扨も正右衛門(せうゑもん)は、由兵へに、隅田堤をわかれしより、むかしかた気の正直一図(いチヅ)、春日屋にいたり、由兵へが母妙貞に、事の頭尾(しじう)を物語り」 *多情多恨(1896)〈尾崎紅葉〉前・一「分別も用捨も何も無く、一図の悲歎に沈むで」 *雲のゆき来(1965)〈中村真一郎〉一二「年齢は次第に、そのような一途な憎悪感を消磨させて行くものです」 発音〈標ア〉チ 〈京ア〉チ 辞書 文明・饅頭・黒本・易林・日葡・書言・ヘボン・言海 表記 一途(文・饅・黒・易・書・ヘ・言)

いち-ずい【一随】〘形動〙「いちず(一途)②」に同じ。*洒落本・和唐珍解(1785)「他是一味裡用心(タアアスウイツウイリイヨンスイン〈注〉かれがイチスイにせいをだして)」 *雑俳・若の浦(1805)「一随な心か雪の鐘に更け」 *人情本・仮名文章娘節用(1831-34)三・八回「けれどもそれはほんの一随(ズイ)〈略〉子を持た身に苦労の絶ぬはおまへばかりではあるまいし」 *歌舞伎・鶴千歳曾我門松(野晒悟助)(1865)中幕「一ずゐに思ひ込んだ娘が貞女、褒めてやって下さりませ」 方言 愛知県名古屋市562 三重県度会郡599 宇治山田市600 和歌山県690 岡山県児島郡763 香川県829 愛媛県松山846

いち-ずえ【市末】〘名〙市場の末の方。市場の下手(しもて)。↔市頭(いちがしら)。*虎明本狂言・鍋八撥(室町末-近世初)「なべと申物はいやしひものにて、けっこうなる所へはゐさしいでぬ物にてござあるほどに、あれは市ずゑへやらせられい」 発音〈標ア〉0

いち-すぎ【市過】〘名〙年の市の立つ、一二月一七、一八日以後年末までの頃。*雑俳・柳多留-二(1767)「市過は銭の入る事とろっぴゃう」 *雑俳・柳多留-三(1768)「市過の娵(よめ)喰つみで引き合せ」

いちず-ぎ【一図気】〘名〙一つのことをひたすら思い込む気持。一途な気持。*人情本・花暦封じ文(1866頃)初・四回「お七も年頃、外に思ふ人でもあって、若しや願が叶はずば、尼にならうと言ふ様な、娘心の一図気(ヅギ)に、思ひ詰めたのではあるまいかと」

いち-ぜ【一是】〘名〙(「是」は、道理にかなっていること) 一箇の是。唯一の真理。*語孟字義(1705)下・誠「学者不可不句々著意、弁究推察、以帰于一是之地也」 *宋史-食貨志・上一「国家財用、其端無窮、帰於一是、生之者衆、食之者寡」

いちぜ-いっぴ【一是一非】〘名〙正しいことと、まちがっていること。*小津桂窓宛馬琴書簡-天保六年(1835)七月一日「世は只、一是一非の外なし。得識名亦従と韓退之がいひけん、実に格言と存候事に御座候」 *読売新聞-明治四一年(1908)八月二五日「閑眠期を経過したる後の一是(ゼ)一非(ピ)を」

いち-せいめん【一生面】〘名〙一つの新しく開いた方面。一つの新しいくふうや特色。新機軸。新生面。いっせいめん。「一生面をひらく」 発音 イチセイメン 〈標ア〉セ

いち-せかい【一世界】〘名〙⇨いっせかい(一世界)

いち-ぜつ【一絶】〘名〙(「ぜつ」は絶句の意) 一つの絶句。転じて一首の短歌の意にも用いる。*万葉(8C後)一八・四一二二・題詞「至于六月朔日忽見雨雲之気仍作雲歌一首。短歌一絶」 *蕉堅藁(1403)「拝観相府悼深心院殿雅詠、謹奉呈一絶、情見于詞」 *随筆・山中人饒舌(1813)上「頗厭其擾。題一絶於扇頭」 *鳥追阿松海上新話(1878)〈久保田彦作〉叙〈仮名垣魯文〉「一絶(いちゼツ)の狂詩当時の形容を看るに足る」 *林浦-詩題「自作寿堂因書一絶以誌之詩」 発音〈標ア〉0

いち-ぜん【一前】〘名〙神仏や貴人に供える机、脇息などを数える語。*多度神宮寺伽藍縁起資財帳(801)延暦二〇年一一月三日(平安遺文一・二〇)「花机壱前、経机壱前、〈略〉脇息壱前」 *今昔(1120頃か)一一・七「行基、一前の閼伽を備て海の上に浮べ放つ」

いち-ぜん【一善】〘名〙①一つのよい行ない。一徳行。*藤原保則伝(907)「見其有一善、則悦動顔色、常称誉推挙、賛成其美」 *百座法談(1110)三月一日「此の毒いは、さらに一善なきものなり。なにのゆゑにこひうけ給ふぞといふに」 *愚迷発心集(1213頃)「希(まれ)に一善を勤むと云ども多は名聞の思に穢さる」 *私聚百因縁集(1257)二・五「一善なりと云へども之を修せば其の功徳無量なるべしと云々」 *日葡辞書(1603-04)「Ichijē (イチゼン)。ヒトツノ ゼン〈訳〉一つの徳行。または善い行ない」 *礼記-中庸「得一善、則拳拳服膺、而弗失之矣」 ②ほかに善といえるもののない、たった一つの善。「法華経」の説く、一仏乗の立場をいう。唯一の善。*日蓮遺文-立正安国論(1260)「汝、早改信仰之寸心、速帰実乗之一善」 発音〈標ア〉チ 辞書 日葡

いち-ぜん【一膳】〘名〙①料理を載せる台一つ。また、その料理。*食物服用之巻(1504)「其あとに三番の膳をく也。かくのごとく調へて一膳づつあぐべし」 *日葡辞書(1603-04)「Ichijen (イチゼン)〈訳〉食事する台(膳)の数え方」 ②食べ物の一人分。一人前の食べ物。また、碗やどんぶり一杯の食べ物。*咄本・一休関東咄(1672)中・七「へいぐゎいそばきりなどをつねにたべ候。一ぜんは下さるべし。御出しあれ」 *黄表紙・金々先生栄花夢(1775)「もはやなん時でござりましゃうの。一ぜん、ちょとたのみます」 *新内・名物姥ケ餅

(1820頃か)「爰な内は十が一膳なれど」＊滑稽本・浮世床(1813–23)初・中「己(おりゃ)ひだるうなったによって、内へ往(いん)で茶漬(ちゃづけ)一(イチ)ぜん食(く)って来る間先へ往(い)って待って居い」③箸一対。＊浮世草子・日本永代蔵(1688)二・一「一膳(ゼン)にて一年中あるやうに、是も神代の二柱を表すなり」＊書言字考節用集(1717)一〇「一揃 イチゼン 箸」＊雑俳・柳多留-三六(1807)「一ぜんの箸でよみ売二人くい」 発音〈なまり〉イッツェン〔大阪・播磨・伊予大三島〕〈標ア〉チ 〈京ア〉イッツェン イ 辞書 文明・天正・日葡・書言 表記 一膳(文・天・書) 一揃(書)

いちぜん-めし【一膳飯】〘名〙①食器に盛り切りにして売る飯。一膳飯屋で食べさせる飯。一膳盛り。＊雑俳・住吉おどり(1696)「うすいぞや・一膳めしに添ゆる汁」＊随筆・見た京物語(1781)「中の町とおぼしき所、一ぜんめしの看板あり」②(神または特定の人を目ざして盛り切りの飯を供したところから転じて)死者に供する飯。枕飯。他に分与しないことを強調して箸を立てる例が多い。発音〈なまり〉イッツェンメシ〔大阪〕〈標ア〉ゼ 〈京ア〉イッツェンメシ メ 辞書 言海 表記 一膳飯(言)

いちぜんめし-や【一膳飯屋】〘名〙一膳飯を売る大衆的な食堂。＊東京風俗志(1899–1902)〈平出鏗二郎〉中・八・酒「煮しめ屋・一膳めし屋をさへ兼ぬれば、飲むべく、食ふべく、床台とも飯台ともつかぬ食卓を前にして」＊硝子戸の中(1915)〈夏目漱石〉二〇「其半鐘のすぐ下にあった小さな一膳飯屋(イチゼンメシヤ)」発音〈標ア〉シ 〈京ア〉イッツェンメシャ メ

いちぜん-もり【一膳盛】〘名〙「いちぜんめし(一膳飯)①」に同じ。＊浄瑠璃・丹波与作待夜の小室節(1707頃)中「どふした事やら此比は、一ぜんもりの客さへない」発音〈標ア〉0

いちぜん-りゅう【一全流】〘名〙兵学の流派の一つ。宝暦(一七五一～六四)ごろ、尾張(愛知県)の藩士近松茂矩の始めたもの。剣、槍、練兵法、甲冑(かっちゅう)法、早乗、水練、騎射、忍法を含む。発音 イチゼンリュー〈標ア〉0

いち-ぞう【一族】〘名〙「いちぞく(一族)」の変化した語。＊増鏡(1368–76頃)一・おどろのした「平家の一族(ゾウ)のみいよいよ時の花をかざしそへて」

いちぞう-いちげん【一増一減】〘名〙仏語。寿命が一〇歳より百年ごとに一歳を増して八万四千歳に達する間と、これと反対に、八万四千歳より百年ごとに一歳を減らして一〇歳に至る間とをいう。＊神皇正統記(1339–43)上・序論「一増一減を一小劫と云ふ。二十の増減を一中劫と云ふ。四十劫を合せて一大劫と云ふ」

いち-そうば【市相場】〘名〙市場で立てる相場。発音 イチソーバ〈標ア〉ソ

いち-ぞく【一俗】〘名〙ひとりの俗人(日葡辞書(1603–04))。辞書 日葡

いち-ぞく【一族】〘名〙一つの血筋につながりのある者。同族。血族。＊雲図抄(1115–18頃)四月・八日灌仏事「九条殿一族参上之時、入㆓孫庇第四間㆒」＊平家(13C前)四・若宮出家「宮井(ならび)に三位入道の一族」＊寛永刊本蒙求抄(1529頃)五「ここはただ群従とはかり云ふたほどに一族(ソク)中と云ふ心までぞ」＊日葡辞書(1603–04)「イッケ、ichizocu(イチゾク)」＊評判記・色道大鏡(1678)八「予が一族(いちゾク)なれば、はばかりて姓名をしるさず」＊尋常小学読本(1887)〈文部省〉六「一族の中にて、高き官につきたる者は、六十人余もありて」＊国語-周語・上「王御不㆑参㆓一族㆒」発音〈標ア〉チ 〈京ア〉0 辞書 色葉・文明・明応・天正・饅頭・黒本・易林・日葡・書言・言海 表記 一族(色・文・明・天・饅・黒・易・書・言)

いち-ぞく【一粟】〘名〙一つぶの粟(あわ)の実。転じてきわめて小さい物のたとえ。「大海の一粟」などと使う。＊苦痛と解脱(1903)〈綱島梁川〉「冷ややかなる『死』の遍在力は、今や一粟(ソク)の有情物に、其の宇宙大の威力を集冲(しうちう)し来りて、直ちにその存在の根柢を衝破し粉韲(ふんさい)せんとするならずや」＊淮南子-天文訓「故十二蓂而当㆓一粟㆒」＊欧陽脩-憎蚊詩「惟爾於㆓其間㆒、有㆑形纔一粟」発音〈標ア〉0

いち-ぞく【一賊】〘名〙ひとりの盗人(日葡辞書(1603–04))。辞書 日葡

いち-ぞく【一簇】〘名〙ひとむれ。ひとかたまり。＊六如庵詩鈔-二編(1797)三・宕山夏日有時下視雷雨「北山雷動向㆓城辺㆒、一簇奔雲急雨懸」＊小学読本(1874)〈榊原・那珂・稲垣〉二「其一簇を物の象に喩へて種々の名を設く」＊杜甫-江畔独歩尋花詩「桃花一簇開無㆑主、可㆑愛㆓深紅㆒愛㆓浅紅㆒」

いち-そく-た【一即多】〘名〙一と多が互いに即応しているということ。一を離れて多はなく、多を離れて一はないということ。「一即十」ともいう。＊八宗綱要(1268)下「一即多而無㆑隔、多即一而円通」

いちぞく-ろうどう【一族郎党】〘名〙(現代は「いちぞくろうとう」とも)①一家一族。＊日月の窓(1957–58)〈阿部知二〉一・一「その写真には、神門家の一族郎党というべきものと主な客人と合せて、三十人ほどがうつっているが」②家の子と郎等。＊鳥獣戯話(1960–62)〈花田清輝〉三・二「固唾(かたず)をのんでいた武田の一族郎党たちもまた、慶安斎の振舞いに、すっかり、舌をまいた」③(比喩的に)流派、宗派などの組織の全体。＊第4ブラリひょうたん(1954)〈高田保〉上戸・下戸「封建伝統の一門一座という組織、宗家座頭と立てられていれば、その一族郎党の生活を引負わねばなるまい」発音 イチゾクロードー〈標ア〉チ

いち-ぞめ【市初】〘名〙初めて市(いち)を開いて商売を始めること。市の初め。＊狂言記・牛馬(1700)「此めでたい市初(イチゾメ)に何ごとじゃ」

いち-ぞん【一存】〘名〙①同じ考え。＊政談(1727頃)三「上下の間隔りなく、一存になる故、天地和合するが如く成事にて、国家能く納り」②自分ひとりだけの考え。一方的な考え。一存分。＊人情本・春色恵の花(1836)初・四回「しんぞうの一存にて茶屋へあいさつせしはいかにとなれば」＊多情多恨(1896)〈尾崎紅葉〉前・六「其も決して母親の一存ではない」＊夜明け前(1932–35)〈島崎藤村〉第一部・上・六・三「あの井伊大老ですら、幕府の一存を楯にして単独な行動に出ることは出来なかった」発音〈標ア〉チ 0 〈京ア〉0 辞書 文明・言海 表記 一存(文・言)

いちぞん-ぶん【一存分】〘名〙自分ひとりの考え。一存。＊日葡辞書(1603–04)「Ichizonbun(イチゾンブン)〈訳〉一つの考え、判断」辞書 日葡

いち-だ【一打】〘名〙野球・ゴルフなどで、ボールを一度打つこと。また、ボクシングなどで、相手に一撃を加えること。

いち-だ【一朶】〘名〙①花の一枝。また、一輪の花。＊本朝無題詩(1162–64頃)五・暮秋即事〈藤原周光〉「五株煙透門寒柳。一朶紅残池冷荷」＊文明本節用集(室町中)「一朶 イチダ 花一朶」＊日葡辞書(1603–04)「Ichida(イチダ)〈訳〉一本の木の枝。文書語」＊六如庵詩鈔-二編(1797)三・寄題波響楼「就㆑中公子最俊秀、一朶芙蓉挿㆓清秋㆒」＊金色夜叉(1897–98)〈尾崎紅葉〉続・八「一朶の白百合大さ人面の若きが」＊盧綸-九日奉陪侍郎登白楼詩「睥睨三層連歩障、茱萸一朶映㆓華簪㆒」②ひとかたまり。ひとむれ。ひとつまみ。＊蔗軒日録-文明一七年(1485)正月一日「僧俗拈㆓一朶㆒、至者十余人」＊読本・椿説弓張月(1807–11)前・三回「四方晦曚(くゎいもう)として、一朶(イチダ)の黒雲須藤が上に掩ひ累(かさな)り」＊草枕(1906)〈夏目漱石〉八「一息懸けたなら、直ちに凝って、一朶(イチダ)の雲を起すだらうと思はれる」＊蘇軾-上元侍飲楼上詩「侍臣鵠立通明殿、一朶紅雲捧㆓玉皇㆒」発音〈標ア〉チ 〈京ア〉チ 辞書 文明・日葡 表記 一朶(文)

いちだ【一唾】〘名〙一度唾(つばき)を吐くこと。天神、龍などが、ほんのわずか雨を降らせることのたとえに用いられる。＊性霊集-一(835頃)喜雨歌「一唾能銷㆓百界火㆒、一朝能滅㆓万人愁㆒」

いち-だ【一駄】〘名〙馬一頭に背負わせた荷の分量。また、荷を背負った馬一頭。→一駄荷(いちだに)。＊今昔(1120頃か)五・一六「大王用し給はば此の菓子(くだもの)を一駄奉らむ」＊日蓮遺文-上野殿母尼御前御返事(1280)「鵞目両ゆひ、白米一駄、芋一駄」＊御伽草子・二十四孝(室町末)「かか様の兄弟古今希也とて、米二石、塩一駄(いちダ)と与へたる」＊日葡辞書(1603–04)「Ichida(イチダ)〈訳〉馬や牛などに付けた荷物の数え方」＊俳諧・曠野(1689)員外「荻の声どこともしらぬ所ぞや〈筆〉一駄過して是も古綿〈亀洞〉」＊木曾故事談(1784)上「土居(白木)一駄四挺附、馬之飼料大豆三升古来之御定にて」＊宋史-食貨志七・礬「礬以㆓百四斤㆒為㆓一駄㆒」方言 ❶米二俵。埼玉県川越255 滋賀県607 ◇いちだん 青森県上北郡082 岩手県紫波郡093 長野県佐久484 ❷薪など四〇貫。島根県邇摩郡・大原郡725 ❸三〇貫。奈良県南大和683 ◇いちだん 長野県佐久(桑)484 発音〈標ア〉チ 〈京ア〉チ/イ 辞書 下学・文明・伊京・明応・天正・饅頭・黒本・易林・日葡・書言 表記 一駄(下・文・伊・明・天・饅・黒・易・書)

いちだ【市田】姓氏の一つ。発音〈標ア〉イ

いち-だい【一大】〘接頭〙名詞の上に付いて、一つの大きな、重要な、の意を表わす。＊随筆・孔雀楼筆記(1768)三「太宗の人材も建徳の下に出づ、仕合よくて天下をとられしによって、竇・蕭はただに僭偽(せんぎ)の中に混ず、一大冤(えん)といふべし」＊真政大意(1870)〈加藤弘之〉上「必す先つ心得ねばならぬ一大要件があるが」＊当世書生気質(1885–86)〈坪内逍遙〉九「近日賄(まかなひ)改革の一大暴動を起さうと企てたによって」

いち-だい【一代】㊀〘名〙①天子や君主が在位する間。＊万葉(8C後)五・沈痾自哀文「一代懽楽未㆑尽㆓席前㆒〈略〉千年愁苦更継㆓坐後㆒〈山上憶良〉」＊続日本紀-宝亀一一年(780)六月五日「勅〈略〉今謂㆑永者是一代耳」＊更級日記(1059頃)「大嘗会の御禊〈略〉一代に一度の見ものにて、田舎せかいの人だに見る物を」②家や事業を継いで主となっている間。＊平家(13C前)一〇・千手前「故入道は〈略〉其身一代のさいはひにて、子孫かやうにまかりなるべしや」＊風姿花伝(1400–02頃)七「此別紙の口伝、当芸に於いて、家の大事、一代一人の相伝なり」＊寛永刊本蒙求抄(1529頃)四「又義に今一代の儒者ではない父先祖から儒者の流れぞ」＊浮世草子・日本永代蔵(1688)二・一「此藤市(ふぢいち)利発にして、一代のうちにかく手まへ富貴になりぬ」③人の一生涯。生きている間。＊正法眼蔵(1231–53)安居「大覚世尊、すでに一代のあひだ、一夏も闕如なく修証しましませり」＊浮世草子・好色一代女(1686)五・一「一代(ダイ)に悪銀(わるがね)つかまして立た事もなし、傘借(かっ)てかへさぬ事もなし」＊俳諧・三冊子(1702)赤双紙「いにしへの宗匠深くつつしみ、一代一両句に不過(すぎず)」＊浄瑠璃・冥途の飛脚(1711頃)中「一代の外聞ほうばい衆へも盃事、いとまごひも訳よふしてゆるりと出して下さんせ」＊江淹-傷友人賦「拾㆓一代㆒而笑㆑洩、訪㆓古人㆒而求㆑深」④その時代。ある一つの時代。当代。＊蕉堅藁(1403)中竺全室和尚自京師還山作詩以献「一代文章同㆓器之㆒、道尊還喜至尊知」＊随筆・孔雀楼筆記(1768)一「三才図会に歴世開基の帝王の像あり。〈略〉勿論一代の名臣の像もあり」＊吾輩は猫である(1905–06)〈夏目漱石〉五「一代の画工が精力を消耗して変化を求めた顔」＊都会の憂鬱(1923)〈佐藤春夫〉「才貌ある一女優の一代の人気」＊漢書-曹参伝賛「位冠㆓群后㆒、声施㆓後世㆒、為㆓一代之宗臣㆒」⑤家系の初代。第一代。㊁〘語素〙①名詞の上に付

けて、「一代限り」の意を添える。「一代男」「一代女」「一代高家」「一代華族」など。②名詞の上に付けて、「一生涯ある状態を貫く」の意を添える。「一代後家」「一代白歯」「一代法華」など。方言 人の一生。生きている間。香川県小豆島829 ◇いちでえ 沖縄県首里993 発音〈標ア〉チ〈京ア〉イ1 辞書 日葡・言海 表記 一代(言)

いちだい の 教法(きょうぼう)【=聖教(しょうぎょう)】「いちだいきょう(一代教)」に同じ。*観智院本三宝絵(984)中「千人の羅漢を撰とどめて、すべて一代の聖教を注(しるし)おけり」*葉子十行本平家(13C前)一〇・高野巻「我が宗には無生教を立て、一代の聖教を判ず」*光悦本謡曲・大会(1538頃)「それ一代の教法は五時八教をけづり、教内・教外を分たれけり」

いちだい の 守本尊(まもりほんぞん)は飯(めし)と汁(しる) 人間の一生のうちで、欠くことのできない、いちばん大事なものは、命をつなぐ飯と汁であるの意。*譬喩尽(1786)一「一代(イチダイ)の守本尊(マモリホンゾン)は飯(メシ)と汁(シル) 一休和尚之語」

いちだい-いけず【一代不行】〘名〙一生嫁や婿にもらい手がないこと。一生不縁。*談義本・華鳥百談(1748)五・五味伯秀夢中の問答「工夫の上の媒(なかだち)肝煎(きもいり)。たとへば一代不縁(いちダイイケズ)の三平二満(おとごぜ)も」発音〈標ア〉イ3

いち-たい-いち【一対一】〘名〙一つの物事が、他の一つの物事だけに対応すること。また、他の者を交えず、二者だけで行なわれること。発音〈標ア〉タ チ1

いちだい-いちげん【一代一元】〘名〙「いっせいいちげん(一世一元)」に同じ。

いちだい-いちごう【一代一号】〘名〙「いっせいいちげん(一世一元)」に同じ。発音イチダイ=イチゴー〈標ア〉チ=チ

いちだいいちこう-の-にんおうえ【一代一講仁王会】〘名〙「いちだいいちど(一代一度)の仁王会」に同じ。*延喜式(927)一三・図書寮「右一代一講仁王会。大極殿装束如レ件」

いちだい-いちど【一代一度】〘名〙その人一代に一度。特に天皇の一代に、ただ一度であること。*日本紀略-天暦元年(947)四月一七日「定二一代一度諸社神宝使一」*西宮記(969頃)七・進発宇佐使「一代一度、於二八省一給二宣命一、大内御禊如レ例、射場有宇佐使」発音〈標ア〉チ=ド

いちだいいちど の 勘料(かんりょう) 鎌倉・室町時代、荘園や国衙領(こくがりょう)で領主や国司が交代したとき、検地を行なう代わりに徴収した雑税。一任一度の勘料。

いちだいいちど の 大神宝使(だいしんぽうし) 天皇一代に一度遣わされる大神宝使。天皇即位の初めに一度、伊勢神宮以下の五一社に大神宝を奉るために遣わされた使い。*本朝世紀-康治二年(1143)一一月九日「権大納言藤宗輔卿参二仗座一被レ立二一代一度大神宝使。弁以下於二建礼門一行二大祓事一」

いちだいいちど の 仁王会(にんおうえ・にんのうえ) 天皇一代に一度行なう仁王会。天皇の即位に当たって宮中をはじめ諸国をあわせて百の高座を設け、仁王護国般若経を読誦して、国家の安泰、長久を祈った儀式。一代一講の仁王会。*江家次第(1111頃)一五・一代一度仁王会「一代一度仁王会。大臣奉レ勅、令下勘二日時一并定中僧名上〈略〉定二行事九人一」

いちだいいちど の 仏舎利使(ぶっしゃりし) 中古、天皇の即位の後に、宇佐八幡宮を始め全国の主要な神社に仏舎利を奉納するために遣わされた使い。*百練抄-建久三年(1192)三月一〇日「被レ発二遣一代一度仏舎利使一」

いちだいいちど の 奉幣(ほうへい) 天皇の一代一度の大嘗祭(だいじょうさい)の後で、伊勢神宮をはじめとする五一社(時には五三社、四八社のこともある)に神宝および幣帛(へいはく)を奉ること。*左経記-寛仁元年(1017)九月二〇日「徴雨、依レ可レ被レ定二一代一度奉幣一」

いちたいいち-の-たいおう【一対一対応】〘名〙写像の一種。集合Aから集合Bへの写像fのうち、次の二条件を満たすものを、AからBへの一対一の対応、または、AとBとの間の一対一の対応という。Aの相異なる要素の像はまた相異なる。Bのいかなる要素も、Aのある要素の像になっている。

いちだい-いっせ【一代一世】〘名〙「いっせいちだい(一世一代)①」に同じ。*浮世草子・風流曲三味線(1706)五・二「爰は一代一世の思案所」*浮世草子・傾城禁短気(1711)四・三「一代一世の損金、千秋楽も腹立て声にて申納め」発音〈標ア〉チ=イ

いちだい-おじ【一代小父】〘名〙方言 生涯生家にとどまって結婚も分家もしない次男以下の男。岐阜県飛驒502 ◇いちだいおんじい 静岡県磐田郡546

いちだい-おとこ【一代男】㊀〘名〙自分一代だけで後継ぎのない男。一生定まった妻を持たず、子を作らない男。*浮世草子・好色一代男(1682)八・五「たまたま一代男(オトコ)に生れての、それこそ願ひの道なれと」*浄瑠璃・源頼家源実朝鎌倉三代記(1781)三「ナニサ我等は一代男、家を継ぐべき躮(せがれ)はなし」*譬喩尽(1786)一「一代男(イチダイオトコ)といふことあり 一生子なくくらす男」㊁「こうしょくいちだいおとこ(好色一代男)」の略。*洒落本・跖婦人伝(1753)「一代男の与之助が女護の嶋渡り」発音〈標ア〉オ

いちだい-おば【一代小母】〘名〙方言 生涯生家にとどまって結婚しない女。岐阜県飛驒502 ◇いちだいおんばあ 静岡県磐田郡546

いちだい-おんな【一代女】㊀〘名〙定まった夫も子もなく、自分一代かぎりの女。また、嫁入りしても子供のない女。*浮世草子・好色一代女(1686)六・四「我は一代女なれば何をか隠して益なしと」*譬喩尽(1786)一「一代女 これも嫁入しても子得うまぬ女」㊁「こうしょくいちだいおんな(好色一代女)」の略。発音〈標ア〉オ

いちだい-かい【一大快】〘名〙もっとも痛快なこと。楽しみきわまりない一事。*童子問(1707)下・一「此是先儒未了之公案、故不レ厭二其詞之繁一、豈不二千載之一大快一乎」

いちだい-かかえ【一代抱】〘名〙江戸時代、当人一代限り召しかかえられる家臣をいう。財政困難な後期に至って多くなる。世襲の譜代に対する語。*寛政分限帳(尾張藩)(1789-1800)「一代抱 拾石二人分 田中彌右衛門 同 八石二人分 白木源之丞」*族禄処分録(1872)一・一「府県貫属卒の内、世襲の者は士族に、一代抱の者は民籍に編入之事」発音〈標ア〉カ1

いちだい-かぞく【一代華族】〘名〙華族の爵位は、世襲制を廃して一代限りにすべきであるとする主張。板垣退助などが唱えた。発音〈標ア〉カ

いちだい-かんじんのう【一代勧進能】〘名〙「いっせいちだい(一世一代)の勧進能」に同じ。発音イチダイカンジンノー〈標ア〉ジ

いちだい-き【一代記】〘名〙ある個人の一生涯の事跡を記録した書。伝記。一代行状記。*浄瑠璃・曾我五人兄弟(1699頃)五「河津三郎が一代記を、京都にて書物に作りそが物がたりと申て」*春寒(1921)〈寺田寅彦〉「初めの半分はオラーフ・トリーグヴェスソンといふ那威の王様の一代記で、後半は矢張り同じ国の王であったが、後に聖オラーフと呼ばれた英雄の物語である」発音〈標ア〉ダ〈京ア〉ダ 辞書 ヘボン・言海 表記 一代記(へ・言)

いちだい-きょう【一代教】〘名〙仏語。釈迦が悟りを開いてから生涯の間に説いたさまざまな教え。一代の教法(きょうぼう)。一代聖教(しょうぎょう)。一代説教。*教行信証(1224)二「源信広開二一代教一、偏帰二安養一勧二一切一」*梵舜本沙石集(1283)一〇本・二「されば仏の一代教は第一義空をむねとす」発音イチダイキョー〈標ア〉0

いちだいきょう-しゅ【一代教主】〘名〙仏語。一代教の教主。釈迦のこと。*百座法談(1110)六月一九日「仰ぎ願は、一代教主尺迦牟如来、平等大会、法花経御願、一々に哀愍内受し給て」*今昔(1120頃か)三・二七「願くは、一代教主、釈迦牟尼如来、我が苦患を助け給へ」*光悦本謡曲・熊野(1505頃)「末世一代教主の如来も、生死のおきてをばのがれ給はず」*仮名草子・恨の介(1609-17頃)下「一代教主の釈尊も栴檀の煙は遁れ給はず」発音イチダイキョーシュ〈標ア〉キョ

いちだい-こうけ【一代高家】〘名〙世襲である高家職に一代だけ臨時に就任すること。*吏徴(1845)別録・上・高家「元禄八年乙亥十二月十五日、交替寄合最上刑部義智拝職、十八日、侍従改二駿河守一、此為二一代高家一」発音イチダイコーケ〈標ア〉コ

いちだい-ごけ【一代後家】〘名〙一生、結婚しないで後家同様の状態で暮らしている女。行かず後家。また、再婚の意志を捨て、余生を独身のまま過ごそうとする女。*浮世草子・日本永代蔵(1688)五・一「一代後家(ゴケ)をせんさくして、彼是年ふるうちに」*浮世草子・新色五巻書(1698)二・三「一代後家(イチダイゴケ)の壱人住み」発音〈標ア〉ダ

いちだい-ごじ【一代五時】〘名〙仏語。釈迦が生涯にわたって説いた教えを華厳、阿含、方等(ほうどう)、般若、法華涅槃(ほっけねはん)の五つの時期に区分し整理したものの総称。天台宗の説。*日蓮遺文-立正安国論(1260)「遠迷二一代五時之肝心一、法花経第二、若人不信毀謗此経、乃至、其人命終入阿鼻獄誡文一者也」*源平盛衰記(14C前)一九・山門僉議牒状事「桓武天皇興二平安城一、親(まのあたり)崇二敬一代五時(いちタイゴジ)之仏法一」

いちだい-こぶしん【一代小普請】〘名〙老年、病気あるいは失策などによって、役職を離れ、小普請入りをその者一代限り命じられたもの。↓小普請入(こぶしんいり)。*有司勤仕録-小普請組支配(古事類苑・官位七六)「一代小普請と云は、老人又は病気或は故有レ之、諸役人諸番衆より小普請入被二仰付一事也」

いちだい-さく【一代柵】〘名〙高木の並木を作り、適当に刈り込んで柵の代わりにしたもの。発音〈標ア〉ダ

いちだい-ざっしゅ【一代雑種】〘名〙遺伝的組成の異なる二個体の交配によって生じる個体で、有性生殖能力がないもの。発音〈標ア〉ザ

いちだい-さんぜんかい【一大三千界】〘名〙仏語。「さんぜんだいせんせかい(三千大千世界)」に同じ。*太平記(14C後)一二・神泉苑事「四海の民を一人も無く飢渇(けかち)に合せんと思て、一大三千界の中にある所の龍神共を捕へて」

いちだい-さんぜんだいせんせかい【一大三千大千世界】〘名〙仏語。「さんぜんだいせんせかい(三千大千世界)」に同じ。*謡曲・道成寺(1516頃)「一大三千大千世界の恒沙の龍王、哀愍納受、哀愍りきんの砌なればいづくに大蛇のあるべきぞと」

いち-だいじ【一大事】〘名〙①仏語。仏がこの世に出なければならなくなった、根本の事情。仏の悟りの開かれる因縁。転じて、悟りを開くきっかけ。↓一大事因縁。*正法眼蔵(1231-53)弁道話「いまこの如来一大事の、正法眼蔵無上の大法を、禅宗となづくるゆゑに」*日蓮遺文-南条兵衛七郎殿御返事(1281)「教主釈尊の一大事の秘法を霊鷲山にして相伝し」*万民徳用(1661)四民・農人日用「若貪慾の心に住して、一大事を忘て農業をなさしめば、田畑も不浄地となり」*艸山集(1674)二二・次拾得韻「此不レ為二吟哦一唯為二一大事一」②

一つのたいせつな事柄。また、容易ならないできごと。大事件。大変。＊保元(1220頃か)下・為義最後の事「人の身には一期の終りをもって一大事とせり」＊却来華(1433)「いま老後におよんで、息男元雅にいたるまで、道の奥義残なく相伝をわりて、世阿は一身の一大事のみをまちつる処に」＊謡曲・親任(1541頃)「このおん方は一大事の敵(かたき)をおん持ち候」＊山鹿語類(1665)二一・気を養ひ心を存す「度量〈略〉大丈夫生死一大事の地に臨み、白刃を蹈み、剣戟をほとばしらしめて剛操の節をあらはし」＊浮世草子・日本永代蔵(1688)三・四「命は養生の一大事(ダイジ)なるに」＊当世書生気質(1885-86)〈坪内逍遥〉二「捕へられては、一大事(イチダイジ)と」＊蘇軾-趙閲道高斎詩「超然已了一大事、挂レ冠而去真秋毫」 発音〈標ア〉ダ〈京ア〉ダ 辞書 易林・日葡・書言・言海 表記 一大事(易・書・言)

いちだいじ-いんねん【一大事因縁】『名』①仏語。仏がこの世に出現するに当たって目あてとした最大の目的をいう。「法華経-方便品」に示されている言葉で、いっさいの生あるものをして仏の知見に目ざめさせることだとされる。＊正法眼蔵(1231-53)授記「唯以二一大事因縁一故出現といふなり」＊日蓮遺文-観心本尊抄(1273)「汝既見二聞唯一大事因縁経文一不レ信」＊法華経-方便品「諸仏世尊、唯以二一大事因縁一故、出二現於世一」②転じて、悟りを開くきっかけ。＊徒然草(1331頃)一八八「この薄(すすき)をいぶかしく思ひけるやうに、一大事因縁をぞ思ふべかりける」＊ささめごと(1463-64頃)上「此の道を悟り知らむよりも、ただいま当来すべき一大事因縁を尋ねあきらめ、ながく生死をこそ捨てたく侍れ」

いち-だいしょう【一大笑】(ダイセウ)『名』大声で笑うこと。＊浮雲(1887-89)〈二葉亭四迷〉二・八「遂に天を仰いで轟然と一大笑(いちダイセウ)を発した」

いちだい-しょうぎょう【一代聖教】(シャウゲウ)『名』「いちだいきょう(一代教)」に同じ。＊一遍上人語録(1763)下・門人伝説「一代聖教の所詮はただ名号なり」 発音 イチダイショーギョー〈標ア〉ショ

いちだい-しらは【一代白歯】『名』(結婚すると御歯黒(おはぐろ)をする風習があったところから)一生、結婚しないでいる女。＊浮世草子・好色二代男(1684)七・一「紅白粉じゃへつもなく、一代白歯(シラハ)の中なれば」 発音〈標ア〉ラ

いちだい-しんしょう【一代身上】(シンシャウ)『名』一代で築き上げた財産。また、そういう金持。＊怪談牡丹燈籠(1884)〈三遊亭円朝〉一七「此人は一代身上(イチダイシンセウ)俄分限に相違なし」＊爛(1913)〈徳田秋声〉四〇「出来たと言っても、一代身上(いちだいシンシャウ)ですからね」 発音 イチダイシンショー〈標ア〉シ

いちたい-すい【一帯水】『名』⇨いったいすい(一帯水)

いちだいせいとう-せい【一大政党制】(イチダイセイタウ)『名』二大政党制、多数政党制に対して、政党の対立のない統一的政治組織によって支配される制度。一党独裁制。一党専制。 発音 イチダイセイトーセイ〈標ア〉〇

いちだい-せっきょう【一代説教】(セッケウ)『名』「いちだいきょう(一代教)」に同じ。＊太平記(14C後)一五・園城寺戒壇事「三密瑜伽(さんみつゆが)の道場を構へ、一代説教(セッケウ)の法席を展べ給ひけり」

いちだい-ぞうきょう【一代蔵経・一代蔵教】(ザウキャウ)『名』仏語。釈迦が生涯にわたって説法した経典の総称。広くは、経、律、論の三蔵全体を含む。大蔵経。一切経。蔵経。大蔵。三蔵聖教。＊正法眼蔵(1231-53)行仏威儀「その功夫は〈略〉一顆明珠なるか、一大蔵教なるか〈略〉子細に検点し、検点を子細にすべし」＊一休水鏡(1481頃)「一代蔵経(イチダイザウキャウ)は皆人間を痛めんが為なり」＊遠羅天釜(1747)跋文「一代蔵経拭二不浄一故紙」

いちだい-としより【一代年寄】『名』大相撲で、功績の特に大きかった力士に対して、日本相撲協会から本人一代に限り与えられる年寄の資格。

いちだい-のう【一代能】『名』「いっせいいちだい(一世一代)の勧進能(かんじんのう)」に同じ。＊勧進能一件留-上(古事類苑・楽舞一三)「観世大夫先祖一代能仕候義付、此度観世大夫方より差上候書付」 発音 イチダイノー〈標ア〉ダ

いち-たいはく【一大白】『名』(「大白」は大きなさかずき)一つの大きなさかずき。＊大日本国語辞典(1915-19)序文〈芳賀矢一〉「二君の成業を祝して、一大白を浮べようと思ふのである」＊研北雑志-下「子美読二漢書張良伝一至下良与レ客狙二撃秦皇帝一誤中中副車上遽撫レ掌曰、惜乎撃レ之不レ中、遂満引二一大白一」

いちだい-ひかん【一代被官】『名』方言 その身一代の召使い。生涯その家に奉公する者。伊豆八丈島1075

いちだい-ぶっきょう【一代仏教】(ブッケウ)『名』釈迦一代に説いた顕密の教法。＊三帖和讃(1248-60頃)高僧「本師源信ねんごろに、一代仏教のそのなかに、念仏一門ひらきてぞ、濁世末代おしへける」 発音 イチダイブッキョー〈標ア〉ブ

いちだい-ぶんげん【一代分限】『名』一代で財産をつくりあげた金持。財産家。＊浮世草子・日本永代蔵(1688)六・二「これらは各別の一代分限(ケン)、親よりゆづりなくてはすぐれてふうきにはなりがたし」＊星座(1922)〈有島武郎〉「それが図にあたって、それ丈けの事であんな一代分限になり上ったのだ」 発音 イチダイブンゲン〈標ア〉ブ

いちだい-ほっけ【一代法華】『名』一生の間法華経の信仰を貫くこと。また、その信者。＊歌舞伎・法懸松成田利剣(1823)五立「まこと邪法と沙汰ござれど、日蓮さまは今の世の活仏(いきぼとけ)。そこで我れらも一代法華(いちダイホッケ)に」＊厭がらせの年齢(1947)〈丹羽文雄〉「うめ女は一代法華で、写真に香華を立てることを忘れなかった」 発音〈標ア〉ホ

いちだい-まもり【一代守】『名』福岡県三井郡で、生児のお宮参りの時に、神社から生児に与えられる守り札。生児はこの札を一生身につけて、異教を信奉しない証明とする。

いちだい-めんじょ【一代免除】(メンヂョ)『名』江戸時代、百姓町人に対し、苗字帯刀などを、その身一代に限って許可すること。功績があったり、献金したりした場合に多い。＊地方凡例録(1794)七「勿論何ぞ訳ありて従二公儀一苗字帯刀永々御免除か、或は其の身一代御免除の百姓は申に不レ及」 発音〈標ア〉メ

いちだ-うり【一駄売】『名』馬一頭分の積み荷の分量を一単位とした売買。＊妙法寺記-明応元年(1492)「塩初は四貫文。後は三貫六百文に壱駄売」 発音〈標ア〉〇

いち-たか・し【一高】『形ク』(「いち」は接頭語)ひときわ高い。＊サントスの御作業(1591)二・パトリアルカジョセフ「ichi tacaqi (イチ タカキ) ヤマノ ハルカテル ミネ」

いち-だく【一諾】『名』人から頼まれ、承知して引き受けること。同意、納得などをすること。＊吾妻鏡-建久元年(1190)一一月二八日「朝政本自有二一諾申事一之間 殊喜二此告一」＊愚管抄(1220)七「あまてるおほん神の『とののうちにさぶらひてよくふせぎまもれ』と御一諾をはるかにし」＊寛永刊本蒙求抄(1529頃)三「百斤くれうよりは布か一諾(ダク)をえんと云ぞ」＊日葡辞書(1603-04)「Ichidacu (イチダク)〈訳〉他の人々の言うことに同意し、うなずき同意し、または理解したことを示す」＊日本開化小史(1877-82)〈田口卯吉〉三・五「任侠を尊び一諾を重んずるの気は」＊史記-季布伝「楚人諺曰、得二黄金百斤一、不レ如レ得二季布一諾一」 発音〈標ア〉〇 辞書 文明・日葡 表記 一諾(文)

いち-だく【一躍】『名』ひととび。ひとまたぎ。一説に「一擲」とし、空を一度なで回す、または手で物を押える意とする。＊浄瑠璃・大塔宮曦鎧(1723)二「高しとて五丈七丈はよもあらじと、腕を伸ばして一だくすれば、土手の垣に手は懸(かか)つつ、ひらりと上り」

いちだく-せんきん【一諾千金】『名』(「史記-季布伝」の「楚人諺曰、得二黄金百斤一、不レ如レ得二季布一諾一」による語)男子が一諾することは千金にも換えがたい価値があるということ。約束は重んじなければならないということのたとえ。＊江戸繁昌記(1832-36)三・侠客「財を軽んじ、命を賭し、一諾千金、強きを挫き、弱きを援く」＊風俗画報-一七九号(1898)町火消「八十歳の高齢に達するまでお職を勧め上下に対して一諾千金(イチダクセンキン)の価ひありしとぞ」＊弟子(1943)〈中島敦〉五「子路が〈略〉独立不羈の男であり、一諾千金の快男児であるだけに」 発音〈標ア〉〇

いち-たち【市立】『名』(「いちだち」とも)①市(いち)が立つこと。また、市。→市が立つ。＊虎明本狂言・河原太郎(室町末-近世初)「けふは天気がよひに依て、したたかな市立じゃ」＊浮世草子・日本永代蔵(1688)四・目録「越前にかくれなき市立(イチタチ)」＊浮世草子・新色五巻書(1698)二・一「大和は国の始、殊に在々に市立」②市に出かけること。また、その人。＊政基公旅引付-文亀元年(1501)六月一七日「其外市立の人々地下よりかくして各返し申て候由申送云々」＊仮名草子・東海道名所記(1659-61頃)四「毎年四月のうちは馬市あり。〈略〉諸方より傾城おほくあつまりて、市立の人に契る」＊随筆・異本洞房語園(1720)下「師走十七日十八日は浅草の市にて、江戸十里四方の百姓昼夜もきらず市立して、序に吉原を見んとて」＊雑俳・川傍柳(1780-83)一「銭ありの市立(イチダチ)大門へ這入」 発音〈標ア〉〇

いちだ-に【一駄荷】『名』一頭の馬につける定量の荷物。江戸時代、伝馬制での本馬は一駄四〇貫目(一六〇キログラム)、軽尻は一駄二〇貫目とされていたが、普通の一駄荷は、四斗俵の米二俵(三二貫目)をいう。一駄。＊仮名草子・東海道名所記(1659-61頃)二「ふなちんは、一駄荷(ダニ)ののりかけは料足十五足なり。人は一人を五足づつのさだまり也」＊俳諧・物種集(1678)「上意はおもき江戸の取沙汰 一駄荷や四十貫目に過ぬらん〈久栄〉」＊浮世草子・好色二代男(1684)一・四「一駄荷馬(いちダニのむま)たたき立て、町人らしき者ども三人、『思ひもよらぬ事に、江戸を見に行』といふこゑきけば、皆手代どもなり」

いちだ-の-ろう【一唾労】(ラウ)『連語』一度つばを吐くほどの苦労。骨を折ることの少ないたとえ。わずかの労苦。一唾。＊日本開化小史(1877-82)〈田口卯吉〉六・一三「王室は一唾の労も自らせられずして、衆庶の尊崇を受け数多の俸領をも得たまひし事なれば」

いちた-へん【一夕偏】『名』(「歹(がつ)」の字を「一」と「夕」に分けてよんだもの)漢字の偏の一つ。「殊」「死」などの偏の「歹」の部分をいう。歹偏(がつへん)。 発音〈標ア〉〇

いちだらに-の-ぎょうじゃ【一陀羅尼行者】(ギャウジャ)『連語』仏語。ある一章の陀羅尼だけを常に誦する行者。＊源平盛衰記(14C前)四〇・十方仏土中以西方為望九品蓮台間雖下品可足「一陀羅尼(ダラニ)の行者(ギャウジャ)は智者の頭を歩むといへり」

いち-だん【一団】『名』ひとつにまとまったもの。特に、ひとつの集まり、かたまり。＊今昔(1120頃か)二・一五「百千の金を担ひ持て布施を行ぜむよりは、不如じ一団の泥を以て心を至して仏塔を可修治しむ」＊浄瑠璃・日本振袖始(1718)一「切はなれたる八つの支体(したい)うごめき出て集寄(あつまりより)、一団(ダン)の火焔と成」＊思出の記(1900-01)〈徳富蘆花〉一・九「まだ褐色の葉隠に彼処に一簇(ひとむら)此処に一団の雪が残って」＊虞美人草(1907)〈夏目漱石〉二「一

団(イチダン)の群衆を眼前に、事を処する事も」＊岑参-衛節度赤驃馬歌「君家赤驃画不ㇾ得、一団旋風桃花色」 発音〈標ア〉0 チ 〈京ア〉0

いち-だん【一段】 一〘名〙①文章、語り物などの一区切り。＊延喜式(927)一・四時祭上「中臣進就ㇾ座宣二祝詞一。毎二一段畢一祝部称唯」＊米沢本沙石集(1283)一〇末・一一「経の文を一段、さらさらとよみて」＊太平記(14C後)六・正成天王寺未来記披見事「不思議の記文一段(ダン)あり。其の文に云はく」＊申楽談儀(1430)田舎の風体「京、ゐ中の変り目を存知せば、又この一だん大切なるべし」＊研北雑志-下「漢人喜ㇾ猟、両都二京三都子虚賦七発、皆説二一段猟事一」②一つの事柄。一件。＊滑稽本・浮世風呂(1809-13)四・上「すっぱり極(きま)ったといふ所で、証文の一段(イチダン)よ」＊人情本・閑情末摘花(1839-41)二・一〇回「夫に就ちゃア嫁の一段だが」＊安愚楽鍋(1871-72)〈仮名垣魯文〉三・上「今日のやうに西洋家と応接をする一段になってくると」③「いったん(一反)①」に同じ。＊文明本節用集(室町中)「一段 イチタン 田畠数 俗作ㇾ反 亦辞字」④階段、段階などのひときざみ。＊日葡辞書(1603-04)「Ichidan(イチダン)〈訳〉階段の数え方」⑤五十音図の横の一列。二〘副〙①(多く「と」を伴って用いる)ひときわ程度がはなはだしいさま。きわだっているさま。いっそう。格別に。＊新撰万葉(893-913)上「終霄対翫凝ㇾ思処、一段清光照莫ㇾ窮」＊愚管抄(1220)六・土御門「我をまつりなどするを一だん本意に思ひて、かく人をたぶらかし候事は」＊虎明本狂言・鼻取相撲(室町末-近世初)「それも一段ようござあらふ」＊咄本・昨日は今日の物語(1614-24頃)上「一段とそこつ成(なる)小性」＊仮名草子・都風俗鑑(1681)四「茶屋の風俗又一だんかはりものなり」＊浮雲(1887-89)〈二葉亭四迷〉二・七「此辺は道巾が狭隘(せばい)ので尚ほ一段と雑沓する」②(「と」を伴い、後に打消の表現を伴って、打消の意を強めることが多い)いっこうに。全く。＊咄本・かす市頓作(1708)三「あたりのむかでをひろひとり、鍔(つば)にのせければ、百足一段と死なず」三〘形動〙①ひときわ程度がはなはだしいさま。きわだっているさま。格別の。＊御伽草子・あきみち(室町末)「人をも人とせず、一だんの曲者なり。年々悪を好みし科(とが)によって」②きわだってすばらしいさま。いっそうよいさま。＊太平記(14C後)三七・畠山入道道誓謀叛事「一段の清香、人の心を感ぜしむ」＊上杉家文書-享祿元年(1528)一二月一二日・大館常興書状(大日本古文書一・三六五)「一段之御面目、千秋万歳尤珍重候」＊言継卿記-天文一三年(1544)二月二〇日「庭之梅一枝青蓮院殿へ持参候。御祝着之由候。明日文阿彌に可ㇾ被ㇾ立之由有ㇾ之。一段之枝也」＊虎明本狂言・三人片輪(室町末-近世初)「一段の物じゃ、酒蔵をあつかった」＊浮世草子・好色万金丹(1694)五・四「まづそなたさまにはかかはらぬ御有様にてごいちだんぞや」＊浄瑠璃・平仮名盛衰記(1739)二「『達者過(すぎ)てめいわくを致ます』『夫(それ)は一段、どこにおいやる、対面したい』」 方言〘副〙❶いっそう。なおさら。◇いっだん 熊本県上益城郡038 玉名郡058 宮崎県西諸県郡947 ❷かえって。長崎県西彼杵郡908 ◇いっだん 佐賀県藤津郡895 長崎県南高来郡905 西彼杵郡908 熊本県天草郡936 発音〈なまり〉イッジャン〔島原方言〕 一は〈標ア〉チ 〈京ア〉チ イ 二三は〈標ア〉0 〈京ア〉0 辞書文明・饅頭・日葡・書言・言海 表記一段(文・饅・書・言)

いちだん の 事(こと) 一段とよい事。特によいこと。＊虎明本狂言・猿座頭(室町末-近世初)「それそれ一だんの事じゃ、わごりょをさきにたててゆけば、ころおもしろひよ」＊浄瑠璃・狭夜衣鴛鴦剣翅(1739)四「おふおふ一だんの事でおりゃる。ゐけんを聞入られ何かしうちゃく申た」 方言❶一段とよいこと。◇いちだんなくとぅ 沖縄県首里993 ❷一大事。大事件。◇いちだんなくとぅ・いちでんなくとぅ 沖縄県首里993

いちだん の 活(はたらき) (江戸時代の国学者、本居春庭(もとおりはるにわ)の「詞八衢(ことばのやちまた)」の「一段(ひときだ)の活(はたらき)」=上一段活用」による)「いちだんかつよう(一段活用)」に同じ。 辞書言海 表記一段活用(言)

いち-だん【一弾】〘名〙銃砲を一度撃つこと。一発撃つこと。また、銃砲の弾丸一つ。＊米欧回覧実記(1877)〈久米邦武〉一・一「十二時に至り、出船の砲を一弾して、頓に錨を抜き、瀛輪の輙(とめぎ)をはづしけり」＊吾輩は猫である(1905-06)〈夏目漱石〉八「今しも敵軍から打ち出した一弾は」＊歩兵操典(1928)第二四四「最後の一弾まで射撃を継続すべし」 発音〈標ア〉0 チ

いち-だん【一談】〘名〙一度の談話。一回の話。＊日葡辞書(1603-04)「Ichidan(イチダン)。ヒトツ カタル」 辞書日葡

いちだん-いちだん【一段一段】〘副〙(「一段」を繰り返して、強めた言い方)ひときわ。いっそう。また、いっそう結構。＊四座役者目録(1646-53)上「少も拍子気味ちがわず、一段一段よきと被ㇾ申候時」＊浄瑠璃・女殺油地獄(1721)中「扨はおかちが祈禱(きたう)をなさるるか、一だん一だん」

いちだん-かつ【一段活】〘名〙「いちだんかつよう(一段活用)」に同じ。 発音〈標ア〉チ2

いちだん-かつよう【一段活用】〘名〙日本語の動詞の活用の型の一つ。連用形の末尾が五十音図のイ段またはエ段で、他の活用形はこれと同じか、またはこれにル、レ、ロ(ヨ)を加えた形であるもの。イ段のものを「上一段活用」、エ段のものを「下一段活用」という。ただし、文語では下一段活用は「ける(蹴)」一語であるため、「上一段活用」をさすことがある。一段の活(はたらき)。＊小学日本文典(1874)〈田中義廉〉巻三・動詞の活用「此他僅に一段活用のものと、三段活用のものあり。これを不規則動詞と名づく」 発音イチダンカッヨー〈標ア〉カ

いち-だんし【一弾指】〘名〙(「いちたんじ」「いったんじ」とも)仏語。指を一度はじくこと。転じて、一度指をはじくほどのきわめて短い時間。瞬間。一弾指頃(しきょう)。いったんじ。＊正法眼蔵(1231-53)出家功徳「一弾指のあひだに、六十五の刹那生滅すといへども」＊拾玉得花(1428)「万曲に通じて、一風、一音、一弾指(タンシ)の機にあたるも、序破急成就也」＊雑俳・柳多留-六四(1813)「彌陀の御手見よ生涯は一弾指(いチタンシ)」＊野分(1907)〈夏目漱石〉一一「明治の四十年を〈略〉ずっと遠くから見ると一弾指の間に過ぎん」＊順正理論-三一「謂如二壮士一弾指時、経二細刹那六十五等一」 発音〈標ア〉ダ

いちだんし-きょう【一弾指頃】〘名〙(「いちたんじきょう」「いったんじきょう」とも)「いちだんし(一弾指)」に同じ。＊太平記(14C後)三〇・慧源禅門逝去事「三過門間老病死、一弾指頃(いちダンシキャウ)去来今とも、加様の事をや申すべき」＊槐安国語(1749)一「一毛頭上現二宝王刹一。一弾指頃転二大法輪一」＊探玄記-一八「刹那者、此云二念頃一。於二一弾指頃一有二六十刹那一」＊白居易-禽虫十二章詩「何異浮生臨ㇾ老日、一弾指頃報二恩讐一」

いち-だんな【一旦那】〘名〙①檀家(だんか)の中で最も多く財物を喜捨する者。信徒の中で最もたいせつな檀家。第一の旦那。＊俳諧・誹諧独吟集(1666)下「帳とぢ立て書初の筆 奉加する花心もや一檀那」＊浮世草子・世間胸算用(1692)五・三「其跡から一旦那(ダンナ)のひとり子金銀をつかひすごし、首尾さんざんにて」＊浄瑠璃・伽羅先代萩(1785)道行「袈裟衣から時非時のと、常住お世話になりました。私が為の一旦那(いチだんな)」②第一の得意先。一番だいじな客。いちとくい。＊浮世草子・好色万金丹(1694)三・三「あの客は私方の一旦那、大印子(いんつう)有(あり)にて」＊黄表紙・見徳一炊夢(1781)中「小冊の編集・名開き・年賀・追善等、あまさずもらさずの一だんな」＊雑俳・柳多留-五七(1811)「間のわるい彼者そば屋の一だんな」 発音〈標ア〉ダ

いち-だんらく【一段落】〘名〙①文章などの、まとまった一部分。一つの段落。②(―する)物事が一区切りついて片付くこと。落ちついた状態になること。＊花柳春話(1878-79)〈織田純一郎訳〉四三「説教将(ま)さに一段落ならんとする頃は」＊福翁自伝(1899)〈福沢諭吉〉欧羅巴各国に行く「メキシコ弗(ドル)で四十万になる其正銀を英公使セント ジョン ニールに渡して先づ一段落(イチダンラク)を終りました」＊羽鳥千尋(1912)〈森鷗外〉「私の為めには此試験は一段落(イチダンラク)で、それから先きに真の期待があるのだから」③ひとまとまりの時間。一つの期間。＊行人(1912-13)〈夏目漱石〉帰ってから・三「彼女が手拭を被って洗濯をしてゐる後姿を見て、一段落(イチダンラク)置いた昔のお貞さんを思ひだしたのは」 発音〈なまり〉イチランラク〔島根〕〈標ア〉ダ 〈京ア〉ダ

いちだんらく 着(つ)く 物事がひとまず解決する。ひとくぎりつく。一段落を告げる。＊竹の木戸(1908)〈国木田独歩〉中「炭問題も一段落(イチダンラク)着(ツ)いたので」＊三四郎(1908)〈夏目漱石〉四「話が一段落(イチダンラク)つくと」

いちだんらく を 着(つ)ける 物事にひとまずけりをつける。物事をいったん打ち切る。＊それから(1909)〈夏目漱石〉六「其所で得意に一段落(イチダンラク)をつけた」＊都会の憂鬱(1923)〈佐藤春夫〉「その縫ひ物に一段落をつけてから、お茶を入れて」

いちだんらく を 告(つ)げる 「いちだんらく(一段落)着(つ)く」に同じ。＊趣味の遺伝(1906)〈夏目漱石〉二「頻りに嫁々と繰り返して大に余を困らせた。それも一段落告げたからもう善からうと御免蒙りかけると」＊障子の落書(1908)〈寺田寅彦〉「此間中からの仕事が一段落をつげたと云ふだけの単純な満足が」

いち-ちご【一稚児】〘名〙(比叡山の僧たちが「一稚児・二山王」といって、稚児を第一にかわいがったところから)稚児の称。＊七十一番職人歌合(1500頃か)六八番「ひえあがる我が独ねのとことはにいちちごならぬ人ぞ恋しき」＊天理本狂言・名取川(室町末-近世初)「とてものことに、ひえの山にて、名をつかふずると有て、一ちごとやらんの御寺へまいって御ざあれば、おちごさまの、でさせられた」

いちちご 二山王(にさんのう) ①最澄が比叡山に初めて登ったとき、最初に稚児に会い、次いで山王に会ったと伝える故事。＊渓嵐拾葉集(1318)六「問。付二山王一、一児二山王云事如何。答。山門記録説曰、高祖大師、最初御登山之時、二人化人値給。先現二天童一、次山王影向給。故一児二山王云也。又云、十禅師宝殿内童子形御座其義也云云。因物語云、山門延年時、秀口児髪さかりたれば、一児二山王申也」②(転じて)比叡山の僧侶たちが山王権現(さんのうごんげん)よりも稚児を愛し尊んで、男色にふけったことをあざけっていったことば。＊大観本謡曲・大江山(室町末)「さも童形の御身なれば、あはれみ給へ神だにも、一稚子二山王と立て給ふは神をさくるよしぞかし」＊御伽草子・弁慶物語(未刊国文資料所収)(室町末)「たうざんは、一ちご二さんわうの事なれば、ことさらてうあひ申べきに」＊七十一番職人歌合(1500頃か)六八番「一ちご二山王といふこと、よく思ひよせたり」

いち-づかさ【市司】〘名〙①「いちのつかさ(市司)①」に同じ。＊色葉字類抄(1177-81)「市司 イチツカサ 在東西正佐令史〈大小〉」②「いちのつかさ(市司)②」に同じ。＊雲形本狂言・牛馬(室町末-近世初)「早

早(さうさう)まゐり一の杙につないだる者には、永代万雑公事(くじ)を御赦免なされ、市司(イチヅカサ)を仰付られうとのお事ぢゃ」 辞書色葉 表記市司(色)

いち-づけ【位置付】〘名〙全体や他に対して占める位置の評価。また、その評価をくだすこと。＊死霊‐三章(1946‐48)〈埴谷雄高〉「人間が存在に対する自己の位置づけを行うとき」＊新西洋事情(1975)〈深田祐介〉家族連れ「地中海の旅」波高し「家族旅行に一種のうしろめたさがつきまとうのは、むろん日本ではまだ休暇の社会的位置づけがはっきりしていないためです」 発音〈標ア〉0

いち-づ・ける【位置付】〘他カ下一〙ふさわしいと思われる位置に置く。特に、抽象的な物事についてそのものの価値にふさわしい位置を与える。＊古典と現代文学(1955)〈山本健吉〉柿本人麻呂「私が人麻呂をどのように位置づけようとしているかは」＊鴨長明(1955)〈唐木順三〉一「『みなし児』として自らを位置づけた二十六歳の長明は」 発音〈標ア〉ケ

いちっ-こ【市子・巫子】〘名〙「いちこ(市子)」の変化した語。＊雑俳・川柳評万句合‐宝暦一〇(1760)松二「いちっ子は心の内でおかしがり」＊滑稽本・浮世風呂(1809‐13)初・上「お禰宜殿の占(うらねへ)も、市女(イチッコ)の笹っぱたきもいらねへ」

いちっこ〘名〙方言❶虫、てんとうむし(天道虫)。埼玉県入間郡054 大里郡252 ❷虫、ありじごく(蟻地獄)。神奈川県津久井郡317 静岡県東部521 ◇**いちこんこ** 愛知県北設楽郡064 ◇**いち・いち** 愛媛県中島054 ◇**いちいち** 岡山県児島郡764 ❸⇩いじこ

いちつぶり〘名〙鳥「かいつぶり(鸊鷉)」の異名。＊重訂本草綱目啓蒙(1847)四三・水禽「鸊鷉〈略〉かいつぶり 京〈略〉いよめ 土州、いちつぶり 同上」方言土州†020 高知県007

いち-でし【一弟子】〘名〙①一人の門弟。②第一番の門弟。一番弟子。＊正法眼蔵(1231‐53)面授「一祖・一師・一弟子としても、あひ面授せざるは、仏仏祖祖にあらず」＊浄瑠璃・心中二枚絵草紙(1706頃)上「おれもしまの一弟子で、よっぽど節は覚へたが」 発音〈標ア〉0

いち-てっこく【一敵国】〘名〙自国に匹敵する一国。転じて、勢力が強大で、あなどることのできない相手。＊史記‐遊侠伝・朱家「天下騒動、宰相得㆑之、若㆑得㆓一敵国㆒云」 発音〈標ア〉テ

いち-てとりもの【一手取物】〘名〙いちばん得意なもの。＊山本東本狂言・居杭(室町末‐近世初)「総じて、失物の待人のと申すは、算置の一手取物でござる」

いち-でん【一伝】〘名〙よろしく伝え願う意で、書簡の終わりに用いる語。＊正秀宛芭蕉書簡‐元禄四年(1691)正月一九日「凡俗の人さへもてあそび候ものを、随分御精御出し可㆑被㆑成候。及肩老右之段御伝可㆑被㆑下候。一伝仕度候」

いち-てんか【一天下】〘名〙⇩いってんが(一天下)

いち-てんき【一転機】〘名〙⇩いってんき(一転機)

いち-てんもんがく【位置天文学】〘名〙天体における星の位置、運動などを研究する学問。天体物理学に対して、古典的な分野の総称とすることもある。 発音イチテンモンガク〈標ア〉モ

いちでん-りゅう【一伝流】〘名〙①居合術の一派。江戸初期、丸目主水正の始めたもの。＊本朝武芸小伝(1716)六「丸目主水正者不㆑知㆓何許人㆒、自㆓壮年㆒好㆓刀術㆒達㆓抜刀之妙旨㆒、臨機応変無㆘出㆓其右㆒者㆖、潜称㆓一伝流㆒」＊撃剣叢談(1843)二「一伝流は丸目主水正よりして、国家彌左衛門、浅山内蔵介伝へたり」②柔術、捕手術、組打の一派。尾州の森員寿軒利勝の始めたもの。また、他に薙刀(なぎなた)、水泳などにも同名の流儀がある。 発音イチデンリュー〈標ア〉0

いち-ど【一度】〘名〙㊀①ひとたび。いっぺん。一回。＊九条殿遺誡(947‐960頃)「三箇日一度可㆑梳之、日々不㆑梳」＊宇津保(970‐999頃)菊の宴「月に一ど、さうのみあかし、いのちのあらんかぎりたてまつらん」＊栄花(1028‐92頃)花山たづぬる中納言「内の御使女御殿に日々に参れど、二三どがなかに御返は一どなどぞ聞えさせ給ひける」＊宇治拾遺(1221頃)一・三「あはれ、走り出でて舞はばやと思ふを、一どは思ひかへしつ」＊苔の衣(1271頃)四「今いちどだに御心のどかに見きこえざらんこそいとかなしかるべけれ」②同時。いっしょ。→一度に。③杯に一杯の酒を飲むこと。また、その酒。＊徒然草(1331頃)八七「『口づきのをのこに、先一度せさせよ』とて、酒を出したれば」＊四季草(1778)六・秋下(古事類苑・礼式四)「一盃二盃といふは、古き詞にあらず、古は一度二度といひしなり」㊁温度、角度、経度、緯度などを自然数を用いて示す時の最小単位。＊古道大意(1813)下「此の北極南極と云ふを、中真に取て上下を定め、三百六十に割をする。〈略〉さて其の三百六十余を、又この大地へも割付て、其の一つを一度と云ふ」＊日本読本(1887)〈新保磐次〉五「この円に亦六十の等分度ありて、針がこの一度を進む間を一秒と称す」 発音〈なまり〉エッド〔富山県〕㊀は〈標ア〉(名詞的)チ(副詞的)0〈ア史〉江戸●●○〈京ア〉(名詞的)ド(副詞的)0 ㊁は〈標ア〉チ〈京ア〉チ 辞書文明・天正・日葡・ヘボン・言海 表記一度(文・天・へ・言)

いちど ある事(こと)**は二度**(にど)**ある** 物事が一度起こると、同じような事が続いて起こる。物事の繰り返し起こることをいう。

いちど が 定(じょう) (一度したことは、とり返しがつかないことの意)今度という今度は。今度こそは必ず。＊源平盛衰記(14C前)六・丹波少将被召捕事「縦(たとひ)いかなる咎に当るべくとも一度が定は、などか申し請られざるべき」＊浄瑠璃・持統天皇歌軍法(1713)五「ざい所を騒がしせびらかす、一度が定(ヂャウ)、扣(たたき)殺して仕廻へと」

いちど が 大事(だいじ) 物事はその時その時が大事で、一度ぐらいはと、いい加減にしてはいけない。慎重に物事をするように戒めたもの。＊浄瑠璃・大経師昔暦(1715)上「おれをにらんだめもとのこわさ。こりゃ三毛よ、悪い男持つなよ。灰毛ねこがぬれかけたら一度が大事ふってのけ」

いちど が 末代(まつだい) 一度だけの行為が死後末代まで批判の種となる。慎重に行動しなくてはならないことを戒めたもの。＊諺苑(1797)「一度が末代」＊人情本・珍説豹の巻(1827)前・中「一度(いちド)が末代(マツダイ)だから、是れから心安くして、貫はねえけりゃア嬉しくねえよ」

いちど 死(し)**ねば二度**(にど)**死**(し)**なぬ** 決死の覚悟、または、自暴自棄の気持を表わしていう。

いちど に ⇩親見出し

いちど の 勾当(こうとう) ⇩親見出し

いちど の 懲(こ)**りせで二度**(にど)**の死**(し)**をする** 最初の失敗に懲りないため、二度目には命を失うことになる。性懲りもなくあやまちを犯すことを戒めていう。＊虎寛本狂言・清水(室町末‐近世初)「一度の懲りせで、二度の死をすると申す。御無用でござる」＊諺苑(1797)「一度に懲ぬ者は二度目には死ぬもしらぬ」

いちど の 途端(とたん) その瞬間同時に行なわれることを表現する脚本用語。＊歌舞伎・東海道四谷怪談(1825)大詰「上の方のせうじへとんとこけ懸る。せうじたをれると、一度のとたん、此内、源四郎、首くくりして下り」

いちど の 晴(はれ) 一生に一度の晴れがましいこと。一生に一度の名誉なこと。＊浄瑠璃・仮名手本忠臣蔵(1748)八「世が世ならあの如く、一度の晴(ハレ)と花飾り、伊達をするがの府中過ぎ」

いちど は 思案(しあん)**二度**(にど)**は不思案**(ふしあん) 初め一度は慎重に思慮をめぐらすが、二度目には無分別になるという意。＊浄瑠璃・冥途の飛脚(1711頃)上「一どはしあん二どはぶしあん三度飛脚、戻れば合はせて六道のめいどの飛脚と」

いちど は 渡(わた)**る橋**(はし) 一度は誰でもする経験。＊人情本・春情花の朧夜(1860頃か)初・一回「何瀬一度は渡る橋だァ、しかし恥しけりゃ此処を彼様しやう」

いちど 再(ふたた)**び** 「いちど(一度)」を強めていう語。＊説経節・さんせう太夫(与七郎正本)(1640頃)中「何が一とふたたび身かはりにおたちあれば、あとへはもどらず」＊狂言記・貰聟(1660)「一度ふたたびくれた女房をば、もどすまいと言ふか」

いちど-い〘名〙蚕の第一眠。＊重訂本草綱目啓蒙(1847)三五・卵生「蚕、かいこ〈略〉五日になれば長さ二分余になり葉を食はず眠る状の如しこれを眠と云〈略〉是第一眠なり〈略〉江州にて一度井と云」方言❶蚕の第一眠。江州†039 ❷虫、かいこ(蚕)。◇**いちとい** 滋賀県002

いち-どう【一同】〘名〙①(形動)全く同じであること。一致すること。一つになるさま。＊性霊集‐六(835頃)藤大使為亡児設斎願文「三曳自柱、不㆑因㆓他造㆒、一同本覚、何待㆑縁起」＊吾妻鏡‐文治三年(1187)一一月一五日「自余衆令㆓一同㆒云々」＊十問最秘抄(1383)「世上一同に帰せば、力なく其の方へ諸道の事はなるべき也」＊史記抄(1477)八・孝文本紀「諸呂とてあまたか一同なれども」＊雑兵物語(1683頃)下「長手拭をひっといて上帯にひんまけば、みな一同の上帯と見ゆるが」＊江戸繁昌記(1832‐36)三・侠客「士流の厠に上るも小刀を放たざると、一同の格式なり」②そこにあるすべてのもの。全体。みな。＊書言字考節用集(1717)八「一同 イチドウ〔左伝〕列国一同」＊歌舞伎・音響千成瓢(1876)大詰「日本国を半分づつ預かりたまふ御身の上、御一同(ごいちドウ)の御焼香こそ然るべく存じ奉る」③(―する)心を一つにして物事をすること。賛同すること。＊吾妻鏡‐貞応二年(1223)正月二〇日「各所㆑申頗不㆓一同㆒也」＊古今著聞集(1254)五・一七八「『初献は和歌の宗匠つとめらるべし』。満座一同しければ」＊とはずがたり(14C前)二「などか又、おのおの見つがざりつるぞ。一どうせられけるにや」＊鶴岡事書日記‐応永二年(1395)八月「依㆓本躰次㆒可㆑有㆓下向㆒之由、衆議一同之処」④(多く「に」を伴って副詞的に用いる)㋑複数の人が同時に物事をすること。みんなが同様の動作、行為などをするさま。いっしょ。＊延喜式(927)二六・主税「凡諸国申㆓過分不堪佃田年租㆒者、納官封家一同割充之」＊平家(13C前)一〇・首渡「おのおの一同に申されければ」＊仮名草子・浮世物語(1665頃)三・一〇「三尺五寸二尺五寸の刀脇差を一どうに抜きて差しかざし」＊羅隠‐陝西晩思詩「莫㆑忘交遊分、従来事一同」㋺全体をひとまとめにするさま。＊小学読本(1873)〈田中義廉〉一「浜辺に網を引くときは、これに罹りたる魚は、大なるも、小なるも、又良きも、悪しきも、皆一同に捕ふることを得るなり」 発音イチドー〈標ア〉ド チ〈ア史〉室町●●●● 江戸●●○○〈京ア〉0 辞書文明・伊京・明応・天正・黒本・易林・日葡・書言・ヘボン・言海 表記一同(文・伊・明・天・黒・易・書・へ・言)

いちどう の 法(ほう) 全会一致で定めた法。寺院法に多くみられ、強い効力をもつ法とされた。一味同心の法。＊鶴岡事書日記‐応永四年(1397)一二月「野村頓学坊分百姓了道以㆓無理強訴㆒上㆓於下地㆒之間、任㆓衆中一同之法㆒可㆑払㆓彼在所㆒之由落居候」

いち-どう【一堂】〘名〙①一つの堂。また、ある堂。＊日葡辞書(1603‐04)「Ichidŏ (イチダウ)〈訳〉一つの山寺、または教会のような礼拝堂」＊漢書‐鼂錯伝「先為築㆓室家㆒、有㆓一堂二内㆒」②同じ建物、部屋。ま

た、そこにいる者全員。＊女工哀史（1925）〈細井和喜蔵〉一一・三二「三百人も五百人もが一堂には入って働く大工場内へ、ほんの申し訳的に一二ヶ所の非常口しか設けてなかった」＊徳山道助の帰郷（1967）〈柏原兵三〉三「兄弟姉妹が一堂に会し」＊説苑‐貴徳「今有二満堂飲レ酒者一、有二一人独索然向レ隅而泣一、則一堂之人、皆不レ楽矣」 発音イチドー〈標ア〉0チ〈京ア〉0

いち‐どう【一童】〔名〕日吉七社の一つ、早尾社の小社の童形神。また、その社。＊梁塵秘抄（1179頃）二・四句神歌「天の御門より、いちどう吾児こそ出でたまへ、衆生願ひをば、一童吾児こそ満てたまへ」

いち‐どう【一道】〔名〕①一本の道。一筋の道路。＊海道記（1223頃）鎌倉遊覧「東南角の一道は、舟檝津、商賈のあき人は百族贏（みち）にぎはひ」＊儲光羲‐終南幽居献蘇味道詩「深林開二一道一、青嶂成二四鄰一」②一つの分野。特定の方面。㋑学問・芸術・武術・技術などの一つの分野。＊古今著聞集（1254）四・一一七「一道に長ぜる人は、昔も今もかやうのふしぎ多く侍り」＊徒然草（1331頃）一六七「一道に携はる人、あらぬ道のむしろにのぞみて」＊伺事記録裏文書‐天文一五年（1546）六月二五日（中世法制史料集二）「懐捨可二仰直一之趣、雖レ中二緩怠一、依レ為二一道者一、被二打置一之畢」＊浮世草子・諸道聴耳世間猿（1766）三・一「柳生流一道の印可は残らず伝へてをります」㋺特に好色の世界。色の道。＊評判記・難波物語（1655）「右はまづ、一道（ダウ）の知音のきりゃう也」③水、光、煙、音などの細く長い一筋。一条。＊文華秀麗集（818）下・江上船〈嵯峨天皇〉「一道長江通千里、漫漫流水漾行船」＊田氏家集（892頃）上・天台夜鐘「秋風一道凄凄起、吹度二深渓一凡幾重」＊類聚句題抄（11C中）遠草初含色〈紀斉名〉「湖辺人踏三分緑、塞外馬嘶一道烟」＊読本・椿説弓張月（1807‐11）前・一五回「時に一道（イチドウ）の黒気（こくき）、玉体を掩ひ隠す程こそあれ」＊詩聖堂詩集‐三編（1838）八・墨多川「堤上遊人堤下舟、官桜堤上正嬌柔、千株香雪三春晩、十丈紅塵一道流」＊野分（1907）〈夏目漱石〉三「此断篇が読者の眼に映じた時、瞳裏（とうり）に一道の電流を呼び起して」＊珊瑚集（1913）〈永井荷風訳〉池「震動起りて一道の光閃き渡り」＊明治大正見聞史（1926）〈生方敏郎〉明治大帝の崩御・七「何時を始めともなく、何処から起ったともなく、静かに一道の悲しい音が聞えはじめた」＊劉禹錫‐酬楊八副使詩「明朝若上二君山上一、一道巴江自レ此来」④一つの道理。一理。条理。＊浮世草子・好色訓蒙図彙（1686）上・人倫「二文三文の露を打は、是がおとこの一道（タウ）と、みがくてい、いはねど外にみえたり」＊浮世草子・人倫糸屑（1688）臆病者「侍は戦場にはせむかふを、花見に行やうにいさみ、命をあさがらよりかろく思ふを一道とす」＊孟子‐公孫丑下「夫豈不義而曾子言レ之、是或一道也」⑤五畿七道の一つ。＊延喜式（927）一九・式部「引二一道国郡司一、進二屯屏下一」＊語彙（1871‐84）「いちだう　五畿七道のその一なり　その道に属せる国々を合せて一道といふ」⑥仏語。一つの言い方。一つの表現。＊正法眼蔵（1231‐53）無情説法「すでに声色のほかの一道の威儀なり、凡聖のほとりの窠窟にあらず」⑦仏語。悟りに至るための、清浄なただ一つの道。また、大乗、一乗の意。＊秘蔵宝鑰（830頃）下「謂、無相虚空相及非青非黄等言、並是明二法身真如一道無為之真理一」＊歎異抄（13C後）七「念仏者は無碍の一道なり」＊大日経疏‐一七「一道者、即是一切無礙人、共出二生死一直至二道場一之道也」＊北本涅槃経‐二五「一道者、謂二大乗一也」 発音イチドー〈標ア〉0チ〈京ア〉0 辞書日葡

いちどう‐いっせい【一動一静】〔名〕人の動静。行動したりとどまったりすること。＊隣語大方（18C後）七「一代官は買売を御掌被成まするのみならず、一動一静を誠信より御出なされまする事故」＊礼記‐楽記「一動一静者、天地之間也」

いち‐どうおん【一同音】〔名〕多くの人々が同時に同じ言葉を発すること。また、その声。異口同音（いくどうおん）。＊サントスの御作業（1591）一・サンチヤゴ「ichidôuon（イチドウヲン）ニ Sanctiago ト サケビタテマツル」＊日葡辞書（1603‐04）「Ichidôuon（イチドウヲン）〈訳〉同じことを言う大勢の人々の同じ声」 辞書日葡

いちどう‐しょうよう【一堂請用】〔名〕寺の僧侶全体を檀家（だんか）に招くこと。＊咄本・醒睡笑（1628）五「寺僧二十人ばかりある寺を一堂請用（いちダウシャウヨウ）の時、住持触をまはし方丈によせ」

いちど‐がわし【一度替】〔名〕一回ごとに交替すること。かわるがわる。＊改正増補和英語林集成（1886）「Ichido-gawashini イチドガワシニ」 辞書〈ヘボン〉 表記一度替〈ヘ〉

いち‐どき【一時】〔名〕物事が一度に、または同時に起こること。＊落語・無間の臼（1892）〈禽語楼小さん〉「『アラ鳥渡（ちょいと）、大尽の御手は大層鮹（たこ）が…』『コー成ると一時（イチドキ）だ、詮方（しやう）が無いな』」 発音〈標ア〉ド

いちどき‐に【一時―】〔副〕「いちどに（一度）」に同じ。＊俳諧・猿蓑（1691）五「いちどきに二日の物も喰て置〈凡兆〉雪げにさむき嶋の北風〈史邦〉」＊滑稽本・東海道中膝栗毛（1802‐09）六・上「土手にあがりたるもの共、いちどきにおりたち混雑し」＊当世書生気質（1885‐86）〈坪内逍遙〉一三「二個（ふたつ）も一度期（ドキ）にこわすんだもの。為（し）やうがないじゃないかネェ」

いち‐どく【一読】〔名〕書物、手紙などを一度読むこと。一通り読むこと。ざっと読むこと。＊小説神髄（1885‐86）〈坪内逍遙〉下・時代小説の脚色「之（これ）を一読（いちドク）せば其正歴史に異なる所以（ゆえん）は灼然として明瞭（あきらか）なるべし」＊フランス文壇史（1954‐56）〈河盛好蔵〉アポリネールとその友人たち「有志の諸君にぜひ一読をすすめたい」＊張耒‐次韻答天啓詩「帰来万巻付二一読一、不レ学児曹用二心苦一」 発音〈標ア〉ド〈京ア〉ド 辞書言海

いち‐とくい【一得意】〔名〕最上の得意客。第一の得意客。一旦那。＊歌舞伎・天衣紛上野初花（河内山）（1881）六幕「おいらの所の一得意（イチトクイ）、あんな好きな人はない」 発音〈標ア〉0〈京ア〉0

いち‐どくかい【一読会】〔名〕議会で法令などを審議する際の手続きで三回の読会のうち、第一回目の読会。議案の大体について討議するもの。現在の国会法にはその規程はない。 発音〈標ア〉ク

いち‐どなり【一隣】〔名〕近隣一、二軒のことを、関西で広くいう。＊俳句の世界（1954）〈山本健吉〉二「親類・同族とか、同じ組のものとか、イチドナリ（一番隣り）とか」 方言❶一番近い隣の家。岐阜県飛驒502 ❷ある組に最も近い他の組の家。特別なつきあいをする。埼玉県秩父郡054 発音〈標ア〉クド

いちど‐に【一度―】〔副〕同時に物事が集中するさまや、いっせいに同じ行為をするさまにいう。同時に。いちじに。いちどきに。＊宇津保（970‐999頃）沖つ白浪「御つかいの君達いちどにかへり給へり」＊宇治拾遺（1221頃）一・一五「そこらたちどまりて見ける者共、一度にはっと笑ひけるとか」＊寛永刊本蒙求抄（1529頃）二「鳥の羽をあわするは一度に合するぞ」＊黄表紙・莫切自根金生木（1785）中「この大荒（おほあれ）に、買い置ゐたる米一度（ド）に値があがってもうけたる由」

いち‐どの【一殿】〔名〕「いちこ（市子）①」に同じ。＊虎明本狂言・のっとうかぐら（室町末‐近世初）「又いち殿もよび出し、みかぐらをも参らせうるやうに、同道致て参らふ」＊神道名目類聚抄（1699）五・神官「巫（みこ）、一殿（イチドノ）、幾禰（きね）、神楽の舞姫なり。亦八乙女・神楽乙女など云、湯立を勤むるを湯巫（ゆみこ）と云ふ、所によりて是を一殿（イチドノ）と言ふ」 発音〈標ア〉ド

いちどの‐こうとう【一度勾当】〔名〕中世における盲官職の一つ。検校（けんぎょう）、別当、勾当、座頭の四官を一六階に分け、さらにそれを七三刻に分けて、しだいに昇進させた。その勾当の一つ。→勾当。＊当道要集（18C中か）「官位の次第〈略〉一勾当成八度此内三十五キサミ有。一度の勾当は末四度の装束なり。二度の勾当より衣白袴を着す」

いち‐とひ【一肚皮】〔名〕腹の中いっぱい。腹いっぱい。一肚子（いっとし）。＊かのやうに（1912）〈森鷗外〉「父の子爵が、いつだったか食事の時息子を顧みて、『一肚子（イチトヒ）時宜に合はずかな』と云って、意味ありげに笑った」＊開化の殺人（1918）〈芥川龍之介〉「一肚皮の憤怨、何の処に向ってか吐かんとするを知らず」＊梁渓漫志‐侍児対東坡語「東坡一日退レ朝、食罷捫レ腹除行、顧謂二侍児一曰、汝輩且道三是中有二何物一。一婢遽曰、都是文章。坡不二以為一レ然。又一人曰。満腹都是見識。坡亦未二以為一レ当。至二朝雲一、乃曰、学士一肚皮不レ合二時宜一。坡捧レ腹笑」 発音〈標ア〉ト

いち‐どり【一―】〔名〕方言 ⇨いっこ（一―）

いちどり〔名〕盗みをいう、盗人仲間の隠語。〔隠語全集（1952）〕

いち‐ど・る【位置取】〔他ラ五（四）〕ある人、物、事柄などがある場所を占める。＊野心（1902）〈永井荷風〉五「娘は兄と豊里との間に其の身を位置取って、そして片手で縋（すが）るやうに豊里の手を引いて居たが」 発音〈標ア〉ド

いち‐どろぼう【市泥棒】〔名〕（年の市（いち）で大黒天の像を盗むと縁起がいいという迷信から）年の市で大黒天を盗む者。

いち‐とんざ【一頓挫】〔名〕勢いや物事の進行が一度中途で急にくじけること。いっとんざ。＊夢の女（1903）〈永井荷風〉一九「此様（こんな）事から遂に一頓挫を来（きた）しはせまいかと」＊明治叛臣伝（1909）〈田岡嶺雲〉総叙・四「此勢を以て進まば一挙にして欧洲諸国の如き立憲政の実施を見ることが出来たかとも想はれるやうであったが、中道にして此の気運は一頓挫を見た」 発音〈標ア〉ト

いち‐な【一名・市名・城名・都名】〔名〕琵琶法師の付ける名字。城一検校（けんぎょう）が後宇多天皇から城の字を賜わったのが最初で、その門弟が八坂方と一方（いちかた）とに分かれ、八坂方では、城の字を上に付け、一方では下に付けたが、後に城の字を都の字に代え、更に市の字、一の字を用いて「いち」とよむようになった。のちに座頭に用いられ、何市と下に市の字を付ける習慣を生じた。＊歌舞伎・蔦紅葉宇都谷峠（文彌殺し）（1856）二幕「市名も取らぬ分際で四分（しぶん）の者に突きあたり」＊合巻・教草女房形気（1846‐68）五・七段「お出入の按摩が招きもせざるに、一名（イチナ）の僧俗邪魔になりて迷惑なれど」 発音〈標ア〉チ

いち‐なか【市中】〔名〕町のなか。まちなか。しちゅう。＊虎寛本狂言・夷毘沙門（室町末‐近世初）「いかにも奇麗成る森林には住もせで、西の宮の市中に住で」＊俳諧・猿蓑（1691）五「市中は物のにほひや夏の月〈凡兆〉あつしあつしと門々の声〈芭蕉〉」 発音〈標ア〉0

いち‐なり【市成】〔名〕スモモの園芸品種。大粒のとがった円形で暗赤色に黄褐色の斑点がある。鹿児島県に産し、八月上旬に成熟する。 発音〈標ア〉0

いち‐なん【一男】〔名〕①一人の男の子。また、一人の男。 発音〈標ア〉0 ＊史記抄（1477）一五・匈奴「人の種が尽て天から人が一男一女下て種ができては」＊艸山集（1674）二二・谷口歌「有二野亭一跨二流上一。行客往二来于前一。翁媼相対。唯有二一男一。淳朴如二古人一」＊春秋左伝‐僖公一七年「梁嬴孕過レ期、卜招父与二其子一卜レ之、其子曰、将レ生二一男一女一」②最初に生まれたむすこ。長男。総領。＊宇津保（970‐999頃）祭の使「けたうの大弁なんかげの

大臣の一男として、れう給はれるやわらはに侍」＊栄花(1028-92頃)うたがひ「摂政をも去年(こぞ)より我御一男、ただ今の内大臣殿に譲り奉らせ給ひて」＊大鏡(12C前)三・伊尹「このおとどは、一条摂政と申しき。これ、九条殿の一男におはします」 発音〈標ア〉チ 〈京ア〉チ 辞書日葡・言海 表記一男(言)

いち-なん【一難】〘名〙一つの災難。一つの危険。 発音〈標ア〉チ 〈京ア〉チ

いちなん＝去(さ)って［＝去(さ)ると］また一難 災難が次々と襲ってくること。＊家族会議(1935)〈横光利一〉「どうしてこのやうに一難去るとまた一難と、次から次へと順序を狂はさずに苦しみは来るものかと」

いち-に【一二】㊀〘名〙①ひとつふたつ。ひとりふたり。多くのものの中の一つか二つ。また、わずかの数にいう語。＊義経記(室町中か)五・判官吉野山に入り給ふ事「様々の難所を経て、一二の迫(はざま)、三四の峠、杉の壇といふところ迄分け入り給ひけり」＊荀子‐非相「欲知億万、則審一二」②第一番と第二番。一位と二位。＊今鏡(1170)七・うたた寝「大納言の大臣になり侍める事は、かならずしも一二といふこと侍らず」＊半井本保元(1220頃か)中・白河殿へ義朝夜討に寄せらるる事「矢続ばやにて、一二の矢を放つ」＊平家(13C前)九・一二之懸「さてこそ熊谷(くまがへ)、平山が一二のかけをばあらそひけれ」③一二を争うほどであること。＊落語・お若伊之助(1897)〈三代目春風亭柳枝〉「『鶴和泉と云へば大籬(おほみせ)だな』『まー…吉原で一二でせう』」＊金(1926)〈宮嶋資夫〉二一「日本で一二の富を積んだ安達に対抗する為に、金を作ると云ふことは、それは全く無意味である」④事を細かく分けていうこと。つまびらかにすること。→一二に及ばず。＊本朝文粋(1060頃)一一・泛大井河各言所懐和歌序〈大江匡衡〉「煙嵐日暮、記風物以難一二」＊醍醐寺文書‐(年未詳)(室町)一二月五日・別所重棟書状(大日本古文書八・一八八二)「尚委曲御使僧へ申入候条、不能一二候」＊音訓新聞字引(1876)〈萩原乙彦〉「一二 イチニ ツマビラカ」＊楊雄‐長楊賦「響倦不能一二其詳」⑤一と二。特に双六(すごろく)などで、二個の賽(さい)の目に、一と二とが出ること。＊古今著聞集(1254)一二・四二五「一番に信濃七郎すみて、筒をしばしふりくぬきたりければ、一二をうちたりけり」＊浮世草子・御前義経記(1700)二・三「娘と腰本とが恋の掛双六〈略〉南無三宝しかも一二が出くさった」 ㊁〘感動〙駆け足のときなどの掛け声。 発音〈標ア〉チイ 〈京ア〉チチ

いちに に 及(およ)ばず 〔一つ、二つと細かく分けて触れないということから〕詳しく書かない。あれこれ言わない。多く手紙などに用いた。不一。＊庭訓往来(1394-1428頃)「万事物忩之際、不及一二、併期面謁之時候、恐々謹言」

いちに の 対(たい) 寝殿造りで東の対屋(たいのや)と東北の対屋と、あるいは西の対屋と西北の対屋とを合わせていう。＊源氏(1001-14頃)若菜上「そなたの一二のたい、わた殿かけて女房のつぼねつぼねまで、こまかにしつらひみがかせ給へり」＊夜の寝覚(1045-68頃)三「東の一二のたいに宰相中将、西の一二のたいに新大納言とうつろはし奉りて」

いちに を 争(あらそ)う 一番であるか二番であるか競争する。また、最もすぐれているか、そうでなくても一、二番よりは下がらないという意。＊玉塵抄(1563)三五「秦斉は唐で一二を争ふ国なり」＊落語・殿様の廓通ひ(1890)〈禽語楼小さん〉「就中(なかんづく)一二を争ふ所の傾城の姿を描出したので有りますから正物は絵より美しう御座います」

いち-に-く-じゅう【一二九十】フ‥ジ〘名〙陰陽学で人の寿命の長短を予想するもととなるとする日をいう。ひと月を上・中・下の三期に分け、それぞれの一・二・九・十の日の子・午・卯・酉の刻にはずれて生まれた子供は、短命であるという。また、三・四・五の日は丑・未・辰・戌、六・七・八の日は寅・申・巳・亥が相当した。＊俳諧・西鶴大矢数(1681)第八四「真夜中や時を仕懸し糸薄〈可琳〉一二九十となくきりぎりす〈正直〉」＊浮世草子・好色二代男(1684)七・三「砂場の取揚(とりあげ)はば、一二九十は、九九六六と、口たたきながら走り行」＊浄瑠璃・心中刃は氷の朔日(1709)下「あれ寺町の鐘(かね)の声(こゑ)、一二九十は七々の、七つの知死期(ちしご)最期(さいご)もはやと来にけらし」

いちにごろく-すごろく【一二五六双六】〘名〙双六の一種。未詳。＊遊学往来(14C中‐後)上「然者改年初月遊宴〈略〉毗沙門双六、七双六、一二五六双六」

いちにさい-りゅう【一二斎流】ウ‥リ〘名〙砲術の一派。藤井河内守の始めたもの。＊本朝武芸小伝(1716)八「藤井河内守者一二斎流鉄砲達人也」 発音イチニサイリュー〈標ア〉0

いち-に-さん【一二三】㊀〘名〙数えられること。有限の数の象徴的表現。＊正法眼蔵(1231-53)眼睛「瞿曇眼睛は、ただ一二三のみにあらず」㊁〘感動〙ものごとを始める合図や号令。＊尋常小学読本(明治三六年)(1903)五・一三「『かけくらべをしようではありませんか』『しませう。さー。一、二、三』」

いちにさん-の-しき【一二三式】〘名〙茶道の七事式の一つ。亭主が濃茶(こいちゃ)をたて、客はその茶を飲み、亭主の点前(てまえ)ぶりの総体を見て、それに評点を入れる法。評点には十種香の札を用いる。＊茶道筌蹄(1816)一・七事「七事〈略〉七事随身といふにもとづき、楽人の及第より工夫をなし、一二三の式を製し七事の数に合す」＊茶道七字要書「一二三の式 濃茶一、客方九人迄、十種香札を借て、上中下の位を打也」

いち-に-し【一二四】〘名〙花ガルタの手役の一つ。同種の札二枚一組と四枚一組、および以上二種と異なる種の札一枚とがあるもの。たとえば、梅四枚、菊二枚、萩一枚。

いち-にち【一日】〘名〙①午前零時から午後一二時までの間。古くは、ある日の一時点から次の日のその時点までの間をさすこともあり、また、朝から翌朝までの間をさすこともある。いちじつ。＊令義解(718)神祇・月斎条「凡一月斎為大祀。三日斎為中祀。一日斎為小祀」＊今昔(1120頃か)六・三五「馬より落て悶絶して死入ぬ、一日を経て活(よみがへ)りて、泣き悲むで過(とが)を悔う」＊徒然草(1331頃)一〇八「一日のうちに、飲食(おんじき)、便利、睡眠(すいめん)、言語(ごんご)、行歩(ぎゃうぶ)、やむことを得ずして多くの時を失ふ」＊三人妻(1892)〈尾崎紅葉〉後・三〇「一日(イチニチ)おきて再び本家へ行けば」②朝から日暮れまでの間。日の出ている間。また、起床から就寝までの間。ひとひ。ひねもす。終日。→一日一夜。＊延喜式(927)一一・太政官「凡国忌者、治部省預録其日弁省玄蕃応行事官人名申官。前一日少納言奏聞」＊源氏(1001-14頃)夢浮橋「もとの御ちぎりあやまち給はで、愛執の罪をはるかしきこえ給ひて、一日の出家(すけ)の功徳(くどく)ははかりなき物なれば、なほ頼ませ給へ」＊平家(13C前)四・三井寺炎上「卯刻に矢合して一日たたかひくらす」＊怪談牡丹燈籠(1884)〈三遊亭円朝〉一〇「それから昨日は終日(イチニチ)畠耕(はたけうな)ひをして居たが」③ほんの短い日時のたとえ。わずかの日時。しばらくの間。短時日。「ローマは一日にして成らず」＊徒然草(1331頃)九三「一日の命、万金よりも重し」＊浄瑠璃・心中二枚絵草紙(1706頃)中「あの弟めは一日でもおらねばねんぐのらちあかず」＊春秋公羊伝‐文公九年「縁民臣之心、不可一日無君」④ある日。また、いつぞや。先日。＊日葡辞書(1603-04)「Ichinichi(イチニチ)〈訳〉ある一日。または、終日」⑤月の最初の日。いちじつ。ついたち。＊あひゞき(1888)〈二葉亭四迷訳〉「秋九月中旬といふころ、一日自分がさる樺の林の中に座してゐたことがあった」 発音〈なまり〉イチンチ〔埼玉方言・東京・NHK(山梨・長野)・岐阜・岡山・徳島〕イチンッチ・イッチンチ〔鳥取〕エジンジ〔津軽語彙〕エチンチ〔埼玉方言・千葉〕エッニチ〔富山県〕チンチ〔島根〕〈標ア〉(名詞的)チ²(副詞的)0〈ア史〉江戸●●○と●●○○の両様〈京ア〉(名詞的)㊁(副詞的)0 辞書日葡・言海 表記一日(言)

いちにち 一字(いちじ)を学(まな)べば三百六十字(さんびゃくろくじゅうじ) 少しずつでも絶えず勉強していくと、その成果は積もり積もって大きなものになるということ。＊童子教(13C後‐14C初か)「一日習一字、三百六十字」＊浄瑠璃・菅原伝授手習鑑(1746)四「一日に一字学べば三百六十字との教」

いちにち 一升(いっしょう)は降(ふ)っても照(て)っても口(くち)に付(つ)いてまわる 奉公宿にいるためには、一日の経費として米一升分の金が毎日必ずいるの意。近世、一人一日の食い扶持は男五合、女四合のきまりであったが、他の雑費を加えて一升分を要したところからいう。＊浮世草子・西鶴織留(1694)五・二「小宿に居れば、一日に一升は降ても照ても口に付てまはり」

いちにち が 又兵衛(またべえ)取(ど)り 職人などで毎日定収入がなく、注文による稼ぎしかないこと。その日暮らし。又兵衛は江戸初期の画師で、浮世絵の始祖と称せられる。浪人生活中、絵で生計を立てていたこともあるところからいったものか。＊歌舞伎・東海道四谷怪談(1825)大詰「お前方も二本差して二百石も取った衆だが、今では一日(ニチ)が又兵衛取(マタベヱト)りの職人とは」

いちにち これを暴(さら)して十日(とおか)これを寒(かん)す 〔「孟子‐告子上」の「雖有天下易生之物也。一日暴之、十日寒之、未有能生者也」から出た語。一日日の光にさらして暖め、十日間冷やす意から〕勤勉に努めることが少なく、怠けることが多いことのたとえ。また、一方で努力して、一方で打ち破るたとえ。一暴十寒。

いちにち 猿楽(さるがく)に鼻(はな)を欠(か)く 〔一日猿楽を催したために、きわめて大きい経費に苦しむ意。また、一説に、猿楽を一日習ったために、たいせつな鼻にけがをする意ともする〕得る所が少なく、失うことの多いたとえ。少しの楽しみのために大損をする。＊平治(1220頃か)中・信頼降参の事「一日の猿楽に鼻をかくといふ世俗のことばこそあるに、信頼は一日の軍に鼻をかきけり」

いちにち の 苦労(くろう)は一日(いちにち)にて足(た)れり 日々の心配事などは、その日思い悩むだけで十分である。衣食住に必要なものは神から与えられるという考え方から、生活上の問題に思い悩むことを戒めた「聖書」のことば。＊引照新約全書(1880)馬太伝福音書・六「明日の事を憂慮なかれ。明日は明日の事を思わずらへ。一日の苦労(クロウ)は一日(イチニチ)にて足(タレ)り」

いちにち の 計(けい・はかりごと)は朝(あさ・あした)にあり一年(いちねん)の計(けい・はかりごと)は元旦(がんたん)［＝春(はる)］にあり 一日の計画は朝のうちに立てるべきであり、一年の計画は年の初めの元日に立てるべきである。物事は初めからしっかりと計画を立てなくてはならないというたとえ。いちじつの計は晨(あした)に在り。＊談義本・風流志道軒伝(1763)二「但古人の詞にも、一日の計(ハカリゴト)は朝にあり、一年の計は元日にありとは、其本乱て末をさまりがたきをいふ」

いちにち の 事(こと)は朝(あさ)にあり その日一日のよしあしは朝一番のできごとで決まる。

＊落語・神酒徳利〈1896〉〈三代目柳家小さん〉「一日の事は朝にありと云って朝斯んな事があっちゃア誠に気に掛る」

いちにち の 師壇(しだん)百劫(ひゃくごう)の結縁(けちえん) 一日師弟の関係を結べば、永久に成仏のための因縁を結んだことになる、の意。＊咄本・醒睡笑〈1628〉一「明眼論にいふ。一日師壇百劫結縁(イチニチノシダンヒャクゴフノケチエン)、一度赴請、師僧以其壇那如親子とも書かれたり」

いちにち の 長(ちょう) (「論語‐先進」の「以吾一日長乎爾、毋吾以也」から出た語) 他人より少し年上であること。転じて、経験や知識、技能などが他の人より少しすぐれていること。いちじつのちょう。＊思出の記〈1900‐01〉〈徳富蘆花〉四・一五「一日(イチニチ)の長あるが為めに、此れから修業と云ふ体を英語の教師と立てられ」 ＊大道無門〈1926〉〈里見弴〉影法師・一「貴方(あなた)でさへ、まだしも僕よりは、一日(ニチ)の長(チャウ)があるわけか」

いちにち の 情(なさけ)に百年(ひゃくねん)の命(いのち)を捨(す)つ (白居易の「燕子楼詩」に見える、張愔(ちょういん)とその愛妾関盼盼との故事による) 男のわずか一日の愛情のために女の一生涯を棒にふること。 ＊浄瑠璃・須磨都源平躑躅〈1730〉二「敦盛も声をあげ、一日の情に百年の命を捨つるとは聞きしが、それは枕をかはしての事」

いちにち ばかりの精進解斎(しょうじんげさい) 仏語。あと一日という時に精進斎戒を怠けること。長い間の努力も最後のちょっとした気のゆるみから失敗してしまうというたとえ。九仞(じん)の功を一簣(き)に虧(か)く。 ＊枕〈10C終〉二五・すさまじきもの「十二月(しはす)のつごもりのながあめ、一日ばかりのさうじんげさいとやいふらん」

いちにち‐いちぜん【一日一善】〘名〙 一日に一つでよいから善い行ないをすること。 ＊苦心の学友〈1930〉〈佐々木邦〉改心入道の働き「『骨を折って見る。僕はこの頃一日に一つ善いことをしないと気が済まない。昨日も一昨日(をととひ)も不漁(しけ)だった』と堀口生は改心以来、一日(ニチ)一善(ゼン)を実行してゐる」 発音〈標ア〉チ2

いちにち‐いちや【一日一夜】〘名〙 まる一日。一昼夜。 ＊顕戒論〈820〉中「若出家人、見文殊師利者、已得見故、一日一夜成阿羅漢」 ＊観智院本三宝絵〈984〉序「只一日一夜の出家の功徳、諸の事の中に無比」 ＊源氏〈1001‐14頃〉御法「一日一夜忌む事のしるしこそはむなしからずは侍るなれ」 ＊平家〈13C前〉八・太宰府落「其勢三千余騎で筑後国高野本庄に発向して、一日一夜(ヤ)せめたたかふ」 ＊心地観経「一日一夜出家修道、二百万劫不堕悪趣」 発音〈標ア〉チ3〈京ア〉チ3

いちにちいちや を 経(へ)るに＝八億四千(はちおくよんせん)[＝八億四千万(はちおくよんせんまん)]の思(おも)い有(あ)り 人は一昼夜の間に、八億四千万に及ぶ善悪の思いをするという意。その思いの善悪の多少に応じて、おのおのの果報を受けるという。 ＊保元〈1220頃か〉中・為義の北の方身を投げ給ふ事「其上、人は一日一夜をふるにも、八億四千の思ひありといふ」 ＊太平記〈14C後〉一九・金崎東宮并将軍宮御隠事「夫れ人間の習、一日一夜を経る間に、八億四千の念あり」 ＊安楽集‐下「人生世間、凡経一日一夜有八億四千万念」

いちにち‐おき【一日置】〘名〙 (何かをするのに中に一日の間をおくこと。その日に事をして翌日はやめ、翌々日にまたすること。隔日。 ＊怪談牡丹燈籠〈1884〉〈三遊亭円朝〉七「藤田様から参りました御薬は、どうか隔日(イチニチヲキ)に召上って下さい」 発音〈標ア〉キ オ〈京ア〉オ

いちにち‐おくり【一日送】〘名〙 その日のことだけを考えて、一日一日と過ごしていくこと。 ＊微温〈1909〉〈水野葉舟〉五「暖い、甘い水の垂れるやうなおさよの表情や、言葉に酔ったやうになって、一日送りに日を消(けし)た」 発音〈標ア〉オ

いちにち‐がい【一日買】〘名〙 一日の間、遊郭中の娼妓など全員を呼んで遊興すること。遊郭を昼夜買い切りにすること。 ＊浮世草子・好色一代男〈1682〉五・二「隔子(かうし)の女郎ひとりも残さす、一日買(ガイ)とふれをなし」 ＊浮世草子・好色二代男〈1684〉三・五「六条の一日買(カヒ)と申も、此人はじめての都のぼりにせしとかや」

いちにち‐かたとき【一日片時】〘名〙 「いちにちへんじ(一日片時)」に同じ。 ＊源平盛衰記〈14C前〉六・丹波少将被召捕事「一日片(カタ)時堪へて有るべし共覚えず」 ＊浄瑠璃・心中二枚絵草紙〈1706頃〉道行「せめて一日かた時なり共湯水とられて往生せんと」 ＊人情本・仮名文章娘節用〈1831‐34〉後・五回「一日片時(いちニチカタトキ)もつとめをさせる気はねへが」 発音〈標ア〉0

いちにち‐がわり【一日替】〘名〙 ①一日ごとに交替すること。一日交替。 ②特に歌舞伎で、一日おきに持ち役を替わりあうこと。あるいは、一役を二人以上の俳優が一日ずつ交替でつとめること。また、狂言を毎日差しかえて上演する場合にもいう。 ＊西洋道中膝栗毛〈1870‐76〉〈仮名垣魯文〉八・上「俊寛僧都の一日替(イチニチガハ)りが出来そうだ」 発音イチニチガワリ〈標ア〉ガ

いちにち‐きざみ【一日刻】〘名〙 一日単位であること。一日一日の区切りごと。 ＊夢の浮橋〈1970〉〈倉橋由美子〉松の内「あと三カ月は一日刻みの予定表をつくって動きまわらなきゃ間に合いませんよ」 発音〈標ア〉キ

いちにち‐きょう【一日経】〘名〙 (「いちにちぎょう」とも) 追善供養のため、大勢が集まって、一部の経文、おもに「法華経」を一日で写し終えること。頓写(とんしゃ)。 ＊中右記‐康和四年〈1102〉二月一九日「一日経被書写人々」 ＊平家〈13C前〉一一・嗣信最期「手負(ておひ)のただいまおちいるに、一日経書いてとぶらへ」 ＊書言字考節用集〈1717〉二「一日経 イチニチギャウ 又云頓写」 辞書書言 表記一日経(書)

いちにち‐きり【一日切】〘名〙 (「いちにちぎり」とも) その日一日限りのこと。 ＊浮世草子・好色万金丹〈1694〉一・二「一日切の陽気する男なるべしと、推量は黒星にあてながら」 発音〈標ア〉リ

いちにち‐ぐらし【一日暮】〘名〙 (「いちにちくらし」とも) その日の収入でその日の生活を支えていくこと。また、その暮らし。先の見通しの立たない、余裕のない暮らし。その日暮らし。いちにち過ぎ。 ＊俳諧・西鶴五百韻〈1679〉早何「穐の霜しろひ男はぬらりひょん〈西鶴〉 一日暮しときくの花さく〈西花〉」 ＊浮世草子・好色五人女〈1686〉二・一「素麺(そうめん)の碓(うす)など引て、一日暮(クラ)しの命のうちに」 ＊浮世草子・風流曲三味線〈1706〉一・三「うかうか今迄人の役害(やっかい)になって一日暮(ニチグラ)しにせし所に」 発音イチニチグラシ〈標ア〉グ

いちにち‐さい【一日祭】〘名〙 旬祭の一つ。毎月一日、宮中の賢所(かしこどころ)、皇霊殿、神殿の三殿で行なわれる祭儀。 発音〈標ア〉チ2

いちにち‐さばき【一日捌】〘名〙 その日一日だけをうまく処理して、他の日のことを考えないこと。 ＊浮世草子・傾城禁短気〈1711〉六・四「納まりの知れたる事に、一日捌きの大臣、さりとては気強し」

いちにち‐さんがい【一日三界】〘名〙 (「さんがい」はある語に添えてその語の範囲を強めていう語) 朝から晩まで。一日じゅう。日がな一日。終日。 ＊滑稽本・早変胸機関〈1810〉「一日さんがいそりちらして」 ＊滑稽本・浮世風呂〈1809‐13〉四・中「茶は土瓶で拵へりや、一日さんがい余る」 ＊星座〈1922〉〈有島武郎〉「鈍いしぶとさを臆面もなくはたげて、一日三界人々の侮蔑と嘆きとの種になってゐる」 方言◇いちにちさんげ・いちんちさんげえ 千葉県夷隅郡040 発音イチニチサンガイ〈なまり〉イチッチサッケー〔千葉〕イチンチサンガ・イチンチサンゲ・イチンチョーサンガラ・エチンチサンゲ〔埼玉方言〕〈標ア〉サ

いちにち‐さんがら【一日―】〘名〙 方言 一日中。終日。 群馬県吾妻郡218 ◇いちんちさんがら 長野県佐久493 ◇いちんちしんがら 長野県南佐久郡054 ◇いちんちょおさんがら 埼玉県秩父郡251 ◇いちにちさっけえ 千葉県山武郡270 ◇いちんちひがさら〔一日日―〕 静岡県田方郡・賀茂郡521 ◇いちにちひがうら・いちにちしがうら 富山県390 ◇いちにちひがくら 富山県砺波398 ◇いちにちしがぶく 富山県婦負郡390 ◇いちんちひょおらく・いちんちがひょおらく 静岡県520 521 535 ◇いちんちがひょおざら 静岡県島田市536 ◇いちにちひいて 山形県飽海郡139 ◇いちにちひがな・いちにちがいだ〔一日間〕 富山県砺波398 ◇いちんちがのお 島根県隠岐島725

いちにち‐さんじ【一日三時】〘名〙 一昼夜を六つに分け、昼三時、夜三時とした、昼三時のこと。朝、昼、夕方。朝から夕方まで。 ＊源平盛衰記〈14C前〉四八・女院六道廻物語事「一日三時の闘諍、天鼓自然鳴の報ならんと思へば、修羅道の苦患も経たる心地し候し」

いちにち‐さんしゅう【一日三秋】〘名〙 (「詩経‐王風・采葛」の「彼采蕭兮。一日不見如三秋兮」による語。「秋」は一年の意とも、または秋三か月の意ともいう) 「いちにちせんしゅう(一日千秋)」に同じ。 ＊本朝文粋〈1060頃〉九・別路花花飛白詩序〈大江以言〉「彼一日三秋之死望、二載千秋之歎音」 ＊浮世草子・忠義太平記大全〈1717〉九「今日をあひまち申候事、一日三秋のおもひをなし」 ＊談義本・万世百物語〈1751〉四・山賊の美童「げには一日三秋とかや、いにしへよりまち久しき事にいひならはせり」 発音イチニチサンシュー〈標ア〉0

いちにち‐じ【一日路】〘名〙 一日で行きつくことのできる道のり。一日の行程。ひとひじ。一日程(いつじつてい)。 ＊天草本平家〈1592〉四・二六「ホウジャウモ ychinichigi(イチニチヂ) ナリトモ、ヲクリマラショウズレドモ」 ＊暴夜物語〈1875〉〈永峰秀樹訳〉発端「城を離るる一日里程(イチニチヂ)の地に於て」 発音〈標ア〉チ2

いちにち‐しごと【一日仕事】〘名〙 やりとげるのに一日を要する仕事。一日がかりの仕事。 ＊俳諧・西鶴大矢数〈1681〉第三四「細ながふ爰に鼡の通ひ道 禿倉(ほこら)を立て一日仕事」 ＊浮世草子・西鶴名残の友〈1699〉「有時初心の連中、金光時の藤見に行て、やうやう春の一日仕事(シコト)に百韻つづりて雲紙に移して」 発音イチニチシゴト〈標ア〉シ

いちにち‐すぎ【一日過】〘名〙 「いちにちぐらし(一日暮)」に同じ。 ＊浮世草子・当世乙女織〈1706〉三・一「漸く背負荷の切うり、一日過(スギ)の商人なれども、心ざまいやしからず」 発音イチニチスギ〈標ア〉ギ

いちにち‐せんきん【一日千金】〘名〙 (蘇東坡「春夜詩」の「春宵一刻価千金」による) ①一日が千金に価するほどたいせつであるということ。 ＊浮世草子・世間胸算用〈1692〉序「元日より胸算用油断なく一日千金の大晦日をしるべし」 ②一日に千金もの多くの金銭が消費されること。 ＊浮世草子・世間胸算用〈1692〉三・二「大方は主の為になるものは稀なり。一日千金の色所に遊び、十分請取銀あれば、其内に不足こしらへ」 発音〈標ア〉0

いちにち‐せんしゅう【一日千秋】〘名〙 (「千秋」は千年の意) 一日がはなはだ長く感じられること。思慕の情がはなはだしく、待ちこがれる気持にいう。いちじつせんしゅう。一日(いちにち・いちじつ)三

秋。一刻千秋。＊近世紀聞(1875–81)〈染崎延房〉一一・三「只官軍の向ふの日を頻りに渇望なせる事一日千秋(いちニチせんシウ)の如くなるに」＊或る女(1919)〈有島武郎〉前・一三「私の着くのを一日千秋の思ひで待ってゐるだらうに」 発音 イチニチセンシュー〈標ア〉0〈京ア〉二=0

いちにち-ねつ【一日熱】〘名〙マラリアになって、毎日発熱があること。毎日熱。 発音〈標ア〉チ2

いちにち-のがれ【一日逃】〘名〙催促されても一日一日と言いのがれて日を延ばすこと。一日延ばし。＊読本・夢想兵衛胡蝶物語(1810)後・序「後編の催促は、折折耳に入るものから、一日脱(いちニチノガ)れの怠け日和(ひより)」 発音 イチニチノガレ〈標ア〉ノ

いちにち-のばし【一日延】〘名〙果たさなければならないのに、一日一日とぐずぐずして日を延ばすこと。＊浮世草子・けいせい伝受紙子(1710)四・五「諸事相談をするていにて、一日のばしに隙取て」＊青春(1905–06)〈小栗風葉〉夏・一五「けれど、此儘今帰られる躰で無いから、繁も一日延(ノバ)しに延して居る内に、宜しい！ 帰郷せねば送金も留めるとばかりに」＊蓼喰ふ虫(1928–29)〈谷崎潤一郎〉四「不愉快なことは一日延ばしに先へ延ばして」 発音〈標ア〉ノ〈京ア〉ノ

いちにち-はさみ【一日挟】〘名〙(「いちにちはざみ」とも) 一日ずつ間をおくこと。一日おき。隔日。いちにちはだめ。＊詩学大成抄(1558–70頃)一〇「此やまいは〈略〉一日はざみにをこるぞ。市も一日はざみに立つほどにぞ」＊浮世草子・好色一代男(1682)六・七「いづれをおもひ、いづれをおもふまじきにあらねば、一日はさみにあひぬ」＊浮世草子・風流連理檼(1735)中・三「一日はざみにお目にかかります」

いちにち-はだめ【一日―】〘名〙(「はだめ」は「はざみ(挟)」の変化した語か。近世京都の俗語)「いちにちはさみ(一日挟)」に同じ。＊随筆・愚雑俎(1825–33)三「隔日を京師の俗は一日はだめといふ」 方言 大阪市638 兵庫県660 664 665 ◇いちんちはだめ 京都府竹野郡622

いちにち-ばれ【一日晴】〘名〙①臨時の行幸や祭りの使いなどの特殊な日に限って、公卿以下、袍(ほう)の位色のほかは、好みの地質、色目、文様を用い、付属の調度、乗り物にも風流の好みを尽くすのを許されること。一日晴の装束(そうぞく)。いちじつはれ。＊装束抄(1577頃)「唐綾 是は唐装束にて、文色など強(あながち)定(きまる)事なし。〈略〉凡唐装束は一日晴と称して、尋常に替り侍るなり」＊随筆・後松日記(1848頃)一八「一日晴とは祭の使、行幸、御幸等、殊なる晴の日、身のほどよりも美れいの品をみづからゆるし用ひ候ことを申候」②(①が庶民の間に伝わって)その日一日のために晴着を着たり、特別の器具や飾りを用いたりすること。また、そのもの。＊俳諧・毛吹草(1638)六「あさがほや一日晴(ハレ)のあやの紋〈徳元〉」＊浮世草子・好色訓蒙図彙(1686)上・人倫「一日ばれのかり小袖」＊随筆・貞丈雑記(1784頃)七「一懸盤の事、三光院内府記云〈略〉当所受用する物者一日晴にて号ニ檜懸盤一候打拾云々不レ可レ用レ之器候 貞丈云一日晴と云は白木に作たるを云」

いちにち-ばんき【一日万機】〘名〙⇨いちじつばんき(一日万機)

いちにち-はんとき【一日半時】〘名〙「いちにちへんじ(一日片時)」に同じ。＊人情本・仮名文章娘節用(1831–34)三・九回「子までなしても日かげ妻、一日半時人なみの、息をもつかぬ苦労を仕死(しじに)」

いちにち-ひがな【一日―】〘名〙 方言 ⇨いちにちさんがら(一日―)

いちにち-ひととき【一日一時】〘名〙「いちにちへんじ(一日片時)」に同じ。わずかな時間。＊コンテムツスムンヂ(捨世録)(1596)一・二三「トキ キタリテ シンダイヲ ヒキカエン タメ、ichinichi fitotoqino(イチニチ ヒトトキノ) ヒマヲ ノゾムベケレドモ」

いちにち-ひゃくしゅ【一日百首】〘名〙漢詩または和歌などを一日の間に百首作ること。＊吾妻鏡-弘長三年(1263)六月三〇日「去廿五日御詠、右大弁入道於ニ御前一拝ニ見之一、奉ニ合点一、而勝ニ于去年一日百首御歌一之由、点者雖レ申、是不レ通ニ賢慮一」

いちにち-へんじ【一日片時】〘名〙(「いちにちへんし」とも) わずかの時間。しばしの間。一日半時。一日一時。いちじつへんし。いちにちかたとき。＊観智院本三宝絵(984)序「劫を重ね、世を積むとも、求めずは至りがたし。一日片時にても心を発(おこ)さば得べし」＊曾我物語(南北朝頃)五・呉越のたたかひの事「一日片時(ヘンシ)のながらへも、うらめしかりつるに」＊玉くしげ(1789)「何れの国とても、此の大御神の御蔭にもれては、一日片時(イチニチヘンシ)も立ことあたはず」 語誌 (1)「へんじ」は呉音読み、「へんし」は漢音読み。(2)「一日」も「片時」もともにわずかな時間をいう。同意の語を二つ重ねて用いたもので、中国文献には見出し難く、わずかな時間を強調する表現として日本で作られた語か。 発音〈音史〉近世まで『いちにちへんし』〈標ア〉ヘ 辞書 言海 表記 一日片時(言)

いちにち-まし【一日増】〘名〙(「に」を伴って副詞的に用いられる場合が多い) 日に日に。一日たつごとに。日まし。逐日(ちくじつ)。＊落語・滑稽吹寄(1892)〈三代目三遊亭円遊〉「然し此当今(ただいま)では一日増(マシ)に学問が進んで参ります」 発音〈標ア〉0 シ〈京ア〉マ

いちにち-や【一日夜】〘名〙一昼夜。＊往生要集(984–985)大文一「以ニ人間二百歳一、為ニ夜魔天一日夜一、其寿二千歳」＊史記抄(1477)三・五帝本紀二「梁武帝の時は、一日夜を、百二十刻にわけられたぞ」

いちに-づけ【一二付】〘名〙①一番、二番などの番号をつけること。また、順位をきめること。番号づけ。＊俳諧・俳諧塵塚(1672)下「名もしらぬ花やかぞへて一二付」＊浮世草子・色里三所世帯(1688)中・四「男は我ひとりなるに一二付の鬮(くじ)取して夜の明かたまで六人にさいなまれける」②連歌俳諧で、最初の一回は各句主の名を記し、のちには名の代わりに一、二の番号をつけて記すこと。月次(つきなみ)の奉納、一日千句などの場合にはこの式による。＊家忠日記-文禄二年(1593)六月一五日「当社にて法楽連歌、一二付」＊俳諧・西鶴大句数(1677)三「天津乙女もはやくちになる一折は雲を重て一二付」

いちにはち-じけん【一・二八事件】 上海事変の中国における呼び方。昭和七年(一九三二)一月二八日に起こった。 発音〈標ア〉ジ

いち-にょ【一女】〘名〙①「いちじょ(一女)①」に同じ。＊日葡辞書(1603–04)「Ichinho(イチニョ)〈訳〉一人の女性」＊譬喩尽(1786)一「一女(イチニョ)三男(さんなん)日神月神蛭子烏翥雄是也」②「いちじょ(一女)②」に同じ。 発音〈標ア〉ジ 辞書 日葡

いち-にょ【一如】〘名〙仏語。①(「一」は不二、「如」は不異) 真実で永遠不変である真如のことで、真如の理が唯一絶対で平等であることをいう。＊三教指帰(797頃)下「一如合レ理、心莫ニ親疎一、四鏡含レ智、遙離ニ毀誉一」＊吽字義(9C前)「多而不異、不異而多、故名ニ一如一。一非レ一一、無数為レ一、如非レ如常、同々相似」＊源平盛衰記(14C前)九・宰相申預丹波少将事「聖道の修行ならば、凡聖、元より二なし、自身の外に、仏を求むべからず、邪、正、自ら一如(ニョ)也」②まったく等しくて変わりのないこと。また、ただ一つであること。「物心不二一如」などという。＊正法眼蔵(1231–53)有時「三頭八臂これ時なり、時なるがゆゑに、いまの十二時に一如なるべし」 発音〈標ア〉チ 辞書 日葡

いちにょ-かんのん【一如観音(クヮンオン)】 仏語。三十三観音の一つ。その像は雲に乗って飛行するさまであらわされる。＊仏像図彙(1690)二(古事類苑・宗教二)「三十三体観音〈略〉一如観音、雲雷鼓製電」 発音〈標ア〉チ イ〈京ア〉チ／イ

一如観音〈仏像図彙〉

いちにょ-ぜ【一如是】〘名〙唯一道理にかなっていること。唯一正しいこと。＊正法眼蔵(1231–53)諸法実相「如是相は一如是にあらず、無量無辺・不可道・不可測の如是なり」

いちにょ-とんしょう【一如頓証】〘名〙仏語。すべての人が一如の理によって、たちどころに悟りを得ること。＊本朝続文粋(1142–55頃)一一・比叡山不断経縁記〈藤原明衡〉「開ニ此一如頓証之源一」

いち-にん【一人】〘名〙①人、ひとり。また、ひとりの人。いちじん。＊続日本紀-宝亀一一年(780)六月戊戌「勅〈略〉物天下物非ニ一人用一」＊発心集(1216頃か)二・安居院聖行京中時隠居僧値事「年たけたる僧一人(イチニン)あり」＊文明本節用集(室町中)「不レ習ニ一人(イチニン)、万人之前受ニ其恥一」＊天草本平家(1592)三・一「コクチュウノ ツワモノヲ カタラウニ、ychinin(イチニン) モ ソムク ワ ゴザナカッタ」②ある人。なにがし。＊史記-商君伝「有ニ一人徙レ之、輒予ニ五十金一、以明レ不レ欺」③その土地や領域で第一であること。また、その人。第一人者。＊浮世草子・日本永代蔵(1688)一・三「十ケ年立ぬ内に五千両の分限にさされ、一人の才覚者といはれ」④右大臣の異称。＊有職小説(江戸中)中・官爵(古事類苑・官位七)「本朝の諺に、天子を一人(いちじん)、太子を一人(いちんど)、関白を一所(いちのところ)、相国を一人(いちのひと)、左府を一上(いちのかみ)、右府を一人(いちにん)と云、醍醐帝の御宇より起れりとぞ」⑤天皇の異称。＊醍醐寺文書-延元三年(1338)五月一五日・北畠顕家奏状「一人之出百僚卒従ニ威儀一」＊読本・昔話稲妻表紙(1806)四・一三「如来は五劫の間思惟し玉ひ、上は一人(イチニン)より下は婆々嫁々にいたるまで」⑥一日一人分の作業量や賃金。＊改正増補和英語林集成(1886)「Ichinin イチニン 一人〈訳〉人一人。一人の荷、または、一日の仕事。一日の賃金」 発音〈ア史〉江戸●○○と●●○○の両様か〈標ア〉チ〈京ア〉イ 辞書 文明・日葡・書言 表記 一人(文・書)

いちにん虚(きょ)を伝(つた)うれば万人(ばんにん)実(じつ)を伝(つた)う 一人がうそを言いふらすと、これを聞いた大勢の人が事実として言いふらす。一犬(いっけん)影に吠(ほ)ゆれば万犬声に吠ゆ。＊文明本節用集(室町中)「一人伝レ虚万人伝レ実(イチニン キョヲ ツタフレバ バンニン ジツヲ ツタフ)」 辞書 文明 表記 一人伝レ虚万人伝レ実(文)

いちにんの好士(こうし)より三人(さんにん)の愚者(ぐしゃ)「いちにん(一人)の文殊より十人のたくらだ」に同じ。＊俳諧・毛吹草(1638)二「一人の好士(コウジ)より三人の愚者」

いちにんの文殊(もんじゅ)より十人(じゅうにん)のたくらだ (「たくらだ」は愚か者の意) 知恵にすぐれた文殊菩薩が考えるより、愚か者一〇人が相談した方がよい考えが生まれる。何事も大勢で相談すればよい考えが生まれることをいう。一人の好士より三人の愚者。＊子孫鑑(1667か)上「細民のたとへにも、一人の文殊より十人のたくらだ、とやらんいふ事もあり」

いち-にん【一任】〘名〙①(―する) すべてを任せること。そのものの勢いのままにすること。＊文明本節用集(室町中)「梅花一ニ任(イチニンス)吹一」＊中華若木詩抄(1520頃)下「いかにかしましく、耳にあたるとも、こらえて、一任してをくべき也」＊思出の記(1900–01)〈徳富蘆花〉三・一四「部屋の掃除は僕に一任あって」

*宋史-仁宗記・三「詔二館閣官、須レ親レ民一任一」 ②官職の任期。一つの任期。*三代格-一・延暦一七年(798)正月二四日・太政官符「今聞、神宮司等一任終身。侮黷不レ敬。〈略〉宜レ自レ今以後。簡下択彼氏中潔清廉貞堪二神主一者上補任。限以二六年一相替」 *山家学生式(818-819)「其国講師、一任之内、毎年安居法服施料、即便収二納当国官舎一」 *延喜式(927)五〇・雑式「凡国司一任之内、不レ得二所部交関一。但聴レ買二衣食一」 *神皇正統記(1339-43)下・後醍醐「彼等其功たかしといへども、一任四五ケ年の職なり」 ③(感動詞的に用いられる)さもあらばあれ。ええ、ままよ。*玉山先生詩集遺稿(1774)春日踰志賀山「一任春風吹作レ雪、何曾容易払二征衣一」 *司空図-南至詩「一任喧闐遶二四鄰一、閑忙皆是自由身」 発音〈標ア〉0〈京ア〉0 辞書文明 表記一任(文)

いち-にん【一忍】〔名〕一度の忍耐。一つの辛抱。*落葉集(1598)「一忍 いちにん」 *日葡辞書(1603-04)「ヒャクセン ヒャクショウモ ichininniua(イチニンニワ) シカジ」 *譬喩尽(1786)一「以二一忍一支二百勇一慮二治世一大丈夫」 辞書日葡

いちにん〔名〕女性をいう、盗人仲間の隠語。〔日本隠語集(1892)〕

いちにん-いちやく【一人一役】〔名〕一人に一つの役目を割り当てること。発音〈標ア〉チ1

いちにん-いっきゃく-きょうそう【一人一脚競走】〔名〕片足をあげて地に着けずに一本足で走る競走。明治時代の運動会にあった。*東京風俗志(1899-1902)〈平出鏗二郎〉下・一一・運動的遊戯「一人一脚競走とて、一脚をあげて地に着かしめず」 発音イチニン=イッキャクキョーソー〈標ア〉チ=キョ

いちにん-いっとう【一人一党】〔名〕国会議員などの政治家が、いずれの政党にも属さないで、自分の意見を自由に発表、主張する立場にあること。また、一人で一党を形成すること。*デエリー新文化語辞典(1926)〈高信峡水・谷口武〉「イチニンイットウ 一人一党 One man, One party(英)議院政治家にして政党に党籍なく、政治問題に対し自由に賛否を決せんとす非政党主義のこと」 発音イチニンイットー〈標ア〉チ

いちにん-かいしゃ【一人会社】〔名〕全株式を一人が所有する会社。日本の商法では、一人会社を設立することはできないが、株式会社の設立後、株主が一人になっても解散しなくてよいことになっている。また、数人の株主がいても、その一人が大部分を所有している場合にもいう。発音〈標ア〉カ

いちにん-がかり【一人掛】〔名〕①一人だけですること。また、一人分の仕事。②和船の艪を一人で漕ぐもの。また、その船。軍船の木割法では「艪掛かり」の標準となる。二人掛かりの大艪に対して、小艪ともいう。一人漕ぎ。発音イチニンガカリ〈標ア〉ガ

いちにん-こぎ【一人漕】〔名〕「いちにんがかり(一人掛)②」に同じ。発音イチニンコギ〈標ア〉0

いち-にんしょう【一人称】〔名〕文法で、人称の一つ。話し手(書き手)自身に関することを示すもの。多くの言語で一人称単数、複数は別の単語を持つ。また、太平洋の島々の言語に見られるように、自分たちの側だけを示す除外形、相手の側をも含めた包括型という二つの異なった一人称複数形を持つ言語も多い。日本文法では、「われ」「わたくし」「ぼく」などの代名詞をいい、「自称」ともいう。*日本文典(1876)〈中根淑〉上・言語論・代名詞「一人称とは、己の名の代りに用ふる者を云ふ、例へば・余、語る・と云ふとき、余は一人称なり」 *驟雨(1900)〈国木田独歩〉下「一人称(ニンショウ)を用ひないで総て『渠(かれ)は』の三人称を以て書き」 *侏儒の言葉(1923-27)〈芥川龍之介〉或弁護「Ich-Roman と云ふ意味は一人称を用ひた小説である」 発音イチニンショー〈標ア〉ニ〈京ア〉ニ

いちにんしょう-えいが【一人称映画】〔名〕カメラが劇中の主人公の目となり、すべての事件が主人公の眼前で展開される映画。発音イチニンショーエイガ〈標ア〉エ

いちにん-すうざい【一人数罪】〔名〕一人が二個以上の罪を犯した場合をいう。併合罪。

いちにん-だち【一人立】〔名〕他の助力なしに独力で仕事、生活をすること。一本立ち。ひとりだち。*雪中梅(1886)〈末広鉄腸〉上・三「自分の一人立(いちニンダ)ちが出来る様になると、昔のことを忘れて仕舞ひ」 発音〈標ア〉0

いちにん-とうぜん【一人当千】〔名〕(現代は「いちにんとうせん」とも)一人で千人もに相当するほどの勇気や力をもつこと。また、その人。一騎当千。*将門記(940頃か)「将門が一人当千の兵有て、暗に夜討の気色を知り」 *平家(13C前)四・信連「これをこそ一人当千のつは物ともいふべけれ」 *日葡辞書(1603-04)「Ichinin tŏjen(イチニン タウゼン)〈訳〉一人で千人に値するもの」 *音訓新聞字引(1876)〈萩原乙彦〉「一人当千 イチニンタウゼン ヒトリノ智力センニンニアタル」 *南本涅槃経-二「人王有二大力士一、其力当レ千、更無レ有下能降二伏之一者上。故称二此士一人当千一」 発音イチニントーゼン〈音史〉古くは『いちにんたうぜん』〈標ア〉チ〈京ア〉ト/イ=0 辞書日葡・書言・言海 表記一人当千(書・言)

いちにん-のり【一人乗】〔名〕一人で乗ること。また、定員一人の乗り物。ひとり乗り。特に、人力車についていった。*当世書生気質(1885-86)〈坪内逍遥〉六「ゴッサイゴッサイと駈(かけ)てきた、威勢のよい一人乗(イチニンノリ)」 *義血侠血(1894)〈泉鏡花〉一五「一人乗(いちニンノリ)に同乗(あひのり)が出来るかい」 発音〈標ア〉0

いちにん-びゃくしょう【一人百姓】〔名〕江戸時代の本百姓の頭分(かしらぶん)にあたる大百姓。中世の名主(みょうしゅ)または帰農武士の系譜につながる有力農家で、多くは村役人を世襲し、宗門一本証文や苗字帯刀を許される者も少なくなかった。一本百姓。長(おとな)百姓。↓一本証文(いっぽんしょうもん)。*安政六年南山三十六ケ村一揆歎願書(飯田藩)(1859)「明嶋村壱人百姓忠左衛門 柿野村壱人百姓七郎兵衛 平嶋田村庄屋吉兵衛 平嶋田村壱人百姓伝左衛門」 発音イチニンビャクショー〈標ア〉ビャ

いちにん-ふたやく【一人二役】〔名〕一人で二つの役目を務めること。また、一人の俳優が二人の役に扮すること。ひとりふたやく。発音〈標ア〉チ

いちにん-ぶち【一人扶持】〔名〕江戸時代、主君から家臣に給与される俸禄の一基準。幕府の場合は、一人一日の食糧は玄米約五合、一か月一斗五升を標準とし、これの一年分の米またはそれに相当する金銭。一般に封禄が原則だが、職俸(役扶持)、褒賞としても与えられた。*財政経済史料-二・財政・職俸・役料、役高、役扶持、役金・享保八年(1723)六月一八日「諸御番衆并末々迄御切米高〈略〉一、御玄関番拾五俵壱人扶持」 *政談(1727頃)二「今も諸大名の家には、一人扶持一升に定たる家も有也」 発音〈標ア〉0

いちにん-まい〔名〕植物「とうがらし(唐辛子)」の異名。

いちにん-まえ【一人前】〔名〕①ひとりに振り当てられた分量。ひとりぶん。*浮世草子・傾城色三味線(1701)江戸・三「先あたまに一人前より、金壱歩宛出し」 *滑稽本・浮世風呂(1809-13)前・上「女湯の湯舟に簪(かんざし)を堕せば、湯汲の男、滑川(なめりかは)めきて探すとも、御壱人前(イチニンマヘ)拾文の孔方(こうはう)は、青砥(あをと)も惜むべからず」 ②成人であること。また、成人としての資格や能力があること。*滑稽本・浮世風呂(1809-13)大意「二度入の御方あるとも、御一人前(イチニンマヘ)の分別あるは湯屋の張札の如く」 *吾輩は猫である(1905-06)〈夏目漱石〉九「自分が盗まれて置きながら、明瞭の答が出来んのは一人前ではない証拠だと」 ③技能などが人並みの域に達すること。また、その世界で通用するほどになっていること。*雁(1911-13)〈森鴎外〉四「次第に五円貸す十円貸すと云ふやうになって〈略〉とうとう一人前の高利貸になった」 ④江戸時代、東北諸藩での村落構成単位。一般にいう一軒前に同じ。*公儀御触御国制禁-正徳元年(1711)「百姓壱人前之持高、五貫文より上之持添仕間敷由、兼て被定置候通、彌堅可相守候事」 発音〈標ア〉0〈京ア〉0 辞書言海 表記一人前(言)

いちにん-やく【一人役】〔名〕①技能などが人並みであること。一人で仕事ができること。*俳諧・宇陀法師(1702)巻頭并俳諧一巻沙汰「抑はいかいは先師遷化の日、急度決定せぬ人、終に俳諧一人役ならぬ物也」 ②江戸初期の侍役(さむらいやく)の一つ。侍の知行や俸禄の高に割り付けて上納させる。*長宗我部氏掟書(1596)掟・一四条「諸侍之役之事、銀役に定、但、物成米五十石に付て壱人役也」 発音〈標ア〉0

いちにん-りき【一人力】〔名〕弓を張るとき、銭一貫五百文を弦に懸(か)け、その重さで弦が矢束(やたば)まで広がるほどの強さの弓を引くことができる力量。*随筆・塩尻(1698-1733頃)四二「問弦を三人張五人張といふ其力の程如何。答古しへ銭一貫五百文を弓に懸法礼の矢束程にひろかるを一人力といふ」 発音〈標ア〉0

いちにん-りょうはん【一人両判】〔名〕江戸時代、質置主だけが質屋に行き、自分の判と請人(うけにん=保証人)の判を一人で押すこと。当時は禁じられていた。*禁令考-後集・第二・巻一一・文化元年(1804)「盗物と不存壱人両判之質物取置候者」

いちにん-りょうめい【一人両名】〔名〕一人で二つの名を持っていること。*歌舞伎・独道中五十三駅(1827)五幕「『菊五郎も梅幸も同じ事だ』『一人両名か。とんだお尋ね者だ』」 発音イチニンリョーメイ〈標ア〉チ

いちねい【一寧】 鎌倉後期の臨済宗の帰化僧。台州の人。元の使者として正安元年(一二九九)来日。建長寺、円覚寺、南禅寺などの住職。朱子学に詳しく、また五山文学隆盛の端緒となった。その法流を一山派という。一山(いっさん)一寧。宝治元～文保元年(一二四七～一三一七) 発音イチネイ〈標ア〉チ

いち-ねん【一年】〔名〕①一二か月間の称。一年間。*延喜式(927)三・神祇・臨時祭「後斎一年、更入朝。奏二神寿詞一」 *金刀比羅本平治(1220頃か)下・頼朝遠流の事「春秋の衣裳は一年(ネン)に二度くだすべし」 *風姿花伝(1400-02頃)七・別紙口伝「一、能に十躰を得べき事。〈略〉又は、一年の中(うち)、四季折節をも心に掛くべし」 *礼記-王制「三年耕、必有二一年之食一」 ②紀元または年号の最初の年。第一年。元年。*元史-外夷伝・日本「元世祖之至元一年」 ③ある年。某年。ひととせ。*古文真宝笑雲抄(1525)四「一年宰相の聞にすきと弊を改程に、一天下の者がありがたう思て温公の御影を画ぞ」 ④一年間の学習段階を示す「一学年」、または、その段階にある生徒「一年生」の略。発音〈標ア〉チ〈ア史〉江戸●○○と●●○○の両様か〈京ア〉イ 辞書文明・日葡・書言 表記一年(文・書)

いちねん 三百六十日(さんびゃくろくじゅうにち)(陰暦の一年は約三百六十日であるところから)一年じゅう。一年間。*一言芳談(1297-1350頃)下「一年(ネン)三百六十日は、みな無常にしたがふべき也」 *浄瑠璃・女殺油地獄(1721)下「一年三百六十日、紋日が三日足らぬとてくつははなげく」 *施肩吾春游楽詩「一年三百六十日、賞心那似二春中物一」

いちねん の 鏡(かがみ) 一年中の行事を参照する手本。暦(こよみ)をいう。*浄瑠璃・大経師昔暦(1715)中「国王大臣も一年の鏡となさるる暦の商売」

いちねん の＝計（けい・はかりごと）［**＝事**（こと）］**は＝元日**（がんじつ）［**＝元旦**（がんたん）**・正月**（しょうがつ）］**にあり** （一年の計画は、年の始めの元日に立てるべきである意から）物事は最初がたいせつで、まず計画を立ててから事に当たるべきである。一日の計は朝にあり。＊譬喩尽（1786）一「一年の謀（ハカリコト）は正月（シャウガツ）にあり。一月の謀は朔日にあり一日の謀は朝にあり」＊落語・暦の隠居（1897）〈四代目橘家円喬〉「一年の事は正月に有り其月の事は一日に有り、と言ふから、マア、何うか松の内丈（だけ）は笑って暮したいな」

いちねん の 計（けい）**は春**（はる）**にあり** 「いちねん（一年）の計（けい）は元日（がんじつ）にあり」に同じ。＊農業全書（1697）一・一「古語にもいへるごとく、一年の計は春の耕にあり、一日の計は鶏鳴にあることなれば」

いちねん の 手形（てがた） 一年間奉公するという契約の証文。＊浮世草子・世間胸算用（1692）三・三「隣の硯借って来て、一年の手形を極め」

いち-ねん【一念】『名』①ひたすらに思いこんでいること。また、その心。一心。執心。執念。＊源氏（1001－14頃）横笛「今はのとぢめに、一ねむのうらめしきも、もしは哀れとも思ふにまつはれてこそは、長き夜の闇にもまどふわざななれ」＊本朝文粋（1060頃）一三・為左大臣供養浄妙寺願文〈大江匡衡〉「仰願三宝増二益一念一」＊有明の別（12C後）二「十五歳より一念としてこの世のことを仏に祈り申し侍らねば」＊浮世草子・西鶴諸国はなし（1685）三・七「御なげきも深かるべし、されども一念（ネン）かけし、彌兵次をうたでは置まじ」＊俳諧・枇杷園随筆（1810）「只一念動ずる風雅の情のみをしれども」＊二人むく助（1891）〈尾崎紅葉〉二「女の一念（イチネン）退かぬといふたら金輪奈落の底までも、戸にしがみ着きて動かねば」＊陳鴻‐長恨歌伝「密相二誓心一、願世世為二夫婦一、〈略〉由二此一念一、又不レ得レ居レ此復堕二下界一、且結二後縁一」②ふと思うこと。ある一つの考え。＊康頼宝物集（1179頃）上「汝が持つ所の金を奪ひ取りて千両に成して持たんと思ふ一念起りつ」＊発心集（1216頃か）五・母妬女手指成蛇事「一念なり共、くゆる心を発（おこ）すべき也」＊正徹物語（1448－50頃）下「一度に歌をおほく読むには、初一念に取り付きたるものを放たず読みもて行く也」③きわめて短い時間。一刹那または六十刹那など。＊今昔（1120頃か）二・一六「一念うらやみたる事そら既に如此し」＊米沢本沙石集（1283）一・九「実の覚（さとり）を開て見れば、無始の生死の始覚の涅槃、ただ一念の眠（ねぶり）なり」＊徒然草（1331頃）九二「何ぞ、ただ今の一念において、直ちにする事の甚だ難き」＊般舟讃「乗レ華一念至二仏国一」＊仁王護国経‐上「一念中有二九十刹那一、一刹那経二九百生滅一」④仏語。ひとたび仏を念ずること。一度念仏を唱えること。↔多念。＊和漢朗詠（1018頃）下・仏事「一念といふとも必らず感応す これを巨海の涓露（けんろ）を納るるに喩ふ〈具平親王〉」＊親鸞聖人消息（13C中）略本三「さればとて、一念（ヰチネム）のほかに念仏をまふすまじき事には候はず」＊無量寿経釈「然則諸師局二言十念往生願一者、其意不レ周。所二以然一者、上捨二一形一、下捨二一念一故也」⑤仏語。仏の救いを信ずることができたその瞬間、または信じて二心のないこと。主として浄土真宗でいう。＊教行信証（1224）三・末「言二一念一者、信心无二二心一故曰二一念一、是名二一心一」＊古今著聞集（1254）二・六六「近来専修の輩、一念多念とて、たてわけて争ふなるは、いづれか正とすべきと御尋ねありければ、行をば多念に取り、信をば一念に取るべきなりとぞ申し侍りける」⑥仏語。仏の智慧（ちえ）のこと。＊浄土法門源流章（1311）大日本国浄教弘通次第「幸西大徳立二一念義一。言二一念一者、仏智一念。正指二仏心一為二念心一」 発音〈標ア〉チ 0 〈京ア〉チ 辞書 日葡・言海 表記 一念（言）

いちねん＝岩（いわ）**をも徹**（とお）**す**［**＝岩**（いわ）**にも徹**（とお）**る**］ 強固な信念、至誠で事に当たれば、いかなることも成し遂げることができるの意にいう。＊浮世草子・風流曲三味線（1706）三・三「一念岩を徹（とほ）すといへば、一生の中に逢はれまい物でなし」＊浮世草子・忠義太平記大全（1717）九「一念の矢さきには、岩ほもとをすむかしのたとへ、今さら実もとしられたり」＊随筆・独寝（1724頃）上・一一「一念は岩にも通るといへる、すへの松山のかはらぬ夫婦ともなりて」

いちねん 天（てん）**に通**（つう）**ず** 物事に専心すれば、その真心が天に通じて、いかなることでも成し遂げることができる。＊本朝俚諺（1715）「一念天に通ず 参同契註に云く、精勤不レ退、一念通レ天」

いちねん の 剛（ごう）**なるは世**（よ）**を累**（かさ）**ねて通**（とお）**る** 一念の強い力は、何代か後まで貫くものである。＊太閤記（1625）三・信長公御葬礼之事「一念の剛なるは世を累て通りぬるとなむ云伝へしが、実に宜なり」

いちねん の 角（つの） 一つのことを思いつめた結果、鬼となって、額に角の生えること。また、その角。＊浄瑠璃・嫗山姥（1712頃）四「いつの間にかは山めぐり一念の角そばだち」

いちねん の 毒蛇（どくじゃ） 恨みの執念がこり固まって毒蛇の姿になること。また、その毒蛇。＊謡曲・道成寺（1516頃）「一念の毒蛇となって、川を易々と泳ぎ越し」＊譬喩尽（1786）一「一念の毒蛇となれる愚婦もあり」

いちねん の 念仏（ねんぶつ） 仏語。「いちねん（一念）④」に同じ。＊徒然草（1331頃）二二七「六時礼讃は〈略〉太秦（うづまさ）善観房といふ僧、節博士（ふしはかせ）を定めて、声明（しゃうみゃう）になせり。一念の念仏の最初なり」

いちねん は＝継（つ）**ぐ**［**＝発**（おこ）**す**］**とも二念**（にねん）**は継**（つ）**ぐな** 一念を貫徹しようと思ったら、それを成し遂げるまでは、いっさい他の事に目をくれてはいけない。一事に専心して、他心を起こしてはいけない。＊虎明本狂言・拄杖（室町末‐近世初）「いちねんはつぐとも二ねんはつがじ」＊譬喩尽（1786）一「一念は発（ヲコ）すとも二念を続（つぐ）な」

いちねん 無量（むりょう）**の鬼**（おに）**となる** 恨みの一念がこり固まって、ついに永遠に救われない鬼となる。＊謡曲・恋重荷（1423頃）「吉野川岩切り通し行く水の、音には立てじ恋ひ死にし。一念無量の鬼となるも。唯由なやな誠なき」

いちねん-あま【一年亜麻】『名』植物「あま（亜麻）」の異名。発音〈標ア〉ア

いちねん-いちどう【一念一動】『名』折にふれての感興や感動。＊俳諧・濁子清書画巻本野ざらし紀行（1687）奥書「此一巻は〈略〉ただ、山橋野店の風景、一念一動をしるすのみ」

いちねん-いちぶつ【一念一仏】『名』阿彌陀をひたすらに念ずること。＊浄瑠璃・頼光跡目論（1661－73頃）二「されば中につくりし鳩は八幡の御正体、一念一仏己心の彌陀、八ツの枝は八相成道をかた取也」

いちねん-いも【一年芋】『名』植物「らくだいも（駱駝芋）」の異名。方言❶つくねいも（捏芋）。千葉県一部030 東京都一部030 京都府一部030 鳥取県030 ❷ながいも（長芋）。広島県比婆郡774

いちねん-おうじょう【一念往生】『名』仏語。①信心の決定によって極楽浄土に往生できるということ。＊教行信証（1224）三・下「一念往生、便同二彌勒一」＊口伝鈔（1331）下「されば真宗の肝要、一念往生（ヰチネンワウジャウ）をもて淵源とす」②仏の智慧である一念が行者の信心と一つになることによって往生が可能になると説いた法然の弟子幸西の説。一念義。発音イチネンオージョー〈標ア〉オ

いちねん-がい【一年交】『名』方言 一年置き。隔年。岡山県児島郡763 香川県829

いちねん-かわり【一年替】『名』一年で交替すること。＊浮世草子・好色一代男（1682）二・六「東国西国の屋敷方一年かはり長居住居の人をだます物ぞかし」＊浮世草子・武家義理物語（1688）四・三「是には一年替（カハ）りの国衆の長屋住ひ」発音〈標ア〉カ

いちねん-かんぬし【一年神主】『名』氏子中から選ばれて毎年交替に一年間神事にあずかる祭主。職業神主と区別するための呼称。＊神名帳考証土代附考（19C）「出雲美保神社一年神主事〈略〉一年とは神主年々に代り日夜勤るをいふ」

いちねん-き【一年忌】『名』「いっしゅうき（一周忌）」に同じ。方言長野県上田475 諏訪481 発音〈標ア〉ネ〈京ア〉ネ

いちねん-ぎ【一念義】『名』浄土宗の一派。成覚房幸西、法本房行空などにより、さまざまに説かれたが、一般には一回でも念仏したあとはすでに往生が決定したとして、悪を犯しても往生のさわりにならないと説くもの。発音イチネンギ〈標ア〉ネ

いちねん-きみょう【一念帰命】『名』仏語。心を一つにして阿彌陀仏の仰せに身を任せきること。＊蓮如御文章（1461－98）二「ただ一念帰命の他力の信心を決定せしむるときは、さらに男女老少をえらばざるものなり」＊妙好人伝（1842－52）初・下・石州善兵衛「一念帰命の身は光明に摂取せらるれば」

いちねん-ぎり【一年切】『名』期限を一年とすること。＊評判記・色道大鏡（1678）一四「或旅人ならねども、一年切（ネンギリ）とさだめねばあはせず」＊浮世草子・武道伝来記（1687）八・一「夢楽の御方へ申て一年切（ネンキリ）に其身とつかひ女と二人を仕着の外銀百五拾目に極め」発音イチネンギリ〈標ア〉0

いちねん-けしょう【一念化生】『名』仏語。心を集中し、その力によって生まれ代わること。執念で生まれ代わること。＊謡曲・山姥（1430頃）「仮りに自性を変化して、一念化生の鬼女となって」＊浄瑠璃・嫗山姥（1712頃）下「一念けしゃうの鬼女（きじょ）とや人は陸奥の、信夫山に有かとすれば今日は甲斐が嶺木曽の山」発音イチネンケショー〈標ア〉チ

いちねん-ご【一年子】『名』一〇月以後に生まれた子。妊娠したその年に生まれた子。発音イチネンゴ〈標ア〉ネ

いちねん-こう【一捻紅】『名』植物「ぼたん（牡丹）」の異名。

いちねん-ごひゃくしょう【一念五百生】『名』仏語。わずか一度、心に妄想を抱いただけで、その人は五百回もの回数にわたって輪廻（りんね）し、その報いを受けるということ。＊仮名草子・女郎花物語（1592－1615頃）序「一ねん五百しゃうとて、もろもろの仏のいましめそしり給へる女に契りを結び侍るなり」＊浮世草子・男色大鑑（1687）六・五「一念五百生と聞し思ひ入の魂の取付たるよとしられぬ」

いちねんごひゃくしょう 繋念無量劫（けねんむりょうごう） 一念五百生といわれるが、もし妄想に強くとらわれるときは、はかり知れない長い時間にわたってその罪を受けるということ。男女の愛情についていうことが多い。＊太平記（14C後）一一・越前牛原地頭自害事「隔生則忘（きゃくしゃうそくばう）とは申しながら、又一念五百生、繋（ケ）念無量劫（ムリャウゴウ）の業なれば」＊御伽草子・横笛の草紙（室町末）「女の心を破れば、一念五百生繋念無量劫（いちネンごひゃくシャウケイネンムリャウゴウ）の罪たるべし」＊評判記・難波鉦（1680）四「一念五百生繋念無量劫（いちネンゴヒャクシャウケネンムリャウガウ）といふほどに、さきの世ではけっかうなる所に住みながら、男とかりそめにも物いふもな

らず」

いちねん-さい【一年祭】『名』神葬で、死後満一年目に行なう祭典。仏式の一周忌にあたる。発音〈標ア〉ネ

いちねん-さんぜん【一念三千】『名』仏語。人の平常持ち合わせている心に、三千という数に表現された全宇宙の事象が備わっているとする天台宗の基本的な教義。この理を自らの体験を通して体得することが天台宗の修行の極致とされる。＊正法眼蔵随聞記(1235-38)三・五「一念三千の法門なんどを、胸中に学し入て持たるを、道心と云也」＊太平記(14C後)一七・山門攻事「古来、碩学の相承し来る一念三千の法門」＊浮世草子・好色破邪顕正(1687)中「一心三観、一念三千、一諦三諦、万法至極の妙理を談ずる物語なれば」＊止観弘決‐五・三「夫一心下結二成理境一。如二前所一レ釈、本在二一心一。円二融三諦一既已開釈。恐二人生一レ迷故重結レ之、令レ入二一念一。当レ知身土一念三千」発音〈標ア〉チ

いちねんさんぜん の 機(き) 仏語。人の日常の心に備わっている悟りを開く三千の機縁のこと。＊光悦本謡曲・兼平(1548頃)「一念三千のきを顕して三千人の衆徒をおき」＊虎明本狂言・夷大黒(室町末‐近世初)「されば、一ねん三ぜんの機をもって、三千人の衆徒を置、仏法今にはんじゃうたり」

いちねんさんぜん の 花(はな) 仏語。一念三千を観じ、その理を体得することによって到達した悟りの状態を、花が咲くことにたとえたことば。＊大観本謡曲・身延(1570頃)「一念三千の花薫じ、我爾時為現清浄光明身の床の上に、一心三観の月満てり」

いちねん-しがんへい【一年志願兵】『名』徴兵令に基づいて、旧日本陸軍の兵役に服する者のうち、当時の中等学校以上の卒業の資格を有し、陸軍の予備・後備の将校となることを志願し特定の試験に合格して、服役中の諸費を支弁し、一年間現役に服する者。また、その制度。昭和二年(一九二七)以降、幹部候補生制度となった。＊徴兵令(明治二二年)(1889)四〇条「一年志願兵を志願することを得」＊田舎教師(1909)〈田山花袋〉四八「かれは士官学校を志願したが、不合格で、今では一年志願兵になって」発音イチネンシガンヘイ〈標ア〉ガ

いちねん-じゅう【一年中】『名』①一年の初めから終わりまでの間。終年。＊風姿花伝(1400-02頃)四「二月二日、同五日、宮寺において四座の申楽、一年中の御神事初也」＊説経節・さんせう太夫(与七郎正本)(1640頃)中「一ねんぢうの、物ぶのわるひ事にてはあるまいか」＊洒落本・多佳余宇辞(1780)「初買そうそうに、はつはつしく、壱年(ねん)中の口が落らアゑ」②(副詞的に用いて)絶えず。いつも。ねんじゅう。＊史記抄(1477)一九・貨殖列伝「農人が一年中耕作して、辛苦したに賤ほどに病むぞ」＊浮世草子・西鶴織留(1694)三・三「情がふかふて、酒のまいで、一年中(ネンヂウ)隙(ひま)で何がひとつふそくなし」＊滑稽本・浮世床(1813-23)初・上「おいらあ、一年中(イチネンヂウ)金がなくて苦労するから」発音イチネンジュー〈標ア〉0〈京ア〉0 辞書言海 表記一年中(言)

いちねん-じゅうねん【一念十念】『名』(「念」は浄土教では善導以後、特に、仏名を唱えることの意)仏語。一度の称名念仏でも一〇度のそれでも、度数に関係なく、等しく極楽浄土に往生できるという浄土宗での教え。その称名念仏の数の少ない点を示したもの。＊法然消息文(1212)答九条殿下問書「一度信心を起こして更に疑心なくば、一念十念をもて決定往生の業として」＊平家(13C前)一〇・戒文「功徳少なければとて望みを絶つべからず、一念十念の心を致せば来迎す」＊車屋本謡曲・土車(1430頃)「凡(およそ)彌陀の悲願には〈略〉一念十念の間に彼国にむかへとるべしと五劫思惟の本願なり」＊歌舞伎・韓人漢文手管始(唐人殺し)(1789)四「たとへ念仏の数は少くとも、一念十念に足りぬべし」

いちねん-じょうぶつ【一念成仏】『名』仏語。一瞬のあいだにさとりを得ること。＊出定後語(1745)上・七仏三祇「其究亦、不レ能レ不レ説二一念成仏一以破レ之」発音イチネンジョーブツ〈標ア〉ジョ

いちねん-しょうみょう【一念称名】『名』仏語。一心に阿彌陀仏を念じて、その名を唱えること。または、一声の念仏の意。＊謡曲・実盛(1430頃)「一念称名の声のうちには、摂取の光明曇らねども」発音イチネンショーミョー〈標ア〉チ

いちねん-しょくぶつ【一稔植物】『名』⇩いちねんせいしょくぶつ(一稔性植物)

いちねん-しん【一念心】『名』仏語。①きわめて短い時間の心。一念。＊十善法語(1775)九「嗔恚の一念心が、あられぬすがたを成ず」②一念の妄心。＊鉄眼禅師仮名法語(1691)三「妄想もそのごとし、一念心をひるがへせば無始久遠の妄念も、刹那が間にはるるなり」

いちねん-しんい【一念瞋恚】『名』(「瞋恚」は連声で「しんに」とも。また、「瞋恚」は三毒の一つ)仏語。一心に他人を怒り憎むこと。＊太平記(14C後)三七・身子声聞一角仙人志賀寺上人事「一念瞋恚(シンイ)の心を発(おこ)ししより、菩提の行を退けしかば」＊大観本謡曲・綾鼓(室町末)「一念瞋恚の邪淫(じゃいん)の恨み」

いちねん-しんげ【一念信解】『名』仏語。法華経分別功徳品に説かれることばで、教えを聞いて、突如として心に悟って、いっさいはそのまま仏の教えであると信ずること。ただし日本天台宗ではまた別の解釈がある。＊日蓮遺文‐四信五品抄(1277)「一念信解四字之中信一字四信居初、解一字被レ奪後故也」＊狂歌・置みやげ(1734)「味ひし一念信解初(はち)す花はあへてあかすも腹によくたもつ」＊法華経‐分別功徳品「其有二衆生一聞二仏寿命長遠如レ是、乃至能生二一念信解一所レ得功徳、無レ有二限量一」

いちねん-ずいき【一念随喜】『名』仏の教えに耳を傾け、一心に法に帰依し歓喜すること。＊謡曲・芭蕉(1470頃)「げによく御聴聞候ふものかな、ただ一念随喜の信心なれば、一切の女人非情草木の類ひまでもなにの疑ひの候ふべき」＊法華経‐法師品「聞二妙法華経一偈一句、乃至一念随喜者、我皆与二授記一」

いちねん-せい【一年生】『名』①学校に入学して、まだ第一学年の課程を修了しない生徒。転じて、初歩。初学。＊葬列(1906)〈石川啄木〉「自分は此学校の一年生の冬、〈略〉よく此竈の前へ来て昼食のパンを噛った事を思出した」②植物が一年間に発芽、生長、開花、結実の過程を完了して枯れること。胞子を形成する植物では生活環が一巡すること。↔多年生。＊生物学語彙(1884)〈岩川友太郎〉「Annual 一年生の」③「いちねんせいしょくぶつ(一年生植物)」の略。発音イチネンセイ〈標ア〉①はネ ②③は0〈京ア〉①はン／ネ ②は0

いちねんせい-しょくぶつ【一年生植物】『名』春に発芽して冬に枯れる一年生の草本植物。高緯度地域と高山を除いて広く分布する。イネ、ウリ、ダイズなど。一年生草本植物。一年草。一年生草本。一年生。一年植物。発音イチネンセイショクブツ〈標ア〉ク〈京ア〉ショ

いちねんせい-しょくぶつ【一稔性植物】『名』高等植物のうち、その生存中、ただ一度だけ花をつけ実を結び、そして枯死する植物の総称。狭義には、このような性質をもった多年生植物だけをさす。竹類、リュウゼツランなど。一巡植物。発音〈標ア〉ク

いちねんせい-そうほん【一年生草本】『名』「いちねんせいしょくぶつ(一年生植物)」に同じ。

いちねん-そう【一年草】『名』「いちねんせいしょくぶつ(一年生植物)」に同じ。辞書言海 表記一年草(言)

いちねん-たねん【一念多念】『名』ただ一度の念仏によって往生できるとする一念往生の考え方と、絶えず念仏を称えることによって往生できるとする多念往生の考え方。＊古今著聞集(1254)二・六六「近来専修の輩、一念多念とて、たてわけてあらそふなるは、いづれか正とすべき」＊親鸞聖人消息(13C中)略本一「京にも、一念多念(ヰチネムタネム)なんどまふす、あらそふことのおほくさふらふやうにあること、さらさらさふらふべからず」

いちねんたねんしょうもん【一念多念証文】一巻。親鸞作。隆寛の述作した「一念多念分別事」にある文章に解釈をほどこした書。「一多証文」「一念多念文意」ともいう。康元二年(一二五七)成立。当時盛んに議論された一念往生と多念往生の争いに対し、そのいずれにも偏することをいましめたもの。

いちねん-ちゃ【―茶】『名』植物「かわらけつめい(河原決明)」の異名。

いちねん-つうじょう【一念通乗】『名』「じんずうじょう(神通乗)」に同じ。＊真言内証義(1345)「此宗の意は東西南北四維上下的に非ずと云事無し。発心以て箭とす。一念通乗とも名く」

いちねん-づめ【一年詰】『名』江戸時代、参勤交代で、大名とその家臣が一年交代に江戸詰めになること。＊仮名草子・浮世物語(1665頃)一・八「鎌倉の一年づめに、御うちの侍共は提灯ほどなる火がふり、身上はすりきりはつる故に、むかふずねをけづりて薪にする心ちぞしける」

いちねんにねん『名』方言❶石けり。青森県三戸郡083 山形県西村山郡139 ◇いちねんこ 神奈川県中郡320 ❷片足跳び。◇いちねんにいねん 大分県大分郡941 ◇いちねんこ 神奈川県中郡320 ◇いちねんき 神奈川県高座郡・足柄下郡054 静岡県521 三重県志摩郡054

いちねん-ふしょう【一念不生】『名』仏語。心統一が完成し、どんな妄想も一切起こらない境界(きょうがい)。「華厳経」に説くことば。＊俊成卿女集(1233頃か)「一念不生のところに向ひてしばらくねぶり居たるに」＊梵舜本沙石集(1283)三・八「一念不生は、これ惺悟也、本心をあらはす」＊雑談集(1305)一・天台一宗目録所生法我説即是空等法門事「一念不生ならば其の跡と有る可からず」＊華厳五教章‐一「頓者。言説頓絶、理性頓顕、解行頓成、一念不生。即是仏等」

いちねん-ふたい【一念不退】『名』仏語。こうときめた決意が堅く、動揺しないこと。＊読本・南総里見八犬伝(1814-42)二・一三回「そもこの山に入りにし日より〈略〉一念不退(イチネンフタイ)読経の外は、よに他事(あだしごと)なきものから」発音〈標ア〉チ

いちねん-ふらん【一念不乱】『名』(形動)「いっしんふらん(一心不乱)」に同じ。＊人情本・春色雪梅(1838-42頃か)初・四回「男思ひの心から、一念不乱(いちネンフラン)の神頼み」

いちねん-へい【一年兵】『名』入隊後、満一年に達しない兵士。初年兵。発音イチネンヘイ〈標ア〉ネ

いちねん-ほうこう【一念奉公】『名』一心に阿彌陀の教えに従い、仏道に精進すること。＊海道記(1223頃)東国は仏法の初道「一念奉公の輩併平等引接の賞に預り」

いちねん-ぼうず【一年坊主】『名』小学校一年生の男の子を少しからかっていう語。＊赤い自転車(1952)〈阿川弘之〉「先ず、一年坊主が小学校へ上るので、英治郎達は毎年苦労をさせられる」＊れくいえむ(1973)〈郷静子〉「肇は赤い頬をふくらませ、口をとがらせてクレパスを握っている一年坊主なのに」発音イチネンボーズ〈標ア〉ボ

いちねん-ほっき【一念発起】『名』仏語。いままでの心を翻して、悟りを開こうと発心(ほっしん)す

ること。転じて、何事でもそれまでの考えを改めて、熱心になること。また、仏を信じて疑わない心が起こること。＊歎異抄(13C後)一四「彌陀の光明にてらされまゐらするゆへに、一念発起(ゐちねむほちき)するとき」＊謡曲・卒都婆小町(1384頃)「一見卒都婆(そとば)永離(よおり)三悪道、一念発起菩提心、それもいかでか劣るべき」＊浄瑠璃・五十年忌歌念仏(1707)下「勘十郎一念ほっきして、是、清十郎、今は我も懺悔せん〈略〉怨みを晴れて成仏あれ」 発音〈標ア〉チ ホ 辞書文明 表記一念発起(文)

いちねん-まし【一年増】〖名〗(「に」を伴って副詞的に用いられることが多い)一年すぎるごと。年々。一年一年。＊江戸から東京へ(1921)〈矢田挿雲〉三・七「爾来江戸の中心は大手町方面から一年増(いちネンマシに)日本橋方面へ進転した」 発音〈標ア〉0

いちねん-みだ【一念彌陀】〖名〗仏語。「いちねんみだぶつ(一念彌陀仏)即滅無量罪(そくめつむりょうざい)」に同じ。＊一中節・助六道行(1706)「ひのもとに、うまれ出にししるしには、いかなるごしゃうさんしうも、一念みだの御せいぐゎん」 発音〈標ア〉チ

いちねん-みだぶつ【一念彌陀仏】〖名〗仏語。「いちねんみだぶつ(一念彌陀仏)即滅無量罪(そくめつむりょうざい)」の略。＊中楽談儀(1430)文字なまり・節なまり「『一念彌陀仏』の『念』、直(すぐ)にいへば硬(こは)し」＊浮世草子・御前義経記(1700)八・三「髪をもおろし出家となり、一念彌陀仏(いちネンミダブツ)の道にいらんと」 発音〈標ア〉ダ

いちねんみだぶつ 即滅無量罪(そくめつむりょうざい) 仏語。阿彌陀仏を一度心に念ずるだけで、それまで犯した無量の罪障を消滅することができるということ。この句は「宝王論」や「往生本縁経」にいうところといわれるが、実は不明。「一遍上人語録」「平家物語」「謡曲」「幸若舞曲」などに用いられている語。一念彌陀。一念彌陀仏。＊聞書集(12C後)「一念彌陀仏 即滅無量罪 現受無比楽 後生清浄土 いろくづもあみのひとめにかかりてぞつみもなぎさへみちびかるべき」＊平家(13C前)一一・重衡被斬「一念彌陀仏即滅無量罪、願はくは逆縁をもって順縁とし、只今の最後の念仏によって九品(くほん)托生(たくしゃう)をとぐべし」＊謡曲・実盛(1430頃)「それ一念彌陀仏即滅無量罪、すなはち廻向発願心、心を残すことなかれ」＊浄瑠璃・賀古教信七墓廻(1714頃)三「盗みは愚か、仏のためには師匠、親を殺しても、一念彌陀仏即滅無量罪」

いちねん-むぎ【一年麦】〖名〗年が明けてからまく麦。 発音イチネンムギ〈標ア〉ネ ム

いちねんむぎ は 馬鹿(ばか)**の 薬**(くすり) 何の役にも立たないことのたとえ。

いちねん-むりょうごう(…ムリャウゴフ)**【一念無量劫】**〖名〗仏語。ただ一度妄念(もうねん)を起こしても量り知れない長期にわたってその報いを受けるということ。一念五百生。繫念無量劫。＊曾我物語(南北朝頃)四・箱王曾我へくだりし事「一ねんむりゃうがうと成る事、今にはじめざる事にて候へば」＊浄瑠璃・燦静胎内捃(1713)三「修行者横手を打って、一念無量ごう繫念(けねん)無量際疑ひなく候よ」

いちねん-もの【一年物】〖名〗一年で変わるもの。一年以上持続しないもの。＊浮世草子・好色五人女(1686)五・五「頭(かしら)は一年物、衣を脱げば昔に変ることなし」 発音〈標ア〉0

いちねんゆうはん(イチネンイウハン)**【一年有半】** 随想、評論集。中江兆民著。明治三四年(一九〇一)博文館刊。癌と診断され、余命は一年半といわれ遺稿として執筆した。政治、経済、哲学、科学、文学、演劇等に及ぶ文明批評。続編に「続一年有半」がある。 発音イチネンユーハン〈標ア〉ユ

いちねん-りき【一念力】〖名〗一念に徹したために出る大きな力。気力で出る大きな力。＊浄瑠璃・神霊矢口渡(1770)三「腕首つかんで突飛せば、又突かかる一念力」＊歌舞伎・白縫譚(1853)七幕「手負ながらも一念力、跡を慕うて駈行けば」＊宝の山(1891)〈川上眉山〉五「もし無念の一念力(イチネンリキ)に、この鉄を断切る事もやと」

いちの【市野】 姓氏の一つ。 発音〈標ア〉0 ネ

いち-のう(…ナフ)**【一衲】**〖名〗(「衲」は、ころもの意)一枚の衣(ころも)。一枚の袈裟(けさ)。 発音〈標ア〉イ ＊正法眼蔵(1231-53)行持上「香厳寺に住して、一盂一衲(ナフ)を平生に不換なり」＊雑談集(1305)三・袈裟事「天台は四十余年、唯一衲(ナウ)を被(きる)」＊白居易-自遠禅師詩「自㆑出㆑家来常自在、縁㆑身一衲一縄牀」

いち-のう【一能】〖名〗ある一つの技能、芸能、才能。＊十訓抄(1252)一〇・源経信秀歌事「人の身には一能の勝るるだに有がたきに」＊文明本節用集(室町中)「一能 いちノウ」＊日葡辞書(1603-04)「Ichinôuo (イチノウヲ) モッタ ヒト」＊偽悪醜日本人(1891)〈三宅雪嶺〉濁〈林辨次郎〉「何にても一能に長ずるものは普通の事に於ては鈍なるを通例とす」＊たけくらべ(1895-96)〈樋口一葉〉八「一能(ノウ)一術これも芸人の名はのがれぬ」＊淮南子-主術訓「有㆓一形㆒者処㆓一位㆒、有㆓一能㆒者服㆓一事㆒」 発音イチノー〈標ア〉チ 0〈京ア〉0 辞書文明・日葡 表記一能(文)

いちのう-きょく【一能曲】〖名〗すべてを自分の技能とすることのできた曲。今までの能のそれぞれの技能を、すべて自分のものにした芸位。＊花鏡(1424)奥段「過し方の一体一体を、今当芸に、みな一能曲に持てば、十体にわたりて能数尽きず」

いちのかい-がすり(イチのかひ…)**【一貝絣】**〖名〗越後国古志郡荷頃村一貝(新潟県栃尾市)から産する紬(つむぎ)の絣。 発音イチノカイガスリ〈標ア〉ガ

いち-の-かみ【市正】〖名〗市司(いちのつかさ)の長官。正六位上相当。東西市各一人。＊令義解(718)官位・正六位条「東西市正」＊黒本本節用集(室町)「市正 イチノカミ 市令也」＊運歩色葉(1548)「市令正 イチノカミ 唐名市令」 辞書下学・伊京・明応・天正・饅頭・黒本・易林・書言・言海 表記市正(下・伊・明・天・饅・黒・易・書) 東市正(言)

いちのがわ(いちのがは)**【市之側】** 大阪市北区、天満橋北詰の上手から西へ天満四丁目(旧龍田町)までの間の古い呼び名。淀川に沿い乾物屋、荒物屋が多かった。＊滑稽本・東海道中膝栗毛(1802-09)八・上「それより此橋を北へおり、市の側どをりをゆくに、爰は青物の市たつ所にて」

いち-の-き【一木】〖名〗植物「いちいがし」の異名。＊書言字考節用集(1717)六「櫧 イチヰ イチノキ」 方言福井県023 長野県023 岐阜県023 三重県宇治山田市591 和歌山県023 福岡県八女郡964 鹿児島県揖宿郡・川内市964 ◇いっちのき 三重県宇治山田市591 辞書書言 表記櫧(書)

いちのくら-さわ(…は:さ)**【一ノ倉沢】** 群馬県北部、谷川岳の東側斜面の谷の一つ。けわしい岩壁がそびえる日本有数の岩場のある沢。 発音〈標ア〉ラ

いち-の-さか【一坂】〖名〗蕗(ふき)をいう、盗人仲間の隠語。〔隠語輯覧(1915)〕

いち-の-さかん(…サクワン)**【市令史】**〖名〗市司(いちのつかさ)の主典(第四等の官)。大初位上相当。定員一人。＊令義解(718)官位・大初位条「東西市令史」

いちのじ-せん【一字銭】〖名〗江戸時代通用の寛永通宝銭のうち、裏面に「一」の字のあるものをいう。寛保元年(一七四一)肥前国長崎浜町の銭座で鋳造されたものとも、同三年(一七四三)肥前国長崎馬込郷正徳寺浜の銭座で鋳造されたものともいわれる。

いちのじ-つなぎ【一字繫】〖名〗文様の名。平行線の間をれんがを積んだようにつないだ模様。横に一の字をつないだような模様であるところから名づけられた。 発音イチノジツナギ〈標ア〉ツ

いちのじ-なり【一字形】〖名〗漢字「一」の字の形。一の字がた。＊花ちる夜(1900)〈永井荷風〉一「鼻の高い、眉毛の一字形(イチノジナリ)に濃く秀でた、凜乎(きりり)とした面立であるが」 発音〈標ア〉0

いちのじ-まゆ【一字眉】〖名〗一の字を書いたような形の眉。＊多情多恨(1896)〈尾崎紅葉〉後・五・二「濃くない一字眉(イチノジマユ)の、小さい目の鋭く澄むだ」＊吾輩は猫である(1905-06)〈夏目漱石〉五「色の浅黒い一の字眉の、意気で立派な泥棒である」 発音〈標ア〉マ

いち-の-じょう【市佑】〖名〗市司(いちのつかさ)の判官(第三等の官)。従七位下相当。定員一人。＊令義解(718)官位・従七位条「東西市佑」

いちのせ【一ノ瀬】 姓氏の一つ。 発音〈標ア〉ノ

いちのせ-おり【市瀬織】〖名〗女帯地の織物の名。＊浮世草子・傾城仕送大臣(1703)三・三「下に古白むく、上にいなり模様の花色のきる物、市の瀬織の帯をし」 発音〈標ア〉0

いちのせき【一関】 岩手県南端の地名。奥州街道、気仙沼街道が通じ、北上川水運の便もよく交通の要地。万治三年(一六六〇)から伊達氏の家臣、田村氏三万石の城下町として発展。昭和二三年(一九四八)市制。＊俳諧・陸奥衛(1697)五「清水を離て、高館の大門あり。平泉より五里手前、城郭惣構なり。少行て一の関、是より高館、平泉」 発音〈標ア〉ノ

いちのたに【一谷】 ㊀(一ノ谷)神戸市須磨区南西端の地名。鉄拐(てっかい)、鉢伏(はちぶせ)の二山が海に迫る地。上方に安徳天皇の内裏跡があり、鉄拐山の北に鵯越(ひよどりごえ)がある。源平の古戦場。浜須磨。＊愚管抄(1220)五・後鳥羽「この九郎その一の谷より打いりて、平家の家の子東大寺やく大将軍重衡いけどりにして」＊平家(13C前)九・樋口被討罰「一谷は北は山、南は海、口はせばくて奥ひろし」＊浮世草子・御前義経記(1700)七・二「明石兼たる舟の内、兵庫のみさき一の谷、あれなん敦盛の御墓所」 ㊁〖名〗①当世兜の変わり鉢の一種。頭立(ずたて)の部分を高く峰を一文字にきりたった作りもの。＊武具訓蒙図彙(1684)一(古事類苑・兵事四二)「一谷の甲谷深く前に見せて眉庇付をろし」②女陰をいう俗語。〔特殊語百科辞典(1931)〕＊いやな感じ(1960-63)〈高見順〉二・六「『一の谷さ』と俺は言ったが、相手にはまだ通じない」 発音〈標ア〉ノ〈京ア〉ノ 辞書書言 表記一谷(書)

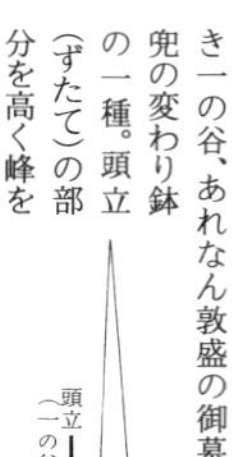

一の谷 ㊁①

いちのたに の 戦(たたかい) 源平の合戦の一つ。寿永三年(一一八四)源義経、範頼が、摂津の福原(神戸)に本営を置いた平氏を攻めた折、義経の鵯越(ひよどりごえ)の奇襲により平氏を屋島に敗走させた。

いちのたにふたばぐんき【一谷嫩軍記】 浄瑠璃。時代物。五段。宝暦元年(一七五一)、大坂豊竹座初演。並木宗輔が三段まで執筆して没し、その後を受け継いで浅田一鳥、浪岡鯨児らが完成したという。熊谷次郎直実と平敦盛、岡部六彌太忠澄と平忠度との二つの物語を組み合わせて脚色。敦盛の身代わりに我が子の首を打った熊谷が、無常を感じて出家する三段目の切「熊谷陣屋」が名高い。 発音イチノタニ=フタバグンキ〈標ア〉ノ=グ

いち-の-つかさ【市司】〖名〗①市場の支配者。いちづかさ。＊書紀(720)孝徳・大化二年三月(北野本訓)「市司(いちノつかさ)要(みめ)の路・津渡・渡子(わたしもり)の調賦(みつき)を罷(や)めて、田地(ところ)給与(たま)へ」②令制における官司の一つ。京職の下に属して、市店の財貨、売買のことをつかさどり、また度量の軽重、売買の価格などの非違を取り調べる役

所。左京職に属するのを東市司、右京職に属するのを西市司という。職員に正、佑、令史、価長等がある。いちづかさ。＊令義解(718)関市・毎肆立標条「市司准₌貨物時価₋為₌三等₋。十日為₌一簿₋。在₌市案記₋」＊二十巻本和名抄(934頃)五「東市司〈比牟加之乃以知乃官〉西市司〈爾之乃以知乃豆加佐〉」 辞書 和名・文明・言海 表記 市司(和・文) 東市司(言)

いち-の-はし【一橋】 ㊀〘名〙道を横切る何本かの川にそれぞれ橋をかけたとき、また、一本の川にいくつかの橋をかけたとき、各橋に番号をつけた、その第一番目の橋。㊁㊀京都市東山区の今熊野川にかかる橋。伏見街道にかけられた橋を北から順に一の橋、二の橋といった。法性寺大路の一の橋ともいう。＊平家(13C前)一二・六代被斬「都へのぼり法性寺の一の橋なる所にしのんでおはしけり」＊太平記(14C後)三六・清氏叛逆事「今熊野に引籠り、一の橋引落して、所々掻楯(かいだて)掻き車引双(なら)べて」㊁東京都墨田区の竪川にかかる橋。一の橋から五の橋まである第一番目の橋。一つめ。＊洒落本・一目土堤(1788)一目堤弁吞屋鋪の宴「『そんならこっちから船でいかふ』と一の橋のかたはらなる吉川やという船宿より」＊歌舞伎・三人吉三廓初買(1860)二幕「向う一の橋、弁天、大川の遠見。総(すべ)て両国元柳橋川岸の体(てい)」㊂東京都港区麻布古川にかかる橋。一の橋から四の橋まである第一番目の橋。 発音〈標ア〉⓪〈京ア〉ノ

いち-の-はち【一八】〘名〙長さ一寸八分(約五・五センチ)の縫い針。 発音〈標ア〉チ

いちのへ【一戸】(鎌倉時代南部氏が糠部(ぬかのぶ)郡を九部に分け、部(べ)が戸(へ)に転訛して呼ばれた) 岩手県北部二戸郡の地名。古くから馬の産地。奥州街道の旧宿駅。付近に末の松山(浪打峠)、島越観音がある。＊俳諧・猿蓑(1691)三「一戸や衣もやぶるるこまむかへ〈去来〉」 発音〈標ア〉⓪ 辞書 書言 表記 一戸(書)

いちのへい【一部・一閉伊】「いちのへ(一戸)」に同じ。 辞書 文明・伊京・明応・天正・黒本 表記 一部(文・伊・明・天・黒) 一閉伊(文・天・黒)

いちのべのおしわ-の-みこ【市辺押磐皇子・市辺之忍歯王子】 履中天皇の第一皇子。顕宗、仁賢天皇、飯豊青皇女(いいとよあおのひめみこ)の父。「日本書紀」によれば、安康天皇四年皇位継承争いで大泊瀬皇子(おおはつせのみこ＝雄略天皇)に謀殺されたという。磐坂市辺押羽皇子。

いちのみや【一宮】 愛知県北西部の地名。真清田(ますみだ)神社の門前町。江戸時代は綿花の市場町として発展。毛織物の生産と卸売りで知られる。大正一〇年(一九二一)市制。 発音〈標ア〉⓪ノ

いちのみやきい【一宮紀伊】 ⇨ゆうしないしんのうけのきい(祐子内親王家紀伊)

いちのみやぬきさき-じんじゃ【一之宮貫前神社】 群馬県富岡市一ノ宮にある神社。旧国幣中社。祭神は経津主(ふつぬし)神、姫大神。元寇の時の勅願をはじめ、歴代武門の崇敬を集める。上野国一の宮。抜鉾(ぬきさき)大明神。一宮様。

いちのみや-まつり【一宮祭】〘名〙大阪府枚方(ひらかた)市の一宮神社で陰暦九月一五日に行なう例祭。神輿渡御、神楽、神湯の式などがある。《季・秋》＊俳諧・毛吹草(1638)二「岩蔵 十五日〈略〉一宮 同 河内」＊俳諧・俳諧歳時記栞草(1851)秋・九月「一宮祭(イチノミヤマツリ) 十五日。河内国交野(かたの)郡北枚方村にあり」 発音〈標ア〉ジ

いちのみや-りゅう【一宮流】〘名〙居合術の一派。天正(一五七三〜九二)の頃、甲州武田家の家来土屋惣蔵の臣で、無楽流の祖長野無楽斎の門人である一宮左大夫照信のはじめたもの。＊本朝武芸小伝(1716)六「一宮左大夫照信者、甲州武田家土屋惣蔵麾下士而武功居多也。〈略〉至₋今称₌一宮流₋」＊撃剣叢談(1843)二「一宮流は本居合に出づといふ、甲州土屋宗蔵が従者一宮左太夫と云者を始祖とす」 発音 イチノミヤリュー〈標ア〉⓪

いちのや-おり【市屋織】〘名〙近世、女の帯地に用いた糸織。＊咄本・枝珊瑚珠(1690)一・六「何にてもはやり事をしだせば、もふける物なり。おり物にさへ、いちのやおり、さんやれおり」＊書言字考節用集(1717)六「櫟屋織 イチノヤヲリ」＊万金産業袋(1732)四「帯地類〈略〉女帯に、さつま織、小石織、市のや織」 辞書 書言 表記 櫟屋織(書)

いちのやのじゅうろべ-ぶし【一屋重郎兵衛節・一谷十郎兵衛節】〘名〙元禄時代(一六八八〜一七〇四)に、上方で流行した俗曲。一屋重郎兵衛のうたい始めたもの。十郎兵衛節。＊浮世草子・椀久一世(1685)上・四「鴨野といへる里のほとりより、四挺三味線引かけ一のやの十郎べぶしにて大踊り」＊浮世草子・俗つれづれ(1695)二・二「川舟に紫の帽子かけたる野郎あまた乗て大和屋座の囃方ども、大かた二階に上り、四でう三味線を引かけ、一のやの十郎べぶしを声揃へて謡ひ」

いち-ば【市場・市庭】〘名〙①毎日または定期的に商人が集まって商品の売買、取引をする特定の場所。＊梅花無尽蔵(1492-1501頃)三上「九日。入柏崎。柏崎市場之面三千余家。其外深巷凡五六千戸」＊政基公旅引付-文亀二年(1502)八月六日「今日佐藤惣兵衛尉出張、焼払佐野市場幷日根野西方之内辻鼻等」＊虎明本狂言・吃(室町末-近世初)「一年に一どたつ、河内の国に聞えたる、あふみだうのいちばにて」＊浮世草子・世間娘容気(1717)四「菜大根の市場(イチバ)と見へて藁葺のひとつ屋あり」②食料品、日用品などの小売店が集まって、共同の設備の中で販売している常設の場所。マーケット。＊善財(1949)〈石川淳〉四「さして広くもない市場の中を何度まはってみても、酒類など売ってゐさうな店は見あたらず」 発音〈標ア〉バイ〈京ア〉⓪ 辞書 日葡・書言・言海 表記 市場(書・言)

いちば〘名〙 方言 ❶昔。東京都利島323 ❷購入。薩摩1137

いち-ばい【一倍】〘名〙①(二倍の古い言い方)ある数量にそれと同じだけのものを加えること。また、その結果の数量。ばい。いちへ。＊三代格-五・養老五年(721)六月一〇日・太政官謹奏「奉勅。朕之股肱。民之父母。独在₌按察₋不₋可₌同等₋。宜₌更加₌禄一倍₋」＊東寺百合文書-は・保安三年(1122)三月一一日・伊勢大国荘専当藤原時光菅原武道等解案(大日本古文書二・六)「古きを改堀溝十余町也。而壱段切改堀人夫一倍せり但件溝」＊文明本節用集(室町中)「一倍 イチバイ 増義」＊玉塵抄(1563)三六「宥が筆を手にとって筆の絃をのべてみたれば長さ七尺に一倍したぞ尋と云は七尺ぞその一はい長かったぞ」＊幸若・大臣(室町末-近世初)「惣じてふなかずは八万艘、むくりは四万艘にてむかひけるに、一ばいましてぞむかはれける」＊越絶書-越絶計倪内経「一歳再倍、其次一倍」②(副詞のようにも用いる) 他と比較して数量、程度が大きいこと。いっそう。ひとしお。＊蕉堅藁(1403)新秋書懐「辺雁初声夕露繁、客心一倍感₌徂年₋」＊天草本伊曾保(1593)犬が肉を含んだ事「ヲノレガ フクンダ ヨリモ ychibai (イチバイ)ヲヲキナレバ」＊浄瑠璃・女殺油地獄(1721)下「不便(ふびん)さ可愛さは父親の一ばいなれども」＊桑の実(1913)〈鈴木三重吉〉六「はたのものは一倍このお子によくして上げなければ」＊三体詩-宿淮浦寄司空曙〈李端〉「愁心一倍長₌離憂₋、夜思千里恋₌旧遊₋」③数学で、ある数に一をかけること。また、その数。かける前の数と同じになる。 方言 いっそう。ますます。熊本県下益城郡930 発音〈なまり〉イチベァー・イチベー〔埼玉方言〕〈標ア〉⓪〈京ア〉イ 辞書 文明・伊京・明応・天正・饅頭・黒本・易林・日葡・書言 表記 一倍(文・伊・明・天・饅・黒・易・書)

いちばい-がね【一倍銀】〘名〙近世、親が死んだら倍にして返却することを約束して借りる高利の借金。死に一倍。＊雑俳・住吉みやげ(1708)「一倍銀墓から戻りゃ取にくる」 発音 イチバイガネ〈標ア〉バ

いちばい-まし【一倍増】〘名〙二倍にすること。二倍。倍増し。＊評判記・色道大鏡(1678)一二「散茶町にても、昼夜居続れば遊料一倍増なり」 発音〈標ア〉⓪バ

いちば-うんじょう【市場運上】〘名〙江戸時代、領主が開設を認めた市場に賦課した雑税。市運上。＊地方凡例録(1794)五「市場運上の事は昔よりの定り、新規の市場願ひ出とも、容易に不₌差許₋」

いちは-か【一把火】〘名〙(「一把」は、ひとにぎりの意) ひとたばねほどの火。かつて竹を束ねて火をつけたところからいう。＊江戸繁昌記(1832-36)初・火場「一把火起る。西鼓東鐘、一斉に撞撃し、火を報じ方を呼ぶ」

いちばく-じっかん【一暴十寒】〘名〙(「暴」は「曝」に同じ)「いちにち(一日)これを暴(さら)して、十日(とおか)これを寒(かん)す」に同じ。

いちば-ざいけ【市庭在家】〘名〙中世、荘園内の市(いち)に設けられた店舗家屋。また、その人もいう。市座という販売座席を持ち、営業税の座役銭を領主に納入し営業を行なった。市場屋敷。市館。＊東寺百合文書-ク函二四・建武二年(1335)二月九日・備中国新見庄東方地頭代官尊尓注進状「一・市庭在家後地用途、合二所壱反十代内 州代後地四百文廿代屋敷分」

いち-はし【一端】〘副〙「いっぱし(一端)」に同じ。＊俚言集覧(1797頃)「一はし 己が業の及ばぬを知らで其事を為す心にて居るを一ハシ為る心となりと云」

いちはし【市橋】 姓氏の一つ。 発音〈標ア〉チ

いち-ばしん【一馬身】〘名〙競馬で前の馬と後ろの馬との差が、馬一頭分の間隔であること。 発音〈標ア〉パ

いちば-せん【市庭銭】〘名〙中世、荘園内の市(いち)に課した税金。江戸時代には市場運上を徴収した。

いちばた-でら【一畑寺】 島根県平田市小境町にある臨済宗妙心寺派の寺。一畑薬師教団の総本山でもある。宍道(しんじ)湖北方に位置する。山号は医王山。寛平六年(八九四)の創建と伝える。本尊の薬師如来は眼病に霊験があるといわれ有名。いちばたじ。一畑薬師。 発音〈標ア〉⓪

いち-はち【一八】〘名〙植物「いちはつ(一八)」に同じ。＊伊京集(室町)「一八 ヰチハチ 杜若類也」 辞書 伊京・言海 表記 一八(伊)

いち-はつ【一八・鳶尾】〘名〙アヤメ科の多年草。中国原産で江戸時代以前から各地の庭園で観賞用に栽培される。高さ三〇〜五〇センチ。根茎は短く黄色い。葉は幅三〜四センチの剣形で隆起した縦脈が多い。初夏、花茎を直立し、さや状の苞(ほう)の中から二〜三個のつぼみを順次に開出する。花は直径一〇センチぐらいで、濃淡の青紫色と白色の脈や斑点の模様があって美しく、外花被片には白いとさか状突起がある。根はすりつぶして腫物(はれもの)に塗り、乾かした根はイリス根といい、緩下、吐剤、めまいなどに薬効がある。わら屋根の棟に植えて補強に使う地方もある。鳶尾は漢名。いちはち。こやすぐさ。学名は Iris tectorum 《季・夏》＊文明本節用集(室町中)「一八 イチハツ 杜若類也」＊俳諧・曠野(1689)三・初夏「いちはつはおとこなるらんかきつばた〈一井〉」＊花譜(1698)中「鳶尾(イチハツ) 是かきつばたの類なり。関東にはこれを屋の棟にうふ。大風に萱屋の棟を吹あらされじとなり」＊日本植物名彙(1884)〈松村任三〉「イチハツ 鳶尾」 語源説 イチハツ(最初)の義〔和訓栞後編〕。 発音〈標ア〉⓪〈京ア〉⓪ 辞書 文明・明応・天正・饅頭・黒本・日葡・書言・言海 表記 一八(文・明・天・饅・黒・言) 紫羅

一八

傘（書）

いち-はな【一端・逸端】〘名〙物事の始め、または最先端。はな。＊浄瑠璃・頼政追善芝(1724)四「平家追討の逸端(イチハナ)、源氏再興の始めは、源三位入道頼政よ」 発音〈標ア〉0

いちはな を 駆(か)く 「いちはなかく（一端駆）」に同じ。＊俳諧・犬子集(1633)二・桜「一はなをかけよ山路の桜がり〈重頼〉」

いちはな-か・く【一端駆】〘自カ下二〙物事を最初にする。先頭に立つ。一番駆けをする。多く、「いちはなかけて」の形で、真先にの意にいう。一端立つ。＊狂歌・堀河百首題狂歌集(1671)春「鶯の一はなかけて咲く梅にきなくはつねは春のとうとり」＊浄瑠璃・艶狩剣本地(1714)一「爰(ここ)に隠れ、かしこにうろたへ、いちはなかけて逃てけり」＊随筆・独寝(1724頃)上・一一「又、其帰る時に、我先にといちはなかけて帰度ものなれど」＊洒落本・福神粋語録(1786)発端「不承知だらふと思ひの外、どうぞ廓の気色が見たいわいなと、一端(イチハナ)かけての給へば」 方言 仙台†058 発音〈標ア〉カ

いちはな-がけ【一端駆】〘名〙（動詞「いちはなかく（一端駆）」の連用形の名詞化。多く「に」を伴って副詞的に用いられる）物事を他の人より先にすること。まっ先。一番駆け。＊俚言集覧(1797頃)「一端(ハナ)かけ　一番かけとも云。はなは鼻也。鼻は首と訓ず」＊滑稽本・浮世風呂(1809-13)前・下「『おのしがやうな者は、死んでも親は泣かねへっサ』〈略〉『死んだら一(イチ)はながけに泣くだらう』」＊歌舞伎・廓曠着紅葉裲襠(子持高尾)(1873)序幕「疾から遣手のお爪どんが、お約束ぢゃと一端(イチハナ)がけ、お貰ひ申して行きなさんした」＊東京絵入新聞-明治一八年(1885)四月二九日「最早開場になったる故、一鼻掛に見た人が、実に奴紙鳶の宙乗や、石橋の髪洗ひは、大劇場の一等俳優も遠く及ばぬとの評判」＊うつせみ(1895)〈樋口一葉〉二「一はな懸(ガ)けに目を覚し」 発音 イチハナガケ〈標ア〉0

いちはな-だ・つ【一端立】〘自タ四〙「いちはなかく（一端駆）」に同じ。＊浄瑠璃・多田院開帳(1695-96頃)四「一はなだって進みしは、勢(いきほひ)すぐれて見へにけり」＊滑稽本・東海道中膝栗毛(1802-09)五・追加「ゐどぐみの御師の手代、いちはなだちておくより出」＊門三味線(1895)〈斎藤緑雨〉九「今度は歌留多とお浜が一端立(イチハナダ)ちて播きし札を」 方言 富山県砺波397 石川県金沢市404 愛知県名古屋市562 滋賀県彦根609 大阪府大阪市638 泉北郡645 奈良県678 宇陀郡680

いちば-はじめ【市場始】〘名〙賭博開帳をいう、賭博者仲間の隠語。〔隠語輯覧(1915)〕

いちば-まち【市場町】〘名〙市の立つ所に発達した集落。四日市(よっかいち)、五日市(いつかいち)など定期市の開設日を名とした所が多い。 発音〈標ア〉バ

いち-はや【逸早】（形容詞「いちはやし」の語幹）はなはだしく激しいこと。また、きわめて早いこと。＊散木奇歌集(1128頃)雑上「えち川に岩こす棹のとりもあへずおとす筏(いかだ)のいちはやの世や」

いち-はや・く【逸早】〘副〙（形容詞「いちはやし」の連用形の副詞化）機会をのがさないで真っ先に。他に先がけてすばやく。＊近世紀聞(1875-81)〈染崎延房〉一二・三「弾薬を逸疾(イチハヤ)く小舟に積入れ」＊有楽門(1907)〈森鷗外〉「いちはやく跳り降りたるは」＊田舎教師(1909)〈田山花袋〉四四「交通の衝(しょう)に当った町々では、逸(イチ)早く国旗を建てて此兵士達を見送った」 発音〈標ア〉八〈京ア〉ヤ

いち-はや・し【逸早・逸速】〘形ク〙（「いち」は、勢いやその程度のはなはだしいことを示す接頭語。「逸」は当て字。「はやし」は激しい意）㊀程度のはなはだしく激しいさま。①霊威が激しく恐ろしい。荒々しくすさまじい。＊書紀(720)欽明五年一二月(寛文版訓)「浦の神厳忌(イチハヤシ)。人敢(あへ)て近づかず」＊宇治拾遺(1221頃)三・一四「熱田神(あつたのかみ)いちはやくおはしまして〈略〉無礼(むらい)をいたすものをば、やがてたちどころに罰せさせおはしましければ」＊平家(13C前)一一・剣「いまの宝剣是也。御霊威いちはやうまします」②きびしく容赦がない。てきびしい。激しい。＊伊勢物語(10C前)一「昔人はかくいちはやきみやびをなんしける」＊蜻蛉(974頃)下・天祿三年「うち寝たるほどに、門(かど)いちはやくたたく。胸うちつぶれてさめたれば」＊源氏(1001-14頃)須磨「いまは世の中はかるべき身にも侍らねど、いちはやき世のいとおそろしう侍るなり」③気性が激しい。気が強い。＊源氏(1001-14頃)賢木「后(きさき)の御心いちはやくて、かたがたおぼしつめたる事どものむくいせむとおぼすべかめり」＊今鏡(1170)六・弓の音「よき上達部(かんだちめ)にておはしけるに、あまりいちはやくて、世のものいひにてぞおはしける」㊁（速度、時間の）きわめて速いさま。①迅速、機敏である。速度が速い。＊宇津保(970-999頃)国譲下「真言院の律師一人、いちはやく読む。いとたふとし」＊読本・椿説弓張月(1807-11)拾遺・五四回「とまらぬ仇人(かたき)はいちはやく、水際の蘆のいと暗く、繁きが中に飛び入りぬ」②気が早い。性急だ。すばやい。＊蜻蛉(974頃)下・天延二年「いちはやかりける暦は不定なりとは、さればこそきこえさせしか」＊増鏡(1368-76頃)一・おどろの下「いまだ御五十日(いか)だにきこしめさぬに、いちはやき御もてなし、めづらかなり」 語誌 ㊀の非常に激しいさまから、㊁の速度が甚だしいさまに意味が広がっていった。㊁が生じたのを、「はやし」を「速し」と理解したとする説、神威などの現われがすばやいところからとする説、㊀の語義のなかにすでに速さへの意識が含まれているとする説などがある。現代語では、連用形「いちはやく」が副詞化して㊁の意味で用いられている。 語源説 (1)イチは最の意〔河海抄〕。(2)イツハヤシ(稜威速)の転〔言元梯〕。 発音〈標ア〉八〈京ア〉ヤ 辞書 書言・言海 表記 早卒（書）逸速（言）

いち-はや・ぶ【逸早】〘自バ上二〙荒々しくなる。また、勢い激しくふるまう。→いちはやし。＊延喜式(927)祝詞・鎮火祭(出雲板訓)「皇御孫の朝廷に御心一速比(イチハヤビ)給はじと為て」 補注 枕詞として固定した「ちはやぶる」と関係のある語か。また「倭姫命世記」に「伊豆速布留(いつはやぶる)神」の例がある。

いちはら【市原】㊀京都市左京区中部の地名。怪盗鬼童丸が源頼光に殺された所。また藤原惺窩が隠棲(いんせい)した地。市原野。櫟原。＊御形宣旨集(10C後)「まされらんことも知らねばいちはらのひとつ道にもゆく心かな」＊俳諧・誹枕(1680)下「それいかに禅(さとり)を開梅が畑〈幸順〉 小野の小町の一原の春〈幽山〉」＊浮世草子・好色一代男(1682)三・四「鞍馬山に誘はれて、一はらといふ野を行けば」㊁千葉県中西部の地名。古代、上総国の国府・国分寺が置かれた。木更津街道の旧宿場町。東京湾の埋立てとともに京葉工業地帯の都市として発展。昭和三八年(一九六三)市制。㊂千葉県の中西部にあった郡。江戸時代、海上(うなかみ)郡を併合。昭和三八年(一九六三)以降、市原市に編入され、同四二年に消滅。＊二十巻本和名抄(934頃)五「上総国〈略〉市原〈伊知波良国府〉」 発音〈標ア〉チ 八〈京ア〉イ 辞書 和名・文明・易林 表記 市原(和・文・易)

いちはら【市原】姓氏の一つ。 発音〈標ア〉チ 0

いちはらの【市原野】歌舞伎所作事のだんまり。富本。のちに常磐津に改曲。三世桜田治助作詞。名見崎徳治作曲。本名題「当稲俄姿画(わせおくてにわかのすがたえ)」の上の巻。文久三年(一八六三)江戸守田座初演。洛外市原野で袴垂保輔(はかまだれやすすけ)が平井保昌をねらって果たさなかった物語の舞踊化。 発音〈標ア〉0

いちはら-の-おおきみ【市原王】天智天皇の曾孫安貴王の子で、奈良中期から末期にかけての人。万葉歌人。備中守、玄蕃頭、治部大輔などを歴任。天平宝字七年(七六三)に造東大寺司の長官。正五位下に昇ったところまでは確認できる。

いち-はらみつ【一波羅蜜】〘名〙十本の指。＊随筆・南留別志(1736)「十の指を一波羅蜜といふ事は、真言宗にて印相をむすぶに、十波羅蜜を十の指のひとつひとつに名づけたるより出でたり」

いち-ばん【一番】㊀〘名〙①二人またはそれ以上が一組となること。㋑一組。一つがい。＊延喜式(927)一三・大舎人寮「凡車駕行幸者、舎人四番〈以二十二人一為二一番一〉供奉」㋺歌合・相撲・競べ馬などの勝負の第一組。＊類従本在民部卿行平家歌合(885-887頃)「一番郭公　左勝」＊宇津保(970-999頃)祭の使「『この御むまども、おなじくは手つがひにしてくらべばや』との給て、一番に式部卿宮、右のおとどくらべ給ふ」＊今昔(1120頃か)二三・二六「今昔、右近馬場にして競馬有けるに、一番に尾張兼時・下野の敦行乗りたりける」＊今鏡(1170)一・菊の宴「能因法師の、いはねの松も君がためと一番の哥に詠みて侍る」②一回。一度。㋑舞、能、狂言などの一曲。＊平松家本平家(13C前)一・義王「此義にては舞も定めて能かるらん。一番見んぞや。鼓撃を召(よ)べとて」＊蔭凉軒日録-延徳元年(1489)一一月一四日「鞍馬天狗一番歌之」＊仮名草子・竹斎(1621-23)上「六条少進出合ひて、例の御好きの善知鳥をば、一番こそは舞はれける」＊随筆・独寝(1724頃)上・六〇「たとへば何の事もなき諷(うたひ)にても、一番の習ひといふ事有て」＊役者論語(1776)耳塵集・下「一番の狂言の詰際(つめぎは)は大事也」㋺碁、将棋、相撲、賭博などの一勝負。＊今鏡(1170)九・祈る験「碁盤とりよせ、かきおこされさせ給て打たせ給けるほどに、御腹のふくれ減らせ給て、一番がほどに例ざまにならせ給ける」＊虎寛本狂言・文相撲(室町末-近世初)「今一番取らうと仰せらるる。又あれへ出さしめ」＊咄本・金財布(1779か)塩売「これ塩屋どん、こなたもすきなら、壱ばん指気はないか」＊黄表紙・孔子縞于時藍染(1789)中「嘘っここにてめくりをはじめても、たがいに勝を人にゆずり、礼儀を正しくするゆへ、一番のめくりに鳥がなき」㋩一般に、一回の試み、また一度の行為や作用。＊咄本・昨日は今日の物語(1614-24頃)上「時宗の坊主、比丘尼と一ところにて、雨の中寂しさに、一ばんと思ひ」＊浄瑠璃・神霊矢口渡(1770)四「船の底をくり抜て、六蔵めにさるを引せ、一番ごっきりで義興めを、川中でぐゎんと云はせた」＊咄本・豆談語(1772-81)高楊枝「飯の代りに一番(ハン)せうと相談きわまり、早速一義相すみ」＊六如庵詩鈔-二編(1797)四・壬子仲秋余与伴蒿蹊・郷里千江州〈略〉作詩紀一時情景「昨雨一番灘二残暑一江岸柳色已鬖髿」＊人情本・春色梅児誉美(1832-33)初・二齣「ここで去頃(いつぞや)拾ひ置し笄(かんざし)を出して、まづ一番(イチバン)はへこましても、此所ではばかりはおもしろからず」③順序の最初。最上位。第一。㋑最初。まっ先。先頭。＊延喜式(927)二〇・大学寮「其貢進之次、以二左近一為二一番一」＊太平記(14C後)六・赤坂合戦事「明日の合戦に先懸して、一番に討死して、其名を末代に遺さんと存ずる也」＊車屋本謡曲・鉢木(1545頃)「痩たりともあの馬に打ちのり、一番に馳せ参ずべしと申しし詞の末」㋺最もすぐれていること。最も大切なこと。程度が最も大であること。＊九冊本宝物集(1179頃)六「良弁僧正と云は、東大寺一番の別当也」＊平家(13C前)一一・鶏合壇浦合戦「兵藤次秀遠は九国一番の勢兵にてありけるが」＊浮世草子・好色一代女(1686)四・一「鰤(ぶり)も丹後の一番、さし鯖も能登のすぐれ物を調へ」＊随筆・耳嚢(1784-1814)三・目あかしといへるものの事「大なる一番擂鉢を盗て見せける故、各大に驚き」＊滑稽本・東海道中膝栗毛(1802-09)六・下「一ばんの桶さア買てきなさろ。手足をちとべしおんまげたら、はいるべいのし」＊木乃伊の口紅(1913)〈田村俊子〉七「一年の内に延びてひろがっ

た紫陽花の蔭がこの庭の土の上には一番に大きかった」㋩その日の最初に出る汽車や電車、船などの乗り物。＊泊客(1903)〈柳川春葉〉一「寒い時分だから、恐らく明日の朝一番で出るだらう、然うすると夕方だな」＊苦の世界(1918–21)〈宇野浩二〉五・四「あしたの一番でこちらへかへって来ますがね」④劇場や寄席での鳴り物の名。→一番太鼓。㋑芝居で下座の合方が鳴り物として、打込みにたたく大太鼓。初めは縁(ふち)を回してたたき、後、どどんどんとたたくもの。㋺寄席で、開場と同時に大太鼓を長桴(ながばち)で打ち込むこと。

㊁〘副〙①こころみに一度。ためしにちょっと。また、「緊褌一番」などの形で、ひとつ思い切っての意を表わす。＊浄瑠璃・妹背山婦女庭訓(1771)四「こっちも一番いうた跡は、モウいざこざはないわいの」＊随筆・胆大小心録(1808)一六三「天祿がひいき心では、一番肩ぬいでかかりたし」＊滑稽本・浮世風呂(1809–13)二・上「おめへが江戸詞を笑ったら一番(イチバン)しめてやらうと思って」＊日の出前(1946)〈太宰治〉「チルチルなるもの、感奮一番せざるを得ない」②最も。何より。別して。＊咄本・無事志有意(1798)拳酒「一ちばんすきなしたみ酒」＊思出の記(1900–01)〈徳富蘆花〉二・一〇「西山塾で一番子供と云はれて」＊吾輩は猫である(1905–06)〈夏目漱石〉二「一番先に見付けたものが」＊青年(1910–11)〈森鷗外〉二一「大村の説では、一番(イチバン)健全なのはスヱエデン式の体操か何かだらうが」発音〈なまり〉イチワン・エッワン〔富山県〕イッチバン〔鳥取〕イッチャン〔千葉〕イッパン〔千葉・鹿児島方言〕イッパン〔岩手〕イッチアン〔愛知〕エッパン〔仙台音韻〕〈標ア〉㊀①②③㋑㋺はチ ③㋩④は0 ㊁①はチ ②は0 〈京ア〉㊀②③はイ ㊁①はイ ②は⓪ 辞書 文明・天正・饅頭・易林・日葡・書言・ヘボン・言海 表記 一番(文・天・饅・易・書・ヘ・言)

いちばん-あい【一番藍】〘名〙同一の藍畑から二回以上の収穫をする時に、その第一回目に刈り取った藍。品質がすぐれており、二番、三番になるに従って劣る。《季・夏》発音〈標ア〉ア バ

いちばん-あひる【一番家鴨】〘名〙⇩いちばんあひる(一番家鴨)の泥喰(どろくら)い

いちばんあひる の 泥喰(どろくら)**い** 見る目のないこと。また、ものの本質を認識できないまぬけな者のたとえ。最初に餌を取ろうとしたアヒルが、まちがえて泥を食ったという意からか。＊歌舞伎年代記(1811–15)二・享保一二年「梟のあき盲目。木兎(みみづく)のかな聾。一(イチ)ばん家鴨(アヒル)の泥喰(ドロクラ)ひめ」

いちばん-いかり【一番碇】〘名〙和船に積載する数個の碇の中で、一番重いもの。船体の大きさに応じて、百石積で二〇貫以下四頭、千石積で八〇貫以下七、八頭を積む。それ以下は三貫ないし五貫ずつ段階的に軽くして、二番碇、三番碇と呼ぶ。＊浄瑠璃・平仮名盛衰記(1739)三「四天王の随一と呼れたる樋口の次郎兼光、儕(おれ)らふぜいが搦(からめ)とらんとは、真物(まもの)付たる一(イチ)番碇蟻の引にことならず」＊和漢船用集(1766)一一・用具之部「看家錨(イチハンイカリ)〈略〉本邦千石積の舟に用る処、鉄碇八頭、其一番碇と云者重八拾貫目余也」発音〈標ア〉イ2

いちばん-うけ【一番受】〘名〙武家時代に、敵の来襲に備えて先頭で待ち受けること。また、その者。次にいるのを二番受という。＊武家名目抄(19C中か)軍陣部・一番受「武蔭叢話云〈略〉一番受の者ども是れを見れば、北条丹後守也」発音〈標ア〉0

いちばん-うし【一番牛】〘名〙最も大きい牛。＊浮世草子・西鶴置土産(1693)二・三「親の代より木綿(きわた)売ける銀子をためて、かためてみば、一番牛(いちバンウシ)の寐たほどゆづり渡しぬ」発音〈標ア〉バ

いちばん-うちおこし【一番打起】〘名〙立春の頃、その年初めて田を耕すこと。→荒塊読(あらくれよみ)

いちばん-おいだし【一番追出】〘名〙早朝に鳴る鐘。＊俳諧・類船集(1676)以「暁の鐘を一番おひ出しと云」発音〈標ア〉オ

いちばん-おとこ【一番男】〘名〙いちばん大きい男。また、きわめて大がらな男。大男。＊浮世草子・万の文反古(1696)二・一「一番男の六尺揃て、絹物きせたる腰元に祝儀の目録高蒔絵の長文箱に入唐房の色をかざりて持せ」発音〈標ア〉オ

いちばん-おんな【一番女】〘名〙いちばん大きい女。また、きわめて大がらな女。大女。＊浮世草子・浮世栄花一代男(1693)一・二「一番(バン)女の足を揃へてなる程ゆたかにつきしはいさぎよし」発音〈標ア〉オ

いちばん-がい【一番貝】〘名〙軍陣で最初に吹く陣貝。順に二番貝、三番貝という。＊太閤記(1625)九・秀吉卿依池田父子討死御出馬事「一番貝に先勢はや出しかば、御馬験のふくべを、庭前におし立給へり」＊清正記(1663)一「秀吉公急貝を立諸軍勢可討立と触廻し給へば、一番貝に先勢をし出す」発音イチバンガイ〈標ア〉バ

いちばん-がけ【一番駆】〘名〙①戦場で一番先に敵陣に駆け入って戦うこと。一番乗り。②「いちはながけ(一端駆)」に同じ。＊浮世草子・好色万金丹(1694)二・四「四天王は夜前、一番がけに焼けてしまひました」＊古今集遠鏡(1793)二「虫の声をきけば、人よりさきへ、まづ一番がけにさ おれはかなしい」＊滑稽本・浮世風呂(1809–13)四・下「お江戸に産れた有がたい事には、年中自由が足りる。初物は一ばんがけに食ふなり」発音イチバンガケ〈標ア〉0

いちばん-かこい【一番—】〘名〙方言 ⇩いちばんぎもん(一番着物)

いちばん-かす【一番粕】〘名〙しょうゆ原料の醪(もろみ)を熟成させたものを、圧搾して液汁を搾り出した後の粕。生粕(きかす)。発音〈標ア〉バ

いちばん-がち【一番勝】〘名〙最初の勝利。また、第一等の勝ち。＊浄瑠璃・丹波与作待夜の小室節(1707頃)道中双六「まづさきがけのお姫様。一ばんがちに勝色の花のお江戸に着給ふ」＊浮世草子・忠義太平記大全(1717)七・一「味の者共そば切屋久助がもとにゆく事「此さかづきは私連句かんぶり付、一番がち仕ほうびにとりしさかづきなり」発音イチバンガチ〈標ア〉0 チ

いちばん-かっせん【一番合戦】〘名〙戦場で、数度の合戦のある時、その最初の合戦。順次に二の合戦、三の合戦という。＊信長公記(1598)首「一番合戦に、竹腰道塵、六百ばかり真丸に成て中の渡りを打越し」＊三河物語(1626頃)二「とても御家勢申故は、何と被仰候共、是非共に、一番合戦を仰可被付」＊立斎旧聞記(17C後)上「一番合戦は他に譲るべからずと」発音〈標ア〉カ

いちばん-からかさ【一番傘】〘名〙最も大型のかさ。＊元祿版古今著聞集(1254)一六・二条実綱家侍試胆事「いかにと問ければ、一番からかさなる物落ちきつれば、命にまさるものあらじと思へば、にげて参りたる」

いちばん-がらす【一番烏】〘名〙夜明けに最初に鳴く烏。＊滑稽本・戯場粋言幕の外(1806)上「一番烏は三番叟をすすめ、芝居雀は花笠踊を催す」＊歌舞伎・戻橋脊御摂(1813)三立「代々替らぬ天正月、一番烏(いちバンガラス)も悦んで、渡り拍子の幕明きに」＊滑稽本・大千世界楽屋探(1817)中「まづ一番烏(イチバンガラス)のカアをきっかけに」発音イチバンガラス〈標ア〉カ

いちばん-がり【一番刈】〘名〙草などを何回か繰り返して刈るとき、その第一回目をいう。＊星座(1922)〈有島武郎〉「牧草は、三番刈の前で可なりの丈けになってゐるが、一番刈のとはちがって、茎が細々と痩せて」発音イチバンガリ〈標ア〉0

いちばん-かん【一番館】〘名〙最初に封切りをする映画館。封切り館。発音〈標ア〉バ

いちばん-き【一番機】〘名〙①編隊飛行のさい、先頭となる航空機。通常、指揮官が搭乗(とうじょう)する。②その日の最初に出発する航空機。発音〈標ア〉バ

いちばん-きしゃ【一番汽車】〘名〙その日の最初に発車する汽車。一番列車。＊郵便報知新聞-明治二四年(1891)一一月一三日「今十三日の一番瀛車にて」＊火の柱(1904)〈木下尚江〉一二「明朝一番汽車で九州まで行って来るから」発音〈標ア〉バ

いちばん-ぎもん【一番着物】〘名〙方言 最もりっぱな着物。晴れ着。栃木県安蘇郡197 ◇**いちばんぎ**〔一番着〕 埼玉県秩父郡054 ◇**いちばんかこい**(「かこい」は晴れ着の意) 岩手県九戸郡088

いちばん-きり【一番切・一番斬】〘名〙①第一番目にきること。＊ロドリゲス日本大文典(1604–08)「Ichibanguiri(イチバンギリ)」②一回だけの勝負。一番勝負。＊浄瑠璃・丹波与作待夜の小室節(1707頃)中「数斗の勝負づく、一ばん切について見て、八貫を済ますか、十六貫負は物か、サア来い」③他を抜いて一番であること。＊談義本・当世下手談義(1752)二・八王子の臍翁座敷談義の事「呉服町で一番切(いちバンキリ)の進退(しんだい)なれど、今に綿服」発音〈標ア〉0

いちばん-ぐさ【一番草】〘名〙田の最初の除草。一番除草。《季・夏》＊日次紀事(1685)五月「植終後至秋三度取田間之秀、是称一番草、二番草、三番草」＊不在地主(1929)〈小林多喜二〉一「明日は三時半頃から田へ出て、他の人より遅れてゐる一番草を刈り上げてしまはなければならない」方言 兵庫県加古郡(草取り後の休みもいう)664 発音イチバングサ〈標ア〉バ

いちばん-くじ【一番公事】〘名〙奉行所の開廷後、最初に審理される事項。＊俳諧・引導集(1684)「袴着共物もうさんの声々に 一番公事の埒も曙〈西鶴〉」発音〈標ア〉バ

いちばん-くび【一番首】〘名〙戦場で、最初に討ち取った敵の首。次を二番首という。＊大友記(17C前)田原親貫最期之事「軍の勝負は未知候へども、上野今日の一番首をとり候と申候へとて」＊信長記(1622)一上・美濃の国森部合せんの事「義元合戦に、一番頸を取りてまいりけれども、何共おほせざりければ」＊随筆・常山紀談(1739)六・水野勝成高名并行状の事「秀次の将白井備後守が陣に突てかかり、冑首をとりてはせ帰る。此日の一番首なり」発音〈標ア〉バ 〈京ア〉ン

いちばん-こ【一番子】〘名〙①いちばん最初に生まれた子。長子。＊咄本・昨日は今日の物語(1614–24頃)上「比丘尼風呂御焚かせ候。〈略〉まづ試みにとて、庄屋の一ばん子入りて倨るところへ」＊仮名草子・他我身の上(1657)三・一「たのしき庄屋殿、一番子(バンゴ)をまうけられ、朝夕これをかしづかれけるに」＊俳諧・小町踊(1665)春・上「立春の日やいざなぎの一番子〈幸和〉」②商家、娼家などで、一番評判のよい子。いちばんの売れっ子。③家畜、養魚などで、その繁殖期間中、最初に生まれたもの。「雀の一番子」発音〈標ア〉バ

いちばん-ご【一番—】〘名〙方言❶一回目の田の草取り。群馬県勢多郡236 長野県上田475 佐久484 ◇**いちばんずり** 埼玉県北葛飾郡258 ◇**いちばんどおし** 群馬県勢多郡236 ◇**いちばんくろ**〔一番畔〕 新潟県中頸城郡382 ❷除草など、一回目の田畑の手入れ。また、桑畑の最初の耕作。◇**いちばんそおご**とも。埼玉県秩父郡251

いちばん-こうみょう【一番高名】〘名〙一番槍、一番乗り、一番首など、他にさきがけて手柄を立てること。＊武家名目抄(19C中か)軍陣部・一番高名

「毛利家記云降景仰に、五郎兵衛は伯耆守が男也。〈略〉両人共に、一番高名に成てけり」

いちばん-ごえ【一番肥】〘名〙肥料を数度に分けて施す場合、最初に施す肥料。＊綿圃要務(1833)肥し手入の事「一番肥に油かすを入たらば、二番には干鰯」発音イチバンゴエ〈標ア〉パ

いちばん-ござぶね【一番御座船】〘名〙御座船のうち、貴人の乗るもの。御召船。＊和漢船用集(1766)五・江湖川船之部「御座船〈略〉漢にも一号大座船と云こと見へたり。これ一番御座船と呼者也」

いちばん-ごし【一番越】〘名〙川止めが解除された時、他に優先して渡河すること。江戸時代には幕府の御状箱(公用書状入りの箱)が大名や一般旅客に優先した。＊滑稽本・東海道中膝栗毛(1802–09)三・上「大井川の川支(づかへ)にて、岡部の宿に滞留せしが、けさ御状箱わたり、一番ごしもすみたるよし」発音イチバンゴシ〈標ア〉パ

いちばん-じたて【一番仕立】〘名〙江戸時代、番船(ばんぶね)の競走で、参加船の多い場合、二回以上に分けた、その一回目をいう。菱垣廻船の新綿番船と樽廻船の新酒番船は、それぞれ上方から江戸までを競走するならわしであった。一番走り。先走り。＊四井屋久兵衛覚之事「壱番仕立十弐艘之内、跡浮け六艘は廿二日出帆」

いちばん-しぶ【一番渋】〘名〙その年の渋柿から最初に搾った、濃くて混ざりもののない渋。生渋(きしぶ)。《季・秋》＊雍州府志(1684)六「渋柿〈略〉去二其蔕一春杵レ之、以二布嚢一搾二取其油一、是謂二一番渋一、又称二木渋一」＊日本歳時記(1688)五・七月「此月青柿を買て柿漆(しぶ)を取〈略〉まづ柿の蔕を去、臼にて擣、柿壱斗に水弐升五合入〈略〉しぼり汁を取、かすをすつ。是を一番しぶといふなり」発音〈標ア〉パ

いちばん-しゅっせ【一番出世】〘名〙大相撲の各場所の前相撲と本中で、新弟子が規定の勝ち星をあげ、八日目に次場所序の口にあがることを披露(ひろう)されること。また、その新弟子。発音〈標ア〉シュ

いちばん-しょうちゅう【一番焼酎】〘名〙最初にとった、最もアルコール分の強い焼酎。発音イチバンショーチュー〈標ア〉ショ

いちばん-しょうぶ【一番勝負】〘名〙やりなおすことなく、ただ一回だけで勝負を決めること。一回きりの勝負。＊洒落本・道中粋語録(1779–80頃)「女郎をかう気で一番勝負の、長ががらら半と出て、ごう腹まぎれ」発音イチバンショーブ〈標ア〉ショ

いちばん-ず【一番酢】〘名〙最初に取った酢。酸味が最も強い。発音〈標ア〉パ

いちばん-するめ【一番鯣】〘名〙剣先烏賊(けんさきいか)、槍烏賊で作った良質のするめ。鯣(するめ)烏賊で作った二番鯣に対していう。発音〈標ア〉ス

いちばん-ぜい【一番勢】〘名〙戦場で先頭に立つ軍勢。先陣の軍勢。＊史記抄(1477)一五・李将軍列伝「前将軍は一番勢也」＊古活字本毛詩抄(17C前)九「先輩は一番勢と云心ぞ」発音イチバンゼイ〈標ア〉パ

いちばん-せんじ【一番煎】〘名〙茶や薬を煎じ出す時、最初に煎じ出したもの。＊歌舞伎・霊験曾我籬(1809)六幕「薬を茶碗へつぎ『モシ、一番(バン)煎(セン)じでござりまする』」＊歌舞伎・桜姫東文章(1817)五幕「お薬を貰ひました。即ちこれが一番(バン)煎(セン)じ、覚めぬうちに召上がって下さりませ」発音〈標ア〉セ

いちばん-そう【一番叟】〘名〙芝居で、三番叟(さんばそう)の始まる以前の時刻をしゃれていう語。＊雑俳・軽口頓作(1709)「すきじゃとて・一番叟から果のはて」発音イチバンソー〈標ア〉0

いちばん-ぞなえ【一番備】〘名〙戦場で、敵の最も近くに位置する部隊。一番手。先陣。＊籾井家日記(1582頃)二(古事類苑・兵事九)「桂川合戦事〈略〉溝尾左兵衛等は一番備に居申し候」＊続撰清正記(1664)一・志岐落城主計頭動の事「夜の内より段々に備をし、辰の上刻に、一番備三千、本道筋を押上る」発音〈標ア〉ゾ

いちばん-だい【一番鯛】〘名〙いちばん大きい鯛。＊咄本・籠耳(1687)二・六「まづなるほど大なる一番鯛(いちバンダイ)を鱗をふき」＊歌舞伎・伊達競阿国戯場(1778)三「大方今夜要(い)らうと思うて、昼、魚屋で一番鯛」発音〈標ア〉パ

いちばん-だいこ【一番太鼓】〘名〙①江戸時代、上方(かみがた)の町中で時刻を告げるために打つ太鼓のうち、早朝第一番目のもの。八つ時(午前二時頃)に打った。②江戸時代、大坂新町の遊郭で大門を閉じる合図に打った太鼓のうち、前触れとして打つ最初の太鼓。→限りの太鼓。＊浮世草子・好色二代男(1684)一・二「一番太鼓(タイコ)をうち、お客たたじゃりませいの声せはしく起ねばならぬ様子になりぬ」＊浮世草子・傾城禁短気(1711)五・二「一番太鼓(ダイコ)打って『お客立たしゃりませい』といふを聞いて」③江戸時代、歌舞伎の顔見世興行の初日、陰暦一一月一日の早朝八つ時に開場を知らせるために打った太鼓。＊談義本・根無草(1763–69)後・四「一番太鼓(ダイコ)は八声に先立、三番叟は明るを待ず」＊洒落本・百安楚飛(1779)「一番太鼓(イチバンタイコ)うつと、女中は心いそいそ、夜の目を寝ずしての見物」＊戯場訓蒙図彙(1803)二「顔見世の光景。〈略〉手打の手拍子地震の頭上に響かば、彼は一番太鼓に競ひ、此は万歳楽をや奏すべき」発音〈標ア〉ダ〈京ア〉ダ

いちばん-だし【一番出】〘名〙鰹節や昆布などを煮出して、最初に裏漉(ご)しにかけて出た汁。吸い物などに用いる。＊蕎麦通(1930)〈村瀬忠太郎〉一一「鰹節を平均に削って、湯を煮立てて其の中へ入れる〈略〉一定の分量に煮詰めて裏漉にかける。(店によっては昆布をつかふ)これを『一番出し』と称し、日々入用の分量だけを製する」発音〈標ア〉パ0

いちばん-だち【一番立】〘名〙旅宿を朝一番早く出発すること。＊俳諧・八番日記‐文政二年(1819)一〇月「大名の一番立のほた火哉」発音〈標ア〉0

いちばん-ちゃ【一番茶】〘名〙①春、最初に摘み取ってつくった茶。品質が最もよい。《季・春》②最初に入れる茶。かおりが最もよい。方言午前一〇時頃の食事。徳島県美馬郡054

いちばん-ちょう【一番帳】〘名〙武功を書きこむ帳面の第一番に書くこと。＊浄瑠璃・近江源氏先陣館(1769)八「めでたいめでたいわこ様がけふの手柄の一番帳、同じ初陣同じ年の小四郎を生捕り給ふ」発音〈標ア〉パ〈京ア〉0

いちばん-つつじ【一番躑躅】〘名〙植物「みつばつつじ(三葉躑躅)」の異名。方言秩父†034 埼玉県秩父郡251

いちばん-つみ【一番摘】〘名〙茶の新芽を最初に摘み取ること。一番茶になる。発音〈標ア〉0

いちばん-て【一番手】〘名〙①戦陣で、第一番にくり出して敵に当たる軍隊。先陣。先鋒。＊玉葉‐寿永三年(1184)正月二〇日「東軍一番手、九郎軍兵加千波羅平三云云」＊小松軍記(近世初)小松勢慕附「一番手の中よりも、心がけし者どもは、ぬけぬけに馳せ付て」②先頭を切って行くもの。先頭に立って物事を行なう人。＊歌舞伎・名歌徳三舛玉垣(1801)四立「一番手は俺に任せて、みんなはそこで見物して見て居さっしょ」＊落語・旅日記(1894)〈四代目橘家円喬〉「此人を見立ったんですと、乃公(おれ)の隣りの宗次の手を引いてった。ヘエー与太、見ねへ、宗次が一番手だとよ」③勝負や地位を争う場合、一番優位に立っているもの。「横綱争いの一番手」発音〈標ア〉パ

いちばん-ていとう【一番抵当】〘名〙ある抵当物件について、最初に登記された抵当権。一番抵当権者は、その物件から優先的に債務の弁済を受けることができる。発音イチバンテイトー〈標ア〉テ〈京ア〉テ

いちばん-でし【一番弟子】〘名〙弟子の中で最もすぐれたもの。一弟子。高弟。＊浄瑠璃・傾城反魂香(1708頃)「某(それがし)こそは将監さまの一番弟子、土佐の又平」＊西洋道中膝栗毛(1870–76)〈仮名垣魯文〉一〇・上「『ヘボン』先生の一番弟子(イチバンデシ)で『ジャボン』とかいふ人だそうサ」発音〈標ア〉パ〈京ア〉0

いちばん-でづら【一番出面】〘名〙歌舞伎で、一番初めに顔を出す役。＊歌舞伎・名歌徳三舛玉垣(1801)四立「馴染の舞台帰り花、一番出面(いちばんでヅラ)は市川の、流れを汲んだ荒五良」

いちばん-でんしゃ【一番電車】〘名〙その日の運行の最初の電車。始発の電車。＊朝霧(1950)〈永井龍男〉「駅を発車した一番電車のヘッド・ライトがゆっくり踏切を過ぎるのを見て、これは近頃になく濃い霧だと知った」＊夏の終り(1962)〈瀬戸内晴美〉「一番電車を待つ人々が寺院の前で数人ぼんやりたたずんでいた」発音〈標ア〉テ

いち-ばんとう【一番頭】〘名〙「いちばんばんとう(一番番頭)」に同じ。＊人情本・春色梅児誉美(1832–33)四・一九齣「古支配人(イチバントウ)の眼をかすめ、十両ばかり見せの金を盗み」発音イチバントー〈標ア〉パ

いちばん-とみ【一番富】〘名〙「いち(一)の富(とみ)」に同じ。＊雑俳・西国船(1702)「とんで出る・一番富に福太郎」発音〈標ア〉パ

いちばん-どり【一番鶏】〘名〙夜明け前に最初に鳴く鶏。また、その声。普通、八つ時(午前二時頃)に鳴くとされる。またその時刻。＊玉塵抄(1563)一一「一番どりないてからをきて善と云わざをつとめてする者堯舜のともがらなりと云たぞ」＊虎明本狂言・鶏泣(室町末‐近世初)「一番鳥のうたふ時分にかならずこひやい、ゑい」＊蒲生氏郷記(1644頃か)「明日十九日、一番鳥に打ち立つと申し触れ候へども」発音〈標ア〉パ〈京ア〉ン 辞書言海 表記一番鶏(言)

いちばん-ならい【一番習】〘名〙和泉流狂言で、入門、小習い、中習いと習得してきた後に伝授される習い物。「枕物狂(まくらものぐるい)」「比久貞(びくさだ)」など五曲がある。

いちばん-なり【一番成】〘名〙果実、果菜類でその年の一番初めに成熟したもの。発音〈標ア〉0

いちばん-にょうぼう【一番女房】〘名〙からだの大きな女。特に、力があって、働きのある女奉公人。＊浮世草子・西鶴織留(1694)五・二「一番(ハン)女房(ニョホウ)の大所の勝手にあふ者、きう銀四十五匁から五十目に極めて置しに」発音イチバンニョーボー〈標ア〉ニョ

いちばん-のり【一番乗】〘名〙①戦場で、第一番に敵陣や敵城に攻め込むこと。また、その人。いちばんがけ。＊長沢聞書(17C前か)「黒田殿内にて後藤又兵衛一番乗」＊武道初心集(1726–30頃)三〇「平場の迫合ならば一番鎗、敵城を攻めるにおいては一番乗」②ある場所に最初に到着すること。また、その人。＊長春五馬路(1968)〈木山捷平〉二「最初の頃、日本人が城内を怖がって入って行かなかった頃、城内に一番のりをしたのは、このわしだったんだよ」発音〈標ア〉パ〈京ア〉0 辞書言海 表記一番乗(言)

いちばん-はしり【一番走】〘名〙①貴人の通行に当たって、前ぶれのために先頭を走る家人。さきばらいの先頭の人。＊史記抄(1477)三・周本紀「通玄寺へ御所御成の時、一番走りが御成御成と叫ぶ時分に」②「いちばんじたて(一番仕立)」に同じ。

いちばん-はつ【一番発】〘名〙その日の始発。＊義血侠血(1894)〈泉鏡花〉一「七月八日の朝、一番発(イチバンハツ)の馬車は乗合を揃えむとて」

いちばん-ばんとう【一番番頭】〘名〙商家など

の番頭のうち最上位の者。一番頭。＊洒落本・船頭深話(1802)三「流石に一番番頭だから、そうしがなくも行かねへのさ」＊野心(1902)〈永井荷風〉三「殊に一番番頭の白鼠と云はれた五助親爺の如きは」 発音イチバンバントー〈標ア〉バ2

いちばん-ひいれ【一番火入】〘名〙①溶鉱炉などに最初に点火すること。火入れ。②清酒などの腐敗を防ぐために初めに熱を加えること。＊夜明け前(1932‐35)〈島崎藤村〉第一部・上・一・一「自分の子に酒の一番火入などをさせながら」 発音〈標ア〉ヒ

いちばん-ふくろう【一番梟】〘名〙最も大きいフクロウ。＊浮世草子・西鶴名残の友(1699)四・三「松前の一番梟(バンフクロウ)を両方へはねを広げ、あたまに頭巾(ときん)をきせ、天狗の媒鳥に仕立」

いちばん-ぶね【一番船】〘名〙①その日の最初に出る船。＊浮世草子・新可笑記(1688)三・二「一番船(バンフネ)に乗合の友あれば、下人もつれず、小判は身につけ、近所へ暇こひして出しに」②江戸時代、民間から雇う御城米積船や廻米船に対し、積み出し港ごとに雇傭順の番号をつけたので、その一番目の船をいう。③「いちばんじたて(一番仕立)」に同じ。＊四井久兵衛覚之事‐寛政四年(1792)「壱番船切手取渡は〈略〉此所にて請取帰り橋船へ渡す」④新綿番船や新酒番船のレースで一番早く到着して優勝した船。三番までの船の積荷には立値段がなされ、一番船の船頭には荷主から賞として金品が与えられた。＊四井幸吉文書‐新酒番船の覚書(1841)「壱番船壱枚弐組へ弐枚差越候所」⑤その年最初に入港した砕氷船。 発音〈標ア〉ブ

いちばん-ぶり【一番鰤】〘名〙最も大きいブリのこと。＊浮世草子・嵐無常物語(1688)上・三「先肴かけには丹後の一ばん鰤(ブリ)尾かしら揃へて五本」

いちばん-ぶろ【一番風呂】〘名〙①古く、寺社などで一日のうち何回か沸かして諸人を入浴させた風呂のうち、その日の一番最初の風呂。＊言継卿記‐永祿七年(1564)七月一九日「一番風呂巳下刻留、余人入了、従レ寺被ニ申付ニ云々」②沸かしたてで、まだだれも入っていない風呂。また、それに最初に入ること。＊長春五馬路(1968)〈木山捷平〉五「お客である正介が一番風呂にはいるのは当り前のような気がした」 発音〈標ア〉ブ〇

いちばんぶろ は 馬鹿(ばか)が入(はい)る 沸かしたての湯は、荒く、健康によくないことをいう。

いちばん-ぼし【一番星】〘名〙夕方、一番最初に輝き出す星。＊犬(1900)〈正岡子規〉「夕方の一番星の光を見て悟る所があって、犬の分際で人間を喰ふといふのは罪の深い事だと気が付いた」 発音〈標ア〉バ〈京ア〉シ／ン

いちばん-みず【一番水】〘名〙江戸時代、大坂堂島の米穀市場用語。帳合米相場で火縄値段(大引値段)の決定後は、仲買は退散するのが通例であるが、なお残留して売買に従う者がある時、水方役が退散を促す最初の散水をいう。＊稲の穂(1842‐幕末頃)桶伏又桶とも言(大阪市史・五)「日々火縄後、水方が水を打て追々来る事三度、是を一ばん水、二ばん水、三ばん水と言、此三ばん水が帳合米の頓と仕舞也」 発音〈標ア〉バ

いちばん-め【一番目】〘名〙①順序が第一位であること。最初。第一番。＊道草(1915)〈夏目漱石〉八三「一番目(バンメ)の娘に水疱瘡の出来た時」②「いちばんめきょうげん(一番目狂言)」の略。＊洒落本・大通愛想尽(1779)「俄に御堂なりわたり、一番めの大詰を見るやうに、うしろよりやみなんやみなんと声をかけ」＊歌舞伎・お染久松色読販(1813)序幕「『錦車様、喜代さんも、今日は早くお役をお仕舞だね』『アイ、一番目ばかりじゃに依って、喜代さんを誘ふて妙見様へお参り申たわいナ』」＊団団珍聞‐六九三号(1889)「一番目(バンメ)は怪鼠伝中幕は景清」 発音〈標ア〉メ〈京ア〉〇

いちばんめ-きょうげん【一番目狂言】〘名〙①歌舞伎劇場で一興行に演ずる最初の番組。古くは三番続き、四番続き、五番続きなどの通し狂言では第一番目をさし、後世、一日に二種または数種の脚本を上演する場合には最初のものをさす。②時代物の狂言の称。多く一番目に演じたのでいう。一番目物。時代物。 発音イチバンメキョーゲン〈標ア〉キョ

いちばんめ-もの【一番目物】〘名〙「いちばんめきょうげん(一番目狂言)」に同じ。 発音〈標ア〉〇

いちばんめもの-やくしゃ【一番目物役者】〘名〙一番目物、すなわち時代物の狂言を得意とする役者。 発音〈標ア〉ヤ

いちばん-もり【一番銛】〘名〙「いち(一)の銛(もり)」に同じ。《季・冬》＊勇魚取絵詞(1829)上「潮を吹きて息つく処を、逐船(おひぶね)等透(すか)さず銛(もり)を突く、これを一番銛(イチバンモリ)といふ也」 発音〈標ア〉バ

いちばん-もん【一番門】〘名〙江戸時代、遊郭で、夜明け七つ(午前四時頃)の一番太鼓や鐘を合図に大門を開くこと。また、その大門。＊浄瑠璃・傾城反魂香(1708頃)中「まだ大門のをそ桜、忍びて開け一ばん門の東がしらむどんどんと打たる太鼓の番太」 発音〈標ア〉バ

いちばん-もんじ【一番文字】〘名〙紋所の名。「一番」の二字を縦に記したもの。 発音〈標ア〉モ

いちばん-やぶり【一番破】〘名〙合戦の時、敵陣を突き破って、一番乗りをすること。＊武家名目抄(19C中か)軍陣部・甲乙帳「見聞雑録云〈略〉謙信、旗本の高名に、大手の一番破と書て、一番乗と不レ書は、前代未聞の事也」 発音〈標ア〉ヤ

いちばん-やり【一番槍】〘名〙①戦場で、槍をふるって最初に敵陣に突き入ること。また、その人。＊長曾我部元親式目(1597)「一番鑓高名、太刀打、鑓下、長刀打高名、右之外手柄其時節見合を以加増或褒美可ニ申付レ事」＊信長公記(1598)一〇「永岡内下津権内一番鑓を合せ、比類なき働きなり」＊武功雑記(1696)「敵味方、鉄炮競合(せりあい)済み、互に大勢守り合ひ候ふ中に、一番に進み出でて、槍を合はするを、一番鑓と云ふ」②最初に功名を立てること。また、その人。＊随筆・文会雑記(1782)附録・二「然らば一番槍とは覚ゆ。是をたとふるに、謙信の小田原に攻入たるは、万庵のふるまひ也」＊坊っちゃん(1906)〈夏目漱石〉五「何が釣れたって魚は握りたくない。〈略〉一番槍は御手柄だがゴルキぢゃ」＊人間嫌ひ(1949)〈正宗白鳥〉「見かけによらない資力を持って、颯爽として出版界に乗出したのであった。戦後出版の一番槍といふ勢ひであった」 発音〈標ア〉バ〈京ア〉ン 辞書言海 表記一番槍(言)

いちばん-ゆ【一番湯】〘名〙疱瘡(ほうそう)流行のはじめにかかった子を入れる風呂。そのあとで、風呂の湯をかからぬ子にかけて予防とした習俗。＊雑俳・軽口頓作(1709)「せく物じゃ・得てほうそうの一番湯」＊雑俳・続玉柏(1744)「あやかれと村で疱瘡の一番湯」 発音〈標ア〉バ

いちばん-よろず【一番万】〘名〙「いち(一)の銛(もり)」に同じ。＊勇魚取絵詞(1829)上「万銛(よろづもり)ぐさと鯨に立つ。一番万(いちばんヨロヅ)、二番万を突て」＊いさなとり(1891)〈幸田露伴〉六八「一番万銛(ヨロヅ)は確に茂助と」

いちばん-れっしゃ【一番列車】〘名〙その日の運行の最初の列車。始発の汽車、電車。＊風俗画報‐一六六号(1898)地理門「東京上野ステーションを一番列車にて出立てば日没に着するを得べく鉄道、鉄道馬車の便あり」＊人間嫌ひ(1949)〈正宗白鳥〉「ところで、翌朝老妻は一番列車の出発時刻に、再び駅へ行って様子を見た」 発音〈標ア〉レ

いちばん-わたり【一番渡】〘名〙回を分けて渡るとき、その最初に渡ること。また、そのもの。＊近世紀聞(1875‐81)〈染崎延房〉一二・一「這回(このたび)の先鋒として蝦夷地へ一番渡りをなすは長州三百人」 発音〈標ア〉ワ

いち-び【市日】〘名〙定期市の立つ日。市の日。＊山上宗二記(1588‐90)「寅申〈略〉天王寺の市日は寅と申との日也」＊田舎教師(1909)〈田山花袋〉二三「市日(イチビ)には呉服屋唐物屋の店に赤い蹴出(けだし)の娘を連れた百姓なども見えた」 発音〈標ア〉チイ

いちび を 立(た)てる 市を開く日をきめる。＊類聚名物考(1780頃)神祇部二・市神「田舎には必交易の事をなすに市日を立て、毎月に六度、あるは三度などと定てなす事つねの習ひなり」＊唐詩選国字解(1791)七言古「月に幾日と云て、市日を立るゆへ槐市といふ」

いち-び【苘麻・青麻】〘名〙①アオイ科の一年草。インド原産で中国を経て渡来した栽培種。時に人家近くの荒地に野生化している。高さ約一・五メートル。全体に軟毛が密生。長い柄をもつ葉は心臓状円形で、先が急にとがり、縁に鋸歯(きょし)がある。夏から秋に黄色い五弁の花が葉腋(ようえき)に集まって咲く。茎の皮から繊維をとり、ロープや麻袋や畳表の縦糸とする。きりあさ。くさぎり。ひなはぎり。ごさいば。学名は Abutilon theophrasti《季・夏》＊本草和名(918頃)「苘実 一名蕒実 和名以知比」＊台記‐久安六年(1150)一一月二八日「童部の中に歳四十許なる俗、冠してかちをき、いちひをくくりて蓋を差して、遙に輿の上に覆へり」＊廻船安乗録(1810)船の綱類善悪出所の事「市皮は引につよし。是を下品とす」＊日本植物名彙(1884)〈松村任三〉「イチビ キリアサ 苘麻」②植物「つなそ(綱麻)」の異名。＊大和本草(1709)六「いちび 葉は麻に似たり。又午時紅の葉に似て、実は木いちごに似たり。故にいちびと云。苘麻と一類二物なり。是も皮をとりて苧のごとくに用ゆ」＊重訂本草綱目啓蒙(1847)一一・隰草「一種いちびと呼草あり 阿州にていちぶと云 勢州にてつなそと云」③植物「さるとりいばら(菝葜)」の異名。＊重訂本草綱目啓蒙(1847)一四・蔓草「菝葜 うぐひすのさる〔古哥〕〈略〉さるとりいばら 京〈略〉いちび 熊野、尾鷲」 方言❶あさ(麻)。長崎県南高来郡905 ❷つなそ(綱麻)。和歌山県日高郡692 佐賀県887 大分県938 ◇いちべ 和歌山県日高郡690 大分県938 ❸さるとりいばら(菝葜)。熊野†106 紀伊尾鷲†110 ❹ふよう(芙蓉)。伊豆八丈島†071 東京都青ケ島036 静岡県賀茂郡036 ❺いぬびわ(犬枇杷)。和歌山県東牟婁郡692 ◇いちぼ 三重県南牟婁郡584 ❻いのこずち(牛膝)。和歌山県日高郡692 ❼ささくさ(笹草)。和歌山県日高郡054 ❽やぶじらみ(藪虱)、ぬすびとはぎ(盗人萩)などの総称。◇いちべ 和歌山県日高郡054 語源説(1)ウチビ(打火)の転か〔大言海〕。(2)イチビ(痛火)の義〔日本語源=賀茂百樹〕。(3)イトキビ(糸黍)の約転〔日本語原学=林甕臣〕。(4)粒状の実を生ずるところから、イツイヒ(厳粒)の約〔日本古語大辞典=松岡静雄〕。 発音〈なまり〉イチブ〔佐賀〕エッブ〔青森〕〈ア史〉平安○●○〈京ア〉チ 辞書和名・色葉・名義・言海 表記苘(和・名)莔・䔰・枲(色)

いちび-がら【苘麻稈】〘名〙イチビの茎の皮。焼いて炭にし、火口(ほくち)を作る。＊雑俳・俳諧觿‐二〇(1811)「焼た丈け折って蓋するいちび殻」 発音イチビガラ〈標ア〉〇 辞書言海

いちび-かり【苘麻刈】〘名〙イチビの茎の繊維で綱を作るために、夏にこれを刈り取ること。《季・夏》

いちび-ぐさ【苘麻草】〘名〙植物「オランダびゆ(―莧)」の異名。＊書言字考節用集(1717)六「補骨脂 イチビグサ 又云破故紙」 辞書書言 表記補骨脂・破故紙(書)

いちび-こ【蓬虆】〘名〙「いちご(苺)」の古称。＊書紀(720)雄略九年七月「蓬虆丘の誉田陵の下に〈蓬虆、此をば伊致寐姑(イチビコ)と云ふ〉」＊正倉院文書‐天平宝字五年(761)造法華寺金堂所解案〈寧楽遺文〉「十二文買伊知比古六把直」＊新撰字鏡(898‐901頃)「蕧 伊知

比古也」 上仮名イチビコ 辞書字鏡 表記蕿・菫・莓・萠(字)

いちびーずさ【苘麻苆】〘名〙 苆(すさ)の一種。古くなったいちび綱を刻んだもので、壁土に混ぜて塗ると壁のしまりがよく、上等品に属する。 発音〈標ア〉ビ

いちびーそ【苘麻】〘名〙 植物「いちび(苘麻)①」に同じ。*文芸類纂(1878)〈榊原芳野編〉七「麻は繊維ある草の総称にして、苘麻(イチビソ)紙麻(かうそ)の麻に同じ」 方言◇いちびそ 宮城県一部030

いちびーづな【苘麻綱】〘名〙 イチビの茎の繊維で作った綱。和船の碇(いかり)綱としては、加賀苧綱(かがおづな)に次ぐ丈夫なもの。加賀苧綱、檜綱(ひのきづな)とともに廻船三綱の一つ。*廻船必要(19C初)「苘綱、是は凡六拾五尋より七拾五尋余にも作る」 発音〈標ア〉ビ

いちーひと【一人】〘名〙 最もすぐれた人。第一人者。*虎明本狂言・法師が母(室町末-近世初)「いち人の、みめのよひは、田中ごんのかみのまま娘」

いちーびと【市人】〘名〙 ①古代、政府の管理する市場内に一定の時刻に集まり、交易を行なう特権を有したもの。女性は市女という。ともに市籍帳に載せられ地子を免除される。市司(いちのつかさ)の監督を受ける。*三代格-一九・貞観六年(864)九月四日・太政官符「凡在二市籍一者、市司所二統摂一、而市人等属二仕王臣家一不レ遵二本司一」 *延喜式(927)四二・東西市司「凡市人籍帳。毎年造進。〈略〉凡居二住市町一之輩。除二市籍人一令レ進二地子一」 ②市に集まってきて、物を売る人。また、町に住む商人。あきびと。*出雲風土記(733)嶋根「市人(いちびと)四(よも)より集ひて、自然(おのずから)に鄽(いちくら)を成せり」 *東寺百合文書-は・建武元年(1334)若狭太良荘雑掌申状幷悪党人贓物注文案(大日本古文書一・一一八)「剰搦二捕其身一等之条、為二白中事一之間、往行市人等驚二耳目一之者也」 *寛永刊本蒙求抄(1529頃)一〇「そちが門には賓客が多て市人の如し」 *日葡辞書(1603-04)「Ichibito(イチビト)〈訳〉ある物を売るために、または買うために、市へ行く人」 ③町に住んでいる人。*俳諧・蕪村句集(1784)秋「市人の物うちかたる露の中」 *読本・春雨物語(1808)樊噲「市人(イチビト)寺院の内よりも男ども棒とりどり追っとり巻く」 *読本・椿説弓張月(1807-11)前・一四回「われ市人(イチヒト)の跨を潜る恥辱(やさしみ)を稟(うけ)ずといへども」 発音〈標ア〉0 辞書和名・色葉・名義・易林・日葡・書言・言海 表記市郭児(和・色・名・書) 市人(色・易・書・言)

苘麻脛巾〈北野天神縁起〉

いちびーはばき【苘麻脛巾】〘名〙 イチビの皮の繊維で編んだはばき。上の方は糸で編み付け、下の方は裂いて垂らしてある。近衛府の官人、随身(ずいじん)、召具(めしぐ)などが着用した。*儀式(872)三・践祚大嘗祭儀・中「一両非蒲脛巾各一具」 *太平記(14C後)一三・藤房卿遁世事「看督長(かどのおさ)十六人、〈略〉いちひはばきに乱れ緒をはいて列をひく」

いちーひめ【市姫】〘名〙 市場の祭神。宗像(むなかた)三女神の一つ。市杵島姫命(いちきしまのひめのみこと)または、橋姫のことという。市の神。いちがみ。また、転じて、市場、商人を守護する女神。*為頼集(10C後か)「市姫のかみのいがきのいかなれやあきなひ物に千よを積むらん」 *山槐記-治承三年(1179)正月六日「早旦遣レ買二市餅一〈略〉又買レ餅之市社号二市姫一云々、坐二市屋東方一」 *俳諧・七番日記-文化七年(1810)閏一一月「市姫の一人きげんやとしの暮」 発音〈標ア〉0 辞書言海 表記市姫(言)

いちびゃくーさんこんま【一白三羯磨】〘名〙 仏語。主として受戒に行なわれる、最も厳格な作法。比丘、比丘尼になるための具足戒を受けるときの作法。白は表白の意で、一白はこの儀式にたずさわる羯磨師が受戒者の意志を衆僧の前で表白することをさし、羯磨は作法の意で、この表白によってその承認を問う作法が三度くりかえされるところから、三羯磨という。三度とも異議がなければその者の入団が許される。この作法は治罰、滅諍など重大なことを決するときにも用いられる。白四(びゃくし)。白四羯磨。

いちーびょう【一病】〘名〙 ひとたび病むこと。また、一つの病。*山陽詩鈔(1833)七・除夜「一病不レ死旧顔面、又与二梅花一重相見」 発音イチビョー〈標ア〉チ

いちーびょうし【一拍子】〘名〙 ①声明(しょうみょう)や雅楽に特有の拍子の一つ。洋楽の$\frac{3}{4}$、$\frac{5}{4}$、$\frac{6}{4}$などの拍子に近く、特に声明中の定曲(ていきょく)は一拍子が多い。*浮世草子・好色貝合(1683)下「しゃきしゃきの拍子にあはせて、でんづくでんづくと、そそけずに一拍子(イチビャウシ)、そなはって大原殿の神楽也」 ②⇩いっぴょうし(一拍子)。 発音イチビョーシ〈標ア〉ビョ

いちびょうーじ【一秒時】〘名〙 一秒の時間。また、きわめてわずかな時間。一瞬の間。瞬時。*日本読本(1887)〈新保磐次〉「嘗てこの時間を算せしに響きは大抵一秒時に三町を行くと云へり」 *思出の記(1900-01)〈徳富蘆花〉三・二「一秒時の油断なく進む自然物の成長は」 *流星(1924)〈富ノ沢麟太郎〉五「生きてゐるその一秒時さへよいことは夢にも考へず、一歩途上へ出れば悪い種の外は撒いて廻らない男」 発音イチビョージ〈標ア〉ビョ

いちびょうーそくさい【一病息災】〘名〙 持病の一つぐらいある人の方が、健康な人よりかえってからだを大切にして長生きをするということ。「無病息災」からできた語。*四十歳の男(1964)〈遠藤周作〉三「一病息災(イチビョウソクサイ)って言うけどお宅の御主人の場合は、かえって長生きするわよ」 発音イチビョーソクサイ〈標ア〉チ チ‖0

いちーび・る〘自ラ四〙 できもしないのに、りきんでする。また、調子にのってふざける。*随筆・癇癖談(1791か)上「むかし人はかくいちびりたるわれがしこをなん力みあひける」 *雑俳・言葉の種(1843)「さわぎ出(だ)し・お人が有るといちびって」 方言子供などが、調子に乗って騒ぐ。はしゃぐ。ふざける。 滋賀県607 611 612 京都府002 京都市621 大阪府大阪市637 泉北郡646 兵庫県660 664 665 奈良県678 徳島県海部郡811 香川県高松市・小豆島・伊吹島829 愛媛県伊予市840 大分市941 ◇いちょびる 滋賀県607 ◇いちょべる 滋賀県彦根609

いちーぶ【一分・一歩】〘名〙 ①重さの単位。具体的には不明。*日葡辞書(1603-04)「Ichibu(イチブ)〈訳〉イッスンの下の単位の数え方で、銀や薬の重さも計る」 ②尺貫法の長さの単位。一寸の十分の一。約〇・三センチメートル。*書言字考節用集(1717)一〇「一分 イチブ〔説苑〕度量之衡以粟生之。十粟為分 十分為寸」 ③一を一〇で割ったものの一つ。一割。十分の一。*黄表紙・大悲千禄本(1785)「桝(ます)掛筋のあるは、壱分がた高うござる」 ④ごくわずかであること。ほんの少し。いちぶん。あとに打消の語を伴い、副詞的にも用いる。*医師高間房一氏(1941)〈田畑修一郎〉三・四「だが、さう云へば、一歩(イチブ)非の打ちやうのない正文に練吉のやうな息子ができたこともふしぎにちがひない」 ⑤「いちぶきん(一分金)」の略。*浮世草子・好色一代男(1682)四・五「昼は十人の舞子集ける。一人金子一歩也」 *浄瑠璃・曾根崎心中(1703)「あさ屋へ寄って一杯してぐはらぐはら一ぶをまきちらし」 ⑥「いちぶぎん(一分銀)」の略。*俳諧・続猿蓑(1698)上「莚をしいて外の洗足〈馬莧〉 悔しさはけふの一歩の見そこなひ〈里圃〉」 *滑稽本・魂胆夢輔譚(1844-47)二・下「くゎいちうより白銀一分(ブ)とりいだし、橋番人にたのみ、酒さかなをととのへてもらひ」 ⑦一を一〇〇で割ったものの一つ。一割の十分の一。百分の一。一パーセント。「年一分の利子」「三割一分五厘の打率」 ⑧(六銖を一分とするところから) 一を六で割ったものの一つ。六分の一。*申楽談儀(1430)附載・定魚崎御座之事「一、得分の事。三、長殿(をさどの)。二、端居(つまをり)。三座(さんざ)、一部(ブ)半(はむ)」 ⑨江戸吉原で揚げ代が金一分の遊女。*雑俳・柳多留-一六(1781)「はらをたってもたたいでも一分ぞん」 *雑俳・川傍柳(1780-83)三「昼三(ちゅうさん)の右や左は壱分也」 *滑稽本・東海道中膝栗毛(1802-09)二・下「『ナントどこぞへあがろふか』『まちなよ。たしかにここは壱分と、拾匁と、弐朱だげな』」 ⑩近世、遊里で遣り手や、太鼓持ちに与える祝儀の金。*浮世草子・好色盛衰記(1688)四・二「此時はこなから、明日は一ぶになる事ぞかし」 *雑俳・柳多留-二〇(1785)「一(ひと)たびゐむと一分取るばばあ也」 ⑪「いちぶん(一分)②」に同じ。*浮世草子・諸国物語(17C後)一「私一ぶにては、早速に御返答は申し難し」 ⑫競馬で二〇〇メートルのこと。マイルレースの八分の一。一ハロン。 発音〈標ア〉チ ⑤⑥⑨〜⑪は0チ 〈京ア〉チ 辞書日葡・書言・ヘボン 表記一分(書・ヘ)

いちぶ呉(く)れる栄衆(えいしゅ)より小判(こばん)呉(く)れる成上(なりあが)り (「栄衆」は身分の高い人々) 身分が高くても現実にさほど恩恵を与えてくれない人よりは、成り上がりでもより多くの物質的援助をしてくれる人の方がよい。*譬喩尽(1786)一「一歩(イチブ)くれる栄衆(エイシュ)より小判(コバン)くれる成上(ナリアガ)り」

いちぶの隙(すき) (下に打消を伴って) 他人がつけこめるようなわずかなすき。ほんの少しのゆるみや油断。「一分の隙もない着こなし」 *若い人(1933-37)〈石坂洋次郎〉上・九「だけどその理路整然とした一体系の風貌は、凡そガッチリとは反対な、その身支度に一分の隙も見せない華奢な紳士のやうな印象を与へ勝ちなのは」

いちぶは寸(すん)の始(はじ)まり (一分が集まって一寸になるものだの意から) わずかだといっておろそかにすると、全部を失うことになる。*浄瑠璃・山崎与次兵衛寿の門松(1718)上「いやいや、一分(ブ)は寸の初り、油断はかせぎの大毒」

いちーぶ【一分】〘名〙 ①古代、諸国の公廨(くがい)を配分する際に諸国の史生(ししょう)、国博士(くにはかせ)、国医師(くにいし)に割り当てられる率。配分法は国の等級により異なるが、これらの官はいずれの場合にも一分。→公廨。*続日本紀-天平宝字元年(757)一〇月乙卯「凡国司処二分公廨一式者、〈略〉其法者、長官六分、次官四分、判官三分、主典二分、史生一分、其博士医師准二史生例一」 *延喜式(927)二六・主税「凡国司処二分公廨一差法者、大上国長官六分、次官四分、判官三分、主典二分、史生一分、中国無レ介則長官五分、下国無レ掾則長官四分」 ②「ししょう(史生)」の別称。*職原鈔(1340)上「式部省〈略〉毎年於二本省一行二諸国一分召一也。一分召者任二諸国史生一之名也。史生謂二之一分一」 *神皇正統記(1339-43)下・後醍醐「官位といへるは、上三公より下諸司の一分にいたる、これを内官と云」

いちーぶ【一歩】〘名〙 尺貫法の面積の単位。六尺四方。一間平方。三・三平方メートル。古く奈良時代以前には五尺四方一歩の方法と、六尺四方一歩の二方法があったが、和銅六年(七一三)六尺四方一歩に改定された。ただし五尺の方法は高麗尺(こまじゃく)ではかったもので、和銅の六尺(ほぼ曲尺に相当する)と等しい長さであったので面積に変化はなかった。のち太閤検地では六尺三寸四方を一歩としたが、江戸時代に六尺四方一歩の方法が広まり、明治に至った。*拾芥抄(13-14C)中・田籍部「凡田以二方六尺一為二一歩一 四面各六尺也。三十六歩為二一段頭一」 発音〈標ア〉チ 辞書書言 表記一歩

（書）

いち‐ぶ【一部】〘名〙①書物の数え方。ひとそろい。ひと組。また、一冊。＊延喜式（927）序「併省両式、削成一部」＊源氏（1001-14頃）若菜下「日ごとに法花経一部づつ供養せさせ給ひ、日ごとに何くれと尊きわざせさせ給ふ」＊今昔（1120頃か）四・二二「既に法華経十余行の威力に依て天眼を得たる事、如此し。何況（いかにいはむ）や、心を至して一部を常に誦（じゅ）せむ人の功徳量无し」＊天正本節用集（1590）「一部 いちブ経書籍」＊日葡辞書（1603-04）「Ichibu（イチブ）〈訳〉書物の部数、または冊数の数え方」＊六如庵詩鈔‐二編（1797）一・柏原山寺冬日雑題十六首「一部魚魯山長態、半肩瓢笠野人装」＊安愚楽鍋（1871-72）〈仮名垣魯文〉三・告条「古今の事跡を種として一部（ブ）の趣向を設くる類」＊世説新語補‐文学・上「諸公覚其談更遠、検求帳中、果得論衡一部」②平曲の全曲。＊看聞御記‐応永二六年（1419）二月二二日「夜前仙洞有平家、秀一。調一検校等参。一部可申云々」＊蔗軒日録‐文明一七年（1485）閏三月一三日「宗住宿、是日平家一部終」③全体の中のある部分。一部分。↔全部。＊郵便報知新聞‐明治二五年（1892）七月二一日「小石川砲兵工廠の東部なる一部は一昨年中〈略〉平岡工場に貸付け」＊民法（明治二九年）（1896）二〇八条「数人にて一棟の建物を区分し各その一部を所有するとき」＊後漢書‐劉盆子伝「崇与逢安為一部、徐宣、謝祿、楊音為一部」④旧教育制度で、師範学校の第一部。高等小学校を卒業して入学する部。↔二部。⑤大学で、夜間部に対して昼の部をいう。↔二部。発音〈標ア〉チ〈京ア〉チ 表記 一部（文・天・易・書）辞書 文明・天正・易林・日葡・書言

いちぶ【茴麻】〘名〙①植物「つなそ（綱麻）」の異名。＊重訂本草綱目啓蒙（1847）一一・隰草「一種いちびと呼草あり 阿州にていちぶと云 勢州にてつなそと云」②植物「いちび（茴麻）」の異名。〔語彙（1871-84）〕方言 ❶いちび（茴麻）。徳島県809 長崎県壱岐島915 ❷いぬびわ（犬枇杷）。和歌山県日高郡692 辞書 言海

いちぶ〘名〙方言 ❶雑穀を貯蔵するための押し入れ。愛媛県840 848 ❷烏賊（いか）釣り用釣り針のしりに付けられた一寸（約三センチメートル）くらいのひも。長崎県壱岐島915 ❸魚、おきひいらぎ（沖柊）。山口県萩市016 ◇いちぶなご 紀州田辺1030 ❹動物、やもり（守宮）。香川県伊吹島829 ❺動物、とかげ（蜥蜴）。腹の赤いもの。◇いちぶさん・ひちぶさん 香川県高見島829 ❻動物、かなへび（金蛇）。香川県伊吹島829

いちぶ‐いちりん【一分一厘】〘副〙（後に、打消の語を伴う）ほんのわずか。少しも。「一分一厘、狂いがない」＊良人の自白（1904-06）〈木下尚江〉続・一六・一「以後源兵衛は一分一厘たりともお浪の前には頭の上がらぬ身の上となった」発音〈標ア〉チ²〈京ア〉チ²

いちぶ‐いってん【一分一点】〘副〙「いちぶいちりん（一分一厘）」に同じ。

いち‐ふう【一風】〘名〙①⇩いっぷう（一風）。②「いちもんじふうたい（一文字風帯）」の略。

いちぶ‐うらがき【一部裏書】〘名〙手形または小切手の金額の一部についてされた裏書き。無効とされる。発音 イチブウラガキ〈標ア〉ラ

いちぶ‐がり【一分刈】〘名〙頭髪を長さ一分（約三・三ミリメートル）に刈り込むこと。また、その頭髪。＊良人の自白（1904-06）〈木下尚江〉後・二〇・一「一分刈の坊主頭から流れ落つる頬の雫を」＊吾輩は猫である（1905-06）〈夏目漱石〉六「此外五分刈、三分刈、一分刈さへあると云ふ話だから」発音 イチブガリ〈標ア〉0

いちぶ‐がり【一歩刈】〘名〙近世、検見（けみ）の一方法。上、中、下の各田地を選んで一坪の稲を刈り、その収穫を検査して、それを標準に全収穫を推定することをいう。坪刈り。歩刈り。＊安政中御改作始末聞書・同追加（1854-59か）「御郡中田地出来米御覧可被成旨に而、石坂出村吉兵衛田地に而壱歩苅被仰付候」発音 イチブガリ〈標ア〉0

いちぶ‐きざみ【一分刻】〘名〙細かく切りきざむこと。ずたずたに切ること。一分試し。＊俳諧・常盤屋の句合（1680）六番「たとへ其身は一分刻（キザミ）に成るとても、此よめなの君を社（こそ）と恋つらめ」＊歌舞伎・仮名手本忠臣蔵（1748）一〇「白状せぬと、一寸だめし、一ち分刻（キザミ）にきざむがなんと」発音〈標ア〉キ

いちぶ‐ぎり【一分斬】〘名〙刀でからだを細かくずたずたに切り刻むこと。＊良人の自白（1904-06）〈木下尚江〉中・一三「勘之丞の泥棒野郎、一分斬りにしても飽き足らねへだが」発音 イチブギリ〈標ア〉0

いちぶ‐きん【一分金・一歩金】〘名〙江戸時代、一両の四分の一に当たる金貨。慶長、元祿、宝永、正徳、元文、文政、天保、安政、万延の各時代に、品位および、重量の異なるものが発行された。一両通用の小判の補助的なもので、必ず同時代の小判とともに通用し始めている。一分。分判。一分判。一歩小判。一分判金。小粒。＊雑俳・柳多留‐八五（1825）「さすが扇屋新造も壱歩金」方言 植物、ひいらぎ（柊）。香川県大川郡829 発音〈標ア〉0 ブ

一分金〈元祿〉

いちぶ‐ぎん【一分銀・一歩銀】〘名〙江戸時代、一両の四分の一に当たる長方形の銀貨。天保八年（一八三七）、安政六年（一八五九）、明治元年（一八六八）に、それぞれ鋳造された三種がある。様式は同じで、ただ、品位が相違する。額銀（がくぎん）。＊雑俳・柳多留‐一六四（1838-40）「小人島鳥居の額に一歩銀」＊随筆・守貞漫稿（1837-53）七「一分銀を制す。〈略〉形方長也。周郭ありて郭に華あり、故に俗に額と云」発音 イチブギ（ギ）ン〈標ア〉0 ブ

一分銀〈天保〉

いちぶ‐くらだし【一部庫出】〘名〙⇩いちぶしゅっこ（一部出庫）

いちぶ‐けいしき【一部形式】〘名〙あるまとまりをなす最も短い楽曲の形式。一つの楽節である場合と二つの小楽節からなる場合などがある。発音 イチブケイシキ〈標ア〉ケ

いちぶ‐こばん【一歩小判】〘名〙「いちぶきん（一分金）」に同じ。＊浮世草子・好色二代男（1684）八・五「一歩小判の花降は、日比蒔置し種ぞかし」＊浮世草子・好色五人女（1686）一・一「さてもさても替るは色里のならひ、人の情は一歩小判あるうちなり」＊浄瑠璃・冥途の飛脚（1711頃）上「居ながら金の自由さは、一歩小判や白銀に翼の有がごとくなり」発音〈標ア〉コ

いちぶ‐さつ【一分札】〘名〙一両の四分の一、金一分通用の紙幣。江戸時代元祿（一六八八～一七〇四）頃の藩札にはじまり、維新後新政府発行の太政官金札、民部省金札に終わる。発音〈標ア〉ブ

いち‐ふじ【一富士】〘名〙①高いものや、良いものなどの代表として富士山をまず数えあげることば。②「いちふじ（一富士）二鷹（にたか）三茄子（さんなすび）」の略。＊俳諧・文政句帖‐五年（1822）四月「一不二の晴れて立けり初茄子」＊狂歌・千とせの門（1847）坤「初夢に一ふじの雪ふりいでて茄子も白なす鷹もましらふ」発音〈標ア〉チ

いちふじ 二釈迦（にしゃか）三山上（さんさんじょう） 大和国（奈良県）の高い山の代表。日本で一番高い山は富士山、大和国では釈迦ケ岳、次に金峰山（きんぶせん）。金峰山の山上に蔵王権現（ざおうごんげん）がまつってあり、それに参詣するのを山上詣でというところから、「山上」は金峰山をさす。＊譬喩尽（1786）一「一富士（いちフジ）二釈迦（ニシャカ）三山上（サンサンジャウ）以上二つ和州高山之所」

いちふじ 二鷹（にたか）三茄子（さんなすび） 夢に見ると縁起が良いとされているものを順にならべた文句。初夢についていわれることが多い。＊狂歌・巴人集（1784）「初夢 まさに見し一富士二鷹三茄子夢ちがへして貘にくはすな」＊譬喩尽（1786）一「一富士二鷹三茄子（イチフジニタカサンナスビ）、三の吉夢」＊黄表紙・廬生夢魂其前日（1791）「正月二日のよは、はつ夢といふて、ゆめのせかいの大もの日なり。〈略〉一ふじ、二たか、三なすびはおしきせどをり」補注「狂歌・家つと」に「大ぶくや一富士（いちふじ）釜に鷹のつめ三に茄子（ナスビ）の茶入めでたや」の例がみられる。語源説 (1)本来は駿河の国の諺で、駿河の名物を順に挙げたもの〔笈埃随筆・俚言集覧・嬉遊笑覧〕。(2)駿河の国の高いものを順に挙げたもので、一に富士、二に足高山、三に初茄子の値段のこととし、徳川家康がいいだした〔甲子夜話〕。(3)縁起の良い物を順に挙げた〔富士は高大、鷹はつかみ取る、茄子は成す〕〔続五元集〕。

いちふじ 初茄子（はつなすび） 「いちふじ（一富士）二鷹（にたか）三茄子（さんなすび）」に同じ。＊俳諧・麦林集（1716-36頃）五・餞別「駕籠の夢覚て一富士初茄子」

いちぶ‐しじゅう【一部始終・一伍一什】〘名〙①一部の書物の、始めから終わりまで。＊私聚百因縁集（1257）八・一「霊峰即ち妙法蓮華経の一部始終（いちフシジウ）なり」＊一言芳談（1297-1350頃）三・学問「又学問すべしといへばとて、一部始終を心得わたし、文々句々、分明に存知せんなどいふ心ざしは、ゆめゆめあるべからず」＊玉塵抄（1563）三六「長恨歌は楊貴妃のことを一部始終作たぞ」②事の始めから終わりまで。物事のくわしい事情。事のなりゆき、てんまつ。＊高野山文書‐天正一九年（1591）一二月九日・興山上人応其書状（大日本古文書三・四〇二）「拙僧之儀、一部始終、御衆中之御為能様にと存迄に候」＊日葡辞書（1603-04）「Ichibuxijŭ（イチブシジュウ）〈訳〉始めと終わり」＊浄瑠璃・曾根崎心中（1703）「一ぶしじうを聞てたも」＊読本・南総里見八犬伝（1814-42）三・二三回「懺悔の為に恥を忍びて、一五一十（イチブシジウ）を告るになん」＊当世書生気質（1885-86）〈坪内逍遙〉四「一伍一什（イチブシジフ）の来歴（ゆくたて）をば、書しるしたる書面」補注「一伍一什」の表記は、中国白話体小説風のもの。「小説字彙」に「一五一十的話 イチブ始終ノハナシ」とある。→一伍一什（いちごいちじゅう）。発音 イチブシジュー〈標ア〉シ〈京ア〉シ 辞書 文明・天正・饅頭・日葡・〈ボン〉・言海 表記 一部始終（文・天・饅・ヘ・言）

いちぶ‐じっけん【一分十間】〘名〙（「いちぶじゅっけん」とも）分間地図の一つ。長さ一分（約〇・三センチメートル）を十間（約一八メートル）にあてたもの。すなわち六千分の一のもの。元祿四年（一六九一）版江戸大絵図の類。

いちぶ‐じとう【一分地頭】〘名〙中世、分割された地頭職の一部分を持つ地頭。鎌倉時代、財産は分割相続されたため地頭職も分割され、半分地頭、三分二地頭、三分一地頭などとも呼ばれた。→総地頭・子地頭。＊忽那文書‐延慶二年（1309）二月二一日・大仏貞房奉書（伊予史料集成）「伊予国忽那島一分地頭藤原氏代忠長申、当島一分地頭重則、押領重安名田地以下屋敷」＊高野山文書‐元徳三年（1331）四月七日・関東下知状（大日本古文書一・六二）「横坂郷一分地頭富部又三郎有冬相論年貢以下所務条々」

いちぶ‐しはらい（しはらひ）【一部支払】〘名〙支払わなければならない一定金額の一部分について支払うこと。とくに手形金額または小切手金額の一部分についての支払をいう。＊手形法（1932）三九条・二「所持人は一部支払を拒むことを得ず」発音〈標ア〉シ

いちぶ‐じまん【一分自慢】〘名〙自分一人で自慢すること。ひとり自慢。＊狂歌・銀葉夷歌集（1679）一「我庭に咲ぬる花をこがねより一分自慢に思ふ山ぶき」＊浄瑠璃・心中宵庚申（1722）上「今日のお料理、ずいぶ

ん切形に気を付、心一ぱい出かせしと一分ぢまん」 発音〈標ア〉ジ

いちぶ-じむくみあい【一部事務組合】〘名〙二つ以上の地方公共団体などが、事務の一部を共同で処理するために設けた組合。⇔全部事務組合。＊地方自治法(1947)二八四条・一「これを一部事務組合という」 発音〈標ア〉ク

いちぶ-じもく【一分除目】〘名〙「いちぶめし(一分召)」に同じ。＊小野宮年中行事(1029頃)二月「式部省行二一分除目一事 或正月行レ之」

いちぶ-じゅうにけん【一分十二間】〘名〙分間地図の一つ。長さ一分(約〇・三センチ㍍)を一二間(約二一・六㍍)にあてたもの。すなわち七千二百分の一のもの。分間江戸大絵図の類。

いちぶ-しゅけんこく【一部主権国】〘名〙国際的に、完全な主権が認められていない国。従属国、被保護国、自治領、交戦団体など。〔いろは引現代語大辞典(1931)〕 発音〈標ア〉ケ

いちぶ-しゅっこ【一部出庫】〘名〙分割のできる寄託物の一部分を倉庫から出すこと。一部庫出(くらだ)し。 発音〈標ア〉シュ

いちぶじゅんび-せいど【一部準備制度】〘名〙兌換(だかん)銀行券発行制度の一つ。一定額の銀行券を保証準備発行するまでは手形や国債などの有価証券を準備とする保証発行とし、それ以上の発行については金準備を要するという制度。一部準備法。 発音イチブジュンビセイド〈標ア〉セ

いちぶじゅんび-ほう【一部準備法】〘名〙「いちぶじゅんびせいど(一部準備制度)」に同じ。〔現代術語辞典(1931)〕 発音イチブジュンビホー〈標ア〉0ビ

いちぶ-しょう【一分妾】〘名〙月決めで、その手当が一分(一両の四分の一)の妾(めかけ)。＊雑俳・化粧紙(1826)「来月も・御気に叶ふた一歩妾」

いちぶ-じょうそ【一部上訴】〘名〙刑事訴訟で、裁判の一部に対してする上訴。公訴不可分の原則に抵触しないかぎり、特に上訴を認められる。 発音イチブジョーソ〈標ア〉ジョ

いちぶ-じょろう【一分女郎】〘名〙江戸時代、吉原で、揚げ代金一分の女郎の称。中位の女郎である。＊風俗画報‐一五六号(1898)人事門「一分女郎(ヂョロウ)即ち花魁は新造一個(ひとり)と禿一個を使ふ」 発音イチブジョロー〈標ア〉ジョ

いち-ぶだ【市札】〘名〙天保(一八三〇～四四)頃、機業地として知られる桐生、足利の両毛地方に使用された絹札で、振手形(現在の約束手形)に相当する。

いちぶ-だい【一分代】〘名〙平安時代、一分官、すなわち史生(ししょう)の代任。年官で史生の代わりに、内官の内舎人(うどねり)、諸司の助(すけ)、允(じょう)、属(さかん)などのものを任ずること。また、その人。

いちぶ-だめし【一分試】〘名〙からだを細かくずたずたにためし切りにすること。一寸試し。五分試し。＊浄瑠璃・丹波与作待夜の小室節(1707頃)夢路のこま「とても死ぬる此の体(からだ)髪頭よりつまさき迄、一ぶだめしにためされても、代りたい助けたいと」＊浄瑠璃・近江源氏先陣館(1769)六「儕(おのれ)下郎め主君の敵(かたき)。一分だめしと切りつくる」 発音〈標ア〉ダ

いち-ぶつ【一仏】〘名〙仏語。①一尊の仏。＊栄花(1028‐92頃)音楽「一仏の御装(よそひ)かくのごとし。いはんや九体ならばせ給へるほど、心に思ひ、口に述ぶべきにあらず」＊今昔(1120頃か)四・一六「汝等、仏の衎物極て不足なるに依て一仏を書奉たる也」＊夢中問答(1342)上「愚人はたまたま仏を礼すれとも、其心ただ我信ずる一仏のみにあり」＊大蔵法数‐二「一仏〈出法華経〉一仏成道法界無レ非二此仏之依止一又若思二惟一仏一即見二十方仏一」②同一の仏。＊梁塵秘抄(1179頃)一・今様「仏は様々にいませども、まことは一仏なりとかや、薬師も彌陀も釈迦彌勒も、さながら大日とこそ聞け」＊光悦本謡曲・田村(1428頃)「石山寺をふしおがみ、是も清水(きよみず)の一仏と頼みはあひに近江路や」③特に阿彌陀如来のこと。＊今昔(1120頃)六・四四「其の時に、極楽の一仏・二菩薩在まして」＊海道記(1223頃)逆川より鎌倉「早く別れを惜まん人は、再会を一仏の国に約し」＊叢書本謡曲・愛宕空也(1516頃)「衆生済度(さいど)の観世音〈略〉頼め唯三つの世も、唯一仏(いちぶつ)ぞ一乗の、法(のり)も妙なる一念、阿彌陀仏と称へ給へや」 発音〈標ア〉0

いちぶつ 異名同一体(いみょうどういったい) 仏語。仏教では多くの仏を説くが、元来、仏は一体であって、ただ名称を異にして現われているにすぎないということ。＊浄瑠璃・蟬丸(1693頃)五「釈迦と阿彌陀は、たとへば目といひ眼(まなこ)といふが如くにて、一仏ゐみゃうどう一ったい」

いちぶつ 世(よ)に出(で)て二仏(にぶつ)涅槃(ねはん) 一体の仏が出世し、二体の仏が涅槃に入ることで、そうなるには容易ではない。てまどって待ち遠しいこと。＊俚言集覧(増補)(1899)「一仏出レ世二仏涅槃(小説語)ひまの入ることを云」

いち-ぶつ【一物・逸物】〘名〙①一つの物。また、ある物事。＊滑稽本・古朽木(1780)一「在郷の親仁が逢に来ても嚢(ふくろ)に一物(イチブツ)の尊親に献ずるなし」＊浮雲(1887‐89)〈二葉亭四迷〉二・八「穿鑿しても解らなかった所謂冷淡中の一物(ブツ)を、今訳もなく造作もなくツイチョット突留めたらしい心持がして」＊史記‐周本紀「此一物、足三以釈二西伯一」②(逸物)「いちもつ(逸物)①」に同じ。＊色葉字類抄(1177‐81)「逸物 イチブツ 人也」＊義経記(室町中か)五・忠信吉野に留まる事「この大刀寸こそ短けれども、身に於ては一ぶつにてあるぞ」 発音〈標ア〉0 辞書色葉・伊京 表記逸物(色・伊)

いちぶつ-いっか-の-ほうそく【一物一価法則】〘名〙経済法則の一つ。完全な自由競争の行なわれている同一市場内では、同一種類の商品について同じ時点には一つの価格しか成立しないというもの。無差別の法則。 発音イチブツイッカノホーソク〈標ア〉イ[2]

いちぶ-づうよう【一分通用】〘名〙一分(一両の四分の一)の値段で、質入れすることができること。＊歌舞伎・網模様燈籠菊桐(小猿七之助)(1857)五幕「僅二百四五十の賽銭を盗んだので、一分通用(いチブヅウヨウ)の法衣(ころも)をば、あの庵室へ忘れて来た」

いち-ぶつか【市二日】〘名〙江戸浅草観音境内の一二月一七日、一八日の年の市。＊雑俳・桜の実(1767)三「市二日なから嬉しく御精進」＊雑俳・種卸‐三(1777)「吉原へ神風そよぐ市二日」

いちぶつ-きょう【一仏教】〘名〙仏語。顕教も密教も、すべては大日如来が同時に同じ所で説いた教えであるということ。五大院安然(あんねん)が教時問答で述べた説。 発音イチブッキョー〈標ア〉0

いちぶつ-けどう【一仏化導】〘名〙仏語。ひとりの仏が教え導くこと。釈迦がこの世界に出現して、さとりを開き、人びとを教化したことをいう。＊本化摂折論(1902)〈田中智学〉一・二章「それは法華経が、一仏化導(イチブツケダウ)の終始を統貫した教で」

いちぶつ-しゅっせ【一仏出世】〘名〙仏教で、一小劫が経過するごとに一仏が世に現われ出るという考え方。＊隋書‐経籍志四「毎二一小劫一則一仏出レ世」

いちぶつ-じょう【一仏乗】〘名〙仏語。仏教の真の教えはただ一つであり、それによってすべての衆生が成仏できると説く教え。声聞(しょうもん)、縁覚(えんがく)、菩薩(ぼさつ)におのおの固有のさとりの道があるとする三乗などの教えに対する語。一乗。＊百座法談(1110)閏七月八日「如来を遠くさかしき道のしるべとしたてまつりて一仏乗の宝処にいたらしめむがごとし」＊梁塵秘抄(1179頃)二・法文歌「昔の大王妙荘厳、古へ行ひせし故に、浄蔵浄眼諸共(もろとも)に、一仏乗とぞ聞きたまふ」＊仮名草子・竹斎(1621‐23)上「ひとへにこれは頼もしく、来世の事も疑ひなく、一仏ぜうと観念し」＊法華経‐方便品「以二一仏乗一故、為二衆生一説レ法」

いちぶつ-じょうど【一仏浄土】〘名〙仏語。①一体の仏の浄土。一仏土。②特に阿彌陀仏の極楽浄土の称。一仏土。＊落窪(10C後)二「衛門、少納言、一仏じゃうどに生れたるにやあらんと覚ゆ」＊高倉院升遐記(1182)「三仏乗の縁として、廿一年の宮仕をしるべにて、卅二相を具へたてまつりて、必ず一仏浄土に生れあひたてまつりて」＊初心求詠集(1429頃)「同心に一仏浄土の縁をちぎる」＊曾我物語(南北朝頃)一一・箱根にて仏事の事「彼を思ひ、是れを思ふに付けても、昔を今になずらへて、一ぶつじゃうどの縁を結び」 発音イチブツジョード〈標ア〉ジョ

いちぶつ-じょうどう【一仏成道】〘名〙仏語。一仏がさとりを開くと、人間や動物をはじめ、山川や草木に至るまですべてがその徳により成仏するとする大乗仏教の教説。＊謡曲・野守(1435頃)「土砂、山河、草木も、一仏成道の法味に引かれて」＊謡曲・鵜(1435頃)「一仏成道観見法界、草木国土悉皆成仏」＊金剛錍「一仏成道、法界無レ非二此仏之依正一」

いちぶつしんもん-の-うてな【一仏真門台】〘名〙仏語。かれもこれも同様に成仏して真実のさとりを開く蓮の台。一仏菩提台(いちぶつぼだいのうてな)。一仏蓮台。＊平家(13C前)五・勧進帳「殊には聖霊(しゃうりゃう)幽儀(ゆうぎ)先後大小、すみやかに一仏真門の台にいり、必ず三身万徳の月をもてあそばん」＊幸若・文学(寛永版)(室町末‐近世初)「しゃうりゃうゆうぎ前後大小、すみやかに一仏しんもんのうてなに至る」

いちぶつ-せかい【一仏世界】〘名〙(梵 eka-buddha-kṣetra の訳語) 仏語。一体の仏が衆生を導いて、さとりに入らせる、その教化の領域。一仏土。＊栄花(1028‐92頃)音楽「東西南北の御堂、御堂、経蔵、鐘楼まで影写りて、一仏世界と見えたり」＊大智度論‐六二「亦不レ遠二離諸仏一従二一仏世界一至二一仏世界一」

いちぶつ-ど【一仏土】〘名〙仏語。①「いちぶつじょうど(一仏浄土)①」の略。＊浄土論「於二一仏土一身不二動揺一而遍二十方一種種応化、如レ実修行常作二仏事一」②「いちぶつじょうど(一仏浄土)②」に同じ。＊発心集(1216頃か)八・長楽寺尼顕不動験事「互に一仏土の契を結びてなむさりにけり」＊平家(13C前)七・一門都落「死期(しご)の時は必ず一仏土へむかへさせ給へと、泣々遙にかきくどき」＊海道記(1223頃)極楽西方に非ず「嘲らん人、憐まん人、順逆の二縁共に一仏土に生れて、一切衆生を済へと也」

いちぶつ-にぼさつ【一仏二菩薩】〘名〙仏語。①一体の仏と二体の脇士(きょうじ)の菩薩。②特に阿彌陀如来とその脇士の観世音菩薩および勢至菩薩。＊今昔(1120頃か)六・四四「極楽の一仏・二菩薩在(まし)まして、僧感に告て宣く」＊譬喩尽(1786)一「一仏二菩薩(イチブツニボサツ) 句草紙」

いちぶつぼだい-の-うてな【一仏菩提台】〘名〙仏語。「いちぶつしんもんのうてな(一仏真門台)」に同じ。＊源平盛衰記(14C前)一八・文覚高雄勧進「聖霊幽儀前後大小、速至二一仏菩提之台(いちブツボダイノウテナ)一、必翫二三身満徳之月一」

いちぶつ-れんだい【一仏蓮台】〘名〙仏語。「いちぶつしんもんのうてな(一仏真門台)」に同じ。＊源平盛衰記(14C前)一九・文覚発心「一仏蓮台(いちブツレンダイ)の上にして、再び行合はんと祈念しければ」

いち-ふで【一筆】〘名〙書きはじめ。また、連名中や仲間内の第一番。筆頭。一の筆。＊楽屋図会拾遺(1802)

上「櫓下看板〈略〉若女形は矢倉下三まいをよしとする。書始(イチフテ)、中、留筆なり」＊歌舞伎・鼠小紋東君新形(鼠小僧)(1857)四幕「『扨は山井養仙といふ、一筆(イチフデ)の情人(いろをとこ)は』『面目ないが、愚老でござる』」 発音〈標ア〉チ

いちぶ-とけあい【一部解合】『名』売方、買方の一部の者がする解け合い。抜け解け合い。〔取引所用語字彙(1917)〕 発音〈標ア〉チ

いちぶなご『名』方言 ⇩いちぶ

いちぶ-にしゅ【一分二朱】『名』昼夜三分の女郎を昼、または夜だけの片仕舞(かたじまい)にして遊ぶ揚げ代。＊雑俳・柳多留‐一三(1778)「門がやかましいで壱分弐朱がかい」

いちぶ-の-かん【一分官】『名』「ししょう(史生)」の別称。

いちぶ-はっかん【一歩八貫】『名』二両八歩のこと。法華経一部八巻にかけていう語。＊咄本・軽口露がはなし(1691)一・四「とかく法花経の義理はそむかれますまひ。直段(ねだん)壱歩(イチブ)八貫(クハン)文に御買下されよ」

いちぶ-ばん【一分判】『名』(「いちぶばんきん(一分判金)」の略)「いちぶきん(一分金)」に同じ。＊慶長見聞集(1614)六「また、近年は年壱分判出来て、世上にあまねく取あつかゐり」＊俳諧・鷹筑波(1638)二「手の内(うち)をかるたの札(ふた)やぬけぬらん、色のうすさや此一分判〈良徳〉」＊御触書寛保集成‐三二・宝永七年(1710)四月「先年新金吹直有之処、金之位悪敷、折損も出来、通用不自由之事候。〈略〉今度、小判、壱歩判共に少々小形に被吹直候事」＊談義本・艶道通鑑(1715)三・一八「開らきみれば、中には壱歩判四五十斗」 発音〈標ア〉0ブ

いちぶ-ばんきん【一分判金】『名』「いちぶきん(一分金)」に同じ。 発音〈標ア〉バ

いちぶ-はんけつ【一部判決】『名』民事訴訟で数個または、可分な請求が争われている時に、その一部または一個の請求について行なう終局判決。↔全部判決。 発音〈標ア〉ハ

いちぶ-ひきうけ【一部引受】『名』為替手形の支払人が手形金額の一部についてする手形引受け。＊手形法(1932)五一条「一部引受の場合の遡求」 発音〈標ア〉キ

いちぶ-ふだ【一分札】『名』一枚一分の富札(とみふだ)。＊談義本・根無草(1763‐69)後・一「無間地獄の蛭(ひる)を止めて、壱歩札にて三百両の富を突せ」 発音〈標ア〉ブ

いちぶ-ふつう【一分不通】『名』一分(いちぶ)のかねにも当たらないようなつまらないもの。＊開化の入口(1873‐74)〈横河秋濤〉下「坊主も神主も一(いチ)分不通の俗人までが、真似をする事が、是までは我皇国一般(いちばん)の大きな誤りと成てゐます事サ」

いち-ぶぶん【一部分】『名』全体の中のある部分。わずかの部分。一部。＊仏和法律字彙(1886)〈藤林忠良・加太邦憲〉「Partie Ichibubun, Taishunin 一部分、対手人」＊満韓ところどころ(1909)〈夏目漱石〉六「細長い塔が、瑠璃色の大空の一部分(イチブブン)を黒く染抜いて」＊帰郷(1948)〈大仏次郎〉遅日「桜の木が花の枝を一部分見せてゐる」 発音〈標ア〉ブ1〈京ア〉ブ1

いちぶ-へいけ【一部平家】『名』琵琶法師が、平家物語一部一二巻を通して語ること。また、一部一二巻すべてに通じていること。＊西海余滴集(17C前か)「一、一部平家の事〈略〉一部を語る儀式は、先僧を出して称香三拝して、諸神諸仏を驚し奉り、心経一巻読誦有て、其後導師しきしゃうの装束して、高座に上り、琵琶一巡を引渡して、祇園精舎を初て、殿上の闇討まて、一句に諷ひ、鱸より桜町迄一切、二代の后より清水炎上まで一つにつづけ、妓王初の一句を、なを御返事をも不申と諷納る事、初日の作法也」＊随筆・嬉遊笑覧(1830)六上「法師の平家を伝ふる者一部十二巻に通ずるを一部平家といふ」 補注「平家物語」全巻を通して語るのにほぼ三〇日を要した。

いちぶ-ほけん【一部保険】『名』保険金額が保険価額より少ない損害保険契約。↔全部保険。 発音〈標ア〉ホ

いちぶ-まい【一歩米】『名』石高千石につき一〇石の割で上納する役米。＊七条梳坂村明細帳(1801)安芸国「一同(米)六石六斗八合 壱歩米 夏秋両度上納」 発音〈標ア〉0

いちぶ-めし【一分召】『名』平安時代、式部省が諸国の史生(ししょう)、国博士(くにはかせ)、国医師(くにいし)などの一分の官を任命する除目(じもく)。一分召しの除目。一分除目。＊九暦‐九暦抄・天暦三年(949)二月一四日「一分召事」＊西宮記(969頃)三・一分召「省卿以殿上丞、令奏可行一分召、由頭奉勅、仰諸司所所、令進中文、撰定奏聞」＊小右記‐長徳三年(997)二月二二日「一分召、於里第被行」

いちぶめし の 除目(じもく)「いちぶめし(一分召)」に同じ。＊百寮訓要抄(1368‐88頃)「式部省〈略〉昔は一分めしの除目とて、此省にて諸国の史生などを任ぜられし也」

いちぶ-もち【一分持】『名』(「一分」は個人の意)個人で所有すること。個人持ち。

いちぶ-やま【一分山】『名』(「やま」は「おやま」すなわち遊女の称)揚げ代が一分の遊女。＊雑俳・名付親(1814)「きょろきょろと・お福あきれる壱歩山」

いちぶ-ようせん【一部傭船】『名』船舶の一部を借り切ること。また、その船。

いちぶり【市振】新潟県南部、青海(おうみ)町の地名。近くを境川が流れる。江戸時代、越中と越後との国境の地として関所が置かれた。＊義経記(室町中か)七・三の口の関通り給ふ事「宮崎郡をいちふりにかかりて、寒原なかいしかと申す難所を経て」＊俳諧・奥の細道(1693‐94頃)越後路「越後の地に歩行(あゆみ)を改て、越中の国一ぶりの関に到る」 発音〈標ア〉0

いちぶ-りこう【一部履行】『名』債務のうち一部を履行すること。債権者が承諾すれば認められる。一部弁済。 発音イチブリコー〈標ア〉チ

いちぶ-れいよく【一部冷浴】『名』座浴、足浴などのように、身体の一部について行なう冷水浴。 発音イチブレイヨク〈標ア〉レ

いち-ぶん【一分】『名』①一〇に分けたものの一つ。十分の一。転じて、ごくわずかの意にも用いる。＊宇津保(970‐999頃)俊蔭「万ごうのつみほろぼさん、あしきみまのがれんとて、〈略〉こづくれるを、おのが一分とくぶんなし。なにによりてか、なんぢ一分あたらむ」＊今昔(1120頃か)四・二八「衆生の中に一分の仏性无き者有と云ふ」＊上杉家文書‐文安四年(1447)九月一八日・上杉長棟(憲実)譲状(大日本古文書一・一三八)「長棟子々孫々におき候て、いらむさまたげ申もの候はば、身のいせき一ぶんもちぎゃうすべからず候」＊虎明本狂言・文蔵(室町末‐近世初)「三千余騎と三百よきとは、十分が一分なれども」＊読本・昔話稲妻表紙(1806)五・一五「さもあらば我身の罪の一分(イチブン)を減じ」②一身。自身。自分ひとり。＊仮名草子・竹斎(1621‐23)上「中年のころははづかしき心出来れば、是を知らぬかと人に思はれん事を悲しみ、一ぶん済まひたる顔をして」＊仮名草子・可笑記(1642)一「三人もろ共にしたる事をも、おのれが一ぶんのてがらだてをいひまはり」＊浄瑠璃・用明天皇職人鑑(1705)職人尽し「どうでもをのれ一ぶんの意趣有べき様の覚えなし」③一身の面目、責任。その人、ひとりの分際。↓一分が廃(すた)る・一分捨(す)つ・一分立(た)つ。＊毛利家文書‐年不詳(16C前)五月二七日・毛利元就書状(大日本古文書二・五八七)「一分之けなけなると存たるにても」＊俳諧・談林十百韻(1675)上「ふらるるうらみ山の端の色〈雪柴〉 一分は男自慢の花ざかり〈一鉄〉」＊浮世草子・好色敗毒散(1703)五・一「是皆身より出たる錆刀、一分に瑕がついたる上は」④同様。一様。＊御伽草子・三人法師(古典文庫所収)(室町末)「十三の年より御所に奉公仕り、十六の年近習一ぶんにて、朝夕召つかはるる間」＊浮世草子・好色一代男(1682)二・二「我とは兄弟一ぶんに申しかはせしにと、しみじみと弔ひ」⑤そのことに専念すること。一筋。＊評判記・けしずみ(1677)「おとこの心しだいにしたがふといふは、こひをはなれてつとめ一ぶんのあひやうなるべし」 方言 一身。自身。自分一人。沖縄県首里993 発音〈標ア〉チ0〈京ア〉チ 辞書 天正・日葡・言海 表記 一分(天・言)

いちぶん が 廃(すた)**る** 一身の面目がなくなる。＊浮世草子・好色二代男(1684)五・四「其夜に此事沙汰して、太夫一ぶん捨(スタ)る時」＊浄瑠璃・大経師昔暦(1715)上「家一間を両方へ質に入たが顕(あらは)れては、この岐阜屋道順が一ぶんがすたるとて、ほろほろ泣てござるげな」＊浄瑠璃・生玉心中(1715か)上「畜生を子に持たといはせては、わしも不孝、こなたも一ぶんすたる事」

いちぶん 捨(す)**つ** 一身の面目を失う。＊歌舞伎・傾城壬生大念仏(1702)中「あのやうな見苦しい姿な人をわしにあはし、女郎の一ぶんをすてさせふと云事か」＊浄瑠璃・心中刃は氷の朔日(1709)上「この平兵衛が一ぶんすてさせ、この首尾なら死なふも知れぬ」

いちぶん 立(た)**つ** 一身の面目が立つ。責任を果たす。＊浮世草子・武道伝来記(1687)四・三「其証拠なくては我いつはり者に成て一分立(ブンタタ)ず堪忍ならずと」＊評判記・役者口三味線(1699)京・若林四郎右衛門「ぜひこなたの女房にもたさねば。一ぶんがたたぬとのいひほどきよく」＊浄瑠璃・百日曾我(1700頃)三部経「あらそひの有此馬を新田にやるは何事ぞ、それでは海野が一ぶんたたず」

いちぶん の 理(ことわり) その人の義理、面目や、責任を確保する理由。＊浮世草子・新可笑記(1688)四・三「すこしの事に身を捨るなどさりとは口惜き仕合。一分の理(コトハ)り立がたく」

いちぶん を 捌(さば)**く** 自分ひとりでその身のふり方をつける。＊浮世草子・日本永代蔵(1688)二・五「いづれを聞ても皆かしこく、其一分を捌(サバ)き兼つるは独りもなし」

いち-ぶん【一文】『名』一つの文章。一つの作品。＊詩学大成抄(1558‐70頃)一〇「方丈の記と云あり。〈略〉記のはじめに水の流ことをたとゑに云て、記の一文(ブン)をかいたと云ぞ」

いちぶん-がってん【一分合点】『名』自分だけ承知すること。一人合点。＊浄瑠璃・十二段(1698頃)道行「其はう一ぶんがってんにて娘斗か現在のおばもきらふてゐらるる也」

いちぶん-じ【一分時】『名』①一日一二時の中の一時。一時の間。＊正法眼蔵(1231‐53)無情説法「常は諸時の一分時なり」②一分の時間。一分。いっぷんじ。 発音〈標ア〉ブ

いちぶん-だて【一分立】『名』自分の面目を立てようとすること。＊浄瑠璃・百日曾我(1700頃)三部経「義秀ゑせ笑ひ、いやこしゃくな一ぶんだて」＊浄瑠璃・心中二つ腹帯(1722)一「ぶたれても踏まれても、此境涯の今の身に、一分立(イチブンダテ)は候はず」 発音〈標ア〉0

いちぶん-みせ【一分店】『名』主人、親方から離れて、自分で独立して経営する店。自分名義の店。＊浮世草子・日本永代蔵(1688)一・三「この弟子おとなしくなりて、一分(ブン)見世を出しけるに」 発音〈標ア〉ブ

いち-へ【一倍】『名』(「いちべ」とも)「いちばい(一倍)」に同じ。＊関戸本三宝絵(984)中「一年よをへ

てかれるぜにいちへしぬ」＊名語記(1275)二「ものの員数に、一倍、二倍を、いちへ、にへといへり」方言❶二倍。倍。◇いちべ 長崎県壱岐島915 ◇いちべ 薩摩†137 ❷いっそう。ますます。

いち-べい【市平】〖名〗「いちべえ(市兵衛)②」に同じ。

いちべい〖名〗植物「いちび(莔麻)①」の異名。

いち-べえ【市兵衛】〖名〗①江戸浅草の市に集まる商人や客の称。多くはその帰りに吉原の遊郭へ立ち寄ったので、その遊客をもいう。市客(いちきゃく)。＊雑俳・柳筥(1783-86)一「市兵衛といふ者初会ぎりで来ず」＊雑俳・柳多留-二四(1791)「大黒屋市兵衛ゆだんせぬをとこ」②(元禄時代、佐藤市兵衛が初めて栽培したところからいう)桑の栽培品種。発芽が早く、葉は品質がよい。また、耐寒力強く、萎縮病におかされにくい。近世、芝居者の間で、桑の隠語としても用いられた。＊新時代用語辞典(1930)〈長岡規矩雄〉人名冠語「市兵衛 桑のこと或は桑摘みのことをいふ」③一等客車をいう、盗人仲間の隠語。〔隠語輯覧(1915)〕 発音イチベー〈標ア〉イ

いちべえ-ちょう【市兵衛町】 江戸麻布の町名。天和(一六八一～八四)以前から岡場所の一つに数えられ、天保(一八三〇～四四)期までつづいた。＊談義本・風流志道軒伝(1763)三「愛敬稲荷の狐より、化そこなひの市兵衛町」＊洒落本・婦美車紫鹿(1774)下品上生之部「麻布市兵衛町。〈略〉よぶ事甚し。長屋によりては引はる」

いちべえ-なしじ【市兵衛梨子地】〖名〗金粉の代わりに錫(すず)粉を用いた、最も安価な梨地の蒔絵(まきえ)。発音イチベーナシジ〈標ア〉ナ

いち-ベクトル【位置―】〖名〗(ベクトルは(ドイ) Vektor) 動点の位置を示すベクトル。空間に一点Oを固定し、それを原点とすると、空間の任意の点Pは、ベクトルOPとして表わされる。ベクトルOPを点Pの位置ベクトルという。発音〈標ア〉ベ

いち-べつ【一別】〖名〗ひとたび別れること。別れ。＊文華秀麗集(818)中・奉和春閨怨〈菅原清公〉「奈何征人大無レ意、一別十年音信賒」＊日葡辞書(1603-04)「Ichibet(イチベツ)〈訳〉一度の別れ」＊四河入海(17C前)三・三「去年一別してより、我は徐州に居し、子駿は鄆州に居するぞ」＊荊口宛芭蕉書簡-元禄六年(1693)四月二九日「日数三とせ一別を隔て候」＊頼山陽詩集(1832)一九・既別憶母「板輿一別音容邈、投宿今宵何処村」＊白居易-長恨歌「含レ情凝レ睇謝二君王一、一別音容両渺茫」発音〈標ア〉0〈京ア〉0 辞書日葡・ヘボン 表記一別(へ)

いちべつ 以来(いらい) 別れてからこのかた。一別来。＊浄瑠璃・近江源氏先陣館(1769)七「一別以来御意得ねど兄じゃ人にも御堅勝」＊滑稽本・浮世風呂(1809-13)前・下「一別以来(イチベツイライ)まづまづお達者で」＊浮雲(1887-89)〈二葉亭四迷〉二・九「ヤ誰かと思ったら一別以来だネ」＊妾の半生涯(1904)〈福田英子〉一〇・三「一別(イチベツ)以来の挨拶振りも、前年の悪感情を抱きたる様子なく」発音〈標ア〉イ[2] 辞書言海 表記一別以来(言)

いち-べつ【一瞥】〖名〗ちらっと見ること。流し目に一たび見ること。＊枕山詩鈔-二編(1861)中・十月二日震災記事「千家一瞥忽為レ煙、検火官来巡二路辺一」＊浮雲(1887-89)〈二葉亭四迷〉二・七「次に衣服(なり)を視て、帯を視て爪端(つまさき)を視て、行過ぎてからズーと後(うしろつき)を一瞥して」＊こゝろ(1914)〈夏目漱石〉下・一「私は寧ろ苦々しい気分で、遠くにゐる貴方に斯んな一瞥(イチベツ)を与へた丈でした」＊蘇軾-聚星堂雪賦「模二糊檜頂一独多時、歴乱瓦溝裁二一瞥一」発音〈標ア〉0〈京ア〉0

いち-べっけ【一別家】〖名〗別家(分家)頭。＊雑俳・塵手水(1822)「かくれ家とふて・帰参すすめる一別家」

いちべつ-らい【一別来】〖名〗「いちべつ(一別)以来(いらい)」に同じ。＊滑稽本・浮世風呂(1809-13)四・中「『ヤ、是はおめづらしい』とげうさんに横手を打、『一別来(イチベツライ)だの』」＊雪中梅(1886)〈末広鉄腸〉下・二「国野先生一別来御堅勝」発音〈標ア〉ツ〈京ア〉ツ

いち-へん【一辺】〖名〗一方。一面。一隅。また、中央から遠く離れた辺地。＊神皇正統記(1339-43)上・序論「震旦ひろしと云へども五天にならぶれば一辺の小国なり」＊詩経-秦風・蒹葭「乃在二大水之一辺一、仮レ喩以言レ遠」

いち-べん【一弁・一辨】〖名〗①一回で債務を弁償すること。＊高野山文書-永仁四年(1296)三月一九日・僧厳経田地売券(大日本古文書三・七八六)「若依二如レ然事一煩出来之時者、所レ賜用途雖レ経二年暑(署)一以二一弁一可レ令二返進一」②ひとりの弁官。

いちべん狂(くる)えば七弁(しちべん)狂(くる)う (「七弁」は、左右大弁、左右中弁、左右少弁、左中弁の権官合わせて七人をいう) 七人の弁官のうち、その一人の転任補任に順序を乱すと、全体の順序が乱れてしまう。＊譬喩尽(1786)一「一弁(イチベン)狂(クル)へば七弁(シチベン)狂(クル)ふ。有職也。弁官七人あり、次第に転任を云ふ」

いち-べん【一弁・一辯】〖名〗(「弁」はことばの意) 一つのことば。すこしのことば。一言(いちごん)。一句。＊俳諧・奥の細道(1693-94頃)汐越の松「もし一弁を加るものは、無用の指を立るがごとし」

いち-べん【一眄】〖名〗ひとにらみすること。いちめん。＊性霊集-四(835頃)為藤真川挙浄豊啓「飛沈生二其一眄一、栄悴因二其咳唾一」＊道祖問答(1917)〈芥川龍之介〉「阿闍梨は〈略〉鋭く翁の顔を一眄した」

いち-べん【一鞭】〖名〗馬にひとむちあてること。＊本朝無題詩(1162-64頃)一〇・山寺即事〈藤原周光〉「上界幽奇素所レ聞、一鞭疑段被レ牽レ群」＊太平記(14C後)二〇・義貞自害事「尚敵の中へ懸入んと、駿馬に一鞭をすすめらる」＊西洋事情(1866-70)〈福沢諭吉〉二・二「我一鞭を以て魯人をモスコーの外に駆逐するのみならず」＊高観国-臨江仙詞「一鞭花陌暁、双槳柳橋香」

いちべん-の-こう【一弁香・一瓣香】〖名〗形が花弁に似た一つまみの香。禅僧が人を祝福し、また人を敬う時に用いる。＊太平記(14C後)二四・天龍寺供養事「国師一瓣の香を拈(ねん)じて、『今上皇帝聖躬万歳』と祝し給へば」＊随筆・孔雀楼筆記(1768)一「師の世話を受たることも亦甚多し。この一技に於ては、后山が所謂一瓣の香、予は両瓣の香とも言べし」＊陳師道-観兗文忠公家図書「向来一瓣香、敬為二曾南豊一」

イチボ〖名〗(英 aitchbone から) 牛肉の部位の名称。腰骨の付近。また、その部分の肉で、腰骨ごと切りとったもの。煮こみ、すきやきなどに用いる。発音〈標ア〉0

いち-ほう【一抛】〖名〗物事を放り出すこと。中途で止めてかえりみないこと。放擲(ほうてき)。一擲(いってき)。＊国会論(1888)〈中江兆民〉「当時社会の論題たる事項はこれを討究するの熱心なるより己れの産業は一抛して顧みるに暇無く或は東奔西馳して同臭味の人物と交際し」発音イチホー〈標ア〉0

いち-ほう【一峰】〖名〗⇨いっぽう(一峰)

いち-ぼう【一望】〖名〗①広いながめを一目で見渡すこと。一眸(いちぼう)。＊六如庵詩鈔-二編(1797)一・西山採蕈十絶句「黄雲一望覆二平疇一、頼二殺農肩一汗二殺牛一」＊東京灰燼記(1923)〈大曲駒村〉一〇「浅草の方面を一望すると成る程十二階が中程からポキリと折れて」＊家族会議(1935)〈横光利一〉「一望の花の前でいかにもこの二人は恍惚として楽しさうだった」＊帰郷(1948)〈大仏次郎〉牡丹の家「その向うの平地に、横浜の町が、掘割や道路とともに低く一望に眺められた」＊孟浩然-送杜十四之江南詩「日暮孤舟何処泊、天涯一望断二人腸一」②「いちもう(一望)」に同じ。発音イチボー〈標ア〉0〈京ア〉0

いち-ぼう【一眸】〖名〗(「眸」はひとみの意)「いちぼう(一望)①」に同じ。＊武蔵野(1898)〈国木田独歩〉四「畑とても一眸数里に続くものはなく」＊落梅集(1901)〈島崎藤村〉利根川だより「遠き山々、近き村々、いづれも一眸のうちにをさまりて」＊崔珏-有贈詩「両臉夭桃従レ鏡発、一眸春水照レ人寒」

いち-ぼう【一棒】〖名〗仏語。禅宗で師家、禅僧が修行中の弟子を導くために棒で警醒すること。また、それに用いる棒。＊日葡辞書(1603-04)「Ichibŏ(イチバウ)〈訳〉棍棒様のものによる一撃。例、Ichibŏuo(イチバウヲ) アタユル」＊仮名草子・杉楊枝(1680)四・ひしほの狂哥「和尚も此哥に涙をながし一棒(ホウ)をからりとすて」＊談義本・世間万病回春(1771)二・気常病評「又何やら一喝(げ)を下し喝(かつ)々としかりつけてその躰相(ていさう)さも一棒(ボウ)の下に打殺すべきいきほひを見せたらんに」＊無門関「東海鯉魚打二一棒一、雨似盆傾」発音イチボー〈標ア〉0 辞書日葡

いちぼう-せんり【一望千里】〖名〗一目で千里の遠くまで見渡されること。ながめがよく広々しているさまをいう。＊野の花(1901)〈田山花袋〉二「その向ふには一望千里とも言はるべき席田(むしろだ)がはるばると地平線の末の末まで連ってゐる」＊明るい風(1958)〈河盛好蔵〉シベリアの旅「汽車は毎日一望千里の曠野のなかを走ってゆく」発音イチボーセンリ〈標ア〉セ

いち-ぼく【一木】〖名〗一本の木。＊御伽草子・秋の夜の長物語(南北朝)「一寺の老僧若輩、春にをくれたる一木の花をみて、よそに散る心ちもなく」＊文明本節用集(室町中)「大厦之成非二一木枝(イチボクノエダ)一」＊淮南子-斉俗訓「所レ用万方、然一木之樸也」発音〈標ア〉0〈京ア〉0 辞書文明 表記一木(文)

いちぼく 大厦(たいか)の崩(くず)るるを支(ささ)うる能(あた)わず (「大厦」は大きな建物の意) 大きな家が倒れる時は、一本の木で支えることはむずかしい。大勢が傾きかけている時は、一人の力ではどうすることもできない。＊文中子-事君「大厦将レ顚、非二一木所一レ支也」

いち-ぼく【一僕】〖名〗一人の下男。一人の召使い。＊落葉集(1598)「一僕 いちぼく」＊日葡辞書(1603-04)「Ichibocu(イチボク)。ヒトリノ シモベ」＊俳諧・山の井(1648)年中日々之発句・三月「一僕(ボク)とぼくぼくありく花見哉」＊浄瑠璃・夏祭浪花鑑(1745)四「かかる折節表の方へ一僕つれたる田舎侍、道具見物いたさふかと店先へ立寄ば」＊化書-巻六・民情「剰二養一僕一日飯二三甌一」発音〈標ア〉0 辞書日葡・書言 表記一僕(書)

いちぼく-いっそう【一木一草】〖名〗一本の木、一本の草。また、ほんのわずかな草木。＊俳諧・続五論(1699)滑稽論「をのが家つくらんとおもふものは、一木一草もおろかにはすてず」＊桐の花(1913)〈北原白秋〉桐の花とカステラ「一木一草の感覚にも静かに涙さしぐむ品格のゆかしさが」＊腕くらべ(1916-17)〈永井荷風〉一二「庭中の一木一草も皆これ祖先の詩興を動した形見とて」発音イチボクイッソー〈標ア〉0

いちぼく-さんめい【一木三銘】〖名〗同一の香木に三つの名が付けられたこと。また、その名香。細川家で寛永三年(一六二六)に購入した伽羅を「白菊」と名付け、分木された同木に、伊達政宗は「柴舟」、小堀遠州は「初音」と名付けた。伝承では長崎に渡来した伽羅を細川・伊達で入手を競ったというが誤伝。

いちぼく-しめい【一木四銘】〖名〗一木三銘に、さらに同木の宮中での名「藤袴」(「蘭」とも)を含めていう。

いちぼく-づくり【一木造】『名』木彫りの技法の一つ。一本の木材から像を彫り出すこと。また、その作品。体から離れる腕や、坐像の膝は別の木で造られることが多い。平安初期の木彫りは、ほとんどこれによった。↕寄木造(よせぎづくり)。〔現代術語辞典(1931)〕 発音〈標ア〉ズ

いちぼ-たひん【一牡多牝】『名』「いちゆうたし(一雄多雌)」に同じ。

いちぼん-がね【一鐘】『名』江戸の遊里、吉原で引け四つの合図につく鐘。→嘘(うそ)の四つ。＊黄表紙・空多雁取帳(1783)「もふ一ぼん鐘だぜへ、今夜(こんよ)はなぜか引けが見へねへの」

いち-ま【市松】『名』(「いちまつ」の変化した語) ①「いちまつにんぎょう(市松人形)」に同じ。＊雑俳・新とくさ後編(1800)「マアべかこ・遣(や)る気で持ッて来た市松(イチマ)」＊細雪(1943–48)〈谷崎潤一郎〉下・三七「まるで市松人形(イチマ)のやうな…と、幸子は云ったが」 ②「いちまつもよう(市松模様)」に同じ。＊雑俳・五色墨(1809)「なぐさみて・市松(イチマ)の麁物(そふつ)縫ふ妾(てかけ)」 方言❶市松人形。兵庫県神戸市670 和歌山県新宮703 香川県仲多度郡・三豊郡829 愛媛県周桑郡・大洲市845 高知市867 ◇いちまあ 岡山市762 ◇いちまはん 徳島県811 香川県三豊郡829 ◇ちま 香川県三豊郡・小豆島829 高知市867 ❷人形。京都市621 兵庫県神戸市670 奈良県675 和歌山市062 徳島県美馬郡054 愛媛県840 高知県860 ◇いちまあ 広島県御調郡771 ◇いちまさん 大阪府泉北郡646 岡山県御津郡764 ◇いちまはん 大阪府泉北郡646 兵庫県赤穂郡660 奈良県678 ❸裸人形。香川県仲多度郡・三豊郡829 ❹女人形。兵庫県加古郡664 ◇いちまさん 香川県小豆島829 ◇いちまはん 香川県827 ❺ひな人形。兵庫県淡路島671

いちまでないが腹(はら)で泣(な)け (市松人形は腹に泣く笛の仕掛けがあるところから) 心の中で泣いて、泣き顔を人に見せるな。

いち-まい【一枚】『名』①紙、布、衣服、板、貨幣、敷物、魚、楯など薄くて幅の広いもの一つ。＊延喜式(927)一・神祇・四時祭「社一百九十八所〈略〉八座置各一束、楯一枚」＊宇津保(970–999頃)蔵開上「一まい ふみみえず」＊太平記(14C後)三三・菊池合戦事「三人張の精兵に草摺を一枚宛づつ射させて」＊雑兵物語(1683頃)下「夏は破(や)れ帷子(かたびら)一枚」＊文明本節用集(室町中)「一枚 イチマイ 紙」＊晉書-束晳伝「有人于嵩高山下得竹簡一枚」 ②針、錐(きり)など細長いもの一つ。＊延喜式(927)四・神祇・伊勢太神宮「四月九月神衣祭〈略〉長刀子一枚、短刀子、錐、針、鉾鋒各十六枚」＊言継卿記-天文二年(1533)三月二八日「奥より織田兵部丞見やけとて、美濃紙〈一束〉、包丁〈一枚〉、与ㇾ之」 ③古来、金貨、銀貨を数えるのに用いた語。時代によりその説を異にしている。＊史記抄(1477)七・高祖本紀「賀銭万は十貫なり。実は一枚も不ㇾ持してかいたぞ」＊和漢名数(1678)一三・数量「金一枚、和俗金十両為一枚。即四十七匁三分也、銀一枚、倭俗以四十三匁為一枚、即銀十両也」＊金銀図録(1810)「金幾枚銀幾枚と言ふ事、信長公の時を始めとす。是黄金大判丁銀なり。其金一枚は大概重さ四拾目余なり」 ④田畑の一区画。＊俳諧・奥の細道(1693–94頃)白川の関「田一枚植て立去る柳かな」＊俳諧・発句題叢(1820–23)夏「一枚は月夜になりて田植哉〈恒丸〉」 ⑤(形動) 平面状に一続きになっていること。また転じて、同じ事態が一面にいきわたっているさま。＊大和物語抄(室町中)上「心は世界一枚なれば、かれうごけばこれもうごく也」＊三体詩素隠抄(1622)二・一「是も底には相公の政がよきほどに天下一枚にして千秋万歳めでたからんと祝したぞ」＊玉くしげ(1789)「抑天地は一枚(イチマイ)にして、隔(へだて)なければ」 ⑥考えや行動を同じくすること。＊政談(1727頃)四「其仲間は遠国と通じて一枚なる者にて、仮令知る人にて無くとも、他国にても仲間に仕る。男伊達を第一にする者也」 ⑦(相撲や役者の番付、看板で、ひとつに一人を書くところから) 一人。ある仕事や役割を行なう一人。また、その役割ひとつ。＊洒落本・仇手本(1801)一「ほかのものをよばず、ここはそれ一まいで、あとはわか丁へ」＊歌舞伎・霊験曾我籬(1809)九幕「長兵衛が一枚(マイ)はまってゐる故だと思やれ」＊滑稽本・浮世風呂(1809–13)四・中「おめへさん一枚(イチメへ)を、大勢の取巻で通夜(よあかし)大飲といふ洒落が、度々ござへましたっけネ」＊批評の敗北(1931)〈杉山平助〉「この文芸上の三角対立の上に更に文芸作品の仲買人、即ち出版者といふものの役割が一枚加はってゐて」 ⑧「いちまいかぶ(一枚株)」の略。＊洒落本・玉之帳(1789–1801頃)二「中どしまにてきりやうは長屋での一まい」 ⑨商品取引所における売買単位。たとえば小豆四〇俵、人絹糸一〇〇〇キログラムなど。＊新時代用語辞典(1930)〈長岡規矩雄〉取引所用語「一枚 株は一株、米は十石、綿糸は五俵のことをいふ」 ⑩才能や力量などの一段階。＊或る女(1919)〈有島武郎〉前・一九「古藤さんも手紙の上では一枚がた男を上げてゐますわね」＊石川五右衛門の生立(1920)〈上司小剣〉八「強いといふことは、尊いといふこと、正しいといふことより、一枚上手ぢゃ」＊闘牛(1949)〈井上靖〉「それよりも時折はっと津上自身をむしろ一枚も二枚も人の悪い人間に思はせる、仕事への妙に純一な熱情を田代は示すことがあった」 方言❶米の量の単位で、二五俵(十石)をいう。滋賀県栗太郡・野洲郡607 ❷一人。新潟県佐渡352 発音〈なまり〉イチミャー〔福岡・佐賀〕イチメ・イチメー〔埼玉方言〕イッメ〔鹿児島方言〕イッメ〔鹿児島〕〈標ア〉チ〈京ア〉イ 辞書 文明・天正・易林・日葡・書言 表記 一枚(文・天・易・書)

いちまい 噛(か)む 一つの役、立場をもってある事柄に加わっている。よいことにもいうが、多くは悪いこと、批判的なことにいう。一枚加わる。＊日本のむこ殿(1955)〈読売新聞社会部〉石油「いままでイギリスが全部押えていたイランの石油で、イギリス系に残されたのは二社で五四％、アメリカのスタンダード・オブ・カリフォルニアなど五社が入って四〇％をいただき、それにフランスのコンパニー・ド・ペトロウズが六％で一枚かんで」＊人間の病気(1967)〈後藤明生〉「これに女でも一枚嚙んでりゃあ、ますます複雑で」＊階級(1967)〈井上光晴〉一二「鼠小屋の仕事に一枚嚙んでいるとは思わなかったが」

いちまい の 紙(かみ)にも表(おもて)と裏(うら)とがある ただの一枚の紙にさえ表と裏があるのだから、簡単に見えることでも、裏面の事情をも考える必要がある。

いちまい-あばら【一枚肋】『名』肋骨(ろっこつ)が、並んで一枚の骨のようになっていること。＊珍太郎日記(1921)〈佐々木邦〉九「未だ取的(とりてき)だけれど、一枚肋(いちマイアバラ)とかで身体が並外れて大きいから」 発音〈標ア〉ア

いちまい-いた【一枚板】『名』①一枚でできている板、また、板状のもの。長板(ながいた)。＊山上宗二記(1588–90)「床の天井板は杉の一枚いた也」＊人情本・契情肝粒志(1825–27)二・下「是れは鼈甲(べっかふ)の一枚板(マイイタ)」＊虞美人草(1907)〈夏目漱石〉五「底は一枚板の平らかに、舷(こべり)は尺と水を離れぬ」＊暗夜行路(1921–37)〈志賀直哉〉三・一「流れにかけ渡した一枚板の橋から河原へ出て見た」 ②特に、茶の湯で台子の地板に当たるもの。＊宗達茶湯日記(他会記)-天文一八年(1549)四月七日「一枚板に姥口釜、しがらき、二つ置也」 ③(筋肉が緊縮して、からだが板のように硬直するところから)「はしょうふう(破傷風)」の異称。＊カズイスチカ(1911)〈森鷗外〉「倅(せがれ)が一枚板(イチマイイタ)になったから、来て見て貰ひたいと云った」 発音〈標ア〉マ

いちまい-いわ【一枚岩】(はい)『名』①一枚の板のようになった大きな岩。＊吾輩は猫である(1905–06)〈夏目漱石〉一一「真中に八畳敷程な一枚岩があって」＊光と風と夢(1942)〈中島敦〉四「渓流の底の一枚岩が不思議にルビイの様に紅い」 ②(比喩的に) 組織や団体などが、内部分裂や意見の違いなど無く、しっかりとまとまっていること。また、そのもの。「一枚岩の団結」＊粛清とはなにか(1957)〈平野謙〉「オールド・ボルシェヴィキイが『一枚岩』のように党を守ろうとして」 発音〈標ア〉マ

いちまい-え【一枚絵】(エ:)『名』一枚刷りの版画。絵本になっているものに対して、紙一枚に刷った浮世絵。一枚摺り。＊談義本・風流志道軒伝(1763)一「故に一枚絵、今戸焼を始として、祭のあんど、髪結床の障子にも、此親父が形を画(ゑがき)」＊雑俳・川柳評万句合-明和元(1764)信三「藪入りのひざにちらかる壱まひ絵」＊随筆・骨董集(1813)上「板行の一枚絵は延宝天和の比始まれる歟。朝比奈と鬼の首引、土佐浄瑠璃の絵、鼠の嫁入の絵の類なり」＊歌舞伎・廓曠着紅葉裲襠(子持高尾)(1873)序幕「廓でどこの誰といふ一枚画にも出されるほどな名を売ったおいらんでも」 発音〈標ア〉マ 辞書 言海 表記 一枚絵(言)

いちまい-おち【一枚落】『名』将棋で、上手(うわて)が飛車または角行のいずれか一枚を欠いて対戦すること。 発音〈標ア〉0

いちまい-かた【一枚肩】『名』(二人でかつぐのを二枚肩などというのに対して) 空き駕籠(かご)を一人でかつぐのをしゃれていう語。＊雑俳・柳籠裏(1783–86)三「戻りには壱枚肩で四つ手しょひ」

いちまい-がた【一枚型】『名』紅型(びんがた)染めの型紙の一つ。奉書一枚を用い、大模様を置くもので、最高級のものとされる。＊浄瑠璃・平仮名盛衰記(1739)四「肩から裾まで束熨斗(たばねのし)の一枚形」

いちまい-かぶ【一枚株】『名』(「一枚」は「一枚看板②」の略) 他に誇りうる中心人物。第一人者。＊洒落本・傾城買談客物語(1799)一「跡につづひて細見に一つぶゑりのおいらんたちつんつんぜんとしてくり出すはるかのあとそなへはゐあってたけからぬこの家のいちまひかぶ」

いちまい-がみ【一枚紙】『名』つぎあわせたり、裏打ちしたりしていない一枚の紙。＊漢書列伝景徐抄(1477–1515)陳勝項籍第一「其本文を一枚紙にかくを丹書と云は、ひとへなる紙にかくほどに云ぞ」 方言 半紙。群馬県多野郡246

いちまい-ガラス【一枚硝子】『名』(ガラスは蘭 glas) 戸、窓、障子などに入れる大きな一枚のガラス。＊東京の三十年(1917)〈田山花袋〉紅葉と露伴「右の障子に一枚硝子が大きく入ってゐたが、その硝子を透しては、何もない狭い汚い小さな庭が見えた」 発音〈標ア〉ガ

いちまい-かわ『名』夫より一つ年上の女房。

いちまいかわ 火(ひ)もよう吹(ふ)かん 一つ年上の女房は、夫婦仲がよすぎて、いつもにこにこしているので、火吹竹も満足に吹けないの意。

いちまい-がわ【一枚皮】(は:が)『名』つないだり、つくろったりしたものではなく、全面が一枚の皮であること。とりつくろったり飾ったりしていないことをいう。＊普賢(1936)〈石川淳〉七「その双面のどちらも肚からの真顔としか受け取れぬほど策もケレンもない一枚皮のけしきで」 発音 イチマイガワ〈標ア〉マ0

いちまい-かんばん【一枚看板】『名』①上方の歌舞伎劇場の前に掲げる大きな飾り看板。外題(げだい)を勘亭流で大きく書き、その上部に主要な役者の絵姿をかきあらわしたもの。江戸では大名題(おおなだい)といった。また、歌舞伎以外の興行物につ

一枚看板 ①〈守貞漫稿〉

いてもいうことがある。名題看板。外題看板。＊俳諧・両吟一日千句(1679)第三・花「最負にて此まつ俄に太夫ふん〈西鶴〉 おもひつもって一まいかんばん〈友雪〉」 ＊浮世草子・傾城禁短気(1711)五・二「南の堀の一枚看板(カンバン)に載りし役者一両人」 ＊戯場楽屋図会(1800)上「むかしは板一まいに外題をかき、上に絵をかきてはりしといふ。ゆへに人一枚看板(イチマイカンバン)といへども実は外題看板也」 ＊随筆・守貞漫稿(1837-53)三二「江戸の名代看板は屋根より高く頭を出す。京坂一枚看板は屋根下に直立す。全体一枚也」 ＊明治世相百話(1936)〈山本笑月〉名人印象記「三遊亭円朝の一枚看板が木戸口から消えて定連を失望させたのは明治二十五六年の頃で、五十四五歳を限りに高座を退がった円朝」 ②歌舞伎などの一座で、その中心となっている役者。転じて、多人数の仲間のうちで、他に誇りうる中心人物。一枚株。＊評判記・古今四場居色競百人一首(1693)為天孫太郎「根本元祖かけねなし、一枚かんばんの御どうけ」 ＊談義本・根無草(1763-69)前・二「先(まづ)立役・荒事・角かづらにての一枚看板(いチマイカンバン)、手力雄神」 ＊洒落本・酔姿夢中(1779)「采遊にのみ月日を送りけるが、誠に下手の大好物にて終に一度一枚かんばんに出た事なく」 ＊滑稽本・狂言田舎操(1811)上「皆江戸で一枚看板(イチメヘカンバン)の御太夫ばかりよ」 ＊にごりえ(1895)〈樋口一葉〉一「お力といふのは此家の一枚看板(イチマイカンバン)」 ③ほかに取り柄はないが、たったひとつ他に誇りうるものがあること。また、そのもの。＊苦の世界(1918-21)〈宇野浩二〉二・五「その一枚看板のたくましい頤鬚に、酒の滴や吸物の露のついてゐるのもかまはず」 ＊今年竹(1919-27)〈里見弴〉かも・六「纔(わずか)に実直といふ点を一枚看板にして」 ④(武家で中間(ちゅうげん)、小者(こもの)などに給する法被(はっぴ)を「かんばん」と呼んだところから) 一枚の着物のほか、着がえ、または他に見せられるような着がえがないこと。また、その一枚しかない着物。一張羅(いっちょうら)。＊吾輩は猫である(1905-06)〈夏目漱石〉六「春夏秋冬一枚看板で押し通す」 ＊読書放浪(1933)〈内田魯庵〉銀座繁昌記・九「而して記者先生は、古りたれども洋服、破れたりとも羽織袴で佐野源左衛門然と納まってるのは主筆先生位なもので、大抵が着流しの精々が米琉位の一枚看板であった」 語誌 (1)歌舞伎用語としての①については、「戯場楽屋図会」など後世の劇書を根拠として江戸でいう「名題看板」と同じとするのが一般的な説であるが、問題がある。貞享四年(一六八七)正月の「評判記・野良立役舞台大鏡」の「どうけたれかれと一まいかんばん」(杉山勘左衛門)「一段高く一枚かんばんの書付」(富山小八良)などが早い時期の用例であるが、一座の中心的な役者について「立役」「道化」などの役柄と共に役者名を書いて芝居前に掲げたのが、この頃の一枚看板と推定される。したがって、演目を掲げるのを主とした後の「名題看板」「外題看板」とは区別すべきか。(2)後に「随筆・守貞漫稿-三二」に「名代看板と云て、京坂一枚看板に似たる物あり」とされることなどが根拠となって、一枚看板と名題看板を同一視することとなっているが、本来は役者名を大書するのが一枚看板であったものと考えられる。 発音〈標ア〉カ〈京ア〉カ 辞書 言海 表記 一枚看板(言)

いちまい-ぎ【一枚着】〘名〙「いちまいかんばん(一枚看板)④」に同じ。＊五重塔(1891-92)〈幸田露伴〉一七「銭が無ければ、女房の一枚着を曲げ込んでも」 発音 イチマイギ〈標ア〉マ

いちまい-きしょう【一枚起請】(キシャウ) 一〘名〙一枚だけ書いた起請文。ただ一枚の起請文。＊浮世草子・男色十寸鏡(1687)下「是若道の極秘、敦盛の一枚起請にみえたり」 ＊浮世草子・傾城禁短気(1711)一・一「方便の一枚起請(イチマイギシャウ)を見せて、実のない仕形をして見せ」 ＊雑俳・柳多留-三一(1805)「大くぜつかこい一枚起証書き」 二「いちまいきしょうもん(一枚起請文)」に同じ。＊狂雲集(15C後)賛法然上人「法然伝聞活如来、安坐蓮華上品台、教智者如二尼入道一、一枚起請最奇哉」 ＊雑俳・西国船(1702)「とんでみや・一枚起請法花宗」 ＊浄瑠璃・八百屋お七(1731頃か)上「浄土の一枚起請とやら、有難そふにいただいて、こなたは宗旨替へる気か」 発音 イチマイキショー〈標ア〉キ

いちまいきしょう-もん(イチマイキシャウモン)**【一枚起請文】** 法然(源空)作。建暦二年(一二一二)正月(同元年一一月の説もある)臨終の病床にあって、弟子の勢観の要請に応じたものとされる。没後に弟子たちの間で異議が生ずることを防ぐために、自己の信仰の神髄を示したもので、一枚の紙に書かれたところからいう。一枚起請。一枚御消息。一枚御誓文。＊譬喩尽(1786)一「一枚起請文(イチマイギシャウモン)浄土元祖上人作」 発音 イチマイキショーモン〈標ア〉ショ

いちまい-ぐろ【一枚黒】〘名〙犬などの動物の毛色が一面に黒いもの。 発音 イチマイグロ〈標ア〉0

いちまい-じき【一枚敷】〘名〙畳一枚を敷くこと。それだけの広さ。狭い家のさまにいう。＊俳諧・毛吹草(1638)六「広き野も一まい敷や花莚〈光有〉」 ＊浮世草子・世間娘容気(1717)三「其後は一に俵ふまへて、六十にあまってからうす踏(ふみ)して、三条の裏町に一枚敷(マイジキ)かってござった」 ＊浄瑠璃・染模様妹背門松(1767)下・質店の段「おぬしが隙を旦那へ願ひ。連れていんで身上渡し。一枚敷(いちマイじキ)を囲(かこふ)て成りと。おらは隠居する心」 発音〈標ア〉0

いちまい-じろ【一枚白】〘名〙犬などの動物の毛色が一面に白いもの。 発音〈標ア〉0

いちまい-ずり【一枚摺・一枚刷】〘名〙①紙一枚に印刷すること。また、その印刷物。俳諧、雑俳、広告、案内、絵図、地図、錦絵など、多くの分野のものがある。＊雑俳・夜の花(1758)「結構な一枚摺に能い句なし」 ＊新聞雑誌-五号・明治四年(1871)六月「三月の総計表を見るに京都中小学校生員便覧と題したる一枚摺(ズリ)の表なり」 ②「いちまいえ(一枚絵)」に同じ。＊黄表紙・御存商売物(1782)上「洒落本、袋ざし、壱枚摺そのほかの当世本をあつめ、趣向の相談する」 ③路傍などに張り出す歌舞伎の番付。辻番付。＊楽屋図会拾遺(1802)上「顔見世極り番附、この替り、盆がはりの一まい摺(スリ)も内茶屋より出す」 ＊随筆・一話一言(1779-1820頃)補遺・七「此番付を板に張り画を彩色して人通り繁き辻に懸け置く故辻といふ。又一枚摺とも言ふ」 発音〈標ア〉0〈京ア〉0

いちまいずり-りゃくれき【一枚摺略暦】〘名〙紙一枚に摺(す)ってある簡単な暦。略暦のこと。江戸時代から流布した、一年間の主要な暦記事や暦注を記載した略式の暦。明治一六年(一八八三)の略暦から出版が自由になった。＊太政官布達第八号-明治一五年(1882)四月一六日「本暦並略本暦は明治十六年暦より伊勢神宮に於て頒布せしむべし。一枚摺略暦は〈略〉何人に限らず〔出版条例〕に準拠し出版することを得」

いちまい-だ【一枚田】〘名〙一枚の田。たんぼの一区画。＊林泉集(1916)〈中村憲吉〉新緑の海岸「新みどり濃き谷底の一枚田このゆふかげに田植ゑゐる見ゆ」 発音〈標ア〉マ

いちまい-だて【一枚楯】〘名〙一枚の板で作った軽便な楯。＊太平記(14C後)三四・平石城軍事「一枚楯(タテ)引き側めて、城の中へ飛び入りければ」 ＊万松院殿穴太記(1550頃か)「三百余騎大はたさしつれ、弓とりをば前にすすめ、一枚たてをつきしと見て、三宅の城に押し寄せ」

いちまい-だな【一枚枻・一枚棚】〘名〙舷側の枻板(たないた)を一枚の板で構成する小船。通常、平田造りの喫水の浅い船で、河川の通行や農業に使用する。＊和漢三才図会(1712)三四「划船。俗云、一枚棚」 ＊和漢船用集(1766)五・江湖川船之部「一枚枻(イチマイタナ)〈略〉平田作にて上棚なき者、通舟又耕作舟に用」 発音〈標ア〉マ

いちまい-てがた【一枚手形】〘名〙①一枚だけ発行した為替手形。単独手形。↔組手形。②用紙一枚に書く証文。＊浮世草子・真実伊勢物語(1690)三・一「縁付の一枚手形」 発音 イチマイテガタ〈標ア〉テ

いちまい-てんじょう(テンジャウ)**【一枚天井】**〘名〙一枚の広く大きな板で張ってある天井。金閣寺の楠(くすのき)の一枚天井が有名。 発音 イチマイテンジョー〈標ア〉テ

いちまい-てんぼう【一枚—】〘名〙(「てんぼう」は木戸銭、見物料を支払わずに、ただ見する人をいう芝居隠語) 番付など一枚刷りのものをただ読みすること。＊歌舞伎・四天王産湯玉川(1818)五立「『モシモシ、銭はえ』『これは一枚(いちマイ)てんぼうさ』」

いちまい-ばり【一枚張】〘名〙いつも同じ着物を着ていること。＊仙台言葉以呂波寄(1720)「いちまいばり、いふく一つといふ事」

いちまい-ばん【一枚版】〘名〙一枚の板に彫って作った印刷用の版。整版。↔一字版

いちまい-びょうどう(ビャウドウ)**【一枚平等】**〘名〙世間一般に行きわたってすべて同等なこと。＊浮世草子・傾城禁短気(1711)二・四「見よ見よ今に茶屋、風呂屋まで、野郎の身ぶりを摸(うつ)し、男色一まい平等(べウドウ)に成るべし」

いちまい-びら【一枚—】〘名〙 方言 最上の晴れ着。一張羅。熊本県玉名郡058 宮崎県東諸県郡954

いちまい-まぜ【一枚交】〘名〙よろいの札(さね)の重ね方の一種。撓革(いためがわ)の札と鉄の札とを一枚ずつ交互に交えて重ねたもの。↓鉄交(かなまぜ)。＊源平盛衰記(14C前)一四・三井寺僉議「黒皮威(おどし)の大荒目の鎧の、一枚(マイ)まぜなる草摺長にさざめかし」 ＊太平記(14C後)三三・菊池合戦事「三人張の精兵に草摺(くさずり)を一枚宛射させて、通らぬさねを一枚まぜに拵(こしら)へ威(をど)したれば」 ＊幸若・信太(室町末-近世初)「一まひまぜのおほあらめ」

いちまい-め【一枚目】〘名〙相撲の番付で、前頭(まえがしら)の首位にあること。また、その者。筆頭。 発音〈標ア〉メ

いちまい-もの【一枚者】〘名〙単独で盗みを働く者をいう、盗人仲間の隠語。〔隠語輯覧(1915)〕

いち-まき【一巻】〘名〙①書巻、絵巻物などの一巻全部。②事件の一部始終。また、ものごとの全部。いっさい。＊浄瑠璃・自然居士(1697頃)三「命を限りに尋あひ、此一まきを云わけし」 ＊浄瑠璃・女殺油地獄(1721)下「娘斗(ばかり)の豊島屋(てしまや)は亭主は外のかけ一まき」 ＊浄瑠璃・仮名手本忠臣蔵(1748)一〇「成る程お誂の彼道具一まき、段々大廻しで遣し」 ③血縁で結びついた集団。一族。また、集合したり同行したりしている一団。一類。＊雑俳・川柳評万句合-宝暦一一(1761)八月五日「いちまきが寄るとはなしのおもしろさ」 ＊歌舞伎・四千両小判梅葉(1885)序幕「連衆(つれしう)迄あの一巻(イチマキ)は、実に好かない客でござんすナ」 ＊破戒(1906)〈島崎藤村〉一・四「新平民の種族の中でも、殊に四十戸ばかりの一族(イチマキ)の『お頭(かしら)』と言はれる家柄であった」 方言 ❶血縁のある一族、一門。親類。宮城県伊具郡010 東京都八王子311 神奈川県316 319 320 山梨県456 南巨摩郡463 徳島県811 香川県三豊郡・仲多度郡829 愛媛県840 高知県高岡郡010 ◇いちまく 栃木県198 ❷一味。一統。一類。東京都八王子311 ❸始終。一部始終。大阪市638 熊本県玉名郡926 宮崎県東諸県郡954 ❹一式。一そろい。和歌山県日高郡690 ❺専らそのことばかりであること。また、そのさま。岐阜県502 510 513 滋賀県彦根609 京都府竹野郡622 大阪市638

和歌山県日高郡054 島根県大田市725 岡山県苫田郡749 福岡県企救郡875 ◇いちまく 大阪市637 発音〈標ア〉チ

いち-まけ【一巻】〖名〗「いちまき(一巻)③」に同じ。方言❶血族。親類。栃木県南部198 群馬県邑楽郡245 埼玉県秩父郡251 ❷一味。一統。群馬県勢多郡236 館林245

いち-ます【市枡】〖名〗平安末期頃からそれぞれの市で通用した統一規格の枡。＊多聞院日記-文明一〇年(1478)一一月二三日「彼方市之升、奈良之金ふせに相当。収納升と彼市升とは四勺はかり延と云」

いち-まち【市町】〖名〗①奈良、平安時代における市人(いちびと)の居住地域。市司(いちのつかさ)の監督下に置かれた。市籍を持たない商人も住んで地子(じし)を負担した。＊延喜式(927)四二・東西市司「凡市町准二市裏一、本司如二勘糺一。随レ犯科責。凡居二住市町一之輩、除二市籍人一令レ進二地子一」②店舗を構えて商品を販売する場所。＊今昔(1120頃か)三一・三二「市町に売る物も販婦(ひさきめ)の売る物も極て穢(きたな)き也」＊大内氏掟書-一三一条・長享三年(1489)五月「彼盗物之事、或持二出市町一、或出二置店屋一之時、号二盗物一依二押取一」＊四河入海(17C前)二二・二「さて又市人の市まちの者も封レ侯らるる事も有るぞ」＊浮世草子・新可笑記(1688)二・一「市(イチ)町は国家繁昌のためなるに、わづかのとがめに籠舎の難義あまたなり」③町なか。市街地。世間。＊落書露顕(1413頃)「歌ざまの事、如二市町説一ば、詠歌の体、其意自由にして、幽玄の体を不レ存、かけたる姿多し」＊史記抄(1477)一三・淮陰列伝「戦はするでもなし、市まちのものをあつめてつかうと同事ぢゃほどに、生地にをいたらば皆にげつぞ」＊小説神髄(1885-86)〈坪内逍遥〉下・文体論「都の手振といへる書(ふみ)は、大江戸の市衢(イチマチ)のさまをば雅文体もてうつしいだしたるものにて」発音〈標ア〉チ 辞書書言 表記市町(書)

いち-まつ【一抹】〖名〗絵の具などを一筆塗り付けてぼかすこと。また、そのようなさま。ひとなすり。ひとはけ。転じて、ほんの少しのこと。わずかばかり。＊翰林葫蘆集(1518頃)五・画秋「一抹軽烟山更幽、隔レ江未レ弁屋耶舟」＊詩聖堂詩集-二編(1828)二・山中雑題「遠山淡淡近山濃、一抹斜陽隔レ岸春、老衲却云霖雨候、東風暁送海城鐘」＊舞姫(1890)〈森鷗外〉「此恨は初め一抹の雲の如く我心を掠めて」＊虞美人草(1907)〈夏目漱石〉一一「湿(うるほ)へる燄(ほのほ)は、一抹(イチマツ)に岸を伸(の)して、明かに向側へ渡る」＊死霊-二章(1946-48)〈埴谷雄高〉「一抹の悩ましさを煩へたたえると」＊羅虬-比紅児詩「一抹濃紅傍レ瞼斜、粧成不レ語独攀レ花」発音〈標ア〉0〈京ア〉0

いち-まつ【市松】〖名〗①「いちまつもよう(市松模様)」の略。＊評判記・千石飾(1754)中「点取に来たきほいの衣類を、市松の半てんに、同じ様な股引とは、膏薬売と御取違へ」＊随筆・賤のをだ巻(1802)「石畳は若衆形の佐の川市松が着たりとて、市松と云ひ」＊雑俳・柳多留-七四(1822)「市松に見ゆる田面の早稲晩稲」＊思出の記(1900-01)〈徳富蘆花〉五・一「長方形の二階造りの窓の何箇(いくつ)も明いた建物がいちまつに並むで居る」②「いちまつにんぎょう(市松人形)」の略。③(童名に多いところから)男の子の通称。＊茶屋諸分調方記(1693)一八「市松がわるさゆふをたのしみ」＊浮世草子・御前義経記(1700)三・四「市松が丸裸になって、海道の真中にて、かやつぶ握って滝を流す風情」④男陰をいう隠語。＊浮世草子・新色五巻書(1698)四・一「性気いよいよ盛に市松がいかり首をもたげ」発音〈標ア〉0〈京ア〉0 辞書言海

いちまつ-あみ【市松編】〖名〗表編みと裏編みとで市松模様を表わした毛糸の編み方。また、その編み物。セーター、ショール、手さげ等に用いる。発音〈標ア〉0

いちまつ-がた【市松形】〖名〗「いちまつもよう(市松模様)」に同じ。＊滑稽本・大千世界楽屋探(1817)口絵「アレ御覧、どなたも市松形の召し物だのう」＊随筆・守貞漫稿(1837-53)一七「石畳、江戸の俗は今に市松と云。元文中の役者佐野川市松と云者〈略〉諸服専ら此形を用ふ。市中婦女学レ之大に流行す。以来市松形と云」＊面白半分(1917)〈宮武外骨〉元祿模様は元祿時代のものに非ず「彼の市松形(イチマツガタ)と称する石畳みの模様は佐野川市松の発明にあらずして、其前既に行はれたる模様なり」発音イチマツガタ〈標ア〉0

いちまつ-こうし【市松格子】〖名〗市松模様に組んである格子。＊読書放浪(1933)〈内田魯庵〉銀座繁昌記・五「入口は色硝子の市松格子で、正面は幅の広い段階子、お客が来ると下足番が大きな声で何番と叫(どな)る」発音イチマツコーシ〈標ア〉コ

いちまつ-こもん【市松小紋】〖名〗市松模様の小紋。発音〈標ア〉コ モ

いちまつ-ぞめ【市松染】〖名〗市松模様を染め出すこと。また、その染物。＊評判記・役者福寿想(1745)正月・江戸巻若衆方部佐野川市松条「往古(むかし)から有ル石畳小紋を市松染と時花(はやり)出させ給ふ根元様」＊談義本・八景聞取法問(1754)二・桟敷の混乱「近年艶の模様をば 市(イチ)松染と名を付て猫も杓子(しやくし)も着て歩行(ありく)が」＊雑俳・東月評万句合(1751-64)宝暦・中「汁の実の市松染であたたまり」＊俚言集覧(1797頃)「市松染、石畳を云 宝暦七年、役者評判記(笑上戸江戸巻若衆方部佐野川市松条) 石畳の模様は昔からあれども、塩屋判官古郷の錦の狂言に、楠正行の役、此時、上下の模様に石だたみを付けられしより、やれ市松染、市松染と賞翫せらるることとなり、文化七八九年の頃、又、このそめ、時行たり」＊社会百面相(1902)〈内田魯庵〉新詩人「市松染(イチマツゾメ)の紙布(しふ)の兵児帯」語誌(1)初代佐野川市松(一七二二～六二)が「塩屋判官古郷の錦」(一七四一)の楠正行を演じた時、白と紫の石畳模様の上下を着した(一説には「高野心中」の久米之介の袴とも)ところ、彼の人気とともに特に江戸の女性たちの間で大流行したという。(2)「石畳」とは正方形、または長方形が規則正しく並んだ碁盤目状の模様で、中世までは「霰」と呼んでいた。「石畳」は近世以降の名称で、中でも特に二色を交互に配したものを「市松染」「市松小紋」「市松形」あるいはたんに「市松」と呼ぶようになった。発音〈標ア〉0

いちまつ-にんぎょう【市松人形】〖名〗(歌舞伎役者の佐野川市松をかたどったものとも、市松という孝子になぞらえたものともいう)木、または鋸(のこぎり)の屑(くず)を膠(にかわ)で練りかためた胴に首をはめ、四肢を白ちりめんでつぎ合わせて動くようにした人形。天保(一八三〇～四四)以降の流行で、腹部を押すと泣き声を発するように笛を仕込んだものもある。関西では「いちま」と呼ぶことが多く、また、人形類の総称ともする。＊随筆・守貞漫稿(1837-53)二三「市松人形三都とも三五寸より尺ばかりの物あり。〈略〉近年は腹に紙を折て一押一放風を出入して赤子のなき声に擬するものあり」＊風俗画報-一一〇号(1896)京の三月女遊び「雛には四人宮女(きうじょ)仕丁三人外に市松人形(イチマツニンゲフ)是には各自流行を競ひし衣服を着せ」語誌(1)女児の持って遊ぶ嬰児姿の抱き人形のことで、それに衣装を着せて遊ぶ裸人形の一種である。これに市松の名を冠したのは歌舞伎役者佐野川市松に似せて人形を作ったからであろうといわれるが、男の子の形の子供のための人形であったこと、当時人形の名品は京で生産されていたこと、などから、人形のモデルは江戸に下る以前京の舞台に立っていた愛らしい子役当時の市松であったろうと考えられる。(2)京阪で「いちま」と呼ぶのは「のろまつ」「そろまつ」を「のろま」「そろま」と呼ぶのと同様。また親しみをこめて「いちまさん」とか「おいっつぁん」などともいう。発音イチマツニンギョー〈標ア〉二〈京ア〉二

市松人形〈守貞漫稿〉

いちまつ-むしろ【市松莚】〖名〗黒藺(くろいぐさ)を交じえて、市松模様に編んである畳表。＊随筆・守貞漫稿(1837-53)一七「妓院茶店食店の畳表は必ず黒藺を交へたる市松莚なり。其他更に不レ用レ之」

いちまつ-もよう【市松模様】〖名〗地紋の一種。黒と白を交互に並べた碁盤目の模様。江戸中期の歌舞伎役者佐野川市松が舞台で用いた上下(かみしも)の模様から流行したものという。最近は、色物や長方形のものなどもある。市松。石畳(いしだたみ)。→「いちまつぞめ(市松染)」の語誌。＊芽むしり仔撃ち(1958)〈大江健三郎〉八「村長の家は黒と白の市松模様の壁をめぐらせて」発音イチマツモヨー〈標ア〉モ〈京ア〉モ 辞書言海 表記市松模様(言)

いち-まつり【市祭】〖名〗中世、市場開設の際、市神の前で行なわれた祭礼。

いちまつ-ろ【市松絽】〖名〗平絽織、綾絽織以外の絽織の総称で、綟(もじ)り方を市松形に変えたもの。発音〈標ア〉ツ

いちま-にんぎょう【市松人形】〖名〗「いちまつにんぎょう(市松人形)」の上方での称。＊浄瑠璃・伊賀越道中双六(1783)五「持遊びの市松(イチマ)人形」＊随筆・摂陽奇観(1833)二七・寛保元年「市松染流行、佐野川市松といふ女形が衣裳の好みに染めたる石畳の小紋にて、其頃専ら流行なし、市松小紋ともいへり。又、いと愛らしき稚子の木像をいちまにんぎゃうといふも、市松人形の略語なるよし」方言❶市松人形。◇いちまにんぎょ 香川県仲多度郡829 ❷人形。京都府312 大阪府312 奈良県678 発音〈京ア〉イチマニンギョー

㊁

いちまんえん-さつ【一万円札】〖名〗額面一万円の日本銀行券。昭和三三年(一九五八)一二月から発行された。発音〈標ア〉エ

いちまん-ごく【一万石】㊀(寺領が一万石余であったところから)江戸上野の寛永寺の異称。＊雑俳・柳多留-一七(1782)「湯島から壱万石の塔が見へ」＊雑俳・柳筥(1783-86)二「鬼の門一万石でおっふさぎ」㊁〖名〗①女子の陰部の異称。＊人情本・閑情末摘花(1839-41)二・七回「太股一満極(いちマンゴク)の辺りを、人差指にて突けば」②(形状が㊁①に似ているところから)鮑(あわび)を、一万石、二万石と言いながら指で突くたわむれ。③転じて、肉体的交わりをすること。情交。＊化銀杏(1896)〈泉鏡花〉一一「何様(どんな)に潔白であったからっても、世間じゃさうとは思ってくれず、『へむ、腹合はせの姉弟だ』と一万石に極(きめ)っちまふ」発音イチマンゴク〈標ア〉0

いちまんさんぜん-り【一万三千里】〖名〗日本からオランダまでの道程。転じて、遠い外国、ことにオランダ国、または、その国の人をさす。＊雑俳・柳多留拾遺(1801)巻八「丸山の客は一万三千里」

いちまんじゅう-じころ【一饅頭鞠・一饅頭錏】〖名〗兜(かぶと)の鞠(しころ)の制の名。鉢付の一の板はまんじゅう形で、二の板以下が日根野形のもの。日根野饅頭(ひねのまんじゅう)。＊中古甲冑製作弁(1801)中「一饅頭鞠之事。作の兜饅頭鞠を受るための腰巻の反りあふ故に鉢付板一板斗を饅頭なりにして二の板より下は日根野流の鞠にしたるなり」

いちまん-そう-え【一万僧会】〖名〗仏語。一万人の僧が集まって行なう法会。＊源平盛衰記(14C前)二四・南都合戦同焼失「天平勝宝元年十一月己酉日、御影向あり。則尊神と天皇と、もろ共に、大仏殿に御参有りて一万僧会(いちマンソウエ)を行なはれしに」

いちまん-そう-くよう【一万僧供養】〖名〗

「いちまんそうえ（一万僧会）」に同じ。＊御伽草子・高野物語（室町末）「このそうをばうずにて、一まんそうくやうして、女ばうのこつをとり」発音イチマンソーク ヨー〈標ア〉ク

いちまん-ど【一万度】〘名〙①「いちまんどばらい（一万度祓）」の略。＊政基公旅引付-文亀三年（1503）四月五日「於二円満寺一心経一万巻講読、又地下人等自二大日堂一八王子社等を令二一万度一云々」＊雑俳・柳多留拾遺（1801）巻一一「一万度大きく守り給ふなり」②「いちまんど（一万度）の祓箱（はらいばこ）」の略。＊雑俳・柳多留-一五九（1838-40）「かるかると持ても重き一万度」＊歌舞伎・三題噺高座新作（髪結藤次）（1863）大切「十人並なら手の届かねえ、一万度のこの中へ隠しておけば大丈夫」発音〈標ア〉0

いちまんど の 祓箱（はらいばこ） 近世、伊勢神宮の御師（おし）が、年の暮に御祓を入れて諸国の檀家へ配って、銭を受けた御祓箱。一万度。万度。＊随筆・嬉遊笑覧（1830）七「彼一万度の祓箱に幣を立四手を付て獅子舞どももてありく。これは伊勢の吾鞍川より出るを学びて諸州に大神楽とてあり」

いちまんど-ばらい【一万度祓】〘名〙祓の詞を神前で一万度奏して、罪を祓い清めること。発音〈標ア〉バ

いちまん-にち【一万日】〘名〙（「一万日の回向（えこう）」の意）長年月にわたっていとなむ供養。＊浮世草子・俗つれづれ（1695）二・二「引ふねつけて一万（マン）日成とも、この君達の、年のあく日が、ゑかうじゃ」＊雑俳・軽口頓作（1709）「ねてもおきても・一万日の常ねぶた」

いち-み【一味】〘名〙発音〈標ア〉0 ①仏語。真実絶対の立場では、すべてが同一で、平等であること。多くは仏の教えについて、時や所や人に応じて多様であっても、結局その趣旨は同一であること。＊顕戒論（820）上「皇帝陛下。明等二日月一。徳同二天地一。政行二五常一。教信二一味一」＊栄花（1028-92頃）くもの振舞「罪すすぐ昨日今日しも降る雨はこれやいちみと見るぞ嬉しき」＊三帖和讃（1248-60頃）高僧「名号不思議の海水は、逆謗の屍骸もとどまらず、衆悪の万川帰しぬれば、功徳のうしほに一味なり」＊南本涅槃経-一八「如来語一味、猶如二大海水一」②味が単一なこと。同じ味。また、副食物一品だけの質素な料理。＊正法眼蔵（1231-53）栢樹子「あはれむべし、煙火まれなり、一味すくなし」＊妙一本仮名書き法華経（鎌倉中）三・薬草喩品第五「そのくもよりいつるところの一味（イチミ〈注〉ヒトツノアチワイ）のみつに」＊四河入海（17C前）一九・二「さればこそ醍醐も酒もまづ一味である則何嫌え不飲や」＊即興詩人（1901）〈森鷗外訳〉教育「譬へば蜂の百花の上に翼を休めて、唯だ一味の蜜を採らんが如くなるべし」＊晉書-姚萇載記「身食二一味一、妻不レ重レ綵」③漢方の語で、多くの薬種の中の一品。また、一般に一種類の薬品。＊全九集（1566頃）二「単行とは臣使の薬をつれざれども一味にて其功をなす」＊日葡辞書（1603-04）「クスリichimiuo（イチミヲ）クワユル」＊語孟字義（1705）下・敬「若謂三一敬字能該二尽聖学之始終一、則猶レ言三用二一味橘皮一乃可」＊和英語林集成（初版）（1867）「ダイワウ（大黄）ichimi（イチミ）ノ グヮンヤク」＊小学化学書（1874）〈文部省〉三・六五回「黄金は如何なる強酸にても唯一味にては之を溶すこと能はす」④（―する）同じ目的を持った者が寄り集まって、仲間となること。また、その人々。味方。同志。一味同心。現代ではもっぱら悪事を企てる仲間をいう。＊平家（13C前）四・山門牒状「抑（そもそも）北嶺は円宗一味の学地、南都は夏臈得度の戒定也」＊源平盛衰記（14C前）四・白山神輿登山事「各白山権現の御前にして、一味（ミ）の起請を書き」＊天草本伊曾保（1593）百姓と子どもの事「ソノ コドモノ ナカガ フワデ〈略〉ソノチチ ナニトゾシテ コレラガ ナカヲ ychimi（イチミ） サセタイト イロイロ タクメドモ」＊日葡辞書（1603-04）「Ichimi（イチミ）〈訳〉一つの体、または、合併。例、Ichimini（イチミニ） ナル〈訳〉合併して一体になる」＊仮名草子・身の鏡（1659）上「喧嘩を仕出さんに、同道の人も是非なく一味（イチミ）して死たる時」＊浄瑠璃・平家女護島（1719）三「一味して戦場に討死するも死は同じ」⑤同じたぐい。同類。＊太閤記（1625）四・石動山由来之事「此属（このたぐひ）は皆、一犬吠レ虚万犬伝レ実と、一味之浅智なるべし」⑥一種の味わいや趣のあること。＊俳諧・笈日記（1695）中・岐阜・十八楼の記「かの瀟湘の八のながめ、両湖の十のさかひも、涼風一味のうちに思ひためたり」＊偸盗（1917）〈芥川龍之介〉三「急に或気づかれを感じて、一味の感傷にひたりながら、其眼に涙をうかべて、そっと戸口へ立ちよった」＊近代文明と芸術（1924）〈吉江喬松〉二・二・農民と文芸「一味の哀愁の光りと、緩かな微笑の波とがいづこにも漂ってゐる」⑦「いちみとうがらし（一味唐辛子）」の略。語誌(1)仏教語を出自とし、本来は①の意であるが、そこから転じて②や④等の意に用いられたものと考えられる。(2)「仲間・同志」という意義展開の過程においては④に挙げた「日葡辞書」の説明から「一身」との関連が考えられる。発音〈標ア〉チ〈京ア〉0 辞書文明・伊京・明応・天正・饅頭・黒本・易林・日葡・書言・〈ボン〉・言海 表記一味（文・伊・明・天・饅・黒・易・書・へ・言）

いちみ の 雨（あめ） 仏語。国土草木に平等に降り注いで、すべてを一様にうるおす雨。仏の教えが機根の差に関係なく、同じように与えられることのたとえ。一味の法の雨。＊和泉式部続集（11C中）下「ものをのみ思ひの家を出でて降る一味の雨にぬれやしなまし」＊後拾遺（1086）釈教・一一八七「諸共にみつの車にのりしかどわれはいちみの雨にぬれにき〈よみ人しらず〉」＊梁塵秘抄（1179頃）二・法文歌「釈迦の御法は唯一つ、一味の雨にぞ似たりける」＊狂歌・銀葉夷歌集（1679）一〇「むつかしく説たり又はやはらけつ一味のあめをねぶらされたり」＊法華経-薬草喩品「仏所レ説法、譬如下大雲、以二一味雨一、潤中於人華上、各得レ成レ実」辞書日葡

いちみ の 法（のり）**の雨**（あめ） 仏語。「いちみ（一味）の雨（あめ）」に同じ。「法」は仏の教えの意。＊謡曲・定家（1470頃）「一味のみ法の雨の滴り、皆潤ほひて草木国土、悉皆成仏の機を得ぬれば」

いちみ-がったい【一味合体】〘名〙「いちみどうしん（一味同心）」に同じ。＊歌舞伎・浮世柄比翼稲妻（鞘当）（1823）序幕「そこらあたりに一味合体、ややともすればお家を窺ふ」＊人情本・閑情末摘花（1839-41）五・二五回「太助めも慾に引れて、叔御と一味合体か」

いちみ-しゃびょう【一味写瓶・一味瀉瓶】〘名〙仏語。一つの瓶から他の瓶になかの水をそそぎ移して、あますところがないことで、師から弟子に教えを伝えて、その間に差異のないことをたとえたもの。写瓶。

いち-みじん【一微塵】〘名〙一つのちり。一つのあくた。転じて、きわめてわずかな物事をいう。＊真如観（鎌倉初）「我目の前の一微塵（イチミヂン）計の中に、十方世界一切仏菩薩在ます」＊正法眼蔵（1231-53）法華転法華「すでに十方仏土と転法華す、一微塵のいるべきところなし」＊信心録（ヒイデスの導師）（1592）三・一四「コノ キミ ニ ヲン トガ ichimigin（イチミヂン） ホド モ マシマサズ ト イエドモ」＊日葡辞書（1603-04）「Ichimigin（イチミヂン）。ヒトツノ チリ。例、トガ ichimigin（イチミヂン） ホドモ ナイ」辞書日葡

いちみ-しんこう【一味信仰・一味信向】〘名〙ひたすら信じて回向（えこう）すること。＊空華日用工夫略集-応安四年（1371）正月二六日「以二平等心一一味信向、則只箇信心、即仏祖骨髄也」

いちみ-じんずい【一味神水】〘名〙（「じんずい」は「しんすい」「じんすい」とも）一味同心を誓うために神水を飲むこと。中世の村落結合、惣、惣村において、村民達はその自治的活動を維持するために、掟書（おきてがき）をつくり神水をのみ、事あるごとに同心であることを確認した。なお、神水には、一味同心を誓う起請文を焼き、その灰を入れるという。＊高野山文書-文永一〇年（1273）八月一〇日・関東下知状案（大日本古文書六・一一六四）「百姓違二背預所一一味神水罪科事」補注「源平盛衰記-四・白山神輿登山事」に「各白山権現の御前にして、一味の起請を書、灰に焼て、神水に浮（うかめ）て呑レ之。身の毛竪（よだち）てぞ覚ける」とある。

いちみ-だい【一目鯛】〘名〙方言魚。❶めいちだい（目一鯛）。愛知県名古屋市016 ❷たい（鯛）。勢州030 ◇いちめ

いちみ-とうがらし【一味唐辛子】〘名〙唐辛子だけを細かく砕いた香辛料。七味唐辛子に対していう。一味。

いちみ-どうしん【一味同心】〘名〙同じ目的のために力を合わせ、心を一つにすること。また、その人々。一味合体。＊平家（13C前）四・山門牒状「一味同心に僉議して、山へも奈良へも牒状をこそおくりけれ」＊東寺百合文書-よ・康暦元年（1379）八月日・播磨矢野庄例名内是藤名名主実長申状「惣庄五十余名々主数十人一味同心に以二連判一訴申時」＊太平記（14C後）三〇・薩埵山合戦事「始め宇都宮にて、一味同心せし勢計に成ければ、僅に七百騎にも足らざりけり」発音イチミドーシン〈標ア〉チ

いちみ-ととう【一味徒党】〘名〙同じ目的のために、仲間となること。また、その人々。同志の仲間。徒党。＊浄瑠璃・仮名手本忠臣蔵（1748）六「此度亡君の敵、高の師直を討取らんと神文を取かはし、一味徒党（イチミトトウ）の連判かくのごとし」＊坊っちゃん（1906）〈夏目漱石〉一一「さうかそれじゃおれもやらうと、即座に一味徒党に加盟した」発音イチミトトー〈標ア〉チ

いちみ-ほうう【一味法雨】〘名〙「いちみ（一味）の法（のり）の雨（あめ）」に同じ。＊譬喩尽（1786）一「一味法雨（イチミホフウ）〈法華経〉」

いち-みゃく【一脈】〘名〙①一度みる脈。＊咄本・九行整版本昨日は今日の物語（1636）「医師（くすし）来り、一みゃくとりて薬を与へ」②いくつかの物事の間に、または一つの物事の中で、一連のつながりがあること。ひとすじ。ひとつづき。＊開化の入口（1873-74）〈横河秋濤〉三「天津日嗣（あまつひつぎ）万国に類ひなき一脈（イチミャク）連綿の天孫を押籠奉り」＊芭蕉（1922）〈吉田絃二郎〉「一脈の銀河が佐渡の島にかけて瞬（またた）きはじめてゐるのであった」＊張養浩-秋日梨花詩「只知千林秋色老、争信陽和一脈存」発音〈標ア〉0〈京ア〉0

いちみゃく 通（つう）**ずる** いくつかの物事の間において、その性質や考え方などがある程度類似していたり共通していたりする。＊百鬼園随筆（1933）〈内田百閒〉羽化登仙「両者の間に一脈通ずるところの趣きを人に説くのだけれど、何人も合点しない」＊私の詩と真実（1953）〈河上徹太郎〉シェストフ的不安「さういふ風に考へると、シェストフの『虚無』はヴェルレーヌの『心の貧しさ』と一脈に通じるものもある」

いち-みやげ【市土産】〘名〙年の市のみやげ。特に木や張子で男性の陽物をかたどった金勢大明神をいう。＊雑俳・柳多留-五四（1811）「市みやげ娘貰ってほふり出し」

いち-みょう【一名】〘名〙①「いちめい（一名）②」に同じ。＊日葡辞書（1603-04）「Ichimiŏ（イチミャウ）。ヒトツノ ナ」②「いちめい（一名）③」に同じ。

＊西洋道中膝栗毛(1870–76)〈仮名垣魯文〉五・上「桂枝(けいし)多く第一ばんの名産たれば一名(メウ)を桂枝嶋とも号(なづく)るとぞ」 辞書日葡・言海 表記一名(言)

いち-みょう【一明】〘名〙(「明」は真言、陀羅尼の意) 仏語。一つの真言。→一印一明。＊底哩三昧耶不動尊聖者念誦秘密法-下「一明一焼擲二火中一満二一万遍一」

いち-みょうじ【一名字】〘名〙名字を同じくすること。一家。一族。中世に、家の観念が、名字として表現された例が多く見られる。＊薩藩旧記-二三・応永一一年(1404)六月二九日・畠山左衛門尉執達状「為二一名字一不断及二合戦一云々、何程之事哉、不レ可レ然」

いちみ-れんぱん【一味連判】〘名〙同じ目的や企てのために仲間となった者が、その約束のしるしとして、連名で書状に判を押すこと。また、その書状。＊浄瑠璃・仮名手本忠臣蔵(1748)七「いづれも様方の一味連判(いちみレンパン)の様子承はりまする」と」＊歌舞伎・小袖曾我薊色縫(十六夜清心)(1859)五立「得心の上は此場にて、一味連判へ血判おしやれ」 発音〈標ア〉チ

いちみ-わごう【一味和合】〘名〙仏語。三宝の一つである僧伽(そうぎゃ)の意味を説明したことばで、比丘(びく=僧)たちが心を一つにして一致団結すること。＊顕戒論(820)上「其上座部。経二爾所時一。一味和合」＊性霊集-九(1079)高雄山寺択任三綱之書「我大師薄伽梵子、呼二僧伽一、僧伽梵名、翻云二一味和合一。等レ意云、上下無二諍論一、長幼有二次第一」＊高野山文書-永享四年(1432)九月一七日・金剛峰寺学侶一味契約状(大日本古文書二・三二一)「凡一味和合者、僧衆之軌則、芝蘭膠漆者、修学之朋友也」

いち-みん【一眠】〘名〙①少しの眠り。ひとねむり。＊蔗軒日録-文明一六年(1484)六月二九日「夜間蚊入レ帳、不レ能二一眠一」②蚕が第一回の脱皮をする間の静止している状態。初眠。 発音〈標ア〉０

いち-む【一夢】〘名〙一度の夢。また、一度夢を見る間の短い時間。はかないさまをいう。＊再昌草-文亀三年(1503)二月二七日「三十年来一夢間、逢レ君欲レ話旧青山」＊日葡辞書(1603–04)「フセイワ ichimuno(イチムノ) サムルガ ゴトシ」＊南郭先生文集(1758)二・独酌有懐亡友二首「当年一夢結交場、老去尋思総渺茫」＊黒潮(1902–05)〈徳富蘆花〉一・七・四「『此四十年の我々の半生を顧ると、全く一部の伝奇を見るが如しや』『実際一夢の看(かん)をなすね』」＊蘇軾-亀山弁才師詩「千里孤帆又独来、五年一夢誰相対」 発音〈標ア〉チ 辞書日葡

いち-むき【一向】〘形動〙物事を一途(いちず)にやるさま。ひとむき。ひたむき。＊詞葉新雅(1792)「イチムキニ ひたすらに ひたふるに」 方言我を通す人。岐阜県揖斐郡498

いち-むし【生虫】〘名〙 方言⇩いきむし(生虫)

いち-むじん【一無尽】〘形動〙わき目もふらず行動するさま。＊浄瑠璃・壇浦兜軍記(1732)四「微塵のらを仕らず一服のむたばこを半服に減じて、一無尽(ムジン)に精出しますれば」＊浮世草子・当世宗匠気質(1781)四・二「一むじんに昨日の処へゆき」

いちむら【市村】㊀姓氏の一つ。㊁歌舞伎俳優の姓の一つ。 発音〈標ア〉チ

いちむら-うざえもん【市村羽左衛門・市村宇左衛門】歌舞伎俳優。江戸市村座の座元の名。屋号橘屋。㊀初世。初世村山又三郎。市村座の前身村山座を創設。慶長一〇〜承応元年(一六〇五〜五二)㊁三世。市村座を創設。貞享三年(一六八六)没。㊂八世。七世の弟。和事、実事のほか、所作事を得意とした。宇左衛門を羽左衛門と改名。元祿一一〜宝暦一二年(一六九八〜一七六二)㊃九世。八世の子。豊後節の所作事の大成者。享保一〇〜天明五年(一七二五〜八五)㊄一二世。江戸末期の名優。和事、実事のほか、所作事を得意とした。文化九〜嘉永四年(一八一二〜五一)㊅一三世。五世尾上菊五郎の前名。弘化元〜明治三六年(一八四四〜一九〇三)㊆一五世。本名市村録太郎。二枚目役者として有名。当たり役は、切られ与三、勘平など。明治七〜昭和二〇年(一八七四〜一九四五)

いちむら-さんじろう【市村瓚次郎】東洋史学者。文博。常陸国(茨城県)出身。号器堂、筑波山人。東京帝国大学卒業、のち同校教授。東洋史学を開拓、確立した。主著「支那史要」「東洋史統」など。元治元〜昭和二二年(一八六四〜一九四七)

いちむら-ざ【市村座】歌舞伎劇場。江戸三座の一つ。寛永一一年(一六三四)村山又三郎が村山座として江戸葺屋町(東京都中央区日本橋堀留町一丁目)に創立。承応元年(一六五二)以降寛文七年(一六六七)ごろまでに市村宇左衛門が譲り受け、市村座と改称。天保一三年(一八四二)天保改革によって浅草猿若町(台東区浅草六丁目)に中村座、森田座とともに移転した。さらに明治二五年(一八九二)下谷二長町(台東一丁目)に移転したが、昭和七年(一九三二)焼失して廃座。 発音〈標ア〉０〈京ア〉０

いちむ-りゅう【一夢流】〘名〙①逸見清光の門弟、熊谷一夢の開いた弓術の一流派。②富田一放の門弟入江一夢の開いた剣術の一流派。③稲富一夢祐直が慶長頃開いた砲術の一流派。稲富流。 発音イチムリュー〈標ア〉０

いちむろ-づくり【一室造】〘名〙屋根裏のままで、天井を張らない建築。また、その家。内室(うちむろ)造り。 発音〈標ア〉ヌ

いち-め【市女】〘名〙①市で物をあきなう女。市に住む女。＊宇津保(970–999頃)藤原の君「とくまちといふ、いちめの富めるあなり」＊源氏(1001–14頃)玉鬘「あやしき市女あき人の中にて、いぶせく世の中を思ひつつ」②「いちこ(市子)」に同じ。＊滑稽本・東海道中膝栗毛(1802–09)三・上「女おくのまへゆき、かのいちめにそのことをきき合す。いち子しゃうちのよしなれば」 発音〈標ア〉０ 辞書言海 表記市女(言)

いち-めい【一名】〘名〙①ひとり。＊福恵全書-莅任部・堂規式「承印吏一名、門子二名、至二宅門一侯候」②一つの名前。一つの名称。＊俳諧・古学截断字論(1834)上・古今抄「第二に称歎の哉は、漢家の字書にも多用にして、彼いふ一名二意にも限らず」③本名のほかの名。又の名。別名。異名。＊遊女記(1087–94)「殊事二百大夫一。道祖神之一名也」＊史記抄(1477)一八・亀策列伝「上に載所と云があったれば、載と云も兆の中の一名でばしある歟」＊秘事法門(1964)〈杉浦明平〉四「千把こき、一名後家タオシの発明は」＊北本涅槃経-九「先陀婆者一名四実、一者塩、二者器、三者水、四者馬、如レ是四法、皆同此石」＊晉書-李密伝「李密、字令伯、犍為武陽人也、一名虔」 発音イチメイ〈標ア〉①はチ ②③はチ０〈京ア〉チ

いち-めい【一命】〘名〙①ひとつのいのち。生命。＊東寺百合文書-は・暦応四年(1341)七月日・若狭太良荘住人時真越訴状幷具書案(大日本古文書一・一三〇)「彼一命知行以後者、可預賜于時真之由約諾畢」＊庭訓往来(1394–1428頃)「棄二一命一、被レ竭二粉骨一者」＊日葡辞書(1603–04)「Ichimei(イチメイ)。イノチ」＊浮世草子・好色一代男(1682)四・一「一命(メイ)浮雲(あぶな)く、片輪にも成程の事有ぬべし」＊和英語林集成(再版)(1872)「Ichimei(イチメイ)ヲ ナゲウツ」＊駱賓王-幽縶書情通簡知己詩「一命淪二驕餌一、三緘慎二禍胎一」②死没すること。＊伊勢光明寺文書-建長二年(1250)六月一五日・度会神主某譲状案(鎌倉遺文一〇・七二〇五)「一命之後考、永全犬可レ令二相伝一也」③ひとたび任命したり命令したりすること。また、その任命や命令。④古代中国で、はじめて官などを授けられて正吏となること。また、その辞令や官位。＊春秋左伝-昭公七年「故其鼎銘云、一命而僂、再命而傴、三命而俯」 発音イチメイ〈標ア〉チ〈京ア〉チ 辞書文明・饅頭・日葡・ヘボン・言海 表記一命(文・饅・へ・言)

いちめい を 限(かぎ)りに 自分の命をかえりみないで。必死で。＊仮名草子・恨の介(1609–17頃)上「叶はぬまでも、一命を限りに観世音を頼み申さんと」

いちめい=を[=に]懸(か)ける 自分の命をかえりみずに尽くす。命を捧げる。命がけでする。＊咄本・昨日は今日の物語(1614–24頃)下「一命(メイ)をかけて此ごとく参るに、御疑ひなされ候」＊浮世草子・武家義理物語(1688)一・二「一命にかけても夫妻願ひの所存」＊浮世草子・御前義経記(1700)一・序「一命を懸け奉る主君の御意、仰せ出さるるは綸言に等し。辞退申は不忠に似たり」＊浄瑠璃・曾根崎心中(1703)「三日の朝は返さふと一めいかけて頼むにより」

いち-めい【一銘】〘名〙刀などに刻まれた、名のある銘。＊虎明本狂言・磁石(室町末-近世初)「汝がぬひた太刀をみれば、いかさま一めいかかへたものとみへた程に」 発音イチメイ〈標ア〉０チ

いち-めい【一鳴】〘名〙一度鳴くこと。 発音イチメイ〈標ア〉０チ

いちめい 人(ひと)を驚(おどろ)かす ひとたび奮起すると、人を驚かすほどのことをする。＊孔雀楼筆記(1768)二「芸苑に一鳴(いちめい)驚レ人(ひとヲヲドロカス)の手段ありとしるべし」

いちめ-がさ【市女笠】〘名〙(もと市女が多く用いたところからの名という) かぶり笠の一種。菅(すげ)やうすい檜(ひのき)の剝板(へぎいた)などで、中央が突起して縁の張った形に編み、黒漆を塗ったもの。平安中期以後、主として上流社会で男女共に用いられた。＊西宮記(969頃)一七・車「菅簦 行幸時、王卿已下雨具用市女笠」＊能因本枕(10C終)一六〇・えせものの所得る折の事「雨降る日の市女笠」＊平家(13C前)四・信連「女房装束にて出でさせ給へと申しければ、〈略〉重ねたる御衣に市女笠をぞ召されける」 語誌平安時代以降は貴族が外出時顔を隠すために用いた。被衣(かずき)の上からかぶることが多かったが、形も時代とともに少しずつ変わり、はじめは傾斜が急であったが次第に浅くなったので、婦人は枲垂衣(むしのたれぎぬ)という薄い布を周囲に垂らして顔を隠した。また飾り紐などもつけて用いた。 発音イチメガサ〈標ア〉ガ〈ア史〉江戸●●●○○〈京ア〉メ 辞書易林・日葡・書言・言海 表記市女笠(易・書・言)

市女笠〈扇面法華経〉

いち-めり〘名〙「いちさがり(一下)」に同じ。

いち-めん【一眄】〘名〙「いちべん(一眄)」に同じ。

いち-めん【一面】〘名〙①(形動) 一つの物事の全部、総体。㋑ある場所全体。そのあたり一帯。＊金刀比羅本保元(1220頃か)上・官軍方々手分けの事「基盛三百余騎を一面(イチメン)にたてて、すこしすすみ」＊滑稽本・浮世床(1813–23)初・上「池の端へ行て見た所が、一面(イチメン)に厚氷が張詰てあるといふもんだから」＊福翁自伝(1899)〈福沢諭吉〉欧羅巴各国に行く「黄平(きびら)の羽織に漆紋〈略〉それが武家社会一面(イチメン)の大(おほ)流行」㋺そこにいる全員。それがそろっていっせいであるさま。＊平家(13C前)一一・能登殿最期「主従三人〈略〉太刀をぬいて一面にうてかかる」＊日葡辞書(1603–04)「シゴジュウニン ichimenni(イチメンニ) ザラリト ナヲル」＊滑稽本・浮世風呂(1809–13)三・下「『そりゃアさうと一面(イチメン)に伊予染だの』『アイサ。路考茶か、鼠か、伊予染さ。』

みんな昔流行（はやっ）たさうだが、段段流行返るのだ』」 ②一方の側。片方の面。㋑物や場所などの一つの側。＊今昔（1120頃か）三・三五「香姓婆羅門、〈略〉上の牙を取て別に一面に置て阿闍世王に与ふ」＊太平記（14C後）一三・龍馬進奏事「穆王馬より下て会座に臨で、則仏を礼し奉て、退て一面に坐し給へり」＊中華若木詩抄（1520頃）下「瀟湘の八景を、扇の一面に画きたる也」＊法華経‐序品「各礼二仏足一退坐二一面一」㋺物事のある側面や観点。半面。副詞的にも用いる。また、中国の近世語の影響から「一面…一面…」の形で、「…しながら…する」の意で用いられることもある。＊四河入海（17C前）一四・一「故事は一面かり用るまでぞ」＊二人女房（1891）〈尾崎紅葉〉上・七「お銀は始終顔を下げて、一面（メン）は聞き、一面（メン）は分別」＊灰燼（1911‐12）〈森鷗外〉一四「あの議論は一面の真理を持ってゐるには相違ないが」＊道草（1915）〈夏目漱石〉二四「一面（イチメン）に於いて愚直に近い彼の性格は、一面（イチメン）に於いて彼を神経的にした」＊暗夜行路（1921‐37）〈志賀直哉〉四・八「夫婦として一面（イチメン）病的に惹き合ふものが出来たと同時に」＊史記‐留侯世家「独韓信、可レ属二大事一、当二一面一」 ③はじめて会うこと。また、一度だけ会うこと。＊懐風藻（751）初秋於長屋王宅宴新羅客〈調古麻呂〉「一面金蘭席、三秋風月時」＊報徳記（1856）三「今年一金の融通も絶たるに一面の間に二百金を与へられ菅子夢の如くにして帰たりと云」＊帰省（1890）〈宮崎湖処子〉一「門前を過ぐる序（ついで）なれば、一面を経れば足れりと云ふと」＊別れ霜（1892）〈樋口一葉〉一〇「我に対して一面（イチメン）の識なく一語の交りなき若（し）かも婦人が所用とは何事」＊世説新語‐賢媛「山公与二嵆阮一一面契若二金蘭一」 ④鏡、硯、琴、琵琶、また、碁、将棋の盤や駒一組など、主に平らなものや面を持ったものの一つ。＊吾妻鏡‐貞応三年（1224）四月二八日「其儀兼被レ上二南面御簾三ヶ間一。御硯一面〈蒔鶴〉、御手本〈昨日自二京都一参着〉等〈置二文台一〉、置二御座前一」＊日葡辞書（1603‐04）「Ichimen（イチメン）。ビワ ichimen（イチメン）。バン ichimen（イチメン）。Ichimenno（イチメンノ）ブン〈訳〉将棋盤、台の集められたすべての駒、または碁石」＊浄瑠璃・八百屋お七（1731頃か）上「其替には常々に欲しい欲しいといはれたる、木仏の大黒と布袋屋歌留多一めんじゃが」＊洒落本・通言総籬（1787）二「一面（メン）の琴は遙に見る滝に似たり」 ⑤新聞の第一ページ。主に政治に関する重要な事件や問題を掲載する。「朝刊の一面を飾る」＊青年（1910‐11）〈森鷗外〉二「東京新聞を拡げて、一面の小説を読む」＊業苦（1928）〈嘉村礒多〉「社に着くと、待構へてゐた主人と、十一月二十日発行の一面の社説についてあれこれ相談した」 発音〈標ア〉0 ②④⑤は0 チ 〈京ア〉①②は0 ④⑤はチ 〈ア史〉①は室町・江戸●●●○ 辞書文明・天正・易林・日葡・書言・〈ボン〉・言海 表記一面（文・天・易・書・へ・言）

いちめん 旧（きゅう）のごとし 初めて会って、古くからの知り合いのように親しい。＊晉書‐張華伝「陸機兄弟〈略〉見レ華一面如レ旧、欽二華徳範一、如二師資之礼一焉」

いちめん の 網（もう） 殷（いん）の湯王が、四面に網を張って鳥を捕えているのを見て、その三面の網を解かせ、一面の網にかかるものだけを捕えさせ、鳥獣にまで仁政をほどこしたという「呂氏春秋‐孟冬紀・異用」に見える故事。転じて、法律の適用の苛酷でないことのたとえ。＊三代格‐一・延喜格序（908）「前帝後王、雖三倶存二一面之網一、重規畳矩、不レ能レ廃二三章之科一」

いち‐めんかい〔メンクヮイ〕【一面会】〘名〙一度会うこと。＊人情本・花暦封じ文（1866頃）三・一七回「まだ一面会（いちメンクヮイ）にも及ばぬ仁（ひと）」 発音〈標ア〉0 メ

いちめん‐かん〔クヮン〕【一面観】〘名〙一方だけからの物の見方。一部分にとらわれた見方。局部的な見方。＊新しき用語の泉（1921）〈小林花眠〉「一面観 イチメンカン 物の全体に亙らないで、其の一方面のみに関する観察」 発音〈標ア〉メ

いち‐めんしき【一面識】〘名〙前に一度顔を合わせたことがある程度で、わずかに見知っていること。＊語彙（1871‐84）「いちめんしき 一面識の意にて一たび面を合せたる交（まじはり）をいふ」＊牛肉と馬鈴薯（1901）〈国木田独歩〉「見廻すと其中の五人は兼て一面識（いちメンシキ）位はある人であるが、一人、色の白い中肉の品の可い紳士は未だ見識らぬ人である」＊吾輩は猫である（1905‐06）〈夏目漱石〉八「先達て友人を連れて一面識もない華族の門前を通行した時、一寸寄って茶でも飲んで行かうと云って引張り込んださうだが」 発音〈標ア〉メ 〈京ア〉メ

いちめん‐てき【一面的】〘形動〙ある一つの面だけにかたよっているさま。＊竹沢先生と云ふ人（1924‐25）〈長与善郎〉竹沢先生とその兄弟・二「やっぱりよく接して見なくては人は一面的にしか分らぬもんだ」＊安土往還記（1968）〈辻邦生〉三「学院での教育がいかにも一面的であるのを、私は最近痛いように感じる」 発音〈標ア〉0 〈京ア〉0

いち‐も【一模】〘名〙型通りであること。副詞的に用いて、「すんなりと」の意を表わす。＊蔭凉軒日録‐延徳元年（1489）一〇月一九日「凡寺庵等自レ初為二檀那一、住持以下相計在所有レ之、又雖レ有二檀那一、自二最初一為二本寺一。住持以下相計在所亦有レ之、一模不二相定一也」

いち‐もう【一毛】〘名〙①一本の毛。転じて、非常にわずかなもの。軽いもの。また、そのこと。＊江談抄（1111頃）四「可レ謂下拾二虬龍之片甲一、得中鳳凰之一毛上者也」＊平家（13C前）四・南都牒状「一毛心にたがへば、王侯といへどもこれをとらへ」＊徒然草（1331頃）二一一「心を用る事〈略〉ゆるくしてやはらかなる時は、一毛も損せず」＊コンテムツスムンヂ（1596）三・五一「ナンジガ ichimôuo（イチモウヲ）ヌクホドノ コトモ カナウベカラズ」＊列子‐楊朱「禽子問二楊朱一曰、去二子体之一毛一以済二一世一、汝為レ之乎、楊子曰、世固非二一毛之所一レ済」 ②草や木の一本。一木一草。 ③尺度、秤（はかり）、貨幣、比率などの単位。一厘の十分の一。＊日葡辞書（1603‐04）「Ichimô（イチモウ）〈訳〉イチリンの十分の一」 ④「いちもうさく（一毛作）」に同じ。 発音イチモー 〈標ア〉チ 〈京ア〉0 ③はチ 辞書日葡・書言 表記一毫（書）

いち‐もう〔マウ〕【一妄】〘名〙一つの迷いの心。一点の煩悩。＊梵舜本沙石集（1283）七・二五「一翳眼にある時は、空花みだれをつ。一妄心にある時、恒沙生滅す」＊宗鏡録‐一「一翳在レ目、千華乱レ空、一妄在レ心、恒沙生滅」 発音イチモー 〈標ア〉チ 0

いち‐もう〔マウ〕【一盲】〘名〙ひとりの盲人。＊落葉集（1598）「一盲 いちまう」 辞書日葡

いちもう 衆盲（しゅうもう）を引（ひ）く 一人の愚者が他の多くの愚者を指導することをたとえていった。＊正法眼蔵（1231‐53）弁道話「文字をかぞふる学者をもて、その導師とするにたらず、一盲の衆盲をひかんがごとし」＊塩山仮名法語（1387頃）五「是れを一盲衆盲を引くとす」＊浮世草子・元祿大平記（1702）八・道頓堀にふくあらしかな「いかに狂言なればとて文盲な外題。一盲（モウ）衆（シュ）盲を引とかや」＊浮世草子・沖津白波（1702）一・三「通力自在にして絵に書ける鬼のごとくなりとおもへり。是一盲衆盲を引のあやまり」＊無門関‐竿頭進歩「拚レ身能捨レ命、一盲引二衆盲一」

いち‐もう〔マウ〕【一望】〘名〙唯一の希望。また、ある希望。いちぼう。＊浄瑠璃・孕常盤（1710頃）五「源の牛若丸献上祈文の意趣は、平氏追討の一望なり」＊花柳春話（1878‐79）〈織田純一郎訳〉四六「心中忽（たちま）ち一望を生じ来たり」 発音イチモー 〈標ア〉0

いち‐もう〔マウ〕【一網】〘名〙一つの網。また、網でひとすくいすること。＊日本開化小史（1877‐82）〈田口卯吉〉六・一三「直弼諜して之を知り、乃ち一網に打尽したりしかば」＊蝴蝶（1889）〈山田美妙〉二「一網の魚に露命を恃む」＊張憲‐一網謡「一網挙、万目張、建二炎帝一、開二重光一」

いちもう‐さく【一毛作】〘名〙同一耕地に一年に一回だけ農作物を作ること。また、その田畑。主に寒冷地で米だけを作る場合にいう。一作（いっさく）。いっけさく。ひとけさく。ひとけづくり。一季作。↔二毛作・多毛作。＊袖珍新聞語辞典（1919）〈竹内猷郎〉「一毛作 Once Harvest 二毛作に対する語なり、一年間同一耕作地に一回作物の栽培をなすことなり」 発音イチモーサク 〈標ア〉モ 〈京ア〉モ

いちもうさく‐でん【一毛作田】〘名〙年一回水稲だけを栽培する田。一毛田。 発音イチモーサクテン 〈標ア〉ク

いちもう‐しき【一毛式】〘名〙同一耕地に一年間に一回だけ作物を作る方式。 発音イチモーシキ 〈標ア〉0

いちもう‐せんきん【一毛千金】〘名〙（一本の毛が千金に価するところから）高価であること。珍貴であること。＊詩序集（1133頃）秋景満辺塞詩序〈藤原永範〉「文章之擅（ほしいままにする）レ美也、一毛千金之鳥謝レ誉」 発音イチモーセンキン 〈標ア〉0 チ

いちもう‐だじん〔イチマウ〕【一網打尽】〘名〙一度網を打ちおろして多くの魚を取り尽くすこと。転じて、一挙に一味の者を残らず捕えること。＊穏健なる自由思想家（1910）〈魚住折蘆〉「然るに今や警視庁は其取締の歩調をロヂカルに進めて来て一網打尽的に自由思想を抑へようとするに至った」＊苦心の学友（1930）〈佐々木邦〉天空海闊「釣なら一匹一匹ですが、網を打つと、所謂一網打尽（イチマウダジン）で、一遍に何十匹も捕ってしまひます」＊記念碑（1955）〈堀田善衛〉「抗戦派の主だったところを一網打尽にテロでやっつけてくれぬものかな」＊宋史‐范純仁伝「造謗者公相慶曰、一網打尽」 発音イチモーダジン 〈標ア〉0

いち‐もく【一目】〘名〙①一つの目。一方の目。また、片目。独眼。隻眼。＊古文真宝笑雲抄（1525）一・二「眇は一目の小也」＊晉書‐殷仲堪伝「父病積レ年、仲堪衣不レ解レ帯、躬学二医術一、究二其精妙一、執レ薬揮レ涙、遂眇二一目一」 ②目が一つしかないとされる想像上の人間。一目国の人。 ③（―する）一度だけちらりと見ること。一見。一瞥（いちべつ）。＊花柳春話（1878‐79）〈織田純一郎訳〉一「其貧窶（ひんく）一目して知らるべし」＊語彙（1871‐84）「いちもく ひと目見たるをいふ」＊内地雑居未来之夢（1886）〈坪内逍遙〉一一「おれにゃア一目（モク）して明瞭（あきらか）に見えるテ」＊草枕（1906）〈夏目漱石〉四「ジェリは一目宝石の様に見えるが、ぶるぶる顫へて、羊羹程の重味がない」 ④（―する）ひとめに見渡すこと。一望。＊蔭凉軒日録‐長享三年（1489）二月九日「洛中洛外、数里之景、在二一目間一奇絶々々」＊東京新繁昌記（1874‐76）〈服部誠一〉初・招魂社「九段は則ち都下最高の丘地にして而して都下を一目す」＊思出の記（1900‐01）〈徳富蘆花〉五・七「彼の将門が純友と遙かに皇城を俯視したと云ひ伝ふる辺へ来ると、洛陽の平原は一目の中に落ちて」＊朱熹‐題翠壁詩「孤亭一目尽二天涯一、俯瞰烟村八九家」 ⑤網、また、網状になったものの目の一つ。＊往生要集（984‐985）大文五「一目之羅、不レ能レ得レ鳥。万術助二観念一、成二往生大事一」＊神皇正統記（1339‐43）上・天津彦々火瓊々杵尊「魚をうることは網の一目によるなれど、衆目の力なければ是をうることかたきが如し」＊大発見（1909）〈森鷗外〉「発見は力づくでは出来ない。一目の羅（あみ）は鳥を獲ず。鳥を獲る羅は唯だ是れ一目である」＊淮南子‐説山訓「有レ鳥将レ来、張レ羅而待レ之、得レ鳥者羅之

一目也」⑥碁で、碁石、また、碁盤上の目の一つ。＊運歩色葉(1548)「一目 碁」＊日葡辞書(1603-04)「Ichimocu(イチモク)〈訳〉碁石の数え方、また、碁盤の目を数える数え方」＊俳諧・毛吹草(1638)五「打そむる碁の一目や今日の春〈徳元〉」＊浄瑠璃・国性爺合戦(1715)九仙山「おのれが一目めをもって御無用の碁の相手」⑦ものごとを細かく分けた時、項より下位の区分の一つ。項目の一つ。⑧動、植物学における分類上の区分の一つ。方言❶一度にどっと。一散に。島根県725 ❷むりやりに。島根県石見725 発音〈標ア〉0チ〈京ア〉0 ④〜⑥はチ 辞書日葡・言海 表記一目(言)

いちもくを置(お)く ①囲碁で、対局する者の間に優劣がある場合、弱い方が先に一目を置いて勝負する。②転じて、自分よりすぐれている者に対して、敬意を表して一歩譲る。＊人情本・閑情末摘花(1839-41)四・二三回「いはば私共が俺相だと、最初(しょて)から一目(イチモク)置(オイ)てかかれば、太助どのはその弱みに附込(つけこん)で」＊人情本・妹背鳥(1842-44頃か)後・一回「此方(こっち)も旅泊(たび)を掛けて居ると思ふから、手前の様な者にも、一目(イチモク)も二目も置(オ)いて居らァ」＊語彙(1871-84)「いちもくおく 囲碁より出たる語にて弱き者は先に一目を置ゆゑに他を強きものとして其人を尊み又転じては人を畏れて事を為(なす)をもいふ」＊或る女(1919)〈有島武郎〉前・一八「それでも一座は事務長には一目置いてゐるらしく」

いち-もく【一沐】〘名〙一度体や髪を洗うこと。＊正法眼蔵(1231-53)洗面「身をきよめ、心をきよむる法は、かならず一沐しては一薫し、かくのごとくあひつらなれて」発音〈標ア〉0

いちもくに三(み)たび髪(はつ)を握(にぎ)り、一飯(いっぱん)に三(み)たび哺(ほ)を吐(は)く 「あくはつ(握髪)吐哺(とほ)」に同じ。＊韓詩外伝-三「周公誡㆑之曰、吾於㆓天下㆒、亦不㆑軽矣、然一沐三握㆑髪、一飯三吐㆑哺」

いち-もく【一黙】〘名〙一度黙ること。＊正法眼蔵(1231-53)三十七品菩提分法「如来の一黙と維摩の一黙と、相似の比論にすらおよぶべからず」＊日葡辞書(1603-04)「バンゲン バンタウモ ichimocuniua(イチモクニワ)シカズ」＊咄本・一休咄(1668)二・五「一休立出給ひて、龕(がん)の前に一黙(イチモク)し給ふ」＊黄庭堅-贈送張叔和詩「百戦百勝不㆑如㆓一忍㆒、万言万当不㆑如㆓一黙㆒」辞書日葡

いちもく-か【一目下】〘名〙一目見るか見ないかの時。＊鳩翁道話(1834)二・上「一目下に悪銀と見極むる事」

いちもく-こく【一目国】〘名〙目が一つしかない人間が住んでいるという、中国の伝説上の国の名。＊和漢三才図会(1712)一四「一目 三才図会云、一目国在㆓北海外無胥国之東㆒、其人一目当㆓其面㆒而手足皆具也」＊山海経-海外北経「一目国在㆓其東㆒、一目中㆓其面㆒而居」

いちもく-さん【一目散】〘名〙(多く「に」を伴って用いる)わき目もふらずに駆けるさま。いっさん。＊俳諧・続山の井(1667)夏上「くらべ馬も一もくさんや碁盤乗〈貞則〉」＊滑稽本・東海道中膝栗毛(1802-09)初「そうそうはだかになり、いちもくさんに、すいふろへかたあしつっこみ」＊長唄・供奴(1828)「急ぎ廓へ一目散(イチモクサン)息を切てぞ駈着ける」＊いさなとり(1891)〈幸田露伴〉五「何事に心を乱されてか一目散に走り来る人」語源説(1)イチモクレン(一目連)の転語〔甲子夜話〕。(2)わき見をしない意の、イチモクフサン(一目不散)か〔雨の日ぐらし=山田美妙〕。発音〈標ア〉モ〈京ア〉ク 辞書言海 表記一目散(言)

いちもく-じゅうぎょう【一目十行】‥ジフギャウ〘名〙一目で一〇行も読み下すこと。書物を速く読む力のすぐれていること。発音イチモクジューギョー〈標ア〉チ

いち-もくだい【市目代】〘名〙室町時代、荘園内に開かれた市場の管理や世話をした代官。多くは市場商人の中から領主が任命した。特に西国に多く見られる。市庭沙汰人(いちばさたにん)。

いちもく-もの〘名〙語義未詳。逸物(いちもつ)の物の意か。＊歌舞伎・群清滝贔屓勢力(1867)大切「尻尾を挟んで吠える様なそんな弱い犬ぢゃあねえ、喰(くら)ひ太った一(イチ)もくもの」

いちもく-りょうぜん【一目瞭然】‥レウゼン〘形動〙ものごとの有様が、一目見ただけではっきりとわかるさま。明瞭(めいりょう)。＊語彙(1871-84)「いちもくひと目見たるをいふ 一目瞭然などいふ」＊当世書生気質(1885-86)〈坪内逍遙〉一八「遊ばせ言葉を吐くといへども、一目瞭然(いちモクリャウゼン)お里がしれ」＊何処へ(1908)〈正宗白鳥〉一「君の目にゃどうだか、僕には一目瞭然だよ」発音イチモクリョーゼン〈標ア〉0チ〈京ア〉0

いちもく-れん【一目連】〘名〙近世、俗間でその霊力を信じられていた神。美濃国では国じゅうを光り回るといい、伊勢国桑名地方では激しい風雨を起こすと伝え、転じて、突風やつむじ風、または構築物の倒壊などの現象をもいう。＊本朝故事因縁集(1689)二・美濃国一目連「濃州田戸権現に一目連と云ふ神あり国中を光り廻り給ふ。其の光甚明也」＊随筆・市井雑談集(1764)上「勢州桑名に一目連と云ふ山あり。但し是山の龍片眼の由、依㆑之一目龍と可㆑謂を土俗一目連と呼び来れり。此山より雲出づる時、必ず暴風迅雨甚し。〈略〉此辺の物は何にても疾く倒るる事を一目連と云ふ。尾州勢州の郷談也」＊随筆・閑田次筆(1806)一「上京今出川辺に一道の暴風、屋を壊り、天井床畳をさへ吹上〈略〉北国にては折々あることにて、一目連(イチモクレン)と号(なづ)くとぞ」方言❶原因不明の裂傷。かまいたち。美濃†021 駿河†021 伊勢†021 ❷一散に。いちもくさん。岐阜県恵那郡498

いち-もじ【一文字】〘名〙⇨いちもんじ(一文字)

いちもじ-だい【一文字題】〘名〙「いちじだい(一字題)」に同じ。＊長短抄(1390頃)「一文字題と云は、暁とも夕とも風とも霞ともあらんには、其文字を題のままよむべき也」

いち-もち【逸物】〘名〙「いちもつ(逸物)①」に同じ。＊宇津保(970-999頃)春日詣「舞ひ人は、とのばらのきんだち、殿上人、わが御きむだちよりはじめて、世の中に名高きいちもちのものども」＊大鏡(12C前)四・道隆「輪つよき御くるまにいちもちの御くるまうしかけて」

いち-もつ【一物】〘名〙①一つのもの。一つの品物。また、ほんの少しのもの。いちぶつ。＊本朝無題詩(1162-64頃)二・探一物得㆑簟〈菅原在良〉「一物分題雖㆑得㆑簟、微涼暗至豈相親」＊金沢文庫古文書-年未詳(鎌倉)二月四日・益性法親王書状(三・二二二二)「身一大事と可㆓思食㆒由承候へども、一物無㆓其儀㆒、口惜覚候」＊日葡辞書(1603-04)「Ichimot(イチモツ)〈訳〉一つの物」＊俳諧・芭蕉庵小文庫(1696)机銘「たくみなすおしまづき、一物三用をたすく」＊窮死(1907)〈国木田独歩〉「運転手も乗客も皆な身を乗出して薦の被(か)けてある一物(モツ)を見た。此一物(モツ)は姓名も原籍も不明といふので例の通り仮埋葬の処置を受けた。これが文公の最後であった」＊澪(1911-12)〈長田幹彦〉四「一艘の帆船が同じ航路を東へ駛ってゆくほかには一物(モツ)も眼を遮るものがなかった」②心の中に秘められたたくらみやわだかまり。内面に隠された思慮や分別。＊浮世草子・世間胸算用(1692)四・一「何ぞいちもつなふては富貴には成がたきに」＊浄瑠璃・丹波与作待夜の小室節(1707頃)中「どふで心に一物有、わけを聞ねばやりはせぬ」＊煤煙(1909)〈森田草平〉六「一寸見てもそりゃ一物ありげな女さな」③金銭や陰茎などをそれとなくさしていう語。＊評判記・秘伝書(1655頃)夜るのをしへの事「ひゃうしぬけに。あけばあげ。つかばさげ。かやうにせねばいちもつ。そこぬるものなり」＊浮世草子・元禄大平記(1702)二・目録「懺悔おかしき一物(モツ)のさた」＊洒落本・酔姿夢中(1779)「去るにても金銀(イチモツ)が留守なればと又思ひ切ても」＊雑俳・柳多留-八六(1825)「浦島はきふに一物ちぢこまり」発音〈標ア〉0〈京ア〉0 辞書文明・易林・日葡・書言・ヘボン・言海 表記一物(文・易・書・ヘ・言)

いちもつ も なし (仏教でいう「本来無一物」から出た語)信仰や芸道などで、物事の本質に迫り、このうえない喜びの心境に達したさま。＊拾玉得花(1428)「無心の感、即心はただ歓喜のみか。覚えず微笑(みしょう)する機、言語(ごんご)絶て、正に一物(モツ)もなし」＊土井本周易抄(1477)三「天地の心は一物ないぞ」

いち-もつ【逸物】〘名〙①人物や馬、牛、犬、鷹などの、多くの中で、特にすぐれているもの。いちもち。いちぶつ。＊本朝文粋(1060頃)八・因流泛酒詩序〈大江匡衡〉「卿士大夫、仙郎儒吏之工㆑詩、天下一物已上、連㆓賓榻於林頭㆒」＊江談抄(1111頃)一「源頼国者高名逸物也」＊今昔(1120頃か)一六・五「此の馬を万の人の欲がりて、買はむと申せども、馬の極たる一物なれば、不売(うらず)して持て侍る也」＊色葉字類抄(1177-81)「逸物 イチブツ人也、イチモツ馬也」＊太平記(14C後)一五・建武二年正月十六日合戦事「其中より逸物(イチモツ)の射手六百余人を勝(すぐっ)て」＊天草本伊曾保(1593)老いた犬の事「アルヒト ychimotno(イチモツノ) イヌヲ カウタガ」＊浮世草子・けいせい伝受紙子(1710)一・三「逸物(イチモツ)の駿足にて一趲(いっさん)にかけ来れ共」②(揶揄的に)悪いことにすぐれている者。＊仮名草子・都風俗鑑(1681)三「ひたふる思ひいれてしんかうする逸物(イチモツ)等は彼やき手にうかされ」③(形動)その行動や処置が適当であること。また、そのさま。＊太平記(14C後)二九・越後守自石見引返事「有にかいなき大臆病の奴原は足纏(あしまとい)に成に、落失せたるこそ逸物(イチモツ)なれ」＊評判記・野郎にぎりこぶし(1696)山村座・沢村小伝次「よくよくせりふのあたりをかんがへ、心ざしをはづさぬがいちもつなるべし」発音〈標ア〉0〈京ア〉0 辞書色葉・天正・饅頭・黒本・易林・日葡・書言・ヘボン・言海 表記逸物(色・天・饅・黒・易・書・ヘ・言)

いちもつ の 鷹(たか)も放(はな)さねば捕(と)らず すぐれた鷹も、空へ放たなければ鳥を捕えない。どんなすぐれたものも活用しなければ何の役にも立たないたとえ。＊俳諧・毛吹草(1638)二「逸物の鷹も放さねばとらず」

いちもつ の 猫(ねこ)は爪(つめ)を隠(かく)す (鼠をよくとる猫は爪をむやみに立てない、の意から)本当に実力のある人は、それをやたらに見せびらかさないの意。鼠捕る猫は爪隠す。能ある鷹は爪を隠す。＊洒落本・契情買言告鳥(1800)上「一もつのねこは爪(ツメ)をかくすといふから」

いち-もどり【市戻】〘名〙年の市からもどること。また、その人。市帰り。＊雑俳・柳多留-一三(1778)「市戻り手桶を脱いで時儀(しぎ)をする」

いちもの-づくり【一物作】〘名〙(農業は最も大切なものを作るというところから)農夫。百姓。＊浄瑠璃・菅原伝授手習鑑(1746)三「春さきは、在々の鋤(すき)、鍬(くわ)までも楽々と、遊びがちなる一農(イチモノヅクリ)」

いち-もり【一森】 山城国(京都府)宇治から産した煎茶(せんちゃ)の名。＊浄瑠璃・躾方武士鑑(1772)八「ぬるひ燗で虫に障った。茶出しで一森入て来い」＊雑俳・柳多留-一三七(1834)「一森の茶見せに仇なくじら帯」発音〈京ア〉チ

いちもり-ちょうじゃ【一盛長者・市守‥チャウジャ

長者】〘名〙各地に存在する長者伝説に出てくる長者の名。特に大和国磯城郡釜が口の長者が著名。＊虎明本狂言・三人の長者（室町末‐近世初）「やまとの国に、かくれもなき、一もり長者にてあるぞとよ」＊浮世草子・渡世身持談義（1735）五・三「先づ始末上人の方の霊宝には、一守長者の十露盤（そろばん）枕」 補注「いちもり」は本家の意で、市場を管理する富豪の意とするのは「市守」とあて字したところからの誤り。 発音イチモリチョージャ〈標ア〉チョ

いち‐もん【一文】〘名〙①一つの文字。一字。また、一つの文。いちぶん。＊今昔（1120頃か）一四・三五「仁王経を誦する間、一文一句、他念无くして心を至して誦する験の顕はれて」＊梁塵秘抄（1179頃）二・法文歌「十界十如は法算木、法界唯心覚りなば、一文一偈を聞く人の、仏に成らぬは一人無し」＊詩経疏‐小雅・采薇「是一文而有二二意一」 ②（「文」は貨幣の面に鋳出した文字からといわれる）銅で鋳造した穴あき銭一枚のこと。通貨の最下位の単位で、千枚で一貫文。一文銭。一銭。明治時代、一銭の十分の一として通用したこともある。＊今昔（1120頃か）六・二二「家に一塵の貯へ无し、只、一文の銅の銭許有り」＊日葡辞書（1603‐04）「Ichimon（イチモン）〈訳〉金、銀、銅、またはその他の金属の貨幣の数え方」＊滑稽本・浮世風呂（1809‐13）前・上「一文（イチモン）の銭もあだおろそかには設（もうか）りませぬ」 ③銭一文に相当するような、ごくわずかな金額、価値。転じて、接頭語のように名詞の上に付けて、安っぽい、つまらないの意を表わす。「一文菓子」「一文凧」「一文人形」「一文笛」 ＊草枕（1906）〈夏目漱石〉九「画だって話にしちゃ一文の価値もなくなるぢゃありませんか」 ④着物の柄の一つ。＊日葡辞書（1603‐04）「Ichimon（イチモン）〈訳〉すなわち、着物の絵模様」 発音〈なまり〉イチモ〔和歌山〕〈標ア〉チ〈京ア〉チ 辞書文明・天正・日葡・書言 表記一文（文・天・書）

いちもん に も ならぬ 一文の銭にもならない。利益にならない無駄の骨折をいう。＊俚言集覧（1797頃）「一文にもならぬ」＊二人むく助（1891）〈尾崎紅葉〉三「五十金にて命を売るとは廉（やす）けれど、此所（ここ）に捨てては一文（イチモン）にもならざれば」

いちもん の 銭（ぜに）を二文（にもん）にも使（つか）う 金を生かして上手に使うことをいう。

いちもん の 銭（ぜに）をも割（わ）って使（つか）う 「いちもんせん（一文銭）を割って使う」に同じ。＊譬喩尽（1786）一「一文の銭をも割って遣う者」

いちもん の 面汚（つらよご）し （「いちもん」は一文で買える意と、豆腐や豆の一門の意をかけていう）豆腐かす。おから。＊俚言集覧（1797頃）「一文の面よごし 雪花菜の事を云。一門の面よごしといふ諺を、門字を文にかへて云」

いちもん は 無文（むもん）の 師（し） たとえ一字でも知っていれば、まったく知らない者よりすぐれているの意で、自分よりわずかでもすぐれている者がいたら、その人を師と仰ぐのがよいということ。＊妙貞問答（1605）下「たとえば嬰児の貝を取て滄海を量らんとするやらんにてさふらへども、『一文（イチモン）は無文の師』と申ならひのさふらへば」＊咄本・醒睡笑（1628）四「一文は無文の師とて、学解なきも法輪に臨むは常の習ひなり」＊仮名草子・他我身の上（1657）一・八「誠に一文（モン）は無文（ムモン）の師（シ）なれば、われよき物知りにならんまでは、なま物知りたる人を、師としうやまふべし」

いち‐もん【一門】〘名〙①一つの門。＊今昔（1120頃か）九・三五「然れば王城の諸門閉たり。但し、安上の一門許開て、人皆此より出入す」 ②親族関係にある人々の総称。一家族。同族。宗族。＊続日本紀‐宝亀三年（772）四月丁巳「一門五位者男女十人」＊平家（13C前）一・東宮立「御母儀建春門院と申すは、平家の一門にてましますうへ」＊古今著聞集（1254）一六・五一八「召次の長（をさ）になされたりけるに、一門の物ども、悦びにつどひけるに」＊後漢書‐張酺伝「豈有二一門忠義、而爵賞不一レ及乎」 ③宗教、学問、武道、芸能などの流派を同じくする人々。同門。＊古今著聞集（1254）二・四一「其の後、一門の僧相継て居住して、修学今に絶えずとなん」＊日葡辞書（1603‐04）「Ichimon（イチモン）。ヒトツノ カド〈訳〉一家。同語。同じ宗派の僧のごとき人々の集団」＊南斉書‐劉絵伝「時人為二之語一曰、劉絵貼宅、別開二一門一」 ④嫡宗家を中心に同族観念で構成された大名家の家格の一つ。＊毛利家文書‐（年月日未詳）（室町）氏名未詳覚書（大日本古文書二・六二〇）「上山事は当家一門之事、田総なとよりも近事」 ⑤同一類のこと。＊淮南子‐原道訓「百事之根、皆出二一門一」 ⑥仏語。生死を出る道、または悟りに至る道のたとえ。＊往生要集（984‐985）序「是故依二念仏一門一、聊集二経論要文一」＊正法眼蔵（1231‐53）法華転法華「普門の一門に開二示悟入を転ずるあり」＊法華経‐譬喩品「是舎唯有二一門一、而復狭小」 ⑦仏語。真言密教で、大日如来の徳性やはたらきの一つ。マンダラの諸尊はそのいちいちを象徴する。＊真言内証義（1345）「一門より普門に入るは此の宗也」 ⑧大砲一つ。 方言区別なく一緒にするさま。新潟県西蒲原郡371 発音〈標ア〉チ0〈ア史〉室町●●○○ 江戸●●○○と●○○○の両様〈京ア〉0 辞書色葉・文明・天正・饅頭・易林・日葡・書言・言海 表記一門（色・文・天・饅・易・書・言）

いちもん の 頰（つら）に 血（ち）を 濺（そそ）ぐ 傷害、処刑などによって、一門の面目をけがす。＊浄瑠璃・博多小女郎波枕（1718）下「一門の頰（ツラ）に血をそそぎ、親へは不孝の上塗りと思ひ定ての自害」

いちもん‐あがり【一文上】〘名〙①同じ役をしていても、一文でも多く給金を取っている役者はどこかすぐれている意。転じて、すこしでも多くの財産、権力のある者が尊ばれること。一文高（いちもんだか）。＊安愚楽鍋（1871‐72）〈仮名垣魯文〉三・上「兎角役者は一文上りでごぜへやすから仕種（しぐさ）がよくなって人気が乗ってくりゃあ」＊開化の入口（1873‐74）〈横河秋濤〉三「夫（それ）から大名小名或は旗元御家人直臣陪臣一文上りの世界と成て」 ②少しずつ給金や地位が上がること。＊歌舞伎・有松染相撲浴衣（有馬猫騒動）（1880）六幕「先づ中間から段々と一文上（いちモンアガ）りに登っても、百にもならない火の見番」＊歌舞伎・島鵆月白浪（1881）三幕「なるほど世界は一文上り」 発音イチモンアガリ〈標ア〉ア

いちもん‐あきない【一文商】（あきなひ）〘名〙一文ずつのあきない。きわめて零細な商売。一文屋。＊浮世草子・日本永代蔵（1688）四・五「それ程にしても銭が壱文ない事よく心得て、かさねては壱文商（アキナ）ひも大事にすべし」 方言小売り。静岡県庵原郡534 発音〈標ア〉キア

いちもん‐あげ【一文揚】〘名〙一つ一文で売る、小さなあぶらあげ。

いちもん‐いちじ【一文一字】〘名〙一つの文字。きわめて少しの文字。一字一句。＊浄瑠璃・心中二枚絵草紙（1706頃）中「一文一字違ふても、おのれが生けて置かれうか」＊読本・占夢南柯後記（1812）三「某（それがし）一文（モン）一字を識らねども」

いちもん‐いっく【一文一句】〘名〙わずかな字句。また、ひとつひとつの言葉。一字一句。一言一句。＊発心集（1216頃か）七・中将雅通持法華経往生事「只此の経一文（モン）一句（ク）をも受持読誦して」＊四座講法則（鎌倉末）羅漢和讃「一文一句を受持するも、皆是弘経の数ぞかし」＊十善法語（1775）一二「一文一句ことごとく甘露味なることは一なり」 発音〈標ア〉イ2

いちもん‐いっせん【一文一銭】〘名〙一文と一銭。きわめてわずかの銭をいう。＊浄瑠璃・山崎与次兵衛寿の門松（1718）上「一文一銭ねぎらぬ拙者をいかなる者とか思ふらん」

いちもん‐いっとう【一問一答】（イッタフ）〘名〙①一つの問いに対して一つの答をすること。また、それを何回もくりかえすこと。＊足利本論語抄（16C）述而第七「又一問一答して孔子退也」＊苦笑風呂（1948）〈古川緑波〉映画それからそれ「同誌の呼び物になってゐた映画女優と文士の一問一答や、映画合評会などの速記録は」＊春秋左伝序疏「上一問一答、説レ作レ注」 ②中世、武家訴訟法における手続きの一段階。訴人（原告）と論人（被告）が交互に三回ずつ訴状と陳状を提出して争う訴訟手続きの最初の手続き。「一問一答の訴陳（そちん）を番（つが）う」という。→三問三答。＊相承院文書‐嘉暦三年（1328）八月一二日・関東下知状「甚無二其謂一之上、以二一問一答訴陳一、可レ遂二問答一之旨、円重依レ申レ之、可レ返二進訴状一之由」＊蜷川文書‐一四集・永正七年（1510）一二月二〇日（中世法制史料集二・追加法三七五）「於二論人出対之儀一者 正長元 十 十二 壁書炳焉也、至二訴人解状日限一者不二分明一、所詮一問一答之間可レ為二七ケ日一」 発音イチモンイットー〈標ア〉チ0〈京ア〉チ=0

いちもん‐うり【一文売】〘名〙物品を一つ一文で売ること。また、そのもの。転じて、きわめて粗末で安価なもの。＊浮世草子・好色一代男（1682）四・三「或時は壱文売の長刀を削（けずり）、〈略〉けふまでは日をおくりぬ」 発音〈標ア〉0

いちもん‐え【一文絵】（ヱ）〘名〙縦五寸余（約一五センチメートル）、幅三寸（約九センチメートル）ほどの黒ずりの一枚絵。元祿、宝永（一六八八〜一七一一）の頃行なわれ、値段が一文だったところからいう。＊嵩鶴画談（1833‐35）五・一文絵「元祿、宝永のころの板行絵に一文絵といふあり。〈略〉彩色なく黒摺なり。画者の名もなし。是を一文絵といいて一文にて売たるよし」 発音〈標ア〉モ

いちもん‐おしみ【一文惜】（をしみ）〘名〙一文の銭をも出し惜しむこと。きわめてけちなこと。また、その人。＊浄瑠璃・博多小女郎波枕（1718）長者経「寂滅入らざる鐘の声、一文おしみの百八煩悩、此鐘の音を聞人は現世にては分限の金持」＊雑俳・柳多留‐五七（1811）「一文おしみで百性に徳をつけ」 発音〈標ア〉オ〈京ア〉オ

いちもんおしみ の 四十六匁（しじゅうろくもんめ）を知（し）らず （「一文惜しみの百知らず」のもじり。四十六匁は大坂新町の太夫の揚げ代）女郎買をしながらけちで、太夫を揚げて遊ぶ面白さを知らないことをいう。＊浮世草子・好色一代男（1682）五・五「一文惜みの四十六匁をしらず。唯一度にても、太夫の寝姿を見るべし」

いちもんおしみ の 手前（てまえ）よし 少しの金も粗末にしない者は裕福である。＊浮世草子・世間学者気質（1768）三・一「武蔵坊弁慶はいらざる七ツ道具の物ずきにすり切、青砥左衛門は壱文おしみの手まへよしといへば、とかく費な金銀を遣はず」

いちもんおしみ の 百損（ひゃくぞん）［＝百知（ひゃくし）らず］ さしあたってのわずかな金銭を惜しんで、将来の大きな利益をとりそこなうこと。また、目先のわずかな金銭を惜しむあまり、あとで大損をすることに気づかないこと。一文惜しみの百成り瓢簞やみじゃ。＊浮世草子・武家義理物語（1688）一・一「一文（いちモン）をしみの百しらずとぞ笑ひしは、知恵の浅瀬を渡る下々が心ぞかし」＊諺苑（1797）「一文愛（オシミ）の百損 一文おしみの百知らずとも」＊歌舞伎・綴合新著膝栗毛（1863‐80）二幕「一文（モン）惜（ヲ）しみの百損（ゾン）で、四人の天窓（あたま）へ酒手位を惜しんで後悔しゃアがるな」

いちもんおしみ の 百成（ひゃくな）り瓢簞（ひょうたん）やみじゃ 「いちもんおしみ（一文惜）の百損（ひゃくぞん）」に同じ。＊河東節・隅田川舟の内（1720‐23頃）上「もし怪我でもあってはわたし守、一

「文惜しみの百なり瓢箪やみぢゃ」

いちもん-がい【一門甲斐】〘名〙一族のよしみ。一門となっているだけの甲斐。＊浄瑠璃・心中重井筒(1707)上「銀(かね)こそはなるまいし、判(はん)つく程は一もんがひ、殊にわしと他人なれば、なをしも義理はかかれず」

いちもん-がし【一文菓子】〘名〙一個の値段が一文の安菓子。また、ごく下等の駄菓子。＊随筆・胆大小心録(1808)三八「一文菓子売るかかが、たびたびまぎろしういふてくる」＊平凡(1907)〈二葉亭四迷〉四「有る結構な干菓子は厭で、無い一文菓子(イチモングヮシ)が欲しい」発音イチモンガシ〈標ア〉ガ

いちもん-かとく【一門家督】〘名〙一族一門の本家の家長。惣領(そうりょう)。＊吾妻鏡-嘉禎二年(1236)七月二四日「向後大番以下如レ此役、早可レ相二従一門家督一之旨、今日重被レ定レ之」

いちもん-きなか【一文半銭】〘名〙(「きなか」は寸(き)半(なか)の意で、穴あき銭の直径一寸(いっき)の半分の意という) 一文と半銭。また、ごくわずかの金額。いちもんはんせん。＊随筆・海録(1820-37)八「一文きなかの考　銭一文の半分をキナカといふ事あり。算勘の言に、一文五分といへり。五分は一寸の半ばなればきなかといへる也。只半分故にきなかとのみいひては委しからず、又銭の幅一寸の定めなればその半分と云ふ事にていふともいへり」＊西洋道中膝栗毛(1870-76)〈仮名垣魯文〉四・下「いい出しちゃア、一文(イチモン)きなかまけひきはありゃせん」

いちもんぐさ〘名〙語義未詳。「いちもくさん(一目散)」に同じか。＊浄瑠璃・太平記忠臣講釈(1766)六「客は手に紙持ながら、いちもんぐさにかけ出せば」方言他事を思わずに。ひたすらに。新潟県西蒲原郡371

いちもん-くび【一文首】〘名〙とるに足りない者の首。＊歌舞伎・時桔梗出世請状(1808)二幕「亡けっ首とは思へども、役にも立たぬ一文首(いちモンクビ)」

いちもん-けんぞく【一門眷族】〘名〙同一の血縁および姻戚関係にあるものの総称。一族。＊御伽草子・木幡狐(室町末)「一もんけんぞくさしあつまりて、よろこびのさかもりは、ことはりとぞきこえけり」＊日葡辞書(1603-04)「Ichimon qẽzocu (イチモン ケンゾク) アイ アツマル」発音〈標ア〉ケ

いちもん-こ【一文子】〘名〙一文の銭をかけて行なう賭博。＊歌舞伎・青砥稿花紅彩画(白浪五人男)(1862)三幕「江戸の百味(ひゃくみ)講の蒔銭を当に、小皿の一文子(いちモンコ)」

いちもん-こうやく【一文膏薬】〘名〙品質のよくない安価な膏薬。＊隣の嫁(1908)〈伊藤左千夫〉二「わたしが負けたら一文膏薬を省さんにあげべい」発音イチモンコーヤク〈標ア〉コ

いちもん-さい【一文菜】〘名〙一文の惣菜(そうざい)。きわめて安いおかずをいう。＊浮世草子・西鶴置土産(1693)四・三「米も加賀の大ひね或はりうまい又は赤米、百五拾入の小あぢ、壱文菜よりうちにあたるを吟味して」＊浮世草子・世間娘容気(1717)一「一文菜(サイ)の鰯をおむらさきのおぼそのと、首筋もとばかりせせり箸して」

いちもん-ざしき【一門座敷】〘名〙一家の人々が集まる宴会などの席。＊御伽草子・鉢かづき(室町末)「御兄たちも『一もんざしきにかなふまじ』とありけれども、厭ふけしきもましまさず」発音〈標ア〉ザ

いち-もんじ【一文字】■一〘名〙①一つの文字。一字。＊十訓抄(1252)六・天竺遺龍書法華経外題救父苦患事「多くの物を書くといへども、仏法の方には、一文字をも書かずして止みにけり」②一という文字。＊土左(935頃)承平四年一二月二四日「ありとあるかみしも、わらはまでゑひしれて、一文字をだにしらぬものしが、あしは十文字にふみてぞあそぶ」＊寛永刊本蒙求抄(1529頃)二「一文字を引たやうにすぐなぞ」＊日葡辞書(1603-04)「Ichimonjimo (イチモンジモ) シラヌ モノ〈訳〉文字の全く読めない人。または一の文字のようなやさしい文字も書けない人」③(多く「に」を伴って副詞的に用いる) 一の字の形のように物の形が横にまっすぐなこと。＊平家(13C前)九・宇治川「一文字にざっとわたいて向(むか)への岸に打あがる」＊太平記(14C後)一六・備中福山合戦「腹一文字に掻き切って」＊日葡辞書(1603-04)「Ichimonjini (イチモンジニ)〈訳〉比喩。まっすぐにまたは規則正しく」＊節操(1907)〈国木田独歩〉「秀でた眉を寄せて口を一文字(いちモンジ)に結んだのを見ると」④(多く「に」を伴って副詞的に用いる。③から転じたもの) わき目もふらず物事をすること。＊浄瑠璃・鑓の権三重帷子(1717)下「鍋のつる程そりにそったる朱鞘(ざや)ぼっこみ、一もんじにかけ出づる」＊人情本・春色辰巳園(1833-35)初・二回「いづれおとらぬ仇吉(あだきち)米八、女房気どりの一文字(イチモンジ)に、無理な横綱横恋慕」＊煤煙(1909)〈森田草平〉三一「朋子は泥濘(ぬかるみ)の道を一文字に歩いて行く」⑤鎧(よろい)の背の押し付けと化粧の板の高さを平均させるために入れる薄い檜(ひのき)の板。⑥書画の掛け軸の表装にいう語。書画の紙帛(しはく)の上下に、横に付ける細い布。錦、綾、金襴(きんらん)などを用いる。＊仮名草子・尤双紙(1632)上・三四「紫の物のしなじな〈略〉掛字の表具は何々ぞ、紫綾のそうのへり、紫地の錦の一文字」＊随筆・槐記-享保一四年(1729)四月一三日「竹に月の絵を書たりしが、月のくまを一文字(イチモンジ)より中までかけて書やりたり」＊洒落本・通言総籬(1787)一「表具(ひゃうぐ)もようござりやした。天地はやっぱりふとじけだが、風帯(ふうたい)一文字は、あんらくあんさ」⑦「いちもんじがさ(一文字笠)」の略。＊俳諧・千代見草(1692)「無筆さへ知るあみ笠の一文字」＊随筆・我衣(1825)「古来より是を冠る女の編笠もみ絹或は浅黄の紐引通してかむる一文字と云」＊歌舞伎・三人吉三廓初買(1860)五幕「花道よりおしづ一文字(いちモンジ)の編笠冠り」⑧演劇で、背景の上部や照明器具を隠すために、舞台の天井から垂れ下げる黒幕。＊モダン辞典(1930)「一文字〔劇〕劇場の舞台の上に幾列にも平行に下ってゐる布。装置された道具の切れ端を隠すため日本式舞台では必ずこれを使用する」⑨魚類の切り方の一種。魚をおろして、尾の方より横に包丁を立てて一直線に切ること。＊古今料理集(1670-74頃)五「一もんじとはおろして尾の方より包丁をたてて一もんじに切る事なり」⑩備前国の一文字則宗(のりむね)派の刀工の鍛えた刀剣。また、その刀工。＊浅井三代記(1689)一三・信長卿江州佐和山に来長政と初めて対面の事「備前守には一文字宗吉の御太刀、並に鑓百本」⑪拭暈(ふきぼかし)の一種。錦絵などの上部に、細く一の字形に空色、または朝日夕日などのぼかしを出す色ずり。⑫平たく広い釜のふた。⑬紋所の名。一の字にかたどったもの。鎌一文字、角一文字、白黒一文字等種々ある。＊太平記(14C後)三二・武蔵野合戦事「其勢都合二万余騎、かたばみ、鷹の羽、一文字、十五夜の月弓一揆、引て一(ひと)りも帰さじと」⑭大菊の一種。⑮牡丹の一種。＊花壇地錦抄(1695)一「白牡丹のるひ〈略〉一文字(イチモンジ)中りん三四重平花」⑯布袋(ほてい)の浮文模様のある青磁香盒(こうごう)。■二㊀山城国(京都府)宇治産の濃茶の銘。㊁利休が銘をつけた楽焼茶碗。発音〈標ア〉モ 0〈京ア〉モ 辞書日葡・言海 表記一文字(言)

いちもんじ の 構(かま)え 杖術(じょうじゅつ)で杖の両端を軽く握って水平にし、軽く頭に触れるぐらいにする上段の構え。

いちもんじ【一文字】刀工の一派。発音〈標ア〉0 モ

いちもんじ-すけのり【一文字助則】鎌倉前期の刀工。助宗の子。備前の人。隠岐(おき)に行き、後鳥羽上皇に御番鍛冶(かじ)として仕えたという。小一文字と呼ばれる。承安四～安貞二年(一一七四～一二二八)

いちもんじ-すけむね【一文字助宗】鎌倉前期の刀工。則宗の子。備前の人。後鳥羽上皇の御番鍛冶(かじ)となる。大一文字と呼ばれる。仁平三～建保三年(一一五三～一二一五)

いちもんじ-のりむね【一文字則宗】鎌倉初期の刀工。福岡一文字派の祖。備前の人。刑部丞。後鳥羽上皇の御番鍛冶(かじ)を務め、菊一文字といわれる。天治二～建久八年(一一二五～九七)

いちもんじ-がさ【一文字笠】〘名〙編笠の一種。菅(すげ)または、竹の子の皮で作り、頂が一の文字のようにたいらで円板のように反(そり)の少ないもの。一文字。殿中(でんちゅう)。＊歌舞伎・𢅻雑石尊贐(1823)三立「跡より一文字笠(モンジガサ)、青漆の合羽を着たる侍ひ出て、花道にて」＊随筆・守貞漫稿(1837-53)二六「一文字笠 士民ともに用レ之と雖ども、武家旅行及び行列の時に士は専二用之一とす。大名旅中、若歩行の時は用レ之」発音イチモンジガサ〈標ア〉ガ

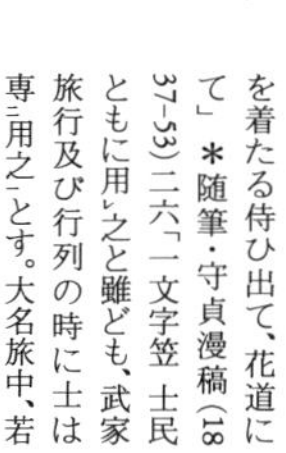

一文字笠〈和国百女〉

いちもんじ-がしら【一文字頭】〘名〙上部を凹凸(おうとつ)なしに一文字にこしらえた鎧(よろい)の小札(こざね)。直頭(すぐがしら)。

いちもんじ-がわら【一文字瓦】〘名〙軒先に用いる桟瓦(さんがわら)の一つで、瓦当(がとう)の下端が直線になっているもの。発音イチモンジガワラ〈標ア〉ガ

いちもんじ-ぎく【一文字菊】〘名〙キクの園芸品種。一重咲きで花芯が大きく、幅の広い舌状花が、ふつう一五～一七枚ほぼ平開して咲く。広熨斗(ひろのし)。御紋章菊。＊東京年中行事(1911)〈若月紫蘭〉十一月暦「大菊、中菊、嵯峨菊、一文字菊(いちモンジギク)の四種をば」発音イチモンジギク〈標ア〉ジ

いちもんじ-ぎり【一文字切】〘名〙高さが三五センチメートルぐらいの竹製の花いけ。発音イチモンジギリ〈標ア〉0

いちもんじ-ぎり【一文字錐】〘名〙刃の扁平な平錐(ひらぎり)。発音イチモンジギリ〈標ア〉ギ

いちもんじ-さき【一文字咲】〘名〙一重平弁で花弁の幅が広い大輪の菊。発音〈標ア〉0

いちもんじ-ざね【一文字札】〘名〙鎧(よろい)の札頭(さねがしら)を山形にしないで、一文字に切り離したもの。

いちもん-じし【一文獅子】〘名〙一文ずつもらって舞う、下等な獅子舞い。こじきじし。＊歌舞伎・裏表柳団絵(柳沢騒動)(1875)大切「大神楽(だいかぐら)なら知らねえこと、一文獅子(いちモンジシ)はみっともねえ」＊春泥(1928)〈久保田万太郎〉冬至・五「一文獅子(いちモンジシ)の太鼓の音が遠くさびしくただよってゐた」発音〈標ア〉ジ

いちもんじ-すげがさ【一文字菅笠】〘名〙菅(すげ)で作ってある一文字笠。＊随筆・守貞漫稿(1837-53)二六「一名殿中、一文字菅笠」発音イチモンジスゲガサ〈標ア〉ガ

いちもんじ-せせり【一文字挵蝶】〘名〙セセリチョウ科のチョウ。体長約二センチメートル、胴が太いので外見はガに似ている。はねの表面は黒褐色で、前ばねに大小八個、後ばねに四個の白斑が並ぶ。各地に分布。幼虫はツトムシと呼ばれ、イネの害虫。学名は Parnara guttata 発音〈標ア〉セ1

いちもんじ-だな【一文字棚】〘名〙床脇棚の一種。一枚板でまっすぐにかけ通してあるもの。通り棚。↔違い棚。〔日本建築辞彙(1906)〕発音〈標ア〉ジ

いちもんじ-ちょう【一文字蝶】〘名〙タテハチョウ科のチョウ。はねの表面は黒褐色で、前後のはねを貫いて白紋が一列に並ぶ。裏面は茶黄色。開張約六・五センチメートル。日本各地に分布し、明るい場所を好む。幼虫はスイカズラ科植物の葉を食べ、幼虫で越冬する。学名は Lodoga camilla 発音イチモンジチョー〈標ア〉ジ

いちもんじ-づくり【一文字作】〘名〙刺身の切り方の一つ。まぐろなどの大きくおろした身にまっすぐ包丁を入れて切り重ねるもの。発音〈標ア〉ズ

いちもんじ-な【一文字名】〘名〙「いちじな(一字名)」に同じ。＊梵舜本沙石集(1283)八・一五「つかむと仰候は、渡部の一門にて、一文字名はつかせ給て候か」発音〈標ア〉ジ

いちもんじ-のみ【一文字飲】〘名〙杯で酒を飲み、残ったしずくで一文字を引く飲酒の礼法。＊随筆・蘿月菴国書漫抄(1827頃か)一「一文字のみとは、是も下にて一もんじを引候事也。下おほく侍ればしたたり也。又すきとなきも一文字ひかれぬ也。右の二つの呑様大事のよし申伝候」発音〈標ア〉0

いちもんじ-のみ【一文字鑿】〘名〙石工が穴をあけるのに用いるのみ。歯が一文字になっているもの。発音〈標ア〉ノ

いちもんじ-は【一文字派】〘名〙刀工の一派。後鳥羽上皇の承元御番鍛冶(かじ)の一人である則宗を祖とし、鎌倉初期から南北朝時代にかけて備前国福岡、吉岡、片山等の各地に分布したものと、鎌倉中期に相模国鎌倉に下った福岡一文字派の助真一派の鎌倉一文字派の併称。発音〈標ア〉0

いちもんじ-ひげ【一文字髭】〘名〙「一」の字のように横にまっすぐな口ひげ。＊猫又先生(1919)〈南部修太郎〉「左右に撥ねた一文字髭が鳶の羽根のやうに上下する」発音イチモンジヒゲ〈標ア〉ジ

いちもんじ-ふうたい【一文字風帯】〘名〙掛物の表具に一文字と風帯とを同じ裂(きれ)で表装したもの。一風(いちふう)。＊三百箇条-上・上(古事類苑・文学四四)「墨蹟表具名所之事〈略〉表具の事、一文字の上下、中の上下、上下の上下、一文字のきれにて風帯いたし候を一文字風帯と申候」＊松翁道話(1814-46)二・中「御先祖の御筆のものを表具とし、古じゅばん、古帯の切々(きれきれ)を集め、一文字風袋となし」

いちもんじ-ぶき【一文字葺】〘名〙①金属板、石綿スレートなどの屋根葺き材を、水平方向が一線になるように葺いた屋根。また、その葺き方。②日本瓦葺きの屋根で、一文字軒瓦を用いて軒先の下端の水平線が一直線になるように葺いたもの。発音〈標ア〉0

いちもんじ-まきかけ【一文字巻掛】〘名〙刀の柄(え)の巻き方の一つ。糸を一直線にわたして片ひねりにしたもの。＊随筆・雨窓閑話(1850)上「腰物拵は塗鮫、茶糸無地、鍔赤銅、目貫、縁同じく石目、頭は角の一文字巻懸、鞘は柚はるたたき」

いちもんじ-まゆ【一文字眉】〘名〙一文字を引いたように、きりっとした眉。＊或る女(1919)〈有島武郎〉前・一「男の一文字眉は深くひそんで、その両眼は一際鋭さを増して見えた」発音〈標ア〉マ

いちもんじ-まわし【一文字回】〘名〙「いちもんじ(一文字)㊀⑥」に同じ。

いちもんじ-や【一文字屋】江戸時代、京都の島原および伏見にあった遊女屋。＊浮世草子・好色一代男(1682)六・六「風義は一文字屋の金太夫に見ますべし」＊随筆・独寝(1724頃)上・三二「今度嶋原に行て一文字屋のおふしうといふ大夫を見て」発音〈標ア〉0

いちもん-しゅ【一門衆】〘名〙親類の人々。親戚。＊俳諧・物種集(1678)「うむやもかさの山ほとときすもみうらてさそひ良なる一門衆〈定親〉」＊浮世草子・西鶴織留(1694)五・二「一門衆(いちモンシュ)から年切(ねんきり)置けとあれば、いやなれどもままにならぬ事なれば」発音〈標ア〉モ

いちもん-じゅう【一門中】〘名〙親類中。親戚全体。＊狂歌・後撰夷曲集(1672)雑下「ならびたる九十三首は和田殿の一門中や寄合の歌」＊浮世草子・日本永代蔵(1688)二・二「ひとつも埒(らち)のあかぬ男。貧乏神の社人になれとて、一門中(いちモンヂウ)是を見かぎる」＊浄瑠璃・心中重井筒(1707)中「いとしい人の身のひし一もん中の憎しみを受け」発音イチモンジュー〈標ア〉0

いちもん-ぜに【一文銭】〘名〙「いちもんせん(一文銭)」に同じ。＊咄本・鯛の味噌津(1779)栄螺「壱文銭(ゼニ)も百にわるほどのしはん坊」発音〈標ア〉ゼ

いちもんぜに は 貸(か)さぬもの 一文銭のような小銭は、余りわずかすぎて貸すと取り立てにくいから貸さないのがよい。＊譬喩尽(1786)一「一文銭(イチモンゼニ)は借(カ)さぬもの 難二取返一故」

いちもん-せん【一文銭】〘名〙①一枚が一文の値を持つ小額貨幣。江戸時代、元文四年(一七三九)までは銅銭であったが、のちには鉄の一文銭も発行されるようになった。②きわめて少額の銭。＊史記抄(1477)一九・貨殖列伝「繊嗇とは一文銭をも二文にへぎたう思て酒の一升をも買て」③紋所の名。①の形をしたもの。発音〈標ア〉0〈京ア〉セ 辞書言海 表記一文銭(言)

いちもんせん か 生爪(なまつめ)か 一文銭を出すよりも生爪がはがれる方がよいというほどのはなはだしいけちんぼうをたとえていう。＊諺苑(1797)「一文銭か生爪(ナマツメ)か。一文銭をわって遣ふとも云。文せんを伽羅鋸(きゃらひき)で割るとも云」

いちもんせん を 割(わ)って使(つか)う 一文銭すら割って使うほどのひどいけちんぼうをたとえていう。いちもん(一文)の銭をも割って使う。＊諺苑(1797)「一文銭をわって遣ふ」

いちもん-ぞり【一文剃】〘名〙(銭一文で剃ったところから) 近世、道ばたで開業した理髪屋。一銭剃り。＊随筆・我衣(1825)「江戸の初め、赤羽根の床、最初也。〈略〉その頃、是を一文ぞりと云」発音〈標ア〉0

いちもん-だか【一文高】〘名〙一文でも多く金をもっている方が尊ばれること。一文上がり。＊浮世草子・当世銀持気質(1770)四・一「町人売家の格式といふは金銀の有無にて、甲乙の身分、位は世俗にいふ一文高の世の中」発音〈標ア〉0

いちもん-だこ【一文凧】〘名〙一文で買えるきわめて安価なたこ。＊俳諧・金剛砂(1680-81頃)上「壱文蛸古今の中の哥屑なり〈天草〉」＊雑俳・柳多留-一三(1778)「壱文だこはかけて居る内ばかり」＊俳諧・七番日記-文化七年(1810)三月「一日や一文凧も江戸の空」発音〈標ア〉ダ

いちもんだこ の 切(き)れたよう 糸が切れた一文凧のように、どこかに飛んでいってしまうこと。また、ふらふらと動揺し、一定の状態に静止しないさま。＊黄表紙・啌多雁取帳(1783)「『あれあれ褌の下りが見えます』『一文凧の緒の切れたやうだ』」＊読本・夢想兵衛胡蝶物語(1810)前・三「一紙の告文を〈略〉風にまかして飛ばすれば、一文紙鳶(いちモンダコ)の切れたるごとく、雲をかすみと閃きゆく」

いちもん-たば【一文束】〘名〙一束が一文の品物。売価が一文の束。きわめて安価な束。＊俳諧・八番日記-文政二年(1819)一〇月「小松菜の一文束やけさの霜」

いちもん-づきあい【一門付合】〘名〙親類どうしの交際。＊浮世草子・世間娘容気(1717)二・目録「一門(モン)づきあひも今からをくさまの賃仕事」発音〈標ア〉ズ

いちもん-な【一文無】〘名〙「いちもんなし(一文無)」の略。＊浄瑠璃・本朝二十四孝(1766)二「サア仕てやったとさらへる賽銭。神様も一文無(ナ)」

いちもん-なぎなた【一文長刀】〘名〙近世、一本一文で売ったおもちゃの木製なぎなた。＊俚言集覧(1797頃)「一文長刀」補注「好色一代男-四・夢の太刀風」に「或時は壱文売の長刀を削り、泣く子をたらし」とある。

いちもん-なし【一文無】〘名〙非常に貧しかったり、所持金をすっかり使い切ったりして、ごくわずかな金銭も持っていないこと。また、その人。いちもんな。無一文。すかんぴん。＊江戸繁昌記(1832-36)四・仮宅「苦界十年、本来一文無し」＊西洋道中膝栗毛(1874-76)〈総生寛〉一四・下「これを遣(やっ)ちまアと跡は一文(モン)なしになるから」＊破戒(1906)〈島崎藤村〉一・二「其(それ)を今茲(ここ)で買って了(しま)へば、明日は一文無しで暮さなければならぬ」発音〈標ア〉モ〈京ア〉ナ

いちもん-にんぎょう【一文人形】〘名〙江戸時代、一文で売られた土製の人形。ことに末期の今戸(いまど)人形の一種をいう。＊洒落本・客衆一華表(1789-1801頃)富岡之套「銚子をおひてちゃんとすはんなすった所は一文人形のあねさんのやうで」＊合巻・修紫田舎源氏(1829-42)五・序「昔ある浄瑠璃作者、壱文人形といふ物にて、手摺へかけての木偶数を工風なししを思ひ出し」＊社会百面相(1902)〈内田魯庵〉矮人巨人・二「木欒子(もくろじ)ほどの頭臚(あたま)を陳べたる一文人形に似たる豆男の中に」発音イチモンニンギョー〈標ア〉ニ

いちもん-ばし【一文橋】〘名〙渡り賃が一文の橋。＊俳諧・我春集(1811)「月さして一文橋の春辺哉」発音〈標ア〉モ

いちもん-はっこう【一門八講】〘名〙死者の子孫一族の者が集まって催す法華八講。＊貞享版沙石集(1283)九・三「故少納言入道信西の十三年の仏事、其子孫、名僧上綱達寄合ひて、一門八講と名づけてゆゆしき仏事醍醐にて行はるる事ありけり」

いちもん-はんじ【一文半字】〘名〙わずかな文字。一文一字。

いちもん-はんせん【一文半銭】〘名〙「いちもんきなか(一文半銭)」に同じ。＊歌舞伎・五大力恋緘(1793)二幕「一文半銭(イチモンハンセン)取らいでも大事ない」＊社会百面相(1902)〈内田魯庵〉投機・二「是までだって妾が江南の家へ一文半銭(イチモンハンセン)注込(つぎこ)んだ事があるかい」発音〈標ア〉チ

いちもん-びな【一文雛】〘名〙土製の安物のひな人形。一文人形のひな。＊日本橋(1914)〈泉鏡花〉三九「重代の雛は、掛物より良い値がついて、疾(とう)に売った。有合はせたのは土彩色の一もん雛です」発音〈標ア〉ビ

いちもん-ぶえ【一文笛】〘名〙値段が一文ほどの安い粗末なおもちゃの笛。＊俳諧・江戸八百韻(1678)何給「彩色の雲を次第に顕はして〈安昌〉一文笛の鳥の初こゑ〈言水〉」＊浄瑠璃・義経千本桜(1747)三「袖より出す一文(いチもン)笛吹立つれば」発音〈標ア〉フ

いちもん-ふち【一文不知】〘名〙(「文」は文字のこと) 一字も知らず、読み書きのできないこと。一文不通。＊一枚起請文(1212頃)「たとひ一代の法を能々学すとも、一文不知の愚どんの身になして」＊咄本・醒睡笑(1628)一「同じ千部講読の請状まゐりけるに、一文不知の経たつ坊あり」＊浮世草子・新御伽婢子(1683)五・一夢過一生「其道に自讃して一文不知(いちモンフチ)の人に向ては柿本の深味山辺の骨髄をも掌(たなごころ)ににぎったるやうに広言して」＊滑稽本・東海道中膝栗毛-発端(1814)叙「一文不智(フチ)の僕(やつがれ)なれば、諺にいふ蟷螂が斧猿猴が月」発音〈標ア〉チ フ

いちもん-ふつう【一文不通】〘名〙「いちもん

ふち（一文不知）」に同じ。＊小右記‐長和三年（1014）三月六日「好親一文不通」＊歎異抄（13C後）二「一文不通のともがらの念仏まうすにあふて」＊米沢本沙石集（1283）一〇本・六「若より武勇を好みて一文不通（モンフツウ）也けるが」＊十輪院内府記‐文明一七年（1485）五月六日「伝聞、関白家領飛行云々。是一文不通之臣任相国之罸歟。但如今任槐、以五十歩笑百歩歟」＊仮名草子・東海道名所記（1659‐61頃）一「江戸京橋に紀国屋作内とて、一文不通（いちモンふツウ）のもの、酒をつくりて商売とす」＊集義和書（1676頃）二「大なるはたらきをなし、軍功を立る人あらば、一文不通の無学といふとも、文武二道の士なるべし」発音イチモンフツー〈標ア〉チ 辞書易林・日葡・書言・言海 表記一文不通（易・書・言）

いちもん‐ふもん【一門普門】〔名〕仏語。一つの教えに通ずると、自然にすべての教えに到達することができるという意。一門は一つの功徳、一つの行などを意味し、普門はそれぞれいっさいを包含するものをさす。＊御伽草子・付喪神（室町時代小説集所収）（室町中）「一門普門の修行によて、所得の果相、各別なり」

いちもん‐ふるまい【一門振舞】〔名〕（「いちもんぶるまい」とも）親類を招いて酒食をもてなすこと。＊浮世草子・好色盛衰記（1688）二・三「有時一門振廻（いちモンフルマヒ）の中にて親仁申渡されしは」＊狂言記・張蛸（1700）「毎年一門振舞（いちモンブルマヒ）をする」＊浄瑠璃・大経師昔暦（1715）上「一門振廻（フルマヒ）祝義の使、竈の霞鱠の雪」

いち‐もんめ【一匁】〔名〕①尺貫法で、一貫の千分の一。約三・七五グラム。＊日葡辞書（1603‐04）「Ichimonme（イチモンメ）」＊書言字考節用集（1717）一〇「一匁 イチモンメ 則一銭也。十分之量重如銭一文故支那俗借戔象制匁字自呼為銭音」②江戸時代の銀貨の単位で、小判一両の約六十分の一。時の相場でやや変動があった。＊浮世草子・西鶴置土産（1693）四・一「吉之丞といへる壱匁のよねも」③「いちもんめとり（一匁取）の女郎」に同じ。＊雑俳・湯だらひ（1706）「壱匁・ようもこんながあるはいな」④一両をしゃれていう語。＊洒落本・虚実柳巷方言（1794）中・粋家の詞に〈略〉近世壱両を壱匁とし」＊人情本・梛の二葉（1823）下・七「何卒一匁（モンメ）もお借し下さるべし」⑤一円をいう、盗人仲間の隠語。〔日本隠語集（1892）〕方言お手玉。高知県安芸郡864 発音〈標ア〉（名詞的）メ（副詞的）0〈京ア〉0 辞書日葡・書言 表記一匁（書）

いちもんめ‐こう【一匁講】〔名〕各自の負担金が銀一匁の寄り合い。＊浮世草子・世間胸算用（1692）二・二「五百貫目までの銀持（かねもち）二十八人かたらひ壱匁講（コウ）といふ事をむすび〈略〉一匁の仕出し食（めし）をあつらへ」

いちもんめ‐ざお【一匁棹】〔名〕江戸時代、一さおの値段が一匁の羊羹をいう。＊浮世草子・傾城禁短気（1711）三・一「髪は壱匁棹（ザホ）の羊羹見るやうに長き島田に結ひならはせ」発音〈標ア〉0

いちもんめ‐つなぎ【一匁繋】〔名〕一文銭を銀一匁に当たるだけ穴にひもを通してつなぐこと。＊浮世草子・好色五人女（1686）二・三「一匁つなぎの銭五つ、細（こま）銀十八匁もあらうか」＊三貨図彙（1815）六「本邦に今四国土佐辺には銭を皆一匁繋にして、時々増減はあれども、凡七十銭或は八十銭の緡を繋ぎ、八百銭又は七百銭を十匁として、国中通用せるよし」発音イチモンメツナギ〈標ア〉ツ

いちもんめ‐とり【一匁取】〔名〕（「いちもんめどり」とも）「いちもんめとり（一匁取）の女郎」に同じ。＊浮世草子・好色一代女（1686）二・二「壱匁取は其時のつくり小哥うたひながら」＊浮世草子・好色貝合（1687）上「壱匁どりは、ふとんさへ相局（あひつぼね）」

いちもんめとり の 女郎（じょろう）　近世、揚代銀一匁の下級女郎。一匁。一匁取り。月（がち）。＊浮世草子・西鶴置土産（1693）二・三「伏見屋のはしつぼねに勝之丞とて壱匁取の女郎が踊装束して人のうしろよりきて」＊浮世草子・好色万金丹（1694）三・二「壱匁取の女郎は天象」

いちもん‐もうけ【一文儲】〔名〕たった一文だけ儲けること。わずかばかりの利益。発音イチモンモーケ〈標ア〉モ2

いちもん 儲（もう）**けの＝百失**（ひゃくうしな）**い**［＝百使（ひゃくつか）い］　わずかばかりの利益のために大損すること。得るところが少なく消費の大きいことをいう。一文惜しみの百損（ひゃくぞん）。＊俳諧・世話尽（1656）曳言之話「一文（イチモン）まふけの百うしなひ」

いちもん‐もち【一文餅】〔名〕一個一文の安い餅。＊仮名草子・犬枕（1606頃）「旅の草臥の茶屋の一文餅」＊浄瑠璃・近江源氏先陣館（1769）九「一文餅三つ買うて来たほどに祝うて仏様へ進ぜてと」発音〈標ア〉モ1

いちもんもちで 峠（とうげ）**越**（こ）**す**　（一文餅を食べ元気を出して峠を越える意から）安い食物でも、道中には大いに役立つの意。また、一説に「一文持ちて峠越す」を誤ったことばで、おちぶれて国を逃げ出すことにいうとする。＊つよひ物こわい物見立づくし（1818‐30頃）「壱文もちで峠こしたる病者もの」＊滑稽本・大わらい臍の西国（1861‐64頃）「譬へにもいうて有る、一文餅で峠こすワイ」

いちもん‐もらい【一文貰】〔名〕一文ずつもらい歩くこと。また、そのような乞食（こじき）。＊滑稽本・八笑人（1820‐49）初・二「壱文貰（いちもんモラヒ）で親や女房がくはせられるものか」発音〈標ア〉モ2

いちもん‐や【一文屋】〔名〕「いちもんあきない（一文商）」に同じ。発音〈標ア〉0

いちもん‐やっこ【一文奴】〔名〕①（一文ほどの価値しかないつまらない者の意）若党、中間（ちゅうげん）、奴（やっこ）などをののしっていう語。＊浄瑠璃・男作五雁金（1742）阿波座堀紺屋の段「ヲヲ奴々、土奴一文奴（イチモンヤッコ）下卑奴、サア云ふたがどうしをる」＊歌舞伎・幼稚子敵討（1753）六「さふいふ強い敵を、小（ちいさ）いわいらが壱文やっこを当にして討ふとすると、コリャ、返り討に遭ふぞよ」②一個が一文で売られた奴人形。一文人形。＊浄瑠璃・時代織室町錦繡（1781）三「コレコレ奴の人形、遠州へ奉公に行て居る我伯父に能う似た顔の一文奴」発音〈標ア〉ヤ

いちゃ〔名〕（「いちや」とも）若い女の通り名。また、子守、乳母、下女などの通り名として用いられた。＊言継卿記‐大永七年（1527）六月二〇日「上臈御局上臈、御ちの人、長橋あやや、いちや」＊虎明本狂言・お茶の水（室町末‐近世初）「いつものごとく門前のいちやをくみにやらせられい」＊狂歌・後撰夷曲集（1672）九「おはしたの下にかさねし着る物はをのが名にあふいちゃや紅梅」＊雑俳・田みの笠（1700）「ちょっぽりと・いちやがゑくぼ一元手」＊歌舞伎・四天王産湯玉川（1818）四立「さってもさても和御寮（わごれう）は誰れ人の子なれば、よう似た似た在所のいちやに」語誌（1）「いちゃ」「いちや」どちらの形が古いかはっきりしないが、狂歌の例は「いちゃ」、雑俳の例は「いちや」であろう。（2）語源不詳。下女の通名「あちゃ（阿茶）」の訛形との説もあるが、にわかには従いがたい。また、「おいちゃ」などとして、寺の門前に住み、寺の雑用をする若い女性を設定することが多い。（3）「言経卿記‐文禄三年八月一三日」に「下女イチャ、置了」とあり、明らかに下女の意で用いられた実例が室町時代末期に存したことが知られるが、江戸時代には、その種の女性下級奉公人を示すものに用例が限定されるようになる。（4）良家の子女や若嫁などに付き添って何くれとなく面倒をみたり、その過失の尻拭いの役割まで担わされることも多かったらしく、「とが（科・咎）をいちゃが負う」という成句もできた。

いちゃ〔名〕（「いちゃつき」の略）①「いちゃつき①」に同じ。＊洒落本・寸南破良意（1775）新ござ「何のあんなかわ羽織と、いちゃなぞは、一向ない所さ」＊洒落本・北川蜆殻（1826）下「おれがあの女（あま）に、いちゃでもあるという事は」②「いちゃつき②」に同じ。＊洒落本・娼妓絹籭（1791）二「扨此いちゃの楼上には」＊洒落本・南遊記（1800）四「此事が彼女（きゃつ）に知れたら、口説（イチャ）の種」＊歌舞伎・傾城浜真砂（1839）大詰「海道でいちゃがあると、馬方が困るばかりぢゃ」③「いちゃつき③」に同じ。＊洒落本・窃潜妻（1807）下「何の内方の払いにいちゃがあってよいものか」

いちゃ〔副〕（「いちゃ」は「いさ」の変化した語。下に打消を伴う）さあ。＊物類称呼（1775）五「しらぬといふ事を 上総にて いちゃしらねと云 上総の国人の云く いちゃは一社也 其故は上古当国に鎮坐の神霊のうちに一社其の祠る所の地を今時知るものなし よって国俗 物のしらざる事を一社（いっしゃ）しらなひといふとぞ 予が云 是妄説なり いちゃはいさ不知なり」＊一茶方言雑集（1819‐27頃）「下総 いちゃしらぬ いざ不知」方言◇いっちゃ 下総1025

いち‐や【一夜】〔名〕①日暮れから次の日の夜明けまで。ひと晩。ひとよ。終夜。＊源氏（1001‐14頃）御法「一日一や忌むことのしるしこそはむなしからず」＊平家（13C前）三・少将都帰「花の下の半日の客、月前の一夜の友」＊天草本伊曾保（1593）ネテナボ帝王イソポに御不審の条々「ナント シテ コノ ネコガ ychiyano（イチヤノ） ウチニ ユキキヲ ショウゾ」＊日葡辞書（1603‐04）「Ichiya（イチヤ）〈訳〉夜の数え方」＊浮世草子・好色一代男（1682）四・一「旅寝の一夜（ヤ）をあかし」＊春秋穀梁伝‐定公四年「相与撃之、一夜而三敗呉人」②ある夜。＊天草本伊曾保（1593）イソポの生涯の事「アンノゴトク ychiyanua（イチヤニワ） カルウ ナリ ヒトアサニワ マタ ヘリ」＊湯葉（1960）〈芝木好子〉「昔の湯葉にまつわる話を祖母は一夜私に語ったが」発音〈標ア〉チ〈ア史〉江戸●●○〈京ア〉チ 辞書日葡・書言・言海 表記一夜（書・言）

いちや 明（あ）**ける**　夜が明けて朝になる。また、特に、大晦日の夜が過ぎて元日の朝になる。＊歌舞伎・小袖曾我薊色縫（十六夜清心）（1859）五立返し「鴨のお料理だね。うまいやつだが冬季のものだて。一（いチ）夜明けては冷たくっても比良魚のおさしが書抜さ」

いちや の 妻（つま）　「いちやづま（一夜妻）」に同じ。＊寛永版曾我物語（南北朝頃）一二・手越の少将に遭ひし事「たとひいちやの妻なりとも、互の情を思ふべきに」

いちや の 花（はな）　一夜だけ客の相手となる女。一夜妻。＊長唄・南蛮哀慕（1927）「よしや一夜の花ぢゃとて、頼むは奇（く）しきろうさいばらいそう」

いちや の 松（まつ）　「いちやまつ（一夜松）①」に同じ。＊都名所図会（1780）六・北野天満宮「天満天神宮〈略〉末社に船の宮といふは、彼（かの）一夜（イチヤ）の松なり」辞書下学 表記一夜松（下）

いち‐や〔名〕（「いちば（市場）」の変化した語か）野菜をいう、盗人仲間の隠語。〔隠語輯覧（1915）〕

いちや‐あん【一夜庵】香川県観音寺市観音寺町、興昌寺境内にある庵。山崎宗鑑が晩年に住み、ここで没した。延宝年間（一六七三～八一）無妄庵宗実坊などが再建。現在の建築は、昭和五九年（一九八四）改修したもの。発音〈標ア〉ヤ

いちゃ‐いけ〔形動〕方言⇩いたいけ（幼気）

いちゃ‐いちゃ 一〔副〕男女が、戯れたり、または言い争ったりするさま、いちゃつくさまを表わす語。＊雑俳・冠附机之塵（1843）「よび戻し・いちゃいちゃいふて手を鳴らし」＊歌謡・粋の懐（1862）四・七・咲いた

桜の木に替歌「わかれをおしむいもせ中、いちゃいちゃいふて、これもうきよのゆめかいな」 ㊁〘名〙①ぐずぐずしていること。ぐずぐず言い合うこと。また、その人。ぐず。＊浄瑠璃・勇金平(1716)五「あぶか同意のいちゃいちゃ共(ども)、汝らごときのへろへろに」②男女が戯れたり、または言い争ったりすること。口舌(くぜつ)。＊洒落本・南遊記(1800)四「一方の寝間には甚だ相妓(あひかた)と談論談論(イチャイチャ)の最中」＊洒落本・当世嘘之川(1804)四「助さん、いちゃいちゃ斗りいふといんと、ちょっと隣の座敷一ぺん掃て来ておくれんか」 方言㊀〘副〙うるさく歩き回ったりして、落ち着かないさまを表わす語。石川県金沢市404 長野県南部468 480 492 岐阜県本巣郡510 ㊁〘名〙お手玉。神奈川県足柄下郡054

いちや-おんな【一夜女】〘名〙「いちやづま(一夜妻)」に同じ。＊浮世草子・男色大鑑(1687)七・五「人留む一夜(ヤ)女の立出水風呂を見せかけ、もへぎの蚊帳もかしませうとまねく」 発音〈標ア〉㋑

いちや-かい【一夜買】〘名〙一夜だけ遊女を買うこと。＊艶魔伝(1891)〈幸田露伴〉「某小店にて廿三四の美しき女あるを見付、惜い者と一夜買(イチヤカヒ)ばかりの心にて遊びしに」 発音〈標ア〉㋔

いちや-がけ【一夜掛】〘名〙その夜から翌朝にかけての間。＊俳諧・桜川(1674)冬二「御領所や三春をとなり一夜かけ〈玖也〉」＊浮世草子・傾城禁短気(1711)三・一「盆正月の藪入(やぶいり)の外に一夜(いちや)がけのお隙(ひま)を貰ふて、小宿入(ばいり)をし」 発音〈標ア〉⓪

いちや-がし【一夜貸】〘名〙一晩の期限で夜具などを賃貸しすること。また、その貸し夜具。または、その商売。 発音イチヤガシ〈標ア〉⓪

いち-やかた【市館】〘名〙市(いち)の店の建物。＊大乗院寺社雑事記‐文正元年(1466)閏二月一九日「本座問屋より塩を請取て、於㆓市屋形㆒市の日売之事在㆑之」＊大観本謡曲・岩船(1466頃)「立つ市館かずかずに、御垣もつづくかたそぎの」 発音〈標ア〉㋳

いちや-かんじょ【一夜官女】〘名〙祭礼に奉仕する処女(おとめ)。摂津国西成郡(大阪市西成区)の産土(うぶすな)住吉神社の祭礼に、氏子の中から一夜だけ官女風(のちに巫女風)に装って奉仕する一二、三歳の少女。《季・春》＊摂津名所図会(1796-98)三・西成郡「佃住吉神社〈略〉一夜官女(イチヤクヮンヂョ)。野里村の本居住吉の例祭の時、此里の民家より十二三計の女子に衣裳を改め神供を備ふ、これを野里の一夜官女といふ」

いちや-ぎり【一夜切】〘名〙一夜だけに限って行なうこと。＊浮世草子・好色一代女(1686)六・二「一夜切(ギリ)に身を売れば」＊洒落本・大通秘密論(1778)中車を行助六「中々女郎買ひはならぬじせつさ。ほんのこんや一夜ぎりといふはかなひ身の上だ」 発音イチヤギリ〈標ア〉⓪

い-ちゃく【衣着】〘名〙衣服。服装。着衣。＊江戸繁昌記(1832-36)三・俠客「並びに早く衣着を脱し、赤条々(まっぱだか)相迎ふ」＊江戸繁昌記(1832-36)四・学校「衣着繋ぎ尽して、典書籍に及び」＊陶潜‐桃花源記「其中往来種作、男女衣著、悉如㆓外人㆒」 発音〈標ア〉㋑

い-ちゃく【依着】〘名〙よりすがること。執着すること。＊江戸繁昌記(1832-36)三・永代橋「居士嘗て橋欄に倚着して、南望指点す」＊泰西国法論(1868)〈津田真道訳〉三・三「然れ共此政体に依着して離る可らざる巨害あり」 補注「忠義水滸伝解」に「依着 ヨリシタガフナリ。着ハ付字ナリ」とある。

いち-やく【一役】〘名〙①一つの役目。ひとやく。＊文明本節用集(室町中)「一役 イチヤク」＊日葡辞書(1603-04)「Ichiyacu (イチヤク)。ヒトツノ ヤクメ」②重要な役目。また、その役目をする者。③力の強い人。力士。＊伊京集(室町末)「一役 ヰチヤク 力者」 方言それだけのこと。そのことばかり。新潟県361 岩船郡366 ◇いっちゃく 新潟県西蒲原郡371 発音〈標ア〉㋠ 辞書文明・伊京・明応・天正・饅頭・黒本・易林・日葡 表記一役(文・伊・明・天・饅・黒・易)

いち-やく【一約】〘名〙一つの約束。一度の誓約。＊日葡辞書(1603-04)「Ichiyacu (イチヤク)。ヒトツノ ヤクソク」＊浄瑠璃・用明天皇職人鑑(1705)五「一やくに仏舎利の光明たな引、薫風渡って」 発音〈標ア〉⓪ 辞書日葡

いち-やく【一薬】〘名〙一つの薬。＊夢中問答(1342)中「医師其病相を明に分別して、或は一薬を与へ、或は一灸をほどこす」＊寛永刊本蒙求抄(1529頃)「只人参や川芎やの一薬では」＊日葡辞書(1603-04)「Ichiyacuuo (イチヤクヲ) シュビャウニ アタウル」＊陶弘景‐薬総訣序「或一薬以治㆓衆疾㆒、或百薬共愈㆓一病㆒」 発音〈標ア〉㋠ 辞書日葡

いち-やく【一躍】〘名〙(単独または「して」を伴って副詞的にも用いる)①一回の跳躍。ひと足で飛び上がること。ひととび。＊済北集(1346頃か)六・魚水滴「一躍鱗㆑身出㆓綱中㆒、墨池那畔楽㆓従容㆒」＊文づかひ(1891)〈森鷗外〉「馬はおびえて一躍し、姫は辛うじて鞍にこらへたり」＊歩兵操典(1928)第八七「駈歩若は早駈を以て一躍前進すべきは」＊荀子‐勧学「騏驥一躍、不㆑能㆓十歩㆒」②一定の順序をふまないで、急に段階が進むこと。一足とび。＊思出の記(1900-01)〈徳富蘆花〉二・三「最早(もう)此れで僕は一躍して西山塾の一生となったのである」＊社会百面相(1902)〈内田魯庵〉貧書生「平民から一躍して大臣の印綬を握(つか)む事の出来る今日ぢゃぞ」＊灰燼(1911-12)〈森鷗外〉一一「Gorkiが一躍して大家になったのは」 発音〈標ア〉⓪ ㋠〈京ア〉⓪

いちやく-がしら【一役頭】〘名〙操り人形の頭(かしら)の一種。特別の役のために作られ、その一役(まれには二役)に限って使われ、他に流用できないもの。特殊頭(とくしゅかしら)。

いちや-ぐさ【一夜草】〘名〙植物「べんけいそう(弁慶草)」の異名。＊重訂本草綱目啓蒙(1847)一六・石草「景天〈略〉いちやぐさ」 方言植物、たかさぶろう(高三郎)。江戸†034 発音イチヤグサ〈標ア〉㋳ 辞書言海 表記一夜草(言)

いちやく-そう【一薬草・鹿蹄草】〘名〙①イチヤクソウ科の常緑多年草。各地の山野の樹陰に生える。高さ約二〇センチメートル。葉は柄があって根ぎわから生じ、円形または広楕円形で、裏面と柄はしばしば、紫色を帯びる。初夏、梅に似た白い花が総状となって下向きに咲く。雌しべは長い。煎(せん)じ汁は脚気に、葉の液汁は止血、止痛に薬効がある。かがみそう。学名は Pyrola japonica《季・夏》＊重訂本草綱目啓蒙(1847)一二・隰草「いちやくさう二種あり 円葉のいちやくさうは時珍の説の菟葵にして紫背天葵なり本条は長葉のいちやくさうなり」＊日本植物名彙(1884)〈松村任三〉「イチヤクサウ 鹿蹄草」②植物「べんけいそう(弁慶草)」の異名。＊物類称呼(1775)三「景天〈略〉京にてべんけいさうと云 筑紫にてちとめといふ 江戸にていちやくさうと云」＊重訂本草綱目啓蒙(1847)一六・石草「いきくさ〔和名鈔〕べんけいさう 京〈略〉いちやくさう 江戸」③植物「くわがたそう(鍬形草)」の異名。 発音イチャクソー〈標ア〉⓪ 辞書言海 表記一薬草(言)

一薬草①

いちやくそう-か【一薬草科】〘名〙双子葉植物の科名。北半球の温帯から寒帯に分布する常緑の多年生低木。葉は互生または輪生。柄がある。花は主軸に頂生し、総状花序または集散花序をなすか、ときに単生する。両性。がく片は花弁と同数で五または四個。雄ずいは一〇または八個。子房上位で五または四室。学名は Pyrolaceae 発音イチヤクソーカ〈標ア〉⓪

いちゃ-くちゃ〘副〙(多く、男女の間で)苦情を言い合うさまを表わす語。いちゃこちゃ。いちゃいちゃ。＊浄瑠璃・生写朝顔話(1832)大磯揚屋の段「大門口の茶屋でかの傾城瀬川と、いちゃくちゃいちゃくちゃ。余り埒が明きませぬから」 発音〈標ア〉㋑

いちゃけ〘形動〙方言⇨いたいけ(幼気)

いちや-けんぎょう【一夜検校】〘名〙①江戸時代、金千両を官に納めて、にわかに盲官最高の検校の位を授けられた盲人。＊俳諧・犬子集(1633)一四・雑上「けふははや衣を着かへ香を焼(たき)たしなみふかき一夜検校〈正直〉」＊武野燭談(1709)二二・板倉内膳正重矩所司職の事「座頭の司(つかさ)たる撿校になる事、千金だに出せば、即日撿校になる事なり。俗に之を一夜撿校といへり」＊譬喩尽(1786)一「一夜撿校(イチヤケンギャウ) 座頭の官上り也」＊滑稽本・戯場粋言幕の外(1806)上「夕の按摩は一夜検校(イチヤケンギャウ)」②にわかに金持になった者。にわか成金。にわか分限(ぶげん)。＊俳諧・続山の井(1667)春上「人の気や一夜けんぎゃう今朝の春〈正次〉」＊浮世草子・傾城色三味線(1701)湊・三「もし尋ねあたり給はば、一夜けんぎゃうに成事」＊浮世草子・世間子息気質(1715)三・二「米油扱は唐物薬種の買置、一夜撿校(ケンギャウ)になるやうなどかまふけをすきまして」＊浄瑠璃・博多小女郎波枕(1718)上「下着上着もわたり物、かしらは日本胴は唐との襟ざかひ、ちくら手くらの一夜(ヤ)けんぎゃう」

いちやけんぎょう半日(はんにち)乞食(こじき) にわか成金もたちまちその財を失ってしまうこと。栄枯盛衰の激しいことのたとえ。一夜検校一日乞食。＊洒落本・一騎夜行(1780)二・文の手に葉を飾る幽霊「一夜検校(ケンギャウ)半日乞食(コジキ)、段々と客が落るに随ひ身上売喰同前なり」＊洒落本・太平楽巻物(1782)「楽屋きゃうだいが立派にでき、手まへ雪隠(せつゐん)のふしんもすめば、一夜けんぎゃう半日乞食、だんだんゑように実が入て」

いちや-ご【一夜子】〘名〙一夜だけの交わりで妊娠した子。＊洒落本・大抵御覧(1779)「近江国琵琶湖、つゐ一夜子をはらみしより、駿河の国の富士山、ひょっくりひょっと誕生せしも」

いちや-こおりどうふ【一夜凍豆腐】〘名〙「いちやどうふ(一夜豆腐)」に同じ。

いちや-こじき【一夜乞食】〘名〙金持が急におちぶれること。また、その人。 発音〈標ア〉㋙〈京ア〉㋙

いちゃ-こちゃ〘副〙(「いちゃくちゃ」の変化したもの)①(多く男女の間で)苦情を言い合うさまを表わす語。いちゃいちゃ。＊咄本・滑稽即興噺(1794)五「お霜は、かのいろと南地のぼんやにて出合、つい暮前になれば、もう別れにゃならぬといちゃこちゃ暮々になって」②ぐずぐず言い訳をするさまを表わす語。＊歌謡・粋の懐(1862)初・一・大津絵節「いちゃこちゃいはずと、すなをにわっさり白猪口(しろちょく)まわして、これでおとり」 発音〈標ア〉㋑

いちや-こんりゅう【一夜建立】〘名〙急にできること。また、にわかじこみ。一夜づけ。＊俳諧・俳諧三部抄(1677)中「ゆふたちをもってひらいていささらは 一夜建立ある霜はしら〈尚幸〉」 方言❶にわか仕込み。一夜漬け。徳島県811 ❷にわかに思い立ち一気呵成(いっきかせい)に仕上げること。宮崎県東諸県郡954 ◇いっちゃこんじゅ 長崎県五島054

いちや-ざけ【一夜酒】〘名〙一夜の間に醸造した酒。甘酒などをいう。ひとよざけ。＊詠百寮和歌(1504-54頃)「造酒正 かみあわせ作り出せる一夜酒口のうちにてわき帰りつつ」＊歌舞伎・助六由縁江戸桜(1761)「七夕は一夜酒(イチヤザケ)、重陽はきくの酒」＊俳諧・新類題発句集(1793)夏「涌上るひまさへ夏の一夜さ

け〈板鳳〉」 方言甘酒。長崎県壱岐島915 辞書言海 表記一夜酒（言）

いちや-じお【一夜塩】〘名〙ひと晩、塩を振りかけておくこと。また、一夜だけ塩づけにした物。＊古今料理集(1670–74頃)六「当座塩、一夜塩、一夜味噌、一夜粕漬等の時は」＊浮世草子・本朝桜陰比事(1689)三・一「焼物に一夜塩（シヲ）の鯛、ねりみそに竹輪の蒲鉾」＊雑俳・かざし草(1792)「ちっとづつ・医者がゆるした一夜塩」 発音〈標ア〉ヤ

いちや-じょう【一夜城】 豊臣秀吉が小田原城攻略のとき一夜のうちに築いたという、箱根石垣山（神奈川県小田原市早川）の城。遺構はほぼ現存。国史跡。石垣山一夜城。＊雑俳・雪の笠(1704)「ちっと見て敵も手を打一夜城」 発音イチヤジョー〈標ア〉ヤ

いちや-しょうがつ【一夜正月】〘名〙①旧暦二月一日の俗称。厄年（やくどし）の人は、もう一度年取りをして、無事厄年をすませるため、この日を正月と見なして正月と同じやりかたで祝い、年重（かさね）をする習慣がある。＊俳諧・俳諧二見貝(1780)春「如月〈略〉一夜正月 一日」②一夜明けると、たちまち正月気分になること。 発音イチヤショーガッ〈標ア〉ショ

いちや-しんじ【一夜神事】〘名〙神社参拝の折、前夜から精進潔斎すること。→小祀（しょうし）。＊古今神学類編(1698)四八・祭祀（古事類苑・神祇一）「小祀斎は一日也、〈略〉一日斎を言て謂之一夜神事」

いちや-ずし【一夜鮨】〘名〙作りはじめてから一日くらいで食べるすし。はやずし。なまなり。《季・夏》＊料理物語(1643)二〇「一夜ずしの仕様 鮎をあらひ、めしをつねの塩かげんよりからくしてうほに入、草つとにつつみ、庭に火をたき、つとともにあぶり、そのうへをこもにて二三返まき、かの火をたきたるうへにをき、おもしをつよくかけ候。又はしらこにまき付、つよくしめたるもよし。一夜になれ申」＊俳諧・桜川(1674)夏一「飯に葉をおほふや篠の一夜鮨〈維舟〉」＊随筆・嬉遊笑覧(1830)一〇・上「むかしの鮓は飯を腐らしたるものにて、みな源五郎鮒の鮓の如し。早鮓といふも一夜ずしなり」 発音〈標ア〉ヤ

いちや-だいじん【一夜大尽】〘名〙急に大利を得て金持になること。また、その人。にわか成金。にわか分限（ぶげん）。 発音〈標ア〉ダ

いちや-づか【一夜塚】〘名〙武将が城を攻めるとき、一夜のうちに塚を築き、そこから攻めたという伝承をもつ塚。また、その伝説。埼玉県北埼玉郡、東京都板橋区志村などにある。 発音〈標ア〉ヤ

いちゃ-つき〘名〙①男女がむつまじげにふざけ合うこと。いちゃつくこと。＊談義本・根無草(1763–69)後・一「天人衆の奇麗事に頗（すこ）いきのいちゃつき」＊黄表紙・御存商売物(1782)中「あのいちゃつきを見やれ、けたひの悪ひせんさくだ」＊譬喩尽(1786)五「少婢にいちゃ付。いちゃつきとは時花詞にしてじゃらつく也。色事用語」＊邦子(1927)〈志賀直哉〉「『いちゃつきが烈しいから、うっかり開けられやしない』婆やは聞えよがしに云ったりした」②言い争い。もめ事。苦情。＊洒落本・柳巷訛言(1783)「何かいちゃつきが過て二階を留められたを」③問題を起こして渋ること。とどこおること。＊歌舞伎・傾情吾嬬鑑(1788)五立「はてさて、そんな事にいちゃつきのある奴さんぢゃござんせぬ」 発音〈標ア〉0

いちゃ-つ・く〘自カ五（四）〙（「つく」は接尾語）①男女が仲むつまじげにふざけ合う。＊談義本・根無草(1763–69)後・四「こっそりと逢ひしめやかに語る。いやみなくいちゃつかず、意気地あり」＊滑稽本・東海道中膝栗毛(1802–09)四・上「ぶったりつめったりして、いちゃつく様子、手にとるやうにきこえ」＊くれの廿八日(1898)〈内田魯庵〉三「妾（あたし）を度外（のけもの）にして旦那様と粘着（イチャツ）かれちゃア」②言い争う。もめる。＊洒落本・窃潜妻(1807)下「払ひをいちゃつくやつがあると、〈略〉少々いちゃもやらにゃならぬじゃ」＊歌舞伎・傾城浜真砂(1839)大詰「いちゃつきさらしたので、あったら鳥を蹴散らして退けたわい」③問題を起こしてひまどる。ぐずぐずする。＊洒落本・新吾左出放題盲牛(1781)居候遺精「今この毒薬を呑ふか呑まひかといちゃつく所に」＊浄瑠璃・忠義墳盟約大石(1797)六「やらふのやるまいのと、いちゃ付（ツク）は跡の祭り」 方言❶うるさく付きまとう。落ち着きなく歩き回る。長野県南部062 岐阜県本巣郡510 ❷急ぐ。慌てる。うろたえる。長野県474 479 481 ❸べらべらしゃべる。広島県高田郡779 ❹調子づく。はしゃぐ。ふざける。富山県砺波397 長野県上田475 岐阜県本巣郡510 長崎県天草郡936 ◇いちゃける 岐阜県加茂郡498 ❺人より利口ぶって立ち騒ぐ。肥後†131 語源説(1)イチャはイチャイチャのイチャ〔上方語源辞典＝前田勇〕。(2)イヒチャツクの略。チャツクは二チャツク、ガチャツクのチャツク〔両京俚言考〕。 発音〈標ア〉0〈京ア〉0 辞書ボン 表記狎戯（へ）

いちや-づくり【一夜作】〘名〙①一夜の間に物を作ること。また、そのもの。＊語彙(1871–84)「いちやづくり 一夜にて熟するをいふ 醴（あまざけ）にいふ」＊筆まかせ(1884–92)〈正岡子規〉一・春廼舎氏「松の内といふものも一寸見たれと一夜づくりの濁酒位にて他人には出来ぬかも知れねど」②間に合わせに大急ぎで物を作ること。また、そのもの。にわか作り。いちやづけ。＊吾輩は猫である(1905–06)〈夏目漱石〉六「昨日申し込んだ結婚事件の諾否を尋ねると、御夏さんは笑ひながら〈略〉一夜作りの御嫁はありませんよと出て行ったきり顔を見せなかったさうだ」＊面白半分(1917)〈宮武外骨〉衆議院議員総選挙夢想彙報「槿花一朝の栄に誇る一夜造（ヤヅク）りの大尽より、裏店の溝板踏み脱して九尺二間に戸が二枚、彼方立てれば此方が立たぬ其日々々の鎗栗世帯の中より、現れ出でたるは」 発音〈標ア〉ズ〈京ア〉ズ 辞書言海 表記一夜作（言）

いちや-づけ【一夜漬】〘名〙①かぶ、菜などを細かく刻み、一晩で漬けた物。はやづけ。＊仮名草子・尤双紙(1632)上・二二「浅きもののしなじな〈略〉一夜づけの香の物」＊俳諧・其雪影(1772)「寝たらぬはうき世の人ぞ一夜漬〈和流〉」②（一夜附）歌舞伎などで、世間で評判の事件などをすぐ脚色、上演すること。また、その芝居。元祿（一六八八～一七〇四）頃から始まる。際物（きわもの）狂言。＊戯場訓蒙図彙(1803)三「一夜附（イチヤヅケ）今日ありし事を直に案じて翌日にかんばんを出す是を一夜つけと云也」＊雑俳・歌羅衣(1834–44)初「旅芝居稽古も更て一夜附」＊風俗画報‐一六五号(1898)遊芸門「三月狂言大入を占（しむ）れば一夜附（イチヤヅ）け迚急速従前の狂言に代ゆるに繰狂言の時代物を出す」③短時間に大急ぎでやる仕事や勉強。＊西洋道中膝栗毛(1870–76)〈仮名垣魯文〉五・序「目今（めさき）の新聞は、訳文（やくもん）の一夜漬（イチヤヅケ）に、記載（かかれ）たりナ」＊学生時代(1918)〈久米正雄〉受験生の手記・一〇「一夜漬の諳記では迚も立派な答案が書ける訳はなかった」 発音〈標ア〉0〈京ア〉0

いちや-づま【一夜妻】〘名〙（一夜だけの妻の意から）遊女の類。ひとよづま。いちやおんな。＊浮世草子・近代艶隠者(1686)二・五「化（あだ）に通ひし一夜（ヤ）づま、迷ひに妄（ぼう）をかさねし傾婦の枕」＊浄瑠璃・吉野都女楠(1710頃か)三「御身は定て思ひ者か一夜妻、かりの情を忘れかね跡迄したふはやさしけれ共」 発音〈標ア〉ズ

いちや-どうふ【一夜豆腐】〘名〙一夜づくりの、凍り豆腐。豆腐を、寒い夜戸外につるして、凍り豆腐の味をもたせたもの。一夜凍り豆腐。 方言◇いっちゃどうふ 大阪府泉北郡645 奈良県679 ◇いっちゃこおり〔一夜凍〕奈良県678 発音イチヤドーフ〈標ア〉ド

いちや-ながれ【一夜流】〘名〙①客に買われて一夜だけ添い寝をすること。また、その遊女。＊浄瑠璃・生玉心中(1715か)上「一夜ながれの軒端の梅の、仇な袂に香をとめて」＊談義本・風流志道軒伝(1763)三「一夜流（ナガレ）の縁結は、出雲の神の帳付くるにも、さぞいそがしくや有るらん」＊読本・夢想兵衛胡蝶物語(1810)前・色慾国「一夜ながれの君としりつつ」②当座限り。＊洒落本・来芝一代記(1797)毎夜変の章「浮気なる客は、誠の心なし。一夜流（イチヤナガ）れの心をもって、心とす」 発音イチヤナガレ〈標ア〉ナ

いちや-にょろり〘名〙植物「ひがんばな（彼岸花）」の異名。＊重訂本草綱目啓蒙(1847)九・山草「石蒜 まんじゅしゃげ 京〈略〉じゅずばな 予州、いちやにょろり 同上今治」

いちや-は【市屋派】〘名〙時宗十二派の一つ。時宗の開祖、一遍上人の門下、作阿上人俊晴を祖とし、京都市下京区の金光寺（一名市屋道場）を本山とするもの。 発音〈標ア〉0

いちゃ-ば【—場】〘名〙芝居で、男女の情事を演じる場面。いちゃつく場面。濡れ場。＊芝居見物穴づくし(1818–30頃か)「ぬれ事いちゃ場の狂言を見て、黄色な声してほめてゐる人」 発音〈標ア〉0

いちや-はくはつ【一夜白髪】〘名〙はなはだしい苦悩や心配のあまりに、一夜のうちに、頭髪が白くなってしまうこと。また、その髪。＊老のすさみ(1479)「此詩は聖廟の御作なれば、一夜白髪の心も何となく其たより侍るにや」＊日葡辞書(1603–04)「Ichiya facufat（イチヤハクハツ）」＊俳諧・鷹筑波(1638)五「天原くたすふる酒みぞれかな 眉迄や一夜白髪（ハクハツ）山の雪〈守成〉」＊仮名草子・伊曾保物語(1639頃)中・一八「ただ今の気づかひ、一夜はくはつといひつべく候」 辞書日葡

いちや-ばた【一夜機】〘名〙反物（たんもの）などを一夜のうちに織り上げること。祈願に使う布を織る場合などにいう。 発音〈標ア〉バ

いちや-ばらみ【一夜孕】〘名〙一夜だけの交わりで妊娠すること。＊雑俳・あづまからげ(1755)「神代から一夜孕はもめる例」 発音〈標ア〉バ

いちや-ひゃくしゅ【一夜百首】〘名〙漢詩、和歌などの題を百定めて、一夜のうちに百首詠むこと。＊正徹物語(1448–50頃)下「初心のほどは無尽に稽古すべき也。一夜百首、一日千首など早歌もよみたり」＊随筆・提醒紀談(1850)二「曾て淇園また一人と成章と、一夜百首の詩を賦したり」

いちや-ぶね【一夜舟】〘名〙伏見舟のように一夜で目的地に着く夜行舟。＊雑俳・ぬり笠(1697)「とくなもの・百里寝て行く一夜舟」 発音〈標ア〉ブ

いちや-べつじ【一夜別時】〘名〙一夜限りに行なう別時念仏。→別時念仏。＊俳諧・続猿蓑(1698)旅「その夜はさる事ありとて宿をかさざりければ、一夜別時の軒の下にかがまりふして、椽に寝る情や梅に小豆粥〈支考〉」

いちや-ぼし【一夜干】〘名〙水揚げした魚を一晩外気に当てて干すこと。また、その干した魚。

いちや-まつ【一夜松】〘名〙①伝説上の松。また、その伝承。菅原道真の没後、京都の北野神社に一夜で数千本の松が生えたとか、高僧の手植えの松が一夜で古木になったとかいうさまざまの伝承がある。＊俳諧・毛吹草(1638)五「洛中の門や北野の一夜松〈重頼〉」＊俳諧・桜川(1674)春一「天神奉納 すゑ遠くかざるや千世を一夜松〈久友〉」②おおみそかに門松を立てること。これを忌む俗信が広く分布している。＊風俗画報‐一二号(1890)人事門「むかしは松飾りするに二十八日頃より三十日までの間に立つるなり一夜松（ヤマツ）といふは縁喜あししとて大晦日には立てず」 発音〈標ア〉ヤ マ

いちやま-はんし【市山半紙】〘名〙石見国（島根県）邑智郡市山から産出した半紙。

いちやま-りゅう【市山流】『名』日本舞踊の一派。文化、文政(一八〇四〜三〇)頃の江戸市村座の振付師市山七宝斎七十郎を祖とする。七宝斎七十郎は大坂の振付師市山流の祖市山助五郎およびその弟子市山七十郎の系統を、七十郎の実子である三世俳優瀬川菊之丞から伝えられたものという。東京と新潟の二派がある。発音イチヤマリュー〈標ア〉0

いちや-みそ【一夜味噌】『名』①魚や鳥などを、一晩味噌に漬けておくこと。また、その食品。＊古今料理集(1670–74頃)六「当座塩　一夜塩　一夜味噌　一夜粕漬等の時は、鳥を入て一あわ煮てかげんを吸合」②簡単な速成法によって短時日に製造する味噌。方言短時間でやること。一夜漬け。山梨県456　発音〈標ア〉ミ

いちゃ-もん『名』(「いちゃつき」の略「いちゃ」に「もんく(文句)」の略「もん」の付いたものか) いわれのない言いがかりをいう俗語。難くせ。＊修羅の思想(1973)〈野坂昭如〉いま言っておかなくては「天皇制、当時は君主制ていったらしいが、その批判はだめだし、軍部にいちゃもんつけることも」

い-ちゅう【夷中】『名』田舎。＊空華日用工夫略集-永和三年(1377)二月一三日「則詐答曰、夷中人作也」発音〈標ア〉0

い-ちゅう【囲中】『名』囲いの中。＊源平盛衰記(14C前)三三・平家太宰府落「何(いづれ)の国へ行かば遁るべき身にあらず。囲中(イチウ)の鹿の如く、網に懸かれる魚の様に」

い-ちゅう【委注】『名』くわしく書きとめること。＊言継卿記-天文一五年(1546)正月五日撰定奏聞等「遅参之間不見物、御前之儀不得才覚之間、不及委注」＊布令字弁(1868–72)〈知足蹄原子〉六「委注　イチウ　クワシクシメス」＊孫逖-授韓滉戸部侍郎制「委注煩重、宜熟計之」

い-ちゅう【胃虫】『名』人の腹の中に寄生していると考えられていた九虫の一つ。＊和漢三才図会(1712)五四「蚘(ひとのむし)〈略〉胃虫　状如蝦蟇令人嘔逆喜噦」＊読本・夢想兵衛胡蝶物語(1810)前・強飲国「すべて人の腹中には、九つの虫あり、伏虫といひ、蚘虫(くゎいちう)といひ、白虫といひ、肺虫といひ、胃虫(ヰチウ)といひ、鬲虫(かくちう)といひ、赤虫(せきちう)といひ、蟯虫(げうちう)といひ、肉虫(じくちう)といふ」

いちゅう【惟中】(江戸前期の俳人) ⇩おかにしいちゅう(岡西惟中)。

い-ちゅう【異中】『名』多くの人の中。ほかの人々の中。＊却来華(1433)「芸力の劫つもり、年来の時節いたりなば、さだめて異中の異曲の人とやなるべき」発音イチュー〈標ア〉イ

い-ちゅう【移駐】『名』軍隊などが他の地に移ってとどまること。＊福恵全書-蒞任部・詳文贅説「請免投誠移駐官兵」

い-ちゅう【意中・意衷】『名』心の中。心中。また、心の中で思っていること。考え。＊菅家文草(900頃)五・霜夜対月「夜感歎勝月易低、清光不染意中泥」＊至花道(1420)二曲三体の事「身動足踏の生曲は、軍体の用風(ゆうふう)より出でて、意中の景、をのれと見風に現はるべし」＊玉石志林(1861–64)一「此両兄弟絶て互に譚話することなく、一二の号(あいづ)を為こともなし。人傍観して、如何して其意衷を通ずるやを測り知ること能はず」＊音訓新聞字引(1876)〈萩原乙彦〉「意衷　イチウ　ココロノウチ」＊当世書生気質(1885–86)〈坪内逍遙〉一七「倉瀬は継原の面を眺めて、早くも其意衷を推察なし」＊金毘羅(1909)〈森鷗外〉「その惜むものが時間丈であると云っては、博士の意中を十分に言ひ現はしてゐないのである」発音イチュー〈標ア〉0イ〈京ア〉0　辞書文明・言海　表記意中(文・言)

いちゅう の 人(ひと) 心の中でひそかに思っている、相手の人。また、恋しく思っている相手の人。＊花柳春話(1878–79)〈織田純一郎訳〉四三「嬋娟(せんけん)たる風姿、且(か)つ肩背(けんはい)の形態を以て考ふれば蓋し意中の人に異ならず」＊雪中梅(1886)〈末広鉄腸〉上・四「我が意中の人よ。〈略〉君の素志を達する、豈遠きにあらんや」＊吾輩は猫である(1905–06)〈夏目漱石〉六「寒月君の様に意中の人と合奏をしたり」＊陶潜-示周続之祖企謝景夷三郎詩「薬石有時閑、念我意中人」発音イチューノヒト〈標ア〉トイ〈京ア〉ヒ

いちゅう『名』方言すべて。全部。仙台†056　岩手県胆沢郡105　◇いちゅうがっさい〔一合切〕岩手県胆沢郡105

いち-ゆう【一勇】『名』一人の勇者。また、もっとも勇気のある者。＊信長記(1622)二・六条かっせんの事「軍のならひ、一勇(ユウ)すすむ事あたはざれば、敗軍ちから及ばずして、東寺をさして落行くを」

いち-ゆう【一揖】『名』(「揖」は会釈の意) 軽く会釈をすること。ちょっとおじぎをすること。＊名目鈔(1457頃)諸公事言説「一揖(イチユフ) 一列 一行」＊浄瑠璃・用明天皇職人鑑(1705)一「庭上(ていしょう)にかきすへさせ正笏(しゃうしゃく)一揖(いちユウ)して奏聞有(ある)」＊篁園全集(1844)一・五荘行「一揖出門頻回顧、雲山杳渺水逶迤」＊思出の記(1900–01)〈徳富蘆花〉六・一九「『左様なら』鈴江君は一揖し、お敏君も黙って一礼した」＊宋史-趙鼎伝「鼎不為礼、一揖而去」発音イチユー〈標ア〉0

いち-ゆう【一遊】『名』一度旅行すること。また、遊ぶこと。＊菅家文草(900頃)四・小知章「内外先双遣、逍遙便一遊」＊本朝無題詩(1162–64頃)九・暮春於醍醐寺即事〈菅原時登〉「一遊香火練行地、暗植善根功徳林」＊月瀬記勝(1851)乾・梅谿遊記・三「余平生想渓梅月夜之奇、欲一游併之」＊白居易-遊悟真寺詞「一遊五昼夜、欲返仍盤桓」

いちゆう-いちよ【一遊一予】『名』(「予」は楽しむ意) 一度の遊び。一度の楽しみ。＊浄瑠璃・百日曾我(1700頃)一「斐(ひ)たる君子の一遊一予、国を靡かす旗棹の、すぐなるおきて、たのしめり」＊孟子-梁恵王・下「吾王不遊、吾何以休、吾王不予、吾何以助、一遊一予、為諸侯度」

いちゆう-たし【一雄多雌】『名』生殖期に一匹の雄が多数の雌を従えること。オットセイなどに見られる。一牡多牝(いちぼたひん)。発音イチユータシ〈標ア〉タ

いちゅう-りゅうほ【意中留保】『名』わざと真意と異なる意思表示をすること。自分の意思として表示したものと、自分のほんとうの意思とが違っていること。→心裡(しんり)留保。発音イチューリューホ〈標ア〉リュ

いちゅび『名』方言植物、いちご(苺)。鹿児島県沖永良部島・奄美大島・与論島975　沖縄県首里993　◇いちゅびゃ・いちゅびゃあ・いちゅじゃあ　鹿児島県喜界島983　◇いちゅんぎ　鹿児島県徳之島975

い-ちょ【遺著】『名』後世に残された著書。また、生前には出版されないまま残された著作。＊国語のため(1895)〈上田万年〉今後の国語学「殊に、今日の国語学の如く、先人の遺著を見て充分の研磨討究を要するものにありては」＊思ひ出す事など(1910–11)〈夏目漱石〉一七「つい此間出たポドモアの遺著(ヰチョ)も」＊夜明け前(1932–35)〈島崎藤村〉第二部・下・一三・六「先師はあの遺著の中で、天保年代の昔に、すでに今日あることを予言してゐる」

い-ちょう【イ調】『名』音楽で、主音をイ(a)音とした長・短調の音階の組織。また、それに基づく曲の調。イ長調、イ短調。a-dur, a-moll　発音イチョー〈標ア〉イ〈京ア〉イ

い-ちょう【位頭】『名』仏語。職位の一つ。禅宗で、衆位の最上に位するもの。多くの場合は住持とし、住持のいない時は西堂、西堂のいない時は東堂がなる。＊禅林象器箋(1741)称呼門「位頭(ゐテウ)。忠曰、在衆位之最上人、云位頭。蓋日本称呼而已。敕修清規雖有位頭字、其義別也」〈標ア〉イ〈京ア〉イ

い-ちょう【医長】『名』病院などで、各科の主任の医師。＊或る女(1919)〈有島武郎〉後・四五「ある時伝染病室の医長が来て」＊ブルジョア(1930)〈芹沢光治良〉二「又衣裳を作るんだと云って医長さんを喜ばせて、下山の許可を得ませう」発音イチョー〈標ア〉イ〈京ア〉イ

い-ちょう【怡暢】『形動タリ』にこにこすること。＊離魂記「果見倩娘在船中、顔色怡暢」

い-ちょう【威重】『名』どっしりと落ちついていて、人を圧する威厳のあること。＊輿地誌略(1826)三「国主より以下諸政官司を鑒し、之を弾劾するを任とす、尤も威重あり」＊東潜夫論(1844)覇府上「東照公の威重を借(かり)て、纔(わづか)に君臣の儀を定め給へり」＊史記-高祖本紀「奈何令人主拝人臣、如此則威重不行」

い-ちょう【胃腸】『名』胃と腸。消化器官。＊舎密開宗(1837–47)内・八・一五六「燐酸苦土は自ら動物の液に生じ体中の燐酸諳摸尼亜に和し人の膀胱に結して尿石と為り馬の胃腸に生じて酢答と為る」＊国会論(1888)〈中江兆民〉「爰に病者有らんに心神怱々として楽まず手足萎弱して挙らず胃腸(イテウ)消化すること能はず荏苒として唯死を待つのみ」＊吾輩は猫である(1905–06)〈夏目漱石〉二「胃腸を常態に保持するの必要を認め、ここに一の秘法を案出致し候」発音イチョー〈標ア〉0〈京ア〉0

い-ちょう【帷帳】『名』①室内に垂れ下げて隔てとする布。とばり。たれぎぬ。＊律(718)職制・主司借服御物条「非服而御。謂。帷帳几杖之属」＊史記抄(1477)一七・儒林列伝「帷帳をさげて其中に居て講ずるぞ」＊御伽草子・二十四孝(室町末)「夏夜無帷帳(イチャウ)、蚊多不敢揮」＊史記-秦始皇本紀「帷帳鐘鼓、美人充之」②「いばく(帷幕)②」に同じ。辞書書言　表記帷帳(書)

いちょう の 内(うち)「いばく(帷幕)の内」に同じ。＊百詠和歌(1204)八・帳「高祖ほめたまひていはく、それはかりごとを帷帳のうちにめぐらして、かつことを千里のほかに得たり」＊金刀比羅本保元(1220頃か)上・新院御所各門門固めの事「張良が帷帳(イチャウ)のうちのはかりこと、紀信が乗車の上のいさみ」＊海道記(1223頃)鎌倉遊覧「大底坐制を帷帳の中に廻して、懲粛を郡国の間に縮めたり」＊史記-高祖本紀「夫運籌策帷帳之中、決勝於千里之外、吾不如子房」

い-ちょう【異鳥】『名』見なれない鳥。めずらしい鳥。＊聖徳太子伝暦(917頃か)推古天皇二九年「有一異鳥。形如鵲。其色白。常棲墓上」＊後漢書-何敞伝「今異鳥翔於殿屋、怪草生於庭際」発音イチョー〈標ア〉0

い-ちょう【異朝】『名』外国。異国。特に中国をさす。→本朝。＊平家(13C前)一・祇園精舎「遠く異朝をとぶらへば」＊神皇正統記(1339–43)上・序論「我国のみ此事あり。異朝には其たぐひなし」＊日葡辞書(1603–04)「Ichô(イチョウ)〈訳〉支那の国」＊蘭東事始(1815)上「中古(なかむかし)に遣唐史といふ者を異朝(いてう)へ遣され」発音イチョー〈標ア〉0イ　辞書文明・日葡・書言・言海　表記異朝(文・書・言)

い-ちょう【異調】『名』調子が普通と違っていること。＊俳人蕪村(1897)〈正岡子規〉句調「句調は五七五調の外に時に長句を為し、時に異調を為す」発音イチョー〈標ア〉0

い-ちょう【異寵】『名』特別の寵愛。＊愚管抄(1220)一・成務「大臣与天皇同日生也。故有異寵」

い-ちょう【移牒】『名』(「移」は直属関係にない官司が取りかわす文書、「牒」は官司から、官司に準じる所または官司でない所に出す文書をいう) ①「移」と

「牒」。＊貴嶺問答(1185‐90頃)「上レ官公文及案移牒則印」　②(―する)一つの官庁から管轄の違う他の官庁に通知すること。また、その文書。＊袖珍新聞語辞典(1919)〈竹内猷郎〉「移牒 Transit 文書によりて通知すること」＊江戸から東京へ(1921)〈矢田挿雲〉五・二一「町奉行は登城の上月番寺社奉行久世大和守へ移牒(イテフ)したので」＊金史‐僕散忠義伝「使三左副元帥志寧移二牒宋枢密使張浚一」　発音 イチョー〈標ア〉0〈京ア〉⓪

いーちょう【移調】〘名〙一つの楽曲を、曲の形式を変えることなく、原調とは違う調に音域を移し変える操作。＊音楽字典(1909)「Transposition トランスポジション 移調」　発音 イチョー〈標ア〉0〈京ア〉⓪

いーちょう【萎凋】〘名〙①しぼんで衰えること。②草木の水分が不足してしおれること。

いーちょう【葦雚・葦苕】〘名〙アシの穂。アシの茎。＊蔗軒日録‐文明一六年(1484)六月一八日「編二葦雚一而作レ墻」＊荀子‐勧学「南方有レ鳥焉、名曰二蒙鳩一、以レ羽為レ巣、而編レ之以レ髪、繋二之葦苕一、風至苕折、卵破子死、巣非レ不レ完也、所レ繋者然也」

いちょう【銀杏・公孫樹】〘名〙(「鴨脚」の唐宋音の変化した語)①イチョウ科の落葉高木。真の自生と確証される生育地は発見されていないが、中国原産と推定され、日本には古く渡来し、各地で街路樹、防火樹、庭木とする。高さ三〇メートル、直径二メートルに達し、古木にはしばしば乳といわれる大きな気根が垂れる。葉は長い柄をもち扇形で、先端は波状、しばしば中央でさまざまな深さに裂け、秋、黄葉する。その葉が虫よけになるといわれる。雌雄異株で、花は春新葉と共に咲く。雄花は淡黄色で短い尾状の穂となり、雌花は緑色で直径三ミリメートルほどの裸の胚珠を二個もつ。花粉は胚珠内で夏を越し、九月頃花粉管を伸ばし、その中にできた精虫が泳ぎ出て受精する。種子は外種皮が肉質で黄褐色となり悪臭がある。内種皮は白色で堅く二～三稜があり、中身を食用とする。材は淡黄色で建築、器具、彫刻材などとする。ぎんなんのき。ちちのき。学名は Ginkgo biloba ▼いちょうの花《季・春》▼いちょうの実《季・秋》＊宗長日記(1530‐31)「宝樹院深山の榴りんだう参らする御文の御返し、あづさ弓いちゃうの本のうすくこき落葉をかぜにひろはせぞやる」＊日葡辞書(1603‐04)「Ichŏ(イチャウ)」＊元和本下学集(1617)「銀杏 イチャウ ギンキャウ 異名鴨脚。葉形如二鴨脚一故山谷句云風林収二鴨脚一也」＊雑俳・川柳評万句合‐宝暦一〇(1760)梅一「いてふの葉いれて置れぬ娘の子」＊日本植物名彙(1884)〈松村任三〉「イテウ ギンナンノキ 公孫樹」＊左千夫歌集(1920)〈伊藤左千夫〉明治三五年「岡のべの銀杏のもみぢ朝晴に色いちじろく空しぬぐ見ゆ」　②形が①の葉に似た矢の根。③大根などを薄く輪切りにし、それを四分の一に切ること。また、その切ったもの。いちょうぎり。＊古今料理集(1670‐74頃)五「いてうとは、図のごとく則いてうのはなりに切事なり。是を丸いてうと云なり。〈略〉取分大根のいてうの事也」④「いちょうがしら(銀杏頭)」「いちょうまげ(銀杏髷)」の略。＊浄瑠璃・曾我五人兄弟(1699頃)道行「かみはいてふかたてかけか、おすきしだいのげんぞくと」＊安愚楽鍋(1871‐72)〈仮名垣魯文〉初・開場「あたまのかみはたくさんにていてうにゆひ」⑤紋所の名。①の葉を図案化したもの。⑥江戸中村座のこと。隅切り角に銀杏鶴の櫓紋であったところからいう。＊雑俳・柳多留‐五三(1811)「橘といてうで二丁おっふさぎ」　補注 歴史的かなづかいは江戸時代以来「いてふ」と書かれたが、近年、語源の研究から「いちやう」が正しいとされる。→語源説(2)。　語源説 (1)銀杏を唐音でインキャウといい、これがイキャウとなり、さらに訛ってイチャウとなった〔碩鼠漫筆〕。(2)アフキャク(鴨脚)の宋音。入宋、入元した日本僧がヤーチャウと聞いたのをイーチャウと覚え、さらにイチャウに訛った〔大言海・東亜語源志＝新村出〕。(3)イチエフ(一葉)の意〔日本釈名・大和本草〕。(4)葉の形が蝶に似ているので、イ(寝)ねたる蝶の意か〔和句解〕。　発音 イチョー〈なまり〉イチョ〔鹿児島方言〕イッチョ〔岐阜〕エッチョ〔秋田〕エッチョー〔新潟頸城〕ユチョ〔伊賀〕〈標ア〉0〈京ア〉0　辞書 下学・文明・伊京・明応・天正・饅頭・黒本・易林・日葡・ヘボン・言海　表記 銀杏(下・文・伊・明・天・饅・黒・易・ヘ)

銀杏①

中輪に立銀杏

三つ銀杏

違い銀杏

対い銀杏菱

いちょうの乳(ちち)　イチョウの幹や枝から下垂する気根の俗称。＊重訂本草綱目啓蒙(1847)二六・山果「銀杏〈略〉大木に瘤を生して長く下垂して石鍾乳(つららいし)のごとくなるあり極て長きものは丈余にいたる土州方言いちょうのちち」

いち‐よう【一葉】〘名〙①一枚の葉。また、葉の一枚。ひとは。特に連歌では柳、桐の葉を、俳諧では桐の葉をいう。《季・秋》＊十住心論(830頃)一「是則盧舎那所レ居千葉蓮華一葉也」＊菅家文草(900頃)四・一葉落「歳漸三分尽、秋先一葉知」＊本朝無題詩(1162‐64頃)五・秋夜閑談〈藤原季綱〉「孤蘂薫入レ戸、一葉落飃レ簾」＊太平記(14C後)一八・比叡山開闢事「此の波忽ちに一葉(ヨウ)の葦の海中に浮べるにぞ留りにける」＊文明本節用集(室町中)「一葉 イチヨフ」＊俳諧・犬子集(1633)四・一葉「一葉といへどもちるは不同哉〈慶友〉」＊列子‐説符「使三天地之生レ物、三年而成二一葉一、則物之有レ葉者寡矣」　②(形状が似ているところから)舟一そう。また、一そうの舟。＊和漢朗詠(1018頃)下・餞別「九枝の灯尽きて唯暁を期す、一葉の舟飛んで秋を待たず〈菅原庶幾〉」＊高野山文書‐延応元年(1239)六月五日・高野山制条(大日本古文書二・六八五)「是以高祖大師、遙飛二一葉於異域一、忝弘二四曼於本朝一」＊平家(13C前)一〇・維盛入水「一葉の船に棹さして万里の滄海にうかび給ふ」＊雍陶‐峡中行「両崖開尽水回環、一葉纔通石罅間」　③(紙の枚数を数えるときの)一枚。＊仮名草子・薄雪物語(1632)下「言葉に及ばぬ山の端まで、一ようのうちにぞ書きつらねける」＊書言字考節用集(1717)一〇「一葉 イチエフ 一張、一枚、並同。紙」＊当世書生気質(1885‐86)〈坪内逍遙〉一二「汗牛堂の翻訳がネ、一葉(エフ)十行二十字で以て、トヱンチイ、フハイブ(二十五銭)といふ約束さ」　発音 イチョー〈標ア〉0 チ〈京ア〉0　辞書 文明・天正・日葡・書言・言海　表記 一葉(文・天・書・言)

いちよう落(お)ちて天下(てんか)の秋(あき)を知(し)る　(「淮南子‐説山訓」の「見二一葉落一、而知二歳之将一レ暮」から、落葉一枚で秋の来たのを知る意で)わずかな現象を見て、その大勢を予知することのたとえ。一葉落ちて天下の秋。↕一花(いっけ)開けて天下の春。＊諺苑(1797)「一葉落て天下秋をしる、一花開けて天下皆春」＊暴風(1907)〈国木田独歩〉一・四「一葉落ちて天下の秋を知るとか何とか言ふぢゃアありませんか。ビール一本だって貴下の心を言はないとも限りませんよ」＊文録「山僧不レ解レ数二甲子一、一葉落知二天下秋一」

いちようの秋(あき)　①一枚の木の葉の落ち始める頃。初秋。＊元稹‐賦得九月尽詩「霜降三旬後、蓂余一葉秋」　②「いちよう(一葉)落ちて天下の秋を知る」に同じ。

いちよう万里(ばんり)　(李商隠の「万里風波一葉舟」から)一そうの小舟で果てしない大海を渡ること。＊謡曲・八島(1430頃)「一葉万里の舟の道、ただ一帆の風に任す」

いち‐よう【一陽】〘名〙①易でいう陽の気。↓一陽来復。＊菅家文草(900頃)一・陪寒食宴、雨中即事「待来寒食路遙々、自二一陽生一百五朝」＊太平記(14C後)二五・持明院殿御即位事「凡一陽分れて後、清濁汚穢(わゑ)を忌慎む事、故(ことさ)ら是神道の重んずる所也」＊浮世草子・けいせい伝受紙子(1710)四・四「寅の刻より一陽きざす。陽はあらはれ陰はかくる」＊狂歌・徳和歌後万載集(1785)一三「たまみそのひなもみやこも一陽のふくすふくとのあつものは」＊易経‐繋辞上「一陰一陽謂二之道一、継レ之者善也、成レ之者性也」　②冬が去り春が来ること。新年になること。また、逆境のあとに好運が向いて来ること。一陽来復。＊日葡辞書(1603‐04)「Ichiyǒ(イチヤウ)〈訳〉往々、太陽、日または陽気、春の意に用いられる語」＊俳諧・芭蕉翁古式之俳諧(1685)「一陽を襲(かさね)正月はやり来て〈清風〉汝さくらよかへり咲ずや〈芭蕉〉」＊歌舞伎・貞操花鳥羽恋塚(1809)三立「重なる年の一陽に、開き初めにし花の顔」＊虞美人草(1907)〈夏目漱石〉一五「一陽(イチヤウ)は幸なき人の上にも来り復(かへ)ると聞く」＊杜牧‐冬至日寄小姪阿宜詩「今日我江外、今日生二一陽一」　発音 イチョー〈標ア〉0

いちようの嘉節(かせつ)　陽気のかえってくるめでたい日。冬至を祝っていう語。《季・冬》＊俳諧・増山の井(1663)一一月「一陽の嘉節(カセツ)　十月は無陽の月也。冬至に一陽来復せり」＊曹植‐冬至献襪履表「千歳昌期、一陽嘉節、四方交泰、万彙昭蘇」

いちようの春(はる)　めぐり来る春。また、幸運の向いて来る時節。＊大観本謡曲・放下僧(1464頃)「落花一陽の春を知らず。白雲青山に蔽(おほ)ふとか」＊浄瑠璃・本朝二十四孝(1766)三「実にや至って正直は頭に宿る神の慈悲、一陽の春を待つ雪中の梅にも優る」　補注「車屋本謡曲・放下僧」などでは、「落花一葉の春」とする。

いち‐よう【一様】〘名〙(形動)①二つ以上の物事のさまが同じであること。そろっているさま。同様。↕多様。＊宝覚真空禅師録(1346)乾・豊州蔣山興聖万寿禅寺語録「薫風吹レ雨湿二山房一、洗出薔薇一様妝」＊太平記(14C後)六・関東大勢上洛事「其の次に逞(たくま)しき馬に厚総(あつぶさ)懸けて、一様の鎧着たる兵(つはもの)八百余騎」＊蔭凉軒日録‐長禄四年(1460)七月七日「彼又一葉白レ之、以レ故愚老弁喝色不レ可レ被レ参勲」＊日葡辞書(1603‐04)「Ichiyǒni(イチヤウニ) シタクスル」＊浮世草子・好色一代男(1682)八・一「一様に水色の鹿子白縮緬(かのこしろちりめん)の投頭巾(なげづきん)を着て」＊王建‐宮詞「新衫一様殿頭黄、銀帯排方獺尾長」　②常に同一の有様であること。また、そのさま。一つの種類。ひととおり。＊土井本周易抄(1477)一「心で云事あり、字の心で云事あり、一様にはないぞ」＊古活字本毛詩抄(17C前)一「纔二・三字を付、両序を付、全二・三一句を取、或は上ばかりをとり下ばかりを取ほどに、一やうにはないぞ」＊評判記・色道大鏡(1678)凡例「寛文格、寛文式にかぎらず、此一部の内に定めたるときこゆるやうの詞を、かならず一やう斗(ばかり)に心得たるはよろしからず」＊雑兵物語(1683頃)上「兎角に物は一様にはいわぬこんだ」＊文明論之概略(1875)〈福沢諭吉〉一・一「都(すべ)て事物の議論は人々の意見を述べたるものなれば固(もと)より一様なる可らず」　③他と異なる一種のおもむきがあること。ひとくせあること。また、そのさま。一風。＊義経記(室町中か)二・義経鬼一法眼が所へ御出の事「我身は聞ゆる印地の大将なり、人には一やう変りて出立ちけり」＊玉塵抄(1563)三一「柏温が此は一やうある異な者と思たぞ」　④世間にざらにあること。ありふれているさま。＊内地雑居未来之夢(1886)〈坪内逍遙〉五「眼のするどき、耳の大やかなる、なみなみ一様(イチヤウ)の種類とは見えず」＊竹沢先生と云ふ人（1924-25）〈長与善郎〉竹沢先生の家・五「始めから斯々と定まった誰にも読める一様の文を解く事に何の興味があらう」＊杜秉－寒夜詩「尋常一様窗前月、纔有二梅花一便不レ同」 発音イチヨー〈標ア〉0〈京ア〉0 辞書文明・天正・饅頭・易林・日葡・書言・ヘボン・言海 表記一様（文・天・饅・易・書・ヘ・言）

いちょう-あし イチャウ【銀杏脚】〘名〙膳（ぜん）などの、脚の末が広くて、銀杏の葉のような形をしているもの。＊小学読本（1874）〈榊原・那珂・稲垣〉二「蝶足、猫足、銀杏足、等の別あり、其足なきを折敷といふ」 発音イチョーアシ〈標ア〉チョ

いちよう-いちよく イチャウ【一揚一抑】〘名〙調子の上げ下げ。また、ほめることとそしること。＊侏儒の言葉（1923-27）〈芥川龍之介〉批評学「即ち『それだけだ』と言ふ言葉は頗る一揚一抑の趣に富んでゐると申さなければなりません」 辞書言海

いちょう-いも イチャウ【銀杏芋】〘名〙ナガイモの栽培品種。イモはイチョウの葉あるいは扇子をひろげた形に似た扁平な塊状。奈良県に多く栽培される。せんすいも。 方言植物、つくねいも（捏芋）。紀伊†110 周防†122 青森県一部030 茨城県一部030 東京都一部030 福井県一部030 岐阜県一部030 静岡県一部030 三重県一部030 滋賀県030 京都府一部030 鳥取県030 島根県一部030 岡山県030 ◇いちょうかた〔銀杏形〕大和†019 発音イチョーイモ〈標ア〉チョ

いちょう-か イチャウクヮ【銀杏科・公孫樹科】〘名〙裸子植物の科名。世界にイチョウの一種のみが現存する。この仲間は中生代に栄えた植物群で、生きている化石と呼ばれる。学名は Ginkgoaceae 発音イチョーカ〈標ア〉0

いちょう-がい イチャウがひ【銀杏貝】〘名〙①アクキガイ科の巻貝。紀伊半島以南の熱帯太平洋の、潮間帯下から約五〇メートルまでの岩礁にすむ。殻高約五センチメートルで、殻口の側方にイチョウの葉の形をした長い突起が出ている。殻は厚く、白、緑、紅色など変化に富む。学名は Homalocantha anatomica ②「あこやがい（阿古屋貝）」の異名。〔語彙（1871-84）〕 ③紋所の名。 発音イチョーガイ〈標ア〉チョ

いちょう-がえし イチャウがへし【銀杏返】〘名〙女性の髪の結い方の一つ。髻（もとどり）の上を二つに分け、左右に曲げて半円形に結んだもの。江戸中期には一二、三歳から二〇歳ぐらいまでの女性、明治以後は中高年の女性にも用いられた。上方では「新蝶々」と呼ぶ。＊怪化百物語（1875）〈高畠藍泉〉下「こてこてと白粉をぬりつけ、いてうがえしへ緋のなまこしぼりの裁（きれ）をかけ」＊吾妻余波（1885）〈岡本昆石編〉「銀杏（イテフ）返し、十二三より二十歳前までこの風最も多し」＊牡丹の客（1909）〈永井荷風〉「蒲団を干した欄干（らんかん）に銀杏返（イテフガヘシ）の女が二人水の流れを見て居た」 発音イチョーガエシ〈ナマリ〉イチョーゲシ〔鹿児島方言〕イッチョゲシ〔東京〕〈標ア〉ガ〈京ア〉ガ

銀杏返し〈風俗画報〉

いちょう-がしら イチャウ【銀杏頭】〘名〙江戸時代の男子の髷（まげ）の一種。はけさきを銀杏の葉の形に末広くひろげたもの。＊評判記・色道大鏡（1678）二「髪の結やうは、立髪、銀杏（イテウ）がしら、ふともとゆひ、是六方むき陽気者の好む処なり」 発音イチョーガシラ〈標ア〉ガ

銀杏頭〈宮川長春 風俗図巻より〉

いちよう-かせつ イチャウ【一陽嘉節】〘名〙「いちようらいふく（一陽来復）」に同じ。＊東京年中行事（1911）〈若月紫蘭〉十二月暦「今後は再び昼の中が長くなるから、此日のことを一陽来復とか一陽嘉節（ヤウカセツ）など云って、昔から詩人なんどは相集って詩などを賦し」 発音イチヨーカセツ〈標ア〉カ

いちょう-がた イチャウ【銀杏形】〘名〙銀杏の葉のような形。半月形を真中から二つに切った形。多く、野菜などの切り方にいう。 発音イチョーガタ〈標ア〉0

いちょう-カタル ヰチャウ【胃腸―】〘名〙（カタルはドイツ Katarrh）胃炎および腸炎をあわせてよぶ俗称。＊流星（1924）〈富ノ沢麟太郎〉二「ウヰリアムは貧乏な子供等が命をとられるあの急性胃腸カタルで死んでしまった」＊みそっかす（1946-50）〈幸田文〉おねしょ「私は食いしんぼうで胃腸カタルと仲よしだったが」 発音イチョーカタル〈標ア〉カ

いちょう-がっき イテウガクキ【移調楽器】〘名〙楽譜に記載された音と実際の音とが異なる楽器。トランペット、サキソフォン、クラリネットなど管楽器に多い。 発音イチョーガッキ〈標ア〉ガ

いちょう-がに イチャウ【銀杏蟹】〘名〙イチョウガニ科のやや大形のカニ。東京湾から土佐湾にかけての海底にすむ。甲羅の長さ約五センチメートルで、形がイチョウの葉に似ていることからこの名がある。色は暗褐色で、はさみの両指は漆黒色、甲羅の前縁には三角形状のとげが並ぶ。学名は Cancer japonicus 発音イチョーガニ〈標ア〉チョ

いちよう-かんのん イチエフクワンオン【一葉観音】仏語。三十三観音の一つ。葉上観音（ようじょうかんのん）。 発音イチヨーカンノン〈標ア〉カ

いちよう-き イチエフ【一葉忌】〘名〙明治時代の女流作家樋口一葉の忌日。一一月二三日。《季・冬》＊流寓抄（1958）〈久保田万太郎〉六「一葉忌ある年酉にあたりけり」 発音イチヨーキ〈標ア〉ヨ

いちょう-ぎり イチャウ【銀杏切】〘名〙（形がイチョウの葉に似るところから）料理の時ダイコンやニンジンなどを縦十文字に四つ切りにし、さらにそれを横から薄く切る切り方。また、そのように切ったもの。 発音イチョーギリ〈標ア〉0

いちょう-ぐさ イチャウ【銀杏草】〘名〙①植物「はまにがな（浜苦菜）」の異名。＊重訂本草綱目啓蒙（1847）二三・菜「一種海浜砂地に生する者を はまにがな〈同名なり〉と云一名いちゃうぐさ」 ②植物「はこねしだ（箱根羊歯）」の異名。＊重訂本草綱目啓蒙（1847）一六・石草「石長生 はこねぐさ〈略〉いちょうぐさ 伯州」 発音イチョーグサ〈標ア〉チョ 辞書言海

いちょう-くずし イチャウくづし【銀杏崩】〘名〙女性の髪の結い方の一つ。銀杏髷（まげ）の変形で、髷の中に浅葱（あさぎ）または紫の地のちりめんを巻きこんだもの。江戸末期に流行。＊随筆・守貞漫稿（1837-53）一一「いてうくづしは従来江戸稚女の髷風なるを今嘉永五年此銀杏くづし婦人略麥専結レ之〈略〉髷内に浅葱或は紫の無地ちりめんを巻く。三十以前に多く、夫より長年には稀也」 発音イチョークズシ〈標ア〉ク

いちょう-ごけ イチャウ【銀杏苔】〘名〙コケ類の一種。各地の淡水中に浮遊したり、泥土上に着生する。葉の状態は青緑色の扇状で長さ一センチメートル、幅六ミリメートルぐらい。全体に厚味があり中央部に浅い溝があって胞子嚢がうずまって生育する。いちょううきくさ。学名は Ricoiocarpus natans 発音イチョーゴケ〈標ア〉チョ

いちよう-こらん イチエフ【一葉小蘭】〘名〙植物「ほざきいちようらん（穂咲一葉蘭）」の異名。

いちよう-ざくら イチエフ【一葉桜】〘名〙サトザクラの園芸品種。花は八重咲きで、初めは淡紅色で後に白色となる。花の中心から長さ一センチメートルほどの細い緑色の変わり葉が出るのでこの名がある。＊御湯殿上日記-明応七年（1498）三月二一日「大しゐんより一ようさくらの枝まいる」 発音イチヨーザクラ〈標ア〉ザ

いちょう-しだ イチャウ【銀杏羊歯】〘名〙シダ類ウラボシ科の常緑多年草。各地の石灰岩地にまれに生える。高さ四～一〇センチメートル。根茎は小さく塊状。葉は一～二回羽状複葉で小羽片は長さ六ミリメートル内外の菱形状倒卵形で、叢生する。葉柄は緑色の細長い針金状。胞子嚢は葉の裂片の中央付近の小脈にそって線状に生ずる。学名は Asplenium ruta-muraria ＊日本植物名彙（1884）〈松村任三〉「イテウシダ」 発音イチョーシダ〈標ア〉チョ

いちょう-しのぶ イチャウ〘名〙植物「はこねしだ（箱根羊歯）」の異名。＊重訂本草綱目啓蒙（1847）一六・石草「石長生 はこねぐさ〈略〉いちゃうしのぶ 阿州」 方言徳島県002

いちよう-しょう イチエフ【一葉松】〘名〙植物「あかひとつばまつ（赤一葉松）」の異名。 発音イチヨーショー〈標ア〉ヨ

いちよう-しんび イチエフ【一葉―】〘名〙植物「ひとつばたご」の異名。

いちょう-そう イチャウサウ【銀杏草】〘名〙①植物「はまにがな（浜苦菜）」の異名。②植物「はこねしだ（箱根羊歯）」の異名。 発音イチョーソー〈標ア〉0 辞書言海

いちよう-そうきょくめん イチエフサウキョクメン【一葉双曲面】〘名〙$\frac{x^2}{a^2}+\frac{y^2}{b^2}-\frac{z^2}{c^2}=1$ で表わされる曲面。z 軸を含む平面とこの曲面との切り口は双曲線になり、x 軸、y 軸に平行な平面との切り口は円になる。単葉双曲面。 発音イチヨーソーキョクメン〈標ア〉ク キョ

いちょう-だいこ イチャウ【銀杏大根】〘名〙（「だいこ」は「だいこん」の略）銀杏切りにした大根。＊滑稽本・浮世風呂（1809-13）三・下「汁（おつけ）が銀杏大根（イテフダイコ）に焼豆腐の塞目（さいのめ）」 発音イチョーダイコ〈標ア〉ダ 辞書言海

いちょう-づる イチャウ【銀杏鶴】〘名〙紋所の名。銀杏の葉を飛んでいる鶴の形に図案化したもの。近世、江戸の歌舞伎小屋中村座の定紋として著名。＊滑稽本・仁勢物語通補抄（1784）「手ぬぐひ、本染の初、いてうつるにのりて、なでしこかさくらそうか、わからんことは、しみづやにても、やなぎばしにてもききな」＊雑俳・柳多留-四三（1808）「猿若の櫓に霞むいてう鶴」 発音イチョーズル〈標ア〉チョ

いちょうのえだ-の-まる イチャウのえだ【銀杏枝丸】〘名〙紋所の名。銀杏の枝を丸くたわめて中にその葉を描いたもの。 発音イチョーノエダノマル〈標ア〉0

いちょう-の-まる イチャウ【銀杏丸】〘名〙銀杏の葉を丸く図案化した紋所の名。＊浮世草子・男色大鑑（1687）一・四「肌には白き袷に、上は浅黄紫の腰替りに、五色の糸桜を縫（ぬは）せ銀杏（イチャウ）の丸（マル）の定紋しほらし」 発音イチョーノマル〈標ア〉0

いちょう-ば イチャウ【銀杏羽】〘名〙オシドリの内側の風切羽の一枚で銀杏の葉形をした橙褐色の一対の羽。銀杏羽根。 方言防州†039 発音イチョーバ〈標ア〉チョ

いちょう-ば イチャウ【銀杏歯】〘名〙銀杏の葉のように末の広がった、げたの歯。＊雑俳・表若葉（1732）「銀杏歯に比丘尼小雨の二蓋笠」＊随筆・守貞漫稿（1837-53）二七「銀杏歯と云。是は五分高と云て京差より五分高く三寸五分也」＊歌舞伎・恋闇鵜飼燎（1886）序幕「着流し三尺帯尻端折り、銀杏歯の下駄を履き」 方言❶足駄。静岡県富士郡521 ◇いちょば 宮城県仙台市123 ◇いちょっぱ 静岡県安倍郡521 ◇いっちょうば 静岡市521 ❷高足駄。東京都南多摩郡310 ❸女性用の足駄。◇いちょば 東京都江戸川区054 ❹農具、三つ鍬の先が平たいもの。福井県大野郡429 辞書言海

いちょう-びし イチャウ【銀杏菱】〘名〙模様の名。銀杏の葉を組み合わせて、菱形にし、それを、連続させた図柄。

銀杏菱〈模様雛形〉

発音イチョービシ〈標ア〉チョ

いちょう-びょう【胃腸病】〘名〙胃や腸の病気。＊女工哀史(1925)〈細井和喜蔵〉一〇・二九「強度の胃腸病に配合するロートエキス、並にホミカエキス等にことかき処方箋が用をなさなかった例がある」発音イチョービョー〈標ア〉0

いちょう-びょう【萎凋病】〘名〙ナス、トマト、イチゴ、アスターなどの諸作物が維管束をおかされて葉がしおれ、枯死する病気。フザリウムその他の菌による。発音イチョービョー〈標ア〉0

いちょう-びょういん【胃腸病院】〘名〙胃や腸などの病気をもつ患者を診察、治療する病院。＊思ひ出す事など(1910-11)〈夏目漱石〉二「再び院長の建てた此胃腸病院(ヰチャウビャウヰン)に帰って来た」＊日本人アンナ(1929)〈川端康成〉「彼は道向うの胃腸病院(ヰチャウビャウヰン)の白壁に背を寄せたが」発音イチョービョーイン〈標ア〉ビョ

いちょう-ふせんちょう【銀杏浮線蝶】〘名〙紋所の名。イチョウの葉を、チョウが羽根を広げて、その先端が触れ合っている形に図案化したもの。発音イチョーフセンチョー〈標ア〉セ

いちよう-ぶんぷ【一様分布】〘名〙確率分布の一つ。確率変数のうち、そのとりうる値の全体がある区間をなし、それに含まれる区間I内の値をとる確率がIの長さに比例するようなものの確率分布。矩形分布。発音イチヨーブンプ〈標ア〉ブ

いちよう-へんしゅう【一葉扁舟】〘名〙一そうの小舟。一葉舟(ひとはぶね)。＊太平記(14C後)二七・右兵衛佐直冬鎮西没落事「万里漂白の愁、一葉扁舟(いちヨウへんシウ)の浮き思ひ」＊蘇軾‐前赤壁賦「駕一葉之扁舟、挙匏樽以相属、寄蜉蝣於天地」

いちよう-ぼん【一葉盆】〘名〙芭蕉(ばしょう)、蓮(はす)、芋(いも)、葡萄(ぶどう)などの葉をかたどって彫った木製の盆。発音イチヨーボン〈標ア〉0

いちょう-まげ【銀杏髷】〘名〙女性の髪の結い方の一つ。まげを銀杏の葉の形にしたもの。少女の髪型。銀杏。銀杏わげ。銀杏結び。＊雑俳・雪みどり(1720)「落髪は世の秋にちる銀杏曲げ」＊人情本・英対暖語(1838)初・六回「銀杏髷(イテウマゲ)や茶せんでお在(いで)の時から、惚れて居たと申すことサ」＊随筆・守貞漫稿(1837-53)一一「いてう髷は形京坂のモタセに相似たり。江戸にては此髷十二三以下の少女のみ、婦には踊師匠のみなりしが、嘉永六年許に江戸の婦女往々これに結ふ者あり」＊風俗画報‐一四八号(1897)人事門「頭(かしら)は櫛巻あり若きものは蝶々まげ、いてうまげ等あり」＊黒潮(1902-05)〈徳富蘆花〉一・四・一「銘撰の綿入に帯は緋繻子、銀杏髷、人形だちの標致好(きりょうよし)は」発音イチョーマゲ〈標ア〉チョ〈京ア〉1

いちょう-まんのう【銀杏万能】〘名〙弧形で、刃の部分が銀杏の葉のような形に開いている万能(まんのう)。主に近畿地方で除草に用いられる。＊農具便利論(1822)上「畦底(たに)のためなるは此杏葉万能を用ひざればあしく」

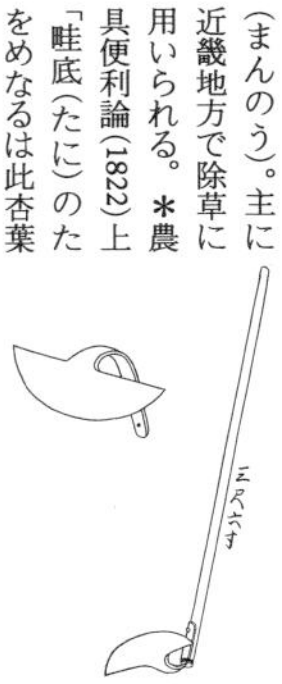
銀杏万能〈農具便利論〉

いちょう-むすび【銀杏結】〘名〙「いちょうまげ(銀杏髷)」に同じ。＊雑俳・歌羅衣(1834-44)五「髪も娘銀杏結びに鎌倉路」発音イチョームスビ〈標ア〉ム

いちょう-むすめ【銀杏娘】江戸浅草の観音堂境内のイチョウの下に店を張った楊枝(ようじ)店に、天明(一七八一～八九)の頃いたお藤という娘の別名。美貌として知られた。＊洒落本・一目土堤(1788)「『妹のお吉は堂のうしろに出てゐやす〈略〉』『いてう娘のおっかぶせをしやうと思って』」＊随筆・半日閑話(1823頃)一二「銀杏娘。本竹屋仁平次娘、名はお藤、開帳半ばより出ず。熊谷いなり前のいてう木の下の楊枝屋娘なり」発音イチョームスメ〈標ア〉ム

いちょう-も【銀杏藻】〘名〙植物「いちょうごけ(銀杏苔)」の異名。

いちょう-もみじ【銀杏紅葉】〘名〙イチョウの木の葉が、晩秋に深黄色に変わること。また、そのもの。発音イチョーモミジ〈標ア〉モ

いちょう-もり【銀杏盛】〘名〙飯などを、イチョウの葉のように上を丸く開いた形に盛ること。発音イチョーモリ〈標ア〉0

いちょう-や【銀杏屋】江戸深川にあった蒲焼屋。安永(一七七二～八一)から寛政(一七八九～一八〇一)にかけて流行した。＊洒落本・伊賀越増補合羽之龍(1779)道行かよふ舟玉「あのかばやきのかざを聞きや、ホンニ銀杏屋がおもひ出らるるはひ」＊黄表紙・啌多雁取帳(1783)「いてうや升屋は江戸前の根元と覚えたり」発音イチョーヤ〈標ア〉0

いちよう-らいふく【一陽来復】〘名〙①陰が窮まって陽にかえること。陰暦一一月または、冬至をいう。《季・冬》＊艸余集(1409頃)下・復初説「喩若群陰剝尽、一陽来復」＊応永本論語抄(1420)為政「周に十一月を正月とすることは、十一月は一陽来復の月也」＊俳諧・増山の井(1663)一一月「一陽の嘉節 十月は無陽の月也。冬至に一陽来復(ライフク)せり」＊譬喩尽(1786)一「一陽来復(イチヤウライフク) 冬至を云」②冬が去り春が来ること。新年が来ること。＊太平記(14C後)四・備後三郎高徳事「潜龍(せんりょう)は三冬に蟄(ちっ)して一陽来復(フク)の天を待つ」＊歌舞伎・音駒山守達源氏(大仏供養)(1873)四幕「御いさほしに、御家も栄うる万歳楽の御寿命と、一陽来復(いちヤウライフク)の御乗り出しこそお目出度や、『先づ初春の御寿(ことぶき)』『お目出度う存じまする』」③悪い事が続いたあと、ようやく好運に向かうこと。＊明徳記(1392-93頃か)中「一陽来復の天を待、先非を悔て歎申されしかば」＊古都(1942)〈坂口安吾〉「一陽来復を希ふ人生の落武者が稲荷のまはりにしがない生計を営んで」辞書言海 表記一陽来復(言) 発音イチヨーライフク〈標ア〉0チ〈京ア〉0

いちよう-らん【一葉蘭】〘名〙ラン科の多年草。北海道、本州、四国の深山の針葉樹林下に稀に生える。高さ一〇～二〇センチメートル。根はひも状で屈曲し、地表近くに横たわる。葉は一枚だけ根ぎわに生じ、長さ三～五センチメートルの広楕円形の堅い多肉質で、長さ一～五センチメートルの柄がある。初夏、茎頂に直径二～三センチメートルで淡緑色の左右相称の花を一個つける。ひとはらん。学名はDactylostalix ringens 発音イチヨーラン〈標ア〉ヨ 辞書言海 表記一葉蘭(言)

いちよう-ろうげ【一葉狼牙】〘名〙植物「みやまだいこんそう(深山大根草)」の異名。

いちょう-わげ【銀杏髷】〘名〙「いちょうまげ(銀杏髷)」に同じ。発音イチョーワゲ〈標ア〉チョ

い-ちょく【易直】〘形動〙安らかで素直なさま。＊明六雑誌‐三二号(1875)国民気風論〈西周〉「我が国民の性質を概して之を論ずれば忠諒易直なりと謂ふべし」＊帰省(1890)〈宮崎湖処子〉四「渠(かれ)は幾分か剛情の風あるも、亦極めて質樸に極めて易直なり」＊礼記‐楽記「致楽以治心、則易直子諒之心、油然生矣」

い-ちょく【違勅】〘名〙天皇の命令にそむくこと。＊続日本紀‐和銅六年(797)三月壬午「売及買人並科違勅罪」＊今昔(1120頃か)二二・一「佐(あや)しと思ふ間に、天皇の御為にも動(ややもすれ)ば違勅す」＊法曹至要抄(1210頃)上・罪科「違勅事。職制律云、被詔書有所施行而違者徒二年。失錯者杖八十」＊沙汰未練書(14C初)「一 違勅とは 公家御下知違背事也但武家被官人は無違勅之儀」＊日誌字解(1869)〈岩崎茂実〉「違勅 イチョク 天子ノヲヲセヲソムク」発音〈標ア〉0 辞書日葡・書言・言海 表記違勅(書・言)

い-ちょく【遺勅】〘名〙後の世にのこされた勅命。天皇の遺言(ゆいごん)。遺詔。＊扶桑略記(12C初)舒明元年正月四日「先皇遺勅、田村皇子宜即天位、偏順遺詔、不可更議」＊文保記(1377頃)「二所太神宮者、異于天下之諸社、所謂元元本本以清浄為先、〈略〉皆是神明之遺勅、二宮之規範也」発音〈標ア〉0イ 辞書文明・書言 表記遺勅(文・書)

いち-よく【一浴】〘名〙一回風呂にはいること。一度入浴して汗を流すこと。ひとふろ。＊断腸亭日乗〈永井荷風〉昭和二〇年(1945)八月一三日「一浴して後谷崎君に導かれ三軒先なる赤岩といふ旅舎に至る」発音〈標ア〉0チ

いち-よく【一翼】〘名〙①一つのつばさ。また、一羽の鳥。＊延喜式(927)一・神祇・四時祭「羽一翼。鹿角一頭」②一つの役割。一つの持ち場。→一翼を担う。＊芸術運動に於ける前衛性と大衆性(1929)〈勝本清一郎〉「尚この場合、平林氏は、プロレタリア芸術運動に於ける一翼だけをしか、問題に取り上げて居られないことになる」＊東京八景(1941)〈太宰治〉「その仕事の一翼と自称する大袈裟な身振りの文学には、軽蔑を以て接してゐた」

いちよく を 担(にな)う 一つの役割を分担する。＊新西洋事情(1975)〈深田祐介〉日本「業者思想」欧州に死す「ステレオ機器の欧州市場進出を軌道に乗せるキャンペーンの一翼をになって、キュータロー氏は月の半分は旅枕という生活を送ったんですが」発音〈標ア〉0〈京ア〉0

いちよく-ぞめ【一浴染】〘名〙交ぜ織物の染色法の一つ。染料とこれに必要な染色助剤を用い、一回の染浴だけで同色または二色染めをすることができ、二回以上の染浴の工程を必要としないもの。発音〈標ア〉0

いちょなし-や〘連語〙忙しい。＊混効験集(1711)上「いちょなしや 事業に遮られ隙なきを云」

いちょび〘名〙「いちご(苺)」の古名。＊混効験集(1711)上「いちょび 覆盆子(いちご) 苺豆共いふ」

いち-ら【一螺】〘名〙(「螺」は、山の色や形が「螺髻」(渦巻形に結った髪)に似ていることの形容)一つの山。青山。＊蕉堅藁(1403)題野古島僧房壁「絶島一螺翠、扁舟数夜維」＊雍陶‐題君山「疑是水仙梳洗処、一螺青黛鏡中心」

いちら〘名〙方言まま。それなり。それきり。山梨県062 454 463 長野県488 493 静岡県520 532 540 ◇いちり 山梨県062 長野県南佐久郡054 静岡県520 528 532 長崎県対馬913 熊本県天草郡038

いち-らい【一来】〘名〙ひとたび来ること。＊江戸繁昌記(1832-36)初・戯場「女児は夜粧して急走し、一来を味(むさぼ)る」＊春秋左伝‐襄公・二六「晋楚将平、諸侯将和、楚王是故昧於一来」

いちらい-か【一来果】〘名〙仏語。声聞乗の四果の一つ。九種の煩悩のうち六種を滅した者が得る果で、もう一度だけ天界と人間界を往復後、悟りを得るとされる。＊顕戒論(820)上「菩薩寧守大菩提心、百千大劫受地獄苦、終不棄捨大菩提心、而欲趣求一来果証」

いちらい-けちえん【一来結縁】〘名〙一度でも来て仏縁を結ぶこと。＊太平記(14C後)一二・大内裏造営事「一来結縁(ケチエン)の人、所願心に任せて成就す」

いちらいほっし【一来法師】謡曲。四番目物。作者不詳。源三位頼政が高倉宮(以仁王)を奉じて挙兵した時、一来法師は宇治橋で討手を相手に武勇を奮う。廃曲。一来。発音〈標ア〉ホ

いち-らく【一落】〘名〙①(―する)一度落ちること。＊菅家文草(900頃)五・落花「花心不得似人心、一落応難可再尋」②(―する)一度落ちぶれること。一度落ちぶれ衰えること。→一栄一落。＊日葡

辞書（1603-04）「Ichiracu（イチラク）〈訳〉一度衰えること」＊韓愈‐聴穎師弾琴詩「躋攀分寸不㆑可㆑上、失勢一落千丈余」③一つの事件。また、ある事柄の一部始終。一件。一埒（いちらつ）。＊浄瑠璃・道成寺現在蛇鱗（1742）二「過ぎし春日の一落より、父の勘気を幸に」＊浄瑠璃・菅原伝授手習鑑（1746）一「此一らくはけふが日迄態（わざと）父御へ、しらしませぬ」＊西洋道中膝栗毛（1870-76）〈総生寛〉一二・下「一落（イチラク）語りて一ぷくふかして」④（―する）一つきまりがつくこと。ひと区別。一段落。＊浄瑠璃・和田合戦女舞鶴（1736）五「一埒（イチラク）したる嬉しさは、天へも上る心地なり」[方言]一つきまりがつくこと。一段落。鳥取県東部711 島根県美濃郡・益田市725 [発音]〈標ア〉[ク][0]

いち‐らく【一楽】〘名〙①一つの楽しみ。＊日葡辞書（1603-04）「Ichiracu（イチラク）。ヒトツノ タノシミ」＊浮世草子・好色盛衰記（1688）四・二「京に親のなひ身の一楽、色いとひかせて」＊孟子‐尽心・上「父母倶存、兄弟無㆑故、一楽也」②「いちらくおり（一楽織）①」に同じ。＊滑稽本・人心覗機関後編（1848）中「さんとめ革の烟草入、一楽（ラク）のきせる筒を、尻の先へつき通し」＊随筆・守貞漫稿（1837-53）二七「嘉永中江戸奢侈の男女稀に一楽表舶来黒さんとめ革の雪踏をはく者あり。価金三分計り也。一楽と云は従来烟草入烟管筒等に作り用ふ来舶籐を糸の如に削り、横太き割籐を用ひ編たる也。其始泉堺一楽斎と云もの作出すにより名とす」③「いちらくおり（一楽織）②」に同じ。＊いさなとり（1891）〈幸田露伴〉六「一楽（イチラク）の御衣服（おめし）じだらくに縮緬の帯純白（ましろ）なり」＊はやり唄（1902）〈小杉天外〉一「茶微塵の一楽（イチラク）の袷に黒羽二重の五つ紋の羽織を着てゐる」＊野分（1907）〈夏目漱石〉一二「市楽の羽織に、くすんだ縞ものを着て、帯の紋博多丈がいちぢるしく眼立つ」[発音]〈標ア〉①は[0][チ] ②③は[0] [辞書]日葡・〈ポン〉

いちらく【一楽】 土屋一楽のこと。近世の籐細工師。号望籐軒。和泉国（大阪府）堺の根付師で、天明（一七八一～八九）の頃、一楽編み（一楽織）を創出した。生没年未詳。[発音]〈標ア〉[チ]

いちらく‐あみ【一楽編】〘名〙「いちらくおり（一楽織）①」に同じ。[発音]〈標ア〉[0]

いちらく‐おめし【一楽御召】〘名〙「いちらくおり（一楽織）②」に同じ。＊風俗画報‐四〇号（1892）服飾門「亦西京一楽（イチラク）御召は利久薄鼠にて柄は総て小紋織の類なり」[発音]〈標ア〉[メ]

いちらく‐おり【一楽織】〘名〙①天明（一七八一～八九）の頃和泉国（大阪府）堺の根付師、土屋一楽が始めた精巧な籐細工（とうざいく）。一楽。いちらくあみ。②（織物の地合が①に似ているところから）綾糸織りの一種で、変化斜紋織を応用した非常に精巧な絹織物。一楽。＊東京風俗志（1899-1902）〈平出鏗二郎〉中・七・服装「中流以下男女の常服は、太織銘仙・紡績木綿〈略〉貴きに至っては殆ど限なしといふべく、縮緬・御召・七子・紋羽二重・一楽織（イチラクオリ）」＊妻（1908-09）〈田山花袋〉二五「賃仕事の一楽織（イチラクオリ）の男物が四辺（あたり）に散ばって居た」[発音]〈標ア〉[0] [辞書]言海 [表記]一楽織（言）

いち‐らくさく【一落索】〘名〙①よりあわせた綱。転じて、ものごとをまとめること。また、ものごとのひとまとまり。＊朱熹‐答呂子約「更請打㆓併了此一落索㆒後看、却須㆑有㆓会㆑心処㆒也」②一つの裁判で判決を下すこと。決着。落着。＊応仁略記（1467-70頃か）下・正月十八日御霊神前かせん「かくて彼方一落索安堵の思ひして、大名各退散せり」＊文明本節用集（室町中）「一落索 いちラクサク 或落作㆑絡」＊日葡辞書（1603-04）「Ichiracusacuno（イチラクサクノ）アイダ〈訳〉訴えの結論が出される、或は調査している間」[辞書]文明・伊京・明応・天正・黒本・日葡 [表記]一落索（文・伊・明・天・黒）

いちらく‐つつ【一楽筒】〘名〙「いちらくおり（一楽織）①」で作ったきせる入れ。＊随筆・守貞漫稿（1837-53）三〇「一楽筒。近年江戸にて流布す。賤価は金一分、或は二朱、貴きは金一両もあり」

い‐ちら・す【居散】（ゐ）〘他サ四〙花などを、その場所にとまって散らす。＊万葉（8C後）九・一七五五「飛び翔（かけ）り 来鳴きとよもし 橘の 花を居令散（ゐちらし） ひねもすに 鳴けど聞きよし」〈虫麻呂歌集〉

い‐ちら・す【射散】〘他サ四〙矢を射かけて敵を追い散らす。＊今昔（1120頃か）二七・三三「其をなむ鳴箭を以て射たりければ、射散すと見ければ失にけり」＊愚管抄（1220）六・順徳「おひざまに三四人おなじやうなる者の出きて、供の者をいちらして」[発音]〈標ア〉[ラ][0] [辞書]日葡・言海 [表記]射散（言）

いちら‐だけ【―竹】〘名〙植物「やだけ（矢竹）」の異名。

いち‐らち【一埒】〘名〙「いちらつ（一埒）」に同じ。＊浮世草子・風流曲三味線（1706）二・五「つづまる所が四郎三夫婦が難義なれば、此一埒（イチラチ）をあけての上、心よく死ぬべき為なり」

いち‐らつ【一埒】〘名〙ある事柄の一部始終。ある事柄に関する一通りのこと。一件。いちらち。＊浄瑠璃・後三年奥州軍記（1729）一「使者の一埒（イチラツ）相済めども、外に某今一応頼み上る仔細あり」＊歌舞伎・東海道四谷怪談（1825）四幕「この一埒（ラツ）を大星殿へ、演舌（えんぜつ）なさば」＊怪談牡丹燈籠（1884）〈三遊亭円朝〉一八「悪事露顕の一埒（イチラツ）は次回（このつぎ）まで御預りに致しませう」[発音]〈標ア〉[0]

いち‐らん【一乱】〘名〙①一つの戦乱。一つの騒動。＊日葡辞書（1603-04）「Ichiran（イチラン）〈訳〉一つの擾乱、または叛乱」＊咄本・昨日は今日の物語（1614-24頃）上「手水粉（てうづのこ）は先年の一らんに、みな退転つかまつりたる」＊鎌倉物語（1659）三「昔一乱の時、此寺にも敵おおいしかば」②特に、応仁の乱をいう。＊親元日記‐政所賦銘引付・文明九年（1477）一二月二一日「三条室町東北頰在所事、就㆓一乱㆒捨置之処、今度焼失畢」＊蔭凉軒日録‐長享二年（1488）九月一〇日「等持院殿等身之仏也。一乱以来在㆓大津㆒。有㆓夢想㆒又被㆑移㆓此寺㆒」＊年中定例記（1525頃）「一乱已前までは、今日細川殿へ御成始あり」[発音]〈標ア〉[0] [辞書]日葡

いち‐らん【一覧】〘名〙①（―する）一通り目を通すこと。一見。＊雲図抄（1115-18頃）正月・除目事「貫首一覧之後、返㆓給蔵人㆒」＊日葡辞書（1603-04）「Ichiran（イチラン）ツカマツル」＊咄本・鹿の子餅（1772）糞「古人の糞を集める奴あり。執心の客来って、一覧（イチラン）を乞ふ」＊露団々（1889）〈幸田露伴〉四「今日までの人類の歴史を取て一覧（イチラン）しますれば」＊晉書‐范宣伝「客曰、君言㆑不㆑読㆓老荘㆒、何由識㆑此、宣笑曰、小時嘗一覧」②内容をひと目でわかるようにしたもの。内容を簡明に記した小冊子、または、表。便覧。＊安愚楽鍋（1871-72）〈仮名垣魯文〉三・上「伊勢六の五階見物とか金瓶（きんぺい）の異人館一覧とか号して大輿行をさせて」＊英和外交商業字彙（1900）〈篠野乙次郎〉「Sight 一覧（手形ノ）」[発音]〈標ア〉[0]〈京ア〉[0] [辞書]文明・易林・日葡・書言・言海 [表記]一覧（文・易・書・言）

いち‐らん【一欄】〘名〙一つのてすり。また、ちょっとしたかこい。＊枕山詩鈔‐二編（1861）下・竹陰静坐詩「翠色無㆓千畝㆒、清陰有㆓一欄㆒」＊白居易‐山石榴寄元九詩「爛漫一欄十八樹、根株有㆑数花無数」

いち‐らん【一瀾】〘名〙一つの波。転じて、一つの騒ぎやもめごと。ひと波瀾。＊虞美人草（1907）〈夏目漱石〉一五「想界に一瀾（ラン）を点ずれば、千瀾追ふて至る」[発音]〈標ア〉[0]

いち‐らん【一籃】〘名〙一つの手さげ付きの竹かご。＊蔭凉軒日録‐長享三年（1489）九月三日「晩来自㆓泉里㆒贈㆓新菜一籃㆒」＊黄葉夕陽邨舎詩‐後編（1823）七・秋日雑咏「忽挈㆓一籃㆒来作㆑報、帯㆑泥松蕈満厨香」

いちらん‐いちじ【一乱一治】〘名〙「いちじいちらん（一治一乱）」に同じ。＊新論（1825）国体上「然而一乱一治天下之常勢也」

いちらんごていき‐ばらい【一覧後定期払】〘名〙手形支払い期日の決め方の一つ。手形の所持人が、支払い人に手形を呈示した日から、一定の期間が過ぎた日を支払い期日とするもの。＊英和商業新辞彙（1904）〈田中・中川・伊丹〉「Payable at a Fixed Period after Sight 一覧後定期払 一覧後一定の日限に支払ふべきを云ふ」

いちらんごていきばらい‐てがた【一覧後定期払手形】〘名〙一覧後定期払いの手形。

いちらん‐ず【一覧図】〘名〙①経度と緯度の関係や方位などにこだわらないで、山川、市町村、名所旧跡などの必要な目的物を一枚の中に全部取り入れ、一目で見渡せるようにした地図。②「いちらんひょう（一覧表）」に同じ。[発音]〈標ア〉[ラ]

いちらんせい‐そうせいじ【一卵性双生児】〘名〙一個の受精卵から発生した双生児。遺伝子が同一のため、同性で、顔つき、血液型など諸形質も極めて類似する。同形双生児。→二卵性双生児。[発音]イチランセイソーセイジ〈標ア〉[セ]2〈京ア〉[セ]2

いちらん‐ばらい【一覧払】〘名〙手形支払い期日の決め方の一つ。手形が支払い人に呈示された日を支払い期日とするもの。参着払い。呈示払い。＊仏和法律字彙（1886）〈藤林忠良・加太邦憲〉「PAYABLE A VUE. Ichiran-barai no 一覧払ノ」＊袖珍新聞語辞典（1919）〈竹内猷郎〉「一覧払 At Sight 為替手形及び小切手の支払人又は約束手形の振出人が所持人の呈示により之を一覧したる日を満期日として支払を為すこと」[発音]〈標ア〉[バ]〈京ア〉[バ]

いちらん‐ひょう【一覧表】〘名〙種々の事項が一目で簡単にわかるように事項や内容をまとめて作成した表。一覧。＊夢の浮橋（1970）〈倉橋由美子〉霜夜「およそ三ヶ月のあいだにしなければならないことは大体頭のなかで一覧表にしてあった」[発音]イチランヒョー〈標ア〉[0]〈京ア〉[0]

いち‐り【一利】〘名〙ひとつの利益。[発音]〈標ア〉[チ]〈京ア〉[チ]

いちりを興（おこ）すは一害（いちがい）を除（のぞ）くに若（し）かず 利益になる事を一つ始めるよりは、従来からの害になる事を一つ除いた方がよい。＊随筆・孔雀楼筆記（1768）二「一利をおこすは一害をやむるにしかずと云語、ともに唐土にて名高き語なるぞ」＊元史‐耶律楚材伝「常曰、興㆓一利㆒不㆑如㆑除㆓一害㆒、生㆓一事㆒不㆑如㆑省㆓一事㆒」

いち‐り【一里】〘名〙①距離の単位。三六町、約三・九三キロメートル。中世以来、六〇間を一町（丁）として三六町を一里とするのが普通であるが、その他にも諸種の方法があり、距離もまちまちであった。明治二年（一八六九）、一里イコール三六町に統一され、同二四年（一八九一）度量衡法で法制化された。㋑五町（三〇〇歩）を一里とするもの。大宝令に規定するもので、中国の制を踏襲したもの。延喜式にいたる公式の道程であった。＊令義解（718）雑・度地五尺為歩条「凡度㆑地。五尺為㆑歩。三百歩為㆑里」㋺六町を一里とするもの。古くから民間にある道程。＊九院仏閣抄（1383頃か）「此一里、四十丈為㆓一丁㆒、以㆓六丁㆒為㆓一里㆒也」＊拾芥抄（13-14C）中「自㆑京陸奥東浜際、行程三千五百八十七里 六町為㆓一里㆒定」＊農政座右（1829）一「道程一里二里を以て数ふること、何の時に昉することを知らず、六町を一里とするを上方道とし、三十六町を一里とするを坂東道と云ひ」㋩三六町を一里とするもの。＊東大寺造立供養記（1203-04頃）「名曰㆓佐波川㆒矣。木津至㆓于海㆒七里 三十六町為㆓一里㆒」＊随筆・玉勝間（1795-1812）一一「道のほどを、卅六町を一里とするは、いつの世よりのさだ

めならむ、ある説に織田の大臣の世よりの事也といふはたがへり」 ㊁その他、五〇町、四八町などを一里とするもの。＊和漢三才図会(1712)五六「里数。按倭一里古者五十町 其一町六十歩也其一歩六尺五寸」＊随筆・安斎随筆(1783頃)一五「或人曰く、伊勢道は四八丁を一里とすと云ひ伝へたり」 ②地積の単位。条里制の里(り)。土地を六町平方に区切ったもの。三六町の広さとなる。一辺を六等分して面積一町の耕地を三六区画作り、道、畔で境界を作る。この一区画を坪と呼び、さらに十等分して一段とする。＊拾芥抄(13-14C)中「卅六町為一里。卅六里為条」 ③律令制の地方行政の末端組織。五〇戸を一里とする。里長一人が置かれた。＊令義解(833)戸・為里条「凡戸以五十戸為里。〈謂。若満六十戸者。割十戸立一里〉」 辞書 天正・易林・日葡・書言 表記 一里(天・易・書) 発音〈標ア〉チ 〈京ア〉チ

いちり 下(さ)がっての分別(ふんべつ) 時期をはずした間の抜けた思慮、判断。＊浮世草子・御前義経記(1700)七・四「今になっての評定、一里さがっての分別(フンベツ)」

いちり＝方(ほう)**に［＝方歩**(ほうほ)**］祭**(さい)**あり** 語義未詳。室町時代、近江坂本の日吉祭(山王祭)で神降ろしの際に唱えた言葉の一部という。＊易林本節用集(1597跋)伊・言語門「一里方歩祭 いちりハウホサイアレ」 語誌「一里」以下については他に「よほう(四方)にさいあり」「ほほにさいあり」「ほうほう(方々)さいあり」「うほうさいやれ」「ほほうさいやれ」「ほほさいやれ」「ぼんさいあれ」などの形があり、この順に転訛したとする説もある。このように多様な形があるのは、語源が忘れられたため本来の語形・意味を保持できず、種々の解釈が行なわれたためであろう。その最たるものが「嘉良喜随筆-一」の「世話にいふ、一里ぼんさいあれといふ事は、一里四方に幸いあれといふ事なり」の解釈と思われる。 辞書 易林 表記 一里方歩祭(易)

いち-り【一理】〘名〙 ①仏語。普遍的な同一の理法。また、一般に、同一の理。＊法華義疏(7C前)方便品「如来以一教、応一機、明一理、化一人」＊蓮如御文章(1461-98)一「しかしかと信心の一理をも聴聞せず」 ②ひとつの道理、理由。一応うなずける理由。＊東寺百合文書-る・応永二九年(1422)五月二〇日・最勝光院方評定引付(大日本古文書五・二九)「毎年可有沙汰之条、有一理歟之由意見了」＊蔭凉軒日録-延徳元年(1489)一〇月一九日「自実際院所崇亦一理也」＊寛永刊本蒙求抄(1529頃)四「先日我れがいやと申たは一理ある」＊日葡辞書(1603-04)「Ichiri(イチリ)。ヒトツノ コトワリ」＊人情本・閑情末摘花(1839-41)一・一回「一理なきにしもあらずさ」＊それから(1909)〈夏目漱石〉一四「貴方の仰しゃる所も、一理(イチリ)あるが、私にも考があるから」＊劉峻-辨命論「交錯糾紛、廻還倚伏、非可以一理徴、非可以一途験」 発音〈標ア〉チ 〈京ア〉チ 辞書 日葡・書言・言海 表記 一理(書・言)

いちり〘名〙 方言 ⇩いちら

いちり-いちえ【一離一会】〘名〙「いちりいちごう(一離一合)」に同じ。＊菅家文草(900頃)三・三年歳暮、欲更帰州、寄尚書平右丞「一離一会宛如新、随念了知是宿因」

いちり-いちがい【一利一害】〘名〙 利益もある反面、害もあって、完全でないこと。また、利益と害とが同じくらいであること。一得一失。＊済世危言(1891)〈城泉太郎〉五「百般の事業日に月に大仕掛のものとならんとするの傾向あるは、所謂一利一害にして、固より其利なきに非ざれども」＊春潮(1903)〈田山花袋〉二「娘を多くの青年の中に出すといふことも、一利一害で、全然悪いといふ事は出来んですから」 発音 イチリイチガイ〈標ア〉チ 〈京ア〉チ＝0

いちり-いちごう【一離一合】〘名〙 物事がひとたび離れては、また、ひとたび合うこと。離れたり合ったりすること。一離一会。＊訂正増補雪中梅(1890)〈末広鉄腸〉下・一・頭注「一離一合意外に出づ」＊法言-重黎「二方分崩、一離一合」

いちり-がね【一里鐘】〘名〙 ①一里先の遠くまでよく響いて聞こえる鐘。＊俳諧・小町踊(1665)ちらし・春「道遠き寺やかすみの一里鐘〈友貞〉」 ②一突きの音が長くて、人が一里歩く間響いているという鐘。＊江戸名所図会(1834-36)一「大銅鐘 一種の間の響尤長くして、行人一里を歴るとて、諺に一里鐘と称す」 ③(日暮れまでにまだ一里歩くことができるというところから)入相(いりあい)の鐘を日の暮れの少し前に撞くこと。また、その鐘。＊俳諧・新続犬筑波集(1660)一一「山てらや道さへはなもいちりかね〈吉次〉」 発音 イチリガネ〈標ア〉リ

いち-りき【一力】 ㊀〘名〙 ①自分ひとりの力。また、個人の力。自力。独力。＊平治(1220頃か)下・経宗惟方遠流に処せらるる事「去年又一力をもて凶徒を誅戮(ちゅうりく)つかまつり」＊蔭凉軒日録-長享元年(1487)一〇月五日「愚曰、其治具可為大義。各拈提歟。月翁可為一力歟。勝定云、定可為彼一力云々」＊新聞雑誌-一一号(1871)八月「高嶋屋嘉右衛門と云る者、一力にて西洋学校を興立せん事を」 ②多数の力をひとつに合わせること。また、その力。＊正法眼蔵(1231-53)観音「しかあるを一力に拈来せんは、よのつねの力量なるべからず」＊申楽談儀(1430)音曲の心根「『えい』といふ拍子にて、衆人の心一りきにておして行く。是拍子の大切也」 ③(万の字を一と力の二字に分けたいい方)「万」を表わす。京都祇園の料理屋「万亭」を一力亭という類。 ㊁〘副〙 力を尽くすさま。必死に行なうさま。ひたすら。＊江戸繁昌記(1832-36)五・本所「少年一驚を喫し、一力身を脱し去んと待す」 補注 ㊀は、「小説精言-四」に「一力〈注〉イチツ)」とある。 方言 ❶自分一人の力。独力。徳島県811 ❷いちずであること。ひと向き。長野県下水内郡470 発音〈標ア〉0 辞書 易林・日葡 表記 一力(易)

いちりき-ぢゃや【一力茶屋】 浄瑠璃「仮名手本忠臣蔵」の七段目の通称。 発音〈標ア〉ジャ

いちり-だま【一里玉】〘名〙 方言 大きいあめ玉。鉄砲玉。岩手県上閉伊郡097 宮城県仙台市(黒砂糖製)123 山形県庄内・北村山郡139 山梨県南巨摩郡(黒砂糖製)465 静岡県駿東郡062 志太郡535 愛知県渥美郡549 鳥取県東部711 島根県725 山口県大島801 香川県827 熊本県918 ◇いちりんだま 香川県高松市829 語源説 歩いて一里行く間は溶けないことからか。また、一個一厘なので〔仙台方言考＝真山青果〕。

いち-りつ【一律】〘名〙 ①一つの音律。十二律のうちの一つ。＊徒然草(1331頃)二一九「かやうに間々(まま)に皆一律を盗めるに、五の穴のみ、上の間に調子を持たずして」＊宋史-律史「一律而生五音、十二律而為六十音」 ②同じ節。単一の調子。＊韓愈-樊紹述墓誌銘「後皆指前公相襲、従漢迄今用一律」 ③(形動)転じて、物事のやり方や調子が一様で変化や例外がないさま。また、異なったものをも同一に扱うこと。一様。→千篇一律(せんぺんいちりつ)。＊俳諧・俳諧世説(1785)二・或人其角に巻の点を乞説「料を定めて点を出すも、又風流家の一律なり」＊万国公法(1868)〈西周訳〉四・二「例して是を以て宣戦と一律たりとす」＊経国美談(1883-84)〈矢野龍渓〉後・序「千古の文体皆一律なるべし」＊国籍(1949)〈竹山道雄〉「ユダヤ人なるが故にすべて一律におのれの持って生れた血を贖わねばならぬという」 発音〈標ア〉0 〈京ア〉0

いち-りつ【市立】〘名〙(「市立(しりつ)」を「私立(しりつ)」と区別するために言う)市が設立し管理すること。また、その施設や学校。 発音〈標ア〉0 〈京ア〉0

いちり-づか【一里塚】〘名〙 ①街道の一里ごとに土を盛り、その上に木を植えて、里程のしるしとした塚。道の両側に向かい合わせに築いてあり、木はエノキが原則であった。里程標(りていひょう)。一里山。＊慶長見聞集(1614)二「武州は凡日本東西の中国にあたれりと御定有て、江城日本橋を一里塚のもとと定め」＊雑俳・柳多留-八(1773)「くたびれたやつが見つける壱里塚」＊地方凡例録(1794)六「慶長十七壬子年、大久保石見守奉行として、従江戸諸国へ道中筋一里づかを築せらる」＊風俗画報-九三号(1895)土木門「一里塚は西土之を里堠(りこう)若くは封堠という毎一里を標示するの土封なり。古未だ此制あらず」 ②(一休禅師作と伝えられる「門松は冥土の旅の一里塚目出度(めでたく)もあり目出度もなし」の歌から)門松のこと。 ③大きな目標や遠大な仕事などを達成していく途中の通過点、目印となるもの。＊雑俳・柳多留-四九(1810)「年の旅松竹のある一里塚」＊落梅集(1901)〈島崎藤村〉「そは稿をあらたむべきものなれば、今はこの一里塚に筆を擱くべし」 発音〈標ア〉リ 〈京ア〉リ 辞書 書言・ヘボン・言海 表記 一里塚(書・ヘ・言)

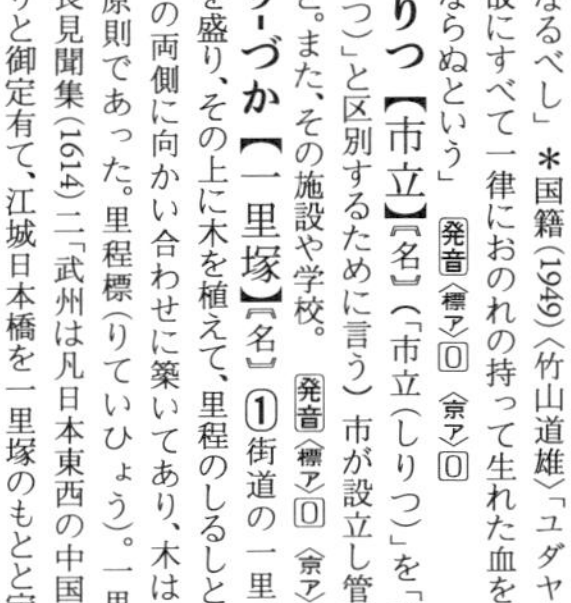

一 里 塚 ①〈伊勢参宮名所図会〉

いちり-ばせ【一里走】〘名〙 一か所で一日ずつ芝居をして、旅回りをすること。わずか一里ぐらいずつ移動して打ち回る田舎芝居。＊楽屋図会拾遺(1802)上「壱里走(イチリハセ)は田舎芝居なり。壱箇村にて一両日勤て、又次の村にて一日と次々に渡る芝居なり」

いちり-やま【一里山】〘名〙「いちりづか(一里塚)」に同じ。＊俳諧・物種集(1678)「一里山松を時雨の露ちりて 榎木ゆすゆす風さはぐなり〈如貞〉」 発音〈標ア〉0

いち-りゅう【一流】〘名〙 ①ひとつの血統。一族。ある一族。同じ一族。＊吾妻鏡-治承四年(1180)八月四日「是本自依為平家一流氏族也」＊神皇正統記(1339-43)中・清和「良房の大臣摂政せられしより彼一流につたはりてたえぬことになりたり」＊太平記(14C後)一九・新田義貞落越前府城事「大将は何れも名を惜む源氏一流の棟梁(とうりゃう)也」 ②ひとつの流儀、流派。宗派、学派。ある流派。同じ流派。＊太平記(14C後)二五・持明院殿御即位事「大礼の神事無為(ぶゐ)に行はれば、一流の神書を火に入て、出家遁世の身と罷(まか)り成る可(べ)し」＊蓮如御文章(1461-98)二「開山聖人の御一流には、それ信心といふことをもて先とせられたり」＊大乗院寺社雑事記-文明二年(1470)九月九日「当門跡之一流伝之了」＊日葡辞書(1603-04)「Ichiriŭ(イチリュウ)〈訳〉流派の数え方」＊集義外書(1709)三「時・処・位の至善を弁へず、人情・時変に通ぜず。一流とはなるべきか、大同の基本ならず」＊歌舞伎・小袖曾我薊色縫(十六夜清心)(1859)大詰「然し、きゃつは八重垣流の、一流極めし者なれば」＊人物志-接識「一流之人、能識一流之善、二流之人、能識二流之美」 ③ある方面での第一等の地位。また、その地位を占めている者。第一流。↔二流。＊金沢文庫古文書-(元徳二年)(1330)三月四日・金沢貞顕書状(一・四二三)「平少納言惟輔卿逝去事、承候了。一流之仁にて候つるに、歎存候」＊五音(1434頃)上「田楽節は、亀阿み、是又、一流也」＊滑稽本・浮世風呂(1809-13)三・下「近松時代の書法に拠(よっ)て一流なり」＊吾輩は猫である(1905-06)〈夏目漱石〉七「現今一流の批評家だ」＊世説新語-品藻「桓大司馬下都、問真長曰、聞会稽王語奇進爾耶。劉曰、極進、然故是第二流中人耳。桓曰、第一流、復是誰。劉曰、正是我輩爾」 ④ある人、物または流

派に限られて他にないやり方。特別。独特。＊仮名草子・都風俗鑑(1681)四「風呂屋者一流、此風に上中下の品あり」＊役者論語(1776)耳塵集・下「芸は我性根より一流(イチリウ)仕出したるこそよけれ」＊思出の記(1900–01)〈徳富蘆花〉四・一一「接続詞も前置詞も無い単句勁節寸鉄人を殺すと云ふ菊池一流の英語で」＊吾輩は猫である(1905–06)〈夏目漱石〉三「細君は女人一流の論理法で詰め寄せる」⑤(「一旒」とも)旗、幟(のぼり)など一本。ひとながれ。＊多度神宮寺伽藍縁起資財帳(801)延暦二〇年一一月三日(平安遺文一・二〇)「小幡壱拾肆旒。各長一丈之中白色一旒」＊浮城物語(1890)〈矢野龍渓〉一六「忽ち一流の信号旗を掲ぐ」⑥同様。同類。＊世説新語-容止「劉尹道桓公、鬢如反猬皮、眉如紫石稜、自是孫仲謀、司馬宣王一流人」発音イチリュー〈標ア〉⓪〈京ア〉⓪ 辞書文明・饅頭・易林・日葡・書言・言海 表記一流(文・饅・易・書・言)

いち-りゅう【一粒】『名』ひとつぶ。また、極めてわずかなものをたとえるのにも用いる。＊今昔(1120頃か)四・二「地の底の土の中より飯一粒を取り出て云く」＊日葡辞書(1603–04)「Ichiriŭ(イチリュウ)〈訳〉穀粒や丸薬など粒状のものの数え方」＊浄瑠璃・国性爺合戦(1715)一「一粒も身の為にせず、国をたすけしは忠臣の道なるに」発音イチリュー〈標ア〉⓪ 辞書文明・天正・饅頭・易林・日葡・書言 表記一粒(文・天・饅・易・書)

いちりゅう に 百手(ももて) の 功(こう) あたる 米の一粒が作られるまでには、百人の手間がかかっている。大変な苦労の末に生産されることをいう。一粒百行(いちりゅうひゃくぎょう)。＊随筆・驢鞍橋(1660)下「一日食事の時、愕然として曰『扨も食するもいやな事かな、一粒に百手の功と云が考て見に其筈也』」

いちりゅう-きんたん【一粒金丹】 薬の名。江戸時代、津軽藩医渋江氏が製した練り薬。元祿期、津軽藩医和田玄良が藩主の命により岡山藩医木村道碩から伝授を受けたものともいう。津軽伝方一粒金丹。＊歌舞伎・富岡恋山開(1798)四幕「津軽のお屋敷で所望した一粒金丹」＊歌舞伎・日月星享和政談(延命院)(1878)五幕「是は津軽の一粒金丹といふのだが、どんなさし込みでも直に納まるから」発音イチリューキンタン〈標ア〉キ

いちりゅう-ごふう【一粒護符】『名』病気が治るように寺から戴いて飲む、小さな粒状の護符。東京、葛飾区柴又題経寺(帝釈天)の寺伝によると、天明(一七八一～八九)頃、疫病が流行した時、日敬が病人に飲ませたのが初めという。＊歌舞伎・小袖曾我薊色縫(十六夜清心)(1859)序幕「中山の剣難除(よけ)に、駒木の腹帯、柴又の一粒御符(イチリフゴフウ)」

いちりゅうさい【一龍斎】 講談師の家号の一つ。発音イチリューサイ〈標ア〉リュ

いちりゅうさい-ていざん【一龍斎貞山】 講談師。㊀初代。本名中村貞之助。錦城斎典山の門弟。同じく隻眼であった伊達(だて)政宗の法名貞山院にちなんで貞山と号し、「伊達評定」を得意とした。安政二年(一八五五)没。㊁二代。東京、日本橋浜町矢の倉に住んで矢の倉貞山と呼ばれ、世話狂言に長じた。天保一〇～明治七年(一八三九～七四)㊂五代。本名青山岳次郎。のち三代錦城斎典山。時代もの、世話ものに名人芸をうたわれた。文久三～昭和一〇年(一八六三～一九三五)㊃六代。本名桝井長四郎。気品のある芸風で「赤穂義士伝」を得意とし、講談界の第一人者として勢力があった。明治九～昭和二〇年(一八七六～一九四五)㊄七代。本名佐藤貞之助。怪談ものを得意とした。明治四〇～昭和四一年(一九〇七～六六)

いちりゅう-どこ【一流所】『名』(多く、俳優、芸者などについていう)技芸、品格などが第一等の類にはいると見られる人の集まっている所。また、その人。いちりゅうどころ。＊春泥(1928)〈久保田万太郎〉三羽鳥・五「志摩だの、白川だのといふ一流どこの巧い役者、綺麗な役者、達者なしっかりした役者が」発音イチリュードコ〈標ア〉⓪

いちりゅう-どころ【一流所】『名』「いちりゅうどこ(一流所)」に同じ。＊朱雀日記(1912)〈谷崎潤一郎〉「先づ祇園では十人の指の中へ数へられる一流所の女ださうだが」＊東京灰燼記(1923)〈大曲駒村〉一五「兎に角一流どころの老舗或は新興の書肆は全く全焼して」発音イチリュードコロ〈標ア〉ド

いちりゅう-ひゃくぎょう【一粒百行】『名』「いちりゅう(一粒)に百手(ももて)の功あたる」に同じ。＊武野燭談(1709)一・武家大将軍三宝の事「百姓の苦は一粒百行とて、去年の秋よりして、種を取り、様々の手置をなし」

いちりゅう-ひん【一流品】『名』品物の質や、学問、技芸などの深さが第一等の類にはいると見られるもの。＊家族会議(1935)〈横光利一〉「一流品と二流品ぢゃ、物の値打は毛ほどですが、値段には雲泥の差が出て来てるんです」＊親友交歓(1946)〈太宰治〉「昔なら三流品でも、しかし、いまではたしかに一流品に違ひなかったのである」発音イチリューヒン〈標ア〉⓪

いちりゅう-まんばい【一粒万倍】『名』(「報恩経-四」の「世間求利、莫先耕田者、種一万倍」から)①一粒の種子をまけば、その万倍もの粒となる意。わずかなものから非常に多くの益をあげることのたとえ。また、少しのものも粗末にしてはいけないことにいったり、もったいない気持を表わしたりするのにいう。＊日葡辞書(1603–04)「Ichiriŭ manbaino (イチリュウ マンバイノ) ミヲ トル」＊子孫鑑(1667か)上「下民の言葉に一粒(イチリウ)万倍(バイ)と云也」＊譬喩尽(1786)一「一粒万倍、米一粒不捨誡」＊歌舞伎・夢結蝶鳥追(雪駄直)(1856)二幕「『おとととととと、こぼれるわえ、一粒万倍万倍』とこぼれし酒を額へつけ」②「いね(稲)」の異名。〔語彙(1871–84)〕発音イチリューマンバイ〈標ア〉⓪ 辞書日葡・言海 表記一粒萬倍(言)

いちりゅうまんばい-び【一粒万倍日】『名』一粒が万倍となって実るという吉日。開店や金貸しなど、事を始めるのに良い日とされ、借金をするのに悪い日とされる。発音イチリューマンバイビ〈標ア〉バ

いちりゅう-らく【一隆楽・壱弄楽】「いちろうらく(壱弄楽)」の異名。＊教訓抄(1233)六「壱弄楽拍子十、又奏天楽云、又一隆楽」＊楽家録(1690)二八・中華曲「壱弄楽 一名一隆楽」

いち-りょう【一両】『名』①(両は二つの意)一つ、または二つ。一ないし二。「一両日」「一両人」「一両度」などのように語素としても用いられる。＊儀式(872)四・践祚大嘗祭儀・下「群臣一両巡後悠紀人入自東儀鸞門」＊菅家文草(900頃)三・中途送春「風光今日東帰去、一両心情且附陳」＊御堂関白記-寛仁二年(1018)五月二一日「去月立間 雨一両降後久不降」＊殿暦-康和四年(1102)一一月「申慶賀、人人上下一両来」＊許六宛芭蕉書簡-元祿六年(1693)五月四日「一両歳之内再会、無恙可得御意」②重さの単位。江戸時代以前及び中国で用いられた。普通四匁(約一五グラム)の重さ。ただし大宝令では、一六両を一斤(一六〇匁)としている。薬品、茶などをはかる時の単位として用いられた。＊令義解(718)雑・度十分条「廿四銖為両〈三両為大両一両〉」＊延喜式(927)五・神祇・斎宮「供新嘗料〈略〉非一両」＊浮世草子・日本永代蔵(1688)四・五「胡椒(こしょう)を買にくる人有。座中に断(ことわり)を申て、壱両懸て三文請取」＊随筆・孔雀楼筆記(1768)三「生薑(しょうが)一両、燕京にては代銭千二百文すると云こと、松漠記聞にいづ」③貨幣を勘定する単位の一つ。㋑古代、銀銭四銅銭百にあたる貨幣の量。＊続日本紀-養老五年(721)正月丙子「令天下百姓、以銀銭一、当銅銭廿五、以銀一両、当一百銭、行用之」㋺銀四匁二分を一として、銀を勘定する時の単位。＊日葡辞書(1603–04)「Ichireŏ(イチリャウ)〈訳〉銀、薬品、沈香、丁子、胡椒、その他類似物の重さ、あるいは、量のはかり方」＊浮世草子・好色一代女(1686)六・一「是がお気に入ずば、壱両の銀子は私がまどひます」㋩江戸時代における金貨の単位。小判一両。一分(ぶ)の四倍、一朱の一六倍。公定相場では、銀六〇匁、銭四貫文にあたる。＊財政経済史料-二・経済之部一・第一貨幣・寛永一三年(1636)六月一日「定、一、寛永之新銭并古銭共に金子壱両に四貫文、勿論壱分には壱貫文之売買たるべし」＊黄表紙・文武二道万石通(1788)下「最中(もなか)の月八片をもって小判一両にかへ、甘露梅一つが壱匁づつ」㊁吉原で三度目に客になった時、遊女に与える祝儀の金。小判一両が普通であったことよりいう。＊雑俳・柳多留-二〇(1785)「壱両のとこ花手とりやっと弐歩」㋭明治以後、「一円」(貨幣の単位)のことをさしていう俗語。④対(つい)になっているものの一組。＊延喜式(927)一・神祇・四時祭「錦鞋一両」⑤甲冑(かっちゅう)、車両、大きな車などを数える単位。㋑具足一組。よろい一かさね。→一領。＊太平記(14C後)六・正成天王寺未来記披見事「白輻輪(しらぶくりん)の太刀、鎧(よろひ)一両副(そへ)て」＊日葡辞書(1603–04)「Ichireŏ(イチリャウ)〈訳〉鎧(ヨロイ)の胴の数え方」㋺(一両・一輛)大きな車、列車、電車などの一台をいう。＊儀式(872)一・春日祭儀「童女、車一両」＊天正本節用集(1590)「一両 いちりゃう 具足 金 薬」＊類聚雑要抄(室町)三「出車。金作檳榔毛一両」発音②～⑤はイチリョー〈標ア〉②③は(名詞的)リョ チ (副詞的)⓪チ ④⑤はチ〈京ア〉③⑤はチ 辞書文明・伊京・明応・天正・饅頭・黒本・易林・日葡・書言・言海 表記一両(文・伊・明・天・饅・黒・易・書・言)一輛(易・書)

いちりょう 御前(ごぜん) 弐分(にぶ) 旦那(だんな) 唯(ただ) の 壱分(いちぶ) はぶあしらい 江戸吉原で、一両使う人は身分素性を問わず尊んで御前と呼び、二分使う人を旦那と呼び、わずか一分使う人を悪く待遇する意で、金で人間の価値を判定する世間を風刺したたとえ。＊洒落本・玉菊灯籠弁(1780)「一両御前(ごゼン)二分旦那、只の一分は不相(ぶあ)しらい、とたとへにもいふよし原」

いちりょう 二分(にぶ) ①近世、下女の一年間の給金。＊雑俳・柳多留-二八(1799)「仏とも知らず壱両弐分で置き」②昼、夜各三分の吉原の遊女の一日の揚げ代。＊雑俳・雪の梅(1728)「一両二歩棒にふられし床の闇」

いち-りょう【一領】『名』衣服、具足、鎧(よろい)などの一そろい。一かさね。一着。＊儀式(872)四・践祚大嘗祭儀下「五位襖子一領」＊延喜式(927)一・神祇・四時祭「園并韓神三座祭〈略〉神祇官人、当色一領」＊古事談(1212–15頃)一・延喜比上達部時服不好美麗事「御下襲一領可被申下者」＊運歩色葉(1548)「一領 いちリャウ 具足」＊道照愚草(16C中か)「諸道具数書事 具足 腹巻鎧 何も 一領」＊天草本平家(1592)「ミチモリノ ヨロイノ ychiriŏ (イチリャウ) ノコッタニ ヒキマイテ」発音イチリョー〈標ア〉チ 辞書日葡・書言 表記一領(書)

いち-りょう【一輛】『名』⇨いちりょう(一両)

いちりょう-いっぴき【一領一疋】『名』肥後国(熊本県)細川藩の郷士の別称。平時には農耕に従事しているが、常に甲冑(かっちゅう)一領、馬一匹を用意し、いったん事があれば家士同様に軍務に服した在郷武士をいう。＊地方凡例録(1794)四「肥後国にも一領一疋と唱へ、一騎役の士数百騎、また地侍とて歩卒数百人、無束にて在々に居住し農事を営み、軍の節軍役を務む」

いちりょう-ぎょう（イチリャウギャウ）【一両行】〘名〙一行か二行。一、二行。＊建内記‐嘉吉元年(1441)二月二六日「彼社前有二勧進写経事一。予一両行染レ筆了」

いちりょう-く（イチリャウ：）【一両句】〘名〙一つまたは二つの句。一、二句。＊俳諧・三冊子(1702)赤双紙「連歌に景曲といひ、いにしへの宗匠深くつつしみ、一代一両句に不過」＊俳諧・繋橋(1809頃)「あふぎにはやさしき連歌一両句〈曾良〉ぬしうたれては香を残す松〈素英〉」

いちりょう-ぐそく（イチリャウ：）【一領具足】〘名〙戦国時代、長宗我部元親（ちょうそかべもとちか）のころから土佐国（高知県）に見られた下級の在郷家臣。後には土佐藩郷士の異称となる。平時は農耕に従事しているが、有時の際には直ちに軍務につくことを義務づけられ、その家格を誇りにしていた。＊長宗我部氏掟書(1596)掟・一三条「知行割之事、五つ八歩平等にして、相渡可レ申事。但、城持、又者一両具足、可レ為二各別一事」＊地方凡例録(1794)四「土佐国には長曾我部の類葉四百人余、みな郷士にて領主に随順す、是を一領具足といふ」＊郷侍一巻控(1839)「土佐国郷士之由来を聞伝ふるに、先年一条卿御在国之時は三町衆と号し、又野士と号也、元親国を領知被致てより一領具足と号し、領知を賜り士官に準ず」 発音イチリョーク〈標ア〉リョ

いちりょう-げつ（イチリャウ：）【一両月】〘名〙一か月または二か月。一、二か月。＊平家(13C前)六・築島「わづかに中一両月をへだてて入道相国薨ぜられぬ」＊太平記(14C後)二七・雲景未来記事「三条殿と執事の不快は一両月を過ぐべからず」＊寒川入道筆記(1613頃)愚痴文盲者口状之事「いつ比迄の御逗留ぞととふ程に、一両月の間と申候へば」 発音イチリョーゲツ〈標ア〉リョ

いちりょう-げん（イチリャウ：）【一両言】〘名〙一つ二つのことば。一、二言。＊俳諧・不玉宛去来論書(1694)「去来曰〈略〉其内一両言を書し送レ之。如レ左」

いちりょう-ざし（イチリャウ：）【一両刺】〘名〙二つに裂いた竹串に、小魚二尾を刺してあぶり、その串のもとを紙で包んだもの。両刺（りょうざ）し。 発音イチリョーザシ〈標ア〉0

いちりょう-さつ（イチリャウ：）【一両札】〘名〙金一両通用の紙幣。一両札は江戸時代の元祿（一六八八～一七〇四）頃の藩札に始まり、維新後は新政府発行の太政官金札一両札に終わっている。

いちりょう-じつ（イチリャウ：）【一両日】〘名〙①一日または二日。一、二日。いちりょうにち。＊文明本節用集(室町中)「一両日 いちりゃうシツ」②特に、今日と明日をさしていう。主として「一両日中」として使う。＊日本読本(1887)〈新保磐次〉一「一両日のうちに雨ふらんか」＊夜明け前(1932‐35)〈島崎藤村〉第二部・上・六・五「人名一両日中に申し出づべきこと」 発音イチリョージツ〈標ア〉リョ0〈京ア〉1

いちりょう-しょ（イチリャウ：）【一両所】〘名〙一つか二つの場所。一、二か所。＊日葡辞書(1603‐04)「Ichiriŏxo（イチリャウショ）〈訳〉一つか二つの場所」 辞書日葡

いちりょう-じょう（イチリャウデウ）【一両条】〘名〙一つ二つの個条。一つ二つの事柄。＊十訓抄(1252)六・道真旧宅梅枝飛于太宰府事「我朝の事常に人の口にある外一両条申べし」

いちりょう-ど（イチリャウ：）【一両度】〘名〙一、二度。一、二回。＊左経記‐寛仁元年(1017)一一月三日「巡行一両度之間、使少将帰来」＊今昔(1120頃か)三・一五「先づ宝螺（ほうら）一両度吹くに、若干の軍恐怖して地に倒ぬ」＊太平記(14C後)一二・大内裏造営事「一両度までは辞退申されけるが、勅宣三度に及びければ」＊評判記・野郎虫(1660)瀬川蔵人「一両度参会したるとんてきは、七度やきに、やき付られ侍ると也」

いちりょう-にち（イチリャウ：）【一両日】〘名〙「いちりょうじつ（一両日）①」に同じ。＊今昔(1120頃か)二九・三七「其の後、一両日を経て」＊文明本節用集(室町中)「一両日 イチリャウニチ」＊朝鮮板伊路波(1492)「こ のいちりゃうにちうけたまわりおよひ候」＊浮雲(1887‐89)〈二葉亭四迷〉一・五「昇は其当座一両日（イチリャウニチ）の間、胸が閉塞（つかへ）て食事が進まなかった」 発音イチリョーニチ〈標ア〉リョ0 辞書文明 表記一両日(文)

いちりょう-にん（イチリャウ：）【一両人】〘名〙一人か二人。＊今昔(1120頃か)二四・三五「本より得意と有ける人一両人を伴なひて、道知れる人も无くて、迷ひ行けり」＊海道記(1223頃)鎌倉遊覧「相知りたる人一両人はべるを」＊ロドリゲス日本大文典(1604‐08)「Ichiriŏnin（イチリャウニン）」＊白居易‐与元微之書「挙レ頭但見二山僧一両人、或坐或睡一」 発音イチリョーニン〈標ア〉リョ 辞書日葡

いちりょう-ねん（イチリャウ：）【一両年】〘名〙一年か二年。一、二年。＊薩藩旧記‐権執印文書‐建久五年(1194)五月日・新田八幡宮所司等申状(鎌倉遺文二・七二七)「依二豊後冠者義実追討一、人民餓死之事者、一両年之事也」＊曾我物語(南北朝頃)一二・虎と少将、法然にあひし事「信濃国の善光寺に、一両年のほど他念をまじへず念仏申し」＊中尾源左衛門、浜市右衛門宛芭蕉書簡‐元祿四年(1691)九月二三日「此め立出次第一両年之間には必ず進上可レ仕と申候」 発音イチリョーネン〈標ア〉リョ

いちりょう-はい（イチリャウ：）【一両輩】〘名〙「いちりょうにん（一両人）」に同じ。＊太平記(14C後)三四・和田楠軍評定事「伝奏の上郷両三人・奉行の職事一両輩・護持僧二人」＊日葡辞書(1603‐04)「Ichireŏfai（イチリャウハイ）」＊談義本・世間万病回春(1771)二・気常病評「灯をふとくかかげて一両輩（ハイ）の同行と共に女人成仏の和讃をよもすがら称すべし」＊洒落本・雑文穿袋(1779)「歌妓一両輩携へて」 辞書文明・明応・天正・黒本・日葡・書言 表記一両輩(文・明・天・黒・書)

いちりょう-ばん（イチリャウ：）【一両判】〘名〙一個が一両に相当するものとして通用する小判。＊慶長見聞集(1614)六「後藤庄三郎と云人、京よりくだり、おなじ未の年より金のくらゐをさだめ、一両判を作り出し、金の上に打判ありてこれを用ゆる」 発音イチリョーバン〈標ア〉0

いちりょう-びより（イチリャウ：）【一両日和】〘名〙（鈍々（にぶにぶ）した日和を二分二分（にぶにぶ）つまり一両としゃれていう）天気の定まらないひより。＊物類称呼(1775)五「日和の定らぬを尾張にて、一両日和と云〈略〉今按に尾州にて鈍々（にぶにぶ）したる日和と云を金子の弐歩弐歩にとりなして一両の天気と云」

いちりょう-や（イチリャウ：）【一両夜】〘名〙一夜ないし二夜。一、二夜。＊中尾源左衛門、浜市右衛門宛芭蕉書簡‐元祿四年(1691)九月二三日「尤一両夜逗留に成共参上仕度奉レ存候へ共」 発音イチリョーヤ〈標ア〉リョ

いち-りん【一厘】〘名〙①長さの単位。寸の百分の一、分（ぶ）の十分の一。約〇・〇三センチメートルにあたる。②重さの単位。貫（かん）の十万分の一。匁（もんめ）の百分の一。約〇・〇三七五グラムにあたる。＊日葡辞書(1603‐04)「Ichirin（イチリン）」③旧貨幣の呼称。円の千分の一。銭の十分の一。最低の単位であった。④歩合、小数などの呼称。割（わり）の百分の一。分（ぶ）の十分の一。 辞書日葡・書言 表記一釐(書)

いち-りん【一輪】〘名〙丸いもの一つをさしていう。①太陽または月をいう。＊光悦本謡曲・姨捨(1430頃)「姨捨山の曇りなき、一輪満てる清光の影」＊日葡辞書(1603‐04)「Ichirin（イチリン）タカク カカレバ バンコク ヲナジク ミル」＊俳諧・笈日記(1695)下・雲水「丈山老人の『一輪いまだみたず二分虧』といふ唐歌は此夜折にふれたりと」＊孟郊‐読張碧集詩「高秋数奏レ琴、澄潭一輪月」②開いた花や車輪の一つ。＊宗長手記(1522‐27)下「冬の梅は、一りん二りんかすかに咲きて、匂ふこそあはれ深からめ」＊運歩色葉(1548)「一輪 花」＊日葡辞書(1603‐04)「Ichirin（イチリン）〈訳〉一つの花」 発音〈標ア〉チ〈京ア〉イ／チ 辞書日葡・書言 表記一輪(書)

いちりん も 降（くだ）**らず万水**（ばんすい）**も昇**（のぼ）**らず** 月は影を落とすだけで地上に降ることなく、水は月を映すだけで天に昇ることがない意で、すべての物は本来の姿を保持することのたとえ。＊謡曲・融(1430頃)「一輪も降らず、万水も昇らず、鳥は池辺の樹に宿し、魚は月下の波に伏す」＊浄瑠璃・国性爺合戦(1715)九仙山「一りんもくだらず、万水（バンスイ）とてものぼらねば」

いち-りん【一鱗】〘名〙①魚一ぴき。一尾の魚をいう。＊俚言集覧(増補)(1899)「一鱗 いちりんは魚ひとつをいふ〔後竹林院左府記〕文明十一年九月九日、鳥羽松千代、鯉一鱗進上」＊曹植‐答崔文始書「臨レ江直釣、不レ獲二一鱗一」②一枚のうろこ。転じて、全体の中のごく一部分。ひとかけら。片鱗。一片。＊貧乏物語(1916)〈河上肇〉一一・一「私はマルクス伝の一鱗を示すが為に、茲にマルクスの細君の手紙の一節を抄訳しやうと思ふ」

いちりん-いけ【一輪活】〘名〙「いちりんざし（一輪挿）」に同じ。 発音〈標ア〉0

いちりん-ざし【一輪挿】〘名〙一、二輪の花のついた枝を花びんなどにさすこと。また、そのための小さな花びん。一輪活（いちりんいけ）。＊たけくらべ(1895‐96)〈樋口一葉〉一六「違ひ棚の一輪（リン）ざしに入れて淋しく清き姿をめでけるが」＊田舎教師(1909)〈田山花袋〉五七「床柱の薔薇の一輪挿」 発音〈標ア〉0〈京ア〉0

いちりん-しゃ【一輪車】〘名〙①前部に一個の車輪をつけ、人や荷物を運ぶ手押し車。多くは農作物、土砂などを運搬するのに使用される。ねこぐるま。おしぐるま。はこぐるま。独輪車（どくりんしゃ）。＊高架線(1930)〈横光利一〉「一輪車のネコトロが樽と樽との山の間を、縦横に辷っていく」②車輪が一個の自転車。曲乗り用に用いられたり、小学生などの体育の教材に用いられたりする。＊彼女とゴミ箱(1931)〈一瀬直行〉空中曲芸団「この曲芸が終ってから、一輪車（いちリンシャ）に乗って綱の上を再び渡った」 発音〈標ア〉リ〈京ア〉リ

いちりん-せん【一厘銭】〘名〙江戸時代通用の寛永通宝銅一文銭をいう明治以降の称。明治四年（一八七一）五月の「新貨条例」公布以降もそのまま使われ、同年一二月には「一厘」通用に規定されたところからいう。昭和二八年（一九五三）末限り通用禁止。＊風俗画報‐三二号(1891)関西旅行あか妻日記「机を列べて其上に一厘銭九厘づつを一緡とし」

いちりん-そう（ウ：サ）【一輪草】〘名〙①キンポウゲ科の多年草。本州、四国、九州の林地に生える。高さ約二〇～三〇センチメートル。根茎は白色多肉質でやや長く、横にはう。根茎から出る葉は羽状に裂けた小葉からなる葉は三出複葉で、長い柄がある。春、直径四センチメートルぐらいの花が茎の頂に一個咲く。花茎には三小葉からなる有柄の苞葉を三枚輪生する。花弁状のがく片は白い楕円形で外面は淡紫色。いちげそう。うらべにいちげ。学名は Anemone nikoensis《季・春》＊俳諧・清鉋(1745頃)一「二月〈略〉一輪草 苗代茰」＊日本植物名彙(1884)〈松村任三〉「イチリンサウ イチゲサウ」＊長塚節歌集(1917)〈長塚節〉明治三七年「筑波嶺のたをりの路のくさ群に白く咲きたる一りんさうの花」②植物「うめばちそう（梅鉢草）」の異名。 方言❶うめばちそう（梅鉢草）。能州 015 神奈川県箱植物。

一　輪　草　①

根002 ❷にりんそう（二輪草）。佐渡†083 ❸まつばぼたん（松葉牡丹）。香川県829 [発音]イチリンソー〈標ア〉[0] [辞書]言海 [表記]一輪草（言）

いちりん-づくり【一輪作】『名』秋の菊の開いた状態が一つの大きな丸い形をしたものを作ること。＊東京年中行事（1911）〈若月紫蘭〉十一月暦「一輪作（いちリンヅクリ）は大菊性のものにて、一文字菊を始めとし厚物、間管、太管、細管など皆之に属して居る」[発音]〈標ア〉[ズ]

いちりん-どうか【一厘銅貨】『名』明治四年（一八七一）公布の「新貨条例」によって初めて制定された一厘の補助銅貨。明治六年（一八七三）八月太政官布告により表裏の図案が変えられ、翌七年二月から流通されたが、明治一七年（一八八四）限り製造が中止され、しだいに姿を消した。昭和二八年（一九五三）末限り通用禁止。＊日本立憲政党新聞‐明治一七年（1884）一一月一三日「天保銭の引換には重に一厘銅貨を以て充てらるる都合にて、近々其の鋳造に着手せらるる筈なりと」[発音]イチリンドーカ〈標ア〉[ド]

いちりんはん-せん【一厘半銭】『名』一個が一厘半に相当する貨幣で、江戸時代通用の文久永宝の別称。明治四年（一八七一）一二月、一厘五毛として通用するよう規定されたところからいう。昭和二八年（一九五三）末限り通用禁止。[発音]〈標ア〉[八]

いちりん-り【一輪犂】『名』牛馬などに引かせて用いる犂（すき）で、轅（ながえ）のすぐ下に一個の車輪があり、これで振動を防ぎ、耕作の深浅を調節する。

いち-る【一縷】『名』一本の糸すじ。また、そのように細くわずかなもの。転じて、きわめてわずかなつながり、おぼつかないさま、絶えようとするさまなどのたとえにも用いる。＊正法眼蔵（1231‐53）袈裟功徳「龍もし一縷をうれば、三熱をまぬかる」＊艸山集（1674）二一・次韻慈忍「時レ有黙坐斜陽裡、一縷香糸落作レ塵」＊化銀杏（1896）〈泉鏡花〉一五「深更一縷（イチル）の燈火」＊小春（1900）〈国木田独歩〉四「元越山の半腹から真直に立上る一縷の青煙」＊家（1910‐11）〈島崎藤村〉下・六「一縷の希望を夫に繋ぎながら」[発音]〈標ア〉[チ]〈京ア〉[チ]

いち-るい【一塁】『名』①一つのとりで。＊盲目物語（1932）〈谷崎潤一郎〉「あしたに一塁をぬきゆふべに一城をほふられるおはたらきをなされながら」②（英 first base の訳語）野球で、走者が最初に踏む塁。また、そこを守る人。ファースト。ファーストベース。＊東京日日新聞‐明治三九年（1906）四月一六日「ボールは正に三塁を掠めるデレクトになって遠く左翼に逸し、押川は手易く一塁を陥れた」＊学生時代（1918）〈久米正雄〉選任・一「肥った身体で動きがよく取れぬために、常に一塁ばかり守らせられてゐる小池は」[発音]〈標ア〉[チ][0]〈京ア〉[チ]

いち-るい【一類】『名』①同一の種類。同じたぐい。＊中華若木詩抄（1520頃）下「桜梅と云も、梅の一類也」＊ロドリゲス日本大文典（1604‐08）「セカイニ ミチテ ソノ カズヲ シラズト イエドモ スベテ ミナ ichiruy（イチルイ）ナリ〔元来〕」＊欧陽脩‐鳴蟬賦「達士所レ斉、万物一類」②同一の種族、また、親族。一族。一門。一統。＊栄花（1028‐92頃）うたがひ「この御一類の外（ほか）の殿ばら皆」＊平家（13C前）一・二代后「今は平家の一類（ルイ）のみ繁昌して、頭をさし出す者なし」＊仮名草子・竹斎（1621‐23）下「もしあひ背く物ならば、其身の事は申に及ばず、親子兄弟一類を打ち果すべき者也」[方言]❶親類。山形県置賜139 山梨県南巨摩郡463 徳島県811 愛媛県840 846 熊本県球磨郡054 ◇いちろい 山形県139 熊本県球磨郡919 ◇いつるい 宮崎県西臼杵郡948 ◇いちりい・いちりいい 佐賀県887 890 ◇いちり 佐賀県藤津郡895 長崎県諫早市054 ◇いちれ 長崎県諫早市・西彼杵郡054 ❷同類。仲間。徳島県811 ◇いつるい 山梨県南巨摩郡463 [発音]〈なまり〉イチリー〔佐賀〕イチロイ〔熊本分布相〕イッルイ〔山梨奈良田〕〈標ア〉[チ]〈京ア〉[0] [辞書]文明・易林・日葡・書言・言海 [表記]一類（文・易・書・言）

いちるい-しゅ【一塁手】『名』野球で一塁を守備する内野手。ファースト。[発音]〈標ア〉[ル]

いち-れい【一令】『名』一つの政令。＊開化問答（1874‐75）〈小川為治〉序「故に一政を行ひ、一令を下すに方りて、天下驚かざる者鮮なし」＊良人の自白（1904‐06）〈木下尚江〉続・二三・四「若し与三が一令を発したならば、巡査だろうが、大二郎だろうが、一と擭みに擭み殺しもし兼ねまじき勢」[発音]イチレイ〈標ア〉[0]

いち-れい【一礼】『名』①一度礼をすること。一応のあいさつ。ちょっと会釈をすること。＊運歩色葉（1548）「一礼」＊虎明本狂言・昆布売（室町末‐近世初）「一れいいはせておゐて」＊読本・近江県物語（1808）二・くさまくら「梅丸一礼（イチレイ）して坐しければ」＊浮雲（1887‐89）〈二葉亭四迷〉一・三「文三はちょいと一礼して」＊貴冠卿‐九華山化成寺記「一瞻一礼、必献二桑土一」②深い感謝の気持をこめたあいさつ。礼儀を正したあいさつ。＊浄瑠璃・狭夜衣鴛鴦剣翅（1739）三「ゆるしてくだされかたじけないと、はじめにかはる一れいにじじうも共によろこびながら」＊浄瑠璃・新うすゆき物語（1741）中「左衛門一礼つどつどに、もふおっしゃるに及ませぬ」[方言]❶結婚式を挙げるため嫁が婿の家に行くこと。また、嫁方の親戚（しんせき）が出かけていって婿方の親戚とあいさつすること。また、里帰り。新潟県東蒲原郡368 ◇いちれ・いちり 新潟県東蒲原郡054 ❷嫁婿が正月実家にあいさつに帰ること。[発音]イチレイ〈標ア〉[0]〈京ア〉[0] [辞書]日葡・言海 [表記]一礼（言）

いち-れい【一例】㊀『名』①一つの例。一つのためし。「一例として」＊日本の下層社会（1899）〈横山源之助〉一・一「人情風俗も一般と異なるものありたり。深川区にては平民一万六千七百七十一人に対して、士族は漸く七百九十一人しか居住せざるが如き、一例とすべし」＊美貌の皇后（1950）〈亀井勝一郎〉古塔の天女「東大寺二月堂のお水取の記録などみると、深夜の行の無気味さ、奇怪な幻想におちいることなどが推察される。青衣女人（しゃうえのにょにん）などもその一例であらう」②多くのものについて、ある一つの標準をもって定めること。一定の基準によって定めた事柄。＊春秋公羊伝‐僖公元年「其称レ子何、臣子一例也」㊁『副』一様なさま。きまって。＊星巌先生遺稿‐前編（1863‐65）鴨沂小隠集・孤負「董蘿石老従二吾好一、一例詩人聞レ道遅」[発音]イチレイ〈標ア〉[0]〈京ア〉[0]

いち-れい【一霊】『名』一つの霊魂。一つの神霊。また、一つの精神。＊雑談集（1305）一・世界有哉無哉事「見聞の躰は一霊（レイ）の性なれとも、六根に分限して融通せず」＊太平記（14C後）一二・大内裏造営事「之に依て五蘊の形は壊るると雖ども、一霊（レイ）の神は明にして天に在り」

いちれい-さん【一齢蚕】『名』卵からかえってから第一回目の脱皮を終わるまでの蚕。一眠までの蚕。

いち-れつ【一列】『名』①（―する）ひとならびに並ぶこと。＊儀式（872）四・践祚大嘗祭儀下「参議以上一列入レ自二儀鸞門東戸一」＊雲図抄（1115‐18頃）正月・小朝拝事「公卿一列〈略〉四位、五位一列」＊大観本謡曲・雷電（室町末）「満山護法一列し、中門の扉を敲きけり」＊小学読本（1874）〈榊原・那珂・稲垣〉五「坐睡して居たる間に一列の車突進して」②第一の列。最初の行列。③（―する）同じ仲間に入れること。また、同じ仲間。＊正法眼蔵（1231‐53）仏道「法兄法弟におよぼし、一列せしむべからず」＊蓮如御文章（1461‐98）三「もしこのむねをそむかんともがらは、ながく門徒中の一列たるべからざるものなり」＊会津塔寺村八幡宮長帳‐永正一五年（1518）七月七日「其外むらちようの人人みな一れつしてわひ事申候時に」＊浮世草子・忠義太平記大全（1717）一一「ああ、由良親子なかつせば〈略〉いかでか群士一列の忠節をかがやかさん」④（「に」を伴って）同じ程度、状態。同列。いっしょ。＊俳諧・宇陀法師（1702）俳諧撰集法「近年大根引のたぐひを、菊、紅葉一列に書ならべ出する、覚束なき事也」＊浄瑠璃・伽羅先代萩（1785）九「国本の面々一列に申し上ぐべき事なれども」[発音]〈標ア〉[ツ][0]〈京ア〉[レ] [辞書]文明・書言・言海 [表記]一列（文・書・言）

いちれつ-いったい【一列一体】『名』（形動）同じ群れ、同じ仲間。また、どれも同じであるさま。平等であるさま。＊吾輩は猫である（1905‐06）〈夏目漱石〉二「よそ目には一列一体、平等無差別、どの猫も自家固有の特色抔はない様であるが」＊腕くらべ（1916‐17）〈永井荷風〉一〇「一列一体にお客と云ふもの男と云ふものは酒を食って酔へば無暗に獣物のやうな真似をするものと」[方言]運命を共にする仲間。同じ仲間。東京都002 [発音]〈標ア〉[0]

いちれつ-うかがい【一列伺】『名』室町時代、奉行人など、政務に携わる家臣一同が将軍に謁して、政務の指令、裁断を請うこと。＊斎藤親基日記‐寛正七年（1466）二月二五日「一列伺事在レ之 可レ為二去廿一日一候旨、雖レ被二仰出之一依二御虫気一延引」

いちれつ-じん【一列陣】『名』艦隊の陣形。二隻以上の軍艦が縦に一列に並ぶ隊形。単縦陣（たんじゅうじん）。[発音]〈標ア〉[ツ]

いちれつ-だて【一列立】『名』強訴（ごうそ）のひとつの形態。集団をなすこと。徒党をくむこと。＊梅津政景日記‐慶長一八年（1613）院内銀山籠者成敗人帳「いちれつたて致、大郎兵へ小屋へおこみ」

いち-れん【一連・一聯・一嗹】『名』①いくつかのものの一まとまり。一組み。＊儀式（872）二・践祚大嘗祭儀上「薄鰒、堅魚、海藻、各一連」＊延喜式（927）一・神祇・四時祭「三枝祭三座〈略〉篦一連」②細いなわでつないだ干物などのひとつながり。ひとたばね。＊日葡辞書（1603‐04）「Ichiren（イチレン）〈訳〉数珠玉（じゅずだま）や、これに似た、乾しいちじくの枝、シナのむしろ、つき刺された腹足動物、いか、乾しなまこ、その他この種の、糸を通されたもの、または織られたものの数え方」＊浮世草子・西鶴織留（1694）一・二「小鮹魚（するめ）一連又は干鮃（ひかます）二十」③数珠などのように穴があいている玉数個を糸で貫いて連ねたものの一つ。＊易林本節用集（1597）「一連 いちレン 数珠」④関係のあるひとつづき。一括して扱うことができるもの。＊当世書生気質（1885‐86）〈坪内逍遥〉二「折しも当席は、燕枝、柳枝などの一連（イチレン）にて、さしかはり入かはりて、陸続高座に登るものから」＊証券取引法（1948）一二五条「その相場を変動させるべき一連の売買取引」⑤（―する）ひとつにつながること。ひとつづきであること。＊米欧回覧実記（1877）〈久米邦武〉一・四「太平海より圧瀾（アタラン）海に至るまで、陸地一連すると雖ども、落機（ロッキー）の山、其脊（せき）を分ち、東西を両域に画（くぎ）る」⑥（一連・一聯）漢詩で、一まとまりになる二句。転じて連歌にもいう。＊太平記（14C後）一・無礼講事「花の中に金字に書ける一聯の句あり」＊文明本節用集（室町中）「一連 いちれン 詩聯歌数珠」＊去来宛芭蕉書簡‐元禄三年（1690）七、八月頃「一連の詩に二人の名をとる事無念に候」＊劉克荘‐贈翁巻詩「有時千載事、祗在二一聯中一」⑦（一連・一嗹）全判の洋紙の単位で、千枚をいう。＊モダン辞典（1930）「一連〔印〕印刷用紙の枚数の単位」[発音]〈標ア〉[チ][0] ④⑤⑥は[0]〈京ア〉[0]／①は[0] ②～⑥は[チ] [辞書]文明・天正・易林・日葡・書言 [表記]一連（文・天・易・書）一聯（書）

いち-れん【一蓮】『名』「いちれんたくしょう（一蓮托生）」の略。＊浄瑠璃・心中万年草（1710）下「夫婦、親子一蓮の、示しの時刻延ばされず」＊浄瑠璃・曾我扇八景（1711頃）下「父母兄弟一蓮（レン）に去るべき御法を

さづけしめしてたべ」 発音〈標ア〉チ⓪

いち‐れん【一簾】『名』一つのすだれ。転じて、すだれのように一面に細かい雨が降るさま。＊南游稿(1425頃)春雨「睡起不レ知是春昼 一簾暮色故山秋」＊陳与義‐石限病起詩「六尺屏風遮二宴座一、一簾細雨独題レ詩」 発音〈標ア〉⓪チ

いち‐れん【一臠】『名』肉などのひときれ。一片。＊柳湾漁唱‐二集(1831)権奴持扇来乞句漫書与之「一臠枯魚半升酒、卯飲夕酔足二歓娯一」＊江戸繁昌記(1832‐36)初・山鯨「一臠、十疾を医し、十臠、百病を救ふ」＊読書放浪(1933)〈内田魯庵〉読書放浪・一〇「香気の高い水気の垂れる果物を見るやうなもので、見たばかりでも唾を生じ、一臠を喫する毎に香気口腔に溢れて清風一過する如き感がある」＊荘子‐至楽「不三敢食二一臠一、不三敢飲二一杯一」 発音〈標ア〉⓪チ

いちれん‐いちぐ【一蓮一具】『名』一つの蓮華(れんげ)の台の上に一体となっていること。＊浄瑠璃・井筒業平河内通(1720)一「幄(とば)りをかかぐる仏壇に、一蓮一具の骸骨、頭に冠、手には笏、小葵の袍(うへのきぬ)引まつひ」

いちれん‐たくしょう【一蓮托生】『名』①仏語。死後、極楽浄土で同じ蓮華(れんげ)の上に生まれること。一蓮。＊帆江入楚(1598)三五「ちぎりおかんこの世ならでもはちすはに玉ゐる露の心へだつれ。〈略〉一蓮托生の心後世を契るなり」＊浮世草子・新色五巻書(1698)四・五「さあ潔く互に最後を急がん。未来は一蓮托性(イチレンタクシャウ)南無阿彌陀仏」②(転じてものごとの善悪や結果のよしあしに関係なく)最後まで行動、運命を共にすること。＊浄瑠璃・心中宵庚申(1722)下「一れんたくしゃうの閨(ねや)のお同行とじゃれてきげんを取りければ」＊生々流転(1939)〈岡本かの子〉「けふは呉越同舟の船かね、それとも一蓮托生の船かね」＊王国の鍵(1956)〈堀田善衛〉「国家が破産するときは、一蓮託生だからね」 語誌(1)死後極楽の蓮華の上に生ずるという阿彌陀信仰から出た語である(例えば「観無量寿経」の「生於西方極楽世界於蓮華中結跏趺坐」等)が、「一蓮托生」の形では漢訳仏典にない。(2)「源氏‐鈴虫」に「はちす葉をおなじうてなと契おきて」とあり、一つの蓮に二人が乗るというこの語の想は既に平安時代には存在したことが明らかだが、一語としては挙例の「帆江入楚」の例が古い。江戸期に入り、浄瑠璃等で②の意味で多く使われたところから、現在の用法が定着したものと考えられる。 発音イチレンタクショー〈標ア〉チ⓪〈京ア〉⓪ 辞書言海 表記一蓮託生(言)

いちれん‐ばんごう【一連番号】『名』ある番号から順番につらねたひと続きの番号。通し番号。＊シベリヤ物語(1950‐54)〈長谷川四郎〉犬殺し「ナホトカでは私たちに一連番号が打たれた」 発音イチレンバンゴー〈標ア〉パ

いち‐ろ【一路】■一『名』①一筋に続く道。一途(いっと)。ひとすじ。一条。仏教では涅槃(ねはん)に到達するはずの一つの道、成仏の直路をいう。＊正法眼蔵(1231‐53)行仏威儀「これは玄沙と同条出すれども、玄条に同条入せざる一路もあるべしといへども」＊日葡辞書(1603‐04)「Ichiro(イチロ)。ヒトツノ ミチ〈訳〉一つの道。文書語」＊俳諧・氷餅集(1774)「万水の一路に流す水若し〈魯風〉」＊南海先生文集(1784)二・古寺即事「行尋水西寺、一路石泉飛」＊青年(1910‐11)〈森鷗外〉七「大真面目で向上の一路(イチロ)を示してゐる」＊星座(1922)〈有島武郎〉「艱難して一路の光明を求め出でられ候様祈上候」＊儲光羲‐貽王侍御出台掾丹陽詩「茅茨対二三峰一、梧桐開二一路一」＊首楞厳経‐五「此阿毘達磨、十万薄迦梵、一路涅槃門」②囲碁で、ある石の一つ隣。「一路石」■二『副』迷ったり寄り道などをしないで。ひたすら。まっすぐに。＊天鵞絨(1908)〈石川啄木〉一一「秋の夜の暗を北に一路、刻一刻東京を遠ざかって行く」＊東京の三十年(1917)〈田山花袋〉四十の峠「精神を動かして一路新生に入って行くやうな刺戟は何もなかった」 補注■一は、「小説精言‐二」に「孫寡婦一路(〈注〉ヒトスヂ)仮哭送二出門一来」とある。 発音〈標ア〉チ〈京ア〉チ 辞書日葡

いち‐ろ【一廬】『名』一軒のいおり。＊艸山集(1674)一七・艸山遠眺「蕞爾一廬連二翠微一、艸山絶頂客攀稀」 発音〈標ア〉チ

いち‐ろ【一露】『名』①一しずくの露。＊禅竹伝書‐六輪一露之記・志玉注(1444)「雨露霜雪は皆消、只一露にまとまるが如し」②万物の根本になる最高の精神。＊禅竹伝書‐六輪一露之記(1459)「一露者無上之重位也」

いち‐ろう【一老】『名』①一人の老人。また、一番の年長者。長老。＊菅家文草(900頃)三・舟行五事「不レ知誰二本主一、一老泣二前州一」＊宴曲・宴曲集(1296頃)五・山「厳子陵が富春山、淮陽山の一老」＊ロドリゲス日本大文典(1604‐08)「Ichirŏ(イチラウ)〈訳〉一番の年長者、または長老」＊詩経‐小雅・十月之交「不レ慭遺二一老一、俾レ守二我王一」②第一の元老。＊親房卿被贈結城状(1342)「為二先朝之一老一、具蒙二慇懃之顧命一」 発音イチロー〈標ア〉⓪ 辞書日葡

いち‐ろう【一浪】『名』(「いちねんろうにん(一年浪人)」の略)卒業年度に上級の学校に合格できず一年間学籍なしに過ごすこと。また、その人。 発音イチロー〈標ア〉⓪

いち‐ろう【一楼】『名』一つの高い建物。一つのやぐら。また、その建物全体。＊光悦本謡曲・羽衣(1540頃)「一楼の明月に雨はじめて晴れり」＊日葡辞書(1603‐04)「Ichirô(イチロウ)。ヒトツノ ヤグラ〈訳〉やぐらのような、一つの物見台、または高い上の階」＊俳諧・武蔵曲(1682)「秦の代は隣の町と戦ひし〈其角〉ねり物高く五歩に一楼〈芭蕉〉」＊韓偓‐無題詩「渺瀰三島浪、平遠一楼春」 発音イチロー〈標ア〉⓪ 辞書日葡

いち‐ろう【一﨟】『名』①仏語。出家受戒後、安居(あんご)を一度終えたことにいい、これを法﨟一歳と数える。また、転じて、年功を積んだ僧、最上位の僧の意にも用いる。＊今昔(1120頃か)二八・一八「古(いにしへ)は、金峰山の別当は、彼の山の一﨟をなむ用ける」②一般に、年功を積んで長老となった人。最長老。また、集団の筆頭。＊とはずがたり(14C前)一「すでに、身、正二位大納言、一らう、氏の長者をけむす」＊申楽談儀(1430)付載・魚崎御座之事「中座の一らうは二分。中座の端居(つまをり)は三ひとつ取らせ給ふべし」＊大乗院寺社雑事記‐応仁三年(1469)四月一日「禅徒一﨟供条々」＊仮名草子・東海道名所記(1659‐61頃)二「京中のもうもくども、けんげうの一﨟御職のいゐにあつまりて」③六位の蔵人の上首。極﨟(きょくろう)。その下に、二﨟、三﨟などがある。＊侍中群要(1071か)一〇「臨時事、依二貫主、若、一﨟蔵人一定二行之一」＊雲図抄(1115‐18頃)一一月・五節事「一﨟蔵人為二行事一、有二故障一之時、二三﨟勤レ之」＊保元(1220頃か)上・新院御謀叛露顕並びに調伏の事「蔵人治部太輔雅頼、一廊判官俊成承って子細を問ふに」＊平家(13C前)五・文覚被流「安藤武者、文覚くんだる勧賞に、当座に一廊(いちらう)を経ずして、右馬允にぞなされける」④鎌倉幕府で、当番人の筆頭。＊平家(13C前)八・征夷将軍院宣「大宮のさぶらひたつし工藤一﨟(いちらう)祐経是をひく」＊弁内侍(1278頃)寛弘五年一一月「なかやす一﨟になりたるよろこびやときくも」⑤舞楽で、舞人の前列に立つ第一の人。左舞では前列の左(正面から見て舞台右側)、右舞では前列の右に位する。一者(いちのもの)。⑥人の誕生後七日め。 語誌僧侶が一夏の安居(九十日間、一室に籠って修行すること)を行なうことを「﨟」「法﨟」といい、その数により僧侶間の席次が決まった。これが俗社会、特に宮中に転用され、②のように官吏や女房の年功序列を示すのに使われた。例えば蔵人所では五位以上の首席を貫首、頭というのに対し、六位についてこの「﨟」という呼び方を用いる。また、③の「平家」の例のように、武者所では十人の定員中、最古参の者を一﨟と呼ぶ。 発音イチロー〈標ア〉⓪ 辞書色葉・易林・書言・言海 表記一﨟(色・易・言)一労(色)一臘(書)

いち‐ろう『名』方言土用の入り。島根県益田市・邑智郡725 岡山県御津郡764

いちろう‐じょうにち【一﨟上日】『名』(「上日」は役所に参仕して勤務すること)蔵人所(くろうどどころ)、武者所などの最上席の職員となって勤務すること。＊吾妻鏡‐文治二年(1186)四月八日「左衛門尉祐経鼓。是生二数代勇士之家一、雖レ継二楯戟之塵一、歴二一﨟上日之職一、自携二歌吹曲一」

いちろう‐だゆう‐ぶし【市郎太夫節】『名』浄瑠璃節の一つ。井上播磨掾(はりまのじょう)の門弟、井上市郎太夫の語り出した節。天和、貞享(一六八一〜八八)期の小流派。＊南水漫遊拾遺(1820頃)一「市郎太夫ぶし〈大森市郎太夫〉」 発音イチローダユーブシ〈標ア〉⓪

いちろう‐べっとう【一﨟別当】『名』(「別当」は長官)蔵人所(くろうどどころ)、武者所などの最上席の職員。＊洒落本・辰巳之園(1770)「皆様の御ひひきにて、一ち郎別当とたいにんしたる左衛門祐経」＊歌舞伎・小袖曾我薊色縫(十六夜清心)(1859)大詰「当時一﨟別当の工藤左衛門祐経様が、御参詣だといふ事だが」

いちろうらく【壱弄楽・壱呼楽・一弄楽】 雅楽の曲名。左方楽で、壱越調(いちこつちょう)の一つ。もとは、序の曲も舞もあったが、中世以後絶えた。仁明天皇の時(八三三〜八五〇)、大戸清上作。舞は大戸真縄作。一隆楽(いちりゅうらく)。承天楽。いつろらく。＊二十巻本和名抄(934頃)四「壱越調曲 壱弄楽 弄音如レ郎、下皆同」＊龍鳴抄(1133)上「一弄楽。いちろうらく」 発音イチローラク〈標ア〉⓪

いち‐ろく【一六】『名』①ばくちや双六(すごろく)で、二つのさいころに一と六が同時に出ること。＊催馬楽(7C後‐8C)大芹「一六の賽や、四三賽や」②「いちろくび(一六日)」に同じ。＊滑稽本・穴さがし心の内そと(1863‐65頃)「今晩は一六で御霊(ごりゃう)さんの夜店でござりますよって」＊安愚楽鍋(1871‐72)〈仮名垣魯文〉三・当世牛馬問答「一六にゃアにぎやかなとこへばかり、どんたくにでかけるそうだが」＊雁(1911‐13)〈森鷗外〉一九「師匠は日曜日に休まず一六(イチロク)に休むので、弟子が集まっていたのである」③「いちろくしょうぶ(一六勝負)」に同じ。＊浄瑠璃・歌枕棣棠花合戦(1746)二「夜の目も寝ずに一六の大勝負」＊浮世草子・諸芸独自慢(1783)五「一六の売買事にもかかって、十年計の内に五十貫のばし」④(一と六とを合わせた数が七であるところから)質屋をいう俗語。〔東京語辞典(1917)〕⑤(強盗を「おどりこみ」といい、「おどり」から「盆」、「盆」から「七月」、「七」から「いちろく」と変わった語)強盗をいう、盗人仲間の隠語。〔隠語輯覧(1915)〕⑥「枢(くるる)」をいう、盗人仲間の隠語。〔隠語輯覧(1915)〕 方言❶大きなきね。千葉県夷隅郡288 ❷麦の精白に用いる横きね。東京都大島322 発音〈標ア〉ク 辞書言海 表記一六(言)

いちろく‐ぎんこう【一六銀行】『名』質屋をいう俗語。一六屋。一六。六一銀行。＊や、此は便利だ(1914)一・三「一六銀行(イチロクギンカウ)質屋のことだ」 発音イチロクギンコー〈標ア〉ギ〈京ア〉ギ/ギ

いちろく‐しゅぎ【一六主義】『名』(「一六」は「一六勝負」の意)運にまかせて冒険的にことを行なう主義。＊当世書生気質(1885‐86)〈坪内逍遙〉八「当って砕ける一六主義」 発音イチロクシュギ〈標ア〉シュ

いちろく‐しょうばい【一六商売】『名』

（「一六」は「一六勝負」の意）米相場、アズキ相場などのように、損得の不安定な投機的な商売。＊新しき用語の泉(1921)〈小林花眠〉「一六商売（イチロクショーバイ）米相場のやうな、損得の不定な商売をいふ。即ち一六勝負をする商売の意」 発音イチロクショーバイ〈標ア〉ショ

いちろく-しょうぶ【一六勝負】〘名〙①さいころの目に一が出るか六が出るかをかけて勝負を決めること。また、単にばくち。いちろく。＊牛肉と馬鈴薯(1901)〈国木田独歩〉「車夫どもは皆な勝手の方で例の一六勝負最中らしい」＊坑夫(1908)〈夏目漱石〉「坑（あな）の中で一六勝負（イチロクショウブ）をやるのかしら」②運を天にまかせて行なう冒険的な勝負。また、そのように決断を要する試み。＊歌舞伎・網模様燈籠菊桐（小猿七之助）(1857)三「提灯持ちに雇はれて来たのもこっちの一六勝負、どうかしたならこれまでの無い目も一番出ようかと」＊内地雑居未来之夢(1886)〈坪内逍遙〉一一「豪放にやるから一六勝負（シャウブ）で大に奏功する事も有のだ」 発音イチロクショーブ〈標ア〉ショ〈京ア〉ショ 辞書言海 表記一六勝負（言）

いちろく-づくり【一六作】〘名〙菊の花の作り方の一つ。中菊と丁字菊（ちょうじぎく）とを交互に混ぜて植え、中心に一輪、周囲六輪に仕立てるもの。 発音〈標ア〉ス

いちろく-ドンタク【一六—】〘名〙（ドンタクは zondag から。休日の意）一六日（いちろくび）の休暇の俗称。＊歌舞伎・恋慕相撲春顔触(1872)序幕「当今一六ドンタクには戯場妓楼はいふに及ばず、柳橋（やなぎばし）などの繁昌（はんくゎ）は他郷にまたとあるまいて」＊西洋道中膝栗毛(1874–76)〈総生寛〉一二・下「一六休暇（イチロクドンタク）一汁一菜」＊風俗画報-一一四号(1896)人事門「歩兵一日の作業は朝五ツ時より夕七ツ時迄操練し夜に入りて点検せられ扱寝に入るを例とし一六ドンタク休日の外は絶て外出を許されず」 発音イチロクドンタク〈標ア〉ト

いちろく-び【一六日】〘名〙毎月一と六のつく日。すなわち、一日、一一日、二一日、六日、一六日、二六日の総称。江戸時代以後、この日は、休日、稽古（けいこ）日、会合日、縁日などに当てられた。明治時代には、官公署の休日とされたが、明治九年（一八七六）三月に廃止され、日曜日がこれに代わった。いちろく。＊安愚楽鍋(1871–72)〈仮名垣魯文〉二「めりやすの筒袍（つつっぽう）をはだに着て一六日（ビ）にたちのきをひやかすのも、あまり拙なわけだから」＊太政官達第二七号-明治九年(1876)三月一二日「従前一六日休暇の処来る四月より日曜日を以て休暇と被ᵣ定候条」 発音〈標ア〉ク

いちろく-ふう【一六風】〘名〙（「一六」は「一六銀行」の略）質屋のような様式、様子。＊野の花(1901)〈田山花袋〉二「養春堂医院と一六風に書いた大きな札の掛った門を入ると」 発音イチロクフー〈標ア〉0

いちろく-もっかい〘副〙残らず全部。＊仙台言葉以呂波寄(1720)「いちろくもっかい　のこらずと云事」

いちろく-もの【一六者】〘名〙（「一六」は「一六勝負」の意）投機的な商売をする者。＊浮世草子・小児養育気質(1773)一・一「主人の気をとる丁稚も息子も、末の見へぬ一六者とは知らぬ旦那」＊譬喩尽(1786)一「一六物（イチロクモノ）」 発音〈標ア〉0 ノ

いちろく-や【一六屋】〘名〙「いちろくぎんこう（一六銀行）」に同じ。＊随筆・柳亭記(1826頃か)下「役者丸裸（延宝二年印本）の序に『双六ならぬ六三郎にめでては身のまはりまで一六屋へおくり』」 発音〈標ア〉0

いちろ-こうみょう【一路功名】〘名〙画題の一つ。ことに南画の画題で、一羽のサギに柳または翡翠（ひすい）などを配したもの。一鷺（いちろ）を一路に掛け、一筋に功名を志し立身出世することを表わす（名数画譜(1810)）。

いちろ-へいあん【一路平安】〘名〙旅立つ人の途中の平安を祈っていう語。道中御無事でごきげんようの意。＊遺唐船(1936)〈高木卓〉一「朝廷も特に蓋山（きぬがさやま）の南に祭壇を設けて自分達の一路平安を祈られたではないか、と仲麿は答へた」＊城外(1936)〈小田嶽夫〉「『大人、再会再会』と口を揃へて言った。『一路平安なれかし』『多謝多謝』」＊紅楼夢-一四回「又叫ᵣ進昭児ᵣ来、細ᵣ問一路平安ᵣ」 発音イチロヘイアン〈標ア〉チ

いちろべ-ころし【市郎兵衛殺】〘名〙植物「どくうつぎ（毒空木）」の異名。《季・夏》＊生物学語彙(1884)〈岩川友太郎〉「Coriaria　木本黄精葉鈎吻（どくうつぎ又はイチロベコロシ）属」

いちろ-まいしん【一路邁進】〘名〙目的を成し遂げるために、ただ一筋に進むこと。 発音〈標ア〉チ

いち-わ【一羽】〘名〙鳥や兎などの一ぴき。＊天正本節用集(1590)「一羽　イチワ　鳥」＊日葡辞書(1603–04)「Ichiua（イチワ）」＊尋常小学読本(1887)〈文部省〉四「忠次郎、学校に行く道にて、一羽の雀を捕へしが、之を入るべき所なかりし故、帽子の中に入れて、之をかぶりたり」 発音〈標ア〉チ〈京ア〉イ 辞書天正・饅頭・日葡・書言 表記一羽（天・饅）一翼（書）

いち-わ【一把】〘名〙束ねたものの一つ。ひとたば。稲の場合はおおよそ稲二抓（つまみ）をいい、江戸時代では、田一歩におよそ稲一〇把と概算された。一〇把を一束とする所と六把を一束とする所があり、一束を一刈と呼んだ。いつわ。＊文明本節用集（室町中）「一把　イチハ　薪　稲　絰」＊地方凡例録(1794)二「大旨稲二抓（つまみ）を一把にして、田一歩に凡十把のつもり、六把を一そくに致す所もあり、又十把を一そくとする処も有ᵣ之」＊読本・夢想兵衛胡蝶物語(1810)前・貪婪国「堅木の薪を一把そへて」〔千葉〕イッチャ〔千葉・富山県〕 発音〈分布〉イッジャ・エッジャ〈標ア〉チ 辞書文明・天正・饅頭・易林・書言 表記一把（文・天・饅・易・書）

いち-わ【一和】〘名〙⇨いっか（一和）

いちわいちげん【一話一言】江戸後期の随筆。五六巻（うち六巻欠）。大田南畝著。安永八年（一七七九）から文政三年（一八二〇）ごろにかけての筆。歴史・風俗・自他の文事についての、自己の見聞と他書からの抄録を記したもの。 発音イチワイチゲン〈標ア〉チ ²チ= チ

いちわ-いちだん【一話一断】〘名〙話をしたり、やめたりすること。話を続けるさまをいう。＊花柳春話(1878–79)〈織田純一郎訳〉一七「一話一断手を上下し、指を闘はして鳴る」

いち-わじょう【一和尚】〘名〙法要などの席で、席次の一番高い僧。転じて集落の長、または頭（かしら）。＊藤田文書-天正一〇年(1582)二月八日・近江志那村掟「（一和尚）道永（略押）」＊日葡辞書(1603–04)「Ichiuajŏ（イチワジャウ）〈訳〉僧侶の中の長、頭。同語、比喩、部落の長、頭」 辞書日葡

いち-わり【一割】〘名〙十分の一。ある分量などの十分の一の分量。一〇パーセント。転じて、ばくぜんとある程度をいう。＊日葡辞書(1603–04)「Ichiuari（イチワリ）」＊歌舞伎・貞操花鳥羽恋塚(1809)四立「拝む勇みは女より一割弱く見えにけり」＊人情本・閑情末摘花(1839–41)一・一回「コウ声の宜（いい）といふもなア一割徳だの」 方言明治初年、土地割り当ての時に定められた各一戸の持ち分。長崎県壱岐島914 発音〈標ア〉チ〈京ア〉チ 辞書日葡

いちわり-いり【一割入】〘名〙（慶長年間（一五九六～一六一五）灰吹銀を銀座へ買い上げた際、上灰吹銀一貫目について、代わり銀として慶長銀を一割増しの一貫百匁で買上げたところから）銀位の上等なもの。＊銀位並銀吹方手続書(1790)「銀の位壱割入りを上銀と定め、夫れより位劣り候を赤入りと唱へ」

いち-わん【一湾】〘名〙一つの湾。一つの入り江。＊恋慕ながし(1898)〈小栗風葉〉一〇「半沼一湾（ワン）の月に冴ゆる林樔の清嘯は、如何に彼の心を動かしたであらう」＊張説-同趙侍御乾湖作詩「一湾一浦悵邅迴、千曲千溠悦迷哉」 発音〈標ア〉0

いち-わんじょう【一和尚】〘名〙「いちわじょう（一和尚）」に同じ。＊譬喩尽(1786)一「一和尚（イチワンジャウ）、大原の下等（げら）の頭を云」

いちわん-めし【一椀飯】〘名〙一わん限りの飯。葬送の出棺に先立って会葬者に出す膳では、飯を盛り切りにし二杯重ねることを忌む。そこから、一椀飯を平常の場合にも忌みきらう。一膳飯。＊東京風俗志(1899–1902)〈平出鏗二郎〉下・九・葬儀「重なるといふ義を忌みて、飯は一椀に止め、箸も一本にて汁をかけて口早に食ふ習ひあり、〈略〉されば平生には一椀飯（イチワンメシ）を忌み、また盛りたての飯に汁をかくるを悪めり」 発音〈標ア〉ワ

い-ちん【遺珍】〘名〙先人が残した珍しい品物。＊最暗黒之東京(1893)〈松原岩五郎〉一七「マムシの干物、イボタの虫、籠り蟹、天狗の梅（珍稀なる植物の名）金の石（鉱物）或は金の花（石英の類）柘榴石、帆立貝等山海の遺珍（ヰチン）を駢べて珍客を待つ小香具師の一類より」＊江淹-雑言・鏡論語「味ᵣ哲人之遺珍ᵣ、折ᵣ片句ᵣ分忘ᵣ老」 発音〈標ア〉0

いち-んち【一日】〘名〙「いちにち（一日）」の変化した語。＊滑稽本・浮世床(1813–23)初・下「旦那に透を待居（まって）ちゃア一日（イチンチ）埒明ねへから」＊人情本・春色梅児誉美(1832–33)後・一〇齣「一日（イチンチ）ましに美しく娘ざかりになるから」＊山彦(1907)〈鈴木三重吉〉五「いちんち、ただそはそとくらしてゐた」 発音〈標ア〉（名詞的）チ ²（副詞的）0〈京ア〉（名詞的）シ（副詞的）0

いつ〘字音語素〙1失：佚・軼　2溢：溢・鎰　3その他　一・乙・壱・噎・逸・鷸

1 失の類

【佚】漢 ①楽しむ。楽をする。／安佚、遊佚、佚蕩、佚遊、佚予、佚楽／佚道、佚老／ ②みだら。／淫佚／佚女／ ③なくなる。うしなう。／散佚／佚文／ ④のがれる。／佚老／ ⇩いつ（佚）

【軼】漢 ①それる。なくなる。／超軼、亡軼、軼蕩／軼詩、軼事／ ②すぐれる。まさる。／軼倫／軼材／ ③追いこす。／奔軼／

2 溢の類

【溢】漢 ①満ちあふれる。／溢溢／充溢、盛溢、増溢、富溢、豊溢、満溢／溢血／溢水、溢喜／暴溢／ ②度をすごす。／溢美、溢誉、溢利／

【鎰】漢 金貨の目方の単位。／万鎰／ ⇩いつ（鎰）

3 その他

【一】漢 ①数の一。ひとつ。／一局、一裘、一区、一個、一己、一語、一糸、一生、一身、一説、一丁、一点、一品、一本／ ②第一の。はじめ。／一期、一更、一審、一着、一等／ ③ひとまとまり、同じもののひとまとまり。／画一、帰一、均一、単一、統一、同一／一家、一括、一揆、一行、一国、一式、一層、一派、一般／ ④もっぱら。ひたすら。／専一、唯一／一向、一切、一心／ ⑤少し。わずか。／一顧、一刻、一些、一銖、一瞬、一端／〔↓イチ呉〕 ⇩いつ（一・壱）

【乙】漢 ①十干の第二。第二番目。／乙丑、乙卯、乙科（「おつか」とも）、乙第、乙夜、乙覧／ ②ひとつ。／乙乙／不乙／乙鳥／ ③音字。／独乙（ドイツ）／〔↓オツ慣〕

【壱＝壹】漢 ①大字として、数の一に代用する。ひとつ。／壱千円／ ②もっぱら。ひたすら。／壱是、壱切／ ③「いきのくに（壱岐の国）」の略。／壱州／〔↓イチ呉〕

【噎】漢 むせぶ。のどにつかえる。／噎膈／ ⇩いつ（噎）

【逸＝逸】漢 ①かくれる。なくなる。のがれる。／隠逸、

散逸、逃逸、亡逸、奔逸、逸散、逸出／逸詩、逸事、逸聞、逸文、逸民、逸話／②はずれる。それる。／逸脱／③すぐれている。／秀逸、卓逸／逸気、逸群、逸才、逸志、逸迹、逸藻、逸足、逸致、逸調、逸徳、逸品、逸文／④気楽。きまま。／安逸、逸興、逸遊、逸予、逸楽、逸労／⑤みだら。／淫逸／⑥音字。／独逸(ドイツ)／〔→イチ呉〕

【鷸】漢 しぎ。／鷸蚌／翠鷸／

いつ【一・壱】〘名〙①数の名。最初の基本数。また、いくつかに分けたものの一つ。「も」を伴って、少しも、の意にも用いる。ひとつ。一。＊史記抄(1477)六・項羽本紀「今に至ては、なにも支用は時が不利ほどに、抜山之力蓋世之気一も用に不㆑立ぞ」＊俳諧・奥の細道(1693-94頃)白川の関「中にも此関は三関の一(いつ)にして」＊隣語大方(18C後)三「懲㆑一(イッをこらして)励㆑百とて」＊青年(1910-11)〈森鷗外〉九「その生活は一(イッ)の秘密だといふことであった」②同じこと。同様。同一。「軌を一にする」＊史記抄(1477)五・秦始皇本紀「本注の写本は、いつも伐と代とをば一にするほどに」＊改正増補和英語林集成(1886)「コレト itsu(イツ)ナリ」＊礼記‐楽記「礼楽刑政、其極一也」③一つに集中すること。合同。統一。「力を一にする」＊教育に関する勅語‐明治二三年(1890)一〇月三〇日「我が臣民克(よ)く忠に克く孝に、億兆心を一にして」＊大智度論‐一三「譬如㆔有㆑人出在㆓空野無人之処㆒、而一㆓其心㆒、無㆑思無㆑慮内想既除、外事亦去」④一方。あるもの。別のもの。＊妾の半生涯(1904)〈福田英子〉二・四「民間には義士烈婦ありて、国辱をそそぎたりとて、大に外交政略に関する而已(のみ)ならず、一(イッ)は以て内政府を改良するの好手段たり、一挙両得の策なり」＊黒い眼と茶色の目(1914)〈徳富蘆花〉六・三「敬二と寿代さんの間に、一(イッ)は低いはっきりしない沈んだ調子の、一(イッ)は激して早口の言葉が二つ三つ交はされた」＊文学史的空白時代(1928)〈大宅壮一〉三「一(イッ)を良心的と讃へ、他を非良心的と貶(けな)したが」⑤(「に」を伴って副詞的に用いる)もっぱら。ひとえに。「いつに日頃の研究心のたまものです」「成否はいつにかかってここにある」＊礼記‐礼運「欲㆓一以窮㆒之、舎㆑礼何以哉」 発音〈標ア〉イツ 〈京ア〉イ 辞書〈ポン・言海〉 表記 一(へ・言) ⇩いつ〔字音語素〕

いつとして (下に打消を伴って)ひとつも。ひとつとして。＊教訓 仮作物語(1908)〈文部省編〉白銅貨物語「見るもの、聴くもの、一(イッ)としてその進歩の速(すみやか)なのに驚かれないものはなかった」

いつ無(な)かるべからず二(に)有(あ)るべからず 一人はなくてはならないが、二人はいらない。一人で十分である。＊南斉書‐張融伝「見㆑融常笑曰、此人不㆑可㆑無㆑一、不㆑可㆑有㆑二」

いつに非(あら)ず 程度が並ひととおりではない。＊満済准后日記‐応永三〇年(1423)五月二日「南北僧侶十日相続参勤。以外計会云々。真俗営々誠非㆑一歟」＊応仁略記(1467-70頃か)上「細川方昼夜の入魂一にあらず」

いつ【五】〘名〙①五つ。名詞・助数詞の前に直接つけて用いる。「五棟(いつむね)」「五束」「五粒」＊万葉(8C後)五・八八〇「あまざかるひなに伊都(イツ)とせすまひつつ都の手ぶり忘らえにけり〈山上憶良〉」＊釈日本紀(1274-1301)二〇「中客(なかつまらと)五人(イッたり)」②物の数を、声に出して順に唱えながら数えるときの五。いい。＊年中行事秘抄(12C末)鎮魂祭歌「一(ひと)二(ふた)三(み)四(よ)イツ六(むゆ)七(なな)八(や)九(ここの)十(たりや)」＊浄瑠璃・卯月の紅葉(1706頃)上「手まりの曲は、ひいふうみい、よういつむなな八よ」＊滑稽本・浮世風呂(1809-13)二・上「皆(みんな)がお諷(うた)ひ。一二(ひとって)、三四(みいよ)、五六(イイッむ)七八(なんなやあ)には、九(こう)と十(いちじゅ)ヤ」 発音〈標ア〉イ 〈京ア〉イ 辞書〈ポン・言海〉 表記 五(言)

い‐つ【井―】〘名〙 井戸。井。＊玉塵抄(1563)四八「田をすきほりたがやしてつくって米をしだいて食し井つをほって水をのみ日がづれば農作をするぞ」

いつ【佚】〘名〙 きままに楽しむこと。のんびりすること。⇩いつ〔字音語素〕

いつを以(もっ)て労(ろう)を待(ま)つ 味方を十分休養させ鋭気を養っておいて、遠くから来て疲れた敵兵に当たる。孫子、呉子の案出した戦法。＊孫子‐軍争「以㆑近待㆑遠、以㆑佚待㆑労」

いつ【噎】〘名〙(「噎」はむせぶの意で、のどに飯がつまるところから)胃がん、食道がんなどをいう。＊病名彙解(1686)一「噎膈(イッかく)〈略〉噎は食胸の上、咽の奥につかゑて下らずむせび吐するを云り」＊叢桂亭医事小言(1820)四・噎膈「噎膈は食を下すことならぬ病にて、噎とばかりも膈と計も云」⇩いつ〔字音語素〕

いつ【厳・稜威】〘名〙①勢いの激しいこと。激しい力のあること。また、尊厳な性質があること。＊古事記(712)上「斬(き)りたまひし刀(たち)の名は、天之尾羽張(あめのをはばり)と謂ひ、亦(また)の名は伊都(イツ)之尾羽張と謂ふ」＊常陸風土記(717-724頃)信太「み身に随(そ)へまし器仗(いつ)の〈俗に伊川乃(イツノ)と曰ふ〉甲、戈、楯、剣」②いみ清められていること。神聖な力のあること。＊延喜式(927)祝詞・出雲国造神賀詞「伊都(イツ)幣(ぬさ)の緒(を)結び」 語源説 (1)イタル(至)の義〔碩鼠漫筆〕。(2)イキイヅ(息出)の約〔祝詞考〕。気出の義〔大言海〕。(3)イツ(息強)の意〔日本語源=賀茂百樹〕。(4)イキツヨ(勢強)の略〔言元梯〕。勢力より出た語〔国語の語根とその分類=大島正健〕。(5)イツ(厳)は汚れを清めてある意で、アキヅ(明津)の約。イヅ(稜威)はたけだけしいことをいう〔古事記伝〕。(6)イはユ(斎)と同語。ツはイツ(出)からか〔日本古語大辞典=松岡静雄〕。(7)神の憑りくることを動詞化してイツといったか〔若水の話=折口信夫〕。 辞書 言海 表記 稜威(言)

いつの雄誥(おたけび) 勢い鋭くたけだけしくふるまうこと。＊古事記(712)上「伊都〈二字は音を以ゐよ〉之男建(イツのをタケビ)〈建を訓みて多祁夫(タケブ)と云ふ〉踏み建びて」

いつの呪詛(かしり) 厳粛な気持で神に祈って人をのろうこと。＊書紀(720)神武即位前戊午年九月「天神地祇を敬ひ祭れ。亦、厳呪詛を為よ 厳呪詛、此をば怡途能伽辞離(イツノカシリ)といふ」

いつの嘖譲(ころひ) (「ころひ」はしかる意の「こる」に助動詞「ふ」の付いた「ころふ」の連用形の名詞化) 大声をあげて、激しく責めのしること。＊書紀(720)神代上「稜威之嘖譲(イツノコロヒ)を発して〈嘖譲、此をば挙盧毗(コロヒ)といふ〉」＊神道伝授(1644-47)二三「稜威之嘖譲 いつのころひ、いかしくしかる義也」

いつの高鞆(たかとも) 鋭く高い音を出す鞆(とも)。＊古事記(712)上「伊都之竹鞆(イツのたかとも)を取り佩ばして」＊御巫本日本紀私記(1428)神代上「稜威之高鞆 伊豆乃太加止毛」

いつの道別(ちわき) 勢い激しく物を押し分けること。威風堂々と道を押し分け、かき分けて進むこと。＊古事記(712)上「天の石位(いはくら)を離れ、天の八重多那(やへたな)雲を押し分けて、伊都能知和岐(イツノチワキ)知和岐(ちわき)て〈伊より以下の十字は音を以ゐる〉」

いつの真屋(まや) (「ま」は美称の接頭語) 忌み清めた神聖な家屋。＊延喜式(927)祝詞・出雲国造神賀詞「伊豆能真屋(イツノマヤ)に麁草(あらくさ)をいつの席(むしろ)と苅(か)り敷きて」

いつの席(むしろ) 忌み清めたむしろ。＊延喜式(927)祝詞・出雲国造神賀詞「麁草(あらくさ)を伊豆能席(イツノむしろ)と苅(か)り敷きて」

いつ【鎰】〘名〙 古代、中国における重さの単位。約九〇〇グラム。二四両。また、二〇両ともいう。＊伊京集(室町)「鎰 イツ 二十四両也」＊読本・夢想兵衛胡蝶物語(1810)前・貪婪国「孟子斉にありし時、斉王これに兼金一百を餽(おく)れり、しかるに受けず。宋において七十鎰(イツ)を餽れば、これを受けたり」＊孟子‐梁恵王・下「今有㆓璞玉於此㆒、雖㆓万鎰㆒、必使㆔玉人彫㆓琢之㆒」 辞書 下学・伊京・書言 表記 鎰(下・伊・書) ⇩いつ〔字音語素〕

いつ【何時】 ■一〘代名〙①不定称。(未来および過去の事がらについて)㋑その事のある、または、あった時が不定であることを表わす。＊万葉(8C後)一五・三七〇五「竹敷(たかしき)の玉藻なびかし漕ぎ出なむ君がみ船を伊都(イツ)とか待たむ〈玉槻〉」＊源氏(1001-14頃)夕顔「いづかたにもいづかたにも移ろひ行かん日を、いつとも知らじとおぼすに」＊徒然草(1331頃)七一「いつとは思ひ出でねどもまさしく有りし心ちのするは」㋺その事のある、または、あった時点に関する疑問を表わす。＊万葉(8C後)二〇・四四三六「闇の夜の行く先知らず行く我を伊都(イツ)来まさむと問ひし子らはも〈防人〉」＊新古今(1205)秋上・三六〇「み山路やいつより秋の色ならん見ざりし雲の夕暮の空〈慈円〉」＊徒然草(1331頃)二九「いかなるをり、いつの年なりけんとおもふは」②(あとに、助詞「より」を伴って)いつもの時。ふだん。平生。＊落窪(10C後)一「これはいつよりもよく縫はれよ。祿に衣(きぬ)著せ奉らん」＊光悦本謡曲・松虫(1514頃)「今日はいつより酒をたたへ、遊楽遊舞の和歌を詠じ、人の心を慰め給へ」＊浮世草子・御前義経記(1700)一・一「いつの比より若衆ぶりをみがくは何ゆゑなりといふに」＊不言不語(1895)〈尾崎紅葉〉六「平素(イツ)よりは御口も軽く」■二〘副〙「いつか(何時―)」「いつしか(何時―)」の略。＊俳諧・訂正蒼虬翁句集(1847)春「いつ暮て水田のうへの春の月」 方言 ⇩いっつ(何時)。 語源説 (1)イは発語。ツはトキ(時)のトの転〔言元梯・国語溯源=大矢透・国語の語根とその分類=大島正健〕。(2)イは不定代名詞。ツは接尾語。原義は若干の意〔日本古語大辞典=松岡静雄〕。(3)イヅレノトキの略〔日本釈名・大言海〕。(4)「異」の入声 It。もとはイツノ日、イツノ時などの省略形〔日本語原考=与謝野寛〕。 発音〈なまり〉エッ〔富山県・NHK(長野)〕〈標ア〉イ 〈ア史〉鎌倉来〇◎ 〈京ア〉0 辞書 日葡・ポン・言海 表記 何時(へ・言)

いつか ⇩親見出し

いつが何時迄(いつまで) (「いつまで」を強めたもの) いったいいつまで。いつをいつまで。＊虎寛本狂言・二人袴(室町末‐近世初)「恥かしいと云て、いつがいつ迄行ずに入らるる物じゃ」＊浄瑠璃・源氏冷泉節(1710頃)下「此方はぢきに医者でないか。何時がいつ迄、薬研おろしつ碓挽いつ、それで埒が明きますか」

いつかしら ⇩親見出し

いつかしらん ⇩親見出し

いつしか ⇩親見出し

いつぞの ⇩「いつぞ(何時―)」の子見出し

いつぞは ⇩「いつぞ(何時―)」の子見出し

いつぞや ⇩親見出し

いつと言(い)いながら いつもそうであるが。いつものことであるが。＊右京大夫集(13C前)「花は散らず同じにほひに、月も一つに霞みあひつつ、やうやうしらむ山ぎは、いつといひながら言ふかたなくおもしろかりしを」

いつとても いつであっても。いつでも。＊宇津保(970-999頃)菊の宴「いつとても、さるべき折はなけれど」＊徒然草(1331頃)二一「いつとても、月はかくこそあれ」＊日葡辞書(1603-04)「Itçutotemo

(イットテモ) ゴヲンヲ ワスレマイ」 発音〈標ア〉イ 辞書日葡・ヘボン 表記雖何時(へ)

いつとなし ①いつという定まった時もない。いつまでもずっとするさま。＊落窪(10C後)二「少輔(せう)いつとなく臥したりければ」＊源氏(1001-14頃)花散里「人知れぬ御心づからの物思はしさは、いつとなきことなめれど」＊平家(13C前)四・厳島御幸「法皇のいつとなう鳥羽殿に押しこめられてわたらせ給ふ」②いつのまにか。知らないうちにそうなるさま。いつとはなしに。＊狂言記・土産の鏡(1700)「何となく鏡をみれば、はやいつとなくおとろへ」＊和英語林集成(初版)(1867)「Itsz to naku (イツトナク) ヨク ナッタ」 発音〈標ア〉イ〈京ア〉ツ ツ=ナ 辞書日葡・ヘボン 表記無何時(へ)

いつとはなしに いつということもなしに。いつのまにか。＊多情多恨(1896)〈尾崎紅葉〉後・九「何日(イツ)とは無しに寐際には必ず三四杯づつ飲むのが習慣となったのである」＊東京年中行事(1911)〈若月紫蘭〉十二月暦「それが二週間三週間と立つに従って、挙手の礼も旨くなる軍服の着こなしもつく、いつとはなしに立派な兵隊さんになって了ふ」 発音イットワ=ナシニ〈標ア〉イ=ナ

いつともなし 「いつ(何時)となし」に同じ。＊源氏(1001-14頃)手習「老の病(やまひ)のいつともなきが苦しと思ひ給ふべし」＊二度本金葉(1124-25)恋下・四六六「逢ふ事をいつともなくて哀れわがしらぬ命に年を経るかな〈源経信〉」

いつとも分(わ)かず いつといって区別することもない。いつというきまりもない。いつでも。＊古今(905-914)恋一・四九〇「夕月夜(ゆふづくよ)さすや丘べの松の葉のいつともわかぬ恋もするかな〈よみ人しらず〉」＊土左(935頃)承平五年一月一八日「いそふりの寄する磯には年月をいつともわかぬ雪のみぞふる」＊栄花(1028-92頃)御裳着「月影はいつともわかぬものなれど秋の光ぞ心ことなる」

いつ慣(な)れぬ (「ぬ」は打消の助動詞) いつもは見慣れない。ふだん慣れていない。思いがけない。＊虎寛本狂言・八句連歌(室町末-近世初)「やさしの人の心やいつなれぬ花のすがたの色あらはれてこの殿のかり物をゆるさるる、たぐひなの人のこころや」＊狂言記・靫(1660)「是はいつなれぬ所に、いかひ大水がでたな」

いつ何時(なんどき) (「いつ」に同じ意の「なんどき」を重ねて意味を強めたもの。副詞的にも用いる) いつ。どんな時。＊浄瑠璃・心中天の網島(1720)上「いつ何時を最期とも、其日送りのあへない命」＊滑稽本・七偏人(1857-63)五・下「いつ何時(ナンドキ)でもお出(いで)なさい」＊福翁自伝(1899)〈福沢諭吉〉老余の半生「生きて居る身はいつ何時(ナンドキ)死ぬかも知れぬから其死ぬ時に落付て静にしやうと云ふのは誰も考へて居ませう」＊彼岸過迄(1912)〈夏目漱石〉須永の話・九「何時(イツ)なんどき僕の最も恐れる直接の談判を、千代子に向って開かないとも限らない」 発音〈標ア〉0イ〈京ア〉ツ

いつに とうの昔に。＊洒落本・箙の千言(1812頃)上「あの坊主アいつにお払箱になった」

いつに限(かぎ)って いつもより特に。いつになく。＊鷺通本狂言・髭櫓(室町末-近世初)「申し申し、こなたはいつに限って御機嫌がようござるが、いかやうな事でござるぞ」

いつに無(な)い いつもと違っている。ふだんとは異なる。＊浄瑠璃・菅原伝授手習鑑(1746)四「思へば冣前別れた時、いつにない跡追(おふ)たを、呵(しか)った時の其悲しさ」＊人情本・春色辰巳園(1833-35)四・七条「いつにねへ物のいひやうをしなはるもんだから」＊葛飾砂子(1900)〈泉鏡花〉一〇「其日は誕生日で、気分も平日(イツ)になく好いといふので」＊吾輩は猫である(1905-06)〈夏目漱石〉二「座敷の中がいつになく春めいて」 発音〈標ア〉イナ〈京ア〉二

いつの幾日(いくか) 日をはっきり表わさずに指し示す。某月某日。また、不明の月日を表わしていう。＊人情本・春色恵の花(1836)二・九回「何時私が逃げたがったへ。サアおいひなはいよ、何月(イツ)の何日(イクカ)逃げました」＊多情仏心(1922-23)〈里見弴〉半処女・一六「このいつ幾日に二人つれだって行くから。その時には」

いつの折(おり) どんな時。いつ。＊能因本枕(10C終)一六二・うらやましき物「男も女も、くるくるとやすらかによみたるこそ、あれがやうに、いつのおり、ふとおぼゆれ」 発音〈標ア〉イ

いつのこと 方言 ⇩いっつ(何時)

いつの小間(こま)に 方言 いつの間にか。仙台†057 北海道065 岩手県気仙郡100 胆沢郡105 宮城県114 120 125 秋田県鹿角郡132 山形県米沢市149 西置賜郡152 ◇いつのかまに 秋田県鹿角郡132 ◇いつのかこまに 福島県東白川郡157 新潟県下越387 ◇いつのこまんに・いつのこまりに 岩手県気仙郡102

いつのて留(どま)り 連俳で用いる語。上に「いつ」などの疑問の語があって、下を「て」と留める句法。いつのてどめ。＊俳諧・誹諧名目抄(1759)「いつのて留(トマリ) 上にいつと云て、てと留るをいふ。惣じてうたがひの詞ありて、下をて留りにする句をかくいふなり」

いつのて留(どめ) 「いつ(何時)のて留(どま)り」に同じ。

いつの時(とき) どんな時。いつ。＊浄瑠璃・神霊矢口渡(1770)二「こなたは固(もとより)討ち死と、覚悟極めし軍(いくさ)なれば、いつの時をか期(ご)すべきぞ」＊歌舞伎・勧進帳(1840)「帯(たい)せし太刀は何の為、いつの時にか血を塗らん」 発音〈標ア〉イ

いつの程(ほど) (「程」は、ある広がりを持った時間を表わす。助詞「に」を伴うことが多い) いつのま。いつごろ。＊枕(10C終)三六・七月ばかりいみじうあつければ「出でぬる人も、いつのほどにかと見えて、萩の露ながらおし折りたるにつけてあれど」＊源氏(1001-14頃)宿木「『うちつけに、いつの程なる御契りにかは』とうち笑ひて」＊正徹物語(1448-50頃)下「宮内卿は廿よりうちになくなりしかば、いつの程に稽古も修行も有るべきぞなれども」 発音〈標ア〉イ

いつの間(ま) ⇩親見出し

いつの昔(むかし) 方言 ⇩いっつ(何時)

いつは ①(ある特定の時を限って) いつといって。否定を伴うことが多い。＊万葉(8C後)一二・二八七七「何時(いつは)なも恋ひずありとはあらねどもうたてこのころ恋し繁しも〈作者未詳〉」＊万葉(8C後)一七・三九〇四「梅の花伊都波(イツハ)折らじと厭はねど咲きの盛りは惜しきものなり〈大伴書持〉」＊古今(905-914)秋上・一八九「いつはとは時は分かねど秋の夜ぞ物思ふことの限りなりける〈よみ人しらず〉」＊多武峰少将物語(10C中)「つきせぬ物思ひは、いつはになん」②いつもは。普段は。＊浄瑠璃・曾根崎心中(1703)道行「いつはさもあれ此の夜半は、せめてしばしは長からで」＊狂言記・松楪(1730)「そふあればいつはくだされねど此度御とをりをくださるる」＊俳諧・俳懺悔(1790)春夏「いつはともあれ初鳥初鳥」

いつは=あれど[=あれども] (「あれど」は「…の状態にあれど」の意。上の述語が省略された形) いつでもそうであるけれども、特に。＊雪玉集(1537頃か)一〇「時わかぬ五葉の松のいつはあれど春一しほの緑をぞ見む」＊良寛歌(1835頃)「あはれさはいつはあれども葛の葉のうら吹き返す秋の初風」

いつはいらん 方言 ❶時を定めずに。時期外れに。福岡県筑後872 長崎県長崎市906 伊王島907 ◇いたいらん 長崎県伊王島907 ❷常に。島根県中部724

いつ許(ばか)り いつの頃。いつ頃。＊古今(905-914)雑下・九九七・詞書「貞観の御時、万葉集はいつ許りつくれるぞととはせたまひければ」＊源氏(1001-14頃)宿木「さても、いつばかりおぼしたつべきにか」 発音〈標ア〉バ 辞書言海 表記何時許(言)

いつはしも (「いつは」を強調したもの) いつといって。打消を伴って用いる。＊万葉(8C後)一一・二三七三「何時(いつはしも)恋ひぬ時とはあらねども夕方まけて恋はすべなし〈人麻呂歌集〉」＊万葉(8C後)一三・三三二九「あが恋ぞ 日に日(け)にまさる 何時橋物(いつはしも) 恋ひぬ時とは あらねども〈作者未詳〉」

いつまで ⇩親見出し

いつまでも ⇩「いつまで(何時迄)」の子見出し

いつも ⇩親見出し

いつやら ⇩親見出し

いつを何時(いつ)と いつを定めの時と。いつを限りの時と。＊宇津保(970-999頃)国譲中「参らせ給ひなばいつをいつとかはときこえ給へり」＊拾遺(1005-07頃か)哀傷・一三三五「思ひ知る人もありける世の中をいつをいつとて過ぐすなるらん〈藤原公任〉」＊光悦本謡曲・鍾馗(1470頃)「げにや何事も思ひ絶えなむ色も香も、つゐにはそはぬはな紅葉いつをいつとかさだめん」

いつを何時迄(いつまで) (「いつまで」を強めたもの) いったいいつまで。いつがいつまで。＊謡曲・夜討曾我(1480頃)「さていつをいつまでながらへ候ふべき、ともかくも然るべきやうにおん定め候へ」＊雑俳・柳多留-八(1773)「いつをいつ迄と囲(かこい)の母はいふ」

いつ 『名』 窃盗犯人をいう、盗人仲間の隠語。〔隠語構成様式并其語集(1935)〕

いつ 『名』 方言 ⇩ゆつ

いつ 『接尾』 方言 ⇩いつら

い・つ 【凍・冱】『自タ下二』 ⇩いてる(凍)

い・づ 【出】『自ダ下二』 ⇩いず(出)

いつ-あく 【溢悪】『名』 悪く言いすぎること。けなしすぎること。＊新撰字解(1872)〈中村守男〉「溢悪 イツアク ワルクイイスギル」＊荘子-人間世「夫両喜必多溢美之言、両怒必多溢悪之言」

いつ-あし 【逸足】『名』 「いちあし(逸足)」に同じ。＊浄瑠璃・本朝二十四孝(1766)一「これを証拠に一詮議と、逸足(イツアシ)出して追って行く」

いつ-い 【一意】『名』 「いちい(一意)」に同じ。＊広益熟字典(1874)〈湯浅忠良〉「一意 イツイ ヒトツココロ」

いつ-い 『名』 方言 ⇩ゆつ

いつ-いき 【何時—】『副』 方言 ❶いつも。始終。兵庫県神戸市670 島根県725 広島県771 香川県829 高松833 愛媛県東部840 ◇いつゆき 愛媛県840 ◇いつひき 島根県鹿足郡739 愛媛県840 ◇いっついき 兵庫県佐用郡659 加古郡664 ◇いっつき 兵庫県美嚢郡669 ◇いついき・いつうき 広島県比婆郡771 ◇いちいき 広島県771 ◇いっついけ 香川県仲多度郡829 ◇いっつけ 愛媛県840 伊予郡845 ◇いつりき 秋田県河辺郡130 ◇いついきなしに 香川県木田郡829 ❷(打消の語を伴う) なかなか。愛媛県840

いつ-いけ 【何時—】『副』 いつまでたっても。いつになっても。＊松翁道話(1814-46)四・中「いついけ一ぱいにならぬ」

いつ-いつ 【汩汩】『形動タリ』 水の速く流れるさま。＊五山堂詩話(1808)二「濁流汩汩漲渓隈。雲密黄昏猶未開」＊方言-六「汩汩、急流也」

いつ-いつ 【何時何時】『代名』 ①何月何日をは

っきり言わない言い方。某月某日。＊寛永刊本蒙求抄(1529頃)三「いついつの日まいらうと云ふぞ」＊御伽草子・鉢かづき(室町末)「いついつ公達の嫁くらべあるべし」②いつもの時。ふだん。平生。＊虎明本狂言・河原太郎(室町末-近世初)「いついつよりもよひさけじや」＊浮世草子・魂胆色遊懐男(1712)一・奥さまは機嫌のよい栄花枕「またはじめさんして私はいついつより、心よふやりましたが」発音〈標ア〉[イ][0]〈京ア〉(ツ)

いついつまで-も【何時何時迄―】『副』「いつまで(何時迄)も」を強めた言い方。＊滑稽本・古朽木(1780)四「いついつまでも扣(ひかへ)居て、是非請取らねば」発音〈標ア〉[マ]

いつ-いろ【五色】『名』①赤、青、黄、白、黒の五色。いつつのいろ。ごしき。②五種類。発音〈標ア〉[ツ]

いついろ-づき【五色月】『名』陰暦五月の異名(色葉集)。

い-つう【胃痛】『名』胃の痛むこと。また、その病気。＊医語類聚(1872)〈奥山虎章〉「Gastralgia 胃痛」発音イッー〈標ア〉[0]〈京ア〉[0]

いつう-か【何時―】『副』(「いつか(何時―)」の変化した語)この間。先頃。＊人情本・英対暖語(1838)四・一九章「先頃(イツウカ)お出(いで)の節に」＊浮雲(1887-89)〈二葉亭四迷〉一・一「何時(イツウ)かもお客様のいらっしゃる前で」発音イッーカ〈標ア〉[1]

いつ-うつ【壱鬱】『名』気がふさぐこと。心に不満があって落ち着かないこと。＊異制庭訓往来(14C中)「一日参拝之後、壱鬱難レ散之処、委細承候条」＊賈誼-弔屈原賦「国其莫ニ吾知一兮、子独壱鬱其誰語」

いつ-うん【矞雲・霱雲】『名』めでたい雲。瑞雲。＊蕉堅藁(1403)次韻壺隠亭「花吹ニ紅雪一香浮レ座、茗起ニ霱雲一春動レ甌」＊左思-魏都賦「矞雲翔龍〈李善注〉矞雲者、外赤内青也」

いつ-え【五重】『名』①袿(うちき)などを五枚重ねること。また、袴(はかま)着用の形式。五重襲(いつえがさね)。＊紫式部日記(1010頃か)寛弘五年九月一一日「唯えならぬ三重五えの袿に」＊たまきはる(1219)「いつへの打袴(うちばかま)、泥にて下絵したり」＊天草本平家(1592)四・一七「アカイ ハカマニ、ヤナギノ itçuye (イツエ) キタ ヲンナノ マコトニ ユウナガ、センチュウカラ デテ」②五枚重ね着したように見えるふうに、袖口(そでぐち)、褄(つま)の表裏に中陪(なかべ)三枚を加えて重ね縫いしたもの。一説に、地紋の上に五色の糸で模様を織り出したものという。五重の御衣(おんぞ)、五重の唐衣(からぎぬ)、五重の衣(きぬ)など。＊紫式部日記(1010頃か)寛弘五年一〇月一六日「表着(うはぎ)は菊の五え、掻練(かいねり)はくれなゐ」＊栄花(1028-92頃)若ばえ「表著(うはぎ)はいつえなどにしたり」③「いつえ(五重)の扇」に同じ。＊枕(10C終)八九・なまめかしきもの「いつへはあまり厚くなりてもとなどにくげなり」発音〈標ア〉[ツ] 辞書 言海 表記 五重(言)

いつえ の 扇(おうぎ) 檜扇(ひおうぎ)の板数の多い扇。七、八枚を一重扇といい、その五倍のものをいう。一説に、板の幅が最も狭く開くものとも。例えば、普通は板の幅が一枚一寸五分ずつに開くのを、三分ずつ開くようにしたもの。また、檜扇の両端の板を薄様(うすよう)で五重に包んで、いろいろの糸でとじたりして美しくしたものともいう。＊源氏(1001-14頃)手習「髪はいつへのあふぎをひろげたるやうにこちたき末つきなり」

いつえ の 御衣(おんぞ) ①「いつつぎぬ(五衣)①」に同じ。②「いつえ(五重)②」の袿(うちき)。＊紫式部日記(1010頃か)寛弘五年一一月一日「大宮はえびぞめの五えの御ぞ」＊栄花(1028-92頃)歌合「桜萌黄のいつへの御ぞを皆織物にて五ばかり奉りて」

いつえ の 唐衣(からぎぬ) 「いつえ(五重)②」の唐衣(からぎぬ)。＊紫式部日記(1010頃か)寛弘五年一〇月一六日「若き人は、菊の五えのから衣を心心にしたり」

いつえ の 衣(きぬ) 「いつえ(五重)②」の衣(きぬ)。＊枕(10C終)二七八・関白殿二月廿一日に「赤色に桜のいつへのきぬを御覧じて」

いつえ-がさね【五重襲】『名』①「いつえ(五重)①」に同じ。＊源氏(1001-14頃)宿木「ちごの御衣いつへがさねにて」＊栄花(1028-92頃)御裳着「色色の織物・綾薄物など、いつへがさね・三重襲などにし重ねさせ給て」②「いつつぎぬ(五衣)①」に同じ。＊宇津保(970-999頃)あて宮「装束、唐綾の赤色のいつへのきぬ」③織物の紋様の一種か。地紋の上に五いろの糸で模様を織り出したものか。＊枕(10C終)二七八・関白殿二月廿一日に「唐綾の柳の御衣、葡萄染の五重がさねの織物に赤色の唐の御衣」発音イッエガサネ〈標ア〉[ガ]

いつ-お【五百】『名』数の五〇〇。おもに名詞や助数詞にじかに付けて用いる。＊書紀(720)推古三二年(岩崎本室町時代訓)「尼五百(イツホ)あまり六十あまり九人(ここのたり)」語誌「いお(いほ)」の方が古い言い方。

いつ-おう【溢汪】『名』満ちあふれること。汪溢(おういつ)。＊文芸上主客両体の融会(1907)〈相馬御風〉「源をロマンチシズムに発したる溢汪極りない感情の勢力と〈略〉科学的文明の勢力とが」

いっ-か【一下】『名』ひとたび下ること。ひとたび発せられること。＊初年兵江木の死(1920)〈細田民樹〉三「皆精神を頂点まで緊張させて号令の一下(イッカ)を待ってゐた」＊ブラリひょうたん(1950)〈高田保〉相違「だから、なかなか固く結んだ義理ストであったが、それに対してはたちまち命令が一下した」＊後漢書-馮勤伝「黄鉞一下、無ニ処所一、欲ニ以レ身試レ法邪」発音〈標ア〉[イ]

いっ-か【一化】『名』①一つの変化。また、すっかり変わること。一変。＊異人恐怖伝(1850)上「其後にいたりて、人民の根性一化しにけるが故に」②死ぬこと。死去。＊御伽草子・鴉鷺合戦物語(室町中)「しかりといへども一化いそぎ来て三途に歩みを費やす」＊荘子-大宗師「又況万物之所レ係、而一化之所レ待乎」

いっ-か【一花】『名』①一つの花。花一輪。一花(いっけ)。＊書言字考節用集(1717)八「一花 イッカ」＊随筆・胆大小心録(1808)八二「一花廿日をのぶるにはあらず」＊劉長卿-戯贈干越尼子詩「一花一竹如レ有レ意、不レ語不レ笑能留レ人」②(一つの花が咲いている期間が短いところからか。副詞的にも用いられる)ほんのわずかの間。いっとき。また、ほんの一時的なこと。一過(いっか)。＊浮世草子・傾城色三味線(1701)大坂・五「一花(イックヮ)はさわぐやうなれども、またじみじみとめいりて」＊滑稽本・風来六部集(1780)里のをだ巻評「思ひ付にて流行(はやる)事は一花(イックハ)斗でさめ安し」＊俗語考(1841)いっくゎ「いっくゎはよけれども長くはたもたずなどいふいっくゎは、本(もと)ひとはなといふ詞を、音語に一花とはいひなしたるなり」③銭五文のこと。＊通俗編-数目・一花「俗呼小録、数レ銭、以ニ五文一為ニ一花一」発音〈標ア〉[イ] 辞書 書言・言海 表記 一花(書)

いっ-か【一価】『名』電価やイオン価が一であること。正と負がある。＊稿本化学語彙(1900)〈桜井錠二・高松豊吉〉「Monovalent Einwertig 一価の」発音〈標ア〉[イ]

いっ-か【一呵】『名』大声でしかりつけること。＊琵琶伝(1896)〈泉鏡花〉三「『うぬ、ふん縛って、動かさねぇぞ』と伝内は一呵(イッカ)せり」発音〈標ア〉[イ]

いっ-か【一和】『名』幾つかのものごとが互いに応じ合い調和していること。人々が互いに折り合い円満であること。一致。いちわ。＊勝山記-永正一四年(1517)「さる間先方ついに切り勝て吉田自他国一和に定なり」＊上杉家文書-(永正一六年)(1519)四月二日・長尾為景書状(大日本古文書一・二三四)「一、島津方一和義、去冬以来相談上」＊異人恐怖伝(1850)上「我体中に在て至尊たる所の神魂をもて、形体を一和せざる処ありとかせん」＊日誌字解(1869)〈岩崎茂実〉「一和 イックハ モッパラヤハラグ」＊近世紀聞(1875-81)〈染崎延房〉五・二「朝に命令下りて夕に天下一和(クヮ)仕り」＊改正増補和英語林集成(1886)「カナイガ ikkwa (イックヮ) スル」発音〈標ア〉[イ]

いっ-か【一河】『名』「いちが(一河)」に同じ。

いっか の 流(なが)れをくみ一樹(いちじゅ)の蔭(かげ)にやすむ 「いちが(一河)の流れをくむ」に同じ。＊人情本・春色辰巳園(1833-35)四・一一条「一河(イッカ)の流(ナガ)れをくみ一樹(イチジュ)の蔭(カゲ)にやすむも、みなみな此世ばかりの縁でなく、前(さき)の世よりの約束ぞ」

いっ-か【一科】『名』①一つの科。小さく区分したもののうち、一つ一つの区切り。一つの科目。＊宋書-明帝紀「民巧偽、興レ事甚多、蹈レ刑入レ憲、諒非ニ一科一」②一つの罪。一つの罪科。＊日葡辞書(1603-04)「Icqua (イックヮ)。ヒトツノ トガ」発音〈標ア〉[イ] 辞書 日葡

いっ-か【一家】『名』①一つの家。一軒。いっけ。＊延喜式(927)三七・典薬寮「一家有レ薬、一里無レ病」＊本朝無題詩(1162-64頃)三・対月独詠〈大江匡房〉「万嶺降レ霜光遠至、一家散雪色遙通」＊淮南子-説林訓「一家失レ熛、百家皆焼、讒夫陰謀、百姓暴レ骸」②一家族。一門。また、家族全体、一門すべて。いっけ。＊本朝麗藻(1010か)下・感勘解藤相公賢郎茂才蒙課試之綸旨聊呈鄙懐〈源孝道〉「万里青雲双脚下、一家栄耀孔懐中」＊栄花(1028-92頃)衣の珠「この大納言殿、入道殿とは一家にて睦(むつま)しき御中ぞかし」＊十輪院内府記-文明一二年(1480)六月二八日「大蔵卿出奔。一家等歎レ之。乃可ニ被ニ召留一之由、歎申入云々」＊文明本節用集(室町中)「一家 イッカ」＊日葡辞書(1603-04)「Goiccano (ゴイッカノ) シュ〈訳〉親族、または、ある豪族の家族」＊浄瑠璃・夕霧阿波鳴渡(1712頃)上「夕霧夫婦吉田屋の一家袖をぞぬらしける」＊礼記-礼運「故聖人耐ニ以ニ天下一為ニ一家一、以ニ中国一為ニ一人一者、非レ意レ之也」③学問、芸術、技術などの独立した一流派。独自の一派。また、一方の権威。独自の存在。独特の一つの風格を持つもの。＊史記抄(1476-80)一〇・呉太伯世家「左伝のまで置けば、左丘明が文章でこそあれ、司馬遷が一家の事ではあらばやぢやほどに」＊人情本・春色梅美婦禰(1841-42頃)四・序「蓮池庵の主人、近来一家(カ)の文法を起初(はじめ)て」＊晉書-荀崧伝「向歆漢之碩儒、猶父子各執ニ一家一、莫ニ肯相従一」④ばくちうちなどの親分と、その杯を受けた子分とでつくる特殊な団体。方言 親類。香川県829 熊本県054 発音〈標ア〉[イ]〈京ア〉[0] 辞書 文明・易林・日葡・言海 表記 一家(文・易・言)

いっか の 見(けん) 「いっかけん(一家見)」に同じ。＊社会百面相(1902)〈内田魯庵〉新詩人「久米仙人に就ては僕が一家の見がある」＊李陵(1943)〈中島敦〉二「専門たる律暦・易の他に道家の教に精しく又博く儒士法、名諸家の説にも通じてゐたが、それらを凡て一家の見を以て綜べて自己のものとしてゐた」

いっか の 言(げん) 「いっかげん(一家言)」に同じ。＊常山文集(1718)二〇・梅里先生碑陰「正ニ閏皇統一、是ニ非人臣一、輯成ニ一家之言一」

いっか を 機杼(きちょ)す (「機杼」は、はたを織るように文章を構成すること) 独自の言説や文章などを作り出して一派を立てる。＊北史-祖瑩伝「常語レ人云、文章須下自出ニ機杼一成中一家風骨上。何能共レ人同ニ生活一也、蓋譏下世人好竊ニ他文一、以為中己用上」

いっかを=成(な)す[=立(た)てる] ①親や主人などから独立して家庭をもつ。*日本読本(1887)〈新保磐次〉六「主人は太郎に一家を立つることを許し及び商ひの資本として多分の金を与へしかども」*行人(1912-13)〈夏目漱石〉帰ってから・二〇「自分も既に一家(イッカ)を成して然るべき年輩だし」*桐畑(1920)〈里見弴〉恋愛戦・一「一生涯一家(カ)を成(ナ)さなかった彼にとっては」②学問や芸術などで権威となる。また、新しい流派を立てる。*十問最秘抄(1383)「諸道に一家を立つる人、あながち師の体をとむる事なし」*花柳春話(1878-79)〈織田純一郎訳〉一二「早く一家を成して婦を娶れり」*ながし(1913)〈森鷗外〉「藤次郎は後に西洋画で一家を成した人である」*旧唐書-柳公権伝「公権初学二王書一、遍閲二近代筆法一、体勢勁媚、自成二一家一」

いっ-か【一荷】〘名〙①てんびんの両端にかけて、一人の肩にになう荷物。また、一人が肩にかつげるだけの荷物。一対になる二つの荷物。*延喜式(927)七・践祚大嘗祭「凡抜穂者〈略〉籠別一束、以二二籠一為二一荷一」*太平記(14C後)七・先帝船上臨幸事「我が倉の内にある所の米穀を、一荷(カ)持て運びたらん者には、銭を五百づつ取らすべし」*浮世草子・好色五人女(1686)二・四「長持(ながもち)ひとつ・伏見三寸の葛籠(つづら)一荷(カ)・糊地(のりぢ)の挟筥(はさみばこ)一つ」*浮世草子・けいせい伝受紙子(1710)一・目録「忠と孝と一っ荷(カ)ににになふ世帯道具」*和英語林集成(初版)(1867)「Ikka (イッカ) ノ ニ」②同一視することのたとえにいう。*洒落本・公大無多言(1781)「小息子と三ぼれいの内証と、一荷(カ)にすると、てんびんもおれかねるこっちアねヱ」*何処へ(1908)〈正宗白鳥〉一「僕と箕浦とは一荷(カ)にならんぜ、向うさまは本をどっさり抱いてるから、貫目があらぁね」③釣りで、一本の釣り糸に二本以上の釣り針をつけて、一度に二匹の魚を釣ること。④金額の二円をいう北陸、山陰地方の牛馬仲買人仲間の隠語。〔隠語輯覧(1915)〕 方言❶てんびんの両端に掛けて、一人の肩に担う荷物。また、一人が肩に担げるだけの荷物。和歌山県那賀郡690 島根県725 香川県829 ◇いっかん 香川県三豊郡829 ❷かなりの荷。一仕事。岡山県苫田郡749 ❸たくさん。◇いっかもっかとも。島根県石見725 ❹菱釣りで両方の鈎(かぎ)に同時に魚が食いつくこと。静岡県田方郡521 ❺同類。同列。仲間。山口県玖珂郡800 徳島県811 香川県829 高知県860 発音〈標ア〉イ〈京ア〉⓪ 辞書文明・天正・易林・日葡・書言・ヘボン 表記一荷(文・天・易・書・ヘ)

いっ-か【一舸】〘名〙一そうの大船。*枕山詩鈔-二編(1861)上・詠詩絶句「飄然一舸溢二乾坤一、覇越功高不二復論一」*杜牧-杜秋娘詩「西子下二姑蘇一、一舸逐二鴟夷一」

いっ-か【一過】(‥クヮ)〘名〙①一度にさっと通り過ぎること。また、一回通過すること。*航西日乗(1881-84)〈成島柳北〉三月二一日「午雨一過す」*夫婦(1904)〈国木田独歩〉四「浮雲一過(クヮ)して何よりの事」*南史-王琨伝「但経二城門一一過、便得二三千万一」②一度ざっと目を通すこと。*寛斎先生遺稿(1821)三・明王徳操旧物杜少陵集「因再読二少陵先生集一一過、及レ至二憂愁困苦之句、令二人益深悲感一、字画妍好可レ愛」*吾輩は猫である(1905-06)〈夏目漱石〉九「主人は黙読一過の後直ちに封の中へ巻き納めて」*新唐書-后妃伝・竇皇后「読二女誡列女等伝一、一過輒不レ忘」③ほんのわずかな間。また、一時的なこと。*諺草(1699)伊「一過(クヮ) 俗にかりそめなる事を一過と伝」*駿台雑話(1732)一・扁鵲薬匙をすつ「彼が一過の見をもて臆決するやうの事にはあらず」*洒落本・夜鄽行燈(1804-18頃)七「一過(イッカ)ばかりでほんのうわきといふものだ」 方言しばらくの間。いっとき。岩手県気仙郡100 新潟県347 発音〈標ア〉イ〈京ア〉⓪ 辞書書言 表記一過(書)

いっ-か【一窠】(‥クヮ)〘名〙①一つの穴。また、一つの巣。*蘇渙-変律詩「毒蜂成二一窠一、高挂二悪木枝一」②瓜(うり)を輪切りにしたような形の一つの紋所。もと漢民族が使用していた模様であったという。

いっ-か【一夥】(‥クヮ)〘名〙(「夥」は仲間の意)一つの仲間。一グループ。*日本風俗備考(1833)二「其最卑の民は、別に一夥をなし」*江戸繁昌記(1832-36)四・新梅園「一席、座を占むる一夥の坊丁、一箇、頭を仰(あ)げて道(い)ふ」*西国立志編(1870-71)〈中村正直訳〉一三・三七「この一夥の英雄、船の沈むに随がひ、波濤の中にぞ葬られける」 補注「名物六帖-人品箋」に「一夥 ヒトツレ」とある。

いっ-か【一窩】(‥クヮ)〘名〙一軒の別荘。*柳北詩鈔(1894)一・帰去来図「松菊三逕屋一窩、樽有二濁醪一田有レ禾」*陸游-鷓鴣天詞「梳髪金盤剰二一窩一、画眉鸞鏡暈二双蛾一」

いっ-か【一箇・一個・一个】〘名〙一つ。いっこ。「一箇条」「一箇年」「一箇月」「一箇国」などと複合して用いることが多い。*日葡辞書(1603-04)「Icca (イッカ)〈訳〉ネン・ツキ・ショ・コクなどを伴って、年・月・所・寺・国を数える数え方」*読本・英草紙(1749)一・一「一个(イッカ)の荘を宛て行はれ、一首の古歌を賜ふ」*新撰字解(1872)〈中村守男〉「一个 イッカ ヒトリ」*南史-斉本紀下・廃帝鬱林王「毎レ見レ銭曰、我昔思レ汝、一箇不レ得、今日得レ用レ汝未」 方言青森県上北郡082 発音〈標ア〉イ 辞書日葡

いっ-か【一顆】(‥クヮ)〘名〙果物、石など、丸くて小さな物一つ。一粒。*延喜式(927)四・神祇・伊勢太神宮「鉄一延、砥一顆」*延喜式(927)三三・大膳「醬瓜、糟漬瓜、荏裹各一顆〈略〉柑子一顆」*筑波問答(1357-72頃)「崑山と云ふ山に入りて、一顆の玉をだにも取らぬ事もあるべし」*瀬山の話(1924)〈梶井基次郎〉「そして私の気持がその檸檬の一顆で思ひがけなく救はれた」*白居易-春題湖上詩「松排二山面一千重翠、月点二波心一一顆珠」 辞書書言 表記一顆(書)

いっ-か【幾日・何日】(いく)〘名〙「いくか(幾日)」に同じ。*ロドリゲス日本大文典(1604-08)「Icca (イッカ)」*談義本・無而七癖(1754)一・伊丹屋升七が酒の接待「内を出て何日(イッカ)になると思ふぞ。正気を付て早々宿へ帰りおれと」*黄表紙・孔子縞于時藍染(1789)上「引取の義は来る何月いっか迄にきっと受取可レ申候」*和英語林集成(初版)(1867)「コンニチワ ikka (イッカ)」 発音〈標ア〉イ

いっか〘名〙 方言お手玉。三重県南牟婁郡583 奈良県吉野郡687

いっか〘副〙(「いっかな」の略か。多く下に打消の形を伴って用いる)まったく。いかにも。後に否定の表現を伴い、その意を強める。*歌舞伎・名歌徳三舛玉垣(1801)五立「アア是々、そりゃアいっか付ぬ入句(はめく)入句」

いつ-か【五日】〘名〙①日の数五つ。また、五日間。*土左(935頃)承平五年一月一六日「舟にのりし日より今日までに、はつか余りいつかになりにけり」*宇治拾遺(1221頃)一五・一一「いま五日ありて、おはせよ」*漢書列伝竺桃抄(1458-60)張湯第二九「五日に一日の休沐にも不レ出ぞ」②暦の月の初めから五番目の日。*蜻蛉(974頃)中・天祿元年「いつかの日はつかさめしとて」③特に、正月五日、五月五日(端午の節句)など特定の月の第五番目の日を、月を明示せずに言う。正月五日には宮中では叙位が行なわれ、また、手斧始(ちょうなはじめ)の日とした。*古今六帖(976-987頃)夏「五日」*俳諧・炭俵(1694)上「五日迄水すみかぬるあやめかな〈桃隣〉」*雑俳・柳多留-三五(1806)「三日にはついて五日は家根に葺」④ある事があった日から数えて五番目の日。五日目。*宇津保(970-999頃)忠こそ「五日といふ日のつとめて」*源氏(1001-14頃)蜻蛉「はちすの花の盛りに、御八講せらる。〈略〉いつかといふ朝座(あさざ)に果てて」⑤小児が誕生して五日目。また、この日に行なわれた産養(うぶやしない)の祝い。*栄花(1028-92頃)つぼみ花「御うぶやしなひ、三日よりは殿せさせ給。五日よりはみやづかさ、七日はおほやけより、九日は大宮よりぞせさせ給べかめる」 発音〈標ア〉(名詞的)カ⓪(副詞的)⓪〈ア史〉鎌倉○○○ 江戸●●○と●○○の両様〈京ア〉(名詞的)イ(副詞的)⓪ 辞書書言・ヘボン・言海 表記五日(書・ヘ・言)

いつかの風(かぜ) (「論衡-是応」の「太平之世、五日一風、十日一雨、風不レ鳴レ枝、雨不レ破レ塊、雨必至レ夜」による。多く「十日の雨」とともに使われる)五日に一度風が吹き、一〇日に一度雨が降ることで、気候が順調で太平なさまをいう。五風十雨(ごふうじゅう)。*太平記(14C後)三二・直冬与吉野殿合体事「五日の風枝を鳴らさず、十日の雨壌(つちくれ)を破ることなし」*俳諧・其雪影(1772)「土佐駒に光輝く鞍鐙〈蕪村〉五日の風のわたる葉ざくら〈几董〉」*滑稽本・浮世風呂(1809-13)前・上「五日の風静なれば早仕舞の牌(ふだ)を出さず。十日の雨穏なれば、傘(からかさ)の榑をも出さず」

いつかの相撲(すもう)を七日(なのか)行(い)く (古く五日間興行であった相撲を、取組みだけでなく、前日の小屋掛けから、興業の終わった翌日の取り壊しまでも見物に行くことから)相撲に熱狂するさまをいう。

いつかの=節(せち)[=節会(せちえ)] 奈良時代以後朝廷で行なわれた年中行事の一つ。毎年五月五日に宮中で行なわれた節会。五五、重午ともいう。天皇が武徳殿に出御されて宴会があり、群臣に薬玉を賜わり、大膳寮から粽(ちまき)が献ぜられた。これに参列する人々はみな菖蒲(あやめ)を鬘(かずら)につけ、終わって騎射が催された。中世以後、朝廷での儀式はすたれたが、幕府ではこの日を祝日とし、菖蒲を屋根にさし、菖蒲枕、菖蒲酒などを用いて祝った(公事根源)。《季・夏》*続日本紀-天平一九年(747)五月庚辰「是日。太上天皇詔曰、昔者五日之節常用二菖蒲一為レ縵」*皇太神宮儀式帳(804)「五日節、菖蒲蓬等供奉」*俳諧・誹諧初学抄(1641)初夏「五日節会推古天皇御宇より始る」

いつ-か【何時―】〘副〙(代名詞「いつ」に助詞「か」の付いてできた語)①未来および過去の事がらに関して、それがどの時点であるかはっきりしないことを表わす。また、反語を表わす場合もある。いつ…した(…する)であろうか(いや、そんなことはない)。*万葉(8C後)一四・三四四一「ま遠くの雲居に見ゆる妹が家(へ)に伊都可(イツカ)到らむ歩め吾(あ)が駒〈東歌〉」*古今(905-914)夏・一三五「わがやどの池の藤なみ咲きにけり山郭公いつか来鳴かむ〈よみ人しらず〉」*枕(10C終)二八・にくきもの「いつか若やかなる人など、さはしたりし」*宇治拾遺(1221頃)一〇・一〇「いつかさる者候ひつる。さらにおぼえず」②物事の変化の起こる、または、起こった時の不明なことを表わす。気がつかないうちに。いつのまに。いつしか。*伊勢物語(10C前)八一「塩釜にいつか来にけむ朝なぎに釣する舟はここに寄らなむ」*仮名草子・恨の介(1609-17頃)下「いつか思ひの空晴れて、君と契りし閨(ねや)の内へ、月の光を頼まんと」*多情多恨(1896)〈尾崎紅葉〉後・五・三「ですから猶々気が閉ぢて、其が為に、不知(イツカ)紛れて了ふものも付絡ってゐる理でございます」③未来の不定な時を表わす。遅かれ早かれ。いずれそのうち。早晩。*観智院本名義抄(1241)「早晩 イツカ」*高野本平家(13C前)一・祇王「日の入給ふ所は、西方浄土にてあんなり。いつかわれらもかしこに生れて、物をおもはですぐさむずらんと」*車屋本謡曲・元服曽我(室町中)「うつを限の秋ごろも、恨みをいつか晴らさむ」*浮世草子・新色五巻書(1698)一・二「いつか此娘

成人して、一人有親を親と云ふべきぞと、思ひの胸くるしう」＊浮城物語(1890)〈矢野龍渓〉一九「我々は早晩(イッカ)更に一堅艦を作り出さざるの可からざるの必要あり」＊即興詩人(1901)〈森鴎外訳〉歌女「その夢は早晩(イッカ)醒むべし」④(「いつかも」「いつかの」などの形でも用いられる) 過去の不定な時を表わす。どういう時点であったか。いつぞや。＊門三味線(1895)〈斎藤緑雨〉「過日(イッカ)も路に八百屋の荷が転覆(ひっくりかへ)りて」＊婦系図(1907)〈泉鏡花〉前・五二「だって、主税さん、先年(イッカ)私の誕生日に」＊苦の世界(1918-21)〈宇野浩二〉一・二「私が行くと、そのたびごとにいつかの男とはかならずあった」 語誌 (1)未来、過去の出来事成立時点に対する説明要求の疑問・反語を表わす上代・中古の原義①が、中古に説明を求めない自問挿入型の②へ、中世以降、未来時点を特定化しない不定型の③へ、近代からは過去時点不定型の④へと進行した。(2)①は中世まで続くが、係り結びの乱れの時期と一致して衰えた。③の兆しは例えば「古今-秋下・二七三」で「いつか」に「早晩」を当てているように、中古に見られ、中世以降主流となって現代まで続くが、現代の主要な用法は④である。「たれか(だれか)」「いづくか(どこか)」「なにか」なども同様の変化と考えられる。 方言 もうすでに。とうに。愛知県豊橋市054 ◇いつかあ 愛知県碧海郡564 岡崎市575 発音 〈なまり〉イーッカ〔伊豆大島・福岡〕イッカ〔静岡・南知多〕イッツカ〔愛知〕イッカネ〔岐阜〕エッカ〔埼玉方言〕〈標ア〉イ 〈ア史〉平安・江戸○◎○ 〈京ア〉ツ 辞書 色葉・名義・下学・文明・伊京・明応・天正・黒本・易林・書言・〈ボン〉・言海 表記 早晩(色・名・下・文・伊・明・天・黒・易・書) 一亀(伊)

いつか何時(いつ)か その時を待ち望む気持をあらわす。いつだろうか。いまかいまか。＊虎寛本狂言・鐘の音(室町末-近世初)「若子(わこ)様の御差初(さしぞめ)を『何時(イツ)か何時か』と存て御ざれば、近々には御差初を被成(なされ)うとの御事で御ざる」 発音 〈標ア〉イ

いつか-は ①いつ…したであろうか。いつ…するだろうか。反語を表わすことが多い。＊古今(905-914)雑下・九七九「君をのみ思ひこしぢの白山はいつかは雪の消ゆる時ある〈宗岳大頼〉」＊枕(10C終)三九・節は五月にしく月はなし「九重の御殿の上をはじめて、いひしらぬ民の住家まで、いかでわがもとに繁く葺(ふ)かんと葺き渡したる、なほいとめづらし。いつかは、ことをりにさはしたりし」＊源氏(1001-14頃)明石「いつかはさる人の御有様をほのかにも見奉らん」＊曾我物語(南北朝頃)一一・箱根にて仏事の事「まことにはぢ入心し、あかぬわかれの道、いつかはおこたり候はん」②いつかそのうちに。いつのまにか。＊浄瑠璃・生写朝顔話(1832)宿屋の段「又も都を迷ひ出、いつかは廻りあふ坂の関路を跡に近江路や」 発音 イッカワ 〈標ア〉イ 〈京ア〉ツ

いっか-あきない【一荷商】〔名〕店を持たないで、商品をかついできて売る商売。また、その人。一荷売。↔店商い。＊浮世草子・好色盛衰記(1688)三・一「女良と野良を一荷に買けるむくひ、一荷商(いっかアキナ)ひするこそいたましけれど」 方言 三重県上野市585 発音 〈標ア〉キ ア

いっか-アルコール【一価―】〔名〕(アルコールは 蘭 alcohol 英 alcohol) 一分子中に水酸基一個をもつアルコール。エチルアルコール、メチルアルコールの類。＊稿本化学語彙(1900)〈桜井錠二・高松豊吉〉「Monatomic alcohol (monohyolric alcohol) Einwertiger Alkohol, m 一価アルコール」 発音 〈標ア〉ア

いっかい【厳】〔副〕「いかい(厳)〔副〕」に同じ。＊浄瑠璃・彦山権現誓助剣(1786)五「いっかい苦にしてござる上、煩(わづら)やったらどうあらう」

いっ-かい【一介・一芥】〔名〕(多く「の」を伴って連体修飾語として用いられる。「介」は「个(か)」に通じる) わずかなこと。少しばかりのこと。また、一人(ひとり)。価値のない、つまらないひとり。＊文明本節用集(室町中)「一介(イッカイ)之士」＊寛永刊本蒙求抄(1529頃)五「一介の野生は一ヶの者ぞ」＊都鄙問答(1739)四・或人主人行状の是非を問の段「聖人は不義の物は一芥(カイ)をも受玉はず」＊江戸繁昌記(1832-36)五・千住「権(かり)に一介を屈して、危急を拯はん」＊新撰字解(1872)〈中村守男〉「一芥 イッカイ ゴミホド」＊思出の記(1900-01)〈徳富蘆花〉一〇・六「同家の恩義に一芥の報(むくい)も出来ず」＊道程(1914)〈高村光太郎〉友の妻「一介の婦人は君の妻なるの故を以て」＊左千夫歌集(1920)〈伊藤左千夫〉明治三七年「吾等一介の文士と雖も」＊孟子-万章・上「非二其義一也、非二其道一也、一介不三以与二人、一介不三以取二諸人一」 発音 〈標ア〉0 〈京ア〉0 辞書 文明 表記 一介(文)

いっ-かい【一会】〔名〕①一度だけ会うこと。ただ一度の対面。＊浮世草子・元禄大平記(1702)四・難波の色は埒もないもの「一会(いっクヮイ)にて、たんのふするとおもへども、わかれになればのこる恋風」＊読本・椿説弓張月(1807-11)後・二七回「十年あまりの艱難憂苦もこの一会(イックヮイ)に忘れたり」＊春秋左伝-僖公一九年「今一会而虐二二国之君一」②「いちえ(一会)①」に同じ。＊看聞御記-永享七年(1435)一月二八日「主人入レ興。関白之句共指合被レ返遅遅遅間。利口一会之為二逸興一。予度々指合申被レ返。但聴付直。沈酔労失念令二後悔一。然而一会之儀無為快然也」＊尺素往来(1439-64)「皆是一時一会之景物、当日当座之賞翫候之間、令レ略レ之候」＊日葡辞書(1603-04)「Icquai(イックヮイ)〈訳〉仲間の人たちが気晴しや作詩や茶を飲むためなどに集まること」＊黄表紙・高漫斉行脚日記(1776)上「なんと近日鶴が岡の茶屋で一くゎいもよほしたいもの」③遊女、芸者などを呼んで遊ぶこと。＊歌舞伎・助六廓夜桜(1779)「『あそこに並んで居る二人が、話のあった突出しか』『はい、地者同前で御座りまする』」④元会運世天地始終説で、一万八百年のこと。天地の始まりから終わりまでを一元といい、十二万九千六百年として、その十二分の一をいう。＊和漢三才図会(1712)四「天地始終消息之図 一世 三十歳。一運 三百六十歳即十二世。一会 一万八百年即三十運。一元 十二万九千六百年、即十二会」⑤しばらく。わずかな時間。元来、中国の近世語。＊江戸繁昌記(1832-36)四・仮宅「諧謔一会、酔を謝して去る」 発音 〈標ア〉0 〈京ア〉0 辞書 易林・日葡 表記 一会(易)

いっ-かい【一回】〔名〕①ひとたび。一度。＊菅家文草(900頃)一・会安秀才餞舎兄防州「一廻告レ別腸千断、我助二君情独向一隅」＊読本・昔話稲妻表紙(1806)五・二〇「梅津景春一回(イックヮイ)の挨拶おはり」②(―する) ひとまわりして、もとへ戻ること。一周。一巡り。＊日葡辞書(1603-04)「Icquai(イックヮイ)。ヒトメグリ」＊乾坤弁説(1656)亨「一昼一夜の内月は一世界を一廻する故に」＊俳諧・芭蕉葉ぶね(1817)「なべて物、その一回するときは、すなはちはじめに復す」＊孟郊-怨別詩「一別一廻老、志士白髪早」③一年。＊易林本節用集(1597)「一回 イックヮイ 一年」④小説本などの一章または一段。＊浮世草子・諸道聴耳世間猿(1776)一・目録「一回 要害は間にあはぬ町人の城郭」＊小学読本(1873)〈田中義廉〉三「彼れは、日々学校に、行きて、小学読本を学び、一回を、習ひ得れば、能く諳誦して、忘るることなし」⑤野球で、相対する二チームが、一度ずつ攻撃と守備の側になること。前半を表といい、攻撃チームが三つのアウトをとられて守備の側と交替する。後半を裏という。一イニング。 発音 〈標ア〉(名詞的)カ (副詞的)0 〈京ア〉(名詞的)ツ (副詞的)0 辞書 易林・日葡 表記 一回(易)

いっ-かい【一戒】〔名〕仏語。五戒、あるいは十戒のうちの一つ。一つのいましめ。一分戒。＊日葡辞書(1603-04)「Iccai(イッカイ)。ヒトツノ イマシメ〈訳〉一つの法度、または禁制」＊北本涅槃経-三四「若受二三帰一及受二一戒一是名二一分優婆塞一也」 辞書 日葡

いっ-かい【一匙】〔名〕飯などの一しゃもじ。一盛り。＊日葡辞書(1603-04)「Iccai(イッカイ)〈訳〉飯一匙」＊白居易-宿簡寂観詩「何以療二夜飢一、一匙雲母粉」 辞書 日葡

いっ-かい【一階】〔名〕①二層以上の建物の、地上第一層。地上で一番下の階。また、建物の各層の一つ。＊日葡辞書(1603-04)「Iccai(イッカイ)〈訳〉位や家の階層の数え方」＊禁令考-前集・第五・巻五〇・正徳四年(1714)三月九日「狂言芝居之桟敷、近年二階三階に仕候、以前之通、一階之外は無用之事」②位階の等級の一段。また、位階が一段高くなること。＊令義解(718)公式・品位応叙条「凡応レ叙〈略〉正従上下各為二一階一」＊宇津保(970-999頃)蔵開下「をんなかうぶり一かい越えて内侍のかみ三位の加階し給ふ」＊撰集抄(1250頃)八・九「四条大納言公任、斉信の中納言をこえて、一階をし給へる時に」＊応永年中楽方記-応永一五年(1408)九月三日「定秋浴二一階之恩一は御沙汰之次第自愛仕候歟」③階段などの一刻み。一段。＊西洋家作雛形(1872)〈村田文夫・山田貢一郎訳〉二・四「箱の平板〈略〉及び竪板〈略〉は、素焼造にして、一階毎に一枚造れば、甚だ堅固なりとす」＊今弁慶(1891)〈江見水蔭〉二「よろよろとして足元危く石段一階(イッカイ)踏みかけし時」④ものごと、論理などの出発点。第一段階。＊暦象新書(1798-1802)上・上「此書、初に視動を説て、最下の一階を示し」⑤物事の程度の差を示す。一段。＊随筆・胆大小心録(1808)六七「岸駒が画代をむさぼる事、又一階上にあり」⑥(「いっかいに」の形で副詞的に用いて) 本来の順序を経ないでいきなり物事を進めるさま。一気に。いきなり。＊玉塵抄(1563)一四「いやしい位から一階に高い位になったをへうこして云たことなり」＊古文真宝前集抄(1642)三「治平元年に、坡を李白の如くに布衣より一階に翰林学士になそうと召されたぞ」 発音 〈標ア〉0 〈京ア〉0 辞書 易林・日葡・書言 表記 一階(易・書)

いっ-かい【一塊】〔名〕かたまって一つにまとまっているもの。ひとかたまり。ひとくれ。＊通俗酔菩提全伝(1759)三・済顛酔中指無名「多の虱を取れけるに、中に結て一塊(イックヮイ〈注〉ヒトカタマリ)と成て離ざるあり」＊読本・椿説弓張月(1807-11)前・六回「今は一塊(イックヮイ)の土なりとも、心のままには投うちがたく」＊江戸繁昌記(1832-36)初・吉原「遂に卒に相抱て一塊と為る」＊こがね丸(1891)〈巌谷小波〉四回「一滴の水も飲まず、一塊(クヮイ)の食も喰はねば」＊在りし日の歌(1938)〈中原中也〉幼獣の歌「雨後らしく思ひ出は一塊(イックヮイ)となって」 発音 〈標ア〉0 〈京ア〉0

いっ-かい【一蓋】〔名〕 方言 傘一本。また、笠(かさ)一つ。新潟県佐渡352 富山県砺波397 山梨県南巨摩郡463 岐阜県飛騨502 郡上郡504

いっ-かい〔副〕 方言 ❶ことごとく。すべて。島根県邑智郡724 725 ❷一向に。岐阜県揖斐郡038

いっか・い【厳】〔形口〕(「いかい(厳)」の変化した語) ①「いかい(厳)①」に同じ。＊浄瑠璃・鎌倉三代記(1716)鳥追大黒舞「四つよい物著張って、五ついっかい気色(けしき)で」②「いかい(厳)②」に同じ。＊評判記・役者評判蚰蜒(1674)金子六右衛門「芸いといやしくこせくりたり、いはばなをしやれなのたつに をふをふいっかいな」③「いかい(厳)③」に同じ。＊かた言(1650)二「物のいかめしくおほきなることを、〈略〉いっかいとはあしかるべし」＊浄瑠璃・雪女五枚羽子板(1708)もんさく系図「此袴(はかま)の下には鬼が住んで、いっかい口で嚙(か)み付ます」＊雑俳・軽口頓作(1709)「あたたかな・いっかい尻の退(ひ)いた跡」＊浪花

聞書（1819頃）「いっかい。大也、多也。京言葉也。大坂では不㆑唱」方言 大きい。京都†035 福島県062 茨城県真壁郡188 栃木県198 埼玉県入間郡054 千葉県東葛飾郡280 東京都江戸川区054 福井県敦賀郡443 山梨県461 岐阜県海津郡498 不破郡513 静岡県志太郡535 滋賀県609 612 615 京都府宇治郡633

いっかい-き【一回忌】〘名〙「いっしゅうき（一周忌）」に同じ。＊吾妻鏡-建久四年（1193）三月一三日「迎㆓旧院御一廻忌辰㆒。被㆑修㆓御仏事㆒」＊宗長手記（1522-27）上「統秋一回忌に付て、追善の為、十首の詠歌加一覧。哀憐をもよほし候」発音〈標ア〉カ〈京ア〉カ 辞書書言 表記一回忌（書）

いっかい-けつじつ-せい【一回結実性】〘名〙高等植物で一世代にただ一度だけ開花結実する性質。一稔性（いちねんせい）。発音イッカイケッジッセイ〈標ア〉0

いっかい-せい【一回生】〘名〙①その学校の創立第一年度の卒業生。②主に関西地方で、大学の一年生をいう。発音イッカイセイ〈標ア〉カ

いっかい-せい【一回性】〘名〙ある事柄が一回しか起こらず、再現できないこと。＊文学とは何か（1950）〈加藤周一〉文学とは何であるか・四「その特殊性、具体性、一回性によって文学的体験は抽象化され」発音イッカイセイ〈標ア〉0

いっかい-そうじょう【一階僧正】〘名〙一定の段階を経ないで、いきなり僧正に任じられること。また、その僧。＊平家（13C前）三・頼豪「これこそ存の外の所望なれ。一階僧正などをも、申すべきかとこそ思しめしつれ」＊海人藻芥（1420）「一位二位を一品二品と云事は、不㆑経㆓次第加階㆒、直至㆓其位㆒を云也。如㆑言㆓一階僧正㆒と云々」

いつかいち【五日市】㊀東京都あきる野市の地名。旧町名で、JR五日市線が通ずる。多摩川支流の秋川の谷口集落として中世末以来五の日ごとに市が立ったことが地名の由来という。㊁広島市佐伯区の地名。旧町名で、昭和六〇年（一九八五）広島市に編入、佐伯区となる。広島湾に面し、かつては製塩で栄えた。名は近世の定期市に由来。

いっか-いちもん【一家一門】〘名〙一家族、または、同じ姓の一族。＊土井本周易抄（1477）二「吾が一家一門ばかり同ずるぞ」＊開化の入口（1873-74）〈横河秋濤〉三「ソリヤコソ軍役にとられるは、血を絞られる時刻が来たと、一家一門隣りの婆媽一と村中が寄集り」発音〈標ア〉チ イ＝チ

いっか-いっこう【一家一口】〘名〙（一つ一つの建物全体で一家をなしている、の意）建物を一つ一つ建てて、それらを廊下などでつなぎ、一家としての機能をもたせていること。または、そのような建物。平安頃の寝殿造りにおける寝殿、対屋（たいのや）などがこれにあたる。発音イッカイッコー〈標ア〉イ[1]

いっかい-にく【一塊肉】〘名〙血筋を受け継ぐただ一人の肉親。ただひとりの子。発音〈標ア〉カ

いっかい-のがれ【一回逃・一介逃】〘名〙「いっすんのがれ（一寸逃）」に同じ。＊雑俳・柳多留-六（1771）「祐つねは一（いッ）かいのがれするおとこ」＊人情本・清談若緑（19C中）三・一六回「併しなんぼ此の節の一介遁（いっカイノガ）れでも」＊歌舞伎・加賀見山再岩藤（骨寄せの岩藤）（1860）五幕「けふの明日のと言ひ延し、ここまでござれと一回（イッカイ）のがれ」発音イッカイノガレ〈標ア〉ノ

いっかい-の-どそう【一堦度僧】〘連語〙語義未詳。一定の順序を経ないで、直ちに僧の身分を与えられた者のことか。＊文明本節用集（室町中）「一堦度僧 イッカイノトソウ」辞書文明・伊京・明応・天正・饅頭・黒本 表記一堦度僧（文・伊・明・天・饅・黒）

いっかい-はんきゅう【一階半級】〘名〙（一階級か、一階級の半分の意から）位は低くても官吏の身分にあること。官吏の端くれ。小役人。一資半級。＊顔氏家訓-勉学「或因㆓家世余緒㆒、得㆓一階半級㆒、便謂㆑為㆑足、安能自苦」

いっかい-もくさい〘副〙のこらず、すべて、の意。近世、仙台地方でいう。＊仙台方言（1817頃）通用「いっかいもくさい。不㆑残と云意。〈略〉いっかい。もくさい。かたりてしまふなど云類」

いっか-うち【一家内】〘名〙方言 ⇩いっけ（一家）

いつか-うち【何時中】〘名〙「いつかじゅう（何時中）」に同じ。＊人情本・春色恋白波（1839-41）一・二回「私（わち）きやァ先頃（イツカウチ）からお前のお内儀（かみ）さんの気だから」＊人情本・春色梅美婦禰（1841-42頃）二・七回「去日中（イツカウチ）の様に、丹さんに衿をぬいてお貰ひなら能（いい）のに」発音〈標ア〉0

いっか-うり【一荷売】〘名〙「いっかあきない（一荷商）」に同じ。＊御府内備考（1829）二一「山下火除明地〈略〉又壱荷売の商人常につどひて殊に賑はへる地也」発音〈標ア〉0

いつか-えびす【五日戎・五日夷】〘名〙奈良の南の市（いち）で、正月五日に商業の神として戎神をまつり、その年最初の市を開くこと。現在は奈良市の恵美須神社で行なわれる。《季・新年》発音〈標ア〉エ

いっ-かかい【一加階】〘名〙位階が一階級のぼること。たとえば、従五位下から従五位上になる類。発音〈標ア〉カ[1]

いつか-がえり【五日帰】〘名〙結婚式後五日目に、新婦が実家を尋ねる、近世の里帰り習俗の一つ。＊浮世草子・西鶴織留（1694）二・二「婚礼調ひ〈略〉はや五日帰りより物毎に品あしく」＊浄瑠璃・曾我五人兄弟（1699頃）二「けふこそ五日帰りとて、むこの二の宮気をはって」＊諸国風俗問状答（19C前）淡路国風俗問状答・一一六「三日目・五日目に親里へ行事を、三日帰り、五日帰りと云」方言 奈良県南大和683 和歌山市691 発音イツカガエリ〈標ア〉ガ

いつか-かつか【何時—】〘副〙方言 いつかそのうち。青森県054 084 岩手県気仙郡100 平泉108 宮城県北部115 120 121 秋田県鹿角郡132 山形県139

いっ-かかる〘動〙方言 水などが掛かる。長崎県南高来郡904 長崎市906 熊本県八代郡921

いつか-かんじょう【五日勘定】〘名〙毎月の勘定を翌月の五日にすること。＊洒落本・仕懸文庫（1791）四「五日勘定に三十もうりつめるといふ奉公人なり」＊洒落本・風俗通（1800）四「おめへなぞは、五日勘定（カンシャウ）には卅も売といふもんだから、だんなのまへもあんばいよしだらうヨノウ」＊洒落本・意妓口（1789-1801頃）二「五日勘定にいつもほめられる」発音イツカカンジョー〈標ア〉カ[2]

いっか-かんすう【一価関数】〘名〙独立変数の一つの値に対し、従属変数の値がただ一つ定まるような関数。すなわち、関数 $f(x)$ で x の値を一つ定めれば、$y=f(x)$ の値がただ一つ定まるようなもの。発音イッカカンスー〈標ア〉カ[2]

いっかき〘名〙方言 植物、うこぎ（五加）。佐州†034
◇いっかきのは〔—葉〕新潟県佐渡002

いっかき〘名〙方言 ⇩いかき（笊）

いっ-かく【一角】〘名〙①一つのすみ。かたすみ。また、一部分。＊正法眼蔵（1231-53）古鏡「雪峰は徳山の一角なり」＊草枕（1906）〈夏目漱石〉二「前山の一角は、未練もなく晴れ尽して」＊かのやうに（1912）〈森鴎外〉「人生の重大な物の一角が崩れ始めて」＊瓦礫の中（1970）〈吉田健一〉八「その一群が入って来た瞬間が旨い酒を口に含むのに似ていつまでも新鮮に記憶の一角に残った」②一つのかど。一つの角（かく）。③際立ってすぐれた特質。ひとかど。いっかど。＊玉塵抄（1563）一「その時の天子の別立とをしなりたぞ。別に一角（カク）立てた者と云心かぞ」＊玉塵抄（1563）三「特立は、別に人にかわりて、一かくきほうをたてて、ずぬけた心ぞ」④（長方形の形から）一分金の異名。一分。＊浮世草子・好色一代男（1682）二・六「くたり盃一つ、焼物一貝とりて一角（カク）計（ばかり）とらせて」＊洒落本・虚実柳巷方言（1794）中「粋家（すいか）の詞に壱分を一角（イッカク）、弐朱を白壱分（しろいちぶ）と唱へ」⑤一本のつの。＊正法眼蔵（1231-53）袈裟功徳「牛もし一角に触るればその罪おのづから消滅す」＊日葡辞書（1603-04）「シュカク ヲヲシト イエドモ、iccacuni（イッカクニ）シカズ」⑥イッカク科の哺乳類。イルカに類似し、体長約五メートル。雄の上あごにある一対の歯のうち、一個が前方に二メートル以上ものび、角状となる。雌は二歯とも発達不完全。背びれはなく、背面に多くの小さな黒斑がある。北極海に分布。雄の長い歯は、古くは解毒剤として珍重され、現在では工芸品の材料になる。一角獣。学名は Monodon monoceros ＊和漢三才図会（1712）三八「一角、巴阿多、宇無加布留、共蛮語也、疑此称㆓犀之通天㆒者乎、桜宇無加布留俗用㆓一角二字㆒阿蘭陀市舶偶来而為㆓官物㆒尋常難㆑得其長六七尺周三四寸色似㆓象牙㆒而微黄外面有㆑筋晶晶如㆓竿藪㆒至㆓末一二尺㆒細尖而筋亦無㆑之微曲斜也内有㆓空穴㆒其穴径四分許価最貴」発音〈標ア〉0 ク〈京ア〉カ 辞書日葡・言海 表記一角（言）

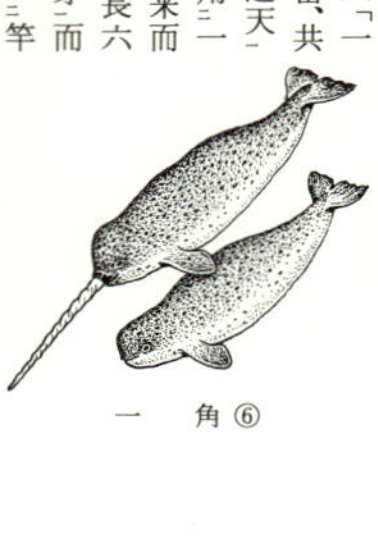
一角⑥

いっ-かく【一画】〘名〙①漢字で一ふでに書く線。一点一画。＊春林本下学集（室町末）「旦学㆓一画（クヮク）㆒昏習㆓隻字㆒」＊運歩色葉（1548）「一画 いっクヮク」②（①から転じて）物事の一くぎり。多く土地の面積などで、ある一定の区切りの部分をいう。発音〈標ア〉0 ク〈京ア〉カ

いっ-かく【一客】〘名〙（「かく」は、「客」の漢音）一人の旅人。一人の客。いっきゃく。＊良人の自白（1904-06）〈木下尚江〉後・二三・一「独り甲板に佇（たたず）んで、行く手の天に眼を放つ一客（カク）がある」＊晉書-阮瞻伝「忽有㆓一客㆒、通㆑名詣㆑瞻」発音〈標ア〉0

いっ-かく【一格】〘名〙一つの等級、格式。また、独自の格式。＊玉塵抄（1563）一六「文章が一格ぬけでたぞ」＊随筆・独寝（1724頃）上・三二「八文字一かくをはなれ、うまれのまま成くり出しあゆみ、腰のすはりは位あり」＊政談（1727頃）三「朝鮮を禁裏と同格と見る故、公儀は一格落ことになり、国体を取失ひ、甚不㆑宜事也」＊談義本・当世下手談義（1752）二・惣七、安売の引札せし事「又一格（カク）其上を行く人は」＊宋史-選挙志五・銓法下「或事大而功効顕著、為㆓一格㆒」発音〈標ア〉0 ク

いっ-かく【一郭・一廓】〘名〙一つの囲いによって取り巻かれている場所。また、同じ性質のものが集まって形成している一つのまとまった区域。＊続春夏秋冬（1906-07）〈河東碧梧桐選〉冬「冬木立一廓をなす旧家かな〈虚静〉」＊夜明け前（1932-35）〈島崎藤村〉第一部・上・四・三「大規模な遊女屋の一廓も展（ひら）けつつある」発音〈標ア〉0 ク〈京ア〉カ

いっ-かく【一覚】〘名〙①ひとたび眠りから覚めること。＊蕉堅藁（1403）山居十五首次禅月韻「緑蘿窓外三竿日、黄鳥声中一覚眠」＊列子-周穆王「其民不㆑食不㆑衣、而多眠、五旬一覚」②ひとたび悟ること。また、同じ悟り。＊性霊集-八（1079）講演仏経報四恩徳表白「飛㆓一覚虹幡於円寂高嶽㆒、覆㆓報恩雲乎无辺際㆒」＊大乗起信論「以㆘四相倶時而有皆無㆓自立㆒本来平等同一覚㆖故」

いっ-かく【一鶴】〘名〙一羽の鶴。抜きんでて優れた者のたとえにいう。また、鶴の寿命が甚だ長いことから、長命・高齢の人にもたとえる。＊建武式目-舟橋枝

賢奥書(1563)「如二漢家唐朝一。似二義時泰時一。豈為二抜群一鶴一者乎」 ＊杜牧-寄題宣州開元寺詩「松寺曾同二一鶴一棲、夜深台殿月高低」 発音〈標ア〉⓪

いっ-かく【一攫】〘名〙 ひとつかみ。→一攫千金。＊将来之日本(1886)〈徳富蘇峰〉七「彼の各国は何の恐るる所ありて此の世界第一等の富栄なる。即ち其尤もなる奇貨をば彼の羅馬のカルセージに於るが如く。歴山大帝のタイルに於けるが如く。一攫一抓の奇功を試みさる乎」 発音〈標ア〉⓪

いっ-かく【逸客】〘名〙 隠者である客。＊本朝無題詩(1162-64頃)八・遊長楽寺〈源経信〉「逸客攀レ巖初躡レ履、禅僧養レ竈忽煎レ茶」 ＊王勃-秋日游蓮池序「少留二逸客一、塞雁飛鳴」 発音〈標ア〉⓪

いっ-かく【逸格】〘名〙 抜きん出てすぐれていること。並外れていること。＊宝覚真空禅師録(1346)乾・山城州平安城萬寿禅寺語録「若是逸格俊流、不レ渉二二途一、自有二通霄一路一」 ＊鉄斎(1948-57)〈小林秀雄〉一「どちらの色彩も強く鋭敏で、逸格で、複雑で」 ＊皎然-詩式・明勢「奇勢雅発、古今逸格、皆造二其極一矣」 発音〈標ア〉⓪

いっ-かく【噎膈】〘名〙(「噎」はむせぶの意、「膈」は横隔膜の意で、飯がのどにつまるところから) 胃がん、食堂がんなどをいう。噎(いつ)。＊病名彙解(1686)一「噎膈(イツかく)〈略〉噎は食胸の上、咽の奥につかゐて下らずむせび吐するを云り」 ＊叢桂亭医事小言(1820)四・噎膈(古事類苑・方技一五)「噎膈は食を下すことならぬ病にて、噎とばかりも膈と計も云」

いっかく-さい【一角犀】〘名〙「インドさい(―犀)」に同じ。発音〈標ア〉ク

いっかく-じゅう【一角獣】〘名〙 ①中国の伝説上の動物「きりん(麒麟)」の異名。＊歯車(1927)〈芥川龍之介〉五「彼の勧めた林檎(りんご)はいつか黄ばんだ皮の上へ一角獣(イッカクジウ)の姿を現してゐた。〈略〉一角獣は麒麟(きりん)に違ひなかった」 ＊史記-孝武本紀「一元曰二建元一、二元以二長星一曰二元光一。三元以三郊得二一角獣一曰二元狩一」 ②ヨーロッパに伝わる伝説上の動物。体はウマの形をし、額に魔力を持つ一本の角が生えている。ユニコーン。＊フランスの百科辞典について(1950)〈渡辺一夫〉二「一角獣(ウニコルヌ)の特性とかいうものにも興味はあったろうが」 ③「いっかく(一角)⑥」に同じ。発音イッカクジュー〈標ア〉ク〈京ア〉ク

いっかくじゅう-ざ【一角獣座】 南天の星座。オリオン座の東、大犬座の北にあり、銀河にまたがる。肉眼星数一一二。二個の散光星雲をもつ。伝説上の動物「一角獣」に由来する。発音イッカクジューザ〈標ア〉ジュ

いっかく-せんきん【一攫千金】〘名〙 一つかみで千金をつかみとること。一度に巨額の利益を得ること。＊内地雑居未来之夢(1886)〈坪内逍遙〉八「今にして乗ぜずもあらば、竟(つひ)に利をすること能(あた)はざるべし。一攫(クヮク)千金(キン)の期とは即ち是也」 ＊家(1910-11)〈島崎藤村〉下・四「一攫千金(イックヮクセンキン)を夢みる株屋ぢゃないか」 発音〈標ア〉⓪セ〈京ア〉カ＝⓪

いっかく-せんにん【一角仙人】 謡曲。四番目。遊楽物。観世・金春・金剛・喜多流。金春禅鳳(こんぱるぜんぽう)作。天竺(てんじく＝インド)波羅奈(はらな)国の一角仙人は、龍神と争いこれを岩屋に閉じ込めて、国中を干ばつにしてしまう。国王は計略で旋陀夫人(せんだぶにん)を送り、その容色に迷わせて、仙人の神通力をなくしてしまう。歌舞伎十八番「鳴神(なるかみ)」の典拠。発音〈標ア〉セ

いっかく-づけ【一画付】〘名〙 遊戯の名、語義未詳。数人が互いに一筆ずつ書き加えて、思いがけない文字または絵になることを楽しむ遊戯か。あるいは勝負事をして、負けた者に墨を塗る遊戯か。＊浮世草子・男色大鑑(1687)四・三「耳ちかく小語(ささやく)風情あるひは添寝又は一画付(いっくハクヅケ)の筆慰み、扨は扇引するもあり」 ＊随筆・嬉遊笑覧(1830)三・上「今人二三人も集り互に一筆づつ書ておのづから思ひもあへぬ絵になる戯あり。一画付はこの類にや」

いっかく-ばんきん【一攫万金】〘名〙「いっかくせんきん(一攫千金)」に同じ。＊四民の目さまし(1892)〈中江兆民〉工業論「甲処の貨物を乙処に運び乙処の貨物を甲処に輸し此の如くして丙処に丁処に循環往復するに於ては自国中一物を産出せざるも一攫万金の奇利を獲ること極て容易の業なりき」 ＊落紅(1899)〈内田魯庵〉一「過般(こないだ)も汽関車(コロモチーブ)十台の注文が出たから爰ぞ一攫万金(クヮクバンキン)と半狂乱で奔走したが、資本(もとで)の無エ奴は駄目だ」 発音〈標ア〉⓪

いっ-かけ【沃懸】〘名〙(「いかけ(沃懸)」の変化した語) ①「いかけじ(沃懸地)」に同じ。＊易林本節用集(1597)「沃懸 イッカケ 蒔画(マキヱ)」 ＊古活字本毛詩抄(17C前)六「白金をけして、白してつきをさいたを云ぞ。隆はいっかけとよむぞ」 ＊日葡辞書(1603-04)「Iccaqe(イッカケ)〈訳〉金粉あるいは柔かいぬり粉にといた金で、金メッキする方法」 ②器物の縁などを銀や錫(すず)などの金属でおおうこと。＊咄本・再成餅(1773)むけん茶屋「しかし床板がろいろに金の一かけ、はしごも唐朱塗に金のいっかけ」 ＊雑俳・柳多留拾遺(1801)巻二「かみなりはいっかけのある雲を出し」 ＊人情本・契情肝粒志(1825-27)二・中「並べ立てたる膳椀も、随分堅地のいっ懸(カケ)付」 方言❶夕立。長崎県南高来郡905 ❷時雨。熊本県宇土郡919 ◇いっかけあめ〔一雨〕 熊本県熊本市・玉名郡919 発音〈標ア〉⓪ 辞書易林・日葡・書言・言海 表記 浚懸(易) 沃懸(書) 沃懸(言)

いっかけ〘名〙 方言 ⇩いかき(笊)

いっかけ-うるし【沃懸漆】〘名〙「いかけうるし(沃懸漆)」の変化した語。

いっかけ-じ【沃懸地】〘名〙「いかけじ(沃懸地)」の変化した語。＊金刀比羅本保元(1220頃か)上・官軍勢汰へ「黒馬のふとくたくましきに、鋳懸地(イッカケヂ)の金覆輪の鞍おいて」 ＊天草本平家(1592)二・六「シラアシゲナ ウマニ iccaqegino(イッカケヂノ) クラヲ ヲイテ」 辞書日葡・言海 表記 沃懸地(言)

いっか-げつ【一箇月・一ケ月・一か月】〘名〙 暦の一月から一二月までの一二の月のうちの一つ。また、暦のひと月にあたる約三〇日の期間。いっかつき。＊小学読本(1873)〈田中義廉〉四「我地球を、照す月も、亦遊星の、うちにて、光を太陽より受け、殆ど、一個月の間に、地球の周りを、一廻す」 ＊尋常小学読本(1910)〈文部省〉一〇「一箇月の生活費を支へ得ると」 ＊王建-雨中寄東渓韋処士詩「一箇月来山水隔、不レ知茅屋若為居」 発音イッカゲツ〈標ア〉カ〈京ア〉カ

いっ-か・ける【沃懸】〘他カ下一〙(「いかく(沃懸)」の変化した語) 水などを注ぎかける。また、一息に飲む。＊古活字本毛詩抄(17C前)一五「沢の字は油をいっかけた様にうるうるとしたなりぢゃと有ぞ」 ＊浄瑠璃・博多小女郎波枕(1718)上「肝のたばねへ諸白(もろはく)をいっかけた薩摩二さい」 方言水などを注ぎ掛ける。ひっかける。浴びせる。長崎県対馬913 ◇いっかくる 長崎県054 905 906 大分県938 鹿児島県肝属郡970 ◇いっかくい 鹿児島県963

いっか-けん【一家見】〘名〙 その人独自の見解、意見。また、ひとかどの見識ある見解、意見。＊貧乏物語(1916)〈河上肇〉一二・三「自分の一家見を主張して之を読者に強ふる積りでは毛頭無いけれども」 発音〈標ア〉カ

いっか-げん【一家言】〘名〙 その人独自の意見、主張。また、ひとかどの見識のある意見、論説。＊人情本・春色梅美婦禰(1841-42頃)四・序「蓮池庵の主人、近来(ちかごろ)一家の文法を起初(はじめ)て、一家言数十百部をあらはす」 ＊歌学提要(1843)附言「しらべといふは、師の一家言なり。されば世にいへるしらべとは、いたく異なり」 ＊新西洋事情(1975)〈深田祐介〉フランス式「蛙思考」のふしぎ「若い頃商社の敏腕な秘書だったというのがよくでる自慢話で、なにごとにつけ一家言あって、なかなかうるさい」 ＊漢書-司馬遷伝「序略以拾二遺補一レ藝、成二一家言一」 発音イッカゲン〈標ア〉カ〈京ア〉カ

いっか-げんそ【一価元素】〘名〙 原子価が一の元素。アルカリ金属は正の、ハロゲンは負の一価元素。＊稿本化学語彙(1900)〈桜井錠二・高松豊吉〉「Monad, n 一価元素」 発音〈標ア〉ゲ

いっか-けんぞく【一家眷族・一家眷属】〘名〙 一家族。一門。家族全体。一族。＊島崎藤村(1946-56)〈平野謙〉新生「作品化したことで、かえって一家眷属(ケンゾク)のあいだに再確認された事実として流布されてしまった、といえるだろう」 ＊雨の庭(1971)〈加賀乙彦〉「春とはいえ寒波が襲った肌寒い日に一家眷族、つまり父と母、彼夫婦と息子、弟夫婦に姪と甥が八畳間に集った」

いっか-こく【一箇国】〘名〙「いっこく(一国)①」に同じ。＊ロドリゲス日本大文典(1604-08)「Iccacocu(イッカコク)」 発音〈標ア〉ケ イ

い-つかさ【井司】〘名〙「いし(井司)」に同じ。＊井上喜多郎氏所蔵文書-仁治二年(1241)八月日某譲状(鎌倉遺文八・五九二二)「このところのゐつかさにて候ゆへに、かたかたのところどころの人のゐれうをとりて候」 発音〈標ア〉カ

いっか-さん【一化蚕】〘名〙 孵化から繭をつくって成虫となり、交尾産卵して死ぬまでの一世代を一年間に一度だけ経過する種類の蚕。日本での普通の蚕。繭は大きく品質が優れているが、虫はやや弱い。

いつ-かし【厳樫】〘名〙 けがれを避け、清められた神聖な樫(かし)の木。＊古事記(712)下・歌謡「御諸(みもろ)の 伊都加斯(イツカシ)が本(もと) 白檮(かし)が本 ゆゆしきかも白檮原童女(かしはらをとめ)」 ＊万葉(8C後)一・九「莫囂円隣之大相七兄爪謁気わが背子がい立たせりけむ五可新(いつカシ)が本〈額田王〉」 ＊左千夫歌集(1920)〈伊藤左千夫〉明治三六年「玉襷かけのよろしく いつ樫の若葉立ちしみ 椎森の青葉さかゆる」 発音〈標ア〉⓪カ

いつか・し〘形シク〙(「いつ(斎)く」の形容詞化したもの) 大切に取り扱われるさま。また、尊いさま。りっぱなさま。＊源氏(1001-14頃)乙女「節会(せちゑ)の日、内の儀式をうつして、昔のためしよりも事そへて、いつかしき御有様なり」 ＊有明の別(12C後)二「いづかたもいつかしき御みのほどには、そもうちまぎるまじき中のかよひぢなれば」 辞書書言・言海 表記 寵(書)

いっか-じ【一箇寺】〘名〙 一つの寺。一寺(いちじ)。＊読本・南総里見八犬伝(1814-42)九・一三〇回「件の白浜に一箇寺を建立して」

いっか-しのぎ【一花凌・一過凌】〘名〙「いちじしのぎ(一時凌)」に同じ。＊落語・素人茶道(1893)〈三代目春風亭柳枝〉「先生に教はって往(い)ったら一日凌(イッカシノ)ぎに御魔化せやうから」

いつか-じゅう【何時中】〘名〙(「いっかちゅう」とも) 先ごろうち。この前いつか。せんだって。いつかうち。＊洒落本・傾城買四十八手(1790)やすい手「おめへいつかぢう着てきた八丈を」 ＊滑稽本・浮世風呂(1809-13)三・上「帯もいつかぢうはなした通りさ」 ＊当世書生気質(1885-86)〈坪内逍遙〉三「いつか中(チウ)から、いはういはうとは思って居たが」 発音イッカジュー〈標ア〉⓪

いっか-しょ【一箇所】〘名〙 一つの場所。ひとと

ころ。＊改正増補和英語林集成(1886)「Ikkasho イッカショ 一箇所」＊今弁慶(1891)〈江見水蔭〉七「一(イッ)ケ所(ショ)破れて穴の明きけり」 発音〈標ア〉カ〈京ア〉カ

いっか-じょう【一箇条】『名』幾つかに分けて示した条項の一つ。一つの条項。一条。また、最初の条項。＊却来華(1433)「ある秘曲一个条をば、四十以前は外見あるまじき秘曲にて、口伝斗にて」＊日葡辞書(1603-04)「Iccagiô (イッカヂョウ)〈訳〉文書の箇条の数え方」＊書言字考節用集(1717)一〇「一ケ条 イッカデウ」＊一国の首都(1899)〈幸田露伴〉「都会にては〈略〉多数の幼稚園を設くべき也。こは満腔の熱誠を以て予が〈略〉紳士貴女のその欲望の一箇条たらしめんことを欲して已まざるところ也」 辞書日葡・書言 表記一ケ条(書) 発音イッカジョー〈標ア〉カ

いつか-しら【何時─】『副』(「いつか知らぬ」の変化した語) いつのまにか。知らないうちに。＊澪(1911-12)〈長田幹彦〉三「雨はいつかしら雪になってゐた」 発音〈標ア〉イ0〈京ア〉ツ

いつか-しらん【何時─】『副』(「いつか知らぬ」の変化した語)「いつかしら(何時─)」に同じ。 発音〈標ア〉イ0

いっか-じん【一個人】『名』「いっこじん(一個人)」に同じ。＊社会百面相(1902)〈内田魯庵〉台湾土産「一個人(イッカジン)の事は左(と)に右(か)く」 発音〈標ア〉カ

いっか-せい【一化性】『名』昆虫の世代数について、一世代(卵から幼虫→さなぎ→成虫と変態する経過)が年一回だけ発生する性質をいう。 発音イッカセイ〈標ア〉0

いっか-せい【一過性】『名』医学で、症状が短期間起こり、すぐ消える性質。また、一般に、すぐに現れて、またすぐに消えてしまうような性質。＊蛍川(1977)〈宮本輝〉雪「一過性の脳溢血だが、十年来の糖尿病が極めて重症であるということだった」 発音イッカセイ〈標ア〉0

いつか-せい【五日制】『名』一週間のうち、五日間だけ通学または、勤務する制度。 発音イツカセイ〈標ア〉0

いっか-せんしょくたい【一価染色体】『名』体細胞に含まれている染色体のこと。また、細胞の還元分裂の際に、対合しないで、遊離している染色体。ふつう、対になる相同染色体が存在しないために生じる。 発音〈標ア〉イ

いっか-そう【一夏草】『名』植物「いちりんそう(一輪草)」の異名。 方言植物、せつぶんそう(節分草)。 筑前1039 ◇いっけそう 福岡県筑前002 発音イッカソー〈標ア〉0

いっか-そうでん【一家相伝】『名』一つの家に代々伝わってきたこと。また、その物、特別の技。特に、芸事や学問、武術などで代々伝えられる奥義、教えなど。＊吾輩は猫である(1905-06)〈夏目漱石〉三「満天下の人間を馬鹿にする一家相伝の妙薬が詰め込んである」 発音イッカソーデン〈標ア〉イ

いっか-だんらん【一家団欒】『名』家族全員が集まって、むつまじく楽しむこと。＊漢学不可廃論(1887)〈中村正直〉一「食前に、一家団欒し、上帝に向ひ、礼拝祈禱し」＊地獄の花(1902)〈永井荷風〉四「急に西洋間の食堂で一家団欒の晩餐(ばんさん)を催さうと云ひ出して」 発音〈標ア〉イ〈京ア〉0-0

いっ-かちゅう【一家中】『名』武家社会において、家来全員。家臣一同。家中。＊浮世草子・武家義理物語(1688)六・一「武家の作法ちがひて、一家中(カチウ)是をうとむ折から」＊歌舞伎・傾城壬生大念仏(1702)上「たとへ一かちうが一味しても、この彦六がゐるからは、気遣ひはさっしゃるな」 補注「一家中(いっかじゅう)」は、その家の人全員の意で、別語。 発音イッカチュー〈標ア〉カ

いっ-かつ【一括】『名』多くの物事を一つにまとめること。また、まとめたもの。ひとたばね。ひとくくり。＊東京新繁昌記(1874-76)〈服部誠一〉四・夜肆「一括の襤褸(〈注〉ぼろ)、虱巣穴を為し」＊福翁自伝(1899)〈福沢諭吉〉老余の半世「元来私が家に居り世に処するの法を一括(イックヮッ)して手短に申せば都(すべ)て事の極端を想像して覚悟を定め」＊あそび(1910)〈森鷗外〉「木村は為事が一つ片附いたので、その一括の書類を机の向うに押し遣って」 発音〈標ア〉0〈京ア〉0

いっ-かつ【一喝】『名』①禅家の語。悟りを得させるために用いる叱咤(しった)、叫声(きょうせい)。喝(かつ)。いちかつ。＊文明本節用集(室町中)「一喝 いっカツ」＊読本・雨月物語(1776)青頭巾「『作麽生(そもさん)何(なんの)所為ぞ』と、一喝(いっカツ)して他(かれ)が頭を撃給へば」＊臨済録「師問僧。有時一喝如二金剛王宝剣一。有時一喝如二踞地金毛師子一」②大声でしかりつけること。どなりつけること。＊江戸繁昌記(1832-36)四・麴街「老爺一喝して叱し退く」＊花柳春話(1878-79)〈織田純一郎訳〉一「叟勃然として顔色を変し、忽ち一喝(いっカツ)を叫びしが」＊富岡先生(1902)〈国木田独歩〉一「『大馬鹿者！』と大声に一喝(イッカツ)した」＊社会百面相(1902)〈内田魯庵〉矮人巨人・三「況してや其一喝(イッカツ)を啗ふ時は肝を消して了った」 発音〈標ア〉0〈京ア〉0 辞書文明 表記一喝(文)

いっかつ-いちぼう【一喝一棒】『名』仏語。禅宗における教育の仕方の一つ。叱咤し、警策で打つこと。＊禅とは何ぞや(1930)〈鈴木大拙〉一・四「禅宗の方では一喝一棒を行ずるなどと云って、俗人から見ると何かしらず芝居がかりのやうに見えもするが」 発音イッカツイチボー〈標ア〉0

いっか-つき【一箇月】『名』「いっかげつ(一箇月)」に同じ。＊日葡辞書(1603-04)「Iccatçuqi (イッカツキ)」＊読本・南総里見八犬伝(1814-42)九・一三七回「いまだ一箇月(いっカツキ)にも及ばずして」

いっかつしょり-ほうしき【一括処理方式】『名』「バッチしょりほうしき(─処理方式)」に同じ。 発音イッカッショリホーシキ〈標ア〉ホ

いっか-てき【一過的】『形動』病気の症状やある現象が一時的で、すぐ消えるさま。＊野火(1951)〈大岡昇平〉三七「新聞紙上に現はれるのはすべて徴候にすぎない。徴候は一つなら印象も一過的で、やがては忘れられるはずである」 発音〈標ア〉0

いっ-かど【一廉】■一『形動』ひときわ優れているさま。相当であるさま。かなりなさま。＊虎明本狂言・猿座頭(室町末-近世初)「みれはいっかどのおんなじゃが、あれはざとうがおんなじゃと見えた」＊咄本・一休関東咄(1672)上・六「かのらう人たよりをゑて、一廉(イッカド)の身上となりけるとかや」＊古今集遠鏡(1793)六「おれも昔はいっかどの男で、繁昌にくらした時節もあってきたものを」＊社会百面相(1902)〈内田魯庵〉老俗吏「判任官でコキ使はれるといふのが即ち一廉(イッカド)な稽古になる」■二『副』①ひときわ優れているさまを表わす語。相当。かなり。＊雑俳・柳多留(1765)初「あがるたびいっかどしめて来る女房」②まだ未熟なものが、さも一人前のようにふるまうさまを評する語。まるで一人前のように。えらそうに。＊談義本・艶道通鑑(1715)五・一「さらば己畜生なりと思はずして一廉(イッカド)人間立をするこそ」＊洒落本・跖婦人伝(1753)「前方なる客衆をふり付て、是を一廉(イッカド)張と心得」 方言『副』❶たくさん。大いに。三重県南牟婁郡603 奈良県675 和歌山県東牟婁郡690 ❷かなりなさま。よほど。相当。三重県北牟婁郡588 香川県佐柳島829 熊本県玉名郡058 語源説(1)ヒトカド(一角)の湯桶(ゆとう)よみ〔俗語考〕。(2)イツカド(逸才)の義か。あるいは一カド(楞)の義か〔和訓栞〕。 辞書饅頭・日葡・ヘボン・言海 表記一廉(饅・ヘ・言)

いつかど-の-くだもの【五角果物】『名』植物「ごれんし(五斂子)」の異名。＊薬品手引草(1778)「五斂子(これんし) いつかどのくだもの」

いっか-な【如何─】■一『連体』(あとに「でも」「ても」の意味の語を伴うことが多い)どのような。どんな。＊浄瑠璃・傾城八花形(1703)一「これはいっかな王様もどちらにせふとお心の迷ひ給ふは道理ぢゃ」■二『副』(あとに否定の表現を伴って)どのようにしても。どうしても。＊浄瑠璃・百日曾我(1700頃)二「何者ぞ真直にいへ。さなくはいっかな、跡へも先へも遣らぬ」＊浄瑠璃・松風村雨束帯鑑(1707頃)二「たとへ命は取らるるとも、箱はいっかな渡さじと」＊古道大意(1813)上「口に誦み耳に触たることは、心に記して、いっかな忘れると云ことのない人で」＊黒潮(1902-05)〈徳富蘆花〉一・九・二「道子が歩むとすれば、袂を啣(くわ)へて、いっかな放さぬ」 方言一向に。 山形県139 発音〈標ア〉0カ〈京ア〉ツ

いっかな=いっかな【=いかな】(「いかないかな」の強調形) どうしてどうして。＊浄瑠璃・日本蓬莱山(1685頃)五「ぬくぬくと、ゑいぐはにほこらん、はかりこと。いっかないっかな、其手はくはぬ」＊浄瑠璃・傾城反魂香(1708頃)上「されども彼奴等(きゃつら)、太刀打ちは、いっかないっかなかなふまじ」＊浄瑠璃・本朝二十四孝(1766)四「一天四海を掌握するこの道三、汝等が手にはいっかないっかな」＊浮雲(1887-89)〈二葉亭四迷〉二・七「書函(ほんばこ)の書物を手当放題に取出して読みかけて見たが、いっかな争(イカ)な紛れる事でない」 方言どうしても。どんなことがあっても。 熊本県下益城郡930

いっかな事(こと)(「いかなこと」の強調形) ①「いかな(如何)こと①」に同じ。＊浄瑠璃・大磯虎稚物語(1694頃)馬揃へ「お相手に罷ならんいかにいかにとよばはれば、いっかな事けがござらぬとあとをも見ずしてにげうせける」②「いかな(如何)こと②」に同じ。＊浄瑠璃・壇浦兜軍記(1732)二「夜が明けうが日が出ようが、尋ぬる事を聞かぬ間はいっかな事にじらぬ」 方言どうしても。どんなことがあっても。 山口県豊浦郡798 愛媛県松山846

いつか-な【如何─】⇨いっかな(如何─)

いっか-なか【一家仲】『名』親族の関係にあること。また、その者。＊浄瑠璃・仮名手本忠臣蔵(1748)五「去年の年貢に詰り、此中から一家中(いっかなカ)の在所へ無心(むしん)にいたれば」 方言秋田県由利郡130

いっか-に【如何─】『副』(「いかに」の強調形) どんなに。＊幸若・とかし(室町末-近世初)「あれにひかへたったる、あしげの馬の爪かたさうて、いっかにかけあしのはやかるらん」＊浄瑠璃・根元曾我(1698頃)三「いっかに義理(ぎり)があればとて、夫婦(ふうふ)となをよぶうへからは」

いつか-ねつ【五日熱】『名』シラミによって媒介される伝染病の一種。第一次世界大戦のとき、戦線で流行した。約五日目ごとに高熱を出し、脛骨(けいこつ)に激しい痛みを感ずる。時には関節痛、胃腸障害、神経痛を伴う。ヴォルヒン熱。塹壕熱(ざんごうねつ)。 発音〈標ア〉カ

いっか-ねん【一箇年】『名』いちねん。一年間。＊日葡辞書(1603-04)「イッカ〈略〉Iccanen (イッカネン)」 発音〈標ア〉カ〈京ア〉カ

いっか-のがれ【一花逃・一過逃】『名』「いちじのがれ(一時逃)」に同じ。＊歌舞伎・扇音々大岡政談(天一坊)(1875)序幕「差し当って十両の金さへあれば、どうなり斯うなり、いっかのがれにのがれますが」 発音イッカノガレ〈標ア〉ノ

いっか-ほう【一家法】『名』一家独特のやり方。特に、書法。一家をなす書法。 発音イッカホー

〈標ア〉[0][カ]

いつかめ-びょう【五日目病】〘名〙カイコの病気の一種。体が細長く伸び、外観は健康のような状態のまま死ぬ軟化病。五齢にはいって、盛んに桑を食べだす四、五日目に起こる。[発音]イッカメビョー〈標ア〉[0]

いっ-かやす〘動〙[方言]覆す。ひっくり返す。水などをこぼす。長崎県南高来郡904 対馬913 熊本県921 大分県938 鹿児島県963 982 ◇いっかえす 鹿児島県種子島054 肝属郡970

いっ-かやる〘動〙[方言]覆る。転倒する。こぼれる。宮崎市047 ◇いっかえる 鹿児島県963 ◇いっかる 長野県北安曇郡476

いっか-りゅう【一火流】〘名〙砲術の一派。天正(一五七三〜九二)の頃、筑前(福岡県)の人、泊兵部少輔(とまりひょうぶしょうゆう)藤原一火の始めたもの。*武術流祖録(1843)砲術「泊兵部少輔一火、筑前の武夫也。好二砲術一、天正年中赴二種子島一、究二妙旨一、在島七年也、岡田助之丞重勝得二精妙一、後仕二青山大膳亮幸能一、重勝之門若干、今曰二一火流一」*国朝砲熕権輿録(1855)「我国にて、古今火術の諸派に分れたるを挙れば〈略〉泊兵部少輔一火より出し流派は、一火流と称し」[発音]イッカリュー〈標ア〉[0]

い-っか・る〘自ラ四〙乗りかかる。乗っかる。*雑俳・末摘花(1776〜1801)二「いっかって居てそれもうう是もうう」[方言]乗る。福島県東白川郡157 茨城県062 188 栃木県198 群馬県223 241 245 埼玉県秩父郡251 入間郡256 東京都旧市域309 新潟県佐渡352 中越373 長野県上田475 佐久484

い-つが・る【―繫】(「い」は接頭語)㊀〘自ラ四〙つながる。からまり連なる。結びつく。*万葉(8C後)九・一七六七「豊国(とよくに)の香春(かはる)は吾家(わぎへ)紐児(ひものこ)に伊都我里(イツガリ)居れば香春(かはる)は吾家〈抜気大首〉」*万葉(8C後)一八・四一〇六「さぶるその児に 紐の緒の 移都我利(イツガリ)逢ひて 鳰鳥(にほどり)の 二人並び居〈大伴家持〉」㊁〘自ラ下二〙㊀に同じ。*有明の別(12C後)一「いとはなやかなる先の声、いきほひ殊にいつがれ出で給へる御さま、言へばさらなりや」[語誌]「和名抄」に「鏁」、「名義抄」に「鎖」の字を、カナヅカリと読んでいるので、これと関係づけて、鎖のようにつながる意と考えられている。また、「さ(避)く」に対する「さ(避)かる」があるように、「つぐ(継)」に対して自動的な形で「つがる」があり、他動的な「つがふ」と対立するものと思われる。

いっ-かん【一巻】〘名〙①巻いてあるものの一つ。おもに書物、フィルムなどにいう。巻物になっていない書物などにも用いられる。*続日本紀-天平一九年(747)一〇月辛卯「著二述愚志一巻一、論二僧尼之事一」*歌経標式(772)「故建二新例一則抄二韻曲一合為二一巻一名曰二歌式一」*観智院本三宝絵(984)中「七七日(なぬかなぬか)の忌の間は此寺に来て一日に一鉢をまうけて、一人に一巻を講ぜむ」*運歩色葉(1548)「一部 経一巻 同」*広益熟字典(1874)〈湯浅忠良〉「一巻 イッカン ヒトマキ」②いくつかに分かれたものの最初の巻。第一巻。[発音]〈標ア〉(名詞的)[カ](副詞的)[0]〈京ア〉(名詞的)[ツ](副詞的)[0] [辞書]文明・天正・易林 [表記]一巻(文・天・易)

いっかん の=終(お)わり[=おしまい] ①活動写真の弁士の台詞。上映の終わりに言うことば。②転じて、物事の結末がすべてついてしまうことのたとえ。また、先の望みがまるでないことのたとえ。*望郷歌(1937)〈北条民雄〉「人生一巻のお終ひさ」*助左衛門四代記(1963)〈有吉佐和子〉五・三「儂が死んでもたら一巻の終りやのし」*秋の朝 光のなかで(1974)〈辻邦生〉「風邪なんかひきこんだら一巻の終りだぞ」[発音]〈標ア〉[0]

いっ-かん【一看】〘名〙一通り見ること。ちらっと見ること。また、一読すること。一見(いっけん)。*日葡辞書(1603〜04)「Iccan(イッカン)〈訳〉ある書物を一見すること。または、一度読み通すこと」[辞書]日葡

いっ-かん【一竿】〘名〙一本の竹竿。また、一本の釣竿(つりざお)。*続日本紀-天平宝字五年(761)八月甲子「代刀一口、槍一竿、矢二隻」*日葡辞書(1603〜04)「Iccan(イッカン)。ヒトツノサヲ」*羅隠-雪霽詩「一竿如レ有レ計、五鼎豈須レ烹」[発音]〈標ア〉[0] [辞書]日葡

いっかん の 風月(ふうげつ) 一本の釣竿を友として釣りを行ない、俗事を忘れて自然の風物を楽しむこと。のんびりした人生を送ることのたとえ。*陸游-感旧詩「回レ首壮遊真昨夢、一竿風月老二南湖一」

いっ-かん【一貫】㊀〘名〙①(銭を一つなぎにしたものの意から)銭一千文のこと。ただし、近世では九六〇文。また、明治以降一〇銭のことを俗にいう。*天正本節用集(1590)「一貫 いっクヮン 銭」*日葡辞書(1603〜04)「Icquan(イックヮン)〈訳〉銭千枚を単位とした数え方」*浮世草子・日本永代蔵(1688)一・一「御宝前に立寄て借銭壱貫(クヮン)と云けるに」*俳諧・曠野(1689)員外「代まいりただやすやすと請おひて〈荷兮〉銭一貫に鰹一節〈野水〉」*漢書-武帝紀李斐注「緡糸也、以貫レ銭也、一貫千銭、出算二二十一也」②銭を数える単位で、千のこと。*仮名草子・竹斎(1621〜23)下「背中の辺七八百、一くはんばかりどづけども」③重量の単位で、一千匁のこと。三・七五キログラム。④(―する)始めから終わりまで同一の主義や方法で貫き通すこと。また、ひとつながりであること。等しいこと。*鹿苑日録-長享元年(1487)八月一二日「常住欲レ送二礼物一。典厩不レ受。秋庭一貫見レ還。又送レ之。寺僧皆喜」*集義和書(1676頃)一〇「人を以て人を治るは二人のやうなれども、心の天理は天下一貫なり。己が好む所の義理は人も好み、悪む所の不義は人もにくむが故なり」*学制に関する勅諭-明治一五年(1882)二月二一日「文部省に於ては此旨趣を一貫し、徹底せしむべきの覚悟あるべし」*吾輩は猫である(1905〜06)〈夏目漱石〉九「彼の精神が朦朧として不得要領底に一貫して居る如く」*青年(1910〜11)〈森鷗外〉七「個人を個人として生活させようとする思想が、イブセンの生涯の作の上に、所謂赤い糸になって一貫(イックヮン)してゐる」*荘子-徳充符「以二死生一為二一条一、以二可不可一為二一貫一」㊁〘語素〙体言に付いて、それだけで他には何もないことを表わす。「裸一貫」[方言]〘名〙❶約束。げんまん。幼児語。岐阜県飛騨502 ❷男の子。女の子の五百に対して言う。奈良県宇智郡683 [発音]㊀①〜③は〈標ア〉(名詞的)[カ](副詞的)[0] ④は[0]〈京ア〉㊀①〜③は[ツ] ④は[0] [辞書]文明・天正・黒本・易林・日葡 [表記]一貫(文・天・黒・易)

いっかん 頓悟(とんご)の地(じ) 一つの道理で万事に通用し、即座に悟りに達することができるような境地。*浮世草子・好色敗毒散(1703)一・二「此外に無上無極の本粋、一貫頓悟(イックヮントンゴ)の地(ヂ)といふ事一つあり」

いっ-かん【一寒】〘名〙①(「一」は「もっぱら」「ひとえに」の意)着物が薄くて寒そうなこと。また、ひどく貧しいこと。赤貧。*蔭涼軒日録-長享元年(1487)閏一一月五日「愚憐二禅孝一寒一」*史記-范雎伝「范叔一寒如レ此哉」②ひと冬。*日葡辞書(1603〜04)「Iccanuo(イッカンヲ) シノグ、または、トヲル」[発音]〈標ア〉[0] [辞書]日葡

いっ-かん【一閑】 中国、明の人。飛来(ひらい)一閑。寛永(一六二四〜四四)頃わが国に帰化し、漆器の技法「一閑張り」を世に広めた。朝雲斎。金剛山人。喋々子。

いっ-かん【一管】〘名〙①笛、筆など管の形になっているもの一つ。*文明本節用集(室町中)「一管 クヮン 笛 筆」*運歩色葉(1548)「一管 イックヮン 笛 筆 尺八」*幸若・笛巻(室町末〜近世初)「笛を一くゎんかひとって」*日葡辞書(1603〜04)「Icquan(イックヮン)〈訳〉笛の数え方」*晉書-曹毗伝「検二名実於俄頃之間一、定二得失乎一管之鋒一」②能楽で、囃子方(はやしかた)のうちの笛方の一人が、能笛一本だけを謡曲に合わせて吹き奏でること。*謡諸流名寄(古事類苑・楽舞一四)「一管 春日市右衛門 森田庄兵衛 一噌又六郎」③(―する)統一して管理したり支配したりすること。統治。*今昔較(1874)〈岡三慶〉上「夫六十州は至て広し、故に政一也と雖も尽く是を一管する能はず」[発音]〈標ア〉[0]〈京ア〉[0]/①②は[ツ] [辞書]文明・天正・饅頭・易林・日葡・書言 [表記]一管(文・天・饅・易・書)

いっ-かん【一歓】〘名〙ひとしきりよろこぶこと。*蕉堅藁(1403)喜諒信元至「三顧早曾紆二寵眷一、一歓聊復慰二衰遅一」

いっ-かん【一環】〘名〙①鎖などつながっている輪のうちの一つ。*江戸繁昌記(1832〜36)二・混堂「一環の臂墨〈注〉いれずみ)、掩ふ所有るが若く」②全体的なつながりをもっている物事の一部分。*中野重治論-息子の拒否権(1947)〈荒正人〉「新しい道が拓かれたのは、『十月革命』やその小さい一環であった父さんたちのプロレタリア文学運動のお蔭であった」*浪曼主義(1950)〈中野好夫〉「西欧近代浪曼主義という一大精神運動の一環として」[発音]〈標ア〉[0]〈京ア〉[0]

いっ-かん【一鼾】〘名〙(「鼾」はいびきの意)「いっすい(一睡)①」に同じ。*俳諧・青田づら(1812)跋「例の旅枕をかたぶけて、一鼾の中にひとつの趣向を得しより」

いっ-かん【一観】〘名〙一度見ること。一見。*江戸繁昌記(1832〜36)初・両国の花火「偶々田舎客有。予を拉て往て一観を試んと請ふ」*花柳春話(1878〜79)〈織田純一郎訳〉附録・五「邪蘇祭典は殊に盛大にして一観するに足れば」*航西日乗(1881〜84)〈成島柳北〉四月九日「クルニイの博物館を一観す」[発音]〈標ア〉[0]

いっかん-かみこ【一閑紙衣】〘名〙一閑が初めて作った、きわめて丈夫な紙衣(かみこ)。*随筆・本朝世事談綺(1733)一・衣服門「一閑紙衣(イッカンカミコ) 大坂一閑といふものこれを製す。至てつよく、手綱にするに切れず。又米を煮、豆を煎、炮烙(はうろく)の代りをすと云り」

いっかん-きょういく【一貫教育】〘名〙小学校、中学校、高等学校などの各段階の教育課程間の断層や、むだな重複をなくし、これらの課程全体をひとまとまりにして、効果的に行なう教育。[発音]イッカンキョーイク〈標ア〉[キョ]

いっかん-さぎょう【一貫作業】〘名〙製品の均一化、大量生産などのために原料から製品までの作業工程を連続的に行なうこと。連続生産。*増補改訂新聞語辞典(1936)〈千葉亀雄〉「いっかんさぎょう 一貫作業〈略〉各企業に於ける各加工段階及び原料の獲得等の諸作業が、単一の企業によって経営せられる〈略〉この種企業の経営を一貫作業或は継貫作業と呼ばれる」[発音]イッカンサギョー〈標ア〉[サ]〈京ア〉[サ]

いっかん-じん【一閑人】〘名〙(一人の閑人(ひまじん)が井戸をのぞいているような形から呼ばれる)茶道具の七種蓋置(ふたおき)の一つ。用いる時は、人形が横になるように置き、飾るときは起こす。井戸覗(のぞ)き。井看人(せいかんじん)。[発音]〈標ア〉[カ]

いっかん-せい【一貫性】〘名〙始めから終わりまで同一の主義や方法で貫き通すこと。始めから終わりまで矛盾がない状態であること。*共産主義的人間(1949)〈小田切秀雄〉一「それは一貫性を欠いていることでも、不注意の結果でもない」*恋の重荷(1956)〈中村真一郎〉「その場、その場の決意なり感動なりは、全て真実なものではあるが、ただ、ぼくの人格には一貫性がない」[発音]イッカンセイ〈標ア〉[0]

いっかん-ちょう【一貫町】 島原の遊郭

で、大門口に至る町名。現在の京都市下京区松原通の南、大宮通の西にあたる。丹波街道口から都にはいった所で、編笠などを貸す茶屋が並んだ。いっかんまち。＊浄瑠璃・傾城反魂香(1708頃)中「通ひなれにし六条の道には石がいくつ有迄よみ覚えたる、一貫町の茶屋がよしずのよしやよし」 発音イッカンチョー〈標ア〉カ

いっかん-どおり(イックヮンどほり)**【一管通】**『名』雅楽の楽器編成上の用語。左方では、横笛、篳篥(ひちりき)、笙(しょう)各一管を、右方では、狛笛(こまぶえ)、篳篥各一管を用いるもの。最も小規模な合奏形態。 発音イッカンドーリ〈標ア〉ド

いっかん-にち(イックヮン:)**【一貫日】**『名』(「一貫」は千匁であるところから)一千日。一説に、百日。＊狂言記・宗論(1660)「中中五日十日の事はさておかっしゃれい。一くゎん日でも。待あはせ都までは同道申す」

いっかん-ばり【一閑張】『名』漆器の一つ。器物に紙を張り漆を塗るか、または、原型に漆やのりで紙を張り重ねて、後から型を抜き取り漆を施したもの。寛永年間(一六二四～四四)中国からの帰化人飛来一閑の創案という。＊洒落本・北廓鶏卵方(1794)二「一閑張じての朱ねりむじの小卓にある小説物をひらひて」＊風俗画報-一一二号(1896)漫録「文庫の如きは皮文庫あり、一閑張(カンバリ)あり、きんからかはあり」＊坊っちゃん(1906)〈夏目漱石〉一一「一貫張の机の上にあった置き洋灯(ランプ)」 発音〈標ア〉0 〈京ア〉0 辞書日葡・ヘボン・言海 表記一貫張(ヘ) 一閑張(言)

いっかん-め(イックヮン:)**【一貫匁】**『名』「いっかん(一貫)❶③」に同じ。＊日葡辞書(1603-04)「Icquanme(イックヮンメ)」 発音〈標ア〉(名詞的)メ (副詞的)0 辞書日葡・書言 表記一貫匁(書)

いっかん-もの(イックヮン:)**【一巻物】**『名』映画で、フィルム一巻で完結するもの。＊いろは交友録(1953)〈徳川夢声〉そ「映画はみんな一巻物ばかりで、映っている間はジンタをやっていた」 発音〈標ア〉0

いっ-き【一己】『名』「いっこ(一己)」に同じ。＊改正増補和英語林集成(1886)「Ikkide(イッキデ) ショウバイヲ ヤル」＊改正増補和英語林集成(1886)「Ikki-no(イッキノ) リョウケン」 方言ひとり。単独。静岡県榛原郡541

いっ-き【一気】『名』①ひといき。＊晉書-許邁伝「常服気、一気千余息」②万物のもととなる混然の気。＊性霊集-一(835頃)遊山慕仙詩「老聃守一気、許脱貫三望」＊栂尾明恵上人伝記(1232-50頃)上「元気道より生じ、万物天地より生ず、混沌の一気五運に転変して大象(たいしょう)を含(がん)す」＊蔗軒日録-文明一七年(1485)九月二六日「天非有先后之異、均具于大極一気之中而已矣」＊荘子-知北遊「万物一也、是其所美者為神奇、其所悪者為臭腐、臭腐復化為神奇、神奇復化為臭腐、故曰、通天下一気耳」③同じ気分。同じ気持。＊俳諧・去来抄(1702-04)同門評「世話にも、人ごといはばむしろしけといへり、一気の感通、自然の妙応、かかる事も有(ある)ものとしらるべし」＊開化本論(1879)〈吉岡徳明〉下「故に其畏天敬神の心は孫々相伝へ、一気感通して永遠失せず」＊崔国輔-奉和華清宮観行香詩「雲物三光裏、君臣一気中」④⇨いっきに(一気―)。 方言『副』(「に」を伴って用いられることが多い)❶すぐに。じきに。大阪†116 久留米†127 鹿児島†134 栃木県198 東京都八丈島342 神奈川県足柄下郡054 石川県江沼郡404 鳳至郡409 山梨県南巨摩郡463 岐阜県恵那郡514 静岡県520 田方郡530 愛知県尾張567 大阪府054 奈良県675 島根県725 香川県829 愛媛県054 高知県038 864 867 大分県日田郡939 宮崎県西諸県郡947 東諸県郡954 鹿児島県038 961 963 ◇いいき 静岡県520 ◇いっきんこま 宮崎県東諸県郡954 ◇いっきんこんめ 鹿児島県963 ◇いっきのこめ 鹿児島県姶良郡967 ❷急に。三重県名賀郡585 兵庫県神戸市670 鹿児島県肝属郡970 ◇いっく 島根県石見725 ❸ともすれば。ややもすれば。鹿児島県肝属郡970 ❹なかなか。徳島県811 ❺まれに。香川県塩飽諸島829 発音〈標こ〉イ 〈京こ〉イ

いっ-き【一奇】『名』一つのすぐれたもの。＊蔭涼軒日録-寛正二年(1461)一二月一八日「拈香者当山住持雪庵和尚、法語甚出一奇也」＊中華若木詩抄(1520頃)「結句帰るときの興は、往く時よりも勝た也、不逢安道而返るが。一奇也」＊陸游-初春書懐・二「食観本草雖多事、酔読離騒自一奇」

いっ-き【一季】『名』①春夏秋冬のうちの一つの季節。＊延喜式(927)一二・中務省「凡供奉諸祭和儛及法会堂童子等、次侍従已上、有闕怠不預節会〈略〉并臨時宴会其内舎人奪一季禄」＊新唐書-礼楽志・五「皇后歳祀、一季春吉」②(江戸時代、奉公人を雇う契約期間が一年であったところから)一年。＊浮世草子・元禄大平記(1702)四・花の都におせやれおの子「あるとき助、打たへて一季が間ゆかざりければ」＊浄瑠璃・博多小女郎波枕(1718)中「はっと寝耳に水臭き、半季一季の名残なくつれ立、表に出にけり」 発音〈標ア〉イ 〈京ア〉イ／0

いっ-き【一紀】『名』一二年のこと。古代中国で、歳星(木星)が天を一周する周期。＊続日本紀-天応元年(781)正月辛酉「詔曰、〈略〉朕以寡薄、忝承宝基、無善万民、空歴一紀」＊元和本下学集(1617)「一紀、十二年云一紀也」＊軍人訓誡(1878)〈山県有朋〉「是畢竟維新以来僅かに一紀の星霜を経て」＊国語-晉語・四「蓄力一紀、可以遠矣〈韋昭注〉十二年歳星一周為一紀」 辞書文明・伊京・明応・天正・饅頭・黒本・書言 表記一紀(文・伊・明・天・饅・黒・書)

いっ-き【一帰】『名』①ひとたび帰ること。＊呂氏春秋-慎大覧・報更「請為寡人而一帰也、国雖小、請与客共之」②(「帰」は「帰依」の意)仏や神などの力にひとたびすがること。＊三国伝記(1407-46頃か)四・一五「一帰して此学して富貴を得」③一つに帰着すること。また、その帰着点。＊明六雑誌-三六号(1875)天降説の続き〈阪谷素〉「学問の重は古今万国一帰の公論にして」＊郭璞-客傲「寄群籍乎無象、城万殊於一帰」

いっ-き【一基】『名』すえたり、立てたりするもの一つ。＊延喜式(927)一七・内匠寮「廚子一基 高四尺。長五尺。広二尺二寸」＊延喜式(927)二一・玄蕃寮「燈台一基。〈略〉磬(うちなし)一基」＊朝野群載-四・嘉承二年(1107)一二月四日・斎宮御帰京興造儲官宣旨「輦輿壱基 腰輿壱基」＊文明本節用集(室町中)「一基 いっキ 塔婆」 発音〈標ア〉イ 〈京ア〉イ／0 辞書文明・天正・易林 表記一基(文・天・易)

いっきの主(あるじ・ぬし) (「一基」は塔婆一つのこと)塔婆の下に葬られている死者。＊浮世草子・諸国心中女(1686)二・七「つゐに一朝の霜と消ぬ、なみだの中に野路に葬、一基(キ)の主(ヌシ)となし」

いっ-き【一規】『名』一つに定まっていること。＊米欧回覧実記(1877)〈久米邦武〉一・二「建校勧学職制等、みな州々にて思ひ思ひに其周備を競ふ、故に全国一規の学制はあらさるなり」 発音〈標ア〉イ

いっ-き【一揆】『名』(「揆」は、はかる意)①程度、種類、やり方などが同じであること。＊三代格-三・承和一一年(844)四月一〇日・太政官符「建国任職大小是同。除禍祈福彼此一揆也」＊真俗交談記(1191)「神武天皇為人代。上奉崇八神給。其由一揆也」＊太平記(14C後)一六・正成下向兵庫事「彼は異国の良弼、是は吾が朝の忠臣、時千載を隔つといへ共、前聖後聖一揆(いっキ)にして有難かりし賢佐なり」＊孔安国-尚書・序「至于夏商周之書、雖設教不倫、雅誥奥義、其帰一揆」②(―する)おのおのの心を一つにすること。行動を共にすること。一致団結。一味同心。＊吾妻鏡-元暦二年(1185)正月六日「兵粮闕乏間、軍士等不一揆、各恋本国」＊康富記-嘉吉二年(1442)一一月二二日「各被召可給御脈之由、茂成朝臣等一揆就伝奏雖望申」＊春林本下学集(室町末)「一揆 イッキ 同心義」③(―する)参加者の一味同心を目的にして結ばれた集団。また、そのような集団をつくること。中世、同一の目的を有する武士や農民の集団。小領主たちの結合(白旗一揆・平一揆・上州一揆・武州一揆等)や、室町時代の幕府や守護大名に対する地侍・農民・信徒たちの結合(土一揆・馬借一揆・徳政一揆・法華一揆等)などがあった。＊太平記(14C後)二五・住吉合戦事「坂東坂西藤橘伴の者共、五百騎づつ一揆(キ)を結んで」＊太平記(14C後)三一・武蔵野合戦事「引ては一人も帰らじと是も五手に一揆して四方六方に引(ひかへ)たり」＊蔗軒日録-文明一七年(1485)八月一四日「土一揆陣于東寺、京中忩劇、一揆千五百人云々」＊続応仁後記(15C後か)二・畠山上総介義英自害事「土民の徒党して軍を起こす者を名付けて土一揆と云ひならはす。民の字を略せる者ならし。然るに近年は土民の徒党毎度蜂起し、皆人、土の字を略せしめて、其れを只一揆とのみ云ならはす」＊祇園執行日記-天文元年(1532)八月七日「山村京の上下の一揆を引具して、うちまわりし候」＊日葡辞書(1603-04)「Icqiuo(イッキヲ) ヲコス」④江戸時代に領主に対して農民がその要求を実現するために結合して行なった蜂起(ほうき)。また、その者たち。一般に百姓一揆と呼ばれた。＊仮名草子・尤双紙(1632)上・一七「しづめる物之しなじな〈中略〉大事の談合、逸起(いっき)のたいぢ」＊随筆・梅翁随筆(1789-1801か)三「奥州浅川一揆の事。〈略〉一揆は八幡山といふ家に屯して足を休め」⑤明治初期、政府の政策に反対した政治運動の一形態。徴兵反対一揆、地租改正反対一揆等。 発音〈標ア〉イ 〈京ア〉イ0 辞書文明・伊京・明応・天正・饅頭・黒本・易林・日葡・書言・ヘボン・言海 表記一揆(文・伊・明・天・饅・黒・易・書・ヘ・言)

いっ-き【一期・一朞】『名』①(「一朞」と書くことが多い)満一年、または満一か月。特に人が死んでからの期間をいう。＊山槐記-仁安二年(1167)六月二五日「康和元年後二条薨給、雖中陰之外、猶件年定考被止、宴穏座、次第列見如此被行宴穏座了、帝外祖一朞之間止之、外戚不然也者」＊玉葉-文治元年(1185)一月八日「法成寺修正停止呪師散楽、依内府一朞内也」＊北史-隋本紀上「群臣深自咎責、為之損膳而不御酒肉者、殆将一期」②一般に、ある決められた期間の一区切り。任期の一区切りなど。また、最初の時期。第一期。 発音〈標ア〉イ 〈京ア〉イ／0

いっ-き【一器】『名』①一つのうつわ。②ひとつの容器に入れた酒。転じて、ささやかな酒宴のこと。＊大乗院寺社雑事記-長禄二年(1458)九月一三日「夜に入て連歌又在之。発句安位寺殿御沙汰、一器予仰付了」 発音〈標ア〉イ

いっ-き【一簣】『名』(「簣」は土を運ぶかごの類)一荷のもっこ。また、そのもっこに盛った土。わずかな量にたとえる。「九仞の功を一簣に欠く」＊本朝文粋(1060頃)一三・為奝然上人入唐時為母修善願文〈慶滋保胤〉「古人云、縦有為大山者、覆一簣以不止、終及万仞矣」＊日葡辞書(1603-04)「Icqi(イッキ)〈訳〉土などを運ぶかご」＊俳諧・なにぶくろ(1812)序「ともども乙鳥の土をはこび、木つつきの穴ほりて一簣のちからをあはすものなり」＊一夜(1905)〈夏目漱石〉「九仞の上に一簣を加へる。加へぬと足らぬ、加へると危うい」＊論語-子罕「譬如為山、未成一簣、止吾止也」 発音〈標ア〉イ 辞書文明・日葡 表記一簣(文)

いっきの功(こう) ①(「書経-旅獒」の「為山九仞功虧一簣」、九仞の山を築くのに、最後の一杯のもっこの土を欠けば完成しない、の意から出た語)最後のひと骨折り。完成直前の努力。一簣の功を欠く。九仞の功を一簣に欠く。②土などを一もっこ運ぶ骨折り。事業を完成させるために積み重ねる一つ一つの努力。＊洒落本・大抵御覧(1779)「多少を論

ぜず土持してだんだんつもる一簣(キ)の功(コウ)、終に九仞(きうじん)の山となれり」

いっきを以(もっ)て江河(こうが)を障(ふせ)ぐ (「漢書‐何武・王嘉・師丹伝賛」の「武嘉区区、以二一簣一障二江河一、用没二其身一」による語。もっこ一杯のわずかな土で大河の水をせき止める意から) 微力で乱を防ぐことなどのたとえ。大海を手でふさぐ。

いっ‐き【一騎】〘名〙①ひとりの騎馬武者。馬に乗った兵士ひとり。＊保元(1220頃か)上・親治等生捕らるる事「弓手(ゆんで)、妻手(めて)より馳せよりて、一騎が上に五六騎七八騎落かさなれば」＊日葡辞書(1603‐04)「Icqi(イッキ)〈訳〉馬上の人の数え方」＊史記‐李広伝「嘗従二一騎一出、従レ人田間飲」②江戸時代、武士の身分の称の一つ。主君から知行を分与される上士をいう。＊地方凡例録(1794)一「今の一騎は知行高二百石以上、侍二人・馬口取一人・鎗持一人・草履取一人・自分とも六人也」 発音〈標ア〉イ 〈京ア〉イ／0 辞書 天正・饅頭・易林・日葡・書言 表記 一騎(天・饅・易・書)

いっ‐き【一饋】〘名〙(「饋」は食物を供える意) 一度の食糧。一回の食事。＊新論‐誡盈「夏禹一饋而七起、周公一沐而三握髪」

いっきに十度(とたび)〔=七度(ななたび)〕立(た)つ (夏の禹王が士を迎えるのに熱心であったという「淮南子‐氾論訓」などに見える故事による) 一度食事をする間に一〇回(七回)も中座すること。転じて政治に熱心なこと。

いっ‐き【逸気】〘名〙①すぐれた気質。俗事にこだわらない気風。＊日本詩史(1771)四「南郭次子〈略〉年僅十九而没。有二遺稿一。名二鍾情集一〈略〉可レ謂翩翩有二逸気一」＊曹丕‐与呉質書「公幹有二逸気一、未レ遒耳、至二其五言詩一、妙絶二当時一」②気持が高ぶること。勇み立つこと。＊台記‐仁平元年(1151)二月二六日「鹿毛雖レ無二逸気一、清成不レ騎レ之」＊家鴨飼(1908)〈真山青果〉三「『然うすると爺さん小児(こども)のやうに顫(ふる)へ上って了ふから』と逸気(イッキ)になって饒舌(しゃべ)って居る」 発音〈標ア〉イ

いっ‐き【逸軌】〘名〙気高い手本。すぐれた模範。＊蕉堅藁(1403)山居十五首次禅月韻「東林香火沃州鶴、逸軌高風誰敢攀」＊潘岳‐秋興賦「仰二群儁之逸軌一兮、攀二雲漢一以游騁」 発音〈標ア〉イ

いっ‐き【逸機】〘名〙機会を逃がすこと。特にスポーツで、得点するチャンスを失うこと。 発音〈標ア〉イ

いつき【斎・寵・傅】〘名〙(動詞「いつく(斎)」の連用形の名詞化) ①(斎) 汚れを忌み、清浄にして神に仕えること。また、その場所。神をまつる場所。＊書紀(720)仁徳四〇年二月・歌謡「はやぶさは 天(あめ)にのぼり 飛びかけり 伊菟岐(イツキ)が上の 鷦鷯(さざき)とらさね」②(斎)「いつきのみこ(斎皇女)」の略。＊源氏(1001‐14頃)賢木「賀茂のいつきには、孫王の居給ふ例、多くもあらざりけれど」＊新古今(1205)雑上・一四八六・詞書「いつきの昔を思ひ出でて」＊読本・椿説弓張月(1807‐11)続・三三回「これ則(すなはち)日本にて、いにしへ内親王を斎宮(イツキ)として、宗廟(そうびゃう)へ奉らし給ふがごとし」③(寵・傅) 大切に養育すること。＊幸若・大織冠(室町末‐近世初)「みづからと申はけいたむこくの大王のいつきの姫にてさぶらふなるが」 発音〈標ア〉キ0 〈ア史〉平安・鎌倉○●○ 〈京ア〉0 上仮名 イッキ｜ 辞書 書言・言海 表記 斎宮・斎院(書)

いつきの庭(にわ) 神をまつるために清浄にした場所。斎場(さいじょう)。

いつきの宮人(みやびと) 斎院司の役人。

いつき【五木】 熊本県南部、球磨川(くまがわ)支流川辺川上流の地名。平家の落人伝説や「五木の子守唄」で知られる。

い‐つき【居着・居付】〘名〙①居ついていること。そこに住み着いていること。＊名張少女(1905)〈田山花袋〉四「『大和、東京にも行って居たことがあってよ』『此家に居付きか』」＊家(1910‐11)〈島崎藤村〉下・五「土地に居着(ヰツキ)のものは、昔の深川芸者の面影がある」②釣りで、回遊する魚に対して、いつも一定の場所にすむ種類の魚の状態をいう。③自分の住んでいる所の近くだけで盗む者をいう、盗人仲間の隠語。〔隠語輯覧(1915)〕 方言 ❶他人の家に身を寄せる者。寄留者。長崎県北松浦郡901 ❷島の外から入ってきて、島に定住すること。長崎県東松浦郡054 ❸嫁に行くなどして他の家に入り、その家に慣れること。鹿児島県肝属郡970 ❹落ち着き具合。座り。山形県米沢市・西置賜郡139 発音〈標ア〉0

いつきの餅(もち) 宮城県刈田郡で嫁入りの翌日、新夫婦が搗(つ)いて仲人や近親者にふるまう餅。

いつき【斎宮】 姓氏の一つ。 発音〈標ア〉0

いつき‐せいさい【斎宮静斎】 江戸中期の儒者。名は必簡(ひっかん)。字は大礼。通称五右衛門。静斎は号である。安芸に生まれ、服部南郭に徂徠学を学ぶが、後、疑義を生じ、斎子学といわれる一家の説を立てた。京都で講説する。著に「斎子学叢書」一三〇冊がある。享保一三～安永七年(一七二八～七八)

い‐つき【斎槻】〘名〙(「い」は、斎(い)み清めた、の意) 神聖なツキの木。＊万葉(8C後)一三・三二二三「神南備の 清き御田屋の〈略〉五十槻(いつき)が枝に 瑞枝(みづえ)さす 秋の赤葉(もみちば)〈作者未詳〉」 補注 一説に、「五十槻(いつき)」の「い」は、数多くの意で、枝葉の多いツキの木、とする。

いつき〘名〙植物「やまぼうし(山法師)」の異名。＊語彙(1871‐84)「いつき。やまぐは・からくは・やまぼうし 木名、葉は山茱萸(さんしゅゆ)に似て夏月枝梢に四弁の白花を開く」 方言 植物。❶つき(槻)。富山県008 ❷みずき(水木)。兵庫県008 ❸やまぼうし(山法師)。新潟県036 富山県036 石川県036 福井県036 岐阜県036 三重県036 京都府036 兵庫県036 和歌山県036 鳥取県036 愛媛県036 高知県036 岡山県008 鳥取県日野郡008 広島県比婆郡773 ◇うつぎ 島根県簸川郡964 ◇うつけ 島根県石見003 ◇おつき 島根県仁多郡964 広島県比婆郡773 ◇えちきのき〔一木〕 新潟県西頸城郡385 ◇おつきのき 島根県隠岐島740 辞書 言海

いつき〘名〙そば。きわ。＊物類称呼(1775)五「際(きは) そばと云に同じ心か 畿内また尾張辺播州辺にてもねきといふ 根際の略なるべし 土州にていつきにねきにといふは すぐに近所をいふ也」

いつき〘名〙犯行の好機をいう、盗人仲間の隠語。〔隠語輯覧(1915)〕

い‐つぎ【居接】〘名〙植えてあるままの台木に接ぎ木すること。⇔揚げ接ぎ。 発音 イッギ 〈標ア〉0

いっき‐あい【一騎合】〘名〙「いっきうち(一騎討)②」に同じ。＊太平記(14C後)二五・住吉合戦事「三河守是を見て、一騎合ひの勝負は叶はじとや思はれけん」＊浄瑠璃・箱根山合戦(1660)二「所は広き河原也。一きあひのゐらみうち、いくさをするもここちよからん」 発音〈標ア〉0

いつき‐いえもち【居付家持】〘名〙江戸時代、町人階層の一つ。江戸町内に自宅と宅地を所有して、その地に居住する町人。地借(ちがり)や店借(たながり)身分の者と違い、町内の費用を負担し、地主の寄合いで町務を評議するなどの権利義務があった。居付き町人。居付き地主。家持ち。家主。

いっき‐いちゆう【一喜一憂】〘名〙喜びと心配とが交互に訪れること。情況の変化につれて喜んだり心配したりすること。＊近世紀聞(1875‐81)〈染崎延房〉一一・三「国内に兵禍絶えず、其勝敗の際に臨み迭(かたみ)に一喜一憂(いっキいちイウ)あるも」＊思出す事など(1910‐11)〈夏目漱石〉七「吾等如きものの一喜一憂(イッキイチイウ)は無意味と云はん程に勢力のないといふ事実に」＊道徳指帰論‐名神執親「一喜一憂、魂魄浮游、一憂一喜、神明去矣」 発音 イッキイチュー 〈標ア〉イ1 〈京ア〉イ＝0

いっき‐いっぷ【一起一仆】〘名〙立ち上がったり倒れたりすること。＊真理一斑(1884)〈植村正久〉二「一勝一敗一起一仆恰かも波浪の起りては又忽ちにして摧け去り起伏定り無きに髣髴たり」 発音〈標ア〉イ2

いつき‐い・る【寵入】〘他ラ下二〙たいせつにひき入れる。＊苔の衣(1271頃)四「物心みんとおぼして、『こなたへこなたへ』と御てづからいつきいれて」

いつき‐いわ・う【斎祝】〘他ハ四〙身心のけがれを清め祈り願う。＊催馬楽(7C後‐8C)藤生野「標(し)めはやし 以川支以波比(イツキイハヒ)ししるく時にあへるかもや」

いっき‐うち【一騎打】〘名〙①(「うち」は馬に乗って行く意) 一騎ずつ一列になって進むこと。＊鹿苑院殿御元服記(14C末)「管領後騎役人一騎打」＊玉塵抄(1563)三七「孫のが下知して馬蹟と云一騎打のふかい谷の両方の高いみねにきやうの射手弓万張ふせておいたぞ」＊仮名草子・東海道名所記(1659‐61頃)二「親しらず子しらず。〈略〉海ばたは一騎うちの道にて、うちよする浪大なり」＊随筆・常山紀談(1739)七・前田利家末森城後巻合戦の事「村井不破に浜際を一騎打(イッキウチ)に馬の舌を巻せ、いかにも静に押通れと下知せらる」②(「うち」は戦う意) 敵、味方一騎ずつで戦うこと。一人対一人で勝ち負けを争うこと。＊社会百面相(1902)〈内田魯庵〉電影・八「豊崎君が豪い一騎打をやったので果然大雨がやって来た哩(わい)」 発音〈標ア〉キ 〈京ア〉キ 辞書 言海 表記 一騎打(言)

いつき‐おり【斎下】〘名〙神宮の神子(みこ)をやめ親里に帰ること。また、その娘。＊俳諧・二息(1693)「君加茂の斎宮下り迄どう待ん」＊雑俳・しげり柳(1848)「斎宮下り顔に火を焚く赤の飯」

いっき‐かかえ【一季抱】〘名〙「いっきほうこう(一季奉公)」に同じ。

いっき‐がけ【一騎駆】〘名〙①武士がただ一騎で行動すること。一騎だけで敵に突入すること。＊信長公記(1598)二「時日を移さず御入洛あるべきの旨相触れ、一騎懸に大雪中を凌ぎ打立ち、早御馬にめし候つるが」＊随筆・常山紀談(1739)二・信濃国川中島合戦の事「かかる所に西条山の甲州の軍兵一騎がけに馳来るを見て」＊浄瑠璃・近江源氏先陣館(1769)八「魔利支天なればとて、数万騎のその中へ、一騎がけの死軍、討死せんこと眼前たり」②転じて、一人で行動すること。＊当世書生気質(1885‐86)〈坪内逍遙〉七「源太気取で一騎(イッキ)がけたア、君にしちゃア珍らしいネ」＊黒潮(1902‐05)〈徳富蘆花〉一・一三・四「藩閥の根城は一騎駈(いっきがけ)の高名をゆるす可くあまり堅固である」 発音 イッキガケ 〈標ア〉0

いつき‐かこ【居付水夫】〘名〙臨時雇いの水夫でなく、その土地の船主に年給をもって代々抱えられる水夫。

いつき‐かしず・く【寵傅】〘他カ四〙たいせつにして養い守る。手厚く扱い、目をかける。＊源氏(1001‐14頃)紅葉賀「おぼえやむ事なくおはするが宮腹に、ひとりいつきかしづき給ふ御心おごりいとこよなくて」＊浜松中納言(11C中)一「一の后の御父の大臣、あまたが中に五にあたるむすめ、すぐれていみじういつきかしづき給ふが」＊サントスの御作業(1591)一・サンタヘブロニヤ「ヲノヲノ itçuqi caxizzuqaruru (イツキ カシヅカルル) モノナリ」＊日葡辞書(1603‐04)「Itçuqicaxizzuqi, u, uita (イツキカシヅク)」＊仮名草子・伊曾保物語(1639頃)中・九「鼠蛙をしゃうじて、いつきかしづきもてなす事きはまりなし」 発音〈標ア〉ス 辞書 文明・伊京・易林・日葡・書言 表記 寵傅(文) 寵(伊) 寵愛(易) 仮冊・賞遵・師傅(書)

いっき‐かせい【一気呵成】〘名〙(「呵」は息を吐

く意。「の」「に」を伴って、修飾語として用いることが多い）ひといきに詩や文章を作り上げること。また大急ぎでものごとを成し遂げること。＊蛻巖先生答問書（1751–64か）下「絶句は兎角起承転合を合点して、一気呵成に参り候事肝要に候」＊随筆・山中人饒舌（1813）下「或纚々万言、或僅々三四字、或擘窠、或蠅頭、従二興所一到、一気呵成」＊蕪村と几董（1898）〈正岡子規〉「蕪村は一気呵成の句に乏しからず」＊吾輩は猫である（1905–06）〈夏目漱石〉七「その爪懸（つめがか）りのいい幹へ一気呵成に馳け上（あが）る」 発音イッキカセイ 〈標ア〉イ 〈京ア〉ッ=0

いっ-きく【一掬】『名』（「掬」は水などを手のひらですくう意）ひとすくい。ひとにぎり。また、ひとすくいの量で、わずかなこと。＊和泉久米田寺文書-弘安三年（1280）四月日・和泉隆池院修復勧進牒（鎌倉遺文一八・一三九四六）「我聞一掬之施・一葉之供、終不二壊滅一、則於レ加三土木於二伽藍之大厦一乎」＊太平記（14C後）三・将軍御逝去事「身は忽に化して暮天数片の煙と立上り、骨は空く留て卵荅一掬（キク）の塵と成りにけり」＊蕉堅藁（1403）盆蘆「一掬盆蘆涼露浮、軽風吹送小飀飀」＊山鹿語類（1665）二一・財宝受与の節を辨ず「仮令（たとい）一介の微、一掬の少と雖も、皆志の寓する所、義の存する所なればなり」＊俳諧・伊勢紀行-跋（1686頃）「朝に一掬して百川の味ひをしれるなるべし」＊妾の半生涯（1904）〈福田英子〉はしがき「若し妾（せふ）のために同情の一掬（イッキク）を注がるるものあらば、幵（そ）はまた世の不幸なる人ならずばあらじ」＊詩経-小雅・采緑「終朝采レ緑、不レ盈二一掬一」 発音〈標ア〉0 〈京ア〉0 辞書日葡

いっきく の 涙（なみだ） ①少しの涙。わずかな涙。＊柳橋新誌（1874）〈成島柳北〉二「言終って一掬の紅涙自家の膝上に向ひ滴々揮ひ来る」＊国語のため 第二（1903）〈上田万年〉内地雑居後に於ける語学問題「しかるも猶は国民は一切此上に無頓着にして、一掬の涙をも此上に濺がず」②両手ですくうほどのたくさんの涙。＊李白-秋浦吟「遙伝二一掬涙一、為レ我達二揚州一」 発音〈標ア〉ナ

いつき-こ【斎子】『名』神に奉仕する少女。特に、松尾神社でいう。斎女（いつきめ）。＊伊呂波字類抄（鎌倉）「松尾、〈略〉本朝文集云、大宝元秦都理始建二立神殿一、立二阿礼一居二斎子一供奉」

いっき-さいいち【一跪再致】『名』ひざまずいて一拝し、坐して再拝すること。＊古今著聞集（1254）三・九六「理髪堀川左大臣の一跪再致し給けるためしにや」

いっき-さく【一季作】『名』「いちもうさく（一毛作）」に同じ。＊国民百科新語辞典（1934）〈新居格・木村毅〉「イッキサク 一季作〔農〕一年一回、圃場に作物を植え付ける経営形式を云ふ」 発音〈標ア〉キ

いっき-さく【一期作】『名』水稲を同じ田に年間二回以上栽培する場合の一回目の栽培。二期作、三期作に対していう。＊出発は遂に訪れず（1962）〈島尾敏雄〉「刈入れがおくれている稲田の一期作が、雑草のように伸びたまま横倒しになっていて」 発音〈標ア〉キ

いっ-きじく【一機軸】（イッキ：チク）『名』「いちきじく（一機軸）」に同じ。 発音〈標ア〉キ

いつき-じぬし【居付地主】（ゐつきぢぬし）『名』「いつきいえもち（居付家持）」に同じ。＊江戸繁昌記（1832–36）四・仮宅「土着地主（〈注〉イツキヂヌシ）遽かに天竺浪人と為り」＊人情本・閑情末摘花（1839–41）二・一二回「この近所の居付地主（ヰツキヂヌシ）の家で自己（おゐら）を是非壻に貰ひたいといふさうだからサ」＊歌舞伎・勧善懲悪覗機関（村井長庵）（1862）四幕「十間間口の居附地主、神田組の質屋では五本の指に折らるるお家」 発音〈標ア〉ジ

いつき-じめん【居付地面】（ゐつきぢメン）『名』居付き地主が所有し、自ら住んでいる土地。現に住んでいる自分の土地。＊合巻・教草女房形気（1846–68）六・一二段「居付地面（ヰツキヂメン）の家守の妻の妹分として」＊西洋道中膝栗毛（1870–76）〈仮名垣魯文〉八・上「普魯西（フロシャ）の為に国家（いえくら）はじめ、居附地面（ヰツキヂメン）の巴理斯（パリス）まで、とられし揚句に座敷牢」 発音〈標ア〉ジ

いっきしょう-いも【━芋】（イッキシヤウ：）『名』植物「きくいも（菊芋）」の異名。 発音〈標ア〉ジ

いつき-す・う【寵据】『他ワ下二』たいせつにして、すわらせておく。ある場所、ある地位にとどめて、たいせつにする。＊拾遺（1005–07頃か）九・五七四「すゑの世までと思ひつつ九重（ここのかさね）のその中にいつきすへしも〈藤原兼家〉」＊源氏（1001–14頃）総角「かぎりなくいつきすへたらむ姫宮も、かばかりこそはおはすべかめれ」＊有明の別（12C後）一「女御のいまさらにいつきすゑられ給つれど」

いっき-すわり【一季居】『名』「いっきほうこう（一季奉公）」に同じ。＊御当家令条-二九・諸法度・慶長一七年（1612）八月六日「一季居之事、堅被停止之上は、侍之儀は勿論、中間、小者に至迄、於拘置は、速可被処罪事」 発音〈標ア〉ス

いっき-せき【息急】『副』「いきせき（息急）」の変化した語。＊雑俳・軽口頓作（1709）「くろうなる・お針のかかのいっきせき」＊浄瑠璃・妹背山婦女庭訓（1771）二「ここに名高き狩人芝六、弓矢手挟みいっきせき」＊浄瑠璃・源頼家源実朝鎌倉三代記（1781）五「互にいどむ最中へ村のあるきがいっきせき」 発音〈標ア〉イ

いっき-せっき【息急】『副』「いきせき（息急）」の変化した語。＊洒落本・中洲の花美（1789）小通の登楼「鼠しゅすの帯にお太刀をきめ、暮がたよりいっきせっきと」

いつき-そだ・つ【寵育】『他タ下二』たいせつに育てる。＊私聚百因縁集（1257）七・四「仰崇の衾の下には、乳養の甘露を勧めて、寵長（イツキソダテ）奉る」 発音〈標ア〉ダ

いっき-だち【一己立】『名』他人の助けなしで、または支配を受けないで、自分の力ですること。自立。独立。＊西国立志編（1870–71）〈中村正直訳〉一・四「この奴隷を救うて、自主（〈注〉イッキダチ）の人に化せしむる能はざるなり」

いっき-だち【一揆起】『名』皆が心を一つにして立ち上がること。＊浮世草子・商人職人懐日記（1713）五・三「今夜は添番にやとはれるを、忘りょうとしたと、一揆だちに立て」

いっき-だち【一騎立】『名』騎士が一騎ずつ別々に行くこと。＊北越軍談（1698）付録第三「中には馬廻一騎立の馬上彇（つよゆみ）の者を大将に交へ」＊歌舞伎・北条九代名家功（高時）（1884）下「高浪烈しく打寄する相州名代の由井ケ浜、〈略〉一騎立ちにて過ぎざれば、駈抜けることいと難し」 発音〈標ア〉0

いつき-た・つ【寵立】『他タ下二』特にたいせつにして世話をする。＊源氏（1001–14頃）鈴虫「東宮の女御の御有様のならびなく、いつき立て給へるかひがひしさも」 発音〈標ア〉タ

いっき-だ・つ【一己立】『自タ四』他人の助けなしで、または、支配を受けないで、自分の力で物事をする。自立する。独立する。＊西国立志編（1870–71）〈中村正直訳〉一・四「その人民に箇々自立（〈注〉イッキダツ）せるもののある間は、極悪の徴候を生ぜず」

いつき-ちょうにん【居付町人】（ゐつきチャウニン）『名』「いつきいえもち（居付家持）」に同じ。＊随筆・守貞漫稿（1837–53）三「自宅の地を買得て、自地に住居する者を戸籍には家持某と署す。俗には是を居付町人と云」 発音イッキチョーニン 〈標ア〉チョ

いっ-きつ【一喫】『名』タバコ、茶などを一回のむこと。一服。＊歌舞伎・恋慕相撲春顔触（1872）序幕「まだちっと早からうから、ちょっと山の松本で一喫（キツ）催して行かうか」 発音〈標ア〉0

いっき-つうかん【一気通貫】（：ツウクヮン）『名』マージャンの上がり役の一つ。同じ種類の牌の一から九までの三組の順子（シュンツ）をそろえたもの。

いっき-と【生―】『副』（「いっき」は「いき（生）」の変化した語）活気のあるさま。生き生きと。＊杜詩続翠抄（1439頃）二「其形いっきとして鱗も尾有湿色」＊四河入海（17C前）一四・二「朝は必ず花がいっきとして自持するものぞ」

いっき-どうしん【一揆同心】『名』心を一つにして行動を共にすること。一味同心すること。また、その人々。＊太平記（14C後）三五・京勢重南方発向事「一揆同心の大名三十余人、其の勢都合七千余騎」＊伊達家文書-永和三年（1377）一〇月一〇日・伊達政宗一揆契状（大日本古文書一・三二）「余目参河守殿与政宗一揆同心事」

いっき-とうせん【一騎当千】（：タウセン）『名』（「一人当千」から出た語。古くは「いっきとうぜん」）一人で千人の敵に対抗できるほど強いこと。一人当千。転じて、人並み以上の技術や経験のあること。＊太平記（14C後）五・大塔宮熊野落事「其の勢僅か三十二人、是皆一騎当（タウ）千の兵とはいへ共」＊日葡辞書（1603–04）「Icqitŏjenno（イッキタウゼンノ）ツワモノ」＊浮世草子・宗祇諸国物語（1685）三・魂留赤間関「大鹿藤蔵三石加藤次などいふ一騎当千（キトウゼン）の者（ものを）討取大将の御感に預りしに」＊談義本・地獄楽日記（1755）一・三「いづれも一騎当千の役者ばかり、ぞくぞくに出来れば」＊譬喩尽（1786）一「一騎当千（イッキタウゼン）」＊語彙（1871–84）「いっきたうせん 一騎が千人にあたるほどの兵士をいふ」 語誌中世では「イッキタウゼン」であったが、明治になって「イッキト（タ）ウセン」の例がみえる（「語彙」「改正増補和英語林集成」「言海」など）。 発音イッキトーセン 〈標ア〉イ 〈京ア〉ト イ=0 辞書文明・伊京・明応・天正・黒本・易林・日葡・言海 表記一騎当千（文・伊・明・天・黒・易・言）

いつき-ないしんのう【斎内親王】（：ナイシンワウ）『名』「いつきのみこ（斎皇女）」に同じ。＊続日本紀-養老五年（721）九月乙卯「以二皇太子女井上王一為二斎内親王一」

いっき-に【一気―】『副』①ひといきに。休まないでいっぺんに。＊入江のほとり（1915）〈正宗白鳥〉六「息休めもしないで一気に登ったので、二人の額からは汗がぼたぼた落ちた」＊秋立つまで（1930）〈嘉村礒多〉「シベリヤの曠原を、一気に飛びこして」②直ちに。すぐに。＊物類称呼（1775）五「直（ぢき）にといふ事を、大坂及尾州辺又は土佐にて、いっきにといふ。其意は休まずして一息（ひといき）に物をする事也、関東にてすぐさまといふも是にひとし」＊滑稽本・東海道中膝栗毛（1802–09）六・上「北八『もし、乗合もありやすか』船頭『そふはかいの乗るなら、早う乗りなんせ、いっきに出すさかひ』」＊人情本・明鳥後正夢（1821–24）上・一〇「いっきに走ってくると言ひおっていんだが、待ど暮せどその客めが、放しおらぬと見へて、お玉めは来ず」 方言⇩いっき（一気）。

いつ-ぎぬ【五衣】『名』平安時代の男子の朝服一そろい。表衣（うえのきぬ）、下襲（したがさね）、半臂（はんぴ）、単（ひとえ）、引倍支（ひきへぎ）の五種（三光院抄（1579頃））。 発音〈標ア〉イ 〈京ア〉イ 辞書言海

いつき-の-いん【斎院】（：ヰン）『名』平安時代、京都の賀茂神社に奉仕した未婚の皇女。さいいん。 辞書言海 表記斎院（言）

いつきのいん の 司（つかさ） 斎院（いつきのいん）の事をつかさどる役所。さいいんし。＊二十巻本和名抄（934頃）五「司 職員令云〈略〉斎院司〈以豆岐乃院乃官〉」 辞書和名・言海 表記斎院司（和）

いつき-の-くら【斎蔵】『名』「いみくら（斎蔵）」に同じ。＊古語拾遺（亮順本訓）（807）「更に大蔵を立て、蘇我麻智宿禰をして三の蔵を検（かんが）へ校（ただ）さ令

(し)む〈斎蔵(イツキノくら)、内(うちの)蔵、大蔵〉」

いつきのこもりうた【五木子守唄】 民謡。熊本県球磨郡(くまぐん)五木村に伝わる子守唄。小作人の子守娘が年貢代わりに働く境遇を歌ったもの。第二次大戦後一般に普及した。発音〈標ア〉リ

いつき-の-ひめみこ【斎内親王】〘名〙「いつきのみこ(斎皇女)」に同じ。

いっき-のみ【一気飲】〘名〙一息に飲むこと。＊浄瑠璃・妹背山婦女庭訓(1771)四「廻る盃底なし共、引き受け引き受けいっき呑み」

いつき-の-みこ【斎皇女】〘名〙歴代天皇の即位のとき、伊勢の皇太神宮や京都の賀茂神社に天皇の名代として奉仕するために遣わされる未婚の内親王、または女王。斎宮(さいぐう)。斎院(さいいん)。斎皇女(いつきのひめみこ)。斎王(いつきのおおきみ)。斎(いつき)。＊続日本紀-天平一八年(746)九月壬子「先レ是、県女王為二斎王一」＊延喜式(927)五・神祇・斎宮寮「凡天皇即位者、定二伊勢太神宮斎王一、仍簡二内親王未レ嫁者一卜之」発音〈標ア〉ミ 辞書言海 表記斎王(言)

いつき-の-みや【斎宮】〘名〙①天神(あまつかみ)をまつる宮殿。㋑天皇が神事を行なうための宮殿。天皇は、この中にこもり潔斎した。いわいのみや。いみのみや。㋺大嘗祭(だいじょうさい)のとき、悠紀(ゆき)、主基(すき)の祭場となる宮殿。＊続日本紀-神亀元年(724)一一月己卯「大嘗。備前国為二由機一、播磨国為二須機一。従五位下石上朝臣勝男〈略〉従七位上榎井朝臣大嶋等率二内物部一、立二神楯於斎宮南北二門一」㋩特に、伊勢神宮をいう。＊万葉(8C後)二・一九九「渡会(わたらひ)の斎宮(いつきのみや)ゆ〈柿本人麻呂〉」②伊勢神宮、または賀茂神社に奉仕する「いつきのみこ(斎皇女)」の居所。また、「いつきのみこ」が赴任する前に斎戒のためにこもる宮殿。野の宮。いわいのみや。さいぐう。＊伊勢物語(10C前)七〇「大淀のわたりに宿りて、いつきの宮のわらはべにいひかけける」③「いつきのみこ(斎皇女)」に同じ。＊大鏡(12C前)三・師輔「いつきの宮よにおほくおはしませど、これはことにうごきなく、よにひさしくたもちおはします」＊山家集(12C後)下「いつかまたいつきの宮の斎(いつ)かれて注連(しめ)の御内に塵を払はん」発音〈標ア〉0 辞書文明・天正・書言・言海 表記斎宮(文・天・書・言) 斎院(書)

いつきのみや の 神司(かみづかさ) 斎宮寮に属した宮司。後に神祇官に属す。中臣(なかとみ)、忌部(いんべ)、宮主(みやじ)を置き、内院の神殿に関するいっさいの神事をつかさどるもの。＊延喜式(927)五・神祇・斎宮「凡内院神殿者。令二主神司専一勤守一、若致二破損一、奪二其俸料一」＊二十巻本和名抄(934頃)五「司 主神司 以豆岐乃美夜乃加美官」辞書和名 表記主神司(和)

いつきのみや の 寮(つかさ) 斎宮の神事をつかさどる所。天皇即位のとき斎王の伊勢在任中置かれる寮で、令規定にはなく、常置の官ではない。さいぐうりょう。＊二十巻本和名抄(934頃)五「寮 斎宮寮 以豆岐乃美夜乃豆加佐」辞書和名・言海 表記斎宮寮(和)

いつきのみや の 女御(にょうご) 三十六歌仙の一人。重明親王の王女で、伊勢の斎宮。名は徽子(きし)。のち、村上天皇の女御となり、規子内親王を産む。家集に「斎宮女御集」がある。さいぐうのにょうご。延長七〜寛和元年(九二九〜九八五)

いっき-はんき【一季半季】〘名〙江戸時代、奉公の期間を一季(一年)または、半季(半年)と約束すること。また、その奉公人。転じて、江戸時代の奉公人の総称。ひときはんき。＊歌舞伎・身光於竹功(1864)「一季半季(いっキハンキ)の水仕奉公」発音〈標ア〉八

いっき-ほうこう【一季奉公】〘名〙出替わり奉公人で、出替わり季から翌年の出替わり季までの一年間雇用されること。また、その者。戦国時代からみられるが、江戸時代に一般化した。この出替わり季は、初めは二月二日であったが、寛文九年(一六六九)以後は三月五日と定められた。年季奉公または、譜代奉公と区別された。一季者。一季居(いっきすわり)。＊新加制式(1562-73)一三条「一、一季奉公輩事。右経二歴諸方一而致二奉公一之輩、当二其月一乞レ暇常習也」発音イッキホーコー〈標ア〉ホ

いっき-ほうこうにん【一季奉公人】〘名〙一季奉公する者。いっきもの。発音イッキホーコーニン〈標ア〉0

いっき-まつ・る【斎祭】〘自ラ四〙汚れを忌み清めて、神に奉仕する。＊古事記(712)上「此の鏡は、専ら我が御魂(みたま)として吾が前を拝(いつ)くが如伊都岐奉(イツキまつれ)」＊書紀(720)神代上(丹鶴本訓)「此れ即ち伊勢に崇祠(イツキマツル)大神也」発音〈標ア〉0ツ

いっき-むしゃ【一騎武者】〘名〙一騎で駆け出て、敵に当たる武者。＊浄瑠璃・津戸三郎(1689)一「一騎武者の働きは、下たる者の役なれば」発音〈標ア〉ム

いつき-むすめ【寵娘】〘名〙だいじに守り育てている娘。かしずき娘。秘蔵娘。＊宇津保(970-999頃)内侍督「仁寿殿はさる大将殿のいつきむすめといふ所なん、さいへど取うで給ひける」＊源氏(1001-14頃)若紫「海龍王の后になるべきいつきむすめななり」＊浄瑠璃・椀久末松山(1710頃)上「つてにつてして恋聟(むこ)のいつき娘を名計に。そぶそぶとしためうとなか」発音〈標ア〉ム

いつき-め【斎女】〘名〙神事に奉仕する少女。中古、藤原氏の氏神である奈良の春日神社、京都の大原野神社では、特に勅旨を仰いで、一門の子女の中から選任するならわしであった。春日斎女(かすがのいつきめ)。斎子(いつきこ)。＊三代実録-貞観一〇年(868)閏一二月二一日「宣二詔内外一曰、春日、大原野両社斎女藤原朝臣可多子」発音〈標ア〉0 辞書言海 表記斎女(言)

いつき-めぐ・む【寵恵】〘他マ四〙世話し大切にする。＊神皇正統記(1339-43)上・天津彦々火瓊々杵尊「第三代、天津彦々火瓊々杵尊。天孫とも皇孫とも申。皇祖天照太神・高皇産霊尊いつきめぐみましましき」

いつき-もてな・す【寵持成】〘他サ四〙たいせつに取り扱う。だいじにもてなす。＊平家(13C前)六・葵前「かへって主の如くにぞいつきもてなしける」

いっき-もの【一季者】〘名〙「いっきほうこうにん(一季奉公人)」に同じ。＊財政経済史料-三・経済・雑業・制規・慶長一五年(1610)四月二日「侍之事は不レ及二沙汰一、中間小ものに至迄、一季ものを一切不レ可レ置事」＊続春夏秋冬(1906-07)〈河東碧梧桐選〉春「蔭口や大久保殿の一季者〈碧童〉」発音〈標ア〉0

いっ-きゃく【一客】〘名〙①あるひとりの客。＊柳橋新誌(1874)〈成島柳北〉二「仙史此の編を草するの際、一客偸かに之を読み額を蹙め眉を攢めて曰く」＊東京新繁昌記(1874-76)〈服部誠一〉初・学校「側らに一客有、亦(また)四合を傾むく」＊晉書-阮瞻伝「忽有二一客、通レ名詣レ瞻」②⇨いちきゃく(一客)。③食器などの、客ひとり分。④「いっきゃくいってい(一客一亭)」に同じ。発音〈標ア〉0

いっ-きゃく【一脚】〘名〙①脚のある器物一つ。＊延喜式(927)三・神祇・臨時祭「輿籠一脚」＊延喜式(927)一七・内匠寮「四尺台盤台一脚 長三尺二寸。広二尺三寸。高一尺五寸五分」＊文明本節用集(室町中)「一脚 いっキャク 菓子台 又卓机数也」＊日葡辞書(1603-04)「Icqiacu (イッキャク)」②一本の足。＊江戸繁昌記(1832-36)五・千住「一脚揚る処、棺木破砕す」方言❶涼み台。徳島県809 810 ❷踏み台。徳島県811 発音〈標ア〉ク0 〈京ア〉キャ 辞書文明・天正・易林・日葡・書言 表記一脚(文・天・易・書)

いっ-きゃく【一噱】〘名〙(「噱」は大いに笑う意)「いっしょう(一笑)①②」に同じ。＊童子問(1707)中・三三「世之鄙夫、託レ倹而詆二夫奢一者、可レ附二一噱一」＊江戸繁昌記(1832-36)二・墨水桜花「近年在々石塔殊に多と一噱に供すべし」＊航西日乗(1881-84)〈成島柳北〉一二月二五日「楼丁為めに工人を呼び局を啓かし漸く房内に入るを得たり亦是れ一噱」＊露骨なる描写(1904)〈田山花袋〉「文章と思想と一致しない文字の一噱(キャク)にも値せぬことは識者の皆な唱ふる所である」＊欧陽脩-雪詩「自レ非三我為発二其端一、凍口何由開二一噱一」

いっきゃく-いってい【一客一亭】〘名〙ただ一人を客として催す茶事。亭主は、懐石料理の給仕をしながら、自分も客とともに食べ、濃茶も薄茶も、点前(てまえ)をしながら相伴する。主客ともに茶事の巧者であることを要する。一亭一客。＊貞要集(1710)二「一客一亭之事、附花所望次第之事 一、一客之事は、貴高には無レ之事也。茶の友自然に一人茶所望の時に、待合へ来ると其儘出迎、当座の挨拶はなしなど致、又は薄茶を出し、追付御案内可二申入一と、内路次へ水を打、中潜に迎に出、戸を不レ差内路次へ入て、亭主も路次にイて挨拶して、客手水を遣候刻、亭主躙上りの口より勝手へ入、戸少明て置、客座入著座を聞合、茶道口より出、此時は客功者なれば、炭所望の事有、又初座に花所望の事もあり。〈略〉古来より一客一亭とて効有事に云云」

いっきゃく-ちょうじゃ【一脚長蛇】〘名〙戦陣法の一つ。中堅と左右両翼とに兵を配置して、首尾呼応して互いに助け合うもの。＊浄瑠璃・唐船噺今国性爺(1722)下「きじは一身両翼に一脚長蛇(いっキャクちょうジャ)の備へを立て」

いっ-きゅう【一丘】〘名〙一つのおか。発音イッキュー〈標ア〉0 辞書文明 表記一丘(文)

いっきゅう の 貉(かく) 「ひとつあな(一穴)の貉(むじな)」に同じ。＊蕉堅藁(1403)四明館駅简龍河献仲徽「謀レ生空擬一丘貉、学レ道深慚千里魚」

いっ-きゅう【一休】㊀〘名〙一時やすむこと。しばらく休息すること。ひとやすみ。＊太平記(14C後)三五・北野通夜物語事「一寝一休(キウ)是を不レ安して人の愁を懐て待んことを恐る」＊日葡辞書(1603-04)「Icqiŭ (イッキウ)。ヒトヤスミ」＊米欧回覧実記(1877)〈久米邦武〉一・一四「西洋諸学校は夏冬に試業をなして一休す」㊁室町中期の臨済宗の僧。法名は宗純。別号、狂雲子。後小松天皇の落胤(らくいん)ともいう。華叟宗曇(かそうそうどん)の法を嗣ぐ。京・堺などを転々とした後、大徳寺の住職となり、禅界の刷新に尽くした。詩、書画、狂歌などにすぐれ、また、伝説的な奇行の持ち主として、「一休咄(いっきゅうばなし)」や、読本「本朝酔菩提」、歌舞伎「鶴千歳曾我門松」などに作られる。著に、詩集「狂雲集」など。応永元〜文明一三年(一三九四〜一四八一)発音イッキュー〈標ア〉イ 〈京ア〉イ 辞書日葡・書言 表記一休(書)

いっ-きゅう【一級】〘名〙①等級の第一位。㋑物の品質や、人の資格などの第一位。＊ノリソダ騒動記(1952-53)〈杉浦明平〉一「木曾川の放出する肥沃な水では一級の浅草ノリになった」㋺囲碁・将棋、柔道・剣道、書道などの上達段階で、初段に至る前の等級の第一位。②一つの階級。位階の一階級。また、位階が進級すること。＊太平記(14C後)三〇・吉野殿与相公羽林御和睦事「各一級(キウ)一階を被レ貶(をとされ)けるに」＊親長卿記-文明五年(1473)三月一七日「当時二条大閤于レ時中納言中将一級之時、被レ超二越大炊御門大納言一〈于レ時中納言〉」＊実隆公記-文明七年(1475)正月二一日「当時一級之儀不レ謂二家之勝劣一」＊御湯殿上日記-文明九年(1477)正月六日「宰相中将殿上三位の御一きうあり」＊春秋左伝-僖公九年「以二伯舅耋老一、加レ労賜二一級一」③階段のひときざみ。一段。＊史記抄(1477)一五・准南衡山「階を上下るには、一級ごとに両足共に踏て、次級へ一足づつ移して」④一つの学年。ま

た、一つの学級。＊漂流記(1863)「一級に一人づつの教授方有りて、六級迄居所を分ち」⑤討ち取った敵の首の一個。首級一個。＊書言字考節用集(1717)一〇「一級 イッキウ〔後漢書註〕秦法斬首多者進ㇾ爵一級因謂ニ斬首ー為ㇾ級」 発音 イッキュー〈標ア〉0〈京ア〉0 キュ 辞書 下学・易林・書言 表記 一級(下・易・書)

いっ-きゅう【逸球】〘名〙野球で、捕れるはずの球を捕手または野手が捕りそこなうこと。パスボール。＊モダン新用語辞典(1931)〈小島徳彌〉スポーツ「逸球(イッキューー) 野球用語。『パス・ボール』のこと」＊熱球三十年(1934)〈飛田穂洲〉義人重次郎「捕手として逸球(イッキウ)を知らぬ選手、それが永野のキャッチングであった」 発音 イッキュー〈標ア〉0

いつ-ぎゅう【逸牛】〘名〙逃げた牛。＊五山堂詩話(1807)一「鳥銜ニ遺穂ー去、人迹ニ逸牛ー来」

いっきゅう-かせん【一級河川】〘名〙河川法によって国が維持、管理、使用の制限などを行なっている川。主要な河川はこれに属する。＊河川法(1964)九条・一「一級河川の管理は、建設大臣が行なう」 発音 イッキューーカセン〈標ア〉カ

いっきゅう-こくどう【一級国道】〘名〙昭和二七年(一九五二)道路法によって定められた道路の種類の一つ。同四〇年(一九六五)に道路法改正により、二級国道と合わせて一般国道となる。 発音 イッキューーコクドー〈標ア〉コ

いっきゅう-しゅ【一級酒】〘名〙日本酒の等級で、特級酒より下、二級酒より上に位づけされた酒。平成四年(一九九二)の等級制の廃止とともに、現在この呼称はない。＊斜陽(1947)〈太宰治〉四「これから一級酒(六合)の配給を貰ひに行きます」＊第2ブラリひょうたん(1950)〈高田保〉酒政「三級酒よりも一級酒の方がずっと安くなったらどうなるか」 発音 イッキューシュ〈標ア〉0 キュ

いっ-きゅうしょ【一急所】〘名〙いちばんの要所。いちばんだいじなところ。＊浄瑠璃・生捕夜討(1643)五「きうもんひろしと申せ共、いっきうしょたりとて、みをそば立てゐる物ぞ」 発音 イッキューショ〈標ア〉キュ

いっきゅう-せんきょにん【一級選挙人】〘名〙市町村議会議員の等級選挙制度下で設けられた選挙人の等級中、第一級にあった人。選挙人の納税額、教育、身分、職業などで選定された。大正一五年(一九二六)廃止。＊市制及町村制‐明治二一年(1888)市制・一三条「選挙人は分て三級と為す〈略〉一級選挙人の外直接市税の納額多き者を合せて選挙人総員の納むる総額の三分一に当る可き者を二級とし」 発音 イッキューセンキョニン〈標ア〉0 キョ

いっきゅう-なっとう【一休納豆】〘名〙寺納豆の一種。京都、大徳寺真珠庵で作られるもの。豆の粒が大きく、色が黒く光沢があり、やわらかで美味。一休和尚の始めたものという。＊雍州府志(1684)六「納豆〈略〉大徳寺中真珠菴之所ㇾ製也傚ニ一休和尚之製法ー故謂ニ一休納豆ー」

いっきゅう-ばなし【一休咄】江戸前期の咄本。四巻四冊。作者未詳。寛文八年(一六六八)刊。一休宗純和尚を主人公とした狂歌咄集。当時流布していた一休俗伝中の奇行を集めて好評を博し、以後一休を主人公とする咄本が多く生まれた。 発音 イッキューバナシ〈標ア〉バ

いっきゅう-ひん【一級品】〘名〙商品で、第一級に格付けされた物。また、人物、学芸などで第一等のもの。＊英和商業新辞彙(1904)〈田中・中川・伊丹〉「First Class Goods 一級品 鉄道会社が貨物の賃銭を定むるに其等級を分けるので其等級の一種であるのだ」＊家具の選び方と使ひ方(1943)〈剣持勇〉二・四「その価格は、商品の材質、施工の程度如何によって、一級品、二級品、三級品……の如く数等の階級に分けられて算定されてゐる」＊面影(1969)〈芝木好子〉一「等身大の生人形を作るのがおもであった〈略〉仕事は精巧で、顔に気品があって、一級品であった」 発音 イッキューヒン〈標ア〉0 キュ〈京ア〉1

いっきゅう-らく【壱宮楽】(雅楽の壱越調(いちこつちょう)の一つ)「しょうわらく(承和楽)」の異称。＊続教訓鈔(14C前か)「壱宮楽 拍十七、一金楽也」

いっ-きょ【一―】〘名〙方言 ⇩いっけ(一家)

いっ-きょ【一炬】〘名〙一本のたいまつ。いっこ。＊江戸繁昌記(1832‐36)四・仮宅「謂る一炬焦土、憐むべし」＊野分(1907)〈夏目漱石〉五「微かなる墨痕のうちに、光明の一炬(キョ)を点じ得て」＊杜牧‐阿房宮賦「楚人一炬、可ㇾ憐焦土」

いっ-きょ【一挙】〘名〙①ひとたび行なうこと。一つの行動。また、ある企て、大事を決行すること。また、その機会。いっこ。＊延喜式(927)一三・図書寮「凡元日、大極殿前庭左右設ニ火炉榻一脚ー〈略〉寮官人左右各一人進就ニ榻下ー、共焼香一挙、畢即共復ニ本列ー」＊太平記(14C後)二・天下怪異事「国家の安危只此一挙(キョ)に有るべく候也」＊浄瑠璃・源頼家源実朝鎌倉三代記(1781)七「勝負の一挙(キョ)はあすに有(あり)」＊蘭東事始(1815)上「交接うとかりしかど、医事に志篤きは互に知り合たる中なれば、此一挙に漏すべき人にはあらずと」＊或日の大石内蔵助(1917)〈芥川龍之介〉「皆一挙が近づくにつれて、変心致しました」＊春秋左伝‐襄公二五年「九世之卿族、一挙而滅ㇾ之、可ㇾ哀也哉」②一飛びすること。ツル、コウノトリなど大形の鳥についていうことが多い。いっこ。＊色葉字類抄(1177‐81)「一挙 イッキョ 千里名 鶴一挙ニ千里ヲ以」＊楚辞‐惜誓「黄鵠之一挙兮、知ニ山川之紆曲ー、再挙兮、睹ニ天地之圜方ー」③物事がすみやかにはかどること。また、そのさま。「一挙して」「一挙に」「一挙」の形で副詞的に用いる。いっこ。＊読本・椿説弓張月(1807‐11)拾遺・四六回「事成て後、利勇等が罪の軽重を正し給はば、一挙(イッキョ)して邦定りてん」＊和英語林集成(初版)(1867)「タダ ikkiyoni(イッキョニ) セメヤブル」＊内地雑居未来之夢(1886)〈坪内逍遥〉八「万一危ふしと見たらんには、一挙(キョ)に我庫(くら)を倒(さかさ)にすべし」＊春潮(1903)〈田山花袋〉九「自分は実に一挙してその本塁に迫ったやうな心地が為(し)たので」＊火の柱(1904)〈木下尚江〉七・二「社会党は祖国に取って不倶戴天の仇敵なり、一挙にして之れを全滅せざるべからず」＊歩兵操典(1928)第三四三「此際破壊口通過と共に一挙敵陣に突入すべきや」 発音〈標ア〉イ〈京ア〉ツ 辞書 色葉・書言・ヘボン・言海 表記 一挙(色・書・ヘ・言)

いっ-きょ【一虚】〘名〙物が全くないこと。また、むなしいこと。＊談義本・世間万病回春(1771)五・時山医評「一実をしれば天下の君となり一虚(キョ)をしれば天下の師となるとて」＊隋煬帝‐迷楼記「為ㇾ之一虚」

いっ-きょ【一嘘】〘名〙(「嘘」は息を吐くこと)息をひと吹きすること。＊心のたどり(1904)〈綱島梁川〉「我れ一嘘(キョ)すれば、大千幾生滅し、祇劫幾翕闢す」

いっ-きょ【一興】〘名〙(形動)「いっきょう(一興)」に同じ。＊虎明本狂言・悪太郎(室町末‐近世初)「やらいっきょなものがある」＊狂言歌謡・柳の下(鷺小舞)(室町末‐近世初)「御色が黒くは笠を召せ、笠も笠も、いっきょとがり笠おそり笠」

いっ-きょ【逸去】〘名〙逃げ去ること。＊明六雑誌‐一〇号(1874)拷問論・二〈津田真道〉「拷問等の悪法跡を竄して我帝国を逸去せんこと論を竢たず」

いっ-きょ【逸居・佚居】〘名〙気楽に遊び暮らすこと。怠けて暮らすこと。＊十善法語(1775)一「逈然として独脱するとて天の天外へゆきさることにはあらず〈略〉独善逸居して世に異なることにはあらず」＊弘道館記述義(1852)下「各任ニ其業ー、服ニ其勤ー、未ㇾ有ニ佚居而素餐者ー」＊文明論之概略(1875)〈福沢諭吉〉六・一〇「安楽逸居して何事をも為さず」＊花柳春話(1878‐79)〈織田純一郎訳〉二六「恣まに情郎と逸居して長く歓楽を尽す」＊孟子‐滕文公・上「飽食暖衣、逸居而無ㇾ教、近ニ禽獣ー」 辞書 ヘボン

いっきょ-いちじつ【一虚一実】〘名〙急にからになったり満ちたりして、変化の予測しにくいこと。

いっきょ-いちどう【一挙一動】〘名〙(手を上げたり、体を動かしたりする意から)細かい一つ一つの動作。ちょっとしたふるまいも含めたすべての挙動。一挙手一投足。＊小説神髄(1885‐86)〈坪内逍遥〉上・小説の変遷「巧妙非凡の傑作をば巧みに演戯するに於ては、一挙一動(イッキョイチドウ)、一笑一顰、宛然(さながら)其物の真に逼りて」＊別天地(1903)〈国木田独歩〉上・一「彼の一挙一動(いっキョいちドウ)には少しも虚偽の影がなく」＊彼岸過迄(1912)〈夏目漱石〉松本の話・一二「彼等の水中で遣る所作が、一挙一動(イッキョイチドウ)悉とく手に取る様に見えるので」 発音 イッキョイチドー〈標ア〉イ1〈京ア〉0-0

いっきょ-いちらい【一去一来】〘名〙あるときは去り、あるときは来ること。行ったり来たりして定まらないこと。 発音〈標ア〉イ1

いっ-きょう【一郷】〘名〙ひとつの村里。また、村全体。いちごう。＊談義本・教訓雑長持(1752)一・海鹿の九蔵天狗に逢ひし事「罷出て口上ばる故、一郷(イッキャウ)の人に悪まれけるが」＊孟子‐尽心・下「一郷皆称ニ原人ー焉」

いっ-きょう【一境】〘名〙一つの国。ある土地。＊本朝続文粋(1142‐55頃)一・参安楽寺詩〈大江匡房〉「一境為ニ泰平ー、九州因ニ清夷ー」

いっ-きょう【一篋】〘名〙一つの手箱。＊蕉堅藁(1403)春雨「鎖前掩ㇾ巻感ニ今古ー、一篋飛書注ニ楽羊ー」＊春秋左伝‐昭公一三年「衛人使ニ屠伯饋ニ叔向羹与ニ一篋錦ー」

いっ-きょう【一興】〘名〙(形動)①ちょっとした面白味のあること。それなりの興趣。また、そのさま。いっきょ。＊尺素往来(1439‐64)「是又時之一興」＊天理本狂言・引敷聟(室町末‐近世初)「しうとのざしきでいっきょうなと申て、わらひはいたすまいか」＊天正本節用集(1590)「一興 イッキョウ」＊門(1910)〈夏目漱石〉九「打ち明けるのも一興(イッキョウ)だらうと心付いて」②近世、反語的に、意外、奇怪の意を表わす。驚きあきれること。とんでもないこと。また、そのさま。いっきょ。＊浄瑠璃・頼朝浜出(1686)一「太刀ひんぬけば是はいっけう、さりとてはあやまったり」＊歌舞伎・薄雪今中将姫(1700)三「是は一興(イッキョウ)千万、薄雪様へ申訳がない」＊浮世草子・傾城色三味線(1701)京・四「是は一興(ケウ)なる太夫さまのお詞」 補注「逸興」から、一時の興味という意味あいで「一興」と当てたものか。 語誌 本来、「一興」は「ひとつの面白さ、ちょっとした遊興」、類語の「逸興」は「世俗を脱した風流な趣向」と区別があったが、混じて使われることも少なくない。中世末頃から珍奇で意外、けしからぬというマイナス評価をも派生する。「いっきょ(一興)」の項の「虎明本狂言‐悪太郎」〔室町末〕の例にその萌芽が見られる。 発音 イッキョー〈標ア〉0 辞書 文明・天正・饅頭・易林・日葡・書言・ヘボン・言海 表記 一興(文・天・饅・易・書・ヘ・言)

いっ-きょう【一驚】〘名〙(形動)事の意外さにびっくりすること。また、そのようなさま。＊咄本・日待ばなしこまざらひ(1684‐88)上「『晩には御身とさしちがへ申そふ』〈略〉『これはいっきゃうなる御事かな』」＊咄本・かの子ばなし(1690)上・一〇「わきざしをはらにあて、つきたてんとする所を、皆々取つき是はいっきゃう成事といへば」＊光と風と夢(1942)〈中島敦〉八「小山の如く厖大なタウイロ夫人が素晴らしく良い声なので一驚する」 発音 イッキョー〈標ア〉0〈京ア〉0

いっきょう を 喫(きっ)する (「喫」は受ける、こ

うむる意）驚かされる。びっくりさせられる。＊江戸繁昌記（1832-36）五・本所「早く老妓に一把撚住せられ、少年一驚を喫し、一力身を脱し去んと待す」＊露団々（1889）〈幸田露伴〉九「是の如きは洛書も然り、敢て奇とするに足らず。されども今官人をして一驚（イッキャウ）を喫（キッ）せしめん」＊水滸伝-第一回「大尉見了又喫一驚、撇了手炉、叫一声、我今番死也」 補注「小説精言-一」に「小娘子吃了一驚」〈注〉キモツブシ）」とある。

いっ-きょう【逸狂】ヤウ〔名〕（形動）わがままで心の狂っていること。ほしいままに行動すること。＊翁問答（1650）下・末「見性成道の心術粗糲迂濶にして修行異相に逸狂（イッキャウ）なるものなり」

いっ-きょう【逸興】〔名〕（形動）格別に興味深いこと。また、一風変わった面白味のあること。また、そのさま。一興（いっきょう）。＊本朝麗藻（1010か）下・過秋山〈具平親王〉「清晨連轡伴樵歌、漸上青山逸興多」＊中右記-嘉承元年（1106）五月二七日「毎座及三重論難之間、問答之詞皆以有逸興」＊海道記（1223頃）序「此道は若四道の間逸興の勝たるか将又孤身か斗藪の今の旅始なればか」＊御伽草子・一寸法師（室町末）「不思議に思ひて見れば、いっきゃうなるものにて有りけり」＊日葡辞書（1603-04）「Icqiôna（イッキョウナ）シタク」＊太閤記（1625）七・北野大茶湯之事「誠に四五百人之すき者共、逸興もがなと思ひをこがし」＊王勃-滕王閣序「遙吟俯暢、逸興遄飛」 辞書 下学・文明・天正・黒本・易林・日葡・書言 表記 逸興（下・文・天・黒・易・書）

いっきょうを催（もよお）す 大勢の人々を何か特別なおもしろさにそそりたてる。あるいは、おもしろさに有頂天になる（日葡辞書（1603-04））。

いっ-きょう【逸響】ヤウキ〔名〕すぐれた響き。転じて、すぐれた詩文をいう。＊本朝文粋（1060頃）一・風中琴賦〈紀長谷雄〉「激声只生乎彼契。逸響不係乎我心」＊惺窩文集（1627頃）一・寄鼓者「名兼撃鼓共聞人、逸響希音無奪倫」＊古詩十九首「弾箏奮逸響、新声妙入神」

いっきょう-ごに【一経其耳】イッキヤウ〔名〕（「薬師経」の薬師如来の第七願「我之名号、一経其耳、衆病悉得除、身心安楽、家属資具、悉皆豊足、乃至證得無上菩提」から）仏語。一度、薬師如来の名号を耳にすれば、それだけで病気が治るという、薬師如来の誓願。＊梁塵秘抄（1179頃）二・法文歌「やくしの十二の大願は衆病悉除ぞたのもしき、一経（いっきゃう）ごにはさておきつ、皆令満足すぐれたり」＊十訓抄（1252）一〇・成通吟今様落乳母癖事「一経其耳（いっきゃうゴニ）はさてをきつ、皆令満足うたがはず」

いっきょう-し【逸狂詩】イッキヤウ〔名〕漢詩の一つ。用語が洒脱で、着想のこっけいなもの。狂詩。＊随筆・嬉遊笑覧（1830）三下「狂詩また逸狂詩ともいふ」

いっきょう-じん【逸興人】〔名〕世俗を超えた風変わりな人。風流人。逸興者。＊日葡辞書（1603-04）「Icqeôjin（イッキョウジン）、または、イッキョウモノ」 辞書 日葡

いっきょう-そう【一茎草】イッキャウサウ〔名〕一本の草。＊雑談集（1305）八・見性悟道入退不事「古人は、一茎（キャウ）草を以て、丈六の金佂に同じ、又仏を以て一茎草の用をなす〈略〉一茎草は火にやきぬべし。丈六の金佂はうちくべて焼きぬべしとも覚えず」

いっきょう-もの【逸興者】〔名〕「いっきょうじん（逸興人）」に同じ（日葡辞書（1603-04））。 辞書 日葡

いっ-きょく【一曲】〔名〕①音楽や舞踊の一区切り。また、音楽の曲一つ。＊儀式（872）四・践祚大嘗祭儀下「奏風俗楽歌舞一曲退出」＊和漢朗詠（1018頃）上・月「郷涙数行征戍の客、棹歌一曲釣漁の翁〈慶滋保胤〉」＊音曲声出口伝（1419）「一句一曲に至るまで、耳をすまし心をしづめて」＊咄本・近目貫（1773）田舎和尚「和尚大きにはらを立、これ御亭主。かんぢんの一曲（イッキョク）は御免といいます」＊雑俳・柳多留-一二一（1833）「一曲をかなでて受る三保の質」＊嵆康-与山巨源絶交書「濁酒一盃、弾琴一曲」②舞踊、演奏、詠歌、言語表現などのちょっとした面白味（日葡辞書（1603-04））。③雅楽の雑舞の一つ。諸寺勅会法事のときなどに、行列の道行に舞うもの。楽には鳥向楽（ちょうこうらく）や慶雲楽（きょううんらく）を用い、二人で舞う。＊教言卿記-応永一三年（1406）六月一一日「唐人参北山殿云々、如先規伶人等一曲云々」＊楽家録（1690）二八・雑声「一曲 以津気与具」 発音〈標ア〉（名詞的）ク（副詞的）〇〈京ア〉（名詞的）キョ（副詞的）〇 辞書 日葡・書言 表記 一曲（書）

一　曲 ③〈舞楽図説〉

いっ-きょく【一局】〔名〕①幾つかに分かれたうちのひとまとまり。＊西洋事情（1866-70）〈福沢諭吉〉外・二「瓦斯の発明世に行はれてより之を以て家業とする者は社中を結び一局の仕掛を以て千万の家を照らし世間の便利を為したり」＊西洋道中膝栗毛（1870-76）〈仮名垣魯文〉二・上「主従男女を合して一局（イッキョク）凡十四五人」②「事務局」「編集局」「放送局」「郵便局」など局と称される機関の、ある一つ。③一つの碁盤や将棋盤。④囲碁、将棋、双六（すごろく）などの一勝負。一回の手合わせ。＊梅花無尽蔵（1492-1501頃）三・上「西安仙有橘園楸、一局未終年幾流」＊格五新譜（1844-54頃か）布勢巻「此一局五連之極意にて」＊天地有情（1899）〈土井晩翠〉星落秋風五丈原「治乱興亡おもほへば 世は一局の棊なりけり」＊南史-蕭恵基伝「自食事、至日暮一局始竟」 発音〈標ア〉（名詞的）ク（副詞的）〇

いっ-きょく【一極】〔名〕①電極や磁極が単極であること。＊物理学術語和英仏独対訳字書（1888）〈山口鋭之助〉「Ikkyoku(no).Unipolar〈略〉一極（ノ）」②状況の一方のきわみ、はて。＊アパアトの女たちと僕と（1928）〈龍胆寺雄〉九「一日水盤へ砂などを撒いて居る義母たちの生活、さう云ふ社会のもう一極に存在する事実について、考へずには居られなかった」③活動の場となる一か所。「一極集中」 発音〈標ア〉〇

いっ-きょしゅ【一挙手】〔名〕ちょっと手を挙げること。ちょっと動作をすること。いちきょしゅ。＊虞美人草（1907）〈夏目漱石〉一九「一挙手（イッキョシュ）も一投足も悉く生中にあるが故に」＊デダルスの翼（1946）〈竹山道雄〉「たれもかれもただおのれ一身の為をのみ計って、全体の為には一挙手の労をも惜しむらしく思われた」

いっきょしゅ 一投足（いっとうそく）①一度だけ手を挙げ、足を動かす意から）わずかばかり骨を折ること。少しの努力。＊春潮（1903）〈田山花袋〉三「如何なる大事業をも一挙手一投足の労を言はぬばかりの希望の光明が認められなければならぬ筈であるが」＊韓愈-応科目時与人書「如有力者、哀其窮而運転之、蓋一挙手一投足之労矣」②細かい一つ一つの動作や行動。行動のすべて。一挙一動。＊将来之日本（1886）〈徳富蘇峰〉三「僧侶さへも以て国家の威権の下に圧服し、其宗門の紀律にせよ、其制度にせよ、其得度の方法にせよ、其一挙手一投足は国家即ち寧ろ政府の指令を仰がざる可らざるに至らしめたり」＊吾輩は猫である（1905-06）〈夏目漱石〉一「一挙手一投足も自然天然とは出来ない様になる」＊俳諧師（1908）〈高浜虚子〉四「一挙手（キョシュ）一投足（トウソク）も各意味あるが如く」 発音 イッキョシュ＝イットーソク〈標ア〉キョ＝ト〈京ア〉キョ＝ト

いっきょ-しょうど【一炬焦土】セウド〔名〕ひとたび火を放つと、広範囲の地が焼かれること。＊江戸繁昌記（1832-36）四・仮宅「謂る一炬焦土、燐むべし。瞬息の間、百千の紅楼、一掃灰に帰す」＊杜牧-阿房宮賦「楚人一炬、可燐焦土」 発音 イッキョショード〈標ア〉イショ

いっ-きょどう【一挙動】〔名〕一つの動作。また、体操で、節のある連続した動作のうちの一節。一節で終わる動作。＊富嶽百景（1939）〈太宰治〉「そいつをさっと一挙動で摑へて、そのままに紙にうつしとること」 発音 イッキョドー〈標ア〉キョ

いっきょ-りょうぜん【一挙両全】リャウゼン〔名〕一つのことをなすことによって、二つのことがうまくゆくこと。＊新聞雑誌-八号・明治四年（1871）七月「藩務の遅滞するものを裁断せば一挙両全を得ん」＊福翁自伝（1899）〈福沢諭吉〉一身一家経済の由来「爾（さ）うすれば独り政府が悦ぶのみならずして中津藩も誠に安楽になる、所謂（いはゆる）一挙両全（イッキョリャウゼン）の策であるから」＊魏志-郭淮伝「此一挙而両全之策也」 発音 イッキョリョーゼン〈標ア〉イ

いっきょ-りょうとく【一挙両得】リャウトク〔名〕一つの行動によって、二つの利益を収めること。一度に二様の利益を得ること。一石二鳥。＊団団珍聞-六九三号（1889）「人の便宜此方の金儲け一挙両得（キョリャウトク）とは何とゑらからう」＊野分（1907）〈夏目漱石〉一二「どうだい。夫なら僕の主意も立ち、君の望も叶ふ。一挙両得（イッキョリャウトク）ぢゃないか」＊晋書-東晢伝「一挙両得、外実内寛」 発音 イッキョリョートク〈標ア〉イ〈京ア〉〇＝〇

いっきょ-りょうよう【一挙両用】リャウヨウ〔名〕一つのことを行なうことによって、二つの方面に役立つこと。＊譬喩尽（1786）一「一挙両用（イッキョリャウヨウ）の功をなす」 発音 イッキョリョーヨー〈標ア〉イ

いっきら-と〔副〕「いっきりと」に同じ。＊四河入海（17C前）一一・三「黄葵〈略〉晩涼になりては、涼に蘇息していっきらとなるぞ」

いっきり-と〔副〕活気があふれているさま。生き生きと。しゃんと。いっきと。いっきらと。＊中華若木詩抄（1520頃）中「花には露が、いっきりとをいて、にをやかに見へたる也」＊俳諧・毛吹草（1638）五「生花にいっきりとする心かな〈正利〉」＊評判記・満散利久佐（1656）薩摩「やはらかに、むくむくとしたるばかりにて、いっきりとしたる所なし」

いつき-わらわ【斎童】ラハ〔名〕神に仕える童子。

いっ-きん【一斤】〔名〕①重さの単位の一つ。時代により、また品目によりかなり相違があったが、ふつう、一六〇匁を一斤とする。約六〇〇グラムに当たる。＊伊京集（室町）「一斤 二百五十目曰一斤」＊浮世草子・傾城色三味線（1701）大坂・五「三つ取合のなんばん菓子を、一人に壱斤（イッキン）あてにあらし」＊西洋道中膝栗毛（1870-76）〈仮名垣魯文〉六・上「蔵前で日の出の牛肉をすき焼にして、一斤（イッキン）もやらかすがいいネ」②酒一升をいう。＊滑稽本・東海道中膝栗毛（1802-09）一八・上「いっきん（一升）はいらぬ。三合ばかり頼みます」＊滑稽本・浮世床（1813-23）初・上「酒に咎をなするんぢゃアねへが、つい一斤（イッキン）きめると、野郎めヱ、浮いて来るもんだから」 発音〈標ア〉イ〈京ア〉〇 辞書 伊京・明応・天正・饅頭・黒本・易林・日葡・書言 表記 一斤（伊・明・天・饅・黒・易・書）

いっ-きん【一均】〔名〕（形動）公正なさま。不平等のないさま。＊紀伊御池坊文書-建長二年（1250）一二月二日・官宣旨（鎌倉遺文一〇・七二五五）「雖有両度之対問、頗無一均之実証歟」

いっきん-ぞめ【一斤染】〔名〕「いっこんぞめ（一斤染）」に同じ。

いっきん-らく【溢金楽】「いっきゅうらく（壱宮楽）」に同じ。＊二十巻本和名抄（934頃）四「壱越調曲〈略〉溢金楽 一云承和楽」 辞書 色葉 表記 溢金楽（色）

いっ-く【一口】〘名〙①一つのくち。転じて、人ひとり。または、生き物一匹。いっこう。＊東寺百合文書-る・応永三一年(1424)一二月二四日・最勝光院方評定引付(大日本古文書五・三四)「仍今度闕分二口内、一口賢我僧都」＊ロドリゲス日本大文典(1604-08)「iccu(イック) リャウゼツ ナシ」＊書言字考節用集(1717)一〇「一口 イック 工匠」②一人分の給料。＊東寺百合文書-る・応永七年(1400)九月二六日・最勝光院方評定引付(大日本古文書五・一八)「得分納所此間給候外、一口之半分可ㇾ被ㇾ宛之由、先度評定畢」③口のあいている器物など一つ。一合。＊延喜式(927)一・神祇・四時祭「短女杯、盞各一口」＊高野山文書-享保二〇年(1735)七月日・御影堂霊宝目録(大日本古文書六・一二二九)「八祖相承水瓶一口」④武器、農具などの刃物の一丁。＊延喜式(927)一・神祇・四時祭「楯一枚、槍鋒一口、庸布一丈四尺」＊日葡辞書(1603-04)「Iccu(イック)〈訳〉穀物を刈り取る鎌の数え方」＊書言字考節用集(1717)一〇「一口 イック 太刀。剃刀。鐘。磬。釜。鍋」
発音〈標ア〉イ 辞書日葡・書言 表記一口(書)

いっ-く【一工】〘名〙大工などの一日分の手間賃。また、その仕事。＊雑俳・折句袋(1779)「丁稚がいふ所も一ッ工内普請」方言一人一日の労働量。新潟県佐渡352 奈良県吉野郡683

いっ-く【一区】〘名〙①いくつかに区切った、一つの区切り。一区画。＊続日本紀-天平一九年(747)一一月己卯「其金光明寺各造二七重塔一区一」＊篁園全集(1844)一・五荘行「十里桑麻雲靉靆、一区花竹露淋漓」②東京都の特別区、指定都市の行政区、また財産区、土地改良区など、法人である区のうちの一つの区。③選挙区、学区、鉱区、水先区など指定された一定の区域である区のうちの、一つの区。発音〈標ア〉イ〈京ア〉0

いっ-く【一句】〘名〙①話、物語、文章の区切り、または、格言、成句などの一つ。一言。一文。一段。一話。ひとくさり。ひとくぎり。＊徒然草(1331頃)一五七「あからさまに聖教の一句を見れば、何となく前後の文も見ゆ」＊花鏡(1424)奥段「当流に万能一徳の一句あり」＊言継卿記-天文一三年(1544)二月一一日「山上龍智院来。平家一句語。則帰候了」＊日葡辞書(1603-04)「Iccu(イック)〈訳〉詩の行、へイケの物語、言葉、文章の数え方。レンガ iccu(イック)。ゴ iccu(イック)。へイケ iccu(イック)、等」＊仮名草子・浮世物語(1665頃)一・六「いかなる和尚の一句(ク)提携の示(しめし)もこれにはまさらじ」＊浄瑠璃・近江源氏先陣館(1769)三「一句一答赤面し」＊杜預-春秋左氏伝序「絶二筆於獲麟之一句一」②漢詩の五言または七言のひときり。または、和歌の五文字または七文字のひときり。＊八雲御抄(1242頃)一「旋頭歌 三十一字に今一句をそへたる也。普通歌は五句、是は六句也」＊詩人玉屑-詩法「一篇之中、句句皆奇、一句之中、字字皆奇」③連歌や俳諧、雑俳等の一つの作品。＊ささめごと(1463-64頃)下「一句のうへにことはりしられてうるはしきを秀逸とのみ心得」＊俳諧・去来抄(1702-04)先師評「さまざまの吟ども多(おほ)く侍りけれど、ただ此一句のみ、『丈艸出来たり』との給ふ」＊随筆・胆大小心録(1808)五〇「おれも一句しよか。春の海それでもかけはよせる波。どうじゃ」④(下に打消の語を伴って)少しの言葉。一言(いちごん)。→一句に。＊洒落本・金錦三調伝(1783)「そう覚へられちゃアいっくもねい」＊人情本・仮名文章娘節用(1831-34)後・五回「都といへば聞えがいいが、上方ぜへろく上方猿といはれては、一句もねへのす」発音〈標ア〉イ〈京ア〉0 辞書文明・天正・易林・日葡・書言 表記一句(文・天・易・書)

いっ-く【一軀】〘名〙仏像などの一体。一つの像。一体。＊続日本紀-天平九年(737)三月丁丑「毎ㇾ国令ㇾ造二釈迦仏像一軀、挟侍菩薩二軀一、兼写中大般若経一部上」＊山密往来(1373)夷則七日「奉二修復一地蔵菩薩聖容一軀」発音〈標ア〉イ 辞書文明・天正・易林・書言 表記一軀(文・天・易・書)

いっ-く【一齣】〘名〙(「く」は、「齣(せき)」の誤読)「いっせき(一齣)」に同じ。発音〈標ア〉イ

いつ-く【斎・寵・傅】[一]〘自カ四〙(斎)汚れを忌み、清浄にして、神に仕える。＊古事記(712)上「吾をば倭の青垣の東の山の上に伊都岐(イツキ)奉れ」＊万葉(8C後)一九・四二四一「春日野に伊都久(イック)みもろの梅の花栄えてあり待て帰りくるまで〈藤原清河〉」＊霊異記(810-824)下・三一「因りて、其の女の家の内に、忌籬(いがき)を立てて斎(イック)。〈真福寺本訓釈 斎 イック〉」＊色葉字類抄(1177-81)「斎 イック 敬也 イモヰ 令精進也」＊山家集(12C後)下「いつかまたいつきの宮のいつかれて注連(しめ)の御内に塵を払はん」[二]〘他カ四〙(寵・傅)たいせつにする。かわいがる。＊万葉(8C後)一八・四一一〇「さぶる子が伊都伎(イツキ)し殿に鈴かけぬはゆま下れり里もとどろに〈大伴家持〉」＊万葉(8C後)一九・四二二〇「わたつみの 神のみことの みくしげに たくはひおきて 伊都久(イック)とふ 珠にまさりて 思へりし あが子にはあれど〈大伴坂上郎女〉」＊源氏(1001-14頃)若紫「故大納言、うちに奉らむなどかしこういつき侍りしを」＊浜松中納言(11C中)一「后そく山を出でたまひしより、この若君をあづかりて、我もここにゐていつく」語誌(1)「いつ(厳)」(神聖なものの威力)の派生語で、本来的には潔斎して神へ奉仕する意味。(2)類義語に「いはふ(斎・祝)」「いむ(忌)」「まつる(祭)」がある。特に「いはふ」との意味上の区別は難しいが、古代では、「いつく」は対象をあがめる面が強く主に神官の行為にいい、「いはふ」は吉事を招くという目的の面が強く、一般人の行為にもいう。(3)「いつきのみこ(ひめみこ)」(斎皇女)などは原義を残す用法だが、平安朝の物語では転じて、一般人が対象を崇めるように大切に崇める意が生じ、「あがむ(崇)」「うしろみる」「かしづく(傅)」に近接してくる。語源説(1)イはイム(斎)の語根。ツクは附く〔大言海〕。イツク(斎着)の意〔日本古語大辞典=松岡静雄〕。(2)イは接頭語。ツクはツカフ(仕)の原形。またはイツク(厳)か〔万葉集辞典=折口信夫〕。(3)イミツクス(忌尽)の義〔名言通・和訓栞〕。(4)イハヒツク(祝著)の義〔言元梯〕。発音〈標ア〉ツ〈ア史〉平安○○◐ 鎌倉○○●と○●の両様 辞書色葉・黒本・書言・言海 表記斎(色・言) 寵(黒・書)

い-つ-く【居付・居着】〘自カ五(四)〙①来たまま帰らないでそこに居続ける。居すわる。＊枕(10C終)二九二・成信の中将は、入道兵部卿の宮の「さらに起き給はざめりといひに行きたるに、やがてゐつきて物いふなり」＊多情多恨(1896)〈尾崎紅葉〉後・九「何処と無く褻(しと)った家の内は、我居間ながら心細さに居付かれぬほど陰に沈むで」②落ち着いてその場に長く住みつく。住み慣れる。安住する。＊宇治拾遺(1221頃)三・一五「此の塚のかたはら近くは、げすなどもえゐつかず。むつかしき事ありと云ひ伝へて、大かた人もえゐつかねば」＊人情本・春色梅児誉美(1832-33)初・一齣「なに世話といって居付(ヰツイ)て世話のしてもねへが」＊破垣(1901)〈内田魯庵〉三「奈何いふもんだか奉公人が居付かんでノウ」方言❶水中の混ざり物が沈む。沈殿する。また、沈殿して乾く。秋田県平鹿郡130 鹿角郡132 岐阜県益田郡498 大野郡502 滋賀県彦根609 蒲生郡612 徳島県811 ❷田の代かきをした後で泥が沈殿して固くなる。群馬県勢多郡236 長野県南安曇郡469 佐久493 京都府竹野郡622 ❸固まる。山形県北村山郡144 ❹こびり着く。焦げつく。山形県米沢市149 新潟県東蒲原郡368 徳島県811 高知県862 864 867 ❺家の中にこもっている。高知県862 864 867 ❻回っている独楽(こま)や揚がっている凧(たこ)などが動揺せずに安定する。◇いいつぃちゅん 沖縄県首里993 発音〈標ア〉ツ ク〈京ア〉0 辞書文明・書言・〈ボン〉・言海 表記居著(文・書・ヘ) 居着(言)

い-つ-く【射付】〘他カ下二〙⇨いつける(射付)

い-つ-く【鋳付】〘他カ下二〙⇨いつける(鋳付)

い-つ-ぐ【―次・―継】〘自ガ四〙(「い」は接頭語)次ぐ。続く。＊万葉(8C後)一〇・二一四五「秋萩の恋も尽きねばさを鹿の声伊続(イつぎ)伊継(イつぎ)恋こそ益(まさ)れ〈作者未詳〉」＊万葉(8C後)一四・三四〇九「伊香保ろにあま雲伊都芸(イツギ)かぬまづく人とおたはふいざ寝しめとら〈東歌・上野〉」

いっく-いちらく【一苦一楽】〘名〙一度は苦しみ一度は楽しむこと。ある時は逆境に苦しみ、ある時は順境を楽しむこと。＊菜根譚-前集「一苦一楽相磨錬、錬極而成ㇾ福者其福始久」

いっく-いっき【一懼一喜】〘名〙恐れ多く、かつ喜ばしく思うこと。＊高野山文書類目録-正智院は三三・文中二年(1373)八月二一日(大日本史料六・三九)「右写本者、権僧正御房御真筆也。奉二拝見一之。非二一懼一喜之至一哉」

いっく-いっし【一句一指】〘名〙わずかなこと。僅少(きんしょう)。些細(ささい)。＊浄瑠璃・蘆屋道満大内鑑(1734)四「是式の邪正をただすこと、一句一指(いっくいッシ)の手段に有り」

いっく-いっちょく【一句一直】〘名〙連俳で、会席三箇条の掟(おきて)の一つ。付句を出して指合(さしあい)を指摘された場合、その作者は一度だけは直して再提出できるが、訂正句にさらに指合があった場合は、その句を捨て他人と交替しなければならないこと。もと千句興行の際、一作者の付句に時間を費やすのを避けるため設けられた掟であるが、のち百韻、歌仙などの会席にも準用された。＊俳諧・暁眠起(1714)「一句一直事、句を出して差合在し時、早速一言にこれかれと直す也。長案は脇へ不礼也」

いっ-くう【一空】〘名〙(「一」はすべての意)①そら全体。一面の空。一天。＊范仲淹-岳陽楼記「長煙一空、皓月千里」②すっかりなくなること。一つもないこと。＊白居易-夢裴相公詩「自二我学二心法一、万縁成二一空一」③仏語。万物はすべて空(くう)であり、空もまた空であること。＊雑談集(1305)一・解行事「解は万法の一空を照し、行は種々に差別して先づ有縁の一門を専らにすべきなり」＊車屋本謡曲・景清(1466頃)「勝三界は所なし、只一空の身」＊艸山集(1674)一四・和欧陽読書詩「四大本一空、何物是病患」＊摩訶止観-七上「若観二法性因縁生故一種一切種一則一色一切色。若法性空故一切色一色則一空一切空。法性仮故一色一切色」

いっく-うたい【一句謡】〘名〙七、五の文字をもって一続きとする謡。＊曲附次第(1423頃)「凡、祝言のみにかぎるべからず、一句うたいは、七五七五と、ひゃうしにあはせて、すぐにたしやかにかにあるべし」発音〈標ア〉ウ

いっく-ぎれ【一句切】〘名〙和歌の第一句の終わりに句切れのあること。また、その和歌。初句切れ。「月やあらぬ春や昔の春ならぬわが身一つはもとの身にして」の類。発音イックギレ〈標ア〉0

いつ-くさ【五種】〘名〙(「くさ」は種類の意)五種(ごしゅ)。発音〈標ア〉ツ

いつくさ の 穀(たなつもの)「いつつ(五)のたなつもの」に同じ。＊書紀(720)神代上(水戸本訓)「此の神の頭の上に蚕(かひこ)と桑(くわ)と生(な)れり。斉(ほぞ)の中に五穀(イツクサノタナツモノ)生(な)れり」

いつくさ の 兵(つわもの) 刀、剣、戈(ほこ)、戟(げき)、矢の五種の武器。＊延喜式(927)一六・儺祭詞「大儺公、小儺公、五兵(いつくさのつはもの)を持ちて追ひ走り刑(つみな)へ殺さむ物ぞ」

いつく-し【厳・慈・美】〘形シク〙①霊妙である。威力に満ちている。荘厳である。神や現人神(あらひとがみ)としての天皇および仏などに関していう。＊万葉(8C後)五・八九四「そらみつ 大和(やまと)の国は

皇神(すめかみ)の 伊都久志吉(イツクシキ)国〈山上憶良〉」 ＊枕(10C終)二二一・行幸にならぶものは「行幸にならぶものは何かはあらん〈略〉神々しく、いつくしう、いみじう、常には何とも見えぬなにつかさ・姫まうちぎみさへぞ、やむごとなく、めづらしく覚ゆるや」 ＊源氏(1001-14頃)澪標「ののしりて詣(まう)で給ふ人のけはひなぎさに満ちて、いつくしき神宝(かむだから)をもて続けたり」 ＊栄花(1028-92頃)玉のうてな「仏を見奉れば〈略〉体相威儀いつくしく」 ＊即興詩人(1901)〈森鷗外訳〉神曲、吾友なる貴公子「きはみなきちからによりて いつくしき 法(のり)をうき世に しめさんと」 ②いかめしい。威厳がある。高貴だ。また、気品や威厳のある美しさである。もとは天皇家の血筋の人にいうことが多い。＊源氏(1001-14頃)若菜上「うるはしだちて、はかばかしきかたに見れば、いつくしくあざやかに、目も及ばぬここちするを」 ＊狭衣物語(1069-77頃か)四「もてかしづかれ、いつかれ給へる有様の、いつくしうめでたきをばさるものにて」 ＊太平記(14C後)五・時政参籠榎島事「さしも厳(イツク)しかりつる女房、忽ちに伏長(ふしたけ)二十丈ばかりの大蛇と成て、海中に入りにけり」 ＊咄本・醒睡笑(1628)一「そちは生れつきいつくしく自然と殿上人の形あり」 ③人や事物が美しい。美麗だ。 ＊応永本論語抄(1420)八佾「哀窈窕とは、常に女の色のいつくしきを窈窕と云が其義に非ず」 ＊御伽草子・横笛の草紙(室町末)「容顔美麗にしていつくしく、霞に匂ふ春の花」 ＊幸若・烏帽子折(室町末-近世初)「みめもいつくしい者、笛も上手」 ＊俳諧・新花摘(1784)「ある夜、春のもふけに、いつくしききぬをたち縫て有りけるが」 語誌 (1)「いつ(厳)」からの派生語で、本来は神や天皇の威厳を示す意であり、平安朝においても皇族に用いられる例が多い。元来は美麗の意味はなく、「源氏物語」においても基本的にはそれが守られているが、端麗な女性美についても通用する一面も生じている。(2)室町時代以降、大切にする「いつく」や慈愛の「うつくし」との混同が生じ、更にそれが進むと「いつくしむ」という動詞まで派生し、逆に本来的な霊威の概念は後退する。 語源説 (①②について) (1)イツク(斎)の終止形を活用した語〔大言海〕。(2)イツキシキ(斎如)から〔名言通〕。(3)イツクシ(厳奇)の意〔日本古語大辞典=松岡静雄〕。(4)エミタルカホセリの反のイツコシの転〔名語記〕。(③について) (1)おごそかな意のイツクシからの転義〔大言海〕。(2)イツはイトに通う。イツクシ(厳)と語源は異なる〔国語の語根とその分類=大島正健〕。(3)イツクシ(慈)はウツクシ(心着)に同じ〔言元梯〕。 発音 〈標ア〉ク 〈ア史〉平安○○○◐ 鎌倉『いつくしき』●●●●◐か 〈京ア〉ク 辞書 色葉・名義・和玉・文明・饅頭・日葡・〈ボン〉・言海 表記 厳(色・名・玉・文・言) 慈(色・文・饅) 荘・喩(色・名) 恩(色・文) 儼(名・玉) 荘・愛(玉・文) 悲・慾・仁・恵・恋・宗・崇(色) 速・粛・拎(名) 順・寵・敏(玉) 美・庄・思慈・艶色(文) 儼然(へ)

いつくしき を 科(とが) 美貌(びぼう)なのがかえって災いのもととなること。＊説経節・さんせう太夫(山本九兵衛板)(1667)二「いつくしきをとがぞと、三がのしばに七かまし、十かかれとの仰也」

いつくし-が・る 〖他ラ四〗(形容詞「いつくし」の語幹に接尾語「がる」の付いたもの) かわいがる。＊三体詩素隠抄(1622)一・一「此の呉姫は、吾と、いつくしがられふとて、けずろわねども、天然生れつきが、みめよしぢやぞ」 発音 イックシガル 〈標ア〉ガ

いつくし-げ 〖形動〗(形容詞「いつくし」の語幹に接尾語「げ」の付いたもの) 見た目にきれいなさま。＊御伽草子・物くさ太郎(室町末)「大手をひろげてつっと寄りいつくしげなる笠の内へ、きたなげなる面(つら)をさし入て、顔に顔をさし合はせて」 発音 イックシゲ 〈標ア〉シ

いつくし-さ 〖名〗(形容詞「いつくし」の語幹に接尾語「さ」の付いたもの) 見た目に美しいこと。また、その度合。＊御伽草子・文正草子(室町末)「姫君は、〈略〉姿かかりまことにいつくしさたとへん方(かた)なし」 発音 〈標ア〉ク 辞書 言海

いつくし-び【慈】 〖名〗「いつくしみ(慈)」に同じ。 辞書 日葡

いつくし-・ぶ【慈】 〖他バ四〗「いつくしむ(慈)」に同じ。 辞書 言海 表記 慈愛(言)

いつくしま【厳島】 ㈠広島県、広島湾の西南部にある島。佐伯郡宮島町をなす。日本三景の一つ。厳島神社がある。宮島。 ㈡「いつくしまじんじゃ(厳島神社)」の略。＊梁塵秘抄(1179頃)二・四句神歌「関より西なるいくさがみ、一品中山、安芸なるいつくしま、備中なる吉備津宮」 ㈢謡曲。脇能物。廃曲。作者不詳。諸国一見の僧が厳島に参詣すると天女が現われ、法華経の功徳を説く。 発音 〈標ア〉ク 〈京ア〉ク 辞書 色葉・文明・天上・饅頭・易林・書言 表記 厳島(色・文・天・饅・易・書)

いつくしま の 戦(たたか)い 戦国時代、天文二四年(一五五五)一〇月、毛利元就(もとなり)が陶晴賢(すえはるかた)を厳島に奇襲して破った戦い。この後、元就は大内義長、尼子義方をたおし、中国地方最大の戦国大名となった。 発音 〈標ア〉ク

いつくしま の 内侍(ないし) 厳島神社で、巫女のことをいう。＊平家(13C前)一・吾身栄花「安芸国厳嶋の内侍が腹に一人おはせしは、後白河法皇へまいらせ給て」

いつくしま-えんねん【厳島延年】 〖名〗厳島神社で、七月一四日の夜行なわれた延年の神事舞。この日、福神にかたどった木偶(でく)を作って拝殿に置き、延年舞の終わったとき、町の若者たちが裸になって、その木偶の首を奪い合う。これを取った者はその年に福があるという。＊俳諧・新季寄(1802)七月「神釈〈略〉厳嶋延年 十四日」

いつくしま-ぎれ【厳島切】 〖名〗名物切れの一つ。藍天鵞絨色(あいびろうどいろ)の地の、二重の四角の内に蝸龍紋(あまりょうもん)を織り出した浅黄の緞子(どんす)。 発音 イックシマギレ 〈標ア〉0

いつくしま-じんじゃ【厳島神社】 広島県佐伯郡宮島町にある神社。旧官幣中社。祭神は市杵島姫命(いちきしまひめのみこと)、田心(たごり)姫命、湍津(たぎつ)姫命ほか。三柱。推古天皇元年(五九三)の創祀と伝えられる。特に、平清盛はじめ平氏一門に厚く崇敬され、「平家納経」のほか、社殿、回廊など国宝が多い。世界遺産に登録されている。安芸国一の宮。伊都岐島神社。安芸の宮島。宮島さん。 発音 〈標ア〉ジ 〈京ア〉ジ

いつくしま-たまとりまつり【厳島玉取祭】 〖名〗厳島神社で八月二〇日(もと旧暦七月一八日)に行なわれる神事。大鳥居前の海中に四本柱の櫓(やぐら)を立て、その中央につった台に宝珠をのせておき、潮の満ちてきたころ、裸の男たちが海中に飛び込んで台上の宝珠を奪い合う。珠を取った者に幸運が授けられるという。鷽(うそ)替え神事、玉競(たませせり)祭りと同類の祭り。

いつくしま-まつり【厳島祭】 〖名〗厳島神社で、六月一七日に行なわれる祭り。船中に神輿(みこし)を奉安し、管弦を奏しながら対岸の御前神社に渡り、次いで長浜神社、大元神社を経て本社に帰る海上の神事。管弦祭。＊俳諧・誹諧初学抄(1641)末夏「祇園会六月十四日〈略〉安芸国いつく嶋祭六月同日也」 ＊俳諧・増山の井(1663)六月「いつくしま祭」 補注 「増山の井-正月」に「伊都岐嶋祭(イツクシママツリ) 下亥日官幣(くはんへい)あり。近代断絶云々拾芥」とあり、さらに「拾芥抄-中・年中行事部」には「正月〈略〉下亥日 伊都岐島ノ祭 官弊(云)但近代無二其沙汰一歟」とある。 発音 〈標ア〉マ[2]

いつくしま-めぐり-まつり【厳島巡祭】 〖名〗厳島神社で、毎年三月一日から一一月三〇日(昔は二月初申の日から一一月の初申の日)までの間、参拝者の願いによって随時に行なう行事。参拝者が御座船に擬した船で三笠浜を出発し、島の七浦、七恵毘須社(えびすしゃ)を巡拝、最後に本社にお参りして式を終わるもの。御島巡祭。

いつくし-み【慈】 〖名〗(動詞「いつくしむ(慈)」の連用形の名詞化) 慈愛。恵み。恩沢。＊妙一本仮名書き法華経(鎌倉中)八・観世音菩薩普門品第二五「いつくしみのこころは、たへにおほきなるくものごとし」 ＊光悦本謡曲・難波(1427頃)「あまねきみ心のいつくしみ深うして」 ＊延宝八年合類節用集(1680)八「恩 イツクシミ 又慈 粛 仁 並同」 ＊開化のはなし(1879)〈辻弘想〉初・二回「西洋文明の国々の長(よ)い所を御採りなされ億兆を赤子の如く御慈愛(イツクシミ)ありて」 発音 〈標ア〉0ミ 〈京ア〉0 辞書 和玉・文明・伊京・書言・〈ボン〉・言海 表記 慈(玉・文・書) 仁・恩(玉・書) 寵(伊・書) 荘・厳(文) 恵・皇華(書) 愛(へ) 慈愛(言)

いつくしみ-ふか・い【慈深】 〖形口〗(「いつくしみぶかい」とも) やさしく、あわれみ深い。慈愛深い。恵み深い。キリスト教では、神の人に対する不変の愛を表わす語として用いられることが多い。＊トルストイについて(1926-36)〈正宗白鳥〉一「誰れか自分を愛して呉れるいつくしみ深い人の胸に顔を押しつけて、思ふさま泣き、柔しく慰めて貰ふことを切望した」 発音 〈標ア〉カ

いつくし・む【慈・愛】 〖他マ四〗たいせつにする。いとおしむ。かわいがる。＊御伽草子・二十四孝(室町末)「継母も、後にはへだてなくいつくしみ、もとの母と同じくなれり」 ＊随筆・折たく柴の記(1716頃)上「我をやしなひし人は〈略〉我をいつくしむ事浅からず」 ＊浮雲(1887-89)〈二葉亭四迷〉一・二「幼少の折より挿頭の花、衣の裏の玉と撫で愛(イツクシ)まれ」 補注 古くは「うつくしむ」。 語源説 (1)形容詞イツクシ(美麗)を動詞に活用〔大言海〕。(2)痛ク惜ムの義〔和訓栞〕。(3)美しく親しむ意〔日本語源=賀茂百樹〕。(4)アツクセシムルの義〔日本釈名〕。 発音 〈標ア〉シ 〈ア史〉室町●●●●● 〈京ア〉0 辞書 日葡・〈ボン〉・言海 表記 慈愛(へ・言)

同訓異字 いつくしむ【慈・愛・仁・恵・撫・寵】

【慈】(ジ) 深い愛情をそそぎ大切にあつかう。心を込めて養い育てる。神仏、君主、父母などの上位者が人間、臣民、子女などの下位者をいつくしむというニュアンスがある。「慈愛」「慈雨」「慈善」「慈悲」《古 うつくしふ・いとほし・うつくし・めぐむ》

【愛】(アイ) いとおしく思い大切にする。心が引き寄せられていつくしむ。「愛育」「愛護」「愛着」「慈愛」《古 をしむ・めぐむ・いつくし》

【仁】(ジン・ニン) おもいやり、あわれみの心をもって人に接する。「仁愛」「仁政」《古 うつくしふ・めぐむ・あはれむ・いつくしみ》

【恵】(ケイ・エ) 相手の気持にそってめぐみを与える。「恵雨」「恩恵」「天恵」《古 めぐむ・うつくしふ・あはれふ・いとほしむ》

【撫】(ブ) 相手のこころがしずまるよう、やさしくしたり説得したりしていつくしむ。「撫育」「慰撫」「宣撫」《古 なつ・かいなつ》

【寵】(チョウ) 取り分け気に入ってあがめいつくしむ。「寵愛」「寵臣」「恩寵」《古 うつくしふ・いつくし・あはれふ・あかむる》

いつくしん-・ず【慈】 〖他サ変〗(「いつくしみす」の音便) 「いつくしむ(慈)」に同じ。＊文明本節用集(室町中)「孝莫大於厳父(チチヲイツクシンズルヨリ)」 ＊玉塵抄(1563)五「色は荘(おごそか)なれぞげにとただしくいつくしんずる心ぞ」 辞書 文明・書言 表記 厳(文・書) 粛(書)

い-つく・す【―尽】 〖他サ四〗(「い」は接頭語) 尽くす。すり減らす。＊万葉(8C後)一八・四一二二「天の下 四方の道には 馬の蹄(つめ) 伊都久須(イック

ス)きはみ 船の舳(へ)の い泊(は)つるまでに〈大伴家持〉」

い-つく・す【射尽】〘他サ五(四)〙矢をある限り全部射る。*平家(13C前)九・知章最期「其後矢だねのある程ゐつくして、うち物ぬいてたたかひけるが」*日葡辞書(1603–04)「Itçucuxi, su, uita(イツクス)」

いつ-ぐそく【五具足】〘名〙「いつしょうぞく(五装束)」に同じ。*大友興廃記(1637頃か)道雪逝去「五具足を鎧はせ長刀を添へ、たたせてうづむべきとの遺言」 発音〈標ア〉0ク 辞書日葡

いっく-だて【一句立】〘名〙連俳で用いる語。①付合(つけあい)で、その付句一句だけで独立して味わいうることを主として、前句との関連に重きを置かないもの。連歌時代からあるが、特に江戸座、伊勢派の俳人たちの間で喜ばれた。②冠付(かむりづけ)の一種。四音の名詞を出題し、次の助詞の一字は作者に任せて、以下の七五を受けさせるもの。伊勢で行なわれた。*俳諧・続三疋猿(1748)「伊勢に一句立あり。〈略〉世にいふ冠付に似て異なるものは、四文字に俳諧のおかしき道具をいだし、手爾波は作者より一字を加へ次の七五にすがたをととのふ」 発音〈標ア〉0

いつぐち-ぐり【五口繰】〘名〙繰り糸なべ一個から、繰り糸の緒数五口を繰り取ること。いつくちどり。

いつくち-どり【五口取】〘名〙「いつぐちぐり(五口繰)」に同じ。

いっく-づめ【一句詰】〘名〙連歌の一句で勝負を決めること。*虎明本狂言・富士松(室町末–近世初)「是からは一句づめにいたさう」

いっく-どうおん【一口同音】〘名〙①おおぜいの人が声をそろえて言うこと。②おおぜいの人がそろって同じことを言うこと。異口同音(いくどうおん)。*玉葉–寿永三年(1184)二月二日「一口同音、勧申追討之儀」*幸若・新曲(室町末–近世初)「いのりをせよやとて、船中の上下、一句同音に観音の、みゃうがうをとなへけるに」 発音イックドーオン〈標ア〉イ

いっく-に【一句—】〘副〙一言のもとに。一息に。一挙に。*大淵代抄(1630頃)二「悪知悪見の雑毒を一句にをんぬいた」

いっくに-ばっくに〘副〙いっこうに。*歌謡・落葉集(1704)二・公時酒之酔「がんきやすり鮫肌つい突くやうで、刺すやうで、いっくにばっくに寝られぬ」

いっく-はんげ【一句半偈】〘名〙偈(げ)の一句、または、その半分。わずかの偈の文句。*一中節・頼光童子対面(1716–22)「博学多才の童子より一句半偈(イックハンゲ)の文なりとも授けて命を召されよや」

いつくみ-りょうがえ(リャウがへ)【五組両替】〘名〙江戸の銭(ぜに)両替商仲間の一つ。

いっくら-も【幾—】〘連語〙「いくらも」の変化した語。*洒落本・辰巳之園(1770)「竹伊勢と云は、伊勢太夫が内じゃ〈略〉いっくらも此類がある」*雑俳・柳多留–一〇(1775)「いっくらも見せて呉服屋ほしがらせ」*滑稽本・浮世床(1813–23)初・上「なんの此様(こん)なあたまの一つや二つ、出来合(ゐへ)にいっくらも有らあ」

いっくり-がっくり〘副〙不快なものや鋭いものに触れて、そのショックで反射的に体を縮めるさまをいう語。*歌謡・新編歌祭文集(1688–1736頃)一・祝言高砂歌祭文下「がん木やすり鮫肌。刺すやうで突くやうで。いっくりがっくりして」

い-つく・る【鋳造】〘他ラ五(四)〙金属を溶かして型に流し込み、ある形のものを作る。鋳造(ちゅうぞう)する。*小学読本(1874)〈榊原・那珂・稲垣〉二「鏡は上世よりありて、銕又銅を以て鋳造れり」 発音〈標ア〉ク

いつ-ぐん【逸群】〘名〙才能などが非常にすぐれていて、多くの人の中で一人だけとびぬけていること。抜群。*本朝文粋(1060頃)一二・藤原有章讃〈菅原文時〉「可レ謂二姓藤之生、逸群之駿一者也」*蘭東事始(1815)下「桂川甫周君は、天性穎敏、逸群の才にて」*新撰字解(1872)〈中村守男〉「逸群 イツグン ナミスグレ」*蜀志–諸葛亮伝「亮少有二逸群之才、英覇之器一」 発音イツグン〈標ア〉0

いっ-け【一化】〘名〙釈迦(しゃか)一代の教化。釈迦の生涯の化導(けどう)。広く仏、菩薩についてもいう。*勝鬘経義疏(611)摂受正法章「釈迦即入二諸仏一但是一化之主故更別挙」*正法眼蔵(1231–53)行持上「おほよそ一化は行持なり。浄衣乞食(こつじき)の仏儀、しかしながら行持にあらずといふことなし」*三論玄義「釈迦小乗一化、徒然虚設」

いっ-け【一花】〘名〙一つの花。一輪の花。いっか。*太子和讃(鎌倉)「一花(ケ)の供養する人も 順次往生疑はず」*落葉集(1598)「一花 いっけ」*日葡辞書(1603–04)「Icqe(イッケ)。ヒトハナ」 辞書日葡

いっけ開(ひら)けて=天下(てんが)[=四方(よも)]の春(はる) わずかな花が開くのを見て、春の訪れを知る。もののきざしを見て全体を知るたとえ。↔一葉(いちよう)落ちて天下の秋。*謡曲・芭蕉(1470頃)「み法(のり)の色を現はすや、一花開けて四方の春、のどけき空の日影を得て」*虎明本狂言・梅の舞(室町末–近世初)「いっけ、ひらくればおのづから、天下の春とさき出る、此梅のまひぞめでたき」*譬喩尽(1786)一「一花開而天下春(イッケヒラケテテンガノハル)」

いっ-け【一家】〘名〙①「いっか(一家)①」に同じ。*バレト写本(1591)「モロモロノヂシポロ イッケニアツマリ イラレケルニ」*日葡辞書(1603–04)「Icqe(イッケ)。ヒトツノ イエ〈訳〉一つの家、または、一族」*御国通辞(1790)「いっけ 一族 まき」②「いっか(一家)②」に同じ。*天草本平家(1592)一・一「カノキヨモリ ノ go icqe(ゴ イッケ) ノ ヒトビト トサエイエバ」*浮世草子・けいせい伝受紙子(1710)一・四「上がたにのぼり一家(イッケ)共の縁を以ていか成大名へも有つき」*滑稽本・東海道中膝栗毛(1802–09)六・下「イヤこちの一家(イッケ)じゃさかい、おのれ遁(いに)くさるなら言伝してこまそ」*読本・椿説弓張月(1807–11)後・二〇回「義康一家(イッケ)の好(よしみ)を忘れず」*大英游記(1908)〈杉村楚人冠〉本記・わが同業「此の事には直接関係のないミンク一家(ケ)迄が」③その家に住んでいる者。また、その家にあるものすべて。家中。一家中。*天草本伊曾保(1593)イソポの生涯の事「ycqeno(イッケノ) ザイホウヲ コトゴトク マイナイニ シンジョウズ」*浮世草子・好色一代男(1682)八・三「左の方に一家(いッケ)の女郎一人、おくりまいらせて座する」*談義本・無而七癖(1754)一・伊丹屋升七が酒の接待「今迄度々一家(イッケ)一つの異見。われ聞入ぬ所存にはあらず」 方言❶血縁。同族。本家分家の関係。江戸†055 栃木県198 群馬県010 吾妻郡219 埼玉県秩父郡054 東京都新島322 新潟県上越382 東蒲原郡054 石川県418 岐阜県飛驒502 三重県北牟婁郡054 鳥取県西伯郡719 島根県725 岡山県児島郡763 川上郡765 香川県829 愛媛県010 宮崎県010 ◇いっかうち〔—内〕・いっけうち 香川県829 ◇いっけしんるい〔—親類〕 新潟県東蒲原郡054 ◇いっけなか〔—中〕 福島県大沼郡165 ◇いっけまき 下北†052 岩手県010 山形県最上郡139 新潟県上越市382 ❷親類。親戚(しんせき)。松本†025 山形県139 千葉県夷隅郡288 東京都利島322 神奈川県054 津久井郡317 新潟県050 347 373 富山県394 395 397 石川県404 406 414 福井県429 445 447 長野県468 476 479 岐阜県498 499 504 愛知県宝飯郡062 八名郡549 三重県585 滋賀県608 611 612 京都府010 050 大阪府010 644 646 兵庫県652 661 671 奈良県678 吉野郡685 和歌山県690 鳥取県712 西伯郡718 島根県725 岡山県747 762 767 広島県771 774 779 山口県大島801 徳島県809 810 823 香川県829 高知県土佐郡866 長崎県西彼杵郡054 熊本県南部054 919 大分県941 宮崎県948 ◇いきうち 大分市941 ◇いけうち 福岡県企救郡875 大分県南部941 ◇いけしゅう〔—衆〕 新潟県東蒲原郡368 ◇いけなか 山形県139 ◇いっかうち 香川県829 ◇いっかけんぞく〔—眷属〕 島根県725 ◇いっき・いっきたるき 東京都新島322 ◇いっきまつき 東京都神津島322 ◇いっきょ 石川県040 福井県427 ◇いっけうち 栃木県198 兵庫県加古郡664 福岡県872 熊本県919 926 931 大分県南部941 宮崎県西臼杵郡948 ◇いっけし 徳島県美馬郡054 高知県幡多郡870 ◇いっけじゅう〔—中〕 長崎県西彼杵郡054 ◇いっけしょ 新潟県361 ◇いっけなか 山形県139 長崎県西彼杵郡054 ◇いっけまつい 富山県砺波398 ◇いっけん 徳島県美馬郡810 高知県幡多郡860 ◇いっけんうち 熊本県玉名郡058 ◇いっけんまけ 山形県最上郡139 ❸分家。滋賀県滋賀郡608 発音〈標ア〉イ〈京ア〉0 辞書日葡・書言・言海 表記一家(書・言)

いっ-け〘接頭〙「いけ」の変化した語。「いっけずるい」などと熟して用いる。

い-つけ【射付】〘名〙①矢を射当てること。*浄瑠璃・曾我会稽山(1718)一「鹿(しし)論未落居、二本の矢は射つけの通」*浄瑠璃・信州川中島合戦(1721)五「鎧にゐ付の矢を負ひ掛け、息を切って馳せ附」②「いつけ(射付)の節(ふし)」の略。③「いつけ(射付)の小的(こまと)」の略。*武家名目抄(19C中か)弓箭部・つぐら又射付「弓張記云つぐらと云ものの事ねこかきにしてきりきりと巻てこくちを射るもの也。高さは三尺はかり長さは二尺計にして二所縄にて結なり。是をいつけ共云也」 発音〈標ア〉ケ

いつけ の 小的(こまと) 射芸の的の一種。太く束ねたわらに、小さな的を付ける。いつけ。*本朝軍器考(1722)四・下「射つけの小的といひしは、稲の藁を猫がきといふ物のごとくにくみたる、それを巻て三所にて束ね結び、長さ三尺許、口の径二尺、その前の方に小的をかけて、後のかたには的皮を張る」

いつけ の 節(ふし) 的矢(まとや)の鏃(やじり)の上部に付いている節。いつけ。*弓張記(1450–1500頃か)「矢によりてしゃうずるふし事。〈略〉的矢は射つけのふし也」*日葡辞書(1603–04)「Itçuqeno(イツケノ) fuxi(フシ)」 辞書日葡

いっ-けい【一系】〘名〙一つの血筋。同じ血統。*国史略(1826)凡例「歴正天皇、正統一系、亘二万世一而不レ革」*広益熟字典(1874)〈湯浅忠良〉「一系 イッケイ 天子ノゴケイイヅノカワラヌコト」*大日本帝国憲法(明治二二年)(1889)一条「大日本帝国は万世一系の天皇之を統治す」 発音イッケイ〈標ア〉0

いっ-けい【一径】〘名〙①一条の小みち。*晉書–賈充伝「充帳下都督周勤時昼寝、夢見二百余人録レ充、引入二一径一」②(中国近世語から。「に」を伴って副詞的に用いる)まっすぐに。また、時を移さずにすぐさま。ただちに。*通俗酔菩提全伝(1759)二・済顚雪夜宿娼家「筆を投て自ら門を押開き、一径(イッケイ〈注〉タダチ)に出去れぬ」*京本通俗小説–錯斬崔寧「明月捉二個空、便一径到二臨安府前一叫二起屈一来」 補注「小説精言–一」に「便一径(〈注〉ヒトイキ)到二臨安府前一」とある。

いっ-けい【一計】〘名〙ある目的を達成するために考え出された一つの策略、または計画。*怪談牡丹燈籠(1884)〈三遊亭円朝〉一二「お国も一時驚いたが、忽ち一計を考へ出し」*ヰタ・セクスアリス(1909)〈森鷗外〉「僕は忽ち一計を案じ出した」*史記–魯仲連伝「裂レ地定レ封、富比二乎陶衛一、世世称レ孤、与レ斉久存、又一計也」 発音イッケイ〈標ア〉0〈京ア〉0

いっ-けい【一頃】〘名〙地積の単位の一つ。一〇〇畝(せ)。一〇段。約一〇〇アールに当たる。特に中国で用いられた。*再昌草–享祿元年(1528)九月二〇日「白頭免得折レ腰嘆、乱後都無二一頃田一」*日本風景論(1894)〈志賀重昂〉一「青ケ島や、南洋浩渺の間なる一頃の噴火島、爆然轟裂、火光煽々、天日を焼き」*史記–孔子

世家「孔子家、大一頃」

いっ-けい【一景】〘名〙①一つの景色。美しさや面白さを感じさせるような一つのまとまりをもった風景。＊日葡辞書(1603-04)「Icqei (イッケイ)。ヒトツノ ケイ〈訳〉ひとつのながめ。すなわち、非常にすぐれた美しいながめ」＊仮名草子・東海道名所記(1659-61頃)一「此山に上りぬれば、東海は目のしたに見えて、一景ある所也」＊雑俳・柳多留-四七(1809)「一景は龍宮迄もひびいてる」②一つの景物。ちょっとした楽しさや面白さを与えるような趣向。また、その面白さ。一興(いっきょう)。＊浮世草子・傾城禁短気(1711)二・二「たとへ振られても跡引て、此裏を仕懸る身代の器量があれば、此道の一景(ケイ)なり」＊浄瑠璃・関八州繋馬(1724)四「いっそそれも一景(ケイ)で有ふか」 発音 イッケイ〈標ア〉⓪ 辞書 日葡

いっけい-アクセント【一型━】〘名〙(アクセントは英 accent) 日本語のアクセントの一種。語によってアクセントの区別を持たない方言についていう。狭義には宮崎県都城市の一部や鹿児島県志布志の一部などの地域に見える。同一音節数の語がすべて同じ型のアクセントで発音するものをいうが、一般には東北南部から関東北部、九州中部などで見られる、語によるアクセントの区別を持たない、いわゆる「無アクセント」「崩壊アクセント」についてもいう。

いっけ-うじがみ【一家氏神（うぢがみ）】〘名〙本家分家が共同してまつる同族神を、関東北部でいう。氏神ということばが、村鎮守と同義語のように使われ始めたため、区別するためにいう語。 方言 栃木県安蘇郡208

いっけ-うち【一家内】〘名〙 方言 ⇩いっけ(一家)

いつけ-うま【射付馬】〘名〙騎射の際に乗る馬。＊源平盛衰記(14C前)三六・清章射鹿「弓の上手なる上に、仕(つか)う猟師なりけるが、打節射付馬(イツケムマ)の早走に乗りたりけり」

いつけ-ぐち【言付口】〘名〙「いいつけぐち(言付口)」の変化した語。＊改正増補和英語林集成(1886)「Itsuke-guchiwo (イツケグチヲ) スル」＊門三味線(1895)〈斎藤緑雨〉七「おれが家へ突然(いきなり)駈け込んでの言告口(イツケグチ)」 発音 イッケグチ〈標ア〉ケ

いっけ-さく【一毛作】〘名〙「いちもうさく(一毛作)」に同じ。 発音〈標ア〉ケ

いっけ-しゅう【一家衆】〘名〙①同じ一族に属する人々。＊甲陽軍鑑(17C初)品四〇下「第一大身衆親類の事、第二に我前へ出頭する者の親類共の事、第三に武田一家衆の事」②真宗の一門一家の人々の名称の一つ。特に室町後期の本願寺八世の蓮如(れんにょ)以後の、真宗本願寺法主と同じ家系の一族をいう。寺格を示すものであった。のちに血縁者以外も加わった。今の連枝、院家などの称。＊石山本願寺日記-天文九年(1540)五月七日「朝飯を河州五ケ所之衆より調レ之。〈略〉次一家衆へは汁三・菜五、坊主衆へは二汁三菜歟」＊山科御坊事(江戸初)「一には本願寺には門跡になられたるとて、袈裟をかけて、一家衆魚をくはれ候事」＊実悟記(1580)「蓮如御時、兄弟衆、同一家衆、供御又は一献をも被レ申候時」 発音 イッケシュー〈標ア〉ケ

いっけ-ずる・い【━狡】〘形口〙(「いっけ」は接頭語「いけ」の変化した形)「いけずるい(━狡)」を強めた言い方。＊洒落本・遊子方言(1770)夜のけしき「いっけずるい、早く来さっしゃゐな」

いっ-けつ【一穴】〘名〙①一つのあな。＊史記抄(1477)一二・樗甘「わるい地は一穴を掘て其穴を埋は土が不足して」＊雑俳・柳多留-一二二別(1833)「一穴(けツ)のたとへ猴と鳥と蟻」＊呂氏春秋-審分覧・不二「夫能斉二万不一レ同、愚智工拙、皆尽レ力竭レ能、如レ出二乎一穴一者、其唯聖人矣乎」②灸(きゅう)をすえるつぼ一つ。＊談義本・世間万病回春(1771)序「加持御夢想の灸点も一子相伝の妙薬もいはば一穴の気常にして尾の見へるところ也」③一つで大便用と小便用とを兼ねる便器。また、それのある便所。④鳥類や爬虫類のように、肛門(こうもん)、泌尿器、雌性生殖器との区別のないこと。また、それから転じて男色をいう隠語。鶏姦(けいかん)。〔特殊語百科辞典(1931)〕 発音〈標ア〉ツ⓪

いっ-けつ【一吷】〘名〙(「吷」は、小さな音の意) 風の吹き過ぎる際の小さな音。＊篁園全集(1844)三・歳暮書懐「俗耳屛二黄鐘一、剣頭求二一吷一」＊荘子-則陽「恵子曰、夫吹レ管也、猶有レ嗃也。吹二剣首一者、吷而已矣。堯舜、人之所レ誉也、道二堯舜於戴晉人之前一、譬猶二一吷一也」

いっ-けつ【一決】〘名〙①ある物事についての議論や相談で、一つの結論や決定が出ること。意見などが一つに決まること。＊江談抄(1111頃)一「故経信卿与二隆俊卿一有二相論一、彼時未二一決一云々」＊垂髪往来(1253)九月日「評論及二数剋一是非迷二一決一」＊神皇正統記(1339-43)上・神代「彼書の中猶一決せざること多し。況(いはんや)異書におきては正とすべからず」＊日葡辞書(1603-04)「Icqet (イッケツ)。ヒトツノ サダメ」＊近世紀聞(1875-81)〈条野有人〉初・二「遂に朝議一決(ケツ)して」②ある物事に対する態度や処置について、はっきりとした決断を下すこと。一つに決めること。＊浮世草子・国姓爺明朝太平記(1717)五「心一決(ケツ)しがたく夫に分別をあつらへれば」＊浄瑠璃・源頼家源実朝鎌倉三代記(1781)二「時政父子が首を見るか、但京方残らず討死するか、一つ二つの分別、此一決(ケツ)より外はなし」＊陳書-蕭摩訶伝「後主謂二摩訶一曰、公可二為レ我一決一」 発音〈標ア〉⓪〈京ア〉⓪ 辞書 日葡・ヘボン・言海 表記 一決(へ) 一決(言)

いっ-けつ【一結】〘名〙①同じ考えを持つ仲間。一党。＊本朝文粋(1060頃)一二・勧学会所辺牒〈橘倚平〉「忝出二一結之中一。適居二分憂之列一」②一つにくくること。まとめること。また、一まとめ。一まとめにしたもの。ものごとの始末がつくことにもいう。＊東寺百合文書-を・応永二二年(1415)四月九日・久世庄文書送進状(大日本古文書六・一〇八)「一真板弁寒河沙汰支証案文以下一結」＊建内記-嘉吉元年(1441)閏九月二七日「一条万里小路土蔵所二預置一之文書櫃一合弁文書一結、近日有二急用一、早可二撰給一之由」＊布令必用新撰字引(1869)〈松田成己〉「一結 イッケツ ヒトツヅマリ」③一つなぎにした銭一千文。銭一貫。＊日葡辞書(1603-04)「Icqet (イッケツ)。ヒトムスビ、すなわち、ゼニイックヮン」 辞書 文明・伊京・明応・天正・黒本・日葡 表記 一結(文・伊・明・天・黒)

いっ-けつ【一闋】〘名〙音楽の一曲が終わること。また、音曲・遊芸・講談などの一段落。謡いもの、語りものなどの、まとまった一部分。ひとくさり。＊米欧回覧実記(1877)〈久米邦武〉一・一六「英国親衛兵の楽隊、緋衣熊冠し楽会を助く、曲を調する一闋、英楽の美を極む」＊米欧回覧実記(1877)〈久米邦武〉二・三五「使節至るとき、生徒集りて、唱歌を唱へる一闋なり」＊欧陽脩-晩泊岳陽「一闋声長聴不レ尽、軽舟短楫去如レ飛」

いっ-けつ【一蹶】〘名〙①一度つまずくこと。ひとつまずき。＊六如庵詩鈔-二編(1797)四・題友人所蔵相撲節会図「翻然一蹶山岳傾、群声雷轟不レ得レ制」＊開化評林(1875)〈岡部啓五郎編〉明治五年・広瀬氏教養の費を華族に募る議「有志の徒、大率(おほむね)貧困窮厄、往々資材の為に一蹶する者古今尠とせず」＊説苑-談叢「一噎之故、絶レ穀不レ食、一蹶之故、却レ足不レ行」②ひと跳ねすること。＊栗山文集(1842)一・進学喩「初其数十百歩之相前後、亦便旋竚立之頃、猶可二一蹶而及一焉」＊浮城物語(1890)〈矢野龍渓〉六〇「一蹶して走らしめんと意気込み切て掛り来りしに」

いっ-けつ【溢血】〘名〙①点状、またはそれよりいくぶん大きい程度の内出血。一般に皮膚や粘膜などの表面に近いところの小さい内出血をいう。＊現代術語辞典(1931)「溢血 組織間に起る出血」②特に、脳溢血のこと。＊春の城(1952)〈阿川弘之〉三・一五「秋の初めにもう一度軽い溢血(イッケツ)に見舞われると」 発音〈標ア〉⓪〈京ア〉⓪

いっけつ-てん【溢血点】〘名〙皮膚面に斑状を生ずる出血点。＊多甚古村(1939)〈井伏鱒二〉オキヌ婆さんの件「溢血点といひ、首の縊孔といひ、縊死に間違ひないです」 発音〈標ア〉ツ ケ

いっけつ-もく【一穴目】〘名〙「たんこうもく(単孔目)」の旧称。 発音〈標ア〉ツ

いっけつ-ようぜん【一結杳然（エウゼン）】〘形動タリ〙物事の始末がついて、後にはるかな余韻の残っているさま。＊吾輩は猫である(1905-06)〈夏目漱石〉六「主人は一結杳然(イッケツエウゼン)といふ積りで読み終ったが」

いっけ-なか【一家中】〘名〙 方言 ⇩いっけ(一家)

いっけ-はっこう【一家八講】〘名〙「いちもんはっこう(一門八講)」に同じ。＊梵舜本沙石集(1283)一〇本・四「故少納言入道信西十三年、其孫、名僧上綱より合て、一家八講と云て、ゆゆしき仏事ありけり」

いつけ-まめ【煎付豆】〘名〙「いりつけまめ(煎付豆)」に同じ。＊伊呂波字類抄(鎌倉)「熬付大豆 イツケマメ」

いっ・ける〘他カ下一〙乗せる。乗っける。＊雑俳・柳多留-一〇(1775)「鼻紙へ珠数をいっけて大小言」＊雑俳・川柳評万句合-安永五(1776)礼一「一字づついっけてまわるかきつばた」＊一茶方言雑集(1819-27頃)「いっける 乗せる事 江戸」 方言 常陸†064 福島県南部155 茨城県188 栃木県198 群馬県215 218 242 埼玉県250 252 255 257 千葉県001 266 274 東京都八王子309 神奈川県横須賀市054 長野県062 471 484 静岡県520

い-つ・ける【言付】〘他カ下一〙「いいつける(言付)」の変化した語。＊吾輩は猫である(1905-06)〈夏目漱石〉三「又車屋の神さんにいつけられますよ」＊銀の匙(1913-15)〈中勘助〉二九「お峰ちゃんは怖い顔をして睨めて〈略〉帰ってゆくので、いつけられはしまいかと」 発音〈標ア〉ケ

い-つ・ける【射付】〘他カ下一〙文 いつ・く〘他カ下二〙①矢を射て物に当てる。射当てる。＊今昔(1120頃か)二五・六「極く弓勢射る者也とも、不射付(いつけ)ずして、箭は道に可落き也」＊保元(1220頃か)中・白河殿攻め落す事「能引(よっぴい)て放つ矢が、〈略〉甲のしころに射つけたり」＊寛永刊本蒙求抄(1529頃)一〇「矢をもいつけず、馬でもえをいつかぬぞ」＊浄瑠璃・天神記(1714)一「髭くひそらし肘を張り射つけてくれんず其気色」＊行人(1912-13)〈夏目漱石〉兄・四二「自分は母から疑惑の矢を胸に射付(イツ)けられたやうな気分で兄の居る室へ這入った」②矢で物を射通し、それを他の物に刺し留める。＊今昔(1120頃か)二七・三四「林の中に大きなる野猪、木に被射付(いつけられ)てぞ死て有ける」③(比喩的な用法)日の光などが物を強く照らす。照りつける。＊南小泉村(1907-09)〈真山青果〉七「華(はなや)かな夕日がつっとその白地の浴衣に射付(イツ)けた」＊それから(1909)〈夏目漱石〉一七「強い日に射付(イツ)けられた頭が、海の様に動き始めた」 発音〈標ア〉⓪ケ 辞書 和玉・言海 表記 弋(玉) 射付(言)

い-つける【結付】〘動〙 方言 ⇩ゆいつける(結付)

い-つ・ける【鋳付】〘他カ下一〙文 いつ・く〘他カ下二〙鋳物に模様などを鋳造して付ける。また、各部分を鋳造により付着させて鋳物を製作する。＊拾遺(1005-07頃か)賀・二九八・詞書「鏡いさせ侍りけるうらに、鶴のかたをいつけさせ侍て」＊中華若木詩抄(1520頃)上「その鼎には九州にあらゆる処の、山川弁禽獣異類異形に至るまで、鋳つけてをく也」 発音〈標ア〉⓪ケ

いっ-けん【一犬】〘名〙一匹の犬。＊蕉堅藁(1403)

雲間口号「一犬隔レ江吠、却疑黄耳孫」 ＊日葡辞書(1603-04)「Icqen (イッケン)。イヌ イッピキ」 ＊礼記-少儀「其以二乗壺酒束脩一犬一賜レ人若献レ人」 発音〈標ア〉0 辞書日葡

いっけん形(かたち)に吠(ほ)ゆれば百犬(ひゃっけん)[=千犬(せんけん)・群犬(ぐんけん)]声(こえ)に吠(ほ)ゆ （一匹の犬が物の形を見て吠え出すと、百匹もの犬がその声を聞いて皆吠えだす意から）一人がいいかげんなことを言い出すと、世間の多くの人々は、それをほんとうのこととして広めてしまう。一犬虚を吠ゆれば万犬実に伝う。＊文明本節用集(室町中)「一犬吠レ形千犬吠レ声 イッケンカタチニホフレバセンケンコヱニホフ」 ＊読本・椿説弓張月(1807-11)続・三三回「されば一犬(イッケン)形(カタチ)を吠(ホエ)て、群犬(グンケン)声(コヱ)に吠(ホユ)るならひなれば」 ＊潜夫論-賢難「諺曰、一犬吠レ形百犬吠レ声、世之疾、此固久矣哉」 辞書文明・書言

いっけん虚(きょ)を吠(ほ)ゆれば万犬(ばんけん)実(じつ)に伝(つた)う （「万犬」が「十犬」「千犬」など、また、「実に伝う」が「実にほゆる」「虚を伝う」などさまざまな形に表現される）「いっけん(一犬)形に吠ゆれば百犬声に吠ゆ」に同じ。＊太閤記(1625)四・石動山由来之事「此属は皆、一犬吠レ虚万犬伝レ実と、一味之浅智なるべし」 ＊俳諧・世話尽(1656)曳言之話「一犬(イッケン)虚(キョ)をほゆれば十犬(シッケン)実(ジツ)を伝(ツタ)ふ」 ＊談義本・世間万病回春(1771)五・時山医評「いか様承ればさやふの物かと又各信心を起して今の代の嗜婆遍鵲と一犬の虚吼(キョホヘ)千犬の実吼となりて揃かんばんの乗物医師くも手かくなわ十文字にとびあるかるる」 ＊洒落本・野路の多和言(1778)「一犬ほゆれば万犬虚を伝ふ其御評判を希ふいぬのはる」 ＊譬喩尽(1786)一「一犬(イッケン)虚(キョ)に吼(ホユ)れば万犬(バンケン)実(ジツ)に吼(ホユ)る」 ＊蘭東事始(1815)下「此学海内(かいだい)に及び〈略〉年毎に訳説の書も出る様にきけり。これは、『一犬(イッケン)実(ジツ)を吠(ホユ)れば、万犬(バンケン)虚(キョ)を吠(ホユ)る』の類にて」

いっ-けん【一件】〔名〕①一つの事柄。ある事件。＊蔗軒日録-文明一六年(1484)一〇月二八日「玉渚老師曰、光明寺殿企二一件叓一、必有二一願文一」 ＊上杉家文書-永祿九年(1566)五月九日・上杉輝虎願書(大日本古文書一・五一五)「弓箭のうへは不レ及レ申、物毎一けんにおいても、人に見をとされず」 ＊禁令考-後集・第三・巻二四・寛政七年(1795)八月一八日「笹屋町足折源四郎事源兵衛博奕筒取致し候一件、御仕置評議之内」 ＊人情本・春色梅児誉美(1832-33)四・二〇齣「彼(かの)お頼みの一件(イッケン)は、くわしく詮穿いたしましたが」 ＊当世書生気質(1885-86)〈坪内逍遙〉七「例の飜訳の一件(イッケン)でか」 ＊京本通俗小説-馮玉梅団円「自レ小習二得一件本事一、能識二水性一、伏得在二水底一三四昼夜」 ②ものごとを遠回しに言うときに用いる語。例のこと。あのもの。あの人。＊歌舞伎・曾我綉侠御所染(御所五郎蔵)(1864)四幕「その口前だから、いっけんの女がぶんと来たのだな」 ＊安愚楽鍋(1871-72)〈仮名垣魯文〉初「おめへハ一件(イッケン)の処(とこ)へ脱走してしまうし」 ＊倫敦塔(1905)〈夏目漱石〉「頗る真面目な顔をして居るが、早く当番を済まして、例の酒舗で一杯傾けて、一件にからかって遊び度といふ人相である」 ③歌舞伎脚本でその舞台に登場している役者全員をいう。＊歌舞伎・貞操花鳥羽恋塚(1809)五立「ト唄になり、菖蒲(あやめ)、思ひ入れ。一件残らず奥へ入る」 発音〈標ア〉0〈京ア〉0 辞書言海 表記一件(言)

いっ-けん【一見】〔名〕①(―する)一度見ること。一通り見ること。ちらっと見ること。一覧。＊古今著聞集(1254)二〇・七二二「都鳥芳名、昔聞二万里之跡一。微禽奇体、今遂二一見之望一」 ＊謡曲・高砂(1430頃)「このたび思ひ立ち都に上り、道すがらの名所をも一見せばやと存じ候」 ＊寛永刊本蒙求抄(1529頃)一〇「今の天子はさても聖王ぢゃ。諸公事所もかずをも一見めされて、やがて心得て決さしむ」 ＊俳諧・奥の細道(1693-94頃)あさか山「二本松より右にきれて、黒塚(くろつか)の岩屋一見し、福島に宿る」 ＊六如庵詩鈔-二編(1797)二・所養払菻狗一旦失之踰年復還感紀其事「忙遣二僮僕一審物色、一見眼穿記二旧侶一」 ＊漢書-趙充国伝「百聞不レ如二一見一」 ②(―する)一度会うこと。初対面。いちげん。③(副詞的に用いて)ちょっと見ると。＊思出の記(1900-01)〈徳富蘆花〉四・二二「其一見人を射るの異彩なきにもせよ、久ふしていよいよ愛す可く敬す可き人品は」 ＊侏儒の言葉(1923-27)〈芥川龍之介〉恋は死よりも強し「一見、死よりも強い恋と見做され易い場合さへ」 発音〈標ア〉0〈京ア〉0 辞書文明・饅頭・日葡・書言・言海 表記一見(文・饅・書・言)

いっけん旧(きゅう)の如(ごと)し 一度会っただけで、意気が合って旧知のように親しくなること。＊王維-送権二詩「一見如二旧識一、一言知二道心一」

いっけん卒塔婆(そとば)永離三悪道(ようりさんあくどう) 一度、卒塔婆を見ただけでも、永久に地獄、餓鬼、畜生の三悪道の苦しみからのがれることができるという意味。＊謡曲・卒都婆小町(1384頃)「さて卒塔婆の功徳はいかに、一見卒都婆永離三悪道」 ＊仮名草子・竹斎(1621-23)上「かくて卒都婆に立寄り、文の見れば、一けんそとば、やうり三あくだう〈略〉と書かれたり」 ＊譬喩尽(1786)一「一見卒都婆永離三悪道(イッケンソトバエウリサンアクダウ)」〔華厳経〕

いっ-けん【一拳】〔名〕①一つのにぎりこぶし。また、そのくらいの大きさ。＊菅家文草(900頃)二・古石「未二昔妨一三径、従来約二一拳一」 ＊日葡辞書(1603-04)「Icqen (イッケン)。ヒトツノ コブシ」 ＊星巌集-丙集(1837)梨花村草舎支集・明星津石歌「何似此石一拳許、可二以袖一レ之盆可レ貯」 ＊白居易-哭崔常侍晦叔詩「頑賤一拳石、精珍百錬石」 ②(―する)拳(こぶし)で一打ちすること。＊良人の自白(1904-06)〈木下尚江〉後・二一・三「あはれ、此の一拳の下に俊三の呼吸は絶ゆるであらう」 ③拳(けん)を一勝負打つこと。＊洒落本・辰巳之園(1770)「利中さん。一拳(いッけん)まいろふ」 ＊滑稽本・東海道中膝栗毛(1802-09)七・下「こうさんせ、一拳(イッケン)いかんせ」 ＊雪中梅(1886)〈末広鉄腸〉下・六「『松田さん一拳願ひませう』『オイキタ。シャンシャンシャン。〈略〉』」 発音〈標ア〉0 辞書日葡

いっ-けん【一軒】〔名〕①一つの家。一戸(いっこ)。＊日葡辞書(1603-04)「Icqen (イッケン)〈訳〉家の数え方」 ＊雑俳・柳多留-一(1765)「壱軒の口上で済くばり餅」 ＊随筆・胆大小心録(1808)一二「一軒に百文づつのお礼物で」 ②近世、見世物、演劇の見物席の一区画。ひとます。一間(いっけん)。＊浮世草子・日本永代蔵(1688)四・五「奈良大津伏見も人は替らねど、此桟敷(さんじき)、一軒(ケン)も取(とら)ず」 発音〈なまり〉イッケン〔南伊勢〕エッケン〔埼玉方言〕〈標ア〉イ〈京ア〉0 辞書日葡・書言 表記一軒(書)

いっ-けん【一間】〔名〕①家の内の柱と柱との間。建築によってその長さには長短がある。ひとま。＊多度神宮寺伽藍縁起資財帳-延暦二〇年(801)一一月三日(平安遺文一・二〇)「板葺小堂一間板敷。長一丈五尺 広八尺七寸」 ＊平家(13C前)灌頂・大原入「一間(いっケン 高良本ルビ)を御寝所にしつらひ、一間(いっケン 高良本ルビ)をば仏所に定め」 ②長さの単位。六尺(約一・八二メートル)。近世以降、一般化した単位で、長さも地域、時代によって差異があるが、江戸時代を通じて六尺に統一されてきた。現在も京間(きょうま)は六尺五寸を一間とする。＊日葡辞書(1603-04)「Icqen (イッケン)〈訳〉家や畳の縦の長さについての数え方」 ＊地方凡例録(1794)一「田地一歩、昔は六尺四方たりしに、中古に至り一間を六尺五寸に改む。〈略〉近世昔にかへりて六尺一間也」 ＊雑俳・柳多留-一二四(1833)「一間(ケン)せまやと存候九尺店」 ③一棟(ひとむね)。一つの家。一軒。＊文明本節用集(室町中)「一間 いっケン 家一間」 ＊御伽草子・鴉鷺合戦物語(室町中)「上さいをふるか、しからずは敵方たいばうもあらば小家の一間にも煙をたてさせてやむべき」 ＊浮世草子・万の文反古(1696)一・一「惣じての払ひ前に一間(ケン)もわたし申候事無用に候」 ④囲碁または将棋で盤の目一つをいう。一目(ひとめ)。＊滑稽本・浮世風呂(1809-13)前・下「ヤ、もう一間(イッケン)角(かく)を突込め」 ⑤「いっけん(一軒)②」に同じ。発音〈標ア〉0イ〈京ア〉0 辞書文明・天正・易林・書言 表記一間(文・天・易・書)

いつ-げん【逸言】〔名〕むだなことば。また、言い過ぎたことば。失言。過言。＊書経-盤庚・上「王用丕欽、罔レ有二逸言一」 発音イッゲン〈標ア〉0

いつ-げん【溢言】〔名〕度を過ぎた言葉。言い過ぎ。＊西洋事情(1866-70)〈福沢諭吉〉初・一「西洋人の諺に伝信機の発明を以て世界を狭くせりと云ふも亦溢言に非らず」

いっけん-がま【一間窯】〔名〕窯(かま)の一つ。従来の連房式登り窯に対し、単室の窯の意。明治三〇年(一八九七)頃、愛知県名古屋の松村八次郎が洋風の円窯(まるがま)に改良を加えて築造した石炭だきの単室窯。

いっけん-きろく【一件記録】〔名〕ある裁判事件に関する司法警察官の意見書、検事の聴取書、捜査報告書などすべての書類をひとまとめにして綴ったもの。一件書類。発音〈標ア〉キ

いっけんけん【一間―】〔名〕方言 ⇨いっけんとび(一間跳)

いっけんこんこん【一間―】〔名〕方言 ⇨いっけんとび(一間跳)

いっ-けんしき【一見識】〔名〕「いちけんしき(一見識)」に同じ。＊寄合ばなし(1874)〈榊原伊祐〉初・上「中位中道中分の処を以て申すので、そこが僕の一見識(イッケンシキ)とする所でござるが」 発音〈標ア〉ケ〈京ア〉ケ

いっけん-しゃ【一間社】〔名〕小規模な神社本殿形式の一つ。正面の柱間(はしらま)が一間のもの。発音〈標ア〉ケ

いっ-けんしょ【一見所】〔名〕「いちけんしょ(一見所)」に同じ。＊光悦本謡曲・殺生石(1503頃)「我知識の床を立ち去らず、一見所を開き、つひに払子(ほっす)を打ち振って、世上に眼をさらす」

いっけん-じょう【一見状】（ジャウ）〔名〕古文書の一形式。軍忠状や着到状において、大将・軍奉行・奉行人などがその内容を承認した証判として、文書の奥または袖(そで)に「一見了」「承了」等その旨を記し、花押を加えたもの。後日の証拠文書となる。＊熊谷家文書-建武四年(1337)八月日・野本朝行子息鶴寿丸軍忠状(大日本古文書二・二五)「致二合戦之忠節一之処、切二落御敵一人一畢。〈略〉所レ令二見知一也。随而佐竹刑部大輔一見状分明也」

いっけん-しょうぶ【一拳勝負】〔名〕一回の拳(けん)で勝敗を決めること。手早く勝負を争うこと。＊人情本・花鳥風月(19C前)初・上「三拳払ひの一拳勝負」 ＊歌舞伎・月宴升毬栗(散切お富)(1872)二幕「幸ひ四辺(あたり)に人もなし、四五や二三とくどくは言はぬ、一拳勝負(いっケンショウブ)につひちょこちょこ」

いっけん-しょるい【一件書類】〔名〕「いっけんきろく(一件記録)」に同じ。発音〈標ア〉ショ

いっけん-そとば【一間卒塔婆】〔名〕長さ一間の卒塔婆。＊歌舞伎・名歌徳三舛玉垣(1801)五立「門戸の卒塔婆。

を〆(しめ)て支へる所、一間卒塔婆にて門を破り」

いっけん-だち【一軒立】〘名〙「いっこだて(一戸建)」に同じ。＊青春(1905-06)〈小栗風葉〉秋・一一「一軒立(ケンダチ)で、間数が是々、家賃が幾らで、庭が、井戸がと事細かく並べて」 発音〈標ア〉⓪

いっけん-だて【一軒建】〘名〙「いっこだて(一戸建)」に同じ。＊恋慕ながし(1898)〈小栗風葉〉七「で、結句一軒建(ケンダテ)なぞと云ふ贅沢は止めて、〈略〉椎の花の悪く匂って来る門長屋で一時辛抱する事にして」＊満韓ところどころ(1909)〈夏目漱石〉一八「小山の上に建てられた好い社宅である。尤も一軒立(イッケンダテ)ではない」 発音〈標ア〉⓪

いっけん-だな【一間店】〘名〙間口が一間ほどの小さな家。裏長屋。＊咄本・楽牽頭(1772)浪人「むかし二百石取ったりとて、今のやくに立つものにあらず。壱間(ケン)店そふおふに、ものを云ふが能ひ」 発音〈標ア〉ケ

いっけん-とび【一間飛】〘名〙囲碁ですでに打ってある自分の石から縦又は横に同一線上に一路(いちろ)隔てて打つこと。また、そう打った形。 発音〈標ア〉⓪

いっけん-とび【一間跳】〘名〙方言 ❶片足跳び。島根県益田市725 福岡県築上郡844 大分県941 ◇いけんちょ 滋賀県蒲生郡608 ◇いちいち 高知県土佐清水市864 ◇いちかけ 島根県邑智郡724 ◇いちかんじんじ 神奈川県中郡314 ◇いちけじょ 福岡県浮羽郡872 ◇いちけんけん 神奈川県高座郡054 ◇いちけんこ 神奈川県足柄下郡054 ◇いちこ 島根県隠岐島725 ◇いちこのこん 神奈川県高座郡054 ◇いちこんこ 神奈川県都筑郡・橘樹郡054 香川県瀬居島829 ◇いちこんご 岡山県阿哲郡751 ◇いちこんこん 神奈川県高座郡・橘樹郡054 ◇いちだい 富山県砺波398 ◇いちちんが 島根県能義郡724 ◇いちっぺん 京都府竹野郡622 ◇いちりけんど 大分県大分郡941 ◇いっきんきしろ 神奈川県054 ◇いっけけん 大分県南海部郡941 ◇いっけん 愛媛県840 大分県941 ◇いっけんがたがた 大分県大分郡941 ◇いっけんかたな 大分県速見郡941 ◇いっけんかたなご 大分県東国東郡941 ◇いっけんかんご 大分県大野郡941 ◇いっけんけ 兵庫県赤穂郡054 香川県大川郡829 ◇いっけんけえし 神奈川県中郡054 ◇いっけんけん 兵庫県赤穂郡660 香川県綾歌郡829 大分県941 宮崎県西諸県郡947 ◇いっけんけんど 大分県大分郡941 ◇いっけんこ 愛媛県840 大分県速見郡941 ◇いっけんご 島根県邇摩郡725 ◇いっけんこおこ・いっけんこおろ 大分県速見郡941 ◇いっけんこっこ 埼玉県川越255 神奈川県中郡054 ◇いっけんこんこ 滋賀県甲賀郡608 兵庫県赤穂郡054 大分県速見郡941 ◇いっけんこんご・いっけんごんご 島根県那賀郡054 725 ◇いっけんこんこん 神奈川県054 新潟県上越市・中頸城郡382 兵庫県赤穂郡・佐用郡054 ◇いっけんしょ 大分県大野郡941 ◇いっけんじょ 神奈川県中郡054 ◇いっけんじょおじょ 神奈川県愛甲郡・中郡054 ◇いっけんちょん 滋賀県犬上郡608 ◇いっけんどおどお 大分県速見郡941 ◇いっちゃちゃんげ 鹿児島県鹿児島郡968 ◇いっちりけん・いっちんけっと・いっちんげっと 大分県大分郡941 ◇いっちんこんこん 兵庫県淡路島583 ◇えっちょん 三重県志摩郡054 ❷動物、とのさまがえる(殿様蛙)。徳島県054

いっけん-まえ…まへ**【一軒前】**〘名〙江戸時代、村落の構成単位となる農家。村内に相当規模の家、屋敷と田畑を持ち、年貢、諸役を負担する義務を持つ農民。役家(やくや)。本役(ほんやく)。戸数の増すに従って半役・四半役が分化した。＊本途田地平均地割帳(長岡藩)－文化七年(1810)一〇月「一本途 壱軒前 善之丞 半軒前 亮之助。一同 四半軒 喜右衛門。四半軒 彦太郎」 発音〈標ア〉⓪〈京ア〉⓪

いっけん-みせ【一間店】〘名〙間口が一間の狭い小さな店。＊浮世草子・男色大鑑(1687)四・四「御痔の薬あり万によし、板切に書付、壱間店(ミセ)に明障子簾をかけて」 発音〈標ア〉ケ

いっけんめ-さじき【一軒目桟敷】〘名〙近世の劇場で、舞台に最も近い桟敷の席。＊歌舞伎・幼稚子敵討(1753)五「臆病口一軒目桟敷の上に、雲棚をして」

いっけん-もの【一件物】〘名〙前後の状況から指示するものが明らかで、それを遠回しに言いたいときに用いる語。例のもの。あのもの。一件。＊歌舞伎・四十七石忠矢計(十二時忠臣蔵)(1871)五幕「いっけん物をお願ひ申します。(ト酒手をねだる思入)」＊西洋道中膝栗毛(1870-76)〈仮名垣魯文〉五・下「北八のせしめたパンは、やっぱり一件物で製方(でっち)たのだネ」 発音〈標ア〉⓪ノ

いっけん-もの【一件者】〘名〙共犯者をいう、盗人仲間の隠語。〔日本隠語集(1892)〕

いっけん-や【一軒家】〘名〙①近くに家がなく、一軒だけぽつんと建っている家。ひとつや。孤屋。＊雑俳・夜の花(1758)「狸とも婆ともしれぬ一軒屋」＊歌舞伎・染替蝶桔梗(1816)三立「オオ、爰(ここ)ぢゃ爰(ここ)ぢゃ。仲間の者が教へて寄越した藪際の一軒家」＊吾輩は猫である(1905-06)〈夏目漱石〉六「峠の真中にある一軒屋を敲いて」②一戸建ての家。独立家屋。↔長屋。＊浮世草子・西鶴織留(1694)四・一「新町の上へ引越けるに家新しく然も一軒屋(いっケンヤ)にて」＊浮世草子・諸道聴耳世間猿(1766)四・三「黄檗山の門前に藁葺の一軒家(ケンヤ)、〈略〉唐饅頭のやき売りして」 発音〈標ア〉ケ〈京ア〉ン 辞書 言海 表記 一軒屋(言)

いっ-こ【一ー】〘名〙方言 ❶お手玉。千葉県安房郡296 神奈川県鎌倉郡・三浦郡054 静岡県賀茂郡521 兵庫県但馬652 ◇いいっこ 兵庫県加古郡664 ◇いちこ 大分県大野郡941 ◇いいちこ 兵庫県赤穂郡054 加古郡664 ◇いっと 神奈川県都筑郡054 ◇おいっこ〔御ー〕 奈良県678 香川県大川郡・香川郡829 ◇おいこ 大阪府南河内郡583 奈良県宇陀郡680 ◇おいと 愛媛県魚島840 ◇おいちこ 兵庫県加古郡664 熊本県南部933 ◇おいち 京都府相楽郡583 愛媛県上浮穴郡840 ◇おいっこん 香川県三豊郡829 ◇いっこいこ 静岡県賀茂郡521 ◇いっこいっこ 神奈川県三浦郡054 ◇いっことり〔ー取〕 神奈川県高座郡054 ◇いちどり 愛媛県054 高知県幡多郡864 ◇いっこさ・ええこ 石川県407 ◇いっこん 島根県724 香川県三豊郡829 ◇いっこんだま〔ー玉〕 香川県三豊郡(お手玉一個)829 ◇いちだま 愛媛県840 ❷お手玉や手まりの一回分。岩手県上閉伊郡097 ❸一緒にするさま。同時に、また、いちどきにするさま。島根県石見725 岡山県054 745 753 広島県沼隈郡781 山口県792 798 801 高知県038 862 867 長崎県対馬062 ◇いっこん 福岡県粕屋郡872 ◇いっけ 群馬県山田郡240 岡山県苫田郡749

いっ-こ【一己】〘名〙自分ひとり。一個人。＊性霊集－一(835頃)贈良相公詩「巻舒非二一己一、行蔵任二六龍一」＊集義和書(1676頃)一五「今の人は、一己の人欲、身の主たり。故に思うこと天理ならず、動くこと義理ならず」＊俳諧・去来抄(1702-04)同門評「一端(いったん)游興騒動の内に聞て、さびしからずと云は、一己の私也」＊読本・椿説弓張月(1807-11)後・一九回「われ一己(イッコ)にて成敗を主(つかさど)れはこそ、嶋人等もしぶしぶに物をばすれ」＊布令字弁(1872)〈知足蹄原子〉三「一己 イッコ ワレヒトリ」＊学問のすゝめ(1872-76)〈福沢諭吉〉一二・人の品行は高尚ならざる可からざるの論「万巻の書を読み天下の人に交り尚一己の定見なき者あり」＊火の柱(1904)〈木下尚江〉二九・二「若し私一己(コ)の野心から申すならば」＊関尹子－三極「聖人不下以二一己一治中天下上、而以二天下一治二天下一」 発音〈標ア〉イ〈京ア〉⓪イ 辞書 ポン・言海 表記 一己(ヘ・言)

いっ-こ【一戸】〘名〙一世帯の家。一軒の家。＊令義解(833)戸「戸令第八〈謂。戸一家為二一戸一也〉」＊延喜式(927)二二・民部「凡封戸以二正丁四人中男一人一為二一戸一」＊淮南子－説林訓「十牖畢開、不レ若二一戸之明一」 発音〈標ア〉イ〈京ア〉⓪

いっ-こ【一炬】〘名〙「いっきょ(一炬)」に同じ。＊日葡辞書(1603-04)「Icco(イッコ)。ヒトツノ タイマツ」＊浮世草子・好色敗毒散(1703)四・一「咸陽宮も一炬(イッコ)に野原となる」 辞書 日葡

いっ-こ【一個・一箇・一ケ】〘名〙①物一つ。または、人ひとり。＊懐風藻(751)在常陸贈倭判官留在京〈藤原宇合〉「懸二我一箇之榻一、於レ是九秋」＊文華秀麗集(818)中・和伴姫秋夜閨情〈巨勢識人〉「比来朔雁度千番、一箇封書未二曾看一」＊蔭凉軒日録－延徳元年(1489)九月二九日「次往二華蔵一、留守僧一ケ有レ之」＊中華若木詩抄(1520頃)上「富貴貧賤に、心なければ、天下を保つ人も、一ケにて、学問する人と同じ心ぞ」＊天正本節用集(1590)「一箇 いっこ」＊日葡辞書(1603-04)「コモノ iccono (イッコノ) テイチャ〈訳〉若い従者ただ一人を伴って行く」＊随筆・胆大小心録(1808)二七「一個の魚商鑑(かご)をかさね荷ひて東に走る」＊布令必用新撰字引(1869)〈松田成己〉「一個 イッコ ヒトリ」＊良人の自白(1904-06)〈木下尚江〉後・二五・九「『我とは何か』と云ふ一個の疑問を抱いて」＊春秋左伝－昭公二八年「天禍レ魯、国君淹恤在レ外、君亦不レ使二一个(イッコ)辱在二寡人一」②流水量の単位で、毎秒一立方尺。③百円をいう、不良仲間などの隠語。〔隠語全集(1952)〕 補注「個」「箇」「个」は同字。略字として「个」が用いられるが、これはもと「竹」の半分で、竹の数を数えるときに用いたものという。「ケ」はその「个」の変形、また「箇」の部分をとったもの。片仮名の「ケ」と見て「一ケ」を「いっけ」と読むのは誤り。 発音〈標ア〉イ〈京ア〉⓪ 辞書 天正・日葡・書言 表記 一箇(天・書)

いっ-こ【一挙】〘名〙「いっきょ(一挙)」に同じ。＊文明本節用集(室町中)「虞帝之明在二兹壱挙(イッコ)一〔漢書〕」＊ロドリゲス日本大文典(1604-08)「Icco-no (イッコノ) ギヘイヲ ヲコサント ス〔太平記・七〕」 辞書 文明 表記 壱挙(文)

いっ-こ【一壺】〘名〙一つのつぼ。一つのひさご。＊実隆公記－永正七年(1510)五月三日「宣賢来。季国送二一壺一。相公乳母又携二一壺一来。各賞翫」＊説苑－臣術「為二人煩苦一故、与二人一箪食一壺漿一」

いっこ 千金(せんきん) 難船のときには、浮き袋の代用になる一つのひさごは千金の価値がある。つまらぬ物でも時を得ると貴重になることのたとえ。＊俳諧・鶉衣(1727-79)前・下・三三・煙草説「匏(あわび)がらに藁火もりてさし出したる、一瓢(イッコ)千金のたとへも此時をいふにや」＊俳諧・随斎諧話(1819)四山瓢「得る時は一壺も千金をいだきて、黛山(たいざん)もかろしとせむことしかり」＊鶡冠子－学問「中流失レ舟、一壺千金、貴賤無レ常、時使二物然一」

いっ-こ【一鼓・壱鼓】 □一〘名〙①一度、鼓(つづみ)を打つこと。また、鼓を打ち鳴らして、攻めること。＊日本外史(1827)一一・足利氏後記「攻二宮崎城一、一鼓抜レ之」＊呂氏春秋－執一「援レ桴一鼓、使二三軍之士、楽レ死若レ生」②雅楽器の一つ。細腰鼓の最小のもので、形は小鼓に類似し、形の大きさにより、順次に二鼓、三鼓と名づける。＊残夜抄(1237頃か)「打物の事。うち物おほかれど、この朝にのこる所、羯鼓、大鼓、鉦鼓。一鼓、三鼓〈略〉おほやう、これらにすぐまじ」＊古今著聞集(1254)六・二四七「多政資一者(いちのもの)にて一鼓かけて、池の辺をめぐるとて」 □二(壱鼓) 雅楽の舞曲の名。左舞に属し、一人は一鼓を、他は二鼓(少し大きい鼓)をそれぞれ首にかけ、楽に合わせて打ちながら舞う特殊な曲。＊楽家録(1690)二八・雑声「壱鼓 以津古」 発音〈標ア〉イ

いっ-こ【一顧】〘名〙①一度振り返ること。また、ちょっと振り返って見ること。＊本朝文粋(1060頃)六・請被挙達弁官右衛門権佐状〈三善道統〉「加二一顧

於驚蹇。使伝絶塵之誉」 ＊広益熟字典(1874)〈湯浅忠良〉「一顧 イッコ ヒトタビカヘリミル」 ＊花柳春話(1878-79)〈織田純一郎訳〉六「首を回らしてマルツラバースを一顧し」 ＊舞姫(1890)〈森鷗外〉「愁を含める目の〈略〉何故に一顧したるのみにて、用心深き我心の底までは徹したるか」 ＊楚辞-七諫・自悲「過故郷而一顧兮、泣歔欷而霑衿」 ②ちょっと考えてみること。 ＊随筆・独寝(1724頃)上・六〇「理よりもわざよし、わざは千日にして解しがたく、理は一顧にしてすむ」 ＊妻(1908-09)〈田山花袋〉二二「勤にはそんなものは一顧(イッコ)の値だになかった」 ＊星座(1922)〈有島武郎〉「我が小妹のために一顧を惜しまざれ」 ＊謝朓-和王主簿怨情詩「生平一顧重、宿昔千金賤」 発音〈標ア〉イ〈京ア〉0

いっこ【名】窃盗する者をいう、盗人仲間の隠語。〔隠語輯覧(1915)〕

いっこ【名】方言 ❶犬の子。子犬。会津†062 常陸†064 茨城県188 193 ◇いご・いごのこ〔一子〕 新潟県中魚沼郡062 ◇いっころ 茨城県稲敷郡193 ◇いんぐゎあ 沖縄県首里993 ◇いんこ〔犬子〕 山形県庄内139 ◇いんこおこお 福岡市878 ❷動物、いぬ(犬)。福島県155 ◇いご 新潟県347 ◇いっこめ 栃木県今市市・塩谷郡198 ◇いんが 新潟県347 中魚沼郡(児童語)062 南蒲原郡372 ◇いんがあ 鹿児島県喜界島983 ◇いんこ 青森県三戸郡(児童語)083 岩手県九戸郡088 和賀郡095 秋田県130 山形県飽海郡139 福島市(児童語)158 ◇えご 新潟県371 378 ❸植物、ねこやなぎ(猫柳)。福島県155 ❹柳の花。猫柳の花。◇いんこおこお 筑前†040 福岡市877 ◇いんことこと 宮崎県東諸県郡954 ❺柳の新芽。◇いんこ 青森県上北郡082 ❻植物、えのころぐさ(狗児草)。◇いっこっこ 佐賀県神埼郡964 鹿児島県964

いっ-こ（「いっこう(一向)」の変化した語）㊀【副】①ひたすら。もっぱら。全く。非常に。＊雑俳・川柳評万句合-安永元(1772)満二「浅ぎうら色にはいっこぐとんなり」 ＊洒落本・北華通情(1794)「いっこ妙じゃあったせなァ」 ＊滑稽本・浮世風呂(1809-13)二・上「いっこ面倒なら、放ておかんせ」 ②(下に打消の語を伴って) まるで。全く。＊洒落本・十界和尚話(1798)四「島の人と色ごとをしていっこつまらぬといふことをききましたゆへ」 ㊁【形動】全くひどいさま。まるでだめなさま。＊滑稽本・八笑人(1820-49)三・上「とても趣向も五かうもござりませぬ。寔(まこと)に一ッこなもので」

いっこ-いっきゅう【一呼一吸】【名】吸う息、吐く息。一呼吸。＊史記抄(1477)七・高祖本紀「人の息は前後相続て一呼一吸が不断絶ものぞ」 ＊西京繁昌記(1877)〈増山守正〉初・上「清秀太刀を下段に提げ、一呼一吸虚々実々」 ＊即興詩人(1901)〈森鷗外訳〉歌女「一呼一吸恋にあらざることなし」

いつこ-いつこ【五子五子】【名】綿製帆布の一種。綿糸五本ずつより合わせた糸を経(たていと)、緯(よこいと)に用いて織ったもの。

いっ-こう【一口】【名】①一つの口。同じ口。転じて、人ひとり。一人。＊日葡辞書(1603-04)「Iccŏ (イッコウ)。ヒトツノ クチ」 ＊広益熟字典(1874)〈湯浅忠良〉「一口 イッコウ ヒトリ」 ＊後漢書-虞詡伝「自此二十余年、家門不増一口」 ②一語。一言。＊高野山文書-建治元年(1275)一二月日・阿氏河庄地頭湯浅宗親陳状案(大日本古文書六・一四六五)「以前十八ケ条、宗親立由緒、勘子細、粗令陳申之処、雑掌都以不及一口陳詞之上者、承伏条勿論」 ＊左思-魏都賦「四海斉鋒、一口所敵」 ③口をそろえて言うこと。同じ口ぶりで言うこと。＊浄瑠璃・源頼家源実朝鎌倉三代記(1781)三「お家の柱をかぶりくらふ佞人(ねいじん)と、此和田兵衛を一口の、御挨拶こそ心外なれ」 ＊江戸繁昌記(1832-36)五・千住「万人一口、南牟の声、千住を震動し来る」 ④食物などのひとくち。ちょっと口にすること。＊孟郊-勧善吟「一口百味別、況在酔会中」 ⑤刀剣や、口のある器具などの一つ。いっく。＊漢語字類(1869)〈庄原謙吉〉「一口 イッコウ ヒトリ 刀ノヒトフリ」 ＊晉書-載記三・劉曜「献剣一口、置前再拝而去」 補注 ④は「名物六帖-人事箋」に「一口 ヒトクチ」とある。 発音イッコー〈標ア〉0〈京ア〉0 辞書日葡

いっこう に 出(い)ずるが如(ごと)し おおぜいの人のことばが、一人の口から出たように同じであること。異口同音(いくどうおん)。＊韓非子-内儲説・下「左右対曰、無有、如出一口也」

いっ-こう【一交】【名】茶道で、七事式以外のもので、花をいけ、香を聞き、茶をたてる、三友(さんゆう)の式を一度行なうこと。

いっ-こう【一向】㊀【副】(「に」「の」を伴うことが多い) ①一つのことがらに専念して他を考えない意を表わす。動作性の語にかかりやすい。ひたすら。いちずに。いこう。＊一枚起請文(1212頃)「智者の振舞をせずして、只一かうに念仏すべし」 ＊正法眼蔵随聞記(1235-38)三・七「一向に打坐して大事を明らめ得たり」 ＊曾我物語(南北朝頃)二・頼朝北条へいで給ふ事「一かう彼れをうち頼み、年月を送り給ふ」 ＊正徹物語(1448-50頃)下「伏見院は〈略〉仮名は一向に身づからあそばし出されたり」 ＊仮名草子・身の鏡(1659)上「町人は商売をもせず一向(カウ)におもひ入り」 ＊歌舞伎・幼稚子敵討(1753)口明「いっかふ刀のせんぎを願ふたがよからふ哉(や)」 ＊薬師経「彼仏国土、一向清浄、无女人形」 ②物事が完全に一つの傾向にある意を表わす。形状性の語にかかりやすい。すべて。全部。もっぱら。たいそう。むやみに。＊左経記-長元四年(1031)一〇月一七日「出雲国杵築社〈略〉次震動顛倒、材木一向自中倒臥」 ＊正法眼蔵随聞記(1235-38)三・一「恣(ほしいまま)に我意に任せて悪事をするは、一向の悪人也」 ＊集義和書(1676頃)一「高氏おこりて天下をとりてより此かた、一向武家の世とはなれり」 ＊随筆・羇旅漫録(1802)中「江戸にてはいっかうといふことは、わるきことにのみそへていへど、京にてはよきことにもいっかうよい、いっかうえらいといふ」 ＊滑稽本・大千世界楽屋探(1817)上「ハハア経盛(つねもり)かい。こりゃ好生(イッコウ)能(え)いなア」 ＊吾輩は猫である(1905-06)〈夏目漱石〉一「他(ひと)が顫へて居ても一向平気なものである」 ③下に打消の語を伴って、程度の完全なことを強める意を表わす。まるで。ちっとも。さっぱり。まったく。＊殿上詩合(1056)泉石夏中寒〈藤原季綱〉「一向莫言煩熱尽、秋風倫逐地形催」 ＊平家(13C前)八・妹尾最期「一向前がくらうて見えぬぞ」 ＊中華若木詩抄(1520頃)中「寛の水が凍りて、一向に水が不通ぞ」 ＊ロドリゲス日本大文典(1604-08)「iccŏ (イッカウ) ココロエマラセヌ モノドモ バカリデ」 ＊滑稽本・浮世風呂(1809-13)四・中「一面にどろどろして、一向(イッカウ)箸にもかからず」 ④一つの方面。＊申楽談儀(1430)序「只、人、一かうの風斗(ばかり)を得て十体にわたる所を知らで、余をきらふ」 ⑤一つのことがらを選び取る意を表わす。いっそ。むしろ。＊浄瑠璃・大磯虎稚物語(1694頃)四「なふ祐成殿、今日母の御めんなくは一ッ向(いっこう)御手にかけてたべ」 ＊浄瑠璃・国性爺後日合戦(1717)二「なふ寝てゐる所をねらひすまし鉄砲で打まいか、ヲヲ一向にそれがまし」 ㊁【形動】否定的な意味を含めていう。全くひどい。まるでだめだ。→一向なもの。＊洒落本・傾城買二筋道(1798)夏の床「ぬしはまた、代々一向な仕打(しうち)の者にまぎれござなく候かへ」 ＊滑稽本・浮世床(1813-23)二・下「これは一向(イッカウ)だ。此様(こん)な櫛がつかはれるものか」 ＊かくれんぼ(1891)〈斎藤緑雨〉「一向(イッカウ)だね。一つ献じやうとさされたる猪口を」 語誌 (1)平安時代のかな文学には「いかう」が多く、鎌倉時代以後は「一向」が多い。(2)平安時代には下に肯定表現を伴うことが多い。仏典では肯定表現を伴う用法の他、「而彼一向不受如是種種苦悩」〔唯識論〕のように否定表現を伴う用法もあるが、一般には鎌倉時代に入ってから、否定表現を伴う例が多くなる。 方言 ❶思い切ってするさま。いっそ。新潟県佐渡352 ◇いっこと 青森県津軽075 ❷程度が優れているさま。たいそう。大阪†116 ◇いっくに 仙台†057 ❸さっぱりだめなこと。また、そのさま。信濃†090 新潟県佐渡352 愛知県尾張062 ❹久しぶりなさま。新潟県佐渡352 発音イッコー〈なまり〉イコ〔愛知〕イッコ〔飛騨・静岡・淡路・伊予・鹿児島方言〕〈標ア〉0〈京ア〉0 辞書文明・天正・易林・日葡・書言・ヘボン・言海 表記一向(文・天・易・書・へ・言)

いっこう な もの（「いっこう(一向)㊁」から）全くひどいもの。まるでだめなもの。＊洒落本・通言総籬(1787)一「こっちらはいっかふなものだ。とんだねき物だ」 ＊一茶方言雑集(1819-27頃)「いっかうなもの 用立ぬこと、京は上上吉とほめる事也」 ＊人情本・花筐(1841)四・二四回「此の頃まで一向(イッカウ)な者(モン)だったが、何と言っても荏戸(えど)の水を呑んだせえか強気に意気に成った」

いっ-こう【一合】【名】ふたのある容器の一個。＊延喜式(927)一七・内匠寮「膳櫃(おものひつ)一合 長三尺三寸。深八寸五分広二尺三寸」 ＊今昔(1120頃か)一九・二二「大なる折櫃(をりひつ)一合に入て」 ＊蔭涼軒日録-文明一七年(1485)九月七日「自東府松蕈折一合賜三会院」 ＊書言字考節用集(1717)一〇「一合 イッカフ 長櫃 杉盒」 ＊浄瑠璃・国性爺合戦(1715)五「五常軍甘輝くだ物入たる花折一合取出し」 辞書書言 表記一合(書)

いっ-こう【一考】【名】一度考えてみること。＊政党評判記(1890)〈利光鶴松〉一・四「然れども眼を転じて一考せよ」 ＊良人の自白(1904-06)〈木下尚江〉後・序「識者に向て、敢て一考を煩はさんと欲する所なり」 発音イッコー〈標ア〉0〈京ア〉0

いっ-こう【一行】【名】①ひとつらなり。一並び。一列。いちぎょう。＊延喜式(927)三八・掃部寮「凡二月四日祈年祭〈略〉南舎敷座二行〈北面東上〉、前一行為辨官并諸司五位已上座」 ＊本朝麗藻(1010か)下・過秋山〈具平親王〉「三叫寒猿傾耳聴。一行斜雁払頭過」 ＊虎明本狂言・雁かりがね(室町末-近世初)「風翻白浪花千斤、雁点青天字一行」 ＊書言字考節用集(1717)一〇「一行 イッカウ ヒトツラナリ 禽獣」 ＊俳諧・蕪村句集(1784)秋「一行の雁や端山に月を印(いん)す」 ＊白居易-喜小楼西新柳抽条詩「一行弱柳前年種、数尺柔条今日新」 ②許可、賞与、借用などを旨とする文書。証拠の文言。いちぎょう。＊吾妻鏡-寿永三年(1184)三月一七日「諸事、兼信可為上司之旨賜御一行。欲当于眉目」 ＊大乗院寺社雑事記-文明二年(1470)二月九日「後之例に不可成旨、御一行被出之上者、今度事難進上云々」 ＊親元日記-政所賦銘引付・文明一〇年(1478)一〇月二二日「一乗寺藪里両郷地下人等に連々借与米銭事催促候処、重而以一行乍請乞無沙汰云々」 ＊御成敗式目仮名抄(室町末)起請「兼又評定衆の中一行をかきあたへられは自余の計皆以無道のよし」 ＊太閤記(1625)六・今度於柳瀬表有戦功者被賞之事「各五千石之一行を令頂戴」 ③一通の手紙。また、書状。いちぎょう。＊曾我物語(南北朝頃)五・呉越のたたかひの事「一かうの書を魚の腹の中に入て、獄中にいれたり」 ＊東寺百合文書-る・永徳二年(1382)二月二七日・最勝光院方評定引付(大日本古文書五・八)「義宝大僧都賜供僧中一行、可致興行沙汰之由、申請之間、披露之処、不可有子細之由評義了。仍遣一行了」 ＊蔭涼軒日録-長享三年(1489)六月二日「鹿苑侍衣持一行来、蓋公帖御判催促之事也」 ＊日葡辞書(1603-04)「Iccŏ (イッカウ)〈訳〉書状一通。ニカウ(二行)とは言わない」 ＊ロドリゲス日本大文典(1604-08)「Iccŏuo (イッカウヲ) ソメ ソロ」 ④旅などをいっ

しょにしている仲間。同行の団体。旅の道連れ。＊五山堂詩話(1807-16)一「一行聴者皆傷愁、為作二喩辞一慰二沈憂一」＊福翁自伝(1899)〈福沢諭吉〉始めて亜米利加に渡る「海軍港付属の官舎を咸臨丸一行(イッカウ)の止宿所に貸して呉れ」⑤一つの行ない。また、ちょっとした行ない。＊浮世草子・好色訓蒙図彙(1686)中「生つき虚弱の人、一行の後、心おもく、むねつかえ」＊童子問(1707)下・三四「不レ省二外事一、一歩急二一歩一、一行速二一行一」＊淮南子-氾論訓「以二一行之礼一定之法一応レ時偶レ変」⑥ひとたび行くこと。＊上井覚兼日記-天正一三年(1585)閏八月二一日「小国表へ近日中限部一手にて一行可レ仕之由也」＊晉書-芸術伝・卜珝「朕欲レ労二先生一行一、可乎」⑦六か月の称。⑧「いちぎょう(一行)⑦」に同じ。語誌 読み方には、少なくともイッカウ、イチガウ、イチギャウの三通りが認められる。「日葡辞書」では、漢音よみイッカウを「一通の書状」の意、その濁音形イチガウを「文字の書いてある行の数え方」の意、呉音よみイチギャウを「一つの行ない」の意としており、読みの区別が意味の区別に対応している。発音 イッコー〈標ア〉⓪⃞コ〈京ア〉⓪ 辞書 易林・日葡・書言 表記 一行(易・書)

いっこう 失(しっ)すれば百行(はっこう)ともに傾(かたむ)く 一度の行ないに過ちがあると、今までの多くの善行も皆だめになる。＊浄瑠璃・源義経将棊経(1711頃)五「我身一つ治らぬは、覚えぬあやまり有べしと、身をかへり見ぬつたなさよ。されば一行(カウ)しっすれば百行(ハッカウ)共に傾ふくとや」

いっ-こう【一更】〔名〕日暮れから夜明けまでを五等分した更点時刻法の最初の時刻。現在の時刻でおよそ次のようになる。春秋は午後六時から八時半頃まで、夏は午後七時半から九時頃まで、冬は午後五時から七時半頃まで。戌(いぬ)の時。初更。甲夜。＊続日本紀-天平一八年(746)一〇月甲寅「夜至二一更一、使二数千僧、令下擎二脂燭一、讃歎供養繞上レ仏三匝上」＊菅家文草(900頃)一・八月十五夕、待月「一更待レ月事何如、疑是遙旻月歩徐」＊伏知道-従軍五更転詩「一更刁斗鳴、校尉遑二連城一」発音 イッコー〈標ア〉⓪

いっ-こう【一缸】〔名〕一つのかめ。また、「缸」は「釭」に通じて、一つの油皿。＊柳湾漁唱-一集(1821)題書灯「矮几短檠相伴宜、一缸幽燄対二唔咿一」

いっ-こう【一校】〔名〕①一つの学校。また、その学校全体。＊仏国学制(1873-76)〈佐沢太郎訳〉小学総論・一・二「各区に命じて一校を建てしむるのみにして」＊地方学事通則-明治二三年(1890)五条「其小学校数校中の一校若くは若干校の設立維持を一町村限り負担せしむる場合」②一回の校正。また、最初の校正。初校。発音 イッコー〈標ア〉①イ②⓪

いっ-こう【一高】〔名〕一部分高いこと。↓一高一低。発音 イッコー〈標ア〉⓪〈京ア〉⓪

いっ-こう【一喉】〔名〕魚の数一尾。一尾の魚。いっこん。＊平治(1220頃か)下・頼朝遠流に宥めらるる事「一喉の魚を獄中になげ入れけるに」＊看聞御記-永享八年(1436)一一月一日「自二公方一鯉一喉給。渡御以後如レ此物細々不レ給。不快恐怖之処、御音信目出為レ悦」＊易林本節用集(1597)「一喉 いっコウ 魚」＊元和本下学集(1617)「一喉 いっコン いっコウ 魚之数也」＊広益熟字典(1874)〈湯浅忠良編〉「一喉 イッコウ サカナ一ッピキ」辞書 下学・易林・書言 表記 一喉(下・易・書)

いっ-こう【一閘】〔名〕ひとつの水門。＊黄葉夕陽邨舎詩-後編(1823)八・夏日雑詩十二首「一閘水流晴意響、両辺燈影夜涼饒」

いっ-こう【一篙】〔名〕一本の舟竿。転じて、船のこと。また、一本の舟竿だけの水の深さ。＊星巖先生遺稿-前編(1863-65)西帰集・四月十七日、発大垣至長島、舟中作「一篙煙水碧茫茫、舟路東連百八郷」＊劉禹錫-漸西李大夫述夢詩「曲島花千樹、官地水一篙」

いっ-こう【一関】〔名〕(中国の近世語から)大勢が一斉にどよめくこと。＊布令字弁(1868-72)〈知足蹄原子〉六「一関 イッコウ イチドニドットワメク」＊法言-学行「一関之市、不レ勝二異意一焉、一巻之書、不レ勝二異説一焉」補注「小説精言-一」に「一関〈注〉ドヤドヤト」都入二臨安府中一来。那府尹聴三得有二殺レ人公事一」とある。

いつ-ごう【一行】〔名〕「いっこう(一行)②」に同じ。＊松井本太平記(14C後)四・備後三郎高徳事「禁門の警固隙无りければ、一つ行(ガウ)の書を魚の腹の中に収めて」

いつ-ごう【一毫】〔名〕「いちごう(一毫)」に同じ。＊新撰字解(1872)〈中村守男〉「一毫 イツガウ ウノケホト」＊改正増補和英語林集成(1886)「Itsugō イツガウ 一毫、イツガウモ ヒトニ トラズ」

いつ-ごう【逸号】〔名〕「いつねんごう(逸年号)」に同じ。＊随筆・茅窓漫録(1829)上「和邦の年号。大化前後に異年号ある事、藤貞幹が逸号年表に多く載せ」発音 イツゴー〈標ア〉⓪

いっこう-いちねん-しゅう【一向一念宗】〔名〕「いっこうしゅう(一向宗)」に同じ。発音 イッコーイチネンシュー〈標ア〉ネ

いっこう-いっき【一向一揆】〔名〕室町、戦国時代の宗教一揆。一向宗の僧侶および門徒の農民が、新興の小領主、土豪層と連合して守護大名に対して行なった闘争。摂津・加賀・越前・三河のものが有名で、とくに加賀では守護大名を滅ぼすにいたった。＊続応仁後記(15C後か)二・畠山上総介義英自害事「抑此宗の門徒は一向専念の信心深して上人の仰と云へば身命を惜まず得失を省みず〈略〉然れば今度の一揆をば世人皆一向一揆とぞ云ならはしける」発音 イッコーイッキ〈標ア〉イ

いっこう-いっしん【一向一心】〔名〕〔形動〕ひたすら、一つのことにだけ心を注ぐこと。一心一向。＊浄土真要鈔(1324)本「決定往生のこころざしあらんひとは、念仏の一行を専らにして専修専念一向一心(ヰチカウヰチシム)なるべきこと」＊歌舞伎・助六廓夜桜(1779)「唯一向一心に酒を上がれ」＊随筆・胆大小心録(1808)一一八「一向一心にて、本寺様のために命をすてて身をすてて」

いっこう-いってい【一高一低】〔名〕高くなったり、低くなったりすること。でこぼこしていること。＊自然と人生(1900)〈徳富蘆花〉写生帖・哀音「其音の一昂(カウ)一低(テイ)さながら人の歔欷(きょき)する如く」＊女難(1903)〈国木田独歩〉一「彼が吹き出づる一高(カウ)一低(テイ)、絶えんとして絶えざる哀調を聴きながらも」発音 イッコーイッシン〈標ア〉シ

いっこう-こう【一口餻・一口香】〔名〕菓子の名。まんじゅうにかたどって、うどん粉をこねて黒砂糖を包み、その一面を焼いたもの。一口で食べられるのでいう。＊俚言集覧(1797頃)「一口香 尾張名護屋にて製する菓子。江戸迄来りても味ひかはらず。五分程の丸饅頭を似せて作りたり」＊語彙(1871-84)「いっこうかう、うどん粉を溲(こ)ね、中に紫糖(くろさたう)を包み、一面を焦したる果子なり。一口餻の字を用ゐ来れり」発音 イッコーイッテイ〈標ア〉⓪ 辞書 言海 表記 一口餻(言)

いっこう-さんぞん【一光三尊】〔名〕中尊と両脇侍(きょうじ)の三尊が同一の光背を負う仏像。＊雑談集(1305)一〇・神呪功徳事「一光三尊月蓋が家に現じ給ふ」＊源平盛衰記(14C前)九・善光寺炎上事「一光三尊(いっクハウさんゾン)の御体」＊譬喩尽(1786)一「一光三尊(イックハウサンゾン)の彌陀〈信州善光寺の尊像を云舟後光一つの中に彌陀観音勢至三尊共在事〉」発音 イッコーサンゾン〈標ア〉サ

一光三尊
〈東京国立博物館蔵〉

いっこう-しき【一向式】〔形動〕(「しき」は接尾語)物事が全く一つの傾向にあるさま。まるっきり。＊滑稽本・浮世床(1813-23)初・上「余程博識(ものしり)な者(もん)だと思ったら、一向(イッカウ)しきなトンチキだぜ」＊浮雲(1887-89)〈二葉亭四迷〉一・四「此の娘はゾー体ばかり大くっても一向(イッカウ)しきなお懐(ぼっぽ)だもんだから」発音 イッコーシキ〈標ア〉コ

いっこう-しゅう【一向宗】〔名〕(一向に阿彌陀仏を念ずることを宗旨とするところから)他宗よりつけられた真宗の別称。一向一念宗。門徒宗。＊蓮如御文章(1461-98)一「あながちに我流を一向宗となのることは、別して祖師もさだめられず」＊日葡辞書(1603-04)「Iccôxu(イッカウシュ)〈訳〉ヲウザカのボンゾ(坊主)を敬うある宗派」＊浮世草子・本朝桜陰比事(1689)二・三「其家主は一向(コウ)宗にて隠れもなき精進嫌ひ」方言 一徹者。神奈川県津久井郡317 発音 イッコーシュー〈標ア〉コ〈京ア〉一 辞書 日葡・書言・言海 表記 一向宗(書・言)

いっこうしゅう の 御取越(おとりこし) 真宗の寺院や門徒の家で行なう開祖親鸞(しんらん)の報恩講。御取越。＊浮世草子・世間胸算用(1692)三・一「一向宗(いっカウシウ)のおとりこし又は玄猪(いのこ)の祝義に夜のあそび」

いっこうしゅう を やらかす (「いっこう(一向)」に「一交」をかけて) 情交を遂げる。男女の交わりをする。＊歌舞伎・小袖曾我薊色縫(十六夜清心)(1859)四立「晩に寝酒に一合買い、夜鷹を百で引込んで、一向宗をやらかすのだ」

いっこう-しゅう【一向衆】〔名〕一向宗に帰依する信徒の集団。一向衆徒。＊鵤荘引付-永正一一年(1514)(兵庫県史)「東保村在レ之一向衆念仏道場、任二庄例一令二検断一畢」＊多聞院日記-天正二〇年(1592)七月一六日「定て一向衆の間、本願寺へ参、下向頓死往生」発音 イッコーシュー〈標ア〉コ

いっこうしゅう-いっき【一向宗一揆】〔名〕「いっこういっき(一向一揆)」に同じ。＊快元僧都記-享祿五年(1532)七月一七日「奈良興福寺。一向宗一揆蜂起。悉焼亡す。大乗院、一乗院、其外伽藍計残る也」＊続本朝通鑑(1670)「是月加賀国一向宗一揆群起、寇二越中国一」

いっこうしゅう-かいさんき【一向宗開山忌】〔名〕浄土真宗の開祖親鸞の忌日の一一月二八日の前後に行なう法要。報恩講。親鸞忌。＊俳諧・毛吹草(1638)二「霜月〈略〉一向宗開山忌 廿二日より廿八日迄」発音 イッコーシュー＝カイサンキ〈標ア〉コ＝サ

いっこうしょうじょう-じ【一向小乗寺】〔名〕仏語。ひたすらに小乗の教えを学ぶ寺。↔一向大乗寺。＊顕戒論(820)上「仏寺有レ三。一者一向小乗寺 一向小乗律師所レ住寺」発音 イッコーショージョージ〈標ア〉ジ ショ

いっこう-しょうめい【溢光照明】〔名〕投光器を用いて、均一に照明する方式。建物の外部、銅像、噴水、劇場、競技場等の照明に用いる。投光照明。＊現代新語辞典(1931)「溢光照明 最近の建物には大抵ほどこしてあるイルミネーションよりも一段と進歩した電飾法である」発音 イッコーショーメイ〈標ア〉ショ

いっこう-すい【一向粋】〔名〕〔形動〕(全く粋だの意を逆に用いたもの)「やぼ」「ぶこつ」をいう。寛政(一七八九～一八〇一)頃の上方遊里の流行語。＊洒落本・養漢裸百貫(1796)三「みな一所に雑喉寝(ざ

こね)をしたら、すでの事にかぶせかけうとしおった、一向粋(イッカウスイ)じゃないかいなナア」*洒落本・外国通唱(1804)「一(イッ)かう粋(スイ)、これはすいかへって野暮なる事を云ふ」

いっこう-せんじゅ【一向専修】〘名〙仏語。「いっこうせんじゅ(一向専修)の念仏(ねんぶつ)」に同じ。*念仏大意(1212頃)「一向専修の念仏門に入りて」*古事談(1212–15頃)三・東国修行僧打双六事「熊谷の入道が弘めおきたる一向専修の僧徒」*高野本平家(13C前)一・祇王「いっかうせんしゅに念仏して、ひとへに後世(ごせ)をぞねがひける」発音イッコーセンジュ〈標ア〉セ

いっこうせんじゅ の 念仏(ねんぶつ) 他の行をしないでひたすら念仏だけを唱えること。専修念仏。一向専念。一向専修。一向念仏。

いっこう-せんねん【一向専念】〘名〙仏語。「いっこうせんじゅ(一向専修)の念仏(ねんぶつ)」に同じ。*私聚百因縁集(1257)四・一〇「一向専念(いっカウセンねん)の文、罪悪生死の凡夫」*地蔵菩薩霊験記(16C後)八・五「その身はやがて出家して黒谷に引籠り、一向専念(いっカウセンネン)の行人となりて」発音イッコーセンネン〈標ア〉0

いっこう-だいじょう-じ【一向大乗寺】〘名〙仏語。ひたすらに大乗の教えを学ぶ寺。↔一向小乗寺。*顕戒論(820)上「凡仏寺有レ三。一者一向大乗寺 初修業菩薩所レ住寺」発音イッコーダイジョージ〈標ア〉ジダ

いっこう-だんじき【一向断食】〘名〙ひたすら断食すること。完全な断食。*平家(13C前)五・文覚被流「浦づたひ島づたひして、卅一日が間は一向断食にてぞありける」

いっこう-ちょう【一紅鳥】〘名〙カエデチョウ科の小鳥。全長一二〜一三センチメートル。全体に淡い黄褐色で、波形の濃色の横斑があり、頭の側面とのどは白く、のどの回りに幅の広い深紅色の帯がある。アフリカ中央部、東部にすみ、飼鳥とされる。学名は Amadina fasiata

いっこうにり-の-そなえ【一向二裏備】〘名〙陣立ての名称。一軍を敵の正面に向かわせ、もう一軍を敵の後陣の裏に回らせて敵を討つ陣形。*兵法神武雄備集(1651)二四・変陣(古事類苑・兵事二)「変陣十箇条之事 一向二裏の備の事。私に云ふ、一向二裏の備といふは、陰中陽の備をいふべし。縦へば、敵と戦を持つ時、一向は敵に向って戦を持ち、一分はひそかに敵の後陣のうらへ相向、是を一は向きて二は裏をなすの備といふ也」*武教全書(1656)二・練陣「一軍は敵にむかひ一軍は敵のうらに出づるを云ふ也。何の所にも用ふべき心得也。定まれる形あらず、能く実に之れを用ふるに利あり。一向二裏の格。一向二裏の備あり」

いっこう-ねんぶつ【一向念仏】〘名〙①「いっこうせんじゅ(一向専修)の念仏」に同じ。*正法眼蔵随聞記(1235–38)三・九「一向念仏の日は、さここそ有るべけれと覚ゆる也」②「いっこうしゅう(一向宗)」に同じ。*浮世草子・御前義経記(1700)七・一「勢州高田郡に称念寺の宗運といへる僧有。宗旨は一向念仏他事なく」発音イッコーネンブツ〈標ア〉ネ

いっこう-の-つみ【一恒罪】〘連語〙この世での一つの悪い行ないによって、来世で受けるべき一つの罪。一業の罪。*謡曲・道成寺(1516頃)「われらごときの女は、かやうの法会の場を踏みさむらひてこそ一こうの罪をも助かり候ふべけれとこそ申し候ひつれ」*歌舞伎・桜姫東文章(1817)序幕「一旦出家得道なし、一恒(カウ)の罪(ツミ)を犯す時は、却って地獄の因となる」

いっこう-は【一向派】〘名〙時宗十二派の一つ。時宗の開祖、一遍上人の門下、一向上人俊聖を祖とし、滋賀県坂田郡米原町の八葉山蓮華寺を大本山とするもの。発音イッコーハ〈標ア〉0

いっこう-りょうぜつ【一口両舌】〘名〙(形動)同じ事に関して別のことをいうこと。前に言ったことと後で言ったこととが違うさま。うそをつくこと。二枚舌。一口三舌。*天草本伊曾保(1593)狼と子をもった女の事「サリトテワ iccôriŏjetna(イッコウリャウゼツナ)モノヂャ。ハジメワ クリョウト ユウタガ イマワ マタ ヒキカエテ ミヲ コロサウワ、ヤレ カワヲハガウワ ナドト ユウカト ユウテ」*日葡辞書(1603–04)「Iccôriŏjetna(イッコウリャウゼツナ)ヒト」*慶長見聞集(1614)四「達摩能耳山中に入て眼を壁におしあて、九年有つれば眼の上ふたがくさりたり。又ねぶたさのまま引ちぎりて捨られたともいふ。是は一口両舌也」発音イッコーリョーゼツ〈標ア〉0 辞書日葡

いっこ-かわ〘副〙(「いっこ」は「いっこう」の変化した語。「かわ」は接尾語。「と」を伴っても用いる)わきめもふらずに。さっさと。一心に。いこかわ。*浄瑠璃・三荘太夫五人嬢(1727)三「親指を又唖に見せ、次に四つの指を広げ、両手を振って、いっこかは目をつかまへて引出す体(てい)」*浄瑠璃・歌枕棣棠花合戦(1746)二「折節表へいっこかは、京の悪る者閻魔の長兵衛」*浄瑠璃・双蝶蝶曲輪日記(1749)一「向ふを見れば野道より、いっこかはと手代殿、『やあ権九郎様』」

いっ-こきゅう【一狐裘】〘名〙一枚の狐の皮衣。

いっこきゅう 三十年(さんじゅうねん)(春秋時代、斉の晏子(あんし)が一枚の狐の皮衣を三〇年も着たという「礼記-檀弓下」の故事から)きわめて倹約なことのたとえ。*古学先生文集(17C後頃)六・雑著類・読家礼「晏子大国之相也。而一狐裘三十年」

いっ-こく【一石・一斛】〘名〙①容積の単位で、一斗(と)の一〇倍。一升の一〇〇倍。約一八〇リットル。*続日本紀-和銅七年(714)六月癸未「諸老人歳百以上賜二穀伍斛、九十已上参斛、八十已上壱石一」*俳諧・続猿蓑(1698)上「火燵の火いけて勝手をしづまらせ〈馬莧〉一石ふみし碓(からうす)の米〈沾圃〉」*広益熟字典(1874)〈湯浅忠良〉「一斛 イッコク 十斗ヲ云」②①を用いた、大名や武家の知行高を表わす語。③和船の積載量や材木の容積量で、十立方尺。*船舶積量測度規則(明治一七年)(1884)三条「日本形船の積量は十立方尺を以て一石とす」④鮭の四〇尾、また、鱒の六〇尾をいう。辞書文明・天正・易林・書言 表記一石・一斛(文・天・易・書)

いっ-こく【一刻】〘名〙①昔の一時(ひととき)の四分の一。現在の約三〇分。また、中国で一昼夜を昼五十刻、夜五十刻に分けたその一つ、すなわち約一五分間をいう。*宋書-礼志「上レ水一刻」②わずかな時間。ひととき。瞬時。*虎明本狂言・入間川(室町末–近世初)「一刻もはやう国本へくだらうと思ふ」*日葡辞書(1603–04)「Iccocu(イッコク)。ヒトツノ トキ」*滑稽本・東海道中膝栗毛-発端(1814)「さきでも腹が落ちそふだから一刻(イッコク)もはやいがいいと、せきこんでゐられるから」*唱歌・花(1900)〈武島羽衣〉「げに一刻(イッコク)も千金のながめを何にたとふべき」*漢書-武五子伝「夜漏未レ尽二一刻一、以レ火発レ書」発音〈標ア〉ク0〈京ア〉コ 辞書日葡・書言 表記一刻(書)

いっ-こく【一刻・一国】〘名〙(形動)①性急で腹立ちやすいこと。*雑俳・柳多留-一四(1779)「一国な所(とこ)と田町の床(とこ)でゆひ」②がんこでわがままなこと。*洒落本・三都仮名話(1781)「ソリャアあんまり一国(いっコク)だ」*雑俳・柳多留-一七(1782)「千金の嫁一っこくをぬかす也」*人情本・春色梅児誉美(1832–33)初・五齣「といって恩のあるおまはんに、無得心(イッコク)なあいさつもならずと、いろいろ考へても」*真景累ケ淵(1869頃)〈三遊亭円朝〉三四「己(おら)の頑固(イッコク)は知って居るしなあ」*思出の記(1900–01)〈徳富蘆花〉四・九「村の者から鬼と蔭口云はるる程一克(イッコク)に金貸商売をして」*腕くらべ(1916–17)〈永井荷風〉一四「呉山は癇癖の強い一酷な性質から」補注語源は、「一刻」が短い時間を意味し、また急ぐ意を表わすところから生じたとも、一国だけを知って他国を知らない意からともいう。発音〈標ア〉ク0 辞書言海

いっ-こく【一国】〘名〙①一つの国。一か国。*延喜式(927)一九・式部「先引二東海道一国朝集使及郡司等一、入屯二立庭中一」*平家(13C前)二・阿古屋之松「備前、備中、備後も、もとは一国にてありける也。又あづまに聞ゆる出羽、陸奥両国も、昔は六十六郡が一国にてありけるを」*雑俳・柳多留-一三四(1834)「一国へ神の集る小春月」*管子-覇言「一国而両君、一国不レ可レ理也、一家而両父、一家不レ可レ理也」②その国全体。全国。国じゅう。*古文真宝笑雲抄(1525)一・二「始皇一人心が奢て金玉をも何とも不レ思ぱ、秦一国の者も何とも不レ思ぞ」*浮世草子・西鶴織留(1694)一・四「手ひろふ見せけるほとなく一国(コク)によき事いひふらして」*春秋左伝-宣公一四年「謀レ人、人亦謀レ己、一国謀レ之、何以不レ亡」発音〈標ア〉ク0〈京ア〉コ 辞書書言 表記一国(書)

いっこく-いちじょう【一国一城】〘名〙①一つの国または一つの城。それを領有すること。また、その大名。*別所長治記(1580–92頃)「今度の御合戦は一国一城の小せり合とは各別也」*俗語考(1841)いっこくいちじゃう「一国一城也礼記云『一国之人』、涅槃経云『一村一城一国云云』今俗に心のままに物する事を、一国を云といひ、又安堵して大丈夫なる事を一国一城と云などは、乱世後、国主城主と云ものの、国を撃取城を討取て、心ままに物すめる方より出たる詞なるべし」②(江戸幕府が、元和元年(一六一五)六月の一国一城令によって、諸侯の居城以外の城を破却させたところから)一つの領国に城が一つだけあること。また、幕府直轄地に対して大名統治の城下町をもいう。*浮世草子・好色盛衰記(1688)一・一「是をおもふに、金銀捨やうのなき奢(おごり)、一国一城(いっコクいちジャウ)の町人ならば、とがめにもあふべき事なりしに」*浮世草子・世間胸算用(1692)三・四「さて一国一城(いっコクいちジャウ)の所あるひは船着(ふなつき)、山市(さんし)、はんじゃうの里々を見たてて」発音イッコクイチジョー〈標ア〉0チ〈京ア〉コ=0

いっこくいちじょう の 主(あるじ・ぬし)(一国、または、一城を領有している人の意から)他からの援助や干渉を受けずに、独立している者。*浄瑠璃・仮名手本忠臣蔵(1748)四「判官がくたばるからは早早屋敷を明け渡せ。イヤさはいはれな薬師寺。いはば一国一城(いっコクいちジャウ)の主(ぬシ)」*落語・殿様の廓通ひ(1890)〈禽語楼小さん〉「苟且(かりそめ)にも一国一城の主人が馬鹿や白痴(たわけ)で勤まる理由(わけ)は御座いません」*良人の自白(1904–06)〈木下尚江〉中・九・三「昔時ならば一国一城の主人(アルジ)」

いっこくいちじょう-れい【一国一城令】〘名〙一領国一城の制限令をいう。江戸幕府は大名の統制とその軍事力抑制のための策として、大坂落城直後の元和元年(一六一五)六月、諸大名に対し「分国中、居城をば残し置かれ、其の外の城は悉く破却あるべし」と命じた。さらに同年七月発令の武家諸法度第六条にも同趣意の禁制を反復した。その後寛永一二年(一六三五)の武家諸法度の改正によりこの規定はさらに具体的となって、幕府の諸大名統制に相当の効果をあげた。発音イッコクイチジョーレイ〈標ア〉ジョ

いっこく-いっとう【一国一党】〘名〙一国の政治を一つの政党で行なって、反対党の存在を許さないこと。*国民百科新語辞典(1934)〈新居格・木村毅〉「イッコクイットー 一国一党〔政〕反対党の存在を

許さざること」〔発音〕イッコクイットー〈標ア〉⓪

いっこく-いっぴょう-しゅぎ（イッコクイッペウ‥）【一国一票主義】『名』国際会議で、国の大小、強弱や委員の多少に関係なく、一国に一票の投票権を与える主義。＊新しき用語の泉(1921)〈小林花眠〉「一国一票主義（イッコクイッピョーシュギ）〈略〉英語でOne nation, One voteといふ」〔発音〕イッコクイッピョーシュギ〈標ア〉[シュ]

いっこく-がえ（‥がへ）【一石代】『名』江戸時代の税制。年貢を金納する場合、米一石を金一両に換算すること。いっこくだい。＊地方凡例録(1794)一「金一両に付米一石に積り候儀は、前々より御勘定所の法に候間、時の相場にかかはり不レ申、一石代を以て米に積り来候へども」

いっこくごと-がえ（‥がへ）【一石五斗代】『名』江戸時代の税制。年貢を金納する場合に、米一石五斗を、金一両に換算すること。米価の上昇にともなって「一石二斗五升代」などもあった。＊地方凡例録(1794)一「上畑一反歩　中田石盛十に六分違　此分米六斗　石盛六つ此取米二斗四升　免四つ　此永百六十文　一石五斗がへ」

いっこく-さい【一国斎】『名』（「一国斎」は名古屋の藩士中村市郎左衛門の号。蒔絵（まきえ）の一つである一種の錆上法（さびあげほう）を創案）江戸時代に創始された、広島に伝わる漆器の技法。金城一国斎の名で製作した蒔絵。〔発音〕〈標ア〉[ク]

いっこく-さんらい【一刻三礼】『名』（「いっこく（一刻）」は、ひとたびきざむこと）「いっとうさんらい（一刀三礼）」に同じ。＊観心寺文書‐承和四年(837)三月三日・観心寺縁起実録帳案（平安遺文一・六一）「先師和尚大阿闍梨耶、励二一刻三礼之美功一、尽二勇猛懇丹之至精一、所二造作一之尊容也」〔発音〕〈標ア〉⓪

いっこく-さんり【一刻三里】『名』一刻（約三〇分）の間に三里（約一二キロメートル）走ること。足の速いことをいう。＊歌舞伎・敵討噂古市（正直清兵衛）(1857)二幕「いっこく三里は朝飯茶漬ぢゃ」〔発音〕〈標ア〉[サ]

いっこく-じとう（‥ヂトウ）【一国地頭】『名』一国を単位として管轄する地頭。その存否については説が分かれるが、庄郷を単位とする地頭と区別して考えられている。

いっこく-しゃかいしゅぎ（‥シャクヮイシュギ）【一国社会主義】『名』一九二四年末、ソ連のスターリンが打ち出した社会主義建設に関する理論。ソ連一国だけでも、社会主義、共産主義社会の建設が可能だとするもの。〔発音〕イッコクシャカイシュギ〈標ア〉[シュ]

いっこく-すうほう（‥スウホフ）【一国数法】『名』一国内に法令の効力が及ぶ地理的範囲が数個に分かれている場合をいう。

いっこく-せいばい【一国成敗】『名』江戸時代、遊郭で行なわれた桶伏（おけぶせ）、髪切りなど、客に対する一種の私刑。＊雑俳・柳多留‐一三(1778)「一国せいばいで息子はかみ切られ」

いっこく-ぜめ【一刻攻】『名』一気に敵を攻めること。俄攻（がぜ）め。＊室町殿日記(1602頃)九「一刻攻に可レ仕候」＊清水長左衛門尉平宗治由来覚書(17C前か)「四月廿七日八幡山より押下し、高松の城二重、三重に取巻、一刻攻に乗崩べきと」〔発音〕〈標ア〉⓪

いっこく-せんきん【一刻千金】『名』（蘇軾（そしょく）の「春夜詩」の「春宵一刻値千金」の詩句による語）ひとときが千金にも値すること。たいせつな時や楽しい時の過ぎやすいのを惜しんでいう。＊中華若木詩抄(1520頃)上「かやうの時節は一刻千金也」＊読本・椿説弓張月(1807‐11)残・六〇回「今宵の宿りは一刻千金（イッコクセンキン）、好意（こころざし）忘るべからず」＊福翁自伝(1899)〈福沢諭吉〉一身一家経済の由来「大事な修行の身を以て銭の為めに時を費すは勿体ない。吾身の為めには一刻千金（イッコクセンキン）の時である」〔発音〕〈標ア〉⓪[セ]〈京ア〉[コ]＝⓪〔辞書〕言海〔表記〕一刻千金（言）

いっこく-せんしゅう（‥センシウ）【一刻千秋】『名』「いちにちせんしゅう（一日千秋）」に同じ。＊布令必用新撰字引(1869)〈松田成己〉「一刻千秋　イッコクセンシウ　マチヒサシヒ」＊浮雲(1887‐89)〈二葉亭四迷〉二・八「今か今かと文三が一刻千秋の思ひをして頸を延ばして待構へてゐると」＊泣き笑ひ(1907)〈国木田独歩〉「時之助の母親は女中お光の帰るのを一刻千秋（イッコクセンシウ）の思で待て居る」〔発音〕イッコクセンシュー〈標ア〉⓪

いっこく-だい【一石代】『名』⇩いっこくがえ（一石代）

いっこく-だいかん（‥ダイクヮン）【一国代官】『名』一国を支配する代官。＊浮世草子・御前義経記(1700)八・四「一国代官の威光をかりそめながら知れざる上、詮方もはや尽きはてたり」〔発音〕〈標ア〉[ダ]

いっこく-のみ【一刻飲】『名』一時に、また、一息に飲み干すこと。一息飲み。ぐいのみ。いっきのみ。＊浄瑠璃・一心五戒魂(1698頃)五「何の其飲んで見せふと、又たぶたぶ受け持、一こく飲みにさらりとあけ」＊浄瑠璃・源頼家源実朝鎌倉三代記(1781)三「したり御馳走伊丹酒（いたみざけ）、御辞義なしにと樽のはた〈略〉皆息なしの一刻呑」〔発音〕〈標ア〉⓪

いっこく-びより【一石日和】『名』「いちこくびより（一石日和）」に同じ。〔発音〕〈標ア〉[ビ]

いっこく-へいきん【一国平均】『名』中世、一国の規模でことを行なうこと。また、一国ぐらいの規模で干害のような自然現象や、合戦、法令施行などの政治的事件が起こること。↕天下一同。＊東寺執行日記‐嘉吉元年(1441)九月五日「諸奉行人有二評定一、九月十二日一国平均の為レ札立レ之」＊政基公旅引付‐永正元年(1504)九月九日「後日聞、阿加陀、信田以下之城皆開レ之、両守護は堺へ引退云々、〈略〉件足軽等五百、六百人風情打出之故、一国平均に打開之事非二尋常之沙汰一」＊太閤記(1625)一・秀吉軽一命於敵国成要害之主事「然間川向ひに要害を構へ、勢を入置、謀計を尽し、戦功を励し、一国平均に治め、各数年の労力を安んじ」〔辞書〕易林〔表記〕一国平均（易）

いっこくへいきん-さた【一国平均沙汰】『名』室町時代、一国すべてを対象として徳政令などの特定の法令を施行すること。＊内閣文庫本建武以来追加‐嘉吉元年(1441)九月一二日（中世法制史料集二・追加法二一二）「右、可レ為二一国平均沙汰一之旨、被二触仰一畢、可レ令二存知一之由、所レ被二仰下一也」＊公名公記‐嘉吉元年(1441)九月一四日「抑徳政事、可レ為二一国平均沙汰一之由、立二制札於所々一云々」

いっこくへいきん-とくせい【一国平均徳政】『名』室町時代、幕府や守護大名がその支配する特定の一国全体を対象として徳政令を発布すること。限定された地域や全国を対象とする徳政令と区別される。↕天下一同徳政。＊建内記‐嘉吉元年(1441)閏九月三日「今度徳政事起レ自二土一揆之嗷訴一、一国平均徳政之由、武家打二制札於七道口々一了」

いっこく-もの【一刻者・一国者】『名』がんこで片意地な人。怒りやすい人。いっこく。＊殿村篠斎宛馬琴書簡‐文政一一年(1828)三月二〇日「代銀は廿五匁、正札之よしにて一文も引不申候。全体、此男、俗に所云一刻ものにて、商人風に無之候」＊人情本・春色辰巳園(1833‐35)初・三回「今まで他（ひと）には上手もつかはず、いっこく者（モノ）でとほしたのだが」＊語彙(1871‐84)「いっこくもの　一国一城を鎖閉して人と和同せざる義なり」＊土(1910)〈長塚節〉一〇「わしゃ、一剋者（イッコクモノ）だからお内儀さん悪く思はねえでおくんなせえ」〔発音〕〈標ア〉⓪[ノ]〈京ア〉⓪〔辞書〕言海

いっこく-ろくと【一石六斗】『名』（はじめ見て、はっと（八斗）驚き、二度見てまた、はっと（八斗）驚く意から）二度びっくりすること。ことに、後ろ姿の美しいのに反して、顔の醜い女性の形容にいう。＊俳諧・西鶴大矢数(1681)第二一「討死の子細はしらず候へと喉を通らぬ一石六斗」

いつこし-ろ【五越紹】『名』緯（よこいと）五本を織るごとに、経（たていと）二本ずつをからみ合わせて、紹（ろ）の目をつくったもの。五本紹（ごほんろ）。

いっ-こじん【一個人】『名』①ひとりの人。②（社会・国家その他の団体に対して）公の立場を離れたひとりの人間。一私人。個人。＊京本通俗小説‐碾玉観音「静悄悄地無二一個人一」＊改訂増補哲学字彙(1884)「Individual　各自、個体、一個人」＊日本道徳論(1887)〈西村茂樹〉五「教育は大にして、邦国の為め、小にして、一個人の為めに必要なることは衆人の皆知る所なり」＊日本橋(1914)〈泉鏡花〉四九「私（わし）が職務としてでは無い。一個人（イッコジン）として、私一人として」〔発音〕〈標ア〉[コ]〈京ア〉[コ]

いっこ-ずみ【一庫炭】『名』「いちくらずみ（一庫炭）」に同じ。〔発音〕〈標ア〉[コ]

いっこ-だて【一戸建】『名』独立した一棟（むね）を、一家族が専用するように建てられた家。一軒建て。＊青べか物語(1960)〈山本周五郎〉留さんと女「漁師の物置を改造したものであるが、一戸建の家を借りていた」＊妻隠(1970)〈古井由吉〉「小さな建売りの二階家が、〈略〉窮屈な恰好ながら、それぞれ一戸建ての尊厳を精いっぱいに示してひしめいている」〔発音〕〈標ア〉⓪

いっこつ-じょう（‥ジャウ）【一越声】『名』壱越調（いちこつちょう）のような低い音声。また、大きくはり上げた声。＊読本・本朝酔菩提全伝(1809)五・九「又一越声（イッコツジャウ）をあげて〈略〉一喝し給ひければ」

いっこ-てん【一壺天】『名』（後漢の費長房が、薬売りの老人とともに壺（つぼ）の中にはいって、別世界の楽しみを得たという「後漢書‐方術伝・費長房」の故事から）一つの小天地。別世界。＊新編覆醤集(1676)一・泊絵島記所観「爰無二風浪患一、島裏一壺天」

いっこ-とり【一一取】『名』〔方言〕⇩いっこ（一一）

いっこ-はんこ【一個半個】『名』（中国前秦の苻堅（ふけん）が大軍をもって湖北省北部の襄陽（じょうよう）を攻め落とした際、結局得たものは道安一人と習鑿歯（しゅうさくし）半人だけであったと語った故事による）一人または半人の意で、非常に少数なこと。＊正法眼蔵(1231‐53)行持下「すすむらくは大隠小隠一箇半箇なりとも、万事万縁をなげすてて、行持を仏祖に行持すべし」＊中華若木詩抄(1520頃)上「一ケ半ケの身なりとも、典謨をよめば、即唐虞なりと、書生に、一鞭加へて、学を勧むる也」

いっこ-ぼ・す【沃零】『他サ四』「いこぼす（沃零）」の変化した語。＊日葡辞書(1603‐04)「アメ iccobosu（イッコボス）ゴトクニフリテ　ヲビタタシカリケリ〔発心集・二〕」〔方言〕こぼす。佐賀県887　長崎県対馬913　熊本県八代郡921　鹿児島県961　鹿児島郡968　◇いっこばす　熊本県918　〔辞書〕日葡

いっこ-まい【一個前】『名』ひとつをいう、盗人仲間の隠語。〔日本隠語集(1892)〕

いっ-こ・む【一込】『動』〔方言〕❶容器に穀物や水などをどっと入れる。投げ入れる。注ぎ込む。島根県益田市・美濃郡725　長崎県南高来郡905　対馬912　鹿児島県鹿児島郡968　肝属郡970　❷めりこむ。島根県益田市・美濃郡725

いっこ-も『副』〔方言〕少しも。全く。長野県481 488　兵庫県神戸市「水道の水いっこも出えへん」670　和歌山県690　島根県那賀郡725　岡山県児島郡763　広島県江田島・能美島057　徳島県811　大分県北海部郡938　◇いっこおも　群馬県利根郡214　◇いっこんも　広島県江田島・能美島057　◇いっこと　新潟県長岡市377　◇いっことん　鹿児島県961　◇いっこちゃ　岡山県児島郡763

いつ-ごろ【何時頃】〘名〙ある幅を持ったおおよその時を表わす。だいたいいつ。いつじぶん。＊古本説話集(1130頃か)四九「又、いつごろの事にかありけん、女の児(ちご)を抱きて、御堂の前の谷をのぞきて立てるほどに」＊虎明本狂言・仏師(室町末‐近世初)「さていつごろできまらせうと云」＊書言字考節用集(1717)二「何時 イツゴロ」 発音イッゴロ〈標ア〉0〈京ア〉0 辞書文明・伊京・明応・天正・饅頭・黒本・日葡・書言・ヘボン 表記何比(文・伊・明・天・饅・黒・書) 何時(書) 何頃(ヘ)

いっ-こん【一━】〘名〙方言❶一個。徳島県809 香川県直島829 愛媛県840 ◇いっこぼ 三重県北牟婁郡588 ❷一度。香川県827 829 小豆島836

いっ-こん【一根】〘名〙①一本の根。＊小学読本(1873)〈榊原芳野〉一「粟〈略〉一根に一穂を出す」＊淮南子‐俶真訓「今夫万物之疏躍枝挙、百事之茎葉条櫱皆本於二一根一而条二循千万一也」②(「こん(根)」は長いものを数える単位)一本。＊読本・昔話稲妻表紙(1806)四・一三「いとおかしげなる男、一根(イッコン)の棒をとりてをどり出(いで)」＊北史‐王崇伝「崇雖レ除レ服、仍居二墓側一。於二其室前一、生二草一根一、茎葉甚茂、人莫二能識一」 発音〈標ア〉0

いっ-こん【一痕】〘名〙一すじの痕跡。＊島隠集(1508)上・晩江帰釣図「潮逸二苔磯一水一痕、帰漁罷レ釣近二黄昏一」＊元淮‐端陽新月詩「遙看一痕月、掐破楚天青」

いっ-こん【一喉】〘名〙(「いっこう」の変化した語)魚の数一尾。一尾の魚。＊文明本節用集(室町中)「一喉 いっコン 魚之数也」＊壒嚢鈔(1445‐46)一「魚の一こんと云は何の字ぞ。一喉と書也。こうをこんとよむ類ひ多し」＊虎明本狂言・鱸庖丁(室町末‐近世初)「よそからすずきを三ごんくだされた。そなたにおまらせうと思ふて一こんあらへといひつけたほどに」 方言島根県725 山口県803 香川県三豊郡829 辞書下学・文明・伊京・明応・天正・饅頭・黒本・易林・日葡 表記一喉(下・文・伊・明・天・饅・黒・易) 一隻(文)

いっ-こん【一献】〘名〙(「献」は酒杯をすすめる意)①小規模な酒盛り。また、酒をふるまうこと。小酒宴。一酌(いっしゃく)。＊東寺百合文書‐は・年不詳(鎌倉)一一月二六日・僧厳□書状(大日本古文書一・八二)「明日廿七日 奉行之縁者許にて令二招引一、可レ勧二一献一之由沙汰入候」＊金沢文庫古文書‐(年月日未詳)(鎌倉)某起請文(七・五四五二)「折節一献之砌、傍輩等」＊太平記(14C後)五・相摸入道弄田楽并闘犬事「或夜一献(コン)の有りけるに、相摸入道数盃(すはい)を傾け、酔に和して立て舞ふ事良(やや)久し」＊大乗院寺社雑事記‐文明二年(1470)二月九日「四目代一献事、修理代顕春并通目代弉舜歎申入」＊浮世草子・けいせい伝受紙子(1710)五・一「鎌田殿とやらんも爰にて一献(イッコン)いたされよ」＊随筆・貞丈雑記(1784頃)七「旧記に殿中御一献又は一献の時などとあるは酒宴の時と云事也」＊滑稽本・東海道中膝栗毛(1802‐09)八・下「先、御酒一献めしあがりませ」②二献、三献と、段々に酒をすすめる時の一度目の酒肴のこと。＊雲図抄(1115‐18頃)裏書「次使已下着座〈略〉一献」＊徒然草(1331頃)二一六「あるじまうけられたりける様(やう)、一献にうちあはび、二献にえび、三献にかいもちひにてやみぬ」＊随筆・貞丈雑記(1784頃)七「一こん二こんと云を、一盃(はい)二盃の事と心得たる人、あやまり也。何にても吸物肴などを出して盃を出すは一こん也」③室町時代以後の酒宴の礼法で、吸い物や肴(さかな)を杯に添えて出し、三杯すすめること。＊長禄二年以来申次記(1509)「一献と申入て退出候へば、則日野殿、三職、御相伴衆、一列に伺公候而、〈略〉仍三献参候に、二献めの時」＊四季草(1778)六・秋・下「献数の事、一献といふは何にても肴(吸物も肴也)を出し、盃銚子(ひさげも銚子に付て出る也)を出して、三度(三盃の事)勧めて」④「いっこんりょう(一献料)」の略。＊東寺百合文書‐ち・永享六年(1434)四月二三日・二口方評定引付(大日本古文書三・一〇)「守護不入御判一献分、廿貫文地下可レ被レ懸、但、遵行已後可レ被二仰下一云々」＊後法興院記‐応仁二年(1468)五月二〇日「家門領事相二談内府一可二申拔一歟、但過分一献等可レ有二御秘計一之由申レ之」 発音〈標ア〉0〈京ア〉0 辞書文明・伊京・明応・天正・饅頭・黒本・易林・日葡・書言 表記一献(文・伊・明・天・饅・黒・易・書)

いっこん の 礼(れい) 一献を供して謝礼すること。また、その代わりとして交付する礼金。＊太平記(14C後)三〇・将軍御兄弟和睦事「三人軈(やがて)会合し給て、一献(コン)の礼有りけれ共」＊高野山文書‐康正二年(1456)八月四日・大楽院聖秀学道下地寄進状(大日本古文書三・五六五)「就中為二一献礼一、析足参貫伍百文、自二順宗房方一請取畢」

いっこん-ざけ【一献酒】〘名〙さかずき一杯の酒。

いっこんざけ は 飲(の)まぬもの さかずき一杯だけの酒は葬式の時の作法であるから、ふだんは飲んではいけない。＊波形本狂言・船渡聟(室町末‐近世初)「一こん酒は飲まぬ物じゃ」＊譬喩尽(1786)一「一献酒(イッコンザケ)は飲まぬもの 葬家用レ之故」

いっこん-ぞめ【一斤染】〘名〙紅花(べにばな)一斤で絹一疋を染めることという。紅染めの淡いものと考えられる。また、染められたその絹。いっきんぞめ。＊助無智秘抄(1166頃か)「検非違使(けびゐし)は、あをばかまに一こんぞめ」＊山槐記‐治承三年(1179)三月三日「今日宇治一切経会也、〈略〉右衛門権佐光長茶染一斤染立烏帽子」 発音〈標ア〉0 辞書言海 表記一斤染(言)

いっこん-たくり〘副〙方言一緒にするさま。一緒くたにするさま。岡山県岡山市054 小田郡758 山口県豊浦郡798 福岡県872 876 877 長崎県対馬913 壱岐島915

いっこん-づけ【一喉付】〘名〙方言❶皿に尾頭付きの魚を一尾盛ること。一尾付け。福岡市879 ◇いっこんもり〔一喉盛〕長崎県対馬913 ❷一人前。否定的な場合に用いる。◇いっこんづかい〔一喉使〕山口県防府802 ◇いっこんづかい〔一喉使〕山口県防府802

いっこん-に【一喉煮】〘名〙(「いっこん」は魚一尾の意)小ブナなどを、まるのまま、みそ汁で煮た吸い物。＊朝倉亭御成記(1568)「於二会所一参る進物并献立の次第〈略〉十五献、こかまぼこ、けづりもの、一こん煎」

いっこん-はじめ【一献始】〘名〙室町幕府の年中行事。正月一四日に殿中で将軍が公家(くげ)、管領などを招いて催す宴。＊殿中申次記(15C末‐16C中か)「十四日〈略〉一公家、御供衆、申次、攻衆(つめしゅう)、走衆。就二一献始之儀一、各御太刀進上之」

いっこん-もり【一喉盛】〘名〙方言⇨いっこんづけ(一喉付)

いっこん-りょう‥レウ**【一献料】**〘名〙酒宴のための費用。酒宴を張ることを名目とする料足。中世において、年貢催促などの手数料、礼銭などとして贈受されることが多かった。一献。＊高野山文書‐応永一一年(1404)一一月二七日・学侶評定事書案(大日本古文書五・一〇〇四)「学侶一同取沙汰之時、先会行事方忠節異二于他一也、依レ之今度到来南部年貢之内一結、為二一献析一、可レ被レ渡二真覚房方一事」＊政基公旅引付‐永正元年(1504)三月五日「一献料公私に悉皆千疋進レ之、其内先五百疋持来」

いっ-さ【一茶】(江戸後期の俳人)⇨こばやしいっさ(小林一茶)

いっ-さい【一才】〘名〙①木材などの一立方尺。＊地方凡例録(1794)九「長六尺より九尺まで一寸才一人三百才伐 一寸四方を一才と云、末口の差渡しにて元口をみるには長一間に壱寸づつ太りを入る是丸木太さの定法也」②織物の一平方尺。 発音〈標ア〉イ1

いっ-さい【一切】■一〘名〙物事のすべてをさしていう。全部。残らず。すべて。いっせつ。＊菅家文草(900頃)四・懺悔会作「一切衆生煩悩身、求レ哀懺悔仰二能仁一」＊徒然草(1331頃)一二八「すべて一切の有情を見て、慈悲の心なからんは、人倫にあらず」＊風姿花伝(1400‐02頃)七「また幽玄の物まねに、強き理を忘るべからず。これ一切、舞、働き、物まね、あらゆる事に任せぬ理なり」＊浮世草子・好色一代女(1686)四・一「一切(サイ)の娌子(よめご)浮気になりて外なる心も是よりおこりぬ」＊尋常小学読本(明治三七年)(1904)八・一八「いっさい、この内閣総理大臣と、各省の大臣とが、会議の上で、きめました」＊法華経‐化城喩品「唯願世尊、哀二愍一切一」■二〘副〙(下に打消の語を伴う。「に」を添えることもあった)全く。一つも。いっせつ。＊史記抄(1477)一七・大宛列伝「一切に承引もつかまつらねども」＊日葡辞書(1603‐04)「Issai (イッサイ)〈訳〉何一つ。否定を伴う」＊浮世草子・好色万金丹(1694)三・一「此男の手に入る事を一切(イッサイ)よろこばず」＊国歌八論(1742)古学「また見つれども一切に読めざりけるにやあらん」＊音訓新聞字引(1876)〈萩原乙彦〉「一切 イッサイ ツヤツヤ」＊雪国(1935‐47)〈川端康成〉「宿屋でもさういふお世話は一切しないの」 補注もと仏典の訓読から生じた語。「一切経」「一切衆生」などの「一切」であって、打消の表現を伴わない■一の方が本来的な言い方。 発音〈標ア〉イ1 サ〈京ア〉ツ 辞書文明・易林・日葡・書言・ヘボン・言海 表記一切(文・易・書・へ・言)

いっさい の 男子(なんし)をば生々(しょうじょう)の父(ちち)とたのみ、よろずの女人(にょにん)を生々(しょうじょう)の母(はは)と思(おも)え (「梵網経‐下」の「一切男子是我父、一切女人是我母。我生生無レ不下従レ之受上レ生」より出たことば)仏語。無限の過去から、すべての人は、生まれかわり、死にかわってきた間に、互いに父母となってきたのだから、すべての男を父と思い、すべての女を母と思ってたいせつにしなければならないということ。＊車屋本謡曲・朝長(1432頃)「一切の男子(なんし)をば生々の父と思ひ、万の女人はしゃうじゃうの母とおもへ」＊譬喩尽(1786)一「一切(イッサイ)の男子(ナンシ)は生々(シャウジャウ)の父(チチ)万(ヨロヅ)の女人(ニョニン)は生々(シャウジャウ)の母(ハハ)と思(オモ)へ 仏書」

いっ-さい【一再】〘名〙一、二度。一、二回。＊蔭凉軒日録‐文明一七年(1485)一〇月一六日「自二月翁和尚一被レ督レ詩。一再固二辞之一不レ允」＊童子問(1707)中・三〇「其宜子孫繁衍、保二数百年宗社一。而纔一再伝而亡」＊真善美日本人(1891)〈三宅雪嶺〉日本人の能力「豊臣秀吉が西海を征して十万人を挙げ、〈略〉其の他十数万兵を挙ぐる一再に止らず」＊日本の下層社会(1899)〈横山源之助〉日本の社会運動・三・一「解散せられたること一再、猛悪なる選挙干渉を見たることあり」＊竹沢先生と云ふ人(1924‐25)〈長与善郎〉竹沢先生の人生観・四「嚇し文句や、苦情を云はれる事一再でないので」＊管子‐立政「一再則宥、三則不レ赦」 発音〈標ア〉0〈京ア〉0

いっさい ならず 一度や二度ではなく何度も。＊黒い眼と茶色の目(1914)〈徳富蘆花〉一・四「父母の当惑顔を見ることが一再(イッサイ)ならずあった」＊日本ロォレライ(1948)〈井上友一郎〉一「従来一再ならず陸路で失敗した挙句の知恵で、船で運ぶのを思ひ付いた」

いっ-さい【一災】〘名〙一回の災難。 発音〈標ア〉ナ

いっさい 起(お)これば二災(にさい)起(お)こる 一度災難が起こると、これに伴って他の災難を呼び起こす。一度ある災いは二度ある。悪いことは重なる。 発音〈標ア〉0 ＊浄瑠璃・心中万年草(1710)中「一さいおこれば二さいおこる」＊浄瑠璃・新うすゆき物語(1741)中「一さいおこれば二さいおこると笑止な事は云訳の筋も是でさらりと切果た」＊譬喩尽(1786)一「一

災(イッサイ)起(ヲコ)れば二災(ニサイ)起(ヲコ)る」

いっ-さい【一妻】〘名〙夫が一人の妻をもつこと。一婦。→一夫一妻。＊政談(1727頃)四「今の世は表向一妻と高下共立置き候故、妾は隠し者に成て、却て色々の悪事生る也」

いっ-さい【一菜】〘名〙一種類のおかず。転じて、そまつな食事。→一汁(いちじゅう)一菜。＊運歩色葉(1548)「一菜 いっサイ」＊日葡辞書(1603-04)「Issai(イッサイ)。ヒトツノ サイ」＊浮世草子・男色大鑑(1687)四・二「罷り帰って禰酒(ねざけ)のたのしみ、夢覚ての明(あけ)の日は、私宅にて一菜(サイ)の斎(とき)まいるべし」＊陸游-幽居即事詩「一菜飽有レ余、爰取方銭食」 発音〈標ア〉0〈京ア〉0 辞書日葡・書言 表記一菜(書)

いっ-さい【一歳・一才】〘名〙年数・年齢の一年。＊本朝無題詩(1162-64頃)五・除夜独吟〈藤原敦光〉「大儺礼畢及二深夜一。一歳光陰惜不レ能」＊日葡辞書(1603-04)「Issai(イッサイ)〈訳〉人、馬、牛の年齢の数え方」＊条約改正論(1887)〈小野梓〉三「既にして事平ぐと雖ども、未だ一歳ならずして又江華の争闘あり」＊春秋左伝-成公七年「子重、子反、於レ是乎一歳七奔命」 発音〈標ア〉イ1〈京ア〉イ1 辞書文明・日葡 表記一歳(文)

いっ-さい【逸才・軼才】〘名〙①「いつざい(逸材)」に同じ。＊文明本節用集(室町中)「逸才 イッサイ 大ナル才智アル義」＊広益熟字典(1874)〈湯浅忠良〉「軼才 イッサイ ナミスグレタルサイキ」＊少年行(1907)〈中村星湖〉一九「五六種あった市の新聞は、筆を揃へて其逸才を讃嘆し」＊文学史的空白時代(1928)〈大宅壮一〉三「龍之介は所謂新思潮派の逸才として逸早(いちはや)く文壇にその存在を認められた人である」＊後漢書-蔡邕伝「伯喈曠世逸才、多識二漢事一」②「しし(獅子)」の別名。＊色葉字類抄(1177-81)「逸才 イッサイ 獅子名」 発音〈標ア〉0 辞書色葉・文明 表記逸才(色・文)

いつ-ざい【逸材・軼材】〘名〙人並み以上にすぐれた才能。また、その人物。＊布令必用新撰字引(1869)〈松田成己〉「軼材 イツザイ スグレタハタラキ」 発音〈標ア〉0

いっさい-うい【一切有為】〘名〙仏語。①「いっさいういほう(一切有為法)」の略。②転じて、この世の移り変わってはかないこと。＊源平盛衰記(14C前)四五・虜人々流罪「一切有為(いっサイウイ)の法は悉く夢の如く、幻の如く、水月鏡像(きゃうざう)の喩(たとへ)にさとりぬべし」＊大観本謡曲・谷行(1546頃)「一切有為の世の習ひ、如夢幻泡影如露亦如電。応作如是観の心をも、思ひ知らずや」

いっさい-ういほう【一切有為法】〘名〙仏語。現象界の存在のすべて。絶えず転変し、無常なるものとしてとらえられる。＊摩訶般若波羅蜜経-七「一切有為法無レ常亦不レ失」

いっさいういほう夢幻泡影(むげんほうよう)の如(ごと)し 因縁の和合によって造られた現象的存在は、すべて移り変わってはかないものだということ。金剛般若経の偈(げ)による。＊曾我物語(南北朝頃)一〇・曾我にて追善の事「書きたる筆のすさみを見れば、『一さいういほう、にょむげんはうやう、如露亦如電、応作如是観』とぞ書きたりける」＊金剛般若経「一切有為法 如二夢幻泡影一 如レ露亦如レ電 応レ作二如レ是観一」

いっさい-うじょう【一切有情】〘名〙(「衆生」は旧訳で、「有情」は新訳)仏語。「いっさいしゅじょう(一切衆生)」に同じ。＊大般若経-五七八「一切有情皆如来蔵」

いっさいうじょう殺害三界不堕悪趣(せつがいさんがいふだあくしゅ) 仏語。般若経を信じて、これを読誦(どくじゅ)するときは、その功徳によって、たとえこの世のあらゆる生物を殺すことがあっても、地獄などの悪道に落ちることがないということ。＊光悦本謡曲・藤戸(1514頃)「般若の舟のおのづから、其ともづなをとく法の、こころをすまし声をあげ、一切有情殺害三界不堕悪趣」 補注「大般若経-五七八」には「若有下得レ聞二如是般若波羅蜜多甚深理趣一、信解受持読誦修習上、仮使殺二害三界所摂一切有情一而不三由レ斯復堕二於地獄、傍生、鬼界一」とある。

いっさい-えご〘名〙植物「えごのき」の異名。

いっさいかいくう-しゅう【一切皆空宗】〘名〙仏語。あらゆる存在が空であると主張する宗。般若経を中心に教義をたてる宗のこと。中国僧法蔵が華厳宗(けごんしゅう)の立場から仏教の教旨について一〇宗に分類したもののうち第七番目。

いっさいかい-じょう【一切皆成】〘名〙(「法華経-方便品」の「聞二我所説法一乃至於二一偈一皆成仏無レ疑」から)仏語。世に生を受けたものは皆、仏になることができるということ。

いっさい-がき【一歳柿】〘名〙カキの一種。＊思出の記(1900-01)〈徳富蘆花〉三・三「一歳柿などは已に枝も撓(たわ)に実って居る」

いっさい-がっさい【一切合切・一切合財】〘名〙(同じ意味の「一切」と「合切」を重ねて、その意を強めた語)①全部。残らず。すべてのもの。いっさい。＊怪談牡丹燈籠(1884)〈三遊亭円朝〉一二「一さいがっさい一世帯(せたい)是切(これき)りで御座います」＊放浪記(1928-29)〈林芙美子〉「ああ何もかも一切合財が煙だ、砂だ、泥だ」＊卍(1928-30)〈谷崎潤一郎〉二二「今までの関係一切合財新聞い素っ葉抜いてやる云うて脅迫しますし」②(下に打消を伴って副詞的に用いる)全然。いっさい。＊鱧の皮(1914)〈上司小剣〉五「一切合財興行物はせんこと」 発音〈標ア〉ガ〈京ア〉ガ

いっさい-ぎょ【一歳魚】〘名〙前年生まれた魚。およそ満一年たったものをいう。 発音イッサイギョ〈標ア〉サ

いっさい-きょう【一切経】〘名〙経・律・論の三蔵その他、釈疏を含む経典の総称。大蔵経。＊書紀(720)白雉二年一二月(北野本訓)「味経宮に二千一百余(ふたちあまりももはしらあまり)の僧(ほうし)尼(あま)を請(ま)せて一切経(イッサイキャウ)読ませ使(し)む」＊宇津保(970-999頃)忠こそ「まづ故君の御ために、一さい経多宝の塔造らせ給て、供養し給けり」＊平家(13C前)六・築島「石の面に一切経を書いてつかれたりけるゆゑにこそ経の島とは名づけたれ」＊日葡辞書(1603-04)「Issaiqiŏ(イッサイキャウ)〈訳〉シャカの経典のすべて」＊評判記・野郎虫(1660)平田市太夫「盲亀(もうき)の浮木にあふ事のたとへ一切経(サイキャウ)に、あまた所にとかれたれば」＊浄瑠璃・丹波与作待夜の小室節(1707頃)夢路のこま「関の小万と心中の討死を手柄とは、一切経にも無いこと」 発音イッサイキョー〈標ア〉0〈京ア〉0 辞書日葡・書言・言海 表記一切経(書・言)

いっさいきょう-え【一切経会】〘名〙仏語。一切経を供養する恒例の法会(ほうえ)。一切経を読誦(どくじゅ)する法会で、多くは経の題目を唱える。大蔵会。＊古今著聞集(1254)六・二四七「宇治殿、平等院を建立させ給ひて、延久元年夏比(ごろ)はじめて一切経会を行なはせ給ひけり」＊初例抄(1332-51頃)下「延久元年五月廿八日。始二宇治一切経会一。永為二恒例会一」＊俳諧・俳諧四季部類(1780)三月「神釈〈略〉礼拝講 十三日 エイ山 一切経会 同 キヲン」 発音イッサイキョーエ〈標ア〉キョ

いっさいきょう-おんぎ【一切経音義】 一切経に収められている経典の語句の発音と意味を解説した書物。㊀唐の玄応(げんのう)著。二五巻。七世紀半ば頃成立。四五八部の経論から難解な語句を選んで注釈する。玄応音義。㊁唐の慧琳(えりん)著。一〇〇巻。七八三～八〇七年の間に成立。「玄応音義」や慧苑の「華厳経音義」などを含み、約一二二〇の経論から難解な語句を選んで注釈する。慧琳音義。 発音イッサイキョーオンギ〈標ア〉オ

いっさいきょう-くよう【一切経供養】〘名〙仏語。一切経を書写して、これを供養する法会(ほうえ)。＊枕(10C終)二七八・関白殿、二月廿一日に「法興院(ほこゐん)の積善寺(さくぜんじ)といふ御堂(みだう)にて、一切経供養せさせ給ふに」＊増鏡(1368-76頃)六・おりゐる雲「正元元年三月五日、西園寺の花ざかりに、大宮院、一切経供養せさせ給」 発音イッサイキョークヨー〈標ア〉ク

いっ-さいく【一細工】〘名〙助手を使わないで、一人でする細工事。ひとり細工。＊虎明本狂言・仏師(室町末-近世初)「某が一細工に致すに依て、来年の今比ならではできまらせぬよ」＊狂言記・六地蔵(1700)「身どもが一細工にぽつぽつ致すによって、それで来年の今時分と申すことでおりゃる」

いっさい-くうやく【一切食役】〘名〙仏語の「一切苦厄(いっさいくやく)」にかけて、食べることしか能のない者をいうしゃれ。また、食べるために追われて働かされる意にもいう。＊諺苑(1797)「一切くふ役 仏語の一切苦役を食事の食にいひなしたるなり」

いっさい-くやく【一切苦厄】〘名〙仏語。この世におけるすべての苦悩や災厄のこと。＊咄本・醒睡笑(1628)三「心経(しんぎゃう)の摩訶の下なる般若坊ことし一切(いっサイ)くやくなりけり」＊般若心経「照二見五蘊皆空一。度二一切苦厄一」

いっさい-しゅ【一切衆】〘名〙仏語。「いっさいしゅじょう(一切衆生)」の略。＊今昔(1120頃か)六・一「一切衆の為に種々の法を説給へりき」

いっさい-しゅじょう【一切衆生】〘名〙仏語。この世に生を受けたすべてのもの。生きとし生けるもの。特に人間を中心にしていう場合が多い。一切有情。＊霊異記(810-824)下・一九「仏は平等大悲の故に、一切衆生の為に正教を流布したまふ」＊往生要集(984-985)大文四「謂由具二足前三行願一。証二得三身円満菩提一。還亦広度二一切衆生一」＊栄花(1028-92頃)うたがひ「世の固め、一切衆生の父としてよろづの人を育(はぐく)み」＊平家(13C前)一〇・維盛入水「三世の諸仏は、一切衆生を一子の如くにおぼしめして」＊法華経-譬喩品「衆聖中尊、世間之父、一切衆生、皆是吾子」 発音イッサイシュジョー〈標ア〉イ1〈京ア〉シュ 辞書書言・言海 表記一切衆生(書・言)

いっさいしゅじょう悉有仏性(しつうぶっしょう) 仏語。生あるものは、すべて仏になる可能性があるということ。一切成仏。一切皆成。＊源平盛衰記(14C前)四・山王垂跡事「天竺の南海に一切(いっサイ)衆生(しゅジャウ)悉有(シツウ)仏性(ぶっシャウ)と唱(とな)ふる波立って」＊車屋本謡曲・白髭(1541頃)「一切衆生悉有仏性、如来常住無有変易の浪のこゑ」＊北本涅槃経-二七「我常宣説一切衆生悉有二仏性一。乃至一闡提等亦有二仏性一」

いっさいしゅじょう迷惑(めいわく)の門(もん) すべての人間がいろいろ苦労する門口の意で、女陰をふざけて称した語。

いっさい-しゅち【一切種智】〘名〙仏語。三智の一つ。現象界の差別ある状態と、その中に秘められている真実の姿を観察することができる最上の智慧。仏智。＊今昔(1120頃か)一・七「又第三夜に至て无明を破し智恵の光を得給て永く煩悩を断じて一切種智を成じ給ふ」＊五輪九字明秘密釈(1141-43)「唯心之実相即是一切種智。即是諸仏法界」＊摩訶般若波羅蜜経-二一・七〇「仏言。一相故名二一切種智一。所レ謂一切法寂滅相。復次諸法行類相貌。名字顕示説仏如レ実知。以レ是故名二一切種智一」

いっさい-しょ【一切処】『名』至るところ。全体。＊高野山文書-建久元年(1190)一一月日・金剛峰寺根本大塔供僧解状案(大日本古文書一・五二)「一切処之庄官等之習、以二免家之下人一令レ勤二自身之雑事一更以二平民之百姓一昼夜駈使之例全以所レ無也」＊十善法語(1775)四「本来の観世音菩薩、本来の円通門、一切処にかくしえぬなり」

いっさい-しょうろさま【一切精霊様】(:シャウロさま)『名』岐阜県や愛知県で無縁仏のこと。祖霊以外の霊。盆の供物も精霊様(先祖の霊)のほかに一人分上げる。

いっさい-しょほう【一切諸法】(:ショホフ)『名』仏語。すべてのもの、一切の事物。物質的・精神的なものすべて。一切法、万法ともいう。＊筌蹄録(1909)〈釈宗演〉一五・五「一切諸法の根底は平等なり」 発音 イッサイショホー〈標ア〉ショ

いっさい-たふ【一妻多夫】『名』一人の女性が同時に二人以上の夫を有すること。また、その婚姻形態。女権の強い場合に多く行なわれ、インドの一部とチベットに現存する。↕一夫多妻。＊哲学字彙(1881)「Polyandry 一妻多夫」＊現代文化百科事典(1937)「いっさいたふ 一妻多夫 一人の女子が同時に二人以上の夫を共有する結婚形態」 発音〈標ア〉タ

いっさい-ち【一切智】『名』仏語。あらゆる現象を完全に知る智慧。広義では仏の智慧である、一切種智と同じとし、狭義では三智の一つとして、仏の智、菩薩の智に対する声聞縁覚の智とする。＊愚管抄(1220)七「事の詮には、人の一切智具足して、まことの賢人、聖人はかなふまじ」＊添品法華経-譬喩品「従仏世尊聞レ法信受。勤修精進求二一切智仏智自然智無師智。如来知見。力無所畏一」

いっさい-ちげ【一切智解】『名』「いっさいち(一切智)」に同じ。＊米沢本沙石集(1283)一〇末・一三「真言こそ、先は一切智解(チケ)を発(おこ)して、以て自心の本不生を達して」

いっさい-ちしゃ【一切智者】『名』仏のようにあらゆることについての知恵を持つ者。全知者。＊梵舜本沙石集(1283)八・一六「何事にても色節に付て知らぬ事候の間、世間に人皆さる者としりて、名をば一切智(チ)者の判官代と申候」 発音〈標ア〉チ

いっさい-てん【一斎点】『名』経書の訓点の一つ。近世末期、佐藤一斎が宋儒(そうじゅ)の新註によって漢文に訓点を施した訓読法。和文への翻訳を重視した以前の訓読法よりも原文の形式に寄りそった訓読法をとり、敬語・助動詞の読み添えが少なく、簡潔である。 発音〈標ア〉サ

いっさい-とう【一歳桃】(:タウ)『名』「いっさいもも(一歳桃)」に同じ。

いっさい-はぎ【一歳萩】『名』ハギの園芸品種か。高さ三〇センチメートル以下で、葉は細かく、実生満一年で普通のハギより大きな乳白色の花を開くという。 発音 イッサイハギ〈標ア〉八

いっさい-もも【一歳桃】『名』花を観賞するモモの一品種。種子をまいてから一年で花が咲くが、寿命は短く一〇年ぐらい。＊花壇地錦抄(1695)二「桃のるひ〈略〉一歳桃(イッサイモモ) 花形せいわうぼのごとく、たねを植て其年の実生に花咲ゆへ一才(イッサイ)ももといふとぞ」＊大和本草(1709)一〇「桃〈略〉一歳桃あり。実をうゑて当年花さく。其花単(ひとへ)重(やへ)二種あり。花大なり。西王母に似たり。樹、年を歴て花彌多し」＊重訂本草綱目啓蒙(1847)二五・五果「上州紀州には一歳桃あり子生の年花をひらき翌年より実をむすぶ」 発音〈標ア〉サ

いっ-さき【一先】『名』方言❶一番先にするさま。真っ先。青森県三戸郡083 宮城県仙台市068 千葉県山武郡270 ◇いっさんさき 石川県江沼郡422 ◇いっさきまり 宮城県仙台市121 ❷八十八夜に畑に豆を作ること。青森県三戸郡083

いっ-さき【五尖・五裂】『名』植物「あおぎり(青桐)」の異名。＊和訓栞後編(1887)「いっさき。葉の五尖なるをもて名づく。木も葉も梧桐に似たり」 方言植物。❶あおぎり(青桐)。薩州†135 高知県036 鹿児島県965 ◇いくさき 鹿児島県肝属郡970 ◇いっさ 鹿児島県963 ◇いっさく 鹿児島県965 ◇いっさっ 鹿児島県肝属郡054 ◇いっさっのっ 鹿児島県鹿児島郡968 ❷ふよう(芙蓉)。鹿児島県屋久島036 語源説 イッサキ(五尖)の急呼。または、イツサケ(五裂)の転か〔大言海〕。 辞書 言海

いっ-さき【一茶忌】『名』陰暦一一月一九日の、俳人小林一茶の命日。またこの日、一茶をしのんで行なわれる俳諧の行事をもいう。《季・冬》 発音〈標ア〉サ

いっ-さく【一尺】『名』(「いっしゃく」の直音表記)「いっしゃく(一尺)」に同じ。

いっ-さく【一作】『名』①同じ耕地に、一年に一回作物を作ること。一毛作。＊運歩色葉(1548)「一作 いっサク 田」 ②一つの作品を製作すること。また、その製作物・作品。＊浮世草子・男色大鑑(1687)四・三「申かはせし情のあまりに此身の事を御一作(サク)」 ③自分ひとりである行為をなすこと。また、その結果生み出されたもの。自分の意見、自分ひとりで作った作品。＊日葡辞書(1603-04)「Issacuuo (イッサクヲ) ユウ〈訳〉自分の意見、自分の言葉を言う」 ④二つ以上の物を同時に作ること。また、同時に作ったもの。あるいは二つ以上のことを同時にすること。＊三道(1423)「開聞は筆者の作、開眼は為手の態(わざ)成るべし。両条一作の達人に於いては、是非あるべからず」＊浄瑠璃・菅原伝授手習鑑(1746)三「おらが躮(せがれ)共誰が見ても一作(いっさく)とは思はぬ。生ぬるこい桜丸が顔付き、理屈めいた梅王が人相、見るからどふやら根性の悪そふな松王が面構」 ⑤一趣向。ひとくふう。＊随筆・戴恩記(1644頃)上「ものをかりそめにのたまふ事も一作ありてしほらしき大名也」＊浮世草子・西鶴諸国はなし(1685)一・三「就夫(それにつき)上書に一作(いっサク)有とくだんの小判を出せば」 方言❶仕事の一段落。奈良県宇陀郡678 徳島県美馬郡054 ❷一休み。和歌山県那賀郡690 日高郡698 ❸主家の畑でまず最初に種まき、耕作をすること。青森県三戸郡083 発音〈標ア〉0ク 辞書 日葡

いっ-さく【一昨】『名』①年、日などで、中一つ隔てた過去をいう。昨年の一年前。昨日の一日前。おととし、おとついなどの意。また、近い過去のある一日を漠然とさしてもいう。先日。前日。＊鴨東四時雑詞(1816)「小娃一昨換二童装一舞袖軽盈已不レ長〈略〉一昨猶レ謂二昨日一王逸少帖云、一昨得二安西六日書一又杜甫詩云、一昨陪二錫杖一」＊杜甫-寄賛上人詩「一昨陪二錫杖一卜レ隣南山幽」 ②「いっさくじつ(一昨日)」に同じ。＊蔭凉軒日録-延徳三年(1491)二月八日「一昨自二相府一所レ賜折、今日調レ之勧二勤行衆一」 発音〈標ア〉0〈京ア〉0 辞書 言海 表記 一昨(言)

いっ-さく【一索】『名』①一度探し求めること。＊史記-趙世家「今一索不レ得、後必且二復索一レ之、奈何」 ②一本の縄、ひも。＊杜牧-雲夢沢「日旗龍旆想二飄揚一一索功高縛二楚王一」 ③縄、ひもを用いて貫いたものを数える語。また、一本の緡(さし)にさした銭。それを用いて貫いたものを数える語。一さし。＊六如庵詩鈔-二編(1797)五・暮春与伴蒿蹊春蘭洲遊兎道「我有二一索青銅銭一午店先買黎祁羹」＊江戸繁昌記(1832-36)三・愛宕「京橋の街頭、孰か銭一索を遺とす」＊元史-世祖紀「珠一索、錦衣一襲」

いっ-さく【一策】『名』一つのはかりごと、計画、考え。一つの手段。＊音訓新聞字引(1876)〈萩原乙彦〉「一策 イッサク ヒトツノハカリゴト」＊花柳春話(1878-79)〈織田純一郎訳〉五二「宜しく一策を運(めぐ)らして君の望を成就せしめざる可からず」＊怪談牡丹燈籠(1884)〈三遊亭円朝〉一六「漸(やっ)との事で一策を案じ出し」＊揚雄-解嘲「曾不レ能下画二一奇一出中一策上」 発音〈標ア〉ク0〈京ア〉0

いっさく-さくじつ【一昨昨日】『名』一昨日の前日。三日前。さきおととい。 発音〈標ア〉ク2〈京ア〉ク2

いっさく-さくちょう【一昨昨朝】(:サクテウ)『名』一昨昨日の朝。三日前の朝。さきおとといの朝。 発音 イッサクサクチョー〈標ア〉ク2

いっさく-さくねん【一昨昨年】『名』一昨年の前年。三年前。さきおととし。＊吾輩は猫である(1905-06)〈夏目漱石〉九「一昨昨年以来」＊プレオー8の夜明け(1970)〈古山高麗雄〉「あれは一昨々年、ビルマのイラワジ河のほとりの、エイタン村という小さな村に駐屯していたときだった」 発音〈標ア〉ク2

いっさく-さくばん【一昨昨晩】『名』一昨昨日の晩。三日前の晩。さきおとといの晩。 発音〈標ア〉ク2

いっさく-さくや【一昨昨夜】『名』一昨昨日の夜。三日前の夜。さきおとといの夜。 発音〈標ア〉ク2

いっさく-じつ【一昨日】『名』昨日の前日。二日前。おととい。＊名語記(1275)一〇「一昨日を、をとひといへるは乙日也」＊文明本節用集(室町中)「一昨日 イッサクジツ」＊天草本平家(1592)二・三「ソノマワ yssacujit (イッサクジツ) マデワ アッタモノヲ」＊滑稽本・浮世風呂(1809-13)四・下「一昨日(イッサクジツ)は御深切さまに娘をおさそひ下さりまして」 発音〈標ア〉ク〈京ア〉ク 辞書 文明・日葡・〈ポン〉・言海 表記 一昨日(文・へ・言)

いっさく-しょう【一昨宵】(:セウ)『名』一昨日の宵。二日前の宵。＊文明本節用集(室町中)「一昨宵 イッサクセウ」 辞書 文明 表記 一昨宵(文)

いっさく-せき【一昨夕】『名』「いっさくゆう(一昨夕)」に同じ。＊明月記-治承四年(1180)九月一七日「亭主一昨夕聊所悩」＊文明本節用集(室町中)「一昨夕 イッサクセキ」 辞書 文明 表記 一昨夕(文)

いっさく-ちょう【一昨朝】(:テウ)『名』一昨日の朝。二日前の朝。おとといの朝。 発音 イッサクチョー〈標ア〉0ク 辞書 言海 表記 一昨朝(言)

いっさく-にち【一昨日】『名』「いっさくじつ(一昨日)」に同じ。＊捷解新語(1676)一〇「いっさくにちわ御いでなされ、ゆるゆる御意得、本望にぞんじ候」

いっさく-ねん【一昨年】『名』昨年の前年。二年前。おととし。＊安愚楽鍋(1871-72)〈仮名垣魯文〉二・下「一昨年(イッサクネン)大病以来西洋家に治療を受てからすこしづつ用ひて見たら」＊老年(1914)〈芥川龍之介〉「房さんと云って、一昨年、本卦返りをした老人である」 発音〈標ア〉0〈京ア〉0 辞書〈ポン〉・言海 表記 一昨年(へ・言)

いっさく-ばん【一昨晩】『名』一昨日の晩。おとといの晩。＊蔭凉軒日録-長享三年(1489)四月一九日「自二一昨晩一御不例、被レ得レ減」 発音〈標ア〉ク〈京ア〉0

いっさく-びき【一作引】『名』江戸時代の免税法。ひでり、水害、その他の災害によって農作物の損耗のはなはだしい田畑、または小屋掛け、材料置場などとなって作付けのできない田畑が、税吏の検査を受けてその年の年貢を免除されること。当引き。＊地方凡例録(1794)六「一作引と云は風水旱虫の難にて、立毛致二損毛一見分願出、見分の上皆無なれば、其年一ケ年引に立るを、一作引とも当引とも云」

いっさく-や【一昨夜】『名』一昨日の夜。おとといの夜。＊文明本節用集(室町中)「一昨夜 イッサクヤ」＊蔭凉軒日録-長享二年(1488)一一月一〇日「妙蔵永徳景雪就二一昨夜盗人之義一来訪」＊日葡辞書(1603-04)「Issacuya (イッサクヤ)。ヲトトイノ ヨ」＊吾輩は猫である(1905-06)〈夏目漱石〉二「一昨夜もちょいと合奏会をやりましてね」 発音〈標ア〉ク0〈京ア〉ク 辞書 文明・日葡・言海 表記 一昨夜(文・言)

いっさく-ゆう【一昨夕】(:ふゆ)『名』一昨日の夕。おとといの夕方。いっさくせき。 発音 イッサクユー

〈標ア〉0ク

いっ-さし【一指】〘名〙 猿楽において、手によって行なわれる一つの動作。物まねの一つの所作事。＊拾玉得花(1428)「舞袖の一指(イッサシ)、足踏(そくたふ)の一響(いっかう)にも、序破急あり」＊歌舞髄脳記(1456)「然れば則ち、一指に舞袖、一音之曲位」

いっ-さつ【一冊】〘名〙 本や帳面などの一綴り。また、そのもの。＊文明本節用集(室町中)「一冊 イッサツ 書亦一札」＊運歩色葉(1548)「一冊 本」＊小学読本(1873)〈田中義廉〉二「此人は既に、一冊の書物を求めて、隠しの内に入れたり」＊元史‐儒学伝二・宇文公諒「嘗挟二手記一冊、識二其編首一」 発音〈標ア〉(名詞的)ツ(副詞的)0〈京ア〉(名詞的)サ(副詞的)0 辞書 文明・天正・易林・日葡・書言 表記 一冊(文・天・易・書)

いっ-さつ【一札】〘名〙 一通の文書・書状・手紙。一筆。特に、証拠・支証となるべき文書・手紙。一通の証文、手形。＊上杉家文書‐永正一六年(1519)四月一九日・山吉政久安堵状(大日本古文書一・二二五)「鞘勝田者、小諸入道方一札無紛上、西光寺中付候」＊運歩色葉(1548)「一札 いっサツ」＊言経卿記‐天正一六年(1588)三月二二日「御児へ可レ来之由、芳春軒より一札有レ之間、則罷向」＊日葡辞書(1603-04)「Issat(イッサツ)〈訳〉一通の書状」＊御当家令条‐二一・京都町中諸法度・元和八年(1622)八月二〇日「於向後即時代銀をわたさす、証文取かはす事有之は、髄一札可取置事」＊浄瑠璃・博多小女郎波枕(1718)下「検非違使一札押開き、召人共に申開する趣」＊歌舞伎・韓人漢文手管始(唐人殺し)(1789)三「一、金子弐百両也。右の金子、屋敷へ持参次第、此一札を以て相違なく相渡し可申候所実正也」＊後漢書‐循吏伝序「一札十行、細書成レ文」 発音〈標ア〉(名詞的)ツ(副詞的)0〈京ア〉(名詞的)サ(副詞的)0 辞書 日葡・言海 表記 一札(言)

いっさつを入(い)れる 約束や謝罪の意などを明確にし、のちの証拠とするため、それを文書にして相手方にさし出す。＊道草(1915)〈夏目漱石〉九六「島田は当人の彼から一札(イッサツ)入れて貰ひたいと主張したので」＊ボロ家の春秋(1954)〈梅崎春生〉「『この家に関する一切の問題については不破氏と陳との間において解決す』との一札を入れて下さいました」

いっ-さつ【一刷】〘名〙 ①軽くぬぐうこと。＊薤露行(1905)〈夏目漱石〉二「『凶事か』と叫んで鏡の前に寄るとき、曇は一刷に晴れて」 ②一回目の印刷をすること。また、その印刷されたもの。 発音〈標ア〉0

いっ-さつ【一拶】〘名〙 ①(「拶」は強くふれる意)禅家で、禅者同士が出会うときに、ことばや動作で相手をためすこと。＊狂雲集(15C後)画虎「覿面当機誰一拶、寒毛卓竪老岩頭」＊青べか物語(1960)〈山本周五郎〉人はなんによって生くるか「私はなにか釣りに関することで話しかけられたのだと思った。〈略〉そんな深遠な人生問題、むしろ哲学的な命題について一拶をくらおうとは、夢にも思わなかったのである」 ②あいさつすること。また、そのあいさつ。＊永日小品(1909)〈夏目漱石〉クレイグ先生「先生は婆さんの一拶(イッサツ)には丸で頓着なく」 発音〈標ア〉ツ0

いっ-さつ【一撮】〘名〙 ①容量の単位で、一勺(いっしゃく)の十分の一。＊名語記(1275)一〇「いはゆる、一撮とをにたれば、一杪となづけ」＊文明本節用集(室町中)「一撮 いっサツ 米」＊日葡辞書(1603-04)「Issat(イッサツ)〈訳〉イッシャクの十分の一を単位とした計り方」 ②ひとつまみ。きわめて少量のこと。＊和泉久米田寺文書‐弘安三年(1280)四月日・和泉隆池院修復勧進牒(鎌倉遺文一八・一三九四六)「又聞一滴之力・一撮之志、終不二憑虚一、則於容二涓露於三宝之巨海一乎」＊日葡辞書(1603-04)「イチガウ issatmo(イッサツモ) サンニョウヲ トゲヨ〈訳〉極少の稲の量まで知らせよ」＊広益熟字典(1874)〈湯浅忠良〉「一撮 イッサツ スコシノコト」＊百一新論(1874)〈西周〉下「其小を語れば、一滴の水、一撮の土も」＊王起‐雨不破塊賦「不レ遺二一撮之小一、不レ爽二一旬之信一」 補注「和漢名数‐量名」に「圭 六粒之粟。撮 十圭為撮下倣之。抄。勺。合。升。斗。斛」とあり、これによれば、十撮が一抄、十抄が一勺で、一撮は一勺の百分の一となる。 辞書 文明・易林・日葡・書言 表記 一撮(文・易・書)

いっさつ-たしょう【一殺多生】〘名〙「いっせつたしょう(一殺多生)」に同じ。 発音 イッサツタショー〈標ア〉0

いっさつ-ど【一撮土】〘名〙 ひとつまみの土。きわめてわずかな土。＊童子問(1707)上・二五「猶下泰山之高。遠見二千里之外一。本起中一撮土之積上也」＊礼記‐中庸「今夫地一撮土之多、及二其広大一、載二華嶽一而不レ重、振二河海一而不レ洩」

いっ-さば・く【一捌】〘他カ四〙(「いっ」は接頭語)髪を解き乱す。＊史記抄(1477)一七・日者列伝「此の心は只髪をいっさばいたるわらうべも」＊日葡辞書(1603-04)「カミヲ issabaite(イッサバイテ) イル〈訳〉頭髪をばらばらにしている。ただし、これは上品な言い方ではないし、上(かみ)では用いられない。『カミヲ ウチミダイテ イル』という方がまさる」 辞書 日葡

いっさら〘副〙 方言 ❶少しも。まるで。山梨県461 北巨摩郡462 南巨摩郡465 長野県東筑摩郡480 南佐久郡493 ◇いっそら 山梨県452 長野県北安曇郡476 東筑摩郡480 ❷むしろ。山梨県455 長野県東筑摩郡480 ❸一斉に。◇いっそら 群馬県佐波郡242

いっさ-らくがん【一茶落雁】〘名〙 落雁の一つ。そら豆をいって粉にし、砂糖を加えて固めたもの。淡白な味で香味がある。長野県小布施の名物で、同地出身の俳人小林一茶の名にちなんだもの。 発音 イッサラクガン〈標ア〉ク

いっ-さりゅう【一簑笠】〘名〙 一つの簑笠(みのかさ)。簡略な旅装をいう。＊東京の三十年(1917)〈田山花袋〉出発の軍隊「その年の秋、私は一簑笠(イッサリフ)、一草鞋(いっさうあい)で、浜街道を水戸から仙台の方へと行った」

いっ-さん【一三】〘名〙 馬術で、乗っている馬の止め方。鞍(くら)と鐙(あぶみ)と手綱との三つの動作を一つにすること(弓張記)とも、上体をかがめて手綱を三度続けて引き締めて、馬を止めるやり方(日葡辞書)ともいう。＊小笠原流手綱之秘書(1450)「一さんの口の事。馬によりて乗べきなり。一へんにあるべからず。馬ごとに口伝あるべし」＊日葡辞書(1603-04)「Issan-uo(イッサンヲ) ノル〈訳〉そのやり方で馬を停止させること」 辞書 日葡

いっ-さん【一山】〘名〙 ①一つの山。また、その全体。いちざん。＊壒嚢鈔(1445-46)二「彼山は一山挙(こぞ)りて良玉也」＊補庵集(1464-67)扇面富士「聞説一山横二数州一、雲間積雪幾千秋」＊郭璞‐遊仙詩「緑蘿結二高林一、蒙籠蓋二一山一」 ②同一の境内にある本寺、末寺などすべてを含めた寺院の総称。本寺を中心にその域内にある小院、末寺等すべての寺院の集合体。全山。また、そこにいるすべての僧。＊今昔(1120頃か)一一・一二「一山の僧、皆、大師の返り在ましたる也けりと思て」＊太平記(14C後)八・山徒寄京都事「一山に名を知られたる者共也」＊浄瑠璃・義経千本桜(1747)四「隠し置くにおいては一山(いッさん)の滅亡此時に候也」 発音〈標ア〉イ〈京ア〉0 辞書 書言 表記 一山(書)

いっさん ばらりと ある寺院にいる僧のことごとく。また、一般に、全員でするさま。＊日葡辞書(1603-04)「Issan bararito(イッサン バラリト) デラレタ〈訳〉一人も残らず全員が出た。または外に行った」 辞書 日葡

いっ-さん【一散・逸散】〘名〙(「に」を伴って副詞的に用いられる場合が多い)①わき目もふらずに急ぐこと。急いで走ったり、馬を走らせたりすること。一目散。＊蘆名家記(1598頃)一・関柴合戦之事「関柴が城へ一さんに押し寄せ、攻落さんにはしかじ」＊日葡辞書(1603-04)「ウマヲ issanni(イッサンニ) カクル」＊仮名草子・尤双紙(1632)上・一六「をそき物のしなじな〈略〉ひきがへるの一さん。みろくの出世」＊書言字考節用集(1717)八「逸散 イッサン 奔馬所レ言」＊浄瑠璃・鑓の権三重帷子(1717)上「ハウッとかけたる声の内、一さんにかけ出す」＊浄瑠璃・仮名手本忠臣蔵(1748)五「逸散(イッサン)にくる手負猪(ておひじし)」＊くだもの(1901)〈正岡子規〉「時々後ろの方から牛が襲ふて来やしまひかと恐れて後振り向いて見ては又一散に食ひ入った」 ②事態が急に進むさま。＊土(1910)〈長塚節〉三「静かな室をぢりぢりと移って行く日が傾いたかと思ふと一散に落ちはじめた」 方言 ❶養蚕で一度に掃きたてること。群馬県多野郡246 ❷一緒にするさま。一度にするさま。新潟県佐渡352 東蒲原郡368 徳島県美馬郡054 高知県062 高知市867 語源説 (1)イチモクサン(一目参)の中略〔大言海〕。(2)風に散る木の葉や、塵埃のさまから言いはじめたか〔両京俚言考〕。 発音〈標ア〉サ 辞書 日葡・書言・〈ポン〉・言海 表記 逸散(書・言) 駄参(へ)

いっ-さん【一盞】〘名〙 ①一つのさかずきや皿。＊和漢朗詠(1018頃)上・冬夜「一盞の寒燈は雲外の夜、数盃の温酎は雪の中の春〈白居易〉」＊文明本節用集(室町中)「一盞 いっサン」＊暴夜物語(1875)〈永峰秀樹訳〉先翁並慶の伝「彼女は仍はち一盞に清水を満酌し」 ②一杯の水や酒。また、それを飲むこと。軽い飲酒。＊内裏式(833)一六日踏歌式「一盞之後吉野国栖於二儀鸞門外一奏二歌笛一」＊本朝無題詩(1162-64頃)三・六波羅蜜寺対月〈藤原明衡〉「一盞秋霜淳酒酌、数声白雪雅琴調」＊雑談集(1305)三・阿育大王事「一盞(サン)ばかり王にすすめ給ひけり」＊信心録(ヒイデスの導師)(1592)三・一四「Cruz ノ ウエ ニ ミヅ issan(イッサン) ヲ ノゾミ タマエドモ」＊杜甫‐撥悶詩「聞道雲安麹米春、纔傾二一盞一即醺レ人」 発音〈標ア〉0 辞書 色葉・文明・天正・饅頭・易林・日葡・書言 表記 一盞(色・文・天・饅・易・書)

いっ-さん【一粲】〘名〙 ①灯火の光り輝くさま。一燦。＊南游稿(1425頃)寒夜留客「一粲燈花照レ雪濃、相邀喜色動二簾櫳一」 ②(「粲」は白米の意から清く白いの意。転じて、白い歯を見せて笑うところから)ひと笑い。また笑いを誘う材料。一笑(いっしょう)。＊北条霞亭(1917-20)〈森鷗外〉一五四「このわらび音信山のつとなればおとづれ絶し人にみせばや。御一粲々々」 発音〈標ア〉0

いっさんに供(きょう)する 贈り物をしたり自作の詩文などを読ませたりすることをへりくだっていう。お笑いぐさにする。＊小説神髄(1885-86)〈坪内逍遥〉上・小説の変遷「彼の羅(ロー)マンスの類にすら其一通りは描き出して、世の一粲(いっサン)に供せしかど」

いっさんを博(はく)す 自作の詩文などが人に読まれることをけんそんしていう。お笑いぐさになる。見て喜んでもらう。＊即興詩人(1901)〈森鷗外訳〉小尼公「人々の一粲を博する料にもとおもひし迄なり」＊正岡子規(1908)〈夏目漱石〉「僕も詩や漢文を遣っていたので、大いに彼の一粲を博した」

いっ-さん【一算】〘名〙 ①算木を並べて一度占うこと。ひとうらない。＊言継卿記‐天文三年(1534)四月二七日「葉雪所へ罷向、一算申候、病之様不レ苦由申候」＊虎明本狂言・居杭(室町末‐近世初)「さらは一さんおきまらせう」＊読本・英草紙(1749)四・七「支干を問ひ、卦を設け、一算(イッサン)〈注〉ヒトウラナヒ)するに至って」 ②一回計算すること。また、一般に計算すること。 発音〈標ア〉0

いっ‐さん【一餐】〘名〙一度食べること。一度の食事。＊篁園全集(1844)三・雨雹行「縦是燮理非二其職一、一餐停レ箸思二窮民一」＊後漢書‐朱浮伝「匹夫媵母、尚能致二命一餐一」 発音〈標ア〉0

いっさん‐いちねい【一山一寧】⇨いちねい(一寧)

いっさんか‐たんそ【一酸化炭素】(イッサンクヮ)〘名〙酸素と炭素との化合物。化学式CO 無色無臭の気体。木炭、石油などの不完全燃焼によって発生し、有毒。酸素と化合して炭酸ガスになる。有機物の合成原料、都市ガス、還元剤などに用いる。＊英和和英地学字彙(1914)「Issankwatanso Carbon monoxide 一酸化炭素」＊プレオー8の夜明け(1970)〈古山高麗雄〉「住人はふえる一方だった〈略〉一酸化炭素が濃くなってくるのを感じるのだった」 発音〈標ア〉タ〈京ア〉タ

いっさんかたんそ‐ちゅうどく【一酸化炭素中毒】(イッサンクヮタンソ)〘名〙一定量以上の一酸化炭素を吸入したときに起こる中毒症状。酸素が血液に吸収されなくなり、窒息状態になる。頭痛、目まい、吐き気、全身の脱力感がおこり、意識が侵される前に、体の自由が利かなくなり、やがて意識不明となって、死に至ることもある。 発音イッサンカタンソチュードク〈標ア〉チュ

いっさんか‐ちっそ【一酸化窒素】(イッサンクヮ)〘名〙「さんかちっそ(酸化窒素)」に同じ。

いっさんか‐なまり【一酸化鉛】(イッサンクヮ)〘名〙「さんかなまり(酸化鉛)」に同じ。

いっさんか‐ぶつ【一酸化物】(イッサンクヮ)〘名〙酸化物のうち、一分子中に酸素原子一個をもつもの。一酸化硫黄、一酸化炭素、一酸化塩素など。＊稿本化学語彙(1900)〈桜井錠二・高松豊吉〉「Monoxide Monoxyd, n 一酸化物」 発音〈標ア〉カ

いっさんご‐ふろん【一三五不論】〘名〙(「一三五不論、二四六分明(にしろくぶんめい)」の形で使われる場合が多い) 漢詩作法の一つ。七言の近体詩における平仄(ひょうそく)の排列法で、第一字と第三字と第五字は平と仄のどちらにしてもかまわないが、第二字と第四字と第六字は必ず定まった平仄にしなくてはならないということ。＊詩法詳論‐巻上「一三五不レ論、詩句中第一字第三字第五字、或当レ用レ平而用レ仄亦可、或当レ用レ仄而用レ平亦可、不二必拘定一、二四六分明、詩句中第二字第四字第六字、当レ用レ平者一定用レ平、当レ用レ仄者、一定用レ仄、不レ可二移易一」

いっさん‐ばしり【一散走・逸散走】〘名〙わき目もふらず全速力で走ること。＊浄瑠璃・仮名写安土問答(1780)「玄番が髑(かたさき)見返る手裏劔。てうど打ち捨て逸散(イッサン)走り」＊いさなとり(1891)〈幸田露伴〉四「呼べば答へて此方(こなた)へ一散走(イッサンバシリ)」＊門三味線(1895)〈斎藤緑雨〉一六「今にも殺される気で一散走(いっサンバシ)り」 発音〈標ア〉バ〈京ア〉バ

いっさん‐ばらり〘形動〙方言❶ものを粗末にして、ちりぢりにすること。岐阜県飛騨502 ❷一時限り。わずかに用だつこと。石川県金沢市404

いっさん‐ばらりこ〘感動〙(「いっさん(一山)ばらりと」の変化した語) 子供の遊びのかけ声。また、その遊び。電柱などの陣につかまっている子供たちに向かって、鬼になった子供が「いっさんばらりこ、出ると鬼(または、出ないと鬼)」と叫んだとき、「出ると鬼」で陣を出てしまった者、または、「出ないと鬼」で陣を出たが、他の決められた陣へ移れなかった者が次の鬼となる。 発音〈標ア〉イ＝リ

いっ‐さんまい【一三昧】〘名〙①(形動) 仏語。雑念を去り一心に修行すること。また、そのさま。＊雑俳・柳多留‐一九(1784)「この頃はいっさんまいと珠数を見せ」＊黄表紙・年寄之冷水曾我(1793)「後生一さんまいのぢぢい達」＊諺苑(1797)「一三昧(イッサンマイ)」＊歌舞伎・曾我綉俠御所染(御所五郎蔵)(1864)六幕「元はただの人ぢゃあねえが、今ぢゃあ後生いっ三昧(サンマイ)に、打って変って仏のやうだ」②(形動) ほかのことにかまわず、もっぱらそのことにだけ心を尽くすこと。いちずであること。また、そのさま。＊北条五代記(1641)三・北条氏康と上杉憲政一戦の事「若君様御誕生以来に、猶以て忠臣一三昧に仰ぎ奉る」＊滑稽本・八笑人(1820‐49)四・下「此の質兵衛はただ商売一(いッ)三まい、外事は一向なにも知らぬ文盲おやぢ」＊真景累ケ淵(1869頃)〈三遊亭円朝〉二三「大雨に雷鳴ゆゑ、新吉は怖い一三昧(イッサンマイ)」＊伊蘇普物語(1873)〈渡部温訳〉三・六「唯我独(イッサンマイ)に樹の上へかけ上る」③(副詞的に用いて) 全部。すべて。＊滑稽本・大わらい臍の西国(1861‐64頃)後家のひとりごと「古手屋の八兵衛さんは、着類だけは一さんまい贈るがいやかのと言うてぢゃ」 方言❶専念すること。また、そのさま。専ら。全く。岩手県気仙郡102 新潟県東蒲原郡368 ◇いっさんめ 新潟県佐渡352 ◇いっさん 新潟県東蒲原郡368 ❷突然。一斉に。◇いっさんとも。神奈川県314 ❸全部。すっかり。ことごとく。新潟県佐渡352 奈良県678 島根県八東郡725 愛媛県840 長崎県対馬913 ◇いっさんがい 徳島県811 ❹急にこしらえること。急に用意すること。島根県美濃郡・益田市725 発音〈標ア〉サ 辞書言海 表記一三昧(言)

いっ‐し【言―】〘連語〙(「いひし」の変化した語。「し」は過去の助動詞「き」の連体形) 言った。＊光悦本謡曲・熊野(1505頃)「誰かいっし春の色、実(げに)長閑(のどか)なる東山」＊浄瑠璃・傾城八花形(1703)一「然る折節家臣正木葛の丞末長といっし者、妻女諸共供廻り」 辞書和玉 表記言(玉)

いっ‐し【一士】〘名〙自衛官の階級で、一等陸士(海士・空士)をいう。旧軍隊の一等兵に相当する。＊草のつるぎ(1973)〈野呂邦暢〉一「窓ぎわに犬丸一士がたたずんでぼくをみつめている」 発音〈標ア〉イ

いっ‐し【一子】〘名〙①自分の子供ひとり。ひとりの子供。また、ひとり子。＊延喜式(927)一八・式部「凡臨時恩叙、若正六位上廻叙二一子一者、叙二嫡子一」＊雑談集(1305)九・万物精霊事「唐の泉州に厳恭と云ふ者ありけり、親に只一子也」＊太平記(14C後)二・長崎新左衛門尉意見事「是は日野中納言の一子にて候が」＊浮世草子・傾城色三味線(1701)京・二「御親子の中と云、ことに御一子ときけば」＊漢書‐賈山伝「九十者一子不レ事」②囲碁で、一つの石。＊格子新譜「蠖堂受二一子一、勝二西疇一、凡八十七著。西疇布二一子一、天下無レ敵、平生自誇」 発音〈標ア〉イ〈京ア〉0／ッ 辞書日葡・ヘボン・言海 表記一子(へ・言)

いっし＝出家(しゅっけ)[＝成道(じょうどう)]すれば＝九族(きゅうぞく)天(てん)に生(しょう)ず[＝七世(しちせい)の父母(ふぼ)成仏(じょうぶつ)す] 子が一人出家すれば、その功徳で高祖父から玄孫に至る九代(または、七代の先祖)まで天に生まれる(または、成仏する)ことができる。仏家で、出家の功徳を説いたもの。九族については、父の族四、母の族三、妻の族二とする説もある。＊源平盛衰記(14C前)四〇・中将入道入水事「出家の功徳は莫大なれば〈略〉一子(いっシ)出家(シュッケ)すれば七世の父母(フモ)皆(ミナ)得脱(トクダツ)すとも明せり」＊大観本謡曲・高野物狂(1423頃)「この生にこの身を浮かめずは、いつの時をか頼むべき。然るに一子出家すれば、七世の父母成仏すといへり」＊通俗編‐釈道「一子成レ道、九族生レ天、見二元曲選貨郎担劇一」

いっ‐し【一支】〘名〙①一本の手足。一肢。＊顔氏家訓‐勉学「毎レ折二一支一、辞色愈励」②一すじ。一本。＊山陽詩鈔(1833)八・尼崎僦舟入坂「風顫二蘆花一乱二櫓声一、一支寒港半時程」＊李端‐送鄭宥入蜀詩「剣門千転尽、巴水一支長」 発音〈標ア〉イ

いっ‐し【一矢】〘名〙一本の矢。＊珍太郎日記(1921)〈佐々木邦〉三「今日も直ぐに長い切先の頗る鋭い一矢(いっシ)を放った」＊易経‐旅卦「射レ雉一矢亡、終以誉命」 発音〈標ア〉イ〈京ア〉0

いっしを報(むく)いる 敵に対して、矢を一本効果的に射返す。反撃する。転じて、相手の攻撃・論難に対して、少しでも反撃・反論する。やり返す。＊自転車日記(1903)〈夏目漱石〉「罵られたる余は一矢酬ゆる筈であるが」＊明治大正見聞史(1926)〈生方敏郎〉維新当時の滑稽外交・六「薩長の聯合軍に一矢を酬ゆる事もなく降参したのは、全く江戸ッ子の面目まる潰れであった」

いっ‐し【一死】〘名〙①一度死ぬこと。死ぬことを強めていう。＊正法眼蔵(1231‐53)発無上心「彼一念は一草一木と同じかるべし。一生一死なるがゆゑに」＊日葡辞書(1603‐04)「Ixxi(イッシ) サイクヮッ セズ〈訳〉いったん死んだものは、当然ながら生きかえらない」＊江戸繁昌記(1832‐36)三・俠客「一たび沸して拳揚る、早く身を把て地に偃(ふ)し、背を把て天に朝す。昏暈一死、息甦して事就る」＊二人比丘尼色懺悔(1889)〈尾崎紅葉〉自害「一死(イッシ)と覚悟は極めながら」＊漢書‐司馬遷伝「人固有二一死一、死有レ重二於太山一、或軽二於鴻毛一」②囲碁で石が死ぬこと。＊菅家文草(900頃)一・観王度囲碁献呈人「一死一生争レ道頻、手談厭却口談人」③野球で、アウトの数がひとつのこと。ワンアウト。 発音〈標ア〉イ〈京ア〉ッ 辞書日葡

いっし一生(いっせい)すなわち交情(こうじょう)を知(し)る (中国、前漢の時代、翟(てき)公が、一時官をやめ、のち復職したが、その時その時によって人の態度の異なるのを見て、門前に「一死一生乃知二交情一、一貧一富乃知二交態一、一貴一賤交情乃見」と書きつけたという「史記‐汲鄭伝賛」の一節) 人は人生の転変によって、人情の表裏を知るものである。

いっ‐し【一糸】〘名〙①一本の糸。また一本の糸状のもの。＊梅花無尽蔵(1492‐1501頃)三下・屏風画賛「日釣三千六百湾、風声不レ度一糸閑」＊日葡辞書(1603‐04)「Ixxi(イッシ)。イト ヒトスヂ」＊葉適‐贈勝上人詩「遣レ臘氷千筋、勾レ春柳一糸」②わずかなことのたとえ。③長さ、重さの単位で、一毛の十分の一。 発音〈標ア〉イ〈京ア〉0 辞書日葡

いっし挂(か)けず ①足手まといのわずらいが少しもない。＊蘇軾‐贈虔州慈雲寺鑑老詩「偏界難レ蔵真薄相、一糸不レ挂且逢場」②「いっし(一糸)(も)まとわず」に同じ。＊龍潭譚(1896)〈泉鏡花〉五位鷺「うつくしく髪結うたる女の、身に一糸もかけで」＊黒い眼と茶色の目(1914)〈徳富蘆花〉三・五「湯上りの一糸(イッシ)をかけぬ赤裸で通ったのと云ふ様な如何はしい噂は」

いっし乱(みだ)れず 秩序正しく整然としているさまをいう。＊思ひ出す事など(1910‐11)〈夏目漱石〉七「科学の法則を、想像だも及ばざる昔に引張れば、一糸も乱れぬ普遍の理で、山は山となり、水は水となったものには違いなからうが」＊山吹(1944)〈室生犀星〉六「白い道路はどこまでも白砂であり、清らかな一糸乱れぬまま皓として続いた」＊セルロイドの塔(1959)〈三浦朱門〉八「何もかも整然として、一糸乱れず動いているので」

いっし(も)＝まとわず[＝つけない] 何も身につけない。すっぱだか。一糸(いっし)かけず。＊或る女(1919)〈有島武郎〉前・一五「筋くれ立った厚みのある毛胸に一糸もつけない大男」＊浅草紅団(1929‐30)〈川端康成〉三八「靴下をはいただけ、あとは一糸(シ)まとはぬ人魚の群―が、女学校の運動会のマス・ゲエムの写真」

いっ‐し【一志】〘名〙一つの志。ただいちずに志すこと。また、志を同じくすること。＊正法眼蔵(1231‐53)行持上「壮齢耄及をかへりみることなかれ、学道究弁を一志すべし、脇尊者に斉肩なるべきなり」＊円照

上人行状(1302)「唐招提寺和上証玄上人者、累年一志之親厚也」＊西国立志編(1870-71)〈中村正直訳〉一・一一「人一志を以て万事を為得べし」

いっ‐し【一枝】〘名〙①一本の枝。ひとえだ。＊菅家文草(900頃)一・奉和王大夫賀対策及第之作「莫レ道成功能管領、一枝蠹桂謝二家君一」＊謡曲・芭蕉(1470頃)「しかれば一枝の花を捧げ、み法の色を現はすや、一花開けて四方の春」＊日葡辞書(1603-04)「Ixxi(イッシ)。ヒトエダ」＊白居易‐長恨歌「玉容寂寞涙闌干、梨花一枝春帯レ雨」②細長いもの一本。＊狂雲集(15C後)尺八「一枝尺八恨難レ任、吹入二胡笳塞上吟一」＊書言字考節用集(1717)一〇「一枝 イッシ 一管。一本。並仝。筆数二枝為二一対。又箭一本曰二一枝一」＊西国立志編(1870-71)〈中村正直訳〉七・四「銀条一枝を抱きて舟に登り来れり」③一つの系統。＊寛永刊本江湖集鈔(1633)三「六祖以来一枝の仏法相伝して不レ断也」④銭百文のこと。＊蔗軒日録‐文明一六年(1484)一〇月二日「瞽者辞去。付二一枝一」＊延宝八年合類節用集(1680)七「一枝(シ) 又一指同、銭百文曰二一枝一」 発音〈標ア〉イ〈京ア〉イ 辞書文明・日葡・書言 表記一枝(文・書)

いっ‐し【一指】〘名〙一本の指。また、同じ指。＊菅家文草(900頃)七・秋湖賦「物无二二理一、義同二一指一」＊正法眼蔵(1231-53)偏参「倶胝唯豎二一指一は偏参なり」＊日葡辞書(1603-04)「Ixxi(イッシ)。ヒトツノユビ」＊浄瑠璃・一谷嫩軍記(1751)三「南面の嫩(ふたば)、一枝(いっし)をきらば一指を切るべし」＊荘子‐斉物論「天地一指也、万物一馬也」 発音〈標ア〉イ〈京ア〉イ 辞書日葡

いっしを染(そ)める ちょっと関係する。ほんの少し手を出す。＊藤十郎の恋(1919)〈菊池寛〉「不義非道な色事には、一指をだに染めることをしなかった」＊樅の木と薔薇(1947)〈竹山道雄〉三「われらはこれに対して一指を染めることもできない」

いっしを触(ふ)れる ほんの少しの影響を与える。＊邪宗門(1918)〈芥川龍之介〉三一「たとひその方の幻術がよく鬼神を駆り使ふとも、護法の加護ある老衲(らうとつ)には一指(シ)を触るる事すらよも出来まい」＊ブウランジェ将軍の悲劇(1935-36)〈大仏次郎〉鐵の人・五「この果敢なコンスタンも、まだ、ブウランジェ将軍には一指を触れ得ない」

いっ‐し【一時】〘名〙ごく短い時間。たちまち。いちじ。＊ロドリゲス日本大文典(1604-08)「メイヨウヲチヤスシ、アキ ixxi(イッシ)」＊浮世草子・近代艶隠者(1686)四・一「自己の心性一吃(イッシ)に識得する」

いっ‐し【一紙】〘名〙①一枚の紙、または文書。＊正倉院文書‐天平勝宝二年(750)五月二六日・造東大寺司移(大日本古文書三)「肆拾玖紙左衛士 一紙紀伊国 一紙下野国」＊平家(13C前)一・内裏炎上「一紙一句をもって三塔三千の憤をやすめ」＊筑波問答(1357-72頃)「上手は一紙の物を見ても、やがて用に立ち侍るなり」＊日葡辞書(1603-04)「Ixxiuo(イッシヲ) トル、または、ダス〈訳〉証拠書としてこの文書を取る、または、与える」＊晉書‐劉弘伝「得二劉公一紙書一、賢二於十部従事一」②同じ紙。＊延喜式(927)一一・太政官「凡少掾転二大掾一、少目転二大目一之類、籤符連二修一紙一」③隔たりの小さいさま。紙一重の差。また、ごくわずかなさま。＊中華若木詩抄(1520頃)下「特更洞庭湖は名湖なれば、すみちぎりて一片の烟もなく、水と天との間に、一紙ほどのへだてもなければ」＊新浦島(1895)〈幸田露伴〉一一「仏魔は一紙、提婆達多は天王如来、魔より仙に入るは手間暇入らじ」 発音〈標ア〉イ 辞書文明・日葡・言海 表記一紙(文・言)

いっし三紙(さんし)の礼(らい) ⇨親見出し

いっ‐し【一視】〘名〙①一目見ること。＊花柳春話(1878-79)〈織田純一郎訳〉一九「マルツラバースを一視して、未だ答へず」②差別をしないで、どんな人でも同じように見ること。同一視。→一視同仁(いっしどうじん)。＊日誌字解(1869)〈岩崎茂実〉「一視 イッシ ヒトメニミル」＊韓愈‐原人「聖人一視而同仁、篤レ近而挙レ遠」 発音〈標ア〉イ

いっ‐し【逸士】〘名〙世俗を離れてひっそりと暮らす人。隠者。＊続日本紀‐天平宝字二年(758)八月庚子「天下諸国隠二於山林一清行逸士十年已上、皆令二得度一」＊俳諧・玉海集(1656)序「華洛に跡をとどむる事久しく、市に隠たるの逸士也」＊潘岳‐西征賦「悟二山潜之逸士、卓長往而不レ反、陋二吾人之拘攣、飄浮而蓬転一」

いっ‐し【逸史】㊀〘名〙正史には書かれていない史実。また、それを記録した歴史。㊁江戸中期の史書。大坂の儒者中井竹山の著。一三巻。天明年間(一七八一～八九)に成立。徳川家の歴史、家康の業績などを論述したもの。 発音〈標ア〉0イ

いっ‐し【逸思】〘名〙俗を離れた思想。また、すぐれた思想。＊詩序集(1133頃)葉飛水上紅詩序〈惟宗孝貞〉「前賀州員外刺史者、豪貴之芳種、学馭之逸思也」＊魚玄機(1915)〈森鷗外〉「道家の逸思(イッシ)が殆無いのを見て」＊徐陵‐玉台新詠序「天精開朗、逸思彫華、妙二解文章、尤工二詩賦一」

いっ‐し【逸詩・軼詩】〘名〙元来は、詩経に採録されていない古詩。転じて、詩集に載せられずに散逸した詩。＊史記抄(1477)一一・老子伯夷列伝「軼詩は逸詩也。三百篇之外を逸詩と云ぞ」＊詩学逢原(1763)上「三百篇に載たる詩、又は逸詩にても、或は二句三句四句六句、其入るべき所を抜出し、これを賦す」＊史記‐伯夷伝「余悲二伯夷之意、覩二軼詩一可レ異焉」

いっ‐し【縊死】〘名〙「いし(縊死)」に同じ。＊新令字解(1868)〈荻田嘯〉「縊死 イッシ クビククリシス」

いつ‐じ【佚事】〘名〙①「いつじ(逸事)」に同じ。＊王世貞‐芸苑卮言・四「勝国之敗材、乃興邦之隆幹、熙朝之佚事、即衰世之危端」②気軽で楽しいこと。＊山鹿語類(1665)二一・先生子弟の警戒「凡そ佚事には則ち人を先にし、労事には則ち自ら先んず」 発音〈標ア〉0イ

いつ‐じ【逸字】〘名〙①あるべき字が抜けていること。また、その字。脱字。＊新撰字解(1872)〈中村守男〉「逸字 イツジ ラクジ」＊改正増補和英語林集成(1886)「Itsuji イツジ 逸字」＊晁補之‐胡戢秀才効欧陽公集古詩「詔卑三千金訪二遺逸、遺文逸字往往出」②すぐれた字。＊宣和書譜「劉正夫喜二書法、多作二行書、云云、晩年間作二逸字、独蔵二于家一」 補注①の意で、「名物六帖‐人事箋」に「逸字 ラクジ 通鑑斉紀注 当レ有二逸字一」とある。

いつ‐じ【逸事・軼事】〘名〙世に知られていない、かくれた事実・事柄。正史・正伝にはないが、話題になる事実。＊史記抄(1477)一七・大宛列伝「昔斉には、かかる人があったと云出て、淳于髠が逸事を記したぞ」＊星巌集‐閏集(1841)蓮塘集・読宋金元明清諸家集各書後「野史有レ亭伝二逸事、纍臣無三策復二中州一」＊思出の記(1900-01)〈徳富蘆花〉六・一五「伯父は逸事の多い人」＊吾輩は猫である(1905-06)〈夏目漱石〉五「芋坂で団子を幾皿食ったか其辺の逸事は探偵の必要もなし」＊史記‐管晏伝「至二其書、世多有レ之、是以不レ論、論二其軼事一」 発音〈標ア〉0

いっし‐いちごう【一糸一毫】〘名〙(「一糸」「一毫」ともに分量を表わす語)きわめてわずかな分量。きわめてわずかなこと。 発音〈標ア〉0イ〈京ア〉0／イ

いっし‐いっちょう【一弛一張】〘名〙(「弛」は弦をゆるめ、「張」は弦を張ること)「いっちょういっし(一張一弛)」に同じ。＊現代金権史(1908)〈山路愛山〉財力の所在と権力の所在・一一「明治二十五年までは不景気の世界なりしも、世は一弛一張の数理に漏れず、明治二十六年頃より世間の景気も直り」

いつ‐しか【何時─】㊀〘副〙(代名詞「いつ」に、間投助詞「し」および係助詞「か」が付いてできたもの)①(「いつしかと」の形で用いることが多い)「いつ…する(できる)だろうか」という気持から、ある物事の実現を待ち望む気持を表わす。いつかいつかと。すぐにでも。早く。＊続日本紀‐天応元年(781)二月一七日・宣命「伊都之可(イツシカ)病止(い)えて参り入りき、朕が心も慰めまさむと」＊万葉(8C後)一七・三九六二「夕されば 床うち払ひ ぬばたまの 黒髪敷きて 伊都之加(イツシカ)と 嘆かすらむそ〈大伴家持〉」＊土左(935頃)承平五年一月一六日「ただ海に波なくして、いつしか御崎といふ所わたらんとのみなん思ふ」＊宇治拾遺(1221頃)九・五「明けぬれば、いつしかと待ちゐたる程に」②ある物事が気づかないうちに、または予想以上に早く実現したさま、時の経過の不明なことを表わす。いつのまにか。早くも。＊蜻蛉(974頃)下・天祿三年「うぐひす許ぞいつしか音したるを、あはれと聞く」＊源氏(1001-14頃)末摘花「日の、いとうららかなるに、いつしかと霞みわたれる梢どもの」＊平家(13C前)一・文之沙汰「人のかく言ふにおごって、いつしか世を我がままにしたるにこそ」＊とはずがたり(14C前)一「春のはじめには、いつしかまゐりつる神のやしろも、今年はかなはぬ事なれば」＊幸若・大臣(室町末‐近世初)「昨日まではいやしくも、苔丸とよばれ給ひしが、けふはいつしか引かへて、七千余騎を引ぐして都へのぼり」＊唱歌・蛍の光(1881)「いつしか年も、すぎのとを、あけてぞけさは、わかれゆく」③過去および未来の事がらに関して、その事のあった、または、ある時が特定できないことを表わす。いつであったか。そのうちいつか。＊千載(1187)恋一・六四三「おもふよりいつしかぬるるたもとかな涙ぞ恋のしるべなりける〈後二条関白家筑前〉」＊読本・英草紙(1749)一・二「思ふに早晩(イツシカ)魚腹に葬りなん」＊小説神髄(1885-86)〈坪内逍遙〉上・小説の裨益「よし小説を読まざるとも、早晩(イツシカ)其念起りつべし」④(下に打消を伴って用いる。近世の用法)いつまでたっても。いつになっても。＊咄本・諺臍の宿替(19C中)一〇「サアサアそれを両方から、あからさまにいふてゐましては、いつしか話しになるためしはござりませぬよって」㊁〘形動〙時期があまりにも早いさま。早すぎること。＊浜松中納言(11C中)二「さりける事のありけるよと、聞かれん事もいつしかに侍り」＊平家(13C前)一・額打論「鳥羽院五歳、近衛院三歳にて践祚(せんそ)あり。かれをこそいつしかなりと申ししに、是は二歳にならせ給ふ」＊平家(13C前)四・厳島御幸「新帝今年三歳、あはれ、いつしかなる譲位かなと、時の人々申しあはれけり」 語誌(1)上代での原義「いつになったら実現するだろう」という推量的自問は、強意の「し」によって、実現を強く待ち望む気持、「早く実現してほしい」「早く実現したい」という願望をも表わすようになる。中古には、事態の完了について使用され、②のように事態の実現が予想以上に早く、気づく間もなかったことを表わすことが多くなり、やがて形容動詞の用法が派生した。(2)一方、「いつになったら」の意味を明確に打ち出す際には「いつとか」が用いられ、時の経過がそれと意識されないような場合の「いつのまにやら」の意味を明確に表わす際には「いつのまに」が用いられた。そして、「いつしか」は「し」の強意性が弱まって、中世ごろから近世、近代に至るまで、③のような単に過去・未来の出来事の不定を表わすようになる。 発音〈標ア〉イ〈ア史〉江戸○●○○〈京ア〉ツ 辞書色葉・文明・伊京・明応・天正・饅頭・黒本・日葡・書言・ヘボン・言海 表記何鹿(文・伊・明・天・饅・黒)早晩(色)何(文)射然(書)何時(ヘ)

いつしか‐も (副詞「いつしか」に、係助詞「も」のついたもの)いつか早く。＊万葉(8C後)一五・三六三一「伊都之可母(イツシカモ)見むと思ひし粟島をよそにや恋ひむ行くよしを無み〈作者未詳〉」＊宇津保(970-999頃)蔵開下「こども廿人にかかりてもて侍れど〈略〉いつしかも人々しくなり、おもだたしきめ

をも見給へとこそ思ひたてまつりしか」＊源氏(1001-14頃)若紫「手に摘みていつしかも見む紫のねにかよひける野辺の若草」＊拾遺(1005-07頃か)雑恋・一二二九「いつしかもつくまの祭早せなんつれなき人の鍋の数見む〈よみ人しらず〉」 発音〈標ア〉イ

いっ-しき【一色・一式】〔名〕①ほかの色をまじえない一つの色。また、同じ色。ひといろ。いっしょく。＊山槐記-永暦二年(1161)四月二五日「小袴者、ふくさ紫に染たる一色令レ着也」＊申楽談儀(1430)序「炭焼の能に、麻(を)の附髪(つけがみ)、いただきに折り返して結いて、今増阿着る尉(ぜう)の面を、一色に彩色(さいす)き」＊ロドリゲス日本大文典(1604-08)「Ixxiquini (イッシキニ) ソムル」＊俳諧・毛吹草(1638)六「紅葉する山は一しき二しき哉〈忠也〉」＊読本・椿説弓張月(1807-11)前・一二回「この処の眺望、蒼海は天と一色(イッシキ)にして」②一つの物事。一つの種類。一種類。また、同じ種類。同種類。一品(ひとしな)。＊霊異記(810-824)中・五「彼(そ)の衆人皆一色の容(かたち)を作(な)す」＊拾玉得花(1428)「是、妙、花、面白、三也と云へども一色(シキ)にて、又上、中、下の差別(しゃべつ)あり」＊日葡辞書(1603-04)「Ixxiqi (イッシキ)。ヒトツノ イロ〈訳〉事物の一種類」＊仮名草子・浮世物語(1665頃)三・一二「或者座敷を建てて絵を描かする。白鷺(しらさぎ)の一色(シキ)を望む」＊集義外書(1709)三「日本の儒者といふものは六芸をもしらず、ただ文学に長じて故事をおぼゆるのみ也。しかれども此一色は重し、士君子の人情・時変をかんがへて、国家の政道をとるべきことここにあり」＊浄瑠璃・鑓の権三重帷子(1717)下「嫁入(よめり)の時の諸道具を一色も散らさず」③「いっしきでん(一色田)」の略。④(現在は「一式」と表記する)鎧(よろい)や道具のひとそろい。一支具。一縮。転じて、ある物事のすべて。＊延慶本平家(1309-10)一本・延暦寺与興福寺額立論事「黒革威の大荒目の鎧草摺長なる一色ささめかして」＊かた言(1650)二「物を都而(すべて)いふやうの時に、一支具(いっしく)といふべきを一(イッ)しきと云るは如何。但ひとつ色なるといふ心にて云るにや」＊浄瑠璃・鑓の権三重帷子(1717)下「小袖箪笥・挟箱・葛籠・長持、其の外嫁入道具一色積みかさね」＊二人女房(1891)〈尾崎紅葉〉中・七「夫(をっと)一式(シキ)の世話は女房の役目である」⑤ひとりだけで何かを行なうこと。また、自分ひとりだけの物事。＊大徳寺黄梅院文書-天正一一年(1583)二月五日・中村六郎左衛門尉田地売券「此田地者一色也」＊日葡辞書(1603-04)「Ixxiqini (イッシキニ) トコロヲ シル〈訳〉ただひとりで、ある場所を治める」⑥(一式) ある物事に偏ること。一方。＊雑俳・柳多留-一一(1776)「葉桜は呑む一式のやから出る」＊明暗(1916)〈夏目漱石〉一二〇「それを此所で真面目一式(イッシキ)な文句に転倒するものがあるとすれば其作者はお秀であった」⑦華道で、一種類の草木をいけること。＊立花大全(1683)一「松の一色(イッシキ)ばかり、外の色どりすくなければ、まげて苔かれ松をつかふべきといへば」＊歌舞伎・幼稚子敵討(1753)六「生花といふものは取合(とりあはせ)が大事じゃ。惣体一色といふ物を、事を知らねば挿(さ)さぬ物じゃ」⑧仏語。相対立した差別を超越して同一であること。＊正法眼蔵(1231-53)渓声山色「これ一色の正修行なり」 語誌 (1)関連するいくつかの事物を同一のものとしてとらえ取り扱う意を表わす②の用法を持つところから、武具甲冑の一揃いをいう「いっしゅく(一縮)」の転「いっしく(一支具と表記される)」と混同されて生じたのが④の用法だと考えられる。(2)近世以降見られる⑥の用法がもっぱら「一式」の表記を取るのは、「皆式(かいしき)」「合式(がっしき)」などの語と同じ「『一(専一)』なる『式(ありさま・ようす)』」の構成を持つ語と解釈されたためか。 方言 ❶すべて。京都†112 ◇いっしく 岡山市762 ❷辺り一面。岩手県気仙郡100 ❸ひたすら。それればかり。岩手県九戸郡088 新潟県佐渡352 岩船郡366 岐阜県飛騨502 ◇いしき 山口県大島801 ❹いつも。常に。岩手県九戸郡088 秋田県130 ◇いっしき 青森県南部084 ◇いっしく 広島県大崎上島771 ◇いっしゅく 滋賀県甲賀郡606 発音〈標ア〉(名詞的)キ0(副詞的)0〈京ア〉(名詞的)0(副詞的)シ 辞書 易林・日葡・書言・言海 表記 一色(易・書) 一式(言)

いっしき の 立華(りっか) 華道用語。一種類の花材で生ける立華。

いっしき【一色】 姓氏の一つ。

いっしき-なおとも【一色直朝】 室町最末期の武家歌人。三河国吉良庄の一色氏支流、直頼の子。古河公方足利晴氏・義氏に仕えた。家集「桂林集」とその自注「桂林集注」、随筆「月庵酔醒記」の著がある。生没年不詳。

いっしき-のりうじ【一色範氏】 南北朝時代の武将。公深の子。建武三年(一三三六)足利尊氏に従って九州へ下り、南朝方と戦った。初代の九州探題。のち上洛して隠退した。法名大興寺古峯道猷。生没年不詳。

いっ-しき【一職】〔名〕遺領、遺産のこと。室町後期以後用いられた。知行人がなくなって、あとに残った所領を相続の対象としてみる時の称。一跡(いっせき)。跡職(あとしき)。跡目(あとめ)。＊玄以法印下知状集-天正一一年(1583)八月二〇日「当郷之儀。親王様御料所一職付。夫役并諸役等之儀相除之条」＊小早川家文書-天正一三年(1585)六月一八日・羽柴秀吉書状(大日本古文書一・五五一)「長曾我部人質相返候上、伊予国一職に其方進レ之候」

いっしき-いっこう【一色一香】〔名〕一つの色・かたちと一つの香り。感覚・意識の対象を代表させていう。また、「いっしきいっこう(一色一香)無非中道(むひちゅうどう)」の略。＊本朝無題詩(1162-64頃)八・遊長楽寺〈惟宗孝言〉「非レ空非レ有上方露、一色一香中道歌」＊真如観(鎌倉初)「一色(シキ)一香(カウ)は、草木瓦礫、山河大地、大海虚空等の一切非情の類なり」＊太平記(14C後)一七・山門牒送南都事「誰か〈略〉鑽仰(さんぎゃう)の嶺(みね)に攀(よぢ)て一色(シキ)一香の花を折らん」

いっしきいっこう 無非中道(むひちゅうどう) 仏語。一つの色・かたち、一つの香りとして、中道にかなっていないものはないということ。存在するものは、どんなものでもそのままで真理を具現しているとする天台宗の考えを表わすことば。＊往生要集(984-985)大文四「一切諸法本来寂静。非レ有非レ無。非レ常非レ断。不レ生不レ滅。不レ垢不レ浄。一色一香無レ非二中道一」＊栄花(1028-92頃)玉のうてな「一色一香中道にあらずといふ事なし」＊摩訶止観-一上「繋二縁法界一一念二法界一。一色一香無レ非二中道一。己界及仏界衆生界亦然」

いっしき-うけおい【一式請負】〔名〕請負契約の一つ。土木、建築などの工事で、それに付随するいっさいを包括して請負うもの。発音〈標ア〉ウケ

いっしき-しんだい【一色進退・一式進退】〔名〕中世知行制において、ある特定の所領を一人で進止(思うままに支配)すること。一向進止。＊政基公旅引付-文亀二年(1502)九月一三日「然而破二其儀一而如二以往一毎年実検之地に可二相定一者、可レ為二一色進退之地一也」＊蒲生文書-二・永禄九年(1566)七月二日・富小路任照等副状「迫領内公方米之事。梶井宮雖レ為二御先祖相伝之御知行一、依レ有二直要用一〈略〉悉被二売渡一儀実正也。然上者、迫領内一色進退に永可レ被二知行一候」＊天正本節用集(1590)「一式進退 イッシキシンダイ」＊説経節・をぐり(御物絵巻)(17C中)一五「御おんのつまに、めんずると、みののくに、十八かうりを、いっしきしんたい、そうまんどころを、きみのちゃうどのに、たまはるなり」 辞書 文明・天正 表記 一式進退(文・天)

いっしき-ち【一色地】〔名〕「いっしきでん(一色田)」に同じ。

いっしき-でん【一色田】〔名〕(「一色」は一種類の意) 荘園内で、年貢だけを朝廷、幕府または領主に負担して、公事などの負担を免除される田地。一色地。一色不輪田。一色不輪領。＊金沢文庫古文書-嘉暦四年(1329)五月日・加賀国軽海郷田数得分等注文(七・五三六五)「一色田三十二町九反五代、所当銭二百十三貫九百十五文」

いっしき-びゃくしょう【一色百姓】〔名〕一色田(いっしきでん)を小作する百姓。

いっしき-ふゆでん【一色不輪田】〔名〕(「不輪」は田租免除の意)「いっしきでん(一色田)」に同じ。

いっしき-べちのう【一色別納】〔名〕荘園制において、年貢、公事などの租税のうち一種だけの全部を、本来納めるべき領主、あるいは国家以外の者に納入すること。また、その土地。＊烟田文書-文治二年(1186)正月二一日・源頼朝袖判下文(大日本史料四・一)「右件両村為レ令三優免二公事一、為二一色別納一所レ仰二付権介娘一也。雖レ然於レ有レ限之所当一者、可レ令レ弁二加加美小次郎一」

いっしき-べっぷ【一色別符】〔名〕年貢あるいは公事のうち一種類だけを国家に納め、他は免除された土地。一色保(いっしきのほ)。別符。＊東寺百合文書-ウ・康和二年(1100)八月一六日・丹波国司請文案(平安遺文四・一四三三)「被レ造二東寺御塔一之次、上座永俊触レ縁申二請一色別符一、於二所当官物一者徴二納寺家一」

いっ-しく【言━】〔連語〕(「いい(ひ)しく」の変化した語) 言ったこと。＊文明本節用集(室町中)「子夏曰(イッシク)、可者与之其不レ可者距之〈論語〉」 辞書 文明 表記 曰・道(文)

いっ-しく【一支具】〔名〕「いっしゅく(一縮)」に同じ。＊壒嚢鈔(1445-46)一「鎧などをいっしゅくと云は何の字ぞ。或は一縮と書き、或は一支具(いッシク)と書く、是をよしとす」＊かた言(1650)二「一支具とは鎧などの取そろへたるを申なり。或は一縮(いっしゅく)とも云歟」

いっしく〔副〕常に。しょっちゅう。一宿。＊随筆・羇旅漫録(1802)中「ふだん来る、じゃうぢう来るなどといふことを、いっしくにおいでるといふ」＊浪花聞書(1819頃)「いっしく。ひたと也」

いっしさんし-の-らい【一紙三紙礼】〔名〕昔の書状の方式の一つ。小文(こぶみ)のうち、鳥の子紙または杉原紙一枚を三つに切り、その一枚を礼紙(らいし)として用いるもの。こぶみのらいし。＊随筆・貞丈雑記(1784頃)九「小文(こぶみ)の礼紙と云事一紙三紙(イッシサンシ)の礼とも云。鳥の子又は杉原を三つに切り調也」

いっし-しちしょう【一死七生】〔名〕天上界で死ぬと、今度は人間界に生まれて、七たび生まれかわること。

いっし-じっしょう【一死十生】〔名〕(十死一生を裏返した言い方) どんなことに遭遇しても生き残れる見込みがあること。＊太閤記(1625)一九・元就群難之事「十死一生に極め合戦を遂ぬれば、還て一死十生とはなる物ぞ」 発音イッシジッショー〈標ア〉イ＝0

いっし-しょうもん【一紙証文】〔名〕①つづりになっているものでなく、一枚きりの証文。一枚証文。一札。②江戸時代、宗門改めのための証文。島原の乱(一六三七～三八)の後、幕府が諸大名などに命じて、毎年領内のキリシタン改めをさせ、七月から一一月までに提出させた。＊座右秘鑑-三(1825-26)「町方寺之宗門改之儀、其時限一紙証文にて町方人数高へは相加り不レ申哉に奉レ存候」 発音イッシショーモン〈標ア〉ショ

いっ‐しじん【一私人】〘名〙社会的・公共的な立場を抜きにした、ひとりの人間。一個人。いちしじん。＊現代文化百科事典(1937)「いッしじん 一私人〔社〕国家、自治体の如き権力の主体たる公人に対する語で、公人の統治を受ける各個人」発音〈標ア〉シ

いっし‐そうぞく【一子相続】〘名〙遺産の大半をひとりの子どもだけに相続させること。とくに農地などの固定資産の分割を避けるために行なわれることが多い。発音イッシソーゾク〈標ア〉ソ

いっし‐そうでん【一子相伝】〘名〙学問や技芸などの師が、その奥義や本質を自分の子どもの中のひとりにだけ伝えて、他の者には秘密にすること。＊わらんべ草(1660)四「是は万事の定めなれば、一子相伝にいたすべし」＊浄瑠璃・鑓の権三重帷子(1717)上「此伝授は一子相伝にて我子の外へは伝へられず」＊談義本・銭湯新話(1754)三・古猫姪夫をあざむく談「なんぼ好(すき)でも一子相伝(いっシソウデン)せぬは博突のみ、悪い事とは知らぬ者もなし」発音イッシソーデン〈標ア〉イ〈京ア〉0＝0 イ＝0 辞書言海 表記一子相伝(言)

いっ‐しちにち【一七日】〘名〙①「いちしちにち(一七日)①」に同じ。＊謡曲・丹後物狂(1430頃)「橋立の文珠に一七日(いっしちにち)参籠申し、祈誓仕りて候へば」＊ロドリゲス日本大文典(1604‐08)「Ixxichinichino(イッシチニチノ) チャウモンニ〔元来〕」②「いちしちにち(一七日)②」に同じ。＊不言不語(1895)〈尾崎紅葉〉三「逐次(おっつけ)一七日(イッシチニチ)の香花まで、気毒ながら其方の手に懸りたき意(こころ)ぞと」発音〈標ア〉チ 辞書日葡

いっ‐しつ【一失】〘名〙一つの損失、失敗、欠点。⇔一得。＊三国伝記(1407‐46頃か)四・二五「僧体に非ざれば破僧の一逆を不レ作と云へども、酒の一失に依て已に重き四逆を侵せり」＊文明本節用集(室町中)「智者千慮必有二一失(イッシツ)一〔漢書〕」＊日葡辞書(1603‐04)「Ixxit(イッシツ)。ヒトツ ウシナウ〈訳〉一つの損失。失敗」＊随筆・孔雀楼筆記(1768)三「大才、大賢の説と雖も、時によりては、この所に一失なしともいわれず」＊当世書生気質(1885‐86)〈坪内逍遙〉九「一得あれば一失あり。一我意あれば一理もある書生の演説」＊晉書‐礼志上「是勝二人之一失一、故蔡謨遂著レ議非レ之」発音〈標ア〉0 辞書文明・日葡 表記一失(文)

いっ‐しつ【一室】〘名〙①一つの部屋。ひとま。＊凌雲集(814)高士吟〈賀陽豊年〉「一室何堪レ掃、九州豈足レ歩」＊菅家文草(900頃)四・題南山亡名処士壁「比量心地安閑理、一室応レ勝二我百城一」＊韓詩外伝‐四「匹夫百畝一室、不レ遑二啓処一」②ある部屋。＊独り歌へる(1910)〈若山牧水〉「蓄音機ふとしも船の一室(イッシツ)に起るがきこゆ海かなしけれ」③同じ部屋。＊米沢本沙石集(1283)五本・六七「我等一室(イッシツ)の同法なる上」＊礼記‐玉藻「一室之人、非二賓客一、一人徹也」発音〈標ア〉0ツ〈京ア〉シ 辞書言海 表記一室(言)

いっ‐しつ【逸失】〘名〙(「逸」は失うの意)失うこと。＊東京新繁昌記(1874‐76)〈服部誠一〉初・招魂社「次日は則ち御馬を競ふ、名づけて競馬と曰ふ。〈略〉或は中途にして而して横落する者有り、或は其極に達する数歩間にして而して逸失する者有り」

いっしつ‐いっとく【一失一得】〘名〙「いっとくいっしつ(一得一失)」に同じ。＊小説神髄(1885‐86)〈坪内逍遙〉下・文体論「文体にさまざまの差異(しな)ありて、各々一失一得あり」

いつじつ‐てい【一日程】〘名〙「いちにちじ(一日路)」に同じ。＊新撰字解(1872)〈中村守男〉「一日程 イツジツテイ イチニチミチ」＊盧綸‐晩次鄂州詩「雲開遠見漢陽城、猶是孤帆一日程」

いっし‐どうじん【一視同仁】〘名〙だれかれの差別なく、すべての人を平等に見て一様に愛すること。一視。＊童子問(1707)中・四六「有レ善則揚レ之、有レ過則告レ之、各尽二一視同仁之心一」＊文明論之概略(1875)〈福沢諭吉〉六・一〇「一視同仁四海兄弟と云へば」＊偽悪醜日本人(1891)〈三宅雪嶺〉濁〈林辨次郎〉「一視同仁は人倫の大源なりとは云へ」＊韓愈‐原人「聖人一視而同仁、篤レ近而挙レ遠」発音イッシドージン〈標ア〉イ〈京ア〉0＝0 イ＝0

いつ‐しば【厳柴】〘名〙(「いつ」は勢い盛んな、の意)茂った小さい雑木。いちしば。＊万葉(8C後)八・一六四三「天ぎらし雪も降らぬかいちしろくこの五柴(いつしば)に降らまくを見む〈若桜部君足〉」

いつしば‐はら【厳柴原】〘名〙(「いつ」は勢い盛んな、の意)小さな雑木の生い茂った原。いちしばはら。＊万葉(8C後)一一・二七七〇「道の辺の五柴原(いつしばはら)のいつもいつも人の許さむ言をし待たむ〈作者未詳〉」補注「万葉」の例は同音の「いつ」を持つ「いつもいつも」の序詞の一部として用いられている。また、「いちしばはら」と訓む説もある。

いっし‐はんきゅう【一資半級】〘名〙「いっかいはんきゅう(一階半級)」に同じ。

いっし‐はんせん【一紙半銭】〘名〙(紙一枚と銭半銭との意から)ごくわずかなもののたとえ。多く仏家で寄進の額のわずかなことをいう場合に用いる。＊平家(13C前)五・勧進帳「風聞(ほのかにきく)、聚沙為仏塔功徳、忽に仏因を感ず。況哉一紙半銭の宝財においてをや」＊十輪院内府記‐文明一八年(1486)五月二三日「勧進聖来。一帋半銭奉加勤レ之。付二奉加帳一了」＊日葡辞書(1603‐04)「Ixxi fanxēno(イッシ ハンセンノ) ジヒヲモ ホドコセ」＊仮名草子・智恵鑑(1660)一・一二「筋目にさばかせ給はんために、禄をあたへ置給へるわが職分なれば、常の禄の外に一紙(シ)半銭も人の物を取べき事にあらず」＊浄瑠璃・凱陣八島(1685頃)二「一し半せんのほうさいのともがらは、此世にてはむひのらくにほこり」発音〈標ア〉イ 辞書日葡・書言・言海 表記一紙半銭(書・言)

いっし‐びょうどう【一子平等】〘名〙すべての人を、一人の実子を愛するように、平等に扱うこと。＊米沢本沙石集(1283)一〇本・一「一子平等(イッシヒャウトウ)の慈悲、誰をかすて給べき」発音イッシビョードー〈標ア〉イ＝0

いつ‐じぶん【何時時分】〘名〙時分はある幅を持ったおおよその時を表わす。いつごろ。だいたいいつ。＊三体詩素隠抄(1622)三・二「司空曙にあひたる頃は、いつ時分ぞ。なれば、新春の頃にてあるぞ」＊狂言記・文蔵(1660)「なんぢはおぢこさまのかたへ、いつ時分にまいったぞ」＊和英語林集成(初版)(1867)「Itszjibun イツジブン 何時分」＊花間鶯(1887‐88)〈末広鉄腸〉下・七「何時分(イツジブン)帰るか」発音〈標ア〉0 辞書ヘボン 表記何時分(へ)

いっし‐ぶんしゅ【一糸文守】江戸初期の臨済宗の僧。諡(おくりな)は仏頂国師。はじめ沢庵宗彭に参じ、のち愚堂東寔(とうしょく)の法を嗣ぐ。京都霊源院などを開き、近江永源寺を再興した。書画、茶道にも通じた。著「大梅一糸語録」。慶長一三～正保三年(一六〇八～四六)

いっし‐ほうこく【一死報国】〘名〙自分の命を捨てて国のために尽くすこと。発音イッシホーコク〈標ア〉イ

いっ‐しゃ【一社】〘名〙①一つのやしろ。また、一つの神社全体。＊伯家五代記‐忠富王記・明応九年(1500)五月一六日「早一社一同、可レ被レ致二懇祈一之旨、被二仰下一候」＊日葡辞書(1603‐04)「Ixxa(イッシャ)〈訳〉カミ(神)たちの教会の数え方」＊雑俳・柳多留‐四五(1808)「一社にて一穀づつを御守護也」②一つの結社や会社。または、その全体。＊東京学士会院雑誌‐一・一〇(1879)日本文学会社創始の方法〈西周〉「猶言ふべきは此文学社の内政即勝手向の組立なり〈略〉即当時の所にては官の誘導に始まり、竟に公立の一社と成したき事なり」発音〈標ア〉イ 辞書日葡

いっしゃ の 奉幣(ほうへい)「いっしゃほうへい(一社奉幣)」に同じ。＊御湯殿上日記‐延徳二年(1490)九月二七日「神宮の事につきて一しやのほうへゐありたきなとにて」

いっ‐しゃ【一砂】〘名〙一粒の砂。転じて、きわめてわずかな事物。＊日葡辞書(1603‐04)「Ixxa(イッシャ)。ヒトツノ イサゴ〈訳〉砂の一粒。また、きわめて僅かな物」辞書日葡

いっ‐しゃ【一瀉】〘名〙川の水が一度に勢いよく流れ下ること。「一瀉千里」＊米欧回覧実記(1877)〈久米邦武〉一・一五「水底皆岩なるを以て、往往跳りて、玉を砕き雪を飛し、百鯨の潮を噴くが如く、一瀉馯流して、馬履加拿利の瀑に赴く」＊沈約‐八詠・被褐守山東「両渓共一瀉、水潔望如レ空」発音〈標ア〉イ

いっ‐しゃ【逸者】〘名〙心やすらかに暮らす者。悠々(ゆうゆう)自適の人生を送る人。また、安逸に暮らす者。＊古今(905‐914)真名序「感生二於志一、詠形二於言一。是以逸者其声楽、怨者其吟悲」＊将来之日本(1886)〈徳富蘇峰〉二「彼の富の分配は人為の分配にして労者恒に泣き逸者恒に笑ふ」

いつ‐じゃいろ【何時―】〘副〙方言いつか。いつぞや。長崎県伊王島907 ◇いっじゃいろ 長崎県五島917 ◇いっちゃいろ 佐賀県887

いっ‐しゃく【一勺・一杓】〘名〙①しゃくし、ひしゃくなどの一すくい。いっせき。＊空華集(1359‐68頃)二・謝九峰古天二兄恵茶「一勺清流煮二冽泉一。余甘分レ我意何専」＊日葡辞書(1603‐04)「Ixxacu(イッシャク)〈訳〉飯の一匙」＊譬喩尽(1786)一「一杓(イッシャク)は御指合かは知らねども継母にかかり舛(ます)と強飯(しゐめし)にいふ語」＊雁(1911‐13)〈森鴎外〉六「末造の熱した頭に一杓(イッシャク)の冷水を浴せたのである」＊晉書‐虞溥伝「積二一勺一以成二江河一、累二微塵一以崇二峻極一」②容量の単位の一つ。一升の百分の一。約〇・〇一八リットルにあたる。＊延喜式(927)一・神祇・四時祭「其物忌一人食。日白米一升二合。塩一勺二撮」＊名語記(1275)一〇「いはゆる、一撮とをにたれば、一杓となづけ、一杓とをにたれば、一合となる」＊日葡辞書(1603‐04)「Ixxacu(イッシャク)〈訳〉ガウ(合)の十分の一を単位とした数え方」③地積の単位の一つ。一坪の百分の一。約〇・〇三三平方メートルにあたる。発音〈標ア〉(名詞的)ク(副詞的)0〈京ア〉(名詞的)シャ(副詞的)0 辞書文明・日葡・書言 表記一勺(文・書)

いっ‐しゃく【一尺】〘名〙①尺貫法の長さの単位。約三〇・三センチメートル。日本の尺には曲尺(きょくしゃく・かねじゃく)の他に裁縫用の鯨尺(げいしゃく・くじらじゃく＝一尺は曲尺一・二五尺)、呉服尺(曲尺一・二尺)などがあり、また古く奈良時代には高麗尺(こまじゃく)、大尺、小尺が区別されていた。明治二四年の度量衡法でメートル法が採用され、曲尺一尺が三三分の一〇メートル(約三〇・三センチメートル)と定められた。→尺。＊令義解(718)雑・度十分条「凡度。十分為レ寸。十寸為レ尺〈一尺二寸為二大尺一尺一〉十尺為レ丈」＊令集解(738)田・田長条「古記云。〈略〉然則時人念レ令云二五尺一。格云二六尺一。即依二格文一可レ加二一尺一者、此不レ然。唯令云五尺者。此今大六尺同覚示耳」＊源氏(1001‐14頃)末摘花「頭つき、髪のかかりはしも美しげに、〈略〉袿の裾にたまりて引かれたるほど、一尺ばかりあまりたらむと見ゆ」＊書言字考節用集(1717)七「魚鬚尺 クジラザシ 当二曲尺一尺二寸五分一者」＊浮世草子・世間娘容気(1717)一「鏡屋の愚平次とて久しき町人、代々小家をもちくずさず、落もせず秀もせず、いつも一尺の鏡の中を廻ってちいさい弟子二人に腰をつかはせ」②魚、特にサケ、タラなどの一尾。＊宇治拾遺(1221頃)一・一五「いかなる女御、后なりとも、腰に鮭の一二尺なきやうはありなん

や」＊名語記（1275）六「おさなくより一尺になるまではむねはらのさけわれて、はらわたもなき也〈略〉一尺よりさだまりてはらもみちあひ、はらわたもいでたる故に鮭をば一尺といへり」＊御湯殿上日記‐永禄二年（1559）一二月二一日「わかさのいよよりかれいのさけ一しやくまいる」＊日葡辞書（1603‐04）「Ixxacu（イッシャク）〈訳〉一パルモよりやや長い、シャク（尺）と呼ばれる単位で（長さを）表わす言い方。魚のタラ（鱈）やサケ（鮭）、サケのイヲ（鮭の魚）と呼んでいる魚の数え方」 発音〈なまり〉エッサグ〔津軽語彙〕〈標ア〉（名詞的）ク（副詞的）0〈京ア〉（名詞的）シャ（副詞的）0 辞書文明・天正・日葡・書言 表記一尺（文・天・書）

いっ‐しゃく【一酌】〘名〙一杯の酒。また、ちょっと酒をくみかわすこと。＊易林本節用集（1597）「一酌 イッシャク」＊江戸繁昌記（1832‐36）四・画島「島口、屠沽櫛比、一酌買ふべし」＊音訓新聞字引（1876）〈萩原乙彦〉「一酌 イッシャク イッパイクム」＊春雨文庫（1876‐82）〈松村春輔〉一三回「武術の稽古の相間には松下亭に来り一酌（イッシャク）を催し忍び忍びにお梅に逢ふ」＊北史‐袁聿脩伝「往往為二之駐一馬、随挙二一酌一、示レ領二其意一」 辞書易林・書言 表記一酌（易・書）一杓（書）

いっ‐しゃく【一錫】〘名〙一本の錫杖（しゃくじょう）。＊艸山集（1674）二二・登醍醐寺観月詩五首「絶頂醍醐南谷房、一錫飛来侍二宿王一」＊劉禹錫‐送慧則法師帰上都、因呈広宣上人「一錫言帰九城路、三衣曾払万年枝」

いっしゃく‐くすん【一尺九寸】〘名〙長さ一尺九寸（約五八センチメートル）の脇差（わきざし）。＊浮世草子・男色大鑑（1687）六・三「一尺九寸ぬき打に、柄（つか）に手も懸けさせず。早業」

いっしゃく‐ごすん【一尺五寸】〘名〙（長さが一尺五寸（約四五センチメートル）あるところから）「わきざし（脇差）」の異称。＊俳諧・両吟一日千句（1679）第五・雲峰「雲の上まで恋は中夏〈西鶴〉一尺五寸死身になりて花の陰〈同〉」

いっしゃく‐さんずん【一尺三寸】〘名〙（刃渡りが一尺三寸（約四〇センチメートル）あるところから）「かいけん（懐剣）」の異称。＊法曹至要抄（1210頃）中・兵仗「或偸隠二短兵一、挿二其懐一、世諺謂二之一尺三寸一」 発音〈標ア〉サ

いっ‐しゃくしゅ【一搩手】〘名〙「いっちゃくしゅ（一搩手）」に同じ。＊壒嚢鈔（1445‐46）一〇「一搩手（いっシャクシュ）は、八寸、半は四寸也」

いっしゃくしゅ‐はん【一搩手半】〘名〙「いっちゃくしゅはん（一搩手半）」に同じ。＊壒嚢鈔（1445‐46）一〇「一搩手半（いっシャクしゅはん）とは、一尺三寸也。母肘の節より、其の腕の節に至る也。或は一尺二寸共云」

いっしゃく‐はっすん【一尺八寸】〘名〙①近世、暴風雨の前兆として航海者などに恐れられた笠雲（かさぐも）。笠の寸法にちなむ名称。＊俳諧・山之端千句（1680）「軒の月雲に涼しくとぎ出して〈似春〉一尺八寸風やふくらん〈宗因〉」＊浮世草子・日本永代蔵（1688）四・二「西国の壱尺八寸といへる雲行も三日前より心えて」＊俳諧・本朝文選（1706）二・賦類・富士賦〈嵐蘭〉「雲は廻船に怖れて、一尺八寸の号をとどむ」②元禄期（一六八八～一七〇四）、京都島原遊郭での鹿恋（かこい）女郎の異称。揚げ代が銀一八匁だったことにちなむ。＊浮世草子・好色床談義（1689）五・鹿恋の好色「天神より又一段さがりて、壱尺八寸とも、鹿職とも〈略〉しかともいふ」

いっしゃく‐ぼう【一尺坊】〘名〙風の吹き起こる前兆の雲。風雲（かざぐも）。＊俳諧・其袋（1690）夏「増上寺を拝むに、まことや此塔に風雲のかかるを一尺ほうとかやいふ、けふは空晴て雲なし」

いっしゃ‐せんり【一瀉千里】〘名〙（「瀉」は水が流れ下る意。一度流れ始めると一気に千里も流れるというところから）①川の流れが速く、勢いの激しいこと。＊帰省（1890）〈宮崎湖処子〉七「石巌々として流れを歇（とど）むれば、一瀉千里の波も少時留まりて淵となり」＊福恵全書‐二九「儼然峡裡軽舟、片刻一瀉而千里」②物事の進み具合の勢いが激しく、よどみなく一気にはかどること。＊将来之日本（1886）〈徳富蘇峰〉四「彼の露国の如き其西方の運動に於ては〈略〉恰も無人の境を奔るが如く、一瀉千里忽にして中央亜細亜に龍蟠し」＊黒潮（1902‐05）〈徳富蘆花〉一・一三・五「時勢は一瀉千里の勢で流れて行く」＊或る女（1919）〈有島武郎〉前・一七「よく意味も解らないで一瀉千里（いっシャせんり）に書き流して来たが」＊多甚古村（1939）〈井伏鱒二〉水喧嘩の件「皆さん、難事件を一瀉千里に解決して下さって感謝します」 発音〈標ア〉イ＝セ セ〈京ア〉0＝ン

いっしゃ‐ほうへい【一社奉幣】〘名〙（「いっしゃほうべい」とも）勅使を伊勢神宮へつかわすこと。一社の奉幣。＊神道名目類聚抄（1699）五・一社奉幣「指出（さしいだ）して一社奉幣（イッシャホウベイ）と云時は、伊勢大神宮へ官幣使を向らるるを云」

いっしゃほうへい‐し【一社奉幣使】〘名〙一社奉幣につかわされる勅使。

いっ‐しゅ【一朱・一銖】〘名〙①重さの単位で、一両の二十四分の一、一分（いちぶ）の六分の一。＊三教指帰（797頃）中「神丹、練丹、薬中霊物。〈略〉一銖纔服、白日昇漢」＊文明本節用集（室町中）「一銖 いっシュ 金凡秤尾之銀星一点、謂二之銖一、六銖是一分也」＊淮南子‐天文訓「十二文而当二一銖一、十二銖而当二半両一」②近世の貨幣の単位で、一両の十六分の一、一分の四分の一。また、転じて、わずかの金。びた一文。＊雑俳・柳多留‐九四（1827）「どうしたか花にいせ屋は一朱切り」＊江戸繁昌記（1832‐36）四・仮宅「先師貽（おく）る所の祠堂金も、今復た一銖を存せず」＊歌舞伎・青砥稿花紅彩画（白浪五人男）（1862）三幕「百両ならば知らねえこと、一朱欠けても売りゃあしねえ」③一朱金または一朱銀のこと。＊雑俳・柳多留‐九〇（1826）「世は豊か宝の数も一朱ふえ」④（近世末、大坂の花柳界で、色事の話の聞き賃を②としたところから）愛人。恋人。＊随筆・皇都午睡（1850）初・上「天保年間、江南の妓家にて我思ふ恋路の話を云時は、聴賃受賃を取る。金一銖の定にて、是のたまりし時、芝居行或は食悦などにす。是を市中へ移って男女の色を一銖一銖と異名せり」⑤売春婦の呼称の一つ。近世末から明治初めにかけて、京都で一晩の遊興費が、一分一朱の売春婦。 発音〈標ア〉イ 辞書文明・伊京・明応・天正・饅頭・黒本・易林・書言 表記一銖（文・伊・明・天・饅・黒・易・書）一朱（易・書）

いっ‐しゅ【一炷】〘名〙香（こう）や線香をひとたくゆらすこと。また、その一くゆり。いっちゅう。＊東海一漚別集（1375頃）冷泉藤公為先考三十三回忌請拈香「一炷兜楼烟縷幽、青雲接引現二瓊楼一」＊文明本節用集（室町中）「一炷 イッシュ 香」＊中華若木詩抄（1520頃）上「よき香を一炷たいて」＊日葡辞書（1603‐04）「Ixxu（イッシュ）〈訳〉火にくべる香の種類の数え方」＊白居易‐贈朱道士詩「尽日窗間更無レ事、唯焼一炷降真香」 辞書文明・天正・易林・日葡 表記一炷（文・天・易）

いっ‐しゅ【一首】〘名〙詩や和歌の一作品。＊懐風藻（751）「河島皇子 一首」＊万葉（8C後）一・一三・題詞「中大兄 近江宮御宇天皇 三山歌一首」＊平家（13C前）七・忠度都落「故郷花（こきゃうのはな）といふ題にてよまれたりける歌一首ぞ、読人しらずと入れられける」＊文明本節用集（室町中）「一首 イッシュ 詩歌」 発音〈標ア〉イ〈京ア〉0 辞書文明・天正・日葡・書言 表記一首（文・天・書）

いっ‐しゅ【一株】〘名〙草木の一かぶ。＊経国集（827）一一・賦新年雪裡梅花〈有智子内親王〉「春光初動寒猶緊。一株梅花雪裡開」＊新撰朗詠（12C前）上・花橘「盛夏の花は留む、三伏の雪を、厳冬の子（み）は熟す、一株の金を〈紀斉名〉」＊天地有情（1899）〈土井晩翠〉浮世の恋「里飛びたちし鶴の子が 去りて帰らぬ松一株（イッシュ）」＊晉書‐孫綽伝「所レ居斎前、種一株松」

いっ‐しゅ【一種】〘名〙①一つの種類。ひといろ。＊性霊集‐一（835頃）徒懐玉「夏月涼風、冬天淵風、一種之気、嗔喜不レ同」＊今昔（1120頃か）二八・三九「胡桃一種を以て数（あまた）に調へ成して悉く盛たり」＊平家（13C前）六・祇園女御「大福長者にておはしければ、何にてもかならず毎日に一種をば、入道相国のもとへ送られけり」＊日葡辞書（1603‐04）「Ixxu（イッシュ）〈訳〉事物の種類や、さらに語句の数え方」＊詩経疏‐召南・采蘋「于以采レ蘋〈略〉有二二種一、其一種、葉如二雞蘇一、茎大如レ箸」②同一の種類。同様のもの。また、同一種の中をさらに細かく分けたものの一つ。＊令集解（868）僧尼・自還俗条「古記云、苦使、謂役使一種也」＊社会百面相（1902）〈内田魯庵〉犬物語「犬の先祖は狼だといふが、之は間違で、『ドール』といふ山犬の一種だ」＊慧皎‐高僧伝・神異・宋京師杯度「時南州有二陳家一、頗有二衣食一、度往二其家一、甚見二料理一。聞二都下復有二一杯度一、陳父子五人咸不信、故下二都看一之、果如二其家杯度一、形相一種」③（多く、「の」を伴って）どことなく異なってはいるが、その中に含めてもよいと思われる、ある種類。＊史記抄（1477）一四・扁鵲倉公「即以火斉粥と云ときは、一種の薬の名であるやうなぞ」＊俳諧・当世男（1676）付句「草の庵夏を一種のたのしみに 茄子（なすび）の煮物やまほととぎす〈桃青〉」＊浮世草子・傾城禁短気（1711）三・二「四も五も喰はぬ一種（シュ）の擦（す）れ者一列にならび」＊浮雲（1887‐89）〈二葉亭四迷〉二・一一「ちょいと物を云ふ口元に、真似て真似のならぬ一種の和気を帯びていたが」＊吾輩は猫である（1905‐06）〈夏目漱石〉七「死なない程度に於て病気と云ふ一種の贅沢がして居たいのである」＊梁簡文帝‐詠美人観画詩「分明浄眉眼、一種細腰身」④（副詞的に用いて）どことなく他とちょっと異なっているさま。＊当世書生気質（1885‐86）〈坪内逍遙〉七「情痴（のろけ）に似て情痴にあらざる一種（イッシュ）奇妙不可思議の話しだ」＊吾輩は猫である（1905‐06）〈夏目漱石〉七「一種名状すべからざる音響を浴場内に漲らす」＊大道無門（1926）〈里見弴〉厄日・二「言葉で負けてやることが、一種（シュ）痛快な復讐にもなるわけだった」⑤（ひといろの肴（さかな）の意から）酒の肴。＊易林本節用集（1597）「一種 いっシュ 肴数」＊洒落本・初葉南志（1780）「『御酒の興を添ますためお目にかけますとあって献ぜられます』と口上を延べければ〈略〉『さしたるちさうも致さぬに一種（シュ）の心遣ひ致され』」⑥通常郵便物の一つで、封緘（ふうかん）した手紙など。第一種郵便物。⑦自動車の運転免許の一つで、旅客運送に関係しない普通の運転が許されるもの。第一種運転免許。 発音〈標ア〉イ〈京ア〉0 辞書文明・天正・饅頭・易林・日葡・書言・言海 表記一種（文・天・饅・易・書・言）

いっしゅ‐いっそく【一手一足】〘名〙手足をちょっと動かすこと。転じて、苦労の足りないこと。＊礼記‐表記「后稷天下之為レ烈也、豈一手一足哉」

いっしゅ‐いっぺい【一種一瓶】〘名〙（「一種」はひといろの肴（さかな）、「一瓶」は一本のとっくりの酒）一瓶の酒と一種の肴。転じて、酒と肴を一種ずつ持ち寄るような、簡単な酒宴。一種物（いっすもの）。＊吾妻鏡‐建久二年（1191）九月二一日「上手負訖。各相具一種一瓶於レ浜献レ之」＊平家（13C前）一一・逆櫓「舟の修理して新しう成ったるに、おのおの一種一瓶して祝ひ給へ殿原とて」＊庭訓往来（1394‐1428頃）「一種一瓶者。衆中課役」

いっしゅいっぺいは亭主（ていしゅ）の課役（かやく） さかな一品と酒一本を用意しておくのは、客をもてなす亭主の義務である、の意。＊譬喩尽（1786）一「一種一瓶は亭主の課役 庭訓往来」

いっしゅ-いよう【一種異様】〘形動〙どこことなく普通とはちょっと違ったさま。一風変わった様子。＊二人女房(1891)〈尾崎紅葉〉上・三「名状すべからざる一種異様(いっシュイヤウ)の光の見えるのは」＊草枕(1906)〈夏目漱石〉六「かく迄も度を重ねて繰り返す人の姿の、入口にあらはれては消え、消えてはあらはるる時の余の感じは一種異様である」＊破戒(1906)〈島崎藤村〉一七・五「一種異様な響を」発音イッシュイヨー〈標ア〉イ〈京ア〉⓪=⓪

いっ-しゅう【一州】〘名〙①一つの国。また、その全体。全国。＊太平記(14C後)五・相摸入道弄田楽幷闘犬事「天王寺は仏法最初の霊地にて、聖徳太子自ら日本一州の未来記を留給へり」＊日葡辞書(1603-04)「Ixxû (イッシュウ)〈訳〉王国の数え方 ニッポン ixxû (イッシュウ)〈訳〉日本国。すなわち日本のすべての国々」②近世以前、日本全体の行政区画の単位であった国の一つ。また、その国全体。発音イッシュー〈標ア〉イ 辞書日葡

いっ-しゅう【一周】〘名〙①ひとまわりすること。＊延喜式(927)四三・春宮坊「同日受㆓群官賀㆒儀〈略〉行觴一周、雅楽寮作㆑楽」＊土井本周易抄(1477)六「さる程に凶天道は三年で一周して、一成する者ぞ」＊随筆・春波楼筆記(1811)「七日を以て一周とする事、七日に非ず六日なり」＊雁(1911-13)〈森鷗外〉二二「二人で池を一周(イッシウ)して来ようか」＊管子-弟子職「受㆑業之紀、必由㆑長始、一周則然」②一年たつこと。満一年。多く、「一周年」「一周忌」など熟合して用いられる。＊実隆公記-大永七年(1527)二月一九日「先皇一周、自㆓今日㆒四十八日也。別而始㆓念誦㆒」③一週間のこと。＊米欧回覧実記(1877)〈久米邦武〉二・二二「家業の計算甚だ周密なり。土曜日の夕には、夫婦帳簿を合せて一周の計算をなす」発音イッシュー〈標ア〉⓪〈京ア〉⓪ 辞書ボン・言海 表記一周(ヘ・言)

いっ-しゅう【一宗】〘名〙宗教、主に仏教における一つの教義または宗派。＊尺素往来(1439-64)「一宗所業、又因明之大事非㆓他宗、所㆒㆑知歟」＊日葡辞書(1603-04)「Ixxŭ (イッシュウ)。ヒトツノ シュウ〈訳〉一つの宗派」＊雑俳・柳多留-一〇(1775)「由井が浜すでに一宗たへる所」発音イッシュー〈標ア〉イ 辞書日葡

いっ-しゅう【一週】〘名〙①「いっしゅう(一周)①」に同じ。＊布令必用新撰字引(1869)〈松田成己〉「一週 イッシウ ヒトマワリ」＊小学読本(1873)〈田中義廉〉三「父曰、予、前年、此世界を、一週せしとき、数多の国々に到り、種々の物を見たり」②「いっしゅうかん(一週間)」に同じ。＊航西日乗(1881-84)〈成島柳北〉四月二八日「一週三磅余にて寓食の約なり」＊坊っちゃん(1906)〈夏目漱石〉七「生卵ででも営養をとらなくっちゃぁ一週二十一時間の授業が出来るものか」発音イッシュー〈標ア〉⓪〈京ア〉⓪

いっ-しゅう【一蹴】〘名〙①けとばすこと。また、飛び上がるために地面などをけること。＊花柳春話(1878-79)〈織田純一郎訳〉二「アリスを一蹴して地に倒し」＊日本開化小史(1877-82)〈田口卯吉〉三・六「日本人民一蹴して、一新世界の内に入りたるが如くぞ見えにける」＊趣味の遺伝(1906)〈夏目漱石〉一「飛び上がらう、夫がいい、飛び上がるに若くなしだと、とうとう又先例によって一蹴を試むる事に決着した」②相手の申し出、要求などを問題にしないではねつけること。また、相手を簡単に負かしてしまうこと。＊蔭涼軒日録-長享二年(1488)九月二日「搆㆔城於㆓木崎居㆒。不㆑足㆓一蹴㆒」＊花柳春話(1878-79)〈織田純一郎訳〉二「已に一蹴飛び去らんとし」＊オリンポスの果実(1940)〈田中英光〉八「ぼくは、『厳粛なる自由(スタアンリバティ)』を称へ、笑って、その議論を一蹴した」発音イッシュー〈標ア〉⓪〈京ア〉⓪

いっ-しゅう【聿修】〘名〙(「聿」は述べるの意。一説に「ここに」という意の発語の辞)(先人の徳を)述べ修めること。＊御践祚後朝見の御儀に於て賜はりたる勅語-昭和元年(1926)一二月二八日「旧章に率由し、先徳を聿修し、祖宗の遺緒を墜す無からんことを庶幾(こひねが)ふ」＊詩経-大雅・文王「無㆑念㆓爾祖㆒、聿㆓修厥徳㆒」発音イッシュー〈標ア〉イ

いっしゅう【壱州】旧国名「いき(壱岐)」の異称。辞書易林 表記壱州(易)

いっしゅう-かい【一周回】〘名〙ひとまわりすること。一周。＊小学読本(明治六年)(1873)四・五「地球も、亦行星の一にして、一年の間に、太陽を一周回す」

いっしゅう-かまえ【一宗構】〘名〙近世、僧尼階級に限って科せられた刑罰の一種。その所属の宗門から完全に除籍すること。所属の一派から除籍されても同宗の他派にはいることのできる一派構(いっぱかまえ)より重いもの。＊百箇条調書(江戸)一七「一宗構配下は袈裟衣を取砂利え下候」

いっしゅう-かん【一周関】〘名〙(「関」は境の意)「いっしゅうき(一周忌)」に同じ。

いっしゅう-かん【一週間】〘名〙日曜日から土曜日までの七日の間。また、ある日から七日間。一週。ひとなぬか。ひとまわり。＊歌舞伎・綴合於伝仮名書(高橋お伝)(1879)序幕「一週間のお客の口には、さういふお名前は知れぬから」＊航西日乗(1881-84)〈成島柳北〉一月二二日「一週間に両度肉を食はしむ」＊東京朝日新聞-明治二一年(1888)七月一〇日「開会日数は凡そ一周間(シウカン)の見込」発音イッシューカン〈標ア〉シュ〈京ア〉シュ／シュ

いっしゅう-き【一周忌】〘名〙人の死後満一年目の命日。故人のためにつつしみ、追福の法事を行なうのが例である。また、その法事。一年忌。一回忌。＊廬山寺文書-天禄三年(972)五月三日・天台座主良源遺告(平安遺文二・三〇五)「病僧入滅之後、以㆓其忌日㆒、若為㆑初若為㆑終可㆑行㆑之、一周忌八講必可㆓論義㆒」＊明応本節用集(1496)「一周忌 ヰッシュウキ 周字回也」＊日葡辞書(1603-04)「Ixxûqi (イッシュウキ)、または、イッキ」＊島崎金次郎宛大田南畝書簡-享和元年(1801)四月二八日「当年五月晦日は浄栄寺和尚一周忌に御座候間、私方より申贈候とて早めに使可㆑被㆑遣候」＊俳諧・文政句帖-五年(1822)正月一一日「晴 石太良一周忌」発音イッシューキ〈なまり〉イッシュッ・イッショーキ・イッセキ〔鹿児島方言〕イッスイキ〔埼玉方言・信州上田〕イッシューギ〔長崎〕イッスイキ〔東京〕イッスイギ・イッスギ・エッスギ〔岩手〕イッスウギ〔福島〕イッセイキ〔信州上田〕イッセーキ・イッセキ・イッツイキ〔埼玉方言〕イッセキ〔埼玉〕エッセキ〔栃木・新潟頸城・島根〕〈標ア〉シュ〈京ア〉シュ／シュ 辞書文明・明応・天正・饅頭・日葡・書言・言海 表記一周忌(文・明・天・饅・書・言)

いつじゅう-さいじゅう【一入再入】〘名〙「いちじゅうさいじゅう(一入再入)」に同じ。＊和漢朗詠(1018頃)上・花「枝を染め浪を染む、表裏一入再入の紅〈菅原文時〉」

いっしゅう-じつ【一週日】〘名〙一週間。また、七日間。＊万国新話(1868)〈柳河春三編〉一「給料は一様ならず、大抵一週日に十八『シルリンク』」＊小学読本(1874)〈榊原・那珂・稲垣〉二「再煉る事一週日にして流出るを鉧(けら)といふ」＊仏国風俗問答(1901)〈池辺義象〉巴里の夏「是等の頭熱も加はりたるにや、この一週日ばかりは、浴衣恋しきばかりに暑し」発音イッシュージッ〈標ア〉シュ

いっしゅう-ねん【一周年】〘名〙(ある記念すべき日から)まる一年。満一年。発音イッシューネン〈標ア〉シュ

いっしゅう-べき【一周冪】〘名〙惑星の公転周期の二乗。＊暦象新書(1798-1802)上・上「衆動帰一訣 一周冪与㆓離日再来冪㆒相応」＊窮理通(1836)四「火星一周冪に一箇を乗じて実と為し、地球一周冪を法と為す」発音イッシューベキ〈標ア〉シュ〈京ア〉シュ

いっしゅ-かいし【一首懐紙】〘名〙和歌一首を懐紙に書くときの書式。まず「詠一首和歌」と端書を書き、次いで官位姓名、題、歌の順序に書く。または、初めに「詠…」として題を書き、次に官位姓名、その次に歌を書く。歌は一般に三行三字(第三行目を三文字に書く)の書式を用いる。のちに、初行を九文字、第二行を一〇文字、第三行を九文字、第四行を三文字とする形式が普通となった。しかし、飛鳥井家(あすかいけ)では三行五字の書式も行なわれた。〈標ア〉シュ

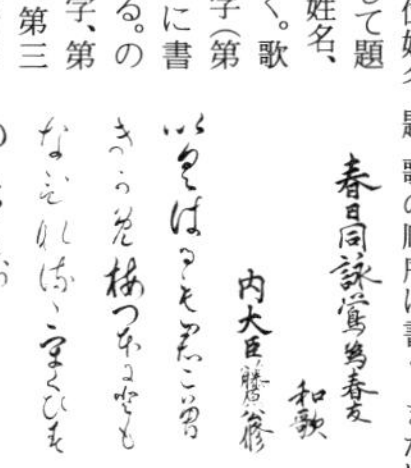

一首懐紙〈三條公修公懐紙〉

いっしゅ-きん【一朱金】〘名〙文政七年(一八二四)から発行した一両の十六分の一、一分の四分の一に相当する正方形の金貨。品位きわめて悪く、形も小さく、取り扱いが不便で、俗に「小二朱」とも呼んだ。文政一朱金。＊雑俳・柳多留-八〇(1824)「一朱金咄しで医者はにがいかほ」＊御触書天保集成-九一・天保四年(1833)七月「一朱銀吹き立て追々出来に付、壱朱金相止め候間」方言植物、ひいらぎ(柊)。香川県大川郡829 発音〈標ア〉⓪シュ

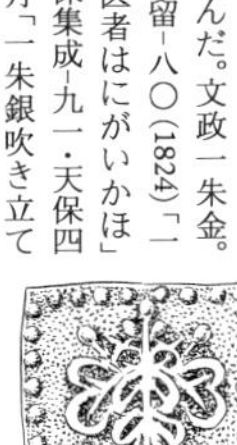

一朱金〈文政〉

いっしゅ-ぎん【一朱銀】〘名〙江戸時代、一両の十六分の一の価値に当たる銀貨。文政一二年(一八二九)創鋳のものと嘉永七年(一八五四)創鋳のものと二種があるが、維新以後嘉永一朱銀を再鋳したものも区別して三種とする説もある。＊御触書天保集成-九一・文政一二年(1829)七月「壱朱銀両替に付切賃之儀」＊雑俳・歌羅衣(1834-44)二「針箱の角に子持の一朱銀」発音イッシュギ(ギ)ン〈標ア〉⓪シュ

一朱銀〈文政〉

いっ-しゅく【一宿】〘名〙①一夜泊まること。一泊。＊延喜式(927)二〇・大学寮「余館官学官及諸学生。雅楽工人。皆清㆓斎於学館㆒一宿」＊私聚百因縁集(1257)八・一「件の櫟の下(もと)に一宿(シュク)す」＊日葡辞書(1603-04)「Ixxucu (イッシュク)。ヒトトマリ〈訳〉一晩の逗留」＊歌舞伎・韓人漢文手管始(唐人殺し)(1789)四「夜前此小浜に一宿せんと、旅宿を申付し此雲仙寺」＊春秋左伝-荘公三年「凡師一宿為㆑舎、再宿為㆑信」②同じ家に一緒に寝泊まりすること。同宿。同居。＊羅葡日辞書(1595)「Inquilinus〈訳〉同じ家に住むもの。ドウシュクノ モノ、ixxucuno (イッシュクノ) モノ」③一晩。一夜。＊今昔(1120頃か)七・八「一宿を経て、活(よみがへ)りて涙を流して泣き悲むで」＊文明本節用集(室町中)「一宿 いっシュク 一夜義也」＊論衡-命義「歴陽之都、一宿沈而為㆑湖」④一泊の宿泊料。＊鵤荘引付-文亀元年(1501)〈兵庫県史〉「百五十文沙汰人粮物、廿文配符一宿、此分にて落居了」発音〈標ア〉⓪ク〈京ア〉⓪ 辞書文明・明応・天正・饅頭・黒本・日葡・書言 表記一宿(文・明・天・饅・黒・書)

いっ-しゅく【一縮】〘名〙鎧(よろい)・具足などのひとそろえ。また、それを身につけること。それを身につけている者。いっすく。一支具(いっしく)。＊太平記(14C後)二六・楠正行最期事「只一人鎧一縮(シュク)して、歩立(かちだち)に成て」＊山科家礼記-康正三年(1457)八月六日「具足一しゆくとは、とう、袖、かふと事歟」＊饅頭屋本節用集(室町末)「一縮 いっシュク 武者」＊日葡辞書(1603-04)「Ixxucu (イッシュク)。すなわち、イッシャウゾク〈訳〉完全な具足の一そろえ。Ixxucu (イッシュク) ヨロウ」＊咄本・醒睡笑(1628)八

「一縮(シュク)よろひて馬に乗る」 辞書文明・伊京・明応・天正・饅頭・黒本・日葡・書言 表記一縮(文・伊・明・天・饅・黒・書)

いっ‐しゅく〖副〗常に。しょっちゅう。いっしく。＊古今集遠鏡(1793)二「おれはいっしゅく泣てばっかり居るが、あの時鳥もおんなしやうに間だもなしに鳴て」

いっしゅく‐いっぱん【一宿一飯】〖名〗一晩泊めてもらい、一度食事をふるまわれること。旅の途上などで通りがかりにちょっと世話になること。博徒(ばくと)の間の仁義では生涯の恩義とされていた。＊尺素往来(1439‐64)「其間先為二往来衲子一宿一飯一」＊東京八景(1941)〈太宰治〉「一宿一飯の恩義などといふ固苦しい道徳に悪くこだはって、やり切れなくなり」＊自由学校(1950)〈獅子文六〉自由を求めて「なぜだろう? 一宿一飯(メシの代りにタバコだったが)の恩を、知ったのだろうか」 発音〈標ア〉0〈京ア〉シュ=0

いっしゅく‐がけ【一宿掛】〖名〗一晩泊まり。＊森五介宛芭蕉書簡‐元祿五年(1692)一二月二八日「淡州公へ御見舞申候はば、一宿がけに御尋ねと兼ねて奉レ存候へ共」

いっしゅ‐こう【一炷香】〖名〗一本の線香。また、ひとくゆりの香。＊医案類語(1774)一〇・煎熬火候「一炷香〈注〉センカウイッホンタケ」＊李中‐贈念法華経緩上人詩「五更初起掃二松堂一、瞑目先焚一炷香」

いっしゅ‐さつ【一朱札】〖名〗金一両の十六分の一の「一朱」通用の紙幣。元祿(一六八八〜一七〇四)頃の藩札に始まり、維新直後の新政府発行太政官金札、民部省金札などを最後とする。

いっしゅ‐だい【一種代】〖名〗江戸時代、奥州伊達郡の一部で行なわれた年貢納入法の一種。奥州伊達、信夫、宇田郡では、その年の年貢の半分を米で、半分を永(金)で納める半石半永法がとられたが、その地域のうちのある部分で行なわれた全部永(金)納の法をいう。一両に七石の換算量。＊地方凡例録(1794)四「一種代は米収無、不レ残七石がへ金納也、一種代と申名目如何の謂を以て唱るや、古来より引付にて訳不二相知一、安名代一種にてをさむると申ことにも可レ有哉」

いっ‐しゅつ【逸出】〖名〗①ぬけ出ること。とび出すこと。＊舶用機械学独案内(1881)〈馬場新八・吉田貞一〉前・一章「密封せし器中の水を蒸発せしめ、止まざる時は次第に稠密となり、其器を逸出(イッシュツ)せんと欲し、周囲を圧する力を張力と云ふ」＊吾輩は猫である(1905‐06)〈夏目漱石〉五「鼠賊の逸出するのには三つの行路がある」＊シェイクスピア管見(1947)〈中野好夫〉「俳優の演技的限界を逸出(イッシュツ)したような激情を盛り」＊韓非子‐外儲説右下「彘逸二出於竇中一、馬退而却、筴不レ能レ進レ前也」②とびぬけてすぐれていること。ぬきんでること。 発音〈標ア〉0

いっ‐しゅつ【溢出】〖名〗あふれ出ること。＊鶴(1952)〈長谷川四郎〉六「自然はその最も豊かな開花と溢出の時期にあった」 発音〈標ア〉0

いっしゅつ‐しゅ【逸出種】〖名〗栽培地域外に出て、自力で繁殖・生育するようになった植物の総称。 発音〈標ア〉ツ

いっしゅ‐どくとく【一種独特・一種独得】〖形動〗何とはっきりとは言えないが、他とは違った性質や雰囲気のあるさま。一種特別。＊白夜(1966)〈高橋たか子〉「その一種独得な、ぼうっとした悲哀だけが」＊母なるもの(1969)〈遠藤周作〉「そして、一種独得の臭いが鼻についた」 発音〈標ア〉イ=0

いっしゅ‐とくべつ【一種特別】〖形動〗どことなく他のものとはちょっと違ったさま。一種独特。＊思出の記(1900‐01)〈徳富蘆花〉二・四「実に一種特別な教育法であった」＊坑夫(1908)〈夏目漱石〉「脂(やに)だらけの歯を遠慮なく剝(む)き出して、さうして一種特別(イッシュトクベツ)な笑ひ方をした」 発音〈標ア〉イ

いっしゅ‐ばん【一朱判】〖名〗一朱金、一朱銀の総称。＊御触書天保集成‐九一・文政七年(1824)六月「此度世上通用之ため吹立候 仰付候壱朱判之儀、七月二日より可致通用候」＊雑俳・柳多留‐八二(1825)「実にならぬ花は芸者に一朱判」 発音〈標ア〉0

いっしゅ‐ふみきり【一種踏切】〖名〗鉄道が道路と平面交差し、道路交通を遮断する踏切遮断機の設けてある踏切。係員がいるものといないものがある。 発音〈標ア〉フ

いっしゅ‐ぼう【一種帽】〖名〗旧日本陸海軍における軍帽の一つ。正装の際、大将以下、準士官までが着用した。第一種帽。＊青春(1905‐06)〈小栗風葉〉春・四「旭日章の一種帽(いっシュバウ)に黄の袖口へ縦巻金線の一筋巻いた砲兵少尉の正服」 発音イッシュボー〈標ア〉0

いっしゅ‐めんきょ【一種免許】〖名〗「だいいっしゅうんてんめんきょ(第一種運転免許)」の略。 発音〈標ア〉メ

いっしゅ‐もの【一種物】〖名〗「いっすもの(一種物)」に同じ。

いっ‐しゅん【一瞬】〖名〗①一度またたきするぐらいの、きわめてわずかの間。一転瞬。＊海道記(1223頃)手越より蒲原「汝は知る哉、生涯浮める命、今いくほどと、我は知らず、幻中の一瞬の身」＊浄瑠璃・蟬丸(1693頃)五「一瞬刹那(せつな)が其間に、忽ち安養無垢世界不退快楽(けらく)の都に到らん」＊陸機‐文賦「観二古今於須臾一、撫二四海於一瞬一」②死去することを婉曲にいう語。＊看聞御記‐応永二三年(1416)三月二三日「御所様御老病之間、御一瞬以後事、御領等御安堵事被レ申也」③ちょうどその時。「優勝の一瞬」④一目(ひとめ)。一眸(いちぼう)。＊蘇轍‐超然台賦「極二千里於一瞬一兮、寄二無尽於雲烟一」 発音〈標ア〉0〈京ア〉0

いつ‐じゅん【一旬】〖名〗「いちじゅん(一旬)」に同じ。＊書言字考節用集(1717)一〇「一旬 イツジュン〔韻会〕徧二十日一為レ旬」 辞書書言 表記一旬(書)

いっしゅん‐かん【一瞬間】〖名〗一回まばたきするほどのきわめてわずかの時間。一瞬時。＊煤煙の臭ひ(1918)〈宮地嘉六〉六「隊長は一瞬間調子を柔らげたと思ふと、また限りなく怒鳴り続けた」＊猫又先生(1919)〈南部修太郎〉「諸君が日本の人間である以上、一瞬間も諸君は国語学を忽(ゆるがせ)にしてはいけない」 発音〈標ア〉シュ〈京ア〉シュ

いっしゅん‐じ【一瞬時】〖名〗「いっしゅんかん(一瞬間)」に同じ。＊浮雲(1887‐89)〈二葉亭四迷〉二・八「一瞬時なりとも此苦悩煩悶を解脱(のが)れようと力(つと)め」＊煤煙(1909)〈森田草平〉三二「総ての持てる物を抛って、一瞬時に殉じようとしてゐる」 発音〈標ア〉シュ

いっ‐しょ【一所・一緒】〖名〗㊀(一所)①一つの場所。一か所。＊平家(13C前)一〇・三日平氏「庄園私領一所も相違あるべからず」＊太平記(14C後)二二・畑六郎左衛門事「杣山の城も被レ落(おとされ)、越前、加賀、能登、越中、若狭五箇国の間に、宮方の城一所も無りけるに」＊玉塵抄(1563)三「高祖と一所に陣に長々いられて、くたびれてもとのふる里の、豊沛えかえりたがられたほどに」＊黄表紙・莫切自根金生木(1785)中「世界中の金銀いっしょにあつまり、万々が金蔵さしてとび来るは」＊史記‐倉公伝「即灸二其足蹶陰之脈、左右各一所一」②同じ所。一つ場所。＊田氏家集(892頃)下・暮春宴菅尚書亭、同賦掃庭花自落「家風扇与二好風一還、一処歓遊咲破顔」＊平家(13C前)九・河原合戦「幼少竹馬の昔より、死なば一所で死なんとこそ契りしに」＊太平記(14C後)六・赤坂合戦事「今は互に先を争ひ申すに及ばず、一所にて尸(かばね)を曝し」＊謡曲・高砂(1430頃)「不思議や見れば老人の、夫婦一所にありながら」㊁(現在は多く「一緒」と書く)①(多く「に」を伴って副詞的に用い、また、「御一緒する」の形でサ変動詞的にも用いる)一つになるさま。同じ行動をするさま。また、ひとまとめにするさま。＊卓袋宛芭蕉書簡‐元祿元年(1688)四月末カ「方々見物は致候へ共、あたごは一所御出もあるべきかと残し置申候」＊浄瑠璃・平家女護島(1719)五「是をも一所(ショ)に西海へつれまいらせんとはかりしを」＊談義本・根無草(1763‐69)前・五「こなた一人のとがにあらず、公へ申し上げ、兎なりとも角なりとも、皆々一所なるべし」＊滑稽本・浮世風呂(1809‐13)二・上「たもとからたもとくそといっしょにつかみ出して」＊当世書生気質(1885‐86)〈坪内逍遙〉六「待々(まてまて)、我輩も同伴(イッショ)にゆくから」＊青春(1905‐06)〈小栗風葉〉春・一四「櫛やら鏡やらハンケチやら、黒の穴糸で編んだハアト形の手提嚢へ一緒に詰込んで」＊雲のゆき来(1965)〈中村真一郎〉一〇「御一緒していただけないでしょうか。私、ひとりではもう気が重いのです」②(「に」を伴い)同時であること。＊ありのすさび(1895)〈後藤宙外〉一「此の幻が消えたと一所(イッショ)に我れしらず顔をあげて」＊竹沢先生と云ふ人(1924‐25)〈長与善郎〉竹沢先生の人生観・二「一体僕らはこの『世間』と云ふ処に生れると一緒に、この『世』―地上と云ふ場所に生れたものだ」＊鶯(1938)〈伊藤永之介〉「そばの卓子の上から算盤(そろばん)をとって来て、ぐいと裾を押し上げるといっしょに、痩せたごつごつした毛脛があらはれた」③同じであること。＊昇天(1923)〈十一谷義三郎〉六「背は彼より低い。肩幅は一緒位だ」 方言同様であること。よく似ていること。岩手県気仙郡102 秋田県鹿角郡132 岐阜県揖斐郡038 三重県一志郡・北牟婁郡038 滋賀県蒲生郡612 大阪市038 奈良県山辺郡038 鳥取県西伯郡718 徳島県那賀郡038 香川県826 高知県香美郡038 ◇いっちょ 秋田県鹿角郡132 発音〈なまり〉イッシュ〔対馬〕イッチョ〔秋田鹿角〕イッチョー〔石川〕〈標ア〉㊀はイ ㊁は0〈京ア〉㊀はッ ㊁は0 辞書天正・易林・日葡・書言・言海 表記一緒(書・言) 一所(天) 一処(易)

いっしょ に する 夫婦にする。結婚させる。＊浮雲(1887‐89)〈二葉亭四迷〉一・三「『到底(どうせ)早かれ晩(おそ)かれ一所にしようと思ってる所(とこ)ですものを』と、ずっと粋を通し顔でゐる所ゆゑ」＊魔風恋風(1903)〈小杉天外〉前・子爵の養子・七「孰(いづれ)にしても夫婦(イッショ)にするのだから」

いっしょ に なる ①一つ所に出会う。二つ以上のものが一つに合わさる。＊太平記(14C後)一一・長門探題降参事「鳴渡より舟を漕もどして、九州の探題と一所に成んと、心づくしへぞ赴きける」②夫婦になる。結婚生活にはいる。＊人情本・春色梅児誉美(1832‐33)三・一三齣「その中(うち)にはどふかしてお兄(あに)イさんと、一所(イッショ)になられることもあるだらふかと」＊今戸心中(1896)〈広津柳浪〉八「死んでも平田さんと夫婦(イッショ)にならないぢゃ置かない」＊太郎坊(1900)〈幸田露伴〉「己も行末は其女と同棲(イッショ)にならうといふ積りだった」

いっしょ の 衆(しゅう) いつも一緒にまとまっている仲間。同じような身分・職掌などによってまとめられた集団。＊多聞院日記‐天正一八年(1590)正月四日「一所之衆〈あみた院・吉祥院・常如院・清浄院・惣珠院・延宗院〉上洛了」

いっしょ の 者(もの) 戦国大名毛利氏の下級在郷武士団。地域別にまとめて組織された地侍集団。一所衆。＊毛利家文書‐元亀三年(1572)一二月朔日・毛利氏掟(大日本古文書二・四〇四)「与力一所之者、可レ随二公儀一事」

いっ‐しょ【一書】〖名〗①書物についていう。㋑一冊または一部の書籍。一本(いっぽん)。＊俳諧・虚栗(1683)跋「栗と呼ぶ一書、其味四あり」＊西国立志編

(1870‐71)〈中村正直訳〉八・二七「勃古斯敦(ボックストン)曰く、一書を読み畢(おわ)らざれば決して他書を読み起すべからず」＊漢書‐芸文志「毎二一書已一、向輒条二其篇目一、撮二其指意一、録而奏レ之」㋺ある書物。また、同じ題目または趣旨で、別に書かれている書物。異本のうちの一つ。あるふみ。一本。＊万葉(8C後)一・七八・題詞「一書云太上天皇御製」＊読本・椿説弓張月(1807‐11)後・備考「又一書(イッショ)に、摂州伊丹の南に、為朝八幡あり。鎮西八郎を勧請すといふ」＊青箱雑記‐三「真宗聴レ政之暇、唯務レ観レ書、毎三観二畢一書一、即有二篇詠一」②一通の手紙や文書。＊日葡辞書(1603‐04)「Ixxo(イッショ)。ヒトツ カク〈訳〉一通の書状〈略〉カミでは Ixxouo(イッショヲ) モッテ マウシソロという。文書語」＊花柳春話(1878‐79)〈織田純一郎訳〉一五「僕一書を記せんことを乞ふ。願くは一片の紙を与へよ」＊近江聖人(1892)〈村井弦斎〉習はぬ旅「奥に入りて一書(ショ)を認(したた)め」＊曹鄴‐相思極詩「三年得二一書一、猶在二湘之浜一」補注「日本書紀‐神代」に頻出する「一書曰」はふつう「あるふみ」「ひとつのふみ」と訓じている。発音〈標ア〉イ〈京ア〉0 辞書 文明・日葡・言海 表記 一書(文・言)

いっ‐しょ【逸書・佚書】〘名〙(「逸」は、なくなる、世に知られないの意) ①古文尚書。また同様に前漢のころ、大学以外に伝わっていたとされる経書。＊史記抄(1477)一〇・呉太伯世家「已上周書也。此が惣計四十二篇今亡ぞ。逸書と云ものなり」＊授業編(1783)五「先儒以て周の逸書(イッショ)を疑ふこと余其真贋を論ずるには非ず」＊史記‐儒林伝「孔氏有二古文尚書一、而安国以二今文一読レ之、因以起二其家一、逸書得二十余篇一」②古い時代に、世の中から失われたとされていた書物。＊伊沢蘭軒(1916‐17)〈森鷗外〉五〇「西土休誇文物美。逸書多在我東方」発音〈標ア〉イ0〈京ア〉0

いっしょ‐いっぱい【一所一杯】〘副〙方言 ❶たくさん。山口県玖珂郡800 ❷いっしょうけんめい。精いっぱい。山口県玖珂郡800 ◇いっしゅっぺ・いっしっぺ・いっせっぺ 鹿児島県961 ❸躍起になって。むやみと。◇いっしゅいっぺ 鹿児島県肝属郡970

いっ‐しょう【一升】〘名〙①容量の単位。一〇合。一斗(と)の十分の一。約一・八リットル。大宝令の大枡(ます)一升は現在の約四合。以後まちまちであった容積の単位が上記のように統一されたのは寛文八年(一六六八)である。＊令義解(718)雑・度十分条「量十合為レ升。〈三升為二大升一升一〉」＊元和本下学集(1617)「一升 いっセウ 音蒸 十合也。日本之俗作二舛(しゅく)字一。音大誤也。蓋因二字形相似一歟」＊広益熟字典(1874)〈湯浅忠良〉「一升 イッシャウ 十合ヲ云」②追い風に舟の帆を十分に張ってあることをいう語。発音イッショー〈なまり〉イチジョー・イッチョー〔豊後〕イッシュ〔豊後・鹿児島〕イッシュー〔福岡・壱岐・NHK(熊本)・豊後〕イッショ〔NHK(新潟)・南伊勢〕イッショー〔佐賀〕エッショ〔津軽語彙〕エッチョ〔山形〕〈標ア〉イ〈京ア〉0 辞書 下学・文明・天正・日葡・書言 表記 一升(下・文・天・書)

いっしょう 入(い)る壺(つぼ)は一升(いっしょう)(「壺」以外に「瓶(かめ)」「徳利」「柄杓(ひしゃく)」「瓢簞(ひょうたん)」「袋」などともいう) 一升入りの容器には、どうやっても一升以上は入らない。ものには限度があることのたとえにいう。＊米沢本沙石集(1283)九・二二「一升入る甕(カメ)は何(イック)にても一升入り」＊仮名草子・東海道名所記(1659‐61頃)一「一升入のへうたんにて大海にても一升なり」＊浮世草子・好色盛衰記(1688)三・三「冬の夜の寝酒も一升入壺には一升入とや」＊浮世草子・世間胸算用(1692)五・二「何としても、一升入柄杓へは一升よりは入らず」＊浄瑠璃・心中万年草(1710)中「一升入る袋は海川(うみかは)でも一升」＊浮世草子・世間娘容気(1717)三「とかく一升入袋(フクロ)には一升の抹香に、樒ならぬ余の葉をまぜて」＊お菊宛一茶書簡‐文化一四年(1817)三月三日「一升入の徳利はいつでも一升きりより外這入らずと心にあきらめ申候」

いっしょう 搗(つ)く餅(もち)にも粉(こ)が要(い)る わずか一升の餅をつくにも、存外たくさんの取り粉が必要であるように、いくら小さい事柄でも必要なものは必要だ。＊譬喩尽(1786)一「一舛(イッシャウ)搗(ツク)餅(モチ)にも粉(コ)が入(イ)る」

いっ‐しょう【一生】(ヤウ・シ) 〓〘名〙①生まれてから死ぬまでの間。生きている間。生涯。一期(いちご)。終生。＊竹取(9C末‐10C初)「一しゃうの恥ぢ、これに過るはあらじ」＊平家(13C前)三・大臣流罪「三界広しといへ共、五尺の身置所なし。一生程なしといへ共、一日暮しがたし」＊徒然草(1331頃)三八「名利に使はれて、しづかなるいとまなく、一生を苦しむこそおろかなれ」＊寛永刊本蒙求抄(1529頃)六「去程に、趙臺が一生の間の不平にして志を得ぬ方を見てうて坎壈と書たぞ」＊浮世草子・好色五人女(1686)二・四「女の一生(シャウ)にひとりの男に身をまかせ」＊南海先生文集(1784)一・詩画歌「無声詩無形画、一生於レ我足レ称レ快」＊太政官第二一四号‐明治五年(1872)七月「人々自ら其身を立て其産を治め其業を昌(さかん)にして以て其生(セイ)〈注〉イッシャウ)を遂るゆゑんのものは」＊晉書‐挙卓伝「右手持二酒盃一、左手持二蟹螯一、拍二浮酒船中一、便足レ了二一生一矣」②(「一生の」の形で)生涯にかかわるようなこと、生涯に一度しかないようなこと、生涯にかかわるようなことの意を添える。＊浄瑠璃・女殺油地獄(1721)中「此の節季に立てねば切腹かしばり首、一しゃうの無心〈略〉沙汰なしに三貫目ととのへ、与兵衛に持たせて下されと」＊洒落本・通言総籬(1787)二「わっちらんは今一生のきゃく人の所へあいさつに下ざしきへお出でなんしたよ」＊滑稽本・東海道中膝栗毛(1802‐09)四・下「しかしわっちまでをきちげへとは、彌次さん、ありゃアおめへ一生の出来だぜ」＊記念碑(1955)〈堀田善衛〉「いかにも憎さげに、お前と結婚したのは一生の不作だった、と云い続けでしたわ」③やっとのことで生き延びること。→九死一生。＊太平記(14C後)二・師賢登山事「万死を出て一生に合ひ、白昼に京へ引返す」〓〘副〙(「に」を伴う場合もある。下に打消を伴って)全く。まるっきり。＊浄瑠璃・堀川波鼓(1706頃か)上「我妻ならで一生に、覚へぬ男の肌触れて身を汚したか浅ましや」＊歌舞伎・絵本合法衢(1810)五幕「張り込んだ、下駄の銭もいまいましい。こいつが一生(シャウ)つまらない」方言❶決して。断じて。◇いっしょ・いっしゅ 青森県津軽073 075 ❷絶えず。始終。千葉県山武郡270 熊本県天草郡937 ❸平常。常。沖縄県990 発音イッショー〈標ア〉0〈京ア〉ッ 辞書 易林・日葡・〈ボン〉・言海 表記 一生(易・へ・言)

いっしょう 造悪不断煩悩塵(ぞうあくふだんぼんのうのちり)**にまじわる** 生涯にわたって絶えず悪を犯し、煩悩にまみれた俗世間に交わる。＊浄瑠璃・蟬丸(1693頃)五「今日の衆生一生ざうあくふだんぼんなふのちりにまじはり、あしたにいかり夕に悦び」

いっしょう 入妙覚(にゅうみょうかく)(妙覚は悟りの世界、仏の境界) 仏語。天台宗に説くところで、三論宗や唯識宗などが三大阿僧祇劫(さんだいあそうぎこう)という長い間にわたって修行しなければ悟りに達しないと説くのに対し、この世にあって凡夫が一足飛びに仏の境界に達するという説。＊野守鏡(1295)下「天台の一生入妙覚、花厳の三生成仏、禅宗の見性成仏、みな理によりて速疾の義をたつれども」

いっしょう の 悪身(あくしん) 一生の間、恵まれない身であること。一生涯不幸な身でいること。＊太平記(14C後)一九・金崎東宮幷将軍宮御隠事「一念悪を発せば一生の悪身を得、十念悪を発せば十生悪身を受く」＊安楽集‐下「拠二浄度菩薩経一云人寿百歳夜消二其半一〈略〉又彼経云、人生二世間一凡経二一日一夜一、有二八億四千万念一。一念起レ悪、受二一悪身一、十念念レ悪、得二十生悪身一。百念念レ悪、受二一百悪身一」

いっしょう の 大事(だいじ) 一生涯の中で最も大きな事件。死をいう。

いっしょう の 別(わか)**れ** 一生涯再び会うことのできない最後の別れ。この世の別れ。死別をいう。

いっしょう は 糾(あざな)**える縄**(なわ)**の如**(ごと)**し** 災いは福となり、福は災いに転じ、一生の吉凶禍福はより合わせた縄のようなものである。禍福(かふく)は糾える縄の如し。＊浄瑠璃・心中二つ腹帯(1722)三「人間一生あざなへる縄の如くと伝へしは、今日の身の上」

いっしょう は 風(かぜ)**の前**(まえ)**の灯**(ともしび) 人生のはかなくもろいことのたとえ。＊仮名草子・竹斎(1621‐23)上「一しゃうは風のまへのともしび、誰か百年を保たん」

いっしょう は 尽(つ)**くれども希望**(けもう)**は尽**(つ)**きず** 死んだとしても欲望は尽きない。欲にはきりがないことのたとえ。＊往生要集(984‐985)大文一「頭戴二霜雪一、心染二俗塵一。一生雖レ尽希望不レ尽」

いっ‐しょう【一声】(ヤウ・シ)〘名〙①一度声を出すこと。ひとこえ。いっせい。＊日葡辞書(1603‐04)「Ixxŏ(イッシャウ)。ヒトコエ」②一声の称名念仏。＊往生礼讃偈‐後・序「称二念阿彌陀仏一、若七日及二一日下至十声乃至一声一念等一、必得二往生一」③悉曇字母(しったんじぼ=梵字)で最初の字である𑖀(a)の音で、言語の根本と考えられていた。阿字。＊性霊集‐七(835頃)笠大夫奉為先妣造大曼荼羅像願文一首「弌声之義。歴レ却難レ尽」辞書 日葡

いっしょう 称念罪皆除(しょうねんざいかいじょ) 仏語。阿彌陀仏を念じて、「南無阿彌陀仏」とひと声念仏を唱える、その功徳によって、すべての罪業が除かれるということ。＊平家(13C前)一〇・戒文「『一声称念罪皆除』と念ずれば罪みなのぞけりと見えたり」＊源平盛衰記(14C前)三九・重衡請法然房事「一声称念罪皆除(いっシャウセウねんザイカイジョ)と釈して、一声も彌陀を唱ふれば、過現の罪皆のぞかる」＊般舟讃「利剣即是彌陀号 願往生 一声称念罪皆除 無量楽」

いっしょう の 内(うち)**に生**(う)**まるる蓮葉**(はちすば) 仏語。「南無阿彌陀仏」とひと声唱えるとき、直ちに極楽世界に往生し、蓮華(れんげ)の池の蓮葉の上に生まれることができるということ。＊光悦本謡曲・誓願寺(1464頃)「彌陀頼む心は誰も一声の、一声の中に生まるる蓮葉の、濁にしまぬ心もて、何うたがひの有るべき」

いっ‐しょう【一床・一牀】(ヤウ・シ)〘名〙①一つのこしかけ。また、一つの寝床。＊夢窓国師語録(1354)下「眼裏有レ塵三界窄、心頭無事一床寛」＊日葡辞書(1603‐04)「Ixxŏ(イッシャウ)。ヒトツ トコ」＊礼記‐喪大記「含一牀、襲一牀、遷二尸于堂一、又一牀、皆有二枕席一」②床(ゆか)全体にわたること。床いっぱい。＊卜居集(1793)上・北山先生孝経楼「文事知兼レ武、兵書亦一床」

いっ‐しょう【一所】〘名〙「いっしょ(一所)」の変化した語。＊狂言記・絹粥(1660)「前車のくつがへすを見ては後車の戒めする、一しゃうに引けや、一しゃうに懸れやと下知をなす所に」辞書 日葡

いっ‐しょう【一宵】(ウ・セ)〘名〙ひとばん。一夜。一夕。＊新撰万葉(893‐913)上「一宵鐘漏尽尤早、想像閨莛怨婦悲」＊東関紀行(1242頃)柏原より株瀬川「株瀬川(くひせがは)に宿して一宵、しばしば幽吟を中秋三五夜の月にいたましめ」＊読本・英草紙(1749)四・六「他日かならず一宵(セウ)の約にそむかじ」＊広益熟

字典(1874)〈湯浅忠良〉「一宵 イッセウ ヒトヨ」 *董思恭-守歳詩「共歓新故歳、迎送一宵中」

いっ-しょう【一将】『名』一人の大将、将軍。*歌舞伎・小袖曾我薊色縫(十六夜清心)(1859)三立「万卒(ばんそつ)は得安く、一将は得難し」 *尉繚子-制談「百人一卒、千人一司馬、万人一将」 発音イッショー〈標ア〉0〈京ア〉0

いっしょう功(こう)成(な)りて万骨(ばんこつ)枯(か)る (晩唐の曹松の「己亥歳詩」の「憑レ君莫レ話封侯事、一将功成万骨枯」の一句) 一人の将軍が輝かしい功名を立てるかげには、しかばねを戦場にさらす多くの兵士のいたましい犠牲がある。功名をいたずらに将軍や指導者だけのものとするのを怒っていうことば。*譬喩尽(1786)一「一将功成万骨死(イッシャウコウナリテバンコツカルル) 古戦場詩句也」 *開化のはなし(1879)〈辻弘想〉二「一将功成万骨枯(イッシャウコウナリテバンコツカル)ると、君一人の功を成んとて、区内数百の人民が、課銭(とりたて)に苦しみ歎くこと、旱に苦しむ如くなるは」 *明治大正見聞史(1926)〈生方敏郎〉政府の恐露病と日露戦争・四「碌な手柄も立てられなからうし、立てたとて其奴は上官に失敬されちまう。一将功成り万骨枯るだ」

いっ-しょう【一称】『名』①一つの名称。また、別の呼び名。異称。②一度唱えること。特に、念仏などを口に唱えること。→一称南無。*呂氏春秋-審応覧・重言「周公旦可レ謂二善説一矣、一称令二成王益重レ言」 発音イッショー〈標ア〉0 辞書日葡

いっ-しょう【一笑・一咲】『名』①ひとたび笑うこと。軽く笑うこと。一噱(いっきゃく)。*太平記(14C後)一四・新田足利確執奏状事「聴二其所レ功、堪二拍レ掌一咲(いっセウスル)二」 *蔗軒日録-文明一六年(1484)一二月二三日「洛客新従二恵崎一来。相逢一咲義顔開。可レ憐村院単丁甚。為写二小詩一代二早梅一」 *集義外書(1709)一「乍レ去儒学せられずば、いまだよからんと被レ申候。一笑いたし罷帰候」 *随筆・耳嚢(1784-1814)四・曲禅弓の事「座中一笑を起しける」 *浮雲(1887-89)〈二葉亭四迷〉二・七「嫣然一笑しながら昇の顔を窺き込んで」 *史記-平原君伝「此豎子乃欲下以二一笑之故一殺中吾美人上」 ②一つの笑いぐさ。また、笑いぐさにしてしまって問題にしないこと。一噱。*咄本・醒睡笑(1628)一「福をそとへ出さん事、いかがと申すべくや、一笑(イッセウ)一笑」 *随筆・秉燭譚(1729)四「或一官人、この説を聞て、甚称歎したまひ、この様の説はみだりに人に言きかせまじきことぞと一笑す」 *おとづれ(1897)〈国木田独歩〉下「学者、宗教家、文学者、政治家の類を一笑し倒さんと意気込む人」 *北史-劉昶伝「雖レ無レ足レ味、聊復為二一笑一耳」 ③(「笑」の字が、竹と犬の組み合わせから成り、蘇東坡が竹下に犬を描いた図を一笑図と題したところから) 画題の一つ。竹に犬を配したもの。発音イッショー〈標ア〉0〈京ア〉0 辞書易林・日葡・書言・言海 表記一笑(易・書・言)

いっしょうに付(ふ)する 笑って問題にしないで済ます。ばかにして相手にならないでいる。*浮雲(1887-89)〈二葉亭四迷〉二・八「快く一笑に付して、心の清い所を見せて」 *露団々(1889)〈幸田露伴〉一九「過去の事を一笑(イッセウ)に付(フ)せしめんと考へしなり」 *夫婦(1904)〈国木田独歩〉五「人情の老巧者に聞かせば一笑(セウ)に附(フ)するだけのことであらうが」

いっしょうを買(か)う 笑いものになる。

いっ-しょう【一唱】『名』①一度唱えること。また、一度うたうこと。*易林本節用集(1597)「一唱 イッシャウ」 *陸機-擬東城一何高詩「一唱万夫歎、再唱梁塵飛」 ②詩文を一度読むこと。*小説神髄(1885-86)〈坪内逍遙〉上・小説の変遷「然して一唱人情をばよく表出する文句の如きは」 発音イッショー〈標ア〉0 辞書易林 表記一唱(易)

いっ-しょう【一章】『名』①文章などの大きな段落。また、その第一番目のもの。または、一つの文章。一編の詩。*蕉堅藁(1403)送勝侍者之四州「於レ是作二唐詩一章一、以壮二其行色一云」 *親長卿記-文明一一年(1479)一〇月二九日「但去応仁二年雖レ丁二一章之運一、依二天下擾乱一、不レ及二其沙汰一者無力次第也」 *孟郊-送韓愈従軍詩「一章喩檄明、百万心気定」 ②太陰暦で、太陽暦とのずれを調整するために必要な一周期。一九か年。*乾坤弁説(1656)貞「此余分を三年積て閏月を置て、四時の節に応じ行く也。然れども、猶三日の余分有り。積て十九年にして余分なし。是を一章と云也」 *和爾雅(1688)二「一章 十九年也」 *春秋左伝疏-僖公五年「(日南至)計十九年而有二七閏一、古暦十九年為二一章一、以二其閏余尽一故也」 発音イッショー〈標ア〉イ 辞書書言 表記一章(書)

いっ-しょう【一勝】『名』困難にうちかって一度成功すること。また、戦いや試合で一回勝つこと。*西国立志編(1870-71)〈中村正直訳〉一一・二九「この人、もし益々上進せんと思ふ志なければ、この一勝を以て自ら足れりと為べし」 *呉子-図国「天下戦国、五勝者禍、四勝者弊、三勝者覇、二勝者王、一勝者帝」 発音イッショー〈標ア〉0〈京ア〉0

いっしょう【一晶】 江戸前期の俳人。芳賀氏。京都の人か。特定の師系はなく、秋風・信徳に兄事。江戸に下って芭蕉らと親交をもち、天和期蕉風の一翼を担った。元祿期はもっぱら雑俳点者として活動した。画をよくし、代表作に西鶴画像がある。編著「丁卯集」「千句前集」など。享年六〇前後。宝永四年(一七〇七)没。

いっ-しょう【一証】『名』一つの証拠。一つのあかし。*正法眼蔵(1231-53)伝衣「千経万得ありとも一証にしかじ」 *日葡辞書(1603-04)「Ixxô(イッショウ)。ヒトツノ ショウコ」 *文明論之概略(1875)〈福沢諭吉〉五・九「其一証を挙れば」 *音訓新聞字引(1876)〈萩原乙彦〉「一證 イッシャウ ヒトツノアカシ」 発音イッショー〈標ア〉0 辞書日葡

いっ-しょう【一賞】『名』一度鑑賞すること。*六如庵詩鈔-二編(1797)四・題友人所蔵相撲節会図「俳優侏儒欠二佼倆一、可レ使三宮娥供二一賞一」

いっ-しょう【一餉】『名』一度食事すること。また、その程度の短い時間。*蕉堅藁(1403)採蕨「聊将二一餉一供二禅悦一、未三必高風羨二聖清一」 *翰林葫蘆集(1518頃)三・歳初会友「迎二青春一又送二青春一、一餉之間已過レ旬」 *江戸繁昌記(1832-36)三・裏店「今日、造化高し。一餉に売清す」 *韓愈-酔贈張秘書詩「雖レ得二一餉楽一、有レ如二聚飛蚊一」

いっしょう『名』方言❶植物、がまずみ(莢蒾)。岡山県036 ❷莢蒾(がまずみ)の大きな葉。芸州安芸郡†040

いつ-じょう【揖譲】『名』人に会釈して譲ること。ゆうじょう。*書言字考節用集(1717)八「揖譲 イツジャウ〔論語註〕先レ人後レ己謂二之譲一」 *授業編(1783)五「古人もかかる類を揖譲(イッシャウ)して火を救ふにひとしともいひ」 *音訓新聞字引(1876)〈萩原乙彦〉「揖譲 イツジョウ サキヲユヅル」 辞書書言 表記揖譲(書)

いっしょう-いちえい【一觴一詠】『名』(「觴」はさかずきの意) 酒盛りをし、詩を作って楽しむこと。酒を飲み、詩を詠ずること。*随筆・西遊記(新日本古典文学大系所収)(1795)「田氏、永氏等数輩来る。一觴一詠夜更るまで雅興を極む」 *王羲之-蘭亭序「雖レ無二糸竹管弦之盛一、一觴一詠、亦足三以暢二叙幽情一」

いっしょう-いちねん【一称一念】『名』仏語。口に阿彌陀仏の名号を一度唱え、心に一度深く思うこと。*光悦本謡曲・三井寺(1464頃)「南無や大慈大悲の観世音さしも草、さしもかしこき誓ひの末、一称一念頼みあり」 *日葡辞書(1603-04)「Ixxô ichinen(イッショウ イチネン)」 辞書日葡

いっしょう-いっせ【一生一世】『名』一生の中での重大事。強く思い込んだときなどにいう。*浄瑠璃・鑓の権三重帷子(1717)下「一生一世と、念力に切り込んだる右の肩先」 発音イッショーイッセ〈標ア〉イ2〈京ア〉ッ=0

いっしょう-いっぱい【一勝一敗】『名』一度勝ち、一度負けること。勝ったり負けたりすること。一勝一負。*梅堯臣-観阿君宝画詩「一勝一敗又苦似、勝者狼逐敗者趨」 発音イッショーイッパイ〈標ア〉0

いっしょう-いっぴん【一笑一顰】『名』(「顰」は、眉をひそめること) 笑ったりきげんの悪い顔をしたりすること。一つ一つの感情の表出。一顰一笑(いっぴんいっしょう)。*小説神髄(1885-86)〈坪内逍遥〉上・小説の変遷「一挙一動、一笑一顰、宛然(さながら)其物の真に逼(せま)りて」 発音イッショーイッピン〈標ア〉0

いっしょう-いっぷ【一勝一負】『名』「いっしょういっぱい(一勝一敗)」に同じ。*孫子-謀攻「故曰知レ彼知レ己者、百戦不レ殆、不レ知レ彼而知レ己、一勝一負、不レ知レ彼不レ知レ己、毎戦必殆」

いっしょう-がい【一升買】『名』米や酒などを一升ずつ買うこと。貧しい生活のたとえにいう。*浮世草子・西鶴織留(1694)一・四「米、酒に限らずわづか一升買(カイ)する程の貧者には、利徳かまはず、斗(はかり)よくして手ひろふ見せける」 *洒落本・娼妓絹籭(1791)一「一升買の足るを知らず、心のままに樽酒の楽みせんと」 *別れた妻に送る手紙(1910)〈近松秋江〉「そりゃ苦労も随分した。米の一升買ひもするし」 方言その日暮らし。新潟県佐渡352 発音イッショーガイ〈標ア〉ショ〈京ア〉ガ/ガ

いっ-しょうがい【一生涯】『名』生まれてから死ぬまで。生きている間。一生。生涯。終生。*細流抄(1525-34)一「源氏君の一生涯の心ばせを顕し侍也」 *寛永刊本蒙求抄(1529頃)八「一生涯に幾ばかりか著すらしってをかいではと也」 *日葡辞書(1603-04)「Ixxôgai(イッシャウガイ)。イッセノ アイダ」 *読本・椿説弓張月(1807-11)続・三八回「只閑雅に一生涯(イッシャウガイ)を、おくらんとのみ愿(ねが)ひ給ふなるべし」 *滑稽本・浮世床(1813-23)初・下「一生涯(イッシャウガイ)うろうろまごつきあるいて方々に尻が居(すは)らず」 発音イッショーガイ〈標ア〉ショ〈京ア〉ショ 辞書文明・日葡・書言・言海 表記一生涯(文・書・言)

いっしょう-くやみ【一升悔】『名』鹿児島県甑島(こしきじま)の瀬々野浦で葬式の際に、村人が贈る白米一升の香典。

いっしょう-けんめい【一生懸命】『名』(「いっしょけんめい(一所懸命)」の変化した語) ①(形動) 命がけで事にあたること。一心に骨折ること。いちずな気持になること。必死。*浄瑠璃・応神天皇八白旗(1734)四「憎い奴と飛かかり取って引起し、大君を殺さねば一生懸命(イッシャウケンメイ)の、親に替へて能う落したな、先を吐せと挫ぎつけ」 *浄瑠璃・仮名手本忠臣蔵(1748)三「主人一生懸命(イッシャウケンメイ)の場にも有合さず」 *滑稽本・浮世風呂(1809-13)四・上「おれも爰は一生懸命(イッシャウケンメイ)だと覚期をして、雪女にグットつかみかかると、其つめてへ事が指が斬れるやうす」 *真景累ケ淵(1869頃)〈三遊亭円朝〉二六「へエ怖い一生懸命に私が斯う鎌で殺す気も何(なんに)もなく殺してしまって見ると」 *西洋道中膝栗毛(1870-76)〈仮名垣魯文〉四・上「両人はいっせうけんめいはたけのなかをとびいだし、くもをかすみとにげいだす」 *浮雲(1887-89)〈二葉亭四迷〉三・一七「一生懸命に振放さうとする、放させまいとする」 *桐畑(1920)〈里見弴〉愛経・六「若し僕が、一生懸命(シャウケンメイ)な恋を君の奥さんに感じてゐるとすれば」 ②引くに引けないせっぱ詰まった場合。ことの決する

せとぎわ。＊浄瑠璃・摂津国長柄人柱(1727)四「今が一生懸命(ケンメイ)、生死の境」＊浄瑠璃・山城国畜生塚(1763)三「今日の軍が一生懸命(ケンメイ)、此謀計(はかりごと)仕損じなば」＊滑稽本・風来六部集(1780)放屁論自序「狐鼬鼠の最後屁は、一生懸命(ケンメイ)の敵を防ぐ」③重大なこと。たいへん。＊歌舞伎・油商人廓話(1803)四幕「揚代が無駄になっては一生懸命ぢゃ」
語誌 中世の「いっしょけんめい(一所懸命)」が、近世に入って転じたもの。これには中世における武士主体の土地領有の観念が、近世の町人主体の貨幣経済主体の時代にはそれほど切実なものとは感じられなくなっていった、という時代の推移があること、「一生」という語が近世では、「一生にわたって」という長期的なものよりは、「一生の」という形で「生涯に一度しかないほど重大な」という意味に重点が移ったこと、などが大きく関与していたと考えられる。→「一所懸命」の語誌。
発音 イッショーケンメイ〈標ア〉ケ〈京ア〉ッ=0 ケ 辞書 言海 表記 一生懸命(言)

いっしょう-ざけ【一升酒】『名』一升の酒。一升はいる徳利やびんの酒。大酒のたとえ。＊恋慕ながし(1898)〈小栗風葉〉一三「其が一升酒(シャウザケ)も傾けようと云ふ陶山(すやま)に擱(つかま)ったのだから」発音 イッショーザケ〈標ア〉ショ

いっしょう-さんたん【一唱三嘆】『名』①一人が発声すると三人がこれに唱和すること。特に、中国で宗廟(そうびょう)の祭などで楽を奏するとき、一人が発声すると三人がこれに和して歌うこと。＊太平記(14C後)一三・北山殿謀叛事「鄭声雅を乱る故に一唱三歎(いっシャウさんタン)の曲に非ず」＊音訓新聞字引(1876)〈萩原乙彦〉「一唱三嘆 イッセウサンタン ヒトリトナヘテ三ニンアヒオウズ」＊礼記-楽記「清廟之瑟、朱弦而疏越、壱倡三歎、有遺音者矣」②詩文を一度読んで何度も感嘆すること。すぐれた詩や文をほめたたえること。一読三嘆。＊太平記(14C後)一・無礼講事「是を読て一唱(シャウ)三嘆(タン)するに、句の優美遠長なる体、製のみ有て其の趣向落著の所を知り難し」＊書言字考節用集(1717)八「一唱三歎 朱子曰謂一人唱而三人従和。今以為三歎息非也」＊作詩志彀(1783)「又李白が『此夜曲中聞折柳、何人不起故園情』の詩は、〈略〉一唱三嘆の妙ここにあり」＊将来之日本(1886)〈徳富蘇峰〉一四「独り我が維新改革の歴史に到りては、雄勁蒼莽、曲々人意の表に超出し、人をして一唱三嘆せしむるものあるは何ぞや」＊蘇軾-答張文潜県丞書「汪洋澹泊、有一唱三歎之声也」発音 イッショーサンタン〈標ア〉0 辞書 書言 表記 一唱三歎(書)

いっ-しょうじ【一霎時】『名』少しの間。またたく間。霎時。＊江戸繁昌記(1832-36)初・火場「風は火勢を助く。一霎時、紅焔天に漲り、黒煙地に迷ふ」

いっしょう-しょうじん【一生精進】『名』一生涯、修行に励むこと。＊大鏡(12C前)三・伊尹「おほかた一生精進をはじめたまへる、まづありがたき事ぞかし」＊徒然草(1331頃)八六「一生精進(いっしゃうしゃうじん)にて、読経うちして、寺法師の円伊僧正と同宿して侍りけるに」発音 イッショーショージン〈標ア〉ショ2

いっしょう-せんきん【一笑千金】『名』一笑すると、千金にも値すること。美人の形容にいう。＊読本・本朝酔菩提全伝(1809)四・七「一笑千金の媚、鉄心を鎔(とらかす)の機(てたて)深し」＊崔駰-七依「美人進以承宴、調歓欣以解容、廻頭百万、一笑千金」

いつ-しょうぞく【五装束】『名』ひとそろいの武具。鎧、鉢巻、籠手(こて)、脛楯(はいだて)、臑当(すねあて)の総称。五具足。＊今川大双紙(15C前)陳具に付て式法之事「いつ装束と云は、籠手。はいたて。甲。はちまき。すね当是也」補注「日葡辞書」の「Ixxŏzocu(イッシャウゾク)」の項に「ひとそろいの武具。または衣服やりっぱな装飾物などのひとそろい」とあり、「一装束」の意かと思われる。「今川大双紙」の例もこの意とも考えられる。辞書 日葡

いっしょう-だき【一升炊】『名』米を一度に一升たくこと。また、一度に一升たくことのできる釜(かま)。＊二人女房(1891)〈尾崎紅葉〉中・一「例規(さだめ)の立振舞とて、一升炊(いっショウダキ)の赤飯に家奇(うちうち)の盃事」発音 イッショーダキ〈標ア〉0

いっしょう-だる【一升樽】『名』酒などの一升入りの樽。発音 イッショーダル〈標ア〉ショ

いっしょうだると百(ひゃく)の銭(ぜに)に手(て)を付(つ)けるとそのまま皆(みな)になる まとまった物を一度くずすと、たちまちなくなるのことわざ。＊雑俳・若えびす(1702)「出しそめて・ついみなになる百のぜに」＊随筆・仮名世説(1824)「一升樽と、百の銭に手を付くるとそのままみなになる事はやし〈略〉と其碩が喩草に見えたり」

いっしょう-つつしみ【一生慎】『名』江戸時代の刑罰の一種。犯罪が重く、遠島に処すべき者に酌量減刑して科するもの。ふつう、犯人の隠居、知行の召し上げを伴い、将軍出格のおぼしめしによるほかは赦免されないものとする。

いっしょう-どくり【一升徳利】『名』一升はいる徳利。ふつう酒を入れて持ち運びするためのもの。＊滑稽本・八笑人(1820-49)初・一「茶瓶の行列三重も、壱升徳利(イッショウトクリ)のテンツツも、弾けや謡への芝畳」＊酒中日記(1902)〈国木田独歩〉五月六日「一升徳利(いっショウドクリ)をぶらさげて先生〈略〉飲んで見さっせと縁先へ置いて去(い)く老人もある」発音 イッショードクリ〈標ア〉ド

いっしょう-なき【一升泣】『名』泣き女(葬儀で雇われて泣く者)の泣き方の段階の一つ。報酬の布施米の量により、五合泣き、二升泣きなどあり、泣き方や唱えごとを異にする。明治ごろまで諸地方にあった。＊浮世草子・傾城禁短気(1711)四・四「是れは六兵衛、在所風で一升啼(ナキ)をして見るのか」＊諸国風俗問状答(19C前)越後国長岡領風俗問状答・一一七「喪家の貧富、泣くものの上手下手によりて、壱升泣、弐升泣といふと聞及び侍り」＊歌舞伎・法懸松成田利剣(1823)大切「待女郎には白布の、帽子を着せて一升泣き、二升泣きでもお望み次第」

いっしょう-なむ【一称南無】『名』仏語。ひと声、「南無」と唱えること。＊米沢本沙石集(1283)二・七「一称南無(イッセウナム)の功、一念欣求の志空しからずと見えたり」＊雑談集(1305)一〇・仏法結縁不空事「これを礼し信し一称南無(イッショウナム)の結縁もあるは、毒沫を踏むが如し」

いっしょう-なむぶつ【一称南無仏】『名』(法華経-方便品「若人散乱心、入於塔廟中、一称南無仏、皆已成仏道」から)「いっしょうなむ(一称南無)」に同じ。＊宇治拾遺(1221頃)四・一二「その外題に、一称南無仏、皆已成仏道とかかれたり」＊随筆・戴恩記(1644頃)下「此戴恩記を見て一称南無仏の廻向に、先師達を預らしめん為に思ひ立物なり」

いっしょう-にく【一升肉】『名』(多く、家畜商人などの隠語として用いられて)牛や馬が標準的に肥えていること。また、その牛や馬。

いっしょう-のみ【一升飲】『名』一升の酒を飲むこと。また、そのような大酒飲みの人。＊斜陽(1947)〈太宰治〉六「相当な飲み手だったに違ひねえのさ。まづ、一升飲みかね」発音 イッショーノミ〈標ア〉ショ

いっしょう-びしゃく【一升柄杓】『名』一升入りのひしゃく。昔、勧進比丘尼が金をもらう時に用いたりした。＊浮世草子・好色一代女(1686)三・三「小比丘尼(こびくに)に定りての一升びしゃく、勧進といふ声も引きらず、はやり節をうたひ」＊浮世草子・世間胸算用(1692)五・二「熊野びくにが〈略〉息の根のつづくほどはやりうたをうたひ、勧進をすれども、腰にさしたる一升ひしゃくに一盃はもらひかねける」

いっしょう-ひゃくび【一笑百媚】『名』一度笑うと、百の愛嬌(あいきょう)がこぼれること。非常に愛嬌のあることをいう。＊浮世草子・男色大鑑(1687)一・五「此人七才の時より形さだまって嬋娟(たをやか)に、一笑百媚(いっセウひゃくビ)の風情」＊開化評林(1875)〈岡部啓五郎編〉明治五年・女子洋装の説「其女今春年既に長し、天生の麗質、一笑百媚、人を聳動す」＊白居易-長恨歌「廻眸一笑百媚生、六宮粉黛無顔色」

いっしょう-びん【一升瓶】『名』酒などが約一升はいる大きさのびん。一升入りのびん。＊父親(1920)〈里見弴〉「口をつけたばかりの一升瓶を、かれこれ空(から)にして了った二人は、もういい加減酔ってゐた」＊湖畔手記(1924)〈葛西善蔵〉「大きな紅白のお供へ、一升ビンの御神酒」発音 イッショービン〈標ア〉ショ

いっしょう-ふしょ【一生補処】『名』(梵 eka-jāti-pratibaddha の意訳) 仏語。この一生だけ生死の迷いの世界に縛られるが、次の世には仏となることが約束された菩薩の位。菩薩の位のうちでは最上の位で、特に弥勒(みろく)菩薩をさす。補処。＊宴曲・拾菓集(1306)上・南部霊地誉「つらつら中宗の誉を訪らへば、遠く西天の雲の外、一生補処の大聖」＊太平記(14C後)二四・依山門嗷訴公卿僉議事「厳浄の宮殿微妙の浄刹、一生補処(フショ)の菩薩聖衆此の中に来至し給へば」＊寛永刊本蒙求抄(1529頃)序「弥勒を一生補処と云がよいと云が、さう有かも知らぬぞ」＊光讃経-二「或有菩薩摩訶薩、従兜術天化没其身、一生補処則不失六波羅蜜、所至到処諸総持門一切悉具」

いっしょう-ぶち【一升扶持】『名』他人の家に宿泊するとき、一日について米一升の割で、宿泊費の計算をすること。

いっしょう-ふつう【一生不通】『名』生涯互いに交際・音信を絶つこと。→一生不通養子。＊読本・本朝酔菩提全伝(1809)一・二「一生不通(いっシャウフツウ)にして、養女につかはしたる其方(そなた)」＊歌舞伎・曾我梅菊念力弦(1818)三立「その人へ一生不通(いっシャウフツウ)の養子にやり」＊禁令考-後集・第二・巻二〇・文政元年(1818)「卯兵衛当歳之娘たみを一生不通之相対を以貰受、養料銭分け取候上」発音 イッショーフツー〈標ア〉0

いっしょうふつう-ようし【一生不通養子】『名』近世の養子契約の一種。養子と実親との関係を絶ち、養親と養子との関係を実親子同然とするもの。また、その養子。養子に養親を実親のごとく思い込ませ、両者の幸福を求めるためのほか、子女の身売り奉公などに際して、実親としての権利を放棄させるためにも行なわれた。発音 イッショーフツーヨーシ〈標ア〉ヨ

いっしょう-ふぼん【一生不犯】『名』仏語。一生、不淫戒を守って、男女の交わりをしないこと。＊吾妻鏡-治承四年(1180)八月一八日「有号法音之老、是御台所御経師、為一生不犯之者云々」＊宇治拾遺(1221頃)一・一一「仏前にて僧に鐘を打せて、一生不犯なるをえらびて、講を行はれけるに」＊平家(13C前)二・座主流「一生不犯の座主」＊古今著聞集(1254)一六・五五一「近比(ちかごろ)一生不犯の尼ありけり」＊黒本本節用集(室町)「一生不犯 イッシャウフボン」発音 イッショーフボン〈標ア〉0 辞書 文明・饅頭・黒本・日葡・書言 表記 一生不犯(文・饅・黒・書)

いっしょう-ぼうこう【一生奉公】『名』①江戸時代、諸侯などの奥方に仕える女中などが、その奥方の生きている間奉公すること。＊人情本・清談松の調(1840)初・下「お雪は別けて奥様の思召しに適(かな)ひ、御恩になりし事なれば、予(かね)て生涯奉公

（イッシャウボウコウ）とも思ひ込みありし故」②一生の間奉公に出ること。＊譬喩尽(1786)一「一生奉公と思やれ」＊人情本・春色辰巳園(1833-35)四・八条「一生奉公でも年一ぱいでも、おめへの手切(てきり)にどうでもしねへ」 発音 イッショーボーコー〈標ア〉ボ

いっしょう-ぼし【一升星】〘名〙方言 昴(すばる)。神奈川県横浜市026 山梨県北巨摩郡031 長野県諏訪・南佐久郡031 静岡県521 ◇いっしょぼし 青森県下北郡026 静岡県田方郡・庵原郡026 ◇いっしょぼっさん 静岡県富士郡521

いっしょう-まき【一升蒔】〘名〙種を大枡一升分まくこと。＊破戒(1906)〈島崎藤村〉四・六「一升蒔で何俵の籾が取れるのか、一体年に肥料が何(ど)の位要るものか、其様(そん)なことは薩張(さっぱり)解らん」 発音 イッショーマキ〈標ア〉0

いっしょう-ます【一升枡】〘名〙一升の量をはかる枡(ます)。容量の異なる京枡と江戸枡があったが、寛文九年(一六六九)江戸幕府は京都中心に行なわれていた京枡を公定枡として採用した。＊浮世草子・本朝桜陰比事(1689)一・四「金子拾両づつ持参して、頼母子(たのもし)と名付合力(かうりょく)にいたし一升枡にひとりひとりなげ入」＊御触書寛保集成-三四・正徳二年(1712)三月「枡之直段壱匁八分相増、向後壱升升壱挺に付五匁八分宛、其外大小之升右之直段に応じ、売渡候筈に申付候」 発音 イッショーマス〈標ア〉ショ〈京ア〉1 辞書 言海 表記 一升枡(言)

いっしょう-まっしょう【一生末生】〘名〙方言 ❶一生涯。神奈川県足柄下郡054 新潟県中頸城郡383 山梨県456 南巨摩郡463 ◇いっしょうまっしょ 新潟県中頸城郡382 ◇いっしょうまっせ〔一生末世〕 新潟県佐渡352 ◇いっしょまつで〔一生末代〕 宮崎県東諸県郡954 ◇いしょまつで 青森県上北郡082 ❷常に。常々。◇いっしょまっしょ 熊本県天草郡936

いっしょう-みず【一生水】(イッシャウミヅ)〘名〙福井県で嫁の入家式行事の一つ。婿方の親類縁者が集まって玄関口で嫁を迎え、そこで飲ませる水。一生涯離婚しないで励むようにという俗信がある。

いっしょう-めし【一升飯】〘名〙一升の分量のごはん。一日に一升食べるような大食を形容していう。＊太政官(1915)〈上司小剣〉三「市人(いちんど)が面桶(めんつう)の一升飯を喰てよるのは、思ひ出しただけでも、可味さうで、口に唾液(つば)が溜るわい」 発音 イッショーメシ〈標ア〉ショ

いっしょう-よう-ふじん【一生用不尽】(イッシャウヨウ:)〘連語〙一生のあいだ用いても、用いつくすことがない、の意。禅宗などで、ある一つの行為に無限のはたらきが含まれていることをいう。＊日本的霊性(1944)〈鈴木大拙〉「倶胝は一指頭の禅において一生用不尽であったと云ふ」

いっしょ-がえり【一所返】(:がへり)〘名〙歌舞伎の殺陣(たて)の一つ。とんぼ返りをして、両足がもとの場所につくもの。

いっ-しょく【一色】〘名〙①他の色の混じらないこと。一つの色。同じ色。＊評判記・野郎虫(1660)加川右近「加レ霜一色(イッショク)朝、川上与二山頭一」＊漢書-梅福伝「一色成レ体、謂二之純一、白黒雑合、謂二之駮一」②同じたぐい。同じ傾向。＊高力士伝「不レ死則流、動逾二千計一、黔中道、此一色尤多」 発音〈標ア〉(名詞的)ク (副詞的)0〈京ア〉(名詞的)ショ (副詞的)0

いっ-しょく【一食】〘名〙①一度の食事。一飯。＊蔭凉軒日録-延徳三年(1491)六月一三日「小補話云、老少皆一食也。当院之安使者只雪隠耳。清浄而在レ近。雖レ然長斎小飯之故両三日間不レ過二一度一。一座皆呵々大咲」＊咄本・大御世話(1780)金持に成伝「また七七日が間、丸はだかにして、一食(イッショク)にて置ければ、さむさひだるさこたへかね」＊梁書-武帝紀下「日止一食、膳無二鮮腴一、惟豆羹糲食而已」②一か所に集まって食事すること。会食。＊礼記-玉藻「一食之人、一人徹」 発音〈標ア〉(名詞的)ク (副詞的)0〈京ア〉(名詞的)ショ (副詞的)0

いっ-しょく【一触】〘名〙一度触れること。ちょっとさわること。＊日本外史(1827)二・源氏正記「臣鎧袖一触、皆自倒耳」＊日本の目覚め(1904)〈岡倉天心〉四「魔法の杖の一触をもって、突如として日本人を数世紀のねむりからさましたのは西洋人であった」＊張詠-鯸鮧魚賦「鯸鮧憤悱、迎レ流独逝、偶物一触、厥怒四起」

いっ-しょく【一矚】〘名〙一目。ひとながめ。一望。＊西洋聞見録(1869-71)〈村田文夫〉前・中「倫敦都府より近傍六洲の地一矚に総観すべし」

いっしょく-が【一色画】(:グヮ)〘名〙ただ一色だけで描いてある絵。日本の墨絵の類。単色画。 発音 イッショクガ〈標ア〉0

いっしょく-そくはつ【一触即発】〘名〙ちょっとさわると、すぐ爆発しそうである意から、小さなきっかけですぐある事態が発生しそうな危機に直面しているさま。＊光と風と夢(1942)〈中島敦〉五「方に一触即発のこの時、天は絶妙な劇作家的手腕を揮って人々を驚かせた」＊桜桃(1948)〈太宰治〉「この夫婦は〈略〉口汚く罵り合った事さへない頗るおとなしい一組ではあるが、しかし、それだけまた一触即発の危険にをののいてゐるところもあった」 発音〈標ア〉0〈京ア〉ショ=0

いっしょ-くた【一所━・一緒━】〘名〙(形動)いろいろなものごとが秩序なく一つになっていること。ごちゃまぜ。＊明暗(1916)〈夏目漱石〉一〇七「是でも夫婦だから、何から何まで一所(イッショ)くたよ」＊或る女(1919)〈有島武郎〉後・二七「菊や萩などが雑草と一緒くたに情けも容赦もなく根こぎにされるのを見ると」＊太陽のない街(1929)〈徳永直〉旗影暗し「それに加へて、〈略〉感情の衝突が、一緒くたに爆発した」 語源説 クタはゴミクタ、ゴタクタのクタでクタ(腐)〔大言海〕。 発音〈なまり〉イッチョークタ〔秋田鹿角〕 イッシヨクタラ〔岐阜〕 イッショコタ〔東京・岐阜〕 エッショクタ〔埼玉方言〕〈標ア〉0〈京ア〉0

いっしょ-くちゃ【一所━・一緒━】〘名〙(形動)「いっしょくた」に同じ。

いっしょ-けんめい【一所懸命】〘名〙①中世、生活の頼みとして、命をかけて所領を守ろうとすること。また、その所領。→一所懸命の地。＊古事談(1212-15頃)一・六条顕季避義光于所領事「汝は雖レ無二件庄一所、全不レ可二事闕一、彼は只一所懸命之由聞二食之一」＊文明本節用集(室町中)「一所懸命 イッショケンメイ」＊幸若・十番斬(室町末-近世初)「二の宮の姉婿は、世になきこじうとにくみし、一所懸命うしなはんと、よも申さじと存知しらする事も候はず」＊北条五代記(1641)三・軍法昔にかはる事「此所帯に身命を売切たる故に一所懸命と書て、いのちをかくるとよめりなど云て」＊読本・椿説弓張月(1807-11)残・六八回「彼西東の子どもに、一所懸命(イッショケンメイ)の荘園を宛行(あておこなは)れたり」②(形動)生死をかけるような、さし迫った事態。命がけのこと。また、そのさま。必死。一生懸命。＊仮名草子・智恵鑑(1660)一・一五「一所懸命(いっショケンメイ)の大事出来けるにより、夜中ひそかに禁中へしのびいらせ」＊浄瑠璃・舎利(1683)四「大和介信房は俊芿法師のめぐみにて、一しょけんめいの難をまぬがれ」＊浄瑠璃・丹波与作待夜の小室節(1707頃)夢路のこま「やれ侍ならば情をしれ、もとは伊達の与作ぞ、一所けんめいのじせつ到来、死に損(ぞこ)なはせてくれるか」＊浄瑠璃・津国女夫池(1721)二「藤孝が一所けんめいと、かけ出かけ入肺肝(はいかん)をくだき待所に」＊尋常小学読本(1887)〈文部省〉五「狐は、一所懸命に走りて、忽ち定めの場所に達し」＊懶い春(1949)〈尾崎一雄〉三「小さな作品だけれど、一所懸命にやりました。時間をかけ、努力をしました」 語誌 中世には「一所」は「同じ場所」「ひとつの場所」の意で、場所の観念がみられるが、近世以降になるとその観念は薄まり、「一所」と表記されても「一緒」の意味をもつようになる。それと平行して「一所懸命」も「ひとつの所領をいのちがけで必死にまもろうとする気持」のうちの「いのちがけの」あるいは「必死な気持」の意だけが残り、②の意味が派生する。この変化に伴い、場所・所領の観念が忘れられて「いっしょうけんめい(一生懸命)」へと語形変化したものと考えられる。→「一生懸命」の語誌。 発音 イッショケンメイ〈なまり〉イッショケンメ〔岐阜・愛知・紀州〕 イッショケメエ〔紀州〕 イッショケンメ〔鳥取・鹿児島方言〕 イッショケンベ〔鹿児島〕 イッショコンメ〔志摩〕 イッチヨケンメイ〔和歌山県〕 エッショケンメ〔富山県〕〈標ア〉ケ〈京ア〉ッ=0 辞書 下学・文明・易林・日葡・ポン・言海 表記 一所懸命(下・文・易・言) 一処懸命(へ)

いっしょけんめい の=地(ち)〔=領地(りょうち)〕 主に中世、武士間で用いられた語。一所の領地で、死活にかかわるほど重視した土地。元来は、自分の名字の由来する土地(本拠地)をさしたが、のちには恩給地をも含め、自分の所領地全部をいうこともあった。懸命の地。＊保元(1220頃か)下・義朝幼少の弟悉く失はるる事「今は定めて一所懸命の領地もよもあらじ」＊太平記(14C後)三三・新田左兵衛佐義興自害事「差(さし)たる罪科とも覚へぬ事に、一所懸命(ケンメイ)の地を没収(もっしゅ)せらる」＊庭訓往来(1394-1428頃)「且依二戦功之忠否一、且随二軍忠之浅深一、欲レ浴二朝恩一於二譜代相伝之分領一所懸命之地一者不レ可レ有二子細一者哉」 辞書 伊京・明応・天正・饅頭・黒本・日葡 表記 一所懸命地(伊・明・天・饅・黒)

いっしょ-こうに【一所━・一緒━】〘副〙ひとつに。＊詞葉新雅(1792)「イッショコウニ 地ひとつに」

いっしょ-こた【一所━・一緒━】〘名〙(形動)「いっしょくた」に同じ。〔東京方言集(1935)〕 発音〈標ア〉0

いっしょ-じゅう【一所住】(:ヂュウ)〘名〙延暦寺の僧徒の中で、軍勢の兵糧の調達などの仕事をする者。＊太平記(14C後)一七・山門牒送南都事「其の外一所住(いっショチウ)とて、衆徒八百余人早尾に群集(くんじゅ)して、軍勢の兵粮(ひゃうらう)已下の事取沙汰しける衆の中へ」

いっしょ-どころ【一所処】〘名〙(「ところ」は口調の上から添えたもの)「いっしょ(一所)」㈠①②」に同じ。

いっしょ-ふじゅ【一所不住】(:フヂュ)〘名〙「いっしょふじゅう(一所不住)」に同じ。＊地蔵菩薩霊験記(16C後)四・五「其の身貧乏(ひんぼく)なれば一所不住(いっショフジュ)にて東西を家とし南北を栖(すみか)とす」

いっしょ-ふじゅう【一所不住】(:フヂュウ)〘名〙僧などが諸所を行脚して一か所に定住しないこと。居所が一定しないこと。＊大観本謡曲・鉢木(1545頃)「これは一所不住の沙門にて候」＊文明本節用集(室町中)「一所不住 イッショフヂウ」＊俳諧・寛政三年帰郷日記(1791)「西にうろたへ東に漂ひ一所不住の狂人有」＊読本・昔話稲妻表紙(1806)四・一三「某(それがし)は一所不住(イッショフヂウ)の修行者にて、もとより卑賤の者なり」 発音 イッショフジュー〈標ア〉イ 辞書 文明・日葡・書言・言海 表記 一所不住(文・書・言)

いっしょ-まい【一緒前】〘名〙方言 一緒に使うこと。共有。京都市621 大阪市638 ◇いっしょごと〔一緒事〕 大分県大分郡941 ◇いっしょもん〔一緒物〕 大分県大分市・大分郡941

いっしょ-まつで【一生末代】〘名〙方言 ⇨いっしょうまっしょう(一生末生)

いつしり 語義未詳。「台記別記-康治元年一一月一六日・中臣寿詞」に見える語。厳実(いつしろ)の意で、下文

に見える「大御酒」をさすとする説や、動詞連用形として下文に見える「清まわり（＝斎戒する）」と同様の意とする説などがある。＊台記別記‐康治元年（1142）一一月一六日・中臣寿詞「今年十一月の中つ卯の日に、ゆしり、伊都志理（イツシリ）持ち、恐み恐みも清まはりに仕へ奉り、月の内に日時を選び定めて献る悠紀、主基の黒き、白きの大御酒を」

いっしりゅう【一旨流・一枝流・一志流】〘名〙槍術（そうじゅつ）の一派。慶安（一六四八～五二）頃、建孝流の槇野久兵衛茂俊の門人、松本長門守定好（また理左衛門利直ともいう）の始めたもの。その号「一指」をとって命名。＊本朝武芸小伝（1716）七・槍術「松本理左衛門利直者芸州人。〈略〉後来江戸以槍術教授於列侯諸士而大鳴、後仕松江侍従松平直政、潜称一旨流」発音イッシリュー〈標ア〉0

いっしん【一心】〘名〙①心一つ。一つの心。自分の心。また、こころ。＊法華義疏（7C前）方便品「衆生一心上、即有二相。一者聞苦厭生死之相。二者聞少道可求、而不知出生死之相」＊平家（13C前）二・康頼祝言「一心清浄の誠を致し」＊車屋本謡曲・黒塚（1465頃）「生死に輪廻し、五道六道に巡ること、ただ一心の迷ひなり」＊南郭先生文集‐初編（1727）一・詠懐十五首「一心等金石、千載不可磨」＊荘子‐天道「其動也天、其静也地、一心定而王天下、其鬼不崇、其魂不疲、一心定而万物服」②心をただ一つのことに集中すること。他事を思わない心。専念。→一心に。＊日本往生極楽記（983‐987頃）尋静「自謂是極楽迎也、歴五六日、更加沐浴。三箇日夜、永絶食飲。一心念仏」＊浄瑠璃・国性爺合戦（1715）一「わたりかねしといはばいへ、此一心のはや手舟、仁義の櫓櫂（ろかい）武勇（ぶゆう）のかぢは」＊化銀杏（1896）〈泉鏡花〉九「金沢が恋しくなって、帰りたい帰りたい一心でね」＊書経‐盤庚下「式敷民徳、永肩一心」③人々の心を一つに合わせること。＊米国及び英国に対する宣戦の詔書‐昭和一六年（1941）一二月八日「億兆一心、国家の総力を挙げて」＊荀子‐議兵「百将一心、三軍同力」④仏語。（認識論的な意味で）世界を表わし出すものとしての心。唯心。＊性霊集‐三（835頃）中寿感興詩「欲談一心趣、三曜朗天中」＊円多羅義集（平安末か）下「普賢延命、是一心一念本理平等身」＊愚迷発心集（1213頃）「生死に輪廻せば嘆くべし悲しむべし。一心を覚知すれば生死永く棄つ」＊梵舜本沙石集（1283）三・八「争（いかで）か平等の一心をさとり、無相の妙体に合（かな）はむ」＊蔗軒日録‐文明一七年（1485）七月一八日「天者何。理也。道也。一心也」⑤仏語。六波羅蜜（ろくはらみつ）の中の禅定（ぜんじょう）のこと。＊往生要集（984‐985）大文一〇「忍辱、精進、一心、智慧、転相教化」⑥仏語。信心のこと。仏より与えられた信。＊一念多念文意（1257）「一心は金剛の信心なり」語誌(1)梵語 eka-citta の訳としての「ある一つのことだけを考える」の意から、「ある対象に心を集中して、心を動かさないこと」という②の意味が生じる。ここから、「一心不乱」「一心念仏」、また、漢語副詞としての「一心に」などのさまざまな語が生まれた。(2)②は、「一個人が心を一つのことに集中する」場合であるが、③の漢籍例「荀子‐議兵」などには、主に戦争の場面で、「多くの人が心を一つに合わせる」という意味でも用いられ、日本においても戦中の文書によく現われる。発音〈標ア〉シ〈ア史〉江戸●●○○〈京ア〉シ 辞書文明・易林・日葡・ヘボン・言海 表記一心（文・易・ヘ・言）

いっしん岩（いわ）をも通（とお）す 心を集中し思いをこめてすれば、どんなことでもできるというたとえ。石に立つ矢。岩に立つ矢。念力岩をも通す。＊人情本・花暦封じ文（1866頃）二・八回「一心（いっしン）は岩（イハ）をも徹（トホ）すとか言ふ譬もあるから、然様（さう）力を落さずとも」＊社会百面相（1902）〈内田魯庵〉新高等官「一個人の力で天下を動かし得るやうに思って、至誠天に通ずとか、一心は巌（イハ）をも穿（トホ）すとか信じて」

いっしん【一身】〘名〙①一つの身体。ひとりの人。＊性霊集‐一（835頃）山中有何楽「一身三密過塵滴」＊観智院本三宝絵（984）上「又二の肘（ひぢ）背（せなか）惣て一身ながらの肉を皆取つるに」＊方丈記（1212）「ほどせばしといへども、夜臥す床（ゆか）あり、昼居る座あり、一身をやどすに不足なし」＊日葡辞書（1603‐04）「Ixxin（イッシン）。ヒトツノ ミ〈訳〉一つの身体、または実体、または唯一人」＊史記‐匈奴伝「君臣簡易、一国之政、猶一身也」②自分自身。自分ひとり。＊殿暦‐康和二年（1100）正月九日「早旦一身管弦、兼琵琶、箏、笛、拍子、歌次見馬」＊寛永刊本蒙求抄（1529頃）四「道をまけうずことではないぞ。さて一身くづれたはちっとも大事ないぞ」＊日葡辞書（1603‐04）「Ixxin（イッシン）デワ ナルマイ」＊浄瑠璃・国性爺合戦（1715）三「一身の外味方なしとは、日本を出る時よりかくごのまへ」③からだ全体。全身。総身。＊今昔（1120頃か）二四・七「年五十許の女の〈略〉一身ゆふゆふと腫たる者」＊蜀志‐趙雲伝裴注「子龍一身、都是胆也」発音〈標ア〉シ〈京ア〉ツ 辞書文明・易林・日葡・書言・ヘボン・言海 表記一身（文・易・書・ヘ・言）

いっしんの臍（ほぞ）を固（かた）める 強く決心する。覚悟を決める。ほぞを固める。＊歌舞伎・勧進帳（1840）「一身の臍（ほぞ）をかため、関所の番卒切り倒し、関を破って越ゆるべし」

いっしんを誤（あやま）る 身の処し方をまちがえ、一生を台無しにする。身を誤る。＊当世書生気質（1885‐86）〈坪内逍遥〉三「兎角少年の中には、小説稗史にあるようなロウマンチック（荒唐奇異）な事がしたいもので、それが為に、遂に一身を誤ることがあるヨ」

いっしんを立（た）てる 独立して生計を立てる。＊小学読本（1873）〈田中義廉〉二「此二人は、極めて、幼稚のとき、両親の、死したるゆゑに、今、自ら、一身を立てんとす」

いっ‐しん【一神】〘名〙「いっしんきょう（一神教）」の略。＊断橋（1911）〈岩野泡鳴〉一一「が、然し、渠には、多神も一神も、主義上、禁物である」発音〈標ア〉イ

いっ‐しん【一振】〘名〙①きっぱりととり払うこと。＊横浜新誌（1877）〈川井景一〉客舎「然れども今猶ほ盛んに土木を起し、将に衰頽の気を一振せんとす」②ひと振りすること。「バットを一振する」

いっ‐しん【一真】〘名〙仏語。唯一絶対の究極の真理。一如。一実。真如。＊続日本紀‐天平宝字二年（758）八月庚子朔「降迹禅林、開一真之妙覚」＊楞厳経‐八「一一皆是清浄無漏、一真無為本然 故名真実行」

いっ‐しん【一秦】〘名〙もう一つの秦。「一秦を生ず」の形で、もう一つの新たな敵を作り出す意に用いる。＊五山堂詩話（1807‐16）「偽唐詩已鑿矣。更有偽宋詩。可謂又生一秦也」＊漢書‐陳勝伝「桂国曰、秦未亡而誅趙王将相家属、此生一秦。不如因立之」

いっ‐しん【一寝】〘名〙一時の眠り。ひとねむり。＊太平記（14C後）三五・北野通夜物語事「一寝（シン）一休是を安からずして人の愁を懐いて待たんことを恐る」＊三国伝記（1407‐46頃か）一二・三「親子の値遇只一寝の夢の如くなれば宿縁の程恨めしさに」

いっ‐しん【一新】〘名〙①（―する）すっかり新しくなること。また、古いものを改めて、すべてのことを新しくすること。＊史記抄（1477）一五・竇田「天下を一新せうと思たぞ」＊四河入海（17C前）八・二「新と云は、西湖を修理して、一新する心ぞ」＊日誌字解（1869）〈岩崎茂実〉「一新 イッシン モッパラアラタム」＊思出の記（1900‐01）〈徳富蘆花〉八・三「先年の大病は却って体の組織を一新して」＊宋史‐外戚伝中・向宗回「官舎裕廩一新」②特に明治維新をさす。御一新（ごいっしん）。＊学問のすゝめ（1872‐76）〈福沢諭吉〉五・明治七年一月一日の詞「一新の後、未だ十年ならずして、学校兵備の改革あり」＊当世書生気質（1885‐86）〈坪内逍遥〉八「明治一新の変に遭ふて」発音〈標ア〉0〈京ア〉0 辞書ヘボン・言海 表記一新（ヘ・言）

いっしんを画（かく）す まったく新しいことをして、前の時代とくぎりをつける。

いっ‐しん【一審】〘名〙訴訟事件について、最初に係属した裁判所で受ける審判。民事事件では訴訟物の価額、刑事事件では刑罰や犯罪の種類に応じて、簡易裁判所と地方裁判所が一審裁判所となり、特別の行政事件については高等裁判所がなる。始審。第一審。＊袖珍新聞語辞典（1919）〈竹内猷郎〉「一審 First Instance 或事件に関し最初に裁判をなすを云ふ」発音〈標ア〉0〈京ア〉ツ

いっ‐しん【一親】〘名〙ひとりの親。父または母。⇔両親（りょうしん・りょうおや）。＊日葡辞書（1603‐04）「Ixxin（イッシン）。ヒトリノ ヲヤ」辞書日葡

いつ‐じん【一人】〘名〙天子。万人に対して、ひとりしかいないのでいう。上一人（かみいちじん・かみいちにん）。上御一人。いちじん。＊海道記（1223頃）蒲原より木瀬川「鶯姫は竹林の子葉也、毒の化女として一人の心を悩す」＊書経‐太甲下「一人元良、万邦以貞」

いつ‐じん【逸人】〘名〙①世間をのがれて俗事と交渉を持たない人。隠士。＊竹居清事（1455頃）西栄軒大字弁記「防城有逸人、自称西英」＊俳諧・猿蓑（1691）跋「洛下逸人去来随翁遊学」＊音訓新聞字引（1876）〈萩原乙彦〉「逸人 イツジン キママナヒト」＊宋之問‐初到陸渾山荘詩「帰斉逸人趣、日覚秋琴閑」②雅号などの下に添えて用いる語。山人。

いっしん‐あじゃり【一身阿闍梨】〘名〙（「いっしんあざり」とも）平安時代、皇族、摂政関白など高貴な家の子息に一身を限って与えられた、天台および真言の灌頂阿闍梨（かんじょうあじゃり）の号。＊中右記‐天永三年（1112）一〇月一一日「予著庁、左大弁同来加、有官符請印、是仁和寺御子一身阿闍梨官符也」＊愚管抄（1220）四・後三条「師房をもその子の仁覚僧正と云山の座主も、一身あざりになしなどしておはしけり」＊釈家官班記（1355）下・一身阿闍梨事「阿闍梨者、被寄置諸寺、以其闕補任、所被下官符也。而貴種之人、別而限其身、某可授伝法灌頂職位之由、被下官符、以之称一身阿闍梨」

いっしん‐いっこう（イッカウ）【一心一向】〘名〙心を一つに決めて他に向けないこと。一心不乱。一意専心。＊蓮如御文章（1461‐98）五「南無といふ二字のこころは、もろもろの雑行をすてて、うたがひなく一心一向に阿彌陀仏をたのみたてまつるこころなり」＊日葡辞書（1603‐04）「Ixxin iccŏni（イッシン イッカウニ）ネガウ」＊福翁百話（1897）〈福沢諭吉〉七四「一心一向（イッシンイッカウ）に金は大切なるものなりと思ひ込み」辞書日葡

いっしん‐いったい【一心一体】〘名〙神仏などの、ある対象に自分が同化して一つになっていること。＊黒住教教書（1909）「例の誠は丸事にて、すぐに一心一体也」発音〈標ア〉シ＝0 シ

いっしん‐いったい【一進一退】〘名〙進んだり、退いたりすること。また、情勢がよくなったり、悪くなったりすること。＊当世書生気質（1885‐86）〈坪内逍遥〉七「客数かくの如く多かるから、供給需用相当（あひあたら）ず、一挙一動、一進一退（いっシンいっタイ）、娼妓に誠実（まこと）の原素なきは、素其筈の事なりかし」＊人間失格（1948）〈太宰治〉第三の手記「胸の病気のはうは一進一退、痩せたりふとったり、血痰が出たり」＊荀子‐脩身「一進一退、一左一右、六驥不致」発音〈標ア〉0シ〈京ア〉イ＝0

いっしん‐いっとう（イッタウ）【一心一到】〘名〙〘形動〙ただ一つのことに心を集中して、他に注意を奪わ

れないでいること。また、そのようなさま。一心不乱。＊藪の鶯（1888）〈三宅花圃〉六「斎藤さんだとて一心一到ですもの。画かきになれますワ」 発音イッシンイットー 〈標ア〉シ＝0 シ

いっしんいん-は【一心院派】『名』仏語。縁誉称念を祖とする、浄土宗鎮西派の一派。京都東山の智恩院境内にある一心院を本山とする。捨世派。 発音〈標ア〉0

いっしん-かい【一進会】朝鮮李朝（りちょう）末期の親日政治団体。一九〇四年、尹始炳（いんしへい）、宋秉畯（そうへいしゅん）が創立。のち進歩会と合同、「国民新報」を刊行して韓国併合の実現に協力した。一九一〇年解散。 発音〈標ア〉シ

いっしん-かんりき【一身感力】『名』当人の芸の力量。演者その人の芸能上の技術の力。＊遊楽習道風見（1423-28頃）「遊楽万曲の花種をなすは、一身感力の心根也」

いっしん-ぎ【一心義】『名』仏語。悟阿を祖とする浄土宗の一流。詳細は不明。「浄土三国仏祖伝集-巻下」に説く、浄土宗一五流の一つ。

いっしん-しんきげん【一新紀元】『名』物事の新しく変わった最初の年。いちしんきげん。 発音イッシンキゲン 〈標ア〉キ

いっしん-きみょう【一心帰命】『名』仏語。心を一にして仏に帰依すること。

いっしん-きょう【一神教】『名』ただ一つの神だけの存在を認め、それを信仰の対象とする宗教。唯一神教。単一（拝一）神教、交替神教などに区別される。ユダヤ教、キリスト教、イスラム教など。↕多神教。＊他界に対する観念（1892）〈北村透谷〉「一神教の裡面は一魔教なり、多神教の裡面は即ち多鬼教なり」 発音イッシンキョー 〈標ア〉0 〈京ア〉0

いっしん-きょうらい【一心敬礼】『名』仏語。心を一にして仏、法、僧の三宝（さんぽう）を恭敬して礼拝すること。＊梁塵秘抄（1179頃）二・懺法歌「一心敬礼声澄みて、十方浄土に隔てなし」＊車屋本謡曲・葛城（1465頃）「彼かづらきの神ごころ、よるの行ひ声すみて、一心敬礼」＊法華懺法「一心敬礼十方一切常住仏、一心敬礼十方一切常住法、一心敬礼十方一切常住僧」

いっしん-きょうりょく【一心協力】『名』心を一つにして力を合わせること。一致協力。 発音イッシンキョーリョク 〈標ア〉シ

いっしん-けつじょう【一心決定】『名』心を固く決めて動じないこと。＊新内・不断桜下総土産（佐倉宗吾）（1851頃）子別れの段「いよいよもって一心決定（イッシンケツヂャウ）」

いっしん-けんご【一心堅固】『名』堅い決意を持っていること。＊花柳春話（1878-79）〈織田純一郎訳〉二七「一心堅固に貞節を守り」 発音イッシンケンゴ 〈標ア〉ケ

いっしん-こう【一新講】『名』明治初期に流行した旅行の組合の一つ。明治六年（一八七三）静岡に起こって全国に普及したが、鉄道の発達とともに衰微した。一新講社。＊郵便報知新聞-明治七年（1874）九月一八日「一新講の先達某婦人交り、四五人連にて富嶽登山の時」＊歌舞伎・木間星箱根鹿笛（1880）二幕「『今宵の内に大磯の』『一新講（いっシンカウ）の近半まで』」＊歌舞伎・島鵆月白浪（1881）序幕「一新講（いっシンカウ）の奥州屋でござりまする」 発音イッシンコー 〈標ア〉0

いっしんこう-しゃ【一新講社】『名』「いっしんこう（一新講）」に同じ。＊歌舞伎・木間星箱根鹿笛（1880）二幕「其のお世話をして上げるが、一新講社（いっシンカウシャ）の規則故、決して麁末（そまつ）にしてはならぬ」 発音イッシンコーシャ 〈標ア〉コ

いっしん-ごたい【一身五体】『名』（「一身」と「五体」は同じ意）からだ。肉体。＊浄瑠璃・近江源氏先陣館（1769）六「この兜ゆえ命を捨てし片岡なれば。一身五体は兜に残る」 発音〈標ア〉イ

いっしん-こっしん【一心一】『副』 方言 辛抱強く熱心にするさま。いっしょうけんめい。一心不乱。京都府竹野郡622 与謝郡624 兵庫県加古郡664 ◇いっしんほっしん〔一心発心〕鳥取県東部711 ◇いっしんこつらん 京都府620 ◇いっしんかん 宮崎県東諸県郡954

いっしん-さんがん【一心三観】『名』仏語。天台宗で説く観法（かんぽう）。一切の存在には実体がないと観ずる空観（くうがん）と、一切の存在は仮に現象するものであると観ずる仮観（けがん）と、この空、仮の二観を別々のものとしない中観（ちゅうがん）との三観を、一思いの心に同時に観じ取ること。＊平家（13C前）二・座主流「僧正心ざしの切なる事を感じて年来御心中に秘せられたりし一心三観の血脈相承をさづけらる」＊随筆・戴恩記（1644頃）上「其玄義と文句とに、一念三千、一心三観のさとりをしるし給ふを止観十巻となす」＊摩訶止観-五・上「即中論所ㇾ説不可思議一心三観」

いっしんさんがん の 月（つき） 仏語。一心三観の観法による悟りを、月の明るいさまにたとえた語。＊大観本謡曲・身延（室町末）「我爾時為現清浄、光明身の床の上に、一心三観の月満てり」＊幸若・十番斬（室町末-近世初）「一心三観の月は、無明の暗を照らし」

いっしんさんがん の 窓（まど） 仏語。一心三観を、悟りの月の光を取り入れる窓にたとえた語。＊大観本謡曲・現在七面（室町末）「一心三観の窓の前には第一義天の月まどかなり」

いっしん-しょう【一心性】『名』仏語。本来生まれつきのこころね。＊談義本・成仙玉一口玄談（1785）三・忍辱仙人離諸相之談「一心性（イッシンシャウ）は形体（からだ）の大小に依て大小あるに非ず」

いっしん-じょう【一身上】『名』その人自身の身の上、境遇などに関すること。個人的な事情。＊童子問（1707）中・七一「従二一身上一見ㇾ道、所二以知ㇾ心而不ㇾ知ㇾ徳也」＊吾輩は猫である（1905-06）〈夏目漱石〉四「先方が大人しくしてさへ居れば、一身上の便宜も充分計ってやるし」＊地方自治法（1947）一九九条・二「自己若しくは父母、祖父母、配偶者、子、孫、若しくは兄弟姉妹の一身上に関する事件」 発音イッシンジョー 〈標ア〉0 〈京ア〉ン

いっしん-しょうみょう【一心称名】『名』仏語。心を集中して仏や菩薩などの名号を唱えること。＊平家（13C前）三・燈炉之沙汰「彼の両日が間は一心称名の声絶えず」＊太平記（14C後）三・赤坂城軍事「一心称（セウ）名の二句の偈（げ）に矢さき留まりけるこそ不思議なれ」＊日本開化小史（1877-82）〈田口卯吉〉一・一「仏に於ては一心称名すれば無量無辺の福徳を降すとあり」＊法華経-普門品「若有二無量百千万億衆生一、受二諸苦悩一、聞二是観世音菩薩一、一心称ㇾ名、観世音菩薩即時観二其音声一、皆得二解脱一」

いっしん-ずく【一心尽】『名』（形動）他事を顧みることなく、心の限りを尽くすこと。誠の心を尽くすこと。＊浄瑠璃・生玉心中（1715か）上「此さがと、平様とは一心づくで逢ふてゐる。こなたの様な口先ではないぞや」

いっしん-せんぞくけん【一身専属権】『名』ある人の一身に専属し、他人が取得または行使することのできない権利。 発音〈標ア〉ク ゾ

いっしん-せんねん【一心専念】『名』仏語。一心に仏を念ずること。ひたすら念仏を唱えること。＊一念多念文意（1257）「『一心専念（いっしんせんねん）』『散善義』といふは、一心は金剛の信心なり、専念は一向（いっかう）専修（せんじゅ）なり」＊観経疏散善義「一心専念二彌陀名号一、行住坐臥、不ㇾ問二時節久近一、念念不ㇾ捨者、是名二正定之業一、順二彼仏願一故」 発音〈標ア〉シ 0

いっしん-たすけ【一心太助】㊀江戸初期の魚屋。男気に富み、大久保彦左衛門の愛顧を受けて活躍したという。実在は疑問。㊁㊀の登場する歌舞伎脚本。時代世話物。①本名題「名高手毬諷実録（なにたかしまりうたじつろく）」。八幕。三世桜田治助作。安政二年（一八五五）江戸中村座初演。②本名題「芽出柳緑翠松前（めだしやなぎみどりのまつまえ）」。河竹黙阿彌作。明治一六年（一八八三）東京新富座初演。③本名題「偽鍍金蓮華組上（まがいきんれんげのくみあげ）」。五幕。竹柴其水作。明治三七年（一九〇四）東京明治座初演。 発音〈標ア〉シイ 〈京ア〉イ＝0

いっしん-ちょうらい【一心頂礼】『名』仏語。一心に貴い人の足を手で触れ、礼拝すること。↓頂礼。＊米沢本沙石集（1283）「不空三蔵の一心頂礼（イッシンチャウライ）万徳円満の舎利礼の文を唱へて、毎日に五百返、五体投ㇾ地に礼拝をして祈念しけり」

いっしん-でん【一身田】㊀『名』古代、本人一代を限って朝廷から賜わった田地。租を免除される。いしんでん。＊三代実録-元慶二年（878）六月二日「勅以二参河国播豆郡荒廃田一百町一、賜二孟子内親王一、為二一身田一」＊俳諧・ひさご（1690）「千部読む花の盛りの一身田〈珍磧〉」㊁三重県津市にある地名。この地が伊勢神宮斎王に㊀として給与されたことからの名と言われる。一五世紀後半になり真宗高田派一〇世真慧により無量寿院（のちの専修寺）が建立され、集落が発達した。 辞書書言 表記一身田（書）

いっしん-とう【一親等】『名』親族関係の遠近度を世数で示すときの、一世の関係。ある人とその両親、ある人とその子ども夫婦との関係。 発音イッシントー 〈標ア〉シ 〈京ア〉シ

いっしん-とうげい【一身当芸】『名』当人の現在の芸。芸能においてその人が現在まさに芸として持っている技術。＊風姿花伝（1400-02頃）七「その上に、年々去来の品々を、一しんたうげいに持ちたらんは、いか程の花ぞや」

いっしん-どうたい【一心同体】『名』（誤って「一身同体」とも表記）二人以上の人間が心を一つにして、一人の人間のように結びつくこと。＊花間鶯（1887-88）〈末広鉄腸〉上・八「夫婦は一身同躰（イッシンドウタイ）と申すでは御坐いませんか」＊卍（1928-30）〈谷崎潤一郎〉二九「光子さんと綿貫とは永久に一心同体やとか」 発音イッシン＝ドータイ 〈標ア〉シ シ＝0 〈京ア〉イ＝0

いっしん-に【一心一】『副』そのことだけに心を傾けるさまを表わす語。一筋に。一途に。＊讃岐典侍（1108頃）上「かばかりの人の一心に心に入て、『年ごろ仏につかうまつりて六十余年になりぬるに、まだされども仏法つきず、すみやかに此の御目直させ給へ』と人などをいふやうに」＊曾我物語（南北朝頃）一二・虎いであひ呼び入し事「三時に六根をきよめ、一しんに生死（しゃうじ）をはなれん事をねがひ候」＊滑稽本・浮世風呂（1809-13）二・下「一心（イッシン）に介抱すれば、また能日（いいひ）の照ることが無（なくっ）てさ」 方言 いつも。常に。◇いっしにとも。徳島県810 811 発音〈標ア〉シ

いっしん-ばんのう【一心万能】『名』①一心を込めれば、なにごともできないものはない。その気になればなんでもできるということ。②「いっしんばんぽう（一心万宝）」に同じ。

いっしん-ばんぽう【一心万宝】『名』一心をこめればなにごとでもできるから、一心は、あらゆる宝に勝るものであるということ。一心万能。＊北条氏直時代諺留（1599頃）「一心万宝」

いっしん-びゃくどう【一心白道】『名』仏語。ただこの道一筋とわき目もふらず目的に向かって行くこと。＊浮世草子・椀久二世（1691）上・死所も多きに爰は扨「一心白道（いっシンビャクダウ）の朱雀の

野中東門より入そめし恋の山賑(つかみ)とりは爰(ここ)ぞかし」

いっしん-ふらん【一心不乱】〘名〙(形動)(中世は「いっしんぷらん」とも。古くは、雑念を捨て心を一つにして仏に帰依する意の仏語) ただ一つのことに心を集中して、他のことに注意を奪われないでいるさま。＊観智院本三宝絵(984)下「阿彌陀経 云〈略〉阿みだ仏の名号を聞持ちて、若一日、若二日、若三日乃至七日一心不乱、臨終の時に心顚倒せずして」＊曾我物語(南北朝頃)一二・母、二宮ゆきわかれし事「おのおの宿所にかへり、ききつる法門のごとく、造次顚沛(さうしてんぱい)、いっしんふらんに念仏す」＊日葡辞書(1603-04)「Ixxinpuran(イッシンプラン)」。または Ixxinfuran(イッシンフラン)」＊ロザリオの経(1623)三「イカニヒトビト。イザ ixxinpurãni(イッシンプランニ) Oracio ヲ ツトメン タメニ」＊太閤記(1625)一八・帯刀先生吉晴行状「士は士の格を違ず、一心不乱に忠を立んと思へば、天の冥感有て」＊阿彌陀経「執二持名号一、若一日、〈略〉若七日、一心不乱」 辞書 日葡・書言・言海 表記 一心不乱(書・言) 発音〈標ア〉シ〈京ア〉ッ＝0

いっしん-ほっかい【一真法界・一心法界】〘名〙仏語。唯一絶対にして真実なる世界。いっさいの事々物々、ことごとくがそのまま絶対真実のすがたと説くもの。華厳宗(けごんしゅう)の極理を示すことば。＊華厳法界義鏡(1295)上・一「良以、一真法界不可思議、寂寥虚曠沖深包博」＊大蔵法数-一「無二曰レ一、不妄曰レ真、交徹融摂故曰二法界一、即是諸仏平等法身、従レ本以来不生不滅非空非有、離名離相無内無外惟一真実不可思議、是名二一真法界一」＊華厳経探玄記-一八「一心法界、具含二二門一、一心真如門、二心生滅門、雖二此二門一、皆各総二摂一切諸法一」

いっしん-みつばづみ【一心三葉摘】〘名〙茶摘みのとき一つの芯(しん)に三枚の開いた葉をつけて摘むこと。新葉が三枚開いた程度のときが最もよい茶のできる摘みごろの意。発音〈標ア〉0

いっしん-りょうこう【一心両向】〘名〙心が二つの方向に向くこと。二つのことを考えること。＊漢語字類(1869)〈庄原謙吉〉「一心両向 イッシンリャウコウ ココロガフタムキニナル」＊新撰字解(1872)〈中村守男〉「一心両向 イッシンリャウカウ ココロガフタムキニナル」

いっしん-ろん【一神論】〘名〙唯一の神の存在だけを認めて、これを万物の根源とする宗教信仰または哲学上の見解。発音〈標ア〉シ

いっ-・す【逸】㊀〘自サ変〙⇨いっする(逸)㊀。㊁〘他サ変〙⇨いっする(逸)㊁

いっ-・す【揖】〘自サ変〙中国古代からある敬礼の一つ。両手を胸の前で組み、上下または前後に動かして敬意を表わす礼をする。転じて、一般に敬礼、会釈することにいう。揖(ゆう)す。＊曾我物語(南北朝頃)一二・玄宗皇帝の事「方士いっして皇帝安寧を問ふ」＊文明本節用集(室町中)「揖 イッス」＊壒嚢鈔(1445-46)八「経の頭等の法則に少しいっすると云は。いっすると云事はいかならん。いふすると可レ云歟。〈略〉経紀共にいっすとよめり。手を胸に当て、礼を成す皃(かたち)也」＊浄瑠璃・国性爺後日合戦(1717)一「みかどを揖(イッ)し、再拝して申さく」＊花柳春話(1878-79)〈織田純一郎訳〉二〇「一言の応答なく、揖(イッ)して将さに去んとす」 辞書 和玉・文明・黒本 表記 揖(玉・文・黒)

いっ-すい【一水】〘名〙①一筋の流れ。水の流れ。同じ流れ。また、一つの湖沼や湾。＊菅家文草(900頃)一・餞別同門故人各著緋出宰「同門告レ別泣二春風一、人道三龍一水中」＊梵舜本沙石集(1283)四・一「一水の照と潤との如し」＊詩聖堂詩集-三編(1838)四・錦繍亭排律「大道過二村市一、孤亭傍二釣磯一、彎環一水抱、重複万山囲」＊古詩十九首「盈盈一水間、脈脈不レ得レ語」②一滴の水や酒。ひとたらし。わずかな水や酒のたとえにいう。＊虎明本狂言・止動方角(室町末-近世初)「酒は一すひもたべぬ」＊滑稽本・東海道中膝栗毛(1802-09)三・下「ちょくをとりあげて、のまうとしたところが、さけはいっすいもなし」 発音〈標ア〉0 辞書 言海 表記 一水(言)

いっ-すい【一炊】〘名〙一度飯をたくこと。一度炊(かし)ぐこと。＊太平記(14C後)三・主上御没落笠置事「天上の五衰人間の一炊(スイ)、唯夢かとのみぞ覚たる」＊光悦本謡曲・邯鄲(1464頃)「栄花のほどは五十年、さて夢の間は粟飯の、一炊の間也」＊黄表紙・金々先生栄花夢(1775)序「邯鄲(かんたん)のまくらの夢も、ともに粟粒(ぞくりう)一すひの如し」＊黄庭堅-留王郎詩「百年才一炊、六籍経二幾秦一」 発音〈標ア〉0 辞書 易林・日葡 表記 一炊(易)

いっすい の 夢(ゆめ) (唐の盧生が、身を立てるために楚国へ向かう途中、趙の都邯鄲(かんたん)で道士呂翁から枕を借りて眠り、夢に栄枯盛衰を体験するが、目覚めてみるとたきかけの粟飯(あわめし)がまだたき上がってもいないほどわずかの時間にすぎなかったという、沈既済の「枕中記」の故事から) 人生の栄華のはかないたとえ。黄粱(こうりょう)の夢。盧生の夢。邯鄲の夢枕。＊文明本節用集(室町中)「一炊夢 イッスイノユメ 倭俗推量而炊作レ睡非也。於二邯鄲一呂翁与盧生故事」＊大観本謡曲・鉢木(1545頃)「げにや盧生が見し栄花の夢は五十年、その邯鄲の仮枕、一炊の夢の覚めしも、粟飯炊く程ぞかし」＊日葡辞書(1603-04)「バンジ issuino(イッスイノ) ユメナリ」＊仮名草子・元の木阿彌(1680)下「高尾の新枕、一すいの夢のうちに千代をこめ」 語誌「一炊夢(イッスイノユメ) 日本俗推量炊為レ睡、癖案也」〔下学集〕、「一炊夢(イッスイノユメ) 世俗炊字作レ睡非也」〔天正本節用集〕などとあるように、しばしば「一睡の夢」と誤用されることがあったらしい。近世には、「皆是一睡(イッスイ)の夢(ユメ)の楽なることを示し」〔談義本・根無草-後・五〕のような誤認表記が多く見られる。 発音〈標ア〉メ 辞書 下学・文明・伊京・明応・天正・饅頭・黒本・日葡・書言 表記 一炊夢(下・文・伊・明・天・饅・黒・書)

いっ-すい【一酔】〘名〙酔うこと。また、少し酔うこと。ほろよい。＊本朝文粋(1060頃)一〇・花影泛春池応教詩序〈源順〉「誇二張於一酔之富一、詠二謌於三楽之余一而已」＊東京日日新聞-明治九年(1876)一一月一三日「其の方向如何を問ふに遑なく一酔一飯を事あるの期に僥倖せんと欲する」＊続春夏秋冬(1906-07)〈河東碧梧桐選〉夏「一酔の手枕に妻が蚊遣かな〈泊雲〉」＊左思-蜀都賦「楽二飲今夕一、一酔累レ月」 発音〈標ア〉0 辞書 下学 表記 一酔(下)

いっ-すい【一睡】〘名〙①ちょっと眠ること。ひとねむり。→「いっすい(一炊)の夢(ゆめ)」の語誌。＊中華若木詩抄(1520頃)中「水堂にて、ざっと一睡した、其中に」＊浄瑠璃・平家女護島(1719)五「義朝がしゃれかうべを枕にしたる一すいに、平家の滅亡源氏のさかへを見たること」＊洒落本・風俗八色談(1756)一・野夫医神農の教を受る事「食後の一睡(スイ)万病円と。木枕をひきよせて眠を促す」＊吾輩は猫である(1905-06)〈夏目漱石〉一「快よく一睡した後」＊杜甫-七月三日戯呈元曹長詩「賤夫美二一睡一、煩促嬰二詞筆一」②時間の短いたとえにいう。＊俳諧・奥の細道(1693-94頃)平泉「三代の栄耀(えいえう)一睡の中にして、大門(だいもん)の跡は一里こなたに有」 発音〈標ア〉0〈京ア〉0 辞書 日葡

いっ-すい【一穂】〘名〙①一つの穂。＊崔融-代皇太子賀嘉禾表「一穂両岐、徒説二張君之詠一、十畝千石、方軽二范氏之書一」②穂と形の似ているもの一つ。灯火や細く立ち昇る煙などにいう。＊和漢朗詠(1018頃)下・猿「人煙一穂秋の村僻(さ)かれり、猿の叫び三声暁峡深し〈紀長谷雄〉」＊本朝無題詩(1162-64頃)九・遊円成寺〈藤原忠通〉「鐘韻三更雲外尽、香煙一穂月前繊」＊黄葉夕陽邨舎詩-後編(1823)三・冬夜読書「閑収二乱帙一思二疑義一、一穂青燈万古心」＊浮雲(1887-89)〈二葉亭四迷〉一・三「座賞の人に影を添へて孤燈一穂(イッスヰ)の光を奪ひ、終に間の壁へ這上(はひのぼ)る」＊盧綸-送張成季垂楊詩「一穂雨声裏、千条池色前」

いっ-すい【溢水】〘名〙水があふれ出ること。堤防を越えて水がこぼれること。＊刑法(明治四〇年)(1907)一一九条「溢水せしめて、現に人の住居に使用し、又は人の現在する建造物、汽車、電車若くは鉱坑を浸害したる者は」＊漢書-刑法志「言制レ礼以止レ刑、猶三隄之防二溢水一也」 発音〈標ア〉0

いっすい-かい【一水会】 ㊀薩摩琵琶(さつまびわ)の一派。明治四一年(一九〇八)に永田錦心が錦水会から独立して創始したもの。大正二年(一九一三)、錦心流と改めたが、その後、錦心流の一派となる。㊁美術団体の一つ。昭和一一年(一九三六)有島生馬、石井柏亭、安井曾太郎、山下新太郎などの洋画家が結成。会場芸術を否定し、写実主義を尊重する。 発音〈標ア〉ス

いっすい-き【一遂忌】〘名〙一周忌(いっしゅうき)。＊咄本・今歳咄(1773)幽霊「アア去年の今日は、禁平が火事て真黒やきに成たが、モウ一周忌(イッスイキ)。アア、かういん矢のごとしだ」 辞書 言海 表記 一遂忌(言)

いっすい-ざい【溢水罪】〘名〙水を氾濫させて住居などを水びたしにし、その価値を失わせたり、公共の危険を生じさせたりする罪。 発音〈標ア〉0ス

いっすい-は【一水派】〘名〙華道の美笑流の一派。美笑流の七代美笑軒心昔の門人、松平美笑翁一水が創始した。 発音〈標ア〉0

いっ-すいめん【一睡眠】〘名〙「いっすい(一睡)」に同じ(日葡辞書(1603-04))。 辞書 日葡

いっ-すく【一宿】〘名〙「いっしゅく(一宿)」の変化した語。＊随筆・西遊記(1795)四「今宵は阿蘇の大宮司のもとに一すくして」

いっ-すく【一縮】〘名〙「いっしゅく(一縮)」に同じ。＊類聚名物考(1780頃)武備部三・甲冑「鎧一縮、よろひいっすく、一支具 一説 一縮はちぢむる意にて、ちりぢりの具足を一身にとり着て、散たる物を一所へよせちぢむる故にいふなり」

いつ-すじ【五筋】〘名〙五つの筋。

いつすじ の 巷(ちまた) 「いつつ(五)の巷(ちまた)」に同じ。＊河東節・巣籠花有里(1762)「はなの人待つ里ありて、野暮なあらしはよも吹かじ、たとへ吹くともゆるやかに枝に流るる五すぢのちまたは恋の名にぞ立つ」

いっす-もの【一種物】〘名〙酒、肴(さかな)を参会者がめいめい一種ずつ持ち寄って開く宴会。また、その肴。平安時代、殿上人の間に行なわれたが、室町時代には一般に各人が金を出しあい催す酒宴をいうようになった。いっしゅもの。＊日本紀略-康保元年(964)一〇月二五日「是日於二左近陣座一諸卿有二一種物一。魚鳥珍味毎物一両種」＊続古事談(1219)一「殿上の一種物はつねの事なれども久しくたえたるに、崇徳院のするつかた、頭中将公能朝臣は、絶えたるをつぎ廃れたるを興して」＊壒嚢鈔(1445-46)二「いっす物と云は何事ぞ。常に鳥目廿文の厚さ一寸ある故に廿文各出を一寸物と云り。〈略〉一種物なるべし。一種物と云事は、朝廷古来の詞也。喩へば各一種の物を随身して殿上に於て興宴あり。是に擬へて下様までも、各一種の物を随身して会合する也。此事昔は常に院宮に於て在ける也」 辞書 言海 表記 一種物(言)

いっ-・する【逸・佚】㊀〘自サ変〙文いっ・す〘自サ変〙①離れる。それる。わきへはずれて走る。＊国語-晉語・五「馬逸不レ能レ止、三軍従レ之」②なくなる。うせる。散逸する。＊文芸類纂(1878)〈榊原芳野編〉三「遂に伝へて佚せざるを得しなり」＊柳宗元-武功県丞庁

壁記「凡官署旧記、壁壊文逸、而未㆓克継㆒之」 ③逃げる。のがれる。＊琵琶伝(1896)〈泉鏡花〉二「驚き見る間に羽ばたき高く、琵琶は籠中を逸し去れり」 ＊春秋左伝‐桓公八年「戦㆓于速杞㆒、随師敗績、随侯逸」 ④逸楽(いつらく)をする。楽しむ。気ままにする。安逸にする。＊文明論之概略(1875)〈福沢諭吉〉五・九「工商は決して逸民に非ず。稀に富商大賈は逸して食ふ者もあらんと雖ども」 ＊詩経‐小雅・十月之交「民莫㆑不㆑逸、我独不㆓敢休㆒」 ㊁〘他サ変〙図いっ・す〘他サ変〙①なくす。落とす。また、殺す。＊愚管抄(1220)三・推古「あれがやうにわがにくき者いっせんずらん」 ＊風流魔(1898)〈幸田露伴〉七「平七が手中の明珠を逸(イッ)したるやうに思ひて惘然として日を送るも無理ならぬ事に候」 ②逃がす。見すごす。＊山陽詩鈔(1833)一・題不識庵撃機山図詩「遺恨十年磨㆓一剣㆒ 流星光底逸㆓長蛇㆒」 ＊福翁自伝(1899)〈福沢諭吉〉老余の半生「他人の事を論じ他人の身を評するには自分と其人と両々相対して直接に語られるやうな事に限りて其以外に逸(イッ)す可らず」 ＊思出の記(1900‐01)〈徳富蘆花〉一〇・九「一方にはまた敏君が一躍して代議士夫人となるの機会を見す見す逸するを惜み」 ＊フランスの百科辞典について(1950)〈渡辺一夫〉五「重大な名前としては〈略〉モンテスキュー〈略〉などの名を逸するわけにはゆかない」 ③ある範囲をはずれる。＊春秋左伝‐成公一六年「明日復戦、乃逸㆓楚囚㆒」 ＊青春(1905‐06)〈小栗風葉〉秋・五「愁(なまじ)っか自我を持揚げたり、常識を逸(イッ)したりなぞ為ると、肝心の後括が出来なくてメチャメチャになって了ふ」 ＊断橋(1911)〈岩野泡鳴〉一二「お鳥に就いて、義雄はまた、人の感覚の尋常な感応範囲を逸して、多少の満足を得てゐた時代の方が長い」 [方言]❶捨てる。鹿児島県肝属郡970 ◇いっすい 鹿児島県963 ❷行き違う。◇いっすい 鹿児島県963 [発音]〈標ア〉[0][ス]〈京ア〉[0] [文]『いっす』〈標ア〉[0]〈京ア〉[0] [辞書]文明 [表記]逸・佚(文)

いっ‐すん【一寸】〘名〙①尺貫法で一尺の十分の一。明治二四年(一八九一)の度量衡で、一メートルの三三分の一、すなわち約三・〇三センチメートルと定められた。＊延喜式(927)一二・内記「刀子二柄 長五寸、広一寸」 ＊枕(10C終)八四・里にまかでたるに「返りごとは書かで、布(め)を一寸ばかり、紙につつみてやりつ」 ＊黄表紙・敵討義女英(1795)中「内踝(うちくろぶし)のうへ一すんは大事の急所にて」 ＊説苑‐弁物「十分為㆓一寸㆒、十寸為㆓一尺㆒、十尺為㆓一丈㆒」 ②わずかなことをたとえていう。㋑わずかな距離。＊虎明本狂言・空腕(室町末‐近世初)「一寸もひくなと申てござる程に」 ＊狂言記・長光(1660)「さてはすりに相極(あいきはまっ)てある。一寸もやるまい」 ＊浄瑠璃・平仮名盛衰記(1739)三「背も低ふよはよはと、外へとては一寸(いッすン)出ず」 ㋺わずかな時間。＊今昔(1120頃か)一五・四五「一寸の暇を惜て法花経を読誦し、仏の名号を唱へけり」 ＊浄瑠璃・花襷会稽褐布染(1774)三「一寸(いッすん)も早く白状させ、奥義の秘書も取返し」 ㋩わずかな量。小さなこと。ちょっと。＊本朝文粋(1060頃)九・於左監門宗次将文亭聴講令詩序〈大江以言〉「披㆓三尺㆒而初学、摧㆓一寸㆒而愁記」 ＊篁園全集(1844)一・二月十一日、蕉園招飲、席上分賦十二体、得七言古韻侵「心田一寸耕且耨、百畝何求足㆓釜鬵㆒」 ＊玄武朱雀(1898)〈泉鏡花〉四「近い処は目を配り、遠きあたりは耳で聞く、一寸(スン)も隙の無い身構(みがまへ)」 ＊晋書‐庾亮伝「冒㆑親以求㆓一寸之用㆒、未㆑若㆔防㆑嫌以用㆓至公㆒」 ③操人形の頭(かしら)の名。「夏祭浪花鑑(なつまつりなにわかがみ)」の、一寸徳兵衛に使用したことによる。＊楽屋図会拾遺(1802)下「一寸(イッスン)徳兵衛のかしらなり、いづれ此るいに用ゆる所なり」 ④江戸時代、元禄期(一六八八～一七〇四)ごろの、端(はし)女郎の一種。揚げ代が銀一匁の遊女。月(ぐゎち)。＊浮世草子・御前義経記(1700)一・凡例「端女郎は鹿恋(かこひ)より下、みせ女郎といふなり〈略〉位は一を壱寸とも、月(ぐゎち)ともいふ」 ⑤三枚ガルタで、銭を計算するとき用いる語。＊随筆・独寝(1724頃)下・一一二「牌子(はいし)に三枚にてするをかぶといふなり。是も目を十引(ひき)て、あとにて一寸二寸とかぞふるといへり」 ⑥近世、大工仲間の隠語で、銭百文のこと。＊新ぱん普請方おどけ替詞(1818‐30頃か)「ぜに百文を、一寸」 ⑦今日をいう、盗人仲間の隠語。〔日本隠語集(1892)〕 [方言]〘副〙少しも。断じて。一切。否定形と共に用いる。鹿児島県肝属郡970 ◇いっすんも 京都府葛野郡631 鹿児島県963 [発音]〈標ア〉(名詞的)[ス](副詞的)[0]〈京ア〉(名詞的)[ッ](副詞的)[0] [辞書]文明・天正・日葡・書言 [表記]一寸(文・天・書)

いっすん 切(き)らるるも二寸(にすん)切(き)らるるも同(おな)じ事(こと) 結果に少しばかり違いがあっても、事の本質には変わりがないこと。五十歩百歩。＊浮世草子・風流曲三味線(1706)四・三「惣じての人爰(ここ)で心改むるものはなくて一寸(スン)切(キラ)るるも二寸(スン)きらるるも同じ事。迚(とて)も濡た袖じゃものと、百人が九十九人迄は極(きはま)って悪き方に力瘤の出るもの」 ＊歌舞伎・幼稚子敵討(1753)六「又つかふか。よいハ。一寸切れるも二寸切れるも同し事だ。どれどれ」 ＊諺苑(1797)「一寸きらるるも二寸きらるるも同じ事、此諺は孟子五十歩百歩の喩と同意にて、人を傷つくるに寸尺の論はなく傷つけたるは同じとなり。然るを今取ちがへて凡創(きず)は一寸も二寸も皆同じと謂へり。如何ぞ一寸の創と二寸の創と同じかるべけんや」

いっすん 先(さき) ちょっと離れた前方。時間的にも用いられる。＊評判記・野郎虫(1660)平田市太夫「よの中の一すんさきもしらぬ身に くすむもあだな市だゆふとの」

いっすん 先(さき)の命(いのち) (「一寸先は闇(やみ)」のことわざから) いつ死ぬか予知できないたとえ。未来の予測できないことのたとえ。＊浮世草子・好色五人女(1686)二・目録「木屑の杉楊枝一寸先(サキ)の命」

いっすん 先(さき)の地獄(じごく) 人間はいつどんな災難に遭うかわからない。危険がすぐ近くに存在することをいう。一寸先は闇(やみ)。一寸の地獄。＊浄瑠璃・心中天の網島(1720)下「心顫ひに手先も顫ひ、三分四分五分一寸のさきの地ごくの苦しみより鬼の見ぬ間とやうやうに明て」

いっすん 先(さき)は闇(やみ)[=闇(やみ)の夜(よ)] 人生の前途はほんの少し先でさえ予測できないことのたとえ。＊俳諧・毛吹草(1638)二「一すんさきはやみ」 ＊仮名草子・東海道名所記(1659‐61頃)一「一寸先は闇(ヤミ)、命は露の間(ま)、あすをもしらぬうき世なるに」 ＊浮世草子・世間娘容気(1717)三・不器量で身を糝抹香屋の娘「のめやうたへや一寸さきは闇(ヤミ)の夜(ヨ)と、扇をかざへて音頭をとれば」 ＊浄瑠璃・山崎与次兵衛寿の門松(1718)「夜もすがらのめやうたへや一寸さきはやみの夜と共母が案じておりませふ」 ＊譬喩尽(1786)一「一寸先は闇の夜」

いっすん 下(した)は地獄(じごく) 船の床板の下は、危険な海であることから、危険がすぐ身近にあることをいう。船乗り稼業の危険なことのたとえ。板子一枚下は地獄。一寸先の地獄。

いっすん 手増(てま)さり 刀は一寸でも長い方が戦うのに有利であるということ。＊武具要説(1577)「勝負はさのみ長短にもよるまじく候〈略〉長短の勝劣聢(しか)と御座有間敷候へども、一寸手増りと申事候間、長きに利可㆑有㆑之候」

いっすん の光陰(こういん) わずかな時間。[補注]朱熹の偶成詩「少年易㆑老学難㆑成、一寸光陰不㆑可㆑軽、未㆑覚池塘春草夢、階前梧葉既秋声」からとされているが、朱熹の詩文集にこの詩は見られず疑問。近世初期に五山詩を集成した「翰林五鳳集‐三七」には、「進学軒」の題で、室町前期の五山僧惟肖得巌の作としてこの詩が収録されている。

いっすん の光陰(こういん)は沙裏(しゃり)の金(きん) わずかの時間も、砂の中に見出した金のように、たいせつにしなくてはならない。時は金。＊世阿弥筆本謡曲・盛久(1423頃)「百年の富貴は塵中の夢、一寸の光陰な沙裏の金」 ＊浮世草子・好色敗毒散(1703)五・一「あだ口聞けば日午になりぬ。『南無三宝、一寸光陰(クヮウイン)は沙裏(シャリ)の金儲取りはづす事ぞや』と走り出るを引きとめ」

いっすん の地獄(じごく) 「いっすん(一寸)下(した)は地獄(じごく)」に同じ。＊諺苑(1797)「一寸の地獄 一寸下は地獄とも云。朝野群載云、乗㆑船走㆑馬去㆑死一寸」 [辞書]書言 [表記]一寸地獄(書)

いっすん の舌(した)に五尺(ごしゃく)の身(み)を損(そん)ず 失言とか告げ口などで一生を台なしにすることが多いのをいう。三寸の舌に五尺の身を滅ぼす。＊俳諧・世話尽(1656)曳言之話「一寸(イッスン)の舌(シタ)に五尺(シャク)の身(ミ)を損(ソン)ず」

いっすん 伸(の)びれば尋(ひろ)伸(の)びる (一尋(ひとひろ)は約六尺(一・八一八メートル)。今、一寸伸びれば、あとで六尺伸びるのと同じ結果になるの意から) 当座の困難を切り抜けて行けば、先に行って楽になるというたとえ。＊俳諧・毛吹草(1638)二「一すんのぶれはひろのぶる」 ＊歌舞伎・幼稚子敵討(1753)六「二人共に矢流左次馬がかくまふて女夫(めうと)にする。ハテ、一寸延れば広のびる。マア何にも言わずと黙っていい」 ＊滑稽本・浮世風呂(1809‐13)二・下「一寸(イッスン)延(ノビ)れば尋(ヒロ)延(ノビ)るとやらで、寒さの内を凌(しのい)だら、また能(よ)からうヨ」

いっすん の見直(みなお)し (建築工事などで、二度目の調査をすると、たいてい手直しが必要になることから) 調査を重ねれば、わずかではあっても必ず間違いが出るということ。

いっすん の虫(むし)にも五分(ごぶ)の魂(たましい) どんなに小さく弱い者でも、それ相当の思慮や意地を持っているものだ。小さくても、ばかにできないたとえ。＊極楽寺殿御消息(1256‐61)第四五条「たとへにも一寸のむしには、五分のたましゐとて、あやしの虫けらもいのちをはをしむ事我にたかふへからす」 ＊俳諧・毛吹草(1638)二「一すんのむしに五分(ごブ)の魂(タマシヰ)」 ＊浄瑠璃・天智天皇(1692)五「蒼蠅(あをばひ)は小さけれ共毒あって、腹中に入て五尺の人の命をとる。一寸の虫に五分の魂」

いっすん やらず (一寸も動かさない意から) 少しも見のがさない。監視を厳しくすることにいう。＊浄瑠璃・生玉心中(1715か)上「姉はもとより商屋の妻となる身の目も早く、ちょっと見るより一寸やらず」 ＊浄瑠璃・菖蒲前操弦(1754)二「一寸やらぬ此親仁ぢゃが能う合点せい」

いっすん‐あし【一寸足】〘名〙小股(こまた)で小刻みに歩くこと。きざみあし。[発音]〈標ア〉[ス]

いっすん‐いた【一寸板】〘名〙厚さ一寸(約三センチメートル)の板。実際の製材では八分五厘(約二・六センチメートル)ぐらい。＊唐人お吉(1928)〈十一谷義三郎〉六「彼は、松の一寸板で、寝棺のやうな浴槽を作らせた」 [発音]〈標ア〉[イ]²

いっすん‐うごき【一寸動】〘名〙ちょっとの身動き。微動。＊浄瑠璃・博多小女郎波枕(1718)上「毛剃一寸うごきもせず」 [発音]イッスンウゴキ〈標ア〉[ウ]

いっすん‐きざみ【一寸刻】〘名〙いっぺんに切ってしまわないで、少しずつ切ること。また、物事が少しずつ進行すること。＊十六歳の日記(1925)〈川端康成〉五月一五日「私の命を一寸刻みに捨てて行くやうにつらい」＊霧の中(1947)〈田宮虎彦〉「荘十郎はそのかげが一寸きざみに往還をはってゆくのをじっとみつめていた」＊われら戦友たち(1973)〈柴田翔〉五・三「車は大塚から池袋へ出、一寸刻みの車の波の中を巨大な身体でかきわけながら」 発音〈標ア〉キ

いっすん-ぞり【一寸反】〘名〙相撲の決まり手の一つ。立ち上がってせり合ううち、すばやく体をかがめて、相手のひざのあたりを両手でかかえ、両股を自分の肩にかけて相手を後ろにたおすもの。足取り。 発音〈標ア〉0

いっすん-だめし【一寸試】〘名〙切り殺すのに少しずつ切ってなぶり切りにすること。一分だめし。＊浄瑠璃・仮名手本忠臣蔵(1748)一〇「白状せぬと一寸だめし、一分刻みに刻むがなんと」 発音〈標ア〉ダ

いっすん-つぼね【一寸局】〘名〙江戸時代、上方の私娼の一種。遊興費が銀一匁程度であったところから、吉原の三寸局、五寸局にならっていったものという。元禄(一六八八～一七〇四)の頃一時すたれたが、天明(一七八一～八九)の頃、再び現われた。

いっすん-ど【一寸戸】〘名〙①戸や障子をぴったり閉めないで、少し明けたまま立ち去ること。＊雑俳・柳多留‐一五三(1838‐40)「山出しの呵(しか)られ始め一寸戸」 ②(「下衆(げす)の一寸、鈍夫(のろま)の三寸、馬鹿の明け放し」のことわざから)下男、下女の類。下衆(げす)。＊雑俳・柳多留拾遺(1801)巻二〇「おくさまの元をたつねりゃ一寸戸」 方言戸障子を少し閉め残すこと。岡山市054

いっすん-ぬけ【一寸抜】〘名〙「いっすんのがれ(一寸逃)」に同じ。＊浄瑠璃・三世相(1686)四「兵庫ちっとも合点せず『一寸ぬけはいはせぬ』と云」

いっすん-のがれ【一寸逃】〘名〙その場の責任を、一時的にのがれようとすること。その場しのぎ。一寸抜け。いっときのがれ。いっかいのがれ。＊浄瑠璃・碁盤太平記(1710)「一寸のがれ誠しやかにぞいつはりける」＊浮世草子・傾城禁短気(1711)一・四「女房共が留主(るす)で銭(ぜに)の置所(おきどころ)が知れませぬ。明日ござれと一寸のがれをいへば」＊西洋道中膝栗毛(1870‐76)〈仮名垣魯文〉三・下「帰国(けへ)ってから返すと、一寸(イッスン)のがれにごまかして」 発音イッスンノガレ〈標ア〉ノ〈京ア〉ノ

いっすん-のばし【一寸延】〘名〙少しずつ延期すること。＊恋人たちの森(1961)〈森茉莉〉「夫人との間を断ち切るきっかけにしようとしてゐる巴里行きが、大学の都合で一寸延ばしになってゐる状態に苛々してゐるやうな時」＊月は東に(1970‐71)〈安岡章太郎〉一「目前の怖ろしさを一寸のばしにのばそうとしただけで」 発音〈標ア〉ノ

いっすん-はちぶ【一寸八分】〘名〙最小の仏像の身長。特に、浅草観音の本尊の背の高さ。また、その本尊。＊浮世草子・好色一代男(1682)四・三「慈覚大師の作の一寸八分(ブ)の十一面守本尊を送りけるが」＊雑俳・柳多留‐四〇(1807)「面白さ一寸八分さきはやみ」 発音〈標ア〉チ

いっすんはちぶ の 観音様(かんのんさま) 堂に比べて本尊の小さいところから、陰核を観音像に見たて、女陰をいう俗語。〔特殊語百科辞典(1931)〕

いっすん-ぼう【一寸坊】(ウ：バ)〘名〙「いっすんぼうし(一寸法師)」に同じ。＊雑俳・媒口(1703)「とりつひて・壱寸坊がのぞく窓」＊青年(1910‐11)〈森鷗外〉一〇「尖った帽子を被った一寸坊(イッスンバウ)が見てゐて」＊桐の花(1913)〈北原白秋〉哀傷篇・哀傷終篇「その翌朝君とわが見て慄(ふる)へたる一寸坊が赤き足芸」 発音イッスンボー〈標ア〉ス

いっすん-ぼうし【一寸法師】(ボ：フシ) [一]〘名〙①身長の低い人。こびと。＊日葡辞書(1603‐04)「Issunbôxi(イッスンボウシ)〈訳〉小人」＊仮名草子・尤双紙(1632)上・四「ひくき物之品々〈略〉一すぼうし」＊俳諧・犬子集(1633)三・若竹「すすの子は竹の一すんほうし哉〈徳元〉」＊鳥影(1908)〈石川啄木〉七・二「誰がまた、那麼(あんな)一寸法師さんを一人前の人待遇(ひとあつかひ)にするもんですか」 ②昔話。異常誕生譚の一つ。話の型としては、小さく生まれた子がある時までほとんど眠ったような状態でいて、何かのきっかけで急成長し大活躍を始める型と、小さな姿のまま活躍してその成功の締めくくりとして立派な姿になるという型がある。主人公が男の場合も女の場合もあり、類話は全国的に、また、世界的に分布する。 [二]御伽草子二三編の一つ。[一]②の一つが固定したもの。また、その主人公。老夫婦が住吉明神から授かった身長一寸(約三センチメートル)の男の子が、針の刀を持って、お椀の舟に箸の櫂(かい)で川をさかのぼって都に行き、宰相の家に奉公する。やがて、宰相の姫に恋をし、策略を使って姫を連れ出し、難波に下る途中、鬼が島に流れ着く。そこで鬼を追い払い、鬼の持っていた「打出小槌(うちでのこづち)」で背丈を打ち出し、都に戻って出世する。 補注「一寸法師」は、異常に小さく生まれた子の成功譚であるが、[二]の話はこれに鬼退治の話が加わっている。鬼退治は、元来、動物神に供えられた一人の娘を、放浪中の若者が救い出すという話で、一寸法師は小さいけれども勇気も知恵もある若者として世にもてはやされ、五大昔話の一つとなる。 発音イッスンボーシ〈なまり〉イッスンボシ〔信州風物〕〈標ア〉ス ボ〈京ア〉ボ ボ 辞書日葡・ヘボン・言海 表記侏儒(へ) 一寸法師(言)

いっすんぼうし の 背(せ)**比**(くら)**べ** どれも平凡なものばかりで、すぐれているもののないたとえ。どんぐりの背比べ。＊滑稽本・風来六々部集(1800)飛花落葉「誠に海老雑魚(ざこ)の魚まじり、一寸法師の背くらべ、さりとては厚かましい」

いっすんぼう-へび【一寸坊蛇】(イッスンバウ：)〘名〙「つちのこ(槌子)⑤」に同じ。＊随筆・西遊記(1795)一「其中に年久敷大蛇すめり。〈略〉所の者、是を一寸坊蛇(イッスンバウヘビ)と云」

いっすん-ぼし【一寸法師】〘名〙「いっすんぼうし(一寸法師)」に同じ。＊譬喩尽(1786)一「一寸法師(イッスンボシ)見るやうな 侏子(じゅし)也」＊歌舞伎・小袖曾我薊色縫(十六夜清心)(1859)二幕「小地獄谷といふ所で、一寸法師(ボシ)や鶏娘(とりむすめ)、片輪者を買ひ込んで、鎌倉へ売る見世物師」＊わかれ道(1896)〈樋口一葉〉中「人よりは一寸法師(イッスンボシ)一寸法師と誹(そし)らるるも口惜しきに」 発音〈標ア〉ス

いっすん-まだら【一寸斑】〘名〙白と色を長さ約一寸(約三センチメートル)ずつ交互に配した、だんだら染めの文様。烏帽子(えぼし)の懸緒、刀の下緒などに見られるもの。＊曾我物語(南北朝頃)九・兄弟出立「一寸まだらの烏帽子懸をつよくかけ」

いっすん-やり【一寸遣】〘名〙 方言❶遅々として進まないこと。鹿児島県肝属郡970 ❷その場を繕って、責任を一時逃れること。一寸逃れ。◇いっすんずやりとも。新潟県佐渡352 ◇いっすんずり 山形県西置賜郡139 ◇いっすんせぎ 長崎県対馬913

いっ-せ【一世】〘名〙①仏語。過去・現在・未来の三世(さんぜ)のうちの一つ。＊米沢本沙石集(1283)一・七「然ればかく親(まのあたり)尊躰を拝し、御言をも承る、是れ一世の事には侍らじと」 ②生まれてから死ぬまでの間。一生。＊文明本節用集(室町中)「人生一世(イッセ)間、如白駒過隙」＊日葡辞書(1603‐04)「Ixxe(イッセ)〈訳〉一生涯。または、生きている間」＊咄本・今歳咄(1773)葬「アア、かあいそふに。一世(イッセ)一どの事じゃと思ひ」 ③(「一世の」の形で下にも名詞を伴って)一生に一度あるかどうかの大事な、の意を添える。＊浮世草子・好色一代男(1682)八・三「八百屋、肴屋いさみをなして、しきしゃうの庖丁人、此威勢、一世の思ひ出也」＊読本・椿説弓張月(1807‐11)続・三八回「一世(イッセ)の忠節この時にあり」＊人情本・貞操婦女八賢誌(1834‐48頃)五・四八回「噫烏羽玉が一世(イッセ)の浮沈、死せしと思ひし大六に、料らず面を会せたる」 ④(子を「二世」、孫を「三世」というのに対して)その人の代。一代。＊続日本紀‐大宝三年(703)二月丁未「其封戸止身、田伝一世」＊上杉家文書‐永正一七年(1502)一〇月九日・毛利広春置文案(大日本古文書一・二五三)「いもふとにいたし候、しほさわの事もかのかた一せのあいだたるべく候」 ⑤(孫の代までを二世、曾孫までを三世というのに対して)父から子への一代。父子ただ一代にわたるのをいう。 ⑥(親子の縁は一世、夫婦の縁は二世ということから)親子のことをいう。→一世(いっせ)の縁(えん)。＊説経節・説経苅萱(1631)上「それかしかことは申にをよはす、一か一もん、一せのふもにいたるまて、むけんさんあくたうにおとし、くにもとよりもおやかたつねてまいる、さいしかたつねてまいるとも、二たひけんそう申まし」 ⑦「いっせい(一世)②」に同じ。＊春廼屋漫筆(1891)〈坪内逍遥〉をかし・五「仏国の数学大家Nicoleの学名一世(セ)に轟きたりしころ」 ⑧「いっせい(一世)⑤」に同じ。＊俳諧・笈日記(1695)中・尾張部「金剛が一世の時の花盛〈支考〉つつじに木瓜(ぼけ)の照わたる影〈左次〉」 発音〈標ア〉0 イ〈京ア〉ッ 辞書文明・日葡・書言・言海 表記一世(文・書・言)

いっせ ならぬ ①果報がこの世だけでなく、来世までも続くさま。＊仮名草子・恨の介(1609‐17頃)下「わが身ながら一世ならぬ奴めかなと、三度戴き喜びけるは」 ②この世だけでなく、前世から続いているさま。＊読本・雨月物語(1776)仏法僧「こよひ不思議にもここに一夜をかりたてまつる事、一世ならぬ善縁なり」

いっせ の 縁(えん) 現世だけといわれる親子の縁。＊浄瑠璃・加々見山廓写本(1796)七「人目を忍び漸(ようよう)と来たかひもなふ死別れ。一世の縁と聞くからは長い未来で逢事も、ならぬ事かと」

いっせ の 源氏(げんじ) ①源(みなもと)の姓を天皇から賜わり、臣下となった皇子。親王の子で源氏になるのを、二世の源氏というのに対する。嵯峨天皇の皇子、源信(みなもとのまこと)をその最初とする。＊延喜式(927)四一・弾正台「凡一世源氏有犯、遣疏就弾之」＊源氏(1001‐14頃)薄雲「一世の源氏、又、納言、大臣になりて後に、更に、親王(みこ)にもなり、位にもつき給ひつるも、あまたの例ありけり」＊平家(13C前)四・通乗之沙汰「一世の源氏、無位より三位する事、嵯峨の皇帝の御子、陽院の大納言定卿の外は、これはじめとぞうけ給はる」 ②天皇の子で臣下となった人。臣下と結婚した内親王。＊宇津保(970‐999頃)俊蔭「つつみてのみ過しけれど、一世の源氏の心魂、人に勝れ給へりけるを得て」 辞書言海 表記一世源氏(言)

いっせ の 親王(しんのう) 当代の天皇の皇子。＊語彙(1871‐84)「いっせのしんわう 今上の皇子をいふ 中家実録 一世親王当今之皇子」

いっせ の 契(ちぎ)**り** 「いっせ(一世)の縁(えん)」に同じ。＊曾我物語(南北朝頃)九・曾我へ文かきし事「親は一せの契りとは申せども、これを形見にて来世にて参り逢はんと」＊大観本謡曲・仲光(1552頃)「親と子の、一世の契りの二たび逢ふぞ嬉しき」

いっせ の 富(とみ)**は身後**(しご)**に恥**(はじ)**多**(おお)**し** その人一代で残した財産は、死後に子孫の恥となることが多いということ。＊読本・椿説弓張月(1807‐11)残・六八回「一世(イッセ)の富(トミ)は、身後(シゴ)に恥(ハジ)多(オホ)し。一朝の利は、後栄(こうゑい)に損あり」

いっせ の 初(はじ)**め** 生まれて初めてのこと。＊咄本・醒睡笑(1628)七「某が京のぼり一世の始めに

候」

いっせの別(わか)れ ①(親子は一世の縁ということから) 親子の二度と会えない別れ。*浄瑠璃・本朝二十四孝(1766)三「知らぬ子供の寝入りばな、一世の別れと繰り言を、後に残して雪国のつもる歎きと知られたり」*歌舞伎・小袖曾我薊色縫(十六夜清心)(1859)二幕「今日が親子の一世の別れ、せめて最期(さいご)の暇乞」 ② 一生に一度の別れ。死に別れ。*二人比丘尼色懺悔(1889)〈尾崎紅葉〉奇遇「いかに武士の妻だとて、夫婦一世(イッセ)の別(ワカ)れが泣かずに居られませうか」

いっ-せ【一畝】〘名〙 土地の広さを測る単位の一つ。一反の十分の一、一歩の三〇倍。約一アール。いっぽ。*地方凡例録(1794)一「天正文祿のころより石だか始り、其節より畝と云名目始まり、一段を十に割、三十歩を一畝と極む、秀吉公時代までは、大半、小半と云一反の小割あり」*箋注和名抄(1827)一「畝〈略〉塩鉄論云、漢武帝哀二憐百姓一、以二二百四十歩一為二一畝一」 発音〈標ア〉イ〈京ア〉0

いっ-せい【一世】〘名〙 ① 生まれてから死ぬまでの間。一生。一代。いっせ。*椿椿山宛渡辺崋山書簡‐天保一〇年(1839)八月一八日「何にても一世に烜赫仕度候所、人性不レ可レ已は人事にて君父のために志も達不レ申、二半に今日及候」*新撰字解(1872)〈中村守男〉「一世 イッセイ イチダイ」*花柳春話(1878‐79)〈織田純一郎訳〉一七「才子の一世に一詩を作るは猶ほ痘を病むが如し」*吾輩は猫である(1905‐06)〈夏目漱石〉一「彼の一世の大著述なる仏国革命史を」*史記‐留侯世家「人生一世間、如二白駒過一レ隙」 ② その時代。当代。当世。いっせ。*小学読本(1874)〈榊原・那珂・稲垣〉五「彼も一世の豪傑なり」*花柳春話(1878‐79)〈織田純一郎訳〉六「実に一世の美人と謂ふべし」*三つの太陽(1947)〈杉浦明平〉「『かつて天下の横綱として一世にうたわれた元双葉山関』の活劇が描写されている」*荘子‐天地「垂二衣裳一、設二采色一、動二容貌一、以媚二一世一」 ③ ひとりの君主、または、家長の支配している間。一代。*春秋左伝‐昭公元年「趙孟曰、亡乎、対曰、何為、一世無道、国未レ艾也」 ④ 世間残らず全部。挙世。*西国立志編(1871)〈中村正直訳〉一二・八「その能く一世を風靡することと、ただ千言万語の教訓のみにあらず」*悲の器(1962)〈高橋和巳〉二四「戦後一世を風靡(ふうび)し、その称揚の頂点で自殺したデカダンティズムの文学者」*列子‐天瑞「一人失レ家、一世非レ之、天下失レ家、莫レ知レ非焉」 ⑤ 同じ血統や同じ流派の祖、また、同名の法王、皇帝のうち、最初の者。第一代。いっせ。*随筆(明治初)〈西周〉宇内の三傑「我が国の太閤と元の太祖とフランスのナポレオン一世とは宇内の三傑なりといへりしよし」 ⑥ 移民などの最初の代の人。 ⑦ 百年。一世紀。*慶応再版英和対訳辞書(1867)「Century 百年。一世」 発音イッセイ〈標ア〉0 セ イ〈京ア〉①は ツ ②④は 0 ⑤⑥は 0 辞書言海 表記一世(言)

いっせいの冠(かん) その時代の最もすぐれた人。当代の第一人者。*新唐書‐文芸伝序「皆卓然以二所レ長、為二一世冠一」

いっせいの雄(ゆう) その時代の最もすぐれた英雄。*蘇軾‐赤壁賦「固一世之雄也、而今安在哉」

いっせいを曠(むな)しゅうする その時代に比べるものがない。すぐれた人を形容するいい方。「一世を曠しうする碩学(せきがく)」*所謂「自然主義前派」に就て(1916)〈赤木桁平〉「素(もと)より博弁宏辞一世を眩(ムナ)しうするあなたのことですから、それに就いては極めて詳密な説明なり注釈なりが与えられてはゐますが」

いっ-せい【一生】〘名〙 一人の男。ある男。*東京新繁昌記(1874‐76)〈服部誠一〉四・臨時祭「一生曰く、然らず然らず、子が愚見最甚だし」

いっ-せい【一成】〘名〙 ①(—する) ひとたび事が成ること。*土井本周易抄(1477)六「さる程に凶天道は三年で一周して一成する者ぞ」 ② 中国で、一〇里四方の地。*春秋左伝‐哀公元年「有二田一成一、有二衆一旅一」

いっ-せい【一声】〘名〙 ① ひとこえ。また、一つの響きや音。*和漢朗詠(1018頃)上・納涼「池冷やかにして水に三伏の夏なし 松高うして風に一声の秋あり〈源英明〉」*蔗軒日録‐文明一七年(1485)二月一〇日「上有二群蟬高処吟一、又祈識得時又得レ処、一声西囀一声東」*俳諧・奥の細道(1693‐94頃)最上川「爰(ここ)に古き俳諧の種こぼれて、忘れぬ花のむかしをしたひ、蘆角(ろかく)一声の心をやはらげ、此道にさぐりあしして」*唱歌・鉄道唱歌(1900)〈大和田建樹〉「汽笛一声新橋をはや我汽車は離れたり」*梁簡文帝‐倡楼怨節「片光片影皆麗、一声一転煎レ心」 ② 謡曲の小段名。主に、シテが登場して、最初にその場所の景色や自己の心情などをうたう部分をいう。*風姿花伝(1400‐02頃)六「作者も、発端の句、一せい、和歌などに、人体の物まねによりて、いかにも幽玄なる余情(よせい)、便りを求むる所に、荒き言葉を書き入れ」*花鏡(1424)時節当感事「申楽の当座に出で、さし事、一声を出すに、其時分の際あるべし。早きも悪し。遅きも悪かるべし」 ③ 能の囃子事(はやしごと)の一つ。演者の登場に際して、大鼓(おおつづみ)、小鼓、笛で囃すもの。このあと、演者が登場して②の謡をうたう。これには「真の一声」など位の重いものもある。*易林本節用集(1597)「一声 いっセイ 鼓音」*俳諧・犬子集(1633)六・氷「川は氷一声(セイ)も浪の皷かな〈重頼〉」 ④ 謡などを一節うたうこと。*大乗院寺社雑事記‐文明二年(1470)三月一〇日「殿下幷御所御所女中以下衆は不精進少々献レ之。及二一声一畢」 ⑤ 歌舞伎で、大海や深山の幕明き、道具替わり、舞踊の主役の登場などに用いる囃子。能と同様、能管と大鼓、小鼓による。*歌舞伎・名歌徳三舛玉垣(1801)四立「片しゃぎりにて道具納る。途端鼓の一声になり、上るり始まる」 発音イッセイ〈標ア〉0〈京ア〉0 辞書易林・日葡・書言 表記一声(易・書)

いっせいの山鳥(さんちょう) 一声鳴くホトトギス。*和漢朗詠(1018頃)上・郭公「一声の山鳥は曙雲の外、万点の水蛍は秋の草の中〈許渾〉」*宴曲・宴曲集(1296頃)一・郭公「然るを一声の山鳥は 夜と無く昼となく 聴かん事を松の戸に明け方かけてや名乗るらん」

いっ-せい【一姓】〘名〙 本来の出身を同じくすること。一名字(いちみょうじ)。*蔭凉軒日録‐延徳元年(1489)八月一二日「牟礼、鴨井、行吉等亦皆香西一姓者也」

いっ-せい【一斉】〘名〙(多く「に」を伴って副詞的に用いる) ① すべてに等しく一様なさま。平等。*西国立志編(1870‐71)〈中村正直訳〉一〇・一六「時としては一斉に酒を給せらるること、定例なりき」*荘子‐秋水「万物一斉、熟長熟短」 ② 同時にそろうさま。「一斉攻撃」「一斉射撃」「一斉試験」のように熟合しても用いられる。*無刊記刊本碧巌鈔(1620‐40頃)三「宗師は就二言句一まわる学者を打て一斉に放下せしむれば」*小説字彙(1784)「一斉 一ショニソロフナリ」*浮雲(1887‐89)〈二葉亭四迷〉二・七「友葉(ともば)を追って舞ひ歩き、ふとまた言合せたやうに一斉にバラバラと伏(ふさ)って仕舞ふ」*土(1910)〈長塚節〉一「後からも後からも林の梢が一斉に首を出す」 ③ 警察がある日時、所を定めて同時に行なう取り締まり。一斉取り締まり。*新西洋事情(1975)〈深田祐介〉「民主主義」夫人、南アにゆく「彼女はいわばもぐりで黒人居住区(ロケーション)に住んでいて、警察のイッセイにひっかかってしまい、二日間留置場暮らしをしてきた」 発音イッセイ〈標ア〉0〈京ア〉0

いっ-せい【一政】〘名〙 ① 一つの政府によって一様に統治されること。また、理念、方針の変わらない政治。一貫した政治。*今昔較(1874)〈岡三慶〉上「六十余州中都て一様の政也、右の如く天下一政なるを以て」 ② 一つの政策。*万国新話(1868)〈柳河春三編〉二「皆議事院と云へる者を設け、一政を出す毎に討論妥当して後」*開化問答(1874‐75)〈小川為治〉序「一政を行ひ、一令を下すに方りて」*新語‐懐慮「挙二一事一而天下従、出二一政一而諸侯靡」 辞書文明 表記一政(文)

いっ-せい【一清】〘名〙 澄みきること。また、一度澄むこと。*本朝無題詩(1162‐64頃)一・行幸平等院〈藤原知房〉「水遇二一清一沙月影、山称二万歳一嶺嵐声」*拾遺記‐高辛「黄河千年一清」

いっ-せい【一勢】〘名〙 ① 一つの軍勢。一軍。*太平記(14C後)一七・山門攻事「爽(さはやか)に粧(よろ)うたる兵二三万騎、馬を後に引立させて、一勢一勢並居たり」*饅頭屋本節用集(室町末)「一勢 いっセイ」 ② ひと奮発して精を出すこと。ひとふんばり。*浮世草子・本朝二十不孝(1686)二・一「旅人心のいそげば、爰は一勢(セイ)出し艪を蚤(はやめ)てなど声々に頼めば」*歌舞伎・戻橋脊御摂(1813)四立「どれ、わしらは谷へ下りて、一せいやりませう」*別れ霜(1892)〈樋口一葉〉八「車夫は聞きも敢へず力を籠めて今一勢(セイ)と挽き出しぬ」 辞書饅頭 表記一勢(饅)

いっ-せい【一睛】〘名〙 ひとみ。*虞美人草(1907)〈夏目漱石〉一二「一睛(イッセイ)を暗所に点ぜず、藤尾は眼を上げなかった」

いっせい-いちう【一晴一雨】〘名〙 晴れたり降ったりすること。*詩聖堂詩集‐初編(1810)八・村居書喜「三起三眠蚕欲レ熟、一晴一雨麦方秋」*楊万里‐過二百家渡一四絶句「一晴一雨路乾湿、半淡半濃山畳重」 発音イッセイイチウ〈標ア〉チ

いっせい-いちげん【一世一元】〘名〙 天皇一代の間に、年号を一つだけ用いること。天皇一代中に、吉凶あるごとに改元するのに対していう。一代一号。一代一元。*明治改元の詔‐明治元年(1868)九月八日「自レ今以後、革二易旧制一、一世一元、以為二永式一」 発音イッセイイチゲン〈標ア〉チ

いっせい-いっすい【一盛一衰】〘名〙 盛んになったり、衰えたりすること。*荘子‐天運「四時迭起、万物循生、一盛一衰、文武倫経、一清一濁、陰陽調和」

いっせい-きょうじゅ【一斉教授】〘名〙 学級の全児童を対象として授業を行なうこと。個別教授、グループ教授に対していわれる授業の形態。

いっせい-けんきょ【一斉検挙】〘名〙 日時を定めて何か所かで同時に違法者を検挙すること。*春の城(1952)〈阿川弘之〉一・九「今に必ず赤の一斉検挙があるナ」 発音イッセイケンキョ〈標ア〉ケ

いっせい-こうげき【一斉攻撃】〘名〙 みなそろって同時に攻撃すること。*太陽のない街(1929)〈徳永直〉白色テロ「資本の一斉攻撃に対する、一斉反襲さ!」 発音イッセイコーゲキ〈標ア〉コ

いっせい-しゃげき【一斉射撃】〘名〙 ① 一部隊が号令に従って同時に射撃すること。↔各個射撃。*社会百面相(1902)〈内田魯庵〉矮人巨人・五「弓に矢をつがへて一斉射撃の準備を為さしめ」*堺事件(1914)〈森鷗外〉「水兵が、突然短銃で一斉射撃(いっセイシャゲキ)をした」 ② 転じて、野次やからかい、批難などを集中的にあびせること。*大英游記(1908)〈杉村楚人冠〉本記・日本語の「君が代」「何(どう)も『お早う』の一斉射撃(いっセイシャゲキ)は、日本でも聞いたことはないから、ちと変だらうと思ふが」*紐育(1914)〈原田棟一郎〉大統領選挙日の夜「若い夫婦などに遭ふと関の声を挙げてラッパの一斉射撃」 発音イッセイシャゲキ〈標ア〉シャ〈京ア〉シャ

いっせ-いちご【一世一期】〘名〙 生涯を通じての間。一世一代。*浄瑠璃・艶狩剣本地(1714)二「さりとは一世一期(ゴ)の迷惑」 発音イッセ＝イチゴ〈標ア〉

チ イ=チ 〈京ア〉ッ=チ

いっせ-いちだい【一世一代】『名』（「一世」も「一代」も人の一生をいう語。「一世一度」の類推、転化から生じた語という）①一生のうち、ただ一度であること。またとないようなこと。一代一世。＊浮世草子・好色盛衰記(1688)二・四「首尾する一夜を、一世(セ)一代(ダイ)の事のやうに思ひて」＊浮世草子・世間娘容気(1717)一「爰は宿老の一世一代の分別の入所」＊談義本・華鳥百談(1748)一・果心居士幻術をなす事「扨々一世一代の亀相(そそう)仕り、御免御免と云捨て」＊歌舞伎・お染久松色読販(1813)中幕「今度が一世一代でござりやす。宜敷お願ひ申ます」＊鳥獣戯話(1962)〈花田清輝〉二・二「けなげな望みをすてかねたかれは、一世一代の智恵をしぼり」②能・歌舞伎の役者が、引退などを前に、以後再びその芸を演じない決心で、りっぱな舞台をつとめること。また、その舞台。舞台納め。＊滑稽本・浮世床(1813–23)初・上「『可楽(からく)は一世一代(イッセイチデヘ)をしたちゃアねへか』〈略〉『助高屋だの一世一代をした跡が又若がへるものよ』『コレコレ足下の一世一代(イッセイチダイ)といふは誤だ。それでは重言になるて』」 辞書 言海 表記 一世一代(言) 発音 〈標ア〉チ イ=チ 〈京ア〉ッ=イ

いっせいちだい の 勧進能（かんじんのう） 近世、能楽の一座の家元である太夫が、一代一度限り幕府の許可を得て興行する勧進能。一代能。御免能。＊浮世草子・日本永代蔵(1688)四・五「京の北野七本松にて観世太夫一世一代の勧進能(クハンジンノウ)有しに」＊咄本・軽口御前男(1703)一・三「北野天神の前に、観世織部太夫一世(セ)一代(ダイ)の勧進能せられけるに」

いっせいちだい-のう【一世一代能】『名』「いっせいちだい(一世一代)の勧進能(かんじんのう)」に同じ。

いっせ-いちど【一世一度】『名』一生涯に一度。またとないこと。＊浄瑠璃・曾我扇八景(1711頃)中「一世一度の分別袋、跡のふくろびきづかはし」＊浄瑠璃・義経新含状(1744)三「一世一度の出世の場所」＊滑稽本・浮世床(1813–23)初・上「コレコレ足下の一世一代といふは誤りだ。それでは重言になるて。あれは一世一度(イッセイチド)といふものだ」 発音 〈標ア〉ド イ

いっせい-とりしまり【一斉取締】『名』広い地域で同時に犯罪や交通などを取り締まること。一斉。「歳末一斉取り締まり」 発音 イッセイトリシマリ 〈標ア〉0 ト

いっせい-ゆうせい【一切有情】（イウセイ）『名』「いっさいうじょう(一切有情)」に同じ。＊譬喩尽(1786)一「一切有情(イッセイイウセイ)殺害三界不堕悪趣」

いっ-せかい【一世界】『名』①仏語。須彌山(しゅみせん)を中心として、四州、四王天、夜摩天、兜率天(とそつてん)、化楽天(けらくてん)、他化自在天、色界初禅の梵世天と日月を含む世界。これを一小世界として、それを千の三乗倍した集合が三千大千世界である。＊今昔(1120頃か)三一・一七「此の一世界に此(かか)る大(おほきなる)人有る所有と仏不説給(ときたま)はず」②この世全体。世界中。＊撰集抄(1250頃)六・一「周の穆王の八駿の駒にむちをうって、一世界をかけりし」＊サントスの御作業(1591)二・パトリアルカジョセフ「カクテ シチネンノ ホウネン スギニシカバ、ixxecai (イッセカイ) キキン シテ」＊ロザリオの経(1622)六「ixxecaini (イッセカイニ) アル Christiandad ニ ヲイテ」＊大智度論-五〇「復次三千大千世界名二一世界一」 発音 〈標ア〉セ 辞書 日葡

いっ-せき【一勺】『名』⇨いっしゃく(一勺)

いっ-せき【一夕】『名』①一夜。一晩。また、一晩じゅう。＊霊異記(810–824)上・一四「一夕に心経を誦すること一百遍許」＊風姿花伝(1400–02頃)五「たまたま当芸に至る時も、ただ一せきのけせう 一旦の名利に染(そ)みて」＊日葡辞書(1603–04)「Ixxeqi (イッセキ)。ヒトツノ ユウベ」＊詩学逢原(1763)序「加以二才之敏捷一、遂至二一夕賦二百首一矣」＊後漢書-蘇不韋伝「一夕九徙、雖二家人一莫レ知二其処一」②ある夜。＊俳諧・去来抄(1702–04)先師評「一夕、先師の『いざくつろぎ給へ。我も臥(ふし)なん』との給ふに」＊譬喩尽(1786)一「一夕(イッセキ)頓悟せり」＊星巌集-丁集(1841)玉池生集三・苦霖行「一夕雲倏巻、清風度二天衢一」＊白居易-夢裴相公詩「五年生死隔、一夕魂夢通」 発音 〈標ア〉0 〈京ア〉0 辞書 日葡・書言・言海 表記 一夕(書・言)

いっ-せき【一石】『名』①一つの石。＊杜甫-戯題王宰画山水図歌詩「十日画二一水一、五日画二一石一」②「いっこく(一石)①」に同じ。＊日葡辞書(1603–04)「Ixxeqi (イッセキ)。すなわち、イチコク」 発音 〈標ア〉(名詞的)キ (副詞的)0 〈京ア〉(名詞的)セ (副詞的)0 辞書 易林・日葡・書言 表記 一石(易・書)

いっせきを投(とう)じる （石を水に投げ込むと波紋ができて次第に外へ広がっていくことから）反響を呼ぶような問題を投げかける。＊真理の春(1930)〈細田民樹〉たこ・一三「『時事日報』経済面の委しい特ダネは、ともかくも静かな水面に一石(セキ)を投じたのである」

いっ-せき【一席】『名』①一つの集まり。一座。一場。＊菅家文草(900頃)一・春日仮景、尋訪故人「一席将レ迎能二幾人一、因レ君記得惜二残春一」＊日葡辞書(1603–04)「Ixxeqi (イッセキ)。ヒトツノ ムシロ」＊浄瑠璃・嫗山姥(1712頃)燈籠「一せきに只二人なれ共両腕に百人づつ、胴骨にも百人づつ、をっ取て此の座に斗(ばかり)六百騎」②講演、講談、落語などで、聴衆に向かってする一つの話。＊読本・昔話稲妻表紙(1806)四・一三「我身のうへの物語は一席(イッセキ)に尽されず」＊同人社文学雑誌-三一号(1879)演説の主義を論ず〈中村正直〉「我はその教員より招かれ、何ぞ一席の話説をなすべき由」＊思出の記(1900–01)〈徳富蘆花〉六・三一「校長一滴の涙は、感じ易い学生の烈火を、一席にして消滅したのである」＊セルロイドの塔(1959)〈三浦朱門〉八「何だか一席しゃべりたくなった」③一回の茶会や茶席。また、茶事七式の茶かぶきを一度行なうこと。④（「席」は席次の意）順位で第一番。一位。 発音 〈標ア〉0 〈京ア〉0 辞書 日葡

いっせき伺(うかが)う おおぜいの聞き手に向かって一くだりの話をする。落語、講談などで前口上にいうことば。＊落語・鰍沢雪の酒宴(1889)〈四代目三遊亭円生〉「エー替はり合ひまして一席伺(ウカガ)ひます」＊倫敦消息(1901)〈夏目漱石〉二「又『ホトトギス』が届いたから出直して一席伺はう」

いっせき ぶつ （特に演説や威勢のいい話のときに用いる）「いっせき(一席)伺(うかが)う」に同じ。＊三匹の蟹(1968)〈大庭みな子〉「彼氏、得意になって鼻をうごめかせて一席ぶつさ」＊冷え物(1975)〈小田実〉「オヤジはんは、〈略〉夕刊新聞の記者にそんなふうに一席ぶち」

いっせき 設(もう)ける ちょっとした集まりや宴会を開いて人を招く。また、その用意をする。＊白鳥の歌(1948)〈内村直也〉「工場の資材集めに我われを呼び集めて、一席設けた訳ですよ」

いっ-せき【一隻】『名』①一対の物のうちの片方。＊舞姫(1890)〈森鷗外〉「養ひ得たる一隻の眼孔もて、読みては又読み、写しては又写す程に」＊穆天子伝-三「天子美レ之、乃賜二奔戎佩玉一隻一」②船一そう。また、酒や湯水などを入れる槽(ふね)一つ。＊多度神宮寺伽藍縁起資財帳-延暦二〇年(801)一一月三日(平安遺文一・二〇)「湯船弐隻 一隻長三尺六寸、広二尺四寸、深二尺三寸」＊延喜式(927)五・神祇・斎宮寮「湯槽、円槽洗足槽各一隻」＊近世紀聞(1875–81)〈染崎延房〉一二・二「今我が回天一隻(セキ)をもて七隻の船に当らん事蟷螂が斧に似たりと雖も」＊白居易-初到忠州贈李六詩「一隻蘭船当二駅路一、百層石磴上二州門一」③魚や鳥や馬など一つをいう。＊延喜式(927)三三・大膳「鮭一隻」＊伊京集(室町)「一喉 いっコン 魚 一隻 いっセキ 同」＊日本風俗備考(1833)九「大なる駝鳥一隻」＊枕山詩鈔-三篇(1867)上・訪梅「一隻翠禽如二小玉一、入レ扃応レ告世人来」＊暴夜物語(1875)〈永峰秀樹訳〉魔君商人の物語「或時此商人緊要(だいじ)の事あればとて、一隻の馬に打跨がり」④矢、槌(つち)、印、珠玉などの一つをいう。＊多度神宮寺伽藍縁起資財帳-延暦二〇年(801)一一月三日(平安遺文一・二〇)「大鎚壱隻。〈略〉寺木印壱隻」＊菅家文草(900頃)六・八月十五夜、同賦秋月如珪「秋珪一隻度レ天存、下照二千家一不レ定レ門」＊延喜式(927)一二・内記「鉄尺一隻」 発音 〈標ア〉(名詞的)キ (副詞的)0 〈京ア〉(名詞的)セ (副詞的)0 辞書 伊京・明応・天正 表記 一隻(伊・明・天)

いっ-せき【一跡】『名』①家筋の続き。家系。血統。また、跡目。家督。＊太平記(14C後)三五・北野通夜物語事「其上大家の一跡、此の時断亡せん事勿体無く候」＊謡曲・春栄(1435頃)「それがし申し請け一跡を継がせ申したき心中にて候」＊言継卿記-天文二年(1533)三月六日「去月末より疫病云々、一跡断絶、彌一家之零済、愁傷愁傷」＊三河物語(1626頃)一「いか成御ゐんにか有やらん、太郎左衛門尉独媛(ひとりひめ)の有りけるを、徳阿彌殿を婿に取、一せきに立まいらする」②後継ぎに譲る物のすべて。遺産。転じて全財産、身代。＊太平記(14C後)一二・公家一統政道事「相摸入道の一跡(セキ)をば、内裏の供御料所に置かる」＊天草本伊曾保(1593)貪欲な者の事「アル トンヨクナモノ yxxequiuo (イッセキヲ) コトゴトク コキャクシテ、キンス ヒャクリャウヲ モトメ」＊日葡辞書(1603–04)「Ixxeqini (イッセキニ) ハナルル。または、ixxeqiuo (イッセキヲ) メシ ハナサルル〈略〉Ixxeqiuo (イッセキヲ) ユヅル」＊仮名草子・浮世物語(1665頃)三・二「博奕、傾城狂ひに一跡をほつきあげ、親の勘当を蒙り」＊浮世草子・新御伽婢子(1683)一・髑髏言「汝か父と汝として非道の猛悪を構て我一跡(セキ)を諒取(かすめとり)身のイ(たたずみ)もならず」③全体。ありったけ。＊浮世草子・傾城色三味線(1701)大坂・六「ねぢぶくさ取出し、一跡(イッセキ)に八九匁あるこまがねの中へ銭壱弐文入れて、人には壱歩の音ときかして、がらつかせ」④自分だけが相伝した物。自分の占有。特有。独自。＊浄瑠璃・嫗山姥(1712頃)四「からからと笑ひ。ヤアラでっちめが味をやるよ。身が一せきのせりふの裏を食はすしれ者」 方言 ❶親類。神奈川県三浦郡054 ❷皆。全部。新潟県佐渡352 三島郡374 岐阜県武儀郡498 郡上郡504 長崎県南高来郡905 ◇いっせく 長崎県南高来郡905 ❸いっしょうけんめい。精いっぱい。ひたすら。新潟県佐渡352 岐阜県飛驒502 郡上郡504 愛知県丹羽郡038 大分県939 宮崎県東諸県郡954 ❹決して。一切。新潟県361 佐渡351 ❺いつも。常に。福岡県小倉市874 ❻度々。福岡県小倉市874 ❼一時。ひところ。香川県829 ❽一緒に。佐賀県馬渡島054 ❾一番大切なこと。また、そのさま。新潟県佐渡351 ◇いっせち 栃木県上都賀郡197 ❿持っている着物の中で最もいいもの。新潟県糸魚川市382 辞書 文明・伊京・明応・天正・饅頭・黒本・易林・日葡・書言 表記 一跡(文・伊・明・天・饅・黒・易) 一迹(易・書)

いっせきに 一(ひと)つ （全財産がこの一物の意から）たった一つ。かけがえのないこと。＊浮世草子・日本永代蔵(1688)二・二「一跡(いっセキ)に一つの鍋釜、微塵粉灰(こはい)にくだかれ」＊浄瑠璃・道成寺現在蛇鱗(1742)二「いっせき一つの入れ物なれば」 補注 「仮名草子・石山寺入相鐘-下」の「一せきにひとりある子を、さんざん折檻して」の例も、この表現をふまえたものか。

いっ-せき【一齣】『名』戯曲の一くぎり。芝居の一

幕。小説の一段落。一章。フィルムの一こま。一くさり。いっく。＊江戸繁昌記（1832–36）五・演武場「粉頭、鶯声を囀して、一齣の賀曲を唱ふ」

いっせき-がけ【一跡賭】〘名〙全財産をかけること。＊虎明本狂言・遺子（室町末–近世初）「かけにめされうならば一跡がけなり共いたさう」

いっせき-がん【一隻眼】〘名〙①一つの目。隻眼。かため。②物を見抜く力のある一眼識。また、独得の見識。＊古活字本荘子抄（1620頃）一「林希逸は一隻眼を具した者といわんとぞ」＊作詩志彀（1783）諸家本集「本集を読むには、別に一隻眼を具せざれば、往々真を謬るなり」＊無門関「若向㆓者裏㆒著㆓得一隻眼㆒、便知㆓得前百丈贏得、風流五百生㆒」＊楊万里–送彭元忠県丞北帰詩「近来別具一隻眼、要㆑踏唐人最上関」

いっせき-しゅ【一隻手】〘名〙片手。隻手。

いっせき-しんだい【一夕身代】〘名〙一晩でなくなってしまうほどの、わずかの財産。＊評判記・難波物語（1655）「我ら風情（ふぜい）の一せきしんだい、仮令（たとひ）うしなひたればとて」

いっせき-そうぞく【一跡相続】（サウ ソク）〘名〙跡目一式を相続すること。＊今川仮名目録（1526–60頃）追加十条「奉公の者子孫の事、嫡子一人之事は、一跡相続之上、是非に不㆑及」＊大観本謡曲・竹雪（室町末）「弟月若をば、某一跡相続のために、此の屋の内に置きて候」

いっせき-にちょう【一石二鳥】（テウ）〘名〙（「一つの石で二羽の鳥をうち落とす」の意から）一つの事をして、二つの目的を果たすたとえ。一挙両得。＊劉広福（1944）〈八木義徳〉「彼等の収入増となるばかりでなく会社側にとっても著しく作業の進捗をみることになり、一石二鳥といふことになった」＊島崎藤村（1946–56）〈平野謙〉新生「捨吉の翹望してやまなかった一石二鳥の自由はかくて実現された」〔発音〕イッセキ＝ニチョー〈標ア〉⓪〈京ア〉セ＝⓪

いっせき-ばなし【一席話】〘名〙落語などの一くだりの話。＊落語・碁盤割（1892）〈三代目春風亭柳枝〉「エー今日は碁盤割と申します一席話（イッセキバナシ）を御披露致します」〔発音〕〈標ア〉パ

いっせき-へん【一夕偏】〘名〙（「一夕」は「歹」の字を分解したもの）漢字の偏の一つ。殆・殊・殖などの歹の部分をいう。本来は肉をけずりとった骨の象形。がつへん。〔発音〕〈標ア〉⓪

いっせき-わ【一夕話】〘名〙ある晩に語った話。＊見果てぬ夢（1910）〈永井荷風〉二「唄の節につい誘はれて浮気ものになった事があると語った彼女の一夕話（イッセキワ）からであった」〔発音〕〈標ア〉キ

いっ-せつ【一切】㊀〘名〙（「いっさい」の別形）「いっさい（一切）㊀」に同じ。＊歌謡・改正哇袖鏡（1859）富士や浅間の「片ときわするるひまもなく、いっせつからだもやる気になったわいな」㊁〘副〙「いっさい（一切）㊁」に同じ。＊金刀比羅本保元（1220頃か）中・白河殿へ義朝夜討ちに寄せらるる事「されば此御所を退て他所へ出させましまさんこと一切（イッセツ）有べからず」＊日葡辞書（1603–04）「Ixxet（イッセツ）。すなわち、イッサイ。副詞。〈訳〉何一つ。否定とともに用いる。例、コノホウニ ヲイテ ixxet（イッセツ） ベチギワゴザナイ」＊洒落本・傾城買四十八手（1790）見ぬかれた手「『ときにこんばんはおひとりかへ』『此ごろは連（つれ）は一切（セツ）ないのさ』」＊滑稽本・浮世風呂（1809–13）前・上「我から招く禍は、他人の一切（イッセツ）存分申事ならずや」＊此ぬし（1890）〈尾崎紅葉〉八「明日からは見事留守を使了（つかひをほ）せて、一切（イッセツ）面会せずむばその一度に懲りて」〔補注〕「切」は「きる」の意に用いるとき「セツ」と発音される。「一切」の「切」は「すべて」の意であるから、これを「イッセツ」と発音するのは本来は誤り。〔方言〕〘副〙❶一切。決して。群馬県佐波郡242 東京都八丈島343 長野県下伊那郡492 兵庫県加古郡664 鹿児島県963 ❷始終。いつも。滋賀県彦根609 ❸以前。ひところ。岡山市762 〔辞書〕色葉・饅頭・易林・日葡・書言・ヘボン・言海 〔表記〕一切（色・饅・易・書・ヘ・言）

いっ-せつ【一節】〘名〙①一区切りの意。文章、詩歌、音楽などの一区切り。また、四肢などのひとふし。＊帝室論（1882）〈福沢諭吉〉「西洋諸国にては一節の歌を以て幾千万の人心を繫ぎ」＊列子–楊朱「有㆘断㆓若一節㆒得㆗一国㆖、子為㆑之乎」②禅宗寺院における四つの節の行事で一年を分けた一区切り。結夏（けつか）・解夏（かいげ）・冬至・年朝の四節の一つ。日本の場合は結制（四月一五日～七月一五日）と冬至（多く一一月）を中心に一年を二分することが多い。＊蔭凉軒日録–延徳三年（1491）三月一五日「近年諸五山依㆑無㆓入院㆒再住有㆑之。纔一節住耳」③使者に与える一つのしるし。＊文明本節用集（室町中）「君命召以㆓三節㆒。一節（イッセツ）以趍、二節以走」④商品取引や戦前の株式取引で、午前、午後にそれぞれ売買取引が始まるときの、最初の立会い。〔取引所用語字彙（1917）〕⑤プロ野球やサッカーなどのリーグ戦で、日程の一区切り。〔発音〕〈標ア〉⓪ツ〈京ア〉⓪ 〔辞書〕文明 〔表記〕一節（文）

いっせつ の 事（こと） ひとつの行事、法会。＊蔭凉軒日録–長享三年（1489）六月一五日「万一欠㆓住持㆒事有㆑之者、我代㆓住持㆒、一節事者、且望上堂可㆑勤云々」

いっ-せつ【一説】〘名〙①一つの説。＊ソ連・中国の印象（1955）〈桑原武夫〉社会主義国の女性雑感「生物学の宮地教授と雑談のうちに一説をあみ出した」＊魏志–衛顗伝「非㆓破㆑家為㆑国、殺㆑身成㆑君者、誰能犯㆓顔色㆒触㆓忌諱㆒建㆓一言㆒開㆓一説㆒哉」②あることに関して、考え方などが違う説。別の説。ある説。＊貞享版沙石集（1283）四・三「但し一説には只の弟子と云へり」＊俳諧・去来抄（1702–04）故実「一句にて捨ざるは、大切の恋句にあいさつなからんはいかが也となり。一説に、恋は陰陽和合の句なれば、一句にて捨べからずともいへり。皆大切に思ふゆへ也」＊読本・椿説弓張月（1807–11）後・備考「又一説（イッセツ）に、八丈嶋に、香爐山彌陀寺といふあり」＊孟子集注–梁恵王下「〈無㆑己則有㆑一焉〉一謂㆓一説㆒也」③ある情報。＊日葡辞書（1603–04）「Ixxetga（イッセツガ） キコエタ〈訳〉ある情報がうわさされる」〔発音〕〈標ア〉⓪ツ〈京ア〉セ 〔辞書〕易林・日葡・書言・言海 〔表記〕一説（易・書・言）

いっせつ-たい【一節体】〘名〙どこか一ふし、おもしろさを持っている一様式。＊ささめごと（1463–64頃）上「一節体の句 涙の色は袖のくれなゐ なに故にかかる浮名の立田川」

いっせつ-たしょう【一殺多生】（タシャウ）〘名〙一人を殺して、多くの人を生かすこと。「瑜伽師地論–四一」などに説く思想。いっさつたしょう。＊謡曲・鵜飼（1430頃）「又ある夜忍び上（のぼ）って鵜を使ふ。狙ふ人々ばっと寄り、一殺多生の理にまかせ、かれを殺せと言ひあへり」＊浮世草子・懐硯（1687）二・四「一殺多生（いっセツタシャウ）と孝との道にかなふと思ひさだめ」＊譬喩尽（1786）一「一殺多生（イッセツタシャウ）の理」〔発音〕イッセツタショー〈標ア〉⓪〈京ア〉セ＝⓪ 〔辞書〕書言・言海 〔表記〕一殺多生（書・言）

いっ-せつな【一刹那】〘名〙きわめて短い時間。一瞬間。→刹那（せつな）。＊教行信証（1224）三「三業所修、一念一刹那、無㆑不㆓清浄㆒」＊徒然草（1331頃）九二「況んや一刹那のうちにおいて、懈怠の心ある事を知らんや」＊太平記（14C後）二七・上杉畠山流罪死刑事「蝸牛（くゎぎう）の角の上三千界、石火の光の中一刹那（いっセツナ）哀あだなる憂世哉」＊仁王経–上「九十刹那為㆓一念㆒。一念中一刹那経㆓九百生滅㆒」〔発音〕〈標ア〉セ〈京ア〉セ

いっせ-の-みこと【五瀬命】 記紀の所伝で、鵜葺草葺不合命（うがやふきあえずのみこと）の子で神武天皇の兄とされる人物。天皇とともに九州から東征の途中、紀伊国（和歌山県）で戦死。＊古事記（712）上「其の姨玉依毘売命を娶きて、生める御子の名、五瀬命」＊書紀（720）神代下「其の姨玉依姫を以て妃としたまふ。彦五瀬命を生しませり」

いっ-せん【一川】〘名〙①ひとすじの川。＊漢書–溝洫志「独一川兼受㆓数河之任㆒」②（「川」は原野の意）一面の平野。＊六如庵詩鈔–二編（1797）五・秋日郊行雑詩五首「一川晴雪蕎花吐、満畝紅珠黍穂低」＊杜甫–自㆓瀼西荊扉㆒且移㆓居東屯茅屋㆒「平地一川穏、高山四面同」

いっ-せん【一洗】〘名〙①一回だけ洗うこと。＊新令字解（1868）〈荻田嘯〉「一洗 イッセン ヒトアラヒ」＊南史–陰子春伝「身服㆓垢汗㆒、脚数年一洗」②残らず洗い流すこと。転じて、悪い所をすっかり改めること。＊蔭凉軒日録–寛正二年（1461）七月一五日「還御帰途、松間月華鮮明、尤一㆓洗煩襟㆒也」＊中華若木詩抄（1520頃）中「一段心中もすずしくして、俗耳を一洗してあるぞ」＊日誌必用御布令字引（1868）〈四方茂苹〉「一洗 イッセン カイカクスルコト」＊学問のすゝめ（1872–76）〈福沢諭吉〉四・学者の職分を論ず「人民の気風を一洗して世の文明を進むるには」＊多情多恨（1896）〈尾崎紅葉〉後・三「如何（どう）したら此心地が一洗したやうに皆忘れて了へるでせうなあ」＊杜甫–鳳凰台詩「再光㆓中興業㆒、一洗㆓蒼生憂㆒」〔発音〕〈標ア〉⓪

いっ-せん【一閃】〘名〙ぴかりと光ること。さっとひらめくこと。また、そのひらめき。ものの動きのきわめてすばやいさまにもいう。＊恋慕ながし（1898）〈小栗風葉〉三一「血糊の出刃を取正（とりなほ）さうとする時疾く、白光一閃（セン）」＊思出の記（1900–01）〈徳富蘆花〉八・一二「お敏君の明眸の一閃に殺されて、あとは奴隷であった」＊偸盗（1917）〈芥川龍之介〉五「殺すなら、今だと云ふ気が、心頭をかすめて、一閃する」＊孟郊–峡哀詩「螫粉一閃間、春濤百丈雷」〔補注〕「忠義水滸伝解」に、「把腰一閃 腰ヲビラリトヒネル」とある。〔発音〕〈標ア〉⓪〈京ア〉⓪

いっ-せん【一戦】〘名〙一度の闘い。ひと勝負。＊平家（13C前）四・南都牒状「太上天皇一戦の功を感じて、不次の賞を授け給ひしよりこのかた、たかく相にのぼり」＊太平記（14C後）一六・正成下向兵庫事「正成は溺手（からめて）にて攻め上候はば、朝敵を一戦に滅す事有りぬと覚え候」＊日葡辞書（1603–04）「Ixxen（イッセン）〈訳〉一度の戦い」＊布令必用新撰字引（1869）〈松田成己〉「一戦 イッセン ヒトイクサ」＊春秋左伝–荘公一〇年「可㆓以一戦㆒、戦則請従」〔発音〕〈標ア〉⓪〈京ア〉⓪ 〔辞書〕文明・易林・日葡・書言・言海 〔表記〕一戦（文・易・書・言）

いっせん に 及（およ）ぶ ①戦いを交える。＊太平記（14C後）一四・箱根竹下合戦事「一戦にも不㆑及して、捨鞭を打てぞ引たりける」＊浄瑠璃・平家女護島（1719）五「一戦にも及ばず平家は悉さいかいへ逃くだる」②房事を行なう。＊随筆・独寝（1724頃）下「かの床に入て一陣（イッセン）に及ばんとする時、ぐなぐなと成り」

いっせん を 交（まじ）える 一度の闘いをする。ひと勝負する。

いっ-せん【一煎】〘名〙煎茶を入れたときの最初の茶。また、煎茶一杯。＊落語・三都三人絵師（1891）〈禽語楼小さん〉「吾儕（わたい）が入れた茶アを一煎（イッセン）進（あ）げたいが何（ど）うです」

いっ-せん【一箋】〘名〙一枚の便箋。一枚の用紙。＊一年有半（1901）〈中江兆民〉附録・大恥辱大滑稽「外交の失敗…兵士の血…外人一箋の公文…無外交…沈黙」

いっ-せん【一銭】〘名〙①「いちもんめ（一匁）①②」に同じ。＊延喜式（927）三七・典薬寮「元日御薬〈略〉度嶂散一剤〈略〉平旦以㆓温酒㆒服㆓一銭匕㆒」＊書言字考節用集（1717）一〇「一銭 イッセン 十厘為㆓一分㆒、十分

為二一銭一。今云一文目」②「いちもんせん（一文銭）①②」に同じ。＊徒然草（1331頃）一〇八「一銭軽しといへども、これを重ぬれば、貧しき人を富める人となす」＊虎明本狂言・薩摩守（室町末‐近世初）「『ちゃの銭をおいておじゃれ』『茶の銭とは何と』『爰は一ふく一せんの所じゃ』」＊日葡辞書（1603‐04）「Ixxen（イッセン）〈訳〉銅などの金属貨幣の数え方」③一円の百分の一の価。明治四年（一八七一）新貨条例で定められ、この価額を持つ補助貨として、銅貨、青銅貨、黄銅貨、アルミニウム貨、錫（すず）貨などが流通したが、昭和二八年（一九五三）一二月末限り通用禁止となった。＊広益熟字典（1874）〈湯浅忠良〉「一銭 イッセン 十リンヲ云」＊明六雑誌‐二二号（1874）知説四〈西周〉「帰納法は譬へは一銭二銭を積み日に蓄へ月に益して遂に巨万の資を得るが如く」④ほんの僅かなことのたとえ。＊実隆公記‐延徳三年（1491）六月五日「於レ身無二一銭之奸謀一。為レ之如何。上件儀伯卿粗存知歟」⑤「いっせんぞり（一銭剃）」の略。＊随筆・兎園小説（1825）「以来結髪之総名を一銭と可レ唱者也と」＊筑紫方言（1830頃）「髪結（かみゆひ）いっせん」＊浜荻（久留米）（1840‐52頃）「いっせん髪結也。かみゆひ」方言理髪店。髪床。鹿児島†134 高知県（女髪結い）861 862 867 福岡県872 佐賀県887 藤津郡895 長崎県壱岐島915 熊本県八代郡921 大分県日田郡939 宮崎県東諸県郡（女髪結いもいう）954 鹿児島県961 鹿児島郡968 ◇いっせんや〔一屋〕高知県862 長崎市053 五島054 熊本県下益城郡930 鹿児島県961 肝属郡970 ◇いっせんば〔一場〕長崎市053 ◇いっせんさん 高知市867 ◇いっせんどん 筑後柳川†129 熊本県玉名郡058 発音〈なまり〉イッシェン〔静岡〕イッセネ〔福島〕〈標ア〉（名詞的）セ（副詞的）0〈京ア〉（名詞的）ツ（副詞的）0 辞書文明・日葡・書言 表記一銭（文・書）

いっせんにだにも値（あたい）せず 無能な人をののしっていう語。何の価値もない。一文のねうちもない。＊史記‐武安侯伝「乃罵二臨汝侯一曰、生平毀二程不識一不レ直二一銭一」

いっ‐せん【一箭】〘名〙一本の矢。＊宝覚真空禅師録（1346）乾・陞座「将軍一箭定二天山一、蓋代功勛執可レ攀」＊読本・頼豪阿闍梨怪鼠伝（1808）四・八「忽地（たちまち）その一箭（いっセン）にて射殺さるべかりし」＊篁園全集（1844）二・苦熱行「羿向二雲霄一加二一箭一、九烏紛紛墜二鳴弦一」＊晉書‐桓石虔伝「石虔因急往、抜二得一箭一」

いっせんに両垜（りょうだ） 一本の矢で二つのあずちを射当てること。一石二鳥。＊譬喩尽（1786）一「一箭両垜（イッセンニリャウダ）」

いっ‐せん【一線】〘名〙①一本の線。また、線状のもの一本。＊日葡辞書（1603‐04）「Ixxen（イッセン）。ヒトツノ イトスヂ〈訳〉一本の絹糸」＊音訓新聞字引（1876）〈萩原乙彦〉「一線 イッセン ヒトスジノイト」＊周必大‐廬山後録「紫宵峰剣立二衆峰之間一、鉄塔僅如二一線一」②はっきりしたくぎり。区別。けじめ。また、限界。限度。＊帰省（1890）〈宮崎湖処子〉九「今日まで、吾事業に於ける主義は、自ら巧遅の一線を曳き初めたるに、如何でか斯る大時期を、今拙速に没了すべき」＊青年（1910‐11）〈森鷗外〉一〇「現在は過去と未来との間に劃した一線（イッセン）である」＊鉛筆ぐらし（1951）〈扇谷正造〉ゲンマン記者「どんなにオチブレても新聞記者が果すべき最後の任務の一線はここではあるまいかと感じられた」③戦場で敵と直接ぶつかる隊列。また、運動や仕事で、はなばなしい重要な位置。第一線。＊軍歌・橘中佐（1904）〈鍵谷徳三郎〉一「前進軍令たちまちに 下る三十四聯隊、橘大隊一線に」発音〈標ア〉0セ〈京ア〉0 辞書日葡

いっせん上（じょう）に並（なら）ぶ 同じ段階・地位になる。＊マルクス主義文学理論批判（1955）〈高橋義孝〉「両者は、そこになるほど未熟と完成というような量的な差異はあるにしろ、とにかく一線上に並ぶことになり」

いっせんを画（かく）す 境界をはっきりさせる。はっきりとくぎりをつける。区別する。＊何処へ（1908）〈正宗白鳥〉五「錆びた日光はカーテンの間から洩れて、青い机の上に細く一線を劃してゐる」＊漱石・鷗外・竜之介（1954）〈荒正人〉「鷗外流の知識人とは明確に一線を画しておく必要がある」

いっせんを退（しりぞ）く 運動や仕事などで、重要な位置から身を引くこと。引退すること。

いっせん‐いちじ【一銭一字】〘名〙（「一字」は一文銭の四分の一）きわめてわずかな金銭。＊浄瑠璃・冥途の飛脚（1711頃）上「遅ふて四五日中、外の金も上る筈、如何様（いかやう）共仕送って一せん一じ損かけまじ」

いっせんいちやものがたり【一千一夜物語】「アラビアンナイト」の別名。千夜一夜物語。千一夜物語。発音イッセンイチヤモノガタリ〈標ア〉ガ

いっせん‐いちりん【一銭一厘】〘名〙（「一厘」は一銭の十分の一）きわめてわずかなこと。＊社会百面相（1902）〈内田魯庵〉ハイカラ紳士・下「方正謹直で壱銭一厘の私もなかったが」発音〈標ア〉チ

いっせんいっ‐たい【一千一体】〘名〙京都の蓮華王院（三十三間堂）に安置された仏像の数をいう。坐像の本尊、千手観音一体と、その周囲にある立像の観音一千体。＊平家（13C前）一・殿上闇討「忠盛備前守たりし時、鳥羽院の御願得長寿院を造進して、三十三間の御堂をたて、一千一躰の御仏をすへ奉る」

いっせん‐かへい【一銭貨幣】〘名〙額面一銭の補助貨幣。明治四年（一八七一）五月公布の新貨条例で制定されたのが最初。その後は下記のものが制定発行されたが、いずれも昭和二八年（一九五三）一二月末限り通用禁止となった。⑴銅貨、明治六年（一八七三）八月制定。⑵青銅貨、明治三一年（一八九八）九月、大正五年（一九一六）三月制定。⑶黄銅貨、昭和一三年（一九三八）六月制定。⑷アルミニウム貨、昭和一三年（一九三八）一一月、昭和一五年一二月、昭和一八年二月制定。⑸錫（すず）亜鉛貨、昭和一九年（一九四四）三月制定。発音イッセンカヘイ〈標ア〉カ

いっせん‐きゅう【一線級】〘名〙第一線で活躍するだけの技量があること。第一線に出してもはずかしくない程度であること。第一線級。発音イッセンキュー〈標ア〉0セ

いっせん‐ぎり【一銭切】〘名〙戦国時代に行なわれた斬首刑の一つ。一銭でも盗んだ者を斬罪の厳罰に処するという意とも、あるいは切り口が緡銭（さしせん）のそれに形状が似ているからともいう。＊鹿苑日録‐天文七年（1538）一〇月一二日「早天自二丹波口一敵打廻。五百計出也。今四五日後可二陣居一云々。一銭切と堅成敗之間、不レ可レ有二聊爾一云々」＊新編相州古文書‐一輯・天正一八年（1590）四月・相模国西郡内狩野庄宛豊臣秀吉掟書「一、対二土民百姓一、非分之儀申懸族有レ之者、可レ為二一銭切一、弁麦毛不レ可二苅取一事」＊清正記（1663）二「軍勢於二朱方地一乱妨狼藉輩、可レ為二一銭切一事」＊読史余論（1712）三・秀吉天下之事「此人軍法により て、一銭切と云事を始めらる、たとへ一銭を盗めるにも、死刑にあつ」辞書言海 表記一銭切（言）

いっせん‐ざい【一千歳】〘名〙千年。ちとせ。＊日葡辞書（1603‐04）「Ixxenzai（イッセンザイ）」発音〈標ア〉0 辞書日葡

いっせん‐しゃ【一銭社】〘名〙明治一〇年（一八七七）頃行なわれた生命保険会社の一種。契約者は毎日一銭ずつ醵金（きょきん）した。＊歌舞伎・浪底親睦会（1881）「『此の社へ入りますと、死ねば百円下さります か』『それは此頃流行の一銭社の事だらう』」発音〈標ア〉セ

いっせん‐じょう【一線上】〘名〙一本の線のうえ。＊歩兵操典（1928）第三三「両踵（かかと）を一線上に揃へて之を著け」

いっせん‐じょうき【一銭蒸汽】〘名〙東京隅田川を定期航行した小型客船。明治一八年（一八八五）四月一日から吾妻橋、永代橋間を航行した。七か所の停船場を設け、これを七区とし、一区間の乗船料を一銭と定めたのを始めとする。料金改定後も、俗称としてこの名称が残った。ポンポン蒸気とも呼ばれた。＊風俗画報‐一二四号（1896）荒川筋の浸水「諸渡船場は残らず船を出ださず一銭蒸気（センジョウキ）の隅田川丸も休業するに至りたり」＊大川端（1911‐12）〈小山内薫〉五「朝、永代通ひの一銭蒸汽の水を蹴立てる音」＊少年の記憶（1913）〈谷崎潤一郎〉「浅草へ行くのには、両国へ出て一銭蒸汽へ乗るか、日本橋から鉄道馬車へ乗るかした」発音イッセンジョーキ〈標ア〉ジョ

いっせん‐しょく【一銭職】〘名〙「いっせんぞり（一銭剃）」に同じ。＊髪結職由緒之事（1727）「東照宮奉レ揚二御髪一候に付、為二御褒美一、金銭一銭、御笄一対、榊原小平太康政殿を以て頂戴之仕り、以後髪ゆひ職分は、一銭職と可二相唱一旨、蒙二台命一」＊歌舞伎・三題噺高座新作（髪結藤次）（1863）四幕「身にゃあ襤褸衣（ぼろっこ）を着てゐても、由緒正しい御身分でご家業は御免の一銭職（いっセンジョク）」

いっせん‐ずり【一銭剃】〘名〙「いっせんぞり（一銭剃）」に同じ。

いっせん‐ぞり【一銭剃】〘名〙（その料金が一人につき一銭（一文）であったところから）近世の初め、道端に仮屋を構えて男の月代（さかやき）やひげを剃り、髪を結うことを職とした者。髪結床の前身。一文剃り。一銭ずり。一銭職。一銭。＊言経卿記‐天正一七年（1589）八月二二日「一銭そりの僧、入レ夜小児つれて来。所労云々。令レ見レ之。快気散一包遣了」＊日葡辞書（1603‐04）「Ixxenzori（イッセンゾリ）〈訳〉床屋」＊雍州府志（1684）七「髪心〈略〉凡毎町有二髪結床一、諸人来令レ結レ之。又巡二市中一取レ銭剃二月額（さかやき）一、是謂二一銭剃（ソリ）一」辞書日葡

いっせん‐だい【一闡提】〘名〙（梵 icchantika の音訳。一闡底迦、闡提とも。欲求しつつある者の意。断善根（だんぜんごん）、信不具足、極欲（ごくよく）などと訳す）仏語。仏法を信じない、成仏する因縁を欠いた者。本来的に成仏する因縁を欠いた者と、菩薩が衆生済度のために、ことさらこの姿をとる者との、二種があると説く。＊霊異記（810‐824）中・二二「一闡提の輩は、永く断滅せむ」＊米沢本沙石集（1283）二・一「信なき者をば一闡提（センタイ）と名づけて、仏にならぬものと云へり」＊大乗理趣六波羅蜜多経‐一「或復有情造二諸悪業四重八重五無間罪一謗二方等経一一闡提等種種重レ罪」＊入楞伽経‐三「大慧、何者無性乗。謂一闡提、大慧、一闡提者無二涅槃性一、何以故、於二解脱中一不レ生二信心一不レ入二涅槃一、大慧、一闡提者有二二種一、何等為レ二、一者焚二焼一切善根一、二者憐二愍一切衆生一、作レ尽二一切衆生界一願上」

いっせん‐ぢゃや【一銭茶屋】〘名〙道端などで、お茶一服を一文で客にすすめる茶店。＊百戯述略（1870頃か）〈斉藤月岑〉五「葺屋町河岸端に罷在候壱銭茶屋、向後置中間敷事」

いっせん‐どうか【一銭銅貨】〘名〙一円の百分の一に相当する補助貨幣。明治六年（一八七三）発行。円形の銅貨で直径約二・五センチメートル。明治三〇年（一八九七）鋳造が中止されたが、昭和二八年（一九五三）末まで通用した。また、明治三一年（一八九八）以降に出た青銅貨をもいう。＊金貨（1909）〈森鷗外〉「さっきの光る金貨が出た。大さは一銭銅貨程あるのである」＊道草（1915）〈夏目漱石〉四八「彼には手に握った一銭銅貨（センドウクヮ）の方が、時間や労力よりも遙かに大切に見えたのである」発音イッセンドーカ〈標ア〉ド

いっせんど‐ばらい【一千度祓】〘名〙祓（はらい）のことばを千度読んで、罪をはらい清めること。＊吾妻鏡‐治承四年（1180）八月一六日「永江蔵人頼隆、

勧ニ一千度御祓一」 辞書言海 表記一千度祓(言)

いっせん-ぼん【一千本】〘名〙「いっせんぼんにかわ(一千本膠)」の略。

いっせんぼん-にかわ【一千本膠】〘名〙（重量一貫目(三・七五キログラム)につき約一千本あるのでいう）膠の一種。長さ二四ないし二七センチメートル、幅約九ミリメートル、厚さ約三ミリメートル、扁平な棒状で、三千本膠より色がやや黒く品質も劣るもの。一千本。発音〈標ア〉二

いっせん-まんじゅう【一銭饅頭】〘名〙今川焼の皮に巴形の焼印を押したもの。一銭で買えたところからいう。太鼓焼。＊「ガロ」編集長(1982)〈長井勝一〉二・一「太鼓焼きは、一銭饅頭といったり、大正焼きと呼んだりしていたが、あれも大正時代にできた食物かもしれない」発音イッセンマンジュー〈標ア〉マ

いつぜん-めし【一膳飯】〘名〙「いちぜんめし(一膳飯)」の変化した語。＊滑稽本・東海道中膝栗毛(1802‐09)二・上「もちよヲあがりやアし。いつぜんめし(膳飯)よヲあがりやアし。お休なさいやアしお休なさいやアし」

いっ-そ〘副〙（副詞「いっそう(一―)」の変化した語か）①あれこれと考えた末、それらとは一段違ったことを思い切って選ぶ気持を表わす。思い切って。いっそのこと。＊仮名教訓(室町後)「こと更人に何にても所望ある事、つつしみ給ふべし。しかれどもきやうによりかたくなるもいかが。しからばいっそあなたへもさやうの心得有べし」＊俳諧・西鶴大矢数(1681)第九「其うらみかぞへ加留多の馬つなぐ　いっそに燃て火の銭とやら」＊浄瑠璃・心中刃は氷の朔日(1709)中「煩(わづらひ)となり共いっそつやは死んだ共、どうなりとも言ふてたも」＊洒落本・婦美車紫鹿(1774)高輪茶屋の段「吉原はまだできず、いっそ今から品川へおいでなされませんか」＊随筆・胆大小心録(1808)五〇「さやうでござります。いっそあなたのおそばへ」＊真景累ケ淵(1869頃)〈三遊亭円朝〉四六「寧(イッ)そ土地を変へて常陸の方へでも行かうか」＊二百十日(1906)〈夏目漱石〉三「どうだらう、いっそ、さうしたら」②好ましいものをあきらめて意に染まないものを選ぶときの、投げやりな気持を表わす。どうせだめなら。ままよ。えいもう。いっそのくされ。＊浮世草子・好色一代男(1682)一・四「一木も舎(やど)りのたよりならねば、いっそにぬれた袖笠」＊洒落本・卯地臭意(1783)「いっそのやけに、帰へりにゃアひき扶持をねへものと、一ぱいひっかけべへナア」＊随筆・胆大小心録(1808)五〇「次々にまわっても、どこもどこも同じこと。いっそけたいくそで、うらずにかへりて」③物事の、ある極端な状態を挙げて強調する、または一方を捨てて他方を選び、それを強調する気持を表わす。むしろ極端に言えば。＊浄瑠璃・仮名手本忠臣蔵(1748)七「なんと伴内殿、由良殿が躰御らうじたか。九太夫殿、ありゃいっそ気違ひでござる」＊歌舞伎・男伊達初買曾我(1753)二「これはきつい鞁(ひび)だ。いっそ山葵卸(わさびおろし)の様だ」＊油地獄(1891)〈斎藤緑雨〉六「落籍(ひっこみ)の多いのは決して景気のいいのでは御在ません。寧(イッソ)不景気の現象(しるし)です」＊破戒(1906)〈島崎藤村〉一五・四「住職の説教はもう旧い、旧い遣方で、明治生れの人間の耳には寧(イッソ)異様に響くのである」④物事の程度がはなはだしいさまを表わす。たいそう。ずっと。＊洒落本・南閨雑話(1773)怖勧の体「茶もいっそぬるくなりいした」＊洒落本・通言総籬(1787)二「長崎屋でぶんきょうさんが、おひろめなんしたのでおす。いっそあだで、ようすよ」＊滑稽本・浮世風呂(1809‐13)二・上「『おまはんのは誰にお結はせだ』『お筋さんさ』『いっそ恰好がよいネエ』」＊歌舞伎・浮世清玄廓夜桜(1884)中幕「小紫さんが此の間からいっそ案じて居なさんしたから」方言❶少しも。まるで。一向に。否定の意の語を伴って用いる。江戸†114 福島県会津166 新潟県中魚沼郡379 山梨県062 452 長野県468 475 476 静岡県520 浜松062 愛知県北設楽郡549 島根県725 広島県771 774 779 山口県阿武郡795 福岡県遠賀郡057 大分県玖珠郡939 ◇**いっそう** 山口県792 ◇**いっそも** 島根県石見725 ❷いつも。始終。岩手県胆沢郡038 宮城県栗原郡114 山口県豊浦郡798 愛媛県大三島848 ◇**いっそう** 鹿児島県喜界島983 ❸全く。本当に。宮城県栗原郡114 山口県玖珂郡800 ❹ひたすら。それぱかり。ことごとく。山形県139 福島県相馬郡156 東白川郡157 新潟県北魚沼郡062 長野県上水内郡469 島根県724 山口県豊浦郡798 ◇**いっそう** 岩手県胆沢郡105 038 宮城県仙台市121 山形県139 群馬県多野郡246 新潟県佐渡352 宮崎県西臼杵郡063 ◇**いっつぉけえ** 新潟県中魚沼郡062 ◇**いっそこてえ** 新潟県中越373 ◇**いっそとめ** 熊本県天草郡936 ❺一そろい。◇**いっそう** 新潟県佐渡352 ❻少し。少々。山梨県甲府454 ◇**いっつぉけえ** 新潟県中魚沼郡062 ❼そろってするさま。みんなで。◇**いっそう** 徳島県811 宮崎県西臼杵郡948 ❽いっぱいになるさま。◇**いっそう** 静岡県小笠郡537 ❾とっくに。昔に。また、いつか以前。◇**いっつお** 徳島県811 ❿立ち木の細いもので、細かい枝の付いた木の束。新潟県佐渡351 発音〈標ア〉0 〈京ア〉0 辞書〈ボン・言海 表記寧(へ)

いっそ の かわ 方言いっそのこと。むしろ思い切って。富山県390 静岡県520 ◇**いっそのかあ** 高知市867 ◇**いっそのかい** 高知県860 ◇**いっそかあ** 広島県三次市061

いっそ の 腐(くさ)れ 好ましいものをあきらめて、意に染まないものを選ぶときの、投げやりな気持を表わす。どうせだめなついでに。いっそのこと。＊洒落本・ことぶき草(1777)「いっそのくされに、おやどさがりにおおごりあそばしませ」＊雑俳・柳多留‐一七(1782)「いっそのくされくし巻て芝居也」＊滑稽本・東海道中膝栗毛(1802‐09)六・下「ここはおやま屋と見へるが、いっそのくされに、こよひはここにとまりはどふだ」＊歌舞伎・東海道四谷怪談(1825)四幕「こいつ質にやるより、いっそのくされ、大家の内儀(かみ)さんをだまくらかして、バッタリに売ってしまはうわえ」方言いっそのこと。むしろ。茨城県188 191 静岡県520 ◇**いっそのくさり** 静岡県田方郡530 ◇**いっそのくそ** 茨城県稲敷郡193

いっそ の 事(こと) あれこれと考えた末、それらとは一段違ったことを思い切って選ぶ気持を表わす。また、時に、好ましいものをあきらめて意に染まないものを選ぶときの、投げやりな気持を表わす。思い切って。むしろ。いっそ。＊誹諧・伊勢宮笥(1679)三吟「いっその事こんな憂身は化し野へ〈貞倶〉　米櫃の底ありてなければ〈心友〉」＊浄瑠璃・井筒業平河内通(1720)三「仏神もいっその事、畜生並みにおぼしめし、罰も当て給はぬを、おのれが徳と思ふか浅ましや」＊滑稽本・東海道中膝栗毛(1802‐09)三・下「ヱヱいっそのこと、北八今からたとうじゃねへか」＊草枕(1906)〈夏目漱石〉一〇「一層の事、実物をやめて影丈(だけ)描くのも一興だらう」方言少しも。まるで。宮城県栗原郡114 発音〈なまり〉イッサノコト〔鳥取〕〈標ア〉0 〈京ア〉コ

いつ-ぞ【何時―】〘副〙（代名詞「いつ」に係助詞「ぞ」の付いたもの）過去、または未来のある時。いつか。→いつぞは・いつぞや。＊史記抄(1477)四・秦本紀「二十四年―魏冉免ㇾ相、十六年に冉免ず云たが、いつぞ復為ㇾ相た歟、今復免と云わぞ」＊日葡辞書(1603‐04)「Itçuzo(イツゾ)〈訳〉ある時に。イツゾ　ヲンメニ　カカッテ　マウサウズ」辞書日葡

いつぞ の ①この前いつであったか、その日の。先日の。いつかの。＊御湯殿上日記‐明応五年(1496)一一月一七日「いつその御まけ御ふるまゐの御さた、御ゆつけなとあり」＊天草本伊曾保(1593)馬と驢馬の事「サテモ　ソノ　トキノ　ナンヂガ　クヮゴンワ　itçuzono(イツゾノ)　ホドニ　ヒキカエテ」②そのうちいつかの。＊御伽草子・鶴の翁(岩波文庫所収)(室町末)上「いつその程は風の便につきて音信の有るべきぞや」＊浮世草子・好色一代男(1682)五・一「五三のあたいをためて、いつぞの時節を待ども」

いつぞ は 未来の時に関して「おりがあったらいつか」の意を表わす。いつかは。遅かれ早かれ。早晩。＊虎寛本狂言・止動方角(室町末‐近世初)「扨いつぞはこなたへ申(まうさ)う申うと存じて御ざれ共」＊俳諧・三冊子(1702)わすれ水「師も気にのらざれば余念なき俳諧はならず、いつぞはいつぞはなど言はれし也」

いつぞや ⇩親見出し

いっ-そう【一―】〘副〙いずれを選ぶか迷うよりも、どれもみなまとめて処理してしまおうとするさまを表わす語。㋑(「に」を伴って用いる)残らずすべて。すっかり。全部。＊曾我物語(南北朝頃)四・小二郎かたらひえざる事「心にかからん事をば、ためらひ候はず、いっさうにすへべき物を」＊日葡辞書(1603‐04)「Issŏni.(イッサウニ)　カタヅクル」㋺(「に」を伴って用いることもある)どちらにしても同じことだから思い切って。むしろ。いっそ。＊虎明本狂言・鬼の継子(室町末‐近世初)「身共がままにならずは、いっさうにふたりながらくはふ」＊浄瑠璃・百日曾我(1700頃)三部経「若し御聞入れなくば、訴人致して益もなし。一さう元の盗人となり」＊火の点いた煙草(1927)〈横光利一〉「何を見てもつまらなく、いっそう消えて了ひたいと」語誌中世から近世にかけて、仮名書きで「いっさう」とあるため、語源を「一層(いっそう)」とするには難があるように思われる。したがって「一双(いっさう)」「一掃(いっさう)」などが想定されるが、意味の展開から「一双」と関連づけて考えるのが穏当か。発音イッソー〈標ア〉0 〈京ア〉0 辞書日葡

いっ-そう【一双】㊀〘名〙二つで一組になっているもの。一対。＊大鏡(12C前)三・伊尹「『明理、行成』と一双にいはれたまひしかども」＊徒然草(1331頃)六六「盛りなる紅梅の枝に鳥一双を添へて」＊文明本節用集(室町中)「一双　いっサウ　樽一双　屏風」＊実隆公記‐永正九年(1512)八月一八日「鯉魚一双申ニ付三栖一。伏見大進院被ㇾ伝ㇾ之。遣ニ甘露寺一」＊俳諧・西鶴大矢数(1681)第九「伏見の院や鴨川の水　一双に残らずけしき移されたり」＊思出の記(1900‐01)〈徳富蘆花〉一・六「一点不良の念が萌す時、此一双の眼は突如爛然と吾を睨むのである」㊁〘副〙⇩いっそう(一―)。＊史記‐項羽本紀「我持ニ白璧一双一、欲ㇾ献ニ項王一」発音イッソー〈標ア〉0 〈京ア〉0／0 辞書文明・天正・黒本・易林・日葡・書言 表記一双(文・天・黒・易・書)

いっそう の 玉手(ぎょくしゅ)［＝玉臂(ぎょくひ)］千人枕(せんにんまくら) 二本の腕が千人の男の枕になる意で、遊女の境遇をいう。＊浮世草子・好色一代女(1686)五・一「まことに一双玉臂千人枕(いっサウギョクヒセンニンノマクラ)、昼夜のかぎりもなく首尾床のせはし」＊歌舞伎・助六廓夜桜(1779)「誠や一双の玉手千人の枕とやら、〈略〉力づくでも動かぬものは傾城の意気地」＊円機活法‐麗門・妓女・品題「二八佳人巧様粧、洞房夜々換ニ新郎一、一双玉手千人枕、半点朱唇万客嘗」

いっ-そう【一壮】〘名〙灸(きゅう)のひと火。壮年に用いる艾(もぐさ)の量を標準として計量することからいう。＊書言字考節用集(1717)一三「一壮　イッサウ」＊夢渓筆談‐技芸「医用ㇾ艾一灼、謂ニ之一壮一。以ニ壮人一為ㇾ法、其言ニ若干壮一、壮人当ㇾ依ニ此数一、老幼羸弱、量ㇾ力減ㇾ之」辞書書言 表記一壮(書)

いっ-そう【一相】〘名〙①仏語。真相として、すべてのものが共通した同一の性質やすがたをもつこと。すべての相が絶対平等であること。真如一実(しん

にょいちじつ)の相。↔異相③㋑。＊東海一漚別集(1375頃)浄心斎銘「聴長老独芳曇公説、曰、不レ換二俗服一、与レ僧相従行道、匪解懈孔。予云、是則一相三昧也」＊ささめごと(1463-64頃)下「されども、天台相即空門には、十界六凡四聖一相無相といへり」＊維摩経-上「不レ壊二於身一而随二一相一、不レ滅二痴愛一起二於明脱一」＊大乗起信論「法界一相即是如来平等法身」②一つの表われた形。一形相。＊日葡辞書(1603-04)「Issŏ(イッサウ)。ヒトツノ カタチ」 辞書日葡

いっ-そう【一掃】 ㊀〘名〙すっかり払い除くこと。一度にきれいに片付けてしまうこと。＊空華集(1359-68頃)八・卒和二十七首寄答建長諸友 二和答大義雄首座「提唱臨レ機疾レ似レ風、尽レ情一掃旧窠叢」＊四河入海(17C前)「毒虫の、人の影を、窺をも、冬になりて、一掃して、のけうぞ」＊学問のすゝめ(1872-76)〈福沢諭吉〉四・学者の職分を論ず「方今我国の文明を進むるには、先づ彼の人心に浸潤したる気風を一掃せざる可らず」＊花間鶯(1887-88)〈末広鉄腸〉下・三「創業の精神で働けば積年の弊習を一掃(サウ)するのは訳も無いことジャ」＊私のもの(1963)〈遠藤周作〉「春もの一掃の値引した靴屋の前に集まってきた女たち」＊李白-永王東巡歌「南風一掃胡塵静、西入二長安一到二日辺一」㊁〘副〙⇩いっそう(一一)。 発音イッソー〈標ア〉[0]〈京ア〉[0]

いっ-そう【一曹】〘名〙自衛官の階級で、一等陸(海・空)曹をいう。旧陸軍の曹長、旧海軍の上等兵曹(昭和一七年(一九四二)一〇月以前は一等兵曹)に相当する。 発音イッソー〈標ア〉[イ]

いっ-そう【一巣】〘名〙①一つの巣。②ひとつつみ。＊蔭凉軒日録-長享三年(1489)三月一六日「埜里一巣〈五ヶ〉贈レ之」

いっそう 一枝(いっし)の楽(たの)しみ (「荘子-逍遙遊」の「鷦鷯巣二深林一、不レ過二一枝一、偃鼠飲レ河、不レ過二腹満一」による)ミソサザイは一本の枝に巣を作って満足し、ドブネズミは小さな腹一杯に水を飲んで満足するところから、分を知り分に安んずることのたとえ。＊俳諧・夏炉一路(1757)一枝軒「南花真人の謂所一巣一枝の楽み、偃鼠が腹を扣て、無何有の郷に遊び」

いっ-そう【一惣】〘名〙いっさいのこと。すべて。＊葉隠(1716頃)一「其外、一惣、取入・云入・頼事ならず」

いっ-そう【一層】 ㊀〘名〙重なり合ったものの一重ね。一段。ひとかさね。＊書言字考節用集(1717)一〇「一層 イッソウ 楼台。城櫓。塔婆。所レ言又謂二之一重一〔唐韻〕一層重屋也〔活法〕層級也」＊王之渙-登鸛雀楼詩「欲レ窮二千里目一、更上二一層楼一」㊁〘形動〙程度がさらに一段進むさま。一段。＊読本・椿説弓張月(1807-11)残・六四回「ここに為朝は、一層の疑念をまして、思ひ定めかね給へば」＊人情本・春色梅美婦禰(1841-42頃)四・二三回「亦一増(イッソウ)の苦労の一件」＊青春(1905-06)〈小栗風葉〉夏・六「左に右く物質上の缺乏丈は無いとなると、其れこそ危険が一層である」㊂〘副〙①ひとしお。ひときわ。＊小説神髄(1885-86)〈坪内逍遙〉上・小説の変遷「人智いま一層(イッソウ)進むに至れば」＊欧米印象記(1910)〈中村春雨〉プリンストン雑記・九「伸ぶべきものが伸ばないのを遺憾に思ふの情は〈略〉更に一層(ソウ)切なるものを感ずる」＊羽鳥千尋(1912)〈森鷗外〉「成績の好いのは私ばかりではない。妹は私より一層(イッソウ)好い」②⇩いっそう(一一)。 発音イッソー〈標ア〉㊀は[0][ソ] ㊁㊂は[0]〈京ア〉㊀は[0]⓪ ㊁㊂は[0] 辞書書言・言海 表記一層(書・言)

いっそうの事(こと) 「いっその事」に同じ。＊烟鬼(1900)〈永井荷風〉「其とも一層(イッソウ)の事、『一品香楼』の西洋料理とでも洒落ますかな」

いっ-そう【一噌】〘名〙「いっそうりゅう(一噌流)」の略。＊東京風俗志(1899-1902)〈平出鏗二郎〉下・一〇・能楽「拍子方には笛に森田、一噌(イッソウ)、小鼓に大倉、大鼓に石井、葛野、太鼓に金春、観世等の諸流ありて、各々その家元あり」

いっ-そう【一艘】〘名〙一隻の舟。舟の一隻。＊平家(13C前)一一・那須与一「沖の方より尋常にかざったる小舟一艘、みぎはへむいて漕ぎよせけり」＊文明本節用集(室町中)「一艘 いっソウ 船」 発音イッソー〈標ア〉[イ]〈京ア〉⓪ 辞書下学・文明・伊京・明応・天正・黒本・日葡・書言 表記一艘(下・文・伊・明・天・黒・書)

いっ-そう【逸走】〘名〙逃げ走ること。また、コースからはずれて走ること。＊経国美談(1883-84)〈矢野龍渓〉後・二「群集を押し分けて会堂の外に逸走しけるが」＊歩兵操典(1928)附録「駄馬若過急に行進せんとするか、逸走又は飛躍せんとするときは」＊後漢書-五行志五・馬禍「光和中、雒陽水西橋、民馬逸走、遂齧二殺人一」 発音イッソー〈標ア〉[0]

いっ-そう【逸躁】〘名〙逃げようとあせること。逃げようとしてさわぐこと。＊大慈恩寺三蔵法師伝-九「制二情猨之逸躁一、繋二意象之奔馳一」

いっ-そう【一左右】〘名〙たより。様子や安否を知らせる一報。一度たよりをすること。また、ある問題、事態などに対処するための指示。＊東寺百合文書-に・(年未詳)(室町)一〇月五日・東寺領名主百姓中申状(大日本古文書二・三〇二)「急々御一左右承候者、忝可存候」＊室町殿日記(1602頃)二「彼要害を乗取可レ申覚悟候。日限相究候はば一左右可二申進一候」＊日葡辞書(1603-04)「Goissŏ(ゴイッサウ) マチ マウシソロ」＊浄瑠璃・五十年忌歌念仏(1707)上「サア埒は明いた塗師(ぬし)屋殿ばんじは国より一左右(イッサウ)せん」＊浄瑠璃・比良嶽雪見陣立(1786)三「乳母が一左右聞ゆる迄、此所にて身を忍ばん」 辞書日葡

いっ-そうあい【一草鞋】〘名〙一足のわらじ。簡単な旅装をいう。＊東京の三十年(1917)〈田山花袋〉「その年の秋、私は一簑笠(いっさりふ)、一草鞋(イッサウアイ)で、浜街道を水戸から仙台の方へと行った」

いっそう-いちぼく【一草一木】〘名〙一本の草と一本の木。自然環境のきわめてわずかなもののたとえにいう。いっそういちもく。一木一草。＊集義和書(1676頃)一「仁者は、一草一木をも、其時なく其理なくてはきらず候」＊江戸繁昌記(1832-36)五・千住「一草一木、窮理村学に偏すること勿かれ」 発音イッソーイチボク〈標ア〉[チ]

いっそういちぼく各一因果(かくいちいんが) 仏語。あらゆるものはたとえ一本の草、一本の木でもそれぞれ原因結果があって存在しており、すべてに存在理由がある、ということ。＊太平記(14C後)二四・依山門嗷訴公卿僉議事「一草一木各一因果(イングヮ)、山河大地同一仏性の故に講答既に理仏性を具すと許す」

いっそう-いちもく【一草一木】〘名〙「いっそういちぼく(一草一木)」に同じ。 発音イッソーイチモク〈標ア〉[チ]

いっそう-いっしゅく【一僧一宿】〘名〙一人の僧に一夜の宿を貸すこと。＊謡曲・鵜飼(1430頃)「無間の底に、堕罪すべかりしを、一僧一宿の功力に引かれ、急ぎ仏所に送らんと」

いっそう-きゅう【一層級】〘名〙階段や階級などの一刻み。一段階。＊西国立志編(1870-71)〈中村正直訳〉一・六「邦人既に一層級(いっソウキフ)を進めたれば」

いっそう-よう【一装用】〘名〙旧軍隊で、兵隊に支給された衣服で外出または儀装のために用いたもの。近衛師団では警護用。＊真空地帯(1952)〈野間宏〉一・六「彼が入隊した当時一装用(イッソウヨウ=外出用)としてすべての兵隊に支給されたこのラシャ服は」 方言一張羅。晴れ着。 岩手県九戸郡088 ◇いっそうよ 長野県佐久493 発音イッソーヨー〈標ア〉[0]

いっそう-りゅう【一噌流】〘名〙能楽の囃子方(はやしかた)の笛の一流派。近世初頭の中村七郎左衛門一噌を祖とするもので、中村流ともいった。 発音イッソーリュー〈標ア〉[0]

いっ-そく【一束】〘名〙①ひとまとめにすること。総括。また、たばねたもの一つ。＊政党評判記(1890)〈利光鶴松〉九・二「已に信用ありと一束し能はずとせば、其信用を保証し監督するの必要あるなり」＊詩経-小雅・祈文「生芻一束、其人如レ玉」②にぎりこぶしの親指を除いた指四本の幅。ひとにぎり分の間隔。矢の長さについていう。＊平家(13C前)一一・遠矢「こうの羽をわりあはせてはいだる矢の、十三束ふたつぶせあるに、くつまきより一束ばかりおいて、和田小太郎平義盛とうるしにてぞ書きつけたる」＊羅葡日辞書(1595)Palmus「〈略〉ヨツブセ、issocu(イッソク)」③紙、もめん、竹、薪、稲、柴、縄などの一〇把(ぱ)。＊大乗院寺社雑事記-康正三年(1457)三月一八日「杉原一束 扇一本 英音持参了」＊日葡辞書(1603-04)「Issocu(イッソク)〈訳〉紙の束、木綿、竹、薪その他の種々の物の十ずつを単位とした数え方」＊評判記・秘伝書(1655頃)ふみやり時分の事「かみ一そくは、およそ四百八十まひなり」＊地方凡例録(1794)一「慶長年中美濃国検地帳に、桑だか楮だかあり、何れも十杷を一束とし」④(野菜など一〇株を一把(わ)とし、一〇把を一束とするところから)数の百をいう。荷売商人仲間の隠語。また、釣った魚の数の百をもいう。＊談義本・教訓雑長持(1752)一・海鹿の九蔵天狗に逢ひし事「一百(イッソク)ばかりに見ゆる関寺、姨捨のシテを見る様な御局達も」＊洒落本・卯地臭意(1783)「八百屋のお袋に壱そく四十まけて、仲蔵をうたれたとおもやれナア」＊滑稽本・浮世風呂(1809-13)四・中「百(イッソク)も算(かぞ)へようかネ」⑤数の一をいう、馬方、かごかき仲間などの隠語。＊浄瑠璃・躾方武士鑑(1772)七「せめて一束かと思うたら、漸(やうやう)五百(げんこ)はせくちけれど」⑥百円をいう盗人仲間の隠語。〔隠語輯覧(1915)〕 方言一緒。 富山県砺波397 発音〈標ア〉(名詞的)[ク](副詞的)[0] 辞書文明・天正・饅頭・易林・日葡・書言 表記一束(文・天・饅・易・書)

いっそく背負(しょ)う 重敲(じゅうたたき)の刑に処された者が、背中に笞(むち)一〇〇回を加えられる。＊歌舞伎・偽織大和錦(お峰慶十郎)(1876)二幕「『所構ひで重叩き、百脊負(イッソクショ)って追払はれ』」

いっ-そく【一足】〘名〙①靴、げた、靴下など、はき物の左右一組。＊文明本節用集(室町中)「一足 いっソク 履」＊日葡辞書(1603-04)「Issocu(イッソク)〈訳〉タビなどの履物の数え方」＊類聚雑要抄(室町)三「錦鞋一足」②鞠(まり)を一回蹴ること。また、蹴鞠(けまり)一個。＊御湯殿上日記-文明一二年(1480)六月五日「右中弁より御まり一そくまいる」＊十輪院内府記-文明一三年(1481)二月二五日「於二御懸一一足有レ之。拝見之後帰宅」＊日葡辞書(1603-04)「マリヲ issocu(イッソク) ケル」③一本の足。片足。＊平家(13C前)二・蘇武「かた足なき身となって〈略〉『今は曠田の畝に捨られて、胡敵の一足となれり〈略〉』とぞ書いたりける」＊車屋本謡曲・国栖(1534頃)「一足をひっさげ、東西南北、十方世界の、虚空に飛行して」④一歩前に踏みだすこと。また、わずかな足の動き。(一手一足で)わずかな労力のたとえ。＊太平記(14C後)三七・新将軍京落事「一足も前へは進とも、一歩も後へ引く気色なくは」＊浄瑠璃・源頼家源実朝鎌倉三代記(1781)四「されども大軍跡透(すか)ず入かへ入かへ戦ふを、一足(イッソク)一刀ひるみなく、絶頂さして追上るは烈しかりける働きなり」＊礼記-表記「后稷天下之為レ烈也、豈一手一足哉」⑤一つの段階・程度。一歩。＊俳諧・貝おほひ(1672)五番「足本(あしもと)しらずの麁相(そさう)

ものと見え侍れども、一足とんだる作意もおかしく」⑥田植えの神事に行なわれるまじないの一種。長い棒に横木を打った竹馬状のものを作り、これに足をのせて歩く。また、それを小児の遊び道具にしたもの。高足。＊随筆・守貞漫稿（1837-53）二五「高足は今江戸の竹馬又別に一足と云あり」⑦丁半とばくで、いかさまの一方法。＊歌舞伎・天満宮菜種御供（1777）八「丁半は達者に、組み前には一足をこぼし」 方言 少しの時間。ひとあし。新潟県糸魚川市038 発音〈標ア〉（名詞的）ク（副詞的）0 〈京ア〉（名詞的）ソ（副詞的）0 辞書 文明・天正・易林・日葡・書言 表記 一足（文・天・易・書）

いっ-そく【一則】〔名〕ひとつの古則。古人の残した法語。＊空華日用工夫略集-応安四年（1371）二月二六日「古之住持有二亡僧一則必挙二一則一話」

いっ-そく【一息】〔名〕①一回息を吐いて、吸うこと。一呼吸。ひといき。また、ごく短い時間のたとえにいう。＊日葡辞書（1603-04）「Issocu（イッソク）。ヒトイキ」＊寛永刊本江湖集鈔（1633）一「人間五十年の栄花も一夢の中、一瞬一息の間ぞ」＊譬喩尽（1786）一「一息（イッソク）とは一呼一吸をいへり」＊陸雲-歳暮賦「百年迅二於分嘘一兮、千歳疾二於一息一」②（「に」を伴って副詞的に）あいだをおかず、一気にものごとをおこなうさま。ひといき。＊玉塵抄（1563）三八「湯をわかすにもはったとつをう火をたいて一そくにわかすがよいぞ、薬を煎ずるにも火をつをうして一そくに煎ずるがよい」 辞書 日葡

いっ-そく【逸足】〔名〕①足のきわめて速いこと。また、そのもの。また、「に」を伴って副詞的にも用いる。いちあし。駿足。＊明衡往来（11C中か）上本「就レ中半漢逸足不レ能二控御一歟」＊傅毅-舞賦「良駿逸足、蹌捍凌越」②すぐれた才能を有していること。敏捷（びんしょう）であること。また、そのような人。逸材。＊日本開化小史（1877-82）〈田口卯吉〉五・九「高材逸足の士其筋骨と智略とを揮ふて社会に興起し、是より以後漸次に集合の点に進めり」＊近来流行の政治小説を評す（1887）〈徳富蘇峰〉「正に是れ高材逸足の士、其の力を試みるの時なり」＊高適-奉酬睢陽李太守詩「逸足横二千里一、高談注二九流一」 発音〈標ア〉0 〈京ア〉0

いつ-ぞく【一族】〔名〕⇨いちぞく（一族）

いっそく-いっかん【一束一巻】〔名〕室町、江戸時代に行なわれた献上物。杉原紙一束（一〇帖）に紗綾（さや）、あるいは縮緬（ちりめん）一巻と扇とを添えたもの。＊紙譜（1777）杉原類「此紙は、上々様へ献上紙也。拾帖壱本と云て、右の紙を壱帖づつ弐折にやりちがへ、十帖重ねて、中を水引にて結び〈略〉。又壱束壱巻（クヮン）といふも、右のごとく水引にて結びたる上に、紗綾、或は縮緬を壱巻、末広を添て、献上するをいふなり」

いっそく-いっぽん【一束一本】〔名〕室町、江戸時代に行なわれた献上物。杉原紙一束（一〇帖）に扇一本を添えたもの。さらに緞子（どんす）一本が添えられることもある。十帖一本。＊常照愚草（1521頃）「一束一本と申は、扇、杉原を申也。但公儀にては、十帖一本と申事可レ然候」＊御湯殿上日記-弘治四年（1558）正月二四日「たんはの神の御れいに、やなきはらより一そく一ほんまいる」 方言 嫁の送り手に対する半紙一束、扇一本の引き出物。長崎県南松浦郡054

いっそく-おり【一束折】〔名〕馬に乗って、鐙（あぶみ）を強く踏み、一束の木を折るように手の内に力をこめ、左右の手綱をしっかりと握り、馬の気持を静め、静かに歩ませること。＊家中竹馬記（1511）「庭乗りの事、〈略〉先づ一束折をして、さて馬を打ち出だして、左へ先づ折り始むる事」＊岡本記（1544）「一束折とはあぶみをつよく、左右のたづなをしかと取りて、手のうちをつよくもつ也。たとへば、たづなの間に一そくの木を折がごとしといへり」

いっそく-ぎり【一束切】〔名〕髻（もとどり）の先を一握り置いて切り離した短い髪。＊太平記（14C後）一四・矢矧鷺坂手越河原闘事「其の比鎌倉中の軍勢共が、一束切（いっソクギリ）とて髻（もとどり）を短くしけるは」＊大乗院寺社雑記-文明一二年（1480）一〇月二九日「今夜愛千代丸於二部屋一髪を一束切にはやす」＊故実聞書（16C中か）「いっそくぎりにて出仕候へば、上下（かみしも）たるべし」

いっそく-じろ【一足白】〔名〕前足のつめが二つとも白い馬。↔片白

いっそく-せつだん【一息切断】〔名〕最後の息を引き取ること。息が絶えること。絶命。＊日葡辞書（1603-04）「Issocu xetdanno（イッソク　セツダンノ）ミギリニ」＊こんてむつすむん地（1610）一・二二「一そくせつだんにをよんでは、こしかたもみなべちのやうにおぼえはじめ」＊浄瑠璃・蝉丸（1693頃）五「無上の栄華を極むるといへども、一そくせつだん臨終の嵐に貪欲（どんよく）私欲の火の車」 辞書 日葡

いっそく-つかまえ【一束摑】〔名〕いろいろなものを区別しないで、ひとまとめにすること。十把一からげ。また、一度に多量のものを手に入れること。いっそくつかみ。＊諺苑（1797）「一束つかまへ　十把一とからげの類也」

いっそく-つかみ【一束摑】〔名〕一度に多量のものを手に入れること。いっそくつかまえ。＊読本・夢想兵衛胡蝶物語（1810）後・煩悩郷「一束摑みの大利を好みて至極浮雲（あぶな）き世わたり」

いっそく-とび【一足飛】〔名〕①両足をそろえて飛ぶこと。＊ロドリゲス日本大文典（1604-08）三「Issocu tobi（イッソクトビ）は足をそろえて跳ぶことをいう」＊仮名草子・尤双紙（1632）下・二五「とぶ物のしなじな〈略〉はしりとび。一そくとび」＊幼学読本（1887）〈西邨貞〉五「虎の走り方は馬の走り方と異にして、一足飛びに跳り行く」②一気に他の地点に移動すること。急いで走るさま。＊浄瑠璃・孕常盤（1710頃）四「足ばやに縁の上へ、くはらくはらと一足とびにかけあがり」＊洒落本・六丁一里（1782）仏射国「道規安楽国より一万億里東。地獄島えは一足飛也」＊歯車（1927）〈芥川龍之介〉二「僕は一足飛びにバスの部屋へ行き、戸をあけて中を探しまはった」③順序を踏まないで、飛び越えて進むこと。変化の急激であること。＊俳諧・小町踊（1665）春・上「去年ことし一足飛か日のからす〈親信〉」＊浮世草子・世間胸算用（1692）三・三「さる貧者世のかせぎは外になし、一足（ソク）とびに分限に成事を思ひ」＊ゆく雲（1895）〈樋口一葉〉下「水呑みの小作が子として一足飛（イッソクトビ）のお大尽なれば」＊葉書（1909）〈石川啄木〉「時々、自分は何か一足飛（イッソクトビ）な事を仕出かさねばならぬやうに焦々（いらいら）するが」 発音〈標ア〉ク ソ 〈京ア〉ト

いっそく-どり【一足―】〔名〕足のくるぶしの少し上の方（日葡辞書（1603-04））。 辞書 日葡

いっそく-とんぼ【一足蜻蛉】〔名〕歌舞伎の殺陣（たて）の一種。両足をそろえてする、とんぼ返り。

いっそく-はやし【一束生】〔名〕昔、三歳から五歳までの間に行なう儀礼で、髪の端を切りそろえること。深曽木（ふかそぎ）。髪削（かみそぎ）。尼削（あまそぎ）。＊大草殿より相伝之聞書（16C中か）「元服、百日（ももか）、鉄漿付（かねづけ）、帯直（おびなほし）、一そくばやし、髪立、同はし立、この祝儀には」

イッソス-の-たたかい【―戦】（イッソスは Issos）前三三三年、シリア海岸のイッソスで、マケドニアのアレクサンドロス大王がダレイオス三世のペルシア軍と初めて対戦し、これを破った戦い。 発音〈標ア〉イ

いっ-そつ【一率】〔名〕兵士の一隊。＊日葡辞書（1603-04）「Issot（イッソツ）。ヒトツ　ヒキイル」 辞書 日葡

いっそと-に〔副〕いっそのこと。むしろ。＊雑俳・登梯子（1705）「いっそとに・かなで言たりゃよかったに」＊雑俳・三国志（1709）「いっそとに・子のない方もましであろ」

いっそ-めし【―飯】〔名〕（「いっそ」はそればかりの意） 方言 麦などを混ぜてない白米ばかりの飯。岩手県気仙郡100 胆沢郡105 宮城県113 115 121 ◇いっそうめし 宮城県仙台市123 ◇いっしょめし 岩手県気仙郡102

いつぞ-や【何時―】〔副〕（代名詞「いつ」に係助詞「ぞ」および「や」の付いてできた語）過去の時に関して「いつであったか」の意を表わす。いつか。また、このあいだ。先日。＊源氏（1001-14頃）総角「いつぞやも花の盛りに一目見し木のもとさへや秋はさびしき」＊天草本伊曽保（1593）馬と驢馬の事「ココヲ　トヲルワ　itçuzoya（イツゾヤ）　タイメン　シタ　ノリウマデワ　ナイカ」＊浮世草子・好色一代男（1682）一・七「日外（イツソヤ）物がたりせし歌よくうたふて」＊団団珍聞-六九三号（1889）「過般（イツゾヤ）の団珍の広告に」＊多情多恨（1896）〈尾崎紅葉〉後・一「夜は寝られぬからとて、過日（イツゾヤ）のやうに鶏の鳴く迄御伽に座せられるでもなかった」 発音〈なまり〉イッチャ〔淡路〕〈標ア〉イ 〈ア史〉江戸○●○○ 〈京ア〉ツ 辞書 日葡・書言・〈ボン〉・言海 表記 日外（書・へ・言）

いつぞや-うち【何時内】〔名〕先ごろ。このあいだうち。＊人情本・閑情末摘花（1839-41）三・一三回「ホンニ先頃中（イツゾヤウチ）から、度々お手簡（てがみ）も参ったから、急度したお返辞をも、しないければならない訳でございますけれど」 発音〈標ア〉ヤ

いっそら〔副〕 方言 ⇨いっさら

いっそり〔副〕心が喜びはずむさま。いそいそするさま。＊洒落本・遊客年々考（1757）「長蠟燭（ながらうそく）なかばたつその陰より、たった今しまふたと火の光を後にあて居（すはる）女郎に、気もいっそり」

いっ-そん【一村】〔名〕一つの村落。また、村全体。村中。＊日葡辞書（1603-04）「Isson（イッソン）〈訳〉一つの村落」＊俳諧・奥の細道（1693-94頃）那須「遙に一村を見かけて行に、雨降、日暮る」＊二人むく助（1891）〈尾崎紅葉〉一「鎮守の大祭とて一村（イッソン）挙（こぞ）って業を休み」＊白居易-朱陳村詩「一村唯両姓、世世為二婚姻一」 発音〈標ア〉0 イ 辞書 日葡・書言 表記 一村（書）

いっ-そん【一尊】〔名〕①一体の仏。＊米沢本沙石集（1283）六・七「一尊の三昧に入て悉地を成ぜんとする時に、余尊の観交ふれば余尊即魔也」＊日葡辞書（1603-04）「Isson（イッソン）」＊甲陽軍鑑（17C初）品四〇下「一尊（ソン）の施、万人にわたるとは、珍しく先重宝なる、一向宗かな、と讃れば」②「いっそん（一樽）」に同じ。＊篁園全集（1844）二・春夜野木二子過訪、得韻元「一尊留レ客倚二晴軒一、朗月清風好二細論一」 辞書 日葡・書言 表記 一尊（書）

いっ-そん【一樽】〔名〕一本の酒だる。転じて、酒を飲むこと。＊太平記（14C後）二〇・義貞夢想事「一豆の食を得ても、衆と共に分て食し、一樽（いっソン）の酒を得ても、流れに濺（そそい）で士と均（ひとし）く飲す」＊日葡辞書（1603-04）「Isson（イッソン）〈訳〉酒のたるの数え方」＊俳諧・笈日記（1695）中・伊勢「ただ生前一樽のたのしみの外に」＊読本・頼豪阿闍梨怪鼠伝（1808）四・八「美酒一樽（いっソン）と伊豆の浦の甘海苔」＊沈約-別范安成詩「勿レ言一樽酒、明日難二重持一」 辞書 日葡・書言 表記 一樽（書）

いっ-そん〔名〕琴の爪弾きの数え方（日葡辞書（1603-04））。

いっそんかぎり-きんだかちょう【一村限金高帳】〔名〕明治初年の徴税帳の一種。河港、道路、堤防等の修繕工事費を全国一村ごとに調査し、各府県から内務省に上申した工事費精算の報告書。

いっそん-きょう【一尊教】〔名〕昭和四年

（一九二九）一〇月に、如来宗の無明大拙の高弟、清宮秋叟によって創始された宗派。本尊は釈迦牟尼仏で、金毘羅大権現、一尊如来を合祀する。神が、教祖一尊を通じて現世に現われ、一尊の難行苦行を通して人々を神仏に帰依させ永世の彼岸に導くと説く。一尊の言葉を記した「御経様」が教典。 発音イッソンキョー〈標ア〉0

いっそん-じとうしき【一村地頭職】『名』一村を管轄する地頭。一村を管轄範囲とする地頭職。＊吾妻鏡-寿永元年（1182）三月五日「山田太郎重澄日来朝夕祇候、殊竭㆓慇懃之忠㆒。仍今日賜㆓一村地頭職㆒」＊吾妻鏡-建暦二年（1212）三月二〇日「惟義、頼時、広綱等、依㆓在京奉公之労㆒。各拝㆓領一村地頭職㆒」

いっそん-ぞう【一尊像】『名』仏像一体だけを描いた仏画。

いつぞんそうしょ【佚存叢書】書名。林述斎の編。中国ではすでに散逸してしまい、日本にだけ現存していた漢籍を集めて叢書にしたもの。「古文孝経」以下一六種が収められている。寛政一一年（一七九九）から文化七年（一八一〇）まで、六回にわたって出版された。 発音イッゾンソーショ〈標ア〉ソ

いっ-た『副』しばらくは。あるときは。いったん。＊曲附次第（1423頃）「雨水の庭たづみの、一短（いった）小浪曲水の流文をなせども、つひには水面流断するが如し」

いっ-たい【一体】㊀『名』①全体が一つのものになっていること。一つにまとまっていて、分離できないもの。㋑一つの身体。同じからだ。同一体。＊光悦本謡曲・三輪（1465頃）「思へば伊勢と三輪の神々、一体分身のおんこと」＊俳諧・奥の細道（1693-94頃）室の八島「此神は木の花さくや姫の神と申て、富士一躰也」㋺一つの関係。分離しがたい関係。同類。＊栄花（1028-92頃）玉のうてな「衆生の三道、彌陀の万徳と、もとより空寂にして、一体無礙（むげ）なりといひき」＊東寺百合文書-へ・文保元年（1317）七月晦日・僧定縁起請文（大日本古文書二・三六）「彼母与件狼藉人一躰同心之間」＊中華若木詩抄（1520頃）上「孝行も忠節も一体也」＊西国立志編（1870-71）〈中村正直訳〉一一・一六「学問は善良の心端正の行と一体となるべし」＊儀礼-喪服子夏伝「父子一体也、夫妻一体也」②（「体」は助数詞）仏像、彫刻の像などの一つ。仏や神そのものにも用いる。＊百座法談（1110）六月一九日「日ごとに阿彌陀仏一躰を供養せさせ給ふ」＊虎明本狂言・金津地蔵（室町末-近世初）「某は地蔵を一躰うけとったが」＊日葡辞書（1603-04）「Ittai（イッタイ）〈訳〉神、天使、霊魂、またカミやホトケといった霊的存在を数えるときの言い方」③一つの風体。一つの風趣。一つの様式。＊言塵集（1406）一「詞花集は〈略〉あまり一躰ばかりにをもむけられたる故にや、後代の難も少々有とかや」＊随筆・戴恩記（1644頃）下「無師の歌よみの点は、我このむ所の一躰のみにかけ侍る」＊集義和書（1676頃）一「伊川の器量・朱子の志、みな聖人の一体あり」＊俳諧・常盤屋の句合（1680）一七番「右の句も一体なきにはあらざれ共、木くらげの耳にむなしく、岩もる水の雫（しづく）さへ聞もらし侍るにぞ」④（「に」を伴って副詞のように用いられることもある）全体。全般。一般。おしなべて。＊半残宛芭蕉書簡-貞享二年（1685）正月二八日「夜話四睡、是又珍抄、一躰おとなしく候。其外二句、とくと追而考可㆑申候」＊随筆・独寝（1724頃）下・一三九「養朴、探幽などはじめ、草卒（そまつ）の墨姿を好みて、一躰あはく書出したれども」＊西国立志編（1870-71）〈中村正直訳〉二・一一「然るに比較して見るときは、邦国一体の益となること多しといへり」＊雪中梅（1886）〈末広鉄腸〉下・三「どうも近来は新聞紙が一体に面白くないでは御座いませんか」＊にごりえ（1895）〈樋口一葉〉七「世間一体（イッタイ）から馬鹿にされて別物（べつもの）にされて」㊁『副』（㊀④の意から）ある事柄を全般的、概括的に考えていうときに用いる。そもそも。㋑ある結論づけをするような場合。だいたい。もともと。一般的にいって。＊滑稽本・浮世風呂（1809-13）四・中「わしは一体（イッタイ）豆腐が大好きぢゃ」＊人情本・春色梅児誉美（1832-33）初・五齣「私も一躰（イッテヘ）おそろしい我儘のものサ」＊泊客（1903）〈柳川春葉〉二「悟郎は今年二十五、一躰なら大学も卒業する年齢（とし）であるが」＊芋粥（1916）〈芥川龍之介〉「一体（イッタイ）旧記の著者などと云ふ者は、平凡な人間や話に、余り興味を持たなかったらしい」㋺特に疑問の気持を強めていう場合。また、相手に詰問する場合。結論的になんだか全くわからないという気持が含まれる。ぜんたい。いったいぜんたい。＊雑俳・机の塵（1843）「鳥羽画の如し・いったい飯はどこへ喰ふ」＊吾輩は猫である（1905-06）〈夏目漱石〉一「さう云ふ君は一体（イッタイ）誰だい」＊破戒（1906）〈島崎藤村〉一九・二「一体自分は何の為に是世の中へ生れて来たんだらう」 方言『副』❶いつでも。いつも。青森県津軽075 ❷まるで。決して。青森県南部084 岩手県九戸郡088 発音〈標ア〉0〈京ア〉0 辞書文明・天正・日葡・書言・ヘボン・言海 表記一體（文・書・ヘ・言）一躰（天）

いったいを成（な）す 二つ以上のものが一つになる。分かちがたく結びついている。＊民法（明治二九年）（1896）三七〇条「抵当権は〈略〉其目的たる不動産に付加して之と一体を成したる物に及ぶ」

いっ-たい【一帯】『名』①ひとすじ。ひとつづき。一脈。＊本朝無題詩（1162-64頃）五・冬二首〈藤原忠通〉「一帯潺湲一頃田、迎㆑冬忘却紙窓前」＊蕉堅藁（1403）河上霧「河流一帯冷涵㆑天、遠近峰巒秋霧連」＊吾輩は猫である（1905-06）〈夏目漱石〉五「白い光りの一帯は半切程に細くなった」＊破戒（1906）〈島崎藤村〉一九・七「西の空少し南寄りに一帯の冬雲が浮んで」＊冷朝陽-登霊善寺塔詩「華岳三峰小、黄河一帯長」②その場所や地方のあたり全体。一円。一面。＊尋常小学読本（1887）〈文部省〉六「土佐は、東南一帯海にのぞめる国にて、鰹珊瑚其他海産物甚だ多けれど」＊月に吠える（1917）〈萩原朔太郎〉悲しい月夜・かなしい遠景「おひおひ市中いったいにおよぼしてくる」＊雪国（1935-47）〈川端康成〉「一帯の湿地にいろんな高山植物が花咲き乱れ」③松明（たいまつ）一本。＊日葡辞書（1603-04）「Ittai（イッタイ）〈訳〉タイマツと呼ばれる日本の炬火の数え方」＊書言字考節用集（1717）一〇「一帯（イッタイ）明松」 発音〈標ア〉0〈京ア〉0 辞書日葡・書言 表記一帯（書）

いっ-たい【一堆】『名』盛り上がった、ひとかたまりの物。＊太平記（14C後）一一・越前牛原地頭自害事「其後時治も自害して一堆（タイ）の灰と成りにけり」＊即興詩人（1901）〈森鷗外訳〉一故人「友は蔦蘿の底に埋れたる一堆の石を指ざして、キケロの墓を見よといへり」＊白居易-奉和思黯相公太湖石詩「錯落復崔嵬、蒼然玉一堆」

いっ-たい【一袋】『名』ひと袋。昔、上等の宇治茶一〇匁を入れた紙袋二つ。＊文明本節用集（室町中）「一袋 いっタイ 茶」＊波形本狂言・止動方角（室町末-近世初）「いで極を一たいつめさせられてお茶壺とともにおかしなさるるやうにと云てかってこい」＊雍州府志（1684）六「特密極茶十銭目、納㆓小紙袋㆒壱双謂㆓壱袋㆒、故袋壱個称㆑半。凡小袋二十、則約壱斤而其重二百目也」 発音〈標ア〉0 辞書文明・天正・日葡 表記一袋（文・天）

いっ-たい【一隊】『名』兵士などの集団・ひとまとまり。また、その人々。＊外国事情書（1839）「一隊の兵を遣りて、日本の北辺を侵したりと」＊漢語字類（1869）〈庄原謙吉〉「一隊 イッタイ ヒトソナヘ」＊布令字弁（1868-72）〈知足蹄原子〉初「一隊 イッタイ イグサノ一ソナヱノコト」＊一国の首都（1899）〈幸田露伴〉「十八大通は安永天明の間に名を博せる痴漢の一隊なり」＊春秋左伝-襄公一〇年「狄虒彌建㆓大車之輪㆒、而蒙㆑之以㆑甲、以為㆑櫓、左執㆑之、右抜㆑戟、以成㆓一隊㆒」 発音〈標ア〉0

いっ-たい【一態】『名』ひとつの形態。＊ブルジョア（1930）〈芹沢光治良〉序「これも崩滅する階級の一態である」 発音〈標ア〉0

いっ-たい【逸態】『名』すぐれたようす。＊本朝文粋（1060頃）一二・良馬讃〈都良香〉「痩容易㆑失、逸態難㆑傾」＊陳琳-柳賦「偉姿逸態、英艶妙奇」

いつ-だい【乙第】『名』（「乙」は第二の意）①本邸を甲第（こうだい）というのに対して、別邸をいう。しもやしき。おつだい。＊晉書-隠逸伝・楊軻「命舎㆓之于永昌乙第㆒」②中国の科挙の合格者のうち成績の悪い方のグループ。乙科（おつか）。＊制度通（1724）六「経と策と共に通ずるを甲第とし、その次を乙第とす」＊新唐書-選挙志・上「経策全通為㆓甲第㆒、策通㆓四帖㆒、過四以上為㆓乙第㆒」

いったい-かん【一体感】『名』別々のものが一つのからだのようにまとまりを感じること。別々のものが切り離されないような一致を感じること。＊第3ブラリひょうたん（1951）〈高田保〉デスク・プラン「左義長は笑えても、この仲間内の強い一体感は笑えるものではない」 発音〈標ア〉タ

いったいしき-こうぞう【一体式構造】『名』建物の基礎から屋根までの主体構造を、現場で型わくを組み、コンクリートを流し込んで一体としたもの。 発音イッタイシキコーゾー〈標ア〉0

いったい-すい【一帯水】『名』川や海峡など、一筋長く連なって陸地を分けている水面。＊歌舞伎・景清（1842）「その色青く黄を帯びて、青海波（せいがいは）の如くにして、いったい水のかたちをあらはす」＊今昔較（1874）〈岡三慶〉下「欧洲は、東西（とるこ）に於ては一帯水を以て亜細亜と離れ」 発音〈標ア〉タ

いったい-せい【一体性】『名』一体をなしている性質。一体の特色。＊地方自治法（1947）二九六条・五「財産区のある市町村又は特別区の一体性をそこなわないように努めなければならない」 発音イッタイセイ〈標ア〉0

いったい-ぜんたい【一体全体】『副』（「いったい」を強めた言い方）①「いったい（一体）㊁㋑」に同じ。＊浮雲（1887-89）〈二葉亭四迷〉二・七「一体全体菊といふものは、〈略〉自然の儘に生茂ってこそ見所の有らう者を」②「いったい（一体）㊁㋺」に同じ。＊不安（1900）〈幸田露伴〉中「一体全体君が有して居る知識々々といふものは何様（どん）なものだね」＊をさめ髪（1900）〈永井荷風〉一「橘さん、一体全体誰と出来てるんだね」 発音〈標ア〉ゼ0〈京ア〉ゼ0

いったい-ぶんしん【一体分身】『名』①（「いったいふんじん」とも）仏語。仏が世の人を救うために、仮にさまざまな姿をとって現われること。神の場合にもいう。＊名語記（1275）五「一躰分身の変現をいへる也」＊光悦本謡曲・三輪（1465頃）「思へば伊勢と三輪の神、一体分身の御事」＊日葡辞書（1603-04）「Ittai funjin（イッタイ フンジン）」＊仮名草子・竹斎（1621-23）上「其の身御一たいふんじんにましませば、取分け王難の苦しみを守らせ給ふと承る」②同一の物事をもとにして、そこから分かれ出た物事。＊浄瑠璃・狭夜衣鴛鴦剣翅（1739）四「おふさおふさ。いづれがうっても一たいふんじん。かならずしほふせよむすめ」＊俳諧・鶉衣（1727-79）前・上・四・木履説「抑（そもそも）足高きものを木履足駄と号し、たけ低きを下駄といへるは、いづれ一体分身にして」＊黄表紙・人間一生胸算用（1791）「心と気とは、もと一（いッ）たいふんじんなり」 発音〈音史〉①は古く『いったいふんじん』とも。 辞書日葡・書言 表記一體分身（書）

いったい-へんこ【一体偏枯】『名』体の一部分がしびれて自由でないこと。四肢の一部が利かなくなること。半身不随。＊列子-楊朱「大禹不㆘以㆓一身㆒自

利上一体偏枯」

いったいりょうめん-ろん〔イッタイリャウメン：〕【一体両面論】〘名〙哲学上の二元論の一つ。人間の精神と身体の関係を、基礎となる一本体の、区別できるが分けられない両面であるとする説。唯物論と観念論は、同じ実在の異なった側面であると考える。二面説。＊現代日用新語辞典(1920)〈小林鶯里〉「いったいりゃうめんろん 一体両面論 物体と精神とは同一体の両面であって、同一実在を内面より見るときは心意であって、外面より見れば物体なりとの論」 発音イッタイリョーメンロン〈標ア〉メ

いっ-たく【一卓】〘名〙同じ世界。この世の中。＊霊異記(810-824)上・序「見聞する者は、甫(すなは)ち驚き怪しび、一卓の内を忘る」 発音〈標ア〉0

いっ-たくしゅ【一搩手】〘名〙「いっちゃくしゅ(一搩手)」に同じ。

いったくしゅ-はん【一搩手半】〘名〙「いっちゃくしゅはん(一搩手半)」に同じ。

いつ-だつ【逸脱】〘名〙①必要な物事を、誤って抜かすこと。また、抜けること。②本来の意味や目的からはずれること。決められた範囲からはみ出すこと。＊帰郷(1948)〈大仏次郎〉再会「命令を逸脱してをったのぢゃないか」＊他人の顔(1964)〈安部公房〉黒いノート「所期の目的からは逸脱することになり」 発音〈標ア〉0〈京ア〉0

いつたて-め【五立目】〘名〙江戸歌舞伎で、一番目狂言(時代物)の三幕目に当たり、一番目の中心をなす一幕。一番目が三幕の場合は大詰(最終幕)になる。いつつめ。＊歌舞伎・名歌徳三舛玉垣(1801)五立「第一番目、五立目、染殿別御殿の場」 発音〈標ア〉メ

いつたてめ-かんばん【五立目看板】〘名〙江戸歌舞伎で、一番目五立目(いったてめ)の舞台の模様を描いて、劇場の前などに掲げておく看板。 発音〈標ア〉カ

いったはった〘副〙方言 たちどころに。にわかに。急に。 山形県139 福島県石城郡054 神奈川県津久井郡317 ◇いったまった 岩手県気仙郡100 ◇いったんはったん 岩手県平泉108 宮城県登米郡115

いった-ほっかい【一多法界】〘名〙仏語。真言密教で説く。一法界(いっぽっかい)と多法界。悟りの世界は無相平等絶対であり差別ということが全くないとするのが一法界説。差別はあるが互いに融和混合している妙境界であるとするのが多法界説。日本の真言宗のうち、古義真言宗は後説を、新義真言宗は前説を採用し、江戸時代に曇寂や法住などが融和説を唱えるまで論争が続いた。

いったら〘副〙方言 いっそう。なおさら。 東京都大島326 静岡県520 田方郡530

いつ-たり【五人】〘名〙五人の人。ごにん。＊史記抄(1477)三・周本紀「五(イツタリ)の庶子有り」＊滑稽本・浮世風呂(1809-13)三・上「浮世風呂の風呂の中にて女の数が五人(イッタリ)」

いったり-きたり【行来・往来】〘名〙①行くことと来ること。それが反復して繰り返されること。また、交際すること。ゆきき。去来。＊人情本・春色梅児誉美(1832-33)後・七齣「中の郷は私が往来(イッタリキタリ)に遠いし、そしてモウ不用心だから苦労だよ」②同じことを繰り返し思うこと。＊藁草履(1902)〈島崎藤村〉一「胸の中には勝負のことが往ったり来たりするばかり」 発音〈標ア〉タ1〈京ア〉ッ＝キ

いったりきたり の 違(ちが)い 方言 格段の差。段違い。 群馬県多野郡246 広島県高田郡779

いっ-たん【一反・一段】〘名〙①土地の面積の単位。律令制では六尺四方を一歩(ぶ)として三六〇歩、太閤検地では六尺三寸四方を一歩として三〇〇歩を一段とした。のち、江戸時代、六尺四方三〇〇歩を一段とする方式が広まり、明治の地租改正を経て確立した。約九九一・七平方メートル。＊令集解(706)田・田長条「古記云。慶雲三年九月十日格云。准レ令。田租一段。租稲二束二把〈以二方五尺一為レ歩。歩之内得二米一升一〉」＊拾芥抄(13-14C)中・田籍部「一段為二一町頭一、十段為二一町積一」＊正長元年記(1428)九月二七日「高田将監申云、田地之一段三百六十歩、巨細令二存知一者希也、先一歩と云事は六尺四方を申也」＊地方凡例録(1794)一「又田一段三百歩となりたるは、足利尊氏将軍の時代、六貫一疋の軍役勘定仕やすからんが為、三百歩にあらたまりたるとも云」②(「一端」とも)布帛の大きさの単位。成人一人分の衣料に相当する量とされ、普通の布では、鯨尺で幅一尺、長さ二丈六尺から二丈八尺ぐらいのものを一反とする。産地・種類により差異がある。また、奈良・平安時代には種類・用途によって、幅・長さに大差があった。＊正倉院文書-天平七年(735)九月一八日・経師写紙幷給絁布案(大日本古文書・七)「応レ給二布五十七端一 二丈六尺五十一端二丈六尺経生功、即以二冊紙一充二一端布一」＊大内氏掟書-寛正三年(1462)一〇月二五日「一麻布寸尺事。御国中所納年貢のあさ布寸尺事、古式に任、よろしく弐丈八尺を以て壱端とす〈鷹秤を用之〉又売布の事は、弐丈五尺或は弐丈六尺〈各鷹秤即和銅七年符也〉、壱端たるべし者」＊御当家令条-二九・寛永三年(1626)一二月七日「一絹紬之事、壱端に付、長大工かねにて三丈四尺、幅壱尺四寸。一布木綿之事、壱端に付、長大工かねにて三丈四尺、幅壱尺四寸」③距離の単位。六間(けん)をいう。約一〇・八メートル。＊平家(13C前)一一・那須与一「矢ごろすこし遠かりければ、海へ一段ばかりうちいれたれども」＊和漢名数(1678)一三・数量「日本六尺五寸為二一間一、六間為二一段一、六十間為二一町一」＊随筆・本朝世事談綺(1733)五・雑事門「一歩六尺、一反(タン)六間、一町六十間」④船の帆の幅を示す単位。時代により異なるが、一反は三尺前後。 発音〈標ア〉イ〈京ア〉0 辞書 伊京・明応・天正・黒本・易林・日葡・書言 表記 一段(伊・明・天・黒・易・書) 一畈(書)

いっ-たん【一旦】(「旦」は朝の意) ■一〘名〙①ある日の朝。また、朝の時間の一回分。ある朝。ひと朝。また、一日。＊霊異記(810-824)下・一一「一旦に二人の命を亡(ほろぼ)さむ。願はくは我に眼を賜へ」＊菅家文草(900頃)二・春日過丞相家門「況乎一旦薨已後、門下応レ看枳棘花」＊山王絵詞(1310頃)三「寛平三年辛亥夏、一旦に雷電して盤石ことごとく摧破しぬ」＊日葡辞書(1603-04)「Ittan(イッタン)。すなわち、ヒトアサ」＊南郭先生文集-初編(1727)一・詠懐十五首「一旦良人喪、煢独将如何」＊白居易-燕詩示劉叟詩「一旦羽翼成、引上二庭樹枝一」②本格的でない短期間。また、永続的でない短時間。一時。しばらくの間。多く「いったんの」の形で用いられる。＊玉葉-承安三年(1173)一〇月二一日「雖レ無二其実一、一旦之風聞、奇怪無双者」＊平松家本平家(13C前)一・義王「一旦の楽にほこって後生を知らざらん事の心憂さに」＊花鏡(1424)知習道事「只似せ学びて、一たんの事をなすゆゑに、転読(てんどく)になるかと覚えたり」＊日葡辞書(1603-04)「Ittanno(イッタンノ) エイガニ ホコル」＊浄瑠璃・夕霧阿波鳴渡(1712頃)中「わが身の無念一たんの腹立に、いとしいそなたを捨らるる」＊洒落本・交代盤栄記(1754)「錦木〈略〉此御かた一体気しつにつよみあり、ときの興にもどうやら無理な事いわせらるるやうなれども一たんにして跡もなし」＊史記-蕭相国世家「奈何欲下以二一旦之功一、而加中万世之功上哉」③一度。ひとたび。かつて一度心に決めたことなどについていうことが多い。■二〘副〙①本格的でなく一時的であるさま。しばらくの間。一時的に。ちょっと。＊古事談(1212-15頃)三・清義加持令蘇生安養尼事「一旦蘇生せさせて、念仏をも申してきかせまほしく侍り」＊平家(13C前)七・福原落「いかに況んや、汝等は一旦したがひつく門客にあらず、累祖相伝の家人(けにん)也」＊風姿花伝(1400-02頃)一「これは一旦珍らしき花なりと思ひ悟りて」＊歌舞伎・兵根元曾我(1697)二「此方(こなた)には聞えませぬ。私に一旦の断もなしに聞えぬ」＊俳諧・去来抄(1702-04)修行「都鄙(とひ)の宗匠達、古風を用ひず、一旦流々を起せりといへども」＊黄表紙・米饅頭始(1780)「幸吉はいったんのわかげゆへ、うとくなる正じきやをすて」＊滑稽本・浮世風呂(1809-13)四・上「惣体(さうてい)の事が一旦(イッタン)はかぶれるけれど」②(一時的である可能性はあるが、ともかく)今までとは異なる事態に移る区切りとなるさま。ひとたび。一朝(いっちょう)。仮にも。＊徒然草(1331頃)一二九「一旦恥ぢ恐るることあれば、必ず汗を流すは、心のしわざなりといふことを知るべし」＊曾我物語(南北朝頃)七・斑足王が事「一たんの御心をそむき、法師に成らざるは不孝ににて候へ共、父母に心ざしの深き事、法師に由るべからず」＊虎明本狂言・禰宜山伏(室町末-近世初)「一たんはむりをいひかけた程にやくにたつまひとおもふほどに」＊浄瑠璃・夏祭浪花鑑(1745)六「一旦(いッタン)頼むの頼れたのといふたからは」 補注 表記は「一旦」でも意義用法は「一端」であることがある。→「いったん(一端)」の語誌。 方言 ❶いちずに思い詰めるさま。 岩手県気仙郡102 ❷一時にするさま。大急ぎのさま。 ◇いったんざったん・いったんぽったんとも。 新潟県西頸城郡385 発音〈標ア〉0〈ア史〉江戸●●○○〈京ア〉ッ 辞書 色葉・文明・饅頭・易林・日葡・書言・ヘボン・言海 表記 一旦(色・文・饅・易・書・ヘ・言)

いったん 緩急(かんきゅう)あれば ひとたび緊急なことが起こったときは。＊経国美談(1883-84)〈矢野龍渓〉後・二一「一旦緩急あるとき両都の人民相ひ応ずるを得るの便あり」＊教育に関する勅語-明治二三年(1890)一〇月三〇日「一旦緩急あれば、義勇公に奉じ」

いったん の 栄華(えいが) わずかの間の繁栄。＊御伽草子・西行(室町末)「但、一旦(イッタン)のゑいぐゎも風の前のちり、人(にん)げんのならいあだなること是多し」

いっ-たん【一端】〘名〙①物の一方の端。かたはし。↔両端。＊儀式(872)一〇・飛駅儀「中務輔相二執敕符一端一」②事柄の一部分。↔万端①。＊本朝文粋(1060頃)一一・紫藤花落鳥関関詩序〈源順〉「纔記二一端一。以招二衆咲一」＊政基公旅引付-文亀二年(1502)六月五日「私之存より段一端申入候」＊上杉家文書-(大永五年)(1525)二月二六日・武田恕鑑書状(大日本古文書一・三〇五)「行末進退一端預二御助言一候者、可レ為二本快一候」＊西洋事情(1866-70)〈福沢諭吉〉外・二「自から政治の一端を学び得て其益少からず」＊門(1910)〈夏目漱石〉一六「何う発展したかを、気味の悪い運命の意思を窺ふ一端として、主人に聞いて見た」③「いったん(一反)②」に同じ。＊礼記-祭義「夫言豈一端而已、夫各有レ所レ当也」＊延喜式(927)一・神祇・四時祭「春日神四座祭 祭神料 安芸木綿大一斤〈略〉曝(さらし)布一端八尺」＊文明本節用集(室町中)「一端 いっタン 布数」＊実隆公記-永正七年(1510)八月三日「御頼御返段子青一端」＊日本風俗備考(1833)一二「幕府より或は一端の衣物等を賜ふことあるも」④神前で柏手(かしわで)を打つ回数が一回であること。＊内宮臨時仮殿遷宮記(1496)「後一同拝。手一端」 語誌 全体と切り離して一部を取り出すことによって、対象として当面するものに焦点をしぼる「一端」と、朝の時間を指すことによって、一時的なものを表わす「一旦」とは、原義を異にする。ところが、同一の事態に対して、当事者からは「一端」のこととして、他者からは「一旦」のこととして把握された場合、両用の表記が可能となり、中世頃から「一端」と「一旦」が原義を越えて混同した用法を生じるようになる。「牛若おかしくおぼしめし、是は一旦の礼まで、さらば一手吹いて聞かせばやとおぼしめし」〔幸

若・烏帽子折」、「なましいに学問をして漢の末に天下を盗で、一端(タン)天子となると云へども、光武の打れた也」〔寛永刊本蒙求抄‐四〕などは、本来とは逆の表記によって記された例である。 発音〈標ア〉タ 0 〈京ア〉0 辞書 文明・伊京・明応・天正・饅頭・黒本・易林・日葡・書言・言海 表記 一端(文・伊・明・天・饅・黒・易・書・言)

いっ‐たん【一箪】〘名〙竹製の器一個。一つのわりご。また、それに盛った食物。＊詩聖堂詩集‐二編(1828)九・不如来飲酒傚楽天体「家唯四壁立、食劣一箪存」＊春秋左伝‐哀公二〇年「与二之一箪珠一、使レ問二趙孟一」

いったん の 食(し) 一瓢(いっぴょう)の飲(いん)（「論語‐雍也」の「一箪食、一瓢飲、在二陋巷一。人不レ堪二其憂一。回也不レ改二其楽一」による）わりご一ぱいの飯と、ふくべ一ぱいの飲み物。きわめて貧しい生活をいう。＊応永本論語抄(1420)為政「顔子は一箪の食、一瓢の飲して楽しみ、周子は堅く費の宰たることを辞退セリ」＊歌舞伎・矢の根(1729)「『げに顔回が巻に』『一箪(タン)の食(シイ)一瓢(ペウ)の飲(イン)』。疏食(そしい)を食(くら)ひ水を飲み』臂(ひぢ)を曲げて枕とす」 辞書 文明・易林 表記 一箪食一瓢飲(文・易)

いったん‐いっちょう：イッチャウ【一短一長】〘名〙「いっちょういったん(一長一短)①」に同じ。＊筆まかせ(1884‐92)〈正岡子規〉一・木屑録「余の経験によるに、英学に長ずる者は漢学に短なり、和学に長ずる者は数学に短なりといふが如く、必ず一短一長あるもの也」＊福沢先生浮世談(1898)〈福沢諭吉〉「西洋と日本と比べて見て其中に或は一利一害一短一長(いっタンいっチャウ)西洋流義とて決して為めになる事ばかりぢゃなからう」＊論衡‐無形「龍之為レ虫、一存一亡、一短一長」

いったん‐ぎ【一旦気】〘名〙(形動) 一度心に決めたら改めない気質。いちずに思いつめる気質。＊洒落本・鄰壁夜話(1780)京町の人魂「とかく一たん気にては病気にもあたり申べきなどと」＊歌舞伎・千歳曾我源氏礎(1885)序幕「一旦気(いったんギ)なる兄が気質」

いったん‐じ【一旦事】〘名〙一時的な事柄。＊ロドリゲス日本大文典(1604‐08)「Ittanjito (イッタンジト) ユウトモ サダメテ マツダイノ サマタゲ タランカ〔雑筆〕」

いっ‐たんじ【一弾指】〘名〙「いちだんし(一弾指)」に同じ。＊日葡辞書(1603‐04)「Ittanji (イッタンジ)〈訳〉爪はじきを一回するほどの、非常に短い時間」 辞書 日葡・書言 表記 一弾指(書)

いったんじ‐きょう：キャウ【一弾指頃】〘名〙親指と食指ではじく間のように、短い時間。いちだんしきょう。＊仏母出生三法蔵般若波羅蜜多経‐二一「仏言、須菩提、若復有人於二一弾指頃一、能修行是般若波羅蜜多者、其所得福倍勝於前」

いっち【一】〘副〙(「いち(一)」を強めていった語) ものの程度や状態が、最もはなはだしいさま。第一。最も。いちばん。＊百丈清規抄(1462)二「極遅六十劫とて一(イッ)ちをそいぞ」＊六物図抄(1508)「最も居レ下故とは三衣の中にて位がいっちの下也」＊咄本・昨日は今日の物語(1614‐24頃)上「法花経のその勝劣はしらねどもきんをしめられいいっち迷惑」＊かた言(1650)二「いちといふべきを、いっち」＊雑俳・柳多留‐三八(1807)「宮守より佐渡から出るがいっちよし」＊滑稽本・東海道中膝栗毛(1802‐09)五・追加「此中にていっち上しろものを、じぶんの相方とさだめ」＊婦系図(1907)〈泉鏡花〉前・六一「と一番(イッチ)しみったれた服装(なり)をして」 方言 薩摩†137 宮城県玉造郡116 山形県東田川郡139 福島県会津若松市171 群馬県吾妻郡218 東京都八丈島038 新潟県347 福井県大飯郡448 山梨県南巨摩郡463 長野県468 473 477 岐阜県498 499 504 静岡県520 532 537 愛知県尾張567 三重県585 滋賀県彦根609 京都府621 629 大阪府大阪市637 泉北郡646 兵庫県652 664 奈良県678 宇陀郡680 和歌山県690 島根県725 岡山県751 759 762 広島県芦品郡776 山口県792 徳島県809 香川県827 愛媛県840 高知県861 福岡県872 875 880 佐賀県887 長崎県906 908 911 熊本県下益城郡930 天草郡936 大分県938 宮崎県東諸県郡954 鹿児島県961 ◇いっちい 香川県829 ◇いっちか 山形県東田川郡139 ◇いっちん 石川県能美郡419 福岡県872 佐賀県887 熊本県玉名郡058 鹿児島県961 沖縄県首里993 ◇いっつん 秋田県雄勝郡130 山形県東村山郡139 鹿児島県961 ◇いっちゅ 長崎県北松浦郡899 壱岐島914 鹿児島県喜界島983 ◇いっちぇ 香川県829 ◇いっちゃ 新潟県東蒲原郡368 岐阜県飛驒502 熊本県八代郡921 ◇いっちゃん 千葉県山武郡270 長野県佐久493 愛知県東春日井郡554 香川県仲多度郡・小豆島829 愛媛県840 ◇いっちょ 新潟県刈羽郡380 石川県404 409 和歌山県伊都郡690 香川県826 ◇いっちょお 神奈川県藤沢市319 ◇いっつえ 香川県三豊郡829 ◇いって 香川県829 ◇いちじん 兵庫県豊岡市652 発音〈標ア〉イ 辞書〈ボン〉・言海 表記 最(へ)

いっ‐ち【一致】〘名〙(「致」はおもむきの意) ①(‐する) 二つ以上の物事が一つになること。特に、二人以上の人がある目的に向かって心を合わせること。また、単に意志、感情が同じになること。＊延喜格式表(927)「勧誡之道夷隆一致」＊平家(13C前)七・願書「士卒いまだ一致の勇(いさみ)をえざる間、区(まちまち)の心おそれたる処に」＊浄瑠璃・絵本太功記(1799)二日「たとへ、一致に防ぐとも院内僅か三百余人」＊西洋道中膝栗毛(1870‐76)〈仮名垣魯文〉八・上「友達に外国のやつらと同意(イッチ)して、沸湯(にへゆ)を呑ませるやうなことをすりゃア」＊吾輩は猫である(1905‐06)〈夏目漱石〉三「『面白いな』と迷亭が云ふと『うん面白い』と主人も一致する」＊易経‐繋辞・下「天下同レ帰而殊レ塗、一レ致而百レ慮」 ②別のように思われるものなどが、実は同一であること。矛盾やずれがないこと。＊梵舜本沙石集(1283)四・一「動静(どうじゃう)一致にして、法界性を全くす」＊ロドリゲス日本大文典(1604‐08)「Icchi (イッチ)〈訳〉統一、または、同一の物。例、サンギョウ(三教) icchi (イッチ)」＊大学垂加先生講義(1679)「本謂レ身も、明二明徳一為レ本も皆一致也」＊剣法夕雲先生相伝(17C後)「一源分れて万派となると云も、其極意秘事とする所は一致に落つるなり」 ③あたりまえの考え。ごく普通の道理。＊浮世草子・傾城禁短気(1711)四・三「気遣ひいたすも一致(イッチ)なれば、此段を直(ぢき)に相談いたさふと存じて」 ④「いっちは(一致派)」の略。＊咄本・昨日は今日の物語(1614‐24頃)上「法花宗のいっちと、法問(ほうもん)をして、勝負(かちまけ)はしらず、さんざんつかみあふて」＊咄本・醒睡笑(1628)一「法華宗門の中、一致(イッチ)勝劣の争論出来、所をさし日を定め、双方対談の上に」 発音〈標ア〉0 〈京ア〉0 辞書 文明・日葡・書言・〈ボン〉・言海 表記 一致(文・書・へ・言)

いっ‐ち【一躓】〘名〙一つのつまずき。ちょっとした失敗。＊十訓抄(1252)一・序「騏驥といふ賢き獣も、おのづから一躓のあやまりなきにあらず」

いっ‐ち【逸致】〘名〙すぐれた趣。＊白居易‐新昌新居書事詩「逸致因レ心得、幽期遇レ境牽」

いつ‐ち【五千】〘名〙(「ち」は千) 五千(ごせん)。＊書紀(720)推古一〇年二月(図書寮本訓)「諸の神部(かむとものを)及び国造、伴造等、幷せ軍衆(いくさ)二万五千(イツチ)人を授く」＊書紀(720)推古二〇年二月(北野本訓)「明器(みけもの)、明衣(みけし)の類、万(よろづあまり)五千(イツチ)種(くさ)なり」

いっち‐いっさくにん【一地一作人】〘名〙太閤検地がめざした、土地・農民支配の原則を表わす歴史学上の用語。中世荘園制下の重層的に重大な土地所有権を整理して、実際に耕作している農家の戸主を作人として検地帳に登録し、直接、年貢を負担させること。

いっち‐がた【一致方】〘名〙「いっちは(一致派)」に同じ。＊咄本・醒睡笑(1628)一「伊勢の桑名にて、法華宗門の中、一致勝劣の争論出来〈略〉勝劣方の僧、一致方の坊主のふぐりをしたたかにしめければ」

いっち‐がったい【一致合体】〘名〙二つ以上のものが一つになること。心を一つに合わせること。＊コンテムツスムンヂ(捨世録)(1596)三・四二「コレニマシテ ワレヲ タノシム icchi gattai (イッチ ガッタイ)ニ チュウスル コト ナシ」＊上木自由論(1873)〈小幡篤次郎訳〉「之を護るに千種あり、故に鉄壁湯池をも凌ぐ可き一致合体の議論あるを見ず」 発音〈標ア〉0

いっち‐きょうどう【一致共同】〘名〙心を合わせ一つになって、ことをなすこと。＊将来之日本(1886)〈徳富蘇峰〉七「知る可し平和主義と自愛主義とは彼の富と兵との如く決して敵対の主義に非ずして即ち一致協同の主義と云はさる可らさることを」＊読売新聞‐明治二〇年(1887)一〇月一日「一致共同(イッチキョウドウ)の力を以て権利を保護せん」 発音 イッチキョードー〈標ア〉0

いっち‐きょうりょく：ケフリョク【一致協力】〘名〙心を一つにし力を合わせて努力すること。＊青春と泥濘(1947‐49)〈火野葦平〉七「わしも全力を挙げてやる。全員一致協力して、これに当って貰いたい」 発音 イッチキョーリョク〈標ア〉イ キョ

いっ‐ちく【一竹】〘名〙①雅楽で、笙(しょう)を主として一本ずつ旋律的に吹くこと。和声的に吹く、合竹(あいたけ)に対する。②律管の一種。象牙(ぞうげ)製、または竹製の、長さ約三寸(約九・一センチメートル)の一本の管で、一方に三個、他方に一個の指穴があり、その開閉によって十二律の各音を出すことができるもの。四穴(しけつ)。＊言継卿記‐永禄一二年(1569)二月二七日「昨日一竹四穴落之間、早旦長橋局、台所等へ罷向尋レ之無レ之。無念々々」③怪獣の名。＊源平盛衰記(14C前)一・清盛捕化鳥「よくよく見れば毛(もう)しゅうなり。毛しゅうとは鼠の唐名也。〈略〉南台の竹を召、中に籠て清水寺の側に埋れたり。〈略〉毛しゅう一竹が塚と云は是也」 発音〈標ア〉0

いっちく‐たえもん：タエモン【一竹太右衛門】「いっちくたっちく」の歌に出てくる乙姫の父親。＊雑俳・柳多留‐五八(1811)「乙姫のおやぢいっちく太右衛門殿」

いっちく‐たっちく〘名〙①近世、あめ売りなどの歌った童謡。明治一〇年(一八七七)ごろ、再びあめ売りによって歌われ流行した。＊談義本・檠下雑談(1755)陳珍斎之伝「いっちくたっちく鯛の目、ちんがらこっこの時分より」＊諺苑(1797)「いっちくたっちく、たいのめ、たいが女(むすめ)、梶原源八助六をんのきやれ一に云、たい殿たい殿たいが女かちはら」②児童の遊戯の名。「ずいずいずっころばし」に似た遊戯。信州上田地方でいう。＊風俗画報‐二六二号(1903)遊芸門「信州上田地方の子供遊び〈略〉いっちく、たっちく、是は室内等にて行ふ戯にして四五の児童団欒して一所に拳を拇指と食指の方を上向にして出し其内の一人一方より左の歌を唱しながら拳を数へ行き歌尾の語に当りたる拳を除くものとし再三再四是れを行ひ拳の最後に残りたるものは次回の催に依り同戯をなす時の数方となるものなり」 方言 ❶「ずいずいずっころばし」に似た遊戯。その歌の冒頭が「いっちくたっちく」で、南洋語をまねた意味不明の語。沖縄県首里993 ❷凸凹のあること。徳島県811

いっち‐しょうれつ【一致勝劣】〘名〙日蓮宗の二大流派、一致派と勝劣派。または、その立場の差を示したもの。＊元亀本運歩色葉(1571)「一致勝劣 いっチセウレツ」＊咄本・醒睡笑(1628)一「伊勢の桑名にて、法華宗門の中、一致勝劣の争論出来、所をさし日を定め、双方対談の上に」＊譬喩尽(1786)一「一致勝劣(イッチショウレツ)八品(はっぽん)とて次第し中にも八品は堅法華(かたぼっけ)」

いっち‐だんけつ【一致団結】〘名〙多くの人が

心を一つに合わせて、堅く結ばれること。＊内地雑居未来之夢〈1886〉〈坪内逍遙〉一〇「箇々介立して微利是争ひ、一致団結（チダンケツ）して支那人と競はざる故也」＊記念碑〈1955〉〈堀田善衛〉「華族が、公卿も譜代も外様も一致団結した」 発音〈標ア〉0 イ

いっ-ちつ【一帙】〘名〙ひとつの帙（ちつ）。また、それに包まれた書籍。＊寛斎先生遺稿〈1821〉二・九月廿七日雷雨終日不能出門作短歌「瓶茶傾尽腸猶果、一帙黄巻只引ㇾ眠」＊広益熟字典〈1874〉〈湯浅忠良〉「一帙 イッチツ ショモツヒトツツミ」＊新唐書-李密伝「挂二漢書一帙角上一、行且読」 辞書 書言 表記 一帙（書）

いっち-てん【一致点】〘名〙食い違いなく合致している所。または事柄。＊思想と風俗〈1936〉〈戸坂潤〉文学、モラル及風俗・二「モラルの人気は、左翼文学とブルジョア文学との割合抽象的な一致点が夫だ、といふ処から発生してゐる」 発音〈標ア〉チ〈京ア〉チ

いっち-にち【一日】〘名〙「いちにち（一日）」の変化した語。＊雑俳・川傍柳〈1780-83〉三「一（イッ）ち日（ニチ）憎まれ口へ紅をさし」

いっち-は【一致派】〘名〙日蓮宗の一派。法華経二十八品の後十四品を本門とし、前十四品を迹門（しゃくもん）と分科する際、両者に説かれる理は一つであり一致したものであって、勝劣はないのだと説く一派。一致方。↕勝劣派

いっち-はんかい【一知半解】〘名〙ちょっと知っているだけで十分にはわかっていないこと。なまかじりであること。＊東京新繁昌記〈1874-76〉〈服部誠一〉五・蓄物店「一知半解〈注〉ナマモノシリ）の通客、酔歩踉々」＊如是放語〈1898〉〈内田魯庵〉八「一知半解（チハンカイ）なる廃娼論者の荒肝を挫（ひし）ぐに足るものあるを信ず」＊滄浪詩話-詩弁「有二透徹之悟一、有三但得二一知半解之悟一」 発音〈標ア〉イ ハ〈京ア〉0=0

いっち-はんげ【一知半解】〘名〙（「げ」は「解」の呉音）仏語。「いっちはんかい（一知半解）」に同じ。＊正法眼蔵〈1231-53〉弁道話「修行の儀則を咨問して、一向に坐禅弁道して、一知半解を心にとどむることなかれ」＊伝光録〈1299-1302頃〉菩提達磨尊者「一智半解に足れりとおもふことなかれ」 発音イッチハンゲ〈標ア〉イ ハ

いっち-びる【一知毘盧】〘名〙「びるしゃなぶつ（毘盧遮那仏）」に同じ。＊梵舜本沙石集〈1283〉一・三「然れば、無相法身所具の十界、皆一知毘盧の全体なり」

いっち-ほう【一致法】〘名〙（英 method of agreement の訳語）ジョン＝スチュアート＝ミルが実験的研究法として挙げた五つの帰納法の第一のもの。すべての事例における共通要素のうち、偶然的なものを消去し、本質的な唯一の共通要素だけを残す方法。契合法。類同法。 発音イッチホー〈標ア〉0 チ

いっちゃ〘名〙方言 ❶じゃんけん。栃木県下都賀郡 198 ❷植物、えごのき。伊豆 †034 伊豆八丈島 †071

いっちゃい〘形〙方言 小さい。富山県 390 ◇えっちゃい 青森県津軽 075 石川県能美郡 404 ◇いんちゃい 富山県 062 397 石川県 404 422 ◇いちゃい 富山県 390 ◇えっちゃこい 山形県西田川郡 139 ◇いんこい 富山県高岡市 395 砺波 397 三重県志摩郡 585 ◇いんぐい 東京都大島 326 ◇いみんこい 石川県鹿島郡 411

いっ-ちゃく【一着】〘名〙①競走などで、他のだれよりも速くある地点に到着すること。②仕事などで、まず最初に着手すること。＊漢語字類〈1869〉〈庄原謙吉〉「一着 イッチャク ヒトテダテ」＊社会百面相〈1902〉〈内田魯庵〉鉄道国有・三「我党の社会的運動の一着として鉄道征伐をしては如何に」＊坑夫〈1908〉〈夏目漱石〉「急に自滅がしにくいから、まず其一著（イッチャク）として逃亡（かけおち）て見るんである」＊世説新語補-捷逸「今日還須下譲二老夫一一著上」③物事の一段階。一くぎり。＊将来之日本〈1886〉〈徳富蘇峰〉六「富は実に第十九世紀の一大運動力なり。〈略〉蓋し欧州の歴史に於て、常備軍の制度の創始したるは、実に彼の富が兵に向て、一着の勝を占めたるものなりと云はざる可らず」④（「一」はすっかり、全部の意か）動乱や不穏な状態などが落ち着くこと。平定すること。一途（いっと）。＊上杉家文書-（天正一四年）〈1586〉九月二五日・羽柴秀吉直書（大日本古文書二・八一五）「新発田表へ被二相動一、被二取詰一之由尤候、何之道にも、急度一着候様与思召」＊島津家文書-（慶長四年）〈1599〉一一月一三日・高橋元種書状（大日本古文書二・一〇八三）「如ㇾ此被ㇾ入二御念一儀候条、菟角一着不ㇾ可ㇾ有ㇾ程候」⑤衣服のひとそろえ。一組。一かさね。主として洋服についていう。＊遙拝隊長〈1950〉〈井伏鱒二〉「背戸の榧（カヤ）の木を売って夏衣裳を一着ととのへると」＊徳山道助の帰郷〈1967〉〈柏原兵三〉一「合服一着と合オーバーと靴で三万円であった」⑥（―する）衣服を着ること。着用。＊火の柱〈1904〉〈木下尚江〉二三・二「背広のやや垢つけるを一着なしたる青年」＊虞美人草〈1907〉〈夏目漱石〉一「君はいつでも此（この）袖無（ちゃんちゃん）を一着（イッチャク）して居る」⑦甲冑（かっちゅう）一領。⑧囲碁などで、石を一つ盤面に置くこと。一手（いって）。 発音〈標ア〉（名詞的）ク（副詞的）0〈京ア〉（名詞的）チャ（副詞的）0

いっちゃくに及（およ）ぶ 身につけている。着ている。＊シベリヤ物語〈1950-54〉〈長谷川四郎〉掃除人「彼はこの寒いのに兵隊用のラシャ外套を一着に及んでいた」 補注 ものものしい服装というニュアンスがある。

いっちゃくを輸（ゆ）する （「輸する」は「まける、おくれをとる」の意）競争相手に先を越される。おくれをとる。「いっちゅう（一籌）を輸する」が誤って用いられるようになったことば。＊浮雲〈1887-89〉〈二葉亭四迷〉二・一一「昇に一着（チャク）を輸（ユ）する事は文三には死しても出来ぬ」＊別天地〈1903〉〈国木田独歩〉上・二「ややもすると大事の場所で敵に一着を輸するやうなことをする」

いっ-ちゃくしゅ【一搩手】〘名〙（「搩」は張る、開くなどの意）仏語。尺度の単位。親指と中指を伸ばしたときの長さ。指を二本並べた長さに等しいともいう。七寸余。いったくしゅ。仏像を測るには、一搩手半（いっちゃくしゅはん）を規準とする。＊観智院本三宝絵〈984〉下「この牛飼ふ童もその中にまじりてたはぶれにいさごの塔をつくりつ、たかさ一搩手なり」＊行事鈔-中二「仏搩手尺量不定。今総会二諸部一校二勘是非一、僧祇仏搩手長二尺四寸、明了論同ㇾ之、善見云、中人三搩手長仏一搩手、多論云。仏一搩手凡人一肘半、五分仏搩長二尺」

いっちゃくしゅ-はん【一搩手半】〘名〙仏語。一搩手にその半分を加えた長さ。日本では持仏像や胎内仏を造るときの定則とする。約一尺二寸。いったくしゅはん。＊扶桑略記〈12C初〉欽明一三年一〇月「爾時三尊促二身於一搩手半一」＊今昔〈1120頃か〉一七・二八「一搩手半の地蔵を造り奉てけり」＊平家〈13C前〉一・願立「百座の薬師講、一搩手半の薬師百体、等身の薬師一体、並に釈迦阿彌陀の像、をのをの造立供養せられけり」

いっちゃく-に【一―】〘副〙方言 一度に。一時に。千葉県夷隅郡 288 292 ◇いっちゃくちに 千葉県夷隅郡 059

いっちゃ-め【一―】〘名〙方言 ⇩いっちょうめ（一丁目）

いっちゃん【一―】〘副〙方言 ⇩いっち（一）

いっ-ちゅう【一中】 ㊀〘名〙①一度あたること。「一発一中」＊陸亀蒙-感事詩「豈知二讒箭利一、一中成二赤族一」②日中の一食の意。＊禅林象器箋〈1741〉二〇・言語「梁高僧伝、法荘伝云、元嘉初出ㇾ都、止二道場寺一。性率素、止一中而已。忠曰、此言二日中一食一也」③禅家で、一座の意。一座して茶菓子を食べるときなどをいう。＊空華日用工夫略集-至徳元年〈1384〉五月五日「管領送二角黍一。斎罷請ㇾ衆作二粽供一、点茶一中」＊臥雲日件録-宝徳四年〈1452〉六月七日「清規所謂一中、言二茶或湯一也。或中字言二中盞一也」④ひとさかづき。一杯。一鍾。＊六如庵詩鈔-二編〈1797〉五・甲寅中秋〈略〉泛舟遊巨椋湖各賦「当ㇾ筵須ㇾ罄二見在歓一、身後浮名酒一中」⑤「いっちゅうぶし（一中節）」の略。＊談義本・当世下手談義〈1752〉五・都路無字太夫、江の島参詣の事「京都は万代不易の王城〈略〉風俗に応じむっくりとした一中が流行」＊人情本・春色梅児誉美〈1832-33〉後・序「風流の雅莚（がえん）に招かれ、一中（イッチウ）の調子をあはして」 ㊁（一）楊弓の名手、今井一中。貞享・元祿（一六八四～一七〇四）の頃の人。道二と号し、著に「楊弓射礼蓬矢抄」「同追考」などがある。＊浮世草子・好色二代男〈1684〉一・三「東山のあそび。光叔（くゎうしゅく）一中（イッチウ）まじりに、楊弓の会も詠め暮し」（二）一中節の創始者、都太夫（みやこだゆう）一中。 発音イッチュー ㊀は〈標ア〉0 ⑤はチュ〈京ア〉0 ⑤はチュ／チュ ㊁は〈標ア〉チュ

いっ-ちゅう【一注】〘名〙ひとそそぎすること。一度流れこむこと。＊夜行巡査〈1895〉〈泉鏡花〉三「一注の電気に感ぜし如くなりき」 発音イッチュー〈標ア〉0

いっ-ちゅう【一炷】〘名〙「いっしゅ（一炷）①」に同じ。＊御伽草子・多田満中（未刊国文資料所収）（室町末）「そののちどうし一ちうの香をねんじて」＊書言字考節用集〈1717〉一〇「一炷 イッチウ ヒトタキ 香」 辞書 書言 表記 一炷（書）

いっ-ちゅう【一籌】〘名〙（「籌」は古代中国で勝負を争うときの得点を数える道具）①一つの計画、はかりごと。＊虞美人草〈1907〉〈夏目漱石〉一五「彼、此（これ）を一籌（イッチウ）の末に制する事能（あた）はざれば学ばざるものの相対して敵となるに等しければなり」＊宋史-儒林伝四・蔡幼学「九重深拱而群臣尽廃、多士盈ㇾ廷而一籌不ㇾ吐」②（転じて）技能などが、他の人よりすぐれていること。＊翠竹真如集〈1500頃〉二・法語・七観音点眼「前南禅伯師和尚、室中一籌也」 発音イッチュー〈標ア〉0

いっちゅうを＝輸（ゆ）する［＝遜（ゆず）る］ （「輸する」は負ける意）一段階劣る。他人より劣る。おくれをとる。一着を輸する。＊翰林葫蘆集〈1518頃〉三・題便面瀑「坐来披扇対飛流、画者与ㇾ吾輸二一籌一」＊随筆・山中人饒舌〈1813〉上「工致有ㇾ余、而風趣不ㇾ足、不ㇾ得ㇾ不ㇾ遜二一籌於古人一也」＊侏儒の言葉〈1923-27〉〈芥川龍之介〉虚偽「いつも彼女には一籌を輸する外はなかった」＊陸游-九月六夜夢中作笑詩詩「問ㇾ君此笑是喜不、道得老夫輸二一籌一」

いっちゅう-いちや【一昼一夜】〘名〙「いっちゅうや（一昼夜）」に同じ。＊太玄経-太玄攡「一昼一夜、陰陽分ㇾ索」

いっちゅう-がかり【一中懸】〘名〙楊弓で、名手であった今井一中のような射方で射ること。＊浮世草子・西鶴織留〈1694〉一・一「物読は宇津宮に道を聞、碁所に二つまで打なし、楊弓は一中（いっチウ）かかりに大金貝（かながい）の看板」

いっちゅう-ぎき【一炷聞】〘名〙香道で、沈（じん）香木を一種類たいて賞美すること。

いっちゅう-くずし【一中崩】〘名〙一中節の正調をわざと変えて、新しい効果をねらう歌い方。＊人情本・郭の花笠〈1836〉二・七回「一中崩（イチチウクヅ）しの騒ぎ唄」 発音イッチュークズシ〈標ア〉ク

いっちゅう-は【一中派】〘名〙本心鏡智流の槍術の一派。元祿（一六八八～一七〇四）の頃、信濃の人東梅龍軒一中が本心鏡智流の梅田治忠に学び、これに穴沢流の長刀（なぎなた）と一元流の槍、輪鍵（りんけん）とを加えて創案したもの。神道流一中派。＊武術流祖録〈1843〉槍術「一中派。東梅龍軒一中。元祿年中の人也。

〈略〉自ら一中派本心鏡智流と云」 発音イッチューハ〈標ア〉0

いっちゅう‐ぶし【一中節】〘名〙 浄瑠璃節の流派の一つ。一七世紀末に、京都の都太夫(みやこだゆう)一中がはじめたといわれる。節回しがやわらかく洗練されていたので趣味人や上層階級に好まれ、江戸中期から末期に江戸を中心として栄えた。のち、この流派から豊後節が出、さらに常磐津、富本、清元、新内など軟派の浄瑠璃が派生した。都派のほか、菅野派、宇治派などの分派がある。＊浄瑠璃・長町女腹切(1712頃)中「小でっちが、一中(イッチウ)ぶしの川風に声もひろがる扇屋の」＊人情本・春色辰巳園(1833–35)後・一〇回・下「これも唄妓(げいしゃ)のしたじっ子が、隣家で唄ふ一中節(イッチウブシ)、根曳の門松」 発音イッチューブシ〈標ア〉0〈京ア〉0 辞書言海 表記一中節(言)

いっちゅうぶし より 鰹節(かつおぶし) 一中節を聞くよりも鰹節をもらう方がよい。風流を解しないこと、または、風流より実利を好むことのたとえにいう。花よりだんご。

いっ‐ちゅうや チウヤ【一昼夜】〘名〙 まる一日。二四時間。一昼一夜。＊読本・椿説弓張月(1807–11)拾遺・四七回「為朝は稚(おさな)きより、水行(ふなぢ)に調煉し給へば、浪(なみ)をも風をも物ともせず、只(ただ)一昼夜に乗著(のりつけ)給へり」＊幼学読本(1887)〈西邨貞〉六「紙を製するには、先づ右の黒楮を流の水に浸すこと凡そ一昼夜にして」＊ゆく雲(1895)〈樋口一葉〉上「こと更の馬車腕車に一昼夜(イッチウヤ)をゆられて」 発音イッチューヤ〈標ア〉チュ〈京ア〉チュ

いっ‐ちょ【一楮】〘名〙(「楮」は紙幣のこと) 一枚の紙幣。＊柳橋新誌(1874)〈成島柳北〉二「一銭を獲れば則食ひ、一楮を獲れば則飲む故なり」

いっ‐ちょ〘副〙(「いっちょう」の変化した語)「いっちょう(一丁)三」に同じ。＊初稿・エロ事師たち(1963)〈野坂昭如〉二「アレいっちょいこかと、アゴをしゃくれば」＊羽なければ(1975)〈小田実〉一「ま、うるさいこと言わんと、いっちょ行きまひょ」

いっ‐ちょう チャウ【一丁・一梃】 発音〈標ア〉イ 一〘名〙 (一)(一丁) 古代、公用の課役にかりだされた人夫一人。ひとりの丁(よぼろ)。転じて、ひとりの男。＊延喜式(927)二四・主計「凡左右京。五畿内国調(みつぎ)一丁輸銭随レ時増減」＊広益熟字典(1874)〈湯浅忠良〉「一丁 イッテウ ヒトリノヲトコ」 (二)(一丁・一挺・一梃)(「ちょう」は助数詞) ①鋤(すき)、鍬(くわ)などの農具、のこぎり、かんななどの工具、船の櫓(ろ)や櫂(かい)、槍(やり)、銃などの武具、墨、三味線、鼓(つづみ)、かみそり、駕籠(かご)、蠟燭、鋏、そろばんなどの一つ。＊多聞院日記‐永正二年(1505)正月二八日「墨〈一挺〉油〈一合〉」＊文明本節用集(室町中)「一挺 いっチャウ 鑓一挺 墨一挺 燭一挺」＊運歩色葉(1548)「一丁 いっチャウ 輿(こし)紙」＊易林本節用集(1597)「一丁 イッチャウ 鉏(すき)鍬」＊北条五代記(1641)三・関八州に鉄炮はじまる事「彼鉄炮は八郎が弓にも勝るなるべし。所帯にかへても一挺ほしきものかな」＊浮世草子・日本永代蔵(1688)五・三「壱人には置(をき)ふるびし十露盤壱丁とらせける。又壱人にはつかひなれし秤壱丁譲りける」＊負け犬(1953)〈井上友一郎〉「銀座裏をヴァイオリン一挺で流して歩く桐山譲次は」 ②料理、酒、さかなの一人前。あるいはその分の費用。＊政基公旅引付‐文亀三年(1503)六月一九日「番頭等賜二飯酒一、六人番頭之内一人槌丸稲倉源三郎依二疾病一不参、不便也、雖レ然為二祝着一二丁出レ之云々」 ③書物の裏表二ページ。＊浮世草子・元禄大平記(1702)五・是から末は学問のみち「壱丁(テウ)を壱匁弐分書にさだめ、わづかなる寸珍の筆料三百匁におよぶ」 ④碁、将棋など勝負事、あるいはそれに類したこと一回。楽器の演奏、男女の交合などにもいう。ひと勝負。一番。一発。＊浮世草子・世間娘容気(1717)四「御扶持(ふち)人の小鼓打、松林音右衛門を召出され一挺(テウ)御所望」＊歌舞伎・傾城黄金鱐(1782)口明「一度拝する輩(やから)は、よいも悪いも一てうづつ、討って取るとの御請願でござる」＊笹まくら(1966)〈丸谷才一〉六「一丁、もんでやろうか」＊羽なければ(1975)〈小田実〉二「脱がせていっちょうやったあと」 ⑤楊弓、大弓で、銭をかけるときに一〇〇をいう符丁。＊随筆・一話一言(1779–1820頃)一「賭的矢代の筈掛銭の異名〈略〉百を一丁、二百を二丁と云」 ⑥「いっちょうぎ(一丁柝)」に同じ。 三〘副〙(一(二)④から転じたもの) あとに勧誘、意志などの意を伴って用いる。何かするとき、何かにとりかかるときに言い出す語。ひとつ思いきって。それでは。さあ。＊歌舞伎・隅田川続俤(法界坊)(1784)口明「『久振(ひさしぶり)で一丁キウと立てなんせ』『よう吞みたがるぜえ』」＊吾輩は猫である(1905–06)〈夏目漱石〉五「一丁今から考を換へて実業家にでもなんなさらんか」＊ハッピネス(1973)〈小島信夫〉三「奥さん、いっちょう代りましょうか」 方言❶一つ。一個。岡山県748 753 768 徳島県809 香川県829 福岡県企救郡875 佐賀県887 熊本県阿蘇郡923 大分県直入郡・大野郡939 ◇いっちょ 奈良県南大和683 香川県829 福岡県872 佐賀県893 894 895 長崎県900 905 906 熊本県931 935 936 鹿児島県961 ◇いっちょこ 香川県香川郡・大川郡829 ❷一度。岡山県阿哲郡751 香川県829 ◇いっちょ 香川県829 福岡県872 ❸一勝負。一番。◇いっちょ 岐阜県羽島郡498 兵庫県神戸市670 奈良県吉野郡683 ❹お手玉。◇おいっちょう 群馬県邑楽郡244 島根県石見725 ◇いっちょ 島根県邑智郡・那賀郡724 ◇おいっちょ〔御―〕 群馬県館林245 島根県石見725 岡山県苫田郡748 ◇おいちゃ・おいっちんげ 神奈川県054 ◇いっちょにちょ〔―二丁〕 熊本県天草郡936 ◇いっちょどり〔―取〕 長崎県壱岐島915 ❺おはじき。◇いっちょ・いっちょほいよ 山梨県南巨摩郡465 ❻相撲。幼児語。◇いっちょこいとも。埼玉県秩父郡251 ❼魚一尾。香川県三豊郡829 ◇いっちょ 香川県三豊郡829 ◇いっちょこ 香川県大川郡829 ❽酒やしょうゆの一樽(ひとたる)。また、目ざる一個。◇いっちょ 大阪†116 ❾豆腐二個。埼玉県川越255 ❿新品。香川県仲多度郡829 発音イッチョー〈なまり〉ヒッチョ〔岐阜〕〈標ア〉イ〈京ア〉ッ 辞書下学・文明・伊京・天正・黒本・易林・日葡・書言 表記一梃(下・文・伊・天・黒・易・書) 一丁(易・書)

いっちょう 入(い)れる 酒を飲む。一杯やる。＊談義本・つれづれ睟か川(1783)四「むかしの人のどうしなされかうしなされは今様の詞に、どうしい、かうしい。酒のむ、めし食ふなどは、はみつぐ、一丁(イッテウ)入(イレ)ると、いやしき詞に化(け)す」＊譬喩尽(1786)一「一銚(イッテウ)入(イレ)よといふは一盃飲むかといふかへ詞時花詞也」

いっちょう 灯(とぼ)す 交合を一回行なう。＊黄表紙・鳴呼奇々羅金鶏(1789)「何ものか、にっくいやつ。人のむすめをせしめをる。一(いッ)てうとぼされぬうち、まっ二つにしてくりゃう」

いっ‐ちょう チャウ【一町・一丁】〘名〙 ①一つの町。市街地の一区画。また、その町や町の人全体。町中(まちじゅう)。＊大鏡(12C前)三・師輔「一町かねてあたりに人もかけらず」＊伺事記録裏文書‐天文一四年(1545)八月一六日(中世法制史料集二・意見状)「然惣町一同致二狼藉一者、被レ処二一町其咎一歟」＊浮世草子・本朝桜陰比事(1689)四・八「内義のないを幸ひに一町の若ひ者のあそび所にして」＊浄瑠璃・堀川波鼓(1706頃か)下「壱町あつまり棒つきならべ、敵討とは中ながら町内の念の為」 ②距離の単位で、六〇間(けん)(約一〇九メートル)の長さ。＊宇治拾遺(1221頃)三・四「風も吹かぬに、この行く舟の〈略〉一ちゃうがうちに寄り来たり」＊九院仏閣抄(1383頃か)「此一里、四十丈為二一丁一、以二六丁一為二一里一也、已上王城山門、田舎三十六丈為二一丁一也」＊謡曲・八島(1430頃)「平家は海の面一町ばかりに舟を浮かめ」 ③土地の面積の単位で、一〇反(たん)、三〇〇〇歩(ぶ)(中世以前は三六〇〇歩)の広さ。＊令集解(706)田・田長条「古記云。慶雲三年九月十日格云。准レ令。田租一段。租稲二束二把〈以二方五尺一為レ歩。歩之内得二米一升一〉一町租稲廿二束」＊高野山文書‐応永二八年(1421)・近木庄四箇番里目録(大日本古文書六・一二九四)「白丹谷二丁八反小廿歩損一丁八反卅歩」＊日葡辞書(1603–04)「Icchô(イッチャウ)〈訳〉畑のある面積〈略〉等の数え方」＊広益熟字典(1874)〈湯浅忠良〉「一町 イッテウ 十タンヲ云」 発音イッチョー〈標ア〉イ〈京ア〉0 辞書天正・日葡・書言 表記一町(天・書)

いっちょう に 九所(くどころ) (「きわめてまれな」の意のことわざ「一町に三所(みところ)」をもじって) 至る所。諸所。＊浮世草子・好色一代男(1682)五・二「恋も遠慮も無性やみに見知越(みしりごし)なる悪口、或は小尻とがめ、又は男だて、一町に九所の喧咜」

いっちょう に(て)三所(みところ)[=二所(ふたところ)] (一町の間にわずか三(二)箇所の意から) きわめてまれなこと。まばらに存在していることのたとえ。↓一町三所(いっちょうみところ)。＊浮世草子・日本永代蔵(1688)三・三「次第に人倫絶(たへ)て一町に三所ばかりかすかなる朝夕(てうせき)の煙(けぶり)」＊浮世草子・世間胸算用(1692)一・二「毎朝修行に出しに、一町にて二ところ宛(づつ)の手の中、二十所を集めて漸(ようよう)一合有」

いっ‐ちょう【一重】〘名〙「いちじゅう(一重)」に同じ。＊漢語字類(1869)〈庄原謙吉〉「一層 イッソウ ヒトカサ 一重 イッチョウ 上ニ同シ」＊新撰字解(1872)〈中村守男〉「一層 イッソウ ヒトカサ 一重 イッチョウ 同上」＊閻朝隠‐奉和聖製夏日遊石淙山「千重岡巒千種樹、一重岩壑一重雲」 辞書文明 表記一重(文)

いっ‐ちょう チャウ【一張】〘名〙 弓、弦楽器、幕、毛皮、船の帆などの一つ。一枚。＊正倉院文書‐天平勝宝八年(756)六月二一日・東大寺献物帳(寧楽遺文)「桐木箏一張〈略〉楸木瑟一張」＊延喜式(927)一五・内蔵寮「梓弓一張、矢四具」＊宇治拾遺(1221頃)四・一四「まゆみの黒ぬりなるを、一張参らせたりけるを」＊玉塵抄(1563)三「舟に帆一ちゃうかけ、風にまかせた心ぞ」＊艸山集(1674)二三・虹「太虚濶処一張弓、影射二山河一勢若レ龍」＊新撰字解(1872)〈中村守男〉「一張 イッチャウ イチマイ」 辞書文明・伊京・明応・天正・饅頭・黒本・易林・書言 表記一張(文・伊・明・天・饅・黒・易・書)

いっ‐ちょう テウ【一鳥】〘名〙 一羽の鳥。また、尾羽のそろったままの鳥。＊文華秀麗集(818)下・得水中影〈桑原広田〉「一鳥還添レ鳥、孤叢更向レ叢」＊日葡辞書(1603–04)「Icchô(イッチョウ)。ヒトツノ トリ」＊俳諧・奥の細道(1693–94頃)尿前の関「高山森々として一鳥声きかず」＊江総‐詒孔中丞奐詩「叢花曙後発、一鳥夢中来」 発音イッチョー〈標ア〉0 辞書日葡

いっ‐ちょう テウ【一朝】〘名〙 ①ある日の朝。ある日。＊経国集(827)一四・奉試賦得王昭君〈小野末嗣〉「一朝辞レ寵長沙陌。万里愁レ聞行路難」＊海道記(1223頃)序「五更に都を出て一朝に旅に立つ」＊蔗軒日録‐文明一七年(1485)九月二六日「一朝失二之於兵塵騒擾之間一。尓来思念而擬不レ抛、患三其難二再獲一」＊日葡辞書(1603–04)「Icchô(イッチョウ)。ヒトアサ。〈訳〉一朝」 ②わずかな間。かりそめ。＊詩経‐小雅・彤弓「鐘鼓既設、一朝饗レ之」＊菅家文草(900頃)二・後漢書竟宴、各詠史、得光武「時龍何処在、光武一朝乗」＊太平記(14C後)一〇・高時并一門以下於東勝寺自害事「源氏多年の蟄懐(ちっくゎい)一朝(テウ)に開る事を得たり」＊談義本・当世穴穿(1769–71)四・乗合ぶねの日記「惣がみといふは儒者の事で、一朝の咄しにはならぬ」＊別れ霜(1892)〈樋口一葉〉一三「数代続きし両家のよしみ一朝にして絶やさんこと」＊礼記‐檀弓上「君子有二終身之

憂而無一朝之患」 ③(副詞的に用いられる) あるとき急に。＊経国美談(1883–84)〈矢野龍渓〉前・一一「今若し一朝病苦の為に此処にて死失せば」＊明暗(1916)〈夏目漱石〉一五八「つまり君に一朝(イッテウ)事があったとすると」＊帝都復興に関する詔書‐大正一二年(1923)九月一二日「一朝不慮の災害に罹りて、今や其の旧形を留めずと雖」＊韓愈‐短燈檠歌「一朝富貴還自恣、長檠高張照珠翠」 ④朝廷全体。または朝廷に仕えるすべての人。＊中院本平家(13C前)一〇・宗論の事「四しゅ帰伏して遂に門葉にまじはり、一てう信仰してはじめて法流をうく」＊太平記(14C後)二・三人僧徒関東下向事「一朝の国師として、四海の倚頼(いらい)たりしかば」＊魏志‐杜畿伝「今臣言一朝皆不忠、是誣一朝也」 発音 イッチョー〈標ア〉0〈京ア〉0 辞書 文明・日葡・言海 表記 一朝(文・言)

いっちょう の 怒(いか)りに其(そ)の身(み)を忘(わす)る[＝一生(いっしょう)を過(あやま)つ・百年(ひゃくねん)を失(うしな)う] (「論語‐顔淵」の「一朝之忿、忘其身、以及其親」による) 一時の怒りのために前後を忘れて自分の身を滅ぼすことになる。＊幸若・本能寺(室町末‐近世初)「聖人のことわざにいはく、いってうのいかりに其身をわすれ、そのしんにをよぼす。まどへるにあらずやとおもひつづけて」＊浮世草子・けいせい伝受紙子(1710)一・二「小(すこしき)を忍ばざる時は大謀を乱し、一朝(テウ)の怒(イカリ)に百年をうしなふ」＊譬喩尽(1786)一「一朝の怒りに一生を過つ」 辞書 文明

いっちょう【一蝶】(江戸前期の画家) ⇒はなぶさいっちょう(英一蝶)

いっ‐ちょう【一調】〘名〙 ①能楽で、謡曲中の要所一段を選んで一人で謡い、それに合わせて、大鼓(おおつづみ)・小鼓・太鼓のうち一種だけを打つこと。打ち方も複雑となり、謡い方も高度になる。一調謡。小鼓一調には、「蘆苅」(笠ノ段)、「放下僧」(小唄)、大鼓一調には、「三井寺」(クセ)、「安宅」(勧進帳)、太鼓一調には、「姨捨」(キリ)、「野守」(キリ)などがある。＊金春座系伝書・永正十八年元安伝書(1555頃)「只一調の心得をよく工夫に入てうたひ給はば」＊随筆・独寝(1724頃)上・五九「秋月のかげさゆる夜も、むらさきのしらべ引たぐひて、一調のけしきもいとおもしろし」 ②歌舞伎で、武将の出入りなどに使う小鼓のはやし。小鼓一丁(ちょう)で打つところから起こった名であるが、現在では三、四丁で打つこともある。 ③(「調」は「遷」に同じく、移ることの意) 一度転調すること。＊黄葉夕陽邨舎詩‐後編(1823)八・送鈴木曹長之東都「兢兢備顧問、喋喋説詩書、十年無一調、終身秪守株」 方言〘形動〙よく似ているさま。同じよう。島根県邇摩郡725 徳島県那賀郡813 ◇いっちょ 島根県大田市725 発音 イッチョー〈標ア〉0〈京ア〉0／ツ

いっ‐ちょう【乙鳥】〘名〙 鳥「つばめ(燕)」の異名。「滑稽雑談」によると、「乙とは、その鳴より呼ぶなり」とあり、「改正月令博物筌」でも、「乙とは鳴く声によるなり」とある。《季・春》＊和漢三才図会(1712)四二「燕 乙鳥」＊薬品手引草(1778)「乙鳥(イッテウ) つばめ也」＊戴良‐秋興詩「荒祠猶記双龍柱、壊埒曾伝乙鳥壇」

いっ‐ちょう【逸調】〘名〙 すぐれた調べ。＊万葉(8C後)一七・三九七三・題詞「英霊星気 逸調過人」＊陶弘景‐華陽頌・才英「子弦有逸調、空談無与言」

いっちょう‐いっかん【一調一管】〘名〙 能楽の合奏の一つ。謡曲中の特定の一部を一人で謡い、これに能笛と、小鼓(こつづみ)か大鼓または太鼓のどれかと、二役で合奏すること。

いっちょう‐いっし【一張一弛】〘名〙 ①弦を強く張ったり、ゆるめたりすること。転じて、物事の度合いが強くなったり弱くなったりすること。また、強めたり弱めたりすること。＊夜航余話(1836)下「王勃『滕王閣』の詩は、殊に簡短にして淡薄なり。これは序文に靡麗を極けるゆゑ、わざと浅々として巧を用ひず。いはゆる一張一弛の法なり」＊今政十宜(1881)〈小野梓〉一「加ふるに大臣之を上に統帥するの実権あらざるを以て施治の方嚮恒に純一の進路に出でず一張一弛昨左今右動もすれば内閣所操の主義なきを疑はしめ其蹟頗る活潑有為の実を失す」＊一年有半(1901)〈中江兆民〉三「一張一弛は人道の常にして、其今日の風を成せしは蓋し勢也」＊江戸から東京へ(1921)〈矢田挿雲〉七・七〇「爾来天下晴れての自由競争を続けて一張一弛(いっチャウいっシ)の姿であったが」＊礼記‐雑記下「張而不弛、文武弗能也、弛而不張、文武弗為也、一張一弛文武之道也」 ②取引所の用語。相場が小高下をくり返すこと。相場が持ち合うこと。 発音 イッチョーイッシ〈標ア〉イ2

いっちょう‐いっせい【一調一声】〘名〙 能楽の合奏の一つ。謡曲中の特定の一部を一人でうたい、これに鼓の一種だけで合奏し、特に一声の囃子(はやし)を打たせるもの。玉葛一調、小督一調など。

いっちょう‐いっせき【一朝一夕】〘名〙 (「一日か一晩か」の意から) 期間が短くて速いこと。わずかの時間。ほんの少しの間。多く打消を伴う表現となる。＊太平記(14C後)一・後醍醐天皇御治世事「倩(つらつら)其濫觴を尋れば、啻(ただ)禍、一朝一夕の故に匪(あら)ず」＊寛永刊本蒙求抄(1529頃)四「一朝一夕(セキ)では弑殺さぬぞ。久しくこころむるほどにぞ」＊滑稽本・風来六部集(1780)放屁論後編「一天四海引っくるめての大論にて、一朝一夕(いっテウいっセキ)に論じがたし」＊新撰字解(1872)〈中村守男〉「一朝一夕 イッチャウイッセキ チョットノマ」＊雁(1911–13)〈森鷗外〉一五「なかなか一朝一夕(イッテウイッセキ)に解決の出来ぬ難問題を提出する」＊易経‐坤卦「臣弑其君、子弑其父、非一朝一夕之故」 発音 イッチョーイッセキ〈標ア〉0〈京ア〉セ 辞書 書言・言海 表記 一朝一夕(書・言)

いっちょう‐いったん【一長一短】〘名〙 ①あるいは長くなり、あるいは短くなること。一短一長。＊凌雲集(814)和菅祭酒秋夜途中聞笙之什〈藤原冬嗣〉「遊子吹笙乗甲夜。一長一短悩人情」 ②長所もあるが短所もあって、完全ではないこと。＊国文学緒言(1890)〈上田万年〉「或は本居宣長香川景樹等の作者の順序によるも皆各一長一短あるを発見し」＊竹沢先生と云ふ人(1924–25)〈長与善郎〉竹沢先生とその兄弟・一「物は兎角一長一短で、東洋のものにはさう云ふわるさは少い」 発音 イッチョーイッタン〈標ア〉0〈京ア〉0

いっちょういり‐あいかた【一調入合方】〘名〙 歌舞伎の下座音楽の一つ。小鼓一丁で奏する一調の囃子(はやし)に合わせる合方。主として武将の登場、退場の場に使う。調子は本調子と三下りで、五、六種ある。

いっちょう‐うたい【一調謡】〘名〙 能楽で、謡曲中の特定の一部を選んで、一調で一人でうたう謡い。

いっちょう‐うら【一丁裏】〘名〙「いっちょうら(一張羅)」の変化した語。＊人情本・珍説豹の巻(1827)前・下「洗濯物の一丁裏(いっチャウウラ)流石(さすが)女子の身心得(みだしなみ)」

いっちょう‐ぎ【一丁柝】〘名〙 芝居で、拍子木を狂言方がチョンと一つ打つこと。幕を閉めるとき、また、浅黄幕を切って落とすときなどに用いる。一丁。 発音 イッチョーギ〈標ア〉チョ

いっちょう‐きゅう【一張弓】〘名〙 ①小笠原流所用規定による弓の一種。滋籐(しげどう)の一つで、握上(にぎりかみ)に三六か所、握下に二八か所の籐を巻き、三十六禽、二十八宿の象を表わすものという。 ②小笠原流規定の十張弓の最高として、その使用を認可する弓技の資格。＊浄瑠璃・艶狩剣本地(1714)一「一張弓(いっチャウキウ)の理に至るを、精兵の射手とも、又は文武両道の弓取とも、是を名付たり」 辞書 書言 表記 一張弓(書)

いっちょう‐ぎり【一挺切】〘名〙 ①葬式の終わった夜、ろうそくを一本だけにして、それが消えるまで読経(どきょう)念仏すること。または、その行事。特に茨城県地方で行なわれる。 ②おはじき遊びをすること。また、おはじき。特に神奈川県高座郡地方でいう。

いっちょう‐けいふく【一朝傾覆】〘名〙 国や家などが急激に崩壊すること。＊漢語字類(1869)〈庄原謙吉〉「一朝傾覆 イッテウケイフク ニワカニイヘクニガツブレル」

いっちょう‐こぎ【一挺漕】〘名〙 一人こぎの、動力をもたない漁船を使用し、限られた地先の漁業に従事する漁民。また、そのような貧しい業態。 発音 イッチョーコギ〈標ア〉チョ

いっ‐ちょうし【一調子】〘名〙 ①一つの調子。一音階内の音程。＊大観本謡曲・絃上(1506頃)「琵琶の御調子は黄鐘、板屋を敲(たた)く雨の音は盤渉(ばんしき)にて候程に、苫にて板屋を葺き隠し、今こそ一調子になりて候へ」＊浮世草子・けいせい伝受紙子(1710)三・二「酒もよいくらゐに廻り、きげんも一調子(イッテウシ)高ふなって」＊随筆・独寝(1724頃)下・一〇四「三と八・きん八も一てうし有なり。外皆、一てうしなり」＊西洋道中膝栗毛(1870–76)〈仮名垣魯文〉六・上「一調子(イッテウシ)張りあげるといふことから」 ②初めから終わりまで調子の変わらないこと。同じ調子。 ③(「変わる」などを伴い) 一般と異なる状態・程度を示すことば。＊当世書生気質(1885–86)〈坪内逍遥〉三「『よっぽど一調子(イッテウシ)かはった』『やっぱり奇人(かはりもの)じゃアないか』」 方言〘形動〙❶同じ具合であるさま。島根県石見725 ❷同時であるさま。島根県石見725 発音 イッチョーシ〈標ア〉チョ 辞書 日葡

いっちょう‐じ【一丁字】〘名〙「いっていじ(一丁字)」に同じ。＊最暗黒之東京(1893)〈松原岩五郎〉九「彼等は殆んど眼に一丁字(イッテウジ)なく恋一の詐計(そけい)なき純樸の輩にて」＊江戸から東京へ(1921)〈矢田挿雲〉七・七〇「小松屋喜兵衛は元と橋本町に住み目に一丁字(いっチャウジ)も無き車力頭であったが」 発音 イッチョージ〈標ア〉チョ

いっちょう‐せん【一吊銭】〘名〙 銭一貫文。＊小説字彙(1784)「一吊銭 一貫文ナリ」

いっちょう‐つづみ【一調鼓】〘名〙 鼓(大鼓または小鼓)一丁で謡曲の独吟を囃(はや)すこと。＊浮世草子・本朝桜陰比事(1689)二・二「小鼓(こつつみ)をめされ、爰はそれがし一挺鼓(イッテウツヅミ)にて此公事を聞べし。今の先をうたへ」 発音 イッチョーツズミ〈標ア〉ツ

いっちょう‐つぶり〘名〙 鳥「かいつぶり(鸊鷉)」の異名。＊重訂本草綱目啓蒙(1847)四三・水禽「鸊鷉〈略〉かいつぶり 京、づぶりこ 備後、いっちゃうつぶり 阿州」 方言 徳島県809 ◇いっちょつぶり 神奈川県007 徳島県007 ◇いっちょう 新潟県007 徳島県三好郡007 ◇いっつつぶり 高知県007 ◇いっつつぶし 北国032

いっちょう‐にき‐さんせい【一調二機三声】〘名〙 音曲発声の次第を要約した語。謡曲の心得として、第一に調子を基本とし、第二に機会を考えて緩急抑揚を十分に研究し、その上で第三に声をはじめて出すということ。＊花鏡(1424)一調二機三声「調子をば機にこめて、声を出すゆゑに、一調・二機・三声とは定むる也」＊わらんべ草(1660)二「一調二機三声は、皆人のしりたる事也。家家の花伝抄、其上書物、別紙にあり」

いっちょう‐の‐ゆみ【一張弓】〘名〙「いっ

ちょうきゅう(一張弓)」に同じ。＊浄瑠璃・日本武尊吾妻鑑(1720)五「御代万歳(ぜい)の御目見得、一張の弓の勢たり」

いっちょう-び【一丁杼】〘名〙織物を織るのに杼(ひ)一個、すなわち緯(よこいと)を一種だけ用いて織ること。また、その織物。

いっちょう-ぶね【一挺舟】〘名〙櫓(ろ)一本でこぐ小型の船。＊玉塵抄(1563)九「一ちゃうぶねにめ子がのって、小ごえにものがたりしたことか」＊玉塵抄(1563)一七「扁舟は小艇の一ちゃうぶねぞ」発音イッチョーブネ〈標ア〉ブ チョ

いっちょう-まえ【一丁前】〘名〙(「一丁」はひとりの男の意。→一丁❶(一))いちにんまえ。いっちょまえ。＊母の死とその後(1949)〈江口江一〉一「一丁前になるまで歯をくいしばってがんばるだろうと思っています」＊父の詫び状(1978)〈向田邦子〉魚の目は泪「一丁前に鼻をピクつかせて風の匂いを嗅いだりしている」方言宮城県115 120 121 山形県139 152 福島県157 171 175 栃木県198 新潟県347 岐阜県吉城郡502 愛媛県840 ◇いっちょまえ 岩手県気仙郡100 福島県155 新潟県岩船郡366 上越市382 富山県389 砺波398 ◇いっじょうめ 群馬県吾妻郡218 発音〈なまり〉イッチョーマイ・エッチョーマエ〔栃木〕

いっちょう-みところ【一町三所】〘名〙(まばらに存在している意から転じて)綿密でないやり方のたとえ。＊俳諧・独吟一日千句(1675)第二「すこしつつ免をゆるしてことし米 一丁三所さほのかりかね」＊浮世草子・好色一代女(1686)四・二「当世衣裳の縫(ぬひ)好み、いやながら請(うけ)とりて、一丁三所(いってウミトコロ)にくけてやりしも無理なり」＊浄瑠璃・三浦大助紅梅靮(1730)三「姉さんの伝言(ことづて)さへ一丁三所のお前じゃものと」

いっちょう-むぐり【一丁潜】〘名〙鳥「かいつぶり(鸊鷉)」の異名。＊重訂本草綱目啓蒙(1847)四三・水禽「鸊鷉〈略〉いっちゃうむぐり 仙台」方言陸前002 静岡県007 ◇いっちょうもぐり 神奈川県中郡007 静岡県007

いっちょう-め【一丁目】〘名〙方言片目。長野県上伊那郡488 下伊那郡492 ◇いっちょめ 熊本県八代郡919 大分県大分郡941 ◇いっちゃめ 宮崎県西諸県郡947 鹿児島県963 ◇いっちょうみ 沖縄県宮古島975 ◇いっちょうみい 沖縄県石垣島996 ◇いっちょう・みっちょう 鹿児島県喜界島983

いっちょうめ-わきざし【一丁目脇指】〘名〙近世、大坂の東横堀に平行する一筋西の南北の通り、すなわち一丁目筋で買った新物の脇指のこと。一丁目筋の北浜から本町の間には新物の刀脇指屋が多くあった。＊浄瑠璃・新版歌祭文(お染久松)(1780)長町「久三のどんざ引きかへて。壱丁目脇指(ワキザシ)やつ仕立(したて)」

いっちょう-ら【一張羅・一丁羅】〘名〙①所有している衣服の中で、たった一着きりの上等のもの。とっておきの晴れ着。いっちょうらい。＊浮世草子・男色大鑑(1687)六・五「三月三日は鉱(あらかね)の槌打二蔵までも天王寺、清水、汐干などいひて遊日(あそぶひ)なり。まして其上つかた一てうらを取出して思ひ思ひに立出」＊浄瑠璃・心中天の網島(1720)中「黒羽二重の一ちゃうら、ぢゃうもん丸につたのはの」＊咄本・聞上手(1773)雁の供「いってふらを出して見へをつくり」②かけがえのない一枚きりの衣服。また、たった一つだけでかけがえのないもの。一枚看板。＊浄瑠璃・平仮名盛衰記(1739)四「往生ずくめの弁慶出立ち〈略〉女房がいっちょら帯、引しごいて蜻蛉結(とんぼうむすび)」＊談義本・風流狐夜咄(1767)一・大黒をこらす子待の田楽「女房子共の一丁羅をとはしをって」＊滑稽本・浮世風呂(1809-13)二・上「なけ無し一(イ)ッてうらを着殺(きごろし)に着切て仕まふだ」語源説(1)一挺蠟の訛〔俚言集覧・語簏〕。(2)ただ一枚ある羅(うすぎぬ)の意〔嬉遊笑覧〕。発音イッチョーラ〈なまり〉イッチャウラン〔岐阜〕イッチャビラ・イッチョーラエ・イッチョビラ・イッチョラエ〔鹿児島方言〕イッチヨウライ〔神戸・和歌山県〕イッチョーライ〔埼玉方言・神奈川・石川・福井・飛驒・京言葉・神戸・伊予〕イッチョーラェ〔栃木・岡山〕イッチョーレャー〔広島県〕イッチョラ〔志摩〕イッチヨラ〔栃木・和歌山県〕イッチョライ〔飛驒・志摩・淡路・瀬戸内〕イッチョライ〔神戸・播磨・和歌山県・徳島〕イッチョロ〔和歌山県〕イッチョロ〔紀州・豊後〕エッチョラ・エッチョラエ・エッチョロ・エッチョロー〔島根〕〈標ア〉チョ〈京ア〉⓪ 辞書言海

いっちょう-らい【一張来】〘名〙「いっちょうら(一張羅)」の変化した語。＊両京俚言考(1868-70頃)「イッチャウウラ、イッチャウラ 着替の数々多き中にも殊更秘蔵の衣服をイッチャウウラといひ、或人は口早にイッチャウラともいひ、また戯れ交りにやイッチャウライなどといふ洒落家もありとかや」方言❶取って置きの着物。一張羅。埼玉県秩父郡251 神奈川県中郡320 新潟県西頸城郡382 富山県砺波397 石川県404 414 福井県427 長野県佐久493 岐阜県恵那郡514 静岡県磐田郡546 三重県一志郡584 京都府621 629 大阪市637 兵庫県651 奈良県宇陀郡680 和歌山県690 鳥取県711 島根県隠岐島741 岡山県762 763 765 広島県774 776 779 徳島県809 愛媛県840 高知市867 ◇いっちょらい 石川県江沼郡424 福井県大飯郡447 岐阜県飛驒502 三重県585 滋賀県彦根609 兵庫県加古郡664 淡路島671 奈良県南大和683 和歌山県日高郡698 徳島県810 香川県827 大分県大分郡941 ❷一番よいこと。一番よいもの。福井県431 静岡県田方郡530 ◇いっちょらい 富山県射水郡394 石川県江沼郡423 和歌山県那賀郡690 ❸貴重なもの。京都府加佐郡628

いっちょう-りゅう【一蝶流】〘名〙絵画の一派。元祿(一六八八～一七〇四)の頃、英一蝶(はなぶさいっちょう)の流れをくむ画派。＊随筆・近世江都著聞集(1757)一一「元和、貞享、元祿の比、狩野永真が弟子多賀長湖と云者有て、〈略〉家元の上に立がたしと多年案じて一流の姿を工風して、今一蝶流と云画を書始けり。後英一蝶と云しは、此長湖が事也」発音イッチョーリュー〈標ア〉⓪

いっちょう-ろうそく【一丁蠟燭】〘名〙(「たった一本でともし替えのないろうそく」の意から)方言❶取って置きの着物。最上の衣服。晴れ着。一張羅。新潟県佐渡358 岐阜県羽島郡498 愛知県549 島根県725 長崎県対馬913 壱岐島915 ◇いっちょうろうそう 島根県益田市725 ◇いっちょうろう 新潟県佐渡352 島根県725 広島県安芸郡783 ◇いっちょろ 和歌山県690 高知県土佐郡866 大分県941 ◇いっちょこらい 兵庫県神戸市670 和歌山県690 ◇いっちょうらん 長野県下伊那郡492 ◇いっちゃら 三重県志摩郡585 大阪府泉北郡646 ◇いっちょべら 佐賀県唐津市893 ◇いっちょうべら 宮崎県西臼杵郡948 ◇いっちょきちょらい 福井県427 ❷新調の品。◇いっちょら 高知県864

いっ-ちょく【一直】〘副〙(中国の近世語から)まっすぐ。また、そのまま。連続して。＊江戸繁昌記(1832-36)三・永代橋「巨船、潮を候ひ風を待たざれば、則ち一直岸に近づくこと能はず」＊病間録(1904-05)〈綱島梁川〉知己「されば又孔子が知己を一種の霊智ある天に求めたるも、一直(イッチョク)に支那三代の因襲的信仰の片影とのみ見るべからず」＊葉憲祖-易水寒・第三折「好壮子、一直去了、更不回顧」補注「忠義水滸伝解-一八回」に、「一直 マッスグナリ」とある。発音〈標ア〉⓪ク

いっちょく-せん【一直線】〘名〙①二つの点の間を結ぶ最も短い一本の線。また、単にまっすぐな線。＊窮理通(1836)六「乙丁は甲丙と平行し、丁癸は丙癸と一直線を為す」＊文明論之概略(1875)〈福沢諭吉〉一・一「強(し)ひて画線の内に引入れて天下の議論を一直線の如(ごと)くならしめんとする者あるは、果して何の心ぞや」②(形動)ものごとが一筋に連なっていること。まっすぐであること。また、そのようなさま。真一文字。＊経国美談(1883-84)〈矢野龍渓〉前・一二「西南の路を取らずして一直線に東南なる本街道を進みけるが」＊吾輩は猫である(1905-06)〈夏目漱石〉八「かくの如く一直線にならんで向ひ合って居るのが砲手である」③(形動)あることに、わきめもふらずに集中すること。また、そのさま。＊最暗黒之東京(1893)〈松原岩五郎〉二四「黒人稼ぎは即ち純粋の夜業仕(よなし)にして一直線に例の獲物に着眼し、敢て短き距離、廉き賃銀に動かず」＊ガトフ・フセグダア(1928)〈岩藤雪夫〉二「私は五時迄を一直線に睡った。眼覚めた私は寂しい夕暮を味った」発音〈標ア〉チョ〈京ア〉チョ

いっちょ-まえ【一丁前】〘名〙「いっちょうまえ(一丁前)」に同じ。＊とむらい師たち(1966)〈野坂昭如〉「それらしく白衣を新調し、マスクなどかけるといっちょまえの、医学博士にみえる」発音〈標ア〉⓪

いっちょ-も【一丁―】〘副〙方言少しも。ちょっとも。和歌山県日高郡698 香川県826 福岡県北九州市057 遠賀郡077 長崎県長崎市906 西彼杵郡908 熊本県天草郡038 下益城郡930 ◇いっちょうも 肥後†131 熊本県天草郡038 ◇いっちょん 佐賀県887 藤津郡895 長崎県南高来郡905 熊本県058 930 936 鹿児島県961 ◇いっちょでん・いっちん 熊本県921 ◇いっちゃも・いっちゃん・いっちゃじゃい 鹿児島県鹿児島郡968

いっち-ん【一―】〘副〙方言⇩いっち(一)

いっ-ちん【一枕】〘名〙ひとねむりすること。一睡。＊南游集(1364頃)即事「清風一枕北窓下、午樹蟬声夢裏聴」＊十輪院内府記-文明一五年(1483)三月二五日「御月次御連哥也。余早参。御会遅々。仍於鬼間一枕。老気催春睡之故也」＊丁仙芝-和薦福寺英公新搆禅堂詩「一枕西山外、虚舟堂浩然」

いっちん-サラサ【一珍更紗】〘名〙(サラサはポルトガル saraça)一珍糊(のり)を応用して染めた更紗。

いっちん-のり【一珍糊・一陳糊】〘名〙手工捺染(なっせん)用の防染糊。小麦粉、米ぬか、消石灰などを混合し、ふのり液を加えて練ったもの。水洗いなしで仕上げができるのが特徴。発音〈標ア〉チ

いっちん-ばけ【一珍刷毛】〘名〙一珍糊(のり)で防染をするのに使用する特殊な刷毛。発音〈標ア〉チ

いっちん-ゆうぜん【一珍友禅】〘名〙一珍糊(のり)を応用して仕上げた安価な友禅染。発音イッチンユーゼン〈標ア〉ユ

いっつ【何時】〘代名〙「いつ(何時)」を強めた言い方。＊ロドリゲス日本大文典(1604-08)「ittçugoro(イッツゴロ)」＊浄瑠璃・菅原伝授手習鑑(1746)四「白太夫が盃は、いっつでも此天目」方言〘副〙(「に」を伴うことが多い)❶とっくに。既に。早く。北海道065 青森県069 078 085 岩手県上閉伊郡098 秋田県130 山形県139 新潟県佐渡352 富山県砺波397 長野県下水内郡470 ◇いつ 長野県諏訪481 ◇いつう 長野県上伊那郡488 ◇いっつか 青森県上北郡074 岐阜県飛驒502 郡上郡504 静岡県小笠郡537 愛知県549 ◇いっち 青森県津軽080 三戸郡083 岩手県088 097 100 秋田県秋田市062 仙北郡130 ◇いっちえ 青森県津軽075 ◇いっつんに 新潟県岩船郡366 ◇いつのむかし〔―昔〕富山県砺波398 熊本県921 鹿児島県鹿児島郡968 ◇いつのこと〔―事〕富山県射水郡054 ◇いっつのこと 富山県390 ◇いつのこつ 富山県390 砺波398 熊本県921 鹿児島県鹿児島郡968 ❷過ぎ去った日時。いつぞや。以前。◇いっつか 静岡県520 ◇いいつか 茨城県猿島郡188 東京都大島326 福岡県久留米市・粕屋郡872 ◇いっつのか 新潟県西蒲原郡371 中魚沼郡379 ◇いっつねか 新潟県長岡市377 ❸急に。にわかに。◇いっとね 新潟県西頸城郡385 ❹無理に。愛媛県伊予郡・大洲市845 ❺(打消の語を伴って)

どうしても。愛媛県840

いっつの昔（むかし） 遠い昔。とっくの昔。＊浄瑠璃・祇園女御九重錦(1760)一「サア其お方はいっつの昔、あの坂口をまっ下り、二里も三里もさっきの事」 方言 既に。 岐阜県北飛騨499 鹿児島県鹿児島郡968

いつ-つ【五─】〘名〙 ①一の五倍の数。五（ご）。いつ。＊古今(905-914)雑体・一〇〇三「つもれるとしをしるせれば いつつのむつに なりにけり〈壬生忠岑〉」＊宇津保(970-999頃)吹上下「おほぢたね松にいつつのくらゐ給はりて」 ②第五番目。＊徒然草(1331頃)一一七「友とするにわろき者七つあり。〈略〉五つには、たけく勇める兵（つはもの）」 ＊匠材集(1597)一「いつつの宮 第五の宮也」 ③年齢の呼び方で、五歳。＊源氏(1001-14頃)橋姫「いつつむつばかりなりし程にやにはかに胸を病みて失せにき」＊更級日記(1059頃)「いつつばかりなる乳児どもなどして」＊太平記(14C後)二九・松岡城周章事「人の幼少程と申は、五（いつツ）や六や、乃至十歳に足ぬ時にてこそ候へ」 ④人数の五。五人。＊後拾遺(1086)序「梨壺のいつつの人といひて、歌にたくみなる者あり」＊十六夜日記(1279-82頃)「いつつのこどもの歌のこりなくかきつづけぬるも」 ⑤中古から近世の時刻の呼び方で、午前八時頃および午後八時頃。いつつどき。＊曾我物語(南北朝頃)九「五つ以後のかよひかなふべからずとの御おきてなり」＊虎明本狂言・磁石(室町末-近世初)「なんどきじゃと思ふぞ、五つ時分じゃが」＊浮世草子・日本永代蔵(1688)二・五「年中の足余（たりあま）り元日の五つ前ならではしれず」＊人情本・英対暖語(1838)二・七回「サアモウ戌刻（イッツ）だぞふだ」 ⑥「いつつぎぬ（五衣）」の略。＊紫式部日記(1010頃か)寛弘七年正月一五日「小大輔は、紅一かさね、上に紅梅の濃き薄きいつつを重ねたり」＊増鏡(1368-76頃)九・草枕「上臈だつ女房、紫のにほひ五に、裳ばかりひきかけて」 方言 午前八時ごろの食事。早朝から仕事にかかる農繁期の朝の二度目の食事。 香川県大川郡829 語源説 (①について) イは息、ツは箇の意〔日本語源=賀茂百樹〕。(⑤について) (1)畏るべき意のイツ（稜威）から〔志不可起〕。(2)イツツ（忌工）の義〔十数伝〕。 発音 〈なまり〉イズッズ・イッチュ〔千葉〕イッツ〔鹿児島方言〕エヅッツ〔秋田〕 〈標ア〉ツ1 〈ア史〉平安・鎌倉○○●と○○○の両様か 室町来●○○ 〈京ア〉イ 辞書 和名・色葉・名義・和玉・文明・日葡・ヘボン・言海 表記 五（色・名・玉・文・ヘ・言） 伍（色・名・玉） 五箇（言）

いつつの色（いろ） （「五色」の訓読み）青、黄、赤、白、黒の五種の色。ごしき。いついろ。＊書紀(720)皇極二年正月(北野本訓)「五色（イツツノいろ）の大きなる雲」＊延喜式(927)祝詞・広瀬大忌祭(九条家本訓)「御服は明妙・照妙・和妙・荒妙・五色（イツツノいろ）の物」＊新勅撰(1235)神祇・五五八「志賀の浦にいつつのいろの波たてて天くだりける古の跡〈慈円〉」

いつつの色（いろ）**の味**（あじ）**わい** あまい、すっぱい、しおからい、にがい、からいの五種の味。五味（ごみ）。＊古今著聞集(1254)一八・六三七「なめみつる五（イツツ）の色のあぢはひもきはただの紙に苦くなりぬる」

いつつの祝（いわ）**い** 男児が五歳のとき行なう祝い。その年の一一月一五日に晴れ着で氏神にお参りする。＊滑稽本・浮世風呂(1809-13)二・下「『惣領の孫が七ツの祝ひ』『やれさて、それはおめでたい』『次男の孫は五ツの祝ひ』」

いつつの岳（おか） （「五岳」の訓読み）中国で国の鎮護のしるしとして尊んだ五つの名山。天子がこれをまつり、また、巡行した。東岳（泰山）、西岳（華山）、南岳（衡山）、北岳（恒山）、中岳（嵩岳）の五つの高山。五岳。一説に、中国の長安にある漢の五陵、すなわち長陵（高帝）、安陵（恵帝）、陽陵（景帝）、茂陵（武帝）、平陵（昭帝）をいう。＊続古今(1265)序「深く九つの江に洗ふともかかる錦の色は得難し。高くいつつのをかに拾ふともかかる玉の光はあらじ」

いつつの教（おし）**え** （「五教」の訓読み）「いつつ（五）の常（つね）の道（みち）」に同じ。＊七社百首(1261)「人ごとの五のをしへたえはてば神も仏も何を守らん」

いつつの香（かお）**り** 「ごこう（五香）」に同じ。＊浄瑠璃・釈迦如来誕生会(1714)一「栴檀・鶏舌・沈水香・丁子香・安息香、五つの香まじはって、四河の流もふんふんたる」

いつつの形（かた） 柔道の形の一つ。わざが五本あるところからいわれ、それぞれに天地自然の運動をかたどって、優美に攻防の理を表現したもの。

いつつの＝借物（かりもの）［＝借（か）り］ （万物は、地・水・火・風・空の五つで構成されており、人の肉体も死ぬと、この五つに還元されるという、仏説による） 人間のはかない生命、身体のこと。＊御伽草子・天狗の内裏（室町時代物語集所収）(室町末)「五のかり物と申は、骨は大日、肉は薬師、血はくゎんおん、筋は阿弥陀、気はしゃかの、御まへより借りたてまつりて、五尺のきゃうかいを、具足して、裟婆世界に、むまれをなし、裟婆のえんつき、浄土へ参る、その時は、地水火風空と、さたむる也」＊浮世草子・好色一代男(1682)四・三「世は五つの借物（カリモノ）、とりにきた時、閻魔（ゑんま）大王へ返さふまで」＊浄瑠璃・傾城反魂香(1708頃)中「笠打きたる五輪の影、五つのかりの夢うつつ」

いつつの雲（くも） ①（「五雲」の訓読み）五色の雲。仙人や天女のいる仙界。 ②「いつつ（五）の障り」に同じ。＊久安百首(1153)雑「二つなきのりにあはずばかけはなれ五の雲もはれずやあらまし〈上西門院兵衛〉」＊光悦本謡曲・当麻(1435頃)「五つの雲は晴やらぬ、雨夜の月の影をだに、しらぬ心の行方をや」

いつつの車（くるま） （「五車」の訓読み）書籍を満載する五台の車。また、それほどの多数の書籍。＊新続古今(1439)序「家々につもれることの葉は、五つの車にのすともたふまじ」

いつつの声（こえ） 五十音図の各行の五つの音。＊俳諧・猿蓑(1691)序「人には成て侍れども、五の声のわかれざるは、反魂の法のをろそかに侍にや」

いつつの小鳥（ことり） はんにゅう、ほおあか、頭くろ、白小鳥、赤小鳥の総称。鷹狩りでいう語。

いつつの障（さわ）**り** （「五障」の訓読み）女人に備わる五つの障礙（しょうげ）。梵天（ぼんてん）、帝釈（たいしゃく）、魔王、転輪聖王（てんりんじょうおう）、仏身になれないことをいう。五つの罪。＊松井本和泉式部集(11C中)「名にしおはば五のさはりあるものをうらやましくものぼる花かな」＊成尋母集(1073頃)「君にこそ二つの珠はまかせしか五つの障りとどめてきとて」

いつつの品（しな） 天台宗でいう八位の修行階程のうち、最初の段階で、随喜、読誦（どくじゅ）、説法、兼行六度、正行六度の五つをいう。五品位（ごほんい）。五品弟子位（ごほんでしい）。＊広本拾玉集(1346)二「いそぎ行くやどにかはらぬ道なれや五のしなも四つのまことも」

いつつの節（せち） 一年五度の節供。人日（じんじつ＝正月七日）、上巳（じょうし＝三月三日）、端午（たんご＝五月五日）、七夕（しちせき＝七月七日）、重陽（ちょうよう＝九月九日）をいう。五節供。＊常磐津・節句遊恋の手習(三人生酔)(1833)「四季の詠めもおのづから、五つの節を代々にひく、小松の囃し竹の笛」

いつつの穀（たなつもの） （「五穀」の訓読み。「たなつもの」は、田から生ずる物の意）米、麦、粟（あわ）、稗（ひえ）、豆の五種類の穀物。いつくさの穀。＊書紀(720)推古二五年是歳(岩崎本訓)「是歳、五穀（いつつノタナツモノ）登（みな）れり」＊十巻本和名抄(934頃)九「穀 周礼注云五穀〈古禄反 日本紀私記云伊豆豆乃太奈都毛乃〉黍稷菽麦稲也」＊御巫本日本紀私記(1428)神代上「五穀〈以豆豆乃太奈豆毛乃（イツツノタナツモノ）〉」＊御伽草子・福富長者物語(室町末)「蔵に蔵をたてて、いつつのたなつもの耕さずして、庭にみちみちたり」 辞書 和名・名義 表記 五穀（和・名）

いつつの魂（たま）**の緒**（お） 地大、水大、火大、風大、空大の五大（ごだい）から構成された魂の緒。人命をいう。＊浄瑠璃・傾城反魂香(1708頃)三熊野「待夜の鐘も、別れの鳥のこゑごゑ迄も、地水火風の五つの玉の緒、只一筋に結びあひたる姿成ぞや」

いつつの巷（ちまた） ⇨いつつ（五）の町

いつつの塵（ちり）**六**（む）**つの欲**（よく） （「五塵六欲（ごじんろくよく）」の訓読み）五塵は、五官の対象。煩悩を起こさせて心を汚す塵の意で、すなわち色（しき）、声（しょう）、香（こう）、味（み）、触（そく）の五つ。六欲は、凡人の持つ六種の欲望、すなわち色欲、形貌欲（ぎょうみょうよく）、威儀姿態欲、語音声欲（ごおんじょうよく）、細滑欲（さいこつよく）、人相欲をいう。＊浄瑠璃・日本西王母(1699頃)道行「され共人間五つの塵（ちり）六つのよく、しばし心は濁り江に沈みて死すべき子なりしを」

いつつの付（つ）**け方**（かた） 「いつつ（五）の脇」に同じ。

いつつの常（つね）**の道**（みち） （「五つの常」は「五常」の訓読み）人が守るべき五つの定まった道。仁・義・礼・智・信をいう。五つの徳。五つの道。＊後水尾院御集(1680頃)祝「守るてふいつつの常の道しあれば六十あまりの国もうごかず」＊浄瑠璃・蟬丸(1693頃)一「御狩車のいつつをも、五つのつねのみちしばや」

いつつの罪（つみ） ①律による五つの刑罪。笞刑（ちけい）、杖刑、徒刑、流刑、死刑の総称。五刑。 ②「いつつ（五）の障り」に同じ。＊林葉集(1178)秋「いざ折てあかにそへなん女郎花をのが五つの罪やきゆると」

いつつの敵（てき） 合戦で、大敵、強敵、弱敵、破敵、随敵をいう。また、剛敵、若敵、小敵などを挙げることもある。＊甲陽軍鑑(17C初)品三三「大将たらん者は、大敵、強敵、弱敵、破敵、随敵、五つの敵に、それぞれの、会釈（あへしらい）ある所に」＊兵法雌鑑(1643頃か)「五敵の事、剛敵、弱敵、破敵、随敵、若敵」＊士鑑用法(1653)「五敵、強敵、破敵、弱敵、剛敵、若敵」

いつつの十（とお） 五つずつ一〇。五の一〇倍。五〇。＊千載(1187)雑下・一一六〇「へにける年をかぞふればいつつのとをになりにけり〈源俊頼〉」

いつつの徳（とく） ①「いつつ（五）の常の道」に同じ。 ②仏教における五徳（ごとく）。自恣五徳、戒師五徳、瞻病（せんびょう）五徳など、種々の五徳を数える。＊十訓抄(1252)八・序「なに事に付けてもかたがた物にたえ忍ぶべき也。大かたこの事をたもてるを五の徳ある人と云」

いつつの濁（にご）**り** （「五濁（ごじょく）」の訓読み）仏語。この世の汚れ。劫（こう）濁、見濁、煩悩濁、衆生濁、命（みょう）濁の五つをいう。＊源氏(1001-14頃)蓬生「いつつのにごり深き世に、などて生まれ給ひけむ」＊匠材集(1597)一「いつつのにごり 五濁也」

いつつの花（はな） 「むしろ（筵）」の異称。＊藻塩草(1513頃)一七・席「いつつのはな・いなむしろ」 方言 （五弁花であるところから）植物、たちふうろ（立風露）。 長野県佐久485

いつつの拍子木(ひょうしぎ) 江戸の遊里で、夜五つ(午後八時頃)を知らせるために打つ拍子木。＊洒落本・岡女八目佳妓窺(1801-04)一「五(イツ)つの拍子木(ヒャウシギ)湯帰りの時(ちょん)の間を驚かし」

いつつの二(ふた)**つ** 五の二倍。一〇。＊瓊玉集(1264)冬「あづまにて暮れぬる歳をしるせれば五のふたつ過ぎにけるかな」

いつつの町(まち)**[=巷**(ちまた)**]** 江戸の新吉原遊郭の五つの町。江戸町一・二丁目、京町一・二丁目(古くは新町)、角(すみ)町の五町。転じて、吉原をいう。五筋(いつすじ)の巷。五丁町(ごちょうまち)。＊洒落本・遊子方言(1770)夜のけしき「猶もすががきの音にうかれて、五つの町をめぐり」＊洒落本・起承転合(1802)起句「此(ここ)に青楼五つの街(チマタ)、其中の町の花ざかりには」

いつつの帝(みかど) (「五帝」の訓読み) 古代中国の伝説上の五人の聖帝。「史記」によれば、黄帝(こうてい)、顓頊(せんぎょく)、帝嚳(ていこく)、唐堯(とうぎょう)、虞舜(ぐしゅん)、「孔安国尚書序」によれば、少昊(しょうこう)、顓頊、帝嚳、唐堯、虞舜、「礼記」によれば、大皞(たいこう)、炎帝、黄帝、少皞、顓頊など諸説がある。＊新続古今(1439)序「もろこしの三つのすべらぎ、五のみかどの道をおこしぬれば」

いつつの道(みち) 「いつつ(五)の常の道」に同じ。＊大観本謡曲・俊成忠度(1564頃)「仁義礼智信。五つの道も正しくて」＊雑俳・柳多留-八一(1824)「袴着は五つの道の踏みはじめ」

いつつの六(む)**つ** 五の六倍。三〇。＊古今(905-914)雑体・一〇〇三「つもれる年をしるせればいつつのむつになりにけり〈壬生忠岑〉」

いつつの文字(もじ) (中国で、清、貞、美、譜、胎の五徳を婦女子の守るべき道としたところから) 婦女子の美称。＊和訓栞(1777-1862)「上西門院の命婦身まかりぬるをいたみて、弁の局、人のいついつつのもじの跡きえて、おもかげさへにかきくもりぬる」

いつつのもの 物心の二面を含む、因縁によって生じた一切のものが備えている五つの類別。色蘊(しきうん)、受蘊(じゅうん)、想蘊(そううん)、行蘊(ぎょううん)、識蘊(しきうん)の五つ。五蘊(ごうん)。＊仏足石歌(753頃)「四つの蛇(へみ)伊都都乃毛乃(イツツノモノ)の集まれる穢(きたな)き身をば厭(いと)ひすつべし」

いつつの脇(わき) 連歌、俳諧で、脇の付け方についての五つの体。相対付(あいたいづけ)、打添付(うちそえづけ)、違付(たがいづけ)、心付(こころづけ)、頃留(ころどまり)の総称。五つの付け方。

いつつ〘名〙昆虫「えんまこおろぎ(閻魔蟋蟀)」の異名。＊重訂本草綱目啓蒙(1847)三七・化生「竈馬〈略〉今のこほろぎはおにこほろぎ 紀州、ほろほろ 勢州、ころころし 和州、いつつ 薩州〈略〉えんまこほろぎ 江戸」

い-づつ ゐ**【井筒】** ㊀〘名〙①木や石などでつくった井戸の地上の囲い。円形、方形がある。井戸側。化粧側。井桁(いげた)。＊伊勢物語(10C前)二三「筒井つのゐづつにかけしまろがたけ過ぎにけらしな妹見ざるまに」＊色葉字類抄(1177-81)「韓 ヰツツ 井垣也」＊浄瑠璃・新版歌祭文(お染久松)(1780)油屋「内は妹背の縁がはより庭の井筒(ヰヅツ)に合掌し、南無阿彌陀仏の声聞取」＊日本読本(1887)〈新保磐次〉六「諸子もし茶碗の縁に就きて円みを計らば僅に一寸の間に著しき曲りを見るべし、然るに井筒に就きて計らば一寸の間は殆ど直線の如くならん」②紋所の名。①の形を図案化したもの。平井筒、角立井筒、重井筒など種々ある。③能楽の作り物の一つ。台の四すみに竹を立て、その上部を杉板で井桁に組んだもの。「井筒」「玉井(たまのい)」などの曲に用い、特に「井筒」の場合には後方の左右どちらか一片にススキの作り花を添える。④井筒工法に使用される器材。木、れんが、鉄、コンクリートなどで造った、ふたも底もない筒。地中に掘り入れ、コンクリートを充塡(じゅうてん)して建造物の基礎とする。㊁謡曲。三番目物。世阿彌作。「伊勢物語」による。諸国一見の僧が在原寺を訪れると、紀有常の娘の霊が現われ、業平との恋を回想しつつ舞う。発音〈なまり〉イズチ〔伊賀〕〈標ア〉イ 0 ㊁はイ〈京ア〉ズ 辞書色葉・伊京・明応・饅頭・黒本・易林・日葡・ヘボン・言海 表記韓(色・伊・饅・黒・易) 井筒(易・言) 井幹(明) 榦(黒) 井垣・幹(易) 筒(へ)

丸に角立井筒　平井筒　唐井筒　角立四つ井筒

いづつの側(そば)**の童**(わらんべ) 「いど(井戸)の端の童」に同じ。＊浄瑠璃・文武五人男(1694)四「ゐづつのそばのわらんべの危(あや)うかりける驕(をご)り也」

いづつ つゐ**【井筒】** 姓氏の一つ。発音〈標ア〉イ

いつつ-あおい ふひあ**【五葵】**〘名〙紋所の名。葵の葉を五つ、放射状に組み合わせたもの。発音〈標ア〉ア

いつつ-あき【五明】〘名〙江戸の遊里で、客が夜の五つ(午後八時頃)で帰ること。ごあき。＊洒落本・寸南破良意(1775)「大方五つ明の客を取って居やあがって、猫ばばの面で来て」＊洒落本・甲駅雪折笹(1803)二「これは五つあきの客、帰りとみへ、女郎おくって出る」発音〈標ア〉0

いつつ-あこめ【五衵】〘名〙女房、童女の晴装束の一種。衵を五枚重ねて汗衫(かざみ)の下に着ること。＊満佐須計装束抄(1184)一「上雑仕は、いつつあこめにうちぎぬ、ひとへ、はりばかま」発音〈標ア〉ア

いっ-つい【一対】〘名〙二つで一組となること。また、そのもの。ひとそろい。ひとかさね。＊異制庭訓往来(14C中)「花鳥草花之図、〈略〉八幅一対瀟湘八景、尽是諸家名筆也」＊文明本節用集(室町中)「一対 イッツイ 筆一対 画一対」＊寛永刊本蒙求抄(1529頃)序「似合たことを一対々々にしてをくぞ」＊言経卿記-天正四年(1576)五月一四日「次従二禁中一、長橋御使にて御筆一対〈すいひつ〉拝領。忝者也」＊浮世草子・好色五人女(1686)一・一「死ずにいづくへ行給ふぞ、さあさあ今じゃと剃刀(かみそり)一対(ツイ)出しける」＊こゝろ(1914)〈夏目漱石〉上・九「仲の良い夫婦の一対(ツヰ)であった」＊白居易-新楽府・繚綾「昭陽舞人恩正深、春衣一対直千金」方言❶似ていること。岐阜県大垣市512 ❷同じであること。愛媛県840 発音〈標ア〉0〈京ア〉イ1 辞書下学・文明・伊京・明応・天正・黒本・易林・日葡・書言 表記一対(下・文・伊・明・天・黒・易・書)

いっついけ〘副〙(「いっついけ」を強めた言い方) いつまでたっても。いつになっても。＊浄瑠璃・双蝶蝶曲輪日記(1749)六「道理斗(ばかり)いふてゐれば、いっついけ同し事」

いっつい-げいしゃ【一対芸者】〘名〙二人一組になって座敷に出る芸者。近世、遊里で、芸者が売色するのを防ぐために行なった。＊洒落本・龍虎問答(1779)「鞻(やかた)に出るやげん堀の一対芸しゃ」

いつつ-いつつ【五五】〘名〙優劣の差のないこと。勝ち負けのつかないこと。対等なこと。五分五分。＊浮世草子・御前義経記(1700)六・四「先(まづ)今日の公事(くじ)を互に五つ五つに仰付けらるるうへは中分なし」＊浮世草子・傾城色三味線(1701)鄙・四「たかうのぼってゐる最中なれば、むげに返事もせず、五つ五つに見へし時」＊雑俳・湯だらひ(1706)「五つ五つじゃ五つ五つじゃ・お内義もはらの立日があろぞいの」＊浄瑠璃・甲陽軍鑑今様姿(1715頃)一「八島の沖へ抜け掛けは、五つ五つの勝負にて」

いっ-つう【一通】〘名〙①全体がまとまって、一続きとなっているもの。②文書、手紙などの一つ。＊平家(13C前)一一・腰越「景時が讒言によって、鎌倉殿もちゐ給はねば、判官泣く泣く一通の状をかいて、広基のもとへつかはす」＊日葡辞書(1603-04)「Ittçū (イッツウ)」＊後漢書-賈逵伝「教以二左氏一、与二簡紙経伝各一通一」発音イッツー〈標ア〉(名詞的)ツ (副詞的)0 辞書易林・日葡・書言 表記一通(易・書)

いっつう-さんげ【一通三下】〘名〙寺で、法要の開始を知らせるための太鼓の打ち方。初めは強く間をおいて打ち、しだいに弱く、間もせわしく小刻みにし、最後に強く三つ打つこと。禅寺では、太鼓のほかに、三下板(さんげはん)、長板(ちょうはん)などを用いて、食時、上堂の合図にこの打ち方で打つ。

いつつ-うちき【五袿】〘名〙「いつつぎぬ(五衣)①」に同じ。

いつつ-うろこ【五鱗】〘名〙紋所の名。鱗形(うろこがた)を五つ、風車状に組み合わせたもの。

いつつ-お を:**【五緒】**〘名〙①牛車の簾(すだれ)の一種。五条の染革の縁をつけた簾。左右と中央の三条は簾にとりつけ、中央と両端の間の二条は簾につけず、風帯として革先金(かわさきがね)をつける。網代(あじろ)、文車(もんぐるま)の所用とする。檳榔毛車(びろうげのくるま)は七緒の簾を用いる。＊徒然草(1331頃)六四「車の五緒は必ず人によらず」＊桃花蘂葉(1480)車事「簾 薄青糸。藍革五緒」＊雑俳・玉柳(1787)七月晦日「五つ緒の落車(らくしゃ)をすでにする所」②「いつつお(五緒)の車(くるま)」の略。発音〈標ア〉ツ2

いつつおの車(くるま) 五緒の簾(すだれ)をつけた牛車。八葉(はちよう)車、文車(もんぐるま)、網代(あじろ)車の類。いつつお。＊太平記(14C後)二五・宮方怨霊会六本杉事「又空中より五緒(イツヲ)の車の鮮なるに乗て来る客あり」＊浄瑠璃・堀川波鼓(1706頃か)下「御垣に囲ふ五つ緒(オ)の車、烏丸(からすま)両が室」発音〈標ア〉ツ2

いっつ-か【何時―】〘副〙方言 ⇩いっつ(何時)

いつつ-がさね【五重】〘名〙「いつつぎぬ(五衣)①」に同じ。＊ロドリゲス日本大文典(1604-08)「クチバノ itçutçugasane (イツツガサネ)〔山中常盤〕」発音イツツガサネ〈標ア〉ガ

いつつがさねの衣(きぬ) 「いつつぎぬ(五衣)①」に同じ。＊書言字考節用集(1717)六「五重衣 イツツガサネノキヌ 俗云十二単衣」辞書書言 表記五重衣(書)

いつつがさね-おうぎ ふぎあ**【五重扇】**〘名〙紋所の名。開いた五本の扇を一部分重ねて円形につづけた図柄のもの。発音イツツガサネオーギ〈標ア〉オ

いつつ-がしら【五頭】〘名〙歌舞伎の下座音楽で、鳴物の一つ。荒事の振りに合わせるもので、太鼓、大太鼓、笛の三種を用い、場合によっては大小の鼓(つづみ)がはいることがある。発音イツツガシラ〈標ア〉ガ

いづつ-がすり つゐ**【井筒絣】**〘名〙絣模様の一つ。「井」の字の形に織り出したもの。井桁絣(いげたがすり)。発音イズツガスリ〈標ア〉ガ

いつつ-かな【五仮名】〘名〙連歌のとまりで、五音からなる意味の完結した用言。「いかがせん」「なりにけり」など。＊無言抄(1598)上「いかがせん など留りの五かな何もただ一つ也。とまりにてなくば又可レ有。他准レ之」

いつつ-かなわ【五金輪】〘名〙紋所の名。中を白く抜いた線の五つの輪を各一部が重なるように組み合わせた図柄のもの。発音〈標ア〉カ

いつつ-かりがね【五雁】〘名〙①紋所の名。五羽の雁(がん)が飛ぶさまを図柄にしたもの。②雁の形をした凧(たこ)を五つつないだもの。＊浄瑠璃・新うすゆき物語(1741)中「いつ迄誰を松茸いか。其外二つ、三つつなぎ、五つ雁金(カリガネ)一羽鳶」発音イッツカリガネ〈標ア〉カ

いつつ-がわり【五代】（はりが）『名』江戸新吉原の張見世の女郎が夜の五つ（午後八時頃）に交替して店を張ること。＊洒落本・通言総籬（1787）一「こわがるものはお鷹匠（たかしゃう）の御留（とまり）、いやがるものは五つがはりに正めんをはるの」発音イッツガワリ〈標ア〉ガ

いつ-つき【五月】『名』五か月。特に懐妊してから五か月目。この月に岩田帯を締める。＊源氏（1001-14頃）若菜下「御子二所おはするを、又もけしきばみ給ひて、いつ月ばかりにぞなり給へれば」＊浄瑠璃・心中宵庚申（1722）下「お千世がかさ成、五つ月の重き身ながら足許も、手も軽々と帯の下、小褄引上げちょこちょこ走」＊雑俳・柳多留-一（1765）「五つ月を越すと近所へぎりをかき」発音〈標ア〉ツ[1]〈京ア〉ツ[1] 辞書書言 表記五月（書）

いづつ-きそ【井筒基礎】（ゐづつ：）『名』鉄筋コンクリートなどの円筒を地盤上に据えてその中の地面を掘り、円筒が硬層まで沈下したら、コンクリートを充填（じゅうてん）して基礎とするもの。軟弱な地盤に行なわれる。ピアー基礎。井戸基礎。発音〈標ア〉ツ

いつつ-ぎぬ【五衣】『名』①女房装束の下着の重ね袿（うちき）五領の呼称。正装の際は単（ひとえ）の上、打衣（うちぎぬ）の下に用いる。近世は装束の簡易化から女房の晴れの姿を五衣の具といった。五袿（いつつうちき）。五重（いつえ）の御衣（おんぞ）。五重（いつつがさね）。＊平家（13C前）一一・扇的「十八九ばかりなる女房の、まことにゆうにうつくしきが、柳のいつつぎぬに、紅のはかまきて」＊吾妻鏡-建長五年（1253）一〇月一日「就ㇾ中法家女房装束事。五衣練貫以下過差可㆓停止㆒事」②芝居の衣装の一種。時代物の官女などの礼装に用いる。＊戯場訓蒙図彙（1803）八「五衣（イツツキヌ）」発音イッツギヌ〈標ア〉ギ

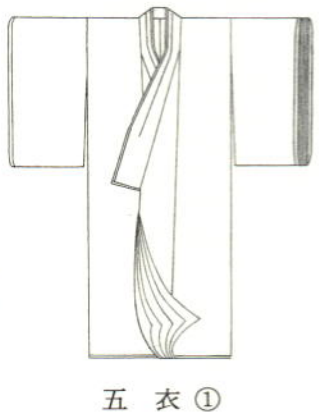
五　衣 ①

五衣 ②〈戯場訓蒙図彙〉

いっ-つけ【言付】『名』（「いいつけ（言付）」の変化した語）命令や指示。また、告げ口。＊滑稽本・浮世風呂（1809-13）二・下「余所のお子さまが、云告（イッツケ）にお出でなすったら」＊落語・化物娘（1893）〈禽語楼小さん〉「妾（わたくし）は是々の処へ嫁に参らなければ成りません、親の命令（イッツケ）に背く理由（わけ）に参りません」発音〈標ア〉ケ

い-つづけ【居続】（ゐ：）『名』①一つのところに長くいて、家に帰らないこと。引き続いて同じ所にいること。＊浮世草子・西鶴織留（1694）五・二「是程せつなくて、居つづけの奉公あるにも、小宿ばいりする益をたづねけるに、さりとては何の事もなし」＊滑稽本・浮世風呂（1809-13）三・下「朝むっくり起るから、晩まで私が内に居続（ヰツヅケ）だ」＊竹沢先生と云ふ人（1924-25）〈長与善郎〉竹沢先生の人生観・四「時には一週間位居つづけに厄介になる事もあった」②特に遊里などで遊び続けて帰らないこと。また、その客。流連。＊俳諧・談林十百韻（1675）下「出来合料理御こころやすく〈在色〉居つづけに是非と挙屋の内二階〈松意〉」＊浮世草子・好色二代男（1684）八・二「我等は旅のかり枕、十日許（ばかり）の居つづけ」＊雑俳・柳多留-四（1769）「居つづけのむかいきついは女房也」＊浄瑠璃・神霊矢口渡（1770）一「爰ぞ都の色里へ誰も尋て九条の町、井筒が内の居続（ヰツヅケ）は新田小太郎義岑公」③遊里で、雪の降る朝は居続けする客が多いことから、朝の雪をしゃれていう。＊雑俳・柳多留-四六（1808）「居つづけがちらつきんすと禿言」発音〈標ア〉0〈京ア〉0 辞書言海 表記居続（言）

いっつけ-ぐち【言付口】『名』（「いいつけぐち（言付口）」の変化した語）告げ口。＊滑稽本・浮世風呂（1809-13）二・下「云告口（イッツケグチ）をとり上ては、方図がございません」＊歌舞伎・天衣紛上野初花（河内山）（1881）六幕「山崎町の丑松がおのれの科（とが）を脱（のが）れんと言附口（イッツケグチ）をした様子」発音イッツケグチ〈標ア〉ケ

いっつけ-ぞうり【結付草履】『名』方言足にくくりつけて履く草履。埼玉県川越255 ◇いつけじょり 長野県佐久493 ◇えつけぞうり 愛知県名古屋市562

いつづけ-びより【居続日和】（ゐつづけ：）『名』帰らないで連日遊興するのに具合がよい天候の状態。雨や雪降りの天候。＊洒落本・傾城買四十八手（1790）やすひ手「『こまかくふりんすよ』『いい居つづけびよりだのウ』」＊洒落本・南門鼠帰（1802）二「何ぞ衆人朝に逗止日和（ヰツヅケヒヨリ）の雨と成ることを悦ぶとも」

いっ-つ・ける【言付】『他カ下一』「いいつける（言付）」の変化した語。＊雑俳・柳多留-四（1769）「女房はそばからいしゃへいっつける」＊洒落本・後編姫意忙思（1802）羅甑紋「其やうにわるくお言ひなんすと、おゐらんにいっつけへすにへ」＊人情本・春色梅児誉美（1832-33）三・一五齣「『藤さんヱ、由さんがあんな事を申します』とおくざしきの方へいっつけるまね」＊あらくれ（1915）〈徳田秋声〉五「阿母（おっか）さんに言告（イッツ）けてやるぞ」発音〈標ア〉ケ

い-つづ・ける【居続】（ゐ：）『自カ下一』①ひとところに長く居る。続けて居る。＊或る女（1919）〈有島武郎〉後・二九「私はお前さん方を塾から出したくはないけれども、塾に居続ける気はないか」②特に遊里などで一区切りで帰らないで遊興を続ける。＊評判記・色道大鏡（1678）一二「散茶町にても、昼夜居続れば遊料一倍増なり」＊雑俳・類字折句集（1762）「約束を変改に行て居つづける」＊世相（1946）〈織田作之助〉四「四日流連（ヰツヅ）けて石田は金を取りに帰った」発音〈標ア〉ケ

いつつ-こそで【五小袖】『名』女房装束の一つ。小袖を五枚重ねたもの。＊たまきはる（1219）「からあやの五こそで」補注小袖は、肌着として身につけた下着で、平安時代の末頃から男女とも公式の行事などに重ね着として用い、三つ小袖、五つ小袖の着方が行なわれた。

いつつ-ことじ【五琴柱】（：ことぢ）『名』紋所の名。琴柱を五つ、放射状に組み合わせた図柄のもの。発音〈標ア〉コ

いつつ-ごま【五駒】『名』紋所の名。将棋の駒を五つ、放射状に組み合わせた図柄のもの。発音イッツゴマ〈標ア〉ツ[2]

いつつ・し『形シク』（「いつ（厳）」を重ねた、「いつつ」が変化したものの形容詞化）ひじょうに威力がある。恐ろしい。悪い。一説に、驚きあわてるさま。＊延喜式（927）祝詞・大殿祭「大御床つひのさやぎ、よめのいすすき伊豆都志伎（イツツシキ）事無く、平けく安けく護り奉る神の御名を白さく」補注語源については、「い」は接頭語で、「つつし」は隠し押えるの意の動詞「つつむ」と同根の形容詞とする説、「うつつ（現）」の形容詞化された「うつつし」からきているとする説などもある。

いつつ-じ【五地】（：ヂ）『名』謡曲の囃子（はやし）で打つ小鼓の手の名という。＊浄瑠璃・傾城酒呑童子（1718）四「三つ地・五つ地一せいの、音に紛らす忍び路や」補注小鼓方の手では「三ツ地一セイ」はあるが、五地と称するものはない。「片地（かたじ）」をさしていったか。

いつつ-たかのは【五鷹羽】『名』紋所の名。鷹の羽五枚を放射状に組み合わせた図柄のもの。発音〈標ア〉ノ

いつつ-だま【五玉・五珠】『名』①紋所の名。宝珠を五つ組み合わせた図柄のもの。②そろばんの俗称。珠（たま）が、はりの上に一つ、下に五ついているもの。現在多く行なわれているのは、はりの下の珠が四つの、四つ珠。発音〈標ア〉0〈京ア〉ダ／0 0

いっつ-ちゃあ【何時―】『副』方言（打消の語を伴って）いつでも。また、いつになっても。高知県861 高知市867 ◇いっちゃあ・いっちゃ 徳島県809 810

いつつ-ちょうじ【五丁字】（：チャウジ）『名』紋所の名。チョウジの花芽を五つ、放射状に組み合わせた図柄のもの。発音イッツチョージ〈標ア〉チョ

いづつ-つなぎ【井筒繋】（ゐづつ：）『名』模様の一つ。井桁（いげた）模様をつなぎ合わせたもの。＊歌舞伎・霊験曾我籬（1809）八幕「お前の付けて置きなさんしたこの子の守り、井筒（ヰヅツ）つなぎに石畳み、赤地の錦」発音イズツツナギ〈標ア〉ツ[2]

いつつ-どうぐ【五道具】（：ダウグ）『名』江戸時代の大名行列の持道具の五種。槍、打物、挟箱（はさみばこ）、長柄傘（ながえがさ）、袋入杖（ふくろいれつえ）の類をいう。＊浄瑠璃・曾我会稽山（1718）一「引馬に五つ道具」発音イッツドーグ〈標ア〉ド

いづつ-どうろう【井筒灯籠】（ゐづつ：）『名』井筒形の灯籠。＊浄瑠璃・嫗山姥（1712頃）燈籠「はなかづら、ふりわけがみをくらべこし、ゐづつどうろうゐど屋かた」発音イズツドーロー〈標ア〉ド

いつつ-どき【五時】『名』「いつつ（五）⑤」に同じ。＊ロドリゲス日本大文典（1604-08）「Itçutçudoqui（イツツドキ）。タツノ コク。Itçutçudoqui（イツツドキ）。イヌノ コク」＊随筆・独寝（1724頃）上・二九「かくして五つ時にもやあらん、何がしの家にたどりつく」発音〈標ア〉0

いつつところ-しぼり【五所紋】『名』絞り染めの一種。模様を五か所に絞り染めしたもの。＊浮世草子・好色一代女（1686）五・二「薄鼠となりし加賀絹の下紐を、こどりまはしに裙（すそ）みじかく、柳に鞠（まり）五所（トコロ）しぼり、あるひは袖石畳」

いつつ-どり【五取】『名』江戸初期の標準的な税率。五公五民（石高の五〇パーセントに当たる米を年貢として収納）の租率に当たる。＊増補田園類説（1842）上・検地之事「御料の検地にも、萱高、真菰高、具高抔云有、是を野高と名付、取は五つ定免地、漆、桑、楮或長さ三尺廻り三尺一束に付、米一升と極取、〈略〉此品に引合せ見候ても、皆五つ取之定法也」発音〈標ア〉0

いつつ-ならべ【五並】『名』碁石五つを先に並べ連ねた方を勝とする遊戯。五目並べ。＊雑俳・太箸集（1835-39）二「風口・五つ並べの碁盤ある」方言高知県幡多郡860 発音〈標ア〉ナ

いっつ-に【何時―】『副』とっくに。すでに。＊狂言記・富士松（1660）「すはかけたして御さるならば、いっつに引くつしませう物を」方言⇩いっつ（何時）

いつつ-ば【五葉】『名』方言植物。❶あまちゃづる（甘茶蔓）。鹿児島県長島・甑島965 ❷げんのしょうこ（現証拠）。奈良県南大和683 ❸あけび（通草）。長門†122 愛媛県周桑郡845 ◇いつつばあきび【―通草】山形県北村山郡139 ❹やぐるまそう（矢車草）。木曾†091 ❺やつで（八手）。長門†122 ❻やぶがらし（藪枯）。長崎県壱岐島914 ❼おへびいちご（雄蛇苺）。福岡県朝倉郡964

いつつは-おもだか【五葉沢瀉】『名』紋所の名。オモダカの葉と花房を、各五つ円形に組み合わせた図柄のもの。発音〈標ア〉オ

いづつ-はなどめ【井筒花留】（ゐづつ：）『名』生け花に用いる井筒形の花留。発音〈標ア〉ナ

いつつ-はまぐり【五蛤】『名』紋所の名。蛤を五個、円く並べた図柄のもの。発音イッツハマグリ〈標ア〉マ

いつつ-びし【五菱】『名』紋所の名。菱形を五つ、各二辺を接した形に組み合わせた図柄のもの。発音〈標ア〉ツ[2]

いつつ-ひだ【五襞】『名』女のはかまの、後腰の部

分に取った五つのひだ。

いつつ‐ぶとん【五蒲団】〘名〙敷布団三枚、掛布団二枚の五枚重ねの蒲団。吉原では最上級の女郎が使用する。＊黄表紙・江戸生艶気樺焼(1785)中「五つぶとん、にしきの夜着(よぎ)で寝るだけ、ぢにならねへ」＊洒落本・傾城買四十八手(1790)しっぽりとした手「床おさまって、五つぶとんのうへに、はをりをとったままよこになり」 発音〈標ア〉フ

いつつ‐ふんどう【五分銅】〘名〙紋所の名。分銅を五つ円形に組み合わせた図柄のもの。 発音イッツフンドー〈標ア〉フ

いつつ‐べっつい【五竈】(いつつべっつひ)〘名〙火口の五つある竈(かまど)。主として京阪地方の大家(たいけ)で用いる。

いつつ‐ぼ【五帆】〘名〙紋所の名。帆を五枚、円形に組み合わせた図柄のもの。 発音〈標ア〉ツ2

いつつ‐ぼし【五星】〘名〙①紋所の名。一つの円の周囲に四つの円を並べた図柄。②「いつつぼし(五星)の盃(さかずき)」に同じ。＊宗五大草紙(1528)大酒の時の事「三ぼし五ぼしののみやう如ㇾ此といふ」③(英 five-star の訳語。階級、品質を星の数で五段階に分けて表わしたところから) 最上級。超一流。 方言星座、カシオペア。群馬県利根郡031 静岡市026 発音〈標ア〉ツ2

いつつぼし の 盃(さかずき) 室町時代、饗応のとき、さかずきを州浜(すはま)の台に五つ並べて置くこと。また、そのさかずき。いつつぼし。

いつつ‐まさかり【五鉞】〘名〙紋所の名。まさかりを五つ、放射状にした図柄のもの。 発音〈標ア〉サ

いつつ‐まつかわびし【五松皮菱】(いつつまつかはびし)〘名〙紋所の名。松皮菱を五つ組み合わせた図柄のもの。 発音〈標ア〉ワ

いつつ‐み【五身】〘名〙和服の裁ち方の一つ。本裁ちに次ぐもの。中本身(ちゅうほんみ)。 発音〈標ア〉0ツ2

いつつ‐みせ【五見世】〘名〙江戸の新吉原および天保以前の岡場所の局見世(つぼねみせ)で、五人の遊女を抱えておく下等の女郎屋。

いつつ‐むかい【五迎】(いつつむかひ)〘名〙江戸の遊里で、夜の五つ(午後八時頃)に帰る客を、茶屋の者が迎えに行くこと。＊洒落本・龍虎問答(1779)「朝なをし・五つ迎ひ・四つ明・九つだちの、ぬすみを売るのと」＊洒落本・船頭深話(1802)二「ナニサ五つむけへの客人が帰るのさ」

いつつ‐め【五目】〘名〙①紋所の名。中に方形の目を持つ、五つの方形を組み合わせた図柄のもの。②婚礼の後、五日目の称。この日饗応などをする。＊婚礼推陳記(17C)(古事類苑・礼式一六)「婚礼の以後、振廻の日限は三つ目・五つ目・七つ目・九つ目などと申す也。師伝に、出生の時は三夜・七夜などと夜の字をいふ、死たる時者、三日・七日などと云ふ日の字を付る。婚礼は生死の間に執行ゆゑ、三つ目・五つ目などと目の字を付くると知るべし」＊諸国風俗問状答(19C前)備後国福山領風俗問状答・一一六「五つ目と申も仕候て、とり方より人遣し、或は七つ目を略し候も有之」③「いつたてめ(五立目)」に同じ。＊歌舞伎・幼稚子敵討(1753)五「幼稚子敵討、五つ目」＊雑俳・柳多留‐一一一(1830)「五つ目をやっと羅漢で横に見る」 方言❶婚礼をして五日目の里帰り。栃木県安蘇郡208 新潟県下越387 静岡県521 愛媛県周桑郡・喜多郡845 佐賀県藤津郡895 大分県941 ❷出産五日目。山口県見島797 発音〈標ア〉メ ツ2

いっつ‐も【何時―】〘副〙「いつも(何時―)」を強めた言い方。＊寛永刊本江湖集鈔(1633)一「いっつもきっかとしてあるぞ」＊かた言(1650)三「いつもを、いっつも」＊浄瑠璃・心中万年草(1710)一「かか様とひとつにいっつも物を、喰やるで」 発音〈標ア〉ツ

いつつ‐もの【五物】〘名〙①五種の射芸。ふつう、流鏑馬(やぶさめ)、笠懸(かさかけ)、小笠懸、犬追物、歩射(かちゆみ)の五つをいうが、時代によって多少違いがあり、五種でない場合もある。＊就弓馬儀大概聞書(1464)「五物と云は流鏑馬(やぶさめ)。笠懸。小笠懸。犬追物。かちだちの事なり」＊随筆・貞丈雑記(1784頃)一二「五つ物と云は、武雑記に云、やぶさめ笠懸犬追物歩射に是を五つ物と云とあり、されども其品四つ也、歩射と云は、大的小的を云か、されば其品五つ也、又は笠懸小笠懸やぶさめ犬追物歩射を五つ物と云歟」②古く芝居茶屋で観客に出す五種の肴(さかな)。＊歌舞伎・名歌徳三舛玉垣(1801)三立「初日からお客は山程、下地五物参りますも、出番は始まる」＊随筆・皇都午睡(1850)三・下「上方の割子弁当を幕の内と云ふ。上方にて三つ鉢・女夫肴を三つ物・二つ物乃至五つ物などと云ふ」 発音〈標ア〉0

いづつ‐もり【井筒盛】(ゐづつ)〘名〙物を井桁(いげた)状に高く積み上げること。 発音〈標ア〉0

いつつ‐もん【五紋】〘名〙羽織や着物などについている五つの紋所。また、その紋所のついている衣服。背中に一つ、左右の表袖(おもてそで)と左右の肩の前とにおのおの一つずつ、合計五か所につく。五所紋(いつところもん)。＊洒落本・遊子方言(1770)発端「わきざし立派に、黒縮緬(くろちりめん)の綿入羽織、五つ紋(モン)しろしろと、丹後嶋(たんごじま)の小袖」＊二人女房(1891)〈尾崎紅葉〉前・六「猪口(ちょく)を捺したやうな五紋(イツツモン)の紗の羽織」＊社会百面相(1902)〈内田魯庵〉貴婦人・下「五ツ紋の羽織に小紋お召の四十近い夫人」 発音〈標ア〉ツ2

いつつもん‐はおり【五紋羽織】〘名〙五つの紋所がついている羽織。＊落紅(1899)〈内田魯庵〉一「服装(なり)だけは塩瀬の五紋羽織(イツツモンハヲリ)に風通の小袖といふリウとしたものだ」 発音〈標ア〉ツ2〈京ア〉ツ2

いづつ‐や【井筒屋】(ゐづつ)㊀江戸時代、現在の大阪市西区新町の遊郭にあった置屋。佐渡島二一軒置屋の内、井筒屋半兵衛、井筒屋清介の二軒があった。＊俳諧・西鶴五百韻(1679)何秤「立姿雲隠れにし夜見世見に〈西六〉 互に影を井筒屋の月〈西鶴〉」㊁京都市東山区祇園町の茶屋。享保一七年(一七三二)茶屋株を公許された頃からあった。 発音〈標ア〉0

いづつや‐しょうべえ【井筒屋庄兵衛】(ゐづつやシヤウベヱ) 江戸時代の京都の書肆(しょし)。俳書の出版で知られ、蕉門の俳書はほとんどこの書肆より刊行されている。初代が初めて俳書を出版したのは承応元年(一六五二)で、以後百五十余年、五代にわたって出版活動を続けた。

い‐つづ・る【居続】(ゐ)〘自ラ四〙連日、同じ場所で遊興する。居続けする。＊洒落本・遊子方言(1770)発端「あすも、もし降らば、ぶんながしの、久しぶりで、ゐつづろうもしれやせん」

いづつ‐わく【井筒枠】(ゐづつ)〘名〙井戸の上部の縁を木で四角に組んだもの。井幹(せいかん)。井桁(いげた)。

いつつ‐わちがい【五輪違】(いつつわちがひ)〘名〙紋所の名。一つの輪の中に四つの弧を組み合わせた図柄のもの。＊浄瑠璃・津戸三郎(1689)役所尽し「一つ巴三つ巴、五つわちがひ六つかりがね七つ道具を立たるは」

いっ‐て【一手】〘名〙①碁や将棋や双六などで、石や駒を一回動かすこと。ひとて。＊運歩色葉(1548)「一手 いっテ」＊中将棋指南抄(1703)「両方の獅子はしり駒にあたれば、先手より獅子をとる。後手其次に獅子をとらず、一手へて取也」＊徳川実紀‐有徳院附録(1751)一九「飛車、角より歩兵にいたるまで、一手いだすも疎略なく」②一つの技。すぐれた技術。＊花上集鈔(16C頃)下「安道は一手(テ)ある物かな。〈略〉天性上手であったぞ」＊浄瑠璃・鑓の権三重帷子(1717)下「竹がな一本、一手つかふて、鑓の権三と名を取印、諸人の形見にのこさん物」③弓術で、甲矢(はや)、乙矢(おとや)おのおの一本を合わせたもの。＊浮世草子・武道伝来記(1687)六・二「弟矢(をとや)と一手(テ)にまがひなき証拠に立帰りて」④ある方法、手段のみに徹すること。＊煙管(1933)〈新田潤〉「首を振って口を閉ぢる一手に出た」＊普賢(1936)〈石川淳〉四「日暮里では彦介が逃げの一手」⑤軍勢などで、あるまとまりを持った一団。＊室町殿日記(1602頃)一〇「三十六人一手につくりて魚鱗にならび」⑥自分一人に手段・権利などを集中すること。独占。＊文明論之概略(1875)〈福沢諭吉〉二・四「遂に日本国中を押領し、豊臣大閤の名を以て全国の政権を一手に握り」＊吾輩は猫である(1905‐06)〈夏目漱石〉五「人間の製造を一手で受負った神の手際は格別な者だと驚嘆せざるを得ない」⑦櫓(ろ)二挺をいう。＊和漢船用集(1766)二・舟名数海船之部「櫓拾挺立たる舟を五手舟といへり。櫓二つを一手といへるなり」 方言㊀〘名〙差異がないこと。同じもの。同類。長野県下伊那郡492 奈良県南大和683 和歌山県西牟婁郡690 島根県725 岡山県苫田郡748 津山市753 ㊁〘助〙のみ。ばかり。岡山県児島郡763 発音〈標ア〉イ〈京ア〉0 辞書言海 表記一手(言)

いって 先(さき)も見(み)えぬ (囲碁、将棋で一手先も読めない下手な指し手の意から) 少しも前途の見通しがきかないことのたとえ。＊仮名草子・浮世物語(1665頃)一・三「一手さきもみえぬ飛び上りの瓢金(へうきん)なりければ」

いつ‐て【五手】〘名〙①(「手」は、回数をいう語) 五回勝負。＊宇津保(970‐999頃)俊蔭「相撲出でて、いつ手、むつ手ばかりとりて、最手(ほて)出できて」②(「一手」は、櫓(ろ)二挺をいう) 櫓一〇挺。また、それを備えた船。＊浮世草子・日本新永代蔵(1713)四・四「はや船五手(イツテ)の櫓に、汗玉を乱して問丸の岸に着く」

いっ‐てい【一丁】〘名〙①一人の壮年の男子。＊江戸繁昌記(1832‐36)四・新梅園「一丁道、〈略〉一生道」＊晉書‐慕容俊載記「留二一丁一、余悉発レ之」②(「丁」は「个(か)」の字の篆書(てんしょ)から誤ったもの。「个」は個・箇に同じ) 一つ。一個。↓一丁字(いっていじ)。＊読本・南総里見八犬伝(1814‐42)六・六一回「をさをさ武芸を事として、一丁(イッテイ)の字義だも知らず」③⇩いっちょう(一丁・一挺)・いっちょう(一町・一丁)

いっ‐てい【一体】〘名〙①他とは違った一種の趣。一つの特色。一風(いっぷう)。＊風姿花伝(1400‐02頃)唐事「模様の変りたらんを着て、一体異様(いやう)したるやうに、風体を持つべし」＊俳諧・去来抄(1702‐04)同門評「芥子(けし)一体(イッテイ)の句として謂応(いひおほ)せたり」＊浮世草子・けいせい伝受紙子(1710)二・一「牢人傾城紙子道中といふ一躰(テイ)を仕出し、都の眸達に我をおらす」＊随筆・独寝(1724頃)上・四六「今、高尾・小紫・よしの・かほると名にたちて、一ていむなだかなる帯に仕たて」②同類。同じ様式。＊仮名草子・都風俗鑑(1681)二「物を縫女奉公人を、おゐまといへり。さてはこしもとなどとわかれたれども風俗一躰(イッテイ)なり」 辞書文明 表記一躰・一體(文)

いっ‐てい【一定】〘名〙①(―する) 一つに定まって動かないこと。変動がないこと。＊童子問(1707)下・二五「枯草陳根、金石陶瓦之器、謂二之死物一。以三其一定無二増減一也」＊政談(1727頃)二「直垂は地も一定し、色も一定し、紋も模様も附られず、抜差のならぬ物故、物数奇すべき様なし」＊日本風俗備考(1833)一八「此勉強は日本手工人の心一定して、自己の所業より変ぜざるの行状に因る」＊異人恐怖伝(1850)下「事既に漸く一定して、其俗常に蜂起反逆に勇むの習はありながらも」＊音訓新聞字引(1876)〈萩原乙彦〉「一定 イッテイ ヒトタビサダマル」＊苦の世界(1918‐21)〈宇野浩二〉一・四「一定の収入を得る道をうしなったといふことよ

りも」＊淮南子‐主術訓「権衡規矩、一定而不レ易」②（多く「一定の」の形で）ある規準や範囲が決められていること。＊改正増補和英語林集成(1886)「Ittei（イッテイ）ノ　ホウガ　ナイ」＊道草(1915)〈夏目漱石〉九七「みんな一定の目的を有ってゐるらしかった」＊労働基準法(1947)一二条・一・二「賃金の一部が、月・週その他一定の期間によって定められた場合においては」③十分とは言えないが、ある範囲は満たされていること。「一定の成果を挙げる」 発音イッテイ〈標ア〉⓪〈京ア〉⓪

いっ‐てい【一庭】『名』庭一面。庭いっぱい。＊蕉堅藁(1403)送列侍者「白髪愁添千里夢、紫荊吹落一庭花」＊雍陶‐秋居病中「独臥南窓秋色晩、一庭紅葉掩二衡茅一」

いっ‐てい【一滴】『名』（「滴(てい)」は、「滴(てき)」の意）ひとしずく。一滴。＊今昔(1120頃か)一二・一「其の時に、雷、掌(たなごころ)の中に瓶の水を一滴受て」＊色葉字類抄(1177‐81)「一滴　イッテイ」 辞書色葉 表記一滴(色)

いってい‐いっきゃく【一亭一客】『名』「いっきゃくいってい（一客一亭）」に同じ。＊随筆・槐記‐享保一二年(1727)三月二一日(茶道古典全集所収)「一亭一客には、料理の心得あることなり。物相は勿論の事、香物を置合せて出す。其外の物も、煮物焼物など、客のは面々夫々に器物に入れて出す。亭主のは一器に盛るるものを用意して」

いってい‐じ【一丁字】『名』（「丁」は「个(か)」の字の篆書(てんしょ)から誤ったもの。「个」は個・箇に同じ）一つの文字。一字。いっちょうじ。＊艸山集(1674)一六・示小子「自知二一丁字一、誰換二満籝金一」 発音イッテイジ〈標ア〉テ〈京ア〉テ

いっていじ=を知(し)らず[=もない]　全く文字が読めない。無学である。一文不知。＊空華集(1359‐68頃)五・次石室韻送中心樹書記赴越中黄梅「老盧不レ識二一丁字一、今作二伝衣図上人一」＊詩学大成抄(1558‐70頃)二「不レ識二一丁(テイ)字一と云たことあり。一文字をもしらぬ心ぞ」＊西洋事情(1866‐70)〈福沢諭吉〉外・三「然れども一丁字を知らざる小民に至るまでも尽く政府の力を以て教育せんとするが如きは事実行はれ難きことなるが故に」＊門(1910)〈夏目漱石〉二〇「会って見ると、丸で一丁字(イッテイジ)もない小廝(こもの)の様に丁寧であった」＊新唐書‐張弘靖伝「嘗曰、天下無レ事、而輩挽二両石弓一、不レ如レ識二一丁字一」

いってい‐すう【一定数】『名』ある定まった数。＊公共企業体等労働関係法(1948)七条「組合の申出があったときは、公共企業体等は、一定数を限り」 発音イッテイスー〈標ア〉テ

いってい‐ねだん【一定値段】『名』取引所が決済を簡単にするために設けた一定の値段。一計算区域の平均値段で決める。帳入れ値段。 発音イッテイネダン〈標ア〉ネ

いって‐がい【一手買】『名』多人数の売り物に向かって一人で買うこと。一人で買い占めること。 発音イッテガイ〈標ア〉⓪

いっ‐てき【一滴】『名』ひとしずく。一滴(いってい)。＊和漢朗詠(1018頃)上・十五夜「金膏一滴秋の風の露、玉匣三更冷漢の雲〈菅原文時〉」＊雑談集(1305)九・仏法盛衰事「数(しばしば)我房へ来し、一滴(テキ)の油をこぼさず」＊日葡辞書(1603‐04)「Itteqimo（イッテキモ）タベヌ〈訳〉サカヅキをする時に言う。すなわち、私は酒を一滴も飲まない」＊小学読本(1873)〈田中義廉〉二「鳥は、牛馬の如くに、首を下げて飲むこと、能はず、ゆゑに、一滴、入るれば、首を挙げて咽に、入るるなり」＊洞冥記‐三「以レ醸レ酒、名曰二桂醪一、嘗二一滴一挙体如二金色一」 発音〈標ア〉(名詞的)キ (副詞的)⓪〈京ア〉(名詞的)テ (副詞的)⓪ 辞書文明・易林・日葡・書言 表記一滴(文・易・書)

いってき 舌上(ぜつじょう)に通(つう)じて大海(たいかい)の塩味(えんみ)を知(し)る　海水の一滴を舌で味わえば、大海全体の水が塩辛いことがわかる。ものごとの一部を知れば、全体が推測できることのたとえ。＊咄本・醒睡笑(1628)四「『一滴舌上に通じて大海の塩味を知る』とあれば、其金語のはしを言ふに、余は知りぬべきや」

いっ‐てき【一擲】『名』思い切って一度に投げ捨てること。＊滑稽本・戯場粋言幕の外(1806)上「一擲(イッテキ)の孔方、百万の黄金、夕の按摩は一夜検校」＊家族会議(1935)〈横光利一〉「家屋敷を質におき、最後の一擲を賭して出て来てゐる者ばかりである」＊俘虜記(1948)〈大岡昇平〉「私はそれまでの盲従の習慣を一擲し、断乎として反対した」＊晉書‐孫綽伝「何故捨二百勝之長理一、挙二天下一而一擲哉」 発音〈標ア〉⓪〈京ア〉⓪

いってき 乾坤(けんこん)を賭(と)す　（さいころを投げて、その一回で天地をかける意から）天下を取るか失うか、すべてを運に任せて思い切ってやること。のるかそるかの冒険をすること。乾坤一擲。＊韓愈‐過鴻溝詩「誰勧二君王一回二馬首一、真成一擲賭二乾坤一」

いってき‐けつ【一滴血】『名』一滴の血。身命を投げ出して奉仕する意志を表わす誓いのことば。＊漂荒紀事(1848‐50頃)五「若君の側に居るを厭ふ所のものあらば、我自刎して、最後一滴血〈一滴血は彼国明誓の詞〉の血を以て君を祭ん」

いってき‐こく【一敵国】『名』⇨いちてっこく（一敵国）

いってき‐しちじゅうごつぶ【一滴七十五粒】『名』（酒の一滴を米七十五粒にも数えるの意から）万事に細かく、物惜しみすることをたとえていう。＊浮世草子・傾城色三味線(1701)京・四「大事にかけて雫(しづく)も酒をこぼさず、一滴(テキ)七十五粒(ツブ)が所と、過てもあけるといふ事なく」

いってき‐せんきん【一擲千金】『名』（「擲」は投げ出すの意）一度に惜しげなく大金を使うこと。豪快なふるまいのたとえ。＊西洋事情(1866‐70)〈福沢諭吉〉初・一「有功の者を賞するには一擲千金も亦た惜む所なし」＊福翁百話(1897)〈福沢諭吉〉九二「時に或は一擲(イッテキ)千金の豪奢を逞(たくまし)うするも」＊呉象之‐少年行「一擲千金渾是胆、家無二四壁一不レ知レ貧」 発音〈標ア〉⓪

いってき‐に『副』（「一擲(いってき)」から変化した語という）一度にどっと。一息に。急に。＊浄瑠璃・本田善光日本鑑(1740)三「一(イッ)てきに攻落さば、智謀ふかき鎌足、三種の神器を失はんは必定」＊浄瑠璃・妹背山婦女庭訓(1771)三「この谷川の逆落し。紀州浦へ一(イッ)てきに流れて往たら鮫の餌食」 方言大阪市637 和歌山市691

いってき‐まんりゅう【一滴万粒】『名』酒一しずくでもこぼすのは、もったいないという戒め。＊譬喩尽(1786)一「『一滴万粒　酒一滴不レ盈(こぼさ)誡』」

いって‐こい【行来・往来】『名』①相撲で、急に身をかわして相手をよろめかせること。いなすこと。②歌舞伎で、舞台面が回って他の舞台面に替わり、さらに再転して元の舞台面となること。③取引相場で、かなりの幅の値上がり、または、値下がりをしたのに、すぐ、もとの相場に戻ってしまうこと。 方言❶差し引き損得なし。山梨県南巨摩郡463 岐阜県飛騨502 郡上郡504 静岡県志太郡535 滋賀県彦根609 ◇いってかいれ〔行帰〕岐阜県飛騨502 ❷差し引き勘定。◇いけえこい 島根県那賀郡725 ◇いけえもどれ〔行戻〕岡山県苫田郡749 ❸成り行き相場。◇いてこいな 奈良県宇陀郡680 発音〈標ア〉コ

いって‐さばき【一手捌】『名』一人で処置すること。独占的に扱うこと。＊当世商人気質(1886)〈饗庭篁村〉四・三「外商より内証にて先づ御身一手捌(イッテサバ)きにて売って見よ」＊今弁慶(1891)〈江見水蔭〉一二「殊に我等が一手捌きとも言ふべきは」 発音〈標ア〉サ

いって‐すき【一手透】『名』将棋で、相手の王将を次に詰めるために、王手ではない手を一手指すこと。詰めろ。＊俳諧・水馴棹(1705)「握る金将・汗にすそする一手透き」＊雑俳・柳多留‐六(1771)「聞き納め琴をと王の一手すき」 発音〈標ア〉⓪

いって‐せんばい【一手専売】『名』ある商品を、その人、または店、組織だけが独占的に売ること。転じて、その人だけが専門にしたり、得意として行なったりすること。＊火の柱(1904)〈木下尚江〉一二「義理もヘチマも借金も踏み倒ほしの社会主義自由廃業の一手専売」＊吾輩は猫である(1905‐06)〈夏目漱石〉六「是では一手専売の昼寝も出来ない」 発音〈標ア〉セ

いっ‐てつ【一跌】『名』一度つまずくこと。一度の失敗。＊六如庵詩鈔‐二編(1797)五・画馬引為福井敬斎君賦「黄河裂レ氷天山雪、所レ向騰驤無二一跌一」＊江戸繁昌記(1832‐36)五・鳶烏雀犬鶴「那の婢吃驚、一跌して、満頰紅を潮し」＊揚雄‐解嘲「揚子笑而応レ之曰、客徒朱二丹吾轂一、不レ知二一跌将レ赤二吾之族一也」 発音〈標ア〉⓪

いっ‐てつ【一綴】『名』紙を何枚か重ねたものを綴じたもの。ひとつづり。＊良人の自白(1904‐06)〈木下尚江〉前・九・二「俊三は赤罫紙十枚許の一綴(テツ)を見て居たが」 発音〈標ア〉⓪ツ

いっ‐てつ【一徹】『名』（形動）①ひとすじにうけつがれていること。また、互いに相通じていること。＊来迎寺文書‐天正一二年(1584)五月日・比叡山縁起「抑吾山者三国一致霊峰兮、弘二三祖一徹之法一」＊雑話筆記(1719‐61)上「有無に仕合のよい勝手な方へ道理を付たがり候。和漢一徹にて候」②思い込んだり、言い出したりしたら、是が非でも押し通そうとする気の強い性質。いっこく。＊大かうさまくんきのうち(1605頃)「木むらひたちのかみと申もの〈略〉ちうや大閤へ御ほうこう申べき事に候を、にあはざる一てつをつくり」＊書言字考節用集(1717)八「一鉄　イッテツ　今世謂敢決強直為二一鉄一。蓋濃州士稲葉通朝入道一鉄以来之諺云」＊浄瑠璃・夏祭浪花鑑(1745)八「九郎兵衛殿のいってつによふ似たなア」＊歌舞伎・小袖曾我薊色縫(十六夜清心)(1859)五立「お留申しても、御年寄りの一ってつ」＊虞美人草(1907)〈夏目漱石〉四「中々自分で極めた事は動かない。一徹(イッテツ)なんだ」 語誌(1)②については、江戸時代には挙例の「書言字考節用集」のような「一鉄」の表記も用いられたが、これは、戦国・安土桃山時代の美濃国の武士、稲葉通朝入道一鉄に由来するという語源俗解により生まれたもの。近代以降も「言海」「日本大辞書」が、この語源説を載せており、広く浸透していたものらしい。(2)挙例の「歌舞伎・小袖曾我薊色縫」や、「読本・逢州執着譚‐五」の「おのれ彌総太一鉄(イッテツ)なるは、老たる者の癖(ならひ)」などから、「一徹」が老人一般の性質としてとらえられていたと考えられる。明治以降は、「頑固一徹」の形で用いられることも多い。 発音〈標ア〉⓪ツ〈京ア〉テ 辞書書言 表記一鉄(書)

いっ‐てつ【一轍】『名』車の輪のあとを一つにすること。同一であること。同じ結果を得ること。＊文明本節用集(室町中)「一轍　イッテツ」＊剳録(1706)追録「漢の呂后、唐の則天が業と一轍の跡なるに」＊政談(1727頃)二「皆上下の困窮したるより世の乱を生じたることの古今一轍なれば」＊日本外史(1827)五・新田氏前記「微二楠氏一、則西狩之駕、吾見下其与二承久一帰二一轍一而止上而已」＊小説神髄(1885‐86)〈坪内逍遥〉下・脚色の法則「趣向一轍とは、おなじやうなる趣のみ幾回となく続くことなり」＊盧諶‐贈劉琨詩「惟同大観、万塗一轍」 発音〈標ア〉⓪ 辞書文明・易林・言海 表記一轍

（文・易・言）

いっ‐てつ【逸哲・逸徹】〘名〙賢人ぶっていること。また、その人。＊仮名草子・伽婢子（1666）一〇「その天性（むまれつき）逸哲（イッテツ）佯狂（しゃうきゃう）の風あり」＊評判記・色道大鏡（1678）五「此、品（しな）にいたる人は、たとひすりきりにもせよ、一てつにもせよ、邪心にもせよ、道の師とあふがんになんぞくらからん」

いってつ‐いちず【一徹一図】〘名〙（形動）思い込んだ事をどこまでもがんこに押し通すこと。また、そのような状態。＊門（1910）〈夏目漱石〉二一「始から取捨も商量も容れない愚なものの一徹一図（イッテツイチヅ）を羨んだ」＊道草（1915）〈夏目漱石〉七三「乱暴とより外に取りやうのない一徹一図（イッテツイチヅ）な点も非難の標的（まと）になった」 発音〈標ア〉チ

いってつ‐しん【一徹心】〘名〙是が非でも押し通そうとする強い心。＊人情本・清談若緑（19C中）四・二〇回「何卒死なして下さいましと、思ひ詰めたる一徹心（イッテッシン）」

いってつ‐じん【一徹人】〘名〙「いってつもの（一徹者）」に同じ。＊偸盗（1917）〈芥川龍之介〉二「太郎さんにしても一徹人（イッテツジン）だから」 発音〈標ア〉ツ

いってつ‐たんりょ【一徹短慮】〘名〙考えが浅く、一度思い込むとどこまでもそれを押し通そうとすること。強情で短気なこと。＊浄瑠璃・平仮名盛衰記（1739）二「逸徹短慮な此文躰見るも恨めしいまいましと」＊浄瑠璃・本朝二十四孝（1766）一「一徹短慮の親ども」 発音〈標ア〉タ

いってつ‐もの【一徹者】〘名〙いちずに思い込んだら、どこまでもそれを押し通そうとする人。強情で短気な人。一徹人。＊浄瑠璃・国性爺後日合戦（1717）嫁入式三献「寝入ばな起こしては、一てつ者の機嫌がなそこなはん」＊南小泉村（1907‐09）〈真山青果〉二「御覧なさる通りの一徹ものでがすから」 発音〈標ア〉0ノ 辞書 言海 表記 一徹者（言）

いってつ‐もの【逸哲者】〘名〙賢人ぶってふるまう人。えせ賢人をののしっていう語。＊仮名草子・為愚痴物語（1662）五・一一「聖人とたはけと、鈴としろがねと、賢人と一てつ者と」＊仮名草子・浮世物語（1665頃）二・一一「狂人らしき人よ、理屈者、逸哲者（イッテツもの）など沙汰する程に」

いって‐の‐とめ【一留】〘名〙（俳諧で、上に「いつ」などの疑問の語があって、下を「て」の文字で留める句）「いつ（何時）のて留（どまり）」に同じ。

いって‐はんばい【一手販売】〘名〙ある商品を一手に引き受けてその人だけが独占的に売ること。＊福翁自伝（1899）〈福沢諭吉〉王政維新「慶応義塾を西洋文明の案内者にして、恰も東道の主人と為り、西洋流の一手販売（イッテハンバイ）特別エゼントとでも云ふやうな役を勤めて」＊英和商業新辞彙（1904）〈田中・中川・伊丹〉「Monopoly 専売権、独占、一手販売」＊襖（1911）〈志賀直哉〉「役者の写真を殆ど一手販売にして居る家へぢかに行って」 発音〈標ア〉ハ〈京ア〉ハ

いって‐ぶね【五手船】〘名〙櫓一〇挺の船。五手（いつて）。→伊豆手船（いずてぶね）。＊草根集（1473頃）三「和歌のうらを漕はなれなば五手船いつの世にかは又もあひみむ」＊匠材集（1597）一「いって舟 ろを五立事也。二人を一手と云也」

いつで‐まり【何時─】〘副〙（「いつでもあれ」の変化した語）「いつでも（何時─）」に同じ。＊中華若木詩抄（1520頃）中「いつでまり、心の満足することもない」

いつ‐でも【何時─】〘副〙（代名詞「いつ」に格助詞「で」と係助詞「も」の付いてできたもの）どんなときでも。常に。＊人情本・春色梅美婦禰（1841‐42頃）二・七回「お前は毎度（イツデモ）母さんに衿をこしらへてお貰ひか」＊和英語林集成（初版）（1867）「マツノキ itszdemo（イツデモ）アオイ」＊多情多恨（1896）〈尾崎紅葉〉後・六・二「彼は始終（イツデモ）同じやうに是だけの事は屹と勤めてゐるので」 発音〈なまり〉イズデン・イッテン〔千葉〕〈標ア〉イ デ〈京ア〉デ 辞書 ボン 表記 何時（へ）

いって‐もち【一手持】〘名〙①自分一人で持つこと。②自分一人で負担すること。一人で維持すること。ことに、諸侯や資産家などが、一人で寺社その他の造営・維持費を持つこと。＊福翁自伝（1899）〈福沢諭吉〉王政維新「ドウだ迚（とて）も幕府の一手持（イッテモチ）は六（むづ）かしい、先づ諸大名を集めて独逸聯邦のやうにしては如何（いかん）と云ふに」 発音〈標ア〉0チ

イッテルビウム〘名〙（英 ytterbium）《イッテルビューム・イテルビウム》ランタン系希土類元素の一つ。記号 Yb 原子番号七〇。原子量一七三・〇四。一八七八年、スイスのマリニャックが発見。銀白色の金属で、ヨウ素、臭素、テルルなどと化合物をつくる。ガドリン石、ゼノタイムなどに含まれる。＊稿本化学語彙（1900）〈桜井錠二・高松豊吉〉「Ytterbium Ytterbium, n イテルビウム」 発音〈標ア〉ビ《ビュ》

いっ‐てん【一天】〘名〙①空全体。空一面。＊保元（1220頃か）上・法皇崩御の事「一天暮れて、月日の光をうしなへるが如く」＊歌舞伎・鳴神（1742か）「あら不思議や一天俄にかきくもり」＊小学読本（1884）〈若林虎三郎〉五「時に一天晴れ渡りて夕月の光いとあざやかに」＊李中‐江行夜泊詩「半夜風雷過、一天星斗寒」②「いってんが（一天下）」の略。＊讃岐典侍（1108頃）下「一天の人、御心ざしあるもなきも、皆したりつるに」＊平家（13C前）一二・土佐坊被斬「一天をしづめ四海を澄ます、勧賞（けんじゃう）行はるべき処に」＊黄表紙・化物大江山（1776）下「そば切は、心のままにうどんをしたがへ、一天に名をひろめける」＊広益熟字典（1874）〈湯浅忠良〉「一天 イッテン ミクニヂウ」 発音〈標ア〉テ0〈京ア〉0 辞書 言海 表記 一天（言）

いってん 地六南三北四西二東五（ちろくなんさんほくしさいにとうご）賭博で、賽（さい）を壺（つぼ）に入れて振るときに唱える語。賽の目を上下四方にかたどったもの。＊洒落本・蚊不喰呪咀曾我（1779）「夫つぼさらに曰、いっ天（テン）ちろくなんざんほくしさい二とう五、そんとくふたつをもりこみの」

いってん に 雲（くも）**無**（な）**ければ三日**（みっか）**の中**（うち）**に雨**（あめ） 空に一点の雲もなくて、よく晴れているときには、必ず近い日に雨がある。＊譬喩尽（1786）一「一天に雲無ければ三日の中に雨」

いってん の 主（あるじ）「いってん（一天）の君（きみ）」に同じ。＊太平記（14C後）四・先帝遷幸事「正しき一天の主を、下として流し奉る事の浅猿（あさまし）さよ」＊浄瑠璃・持統天皇歌軍法（1713）四「朕（われ）一天あるじとして、従ふ者はそなた衆ただ二人」

いってん の 王子（おうじ） 王子をたたえていう語。＊浮世草子・武道伝来記（1687）五・二「一天の王子（ワウシ）も草露の牧笛を鳴らし給ひて」

いってん の 君（きみ） 一天下を治める君。天皇の異称。一天のあるじ。一天のみかど。＊平家（13C前）八・法住寺合戦「抑（そもそも）義仲、一天の君にむかひ奉りて軍（いくさ）には勝ちぬ」＊義経記（室町中か）六・判官南都へ忍び御出である事「一てんのきみの御覚えもめでたく」＊浄瑠璃・妹背山婦女庭訓（1771）三「一天の君を聟に取る家の面目」 辞書 言海 表記 一天君（言）

いってん の 人（ひと） 世の中のすべての人。＊讃岐典侍（1108頃）下「一天の人御心ざしあるもなきもみなしたりつるに」

いってん の 帝（みかど）「いってん（一天）の君（きみ）」に同じ。＊浄瑠璃・傾城島原蛙合戦（1719）三「一天の帝ならびに武将鎌倉殿へ、忠節を尽くし」

いっ‐てん【一点】〘名〙①ただ一つの点。また、一つの点状のもの。転じて、ごくわずかなこと。＊菅家文草（900頃）一・残燈風韻「一点残燈五夜通、分分落涙寸心中」＊蔭凉軒日録‐寛正五年（1464）八月二二日「爾来雨滋。昨今午晴、無二一点雲一。尤為二希有一也」＊中華若木詩抄（1520頃）上「婦人の節儀、一点のくもりもなく」＊読本・椿説弓張月（1807‐11）拾遺・五四回「われに元来（もとより）一点（イッテン）の罪なし」＊大阪の宿（1925‐26）〈水上滝太郎〉四・一「勉強家といふ一点でしきりにほめた」＊白居易‐後宮詞「雨露由来一点恩、争能偏布及二千門一」②ひとしずく。一滴。③漏刻（ろうこく＝水時計）で一とき（今の約二時間）を四等分した最初のくぎり。＊宇津保（970‐999頃）国譲下「辰の一てんばかりに、すざく院に、かんだちめ・みこたちひきゐてまゐり給ぬ」＊世阿彌筆本謡曲・盛久（1423頃）「初夜より後夜の一てんまで、蕭然として座したりしに」＊翰林葫蘆集（1518頃）一四・鹿苑院殿百年忌陞座「陪二十二道人一而坐禅自二三更一点一及二暁鐘一」＊仮名草子・尤双紙（1632）上・三三「くろき物のしなじな〈略〉くらまうでの、初とらの一てんは、まだやみの夜にからす丸通をたち出る」④仏語。阿字の不生を表わす空点。→阿字（あじ）。＊性霊集‐一（835頃）遊山慕仙詩「万象含二一点一、六塵閲二縑緗一」⑤漢字の横に引く棒の一画。＊太平記（14C後）一八・比叡山開闢事「竪の三点に横の一点を加へては山と云字也」＊史記抄（1477）一四・扁鵲倉公列伝「士は十に加一点たものぞ」⑥「いってんばり（一点張）」の略。＊浄瑠璃・伽羅先代萩（1785）三「留てもいっかな一てん老人貝田が抜打後げさ」⑦品物一つ。「この商品は残り一点となりました」⑧一に当たる評点や得点。「一点の差が合否を分ける」 方言❶同じであること。似ていること。新潟県佐渡358 ❷いつも一つことで押し通すこと。一点張り。愛知県名古屋市561 ❸一緒。合併。一まとめ。◇いってぃん 沖縄県首里993 発音〈標ア〉0テ ⑧は（名詞的）テ（副詞的）0〈京ア〉（名詞的）ツ0（副詞的）0 辞書 饅頭・日葡・言海 表記 一点（饅・言）

いってん 付（つ）**く** 一つの点を打つ。易の陰陽の表わし方からという。＊拾玉得花（1428）「是、妙・花・面白、三也と云へども、一色にて、又、上・中・下の差別あり。妙者、言語を絶して、心行所滅也。是を妙と見るは花也。一点付（いッテンツク）るは面白き也」

いっ‐てん【一展】〘名〙一度に開けて、がらりと変わること。＊平和克復の詔書‐大正九年（1920）一月一〇日「今や世運一展し、時局丕に変す」

いっ‐てん【一転】〘名〙①一回りすること。ひともどりすること。また、ひっくり返ること。一回転。＊暦象新書（1798‐1802）上・上「諸曜一転。太陽二十七日、右転。〈略〉地球、二十四時弱、右転」＊思出の記（1900‐01）〈徳富蘆花〉一・一〇「路は一転十一年の生涯を包むだ故郷は巻物を捲く様に過去の幻影となってしまったが」＊梁武帝‐白紵辞「短歌流目未二肯前一、含笑一転私自憐」②がらりと変わること。また、変えること。＊中華若木詩抄（1520頃）上「一転して妙也」＊日本風俗備考（1833）一二「上都の旅路とは、其風景一転して面白かりし」＊こゝろ（1914）〈夏目漱石〉下・五二「ことによると或は是が私の心持を一転（イッテン）して新らしい生涯に入る端緒になるかも知れないとも思ったのです」＊易林‐蠱「魴生二江淮一、一転為レ百、周二流天下一、無レ有レ難レ悪」 発音〈標ア〉0〈京ア〉0

いってん‐いっかく【一点一画】〘名〙漢字の一つの点、一つの画。＊虞美人草（1907）〈夏目漱石〉一一「一点一画（イッテンイックヮク）を乱すことなく整然として一点一画のうちに活きて居る」＊名君（1920）〈菊池寛〉「一点一画も、忽（ゆるがせ）にしないやうにと教へられた」＊白居易‐素屏謡「吾不レ令レ加二一点

一画於其上、欲爾保真而全白」 発音〈標ア〉ク

いってん-おおめいが【一点大螟蛾】『名』メイガ科のガ。はねの開張二五ミリメートル内外。後ばねと腹部が白く、前ばねは雌が黄色く、雄では灰褐色で中央に小黒点がある。幼虫はイネの茎に食い入る害虫。晩春から初秋にかけて三回成虫が発生するので三化螟蛾の名がある。本州南部、四国、九州、沖縄に分布。学名は Scirpophaga incertulas 発音イッテンオーメイガ〈標ア〉メ

いっ-てんが【一天下】『名』(「いってんか」とも) 天の下すべて。世の中全体。一国全体。一天。いってんげ。一天世界。＊観智院本三宝絵(984)下「後のよに鉄輪王となりて一天下に王とあらむ」＊宇津保(970-999頃)俊蔭「一天下、人みないひあさみて、そのたび、俊蔭一人進士になりぬ」＊伊達家文書-(天正一七年)(1589)七月二二日・施薬院全宗書状(大日本古文書一・四二八)「以天気、一天下之儀被仰付、被任関白職之上者」＊日葡辞書(1603-04)「Ittenca(イッテンカ)〈訳〉皆の人」＊浄瑠璃・山崎与次兵衛寿の門松(1718)中「一天下の人よりも、そなた一人に恥かしい」 発音イッテンガ〈音史〉古くは『いってんか』『いってんが』『いってんげ』の三様。〈標ア〉テ 辞書日葡・言海 表記一天下(言)

いってんが の 君(きみ) 「いってん(一天)の君(きみ)」に同じ。＊栄花(1028-92頃)浦々の別「一天下の君にこそおはしますめれ」＊虎明本狂言・牛博労(室町末-近世初)「其の上一天下の君も車にめして、うしでこそ引候へ」

いってん-かく【一転角】『名』「いってんき(一転機)」に同じ。＊思出の記(1900-01)〈徳富蘆花〉三・二三「僕は今生活(しゃうがい)の一転角(イッテンカク)に立っている」

いってん-き【一転機】『名』一つのだいじな変わりめ。いちてんき。 発音〈標ア〉テ〈京ア〉テ

いっ-てんげ【一天下】『名』「いってんが(一天下)」に同じ。

いってん-ご【一転語】『名』仏語。人に心機一転をもたらす語句。進退きわまったときや、迷いの中にあるときに、ふとその場を転じてくれる語句。または身を転じて新天地を開かせる語句。＊野分(1907)〈夏目漱石〉一一「道也先生は是に於て一転語(イッテンゴ)を下した」＊碧巌録-九一則・頌「請禅客各下一転語」＊従容録-八則「今請和尚代一転語〈著甚来由〉丈云、不昧因果〈一坑埋却〉老人於言下大悟〈狐涎猶在〉」

いってん-こう【一点紅】『名』①一輪の紅色の花。＊蘇軾-書鄢陵王主簿所画詩「誰言一点紅、解寄無辺春」 ②(王安石の「咏柘榴詩」の一句「万緑叢中紅一点」から) 青葉の中に咲いている一輪の赤い花。転じて、多くの男性の中の一人の女性。紅一点。また、多くの中で特にめだってすぐれたもの。 ③(②と同じ王安石の詩から)「ざくろ(柘榴)」の異名。 発音イッテンコー〈標ア〉テ

いってん-こくが【一点穀蛾】『名』昆虫「つづりが(綴蛾)」の異名。 発音イッテンコクガ〈標ア〉コ

いってん-さんぜんせかい【一天三千世界】『名』全世界のあらゆる所。＊曾我物語(南北朝頃)二・玄宗皇帝の事「方士神通にて、一天三ぜんせかいを尋ね廻りしに」

いってん-しかい【一天四海】『名』天の下と四方の海。天下全体。全世界。＊平家(13C前)一・禿髪「何事も六波羅様といひてんげれば、一天四海の人、皆是をまなぶ」＊易林本節用集(1597)「一天四海 イッテンシカイ」＊滑稽本・風来六部集(1780)放屁論後編「一天四海引っくるめての大論にて」 発音〈標ア〉カ テ 辞書易林・日葡・言海 表記一天四海(易・言)

いってんしかい 皆帰妙法(かいきみょうほう) (一天四海悉(ことごと)く法華の妙法に帰する意) 日蓮宗で、法華経の教えを称賛して唱える語。＊滑稽本・浮世風呂(1809-13)二・上「一天四海皆帰妙法(イッテンシカイカイキミャウホウ)南無高祖日蓮大菩薩、南無妙法蓮華経」

いってん-しゅん【一転瞬】『名』「いっしゅん(一瞬)①」に同じ。＊めぐりあひ(1888-89)〈二葉亭四迷訳〉一「今までの寂寞たる光を一転瞬の間に朦朧とした暗霧(もや)に変へた」＊思出の記(1900-01)〈徳富蘆花〉三・一六「其間実に一転瞬、はっと思ふ間もなかったのである」＊煤煙(1909)〈森田草平〉一八「只一転瞬でもさういふ純な境界に入りたい」 発音〈標ア〉テ

いってん-しょう【一点鐘】『名』①一時間。 ②午前・午後の第一時。＊一点鐘(1941)〈三好達治〉一点鐘二点鐘「山の根の冬の旅籠の 噫あの一点鐘 二点鐘」 発音イッテンショー〈標ア〉テ

いってん-せかい【一天世界】『名』「いってんが(一天下)」に同じ。＊仮名草子・智恵鑑(1660)七・一六「一天世界(セカイ)の中に、わが親ほど恩のふかきものはなきに」＊浮世草子・傾城武道桜(1705)五・一「しかし、まさかの時は一念の剣、死ぬるを高にするからは、一天世かいにおそろしきものなし」 発音〈標ア〉セ

いってん-どうふく【一天同覆】『名』同じ空の下。同じ世界。＊聖徳太子伝暦(917頃か)下・推古天皇二三年「臨別流涙啓。難会易別。人道之常。一天同覆住魂於殿下之前」

いってん-ばり【一点張】『名』①賭博で、一つ所にばかり金銭をかけること。＊浄瑠璃・嫩榮葉相生源氏(1773)五「二を張れとの御神託、思ひ切て一点張、願以此功徳」 ②他を顧みないで、ただ一つのことだけを対象としてすること。また、ただそれだけを押し通すこと。＊洒落本・京伝予誌(1790)豊後「是等のてやいさまで稽古するでもなけれど皆此芸者を一(いッ)てんばりの色ちょぼいちと見ゆるなり」＊歌舞伎・四千両小判梅葉(1885)序幕「さう一点張に当てられては、芝の石龍子もはだしだが」＊福翁自伝(1899)〈福沢諭吉〉暗殺の心配「京都の御趣意は攘夷一天張(イッテンバ)りであるのに、然るに幕府の攘夷論は兎角因循姑息に流れて埒が明かぬ」＊或る女(1919)〈有島武郎〉後・三九「何処に行っても知らない知らないで一点張りに通すがいいぜ」 発音〈標ア〉0リ〈京ア〉0 辞書言海 表記一点張(言)

いってん-ばんじょう【一天万乗】『名』(「乗」は古代中国で兵車を数える語。天子の直轄領は、兵車一万両を出す広さとされていたところから) 天下を治める天子の位。天子。一天万乗の君。＊十善法語(1775)一「王者の一天万乗の主たるも、山海の広狭、土地の産物、人民百姓の田穀財宝の員数までことごとくしるにあらず」＊歌舞伎・名歌徳三舛玉垣(1801)五立「思ひがけなき惟喬親王、一天万乗の一の宮」＊俳諧・父の終焉日記別記(1801)享和元年「昔一天万乗〈略〉君さへ井の底埋められんとせしためしあれば」 発音イッテンバンジョー〈標ア〉0テ 辞書言海 表記一天萬乗(言)

いってん-びょうしゃ【一点描写】(ベウシャ)『名』物事のある一点に焦点を当てて客観的に表現すること。＊灰燼(1911-12)〈森鷗外〉一八「一点描写と云ふものが不幸にしてまだ発明せられてゐないので、矢張平面描写で書くのである」 発音イッテンビョーシャ〈標ア〉ビョ

いっ-てんぽ【一転歩】『名』それまでの生き方、考え方などについて、ある一つの転換をすること。＊風流魔(1898)〈幸田露伴〉七「平七が技倆に於ても人物に於ても一転歩して上達すべき機は実にかかる失意の場合に存し」 発音〈標ア〉テ

いってん-むそう【一天無双】(サウ)『名』この世にならぶもののないこと。また、それほどすばらしいこと。＊大乗院寺社雑事記-延徳三年(1491)一〇月一日「各大津・三井寺・坂本・十津・平辻子陣所也。一天無双之見物不可過之」 発音イッテンムソー〈標ア〉ム

いってん-もの【一点物】『名』①他に同じものがない品物。また、家具などで一式にしないで単品で売るもの。 ②賽(さい)の目の、どれか一つだけがよく出るようにしかけた、いかさま賽をいう、賭博仲間の隠語。〔特殊語百科辞典(1931)〕

いっ-と【一斗】『名』容量で、一升の一〇倍。約一八・〇三九リットル。また、その分量の物。＊延喜式(927)三六・主殿寮「諸寺年料油〈略〉延暦寺灌頂料。一斗」＊日葡辞書(1603-04)「Itto(イット)〈訳〉固体または液体の物を一升の十倍を単位として『イチコク』まで数える数え方」＊俳諧・猿蓑(1691)五「さる引の猿と世を経る秌(あき)の月〈芭蕉〉年に一斗の地子はかる也〈去来〉」 発音〈なまり〉イットウ〔南伊勢〕〈標ア〉イ〈京ア〉0 辞書文明・天正・日葡・書言 表記一斗(文・天) 一㪷(書)

いっ-と【一途】『名』①(「一筋の道」の意から) それしかないと思われる一つの方針、方法。また、その決定。＊近衛家本追加-弘安七年(1284)八月一七日(中世法制史料集一・追加法五四八)「引付勘録事、止二途三途、可勘申一途」＊高野山文書-(年未詳)(室町)正月二三日・沙彌元俊書状(大日本古文書四・七五)「寺家之御意之趣、斟淵所存取合、先注進仕候。未無御左右候。如何様一途被仰下候ぬと存候」＊大乗院寺社雑事記-文正元年(1466)九月晦日「筒井進退又非一途」＊蔭凉軒日録-長享三年(1489)八月二日「蓋就社中維那諍論之事、東相公一途有御返答」＊帝都復興に関する詔書-大正一二年(1923)九月一二日「只速に人事を尽して民心を安定するの一途あるのみ」＊劉峻-弁命論「非可以一理徹、非可以一途験」＊梁簡文帝-悔賦「蹟夫覆車之人、豈止一途而已」 ②二つ以上のものが一致すること。一つにまとまること。＊三島社文書-応永七年(1400)六月一五日・源満兼願文「満兼誤以小量欲起大軍。然依輔佐之遠慮有和睦之一途」＊五箇条の御誓文-明治元年(1868)三月一四日「官武一途庶民に至る迄、各其志を遂げ、人心をして倦まざらしめんことを要す」＊小説神髄(1885-86)〈坪内逍遥〉下・文体論「支那および西洋の諸国にては言文おほむね一途(ト)なるから」 ③ただ一つの方向。＊歩兵操典(1928)綱領「難局を打開し戦捷の一途に邁進するを要す」 発音〈標ア〉イ〈京ア〉0

いっと を 辿(たど)る ある一筋の道に向かって進む。＊北東の風(1937)〈久板栄二郎〉二幕「拡張増設の一途を辿って参りました」

いっ-と【一賭】『名』一回きりのばくち。成否を一度にかけること。＊颶風新話(航海夜話)(1857)序「実に性命を一賭に定むるの戦たるが故に」

イット『名』(英 It) 性的魅力。セックスアピール。アメリカの女流作家エリナ=グリーン原作、クララ=ボウ主演の映画「イット」から昭和初期にはやったことば。→イットガール。＊アルス新語辞典(1930)〈桃井鶴夫〉「イット 英 it 性的魅力、性的牽引力、俗にいふお色気。〈略〉『イットを発散する』」＊鶩毛(1947)〈舟橋聖一〉二「肉附ゆたかに、妖(あや)しいまでのイット」 発音〈標ア〉イ〈京ア〉イ

いっと-いちげん【一吐一言】『名』ひとことひとこと。一言一句。＊怪談牡丹燈籠〈三遊亭円朝〉序(1884)〈坪内逍遥〉「一吐一言(イットイチゲン)文をなして、〈略〉此好稗史(はいし)をものすること」

いっと-いも【一斗芋】『名』方言(収量の多いところから) 植物、きくいも(菊芋)。北海道一部030 青森県一部030 宮城県一部030 岐阜県飛騨502 ◇いっとおじしょお 愛知県一部030

いっ-とう【一─】『名』「一洞」で、一つのほこらの意か。＊謡曲・山姥(1430頃)「一とう空しき谷の声、梢に響く山彦の、無声音を聞く便りとなり」

いっ-とう【一刀】(タウ)『名』①一本の刀。＊史記抄(1477)一三・張馮列伝「無頼刀筆之吏とは。一刀一筆を

以てかいっこそげつする小官也」＊本朝武芸小伝（1716）五・神子上典膳忠明「吾以二瓶割刀一授二於汝等一、然一刀豈授二二人一」＊剣法略記（1839）二「試みに一刀を持来れよかし」＊晉書-王濬伝「濬夜夢懸二三刀於臥屋梁上一、須臾又益二一刀一」②刀を一回ふるって切ること。一太刀。また、彫刻をする場合のひときざみ、ひとほり。＊類従本梅松論（1349頃）下「菊池武敏計（ばかり）は、頼尚が一刀を以て誅伐（ちゅうばつ）せん事、案の内にて候ふと」＊西国立志編（1870-71）〈中村正直訳〉六・一「一筆一刀と雖（いへ）ども空（むなし）く施さず」＊花柳春話（1878-79）〈織田純一郎訳〉六四「之を一刀の下に殺し」［発音］イットー〈標ア〉[0][ト]〈京ア〉[0]［辞書］言海［表記］一刀（言）

いっ-とう【一当】〔名〕一つの正当なもの。一つの正しいもの。＊童子問（1707）中・六〇「功夫欲二其密一、議論欲二其正一。至奇極妙、不レ如二一当一」

いっ-とう【一灯】〔名〕①灯明、電灯など、一つの明かり。＊翰林葫蘆集（1518頃）三・点燈移梅影「疎影横斜春不レ稀、就レ窓挑尽一燈微」＊日葡辞書（1603-04）「Ittô（イットウ）。ヒトツノ トモシビ」＊俳諧・芭蕉真蹟（1693）「元禄六、文月七日の夜〈略〉こよひ猶ただに過さむも残多しと、一燈かかげそふる折節」＊劉長卿-遠公龕詩「入レ夜翠微裏、千峰明二一燈一」②一つの宗旨。＊寛永刊本江湖集鈔（1633）一「此やうな夜すがら、二祖も一灯を滅せられたぞ」［発音］イットー〈標ア〉[0]〈京ア〉[0]［辞書］日葡

いっ-とう【一投】〔名〕野球、ボウリングなどで、一回の投球。

いっ-とう【一党】〔名〕①共通の利益、思想などによって結ばれた仲間。一味。一類。＊今昔（1120頃か）五・一「彼の国には夜叉の一党有て、時々出来て人を取り噉（くらふ）なむ有る」＊寛永刊本蒙求抄（1529頃）二「其如く其一党のあやまりをふさぐぞ。錮禁（こきん）と云は其党をはじき出されたぞ」＊日葡辞書（1603-04）「Ittŏ（イッタウ）。ヒトツノ トモガラ〈訳〉人々、盗人どもなどの集団」②中世における武士の集団。血縁的、地域的に結合していたもの。「党」を強調していったり、党全体、また、党を構成する者をさすのにいうことが多い。＊太平記（14C後）八・四月三日合戦事「伊東、松田、頓宮、富田の判官が一党（タウ）、并びに真木、葛葉の溢（あふ）れ者共を加へて其勢都合三千余騎」＊嘉吉物語（1492頃）「入道殿申されけるやうは、『いや一党達』」③一つの政党、党派。「一党による長期支配」「一党独裁」＊米欧回覧実記（1877）〈久米邦武〉二・二四「其一党は政府党となりて、他の一党を抗政党とするなり」④（―する）仲間が集まって徒党を組み、目的によって一致すること。＊四河入海（17C前）二三・四「天下一党して太平なるぞ」⑤（多く「に」を伴って副詞的に用いる）複数の人が同様の行為をするさま。いっしょ。一同。＊浮世草子・けいせい伝受紙子（1710）一・四「皆一党（イットウ）に覚悟をきはめ、討死と心ざす忠義の程こそけなげなれ」［発音］イットー〈標ア〉[0]〈京ア〉[0]［辞書］易林・日葡・書言［表記］一党（易・書）

いっ-とう【一棹・一櫂】〔名〕船の棹（さお）一本。または、一本の棹で船を進めること。＊蕉堅藁（1403）趙文敏画「苕上秋風一櫂帰、青山緑水繞二林扉一」＊日葡辞書（1603-04）「Ittŏ（イッタウ）〈訳〉船の棹、または、船を棹で進めること。文書語」＊和漢船用集（1766）八・呼棹楫為舟名之部「一棹（イッタウ）」［辞書］日葡

いっ-とう【一答】〔名〕問いに対して一つの答えをすること。また、その答え。→一問一答。＊落葉集（1598）「一答 いったう」＊ロドリゲス日本大文典（1604-08）「Ittŏ（イッタウ）」［発音］イットー〈標ア〉[0]

いっ-とう【一等】■一〔名〕①仏語。差別がなく、平等であること。同一であること。＊正法眼蔵（1231-53）三十七品菩提分法「在家心と出家心と一等なりといふこと、証拠といひ、道理といひ、五千余軸の文にみえず」＊洒落本・聖遊廓（1757）序「天窒（ふた）し地台（のす）る所、物一等（イットウ）といへども、又物の等しからざる遊彊（ゆうきゃう）とて婦の市あり」＊無量寿経-上「内外左右有二諸浴池一。〈略〉縦広深浅、各皆一等」②（形動）（―する）別のもの、別の場所などが、皆同じ状態、同じ様子であること。いちようなさま。＊禅林類聚鈔（17C前）三「百花が一等に乱満とさき乱れた」＊日葡辞書（1603-04）「Ittŏ（イッタウ）。すなわち、ヒトシイ。例、Ittŏ（イッタウ）シテ、すなわち、イチミ シテ〈訳〉一様に、または、一致させて」③一つの等級。一等級。＊太平記（14C後）一七・還幸供奉人々被禁殺事「三公九卿、纔に死罪一等を被レ宥たれ共」＊集義和書（1676頃）一「又一等の人あり。生付欲うすく、心をろかにして、小理の悟を信じ、これによりて心をうごかさざる者あり」＊俳諧・白馬（1702）洒落堂記「彼宗鑑が客におしゆるざれ歌に一等くはへてをかし」＊浮雲（1887-89）〈二葉亭四迷〉一・二「其年の暮に一等進んで本官になり」④いちばん上の等級。第一等。＊蔗軒日録-文明一七年（1485）一〇月二四日「治二脚気中風一。雖レ云二天下第一等一不レ媿也」＊趣味の遺伝（1906）〈夏目漱石〉一「一等の待合へ来てみると」＊世間知らず（1912）〈武者小路実篤〉八「自分達は一つの車が一等と二等にわかれてゐるボーギー式の車にのった」⑤多くのものの中で、いちばんすぐれていること。＊西洋道中膝栗毛（1870-76）〈仮名垣魯文〉九・序〈倭屋琴語〉「今此道の一等（イットウ）と称せらる」＊都の友へB生より（1907）〈国木田独歩〉「此温泉に来るお客さんの中じア旦那が一等（イットウ）だ」＊苦の世界（1918-21）〈宇野浩二〉一〇四「それには踊りが一等ですね」⑥「いっとうしょう（一等賞）」の略。＊トカトントン（1947）〈太宰治〉「このひとたちが、一等をとったって二等をとったって、世間はそれにほとんど興味を感じないのに」■二〔副〕①一段と。よりいっそう。＊難波土産（1738）発端「文句に心を用る事昔にかはりて一等高く」②最も。一番。＊青春（1905-06）〈小栗風葉〉秋・二「同じ堕胎の幇助でも、医師産婆なぞは一等罪が重いんだからね」＊桑の実（1913）〈鈴木三重吉〉六「このお子の事が一等気になりますよ」＊秋立つまで（1930）〈嘉村礒多〉「心配や屈托ごとが、あなたのおからだに、一等毒なんですよ」＊雪国（1935-47）〈川端康成〉「ここが一等涼しいの」［発音］イットー〈なまり〉イット〔埼玉方言・飛騨〕〈標ア〉■一は（名詞的）[0][ト]（副詞的）[0] ■二は[0]〈京ア〉（名詞的）Ⓣ（副詞的）⓪［辞書］文明［表記］一等（文）

いっ-とう【一統】■一〔名〕①（―する）一つにすべ合わせること。統一。＊神皇正統記（1339-43）中・推古「後に南朝の陳をうちたひらげて、一統の世となれり」＊太平記（14C後）一六・聖主又臨幸山門事「元弘の初に公家天下を一統（トウ）せられて三年を過ぎざるに」＊尺素往来（1439-64）「天下一統、海内無為」＊黒本本節用集（室町）「一統 イットウ 天下一統」＊羅山先生文集（1662）四八・寛永諸家系図伝序「自非二太平一統明之時一、何至二於此一乎」＊史記-始皇本紀「今海内頼二陛下神霊一、一統皆為二郡県一」②一つにまとめ合わせた全体。総体。一同。＊応永記（1399-1434頃か）「就中九州一統として、御敵数万騎中国に打越べき企あり」＊浄瑠璃・平家女護島（1719）一「所詮此白首（されかうべ）ことやかまし。打砕（うちくだき）加茂川へ流し捨よと御一門一統の仰」＊談義本・世間万病回春（1771）三・疱瘡神評「世間一統（イットウ）女房のお影でいざしら雲の上さた迄も亭主は見ぬが極楽なれば」＊西国立志編（1870-71）〈中村正直訳〉一二・五「人類一統の幸福を、或は増し、或は減じ」＊化銀杏（1896）〈泉鏡花〉六「組（くらす）一統（イッタウ）がわッといって笑ッたって、里見がいつか談（はな）したっけ」③別のものをひとつに扱うこと。＊足利本人天眼目抄（1471-73）中「正と来と寰中塞外朝市山林一統だぞ」④あることひとすじにまとまること。＊謡曲・調伏曾我（1480頃）「ことさら当時一統の、道も直なる文武の二つ」＊当世書生気質（1885-86）〈坪内逍遙〉九「さらずは路程（みちのり）なほ遙けき、道理一統（イットウ）への進開道（しんかいみち）、心猿意馬をやとはずては、容易に足が進まぬ長旅」＊史記-始皇本紀「法令由二一統一、自二上古一以来、未二嘗有一」■二〔副〕（多く「に」を伴って用いる）おしなべて。いちように。みなみな。＊言継卿記-天文一三年（1544）正月六日「右筆之事、当家一統無二其例一。最無念之間非レ無二其望一」＊日葡辞書（1603-04）「テンカヲ ittôni（イットウニ）ヲサムル〈訳〉天下全体を残るところなく治める」＊咄本・鹿の巻筆（1686）三・三「芝居一とうに『いよ馬様馬様』と、しばらくなりもしづまらずほめけり」＊黄表紙・見徳一炊夢（1781）中「錦のふんどしをいっとうにして、百人奴（やっこ）のおどりの趣向」＊人情本・仮名文章娘節用（1831-34）後・四回「上方から状が来た時、あちらは一統（いっトウ）風がはやると」＊北条霞亭（1917-20）〈森鷗外〉一一七「入塾之書生は何もかも一統ひとつにいたし、一月の上に而総勘定いたし候」［方言］❶親族。血縁。長野県上伊那郡488 下伊那郡492 奈良県吉野郡688 香川県三豊郡・仲多度郡829 佐賀県東松浦郡010 熊本県玉名郡058 大分市941 ◇いっとううち〔一内〕広島県山県郡054 ◇いっとうち 兵庫県加古郡664 香川県三豊郡・仲多度郡829 ❷全体。長野県佐久493［発音］イットー〈標ア〉[0]〈京ア〉[0]［辞書］文明・伊京・明応・天正・饅頭・黒本・易林・日葡・書言・ヘボン・言海［表記］一統（文・伊・明・天・饅・黒・易・書・ヘ・言）

いっ-とう【一榻】〔名〕（「榻」は細長い腰掛け。また、寝台）一台の寝台。＊蕉堅藁（1403）山居十五首次禅月韻「一榻寥々蝸質闊、九衢袞々馬塵高」＊柳湾漁唱-一集（1821）寄呈聞中禅師乞茶「金錫何時還向レ東、虚斎一榻挂二春風一」＊後漢書-陳蕃伝「特為置二一榻一、去則懸レ之」

いっ-とう【一頭】〔名〕①一つのあたま。＊管子-水地「蟜者、一頭而両身、其形若レ蛇」②馬、牛、鹿、猪、犬など、けだもの一匹。＊延喜式（927）二〇・大学寮「大鹿、小鹿、豕各一頭、〈略〉其莵一頭」＊名語記（1275）六「鹿一頭をもくす」＊漢書如淳注-翟方進伝「（上尊酒十石、養牛一）賜二上尊酒十斛、牛一頭一」③烏帽子（えぼし）、兜、仮面など一つ。＊延喜式（927）一三・大舎人寮「其方相仮面一頭」

いっ-とう【逸宕・佚宕】〔形動タリ〕小さいことにこだわらないで、さっぱりしているさま。＊随筆・山中人饒舌（1813）上「好用二熟紙一。恣筆逸宕」＊家族会議（1935）〈横光利一〉「逸宕とした山水の新意は清子にも良く分った」＊梁簡文帝-玄虚公子賦「追二寂圃一而逍遙、任二文林一而佚宕」［発音］イットー〈標ア〉[イ]

いっ-とう【逸蕩】〔名〕ほしいままに楽しみにふけること。また、やるべきことをせずになまけること。＊漢語字類（1869）〈庄原謙吉〉「逸蕩 イッタウ ナマケル」＊布令字弁（1868-72）〈知足蹄原子〉六「逸蕩 イッタウ ナマケル」＊列子-楊朱「恣二耳目之所一レ娯、窮二意慮之所一レ為、熙熙然以至二於死一。此天民之逸蕩者也」［発音］イットー〈標ア〉[0]

いっとう〔副〕（「いたく」の音便「いたう」の変化した語）否定の語を伴って用いる。全く（…でない）。それほどはなはだしく（…ではない）。一向。＊杜詩続翠抄（1439頃）一一「いったう食（くはれ）さうもない者也」＊史記抄（1477）八・孝文本紀「勃はまことに功もあるぞ、平はいったうなけれども」＊六物図抄（1508）「いったう人の名は尺はない事ぢゃが」＊玉塵抄（1563）一「一到方々の書の目録をみるにないぞ」＊日葡辞書（1603-04）「Ittŏ（イッタウ）。すなわち、サノミ。〈訳〉このようにはなはだしく。Ittŏ（イッタウ）エゼクナ〈訳〉あまりふざけるな。シモの語」［辞書］日葡

いつ-どう【佚道・逸道】〔名〕人をやすらかに楽しませるやり方。＊寸鉄録（1606）「『佚道』とは、人ヲ

やすんずべきみちなり」＊漢語字類(1869)〈庄原謙吉〉「逸道 イッタウ ラクナシカタ」＊布令字弁(1868-72)〈知足蹄原子〉六「逸道 イツドウ ラクナシカタ」＊孟子-尽心・上「以佚道使民、雖労不怨」

いっとう-いちだ【一投一打】〘名〙野球で、一回の投球と、一回の打球。ボールを投げることと打つこと。発音イットーイチダ〈標ア〉テ

いっとう-うち【一頭打】〘名〙一人ずつ馬に乗って行列に加わって行くこと。＊鹿苑院殿御元服記(14C末)「今後供奉一頭打」

いっとう-うんてんし【一等運転士】〘名〙「いっとうこうかいし(一等航海士)」の旧称。〔船舶職員法(明治二九年(1896))一条〕＊仏国風俗問答(1901)〈池辺義象〉潮の八百路「一等運転師、二等運転師、機関長及び一等二等機関師に、各英国人一名を嘱托し」＊海に生くる人々(1926)〈葉山嘉樹〉一「彼は此頃ボースンにも、一等運転士にも見込みが悪いことを知ってゐた」発音イットーウンテンシ〈標ア〉テ

いっとう-えん【一燈園】明治三八年(一九〇五)四月、西田天香によって創始された修養団体。また、その道場の名。正しくは財団法人懺悔(ざんげ)奉仕光泉林。道場は京都市山科区にあり、無所有、無一物の懺悔奉仕の生活を目指し、「光明祈願」を主旨とした共同生活を行なう。発音イットーエン〈標ア〉ト

いっとう-かん【一等官】〘名〙旧制の官吏等級で、一等の高等官。発音イットーカン〈標ア〉ト

いっとう-きかんし【一等機関士】〘名〙機関士の海技免状中、最も高等なものを持っている船舶職員。〔船舶職員法(明治二九年(1896))一条〕発音イットーキカンシ〈標ア〉カ〈京ア〉カ／カ

いっとう-きゃく【一等客】〘名〙列車や船の一等に乗っている客。＊鎚一下(1913)〈森鷗外〉「大工場の主人であるから、〈略〉体面を取り繕って、一等客(イットウキャク)として旅行しはすまいか」＊旅日記から(1920-21)〈寺田寅彦〉五「一等客でコロンボから乗った英国人が今朝投身したと話して居た」発音イットーキャク〈標ア〉ト

いっとう-くんしょう【一等勲章】〘名〙勲章の一つ。勲一等に叙する者に賜わったもの。勲一等旭日大綬章、旭日桐花大綬章、瑞宝章、宝冠章などの総称。＊太政官布告第五四号-明治八年(1875)四月一〇日「勲一等。右に叙する者は一等勲章を賜ふ」発音イットークンショー〈標ア〉ク

いっとう-こうかいし【一等航海士】〘名〙甲種一等航海士および乙種一等航海士の海技免状を持っている船舶職員。＊船舶職員法(1951)二条・二「一等航海士」発音イットーコーカイシ〈標ア〉カ

いっとう-こく【一等国】〘名〙国際的に見て、最も優勢な国々の俗称。＊一年有半(1901)〈中江兆民〉附録・斥碁的開化「朝野嘖嘖一等国に列したりと自称せる今日」＊社会百面相(1902)〈内田魯庵〉閨閥・下「欧羅巴の一等国へ派遣さして貰う積りぢゃ」＊三四郎(1908)〈夏目漱石〉一「こんなに弱ってゐては、いくら日露戦争に勝って、一等国(イットウコク)になっても駄目ですね」発音イットーコク〈標ア〉ト〈京ア〉①

いっとう-さんらい【一刀三礼】〘名〙仏像を彫刻するとき、信仰の心をこめて、一刻みするたびに三度礼拝すること。転じて、仏像を彫刻する態度が敬虔(けいけん)であること。一刀三拝。一刻三礼。いっとうさんれい。＊広隆寺来由記(室町末か)「瞻礼尊像手親一刀三礼刻二尊像」＊山城州宇治郡六地蔵菩薩縁起(大善寺蔵)(1665頃か)「六躰の中の一刀三礼の尊容をこの寺におき」＊雑俳・柳多留-八九(1826)「一刀三礼気の長い彫物師」発音イットーサンライ〈標ア〉0

いっとう-さんれい【一刀三礼】〘名〙「いっとうさんらい(一刀三礼)」に同じ。＊東京年中行事(1911)〈若月紫蘭〉一月暦「本尊の辨財天は伝教大師一刀(タウ)三礼(レイ)の作で有るとやら」発音イットーサンレイ〈標ア〉0 辞書書言 表記一刀三礼(書)

いっとう-し・い【甚】〘形口〙文いったう・し〘形シク〙(「いっとうしくもない」の形で用いる)たいしたことのない。適当でない。＊三体詩幻雲抄(1527)「詩人の不指名而書人は、其人のいったうしうも、ないなれば、集に遺して、いやなと、思て、人とかくこと、往々にあり」

いっとう-しつ【一等室】〘名〙列車や船などで、一等の客が乗り込む車室や船室。＊火の柱(1904)〈木下尚江〉一六・一「駅長自ら戦々兢々として、一等室の扉を排(ひら)けば」＊魔睡(1909)〈森鷗外〉「一等室はかなり込み合ってゐるが」発音イットーシツ〈標ア〉ト

いっとう-しゃ【一等車】〘名〙列車で、一等の客を乗せる車両。昔、客車を三段階に分けていた時の最も値段の高い車両。現在は等級制はない。＊百鬼園随筆(1933)〈内田百閒〉一等車「一等車は、列車の真中にあって、半分は廊下のついた寝台車に仕切り」発音イットーシャ〈標ア〉ト〈京ア〉ト

いっとう-しゅぎ【一党主義】〘名〙一つの独裁政党によって国家の政治を行なうことを主張する主義。一国一党主義。発音イットーシュギ〈標ア〉シュ

いっとう-じゅんようかん【一等巡洋艦】〘名〙旧日本海軍の巡洋艦の分類の一つ。口径が一五・五センチメートル以上の主砲を装備するもの。甲巡洋艦。重巡洋艦。発音イットージュンヨーカン〈標ア〉0ヨ

いっとう-しょう【一等症】〘名〙旧陸軍の軍人が公務あるいは公務に準ずる場合に受けた重傷、または、かかった疾病。発音イットーショー〈標ア〉ト

いっとう-しょう【一等傷】〘名〙一般市民で警察官同様の働きをして身体に障害を生じた場合の重傷、または職務によって受けた死に至るほどの重傷。発音イットーショー〈標ア〉ト

いっとう-しょう【一等賞】〘名〙競技会、展覧会などで、最優秀の者に与えられる賞。＊団団珍聞-六九三号(1889)「是を投書すればきっと一等賞(トウシャウ)を得るに相違ない」＊吾輩は猫である(1905-06)〈夏目漱石〉三「鞍馬山で展覧会があっても恐らく一等賞だらう」＊羽鳥千尋(1912)〈森鷗外〉「出品して置いたのが、〈略〉一等賞(イットウシャウ)を得たので」発音イットーショー〈標ア〉ト〈京ア〉ト

いっとう-しりょう【一等史料】〘名〙最も信用度の高い史料。第一級の史料。＊実朝(1943)〈小林秀雄〉「史家の所謂一等史料吾妻鏡の劣等な部分が、かへって歴史の大事を語ってゐないとも限るまい」発音イットーシリョー〈標ア〉シ

いっとう-しん【一等親】〘名〙①親等の一つ。親族関係の隔たりが本人から数えて一世であるもの。父母、養父母、子、養子。一親等。＊小学読本(1874)〈榊原・那珂・稲垣〉二「父母子を一等親とし」②家族の階級序列の一つ。夫は一等親、妻は二等親。発音イットーシン〈標ア〉ト〈京ア〉ト

いっとう-すいへい【一等水兵】〘名〙旧海軍の階級の一つ。上等水兵の下位、二等水兵の上位にあたる。発音イットースイヘイ〈標ア〉ス

いっとう-せい【一等星】〘名〙星の明るさの尺度の一つ。ボン星表による六等星の百倍の明るさをもつ星。光度が一等級の星。厳密には、実視等級が一・五等と〇・五等の間にある星。全天に二一個ある。また比喩的に、ひときわすぐれた人などをもいう。＊改正増補物理階梯(1876)〈片山淳吉〉下・三七「第一等星は其数二十四、第二等星は其数五十第三等星は其数幾んど二百に及び、其他は其数甚多くして、人の輙く記憶すべきに非ざれども」＊露団々(1889)〈幸田露伴〉一二「一等星(イットウセイ)は大概宝石にて、二等星は金属なり」＊ジッドの死をきいて(1951)〈桑原武夫〉「戦後ややその光茫衰えたりと見えたこの一等星は」発音イットーセイ〈標ア〉ト〈京ア〉1

いっとう-せんせい【一党専制】〘名〙「いちだいせいとうせい(一大政党制)」に同じ。発音イットーセンセイ〈標ア〉0

いっ-とうそく【一投足】〘名〙足をちょっと動かすこと。→一挙手一投足。＊虞美人草(1907)〈夏目漱石〉一九「一挙手も一投足も悉く生中にあるが故に」発音イットーソク〈標ア〉ト

いっとう-ぞく【一等属】〘名〙(「属」は属官で判任官の文官)明治憲法下の上位の官吏。＊平凡(1907)〈二葉亭四迷〉三〇「今日では内務の一等属、何とかの係長たることを得たのだ」発音イットーゾク〈標ア〉ト

いっとう-そつ【一等卒】〘名〙「いっとうへい(一等兵)」の旧称。＊田舎教師(1909)〈田山花袋〉一九「旅順で戦死した一等卒の墓もあった」発音イットーソツ〈標ア〉ト

いっとう-だい【一等鯛】〘名〙イットウダイ科の海魚。体長二五センチメートルに達する。体形は側扁し、堅く粗いうろこでおおわれている。体色は赤く、体側に九～一〇条の白い縦走帯がある。本州中部から沖縄に分布し、観賞用として水族館などで飼育される。カノコウオ。学名は Adioryx spinosissimus 発音イットーダイ〈標ア〉ト

いっとう-だて【一頭立】〘名〙一頭で車を引かせること。また、その車。＊地獄の花(1902)〈永井荷風〉二「一頭立の小形の箱馬車」発音イットーダテ〈標ア〉0

いっとう-ち【一等地】〘名〙生活したり、商売をしたりするのに、最も条件のよい土地。＊自由学校(1950)〈獅子文六〉五笑会の連中「その別荘があった付近は、一等地だったが」発音イットーチ〈標ア〉ト

いっとう-ち【一頭地】〘名〙(「地」は助辞)「いっとう(一頭)」に同じ。

いっとうち を 抜(ぬ)く[=擢(ぬきん)ずる・出(いだ)す] 多くの人よりも一段とすぐれている。＊無刊記刊本碧巌鈔(1620-40頃)三「独雲門を推上げて一頭地出いて云也」＊野の花(1901)〈田山花袋〉一「学問が好く出来て、優に儕輩の上に一頭地を擢でて居て」＊渋江抽斎(1916)〈森鷗外〉五〇「弘前は遂に東北諸藩の間に於て一頭地(いっトウチ)を抜(ヌ)いて起つことが出来なかった」＊東京の三十年(1917)〈田山花袋〉作家短評「シーンを描く作家としては、確かに時流に一頭地を出してゐたのであるけれども」＊宋史-蘇軾伝「軾以書見脩。脩語梅聖兪曰、吾当避此人出一頭地」

いっとう-とうだい【一等灯台】〘名〙日本の灯台で、塔の大きさ、高さ、灯光の強さなどが最上級の灯台。外洋への突端、霧の発生しやすい場所に設置。灯光用レンズは焦点距離が九二〇ミリメートルのものを使用。発音イットートーダイ〈標ア〉ト2

いっとう-どうろ【一等道路】〘名〙広さや整備状況などが第一級の道路。＊風俗画報-二三六号(1901)永代橋「永代橋は〈略〉麹町区大手町より呉服橋を経て、京橋区大川端町に達する一等道路と、深川区相生町より富岡門前町に通ずる二等道路とを連絡する鉄橋にして」発音イットードーロ〈標ア〉ド

いっとうどくさい-せい【一党独裁制】〘名〙「いちだいせいとうせい(一大政党制)」に同じ。発音イットードクサイセイ〈標ア〉0

いっとう-へい【一等兵】〘名〙①旧陸軍各兵科の兵の階級の一つ。二等兵の上、上等兵の下に位する。一等卒。＊麦と兵隊(1938)〈火野葦平〉五月一五日「当番の川原一等兵と斎藤一等兵とが何処か遠い所にあるとかいふ井戸から石油缶に水を汲んで来た」②旧海軍の各兵科の兵の階級の一つ。一等水兵、一等航空兵、一等機関兵その他の総称。発音イットーヘイ〈標ア〉ト

いっとう-へいそう【一等兵曹】〔名〕旧海軍の階級の一つ。上等兵曹の下位、二等兵曹の上位にあたる下士官。発音イットーヘイソー〈標ア〉ヘ

いっとう-ぼり【一刀彫】〔名〕木彫り様式の一つ。荒彫りな面をもって仕上げたもの。一刀で刻みあげたように見えるのでいう。鎌倉時代に始まり、奈良の一刀彫り人形、飛驒の一位彫りが有名。＊生々流転(1939)〈岡本かの子〉「背は低いが肩幅の広い身体に作り付けたやうに大きな赭(あか)ら顔が載ってゐて、ちょっと奈良の一刀彫(いったうボリ)のやうです」＊越前竹人形(1963)〈水上勉〉九「地方のこけしや、一刀彫りなどの人形が眼につくと」発音イットーボリ〈標ア〉0〈京ア〉0

いっとう-まい【一等米】〔名〕米の等級の一つ。一番よい米。＊満韓ところどころ(1909)〈夏目漱石〉一三「隔日に牛肉を食って、一等米(イットウマイ)を焚いて」発音イットーマイ〈標ア〉0

いっとう-ゆうびんきょく【一等郵便局】〔名〕郵便局の一種。その管轄区域内の郵便、郵便為替、郵便貯金、電報および電話の管理事務、並びに局舎営繕事務の一部、および電話、電報の建設事務をつかさどるもの。現在ではこの呼称はない。＊逓信史要(1898)〈逓信省編〉二・一・二「一等郵便局をして郵局業務の監督を為さしむ」発音イットーユービンキョク〈標ア〉ビ

いっ-とうらい【一到来】〔名〕一つの知らせ。また、一報、報告、伝言など。＊上井覚兼日記-天正一二年(1584)九月一日「今一到来聞せられ候する由被二仰渡一候て可レ然之段、定候也」＊日葡辞書(1603-04)「Ittŏraiuo (イッタウライヲ) マツ」辞書日葡

いっとう-りゅう【一刀流】〔名〕剣道の流派の一つ。近世初期、伊藤一刀斎景久が創始したと伝え、後世小野派、梶(かじ)流、唯心一刀流、北辰一刀流、甲源一刀流などに分かれる。＊撃剣叢談(1843)三・一刀流・小野流一刀、梶流一刀「一刀流の祖伊藤一刀斎景久は世に双なき剣術の達人なり」＊一刀流兵法仮名字目録(1686)「一刀流と云は、先一太刀は一と起て十と終、十と起て一と納る処也。故に万有物をかぞゆるといへども、右の処也。習うかべて見るに本の一刀と云々」＊歌舞伎・三人吉三廓初買(1860)二幕「当時一刀流の達人と云はるる、此大先生」発音イットーリュー〈標ア〉0〈京ア〉0 辞書言海 表記一刀流(言)

いっとう-りゅう【一統流】〔名〕兵学の一派。小幡一統流とも。甲州流の中興、小幡景憲(かげのり)の高弟、尾州藩士奥田玄賢を祖とするもの。発音イットーリュー〈標ア〉0

いっとう-りょうだん【一刀両断】〔名〕①一太刀で物をまっ二つに切ること。＊襟帯集(1569)「木である程に、一刀両断してのくるぞ」＊日葡辞書(1603-04)「Ittŏ riŏdan (イッタウ リャウダン)〈訳〉斬って分つ」＊剣法略記(1839)二・居物だめしのことゆへ「みだりにうつ時には、きわめて乳わりより上は一刀両断することはなしがたし」＊日誌必用御布令字引(1868)〈四方茂苹〉「一刀両断 イッタウリャウタン 一トウチニテ二ツニワルコト」②剣術の教課の一つ。小手先の技巧を用いないで、もっぱら太刀をまっすぐに振りおろすこと。＊日葡辞書(1603-04)「Ittŏ riŏdan (イッタウ リャウダン)〈訳〉剣術の一つの時期、または教課」＊柳生流新秘抄(1716)三学・一刀両段「師の訓を受てはじめに一刀両段の太刀を習ひ」③(比喩的に)思いきって一度にはっきりと処置すること。＊応永本論語抄(1420)顔淵「一刀両断して私欲の念を殺してのくる也」＊童子問(1707)下・二二「苟知レ之明、則是是非非、一刀両断、不レ得二少仮借一」＊西国立志編(1870-71)〈中村正直訳〉一〇・一五「斬釘截鉄(ざんていせってつ)、一刀両断、否(いな)と云へる一字を以てこれに答べし」＊三四郎(1908)〈夏目漱石〉八「一刀両断の解決抔(など)は思ひも寄らぬ事である」＊朱子語類-論語「克レ己者、是従二根源上一一刀両断、便斬絶了」発音イットーリョーダン〈標ア〉0ト〈京ア〉0 辞書日葡

いっとう-れい【一統礼】〔名〕大勢が同時に拝礼をすること。＊渋江抽斎(1916)〈森鷗外〉三九「独礼とは式日に藩主に謁するに当って、単独に進むものを謂ふ。これより下は二人立、三人立等となり、遂に馬廻以下の一統礼(トウレイ)に至るのである」発音イットーレイ〈標ア〉ト

イット-ガール〔名〕(洋語 It girl) 性的魅力のある若い女性。色っぽい女性。昭和五、六年頃の流行語。↓イット。＊モダン用語辞典(1930)〈喜多壮一郎〉「イット・ガール イット It とガール girl とをつけて作った言葉。〈略〉『彼女はとてもイットガールだ』と用ひる」＊東京エロオンパレード(1931)〈西尾信治〉「大衆文芸とシャレとを織まぜながら、イットガールの舌は車輪とともに回転する」発音〈標ア〉ガ

いっ-とき【一時】〔名〕①昔の時間区分で、一日の十二分の一。今のおおよそ二時間。奈良・平安時代の定時法では二時間、鎌倉時代以降の不定時法では季節により、また昼夜によって相違する。＊平家(13C前)一二・泊瀬六代「よりあひよりのき一時(トキ 高良本ルビ)ばかりぞたたかふたる」＊太平記(14C後)一一・書写山行幸事「是は上人当山より毎日比叡山へ御入堂の時、海道三十五里の間を一時が内に歩ませ給ひし履也」＊随筆・孔雀楼筆記(1768)三「蓋し釣はひとりもせらる、つれをさそひてもせらるる、或は終日、或は半日、或は一時、半時、自由なるべし」②短い時間。ちょっとの間。暫時。＊玉塵抄(1563)九「朝廷になうては一ときもかなうまい人と云たぞ」＊日葡辞書(1603-04)「Ittoqi (イットキ)〈訳〉わずかの時間」＊説経節・説経苅萱(1631)中「そのなみだ一ときのこうすいとなって、くうかいも五六てうはかりはおなかれある」＊浄瑠璃・仮名手本忠臣蔵(1748)六「一(いッ)時も早うそなたやわしに金見せて、悦ばさふ迚(とて)」＊浜荻(久留米)(1840-52頃)「いっとき しばしの間の事なり。暫時也」＊父親(1920)〈里見弴〉「いっ時の間もぼんやりしてゐることを許されない女中が」③(「に」を伴って、副詞的に用いる)同時。いちじ。＊滑稽本・八笑人(1820-49)四・上「と、いふをきっかけに、皆一時(イットキ)にたたきたってはやす」＊婦系図(1907)〈泉鏡花〉後・三三「段々馬場も寂れて、一斉(イットキ)に二頭(にひき)斃死(おちた)た馬を売って、自暴酒(やけざけ)を飲んだのが、最(もう)飲仕舞で」発音〈なまり〉イッテキ〔紀州〕イットッ〔鹿児島方言〕エットキ〔石川〕〈標ア〉(名詞的)キ0ト(副詞的)0〈京ア〉(名詞的)ト(副詞的)0 辞書日葡

いっとき後(おく)れば三里(さんり)の後(おく)れ 一時(約二時間)遅れると、三里の遅れが出る。＊譬喩尽(1786)一「一時(イットキ)後(ヲク)れば三里(サンリ)の後(ヲク)れ」

いっとき三里(さんり)犬走(いぬばし)り 一時(約二時間)に三里を行くのは、犬のように小走りに歩かなくてはいけない。転じて、足の速いことにいう。＊諺苑(1797)「一時(イットキ)三里狗はしり」＊歌舞伎・松栄千代田神徳(徳川家康)(1878)三幕「一時(イットキ)三里犬走り、猿と綽名の木下藤吉」

いっときに千歳(ちとせ)を延(の)ぶ 急に生き返ったようになる。いっぺんによみがえったようになる。＊浄瑠璃・山崎与次兵衛寿の門松(1718)上「呼(よば)れて祖母も一時に千年(チトセ)をのぶる門松の、影に隠るるなん与平」

いっときの栄華(えいが)に千歳(ちとせ)を延(の)ぶる わずかの一時的な栄華でも、楽しさのあまり寿命が千年ものびたような気がする。＊咄本・座笑産(1773)中の町「命有ての物だね。壱時の栄花(エイクハ)に千とせを延(ノフ)るためし有り」＊譬喩尽(1786)一「一時(イットキ)の栄華(エイグハ)に千歳(チトセ)を延(ノ)ばはる」

いっとき-がさ【一時瘡】〔名〕狭心症などで、急激に肩が充血して強い痛みを起こす症状。早撃肩(はやうちかた)。＊俚言集覧(1797頃)「一時瘡(いっトキカサ)早打肩の事也」

いっとき-かんにょ【一時官女】〔名〕「いちやかんにょ(一夜官女)」に同じ。＊俳諧・新季寄(1802)正月「野里祭 廿日 ツノクニ 一時官女 いまた経行なき女子四人襠を着し手に篭をさげこれに小魚をいれて神前に備ふ〈略〉此女を一時官女とも一とき上臈ともいふ」

いっとき-こい【一時恋】〔名〕わずかの間の恋。短い恋。＊浄瑠璃・薩摩歌(1711頃)中「身にもしまぬ一時恋(イットキコヒ)物言ふまもないあだし男と、かりそめぶしのうたたね」

いっとき-しのぎ【一時凌】〔名〕①しばらくの間の空腹をしのぐための軽い食事。また、それをとる時刻。②会葬者に出す食事。お立ち。＊真景累ケ淵(1869頃)〈三遊亭円朝〉六「一時凌(いっトキシノ)ぎに其後五日ばかり続いて参ります」発音イットキシノギ〈標ア〉シ

いっとき-しょうぶ【一時勝負】〔名〕ごく短い時間に勝敗、または、事の成否が決定すること。＊洒落本・寸南破良意(1775)跋「空腹(ひだるい)時に無味(まずい)ものなしと五六杯もかきこむ一時勝負の息貫間(いきぬきま)に」発音イットキショーブ〈標ア〉ショ

いっとき-じょうろう【一時上臈】〔名〕一時的に尊い身分として神主役をつとめること。また、その人。兵庫の岡太神社、大坂の住吉神社などの祭で、当屋(とうや)から出る供人が女装して(または少女が)供物をささげる。↓一時官女

いっとき-ぜめ【一時攻】〔名〕敵を一気に激しく攻め立てること。一刻攻(いっこくぜめ)。俄責(がぜめ)。＊甲陽軍鑑(17C初)品五六「城攻をすはだにて一時攻になさるる事、信玄公の御代にも、終に無レ之」＊建康様御物語筆記(17C中頃か)「又尾張前田の城を明日一時攻に可被成候間」＊北越軍談(1698)三七「最前令を下しつるは、一時攻に蹈禿せんとこそ云しに」発音〈標ア〉0

いっとき-だいく【一時大工】〔名〕一時(約二時間)についていくらという、手間賃で働く便利大工。＊浮世草子・本朝二十不孝(1686)一・一「継木一枝を壱分づつ、一時大工(だいク)六分、行水の湯沸して壱荷を六文」

いっとき-に【一時—】〔副〕方言 急激に。速やかに。一度に。新潟県西蒲原郡371 石川県鹿島郡411 大阪府泉北郡646 香川県829

いっとき-のがれ【一時逃】〔名〕「いちじのがれ(一時逃)」に同じ。＊合巻・雷太郎強悪物語(1806)前「来太郎がおそろしきしっしんをなだめ申せしいっときのがれ、女心のあさはかなるたくみにて」＊巷談本牧亭(1964)〈安藤鶴夫〉生きる「一っ時のがれの避難をしていた連中も、五人去り、二人散り、七人いなくなっていって」発音イットキノガレ〈標ア〉ノ〈京ア〉ノ

いっとき-ばい【一時蠅】〔名〕昆虫「はあり(羽蟻)」の異名。＊重訂本草綱目啓蒙(1847)三六・卵生「白蟻 はあり〔和名鈔〕〈略〉いっときばい 防州」方言 山口県豊浦郡798

いっとき-ばな【一時花】〔名〕植物「ひがんばな(彼岸花)」の異名。＊重訂本草綱目啓蒙(1847)九・山草「石蒜 まんじゅしゃげ 京〈略〉ひがんばな 肥前〈略〉いっときばな 防州」方言 植物。❶ひがんばな(彼岸花)。山口県794 ◇いちじばな 山口県熊毛郡794 ◇いっときごろし〔一時殺〕 大分県北海部郡941 ❷どくだみ(蕺草)。山口県大津島794

いっとき-ばや【一時早】〘名〙 大名道中で、一時(約二時間)先に出かける者。＊狂歌・徳和歌後万載集(1785)五「関の戸も明る横雲たな引て一時早の馬やこすらん」

いっとき-ぶみ【一時文】〘名〙 一時(約二時間)ごとに一通ずつ書き送る手紙。遊女がなじみの客に思いのほどを示す手段に用いた。＊浮世草子・万の文反古(1696)五・三「年中の日帳、昼夜に十二の一時文(いっトキぶみ)、女良のする程の事は、残らずかたさまへつとめ申候に」

いっとき-ま【一時間】〘名〙 ちょっとの間。＊御国通辞(1790)「ちょっと 少刻 一っ時間」 方言 北海道函館050 青森県南部084 岩手県088 091 098 宮城県石巻120 ◇**いっときのこま** 山形県139 ◇**いっときのこめ** 鹿児島県肝属郡970 ◇**いっときのこんめ** 山形県飽海郡139 ◇**いっとこま** 青森県069 岩手県紫波郡054 秋田県130 ◇**いっとまが** 青森県津軽075 ◇**いとこま** 青森県津軽054 秋田県北秋田郡130 鹿角郡133 ◇**いっときなとこな** 秋田県鹿角郡133 ◇**いっとこな・いとこな** 秋田県上北郡054 秋田県鹿角郡133

いっときょう【壱団橋】(イットケウ) 雅楽。左方楽で壱越調(いちこつちょう)に属する。古くは舞があったが、後に絶えた。壱団楽(いっとらく)。＊続教訓鈔(14C前か)三「壱団橋〈略〉抑此曲は、舞をば三嶋武蔵作り、楽をば大戸清上作レ之、或云、舞楽ともに武蔵が作といへり。但近来舞絶畢」 ＊楽家録(1690)二八・中華曲「壱団橋 以津止計宇」 発音 イットキョー〈標ア〉0 辞書 書言 表記 壱団嬌(書)

いっ-とく【一得・一徳】〘名〙 物事がしぜんにもたらす一つの利益。一利。⇔一失。＊中右記-大治四年(1129)四月一〇日「予見二付此一事、愚者一得歟」 ＊太平記(14C後)二・長崎新左衛門尉意見事「乱を撥(おさめ)て治を致は、武の一徳也」 ＊俳諧・奥の細道(1693-94頃)壺の碑「行脚(あんぎゃ)の一徳、存命の悦び、羈旅の労(つかれ)をわすれて泪も落るばかり也」 ＊浄瑠璃・丹波与作待夜の小室節(1707頃)上「立まじりたる女中のそばそぐはぬやうにも見へざるは、さすがわらべの一とくと、絵を取出しすご六をみなうちまじりあそばるる」 ＊其面影(1906)〈二葉亭四迷〉五「今年二十三といふけれど、小造りの一徳は丁度か一位に外(ほか)見えぬ」 ＊史記-淮陰侯伝「智者千慮必有二一失一、愚者千慮必有二一得一」 発音〈標ア〉0ク〈京ア〉ト 辞書 文明・日葡・言海 表記 一徳(文・言)

いっ-とく【一徳】〘名〙 ①純一で、一点の汚れもない徳性。＊書経-咸有一徳「眷二求一徳、俾レ作二神主一」 ②一つの徳目。一つのりっぱな性質や行ない。＊花鏡(1424)奥段「当流に、万能一徳の一句あり。『初心不レ可レ忘』」 ＊明暗(1916)〈夏目漱石〉一四一「図迂々(づうづう)しいのも世渡りの上ぢゃ一徳(イットク)だ位に考へてゐるんです」 発音〈標ア〉0ク

いっとくの水(みず) 「いっとくろくがい(一徳六害)の水」に同じ。＊虎明本狂言・淡路(室町末-近世初)「一徳の水は天地の根源で知ぬ水ぞ」 ＊浄瑠璃・蝉丸(1693頃)懐胎十月由来「先づ初月は一気体中に孕まれ、其形あたかも鶏卵の如し。是本来一とくの精水、形に取っては混沌未分」

いっとく-いっしつ【一得一失】〘名〙 ある物事が、一方で利益があると同時に他方では損失を伴っていること。一長一短。一失一得。＊正法眼蔵(1231-53)洗面「日本国は〈略〉ともに嚼楊枝、漱口の法を忘れず、しかあれども洗面せず、一得一失なり」 ＊授業編(1783)三「世に嘉点と称する本あり これは仮名すくなくてよけれどもそれとても一得(トク)一失(シツ)あり」 ＊多情多恨(1896)〈尾崎紅葉〉前・八・二「相当の下宿を探すか、葉山へ同居をするか、何方(どちら)かであるが、それも考へれば一得一失はあって」 ＊無門関-二僧巻簾「時有二二僧一、同去巻レ簾、眼曰、一得一失」 発音〈標ア〉0〈京ア〉ト＝0 辞書 言海 表記 一得一失(言)

いっとく-ろくがい【一徳六害】〘名〙 語義未詳。易で水の陰陽を示す語か。→一徳六害の水。＊俳諧・新増犬筑波集(1643)淀川・恋「六害の水くむ女子みめよくて せんたくさする中の一とく 一徳(トク)六害(ガイ)と付なり」

いっとくろくがいの水(みず) 語義未詳。易で天地万物生成の要素の五行をそれぞれ陰陽二種類に分け、一を水の陽、六を水の陰とすることにより、生じた名称か。一徳の水。＊虎明本狂言・居杭(室町末-近世初)「一徳ろくがいの水、二義七陽の火」

いつ-ところ【五所】〘名〙 ①五か所。 ②(「ところ」は貴い人の数を敬っていう語)五人。＊大鏡(12C前)四・兼家「女二所・をとこ三所、いつところは、摂津守藤原中正のぬしの女のはらにおはします」 ③「いつところもん(五所紋)」の略。＊浮世草子・好色一代男(1682)四・六「紋所は銀にてほの字切りぬかせ、五つ所(トコロ)の光」 ＊俳諧・一息(1693か)「是でをけ中避(さられ)数よき五ところ」 発音〈標ア〉ツ

いつところ-しぼり【五所絞】〘名〙 着物の染方の一種。五か所に模様を絞り染めにしたもの。＊浮世草子・好色一代女(1686)五・二「加賀絹の下紐を、こどりまはしに裾(すそ)みじかく、柳に鞠(まり)五所(トコロ)しぼり、あるひは袖石畳」 発音〈標ア〉シ

いつところ-どう【五所籐】〘名〙 所籐(ところどう)の弓の一種。五か所ずつ籐を点々と巻いた弓。

いつところ-もん【五所紋】〘名〙 「いつつもん(五紋)」に同じ。＊室町殿日記(1602頃)四「御小姓衆の羽織 但紬、うらは丹田山紬、地あさぎ、五所文」 ＊浮世草子・日本永代蔵(1688)一・四「殊さら黒き物に定まっての五所紋、大名よりするゐの万人に此似合ざると云事なし」 ＊浄瑠璃・冥途の飛脚(1711頃)上「酒も三つ四つ五つ所紋(トコロモン)羽二重も出ず入らず」 ＊咄本・無事志有意(1798)欲しいもの帳「上着は黒ちりめんに五所紋(イツトコロモン)、下着は八丈島、唐ざらさ」

いっと-ざる【一斗笊】〘名〙 容量で、一斗(約一八リットル)はいるような大きなざる。＊野菊の墓(1906)〈伊藤左千夫〉「二人が一斗笊一個宛(ひとつづつ)を持ち」 発音〈標ア〉ト

いっと-しちしょう【一斗七升】〘名〙 発句一七字を水の単位で表わしたもの。＊雑俳・柳多留-二〇(1785)「夕たちで壱斗七升河岸がたれ」 発音〈標ア〉0ト

いつ-とせ【五年】〘名〙 五年(ごねん)。＊土左(935頃)承平四年一二月二一日「あるひと、県のよとせいつとせはてて、例のことどもみなしをへて」

いっと-だる【一斗樽】〘名〙 容量で、一斗(約一八リットル)はいる樽。また、酒一斗入りの樽。斗樽(とだる)。＊日本読本(1887)〈新保磐次〉三「台所に行きて一斗樽を見給へ」 ＊瓦礫の中(1970)〈吉田健一〉六「一斗樽を一つ手に入れ、まり子がその辺の料理屋に折り詰めを注文して」 発音〈標ア〉0

いっと-ます【一斗枡】〘名〙 容量で、一斗(約一八リットル)をはかる枡。内方は一尺五分、深さ五寸九分一厘。斗枡(とます)。＊御触書寛保集成-三四・正徳二年(1712)三月「升増直段之覚 一、壱斗升 代銀三拾七匁七分」 発音〈標ア〉ト 辞書 言海 表記 一斗枡(言)

いつ-とも【五部】〘名〙 ①五種類。 ②天孫の饒速日命(にぎはやひのみこと)が高天原から天降った時、供奉(ぐぶ)したという五つの部民。「先代旧事本紀-天神本紀」に、物部、笠縫部、為奈部、十市部、筑紫弦田物部の五部と伝えている。

いつともの書(ふみ) ①五種の書物を合わせて一組にしたもの。 ②(五部の経書の意)五経(ごきょう)の異称。易経、書経、詩経、春秋、礼記をいう。＊日本紀竟宴和歌-延喜六年(906)「伊蒬斗毛能布濔(イツトモノフミ)よむ人はたにやうにこれをむねとぞともにのりとる〈惟宗具範〉」

いつともの造(みやつこ) 天孫の饒速日命(にぎはやひのみこと)が高天原から天降った時、天物部を率い、伴領(とものお)となって供奉(ぐぶ)したという五つの造(みやつこ)。「先代旧事本紀-天神本紀」に、「二田造・大庭造・舎造・勇蘇造・坂戸造」と伝えている。

いつ-とものお【五伴緒・五部緒】(…とものを)〘名〙 天孫の彦火瓊瓊杵尊(ひこほのににぎのみこと)の降臨に従って、高天原から天降ったと伝えられる五神。天児屋命(あまのこやねのみこと)・太玉命(ふとだまのみこと)・天宇受売命(あまのうずめのみこと)・石凝姥命(いしこりどめのみこと)・玉祖命(たまのおやのみこと)の五神で、それぞれ上代朝廷の祭祀に関与した部族である中臣(なかとみ)・忌部(いむべ)・猿女(さるめ)・鏡作・玉祖(玉作)の祖先神とされている。いつとものおの神。＊古事記(712)上「爾に、天児屋命・布刀玉命・天宇受売命・伊斯許理度売命・玉祖命の幷せて五伴緒(いつとものを)を支(わか)ち加へて、天降りまさしめたまひき」 補注「緒(お)」は、元来一つにまとまったものを意味したと思われるが、後にそのまとまりの長さを意味するようになった。

いつとものおの神(かみ) 「いつとものお(五伴緒)」に同じ。＊書紀(720)神代下(水戸本訓)「又、中臣の上祖(とをつをや)天児屋命・忌部の上祖太玉命・猨女の上祖天鈿女(うずめ)命・鏡作の上祖石凝姥(いしこりとめの)命・玉作の上祖玉屋命、凡て五部神(イツトモノヲノカミたち)を以て配(そ)へて侍(はんべ)ら使(し)む」

いっとらく【壱団楽】 「いっときょう(壱団橋)」の異名。＊二十巻本和名抄(934頃)四「壱越調曲 皇帝破陣楽〈略〉壱団楽」 発音〈標ア〉ト

いつ-とり【五人】〘名〙 五人(ごにん)。いとり。いつたり。＊書紀(720)景行一二年一〇月(北野本訓)「是(こ)の五人(イツトリ)のくもは並(ならび)に其(そ)れ為人(ひととなり)強力(こは)く、亦(また)衆類(ともがら)多(さは)なり」 補注 同じく五人を意味する「いとり」に比べて新しい形か。「書紀-雄略二三年四月(前田本訓)」の「昆支王の五トリの子の中に、第二〈ふたりにあたる〉末多王」や、「東大寺諷誦文平安初期点」の「財の五リの主」は、「いつとり」の例なのか「いとり」の例なのか不明である。

イットリウム〘名〙(英 yttrium)《イットリューム・イートリウム》 希土類元素の一つ。記号Y 原子番号三九。原子量八八・九〇五八。一七九四年、フィンランドのガドリンが発見。灰色の金属で三価の化合物をつくる。ガドリン石、モナズ石などに含まれる。＊舎密開宗(1837-47)内・九・一六九「依多爾土 イトルアールド元質を依多儞母(イートリウム)と名く」 ＊造化妙々奇談(1879-80)〈宮崎柳条〉一「其十一『イットリューム。』金属元素の名」

いつ-とろ【一一】〘形動〙 違いや差別のないさま。同じさまであるさま。一様。いっせい。＊俳諧・五元集(1747)元「一つとろに袷になるや黒木うり」 ＊雑俳・柳籠裏(1783-86)三「いつとろな形(なり)でも壱人品(ひん)がよし」 ＊滑稽本・狂言田舎操(1811)下「勧進元だれ真教寺だれ、四十八人ちふ人が一同(イツトロ)に置る筈がねへ」 発音〈標ア〉リ《リュ》

いっとろべ〘名〙 方言 ❶餅(もち)をつく時、始めにきねで静かに練ること。◇**いとのべ**とも。兵庫県赤穂郡660 ❷植物、ぬすびとはぎ(盗人萩)。岡山県苫田郡748 ❸植物、やぶじらみ(藪虱)。兵庫県播磨002

いっ-とん【一音】〘名〙 仏語。「いちおん(一音)②」に同じ。

いっ-とん【一頓】〘名〙 ①一度。食事などの回数を数える語。＊江戸繁昌記(1832-36)初・売卜先生「此は

則纔かに一頓の鰻鱺飯銭のみ」＊世説新語‐任誕「欲レ乞二一頓食一耳」 ②しばらくとどまること。また、一度、頓挫すること。一頓挫。＊布令必用新撰字引(1869)〈松田成己〉「一頓 イットン ヒトクジケ」＊米欧回覧実記(1877)〈久米邦武〉一・五「水勢これに触れ、急瀬を成し、匌匌として声をなし、橋を過て、忽ち一頓し灘をなし、珠を飛し雪を噴て快瀉す」＊揚雄‐太玄賦「忽万里而一頓兮、過二列仙一以託レ宿」

いっとん‐ぎょう〔‥ゲウ〕【一音教】『名』仏語。釈尊の教えは終始一つであり、聞く者の機根に応じて大乗小乗などの区別が生じたにすぎないとする考え方。一説に、菩提留支が立てたという。＊出定後語(1745)下・南三北七「菩提留支之立二一音教一、其言曰、如来一円音教、衆生随レ根異レ解」

いっ‐とんざ【一頓挫】『名』「いちとんざ(一頓挫)」に同じ。＊青年(1910‐11)〈森鷗外〉一六「塩田は費用をどうするかと云ひ出して、一頓挫(イットンザ)を来たしさうであったが」 発音〈標ア〉ト

い‐づな〔ゐ‥〕【井綱】『名』井戸につけるなわ。つるべなわ。 発音〈標ア〉イ

い‐づな【飯綱】『名』⇨いずな(飯綱)

いつ‐な・い【何時無】『形口』いつもはない。常にはない。＊浄瑠璃・持統天皇歌軍法(1713)二「何に恐れていつない癖と」

いつ‐ならし【何時均】『名』いつも平均していること。＊洒落本・仲街艶談(1799)「板かしらと見へ、いつならしにうりつめるといふしろものなり」

いつ‐に【一―・壱―】『副』(漢籍の訓読みから出た語) ①いくつかの他の場合の中から一つを挙げること。ひとつには。あるいは。また。＊春秋穀梁伝‐文公一八年「一曰、就レ賢也」 ②すべてのものが一つの事柄に集中しているさま。もっぱら。ひとえに。まったく。＊名語記(1275)九「一に高き心歟と覚へ侍べり」＊経国美談(1883‐84)〈矢野龍渓〉前・一〇「当時我が有志者は一に斉武人民の援助を蒙りしにあらずや」＊詩経‐邶風・北門「王事適レ我、政事一埤二益我一」 発音〈標ア〉イ ツ〈京ア〉イ

いつ‐にゅう【溢乳】『名』乳児の飲んだ乳が口からあふれ出てくること。飲みすぎの場合、また、乳といっしょに空気を飲み込んでしまうために起こるもので、病気ではない。 発音イッニュー〈標ア〉0 辞書言海 表記一(言)

いつぬき‐がわ〔‥がは〕【伊都貫川】岐阜市の北部を流れて長良川に合流する糸貫(いとぬき)川の旧称。貫河。元慶元年(八七七)の大嘗会(だいじょうえ)の大歌に入れられた名所。伊津貫川。＊催馬楽(7C後‐8C)席田「席田(むしろだ)の 以川奴支加波(イツヌキガハ)にや 住む鶴の」＊枕(10C終)六二・河は「玉星川。細谷川。いつぬき川・沢田川などは、催馬楽などの思はするなるべし」＊金葉(1124‐27)賀・三二八「君が代はいくよろづ代か重ぬべきいつぬき河の鶴の毛衣〈藤原道経〉」 発音イツヌキガワ〈標ア〉キ 辞書文明・書言 表記伊津貫川(文) 械貫川(書)

いつ‐ぬさ【斎幣】『名』神事に奉仕する人が頭にかぶる木綿鬘(ゆうかずら)。＊延喜式(927)祝詞・出雲国造神賀詞「某甲(それがし)が弱肩に太襷(ふとだすき)取り挂(か)けて、伊都幣(イツぬさ)の緒結び、天のみかび冠りて」

いつぬの‐ぶとん【五布蒲団】『名』「いつのぶとん(五幅蒲団)」に同じ。 発音〈標ア〉ブ

いつ‐ねんごう〔‥ネンガウ〕【逸年号】『名』正史に逸した年号。「白鳳」「朱雀」の類。逸号。いねんごう。 補注「神皇正統記‐中・第四二代」に左の記述がある。「大宝と云。これよりさきに、孝徳の御代に大化・白雉、天智の御時白鳳、天武の御代に朱雀・朱鳥なんど云号ありしかど、大宝より後にぞたえぬことにはなりぬる。よりて大宝を年号の始とする也」 発音イッネンゴー〈標ア〉ネ

いつ‐の‐おはばり〔‥をはばり〕【伊都尾羽張】伊邪那岐命(いざなぎのみこと)が迦具土(かぐつち)の神を切った剣の名。天(あめ)の尾羽張の別名。＊古事記(712)上「故(かれ)、斬りたまひし太刀の名は、天之尾羽張と謂ひ、亦の名は伊都之尾羽張(イツのヲハばり)と謂ふ」

いつのことわき【稜威言別】記紀歌謡の註釈書。一〇巻、目安一巻。橘守部著。弘化三年(一八四六)の自序を含む巻三までは嘉永三年(一八五〇)刊(巻四以下は明治二四〜二七年刊)。「古事記」「日本書紀」の歌謡一八三首を年代に従い、天皇代別に分類、詳細に註釈を施す。研究史上、歌謡としての価値を見出したことを評価されている。 発音〈標ア〉イ

いつのちわき【稜威道別】「日本書紀」の研究書。一三巻。橘守部著。天保一五年(一八四四)成立。「日本書紀」の立場から古代精神を説き、「古事記」の立場をとった本居宣長の説に対立するもの。 発音〈標ア〉ノ

いつの‐ぶとん【五幅蒲団】『名』表、裏ともに五枚の布で仕立ててある蒲団。いつぬのぶとん。＊歌舞伎・勝相撲浮名花触(1810)発端「『コレコレ蒲団を着て居やれな』と五幅蒲団(イツノブトン)を取って、お俊に着せる」＊真景累ケ淵(1869頃)〈三遊亭円朝〉一五「五布蒲団(イツノブトン)の柏餅でもまだ寒いと」 発音〈標ア〉ブ

いつ‐の‐ま【何時間】『名』(過去の)時の経過がそれと意識されないことを表わす。いつか知らないあいだ。＊万葉(8C後)三・二五九「何時間(いつのま)も神さびけるか香山(かぐやま)の鉾杉(ほこすぎ)が末(うれ)にこけ生(む)すまでに〈鴨足人〉」＊万葉(8C後)五・八〇四「みなのわた かぐろき髪に 伊都乃麻(イツノマ)か 霜のふりけむ〈山上憶良〉」＊源氏(1001‐14頃)若菜下「いつのまにつもる御言の葉にかあらむ」 補注中古以後は、「に」を伴って副詞的に用いることが多い。また、「の」を伴うこともある。 発音〈標ア〉イ 0 辞書書言 表記何暇(書)

いつのまにか いつか知らないうちに。いつのまにやら。＊太平記(14C後)二九・越後守自石見引返事「宮下野守兼信は、始七十騎にて、中の手に有けるが、後陣の軍に御方打負ぬと聞て、何(イツ)の間(マ)にか落失けん」＊三体詩素隠抄(1622)一・四「いつの間(マ)にか、日が暮れたやらふぞ」＊人情本・春色梅美婦禰(1841‐42頃)五・二六回「ヲヤ、何時(イツ)の間にか来て居たの」＊浮雲(1887‐89)〈二葉亭四迷〉一・三「臍の下を住家として魂が何時の間にか有頂天外へ宿替をすれば」＊破戒(1906)〈島崎藤村〉一七・七「何時の間にか女は和尚さんの種を宿しました」 発音〈標ア〉ニ マ イ〈京ア〉二

いつのまにやら「いつのま(何時間)にか」に同じ。＊中華若木詩抄(1520頃)上「いつのまにやら秋風吹て、すずしくなるほどに」＊虎明本狂言・入間川(室町末‐近世初)「やれやれいつのまにやら、国々を打過て、はや駿河の国へきたな」 発音〈標ア〉二〈京ア〉二

いつ‐は【五葉】『名』「いつはのまつ(五葉松)」の略。＊拾遺(1005‐07頃か)春・二二・詞書「御前なる五葉に鶯のなきければ、正月はつねの日つかうまつりける」

いつ‐ば【逸馬・佚馬】『名』①逃げ走る馬。放れ駒。奔馬。＊韓詩外伝‐巻二「舜無二佚民一、造父無二佚馬一」 ②すぐれた馬。＊新撰朗詠(12C前)上・花「逸馬嘶ゆ晨風の中に、蹄、踏む軽質の雪を〈大江以言〉」＊言継卿記‐永禄一三年(1570)三月一七日「逸馬鞍具足以下驚目者也」＊元和本下学集(1617)「龍蹄 逸馬異名也」 発音〈標ア〉イ 辞書書言 表記逸馬(書)

いっ‐ぱ【言―】『連語』(「いふは」の「ふ」が促音化したもの。「…といっぱ」の形で用いられる) 言うのは。言うわけは。＊曾我物語(南北朝頃)一・惟喬、惟仁の位争ひの事「そもそも源氏といっぱ、桓武天皇より四代の皇子を田村の御門と申しけり」＊光悦本謡曲・羽衣(1548頃)「夫久かたのあめといっは」＊虎明本狂言・靫猿(室町末‐近世初)「無心と言っぱ別の事ではない」＊ロドリゲス日本大文典(1604‐08)「ソレト ユウワ、ソレト ippa (イッパ)」＊仮名草子・伊曾保物語(1639頃)下・二〇「鳥といっぱ、高く飛ぶをもって其徳とす」＊浄瑠璃・博多小女郎波枕(1718)長者経「さて行法の次第といっぱ絹もつむぎも着ることならず」＊報知新聞‐明治三〇年(1897)三月一四日「其方略と云っぱ、例の一週間停止と云ふが如き、明白に衆議院の修正に対敵するが如き案を」 補注訓点資料に見られる「といは」も、「といふは」の促音化したものの促音無表記であろう。 発音〈標ア〉イ 辞書和玉 表記言(玉)

いっ‐ぱ【一把】『名』ぐいとひとつかみすること。また、ひとつかみの分量。＊江戸繁昌記(1832‐36)五・本所「早く老妓に一把搊住せられ、少年一驚を喫し、一力身を脱し去んと待す」＊江戸繁昌記(1832‐36)五・千住「一人、浄土寺の香火所に走て、一把の線香を掠来、火伝て烟を食ふ」＊劉向‐新序・雑事一「夫腹下之毳、背上之毛、増二去一把一、飛不レ為二高下一」 補注「小説精言‐一」に「一把〈注〉ヒトツカミ」とある。

いっ‐ぱ【一波】『名』一つの波。転じて、一つの波紋。一つの事件。また、波のように次々と押し寄せる物事の一回目。＊翰林葫蘆集(1518頃)三・寄釣月「月出二水面一、一波不レ起、出レ定吟レ詩」＊日葡辞書(1603‐04)「Ippa (イッパ)。ヒトツノ ナミ」＊奉教人の死(1918)〈芥川龍之介〉一「煩悩心の空に一波をあげて」＊孟郊‐送別崔寅亮下第詩「虬龍未レ化時、魚鱉同二一波一」 発音〈標ア〉イ 辞書日葡

いっぱ纔(わず)かに動(うご)いて万波(まんぱ)随(したが)う 一つの事件が起きたために、影響が諸方面に及ぶ。事件が小さくても、その影響力の大きいことのたとえにいう。＊冷斎夜話‐船子和尚偈「華亭船子和尚偈曰、千尺絲綸直下垂、一波纔動万波随、夜静水寒魚不レ食、満船空載二月明一帰」

いっ‐ぱ【一派】『名』①河川の一支流。＊李端‐送夏中丞赴寧国任詩「楚県入二青楓一、長江一派通」 ②学問・宗教・芸能・武術などで、元の系統から分かれてできた一分派。一流派。＊日葡辞書(1603‐04)「Ippa (イッパ)。ヒトツノ モンパ」＊浄瑠璃・聖徳太子絵伝記(1717)二「刀の先で切取て、一派立た身なれ共」 ③主義主張、または目的を等しくする仲間、団体。一味。＊俳諧・続猿蓑(1698)奥書「続猿蓑は芭蕉翁の一派の書也」＊経国美談(1883‐84)〈矢野龍渓〉後・一五「諸名士に反対する明寧陀等の一派は此機に乗じて頻に威氏等を攻撃しければ」 方言❶同村内の同名字の家々。分家・本家。愛知県東加茂郡565 ❷一家。愛知県北設楽郡553 発音〈標ア〉イ〈京ア〉0／0 辞書日葡・書言・言海 表記一派(書・言)

いっ‐ぱい【一拝】『名』敬礼の一種。ただ一度拝すること。＊北山抄(1012‐21頃)一・二日二宮大饗事「王卿進レ自レ座、跪二蘆弊上一、取レ祿一拝退出」＊禁中方名目抄校註(1741‐60頃)上「一拝(イッパイ) 拝は再拝を常とす。是一度する也」＊李洞‐弔侯圭常侍詩「三堂一拝過、四海両心知」 発音〈標ア〉0

いっ‐ぱい【一杯・一盃】㊀『名』①杯、茶碗、コップなど、一つの容器に入れた酒、茶、飯など。また、一つの容器にはいる分量。＊正法眼蔵(1231‐53)行持下「日食粥一杯なるゆゑに」＊文明本節用集(室町中)「一盃 いっハイ 杯坏」＊寛永刊本蒙求抄(1529頃)九「身後の名よりも生前の一盃の酒がましぢゃと云ぞ」＊天草本伊曾保(1593)イソポの生涯の事「yppai (イッパイ)ヅツ ヒキウケ ヒキウケ ノムニ」＊洒落本・遊子方言(1770)発端「そんなら、茶づけ一ぱいかきこんで、はやく行(いっ)てください」＊荘子‐至楽「不二敢食一臠一、不レ敢飲二一杯一、三日而死」 ②ちょっと酒を飲むこと。また、形式ばらないで、気軽に酒を飲むこと。＊中華若木詩抄(1520頃)中「さるほどに、酒興のうかみたる時は、故人が来れかし。一盃のまんと思ふ也」＊談義本・教訓雑長持(1752)五・鉢坊主身の上を懺悔せし事

「ああ昔は一盃(ハイ)引懸ると、山が崩かかっても、びっくり共せなんだ」 *咄本・さとすゞめ(1777)初鰹「けふはおもひきって初がつを買た。さしみにして一ぱいきまろふとおもった所が」 *滑稽本・浮世床(1813–23)初・中「河豚汁(ふぐじる)焚(たい)て一盃(イッパイ)せうといふ所ぢゃが」 *当世書生気質(1885–86)〈坪内逍遙〉六「何処(どこ)かで一盃(イッパイ)やらうぢゃアないか」 *庾信-燕歌行「蒲桃一杯千日酔、無事九転学㆓神仙㆒」 ③思う存分のこと。言いたい、また、したい限りのこと。 *玉塵抄(1563)一六「宮中を一はいにしたほどに近臣が譏じたぞ」 *洒落本・契国策(1776)南方「おのれ色男の気でいっぱいをしたがる」 *洒落本・駅舎三友(1779頃)出立「どしゃうぼねをのしかかって三ツどやして、灰(へへ)ふきから大蛇(てへじゃ)の出るやうな一ぱいをならべぬひて来たよ」 *雑俳・柳多留-一九(1784)「女房のいっぱいをするいった朝」 ④金一両。また、明治以後は一円。 *浮世草子・元禄大平記(1702)五・ここはもとより分の吉原「祝儀は女郎へ壱分を二三十粒、宿へ三歩あるひは一ぱい」 *隠語輯覧(1915)〈富田愛次郎〉七「いっぱい(一杯) 金額一円の意」 ⑤二合五勺はいる枡(ます)一ぱいの分量。 *御国通辞(1790)「小なから 二合五勺 一盃(いっぱい)」 ⑥(「いっぱい食う」また、「いっぱい食わせる」の意) だまされること。また、だますこと。 *浄瑠璃・夏祭浪花鑑(1745)七「ヱヱ腹の立(たつ)。腹の立つ。むまむまと一ぱい」 *歌舞伎・貞操花鳥羽恋塚(1809)三立「『それまでの手附けに、ちょっと口を』ト見て、千束姫ゐぬゆゑ、悔(びっく)りして『ヤア。おきゃアがれ。一ぱいやったな』」 ⑦性交、入浴などの一回。 *洒落本・当世嘘之川(1804)五「それでもいっぱいしに来たのじゃあろうがな」 *東京方言集(1935)旧市域の語彙〈永田吉太郎・斎藤秀一〉「イッパイ 入浴一回『あっしは湯へいっぱいはいって来ます』」 ⑧イカ、タコ、カニなどの一匹。 ⑨船一そう。 *日本橋(1914)〈泉鏡花〉五九「大船一艘(パイ)、海産物積んで、乗出いて」 *蟹工船(1929)〈小林多喜二〉二「貴様等の一人、二人が何んだ。川崎一艘(パイ)取られてみろ、たまったもんでないんだ」 ⑩商売を一時やめること。特に、近世の米市場で正米、帳合米とも商いを一時やめること。 *洒落本・箱まくら(1822)上「絃妓(げいこ)はもとより好むかたにはあらざれども、光次(みつつぐ)先生の威勢辞するによしなく、且は、まづむちゃくちゃしたる館のすすはらひの為に、いっぱいとかいふ心もありて、止事を得ず、ともなはるるもあるべし」 *稲の穂(大阪市史・五)(1842–幕末頃)「正帳とも、何にも商ひせざる時の事を一ぱいといふ。売でも買でも、商内して居るを気張ていると言ふ」 ⑪売り埋めること。また、買い埋めること。 *稲の穂(大阪市史・五)(1842–幕末頃)「売米が有ても、買米が有ても、利方に成たる時は、聊の徳用でも速に一ぱいにする。〈略〉此一ぱいといふは、売埋る事買埋る事を言也」 二【副】①一定の容器や場所などに物が十分に満ちているさま。たくさん。 *康頼宝物集(1179頃)下「後に懺悔して啼悲みける涙、大なる手洗に一ぱい有けると聞しに」 *玉塵抄(1563)二二「黄金のてうほうを人物一はい入て子にゆづりとらせうよりは」 *足利本論語抄(16C)子罕第九「我こそ物を知たれと云者は、知と思ふ気が胸中に一杯をうぞ」 *日葡辞書(1603–04)「Ippai (イッパイ)〈訳〉悉く満たすさま。または、満ちているさま。チャウド ippai (イッパイ) イルル。Igreja ニ ヒトガ ippai (イッパイ) マイッタ」 *高野聖(1900)〈泉鏡花〉八「矢張幾つといふこともない蛭の皮ぢゃ。これはと思ふ、右も、左も、前の枝も、何の事はないまるで充溢(イッパイ)」 *行人(1912–13)〈夏目漱石〉兄・一二「室には西日が一杯(イッパイ)射(さ)して」 ②(「に」「の」を伴うこともある) ある限りを尽くすさま。できる限り。ありったけ。じゅうぶん。 *史記抄(1477)一五・司馬相如「いっぱい弓を引きふくらめたぞ」 *咄本・軽口御前男(1703)五・一「さるおやじ、山崎の開帳に、うち出の小槌一ぱいのおもひ入で参詣し、小槌おがみ度(たき)よしいへば」 *滑稽本・浮世床(1813–23)二・上「なんぼ其様(そんな)に利口さうに口をきいても、縫物がひとつ出来ねへ癖に、トいっぱいにはりこまれて」 *颶風新話(航海夜話)(1857)二・六回「のるかそるか一杯やってみて」 ③時間や空間、数量などに関して、限度すれすれになっているさま。ぎりぎり。 *洒落本・箱まくら(1822)上「『皆さん。おしまい』『モウうちました』『一ぱいじゃといな』」 *婦系図(1907)〈泉鏡花〉前・四八「向うの壁に充満(イッパイ)の、偉(おほい)なる全世界の地図の」 三【接尾】(名詞に付いて)そのものの限度まで全部、または、限度ぎりぎりの意を表わす。 ㋐ある物、場所などが、すっかり何かに満たされる意を表わす。 *俳諧・猿蓑(1691)五「糸桜腹いっぱひに咲にけり〈去来〉」 *颶風新話(航海夜話)(1857)初・二回「おまへはバーンの縦一杯がヅーット静かになって居るといふ積りか」 *野分(1907)〈夏目漱石〉二「『むむ?』と青年は鳥の肉を口一杯頬張ってゐる」 *雪国(1935–47)〈川端康成〉「体いっぱいになつかしさを感じてゐることが知れるので」 ㋺ある時間、期間の限度、または、その限度までずっと、の意を表わす。「時間いっぱい」 *浄瑠璃・傾城反魂香(1708頃)中「是着ていきゃと打かけぬいで、七日といふもいまいまし。来月一ぱい借(かす)ぞや」 *帰去来(1901)〈国木田独歩〉八「この夏一(イッ)ぱいは居るつもりだ」 *破戒(1906)〈島崎藤村〉一三・三「まあ、君と斯うして飯山に居るのも、今月一ぱい位のものだ」 ㋩ある事柄や状態の限度ぎりぎりまで出す意を表わす。「精いっぱい」 *浄瑠璃・五十年忌歌念仏(1707)上「どくをあはする左治右衛門、心はりちぎ一ぱいに、せんじつめたる水間のさと」 *滑稽本・浮世風呂(1809–13)二・下「内じゃア我儘(わがまま)いっぺへされても、しかたがねへ」 *良人の自白(1904–06)〈木下尚江〉前・五・二「此様(こんな)病み呆けたものが無かったら、お前も腕一盃な仕事が出来るので」 *冷笑(1909–10)〈永井荷風〉四「今迄世間に対しては華美(はで)一ぱいにやって居た其内幕には父より外には誰も知らない多額の負債のある事などが発見されて」 方言 一【名】❶(二合五勺の枡(ます)に一杯の意) 二合五勺。 青森県三戸郡083 岩手県088 096 097 宮城県068 121 秋田県鹿角郡132 山形県139 福島県155 山梨県南巨摩郡465 熊本県921 大分県941 宮崎県955 ❷一升。大分県941 ❸一緒。 ◇いっぺ 茨城県稲敷郡193 ❹一同。 ◇いっぺ 岩手県東磐井郡106 ❺損得ないこと。ちょうどぴったり。 香川県827 ❻貸借ないこと。あいこ。 ◇いっぺっこ 神奈川県中郡320 ❼一面。 愛知県尾張567 京都府629 徳島県美馬郡816 熊本県阿蘇郡923 葦北郡935 二【副】❶たいそう。非常に。 ◇いっぺえ 沖縄県首里993 ❷いっしょうけんめいに。 島根県石見725 ◇いっぺ・いっぺいっぺ 鹿児島県鹿児島郡968 ❸一度。ひとつ試しに。 秋田県130 岐阜県養老郡498 海津郡515 三重県度会郡599 滋賀県滋賀郡606 発音 〈なまり〉イッパエ〔神戸〕イッファー〔福島〕イッペ〔鹿児島方言〕イッペ〔栃木・埼玉方言・長崎〕エッピィヤァ・ヘッパエ〔岩手〕エッペ〔信州読本〕エッペー〔栃木・東京〕〈標ア〉一は[イ]1 二は[0]〈京ア〉[0] 辞書 文明・天正・饅頭・易林・日葡・書言・〈ボン〉・言海 表記 一盃(文・天・饅・易) 一杯(易・書・ヘ・言)

いっぱい=食(く)う[=食(く)らう] 相手のたくらみにひっかかる。うまくだまされる。 *俳諧・西鶴五百韻(1679)早何「なさけとおもへば旅籠屋の春〈西吟〉 だまされて一はいくふた鯛鱠〈西鶴〉」 *浮世草子・世間胸算用(1692)四・二「今まで奈良中のものが、一盃くうたであらふ」 *浄瑠璃・曾根崎心中(1703)「扨巧んだり巧んだり。一ぱいくふたがむねんやな」 *黄表紙・四天王大通仕立(1782)「茨城、綱に一杯食らひ込み」 *西洋道中膝栗毛(1870–76)〈仮名垣魯文〉初・下「こいつは又、一(イッ)ぱいくらったかと思ったなれど」 方言 損得ないこと。ちょうどぴったり。 香川県829

いっぱい=食(く)わせる[=食(く)わす・食(く)らわす] (たくらんだ相手に思いがけない飲食物を一杯食わせる意からか) うまくだます。 *浮世草子・世間胸算用(1692)四・三「いまだはしばしにはしらぬ事にて、一盃くはせける」 *滑稽本・東海道中膝栗毛-発端(1814)「皆おれが自作の狂言で、ふたりを頼んで、女房にいっぱいくわせ追出(おひだ)したも」 *社会百面相(1902)〈内田魯庵〉電影・三「復(ま)た一杯啗(クラ)はされさうぢゃノウ」 *護持院原の敵討(1913)〈森鷗外〉「お前は神主に一杯(パイ)食(ク)はされたのぢゃないか」

いっぱい する ①すべての家に出入りする。あまねく行きめぐる。 *浄瑠璃・堀川波鼓(1706頃か)上「心のさげしみばかりかは、家中一ぱいする人の、世間の沙汰を如何せん」 ②上方の花柳界で、芸娼妓(しょうぎ)の落籍をいう。もと年季が一杯になる、満了する意からいうか。

いっぱい底(そこ)を入(い)れる 本格的に飲食する前に、まず、一杯、飲んだり、食べたりしておく。 *歌舞伎・傾情吾嬬鑑(1788)序幕「あれを肴(さかな)に一杯底を入れよう」

いっぱい摑(つか)ます 「いっぱい(一杯)食わせる」に同じ。 *浮世草子・好色一代女(1686)六・三「白髪(しらが)に添髪(そへがみ)して、後家らしく作りなして、いっぱい摑(つか)ます事なれども」

いっぱいなる口(くち) 一杯いける口。酒の飲める口。酒の好きな人。 *浮世草子・好色敗毒散(1703)一・二「愛染様も一盃(イッパイ)なる口と見えたり」 *浮世草子・傾城歌三味線(1732)一・一「三方持たる男が、一盃(イッパイ)なる口(クチ)にて、酒を見るから咽(のど)を鳴して」

いっぱいの水(みず)をもって車薪(しゃしん)の火(ひ)は救(すく)い難(がた)し (わずか一杯の水では、車一台分の薪(たきぎ)の火は消すことはできない意) 小さなもので大きなものにあてることはできない。 *談義本・根無草(1763–69)前・一「日頃御偏意地の大王一旦仰せ出だされたる事は、変じ給はぬ御気質。一杯の水を以車薪(シャシン)の火は救(スクイ)がたし」 *譬喩尽(1786)一「一杯(イッパイ)の水(ミズ)を以(モッ)て車薪(シャシン)の火(ヒ)は救(スク)ひ難(ガタ)し」

いっぱい計(はか)る 「いっぱい(一杯)食わせる」に同じ。 *続歌舞妓年代記(1907)一三・天保一〇年「敵役にて由良之助を一っぱい計るやうに見へた」

いっぱいは人(ひと)酒(さけ)を飲(の)む、二杯(にはい)は酒(さけ)酒(さけ)を飲(の)む、三杯(さんばい)は酒(さけ)人(ひと)を飲(の)む 多量の飲酒を戒めることば。少量の飲酒のときは自制心が残っているが、酔うに従って乱れ、正気を失うこと。 *随筆・安斎随筆(1783頃)二三「利休居士酒盃の銘。一盃人飲㆑酒、二盃酒飲㆑酒、三盃酒飲㆑人」 *諺苑(1797)「一盃は人(ヒト)酒(サケ)を飲(ノム)、二盃は酒酒を飲、三盃は酒人を飲 一、二、三を始中後に作たるあり」

いっぱい嵌(は)める 「いっぱい(一杯)食わせる」に同じ。 *湯葉(1960)〈芝木好子〉「高総屋はすぐ一杯はめる男だ」

いっぱい参(まい)らす 「いっぱい(一杯)食わせる」に同じ。 *浄瑠璃・冥途の飛脚(1711頃)上「母には一ぱい参らせし、その悪智恵ぞ勿体なき」 *浄瑠璃・大経師昔暦(1715)下「扨々とろりと一ぱい参らせた」

いっぱい参(まい)る 「いっぱい(一杯)食う」に同じ。 *浮世草子・けいせい伝受紙子(1710)一・五「こな様ほどの睟が一ぱいまいって是迄のお越」＊浄瑠璃・嫗山姥(1712頃)二「敵討との口上はしゃかでも一ぱい参ること、まんまとわたしをたばかり」＊歌舞伎・東海道四谷怪談(1825)二幕「さうとは知(し)らいでうかうかと、一ぱい参(マヰ)ったお岩様(いはさま)近頃以て気の毒千万」

いっ-ぱい【一敗】〘名〙勝負にひとたび負けること。または、ひとたび失策すること。＊日誌字解(1869)〈岩崎茂実〉「一敗 イッハイ ヒトヤブレ」＊帰省(1890)〈宮崎湖処子〉二「其巧者は益(ますます)其の遁路を作り、劣者は一敗して真正の活路に回りしを見たるなり」＊思出の記(1900-01)〈徳富蘆花〉一・九「例の気象で、一敗して逃るるを口惜しく思ったのであらふ」＊新唐書-魏徴伝「威之所ㇾ被半㆓天下㆒、然而一敗不振」発音〈標ア〉0 〈京ア〉0

いっぱい 地(ち)に塗(まみ)れる 再び立ち上がれないほどに、徹底的に打ち負かされる。＊柳橋新誌(1874)〈成島柳北〉初「余(われ)、風流子弟の、其の人を択まずして事を挙げ、一敗地に塗みれ(〈注〉イチドニハタキ)、歓暫(〈注〉わづか)にして孽(〈注〉はざはひ)長く、財竭きて名壊るる者を哀み」＊経国美談(1883-84)〈矢野龍渓〉後・一五「故らに危険なる野戦を試み一敗地に塗るの不幸あらば国則ち覆亡せん」＊大鳥圭介南柯の夢(1955)〈河上徹太郎〉一「一敗地にまみれて遂に恢復の策がなくなってしまった」＊史記-高祖本紀「今置ㇾ将不ㇾ善、壱敗塗ㇾ地」

いっ-ぱい〘名〙(「とっぱい(頭盔)」の変化した語という) スゲでつくった軽い頭巾(ずきん)。＊随筆・嬉遊笑覧(1830)二・上「越後にては菅(すげ)を以て作る軽きを便とす。是をいっぱいと云ふ。〈略〉冑の頭盔(とっぱい)になずらへて名けたるを訛れるなり」

いっぱい-いっぱい【一杯一杯】〘形動〙(「一杯」を重ねた語) 収支がつり合っているさま。過不足がないさま。損得がないさま。＊今年竹(1919-27)〈里見弴〉出来心・二「恰度一杯一杯ぐらゐにゃア引けたでせうよ」＊縮図(1941)〈徳田秋声〉郷愁・一「内輪に見ても一杯々々であり、銀子自身には何もつかなかった」発音〈標ア〉イ3 〈京ア〉0-0

いっぱい-うり【一杯売】〘名〙酒をコップ一杯ごとに売ること。また、その人やその商売。コップ売り。＊青春(1905-06)〈小栗風葉〉秋・一二「一杯売の気の抜けたビイルの後で、何と思ったか、常には嗜まぬ井スキイを小いコップに三杯まで飲んだ」＊青べか物語(1960)〈山本周五郎〉『青べか』を買った話「一杯売りをするのは生ビールといって、樽で来るから一杯ずつでも売れるが」発音〈標ア〉0

いっぱい-きげん【一杯機嫌】〘名〙〘形動〙酒を少し飲み、適当に酔ってよいきげんであるさま。＊浄瑠璃・本朝三国志(1719)一「一ぱい機嫌の春忠君」＊洒落本・猪の文章(1753)「一盃(ハイ)きげんの色ばなしには腮(あぎと)の落るも覚えず」＊妻(1908-09)〈田山花袋〉三三「医師も何うかすると、夜など一杯機嫌で話に来ることがあった」＊竹沢先生と云ふ人(1924-25)〈長与善郎〉竹沢先生と虚空・九「一杯機嫌に、〈略〉威勢よくこんな啖呵を切る」発音イッパイキゲン〈標ア〉キ 〈京ア〉キ／キ

いっぱい-さいち【一拝再致】〘名〙平安時代の老人の礼。敬礼のときまず立って拝し、次にすわったまで拝すること。＊台記-久安七年(1151)正月一日「太相〈七十二〉一拝再致 始再拝之時初拝了、立時大相不ㇾ立、余以下立ㇾ之、後度拝時、太相乍ㇾ居拝ㇾ之、立㆓左右左㆒、臥㆓左右左㆒、太相与㆓他人㆒、日後再拝之時、初度太相乍ㇾ居拝、後度立拝、今案、初度立拝、後度乍ㇾ居拝、可ㇾ合ㇾ理歟」＊宇槐記抄-仁平二年(1152)正月一日「余依ㇾ非㆓貫首㆒、不㆓徐歩㆒、太相初再拝、両度起居後再拝、一拝再致、前後相違」

いっぱい-さぎ【一杯鷺】〘名〙鳥「こさぎ(小鷺)」の異名。＊本朝食鑑(1697)五「鷺〈略〉小者俗称㆓一盃鷺㆒、肉少漸満㆓一盃㆒之謂乎」辞書言海 表記一杯鷺(言)

いっぱい-ざけ【一杯酒】〘名〙一杯盛り切りの酒。気軽に飲む少量の酒。＊天理本狂言・船渡聟(室町末-近世初)「一ばいざけは、のまぬ物じゃと云て、又うくる」＊浮世草子・五箇の津余情男(1702)五・三「さくらの馬場の李右衛門、築町の左平次、五六人同道して、一盃酒のきげんに惣市方に訪ひ」

いっぱいざけに国(くに)傾(かたぶ)く 発音〈標ア〉パ 初めは、わずか一杯の酒を飲む程度のぜいたくでも、ついには国が滅びてしまうような結果になる。または、饗応や贈賄(ぞうわい)が国を滅ぼすもとになることのたとえ。＊浄瑠璃・傾城三河白道(1705頃か)上「酒をすすめてなだめんとや、一ぱい酒に国かたふくといふたとへは、浅ましい下々のこと」

いっぱい-だんご【一杯団子】〘名〙青森県八戸市付近で枕団子のこと。一杯は二合半ますに一杯の意で、これが一人一食分の米の量とする。死者が出るとすぐ、この米を粉にして団子にまるめ、葬式の日に墓へ持って行く。方言青森県三戸郡083

いっぱい-ちゃ【一杯茶】〘名〙一杯だけの茶。葬式に供されるもので、「一杯飯」「一杯酒」「一杯団子」などとともに忌まれる。一服茶。発音〈標ア〉パ

いっぱい-に【一杯荷】〘名〙大坂堂島の米市場で、出米するとき、一軒に二〇石を上荷として積み送ったこと。＊稲の穂(大阪市史五)(1842-幕末頃)「出米するに、拾石以下を割ものと言、又二十石を一軒へ上荷にて積送るを一ぱい荷といふ」

いっぱい-のみや【一杯飲屋・一杯呑屋】〘名〙気軽にたちよって飲める大衆むきの酒場。＊風俗画報-二〇六号(1900)詞林「日毎来る一杯のみや山寺の和尚の好む大黒ビール」＊安吾巷談(1950)〈坂口安吾〉東京ジャングル探検「こんなタカリは毎晩一パイ飲み屋の何軒かで見られたものだが、店の主人も店員も客のためになんの処置もしてやらない」＊日々の収拾(1970)〈坂上弘〉「彼は会社の仕事の帰り、一杯飲屋にさそわれたりすると」発音〈標ア〉ミ

いっぱい-ひらき【一杯開】〘名〙帆船が逆風時に行なう帆走法で、船首をできるだけ風の方向に向けて航行すること。こうした時の帆の状態を開き帆とか開くというが、その限界という意味でこの名がある。詰開(つめびらき)。

いっぱい-ます【一杯枡】〘名〙方言二合五勺の枡(ます)。宮城県仙台市121 山梨県南巨摩郡465

いっぱい-めし【一杯飯】〘名〙一杯盛り切りの飯。人が死んですぐ枕もとに供え、多くは、葬送の供をする者が持って墓前に供える飯。枕飯。一盛飯(ひともりめし)。方言青森県上北郡082 岩手県気仙郡100 埼玉県秩父郡054 発音〈なまり〉エッペアミシ〔岩手〕〈標ア〉パ

いっぱ-かまえ【一派構】〘名〙江戸時代、僧に科せられた刑罰の一種。その所属する宗派から除籍すること。袈裟(けさ)は没収された。一宗構(いっしゅうかまえ)よりは軽く、同宗の他派へ転ずることはさしつかえなかった。＊禁令考-後集・第四・巻三五(江戸中-後)「御仕置仕形之事六〈略〉一派構 其一派を構、同宗に而も外之派に成候得は、無ㇾ構」

いっ-ぱく【一白】〘名〙①陰陽道でいう九星(きゅうせい)の一つ。星では水星に、方角では北方に割りふる。方位、配偶などでは、これに当たるものは吉とされる。②馬の一本の足先の毛に白いまだらのあること。また、その馬。＊随筆・卯花園漫録(1809)「河原毛にも色々有なり。四足計白きを四つ白といふ。一つ白を一白といふなり」③物や場所が全部白いこと。まっしろ。＊再北遊詩草(1825)小松城下似墨屏空翠暁山芝圃「四山一白玉峥嵘、豈啻黄金百鎰賜」＊唱歌・スキーの歌(文部省唱歌)(1932)〈林柳波〉「一白影なき天地の中を、ストックかざして我は翔(かけ)る」発音〈標ア〉0ク 〈京ア〉0

いっ-ぱく【一拍】〘名〙音楽で、拍子記号によって指定された、一うちの長さ。四分の二拍子では四分音符、八分の三拍子では八分音符がそれぞれ一拍。ただし、実際の演奏における一拍は、楽曲の速度に応じて変わる。＊楽典初歩(1888)〈内田彌一訳〉「第五十八条 二拍子の小節に於ては〈略〉二分音符一個を以て、其一拍とす」発音〈標ア〉(名詞的)ク (副詞的)0

いっ-ぱく【一泊】〘名〙旅先などで一晩泊まること。また、舟が一夜港に停泊すること。＊和英語林集成(再版)(1872)「Ippaku イッパク 一泊」＊西洋道中膝栗毛(1870-76)〈仮名垣魯文〉九・上「此日は此処に一泊(イッパク)し」＊小公子(1890-92)〈若松賤子訳〉前編・四「フォントルロイ殿は、母君と彼の処に御一泊(イッパク)あって」＊白居易-題牛相公帰仁里宅新城小灘詩「両岸灩澦口、一泊瀟湘天」発音〈標ア〉0 〈京ア〉パ 辞書〈ボン〉 表記一泊(へ)

いっぱく-がけ【一泊掛】〘名〙よそに一晩とまる予定で出掛けること。＊白夜(1966)〈高橋たか子〉「一泊がけで海水浴にきた小学生の私たちは」発音イッパクガケ〈標ア〉0

いっぱく-すいせい【一白水星】〘名〙占星術の九星(きゅうせい)の一つ。北の方位、冬の季節を表わし、この星の支配する年に生まれた者は、外柔内剛、内向性などの性質があるという。発音イッパクスイセイ〈標ア〉0

いっ-ぱし【一端】〘副〙①事態が臨時、または一度きりであるさま。一旦(いったん)。ひとまず。＊日葡辞書(1603-04)「Ippaxi (イッパシ)〈訳〉一度」＊評判記・満散利久佐(1656)吉田「先(まず)、一(イッ)ぱしは、人のかふて、みたがる、よそほひ也」＊浮世草子・懐硯(1687)二・一「今までの勘当は公儀へ訴へたるにもあらず、されども一端(イッハシ)町の宿老へことはりたれば、十年のうちはおもてむき行来(ゆきき)なき分にもてなせ」②(まだ未熟なものが、さも一人前のように思い込んで行動するありさまをあざけりぎみにいう) まるで一人前のようにふるまうさま。人なみに。えらそうに。＊雑俳・柳多留-初(1765)「猿田彦いっぱし神の気であるき」＊滑稽本・浮世床(1813-23)初・下「手紙一通も人並には出来ねへ。其くせ己(うぬ)が気ではいっぱし能書の心いきで」＊吾輩は猫である(1905-06)〈夏目漱石〉七「あれで一っぱし腕がある積りだから」③(②のようなあざけりの気持を含めないでいう) ひとかど。一人前。相当。かなり。＊咄本・正直咄大鑑(1687)白・五「いっはしゐわんと思ふきなれば」＊われから(1896)〈樋口一葉〉五「何(ど)うぞ世間の人に負けぬやうに、一っぱしの豪(ゑら)い方に成って下され」＊新世帯(1908)〈徳田秋声〉三五「最中(もなか)の折を一つ買った。而(さう)して其を風呂敷に包んで、一端(イッパシ)何か酬いられたやうな心持で、元気よく歩出した」＊苦の世界(1918-21)〈宇野浩二〉三・一「彼はなんでも十年程も前には、いっぱし文名を馳せたことがあるといふことであるが」補注(1)語源については「一旦」を「一端」と書き、それを重箱読みしたものかともいわれるが、未詳。(2)近代例の中には、「故郷に援助を求めることも男のいっぱしで出来ないのだ」(嘉村礒多「崖の下」)のような特殊な使い方のものも見られる。方言❶一時。ある時期。滋賀県彦根609 兵庫県加古郡664 鳥取県東部711 ❷同時。和歌山県和歌山市・海草郡690 ◇いっぱえし 島根県出雲市・簸川郡725 ◇いっぺし 島根県八東郡725 ❸直後。すぐ。◇いっぱえし 島根県出雲市・簸川郡725 ◇いっぺし 島根県八東郡725 ❹すべて。完全に。専ら。茨城県猿島郡188 真壁郡191 栃木県198 宮崎県東諸県郡954 発音〈なまり〉イッパセ〔島根〕イッパチ〔東京〕〈標ア〉0 〈京ア〉0 辞書日葡

いつはた【五幡】 福井県敦賀市北東部の地名。木ノ

芽峠の西方にあり、奈良時代、北陸道の官道が通じていた。歌枕。＊万葉(8C後)一八・四〇五五「可敝流未(かへるみ)の道行かむ日は伊都婆多(イツバタ)の坂に袖振れわれをし思はば〈大伴家持〉」＊新古今(1205)離別・八五八「忘れなんよにもこしぢのかへる山いつはた人にあはんとすらん〈伊勢〉」 発音〈標ア〉ツ 辞書文明 表記 伊津波多(文)

いっぱた【名】方言❶一人前。岩手県上閉伊郡097 宮城県068 ❷壮年。また、勢力の盛んなことや、得意なこと。岩手県胆沢郡105 ❸意地。岩手県九戸郡088 ❹始終。いつでも。山形県庄内139 新潟県岩船郡366 ❺変なさま。◇いぱた・いっぱんたとも。青森県津軽071 076

いっ-ぱち【一八】【名】①(「二八」に対して)一杯八文のうどん。＊洒落本・来芝一代記(1797)遊楽三教「万貫目のばしても棺桶へいるる銭は纔(わづ)か六文、一八のうどんもかきこまれず」②「いっぱち(一八)の灸(きゅう)」の略。＊雑俳・川柳評万句合-宝暦一一(1761)信二「一八はけぶの出よふもそれぞれに」 発音〈標ア〉0

いっぱち の 灸(きゅう) 毎月一日および八日に据える灸。俗信で、特に効きめがあるとする。いっぱち。

いっ-ぱち【一鉢】【名】「いっぱつ(一鉢)」に同じ。＊太平記(14C後)二・三人僧徒関東下向事「三衣を荷葉の秋の霜に重ね、一鉢(ハチ)を松華の朝の風に任せ」

いっ-ぱつ【一発】【名】①(―する)矢や弾丸などを一度撃つこと。また、そのひとうち。また、弾丸などの一個。＊寄笑新聞(1875)〈梅亭金鵞〉五号「御維新以来東京帝城の中に於て午十二時毎に大砲を一発す」＊西洋道中膝栗毛(1870-76)〈仮名垣魯文〉一一・下「首途(かどで)の祝砲一発(イッパツ)して」＊戦国策-周策「弓撥矢鉤、一発不㆑中、前功尽矣」②(―する)光などが強く一度きらめくこと。③ある感情が一時に発すること。＊読本・忠臣水滸伝(1799-1801)後・九「忽一発(イッパツ)の怒り心上より起り」④(多く副詞的に用いて、ためしに思い切って行なってみる場合にいう)一回。「一発やってみるか」＊笹まくら(1966)〈丸谷才一〉五「一発ぶちかましてみるか、と赤坂は冗談のように言った」⑤打撃、小言などの一回。＊漫才読本(1936)〈横山エンタツ〉あきれた連中「これは不思議と、向き直って追ふと、石田君は、また手ひどい一発(パツ)を喰ふのだった」＊プレオー8の夜明け(1970)〈古山高麗雄〉「フランスの軍医を一発殴っている」⑥一回で決着をつけること。一回で決まること。＊アメリカひじき(1967)〈野坂昭如〉「腰投げ、内股、大外刈り、いっぱつで決まる」＊新西洋事情(1975)〈深田祐介〉鎮魂・モスクワ郊外六十キロ「優れた不凍液を使用していて、いずれもどんな厳寒の地であろうとも、それが『地球上である限り』一発でエンジンがかかる」⑦野球で、ホームラン一つ。⑧俗に、さまざまな物事の一回を広くいう。＊どくとるマンボウ航海記(1960)〈北杜夫〉シンガポールさまざま「一人の中国の小柄な女が、だしぬけにある日本語を口にして私をギョッとさせた。〈略〉その文句というのはこうである— IPPATSU YARUKA?」 補注②の意で「読本・雲妙間雨夜月-五・一一」に「雷火(いなびかり)一発(バツ)して、車輪のごとき天火、頂の上に落ち懸ると見えし」とあるが、「一発」の読みは「いっぱつ」「いちばつ」のどちらであるかは不明。 発音〈標ア〉(名詞的)ツ (副詞的)0〈京ア〉(名詞的)パ (副詞的)0

いっぱつ 噛(か)**ます** ①一回、計略などに引っかける。一度だます。＊青い月曜日(1965-67)〈開高健〉二・唐辛子のような女「ピンハネ、ハッタリ、小股すくい、裏の裏、一発かます、いっちょうヤッタル、ドカッとぬいたる」②一度けんかを売る。また、一回なぐる。＊冷え物(1975)〈小田実〉「ふみ子、これがジャブや。ええか、これがアッパー・カットや。これで一発かましたるんや」

いっ-ぱつ【一鉢】【名】一個の鉄鉢(てつばち)。僧が托鉢(たくはつ)のときに用いるもの。いっぱち。＊本朝文粋(1060頃)一三・為空也上人供養金字大般若経願文〈三善道統〉「曾無㆓一鉢之儲㆒、唯唱㆓十方之志㆒」＊日蓮遺文-撰時抄(1275)「三衣を身にまとひ、一鉢を頸にかけ、八万法蔵を胸にうかべ」＊太平記(14C後)一二・千種殿幷文観僧正奢侈事「行業不退にして、一鉢(イッハツ)の空き事を不㆑愁」＊艸山集(1674)一四・和欧陽読書詩「林間無㆓外事㆒、一鉢飽㆓午飯㆒」＊政談(1727頃)「肉食をも不㆑嫌、人に熟食を乞ひ、衣一鉢より外は身に持たず」＊北史-薛憕伝「文帝又造㆓二欹器㆒、一為㆘二仙人共持㆓一鉢㆒、同処㆗一盤鉢㆖」

いっぱつ 境界(きょうがい) 一鉢をたずさえて、食を乞い歩く托鉢僧(たくはつそう)の境遇。＊猿雖(推定)宛芭蕉書簡-元禄二年(1689)「一鉢境界乞食の身こそたうとけれ」 発音〈標ア〉0ツ

いっ-ぱつ【一髪】【名】①髪の毛一筋。＊傅咸-櫛賦「一髪不㆑順、実以為㆑恥」②遠くの景色が青くかすんで、一すじの髪の毛を横たえたように見えること。＊蘇軾-澄邁駅通潮閣詩「杳々天低鶻没処、青山一髪是中原」③髪の毛一筋のすきましかないほどの空間や時間。また、ものごとの情勢などが切迫していること。＊黒潮(1902-05)〈徳富蘆花〉一・七・四「恐らく一人として死生一髪の際を潜って来ない者はなからふ」＊江戸から東京へ(1921)〈矢田挿雲〉六・二「仁王門まで焼落せし一髪(パツ)の危機を免れて」 発音〈標ア〉0ツ

いっぱつ 千鈞(せんきん)**を引**(ひ)**く** 一筋の髪の毛で千鈞の重さのものを引くの意で、きわめて危険なことをするたとえ。＊韓愈-与孟尚書書「漢氏以来、群儒区区修補、百孔千瘡、随乱随失、其危如㆔一髪引㆓千鈞㆒」

いっぱつ-かいとう【一発回答】(‥クヮイタフ)【名】労使間の賃上げ交渉で、労働者側の要求に対し、使用者側が一回の回答で決着しようとすること。＊夢の浮橋(1970)〈倉橋由美子〉霜夜「何しろ今年は冬のボーナスを一発回答で押切ったからね」 発音イッパッカイトー〈標ア〉カ

いっぱつ-しょうぶ【一発勝負】【名】一回で勝敗、決着をつけること。 発音イッパッショーブ〈標ア〉ショ

いっぱつ-すんぺき【一髪寸碧】【名】一本の髪の毛のように遠くかすかに見える青山。＊俳諧・曾良随行日記(1689)俳諧書留「奇峯乱山かたちをあらそひ、一髪寸碧絵にかきたるやうになん」

いっぱつ-や【一発屋】【名】ふだんははかばかしくないが、時としてめざましい働きをする人。時に乗じてホームランを打つ野球選手や、一曲しかヒット曲のない歌手などをいう。 発音〈標ア〉0

いつは-の-まつ【五葉松】【名】植物「ごようまつ(五葉松)」の異名。＊雪玉集(1537頃か)一〇「時わかぬ五葉の松のいつはあれど春一しほの緑をぞ見む」 辞書言海

いつはり-がえし【五針返】(‥がへし)【名】裁縫の仕立て方の一つ。毛織物などを縫うのに、五針目ごとに一針の返し縫いをすること。 発音イッハリガエシ〈標ア〉ガ

いっ-ぱん【一半】【名】なかば。半分。＊雑言奉和(10C初か)奉和聖製河上落花詞〈坂田永河〉「看㆓落花㆒。一半蕭灑一半結」＊本朝無題詩(1162-64頃)二・賦雪〈釈蓮禅〉「賞吟縁底更為㆑恨、彌点鬢華一半斑」＊黄葉夕陽邨舎詩-前編(1812)一・龍盤「祭祀千年周雅楽、朝廷一半漢名儒」＊西国立志編(1870-71)〈中村正直訳〉九・一八「然るに生計を為しがたく、既に一半を人に売り、又一半を汝に借すに至れり」＊侏儒の言葉(1923-27)〈芥川龍之介〉創作「作品の美醜の一半は芸術家の意識を超越した神秘の世界に存してゐる」＊李白-短歌行「麻姑垂㆓両鬢㆒、一半已成㆑霜」 発音〈標ア〉パ0〈京ア〉0

いっぱん の 利(り) 近世、元銀一貫目に対して月一五匁の割りの利息をいう。年利一割八分に当たる。＊随筆・守貞漫稿(1837-53)七「元銀一貫目に月収十五匁を一半の利と云。乃一分半の中略也」

いっ-ぱん【一帆】【名】一つの帆(ほ)。転じて、一そうの舟。＊日葡辞書(1603-04)「Ippan(イッパン)。ヒトツノ ホ」＊南郭先生文集-二編(1737)五・題画二首「江湖何処去、渺渺一帆飛」＊王湾-次北固山下詩「潮平両岸濶、風正一帆懸」 発音〈標ア〉0 辞書日葡

いっぱん の 風(かぜ) 舟の帆にあたる風。＊謡曲・八島(1430頃)「一葉万里の舟の道、唯一帆の風(かぜ)に任す」＊呉融-送知古上人詩「振㆑錫纔尋三径草、登㆑船忽挂一帆風」

いっ-ぱん【一班】【名】①第一の組。また、一つの班。②その班全体。その集まり全部。＊西国立志編(1870-71)〈中村正直訳〉六・一〇「昔時羅馬(ローマ)に往く途中恵を受けたるギプシイスの一班、また、獄中に在りけり」＊日本開化小史(1877-82)〈田口卯吉〉四・七「研究の増進するに従ひ、世人一班自ら迷謬の事を信ぜざる様になることなり」③ある全体のうちの一部分。一斑。＊四河入海(17C前)五・一「其深奥の処をば、不㆑知して、只所㆑見の、一班を窺て、浅と云は物をしらぬぞ」＊随筆・孔雀楼筆記(1768)三「胡元瑞もその一班を窺へり」＊国語のため(1895)〈上田万年〉言語学者としての新井白石「以上は白石が言語学に関して、抱きました意見の一班に過ぎませぬ」④令制で、新しく口分田(くぶんでん)を支給すること。＊令義解(718)田・六年一班条「凡田。六年一班。〈神田寺田。不㆑在㆓此限㆒〉若以㆓身死㆒応㆑退㆑田者。毎㆑至㆓班年㆒即従㆓収授㆒」＊三代格-一五・延喜二年(902)三月一三日・太政官符「六年一班期限短促、宜㆘仰㆓下諸国㆒、一紀一度校㆑田言上、弁進㆓授口帳㆒、待㆑裁班給㆖」＊東寺百合文書-ほ・寛治七年(1093)七月二〇日・明法博士惟宗国任勘文案(大日本古文書二・二)「畿内田籍除㆓證年㆒之外、毎㆑経㆓一班㆒為㆑例除弃」 発音〈標ア〉パ ①はパイ〈京ア〉0／①はッ

いっ-ぱん【一般】【名】(形動)①同一であること。また、そのさま。一様。同様。＊菅家文草(900頃)一・早春侍宴仁寿殿、同賦春雪映早梅「雪片花顔時一般、上番梅楥待㆓追歓㆒」＊地蔵菩薩霊験記(16C後)二・一六「凡そ諸仏菩薩の本誓利益衆生の方便は等しくて成等正覚の計と以て一般(イッハン)なれは、何(いづれ)も勝劣は存さねども」＊大学垂加先生講義(1679)「向と云は、応ずる人の胸中を移して言。而してやっぱり一般になるぞ」＊書言字考節用集(1717)八「一般 イッハン 一様 義仝」＊雪中梅(1886)〈末広鉄腸〉上・二「恰も行旅の始めて家を出で、百里の雲山を有無渺茫の間に望むと一般なる想ありしが」＊陸亀蒙-和襲美贈南陽潤卿将帰雷平詩「朝市山林隠一般、卻帰那減臥雲権」②共通して全体にわたっていること。また、そのさま。普遍。↔特殊。＊地蔵菩薩霊験記(16C後)四・一三「天武天皇白鳳十四年三月、当国の人民一般(ハン)に邪気を受、剰(あまつさへ)牛馬巷に倒れ、死骨路に充(みて)り」＊童子問(1707)下・二三「然至㆘其所㆓以自為㆑学㆒、則別立㆓一般名目㆒、以為㆗学問之宗旨㆖」＊西国立志編(1870-71)〈中村正直訳〉二・五「民生各箇の福利、幷びに邦国一般の文運、日々に増盛することなり」＊基督教と慈善事業(1910)〈留岡幸助〉「これは慈善事業を一般普及する上に於ては実に有力なる機関である」＊吃逆(1912)〈森鷗外〉「神が歴史のある時期に人間の形を現したと云ふことは、学問上ばかりでなく、現代人の思想には一般に容れられない」③特別な点がなく、ごくあたりまえであること。また、そのような人々やそのようなさま。普通。＊一局議院論(1885)〈植木枝盛〉一「初めて国会に代議市民を一般に召集したるは」＊青年(1910-11)〈森鷗外〉一三「一般(イッパン)の読者を未丁年者として見る目で、さう認めたのは致し方がない」＊赤西蠣太(1917)〈志賀直哉〉「真面目に独りこつこつ

と働くので一般の受けはよかったが」＊或る女(1919)〈有島武郎〉前・二「国民一般は誰れ彼れの差別なく」 発音〈標ア〉0〈京ア〉0 辞書 文明・書言・ヘボン・言海 表記 一般(文・書・ヘ・言)

いっぱんの先取特権(さきどりとっけん) 先取特権の一つ。共益費用、雇人給料、葬式費用、日用品供給の四種の債権につき債務者の全財産から、他の債権者よりも優先的に弁済を受ける権利。＊民法(明治二九年)(1896)三二九条「一般の先取特権が互に競合する場合に於ては」

いっ-ぱん【一斑】〘名〙(豹(ひょう)の全身のうちの、一つの斑(まだら)の意から) 全体のうちの一部分。一班。＊日本詩史(1771)四「雖レ不レ足レ論二全豹一、亦可レ窺二天受之一斑一」＊西国立志編(1870-71)〈中村正直訳〉八・一九「その生平胆勇ありて、性行純実なる一斑を見るに足れり」＊吾輩は猫である(1905-06)〈夏目漱石〉三「美学上の見地から此鼻に就て研究した事が御座いますから、其一斑を披瀝(ひれき)して」＊蘇軾-又贈老謙詩「瀉二湯旧得一茶三昧一、覓レ句近窺二詩一斑一」 発音〈標ア〉パ0〈京ア〉0

いっぱんを見(み)て全豹(ぜんぴょう)を知(し)る[=ト(ぼく)す・評(ひょう)す] 豹の皮の一斑を見て、豹であることを推知することから、物事の一部を見て、全体を推しはかることをたとえていう。＊黒潮(1902-05)〈徳富蘆花〉一・七・八「一斑(イッパン)をもって全豹(ゼンベウ)を推す事は出来ない。総て大体から着眼しなければならぬ」＊晉書-王献之伝「此郎亦管中窺レ豹、時見二一斑一」

いっ-ぱん【一飯】〘名〙一わんの飯。また、一度の食事。一食。＊虎明本狂言・拄杖(室町末-近世初)「そなた程な出家はおりなひ程に、一飯を申さう」＊日葡辞書(1603-04)「Ippan(イッパン)〈訳〉一椀の御飯」＊航西日乗(1881-84)〈成島柳北〉三月二四日「十二時ボロギヤに達す。亦一都会なり。一飯して発す」＊春秋公羊伝-昭公一九年「楽正子春之視レ疾也、復加二一飯一則脱然愈、復損二一飯一則脱然愈」 発音〈標ア〉0〈京ア〉0 辞書 日葡・書言 表記 一飯(書)

いっぱんの恩(おん) 「いっぱん(一飯)の徳」に同じ。＊三体詩素隠抄(1622)三・三「古人は、一飯の恩を、うくることさへ、ありがたく、思たるに」＊浮雲(1887-89)〈二葉亭四迷〉一・二「しかも気を使って一飯の恩は酬いぬがちでも、睚眦(がいさい)の怨は必ず報ずるといふ蚰蜒魂(げじげじたましひ)で」＊新唐書-藩鎮宣武彰義沢潞伝・劉従諫「大丈夫勿レ顧二一飯恩一」

いっぱんの頃(けい) 一度の食事をするほどのわずかな時間。＊剪燈新話-三山福地志「披レ頭露レ体、勢甚兇悪一飯之頃、則自実復回」

いっぱんの徳(とく) たった一度の飯を与えられた恵み。わずかの恩。一飯の恩。＊史記-范雎伝「一飯之徳必償、睚眦之怨必報」

いっぱんの報(むく)**い** 一飯の徳に報いること。わずかの恩に報いること。＊後漢書-李固伝「窃感二古人一飯之報、況受二顧遇一而容レ不レ尽乎」

いっぱん-あつかい【一飯扱】(あつかひ)〘名〙粗末なあつかい。一つの椀の飯で遇するようなあつかい。＊多聞院日記-天正一二年(1584)一二月二六日「一飯設とて筒井坊并被官衆震動也」

いっぱん-いし【一般意志】〘名〙(フランス volonté générale の訳語) 社会契約によってなりたった法の下にある人民の公共的な意志。私的な個別的意志の総称ではない。ルソーの用語。 発音〈標ア〉イ2

いっぱん-うけ【一般受】〘名〙多くの人々に評判がいいこと。世間受け。＊さらばモスクワ愚連隊(1966)〈五木寛之〉「一般受けしないスタイルの演奏に頑固にしがみついている」 発音〈標ア〉0

いっぱん-か【一般化】(クヮ)〘名〙①(─する) 広く行き渡らせること。広く全体に通用するものとすること。＊春六題(1921)〈寺田寅彦〉一「相対原理が一般化されて重力に関する学者の考が一変しても」＊帰郷(1948)〈大仏次郎〉ダイヤモンド「大切なのは一般さ。文化芸術の一般化といふことだ」②(─する) ある事例から、導きだした法則や概念などを、広く普遍的に通用することとみなすこと。＊夢殿観音(1953)〈竹山道雄〉「これは部分的心理を一般化したものであり」＊半チョッパリ(1971)〈李恢成〉三「僕の場合はあまりピンとこないし、一般化していうのはどうかな」③論理学で、一事例から量化式を推論する手続き。一事例から普遍量化式を推論する手続きと、存在量化式を推論する手続きとがある。普遍化。例化。 発音〈標ア〉0パ

いっぱん-かいけい【一般会計】(クヮイケイ)〘名〙財政法に基づく国の会計の一つ。特別会計に属さない会計をすべて含み、租税、専売収入、官業収入などを基本的な収入とし、一般行政、社会保障、文教、防衛などの支出をまかなう。↔特別会計。＊作業会計法(明治二三年)(1890)二条「製鉄所据置運転資本は〈略〉漸次一般会計より繰入す」 発音イッパンカイケイ〈標ア〉カ〈京ア〉カ

いっぱん-がいねん【一般概念】〘名〙多くの対象のどれにもその意味を変えないで適用できる概念。たとえば、山、果物、人間など。普遍概念。↔単独概念。＊現代文化百科事典(1937)「いっぱんがいねん 一般概念 独 Allgemeinbegriff〔哲〕単独概念に対する語、普通概念ともいふ」 発音〈標ア〉カ

いっぱん-かく【一般角】〘名〙基準になる半直線から、それと原点を共有する半直線が回転してつくる角。回転の向きにより、正の角と負の角の区別がある。 発音〈標ア〉パ

いっぱん-かんかく【一般感覚】〘名〙身体内部に受容器をもつ感覚。内臓感覚、運動感覚、平衡感覚など。狭義には内臓感覚のみをさす。 発音〈標ア〉カ1

いっぱん-かんちょう【一般官庁】(クヮンチャウ)〘名〙特定の行政事務ではなく、普通の行政事務をつかさどる官庁。普通官庁。↔特別官庁。 発音イッパンカンチョー〈標ア〉カ

いっぱん-かんりひ【一般管理費】(クヮンリヒ)〘名〙製造部門、販売部門に対し、企業の全般にわたる管理部門で生じる費用。役員の給与、一般管理事務に従事する者の給与、一般管理事務用建物、備品の減価償却費などがある。 発音〈標ア〉リ

いっぱん-ぎむ【一般義務】〘名〙国民のだれもが負担しなければならない義務。例えば、納税の義務の類。 発音〈標ア〉ギ

いっぱん-きょういく【一般教育】(ケウイク)〘名〙①人間的な人格の調和と統一をはかるため、社会のすべての人々に共通な教養を与えようとする教育。＊官報-明治三八年(1905)一〇月一八日「実業教育の如き、之をして益々適切有効ならしむべし、一般教育に於ても正直勤勉忍耐等の精神を養成し」②特に大学で、専門教育にはいる前に、人文・社会・自然科学の三系列に関して、専攻分野に関係なく行なわれる教育。一般教養。 発音イッパンキョーイク〈標ア〉キョ〈京ア〉キョ

いっぱん-きょうしょ【一般教書】(ケウショ)〘名〙(アメリカ State of the Union Message の訳語) アメリカの大統領が、年頭に上下両院合同会議で述べる施政方針演説。内政、外交の基本政策を発表し、議会にその立法化を要請する。年頭教書。 発音イッパンキョーショ〈標ア〉キョ

いっぱん-きょうそうけいやく【一般競争契約】(キャウサウケイヤク)〘名〙国、地方公共団体などが契約に関する公告をし、不特定多数人に競争させて、最も有利な条件を提供した者と結ぶ契約。入札、競り売りなどの方法がある。 発音イッパンキョーソーケイヤク〈標ア〉ケ

いっぱん-きょうよう【一般教養】(ケウヤウ)〘名〙①だれにでも共通して必要とされる教養。また、専門的、職業的教養の基礎となる広い教養。＊学生と教養(1936)〈鈴木利貞編〉教養としての哲学〈桑木厳翼〉一「一つは一般教養として哲学史的知識の適当なことを考へ」②「いっぱんきょういく(一般教育)②」に同じ。 発音イッパンキョーヨー〈標ア〉キョ

いっぱん-きんこうりろん【一般均衡理論】(キンカウリロン)〘名〙経済体系を構成するすべての経済的要因(諸財の取引量、価格など)は、相互依存の関係にあると考え、それらの全体としての均衡条件を数学的方法で明らかにしようとする経済理論。レオン=ワルラスを始祖とし、ローザンヌ学派によって継承され、ヒックス、サミュエルソンによる展開を契機として現代経済学の中枢に位置するに至っている。 発音イッパンキンコーリロン〈標ア〉リ

いっぱん-くみあい【一般組合】(くみあひ)〘名〙職業、産業、地域別にとらわれず、各種の労働者、特に未熟練労働者を広く包含した労働組合。狭義ではイギリスにおける三つの代表的な組合の総括的名称。 発音〈標ア〉ク

いっぱん-けいほう【一般刑法】(ケイハフ)〘名〙一般の人、地域、事項に関し適用される刑法。特別刑法に対していう。普通刑法。 発音イッパンケイホー〈標ア〉ケ

いっぱん-げんごがく【一般言語学】〘名〙研究対象を特定の言語に限定せず、人類の言語一般に潜む諸性質、法則などの発見を目的とする言語学。研究のための資料は特定の言語から得なければならないが、研究の結果得た一般言語学的成果は特定の言語研究に指針を与えるものとなる。 発音イッパンゲンゴガク〈標ア〉ゴ

いっぱん-こう【一般項】(カウ)〘名〙数列の第n項をnの式として表わしたもの。その式の中のnに1、2、…を代入すれば、数列の第一項、第二項、…が得られる。公項。 発音イッパンコー〈標ア〉パ

いっぱん-こくさいほう【一般国際法】(コクサイハフ)〘名〙大多数の国家に対して拘束力のある国際法規。万国公法。一部の国だけに適用されるものを特別国際法という。 発音イッパンコクサイホー〈標ア〉サ0

いっぱん-ざいげん【一般財源】〘名〙国や地方公共団体の収入の中で、使い方が特に定められていないもの。地方財政では地方公共団体が独自に使える財源をいう。 発音イッパンザイゲン〈標ア〉ザ

いっぱん-ざいさん【一般財産】〘名〙①ある人に属する全財産のこと。相続財産、信託財産、企業財産などの特別財産に対していう。②債権の一般担保の目的となる債務者のすべての財産。 発音〈標ア〉ザ

いっぱん-しき【一般式】〘名〙一定の条件を満たす一群の数式の変化する部分を、文字で置き換えて得られる式。たとえば、一個の変数を含む一次式では $ax+b$、また一元二次方程式では $ax^2+bx+c=0\ (a\neq 0)$ である。公項。 発音〈標ア〉パ

いっぱん-しゃ【一般者】〘名〙例外、除外例なく全般に共通性をもつ存在。特殊的、単独的でないもの。 発音〈標ア〉パ

いっぱん-しゃかい【一般社会】(クヮイ)〘名〙世の中の普通の人々。また、その集団。世間。＊明治大正見聞史(1926)〈生方敏郎〉明治時代の学生生活・二「風俗は学生ばかりでなく一般社会の人も今と較べて可なり相違が有る」 発音〈標ア〉シャ

いっぱん-しょうひぜい【一般消費税】(セウヒゼイ)〘名〙消費活動一般を対象とした間接税。特定物品・サービスを対象とした個別消費税に対するもの。 発音イッパンショーヒゼイ〈標ア〉ヒ

いっぱん-しょく【一般職】〘名〙①国家公務員または地方公務員で、特別職以外のいっさいの職。↔特別職。＊国家公務員法(1947)二条「国家公務員の職は、これを一般職と特別職とに分つ」②企業で、仕事

内容や地位に変化が少ない職。総合職に対比させて使われる語。発音〈標ア〉パ〈京ア〉ン

いっぱん-じん【一般人】〘名〙特別の身分、地位を持たないあたりまえの人。普通人。また、あることに特別の関係がない人。＊我等の一団と彼(1912)〈石川啄木〉五「僕等のやうな一般人はさうは行かん」＊異形の者(1950)〈武田泰淳〉「何ら一般人とかはらぬ自分たちの日常生活から、急に『三界の大導師』となるための時代ばなれした修行生活に入ったことの」発音〈標ア〉パジ〈京ア〉ン

いっぱん-しんりがく【一般心理学】〘名〙個体差を考えないで、だれにでも通じるものを研究対象とする心理学。発音イッパンシンリガク〈標ア〉リ

いっぱん-せい【一般性】〘名〙すべてのものに通じる性質。また、広く一般にあてはめることのできる性質。＊善の研究(1911)〈西田幾多郎〉二・一「或人は思惟の一般性、必然性を以て真実在を知る標準とすれど」発音イッパンセイ〈標ア〉0

いっぱん-せんきょ【一般選挙】〘名〙地方公共団体の議会の議員全員を選ぶ選挙。＊公職選挙法(1950)三三条・二「地方公共団体の議会の解散に因る一般選挙は、解散の日から四十日以内に行う」発音〈標ア〉セ

いっぱん-せんびきこぎって【一般線引小切手】〘名〙表面に引いた二本の平行線内に、特定の金融機関名を記入していない線引小切手。支払銀行は、他の銀行または自己の取引先から呈示があった場合にだけ支払いをする。発音イッパンセンビキコギッテ〈標ア〉ギ

いっぱん-そうたいせいりろん【一般相対性理論】(サウタイセイリロン)〘名〙アインシュタインが「相対性原理」に基づいて展開した理論の一つ。慣性に対する質量と重力質量が同じであるとする「等価の原理」を出発点にして、加速度運動に対しても相対性が成立することを仮定した。重力理論としても重要視される。↕特殊相対性理論。→相対性原理。発音イッパンソータイセイリロン〈標ア〉リ

いっぱん-たいしゅう【一般大衆】〘名〙特別の地位、権力などを持たない一般の人々。民衆。＊みんなの日本語(1953)〈桑原武夫〉「シェークスピアもイギリスの一般大衆にはよみにくくなっており」発音イッパンタイシュー〈標ア〉0

いっぱん-たんぽ【一般担保】〘名〙債務者の財産のうち、特別担保の目的となっているものなどを除いた全財産が、総債権者のため債務の弁済の担保となっていること。↕特別担保。発音〈標ア〉タ

いっぱん-てき【一般的】〘形動〙特別な物事に限らないで、広く全体に通じる状態であるさま。＊日本の下層社会(1899)〈横山源之助〉二・二「一概に言ふを得ざれども出職人の対手は個人的にして居職人の関係は一般的なり」＊或る女(1919)〈有島武郎〉前・一一「僕は第一一般的に女と云ふものについて何んにも知りません」＊桐畑(1920)〈里見弴〉好敵手・一〇「彼が無名の青年だったために、一般的(パンテキ)には殆んどなんの反響も起さずに了(しま)ったが」＊国会法(1947)五一条「委員会は、一般的関心及び目的を有する重要な案件について」発音〈標ア〉0〈京ア〉0

いっぱんてき-こうそくりょく【一般的拘束力】〘名〙労働協約が協約当事者以外の者にまで拡張して適用される時の効力。その範囲については労働組合法で規定。発音イッパンテキコーソクリョク〈標ア〉ク

いっぱんてき-とうや【一般的陶冶】(タウヤ)〘名〙人の多面的な諸能力を調和的に発展させることを目標とする教育。＊国民百科新語辞典(1934)〈新居格・木村毅〉「イッパンテキトーヤ 一般的陶冶〔教〕〈略〉職業的教育の一方的傾向を是正するものである」発音イッパンテキトーヤ〈標ア〉ト

いっぱん-でんわ【一般電話】〘名〙特に優先することなく加入申込みの登記の順序によって架設する電話。発音〈標ア〉デ

いっぱん-はいきぶつ【一般廃棄物】〘名〙市民の日常生活に伴って生ずる屎尿(しにょう)、ごみ、粗大ごみなど(一部の業種の事業活動に伴って排出された紙くず、木くずなどで、産業廃棄物とならないものを含む)を総称する概念。→産業廃棄物。発音〈標ア〉キ

いっぱん-ほう【一般法】(ハフ)〘名〙人、場所、事項などについて、特に制限なく適用される法律。憲法、民法、刑法など。普通法。→特別法。発音イッパンホー〈標ア〉0パ

いっぱん-よぼう【一般予防】(ヨバウ)〘名〙刑罰に対する考え方の一つ。刑罰を科するのは、社会の一般人に警告を与え、犯罪を予防することが目的であるとする。↕特別予防。発音イッパンヨボー〈標ア〉ヨ

いっぱん-りょけん【一般旅券】〘名〙日本政府が発給する旅券(パスポート)の一つ。国の用務のため以外に外国に渡航する者に発給されるもの。＊旅－昭和九年(1934)一一月号・昭和西洋旅案内〈海尾渡〉「旅券には一般旅券(パンリョケン)と公用旅券と数次往復旅券との三種あり」発音〈標ア〉リョ

いっぱん-ろん【一般論】〘名〙ある特定の事柄を対象とするのではなくて、全体に通じるものとしての論。＊今年竹(1919－27)〈里見弴〉本性・七「一般論から始まって、だんだん志村攻撃になって行った」＊無関係な死(1961)〈安部公房〉「彼に対する嫌がらせが目的だったというような場合も、一般論としてなら考えられなくもないが」発音〈標ア〉パ〈京ア〉ン

いつ-び【溢美】〘名〙(「溢」はあふれる、「美」はほめる意)ほめ過ぎること。過賞。＊日本詩史(1771)一「匡衡之言溢美耳」＊改正増補和英語林集成(1886)「Itsubi(イツビ)ノ ソシリ ヲ マヌカレズ」＊カルヴィンの第四百回誕生日(1909)〈植村正久〉「其の思想を以て、其の経営の才を以て、為し遂げたる事業の宏大なるは、教会史の著者シュウヴェルトの語を以てするも溢美(イツビ)ではあるまい」＊荘子－人間世「両喜必多二溢美之言一、両怒必多二溢悪之言一」

いっ-ぴ【一匕】〘名〙①ひとさじ。また、さじ一ぱいの分量。＊広益熟字典(1874)〈湯浅忠良〉「一匕 イッヒ ヒトサジ」②一本の短刀。

いっ-ぴ【一飛】〘名〙ひとたび飛び上がること。転じて、急に飛躍すること。＊読本・夢想兵衛胡蝶物語(1810)前・貪婪国「一飛半朝、たまたま覆車の粟(ぞく)を得て、その腹に満つる事あれば」＊帰省(1890)〈宮崎湖処子〉五「然れども渠は一飛して司法官となれり」＊うもれ木(1892)〈樋口一葉〉三「一飛(イッピ)得意の暁にはと、人も聞かぬ大言はきて」＊史記－滑稽伝・淳于髠「此鳥不レ飛則已、一飛沖レ天、不レ鳴則已、一鳴驚レ人」

いっ-ぴ【一臂】〘名〙かたひじ。かたうで。転じて、わずかの力、少しの助力の意にいう。＊翰林葫蘆集(1518頃)八・与牧松「俾三吾門益盛大一者係二于一臂一矣」＊随筆・折たく柴の記(1716頃)中「我わづかに一臂(イッヒ)をふるひ、数寸(すすん)の管を提(ひさ)げて、封事を奉る事やまず」＊江戸繁昌記(1832－36)初・上野「仏力一臂之助け、好目(すきめ)をして十日連出せしめんことを」＊内地雑居未来之夢(1886)〈坪内逍遙〉一四「せめては一臂(ピ)の応援して、敵の奴輩あわふかせん」＊北史－薛道衡伝「今爾之去、朕如レ断二一臂一」発音〈標ア〉イ

いっぴ の 力(ちから) わずかの力。わずかの助力。＊経国美談(1883－84)〈矢野龍渓〉後・五「然るべき時機に於て必ず一臂の力を副(そ)へられよ」＊浮雲(1887－89)〈二葉亭四迷〉二・九「我輩一臂(いっぴ)の力を仮(か)しても宜しい」〈京ア〉0

いっぴ の 労(ろう) わずかの骨折り。少しの手助け。＊火の柱(1904)〈木下尚江〉一八・一「篠田の為めに一臂(いっぴ)の労を執ることを無上の満足として居たのです」

イッピー〘名〙(英 Yippie Youth International Party の頭文字をヒッピー(hippie)になぞらえていった語)元来はアメリカでベトナム戦争に反対した過激的学生、集団の名。のち、ヒッピー中の反体制過激層をいう。発音〈標ア〉イ

いっ-ぴき【一匹・一疋】〘名〙①布類の二反。古くは四丈(約一二メートル)、のちには五丈二尺(約一五・六メートル)、または五丈六尺(約一六・八メートル)などと時代により異なる。＊延喜式(927)一・神祇・四時祭「五色木綿一百枚。五色玉二百枚。絁一疋」＊宇治拾遺(1221頃)三・一「天道の我に物をたぶなりけりと思て、走帰りて、八丈一疋人に借りて」＊文明本節用集(室町中)「一疋 いっヒキ 馬或絹数也凡四丈之絹曰二一疋一也」＊浮世草子・世間胸算用(1692)二・一「此伝授上々の紬(つむぎ)一疋(ヒキ)ならば慥(たし)かに取かへして進上申と」＊淮南子－天文訓「故四丈而為レ匹。匹者中人之度也、一匹而為レ制」②畜類の一頭。＊延喜式(927)一・神祇・四時祭「太神宮度会宮各加二一疋一」＊宇治拾遺(1221頃)一三・一〇「大なる犬一ぴき出できて、大師の御袖をくひて引」＊文明本節用集(室町中)「一疋 いっヒキ 馬或絹数也〈略〉風俗通云馬夜行目照二前四丈一故呼レ馬亦謂二之一疋一。本字匹之字也」＊読本・椿説弓張月(1807－11)前・四回「年来(としごろ)畜狎(かひなれ)て、ふかく愛(めづ)る一隻(イッヒキ)の猴(さる)ありけり」＊尋常小学読本(1887)〈文部省〉二「一疋のはなれ馬ありて、あまたの人さわぎたち、追ひ廻はして居たり」＊史記－平準書「米至二石万銭一、馬一疋則百金」③銭一〇文のこと。江戸時代、金一両が銭四貫文(千文)に当たる標準相場によれば、金一両の四百分の一。明治四年五月の新貨条例公布後、一両は一円で、したがって四百疋が一円、千疋が二円五〇銭という計算になり、この表現は昭和初期まで旧習を重んじる旧家で儀礼の時に使われた。なお、この千疋二円五〇銭というのを逆算して一疋が二五文に相当したとする説は誤り。＊日葡辞書(1603－04)「Ippiqi(イッピキ)〈訳〉日本貨幣十文の数え方」＊続和漢名数(1695)下・制度「鳥目百疋。和俗銭一貫謂二之百疋一。近古射者、以二鳥獣一為レ賭。以二銭十文一充二鳥獣一匹一。故百銭為二十疋一。千銭為二百疋一。余倣レ之。且和俗称二鳥獣一箇一為二一疋一」④「一人」をぞんざいに、また、強調していうことば。＊虎明本狂言・粟田口(室町末－近世初)「下京にいもうとがおりまらする、是にもおなごが一ひき御ざあるが」＊洒落本・通言総籬(1787)二「どけへいっても色男一疋の役はしてくる男だ」＊雑俳・柳多留－三一(1805)「一疋になると思へば女郎かい」＊百一新論(1874)〈西周〉下「なんと大徳があるにもせよ、坊主一匹の祈念で、天地の和を害することが出来るでござらうか」⑤並すぐれている者。ひとかどの者。＊評判記・役者口三味線(1699)京・松本六右衛門「此人もまま母。又はりんきづよきかみさまなどにして。わめかしては一疋也」＊浮世草子・棠大門屋敷(1705)二・江南気色の森「山下が奥家老茶瓶の様なあたまなれど、せいたいにごふんをまぜて、毎日彩色鬢かづらかけて、出づれば四十にたらぬ男、青襖(すあう)事させて一疋古今の上手」方言一つ。一個。富山県392 石川県能登島038 羽咋郡412 山口県阿武郡795 発音〈なまり〉イッピイ〔岐阜〕イップキ〔八丈島〕エッピキ〔埼玉方言〕〈標ア〉(名詞的)キ(副詞的)0〈京ア〉(名詞的)ピ(副詞的)0 辞書下学・文明・伊京・明応・天正・饅頭・黒本・易林・日葡・書言 表記一疋(下・文・伊・明・天・饅・黒・易)一匹(易・書)

いっぴき の 馬(うま)が狂(くる)えば千匹(せんびき)の馬(うま)が狂(くる)う 一人の行動が多人数を誘導しやすいこと。群集は付和雷同しやすいことをたとえていう。＊俳諧・毛吹草(1638)二「一ひ

きくるへば千疋(ビキ)の馬(ムマ)もくるふ」＊浄瑠璃・津戸三郎(1689)三「一疋の馬がくるへば千疋の馬をくるはすとは、御へんが事よ」

いっぴき の 鯨(くじら)**に＝七浦**(ななうら)[＝**七里**(ななさと)]**賑**(にぎわ)**う** （一頭の鯨がとれると、その利益で七つの浦里が賑う意で）鯨漁の利益の多いこと。転じて、獲物が大きいと、直接、間接に、その恩恵を受けるものが多いことのたとえ。＊年中故事記(1800)二「鯨の尺は三十三尋有と、壱つ取れば七浦潤ふと云」 補注「日本永代蔵」に「千味(せみ)といへる大鯨、前代(せんだい)の見はじめ、七郷(ななさと)の賑ひ」とある。

いっぴき-いちりょう ‥イチリャウ【一疋一両】〘名〙戦国大名の下級家臣に課された軍役量。馬一匹と一両の具足で出陣する。＊結城氏新法度(1556)六六条「十貫の所帯ならは、一疋一りやうにて被ㇾ出へく候」

いっぴき-おおかみ ‥おほかみ【一匹狼】〘名〙（集団を離れて一頭だけで生きている狼の意）集団の力に頼らないで、自分の力だけで行動する人。＊こども(1968)〈北杜夫〉三「自分は一匹狼という意識から断わってきた」＊われら戦友たち(1973)〈柴田翔〉序・二「国民党の一匹狼の秘書」 発音イッピキオーカミ〈標ア〉オ

いっぴき-まえ ‥まへ【一匹前】〘名〙「一人前」を卑下したいい方。＊人情本・春色辰巳園(1833-35)三・四条「それより外に智恵のねへ、一疋前(イッピキメヘ)無(ねへ)おいらだから、いひわけのしやうはねへ」 発音〈標ア〉0

いっぴき-もの【一匹者】〘名〙サルなど群れで生活をする野獣で、仲間はずれになって一匹だけで生活しているもの。滋賀県などでいう。 発音〈標ア〉0ノ

いっぴ-こく【一臂国】〘名〙想像上の国の一つ。古く中国で説かれた、手足が一本、目が一つ、鼻の穴が一つだけしかない人の住んでいたという国。＊和漢三才図会(1712)一四「一臂(イッピ) 一臂国在二西海之北一、其人一目、一孔、一手、一足、半体、比肩猶ㇾ魚鳥相合、不ㇾ能二独行一者上」＊山海経‐海外西経「一臂国在二其北一、一臂一目一鼻孔」

いっ-ぴつ【一筆】〘名〙①一本の筆。＊呉融‐和座主尚書登布善寺楼詩「誰知此日憑ㇾ軒処、一筆工夫勝二七襄一」 ②途中で墨継ぎをしないで、文字を続けて書くこと。一筆がき。 ③同じ筆跡。また、一人で最初から終わりまで書くこと。＊今鏡(1170)五・水茎「そのさだのぶのきみは一切経を一筆にかきたまへる」＊古今著聞集(1254)二・六八「大般若一筆書写の志ありけれども」＊随筆・槐記‐享保一四年(1729)三月二二日「皆々歴々の衆を集めて、同題数首の歌を一筆に記して、名をかくし、三光院に点を請はれし時」 ④一通の書面。一通の書状。＊天草本平家(1592)三・三「グヮンジョヲ yppit（イッピツ）カイテ ササギョウ ト ヲモウ ガ、ナンナト アラウ ゾト イワレタレバ」＊日葡辞書(1603-04)「Ippit（イッピツ）〈訳〉一通の書簡」＊甲陽軍鑑(17C初)品三三「信虎様、御一筆を、被ㇾ進之候様にとの申」＊浄瑠璃・五十年忌歌念仏(1707)上「そなたとわれとにあの仁から一筆とって置ならば」 ⑤（筆をとって書いて申し上げる、また、要用だけを一筆しるすの意）書状の初めに書くことば。→一筆啓上。＊怪談牡丹燈籠(1884)〈三遊亭円朝〉五「一筆申入候。過日御約束致置候中川漁船行の義は」 ⑥一つの語。一つの句。短い文章。＊新唐書‐鐘傅伝「嘗募二求西京石経一、厚賜以ㇾ金、楊州人至、相語曰、十金易二一筆一、百金償二一篇一、况得士乎」 ⑦（検地帳には、一場所ずつ、その田畑の所在、石高(こくだか)、面積、所有者などをひとくだりにしるしたところから）一区切りの田畑、宅地の記録。また、その土地。ひとふで。いちまい。＊地方凡例録(1794)二「帳面に一打をいたし書こと、一筆と申馴はしたると相聞ゆ」 ⑧不動産登記における土地区分の一単位。 発音〈標ア〉(名詞的)ツ（副詞的）0〈京ア〉(名詞的)ピ（副詞的）0 辞書日葡・言海 表記一筆(言)

いっ-ぴつ【逸筆】〘名〙すぐれた書画。書画を巧みに書くこと。その才能。＊随筆・山中人饒舌(1813)上「其一逸筆飛墨。如名士事了始帰二林下一。葛巾野服行散自由」＊欧陽脩‐跋晉王献之法帖「蓋其初非ㇾ用ㇾ意、而逸筆余興、淋漓揮灑、或妍或醜、百態横生」 発音〈標ア〉0

いっ-ぴつ【溢泌】〘名〙植物の茎、枝、幹などを切断すると切り口から糖類などを含む水液が出てくる現象。根圧または幹圧によって起こる。出液。 発音〈標ア〉0

いっぴつあん-かこう【一筆庵可候】浮世絵師池田英泉の戯作名(げさくめい)。

いっぴつ-いっさいきょう ‥イッサイキャウ【一筆一切経】〘名〙一人で一切経を全部書写すること。また、その一切経。＊濫觴抄(鎌倉末)下「一筆一切経 仁平元年辛未十月七日、前宮内大輔定信朝臣、於二春日社一供二養之一」

いっぴつ-が ‥グヮ【一筆画】〘名〙墨継ぎをしないで、ひと筆で描いた簡単な画。鳴呼画(おこえ)。一筆絵(ひとふでえ)。＊図書見聞志‐一「王献之能為二一筆書一、陸探微能為二一筆画一」 発音イッピツガ〈標ア〉0

いっぴつ-がき【一筆書】〘名〙①初めから終わりまで墨継ぎをしないで、文字を続けて書くこと。また、その書。連綿書。いっぴつしょ。ひとふでがき。＊雑俳・住吉御田植(1700)「かるい事・一筆書の帆掛ぶね」 ②一筆ごとに分けて書くこと。 発音イッピツガキ〈標ア〉0

いっぴつ-かぎり【一筆限】〘名〙「いっぴつぎり（一筆限）」に同じ。 発音イッピツカギリ〈標ア〉カ

いっぴつ-がらす【一筆烏】〘名〙一筆書きの鳥。略画の一つ。＊雑俳・あかゑぼし(1702)「安い事・一筆烏ぬの鼠」

いっぴつ-ぎり【一筆限】〘名〙江戸時代、検地帳に田、畑、屋敷を一廉(ひとかど)ずつ一打(いちうち)をして書き載せること。ひとふでぎり。いっぴつかぎり。

いっぴつ-けいじょう ‥ケイジャウ【一筆啓上】〘連語〙男子が普通の書状の初めに書いた慣用語。多く「一筆啓上仕候」「一筆令啓上候」などと書く。＊謡曲・鞍馬天狗(1480頃)「一筆啓上せしめ候ふ」＊日葡辞書(1603-04)「Ippit qeijǒ（イッピツ ケイジャウ）セシメ ソロ」＊歌舞伎・韓人漢文手管始(唐人殺し)(1789)一「一筆啓上仕候。此間始而、御意得、大慶に存候」＊滑稽本・浮世風呂(1809-13)四・下「和様(わやう)の一筆啓上(イッピツケイジャウ)で覚(おぼえ)たものだから」＊正岡子規宛夏目漱石書簡‐明治三〇年(1897)八月一日「一筆啓上 毎度ながら長座嘸かし御迷惑の事と存候」 語誌中世後期以降、男性の書状の起頭の常套句。実際の書状では、普通、何らかの補助動詞を伴って用いられる。室町期には「一筆令啓上候(せしめそうろう)」が一般的で、江戸期には、書状の起頭の形式には、敬意の高い順に、一筆奉啓上候・一筆啓上仕候・一筆致啓達候・一筆申入候・一筆令啓候・一書申候、があった〔書札調法記〕。この他にも「一筆致啓上候」など、種々のバリエーションが見られる。 方言❶頬白(ほおじろ)の鳴き声を表わす語。大分県大分郡941 ◇いっぴつけいじょう仕(つかまつ)り候(そうろう) 大分県941 ◇いっぴつけんじょう仕り候・いっぴつけいじょう仕り候ちんちょうちんちょう 大分市941 ◇いっぴつけいじょうちんちょうちんちょう・いっぴつけいじょうちんちょうめでたや 大分県大分郡941 ◇いっぴつけいじょう皿(さら)もてこい 大分県北海部郡941 ◇いっぴつけいじょう火(ひ)の用心(ようじん) 大分県大分郡・大野郡941 ◇いっぴつけんじょうちんちろちんちろ 大分県941 ◇いっぴつけいじょう仕り子供(こども)泣(な)かすな火の用心こんどの便(びん)に金十両(きんじゅうりょう)やりたいけれどこれなく候 大分県西国東郡・大分市941 ❷鳥、ほおじろ(頬白)。岡山県邑久郡761 香川県仲多度郡829 発音イッピツケイジョー〈標ア〉0

いっぴつ-さんらい【一筆三礼】〘名〙仏像を描いたり、経文を書写したりするとき、筆をおろすごとに三度礼拝すること。転じて、さんざん苦労して書写することのたとえにいう。

いっぴつ-しゃきょう ‥シャキャウ【一筆写経】〘名〙一人で大般若経、一切経などの大部の仏経典を書写すること。＊看聞御記‐応永二四年(1417)一一月二〇日「一筆写経自二去月九日一競二寸暇一雖ㇾ書二写之一、慭谷劇之間不ㇾ終ㇾ功」

いっぴつ-しょ【一筆書】〘名〙「いっぴつがき(一筆書)①」に同じ。＊墨藪‐五十六種書「四十三、一筆書者張芝所ㇾ製、其状崎嶇、有二循環之状一」＊図書見聞志‐一「王献之能為二一筆書一、陸探微能為二一筆画一」

いっぴつ-しょしゃ【一筆書写】〘名〙一人で初めから終わりまで全部書き写すこと。＊古今著聞集(1254)二・六八「年来、大般若一筆書写の志ありけれどもむなしくてやりにけり」＊十輪院内府記‐文明一八年(1486)二月一九日「於二按察卿第一有二歌会一。一筆書写之源氏供養之志云々」

いつび-の-へん【乙未変】⇨びんひあんさつじけん(閔妃暗殺事件)

いっ-ぴゃく【一百】〘名〙ひゃく(百)。＊妙一本仮名書き法華経(鎌倉中)三・化城喩品第七「そのおほちの転輪聖王、一百(イチヒャク)の大臣、および余の百千万億の人民と」＊説文「百、十十為二一百一」＊孟子‐公孫丑下「王餽二兼金一百一、而不ㇾ受」 発音〈標ア〉ク

いっぴゃくご-にち【一百五日】〘名〙冬至の翌日から一〇五日目に当たる日。寒食(かんしょく)の日をいう。＊荊楚歳時記「去二冬節一一百五日、即有二疾風甚雨一、謂二之寒食一、禁ㇾ火三日、造二餳大麦粥一」 発音〈標ア〉ゴ

いっぴゃくさんじゅうろく-じごく イッピャクサンジフロクヂゴク【一百三十六地獄】〘名〙仏語。寒地獄、熱地獄それぞれについて、八大地獄と、それに属する、各一六の小地獄計一二八地獄を合わせていう。＊浮世草子・元禄大平記(1702)二・西鶴が幽霊地獄物がたり「百合若大臣の弓をもってたたきければ、一百三十六地獄(チゴク)のこるくまなくひびきわたり」＊浄瑠璃・源氏冷泉節(1710頃)下「一百三十六地ごく地獄地獄を尋ても、此罪科に対用する地獄とてはよもあらじ」＊譬喩尽(1786)一「一百三十六地獄(イッピャクサンジフロクヂゴク)は寒熱八大に各十六の別所と合せていふ〔正法念経〕」 発音イッピャクサンジューロクジゴク〈標ア〉サ＝ジ

いっ-ぴょう ‥ペウ【一俵】〘名〙米などの俵(たわら)詰め一つ。近世の年貢米は三斗五升入りを標準とした。のち、これに口米(くちまい)や欠米などの付加税を加えて三斗七升入りを普通とするようになったが、商取引では一般に四斗入りであった。＊御当家令条‐一三・年貢納方条々・元和二年(1616)七月日「年貢米升目之事、当納より壱俵付三斗七升に金を払、可相納事」＊塩原多助一代記(1885)〈三遊亭円朝〉八「山坂を越へる時は己が一俵担いでやる」 方言一箱。島根県仁多郡057 発音イッピョー〈なまり〉イッピュー〔壱岐〕イッヒュウ〔福岡〕イッピョ〔富山県〕〈標ア〉イ〈京ア〉0 辞書文明・天正・日葡・書言 表記一俵(文・天・書)

いっ-ぴょう ‥ペウ【一票】〘名〙一枚の札。書き付け。投票用紙などの一枚。＊明治大正見聞史(1926)〈生方敏郎〉大正十年歳晩記「彼等は『宗教家にも一票を与へよ』てな標語を宣伝して」＊福恵全書‐蒞任部・馭衙役「皆其耳目一票出、非二其使令一不二敢差一」 発音イッピョー〈標ア〉イ0〈京ア〉0

いっ-ぴょう ‥ペウ【一瓢】〘名〙（水、主として酒の入れてある）一つのひさご。ひょうたん一つ。転じて、わず

かな飲料。いささかの酒。→一箪(いったん)の食(し)一瓢の飲。＊本朝文粋(1060頃)六・申大内記木工頭并淡路守状〈藤原篤茂〉「貧而読書。顔子豈無一瓢之飲」＊日葡辞書(1603–04)「Ippiô(イッピョウ)。ヒトツノヒサゴ〈訳〉一つのひょうたん。文書語」＊常磐津・薪荷雪間の市川(新山姥)(1848)「まげたるひぢの高枕げに一瓢(イッピャウ)のたのしみの眠を覚す山おろし」＊沈炯-独酌謡「所以成独酌、一酌傾一瓢」 発音 イッピョー〈標ア〉0 辞書 文明・易林・日葡

いっぴょう【一瓢】江戸後期の俳人。川原氏。日蓮宗の高僧。江戸日暮里の本行寺在住中に一茶・成美らと親交を深める。のち伊豆玉沢の妙法華寺貫主、大本山妙顕寺貫主となる。編著「物見塚記」「俳諧西歌仙」など。句集に「玉山人集」「俳三昧」がある。明和八～天保一一年(一七七一～一八四〇)

いっぴょう-こうでん【一俵香典】〘名〙葬式の香典として米一俵を出すこと。また、その米。近隣組内の香典は米一升くらいだが、親族は葬祭費を分担する気持から多く出す。九州をはじめ諸地にある慣習で、姓名を張り札して玄関に積み飾る所もある。式米(しきまい)。

いっ-ぴょうし【一拍子】〘名〙同一の音調。同一の拍子。また、歌一曲。＊幸若・伏見常葉(室町末–近世初)「五人のねうばうども、ひとつくにのものにておなじ田歌を一拍子にうたふべきかとおもひてあれば、さはなくして」＊日葡辞書(1603–04)「Ippiôxi-ni(イッピョウシニ) ヲドル」＊歌謡・宮古路月下の梅(1736–41頃)祝言新たかだち「時に弁慶がずんど立て、いっぴゃうしをぞつらねける〈略〉三郎がまかりたっていっぴゃうしをぞかさねける」 方言 同時。一時。岩手県気仙郡102 新潟県佐渡348 辞書 日葡

イッヒ-ロマン〘名〙(ドイツ Ich-Roman)《イッヒローマン》作中の主人公が「私は(Ich)」という一人称で物語る形式の小説。一九世紀初めのドイツ文学に流行した形式。ゲーテの「若きウェルテルの悩み」など。一人称小説。＊音引正解近代新用語辞典(1928)〈竹野長次・田中信澄〉「イッヒローマン Ichroman 独 一人称小説、自叙体小説等と訳す」 発音〈標ア〉ロ

いっ-ぴん【一品】〘名〙①一つのしな。ひとしな。＊周礼注-天官・外府「掌邦布之入出」泉始蓋一品、周景王鋳大泉、而有二品」②他に類のない、特別にすぐれた品。第一等の品。逸品。絶品。＊白居易-寄献北都留守裴令公詩「天上中台正、人間一品高」 発音〈標ア〉0〈京ア〉0 辞書 言海 表記 一品(言)

いっ-ぴん【一貧】〘名〙何もないほどのひどい貧乏。赤貧(せきひん)。＊星巖集-乙集(1837)西征集二・従訳司陳祚永乞肉「自笑平生只一貧、涌煙蕭索甑生塵」

いっぴん洗(あら)うが如(ごと)し 洗い清めたように何もないほど貧乏なさまをいう語。赤貧(せきひん)洗うが如し。＊国会論(1888)〈中江兆民〉「若し夫れ一貧(イッピン)洗(アラ)ふが如く所謂朝不図夕的の人物中には或は偶ま偶ま読書学問したる者有るも」

いっ-ぴん【一顰・一嚬】〘名〙顔をしかめること。＊福翁百話(1897)〈福沢諭吉〉一九「主人の一笑能く家人を悦ばしめ妻女の一顰(イッピン)能く良人の心を痛ましめ」 発音〈標ア〉0

いっ-ぴん【逸品】〘名〙特別にすぐれた品。一品(いっぴん)。絶品。＊暮笛集(1899)〈薄田泣菫〉尼が紅「逸品(イッピン)得たる市人(いちびと)の、富の限りを放(はふ)らずや」＊草枕(1906)〈夏目漱石〉三「若沖の鶴の図が目につく。〈略〉部屋へ這入(はい)った時、既に逸品と認めた」＊法書要録-三・唐李嗣真書品後「鐘、張、義、献、超然逸品」 発音〈標ア〉0〈京ア〉0

いっぴん-いっしょう【一顰一笑】〘名〙顔をしかめたり笑ったりすること。顔に出る感情の動き。顔色。機嫌。また、ほんのささいな表情の動きをいう。＊新論(1825)守禦「其平居所以激励士大夫者、雖一顰一笑、而未嘗不足興惰頑」＊柳橋新誌(1874)〈成島柳北〉初「一悲一歓、一顰一笑の綢繆は、以て詩すべきなり」＊明暗(1916)〈夏目漱石〉一三一「漢語でいふと彼女の一顰一笑(イッピンイッセウ)が津田には悉(ことごと)く問題になった」＊韓非子-内儲説・上「明主之愛一嚬一笑、嚬有為嚬、而笑有為笑」 発音 イッピンイッショー〈標ア〉0

いっぴん-とうちょう【一品当朝】〘名〙画題の一つ。おもに南宋画系統で、海べの波に鶴を描いたもの。唐の文官「一品」の装束には、仙鶴(せんかく)の模様が織り出してあるところから、「鶴」は一品の位を示し、朝廷の「朝」は「潮」と同音であるところから波で朝廷を示す。一品の官に昇って朝廷に出仕するという祝意を表現したもの(名数画譜(1810))。 発音 イッピントーチョー〈標ア〉0

いっぴん-りょうり【一品料理】〘名〙①一品ごとに値段をつけておき、客の注文に応じて出す料理。また、その料理店。アラカルト。＊都新聞-明治三六年(1903)一一月二七日「お好みに応じて一品料理にて、御酒御飯をも頗る美味に、非常に廉価に調進する事にしたりと云へば」＊足袋の底(1913)〈徳田秋声〉一「ちょいちょい入りつけの一品料理の土間に置かれた硬いテーブルの前に坐って」②一品だけの手軽な料理。＊三四郎(1908)〈夏目漱石〉八「途中で一品料理(イッピンレウリ)の腹を拵(こしら)へて、美禰子(みねこ)の家へ行った」＊銀座解剖図(1934)〈石角春之助〉二・二「明治末期になると、誰れ云ふとなく、洋食と云ひ、又定食主義の例外として、一品料理を提供するやうになった」 発音 イッピンリョーリ〈標ア〉リョ〈京ア〉リョ

いっ-ぷ【一夫】〘名〙①一人の男。＊漢書列伝竺桃抄(1458–60)陳勝項籍第一「一夫怒ていれば、さしとどめられて」＊新論(1825)守禦「授田佃之、一夫除五六石之地税」＊書経-説命・下「一夫不獲、則曰、時予之辜」②一人の夫。③一人の武人。一人の武士。 発音〈標ア〉イ

いっぷ関(かん)に当(あ)たれば万夫(ばんぷ)も開(ひら)くなし （一人が関所を守れば、万人が力をふるっても通れないの意から）きわめて険しい山路、要害堅固な所をいう。＊太平記(14C後)三九・自太元攻日本事「誠に一夫(いっぷ)忿(イカッ)て関(セキ)に臨(ノゾメバ)、万夫(バンフ)も不可傍(ソフベからず)と見へたり」＊唱歌・箱根八里(1901)〈鳥居忱〉二「一夫(イップ)関(クヮン)に当(アタ)るや万夫(バンプ)も開(ヒラ)くなし」＊李白-蜀道難「剣閣崢嶸而崔嵬、一夫当関万夫莫開」

いっ-ぷ【一婦】〘名〙①一人の婦人。＊新論(1825)国体下「至一婦首飾而当中農一家之産」②一人の妻。＊潜夫論-浮侈「一夫不耕、天下受其飢、一婦不織、天下受其寒」 発音〈標ア〉イ

いっぷ-いっさい【一夫一妻】〘名〙「いっぷいっぷ(一夫一婦)」に同じ。＊古文真宝前集抄(1642)一「庶人は一夫一妻とて、男一人に女房一人、その外は持たぬものなり」＊哲学字彙(1881)「Monogamy 一夫一妻」 発音〈標ア〉イ1

いっぷ-いっぷ【一夫一婦】〘名〙一人の夫に一人の妻があること。また、その制度。一夫一妻。＊漫遊記程(1877)〈中井弘〉龍動府雑記「其一夫一婦の制極めて厳なれども」＊近代の恋愛観(1922)〈厨川白村〉一一「一夫一婦の制は性的道徳から見て永久に正しい形として存在する」＊文中子-魏相「一夫一婦、庶人之職也」 発音〈標ア〉イ2〈京ア〉プ1

いっぷいっぷ-せい【一夫一婦制】〘名〙一夫一婦の社会的制度。＊万朝報-明治三六年(1903)九月二一日・よろづ文学・自由恋愛論・下〈堺利彦〉「此自由恋愛の結果こそ真に神聖なる一夫一婦制に帰着するであらうと思ふ」 発音 イップイップセイ〈標ア〉0

いっ-ぷう【一封】〘名〙書状や包みなど一つ。「金一封」＊菅家文草(900頃)四・読家書有所歎「一封書到自京都、借紙公私読向隅」＊尊経閣所蔵文書-(正慶二年)(1333)三月九日・花園上皇書状(鎌倉遺文四一・三二〇五一)「毎事一封難尽候。面談無心本候」＊蔗軒日録-文明一六年(1484)一一月二八日「充副寺明日廿九日、代而詣伊庿、穏書記在山田高源寺見大蔵、付以一封、投杖頭以充紙筆之資云」＊運歩色葉(1548)「一封 いっフウ」＊読本・青砥藤綱摸稜案(1812)後・三「懐より一封(プウ)の艶簡(ふみ)をとり出し」＊韓愈-左遷至藍関示姪孫湘詩「一封朝奏九重天、夕貶潮州路八千」 発音 イップー〈標ア〉0プ〈京ア〉0

いっ-ぷう【一風】〘名〙①ひとたび風が吹くこと。また、ひとふきの風。＊論衡-是応「五日一風、十日一雨」②一つの風流、風雅。他と違う、一つの流儀、特色。＊拾玉得花(1428)「然者(しかれば)、万曲に通じて、一風(プウ)、一音、一弾指(だんし)の機にあたるも、序破急成就也」＊浮世草子・傾城色三味線(1701)鄙・三「男つき女の風俗両人共に一風(フウ)あれば、定て外の事ではあるまじ。恋であらふ」＊俳諧・去来抄(1702–04)修業「先師是を能(よく)見とりて、一風に長くとどまるまじきことを示し給へり」＊随筆・胆大小心録(1808)一二一「又清(しん)の詩人はこれをようかき交ぜて、又一風じゃが、これも小刀がきき過ぎて」③(副詞的に用いることが多い)態度、やり方や物事の状態などの一種変わったおもむき。ちょっとした点。＊嚶氷冷語(1899)〈内田魯庵〉「儒者や緇徒(ぼうず)の輩には妙な一風(イップウ)のある男が沢山あった」＊吾輩は猫である(1905–06)〈夏目漱石〉八「君子の談話だから一風違って、おめえだの知らねえのと云ふ」＊竹沢先生と云ふ人(1924–25)〈長与善郎〉竹沢先生富士を観る・一「先生にはたしかに一風独特な面白い物の感じ方があると思った」④表装で用いることば。「いちもんじ(一文字)」と「ふうたい(風帯)」の意の略称。 補注 ①は「忠義水滸伝解-一回」に「那里又一風 此処ノ那ハ去声ナリ。ソノ処ヨリ一陣ノ風起ルト云コト也」とある。 発音 イップー〈標ア〉0プ〈京ア〉0

いっ-ぷうりゅう【一風流】〘名〙①一つの風流、風雅。＊書言字考節用集(1717)八「一風流 イップウリウ」②(形動)ひとかど変わった流儀。常人と異なったさま。また、その人。いっぷりゅう。＊歌舞伎・好色芝紀島物語(1869)三幕「いや一風流(イップウリ)な男だから、どんなもんだか」 方言 〔一〕〘名〙❶変人。偏屈者。強情者。山形県139 福島県東白川郡157 ◇いっぷうりゅ 宮城県仙台市121 ◇いっぷくりゅう 愛媛県840 熊本県玉名郡・天草郡919 ◇いっぷくりゅうじん〔一人〕 宮崎県東諸県郡954 ◇いっぷくりん 愛媛県840 ◇いっぷり 香川県827 愛媛県840 ◇いっぷうふう 沖縄県首里993 ❷怒りんぼ。短気。愛媛県840 ◇いっぷくりゅう・いっぷくりん 愛媛県840 ◇いっぷり 新潟県佐渡352 三重県596 599 600 香川県仲多度郡829 愛媛県840 ◇いっぷりもの〔一者〕 三重県伊賀001 和歌山市691 ◇いっぷりかき・いっぷりかわき 愛媛県840 ◇いっぷしもん・いっぷし 新潟県佐渡352 ◇いっぷつむん 鹿児島県963 〔二〕〘形動〙片意地なさま。福島県東白川郡157 ◇いっぷくりゅう 福岡市879 発音 イップーリュー〈標ア〉プ 辞書 書言・言海 表記 一風流(書・言)

いっ-ぷく【一服】〘名〙①(―する)タバコ、茶、薬などを一回のむこと。また、その量。＊文明本節用集(室町中)「一服 いっフク 茶 薬」＊虎明本狂言・地蔵舞(室町末–近世初)「たれやの人があはれみ、ちゃの一ふくもくれざれば、くたびれはつるおぢざう」＊浄瑠璃・五十年忌歌念仏(1707)下「口かはきてくるしきに、たばこ一ぷく所望したし」＊滑稽本・浮世風呂(1809–13)四・上「三里の道を煙草一服(イップク)の間(ま)に飯

(かへ)りやす」＊陸亀蒙‐奉酬襲美早春病中書事詩「薬須レ勤二一服一、春莫レ累二多情一」②特に、人などを殺すのに十分な毒薬の一包み。→一服盛る。＊談義本・根無草(1763‐69)前・一「今世上に沢山(たくさん)ある医者どもに申し付くれば、一ふくにてもやり付くる事、疫神などのおよぶべき所にあらず」③(—する)タバコをのんでしばらく休息すること。また、単にしばらく休息すること。小休止。＊浄瑠璃・伊賀越乗掛合羽(1777)七「まあ一ぷくして行ふかと〈略〉煙草の煙り」＊当世書生気質(1885‐86)〈坪内逍遙〉一「あの葭簀張(よしずばり)のあたりへいって、更に一喫煙(イップク)としやうじゃアないか」＊倫敦消息(1901)〈夏目漱石〉二「一寸一服してから出直さう」④取引相場で、相場の動きが、止まって保(も)ち合うこと。普通、「上げ一服」というように上がり続けてきた相場に対して使う。息入れ。〔取引所用語字彙(1917)〕 補注 ②の意で、「浮世草子・武道伝来記‐六・三」に、「食類に雑(まじへ)て一貼(ブク)さすれば骨折ずしてころりとやるがといへば」とあるが、「一貼」の読みは「いっぷく」「いちぷく」のどちらであるかは不明。 発音〈なまり〉イッポク〔信州上田・岐阜〕〈標ア〉(名詞的)ク (副詞的)0 〈京ア〉(名詞的)プ/③は0 (副詞的)0 辞書 文明・天正・易林・日葡・書言 表記 一服(文・天・易・書)

いっぷく=盛(も)る[=用(もち)いる] 人を殺すために、毒薬を調合する。毒薬を飲ませる。＊歌舞伎・勧善懲悪覗機関(村井長庵)(1862)三幕「殺すなら人手を借りず一服(プク)用ひて仕舞やあいいに」＊婦系図(1907)〈泉鏡花〉前・九「軍医の奥さんにお手のもので、毒薬(イップク)装(モ)られちゃ大変だ」

いっ‐ぷく【一幅】〘名〙書画などの掛け軸の一つ。また、一つの画題、場面。＊御堂関白記‐長和元年(1012)九月二一日「入唐寂照消息書、并所送天竺観音一幅」＊日葡辞書(1603‐04)「Ippucu(イップク)〈訳〉茶、薬の回数、肖像、文字やヒョウホエに飾りつけられた絵画の数え方」＊人情本・春色梅児誉美(1832‐33)初・五齣「そも此二階の床の間に、誰が筆なるか一幅(イップク)の掛ものあり」＊陸游‐乍晴風日已和泛舟詩「接䍦一幅煙霧薄、舴艋八尺凫鷖軽」 発音〈標ア〉(名詞的)ク (副詞的)0 〈京ア〉(名詞的)プ (副詞的)0 辞書 文明・天正・易林・日葡・書言 表記 一幅(文・天・易・書) 一副(書)

いっ‐ぷく【一腹】〘名〙①腹いっぱいのこと。＊馬異‐送皇甫湜赴挙詩「呑吐一腹文、八音兼二五色一」②同じ母の腹から生まれたこと。また、その人。同腹。＊中右記‐大治二年(1127)九月一一日「不レ経二幾程一戊剋御産平安成、三子者、従レ昔后一腹王子四人希有之例也」＊保元(1220頃か)上・後白河院御即位の事「此の四の宮も、故待賢門院の御腹にて、新院と御一腹なれば」＊寛永刊本蒙求抄(1529頃)八「これは衛青とたねはかはって一腹(フク)のをとをい也」＊日葡辞書(1603‐04)「Ippucu(イップク)。ヒトツノ ハラ」＊浄瑠璃・出世景清(1685)二「ここに阿古屋が一ぷくの兄伊庭(いば)の十蔵広近は」 発音〈標ア〉(名詞的)ク (副詞的)0 〈京ア〉(名詞的)プ (副詞的)0 辞書 易林・日葡・言海 表記 一腹(易・言)

いっぷく‐いっしゅ【一腹一種】〘名〙「いっぷくいっしょう(一腹一生)」に同じ。＊浄瑠璃・双生隅田川(1720)一「そだて上げたる梅若丸、一腹(プク)一しゅの松若」 発音〈標ア〉イ[2]

いっぷく‐いっしょう【一腹一生】(‥イッシャウ)〘名〙同じ父母から生まれること。また、そういう兄弟、姉妹。一腹一種。一腹一対。同生(どうせい)。＊太平記(14C後)一七・山門攻事「其の子は又一腹(フク)一生の弟に討たれて」＊曾我物語(南北朝頃)四・小二郎かたらひえざる事「一ぷく一しゃうの兄ならば、いかに臆病に候ふとも」＊日葡辞書(1603‐04)「Ippucu ixxǒno(イップクイッシャウノ) キャウダイ〈訳〉同腹の兄弟」＊歌舞伎・傾城壬生大念仏(1702)上「一ぷく一生の事なれば、姫方へ参りさふな物と存ます」 発音 イップクイッショー〈標ア〉0 辞書 日葡・書言・言海 表記 一腹一生(書・言)

いっぷく‐いっせん【一服一銭】〘名〙①路傍で一服の煎茶(せんちゃ)を銭一文で売ったこと。また、その人。ただし、適当量を分包して売る業態をいうとの説もある。＊東寺百合文書‐ケ・応永一〇年(1403)四月日・南大門前一服一銭茶売人道覚等連署条々請文「謹請申、南大門前一服一銭茶売人条々」＊七十一番職人歌合(1500頃か)二四番「一服一銭。こ葉の御茶めし候へ」＊虎明本狂言・薩摩守(室町末‐近世初)「『ちゃの銭をおいておじゃれ』『茶の銭とは何と』『爰は一ぷく一せんの所じゃ』」②明暦(一六五五〜五八)の頃、大坂で唐人の装束をした商人が、一服のタバコを一銭で吸わせたこと。＊随筆・八水随筆(1736‐41頃)「大坂高麗橋にて唐人の装束したる商人、竹のきせるにて、一ぷく一銭づつにて、人にのませたるよし」 辞書 言海 表記 一服一銭(言)

一服一銭 ①〈七十一番職人歌合〉

いっぷく‐いっつい【一腹一対】〘名〙「いっぷくいっしょう(一腹一生)」に同じ。＊たけくらべ(1895‐96)〈樋口一葉〉九「元来一腹一対(いっプクいっツヰ)の中に育ちて、他人交ぜずの穏かなる家の内なれば」 発音〈標ア〉0

いっぷくいり‐なつめ【一服入棗】〘名〙小棗よりもさらに小さくて、濃茶(こいちゃ)一人分くらいを入れ得る棗茶入れをいう。片手で鷲(わし)づかみにつかめるほど小形であるから、鷲棗(わしなつめ)ともいう。利休好みと伝えられる。

いっぷく‐がけ【一幅掛】〘名〙床飾りの名称。床に一幅の軸を掛けて、下に盆石、置き物などを一つ置くこと。 発音 イップクガケ〈標ア〉0

いっ‐ぷくじ【一復時】〘名〙卯(う)の時(午前六時頃)から翌朝の卯の時までの間。一昼夜。＊白居易‐和劉汝州酬侍中見寄長句詩「一復時程難レ不レ遠、百余歩地更相親」

いっぷく‐ちゃ【一服茶】〘名〙「いっぱいちゃ(一杯茶)」に同じ。 方言 茶を一服飲むこと。縁起が悪いとされている。岩手県気仙郡100

いっぷく‐つい【一幅対】〘名〙一対になっている書画の掛け物。また、比喩的に、調和のとれた二つのものをいう。対幅(ついふく)。対軸。双幅。＊落語・弁天詣り(1893)〈三代目三遊亭円遊〉「義理有る阿母(おっか)さんと云ふんだが、姐さんが大切為(よくす)るんで他人から見ると何(ど)う為(し)ても一幅対(イップクツヰ)としっきゃア見えないんでゲス」 発音〈標ア〉ク

いっぷく‐もの【一幅物】〘名〙一幅で鑑賞できる掛け物。＊随筆・槐記‐享保一〇年(1725)正月二一日(茶道古典全集所収)「古き掛物の一幅物、二幅物を見るに」＊名物六帖(1727‐77)器財箋三「孤軸 イップクモノ〈略〉独幅 イップクモノ」 発音〈標ア〉ク

いっぷく‐やく【一服薬】〘名〙一服飲むと病気が治るという民間の売薬。 発音〈標ア〉0

いつ‐ふし【五節】〘名〙富(とみ)の当たり札で、五番、一五番というように、五の字のつく番号のもの。 発音〈標ア〉ク[1]

いっ‐ぷしん【一不審】〘名〙一つの疑問。一問題点。一つの苦情。＊浄瑠璃・万戸将軍唐日記(1747)三「跡で一(いッ)ぷ審(シン)持て参らんと存じたが」

い‐つぶ・す【鋳潰】〘他サ五(四)〙金属の器物を溶かして地金(じがね)にする。つぶす。いくずす。＊仮名草子・智恵鑑(1660)一・一〇「天下の武具をあつめ鋳(イ)つぶしてすきくわにつくらせ」＊浄瑠璃・平家女護島(1719)一「黄金の交(まじり)し金仏、〈略〉鋳(ヰ)つぶして公用に達せん」＊政談(1727頃)二「大仏を鋳潰して銭とするより」＊随筆・耳嚢(1784‐1814)四・剛気其理ある事「さらば鋳潰せとて火を掛けしに、何の事もなく解けしとや」＊近世紀聞(1875‐81)〈条野有人〉初・二「諸国の梵鐘(てらがね)を鋳潰(イップ)して大小の銃砲を製造すべきの朝命ありしが」 発音〈標ア〉0 ブ 〈京ア〉0 辞書 言海 表記 鋳潰(言)

イップス〘名〙(英 yips)精神集中が必要とされるゴルフのパットの際などにおこる、緊張からくるふるえ。 発音〈標ア〉イ

いっぷ‐たさい【一夫多妻】〘名〙一人の夫が、同時に二人以上の妻を持つこと。また、その制度。＊哲学字彙(1881)「Polygamy 一夫多妻」＊吾輩は猫である(1905‐06)〈夏目漱石〉一一「君一夫多妻主義ですか」 発音〈標ア〉イ[1] 〈京ア〉プ

いつ‐ぶつ【逸物】〘名〙「いちもつ(逸物)」に同じ。＊文明本節用集(室町中)「逸物 イツブツ 好義」 発音〈標ア〉0 辞書 文明 表記 逸物(文)

いっぷり〘名〙 方言 表記 ⇩いっぷうりゅう(一風流)

いっ‐ぷりゅう【一風流】(‥プリウ)〘名〙〘形動〙「いっぷうりゅう(一風流)②」に同じ。＊日葡辞書(1603‐04)「Ippuriŭna(イップリュウナ) ヒト〈訳〉あることに風変わりで異常な人のこと」＊人情本・娘消息(1834‐39)初・三回「おっ母アがかう一徹(いっこく)の一派流(イップリウ)と云ふものだから」 辞書 日葡

いっぷ‐りょうさい【一夫両妻】(‥リャウサイ)〘名〙一人の夫が、同時に二人の妻を持つこと。また、その制度。重婚。＊哲学字彙(1881)「Bigamy 一夫両妻」 発音 イップリョーサイ〈標ア〉イ[1]

いつ‐ぶん【逸文】〘名〙①世間に知られていない文章。いつもん。②散逸して世間に伝わらない文章。いつもん。＊懐風藻(751)序「遂乃収二魯壁之余蠹一、綜二秦灰之逸文一」＊皇甫湜‐編年紀伝論「必挙二其大綱一、而簡二於序事一、是以多二闕載一、多二逸文一」③すぐれた文章。いつもん。＊郭璞‐山海経序「庶幾令三逸文不レ墜二於世一、奇言不レ絶二於今一」 発音〈標ア〉0 〈京ア〉0

いつ‐ぶん【逸聞】〘名〙あまり世間に知られていない珍しい出来事。また、その話。逸話。＊或日の大石内蔵助(1917)〈芥川龍之介〉「濫行を尽した一年前の逸聞を、長々としゃべり出した」 発音〈標ア〉0 〈京ア〉0

いっ‐ぷん【一分】〘名〙①量目で一匁の一〇分の一。一〇厘。＊日葡辞書(1603‐04)「Ippun(イップン)〈訳〉一ますまでのかねの表示の仕方」＊書言字考節用集(1717)一〇「一分 イッフン 十厘也」②「いちぶ(一分・一歩)」の異称。＊雑俳・柳多留‐二(1767)「是むす子一(いッ)ぷん捨てる気は無いか」＊洒落本・真女意題(1781)「宵とまりで一っぷんさ」③一時間の六〇分の一。六〇秒。＊当世書生気質(1885‐86)〈坪内逍遙〉一七「ますます退屈に困りはてて、一分(イップン)一日の思ひをして主人の出来るを待てをれど」 発音〈標ア〉イ 〈京ア〉イ 辞書 文明・日葡・書言 表記 一分(文・書)

いっぷん‐ごりん【一分五厘】〘名〙(銀一分五厘は、近世、米五合(約〇・九リットル)の値段で、それだけあれば一日暮らせるところから)物事を軽くみることのたとえ。→浮世(うきよ)は一分五厘。＊浄瑠璃・傾城反魂香(1708頃)中「命の相場が一分五厘、浮世又平と名乗っては、親もない子もない身がら一心」＊歌舞伎・霧太郎天狗酒宴(1761)三幕「そんな事思ふて煩らふて、敗毒散の一服でも飲ば損でござりますわいのふ。とかく一分五厘にやっておかっしゃりませ」 発音〈標ア〉ゴ

いっぷん‐じ【一分時】〘名〙一分の時間。きわめてわずかな時間。＊経済小学家政要旨(1876)〈永峰秀樹訳〉八「血液の肺臓を流過するの量は通例一時間毎に百八十貫目にして一分時毎に三貫目なり」＊めぐりあひ(1888‐89)〈二葉亭四迷訳〉二「一分時(いっプンジ)なりとも、貴嬢の注意を惹かうとして」＊二人むく助(1891)〈尾崎紅葉〉二「一分時(イップンジ)も側に得堪へざ

るよし」 ＊化銀杏(1896)〈泉鏡花〉八「金沢の人士(ひと)は一分時(イップンジ)の笑の代(しろ)にとて、渠(かれ)に二三厘を払ふなり」 発音〈標ア〉[フ]

いつ‐へ【厳瓮】〘名〙(「いつ」は、神聖な、の意、「へ」は、容器の意) 祭事に用いた壺(つぼ)で、神酒(みき)を入れる神聖な容器。＊書紀(720)神武即位前戊午年九月「厳瓮を造りて天神(あまつやしろ)地祇(くにつやしろ)を敬(ゐやま)ひ祭れ〈厳瓮、此をば怡途背(イツヘ)と云ふ〉」 ＊延喜式(927)祝詞・出雲国造神賀詞「いつの真屋に麁草(あらくさ)をいつの席(むしろ)と苅り敷きて、伊都閉(イツヘ)黒益(くろま)し、天の甂(みか)わに斎(い)みこもりて」 ＊書言字考節用集(1717)七「瓮 イツベ」 辞書書言・言海 表記瓮(書) 厳瓮(言)

いっ‐ぺい【一兵】〘名〙一人の兵士。兵隊一人。一兵卒。＊社会百面相(1902)〈内田魯庵〉矮人巨人・四「渠は一兵をも用ひずして我々の為に堅城鉄壁となり要塞砲塁となってゐた」 ＊春の城(1952)〈阿川弘之〉四・一「彼等の隊は、通信諜報に従事した者は一兵に至るまで戦犯として処刑されるという報らせに狂乱していた」 発音イッペイ〈標ア〉[0]

いっ‐ぺい【一併】〘名〙複数のものを一つに合わせること。＊布令必用新撰字引(1869)〈松田成己〉「一併 イッペイ イッショニスル」 ＊秦観‐元日立春三絶之一「直須二残臘十分尽一、始共二新年一一併来」 発音イッペイ〈標ア〉[0]

いっ‐ぺい【一瓶】〘名〙(「瓶」は、とっくりの意) 一本のとっくり。転じて、酒。→一種一瓶。＊梅花無尽蔵(1492‐1501頃)一・盧同煎茶図「道家風味一瓶泉、童子斟来置二案前一」 ＊易林本節用集(1597)「一瓶 イッヘイ 酒」 ＊日葡辞書(1603‐04)「Ippei(イッペイ)〈訳〉一つの茶瓶または、酒呑器」 ＊賈島‐送耿処士「一瓶離別酒、未レ尽即言レ行」 辞書文明・天正・饅頭・易林・日葡・書言 表記一瓶(文・天・饅・易・書)

いっぺい‐そつ【一兵卒】〘名〙一人の最下級軍人。一兵士。一兵。また、比喩的に、ある目的や人の指図に添って大勢の中のひとりとして下積みの仕事をする者。＊思出の記(1900‐01)〈徳富蘆花〉三・一八「真理の一兵卒として」 ＊田舎教師(1909)〈田山花袋〉四九「砲煙の漲った野に最後の苦痛を味って冷たく横はった一兵卒の姿と」 ＊過程的(1950)〈高見順〉二「階級闘争の一兵卒たらんとする決意は」 発音イッペイソツ〈標ア〉[ペ]

いっ‐ページ【一頁】〘名〙(ページは 英page) 書物・新聞・ノートなどの紙の一面。また、比喩的に時の流れの中での一つの局面をさしていう。＊最暗黒之東京(1893)〈松原岩五郎〉一七「一時間の備忘(こころをぼへ)の為めに記さるる当座帳の一頁(ページ)が不熟煉なる速記者的の筆法を以て」 ＊良人の自白(1904‐06)〈木下尚江〉続・一・一「是れも村の盛衰史の一頁を塡(うづ)めるに足るべき屈強の材料と思はれたが」 発音〈標ア〉[ペ]

いっ‐ぺき【一碧】〘名〙一面に青々としていること。＊西京繁昌記(1877)〈増山守正〉初・下「乾坤一碧身は方に舟裏に在るが如くにて」 ＊米欧回覧実記(1877)〈久米邦武〉一・六「塩湖の水面積は総て二千百方英里に及ぶ、〈略〉其最豁なる処より、向岸を望めば、一碧天を浸す」 ＊楊維楨‐皇媧補天謡「紅糸穿レ餅補二天穿一、太虚一碧玻璃色」 発音〈標ア〉[0]

いっ‐ぺき【一僻】〘名〙〘形動〙かたくなであること。強情。＊随筆・胆大小心録(1808)一三「儒者と云ふ人も、又一僻になりて『妖佐はなき事也』とて」

いっ‐ぺき【一癖】〘名〙一つのくせ。ひとくせ。＊其面影(1906)〈二葉亭四迷〉七「斯ういふ人には有りがちの一癖(ペキ)で、甚しく女色を愛する」 ＊白居易‐山中独吟詩「人各有二一癖一、我癖在二章句一」

いっぺき‐ばんけい【一碧万頃】〘名〙(「万頃」は土地や水面のきわめて広いこと) 青々とした水が広々とたたえられているさま。＊落梅集(1901)〈島崎藤村〉水曜日の送別「わかわかしき一すぢの夢より離れて眼を一碧万頃(いっぺキバンケイ)なる美術の大海に転じ」 ＊范仲淹‐岳陽楼記「春和景明、波瀾不レ驚上下天光一碧万頃」 発音イッペキバンケイ〈標ア〉[0]

いっぺ‐こっぺ〘副〙あちらこちらに。方々。＊風俗画報‐一〇八号(1896)言語門「イッペコッペ(彼所此所と云ふ意)」 方言❶あちらこちら。方々。どこもかしこも。熊本県葦北郡・八代郡933 大分県939 宮崎市047 延岡市947 鹿児島県963 ◇いっぺえくっぺえ 鹿児島県喜界島983 沖縄県首里993 ❷いっしょうけんめい。鹿児島県鹿児島郡968

いっ‐ぺん【一片】〘名〙①紙、花びらなど薄いもの一枚。ひとひら。＊菅家文草(900頃)一・九日侍宴、同賦天錫難老「鶴毛無二一片一、鮐背可二千年一」 ＊新撰朗詠(12C前)上・紅梅「唯我が愛するのみにあらず、人も来て愛す。一片の紅粧は直(あたひ)万金〈源英明〉」 ＊史記抄(1477)一一・孟嘗「伝は過書ぞ。帛にも書ぞ。紙にも書ぞ。二に割て一片をば京に入る時、関にをいて、出時其一片を以て合せて出るぞ」 ＊随筆・胆大小心録(1808)九六「絹紙の一片に」 ＊浮雲(1887‐89)〈二葉亭四迷〉一・二「一片の卒業証書を懐(いだ)き」 ②雲、煙、材木、肉などのひときれ。また、欠けて見える三日月や、小さな一そうの舟などにもいう。ひとかけら。＊文華秀麗集(818)上・嵯峨院納涼〈巨勢識人〉「千年駁蘚覆レ堦密、一片晴雲亙レ嶺帰」 ＊平家(13C前)七・一門都落「古郷をば一片の煙塵と隔てつつ、前途万里の雲路におもむかれけん人々」 ＊太平記(14C後)九・主上上皇御沈落事「都を一片(ヘン)の暁の雲に阻(へだ)てて」 ＊当世書生気質(1885‐86)〈坪内逍遙〉八「船は一片(イッペン)も来る様子も見えない」 ＊後漢書‐周黄徐姜申屠伝序「老病家貧、不レ能レ得レ肉、日買二猪肝一片一」 ③転じて、わずかなこと。少しばかり。精神的なものについていう。＊浮世草子・好色破邪顕正(1687)上「好色の人の中にも、妄語なくて慰み一片に好くものあれど」 ＊丸善と三越(1920)〈寺田寅彦〉「一片の感謝を表しない人はないであらうと思ふ」 ④ある広がりを持っている場所をいう。一面。＊六如庵詩鈔‐二編(1797)二・柏原山寺冬日雑題十六首「帰途不レ践来時路、一片紅林蘸二遠川一」 ⑤(「南鐐(なんりょう)一片」の略) 二朱銀の異称。＊洒落本・酔姿夢中(1779)「采遊はとくがおしへのごとく一片(ヘン)はづみ」 ＊雑俳・柳多留‐二四(1791)「一角(いっかく)と一片土手で仲間われ」 ＊洒落本・三躰誌(1802)「空しく一片(イッヘン)をうしなふも天の命だぜヱ」 表記一片(文・易・言) 発音〈標ア〉[ペ][0]〈京ア〉[0] 辞書文明・易林・言海

いっ‐ぺん【一辺】〘名〙①一方のふち。片方の側。片わき。＊正法眼蔵(1231‐53)仏向上事「即聞のとき、語話さりて一辺の那裏に存取せるにあらず」 ＊古活字本毛詩抄(17C前)六「大水の一辺で人を求るやうに、礼楽の内に人はあるぞとたとへたぞ」 ＊当世書生気質(1885‐86)〈坪内逍遙〉三「一辺(ペン)に安置せる新調の机子(つくえ)」 ＊水経注‐耒水「村有二円水一、広円可二二百歩一、一辺暖、一辺冷」 ②三角形、四角形などの一つの辺。＊小学幾何用法(1873)〈中村六三郎〉上・多角の性質「第九法 三角の一辺を延して生ずる外角は内部の向角より大なるべし」 発音〈標ア〉[ペ]〈京ア〉[0][イ]

いっ‐ぺん【一変】〘名〙①一度変化すること。一回の変化。＊史記抄(1477)一八・日者列伝「前の一変が奇数で五なれば、見の策は四十四なり」 ＊漢語字類(1869)〈庄原謙吉〉「一変 イッペン ヒトカワリ」 ②すっかり変わること。また、すっかり変えること。＊史記抄(1477)四・秦本紀「此で文体を一変したぞ」 ＊浮世草子・世間妾形気(1767)一・一「禅院の梅の七律も、于鱗元美を一変(いッへン)せられました御発明の句調」 ＊開国の御沙汰書‐明治元年(1868)一月一五日「折柄世態大に一変し、大勢誠に不レ被レ為レ得レ止」 ＊文明論之概略(1875)〈福沢諭吉〉一・二「斯の如く天下の人心を一変するの端を開くときは」 ＊夫婦(1904)〈国木田独歩〉二「局面がガラリ一変(ペン)すると」 ＊論語‐雍也「斉一変、至二於魯一、魯一変、至二於道一」 発音〈標ア〉[0]〈京ア〉[0]

いっ‐ぺん【一偏】〘名〙〘形動〙①一方にかたよること。また、一方にだけかたよっていること。＊無名抄(1211頃)「しかあれば、古集の中に様々の姿、詞、一偏ならず」 ＊太平記(14C後)三四・宰相中将殿賜将軍宣旨事「高倉禅門に属するかと見れば、右兵衛佐直冬に与力(よりき)し、身を一偏(ヘン)に決せず」 ＊申楽談儀(1430)能の色どり「又、能に、余りに目慣れたる姿を替へんとて姿を替ふるを、見つけぬとて、押していつものやうにすること、一へん也」 ＊史記抄(1477)一四・扁鵲倉公「一偏にはかたまるまいぞ」 ＊随筆・折たく柴の記(1716頃)下「しかるに一偏の我執によりて、朝恩をもかへり見ず」 ＊宋史‐劉述伝「安石任二一偏之見一、改二立新議一、以害二天下大公一」 ②気持が、ある物事一つに向かうこと。いちずなさま。＊発心集(1216頃か)七・斉所権介成清子住高野事「不断念仏をとなへて、一片(ヘン)に往生極楽を願より外に、他のいとなみなし」 ＊太平記(14C後)一六・備中福山合戦事「討死を一篇(ヘン)に思ひ儲(まうけ)てければ、中々心中涼しくぞ覚えける」 ＊古活字本荘子抄(1530)一「精神を辛労して一偏に物を云者は理の同を知らぬ者也」 ＊日葡辞書(1603‐04)「Ippenni(イッペンニ) ネガウ〈訳〉ひたすら一心に救いを願う」 ＊寸鉄録(1606)「一ぺんにうらもなく、主人にこころをつくすなり」 ③(名詞の下に付けて接尾語的に用いる) もっぱらそのことに力を入れる。また、そういうさまであることを表わす。＊古文真宝前集抄(1642)一「若き時は、武士は武勇一片、町人は職一片なれども、武士の武勇ある人も、年よりて、馬物の具の軽業もならず」 ＊浮世草子・日本永代蔵(1688)二・五「問屋一片(ヘン)にして客の売物買物大事にかくれば、何の気づかひもなし」 ＊談義本・銭湯新話(1754)一・舟の足を見て福を得たる話「渠は日頃正直一片(ヘン)の男にて、更に邪の心なければ」 ＊歌舞伎・月出村廿六夜諷(1821)二幕「瓦を玉とは云ひませぬ。ほんに田舎の正直一遍(イッペン)」 ＊われから(1896)〈樋口一葉〉一三「武骨一遍(イッペン)律義男の身を忘れての介抱」 ＊福翁自伝(1899)〈福沢諭吉〉幼少の時「元来父は〈略〉金銭なんぞ取扱ふよりも読書一偏(ペン)の学者になって居たいといふ考であるに」 ④一部。一部分。一片。＊江戸繁昌記(1832‐36)三・裏店「爰に一裏店を写して、略(ほぼ)其の一偏を示す」 ＊荀子‐天論「万物為二道一偏一、一物為二万物一偏一」 辞書易林・日葡・書言 表記一偏(易) 一偏・一遍(書) 発音〈標ア〉[ペ][0]

いっ‐ぺん【一遍・一反】〘名〙①行為や事態の回数としての一度。一回。＊延喜式(927)三九・内膳司「営大麦一段。種子一斗五升、惣単功十四人半。耕地一遍」 ＊平家(13C前)一〇・維盛入水「無二の懇念をいたして、若(もし)は十反、若は一反も唱へ給ふ物ならば〈略〉紫雲の上にのぼり給ふべし」 ＊浄瑠璃・女殺油地獄(1721)下「此御催促に心驚き、いよいよ一ぺんの称名も悦んでお勤めなされ」 ＊滑稽本・浮世風呂(1809‐13)三・上「最(もう)一遍(イッペン)つき合(やっ)て這入(へゑ)んなな」 ②物事の始めから終わりまで。ひとわたり。一部始終。＊聖徳太子伝暦(917頃か)敏達天皇七年「太子焼レ香披見。日別一二巻。至レ冬一遍了」 ＊後二条師通記‐寛治七年(1093)一一月一九日「明日除目〈臨時〉作法如二叙位一、一遍可二承給一」 ＊発心集(1216頃か)七・阿闍梨実印丈仏供養時滅罪事「理趣分をこそ一遍よみ侍りしか」 ＊蔗軒日録‐文明一六年(1484)一〇月二四日「陞座之語流二読一遍一了」 ＊天草本伊曾保(1593)イソポの生涯の事「『ワレ コノホド アンジワヅラウ コトワ コレヂャ』ト アッテ カノ yppenuo(イッペンヲ) カタッテ」 ＊魏志注‐賈逵伝「(以為二丞相主簿一)好二春秋左伝一、及レ為二牧守一、常自課読レ之、月常一遍」 ③空

間的なある範囲の一方の端から他の端までの全体。そこらじゅう。ずっとひとわたり。一円。＊高野山文書‐(天正一二年)(1584)八月四日・羽柴秀吉朱印状(大日本古文書二・三四三)「当国儀、太刀も刀も不入躰に而、一篇申付候間、可心易候」＊信長公記(1598)首「去て美濃国一篇に仰付けられ、尾張国小真木山より濃州稲葉山へ御越しなり」＊浄瑠璃・新版歌祭文(お染久松)(1780)油屋「彌忠太殿、彌忠太殿一遍(いッぺン)こなたを尋たはいの」＊歌舞伎・三人吉三廓初買(1860)四幕「もし木屋の御内儀、お前の行方を一(イッ)ぺんと尋ねました」④抵抗力がはたらく間もなく、たちまち事態が成り立つさま。すぐさま。いちどき。同時。→一遍に。＊若い人(1933–37)〈石坂洋次郎〉上・二一「神々しく装った巫女の口から『生意気な女学生やな』と思ひがけない下卑た言葉が吐き出されたので一ぺんでいやになった」＊医師高間房一氏(1941)〈田畑修一郎〉四・三「石ころの上を踏んだら一ぺんですからね。いつもこんなに大事に下駄をはいたらさぞ永持ちすることでせうが」⑤(名詞に付いて接尾語的に用いる) 表向きだけで中に誠意のこもらない意を表わす。＊読本・昔話稲妻表紙(1806)五・一九「せめて来世の夫婦とおぼされて、をりをり一遍(イッペン)の御回向ねがひはべるぞかし」＊人情本・春色恵の花(1836)二・九回「なぜそんならばおいらが宅(うち)に居ねへといったら、いろいろなことをいって泣たのだ。しかしほんの義理いっぺんか」＊土(1910)〈長塚節〉一六「親方も義理一遍(ペン)のやうにいふと」 発音〈なまり〉イッペ〔和歌山県・紀州〕〈標ア〉(名詞的)ペ (副詞的)0 〈ア史〉江戸●●●○と●●○○の両様 〈京ア〉(名詞的)ッ (副詞的)0 辞書 文明・天正・饅頭・日葡・書言 表記 一返(文・天・書) 一遍(饅)

いっぺん【一遍】 鎌倉中期の僧。時宗の開祖。諱(いみな)は智真。諡(おくりな)は円照大師。伊予の人。大宰府で証空の弟子聖達に浄土教を学ぶ。のち他力念仏を唱道。全国を巡り、衆生済度のため民衆に踊り念仏をすすめ、遊行上人(ゆぎょうしょうにん)、捨聖(すてひじり)といわれた。延応元〜正応二年(一二三九〜八九) 発音〈標ア〉イ 辞書 書言 表記 一遍(書)

いっ‐ぺん【一編・一篇】〘名〙①一つの文章、詩歌。また、一まとまりの書物。＊凌雲集(814)序「臣今所ㇾ集、掩二其瑕疵一、挙二其警奇一、以表二一篇尽ㇾ善之未ㇾ易」＊寛永刊本蒙求抄(1529頃)序「言は上中下巻にしたれどもすべて是を一篇と云ぞ」＊饅頭屋本節用集(室町末)「一篇 いっヘン」＊大阪の宿(1925–26)〈水上滝太郎〉三・一「一編の小説を組立るのは」＊漢書‐陸賈伝「賈凡著二十二編一、毎ㇾ奏二一篇一、高帝未三嘗不ㇾ称ㇾ善」②小説や論文などで、内容を大きく区分した場合の、最初の一まとまり。 発音〈標ア〉ペ 0 辞書 饅頭・易林・日葡・書言 表記 一篇(饅・易・書)

いっぺん‐かん【一辺━】〘形動〙一方にだけかたよっているさま。一つの考えにこりかたまっているさま。＊両足院本周易抄(1477)「孔子の心は一辺漢にはあるまいぞ」＊古活字本荘子抄(1620頃)三「一へんかんに鼻のさき守ていぬ。花に逢ては花となり柳にあふては柳となるを云」 辞書 文明 表記 一片看(文)

いっぺん‐き【一遍忌】〘名〙時宗の開祖一遍上人の忌日である、陰暦八月二三日(現在は九月二三日)。この日、時宗の寺院でその法要を行なう。遊行忌(ゆぎょうき)。《季・秋》 発音〈標ア〉ペ

いっぺん‐ご【一遍━】〘名〙 方言 片足跳び。 島根県那賀郡724 広島県高田郡844 ◇いっぺんごお 島根県浜田市・江津市725 ◇いっぺんこ 広島市844 愛媛県宇和島市054 ◇いっぺんこんこ 滋賀県608 兵庫県赤穂郡608 ◇いっぺんこっこ 新潟県東蒲原郡368 上越市382 ◇いっぺんぺ 福井県敦賀郡443 ◇いっぺんなぎ 山口県阿武郡795 ◇いっぺん 新潟県中頸城郡382 ◇いっぽこ 青森県北部073

いっぺん‐こきり【一遍━】〘副〙「いっぺんこっきり(一遍━)」に同じ。＊あらくれ(1915)〈徳田秋声〉七四「中(あた)ったら、一遍こきりでおよしなさい」 発音〈標ア〉コ

いっぺん‐ごし【一辺越】〘副〙かわるがわる。入れかわり立ちかわり。＊和英語林集成(再版)(1872)「Ippengoshini イッペンゴシニ 一辺越」 辞書 ヘボン 表記 一辺越(ヘ)

いっぺん‐こっきり【一遍━】〘副〙ただ一度限り。一回だけ。いっぺんこきり。 発音〈標ア〉コ

いっぺんしょうにん‐えでん【一遍上人絵伝】(イッペンシャウニンヱデン) 時宗の祖一遍の諸国教化行脚(あんぎゃ)を描いた絵巻物。聖戒の編纂(へんさん)したもの(一遍聖絵)と宗俊の編纂によるもの(一遍上人縁起)との二つの系統がある。聖戒が詞書を書き、円伊が描いた京都歓喜寺蔵(一部は東京国立博物館蔵)の一二巻本(正安元年完成)は国宝。 発音 イッペンショーニン＝エデン〈標ア〉イ＝エ

いっぺんしょうにん‐ごろく【一遍上人語録】(イッペンシャウニンゴロク) 一遍(智真)の法語や讃偈(さんげ)などを集録した書。上下二巻。上巻に「一遍聖絵」「一遍上人縁起」記載の、和讃、消息、和歌などを収録し、下巻に法語類を収録する。宝暦一三年(一七六三)刊。 発音 イッペンショーニン＝ゴロク〈標ア〉イ＝ゴ

いっぺん‐とう【一辺倒】(‥タウ)〘名〙一方にだけかたよること。一つの方面にだけ熱中すること。＊自由学校(1950)〈獅子文六〉不同調「そこが母性愛一辺倒といいますか、もう、思慮を失っておるので」＊空気頭(1967)〈藤枝静男〉「情味の乏しい、理屈一辺倒の押しつけがましい云い方で」 語誌 毛沢東が一九四九年七月発表の論文中に「要向社会主義一辺倒」と書いたところから日本に流行し、「向米一辺倒」「親米一辺倒」「親ソ一辺倒」など、政治や外交方面のことに多く用いられた。 発音 イッペントー〈標ア〉ペ〈京ア〉ト

いっぺん‐どおり【一遍通】(‥どほり)〘名〙はじからずっとひととおり。ひとわたり。＊俳諧・いつを昔(1690)「月の露なる白黒の胡麻 吹からに一遍どをり秋の風」＊詞葉新雅(1792)「イッペンドヲリスル わたす わたる」＊門三味線(1895)〈斎藤緑雨〉二三「店の衆なり奥の方なりへ、一遍通(いっペントホ)り頭低(さ)げて来い」 方言 岡山市054

いっぺん‐に【一遍━】〘副〙ある短い時間に物事が集中するさま。一どきに。一度に。→一遍(いっぺん)④。＊古活字本毛詩抄(17C前)二〇「思案もなめされそ。一篇にを打あれと云心ぞ」＊金(1926)〈宮嶋資夫〉三「本当にそんなに一ぺんにお儲けなすったの」＊故旧忘れ得べき(1935–36)〈高見順〉六「それに対する埋め合はせを一遍に取りかへさうと」＊雪国(1935–47)〈川端康成〉「体の力がいっぺんに抜けちゃって、をかしいやうだよ」 発音〈標ア〉ペ〈京ア〉イ

い‐つぼ【━壺】〘名〙 方言 ❶水がわき出る所。 香川県木田郡829 ❷田の間にある池。 福島県石城郡178 ❸かいばおけなどの据えおけ。 静岡県磐田郡546 ❹糞尿(ふんにょう)をためるおけ。 静岡県周智郡521

いっ‐ぽ【一歩】 ㊀〘名〙①ひとあし。ひとあゆみ。また、わずかな距離や事柄にたとえていう。＊正法眼蔵(1231–53)行持下「誓願して漢羽にむかひて一歩をあゆまず」＊光悦本謡曲・仏原(1452頃)「何とかかへす舞の袖、一歩あげざるさきをこそ仏の舞といふべけれ」＊コンテムツスムンヂ(捨世録)(1596)三・三「フタイノ イチメイノ タメニワ ワヅカニ yppouo (イッポヲ) ウツス コトヲ カタシト ス」＊日葡辞書(1603–04)「Ippo (イッポ)〈訳〉歩数または歩幅の数え方」＊俳諧・去来抄(1702–04)先師評「句の働(はたらき)におゐては一歩も動かず」＊今弁慶(1891)〈江見水蔭〉一〇「あはや土俵も一歩(イッポ)と言ふ絶体絶命の場所まで行きぬ」＊阮籍‐大人先生伝「以二万里一為二一歩一、以二千歳一為二一朝一」②一つの段階。→一歩を進める・一歩を譲る。㊁江戸前期の語学書。二巻および三巻。著者未詳。延宝四年(一六七六)刊。連歌俳諧の語詞を中心に「てにをは」と仮名遣いの誤用を正そうとしたもの。口頭語の仮名遣いにも言及する点などに特色がある。 発音〈標ア〉イ〈京ア〉0 辞書 易林・日葡 表記 一歩(易)

いっぽ は 一歩(いっぽ)より高(たか)し 一歩一歩、向上することをいう。＊通俗編‐祝誦「広徳州志、梅応発十歳能ㇾ詩、郡守延而試ㇾ之、曰、我本山中人、慣ㇾ走二山中路一、不ㇾ用二倩人扶一、一歩高二一歩一」

いっぽ を 進(すす)める 一段階前進させる。一段階進展させる。＊俳諧・許野消息(1785)「甚よき解にて、一歩(ポ)をすすめたり」＊福翁自伝(1899)〈福沢諭吉〉幼少の時「人の見ぬ処で御札を踏んで見た所が何ともない〈略〉一歩(イッポ)を進(スス)めて便所に試みて、其時は如何(どう)かあらうかと少し怖かったが、後で何ともない」＊半日(1909)〈森鴎外〉「博士は又一歩を進めてかう云った」

いっぽ を 譲(ゆず)る ①(力量、品位、質などで)ひけをとる。一段階劣る。＊小説神髄(1885–86)〈坪内逍遥〉下・文体論「世話物の小説の如きも〈略〉他の俗文体艸冊子(くさざうし)体なんどに比ぶれば一歩(イッポ)を譲(ユヅ)る所あらん歟(か)」＊社会百面相(1902)〈内田魯庵〉温泉場日記「同じ侯爵でも蛭関は新華族だけに一歩を譲るものと見たり」②自分の主張や意見を一部分ひっこめて、相手の説を少しとりいれる。ちょっと譲歩する。＊坊っちゃん(1906)〈夏目漱石〉八「よしんば今一歩譲って、下宿の婆さんが君に話した事を事実とした所で」＊田舎教師(1909)〈田山花袋〉六「僕はまた、仮に一歩譲って、人間がさういふ種類の動物であると仮定しても」

いっ‐ぽ【一畝】〘名〙中国の面積の単位の一つ。周代では、一〇〇歩(一歩は六尺平方)を一畝とした。秦以後、二四〇歩を一畝とした。＊太平記(14C後)四・備後三郎高徳事「越王の命を助け、一畝(ホ)の地を与て、呉の下臣と成さんには」 発音〈標ア〉イ 辞書 日葡

いっぽ の 民(たみ) わずか一畝の土地を持った民。貧乏人。＊太平記(14C後)四・備後三郎高徳事「小臣種(しょう)をして越王長く呉王の臣と成、一畝の民と成ん事を請しむ」

いつ‐ほう【逸飽】(‥ハウ)〘名〙十分に食べてなまけること。＊文明論之概略(1875)〈福沢諭吉〉五・九「工商の二民は僅に賦を出すか出さずして坐食逸飽」

いつ‐ぼう【鷸蚌】(‥バウ)〘名〙(「いっぽう」とも)シギとドブガイ。→鷸蚌の争い。＊天草本伊曾保(1593)獅子王と、熊との事「Yppŏga (イッパウガ) アイアラソウテ フタツ ナガラ ギョジンノ テニ ヲツルト ユウモ コレラノ コトヲ ユウカ」＊日葡辞書(1603–04)「Ippŏ (イッパウ)。トリ ハマグリ」＊青年(1910–11)〈森鴎外〉九「鷸蚌(イツバウ)ならぬ三人に争はれる、獲ものの青年エルハルトは、夫人に呼び戻されて、此場へ帰る」 発音 イッポー〈標ア〉0 辞書 日葡

いつぼう 相挿(あいはさ)む 「いつぼう(鷸蚌)の争(あらそ)い」に同じ。＊書言字考節用集(1717)八「鷸蚌相挿 イツボウアヒハサム 漁者乗ㇾ弊之故事。出〔戦国策〕〔法華文句〕」 辞書 書言 表記 鷸蚌相挿(書)

いつぼう の 争(あらそ)い (シギとドブガイが争っているところを、漁師が両方とも捕えてしまったという「戦国策‐燕策」の故事から) 無益な争いをしていると、思わぬ第三者に乗ぜられて共倒れになることを戒めたたとえ。いつぼう相挿(あいはさ)む。＊偽悪醜日本人(1891)〈三宅雪嶺〉濁〈林辨次郎〉「鷸蚌の争遂に漁夫の利となるを如何せん」

いつぼう の 弊(ついえ) 「鷸蚌の争い」の故事から、結局第三者に乗ぜられることになる、無益な争い

による疲労、疲弊。＊太平記(14C後)一四・新田足利確執奏状事「名越尾張守高家、於二戦場一墜レ命之後、始与二義卒一軍二丹州一。天誅革レ命之日、忽乗二鷸蚌之弊（イツホウノツイヘ）一、快為二狼狽之行一」＊読史余論(1712)二・源頼朝父子三代の事「東国を打随へその後鷸蚌之弊に乗じて世の乱逆を治め」

いっ‐ぽう（ウ:パ）**【一方】** ㊀〘名〙①一つの方向。一つの方面。ある方向。ある方面。＊文華秀麗集(818)中・奉和王昭君〈菅原清公〉「御レ狄寧無レ計、徴軀鎮二一方一」＊平治(1220頃か)上・信頼信西を亡ぼさるる議の事「いかなる御大事をも承りて、一方はかため申さん」＊俳諧・五車反古(1783)夏「広庭のぼたんや天の一方に〈蕪村〉」＊渡辺庫輔宛芥川龍之介書簡‐大正一四年(1925)四月一六日「覇を天下に唱ふるは勿論、一方の雄になるものさへなし」＊詩経‐秦風・蒹葭「所レ謂伊人、在二水一方一」②二つまたは二つ以上あるもののうちの一つ。副詞的にも用いる。＊平家(13C前)四・山門牒状「車の二つの輪に似たり。一方欠けんにおいては、いかでその歎きなからんや」＊寛永刊本蒙求抄(1529頃)八「是は煩しいとて帛の端を絶て、一方に字をかいて一方には字をば書かいでやるぞ」＊天草本伊曾保(1593)エジツトよりの不審の条々「yppŏno（イッパウノ）テニワトリノ エヲ モチ マ ippŏniua（イッパウニワ）コテヲ トッテ」＊地獄変(1918)〈芥川龍之介〉一二「所が一方良秀がこのやうに、まるで正気の人間とは思はれない程夢中になって、屏風の絵を描いて居ります中に、又一方ではあの娘が、何故かだんだん気鬱になって」③「いっぽう（一法）①」に同じ。＊小説神髄(1885‐86)〈坪内逍遙〉下・脚色の法則「賤しげなるものを高尚なるもののやうにいひなすなんども笑を博すべき一方（イッパウ）なり」④衝重（ついがさね）の一方にだけ穴が彫ってあるもの。五位の人の用いるものという。＊調度口伝（古事類苑・器用三）「一方の事。〈略〉前に計すかし有也。一説に二方は四位の人、一方は五位の人と云へども、其品伝らざれば、容実知らず。云伝へし事也」⑤一分銀（いちぶぎん）の別称。その形が長方形であったところから、漢学者などが戯れに呼んだ語。⑥（接尾語的に用いられる）物事が、もっぱら一つの方向、方面にかたよっていること。そればかり。一途（いちず）。㋑体言に付く場合。＊諷誡京わらんべ(1886)〈坪内逍遙〉一「うまれつき学問好にて、修学一方（パウ）に熱心なるから」＊或る女(1919)〈有島武郎〉前・一一「僕は心の底に起るこんな働きをも強ひて押しつぶして理窟一方に固まらうとは思ひません」㋺用言に付く場合。＊野心(1902)〈永井荷風〉二「万事の様子が、質粗を主として手堅い一方を以て得意として来た保守的な此の家風を甚だ能く示して居る」＊良人の自白(1904‐06)〈木下尚江〉前・五・三「伯父さんは彼の通り口ハだ金さへ野れば可いと言ふ一方の人だけれど」＊酒虫(1916)〈芥川龍之介〉二「この男の道楽は、酒を飲む一方で」⑦（接続助詞のように用いる）ある事と並行して他のことが行なわれることを示す。＊若き日(1943)〈広津和郎〉一二「黒川社長は社会の一部から恐怖の眼をもって見られてゐる一方、部下に向ってはこんな風な親分的な寛大を示す人らしいのである」㊁〘接続〙ある事についての話を中止して、筋に関係のあるもう一つの事を話し始めることを示す。話かわってこちらについて言えば。＊竹沢先生と云ふ人(1924‐25)〈長与善郎〉竹沢先生と虚空・一「竹沢と云ふ名前すら知らない者の多い世間に、一方そんな熱心な篤志家が一人でもゐると思ふ事は自分には愉快だった」＊無常といふ事(1942)〈小林秀雄〉「歴史の新しい見方とか新しい解釈とかいふ思想からはっきりと逃れるのが、以前には大変難かしく思へたものだ。〈略〉一方歴史といふものは、見れば見るほど動かし難い形と映って来るばかりであった」＊自由と規律(1949)〈池田潔〉パブリック・スクールの本質と起源「パブリック・スクールはイギリス支配階級子弟の教育機関であるといわれる。〈略〉一方、この階級に属さない大部分の家庭の子弟は、主として官公立のエレメンタリー・スクール、もしくは、グラマー・スクールで教育を受ける」［発音］イッポー〈標ア〉［ポ］〈ア史〉江戸◎◎○○〈京ア〉［ツ］［辞書］天正・易林・日葡・書言・言海［表記］一方（天・易・書・言）

いっぽう 良(よ)ければ十方(じっぽう)整(ととの)う 一方面のことがうまくいけば、すべてがうまくいくの意のことわざ。＊談義本・教訓雑長持(1752)二・大天狗薮医師を教戒し給ふ事「格別の物入もなく、薬屋も現金買故、薬種も上品の薬のみにて、効験も甚勝れ、一方よければ、十方が整（トトノ）ふ」

いっ‐ぽう【一抔】〘名〙ひとつまみ。ひとすくい。＊星巖先生遺稿‐前編(1863‐65)西帰集・多芸路上作「高原曠渺易レ為レ秋、万古銷沈土一抔」＊張載‐七哀詩「毀壊過二一抔一、便房啓二幽戸一」

いっぽう の 土(ど) 未(いま)だ乾(かわ)かず （墓の土が盛ってまだ間もないということ。挙例の駱賓王の檄から）先帝が崩御してまだ間もないことをいう。＊漢語字類(1869)〈庄原謙吉〉「一抔未レ乾 イッホウイマダカワカズ 先帝ノオカクレゴマモナヒ」＊布令必用新撰字引(1869)〈松田成己〉「一抔未レ乾 イッハウイマダカワカズ 先帝ノオカクレゴマモナヒ」＊駱賓王‐代李敬業以武后臨朝移諸郡県檄「一抔之土未レ乾、六尺之孤安在」

いっ‐ぽう【一法】〘名〙①（パフ）ひとつの方法。一方法。＊俳諧・俳諧十論(1719)二「爰を一字録のおほむねにして、時宜の一法は立たる也」＊荀子‐王覇「君者、論二一相一、陳二一法一、明二一指一」②（パフ）一つのきまり。一つの掟。＊日葡辞書(1603‐04)「Ippŏ（イッパウ）。ヒトツノ ノリ〈訳〉一つの掟」③（ポフ）仏語。㋑一つの事物。一つの存在。＊妻鏡(1300頃か)「眼（まなこ）の明なる者〈略〉心を細かにして見る時は、思いと思ふ心、成しと成す態（わざ）、一法（いっポフ）として無常に不レ帰云事なし」＊別訳雑阿含経‐四「除二却何法一獲二無憂一、是何一法能死滅」㋺唯一絶対の真実。涅槃（ねはん）。＊蔗軒日録‐文明一八年(1486)正月六日「賛云、塵劫未事、尽在二即今一、一法不レ立処、弥重観世音」＊南本涅槃経‐三二「如来世尊為二国土一故、〈略〉為二衆根一故、於二一法中一作二二種説一、於二一名法一、説二無量名一」＊観経疏‐玄義分「云何涅槃一法非レ如レ化」［発音］イッポー〈標ア〉［0］〈京ア〉［0］［辞書］日葡

いっ‐ぽう【一峰】〘名〙ひとつのみね。いちほう。＊海道記(1223頃)逆川より鎌倉「固瀬川を渡て江尻の海汀を過れば江の中に一峯の孤山あり」＊九位(1428頃)「然ば、千山の雪、一峰白からざる深景、寵深花風に当る歟」＊六如庵詩鈔‐二編(1797)四・壬子仲秋余与伴蒿蹊回郷里于江州〈略〉作詩紀一時情景「一峯当レ前秀而麗、云是長命古仏龕」＊陳後主‐上巳宴麗暉殿詩「一峰逢落レ日、数花飛映レ綬」

いっ‐ぽう【一報】〘名〙物事について、さっそくちょっとした知らせを送ること。また、その知らせ。「出欠、御一報ください」＊李白‐擬古詩「安得二黄鶴羽一、一二報佳人一知」［発音］イッポー〈標ア〉［0］〈京ア〉［0］［辞書］日葡

いっ‐ぽう（ウ:パ）**【一飽】**〘名〙一回満腹すること。また、一回の食事。＊隣語大方(18C後)一「一飽の食も在数と申まするにより」＊くれの廿八日(1898)〈内田魯庵〉四「一飽（イッパウ）一襲自ら鋤犂して粒々辛苦の熱汗を流して事を成すは」＊淮南子‐修務訓「以二一飽之故一、絶レ穀不レ食、以二一躓之難一、輟レ足不レ行」

いっ‐ぽう【一篷】〘名〙一艘の小舟。また、船の一つの苫（とま）。＊山陽詩鈔(1833)一・舟発大垣赴桑名「独在二天涯一年欲レ暮、一篷風雪下二濃州一」＊皮日休‐寄懐南陽潤卿詩「一篷衝レ雪返二華陽一」

いっぽう‐ぐち（イッパウ:）**【一方口】**〘名〙①一か所だけについている出入り口。＊浄瑠璃・傾城反魂香(1708頃)中「右衛門（ゑもん）が馬場の一方口」＊読本・昔話稲妻表紙(1806)五・一九「此所一方口（イッパウグチ）なれば、外にかへるべき道もなきに」＊西洋道中膝栗毛(1874‐76)〈総生寛〉一二・上「地中海はこの瀬戸ばかり一方口（イッパウグチ）で袋のごとくなるに」＊にごりえ(1895)〈樋口一葉〉四「流石に一方口（イッパウグチ）にはあらで、山の手の仕合は三尺斗の椽の先に草ぼうぼうの空地面」②ある事柄について幾つかの意見があるうち、一方だけの言い分。＊或る女(1919)〈有島武郎〉後・二五「こんな重大な事を一方口（イッパウグチ）で判断したくはありません」［発音］イッポーグチ〈標ア〉［ポ］［0］〈京ア〉［オ］／［1］

いっぽう‐こうい（イッパウカウヰ）**【一方行為】**〘名〙当事者の一方の意思表示だけで成立する法律行為。［発音］イッポーコーイ〈標ア〉［コ］

いっぽう‐こうつう（イッパウカウツウ）**【一方交通】**〘名〙「いっぽうつうこう（一方通行）」に同じ。＊現代風俗帖(1952)〈木村荘八〉貴塵館記・逆「一方交通の状態になって了ふために、密雲に閉ざされた飛行機がさかさまに飛んでゐることも珍しくないさうである」＊自然ということ(1965)〈唐木順三〉「これは西欧近代風の主観が客観を、自己が対象を認識するといふやうな一方交通ではない」［発音］イッポーコーツー〈標ア〉［コ］

いっぽうこう‐の‐さた（イッパウカウ:）**【一方向沙汰】**〘名〙中世の裁判で、両当事者のうち一方の利益のみを優先した裁判のやり方。＊蔭涼軒日録‐文明一八年(1486)五月一七日「不レ及二御糺明一。以二一方向之御沙汰一被レ成二奉書一。則為二敵奉行一加判事不レ及二覚悟一云々」

いっぽう‐つうこう（イッパウツウカウ）**【一方通行】**〘名〙①道路の一方向へだけ車両などの通行を許し、反対方向への通行を禁止すること。一方交通。＊道路交通法(1960)一七条・四「当該道路が一方通行となっているとき」＊地を潤すもの(1976)〈曽野綾子〉八・二「シンガポールの町も巨大な一方通行の規制が敷かれている」②比喩的に、ある一方から他方への伝達だけが行なわれて、その逆の伝達が行なわれないこと。＊助左衛門四代記(1963)〈有吉佐和子〉終・二「全くの一方通行で喋りたいことを喋っていられるのが何より有りがたい」［発音］イッポーツーコー〈標ア〉［ツ］

いっぽう‐づき（イッパウ:）**【一方付】**〘名〙ある一方向だけにかたよること。一つの方向に向いてそろっていること。＊玉塵抄(1563)一六「両方どちえしてよからうと思ふに思い定めて一方つきにすることぞ」＊玉塵抄(1563)三九「鷺はむさとはたたぬぞ一方つきにそろうて立ぞ」

いっぽう‐づ・く（イッパウ:）**【一方付】**〘自カ五(四)〙ある一方向だけにかたよる。一つの方向に向いてそろう。＊玉塵抄(1563)三五「斉は中国なり周と斉といわば一方ついて千万里へだてはせぬさえ太公は周の土にうづまれたぞ」＊玉塵抄(1563)三九「うちかたむいて一方づいて危を安ずる本ぞ」

いっぽう‐づり（イッパウ:）**【一方釣】**〘名〙重さや力が平均せず、片方が傾斜すること。また、その状態。＊土井本周易抄(1477)二「五のはからいに一方づりになったらば、陰陽不レ長して、陰ばかりぞ」

いっぽう‐てき（イッパウ:）**【一方的】**〘形動〙①かかわり方が、双方のやりとりではなく、ある一方から他方へと一方向だけにかたよっているさま。＊ショオ翁と日本文学(1933)〈菊池寛〉「日本の文学者とショオとの関係なども、恐ろしく一方的であって、我々はショオの事を知悉してゐるが、相手は我々の事を何にも知らないのである」＊野火(1951)〈大岡昇平〉七「愚劣な作戦の犠牲となって、一方的な米軍の砲火の前を、虫けらのやうに逃げ惑ふ同胞の姿が、私にはこの上なく滑稽に映った」②相手のことを考えないで、自分だけの都合でものごとを図るさま。＊帰郷(1948)〈大仏次郎〉花「一方的に電報で通告して押掛けて来るのだから、外出

も出来んで待ってをるのだ」 発音イッポーテキ〈標ア〉0〈京ア〉0

いっぽうてき-しょうこうい【一方的商行為】（イッパウテキシャウカウヰ）『名』商行為の一種。取引当事者の一方だけの営利のために行なわれる行為。たとえば、小売店での買物など。商法が適用される。発音イッポーテキショーコーイ〈標ア〉コ

いっぽう-どう【一方堂】（イッパウダウ）『名』京焼の一つ。文化年間（一八〇四〜一八）、京都の豪家角倉為次郎（一方堂と号す）が嵯峨（さが）の別荘で焼いた茶器、酒器の類。一方堂の印がある。発音イッポードー〈標ア〉0

いっぽう-みち【一方道】（イッパウ：）『名』一方へしか抜けられない道。＊歌舞伎・青砥稿花紅彩画（白浪五人男）（1862）四幕「知れるは必定（ひつぢゃう）、一方路（いっパウミチ）」 ＊今弁慶（1891）〈江見水蔭〉一一「野州に名高き那須のケ原、一方道（イッパウミチ）にかかりし頃」 発音イッポーミチ〈標ア〉ポ

いっぽう-むき【一方向】（イッパウ：）『名』①一つの方向、または方面に向いていること。また、一つの方向のみに専念すること。＊史記抄（1477）一五・李将軍「圜陳とは、一方むきにはせいで、まんまるに陣を取て、十方からせむる敵を受て向ふやうにするぞ」 ＊玉塵抄（1563）三三「丸のまるい物は、左えもなり、右えも、人のするままになる物ぞ。一方むきなれば、めぐらしまわすことならぬぞ」 ＊葉隠（1716頃）六「子細は物が二つに成ゆへ也。一方向にてなければ、益（やく）にたたぬもの也」 ②一方にばかりかたよっていること。一方を重んじ他方を軽んじること。＊土井本周易抄（1477）二「陰ばかりでも、陽ばかりでも、一方むきでわるからうぞ。此は陰陽相応して、なんとすれどもわるうないぞ」 ＊清原国賢書写本荘子抄（1530）二「巧にもの云、ひいき偏頗して、一方むきに云ぞ」 ③中世の裁判で、一方の言い分だけをとりあげて決着させるやり方。他方からの非難の言葉に用いられる。＊勧修寺文書-二二・天文六年（1537）八月日・勧修寺宮門跡雑掌陳状「一方向之儀、言語道断働存候」 ＊曼殊院文書-（年未詳）（室町後）極月四日・松田対島守盛秀書状「申二給御下知一儀者一方向之条、傍輩中不二存知一候」

いっぽう-りゅう【一放流】（イッパウリウ）『名』剣術の一流派。江戸初期に、加賀の前田家の家臣富田一放の創始したもの。＊本朝武芸小伝（1716）五・刀術「富田一放者従二富田越後守一得二其宗一、入江一無継二其伝一、今推曰二一放流一」 発音イッポーリュー〈標ア〉0

いっぽ-がし【一歩菓子】（：クワシ）『名』胡麻（ごま）などを散らした黍団子（きびだんご）。越中国（富山県）井波の名物の菓子。

いっぽ-しき【一圃式】『名』休閑地を設けずに年々穀作を続ける耕地の利用方式。分圃（ぶんぽ）式に対していう。発音〈標ア〉0

いつほし-と-なく『連語』「いつとなく」の意か。＊浮世草子・日本新永代蔵（1713）二・四「万事の拍子違ひて、慥なる小質の店を、いつほしとなく請仕舞にして、住所を立ち退き」

いつ-ほど【何時程】『名』いつごろ。いつのほど。＊宇津保（970〜999頃）国譲下「『国譲りはじちにいつほどにか侍らん』上『この十日よひばかりになん』」

いっぽは-ほんしょうさい【一甫派本松斎】『名』本松斎遠州流の華道の一派。本松斎一得の門人松養斎一伯を祖とするもの。

いつ-ほん【逸奔】『名』速く走ること。また、走り逃げること。奔走。＊新聞雑誌-明治七年（1874）一〇月一四日「伝馬町囚獄所の罪人六十名破牢逸奔せんとせし故」 ＊米欧回覧実記（1877）〈久米邦武〉二・三九「即ち轡を取直して南に駆す、馬駿にして逸奔す」 ＊揚家府演義-宋太祖受禅登基「鹿之逸奔、高材疾足者得レ之」

いっ-ぽん【一本】『名』①書物についていう。㋑書物の一冊、一巻。一部の書物。＊今昔（1120頃か）七・一三「曇摩伽陀耶舎（どんまかだやしゃ）に値（あひ）て无量義経を伝へむと思ふ。心を至して此を請（うく）るに、纔（わづか）に一本を得たり」 ＊王建-哭孟東野詩「但是洛陽城裏客、家伝一本杏殤詩」 ㋺一つの書物。ある書物。異本が多くある場合などにいう。一書。＊万葉（8C後）三・二五五「天離る夷の長道ゆ恋ひ来れば明石の門より大和島見ゆ 一本云、やどのあたり見ゆ〈柿本人麻呂〉」 ＊史記抄（1477）四・秦本紀「古本には来質と点じたれども次下へはつづかぬぞ一本には質だぞ点じたはよいぞ」 ②木、扇、竹、髪の毛、針、刀、壜（びん）など、細長い物一つ。＊九暦-九条殿記・五月節・天慶七年（944）五月「寄柱今日以前左右馬寮堀立各一本」 ＊水左記-承暦四年（1080）五月二八日「柱一本、上長押二枝」 ＊金刀比羅本平治（1220頃か）下・頼朝遠流の事「しろかねのうち敷にうちあはびを六七八ほんがほどをかせたまひ〈略〉このあはびをふつふつとまいりけるが纔に一（イッ）ほん計のこさせ給ひ」 ＊文明本節用集（室町中）「一本 いっホン、扇一本、鑓一本、木一本」 ＊日葡辞書（1603-04）「Ippon（イッポン）〈訳〉木、竹、針、棒、牛蒡、柱、帆柱、槍、傘などの数え方」 ＊俳諧・貝おほひ（1672）二二番「かしの木刀ならば、一本かたげて、のがれ候へ」 ＊書言字考節用集（1717）一〇「一本 旗 捺物 鞭」 ＊読本・夢想兵衛胡蝶物語（1810）前・貪婪国「一本の松魚（かつを）は食ひつくされず」 ＊当世書生気質（1885-86）〈坪内逍遙〉二「『ヲイ生肉（なま）の代に、葱（ごぶ）の代を持って来い』『序（ついで）にモウ一壜（イッポン）、酒だ』」 ＊淮南子-説林訓「見二其一本一、而万物知」 ③ばらばらになっているものをまとめた、ひとまとまり。また、他の要素を交えない、一つの物事や方向。 ④同じ仲間。一味。ぐる。＊浄瑠璃・卯月の紅葉（1706頃）上「をのれが弟の伝三郎、今迄をのれら一本と思ひしに」 ⑤それ一つだけで独立しうる状態にあること。一本立ち。㋑他の助けを借りずに独力で事が行なえること。＊浄瑠璃・源頼家源実朝鎌倉三代記（1781）八「愚僧が此説法するも此庵地を一本（いっぽン）の寺にしたいと思ふから」 ㋺特に、一人前になった芸者。一本立ち。↔半玉。＊当世書生気質（1885-86）〈坪内逍遙〉四「二代目小常と名宣（なの）らせ、大妓（イッポン）として押出せしに」 ＊腕くらべ（1916-17）〈永井荷風〉一「お酌から一本になって」 ⑥江戸時代以後の金銭の簡便な単位。㋑一文銭または四文銭をつないだ銭差し一本の意で、百文または四百文のこと。＊洒落本・通言総籬（1787）二「こんぢう、さよじさんに一本（ぽン）かりてたて引きをしてあげてやったに」 ＊歌舞伎・傾情吾嬬鑑（1788）五立「『酒手もろともソレ一本』と四文銭を一本出してやる」 ＊黄表紙・即席耳学問（1790）「一本づつも取らねば勘定に合ふもんぢゃあねえ」 ＊滑稽本・浮世風呂（1809-13）二・下「弐朱（にし）と四百（イッポン）といふ云直（いいね）だから」 ㋺転じて、百両のこと。＊南水漫遊拾遺（1820頃）四「歌舞伎楽屋通言〈略〉壱本金百両」 ＊歌舞伎・蔦紅葉宇都谷峠（文弥殺し）（1856）大切「さあ、見かけは五十や百両（イッポン）には困らぬ顔をしてゐても」 ＊怪談牡丹燈籠（1884）〈三遊亭円朝〉一八「『どうか百金御恵みを願ひたい』『一本へ、串談言っちゃあいけねへ』」 ㋩明治以後、百円、千円、一万円などをいう隠語。〔隠語輯覧（1915）〕 ＊落語・三軒長屋（1894）〈四代目橘家円喬〉「マア諸雑費を引いて、跡（あと）百円（イッポン）も残りゃア夫れで転（ひっこ）せるんで御坐います」 ⑦剣道や柔道で一回の勝負。また、わざが一つきまること。転じて、相手をやりこめること。「一本とる」 ＊浮世草子・好色万金丹（1694）三・四「かやうの男は大かた女房の方から一本しられてをきざりにあふもの也」 ＊夢酔独言（1843）「寒稽古に出たら、小林も来ていて、勝様一本願ひたいとぬかすから」 ＊怪談牡丹燈籠（1884）〈三遊亭円朝〉一五「源次郎は一本突かれて死物狂ひになり」 ＊良人の自白（1904-06）〈木下尚江〉後・九・一「腹の虫だからって、何時までも黙っては居ませんわね、一本遣っつけてやりましたの」 ＊鼠小僧次郎吉（1920）〈芥川龍之介〉二「『その時にゃ軽くて獄門、重くて磔は逃れ無えぜ。それでも御前は鼠小僧か、ーと云はれたら、どうする気だ』とかう一本（ポン）突っこむと」 ⑧その道ひとすじ。いっぽんやり。「文筆一本の生活」 ⑨「いっぽんぐま（一本隈）」の略。 ⑩（横に一本通すことから）かんぬきをいう盗人仲間の隠語。〔隠語輯覧（1915）〕 ⑪衣類一枚をいう盗人仲間の隠語。〔隠語輯覧（1915）〕 方言❶茶の単位。四貫二百匁（約一五・八キログラム）。大阪府南河内郡644 ❷ものを数える単位。一つ。一枚。◇いっぽ 長野県西筑摩郡491 ❸一緒。共同。◇いっぽ 長野県佐久493 発音〈なまり〉イッポ〔信州上田・南伊勢・和歌山県・紀州・和歌山〕イッポウ〔富山県〕〈標ア〉①⑤㋺は0 ②③⑥〜⑧は㋑〈京ア〉0 ①は0 辞書文明・天正・易林・日葡・書言・言海 表記一本（文・天・易・書・言）

いっぽん 担（かた）げる 相手にやっつけられる。やりこめられる。一本参る。＊浄瑠璃・心中二枚絵草紙（1706頃）上「なまなかとがめて一本かたげ恥かこより」 ＊浄瑠璃・大塔宮曦鎧（1723）三「利口達する斎藤。一本担（かた）げさせて腹愈（い）せ本望」

いっぽん きめる ①きちんと恰好よく刀を一本さす。＊浄瑠璃・本朝二十四孝（1766）三「馬草を刈りにやっこらさ。一本きめた刀より研立（とぎたて）鎌でぐゎっさぐゎさ」 ＊雑俳・柳多留-七（1772）「つかまへるそうだとあるき一本きめ」 ②剣道や柔道の試合で、わざを一つきめる。定められたわざをしかけて成功する。

いっぽん さす だましたり、ののしったりしてやりこめる。へこます。＊俳諧・毛吹草（1638）五「蚊柱に一本さする嵐かな〈永治〉」 ＊咄本・鹿の巻筆（1686）四・二「若衆此道がきらいなれば、きゃつに一本させんとて、素股（すまた）をとらせけり」 ＊浮世草子・傾城禁短気（1711）五・三「此程の返しに一本させらるるは、見へた事」 ＊浄瑠璃・双生隅田川（1720）道行「ヲヲ、やぼらしと、一ぽんさせて参りしぞや」 ＊俚言集覧（1797頃）「一本さする たばかり欺く意にいふ」

いっぽん 付（つ）ける 酒の入った銚子一本の燗をつける。＊田舎教師（1909）〈田山花袋〉一三「ざるに生玉子、銚子を一本つけさせて、三人はさも楽しさうに飲食した」 ＊煙管（1933）〈新田潤〉「もう一本つけろと怒鳴った」

いっぽん 取（と）る ①剣道や柔道などで、決まり手を一つ取る。 ②議論やかけ引きなどで、相手をやりこめる。＊わたしの崋山（1965）〈杉浦明平〉七「崋山はまず一本とられたのである」 ＊徳山道助の帰郷（1967）〈柏原兵三〉二「啓吉に一本取られてしまうような羽目に陥ったことがあったのである」

いっぽん の 御書所（ごしょどころ） 「いっぽんごしょどころ（一本御書所）」に同じ。＊平治（1220頃か）上・三条殿へ発向「大内へ入れまゐらせ、一品の御書所におしこめたてまつる」

いっぽん の 書（しょ） ①一つの書籍。書写された一書。 ②貴重な文書。稀覯書（きこうしょ）。＊台記-天養二年（1145）四月一八日「是家重宝也、此中有二一本書一、此書須レ与二摂政一、然身既居二摂録之任一」 ＊玉葉-寿永三年（1184）正月二八日「凡官中之文書、古来只一本書也」 ③他本のない秘書。孤本。＊中右記-寛治八年（1094）一一月二日「明経博士允亮所レ抄政事要略〈百卌巻云々〉中詳見也、為二一本書一、不レ在二他家一」 ＊中右記-康和四年（1102）九月一一日「中宮大夫属正則許に政事要略と云文候之由風聞、早可レ召二取一歟、我朝一本書也」

いっぽん 参（まい）る ①剣道などで相手を一本打ち込む。また、相手から一本打ち込まれる。＊吾輩

は猫である(1905-06)〈夏目漱石〉七「先方がいつ迄もこの態度で居ては運動にならんから、あまり長くなると又ちょいと一本参る。これ丈参ると眼識のある蟷螂なら必ず逃げ出す」②相手からやりこめられて降参する。言い負かされる。＊青年(1910-11)〈森鷗外〉一「純一は一本(イッポン)参(マヰ)ったと思った」＊今年竹(1919-27)〈里見弴〉あやめの客・九「参った。慥に一本参った」

いっ-ぽん【一品】〖名〗①親王(しんのう)の位階の第一位。＊令義解(718)官位・一品条「一品。〈謂。品位也。親王称㆑品者〉」＊続日本紀-和銅八年(715)正月癸巳「又授㆓二品穂積親王一品〈略〉従六位下土師宿祢豊麻呂並従五位下㆒」＊栄花(1028-92頃)月の宴「いみじう思ひかはし聞えさせ給て一品になし奉り給へり」②臣下の最上位。従一位をいう。平安時代以降、唐風の呼称にならい諸臣の某位を某品と称する例が多くなる。＊増鏡(1368-76頃)一一・さしぐし「この中将〈略〉まづ一品して、しばしおはせし比」＊梵舜本太平記(14C後)一三・北山殿謀叛事「然れば官太政大臣に至り、位一品の極位を不㆑極と云事なし」③仏語。経巻中の一章。＊凌雲集(814)「聴㆑誦㆓法華経㆒各賦㆓一品㆒得㆓方便品㆒題中取㆑韵〈嵯峨天皇〉」＊讃岐典侍(1108頃)下「法花経を日に一品づつ講ぜさせ給ふ」＊今昔(1120頃か)一四・二五「八巻を初一品を誦(じゅし)て後、僧、湯を浴(あぶし)て息(やす)まむが為に」＊日葡辞書(1603-04)「Ippon (イッポン)〈訳〉シャカの経中にあり、二八品まである種々の題目の論述(=章)の数え方」④仏語。極楽浄土の段階を九つに分けた、そのなかの一つ。→九品(くほん)。＊大毘婆沙論-三五「彼邪見則有㆓九品㆒若依㆓対治九品説㆒者、彼邪見則唯一品」発音〈標ア〉⓪〈京ア〉⓪ 辞書天正・易林・日葡・書言 表記一品(天・易・書)

いっぽん の 宮(みや) 一品の位階を授けられた宮。＊能因本枕(10C終)二三九・宮つかへ所は「宮つかへ所は内、后宮、その御腹の姫宮一品の宮」＊源氏(1001-14頃)若菜上「故院の末つかた一品宮のこのみ給ことにて」

いっぽん-あし【一本足】〖名〗①一本の足。片足。＊西洋道中膝栗毛(1874-76)〈総生寛〉一二・下「おもしれへおもしれへ一本足(イッポンアシ)のたち廻り」＊坊っちゃん(1906)〈夏目漱石〉四「気はせくが、足丈(だけ)は言ふ事を利(き)かない。じれったいから、一本足で飛んで来たら」②足が一本しかないこと。また、そういうもの。＊人情本・春色恋白波(1839-41)二・三回「黒鼈甲の簪の一本足に拵へたるのへ真朱玉(さんごじゅ)の五分珠を付しを」＊唱歌・案山子(文部省唱歌)(1911)「山田の中の一本足(イッポンアシ)の案山子(かかし)」③近世、江戸で、女のえり足を白粉で上方に際立てて塗る形。京、大坂では二本足という。＊随筆・守貞漫稿(1837-53)一一「江戸白粉の粧〈略〉江戸も文化文政頃は粉粧、京坂と相似たり、然れども二本足を一本足と云」④傘(かさ)をいう盗人仲間の隠語。〔隠語輯覧(1915)〕発音〈標ア〉ポ〈京ア〉ン

いっぽん-あや【一本綾】〖名〗経(たていと)、緯(よこいと)に梳毛糸(そもうし)を用いたラシャの一種。斜文組織の経、緯の配置を交互に変えて、布全体によじれたような斜めの畦(うね)を現わしたもの。＊初すがた(1900)〈小杉天外〉一二「黒の一本綾(ポンアヤ)の吾妻コートを来た若い色白の女」発音〈標ア〉ポ

いっぽん-うえ【一本植】〖名〗「いっぽんがかり(一本懸)」に同じ。〔語彙(1871-84)〕

いっぽん-おうぎ【一本扇】〖名〗一本ずつ精選した扇。＊七十一番職人歌合(1500頃か)一三番「扇売。扇は候。皆一ぽん扇にて候」

いっぽん-おさめ【一本納】〖名〗釣りざおの一種。数本から成る継ぎざおの全部が手元の一本に納まるように作ってあるもの。発音〈標ア〉オ

いっぽん-がかり【一本懸・一本掛】〖名〗蹴鞠(けまり)の庭には、四方にカエデ、マツ、サクラ、ヤナギの四本を植えてかかりとするが、それを略して、唯一本だけ植えること。＊遊庭秘抄(1360頃か)懸事「又一本がかりもあり。庭せばき所に一本植㆑之、めぐりには八人立ちまはり蹴㆑之。元徳の昔、仁寿殿の北向の御壺にも、松の切立て一本うゑられ侍りしなり」

いっぽん-がけ【一本掛】〖名〗相撲の決まり手の一つ。四つに組み、自分の体を寄せて相手を引き付け、自分の右足ならば相手の右足、左足ならば左足に、内から足を掛けて、おおいかぶさって倒すもの。発音イッポンガケ〈標ア〉⓪

いっぽん-がすり【一本絣】〖名〗村山絣の一種。経(たていと)、緯(よこいと)ともに二〇番手ぐらいの単糸を使って手織りにしたもの。普通の絣と異なって、筬(おさ)一羽に経一本ずつ引き込むところからいう。発音イッポンガスリ〈標ア〉ガ

いっぽん-がたな【一本刀】〖名〗「きょうかく(侠客)」の異称。発音イッポンガタナ〈標ア〉ガ

いっぽんがたなどひょういり【一本刀土俵入】(イッポンがたなドヘウいり) 戯曲。長谷川伸作。昭和六年(一九三一)発表。力士になる夢が破れて、ばくち打ちとなった駒形茂兵衛が、一〇年前に恩を受けたお蔦一家の危難を救う股旅(またたび)物。発音イッポンガタナ=ドヒョーイリ

いっぽん-がち【一本勝】〖名〗柔道や剣道の試合で、判定勝ちや引き分けではなく、技(わざ)を一本とって勝つこと。発音イッポンガチ〈標ア〉ガ=⓪

いっぽん-ぎ【一本気・一本生】〖名〗①純粋で、まじりけがないこと。＊狂文・四方のあか(1787か)序「このふみや四方の赤の一本気(イッポンギ)にして、かりにも水くさき駄酒をまじへず」＊滑稽本・東海道中膝栗毛(1802-09)七・下「こないな一本木の米ばかりのめしは、よふあがらんもんじゃあろぞいな」＊歌舞伎・敵討噂古市(正直清兵衛)(1857)六幕「一本生(イッポンギ)の酒でなけりゃあ、飲まねえという贅沢(ぜいたく)は」②(形動)物事をいちずに思いこむさま。また、そのような気性。＊五重塔(1891-92)〈幸田露伴〉五「此方(こち)の心が醇粋(イッポンギ)なれば」＊腕くらべ(1916-17)〈永井荷風〉一八「平素(ふだん)から芸人には似合はない一本気な我儘な御世辞のない瀬川のこと」発音イッポンギ〈標ア〉ポ〈京ア〉ン

いっぽん-きょう【一品経】〖名〗法華経二八品を一品ずつ独立させて一巻仕立ての軸にしたもの。他の経にいうこともある。一巻経(いちかんぎょう)。＊台記-康治元年(1142)三月一五日「西行法師来云、依㆑行㆓一品経㆒両院以下、貴所皆下給也」発音イッポンキョー〈標ア〉⓪

いっぽんきょう-くよう【一品経供養】〖名〗法華経二八品の一品ずつを各人が分担して書写供養すること。他の経にもいう。＊長秋詠藻(1178)下「人のもとに一品経供養しける時、序品のこころを」＊山家集(12C後)中「はかなくなりにける人のあとに、五十日のうちに一品経供養しけるに」

いっぽん-ぐま【一本隈】〖名〗俳優の顔の隈(くま)取りの一種。荒事立役の紅隈(あかぐま)で、「国性爺合戦(こくせんやかっせん)」の和藤内などに用いる。いっぽん。＊歌舞伎年代記(1811-15)四・寛延二年「一本隈(イッポングマ)とて眼のふちより頬一っぱいに紅の隈取にして」発音イッポングマ〈標ア〉ポ

一本隈

いっぽん-げいしゃ【一本芸者】〖名〗半玉に対して一本立ちをしている芸者をいう。いっぽん。＊硝酸銀(1966)〈藤枝静男〉三「つづいて齢が来るとわがまな一本芸者として自分の社会におし出した」発音イッポンゲイシャ〈標ア〉ゲ

いっぽん-けん【一本拳】〖名〗空手(からて)で、人差し指、または中指だけを高く出した拳。中指の場合は中高一本拳、中立一本拳ともいう。

いっぽん-ごしょどころ【一本御書所】〖名〗平安時代、世上に流布している書籍を、別に一本を書写して所蔵しておく役所。禁中侍従所の南にあった。職員に別当、預(あずかり)、書手(しょしゅ)などがいる。別当には公卿などを任ずるのが例であった。いっぽんのごしょどころ。＊貞信公記-天暦二年(948)三月二〇日「本宮御書所預、書手等便㆓補一本御書所㆒何」＊日本紀略-康保元年(964)一〇月一三日「年来、一本御書所、清書二百廿二巻、遷㆓納大蔵省野御倉㆒」＊西宮記(969頃)八・所所「一本御書所 在㆓侍従所南㆒、有㆓公卿弁別当預書手、熟食書㆒、世間書一本、進㆓公家㆒、進㆓月奏㆒、仁王会相分書㆓呪願㆒」補注「いっぽん(一本)の書②③」のような用例のみられるところから、この役所を、孤本、いわば稀覯書(きこうしょ)、貴重文書を扱う機関であったとみる説もある。

いっぽん-ざお【一本竿】〖名〗①竹一本で切り継ぎのない釣り竿。のべざお。↔継竿(つぎざお)。②釣り竿一本で魚を釣ること。発音〈標ア〉⓪ポ

いっぽん-ざし【一本差】〖名〗刀を一本差すこと。また、その人。ことに侠客(きょうかく)、博徒などが、脇差しばかりを一本さすことにいう。武士の二本差しの対。＊俳諧・誹諧三十棒(1771)「刀は中の町ぎりにしまひ、壱本ざしになり」＊歌舞伎・韓人漢文手管始(唐人殺し)(1789)一「ト此哥を借って、向ふより伝七、着流し壱本ざし、浪人の心にて」＊歌舞伎・青砥稿花紅彩画(白浪五人男)(1862)四幕「何れも染衣裳一本帯(いっポンザ)し下駄がけにて」方言虫に冒された稲。富山県西礪波郡400 発音〈標ア〉⓪〈京ア〉⓪

いっぽん-しめじ【一本占地】〖名〗担子菌類の毒キノコ。秋、広葉樹林内の地上に発生。かさは淡褐色で、はじめはまんじゅう形だがのちにほぼ平開する。肉は白色、ひだは淡紅色。独特な悪臭をはなつ。ニセシメジ。学名は Rhodophyllus sinuatus ＊くさびら譚(1968)〈加賀乙彦〉五「有名な毒茸イッポンシメジの胞子紋は美しい淡紅色であるが」発音〈標ア〉シ

いっぽんじゅんこう-の-みや【一品准后宮】〖名〗東叡山宮(とうえいざんのみや)の尊称。近世の造語。＊歌舞伎・扇音々大岡政談(天一坊)(1875)五幕「仙洞様を一品法皇と称し、又東宮様を一品大王と唱へ奉り、東叡山宮様は一品准后の宮様なり」

いっぽん-じょい【一本背負】〖名〗「いっぽんぜおい(一本背負)」に同じ。発音〈標ア〉⓪

いっぽん-しょうぶ【一本勝負】〖名〗柔道や剣道で、一方が一定時間内にわざを一本とれば終了とする試合形式。転じて、一度の勝負で決着をつけること。＊夢酔独言(1843)「藤川近義先生の年廻には出席が五百八十余人あったが、其時はおれが一本勝負源平の行司をした」＊人間失格(1948)〈太宰治〉第三の手記「人間にはその場の一本勝負にたよる他、生き伸びる工夫がつかぬのだ」発音イッポンショーブ〈標ア〉ショ〈京ア〉ショ

いっぽん-しょうもん【一本証文】〖名〗江戸時代、在郷の有力者からそれぞれの領主へ提出される宗門改めの証文。諸大名が幕府へ差し出す一紙証文にならったもの。これを免許されるのは苗字(みょうじ)、帯刀に準ずる格式で、個々の門地、家格、資産および勤役年数を含めた領主への貢献度によった。＊国奉行覚書(尾張藩)(江戸)「(美濃国)付知村庄屋 一本証文 苗字一代御免 田口忠左衛門」

いっぽん-しょうりょう【一品聖霊】〖名〗一品の神階を授けられた神社。＊梁塵秘抄(1179

頃〉二・四句神歌「一品聖霊吉備津宮、新宮本宮内の宮、隼人前(はやとざき)、北や南の神客人(かみまろうど)、艮御前(うしとらみさき)は恐ろしや」

いっぽん-しんのう【一品親王】〘名〙親王の尊称。近世の造語。＊歌舞伎・天衣紛上野初花(河内山)(1881)三幕「神の御末の一品親王(いっポンシンワウ)宮の使ひと偽って」 発音イッポンシンノー〈標ア〉[ノ]

いっぽん-すぎ【一本杉】〘名〙①ただ一本だけ生えている、目じるしになるような杉。＊虞美人草(1907)〈夏目漱石〉一八「夕立を野中に避けて、頼(たより)と思ふ一本杉(イッポンスギ)を難有(ありがた)しと梢を見れば稲妻がさす」 ②一本の杉をかたどった、紋所の名。 発音〈標ア〉[ポ]〈京ア〉[ン]

いっぽん-すじ【一本筋】〘名〙①まっすぐに一本続いている道。＊良人の自白(1904-06)〈木下尚江〉続・二五・四「スタスタと一本筋の阪路を、里を差して急いで下る」＊坑夫(1908)〈夏目漱石〉「松原へ出て、一本筋(イッポンスヂ)を足の甲迄埃(ほこり)を上げて、やって来ると」 ②(形動)思い込んだ一つの方向に、物事をし続けるさま。いちず。ひとすじ。＊病牀苦語(1902)〈正岡子規〉「旨い事は実に旨いものであるが、其句法が一本筋であるだけに幾らか変化に乏しい処がある」＊社会百面相(1902)〈内田魯庵〉電影・三「島根のやうに一本筋に主義を行り通す男も困る」 発音〈標ア〉[ポ]

いっぽん-ぜおい【一本背負】〘名〙①相撲の決まり手の一つ。相手の片手首を両手でつかんで背を向け、相手の体を背負って前へ投げる。いっぽんじょい。＊新時代用語辞典(1930)〈長岡規矩雄〉相撲用語「一本背負ひ 敵の片手を両手に抑へ、我が体を向き変へ、敵を脊に負ふてうつ向く如くして前へ投げ出す事である」 ②柔道の背負い投げの一つ。相手の片腕をとって背に負って投げること。いっぽんじょい。＊青い月曜日(1965-67)〈開高健〉一・天才児 偏執児 猥兵「それも『大外刈り』とか、『一本背負イ』とか、荒業ばかりかける」 発音〈標ア〉[ゼ]

いっぽん-せすじすずめ【一本背筋雀・一本背条天蛾】〘名〙スズメガ科のガ。前ばねの長さ約三センチメートル。褐色の背面に銀白色の一本のすじがあり、はねは全体に淡褐色で、前ばねには黒いすじがある。幼虫はサトイモの葉を食害する。日本では本州から沖縄に分布。学名は Theretra silhetensis 発音〈標ア〉[ス]

いっぽん-ぜに【一本銭】〘名〙四文銭を百個つないだもの。四百文。＊歌舞伎・垣衣草手向発心(1808)序「一本銭(いっポンぜニ)が御息災であったわえ」

いっぽん-そう【一本草】〘名〙植物「ひきおこし(引起)」の異名。〔語彙(1871-84)〕＊延宝八年合類節用集(1680)四「一本草 イッホンサウ 本名村立俗曰ニ延命草(ヒキヲコシ)」

いっぽん-たいおう【一品大王】〘名〙東宮の尊称。近世の造語。＊歌舞伎・扇音々大岡政談(天一坊)(1875)五幕「仙洞様を一品法皇と称し、又東宮様を一品大王(イッポンタイワウ)と唱へ奉り」 発音イッポンソー〈標ア〉[0]

いっぽん-だたら【一本鑪】〘名〙奈良県の和歌山県境でいう妖怪の名称。一本足で目が血のようだといわれ、常には人を害することなく、一二月二〇日だけが危険だという。

いっぽん-だち【一本立】〘名〙①広い所に樹木がただ一本生えていること。＊古活字本毛詩抄(17C前)一二「さかなどのやうに石だかな地ぞ 一本たちな苗があるぞ」＊ゆく雲(1895)〈樋口一葉〉中「一本立(イッポンダチ)の野中の杉」 ②ひとりだけで、仲間がないこと。孤立。＊浄瑠璃・用明天皇職人鑑(1705)一「親王は一本立、たれかしづく者もなく」＊歌舞伎・法懸松成田利剣(1823)大詰「『味方残らず裏切りなせば』『一本立(いっポンダ)ちの蒙古の車騎将』」＊歌舞伎・有松染相撲浴衣(有馬猫騒動)(1880)三幕「元よりこっちは親もなく兄弟もなき一本立ち」＊語彙(1871-84)「いっぽんだち 一本(ひともと)にて植(たて)るといふ意なり、孤立するをいふ」 ③家、山などが他の家や山に続いていないで、離れていること。＊坑夫(1908)〈夏目漱石〉「此の蒼い山を眺めた時、あの山は一本立(イッポンダチ)だらうか、又は続きが奥の方にあるんだらうかと考へた」＊大発見(1909)〈森鷗外〉「帝国日本の公使館といふのだから、少くも一本立の家で、塀もあるだらう、門もあるだらうなどと想像してゐたところが」 ④(―する)他の助けを借りないで、独力でことを行なったり、生活したりすること。また、その人。独立。ひとりだち。＊雑俳・生鱸(1704)「大坂で一本立の世帯する」＊和英語林集成(初版)(1867)「Ippondachi (イッポンダチ) デ スル」＊当世書生気質(1885-86)〈坪内逍遙〉三「娼妓も往昔(むかし)と違って、自由営業の有様だから、〈略〉一本立(イッポンダチ)になった上で、更に先方へ尋ねていって、聞正しても遅くはなし」＊思出の記(1900-01)〈徳富蘆花〉七・三「二月一日から愈(いよいよ)一本立(イッポンダチ)の配達人となった」 ⑤簞笥などで、上下に分かれていないつくりのものをいう。＊東京風俗志(1899-1902)〈平出鏗二郎〉中・六・部屋道具「概ね白木作にして、上下に別れ、各々抽斗二つを具ふ。間々一本立(ダチ)あれども、そは多く三つ抽斗なり」 発音〈標ア〉[0]〈京ア〉[0] 辞書〈ボン・言海〉 表記一本立(へ・言)

いっぽん-だて【一本立】〘名〙一つだけを立てること。また、それ一つのみで成り立たせること。＊明治大正見聞史(1926)〈生方敏郎〉明治大正凝視の中心と成った女性「彼女一本立でそれにつづくべき名女優を一座の中に持たなかった」＊無尽灯(1946)〈石川淳〉「これで、わたしの生活はいよいよ草庵一本建になったわけで、もう交(ま)ぜものの無いひとりぐらしである」 発音〈標ア〉[0]

いっぽん-だて【一本経】〘名〙織物の経(たていと)に糸を引きそろえないで、一本のまま、素糸で用いたものをいう。↔引揃経(ひきそろえたて)

いっぽんだて-もんあや【一本経紋綾】〘名〙一本経(いっぽんだて)を用いて織った紋綾。

いっぽん-ぢょうし【一本調子】〘名〙(形動)(「いっぽんちょうし」とも)歌の調子に抑揚、変化がないこと。転じて、文章、会話、行為などに曲折、変化が乏しいこと。また、そのさま。単調。一律。また、一本気であることをもいう。＊虞美人草(1907)〈夏目漱石〉一四「万事を商量するものは一本調子(イッポンデウシ)の人を羨(うらや)ましがる」＊すみだ川(1909)〈永井荷風〉五「甲高(かんだか)な一本調子で、二人づれの小娘が騒々しく稽古にやって来た」＊大津順吉(1912)〈志賀直哉〉一・一「我の強い、いい意味で一本調子な先生は」 発音イッポンジョーシ〈標ア〉[ジョ]

いっぽん-づかい【一本使】〘名〙①(一本の書状で、走り使いする飛脚の意)幕末に各立場(たてば)にあった、普通の飛脚のこと。＊歌舞伎・月欠皿恋路宵闇(1865)序幕「一本使(いっポンヅカ)ひの立飛脚、チリンチリンの使ひぢゃねえ」 ②一人前として通用する十分な技量があること。＊雑俳・柳多留-九(1774)「後家へ出すかげま壱本づかい也」＊洒落本・美地の蛎殻(1779)「おめへのやうな壱っ本遣(ヅカへ)といふ女郎しゅに」＊滑稽本・浮世床(1813-23)初・下「世間体は立派に見せ懸(かけ)て何所(どこ)へ出しても一本(イッポン)づかひになるといふ男ぶりなものだ」 発音〈標ア〉[ズ]

いっぽん-づつ【一本筒】〘名〙劇場のせり上げの一つ。舞台に小さい穴をあけて、鉄棒を通し、出場の役者がこれにつかまるか、またはその上に載せた台に乗ってせり上がる装置。

いっぽん-づな【一本綱】〘名〙一本の綱。また、それを張った上を渡りあるく芸。綱わたり。＊浮世草子・諸道聴耳世間猿(1766)三・二「太夫は長崎仙人鶴之介といふ一本綱の名人」＊洒落本・両国栞(1771)「今が一本づなじゃ。初りから初りから評判のわ是じゃ」

いっぽん-づり【一本釣】〘名〙①一本の釣り糸に一個から数個の釣り針をつけて釣る漁法。手釣り、さお釣り、曳縄(ひきなわ)釣りの三種がある。 ②ねらいをつけた人を引き抜くこと。 発音〈標ア〉[0]〈京ア〉[0]

いっぽん-どうぐ【一本道具】〘名〙江戸時代、大名行列の先頭に立てた槍が一本のこと。＊歌舞伎・扇音々大岡政談(天一坊)(1875)五幕「同じく一人鳥毛の槍の一本道具(いっポンダウグ)を持ち出る」

いっぽん-どっこ【一本独鈷】〘名〙博多(はかた)織の模様の名。地(じ)に、仏具の独鈷(とっこ)に似た模様を中央に一すじ織り出したもの。＊人情本・春告鳥(1836-37)八・一六「帯は筑前の紺博多しかも一本(イッポン)どっこなり」＊安愚楽鍋(1871-72)〈仮名垣魯文〉二・上「おびはをとこものにてちゃはかたのいっぽんどっこをぐるぐるまき」＊落語・無間の臼(1892)〈禽語楼小さん〉「松坂木綿の襤褸(ぼろ)の衣類(きもの)に一本独孤(イッポンドッコ)の小倉の帯を猫じゃらしに吊下(ぶらさげ)て」 発音イッポンドーグ〈標ア〉[ド]

いっぽん-なえ【一本苗】〘名〙田植えのとき、苗を一本だけにして植えること。また、その苗。株が太らないというほかに、神霊の依代(よりしろ)を連想するためにきらわれる。 発音〈標ア〉[ド]

いっぽん-ならべ【一本並】〘名〙頭髪などを一本ずつ、きれいに並べること。また、並べてあること。＊滑稽本・人間万事虚誕計-後(1833)「髪をあらった時見ようものなら、まことにねずみの尻尾程な毛が半分の余白髪でネ、夫を一本並(いっぽんナラベ)に結ふが」＊追儺(1909)〈森鷗外〉「小さい萎(しな)びたお婆あさんの、白髪を一本並べにして祖母子(おばこ)に結(い)ったのである」 発音〈標ア〉[ナ]

いっぽん-ねぎ【一本葱】〘名〙ネギの栽培品種。茎からの枝分かれが少ない大形の良種。おおねぎ。おおねぶか。ねぶか。ねぶかふとねぎ。くろえ。 発音イッポンネギ〈標ア〉[ネ]

いっぽん-ば【一本歯】〘名〙歯が一枚の足駄(あしだ)。曲芸師や修行中の者がはくもの。＊琴のそら音(1905)〈夏目漱石〉「一本歯の高足駄を穿いた下剃の小僧が」 発音〈標ア〉[ポ]〈京ア〉[ン]

いっぽんば の 下駄(げた)(ころびやすいところから)客のえりごのみをしないで、簡単に情を売る芸妓をいう。＊大坂穴探(1884)〈堀部朔良〉一六「芸妓が内職を働く事にて、枕金も揚も三宅も無く、只少額の金員(かね)にて承知すれば、是を一本歯の下駄と云ふ」

いっぽん-ばし【一本箸】〘名〙食物に箸を一本だけ突き立てること。また、その箸。目ざす方にだけ供して他に分けない意を示す。葬式のとき、死者に供する枕飯(まくらめし)にも同様にするところから、日常はこれをきらう。 発音〈標ア〉[バ]

いっぽん-ばし【一本橋】〘名〙小川や渓流に丸木などを一本かけわたした橋。丸木橋。＊俳諧・北国曲(1722)二「蟷螂(たうらう)は一本橋にひかえたり〈和雪〉」＊随筆・橘窓自語(1801)一「知恩院ちかきわたりに、一本橋とて、かりそめに石を二枚ばかりわたしたる橋を」＊虞美人草(1907)〈夏目漱石〉一「渓川(たにがは)に危うく渡せる一本橋(イッポンバシ)を前後して横切った二人の影は」 発音〈標ア〉[ポ]〈京ア〉[ン] 辞書言海 表記一本橋(言)

いっぽん-ばしら【一本柱】〘名〙一本の柱。転じて、一家、一国、団体のささえとなっているただ一人の人。大黒柱。＊思出の記(1900–01)〈徳富蘆花〉九・三「加之(しかも)僕は菊池家の一本柱」

いっぽん-ばな【一本花】『名』①死んですぐ、死者のまくら元に一本供える花。樒(しきみ)を用いることが多い。＊浄瑠璃・万戸将軍唐日記(1747)二「葬礼の一本花に成ったかと」＊歌舞伎・三人吉三廓初買(1860)二幕「一本花(いっポンバナ)に線香は殺した己(おれ)が手向(たむ)けて遣るが」②転じて、死ぬこと。＊浄瑠璃・新版歌祭文(お染久松)(1780)野崎村「死んで花実(はなみ)は咲かぬ梅、一本花(いッぽンばな)にならぬ様に、めでたい盛りを見せてくれ」方言❶人が死ぬとすぐそのまくら元に供える一本の花。香川県仲多度郡829 ❷仏前に供える花。長崎県五島054 ❸葬送の時、大根の輪切りに差して持つ木。柃(ひさかき)、または柾(まさき)。山形県最上郡・酒田市139 ◇いっぽばな 山形県飽海郡139 ❹植物、しきみ(樒)。大分県大分郡941 発音〈標ア〉ポ

いっぽん-びゃくしょう〔：ビャクシャウ〕【一本百姓】『名』「いちにんびゃくしょう(一人百姓)」に同じ。

いっぽん-ぶき【一本吹】『名』笙(しょう)の奏法の一つ。単音で旋律を奏すること。↓合竹(あいたけ)。発音〈標ア〉0

いっぽん-ぼう【一本棒】『名』(コレラにかかって死んだ人を役人が棺桶に入れ、それを縄でからげて棒を一本通して、人夫がかついで持っていったところから)コレラで死んだ人の弔いをいう。＊百鬼園随筆(1933)〈内田百閒〉虎列剌「だから虎列剌のお葬らひを一本棒と云った」発音イッポンボー〈標ア〉ポ

いっぽん-ほうおう〔：ホフワウ〕【一品法皇】『名』法皇の尊称。近世の造語。＊歌舞伎・扇音々大岡政談(天一坊)(1875)五幕「仙洞様を一品法皇と称し、又東宮様を一品大王と唱へ奉り」発音イッポンホーオー〈標ア〉オ

いっぽん-まつ【一本松】『名』①ただ一本だけ生えている、目じるしになるような松。ひとつまつ。孤松(こしょう)。＊有馬私雨(1672)五「長坂の一本松のはびこるはゆふだちしのぐからかさぞかし〈浄久〉」＊俗語考(1841)いっぽんまつ「遍歴手記と云書に云『諸国に一本松とて、兀山の嶺にも、一株の古松の残れる処多きは〈略〉悉く神木なるもの也』」＊野の花(1901)〈田山花袋〉三「遠くから目ざした野中の一本松の下に来ると」②一里塚に植えた松の木。③巡査の派出所をいう、盗人仲間の隠語。〔隠語輯覧(1915)〕方言植物、すぎな(杉菜)。香川県826 発音〈標ア〉ポ〈京ア〉ン

いっぽん-みち【一本道】『名』ただ一本だけ通っている道。＊思出の記(1900–01)〈徳富蘆花〉六・一三「此れからは一本道、川堤(かはとも)伝いに溯ると」＊草枕(1906)〈夏目漱石〉九「余は一本道で押し合ふのを已めにして、一寸裏へ廻った」発音〈標ア〉ポ〈京ア〉ン

いっぽん-みよし【一本水押】『名』近世初期以来、水軍用の関船や回船用の弁才船(べざいぶね)などで、長大な一本の船首材をもって、水押(みおし)を構成するもの。従来形の箱造り(あずまおもて・あずまみおし)、箱置きなどの水押に対して特に呼ぶ。近世中期以降の船は、普通これである。＊和漢船用集(1766)一〇・船処名之部「水押〈略〉是海舟の壱本水押也」

一本水押〈船絵図より〉

いっぽん-やり【一本槍】『名』①一本の槍。また、それだけで勝負をきめること。＊甲陽軍鑑(17C初)品一一「被官の取たる、頸などを、高名帳にのせ、一本鑓(ヤリ)を、つきたるほどに、いひまはれども」＊三河物語(1626頃)一「岡崎にをきても、一本鑓(ヤリ)之衆なれ供、普代之主の、せんどを見捨、妻子をはごくみ、一命を捨処を、慟(かなしみ)て、つよみをほんとして懸落し給ふ」②孤立すること。＊葉隠(1716頃)「右高石垣に付、筑前守殿は、一本鑓に被二罷成一候」③常に行なうただ一つの得意なわざ。ただ一つしかない手段。＊滑稽本・浮世風呂(1809–13)一・下「ハハア、一本鎗(イッポンヤリ)じゃナ〈略〉しかしおまへの浄瑠璃は、やっぱり住(すみ)さんの性根で押て行なされ」④(形動)ただ一つの手段を押し通すこと。我意をいて押し通すさま。一点ばり。また、ひたすら、まっすぐ、まさしくなどの意。＊人情本・春色玉襷(1856–57頃)三・一六回「被仰(おっしゃ)る通り壱本鎗(ヤリ)、其所(そこ)でござりやせう」＊歌舞伎・裏表柳団画(柳沢騒動)(1875)大切「石置場へ、曲りなすったのを見かけたから、一本槍(ポンヤリ)に来ましたのだ」＊今年竹(1919–27)〈里見弴〉三人上戸・七「もう一度あちら様におすがり申さうと存じまして、ただもうそれ一本槍に上京して参りました」方言非常に優れたこと。巧みなこと。宮城県仙台市054 発音〈標ア〉ポ〈京ア〉ン

いっぽん-ようじ〔：ヤウジ〕【一本楊枝】『名』一本の小楊枝。一本箸同様、これを人に与えるのを忌みきらう俗信がある。＊洒落本・南門鼠(1800)「一本楊枝はやらねへものだといふから」発音イッポンヨージ〈標ア〉ヨ

いっぽん-より【一本撚】『名』生糸(きいと)一本に左または右の片撚(かたよ)りが施してあるもの。発音〈標ア〉0

いっぽん-りゅう〔：リウ〕【一品流】『名』瀬戸内水軍の一流派で、三島流水軍が毛利元就(もとなり)の配下に属したのを契機に、三島流の分派として一流を形成したもの。元就は大江氏で、平城天皇の皇子一品阿保親王の後裔(こうえい)にあたるところからいう。「一品流干満抄」「一品流船行要術」「一品流水学集」など多数の水軍書がある。発音イッポンリュー〈標ア〉0

いつ-ま【暇】『名』「いとま(暇)」の上代の東国方言。＊万葉(8C後)二〇・四三二七「我が妻も絵にかきとらむ伊豆麻(イツマ)もが旅ゆくあれは見つつ偲はむ〈物部古麻呂〉」

いつまき-の-ひ【五巻日】『名』法華八講(ほっけはっこう)の第三日目。この日、「法華経‐第五巻」の提婆品(だいばほん)が講じられ、特にこれにちなむ行道が行なわれた。ごかんのひ。

いつ-まで【何時迄】『副』いつの時まで。どの時まで。＊万葉(8C後)一五・三七四九「ひと国に君をいませて伊都麻弖(イツマデ)かあが恋ひをらむ時の知らなく〈狭野弟上娘子〉」＊古今(905–914)春下・九六「いつまでか野辺に心のあくがれむ花し散らずは千世も経ぬべし〈素性〉」＊謡曲・親任(1541頃)「いつまでとてか有明の、尽きぬ名残をふり捨てて」方言『名』植物、ひゃくにちそう(百日草)。長崎県壱岐島914 発音〈標ア〉イ〈京ア〉0 辞書日葡・ヘボン 表記何時迄(へ)

いつまで-も ①いつの時までも。いつという限りもなく。永久に。＊釈日本紀(1274–1301)一八「千年万歳(イツマテモ)天皇(すめらみこと)に奉事(つかまつ)らむと」＊虎寛本狂言・神鳴(室町末‐近世初)「いかほどと申事は御座らぬ。いつ迄も世の中の能い様にして被下い」＊一遍上人語録(1763)上・偈頌和歌「いつまでも出入人の息あらば彌陀の御法の風はたえせじ」＊開化のはなし(1879)〈辻弘想〉初・一回「刀のやふな凶器を終久(イツマテ)も挿ず」②どこまでも。あくまで。＊虎寛本狂言・素襖落(室町末‐近世初)「何程に被仰ても、ちと申受にくい訳が御座る。いつ迄も辞退仕りまする」＊歌舞伎・韓人漢文手管始(唐人殺し)(1789)二「『イヤサ、人殺しはやっぱりわたし』『いへいへ、科人はいつ迄も』『いへいへ、わたしが』」発音〈なまり〉イッヅイデン・イッヅイマッテン〔鹿児島方言〕イツマッデン〔島原方言〕〈標ア〉イ〈京ア〉テツ 辞書日葡

いつまで-ぐさ【何時迄草・壁生草】『名』①植物「きづた(木蔦)」の異名。＊枕(10C終)六六・草は「いつまで草は、またはかなくあはれなり」＊堀河百首(1105–06頃)雑「壁におふるいつ迄草のいつまでかかれずとふべきしの原の里〈藤原公実〉」②植物「まんねんぐさ(万年草)」の異名。＊重訂本草綱目啓蒙(1847)一六・石草「仏甲草 総名まんねんぐさ つるれんげ いつまでぐさ」方言植物、めのまんねんぐさ(雌万年草)。長州†122 語源説壁が乾くまでのはかない生命の草という意〔和句解〕。発音イツマデグサ〈標ア〉デ 辞書伊京・明応・天正・饅頭・黒本・易林・日葡・書言・言海 表記壁生草(伊・明・天・饅・黒・易・書)

いつまでぐさ の 釣(つ)り言葉(ことば) 口先だけのうまいことばで人を釣り、いつまでもその約束を実行しないことのたとえ。＊浄瑠璃・心中二つ腹帯(1722)二「むむ、口では見事さばけれど、いつまで草のつり詞、合点が行かぬとかぶり振る」

いつみ【逸見】姓氏の一つ。発音〈標ア〉イ

いつ-みん【逸民】『名』①俗世間を離れて、隠れ住む人。＊済北集(1346頃か)二・秋日「却歓三朝野多二休暇、盛世歌謡属二逸民一」＊文明本節用集(室町中)「逸民イツミン」＊随筆・西遊記(新日本古典文学大系所収)(1795)八「只、予がごとき逸民は、玄成の言葉にも感ずる事多ければ書しるしぬ」＊日葡辞書(1603–04)「Itmin(イツミン)。すなわち、ヨイタミ〈訳〉良い民」②善良な民。＊論語‐微子「逸民、伯夷、叔斉、虞仲」③気ままな生活を楽しんでいる人。＊譬喩尽(1786)一「佚民(イツミン)とは遊民をいふ」＊文明論之概略(1875)〈福沢諭吉〉五・九「工商は決して逸民に非ず」＊吾輩は猫である(1905–06)〈夏目漱石〉二「主人も寒月も迷亭も太平の逸民で、彼等は糸瓜の如く風に吹かれて超然と澄し切って居る様なものの」発音〈標ア〉0 辞書文明・日葡 表記逸民(文)

いつ-めい【逸名】『名』(形動)①作者の名が知られていないこと。＊万葉集における自然主義(1933)〈長谷川如是閑〉四「殊に逸名の歌の多くは空想か体験かが明らかでないものが多いのであるが」②すぐれているとして名高いこと。＊皮日休‐七愛詩・盧徴君鴻「万世唐書中、逸名不レ可レ比」発音イツメイ〈標ア〉0

いつ-も【一―】『副』(下に打消を伴って)ひとつも。なにも。＊妾の半生涯(1904)〈福田英子〉二・四「政事に関する事は女子の知らざる事となし一(イツ)も顧慮するの意なし」発音〈標ア〉ツ イ

いつ-も【何時―】■一『副』(代名詞「いつ」に助詞「も」が付いてできた語)いつであっても。どんな時でも。常に。毎度。＊万葉(8C後)四・七三〇「逢はむ夜は何時(いつも)あらむを何すとかその宵会て言の繁きも〈大伴坂上大嬢〉」＊源氏(1001–14頃)賢木「暁の別れはいつも露けきをこは世に知らぬ秋の空かな」＊徒然草(1331頃)一九〇「妻(め)といふものこそ、男(をのこ)の持つまじきものなれ。『いつも独り住みにて』など聞くこそ、心にくけれ」＊中華若木詩抄(1520頃)下「燕はいつも簾中ちかく来馴し者なれば」＊暴夜物語(1875)〈永峰秀樹訳〉黒島王の伝「恒常(イツモ)一言の返し言なきは余りに情なし」■二『名』普通の場合。ふだん。平生。＊漢書列伝竺桃抄(1458–60)劇伍江息第一五「自請願乙以下所二常被一服冠上見甲上いつもの出立で御目にかからうと云ぞ」＊天草本伊曾保(1593)貪欲な者の事「ソノ ヨクジツ itçumono(イツモノ) ゴトク イテミレバ」＊評判記・難波鉦(1680)四「いつものくせじや。何かいそがしいまで」＊東京日日新聞‐明治一四年(1881)一一月一四日「毎例(イツモ)と違ひただ印行持参すべしと云ふは不審なりと思ひしかど」＊怪談牡丹燈籠(1884)〈三遊亭円朝〉八「いつもに異(かは)らず根津の清水の下から」発音〈なまり〉イーッモ〔伊予・愛媛周桑・豊後〕イッツモ〔千葉・岐阜・志摩・伊賀・播磨・伊予・愛媛周桑〕イッツモ〔飛騨・愛知・和歌山県〕イッム〔NHK(宮崎)〕イッモー〔豊後〕エッツモ〔秋田〕〈標ア〉イ〈ア史〉鎌倉・江戸○◎○〈京ア〉ツ 辞書伊京・明応・天正・饅頭・

黒本・日葡・書言・ヘボン・言海 表記 朝暮(伊・明・天・饅・黒) 毎・例・恒(書)

いつも飽(あ)かぬ熊野(ゆや)松風(まつかぜ)に米(こめ)の飯(めし) 決して飽きることのない米の飯にたとえて、謡曲の「熊野(ゆや)」と「松風」の二曲がいつ聞いてもよい名曲であることをいう。熊野松風は米の飯。＊譬喩尽(1786)一「毎事(イツモ)飽かぬ熊野(ユヤ)松風に米の飯」

いつも何時(いつ)も (「いつも」を繰り返して強めた語) いつでも。常に。＊万葉(8C後)二〇・四三八六「わが門(かづ)の五本(いつもと)柳以都母以都母(イツモイツモ)母(おも)が恋ひすすなりましつしも〈矢作部真長〉」＊源氏(1001-14頃)総角「御心ゆるし給はずは、いつもいつもかくて過ぐさむとおぼし宣ふを」 発音〈標ア〉イ 辞書日葡

いつもお若(わか)い 江戸時代、文化・文政(一八〇四～三〇)頃の流行語。年齢に相応せず、若くて元気なさまをからかい気味にいう。天然痘のまじないの赤い着物の「赤い」を「若い」にもじっていったものとされる。＊洒落本・青楼快談玉野語言(1822)発端「『いつもおわかひネ』と少しおくれたしゃれをいいながら」＊随筆・半日閑話(1823頃)八「文政三庚辰年二月、此頃の諺に、いつも御わかいと云詞流行也。但此頃の諺は、西城にて御豆瘡ありしゆへ、御側のもの皆赤き服を着たり。いつもお赤いと云しに始るとぞ」

いつも正月(しょうがつ) 年中楽しく暮らすさま。また、気楽なさまをいう。＊虎明本狂言・餅酒(室町末-近世初)「うへとうはいつもお正月で御ざる程に、くるしうあるまひと存る」＊俳諧・毛吹草(1638)二「いつも正月」＊浮世草子・西鶴置土産(1693)四・一「時にいつも正月の道安といへる按摩(あんま)取」

いつも正月詞(しょうがつことば) いつも楽天的で調子のいいことを言っている人を評していうことば。＊譬喩尽(1786)一「毎例正月詞(イツモシャウガチコトバ)」

いつも月夜(つきよ)に米(こめ)の飯(めし) 年じゅう月夜と米の飯が続けば申し分がないの意。＊俳諧・風狂文草(1745)一・明月の辞「世の中はいつも月夜に米の飯負はず借らずに子なら三人」＊浮世草子・世間学者気質(1768)二・一「いつも月夜に米のめしとは当前の理屈。たれもそふはありたきやうなものなれど」＊狂歌・万載狂歌集(1783)五「世の中はいつも月夜に米の飯さてまたまふしかねのほしさよ」

いつもながら (「の」を伴う名詞的用法もある) いつものことではあるが。いつでもそうであるが。「いつもながら親切な人だ」＊羅葡日辞書(1595)「Praeterquam 〈略〉ヘイゼイノ コト ナレドモ、itçumo nagara (イツモ ナガラ)」＊俳諧・西鶴大矢数(1681)第五「雲の通ひ路はなつ鉄炮〈浦風〉ほけつ早晩(イツモ)ながらの雁の声〈直治〉」 発音 イッモナガラ〈標ア〉ナ イ〈京ア〉0

いつも長柄(ながら)の人柱(ひとばしら) (助詞の「ながら」と地名の長柄とをかけていったしゃれ。「長柄」は、今の大阪市北区にあったという橋の名。造立にあたって人柱が立てられたという伝説で有名) 「いつもながら」の意で用いる。＊滑稽本・浮世床(1813-23)初・後序「倉卒に毫(ふで)を採て、分説(まうしわけ)の此小冊、いつも長柄の人柱、人はし懸たる読本も、出しおくれたる誤(あやまり)証文」

いつ-も【厳藻】『名』(「いつ」は、勢い盛んな、の意) 勢い盛んに生い茂った藻。＊万葉(8C後)四・四九一「河上(かはのへ)の伊都藻(イツも)の花のいつもいつも来ませわが背子時じけめやも〈吹芡刀自〉」＊久安五年右衛門督家成家歌合(1149)「風ふけば浪よせかくる岩のうへのいつもの花のいつかあひ見む〈藤原隆季〉」

いつも-かつも【何時―】『副』方言 いつでも。いつも。絶えず。青森県南部084 岩手県気仙郡100 宮城県栗原郡114 仙台市121 秋田県130 132 山形県139 奈良県678 島根県725 広島県高田郡779 山口県柳井市058 徳島県811 美馬郡816 香川県829 愛媛県840 高知県860 長崎県五島054 対馬913 鹿児島県鹿児島郡968 ◇いっつもかっつも 仙台1057 岩手県気仙郡103 宮城県登米郡115 名取郡126 山形県139 愛媛県松山846 ◇いつもかっちも 島根県725 ◇いつもかんも 徳島県南部811 ◇いつもかも 富山県390 砺波397 石川県鹿島郡・金沢市404 岐阜県498 513 三重県北牟婁郡588 ◇いっつもかも 岐阜県郡上郡498 ◇いちんかあも 石川県河北郡062 ◇いつでもかつでも・いつでむかつでむ 下北1052 ◇いつでんかつでん 大分市941 ◇いってんかつてん 長崎県対馬910 ◇いってんかってん 長崎県五島054 ◇いってんかってん 大分県中部057 941 ◇いってんが 大分県西国東郡941 ◇いっちぇん 大分県北海部郡・大野郡941

いつも-ぐさ【何時草】『名』植物「ふだんそう(不断草)」の異名。 発音 イツモグサ〈標ア〉モ

いつも-ごと【何時事】『名』いつもあること。ありふれたこと。例のこと。＊浄瑠璃・薩摩歌(1711頃)中「いつもごとなり、親ながら、お万も余りこたへかね」

いつ-もじ【五文字】『名』①五つの文字。＊伊勢物語(10C前)九「かきつばたといふいつもじを句のかみにすゑて、旅の心をよめ」＊古今(905-914)物名・四三九・詞書「をみなへしといふいつもじを句のかしらにおきてよめる」②和歌の最初の五音。短歌の初句。＊今鏡(1170)二・玉章「五文字には花まんのとのみ置かるるといふと聞かせ給て」＊虎寛本狂言・萩大名(室町末-近世初)「先(まづ)五もじが面白い事で御ざる」③連歌や俳諧の発句または平句中の長句の、最初の五音。＊狂言記・箕被(1700)「前句に連歌をやめよといふやり句をいふ。あげ句に出ていね共いはぬにいとまをくれいといふ。出す五文字(イツモジ)から合点がいかぬ」 発音〈標ア〉ツ

いつもじ『名』福岡県久留米市の名物の菓子。この地の水天宮のお守りを模して作ったウエハースに似た菓子で、参拝人のみやげ物とする。

いつ-もつ【逸物】『名』「いちもつ(逸物)」に同じ。＊文明本節用集(室町中)「逸物 イツモツ 好鷹犬」＊日葡辞書(1603-04)「Itmot (イツモツ)。ホシイマママノ モノ〈訳〉無比の、またはすぐれたもの。例えば鷹、馬、犬について言う」＊浄瑠璃・頼正(1646)一「八個国だい一の馬とて、かげなる馬の太く逞しきが、きょくしんだいにして、いつもつ成を」 発音〈標ア〉0 辞書文明・明応・日葡 表記 逸物(文・明)

いつもと-やなぎ【五本柳】『名』五本の柳。また、数本の柳。＊万葉(8C後)二〇・四三八六「わが門(かづ)の以都母等夜奈枳(イツモトヤナギ)いつもいつも母(おも)が恋ひすすなりましつしも〈矢作部真長〉」＊久安百首(1153)春上「吹く風にいと乱れぬるわが門の五本柳よりてこそ見め〈藤原公能〉」

いつも-な【何時菜】『名』植物「ふだんそう(不断草)」の異名。いつもぐさ。＊重訂本草綱目啓蒙(1847)二三・菜「莙菜 とうぢさ いつもな ふだんな ふだんさう」方言❶春季でも作れる菜。兵庫県加古郡664 ❷植物、ふだんそう(不断草)。兵庫県一部030 島根県一部030 徳島県030 香川県一部030 愛媛県一部030 高知県一部030

い-つも・る【―積】『自ラ四』(「い」は接頭語) つもる。幾重にも重なる。＊万葉(8C後)一・一七「山の際に い隠るまで 道の隈 伊積流(イつもル)までにつばらにも 見つつ行かむを〈額田王〉」

いつ-もん【逸文】『名』「いつぶん(逸文)」に同じ。 発音〈標ア〉0

いつ-や【乙夜】『名』昔、中国で夜を甲・乙・丙・丁・戊(ぼ)の五つに分けた、その一つ。現在の午後九時頃から一一時頃。おつや。→五夜(ごや)・五更(ごこう)。
補注 漢籍に次のような例がある。＊漢旧儀-補遺・下「五夜、甲乙丙丁戊夜」 発音〈標ア〉イ

いつや の 勤(つと)め 天子が夜おそくまで政治につとめること。＊段文昌-平淮西碑「遵二大禹櫛風之志一、有二光武乙夜之勤一」

いつや の 覧(らん) (昔、中国で天子が夜一〇時頃政務を終えて読書したということから) 天子が書を御覧になること。乙覧。補注「杜陽雑編-上」に「文宗皇帝毎視レ朝後、即閲二群書。謂二左右一曰、若不二甲夜視レ事、乙夜観レ書、何以為二人君一邪」とある。

いつ-やら【何時―】『副』(「やら」は「やらむ」の変化したもの) いつであったか。いつぞや。このあいだ。＊日葡辞書(1603-04)「Itçuyara (イツヤラ) マウシカワイタ コトワ ナント?」＊露川(推定)宛芭蕉書簡-元禄七年(1694)八月二〇日「且又いつやらの便りに御連札并たばこ一箱被レ懸二芳情一、遠方御厚志不レ浅義、忝令レ存候」＊良人の自白(1904-06)〈木下尚江〉前・二七「先夜(イツヤラ)のように兄さんと私との写真を抱いて」＊妄想(1911)〈森鷗外〉「いつやらの暴風に」 発音〈なまり〉イッチャラ〔富山県・岐阜〕〈標ア〉イ 辞書日葡

いつ-ゆう【逸遊・佚遊】『名』気ままに好きなことをして遊ぶこと。本務をよそに遊びほうけること。＊太平記(14C後)一・後醍醐天皇御治世事「政道正しからずして民の弊(つひえ)を思はず、只日夜に逸遊(イツユウ)を事として」＊三国伝記(1407-46頃か)四・二〇「日夜沈酔し婬婚の行甚だしうして佚游(イツユウ)を恣(ほしいまま)にす」＊信長記(1622)五・御鷹の事「信長卿鷹をすき給ひし事も、逸遊(イツユウ)の業のみにあらず」＊談義本・世間万病回春(1771)四・離魂病評「佚遊とは手足も労せず心も労せず気まま一ぱいに遊ぶ事を本とし」＊布令字弁(1868-72)〈知足蹄原子〉六「逸遊 イツイウ ナマケテアソブ」＊論語-季氏「楽二驕楽一、楽二佚遊一」 発音 イッユー〈標ア〉0〈京ア〉0 辞書文明 表記 逸遊・佚遊(文)

いつ-よ【逸予・佚予】『名』気ままに遊び楽しむこと。＊業鏡台(1394-1428頃)祭薬師寺可山公文「大欲有レ為忽到二逸予一」＊文明本節用集(室町中)「逸予 イツヨ」＊史記抄(1477)三・周本紀「中人の性は好逸予ほどに戒て以レ無レ逸なり」＊浄瑠璃・富仁親王嵯峨錦(1721頃)一「逸遊逸予(イツヨ)の楽みも過ぐれば民の煩ひたり」＊佳人之奇遇(1885-97)〈東海散士〉一五「豈太平無事を装飾し歌舞遊楽逸予に耽るの秋ならんや」＊書経-五子之歌「太康尸位、以二逸予一滅二厥徳一」 辞書文明 表記 逸予(文)

いつ-よく【逸欲・佚欲】『名』好きかってなことをして遊び楽しむこと。＊信長記(1622)一上・興亡「商は妲己をもってし、周は褒姒を以てす。是佚欲(イツヨク)の人を亡ぼして、而て百令したがはざる所なり」＊花柳春話(1878-79)〈織田純一郎訳〉四〇「更無三大志迷二逸欲一」＊書経-皐陶謨「無レ教二逸欲有邦一、兢兢業業、一日万機」

いつら『接尾』方言 辺り。ころ。長野県054 469 岐阜県飛騨502 ◇えつら 長野県469 ◇いつ 長野県469 493 岐阜県飛騨502 静岡県榛原郡541 ◇えつ 山梨県461 長野県469 愛知県宝飯郡062 ◇ええつ 長野県469

いづら【五浦】 茨城県北東部、北茨城市大津町にある海岸。明治三九年(一九〇六)に岡倉天心が日本美術院を移した所。六角堂などの遺跡がある。

い-づら・い【居辛】『形口』そこにいることに苦痛や困難を感じるさま。＊永日小品(1909)〈夏目漱石〉暖かい夢「何となく此の都に居(ヰ)づらい感じがした」＊死者生者(1916)〈正宗白鳥〉六「おてつの声におきくは又かと厭々座を立ったが、信造は居づらい席から救ひ出されたやうな気がした」＊手鎖心中(1972)〈井上ひさし〉日本橋「そんなことを訊くようじゃ与七さんも居候の尻悶え、腰が浮いて居辛くなったみたいだね」 発音〈標ア〉0 ラ

いつ-らく【逸楽・佚楽】〘名〙気ままに遊び楽しむこと。＊菅家文草(900頃)四・北溟章「均労空二半歳一、逸楽不レ終レ朝」＊本朝文粋(1060頃)三・論運命〈藤原博文〉「膾レ肝餔レ肉之暴戻、能極二逸楽一而縦レ情」＊文明本節用集(室町中)「逸楽 イツラク」＊集義和書(1676頃)三「凡人は、貧賤なる時は憂苦し、富貴なる時は逸楽す」＊内部生命論(1893)〈北村透谷〉「二十五年を労作に費し他の二十五年を逸楽に費やすとせば」＊渋江抽斎(1916)〈森鷗外〉四七「只一人生き残った次男優善は、少時放恣佚楽(イツラク)のために、頗る渋江一家を困めたものである」＊詩経-小雅・魚麗序「文武以二天保以上一治レ内、采薇以下治レ外、始二於憂勤一終二於逸楽一」 発音〈標ア〉0 〈京ア〉0 辞書文明 表記逸楽(文)

いつらく〘副〙方言 いつも。毎度。常々。青森県083 085 岩手県九戸郡088 秋田県北秋田郡130 鹿角郡133

い-つらぬ・く【射貫】〘他カ四〙矢を放って物をつき通す。射抜く。射通す。＊今昔(1120頃か)二七・四「男鴈胯(かりまた)を弓に番(つがひ)て、強く引て射たりければ、単衣の中を射貫ぬくと思けるに」 発音〈標ア〉0 ヌ

いつ-らん【乙覧】〘名〙「いつや(乙夜)の覧」に同じ。＊鳩巣先生文集(1763-64)後編・一五・題本多佐渡守藤政信論治道国字書「書名亦二小異一、疑当時上進之日、便二於乙覧一而取レ易レ読」

いつ-りゅう【溢流】〘名〙あふれ流れること。＊玉石志林(1861-64)三「水溢流せる許多の痕跡を商揣(しょうし)して」＊羽鳥千尋(1912)〈森鷗外〉「此手紙は私の半生の思量が隄(つつみ)を決して溢流(イツリウ)したのである」＊呉志-呂拠伝「江水溢流、漸淹二城門一」 発音イツリュー〈標ア〉0

いつりゅう-えんてい【溢流堰堤】〘名〙堤防の一つ。増水時に、水がその上を越えて溢(あふ)れるようにつくったもの。溢流堰(いつりゅうせき)。 発音イツリューエンテイ〈標ア〉エ

いつりゅう-かんがい【溢流灌漑】〘名〙傾斜地における畑地灌漑の一方法。斜面に直角または平行に設けられた水路から水を流す方法。 発音イツリューカンガイ〈標ア〉カ

いつ-りん【軼倫】〘名〙(「倫」はともがらの意)他よりもすぐれていること。ぬきんでていること。＊漢語字類(1869)〈庄原謙吉〉「軼倫 イツリン ナミスグレ」＊鶡冠子-天権「歴越踰俗、軼レ倫越レ等」

いつ-れい【揖礼】〘名〙(「ゆうれい(いふれい)」の誤読)中国の敬礼の一つ。両手を胸で重ね合わせて行なう礼。拱手。ゆうれい。＊書言字考節用集(1717)八「揖礼 イツレイ」 辞書書言 表記揖礼(書)

いつろらく【壱弄楽】「いちろうらく(壱弄楽)」に同じ。＊伊呂波字類抄(鎌倉)「壱弄楽 イツロラク」 発音〈標ア〉ロ 辞書色葉 表記壱弄楽(色)

いつ-わ【逸話】〘名〙ある人に関する、世間にあまり知られていない話。その人の隠れた面をよく表わしているような話。＊思出の記(1900-01)〈徳富蘆花〉六・一六「伯父の死を聞き知って『彼お丈夫な御方が』とくやみを述べ、猶一場の逸話を語った」＊吾輩は猫である(1905-06)〈夏目漱石〉三「今君の留守中に君の逸話を残らず聞いて仕舞ったぜ」 発音〈標ア〉0 〈京ア〉0

いつわり【偽・詐】〘名〙(動詞「いつわる(偽)」の連用形の名詞化)① 事実でないことや、あてにならないことを、言ったりしたりすること。そらごと。うそ。虚偽。＊書紀(720)神武即位前戊午年八月(北野本訓)「願はくは此の詐(イツハリ)を知らしめて、善く為之備(そなへたまへ)」＊万葉(8C後)四・七七一「偽(いつはり)も似つきてそする現(うつし)くもまこと吾妹子吾に恋ひめや〈大伴家持〉」＊新撰字鏡(898-901頃)「譎 伊豆波利」＊新撰字鏡(898-901頃)「譚 伊豆波利 又阿佐牟久」＊古今(905-914)恋四・七一二「いつはりのなき世なりせばいかばかり人の事の葉うれしからまし〈よみ人しらず〉」＊源氏(1001-14頃)蛍「さまざまに、めづらかなる人のうへなどを誠にやいつはりにやいひ集めたる中にも」＊光悦本謡曲・羽衣(1540頃)「いや疑ひは人間にあり、天に偽りなきものを」＊説経節・説経苅萱(1631)下「ちちとうしんはきこしめし、さてもかしこきあのこにて、ちちよとさとられては大事とおほしめし、まついつわりを御申ある」＊浄瑠璃・夕霧阿波鳴渡(1712頃)中「エエ偽り多き遊女の習ひ」＊当世書生気質(1885-86)〈坪内逍遙〉七「速に偽譎(イツハリ)の世界を脱籍(みぬけ)して」② (自然に対して)人為を加えること。また、そのもの。 発音〈標ア〉リ 0 ワ 〈ア史〉平安・鎌倉○○●●と○○○○の両様 室町・江戸●●●○と●●●●の両様 〈京ア〉0 辞書字鏡・色葉・名義・和玉・文明・明応・天正・黒本・易林・日葡・書言・〈ボン〉・言海 表記偽(名・玉・文・明・天・黒・易・書・へ・言) 詐(文・黒・易・書) 矯(名・玉・文) 詳(名・明・天) 譎(字・文) 諧(名・書) 譚(字) 詐訛(色) 愚・詭(名) 謅・嶮(玉) 訥・贋(文) 虚誕・両舌・姦・嬌(書)

いつわり の 時雨(しぐれ) (藤原定家の歌「偽りのなき世なりけり神無月たが誠より時雨初(そめ)けん」(続後拾遺-冬・四一五)に基づく井原西鶴の表現)陰暦一〇月に降るしぐれ。初しぐれ。＊浮世草子・男色大鑑(1687)二・一「御心うつり替りて、何事も偽の時雨ふる」＊浮世草子・万の文反古(1696)四・二「折ふし偽りの時雨ふりて、今市堤のせくざんの木もしばしの宿には成がたく」

いつわり-がき【偽書】〘名〙事実や自分の心をいつわって書いた文。また、相手をだますために書いた文。＊浄瑠璃・四天王最後(1661)二「日本国中の大小のじんきをかきしるし、まったくこれいつはりがきにあらず」 発音イツワリガキ〈標ア〉0

いつわり-かざ・る【偽飾】〘他ラ四〙内容が伴わないのに外見だけを飾る。うわべの体裁をつくろう。＊水鏡(12C後)三四代「そがの大臣、うちにはわたくしをほしきままにし、ほかにはいつはりかざり、仏法をあがむるやうなれども心ただしからず」＊徒然草(1331頃)八五「偽かざりて名を立てんとす」＊太平記(14C後)二七・雲景未来記事「君臣父子の道をも弁(わきまへ)ず、只人の財を我有にせんと許の心なれば、矯餝(イツハリカザラ)ずと云ふ事なし」 発音〈標ア〉0 ザ 辞書伊京 表記矯飾(伊)

いつわり-かた・む【偽奸】〘他マ四〙うそを言ってあざむく。＊続日本紀-天平宝字八年(764)九月二〇日・宣命「逆(さかしま)に穢き奴仲末呂い詐奸流(いつはりかためル)心を以て兵を発し、朝廷を傾動(かたぶけ)むとして」＊色葉字類抄(1177-81)「諂奸 テンカン イツハリカタム」 辞書色葉 表記諂奸(色)

いつわり-がまし・い【偽―】〘形口〙文いつはりがま・し〘形シク〙(「がましい」は接尾語)いかにもいつわりのようである。うそくさい。＊滑稽本・浮世床(1813-23)二・下「わがいふことはいつはりがましいと、おっしゃるまいものでもない」 発音イツワリガマシイ〈標ア〉シ

いつわり-ごと【偽言・偽事】〘名〙(「いつわりこと」とも)うそを言うこと。また、そのことばや事柄。＊書紀(720)敏達一二年六月(前田本訓)「副使等、乃ち矯詐(イツハリコト)を作して曰さく」＊新撰字鏡(898-901頃)「讕 嗑也 言也 伊豆波利己止 又阿太己止」＊大唐西域記長寛元年点(1163)三「多く諂詐(イツハリゴト)す」 発音イツワリゴト〈標ア〉ト 0 〈京ア〉0 辞書字鏡・色葉・名義・書言 表記讕・譸(字) 陽言(色) 佯(名) 食言(書)

いつわり-たわ・る【偽戯】〘自ラ下二〙いたずら心でうそを言う。うそを言ってからかう。＊十訓抄(1252)六・可存忠信「箕子が紂の心の治らざる事を知りながら、偽たはれてやっことなり」 辞書書言 表記佯狂(書)

いつわり-つく・る【偽造】〘他ラ四〙にせ物をつくる。偽造する。＊古道大意(1813)下「中中以て後に偽作(イツハリツクリ)た物とは見えず」 発音〈標ア〉ク

いつわり-な・る【偽馴】〘自ラ下二〙うそをつくことが習慣になる。＊源氏(1001-14頃)蛍「げにいつはりなれたる人や、さまざまにさもくみ侍らむ」

いつわり-はか・る【偽計】〘他ラ五(四)〙うそを言って欺く。だます。＊史記抄(1477)八・孝文本紀「漢書には詐覚謀反す夷三族とあるぞ。詐りはかりては誅せらるるまでであらうすか」 発音〈標ア〉カ

いつわり-びと【偽人】〘名〙いつわりを言う人。うそをつく人。いつわりもの。＊拾遺(1005-07頃か)春・五八「つげやらんまにもちりなばさくら花いつはり人に我やなりなん〈よみ人しらず〉」 発音〈標ア〉リ

いつわり-ひょうり【偽表裏】〘名〙(「いつわり」と「表裏」とを重ね、強調した語)ことばの表と裏とが一致しないこと。いつわり。うそ。＊浄瑠璃・源三位頼政(扇の芝)(1714頃)二「御へんは武士に似合ぬ偽り表裏(ヘウリ)白癩(びゃくらい)」＊浮世草子・風流連理檐(1735)上・一「世に虚言(きょげん)偽り表裏といやしむれ共、真盛(まさか)の時まことの代りをするものは、嘘より外になし」

いつわり-ぶみ【偽文】〘名〙事実や自分の本心をいつわって書いた手紙。また、相手をあざむくために書いた手紙。＊説経節・あいごの若(山本九兵衛板)(1661)三「さる間わか君は、いつわりふみとはしろしめされず、まつうはかきを御らんして、あらうつくしの此ふでや」 発音〈標ア〉リ

いつわり-もの【偽者】〘名〙「いつわりびと(偽人)」に同じ。＊今昔(1120頃か)五・四「昔欝頭藍(うつづらん)と云ける仙人は謬者かは」＊虎明本狂言・塗師(室町末-近世初)「さてはわらはを、いつはりものにせうと云事か」 発音〈標ア〉0 ノ

いつわり-やみ【偽病】〘名〙病気のふりをすること。また、その病気。仮病(けびょう)。＊平中(965頃)三六「いつはりやみして、とどまりなほしかりけれど」

いつわり-わざ【偽業】〘名〙いつわること。いつわり。＊新撰字鏡(898-901頃)「佯々 伊豆波利和佐」 辞書字鏡 表記佯々(字)

いつわ・る【偽・詐】〘他ラ五(四)〙事実や自分の本心を隠して、それと違うことを言ったりしたりする。本当らしく思わせるようにふるまう。うそを言う。＊東大寺諷誦文平安初期点(830頃)「此の世界は人の情了に戻り曲り諂(へつら)ひ妄(イツは)り欺く」＊新撰字鏡(898-901頃)「佞 阿佐牟久 又加太牟 又伊豆波留」＊宇津保(970-999頃)藤原の君「ことをいつはりて、物を盗めるなり」＊易林本節用集(1597)「両舌 イツハル」＊浄瑠璃・凱陣八島(1685頃)四「いろいろいつはり宥めさせ」＊読本・春雨物語(1808)目ひとつの神「『何の芸はおのが家の伝へあり』と譎(イツハ)りて職とするに」＊草枕(1906)〈夏目漱石〉三「これは敢て自ら欺くの、人を偽はるのと云ふ了見ではない」 語誌平安初期には「うつはる」の形もあったが、中期以降、専ら「いつはる」だけが用いられるようになった。類義語「あざむく」が、人を意のままにあやつる、だましそのかす意が中心であるのに対し、「いつはる」は、自らの本心や真実を隠すために、虚偽を主張する意を本義とする。→うつわる・あざむく。 語源説(1)ウツハルの転か〔万葉代匠記・大言海〕。ウツホル(虚)の転声〔和語私臆鈔〕。ウツハリ(空張)の意〔言元梯〕。(2)イツイヒ(虚言)の約であるイツヒに助動詞アリが結合して、イツハリという語ができたか〔日本古語大辞典＝松岡静雄〕。(3)イツハル(何時晴)の義〔和訓栞〕。(4)イツアル(何時有)の義〔名言通〕。(5)イツハル(言津張)の義。ツは休字〔和句解〕。(6)イツハル(言突張)の義か〔日本語源＝賀茂百

樹」。(7)イツハル（稜威張）の義〔俚言集覧〕。発音〈標ア〉[ワ]〈ア史〉平安○○◎○ 鎌倉○○○◎ 室町◎◎○○〈京ア〉[0] 辞書字鏡・色葉・名義・和玉・文明・天正・饅頭・易林・日葡・〈ボン・言海 表記偽（色・文・饅・へ・言）姦（字・色・名・玉）譎（字・色・名）嘐（字・名・玉）詭（色・名・玉）詐（色・名・文）誑（字・名）繆・詳・欺・陽・誕・謗・訑・諭・詗・蔑・譎（色・名）譴（色・玉）佯（色・文）妄・邪（名・玉）謠（玉・文）贋（玉・天）倭・譎（字）丕・誑・這・讒・寿・諂・摩（色）佞・儻・伴・擢・抲・狂・讒・謨・詑・諕・諂・証・誣・詎・奇・縁・食・餞・冈・歎・巧（名）姡・宴・叜・猶・併・僭・愬・詖・謬（玉）耗（文）両舌（易）

同訓異字 **いつわる【偽・詐・訛・偐・詭・讒】**

【偽】（ギ）物、態度、考えなどを、あたかも本物かのようににせる。にせ。にせもの。「偽作」「偽善」「偽造」「虚偽」《古 いつはり・あやまつ・そらこと》

【詐】（サ）うそを言って人をだます。あざむく。「詐欺」「詐取」「詐称」《古 あさむく・いつはる・へつらふ》

【訛】（カ）ことばをあやまる。発音がなまる。「訛語」「訛謬」「転訛」《古 あやまち》

【偐】（ガン・ゲン）にせ物をつくる。にせ。にせもの。「偽」に似るが、用法は狭く物に関して用い、熟字もない。

【詭】（キ）あやしいことを言って人をまどわす。ごまかしてたぶらかす。「詭弁」「詭計」「詭誕」《古 あやまち・いつはる・あざむく・あやし》

【讒】（ザン）いつわりのことばを言って人をおとしいれる。うそを言ってそしる。「讒言」「讒奏」《古 そしる》

いつ-ん-ばり【何時━】〔副〕方言❶いつの間にか。いつとはなしに。時を定めず。岡山県苫田郡749 ◇**いつんまり** 高知県高岡郡867 ❷いつ。◇**いつばり** 愛媛県越智郡062 ◇**いつわい** 青森県三戸郡083 ❸（打消の語を伴う）いつも。いつでも。◇**いつばり** 香川県829 ◇**いつばれ** 香川県三豊郡829 ◇**いつばりかばり** 香川県伊吹島829

いつ-ん-まり【何時━】〔副〕方言 ⇩いつんばり（何時━）

い-て【行━】〔連語〕「行って」の促音が略されたもの。＊玉塵抄（1563）三九「乱がいておや子しらずちりぢりになってにげたことぞ」

いて【凍・冱】〔名〕（動詞「いてる（凍）」の連用形の名詞化）凍ること。また、凍ったもの。凍ったように感じられるもの。《季・冬》＊俳諧・山の井（1648）冬「氷うす氷 あつ氷〈略〉いて」＊俳諧・白雄句集（1793）四「庭草のよごれしままに風の凍」＊浮雲（1887-89）〈二葉亭四迷〉一・三「アア偶偶咲懸った恋の蕾も、事情といふおもはぬ冱（イテ）にかじけて」方言❶地面が凍ること。上方†124 ❷凍りついた場所。◇**ゆて** 千葉県印旛郡054 ◇**いてっぱ**〔━場〕埼玉県北葛飾郡・南埼玉郡054 ❸氷。水面の氷。京都府629 ◇**いてがね**〔━金〕福井県大飯郡448

いて=返（かえ）る[=戻（もど）る] 春になって暖かくなりかけた頃、急に寒さが戻って、地面などがまた凍りつく。《季・春》＊俳諧・誹諧初学抄（1641）初春「七瀬御秡 同晦日也。〈略〉雪汁いてかへる」

いて解（と）く 春になって、凍りついていた地面などが解けてゆるむ。いてゆるむ。《季・春》＊俳諧・芭蕉庵小文庫（1696）「凍とけて筆に汲干す清水哉〈芭蕉〉」＊俳諧・俳諧新式（1698）四季の詞・正月「凍（イテ）とくる こほりひまなし。氷とけずといひても春也」

いて緩（ゆる）む 冬の間凍りついていた地面が、春になってとけてゆるむ。いて解く。《季・春》

い-て【射手】〔名〕①弓を射る人。いてびと。＊延喜式（927）二八・兵部省「十七日大射〈略〉諸衛射手、本府各簡定造ㇾ簿移ㇾ省」＊蜻蛉（974頃）中・天禄元年「『後（しりへ）はさしてのまけ物ぞ。いていとあやしうとりたり』などいふに」＊文明本節用集（室町中）「射 イテ弓」＊虎明本狂言・八幡の前（室町末-近世初）「わごりよを弓のいてにになひてやらふ」②弓をたくみに射る人。弓の名手。＊太平記（14C後）三・笠置軍事「櫓の上さまの陰には、射手と覚しき者共、弓の弦くひしめし、〈略〉中差に鼻油引きて待ち懸けたり」＊天理本狂言・鴈礫（室町末-近世初）「此あたりにかくれもないゐてじゃ」＊集義和書（1676頃）九「射手なる人も、山野にして行あひに射る時は、ことのほかなるちがひあり」発音〈標ア〉[テ][イ]〈京ア〉[0] 辞書下学・文明・伊京・明応・饅頭・黒本・易林・日葡・書言・〈ボン・言海 表記射手（下・文・伊・明・饅・黒・易・書・へ・言）

いての奏（そう） 朝廷で行なわれる大射（たいしゃ）、賭射（のりゆみ）、騎射（うまゆみ）などの弓箭（きゅうせん）の行事に出席する射手の姓名を天皇に奏上すること。＊公事根源（1422頃）七・五月・五日節会「騎射の事あり。大将、射手の奏をとる」

いての畳紙（たとう） 騎射（うまゆみ）の的の挟み物の一つ。畳紙のかどを串（くし）にはさんで、地面に立てて置いて的にしたもの。＊随筆・貞丈雑記（1784頃）一四「射手の畳紙と云は、はながみのかどを串にはさみ地に立置て的にして射るを云也」

いての手結（てつがい） 射手数人による競射。連れ立って弓技を競うこと。→手番（てつがい）。＊正治二度百首（1200）公事「ひきつれて我もいざ見ん梓弓まゆみの今日のいてのてつがひ〈源具親〉」

いて〔名〕①巡査をいう、盗人仲間の隠語。〔隠語輯覧（1915）〕②錠をいう、盗人仲間の隠語。〔隠語輯覧（1915）〕

い-で【井手】〔名〕①田の用水のため、川などの流れをせき止めてあるところ。井堰（いせき）。＊万葉（8C後）七・一一〇八「泊瀬川流るる水脈（みを）の瀬を早み井提（ゐデ）越す波の音の清けく〈作者未詳〉」＊曾丹集（11C初か）「沢田川ゐでなるあしのはわかれてかげさすなへに春ふけにけり」＊名語記（1275）五「つつみをつきこめて、水たむるをゐでとなづく、如何。答、井手の義也」＊大乗院寺社雑事記-文明二年（1470）六月一〇日「新木庄井手撿知昨日寛円下向」＊日葡辞書（1603-04）「Ideuo（イデヲ）セク」＊集義和書（1676頃）八「方々にて田地のために井手をつくれば、其井手ほどに流るるがごとし」＊書言字考節用集（1717）一「洫 ヰテ〔左伝註〕田畔溝曰洫」＊菊池俗言考（1854）「井手 川を堰留（せきとめ）て水を移す小川を云」②（ため池などの堤の堰（せき）から水を流通させるところからいうか）取引。かせぎ。＊浮世草子・当世宗匠気質（1781）三・二「当地もだんだん察が入て、商人より素人衆（しろとしゅ）がいでがづぶう成てきて、商ひもたいて大方の事ではしにくい」方言❶川の水をせき止めた所。井堰（いせき）。兵庫県佐用郡047 奈良県679 鳥取県712 島根県724 岡山県小田郡767 広島県比婆郡774 山口県大島801 愛媛県840 高知県幡多郡870 熊本県玉名郡058 鹿児島県963 ◇**いね** 京都府629 ◇**いんで** 秋田県河辺郡130 ◇**いだい** 静岡県安倍郡540 ◇**いでぶくろ**〔━袋〕島根県725 ❷田の水口。岡山県川上郡765 佐賀県唐津市893 ◇**いでぐち**〔━口〕岡山県川上郡765 広島県高田郡779 安芸郡783 ◇**いぜぐち** 大分県941 ◇**いぜつき** 大分市941 ❸用水路。溝。奈良県南大和683 和歌山県伊都郡690 鳥取県712 島根県石見725 岡山県苫田郡749 広島県佐伯郡771 高田郡779 山口県大島801 徳島県811 香川県037 愛媛県840 長崎県南高来郡905 熊本県919 大分県938 宮崎県西臼杵郡948 ◇**いでえ** 三重県飯南郡590 ◇**いでみぞ**〔━溝〕岡山県川上郡765 ◇**いだい** 静岡県520 ❹小さな流れ。小川。愛媛県宇摩郡049 ◇**いでんこ** 徳島県810 ◇**いでがわ**〔━川〕鳥取県気高郡717 島根県出雲724 ❺ため池の満水排除設備。香川県827 ❻ため池。宮崎県東諸県郡954 発音〈なまり〉イゼ〔熊本分布相〕エデ〔鳥取〕〈標ア〉[イ]〈京ア〉[イ] 辞書日葡・書言・言海 表記洫・井堤（書）井手（言）

いでが上（あ）がる （ため池などの堤の堰（せき）を上げて水を通す意からいうか）商売などがうまくゆく。＊浮世草子・好色万金丹（1694）一・三「文日をかかさず勤める女郎がなければ、いでのあがる事もなく」＊浮世草子・世間手代気質（1730）二・二「主を倒しては、何をしてもいでのあがらぬものでござる」＊譬喩尽（1786）一「洫（イデ）が揚（ア）がらぬ」

いで【井手】 京都府南部の地名。木津川に注ぐ玉川の扇状地にあり、奈良へ至る交通の要地。井手左大臣橘諸兄（たちばなのもろえ）が別荘をおいた所。ヤマブキとかわず（カエル）の名所。「井手の玉川」は六玉川（むたまがわ）の一つ。歌枕。＊古今（905-914）春下・一二五「かはづなくゐでの山吹ちりにけり花のさかりにあはましものを〈よみ人しらず〉」＊狭衣物語（1069-77頃か）一「池の汀（みぎは）の八重山吹は『井での辺（わたり）にや』と見えたり」発音〈標ア〉[イ]

いでの蛙（かわず） 井手の玉川にすむ名物のカジカガエル。《季・春》＊後撰（951-953頃）恋二・六〇六「かくれぬに忍わびぬるわが身かなゐでのかはづと成やしなまし〈藤原忠房〉」＊袋草紙（1157-59頃）上「于ㇾ時節信喜悦甚して亦自二懐中一紙に裹物を取出て開ㇾ之。見るにかれたる蛙也。是井堤の蛙に侍と云々」＊俳諧・宗因発句帳（1682頃）「音にきく今きく井手の蛙哉」

いでの下帯（したおび） （「大和物語」の、内舎人（うどねり）が井手の里に行ったとき少女に帯を解いて与えたが、年経てその帯を目じるしに再会し、契りを結んだという故事から）男女が別れてから、ふたたび巡り合って契りを結ぶこと。＊新撰六帖（1244頃）五「今さらにむすぶ契りもたのまれず人にとけけるゐでの下帯〈藤原為家〉」＊玉葉（1312）恋二・一四二八「ときかへし井手の下帯ゆきめぐり逢ふせうれしき玉川の水〈藤原俊成〉」＊七十一番職人歌合（1500頃か）一四番「遠山の腰めぐるまで更にけり雲間の月のゐての下帯」

いでの玉川（たまがわ） 京都府南部を貫流する木津川の支流。和歌に詠まれる六玉川の一つ。玉水。＊新古今（1205）春下・一五九「駒とめて猶水かはん山吹の花の露そふゐでの玉川〈藤原俊成〉」＊歌謡・松の葉（1703）二・手枕「いでのたまがは岸根の蛙（かはづ）、今や鳴くらん浮世の中に」辞書文明・天正・易林 表記井手玉川（文・天・易）

いでの玉水（たまみず） 井手の里にあった清流の名。「伊勢物語」の故事によって、男女の契りの頼りなさにたとえられる。＊伊勢物語（10C前）一二二「昔男契れることあやまれる人に、山城のゐでのたま水手にむすび頼みしかひもなき世なりけり」＊袖中抄（1185-87頃）一三「ゐでの玉水とは、山城よりならへゆく道にゐでの清水とて、めでたき水のみちづらにある也。往来の人是を手にむすびつつのむ。此水をば玉の井と云、其をゐでの玉水とはいふ歟」辞書文明・書言 表記井手玉水（文）井堤玉水（書）

いでの花（はな） （昔、井手の里がヤマブキの名所であったところから）「やまぶき（山吹）」の花の異称。転じて、黄金をもいう。＊雑俳・柳多留-九三（1827）「植たのは吉野ちらすは井出の花」

いで【井出・井手】 姓氏の一つ。発音〈標ア〉[0]

いで-あけみ【井手曙覧】（江戸末期の歌人）⇩たちばなあけみ（橘曙覧）

いで〔名〕（普通、片仮名でイデと表わす）通り符丁。青物商仲間で数の六をいう符丁。〔特殊語百科辞典（1931）〕

いで〔名〕方言❶戸主。秋田県北部068 ❷長持ちすること。使いで。愛媛県840 周桑郡845 ◇**いでぃみ** 沖縄県石垣島996 ❸植物、ゆうがお（夕顔）。徳島県三好郡811

いで〔感動〕①人をある行動に誘う、またはある行動を起こすよう請い求める気持を表わす。いや。さあ。＊書紀(720)允恭二年二月「且曰はく、『圧乞(イデ)、戸母(とじ)、其の蘭(あららき)一茎(ひともと)』といふ。〈圧乞、此をば異提(イデ)と云ふ。戸母、此をば覩自(とじ)と云ふ〉」 ＊催馬楽(7C後-8C)我が駒「伊天(イテ)我が駒 早く行きこせ 待乳山(まつちやま)」 ＊万葉(8C後)四・六六〇「汝(な)をと吾を人そ離(さ)くなる乞(いで)吾(あが)君人の中言(なかごと)聞きこすなゆめ〈大伴坂上郎女〉」 ＊源氏(1001-14頃)若紫「いで、君も書い給へとあれば」 ＊大鏡(12C前)一・序「しかしか、いと興あることなり。いでおぼえたまへ」 ②みずから思い立って行動しようとする気持を表わす。決意、決心などを表わすこともある。さあ。どれ。どれどれ。いざ。 ＊万葉(8C後)一四・三四九六「橘の古婆(こば)の放髪(はなり)が思ふなむ心愛(うつく)し伊弖(イデ)吾(あれ)は行かな〈東歌〉」 ＊源氏(1001-14頃)夕顔「いで見むとて、はひわたる」 ＊謡曲・自然居士(1423頃)「いで聴衆の眠り覚まさんと」 ＊史記抄(1477)四・秦本紀「いで一つ云てきかせう」 ＊虎明本狂言・雁盗人(室町末-近世初)「すいさんな、いでめに物みせう」 ③強く嘆き、または感動する気持を表わす。事の意外さに驚き嘆く気持の場合が多い。いや。いやもう。いやまあ。 ＊落窪(10C後)二「いで、あなにく。人あまたもたるは歎き負ふなり」 ＊枕(10C終)一三八・円融院の御はての年「いで、あな心憂。これ仰せられよ」 ＊源氏(1001-14頃)若菜上「いで、あなあぢきなの物あつかひや」 ④その事態や、また、いだいた気持などを、疑い否定する気持を表わす。否定表現を伴うことがある。さあ。いや。いやもう。 ＊万葉(8C後)一一・二四〇〇「伊田(イデ)何かここだはなはだ利心(とごころ)の失(う)するまで思ふ恋ゆゑにこそ〈人麻呂歌集〉」 ＊源氏(1001-14頃)帚木「いで、およずけたる事は言はぬぞよき」 ＊今昔(1120頃か)二〇・二「何(いかに)ぞ、此度は為(し)得たりやと問へば、いで、穴(あな)かま給へ。痛くなの給ひそ」 ＊大鏡(12C前)一・序「いで、さも侍らず」 ⑤改めて、ことばを話し出すとき、物語の冒頭などに用いる。さて。そもそも。 ＊大鏡(12C前)六・道長下「いで、またいみじく侍りしことは」 ＊謡曲・八島(1430頃)「いで、その頃は元暦元年三月十八日の事なりしに」 語誌 中世末期、近世初期頃の狂言資料においては、ほぼ②の用法に限られており、それも「いで物見せう」「いで食らはう」というような固定化された用法が多いことや、文体的には語りの部分へ集中していることなどから、かなり衰退していたものと思われる。 方言 ❶人に誘いかけたりする時の語。さあ。どれ。 伊豆八丈島†078 三重県度会郡599 徳島県美馬郡810 ◇いでん 伊豆八丈島†078 ❷あきれた時などに発する語。 ◇いでそ 土佐†125 語源説 (1)イヅレ(孰)の約〔国語溯源＝大矢透〕。(2)イザの転〔日本古語大辞典＝松岡静雄〕。(3)発端の詞。出の字から起こるか〔和句解〕。 発音〈標ア〉イ 〈ア史〉鎌倉○○と◉○の両様 室町◉○ 江戸○◉ 〈京ア〉⓪ 辞書 日葡・ヘボン・言海

いで あわれ (感動詞「いで」と「あわれ」) 強い感動、特に、驚き嘆く気持を表わす。いやもう。ああ。 ＊多武峰少将物語(10C中)「いであはれや、これよりこそ山菅のやうなりとも御衣(おんぞ)はたてまつれまほしけれ」 ＊浜松中納言(11C中)二「いであはれ、この事を我が方ざまにと書き置き給へること、思ひ出づるもなみだとどまらず」 ＊苔の衣(1271頃)三「いであわれ、うるはしくて見え奉らむ事も、ただ今ばかりぞ」

いで いで ⇨親見出し

いで 鎌倉(かまくら) 「いざ鎌倉」に同じ。 ＊滑稽本・八笑人(1820-49)初・一「いで鎌倉へといふときに、われらが智計をほどこさば」 発音〈標ア〉イ

いで そよ (感動詞「いで」と、代名詞「そ」と終助詞「よ」) いやもう、そのことよ。 ＊後拾遺(1086)恋二・七〇九「有馬山ゐなの篠原(ささはら)風吹けばいでそよ人を忘れやはする〈大弐三位〉」 ＊夫木(1310頃)一一「垣ほなる萩の初穂の秋風はいでそよさらに身にぞしみける〈藤原為家〉」 ＊浄瑠璃・曾我五人兄弟(1699頃)兵者揃へ「いでそよ君がいさほしの文武に富める鎌倉の頼家の御曹司は」 ＊書言字考節用集(1717)八「是当 イデソヨ」 辞書 書言 表記 是当(書)

いで と いう＝時(とき)［＝日(ひ)］ いざという時。 ＊黄表紙・高漫斉行脚日記(1776)下「大小は火ばしのごとく細くし、いでといふとき、なんとそれで人が斬らるるか」 ＊洒落本・意妓口(1789-1801頃)二「色気がなくてもいでといふ日にゃア此面でも女ころしさ」

いで や ⇨親見出し

い-で 『接助』 活用語の未然形を受け、打消の意を表わしながら下に続ける。「…しないで」の意。主として中世末期から近世にかけて用いられた。 ＊史記抄(1477)三・史記集解序「未詳―此言はようも不心得事をば、注しもせいてをいたぞ」 ＊歌謡・閑吟集(1518)「おともせいでおよれおよれ、からすは月に鳴き候ぞ」 ＊天草本平家(1592)三・六「チョッカン ノ ヒト ヂャ ニ ヨッテ、ミャウジ ヲバ arauasaide(アラワサイデ) ヨミビト シラズ ト カカレタ ガ」 ＊幸若・和田宴(室町末-近世初)「祐成なればこそ。多ひ仇の其中で。おくせひで取てのふである」 ＊虎明本狂言・麻生(室町末-近世初)「四五はいものまひではなるまひ」 ＊説経節・さんせう太夫(与七郎正本)(1640頃)上「山へゆき、しばをからいでもどるならば、しゃけんなる太夫三郎が、せめころさうは一ちゃうなり」 ＊歌舞伎・傾城阿波の鳴門(1695)一「それと知らいで阿呆を尽した」 語誌 (1)語構成に関して、「で」が打消の接続助詞であることはたしかであるが、「い」の部分に関して、(イ)「で」の前にあった鼻音がはっきり音節化し、独立して「い」となったとするもの、(ロ)鼻濁音の「で」の鼻音性が薄れたため近似の音「い」で代用したとするものなど諸説がある。「捷解新語-一」に「たいくゎんどもが御とも申さいんてわ」とあるのは、「い」に鼻音的な要素の残っていることを示している。(2)中古末の例として「梁塵秘抄-二・二句神歌」の「この巫女(みこ)はやうかる巫女よ汗衫(かたびら)にしりをだにかかいでゆゆしう憑(つ)き語る」の例が挙げられることがあるが、「い」を「は」の誤写と見て「かかはで」とする意見がある上に、解釈上の問題もあるので確例とはいえない。「いで」は室町時代の成立とみるべきか。 方言 富山県386 滋賀県犬上郡038 彦根609 奈良県南大和683 和歌山県新宮057 広島県賀茂郡057 山口県793 徳島県祖谷054 香川県829 愛媛県周桑郡845 松山846 高知市867

いで は (「あるべきか」などの結びの語句を省略した形) 終助詞的に反語の意を表わす。…ないでおこうか。…ないでよいものか。…ないはずがあろうか。近世では、下に「いの」「いな」などを伴うこともある。 ＊論語聞書(15C後)八佾「これをば孔子の咎めいては也」 ＊天草本伊曾保(1593)イソポの生涯の事「ソレワ サルコトデ ゴザレドモ ヒトナミニ ナンゾ mochimaraxeideua(モチマラセイデワ)ト」 ＊浄瑠璃・猫魔達(1697頃)三「何が扨お宿申さいではいの」 ＊歌舞伎・時桔梗出世請状(1808)二幕「『こりゃお前、わたしを、投げさんしたな投げさんしたな』『投げいでワ投げいでワ。見苦しう仕るによって、只今のやうに致したが、何とした』」

イデア 『名』(ギリシア idea) ①プラトン哲学で、事物の本質、価値の範型をさし、いっさいの存在と認識の根拠とされた。超越的原理。 ＊文学論(1926)〈竹友藻風〉二「プラトンのイデアは心眼に依って見た『形』である」 ②理念。観念。イデー。 ＊どちりなきりしたん(一六〇〇年版)(1600)六「でうすの御ふんべつのうちには御さくのもののたいは一もなしといへども、それそれのしょさうこもり玉ふなり、これをいであといふなり」 ＊竹沢先生と云ふ人(1924-25)〈長与善郎〉竹沢先生の家・三「それは自分の一生と仕事との目標であるイデアの世界を指し示す星のやうに」 ＊私の詩と真実(1953)〈河上徹太郎〉わが楽歴「演技者の正直だが拙い技術と、聴き手の無智純真な想像力が、無限の彼方に交って架空の誤りない原曲の美のイデアを実現するのである」 発音〈標ア〉イ 〈京ア〉テ／イ

いであい-もの【出会者】 『名』 約束の場所に出向いて客と会う売女。 ＊浮世草子・好色訓蒙図彙(1686)上・人倫「いであひ者とて、〈略〉坊主、手代なんどをふづくり、そんじゃう其日は、たれかれと日を定め、時をさだめて、出あひをする女もあり」

いで-あ・う【出会・出逢】 『自ハ四』 ①出て他人と対面する。面会する。また、ある場所へ出ていく。 ＊竹取(9C末-10C初)「御つかひに竹取出あひて泣くこと限りなし」 ＊宇津保(970-999頃)忠こそ「この北の方は心もとなく、めづらしくものし給へれば、よろこびながらいであひて」 ＊今昔(1120頃か)二三・一四「御馬引たる所に出会て立たりければ」 ＊日葡辞書(1603-04)「キャクジンニ Ideyŏ(イデヤウ)」 ②出くわす。めぐりあう。ばったりと会う。 ＊平中(965頃)三〇「かれもこれも門(かど)よりいであひて」 ＊紫式部日記(1010頃か)消息文「そこにて知らぬ男にいであひ、ものいふとも」 ＊人情本・英対暖語(1838)初・四回「彼雨宿りに増吉に再会(イデアヒ)、はからず恋々の情をおこし」 ③敵に立ち向かう。 ＊徒然草(1331頃)八七「里人おこりていであへば、『我こそ山だちよ』と言ひて、走りかかりつつ斬り廻りけるを」 ＊浄瑠璃・平家女護島(1719)三「サア宗清こそ牛若に出合、ふか手を負(あ)ふて討もらした」 ④会合する。 ＊浮世草子・好色盛衰記(1688)三・四「魚屋の長兵衛八百屋の八兵衛出合(イデアヒ)、弐分壱両のかけ双六をうちて」 発音 文 イデォーとも 〈標ア〉⓪ア オ 〈京ア〉⓪ 辞書 文明・日葡・書言・ヘボン・言海 表記 出合(文・書・言) 出逢(文・ヘ)

いで-あそ・ぶ【出遊】 『自バ四』 外に出て遊ぶ。 ＊今昔(1120頃か)三一・三「湛慶、其の家より下女の出たるに、彼の出遊ぶ女子は誰ぞと問へば、彼は此殿の独娘也と答ふ」

いで-あり・く【出歩】 『自カ四』 「いであるく(出歩)」に同じ。 ＊源氏(1001-14頃)浮舟「あやしきまで心をあはせつつ、いでありきし人のためにうしろめたきわざにもあるかな」 ＊今鏡(1170)七・紫のゆかり「しかあらば、いでありかざらんも便なしとて、よろこび申などせられけるに」

いで-あるき【出歩】 『名』 出歩くこと。であるき。 ＊春雨文庫(1876-82)〈松村春輔〉八「主人の横田清兵衛は家業をよそに、仕入れさへ伴頭(ばんたう)まかせの出(イデ)あるき」 発音〈標ア〉⓪リ

いで-ある・く【出歩】 『自カ四』 外をあちこち歩きまわる。であるく。いでありく。 ＊当世書生気質(1885-86)〈坪内逍遙〉四「出あるきて、家にあらざる折なんどは」 発音〈標ア〉⓪ル

い-てい【居体】 『名』(居所の体の意) 住居のありさま。 ＊浮世草子・鬼一法眼虎の巻(1733)四・三「笠原湛海が家作り棟高く玄関が前も物々しく鬼一が兵衛の高弟といひても恥かしからぬ居体(ヰテイ)なり」

い-てい【胃底】 『名』 胃の一部分で、左上後方にふくれているところ。 発音 イテイ 〈標ア〉⓪

い-てい【異体】 『名』(形動) 普通とは違う風変わりなさま。異様。いたい。 ㋑身なりや容貌についていう場合。 ＊今昔(1120頃か)一〇・三二「我は異躰の様を作り、此を荷ひ持て」 ＊色葉字類抄(1177-81)「異様 イヤウ 異体 イテイ 已上別様詞」 ＊私聚百因縁集(1257)一・三「仙人なれば其の有様異躰(イテイ)なり」 ＊日葡辞書(1603-04)「Itei(イテイ)。コトナル タイ〈訳〉身振りや衣服などが醜くて異常に下品なこと。例、ワレラ

ワ ナリコソ itei（イテイ）ナレドモ〔物語〕Iteina（イテイナ） カタチ」 ＊音訓新聞字引〔1876〕〈萩原乙彦〉「異体 イテイ コトナルカラダ」 ⓐ事柄についていう場合。＊中右記-天永三年〔1112〕二月二九日「今日内裏中院有二放火事一、人々見付滅了、誠是希有異体事也」 ＊随筆・折たく柴の記〔1716頃〕上「今おもふに、異体の事也しかど、人もとがめず」 発音イテイ〈標ア〉0 辞書色葉・文明・天正・易林・日葡・書言・ヘボン・言海 表記 異体（色・文・天・易・書・ヘ・言）

い‐てい【遺弟】〔名〕師の死後に残された門弟。遺弟子（いていし）。ゆいてい。＊米沢本沙石集〔1283〕七・二「滅後の、遺弟の沙門は破戒にして悪趣におち」 発音イテイ〈標ア〉0

いで‐い ゐ【出居】〔名〕①（家の中の外に近い方に）出てすわること。出ていること。でい。＊宇津保〔970〜999頃〕楼上下「一かたにきんだち、人々反橋に几帳ばかりをたてていでゐたり」 ＊枕〔10C終〕八七・職の御曹子におはします頃、西の廂にて「昼つ方、縁に人々いでゐなどしたるに」 ＊源氏〔1001〜14頃〕薄雲「例は、ことに端近なるいでゐなどもせぬを」 ②寝殿造りに設けた居間兼来客接待用の部屋。多くは二棟廊と呼ばれる渡殿に設けられる。出居殿。出居の座。のちには多く「でい」と読み、座敷の意。＊宇津保〔970〜999頃〕菊の宴「母北の方、袖君御簾（みす）をあげていでゐの簀子（すのこ）に〈略〉居て」 ＊宇治拾遺〔1221頃〕二・五「かんの君、出ゐにまらう人二三人ばかり来て、あるじせんとて、地火炉（ろ）に火おこしなどして」 ③朝廷で賭弓（のりゆみ）や相撲（すまい）などの儀式のときに設ける座。出居（いでい）の座。また、その座についてことを行なう人。でい。＊蜻蛉〔974頃〕下・天延元年「二月十五日に、院の小弓はじまりて、いでゐなどのしる」 ＊左経記-寛仁元年〔1017〕一〇月五日「公卿出居的付等、賜二衝重一」 ④出入り口。滝沢馬琴の特殊用語。＊読本・椿説弓張月〔1807〜11〕続・三八回「毛国鼎は出居（イデヰ）のかたに跪（ひざまづ）きてつくづくと見入れたるに」 発音〈標ア〉0 辞書言海 表記 出居（言）

いでい の 上達部（かんだちめ） 「いでい（出居）の座」にいる公卿（くぎょう）。＊御堂関白記-寛弘三年〔1006〕八月一六日「内侍召二出居上達部一参上、内侍召二上卿一可レ取二版位一」

いでい の 座（ざ） ①「いでい（出居）②」に同じ。②「いでい（出居）③」に同じ。＊御堂関白記-寛弘四年〔1007〕七月一四日「戊寅、於二一条院南殿、東殿、被修仁王会、有御出、〈略〉以簀子出居座在東妻」

いでい の 侍従（じじゅう） 中古、宮中の儀式で、出居の座について事を行なう侍従。＊延喜式〔927〕四五・左右近衛府「凡出居侍従十二人、聴二昇殿一」

いでい の 次将（じしょう） 「いでい（出居）の少将（しょうしょう）」に同じ。＊御堂関白記-寛弘八年〔1011〕五月二一日「此日公家被レ供二養一切経於南殿一〈略〉出居次将座ニ東西高欄下一」 ＊江家次第〔1111頃〕三・賭射「出居次将著座」

いでい の 少将（しょうしょう・すけ） 中古、宮中の儀式で、出居の座について事を行なう近衛少将。出居の次将。＊枕〔10C終〕一二三・暑げなるもの「随身の長（をさ）の狩衣。衲（なふ）の袈裟。いでゐの少将」 ＊江家次第〔1111頃〕八・相撲召仰「左右出居少将」

いでい の 殿上人（てんじょうびと） 中古、宮中の儀式で、出居の座について事を行なう殿上人。＊弁内侍〔1278頃〕建長元年一二月一九日「いでゐの殿上人の折松するも、〈略〉ただここもとにぞ見ゆる」

いてい‐あん【以酊庵】 対馬にあった禅寺（瞎驢山以酊禅庵）の称。天正八年（一五八〇）景轍玄蘇が開創。現在の長崎県下県郡厳原（いずはら）町国分の臨済宗南禅寺派西山寺にあたる。江戸時代、幕府は五山の碩学（せきがく＝学僧）をここに派遣して、朝鮮との往復書簡のことや朝鮮からの使者の接待のことなどにあたらせた。一年から三年の間寄住し、任期を終了したものに碩学料として米百俵が支給された。慶応四年（一八六八）廃止。＊以酊菴事議草〔1725頃〕「対馬の国以酊庵へ五山の長老を差つかはされ并客使の館伴たる事〈略〉其国以酊庵に寄住して両国往来の事をしらしめらる、これ五岳碩学の僧対州に輪番する事の始也」 ＊倭語類解〔17C後〜18C初〕日本官名「以酊菴 イテアン」 発音イテイアン〈標ア〉テ

イディオム〔名〕（英 idiom）《イヂオム》 数個の単語が結びついた、それぞれの原義とはやや異なった意味をもった言い回し。慣用句。成句。熟語。＊舶来語便覧〔1912〕〈棚橋一郎・鈴木誠一〉「イヂオム 慣用語、方言 Idiom（英）国語特有の性質等」 ＊手巾〔1916〕〈芥川龍之介〉「云はば、中学の英語の教師が、イディオムを探す為に、バアナアド・ショウの脚本を読むと、別に大した相違はない」 ＊自由学校〔1950〕〈獅子文六〉五笑会の連中「英語ならば、相当むつかしいイディオムでも知っているつもりだが」 発音〈標ア〉イ

いて‐い・く ゐて【率行】〔連語〕（「いて」は、動詞「いる（率）」に助詞「て」の付いたもの）連れて行く。ひっぱって行く。＊源氏〔1001〜14頃〕手習「大きなる木のありし下より、人のいで来て、ゐていく心ちなむせし」 ＊徒然草〔1331頃〕五三「京なる医師（くすし）のがり、ゐて行ける道すがら」

い‐ていし キ【遺弟子】〔名〕「いてい（遺弟）」に同じ。＊安愚楽鍋〔1871〜72〕〈仮名垣魯文〉三・告条「歌舞妓作者花笠魯助が遺弟子（キテイシ）花柳巷日洗私塾の同社中。青陽山人。仮名垣魯文伏稟」

イディッシュ‐ご【━語】〔名〕（英 Yiddish の訳語）ユダヤ人の日常言語（いわゆるユダヤ諸語）の中で最も重要な言語。ユダヤ諸語は、ユダヤ人の居住地域の言語にヘブライ語やアラム語を含むさまざまな借用語が混入されている。イディッシュ語は、系統的にはゲルマン語派西ゲルマン語群に属するが文字はヘブライ文字を用いる。もとは中・東欧のユダヤ人の言語であったが、現在イスラエル、南北アメリカ、オーストラリアを含む広い地域のユダヤ人によって使用されている。 発音イディッシュゴ〈標ア〉0

いで‐いで ■〔感動〕（感動詞「いで」を重ねて用いた語）「いで」を強めて言う語。①相手や自分の行為をうながす語。さあさあ。どれどれ。なんとなんと。＊宇津保〔970〜999頃〕楼上上「『いでいで』とて、おはすれば、いとあさましき心地し給て」 ＊源氏〔1001〜14頃〕空蝉「『いで、この度は負けにけり。隅の所、いでいで』と指（およ）びをかがめて〈略〉数ふるさま」 ＊大鏡〔12C前〕二・師尹「さもはべるらん、伝はりぬることは、いでいでうけたまはらばや」 ＊御伽草子・七草草紙〔室町末〕「納受（なふじゅ）を垂れ給ふによって、われこれまで来るなり。いでいで汝が親を若くなさん」 ②ものの様子への感動を表わす語。いやどうも。いやもう。＊大鏡〔12C前〕一・後一条院「いでいで、いといみじうめでたしや」 ■〔名〕明治時代、大阪を中心とした地方で、演芸関係者の間で用いられた隠語。やきもちやき。嫉妬する人。 補注■は、「上方語源辞典」では「謡曲・鉄輪（かなわ）」の、「いでいで怨みをなさんと」から出たものとする。 発音〈標ア〉■は イ 辞書書言 表記 将々（書）

いでい‐どの いで ゐ【出居殿】〔名〕「いでい（出居）②」に同じ。＊延喜式〔927〕五・神祇・斎宮寮「出居殿物給二中臣一」

いで‐いり【出入】〔名〕①（━する）出たりはいったりすること。出はいり。＊万葉〔8C後〕七・一一九一「妹が門（かど）出入（いでいり）の河の瀬を早み吾が馬つまづく家思ふらしも〈作者未詳〉」 ＊蜻蛉〔974頃〕上・天暦一〇年「このいま一方（ひとかた）のいでいりするを見つつあるに」 ＊源氏〔1001〜14頃〕明石「朝夕のいでいりにつけても〈略〉よきあしき事の、目にも耳にもとまる有様をうとき人にわざとうちまねばんやは」 ＊天草本平家〔1592〕一・一「ヘイヂャウ ヲ タヅサエテダイリエ ide iri（イデイリ）ヲ スル コト ワ ベッシテ ノ シサイ ガ ナウテ ワ ナイ コト ヂャニ」 ②立ち居振舞い。＊土左〔935頃〕承平五年二月一五日「いへの人のいでいり、にくげならず、ゐややかなり」 ③支出と収入とを計算すること。差引き勘定。＊詩学大成抄〔1558〜70頃〕六「計会とは物のけつげさんようをして出て入りのつぢをあわする」 ＊浮世草子・御前義経記〔1700〕六・一「小間物屋が帳面引合（ひきあはせ）、出入（イデイリ）二百め渡しけるに」 ④もめごと。訴訟沙汰。でいり。＊俳諧・毛吹草〔1638〕七「せんさくしたる法の出入うはまへをとりかぢなれや湊舟」 ＊浮世草子・日本永代蔵〔1688〕一・三「世上に金銀の取やりには〈略〉其約束をのばし、出入（イデイリ）になる事なりしに」 補注「万葉集」の例は、地名の「入の川」をかける。 発音〈標ア〉0 辞書書言・ヘボン 表記 出入（書・ヘ）

いて‐い・る ゐる【行居】〔自ワ上一〕（「いて」は「いって」の上方表現）ほれこんでいる。まいっている。＊浄瑠璃・以呂波物語〔1684頃〕二「心にこぼれてよはよはと、我もいてゐる稲小舟」 ＊浮世草子・浮世栄花一代男〔1693〕一・四「女良はすかぬ男にもいている顔つきするは」 ＊浮世草子・傾城色三味線〔1701〕江戸・二「すこし我方からいてゐる風してたはれかかれば」

いで‐い・る【出入】〔自ラ四〕①現われたり消えたりする。＊古事記〔712〕中（兼永本訓）「熊野の村に到り時に、大熊髪（ほの）かに出入（イデイリ）して即ち失せぬ」 ②出たりはいったりする。＊歌仙本小町集〔平安中〕「波の面を出入る鳥はみなそこをおぼつかなくは思はざらなむ」 ＊宇津保〔970〜999頃〕国譲下「朱雀院には、みかど、やすくもおはしまさず、いでいりおもほし嘆きて」 ＊枕〔10C終〕二五・すさまじきもの「出でいる車の轅（ながえ）もひまなく見え」 ＊謡曲・安宅〔1516頃〕「出で入る息に阿吽（あうん）の二字を唱へ」 発音〈標ア〉イ20 辞書文明・明応・日葡 表記 出入（文・明）

いで‐い・る ゐる【出居】〔自ワ上一〕外に出てその場所にすわる。また、そこに居る。↔入り居る。＊万葉〔8C後〕一三・三二七四「石が根の こごしき道を 岩床の 根延へる門を 朝には 出居（いでゐ）て嘆き 夕には 入り居て偲ひ〈作者未詳〉」 ＊源氏〔1001〜14頃〕賢木「いさや、ここの人目も見苦しうかのおぼさむことも、若々しういでゐんが、今更につつましきこととおぼすに」 ＊栄花〔1028〜92頃〕暮待つ星「菖蒲を皆打ちて、長き根をやがて御前の御簾（みす）の前の遣水（やりみづ）に浸して、いでゐたるもをかし」

いで‐うま【出馬】〔名〕放し飼いの馬。放馬（はなちうま）。＊仮名草子・東海道名所記〔1659〜61頃〕三「鳥うたへば、出馬おほくあり」

イデー〔名〕（ドイ Idee）「イデア②」に同じ。＊文学と自然と〔1889〕〈森鴎外〉「因果の圏線を脱して此象を見るときは、想（イデエ）すなはち生ず」 ＊竹沢先生と云ふ人〔1924〜25〕〈長与善郎〉竹沢先生とその兄弟・一「詩人がミューズから奇想天外なイデーを受胎するのは」 ＊美しい村〔1933〜34〕〈堀辰雄〉美しい村「あたかも私自身の思惟（イデエ）そのものであるかのごとく重重しく羽搏きながら、そしてその翼を無気味に青く光らせながら」 発音〈標ア〉イ

いで‐おぶね ぶね を【出小船】〔名〕港を出る小舟。でふね。いでふね。＊浄瑠璃・釈迦如来誕生会〔1714〕三「いつか生死を出をぶね、乗り後れては誰かわたさん」 発音〈標ア〉オ

イデオローグ〔名〕（フラ idéologue）①フランス一九世紀の哲学の一派。観念学派。②実行を伴わない、空理空論を説く者。＊イプセン〔1950〕〈小林秀雄〉「実験嫌ひのイデオローグにも、国運を賭しても実験がしてみたい革命家にも関係のない、かういふ極く当り前な見解」 ③あるイデオロギーを唱道する人。＊雲の

ゆき来(1965)〈中村真一郎〉一「維新革命のイデオローグの最良のひとりであった吉田松陰が」 発音〈標ア〉[ロ]

イデオロギー 〘名〙(ドイ Ideologie) ①歴史的・社会的に全体として規定された考え方の型。＊愛情の問題(1931)〈片岡鉄兵〉「何によってこれらの二つの心はそんな理解に結びつけられてゐるのか? それはイデオロギイだ」 ＊城外(1936)〈小田嶽夫〉「在外の官吏としての性質上単なる職業意識以上の或る種のイデオロギーを否応なく背負はされる」 ②政治、社会に関する基本的な考え。思想傾向。＊アルス新語辞典(1930)〈桃井鶴夫〉「イデオロギー 独 Ideologie 観念態、観念形態。砕いて云へば基本的な物の考へ方である」 ＊若い人(1933-37)〈石坂洋次郎〉上・六「我々は我々に植ゑつけられたイデオロギーを生徒に強要してはならない」 ＊獅子(1948)〈三島由紀夫〉四「彼にはイデオロギーもなければ、小むづかしい哲学もなかった」 発音〈標ア〉[オ] [ロ]〈京ア〉㋔

イデオロギー-ろん 【―論】〘名〙 イデオロギーに関する考察。特にマルクスやマンハイムの説をさすことが多い。 発音〈標ア〉[ギ]

イデオロギスト 〘名〙(洋語 Ideologist) 特定のイデオロギーを唱道する人。論客。また、こむずかしい理論や理屈を並べ立てる人。＊親友交歓(1946)〈太宰治〉「どだい、この手記にあらはれる彼は、百姓のやうな姿をしてゐるけれども、決してあの『イデオロギスト』たちの敬愛の的たる農夫では無い」 発音〈標ア〉[ギ]

イデオロギッシュ 〘形動〙(ドイ ideologisch)《イデオローギッシュ》 あるイデオロギーをもっているさま。イデオロギーに関係あるさま。＊真理の春(1930)〈細田民樹〉島の噴煙・二「その青年、以前は金持の坊ちゃんにも似合はず、なかなかイディオロギッシュで、私なんかも、ちょっと指導されたくらゐでしたの」 ＊現代小説は古典たり得るか(1957)〈三島由紀夫〉「現代の政治的風土におけるイデオローギッシュな現実解釈が」 発音〈標ア〉[オ][ギ]

イデオロ-ひめ 【―姫】〘名〙(イデオロは「イデオロギー」の略) 理論は達者だが実行の伴わない若い女性を揶揄(やゆ)していう語。＊モダン用語辞典(1930)〈喜多壮一郎〉「イデオロヒメ 理屈は一人前、然し仕事は何もしないモダン・ガールのこと」 発音〈標ア〉[ロ]

いて-かえります 【行帰】〘連語〙 方言 ⇩いって(行)て参じます

いで-かく・す 【出隠】〘他サ四〙 連れ出して人の目にふれないようにする。＊苔の衣(1271頃)四「我もおのづからしりかはしたる所もあらば、いでかくしきこゆべきに」

いでか・す 【出来】〘他サ四〙 作り上げる。こしらえる。やりとげる。＊史料編纂所本人天眼目抄(1471-73)三「穿鑿の説がわるい事だぞ。驀直になくほりをほり、ふしもないにふしを出てかしてそれを截たぞ」 ＊古道大意(1813)上「また生ずると云ふ字の義(こころ)で、物をむし生じ出来(イデカ)すことでござる」

いて-がすみ 【凍霞】〘名〙 凍っているように感じられる冬の霞。《季・冬》 発音イテガスミ〈標ア〉[ガ]

いて-かぜ 【凍風】〘名〙 凍りつくような冬の寒い風。風の凍(い)て。《季・冬》 ＊俳諧・鷹筑波(1638)二「いて風に窓をとぢたるやぐら哉〈之敦〉」 発音〈標ア〉[テ]

いて-がた 【射手方】〘名〙 弓術・騎射に関わる人やこと。＊寛永刊本蒙求抄(1529頃)四「列伝二十四。史記では列伝四十九。射手方の事を本にしたぞ。小笠原などのやうにぞ」 発音イテガタ〈標ア〉[0]

いで-か・つ 【出―】〘連語〙(「かつ」は、「できる」「するに堪える」意を表わす補助動詞。ほとんどの場合、打消の助動詞を伴う) 出ることができる。→いでがてに。＊万葉(8C後)七・一三三二「磐(いは)が根のこごしき山に入りそめて山なつかしみ出不勝(いでかてぬ)かも〈作者未詳〉」 ＊万葉(8C後)一四・三五三四「赤駒が門出をしつつ伊弖可天(イデカテ)にせしを見立てし家の児らはも〈東歌〉」

いでがて-に 【出―】〘連語〙(「いでかつ」に打消の助動詞の古い連用形「に」の付いた語の濁音化。「がて」は、「難(かた)し」の語幹と混同して用いられるようになる) 出ることをためらって。出にくく。→いでかつ。＊古今(905-914)雑下・九六四「うき世にはかどさせりとも見えなくになどかわが身のいでがてにする〈平貞文〉」 ＊源氏(1001-14頃)賢木「いでがてに御手をとらへて、やすらひ給へる、いみじうなつかし」 発音イデガテニ〈標ア〉[0]

いて-がね 【凍金】〘名〙 方言 ⇩いて(凍)

いて-がめ 【凍亀】〘名〙 池、沼等に凍りついたようにじっとして動かない冬の亀。 発音イテガメ〈標ア〉[0]

い-てき 【夷狄】〘名〙(古代中国において東方の未開国を「夷」、北方のそれを「狄」といったところから) 辺境の民族や外国人を、野蛮人と卑しめていう語。＊三代格-六・承和一一年(844)九月八日・太政官符「警国之事、昼夜不ㇾ休、夷狄之情、貪慾為ㇾ業」 ＊本朝文粋(1060頃)二・陸奥勅符「然而費二中国一而資二夷狄一、代已以刺ㇾ之」 ＊色葉字類抄(1177-81)「夷狄 イテキ 郷里分」 ＊平家(13C前)六・入道死去「夷狄の蜂起耳を驚し、逆乱の先表頻に奏す」 ＊俳諧・笈の小文(1690-91頃)「夷狄を出、鳥獣を離れて、造化にしたがひ、造化にかへれとなり」 ＊江戸繁昌記(1832-36)初・上野「輓近、蘭方医者輩出し、夷狄の方を挙げて、之を人間の病の上に加ふ」 ＊論語-八佾「夷狄之有ㇾ君、不ㇾ如二諸夏之亡一也」 語誌日本では外冠や朝敵に対して用いるほか、転じて地方人を道理をわきまえないものとして卑しめる意味にも使われた。「日葡辞書」には、「Iteqi(イテキ)。すなわち、Inaca(イナカ)〈訳〉田舎あるいはシナの外辺の国」とある。また近世末期になると攘夷思想と関連して欧米列国に対して用いた例が見られるようになる。 発音〈標ア〉[0] 辞書色葉・文明・日葡・ヘボン・言海 表記夷狄(色・文・へ・言)

いてき だも 君(きみ)有(あ)り (「論語-八佾」の「夷狄之有ㇾ君、不ㇾ如二諸夏之亡一也」による) 未開の民の中にさえも君子がいる意から、どんなところでも、それ相応の人物はいるものだの意にいう。＊洒落本・通言総籬(1787)一「しかし、いてきだもきみありだよ。吉原ならつけとどけの文をやらうといふ所へ、台の物を送りやす」

いで-ぎえ 【出消】〘名〙 できばえがよくないこと。人中で見劣りのすること。↔出栄(いでば)え。＊源氏(1001-14頃)若菜下「かかる折ふしの歌は、例の上手めき給ふ男たちも、なかなかいでぎえして」

いでき-そ・う 【出来添】(そふ)〘自ハ四〙 新たな物事が現われて、もとのものに加わる。ふえてくる。＊宇津保(970-999頃)俊蔭「いできそふものはなくて、いささかなりし、身の調度などありしは」 ＊源氏(1001-14頃)夕霧「いとかう人のため我がためのよろづに聞きにくかりぬべきことのいできそひぬべきが」

いでき-た・る 【出来】〘自ラ四〙 表だったところに現われる。出現する。発生する。＊観智院本三宝絵(984)中「行者、母にかはらむとて心つからいてきたりてとらへられぬ」 ＊百座法談(1110)三月二日「船にのりて海をわたるに、あしき風いできたりて主礼せきがのれる船をふきはなちつ」 ＊太平記(14C後)一・頼員回忠事「世中已に乱れて、合戦出来りなば」 ＊コンテムツスムンヂ(捨世録)(1596)三・五五「イマダ コトノ ideqitarazaru (イデキタラザル) マエニ、キタルベキコトヲ シロシメシ タマイ」 ＊日葡辞書(1603-04)「ミヤコノ トウナンヨリ ヒ ideqitatte (イデキタッテ)」 ＊日本開化小史(1877-82)〈田口卯吉〉一・二「清少納言、紫式部の如き人々出来りて」 ＊いさなとり(1891)〈幸田露伴〉八二「さても不幸(ふしあはせ)なるものかなと嘆息も出で来り」 発音〈標ア〉[タ] 辞書文明・日葡 表記出来(文)

いでき-はじめ 【出来始】〘名〙 いちばん初めにできたもの。＊源氏(1001-14頃)絵合「まづ、物語のいできはじめの親なる竹取の翁(おきな)」 発音〈標ア〉[0]

いてき-ばんぱく 【夷狄蛮貊】〘名〙 外国人を卑しめていう語。＊譬喩尽(1786)一「夷狄蛮貊(パク)」

いて-・く (ゐて)【率来】〘連語〙(「いて」は、動詞「いる(率)」に助詞「て」の付いたもの) 連れてくる。引っ張ってくる。もってくる。＊神楽歌(9C後)其駒「〈本〉葦駮(あしぶち)の や 森の下なる 若駒 井天古(ヰテコ) 葦毛駮の 虎手の 駒」 ＊源氏(1001-14頃)東屋「明けぬれば、車などゐてきて」 ＊大唐西域記長寛元年点(1163)四「生けながら大族を擒へて反接して引現(ヰテクル)とき大族王自ら愧ぢて道を失ひ衣を以て面に蒙る」 ＊俳諧・談林十百韻(1675)下「夕涼み淀のわたりの蔵屋敷〈志計〉 いて来し手かけと月を見る也〈一朝〉」 辞書名義 表記将来(名)

いで-・く 【出来】〘自カ変〙 表だったところに現われる。人目にたつ状態になる。①(内にあるもの、隠れていたものなどが進み動いて)表に現われる。出現する。出てくる。＊万葉(8C後)二〇・四三五八「大君のみことかしこみ伊弖久礼(イデクレ)ば吾(わ)ぬとりつきて言ひし児なはも〈物部龍〉」 ＊竹取(9C末-10C初)「鬼のやうなる物出きてころさんとしき」 ＊枕(10C終)一二七・はしたなきもの「げにいとあはれなりなど聞きながら、涙のつと出でこぬ、いとはしたなし」 ＊古本説話集(1130頃か)四七「井をほれども、みづいでこず」 ②(なかったものが)新しく生じる。できる。㋑(ある状態や事件などが)発生する。起こる。＊万葉(8C後)一二・二九九五「逢ふよしの出来(いでくる)までは畳薦(たたみこも)重ね編む数夢(いめ)にし見えむ〈作者未詳〉」 ＊伊勢物語(10C前)九六「女、身に瘡(かさ)ひとつふたついできにけり」 ＊古今(905-914)仮名序「このうた、あめつちのひらけ始まりける時よりいできにけり」 ＊大鏡(12C前)六・道長下「将門が乱いできて」 ＊方丈記(1212)「都の東南より火いできて、西北にいたる」 ＊平家(13C前)一・殿上闇討「上古にはかやうにありしかども事いでこず、末代いかがあらむずらむ」 ＊コンテムツスムンヂ(捨世録)(1596)三・三八「マタトキニ ヨッテワ ケダイノ ココロ ideqi (イデキ)、ヲモキ コトモアリ、カロキ コトモ アルベシ」 ＊説経節・説経苅萱(1631)中「あのしにてんをうたうはやすけれとも、にはかにたいしのいてかうは一ちやうなり」 ㋺この世に生まれる。＊源氏(1001-14頃)浮舟「若君のいとうつくしうおよずけ給ふままに、ほかにはかかる人もいでくまじきにやとやむごとなきものにおぼして」 ＊堤中納言(11C中-13C頃)このついで「いとうつくしきちごさへいできにければ」 ＊徒然草(1331頃)一九〇「子などいできて、かしづき愛したる、心うし」 ㋩こしらえられる。作られる。しあがる。産出する。＊伊勢物語(10C前)二三「河内の国、高安の郡に、いきかよふ所いできにけり」 ＊源氏(1001-14頃)藤裏葉「御返しといできがたげなれば、みぐるしやとて」 ＊堤中納言(11C中-13C頃)よしなしごと「生(いき)の松原のほとりに出(いで)くなる筑紫むしろにまれ」 ＊虎明本狂言・水掛聟(室町末-近世初)「当年ほど私が田のいできた事は有まひと仰らるるが」 ③うまくある時機がめぐって来る。＊土左(935頃)承平五年一月二一日「風も吹かず、よき日いできて漕ぎゆく」 ＊拾遺(1005-07頃か)雑春・一〇二二・詞書「東三条院御四十九日のうちに子日いできたりける」 ＊源氏(1001-14頃)須磨「やよひのついたちにいできたる巳(み)の日」 ④よりよい状態が現われる。＊源平盛衰記(14C前)三四・東国兵馬汰「生唼(いけづき)とは黒栗毛の馬、〈略〉当時五歳、猶いてくべき馬也」 ＊花鏡(1424)比判之事「まづ、当座にて、出来たる能、いでこぬ能の際(きわ)を、よくよく見分きき分て、是を知るべし」 語誌 (1)上代のイデクは、元の動詞イヅ（出）とク（来）の自立性がかなり高かったためか、ほとんどの例が①の意味で用いられており、②の用法は特異なものであった。(2)中古には②の用法が次第に多くなる。中世には②の用法が優勢になるが、後期にはイヅルのヅル・デルへの変化に伴って、デクルという形が一般化する。ただし、中世末になってもイデクルは、やや雅語的なものとして残っていたようである。 発音〈標ア〉テ 〈ア史〉室町・江戸『いでくる』○●○○ 〈京ア〉テ 辞書 日葡・言海 表記 出来（言）

いて-ぐそく【射手具足】『名』射手の必要とする服装や弓矢などの武具。流鏑馬（やぶさめ）、笠懸（かさがけ）、犬追物（いぬおうもの）などの種類によって相違する。＊犬追物明鏡之記一「射手具足して後、犬をそく初る時は、床木に腰をかけて待へし」 発音〈標ア〉グ

いで-ぐち【出口】『名』外へ出る口。でぐち。＊文明本節用集（室町中）「出口 イデクチ」 発音 イデグチ 〈標ア〉テ 辞書 文明 表記 出口（文）

いでぐち【出口】 姓氏の一つ。 発音 イデグチ 〈標ア〉テ

いて-ぐも【凍雲】『名』凍りつくような寒々とした冬の雲。《季・冬》＊昨日の花（1935）〈日野草城〉「凍雲のしづかに移る吉野かな」 発音 イテグモ 〈標ア〉0 グ

いて-ごい【凍鯉】『名』凍りついたように動かない冬の鯉。寒鯉。《季・冬》 発音 イテゴイ 〈標ア〉0 テ

いて-こお・る【凍凍】『自ラ五（四）』凍る。凍りつく。＊発心集（1216頃か）七・斎所権介成清子住高野事「雨ふればさながらぬれ、又雪ふればゐて氷（コホ）る」＊四河入海（17C前）一四・四「北国には雪底に波稜と云菜があれども鋏甲の如にしていてこほりてくはれぬぞ」

いて-ざ【射手座】 黄道十二星座の九番目。ギリシア神話で半人半馬のケイロンが弓に矢をつがえた姿に見たてる。ひしゃく形をした六個の星を中国では南斗六星という。銀河系の中心がこの方向にあり、銀河の最も明るい部分を含む。 発音〈標ア〉0

いで-さ・す【出―】『自サ四』（「さす」は途中でやめる意）出かかって途中でやめる。また、全部出てしまわないで残る。＊源氏（1001–14頃）宿木「尾花の物より殊にて、手をさし出で招くがをかしく見ゆるに、まだ穂にいでさしたるも」＊更級日記（1059頃）「内にも例の人々あれば、いでさいて入りぬ」 発音〈標ア〉0 サ 〈京ア〉0

いで-さま【出様】『名』（「に」を伴って用いる）出るとき。出た途端。＊中院本平家（13C前）八・木曾しゅっしの事「門をいでざまに、すゑかうたる牛に、一すえあてたらんになじかはよかるべき、車つきをとびていづ」＊発心集（1216頃か）五・亡妻現身帰来夫家事「暁起きて出（イデ）さまに物を落したるけしきにて」＊宇治拾遺（1221頃）一二・七「いでざまに、西対の簀子についゐて」＊咄本・昨日は今日の物語（1614–24頃）下「祝言をつとめて、いでさまに布施にとりたる物を、『是しきなれども』といへば」 発音〈標ア〉0

いで-さ・る【出去】『自ラ四』出て行く。去る。＊書紀（720）敏達元年六月（前田本訓）「時に賊（あた）一人有りて、杖（つゑ）を以て出で来て、大使の頭を打ちて退（出去）ぬ」＊観智院本三宝絵（984）中「乃りて夜中にいでさりぬ」＊今昔（1120頃か）一九・一二「其後、僧に向て戒を受て、仏を礼拝し出去ぬ」 発音〈標ア〉0 サ

いて-さんじます【行参】『連語』 方言 ⇩いっ（行）て参じます

いで-しお【出潮】『名』満ちてくる海の潮。でしお。さし潮。↕入潮（いりしお）。＊謡曲・高砂（1430頃）「月もろともに出で潮の波の淡路の島影や」＊浄瑠璃・世継曾我（1683）一「あとより乗って出塩のさすが気高きみだれ髪」 発音〈標ア〉テ 辞書 言海 表記 出汐（言）

いで-しゅう【出衆】『名』（事件鎮圧や、作業に従事する目的で）その場に集められた人々。＊政基公旅引付-文亀二年（1502）七月二一日「惣国半済之儀彼出衆元満寺被二申合一候」

いて-すおう【射手素襖】『名』犬追物（いぬおうもの）、笠懸（かさがけ）などのとき、射手の着る素襖。＊随筆・貞丈雑記（1784頃）五「射手すあふ〈略〉犬追物、笠懸など射る時に着るすあをの事也。〈略〉犬追物の時着るを犬射すあをと言ふ。笠懸の時は笠懸すあをと言ふ。すべては射手すあをと言ふ也」

いで-すさり【出退】『名』出ようとして、あとへ退くこと。出るのをためらうこと。＊木工権頭為忠百首（1136頃）秋月「山がつが鹿木のかげやひまもなき居待ちの月のいですさりする〈源仲正〉」

いで-すりこぎ【出擂粉木】『名』（形動）（「すりこ木の年は後へよる」ということわざから）年をとるほど、出しゃばること。また、その老人。＊俳諧・鶉衣（1727–79）後・上・五・隠居弁「是を社見ならへと、出すりこ木なる隠居をはぢしめて」

いで-そめ【出初】『名』初めて出ること。出始めること。＊やみ夜（1895）〈樋口一葉〉一〇「これが世に出（イ）で初（ソ）めの終り」 発音〈標ア〉0

いて-ぞら【凍空】『名』凍りついたように寒々とした冬の空。寒天。寒空（さむぞら）。《季・冬》＊雪峡（1951）〈飯田蛇笏〉「凍空の鳴らざる鐘を仰ぎけり」 発音〈標ア〉ゾ

いて-だき【凍滝】『名』冬になって水が氷結して流れない滝。《季・冬》＊年尾句集（1957）〈高浜年尾〉「凍滝のうす緑なる襞の数」 発音〈標ア〉テ

いでたた・す【出立―】『連語』（「す」は上代の尊敬の助動詞）出て立たれる。出御になる。＊書紀（720）推古二〇年正月七日・歌謡「やすみしし 我が大君の 隠ります 天の八十蔭（やそかげ） 異泥多多須（イデタタス） 御空を見れば」

いで-たち【出立】『名』①家を出たあたり。門前。＊書紀（720）雄略六年二月四日・歌謡「隠国（こもりく）の 泊瀬の山は 伊底挖智（イデタチ）の よろしき山 走り出の よろしき山の」＊万葉（8C後）二・二一三「携はり わが二人見し 出立（いでたち）の 百枝槻の木〈柿本人麻呂〉」②旅立ち。門出（かどで）。出発。＊宇津保（970–999頃）国譲中「一日まゐりたりしかど、『いでたちしたりし』などありしかば」＊落窪（10C後）四「帥はこの二十八日になん、舟に乗るべき日とりたりければ、いで立ち更にいと近し」＊源氏（1001–14頃）藤裏葉「宰相の中将、いでたちの所にさへとぶらひ給へり」＊今昔（1120頃か）一六・二八「出立する所には馬要する物ぞかし」③使者出発の際の儀式作法。＊栄花（1028–92頃）初花「殿は使の君の御いでたちの事、御覧じ果ててぞ御桟敷へはおはします」＊東寺百合文書-る・応永二六年（1419）四月二三日・兼行年貢到来事（大日本古文書五・三二一）「使者出立帰立以下酒直」④旅立ちする際の食事。また、送別の祝宴。＊史記抄（1477）一三・淮陰列伝「晨炊蓐食は、出立ばしするやうにねむしろで食たぞ」＊日葡辞書（1603–04）「Idetachiuo（イデタチヲ）スル、または、フルマウ」＊浄瑠璃・平仮名盛衰記（1739）三「此（この）食行李（めしごり）がさがさと洗ふて貰（もろ）て、あすの出（いでたち）の残りを詰る」⑤立身出世。栄達。＊源氏（1001–14頃）若紫「大臣ののちにて、いでたちもすべかりける人の、世のひがものにて」⑥出仕。宮仕え。＊平家（13C前）一・二代后「大宮ものうき御いでたちなれば、とみにもたてまつらず」⑦（旅立ち、出陣など）晴れの行為の準備。身じたく。＊後撰（951–953頃）春下・一四〇「やへむぐら心のうちに深ければ花みにゆかむいでたちもせず〈紀貫之〉」＊源氏（1001–14頃）玉鬘「あはれに心細くて、ただ京のいでたちをすれど」＊讃岐典侍（1108頃）下「清暑堂の御神楽には典侍（すけ）二人さきざきも仰せられたるに〈略〉その出たちにことつけて出でなんと思ひて」＊愚管抄（1220）六・順徳「よろこび申の出立せよ」⑧身ごしらえ。服装。扮装（ふんそう）。＊謡曲・鞍馬天狗（1480頃）「さても沙那王がいでたちには、肌には薄花桜の単（ひとえ）に、顕紋紗（けんもんしゃ）の直垂の」＊虎明本狂言・夷大黒（室町末-近世初）「けっこうなるいでたちにてあらはれ給ひたるは、いかやうなる御かたにて候ぞ」＊歌謡・田植草紙（16C中-後）朝歌四番「むくげまゐかけ、かりばの出立おもしろ」＊狂歌・古今夷曲集（1666）秋「出たちはどれもあさ衣あささと浅黄にそめてきそ踊哉」＊浮世草子・傾城色三味線（1701）大坂・六「今宵の客達の出立、いづれも一様にそろへぎる物なれば」⑨（御用始めの意か）平安時代、太政官の少納言局に属し、記録をつかさどった外記（げき）の政始（まつりごとはじめ）の儀式作法。＊西宮記（969頃）七・出立「出立、弁少納言西屏下、当外記門南上東面、外記史列立」＊公事根源（1422頃）外記政始「結政の事果てて、南の所にて勧盃あり、いでたちとて、出ざまに各作法あり」 発音〈なまり〉デタズ〔秋田〕 〈標ア〉0 〈京ア〉0 辞書 文明・日葡・書言・ヘボン・言海 表記 出立（文・ヘ・言） 促装（書）

いでたち-いそぎ【出立急】『名』（「いそぎ」は、支度の意）①旅立ちのしたく。出発の準備。＊土左（935頃）承平四年一二月二七日「京にて生れたりしをんなご、国にてにはかに失せにしかば、このころのいでたちいそぎを見れどなに事もいはず」＊源氏（1001–14頃）宿木「この御山里いでたちいそぎに、からうじて召使はせ給ふべき」②この世からあの世に旅立つ用意。後生（ごしょう）の準備。＊源氏（1001–14頃）行幸「さべき人々にも立ちおくれ、世のすゑに残りとまれるたぐひを、人の上にていと心づきなしと見侍りしかば、いでたちいそぎをなむ思ひ催され侍るに」＊源氏（1001–14頃）椎本「世に心とどめ給はねば、いでたちいそぎをのみ思せば、涼しき道にもおもむき給ひぬべきを」 発音 イデタチイソギ 〈標ア〉イ2

いでたち-がた【出立方】『名』出て行く時分。立ち去る頃。＊曾丹集（11C初か）「ねやのうへに雀の声ぞすだくなる出たちがたに子やなりぬらん」

いでたち-すがた【出立姿】『名』外出の服装。よそゆき姿。＊浮世草子・本朝桜陰比事（1689）二・四「大宮の小林とてさながら六条の太夫めきて、出立姿に恋（こが）れ泣をさせけるが」 発音 イデタチスガタ 〈標ア〉ス

いで-た・つ【出立】『自タ四』①ある場所に出て立つ。＊古事記（712）下・歌謡「おしてるや 難波の崎よ 伊伝多知（イデタチ）て わが国見れば」＊万葉（8C後）四・七三六「月夜には門に出立（いでたち）夕占（ゆふけ）問ひ足占（うら）をそせし行かまくを欲り〈大伴家持〉」＊万葉（8C後）二〇・四三一九「高円（たかまと）の秋野の上の朝霧に妻呼ぶを鹿伊泥多都（イデタツ）らむか〈大伴家持〉」②外に現われる。出る。出てくる。＊源氏（1001–14頃）浮舟「女は、かき集めたる心のうちに催さるる涙、ともすればいでたつを慰めかね給ひつつ」③出発する。旅立つ。＊万葉（8C後）二〇・四三七三「今日よりは顧みなくて大君の醜（しこ）の御楯と伊涅多都（イデタツ）我は〈今奉部与曾布〉」＊古今（905–914）仮名序「遠き所も、いでたつあしもとよりはじまりて、年月をわたり」＊源氏（1001–14頃）明石「頭さし出づべくもあらぬ空の乱れに、いでたち参る人もなし」④宮仕えに出る。出仕する。＊源氏（1001–14頃）帚木「宮仕へにいでたちて、思ひかけぬ幸い取り出づるためしども多かりかし」＊更級日記（1059頃）「若い人参らせよと仰せらるれば、えさらず出だし立つるにひかされて、又時々いでたてど」⑤立身出世する。＊今昔（1120頃か）二四・一八「此が出立（いでたち）なば、主計・主税の頭・助にも大夫の史にも、異人は更に可競き様无（なき）なめり」⑥整った姿をする。身じたくする。晴れの装束をつける。扮装する。＊平家（13C

前)五・富士川「馬、鞍、鎧、甲、弓矢、太刀、刀にいたるまで、照り輝く程にいでたたれたりしかば、めでたかりし見物也」＊風姿花伝(1400-02頃)二「およそ、物狂のいでたち、似合ひたるやうにいでたつべき事、是非なし。さりながら、とても、物狂に託せて、時によりて、何とも花やかにいでたつべし」＊史記抄(1477)五・秦始皇本紀「あまりの栄曜のあまりに微賤の者の様にいでたちてあるいたぞ」＊読本・南総里見八犬伝(1814-42)一・二回「両人列卒(せこ)に打扮(イデタチ)つつ、弓箭手挟走り出」＊即興詩人(1901)〈森鷗外訳〉をかしき楽劇「忽ち鈴つけたる帽を被れる戯奴、道化役者、魔法つかひなどに打扮(イデタ)ちたる男」⑦山などがそびえ立つ。＊万葉(8C後)三・三一九「こちごちの 国のみ中ゆ 出立有(いでたてる) 富士(ふじ)の高嶺は〈虫麻呂歌集〉」 発音〈標ア〉タ0 〈ア史〉江戸○●○○ 〈京ア〉⓪ 辞書日葡・ヘボン・言海 表記出立(へ・言)

いで-ちが・う【出違】〘自ハ四〙①出て行って、他の者とすれちがう。＊たまきはる(1219)「声をささげささげ、さまざまの事申して、仰せ言うけ給はりて、いでちがふ」②入れ違いに出る。会わないようにほかから出る。人の来るのをはずして出る。＊重家集(1178)「日に行きていざこころみむわぎもこは夜はさながらいでちがひけり」＊太平記(14C後)三六・清氏叛逆事「後の小門より出違ひければ、志一上人重ねて云ひ入るるに言なくして、宿所へぞ帰り給ひける」 辞書文明 表記出違(文)

いて-ちょう【凍蝶】〘名〙冬季まで生きながらえた蝶。《季・冬》＊漢和法式(1498)「凍蝶」＊俳諧・毛吹草(1638)二「氷蝶(イテテフ)」＊俳諧・春鴻句集(1803頃)冬「凍蝶は見ぬ世かたりの小町哉」 発音イテチョー〈標ア〉テ

いで-ち・る【出散】〘自ラ四〙他へ出て散らばる。＊宇治拾遺(1221頃)六・二「つかはれ人、みな出ちりて、北方、若君ばかりなん、すごくてすみ給ける」＊たまきはる(1219)「わがまゐりたきをり参りて、あそびたきをりあそびて、夜などは、みな、近きとのゐ所へ、おのおのいでちりぬれば」

い-てつ【異轍】〘名〙(「轍」は、車のわだち、転じて前代の遺法の意)規則、教えが異なること。＊本化摂折論(1902)〈田中智学〉二・二章「即ち義判に於て開目抄と異轍(ヰテツ)が無い」 発音〈標ア〉0

い-てつ【鋳鉄】〘名〙鋳物用の鉄。また、鋳物にした鉄製品。ちゅうてつ。＊西洋家作雛形(1872)〈村田文夫・山田貢一郎訳〉五「家宅の屋根を作るに、鋳鉄(イテツ)を用ゆるものあり」 発音〈標ア〉0 辞書言海 表記鋳鐵(言)

いで-つか・う【出仕】〘自ハ下二〙宮仕えに出る。参上してお仕えする。＊源氏(1001-14頃)澪標「治まれる世には、白髪(しろかみ)をも恥ぢずいでつかへけるをこそまことの聖にはしけれ」＊今鏡(1170)一○・敷島の打聞「世を背きぬるなど聞えけれど、さすが隠れもはてで、いでつかへければ」＊増鏡(1368-76頃)一四・春の別れ「ありしやうには出でつかへず、籠り居たるよしなり」

いて-つき【〘名〙長い期間、続けて同じ場所に落ちついていること。いつき。住みつき。＊滑稽本・八笑人(1820-49)初・一「此家にいてつきの居さふらふ眼七」 発音文イテッコーとも〈標ア〉カ(コ)0

いて-つ・く【凍付】〘自カ五(四)〙すっかり凍ってしまう。凍りつく。《季・冬》＊室町殿日記(1602頃)九「大河五百舟千石船いてつきてちっとも不動」＊俳諧・毛吹草(1638)六「池水にいてつく月の影も哉〈正章〉」＊歌舞伎・傾情吾嬬鑑(1788)五立「今宵の大雪に裸身になって、〈略〉この辻堂の縁側へ体が凍(い)て着いて、マア、どうであんべい」＊詞葉新雅(1792)「イテツク かたまる 古長にいやかたまれるとあり」＊青春(1905-06)〈小栗風葉〉秋・一「黒く凍付(イテツ)いたやうな二つの人影」 発音〈標ア〉0 〈京ア〉⓪

いて-つち【凍土】〘名〙凍りついた地面。いてついた土。《季・冬》＊一路(1924)〈木下利玄〉冬日「旭たかみややにあまねき暖かさみちわる凍土(イテツチ)つぶやきとくる」 発音〈標ア〉0テ

いてっ-ぱ【凍場】〘名〙方言 ⇩いて(凍)

いて-づる【凍鶴】〘名〙寒気の中にじっとたたずんでいる鶴。霜の鶴。霜夜の鶴。《季・冬》＊新春夏秋冬(1915)〈松根東洋城選〉冬「凍鶴や花紅ゐの室の外〈松浜〉」＊長子(1936)〈中村草田男〉「凍鶴や等しく書かぬ文の敵」 補注「をだまき綱目-下・漢和式・四季文字の事・冬」に、「凍鶴(トウクハク)こほりたるつる也」とある。

いで-ど【出所】〘名〙「いでどころ(出所)」に同じ。＊浄瑠璃・清水観音利生物語(1681頃か)一「金色の水のいでどを尋ねつつ水上、さしてのぼらるる」 発音〈標ア〉ズ

いて-どけ【凍解】〘名〙冬のあいだ凍っていた地面が、春になって解けてゆるむこと。《季・春》＊俳諧・韻塞(1697)正月「氷凝解(イテどけ)にほつれて咲や蕗の花〈米糴〉」＊俳諧・千鳥掛(1712)上・春「凍解や去年の紅葉の行覧〈一海〉」 発音〈標ア〉0

いで-どころ【出所・出処】〘名〙物事の出てくるもと。でどころ。いでど。しゅっしょ。＊狭衣物語(1069-77頃か)三「烏帽子、直衣なる人の、ふとさし合ひたるに、いで所の便なければ、袖して顔を隠して」＊後拾遺(1086)序「此等のたぐひは誰がしわざとも知らず、また歌のいでどころもつまびらかならず」＊平家(13C前)一・鱸「是はいづくよりの月影ぞや。出どころおぼつかなし」＊コンテムツスムンヂ(捨世録)(1596)一・三「コレ スナワチ ワレラニ カタリタマウ ミコトバノ idedocoro ナリ」＊日葡辞書(1603-04)「Idedocoro(イデドコロ)〈訳〉ある物事の始め、または出所」＊赤光(1913)〈斎藤茂吉〉塩原行「しほ原の湯出でどころとめ来ればもみぢの赤き処なりけり」 発音〈標ア〉ド 辞書文明・日葡 表記出所(文)

いて-なぎ【凍凪】〘名〙冬に気温が低下して風雪のないこと。北海道などで用いる語。《季・冬》

いでのくち【井出口】熊本市迎町の長六橋の上流にあった江戸時代の仕置場。長六下河原。

いて-のこ・る【凍残】〘自ラ四〙凍って、そのまま残る。＊青春(1905-06)〈小栗風葉〉春・三「下駄や轍の迹が泥のまま凍残(イテノコ)って居る」 発音〈標ア〉0コ

いでは【出羽】出羽国(山形県)の旧郡名。「では」とも。平安末期ごろには田川郡に吸収され消滅。現在の東田川郡の北半分にあたる。 辞書和名・色葉 表記出羽(和・色)

いで-は【出歯】〘名〙でっぱ。そっぱ。＊字鏡集(1245)「齗 イデハ」

いで-は【出端】〘名〙出るべき時期。では。＊文明本節用集(室町中)「出端 イデハ」＊読本・椿説弓張月(1807-11)拾遺・五四回「帷幕(いばく)の内に躱(かくろ)ひたる筑登之等は、暗号齟齬(たがひ)て出走(イデハ)を失ひ」 発音〈標ア〉ハ 辞書文明 表記出端(文)

いて-はえ【凍蠅】〘名〙寒さのため、天井などにくっついたまま動かない蠅。冬まで生き残った蠅。冬の蠅。《季・冬》 発音〈標ア〉テ

いで-ばえ【出栄】〘名〙人中に出るといっそう美しく見えること。見ばえのすること。↕出消(いでぎ)え。＊源氏(1001-14頃)葵「目もあやなる御様かたちの、いとどしういでばへを見ざらましかばとおぼさる」＊後鳥羽院御口伝(1212-27頃)「秀能法師、身の程よりもたけありて、さまでなき哥も殊の他にいでばえするやうにありき」 辞書書言 表記出栄(書)

いで-はし・る【出走】〘自ラ四〙外に走り出る。飛び出して走って行く。＊万葉(8C後)五・八九九「すべも無く苦しくあれば出波之利(いでハシリ)去なな思へど子らに障(さや)りぬ〈山上憶良〉」＊平中(965頃)二七「親聞きつけて、『いづこなりし盗人の鬼の、我子をば、からむ』と言ひて、いではしり追へば」＊蜻蛉(974頃)中・天祿元年「あけぬらんと思ふほどにいではしりて、賀茂川のほどばかりなどにぞ、いかできき あへつらん、追ひて物したる人もあり」＊文明本節用集(室町中)「出奔 イデハシル」 発音〈標ア〉0シ 辞書文明 表記出奔(文)

いでは-じんじゃ【出羽神社】山形県東田川郡羽黒町にある神社。旧国幣小社。祭神は伊氏波神(いではのかみ)、倉稲魂命(うかのみたまのみこと)。羽黒山の山頂にあり、月山(がっさん)神社・湯殿山神社とともに出羽三山神社ともいわれる。修験道の道場として知られた。でわじんじゃ。

いて-ばた【射手幡】〘名〙侍大将などのさす旗。布二幅(ふたの)、長さ六尺。幡旗(はんばた)。＊中原高忠軍陣聞書(1464)「侍大将などさす幡、半幡ともいふなり。又射手はたともいふ也」 発音〈標ア〉ジ

いで-はた【井手端】〘名〙井手のへり。ふち。＊思出の記(1900-01)〈徳富蘆花〉一・六「がさがさ風に鳴る井手端の枯茹薹(ずずだま)」

いて-ばち【凍蜂】〘名〙寒さにあって凍りついたように動かない蜂。《季・冬》 発音〈標ア〉テ

いで-はて【出果】〘名〙出たところのはずれ。ではずれ。＊今昔(1120頃か)二三・一四「河原出畢なるに卅余人に成にけり」＊古本説話集(1130頃か)七〇「関のいではてにおはすれば、よろづの国の人、拝まであるべきやうもなし」

いで-はな・る【出離】〘自ラ下二〙元いた所を離れて出かける。ふだん生活している場所を出てよそへ行く。＊高遠集(1011-13頃)「なごりなき須磨の浦風朝なぎにいではなれゆくあとの白波」＊源氏(1001-14頃)若菜下「一人いではなれて、心をたてて、もろこしこまと、この世にまどひありき」 発音〈標ア〉0ナ

いで-は・る【出張】〘自ラ四〙「ではる」の文語形。突出する。＊甲陽軍鑑(大成本所収)(17C初)品六「あれほどすくなき者共が、おほぜひを何共おもはずしていではりて罷有は」

いて-ばれ【凍晴】〘名〙凍りつくように寒くて、しかも快晴であること。《季・冬》

いて-びと【射手人】〘名〙「いて(射手)①」に同じ。＊年中行事歌合(1366)「射手人のあやめのかづら長き根に今日のま弓をひきやそへまし〈二条良基〉」 発音〈標ア〉テ0

いで-ひろめ・く【出広】〘自カ四〙出て外部に広まる。外にあらわれて広がる。＊和泉式部日記(11C前)「けせうにていでひろめかばこそはあらめ、さるべきかくれなどにあらんには、なでふことかあらん」

いて-ぶぎょう【射手奉行】〘名〙「いかたぶぎょう(射方奉行)」に同じ。

いで-ぶくろ【井手袋】〘名〙方言 ⇩いで(井手)

いて-ぶね【射手船】〘名〙船いくさのとき、弓を射る人の乗る船。＊能島家伝(17C初か)一(古事類苑・兵事二七)「射手船の事、二三百石以上の船を用べし。此船矢倉舟なり」＊浄瑠璃・百合若大臣野守鏡(1711頃)一「先陣に輪宝船(りんぼうぶね)をたてならべ、水はじきをたたへ、敵の火矢を防(ふせ)がせ、射手船には、一枚楯(だて)つき立(たて)つき立(たて)」 発音〈標ア〉0

いで-ぶね【出船】〘名〙港などから出帆する船。でふね。↕入り船。＊為尹千首(1415)恋「忘るなよ由良のみさきを出舟のほのかたらひし波のうきねを」＊謡曲・舟弁慶(1516頃)「かく尊詠の偽りなくは、やがておん世に出で舟の」＊日葡辞書(1603-04)「Idebune(イデブネ)〈訳〉出帆する船」＊浮世草子・好色二代男(1684)五・四「唐土人にもいやなる枕をかはす。それもなじめば出船(イテフネ)をかなしみ、松浦さよ姫が思ひをなす」 発音〈標ア〉0 辞書文明・日葡 表記出船(文)

いて-ぼし【凍星】『名』凍りついたように光がさえる冬の夜空の星。《季・冬》 発音〈標ア〉テ

いで-ぼし【茹干】『名』方言 ❶大根の切り干し。兵庫県加古郡664 ❷煮干し。◇いでぶし 富山県砺波398 ❸煮上げただけできな粉も餡(あん)もつけない団子。◇いでほし・いでほしだご〔―団子〕 長崎県壱岐島915

いでまさ・う【出座】『自ハ四』(「いでます」に「あう」の付いた「いでましあう」の変化した語)(複数の人が)お出かけになる。(人々が)お出ましになる。一説に「ふ」は継続の助動詞で、ある期間おでましになるの意とも。＊書紀(720)雄略九年五月(前田本訓)「国の堺を観(み)せまつらむと欲ふ。請ふ、垂降臨(イデマサへ)」

いで-まし【出座】『名』(動詞「いでます(出座)」の連用形の名詞化) お出まし。お出かけ。＊書紀(720)天智九年五月・歌謡「玉手の家の 八重子の刀自(とじ) 伊提麻志(イデマシ)の 悔いはあらじぞ 出でませ子」＊万葉(8C後)二・二三〇「天皇(すめろき)の 神の御子の 御駕(いでまし)の 手火(たひ)の光そ ここだ照りたる〈金村歌集〉」＊観智院本名義抄(1241)「行 イテマシ ミユキ」 発音〈京ア〉0 〈ア史〉平安〇●●〇と〇●●の両様 辞書名義・言海 表記行(名) 出座(言)

いでまし の 宮(みや) 皇居から離れた地に設けられた別宮。離宮。＊万葉(8C後)三・三一五「天地(あめつち)と長く久しくよろづ代に変らずあらむ行幸之宮(いでましのみや)〈大伴旅人〉」＊読本・雨月物語(1776)蛇性の婬「いにしへ行幸(イデマシ)の宮ありし所は、石はしる滝つせのむせび流るるに、ちいさき鱗(あゆ)どもの水に逆ふなど」 発音〈標ア〉0

いでまし-どころ【出座処】『名』(「いでましところ」とも) 天皇など高貴な人が旅に出て、滞在される場所。行幸される所。＊万葉(8C後)三・二九五「住吉(すみのえ)の岸の松原遠つ神わがおほきみの幸行処(いでましところ)〈角麻呂〉」 発音〈標ア〉ド

いで-まじら・う【出交】『自ハ四』(「まじらう」は動詞「まじる」に動作の反復、継続を表わす接尾語「ふ」の付いたもの) 世間に出て交際する。世の人々とつきあう。＊落窪(10C後)二「中納言は老いほけ給へる上に、物思ひのみして、をさをさいでまじらひ給ふ事もなし」＊更級日記(1059頃)「我は世にもいでまじらはず、かげに隠れたらむやうにてゐたるを」

いで-ま・す【出座】『自サ四』(動詞「いず(出)」に尊敬の補助動詞「ます」が付き一語になった語) ①(「出づ」「行く」の尊敬語) お出になる。お出かけになる。また、お現われになる。＊書紀(720)仁徳三〇年九月(前田本訓)「皇后、紀国に遊行(イデマシ)て熊野岬に到りて」＊小川本願経四分律平安初期点(810頃)「時に世尊、阿難と倶に行(イデマス)」＊大鏡(12C前)三・師輔「さてのちに霊にいでまして〈略〉とこそのたまひけれ」＊御巫本日本紀私記(1428)神代下「遊行之状也者〈伊弖万須可多知波〉」 ②(「来(く)」の尊敬語) いらっしゃる。おいでになる。＊書紀(720)天智九年五月・歌謡「打橋(うちはし)の つめの遊びに 伊提麻栖(イデマセ)子」＊万葉(8C後)八・一四五二「闇ならばうべも来まさじ梅の花咲ける月夜に伊而麻左(イデマサ)じとや〈紀女郎〉」＊西大寺本金光明最勝王経平安初期点(830頃)八「唯し願ふ、天女来(イテマシ)て、我が語をして滞ること無から令めむとして、速く身口の内に入れて」＊土左(935頃)承平四年一二月二四日「講師、むまのはなむけしにいでませり」 ③(「居り」の尊敬語) いらっしゃる。おられる。＊万葉(8C後)二〇・四三二六「父母が殿のしりへの百代草百代伊弖麻勢(イデマセ)我が来たるまで〈生玉部足国〉」 語誌 補助動詞「ます」が盛行していた上代には、神や天皇に対する敬意から、夫・父母など親しみのある関係にまで広く用いられた。平安時代以降、用例が減少し、対象も仏や霊などに限定されてゆく。 発音〈標ア〉マ 辞書色葉・名義・言海 表記幸(色) 之(名) 出座(言)

いで-みず【出水】『名』大雨などのため、河川、湖沼の水があふれること。また、その水。でみず。＊俳諧・蕪村句集(1784)夏「出水の加茂に橋なし夏祓」＊左千夫歌集(1920)〈伊藤左千夫〉明治三五年「出水(イデミヅ)もいまだひかぬになほし降る雨の音きけばいを寝かねつも」 発音〈標ア〉デ

いで-みせ【出店】『名』①本店から分かれてよそに出した店。支店。でみせ。②道ばたに商品を並べて売る店。露店。＊浮世草子・本朝二十不孝(1686)四・三「随分かしこく立まはり、此所の市に出見世(イデミセ)、都の春の花を爰の秋に咲かせ、馬引野人をまねき」 発音〈標ア〉デ

いでみ-の-はま【出見浜】 大阪府住之江区東部、住吉神社の西側にあった浜。古く、歌枕として広く世に知られ、潮干狩の名所でもあった。＊万葉(8C後)七・一二七四「住吉(すみのえ)の出見浜(いでみのはま)の柴な刈りそね未通女(をとめ)等が赤裳の裾の濡れてゆく見む〈人麻呂歌集〉」＊文明本節用集(室町中)「出見浜 イデミノハマ 摂州」 発音〈標ア〉マ 辞書文明 表記出見浜(文)

いで-・みる【出見】『他マ上一』外、また、ある場所に出て見る。＊万葉(8C後)二・二〇七「吾妹子が 止まず出見(いでみ)し 軽の市に わが立ち聞けば〈柿本人麻呂〉」＊万葉(8C後)一八・四一一三「夏の野の さ百合(ゆり)引き植ゑて 咲く花を 移弖見流(イデミル)ごとに〈大伴家持〉」＊義経記(室町中か)八・兼房が最期の事「妻戸よりづといでみれば」 発音〈標ア〉0ミ

いで-むか・う【出向】『自ハ四』①ある場所、方向に向かって、出て行く。出向いて行く。＊万葉(8C後)二〇・四三三一「雞が鳴く 東男は 伊田牟可比(イデムカヒ) 顧みせずて〈大伴家持〉」＊平家(13C前)一〇・首渡「大夫判官仲頼、六条河原にいでむかて、頸どもうけとる」 ②自分の場所から、他の場所へ出て行って向かい合う。出て行って対面する。出て行って敵に立ち向かう。＊源氏(1001-14頃)若紫「物よりおはすれば、まづ、いでむかひて、あはれにうち語らひ」＊コンテムツスムンヂ(捨世録)(1596)一・一三「トヲ タタクト モニ idemucŏ(イデムカウ) トキンバ、フセグニ カタカラズ」＊日葡辞書(1603-04)「Idemucai, ŏ, ŏta(イデムカウ)〈訳〉出て行ってあう」 発音〔文〕イデムコーとも〈標ア〉0カ〔コ〕 辞書文明・日葡 表記出向(文)

いで-むか・える【出迎】『他ア下一』(ハ下一)〔文〕いでむか・ふ『他ハ下二』 外へ出て行って人を待ち受ける。出迎える。＊四河入海(17C前)二一・二「さて蜀の守護なんども、此の三老の来れば、履を倒して、門に出迎(イテむかへ)てあつしぞ」＊人情本・閑情末摘花(1839-41)初・五回「チト御免なせへと言ながら障子をぐゎらりと明れば、母のおみきは出迎(イデムカ)へて」＊内地雑居未来之夢(1886)〈坪内逍遙〉九「おみやは急がしく出迎(イデムカ)へて」＊化銀杏(1896)〈泉鏡花〉八「夢中に上り口に出迎(イデムカ)へつ」 補注 ハ行四段に活用させて用いた例として「奥の細道-大垣」の「露通も此みなとまで出むかひて」がある。

いで-もう・ず【出詣】『自ダ下二』 出かけて行って社寺に参詣する。＊大和(947-957頃)御巫本附載「かの志賀にいでまうでたりし中に友達たりけるが、物のゆゑ知りたりけるをぞ呼びにやりて」 発音〈標ア〉0カ

いで-もうで・く【出詣来】『自カ変』(「もうでく」は「まゐでく」の変化したもの)「出で来」の謙譲語で、聞き手に対し「出で来」を改まって丁重にいう対話敬語。出て参ります。①現われいでてやって来る。出てまいる。出てきて参上する。＊宇津保(970-999頃)俊蔭「いかでか掃き清めむと思ひ侍しに、童いでまうできて、払ひあけてすませ侍らするに」＊源氏(1001-14頃)若菜上「よく、この世のほかのやうなるひがおぼえどもにとりまぜつつ、あやしき昔の事ども、いでまうできつらんはや」＊源氏(1001-14頃)蜻蛉「かしこに侍りける下童の、ただこのごろ宰相が里にいでまうできて」 ②(特に、「この世に出て参ります」の意で) 生まれて参ります。＊宇津保(970-999頃)忠こそ「累代に伝はれる帯なり。千蔭がのち、いでまうでこずは奉らむ」 ③ある物事、事態などが発生する。しゅったいする。＊落窪(10C後)二「みだれかはしき事のいでまうできにしかば」＊増鏡(1368-76頃)一一・さしぐし「さてなだらかにもおはしまさば、まさることやいでまうでこん」 辞書言海

いで-もの【出者】『名』出しゃばり者。＊甲陽軍鑑(17C初)品五三「うちはものか、出者か、慇懃者か〈略〉此人柄を屋形の御存知ありて、それぞれに物を被二仰付一べきためなり」

いで-もの・す『自サ変』(「ものす」は、この場合、「来(く)」の間接表現) 新たな物事、人が現われてくる。生まれてくる。＊源氏(1001-14頃)薄雲「ましてこれは、やむごとなき御方々にかかる人いでものし給はば、こよなく消たれ給ひなむ」＊増鏡(1368-76頃)一〇・老のなみ「勾当内侍といひしが腹にいで物し給へりし姫君、後に五条院と聞えし」

いで-や『感動』(感動詞「いで」に間投助詞「や」が付いてできた語)「いで」を強めて言う語。①ためらいを含みつつ発言する時に用いる。いやもう。さてもう。なんとまあ。＊古今(905-914)雑体・一〇四〇「我をのみ思ふといはばあるべきをいでや心はおほぬさにして〈よみ人しらず〉」＊宇津保(970-999頃)春日詣「北の方、『いでや、それもかひなかりきや』とて」＊源氏(1001-14頃)若紫「いでや、よろづおぼし知らぬさまに大殿籠り入りてなど聞ゆる折しも」＊今昔(1120頃か)二六・五「いでや、何(いか)がせまし」 ②あり得る反対の可能性の否定を含めて発言する時に用いる。とにかく。＊徒然草(1331頃)一「いでや、この世に生れては、願はしかるべき事こそ多かめれ」 ③相手の言葉をさえぎって発言する時に用いる。いいえ。いやいや。不満、反発の気持が強い。＊青表紙一本源氏(1001-14頃)若紫「いでや、なにしにさいふとも田舎びたらむ」＊栄花(1028-92頃)月の宴「いでや、よにさるけしからぬ事あらじ」＊大鏡(12C前)一・後一条院「いでや、それは、さきらめけど、くもりやすくぞあるや」 発音〈標ア〉イ 〈ア史〉平安〇〇● 辞書色葉・名義・伊京・書言・ヘボン 表記唷(色・名・伊) 先(書)

いでや いでや (感動詞「いでや」を重ねたもの)「いでや」の強め。いやもう、いやもう。↓いでや。＊多武峰少将物語(10C中)「いでやいでやいでや、すべてすべて、ただおしはからせ」＊源氏(1001-14頃)宿木「『いでやいでや、あやしきはみなせ川にを』とてまた端に書くぞ」 発音〈標ア〉イ

いで-や・む【出止】『自マ四』出ていたのが止まる。＊落窪(10C後)一「万に物の香臭くにほひたるがわびしければ、いとあさましきには、涙もいでやみにけり」

いで-や・る【出遣】『自ラ四』ためらわないで出る。さっさと出る。打消の表現を伴うことが多い。＊蜻蛉(974頃)上・天暦八年「『時たがひぬる』といふまでも、えいでやらず」＊源氏(1001-14頃)浮舟「妻戸にもろともにゐておはして、えいでやり給はず」＊山家集(12C後)下「山深く心はかねておくりてき身こそ憂世を出やらねども」 発音〈標ア〉0ヤ

いで-ゆ【出湯】『名』温泉。＊出雲風土記(733)意宇「出湯(いでゆ)の在るところ、海陸を兼ねたり」＊堺本枕(10C終)三二一・出湯は「出湯は、ななくりの湯。ありまの湯」＊後拾遺(1086)恋一・六四三「尽きもせず恋に涙を流すかなこやななくりの出ゆなるらん〈相模〉」＊色葉字類抄(1177-81)「温泉 イテユ 出湯 同」 発音

温泉(色・易・書・へ)　出湯(色・言)　辞書色葉・易林・書言・ヘボン・言海　表記〈標ア〉⓪テ　〈京ア〉イ⓪

いて-ゆき【凍雪】〘名〙降ったあとで凍りついた雪。《季・冬》＊春蘭(1947)〈飯田蛇笏〉「凍雪の夕かげふみてあるきけり」　方言❶乾いた雪。滋賀県高島郡012　❷氷結した雪。◇**いてたゆき**　兵庫県美方郡012　発音〈標ア〉テ

いでゆき-がた【出行方】〘名〙出て行く先。＊広本拾玉集(1346)四「うきながら今まで世には有馬山いでゆきかたもなき身なりけり」

いで-ゆ・く【出行】〘自カ四〙出て行く。出かけて行く。＊今昔(1120頃か)九・三「朝に出行くとても帳の前に行て、出づる由を告ぐ」＊文明本節用集(室町中)「出行　イデユク」＊孝女白菊の歌(1888-89)〈落合直文〉一「菅の小笠に杖とりて　いでゆくさまぞあはれなる」　発音〈標ア〉⓪ユ　辞書文明　表記出行(文)

いでゆけ-がし【出行―】〘形動〙(「がし」は接尾語)出て行けと言わんばかりの冷たい態度をいう。＊思出の記(1900-01)〈徳富蘆花〉三・九「此様(こん)な出で行けがしの待遇を受けながら」＊妾の半生涯(1904)〈福田英子〉一三・二「少許の資本の分与を乞ひしに、思ひも寄らぬ有様にて、家を思はぬ人でなしと罵られ、忽ち出で行けがしに遇せられければ」　発音イデユケガシ〈標ア〉ケ

いでゆ-めぐり【出湯巡】〘名〙各地の温泉をまわること。諸所の湯治場を巡遊すること。＊つゆ艸(1902)〈太田水穂〉秋袷「箱根山出で湯めぐりのかへるさに秋なく虫のこゑをきくかな」　発音イデユメグリ〈標ア〉メ

いでら-こふん【井寺古墳】熊本県上益城郡嘉島町井寺にある古墳時代後期に属する円墳。安政四年(一八五七)発見。石室内に線刻と彩色の文様をもつ装飾古墳。

い-てら・す【射照】〘他サ五(四)〙光を強く鋭く物に当てる。＊日本橋(1914)〈泉鏡花〉五〇「人間の骨髄を透して、臓腑を射照らすかと思ふ、晃晃たる光を放つ」　発音〈標ア〉コ

いてる【居】〘動〙方言❶居る。滋賀県606　彦根609　奈良県678　高市郡683　和歌山県690　❷座っている。東京都八丈島335　発音〈標ア〉ラ⓪

い・てる【凍・冱】〘自タ下一〙文い・つ〘自タ下二〙①凍る。凍りつく。また、凍ったような感じであることを比喩的にいう。《季・冬》＊堀河百首(1105-06頃)夏「冬さむきいてし氷を埋めおきてはや氷室とはいふにぞありける〈藤原隆源〉」＊名語記(1275)六「そらさむくいてぬれば雨こりて雪となる也」＊俳諧・年浪草(1783)冬・一「凍(イテル)　字彙曰孟冬地始凍云云」＊洒落本・富岡八幡鐘(1802)発語「別を惜(おしむ)衣々には氷(イテテ)動かぬ猪牙舟あり」＊玄武朱雀(1898)〈泉鏡花〉四「凍(イ)てた月の光が射して」　②石、れんがなどが凍りついて、こわれる。　方言❶凍る。凍りつく。凍える。仙台†058　京都†120　福島県相馬郡156　東白川郡157　茨城県188　栃木県198　埼玉県北足立郡062　入間郡257　千葉県東葛飾郡280　東京都八王子311　神奈川県津久井郡012　福井県敦賀郡443　大飯郡448　山梨県456　岐阜県山県郡・稲葉郡498　愛知県尾張567　滋賀県012　609　612　大阪府大阪市638　泉北郡646　兵庫県652　670　和歌山県690　696　鳥取県八頭郡012　徳島県811　◇**いたいる**　新潟県北魚沼郡012　❷地面が凍る。茨城県188　埼玉県秩父郡251　川越255　滋賀県伊香郡606　岡山県042　❸氷結して管などが破れる。栃木県足利市209　新潟県347　❹非常に冷える。冷え込む。宮城県北部068　福島県155　和歌山県日高郡698　◇**いてえる**　新潟県373　語源説(1)イタアル(板有)の約。板のようになるから〔名言通〕。(2)ヒトヅル(氷閉)の約転〔言元梯〕。　発音〈標ア〉テ　辞書日葡・書言・ヘボン・言海　表記冱(書・言)　凅陰(書)　凍(へ)

いて・る【酡】〘自ラ四〙顔が赤らむ。ほてる。＊霊異記(810-824)中・序「瞻(かへり)みて媿(は)ぢ、慮(こころ)に忝(かたじけな)く、顔(おも)酡(イテリ)し耳熱し〈国会図書館本訓釈　酡　イテリシ〉」　補注用例が他に見られず、「霊異記-中・序」の訓釈「イテリシ」の「い」は「ほ」の誤りであるとして、この語の存否が疑われてもいる。

い・でる【茹】〘他ダ下一〙「ゆでる(茹)」の変化した語。＊日葡辞書(1603-04)「Ide, zzuru, eta (イヅル)〈訳〉食物を煮る」＊俳諧・鷹筑波(1638)四「あせのごとくずいきの涙こぼれ落(おち)　あはれりんげむいでてくふいも〈如云〉」

いで-わずら・う【出煩】〘自ハ四〙出で立つことがなかなかできないでいる。出発しかねる。＊蜻蛉(974頃)上・天祿二年「かくのみいでわづらひつつ、人もとぶらひつきぬれば、又はとふべき人もなしとぞ、心のうちにおぼゆる」

い-てん【イ点】〘名〙詩経の二つの古注のうち、毛萇(もうちょう)の伝によった訓法・解釈。→イ点ケ点・イ伝ケ伝。＊玉塵抄(1563)一九「箇はイ点なり大な心ぞ〈略〉大なとよむは毛公が心ぞイ点なり」＊玉塵抄(1563)三六「毛詩にイ点と云ことありイ点は右に点ずるぞ。毛萇が伝のことぞ。ケ点は左に点ずるぞ。鄭玄が箋の心ぞ。箋の字の竹の字のかたかたをとってケ点と云ぞ。イ点と云は毛公が伝としたぞ。伝の字のへんの人の人べんの心ぞ」

い-てん【異点】〘名〙異なった点。違うところ。＊哲学字彙(1881)「Difference 差違、支吾、逕庭、齟齬、異点、特異性〔論〕」＊政党評判記(1890)〈利光鶴松〉五「故に外交上の主義に対しても、亦異点ありとす」

い-てん【移点】〘名〙訓点本の訓点を他の本に移し記すこと。ヲコト点などを、祖本に忠実に転写する場合と、祖本とは異なる点図に従って移し記す場合とがある。＊五島美術館蔵大日経-一・長暦四年点奥書(1040)「長暦四年七月一日移点了」＊石山寺蔵千手千眼修行儀軌-寛徳二年点奥書(1045)「寛徳二年十一月廿六日於大輿房奉書畢　行曜、同月廿七日一校了　同月廿八日移点了」＊医心方-巻八・天養二年点背記(1145)「天養二年二月、以宇治入道大相国本移点」　発音〈標ア〉⓪

い-てん【移転】〘名〙①物事が、ある状態から他の状態へ移り変わること。また、他の状態へかえること。＊易林本節用集(1597)「移転　イテン」＊今昔較(1874)〈岡三慶〉下「是に於て天下の人攘夷の念を移転し、反て行船造船等の術に発憤して」＊人物志「偏材之性、不可移転矣」　②場所を移すこと。会社や店舗などの住所を移すこと。＊書言字考節用集(1717)八「移転　イテン　僧家一院主入他院、曰移転」＊西国立志編(1870-71)〈中村正直訳〉一〇・五「恰もリムペット〈貝の類〉の堅く巌石に黏付するが如く、自ら少もその身を移転すること能はざるなり」＊花柳春話(1878-79)〈織田純一郎訳〉三〇「アリスをして此地に移転せしめ、管絃の教師となす」　③権利を他に移すこと。＊白居易-庭松詩「一家二十口、移転就松来」＊高野山文書-弘安八年(1285)正月一七日・法橋簉尊御影堂陀羅尼田寄進状(大日本古文書二・二七)「右件田地者〈略〉寄進于影堂長日陁羅尼田者、尽未来際、更不可有移転」＊民法(明治二九年)(1896)一七六条「物権の設定及び移転は当事者の意思表示のみに因りて其効力を生ず」　補注②で、個人の引っ越しの場合は多く「転居」という。　発音〈標ア〉⓪　〈京ア〉⓪　辞書易林・書言・言海　表記移転(易・書・言)

い-てん【遺典】〘名〙昔の人が決めて残した法や掟。＊漢語字類(1869)〈庄原謙吉〉「遺典　ヰテン　ムカシノヒトノシヲカレタオキテ」＊布令字弁(1868-72)〈知足蹄原子〉二「遺典　イテン　ムカシノ人ノシヲカレタルオキテ」＊呉志-諸葛恪伝「感四牧之遺典、思飲至之旧章」

い-てん【彝典】〘名〙人として守るべき常の道。正しい道。＊国史略(1826)四「国銭不行、甚違彝典」＊広益熟字典(1874)〈湯浅忠良〉「彝典　イテン　ヲキテ」＊隋書-高祖紀下「刪正彝典、日不暇給」　発音〈標ア〉⓪

い-でん【位田】〘名〙令制下の田種の一つ。王以下五位以上の臣下に、位階にある間、位階に応じて給与された田地。特に、有品(ゆうぼん)の親王などに給与されたものを品田(ほんでん)ともいった。親王、内親王は、一品(ぽん)の八〇町から四品の四〇町まで、臣下は正一位の八〇町から従五位の八町まで一〇等級に分けられた。女子は男子の三分の二。神亀五年(七二八)以後、外位(げい)の人はこの規定の半分が支給された。→功田・職田(しきでん)。＊令義解(718)田・位田条「凡位田。一品八十町。二品六十町。三品五十町。四品卌町。正一位八十町。従一位七十四町。正二位六十町。従二位五十四町。正三位卌町。従三位卅四町。正四位廿四町。従四位廿町。正五位十二町。従五位八町。〈女減三分之一〉」＊令義解(718)田・官位解免条「凡応給職田位田人」＊続日本紀-神亀三年(726)二月庚戌「制、五位已上薨卒之後、例限六年、勿収其位田」＊三代格-五・神亀五年(728)三月二八日・太政官奏「位祿位田賻物　右内位祿淅減半給之」　辞書書言・言海　表記位田(書・言)

い-でん【移伝】〘名〙うつし伝えること。＊明六雑誌-五号(1874)人民の自由と土地の気候と互に相関する の論・続〈箕作麟祥訳〉「隷従の習慣を其本国に移伝したること多く」

い-でん【遺伝】〘名〙①後までのこり伝わること。また、後世までのこし伝えること。＊輿地誌略(1826)二「翁加里亜の一王国を建、其名を今に遺伝するなり」＊西洋事情(1866-70)〈福沢諭吉〉二・三「ロイス即位の後は祖宗より遺伝の法に従て専を王威興張の策に眼を着せり」＊新聞雑誌-三一号・明治五年(1872)二月「現今存在の旧器は社寺に遺伝(イデン)する什物の外」＊内地雑居未来之夢(1886)〈坪内逍遙〉三「遺伝(ヰデン)の財産を譲り受るは、なかなかに是立志の害なり」＊史記-大倉公伝「慶有古先道、遺伝黄帝扁鵲之脈書」　②(英 heredity の訳語)生物の生殖によって親の形質が子孫に伝わる現象。生殖細胞に含まれる遺伝子によって伝えられる。＊七新薬(1862)七「銭癬を患ふる者甚だ多し、其因由を熟察するに、半ば遺伝に係り、半ば風土に由る」＊日本開化小史(1877-82)〈田口卯吉〉二・三「其神経の構造を変性せしめ之を其子に遺伝し」＊吾輩は猫である(1905-06)〈夏目漱石〉三「先天的形体の遺伝は無論の事、許さねばなりません」＊脱出(1935)〈福田清人〉四「それが先天的に遺伝素質によるか、後天的に環境によるかの問題は」　発音〈標ア〉⓪　〈京ア〉⓪　辞書言海　表記遺伝(言)

い-でん【藺田】〘名〙「いだ(藺田)」に同じ。　発音〈標ア〉⓪

いでん-あんごう【遺伝暗号】〘名〙遺伝情報を担っている暗号。伝令RNA上の塩基配列。四種の塩基が順に三つを単位として読まれ、六四種ある。これに対応して、特定のアミノ酸が指定される。

いでん-いんし【遺伝因子】〘名〙「いでんし(遺伝子)」に同じ。＊遺伝学(1934)〈田中義麿〉総論「Allelomorph は〈略〉その訳語としては新に対因子又は相対因子の語を提議したい。併し単に遺伝因子と同義に用ひられることも頗る多い」＊夜と霧の隅で(1960)〈北杜夫〉二「遺伝因子がこれだけ強い場合、一体そのほかの処置が考えられますかね」　発音〈標ア〉イ2　〈京ア〉イ2

いでん-がく【遺伝学】〘名〙生物の遺伝に関する学問、およびその体系。オーストリアのメンデルによって基礎が築かれた。＊模範新語通語大辞典(1919)〈上田景二〉「イデンガク　遺伝学(ヰデンガク)。遺伝に

関する学問。進化論の一部として最も重要なり」 語誌 (1)近代遺伝学の成立は、メンデルの遺伝学法則（一八六五年に発表）の再発見の一九〇〇年とするのが普通であるが、遺伝現象についての研究は、一九世紀の初頭から盛んに行なわれてきた。(2)日本では大正二年（一九一三）、東北帝国大学農科大学（現、北海道大学農学部）に、大学で初めて「遺伝学」の科目が設けられたが、初めて近代遺伝学を系統的に紹介したのは、池野成一郎の「Zikken Idengaku」（一九一八）である。 発音 イデンガク 〈標ア〉デ

いてん-けてん【イ点ケ点】〘名〙 詩経の二つの古注のうち、毛萇（もうちょう）の伝による訓法・解釈をイ点、鄭玄（じょうげん）の箋（せん）による訓法・解釈をケ点と呼ぶ。→イ伝ケ伝。＊玉塵抄（1563）二「毛詩の点にイ点ケ点と云ことあり」＊玉塵抄（1563）六「委曲の心は鄭玄がケ点の心ぞ。毛詩の点にイ点ケ点と云にあるぞ。イ点は毛萇が点なり」

いでん-けでん【イ伝ケ伝】〘名〙 詩経の二つの古注、毛萇（もうちょう）の伝と鄭玄（じょうげん）の箋（せん）をいう。「イ」は伝字の偏、「ケ」は箋字の冠の一部。

いでん-し【遺伝子】〘名〙（英 gene の訳語）染色体上にあり遺伝形質を発現させるもの。デオキシリボ核酸（DNA）、あるいはそれとタンパク質との複合体で、染色体上に一定の順序で配列されている。遺伝因子。＊遺伝学原理（1925）〈松浦一〉「本書中でも特に遺伝子の安定性や突然変異の吟味や」＊地の群れ（1963）〈井上光晴〉四「放射能が遺伝子の突然変異をひき起すという説が」 語誌 一九一〇年代、近代遺伝学の知識が日本に紹介された当初、gene の訳語は「遺伝質」「遺伝子」「遺伝単位」「遺伝要素」「遺伝因子」などさまざまあり、一時は「遺伝因子」が推賞されて多用されたが、一九三六〜三七年頃から「遺伝子」の使用例が目立つようになり、次第に遺伝因子にとって代わった。 発音 〈標ア〉デ 〈京ア〉ン

いでんし-がた【遺伝子型】〘名〙 生物体における遺伝子の組み合わせの型。環境との共同作用で表現型を決定する。 発音 イデンシガタ 〈標ア〉0

いでんし-きごう【遺伝子記号】〘名〙 遺伝子を表記するのに用いられる記号。ふつうは形質を表わす語（英語）の頭文字（あるいは一部）をとって、優性形質を大文字、それに対する劣性形質をその小文字で表わす。例えば、有色（colored）の優性形質を示す遺伝子とそれに対する劣性遺伝子は、Cとcである。 発音 イデンシキゴー 〈標ア〉キ

いでんし-ぎんこう【遺伝子銀行】〘名〙「ジーンバンク」に同じ。 発音 イデンシギンコー 〈標ア〉ギ

いでんし-くみかえ【遺伝子組換】〘名〙 他種生物の遺伝子や、人工遺伝子を細胞内に導入し、本来の遺伝子に代って働かせる技術。バイオテクノロジーの中心となる技術で、医療・生物学の研究以外にも農作物や食品などに応用されている。 発音 〈標ア〉ク デ

いでんし-こうがく【遺伝子工学】〘名〙 生物の遺伝子を人工的に合成、変更して発現させたり、本来その遺伝子をもっていた生物とは異なる生物の体内で発現させたりすることにより、人類にとって有用な産物を大量に得たり、遺伝子病の治療など医療に役立てることをめざす応用遺伝子学。 発音 イデンシコーガク 〈標ア〉コ

いでんし-ざ【遺伝子座】〘名〙 染色体上においてそれぞれの遺伝子が占める位置。

いでんし-そうさ【遺伝子操作】〘名〙 遺伝子を人為的に組み換えたり、それを生細胞に移入したりして操作すること。

いでん-しつ【遺伝質】〘名〙 生物の雌雄両生殖細胞中で、親の形質を子に伝える物質。スイスのネーゲリが提唱した概念で、遺伝子よりも広い意味に用いられる。＊近代語新辞典（1923）〈坂本義雄〉「遺伝質（ヰデンシツ） 遺伝の行はれる本質の意である〈略〉その遺伝質は生殖細胞の染色体であるといはれてゐる」 発音 〈標ア〉デ 〈京ア〉ン

いでんし-とつぜんへんい【遺伝子突然変異】〘名〙 遺伝子の変化によって起こる突然変異。 発音 〈標ア〉デ=ヘ

いてん-しはらい【移転支払】〘名〙 財貨や用役の生産に直接寄与しないで、政府や企業から個人へ支払われるもの。社会保障給付金、年金、贈与など。移転的支出。移転支出。 発音 〈標ア〉シ ハ

いてん-しゅうし【移転収支】〘名〙 国際収支項目のうち、商品、サービス取引きの対価でない受取、支払い（贈与、公館維持のための送金など）の収支。 発音 イテンシューシ 〈標ア〉シュ

いでん-じょうほう【遺伝情報】〘名〙 自己と同じ形質を複製するために、親から子へ、あるいは細胞分裂時に細胞から細胞へ伝えられる情報。DNAの塩基配列として符号化されている。

いでん-せい【遺伝性】〘名〙 遺伝する性質、傾向。また、それを持っていること。＊死（1898）〈国木田独歩〉四「『発狂といふと何んだか可笑しな様だが〈略〉』『遺伝性（ヰデンセイ）じゃアあるまいか』」＊婦系図（1907）〈泉鏡花〉前・一八「酒井は飲酒家（さけのみ）だと云ふから、遺伝性の懸念もありだ」 発音 イデンセイ 〈標ア〉0 〈京ア〉0

いてん-つうち【移転通知】〘名〙 住所が移り変わったことを知らせること。また、その通知。＊或る女（1919）〈有島武郎〉後・二八「郵便だけは移転通知をして置いたので倉地の手許に届いたけれども」 発音 イテンツーチ 〈標ア〉ツ 〈京ア〉ツ／ツ

いてん-とうき【移転登記】〘名〙 不動産に関する所有権など、権利の移転についてする登記。不動産を売買したときなどになされる。 発音 イテントーキ 〈標ア〉ト

いでん-どく【遺伝毒】〘名〙 遺伝によって子孫に伝わる悪い性質。＊文明論之概略（1875）〈福沢諭吉〉五・九「遠く其祖先に受けたる遺伝毒の然らしむるもの」 発音 〈標ア〉デ

いでん-ばいどく【遺伝梅毒】〘名〙 胎児が母体から感染した梅毒のこと。梅毒にかかっている女性が妊娠すると、三、四か月で胎児にうつる。その毒が強いと流産、少し弱いと早産し、さらに弱いと梅毒をもった子供が生まれ、生後その症状をあらわす。＊訂正増補や、此は便利だ（1918）〈下中芳岳〉五・一「遺伝梅毒（ヰデンバイドク） 親から伝った梅毒、生後、何等不品行をもせぬのに病ふ梅毒の意」 発音 〈標ア〉バ

いでん-びょう【遺伝病】〘名〙 遺伝によって子孫に伝わる病気。＊医語類聚（1872）〈奥山虎章〉「Hereditary 遺伝病」＊露団々（1889）〈幸田露伴〉一「系統は清潔にして、各種の遺伝病（ヰデンビャウ）等決してなし」＊社会百面相（1902）〈内田魯庵〉投機・三「『放蕩は江南の家の遺伝病である』とは時折春風の口から洩れた歎息で」 発音 イデンビョー 〈標ア〉0 〈京ア〉ン

いてんぼ〘名〙（「えてんぼ」の変化した語）猿をいう、盗人仲間の隠語。〔隠語輯覧（1915）〕

いてん-りょう【移転料】〘名〙 移転に要する費用。㋑賃貸借契約終了前に、貸主の都合で借主に立ちのきを請求する場合に支払う移転費用。立ちのき料。㋺公共の目的で土地を収用する場合、その土地にある物件の移転費用を補償するため支給する金銭。「土地収用法-七七条」による。 発音 イテンリョー 〈標ア〉テ

いでん-ろん【遺伝論】〘名〙 遺伝現象を説明する仮説。また、遺伝についての見解、論議。＊前期自然主義文学（1949）〈瀬沼茂樹〉一「今日の原子物理学にも匹敵するような進化論と遺伝論と環境論との科学上の驚異的な勝利を目睹して」 発音 〈標ア〉デ

いと【糸・絲】〘名〙 ① 繭、綿、麻、毛などの繊維を細く長くのばし、よりをかけて作ったもの。織物糸、縫い糸、編み物糸など。＊古事記（712）中「糸の従（まにま）に尋ね行けば、美和（みわ）山に至りて神の社に留（とど）まりき」＊万葉（8C後）二〇・四四〇五「わが妹子（いもこ）がしぬひにせよと着けし紐（ひも）伊刀（イト）になるとも吾（わ）は解かじとよ〈朝倉益人〉」＊十巻本和名抄（934頃）六「絲 文字集略云絲〈音司 伊度〉蚕所吐也」＊枕（10C終）三一・こころゆくもの「うるはしきいとのねりたる、あはせぐりたる」 ② ①のように細く長い形をしたもの。また、そのような形のさま。「はちすの糸」「くもの糸」＊万葉（8C後）一〇・一八五一「青柳の絲の細（くは）しさ春風に乱れぬい間に見せむ子もがも〈作者未詳〉」＊歌経標式（772）「和我夜那疑（わがやなぎ）美止利能伊止爾（みどりのイトに）那留麻弖爾（なるまでに）」＊古今料理集（1670-74頃）五「いととは、長さそのたけにして、へぎて一分四方斗に細く切る事也」 ③ 琴、箏（そう）、琵琶、三味線など弦楽器の弦。また、それらの弦楽器や、弦楽器を使う曲。＊延喜式（927）二一・雅楽寮「凡楽器絃料絲。和琴一面〈長六尺二寸料絲二両〉。〈略〉右計所須絲。二年一度請受」＊日葡辞書（1603-04）「Ito（イト）〈訳〉楽器の弦」＊浮世草子・武道伝来記（1687）一・一「糸（イト）の音じめに愁歎ふくみて」＊門三味線（1895）〈斎藤緑雨〉二〇「節も揃はず調子も合はず、絃（イト）の音のとんと合点がならなんだ」＊破垣（1901）〈内田魯庵〉一「三絃（イト）が出来て渋皮が剝けてるのが幸ひ」 ④（糸のようなねばりを引くところから）納豆をいう女房詞。いとひき。＊御湯殿上日記-文明一二年（1480）四月四日「みなせよりいとまいる」＊大上﨟御名之事（16C前か）女房詞「まめなっとう。いと」 ⑤ 絹糸。生糸。＊統道真伝（1752頃）万国・万国産物為人言語論「従天竺積来物、絲巻物薬種伽羅蘇木鮫珊瑚珠等也」 ⑥ 釣り糸。→糸を垂れる。＊草根集（1473頃）二「つりの糸にひとたびかかるうろくつの引るるほどの命をそまつ」＊随筆・孔雀楼筆記（1768）三「郷国（ざいしょ）にて魚を釣は、天蚕絲（てぐす）を綸（イト）とす」＊苦心の学友（1930）〈佐々木邦〉天空海濶「沙蚕（ごかい）をつけて糸（イト）を下すか下さないに、『釣れた釣れた！』と言ひながら、大きな鯔（ぼら）を引き上げて」 方言 ❶絹糸。岐阜県北飛騨499 愛知県東春日井郡559 高知県861 ❷絹ひも。富山県東礪波郡010 ❸生糸。◇いっとお 沖縄県与那国島996 ◇いっつ 沖縄県竹富島996 ◇いちゅ 鹿児島県奄美大島・加計呂麻島975 沖縄県小浜島・新城島975 ◇いっちゅ 鹿児島県沖永良部島975 沖縄県石垣島975 ◇いいちゅ 沖縄県首里・那覇市975 ◇いいちゅう 沖縄県中頭郡975 ❹絹。◇いとぅ・いつ・いいちゅ 沖縄県首里993 ❺麻糸。青森県津軽075 南部085 秋田県鹿角郡130 山形県飛島140 ❻植物、あさ（麻）。たいま（大麻）。青森県津軽「いど畑」073 岩手県一部030 秋田県021 131 ❼植物、からむし（苧麻）。山形県一部030 語源説 (1)イスヂ（胆筋）の義〔三余叢談・松屋筆記〕。(2)イは発語。トは細いことをいう〔東雅〕。(3)イトホル（息通）の略〔関秘録〕。(4)細いので、絶えるのをイトフことから〔名言通〕。(5)蚕の糸口をいうイト（出取）の義〔柴門和語類集〕。(6)イト（最）の義〔和語私臆鈔〕。(7)ヒイテ（引出）の約転〔言元梯〕。(8)イソ（小麻）の転義〔国語の語根とその分類＝大島正健〕。 発音 〈なまり〉エド〔埼玉方言・福井〕〈標ア〉イ 〈ア史〉平安・鎌倉・江戸○◐ 〈京ア〉0 上仮名 イト・イト・イト「万葉」の東国歌にイトの一例が、「歌経標式」にイトの一例がそれぞれあるほかには仮名書きの例がないので、どちらが正しいかは不明。 辞書 字鏡・和名・色葉・名義・和玉・文明・明応・天正・黒本・日葡・書言・ヘボン・言海 表記 絲（和・色・名・玉・文・明・天・黒・書・へ・言）縦（色・名・

玉）糸（玉・文・書）紡（色・玉）線（名・文）紘（玉・書）絜・綵・繹・絞（色）紕（名）綸・纓・緯・綬・紹・系・襟・糾・絢・綸（玉）

いと合（あ）わす 糸をつむぐ。＊色葉字類抄（1180）「綜糸 イトアハス」 辞書色葉・名義 表記 綜糸（色）綜（名）

いとに＝乗（の）せる［＝かける］ 三味線のリズムに合わせて歌ったり、せりふを言ったりする。＊洒落本・浪花色八卦（1757）「哥に作り糸にのせてうたひ流すの義や」＊滑稽本・客者評判記（1811）下「さらばこれから糸にかけてははしませう」

いとによる恋（こい） （「古今集‐羇旅」の「糸によるものならなくに別れ路の心細くも思ほゆるかな〈紀貫之〉」による）心細い恋。＊俳諧・西鶴大矢数（1681）第二「糸による恋をひかるる木綿縞 思ひの淵の天満川崎」＊浮世草子・好色二代男（1684）七・三「雲にかけはしのたより、是も糸による恋とや藤屋の総角かたへ、色々の唐絹つくして」

いとの鞋（くつ） 「いとぐつ（糸鞋）」に同じ。＊十巻本和名抄（934頃）四「絲鞋 弁色立成云絲鞋〈伊土乃久都 今案俗云之賀伊〉」 辞書和名・色葉 表記 絲鞋（和・色）

いとの引（ひ）き手（て） 陰にいて人をあやつる人。陰の操縦者。＊雑俳・柳多留‐六（1771）「後家を立てますには糸のひきてあり」

いとの節（ふし） 糸の太さが局部的にふくらんで、瘤（こぶ）状になった箇所。偶然、そうなることのほかに、人工的に作って、飾り糸とすることもある。いとぶし。いとだまり。＊十巻本和名抄（934頃）六「絲〈略〉説文云線〈略〉絲縷也。纇〈盧対反伊度乃布之〉絲節也」 辞書和名・名義・和玉 表記 纇（和・名・玉）

いと結（むす）ぶ 銭差しの縄に銭をさし通して、銭が縄からはずれないようにする。計算の上での一つの単位を示すもの。＊文明本節用集（室町中）「一緡 イチビン イトムスフ ゼニナフ 銭一貫義」 辞書文明 表記 緡（文）

いと縒（よ）る 糸をねじってつなぎ合わせる。＊新撰字鏡（898‐901頃）「縦線 二同千爾反糸也 冠上覆也 謂縫衣縷也 糸与留」＊観智院本名義抄（1241）「線 イトヨル」 辞書字鏡・色葉・名義・和玉 表記 搓（字・名）縦線・搓線（字）樁（色）線・繚（名）縒（玉）

いとを垂（た）れる 釣り糸を垂れる。釣りをする。＊俳諧・毛吹草（1638）五「糸たれてつるは柳の葉魚哉〈昌意〉」＊今年竹（1919‐27）〈里見弴〉濠沿の家・七「小さな田舟を竿に繋いで〈略〉静に糸を垂れてゐる老人を見た」

いとを引（ひ）く ①糸を抜き出す。糸を繰（く）る。糸をつむぐ。＊書紀（720）神代上（水戸本訓）「又口の裏（うち）に繭（かひこ）を含みて、便ち絲抽（ヒク）こと得（え）たり」＊催馬楽（7C後‐8C）走井「走井の 小萱刈り収めかけ それにこそ 繭つくらせて 伊（イ）と比支（ヒキ）なさめ」＊とはずがたり（14C前）四「十たんの蓮の茎をたまはりて、極楽の荘厳、織りてみせまいらせんとて、乞ひて、いとをひきてそめ」＊鶏（1909）〈森鴎外〉「その中で糸を引いてゐる音がぶうんぶうんとねむたさうに聞えてゐる」②張った糸を動かして、あやつり人形を操作する。＊有馬私雨（1672）一「からくりの糸ひくならで糸まきし人形筆をつかふ面白〈行風〉」③（あやつり人形を動かすところから）陰で人をあやつる。裏で指図をして人を思うように動かす。＊浄瑠璃・神霊矢口渡（1770）一「新田足利威を争ひ、合戦に及ぶ様に糸（イト）を引かせ」＊雑俳・柳多留‐三七（1807）「ぐつぐつとのすはづ姉が糸を引」＊小説神髄（1885‐86）〈坪内逍遥〉上・小説の主眼「作者が人物の背後にありて屢々（しばしば）糸（イト）を牽（ヒ）く様子のあらはに人物の挙動に見えなばたちまち興味（おもしろみ）を失ふべし」④物事がうまく行なわれるように力を添える。手引きをする。＊歌舞伎・名歌徳三舛玉垣（1801）四立「兼而（かねて）お主（ぬし）が糸を引いて、斑鳩（いかるが）太良より玉垂婆（たまだればあ）へ預け置たる〈略〉宝物の箱」＊滑稽本・東海道中膝栗毛（1802‐09）六・下「イヤイヤそないにぬかしさらしても、われが人にたのまれて、糸引（イトヒキ）くさったにちがいはないわい」＊歌舞伎・四千両小判梅葉（1885）五幕「一つは手前の親共が糸を引きたる里方の恩儀ならんと存じ居るに」⑤芸事の系統や縁故がつながる。系統をひく。＊南水漫遊拾遺（1820頃）四「歌舞妓楽屋通言〈略〉糸引く 手すじを引事」＊西洋道中膝栗毛（1870‐76）〈仮名垣魯文〉九・序〈倭屋琴語〉「僕（おのれ）音信贈答（てれがらふ）の同社（イト）を繋く、因もあれば横浜より、東京の地に数字（すじ）を伝えて」⑥相手の心にさぐりを入れる。＊狂歌・徳和歌後万載集（1785）九「それとなく恋の糸ひく心ねをほりてきくのも蓮葉なりけり」⑦糸を引っ張ったように、細長くまっすぐになっているたとえ。＊仮名草子・浮世物語（1665頃）三・八「構へて京海道は、これより糸を引たる如くに直（すぐ）なる道なり」＊俚言集覧（1797頃）「男の目には糸を引け 女の目には鈴をはれ」⑧糸を引っ張ったように細く長く切れないでいるたとえ。特に、納豆や、食品が腐ったり、煮詰まったりして、ねばり気がでた時のさま。＊和名集并異名製剤記（1623）「杜仲 とちう〈略〉日本まゆみと云ふ木の皮なり〈略〉剉めども、絲がひいて切れぬ者ぞ」＊火垂るの墓（1967）〈野坂昭如〉「糠のむし団子糸ひいたのを」⑨ある行為・状態の影響が、あとまでつづくさま。＊狂歌・銀葉夷歌集（1679）九「糸を引酒に酔ふし是や此くだをまくらの夢ようつつよ」＊月は東に（1970‐71）〈安岡章太郎〉一「そんなものがまだ自分の中に糸をひいて残っていようとは」 辞書色葉 表記 綱（色）

いと【最・甚】〔副〕①程度のはなはだしいさま。㋑肯定表現、または肯定的な気持で用いる。とても。たいへん。非常に。＊万葉（8C後）三・四一一「吾妹子（わぎもこ）が屋どの橘甚（いと）近く植ゑてしゆゑに成らずは止まじ〈作者未詳〉」＊竹取（9C末‐10C初）「おとこはうけきらはず呼び集（ほと）へて、いとかしこく遊ぶ」＊観智院本名義抄（1241）「最 モトモ イト」㋺否定表現、または否定的な気持で用いる。あまり（…ではない）。それほど（…ではない）。＊万葉（8C後）八・一五二四「天の河伊刀（イト）川波は立たねども伺候（さもら）ひ難し近きこの瀬を〈山上憶良〉」＊源氏（1001‐14頃）桐壺「いとやむごとなききはにはあらぬが、すぐれて時めき給ふありけり」＊大鏡（12C前）六・道長下「天暦のみかどは、いとさもまもりたてまつらせ給はず」②事態が並々でない、常態以上の程度に出ることへの詠嘆、強調。㋑肯定表現、または肯定的な気持で用いる。ほんとうに。まったく。＊源氏（1001‐14頃）桐壺「いとかうきびはなる程は、あげおとりや、と疑はしく思されつるを」㋺否定表現、または否定的な気持で用いる。あまりにも。（ただでさえ…なのに）いよいよ。まさか（…までのことはあるまい）。＊万葉（8C後）四・七八六「春の雨はいやしきふるに梅の花いまだ咲かなく伊等（イト）若みかも〈大伴家持〉」＊夜の寝覚（1045‐68頃）三「御気色、いと三千人をきはむるほどにはあらざめるを」＊大鏡（12C前）六・道長下「あにどのは、いとあまりうるはしく、公事よりほかのこと他分には申させ給はで、ゆるきたる所のおはしまさざりしなり」 語誌 (1)「いと」と同源の類義語に「いたく」「いた」「いちしろし」の「いち」がある。このうち「いと」と「いたく」については、前者が形容詞性の語、後者が動詞性の語を修飾するという機能分担があることが指摘されている。(2)上代では「いと」の「と」に甲、乙二類の表記があり、甲類の場合は事態を主観的詠嘆的に強調する意、乙類の場合は形容詞の表わす状態が過度であることを示す意であるとする説もあるが、明らかではない。(3)「いと」は上代から用例があるが、中古以降の漢文訓読語にはほとんど使用されず、「はなはだ」が使われた。そのかわり、和文特有語として、散文に愛用され、かなり長い期間にわたって使用された。(4)平安時代には、重複形「いといと」、その変化した「いとど」、さらにそれが形容詞化した「いとどし」などが派生している。 語源説 (1)イタハシ、イタシなどの語幹イタの転語で、イチ、イツと同根〔俚言集覧・和訓栞〕。(2)ヒトツの転声〔和語私臆鈔〕。(3)イは接頭語。トは利の意〔日本古語大辞典＝松岡静雄〕。(4)イシキ（美）のイにトを添えて賞美の意に用いた〔国語の語根とその分類＝大島正健〕。 発音〈なまり〉イドェ〔NHK（富山）〕〈標ア〉イ〈ア史〉平安～室町 ●○ 江戸 ●●〈京ア〉イ 上仮名 イト・イト それぞれ複数の例があるので、どちらが本来の形かは不明。 辞書色葉・名義・文明・饅頭・易林・日葡・書言・ヘボン・言海 表記 最（色・名・文・易・書・ヘ・言）太（名・易・書）苦（色・名）丁（色）容（饅）専（書）

いといたく ものごとの度合がはなはだしいさま。はなはだひどく。とてもひどく。＊竹取（9C末‐10C初）「八月十五日ばかりの月に出で居て、かぐや姫いといたく泣き給ふ」＊土左（935頃）承平四年一二月二七日「をしとおもふひとやとまるとあしがものうちむれてこそわれはきにけれ、といひてありければ、いといたくめでて」＊源氏（1001‐14頃）帚木「さるは、いといたく世をはばかり、まめだち給ひけるほどなよびかに」 発音〈標ア〉イ[1]

いといと （副詞「いと」を重ねたもの）「いと」を強めたもので、程度のきわめてはなはだしいさま。非常に。まったく。＊宇津保（970‐999頃）吹上下「又しゃうの御ことたまひてひかせ給ふ。いづれもいといとめでたし」＊今昔（1120頃か）二七・三二「同僚共も糸々奇（あやしび）てぞ有ける」＊大鏡（12C前）六・道長下「いといとあさましくめづらかに、つきもせず二人かたらひしに」＊色葉字類抄（1177‐81）「了々 イトイト」＊増鏡（1368‐76頃）一・さしぐし「故女院いとをしくし給しかば、御処分など、いといと猛にありき」 発音〈標ア〉イ[1] 辞書色葉 表記 了々（色）

いといとう 「いといたく」の変化した語。＊伊勢物語（10C前）二一「何によりてかかからむと、いといたう泣きて」＊源氏（1001‐14頃）桐壺「事に触れて数知らず苦しきことのみまされば、いといたう思ひわびたるを」 発音 イトイトー〈標ア〉イ[1]

いとかく 「いと」の②の㋑㋺の一用法。まったくこのように。ただこれぐらいで。まさかこのように。こうまで（…しない方がよい）。＊古今（905‐914）恋五・七六五「忘草たねとらましをあふことのいとかくかたきものとしりせば〈よみ人しらず〉」＊枕（10C終）九九・五月の御精進のほど「いとかくてやまんは、此の事のありさまを、人に語らせてこそやまめ」＊源氏（1001‐14頃）薄雲「いとかくさだだと聞し召したらん、とはおぼさざりけり」＊栄花（1028‐92頃）峰の月「いとかくなおぼしめしそ」 発音〈標ア〉イ

いとこう 「いとかく」の変化したもの。＊源氏（1001‐14頃）桐壺「いとかうしも見えじと思ししづむれど、更にえしのびあへさせ給はず」＊宇治拾遺（1221頃）五・七「此女房、やうがる暦かなとは思へども、いとかう程には思ひよらず」 発音 イトコー〈標ア〉イ

いとさも まったくそのように。それほど（…ではない）。そこまで（…ではない）。＊大鏡（12C前）六・道長下「天暦のみかどは、いとさもまもりたてまつらせ給はず」 発音〈標ア〉イ

いとしも （副詞「いと」に強意の副助詞「しも」が付いたもの）①非常に。とても。＊紫式部日記（1010頃か）消息文「ことにいとしも物のかたがた云たる人はかたし」＊狭衣物語（1069‐77頃か）「いとしもおぼ

つかなき程にのみなさせ給ふ恨めしさよ」 *穂久邇文庫本新古今(1205)雑下・一九九二「みづぐきの中に残れる滝の声いとしも寒き秋の声かな〈大中臣能宣〉」 ②(下に否定の語を伴って) そんなに。たいして。 *枕(10C終)二五・すさまじきもの「いとしもおぼえぬ人の、おしおこしてせめて物いふこそいみじうすさまじけれ」 *源氏(1001-14頃)若菜下「いとしも心は動かざりけり」 語誌 (1)肯定表現を修飾する例はごく稀で、否定表現との呼応が一般的である。→いとしもなし。(2)「いと」は形容詞性の語を修飾するのが本来的用法であるが、この「いとしも」は形容詞を修飾する例はごく稀で、「しも」がついたことにより語の性質が変化したといえよう。

いとしもなし 特にこれといって取りあげるほどでもない。大したこともない。 *狭衣物語(1069-77頃か)三「いとしもなきうちうちの御有様につけても」 *今鏡(1170)七・新枕「いとしもなき歌詠みなどし侍らんには、遙かにまさりて聞こえけれ」 *弁内侍(1278頃)建長二年一一月一六日「ある人、いとしもなき先祖ひきたてて中文に書きのせたりしをば」 *増鏡(1368-76頃)一〇・老のなみ「参らせ奉り給へれど、いとしもなくて、姫宮一所ばかりとり出で給へりしままにてやみにき」 補注 中古では「いとしもあらず」の形が普通。中世以後、形容詞「なし」が補助用言化し、「あらず」と交替してできたもの。

いとせめて (「せめて」は動詞「せむ(迫)」の連用形に助詞「て」が付いたもの) ひどくさしせまって。この上なくはなはだしく。 *古今(905-914)恋二・五五四「いとせめてこひしき時はむばたまの夜の衣をかへしてぞきる〈小野小町〉」 *蜻蛉(974頃)下・天延二年「いとせめておもふ心をとしのうちにはるくることもしらせてしがな」 *謡曲・砧(1430頃)「思ひの煙の起ち居だに、安からざりし報ひの罪の、乱るる心のいと迫めて」 発音〈標ア〉イ

いと無(な)し 非常にすくない。ごくわずかである。 *宇津保(970-999頃)祭の使「さてこれはいとなけれど、御かたのしもづかへらにもたまはせよ」 *今鏡(1170)五・花の山「この家にいとなきことなれどなど侍ければ」 発音〈標ア〉イ

いとのきて (「のきて」は動詞「のく(除・退)」の連用形に助詞「て」が付いたもの) 通常的、一般的なものから、それだけを、格別な特色があるとして区別し強調する意味で用いる。ことのほか。いやがうえに。普通以上に。 *万葉(8C後)五・八九七「世間(よのなか)の 憂けく辛けく 伊等能伎提(イトノキテ) 痛き瘡には 鹹塩(からしほ)を 灌(そそ)くちふが如く〈山上憶良〉」 *万葉(8C後)一二・二九〇三「五十殿寸太(いとのきて)薄き眉根(まよね)をいたづらに掻(か)かしめつつも逢はぬ人かも〈作者未詳〉」

いと早(はや) (「はや」は形容詞「はやし」の語幹) ①たいそう早く。もう。 *続古今(1265)秋上・二九〇「吹きそめていくかもあらぬ秋風にいとはや袖の露けかるらむ〈藤原実雄〉」 *新千載(1359)秋上・三一二「今朝のあさげ袂涼しき風立ちていとはや秋のしられぬるかな〈後伏見院〉」 ②今となっては。もはや。 *浮世草子・風流曲三味線(1706)六・一「最早(イトハヤ)こなたは頼まぬ。お帰りなされて下され」 発音〈標ア〉イ

いと早(はや)も (「いとはや」に係助詞「も」の付いたもの) たいそう早くも。はなはだ早くも。 *古今(905-914)秋上・二〇九「いとはやも鳴きぬるかりか白露の色どる木々ももみぢあへなくに〈よみ人しらず〉」 *新勅撰(1235)春上・三二「いとはやも霜に枯れにしわが宿の梅を忘れぬ春は来にけり〈藤原師輔〉」

いとも ①「いと①」をさらに強めていう表現。たいそう。それほども(…しない)。いともいとも。 *土左(935頃)承平五年一月一七日「あかつきづくよいともおもしろければ、ふねをいだしてこぎゆく」 *無名抄(1211頃)「われも僻事すと思へる気色にて、いともあらがはず」 *愚管抄(1220)四・鳥羽「世のまつりごと太上天皇にも大殿にもいとも申さでせらるる事もまじりたりけるにや」 ②「いと②」をさらに強めていう表現。まことに。あまりにも。 *万葉(8C後)二〇・四三八一「国国の防人つどひ船乗りて別るをみれば伊刀母(イトモ)すべなし〈神麻続部島麻呂〉」 *蜻蛉(974頃)上・天徳元年「三四日ばかりありて、みづから、いともつれなくみえたり」 発音〈標ア〉イ〈京ア〉イ 辞書 色葉・日葡・書言・ヘボン 表記 最(書・ヘ) 可(色)

いとも いとも 「いとも」をさらに強めていう表現。 *落窪(10C後)一「いともいとも嬉し、いみじと思ひて」 *源氏(1001-14頃)東屋「いともいともよげにめでたしと思ひて」 発音〈標ア〉イ

いとより いうまでもなく。むろん。もとより。 *歌舞伎・恋慕相撲春顔触(1872)序幕「やい淀車、われを此の場で打ちするは、いとより安いことだが、おれも初春早々から罰が当るといはれては」

い-と【已度】『名』 度を過ごしていること。過度。 *色葉字類抄(1177-81)「已度 イト」 辞書 色葉 表記 已度(色)

いと【伊都】 和歌山県の北東部の郡。紀ノ川中流域の平野部と高野山周辺の山岳地帯からなる。 *二十巻本和名抄(934頃)五「紀伊国〈略〉伊都」 辞書 色葉・文明・易林 表記 伊都(色・文・易)

いと【伊富】『名』 魚「いとう(伊富魚)」に同じ。

いと【怡土】 福岡県西部の旧郡名。明治二九年(一八九六)志摩郡と合併して糸島郡となった。「魏志倭人伝」の伊都国(いとのくに)とみなされている。怡土城跡が知られる。 *二十巻本和名抄(934頃)五「筑前国〈略〉怡土〈以止〉」 語源説 (1)「筑前国風土記」の伝説により、イソシより転訛した地名〔釈日本紀〕。(2)イは接頭語。トはツ(津)の訛か〔日本古語大辞典=松岡静雄〕。 発音〈標ア〉イ 辞書 和名・色葉・文明・易林 表記 怡土(和・色・文・易)

いと【戽斗】『名』 和船で用いる淦(あか)をくみ出すための手動式排水ポンプ。俗に「すっぽん」という。原理は水鉄砲と同じで、木で造られ、大型和船には必ず設ける。 *和漢船用集(1766)一一・用具之部「戽斗を架して淦(あか)を船かわの外へとる樋を居戽(います)と云」 発音〈標ア〉イ

い-と【畏途】(ヰ)『名』 けわしく恐ろしい道。恐ろしい前途。 *本朝文粋(1060頃)五・為入道前太政大臣出家後辞封戸表〈大江匡衡〉「某初謂下一投二夢宅一変易之拆一、長断二畏途生死之輪一上」 *玉葉-養和元年(1181)一〇月一日「於レ今者熊野方一切無二畏途一統了云々」 *寛斎先生遺稿(1821)一・城居「病襲新寒後、愁多苦雨初、畏途猶独立、我性奈二迂疎一」 *新撰字解(1872)〈中村守男〉「畏途 イト ブッソウナミチ」 *管子-戒「以二任重一行二畏途一至二遠期一、唯君子乃能矣」 *李白-蜀道難「問レ君西遊何時還、畏途巉巖不レ可レ攀」

い-と【異図】『名』 異心を抱いて計画すること。むほんのくわだて。ふたごころ。 *日本外史(1827)一二・足利氏後記・毛利氏「直家有二異図一、児請即レ席誅レ之」 *公議所日誌-一五・上・明治二年(1869)五月「万一異図あらば、悉く誅戮するも可なり」 *干宝-晉紀総論「咸黜二異図一、用融二前烈一」 発音〈標ア〉イ

い-と【異途】『名』 定められた方式とは異なる事態。 *東寺百合文書-ム・学衆方評定引付・応安六年(1373)一二月二四日「如レ此事以二綱領一有二沙汰一之条、無二相違一令二穿鑿一之時、臨期異途出来者也」 *干宝-捜神記序「将レ使下事無二二迹一、言無二異途一、然後為レ信者上、固亦前史之所レ病」

い-と【異都】『名』 他国の都。 *明六雑誌-四〇号(1875)人世三宝説・三〈西周〉「今吾人異都に在る多年、一日旧里に帰り、少時曾て盤桓撫愛する所の一松樹を見る」 *業苦(1928)〈嘉村礒多〉「北京とか南京とかさうした異都の夜に、罪業の、さすらひの身を隠して」 発音〈標ア〉イ

い-と【意図】『名』 ある目的をもって、何か事をしよう、実現しようとすること。また、その目的、ねらい。 *歩兵操典(1928)綱領「常に上官の意図を明察し大局を判断して」 *風立ちぬ(1936-38)〈堀辰雄〉冬「私の意図したところは、これならまあどうやら自分を満足させる程度には書けてゐるやうに思へた」 発音〈標ア〉イ〈京ア〉イ

いと【従兄弟】『名』 「いとこ(従兄弟)」に同じ。 *古今(905-914)雑体・一〇五四「いとこなりける男によそへて人のいひければ よそながらわが身にいとのよるといへばただいつはりにすぐばかり也〈久曾〉」 *八雲御抄(1242頃)三「いとこをばいととといふ」 方言 ❶知人。友達。 宮城県栗原郡113 千葉県夷隅郡040 ❷親類や知人間で名前に付けて敬称として用いられる。 宮城県栗原郡114

いと『名』 あいだ。 *和訓栞(1777-1862)「そのうち、平語にいへり其内なり駿州にてそのいとといへり」 方言 ❶時間。いとま。 東京都大島326 山梨県南巨摩郡463 長野県050 静岡県島田市536 ◇えと 長野県469 ❷間。 東京都八丈島343 山梨県南巨摩郡465 長野県468 493 静岡県533 540 541 ◇えと 群馬県吾妻郡218 長野県475 484 486 ❸内部。中。 長野県468 480

いと ㊀『接頭』 名詞の上に付けて、幼い、いとけないの意を表わす。 *紫式部日記(1010頃か)寛弘五年九月一一日「姫君の少納言のめのと、いと姫君の小式部のめのとなどおし入り来て」 *栄花(1028-92頃)初花「うるはしき御装ひにて、いと若君の御戴餅(いただきもちひ)せさせ奉らせ給ふ」 ㊁『名』 幼児。 ㋑天明(一七八一~八九)頃までは男女児いずれをも言った。 *雑俳・へらず口(不及子編)(1734)「久七を今度は若様(イト)が馬に召す」 *物類称呼(1775)一「小児 をちご 京にて、いとと称す〈いとをし又いとけなしなとの下略なるべし〉関東にて、ねんねといふ」 *浮世草子・世間仲人気質(1776)一・一「何国(いづく)にても云侍りし中に京師(けいし)の人々猶更おほく云ならはせしは、小児(せうに)をいと様々といふ事たが云そめしと云わけを聞かず。〈略〉小児は幼子(おさなご)なり。幼といふ文字は、幼(いとけなき)とよむゆゑにいとといふよし」 ㋺寛政(一七八九~一八〇一)の頃から特に女児、娘をいう。嬢。むすめ。→ぼん(坊)②。 *滑稽本・浮世風呂(1809-13)四・中「向(むかひ)の嚊(かか)や隣の児(イト)なぞ対手(あひて)にして、あほう口たたけば」 *歌舞伎・傾城筑紫𤩍(1814)三「手前の嬢(イト)が落しましたる帽子、お拾ひ下さりました故、一寸御礼申上たう」 *浪花聞書(1819頃)「いと 小女也 娘(でう)といふがごとし」 方言 ❶お嬢さん。むすめ。 三重県伊賀585 京都府002 奈良県678 和歌山県691 岡山県042 高知県862 ❷女中の総称。 徳島県美馬郡811 語源説 (1)イトシ(愛)の語根〔俚言集覧・両京俚言考・大言海〕。(2)イトケ(幼)ナシの語根〔和訓栞〕。(3)イタハシキコ(労子)の意〔俗語考〕。 辞書 言海

い-ど【井戸】(ヰ)『名』 (「ど」は「処」「所」の意) ①「い(井)」に同じ。 *催馬楽(7C後-8C)田中「田中の井戸に、光れる田水葱(たなぎ)」 *新撰六帖(1244頃)六「露むすぶ田中の井どのなぎの葉に光さしそふ夕づく日かな〈藤原為家〉」 *浮世草子・西鶴織留(1694)二・二「此町に井戸(キド)のひとつもない時より此屋敷を求めて二代も手のかからぬやうにとて」 ②「いどぢゃわん(井戸茶碗)」の略。 *和漢三才図会(1712)三一「割高台与二井戸一同時物希有レ之重器也」 *随筆・おほうみのはら(1779頃か)「明暦のみかど(後西院)、茶の湯の数寄せさせ給ひけるに、井戸といふ茶碗をえさせ給ひて〈略〉

此井戸にて御茶給ひけるに」＊雑俳・柳多留‐一〇三(1828)「堀出した井戸を四角な席で見せ」 語誌 (1)井戸は近世中期頃まで掘り込み式のものは少なく、当初自然の湧水中心であった。江戸では享保頃から「掘り抜き」(深井戸)を掘る技術が発達し、やがて「あおり」という道具で簡単に深井戸を掘れるようになり、後には上総掘りと呼ばれる工法が全盛となった。(2)現代の方言では、北陸方面にイケが、香川・徳島にイズミが、九州以南にはカワ系の語が分布している。 方言 ❶川辺の洗い場。岩手県胆沢郡105 福島県南会津郡・耶麻郡165 鹿児島県阿久根市038 ◇いと 京都府竹野郡622 兵庫県但馬652 鳥取県711 ❷谷川から水を引いた貯水槽。奈良県吉野郡688 ❸水田の用水の入り口と出口。◇いと 京都府竹野郡622 ◇おいと〔御―〕 兵庫県加古郡(出口)664 ❹泉水。新潟県刈羽郡380 ❺溝。長野県下伊那郡054 和歌山県伊都郡690 長崎県五島917 語源説 (1)ヰド(井所)の義〔雅言考・国語の語根とその分類＝大島正健〕。(2)ヰド(堰門)の義〔和訓栞〕。井殿または井所の略〔両京俚言考〕。 発音 〈なまり〉イード〔栃木〕イロ〔神戸〕インド〔志摩〕エド〔栃木・埼玉方言〕ユード〔飛驒〕ユイド〔八丈島〕ユド〔八丈島・岐阜・和歌山県・紀州・島根〕ユンド〔和歌山県・紀州〕ヨド〔島根〕 〈標ア〉イ 〈ア史〉江戸〇◓ 〈京ア〉ド 辞書 和玉・日葡・ヘボン・言海 表記 井(玉・へ) 井戸(言)

いどの神(かみ) 井戸を守護する神。水神。井戸神。＊滑稽本・浮世床(1813‐23)二・上「家の内には井(ヰド)の神(カミ)、庭の神竈(かまど)の神」

いどの蛙(かわず) 「い(井)の中の蛙大海を知らず」に同じ。＊都々逸(1833‐34頃)古調「井戸の蛙と、誹(そし)らばそしれ、花も散り込む、月もさす」 発音 〈標ア〉イ

いどの端(はた)**の茶碗**(ちゃわん) 「いどばた(井戸端)の茶碗」に同じ。＊譬喩尽(1786)四「井戸(ヰド)の側(ハタ)の茶碗(チャワン)」＊歌舞伎・お染久松色読販(1813)序幕「世間いっとう評判の、こしゃく娘の有る内へ、同じこしゃくな若旦那、差置(さしおき)ますするもせうぢんの、井戸のはたの茶わんとやら、あぶないものと存れど」

いどの端(はた)**の童**(わらんべ) (井戸端で遊ぶ幼児が危険であるところから) 危険な状態をたとえていう。井筒のそばの童。

いどの鮒(ふな) 見識の狭いこと、ひとりよがりであることのたとえ。井の中の蛙(かわず)。＊浄瑠璃・仮名手本忠臣蔵(1748)三「内に計居る者を、井戸の鮒(フナ)じゃといふ譬(たとへ)がある」

いど【井戸】 姓氏の一つ。 発音 〈標ア〉イ

いど‐へいざえもん【井戸平左衛門】 江戸中期の幕臣。石見大森(島根県大田市)の代官。本名、正朋(まさとも)。享保の大飢饉のとき、幕府に願い出て薩摩から芋を移植し、同時に独断で米倉を開き税を免じ、責任を問われ自刃。「芋代官」とよばれた。寛文一二～享保一八年(一六七二～一七三三)

い‐ど【居所】ゐ: 『名』①人がすわっている所。→おいど。＊玉塵抄(1563)一「吾がいどをたちはなるることないぞ」＊日葡辞書(1603‐04)「Idouo(イドヲ) タツ〈訳〉居る所を立ち去る」②板の間などの敷物。ござ。＊八丈の寝覚草(1848)「莞筵(ござ)をゐど」③人の居る場所。住んでいる所。＊史記抄(1477)一三・黥布「我がい土では一処にかたまっているものぞ」 方言 ❶しり。臀部。九州†001 島根県石見725 岡山県浅口郡768 広島県771 779 山口県豊浦郡798 香川県829 愛媛県840 大分県941 ❷座ることをいう幼児語。長崎県対馬054 ❸肛門(こうもん)。島根県邑智郡734 山口県豊浦郡798 徳島県美馬郡816 愛媛県周桑郡844 ❹居間。茶の間。東京都三宅島333 ❺土間に面した一間(ひとま)。東京都大島326 岐阜県郡上郡504 ❻所。信濃†020 ❼ござ。伊豆八丈島†080 東京都八丈島326 語源説 ヰドコロ(居所)の略〔俚言集覧・大言海〕。 辞書 日葡

いど立所(たちど) ⇩親見出し

い‐ど【威怒】ゐ: 『名』おどしいかること。＊私聚百因縁集(1257)四・一「威怒の身猛焔にして盤石座に安住す」

い‐ど【異土】『名』自分の故郷や国と異なる土地。異国の土地。異国。異郷。＊本朝麗藻(1010か)下・秋日到入宋寂照上人旧房〈藤原伊周〉「異土縦無㆓思㆒我日㆒他生豈有㆓忘㆒君辰㆒」＊日葡辞書(1603‐04)「Ido(イド)。コトナル ツチ。すなわち、タコク」＊新撰字解(1872)〈中村守男〉「異土 イト グヮイコク」＊抒情小曲集(1918)〈室生犀星〉小景異情「うらぶれて異土の乞食となるとても 帰るところにあるまじや」＊墨子‐尚同上「遠国異土之民、是非利害之辯」 発音 〈標ア〉イ 辞書 文明・日葡 表記 異土(文)

い‐ど【意度】『名』(作品の)風格。意境。＊日本詩史(1771)三「意度悠遠。足㆑可㆓諷詠㆒」＊皎然‐詩式・詩有四深「意度盤礴、由㆑深㆓於作用㆒」

い‐ど【緯度】ヰ: 『名』地球の表面を測る、赤道に平行な座標。赤道を中心として南北九〇度ずつに分けて示し、北に測るのを北緯、南に測るのを南緯とする。↕経度。＊遠西観象図説(1823)上・題言「円周を三百六十分するの一を一度と云ふ。球円のものにありては、経に分るを経度と云ひ、緯に分るを緯度と云ふ」＊百学連環(1870‐71頃)〈西周〉一・四・朱書「緯度は各国に於て広狭の差別あり」＊或る女(1919)〈有島武郎〉前・一二「航路を東北に向けて、驀地に緯度(ヰド)を上って行くので」＊坤輿万国全図「小図之圏線即大図之直線、所似分赤道南北昼夜長短之各緯度者也」 語誌 「緯」はもと横糸の意味であったが、のちに大地の東西方向を指すようになる。一方「度」は天球や星の位置を測る目盛りとして、中国では漢以降の天文書(「漢書‐律暦志」「史記‐天官書」等)にみられる。これらを結びつけ、地球に当てはめたのは挙例のマテオ＝リッチの「坤輿万国全図」(一六〇三)である。→緯線。 発音 〈標ア〉イ 〈京ア〉イ 辞書 言海 表記 緯度(言)

イド 『名』(英 id ラテン語で「それ」の意) 精神分析学で、個人の無意識の中にひそむ本能的エネルギーの源泉をいう。衝動として快を求め不快をさけ、満足を求めようとするが、自我と超自我の統制を受ける。 発音 〈標ア〉イ

いと‐あおさ をさ:あ 『名』植物「あおのり(青海苔)」の異名。＊重訂本草綱目啓蒙(1847)一七・苔「乾苔 あをのり いとあをさ 佐渡、かはな 南部」 方言 佐渡†082 山形県西田川郡・飽海郡139

いと‐あきない【糸商】なひ:あき 『名』糸を売買すること。また、その商人。＊浄瑠璃・傾城酒呑童子(1718)三「我らは二条むろ町いとあきなひの吉次と申者にて候」

いと‐あし【―足】『名』人形浄瑠璃に用いる人形の足の一つ。老人役に用いる。 発音 〈標ア〉キア

いどあしらい‐の‐き【―木】ゐどあしらひ: 『連語』井筒のあしらいとして植える松、梅、柳などの木。

いと‐あそ・ぶ【糸遊】『自バ四』(「糸遊(いとゆう)」を訓読して動詞化した語) いとゆうが立つ。かげろうが燃える。＊壁草(1505‐07)発句・春「糸あそぶ花にながき日風もなし」＊俳諧・其袋(1690)冬「糸あそび甲の星か鉾の影〈琴風〉」

いと‐あめ【糸雨】『名』細かい雨。こさめ。＊思出の記(1900‐01)〈徳富蘆花〉九・七「繩大(なはほど)の白雨何時か疎らな糸雨(イトアメ)となった」 方言 熊本県天草郡936

いと‐あやつり【糸操】『名』あやつり人形の一種。人形に数本の糸をつけて、遣(つか)い手が上からそれを動かしてあやつるもの。寛文・延宝(一六六一～八一)の頃から、手遣い人形の中にまじって遣われるようになったが、宝暦(一七五一～六四)年間には衰微。明治にはいって復活し、現在は、結城孫三郎らによって保たれている。南京操り。＊竹豊故事(1756)下「南京糸操は寛文延宝の比より遣ひ始めし由、京都山本角太夫(かくだゆう)芝居に専はら遣ひし也」

いと‐あやめ【糸菖蒲】『名』植物「にわぜきしょう(庭石菖)」の異名。 発音 〈標ア〉ア

いと‐あわせ【糸合】はせ:あ 『名』琵琶の弦を二弦ずつひき合わせて調弦すること。 発音 〈標ア〉ア

いと‐あわび【糸鮑】はび:あ 『名』料理の一つ。なまのアワビを細くきざんだもの。 発音 〈標ア〉ア

いとい【厭】ひいと 『名』(動詞「いとう(厭)」の連用形の名詞化) いやに思うこと。嫌い避けること。＊万葉(8C後)一〇・二三四八「和射美(わざみ)の嶺行き過ぎて降る雪の厭(いとひ)もなしと申せその児に〈作者未詳〉」＊源氏(1001‐14頃)明石「人しげきいとひは、し給ひしかど」 発音 〈標ア〉ト 辞書 言海 表記 厭(言)

いとい【糸井】ゐいと 姓氏の一つ。 発音 〈標ア〉0

いと‐い【糸藺】ゐ: 『名』イグサ科の多年草。本州中部で深山や針葉樹林内の岩上などに生える。高さ一〇～二〇センチメートル。葉はやわらかく、長さ一〇～二〇センチメートル、幅約一ミリメートルで、三～五本の脈をもち、根ぎわから束生する。茎は細い円柱形で、葉よりやや短い。夏、茎の頂に淡黄色か淡橙色の小さい花が数個集まって咲く。学名は Juncus maximowiczii 発音 〈標ア〉0

いとい‐い・ず【厭出】いとひいづ 『自ダ下二』いやに思って出て行く。＊夜の寝覚(1045‐68頃)四「『おなじ御垣(みかき)にだにあらじと、ふかくいとひいづる心ばへの、めづらかに心憂けれ』と、登花殿にわたらせ給」

いと‐いか【糸烏賊】『名』イカの身を糸のように細く切ったもの。＊料理調菜四季献立集(1836)「糸(イト)いか細長く切也」 発音 〈標ア〉ト

いとい‐がお【厭顔】いとひがほ 『名』いやがっているような顔つき。いやがっている様子。＊源氏(1001‐14頃)末摘花「まらうどのこむと侍りつる。いとひがほにもこそ」 発音 イトイガオ 〈標ア〉0

いといがわ【糸魚川】いといがは 新潟県南西部の地名。姫川の河口にあり、江戸時代は北陸街道と松本街道の分岐点に当たる宿場町。松平氏一万石の城下町。古代から翡翠(ひすい)、瑪瑙(めのう)を産出。昭和二九年(一九五四)市制。 発音 イトイガワ 〈標ア〉イ2 〈京ア〉イ2 辞書 書言 表記 糸魚川(書)

いといがわ‐しずおか‐こうぞうせん【糸魚川静岡構造線】いといがはしづをかカコウザウセン 糸魚川から南へ、松本、諏訪の両盆地を経て、静岡にいたる大断層線。日本列島を地質構造の上で東北日本と西南日本とに二分する。大正七年(一九一八)矢部長克が命名。→フォッサマグナ

いとい‐きら・う【厭嫌】いとひきらふ 『他ワ五(ハ四)』いやがり避ける。ひどくいやがる。＊四河入海(17C前)二四・二「今此の衰世に年老て生(いきて)いて、簡要にもないぞ。何用にもたたぬぞ。世人にはいとい嫌はるるぞ」＊コンテムツスムンヂ(捨世録)(1596)四・一五「ゴサクノ モノニ ミダリニ シュウジャク セズ、マタ itoi qirŏ(イトイ キラウ) コトモ ナキニ ヲイテワ」

いとい‐すさ・む【厭荒】いとひ: 『他マ五(四)』嫌がって遠ざけ棄てる。＊スピリツアル修行(1607)御パッションのメヂタサン「ワレラモ ヒトヨリ モチイラルル セカイノ ミモ ナキ ホマレヲ itoi susami(イトイ スサミ)」

いとい‐す・つ【厭捨】いとひ: 『他タ下二』不浄なものとして、嫌って捨てさる。＊仏足石歌(753頃)「四つの蛇(へみ)五つの鬼(もの)の集まれる穢き身をば伊止比須都(イトヒスツ)べし離れ捨つべし」＊大和(947‐957頃)御巫本附載「身のうさをいとひすてにと出つれど涙の川は渡るともなし」＊源氏(1001‐14頃)鈴虫「世中なべてはかなく、いとひすてまほしきことをきこえかは

し給へどなをやつしにくき御身の有様」

いとい-そむ・く【厭背】〘他カ四〙いやに思って背を向ける。嫌って避ける。＊増鏡(1368-76頃)一四・春の別れ「大かたの世にもさし放たれて、身をやうなきものに思ひ捨つるたぐひなど、さまざまにつけて、いとひそむくなるべし」

いといと〘副〙方言 丹念にするさま。徳島県阿波郡811 香川県827 高松市・仲多度郡829

いとい-と・る【厭取】〘他ラ四〙かばい立てする。いたわり守る。＊浮世草子・鬼一法眼虎の巻(1733)三・二「それでも鬼若を厭(イト)ひ取って出し給はぬか」

いとい-にく・む【厭憎】〘他マ四〙嫌って避け憎く思う。＊今昔(1120頃か)二〇・一七「此、汝が老嫗(おいたるおうな)に食を不施して、猒(いと)ひ悪(にく)みし罪の致す所也」＊四河入海(17C前)一五・四「貴方御年老てありと云とも、衣裳美麗ならば、其容の衰老を、誰でまり厭憎(イトイニクム)人はあるまいぞ」＊西国立志編(1870-71)〈中村正直訳〉一一・二四「人倫の法を破り、上帝の律を慢(あなど)る事、真に厭悪(イトヒにくム)べきなり」

いと-いぬのひげ【糸犬髭・糸犬鬚】〘名〙ホシクサ科の一年草。各地の田のあぜや湿地に自生。葉は長さ五～一〇センチメートル、幅一～二ミリメートルほどで先がとがり、基部に多数の小穴がある。夏から秋に、高さ一〇～三〇センチメートルぐらいの細い茎を束生し、頂に淡緑色の微小な花を集めて直径三～七ミリメートルの頭状花序を作る。学名は Eriocaulon decemflorum

いとい-はな・る【厭離】〘自ラ下二〙物事を嫌って避ける。いやがって対象から離れる。＊観智院本三宝絵(984)下「若世をいとひはなれて、しづかによくつとめおこなひて、いそぐことすくなくなからむ僧をば」＊源氏(1001-14頃)総角「世中をふかういとひはなれしかば、心とまることなかりしを」＊夜の寝覚(1045-68頃)四「かくのみいとひはなれ給ては、一人はいかでか明かし給はん」 発音〈標ア〉イ[1]

いと-いり【糸入】〘名〙(絹糸入りの意)絹糸をもめん糸の中にまぜて織った織物。縞(しま)や絣(かすり)の部分に絹糸を用いることが多い。いとじま。糸入り縞。＊談義本・つれづれ睟か川(1783)二「さっぱりとした糸入(イトイリ)のぬのこに小紋の羽織、とし頃五十斗にて随分睟気(すいけ)のないきゃくが」＊随筆・秋苑日渉(1807)一一・棉布附染色「紅絹道布(あかいといりしま)〈明会典士、魯蕃貫物〉絲布(イトイリ)〈格致鏡原、雲間郡志、以」糸作」経、而緯以」棉紗」旧志謂」之糸布」即俗所」謂雲布也〉」 方言 島根県鹿足郡725 香川県829 発音〈標ア〉0 辞書 言海 表記 絲入(言)

いといり-ガス【糸入―】〘名〙(ガスは「ガスいと(―糸)」の略)縞に絹糸を入れて織った双子織り。＊新梅ごよみ(1901)〈永井荷風〉六「鰹魚縞の糸入瓦斯(イトイリガス)の半纏袢へ、乱立縞のお召の前掛を締めて」 発音〈標ア〉ガ

いといり-かたがみ【糸入型紙】〘名〙型染めの一種。特に小紋、中形などに用いる型紙で縞(しま)や模様の浮いたものを固定するために生糸を挿入したもの。沖縄の紅型(びんがた)や釣り型もこれに類する。 発音 イトイリカタガミ〈標ア〉カ

いといり-じま【糸入縞】〘名〙「いといり(糸入)」に同じ。＊浄瑠璃・仮名手本忠臣蔵(1748)六「傍辺(そばあたり)に目を配り袂の財布見合せば、寸分違はぬ糸入嶋」＊歌舞妓年代記(1811-15)八・寛政六年「憂めに藍縞(あいじま)奈良縞(ならじま)と、じっとこらへて糸入縞(イトイリジマ)」 発音〈標ア〉0

いといり-せんすじ【糸入千筋】〘名〙千筋の模様に染めた糸入り。＊黒い眼と茶色の目(1914)〈徳富蘆花〉五・五「結城まがひ袷羽織地、糸入千筋(イトイリセンスヂ)の単衣地、糸の入った木綿袴地など買って来て」 発音〈標ア〉セ

いといり-つむぎ【糸入紬】〘名〙「いといりふたこ(糸入双子)」に同じ。 発音 イトイリツムギ〈標ア〉ツ

いといり-ふたこ【糸入双子】〘名〙(「ふたこ」は二筋をより合わせた糸で織った織物)糸入りの双子。糸入りの双子縞(じま)。糸入りつむぎ。 発音〈標ア〉フ

いといり-ゆうき【糸入結城】〘名〙「いといりふたこ(糸入双子)」に同じ。＊社会百面相(1902)〈内田魯庵〉投機・四「昔しは正月の晴衣にも糸入結城(イトイリユフキ)に友禅メレンスの帯を調達するのが精ぜいで」 発音 イトイリユーキ〈標ア〉ユ

いと-いれ【糸入】〘名〙糸などを入れておく箱類。裁縫箱。＊歌舞伎・伊勢平氏梅英幣(1820)大切「身共が云ふ事を、聞くと忽ち糸入(イトイ)れに、遣ってしまふが」 発音〈標ア〉トレ

いとい-わ・ぶ【厭侘】〘他バ上二〙いやだと思い悩む。＊狭衣物語(1069-77頃か)三「世をいとひわびて、きこえつるなり」

いと-いん【糸印】〘名〙室町時代から江戸初期にかけて、明(みん)から輸入した生糸の糸荷につけてきた文字を刻んだ銅印。請取や斤量調査の証明に押印されたという。文字は解読しにくいものが多く、形は方形、円形、矩形、多角形などあり、大きさも一定しない(普通三センチメートルぐらい)。鈕(ちゅう=つまみ)には人物や動物などをかたどり、字体、形状ともに風雅な趣があるところから、文人に愛好された。糸割符(いとわっぷ)。 方言 生糸輸入の権利を示す証札。糸割符。奈良県南大和683 発音〈標ア〉0

いと-いんげん【糸隠元】〘名〙サヤインゲンを糸のように細くきざんだもの。つまなどに用いる。 発音 イトインゲン〈標ア〉イ[2]

いとう【痛・甚】〘副〙(形容詞「いたし」の連用形「いたく」の変化した語)①程度のはなはだしいさまを表わす語。ひどく。たいそう。＊伊勢物語(10C前)五「人知れぬわが通ひ路の関守はよひよひごとにうちも寝ななん、とよめりければ、いといたう心やみけり」＊源氏(1001-14頃)桐壺「いとにほひやかにうつくしげなる人の、いたう面痩せて」＊大鏡(12C前)五・道長上「三条院の御時の賀茂行幸の日、雪ことのほかにいたうふりしかば」＊徒然草(1331頃)一九「晦日(つごもり)の夜、いたう闇きに、松どもともして」＊浄瑠璃・出世景清(1685)二「誠にひさしく逢はぬまに、子供もいとふ成人し、御身もずんど女房を仕上げたり」②精神的、肉体的に苦痛を感ずるさまを表わす語。つらく。つらい思いで。＊今昔(1120頃か)二九・一〇「然(さ)るは痛う云たる奴なれば可免放(ゆるしはなつべき)に口惜き態したりとなむ、人云ひ謗(そしり)ける」＊仮名草子・仁勢物語(1639-40頃)上・二一「此男鉦(かね)を叩き踊れど、異(け)しう、米を呉(く)るべきとも覚えねば、何によりてかかからんと、いといたう申て」＊和英語林集成(初版)(1867)「Itō イタフ」 語誌 (1)②は「いたう」と音便化していても、形容詞「いたし」の連用形であり、なお副詞化は十分でない。それに対して、①は十分に副詞化していて、「いと」とほとんど同義である。(2)「いと」が主として動詞を修飾するのに対して、「いたう」は主として形容詞を修飾する傾向が強い。なお、韻文では「いたう」を使わず、音便化する前の「いたく」の形を使う傾向が顕著である。 発音 イトー〈標ア〉イ 辞書 言海 表記 甚(言)

い-とう【以東】〘名〙①ある地点をもととして、そこから東の方。＊史記抄(1477)四・秦本紀「岐より以西までせめ入て、岐以東をば周に献じたぞ」＊米欧回覧実記(1877)〈久米邦武〉一・二「此山脈の東麓より以東を、密河谷百万方英里(マイル)の平地とす」＊武蔵野(1898)〈国木田独歩〉三「新緑萌え出づる其変化が秩父嶺以東十数里の野一斉に行はれて」＊春秋左伝‐荘公二一年「王予ㇾ之武公之略自ㇾ虎牢ㇾ以東ㇾ」②漁業で、東経一三〇度から東。 発音 イトー〈標ア〉イ〈京ア〉イ

いとう【伊東】静岡県伊豆半島の北東部の地名。古くから温泉で知られ、漁港としても重要。ミカン栽培がさかん。昭和二二年(一九四七)市制。 発音 イトー〈標ア〉0

いとう【伊藤・伊東】姓氏の一つ。 発音 イトー〈標ア〉0

いとう-いっとうさい【伊藤一刀斎】江戸初期の剣客。名は景久。鐘捲自斎(かねまきじさい)に師事し、のち一刀流を創始した。生没年不詳。

いとう-えいのすけ【伊藤永之介】小説家。「文芸戦線」同人として活躍、その後多く東北の農村の生活を描く。著作「鶯」「湖畔の村」「警察日記」など。明治三六～昭和三四年(一九〇三～五九)

いとう-きさく【伊藤熹朔】舞台美術家。大正一三年(一九二四)築地小劇場の開場以後、新劇、歌舞伎、新派、舞踊などで幅広く活躍。芸術院会員。千田是也の兄。明治三二～昭和四二年(一八九九～一九六七)

いとう-けいすけ【伊藤圭介】幕末、明治の本草学者、博物学者。尾張の町医者の家に生まれる。長崎に遊学し、シーボルトに師事し、「泰西本草名疏」を著わしてリンネの植物分類法を紹介。明治二一年(一八八八)日本で最初の理学博士となる。著作に「救荒植物便覧」「小石川植物園草木目録」など。享和三～明治三四年(一八〇三～一九〇一)

いとう-げんぼく【伊東玄朴】幕末の医者。名は淵。号沖斎・長翁。肥前の人。シーボルトにオランダ医学を学び、江戸で開業。牛痘苗の接種を行ない、種痘所(のちの医学所)を設立。のち幕府の奥医師となる。著「医療正始」二四巻。寛政一二～明治四年(一八〇〇～七一)

いとう-さちお【伊藤左千夫】歌人。子規の門に入り、子規没後は根岸短歌会の機関誌「馬酔木(あしび)」や「アララギ」を主宰して写生主義を主張。万葉風の歌をよみ、門下から島木赤彦、斎藤茂吉らがでた。著に「左千夫歌集」、小説「野菊の墓」がある。元治元～大正二年(一八六四～一九一三)

いとう-しずお【伊東静雄】詩人。「コギト」「日本浪曼派」「四季」同人。詩集「わがひとに与ふる哀歌」「夏花」など。明治三九～昭和二八年(一九〇六～五三)

いとう-じゃくちゅう【伊藤若冲】江戸中期の画家。別号斗米庵。京都の人。狩野派、光琳派(こうりんは)や、元、明(みん)の画法を学び、写生的、装飾的な花鳥画を描く。特に鶏図にすぐれた。享保元～寛政一二年(一七一六～一八〇〇)

いとう-しょうう【伊藤松宇】俳人。本名半次郎。明治俳壇の先駆者。俳句団体「椎の友社」を結成し、互選運座式を始めたほか、俳誌「俳諧」を創刊。自選句集「松宇家集」。安政六～昭和一八年(一八五九～一九四三)

いとう-じんさい【伊藤仁斎】江戸初期の儒者。名は維楨、字は源佐。古義学派の祖。はじめ朱子学を修めたが、のち、孔孟の原典に帰ることを唱え、相愛を徳目の第一として京都堀川に古義堂を開塾し、多数の門弟を教えた。その古義学は、荻生徂徠の古文辞学に影響を与える。著に「論語古義」「孟子古義」「語孟字義」「童子問」など。寛永四～宝永二年(一六二七～一七〇五)

いとう-しんすい【伊東深水】日本画家。東京生まれ。本名、一。鏑木清方に師事し、浮世絵の伝統を受け継いだ風俗画、特に美人画で知られる。明治三一～昭和四七年(一八九八～一九七二)

いとう-しんとく【伊藤信徳】江戸初期の俳人。

京都の富商。高瀬梅盛の門人。談林調から蕉風への一翼をになう。編著「江戸三吟」「七百五十韻」など。寛永一〇～元禄一一年(一六三三～九八)

いとう-すけちか【伊東祐親】 平安末期の武士。伊豆の豪族。曾我兄弟の祖父。平氏に仕え、伊豆に流された源頼朝を預かった。頼朝挙兵の後、捕えられ、自刃。寿永元年(一一八二)没。

いとう-すけます【伊東祐益】 ⇩いとうマンショ(伊東満所)

いとう-すけゆき【伊東祐亨】 元帥。海軍大将。薩摩藩士。日清戦争の連合艦隊司令長官。日露戦争では海軍軍令部長。天保一四～大正三年(一八四三～一九一四)

いとう-せい【伊藤整】 小説家。評論家。本名整(ひとし)。ジョイス、ロレンスなどを紹介し新心理主義文学の中心となり、また、性の罪障感や、人間と組織の問題を追求した。小説「鳴海仙吉」「火の鳥」、評論「小説の方法」「日本文壇史」など。明治三八～昭和四四年(一九〇五～六九)

いとう-そうかん【伊藤宗看】 江戸前期の棋士。出雲の人。幼少のとき大橋宗桂に師事、のち三世名人となる。家元伊藤家の祖。元和四～元禄七年(一六一八～九四)

いとう-だいすけ【伊藤大輔】 映画監督。愛媛県出身。サイレント時代劇に斬新な内容と手法を持ち込み、社会主義的傾向の時代劇で知られる。代表作は「忠次旅日記」「王将」など。明治三一～昭和五六年(一八九八～一九八一)

いとう-たんあん【伊藤坦庵】 江戸初期の儒学者。京都の人。名は宗恕。字は元務。医学を修めていたが、のち、藤原惺窩(ふじわらせいか)の門人、那波活所に学び、特に朱子学の研究に努めた。著「坦庵文集」「老人雑話」など。元和九～宝永五年(一六二三～一七〇八)

いとう-たんぼく【伊藤単朴】 江戸中期の談義本作者。江戸の人。名は半右衛門。別号青柳山人。若年には其角に俳諧を学び、山洞と号した。晩年、静観坊好阿の「当世(いまよう)下手談義」に触発されて、五部の教訓談義本を書いた。代表作はその第一作「教訓雑長持」。延宝八～宝暦八年(一六八〇～一七五八)

いとう-ちゆう【伊藤痴遊】 講談師。政治家。本名仁太郎。別号双木舎(そうぼくしゃ)痴遊。政治活動の手段として講談を読むうち本業となり、政治講談、新講談で名を成す。衆議院議員。慶応三～昭和一三年(一八六七～一九三八)

いとう-ちゅうた【伊東忠太】 建築学者。東京帝国大学教授。日本、東洋の古建築の研究で知られ、明治神宮、築地本願寺本堂などを設計。文化勲章受章。慶応三～昭和二九年(一八六七～一九五四)

いとう-でわのじょう【伊藤出羽掾】 江戸前期の浄瑠璃太夫。京都の人とも。万治～延宝(一六五八～一六八一)頃、大坂道頓堀で浄瑠璃を語り、操り芝居の座元を兼ねた。はじめ金平(きんぴら)物や武勇物で売ったが、寛文(一六六一～七三)頃から本地物へ転換し、機関(からくり)や糸操り、手妻を多用した説教芝居を上演した。生没年未詳。

いとう-とうがい【伊藤東涯】 江戸中期の古義学派の儒者。仁斎の長男。別号慥々斎(ぞうぞうさい)。父の説を継承、発展させ、また、考証に長じて、現代でも有益な語学、制度関係の著書を残している。堀川の家塾で門弟を教授。著「古学指要」「弁疑録」「制度通」「名物六帖」「操觚字訳」「秉燭譚」など。寛文一〇～元文元年(一六七〇～一七三六)

いとう-とうしょ【伊藤東所】 江戸中・後期の儒学者。名は善韶。字は忠蔵。京都の人。伊藤東涯の三男。幼時、父を失い、叔父伊藤蘭嵎(らんぐう)の訓育を受けた。二二歳のとき古義堂三世を継いで門人の教育につとめ、東涯の遺著多数を整理刊行した。著に「古義抄翼」「東所集」など。享保一五～文化元年(一七三〇～一八〇四)

いとう-のえ【伊藤野枝】 婦人運動家。福岡県生まれ。平塚らいてうらの青鞜社に加わり、婦人解放運動に参加。無政府主義者で、関東大震災直後に、夫大杉栄らとともに憲兵大尉甘粕正彦により殺された。明治二八～大正一二年(一八九五～一九二三)

いとう-ばいう【伊藤梅宇】 江戸中期の儒学者。名は長英。字は重蔵。伊藤仁斎の次子。東涯の異母弟にあたる。歴史や有職故実に精通した。著「見聞談叢」「講学日記」など。天和三～延享二年(一六八三～一七四五)

いとう-ひろぶみ【伊藤博文】 政治家。幼名利助、のち俊輔。長州藩出身。松下村塾に学ぶ。討幕運動で活躍。明治一四年(一八八一)政変のあと、政府の最高指導者となる。明治憲法の制定にあたり枢密院を設置。内閣制度をしいて初代首相となる。四回組閣し、その間、日清戦争を遂行する。貴族院議長、枢密院議長、立憲政友会総裁、初代韓国統監を歴任。ハルビンで韓国人安重根に暗殺された。天保一二～明治四二年(一八四一～一九〇九)

いとう-マンショ【伊東満所】(Mancio)天正遣欧少年使節の首席。大友宗麟の親類伊東氏の一族といわれる。名は祐益。洗礼名ドン=マンショ。天正一〇年(一五八二)派遣使節としてローマ教皇庁を訪問。帰国後耶蘇(やそ)会に入り、布教活動をした。元亀元～慶長一七年(一五七〇～一六一二)

いとう-みよじ【伊東巳代治】 政治家。長崎県に生まれる。明治憲法の制定に参加。第三次伊藤内閣の農商務大臣、東京日日新聞社長を経て、枢密顧問官となる。安政四～昭和九年(一八五七～一九三四)

いとう-らんぐう【伊藤蘭嵎】 江戸中期の古義学派の儒者。仁斎の五男。兄東涯に教えを受ける。和歌山藩に仕官。著に「大学是正」「書反正」「詩古言」など。元禄七～安永七年(一六九四～一七七八)

い-とう【位頭】『名』⇩いちょう(位頭)

い-とう【怡蕩】『名』喜び楽しんで気ままに過ごすこと。＊本朝文粋(1060頃)一一・玩鷲花詩序〈小野篁〉「神急心緩、曲過媚留、余日怡蕩、其何害哉」＊傅毅-舞賦序「余日怡蕩、非二以風一レ民也、其何害哉」

い-とう【猗陶・倚陶】 中国の春秋戦国時代、魯の猗頓(いとん)と越王勾践の家臣陶朱公(范蠡=はんれい)のこと。ともに富を築き、富豪となった。→猗頓の富・陶朱猗頓の富。＊性霊集-四(835頃)為人求官啓「然則。涸轍之途。忽掉二江湖之鰭一。遊岱之魂。乍斉二倚陶之財一。今不レ任二小願之至情一」＊陳子龍-琴心賦「爰有二圭賜之家、猗陶之族一、張二華屋一以延佇、啓二雲屏一而晉肅」

い-とう【異等】『名』才能などが普通の人よりぬきんでてすぐれていること。また、その人。＊史記抄(1477)七・呂后本紀「一段として異等なることのある者には与関内之邑食其租税なり」＊制度通(1724)六「武帝の世にいたりて〈略〉孝廉おのおの一人をあげしめ、又茂材異等の士を取る」＊史記-儒林伝序「即有二秀才異等一、輒以レ名聞」

いとう【伊富魚】『名』サケ科の淡水魚。全長二メートルに達するが、近年は少なく、一メートル程度のものがまれにある。背部はオリーブ色に褐色の斑点が散在、腹面は白色。北海道、南千島、樺太、沿海州に分布し、かつては青森県にもいたが、現在ではみられない。河川や海岸近くの湖沼にすみ、一部は降海する。釣り魚として人気がある。いと。いとお。学名は Hucho perryi 発音 イトー〈標ア〉0

いと・う【厭】『他ワ五(ハ四)』①いやだと思って避ける。うとましく思う。いやがる。＊万葉(8C後)五・八〇四「手束杖(たつかづゑ) 腰にたがねて か行けば 人に伊等波(イトハ)え かく行けば 人に憎まえ〈山上憶良〉」＊天理本金剛般若経集験記平安初期点(850頃)「既に苦(イトヒ)違ふこと能はず」＊源氏(1001-14頃)行幸「かしこには、さまざまに、かかる名のりする人を、いとふことなく拾ひ集めらるるに」＊虎明本狂言・福の神(室町末-近世初)「朝おきとうして、ぢひあるべし、人のくるをもいとふべからず」＊評判記・野郎虫(1660)玉木権之丞「恋しさにたまきてもあげせんのおもきをいとふびんぼうの神」＊俳諧・韻塞(1697)許六を送る詞「草鞋に足をいため、破笠に霜露をいとふて」＊人情本・春色梅児誉美(1832-33)初・三齣「なにさ、それもあのとふりの気性(きしゃう)の藤さんだから、見かけて頼んだわけだもの、それをいとってゐちゃア出来ねへ世話だものを」＊小学入門(甲号)(1874)〈民間版〉「働く時は労(つかれ)を厭(イト)はず食する時は飽くを求めず」②つらいこの世を避け離れる。出家する。世捨て人となる。＊観智院本三宝絵(984)下「彼浄土を心ざしもとむる人は、かならず猒ひ願ふ心を発すべし。猒ふ心はたちてもただ此身の苦おほかるをいとふ也」＊源氏(1001-14頃)夕霧「世の憂きにつけていとふは、なかなかひとわろきわざなり」＊山家集(12C後)下「今よりはいとはじ命あればこそかかるすまひのあはれをも知れ」＊新古今(1205)羇旅・九七九「世をいとふ人とし聞けばかりの屋に心とむなと思ふばかりぞ〈遊女妙〉」③いたわる。かばう。大事にする。気をつける。現在は、からだや健康などについていう。＊浮世草子・懐硯(1687)二・三「元より惣八門之進をいとひけるよりそれ程に思はれなばいかにも引(ひか)ぬといふ詞の下より抜合(ぬきあはせ)」＊浮世草子・世間娘容気(1717)一「歴々のおくさままで、小袖のすそをいとはせられ、紅の脚絆蹴かへしに見へて」＊浮世草子・傾城歌三味線(1732)四・一「太夫(たいふ)どのどふした云替しがあるやら、いかふ半介が身に成ていとふてやらしゃる」＊滑稽本・浮世風呂(1809-13)四・中「客人をいとふ気になりますから」＊塩原多助一代記(1885)〈三遊亭円朝〉二「どうか道をお厭(イト)ひなすって」＊われから(1896)〈樋口一葉〉二「本当に身体を厭(イト)はねばいけませぬぞえ」

語誌 もともとは、人を対象にして、嫌悪や忌避の感情を表わす語であった。中古以後、物事を対象に、嫌悪を感じてそれを避けるという行為を表わす用法が中心的になる。感情語としては中世末頃に、「きらふ」「いやがる」などにとってかわられたようである。現在では、「どんな苦労もいとわない」「御身おいといください」などの慣用的表現として残る。

語源説 (1)厭の字のイトフはイタムの転語。身をイトフのイトフはイタハル意〔和訓栞〕。(2)嫌う意のイトフはイム(忌)と同義。身をイトフのイトフはイト(愛)を語幹とする〔国語の語根とその分類=大島正健〕。(3)イトフ(厭)はイタモフ(傷思)の約か〔国語溯源=大矢透・大言海〕。(4)イタミフ(痛経)の転〔名言通〕。(5)老い衰えるのを嫌う意のイキオトロフの約転〔和訓考〕。(6)イト(甚)のハ行活用〔日本語源=賀茂百樹〕。(7)イタミオホフ(痛掩)の義〔日本語原学=林甕臣〕。

発音 文 イトーとも〈標ア〉ト〈京ア〉0〈ア史〉平安○○◐ 鎌倉○○● 室町・江戸●○○ 上仮名 イトフ 辞書 色葉・名義・和玉・文明・明応・天正・饅頭・黒本・易林・日葡・書言・ヘボン・言海 表記 厭(色・名・玉・文・明・天・黒・易・書・へ・言) 猒(色・名・饅・易) 歎(色・名・玉) 斁(名・玉・書) 懕・射(色・名) 餇(色・玉) 嬾(名・玉) 飽・殉・饜(色) 予(名) 嫉・饐・鎮・飼(玉)

いとうに栄(は)ゆ いやだと思えば思うほど、かえってその物事が盛んになる。＊後撰(951-953頃)恋二・六〇八「あやしくもいとふにはゆる心かないかにしてかは思ひやむべき〈よみ人しらず〉」＊源氏(1001-14頃)常夏「暮にも参り来むと思ひ給へ立つは、いとふにはゆるにや」＊源氏(1001-14頃)早蕨「いとふにはえてのび侍る命のつらく」＊文づかひ

(1891)〈森鷗外〉「ただ厭ふにはゆるは彼方の親切にて、ふた親のゆるしし交際の表、かひな借さるることもあれど」

いーどう【医道】『名』医術の道。医学。＊中右記‐元永二年(1119)正月一九日「重康朝臣依二重病一、以二施薬院使一譲二息男重基一之由、夜前所レ被二仰下一也。件重康医道之為長之人也」＊今昔(1120頃か)四・三二「此の大臣、医道に極(きはめ)たるに依て」＊平家(13C前)三・医師問答「もしかの医術によって存命せば、本朝の医道なきに似たり」＊日葡辞書(1603‐04)「Idŏ(イダウ)。クスシノ ミチ〈略〉Idŏno(イダウノ) タッシャ」＊浮世草子・武家義理物語(1688)二・一「名を本立(ほんりう)と替てかしらも散切に成、医道(イダウ)を心がけ」 発音 イドー〈標ア〉イ 辞書 文明・饅頭・易林・日葡・書言・ヘボン・言海 表記 医道(文・饅・易・書・ヘ・言)

いーどう【異同】『名』異なっていること。違っている点。相違。＊寛永刊本蒙求抄(1529頃)七「異(イ)同は易にも流が多いものぞ。諸儒の易と梁立が易とかわりた事ちゃほどに、諸儒の論義をさせうと思はれたぞ」＊運歩色葉(1548)「異同 イトウ」＊童子問(1707)下・九「論二異同一而勿論二浅深一」＊随筆・秉燭譚(1729)一「それ故職原鈔に、清家外記の補任には如レ此と、中家外記の補任には如レ此、両家の異同をしるせるなり」＊滑稽本・浮世風呂(1809‐13)三・下「うつぼを読返さうと存じてをる所へ、活字本(うゑじぼん)を求ましたから幸ひに異同(イドウ)を訂(ただ)してをります」＊花柳春話(1878‐79)〈織田純一郎訳〉三八「其成る所の物は才智の多寡に由て異同あり」＊左思‐魏都賦「星有二風雨之好一、人有二異同之性一」 発音 イドー〈標ア〉0〈京ア〉0 辞書 書言・言海 表記 異同(書・言)

いーどう【異動】『名』①物事に、前の状態と違った動きが起こること。また、その動き。＊米欧回覧実記(1877)〈久米邦武〉一・二「南方空気少しく異動あれば、其炎蒸の気流れて、直に加那他(カナダ)の地方まで、感動するに障碍なし」＊病院の窓(1908)〈石川啄木〉「材料が無いって、昨日と何も異動がないといふのかね?」②地位、勤務、住所などが変わること。新任、退任などの人事の動き。＊東京朝日新聞‐明治三九年(1906)四月一五日「湯浅氏の後任には愛媛県警務長太田政弘氏転任することに内定し、猶二三の異動ある筈なり」＊真空地帯(1952)〈野間宏〉七・二「彼等は下士官と将校の人事異動を慎重にやり〈略〉全く腹心のものばかりで身をかためたのである」 発音 イドー〈標ア〉0〈京ア〉0

いーどう【異道】『名』①仏語。仏教以外の教え。外道(げどう)。＊七箇条起請文(1204)「猥述二邪義一、既同二九十六種異道一」＊伝光録(1299‐1302頃)迦毘摩羅尊者「たとひ今ま異道の中にありて、神変を現ずるも」②まちがったやり方。＊大学垂加先生講義(1679)「此身を外にしてとかくと云は、皆異道也」

いーどう【移動】『名』動いて位置が変わること。また、動かして位置を変えること。＊哲学字彙(1881)「Locomotion 移動」＊日本の下層社会(1899)〈横山源之助〉四・一・一二「職工の移動頻繁となりたるを以て〈略〉摂津紡績業同盟会を組織して大に職工の移動を取締り」＊高架線(1930)〈横光利一〉「彼らは柱を中心に絶えず生活を移動させながら、日々黙って暮してゐた」 発音 イドー〈標ア〉0〈京ア〉0

いーどう【椅桐】『名』植物「いいぎり(飯桐)」の異名。＊薬品手引草(1778)「椅桐(イトウ) きりの木也」

いどう-えんげき【移動演劇】『名』簡単な編成と舞台装置で各地を巡業する劇団の演劇。旅芝居と区別し、近代では営利を目的としないで文化運動の一環として行なうものをいう。日本では、昭和初期に、日本プロレタリア文芸連盟が行なった「トランク劇場」が先駆。 発音 イドーエンゲキ〈標ア〉エ〈京ア〉エ

いと-うお【糸魚】『名』①魚「いとよりだい(糸撚鯛)」の異名。②魚「いとよ(糸魚)」の異名。＊俳諧・毛吹草(1638)四「越後〈略〉糸魚川糸魚(いといがはのイトウヲ)」 方言 魚、いとよ(糸魚)。新潟県佐渡348 発音〈標ア〉ト 辞書 言海 表記 絲魚(言)

いとう-おんせん【伊東温泉】静岡県伊豆半島東岸、伊東市にある温泉。泉質は食塩泉・単純泉。胃腸病、婦人病、リウマチなどにきく。 発音 イトーオンセン〈標ア〉オ

いどう-けいさつ【移動警察】『名』二つ以上の都道府県警察の管轄区にわたる汽車、電車、汽船などの交通機関に警察官が乗って、その車船内に発生する犯罪の取締り、検挙、事故の防止などに当たること。また、その制度。＊現代語辞典(1923)〈生田長江〉「移動警察 庁舎がなく、主として汽車中の犯罪事故を取扱ふ警察で、最近に於ける警視庁の試みである」 発音 イドーケイサツ〈標ア〉ケ〈京ア〉ケ

いどう-げきじょう【移動劇場】『名』「いどうえんげき(移動演劇)」に同じ。＊モダン辞典(1930)「移動劇場(劇)労働者農民の煽動のため、あちこちに出動して、商業的の舞台外で演ずるプロレタリア劇団を云ふ」 発音 イドーゲキジョー〈標ア〉ゲ

いどう-こうえん【移動公演】『名』各地を移動しながら演劇や音楽会を行なうこと。巡演。巡回上演。＊旅‐昭和一八年(1943)終刊号・移動演劇日記〈松葉重康〉「冬から春へかけての農閑期に私たちの移動公演(イドウコウエン)は最も活発に行はれる」 発音 イドーコーエン〈標ア〉コ

いどう-こうげき【移動攻撃】『名』バレーボールで、相手のブロッキングをかわすために、攻撃する選手(アタッカー)が、場所を移動して行なう攻撃法。

いとう-こばん【伊藤小判】『名』小判の一つ。江戸時代、文政七年(一八二四)刊行の「金銀図録」に収録されているものであるが、現在の古貨幣収集界では、後世(元禄以降)の架空的な作品として扱われている。

いどう-さつえい【移動撮影】『名』画面に流動感をもたせるために、カメラを移動させながら撮影すること。＊新時代用語辞典(1930)〈長岡規矩雄〉映画用語「移動撮影 人物が走ったり、自動車が駆けたりするのを、同じ速さでカメラを移動さして撮影する方法」 発音 イドーサツエイ〈標ア〉サ〈京ア〉サ

いとうし・い『形口』文いとう・し『形シク』「いとおしい」の変化した語。＊梵舜本沙石集(1283)七・九「乳を飲むもいとうしく」＊寛永刊本蒙求抄(1529頃)三「歓楽して一大事のなりであったほどに、いとうしいと云ふて、よってみたぞ」＊虎寛本狂言・朝比奈(室町末‐近世初)「あらいとうしの躰やな」＊仮名草子・伊曾保物語(1639頃)下・二三「いとふ敷(しく)覚えて」 補注「いとおしい」は、中世から近世初期の頃は、「イトーシイ」と長音化して発音されていた。長音部分が時に「う」と聞きなされた時、「いとうしい」という表記が生ずる。

いどう-しゃ【医道者】『名』「いしゃ(医者)」に同じ。＊日葡辞書(1603‐04)「Idŏxa(イダウシャ)〈訳〉医者」 辞書 日葡

いどう-しょう【移動商】『名』多量の商品を準備して、各地の中小都市を順次移動し、数日または数週間、店を仮設して販売するもの。 発音 イドーショー〈標ア〉ド

いどう-しょうめいしょ【移動証明書】『名』住所を移動する場合、もとの居住地の役所、役場等が発行する、転出を証明する公文書。転出証明書。 発音 イドーショーメイショ〈標ア〉0ショ2

いどうせい-こうきあつ【移動性高気圧】『名』ふつう、西から東に移動する高気圧。ほぼ楕円形の等圧線をもち、中心付近およびその前面は快晴であるが、夜間の冷えこみが激しい。多く、春、秋に日本を通過。＊旅‐昭和二一年(1946)一一月号・十一月の気象〈久米庸孝〉「アジア大陸から移動性高気圧がちぎれて来ては四、五日置きに本邦を西から東へ通過し」 発音 イドーセイコーキアツ〈標ア〉キ〈京ア〉0=キ

いどうせい-もうちょう【移動性盲腸】『名』盲腸が正常位置より異常に移動することで起きる症状。慢性の右下腹部の痛み、便秘、食欲不振、下痢などがみられる。 発音 イドーセイモーチョー〈標ア〉モ

いどう-たいし【移動大使】『名』官制上定められている大使とは別に、特定の問題について必要に応じて関係諸国に派遣され、その期間中大使の称号を与えられるもの。 発音 イドータイシ〈標ア〉タ〈京ア〉タ

いと-うち【糸打】『名』組み帯で、丸打ち(組)と平打ち(組)がある。名古屋帯。＊浮世草子・男色大鑑(1687)二・三「上下(うへした)黒き龍門に葉菊の五所紋、糸打(イトウチ)の平帯(ひらおび)、吉屋(よしや)つくりの大小」＊随筆・骨董集(1813)上・中「貞享より享保の比の草紙どもに、往々見えたる組帯、名古屋織の帯、糸打(イトウチ)の平帯、名古屋打の房帯、などいへるものは、寛永以前の古制の如き丸打にはあらで、平打にて、今云ふ糸さなだの類なり」

いとう-つば【伊藤鐔】『名』江戸幕府御用の鐔工(たんこう)伊藤家一門の作った刀の鐔。 発音 イトーツバ〈標ア〉ト

いどう-てん【移動展】『名』各地を巡回して行なう展覧会や展示会。 発音 イドーテン〈標ア〉0

いどう-どうぶつえん【移動動物園】『名』各地を移動してまわる小さな動物園。＊春景色(1930)〈川端康成〉四「『移動動物園でせうか』『さうかもしれん』『曲馬団ですわ、きっと』」 発音 イドードーブツエン〈標ア〉ツ

いどうド-しょうほう【移動ド唱法】『名』(ドはイタリア・英 do)各調の主音をド(長調)またはラ(短調)として階名で歌う方法。階名唱法ともいう。固定ド唱法に対する語。 発音 イドードショーホー

いどう-としょかん【移動図書館】『名』書籍を積んだ自動車で定期的に町村を回り、本の貸し出しをするもの。巡回図書館。移動文庫。 発音 イドートショカン〈標ア〉ショ〈京ア〉0=ショ

いと-うなぎ【糸鰻】『名』ウナギがレプトセファルス幼生期を経て変態した、糸のように細く小さい稚魚。河口や河川下流部にいる。 方言 静岡県志太郡521 三重県志摩郡585 島根県益田市725 岡山県御津郡764 大分県941 ◇いとおなぎ 島根県那賀郡・八東郡725 ◇いとめうなぎ〔糸目鰻〕 大分県大分郡941 発音 イトウナギ〈標ア〉ウ

いどう-のうぎょう【移動農業】『名』住居や耕地の場所を移動しながら行なう原始的な農業のこと。移動は地力の消耗による。古代にはヨーロッパでも行なわれていたが、現在では熱帯地域にかぎられ、主として焼き畑耕作によることが多い。 発音 イドーノーギョー〈標ア〉ノ

いとう-は【伊東派】『名』講釈師の一派。江戸の人、伊東仙右衛門燕晉(えんしん)を祖とする。 発音 イトーハ〈標ア〉0

いとう-は【伊藤派】『名』①儒者伊藤仁斎の起こした古学派の呼称。「論語」「孟子」を主とし、程朱の説をしりぞけた。堀河古義学派。堀河学派。②鐔工(たんこう)の一派。江戸神田の伊藤甚左衛門政方を祖とする幕府御用の鐔工の一門。 発音 イトーハ〈標ア〉0

いどう-ぶたい【移動舞台】『名』舞台装置の一つ。演劇の一場面から次の場面にすばやく転換させるため、本舞台の両側に次の舞台を準備して置き、前場の終わるとともに、車輪装置によって次の舞台を引き出す構造のもの。＊超モダン用語辞典(1931)〈斎藤義一〉演劇用語「移動舞台 本舞台以外に、その両側に次の場面を造って置き、車輪仕掛けで、素早く舞台面を交代させるをいふ」 発音 イドーブタイ〈標ア〉ブ

いどう-ぶんこ【移動文庫】『名』「いどうとしょ

かん（移動図書館）」に同じ。発音イドーブンコ〈標ア〉ブ

いどう-べん【異同弁】〘名〙異同をわきまえわけること。異同の識別。発音イドーベン〈標ア〉ド

いどう-へんでんしょ【移動変電所】〘名〙変電設備一式を装備した鉄道車両やトレーラーなどをいう。発音イドーヘンデンショ〈標ア〉0ショ

いどう-ほう【移動砲】〘名〙一か所の陣地に固定するのでなく、自由に移動して使える大砲の総称。⇔陣地砲。発音イドーホー〈標ア〉ド

いどう-ほうそう【移動放送】〘名〙中継放送で、必要な器具を任意の場所に移動して行なうもの。発音イドーホーソー〈標ア〉ホ

いどう-ほんぶ【移動本部】〘名〙社会運動、労働争議などの際、官憲の弾圧を避けるために各地を移動する指導本部。＊現代新語辞典（1931）「移動本部 非合法運動や労働争議等に在っては、何時官憲の圧迫が労働者側に下らぬとも限らぬ〈略〉故にこの危険を予め警戒して本部が何処に在るかわからぬ様に、絶えずその場所を移転する。つまり固定してゐない本部である」発音イドーホンブ〈標ア〉ホ

いと-うみ【糸績】〘名〙糸をつむぐこと。紡績。＊俚謡・おばこ節（明治–大正）秋田県南秋田郡「隣の婆々さが絲うみだ」

いどう-むせん【移動無線】〘名〙移動中、または、不特定の地点（移動局）と特定の地点（陸上局）との間の無線通信。船舶、列車、無線呼出、自動車電話等は移動無線による。

いどう-もくひょう【移動目標】〘名〙飛行機、軍艦、戦車および行動中の軍隊等のように、絶えず動いて、射撃目標の定まらないもの。発音イドーモクヒョー〈標ア〉モ

いどう-ゆうびんきょく【移動郵便局】〘名〙自動車に、郵便など郵政サービスの窓口を備え、災害などの臨時の需要に応じて、または事業の宣伝や周知のために、出張移動して業務を行なうもの。発音イドーユービンキョク〈標ア〉ビ〈京ア〉0＝ン

いと-うり【糸瓜】〘名〙植物「へちま（糸瓜）」の異名。＊物類称呼（1775）三「糸瓜 へちま。信濃にてとうりと云、薩州にてながうりと云、とうりは糸瓜（イトウリ）の上略なるべし」＊譬喩尽（1786）一「糸瓜（イトウリ）とも思ひは為ぬ」＊精進献立集（1819）三三番「いとうりなまにてくしにさしてやき、とうがらしみそにてでんがく」方言周防†122 長門†122 東京都八丈島335 広島県一部030 香川県一部030 宮崎県一部030 鹿児島県薩摩050 種子島054 ◇いとうい 宮崎県西諸県郡947 鹿児島県964 宝島980 口之永良部島982 ◇いとぅうい 鹿児島県喜界島983 ◇いとぐい 鹿児島県屋久島962 ◇いとぐり 鹿児島県種子島979 ◇とうり 信濃†020 発音〈標ア〉ト 辞書言海 表記絲瓜（言）

いと-うり【糸売】〘名〙絹糸を売ること。また、その商人。＊雑俳・柳多留–三（1768）「糸売ははかりのさやを相手どり」発音〈標ア〉リト

糸売り〈東栄戯台之図〉

いどう-りつ【移動律】〘名〙数学における同値の概念を規定する性質の一つ。aはbに関係があり、bはcに関係があるならば、aはcに関係があるという性質。推移律。発音イドーリツ〈標ア〉ド

いとう-りゅう【伊東流】〘名〙伊東紀伊守祐忠が開いた槍術の一流派。建孝流（けんこうりゅう）。発音イトーリュー〈標ア〉0

いとう-りゅう【伊藤流】〘名〙茶道流派の一つ。遠州流村田一斎門下の伊藤喜斎が開く。肥後熊本の細川家に伝わり、七世宗慎の明治末年まで継承。遠州流伊藤派。発音イトーリュー〈標ア〉0

いとえら-るい【糸鰓類】〘名〙軟体動物、おの足綱の一亜綱。フネガイ科、イガイ科、イタヤガイ科などが含まれる。しさいるい。発音〈標ア〉ラ

いと-お【糸緒】〘名〙糸。ひも。糸の緒。＊観智院本名義抄（1241）「綸 ヲサム ミタル イトヲ」辞書名義 表記綸（名）

いとお【伊富魚】〘名〙魚「いとう（伊富魚）」に同じ。発音〈標ア〉0

いと-おさえ【糸押】〘名〙歌舞伎の鬘（かつら）の一種。鬢（びん）を糸で押え、糸を抜くと毛がほつれ、ざんばら髪になる仕掛け。「本朝二十四孝」の横蔵や「義経千本桜」の狐忠信などに用いる。発音〈標ア〉オ

いとお。し〘形シク〙⇨いとおしい

いとおし・い〘形口〙文いとほ。し〘形シク〙（動詞「いとふ」から派生した形容詞）苦痛や苦悩で心身を悩ますさまを表わす。①自分にとって面白くないと思う心情を表わす。つらい。困る。いやだ。＊平中（965頃）二九「はかられにけりと、いとほしうて、この文にある事、いとあやし」＊源氏（1001–14頃）蛍「人の上を難つけおとしめざまの事いふ人をば、いとほしきものにし給へば」＊栄花（1028–92頃）つぼみ花「あしき事を見聞くは、せん方なくいとをしきわざなれば」②他人に対する同情の心を表わす。かわいそうだ。ふびんだ。気の毒だ。＊竹取（9C末–10C初）「天の羽衣うち着せ奉りつれば、翁をいとほしく、かなしと思しつる事も失せぬ」＊今昔（1120頃か）一〇・三三「彼の父母の思ふらむ事何許（いかばかり）なるらむと思ふに、糸惜き事心・肝を砕くが如し」＊寛永刊本蒙求抄（1529頃）四「いとをしいと云て衣食などをまいらせたぞ」＊浄瑠璃・仮名手本忠臣蔵（1748）四「いとをしの有様やと亡骸（なきがら）に抱付き、前後も分かず泣給ふ」③弱小なものへの保護的な愛情を表わす。かわいらしい。いじらしい。いとしい。＊紫式部日記（1010頃か）寛弘五年一〇月十余日「うちとけて寝たるときなどは、何心もおぼほれて驚くも、いといとほしく見ゆ」＊狭衣物語（1069–77頃か）四「うち笑ひ給ひて、『一人しも思し咎むるこそいとほしけれ。〈略〉』とのたまへば」＊撰集抄（1250頃）一・国行三位遁世之事「去り難き妻、いとほしき子をふり捨て」＊評判記・野郎虫（1660）岩崎金作「心だてやはらかにして。いとおしき所あり」＊読本・昔話稲妻表紙（1806）三・一一「長生せよとは、いとをしのいひごとよ」語誌(1)「いたはし」の母音交替形と考えられているが、平安時代になって多用され、「いたはし」とも併用されている。その「いたはし」は、「いたはり・いたはる」が富を背景とした物質的な待遇を表わすのに応じて対象を価値あるものとして認め、大切にしようとするのに対して、「いとほし」は、あくまでも精神的な思いやりとして表現されるが、和歌には用いられない。(2)中世から近世初期ころに、ハ行音転呼によってイトヲシとなり、さらに長音化してイトーシと発音され、いじらしい・いとしいの意が強くなって、イトシとなった。「今昔物語集」から「糸惜」〔一〇・三三〕と漢字表記され、近世には「いとをし」「いとうし」の両形で表記されている。方言かわいそうだ。痛ましい。群馬県多野郡232 埼玉県秩父郡251 島根県石見725 736 広島県771 779 語源説(1)イタハシ（痛）の転〔俚言集覧・大言海〕。(2)イトは最。ヲシはヲモシ（重）の意〔名語記〕。発音イトーシイ〈標ア〉シ〈京ア〉[一] 文『いとほし』〈標ア〉イトオシ オ イトーシ ト〈ア史〉江戸『いとほしき』●●○○〈京ア〉イトーシ [一] 辞書色葉・和玉・文明・伊京・明応・黒本・易林・日葡・ヘボン・言海 表記最愛（文・伊・明・黒・易・へ）糸惜（色・伊・黒）憐（色）慈（玉）寵（文）

いとおしき子（こ）には旅（たび）をさせよ かわいいと思う子に対しては、だいじにかばうよりも世間に出して苦労させるのが、その子のためというものだ。かわいい子には旅をさせよ。＊俳諧・毛吹草（1638）二「いとおしき子にたびさせよ」＊仮名草子・東海道名所記（1659–61頃）一「いとおしき子には旅をさせよといふ事あり。万事思ひしるものは旅にまさる事なし」＊浮世草子・好色三代男（1686）三・六「いとをしき子に旅衣、きて見ねば知れぬ世間ぞかし」

いとおしき子（こ）を杖（つえ）に教（おし）えよ かわいい子は杖で教えよ。かわいければかわいいほど、きびしく教育するがよい。＊随筆・梅園叢書（1850）中「おやたらん人の分には、それぞれの師をもとめ、よくよくおしゆべし。其上に悪しからんこそ子の罪なるべけれ。いとおしき子を杖におしへよとは、道にかなひたる諺なり」

いとおし-がり〘名〙かわいらしいと思うこと。また、その対象となる人。いとしい者。寵愛（ちょうあい）する者。＊虎明本狂言・継子（室町末–近世初）「ちちごの事のほかいとほしがりにて候」発音イトーシガリ〈標ア〉リ0

いとおし-が・る〘他ラ五（四）〙（形容詞「いとおしい」の語幹に接尾語「がる」の付いたもの）①気の毒に思う気持を外に表わす。同情する。＊書紀（720）崇峻即位前（図書寮本訓）「横（よこさま）に枕の側に臥して、前に飢ゑ死ぬ。河内国司、其の犬を尤（とが）め異（あやし）びて朝庭（みかど）に片上（まうしあ）ぐ。朝庭、哀不忍聴（イトホシガリ）たまふ」＊宇津保（970–999頃）忠こそ「おとどいとおしがりて『かくの給ふを、こよひばかりはまうでんかし』とおぼして、その夜さり一条にものし給て」＊枕（10C終）三一四・僧都の御乳母のままなど「このおはする人の、家焼けたなりとて、いとほしがりて賜ふなり」②かわいいと思う気持を外に表わす。かわいがる。＊史記抄（1477）三・五帝本紀「仲をばいとほしがりて我をばにくまれたれども、吾は天子になりたと云たぞ」＊評判記・名女情比（1681）五「夕霧もさすがなさけの上らうにて、又たぐひなき物にいとをしがりけり」＊多情多恨（1896）〈尾崎紅葉〉前・五「却って慿（かう）云ふ地位に居ては最愛（イトヲシ）がられて」発音イトーシガル〈標ア〉ガ〈京ア〉0

いとおし-げ〘形動〙（形容詞「いとおしい」の語幹に接尾語「げ」の付いたもの）いかにもかわいらしい、またはかわいそうなさま。あるいは、そう感じているさま。＊宇津保（970–999頃）楼上上「小さきこどものいとをしげなるを、おとなにつくりてぞありける」＊蜻蛉（974頃）下・天禄三年「いとあやしううちとけたりつるほどに、いかに御覧じつらんなど、口々いとをしげなることをいふに」＊栄花（1028–92頃）若ばえ「その女君達、今はむげに大人になり給ひて、いとをしげにてあり」発音イトーシゲ〈標ア〉シ

いとおし-さ〘名〙（形容詞「いとおしい」の語幹に接尾語「さ」の付いたもの）かわいらしいこと。かわいそうなこと。また、その度合。＊竹取（9C末–10C初）「親ののたまふことを、ひたぶるにいなび申さむ事のいとおしさに」＊源氏（1001–14頃）乙女「三の宮の思ひ給はむ事のいとをしさに、とかくこと添へ聞ゆる事もなかりしなり」＊仮名草子・ねごと草（1662）下「いとおしさのあまりに、余助涙をうかべて」発音イトオシサ〈標ア〉オ〈京ア〉0

いとおし-なげ〘形動〙（形容詞「いとおしい」の語幹に接尾語「なげ」の付いたもの）気の毒なさま。ふびんなさま。いとしぼなげ。＊浄瑠璃・信田森女占（1713）四「いとをしなげに若君を見すてて帰り給ひなば。おさな心に恋したいお命も候まじ」＊歌舞伎・東海道四谷怪談（1825）四幕「オオ、いとほしなげに、年端（としは）もゆかぬ孫めに、此やうな商ひさせて」

いとおし-・ぶ〘他バ四〙「いとおしむ」に同じ。＊読本・春雨物語（1808）捨石丸「行て刀うつ業ならへ。必いとほしひて、まめやかにをしへ給ふべし」

いとおし-ぼ・い〘形口〙いかにもふびんであ

る。＊洒落本・傾城買談客物語(1799)三「おまへさまの御心がなをさらいとをしぼうござります」

いとおし‐み いとほし‥【名】(形容詞「いとおしい」の語幹に接尾語「み」の付いたもの →み) かわいがって大切にすること。また、かわいそうに思うこと。＊源氏(1001-14頃)若菜下「女君、消え残りたるいとおしみに渡り給ひて、人やりならず心苦しう思ひやり聞え給ふにや、と思して」＊今鏡(1170)六・雁がね「白河の院には、御いとをしみの人にておはしき」＊俳諧・蕪村句集(1784)冬「みどり子の頭巾眉深(まぶか)きいとをしみ」 発音 イトーシミ 〈標ア〉[0][ミ] 辞書 書言 表記 嫥・最愛・最情・鍾愛(書)

いとおし・む いとほし‥【他マ五(四)】①ふびんに思う。かわいそうに思う。気の毒に思う。＊続日本紀‐天平宝字六年(762)六月三日・宣命「朕が劣(をぢ)なきに依りてし、かく言ふらしと念ほし召せば愧(はづか)しみ伊等保自彌(イトホシミ)なも念ほす」＊山家集(12C後)下「我のみぞわが心をば愛をしむ憐れぶ人のなきにつけても」＊いさなとり(1891)〈幸田露伴〉二八「大勢の嬲(なぶ)りものにされし吉三をいとほしみ」②かわいいと思う。かわいがる。＊御伽草子・小式部(室町時代物語大成所収)(室町末)「さて、うばをうぢ、心のうちいかほどそふべきともしらずして、いとをしむ事かぎりなし」＊読本・春雨物語(1808)死首のゑがほ「かしこに参りては、ただ父のおにおにしきをよく御心とれ。母君は必よ、いとほしみたまひてん」＊雨蛙(1924)〈志賀直哉〉「彼の胸は淡いなりにせきをいとほしむ心で一杯だった」③惜しんで大切にする。愛惜する。「去り行く春をいとおしむ」＊読本・椿説弓張月(1807-11)残・六三回「婦が今般(いまは)にいとをしみし短刀こそ此ものどもが名をしるよすがとなりもせめ」 発音 イトーシム 〈標ア〉[シ] 〈京ア〉[0] 上仮名 イトーホシム 辞書 和玉・〈ボン〉・言海 表記 嗇・恵(玉) 愛惜(へ)

いとおし‐らし・い いとほし‥【形シク】かわいらしい。愛らしい。いとしい。＊評判記・難波物語(1655)「いとおしらしき風あり。とりなりもよし」＊浮世草子・武道伝来記(1687)一・三「いかなる縁にや是程いとほしらしき御方に逢ひ参らするも不思議の一つ」＊狂歌・雅筵酔狂集(1731)附録「風躰もいとおしらしき細まゆの色に似かよひなびく青柳」

い‐とお・す ゐとほす【居通】【自サ四】その場にずっといる。すわり続ける。＊文明本節用集(室町中)「居透 イトヲス」＊土(1910)〈長塚節〉二〇「床の上へ四斗樽かう倒(さかさ)にして置えてね、其上へ板渡して、やっとまあ居通しあんしたがね」 辞書 文明 表記 居透(文)

い‐とお・す いとほす【射通】【他サ五(四)】①矢を射て目標を貫く。射抜く。＊出雲風土記(733)島根「又、金の弓箭流れ出で来。即ち待ち取らし坐して、闇鬱(くら)き窟(いはや)なるかも、と詔(の)りたまひて、射通(いとほし)坐しき」＊平家(13C前)一一・嗣信最期「王城一の強弓(つよゆみ)精兵(せいびゃう)にておはせしかば、矢さきにまはる者、いとをされずといふ事なし」＊太平記(14C後)二八・慧源禅巷南方合体事「漢王の前に馨(ひかへ)たる兵の、鎧の草摺より引敷(ひっしき)の板の裏をかけず射徹(トヲ)し」②(光線などが)物体を貫く。＊幻影の盾(1905)〈夏目漱石〉「樹の高からぬのと秋の日の射透すので、左程静かな割合に怖しい感じが少ない」＊路上(1919)〈芥川龍之介〉二八「以前はささなかった日の光が、斜に窓硝子を射透(イトホ)して、ピアノの脚に落ちてゐた」 発音 イトース 〈標ア〉[0][ト] 辞書 文明・日葡・〈ボン〉 表記 射透(文・へ)

いと‐おどし ‥をどし【糸威・糸縅】【名】鎧(よろい)の威(おどし)の一種。絹の組糸で札(さね)をつづったもの。糸の色によって、赤糸威、黒糸威などという。糸毛。＊長門本平家(13C前)一五・義仲押寄法住寺殿事「糸威の腹巻に、重目結の直垂を著られたりけるが」＊軍用記(1761)三「糸威の部。紅梅威黄糸威黒糸威赤糸威萌黄糸おどし紫糸威紺糸威等は別の子細なし各其色の糸にて、おどしたるなり」 発音 〈標ア〉[オ]

いと‐おり【糸織】【名】(「きぬいとおり(絹糸織)」の略)絹の撚糸(よりいと)を、縦、横に用いて織った織物。＊人情本・春色辰巳園(1833-35)六・一〇回・下「糸織(イトオリ)の藍三筋(あいみすじ)、媚茶(こびちゃ)の茶丸の裏を付(つけ)たるを、二つ対に重ね」＊浮雲(1887-89)〈二葉亭四迷〉二・七「今日は故意(わざ)と日本服で、茶の糸織の一つ小袖に黒七子(くろななこ)の羽織」 方言 絹織物。岐阜県飛驒502 高知県長岡郡869 発音 〈標ア〉[0] 〈京ア〉[0] 辞書 言海 表記 絲織(言)

いとおり‐ぞろえ ‥ぞろへ【糸織揃】【名】糸織の織物ばかりをそろえること。＊別れ霜(1892)〈樋口一葉〉六「継ぎ継ぎの筒袖着物糸織(イトオリ)ぞろへに改ためて」 発音 〈標ア〉[ゾ]

いとおり‐はちじょう ‥ハチヂャウ【糸織八丈】【名】八丈縞に模した糸織。東京都八王子地方などを主産地とする。黄八丈(きはちじょう)。 発音 イトオリハチジョー 〈標ア〉[チ][ハ]

いとおり‐ひめ【糸織姫】「しょくじょせい(織女星)」に同じ。《季・秋》＊俳諧・誹諧通俗志(1716)時令・七月「百子姫　糸織姫　朝顔姫」

いと‐がい ‥がひ【糸貝】【名】「いとかけがい(糸掛貝)」の異名。〔語彙(1871-84)〕 辞書 言海 表記 絲貝(言)

いど‐がえ ゐどがへ【井戸替】【名】(「いどがい」とも)井戸水を清めるため、井戸の中の水やごみをすっかりくみ出して掃除すること。年中行事ふうに行なうことも多く、七月七日または六月中に行なわれた。井戸さらえ。さらし井。《季・夏‐秋》＊俳諧・糸屑(重安編)(1675)秋「井戸替はかならず秋の七日哉〈重安〉」＊浮世草子・好色五人女(1686)二・一「お家主殿の井戸替(イトカへ)、けふことにめづらし」＊俳諧・誹諧通俗志(1716)時令・六月「井戸かへ　さらし井」＊落語・思案の外幇間の当込み(1889)〈三代目三遊亭円遊〉「和郎の事だから大方井戸浚(イドガ)ひの夢でも見たのだらう」 発音 イドガエ 〈標ア〉[0] 〈京ア〉[0] 辞書 〈ボン〉・言海 表記 井浚(へ) 井戸替(言)

いどがえ の 素麺(そうめん) 江戸時代、七月七日に行なう風習のあった井戸替えのとき、井戸のふたの上に置いて、井戸の神、水の神に供えた素麺。＊浮世草子・好色二代男(1684)六・三「旦那の皃(かほ)を見ずに、今日井戸替(イドカヘ)の素麺(ソウメン)の延たをまいれと又笑ふて」

いどがえ の 釣瓶(つるべ) (井戸替えのとき、釣瓶を何度も上げ下げすることから) 上げたり下げたりすることのたとえ。転じて、人をおだてたり、けなしたりすること。＊洒落本・辰巳婦言(1798)四つ明の部「そろそろころし文句を考へ〈略〉上たりさげたり、井戸がへのつるべときめかける」

いと‐かぎ【糸鉤】【名】生糸繰糸機械および揚返機械の付属品である小さいかぎ。糸をわくに導く金属製、ガラス製または陶器製のもの。 発音 イトカギ 〈標ア〉[ト]

いと‐がき【糸搔】【名】かつお節を糸のように細く削ること。また、そのもの。おひたしや煮ものなどにかけて用いる。 発音 イトガキ 〈標ア〉[0]

いと‐かけ【糸掛】【名】黒鯛(くろだい)の手釣りで、指が疲れたときにする休み方の一つ。＊幻談(1938)〈幸田露伴〉「疲れた時には舟の小縁へ持って行って錐を立てて、その錐の上に鯨の鬚を据ゑて、その鬚に持たせた岐(また)に綸(いと)をくひこませて休む。これを『いとかけ』と申しました」 発音 〈標ア〉[ト]

いとかけ‐がい ‥がひ【糸掛貝】【名】イトカケガイ科に属する巻貝の総称。殻の表面の成長脈に沿って数本のひだがあり、糸をかけたように見える。多くは殻高数センチメートルで、白色または褐色。オオイトカケガイ、ネジガイ、ナガイトカケガイなど多くの種類がある。＊英和和英地学字彙(1914)「Itokakegai Scalaria 糸掛介」 発音 イトカケガイ 〈標ア〉[ケ] 辞書 言海 表記 絲掛貝(言)

いとかけ‐そう ‥サウ【糸掛草】【名】植物「みかえりそう(見返草)」の異名。＊日本植物名彙(1884)〈松村任三〉「イトカケサウ」 発音 イトカケソー 〈標ア〉[0]

いとかけ‐ぼし【糸掛星】㈠七夕(たなばた)の織女(しょくじょ)のこと。織姫。糸織姫。機織姫(はたおりひめ)。＊浄瑠璃・心中二つ腹帯(1722)道行「天の河を隔てなば、人のつらさに変らじな。糸かけ星(ボシ)の、ほそほそと」㈡獅子座の五個の星の和名。 発音 〈標ア〉[ケ]

いとかけ‐ぼら【糸掛螺】【名】「いとかけがい(糸掛貝)」の異名。〔語彙(1871-84)〕

いど‐がこい ゐどがこひ【井戸囲】【名】あぶなくないように、または清潔にしておくために井戸の周囲を囲うこと。また、そのもの。＊青春(1905-06)〈小栗風葉〉夏・四「井戸囲(ヰドガコヰ)の側(わき)のキラキラ夜露の走る糸薄の蔭に」 発音 イドガコイ 〈標ア〉[ガ]

いとかさ‐おり【糸算織】【名】糸をたくさん使って細かく織った織物。

いと‐かずら ‥かづら【糸葛】【名】植物「かにくさ(蟹草)」の異名。＊大和本草(1709)八「江州にて、たたき草と云。又いとかづらと云」＊物類称呼(1775)三「海金砂うにくさ、京にてかにくさ、又かんつると云。近江及美濃、或は上野にて、たたきぐさ、又いとかづらと云」

いと‐かせ【糸桛】【名】つむいだ糸を一定の形に巻き整える道具。かせ。＊浮世草子・沖津白波(1702)四「夜は夜業(よなべ)のいとかせを、心わくせくりかへし」 方言 鹿児島県奄美大島965

いど‐がた ゐど‥【井戸形】【名】井戸茶碗と同じような作りの物。また、その形。＊青井戸(1972)〈秦恒平〉「いわゆる井戸形といわれる開いた盌形や胴ろくろ、竹節高台、総釉(ぐすり)、それに秀逸の梅華皮(かいらぎ)など、みな一通りの約束を備えていても」 発音 イドガタ 〈標ア〉[0]

いど‐がって ゐど‥【井戸勝手】【名】内井戸の付いている台所。＊雑俳・三国力こぶ(1819)「けなりそふに・水汲で見る井戸勝手」 発音 イドガッテ 〈標ア〉[ガ]

いと‐かつら【糸鬘】【名】歌舞伎の鬘(かつら)の一つ。立役で、後ろに下げた毛に太白の糸をまぜてあり、肩のあたりに垂れ下がったもの。糸垂れ。＊歌舞伎・菊宴月白浪(1821)一〇「トかけりになり、〈略〉糸かづらを乱し、狂乱の拵らへにて」 発音 〈標ア〉[カ]

いと‐がね【糸金】【名】 方言 針金。長野県南部062 下伊那郡054 岐阜県飛驒502 島根県725 岡山県748 764 767

◇いとはりがね〔糸針金〕 島根県725

いと‐カボチャ【糸南瓜】【名】(カボチャはインドシナの地名Cambodiaから) セイヨウカボチャの栽培品種。マクワウリに似た楕円形の小形種で、淡黄色に斑紋がある。ゆでると果肉が細く糸状にほぐれ、刺身のつまや酢の物とする。素麺(そうめん)南瓜。 発音 〈標ア〉[カ]

いと‐がま【糸鎌】【名】くさりがま。＊雑俳・十八公(1729)「糸鎌に棒の拍子は笛の友」

いと‐かましき【糸釜敷】【名】釜敷きの一種。茶道遠州流で、茶の湯用として五色の糸で六角形に編んだもの。小堀遠州好みという。 発音 〈標ア〉[マ]

いど‐がみ ゐど‥【井戸神】【名】井戸にまつる水神。井戸を守る神。神道では、伊邪那岐神の第二四子、彌都波売神(みずはのめのかみ)を当てる。井戸替えの後で、この神の供養のため、井筒のふたの上に神酒を供える風習がある。井の神。＊雑俳・口よせ草(1736)「匂ひ社すれ匂ひ社すれ 近いのを井戸神はよふ御了簡」＊落語・かつぎや五兵衛(1889)〈禽語楼小さん〉「茲(ここ)に橙(だいだい)が一個有るから、之を井戸神さまへ供(あげ)て来て呉れ」 発音 イドガミ 〈標ア〉[0][ド]

いと-がや【糸萱】〘名〙植物「じゃのひげ(蛇鬚)」の異名。〔語彙(1871-84)〕発音イトガヤ〈標ア〉ト

いとか-やま【糸鹿山】和歌山県有田市の南部にある山。近世の熊野街道はここを通った。現在は糸我山(いとがやま)と書く。歌枕。＊万葉(8C後)七・一二一二「足代(あて)過ぎて糸鹿乃山(いとがのやま)の桜花散らずあらなむかへり来るまで〈作者未詳〉」＊金葉(1124-27)春・三三「いとか山来る人もなき夕暮に心ぼそくもよぶこどりかな〈令子内親王家尾張〉」発音〈標ア〉0 辞書文明・天正・書言 表記糸鹿山(文・天) 糸鹿山(書)

いと-からくり【糸絡繰】〘名〙糸であやつる人形芝居。転じて、陰で策略などを仕組むこと。＊雑俳・住吉おどり(1696)「わすれなよ・糸からくりの糸さばき」＊歌舞伎・絵本合法衢(1810)三幕「一味の身共、表は忠臣顔に見せ、内証の糸からくり」

いど-がわ ゐどがは【井戸側】〘名〙①井戸の側壁を囲んで、土砂が崩れ落ちないようにしたもの。また、中に落ちる危険を防ぐための井戸の地上の部分を囲んだもの。多く円形状で、木、石などで作る。井筒。井桁(いげた)。＊日葡辞書(1603-04)「Idogaua(イドガワ)」＊俳諧・大坂独吟集(1675)上「井戸輪の下行水やかするらん 焼亡は三里よその夕ぐれ〈西鶴〉」＊書言字考節用集(1717)一「井輪 ヰドガワ」＊随筆・守貞漫稿(1837-53)二「京坂井 地上に出る井筒、俗に井戸側と云、豊島石の全石を穿ち貫きて製す」＊大つごもり(1894)〈樋口一葉〉上「流し元の氷にすべり、あれと言ふ間もなく横にころべば井戸がはにて向ふ臑(ずね)したたかに打ちて」②「いどわき(井戸脇)②」に同じ。発音イドガワ〈なまり〉イドゴ〔愛知〕エドガ・エドガー〔千葉〕〈標ア〉0〈京ア〉0 辞書日葡・書言・へボン・言海 表記井輪(書) 井側(へ) 井戸側(言)

いどかわ-や ゐどかは:【井戸側屋】〘名〙井戸側を作ることを職業とする人。＊雑俳・手ひきぐさ(1824)「すっぽりと・注文わたす井戸かわ屋」発音〈標ア〉0

いど-がわら ゐどがはら【井戸瓦】〘名〙井戸の内側をたたむ瓦。＊和漢三才図会(1712)八一「井甃(ヰドカハラ)〈略〉俗云井戸瓦」発音イドガワラ〈標ア〉ガ

いど-かんそくじょ ヰドクヮンソクジョ【緯度観測所】〘名〙緯度変化の観測、計算、研究などを連続的に行なう機関。北緯三九度八分の線に沿った地点に、明治三二年(一八九九)から設けられ、岩手県水沢市、アメリカ合衆国のユカイアなど、世界の六か所に置かれている。

いと-かんてん【糸寒天】〘名〙(「いとがんてん」とも)糸のように細く切った寒天。＊精進献立集二篇(1824)四番「吸物〈略〉しろきいとがんてんをあつきゆにさっとくぐらし水へいれ」発音〈標ア〉カ

いと-き【糸器】〘名〙(弦を張った楽器の意)三味線。＊浮世草子・近代艶隠者(1686)一・二「女の童に三筋の糸掛たる曲器をもたせ〈略〉此人女童に持せたる糸器(イトキ)をとりてしばらく調べしを」

いと-ぎきょう :ギキャウ【糸桔梗】〘名〙植物「ひなぎきょう(雛桔梗)」の異名。〔語彙(1871-84)〕発音イトギキョー〈標ア〉ギ

いと-ぎく【糸菊】〘名〙糸で菊の花を作ること。またその菊。発音イトギク〈標ア〉ト

いと-きっこう :キッカフ【糸亀甲】〘名〙模様の名。糸でカメの甲らの模様にかたどったもの。発音イトキッコー〈標ア〉キ

糸亀甲

いと-き-な・し【幼—】〘形ク〙「いとけない(幼)」に同じ。＊書紀(720)顕宗元年正月(図書寮本訓)「在レ孺(イトキナイトキ)にして勤め、謙(へりくだ)り恭(ゐやま)ひ慈(うつくし)び順(したが)ふ」＊石山寺本金剛般若経集験記平安初期点(850頃)「少く小(イトキナキ)ときより金剛波若を誦持す」＊宇津保(970-999頃)俊蔭「いときなきともがら、花の露を供養と受け、紅葉のつゆを乳房となめつつ」＊金光明最勝王経音義(1079)「幼少 伊止幾奈之」＊徒然草(1331頃)五九「老いたる親、いときなき子、君の恩、人の情、捨てがたしとて捨てざらんや」発音〈標ア〉ナ 辞書名義・言海 表記稚・少・育(名) 幼(言)

いと-きびらじま【糸生平縞】〘名〙糸入りの生平縞。近江国(滋賀県)高宮の産で、元禄(一六八八〜一七〇四)頃流行したもの。発音〈標ア〉0

いと-きり【糸切】〘名〙①ろくろで成形した器をろくろ台から離すとき使われたより糸や藁稭(わらみご)の渦状の跡。＊利休客之次第(1587)「ふたを右のかたに置、茶入の口つき、内の体、土くすり、くすりとまり、いときりのやうす、不レ残見て」＊評判記・難野郎古たたみ(1666頃)序「爰にこの比はん水のところもしまらぬふるたたみさし出もののいときりにとぢつめてはりもよはくなるままに」＊洒落本・通言総籬(1787)一「戸棚から茶入を二つだしてみせる。土いろ、糸ぎり、くすりのかかりあんばいをみて」②「いとぞこ(糸底)」に同じ。③「いときりだんご(糸切団子)」の略。＊狂歌・近世商賈尽狂歌合(1852)「あやめ団子。あやめあやめ〈あやめ〉、いときり、菖蒲だんご」④料理で、野菜などを糸のように細く切ること。そのように切ったもの。また、糸を巻いて切ること。方言赤糸と青糸の二組に分かれ、片たすきに掛けた糸の切りっこをする、子供の遊び。静岡県志太郡535 発音〈標ア〉ト リ 辞書言海 表記絲切(言)

いとぎり-たまご【糸切卵】〘名〙ゆで卵の皮をむいたものを糸で輪切りにしたもの。発音イトキリタマゴ〈標ア〉マ タ

いときり-だんご【糸切団子】〘名〙糸でくくって輪切りにした団子。いときり。あやめだんご。＊人情本・英対暖語(1838)二・序「他(ほか)の作者が上手(いいこ)の風(ふり)で著(こし)らへたる談語は〈略〉糸切団子の薄切(うすっぺら)なる著述(こしらへ)といふが発明(わかる)べし」発音イトキリダンゴ〈標ア〉ダ 辞書言海 表記絲切団子(言)

いときり-ば【糸切歯】〘名〙(糸をかみ切るのに用いるところから)犬歯(けんし)。＊俳諧・玉海集(1656)一・春「風の口にありや桜の糸きり歯〈貞室〉」＊桑の実(1913)〈鈴木三重吉〉二二「おくみは茶の間の灯の下でぼたんを付けて、白い糸のはしを糸切歯で切った」＊腕くらべ(1916-17)〈永井荷風〉一「右の糸切歯を見せて笑ふ口元には」発音〈標ア〉リ キ〈京ア〉リ 辞書言海 表記絲切歯(言)

いときり-むし【糸切虫】〘名〙方言虫、かみきりむし(髪切虫)。静岡県富士郡523 広島県高田郡779 ◇いときいむし 鹿児島県961

いと-きれ【糸切】〘名〙糸の切れ端。糸くず。＊小学読本(1874)〈榊原・那珂・稲垣〉五「先年其方に預けたりし糸きれはと問はるるに是に候とて腰の巾着より出して奉りければ」＊東京年中行事(1911)〈若月紫蘭〉九月暦「ちぎ箱と云ふのは〈略〉之を藁又は糸切(イトキ)れにて縛ったもので有る」発音〈標ア〉ト レ

いと-きんすげ【糸金菅・糸金薹】〘名〙カヤツリグサ科の多年草。北陸および東北地方の高山帯の草原に生える。高さ二〇〜四〇センチメートル。束生してしばしば大きな株を作る。葉は幅二ミリメートルぐらいの線形で、茎より短い。夏、茎の頂に淡茶褐色の花穂がつき、茎の頭部は多少傾く。学名は Carex hakkodensis 発音イトキンスゲ〈標ア〉キ

いと-きんぽうげ【糸金鳳花】〘名〙キンポウゲ科の多年草。奥日光、尾瀬などの湿地に生える。茎は直径約一ミリメートルの糸状で地上をはい、節から白いひげ根を出す。葉は長さ三〜五センチメートルの糸状またはへら状で、基部は短いさやとなって茎を包む。柄頂に直径約一センチメートルの黄色い花が咲く。まつばきんぽうげ。学名は Ranunculus reptans ＊日本植物名彙(1884)〈松村任三〉「イトキンポウゲ」発音イトキンポーゲ〈標ア〉ポ

い-とく :ヰ【威徳】〘名〙おごそかでおかしがたい徳。人を自然に従わせる威厳と人徳。＊今昔(1120頃)一六・二四「此、修行の験力・観音の威徳とぞ、見聞く人讃め貴びけるとなむ語り伝へたるとや」＊神皇正統記(1339-43)下・後宇多「末世といへども神明の威徳不可思議なり」＊虎明本狂言・鐘の音(室町末-近世初)「『さもあらけなきしう殿に、そくびをとってつきかねの〈略〉ひびきにはなをぞなをりける』『あちへうせう』『是もかねのいとくじゃ』」＊浄瑠璃・国性爺合戦(1715)千里が竹「天のぶちごま素盞嗚尊の神力あまてらす神のゐとくぞ有がたき」＊管子-兵法「定ニ宗廟一遂ニ男女一官四分、則可下以定ニ威徳一制ニ法儀一出中号令上」発音〈標ア〉イ 0〈京ア〉イ／0 辞書下学・文明・伊京・明応・天正・饅頭・黒本・易林・日葡・書言・へボン・言海 表記威徳(下・文・伊・明・天・饅・黒・易・書・へ・言)

い-とく :ヰ【偉徳】〘名〙すぐれた徳。偉大な徳。＊長唄・布曝(1758)「今見る如く覚えしはこれぞ神慮の偉徳なり」＊落語・二十四孝(1894)〈禽語楼小さん〉「其(そ)りゃア矢鱈(やたら)に癒りもしまいが、其処が孝の偉徳を以て天の自然と感ずる所だね」＊後漢書-方術伝序「其徒亦有ニ雅才偉徳一、未三必体ニ極芸能一」発音〈標ア〉0

い-とく :ヰ【遺徳】〘名〙後世に残された徳。死後に残された徳。＊史記抄(1477)八・孝景本紀「是も文章の遺徳なり」＊読本・椿説弓張月(1807-11)残・六八回「しかれば祖先の遺徳(イトク)も憑(たの)むべからず、その身の高運も誇るに足らず」＊東京新繁昌記(1874-76)〈服部誠一〉初・学校「全欧洲の開化は全く耶蘇の力也。能く野蛮を変じて文明を致す。其遺徳亦(また)大へならずや」＊開院式の勅語-明治二三年(1890)一一月二九日「庶幾(こひねがは)くは、皇祖皇宗の遺徳に倚り、卿等と倶(とも)に、前(さき)を継ぎ後を啓(ひら)き」＊史記-主父偃伝「余恩遺徳、為ニ数世隆一」発音〈標ア〉0〈京ア〉イ／0 辞書文明 表記遺徳(文)

い-とく【懿徳】〘名〙(「懿」は、よい、美しいの意)りっぱな徳。美徳。＊西洋聞見録(1869-71)〈村田文夫〉前・下「父既に此烝民を生し懿徳を賦するを以て」＊内地雑居未来之夢(1886)〈坪内逍遥〉一一「関睢(くゎんしょ)の懿徳(イトク)あるにしもあらねど」＊大日本帝国憲法発布の上諭-明治二二年(1889)二月一一日「其の懿徳良能を発達せしめむことを願ひ」＊春秋左伝-僖公二四年「周之有ニ懿徳一也、猶曰、莫レ如ニ兄弟一、故封ニ建之一」

い-とくぎょうしょう :トクゲフシャウ【医得業生】〘名〙令制で、宮内省の典薬寮に属し、国家の援助を受けて医学を研修した者。衣服・食料などの給付がなされた。＊令集解(730)職員・典薬寮条「天平二年三月廿七日官奏。医得業生三人。並准ニ大学生一也。〈略〉弘仁五年三月十二日官符云。置ニ得業生四人一事」＊朝野群載(1116)一五・医得業生補任官符書様「太政官符 式部省、応レ補ニ医得業生壱人一事。医生正六位上行田朝臣文室〈左京人〉」

いと-くくり【糸括】〘名〙植物サトザクラの園芸品種。花は淡紅色、中輪の重弁花で、四月下旬頃、枝の先に群がって咲き、柄が長いため、花弁が糸で括られているように見えるところからこの名がある。＊俳諧・増山の井(1663)三月「山桜〈略〉白桜 糸くくり 手まりさくら」発音〈標ア〉ク

いど-ぐさ ゐど:【井戸草】〘名〙方言植物、ユキノシタ(雪下)。岩手県九戸郡088 二戸郡964 山形県139 新潟県中越373 長野県上伊那郡488 岐阜県飛騨502 静岡県田方郡530 ◇いどくさ 山口県玖珂郡794 ◇いどんくさ 山形県東村山郡・北村山郡139 ◇いんどんくさ 山形県東村山郡139 ◇いどご 群馬県山田郡240 ◇いどぶき〔井

戸蕗〕福島県会津若松市171 新潟県東蒲原郡368

いと-くじら ‥くぢら【糸鯨】〘名〙料理の一種。塩漬けにした鯨の白肉を細く切って熱湯を注ぎ、同じ量の水と酒でよく煮て冷やしたもの。＊新撰庖丁梯(1803)「くの部〈略〉糸くしらの法 鯨の身を一二寸ばかりに切、水と酒と等分にしてよく煮詰〈略〉柔らかなる時あげてさまし好みに随ひむしり作りて二杯せうゆにて遣ふ」 発音〈標ア〉ク

いと-くず ‥くづ【糸屑】〘名〙糸のくず。＊為尹千首(1415)「寄糸恋 あさ衣ただときすつる糸くづの心みじかく待ちぞ侘びぬる」＊俳諧・文化句帖-二年(1805)壬八月「糸屑を捨てても菊は咲きにけり」 発音〈標ア〉ク〇〈京ア〉ト 辞書易林 表記紙(易)

いとくず-の-はかま【糸葛袴】〘名〙葛布(くずふ)で仕立てた小袴(こばかま)。水干や直垂(ひたたれ)に用い、近世は蹴鞠(けまり)の袴とする。＊平家(13C前)八・太宰府落「平大納言時忠卿、ひをぐくりの直垂に糸くずの袴立烏帽子で」

いと-ぐそく【糸具足】〘名〙糸威(いとおどし)の具足。糸毛の具足。＊応仁乱消息(1486頃)「若武者達好二糸具足一、金作太刀〈略〉小泉甲緒ト」＊四河入海(17C前)一一・二「組練〈略〉白云、日本所謂いとぐそく也」 発音〈標ア〉グ

いと-くだ【糸管】〘名〙機織用具の一つ。緯(よこいと)を紡錘状に巻きつけて杼(ひ)の中に納める管。くだ。緯管。＊諸国風俗問状答(19C前)淡路国風俗問状答・一二〇「女は八十八にて糸くだ切所も有。六十一の賀に、蟹取小紋の着物又生れし時の着物と同様の着物着る所もあり」

いと-ぐち【糸口・緒】〘名〙①束ねてある糸の端。＊和玉篇(15C後)「緒 イトグチ」＊古活字本荘子抄(1620頃)一〇「緒言は糸口を引出せば綿々として不絶がごとき言也」＊有馬私雨(1672)二「蜘が滝の糸口取てとをせとやたちて有馬の三輪の杉針〈行風〉」②物事が始まったり解決したりする、そのきっかけや手がかり。端緒。＊俳諧・笈日記(1695)中・彦根「春風や麦の中行(ゆく)水の音〈木導〉かげろふいさむ花の糸口〈芭蕉〉」＊古道大意(1813)上「抑この学風の由て来る其始めは、東照大神君その糸口を開かせられ」＊浮雲(1887-89)〈二葉亭四迷〉三・一六「我に心を動かしてゐると思ったがあれが抑(そもそ)も誤まりの緒(イトグチ)」＊こゝろ(1914)〈夏目漱石〉五二「新らしい生涯に入る端緒(イトクチ)」＊或る女(1919)〈有島武郎〉前・一二「然し話の糸口は思ふやうに出て来なかった」 発音イトグチ〈標ア〉ト〈京ア〉〇/ト 辞書和玉・易林・書言・〈ボン〉・言海 表記緒(玉・易・書・へ・言)端(玉)系(書)

いと-ぐつ【糸鞋】〘名〙大陸系のはきものの一種。糸を編んで作った、括(くく)り緒のあるくつ。幼童、舞人および諸衛の六位が用いたもの。いとのくつ。しがい。＊太平記(14C後)三九・神木御帰座事「時の関白良基公は、柳の下重(したがさね)に糸鞋(シアイ〈注〉イトクツ)を召て、当りも耀(かかや)く許(ばかり)に歩み出させ給へば」 辞書和玉・書言 表記鞆(玉)絲履(書)

いとく-てんのう ‥テンワウ【懿徳天皇】第四代天皇。安寧天皇の第二皇子。名は大日本彦耜友尊(おおやまとひこすきとものみこと)。「日本書紀」によれば、大和軽(かる)の地に都を遷(うつ)して、曲狭宮(まがりおのみや)と称し、在位三四年という。

いと-ぐら【糸倉・糸蔵】〘名〙①琵琶、三味線、バイオリンなど、弦楽器の棹(さお)の上部にあって、糸巻を納めておく長方形の部分。＊仮名草子・恨の介(1609-17頃)上「さていとぐらの左右に、日月をあきらかに白銀(しろかね)にて顕はせり」＊暮笛集(1899)〈薄田泣菫〉尼が紅「かの糸倉(イトグラ)を引きしめて、撥(ばち)によき音を聞く如く」②湿気、光線、鼠、虫などの害の予防に注意した生糸の貯蔵倉庫。 発音イトグラ〈標ア〉〇 辞書言海 表記絲倉(言)

いと-くらべ【糸競】〘名〙琴、三味線などをひいてその技を競うこと。＊宇津保(970-999頃)吹上上「侍従の朝臣といとくらべして、それをなんひき侍らずなりにし」 発音〈標ア〉ク 辞書言海 表記絲競(言)

いと-くり【糸繰】〘名〙①繭、綿花などから糸を引き出すこと。また、その仕事をする人。＊咄本・私可多咄(1671)三・二七「をりとのやの糸くりをも都の手ふりといふと、こたへし」＊浄瑠璃・双生隅田川(1720)道行「機織、糸くり、すすぎせんだく、まま焚くわざも知らぬ女」＊塩原多助一代記(1885)〈三遊亭円朝〉六「幼少(ちいさ)いうちから機織や糸繰(イトクリ)ばかりさせて置て」＊社会百面相(1902)〈内田魯庵〉電影・二「桑摘(くはつみ)や糸繰(イトクリ)の内職でも稼いどるでせう」②「いとわく(糸枠)」に同じ。＊和英語林集成(初版)(1867)「Itokuri イトクリ 絡柅」③植物「おだまき(苧環)」の異名。《季・春》〔語彙(1871-84)〕④昆虫「くつわむし(轡虫)」の異名。＊物類称呼(1775)二「紡虫 くだまき 一名いとくり」＊和訓栞(1777-62)「いとくり〈略〉虫にいふは纏蟖也といへりくだまきともいへり」⑤鳥「ちどり(千鳥)」の異名。＊和訓栞後編(1877)「ちどり 千鳥と書どもちは鳴声を称するなるべし〈略〉出羽にて糸くりとも川原雀ともいへり」⑥魚「いとよりだい(糸撚鯛)」の異名。 方言❶魚、ひめじ(比売知)。京都府宮津市016 ❷植物、おだまき(苧環)。山形県鶴岡市139 発音〈標ア〉ト〈京ア〉ク 辞書〈ボン〉・言海 表記絡柅(へ)絲繰(言)

いと-ぐり【糸栗】〘名〙栗の実を細く刻んだもの。＊料理網目調味抄(1730)一「糸栗(イトグリ)膾の具切方也」 発音イトグリ〈標ア〉ト 辞書言海 表記絲栗(言)

いとくり-うお ‥うを【糸繰魚】〘名〙魚「いとよりだい(糸撚鯛)」の異名。〔語彙(1871-84)〕 発音〈標ア〉リ 辞書言海 表記絲繰魚(言)

いとくり-うた【糸繰歌】〘名〙糸を紡ぐとき、糸繰車の回る調子に合わせて歌う歌。糸取歌。糸引歌。紡ぎ歌。 発音〈標ア〉リ

いとくり-おんな ‥をんな【糸繰女】〘名〙繭、綿花などから糸を紡ぐ作業をする女工。＊浮世草子・世間妾形気(1767)一・三「夏びきの手引の糸くり女とて、此里の女原、小姫の比より蚕のわざになれぬれば」 発音〈標ア〉オ

いとくり-きかい【糸繰機械】〘名〙繭、綿などから引き出した糸を巻き取る機械。製糸機械。 発音〈標ア〉カ

いとくり-ぐるま【糸繰車】〘名〙繭や綿から糸を取ったり、その糸をより合わせたりするのに用いる車。糸車。紡ぎ車。いとよりぐるま。＊多識編(1631)五「緯車 伊登久里欠(久に濁点あり)留末」＊田舎教師(1909)〈田山花袋〉四二「ブンブン糸繰車(イトクリグルマ)を繰って居る猫背の婆さんもあった」 発音イトクリグルマ〈標ア〉グ 辞書言海 表記絲繰車(言)

糸繰車〈女用訓蒙図彙〉

いとくり-そう ‥サウ【糸繰草】〘名〙植物「おだまき(苧環)」の異名。《季・春》 発音イトクリソー〈標ア〉〇

いとくり-だい【糸繰台】〘名〙すわって手で糸を繰る道具。座繰(ざぐ)り。 発音〈標ア〉リ

いとく-りゅう ヰトクリウ【威徳流】〘名〙能楽の囃子(はやし)方、大鼓役の一流派。伊勢国(三重県)の住人、観世四郎次郎を祖とするもの。明治に至り廃絶。＊隣忠見聞集(1758)「威徳流と云ふ鼓も有り、甚左衛門、源四郎、源三郎、今の甚左衛門なりと聞く。三井寺の威徳ぞめでたかりけると打ちし頭、世人耳を驚かせしより、異名に威徳と呼びしと聞き及ぶ。実か否か知らず」 発音イトクリュー〈標ア〉〇

いと-く・る【糸繰】〘自ラ四〙繭、綿などから糸を引き出す。＊色葉字類抄(1177-81)「綳 イトクル 又イトヒク」＊名語記(1275)九「しづのめが、糸くるに、くるべきといふ物」＊易林本節用集(1597)「繰 イトクル」 発音〈標ア〉ク 辞書字鏡・色葉・名義・易林 表記綠綜(字)綳・絞(色)紡(名)繰(易)

いと-ぐるま【糸車】〘名〙①「いとげ(糸毛)の車」に同じ。＊御堂関白記-寛弘七年(1010)一一月二七日「用二糸車一、上達部・殿上人有レ饗、賜二宮殿上人祿一、各有差、宮女方三四許送来、送二絹十足以下五足以上一」②「いとくりぐるま(糸繰車)」に同じ。＊雑俳・すがたなぞ(1703)「糸車びんぼびんぼと夜を更かす」＊いさなとり(1891)〈幸田露伴〉五「菜種より取った油の燈(ひ)暗き下に、糸車(イトグルマ)廻す小百姓が妻の悲しさを」③能楽の作り物。「黒塚(安達原)」で使う小道具で、②を小ぶりに模したもの。わくかせわ。＊雑俳・柳多留-九(1754)「こわそうに男の廻すいとぐるま」④イトグルマガイ科の巻貝。房総半島から九州の水深二〇～三〇〇メートルの砂底にすむ。殻高約七センチメートルで、塔形の螺層(らそう)と長い水管をもつ。イトグルマガイ。学名は Columbarium pagoda 発音イトグルマ〈標ア〉グ〈京ア〉グ/グ 辞書〈ボン〉・言海 表記紡車(へ)絲車(言)

いど-ぐるま ゐど‥【井戸車】〘名〙車井戸の滑車。井戸の上の横木につるし、井戸縄をかけて釣瓶(つるべ)の上下を楽にするもの。＊浄瑠璃・出世景清(1685)一「水こそ家のたからなれ、めぐれやまはれいどぐるま」＊浮世草子・傾城色三味線(1701)大坂・四「井戸車(イドグルマ)も人も、隙なくまわりて外より見るさへ小きみよし」＊俳諧・鶉衣(1727-79)続・上・一二五・花瓶台記「井戸車の古びたるを以て、花瓶の台となせるあり」＊銀の匙(1913-15)〈中勘助〉前・一二「その井戸車の軋(きし)る音は静な茶畑をこえて私の家までもひびく」 発音イドグルマ〈標ア〉グ〈京ア〉グ

いとくわ-じま いとくは‥【糸桑縞】〘名〙春日縞(かすがじま)の一種。近江国(滋賀県)高宮から産し、享保(一七一六～三六)の頃に流行したもの。 発音〈標ア〉〇

いと-げ【糸毛】〘名〙①「いとげ(糸毛)の車」の略。＊宇津保(970-999頃)あて宮「かくて、御車二十、いとげ六に、こがねづくり十に」＊源氏(1001-14頃)宿木「ひさしなきいとげ三つ、黄金づくり六つ、ただの檳榔毛(びらうげ)二十、網代二つ」②「いとおどし(糸威)」に同じ。＊曾我物語(南北朝頃)九・五郎めしとらるる事「いとけの御はらまきに、御住代の鬢切ぬき、出させ給ひける」＊浄瑠璃・世継曾我(1683)一「いとげの腹巻斑の駒に目結(めゆひ)の手綱一きはすぐれて出立しは」③歌舞伎の鬘(かつら)で、長く垂らすために、糸を交えて髪の毛に見せたもの。切禿(きりかむろ)の鬘などに用いる。＊歌舞伎・貞操花鳥羽恋塚(1809)六立「跡より重若、千人禿の形(なり)、糸毛(イトゲ)の鬘、袖無し羽織にて」＊滑稽本・八笑人(1820-49)二・上「手拭をひょいと取って、後へほうると糸毛(イトゲ)のみだしで、保名(やすな)の物ぐるひといふこしらへだが」 発音イトゲ〈標ア〉〇ト 辞書日葡

いとげ の 具足(ぐそく)「いとぐそく(糸具足)」に同じ。＊大観本謡曲・鉢木(1545頃)「白金物打つたる糸毛の具足に、金銀をのべたる太刀刀(たちかたな)、飼ひに飼うたる馬に乗り」

いとげ の 車(くるま) 牛車(ぎっしゃ)の車箱を色染めのより糸でおおって飾ったもの。物見はなく、前後眉の下に庇(ひさし)がある。おもに内親王、更衣以上が乗用した。その形や糸の色により、青糸毛の車は皇后、中宮、東宮、准后、摂政、関白、紫糸毛の車は更衣、典侍、尚侍、赤糸毛の車は賀茂祭の女使といった乗用の別があった。糸毛。糸車。＊宇津保(970-999頃)蔵開中「民部卿のみ方になん、あたらしきいとげのくるまつくりてあめるを」＊御堂関白記-寛仁二

年(1018)三月七日「時刻召吉平朝臣令 寝殿南階倚糸毛車」＊増鏡(1368-76頃)九・草枕「いとげの車、寝殿の階(はし)の間に左大臣殿大納言よせらる」 辞書 書言・言海 表記 絲葺車(書) 絲毛車(言)

いとげ の 庇車(ひさしぐるま) ひさしのある糸毛の車。

いとげ の 鎧(よろい) 札(さね)を糸でつづったよろい。糸威(おどし)。＊太平記(14C後)二四・天龍寺供養事「色々の絲毛の冑(ヨロヒ)に烏帽子懸して」

いとけ-な・い【幼・稚】〘形口〙文いとけな・し〘形ク〙年が小さい。子どもらしくてあどけない。また、子どもっぽく考えが幼稚である。いときなし。おときなし。＊書紀(720)応神即位前(北野本訓)「庚辰(かのえたつ)の冬十二月を以て、筑紫の蚊田に生(あ)れませり。幼(イトケナク)まして聰達(さと)く」＊宇津保(970-999頃)俊蔭「おのらがいとけなきを見すてて、天上へかへり給にしかば」＊梁塵秘抄(1179頃)二・法文歌「幼き子どもはいとけなし、三つの車を乞ふなれば、長者は我が子の愛(かな)しさに、白牛の車ぞ与ふなる」＊平家(13C前)五・都遷「主上は今年三歳、いまだいとけなう在(まし)ましければ、なに心もなう召されけり」 語誌 (1)古い形は「いときなし」。「き」「け」の交替した例は多いが、この語は類義語「いはけなし」に引かれた可能性が高い。(2)「源氏物語」では、幼少を表わす語として「いとけなし」を用いず、「をさなし」「いときなし」「いはけなし」「きびは」を用いているが、「いときなし」は本来二～三歳の乳幼児の様子をいい、「いはけなし」は十三、四歳までの、特に精神面の未熟さを言い、「きびは」は青年期のまだ体格に子供らしさが残っている様子をいう。これらに対して、「いとけなし」は広く、幼少の者に対する大人の憐み、いとおしみをいう語となった。 方言 ❶はかばかしくない。和歌山県日高郡・那賀郡690 ❷退屈だ。兵庫県淡路島671 ❸時間が惜しい。徳島県811 高知県861 ❹かわいそうだ。気の毒だ。島根県鹿足郡739 香川県大川郡829 ◇いてきない 福岡県872 長崎県壱岐島915 ❺心苦しい。◇いてぎない 熊本県南部933 語源説 (1)イトは幼弱、可憐の意。ケはキ(気)。ナシは甚しの意の接尾語〔国語拾遺語原考=久門正雄〕。(2)オトキナシ(弟気甚)の転〔大言海〕。(3)イトケはイタイケの義〔安斎随筆・和訓栞〕。(4)イトホシゲナシの義。ナシは強めの語〔日本語源=賀茂百樹〕。(5)イトキナシ(最利无)の義〔言元梯〕。(6)イトケナシ(最気無)の義〔日本語原学=林甕臣〕。(7)イトフケナシ(厭気無)の義〔名言通〕。(8)イトナムケナシ(営気無)の義〔両京俚言考〕。(9)イトはエミホトの反〔名語記〕。 発音 〈標ア〉ナ 〈京ア〉ケ 辞書 色葉・名義・和玉・文明・天正・饅頭・黒本・易林・日葡・書言・〈ボン〉・言海 表記 幼(色・名・玉・文・天・饅・黒・易・書・言) 稚(色・玉・文・黒・易・書) 穉(玉・書) 小(色) 弱・枝・幺・孩・季・孾・孺(玉) 少(文) 仦(書) 少年(へ)

いとけ-なき【幼―】〘名〙幼児。おさない子。＊二日物語(1892-1901)〈幸田露伴〉彼一日・二「また幼児(イトケナキ)を離せしときは其が六歳と申す愛度無(あどな)き折なり」 発音 〈標ア〉ナ 辞書 伊京 表記 公稚(伊)

いとけな-げ【幼気】〘形動〙(形容詞「いとけない」の語幹に接尾語「げ」の付いたもの) 年が小さいさま。子どもらしくてあどけないさま。 発音 イトケナゲ 〈標ア〉ナ

いとけな-さ【幼―】〘名〙(形容詞「いとけない」の語幹に接尾語「さ」の付いたもの) 年が小さいこと。子どもらしくてあどけない様子。＊日葡辞書(1603-04)「Itoqenasa (イトケナサ)」＊故旧忘れ得べき(1935-36)〈高見順〉七「多少滑稽ないとけなさを伴った昆虫的な可愛さを秘めてゐる、ちょっと得難い女性の一人」 発音 〈標ア〉ナ 辞書 日葡

い-と・げる【居遂】〘自ガ下一〙辛抱して、最後まで居続ける。＊文明本節用集(室町中)「居遂 ヰトゲル」＊和英語林集成(初版)(1867)「ホウコウニンガ ジュウネン itogeta (イトゲタ)」 辞書 文明・〈ボン〉 表記 居遂(文・へ)

いと-こ【従兄弟・従姉妹・愛子】〘名〙 一 (愛子)(形容詞「いとし」の語幹に「こ」の付いた語) 上代、親しい者への呼びかけの語で、親しい人、愛(いと)しい者、の意。＊古事記(712)上・歌謡「伊刀古(イトコ)やの 妹(いも)の命(みこと) 群鳥の 我が群れ往なば」＊書紀(720)神功元年三月・歌謡「貴人(うまひと)は 貴人どちや 伊徒姑(イトコ)はも 伊徒姑(イトコ)どち いざ闘(あ)はな 我(われ)は」＊万葉(8C後)一六・三八八五「伊刀古(イトコ) 吾背(なせ)の君 居り居りて 物に行くとは〈乞食者〉」 二 (従兄弟・従姉妹) ① 父または母の兄弟姉妹の子。おじ、おばの子。＊令集解(738)喪葬・服紀条「従父兄弟姉妹。〈古記云。従父兄弟。釈親云。兄弟之子相謂為二従父兄弟一。案従父姉妹亦同。俗云二伊止古波良加良一也。従父姉妹者。俗云二伊止伎毛一也〉」＊新撰字鏡(898-901頃)「従父 父方乃伊止古」＊十巻本和名抄(934頃)一「従父兄弟 爾雅云兄之子弟之子相謂為従父昆弟姉妹〈和名以斗古 但兄之男為従父兄 女為従父姉 弟之子男為従父弟 女為従父妹也〉」＊伊勢物語(10C前)六「二条の后のいとこの女御の御もとに仕うまつるやうにてゐ給へりけるを」＊俳諧・冬の日(1685)「床ふけて語ればいとこなる男〈荷兮〉 縁さまたげの恨みのこりし〈芭蕉〉」＊女難(1903)〈国木田独歩〉四「城下の中学校に寄宿して居る従兄弟(イトコ)から送って寄す少年雑誌見たやうなものを読み」 ② (鶏肉と鶏卵との親子丼に対して) 牛肉を鶏卵でとじた丼をしゃれていう語。〔東京語辞典(1917)〕 語誌 (1)親戚関係でのイトコは男女ともに用いられる。二①に挙げた「令集解」の「伊止伎毛(イトキモ)」はイトコイモの約であろう(イモは親しい女性を呼ぶ称)。いとしい男を「伊止古世(イトコセ=愛子夫)」といい〔神楽歌-小前張・細波〕、いとしい女を「以止古女(イトコメ=愛子女)」ということもある〔風俗歌拾遺(承徳本古謡集所収)ちらめ〕。(2)方言で、従兄弟以外の意にイトコを使う土地が多いが、いったん親類間の慣用を経て、社交用に使われるようになったと思われる。 方言 一 ❶親類。青森県073 岩手県010 025 秋田県鹿角郡130 山形県139 福島県会津155 千葉県285 新潟県361 香川県829 長崎県905 908 917 熊本県919 大分県北海部郡939 鹿児島県962 ❷知人。友達。親友。千葉県香取郡266 愛媛県840 鹿児島県屋久島981 ❸親しい者同士が互いに相手を呼ぶ語。岩手県気仙郡102 宮城県栗原郡114 徳島県811 ◇おいとこ〔御―〕・おいとはん 徳島県811 ◇おいと 徳島県三好郡810 ❹従兄弟同士、あるいは女性が年上の従兄弟を呼ぶ語。多く、名前の下に付けて用いる。◇おいとお・おいとおさん 高知市867 ◇おいとさん 宮崎県東諸県郡954 鹿児島県肝属郡970 ❺親類や知人間で名前に付けて敬称として用いられる。宮城県栗原郡114 ❻若者宿の仲間。愛媛県越智郡025 二 強い魚に追われている魚群。千葉県夷隅郡289 語源説 (1)イトホシキ子という意〔古事記伝・万葉考・俗語考・大言海〕。(2)イトシコ(愛子)の略〔箋注和名抄・両京俚言考〕。(3)イデコ(出子)の義〔和訓栞〕。(4)イトコ(糸子)の義。糸を縒ったような関係をいう〔和句解・円珠庵雑記・和訓栞〕。(5)イは従、トは人、コは子〔東雅〕。(6)イヱトコの転。ヱは兄、トは弟〔国語蟹心抄〕。(7)イは愛、トは人、コは子〔国語の語根とその分類=大島正健〕。(8)イツコ(斎子)の転呼〔日本古語大辞典=松岡静雄〕。(9)イツク(斎)と同源語〔万葉集講義=折口信夫〕。(10)「異」の入声 It に孩(ko)を付けた語〔日本語原考=与謝野寛〕。 発音 〈なまり〉イトゴ〔鹿児島方言〕エトコ〔鳥取〕 〈標ア〉ト 〈ア史〉二は江戸●○○ 〈京ア〉イ 上仮名 イトコ 辞書 字鏡・和名・色葉・名義・下学・文明・伊京・明応・天正・饅頭・黒本・易林・日葡・書言・〈ボン〉・言海 表記 従子(文・伊・明・天・饅・黒) 従父兄(和・伊) 従父兄弟(和・色・名) 従弟(易・書・言) 従父弟・従父姉・従父妹(和) 従母姉妹(色) 従母兄弟(名) 従父(下) 従兄弟(へ)

い-どこ【何処】〘代名〙(「いづこ」の変化したもの) 不定称。「どこ」の古形。＊三条西家本土左(935頃)承平五年一月二九日「おもしろきところにふねをよせて『こやいどこ』ととひければ、『とさのとまり』といひけり」＊観智院本三宝絵(984)上「此海の水をば太己(いどこ)にか汲み移さむと為る」 辞書 色葉・名義 表記 何(色) 㠀(名)

い-どこ【居所】〘名〙(「いどころ(居所)」の略) ①「いどころ(居所)①」に同じ。＊人情本・英対暖語(1838)五・二八回「此家の内にも驚天し、居所(ヰドコ)を飛退く一人の女」＊歌舞伎・梅雨小袖昔八丈(髪結新三)(1873)三幕「本舞台三間の間いつもの居所(ヰドコ)より二尺程後へ下げて二間常足の二重」＊西洋道中膝栗毛(1870-76)〈仮名垣魯文〉一〇・下「虫の居処(ヰドコ)の悪い時で」 ② あるべき場所、位置。あるのにふさわしい、また適した場所、位置。＊歌舞伎・黄門記童幼講釈(黄門記)(1877)五幕「おっとそこだそこだ、丁度松の枝を受け、そこらが居所(ヰドコ)と思はるる」 方言 ❶居間。茶の間。岩手県和賀郡095 山梨県456 北巨摩郡462 南巨摩郡463 長野県469 ❷台所。秋田県北秋田郡・仙北郡130 群馬県吾妻郡218 ❸いろりぶちの板敷。岩手県上閉伊郡040 発音 〈標ア〉0 ド

いどこ〘名〙ざる。いかき。＊物類称呼(1775)四「筲 いかき 畿内及奥州にて、いかき 江戸にて、ざる〈略〉丹波丹後にて、いどこ」 方言 ❶ざる。京都府620 兵庫県氷上郡052 ❷かご。檜の枝などで編んだかご、野菜かごなど。福井県大飯郡447 京都府何鹿郡630 奈良県675 和歌山県東牟婁郡690 ◇いどけ〔―笥〕 福井県大飯郡447

いとこ-あわせ【従兄弟合】〘名〙いとこ同士を結婚させること。＊人情本・軒並娘八丈(1824)二・四套「お半にはまた従兄合(イトコアハ)せの才三郎」 発音 〈標ア〉ア 辞書 〈ボン〉

いとこ-おい【従兄弟甥】〘名〙自分のいとこに当たる人の子。＊曾我物語(南北朝頃)八・屋形まはりの事「まして、殿原と祐経(すけつね)は、従兄弟甥(イトコオヒ)といふ者なれば、今は親ともおもふべし」＊史記抄(1477)一五・竇田「従兄子はいとこをいぞ」 発音 〈標ア〉コ

いとこ-おおおじ【従兄弟大伯父】〘名〙祖父母のいとこ。族伯祖父。↔従兄弟大伯母(いとこおおば)。＊釈親考(1735)「祖之従父舅弟為二族祖父(イトコオホヲヂ)一」 辞書 言海

いとこ-おおば【従兄弟大伯母】〘名〙祖父母のいとこ。族伯祖母。↔従兄弟大伯父(いとこおおおじ)。＊釈親考(1735)「祖之従父姉妹為二族祖姑(イトコオホヲバ)一」 辞書 言海

いとこ-おじ【従兄弟伯父】〘名〙父母のいとこに当たる男性。いとこちがい。↔従兄弟伯母(いとこおば)。＊色葉字類抄(1177-81)「従祖伯叔 イトコヲヂ」＊釈親考(1735)「父之従父舅弟為二従祖父(イトコオヂ)一」 発音 〈標ア〉コ 辞書 色葉・言海 表記 従祖伯叔(色)

いとこ-おじよめ【従兄弟伯父嫁】〘名〙「いとこおば(従兄弟伯母)」に同じ。＊釈親考(1735)「父之従父舅弟之妻為二従祖母(イトコオヂヨメ)一」

いとこ-おば【従兄弟伯母】〘名〙父母のいとこに当たる女性。いとこちがい。いとこおじよめ。従祖母。↔従兄弟伯父(いとこおじ)。＊江帥集(1111頃)「いとこをばなりける女に、しのびてものいひけるに」 発音 〈標ア〉コ 辞書 言海

いとこ-がたり【従兄弟語】〘名〙いとこ同士で結婚すること。いとこぞいやい。 方言 山梨県456 ◇いとこかたり 長野県下伊那郡492 ◇いとこずく 兵庫県加古郡664 ◇いとこずれ〔従兄弟連〕 青森県上北郡082 ◇いとこぞいやい〔従兄弟添合〕 愛知県知多郡570

発音イトコガタリ〈標ア〉ガ

いと-こき【糸扱】『名』裁縫で、手縫いしたあと、指先の腹で糸をしごき、布がつれないようにすること。

いとこ-じょ【従兄弟―】『名』方言❶従兄弟(いとこ)。長崎県北松浦郡(尊称)899 熊本県玉名郡(尊称)058 鹿児島県肝属郡970 ◇**いとこぞ** 鹿児島県鹿児島郡(尊称)968 ◇**いちゅふきょうだい**〔従兄弟兄弟〕・**いちふきょうだい** 沖縄県石垣島996 ◇**いちゅうきょうだい** 沖縄県竹富島996 ◇**いすくきょうだい** 沖縄県黒島996 ◇**いちゅく** 沖縄県首里993 小浜島996 ◇**いちゅふ** 沖縄県石垣島996 ◇**いちふ** 沖縄県八重山996 ◇**いちゅう・いてぃぐ** 沖縄県与那国島996 ❷親類。◇**いとくじょ・いときじょ**とも。熊本県919

いとこ-じょう【従兄弟丈】『名』いとこ。＊菊池俗言考(1854)「いとこ尉(従弟丈なるへし)父母の兄弟姉妹の子を云」方言長崎県対馬913

いとこ-じる【従兄弟汁】『名』「いとこに(従兄弟煮)」に同じ。＊雑俳・伊勢冠付(1772-1817)「いもほり和尚・なつとそいへばいとこ汁」方言❶小豆などの豆類を野菜と一緒に入れたみそ汁。茨城県稲敷郡062 北相馬郡195 ❷大根、芋、人参(にんじん)などと小豆を入れた汁。京都†069 石川県鳳至郡406 発音〈標ア〉ジ

いとこ-ずから【従兄弟―】『名』(「ずから」は間柄、同士の意)いとこの間柄。いとこの関係にある者。＊浮世草子・武道伝来記(1687)二・三「拙者ためには従弟(イトコ)づからなるが不慮に相果ける」＊浄瑠璃・摂津国長柄人柱(1727)一「君の違勅父の勘気、いとこづからの某、何ぼう気の毒に思ひしが」

いとこ-ずき【従兄弟―】『名』方言従兄弟(いとこ)同士。香川県伊吹島829 高知県長岡郡869 ◇**いとこずっき** 香川県三豊郡038

いとこ-すじ【従兄弟筋】『名』いとこ同士の関係。いとこの血統。＊浄瑠璃・雪女五枚羽子板(1708)もんさく系図「土肥の二郎もいとこすぢ従弟ほどよふにたんの四郎」発音〈標ア〉コ〈京ア〉ス／コ

いとこ-せ【愛子夫】『名』(女性から男性に向かって)いとしい夫。愛人。↔愛子女(いとこめ)。＊琴歌譜(9C前)庭立振「伊止古世(イトコセ) 我が夫(せ) 暁(あかとき)と知らに 我が寝ば しついつら 打ち起せ雄鳥」＊神楽歌(9C後)小前張・細波「本 御稲(みしね)搗(つ)く 女(をみな)の佳(よ)さ さや それもがな かれもがな 伊止古世(イトコセ)に ま 伊止古世(イトコセ)にせむや」

いとこ-ぞいやい【従兄弟添合】『名』方言⇩いとこがたり(従兄弟語)

いとこ-ちがい【従兄弟違】『名』①父母のいとこ。＊雑俳・柳多留拾遺(1801)巻二〇「ためになる伴頭いとこちがひ也」＊諸例集一・文化二年(1805)七月(古事類苑・人三)「玄蕃頭実従弟違田沼市左衛門儀、先代主計頭実兄に御座候」②自分のいとこに当たる人の子。発音イトコチガイ〈標ア〉チ 辞書言海 表記従弟違(言)

いとこ-どうし【従兄弟同士】『名』互いに、いとこであること。また、その間柄。いとこずから。いとこどし。いとこどち。＊俳諧・犬筑波集(1532頃)春「はなよめごぜもよそのひとかは 青柳のいとことうしがちぎりして」発音イトコドーシ〈標ア〉ド〈京ア〉ド 辞書〈ボ〉

いとこどうし の 味(あじ) (「従兄弟同士は鴨の味」から)きわめて美味であること。＊滑稽本・浮世床(1813-23)二・下「まづ此鴨をめしあがって御覧じろ、芳しくて歯につかず、従弟同士(イトコドウシ)の味(アジ)がいたす」

いとこどうし は=鴨(かも)[=鴨(かも)の味(あじ)] いとこ同士の夫婦は情愛が深くて、鴨の肉のようによいものである。＊人情本・清談若緑(19C中)初・三回「従弟同士は鴨とやら、鶩(あひる)とやらと言ひますから、大方卵もお仕こみだらう。隠さずに話してお聞かせナ」

いとこ-どし【従兄弟同士】『名』「いとこどうし(従兄弟同士)」に同じ。＊史記抄(1477)一五・汲鄭列伝「黯姑姉いとことしの様なものぞ」＊日葡辞書(1603-04)「Itocodoxi(イトコドシ)〈訳〉イトコに同じ」＊浄瑠璃・心中天の網島(1720)上「紙屋の治兵衛ふたりの子の親、女房はいとこどし舅(しうと)はおばむこ」辞書日葡・言海

いとこ-どち【従兄弟同士】『名』「いとこどうし(従兄弟同士)」に同じ。＊宇津保(970-999頃)楼上下「かの御方の侍従の君、対の御方の少将の君とはいとこどちなれば」

いとこ-なのり【従兄弟名乗】『名』新生児を子供の仲間に加えてもらうため、生後七日目の名付け祝いのとき、その子の兄弟やいとこなど、子供たちを客に招いて祝う行事。

いとこ-に【従兄弟似】『名』いとこ同士、互いに顔や姿などがよく似ていること。発音〈標ア〉コ

いとこ-に【従兄弟煮】『名』小豆または豆と野菜の寄せ煮料理。秋田県鹿角郡では、大根をさいの目に切って小豆とともに煮たみそ汁。新潟県では、大根、人参、芋に小豆などを混ぜて煮る。その他全国に広く行なわれ、正月、事八日、盆、祭礼、収穫祭などに食べる。神饌(しんせん)を集めて煮ることに始まり、雑煮と同じ風習。従兄弟汁。＊伊京集(室町)「従子煮 イトコニ 大豆小豆汁」＊日葡辞書(1603-04)「Itoconi(イトコニ)〈訳〉日本人が種々の物を混ぜて作る、食物の一種。シモではアツメニと言う」＊料理物語(1643)一二「いとこに あづき、牛房、いも、大こん、とうふ、やきぐり、くわいなど入、中みそにてよし、かやうにをひをひに申によりいとこに歟」＊滑稽本・浮世風呂(1809-13)三・下「お琴といふものはネ。荒をつるしてお琴煮。ヲヤ、おことぢゃアねへ従弟煮(イトコニ)を」補注語源としては、煮えにくいものから「追い追い」入れて煮るところから、「甥甥(おいおい)」にかけて名付けたなどの説もあるが、野菜ばかりを煮るところから、近親関係のいとこにかけてしゃれたものか。方言❶小豆または豆と野菜の寄せ煮料理。仙台†057 江戸†054 新潟県中頸城郡383 兵庫県但馬652 ❷仏事や祭りのときの、小豆や野菜を入れた汁物。岩手県気仙郡100 富山県砺波398 岐阜県本巣郡510 和歌山市(みそ汁)691 ❸小豆と甘藷(かんしょ)の煮物。愛知県東春日井郡559 ❹小麦粉の団子をカボチャ、小豆などの餡(あん)で煮たもの。長野県480 481 488 長崎県五島541 発音〈標ア〉0 辞書伊京・日葡・書言・〈ボ〉・言海 表記従子煮(伊) 従弟煮(書) 最濃煮(へ)

いどこ-ね【居所寝】『名』方言⇩いどころね(居所寝)

いとこ-はとこ【従兄弟再従兄弟】『名』いとこ、またいとこ。一族の端々(はしばし)。＊雑俳・柳多留-六(1771)「たまたまの屋かたにいとこはとこまで」＊諺苑(1797)「いとこはとこはとぶのはたにもある」＊俳諧・七番日記-文化一〇年(1813)一月「むきむきに蛙のいとこはとこ哉」方言親類。極めて薄い血縁の者。岩手県気仙郡100 平泉108 新潟県361 発音〈標ア〉ト[2]

いとこ-はん【従兄弟半】『名』方言❶自分と、従兄弟の子供との関係。兵庫県赤穂郡661 加古郡664 岡山県児島郡763 御津郡764 高知市867 佐賀県藤津郡895 ❷従兄弟の子同士の関係。又いとこ。徳島県811

いと-こびん【糸小鬢】『名』「いとびん(糸鬢)」に同じ。＊評判記・吉原讃嘲記時之大鞁(1667か)「すってすってすりさげたるいとこびんからは、あせよりほかにでる事はなし」

いとこベット【従妹ベット】(原題 La Cousine Bette)バルザック作の長編小説。一八四六年発表。復讐(ふくしゅう)、好色、貞淑、強欲、淫蕩(いんとう)などの性格を、それぞれに代表する人物を登場させ、当時のフランスの風俗、社会を描いている。「従兄ポンス」はその続編。発音〈標ア〉ペ

いと-ごぼう【糸牛蒡】『名』長さ二、三寸(約六～九センチメートル)に細くきざんだ牛蒡。発音イトゴボー〈標ア〉ゴ

いとこ-むこ【従兄弟婿】『名』自分のいとこに当たる人の夫。↔従兄弟嫁(いとこよめ)。＊浄瑠璃・大磯虎稚物語(1694頃)五「曽我殿ばらは、それよりも叔母聟の三浦の助平六兵衛はいとこむこ」発音〈標ア〉ム

いとこ-め【愛子女】『名』(「いとこ」は、愛(いと)しい人の意)愛しい女。愛する女。↔愛子夫(いとこせ)。＊風俗歌拾遺(承徳本古謡集所収)(11C頃)ちちらめ「ちちら女(め)が門(かど)に嘯吹麻呂(うそぶいまろ)立てり 調度を提(ひさ)げてなどかはや立てりしもせざらむ己(おのれ)がや以止古女(イトコめ)の門に調度を提げて」

いとこ-め【従姉妹女】『名』いとこに当たる女性。父母の姪(めい)。辞書言海

いとこ-よみ【従兄弟読】『名』漢字の偏または旁(つくり)によって、当て推量で読むこと。百姓読み。方言青森県三戸郡083 発音〈標ア〉0

いとこ-よめ【従兄弟嫁】『名』自分のいとこに当たる人の妻。↔従兄弟婿(いとこむこ)。発音〈標ア〉コ 辞書言海

い-どころ【居所・居処】『名』①すわっている場所。居る所。居場所。また、住んでいる所。すまい。住所。いどこ。＊東大寺諷誦文平安初期点(830頃)「大小の便利、坐所(ヰドコロ)にして、臭く穢(けがれ)たり」＊落窪(10C後)二「御達の居所には、中将の住み給ひし西の対のつまをしたり」＊咄本・醒睡笑(1628)八「それならばそちは何とてわがいどころを問うたぞよ」＊談義本・華鳥百談(1748)一・果心居士幻術をなす事「木戸番の男(おのこ)、そこのき給へ、もはや大入(いり)にて居処(ヰドコロ)もなし」②(居る所、すわりつく所の意から)尻。居敷。いど。＊天理本狂言・枕物狂(室町末-近世初)「あらしほらしやと思ふて、通りさまに、そっと、いどころをつめったれば、物と云た」＊御伽草子・福富長者物語(室町末)「盥(たらい)に水を汲みて、ゐどころをひたし、息をのみ給へ」＊本福寺跡書(1560頃)「北浦の道乗へ逃げ行きて、この声いどころに泣くを聞付け見れば、逆にこそ置いたるなれ」方言居間。茶の間。青森県津軽075 ◇**いるとこ** 長野県佐久493 発音〈標ア〉0ロド〈京ア〉ド 辞書和玉・文明・易林・日葡・書言・〈ボ〉・言海 表記居所(文・書・へ・言) 座(玉・易・書) 居(玉) 墟(易)

いどころ 窪(くぼ)む時知(ときし)らずの長尻話(ながじりばなし) すわり込んだ所が窪むほどの長話。＊譬喩尽(1786)四「居所(ヰドコロ)窪(クボ)む時(トキ)知(シ)らずの長尻咄(ナガジリバナシ)」

いどころ-がわり【居所変・居所替】『名』劇場の舞台転換法の一つ。回り舞台、暗転を使わないで、背景のつり上げ、二重屋体の移動、その他いろいろの仕掛けで、場面状態を変化させる方法。＊歌舞伎・櫓太鼓鳴音吉原(1866)二幕「これにて大ドロドロになり、鼠上手(かみて)へはひり、居所替(ヰドコロガハ)りに道具替る」＊歌舞伎・好色芝紀島物語(1869)五幕「これにて伊予簾(いよす)を下し清元連中を消し、道具居所替(ヰドコロガハ)りになる」発音イドコロガワリ〈標ア〉ガ

いどころ-しょうぶ【居所勝負】『名』その場で決着をつけること。出会った所で即決すること。でたとこ勝負。＊新内・浪枕浮名高橋(高橋お伝)(1881)「ここの内の居候お伝どのに貸した金ゆゑ、居所勝負(ヰトコロショウブ)で取り立てるが、私どもの渡世柄(とせいがら)」発音イドコロショーブ〈標ア〉ショ

いどころ-ね【居所寝】(ゐどころ:)『名』すわっている場所ですぐ横になって寝ること。ごろね。きどころね。＊滑稽本・旧観帖(1805-09)初「おらあふろのかはりに、きどころ寝でもしていますべい、〈いどころねのことなり〉」方言所かまわず寝ること。仮寝。うたた寝。栃木県198 群馬県218 242 246 埼玉県川越255 神奈川県高座郡314 中郡320 長野県上伊那郡488 岐阜県飛騨502 郡上郡498 静岡県520 愛媛県840 高知県861 ◇いどこね 新潟県361 長岡市376 長野県諏訪481 愛知県知多郡570 高知県860 大分県南海部郡939 宮崎県東諸県郡954 鹿児島県963 ◇いどね 埼玉県秩父郡251 東京都八王子311 神奈川県054 316 319 ◇いね 静岡県磐田郡546 ◇いどこねえり〔―入〕山梨県南巨摩郡463

いと-ごんにゃく【糸蒟蒻】『名』(「いとこんにゃく」とも) 細長く切ったこんにゃく。しらたきより太めのもの。＊坑夫(1908)〈夏目漱石〉「御菜には糸蒟蒻(イトゴンニャク)が一皿附いてゐた」＊妻(1908-09)〈田山花袋〉七「葱やら焼豆腐やら糸蒟蒻(イトコンニャク)やら」発音イトゴンニャク〈標ア〉ゴ〈京ア〉ニャ 辞書言海 表記絲蒟蒻(言)

いと-こんぶ【糸昆布】『名』コンブを細切りにしたもの。刻み昆布。発音〈標ア〉コ

い-どさ【居―】『名』方言⇩いぞうさ(居造作)

いと-ざいく【糸細工】『名』糸で編んで細工すること。また、そのもの。＊滑稽本・東海道中膝栗毛(1802-09)八・下「此ところの名物は、金魚、酢蛤、〈略〉糸(イト)ざいくなど」＊慶応再版英和対訳辞書(1867)「Bonelace 糸細工の物」発音〈標ア〉ザ

いと-さき【糸先】『名』初穂として伊勢神宮に奉る糸。

いと-ざくら【糸桜】『名』植物「しだれざくら(枝垂桜)」の異名。《季・春》＊永暦元年清輔歌合(1160)「わぎもこが箱根の山の糸(イト)桜結び置きたる花かとぞ見る〈顕昭〉」＊米沢本沙石集(1283)五末・二「ときにきたれどむすびめもなし、と書付て、桜の木にゆひ付たりける〈略〉鎌倉の藤次左衛門尉義行が、吹まよふ風にみだるるいとさくら」＊車屋本謡曲・黒塚(1465頃)「絲桜、色も盛りに咲く比はくる人多き春の暮れ」＊俳諧・猿蓑(1691)五「糸桜腹いっぱひに咲にけり〈去来〉」方言植物。❶こぶし(辛夷)。青森県036 073 岩手県九戸郡・下閉伊郡008 ❷うわみずざくら(上溝桜)。宮城県刈田郡008 発音〈標ア〉ザ〈京ア〉ザ 辞書日葡・〈ボン〉・言海 表記絲桜(へ・言)

いとざくらしゅんちょうきえん【糸桜春蝶奇縁】(いとざくらシュンテフキエン) 江戸後期の読本。八巻八冊。曲亭馬琴作、歌川豊清・豊広画。文化九年(一八一二)刊。もと管領家家臣五十四塚(いしづか)東六郎の娘小草と十以子(小糸)が、母の先夫糸屋一八の一家や侠客翻蝶丸(綱五郎)らの助けにより、一二年ぶりに母と再会するまでの曲折をえがいたもの。義太夫節「糸桜本町育」の人物を移し、浄瑠璃の趣向と文体を大幅にとり入れている。発音イトザクラ=シュンチョーキエン〈標ア〉ザ=キ

いと-ささげ【糸豇豆】『名』ササゲの若い莢(さや)を細くきざんだもの。発音イトササゲ〈標ア〉サ1

いと-さし【糸刺】『名』底を丈夫にするため、もめん糸で刺すこと。また、そのもの。＊浮世草子・古今堪忍記(1708)二・一「泣泣ふところより、糸さしの足袋隻(かたし)とり出して太七に渡しぬ」

いと-さなだ【糸真田】『名』平織りの真田紐。一枚真田。＊万金産業袋(1732)四「いとさなだといふは只一枚に織たる物、なごや織といふは袋打也」＊洒落本・仕懸文庫(1791)二「帯をとき、もへぎのいとさなだの下じめばかりにて寝る」＊雑俳・柳多留-二四(1791)「かん病をねめねめしめる糸さなだ」

いと-さばき【糸捌】『名』①糸を取り扱うこと。また、その取り扱い方。＊評判記・色道大鏡(1678)一四「糸屋者とは糸屋のみせにて、組物、糸(イト)さばきを業とする女也」②琴、三味線などの弦楽器のひき方。＊浄瑠璃・壇浦兜軍記(1732)三「撥(ばち)利生ある糸捌(サバ)き」発音〈標ア〉サ〈京ア〉サ

いと-さま【幼様】『名』(「幼」は当て字) 小児をいう敬称。天明(一七八一～八九)ごろまでは男女児どちらにもいったが、寛政(一七八九～一八〇一)のころから特に女児をいうようになる。いとさん。→いと㊁〔名〕。＊浮世草子・世間娘容気(1717)一「コレいとさま、わやくおっしゃれずとしづかにおよれ」＊浄瑠璃・大内裏大友真鳥(1725)三「いとさまの朝ぶさに」＊浄瑠璃・源平布引滝(1749)三「お生れなされたいと様の、御家来には此太郎吉」＊俚言集覧(1797頃)「いと様 江戸にては小児を云最愛の義大坂にていと様は女子也男児はぼん様と云京都にては男女通していと様と云」＊松翁道話(1814-46)一・中「いと様の、ぼん様のと、惣々が可愛がりて」＊随筆・皇都午睡(1850)三・中「糸様を、お嬢様」方言❶娘さん。お嬢さん。京都†114 長崎県壱岐島050 ◇いとやん 三重県001 滋賀県606 兵庫県淡路島671 徳島県054 ◇いとちゃん 奈良県680 683 ◇いたん 和歌山市691 岡山県和気郡756 ◇いったん 和歌山市062 ◇いとこ 和歌山県海草郡690 ◇おいとさま〔御―〕上方046 ❷下女。女中。◇いとま 富山県390 ◇おいと 石川県能美郡419 ◇おいどん 和歌山県日高郡698 発音〈京ア〉イ/ト

いとさま-ごりょう【幼様御寮】(：ゴレウ)『名』上方で幼い妻をいう敬称。＊浄瑠璃・伊賀越道中双六(1783)五「七つ計のいと様御寮(ゴレウ)、丈にも合ぬ襠(かいどり)ほらほら」

いと-さめ【糸雨】『名』細かい雨。こさめ。ぬかあめ。＊運歩色葉(1548)「細雨 イトサメ」発音〈標ア〉0

いと-ざより【糸鱵】『名』料理で、サヨリを糸のように細くきざんだもの。発音〈標ア〉ザ

いと-ざら【糸皿】『名』方言茶わんなどの糸底。糸じり。愛知県知多郡570 ◇いとじき 島根県725 ◇いとじく 新潟県佐渡382 ◇いとほり 奈良県南大和683

いど-さらい【井戸浚】(ゐどさらひ)『名』「いどさらえ(井戸浚)」に同じ。＊文明論之概略(1875)〈福沢諭吉〉二・五「井戸浚(サラヒ)の相談も出来難し」発音〈標ア〉サ

いど-さらえ【井戸浚】(ゐどさらへ)『名』井戸の水を清めるため、たまっている水をすっかり汲み出し、底の異物を取り除くこと。いどさらい。いどがえ。いざらし。《季・夏》＊俳諧・手挑灯(1745)中「六月〈略〉さらし井 井戸浚 大暑に井戸をさらへる也」＊途上(1932)〈嘉村礒多〉「なんでも井戸浚への時かで」発音〈標ア〉サ〈京ア〉サ 辞書言海 表記井戸浚(言)

いと-さん【幼様】『名』「いとさま(幼様)」の変化した語。＊滑稽本・浮世風呂(1809-13)二・上「お家ゐさんの傍(ねき)に立て居なます嬰児(イト)さんを見いな」方言❶嬰児(えいじ)。赤ん坊。尾張†100 ❷娘さん。お嬢さん。宇治山田†101 滋賀県蒲生郡612 京都府620 大阪市637 兵庫県氷上郡052 淡路島062 和歌山県690 和歌山市(六、七歳の少女)062 徳島県809 香川県830 高知市867 宮崎県延岡市947 ❸長女。三重県多気郡598 香川県829 ❹下女。女中。徳島県美馬郡811 発音〈京ア〉ト

いと-ざん【糸桟】『名』「いとさんとめ(糸桟留)」の略。＊洒落本・一向不通替善運(1788)「向原立右衛門いとざんのはかまに白のついたお太刀をきめ付」発音〈標ア〉0 ト

いと-さんとめ【糸桟留】『名』綿布の中に絹のより糸が交じっている桟留縞。いとざん。＊随筆・飛鳥川(1810)「上下といへども、上は薄き茶宇、其以下は糸桟留」発音〈標ア〉サ

いとさん-むすび【幼様結】『名』京阪で、商家の娘、下女、舞子などの帯の結び方。掛けと垂れとを同じ長さに二度結び、その端をだらりと下げておくもの。結び下げ。

いと・し【愛】『形シク』⇩いとしい(愛)

いとじ『名』昆虫「こおろぎ(蟋蟀)」の異名。＊和漢三才図会(1712)五三「竈馬(イトド イトジ)古云伊止止今云伊止之」＊浪花聞書(1819頃)「いとじ。こほろぎむし也」＊重訂本草綱目啓蒙(1847)三七・化生「竈馬 いいきりご 備前〈略〉おかまこほろぎ 江戸〈略〉いとじ 和州郡山〈略〉いとじ 城州八幡」＊歌謡・粋の懐(1862)八・四・大津絵節「いとじてならぬと互にくつわ虫なめくじり」方言❶植物、こしあぶら(漉油)。栃木県日光市005 ❷虫、こおろぎ(蟋蟀)。京都府久世郡634

い-どし【亥年】(ゐ:)『名』十二支で、第一二番目にあたる亥の年。また、その年に生まれた者。＊人情本・春色梅美婦禰(1841-42頃)二・九回「抑(そもそも)九郎助稲荷大明神と申奉るは、往昔(そのかみ)保元年中より今天保亥年(ヰドシ)まで凡(およそ)六百八十余年の旧社(ふるきやしろ)にて」発音〈標ア〉0

いとし・い【愛】『形口』文いと・し『形シク』(「いとおしい」の変化した語) ①かわいそうだ。ふびんである。痛わしい。＊虎明本狂言・鈍太郎(室町末-近世初)「散々に申しておい出て御ざるが、いとしひ事を致た」＊歌舞伎・傾城壬生大念仏(1702)中「気の毒なおいとしい事でござります」＊黄表紙・米饅頭始(1780)「二おやのお心がいとしひ。さぞおあんじなさるであらふ」②かわいい。慕わしい。＊歌謡・閑吟集(1518)「いとしうもなひ物、いとおしいといへどなう、ああ勝事」＊天正本節用集(1590)「最愛 イトシイ」＊虎明本狂言・箕被(室町末-近世初)「なふいとしの人や、それほどに連歌をよまれふとは」＊洒落本・交代盤栄記(1754)「梅かえ〈略〉此御かたとふもいはれぬいとしい風にして面躰うつくしく気しつさわさわとしてうわつきたまふやうなれども」＊浜荻(庄内)(1767)「庄内にてめごいと云はいとしゐかはいゐといふ事也。いとしゐといへば〈略〉江戸にては愛する事を云」＊人情本・春色梅児誉美(1832-33)後・八齣「私(わたい)はなんといはれてもいいが、いとしいかわいい丹さんに疵(きず)がついちゃア」＊桐の花(1913)〈北原白秋〉ふさぎの虫「俺は俺自身が愛惜(イトシ)い」語誌(1)「いとほし」から「いとをし」「いとうし」を経て、中世末に「いとし」となったもの。(2)用法としては古くは親から子に対するものが多かった。のち男女間に、近世には子・従者から親・主人にも用いられるようになるが、「かわいい」が類義関係でその勢力を増してゆくのに伴って古語化していった。→「いとおしい」の語誌。方言❶かわいそうだ。痛ましい。宮城県仙台市121 山形県最上郡139 新潟県東蒲原郡368 富山県砺波398 石川県419 422 福井県431 丹生郡038 岐阜県飛騨502 郡上郡504 鳥取県西伯郡719 島根県725 岡山県真庭郡747 徳島県811 香川県829 長崎県対馬913 ◇いとっしい 富山県砺波397 石川県江沼郡424 ◇いとしない 島根県725 香川県綾歌郡・仲多度郡829 ◇いとおしない 埼玉県秩父郡251 ◇いとしげない 滋賀県607 ❷かわいい。仙台†058 新潟県佐渡358 香川県826 長崎県南高来郡904 ❸つれない。青森県三戸郡083 ❹気がきつい。◇いとしか 熊本県918 ❺小さい。長崎県壱岐島914 発音イトシイ〈標ア〉シ〈京ア〉ト 文『いとし』〈標ア〉ト〈京ア〉ト 辞書天正・饅頭・書言・言海 表記最愛(天・饅・書)

いとしい子(こ)には旅(たび)をさせよ ほんとうに子供をかわいいと思ったら、甘やかさないで、苦しい旅をさせるような困難を経験させることが必要だ。かわいい子には旅をさせよ。＊仮名草子・好色袖鑑(1682)下「うき世のたとへにも、いとしき子には旅をさせよといふも、よろづうき無常を思ひしるは、たびのそらなり」＊浮世草子・傾城禁短気(1711)一・三「どふでもいとしい子には旅(タビ)をさせいじゃ、少しの内の田舎ずまゐに、是ほど分(わけ)がようならせらるる物か」

いとし-が・る【愛―】『他ラ四』(形容詞「いとしい」の語幹に接尾語「がる」の付いたもの) かわいそう

に思う気持、または、かわいく思う気持を様子に表わす。愛情をかける。＊虎明本狂言・薬水（室町末‐近世初）「爰に又、おうぢごのいとしがらせらるる孫がござるほどに」＊狂歌・詠百首誹諧（16C後）「いとしかりいとしかられてにくき時にくまるるさへ諸おもひかな」＊浄瑠璃・夕霧阿波鳴渡（1712頃）中「是源之介、あの人はわがみのうば、なじみをかけていとしがり、此かかも同前に」＊いさなとり（1891）〈幸田露伴〉五「彦右衛門も唯だ娘を可愛（イトシ）がって種々（いろいろ）の事見するのみ」 発音 イトシガル〈標ア〉ガ〈京ア〉0

いとし‐げ【愛―】〘形動〙（形容詞「いとしい」の語幹に接尾語「げ」の付いたもの）かわいくてしようがないと思っている様子。また、気の毒がる様子。＊狂歌・豊蔵坊信海狂歌集（17C後）「半身達磨賛 伊勢衆でめもとに隔もつんとなしこしより下のいとしけはさて」＊浮世草子・御前義経記（1700）七・三「いとしげさうに、『伊勢様になんのとがが有事ぞ』」＊浮世草子・傾城禁短気（1711）三・一「あのお子もおまへの事は、いとしげに影でもあしうはおぼしめさず」 方言 ❶かわいそうなさま。気の毒なさま。富山県東礪波郡402 石川県石川郡421 江沼郡424 岐阜県飛驒502 島根県隠岐島740 香川県丸亀市・小豆島829 ◇いとおしげ 島根県邑智郡725 岡山県児島郡763 ◇いとっしげ・いとしぶげ 富山県砺波397 398 ❷きれいなさま。美しいさま。新潟県347 ❸小さいさま。新潟県佐渡352 発音 イトシゲ〈標ア〉シ〈京ア〉シ

いと‐じけ【糸―】〘名〙歌舞伎の鬘（かつら）の付属物の一つ。けわしい威厳のある表情を表わすため、太い絹糸をまぜて鬢（びん）の耳の所から長く垂らすつけ毛。

いと‐しこ【糸矢籠】〘名〙樫（かし）の木などで作った簡単な箙（えびら）。征矢（そや）を入れるのに使う。

いとし‐ご【愛子】〘名〙かわいく思う子。大切な子。＊虎明本狂言・子盗人（室町末‐近世初）「いとし子の道理じゃと云て」＊読本・春雨物語（1808）宮木が塚「長夫婦、『いとし子ぞ』とて、物きよくしてくはせ」＊いさなとり（1891）〈幸田露伴〉九九「同じ恥辱（はぢ）を可愛子（イトシゴ）には被（かうむ）らせまじと」 発音 イトシゴ〈標ア〉シ〈京ア〉シ 辞書 ボン 表記 愛子（ヘ）

いと‐しごと【糸仕事】〘名〙つむいだ糸を整理する仕事。特に、つむいだ麻を苧桶（おごけ）に入れる仕事をいうか。＊仮名草子・仁勢物語（1639‐40頃）上・二三「此女、糸仕事などして、うちながめて」 発音 イトシゴト〈標ア〉シ

いとし‐さ【愛―】〘名〙（形容詞「いとしい」の語幹に接尾語「さ」の付いたもの）かわいらしいこと。かわいそうなこと。また、その度合。＊仮名草子・好色袖鑑（1682）下「われゆへに人の心をつくさするいとしさ」＊浄瑠璃・用明天皇職人鑑（1705）道行「親たる者は身にうけて、子のいとしさを知ったる故」＊不言不語（1895）〈尾崎紅葉〉三「奥様の御可憐（おイトシサ）身に沁みて」 発音〈標ア〉ト〈京ア〉0

いとし‐ざかり【愛盛】〘名〙最もかわいらしい年頃。＊浄瑠璃・源氏冷泉節（1710頃）下「いとしざかりを情なく、松川のみな底に柴漬（ふしづけ）に沈め給ふ」＊人情本・仮名文章娘節用（1831‐34）三・八回「いとし盛（ザカ）りの、お坊さんをこの世へ捨てて」 発音〈標ア〉ザ

いとし‐なげ〘形動〙気の毒なさま。かわいそうなさま。＊談義本・地獄楽日記（1755）三・一「是は角様悉く御無理、いとしなげに太夫様は、お前の事に於ては大抵な御心入ではござりませぬ」＊浄瑠璃・桂川連理柵（おはん長右衛門）（1776）下「いとしなげに兄貴に限って、猥（みだら）なといはふか、おとなげないそんな事、よもや有るまいと思ふたが」 方言 鳥取県西伯郡712 島根県出雲725 香川県三豊郡038 長崎県対馬913

いと‐しば【糸芝】〘名〙植物「こうらいしば（高麗芝）」の異名。 発音〈標ア〉ト 辞書 言海 表記 絲芝（言）

いと‐しび【糸鮪】〘名〙魚「きはだまぐろ（黄肌鮪）」の異名。 方言 三重県016 高知県865 宮崎県016

いとしぼ（形容詞「いとしぼい」の語幹）①かわいそうなこと。気の毒なこと。＊仮名草子・他我身の上（1657）一・一「底には我が方人と思ひて、おいとしぼうやお笑止やなど、口にまかせていひなす」＊俳諧・投盃（1680）八「時にのいねの飯匙（いいかい）をとる いとしぼや常に病者な仏様」＊浄瑠璃・女殺油地獄（1721）上「買はしゃんすお山も傾城も、何屋のたれ何屋のたれ、親御達がよふ知っていとしぼや」 ②愛らしい様子であること。慕わしいこと。＊雑俳・たからの市（1705）「いとしほや皰（にきび）つふしてゐる娘」 発音〈標ア〉ト

いとしぼ・い〘形口〙（「いとほしい」の「ほし」を、さかさまにした語）①かわいそうだ。気の毒だ。いたわしい。＊浄瑠璃・十二段（1698頃）三「よろづさこそと推（を）しはかられ、御いとしぼく候（さふらふ）也」＊雑俳・銭ごま（1706）「帳面を見れやいとしほいたおれやう」＊浮世草子・世間娘容気（1717）六「心ぼそきこたへに自然と胸中しはしはとなっていとしぼく」＊滑稽本・東海道中膝栗毛（1802‐09）四・上「ヤレヤレいとしぼいこんだと涙アこぼして」 ②愛らしい。慕わしい。 語誌 近世、上方を中心に用いられた語形だが、一八世紀後半ごろには江戸での用例も少数ながら認められる。他者に対する同情の気持を表わすのが中心で、愛情を示すものは少ない。この点が「いとほし」と用法上異なる。 方言 いたわしい。気の毒だ。新潟県佐渡349 石川県404 408 414 福井県坂井郡433 ◇いとしぶい 富山県390 砺波398 発音〈標ア〉ボ〈京ア〉ボ

いとしぼ‐が・る〘他ラ四〙（形容詞「いとしぼい」の語幹に接尾語「がる」の付いたもの）かわいそうだと思う気持、または、かわいいと思う気持を様子に表わす。かわいがる。＊浄瑠璃・平仮名盛衰記（1739）一「今迄此子をかはゆがって貰ふたかはり、自（みづから）も心一ばいいとしぼがりたい」＊浄瑠璃・夏祭浪花鑑（1745）一「お目元なら口元なら。殊にあなたをいとしぼがって下さります」 発音 イトシボガル〈標ア〉ガ

いとしぼ‐げ〘形動〙（形容詞「いとしぼい」の語幹に接尾語「げ」の付いたもの）かわいそうなさま。また、かわいらしいさま。いとしぼなげ。＊浄瑠璃・曾根崎心中（1703）「それはそれはいとしぼげにみじんも訳は悪うなし」＊浄瑠璃・佐藤忠信廿日正月（1710頃）上「いとしぼげに一所につれてゆけ。あんまりそれはきづよい」 発音 イトシボゲ〈標ア〉ボ

いとしぼ‐さ〘名〙（形容詞「いとしぼい」の語幹に接尾語「さ」の付いたもの）①かわいそうなこと。気の毒なこと。また、その度合。＊浄瑠璃・猫魔達（1697頃）三「此尼が、しゐて申にあらね共、一つは見る目もおいとしぼさ」 ②可愛らしいこと。慕わしいこと。また、その度合。

いとしぼ‐なげ〘形動〙「いとしぼげ」に同じ。＊浄瑠璃・心中天の網島（1720）上「いとしぼなげに紙治様と私が中。さ程にもないことを」＊歌舞伎・絵本合法衢（1810）五幕「いとしぼなげに、来年お逢ひなされうやら、乃至来々年にならうやら、知れないお別れ」 発音〈標ア〉シ

いとしぼ‐らし・い〘形口〙①いかにも気の毒だ。かわいそうだ。＊歌舞伎・傾城浜真砂（1839）四幕「色直しまでした仲を、いとしぼらしい外（そと）へ抛（はふ）り出し、あの憎てらしい瘤面（こぶづら）と、どう祝言がなりませう」 ②いかにも愛らしい。かわいらしい。＊評判記・新野郎花垣（1674）上村才三郎「此君おすがたをやかにまつにかかれるふぢのはないとしほらしくしなやかなり」＊浄瑠璃・花襷会稽褐布染（1774）八「此いとしぼらしい顔見るに付け」 発音 イトシボラシイ〈標ア〉シ

いとしま【糸島】福岡県の西端の郡。玄界灘に面する。明治二九年（一八九六）怡土（いと）郡と志摩郡が合併して成立。福岡市の一部、前原市も属していた。

いと‐じま【糸縞】〘名〙絹糸を少し交ぜて織った木綿縞。＊洒落本・浪花色八卦（1757）蔦菱卦「衣裳はつむぎ加賀郡内縞、素人出は糸じまに黒ぬめ襟幅広からぬ紫縮緬の帯」＊随筆・守貞漫稿（1837‐53）一二「文化文政中、京織の木綿縞に、蚕絲を僅に交へ織たる物を用ひたり、京坂綿入袷単物ともに用レ之、今も稀に用レ之、号て絲縞と云、蚕絲入木綿縞の略言也」 方言 絹糸入りの綿織物。広島県安芸郡054 倉橋島771 発音〈標ア〉0

いとし‐み【愛―】〘名〙（形容詞「いとしい」の語幹に接尾語「み」の付いたもの）「いとおしみ」に同じ。＊面影（1969）〈芝木好子〉七「はげしい愛（イト）しみが人形という一つの造型を通して」 発音〈標ア〉0ミ

いとし・む【愛】〘他マ五（四）〙（「いとしい」を動詞化した語）「いとおしむ」に同じ。＊鮫（1963）〈真継伸彦〉二「生きのびた自分をひたすらいとしんでいた」＊されどわれらが日々（1963）〈柴田翔〉第五の章「私たちは、これからもいとしみ合い、なごみ合って暮すだろう」 発音〈標ア〉シ

いとし‐むすめ【愛娘】〘名〙かわいい娘。最愛の娘。＊浮雲（1887‐89）〈二葉亭四迷〉一・二「愛（イト）し娘の為度（したい）と思って為す事と、其儘に打棄てて置く内」 発音〈標ア〉ム

いとしもな・し ⇨いと（最）の子見出し

いと‐じゃく【糸尺】〘名〙建築の細部などで、平面でない各種の繰型（くりかた）に沿って測った寸法。 発音〈標ア〉0

いと‐じょう【怡土城】福岡県西部、前原（まえばる）市の高祖（たかす）山に築かれた奈良時代の城。天平勝宝八～神護景雲二年（七五六～七六八）新羅（しらぎ）との関係悪化から国内防衛のため築かれたが、まもなく廃城。望楼の礎石と石塁の一部が現存する。国史跡。 発音 イトジョー〈標ア〉ト

いと‐しょうばい【糸商売】〘名〙糸類の売買をすること。また、その職業。＊浮世草子・世間胸算用（1692）四・四「同じ糸商売する京の人、大分の手前者となり」 発音 イトショーバイ〈標ア〉ショ

いとし‐らし・い【愛―】〘形口〙文 いとしら・し〘形シク〙（「らしい」は接尾語）かわいらしい。心ひかれる。＊評判記・野郎大仏師（1667‐68）杉本数馬「いとしらしきかたぎ、なよやかなるすがた、探幽（たんゆふ）もふでをなぐべし」＊仮名草子・好色袖鑑（1682）上「なびきたる其こころねを、うれしくもいとしらしくも、実におもひいれたらば、何とてか、かはる心のいづべし」＊浄瑠璃・義経千本桜（1747）三「女の浅い心から、可愛らしいいとしらしいと思ひ初めたが恋のもと」＊歌舞伎・彩入御伽草（おつま八郎兵衛）（1808）小平次内の場「斯う見たところがいとしらしい、可愛らしいお旅人（たびびと）さん」＊団団珍聞‐五五七号（1886）「ふっと見交す顔と顔いとしらしうて痩形（やさかた）で」 補注「いとし」から「かはいらし」の類推によってできた語。 発音 イトシラシイ〈標ア〉シ[2]

いと‐じり【糸尻】〘名〙「いとぞこ（糸底）」に同じ。＊文明本節用集（室町中）「居尻 イトジリ 器底」＊六物図抄（1508）「無底とはいとじりなき也」＊俳諧・雑談集（1692）下「浦の夷に上る三穂塩〈遠水〉 糸尻のなきもおかしき坊主椀〈未陌〉」＊仙台方言（1817頃）器形「いとじり。愚按ずるに。椀の台につく所を。いとじりと云」 発音〈標ア〉0ト〈京ア〉0 辞書 文明・伊京・明応・天正・黒本 表記 居尻（文・伊・明・天・黒）

いどじり‐いせき【井戸尻遺跡】長野県諏訪郡富士見町にある縄文遺跡の総称。富士見高原の山岳部尾根上に数か所にわたり散在し、縄文中期の土器など、遺物を多数出土した。国史跡。井戸尻遺跡群。 発音〈標ア〉イ[2]

いと‐しりがい【糸鞦】〘名〙馬具の一つ。糸を編んで作った鞦。＊吾妻鏡‐承久二年（1220）一二月一日「馬三疋。一。銀鞍。糸鞦。家長引レ之」＊新編追加‐弘長

元年(1261)二月三〇日(中世法制史料一・追加法三六四)「雖二女騎馬、蒔鞍銀鐙轡糸鞦可レ止レ之」

いと-じるし【糸印】〘名〙布地を仕立てるときに、仕立てが狂わないように布地につける印の一つ。へらやチャコを用いず糸でつけるもの。発音〈標ア〉ジ

いと-しん【糸心】〘名〙①もめん糸を芯として作ったろうそく。＊落語・神酒徳利(1896)〈三代目柳家小さん〉「蠟燭が二挺糸真(イトシン)で無ければ不可(いけ)ない」②ランプの芯の、細い糸状のもの。発音〈標ア〉0

いとしん-ろうそく【糸心蠟燭】〘名〙「いとしん(糸心)①」に同じ。発音イトシンローソク〈標ア〉ロ

い-と・ず【射閉】〘他ダ上二〙矢を射あてて戸などが開かないようにする。＊太平記(14C後)一四・将軍御進発大渡山崎等合戦事「堀は死人に埋まって平地になり、矢間(さま)は皆射とぢられて開きえず」

いど-す【居処―】〘名〙方言⇩おいど(御居処)

いと-すかし【糸透】〘名〙透かし彫りの一つ。刀の鍔(つば)などで、糸のように細かい部分を残して彫る彫り方。発音〈標ア〉ス

いと-すぎ【糸杉】〘名〙①ヒノキ科の常緑高木。アフガニスタン以西、地中海沿岸に分布し、庭木や街路樹にもされる。高さ三〇メートル、直径〇・七メートルに達する。樹皮は灰褐色でうすくはがれる。樹形は狭円錐形か円柱形。葉は針形。四～五月頃に開花し、実は直径二～三センチメートルの卵形。種子は非常に狭い羽をもつ。材は淡黄褐色で建築、家具、船舶、楽器などに用いる。イタリアンサイプレス。せいようひのき。ほそいとすぎ。ほそいとひば。学名はCupressus sempervirens ＊即興詩人(1901)〈森鷗外訳〉わが最初の境界「そこにはいとすぎ(チプレッソ)の木二株、檸檬(リモネ)の木一株立てりき」＊フランス文壇史(1954–56)〈河盛好蔵〉若きヴァレリー「まるでアカデムスの園にでもいるように、糸杉にとり巻かれた古い墓の上に坐った」②①と同属の常緑高木の総称。中国揚子江沿岸産のシダレイトスギ、北アメリカ西部産のマクナブイトスギなどがある。学名はCupressus ③コノテガシワの園芸変種。枝が垂れ下がり、まばらに分枝する。いとひば。＊日本植物名彙(1884)〈松村任三〉「イトスギ」④スギの園芸品種、仙人杉(せんにんすぎ)の別名。方言植物、ひば(檜葉)。広島県比婆郡774 発音イトスギ〈標ア〉ト〈京ア〉ト 辞書言海 表記絲杉(言)

いと-すぐは【糸直刃】〘名〙日本刀の刃文(はもん)の一つ。細直刃の一種で、焼き幅が最も狭いもの。鎌倉中期の刀工、相模の新藤五国光が得意とした。発音イトスグハ〈標ア〉ス

いと-すげ【糸菅】〘名〙カヤツリグサ科の多年草。各地の山中の半陰地に群生する。茎は高さ一〇～二〇センチメートルほどの細い三角柱状。葉は柔らかく長さ一〇～一五センチメートルの糸状で、先が次第にとがり、下部はさやとなる。初夏、茎の頂に柄のある黄緑色の雄花穂を直立し、その下に一、二個の雌花穂を側生する。漢名は崖椶。学名はCarex sachalinensis ＊重訂本草綱目啓蒙(1847)一六・石草「崖椶 いとすげ 山岸に多く生す又平地にも陰処に多し」＊日本植物名彙(1884)〈松村任三〉「イトスゲ」発音イトスゲ〈標ア〉ト 辞書言海 表記絲菅(言)

いと-すじ【糸筋】〘名〙①糸のすじ。糸。＊古今(905–914)秋上・二二五「秋の野に置く白露は珠なれや貫きかくるくものいとすぢ〈文屋朝康〉」＊大般涅槃経治安四年点(1024)七「中の縷(イトスヂ)を問はずして輒く取るは偸蘭遮を犯す」＊書陵部本名義抄(1081頃)「綫 順云以度須知」＊百座法談(1110)三月八日「如来の六度万行の糸すぢして織り給へる慈悲忍辱の衣に」②糸のように細く長い物にいう。＊按納言集(1186–87頃)「春雨の糸すぢよわみおりいでて花の錦を染むるぬれ色」＊人情本・春色梅児誉美(1832–33)後・八齣「細い元手の糸筋(イトスヂ)で、やうやう命を継棹(つぎざほ)にゃア、だれがお蔭でなったのだ」＊幼学読本(1887)〈西邨貞〉七「山は紋を並べたるが如く見え、河は糸筋を曳きたるが如く見ゆ可し」③琴、三味線の弦。＊俳諧・独吟一日千句(1675)第九「のとのあやつりはしまらぬ内 糸筋は上から下へ龍かしら」＊浮世草子・好色一代女(1686)一・一「常弄(もてあそび)し縄(イトスヂ)ならして恋慕の詩をうたへる事しばらくなり」④物事がたどる過程。すじみち。＊浮雲(1887–89)〈二葉亭四迷〉一・五「思案の糸筋が乱(もつ)れ出し」＊青年(1910–11)〈森鷗外〉一三「事柄の経過の糸筋を整理してゐるらしいのである」方言鰻(うなぎ)の小さいもの。岡山県小田郡767 発音〈標ア〉ト〈ア史〉平安・鎌倉○○◎〈京ア〉ト 辞書和名・色葉・名義・下学・和玉・文明・饅頭・黒本・易林・日葡・書言・ヘボン・言海 表記線(和・色・下・文・饅・黒・易・書・ヘ) 縷(和・色・名・玉・文・易・書) 綫(和・名・書) 綸(玉・文・書) 綖(名) 縝・裞・裗(玉) 糸(文) 綉(黒) 絤(書) 絲筋(言)

いと-すすき【糸薄】〘名〙(「いとずすき」とも)ススキの園芸品種。日当たりのよい山地、海岸近くに自生し、また観賞用に栽培もされる。茎、葉、穂ともに細く小さいもの。高さ六〇～一二〇センチメートル。葉は幅三～六ミリメートルの線形で、白い主脈をもち、大きく湾曲して先が垂れ下がる。《季・秋》＊歌仙本伊勢集(平安中)「糸薄呼子鳥にもあらねども昔恋しき音をのみぞなく」＊車屋本謡曲・黒塚(1465頃)「穂に出づる秋のいとずすき、月によるをや待ちぬらん」＊俳諧・毛吹草(1638)六「風の手や分つ乱しつ糸薄〈広則〉」＊浄瑠璃・用明天皇職人鑑(1705)道行「こころぼそしやいとずすき、ゐいゐいゐいかぜかときけば、山の下にはあらしふく」発音〈標ア〉ス[1] 辞書言海 表記絲薄(言)

いと-ずみ【糸墨】〘名〙大工道具の一つ。糸に墨を含ませて木材などに線を引くのに用いる。墨縄。＊かた言(1650)二「番匠の糸墨(イトスミ)を高き所よりさげて、物のゆがみ、すぐなるを量ることより出たることなり」発音〈標ア〉ト

いと-せん【糸銭】〘名〙①糸の代金。②三味線の稽古料。糸の代金の名目で納めるところからいう。＊洒落本・一向不通替善運(1788)「女の子は三みせんを習うゆへ糸銭とて晦日に廿四文づつ御定りなり」発音〈標ア〉ト

いと-せんそう【伊土戦争】一九一一～一二年、イタリアが北アフリカのオスマン帝国(トルコ領)トリポリ、キレナイカ併合を目的として起こした侵略戦争。バルカン戦争を誘発した。イタリア-トルコ戦争。トリポリ戦争。発音イトセンソー〈標ア〉セ

いと-そ【糸麻】〘名〙方言❶植物、あさ(麻)。たいま(大麻)。千葉県東葛飾郡276 新潟県一部030 ❷植物、からむし(苧麻)。富山県一部030 石川県404 岐阜県北飛驒499 ❸麻糸。山形県西置賜郡139 石川県金沢市415 京都府竹野郡622 ❹木綿糸。静岡県志太郡535 ❺糸。岐阜県498 502 504 静岡県小笠郡537 愛知県葉栗郡549 和歌山県伊都郡054 日高郡698 岡山市762 徳島県811 香川県829

いと-ぞうがん【糸象眼】〘名〙象眼の一種。地金に文様や文字を細く彫り、そこに糸状の他の金属をはめ込む技法。発音イトゾーガン〈標ア〉ゾ

いと-ぞこ【糸底】〘名〙陶磁器の底の部分。成形のときに糸でろくろから切り取った底部。また、一般の焼物の底座をもいう。糸切り底。糸切り。糸尻。糸床(いとどこ)。＊咄本・醒睡笑(1628)五「盃をうつむけ、糸底にて受けさまに」＊雑兵物語(1683頃)下「常にはみなさるる呉器のいとぞこを引切て手拭にひっ包」＊滑稽本・浮世風呂(1809–13)四・中「隅田河苔屋敷器す。居底(イトゾコ)の中が、百花園梅屋菊塢」発音〈なまり〉イタゾコ〔豊後〕〈標ア〉0〈京ア〉0 辞書書言・ヘボン・言海 表記絲底(ヘ・言) 居底(書)

いと-そでぐち【糸袖口】〘名〙やっと手の出る細い袖口のこと。貧乏袖口。＊洒落本・当世風俗通(1773)極上之息子風「袖口づいぶんほそく袷同前にくける、是を世に糸袖口と号す」

いと-ぞめ【糸染】〘名〙織物にする前に糸を染めること。先染め。発音〈標ア〉0

いとぞめ-おりもの【糸染織物】〘名〙糸をまず染め、次に整経してから織った織物。先染め織物。

いと-だい【糸代】〘名〙①糸の代金。②(三味線の糸の代金の名目で支払うところからいう)歌舞伎で、囃子(はやし)方、浄瑠璃の連中に支払う手当金。発音〈標ア〉リ オ

いと-だい【糸鯛】〘名〙魚「いとよりだい(糸撚鯛)」の異名。〔語彙(1871–84)〕発音〈標ア〉ト 辞書言海 表記絲鯛(言)

いと-たかみやじま【糸高宮縞】〘名〙高宮縞の、主として男物の柄の織物をいう。

いと-たけ【糸竹】〘名〙(「糸」は琴、三味線などの弦楽器、「竹」は笛などの管楽器)①楽器の総称。管弦。しちく。＊時雨亭文庫本大輔集(12C末)「あかつきのはちすのうてないろいろにしみまさるなるいとたけのこゑ」＊古今著聞集(1254)跋「次に、いとたけのこゑをあはせて、呂律の曲をとなふ」＊車屋本謡曲・白髭(1541頃)「かぐら催馬楽取々に、絲たけの役々、秘曲を尽し拍子をそろへて」＊日葡辞書(1603–04)「Itotake(イトタケ)。シチク、または、クヮンゲン〈訳〉琴と笛」②音楽。遊芸。＊夫木(1310頃)一八「神風やみもすそ川のささ浪に声をあはする夜のいと竹〈藤原実兼〉」＊浮世草子・風俗遊仙窟(1744)二「文を好み、糸竹(イトタケ)に耽れり」＊俳諧・新花摘(1784)「和歌のみち、いと竹のわざにもうとからず」発音〈標ア〉イ ト〈京ア〉0 辞書日葡・書言・ヘボン・言海 表記絲竹(書・ヘ・言)

いとたけ の 道(みち) 音楽の道。音楽の芸。＊浄瑠璃・十二段(1698頃)三「詩つくり、絵かき、花結び、いとたけのみち暗からず」＊春雨文庫(1876–82)〈和田定節〉一〇回「糸竹(イトタケ)の道(ミチ)に闌(た)け心ざまも優く」

いと-だこ【糸蛸】〘名〙タコの足をゆでて、糸のように細く切ったもの。＊万宝料理秘密箱二篇(1800)一「糸蛸(イトタコ)の仕方 一、右いぼをとりし蛸の足の先を捨て、壱本づつ湯に入れてかき廻し、すぐに上げ、水に冷し、弐寸ほどに切て随ぶんうすくむき申候。扨元のごとく巻候て、小口よりほそく切て、水に入れてのばし候へば、長く糸のごとく成申候」

いど-たちど【居所立所】〘名〙身の置き場所。身の処し方。＊一茶方言雑集(1819–27頃)「居所立所(イトタチト)」＊人情本・閑情末摘花(1839–41)五・二九回「万右衛門さんと、貴様との計略(さしがね)で、よく自己が居所立所(ヰドタチド)に迷ふやうなことをしたナ」＊浮雲(1887–89)〈二葉亭四迷〉一・六「二十三にも成って、親を養(すご)す所か、自分の居所立所(ヰドタチド)にさへ迷惑(まごつい)てるんだ、なんぼ何だって愛想が尽きらァ」発音〈標ア〉ダ

いと-たで【糸蓼】〘名〙アザブタデの一品種。葉が狭い線形のもの。ほそばえどたで。《季・夏》発音〈標ア〉ト

いと-だて【糸立】〘名〙糸を挟み込んで補強した渋紙。＊滑稽本・戯場粋言幕の外(1806)上「いとだてのウ天窓(あたま)へぶちかけてヤレかせいで追て呉(くれ)せへてって」＊風俗画報-二一九号(1900)地理門「田舎の商店は重宝なるものにて、一軒の店にて自由に足ること也、桐油紙もあれば笠絲立(イトタテ)もあり」発音〈標ア〉0 辞書言海 表記絲立(言)

いと-だて【糸経】〘名〙縦を麻糸で、横をわらや藺(い)で織ったむしろ。日よけ、雨よけ、または物を包む

ために用いた。＊俳諧・芭蕉庵小文庫（1696）夏「からびたる櫟（くぬぎ）林に日がくれて〈山店〉仏の木地をつつむ糸だて〈芭蕉〉」＊雑俳・柳多留‐一六（1781）「まつさをな下で絲だてぬいですて」＊滑稽本・東海道中膝栗毛（1802‐09）四・上「ふろしきづつみと、いとだてをせおひしおとこ」＊滑稽本・和合人（1823‐44）三・中「『あの合羽は何だらう』『あした見ねへ、きっと酒菰か、糸だてだァ』」 方言 蚕を飼う時に使うござ。蚕座の一種。神奈川県津久井郡316 発音〈標ア〉0 辞書 書言・言海 表記 糸楯（書）絲経（言）

いとだて の 指物（さしもの） 武具。指物の一つ。糸経で作った旗。鎧（よろい）の背にさして用いる。＊会津陣物語（1680）四「上杉方杉原常陸介、糸だての指物にて、八百余を左右に従へ伊達羽根田が勢の真中へ」＊武家名目抄（19C中か）旗幟部・糸たての指物「大坂軍記云〈略〉糸たての指物にて手前ののぼりを四五丁押下げ参候へと侍三人に云付」

いと‐だま【糸玉】〘名〙綿を芯（しん）にして色糸を巻き付けた毬（まり）。手毬。＊善心悪心（1916）〈里見弴〉「いま彼の運命の毬（イトダマ）が、この生若いへっぽこ行員の手に握られてゐると思ふと」＊黄金の街（1974）〈金井美恵子〉「あたしは迷宮の入口であんたに糸玉を手わたして」 発音〈標ア〉0

いと‐たまご【糸卵・糸玉子】〘名〙薄い卵焼きを細く切ったもの。吸い物に入れたり、ちらし鮨にかけたりするのに用いられる。金糸卵。＊畜生塚（1970）〈秦恒平〉六「吸物は糸たまごという珍しさ」 発音イトタマゴ〈標ア〉マ タ

いと‐だまり【糸溜】〘名〙織物の地で、糸が延びきらずに途中でたまっているような箇所。 発音〈標ア〉ダ

いと‐たれ【糸垂】〘名〙能や里神楽で、女神や花鳥の精などが付ける垂らし髪。天冠の下に垂らす。＊歌舞伎・小袖曾我薊色縫（十六夜清心）（1859）大詰「下手に臼女神子、天冠、糸たれ、臼女の面を冠り、紫錦の舞衣、緋の小袴、白の幣束を肩へかけ」 発音〈標ア〉0

いとち〘名〙 方言 植物、あさがら（麻殻）。徳島県海部郡811 香川県香川郡・仲多度郡829 愛媛県808 高知県土佐郡・長岡郡808

いと‐ちまき【糸粽】〘名〙各種の色糸で飾り結びにしてある粽。飾り粽。＊俳諧・一本草（1669）三・夏「くりかへし祝ひまさうの糸ちまき〈調和〉」 発音〈標ア〉チ

いど‐ぢゃわん（ゐど‥）【井戸茶碗】〘名〙高麗茶碗の一つ。濁白色の土に、淡い卵色の釉（うわぐすり）のかかっているもの。室町時代以後、茶人に愛用された。その名称の由来については諸説があって定まらない。大井戸、古井戸、青井戸、井戸脇などその種類も多い。＊咄本・戯言養気集（1615‐24頃）下「前太閤秀吉公に宮つかへしちゃのゆ坊主、いと茶はんとて御ひさうなされけるを、取はつし落してわりけり」＊評判記・野郎虫（1660）山本万之助「おちゃのゆで何とかせんや万之介 せばかうだいのいどちゃわんにて」＊和漢三才図会（1712）三一「茶盌（ちゃわん）〈略〉有井戸茶盌者。其形不一。大抵有細裂文俗云華幽。初来者至今三百年余」＊俳諧・鶉尾冠（1717）中「名月のあめやついでも印度（イド）茶碗〈越人〉」 語源説 (1)肥後の陶工井戸新九郎が焼いた茶碗という〔大言海〕。(2)室町末期の大和の豪族井戸氏が所持したものか〔茶道辞典＝桑田忠親〕。(3)インドより出たことから。また、昔、井の中に埋もれてあったのを掘り出したところから名づける〔閑室漫録〕。(4)井戸若狭守が朝鮮から持ち帰ったことから〔白石先生紳書・嬉遊笑覧〕。 発音〈標ア〉ジャ

いと‐づか【糸柄】〘名〙糸を編んだ紐で巻いた刀の柄。また、その刀。↔革柄（かわつか）。＊随筆・異説まちまち（1748）二「今時糸柄ささぬ者はなしとて」 発音〈標ア〉ト

いとつがい‐びょうぶ（いとつがひビャウブ）【糸番屏風】〘名〙四方の押さえ木に穴をあけて、鐶（かん）をはめこみ、それに紐を通して折りたたみのできるようにした屏風。＊大内裏図考証（1788）別録下「四方押木。糸番屏風。東大寺鴨毛屏風、押木黒塗、穿穴在金物、金物貫紐為番」

いと‐づかみ【糸摑】〘名〙麻苧（あさお）を片手で一つかみずつ握って家人に分配すること。分配は主婦の役で、もらった者は個人の衣料に使う。東北地方に広く行なわれた習慣。

いと‐つぎ【糸継】〘名〙糸をつなぎ合わせること。＊女工哀史（1925）〈細井和喜蔵〉三・一〇「田舎から鈍臭い不器用な、それは『糸継ぎ』さへようし得ない百姓の娘を伴れて来たのでは薩張り役に立たない」 発音イトツギ〈標ア〉ト

いとっ‐きり【糸切】〘名〙（形動）最後。できるかぎり。せいぜい。＊迂鈍（18C‐19Cか）仕形猿「『おあをむき被遊丼』『こうか』『もそっと』〈略〉『こうか。もう是が糸っ切だ』」 補注 陶器の底を「いときり」というところから転じたとも、また、副詞「いと」に最後の意の名詞「きり（切）」が複合した語からともいう。

いとっ‐くず（‥くづ）【糸屑】〘名〙「いとくず（糸屑）」の変化した語。＊滑稽本・浮世風呂（1809‐13）二・上「三味線の糸屑（イトックズ）なんぞを何にするもんか」 発音〈標ア〉ク

いと‐づくり【糸作】〘名〙魚肉を、糸のように細く切って作ったさしみ。酢のものなどにもする。＊浮世草子・好色二代男（1684）七・五「鴨は骨貫（ぬ）き、鯉は糸作（イトヅク）り。焼卵早鮨。毎日自由を調へて」＊佳節儀式料理（1913）〈赤堀峰吉〉来客の御馳走「酒肴の献立〈略〉酢の物 針魚の糸作り 平貝 寿海苔 甘酢 みじん山葵」 発音〈標ア〉ズ〈京ア〉ズ／ズ

いと‐つけ【糸付】〘名〙①三味線の糸巻にある小さい穴。ここに糸を差し込んで結ぶ。②釣りの仕掛けで、鉤素（はりす）を釣り針に結びつける部分。 発音〈標ア〉ト

いと‐づつみ【糸裹】〘名〙弓全体を、細い麻のより糸ですきまなく巻き、その上から漆を塗って、さらに籐（とう）で巻くこと。また、その弓。糸裹の弓。＊庭訓往来（1394‐1428頃）「弓者、本重籐、漆籠、糸裹等也」＊易林本節用集（1597）「絲嚢 イトツツミ」 発音〈標ア〉ズ 辞書 易林 表記 絲嚢（易）

いとづつみ の 弓（ゆみ） 「いとづつみ（糸裹）」に同じ。＊義経記（室町中か）五・忠信吉野山の合戦の事「いとづつみのゆみの九尺ばかりありける四人張を杖に突き」＊随筆・貞丈雑記（1784頃）一〇「糸裹（イトツツミ）の弓と云は是も軍弓也。弓の竹の上皮をこそげてふとき針ほどのふとさの麻のより糸にてうらはずより本はず迄すきまなく巻つめる也。糸の下には麦漆を付てまく也」

いとづつみ‐ゆみ【糸裹弓】〘名〙「いとづつみ（糸裹）」に同じ。＊随筆・蘿月菴国書漫抄（1827頃か）七「糸包弓といふは、麻糸を畳の表を織たる糸よりすこし細くよりて、本筈よりくるる筈まですきまもなく巻なり」 発音〈標ア〉ミ1

いど‐づな（ゐど‥）【井戸綱】〘名〙つるべなわ。井戸なわ。＊雑俳・ふでりきし（1797）「頭取・囲女（かこひ）が庭迄井戸綱を引込み」＊薄衣（1899）〈永井荷風〉五「『えゝ。有難う。〈略〉昨日あたりからぶらぶら起て居ります』と、井戸綱を手繰り掛る」 発音〈標ア〉ド

いと‐つなぎ【糸繋】〘名〙「いとつむぎ（糸紡）」に同じ。＊茶話（1915‐30）〈薄田泣菫〉労働者としての鼠「普通の家鼠（かそ）を馴らして絲紡（イトツナ）ぎをさせる事を思ひ付いた」 発音イトツナギ〈標ア〉ツ

いと‐つぼ【糸壺】〘名〙「いとぐら（糸倉）①」に同じ。 発音〈標ア〉ト

いと‐つむぎ【糸紡】〘名〙繭（まゆ）や綿の実から繊維を引き出して糸にすること。糸繰り。いとつなぎ。＊日本の下層社会（1899）〈横山源之助〉四・一・二「一仕事は絲紡（イトツムギ）でこれは大きな器械をつかふ故あまりほねおれず毎日十二時間の仕事の中で一時間づつ休みがあり」＊石川五右衛門の生立（1920）〈上司小剣〉七「静かな伊賀の山里の、村人は皆午睡の夢を貪ってゐるのに、文吾の母だけは、夜業（よなべ）をしても足らぬ賃仕事の絲紡ぎにかかってゐるのであった」 発音イトツムギ〈標ア〉ツ

いと‐づめ【糸爪】〘名〙「いとみち（糸道）①」に同じ。 発音〈標ア〉ト〈京ア〉ト

いと‐つり【糸釣】〘名〙染色で、型紙に模様を彫るとき、模様が型紙から離れてしまうような場合、紙に細い絹糸を入れ、模様を釣って固定すること。また、その型紙。糸目入れ。釣り型。 発音〈標ア〉ト

いど‐つるべ（ゐど‥）【井戸釣瓶】〘名〙①つるべ。井戸で水をくむ桶。また、そのつるべ。②人形浄瑠璃芝居の小道具。「夏祭浪花鑑‐七」の義平治殺しの場の井戸に用いる釣瓶。その中に人形遣いの持つ取っ手が付いている。 発音〈標ア〉ツ

いと‐てき【意図的】〘形動〙何かの目的があってわざとそうするさま。＊地を潤すもの（1976）〈曾野綾子〉一・三「もしかすると意図的なものではないかとお話しました」 発音〈標ア〉0

いと‐てんつき【糸点突】〘名〙カヤツリグサ科の一年草。本州中部以西の日当たりのよい原野、道ばたに生える。高さ約二〇センチメートル。葉は線形で茎より短い。秋、糸状の茎を多数出し、頂に茶褐色の花穂が集まって咲く。いそてんつき。学名は Fimbristylis pacifica ＊日本植物名彙（1884）〈松村任三〉「イトテンツキ」 発音〈標ア〉テ

いとど〘名〙昆虫「かまどうま（竈馬）」の異名。《季・秋》＊俳諧・毛吹草（1638）二「八月〈略〉虫合 金虫 玉虫 蓑虫 いとど こうろぎ かまきり」＊俳諧・猿蓑（1691）六「啼やいとど塩にほこりのたまる迄〈越人〉」＊浄瑠璃・弱法師（1694）三「有明消へて月もなくいとど鳴くねのしんしんと」＊和漢三才図会（1712）五三「竈馬、竈鶏、古云、伊止止（イトド）、今云、伊止之、〈略〉按、竈鶏似促織（こほろぎ）而小、色亦淡、身団而足長、秋夜鳴声似蚯蚓而細小、最寂寥」＊重訂本草綱目啓蒙（1847）三七・化生「竈馬〈略〉こほろぎ 予州・越前、おかまこほろぎ 江戸〈略〉いとど 城州八幡〈略〉いとど 京」 方言 こおろぎの小さいもの。大阪市638 語源説 声がせわしくきこえることから、イトドシの語根〔大言海〕。 発音〈標ア〉0〈京ア〉イ 辞書 書言・言海 表記 竈馬（書）

いとど〘副〙（副詞「いと」の重なった「いといと」が変化したもの）①程度が更にはなはだしいさま。ますます。いよいよ。ひとしお。一段と。＊古今（905‐914）雑下・九七一「年をへてすみこしさとをいでていなばいとど深草野とやなりなむ〈在原業平〉」＊土左（935頃）承平五年一月二七日「ふく風のたえぬかぎりしたちくればなみぢはいとどはるけかりけり」＊源氏（1001‐14頃）桐壺「闇にくれてふししづみ給へるほどに、草もたかくなり、野分にいとど荒わたる心地して」＊平家（13C前）一二・六代「長夜もいとど明しかねて、涙に床も浮くばかりなり」＊俳諧・俳諧勧進牒（1691）上「酒のめばいとど寐られぬ夜の雪〈風羅坊〉」＊滑稽本・浮世風呂（1809‐13）三・下「側（はた）から附智恵がございますから、いとどおしゃべりになります」②事態がいっそうひどいことへの否定的な感情。その上さらに（…のような事さえ加わり）。ただでさえ…なのにさらに。これ以上（…でありたくない）。＊大鏡（12C前）一・序「これは四十たりの子にて、いとど五月にさえむまれてむつかしきなり」＊あさぢが露（13C後）「ひめぎみもいとどしづみ入て見えじなどおぼせど」＊箏曲・雪の晨（17C中）四「ながむれば、いとどだに恋しき人の恋しきに」 語誌 (1)「いといと」が一般に形容詞や形容動詞を修飾するのに対して、「いとど」は動詞を修飾する機能を持つ。

また「いとど」は中古の和歌に用例が多く見られ、雅語的な性格を有するが、「いといと」は和歌には用いられない。(2)中世以降、「だに」「さへ」などの添加を示す助詞を伴なった用法が見られるようになる。一方、独立した形容詞としての「いとどし」を派生した。 方言 ❶甚だ…であるのが一段と…だの意を表わす時に用いる。ただださえ。青森県津軽075 岩手県九戸郡088 気仙郡100 新潟県岩船郡366 兵庫県淡路島671 島根県725 徳島県811 ◇いとんど 青森県津軽075 ◇いとどしゃあ・いとろか 新潟県佐渡352 ❷一段と。なおさら。その上に。青森県三戸郡083 埼玉県秩父郡251 神奈川県愛甲郡038 津久井郡316 山梨県南巨摩郡463 高知県香美郡864 ◇いとどしかもんの 長崎県北松浦郡899 ❸特別に。島根県出雲市・大原郡725 発音〈標ア〉イ〇 〈京ア〉イ 辞書 名義・文明・伊京・天正・黒本・日葡・書言・ヘボン・言海 表記 最(文・天・書) 専・太(伊・書) 了々(文・黒) 彌(書・へ) 縦(名) 甚(書)

いとど さえ (副詞「いとど」に副助詞「さえ」の付いたもの) ただださえ。ただでさえ。＊信長公記(1598)五「いとどさへ都は人の群衆と申候へば」＊仮名草子・竹斎(1621-23)上「いとどさへ此世から苦しみの海に沈み果つる此身にて、いかに人の情を背(そむ)かじと思ふとても」 方言 ❶ただでさえ。岩手県気仙郡102 島根県725 ◇いっとどさえ 島根県大田市・八束郡725 ❷一段と。なおさら。◇いっとどさえとも。島根県725 発音〈標ア〉イ

いとど だに (副詞「いとど」に副助詞「だに」の付いたもの) ただでさえ。＊御伽草子・小男の草子(室町末)「いととたに女房はつみぶかきと申に」

いと-どいや【糸問屋】〖名〗各種の糸や打紐(うちひも)などを取り扱う問屋。＊禁令考‐前集・第五・巻四五・文化六年(1809)六月「十組問屋冥加金 申渡〈略〉糸問屋惣仲間弐拾壱人にて金五拾両」 発音〈標ア〉ド

い-とど・く【居届】〖自カ四〗ある場所に、一定期間居続ける。＊日葡辞書(1603-04)「Itodoqi, qu, oita(イトドク)」 辞書 日葡

いと-どこ【糸床】〖名〗「いとぞこ(糸底)」に同じ。 発音〈標ア〉〇

いと-どころ【糸所】〖名〗平安時代、中務省縫殿寮(ぬいとのりょう)の被官の一つ。寮の別所として、職員に預(あずかり)一人、女孺(にょうじゅ)六人、刀自四人、官人代一人がいた。五月五日の端午節の際には薬玉(くすだま)を献上した。＊延喜式(927)一五・内蔵寮「造二五月五日昌蒲珮一所。〈略〉右料物送二糸所一造備」＊西宮記(969頃)八・所所「糸所 在二采女町北一、献二薬玉一之時、依レ請二給料物等一、縫殿別所」＊御堂関白記‐寛弘二年(1005)五月五日「節会。糸所者薬玉持来」 発音〈標ア〉ド

いとどころ の 別当(べっとう) 糸所の長官である預(あずかり)のこと。＊大和(947-957頃)一四七「いとどころのべたう」＊吾妻鏡‐建久六年(1195)七月二八日「武蔵国染殿別当事、被レ仰二付安房上野局一。糸所別当事、近衛局奉レ之」

いと-とじ【糸綴】〖名〗糸を用いて紙を綴じる製本方法。かがり綴じ、ミシン綴じなどがある。 発音〈標ア〉〇

いとど-し〖形シク〗(副詞「いとど」の形容詞化) ①ますますはなはだしい。＊大和(947-957頃)六五「たますだれうちとかくるはいとどしくかげを見せじとおもふなりけり」＊宇津保(970-999頃)吹上上「いとどしく越えうきものを都鳥関のこなたにきくがうれしさ」＊源氏(1001-14頃)夕顔「道いと露けきに、いとどしき朝霧にいづこともなく惑ふ心地し給ふ」＊金色夜叉(1897-98)〈尾崎紅葉〉後・三「此の一月十七日の雪に会ひて、いとどしく貫一が事の忍ばるるに就けて」②そうでなくてもひどい。＊伊勢物語(10C前)七「いとどしく過ぎゆく方の恋しきにうらやましくもかへる波かな」＊源氏(1001-14頃)橋姫「かかるほどに、すみ給ふ宮やけにけり、いとどしき世に、あさましうあへなくて」＊師郷記‐嘉吉元年(1441)一一月・一二月紙背「めでたくかちんふたつまいらせ候。そりやくの物にて候ほとに候はは、いととしく候。御ゆわい候へく候」 語誌 副詞「いとど」から派生した形容詞で、連体形は多く使用されたが、終止形その他の使用例に乏しい。 方言 いよいよ甚だしい。◇いとどしい 新潟県東蒲原郡「雨がいとどしい」368 発音〈標ア〉ド 辞書 日葡・言海

いと-としより【糸年寄】〖名〗江戸時代、糸割符方(いとわっぷかた)の役人中の首位の者。糸割符人を支配し、その事務を統轄し、兼ねて中国、オランダからの輸入諸貨物の入札を取り扱った。糸割符年寄。＊糸割符由緒書(1800)「一、享保九年三月廿三日長崎御役所え五ケ所糸年寄被召出」

い-とど・む【射止】〖他マ下二〗矢をたしかに射当てる。射当てた矢がしっかり刺さる。＊平家(13C前)九・坂落「大鹿二ついとどめて、妻鹿(めじか)をばゐでぞとをしける」＊金刀比羅本保元(1220頃か)中・白河殿へ義朝夜討ちに寄せらるる事「あやまたず為朝の鎧のしゃうじの板を縫(ぬひ)さまにしたたかにぞ射とどめたる」

いと-どめ【糸留】〖名〗衣服などを縫うときに、縫い目の終わりがほころびないように結び玉を作って留めたり、または縫った針目と反対側に縫い返したりすること。打ち留め。 発音〈標ア〉〇メ

いと-どもえ【糸巴】〖名〗直径七・五センチメートルほどの最も小さい巴瓦(ともえがわら)。本瓦葺(ほんがわらぶき)で糸丸瓦を使用するときに用いる。〔日本建築辞彙(1906)〕 発音〈標ア〉ド

いと-とり【糸取】〖名〗(「いとどり」とも) ①繭から糸を紡ぎ出すこと。または、より合わせた麻糸や綿糸を糸車に巻きとること。また、その人。糸繰り。糸引き。《季・夏》＊俳諧・新類題発句集(1793)夏「糸取や油つけたる妹か髪〈幽篁〉」②子供の遊び、綾取りを上方でいう。＊浮世草子・好色一代男(1682)五「更(ふけ)ゆくまで、糸取(イトトリ)手相撲して」＊雑俳・重ね扇(1773)「糸とりは小娘達のはた遊ひ」＊玩鷗先生詠物百首(1783)「交綫戯 イトドリ」＊随筆・守貞漫稿(1837-53)二〇「火廻し、糸取、浄土双六に罪なく浮れ遊ぶを」 方言 ❶あや取り。京都府竹野郡622 大阪市637 兵庫県加古郡664 奈良県678 香川県高松市・小豆島829 愛媛県840 長崎県906 913 914 熊本県天草郡936 鹿児島県肝属郡054 ◇いとどり 岡山県岡山市762 児島郡763 愛媛県大三島848 熊本県天草郡936 ◇いとんどり・いとどりこ・いとどおこ 島根県725 ◇いととりばば 和歌山市691 ◇いととき〔糸解〕熊本県玉名郡926 下益城郡931 ❷製糸。また、製糸女工。山梨県巨摩郡465 発音〈標ア〉ト1 ト2 〈京ア〉ト2

糸取り① 〈絵本庭訓往来〉

いととり-うた【糸取歌】〖名〗「いとくりうた(糸繰歌)」に同じ。 発音〈標ア〉リ

いととり-おんな【糸取女】〖名〗「いとくりおんな(糸繰女)」に同じ。 発音〈標ア〉オ

いととり-ぐるま【糸取車】〖名〗手動式の紡績機で、糸を伸ばすことと糸をよることが同時にできる、糸車。糸繰車。紡車。早車。早糸車。 発音 イトトリグルマ〈標ア〉グ

いととり-なべ【糸取鍋】〖名〗繭を煮て生糸を引き出すのに使う陶製の鍋。《季・夏》 発音〈標ア〉ナ

いととり-め【糸取女】〖名〗「いととりおんな(糸取女)」に同じ。《季・夏》 発音〈標ア〉リ

いと-とんぼ【糸蜻蛉】〖名〗昆虫類トンボ目のうちイトトンボ科およびその近縁の科に属する小形のトンボの総称。体長四センチメートル以下、腹部もはねも細い。体が空色や緑色など上品で美しい種類が多く、止まっているときははねを背の上で合わせる。沼池畔の草むらに多い。とうすみとんぼ。とうせみ。とうしんとんぼ。《季・夏》＊重訂本草綱目啓蒙(1847)三六・卵生「一種身甚瘠小く長一寸許にして緑色夏秋の間草菜上に飛ものあり 小とんぼと云 一名かげろう〈略〉かとんぼ めくらとんぼ いととんぼ」＊悪い夏(1956)〈吉行淳之介〉「その間に糸トンボがコヨリのような胴体を浮かしていた」 発音〈標ア〉ト2

糸 蜻 蛉

いと-な【糸菜】〖名〗植物「きょうな(京菜)」または「みぶな(壬生菜)」の異名。 方言 植物。❶みずな(水菜)。＊随筆・皇都午睡(1850)三・中「水菜を糸菜」 山口県豊浦郡798 香川県一部030 ◇いとかぶ〔糸蕪〕香川県一部030 ❷すぎな(杉菜)。山口県都濃郡・美祢郡794 香川県829

いど-ながし【井戸流】〖名〗井戸ばたに取りつけた流し。＊西洋道中膝栗毛(1874-76)〈総生寛〉一四・下「『あの鉄の火鉢を見た様なものに水が充分(いっぱい)張てあるがマア何だらう』『成ほど井戸流(ヰドナガ)しを見たやうな処だが分らねへのう』」＊門(1910)〈夏目漱石〉一三「井戸流(ヰドナガシ)の傍に置いた盥の傍迄行って話をした序に」 発音 イドナガシ〈標ア〉ナ

いと-な・し【暇無】〖形ク〗(「いと」は、暇(いとま)の意) ひまがない。絶え間がない。いそがしい。あわただしい。＊書紀(720)推古一二年四月(岩崎本訓)「八に曰はく、群卿百寮、早(はや)く朝(まゐ)り、晏(おそ)く退(まか)づ。公事(おほやけのわざ)靡盬(イトナシ)」＊享和本新撰字鏡(898-901頃)「偬 偬 倥々也 須牟也介志 又伊止奈志」＊古今(905-914)恋五・八〇五「あはれともうしとも物をおもふときなどかなみだのいとなかるらむ〈よみ人しらず〉」＊源氏(1001-14頃)空蝉「昼はながめ、夜はねざめがちなれば、春ならぬこのめもいとなくなげかしきに」＊浄瑠璃・三世相(1686)三「雨とふる涙いとなき風情(ふぜい)なり」 発音〈標ア〉ナ 辞書 字鏡・言海 表記 偬・傯(字)

いと-なっせんき【糸捺染機】〖名〗綛糸(かすりいと)を作る際、括(くく)りや板締め、織り締めなどによらず、捺染で模様を染めるのに使う機械。 発音〈標ア〉セ

いと-なでしこ【糸撫子】〖名〗ナデシコ科の多年草。南ヨーロッパ原産。高さ約一メートル。葉は対生し卵状狭長楕円形で、茎部が互いにくっついているため、茎が葉の中央を貫く形になる。夏、紫色の小さな五弁花が茎の先に円錐形に集まって咲く。観賞用に栽培される。学名は Gypsophila perfoliata ＊日本植物名彙(1884)〈松村任三〉「イトナデシコ」 発音〈標ア〉デ

いとな・ぶ【営】〖他バ四〗「いとなむ(営)」に同じ。＊冥報記長治二年点(1105)下「吾れ死なば、以て為に殉(イトナフ)べし」＊十訓抄(1252)四・長実謗兼房感得人丸影蒙白河法皇御勘事「汝が父又懇にこれをいとなびて久しくなりぬ」＊俳諧・幻住菴記(1690頃)「彼海棠に巣をいとなび、主簿峰に菴を結べる王翁徐佺が徒にはあらず」 辞書 名義 表記 詢(名)

いと-なます【糸膾】〖名〗①フナのなます。＊四条流庖丁書(1489)「いと膾といふは、鮒膾(ふななます)の事なり」②魚肉、大根、ニンジンなどを細長く切って、三杯酢をかけたもの。 発音〈標ア〉ナ

いと-なまり【糸訛】〖名〗三味線の旋律やリズムの影響を受けて、歌の旋律やリズムがくずれること。 発音〈標ア〉ナ

いとなみ【営】〖名〗(動詞「いとなむ(営)」の連用形の名詞化) ①忙しく物事をすること。いとなむこと。

仕事。つとめ。＊源氏(1001−14頃)帚木「暇なき折りに菊の露をかこち寄せなどやうのつきなきいとなみに逢はせ」 ②生活のためにする仕事。生業。商売。なりわい。＊源氏(1001−14頃)夕顔「いとあはれなるおのがじしのいとなみに、起き出でて、そそめきさわぐも、程なきを」 ＊仮名草子・伊曾保物語(1639頃)下・一「御辺は、春秋の営みにはなに事をかし給ひけるぞ」 ＊浮世草子・武道伝来記(1687)一・二「人の心をつなぎとめたる舟の中にして、いとなみいとま惜き身のそれにはやさしく」 ＊随筆・北越雪譜(1836−42)初・中「雪中に籠居婦女等が手を空くせざるのみの活業(イトナミ)なり」 ③物事を実施すること。施行。＊枕(10C終)九八・くちをしきもの「いとなみいつしかと待つ事の、さはりあり、俄かにとまりぬる」 ＊小説神髄(1885−86)〈坪内逍遙〉上・小説の主眼「従来の教育と其営業(イトナミ)の性質(しな)によりて」 ④特に、神事、仏事を行なうこと。＊天理本金剛般若経集験記平安初期点(850頃)「常に波若を以て務(イトナミ)と為し」 ＊浜松中納言(11C中)二「ふげんかう、あみだの念仏など、かかる方の御いとなみをもろともにし給て」 ＊源氏(1001−14頃)匂宮「月の御念仏、年に二たびの御八講、折々の尊き御いとなみばかりをし給て」 ＊阿部一族(1913)〈森鷗外〉「三月二十四日には初七日の営(イトナ)みがあった」 ⑤男女関係、性生活などにいう。「愛の営み」 [発音]〈標ア〉[0] [ミ][ナ]〈京ア〉[0] [辞書]日葡・書言・ヘボン・言海 [表記]活業(書) 営(ヘ・言)

いとなみ の 火(ひ) 炊事などをするためにたく火。＊平家(13C前)五・富士川「伊豆、駿河の人民、百姓等がいくさにおそれて〈略〉、或は船にとりのって、海河にうかび、いとなみの火のみえけるを」

いとなみ-あ・う【営合】『他ハ四』ある物事、特に仏事を二人以上の人がいっしょにする。＊讃岐典侍(1108頃)下「『つれづれのなぐさめに、法華経に花なり給ふに』とて、いとなみあはれたるに、いと哀(あはれ)に見ゆる」 ＊苔の衣(1271頃)一「まゐりつき給ひぬれば、御てらには、れいの御まうけなにくれなど、いとなみあひたり」 [発音][文]イトナミオーとも〈標ア〉[ア][オ]〈京ア〉[0]

いとなみ-おも・う【営思】『他ハ四』あれこれとしたくを整えて待ち思う。＊源氏(1001−14頃)蜻蛉「わたらせ給はんことをいとなみ思給へしに」

いとなみ-かしず・く【営傅】『他カ四』あれこれと用意を整えて大切にお世話する。＊源氏(1001−14頃)桐壺「ただ今は幼き御程に、罪なくおぼしなして、いとなみかしづき聞え給ふ」

いとなみ-た・つ【営立】『他タ下二』用意して立てる。作り立てる。整え立てる。＊六条修理大夫集(1123頃)「門松をいとなみ立るそのほどに春明がたになりやしぬらん」 ＊閑居友(1222頃)上・かう野のひしりのおの、山からによりて心おこす事「山田を返すしづのおの、ひくしめなはのうちはへて、いとなみたつるわづらひおどろかす、なるこの山田のはらのかりいほ」

いとなみ-ののし・る【営罵】『他ラ四』大騒ぎでしたくを整える。＊源氏(1001−14頃)宿木「女二の宮の御裳着、ただ、此の頃になりて、世の中ひびき、いとなみののしる」

いとなみ-ひび・く【営響】『自カ四』作り整えながら大騒ぎをする。＊夜の寝覚(1045−68頃)五「いみじききよらをつくして、天の下いとなみひびきて」

いとな・む【挑】『他マ四』「いどむ(挑)㊀」に同じ。＊今昔(1120頃か)五・三二「年来(としごろ)挑(いと)みつる心永く止(とど)めて其の由を牒(でふ)通(つか)はして中吉く成ぬれば」 ＊観智院本名義抄(1241)「挑 イトナム」 [辞書]名義 [表記]挑(名)

いとな・む【営】『他マ五(四)』(形容詞「いとなし」の語幹の動詞化したもの) ①忙しく物事をする。あれこれ整えて、怠ることなく物事に務める。「いとなみおもう」「いとなみかしずく」「いとなみたつ」などと熟して用いられることが多い。＊東大寺諷誦文平安初期点(830頃)「猟師は通夜覓而(イトナミて)」 ＊色葉字類抄(1177−81)「営 イトナム」 ＊文明本節用集(室町中)「経 イトナム」 ②生活のために仕事をする。経営する。＊霊異記(810−824)下・一〇「俗に即きて家を収め、産業(なりわい)を営(イトナミ)造る」〈真福寺本訓釈 営造 意東那三〉」 ＊評判記・名女情比(1681)五「こまごまとかきて金子五十両こしけり。おとこは其情をかんじ、さまざまの事をいとなみて、世をわたりけり」 ＊小学読本(1874)〈榊原・那珂・稲垣〉五「年長けて生業を営まむとするに」 ③作り整える。また、物事の準備をする。＊古語拾遺(亮順本訓)(807)「其に力を戮(あは)せて、心を一にして天下を経営(イトナム 別訓ツクル)」 ＊蜻蛉(974頃)中・天禄元年「三月十日のほどに内裏の賭弓の事ありていみじくいとなむなり」 ＊今鏡(1170)九・葦たづ「祿など饗応せむ料に、俄かに親しきゆかりども呼びて、いとなみける間に」 ＊愚管抄(1220)六・土御門「入内せんとて、院にも申つついとなませける程に」 ＊日葡辞書(1603−04)「イエヲ itonamu (イトナム)〈訳〉家を造る、または建てる」 ④神事、仏事を行なう。＊高野本平家(13C前)灌頂・女院死去「おりおりの御仏事営(イトナミ)給ふぞあはれなる」 ＊日葡辞書(1603−04)「ブツジヲ itonamu (イトナム)」 ＊地に頬つけて(1915)〈谷崎精二〉「葬式は椿事のあった翌々日懇ろに営まれ」 [語源説](1)イトナム(最甞・痛甞)の義〔和訓栞・紫門和語類集〕。(2)イトアム(糸編)の転〔名言通〕。(3)縄ナヒ糸ナフ手業の暇が無い意から一語となった〔両京俚言考〕。(4)イトはイタツク(労)のイタと同語。ナミはナリ(業)〔日本語源=賀茂百樹〕。 [発音]〈標ア〉[ナ]〈ア史〉平安○○●○ 鎌倉○○○● 江戸●●○○と●●●●の両様か〈京ア〉[0] [辞書]色葉・名義・和玉・文明・伊京・明応・天正・饅頭・黒本・易林・日葡・書言・ヘボン・言海 [表記]営(色・名・玉・文・伊・明・天・饅・黒・易・ヘ・言) 経営(色・名・易・書) 殉・劬・労(色・名・玉) 経(色・玉・天) 佝・遷・惚・惓(色・名) 緯・勤・怩・遑・劇・桃・閑(色) 佝・役・徇・職・務(名) 糭(玉) 紝(文)

いとな・む『自マ四』嘆く。＊筑紫方言(1830頃)「歎(なげく) いとなむ」 [方言]福岡県浮羽郡872 大分県939

いど-なわ【井戸縄】『名』井戸水をくみ上げるおけについている縄。つるべなわ。井戸づな。＊草枕(1906)〈夏目漱石〉四「万一此糸が見る間に太くなって井戸縄の様にかたくなったら?」 ＊妻(1908−09)〈田山花袋〉二〇「霜に凍てた井戸縄を手操って居ると」 [発音]〈標ア〉[0] [辞書]言海 [表記]井戸縄(言)

いと-に【糸荷】『名』糸の荷物。＊少年行(1907)〈中村星湖〉一四「船津から吉田へ通ふ間のまるびの原を、阿爺(おやぢ)に吩咐(いひつ)かった糸荷を背負って辿りながら」 [発音]〈標ア〉[0]

いとに-かいせん【糸荷廻船】『名』江戸時代、唐船やオランダ船で長崎に輸入される生糸、絹物、ラシャ、薬種などを上方(かみがた)へ回送した特権的廻船。船主は大坂と堺、隻数は二五艘(そう)と決められていたが、天明(一七八一〜八九)頃には、大坂船五艘、堺船二〇艘に減った。＊堺大坂糸荷廻船取斗大意書「堺大坂糸荷廻船之儀者、前々者船数弐拾五艘に相極り、長崎唐阿蘭陀商売荷物五ケ所商人共入札を以買請」 [発音]〈標ア〉[カ]

糸荷廻船〈香川県粟島所在　絵馬〉

いと-にしき【糸錦】『名』①毛皮で作った衣。皮衣。＊和漢三才図会(1712)二八「裘 絨 俗云以止爾之木。古者以レ皮為レ裘、織二組紃一著二縫中一連二属両皮一因以為レ飾為二裘之界域一也。俗謂二之糸錦一」 ②絵ぬきに金銀糸を織り込まないで、色練糸を打ち込み、別搦糸で浮きを押えた錦の一種。近世初期、京都で始められた織物。＊機織彙編(1826)三「一綺は俗に糸錦と云、平綾にて金糸を織不レ入して色糸ばかりにて織を云」 ＊人情本・恋の若竹(1833−39)初・六套「お若は勧められて、是非なく糸錦(イトニシキ)の袋から琴を出させて」 ＊黒潮(1902−05)〈徳富蘆花〉一・一・三「古代紫の振袖に白をかさねて、糸錦の帯を胸高にきちんとやの字にしめて居る」 [発音]〈標ア〉[ニ]

いど-ぬき【居処抜】『名』[方言](「いど」は「しり」。人のしり子玉を好んで抜くというところから)河童(かっぱ)。徳島県811 香川県829

いとぬの-ざいく【糸布細工】『名』古代切れ、古代サラサ、ビーズなどを材料にして、袋物などを作ること。また、その袋物。 [発音]〈標ア〉[ザ]

いど-ね【居所寝】『名』[方言]⇨いどころね(居所寝)

いとねじ-き【糸捩器】『名』生糸を枠(かせ)に巻き付けるときに、それが乱れないように仕上げをする道具。 [発音]〈標ア〉[ジ]

い-どの『名』[方言]⇨ゆどの(湯殿)

いと-の-くに【伊都国】「魏志倭人伝」によって、彌生時代、九州北部にあったと考えられる国の名。千余戸から成り、世襲の王がいて、邪馬台(やまたい)国に服属し、中国大陸、朝鮮半島との中継地点となっていたと見られる。 [発音]〈標ア〉[イ]

いと-のこ【糸鋸】『名』のこぎりの一種。のこぎり歯をつけた糸状の細い鋼板を半弓形の金具に取り付けたもの。板を曲線に切ることができる。ひきまわしのこ。 [発音]〈標ア〉[0]〈京ア〉[ト]／⓪

いど-のごい【居処拭】『名』[方言]便所のしりふき。落とし紙。島根県邑智郡734

いとのこ-き【糸鋸機】『名』足踏み、または、動力によって、糸鋸の歯を動かし、薄板を引き抜く機械。 [発音]〈標ア〉[コ]

いとのこ-ばん【糸鋸盤】『名』鋸盤の一つ。糸状の細いのこぎりの両端部を口金でとめ、クランク機構で上下運動させて板などを曲線状に切る装置。 [発音]〈標ア〉[0]

いとのしらべ【糸調】長唄。純演奏曲。本題名「三曲糸の調」。九世杵屋六左衛門作曲。一一世杵屋六左衛門補曲。義太夫「壇浦兜軍記(だんのうらかぶとぐんき)」の阿古屋琴責(あこやことぜめ)の箏(そう)、三味線、胡弓(こきゅう)の詞章を、箏、胡弓、三味線の順序に改めて編曲。 [発音]〈標ア〉[イ]

いど-のぞき【井戸覗】『名』名古屋市熱田区の高座結御子(たかくらむすびおこ)神社(通称高蔵神社)で、六月一日と七月土用入りの日に、参拝者が子供を連れてきて顔が映るように境内の井戸をのぞかせ、無事に成長することを祈願する行事。 [発音]〈標ア〉[ノ]

いと-ば【糸場】『名』糸を紡ぐ作業所。＊明治の光(1875)〈石井富太郎編〉一「女の御子は女学校、工部省にも糸場あり、其他色々機械の稽古」 [発音]〈標ア〉[バ][0]

いど-ば【井戸場】『名』井戸のある所。また、そのほとり。＊大坂繁花風土記(1814)京大坂言葉違ひ「井のもとを 井戸場」 [方言]❶井戸。千葉県海上郡268 ◇いどんぼ 群馬県佐波郡242 ❷井戸端。奈良県高市郡683 ❸川岸。鳥取県050 ❹川辺の洗い場。◇いとば 鳥取県711 [発音]〈標ア〉[0]

いと-はぎ【糸矧】『名』箆(の)の巻組の部分名。羽の上下および、鏃(やじり)の根のあたりを糸で巻くこと。＊笠掛記(1512)「笠かけから、犬射から、しめのから、かははぎ、糸はぎの事。かははぎが本也」

いと-はぎ【糸剝】『名』小正月に新夫婦の寝室に若者たちが忍び込み、ふとんをはぎ取る風習。糸は麻をいい、麻の皮をはぐのになぞらえた語。岩手県各地で行なわれた。

いと-はぎ【糸萩】〘名〙糸のように枝の細い萩。《季・秋》＊永久百首(1116)秋「いとはぎの葉分の露の数々によるとも見えずてらす月影〈大進〉」＊宴曲・宴曲集(1296頃)一・秋興「百種(ももくさ)千種の花の下紐早解け初むるいと萩に 乱れて結ぶ白露」＊俳諧・毛吹草(1638)二「中秋〈略〉萩 糸萩 鹿鳴草」 発音イトハギ〈標ア〉ト〇 辞書言海 表記絲萩(言)

いと-ばこ【糸箱】〘名〙縫い糸、または、三味線、琴などの弦を入れておく箱。＊人情本・春色辰巳園(1833‐35)四・一一条「糸ばこよりいとをいだし、それぞれの糸をのこらずかけ直してうしをあはして」 発音〈標ア〉ト

いと-はす〘名〙①植物「やまぶき(山吹)」の異名。②植物「ゆきのした(雪下)」の異名。《季・夏》〔語彙(1871‐84)〕

いど-ばす〘名〙植物「ゆきのした(雪下)」の異名。＊重訂本草綱目啓蒙(1847)一六・石草「虎耳草 ゆきのした きじんさう 筑前、いどばす 泉州」

いど-ばた【井戸端】〘名〙井戸の回り。井戸のほとり。＊俳諧・望一千句(1649)六「風待もきのふかぎりの落葉哉 今朝露ふかき井戸端(ゐドバタ)の道」＊咄本・聞上手(1773)銅の鳥居「亭主こらへかねてはだかに成り、井戸ばたへとんでいで」＊俳諧・俳家奇人談(1816)下「井戸端(ヰドバタ)の桜あぶなし酒の酔」＊煤煙(1909)〈森田草平〉六「井戸端で顔を洗はうとすると、戸外は一面ひどい霧だ」 方言川辺の洗い場。福島県耶麻郡・南会津郡165 長野県下伊那郡054 発音〈なまり〉エドッパタ〔千葉〕エドバタ〔埼玉方言〕〈標ア〉〇〈京ア〉⓪ 辞書〈ボン〉 表記井傍(へ)

いどばた の 茶碗(ちゃわん)（井戸の縁に置かれた茶碗は、ちょっとさわれば深い井戸の中に落ちてしまう、ということから）あぶないこと、危険であることのたとえ。井戸の端の茶碗。＊雑俳・柳多留‐六(1771)「井戸ばたの茶碗有常ゆだん也」

いどばた-かいぎ【井戸端会議】〘名〙共同井戸の回りで、水くみ、洗濯などをしながら、女たちが人のうわさや世間話に花を咲かせることをからかい半分にいった語。現在は、主婦たちが家事のあいまに集まってするおしゃべりをもいう。＊東京風俗志(1899‐1902)〈平出鏗二郎〉中・六・住居「都俗に井端会議(ヰドバタクヮイギ)の語あるは、裏町辺にては、朝に口を漱(そそ)ぐにも、米を磨ぐにも、さては衣服の洗ひ濯ぎにも、ここに来りてするなれば、口やかましきお三どんや、お上さんの自ら相集まりて、喃々喋々(べちゃりくちゃり)と迭みに評し、迭みに誹るさまを云ふなり」＊金(1926)〈宮嶋資夫〉一四「ただそれだけを知りたいだけで、云はば井戸端会議(ヰドバタクヮイギ)的の興味だけで、あなたをお訪ねするような人間でないことも、あなたは察して下さると」 発音イドバタカイギ〈標ア〉カ〈京ア〉カ

いどばた-だん【井戸端談】〘名〙井戸端でかわされる話。世間話。＊薩長土肥(1889)〈小林雄七郎〉四藩政党「又其末者輩が、薩は何う、長は何う、土は何う、肥は何うと、阿三権助が井戸端談と一般、相互に様々の批評を弄せしにも拘らず」 発音〈標ア〉タ

いと-ばな【糸花】〘名〙①色糸を花形に結んだ紐。糸結花(いとゆいばな)ともいう。＊俳諧・類船集(1676)津「作る〈略〉奈良には糸花をつくれり」＊俳諧・いつを昔(1690)交題百句「かいらぎさした年も悔らん〈其角〉 糸花や心も染ぬ水あふひ〈渓石〉」②色糸で仕立てた造花。 発音〈標ア〉〇ト

いとばな-し【糸花師】〘名〙糸花を作ることを職業とする人。 発音〈標ア〉ナ

いとはなび-てんつき【糸花火点突】〘名〙カヤツリグサ科の一年草。北海道から九州の日当たりのよい山野に生える。高さ一五～二五センチメートル。葉は根ぎわから束生し、糸状で基部は淡褐色のさやとなって茎を包み、縁に毛がある。夏から秋に茎端で数回分枝し、長さ一～三センチメートルの小枝の先に茶褐色で長さ四ミリメートルほどの小穂を付ける。学名は Bulbostylis densa 発音〈標ア〉テ

いど-はらい【井戸払】〘名〙井戸を掃除すること。井戸さらい。＊川のほとり(1925)〈古泉千樫〉井戸替「つゆ晴れて朝日あかるし今日しもよこのわが家の井戸払(ヰドハラ)ひせむ」 発音〈標ア〉ハ

いと-はん【幼―】〘名〙（「いとさん(幼様)」の変化した語）お嬢さんをいう関西地方の語。明治以降用いられるようになった。＊卍(1928‐30)〈谷崎潤一郎〉四「あんたの方が破談になって、市会議員のいとはんもよろこんではるやろなあ」＊夢声戦争日記〈徳川夢声〉昭和一八年(1943)一〇月一〇日「正岡君が釈台に両肱をついて、大阪落語の解説をやる。イトハン、トーサンというのはお嬢様のこと」 方言❶娘の敬称。お嬢さん。山梨県461 三重県585 滋賀県606 京都市621 大阪市638 兵庫県047 054 661 奈良県678 和歌山県日高郡698 島根県鹿足郡739 徳島県811 ❷下女。女中。徳島県美馬郡811 発音〈京ア〉ト

いと-ひお【糸氷魚】〘名〙糸のように細い氷魚。アユの稚魚。＊順集(983頃)「うち渡しまつ網代木にいとひをの絶えてよらねばなぞや心う」

いと-ひおどし【糸緋威】〘名〙鎧(よろい)の威の一種。緋色の組糸による威。紅梅威。⇔革緋威。＊半井本保元(1220頃か)上・新院御所門門固めの事「左府はなほたてまつりたり。白綿の狩衣に、糸火縅の鎧をぞ召したりける」＊軍用記(1761)三「糸威の部〈略〉糸緋おどしは緋色の糸にておどすなり。〈略〉革の緋威にまぎれぬ為に、糸の字を付けて糸緋おどしといふなり」

いと-ひき【糸引】〘名〙①糸を引き伸ばすこと。また、糸を引き伸ばしたような状態になること。②「いとり(糸取)①」に同じ。＊永録帳(古事類苑・産業一七)「信州濃州之糸挽共同道仕、奥州へ罷下り」＊続春夏秋冬(1906‐07)〈河東碧梧桐選〉夏「糸引きの捨てる蛹(さなぎ)や蠅の声〈芋村〉」③糸を引いてするくじ引き。＊内裏式(833)十六日踏歌式「皇太子祿授坊官 延暦以往、踏歌訖縫殿寮賜榛揩衣、群臣着揩衣踏歌、訖共跪庭中、賜酒一坏、綿十屯、即夕令近臣糸引、至于大同年中此節停廃、弘仁年中更中興、但糸引榛揩群臣踏歌竝停之」④他の人を巧みにあやつり、行動させること。また、そのあやつる人。＊歌舞伎・彩入御伽草(おつま八郎兵衛)(1808)序幕「これにゃア、くっついて、糸引きをする奴がゐるな」⑤仏などを合掌して拝むときに、その指先から糸のようなものが現われるという俗信。⑥（月経時は戸外労働をしないでもっぱら屋内で糸を紡いだところから）月経、また出産の忌みことば。＊八丈実記(1848‐55)風俗「八丈島にて、貴賤とも天癸(つきやく)の節は家に居せず、村離れの片里、或は深山に小屋をかけ〈略〉是を他屋とも他火とも名付。又産処をばこうみやと名付。ここにありて世人と火を同じふせず。正月は名さゐも猶忌んで、糸引に出ると云へり」⑦「いとひきあじ(糸引鰺)」に同じ。⑧糸引き納豆をいう女房詞。＊醍醐寺文書‐永享四年(1432)一二月九日足利義教拝賀訪料足注文案紙背(年未詳一一月三日・性存書状)(大日本古文書八・一七一七)「将又糸引廿拝領仕候。畏存候。則可賞翫申候」＊御湯殿上日記‐文明一一年(1479)一〇月八日「めうほう院の宮の御かたよりいとひきまいる」 方言❶製糸工女。岐阜県北飛騨499 郡上郡504 ❷月経。正月の忌み言葉。伊豆八丈島†075 ❸麻糸縄による福引き。山形県東置賜郡139 ❹魚、いとよりだい(糸撚鯛)。◇いとぴき 京都府舞鶴市016 ❺魚、さくらだい(桜鯛)。勢州安濃郡†030 ❻魚、ひめじ(比売知)。鳥取県米子市016 発音〈標ア〉ト

いとひき-あじ【糸引鰺】〘名〙アジ科の海魚。体は側扁して、若魚は菱形に近い。全長約一メートルに達する。背部は濃青色、腹部は白色。幼魚では背びれとしりびれの前部軟条が糸状に長く伸び、全長の二倍にも達する。水族館などで観賞用にされる。かがみうお。糸巻鯵。学名は Alectis ciliaris 発音〈標ア〉キア

いとひき-うた【糸引歌】〘名〙「いとくりうた(糸繰歌)」に同じ。＊開化の入口(1873‐74)〈横河秋濤〉上「アリャ糸引歌(イトヒキウタ)だ」＊俚謡・俚謡集(1914)〈文部省文芸委員会編〉香川県「絲引歌 糸のきれるのはかぼそのからぢゃー、かぼそなほさな、またきれるー。アビーンビーン」 発音〈標ア〉キ

いとひき-おんな【糸引女】〘名〙繭から糸を取る仕事をする女。糸取女。いとひきめ。《季・夏》 発音〈標ア〉オ

いとひき-がゆ【糸引粥】〘名〙 方言正月十五日の小豆がゆ。蚕の成育を願って祝う。東京都八王子311 神奈川県津久井郡316

いとひき-だら【糸引鱈】〘名〙チゴダラ科の海魚。体長五〇センチメートルに達する。体はやや側扁して細長い。腹びれが糸状に長く伸びる。体色は紫褐色。主に練り製品に用いる。学名は Laemonema longipes 発音〈標ア〉キ

いとひき-なっとう【糸引納豆】〘名〙粘り気があり、糸を引く納豆。豆納豆。 発音イトヒキナットー〈標ア〉ナ 辞書言海

いとひき-め【糸引女】〘名〙「いとひきおんな(糸引女)」に同じ。《季・夏》 発音〈標ア〉キ

いとひきめ-がわ【糸引目革】〘名〙染革の一つ。糸を張った革の上に染料を引き、その糸を除くと、縞模様が残るもの。

いとひき-やど【糸引宿】〘名〙繭や綿から糸を取るため、娘たちが集まって夜業する家。富山県などでは、若い男たちも遊びに来て、婚姻の機会にもなった。糸宿。 発音〈標ア〉ヤ

いと-びな【糸雛】〘名〙雛人形の一つ。竹串や竹筒に紙などの衣装を着せかけ、麻糸で頭髪を作ったもの。糸で頭髪を作ったところからこの名がある。薩摩雛、三河雛など。また、衣装のかわりに麻糸だけを巻きつけた土佐雛などもある。《季・春》 発音〈標ア〉ピト

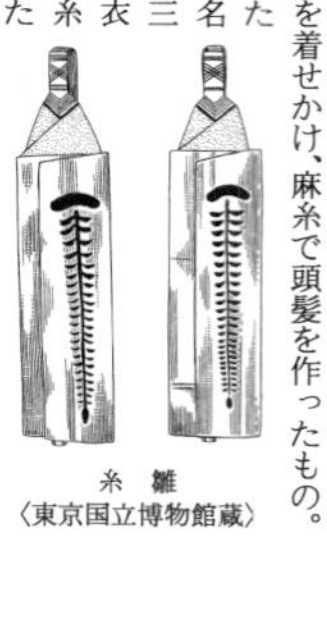

糸　雛
〈東京国立博物館蔵〉

いと-ひば【糸檜葉】〘名〙植物「ひよくひば(比翼檜葉)」の異名。〔語彙(1871‐84)〕 方言群馬県佐波郡242 発音〈標ア〉〇ト〈京ア〉ヒヒ 辞書言海 表記絲檜葉(言)

いと-ひめ【糸姫】〘名〙製糸、織物工場の女子工員の称。 発音〈標ア〉ト

いと-ひめぎみ【幼姫君】〘名〙（「いと」は幼い意を表わす接頭語）幼い姫君。また、一番末の姫君とも。⇔幼若君。＊紫式部日記(1010頃か)寛弘五年九月一一日「姫君の少納言のめのと、いとひめ君の小式部のめのとなど、おし入り来て」＊栄花(1028‐92頃)初花「いとひめ君、二つ三つばかりにておはしませば、との御前御戴餅せさせ給はんずるに」

いと-ひめはぎ【糸姫萩】〘名〙ヒメハギ科の多年草。中国地方北部に生える。根ぎわから高さ一〇～四〇センチメートルの細い茎を数本出し、葉は互生する。初夏、茎の先に総状花序を出し、まばらに紅紫色の小花を付ける。根は漢方で「遠志(おんじ)」と呼ばれ、たんを除く薬とする。おんじ。学名は Polygala tenuifolia 発音イトヒメハギ〈標ア〉メ

いと-びん【糸鬢】〘名〙近世、男子の髪形の一種。月代(さかやき)を左右後方まで広くそり下げ、鬢を額の方向に細く糸状に残して結うもの。また、それを結った人。元和、寛永(一六一五～四四)の頃から行なわれ、初めは中間や小者、のちにはいきな奴(やっこ)、俠客、役

者などに好まれた。↕あつびん。＊俳諧・伊勢正直集(1662)一「糸ひんにつくりたつるや柳がみ」＊浮世草子・好色一代男(1682)二・三「其比(そのころ)は捕手(とりで)・居合(ゐあひ)はやりて、世の風俗も糸鬢(イトビン)にして」＊歌舞伎・加州桜谷血達磨(1712)二「昨日(きのふ)一寸(ちょっと)来た絲鬢(イトビン)が、こな様を請(う)けうといって爰(ここ)へ来ます」＊洒落本・擲銭青楼占(1771)天沢履「此卦に当る客は〈略〉あたまはすりさげいとびんなり」 語誌 (1)この髪型を好んだ者たちの階層・属性や、歌舞伎の道化方(どうけがた)にもこの髪型をするものがあることなどから、はみ出し者を象徴することもあったと思われる。(2)「随筆・守貞漫稿-八」には「今世此ごとく(図省略)鬢の低きを京坂にて撥鬢(ばちびん)也、江戸にて糸鬢と云」とある。 方言 植物、くわい(慈姑)の一種。山口県周防002 発音〈標ア〉ト 0 辞書 言海 表記 絲鬢(言)

糸鬢〈絵本御伽品鏡〉

いとびん-あたま【糸鬢頭】〘名〙髪を糸鬢に結った頭。＊浄瑠璃・夏祭浪花鑑(1745)三「ずっと出たる剃立(そりたて)の糸鬢(イトビン)あたま青月代(あおさかやき)」 発音〈標ア〉ア

いとびん-やっこ【糸鬢奴】〘名〙頭を糸鬢に結ったやっこ。また、その髪形。＊浄瑠璃・曾我扇八景(1711頃)紋尽し「糸びんやっこが若しらが」＊滑稽本・浮世風呂(1809-13)前・下「奴(やっこ)といふ字は、上(あげ)て書くと糸賓奴(イトビンヤッコ)、下(さげ)て書くと剃下奴(そりさげやっこ)と読む」＊人情本・春色辰巳園(1833-35)後・七回・上「十一二の小女子(こぢょく)、糸びん奴の色素(しろじろ)、髪のはけをよこっちゃうにまげ」 発音〈標ア〉ヤ

いと-ぶ【糸歩】〘名〙一定量の繭から得られる生糸の割合。普通、生繭一〇〇匁(三七五グラム)から得る生糸の量で示す。生糸量歩合。糸目。 発音〈標ア〉0

いと-ふうらん【糸風蘭】〘名〙 方言 植物、ひもらん(紐蘭)。伊豆1034 島根県隠岐島740

いと-ふき【糸葺】〘名〙牛車(ぎっしゃ)の車箱を糸で飾ったもの。糸毛。＊延喜式(927)四一・弾正台「凡内親王。三位已上内命婦。及更衣已上。並聴下乗二絲葺有一庇之車。并著中緋牛鞦上」

いと-ふくりん【糸覆輪】〘名〙薄く作った刀の鍔の縁を、金、銀、錫などの糸でおおい飾ったもの。

いと-ふけ【糸―】〘名〙釣糸を垂らしたとき、おもりが底に着いて余分な糸がたるむこと。 発音〈標ア〉0

いと-ふさ【糸総】〘名〙束ねた糸の先をばらばらにしたふさ。＊色葉字類抄(1177-81)「総 イトフサ」＊源平盛衰記(14C前)三五・高綱渡宇治河事「鬼栗毛と云ふ馬に、巴摺りたる貝鞍置き、糸総(イトフサ)の鞦懸けて乗りたりけるが」 辞書 色葉 表記 総(色)

いと-ぶし【糸節】〘名〙「いと(糸)の節(ふし)」に同じ。＊色葉字類抄(1177-81)「纇 イトフシ」＊易林本節用集(1597)「糸節 イトブシ」 辞書 色葉・易林 表記 纇(色) 糸節(易)

いど-ぶしん【井戸普請】(ゐど)〘名〙井戸の築造または修理。＊雑俳・柳多留-一二(1777)「囲い人のむだ足をする井戸ぶしん」 発音〈標ア〉ブ

いと-ぶせ【糸伏】〘名〙日本刺繡の技法の一つ。布の上に一、二本の糸を置いて、細い糸でとじつけてゆくもの。＊洒落本・船頭深話(1802)一「どぶねずみの火事羽織にちりけのあたりへ銕といふ字をいとぶせにぬわせて」 発音〈標ア〉0

いど-ぶた【井戸蓋】(ゐど)〘名〙井戸にかぶせておく蓋。＊浮世草子・風流曲三味線(1706)三・二「井戸蓋(ヰドフタ)に吸膏薬(すゐかうやく)をはりし竹斎が機転」 発音〈標ア〉0

いと-ぶち【糸淵】〘名〙琵琶の部分の名。転手(てんじゅ=糸巻き)に巻いた弦を入れておく空間をいう。糸倉(いとぐら)。絃門(げんもん)。＊胡琴教録(13C初)下・琵琶名所「反手 転手絃淵海老尾在レ之」 発音〈標ア〉ト

いと-ぶち【糸縁】〘名〙掛け物などの表装の細い縁。 発音〈標ア〉ト

いど-べい【井戸塀】(ゐど)〘名〙政治家が選挙運動のために自己の資産を売り尽くし、井戸と塀しか残らなくなること。政治活動には金がかかることをたとえていう。「井戸塀代議士」 発音 イドベイ〈標ア〉0 ド

いと-へん【糸偏】〘名〙①漢字の偏の一つ。「紅」「絹」などの「糸」の部分。糸偏の字は字典では糸部に属する。＊報恩録(1474)上・六八「綴は補也、又糸扁(イトヘン)心字の意也」＊運歩色葉(1548)「糸 イトヘン」＊落葉集(1598)小玉篇「糸 いとへん」②(「約」が糸偏であるところから)約束の意の隠語。＊談義本・つれづれ睟か川(1783)四「大切なる金出した糸偏(イトヘン)なれば、真更(まんざら)いつもいかぬやうにしてみせるもまたいやみ」＊洒落本・箱まくら(1822)下「糸偏(イトヘン)とは、やくそくの約(やく)の字のへんにて、約束のことなり」③繊維関係の株。また、広く繊維関係の産業の俗称。鉄鋼、金属関係の株や産業を「金へん」と呼ぶのに対する。＊めし(1950-51)〈林芙美子〉日常「糸へん、金へんという、流行の言葉も、北浜の会社の囲りには、犇いていたが」 発音〈標ア〉0〈京ア〉0 辞書 言海 表記 絲偏(言)

いど-へんか【緯度変化】(ヰドヘンクヮ)〘名〙地球の自転軸の方向は空間に対し一定の方向を向いており、緯度は自転軸に対して定まるが、地表軸の歪みによって緯度の値が一定せず、このため、ある場所の緯度が変化することをいう。 発音〈標ア〉ヘ

いとへん-けいき【糸偏景気】〘名〙繊維業界の好景気。特に昭和二五年(一九五〇)の朝鮮戦争勃発による米軍の繊維製品の買い占めによって発生した特需景気の一つ。＊旅-昭和二六年(1951)六月号・糸へん景気の町「輸出広巾のごときは動乱後は前年同期の六倍にハネ上っている、というから糸へん景気のほどがうかがえる」 発音 イトヘンケイキ〈標ア〉ケ

いと-ぼ・い〘形口〙かわいいの意の女房詞。＊公家言葉集存(1944)八・動作及形容に関する称呼「おいとぼい 可愛い。いとぼい 同上」

いど-ほり【井戸掘】(ゐど)〘名〙井戸を掘ること。また、それを業とする人。井戸屋。＊俳諧・広原海(1703)二「井戸掘の茶をば釣瓶に運ばせて」＊咄本・軽口ひやう金房(1688-1704)一・一四「井戸つぶれてせんかたなければ、井戸(ヰト)ほりをよびにやり」＊雑俳・柳多留-一二三(1789)「やねふきも井戸ほりもしたみかど様」＊随筆・耳嚢(1784-1814)五・水神を夢て幸ひを得し事「本所中ノ郷に住居せる伝九郎といふ井戸堀也」 方言 すりばち形の穴を掘ってすむ虫。ありじごく(蟻地獄)。愛媛県越智郡840 ◇いどほりむし〔―虫〕千葉県安房郡297 静岡県安倍郡・志太郡521 発音〈標ア〉リ ド 辞書 ヘボン・言海 表記 井堀(へ) 井戸堀(言)

いどほり の 棚卸(たなおろ)し(井戸掘りの掘った井戸水が、澄む、澄まないで、よく批判されることから)済む、済まない、にかけた江戸のしゃれことば。＊洒落本・廓宇久為寿(1818)前「井戸掘(イドホリ)の棚(タナ)おろしを見るやうに、済(すむ)のすまねへのと言(いっ)た所が、おさまらねへ訳サ」

いど-ポンプ【井戸―】(ゐど)〘名〙(ポンプは蘭 pomp)井戸の水を汲み上げるのに用いるポンプ。＊砂漠の花(1955-57)〈平林たい子〉林芙美子・四「水揚げの悪い井戸ポンプのねじをしめたり」 発音〈標ア〉ポ

いと-ま【暇・遑】〘名〙(元来、物事と、物事との間にできる空白の部分を表わす)①仕事と仕事の間の、何もしないとき。絶え間。有閑期。＊書紀(720)推古一二年四月(岩崎本訓)「冬の月に間(イトマ)有らば、以て民を使ふ可し」＊万葉(8C後)二〇・四四五五「あかねさす昼は田賜(た)びてぬばたまの夜の伊刀末(イトマ)に摘(つ)める芹子(せり)これ〈橘諸兄〉」②特に、物事から解放されて精神的にものびのびと自由にふるまえるとき。ひま。閑暇。＊枕(10C終)三三・説教の講師は「猶名残つれづれにて、心ひとつはいとまある心ちすべかめれば」＊集義和書(1676頃)一四「今のあやつりなどいふものも〈略〉農・工・商、家業の暇(イトマ)に及(およ)びて、労役を休せしめがてら、これをみることを得せしめば、風化にをいて益あるべし」＊夜明け前(1932-35)〈島崎藤村〉第二部・上・五・五「旅の疲れを休めてゐるいとまもなかった」③ある物事をするために必要な時間のゆとり。ある物事をするためにあけることのできる時間。てまひま。＊源氏(1001-14頃)若菜上「仮名文見給へるは、目のいとまいりて、念仏も懈怠(けだい)するやうに益(やく)なうてなむ御消息も奉らぬを」④物と物との間の、あいている部分。すきま。とだえ。＊夫木(1310頃)三「谷風の吹上にたてる玉柳、枝のいとまも見えぬ春かな〈よみ人しらず〉」⑤喪の忌に服すること。忌引(きびき)。＊宇津保(970-999頃)国譲上「御ぐしおろし給てかくれ給ぬ。〈略〉殿のきみたち、おとども、御いとまになり給ぬれば」⑥仕事、任務、地位から離れること。休暇、退職もしくは解任。＊宇津保(970-999頃)楼上上「『ことなる事なくば、おほやけごとをものせず侍らん』とて、院にいとま申侍りしを」＊ロドリゲス日本大文典(1604-08)「Itoma(イトマ)クダサレテ」＊説経節・説経苅萱(1631)上「それがしにはいとまたまはれ御一もん、とんせいしゅぎゃうとのたまふなり」＊浮世草子・好色一代女(1686)一・二「我国かたのあの時分の娘は、いまだ門にて竹馬に乗りあそびしと、大笑ひをいとまにして又親里に追出される」＊雑俳・柳多留-二(1767)「むりいとまりきんだ男荷をかつぎ」⑦人が離れ去ること。離別。辞去。いとまごい。おいとま。→いとまを告げる。＊源氏(1001-14頃)若菜下「夜さりつかた、二条院へわたり給はむとて、御いとま聞え給ふ」⑧特に、夫婦が離別すること。離縁。離婚。また、離縁状のこと。＊虎明本狂言・箕被(室町末-近世初)「いとまをやらふ程に何なりともそなたのほしひ物をとっておかいれ」＊浮世草子・西鶴織留(1694)一・三「後にはする程の事目にあきて、暇(イトマ)書て埒を明ける」＊歌謡・松の葉(1703)一・早舟「これがいとまな文手には取らいで、なまなかに」⑨夫婦が離別する時、縁切りのために渡す物品。手切れ。＊虎明本狂言・乞智(室町末-近世初)「さてさてにがにがしひことじゃ。一どならず二どならず、いつもの事といひながら、ひまをやりやうが有。いとまをやったらば、何共なるまひよ」＊天草本伊曾保(1593)イソポの生涯の事「ワレニ アタル ザイホウヲバ Itomatoxite(イトマトシテ) タマウレ」⑩この世から離れ去ること。死去。死没。＊海道記(1223頃)木瀬川より竹の下「納言は『ここにてはや暇うべし』ときこえけるに」＊曾我物語(南北朝頃)四・小二郎かたらひえざる事「かかる不覚人、有罪とも、無罪とも、ことばにたたざる奴めをば、いそぎいとまをくれ候ふべきにて候ふ」 語誌 元来、仕事の間にできる、仕事のない「時間」の意味であり、「ひま」が物の間の何もない「空間」の意であったのと対照的であるが、のちに、「ひま」も時間的な意味を持つようになった。 方言 ❶離縁。また、離縁状。仙台1058 和歌山県海草郡690 ❷(「おいとまします」の略)人の家を辞し去る時の挨拶の言葉。◇おいと〔御―〕兵庫県淡路島671 長崎県898 大村市057 語源説 (1)イトノマ(暇間)の意〔大言海〕。(2)イトはイトナム、イトナシの語根と同じで多事の意。イトマはそのヒマ(間)をいう〔万葉集辞典=折口信夫〕。(3)イトナムマ(営間)の略〔古言類韻=堀秀成・日本語原学=林甕臣〕。イトナヒ(営)ノ-ヒマ(間)の略〔両京俚言考〕。イトナミノマの略。またはイ-

トマ（手間）か〔日本語源＝賀茂百樹〕。(4)出ル間の義〔和訓栞〕。(5)イトマ（小時間）の意〔言元梯〕。(6)イトフマ（厭間）の義〔名言通・紫門和語類集〕。(7)暫時の間の意の、ヒトマ（一間）の転〔和語私臆鈔〕。(8)イータマ（足間）の転。イは接頭語〔日本古語大辞典＝松岡静雄〕。(9)奉公人が衣類の綻（ほころ）びなどを縫う間の意で、イトマ（糸間）か〔和句解〕。

発音〈標ア〉マ 0 〈ア史〉平安・鎌倉○○○ 室町●●● 江戸●●●と●●○の両様 〈京ア〉0

上仮名 イトマ 辞書 字鏡・色葉・名義・下学・和玉・文明・饅頭・易林・日葡・ヘボン・言海 表記 暇（字・名・玉・文・へ・言） 遑（色・名・下・玉・饅・易） 暇・仮・徨（色・名・玉） 閑（色・名） 遙・居・隟（色） 這・昜・栖・告・劬（名） 優・隍（玉）

いとま 明（あ）く ①ひまな時間ができる。ひまになる。＊栄花（1028‐92頃）鶴の林「この僧どもいとまあくを待ちて、夜ぞせさせ給ひける」＊観智院本名義抄（1241）「暇 イトマアク」 ②夫や主人からひまが出る。離縁される。解雇される。＊浮世草子・好色五人女（1686）二・四「それより万の始末心を捨て、大焼する竈をみず、塩が水になるやら、いらぬ所に油火をともすもかまはず、身躰（しんだい）うすくなりて、暇（イトマ）の明（アク）を待かねける」 辞書 名義・文明 表記 暇・仮・遑（名） 明ㇾ暇（イトマヲアクル）（文）

いとま あらず 時間的、精神的余裕がない。多く、「…に暇あらず」の形で、対象があまりに多くて、…している時間がないほどである、または、…に時間をとられて他の事をしている余裕がないの意で用いる。＊明徳記（1392‐93頃か）中「諸国の侍武者以下の討る事は、更に数をしらざれば、しるすに曾（かって）不ㇾ遑」＊史記抄（1477）一六・儒林列伝「叢林には著述を本にするほどに、動もすれば経学をするに不遑ままに、六芸の中に不知があるぞ」 辞書 下学・饅頭 表記 不ㇾ遑（下・饅）

いとま 入（い）る あるものごとを成し遂げるために、あいている時間をかなり必要とする。ひまがかかる。＊源氏（1001‐14頃）野分「いそがしきおほやけごと節会などの、いとまいるべく、事繁きにあはせても」＊源氏（1001‐14頃）若菜下「これかれにも、うるさく煩はしくて、いとまいるわざなれば」

いとま が 出（で）る （主人から）ひまが出る。解雇される。＊随筆・胆大小心録（1808）一三八「谷風は讃岐の高松のおかかへのおいとまが出た故」

いとま 聞（きこ）ゆ いとまごいを申し上げる。いとまごいをする。＊源氏（1001‐14頃）蓬生「忍びて、対の上に御いとまきこえて、出で給ふ」＊源氏（1001‐14頃）若菜下「対にも、その頃は御いとまきこえ給ひて、明暮教へ聞え給ふ」

いとま の 状（じょう） 「いとまじょう（暇状）」に同じ。＊虎明本狂言・因幡堂（室町末‐近世初）「おや里へまいったをよひつゐでじゃとぞんじて、いとまの状をやってござるが」＊仮名草子・尤双紙（1632）上・二「みじかき物のしなじな〈略〉いとまの状（ジャウ）」＊浮世草子・好色五人女（1686）二・二「つぎつぎの珠数袋、此中にさられた時の暇（イトマ）の状（ヂャウ）ありしを」

いとま の 人（ひと） 官職を離れた自由の身。＊続日本紀‐天平宝字二年（758）八月一日・宣命「是を以て此の位避りて、間乃人（いとまノひと）にありてし」

いとま の 隙（ひま） （同義語を二つ重ねたもの）ひま。ひまなとき。閑暇。＊能因本枕（10C終）三一九・まへの木立高う庭ひろき家の「明日も御いとまのひまには物せさせ給へ」＊曾丹集（11C初か）「風に片よる青柳のいとまのひまなきまでに」

いとま を 乞（こ）う ①休暇を願い出る。ひまをもらう。＊寛永刊本蒙求抄（1529頃）三「此三日は休沐（きうほく）の日なれども、其れにもいとまをえこわぬぞ」＊日葡辞書（1603‐04）「Itomauo cô（イトマヲ コウ）、または、マウス」＊寒川入道筆記（1613頃）愚痴文盲者口状之事「此やつめ、宿に居たひと申、いとまをこい候程に、小家をもとめとらせ、宿にしかと居申事に候」 ②人に別れを告げる。離別する。＊宇津保（970‐999頃）俊蔭「としかげ、三人の人にいとまをこひて、斧の声の聞こゆるかたに、とき足をいたして」＊保元（1220頃か）中・為義降参の事「『さらばはやとう』といとまを乞けるが、又泪（なみだ）にむせびて行きやるべしともみえざりけり」 ③「いとま（暇）を取る」に同じ。＊中右記‐大治二年（1127）五月四日「入ㇾ夜道心比丘尼〈不知名〉入来〈略〉本是河内国住人、久為二人妻一不ㇾ生ㇾ子、齢過二五十一乞ㇾ暇二於夫一出家為ㇾ尼」＊歌舞伎・幼稚子敵討（1753）三「国元を出る時、主人幸右衛門様にいとまを乞ました者ではござれ共」

いとま を 出（だ・いだ）す 「いとま（暇）をやる」に同じ。＊寛永刊本蒙求抄（1529頃）七「察してみて後の妻（め）をいなせうず。言語道断の曲（くせ）事ぢゃ。いとまをださうと云ぞ」＊文明本節用集（室町中）「出ㇾ暇（イトマヲイダス）」 辞書 文明 表記 出ㇾ暇

いとま を 賜（たま）わる［＝下（くだ）さる］ ①主人などから休暇をもらう。＊虎明本狂言・麻生（室町末‐近世初）「安堵の御教書を下され、新地を拝領いたし、あまつさへおいとまを下された」＊日葡辞書（1603‐04）「Itomauo tamauaru（イトマヲ タマワル）」 ②主人から主従関係を解いてもらう。職務を辞任させてもらう。＊平家（13C前）二・少将乞請「今はただ身のいとまをたまわって、出家入道し」＊虎明本狂言・唐相撲（室町末‐近世初）「古郷なつかしうござある程に、御いとまを下さるるやうに、そうもんあってくだされひ」＊御伽草子・善光寺如来本懐（室町時代物語大成所収）（室町中）下「をよそ一両月をへて、父子二人、いとまをたまはりてくだる」 ③妻や召使いに対して、夫婦や主従の関係を切って離婚や解雇をお申し付けになる。

いとま を 告（つ）げる 訪問、滞在先を去って行くことを先方に伝える。別れのあいさつをする。また、そこを去る。＊暴夜物語（1875）〈永峰秀樹訳〉魔君商人の物語「せめて彼等に訣別（イトマ）を告げんが為」＊人さまざま（1921）〈正宗白鳥〉「夫妻は家族と一しょに、炬燵の上でパンと牛乳の朝餐を饗（よ）ばれただけで、匆々（さうさう）に暇（イトマ）を告げた」

いとま を 取（と）る 夫や主人に願い出て、夫婦や主従の関係を解消する。ひまをもらう。離婚する。勤仕をとりやめる。↔いとまをやる。＊文明本節用集（室町中）「執ㇾ暇 イトマヲトル」＊ロドリゲス日本大文典（1604‐08）「Itomauo torasuru（イトマヲ トラスル）」＊狂言記・法師物狂（1660）「わらはは、いとまをとりましてござる」 辞書 文明 表記 執ㇾ暇（文）

いとま を 申（もう）す （「いとまを乞（こ）う」の謙譲表現）①休暇をお願い申し上げる。ひまをいただく。＊竹取（9C末‐10C初）「おほやけには『筑紫の国にゆあみにまからむ』とていとま申て」＊義経記（室町中か）四・土佐坊義経の討手に上る事「過ぎにし春の比、親にて候者の、信濃へ下りしに、『構へていとま申て、冬の頃は下れ』と申し間」 ②人に別れを告げ申し上げる。おいとまごいをする。＊岩瀬本大鏡（12C前）五・道長上「南に向きて拝せさせ給ふ。春日（かすが）の明神に暇申させ給ふなりけり」＊玉葉（1312）雑五・二四六七・詞書「鳥羽院に出家のいとま申し侍るとてよめる」＊虎明本狂言・楽阿彌（室町末‐近世初）「いとま申てかへるなり」 ③主人に主従関係を解いてもらう。職務の解任を願い出る。また、離縁してもらう。＊上杉家文書‐暦応元年（1338）一二月一九日・足利直義御教書（大日本古文書一・二二）「関東警固事、度度雖申暇」＊寛永刊本蒙求抄（1529頃）二「乞二骸骨一は御いとまを申してさて隠居するぞ。奉公人は我身が我身でない物ぞ。そこで我身をこうぞ」＊仮名草子・竹斎（1621‐23）下「所詮男を止むるにこそと思ひつつ、いとま申て頭を剃り」 辞書 文明 表記 申ㇾ暇（文）

いとま を やる 妻や召使いに対して、夫婦や主従の関係を断ち切る。ひまをやる。いとまを出す。離縁する。解雇する。↔いとまを取る。＊文明本節用集（室町中）「遣ㇾ暇 イトマヲヤル」＊狂言記・暇の袋（1700）「夫故暇（イトマ）をやる程に、汝は此の状を持ていてこい」＊浄瑠璃・心中天の網島（1720）橋尽し「いとまをやれば他人と他人。離別の女に何の義理」 辞書 文明 表記 遣ㇾ暇（文）

いとま‐あき【暇明】〘名〙ひまになること。自由な時間ができること。多く、「いとまあきあらず」の形で、する暇がない、し終えることができないの意に用いる。＊書陵部本名義抄（1081頃）「不暇給 イトマアキツガズ〔選〕」＊信心録（ヒイデスの導師）（1592）序「ヒト ミナ コレヲ ミニ タヅサエ、ヨミ ココロミン ト スルニ、itomaaqi（イトマアキ）アラザル コト ヲ カエリミテ」＊書言字考節用集（1717）八「不ㇾ遑 イトマアキ アラス〔尚書註〕遑在ㇾ心暇在ㇾ事心冗曰ㇾ不ㇾ暇心勤曰ㇾ不ㇾ遑」 辞書 名義・下学・和玉・文明・伊京・明応・天正・黒本・日葡・書言・言海 表記 遑（下・玉・文・伊・明・天・黒・書） 暇（名・玉） 暇明（言）

いと‐まい【糸眉】〘名〙方言 眉（まゆ）。まゆ毛。愛媛県今治市・周桑郡054 845 ◇いとま 愛媛県越智郡840

いと‐まき【糸巻】〘名〙①糸を巻き納めること。また、そのための小さな薄板や、厚紙の小片。糸がはずれないように四隅に角（つの）のあるものが多い。カタン糸などを巻く木製の円筒形のものもある。＊仮名草子・犬枕（1606頃）「ぬめる物 鰻（うなぎ）糸巻、蛞蝓（なめくじり）練貫（ねりぬき）裸、女房の風呂」＊浮世草子・好色一代男（1682）一・二「こなたの糸まきをあるともしらず踏わりました」＊譬喩尽（1786）一「糸巻のやうな四角な上に尚四隅に角出でたる心立（こころだて）」 ②「いとづつみ（糸裹）」に同じ。 ③「いとまきあじ（糸巻鰺）」、また、「いとまきえい（糸巻鱝）」の略。 ④「いとまき（糸巻）の太刀（たち）」の略。＊北野社家日記‐明応二年（1493）正月二〇日「今日はうか来。於二広庭一舞ㇾ之。糸巻一振遣ㇾ之」＊長祿二年以来申次記（1509）「御太刀〈糸巻〉進上」＊随筆・折たく柴の記（1716頃）中「末次（すゑつぐ）の御太刀、絲巻金作」 ⑤釣り糸を巻き収める具。＊銀の匙（1913‐15）〈中勘助〉後・七「円形の泛子、糸巻、釣竿など」 ⑥茶道の蓋置（ふたおき）の一つ。糸枠（いとわく）から考案された。 ⑦琵琶、三味線、バイオリン等の弦楽器の棹（さお）の上部にあって、弦を巻いて弦の張り、すなわち音の高さを調節するネジ。古くは、転軫（てんじん）、転手（てんじゅ）といった。＊洒落本・通言総籬（1787）序「京伝を愛（あいす）の一曲（ふし）を唱て、糸巻をちとひねること爾（しかり）」＊人情本・春色梅美婦禰（1841‐42頃）二・一〇回「何様（どんな）に弾能（ひきよく）なりやしたらう。アノ糸巻に少し疵が有やしたから取替て置やしたヨ」 ⑧江戸末期の女の髪の結い方の一つ。丈長紙や縮緬を幅五分くらいにたたんで背の方から中差の両端をくぐって前で結ぶ形が①に似ているのでいう。舞子、遊芸の師匠などの間で流行した。＊随筆・嬉遊笑覧（1830）一下「糸巻〈是も形によりての名なり〉」＊落語・狸（1895）〈四代目橘家円喬〉「ヂレッタ結びが宜いとか櫛巻が宜いとか、糸巻が宜いとか兵庫が宜いとか」 ⑨紋所の名。①にかたどったもの。いとまき、ちがいわくいとまき、かげのいとまき、かさねいとまき、など種々ある。 方言 ❶動物、ひとで（人手）。島根県益田市・那賀郡725 愛媛県840

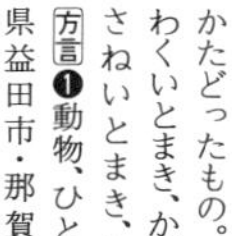
糸巻

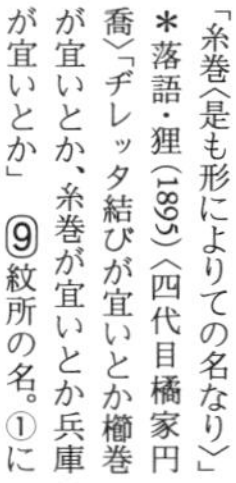
違い枠糸巻

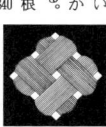

◇いとまきむし〔―虫〕 島根県那賀郡725 ❷魚、つのだし(角出)。 和歌山県東牟婁郡694 [発音]〈標ア〉[0][ト] 〈京ア〉
㋮ [辞書]〈ボン・言海 [表記]絲絡〈へ〉 絲巻〈言〉

いとまき の 太刀(たち) ①柄鞘(つかざや)全体を組糸で巻きつめた拵(こしら)えの太刀。 ②太刀の柄(つか)および鞘(さや)の渡巻(わたりまき)を組糸で巻いたもの。近世は進物用、奉納用の拵えとなった。いとまき。 *康富記-康正元年(1455)八月一日「絲巻御太刀被」下也」 *随筆・貞丈雑記(1784頃)一三「糸巻太刀は柄下金襴錦等にて巻て巻糸は平組也。金具皆赤銅ななこ地也」

糸巻の太刀②

いとまき-あじ【糸巻鯵】『名』魚「いとひきあじ(糸引鯵)」の異名。

いとまき-えい【糸巻鱝】『名』トビエイ科の海産のエイ。尾部がきわめて長く、全長二・五メートル、体重五〇〇キログラム以上になるものもある。背部は青灰色で、頭部に胸びれ前部が変形した耳状の突起があるところから、この名がある。青森県、新潟県以南の太平洋に分布する。いとまき。学名は Mobula japonica [発音]イトマキエイ〈標ア〉[キ][エ]

いとまき-ざくら【糸巻桜】『名』植物「はくもくれん(白木蓮)」の異名。 *重訂本草綱目啓蒙(1847)三〇・香木「白木蓮〈略〉いとまきざくら 南部」 [方言]植物、こぶし(辛夷)。 岩手県気仙郡008

いとまき-とんぼ【糸巻蜻蛉】『名』刺繍(ししゅう)に用いる竹製の糸巻で、形がトンボに似ているもの。 [発音]〈標ア〉[ト]2

いとまき-ひとで【糸巻海星】『名』イトマキヒトデ科に属する糸巻状のヒトデ。日本各地の沿岸にふつうに見られる。体は扁平で腕の切れ込みが浅い。直径約九センチメートルに達する。腕の数はふつう五本だが、四本または六本のものもある。背面は暗青色の地に赤斑があり、腹面はだいだい色。貝類やゴカイを食べる。学名は Asterina pectinifera *重訂本草綱目啓蒙(1847)四二・蚌蛤「本草原始及大和本草に図する所の海燕はりうぐうのいとまきなり 筑前、一名いとまきひとで形扁く五角ありて桔梗花弁の状の如し大さ一二三寸面は微く隆起す」 [発音]〈標ア〉[ヒ] [辞書]言海

いとまき-ふぐ【糸巻河豚】『名』イトマキフグ科の海魚。体の大部分が堅い甲らでおおわれる。全長約一五センチメートル。体の横断面はほぼ四角形で太くて短い突起があり、糸巻を思わせるのでこの名がある。本州中部以南、東シナ海に分布。水深二〇～一〇〇メートルの砂地に生息する。学名は Kentrocapros aculeatus [発音]イトマキフグ〈標ア〉[キ][フ]

いとまき-ぼら【糸巻法螺】『名』イトマキボラ科の巻貝。紀伊半島以南の太平洋、インド洋に分布し、潮間帯から水深一〇〇メートルの岩礁にすむ。殻長約一三センチメートル。殻の螺層(らそう)上に大きなこぶ状突起が並び、表面は白色または肉色で、暗黄褐色の殻皮におおわれる。学名は Pleuroploca trapezium [発音]〈標ア〉[キ]

いとまき-もの【糸巻物】『名』糸類と織物類。 *俳諧・紅梅千句(1655)一〇・歳暮「のぼりぬる糸巻物に利の有て〈安静〉 繁昌しける長崎の町〈友仙〉」 *俳諧・類船集(1676)土「問屋(とひや)〈略〉唐船の入津に糸巻物こころもて来て繁昌するぞかし」 *浮世草子・好色盛衰記(1688)二・二「むかしは唐へのなげ銀せしに、それは律義に明(あけ)の年、糸巻(イトマキ)物をおくりぬ」

いとまき-ゆば【糸巻湯葉】『名』方形に切った湯葉。

いとま-きん【暇金】『名』雇い人をやめさせ、去らせるときに与える金銭。解雇手当。 *落語・ちきり伊勢屋(1893-94)〈禽語楼小さん〉「両親に別れてから恩の有る和郎(おまい)さん只は暇を遣らん。御前に千両暇金(イトマキン)を遣るから夫で出て御呉れ」 [発音]〈標ア〉[0][マ]

いとま-ごい【暇乞】『名』①ひまをくれるように願い出ること。 *文明本節用集(室町中)「暇請 イトマゴイ 或作暇乞遑乞」 ②別れを告げること。別れのあいさつをすること。また、そのあいさつ。 *曾我物語(南北朝頃)七・勘当ゆるす事「『いざや、今一度母を見たてまつらん』とて、いとまごひにぞいでける」 *史記抄(1477)五・秦始皇本紀「此しやうかかわって、夷中へ下とて暇ごいを申さふとて」 *天草本伊曾保(1593)鼠の事「スミヤカニ itomagoi (イトマゴイ) シテ ハセクダッタ」 *浮世草子・好色一代男(1682)五・七「女郎は酔(ゑい)が醒(さめ)ぬと、其ままありて、暇乞(イトマゴヒ)もせず」 *俳諧・七番日記-文化一五年(1818)三月「もう是がいとまごひかよ別霜」 ③別れること。別離。最後。 *浄瑠璃・関取千両幟(1767)二「鉄が嶽を抱込んで、工面の通りいきや格別、若しも行かねば絶体絶命、是が暇乞にならうも知れぬ」 *咄本・聞上手(1773)御迎「イヤモウわしもこんどのわづらひはおいとまごひじゃ。はやくおむかいがくればよふござる」 [発音]イトマゴイ〈なまり〉イタマゴイ〔島根〕〈標ア〉[0][ゴ]〈京ア〉[0] [辞書]文明・伊京・明応・天正・饅頭・黒本・易林・日葡・書言・〈ボン・言海 [表記]暇乞(文・明・天・易・書・へ・言) 暇請(文・伊・饅・黒・書) 請暇(明・天) 遑乞(文) 辞・辞去(書)

いとまごい-ざけ【暇乞酒】『名』出棺の前、会葬者が死者との別れを惜しんでくみ交わす酒。でたちのさかずき。 [発音]イトマゴイザケ〈標ア〉[ゴ]

いとま-こいすて【暇乞捨】『名』ひまをもらうことを一方的に申し出たまま、その諾否の返事はもらおうとしないこと。 *浮世草子・新可笑記(1688)二・四「家中親類あまた堪忍なりかたくて、皆御暇乞捨(イトマコヒステ)にして出けり」

いとまごい-の-めし【暇乞飯】『名』鹿児島県の屋久島で、葬式の役についている人たちが、出棺前に棺の前で食べる食事。

いとま-ごころ【暇心】『名』物事から解放されているという感じ。これといった仕事もなくゆったりとした心。 *ふゆくさ(1925)〈土屋文明〉松本を去る「いきどほろしき思をせめて墨すりつ閑心(イトマゴコロ)に歌書きくらす」 [発音]イトマゴコロ〈標ア〉[ゴ]

いとま-ことば【暇言葉】『名』永久の別れを告げることば。生存中に発する最後のことば。辞世のことば。 *浄瑠璃・四天王最後(1661)四「あとよりのぼれと有つるはいとまことばとなりたよな」 [発音]〈標ア〉[コ]

いとま-こわず【暇不乞】『名』(黙って立ち去る意から)悪質下等の茶の異名か。 *虎明本狂言・今神明(室町末-近世初)「てんだうぼしのいとまこはずをのまぬは人の道理なり」

いと-まさ【糸柾】『名』「いとまさめ(糸柾目)」の略。〔日本建築辞彙(1906)〕 *落語・蓄音機(1899)〈初代三遊亭金馬〉「持ち出しました箱は桐の糸柾(イトマサ)で、萌黄の太打の紐で縛って有ります」 [発音]〈標ア〉[0]

いとま-さしだし【暇差出】『名』①主君が家来にひまを出すこと。解雇。召し放ち。 *御触書天保集成-一〇六・文化一三年(1816)四月「武家奉公構、暇差出、其段町奉行所え可相届旨」 *禁令考-別巻・以上并武家御扶持人例書・二二(江戸中-後)「奉公向手違之節、髪結いたし、其上無刀に而歩行候武家方中間 主人方に而暇差出」 ②夫が妻にひまを出すこと。離縁。離別。 [発音]〈標ア〉[サ]

いと-まさめ【糸柾目】『名』木材の柾目が、糸のように細くて密なもの。いとまさ。⇔荒柾目(あらまさめ)。 [発音]〈標ア〉[マ]

いどま・し【挑】『形シク』(動詞「いどむ(挑)」を形容詞化したもの)負けまいとして張り合うさま。競争心が強い。 *源氏(1001-14頃)葵「『いどましからぬ、かざし争ひかな』と、さうざうしくおぼせど」 *紫式部日記(1010頃か)消息文「その御かた、かの細殿といひならぶる御あたりもなく、をとこも女もいどましきこともなきにうちとけ」 *夜の寝覚(1045-68頃)三「さてありなんの御もてなし、言葉の一(いち)はやさに、いどましくなど思きこえさせ給べきにはあらねど」 [発音]〈標ア〉 ㋮ [辞書]言海

いどまし-げ【挑―】『形動』(形容詞「いどまし」の語幹に接尾語「げ」の付いたもの)張り合っているさま。対抗意識の強そうなさま。 *堤中納言(11C中-13C頃)逢坂越えぬ権中納言「『心に寄る方(かた)のあるにや、わくとはなけれど、さすがにいどましげにぞ』など聞えさせ給ふ」 *今鏡(1170)三・男山「法皇おはしまさで後、宇治の后参り給ひて、御方々いどましげなれども、院はいづかたにも、うときやうにてのみおはしましに」 [発音]イドマシゲ〈標ア〉[シ]

いどまし-さ【挑―】『名』(形容詞「いどまし」の語幹に接尾語「さ」の付いたもの)張り合っている様子。また、その度合。 *源氏(1001-14頃)末摘花「ここもかしこも、うちとけぬ限りの、けしきばみ心ふかき方の御いどましさに、けちかくうちとけたりし」 *源氏(1001-14頃)柏木「世のつねの折敷(をしき)、衝重(ついかさね)、高坏(たかつき)などの心ばへも、ことさらに心々にいどましさ見えつつなむ」 [発音]〈標ア〉[マ]

いとま-じょう【暇状】『名』①官職をやめさせる辞令。解雇状。 ②離縁状。去り状。暇文。 *雑俳・西国船(1702)「うちつけてわっと泣出すいとま状」 *雑俳・幸々評万句合-安永二(1773)賦二「いとま状二たくだりほどばばのさく」 [発音]イトマジョー〈標ア〉[0]

いと-まち【糸襠】『名』衣服の襠(まち)が、糸のように細くて狭いもの。 [発音]〈標ア〉[ト] ㋮ 〈京ア〉[0]

いど-まなぐ【井戸眼】『名』[方言]❶目の引っ込んでいること。また、その人。 青森県津軽073 山形県139 ◇いどめ〔井戸目〕 新潟県上越市382 ❷古井戸の穴。 山形県飽海郡139

いとまな-げ【暇無―】『形動』(形容詞「いとまなし」の語幹に接尾語「げ」の付いたもの)いかにもひまのなさそうなさま。忙しそうなようす。 *蜻蛉(974頃)下・天延元年一月「このごろ司召とて、れいのいとまなげにののしるめる」 [発音]イトマナゲ〈標ア〉[ナ]

いとまな-さ【暇無―】『名』(形容詞「いとまなし」の語幹に接尾語「さ」の付いたもの)ひまのないこと。忙しいこと。また、その度合。 *堤中納言(11C中-13C頃)逢坂越えぬ権中納言「その事となきいとまなさに、みな忘れにて侍るものを」 *右京大夫集(13C前)「にしやまなる所にすみしころ、身のいとまなさにことつけてや久しくおともせず」 [発音]〈標ア〉[ナ]

いとま-な・し【暇無】『形ク』①絶え間がない。とぎれる時がない。ひっきりなしだ。 *万葉(8C後)一五・三六七二「ひさかたの月は照りたり伊刀麻奈久(イトマナク)海人(あまの)漁火(いざり)はともし合へり見ゆ〈遣新羅使人〉」 *源氏(1001-14頃)柏木「父おとど母北の方は、涙のいとまなく思し沈みて」 ②落ち着く時がない。気ぜわしい。くつろげない。いとまあらず。 *宇津保(970-999頃)蔵開上「『いとまなしや。姫松もつるもならびてみゆるにはいつかはみかのあらんとすらん』と書き給ふ」 *源氏(1001-14頃)若紫「秋の夕べは、まして心のいとまなく思し乱るる人の御あたりに心をかけて」 ③物事をなしとげるには必要な時間が足りない。時間のゆとりがない。余裕がない。いとまあらず。 *今昔(1120頃か)三・一六「家に貧しき老母有り、只我独(ひとり)して彼を養ふ。孝養するに暇无し」 *浮雲(1887-89)〈二葉亭四迷〉三・一九「其を疑って居るに遑(イトマ)なく」 *歩兵操典(1928)第二五一「勉めて敵をして目標を捉ふるに遑なからしむる如く」 [発音]

〈標ア〉ナ

いとまな-み【暇無—】（形容詞「いとまなし」の語幹に「み」の付いたもの。→み）①ひまがないので。忙しくて。＊万葉（8C後）八・一四九八「無暇（いとまなみ）来まさぬ君にほととぎす吾れかく恋ふと行きて告げこそ〈大伴坂上郎女〉」②絶え間がないので。ひっきりなしなので。＊当世書生気質（1885-86）〈坪内逍遙〉五「今きゃくあしの遑（イトマ）なみ、かかる書生の宴会へは、出るは稀ぞ」補注「金槐集-夏」に「五月待つ小田のますらをいとまなみ堰きいるる水に蛙なくなり」とあるが、これは絶え間なくの意で、「いとまなく」の誤用と思われる。

いとま-ねがい【暇願】『名』年季が残っているうちに、主人にひまをくれるよう願い出ること。＊歌舞伎・お染久松色読販（1813）序幕「アイアイ、さやうならまアいとまねがひを言ひ込んで見ませふよ」発音イトマネガイ〈標ア〉ネ

いとまのふくろ【暇袋】狂言「引括（ひっくくり）」の別名。発音〈標ア〉ロ

いとま-び【暇日】『名』休日。特に、公務の休みの日。＊源氏（1001-14頃）橋姫「昨日はいとまびなりしを、けふはうちの御物いみもあきぬらん」

いとま-ひま【暇隙】『名』「いとま（暇）の隙（ひま）」に同じ。＊蜻蛉（974頃）下・天禄三年「かへりごとに『御前申しこそ、御いとまひまなかるべかめれど、あいなけれ』と許（ばかり）ものしつ」

いとま-ぶみ【暇文】『名』①病気などの事情のために、休暇や辞職を願い出る文書。＊宇津保（970-999頃）国譲下「かくて御即位になりぬ。上達部みな参り給ふに、おほきおとど、いとまぶみいだして参り給はず」＊台記-久安三年（1147）正月二一日「暇文、近代絶不奉」②「いとまじょう（暇状）②」に同じ。＊俳諧・双子山前集（1697）一「切れ筆で書け悪縁のいとま状（ブミ）」発音〈標ア〉マ　辞書言海　表記暇文（言）

いと-まゆ【糸眉】『名』①柳の葉。糸のように細いさまをたとえていう。＊草根集（1473頃）一五「柳 民の戸にたてる柳の糸まゆを先引はへて末祝ふらん」②糸のように細い眉毛。＊いさなとり（1891）〈幸田露伴〉二四「抜き揃へたる見るも可笑（をかし）き糸眉（イトマユ）を上げたり下げたりなし」発音〈標ア〉マ

いと-まゆ【糸繭】『名』製糸の原料となる繭。＊少年行（1907）〈中村星湖〉四「細い資本で、父は糸繭の商売をして居た」発音〈標ア〉0マ

いと-まり【糸毬】『名』毬の一種。綿などを芯（しん）にして外を色糸で美しく巻いたもの。＊日次紀事（1685）正月「男児撃二毬杖一玩二弓矢一、女子動二羽子木板一弄二絲毬一」＊唐人お吉（1928）〈十一谷義三郎〉一「『をばさまの好い児』は、蛤の音の聴える糸鞠（イトマリ）を持って」発音〈標ア〉ト

いと-まる【糸丸】『名』「いとまるがわら（糸丸瓦）」の略。〔日本建築辞彙（1906）〕

いとまる-がわら【糸丸瓦】『名』丸瓦のうち最も小さく、直径七センチメートルぐらいのもの。糸丸。発音イトマルガワラ〈標ア〉ガ

いと-まわし【糸回】『名』地歌三味線の遊戯的演奏法。おのおの受持ちの弦だけを弾き、それ以外は他の受持ちの人に回すというもの。発音〈標ア〉マ

いとまん【糸満】沖縄県沖縄島南端の地名。古くから住民の大部分が漁業に従事し、「糸満漁夫」の名で南洋漁業での活躍が知られた。また、独特の追い込み漁業（アギヤ）を行なうことでも有名。第二次世界大戦最後の激戦地で、ひめゆりの塔などの戦跡があり、国定公園に指定されている。昭和四六年（一九七一）市制。語源説イトゥマミの転訛か。イトゥマミは、イユトゥイアマミ（魚捕海人部）の約転〔南島叢考＝宮良当壮〕。発音〈標ア〉0

いどみ【挑】『名』（動詞「いどむ（挑）」の連用形の名詞化）①優劣をきそい争うこと。張り合うこと。競争。戦争。挑戦。＊源氏（1001-14頃）紅葉賀「この御中どものいどみこそあやしかりしか」＊栄花（1028-92頃）若ばえ「日頃いつしかと待ち思ひたりつる若き人々は、また人の衣（きぬ）の色、にほひにや劣らん勝らんのいどみ、胸さわがしかるべし」＊俳諧・本朝文選（1706）五・記類・風台水台記〈許六〉「其いどみを見るに、蝸牛双角の諍（あらそひ）に等しく、源平水陸の戦に似たり」②恋をしかけること。関係を迫ること。求愛。＊源氏（1001-14頃）玉鬘「昔の懸想のをかしきいどみには」＊或る女（1919）〈有島武郎〉後・三九「葉子のしつこい挑みと、激しい嫉妬と、理不尽な痞癖の発作とを」発音〈標ア〉ミ

いどみ-あい【挑合】『名』①いどみ合うこと。互いに争うこと。②取引相場で、売り手と買い手が、互いに値をゆずり合わないこと。〔取引所用語字彙（1917）〕発音〈標ア〉0

いどみ-あ・う【挑合】『自ハ四』互いに張り合う。競争し合う。戦い合う。＊源氏（1001-14頃）賢木「賭物（かけもの）どもなど、いと二（に）なくて、いどみあへり」＊浄瑠璃・平家女護島（1719）二「踏んごみ踏みぬき息切れ声を力にて、爰を先（せん）といどみあふ」＊雑俳・柳多留-四四（1808）「射落すと十二支四足いどみ合い」＊当世書生気質（1885-86）〈坪内逍遙〉一「彼方（かなた）と此方（こなた）の睨競（にらめくら）、蟇（ひき）と蛇とが挑（イド）みあふ」発音文イドミオーとも〈標ア〉0ア（オ）辞書〈ボン〉表記挑合（へ）

いどみ-あらそ・う【挑争】『自ハ四』互いに譲らないで、張り合う。競争する。＊増鏡（1368-76頃）一・おどろの下「これかれ心のひきひきに、いどみあらそはせさせ給へば」＊仮名草子・伊曾保物語（1639頃）下・二一「我さきせよ、人さきにせよといどみあらそふほどに、時刻移りければ」＊和英語林集成（初版）（1867）「Idomi arasoi, ō, ōta イドミ アラソフ 挑争」辞書〈ボン〉表記挑争（へ）

いどみ-いとな・む【挑営】『他マ四』競い合って用意する。＊有明の別（12C後）二「女房の局々、いどみいとなみければ、さまざま目もあやなるさまにて、おのおの参らせたるを」

いどみ-がお【挑顔】『名』『形動』競い争うような顔つき。張り合い、競争しようとする態度、様子。＊源氏（1001-14頃）蛍「おのおのいどみがほなるもてなし、見どころあり」＊増鏡（1368-76頃）一二・浦千鳥「この程は、いどみがほなる御かたがた数そひ給ひぬれど」発音イドミガオ〈標ア〉0

いどみ-かか・る【挑掛】『自ラ五（四）』戦いや競争をしかけて、相手に向かっていく。＊原爆と作家の自殺（1951）〈佐々木基一〉「お面をかなぐり捨てて直接子供に挑（イド）みかかり、息の根をとめてしまう」発音〈標ア〉0

いどみ-かわ・す【挑交】『自サ四』互いにいどみ合う。負けまいと張り合う。競争し合う。＊宇津保（970-999頃）楼上上「なかにすぐれたる上ず、いどみかはして、ありがたうめでたうつくる」＊源氏（1001-14頃）若菜上「かの母北の方の、伊勢の宮す所との恨み深く、いどみかはし給ひけんほどの御宿世（すくせ）どもの」＊増鏡（1368-76頃）五・内野の雪「都出でたまふ日、例の桟敷など、心ことにいどみかはすべし」発音〈標ア〉カ0

いどみ-きしろ・う【挑軋】『自ハ四』競い争う。＊増鏡（1368-76頃）七・北野の雪「いづれも離れぬ御中に、いどみきしろひたまふほど、いと聞きにくきこともあるべし」

いどみ-ごころ【挑心】『名』負けまいと張り合う心。争いをしかけようとする意気込み。競争心。＊源氏（1001-14頃）葵「年頃は、いとかくしもあらざりし御いどみ心を、はかなかりし所の車あらそひに、人の御心の動きにけるを、かの殿には、さまでも思（おぼ）しよらざりけり」＊浮世草子・紅白源氏物語（1709）二「殊更われも帝王のいつき息子、なにおとりて女房のきをとらんと、互にいどみ心にてしっくりとせぬ御中らひなりけり」発音イドミゴコロ〈標ア〉コ

いどみ-ごと【挑事】『名』勝敗を争う行為。競争。勝負ごと。＊永承五年女御延子歌絵合（1050）「殿上人『いどみごと定め初（そ）むる日なるを、勝負（かちまけ）は忌みあることになむ』と侍りしかば」＊栄花（1028-92頃）もとのしづく「をり節（ふし）の物合（ものあはせ）、いどみごとのやうにて、をかしき世の有様なりけり」発音イドミゴト〈標ア〉0ミ

いと-みず【糸水】『名』軒から糸のように細く落ちる雨。雨だれ。軒の玉水。＊堀河百首（1105-06頃）夏「五月雨のはれせぬ頃はあしのやの軒の糸水絶えせざりけり〈藤原顕仲〉」＊山家集（12C後）上「あづまやの小萱が軒のいとみづに玉ぬきかくる五月雨のころ」発音〈標ア〉ト

いど-みず【井戸水】『名』井戸の水。井戸からくみ上げた水。＊咄本・軽口御前男（1703）分別の料理「汲立の井戸水（ヰドミヅ）に生醤油かげんしかけ」＊海に生くる人々（1926）〈葉山嘉樹〉一二「便所と井戸水とが同居したのに、未だそれが掃除されてゐない」発音〈標ア〉ド〈京ア〉ド/ド

いどみ-たたか・う【挑戦】『自ハ四』争い戦う。戦争する。挑戦する。＊将門記承徳三年点（1099）「恣に兵庫の器伏戎具并せて楯等を下（おろ）して挑（イトミ）戦ふ」＊太平記（14C後）三二・山名右衛門佐為敵事「我に同ずる御方あらば、今一度快く挑（イド）み戦ふて雌雄を爰に決せんとて」発音文イドミタタコーとも〈標ア〉0カ（コ）辞書書言・ボン表記挑戦（書・へ）

いと-みだれ【糸乱】『名』日本料理の一つ。芋の茎にはじき豆をいれて、酢をかけたもの（俚言集覧（1797頃））。

いと-みち【糸道】『名』①常に三味線を弾く人に、弦の摩擦によってできる、左の人さし指のつま先のくぼみ。糸爪（いとづめ）。＊雑俳・柳多留-二七（1798）「糸道にはさみをかりる久しぶり」＊滑稽本・浮世風呂（1809-13）三・上「髪のかざしもすこしうすめの命（みこと）めきたる女の、指（をゆび）の爪（つめ）に糸道（イトミチ）とふ物の残れるは」②三味線などを弾く技能。三味線の年期や巧拙の程度。多く「糸道がつく」の形で、三味線の技術が身につく意で用いられる。＊洒落本・船頭深話（1802）四「あれ程迄にも糸道（イトミチ）のついたのを、ただ合の手でまじくない」＊苦の世界（1918-21）〈宇野浩二〉四・二「芸者になりたいといふんでね、もっとも糸道（イトミチ）はすこしぐらゐはついてゐるんです」③糸をボビン、管、わくなどに巻き取る場合、糸を円滑に導き所要の形に巻き取れるようにする部品。④メリヤスを編む場合、円滑に編糸を供給する器具。発音〈標ア〉ミ

いとみち が あく 一人前に三味線が弾けるようになる。＊流れる（1955）〈幸田文〉「糸道の明いてる明かないにかかはらず、聴いてもらふよりほかあるまい」発音〈標ア〉ト〈京ア〉ト

いどみ-つく・す【挑尽】『自サ四』ありったけの競争をする。考えられる限りの手段を試みて争う。せいいっぱい張り合う。＊源氏（1001-14頃）行幸「そこばくいどみつくし給へる人の御かたち、有様を見給ふに」＊苔の衣（1271頃）一「女房廿人、童（わらは）四人づつ、みな色々をいどみつくしたり」＊増鏡（1368-76頃）一・おどろの下「建保二年、春日社に行幸ありしこそ、ありがたきほどいどみつくし、おもしろうも侍けれ」発音〈標ア〉0ク

いどみ-つくろ・う【挑繕】『他ハ四』競い合って装う。＊夜の寝覚（1045-68頃）三「さらなりや、御しつらひ新まるけぢめ、ことならず、めでたき女房・童

人におとらじと、いどみつくろひて」

いと‐みつば【糸三葉】〘名〙半日陰で育てたミツバ。春から秋に露地にまき、よしずなどを日除けにして育て、二、三か月して高さ一五～一八センチメートルとなったものを根ごと採って、食用にする。もやしにしたものにくらべ、茎や葉は短くて硬い。発音〈標ア〉ミ

いどみ‐どころ【挑所】〘名〙①いどむ所。競い争う場所。＊源氏（1001‐14頃）藤裏葉「殿上人なども、珍しきいどみどころにて、とりどりにさぶらふ人々も、心をかけたる」②争うべき時機。発音〈標ア〉ド2

いどみ‐ねん・ず【挑念】〘他サ変〙競い合って祈念する。＊源氏（1001‐14頃）竹河「暗うなれば、端近うて、打ち果て給ふ。御簾まきあげて、人々、みな、いどみねんじ聞ゆ」

いどみ‐ま・す【挑増】〘自サ四〙ますます激しくいどむ。一段と競い争う。＊紫式部日記（1010頃か）寛弘五年一一月二〇日「はこ一よろひに薫物（たきもの）入れて、心葉、梅枝をしていどみきこえたり。にはかにいとなむつねの年よりもいどみましたる聞こえあれば」

いと‐みみず【糸蚯蚓】〘名〙イトミミズ科の糸状または細長い水生ミミズの総称。また、同科の一種イトミミズのこと。各地の人家近くの下水の泥などに生息する。体長五～一〇センチメートルの糸状の淡紅色で、尾部を水中に出して揺り動かしている。群生するときには、泥の表面が真っ赤にみえる。これを俗に「ももほおずき」と呼ぶ。フナの釣りえさや金魚などのえさとする。ぼったあかご。学名は Tubifex hattai《季・夏》＊若き日（1943）〈広津和郎〉一「糸みみずのやうな細かい血管の網目が」発音〈標ア〉ミ1〈京ア〉ミ1

いと‐みや【幼宮】〘名〙幼い宮。幼少の皇子、皇女。また、末の宮の意とも。＊紫式部日記（1010頃か）寛弘七年正月二日「『いと宮いだき奉らむ』と、殿のたまふを、いとねたきことにし給ひて」

いと‐みゃく【糸脈】〘名〙①近世頃まで行なわれた医者の診察法の一つ。貴人の肌に触れるのをはばかり、絹糸の一方を患者の手の脈どころに巻いて、離れたところから糸に伝わる脈搏（みゃくはく）を間接的にはかること。お糸脈。＊俳諧・千代見草（1692）「糸脈の数に打足す身のふるへ」＊風俗画報‐二二三号（1900）土木門「将軍疾むことありて町医を召すときは糸脈と云ふにて診察せしめぬ」②釣りの方法の一つ。さおを用いないで釣糸だけで釣ること。＊雑俳・柳多留‐一二二（1833）「糸脈で魚の名を知る釣上手」発音〈標ア〉ト

いとみゃく を 引（ひ）く 糸脈①をとる。転じて、相手の心をはかる。気を引く。＊雑俳・柳多留‐五九（1812）「綻（ほころび）を頼み糸脈引て見る」

いどみ‐よ・る【挑寄】〘自ラ五（四）〙無理に恋をしかけて言い寄る。＊漫才読本（1936）〈横山エンタツ〉恋の学問「この間ね、僕は彼女に挑（イド）みようとした暴漢と喧嘩した」発音〈標ア〉0ヨ

いどみ‐わざ【挑業】〘名〙争いごと。競争。いどみごと。＊栄花（1028‐92頃）もとのしづく「各いどみわざのやうに見えて、なかなか罪作りに見えたり」発音〈標ア〉0ミ

い‐と・む【射止】〘他マ下二〙⇨いとめる（射止）

いど・む【挑】㊀〘他マ五（四）〙①戦いや争いをしかける。挑戦する。立ち向かって行く。＊古事記（712）中「軍（いくさ）を興して待ち遮（さへぎ）り、各河を中に挟みて、対ひ立ちて相挑（あひイドミ）き。故、其の地を号（なづ）けて伊杼美（いどみ）と謂ふ」＊蜻蛉（974頃）下・天延二年「『よしよし、かう夜昼（よるひる）まゐりきては、いどはるかになりなん』とて、いどみ、と許（ばかり）、助と物語りして」＊打聞集（1134頃）老者移他国事「されば、随て中吉（よか）るべきなり。年来（としごろ）いどみつる心永（ながく）失（うせ）ぬ」＊太平記（14C後）二・主上臨幸依非実事山門変儀事「楚（そ）の項羽と漢の高祖と国を争ふ事八箇年、軍（いくさ）を挑（イドム）事七十余箇度也」＊江戸繁昌記（1832‐36）三・寄「叟の音、猴の声、又挑み、又譃す」②恋をしかける。言い寄る。関係を迫る。＊平中（965頃）一「ながめゐたる間に、なまいどみて、ものなど言ふ人のもとより」＊人情本・春色辰巳園（1833‐35）四・九条・挿絵詞書「金をはたりて鬼九郎、仇吉をいどむ」＊春雨文庫（1876‐82）〈和田定節〉一五「間がな暇（すき）がなお岩を挑（イド）めど、お岩は清兵衛が身の案じらるれば」③女性が男性の気をひく意味の花柳界の語。〔かくし言葉の字引（1929）〕㊁〘自マ五（四）〙負けまいと張り合う。競争する。「難問にいどむ」「山にいどむ」＊源氏（1001‐14頃）乙女「かやうの方にては、いどみ聞え給ひし名残（なごり）もおぼしいでて、心憂（う）ければ」＊狭衣物語（1069‐77頃か）三「他事（ことごと）よりも、いどませ給ふ琴なれば」＊堤中納言（11C中‐13C頃）ほどほどの懸想「化粧（けさう）して、我（われ）も劣らじといどみたるけしきどもにて行きちがふは」方言❶独楽（こま）などがよく回って回り終える。徳島県811 香川県大川郡829 ❷ねたむ。長野県481 488 492 静岡県磐田郡546 語源説(1)イヒドムの義。又、イは射か〔和訓栞〕。(2)イドヨム（射動）の約〔名言通〕。イドヨム（射響動）の約か〔大言海〕。(3)弓射ることか〔和句解〕。(4)イヒタム（言廻）の約か〔日本古語大辞典＝松岡静雄〕。(5)イは発声。ドムはトム（尋）〔俚言集覧〕。(6)イキダムの約。イキは気。ダムは濁る意〔両京俚言考〕。(7)イトム（息敏）の義〔日本語源＝賀茂百樹〕。(8)イタス（致）の転声〔和語私臆鈔〕。(9)アヒツヨムの約〔万葉考〕。(10)イは怖くないというので歯を出してイということをする意か。ドムは何か音を発すること〔国語史論＝柳田国男〕。発音〈標ア〉ド〈ア史〉平安○○◐〈京ア〉0 上仮名 イドム 辞書 色葉・名義・和玉・文明・天正・黒本・易林・ヘボン・言海 表記 挑（名・玉・文・天・黒・易・ヘ）眺（色・名）誂・桃・競（色）排・覓・課（名）

いと‐むし【糸虫】〘名〙昆虫「こおろぎ（蟋蟀）」の異名。＊重訂本草綱目啓蒙（1847）三七・化生「促織〈略〉いとむし へいじ 尾州」

いと‐むし【糸蒸】〘名〙毛糸などの撚（よ）りを固定させるために、釜の中で糸を蒸すこと。発音〈標ア〉0

いと‐むら【糸斑】〘名〙糸の太さが不均斉のこと。太斑と細斑がある。生糸では糸条斑（しじょうはん）といい、普通の織物ではこれのない方が品質がよい。発音〈標ア〉0

いと‐め【糸女】〘名〙糸をよる女。いとよりめ。＊光悦本謡曲・呉服（1556頃）「呉国の勅使この国にはじめてきたりたまひしに、あやめ・いとめの女婦をそへ」

いと‐め【糸目】〘名〙①糸のように細い筋。＊七十一番職人歌合（1500頃か）五五番「我が恋はかさかけひきめ塗りこめていとめも見えずなく涙かな」②糸の筋目。＊黒い眼と茶色の目（1914）〈徳富蘆花〉三・二「左の肩の所が少しいたむでぼやけた糸目（イトメ）を見せた薄茶色一楽の三鱗の紋付羽織を被て」＊魔術（1920）〈芥川龍之介〉「縁へ赤く花模様を織り出した、派手なテエブル掛でさへ、今にもずたずたに裂けるかと思ふほど、糸目が露になってゐました」③あがり具合を調節するために、凧（たこ）の表面につける糸。＊雑俳・川傍柳（1780‐83）一「ひんな子はしかられながら糸目持」＊咄本・いかのぼり（1781）凧「大風しきりにふき来り、たこのいとめよりふつときれ、いづくともなくふきゆけば」＊人情本・春色梅児誉美（1832‐33）四・二二齣「凧（たこ）の糸目（イトメ）も花の邪魔（じゃま）」＊浮雲（1887‐89）〈二葉亭四迷〉一・四「況（ま）して文三は糸目の切れた奴凧の身の上」④柳の枝。また、その芽だち。＊躬恒集（924頃）「青柳のいとめも見えず春ごとに花の錦を誰か織るらむ」⑤器物に模様としてつけた筋。⑥事物をつなぎとめるもの。つないでいる節。脈絡。＊西洋道中膝栗毛（1870‐76）〈仮名垣魯文〉八・上「吸付てはなれぬ縁の糸目（イトメ）より切るにきられぬたこのわる足」＊或る女（1919）〈有島武郎〉前・一二「田川博士は徐（おもむろ）に事務長に向ってし続けてゐた話の糸目をつながうとした」⑦（③から転じて）事を運ぶための資金。＊洒落本・四十八手後の巻（1818か）外花街「羽織を二階まで着てあがり、さとられぬように、ああ暑いとぬいで引手茶屋にもたしてかへし、まげてこんやふたりのいとめなり」⑧中世末期から近世後期にわたって、甲斐国（山梨県）や駿河国（静岡県）などで用いられた金の量目の名称。一両の六四分の一。＊甲斐国志（1804‐18）二「糸目の事は、其の始め武田時代より、布役とて、木綿布一段に七分五厘収む。是を糸目運上と云ふ。故に七分五厘の事を糸目と云ひ習はせり」⑨着物の合わせ目。胸倉（むなぐら）。＊雑俳・柳多留‐六五（1814）「客の糸目をひっつかむ大くぜつ」⑩模様染めで、模様を引き立たせるために色と色との境目に引く糸のような細い線。⑪機織りで、杼（ひ）から緯（よこいと）を引き出す糸の出口。⑫一定重量の繭から繰り糸して得られる生糸量の割合。糸歩（いとぶ）。＊良人の自白（1904‐06）〈木下尚江〉後・一四・二「米が南京お菜（かず）がヒジキそれで糸目が出るものか」＊新聞新語辞典（1933）〈大西林五郎〉「糸目 百匁の繭から取れる糸の歩合、糸目十とは十匁取れること」⑬環形動物ゴカイ科の一種。海岸近くの河口の泥地や汽水湖にすむ。ゴカイに似ているが、いっそう細長く、体長約二五センチメートルで、環節数は約三〇〇。体の前方は青緑色、ほかは紅色。海釣り用の釣りえにする。ばち。学名は Tylorrhynchus heterochaetus ＊自然と人生（1900）〈徳富蘆花〉湘南雑筆・鰺釣り「黒鯛は〈略〉小鰕（こえび）、糸目（イトメ）、小蟹、牛肉〈略〉何によらず貪ってはかかるものだが」＊風俗画報‐二五五号（1902）動植門「メナダ釣〈略〉餌はゴカイ、イトメ等を用ふ」発音〈標ア〉トメ ⑦はメ ⑬は0〈京ア〉0／0 辞書 ヘボン・言海 表記 絲目（ヘ・言）

いとめ を 付（つ）ける ①凧（たこ）のあがり具合を調節するために、糸目③をつける。＊歌舞伎・暫（1714）「イヤ、いやだ。引こめ、引こみやうが遅いと、片っぱしから糸目を附（ツケ）て、卸（おろ）し凧（だこ）にしてやるぞ」＊咄本・蝶夫婦（1777）くらげも骨に逢「あばらぼね一本ぬき、『ソリャさし込むぞ。モヲ一本』と、今度はあたまより、まっすぐにつっ込み、『ソレよいか』『コレコレ源五郎。たった二本はしわいやつじゃ』『ハテ、今糸目（イトメ）を付けてやるのじゃ』」＊雑俳・柳多留‐一三六（1834）「糸目をつけて直を上るしけの蛸」②物事をするのに対して制限を加える。多く、打消の形で、金品を思いのままに使うことにいう。一説に「いとめ」は「厭（いと）い目」の意とも。＊人情本・縁結娯色の糸（1839‐48）二・九回「又是れが巧（うま）く行きゃア、謝物（しゃもつ）に糸目（イトメ）は附（ツ）けねえ」＊歌舞伎・因幡小僧雨夜噺（1887）二幕「酒に糸目はつけぬといふ旦那が気前の触れ込みなら」③さし迫った物事に猶予を与える。＊両京俚言考（1868‐70頃）「いとめつける 物事の差迫りたるに猶予を与ふるをいふ、さればいとまひまを付るといふの義にもやあらん」

い‐とめ【鋳留】〘名〙金属製の器物などの割れ目を、鋳かけして修理すること。発音〈標ア〉0

いと‐め〘名〙上方語で、娘。かわいい女の子。↓いと㊁〔名〕。＊滑稽本・東海道中膝栗毛（1802‐09）七・下「アアコリャ、いとめはどふじゃい」

いとめ‐いれ【糸目入】〘名〙「いとつり（糸釣）」に同じ。

いとめ‐うお【糸目魚】〘名〙魚「いとよりだい（糸撚鯛）」の異名。発音〈標ア〉メ

いとめ‐とうしろう【糸目藤四郎】〘名〙名物茶入れの一つ。瀬戸の陶工二代目加藤藤四郎が焼製した真中古（まちゅうこ）の一つ。薄手で、胴に糸目があるところからいう。

いとめ-のり【糸目糊】〘名〙防染糊の一種。もち米と米糠(ぬか)の粉に、食塩と少量の石灰などを加えて煮たもの。友禅染などで、細い線で模様の輪郭をとるときなどに用いられる。発音〈標ア〉メ

い-と・める【射止】〘他マ下一〙文いと・む〘他マ下二〙①矢や弾丸を命中させて捕え、または殺す。しとめる。＊車屋本謡曲・摂待(1483頃)「うしろにひかへたまふ我君の御きせながの草摺にはっしといとむ」＊天草本平家(1592)四・八「サキナ ヲウジカノ マンナカイテ トドメ、ヤガテ ニノ ヤヲ トッテ ツギノ シカヲモ ytomete(イトメテ)」＊日葡辞書(1603-04)「Itome, uru, eta(イトムル)〈訳〉弓や銃で動物や鳥を殺す」＊狂言記・今悔(1660)「次の矢を上総(かづさ)の介がひゃうと射た。彼(かの)きつねを終に射(イ)とめた」＊雑俳・柳多留-一二八(1833)「射留たる鳥は矢の羽も敵同士」＊経国美談(1883-84)〈矢野龍渓〉後・八「いざや我れこそ射留めんと各先を争ひつつ切て放せし二三の箭は」②うまく目的を達成する。自分のものにする。また、相手をくどき落とす。＊明暗(1916)〈夏目漱石〉一〇二「背後に控へてゐる嫂(あね)丈は是非射留(イト)めなければならない」＊かくし言葉の字引(1929)〈宮本光玄〉「ゐとめる 射止(情) 意中の人をうまく口説き落すことをいふ。狩人が獲物を射とめる意味からいったものである」＊夢の浮橋(1970)〈倉橋由美子〉華燭「あっという間にこんな美女を射止めるとは、山田君もなかなか油断がならない」発音〈標ア〉0メ〈京ア〉0 辞書日葡 文『いとむ』〈標ア〉0ト〈京ア〉0

いとめ-わん【糸目椀】〘名〙石川県江沼郡山中町で産する、糸目のある漆椀。器面にろくろで、糸のような筋目を入れ淡褐色の漆を着色したもの。慶安年間(一六四八〜五二)、蓑屋(みのや)平兵衛が創始したという。千筋の椀。しじみわん。発音〈標ア〉メ

いと-めん【糸面】〘名〙柱などの稜(かど)を削り落としてできる面の細いもの。↔大面取り。〔日本建築辞彙(1906)〕発音〈標ア〉0ト

いと-も【糸藻】〘名〙①アマモ科の多年草。各地の湖沼、小川などの淡水の水面下に群生する。根茎は細く白色で泥中をはい、節からひげ根を出す。水中茎は長さ三〇〜六〇センチメートルの糸状。葉は互生し、線形で柄がなく、長さ三〜五センチメートル、幅一〜一・五ミリメートル。夏から秋に黄緑色の小さい花が穂状に集まって咲く。実は卵円形で花托の残りが付着する。いとやなぎも。学名は Potamogeton pusillus ＊日本植物名彙(1884)〈松村任三〉「イトモ」②植物「みずひきも(水引藻)」の異名。方言植物、せきしょうも(石菖藻)。和歌山県西牟婁郡690 発音〈標ア〉0

いと-もの【糸物】〘名〙①織物。呉服。②弦楽器。③三味線を用いる演芸の総称。＊長唄・宮比御神楽(岩戸開)(1871)「御心を取るや榊葉の、青幣(あをにぎて)・白幣、色々種々吹物や、糸物菅掻(すがかき)太鼓打ち、神楽を奏しはじむれば」④そうめんをいう女房詞。＊女中詞(元禄五年)(1692)「一 白糸とも、いと物・細物 素麺也」方言絹の着物類。きぬもの。富山県砺波397 岐阜県北飛騨499 ◇いいちゅむん 沖縄県990 ◇いとぅむん・いいちゅじん〔糸衣〕沖縄県首里993 ◇いっちゅきん 沖縄県石垣島(錦衣)996 発音〈標ア〉ト〈京ア〉0

いともの-だて【糸物建】〘名〙(「だて」は取引の意)呉服物の取引。呉服商売。また、その商人。＊滑稽本・浮世風呂(1809-13)三・下「今は小間物売やを止(やめ)て、大坂通ひの糸物立(イトモノダテ)よ」

いともの-や【糸物屋】〘名〙糸類、織物類などを商う店。呉服商。＊小鳥の巣(1910)〈鈴木三重吉〉上・七「伯母の家は、元の本通筋でも指折りの財産家で、大きな糸物屋をしてゐたのである」発音〈標ア〉モ

いと-や【糸屋】〘名〙糸類を売る店。また、売る人。特に近世、京都の小川通り一条上ル付近の店が著名で、その売り子は売色もした。＊言経卿記-天正一六年(1588)六月二二日「塩屋後室・糸屋女房衆等飡呼レ之」＊浮世草子・好色貝合(1687)下「糸屋(イトや)・組やの女、扇子屋・帽子屋の女、おしなべてやりくりするとはなけれど、其家の風にて、むかしよりしつけた所侍り」＊浄瑠璃・雪女五枚羽子板(1708)上「こう屋のつや、いと屋のふさ、まひ子、をどり子、小歌のふし上手にざしきをもちければ」発音〈標ア〉0ト〈京ア〉0

いとや の 地震(じしん) (地震で糸がからむところから)口実を設けて難題をもちかけること、言いがかりをつけることなどのたとえ。＊洒落本・面美多勤身(1790-91頃)「ぜんてへ、あの男も絲やの地震(ヂシン)を見たやうに、からんだ事斗りいいたがるやつだが、おめへも又わるいは」

いとや の 娘(むすめ) ①俗謡、手鞠唄(てまりうた)などにうたわれた娘で、江戸本町二丁目の糸屋にいたという美貌の姉妹。＊歌謡・松の落葉(1710)四・六六・糸屋娘踊「本町二丁目をとんとんとんとことん〈略〉糸屋娘は二十一はたち」＊黄表紙・啌多雁取帳(1783)「たとへ主(ぬし)がかぶりなすったら、其時はいとやの娘ではねへが、店請(たなうけ)はわたくしで、御新造(ごしんぞう)様は歌様さ」②紡績工場の女子工員をいう俗語。〔かくし言葉の字引(1929)〕

いど-や【井戸屋】〘名〙井戸を掘ったり、井戸の底をさらったりするのを業とする人。いどほり。発音〈標ア〉0ド

いど-やかた【井戸屋形】〘名〙井戸の脇に柱を立て、その上に屋根を設けただけの簡単な建物。＊浄瑠璃・嫗山姥(1712頃)燈籠「ふりわけがみをくらべこし、ゐづつどうろうゐど屋かた、はひまつはるるあさがほの」＊俳諧・鶉衣(1727-79)拾遺・上・一八八・旅論「ただあやしの箱(いかき)といふものにいれて、葭垣の南うけ又は井戸屋形の端にさし置たるをこそみれ」

いど-やき【井戸焼】〘名〙肥後国(熊本県)の焼物師井戸新九郎が焼いた磁器。高取焼。＊筑前国続風土記(1703)二九「鷹取瓷器 朝鮮軍の時、加藤主計頭清正、彼国にて瓷器を製する者をつれ来り、肥後にて瓷器を作らしむ。其の者の名を井戸新九郎と号せらる。故に其製せし器を井戸焼と云ふ」発音〈標ア〉0

いと-やきば【糸焼刃】〘名〙刃に焼きを入れたときにできる糸のような模様。＊日葡辞書(1603-04)「Itoyaqiba(イトヤキバ)」発音〈標ア〉ヤ 辞書日葡

いと-やど【糸宿】〘名〙「いとひきやど(糸引宿)」に同じ。発音〈標ア〉トヤ

いと-やなぎ【糸柳】〘名〙しだれ柳。《季・春》＊謡曲・昭君(1435頃)「春や繰(く)るらん絲柳の思ひ乱るる折ごとに」＊俳諧・鷹筑波(1638)一「鶯で歌書(かしょ)をやとづるいと柳〈定時〉」＊俳諧・山の井(1648)春「柳 あをやぎ 糸柳 玉柳」方言植物。❶しだれやなぎ(垂柳)。長門†122 周防†122 新潟県長岡市003 長野県小県郡003 ❷こりやなぎ(行李柳)。北海道一部030 ◇いとぅやなじ 沖縄県首里993 発音イトヤナギ〈標ア〉ヤ〈京ア〉ヤ 辞書日葡・言海 表記絲柳(言)

いとや-ぶね【糸屋船】〘名〙近世初期の御朱印貿易船のうち、長崎の商人糸屋随右衛門が、ルソン方面などへ派遣したと伝えられる船。＊通航一覧附録(1853)二一・海防部二一・三本檣禁制「御朱印船と号して、公儀より免許の御朱印を申しうけて、東京、交趾および東埔寨、暹羅等の地へ往来せし商船九艘あり、〈略〉長崎にて末次船二艘、荒木船一艘、船本船一艘、糸屋船一艘等なり」

いとや-もの【糸屋者】〘名〙糸を売る店に雇われている売子の女。近世、売色をする者が多かった。＊評判記・色道大鏡(1678)一四「糸屋者(イトヤモノ)とは、糸屋のみせにて、組物(くみもの)・糸さばきを業(げう)とする女也」＊浮世草子・好色一代男(1682)二・三「洛中(らくちう)のくら宿(やど)なり。小川の糸屋者(イトヤモノ)〈略〉爰(ここ)にたよらぬといふ事なし」

いと-ゆう【糸遊】〘名〙①春の晴れた日に、蜘蛛の子が糸に乗じて空を浮遊する現象。蜘蛛の糸が光を受けて流れ乱れるさまは、薄い絹織物(漢詩では「碧羅」)にたとえられる。また、蜘蛛の糸が光の加減で見えたり見えなかったりするところから、あるかなきかのものにもたとえられる。《季・春》＊和漢朗詠(1018頃)下・晴「かすみ晴れみどりの空ものどけくてあるかなきかに遊ぶいとゆふ〈よみ人しらず〉」＊狭衣物語(1069-77頃か)一「天稚御子(あめわかみこ)、角髪(びづら)結ひて、言ひ知らずをかしげに、芳しき童姿(わらはすがた)にて、ふと降りゐ給に、いとゆふのやうなる物を、中将の君にかけ給と見るに」＊六百番歌合(1193頃)春中・二〇番「佐保姫や霞の衣織りつらん春のみ空に遊ぶ絲ゆふ〈藤原経家〉」＊土御門院集(1221-24)「遊絲繚乱碧羅天 大空にたがおりなせるくれはとりあやに乱るるのべの糸ゆふ」②春あるいは夏の晴れた日に、地面から立ちのぼる気。陽炎。＊和英語林集成(初版)(1867)「Itoyū イトユフ 遊糸」＊武蔵野(1898)〈国木田独歩〉六「林の一角、直線に断たれて其間から広い野が見える、野良一面、絲遊(イトイウ)上騰して永くは見つめて居られない」③「いとゆうむすび(糸遊結)」の略。＊宇津保(970-999頃)祭の使「君達御簾あげて、いとゆふの御几帳ども立てわたし」＊栄花(1028-92頃)音楽「いとゆふなどの 末濃(すそご)の御几帳」語誌(1)本来、漢語に「遊糸」があり、蜘蛛の子が銀色の糸をなびかせながら空中を流れている現象(gossamer)をさす。和歌でその「遊糸」を題として「いとゆう」の語が作られたものか。(2)「遊糸」が空中をあるかなきかに浮遊する現象であるため、地面から立ちのぼる大気が揺らめいてみえる気象現象の「陽炎(かげろう)」との混乱が生じたとされる。(3)昆虫の「蜉蝣」(カゲロウ)とする解釈もみられるが、それは陽炎を転じた名で、「いとゆう」との直接関連はないようである。これらの混乱がいつ頃生じたものかは断定しにくい。(4)服飾に関する「いとゆう」には、「糸木綿」「糸結う」など諸説があるが未詳。なお、歴史的仮名遣いの「いとゆふ」は平安時代以来の慣用による。語源説(1)遊糸の文字読みアソブイトを、几帳のイトユヒ(糸結)に寄せアソブイトユフという。その上略〔碩鼠漫筆・大言海〕。(2)イト(糸)タユタフの義〔日本語原学=林甕臣〕。発音イトユー〈標ア〉ト〈京ア〉ト 辞書書言・ヘボン・言海 表記遊絲(書) 絲遊(へ)

いとゆう-むすび【糸遊結】〘名〙装飾として衣類、調度につける色糸の緒(お)の飾り結び。装束の上差(うわざし)や袖括(そでくくり)、扇や几帳の緒の余りを飾り結びとし、ときに糸花(いとばな)などを加える。置きくくり。＊栄花(1028-92頃)音楽「桔梗・女郎花・萩・朽葉・草の香(かう)などの織物・薄物に、あるはいとゆふむすび、唐衣・裳などの、言ひ尽くすべくもあらぬに」＊満佐須計装束抄(1184)三「いとゆふむすび狩衣(かりぎぬ)。をさなき人の柳・桜・梅(むめ)などにて著るものなり」発音イトユームスビ〈標ア〉ム

いとゆうむすび-もの【糸遊結物】〘名〙「いとゆうむすび(糸遊結)」に同じ。＊たまきはる(1219)「唐衣は、あけくれ、いとゆふむすび物などを着て、りうもんをばきさず」

いと-ゆみ【糸弓・繳弓】〘名〙①糸巻の弓。②狩猟の射技の一種。糸をつけた狩矢を用いる弓技。いぐるみ。繳射(しゃくしゃ)。繳弓(しゃっきゅう)。＊易林本節用集(1597)「繳射 イトユミ」＊書言字考節用集(1717)七「繳射 イトユミ 弋鳥具」発音〈標ア〉ト 辞書易林・書言 表記繳射(易・書)

いと-よ【糸魚】〘名〙トゲウオ科の魚。降海型と陸封型とがあり、両者は別種であると考えられるようになった。体はサバ型で約八センチメートル。背びれの軟条部の

前方に三本の遊離した背びれ棘がある。体側には尾柄部まで鱗板が一列に並ぶ。産卵期は春。北半球の亜寒帯から温帯に分布。棘魚。降海型の学名は Gasterosteus aculeatus　陸封型の種小名は確定していない。

いと-よし【糸好・糸吉】〘名〙埼玉県産の平絹。胴裏地に用いる本絹糸の裏地をいう。＊落語・欲しい物覚帳(1896)〈四代目橘家円喬〉「大丸で、少し裏は優雅(じみ)だったけれ共糸吉(イトヨシ)だから秩父絹(ちちぶ)を付けて八丈の袖口、仕立揚りが十三円五十銭」 発音〈標ア〉0ト

いとよせ-き【糸寄器】〘名〙座繰器に付属して、緒糸のつなぎをよくする道具。針金を曲げて木にはめ、弓状にしたもの。弓(ゆみ)。

いと-より【糸縒・糸撚】■一〘名〙①糸をより合わせること。糸によりをかけること。②「いとよりぐるま(糸縒車)」の略。③操り人形。④「いとよりだい(糸縒鯛)」に同じ。＊松屋会記-久政茶会記・天正一四年(1586)一二月二四日「あかがい　なべやき、汁たい、引て、いとより　やきて」＊浮世草子・好色一代男(1682)三・二「浮藻まじりの桜貝・鰆(さはら)・いとより・馬刀石王余魚(まていしかれい)・取重て」＊歌謡・松の葉(1703)二・あだ枕「かけて思いをさしょよりも、大里小島のさざれ魚、憂(うき)をまじりの桜魚、さごしいとよりこちこちと、呼べば汐の目をなぞ売る」＊生物学語彙(1884)〈岩川友太郎〉「Synagris　金糸魚(イトヨリ)属」⑤魚「やがら(矢柄)」の異名。＊重訂本草綱目啓蒙(1847)四〇・魚「鮹魚　詳ならず〈略〉やがらは一名ふえふき魚　筑前、やはづ　勢州津、いとより　長崎」⑥延年舞の曲の一つ。稚児が女装で、枠に糸を巻きながら思う男を待つという所作の称。江戸初期の歌舞伎芸に伝わる。＊仮名草子・東海道名所記(1659-61頃)六「三十郎が狂言、伝介が糸よりとて、京中これにうかされて見物するほどに」■二狂言。現在の「お茶の水」の原形で、「天正狂言本」に所収。方言魚。❶いとひきあじ(糸引鯵)。三重県宇治山田市591 ❷いさき(伊佐木)。伊予†030 ❸いとよりだい(糸縒鯛)。兵庫県神戸016 香川県高松市829 ❹べら(遍羅)。筑前†030 ❺おきなひめじ(翁比売知)。伊勢度会郡†030 発音〈標ア〉ト 辞書言海

いと-よりかけ【糸縒掛】〘名〙まゆ糸によりを掛けて、一本にした生糸。＊歌謡・田植草紙(16C中-後)晩歌一番「着せいでいとよりかけのかたびら」

いとより-ぐるま【糸縒車】〘名〙車の回転により、綿から糸を紡ぎ出したり、絹糸や麻糸によりを掛けるのに用いた道具。いとぐるま。いとくりぐるま。いとより。つむぎぐるま。＊書言字考節用集(1717)七「紡車　イトヨリクルマ」発音イトヨリグルマ〈標ア〉グ 辞書書言・言海 表記紡車・繅車(書) 絲搓車(言)

いとより-ざお【糸縒竿】〘名〙糸をよるのに用いる竿。発音〈標ア〉リ

いとより-だい【糸縒台】〘名〙刺繍(ししゅう)で、太く長い糸をよるのに用いる道具。

いとより-だい【糸縒鯛】〘名〙イトヨリダイ科の海産魚。全長五〇センチメートルになる。体は黄赤色で体側に八本、背びれとしりびれに各二本、腹びれに一本の黄色の縦じまがある。尾びれの上端は糸状にのびる。本州中部以南から北西オーストラリアまでの西太平洋に分布。沿岸の水深四〇〜一〇〇メートルの泥底にすむ。高級魚で冬に美味とされる。いとより。金線魚。金糸魚。学名は Nemipterus virgatus《季・冬》＊日葡辞書(1603-04)「Itoyoridai (イトヨリダイ)」＊本朝食鑑(1697)八「有下似二小鯛一而鱗鰭紅白頭後至二尾前一着二一条銀糸一者上曰二糸績鯛(いとヨリだい)一味亦稍美」＊随筆・百舌の草茎(1804)上「魚は紅小鯛、糸より鯛、あま鯛などよろし」＊生物学語彙(1884)〈岩川友太郎〉「Dentex　金糸魚(イトヨリダイ)属」発音〈標ア〉リ 辞書日葡・書言・言海 表記金線魚(書) 絲搓鯛(言)

いとより-ば【糸縒場】〘名〙糸によりをかける作業場。＊少年行(1907)〈中村星湖〉一四「ええ糸撚場(イトヨリバ)アこしらいたいから余分にも借りて来うって云ひがした」発音〈標ア〉0

いとより-め【糸縒女】〘名〙糸をよる女。また、それを職業としている女。いとめ。＊延喜式(927)一二・中務省「織部司冊八人。〈略〉絡絲女三人」

いとら【鶉】〘名〙鳥「うずら(鶉)」の異名。＊仙覚抄(1269)五「いとらはうづら也。いとうと親類相通の心にや」

いどら〘名〙方言 ⇩いどろ

イドラ〘名〙(ラテン idola　幻影の意) 事物の正しい認識を妨げる先入見や偏見をいう、フランシス=ベーコンの用語。偶像と訳されることもあるが正しくない。＊近代日本文学の展開(1939)〈唐木順三〉近代文章史と写生文「転換期には、言葉を生活に近づけよう、言葉のイドーラを破壊しようとする運動が起るのが通例である」発音〈標ア〉イ

いとら-・す【取—】〘連語〙(動詞「いとる(—取)」に、上代の尊敬の助動詞「す」が付いたもの) お取りになる。取り給う。＊万葉(8C後)五・八一三「韓国(からくに)を　向け平(たひら)げて　御心を　鎮め給ふと　伊刀良斯弖(イトラシテ)　斎(いは)ひ給ひし　真珠(またま)なす　二つの石を〈山上憶良〉」

いと-らん【糸蘭】〘名〙ユリ科の常緑多年草。北アメリカ東南部原産で、観賞用に栽培される。茎は短く、多数の葉を放射状に出す。葉は厚く、長さ六〇センチメートル、幅四センチメートルほどで先がとがって垂れ下がり、縁からは細い繊維が遊離して垂れ下がる。夏、葉の間から高さ一・五メートルほどの花茎を直立し、円錐花序に白か淡黄色の花を多数つける。学名は Yucca filamentosa《季・夏》＊日本植物名彙(1884)〈松村任三〉「イトラン　ジュモウラン」発音〈標ア〉ト

いとらん-か【糸蘭科】〘名〙ユリ科植物のうち、ユッカ、ドラセナ、リュウゼツランの仲間を含む一群を独立の科とした場合の名称。学名は Dracaenaceae 発音〈標ア〉0

い-とり【五人】〘名〙五人(ごにん)。いつとり。＊書紀(720)雄略二三年四月(熱田本訓)「昆支(こんき)王の五(イトリ)の子の中に、第二にあたる末多王の」＊南海寄帰内法伝平安後期点(1050頃)一「或いは五(イトリ)、或いは三り、以て其の像を表せり」＊観智院本名義抄(1241)「五人　イトリ」補注多く訓点資料に用いられる。発音〈ア史〉平安○◍○ 〈京ア〉ト／イ 辞書名義・伊京 表記五人(名・伊)

いとり〘名〙女をいう、盗人仲間の隠語。〔日本隠語集(1892)〕

い-どり【居取】〘名〙柔道の極(きめ)の形の一つ。身をまもるためのもので、対座した相手の両手をとったり、逆手をとったりする。発音〈標ア〉0

いとり-の-もの【射取物】〘名〙弓で射て取るもの。鹿、兎、狐、鳥などの獲物。＊弓張記(1450-1500頃か)「一、射とりの物といふは、鳥、兎、狸、狐也」＊小笠原入道宗賢記(1609頃)「一、射取の物とは、何にても射て取る物の事也」

い-と・る【—取】〘他ラ四〙(「い」は接頭語) 取る。＊古事記(712)中・歌謡「ちはやひと　宇治の渡りに　渡り瀬に　立てる　梓弓(あづさゆみ)檀(まゆみ)　い伐(き)らむと　心はもへど　伊斗良(イトラ)むと　心はもへど」＊万葉(8C後)一三・三二四五「月読(つくよみ)の持てる越水(をちみづ)伊取(イとり)来て〈作者未詳〉」

い-と・る【射取】〘他ラ四〙①的に射当てて、賭けた品物を自分のものにする。＊源氏(1001-14頃)若菜下「柳の葉を百度(ももたび)射あてつべき舎人(とねり)どもの、うけばりていとる、無心(むしん)なりや」②弓矢で射殺す。討ちとる。＊今昔(1120頃か)二五・五「然て、沢胯をば射取(いとり)て頸を切つ」＊平家(13C前)一一・嗣信最期「平家の方(かた)には『あれゐとれや』とて、或(ある)はとほ矢に射る舟もあり」＊虎明本狂言・禁野(室町末-近世初)「此間かたのへ出てきぢをねらふが、一段のなぐさみじゃ、昨日は仕合がようて二ついとった」＊浄瑠璃・国性爺合戦(1715)道行「やれ弓(ゆみ)よ鉄砲(てっぽう)よ打とれゐとれとひしめきける」発音〈標ア〉0ト 辞書文明・日葡・書言・言海 表記射捕(文・書) 射取(言)

い-ど・る【居取】〘自ラ四〙席を占める。すわっている。＊日葡辞書(1603-04)「ユルリト idoru (イドル)〈訳〉非常に気楽にすわっている」＊捷解新語(1676)一「これあがらしられ、まづろくにいとらしられ」方言❶座る。福岡県三井郡872 福岡市877 長崎県対馬062 壱岐島915 ◇いとる 大分県938 944 ❷沈殿する。長崎県壱岐島914 発音〈標ア〉ド 辞書日葡

いどろ〘名〙「いばら(茨)③」に同じ。＊日葡辞書(1603-04)「Idoro (イドロ)〈訳〉白く香しい花の咲く薔薇の木。シモ(下)の語。カミ(上)ではイバラという」方言❶とげのある低木類。茨(いばら)。大分県941 ◇いどら 長崎県対馬913 大分県941 ◇いぞら 大分県大分市・大分郡941 ◇いぞろ 宮崎県東諸県郡954 ◇いろど 大分県大分郡941 ◇いどらげず 大分市941 ❷薪(まき)。そだ。◇いぼら・いどら 長崎県対馬910 913 ❸植物、ばら(薔薇)。大分県941 ◇いどら・いどらぼたん〔—牡丹〕大分県中部941 ◇いぞら・いぞらぼたん 大分県大分郡941 ◇いどろぼたん 大分県941 ◇いどんはな〔—花〕大分県大野郡941 ❹植物、のいばら(野茨)。◇いぞろぐい 宮崎県東諸県郡・宮崎市947 ❺植物、あざみ(薊)。◇いどら・いどろばな 大分県大分郡941 ↓いげ(棘)。辞書日葡

いとろべ〘名〙①衣服に実の着く植物の総称。＊重訂本草綱目啓蒙(1847)一二・隰草「鬼針草〈略〉ぬすびと　播州、衣服に実の著ものを総てぬすびとと云いとろべとも云」②植物「いのこずち(牛膝)」の異名。＊重訂本草綱目啓蒙(1847)一二・隰草「牛膝　ふしだか〔延喜式〕いのこづち〔同上　古今通名〕〈略〉ぬすびとぐさ　備前、いとろべ〔同上〕」方言植物。❶いのこずち(牛膝)。岡山県備前002 ❷せんだんぐさ(棟草)。播州†039 ❸ぬすびとはぎ(盗人萩)。◇えとりべ 島根県隠岐島740

いと-わ【糸輪】〘名〙紋所をかこむ輪の一種。糸のように細いもの。発音〈標ア〉0

いど-わ【井戸輪】〘名〙井戸の回りの木の囲い。＊俳諧・篇突(1698)「夏は井輪に腰打かけて見たる社、俳諧の情なれ」発音〈標ア〉0

いと-わかぎみ【幼若君】〘名〙(「いと」は、幼い意を表わす接頭語) 幼い若君。また、一番末の若君とも。↔幼姫君。＊栄花(1028-92頃)初花「うるはしき御よそひにて、いとわか君の、御戴餅(いただきもちひ)せさせたてまつらせ給ふ」

いと-わかめ【糸和布】〘名〙ワカメの堅い中肋を除き、葉を細く線状に裂いて乾燥させたもの。伊勢、紀州などでつくる。発音〈標ア〉カワ

いど-わき【井戸脇】〘名〙①井戸の側。②井戸茶わんの一種。土、釉(うわぐすり)とも白めで、やや堅いもの。井戸側(いどがわ)。＊和漢三才図会(1712)三一「有二井戸茶盌者一〈略〉初来者至二三百年余一相亜者名二井戸脇一」

いと-わく【糸枠】〘名〙紡いだ糸を巻きとる枠。軸があり回転するようになっているもの。糸繰り。発音〈標ア〉0 〈京ア〉0 辞書言海 表記絲篗(言)

糸　枠〈百人女郎品定〉

いと-わざ【営業】〘名〙営みの業(わざ)。世渡りの仕事。職業。いとなみ。えいぎょう。＊仮名草子・古活字版

竹斎(1621-23頃)下「みつぎをはこぶとかいのふね、世をわたりぬるいとわざの、みなとみなとにかぎりなし」＊評判記・あづま物語(1642)「うきよをわたるいとわざの、みなとみなとにかぎりなし」

いとわし・い いとはしい【厭】〖形口〗文いとは・し〖形シク〗(動詞「いとう(厭)」の形容詞化) いやである。好ましくない。わずらわしい。＊宇津保(970-999頃)あて宮「いともいともいみじういとはしければ」＊源氏(1001-14頃)柏木「いとはしき身をひきかへやむことなくこそなりぬべけれ」発音イトワシイ〈標ア〉シ〈京ア〉ワ 文『いとはし』イトワシ〈標ア〉ワ〈京ア〉ワ

いとわし-が・る いとはしがる【厭—】〖他ラ四〗(形容詞「いとわしい」の語幹に接尾語「がる」の付いたもの) いやだと思う気持を態度に表わす。きらって避けたがる。わずらわしがる。発音イトワシガル〈標ア〉ガ

いとわし-げ いとはしげ【厭—】〖形動〗(形容詞「いとわしい」の語幹に接尾語「げ」の付いたもの) きらいなさま。いやそうなさま。わずらわしく思っているさま。＊徒然草(1331頃)一七〇「いとはしげに言はんもわろし」発音イトワシゲ〈標ア〉シ

いとわし-さ いとはしさ【厭—】〖名〗(形容詞「いとわしい」の語幹に接尾語「さ」の付いたもの) いやなこと。きらい避けること。また、その度合。わずらわしさ。＊成尋母集(1073頃)「身のいとはしさまさりてぞ、昔の人の、憂きぞ限りはといひたる、まことにこそと、天をながめて明かし暮らす」＊舞姫(1890)〈森鷗外〉「人の見るが厭はしさに、早足に行く少女の跡に附きて」発音〈標ア〉ワ

いとわし-み いとはしみ【厭—】(形容詞「いとわしい」の語幹に「み」の付いたもの。→み) いやなので。きらい避けたいので。＊万葉(8C後)一六・三八四九「生死の二つの海を厭見(いとはしみ)潮干の山をしのひつるかも〈作者未詳〉」上仮名イトハシミ

いと-わた【糸綿】〖名〗糸と綿。また、糸をとり、綿を紡ぐこと。＊玉塵抄(1563)五「桑の葉をつんで、蚕をかいやしなうて、いとわたにすることをさいそくするぞ」＊浮世草子・日本永代蔵(1688)六・三「其比(ころ)唐船かずかず入て糸綿(イトワタ)下直(げぢき)になりて」＊浄瑠璃・堀川波鼓(1706頃か)中「女子の道をおしへこみ、よみかき、ぬいはり、糸綿(ワタ)の道もそれでは恥かかず」発音〈標ア〉ト

いと-わっぷ【糸割符】〖名〗江戸時代、長崎に来航する唐船、蘭船などから生糸を輸入するさい、特定の商人に専買権(独占権)を与えたが、この権利を示す証札をいう。白糸割符。＊浮世草子・立身大福帳(1703)三・三「京堺の官物糸割符の手代、長崎へたびたび下り」＊糸割符由緒書(1800)「一、糸割符御定被成下候儀者、慶長年中御定より以前者、外国商人共日本より船仕立、金銀積入、銘銘存寄の国々へ渡海仕、代ろ物買取帰帆仕候」発音〈標ア〉ワ

いとわっぷ-そうとしより【糸割符総年寄】〖名〗江戸時代、大坂、堺の総年寄の中で、糸年寄を兼任した者の称。

いとわっぷ-としより【糸割符年寄】〖名〗「いととしより(糸年寄)」に同じ。

いとわっぷ-にん【糸割符人】〖名〗江戸時代、唐船、蘭船のもたらした輸入生糸(白糸)買い取りの特権を付与された商人。初めは、京、堺、長崎の三か所の商人中一定数の者だけに許したが、のちには、京、堺、長崎、江戸、大坂の五か所の商人および呉服所、その他の各地の商人をも加えた。発音〈標ア〉0プ

い-とん ヰ【委頓】〖名〗くじけること。力が抜けること。＊菅家文草(900頃)五・七夕「詩情委頓、忝上二絶句一」＊文明本節用集(室町中)「委頓 イトン」＊輿地誌略(1826)四「国内の世族此が為に委頓し、国人此が為に残害せらるの他なしとす」＊明六雑誌-二八号(1875)政体三種説下〈西村茂樹〉「一旦内外の病患に遇ふときは、衰憊委頓して死亡に至らざる者幾ど罕なり」＊改訂増補哲学字彙(1884)「Depression 沈鬱、委頓」＊晉書-裴楷伝「楷今委頓、臣深憂レ之」辞書文明 表記委頓(文)

いとん【猗頓】中国春秋時代または戦国時代の大富豪。河東で製塩業を営んだと伝えられる。一説には魯の貧窮の士であったが、陶朱公(范蠡=はんれい)に教えられて西河に牛羊を牧畜し、富を築いたという。生没年不詳。転じて、富裕なことをいう。発音〈標ア〉イ 辞書色葉 表記猗頓(色)

いとん の 富(とみ)(「史記-貨殖伝」などにみえる猗頓の話から) 莫大な富。巨大な財産。陶朱の富。＊洒落本・後編遊治郎(1802)発語「陶朱倚頓(イトン)が富(トミ)といふも、おたまりは有べからず」＊露団々(1889)〈幸田露伴〉四「家は元より猗頓(イトン)の富(トミ)あるにはあらねど、又原憲(げんけん)の貧しくもあらず」＊普賢(1936)〈石川淳〉八「それとても倚頓(イトン)の富武后の権といふたぐひの総身を物欲で打ち震はせるやうな大理想にあらず」＊塩鉄論-復古「負荷之商、不レ知二猗頓之富一」

イトン〖名〗軽量コンクリートの一種。生石灰またはセメントと珪砂などを水で練り合わせたものにアルミニウム粉末などを加え、水素ガスによる泡で膨脹させたもの。主に建材に用いる。発音〈標ア〉イ

いとん-ぼ【幼坊】〖名〗(「ぼ」は「ぼう」の変化したもの。「ぼう」「ぼ」は小児の名に添えていう接尾語) 女児、娘を親しんでよぶ語。＊浄瑠璃・道中亀山噺(1778)四「コレ物云な、嬢(いと)、コレいとんぼ」

いな【否】■一〖感動〗①相手の言うこと、なすこと、または、質問などを拒否したり、同意しなかったりするときに発することば。いや。いいえ。いやだよ。＊万葉(8C後)二〇・四四九七「見むと言はばいなと言はめや梅の花散り過ぐるまで君が来まさぬ〈中臣清麻呂〉」＊竹取(9C末-10C初)「『大伴の大納言は龍の首の玉や取ておはしたる』『いな、さもあらず』」＊源氏(1001-14頃)野分「紙一巻、御硯の蓋に取りおろして奉れば『いな、これはかたはらいたし』と宣(のたま)へど」＊書陵部本名義抄(1081頃)「不能 イナトナラバ〔遊〕」＊虎寛本狂言・比丘貞(室町末-近世初)「いなとはおもへども、金ぼうしが願とあらば付てもやらうか」②自分の発言を途中で否定したり、ためらったりするときに発することば。いや。いやそうではなく。＊白氏文集天永四年点(1113)三「蓬莱を見ずは敢(イナ 別訓 いなや)帰らじ」＊小学読本(1884)〈若林虎三郎〉二「此の書体は三郎の書きたるものと同じきか。否異れり」＊蝴蝶(1889)〈山田美妙〉一「いづれ優劣なく無念の露を宿して、否、帯びて」＊露団々(1889)〈幸田露伴〉四「願くは予の為に、否(イナ)諸君自らの為に」■二〖名〗(■一を名詞的に用いたもの) 同意しないこと。承知しないこと。拒否すること。いやだと答えること。＊万葉(8C後)四・七六二「神さぶと不欲(いな)にはあらずはたやはた斯(か)くして後にさぶしけむかも〈紀女郎〉」＊浄瑠璃・女殺油地獄(1721)中「これから直ぐに立寄頼(たの)むに、いなは有まい」＊人情本・清談若緑(19C中)初・二回「仂(はした)ないこの女児を、夫までの厚い仰せ、何で否(イナ)を申ませう。御奉公と申すでなくば、何時なりとさし上ます」語誌(1)会話の中で、否定の応答として用いられたのは平安末ごろまで。それ以降は、文語として使われ続けたが、否定することを手短かに表わす語として、「否を申す」のように、名詞として単独で、また、「否と思う」といった引用の形で、口語文の中にも多く用いられた。(2)現代語においても、やや堅い文体の中では、「…だろうか。否、…である」のように、主張を強調するために、わざと反対の意見を前に出して否定する場合などに用いられる。語源説(1)事を否定する時に発する声から〔雅言音声考・国語溯源=大矢透〕。(2)イナ(唯莫)の義か〔大言海〕。(3)イナはイタ(痛)の転でイナ(唯無)の義〔日本語源=賀茂百樹〕。(4)イヒナ(言勿)の約〔名言通〕。(5)ヒナの転声〔和語私臆鈔〕。発音〈標ア〉イ〈ア史〉平安・鎌倉○●と●●の両様 江戸○●〈京ア〉イ 辞書色葉・名義・和玉・日葡・ヘボン・言海 表記否(色・名・へ・言)不・此・揚(名)弗(玉)

いなおかも ⇩親見出し

いなおさの ⇩親見出し

いなともうとも(「う(諾)」は承諾を表わすときの感動詞) いやとも、はいとも。不承知であるとも、承知であるとも。いなともせとも。いなともおうとも。＊類従本信明集(970頃)「けふの内に否ともう共いひ果てよ人頼めなることなせられそ」

いなともおうとも(「おう」は肯定、承諾を表わすときの感動詞)「いな(否)ともうとも」に同じ。＊仮名草子・竹斎(1621-23)上「呆(あき)れ果てたる風情(ふぜい)にて、いなともをふとも、御返事を申かねたるばかり也」発音イナトモ=オートモ〈標ア〉イ=オ

いなともせとも(「せ」は承諾を表わすときの感動詞)「いな(否)ともうとも」に同じ。＊後撰(951-953頃)恋五・九三七「親のまもりける女を、いなともせとも言ひはなてと申しければ いなせとも言ひはなたれず憂き物は身を心ともせぬ世なりけり〈伊勢〉」

いなとよ(「とよ」は、格助詞「と」と終助詞「よ」の付いたもの) 他人のことばに同意しないで、自分の気持、意見を表わすときに発することば。いやそうではない。いいえ、いやいや。いやとよ。→いさとよ。＊俳諧・鶉衣(1727-79)前・下・四五・百魚譜「しら魚といふこそよからめといへば、かたへの童のさし出(いで)て、いなとよ、世にしら猫ともしら鼠ともいふにこそとうちこまれて」＊随筆・雲萍雑志(1843)二「いなとよ。子にして侍れども、彼はさるおん方より預かりおけるものなり」

いなもおうも(「おう」は肯定、承諾を表わすときの感動詞)「いな(否)もおも」に同じ。＊婦系図(1907)〈泉鏡花〉前・二〇「否も応も有りやしない」発音〈標ア〉イ

いなもおも(「お」は承諾を表わすときの感動詞) 不承知も承知も。いなもせも。いなもおうも。＊万葉(8C後)一六・三七九六「否藻諾藻(いなもをも)欲しきまにまに赦(ゆる)すべき貌(かたち)は見ゆやわれも依りなむ〈作者未詳〉」＊万葉(8C後)一六・三七九八「何すと違(たが)ひはをらむ否藻諾藻(いなもをも)友の並々われも依りなむ〈作者未詳〉」補注右の「万葉集」の例の「諾」字は従来、「う」と訓じていたが、許諾のばあいの応答辞は「を」であったと考えられ(たとえば、観智院本名義抄「吁 ヲオ 女答詞」)、最近では「いなもをも」と訓ずる説が有力である。辞書書言 表記否諾(書)

いなもせも「いな(否)もおも」に同じ。

いなや ⇩親見出し

い-な【異】〖連体〗(形容動詞「いなり」の連体形「いなる」の変化したもの) ふつうでは考えられない。風変わりな。変な。妙な。＊玉塵抄(1563)五「これやうな異な人や鳥やけだもの魚などのことを山海経にのせたぞ」＊虎明本狂言・ぬらぬら(室町末-近世初)「それは誠にいな者がゐたな」＊浮世草子・好色一代男(1682)三・五「其ままましがみつきて、いな所を捜てひた物身もだへするこそまだ宵ながら笑(おか)し」＊浄瑠璃・凱陣八島(1685頃)一「あね姫をさしをき、いな申ぶんなれども」＊滑稽本・東海道中膝栗毛(1802-09)三・下「ばあさん、異なひよりでおざる」方言❶嫌な。悪い。山梨県465 長野県上田475 佐久493 島根県725 山口県豊浦郡798 ❷殊勝な。感心な。鹿児島県鹿児島郡968 発音〈標ア〉イ〈京ア〉イ 辞書日葡・ヘボン 表記異(へ)

いな 事(こと)(連体詞「いな」に形式名詞「こと」が

付いたもの）普通では考えられないこと。へんな事柄。妙なこと。＊史記抄（1477）一四・扁鵲倉公列伝「有一熊欲レ援レ我ー異ナコトゾ」＊虎明本狂言・柿山伏（室町末-近世初）「おとこ、いな事でゆかれぬと云て、一足づつ跡へもどり、山ぶしのそばにつくばふ時」＊浄瑠璃・曾根崎心中（1703）「ここなよね衆はゐなことで、をれらがやうに銀（かね）つかふ大尽（だいじん）は嫌ひさうな」 発音〈標ア〉イト〈京ア〉イ 辞書日葡

いな物（もの）（連体詞「いな」に形式名詞「もの」が付いたもの）普通では考えられないもの。変なもの。妙な具合。＊文明本節用集（室町中）「異者 イナモノ」＊仮名草子・清水物語（1638）下「是ぞせぞくにいへるいなものなるべし」＊仮名草子・浮世物語（1665頃）一・一「今は昔、国風の歌に『いな物ぢゃ、心は我がものなれど、ままにならぬは』と」＊浮世草子・西鶴織留（1694）六・二「今の世の女の心、奢につれていなものにぞなりける」＊浄瑠璃・丹波与作待夜の小室節（1707頃）夢路のこま「縁はいな物其の時に、起請一枚書かねども」 発音〈標ア〉イ〈京ア〉イ 辞書文明 表記異者（文）

いな【稲】〔名〕「いね（稲）」の変化した語。多く、「稲作」「稲葉」のように、他の名詞と複合して用いる。《季・秋》＊書紀（720）神代下（鴨脚本訓）「吾が高天原に所御（きこしめ）す斎庭（ゆには）の穂（イナのほ）を以て、亦吾が児に当御（まかせまつ）るべし」＊神楽歌（9C後）大前張・木綿垂で「木綿（ゆふ）垂（し）での 神の幸田（さきだ）に 伊奈（イナ）の穂の」 辞書言海 表記稲（言）

いな【鯔】〔名〕ボラの幼魚の名。《季・秋》＊日葡辞書（1603-04）「Ina（イナ）〈訳〉ある川魚」＊随筆・孔雀楼筆記（1768）三「大魚を釣には、麻糸をふとくよりて、針も大なるを用ゆ。〈略〉活いなを餌こして釣る」＊小学読本（1874）〈榊原・那珂・稲垣〉三「二寸許なるを、おぼこと称す洲走りと称へ魣魚（イナ）と称ふる、皆成長に由て、名を異にせるなり、其至て大なるを、鯔（ほら）といふ」 方言魚、ぼら（鯔）。兵庫県明石市015 香川県829 大分県941 語源説(1)イナ（稲魚）。稲の茎の腐ったのが化してこの魚になるという俗伝による〔物類称呼〕。(2)御饌（みけ）に供することを得なかったという神話から、否み嫌うゆえの名〔日本語源＝賀茂百樹〕。(3)ウキハネ（浮跳）の転〔日本語原学＝林甕臣〕。 発音〈標ア〉〇〈京ア〉〇 辞書日葡・〈ボン・言海 表記鯔魚（へ）鯔（言）

いなの臼（うす）イナの腹中にある臼のような形をしたもの。鯔の臍（へそ）。＊三好筑前守義長朝臣亭江御成之記（1561）「惣衆へ〈略〉御くゎし、こくし、いなのうす」

いなの臍（へそ）①「いな（鯔）の臼（うす）」に同じ。②（形が似ているところから）算盤（そろばん）。＊俳諧・風月集（1776）冬「夷講九々の火鉢やいなの臍」③陰核の異称。また、子宮をいう語。＊雑俳・柳多留-八七（1825）「何やらの手ざわりに似たいなの臍」＊雑俳・柳多留-一三四（1834）「赤貝のぐつと奥にはいなの臍」

いな【伊那】㊀長野県中南部、天龍川上流域の地名。三州（伊那）街道の宿駅として栄えた伊奈部が発展したもので、金沢街道、権兵衛街道がここから分かれる。伊那盆地北半部の中心地で、木工業などが盛んであったが、現在は電子部品・精密機械などの工業や、酪農・リンゴ栽培なども盛ん。昭和二九年（一九五四）市制。㊁長野県の南部にあった郡。明治一二年（一八七九）上伊那・下伊那の二郡に分かれた。＊二十巻本和名抄（934頃）五「信濃国〈略〉伊那」 発音〈標ア〉〇イ 辞書色葉・文明・易林 表記伊那（色・文・易）

いな【伊奈】姓氏の一つ。江戸時代の関東郡代。清和源氏の戸賀崎（荒川）氏の流れをくむとされ、信濃国伊那の地を領したことにちなみ、のちにそれを名字としたという。信濃を離れ三河国に移り、松平（徳川）氏に仕え、戦国末期の家次（のちの備前守忠次）の時に頭角を現わし、家康の下で、検地などの地方支配や治水・灌漑などに手腕を発揮した。関東の幕府の直轄地の代官頭（のちの関東郡代）を代々世襲し、新田開発や河川改修などに多くの治績をあげ、地方巧者として知られる。寛政四年（一七九二）、忠尊の代に不行跡などにより、蟄居・罷免処分となり、没落した。

いな-ただつぐ【伊奈忠次】江戸初期の幕臣。備前守。初代関東郡代。治水、灌漑、農産業の開発に功をあげ、各地に備前堀・備前堤の地名を残す。農政の伊奈流の祖。天文一九～慶長一五年（一五五〇～一六一〇）

い-な【維那】〔名〕（「維」は綱維の義、「那」は梵 karmadāna（羯磨陀那＝かつまだな）の略で、授事と訳す）仏語。寺務を統率し、僧衆の雑事をつかさどり、また、僧事を指図する役名。禅家では「いの」「いのう」という。つい な。ついの。＊霊異記（810-824）下・三「維那僧等銭を徴（はた）りて逼む」＊永平道元禅師清規（13C中）知事清規「維那。梵語維那、此云㆓悦衆㆒、凡僧中事並主レ之」＊新札往来（1367）下「監寺・維那・典座・副寺・直歳等知事。皆々可レ有㆓同道㆒候」＊南海寄帰内法伝-四「授事者、梵云㆓羯磨陀那㆒、陀那是授、羯磨是事、意道、以㆓衆雑事㆒指㆓授於人㆒、旧云㆓維那㆒者非也、維是唐語、意道㆓綱維㆒、那是梵音、略去㆓羯磨陀字㆒」

いな〔名〕貝「かわにな（川蜷）」の異名。＊重訂本草綱目啓蒙（1847）四二・蚌蛤「蝸蠃 みな〔和名鈔〕、になかはにな 予州、ほうじゃう かもら 共に同上、いな〔食療正要〕、かはにしびんな 佐州」

いな〔名〕（「無い」を転倒したもの）「無いこと」をいう隠語。＊浮世草子・当世芝居気質（1777）一・一「是太郎四郎、日りんがいなぢゃ、入（いれ）て来て下あれ」

いな〔代名〕方言対称。お前。富山県390 石川県404 三重県北牟婁郡588 ◇いなあ 富山県砺波050 ◇いなずる 富山県砺波398 ◇いなた 三重県南牟婁郡603 ◇いの 三重県584 603 和歌山県新宮702 ◇いん 三重県北牟婁郡588

い-な（終助詞「い」に終助詞「な」が付いたもの）軽い感動を表わす。女性の使用が多い。いなあ。＊浄瑠璃・平仮名盛衰記（1739）四「切（きら）れてお果なされたといな」＊洒落本・聖遊廓（1757）「それはそれはおもしろい事いな」＊浄瑠璃・源頼家源実朝鎌倉三代記（1781）九「ハテ言しやりますないな」＊滑稽本・東海道中膝栗毛（1802-09）七・下「さればいな、〈略〉もっとくふやどうじゃいなと、人ごとにいふたを、すぐに空也堂といふわいな」＊歌舞伎・小袖曾我薊色縫（十六夜清心）（1859）五立「コレ申、どなたぞ此娘御さんを、早ふ連て往て下さんせいな」 方言京都府竹野郡622 徳島県811 香川県829

いなあ〔名〕方言❶兄。茨城県188 多賀郡（若い男の意にもいう）190 稲敷郡193 ◇いなっきい 鹿児島県喜界島983 ◇いんな 東京都八丈島335 ❷若い夫、若い父を妻や子が呼ぶ語。◇いなっきい 鹿児島県喜界島983 ❸握り飯。沖縄県竹富島996

い-なあ（終助詞「い」に終助詞「なあ」が付いたもの）「いな」に同じ。＊洒落本・聖遊廓（1757）「ナンノイナアその美生とやらがせまいささの葉のよな心からその女子壱人におもひつめる」＊歌舞伎・五大力恋緘（1793）三幕「ちゃっと向ふへ往きいなア」＊歌舞伎・小袖曾我薊色縫（十六夜清心）（1859）三立「イイヱイナ、殿様が御案じで有らふと申（まうす）事いなア」

い-ない【以内】〔名〕①ある範囲の内側。↔以外。＊改正増補和英語林集成（1886）「コレヨリ inai（イナイ）イルベカラズ」②（時間、距離、その他数量や順位を表わす語について）ある基準を含んで、それより も数量の少ない範囲。基準になるものを含めないでいう場合もある。＊坊っちゃん（1906）〈夏目漱石〉一〇「隣りも後ろも一尺五寸以内に生きた人間が居て、其人間が又切れる抜き身を自分と同じ様に振り舞はすのだから」＊苦の世界（1918-21）〈宇野浩二〉五・二「一年以内にはきっと籍もなにもちゃんと入れるよ」＊清会典事例-兵部・緑営処分例「統轄官罰俸一年、不レ同㆑城在㆓百里以内㆒者㆑」 補注(1)適用、許容、要求される範囲を示す。語形上、「以外」と対応し、「環状線以内」「環状線以外」というような例は考えられるが、用法上「以外」との対応は普通には見られない。例えば、「東京以外の地」「猫以外の動物」など「以内」を対比させて用いることはできない。(2)通常、線上の数量については、「以内」は「未満」に類して、「一キロ以内―一キロ以上」のように「以上」に対応し、順位については、「一〇番以内―一一番以下」のように「以下」に対応する。なお、時間については、「一年以内に」に対しては、「一年を越えて（過ぎて）」などという。

い-ない【胃内】〔名〕胃の中。内部。＊吾輩は猫である（1905-06）〈夏目漱石〉二「胃内を掃除致し候」 発音〈標ア〉イ〈京ア〉イ

い-ない【意内】〔名〕心の中で思っていること。意中。＊浮世草子・国姓爺明朝太平記（1717）二「直に対談なされなば意内（ヰナイ）は大かたしれ申さん」 発音〈標ア〉イ

いな-い【稲井】〔名〕稲田にひく水を溜めてある所。＊金葉（1124-27）賀・三二五「苗代の水はいな井にまかせたり民やすげなる君が御代かな〈高階明頼〉」 発音〈標ア〉イ

いない【稲井】姓氏の一つ。発音〈標ア〉〇 辞書文明 表記稲井（文）

いない-いし【稲井石】〔名〕宮城県石巻市の稲井付近から採石する粘板岩。黒色。石碑、敷石などに用いられる。仙台石。

いないいない-ばあ〔連語〕手などで顔を隠して、「いないいない」と言った後、突然「ばあ」と顔を出して幼児をあやすときに言う語。また、そのしぐさ。いないないばあ。＊こども（1968）〈北杜夫〉一「じゃテルちゃん、ママがイナイイナイバアをしてあげましょ」 発音〈標ア〉イ

いな-いな【否否】〔感動〕（「いな（否）」の強め）いやいや。いえいえ。＊古今六帖（976-987頃）五・雑思「あしのやのこやのしのやの忍びにもいないなまろは人のつまなり」＊宇津保（970-999頃）蔵開上「若宮様器に人々御（おほん）つき入れさせ給ふ。『多しや』と聞え給へど『いないな』とてこぼさで参り給ふ」＊篁物語（12C後か）「『篁にかかり給へ』とて寄りければ『いで、いないな』と言ひて」 発音〈標ア〉イ 辞書書言 表記否々・辞々（書）

いないない-ばあ〔連語〕「いないいないばあ」に同じ。発音〈標ア〉バ

いない-ぼう【担棒】〔名〕方言⇩にないぼう（担棒）

いな-う【否諾】〔名〕不承知と承知。いやおう。発音〈標ア〉イ

イナウ〔名〕（アイヌ inau）《イナオ》アイヌが宗教儀礼に用いる道具の一つ。削り掛け（削り花）のようなもので、皮を取り去った柳などの小枝を削りかけて、采配（さいはい）のように垂らしたもの。御幣と同じように神にささげる。＊風に乗って来るコロポックル（1918）〈宮本百合子〉七「イレンカトムは、神聖なイナオ（木幣）の祭場所に永い祈念を捧げた」 辞書言海

いな-うしろ【稲―】枕 ⇩いなむしろ（稲筵）㊁

いな-うま【稲馬】〔名〕刈り取った稲を運ぶ馬。《季・秋》

いな-え【否―】〔感動〕（「え（ゑ）」は、感動の終助詞。「いな（否）」を強めたことば）いや、とてもとても。ああ、いやだなあ。＊琴歌譜（9C前）天人振「天人（あめひと）の 作りし田の石田は 伊奈恵（イナヱ） 石田は 己男（おのを）作れば かわらとゆらと鳴る 石田は 伊

奈恵（イナヱ） 石田は 伊奈恵（イナヱ）」 補注 用例ははやしことばとして用いられている。

いな-お【否諾】〘名〙「いなう（否諾）」に同じ。

いなおい-うま【稲負馬】〘名〙稲束を背負って運ぶ馬。＊黒潮（1902–05）〈徳富蘆花〉一・二・五「稲負馬の嘶きに日は暮れて、四郊の煙火蕭条と哀しきに」 発音 イナオイウマ〈標ア〉オ

いな-おおせ【稲負】〘名〙「いなおおせどり（稲負鳥）」の略。＊雑俳・柳多留–一二二（1833）「いなおおせかなと田辺は巻ほぐし」

いなおおせ-どり【稲負鳥】〘名〙古歌に多くよまれた鳥の名で、古今集秘伝三鳥（よぶこどり・ももちどり・いなおおせどり）の一つ。どんな鳥かは不詳だが、セキレイ、トキ、スズメ、クイナ、バン、タマシギなどに当てる諸説がある。《季・秋》＊新撰万葉（893–913）上「山田守る秋の仮廬に置く露は稲負鳥の涙なるべし」＊古今（905–914）秋上・二〇八「わがかどにいなおほせどりの鳴くなべにけさ吹く風にかりは来にけり〈よみ人しらず〉」＊十巻本和名抄（934頃）七「稲負鳥 万葉集云稲負鳥〈其読 伊奈於保勢度利〉」＊俊頼髄脳（1115頃）「いなおほせ鳥とはよくしれる人なし。にはたたきといへる鳥なめりといへる人あり。おしはかりごとなめり。このにはたたきといへる鳥はとつぎ教へ鳥とぞ申すなる」＊明月記–寛喜元年（1229）八月一九日「此三四日鶺鴒〈小鳥〉来鳴。炎暑雖ㇾ如二盛夏一、時節自至歟。鶩不ㇾ見、古今歌稲負鳥有二説々一、〈事不ㇾ切事也〉。予用二小鳥之説一。家隆卿多捨。〈赤羽用二矢鳥一也〉」＊俳諧・増山の井（1663）八月「稲負鳥 古今伝授ならては知がたし」＊浮世草子・好色一代男（1682）跋「稲負鳥は羽のない牛の事かと吾すむ里は津国桜塚の人にたづねても」 語源説 (1)イナオホセドリ（稲課鳥）。オホス（課）は稲刈を催促する意〔南留別志・嚶々筆語・和訓栞・大言海〕。(2)稲を刈り背に負わせる意〔百草露〕。(3)鳥の姿が稲を負っているに似ていることから〔和訓栞（増補）〕。(4)日本に稲の種をもたらしたという言い伝えから〔古今集註〕。(5)イモセヲシヘドリ（妹背教鳥）の転〔言元梯〕。 発音 イナオーセドリ〈標ア〉セ 辞書 和名・色葉・名義・下学・文明・明応・天正・易林・日葡・書言・言海 表記 稲負鳥（和・色・名・下・文・明・天・易・書・言）

いなおか【稲岡】姓氏の一つ。 発音〈標ア〉０

いな-お-かも【否諾―】〘連語〙（「いな」は否定、不承諾の意。「お（を）」は承諾や肯定の意を表わす感動詞。「かも」は疑問の終助詞）そうでないのか、そうであるのか、どちらか判断しかねる気持を表わすことば。いなおさの。＊万葉（8C後）一一・二五三九「あひ見ては千年や去（い）ぬる否乎鴨（いなヲかも）われや然（しか）思ふ君待ちかてに〈作者未詳〉」＊万葉（8C後）一四・三三五一「筑波嶺に雪かも降らる伊奈乎可母（イナヲカモ）かなしき児ろが布（にの）乾さるかも〈東歌・常陸〉」＊良寛歌（1835頃）「汝（なれ）はしも 文のひとはし 展（ひら）き見て なべてしかりと 思ひけむ 理（ことわり）なりや いなをかも いかにやいかに 山の上の憶良」 補注「を」を感動の終助詞と考え、「そうではないのかなあ」の意とする説もある。

いな-おさ【稲長】〘名〙（稲を扱う者の長の意）農夫。＊久安百首（1153）冬「降つもるしらねの雪はいなをさのかゐのけ衣ほすとみえけり〈藤原隆季〉」＊雅言集覧（1826–49）「いなをさ 稲長にて農民の事なるべし」

いな-お-さの【否諾―】〘連語〙「いなおかも（否諾―）」に同じ。＊風俗歌（9C前–11C中か）甲斐が嶺「甲斐が嶺に 白きは雪かや 伊奈乎佐乃（イナヲサノ） 甲斐の褻衣（けごろも）や 晒（さら）す手作や 晒す手作」 語誌「万葉集」などに見える「いなをかも」の変化ではないかといわれる。とすれば、「いな（否）を（諾）さの」と解されるか。「いなをかも」が慣用句化し、はやしことばの「さの」がとって代わって、一種のはやしことば的に用いられたらしい。なお、実際は、「稲長（いなをさ）の」とか「否（いな）長（をさ）の」などと解してうたっていたのではないかとも考えられている。

い-なおり【居直】〘名〙①居直ること。いずまいを正すこと。＊讃岐典侍（1108）下「参らせ給ひて、人々ゐなほりなどすれば」＊大鏡（12C前）四・道隆「この中納言まゐりたまへれば、うるはしくなりて、ゐなをりなどせられければ」②急に態度を変えること。＊肉塊（1924）〈谷崎潤一郎〉六「写真を写しかけて置いて中途で居直りされたんぢゃ、此方も強ひて否と云ふ事は出来ないからね」③「いなおりごうとう（居直強盗）」に同じ。〔日本隠語集（1892）〕④言ったことを違えること。⑤産婦が分娩後六日目に床に起きあがること。＊浄瑠璃・信州姥捨山（1730）四「はや居直（ヰナホ）りの六日だれ、跡の養生よい首尾好い首尾」⑥下がってきた相場が途中からまた上がること。出直り。〔取引所用語字彙（1917）〕 方言〘副〙そのまま。すぐに。島根県725 発音〈標ア〉０〈京ア〉０

いなおり-ごうとう【居直強盗】〘名〙盗みにはいった者が、家人に見つけられ、そこで強盗に変わること。また、その強盗。居直り。＊こゝろ（1914）〈夏目漱石〉下・四一「私にはKが其刹那に居直（ヰナホ）り強盗（ガウタウ）の如く感ぜられたのです」 発音 イナオリゴートー〈標ア〉ゴ〈京ア〉ゴ

い-なお・る【居直】〘自ラ五（四）〙①すわり直す。㋑いずまいを正す。＊枕（10C終）二二一・祭のかへさ「扇してかくし、ゐなほり、ひさしく待つもくるしく」＊源氏（1001–14頃）若菜上「宮もゐなをり給て、御物語し給ふ」＊愚管抄（1220）三・一条「『心うく、くちをしきことに侍るものかな』と申させ給ひける時、ゐなをらせ給ひて、『いかでかこれほどにおほせられんことをば、いなび申候べき。はやくおほせくだし候はん』と、内の御気色もまめやかになりておほせられければ」＊曾我物語（南北朝頃）九・鬼王、道三郎帰し事「鬼王いなをり、かしこまって申けるは」＊義経記（室町中か）七・平泉寺御見物の事「長吏事を聞て、座敷にゐなをりて、武蔵坊を呼びて」＊俳諧・曠野（1689）二・仲春「不図とびて後に居なをる蛙哉〈松下〉」＊闇桜（1892）〈樋口一葉〉下「少し起きて見る気なら、僕に寄りかかって居るがいいと抱き起せば、居直（ヰナホ）って、良さん、学校が試験中だと申すではございませんか」㋺すわり直して、強い言動に出ようと構える。＊平家（13C前）二・西光被斬「西光もとよりすぐれたる大剛の者なりければ〈略〉居なをりあざわらって申けるは」＊浮世草子・傾城禁短気（1711）五・三「むつかしう出るは極った事。その時居直（ヰナホ）り、『さう思召すは断（ことはり）〈略〉』と剃刀出して指か髪かを切って投げ出し」＊浄瑠璃・ひらかな盛衰記（1740）二「エエ邪魔な所へと、うろつく隙をそっと抜、千鳥は奥へ迯て行。景高居直り、ヤア軍内、急用とは気遣はし様子いかにと尋れば」＊婦系図（1907）〈泉鏡花〉後・三六「長く成って笑ひながら聞いて居た主税が、屹（きっ）と居直って、『ぢゃ貴女は、御自分に面じて、お妙さんを嫁に欲いと言ふんですか』」②きまった場所にきちんと身を落ちつける。＊太平記（14C後）四・笠置囚人死罪流刑事「松の一村ある下に、御輿を舁居たれば、敷皮の上に居直（イナヲラ）せ給ひて、又硯を取寄せ、閑々と辞世の頌をぞ被ㇾ書ける」＊三国伝記（1407–46頃か）四・三「『速に此の儀を止めて座に還れ。我汝に語ん』と云。爰に阿闍梨語（ことば）に随って即居直（イナヲリ）ぬ」＊日葡辞書（1603–04）「Inavori, ru, otta（イナヲル）〈訳〉座に落ち着く」＊人情本・貞操婦女八賢誌（1834–48頃）六・五六回「身には道衣を着せしが、かの白屋（くさのや）に找（すす）み入り、稍上座にぞ居直（ヰナホ）りける」③（①㋺から「すわり直す」の意が失われて）自分の立場が不利になったり、欠点、弱点を突かれたりしたときなど、相手に対して逆に強い態度やおどすような態度に出る。＊或る女（1911–19）〈有島武郎〉後・三七「木部はどうかすると居直るやうな事をしかねない男だと葉子は兼ねて思ってゐたからだ」＊暢気眼鏡（1933）〈尾崎一雄〉一「私は全然居直った形でSを見返すと、『為方がないんだ』とふてぶてしい声を出した」④後になって利（収入や役柄など）が多くなることをいう、芝居仲間の隠語。＊南水漫遊拾遺（1820頃）四「居直る 後に利強ふなる事」 発音〈標ア〉オ〈ア史〉江戸◎◎○○〈京ア〉０ 辞書 日葡・ヘボン・言海 表記 居直（へ・言）

い-なか【田舎】〘名〙①都会から離れた土地、地方。都以外の所。また、人家が少なく、へんぴな所。在郷。鄙（ひな）。＊書紀（720）垂仁二年一〇月（北野本訓）「黄牛（あめうじ）田器（たつはもの）を負て田舎（ヰナカ）に将往（ゆ）く」＊万葉（8C後）三・三一二「昔こそ難波居中（ゐなか）と言はれけめ今は京（みやこ）引き都びにけり〈藤原宇合〉」＊伊勢物語（10C前）五八「ゐなかなりければ、田刈らんとて」＊方丈記（1212）「京のならひ、何わざにつけても、みなもとはゐなかをこそ頼めるに」＊蔭凉軒日録–文明一九年（1487）正月一八日「愚云、其時当院主龍崗也。大内帰依僧也。若取二此舎利一下二向夷中一。則可ㇾ在ㇾ彼」＊日葡辞書（1603–04）「Inaca（イナカ）〈訳〉田舎、または、町や主な都会を除いた所。一般にゴキナイ（五畿内）の外をいう」＊仮名草子・都風俗鑑（1681）二「都にては、女子のかたちよきをもてば田舎（ヰナカ）へくだし」＊小学読本（1874）〈榊原・那珂・稲垣〉五「仏蘭西の田舎にラフヒットと云ふ貧しき小童あり」②地方にある生まれ故郷、または、親などの出身地。郷里。「連休にいなかへ帰る」＊尋常小学読本（1887）〈文部省〉六「正雄は、姉のお清と共に、田舎の叔母を訪はんとて、並木のある道を通りしが」③（名詞の上に付けて接頭語のように用いる）田舎でよくありそうなさま、野卑、下品、粗暴などのさまにいう語。＊古事談（1212–15頃）二・二条長実着水干装束問于遊女事「布衣之時、似二田舎五位一」＊源平盛衰記（14C前）一三・高倉宮信連合戦「奇怪なる田舎検非違使共かな」④「いなかおたる（田舎御樽）」の略。＊御湯殿上日記–文明一四年（1482）一一月二日「御みやけいなか一か」＊御湯殿上日記–明応六年（1497）三月九日「山ふき一おり。いなか一かまいる」⑤「いなかざけ（田舎酒）」の略。＊言継卿記–天文一三年（1544）正月二九日「今朝広橋よりゐ中とて樽一、両種、出立に可二受用一とて被ㇾ送候了」⑥「いなかじるこ（田舎汁粉）」の略。＊明治世相百話（1936）〈山本笑月〉甘党随喜の名代汁粉「甘党の随喜した汁粉の味、明治時代には名代の汁粉屋も多く、それぞれ自家特製の持味に御膳、田舎、小倉、塩餡乃至は白餡の上品まで口当りのよさ」⑦下等芸者、酌婦などをいう、てきや仲間の隠語。〔隠語輯覧（1915）〕⑧二人以上が共謀して、いなか者をだまして金品をまきあげることをいう、詐欺師仲間の隠語。〔隠語輯覧（1915）〕 語誌 (1)①は、中古以前は、都から離れた土地をいい、たとえば「伊勢物語–五八」の例は、平安京の外にある長岡をさす。類義語「ひな」は畿外の地をいうが、次第に古語となった。(2)「ゐなか」は、「みやこ」の対として、蔑視されていたとは限らない。上代のいわゆる両貫貴族の本貫の地、すなわち生産を営む場をさす場合には侮蔑性は少なく、都会的洗練を経ないものとしては、次第に、蔑称の意識が強まり、その意味での数多くの複合語をつくる。(3)中世では京都郊外よりさらに外の地、また単に地方の意にも使われたらしい。「大乗院寺社雑事記」によると、奈良では南部の岩井河を境にその南を「田舎」といっている。また、「大坂繁花風土記」では「近世、大坂語では、遠国を『田舎』、近国を『在所』と区別したのに対し、京都語には、この区別がなかった」という。 語源説 (1)ヰの中の意。ヰは民居、家居のこと〔地名の研究＝柳田国男〕。(2)ヰはタヰ（田居）の田に関した名。ナカは人居の意か〔箋注和名抄・和訓栞・万葉集辞典＝折口信

夫〕。タヰナカ（田居中）の意〔類聚名物考・名言通・三養雑記・菊池俗言考・大言海〕。(3)タヰノカ（田居之所）の約〔万葉考〕。(4)ヒナカ（鄙処）の転〔名語記・日本古語大辞典＝松岡静雄〕。ヒナカ（毘那家）の義〔和語私臆鈔〕。(5)ヰナカ（井中）の義〔言元梯〕。(6)水のヰル（集）処、すなわち田中の義〔国語の語根とその分類＝大島正健〕。(7)イネ（稲）ノ-ナカ（中）、または、ヰナカ（夷中）の義〔和句解〕。イネナカ（稲中）、イナカ（稲家）の義〔両京俚言考〕。 発音〈標ア〉[0]〈京ア〉[0] 辞書 色葉・名義・和玉・文明・天正・饅頭・黒本・易林・日葡・書言・ヘボン・言海 表記 田舎（色・名・文・天・饅・易・ヘ・言）夷中（文・天・饅・黒・易・書）為中（天・饅・黒）鄙（名・玉）田家（色）夷（文）

いなか に 京（きょう・みやこ）あり 田舎にもにぎやかな所、みやびた点がないわけではない。また、悪い土地にも良い所がある。＊俳諧・毛吹草（1638）二「京にゐなかあり、ゐ中にきゃうあり」＊浮世草子・世間妾形気（1767）一・三「自然に育も鄙びず、なよやか成る立ふるまひは、田舎に京の女房ぶり多かる中にも」＊歌舞伎・樟紀流花見幕張（慶安太平記）（1870）五幕「日本一の有馬の湯治場、〈略〉名に負ふ箱根の七湯にも勝り劣らぬこの繁華、これ等が田舎（ヰナカ）に京（ミヤコ）ありだなあ」

いなか の 芋掘（いもほ）り 田舎の百姓。農民を卑しんで呼ぶ語。

いなか の 学問（がくもん）より京（きょう）の昼寝（ひるね） 田舎にいて勉学するよりも、都にいて昼寝している方がまさっているの意。都では自然と見聞を広めることができることのたとえ。

い-なか【亥中】『名』①亥の刻の上刻と下刻との間。亥の刻の中頃。現在の午後一〇時頃にあたる。＊俳諧・犬子集（1633）三・牡丹「月出は亥中にも見よ廿日草（はつかくさ）〈慶友〉」＊読本・南総里見八犬伝（1814-42）一・七回「時に漏刻（ろうこく）高く音して、夜ははや亥中（ヰナカ）になりにけり」②「いなか（亥中）の月」の略。

いなか の 月（つき） （亥の刻（午後九時～一一時頃）東天に上ることから）陰暦二〇日の夜の月。亥中月。更待月（ふけまちづき）。はつかの月。《季・秋》＊浮世草子・国姓爺明朝太平記（1717）五「廿日亥中（イナカ）の月白く」＊浄瑠璃・蘆屋道満大内鑑（1734）二「廿日亥（ヰ）中の月しろも、東の山にあかねさす」＊俳諧・七柏集（1781）蓬萊菴興行「松蔭に亥中の月の薄明り〈文雅〉薪の燃かねる舟の露霜〈蓼太〉」＊読本・椿説弓張月（1807-11）拾遺・四六回「さる程に為朝は、海より昇る亥中（ヰナカ）の月（ツキ）も」

いな-か【稲架】『名』「いなぎ（稲木）」に同じ。《季・秋》 辞書 言海 表記 亥中月（言）

いなか『名』 方言 ⇩いえなか（家中）

いなか-あきない【田舎商】『名』田舎を商売のためにまわり歩くこと。また、その商売。＊浮世草子・傾城色三味線（1701）湊・二「田舎商（イナカアキナ）ひなされますなら、ずいぶん御情入られまして」＊浮世草子・世間娘容気（1717）五「しかしぶ遠慮ながらこなたの妹御は内儀にかはって又なきふ孝者。田舎（イナカ）あきなひなされうなら、お袋の側につけて永留主は御無用と、目顔にしわよせいひければ」 発音〈標ア〉[ア][キ]

いなか-ありき【田舎歩】『名』「いなかあるき（田舎歩）」に同じ。＊増鏡（1368-76頃）一四・春の別「ゐ中ありきしげかりしも、今ぞみな人思ひあはせける」

いなか-あるき【田舎歩】『名』田舎をめぐり歩くこと。また、芸人や商人が、田舎をあちこち歩いてかせぐこと。いなかありき。＊評判記・新野郎花垣（1674）玉沢初之丞「此君田舎あるきのときはさほどには見えざりしかいまはきりゃうよほどにして物いひしほらしくとりなり少うし」＊談義本・当世下手談義（1752）序「此草紙は、新米所化が、田舎（イナカ）あるきの稽古談義」＊人情本・春色恵の花（1836）二・七回「藤兵衛つらつらお由を看（みる）に、田舎あるきのくはせもの、すれっからしの旅かせぎ」

いなかいえ-だ・つ【田舎家立】『自タ四』（「だつ」は接尾語）いかにも田舎家風である。＊源氏（1001-14頃）帚木「ゐなかいゑだつ柴垣して、前栽など心とめてうゑたり」 発音〈標ア〉[ア]

いなか-いし【田舎医師】『名』「いなかいしゃ（田舎医者）」に同じ。＊雑俳・柳多留-七六（1823）「田舎医師六本足でのり廻し」

いなか-いしゃ【田舎医者】『名』田舎の開業医。在郷医者。＊雑俳・川柳評万句合-天明二（1782）桜三「とこの間にのりくらの有いなかいしゃ」＊雑俳・柳多留-四九（1810）「田舎いしゃヒをなげては馬で逊」 発音〈標ア〉[イ]²

いなか-いも【田舎芋】『名』田舎から売りに来る芋。＊雑俳・柳多留-一（1765）「長屋中手ごみにはかる田舎芋」 発音〈標ア〉[カ]

いなか-いろ【田舎色】『名』田舎の人たちの色事。＊雑俳・柳多留-八（1773）「田舎いろあかねと浅黄まくり合」＊雑俳・柳多留-一三（1778）「弐番鳥うたってかえる田舎色」 発音〈標ア〉[カ]

いなか-うた【田舎歌】『名』①田舎で歌われる俗謡。ひなうた。俚謡。＊滑稽本・浮世風呂（1809-13）四・下「瞽女節（ごぜぶし）をはじめとして、すべての田舎唄（ヰナカウタ）は、濁音で音声がだみてゐやす」②歌舞伎の下座で、田舎の場面などに用いられる歌。在郷唄。＊戯場訓蒙図彙（1803）三「囃子名目拾遺〈略〉田舎唄（イナカウタ）二上リ」 発音〈標ア〉[0]

いなか-うど【田舎人】『名』（「いなかびと」の変化した語）「いなかもの（田舎者）①」に同じ。＊太平記（14C後）一一・金剛山寄手等被誅事「偕老の枕の上に契（ちぎり）を成す貞女もむくつけげなる田舎人（イナカウド）どもに奪はれて」＊伊京集（室町）「夷中人 ヰナカウド、為中人 同、田舎人 同」＊浮世草子・宗祇諸国物語（1685）四・狂歌忘憂「心ざまやさしく、いなかうどには珍しく物うちいひたるいやしからず」＊人情本・春色恵の花（1836）初・六回「旅へ家業（かせぎ）に出（いで）て田舎人（ヰナカウド）のために身をいやしめられ」＊伊蘇普物語（1873）〈渡部温訳〉五七「或傖父（ヰナカウド）、家児兄弟喧嘩して家眷（かない）の閲墻（おだやかなら）ぬを憂へ」 発音〈標ア〉[カ] 辞書 伊京・明応・天正・黒本・易林・日葡・書言・言海 表記 田舎人（伊・明・易・書・言）夷中人（伊・明・天・黒）為中人（伊・明）鄙野人・村裏人（書）

いなか-うば【田舎乳母】『名』田舎出の、都会に慣れない乳母。＊雑俳・柳多留-三（1768）「田舎うば駕籠で二三度へどをつき」

いなか-うま【田舎馬】『名』田舎で農事などにつかう馬。＊雑俳・柳多留-一（1765）「えり元（もと）のうっとしそうな田舎馬」 発音 イナカウマ〈標ア〉[カ]

いなか-えしん【田舎恵心】『名』仏語。恵心流を主とした田舎天台。

いなか-えびす【田舎夷】『名』田舎者を軽蔑していう語。＊浄瑠璃・薩摩歌（1711頃）中「さすがはいなかゑびすよなふ」＊浄瑠璃・日本武尊吾妻鑑（1720）一「思へば思へば天下の為なればとて、ゐなかえびすの妻と成、お身をけがし」 発音〈標ア〉[エ]

いなか-おこし【田舎粔籹】『名』粳（うるち）米を蒸して日にさらし、干飯としたもの。＊随筆・守貞漫稿（1837-53）二八「今世は粳（うるち）米を蒸して日に晒し干いいとなして後水飴と砂糖を以て煉〻之筥（はこ）に納れさまし拍子木の形に截る 今俗右のほしいいのままなるを田舎おこしと云也 江戸にての名也」

いなか-おたる【田舎御樽】『名』濁り酒をいう女房詞。田舎九献。田舎九文字。いなか。＊御湯殿上日記-文明一二年（1480）正月一三日「きたこうちとのよりをり五かう。いなか御たる二かまいる」

いなか-おち【田舎落】『名』首都・大都会での生活に見切りをつけたり、いられなくなったりして、地方に居住したり、就職したりなどすること。都落ち。＊ある日本宿（1930）〈正宗白鳥〉「帝劇や歌舞伎の光景は、日本で田舎落ちをした東京生れの婦人と同様に、文明国の大都会に来てゐる、関東生れのこの主婦の心を惹くのであった」

いなか-おとこ【田舎男】『名』田舎に住む男。田舎育ちの男。田舎出の男。＊評判記・色道大鏡（1678）二「又田舎おとこの、俄に本国へくだるなどには、金銀もくるしからず」＊当世書生気質（1885-86）〈坪内逍遥〉六「ある医学校の生徒にして、もう一二年で卒業する、野々口精作といふ田舎男（イナカヲトコ）」 発音〈標ア〉[0]

いなか-おやじ【田舎親爺】『名』田舎者の、または田舎者じみている中年以上の男を軽蔑していう語。 発音〈標ア〉[オ]

いなか-おんな【田舎女】『名』田舎に住む女。田舎育ちの女。田舎出の女。＊大阪の宿（1925-26）〈水上滝太郎〉一三・一「此の田舎女が何んとかして肱鉄砲を喰はせてくれればいいのにと念じてゐたが」 発音〈標ア〉[オ]

いなか-がくもん【田舎学問】『名』時勢の進歩に遅れた古くさい学問。＊随筆・配所残筆（1675）「乍ㇾ然田舎学問之者師を仕候と相見え」 発音〈標ア〉[ク]

いなか-かせぎ【田舎稼】『名』都会の商人、芸人などが田舎へ行ってかせぐこと。また、その人。いなかまわり。＊塩原多助一代記（1885）〈三遊亭円朝〉六「多助も色白で短身（こづくり）な、温良（おとな）しい好い男で御座いますが、田舎稼ぎを致しますから千々穢（ぢぢむさ）く」＊婦系図（1907）〈泉鏡花〉後・四「『旅馴れた田舎稼ぎの…』（女俳優）と云ひさうだったが」 発音 イナカカセギ〈標ア〉[カ]²

いなか-かたぎ【田舎気質】『名』田舎者特有の気質。田舎の人に共通した素朴、粗野な気風、性格。田舎気。＊浄瑠璃・狭夜衣鴛鴦剣翅（1739）二「そろそろおいどがあたたまり、めだれを見ての口ごたへか。いなかかたぎはまに合にくい」＊人情本・貞操婦女八賢誌（1834-48頃）二・四回「されば此由聞き附けて、親しき疎き隔て無く、寄集ひ来る人々は、田舎気質（ヰナカカタギ）の頼母敷く、頼まぬ事も誰れ彼れと、手分をなして立働き」＊真景累ケ淵（1869頃）〈三遊亭円朝〉六九「江戸を見たこともなし、大生（おほな）の八幡へも行ったことアなえといふ田舎気質（ヰナカカタギ）の母様だから」 発音 イナカカタギ〈標ア〉[カ]²

いなか-ぎ【田舎気】『名』「いなかかたぎ（田舎気質）」に同じ。＊浮世草子・好色万金丹（1694）三・三「比津につきしより一日も外にあそばぬ日舎気（イナカギ）は、あまり一すぢにて野父（やぼ）らしや」＊此ぬし（1890）〈尾崎紅葉〉一「田舎気（ヰナカギ）の質素が都門風（みやこかぜ）に散らざるは、心をある物に奪はれてなるべし」 発音 イナカギ〈標ア〉[カ]

いな-がき【稲垣】『名』刈り取った稲を稲木に垣のように掛けつらねて干してあるもの。《季・秋》＊御伽草子・鶴の草子（有朋堂文庫所収）（室町末）「人近づかば飛び去り、小田のかたへの稲垣（イナガキ）は、天の網とにしはる程〈一桂〉」＊俳諧・類題発句集（1774）秋「稲垣や秋十分思ふべし」 方言 刈り束ねた稲を掛け並べて干す木組み。稲掛け。稲架（はさ）。兵庫県加古郡664 発音 イナガキ〈標ア〉[ナ] 辞書 書言 表記 稲垣（書）

いながき【稲垣】 姓氏の一つ。 発音 イナガキ〈標ア〉[ナ]

いながき-たるほ【稲垣足穂】 小説家。大阪の人。天体と文明の利器を題材にした幻想的な作品で注目され、のち少年愛をテーマにした作品を書いた。小説「一千一秒物語」「彌勒」、エッセイ「A感覚とV感覚」など。明治三三～昭和五二年（一九〇〇～七七）

いなか-きゃく【田舎客】〘名〙(「いなかぎゃく」とも) ①都会の遊里へ来る田舎者の客。＊浄瑠璃・冥途の飛脚(1711頃)上「しってのの通り梅川がゐなか客」 ②地方からの来客。田舎者の客。＊雑俳・柳筥(1783-86)四「田舎客飯と汁とをぬけに喰」＊泥人形(1911)〈正宗白鳥〉五「田舎客はそれを珍らしがって、この会を厳かに感じた」＊茶話(1915-30)〈薄田泣菫〉弁護士「田舎客(ヰナカキャク)が口を出した」 発音〈標ア〉カ

いなか-きょうし【田舎教師】㊀〘名〙田舎の学校に勤めている教師。＊小春(1900)〈国木田独歩〉三「自分は田舎教師(ヰナカケウシ)として此所に一年間滞在して居た」 ㊁小説。田山花袋作。明治四二年(一九〇九)刊。志をいだきながら、貧しさのために苦悩する片田舎の代用教員を描く、日本自然主義文学の代表作の一つ。 発音イナカキョーシ〈標ア〉キョ

いなか-くこん【田舎九献】〘名〙(「くこん」は酒の意)「いなかおたる(田舎御樽)」に同じ。＊御湯殿上日記-文明一四年(1482)六月三日(頭書)「いなかくこんなとよくまいりて」

いなか-くさ・い【田舎臭】〘形口〙(言葉、態度、服装、味などが)いかにも田舎のものという感じで、洗練されていない。やぼったい。どろくさい。＊疑惑(1913)〈近松秋江〉「田舎臭い東京言葉で私に喰って掛るやうに言った」＊こゝろ(1914)〈夏目漱石〉中・一「私は仕舞に父の無知から出る田舎臭(ヰナカクサ)い所に不快を感じ出した」＊豊年虫(1928)〈志賀直哉〉「ただ汁がいかにも田舎臭く、折角の蕎麦を十二分には味(あぢは)はしてくれなかった」 発音〈標ア〉サ〈京ア〉カ／ク

いなか-くじ【田舎公事】〘名〙田舎者の、また、田舎で起こった訴訟。＊雑俳・柳多留-五(1770)「やれでかいたくみをしたと田舎公事」

いなか-くだり【田舎下】〘名〙①田舎に行くこと。下国。＊梵舜本沙石集(1283)七・一「或殿上人、田舎下(ヰナカクダリ)の次に、遊女を相具して上洛せられけるが」＊四河入海(17C前)二〇・三「呂希道が如き名人を不挙用して、夷中くたりをさする程に、坡が嘆息ぞ」 ②「いなかあきない(田舎商)」に同じ。＊仮名草子・仁勢物語(1639-40頃)上・二三「をかし、ゐ中くだりしける人の子ども、猪(しし)をゆでてくらひけるを」 発音〈標ア〉ク

いなか-ぐち【田舎口】〘名〙①田舎者のしゃべり方。田舎者の言うこと。＊浮世草子・好色由来揃(1692)五「鼻毛ぬきを出さぬかといへば、ていしゅ打わらひ、此町にかぎらず、すべてかやうの分里に、はなげぬきは禁物、ただながかれといのる鼻毛をと申、是はていしゅいなかぐちにはまれなと、これより酒になって」 ②都会から郊外への出入口。＊葬列(1906)〈石川啄木〉「田舎口から入って来る炭売薪売の馬の、冴えた鈴の音が」 発音イナカグチ〈標ア〉0

いなか-くもじ【田舎九文字】〘名〙(「くもじ」は「くこん(九献)」、酒の意)「いなかおたる(田舎御樽)」に同じ。＊御湯殿上日記-慶長五年(1600)五月六日「いなかくもしのおけ二つまいる」

いなか-ぐらし【田舎暮】〘名〙都会ではなく、いなかで生活すること。＊美しい村(1933-34)〈堀辰雄〉序曲「どうぞ、都会にゐたたまれないでこんな田舎暮しをするやうなことになってゐる僕を不幸だとばかりお考へなさらないで下さい」 発音イナカグラシ〈標ア〉グ

いな-かけ【稲掛】〘名〙①刈り取った稲を稲木に掛けること。《季・秋》 ②「いなぎ(稲木)」に同じ。《季・秋》＊日葡辞書(1603-04)「Inacaqe(イナカケ)〈訳〉刈り取った稲の小さな束をかける木。また、その場所」 発音〈標ア〉0ナ 辞書日葡

いなか-げい【田舎芸】〘名〙田舎で身に着けた芸。田舎者の芸。また、田舎でしか通用しない芸。＊俳諧・山の井(1648)年中日々之発句・五月「しもつけの花よをそきはいなかげい」＊浮世草子・傾城歌三味線(1732)三・二「我ながら粋じゃと思ふたが、さすがは田舎芸(ヰナカゲイ)じゃ」 発音イナカゲイ〈標ア〉カ

いなか-げいしゃ【田舎芸者】〘名〙田舎育ちの芸者。田舎で働いている芸者。また、芸のへたな芸者を軽蔑していう語。＊苦の世界(1918-21)〈宇野浩二〉二・一「親父はやっとまうけた一万円の金を〈略〉一田舎芸者につかったのです」＊雪国(1935-47)〈川端康成〉「十九や二十の田舎芸者の三味線なんか高が知れてるはずだ」 発音イナカゲイシャ〈標ア〉ゲ

いなか-けいせい【田舎傾城】〘名〙地方の洗練されていない遊女を軽蔑していう語。＊評判記・色道大鏡(1678)三「これ程の事さへ、いなか傾城のしらざるこそあはれに侍れ」 発音イナカケイセイ〈標ア〉ケ

いなか-げじょ【田舎下女】〘名〙田舎から出て、まだ都会に慣れない下女。軽蔑していう。＊雑俳・柳多留-一五(1780)「いなか下女真綿といっそつかみ合」＊雑俳・川傍柳(1780-83)四「田舎下女平気て江戸を馬に乗」 発音〈標ア〉ゲ

いなかげんじ【田舎源氏】歌舞伎所作事。富本。清元。三世桜田治助作詞。名見崎友治作曲。初世花柳寿輔振付。本名題「名夕顔雨旧寺(なにゆうがおあめのふるでら)」。嘉永四年(一八五一)江戸市村座初演。柳亭種彦の「偐紫(にせむらさき)田舎源氏」を脚色した歌舞伎脚本「源氏模様娘雛形(げんじもようふりそでひながた)」の野中の古寺の場を舞踊化したもの。明治以後は、「田舎源氏露東雲(つゆのしののめ)」の名題で上演されている。

いなか-ごうし【田舎合子】〘名〙田舎で用いる、ふたのある椀(わん)。＊平家(13C前)八・猫間「田舎合子のきはめて大に、くぼかりけるに、飯うづだかくよそひ」＊源平盛衰記(14C前)三三・光隆卿向木曾許「田舎合子(イナカガウシ)の大に尻高く底深に」

いなか-ごえ【田舎声・田舎音】〘名〙ひなびて洗練されていない声を軽蔑していう語。＊玉塵抄(1563)五「ここらに京音になったいなかごえになったと云心ぞ」＊三体詩素隠抄(1622)三・二「彼の海南の、日南国の客僧に、逢ひたれば、ゑびすの、いなか音にて、わどのは、何にたる家種姓の人ぞ。なにと云ふ人ぞやと。たづねたとぞ」＊浮世草子・懐硯(1687)五・一「ほとゝぎすの田舎(イナカ)ごゑさへめつらしく」 発音イナカゴエ〈標ア〉ゴ

いなか-ごき【田舎御器】〘名〙田舎者の使うような粗末な塗り椀。＊天草本平家(1592)三・一「ina-ca goqi(イナカ ゴキ) ノ アラウ ヌッタ ガ、キワメテ ヲウキュウ、フカイ ニ メシ ヲ ヲシツケテ イレテ」

いなか-ごし【田舎輿】〘名〙身分の高くない者の乗る粗末な輿。＊説経節・わうしゃうぐん(1669)四「あらいたはしや照君は、のりもならはぬ、いなかごしにめされつつ」

いなか-ごと【田舎事】〘名〙田舎めいて洗練されていない事柄をいう。＊申楽談儀(1430)勧進の舞台翁の事「二ばんつづけて舞ふこと有。浅(あさま)しきいなかごと也」

いなか-ことば【田舎言葉】〘名〙田舎の人の使う言葉。田舎弁。＊滑稽本・浮世風呂(1809-13)二・上「鄙言(イナカコトバ)の、何ちふことだの、角(かん)ちふことだのといふのも」＊当世書生気質(1885-86)〈坪内逍遥〉三「言葉も地方言葉(イナカコトバ)そっくりだし」 発音〈標ア〉コ〈京ア〉コ

いなか-ごのみ【田舎好】〘名〙(形動)田舎者が好むようなさま。派手で目だつような色彩、きらびやかな飾り、野暮な調子のものなどにいう。＊続俳諧師(1909)〈高浜虚子〉四七「田舎風の丸髷に田舎好(ヰナカコノ)みの生々しい色をした手絡(てがら)を挂けてゐた」 発音イナカゴノミ〈標ア〉ゴ

いなか-ざけ【田舎酒】〘名〙田舎で醸造した酒。地酒。＊言継卿記-天文一四年(1545)二月一九日「吉見下総守被居候。盃被出。吸物等にて田舎酒及数盃」＊俳諧・文政句帖-八年(1825)六月「いなか酒裸で呑がぎをん哉」 発音〈標ア〉カ

いなか-さた【田舎沙汰】〘名〙在地にあって、その土地に関する支配、管理などをとりしきること。＊高野山文書-建永元年(1206)七月一三日・僧鑁阿書状(大日本古文書一・九)「田舎沙汰に為器量者を尋取、早々可下遣者也」

いなか-ざとう【田舎座頭】〘名〙田舎ずまいの座頭。＊浮世草子・傾城禁短気(1711)三・四「座頭をつれてお出なされしに、田舎(ヰナカ)座頭とて酒をすごし」＊歌舞伎・高麗大和皇白浪(1809)三立「隼人、田舎座頭(ヰナカザトウ)の形(なり)にて出て」 発音イナカザトー〈標ア〉ザ

いなか-ざぶらい【田舎侍】〘名〙(「いなかざぶらい」とも)田舎に住んでいる侍。田舎出身で態度、みなりなどの卑しい侍。また、粗野粗暴な侍を軽蔑していう語。田舎武士。田舎武者。いなかざむらい。＊吾妻鏡-建暦二年(1212)六月七日「於御所侍所、宿直田舎侍起闘乱、即時死者二人」＊曾我物語(南北朝頃)一・おなじく伊東が死する事「礼義正しくして男柄尋常なりければ、いなかさぶらひともなく心にくしとて」＊読本・椿説弓張月(1807-11)前・四回「田舎侍(ヰナカサフラヒ)の私に物詣するごとく打扮(いでたち)て」 発音〈標ア〉サ

いなか-ざむらい【田舎侍】〘名〙「いなかさぶらい(田舎侍)」に同じ。＊政談(1727頃)四「徒士杯渡者を不用、田舎士計連なば」＊咄本・酉のおとし噺(1777)いなかざむらひ「いなかざむらひをつれだち、りゃうごくばしのゆふすずみとでかけ」＊社会百面相(1902)〈内田魯庵〉犬物語「楠殿が高時の酒九献肴九種を用ゆるを聞いて驕奢(おごり)の甚だしいのを慨嘆したといふは、失敬ながら田舎侍(ヰナカザムラヒ)の野暮な過言(いひすぎ)だネ」 発音〈標ア〉ザ〈京ア〉ザ

いなか-さわぎ【田舎騒】〘名〙下座音楽の一つ。田舎の料理屋や女郎屋の場面などに用いる。宿場騒ぎ。 発音イナカサワギ〈標ア〉サ

いなか-し【田舎師】〘名〙地方の祭礼などを回って、すり、窃盗をはたらく者をいう、盗人仲間の隠語。〔隠語構成様式幷其語集(1935)〕

い-ながし【居流】〘名〙連日、同一の場所で遊興を続けること。居続け。＊洒落本・大通契語(1800)「どなた様もどうで御座ります、今夜はすぐにいながしは」

い-ながし【射流】〘名〙弓道競技の一つ。遠矢という細い羽根を用いた軽い矢を射て、その飛んだ距離によって勝負を決める。＊長沢聞書(17C前か)「京にて勧進的仕候には、射ながしとてさし矢星をかけ候て、弓場の作法もなしに射申候」 発音イナガシ〈標ア〉0

いなか-しばい【田舎芝居】㊀〘名〙①近世、三都(江戸・大坂・京都)の俳優が、三都以外の地方で興行する芝居の称。また、広くいなか回りの役者が演ずる芝居をもいう。＊評判記・役者口三味線(1699)京・都は花の下しぐみ「十二三よりみがきたてられ、田舎(イナカ)しばゐをへめぐり、次第あがりにげいをしあげ、京大坂のしばゐへ出るもあり」＊評判記・古今役者大全(1750)一・田舎芝居の事「田舎芝居(ヰナカシバヰ)の第一にたつは伊勢の古市なり」＊洒落本・田舎芝居(1787)二立目「抑(そもそも)田舎芝居の構(かまへ)といっぱ薦垂(こもだれ)にて四方をかこみ、栗丸太を縄ゆひにしたる鼠木戸」 ②農夫などの素人が、鎮守祭や豊年祭などの余興に催す芝居。 ③芝居で、不完全な設備や不出来な演技などが目に余る場合に、これをののしって

しっていう語。㊁洒落本。一冊。万象亭（まんぞうてい＝森島中良）作。天明七年（一七八七）刊。越後国妻有郷南鐙坂村の縮市に催される旅芝居興行を、方言や色模様を盛りこんで面白おかしく描いたもの。江戸の遊里遊女のうがちに終始する洒落本の反動として書かれた作品で、滑稽本「道中膝栗毛」のさきがけともなった。発音〈標ア〉シ〈京ア〉シ

いなかしばい の 五郎（ごろう）（田舎の素人芝居の役者が演ずる曾我五郎は、力むしぐさばかりで、趣のある芸ができないところから）ただむやみと力む者をののしっていう言葉。＊黄表紙・人心両面摺（1801）「りんきの表〈略〉これがきにくはぬのあれがすまぬのといいなかしばいの五郎をみるよふにやたらりきみ」

いなか-じま【田舎縞】『名』家で織った質素な縞物。手織り縞。＊ゆく雲（1895）〈樋口一葉〉上「はじめて此家へ来たりしは十八の春、田舎縞（イナカジマ）の着物に肩縫あげをかしと笑はれ」＊俳諧師（1908）〈高浜虚子〉三一「今張ってゐるのは木綿のごつごつした田舎縞（ヰナカジマ）で」発音〈標ア〉0

いなか-じ・みる【田舎染】『自マ上一』言動、服装、または様子などが、田舎くさくなる。田舎びる。＊人情本・契情肝粒志（1825-27）四・中「客人達の洒落が、田舎染（ヰナカジミ）切って居らァ」＊恋慕ながし（1898）〈小栗風葉〉一三「片側松並木の田舎染（ヰナカジ）みた土手へ出て、其戸（そこ）の明い橋を渡ると洲崎の廓（くるわ）である」＊思出の記（1900-01）〈徳富蘆花〉五・五「着物が田舎じみて居らふとも」発音〈標ア〉ミ〈京ア〉0

いなか-しゅ【田舎衆】『名』田舎の人たち。また、田舎から出てきた人たち。＊咄本・昨日は今日の物語（1614-24頃）下「ゐ中衆、久しく在京して国へ下るとて、山崎にとまり」＊咄本・軽口御前男（1703）五・一一「大坂堀江に相撲有しに、ついにみた事もないいなかしゅ、見物して国へ帰りければ」＊浮世草子・薄紅葉（1722）四「いなかしゅも、都はこつじきまでくちがよいとおどろきし」発音〈標ア〉カ

いなかしゅぎょう【田舎修行】『名』地方へ出かけて、または、地方において修行すること。＊俳諧・文化句帖-補遺（1806-11）「耕舜先生挽歌〈略〉彼は我をちからに思ひ、我はかれをたよりにしたひて、田舎修行のかへるさにも、十度が十度立よりて」発音イナカシュギョー〈標ア〉シュ

いなか-じゅしゃ【田舎儒者】『名』田舎に住み、世事にうとい儒者。見聞の狭い地方の学者をあざけっていう語。村夫子（そんぷうし）。発音〈標ア〉ジュ

いなか-しゅと【田舎衆徒】『名』中世、奈良興福寺の衆徒で、田舎（奈良市外）に在住したもの。＊大乗院寺社雑事記-応仁二年（1468）一一月二七日「以後寺住輩は一度に大鳥居に罷向、田舎衆徒等より前に進出也」

いなか-しょうもん【田舎蕉門】『名』低俗なために地方に勢力を張った、蕉門の支考の美濃派、乙由らの伊勢派をののしっていう語。＊俳諧・点印論（1786）取句法「世有㆘称㆓蕉門㆒者㆖。特不㆑知㆓蕉翁之風韻㆒、其所㆑吐句倘所㆑論不㆑脱㆓支麦之俗習㆒。称㆓之伊勢流或美濃流㆒可也、豈得㆑曰㆓蕉門㆒乎、人号曰㆓田舎蕉門㆒知言哉」発音イナカショーモン〈標ア〉ショ

いなか-しょだん【田舎初段】『名』碁・将棋で正式の初段の実力はないが、それに近い技量のあること。また、その人。発音〈標ア〉ショ

いなか-じる【田舎汁】『名』田舎味噌などの汁の中に野菜などの具を入れた食物。また、田舎風の汁物。＊徳山道助の帰郷（1967）〈柏原兵三〉二「朝からうどんを打って、うどんの入った田舎汁を拵えてくれたものであった」発音〈標ア〉ジ

いなか-じるこ【田舎汁粉】『名』つぶしあんで作った汁粉。いなか。↔御膳汁粉。＊随筆・守貞漫稿（1837-53）五「汁粉売、〈略〉こし粉あんの別に、全体の赤小豆を交へたるを、鄙汁粉と云」＊東京風俗志（1899-1902）〈平出鏗二郎〉中・八・菓子「普通なるは御膳汁粉・田舎汁粉（イナカシルコ）とす。御膳は餡（あん）を漉したるもの、田舎は潰し餡なるを異なりとす」＊冷え物（1975）〈小田実〉「大阪のぜんざいは東京で言うなら田舎しるこで」補注「皇都午睡-三・中」には「善哉を汁粉〈白玉入也〉餅の入たを田舎汁粉」とあるが、江戸ではそれが一般であったかどうかは疑問。発音〈標ア〉ジ〈京ア〉ジ

いなか-しんし【田舎紳士】『名』田舎の紳士。紳士ぶっているが、いかにも田舎くさい男。いなしん。＊大策士（1897）〈福地桜痴〉一二「一見田舎紳士の如くには見ゆれども、どこやらに官員風の現はるるは、近県の知事公かと思はるる人躰」＊こゝろ（1914）〈夏目漱石〉下・四「父は一口にいふと〈略〉比較的上品な嗜好を有（も）った田舎紳士（ヰナカシンシ）だったのです」＊細雪（1943-48）〈谷崎潤一郎〉上・二「如何にも田舎紳士と云ふ感じで」発音〈標ア〉シ

いなか-しんぶん【田舎新聞】『名』田舎で発行されている新聞。地方の小さな新聞。＊如是放語（1898）〈内田魯庵〉「お家騒動、仇討物、軍記実録さては地方新聞（ヰナカシンブン）の続き物、講談落語の筆記物一として大作傑作名作ならざるはなく」＊坊っちゃん（1906）〈夏目漱石〉一一「虚偽の記事を掲げた田舎新聞一つ詫まらせる事が出来ない」発音〈標ア〉シ

いな-かず【稲数】『名』刈った稲一〇束ごとに一穂を抜き取って保存しておくもの。正月の神供の米や田の神祭や田植に使う。〔分類農村語彙（1947-48）〕

いなが・す【促】『他サ四』「うながす（促）」の変化した語。＊土（1910）〈長塚節〉一三「『太鼓が疎（おろ）かぢや、踊もおろかだ』と口々に促（イナガ）し促し」

い-なが・す【居流】『自サ四』連日、同じ場所に泊り続けて遊興する。＊人情本・英対暖語（1838）初・五回「それぢゃア今日は、居続（ヰナガ）していらしって下さいましヨ」

い-なが・す【射流】『他サ四』射て目標をはずす。射はずす。

いながす 笠懸（かさがけ）笠懸で、家来である者が、将軍や主人の的中の数よりも一本は劣るようにわざと的（まと）を外すこと。＊笠掛記（1512）「射ながす笠懸と云事有。公方様又は主などと射るに、十度につづをめさるれば一はづし、九あそばさるれば八、か様にをとり申様に射るを射ながすといふ也」

いなか-ずまい【田舎住】『名』田舎に住んでいること。都会育ちの人がする田舎の生活。ざいしょずまい。＊浮世草子・傾城禁短気（1711）一・三「どふでもいとしい子には旅をさせいじゃ、少しの内の田舎（ヰナカ）ずまゐに、是ほど分（わけ）がようならせらるる物か」発音〈標ア〉ズ〈京ア〉ズ

いなか-ずもう【田舎相撲】『名』田舎を興行して歩く相撲。また、その相撲取り。《季・秋》＊真景累ケ淵（1869頃）〈三遊亭円朝〉五四「縮緬の幕張りを致して、田舎相撲でも立派な者で、近郷からも随分見物が参ります」発音イナカズモー〈標ア〉ズ

いな-かずら【稲鬘】『名』稲の穂で作ったかずら。＊万葉（8C後）八・一六二四・題詞「坂上大娘秋稲蘰贈㆓大伴宿禰家持㆒歌一首」

いなか-ずれ【田舎擦】『名』田舎風に世間ずれしていること。＊狐（1951）〈永井龍男〉B「骨の髄まで田舎擦れのした事業師である義兄らが、その後ある程度の譲歩を示したのは」発音〈標ア〉0レ

いなか-せかい【田舎世界】『名』田舎の土地。辺土。地方社会。＊更級日記（1059頃）「一代に一度の見物にて、ゐ中せかいの人だに見るものを」＊大鏡（12C前）三・師輔「うせおはしましたりし、ことわりとはいひながら、ゐなか世界まで、聞きつぎ奉りて惜しみ悲しび申ししか」発音〈標ア〉セ

いなか-ぜんもん【田舎禅門】『名』田舎の僧侶。いいかげんな、なま悟りの僧侶。＊俳諧・遅八刻（1771）「是御坊が往がけの駄賃に荷の過たる大言成べし。〈略〉田舎禅門の出ほうだいながら、口にわざはひをまねくといはん」発音〈標ア〉ゼ

いなか-ぞう【田舎僧】『名』方言田舎者をあざけっていう語。宮崎県西臼杵郡063 東臼杵郡953 ◇いなかぼう〔田舎坊〕大分県大分郡038 ◇いなかのもっさん 奈良県南大和683 ◇いなかあ 沖縄県首里993 石垣島996

いなかそうし【田舎荘子】江戸中期の談義本。内編三巻三冊・付録一巻一冊、外編六巻六冊。佚斎樗山（いっさいちょざん）作。享保一二年（一七二七）刊。「荘子」の体にならい、動植物の対話の形を借りて世俗を風教した短編寓話小説集。江戸後期小説展開の端緒となった作品。発音イナカソーシ〈標ア〉ソ

いなか-そだち【田舎育】『名』田舎で成長すること。また、その人。いなかだち。＊元祿版古今著聞集（1254）一七・三条実親白川亭古狸佐異事「このぬしは田舎そだちのものなれば」＊仮名草子・東海道名所記（1659-61頃）三「虎といふ文字かきてみすれども田舎そだちの犬なれば、よめざりけん」＊ヰタ・セクスアリス（1909）〈森鷗外〉「僕は色が黒くて、体が武骨で、その上田舎育である」発音〈標ア〉ソ〈京ア〉ソ

いなか-そば【田舎蕎麦】『名』あらい蕎麦粉で作り、色が黒くて香りが高く、つなぎのない蕎麦。＊蕎麦通（1930）〈村瀬忠太郎〉五「そしてその田舎の蕎麦を、東京の汁で食ったら、さぞうまいだらうといふのは、必ず田舎蕎麦に対するあこがれである」発音〈標ア〉ソ

いなか-ぞめ【田舎染】『名』田舎で染めること。田舎風の粗末な染め方。また、その染め物。＊歌舞伎・四天王楓江戸粧（1804）五立「子守りおしげ、木綿もやう、田舎染（ヰナカゾ）めの振り袖にて」＊読本・昔話稲妻草紙（1806）四・一三「容貌すぐれて美しき娘、田舎染（イナカゾメ）とは見ゆれど、紅のこぞめの梅の小枝に〈略〉木綿の振袖着て」＊雑俳・柳多留-七二（1820）「田舎染ぬげば江戸気でめかす下女」発音〈標ア〉0

いなかた『名』語義未詳。＊小町集（9C後か）「秋の田の仮庵にきゐるいなかたの否とも人にいはまし物を」＊経信集（1097頃）「霧はるるかど田の上のいなかたのあらはれわたる秋の夕ぐれ」補注鳥か虫の名であろうというが不明。一説に稲田の中に害虫などを防ぐために立てる稲旗（いなはた）とも、田の中に木を渡して稲を干す稲機（いなはた）ともいう。

いなか-だいしゅ【田舎大衆】『名』洗練されていない衆僧。粗野な大衆。＊米沢本沙石集（1283）一〇末・二「田舎大衆（イナカダヒシュ）かな。をりにこそよれ」発音〈標ア〉ダ

いなか-だいじん【田舎大尽】『名』①田舎の資産家。田舎の金持。②田舎から出て来て、遊里などで派手に金を使って豪遊する者を軽んじていう語。＊評判記・色道大鏡（1678）二「或は田舎大臣（イナカダイジン）の珍客、或は一わけありて首尾したる初度の祝義などは」＊浮世草子・好色一代男（1682）七・三「俄に腹いたむとなやめば、田舎（ヰナカ）大じん印籠あけて、いく薬かあたえけるを」＊落語・三で賽（1896）〈三代目柳家小さん〉「金太、手めへ身装（がら）がいいから田舎大尽（ヰナカダイジン）に化けて、吉公、手めへは大家の若旦那てへやうな事に成って」発音〈標ア〉ダ

いなかたち『名』語義未詳。＊堤中納言（11C中-13C頃）虫めづる姫君「わらはべの名は、例のやうなるはわびしとて、虫の名をなむつけ給ひたりける。けらを・ひきまろ・いなかたち・いなごまろ・あまひこなむなどつけて、召し使ひ給ひける」補注「いな」は稲、「かたち」

は「医心方-巻一・蜻蛉」の訓「加太千」とする説や、「かながち」の誤写とする説などがある。

いなか-だち【田舎立】〘名〙「いなかそだち(田舎育)」に同じ。＊古今著聞集(1254)一七・六〇八「此のぬしは田舎だちの者なれば、さだめてやうありてこそいふらめと思ひて」 発音〈標ア〉⓪

いなか-だ・つ【田舎立】〘自タ四〙(「だつ」は接尾語)いかにも田舎という感じがする。田舎風である。＊枕(10C終)二五・すさまじきもの「ゐなかだちたる所に住むものどもなどみなあつまりきて」＊枕(10C終)九九・五月の御精進のほど「ゐなかだち、ことそぎて、馬の絵かきたる障子、網代屏風、三稜草(みくり)の簾など」 発音〈標ア〉ダ

いなかだて-いせき【田舎館遺跡】青森県南津軽郡田舎館村にある遺跡の総称で、特に垂柳遺跡をさす。縄文式土器の伝統が見られる彌生系土器(田舎館式)を出土。また、籾(もみ)の痕(あと)のある土器や焼籾、水田跡が発見され、当時すでに稲作農耕が本土北端にまで及んでいたことがはじめて立証された。 発音〈標ア〉イ[2]

いなか-だましい【田舎魂】〘名〙田舎育ちの素朴な心根。＊文明論之概略(1875)〈福沢諭吉〉三・六「其一人は旧来の田舎魂を変じて都下の浮華を学び」 発音 イナカダマシー〈標ア〉ダ

いなか-だるま【田舎達磨】〘名〙田舎の芸者を軽蔑していう語。＊名張少女(1905)〈田山花袋〉四「所謂酌婦、所謂田舎達磨なるものの悪口を散々聞いて」 発音〈標ア〉ダ

いなかだんぎ【田舎談義】洒落本。一冊。竹塚(たけのつか)東子作。寛政二年(一七九〇)刊。江戸近郊、葛飾金田村の寺での談義の光景を、村人や談義僧の田舎言葉を中心に、若者の恋や僧侶と後家の逢い引きなどを絡ませて滑稽に描いたもの。万象亭(森島中良)の「田舎芝居」の模倣作。 発音 イナカダンギ〈標ア〉ダ

いなか-だんご【田舎団子】〘名〙あんやきな粉などをまぶした団子。＊最暗黒之東京(1893)〈松原岩五郎〉二九「田舎団子—饂飩粉を捏て蒸焼にし、是に洋蜜亦はキナ粉を塗したる物」 発音〈標ア〉ダ

いなか-ぢか・い【田舎近】〘形口〙都会から少しはずれていて田舎に近い。＊歌舞伎・舛鯉滝白旗(閻魔小兵衛)(1851)大切「いやなんぼ田舎近(ヰナカヂカ)い所でも、吉原からは僅な路」 発音〈標ア〉ダ

いなか-ぢから【田舎力】〘名〙肉体労働をしている田舎者が持っているような強い力。ばかぢから。＊歌舞伎・盲長屋梅加賀鳶(1886)四幕「田舎力(ヰナカヂカラ)に突倒し、ひどい事をしやあがる」 発音〈標ア〉ヂ[2]〈標ア〉ジ

いなか-ちまき【田舎粽】〘名〙クマザサを三角形に折りたたんで、水に浸したもち米を巻き込み、蒸したもの。三角粽。 発音〈標ア〉チ

いなか-ぢょうし【田舎調子】〘名〙「いなかなまり(田舎訛)」に同じ。＊カーライル博物館(1905)〈夏目漱石〉「演説者は濁りたる田舎調子にて御前はカーライルぢゃないかと」 発音 イナカジョーシ〈標ア〉ジョ

いなか-づき【亥中月】〘名〙「いなか(亥中)の月」に同じ。＊俳諧・新類題発句集(1793)秋「酒屋にはもう寝てや居ん亥中月〈引牛〉」 発音〈標ア〉カ

いなか-づくり【田舎作】〘名〙刺身など料理の作り方が田舎風であること。 発音〈標ア〉ヅ

いなかっ-こ【田舎子】〘名〙田舎育ちの子。＊湯女(1898)〈内田魯庵〉「可笑アしなお烟草盆に結って赤ヱ布を衿にくっ着けた衣物で正銘の田舎(ヰナカ)っ子(コ)だったが、あの時分の方が考へると可愛らしかった」 発音〈標ア〉⓪

いなか-づと【田舎苞】〘名〙田舎から来た人や田舎へ行っていた人のみやげ。田舎みやげ。＊名語記(1275)四「ゐなかづと、家つと・ゐなかつとなどいへる。つとの字には土産ともかけり」＊井蛙抄(1362–64頃)六「ゐなかづとなど常はおくりて」＊幸若・にに川(室町末–近世初)「めんめん御中へ いなかつとの有けるをとりこしぬると存ずる」 発音〈標ア〉カ 辞書 日葡

いなかっ-ぺ【田舎兵衛】〘名〙「いなかっぺえ(田舎兵衛)」に同じ。＊東京風俗志(1899–1902)〈平出鏗二郎〉上・三・江戸っ児気質「他郷の人を見れば、妄りに田舎者(ヰナカッペ〈注〉ヰナカモノ)と呼びて軽視し」＊格子の眼(1949)〈島尾敏雄〉「ミヨのその田舎っぺの所は好きでなかった」 発音〈標ア〉ペ

いなかっ-ぺえ【田舎兵衛】〘名〙(「ぺえ」は、擬人名を作る接尾語。「いなかっぺい」とも)田舎者をあざけっていう語。いなかっぺ。＊小夜千鳥(1901)〈永井荷風〉二「野良で育った生娘ぢゃあるまいし、誰が那様(あんな)田舎漢(ヰナカッペイ)に」＊大川端(1911–12)〈小山内薫〉八「髭むくぢゃらな田舎っぺいをあざけっていう語」＊晩秋(1926)〈志賀直哉〉三「一ト言にいへば田舎っぺえなんだ」 発音 イナカッペー〈標ア〉ペ〈京ア〉ペ

いなかっ-ぽ・い【田舎—】〘形口〙(「ぽい」は接尾語)いかにも田舎のようである。洗練されていない。田舎くさい。やぼったい。＊越前竹人形(1963)〈水上勉〉二「その中で、田舎っぽい丸顔の背のひくい娘が」 発音〈標ア〉ポ

いなかっ-ぽう【田舎—】〘名〙「いなかぼう(田舎坊)」に同じ。 発音 イナカッポー〈標ア〉ポ

いなか-で【田舎出】〘名〙田舎から出てきたばかりであること。田舎出身であること。また、その人。やまだし。＊咄本・大御世話(1780)田舎者「田舎出(イナカデ)の下女をおき、『言葉を直しやれ』」＊滑稽本・浮世風呂(1809–13)二・下「田舎出(イナカデ)の人か何か、当世めかぬ律義な人」＊花間鶯(1887–88)〈末広鉄腸〉中・一一「御前さんの御亭主見た様な田舎出(ヰナカデ)

の書生さんに頭を下げることは真平御免だ」 発音〈標ア〉⓪

いなか-でら【田舎寺】〘名〙田舎の寺。ひなびた寺。＊俳諧・桃青三百韻附両吟二百韻(1678)「田舎寺跡とぶらひてたび給へ〈芭蕉〉ぬるい若衆も夢の秋風〈信章〉」＊雑俳・柳多留-一〇六(1829)「田舎寺ひさし人を吊(ともら)はず」＊田舎教師(1909)〈田山花袋〉一一「こうした田舎寺には惜しいということも噂にも聞いて居た」 発音〈標ア〉⓪

いなか-てん【田舎点】〘名〙本格的ではない、自己流の訓点の付け方。また、その訓点。博士家点などに対比して、軽蔑、または卑下していったもの。 発音〈標ア〉カ

いなか-てんだい【田舎天台】〘名〙関東天台の俗称。関東地方に行なわれた天台宗学の一派。 発音〈標ア〉カ

いなか-どうしゃ【田舎道者】〘名〙田舎から来た巡礼。田舎から来た修行者。＊滑稽本・風来六部集(1780)放屁論後編「硝子細工(ビイドロざいく)・牽絲傀儡(なんきんあやつり)古(ふるき)を以て新しく田舎道者(イナカダウシャ)の目を悦しめ」＊歌舞伎・宝萊曾我島物語(島の徳蔵)(1870)二幕「商人船へ姿を替へ入込んで見たところ、田舎道者(ヰナカダウシャ)ばかりで」 発音 イナカドーシャ〈標ア〉テ

いなか-どうじょう【田舎道場】〘名〙①田舎にある仏教の説教所。田舎の、特に真宗の寺院をいう。＊随筆・癇癖談(1791か)序「さだめて、田舎道場の新発意どのが、やつし腹して才まぐるものか」②田舎にある武芸の修業所。 発音 イナカドージョー〈標ア〉ド

いなか-なます【田舎膾】〘名〙大根、人参、油揚げを千切りにし、酢みそまたは酢であえたもの。 発音〈標ア〉ナ[2]

いなか-なまり【田舎訛】〘名〙言葉に田舎のなまりがあること。また、標準語と違った発音、アクセント、ことばぐせ。国なまり。田舎調子。＊長唄・越後獅子(1811)「お国名物は様々あれど、田舎訛(ナマリ)の片言交り」＊空知川の岸辺(1902)〈国木田独歩〉二「二階建の旅人宿(はたごや)に入り、妻女の田舎(ヰナカ)なまりを其儘、愛嬌も心かららしく迎へられた時は」＊家(1910–11)〈島崎藤村〉下・七「絹ちゃんは感心に、田舎訛が出ないこと」 発音〈標ア〉ナ[2]〈京ア〉ナ[2]

いなか-ならい【田舎習】〘名〙田舎での風習。＊地蔵菩薩霊験記(16C後)一二・六「有時尼公見玉いて『其方の頸にかけたるは何条見苦き田舎習(イナカナラヒ)か』とぞ呵し申さる」 発音〈標ア〉ナ[2]

いなかのくあわせ【田舎之句合】俳諧句合。一冊。其角編。延宝八年(一六八〇)序。自作発句五〇よりなる二五番発句合。桃青(芭蕉)の判定・判詞を付

し、杉風の「常盤屋之句合」とともに「俳諧合」として刊行。蕉風模索の過程を示す好資料。 発音〈標ア〉ア

いなか-はいで【田舎這出】〘名〙「いなかで(田舎出)」を強めていう語。

いなか-ばし【田舎箸】〘名〙田舎で使用する丈夫一方で、優美さのない箸。＊雑俳・媒口(1703)「ながながと・折敷にあまる田舎箸」 発音〈標ア〉バ

いなか-ばん【田舎版】〘名〙特定の地方向けの記事をのせる新聞の紙面。地方版。＊我等の一団と彼(1912)〈石川啄木〉五「剣持は田舎版の編輯から頼まれて水戸へ行ったしな」

いなか-びと【田舎人】〘名〙「いなかもの(田舎者)①」に同じ。＊十巻本和名抄(934頃)一「田舎人 楊氏漢語抄云田舎人〈偉那迦比斗〉」＊源氏(1001–14頃)須磨「女は心たかくつかふべきものなり。おのれかかるゐ中人なりとておぼし捨てじ」＊古本説話集(1130頃か)二〇「ゐ中人とも見えず、いみじくしめやかに、はづかしげに、よかりけり」＊庭訓往来(1394–1428頃)「家人若党幷家来之仁等、皆以無骨田舎人也」 発音〈標ア〉カ 辞書 和名・色葉・名義・日葡 表記 田舎人(和・色) 田舎児(名)〈ア史〉平安●●●●●〈京ア〉⓪／カ

いなか-・びる【田舎—】〘自バ上一〙文 ゐなか・ぶ〘自バ上二〙(「びる」は接尾語)田舎風である。田舎じみて、やぼったく感じられる。いかにも田舎らしいさまである。＊宇津保(970–999頃)楼上下「今もゐなかびず、よしよししく、かはらかなる顔付して」＊源氏(1001–14頃)明石「いとかしこきは、ゐなかびて侍る袂に、つつみあまりぬるにや」＊徒然草(1331頃)一五「ゐなかびたる所、山里などは、いと目なれぬ事のみぞ多かる」 発音〈標ア〉カ〈京ア〉⓪ 辞書 日葡・言海 表記 田舎風(言)〈ア史〉ビ〈京ア〉⓪ 文『いなかぶ』〈標ア〉カ

いな-かぶ【稲株】〘名〙①稲を刈り取ったあとの根の部分。稲の切り株。＊信長公記(1598)一四「雑兵悉く柵際迄罷出で、木草の葉を取り、中にも稲かぶを上々の食物とし、後には是も事尽き候て、牛馬をくらひ、霜露にうたれ、弱き者は餓死際限し」＊俳諧・俳諧二見貝(1780)秋「晩稲 穭田 遅稲 稲株」②稲の植物体全体をさす。

いなか-ふう【田舎風】〘名〙田舎らしい様子。また、田舎の風習。＊葉隠(1716頃)一「御国方のことも田舎風と見おとし、他方に少も理の聞へたる事の有時は、夫を羨申儀」＊滑稽本・八笑人(1820–49)四・上「何もむづかしい事ではねへ。田舎風(ヰナカフウ)といふ事サノ」＊われから(1896)〈樋口一葉〉二「一体の容顔(きりょう)好い方なれども、いかにもいかにもの田舎風(イナカフウ)」 発音〈標ア〉⓪ナ

いなか-ぶし【田舎節】〘名〙①地方の民謡。＊玉塵抄(1563)四二「木をこってをいかせぐいやしい者はいなかぶしの歌いをうたうぞ〈略〉日本紀にひな曲(ぶり)と云ことありいなかぶしのことぞ」＊滑稽本・

浮世風呂(1809-13)四・下「流行唄(はやりうた)も諸国のいりごみだから、下卑(げび)た田舎節(ヰナカブシ)のはやるはうらみだぞ」 ＊歌舞伎・左近太郎雪辻能(1865)上「後は霜夜の霧深く、左右へ分ってためらへば、賤(しづ)が夜業(よなべ)も田舎節(ヰナカブシ)」 ②俗楽旋法の一つ。陽旋法に属し半音を含まない。民謡などに用いられる。 発音〈標ア〉0

いなか-ぶし【田舎武士】『名』「いなかさぶらい(田舎侍)」に同じ。 ＊太平記(14C後)二九・師直以下被誅事「名も知ぬ田舎武士(イナカぶし)。云ふ許なき人の若党共に押し隔てられ」 ＊浄瑠璃・源氏冷泉節(1710頃)上「情も知らぬゐなか武士、これ珍重のお慰(なぐさ)み」 発音〈標ア〉ブ

いなかぶし-おんかい【田舎節音階】『名』田舎節で用いる音階。半音程を含まない陽音階。上行と下行では導音(羽)の位置が違い、上行はレミソラドレ、下行はレシラソミレとなる。 ↕都節音階。 発音〈標ア〉オ

いなか-ぶしん【田舎普請】『名』田舎風の建築。飾りの少ない丈夫な感じのもの。 ＊いさなとり(1891)〈幸田露伴〉一「田舎普請(ヰナカブシン)の堅牢(がっしり)とした家を其所(そこ)に構へて」 発音〈標ア〉ブ

いな-かぶ・す『自サ四』(「いな」は、嫌悪の感情を表わす語。「かぶす」は、首を傾ける、の意) いやで、首を傾ける。いやで、心に染まない。 ＊書紀(720)神代下「彼の地(くに)は未平(さや)げり。不須也頗傾(いなカブシ)凶目杵之国(しこめきくに)か〈略〉頗傾也、此をば歌矛志(カブシ)と云ふ」 ＊御巫本日本紀私記(1428)神代下「未須〈伊奈〉頗傾〈加不之〉」

いなか-ぶね【田舎船】『名』①近世前期、伊丹の酒を江戸に輸送した大坂伝法の廻船仲間が、廻船不足のさいに仲間以外から雇い入れる廻船に対し、伝法船と区別するために称したもの。 ＊小西屋文書「船道具之儀、伝法船・田舎船も吟味致、船相応より悪敷候は仕替させ」 ②大坂界隈の上方廻船に対して、他地方から大坂に来航する廻船をいう。 ＊浮世草子・西鶴織留(1694)五・二「あるひは田舎船(イナカブネ)のかことも風俗国に替れば尻に窓の明程見送りける」 ＊増補日本汐路之記(1770)「両川共地廻船・田舎廻船毎日入津出帆夥敷事なれども船づかへなき大川也」 発音〈標ア〉ブ

いなか-ぶり【田舎振・夷曲】『名』いなかふうであること。また、そのような詩歌。ひなぶり。 辞書 伊京 表記 夷曲(伊)

いなか-ぶろ【田舎風呂】『名』田舎の風呂。近隣のもらい湯希望者に、あいたのを知らせるには法螺貝(ほらがい)を吹く。 ＊雑俳・柳多留-一六七(1838-40)「落武者びくり螺の音は田舎風呂」 発音〈標ア〉ブ

いなか-ぺい【田舎―】『名』「いなかっぺえ(田舎兵衛)」に同じ。 ＊落語・江戸見物(1898)〈六代目桂文治〉「殊に江戸っ子は口が悪う御座います。田舎の人を見ると田舎ペイ…又京大阪の方を見ますと上方贅六だと申します」 ＊ホトトギス第四巻第一号のはじめに(1900)〈正岡子規〉「斯う苦辛をして、東京化して、田舎ぺいの臭気はおくびにも出さぬやうにして」 発音イナカペイ〈標ア〉ペ0

いなか-べん【田舎弁】『名』「いなかことば(田舎言葉)」に同じ。 ＊続俳諧師(1909)〈高浜虚子〉五〇「新来の下女のお高は妙に言葉尻の上る田舎弁(ヰナカベン)で時々無作法なことを言ったり」 発音〈標ア〉0〈京ア〉カ

いなか-ぼう【田舎坊】『名』田舎者をののしっていう語。ざいごっぽ。いなかっぺ。いなかっぽう。 ＊春酒屋漫筆(1891)〈坪内逍遙〉壱円紙幣の履歴ばなし・二「此田舎者(ヰナカボウ)何ふざけると東京から附いて来しといふ芸妓の名刺へたくたになりて紙入の隅よりしゃしゃりいで吾等をおさへつけ横目に睨みたるいと憎かりき」 発音イナカボー〈標ア〉カ0

いなか-ほうし【田舎法師】『名』田舎で修行した法師。中央の大寺院以外の所で修学した僧。 ＊今昔(1120頃か)一一・二「異様(ことやう)の田舎法師の論義をせむに不吉(よから)ぬ事也」 ＊貞享版沙石集(1283)九・九「唵の下をとりかへて、奈良法師、京法師、田舎法師も、俗士も女人も、老少貴賤とりかへとりかへ、書き入れぬべき世の中也」 ＊実隆公記-文明七年(1475)一〇月二七日「抑院号之事、田舎法師両人〈一人讃岐国三井寺末寺賢真法師、一人淡路国東寺末寺慶秀僧都〉申□、昨日伺二申入之一、今夕書レ之」 発音イナカホーシ〈標ア〉ホ

いなか-ま【田舎間】『名』①柱間(はしらま)寸法の一つ。柱間を曲尺(かねじゃく)の六尺(一・八メートル)に取り、これを一間とするもの。主に関東、東北、東海地方で用いられる。→京間。 ＊俳諧・毛吹草(1638)三「六尺〈略〉田舎間の畳」 ＊俳諧・猿蓑(1691)三「ゐなか間のうすべり寒し菊の宿〈尚白〉」 ＊地方凡例録(1794)二「工匠家作の間竿は、六尺五寸或六尺三寸を用ひ、是を京間と云ひ、六尺一間を田舎間と唱へ」 ＊随筆・碩鼠漫筆(1859)一五・京間田舎間考「屋敷地の歩数の定に、京間田舎間(ヰナカマ)といふ事は、古代よりの制とおもへど、いまだ其所出をしらず。且方六尺五寸を京間といひ、方六尺を田舎間といふも、何をもて割定けむものとも、さらに其所拠をしらず」 ②寸尺の足りないものをいう。 ＊雑俳・柳多留-四八(1809)「田舎間の短冊へ書く天の川」 ＊雑俳・柳多留-六一(1812)「いなか間の肩衣ならぶ御取こし」 発音〈標ア〉カ〈京ア〉カ 辞書 言海 表記 田舎間(言)

いなか-まち【田舎町】『名』田舎の町。建物の様式、店の様子などがいかにも田舎と感じられる町。 ＊わかれ(1898)〈国木田独歩〉「洋画展覧会などの出品の中にて能く見受くる田舎町(ヰナカマチ)の一つなれば」 ＊札幌(1908)〈石川啄木〉「あの大きい田舎町めいた、道幅の広い、物静かな、木立の多い」 発音〈標ア〉カ

いなか-まつたけ【田舎松茸】『名』松茸の本場である京都産に対し、その他の地方から産する松茸の称。 ＊雍州府志(1684)六「凡松蕈洛陽四辺山之産、馨香有レ余、是中土地気之所レ使レ然者乎。他邦之産不レ然、於二洛下一是謂二田舎松蕈一」 発音〈標ア〉マ

いなか-まわり【田舎回】『名』①官吏や会社員などが、地方にある方々の支所、支店に移り勤めること。田舎巡り。 ＊花ごもり(1894)〈樋口一葉〉三「判事試験に、首尾よく及第して奏任のはしに列らなりたり共、田舎(ヰナカ)まはりに幾年を渡り」 ②商人、芸人などが、田舎を回り歩いてかせぐこと。また、その人。田舎巡り。 ＊坊っちゃん(1906)〈夏目漱石〉三「田舎巡りのへボ絵師ぢゃあるまいし」 ＊苦の世界(1918-21)〈宇野浩二〉四・一「田舎(ヰナカ)まはりの女優ですがね」 ＊二銭銅貨(1926)〈黒島伝治〉二「隣部落の寺の広場へ、田舎廻りの角力が来た」 発音〈標ア〉マ〈京ア〉マ

いなか-まんじゅう【田舎饅頭】『名』①黒あんなどのはいった大きな饅頭。 ＊東京風俗志(1899-1902)〈平出鏗二郎〉中・八・菓子「本郷藤村の煉羊羹・田舎饅頭(イナカマンヂウ)」 ＊破戒(1906)〈島崎藤村〉八・二「款待振(もてなしぶり)の田舎饅頭、その黒砂糖の餡の食ひ慣れたのも」 ＊門(1910)〈夏目漱石〉一六「護謨毬(ごむまり)ほどな大きな田舎饅頭(ヰナカマンヂュウ)」 ②俗に、田舎出の女中。〔かくし言葉の字引(1929)〕 ③地方の私娼。 ＊雑俳・柳多留-一二六(1833)「田舎饅頭船橋でつまみ喰ひ」 方言 金つば。 埼玉県北葛飾郡258 発音イナカマンジュー〈標ア〉マ〈京ア〉マ

いなか-みそ【田舎味噌】『名』赤みその一つ。麦のこうじで作った赤黒く塩辛いみそ。 ＊東京風俗志(1899-1902)〈平出鏗二郎〉中・八・飯及び惣菜「味噌は白味噌・赤味噌・甘味噌・田舎(イナカ)味噌・料理味噌・仙台味噌等の類あり」 ＊日本料理通(1929)〈楽満斎太郎〉料理法の巻・三「ふきのとうに田舎みそをぬって遠火で殆ど水分が九分通り蒸発してしまふ迄焼きます」 発音〈標ア〉ミ〈京ア〉ミ

いなか-みち【田舎道】『名』田舎の道路。 ＊雑俳・柳多留-七(1772)「どっからかしかりての出る田舎道」 ＊日本読本(1887)〈新保磐次〉四「数人の旅人相語りて田舎道を行く」 ＊帽子(1906)〈国木田独歩〉「弾機(ばね)も有るか無きかの乱暴な馬車で田舎道(ヰナカミチ)をがたがた行(や)られた疲労(つかれ)を」 発音〈標ア〉カ〈京ア〉カ

いなか-みやげ【田舎土産】『名』「いなかづと(田舎苞)」に同じ。 発音イナカミヤゲ〈標ア〉ミ

いなか-むき【田舎向】『名』田舎の人に適していること。また、そのもの。 ＊評判記・満散利久佐(1656)斎「とろき男を取いるる事などよし、但、ゐなかむきの女房也」 ＊滑稽本・古朽木(1780)二「下物に請取候御夢は、田舎向へ相廻し申候」 ＊今年竹(1919-27)〈里見弴〉片輪な子・四「田舎向に作る練りものの鬼ピン」 発音〈標ア〉0

いなか-むこ【田舎婿】『名』田舎の婚礼の新郎。 ＊雑俳・住吉おどり(1696)「ふみつけて・下座になをす田舎聟」 ＊雑俳・柳多留-二二(1786)「いなかむこ袴でしばりからげられ」 発音〈標ア〉ム

いなか-むしゃ【田舎武者】『名』「いなかさぶらい(田舎侍)」に同じ。 ＊十訓抄(1252)四・佐実罵仲正被切髻事「物の心も知らず、情もあはれかへりみぬ田舎武者の一人有りける」 発音〈標ア〉ム

いなか-むすめ【田舎娘】『名』田舎に住む娘。田舎育ちの娘。村娘。 ＊悪魔(1903)〈国木田独歩〉一「田舎娘(ヰナカムスメ)で行儀も作法も知らないと思はれないやうに仕なければ」 ＊襖(1911)〈志賀直哉〉「それに出て来る丑之助の何とかいふ田舎娘にそっくりなのだ」 発音〈標ア〉ム〈京ア〉ム

いなか-め【田舎女】『名』田舎育ちの女。泥臭い感じの娘。 ＊浄瑠璃・自然居士(1697頃)道行「アアふうぞくも物ごしも、をのづからなるゐなかめと、人やわらはん人やみん」 発音〈標ア〉カ

いなか-め【田舎目】『名』斤両に用いた秤(はかり)の目の一つ。 ＊甲斐国志(1804-18)二・秤子「古へ秤に京目、田舎目と云ふ事あり、斤両数今未レ詳〈略〉金一両者京目〈五十枚出目〉金四両二分一朱為中目(ヰナカメ)〈二百枚之出目〉合五両二分二朱一厘五なりは為中目〈略〉按レ之京目方強しと知るべし」

いなか-めきき【田舎目利】『名』田舎ではすぐれた鑑賞眼をもっているとされている者。程度の低い目利きを軽蔑していう語。 ＊花鏡(1424)比判之事「かやうにいでくるあぢはひをば、ゐ中目ききなどは、さほどともおもはぬ也〈略〉よき程の目ききも見知らぬなり。まして、田舎目ききなどは、おもひもよるまじきなり」 発音〈標ア〉メ

いなか-め・く【田舎―】『自カ四』(「めく」は接尾語) 田舎風に見える。田舎びる。 ＊評判記・色道大鏡(1678)一三「室(むろ)の傾城は、さまで鄙(イナカ)めかず、物いひの色も聞きにくからず」 ＊浮世草子・男色大鑑(1687)七・二「狂言の中程に諸人の座せる片隅より田舎めきたる男の、舞台にあがり」 ＊洒落本・婦美車紫鹿(1774)九蓮品定・中品下生之部「言葉つかひ田舎(イナカ)めいておかしみ有」 発音〈標ア〉メ

いなか-めぐり【田舎巡・田舎廻】『名』「いなかまわり(田舎回)」に同じ。 ＊春酒屋漫筆(1891)〈坪内逍遙〉壱円紙幣の履歴ばなし・二「此人官員かと思へど地方(ヰナカ)めぐりのみせし吾等にはわからず同居の同姓は東京子なれば意見をききて見んと思ふ」 発音イナカメグリ〈標ア〉メ

いなか-めずらし・い【田舎珍】『形口』①都会ではあたりまえだが、田舎にあるにしては珍しい。 ＊黄表紙・敵討義女英(1795)中「いなかめづらし

く、さくらにまくうちまはし、たきもののにほひゆかしく」②田舎を珍しいと感じる。田舎が珍しい。＊真景累ケ淵(1869頃)〈三遊亭円朝〉三二「田舎珍らしいから、柿なんぞをピョコピョコ取って喰ひかねねえ奴だが」 発音イナカメズラシイ〈標ア〉シ

いなか‐もの【田舎物】〘名〙田舎で作った品物。どことなくあかぬけしていない物。＊能因本枕(10C終)一五三・いやしげなる物「遣戸、厨子、何も、ゐ中物はいやしげなり」 発音〈標ア〉0

いなか‐もの【田舎者】〘名〙①田舎の人。田舎育ちの人。田舎から出てきた人。いなかびと。いなかうど。田夫。いなかもん。＊十訓抄(1252)一〇・大江康貞依池田庄解文秀句被召加文殿事「此の解状は田舎ものの草にあらず、学生・儒者などの書きたるにこそ」＊咄本・私可多咄(1671)一・一一「昔、ゐなかものの聞書に、かきのさねのくろやきは、まめの薬と有を」＊雑俳・柳多留‐四(1769)「田舎もの何をやってもつっとにする」＊当世書生気質(1885‐86)〈坪内逍遥〉三「其娼妓といふのは、恰ど一月前に出勤をしたばかりで、殊に地方者(イナカモノ)だといふ話ヨ」②粗野で教養のない人をあざけっていう語。田夫野人。または、自分自身をへりくだっていう語。いなかもん。＊滑稽本・浮世風呂(1809‐13)前・上「田舎者(イナカモノ)でござい、冷物でござい〈略〉或はお静かに、お寛(ゆる)りなどいふたぐひ、則礼なり」 発音〈標ア〉0〈京ア〉0 辞書言海 表記田舎者(言)

いなかもの が 番町(ばんちょう)ではぐれる (江戸麹町(こうじまち)の番町は、似かよった旗本の住宅が建ち並び、街路が複雑に折れ曲がっていたので、地元の人でさえ道にはぐれることが多く、田舎者はなおさらであったところから) すっかり迷ってしまうことのたとえ。＊洒落本・風俗通(1800)四「田舎(ヰナカ)者が番(バン)町ではぐれたのか、またもまよふ物は、おれがたましいだ」

いなかもの の 国自慢(くにじまん) 田舎者は世間が狭いため、つまらないお国自慢をするの意。

いなかもの は 正直(しょうじき) 田舎者は馬鹿正直で、人の言ったことは、なんでも本気にするのを、あざけっていう語。＊浮世草子・当世宗匠気質(1781)三・二「口から出次第にしゃべれば、さすが田舎者(イナカモノ)は正直で、聞こへました」

いなか‐もん【田舎者】〘名〙「いなかもの(田舎者)」に同じ。＊滑稽本・東海道中膝栗毛‐発端(1814)「田舎(イナカ)もんでこそあれ、うら頭百姓もしたもんだ」 発音〈標ア〉0〈京ア〉0

いなか‐や【田舎家】〘名〙①田舎の家。また、粗末な家。田家。いなかいえ。＊公任集(1044頃)「春ゐなか家に遊びしたる処に、まらうどの来て」＊思出の記(1900‐01)〈徳富蘆花〉二・九「三日ばかり山を歩いては、田舎家(ヰナカヤ)に宿(とま)り、夜が明けてはまた歩きして」②都会に建てた田舎風の家。また、都会に移築した農村の家。茶室などについていう。 発音〈標ア〉カ〈京ア〉カ

いなか‐やくしゃ【田舎役者】〘名〙田舎芝居の役者。田舎まわりの俳優。または、芸のへたな役者を軽蔑していう語。＊俳諧・記念題(1698)「陽炎(かげろふ)に田舎役者の荷の通(とほり) 伊勢の噺に料理先だつ〈芭蕉〉」＊浮世草子・元禄大平記(1702)八・道頓堀にふくあらしかな「田舎役(イナカヤク)者の初上りには、顔見せ前に七日絶食して愛宕様へ日参するほど見物をおそるる事なり」＊婦系図(1907)〈泉鏡花〉後・三「まるで田舎俳優(ヤクシャ)ですからお恥しう存じます」 発音〈標ア〉ヤ

いなか‐やど【田舎宿】〘名〙田舎のひなびた宿屋。＊黒い眼と茶色の目(1914)〈徳富蘆花〉五・四「鰺の干物臭い寂しい駅の中程のますやと云ふ田舎宿(ヰナカヤド)に」 発音〈標ア〉ヤ

いなか‐やまぶし【田舎山伏】〘名〙田舎で修行した山伏。＊太平記(14C後)五・大塔宮熊野落事「年長ぜるを先達に作り立て、田舎(イナカ)山伏(ブシ)の熊野参詣する体にぞ見せたりける」 発音〈標ア〉マ

いなか‐よね【田舎娼】〘名〙田舎の遊女。＊浄瑠璃・傾城反魂香(1708頃)上「むだなことなしの言ひ捨ては、ゐなかよねとて笑はれず」

いなか‐よめ【田舎嫁】〘名〙田舎の粗野で質朴な嫁。＊雑俳・柳多留‐九(1774)「田舎娵考へもなくびんを出し」＊雑俳・柳多留‐一〇(1775)「田舎娵車長持鼻にかけ」

い‐ながら【居─】〘副〙(上一段動詞「いる(ゐる)」の連用形「い」に助詞「ながら」の付いてできたもの。「に」を伴うこともある) ①すわったまま。その場で。＊書紀(720)景行一二年一二月(北野本訓)「何(な)そ鋒刃(つはもの)の威(いきほひ)を仮(か)らずして、坐(イナカラ)に国(くに)を平具(たひら)げむ」＊大慈恩寺三蔵法師伝院政期点(1080‐1110頃)九「翼(はね)無くして飛び、坐(ヰナカラ)霄漢を陵く」＊平家(13C前)一二・土佐房被斬「昌俊一旦の害をのがれんがために、居(ヰ)ながら七枚の起請文をかいて」②(「いながらにして」の形で用いる) その場を動かないで。外に出ないで。＊社会百面相(1902)〈内田魯庵〉投機・七「座(イナ)がらにして取る公債の利子」＊山椒大夫(1915)〈森鷗外〉「慥(たしか)な船頭にさへ頼めば、ゐながらにして百里でも千里でも行かれる」③即座に。さっそく。＊幡多方言(1828)「早速に 直にと云を、いながらと云」 方言❶そのまま。兵庫県明石市061 徳島県海部郡811 香川県829 高知県862 ◇いながな 高知県860 ◇いなり 徳島県811 高知県幡多郡038 ❷即座に。直ちに。直接。愛知県知多郡570 愛媛県840 高知県862 867 ❸容易に。訳なく。愛知県知多郡570 ◇いなり 徳島県811 高知県幡多郡864 ❹いつでも。和歌山県東牟婁郡690 ❺掃除もせずに、毎日そのまま過ごすこと。◇いなり 島根県隠岐島725 ❻(居ながらの状態でしてしまうところから)寝小便。愛知県名古屋市561 鳥取県西伯郡712 発音イナガラ〈標ア〉0〈京ア〉0 辞書和玉・文明・易林・言海 表記坐(玉・文・易) 坐(玉) 乍居(文) 坐居然(言)

いな‐がら【稲幹】〘名〙(「から」は茎の意) 稲の茎。＊古事記(712)中・歌謡「なづきの田の 伊那賀良(イナガラ)に 伊那賀良に 這(は)ひ廻(もとほ)ろふ 薢葛(ところづら)」＊長塚節歌集(1917)〈長塚節〉明治三五年「攫取(かとり)のや稲幹(イナカラ)くくる薦槌(こもづち)のい行きかへらひ梅見つわれは」 方言❶稲の刈り株。土佐†126 島根県725 ❷稲の落ち穂。鹿児島県種子島979 ❸稲を刈った後の田。長崎県壱岐島916 発音イナガラ〈標ア〉0

いなか‐りょうけん【田舎料簡】〘名〙田舎者の、大勢や広い世界に通じていない狭い考えや判断。＊随筆・文会雑記(1782)三・上「色々の作りごとをこしらへて、類よせなどをして、人を欺くこと多きを、それを田舎料簡にて中華は何もよきと心得て、ひら信仰にかかるは沙汰の限なることなり」 発音イナカリョーケン〈標ア〉0

いなか‐りょうり【田舎料理】〘名〙田舎の料理。郷土風の料理。＊家(1910‐11)〈島崎藤村〉上・七「三吉も田舎料理をすすめて、久し振で友人をもてなさうとした」 発音イナカリョーリ〈標ア〉リョ〈京ア〉リョ

い‐ながれ【居流】〘名〙①期限が過ぎても、そのまま奉公を続けること。居成(いなり)。＊歌舞伎・松栄千代田神徳(徳川家康)(1878)七幕「気に入らぬどころではござんせぬ。置いて下されば、直(すぐ)に居流(ヰナガ)れでようござんす」②犯行中に発見されることをいう、盗人仲間の隠語。〔隠語輯覧(1915)〕 発音イナガレ〈標ア〉0〈京ア〉0

い‐なが・れる【居流】〘自ラ下一〙文ゐなが・る〘自ラ下二〙①固まって流れる。ひとまとまりとなって流れる。＊出雲風土記(733)秋鹿「大風の吹く時は、其の沙(すなご)或は風の随に雪と零り、或は居流(ゐなが)れて蟻と散る」②多くの人々がすわって列になる。順序よく、序列に従って並んですわる。列座する。居並ぶ。＊屋代本平家(13C前)八・勅使安貞鎌倉下向事「内の侍には一門源氏を始て、大名小名居流れたり」＊曾我物語(南北朝頃)六・大磯の盃論の事「八十余人いながれ、すでに酒宴ぞはじまりける」＊浮世草子・好色一代男(1682)三・五「軒まばらなる板屋に或は五人三人居(ヰ)ながれて、其さま笑(おか)し」③よそから移ってきてそのまま住みつく。居続ける。＊歌舞伎・綴合於伝仮名書(高橋お伝)(1879)四幕「それからこっちに居流(ヰナガ)れて、亭主の病死も聞き捨てに、たうとうおれと腐れ縁」④舞台裏で働く大道具、小道具などの人々が、短時間の場面のため、幕があいても各自の部屋へ引き上げないで、舞台裏で待機の姿勢をとる。 発音イナガレル〈標ア〉レ

いながわ【稲川】 姓氏の一つ。 発音イナガワ〈標ア〉0

いなか‐わざ【田舎業】〘名〙田舎らしいしわざ、こしらえ。田舎風の細工。＊源氏(1001‐14頃)須磨「碁・双六盤・調度・たぎの具など、ゐ中わざにしなして」 発音〈標ア〉カ

いなか‐わすれ【田舎忘】〘名〙田舎で経験した物事を忘れること。＊源平盛衰記(14C前)一〇・丹波少将上洛事「鬼界島〈略〉戯呼(ああ)哀れなる所にこそ実にさこそ思ひ給ひけめ、早々出仕し給ひて、田舎忘(イナカワスレ)あるべし」 発音〈標ア〉ワ

いなか‐わたらい【田舎渡】〘名〙田舎へ行って生活すること。行商などをして地方を回り歩くこと。＊伊勢物語(10C前)二三「ゐなかわたらひしける人の子ども、井のもとに出でて」＊俳諧・卯辰集(1691)「霰降(あられふる)左の山は菅の寺〈北枝〉 遊女四五人田舎わたらひ〈曾良〉」＊随筆・玉川砂利(1809)「田舎わたらひせし朝夕の料理のうち、めつらしき品計左に書つく」 発音〈標ア〉ワ 辞書日葡

いな‐き【稲城】〘名〙(「いなぎ」とも) ①上代、敵に急襲された場合など、わらの束を家の周囲に積み上げて胸壁とし、矢や石などを防いだもの。後世、城の意にも用いた。＊古事記(712)中「軍を興して沙本毘古王を撃ちたまひし時、其の王、稲城(いなき)を作りて待ち戦ひき」＊書紀(720)垂仁五年一〇月(北野本訓)「忽に稲を積みて城(き)に作る。其の堅きこと破る可からず。此を稲城(イナキ)と謂ふ」＊菅江真澄遊覧記(1784‐1809)来目路乃橋「かくて君稲城に入せ給ふの後、はやちふき神なりて、雨のいたくふりぬ」②稲束を積み置き、貯蔵する小屋。＊読本・南総里見八犬伝(1814‐42)三・二一回「この家は床(ゆか)を払ふて、彼(かの)番作田(ばんさくた)の稲城(イナキ)とせん」＊改正増補和英語林集成(1886)「Inagi イナギ」 補注「古事記伝」に師説を引用し、稲を置く所は盗難予防などのため、垣、みぞを構築して固く構えたところから、堅固な備えのある意で、比喩的表現と解している。

いな‐き【稲置】〘名〙(「いなぎ」とも) ①大化前代の地方官の一つ。職掌については、県や屯倉(みやけ)の経営を担当したとする説と、国の下級組織の長官とする説がある。＊書紀(720)成務五年九月(北野本訓)「国郡(くにざと)を以て造(みやつこ)長(をさ)を立(を)き県(あがた)邑(さと)に稲置(イナキ)を置(た)つ」②上代の姓(かばね)の名。天武天皇の時代に設けられた八色(やくさ)の姓の中の第八位。＊書紀(720)天武一三年一〇月(寛文版訓)「詔して曰はく、更に諸氏の族姓を改めて八色(くさ)の姓を作て、天下の万の姓を混(まろか)す。一に曰はく、真人(まひと)、〈略〉八に曰はく稲置(イナキ)」 語源説(1)イナギミ(稲君)の略か〔大言海〕。(2)②については稲置場の意で、その主をいう姓に転じ

たもの〔日本古語大辞典=松岡静雄〕。(3)イラギミ(伊良君)の約転。伊良はイラツメ(郎女)などのイラ〔古今要覧稿〕。 辞書言海 表記稲置(言)

いな-ぎ【稲木・稲機】〘名〙刈り束ねた稲をかけ並べて干す柵、木組み。竹や丸太で組んだり、立ち木を利用して横木を渡したりする。稲かけ。稲架(いなか・はさ)。いなばた。はぜ。《季・秋》*政事要略(1002頃)五三・交替雑事・延喜三年九月四日・宣旨「下部争苅二獲之一、構二稲機一懸連」*色葉字類抄(1177-81)「稲機 イナギ 懸稲木也」*俳諧・滑稽雑談(1713)秋「喬扞(きゃうかん)伊禰加計、是又和にある稲木と云て、秋稲を刈て束として干す者也」*俳諧・新類題発句集(1793)秋「思ふまま稲木にくるふ雀かな〈晉佶〉」 方言❶刈り束ねた稲を掛け並べて干す木組み。稲かけ。稲架(はさ)。四国†035 兵庫県加古郡664 山口県豊浦郡798 ◇いなき 福井県427 京都府054 兵庫県654 鳥取県気高郡717 愛媛県周桑郡054 ◇いなぇえぎ 静岡県志太郡535 ❷稲の刈り株。静岡県小笠郡062 愛知県宝飯郡062 発音イナギ〈標ア〉0 ナ〈京ア〉0 辞書色葉・言海 表記稲機(色) 稲城(言)

稲木〈和漢三才図会〉

いなぎ【稲城】東京都中南部の地名。多摩川中流の南岸から多摩丘陵にまたがり、住宅地の開発が進む。多摩川ナシの産地。昭和四六年(一九七一)市制。 発音イナギ〈標ア〉イ

いなき-おとめ【稲置少女】〘名〙①「稲置」の姓(かばね)をもつ氏族の少女。一説に稲を搗(つ)く少女の意とも。*万葉(8C後)一六・三七九一「稲寸丁女(いなきをとめ)が つま問ふと われにおこせし をちかたの 二綾下沓〈作者未詳〉」②(「いなつきおとめ」の変化した語と解して)稲を搗く少女。*白羊宮(1906)〈薄田泣菫〉望郷の歌「わが故郷は、赤楊(はんのき)の黄葉(きば)ひるがへる田中路、稲搗(イナキ)をとめが静歌(しづうた)に」

いなき-ぐさ【稲木草】〘名〙植物「いのこずち(牛膝)」の異名。*医心方(984)一「牛膝 和名為乃久都知又以奈岐久佐」

いな-ぎし【稲―】〘名〙昆虫「いなご(稲子)」の異名。方言福島県大飯郡447

いなき-た・つ【嘶立】〘他タ下二〙馬がなきさわぐ。大声でいななく。*万葉(8C後)一三・三三二七「何かしか 葦毛の馬の 鳴立(いなきたて)つる〈作者未詳〉」

いな-ぎとう【稲祈禱】〘名〙旧暦六月頃、稲の風水虫害を除くための祈禱行事。社寺や当番の家に集まって念仏を唱えるものや、お札をもらってきて竹に付け、田に立てるなど、いろいろの形式がある。〔分類農村語彙(1947-48)〕

いな-きび【稲黍】〘名〙 方言❶穀物の一種。粟(あわ)より大きく黄色の粒で、粘りがあり、餅(もち)に入れると美しい黄色になる。富山県東礪波郡402 ❷植物、きび(黍)。北海道一部030 青森県一部030 宮城県一部030 秋田県一部030 山形県一部030 新潟県一部030 富山県一部030 岐阜県一部030 兵庫県一部030 奈良県吉野郡675 和歌山県一部030 鳥取県一部030 岡山県一部030 愛媛県一部030 高知県一部030 佐賀県一部030 ◇いなきみ 北海道一部030 青森県一部030 岩手県九戸郡088 秋田県鹿角郡132 鳥取県一部030

いなぎ-むすび【稲城結】〘名〙女の髪の結い方の一種。近世、天明(一七八一～八九)の頃、遊女などの間に流行したもの。*滑稽本・指面草(1786)大「杵結(きねむすび)より稲城(イナギ)結、手柄結より忍(しのぶ)が似合に」*洒落本・古契三娼(1787)「稲城(イナギ)むすびは、扇(あふぎ)屋のおかねさんがいひ始めた風うさ」*洒落本・通言総籬(1787)一「髪はいなぎむすび、おはぐろをおとしてしらは」

いな-きりご【稲切子】〘名〙 方言⇨いなたご(稲田子)

い-な・く【嘽・嘶】〘自カ四〙(「い」は馬の鳴き声)馬がひひんと鳴く。いななく。*万葉(8C後)一二・三三二八「衣袖(ころもで)葦毛の馬の嘶(いなく)声心あれかも常ゆ異(け)に鳴く〈作者未詳〉」*新撰字鏡(898-901頃)「嘽 馬労也 阿波久 又馬伊奈久」*蜻蛉(974頃)上・天徳二年「かたがひの駒(こま)や恋ひつついなかせんとおもふばかりぞあはれなるべき」 語誌「万葉-一二・二九九一」では「馬声蜂音石花蜘蟵(いぶせくも)あるか」のように「馬声」をイとよんでいる。「落窪-一」には「いうといななきて」とあるが、「いう」は現在のヒンにあたる。 辞書字鏡・言海 表記嘽(字)

いな-くき【稲茎】〘名〙(「いなぐき」とも)稲を刈り取った後の株。稲株。また、その株から出たひこばえ。*後拾遺(1086)恋一・六三一「しぎのふすかり田にたてる稲くきのいなとは人のいはずもあらなん〈藤原顕季〉」*新葉(1381)冬・四四二「あさなあさな霜置く山のをかべなる苅田の面に枯るるいなくき〈藤原為忠〉」*日葡辞書(1603-04)「Inaguqi(イナグキ)」*俳諧・をだまき(元祿四年本)(1691)四季之詞・八月「秋の田〈略〉稲茎」 発音イナクキ〈標ア〉0 ナ〈ア史〉平安『いなぐき』○●●○ 鎌倉○●●○と○○●○の両様〈京ア〉ナ/0 辞書色葉・名義・日葡 表記稃(色・名) 稂(色)

いな-くさ【稲草】〘名〙(「いなぐさ」とも)①稲の茎。また、稲穂。*散木奇歌集(1128頃)恋上「秋かへすさやたに立てるいなくさのねごとにも身を恨みつるかな」*改正増補和英語林集成(1886)「Inagusa イナグサ」*土(1910)〈長塚節〉一四「稲草(イナグサ)を以て田の空地(くうち)を埋めることが一日でも速かなればそれだけ余計な報酬を晩秋の収穫に於て与へるからと教へて」②水田に生えて稲の生育を害する雑草。莠(はぐさ)。*観智院本名義抄(1241)「稂 アナシボ イナクサ」 方言植物。❶いね(稲)。福島県相馬郡161 長野県481 488 492 岐阜県一部030 ◇いねぐさ 京都府一部030 ❷むらさきかたばみ(紫酢漿草)。◇いねくさ 鹿児島県奄美大島965 発音〈標ア〉0 辞書色葉・名義・和玉 表記稂(色・名・玉)

イナクティーフ〘名〙〘形動〙(フランス inactif)《イナクチーフ》活動的でないこと。不活発なこと。また、そのさま。*本能と創造(1912)〈大杉栄〉「失敗はなお無為(イナクティフ)にまさる」 発音〈標ア〉ナ

いな-ぐら【稲倉】〘名〙(「いなくら」とも)稲を貯蔵する倉。*二十巻本和名抄(934頃)一〇「倉廩〈略〉兼名苑云囷〈略〉一云〈伊奈久良〉倉也」*権記-長保三年(1001)三月一八日「又諸国崇道天皇御稲倉等修塡由、同可レ仰下不レ可二懈怠一之由上」*玉塵抄(1563)五「又はいねをかりて吾が所の庭やしきにつんでをくぞいなぐらと云ぞ」*日葡辞書(1603-04)「Inagura(イナグラ)〈訳〉穂のついた米を保存する穀物倉」*読本・雨月物語(1776)浅茅が宿「故(もと)住し家にたがはで、広く造(つく)り作(なせ)し奥わたりより、端の方、稲倉(イナグラ)まで好みたるままの形(さま)なり」 発音イナグラ〈標ア〉0 辞書和名・日葡 表記囷・廩(和)

いな-ぐるま【稲車】〘名〙刈り取った稲を積んで運ぶ車。いねぐるま。稲積車(いねつみぐるま)。《季・秋》 発音イナグルマ〈標ア〉グ

いな-ぐろ【稲―】〘名〙(「いなくろ」とも)刈った稲の穂を円筒形に積み上げたもの。いなむら。*朝野新聞-明治二五年(1892)二月三日「佐川道に至るや忽ち稲クロの影より警官五十余名官服抜刀」 方言❶刈った稲の穂を円筒形に積み上げたもの。いなむら。島根県仁多郡・能義郡725 岡山県邑久郡761 岡山市762 香川県木田郡・仲多度郡829 高知県862 ◇いなぐら 三重県度会郡599 ◇いなぐま 鳥取県気高郡717 ◇いなご 愛知県東加茂郡549 ◇いねご 山形県村山139 ❷稲木。稲かけ。岡山市762 徳島県811 ◇いなぐら 徳島県那賀郡811 ◇いなぐる 徳島県勝浦郡811 ◇いねご 山形県139

いな-くわず【稲不食】〘名〙(稲を食わないようにするものの意)牛や馬の口にはめておく、かご。〔分類農村語彙(1947-48)〕

い-なげ【居投】〘名〙相撲の手のうち、投げの一二手の一つ。腰を低く落とし、相手を引き寄せて投げる。*古今相撲大全(1763)下末・四十八手分別「投十二〈中略〉居投」

いな-げ【異気】〘形動〙変なさま。おかしなさま。いやなさま。「いなげな」の形で連体詞的に用いられることが多い。*丹下氏邸(1931)〈井伏鱒二〉「彼は〈略〉土産物の内容物をしらべて、きまり悪げに呟いた。『こんないなげなものは、何にもならんがな』」 方言❶変なさま。京都府629 鳥取県西伯郡719 島根県725 岡山県748 751 753 広島県771 774 779 山口県798 801 802 徳島県美馬郡810 香川県三豊郡829 愛媛県840 高知県860 ◇いなげらな 新潟県西頸城郡385 ◇いなげなぼらげな 島根県益田市725 ❷嫌なさま。島根県725 ❸醜いさま。岡山県小田郡758 広島県世羅郡777 沼隈郡781 愛媛県今治市842 新居郡843 ❹粗末なさま。貧弱なさま。福井県大飯郡447 京都府竹野郡622 島根県725 広島県778 779 高知県862 864

いなげ【稲毛】千葉市の行政区の一つ。市の北西部を占める。東京湾に面し、かつては海水浴場、潮干狩りの行楽地。昭和三六年(一九六一)以降、埋め立てに伴い住宅地として発展。千葉大学、県総合運動場などがある。平成四年(一九九二)成立。 発音イナゲ〈標ア〉イ

いなげ【稲毛】姓氏の一つ。 発音イナゲ〈標ア〉イ

いなげ・る〘動〙 方言⇨よなげる(淘)

いな-げんざ【稲―】〘名〙(「げんざ」は、トンボの異名。稲が実る頃に出るトンボの意)「あかとんぼ(赤蜻蛉)」の異名。*東雅(1717)二〇「蜻蛉〈略〉東国之方言には、今もえんばといひ、赤卒をばいなけんざなどもいふ也」*物類称呼(1775)二「蜻蛉 とんばう〈略〉東国の方言に、えんばと云 赤卒(あかとんぼ)をいなげんざなどもいふなり〈略〉いなげんざといふも 稲熟するときに有を云也」

いな-けんち【伊奈検地】〘名〙慶長年間(一五九六～一六一五)、徳川家康の近臣で初代の関東郡代であった伊奈備前守忠次(通称、熊蔵)が行なった検地。河川改修、灌漑(かんがい)、開墾などに努力し、伊奈流の農政の始祖として有名。備前検地。熊蔵縄(くまぞうなわ)。*随筆・橘窓自語(1801)「今時の田園の検地は伊奈検地といひて、慶長十五年六月十三日死去せし伊奈備前守忠次の検地なり」

いな-ご【稲子・蝗・螽】〘名〙①バッタ科の昆虫の総称。コバネイナゴ、ハネナガイナゴ、エゾイナゴなど。体長約四センチメートル。体は黄緑色で、はねは淡褐色。後ろあしは前の二対のあしに比べて大きく、はねるのに適する。イネ科植物の葉を食べる害虫。夏から秋にかけて多く見られ、秋に土中に産卵。幼虫は不完全変態で、数回脱皮して成虫となる。食用になり、タンパク質、鉄分、ビタミンAに富み栄養価も高く、古くから佃煮(つくだに)などに用いられる。現在でも山形、宮城、長野県などで製造販売されている。いなごまろ。《季・秋》*続日本紀-大宝二年(702)三月壬申「因幡。伯耆。隠伎三国。蝗損二禾稼一」*十訓抄(1152)「いかでかはいなばもそよといはざらん秋の宮この外に住みは是は我身后にあらねば、物ねたみもなどかせざらんとの心にや。后をば秋の宮と申。又稲葉をばいなごと云虫に思よせられたり」*今鏡(1170)五・浜千鳥「いなごなどいふむしのこころをすこしもたせたまはばよく侍ら

稲子①

まし」＊天草本伊曾保(1593)イソポの生涯の事「アルヒンジャ inagouo(イナゴヲ) トラウズルト ユクロシニ ヲイテ セミヲ ミツケ」＊元和本下学集(1617)「螽 イナコ」＊俳諧・七番日記-文化七年(1810)一〇月「枯れがれの野辺に恋する螽哉」②建築で、天井板の継ぎ目にすきまができるのを防ぐため、裏から板を押えつける竹片、または木片。竿縁天井(さおぶちてんじょう)の羽重部(はがさねぶ)に用い、金属製のものもある。〔日本建築辞彙(1906)〕 語誌(1)語源は「稲の子」とする〈語源説(1)〉のが妥当と思われるが、古くは、擬人化して接尾語「まろ」を加えた「いなごまろ」の例が多い。庶民のタンパク質源として日常的に親しみがあったらしい。(2)「蝗」の字は挙例の「続日本紀」に見えるが、「螽」とともに、イナゴの訓が示されるのは中世以後である。(3)挙例の「十訓抄」「今鏡」などに、イナゴを嫉妬の心がなく睦み合って子孫が多いものとして引いているのは、「詩経-周南・螽斯序」にもとづく。(4)蝗害(蝗災)は中国の史書にしばしば現われるが、日本では「続日本紀」以後、あまり著しくないようである。(5)「蝗」はバッタ類を広く含むが、日本で最も普通のイナゴはコバネイナゴで、大群で移動し害を与えるのはトノサマバッタである。 方言 虫、ばった(飛蝗)。三重県伊賀585 岡山県苫田郡748 岡山市762 大分県北海部郡941 語源説 (1)イネノコ(稲子)の意〔大言海〕。(2)イナカム(稲噛)の義〔日本釈名・滑稽雑談所引和訓義解〕。(3)イネクキモリ(稲茎守)の義〔日本語原学=林甕臣〕。 発音 イナゴ〈なまり〉イナガ〔熊本分布相〕イナゴー・イナンゴ・イナンゴー・キナゴ・ギナゴ・ギナンコ・ギナンゴー〔島根〕イナンジョ・イナンド〔静岡〕イノゴ・ナエゴ・ネァーゴ〔埼玉方言〕インナゴ〔和歌山県・紀州〕エナゴ〔鳥取〕エナンゴ〔鳥取・島根〕ギナンゴ〔島根・広島県〕ジナゴ〔播磨〕ナーゴ〔茨城・埼玉・埼玉方言・千葉〕ナィゴ〔栃木・埼玉・埼玉方言〕ナゴ〔山形・福島〕ナンゴ〔山形〕ネーゴ〔茨城・埼玉方言〕〈標ア〉0〈京ア〉ナ 辞書 下学・和玉・文明・伊京・明応・天正・饅頭・黒本・易林・日葡・書言・ヘボン・言海 表記 蚱蜢(文・伊・明・天・饅・黒・書)螽(下・玉・黒・易・書)蝗(文・書・ヘ)蟿・蠜・蚱・蝶・蜱(玉)負蠜(書)稲子(言)

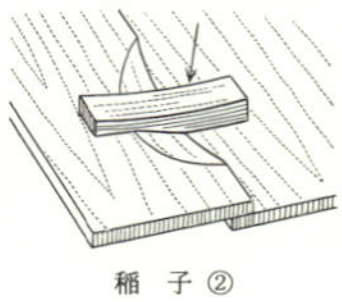
稲　子②

いなご の 蒲焼(かばやき) 「いなごやき(稲子焼)」に同じ。＊随筆・守貞漫稿(1837-53)五「螽蒲焼売。いなごを串にし醤をつけてやきて売ㇾ之。春の物也。又童子の買多し」

いなご【名】方言❶砂。千葉県山武郡270 長生郡(浜の砂)286 ◇いな 千葉県山武郡270 ❷乾いた砂。千葉県261 山武郡270 ❸砂の混じっている土。埼玉県北葛飾郡054 ❹宮参りの時に使う白いさらし布で作ったちゃんちゃんこ。千葉県安房郡025 ❺田鼈(たがめ)の卵。京都府中郡623 ❻むかご。岐阜県郡上郡498 飛騨502

いな-こき【稲扱】【名】(「いなこぎ」とも)「いねこき(稲扱)」に同じ。＊和漢三才図会(1712)三五「稲扱 以奈古岐」＊広益国産考(1859)一「喬扞(イナコギ)」＊小学読本(1874)〈榊原・那珂・稲垣〉二「稲類は刈取りて、これを稲扱(イナコキ)に打当て、其実を扱き取りこれを磑(すりうす)にて磨(ひ)くなり」 発音〈標ア〉ナ 辞書 言海 表記 稲扱(言)

いなご-くび【蝗首】【名】首をあざけっていう語。そっくび。＊浄瑠璃・万戸将軍唐日記(1747)三「一々(いちいち)にいなご首さらへ落すは瞬く内、覚悟ひろげ」

いなご-ざし【蝗差】【名】天井板の継ぎ目に、稲子②をさして固めること。〔日本建築辞彙(1906)〕

いなご-しころ【蝗錏】【名】兜(かぶと)の錏の一種。形が小さく、鉢づけと菱ぬい板の間にふくらみがなく平らなもの。日根野錏(ひねのしころ)。

いなご-とり【稲子取】【名】イナゴを捕えること。また、その人。《季・秋》＊破戒(1906)〈島崎藤村〉四・二「高等四年にも成って、未だ皇螽捕(イナゴトリ)に夢中に成ってるなんて」 発音 イナゴトリ〈標ア〉ゴ

いなご-まめ【稲子豆】【名】マメ科の常緑小高木。南ヨーロッパ原産で観賞用として栽培される。葉は広楕円形の小葉が二〜三対、羽状にならぶ。雌雄異種で、単性または両性の赤い花が総状に咲く。実は扁平な長楕円形のさやとなる。種子は宝石類の量目を測る単位カラットの基準となった。学名は Ceratonia siliqua 発音 イナゴマメ〈標ア〉ゴ

いなご-まろ【稲子麿】【名】(「稲子」を擬人化していった語)イナゴ、バッタ類の古称。特にイナゴをいう場合が多い。《季・秋》＊本草和名(918頃)「蚱蜢〈略〉和名以奈古末呂」＊堤中納言(11C中-13C頃)虫めづる姫君「わらはべの名は、例のやうなるはわびしとて、虫の名をなむつけ給ひたりける。けらを〈略〉いなごまろ・あまひこなむなどつけて」＊梁塵秘抄(1179頃)二・四句神歌「茨小木(うばらこぎ)の下にこそ、鼬(いたち)が笛吹き猿舞(かな)で、掻い舞で、いなごまろ賞(め)で拍木(はうし)付く」 発音 イナゴマロ〈ア史〉平安○○○●〈京ア〉ゴ 辞書 和名・色葉・名義・言海 表記 蚱蜢(和・色・名)蟭螽(色)稲子麿(言)

いなご-や【稲小屋】【名】刈り取った稲を入れておく小屋。いねごや。

いなご-やき【稲子焼】【名】イナゴをくしにさし、しょうゆをつけて焼いたもの。いなごのかばやき。 発音 イナゴヤキ〈標ア〉0

いな-さ【否―】【名】(「いな」は否定、「さ」は肯定の意)「いなせ(否諾)②」に同じ。＊日葡辞書(1603-04)「Inasaga (イナサガ) キコエヌ〈訳〉あることについて何が行なわれたかがわからない」 辞書 日葡

いなさ【引佐】 静岡県の南西部の郡。浜名湖の北部から北東部一帯を占める。＊二十巻本和名抄(934頃)五「遠江国〈略〉引佐〈伊奈佐〉」 辞書 和名・易林 表記 引佐(和・易)

いな-さ【名】東南の方角から吹く風。特に台風がもたらす強風をさしていう。《季・夏》＊物類称呼(1775)一「江戸にては東南の風を、いなさといふ」＊歌舞伎・牡丹平家譚(重盛諫言)(1876)大詰「俄に風が東南(イナサ)に変り、空に雨を持って居る上、暴れにならうも知れませぬから」＊土(1910)〈長塚節〉五「どうかするとそんな季節に東南風(イナサ)が吹いて慄へる程冷えることがある」 方言❶東南の風。上総†068 江戸†020 東海†035 尾張†099 青森県南部084 岩手県062 097 101 宮城県亘理郡054 茨城県水戸市062 千葉県021 062 261 東京都江戸川区308 大島326 利島(恐ろしい風)331 三宅島333 八丈島334 神奈川県001 319 321 静岡県054 059 520 愛知県571 知多郡569 三重県054 586 588 大阪府泉南郡844 兵庫県淡路島671 和歌山県690 山口県大島801 熊毛郡844 徳島県板野郡844 香川県827 伊吹島829 小豆郡844 愛媛県西部844 高知県幡多郡864 ◇いなさもの 東京都大島326 ◇いなさまぜ 和歌山県南部690 ❷南風。伊豆八丈島†077 福島県会津・浜通155 茨城県稲敷郡193 静岡市054 愛知県碧海郡564 高知県幡多郡844 ❸東南東の風。千葉県054 ❹東風。茨城県100 千葉県山武郡270 静岡県庵原郡844 和歌山県(強風)695 ◇いなせ 千葉県印旛郡054 ❺東北の風。神奈川県三浦郡054 三重県南牟婁郡603 兵庫県赤穂郡660 徳島県阿波郡・板野郡(強風)811 高知県安芸郡844 ❻西北の風。千葉県東葛飾郡276 語源説 (1)イナは海、サは風〔風位考=柳田国男〕。(2)イナサ(稲風)か。またイタサ(痛風)の転か〔日本語源=賀茂百樹〕。(3)イナは「巳如」の別音。イ(巳)は方位の称(イは巳の古音)。ナ(如)は或語の下に添えてその語を形容詞化する助辞。サは「颸」、又は「颯」の別音。巳の方の風の意から〔日本語原考=与謝野寛〕。 発音〈標ア〉0 辞書 ヘボン・言海 表記 東南風(言)

いなさ-かぜ【―風】【名】東南の風。＊新編常陸国誌(1818-30頃か)方言「いなさかぜ 東南の風を云ふ、春のいなさは、黒金も通すと云ふ諺あり、春のさむき風なり、八丈島にても云ふ」 方言❶東南の風。神奈川県中郡320 ❷東風。栃木県芳賀郡198 ❸東北の風。◇いなさのかぜ 千葉県印旛郡054 発音〈標ア〉サ

いな-さく【稲作】【名】稲をつくること。水稲栽培。また、その出来ぐあい。米作。＊一年有半(1901)〈中江兆民〉附録・経済界「天候一辺を恃みとする稲作に於て」 発音〈標ア〉0〈京ア〉0

いなさく-ちたい【稲作地帯】【名】稲作を行なっている地域。中心はモンスーン気候の東南アジア。 発音〈標ア〉タ チ

いなさ-ごち【―東風】【名】①東南東の方角から吹く風。＊歌舞伎・加賀見山再岩藤(骨寄せの岩藤)(1860)三幕「今朝は明けると朝焼けで、いなさ東風(ゴチ)が吹いたから、雨になるかと思ったら」②東の風。＊八丈実記(1848-55)方言「風は 東をいなさごち」 方言❶東南の風。高知県幡多郡844 ◇いなさこち 高知県安芸郡844 ❷東寄りの南風。◇いなさこち 広島県豊田郡786

いなさ-の-やま【伊那佐山】 奈良県北東部、榛原(はいばら)町にある山。また、宇陀坂の別名ともいわれる。いなさやま。山路岳。＊古事記(712)中・歌謡「楯(たた)並(な)めて 伊那佐能夜麻(イナサノヤマ)の 木の間よも い行き目守(まも)らひ 戦へば」 発音〈標ア〉0

いなさ-ほそえ【引佐細江】 静岡県南西部、浜名湖北東部の支湾。都田川が注ぎ風景絶佳で知られる。歌枕。＊万葉(8C後)一四・三四二九「遠江(とほつあふみ)伊奈佐保曾江(イナサホソえ)の澪標(みをつくし)あれを頼めてあさましものを〈東歌・遠江〉」＊千載(1187)恋四・八六〇「逢ふ事はいなさほそ江の水尾尽(みをつくし)ふかきしるしもなき世なりけり〈藤原清輔〉」 発音〈標ア〉ソ 辞書 書言 表記 引佐細江(書)

いなさ-まぜ【名】方言 ⇨いなさ

いなさ-もの【名】方言 ⇨いなさ

いなさ-やま【稲佐山】 長崎市の西部にある山。山すその町は万延元年(一八六〇)ロシア人の上陸止宿地に指定された。山上部は、現在、総合公園。標高三三三メートル。 発音〈標ア〉0

いなざわ【稲沢】(いなざは) 愛知県北西部、濃尾平野中央部の地名。古くは国府、国分寺が置かれ、尾張国の政治・文化の中心地で、天正年間(一五七三〜九二)美濃街道が開かれ宿場町(稲葉宿)として発展した。名古屋市の衛星都市。昭和三三年(一九五八)市制。 発音〈標ア〉0

い-なし【居做】(ゐ:)【名】住んでいる様子。住居のさま。＊虎明本狂言・鶏聟(室町末-近世初)「まづはしたたかなゐなしじゃ。身どもが所といかうちがふたに」＊日葡辞書(1603-04)「イエノ inaxiga (イナシガ) ヨイ ヒト〈訳〉住んでいる家の修繕や整備に注意のよく行き届いた人」＊三体詩素隠抄(1622)三・一「我は四州の刺史を、兼ねたるほどに、民家の、いなしを見とて、年々に、此の山に、のぼりて、登眺すれば」＊談義本・繋下雑談(1755)二・実名応身「人ににくがられぬ神職人なれば居(ヰ)なしも宜しく、家内も大勢暮しぬ」＊浜荻(仙台)(1813頃)補遺「いなし 居成し。居宅のやうすをいふ。りっぱないなしなどいふ」 方言❶暮らし向き。群馬県勢多郡236 ❷暮らし方。神奈川県愛甲郡314 藤沢市319 ❸家屋の具合や居住状態。宮城県仙台市123 高知県長岡郡869 辞書 日葡

いな-しき【稲敷】 ㊀【名】わらを敷くこと。また、その場所。転じて、田舎。＊堀河百首(1105-06頃)雑「いなしきのふせやを見れば庭もせに 門田の稲は刈りほしてけり〈前斎院肥後〉」＊守覚法親王集(1182-1202頃)「いなしきやひなの仮ねはめも合はで都を夢のうちにだに見ぬ」＊八雲御抄(1242頃)三「ひな(ゐ中也) いなしき(同)」 ㊁茨城県の南部の郡。霞ケ浦の南岸を

占め、南は利根川を境に千葉県に接する。明治二九年（一八九六）信太（しだ）・河内（こうち）の両郡が合併して成立。発音〈標ア〉ナ

いな-しこめ・し【─醜】〘形ク〙（「いな」は、嫌悪の感情を表わす語）非常に醜悪である。＊書紀（720）神代上「吾、意（おも）はず不須也凶目汚穢国に到（き）にけり〈略〉不須也凶目汚穢、此をば伊儺之居梅枳々多儺倶（イナシコメキキタナキ）と云ふ」

いな-しこめしこめ・し【─醜醜】〘形ク〙（「いな」は、嫌悪の感情を表わす語。「しこめし」は、形容詞「しこめし」の語幹を重ねたもの）非常に醜悪である。ひどく汚れている。＊古事記（712）上「吾は伊那志許米上志許米岐（イナシコメシコメキ）穢き国に到りて在りけり」上仮名イナシコメシコメシ

いなしび-おし【稲株圧】〘名〙湿田地帯で田植前の整地のとき、前年の稲株を土の中に踏み込むこと。〔分類農村語彙（1947–48）〕発音〈標ア〉0

い-なじ・む【居馴染】〘自マ四〙久しくいてなれ親しむ。長く住んでなじみになる。いなれる。＊俳諧・西鶴大矢数（1681）第三六「居馴染（ナジミ）まして後の出替 孝行の道であらずば千年も」＊俳諧・続猿蓑（1698）下・夏「燕の居なじむそらやほととぎす〈蘆本〉」＊黴（1911）〈徳田秋声〉二〇「普通の貸家へ移る時の生活の不安を考へると、矢張居昵（ヰナジ）んだ場所を離れたくないやうな気もしてゐた」＊灰燼（1911–12）〈森鷗外〉二「節蔵は一週間ばかりゐるうちに、いつとなく居馴染んで」発音〈標ア〉ジ 辞書ボン 表記居訓染（へ）

いな-しゅう【伊奈衆】〘名〙江戸時代、徳川将軍家に取り立てられた信濃国（長野県）伊那谷の地侍。知久、座光寺、小笠原氏など、中世の豪族の子孫。発音イナシュー〈標ア〉ナ

いな-しん【田紳】〘名〙「いなかしんし（田舎紳士）」の略。＊社会百面相（1902）〈内田魯庵〉温泉場日記「色の褪げた不恰好なフロックコートや袴羽織を着けた鼠髯の田紳（ヰナシン）が」発音〈標ア〉0

いな・す【往・去】〘他サ五（四）〙①去るようにさせる。帰らせる。㋑立ち去らせる。追っぱらう。＊歌謡・田植草紙（16C中–後）晩歌一番「泊れや旅のうきそう、いなそうやれんげしおは読まいで」＊歌舞伎・女人結縁灌頂（1707）一「いやいやいなす事はならぬと是非（ぜひ）に奥へ連れ入り給ふ」＊譬喩尽（1786）一「去（イナ）したひ客には箒（はうき）逆（さかさま）に立（たつ）」＊滑稽本・東海道中膝栗毛（1802–09）六・下「べしてのこともありやせまい。いなしてやろかいな」㋺実家に返す。離縁する。＊浄瑠璃・心中宵庚申（1722）下「こちと夫婦は何にもしらぬと思ふてか。気にいらいでいなした嫁」②ばかにする。悪口を言う。けなす。＊歌舞伎・韓人漢文手管始（唐人殺し）（1789）一「『コリャ、いなすな。いなすな』『イヤ、いなさにゃならぬ』」＊滑稽本・大師めぐり（1812）上・上「此貧乏（びんぼ）はどふじゃいなと、いっきにわしをいなしくさる」＊洒落本・色深狭睡夢（1826）下「木津甚のやつらがおれをしいなしにいなしたさかい、つい癇癪がおこったのじゃ」③台なしにする。ふいにする。＊滑稽本・大師めぐり（1812）上・中「折角酔ふた酒、とんといなしてこましたとぼやきぼやき出てゆきぬ」④相撲のわざで、攻勢をかわして、相手の態勢を崩す。転じて、攻撃や追及を軽くあしらう。＊春泥（1928）〈久保田万太郎〉むほん・三「『しない？』『するものか』『だって、君』田代は出鼻をいなされたかたちに『どうして？』」＊新西洋事情（1975）〈深田祐介〉「民主主義」夫人、南アにゆく「ご亭主にペテン師呼ばわりされても、ヤタッペはよほど自信があるのか。〈略〉余裕しゃくしゃく軽くいなしています」⑤和服の襟（えり）を首の後ろの方へ押し下げる。襟の合わせ目あたりを押し上げるような動作をする。えりをぬく。＊俳諧師（1908）〈高浜虚子〉一二「グイといなした襟と、又其の反比例に前へ突き出した首とが水際立って美くしい」方言❶帰らせる。行かせる。福井県敦賀郡443 大阪府大阪市637 泉北郡646 兵庫県神戸市665 和歌山県690 島根県725 岡山県苫田郡749 広島県高田郡779 香川県829 愛媛県840 ❷離縁する。三重県586 大阪市637 和歌山市691 岡山県苫田郡749 山口県791 香川県829 愛媛県松山846 高知市867 ◇いなせる 島根県出雲・隠岐島725 ❸逃がす。兵庫県神戸市670 香川県826 829 ❹死なせる。香川県829 ◇いなかす 和歌山県日高郡690 ❺そしる。大阪†117 発音〈標ア〉0〈京ア〉0 辞書日葡・言海 表記往（言）

い-な・す【居成】〘自サ四〙居ずまいを正す。居成る。＊今昔（1120頃か）二八・三〇「事しも大（おほきなる）鯉などを作らむ様に、左右（さう）の袖を引疏（ひきつくろひ）て、片膝を立て、今片膝をば臥せて、極て月々しく居成して、少喬（そばみて）」辞書文明 表記居成（文）

い-な・す【鋳成】〘他サ四〙金属を溶かして像を鋳る。＊大唐西域記長寛元年点（1163）五「沙門を供養し、仏像を鎔鋳（イナセ）り」＊二日物語（1892–1901）〈幸田露伴〉此一日・六「愛慾の毒火に鋳成（イナ）せし鼠を己なりと思はんには、猫像或は敵たるべけれど」

いな-すずめ【稲雀】〘名〙稲田に集まってくる雀。《季・秋》＊堀河百首（1105–06頃）雑「むれてくる田中の宿のいな雀我ひくひたにたちさはぐなり〈源師時〉」＊六条院宣旨集（12C前–中）「いなすずめ群れ渡るなりしづの家のかどたのひたにてだまやすむな」＊俳諧・西の雲（1691）「稲雀茶の木畠や逃（にげ）どころ〈芭蕉〉」

いな-ずま【稲妻・電】〘名〙（「稲の夫（つま）」の意）①雷雨のとき、空中電気の放電によってひらめく電光。雷鳴が聞こえないで、電光だけがひらめく場合にもいう。いなびかり。いなつるび。いなだま。《季・秋》＊古今（905–914）恋一・五四八「あきのたのほのうへをてらすいなづまの光のまにも我やわするる〈よみ人しらず〉」＊十巻本和名抄（934頃）一「雷公 霹靂電附〈略〉玉篇云電〈音甸 和名以奈比加利 一云以奈豆流比又云以奈豆末〉雷之光也」＊蜻蛉（974頃）中・天禄元年「いなづまのひかりだにこぬやがくれは軒ばのなへも物おもふらし」＊俳諧・続猿蓑（1698）秋「稲妻や雲にへりとる海の上〈宗比〉」＊書言字考節用集（1717）一「稲妻 イナヅマ」②①のひらめくのにたとえていう。㋑行動や動作のすばやいこと。＊大観本謡曲・熊坂（1514頃）「追っかけ追っつめ取らんとすれどもかげろふ、稲妻、水の月かや、姿は見れども手に取られず」＊浄瑠璃・国性爺合戦（1715）四「上段下段の太刀さばき、かげろういな妻ししふんじん」㋺時間のきわめて短いこと。瞬間。＊大観本謡曲・関原与市（室町末）「われもわれもとかかる敵を〈略〉蝶鳥稲妻石の火の、見あへぬ程に切り給へば」＊浄瑠璃・聖徳太子絵伝記（1717）一「胸にあてたる刃の光いなづままたぬ危（あやうき）命」③「いなずまおれくぎ（稲妻折釘）」の略。〔日本建築辞彙（1906）〕④「いなずまがた（稲妻形）」「いなずまもよう（稲妻模様）」の略。⑤紋所の名。①のひらめく形に似ているところからいう。いなずま、いなずまびし、四ついなずまびしなど数種類ある。⑥柄の稲妻形に曲がっている錐（きり）。〔日本建築辞彙（1906）〕

四つ稲妻菱

稲妻菱

三つ稲妻亀甲

三階稲妻

⑦（その形が①に似ているところから）蔵などの鍵。＊雑俳・柳多留‐三七（1807）「稲妻の折れを女狐くわへてる」＊雑俳・柳多留‐五六（1811）「稲妻でくゎらくゎらくゎらと蔵を明」⑧江戸時代、遊女などが、かんざしを多くさしている様子を見立てていう語。＊雑俳・川傍柳（1780–83）三「稲妻は女郎の植た田へ通ふ」＊雑俳・柳多留‐二九（1800）「稲妻をさせてふり向く仲の町」⑨（①のようにきらきら光るところから）金屏風のこと。＊雑俳・柳多留‐一六（1781）「いなづまを拝借に行暑い事」⑩（電）金モール、銀モールのこと。⑪きらきらと光ることや、動作のすばやいことにかけて用いられた、盗人仲間の隠語。㋑宿屋での強盗。〔隠語輯覧（1915）〕㋺家の壁をこわすのに用いる鉄の棒。〔隠語輯覧（1915）〕㋩刑務所の看守長。〔隠語輯覧（1915）〕㊁容疑者が逃亡すること。〔隠語輯覧（1915）〕㋭火をおこすもの。火打ち石。〔日本隠語集（1892）〕㋬灯明台。〔隠語輯覧（1915）〕語誌「いなつるび」（「つるび」は交配の意）ともいい、古代では雷光が稲の穂と結合し、穂を実らせると信じられていた。稲の開花結実のころによく雷光が発するためであったか。→「いなびかり（稲光）」の語誌。語源説(1)稲は電光によって実るという俗伝による〔名語記・東雅・類聚名物考・俚言集覧〕。(2)イカヅチの転〔桑家漢語抄〕。(3)イナトイフマノヒカリ（否言間光）の義〔日本語原学＝林甕臣〕。(4)「陰電」の別音である In-Tsum の転音〔日本語原考＝与謝野寛〕。発音〈なまり〉エナズマ〔富山県〕〈標ア〉ナ 0〈ア史〉平安○○◍○〈京ア〉0 辞書和名・色葉・名義・和玉・伊京・明応・饅頭・黒本・易林・日葡・書言・ヘボン・言海 表記稲妻（伊・明・天・饅・黒・易・書・ヘ・言）電（和・色・名・玉・伊・饅・書）熌（伊）

いなずま-おり【稲妻織】〘名〙稲妻のように屈曲する線を、織り込んだもの。＊浮世草子・俗つれづれ（1695）四・四「稲妻織（イナツマヲリ）の金入の帯、むらさきの革たびにもへぎの紐をつけ」発音〈標ア〉0

いなずま-おれくぎ【稲妻折釘】〘名〙釘の頭が、稲妻形に二重に折れ曲がっているもの。掛け物などを掛けるのに用いる。稲妻。〔日本建築辞彙（1906）〕発音イナズマオレクギ〈標ア〉レ

いなずま-がた【稲妻形】〘名〙①稲妻をかたどり、屈折した直線によって構成した形や模様。中国では雷文（らいもん）という。紋所として模様化したものもある。稲妻。稲妻模様。〔日本建築辞彙（1906）〕②稲妻のように左右交互に屈折した形。ジグザグの形。＊坑夫（1908）〈夏目漱石〉「稲妻形（イナヅマガタ）に段々を下りるときは、無暗に下りる許りで〈略〉甚だ心細かったが」＊大塩平八郎（1914）〈森鷗外〉九「十四人は、詞（ことば）もなく稲妻形に焼跡の町を縫って」発音イナズマガタ〈標ア〉0

いなずま-がね【稲妻金】〘名〙ちらっと姿を見たかと思うと、もう使い果たしてなくなっている金銭のたとえ。金づかいが荒い場合や、困窮しているときに金がはいってきた場合などに使う。三日月金。＊滑稽本・浮世床（1813–23）初・下「おらが内へ来る金は三日月金とも稲妻金（イナヅマガネ）ともいふ。何でもちらりと見たばかり直に出て行く」

いなずま-ぎり【稲妻切】〘名〙稲妻のように早業で切ること。また、その術。＊幸若・信太（室町末–近世初）「長刀つかふ兵法に、なみのこしぎり、稲妻ぎり、車返し、やる刀」＊説経節・天智天皇（1692）二「あら事々しのあを侍、まいりそふと、云ままに、三ほう車、四つで切、東西なんぼく、いなつま切に、はらりはらりと切ふせたり」発音イナズマギリ〈標ア〉0

いなずま-ごう【稲妻壕】〘名〙折れ線状に掘った塹壕（ざんごう）。発音〈標ア〉マ

いなずま-ばしり【稲妻走】〘名〙稲妻のひらめくように速く走ること。＊浄瑠璃・曾我会稽山（1718）二「あの馬とめよといふ程も、家来に乗ぬけいなづま走」発音〈標ア〉バ

いなずま-びし【稲妻菱】〘名〙菱形の四辺を稲妻形にした模様。また、その紋所。＊歌舞伎・富士額男女繁山（女書生）（1877）四幕「井桁（ゐげた）に橘（たちばな）、稲妻菱（イナヅマビシ）の派手なる着附（きつけ）」発音〈標ア〉マ

いなずまびょうし【稲妻表紙】 江戸後期の読本。五巻六冊。山東京伝作。歌川豊国画。文化三年(一八〇六)江戸、西村宗七等刊。素材は近松門左衛門の「傾城反魂香(けいせいはんごんこう)」や「信州川中島合戦」「伽羅先代萩」「伊達競阿国戯場」等に基づき、大和国佐々木家の御家騒動に、不破伴左衛門と名古屋山三郎をからませた物語。演劇の草履打、鞘当の見せ場を転化して取り込むなど、演劇趣味が濃い京伝の傑作。「浮世柄比翼稲妻(うきよがら〈別訓=づか〉ひよくのいなずま)」として脚本化され、大坂、江戸で再三上演された。昔話(むかしがたり)稲妻表紙。 発音 イナズマビョーシ 〈標ア〉ビョ

いなずま-もよう【稲妻模様】『名』稲妻形に屈折した線を模様化したもの。稲妻形。稲妻。 発音 イナズマモヨー 〈標ア〉モ

いなずま-よこばい【稲妻横這】『名』ヨコバイ科の昆虫。イネを枯死させるウンカの一種。体長約三〜四・五ミリメートル。全体が黄褐色で、前ばねに稲妻模様の斑紋がある。本州から沖縄に分布する。学名は Inazuma dorsalis 発音 〈標ア〉ヨ

いな-すり【稲擦】『名』(稲穂でのどの中をくすぐられるような感じがするところから) 麻疹(はしか)の異称。＊勝山記-大永三年(1523)「此年少童もをやむ。亦はいなすりをやみ候。大概はつるる也」 方言 甲府†088

いな-せ【否諾】『名』(「いな」は否定、「せ」は肯定の意) ①不承知と承知。いなう。諾否。＊後撰(951-953頃)恋五・九三七「いなせともいひはなたれずうき物は身を心ともせぬ世なりけり〈伊勢〉」＊浄瑠璃・三社託宣由来(1678)三「某も望み有。かなへ給はば助くべし。さなきに於ては所の法に行なはんぞ。早疾くいなせをし給へといふ」＊咄本・軽口御前男(1703)一・一六「さあ、いなせの返事はいかにと、脇指くつろげきめければ」＊書言字考節用集(1717)八「否応 イナセ」 ②無事であるのか、そうでないのか。安否。または、安否を知らせるたより。消息。連絡。いなさ。＊サントスの御作業(1591)二・サントアレイショ「イマワ カノ イデブネノ inaxe (イナセ) ヲ キカセラレント」＊日葡辞書(1603-04)「Inaxe (イナセ)〈訳〉そのことがこのようであるか否かを知らないことから生じる不確かさ」＊浄瑠璃・本朝二十四孝(1766)二「昨日も昨夜(ゆふべ)にも 今に於ていなせのないが心掛りにありつれど」＊談義本・遊婦多数寄(1771)三「かく心をつくせし後、此女郎いなせの便りもせず」 語源説 イナ(否)は辞、セはサの転〔俗語考・和訓栞・大言海〕。 辞書 日葡・書言 表記 否応(書)

いな-せ【鯔背】『名』①(形動) 勇み肌でいきな若者。また、その様子。威勢がよくさっぱりした気風の若者。また、その気風。＊清元・忍岡恋曲者(1858)「まだ新宅の見世前を、そそるいなせの地廻り衆」＊塩原多助一代記(1885)〈三遊亭円朝〉四「刺繍(ほりもの)だらけの俠気(イナセ)な哥々(あにい)が」＊当世書生気質(1885-86)〈坪内逍遙〉八「衣服(きつけ)こしらへがいなせなるゆゑ」＊草枕(1906)〈夏目漱石〉五「道理(だうれ)で生粋(いなせ)だと思(おも)ったよ」 ②「いなせあしだ(鯔背足駄)」の略。＊随筆・守貞漫稿(1837-53)二七「五分高銀杏樫歯の足駄に細き輪矛緒を付たるも、安政中江戸工匠、或は、賤業俠風の徒用レ之、幅二寸二分ばかり、緒いよいよ長く、二孔甚だ背の方にあり。此足駄を当時の方言に『いなせ』と云」 語誌 (1)語源に諸説あるが、未詳。江戸下町の若者の気風を表わす「いさみ(勇)」「きゃん(俠)」などの類語があるが、「随筆・守貞漫稿-二七」の記述から気風だけではなく、物品・人品についてもいい、必ずしもプラス評価だけではない意味合いを持つ。(2)文政(一八一八〜三〇)頃の佃節に「いきな深川いなせな神田人の悪いは麴町」というのがあり、当時左官・大工・土方が多く住んでいたとされる神田の若者の気風を「いなせ」とみていたことがわかる。→いなせぶし(鯔背節)。 方言 ❶虚勢。茨城県稲敷郡193 ❷気軽なさま。千葉県東葛飾郡276 長野県下水内郡470 ❸奇妙なさま。おかしいさま。愛媛県840 ❹気味。気持。福島県中部155 語源説 (1)新吉原に勇み肌で美声の地回りがいて、その男がうたって歩いた小唄の文句、「いなせとも、なきその心から、帰らしゃんせと、ほれた情」から、粋なことをイナセといった〔大言海〕。このイナスは帰す意で、もとは上方言葉か〔江戸生活事典=三田村鳶魚〕。(2)江戸日本橋の魚河岸の若者たちがイナ(鯔)の背のように髷を結んだことから〔江戸東京風俗語事典=三好一光〕。 発音 〈標ア〉0 〈京ア〉0 辞書 言海

いなせ-あしだ【鯔背足駄】『名』江戸末期、江戸の職人や俠客などのはいた足駄。幅は二寸二分(約六・五センチメートル)位で、普通より長い鼻緒が付いていた。鯔背。 発音 〈標ア〉ア

いなせ-いちょう【鯔背銀杏】『名』江戸後期、江戸日本橋の魚河岸の若者たちの結った髷(まげ)。その形が鯔の背に似ていたところからといわれる。寛政(一七八九〜一八〇一)頃から一般にも流行した。 発音 イナセイチョー 〈標ア〉イ2

いなせ-がわ【稲瀬川】 神奈川県鎌倉市のやや西方を流れる小川。笹目ケ谷を源流として長谷から由比ケ浜に注ぐ。水無瀬(みなのせ)川の音転したもの。＊太平記(14C後)一〇・鎌倉兵火事「浜面(はまおもて)の在家并に稲瀬河(イナセガハ)の東西に火を懸けたれば」＊歌舞伎・青砥稿花紅彩画(白浪五人男)(1862)四幕「『初瀬寺から稲瀬川(イナセガハ)、この界隈にゐぬからは』『朝比奈の切通しを越え、六浦の方へ行ったか知らぬ』」 発音 イナセガワ 〈標ア〉セ 辞書 書言 表記 稲瀬川(書)

いなせはぎ-じんじゃ【伊奈西波岐神社】 島根県簸川(ひかわ)郡大社町鷺浦にある神社。旧県社。出雲大社の摂社で、祭神稲背脛命(いなせはぎのみこと)ほか二柱。疱瘡(ほうそう)の守護神として知られる。鷺社。鷺大明神。 発音 イナセハギジンジャ 〈標ア〉ジ

いなせ-はだ【鯔背肌】『名』威勢がよく、さっぱりしていて粋(いき)な気風。いさみはだ。＊恋慕ながし(1898)〈小栗風葉〉五「三十前後の俠肌(イナセハダ)で、唐桟の小算崩の袷に竪海鼠の浴衣を重ねて」 発音 〈標ア〉セ

いなせ-ふう【鯔背風】『名』(形動) 勇み肌でいきな気風。また、そのさま。 発音 イナセフー 〈標ア〉0

いなせ-ぶし【鯔背節】『名』安政四年(一八五七)頃、江戸で流行した俗謡。「着物はごほん手、みそこしか、帯、ふなこしで、諸事いなせごと、ばら緒の突っかけ」などと、いなせな様子、風姿などを歌ったもの。 発音 〈標ア〉0

いな-だ【稲田】『名』稲を栽培する耕作地。たんぼ。《季・秋》＊書紀(720)神代上(水戸本訓)「故、二はしらの神に号(な)を賜ひて稲田宮主神(イナタのみやぬしのかみ)と曰ふ」＊出雲風土記(733)秋鹿「嶋根の郡の大領社部臣訓麻呂の祖波蘇等稲田(いなだ)の澇(こみ)に依りて、彫(ゑ)り掘りしぞ、といふ」＊農業全書(1697)二「稲田耕しの事、麦蒔の外は秋耕してよき所もあり」＊武蔵野(1898)〈国木田独歩〉二「稲田も殆ど刈取らる」 発音 〈標ア〉0 〈京ア〉0⓪

いなだ【稲田】(「いなた」とも) 姓氏の一つ。 発音 〈標ア〉0イ

いなだ-りゅうきち【稲田龍吉】 医学者。九州帝大・東京帝大教授。日本医師会会長。井戸泰との共同研究によるワイル病の病原体の発見者。学士院会員。恩賜賞、文化勲章を受ける。明治七〜昭和二五年(一八七四〜一九五〇)

いなだ『名』出世魚、ブリの若魚。全長四〇センチメートル内外のもの。《季・夏》＊俳諧・篗纑輪(1753)「津走(つばす)〈略〉二尺にちかきを飯(はまち)と呼ふ筑紫にてやすと云い東土てはいなたと云ふ」＊物類称呼(1775)二「鰤、ぶり この魚の、〈略〉一尺余り二尺にも至るを江戸にていなだと云」＊狂歌・若葉集(1783)下「いなだまでなりあがりたるわかな子の出世は見えた御奉公鰤(ぶり)」＊魚鑑(1831)下「ぶり〈略〉八月より十二月までをいなだ〈略〉四五才のものをぶりといふ」 発音 〈標ア〉0 〈京ア〉⓪ 辞書 書言・ヘボン・言海 表記 鰍(書・ヘ)

いなだ-いわ【稲田岩】『名』「いなだみかげ(稲田御影)」に同じ。

いなだ-か【稲―】『名』 方言 ⇩いなたご(稲田子)

いなだき『名』「いただき(戴)②」に同じ。＊書紀(720)神代上(水戸本訓)「便ち八坂瓊(やさかに)の五百箇(いほつ)の御統〈御統、此をば美須磨屢と云ふ〉を以て其の髻鬘(みイナタキ)及び腕(たぶさ)に纏(まき)け」＊万葉(8C後)三・四一二「伊奈太吉(イナダキ)にきすめる玉は二つなしかにもかくにも君がまにまに〈市原王〉」 方言 脳の頂。東京都八丈島040 上仮名 イナダキ 辞書 言海 表記 頂(言)

いなだ・く『他カ四』「いただく(戴)」に同じ。＊良寛歌(1835頃)「わがために漁(あさ)りし鮒をいなだきておとしもつけず食(を)しにけるかも」 方言 物をささげて礼を言う。新潟県中頸城郡384

いなた-ご【稲田子】『名』昆虫「いなご(稲子)」の異名。 方言 滋賀県蒲生郡062 大分県別府市941 ◇いがた 滋賀県坂田郡・東浅井郡608 ◇いがたに 滋賀県608 609 ◇いなかたいなかた・いなかたかた 和歌山県西牟婁郡690 ◇いなぎいす 山口県柳井市058 ◇いなぎす 富山県氷見市056 愛知県宝飯郡062 ◇いなぎち 福井県大飯郡447 ◇いなぎっちょ 愛知県宝飯郡062 知多郡570 ◇いなきりご 岡山県苫田郡748 ◇いなたか 沖縄†039 ◇いなだか 三重県宇治山田市591 愛媛県840 高知県幡多郡860 熊本県天草郡936 ◇いなたぎ 滋賀県愛知郡608 ◇いなだき 滋賀県蒲生郡608 ◇いなたに 近江坂田郡†037 滋賀県愛知郡・蒲生郡608 ◇いなたんば 滋賀県愛知郡606 ◇いなばたと 香川県826 ◇いなんど 静岡県521 531 532 ◇いねぎっちょ 静岡県520 ◇いねたか 高知県幡多郡870 ◇いねちょんぎり 島根県那賀郡725 ◇いねばった〔稲飛蝗〕和歌山県日高郡698

いなだ-ごぼう【稲田御坊】 茨城県笠間市稲田にある西念寺の別称。親鸞が「教行信証」を著わした寺として知られる。稲田禅坊。稲田草庵。 発音 イナダゴボー 〈標ア〉ゴ

いな-だね【稲種】『名』稲の種子。種子をつけた稲。いねたね。＊播磨風土記(715頃)揖保「即ち、稲種(いなだね)を遣りて、此の山に積みたまひき。山の形も亦稲積(いなづみ)に似たり。故、号(なづ)けて稲種山(いなだねやま)と曰ふ」＊書紀(720)神代上(水戸本訓)「即ち、其の稲種(イナタネ)を以て始て天狭田(あまのさなだ)及び長田(ながた)に殖う」 発音 〈標ア〉0ダ

いな-たば【稲把】『名』刈りとった稲をたばねてくくったもの。いなづか。＊書言字考節用集(1717)七「穧 イナタバ〔字彙〕刈レ禾把束也」＊俳諧・季引席用集(1818)「植物〈略〉稲 三秋〈略〉稲束(タバ)同」 発音 〈標ア〉0タ 〈京ア〉0 辞書 書言 表記 穧(書)

いな-たばり【秉】『名』刈りとった稲を束ねること。稲を積み重ねること。また、そのもの。いなづか。＊十巻本和名抄(934頃)九「秉 薩珣曰秉〈音丙 訓以奈太波利 見二毛詩一〉禾束也」＊観智院本名義抄(1241)「秉 イナタバリ トル タバヌ」 語源説 稲手張の転〔箋注和名抄〕。 発音 〈京ア〉タ 辞書 和名・色葉・名義 表記 秉(和・色・名) 積・穧(色・名)

いなだ-ひめ【稲田姫】「くしなだひめ(奇稲田姫)」に同じ。 辞書 書言 表記 稲田媛(書)

いな-だま【稲魂】『名』(稲の穀霊の意で、初夏の雷光によって穀霊が成長し孕(はら)むという信仰から転じて) いなずま。いなびかり。《季・秋》＊観智院本名義抄(1241)「電 イナビカリ 一云イナツルビ 又云イナ

ヅマ イナタマ」 *豊受皇太神宮御鎮座本記(1270‐85頃)「酒殿神〈略〉稲霊、電光所ㇾ変也」 辞書 名義・言海 表記 電(名) 稲魂(言)

いなだ‐みかげ【稲田御影】〘名〙 茨城県笠間市稲田付近から採石する花崗岩(かこうがん)。黒雲母花崗岩が多く、建築材として用いる。稲田岩。 発音 イナダミカゲ 〈標ア〉ミ

いなだ‐ようり【稲田養鯉】〘名〙 稲田で鯉を養殖すること。とうでんようり。 発音 イナダヨーリ 〈標ア〉ヨ

いな‐だわら【稲俵】〘名〙 稲のわらで作った俵。 方言 稲の葉末につく、俵の形をした米粒大の虫の巣。 ◇いねだわら 青森県三戸郡083

いなづ【稲津】 姓氏の一つ。 発音〈標ア〉イ

いなづ‐ぎくう【稲津祇空】 江戸中期の俳人。大坂の人。別号、敬雨、竹尊者等。江戸に出て其角(きかく)の門下に入る。宗祇(そうぎ)を慕い、その俳風は法師風と呼ばれて代々受け継がれた。寛文三～享保一八年(一六六三～一七三三)

発音〈標ア〉ダ

いな‐づか【稲束】〘名〙 一たばにたばねた稲。いなたばり。 発音〈標ア〉0 ナ

いな‐づか【稲塚】〘名〙 (「いなつか」とも) 刈り取った稲を実のついたまま、または実をとった後、一時的に積み上げたもの。いなむら。にお。《季・秋》 *色葉字類抄(1177‐81)「積 イナツカ イナツミ イナタハリ」 *俳諧・新類題発句集(1793)秋「稲塚や広き荒野の夕ながめ〈舎木〉」 *自然と人生(1900)〈徳富蘆花〉自然に対する五分時・朝霜「田の中央(なか)に積みし稲塚(イナツカ)も、乃至(ないし)寸ばかり地より起てる藁屑(わらくず)も」 *虚子句集(1915)〈高浜虚子〉秋「稲塚にしばしもたれて旅悲し」 発音〈標ア〉0 辞書 色葉・名義 表記 積(色・名)

いな‐つき【稲春】〘名〙「いねつき(稲春)」に同じ。 *太平記(14C後)二一・南帝受禅事「童女・八乙女・稲春(イナツキ)の歌を歌ひて神饌を献る」 発音〈標ア〉ナ

いなっきい〘名〙 方言 ⇨いなあ

いなつき‐うた【稲春歌】〘名〙「いねつきうた(稲春歌)」に同じ。 発音〈標ア〉キ

いなつき‐がに【稲春蟹】〘名〙「こめつきがに(米搗蟹)」に同じ。 *神楽歌(9C後)小前張・細波「〈末〉蘆原田の 以名津支加仁(イナツキカニ)の や 汝(おのれ)さへ 嫁を得ずとてや 捧げては下(おろ)しや 下しては捧げ や 肱挙(かひなげ)をするや」

いなつき‐め【稲春女】〘名〙 大嘗祭(だいじょうさい)で、神に供える稲をつく女。 *霊異記(810‐824)上・二「稲春女等に間食を充てむとして、碓(からうす)屋に入る」

いなつけ‐うま【稲付馬】〘名〙 刈り取った稲を背に積んで運ぶ馬。 *歌舞伎・四天王産湯玉川(1818)五立「参内奏す鈴の音の 稲付(イナツ)け馬(ウマ)の駅路の鈴」 *俳諧・八番日記‐文政二年(1819)九月「首出して稲付馬の通りけり」 発音 イナッケヴマ 〈標ア〉ケ

いなっ‐こ【鯔子】〘名〙「いな(鯔)」に同じ。

いな‐つび【稲粒】〘名〙「いなつぶ(稲粒)」に同じ。 *十巻本和名抄(934頃)九「粒 説文云粒〈音立 伊奈豆比〉米実也」 *新修往生伝保元三年点(1158)「遂に粒(イナツヒ)を絶て、期に邀て、浄土に生まれむことを誓ふに」 発音〈ア史〉平安○○○◎ 〈京ア〉ナ 0 辞書 和名・色葉・名義 表記 粒(和・色・名)

いな‐つぶ【稲粒】〘名〙 稲の実の粒。もみつぶ。こめつぶ。いなつび。 *和玉篇(15C後)「粒 コメツブ イナツブ」 *幸若・しつか(室町末‐近世初)「さてこそごこく葉はさかへ、ねはふかく、末は雲ゐにのび、あきは其身のまたき事、すむのいなつぶたまににて、しゃくのほたけもなかかりき」 発音〈標ア〉ツ 辞書 和玉 表記 粒(玉)

いな‐づみ【稲積】〘名〙 刈り取った稲を積み重ねたもの。稲塚。稲むら。 *播磨風土記(715頃)揖保「山の形も亦稲積(いなづみ)に似たり」 *色葉字類抄(1177‐81)「積 イナツカ イナツミ イナタハリ」 発音〈標ア〉0 辞書 色葉・名義 表記 積(色・名)

いな‐つるき【稲―】〘名〙 (「いな」は、稲の意。「つるき」は、語義未詳) 「いなつるび(稲―)」に同じ。 *書紀(720)景行四〇年七月(寛文版訓)「力能く鼎を扛(あ)ぐ。猛きこと雷電(イナツルキ)の如し」

いな‐つるび【稲―】〘名〙 稲妻。いなつるき。いなつるみ。《季・秋》 *書紀(720)天武九年六月(北野本訓)「雷電(イナツルヒ)すること甚し」 *十巻本和名抄(934頃)一「雷公〈略〉玉篇云電〈音甸 和名以奈比加利一云以奈豆流比 又云以奈豆末〉雷之光也」 語源説 (1)イナツルビ(稲交)。雷雨を得て稲が実るといわれたところから〔名語記・和訓栞〕。(2)ツルヒとは出火の意〔東雅〕。(3)イカツルヒ(雷火)の転〔言元梯〕。(4)「陰電」の別音 In-Tsum が Ina-Tsumi と転じ、これにラ行音を挿んでイナツルミとなり、さらにミがビに転訛したもの〔日本語原考＝与謝野寛〕。 辞書 和名・色葉・名義・言海 表記 電(和・色・名) 稲交(言)

いな‐つるみ【稲―】〘名〙「いなつるび(稲―)」に同じ。 *書紀(720)推古二六年是年(岩崎本訓)「則ち大雨(ひさめふ)り、雷電(イナツルミ)す」

いなで‐ぐさ【―草】〘名〙 ①植物「きく(菊)」の異名。《季・秋》 *藻塩草(1513頃)八「菊。いなて草。長月の九日に咲くいなてくさ、花は八重にて万代ぞへん」 ②歌語で、稲の間に発生する花、または草(日葡辞書(1603‐04))。 辞書 日葡

いな‐とび【鯔飛】〘名〙 岩倉流泳法の一つ。ボラの幼魚イナが水面を飛ぶように、動作一回ごとに上半身を水面上に現わすもの。 方言 小石を投げて水面を何回もはねあがらせる遊び。 和歌山市691

いなとみ【稲富】 姓氏の一つ。 発音〈標ア〉ナ

いなとみ‐いちむ【稲富一夢】 江戸初期の砲術家。稲富流砲術の祖。名は直家。丹後国(京都府)の人。尾張家に仕え、徳川義直、細川忠興に砲術を教えた。天文二一～慶長一六年(一五五二～一六一一)

いなとみ‐りゅう【稲富流】〘名〙 砲術の一派。慶長(一五九六～一六一五)の頃、丹波国(京都府)田辺の稲富伊賀入道一夢が始めたもの。一夢流。 *武術流祖録(1843)砲術「稲富伊賀入道一夢、丹後田辺人也、仕二細川忠興一、好修二砲術一得二神妙一、慶長甲子乱後以二其術一奉二仕東照宮一、発二名四海一、其門許多、諸州末流最多、曰二稲富流一」 発音 イナトミリュー 〈標ア〉0

いなとり‐おんせん【稲取温泉】 静岡県東部、稲取岬南端にある温泉。 発音〈標ア〉オ

いな‐とんぼ【稲蜻蛉】〘名〙 昆虫「むぎわらとんぼ(麦藁蜻蛉)」の異名。 *重訂本草綱目啓蒙(1847)三六・卵生「胡黎 きゑむば〔和名鈔〕〈略〉いなとんぼ 津軽、むぎとんぼ 雲州、みそとんぼ 同上」

いな‐なえ【稲苗】〘名〙 稲の苗。

いな‐なき【嘶】〘名〙 (動詞「いななく(嘶)」の連用形の名詞化) いななくこと。また、その声。 *羅葡日辞書(1595)「Hinnitus 〈略〉 Inanaqi (イナナキ)」 *俳諧・故人五百題(1787)春秋「いななきや小松曳野のつなぎ馬〈重頼〉」 *詞葉新雅(1792)「イナナキスル いばふいばへてナドアリ」 発音〈標ア〉0

いななき‐ごえ【嘶声】〘名〙 声高く鳴く馬の鳴き声。 *シベリヤ物語(1950‐54)〈長谷川四郎〉馬の微笑「首筋の何処かを圧さえると、細い嘶(イナナ)き声を立てるのだった」 発音〈標ア〉0 キ ナ[2] 〈京ア〉0

いな‐な・く【嘶】〘自カ五(四)〙 馬が声高く鳴く。いななく。いばえる。 *十巻本和名抄(934頃)七「嘶 玉篇云嘶〈音西 訓以波由 俗云以奈々久〉馬鳴也」 *宇津保(970‐999頃)俊蔭「鳥、けだ物だに見えぬ渚(なぎさ)に、鞍おきたるあをき馬いできて、をどりありきていななく」 *平家(13C前)九・知章最期「この馬ぬしの別をしたひつつ、〈略〉猶船の方をかへりみて、二三度までこそいななきけれ」 *日葡辞書(1603‐04)「Inanaqi, u, aita (イナナク)〈訳〉馬がいななく。イバイ、イバウ、イバウタという方がまさる」 方言 しゃべる。話す。 栃木県西部198 語源説 (1)イは馬の鳴き声をあらわす擬声語。イナクと同語〔万葉代匠記・和訓栞〕。ナナクはノナク(之鳴)の転〔大言海〕。(2)ナナクはナガナク(長鳴)。イはその声〔名言通〕。(3)ナナクはナナク(張鳴)。イは馬声〔言元梯〕。(4)イナはイニア(去)の約。ウマが主に向かい、家に帰ろうという情を声にあらわすこと〔国語本義〕。(5)イナイナク(気鳴気鳴)の義〔日本語源＝賀茂百樹〕。 発音〈なまり〉イバナク〔茨城〕 〈標ア〉ナ[2] 0 〈ア史〉平安◎◎◎○ 〈京ア〉0 辞書 和名・色葉・名義・和玉・文明・伊京・天正・日葡・書言・ヘボン・言海 表記 嘶(和・色・名・書・へ・言) 鳴・驚(色・名) 喝(名・玉) 馬鳴(文・天) 嗎・喃(色) 驫・𩣡(伊)

いなな・く〘他カ四〙 いただくの意で、近世越後地方で用いた語。 *洒落本・田舎芝居(1787)二立「コレお頭(かしら)どのよ。冥加銭なここへさん出し申た。其お札のういな(頂)なかせてくれさっしゃりましょ」

いな‐なみ【稲波】〘名〙 風が吹いて、稲がなびくさまを波に見たてていう語。 *日葡辞書(1603‐04)「Inanami (イナナミ)」 辞書 日葡

いな‐にお【稲堆】〘名〙「いなむら(稲叢)」に同じ。 発音〈なまり〉イナゴ〔愛知〕イナニエー・イナニゴ〔飛騨〕イナニョ〔富山県〕

いな‐にゅう【稲乳】〘名〙「いなむら(稲叢)」に同じ。 *俳諧・清鉋(1745頃)二「八月〈略〉稲乳(イナニウ) いなぶら也其形如ㇾ乳」

いな‐にょう【稲―】〘名〙 稲を積み重ねたもの。稲むらを近世、仙台でいう。 *浜荻(仙台)(1813頃)「にょう 稲をつみかさねたる所、いなにょうとも」

いなの【猪名野】 ㊀大阪府池田市から兵庫県尼崎市、伊丹市、川西市にかけ、猪名川下流に沿って広がった平野。古来名勝の地で、猪名野の八景として知られた。笹の名所。いなぬ。 *万葉(8C後)三・二七九「吾妹子(わぎもこ)に猪名野(ゐなの)は見せつ名次山(なすきやま)角(つの)の松原いつか示さむ〈高市黒人〉」 *後拾遺(1086)恋二・七〇九「ありま山ゐなの篠原風吹けばいでそよ人を忘れやはする〈大弐三位〉」 ㊁神楽の曲名。 *俳諧・増山の井(1663)一一月「大前張(をほさいはり)〈略〉さいはり しながが取 井奈野 わぎもこ」 発音〈標ア〉0 辞書 書言 表記 猪無野(書)

いな‐の‐つな【―綱】〘名〙 婚礼に用いる道具の一つ。輿(こし)の下簾(したすだれ)の裾の左右にさげる綱。白黒または紅白の布をないまぜにし、太綱で、先端を房としたもの。 *娵入記(1443‐73頃)「すそのきぬも、いなのつなも、ながえのほかへ出してさげ申候」 *婚礼問答(古事類苑・器用二九)(18C中)「御こしにはすだれの内に下すだれをかくる。〈略〉下の方のうらに綱をぬひ付て下るをいなのつなと云、白黒又は白紅になひまぜにして、先にふさを付る也」

いな‐の‐ふしはら【猪名柴原】 猪名野の雑木の生えている原。歌枕。 *神楽歌(9C後)大前張・猪名野「〈本〉しながとる や 井奈乃不志波良(ゐナノフシハラ) あいそ 飛びて来る 鳴が羽音は 音おもしろき」 *堀河百首(1105‐06頃)冬「しながとりいなのふし原風さえてこやの池水こほりしにけり〈藤原仲実〉」

いな‐の‐みなと【猪名港】 兵庫県南東部にある猪名川が神崎川に注ぐあたりにあった港。 *万葉(8C後)七・一一八九「大海に嵐な吹きそ息長鳥居名之湖(ゐなのみなと)に舟泊つるまで〈作者未詳〉」 *神楽歌(9C後)大前張・しながとり「〈本〉しながとる や 為奈乃見奈止(ヰナノミナト)に あいそ 入る船の 楫よくまかせ」 *堀河百首(1105‐06頃)冬「風さむみよや更ぬらんしながとりいなの湊に千鳥しばなく〈藤原顕仲〉」

発音〈標ア〉イ

いなのみ-の-うらべ【稲実卜部】〘名〙 大嘗会(だいじょうえ)に際して、悠紀(ゆき)、主基(すき)の国に派遣されて、儀式に用いる稲穂を取り、持ち帰る役。卜部氏が任ぜられる。＊儀式(872)二・践祚大嘗祭儀・上「次神祇官卜㆓定抜穂使㆒、申㆑官発遣 稲実卜部一人禰宜卜部一人」＊延喜式(927)七・神祇・践祚大嘗祭「凡抜穂田者、国別六段。〈略〉八月上旬、申㆑官差㆓宮主一人、卜部三人㆒発遣。両国各二人。其一人号㆓稲実卜部㆒、一人号㆓禰宜卜部㆒」

いなのみ-の-おきな【稲実翁】〘名〙「いなのみのきみ(稲実公)」に同じ。＊権記‐寛弘八年(1011)一〇月二五日「但稲実翁等暫可令返遣」＊中務内侍(1292頃か)「いなのみの翁さびたるびん白し君が千年もかねて知られて」 辞書色葉 表記稲実公(色)

いなのみ-の-きみ【稲実公】〘名〙 大嘗会(だいじょうえ)のとき、稲実卜部(いなのみのうらべ)の下にあって、もっぱら稲の事をつかさどるもの。いなのみのおきな。＊延喜式(927)七・神祇・践祚大嘗祭「稲実公著㆓木綿鬘㆒引道」＊台記別記‐康治元年(1142)一一月一六日・中臣寿詞「物部の人等、酒造児〈略〉、相作り、稲実公等」

いなのみ-の-との【稲実殿】〘名〙「いなのみのや(稲実屋)」に同じ。＊儀式(872)二・践祚大嘗祭儀・上「八神殿、其南少東、高萓御倉(たかかやのみくら)一宇、其東横三間、稲実殿一宇〈北戸長二丈四尺、広一丈二尺〉〈略〉葺蔀以㆓青草㆒戸亦用㆑草」

いなのみ-の-や【稲実屋】〘名〙 大嘗会(だいじょうえ)に用いる稲を納めておく所。いなのみのとの。＊延喜式(927)七・神祇・践祚大嘗祭「稲実屋一宇」

いなのめ〘名〙(「いなのめの明く」という言い方から転じて) 夜明け。明けがた。しののめ。いなひめ。↓いなのめの。＊永久百首(1116)春「いなのめは石のかけ橋ほのぼのとしばし休らへまほならずとも〈源俊頼〉」＊書言字考節用集(1717)二「凌晨 イナノメ」＊読本・近世説美少年録(1829‐32)三・二九回「黎明(イナノメ)の比(ころ)起別(おきわか)れて」＊哲烈禍福譚(1879‐80)〈宮島春松訳〉五「比(ころ)は春三月の黎明(イナノメ)に、そらほのぼのと白(あけ)わたれば」 辞書書言・〈ボン〉 表記凌晨(書)

いなのめ-の 枕「夜が明く」の「明く」にかかる。＊万葉(8C後)一〇・二〇二二「相見らく飽き足(だ)らねども稲目(いなのめ)の明けさりにけり船出(ふなで)せむ妻〈人麻呂歌集〉」＊読本・雨月物語(1776)白峰「ほどなくいなのめの明ゆく空に、朝鳥(あさとり)の音(こゑ)おもしろく鳴わたれば」 語誌 語源およびかかり方については諸説ある。(イ)「いな(寝)のめ(目)」が朝方に開くから「(夜が)明く」にかかる。(ロ)「いなのめ」は「しののめ」(暁方の意)と同義で、あるところからとする。(ハ)「いな(稲)のめ(目)」(稲の穂の出始める意)を夜明けにたとえるところからとする。(ニ)「イナ(鯔)のめ(眼)」が赤いところから「赤」と同音の「明」にかかる。(ホ)採光、通風のために、稲藁を粗く編んだむしろのすきま(稲の目)から明け方の光がさし込むところから、など。 辞書言海

いなば【因幡】 山陰道八か国の一国。古くは「稲葉」「稲羽」をあてた。縄文、彌生時代の遺跡が多い。現在の鳥取県東部にあたる。因州。 語源説 (1)イナニハ(稲庭)の約〔大日本地名辞書=吉田東伍・日本古語大辞典=松岡静雄〕。(2)稲葉から出た語か〔古事記伝〕。(3)イムハムとよむべきだが、ムをナという〔名語記〕。 発音〈標ア〉イ 〈ア史〉江戸●●○ 〈京ア〉イ 辞書和名・色葉・文明・伊京・明応・天正・饅頭・黒本 表記因幡(和・色・文・伊・明・天・饅・黒)

いなば の 白兎(しろうさぎ)「古事記‐神代」に見える出雲神話の一つ。隠岐国から因幡国へ渡るため、ワニザメを欺いて海上に並んだその背を渡ったウサギが、最後のワニザメに悟られて皮をはがれる。大国主命(おおくにぬしのみこと)の兄八十神(やそかみ)の教えで潮を浴び、いっそう苦しむが大国主命に救われて恩返しをする。インド、南洋の説話の影響があるとされる動物報恩説話。 発音イナバノ=シロウサギ〈標ア〉イ=ウ

いなば の 山(やま) 鳥取県岩美郡国府町にある山。また、この町の宇倍神社の後方、宇倍山をもいう。稲葉山。歌枕。＊古今(905‐914)離別・三六五「立ちわかれいなばの山の峰におふる松としきかば今かへりこむ〈在原行平〉」＊俳諧・近来俳諧風躰抄(1679)「うは気にたてる行平の松 壺布うて因幡の山の峰かおふる〈一時軒〉」 発音〈標ア〉イ

いな-ば【稲場】〘名〙 収穫した稲穂を干すために、農民が共同使用した特定の草原、また空地。今日でも東北方面に地名として残っていることがある。稲寄せ場。鳰場(におば)。＊運歩色葉(1548)「稲場 イナバ」＊虎明本狂言・法師が母(室町末‐近世初)「さてまた夏は田を植へ、秋はいなばにゆきかよひ」＊日葡辞書(1603‐04)「Inaba (イナバ)〈訳〉その上に稲をわらで束ねて棒の上に置く、原に作られる高い場所」 方言❶稲を干す所。山形県139 新潟県岩船郡362 東蒲原郡368 ❷(古く稲を干す所として使ったところから) 民家に近い芝原。新潟県東蒲原郡054 長野県飯田市付近012 南部062 ❸庭先。戸外。新潟県西頸城郡385

いな-ば【稲葉】 ㊀〘名〙 稲の葉。また、刈り取られる前に田に生育している稲。歌語。＊万葉(8C後)一〇・二二三〇「恋ひつつも稲葉(いなば)かき分け家居(を)れば乏(とも)しくもあらず秋の夕風〈作者未詳〉」＊古今(905‐914)秋上・一七二「昨日こそさなへとりしかいつのまにいなばそよぎて秋風のふく〈よみ人しらず〉」＊曾丹集(11C初か)「いづくべに夜な夜な露はおけとてかいなばを人の急ぎかるらん」 ㊁岐阜県の中南部にあった郡。明治三〇年(一八九七)厚見・各務(かがみ)の両郡と方県(かたがた)郡の一部が合併して成立。同三六年以降、岐阜市・羽島郡・各務原市に順次編入され、昭和三八年(一九六三)消滅。 方言昆虫、いなご(稲子)。香川県827 小豆島829 発音〈標ア〉〇 辞書日葡・書言 表記稲葉(書)

いなば の 雲(くも) 田の一面に稲穂が垂れて風に揺れなびくさまを雲に見たてていう語。《季・秋》＊続拾遺(1278)賀・七四四「民やすき田面のいほの秋風にいなばの雲は月もさはらず〈藤原資宣〉」＊菟玖波集(1356)雑・一「夕霧の晴れ行く跡は露見えて いなばの雲は月も隔てず〈頓阿〉」＊車屋本謡曲・放下僧(1464頃)「田の面に、落つる雁鳴きて、稲葉の雲の夕時雨」

いなば の 露(つゆ) 稲の葉に宿る露。《季・秋》＊古今(905‐914)秋下・三〇七「ほにもいでぬ山田をもると藤衣いなばの露にぬれぬ日はなし〈よみ人しらず〉」＊俳諧・白雄句集(1793)三「おなじながら稲葉の露ぞ潔き」

いなば の 波(なみ) 一面に広がる稲田の景。また、その稲穂が風になびくさまを、大海の波に見たてていう語。いななみ。いねのなみ。＊俳諧・手挑灯(1745)中「八月〈略〉稲 いなはの浪 いなはの雲」

いなば【稲葉】 姓氏の一つ。

いなば-いってつ【稲葉一鉄】 発音〈標ア〉イ 安土桃山時代の武将。美濃国(岐阜県)曾根城主。名は良通。号一鉄仙斎。初め守護代斎藤氏に仕え、のち織田信長、豊臣秀吉に従う。永正一三～天正一六年(一五一六～八八)

いなば-まさやす【稲葉正休】 江戸前期の大名。美濃国(岐阜県)青野藩主。徳川綱吉のもとで若年寄となる。江戸城内で、大老堀田正俊を刺殺し、自らも殺された。寛永一七～貞享元年(一六四〇～八四)

いなば〘名〙 方言❶おてんば娘。鹿児島県鹿児島郡968 肝属郡970 ◇いなばこっつ 鹿児島県鹿児島郡968 ❷いたずらっ子。また、怠け者。三重県度会郡586 599 ❸植物、あざみ(薊)。三重県志摩郡584 ❹植物、からむし(苧麻)。三重県志摩郡584

いなば-うし【因幡牛】〘名〙 因幡(鳥取県東部)地方に産する和牛。大形で、胸部が狭い。伯耆牛(ほうきうし)とほとんど区別がないので、これを併称して因伯牛(いんはくぎゅう)または因伯種(いんはくしゅ)という。 発音〈標ア〉バ

いなば-かぜ【稲葉風】〘名〙 明和六年(一七六九)の秋頃流行した風邪の称。＊随筆・半日閑話(1823頃)一二「稲葉風 此節大に風流行、家毎に病ざるものなし。世俗稲葉風といふ」

いなば-がらす【因幡烏】〘名〙 因幡(鳥取県東部)の人のことばを、鳥の鳴き声のようだと、あざけっていう語。＊浮世草子・諸道聴耳世間猿(1766)四・一「神州五畿七道にわかれてより都鄙の文言(ものいひ)に其土地そなはりて、因幡鴉(イナバガラス)に伯耆猫(はうきねこ)、伊勢人のひがごといふと詠る歌あれば」 発音イナバガラス〈標ア〉ガ

いな-ばかり【稲秤】〘名〙 稲の重さをはかるはかり。＊新撰六帖(1244頃)五「民の戸に秋納めするいなばかり 年ある御代をかけて知るらし〈藤原知家〉」

いな-ばき【稲掃】〘名〙「いなばきむしろ(稲掃莚)」の略。＊東寺百合文書‐を・(年月日未詳)(室町)上久世庄某所道具注文(大日本古文書六・二四五)「いなはき、五まい」＊日葡辞書(1603‐04)「Inabaqi (イナバキ)〈訳〉大きな藁のむしろ。シモ(九州地方)ではイナマキと言う」＊甲陽軍鑑(17C初)品五一「いなばきを敷、其上に、布をしき」 方言飛州†094 岐阜県498 大野郡(畳の代わりに敷き用いるもの)502 郡上郡504 辞書日葡

いなばき-むしろ【稲掃莚】〘名〙 稲わらで編んだ目の粗いむしろ。稲こきや籾(もみ)を乾燥させるときなどに稲粒を掃き寄せるのに用いる。いなばき。いなまき。あらむしろ。＊築城記(1565)「弓がくしは三尺ばかりにこれあるべし。いなはき莚はしかるべく候」＊浄瑠璃・曾我虎が磨(1711頃)中「時宗は、いなばき莚(ムシロ)ひっかぶり」 方言◇いなばきみしろ 岐阜県大野郡498 ◇いなばぎみしろ 岐阜県吉城郡501 ◇いのはきみしろ 静岡県磐田郡(脱穀の時の広いもの)546

いなば-ごうし【因幡合子】〘名〙 因幡国(鳥取県東部)産の蓋(ふた)つきの漆塗り椀。引入れ合子。＊七十一番職人歌合(1500頃か)一七番「ひきれうり。これはいなばがうしにて候、召せ」 発音〈標ア〉ム 辞書言海 表記稲払席(言)

いな-ばしか【稲麻疹】〘名〙 方言❶秋に流行するはしか。高知県長岡郡869 ❷稲麦などの芒(のぎ)が刺さって皮膚にできる赤い斑点(はんてん)。高知県860

いなば-じんじゃ【伊奈波神社】 岐阜市伊奈波通にある神社。旧国幣小社。祭神は五十瓊敷入彦命(いそにしきいりひこのみこと)ほか四柱。景行天皇一四年の創祀と伝える。岐阜市の総氏神で四月四、五日の例祭は岐阜祭りとして知られる。美濃国三の宮。 発音〈標ア〉ジ

いな-ばた【稲機】〘名〙「いなぎ(稲木)」に同じ。＊三代格‐八・承和八年(841)閏九月二日・太政官符「田中搆㆑木懸㆓曝種穀㆒、其穀之燎似㆑当㆓火災㆒、俗名謂㆓之稲機㆒」＊丹鶴本経信集(15C頃)「霧はるる門田の上のいなばたのあらはれわたる秋の夕かぜ」＊暮笛集(1899)〈薄田泣菫〉秋の歌「鬢(かみ)梳らせて稲機(イナバタ)に」

いな-はったぎ【稲―】〘名〙 昆虫「いなご(稲子)」の異名。＊重訂本草綱目啓蒙(1847)三七・化生「蝗螽〈略〉いなご〈京〉と云〈略〉いなはったぎ 南部松前〈はったぎはこの類の総名なり〉等の称あり」 方言虫。❶いなご(稲子)。奥州†029 ❷ばった(飛蝗)。盛岡†054

いなば-どう【因幡堂】(ウ:ダ) ㊀京都市下京区因幡

堂町にある真言宗智山派の寺、平等寺の俗称。木像の薬師如来像、如意輪観音像は国宝。「薬師参り」で知られる。因幡薬師。＊仮名草子・浮世物語(1665頃)一・一〇「猶東の方、烏丸に因幡堂(イナバダウ)あり」 ㊁狂言。各流。大酒飲みの女房を離縁して、因幡堂にこもった男が、薬師の夢のお告げで新しい女房を授かって連れ戻ったが、その女は実はもとの女房であり、怒って男を追い込む。 発音イナバドー〈標ア〉0 辞書書言 表記因幡堂(書)

いなばどうえんぎ（いなばダウエンギ）**【因幡堂縁起】** 絵巻物。一巻。作者不詳。鎌倉末期の作。京都市下京区の平等寺建立の由来を描いたもの。東京国立博物館蔵。 発音イナバドーエンギ〈標ア〉エ

いなばな『名』並のこと。普通のこと。＊新撰字鏡(898-901頃)「多事 伊奈波奈」 ＊観智院本名義抄(1241)「尋常 イナバナ」 辞書字鏡・名義 表記多事(字・名) 薄娟・輒接(字) 尋常(名)

いなば-はいだて【因幡脛楯】『名』鎧(よろい)の脛楯のつくりの一種。因幡(鳥取県東部)地方製作の札(さね)仕立ての脛楯。＊明徳記(1392-93頃か)上「長刀を取なをして、髄当(すねあて)のはづれをよこさまにしたたかにこそ切たりけれ。因幡脛楯のさねともに、片股(かたもも)をかけず切て落す」

いなば-やくし【因幡薬師】「いなばどう(因幡堂)㊀」に同じ。

いなば-やま【稲葉山】㊀岐阜市の長良川南岸にある金華山の別名。戦国時代、斎藤道三が稲葉山城を構え、のち織田信長が攻略し、岐阜城と改めた。標高三二九メートル。破鏡山。＊俳諧・如行子(1687)「凩のさむさかさねよ稲葉山〈落梧〉よき家続く雪の見どころ〈芭蕉〉」 ＊浄瑠璃・嫗山姥(1712頃)四「我身にとへばわがこたへ、いなにはあらぬいなばやま、あとに見なしていつかまた」 ㊂鳥取県東部、岩美郡国府町にある山。標高二四九メートル。歌枕として知られる。→いなば(因幡)の山。 発音〈標ア〉0 辞書文明 表記因幡山(文)

いなばやま-じょう（‥ジャウ）**【稲葉山城】** 岐阜市の稲葉山(金華山)にあった城。建仁年間(一二〇一～〇四)二階堂行政の築城と伝えるが、戦国時代斎藤氏が居城とした。永禄一〇年(一五六七)織田信長が攻略し、織田氏の居城となった。関ケ原合戦後廃城。岐阜城。 発音イナバヤマジョー〈標ア〉マ

いな-び『名』鳥「たひばり(田雲雀)」の異名。〔語彙(1871-84)〕 辞書言海

いなび-がお（‥がほ）**【辞顔】**『名』不承知であることをあらわした顔つき。＊太閤記(1625)一四・うる山之事「主計頭其中にても言葉あらに、いなひかおなるを」

いな-びかり【稲光】『名』①「いなずま(稲妻)」に同じ。《季・秋》＊十巻本和名抄(934頃)一「雷公 霹靂 電附〈略〉玉篇云電〈音甸 和名以奈比加利 一云以奈豆流比 又云以奈豆末〉雷之光也」 ＊宇津保(970-999頃)俊蔭「夕ぐれにいなびかりのするを見て」 ＊太平記(14C後)一二・広有射怪鳥事「鳴く時口より火炎(くゎえん)を吐くかと覚えて、声の内より雷(イナビカリ)して」 ＊水戸本丙日本紀私記(1678)神武「其鶏光曄煜、状如流電〈曾乃止比氏利加々也以氏加太知以奈比加利乃己止之(そのとびてりかかやいてかたちイナヒカリのごとし)〉」 ＊俳諧・新類題発句集(1793)秋「稲光音せで稲の葉分かな〈六花〉」 ②(比喩的に用いて)ある気持を瞬間的に相手に感じさせるような表情。＊俳諧・茶のさうし(1699)「雪をまつ上戸の皃(かほ)やいなびかり〈芭蕉〉」 ＊浮雲(1887-89)〈二葉亭四迷〉二・九「文三の顔を視ると、昇が顔で電光(イナビカリ)を光らせた」 ＊坊っちゃん(1906)〈夏目漱石〉九「向側に坐って居た山嵐がおれの顔を見て一寸稲光をさした」 ③マッチをいう、盗人仲間の隠語。〔日本隠語集(1892)〕 ④刀をいう、盗人仲間の隠語。〔日本隠語集(1892)〕 語誌(1)「いなずま」と同じ現象を指し、平安時代から共に見えるが、「いなびかり」は散文に用いられ、和歌では用いない。「いなびかり」の方が俗語的なニュアンスの語としてとらえられていたか。(2)現代共通語形として共に用いられるが、地理的には「いなずま」の分布の方が、関東・東北地方をはじめ広範におよぶ。なお、近畿地方では「いなびかり」の分布が大半を占めている。 語源説(1)炎旱の日に雷雨をえて稲が実るということから〔箋注和名抄〕。(2)イナはイカの転。畏るべきことの意〔東雅〕。(3)イザナヒヒカルの心〔滑稽雑談〕。(4)イナヅマヒカリの略〔名言通〕。(5)イナヒカヘリ(稲日帰)の義。光はヒカリ(日借)の意〔紫門和語類集〕。(6)イナヒカリ(否光)の義〔日本語原学=林甕臣〕。(7)ヨヒネヤヒカリの反か。または、ユリナカヒカリの反か〔名語記〕。→「いなづま(稲妻)」の語源説。 発音〈なまり〉イナビカイ〔鹿児島方言〕イナピカリ〔岩手〕イナルビカル〔長崎〕エナベカリ・エナペカリ〔富山県〕〈標ア〉ビ〈ア史〉平安〇〇〇●〇 江戸●●●〇〇 〈京ア〉ビ 辞書和名・色葉・名義・和玉・文明・天正・易林・日葡・書言・〈ヘボン〉・言海 表記電(和・色・名・玉・文・天・易・書・ヘ) 稲光(易・書・言) 霆(名・天) 雫(色) 霆(名) 睒(玉) 霹靂(易) 列缺・霊華(書)

いな-びか・る【稲光】『自ラ四』稲妻が光る。稲妻のように光る。＊日本一鑑窮河話海(1565-66頃)五・天文「電 易奈弗佳路(イナビカル) 易佳茲易(イカヅチ) 易奈茲邁(イナヅマ)」 ＊浮世草子・好色三代男(1686)一・三「二まい肩・三枚がたの足音雲中にじたじたと挑灯いなびかるかげに、駕よりおるる人を見れば」 発音〈標ア〉カ

いなび-げ【辞気】『名』(「げ」は接尾語)不承知そうな態度、気配。また辞意をあらわにすること。＊今昔(1120頃か)二九・六「辞(いな)び気(げ)無く語ひ付て後、云ける様」

いなび-どころ【辞所】『名』辞退すべき点。＊源氏(1001-14頃)行幸「『御心をさしあはせて、のたまはむ事』と思ひより給ふに、いとどいなび所なからむが」

いなび-の【稲日野】「いなみの(印南野)」の異称。＊万葉(8C後)三・二五三「稲日野(いなびの)も行き過ぎかてに思へれば心恋ひしきかこの島見ゆ〈柿本人麻呂〉」 ＊後撰(951-953頃)恋六・一〇〇九「かり人のたづぬる鹿はいなびのに逢はでのみこそあらまほしけれ〈よみ人しらず〉」 発音〈標ア〉0

いなび-め『名』「いなのめ」に同じ。＊八雲御抄(1242頃)三「暁〈略〉いなのめともいへり〈稲目とかけり、在三六帖二〉いなひめ、いなのめ同事也」

いな-・ぶ【辞・否】㊀『他バ上二』(感動詞「いな」に、動詞をつくる接尾語「ぶ」を付けた語)承知しないということを表わす。断る。いやがる。辞退する。いなむ。＊書紀(720)神武即位前(北野本訓)「兄猾罪を天(きみ)に獲(え)たれば事(こと)辞(イナフル)所無し」 ＊宇津保(970-999頃)春日詣「春を惜しむ花〈略〉冬をいなぶるとり」 ＊源氏(1001-14頃)末摘花「人のいふ事は、強うもいなびぬ御心にて」 ＊大鏡(12C前)三・師輔「ありがたきことをも奏せさせ給ふことをば、いなびさせ給ふべくもあらざりけり」 ＊大唐西域記長寛元年点(1163)三「辞(イナフル)ことを致すに由无くして」 ＊宇治拾遺(1221頃)一五・七「国のうちにある身なれば、えいなびずして、米百石の分奉るといひて、とらせたり」 ㊁『他バ四』㊀に同じ。＊書紀(720)允恭元年一二月(寛文版訓)「何ぞ遂に謝(イナハ)むや」 ＊撰集抄(1250頃)八・伊勢広隆寺歌事「もし道にて思はざる事侍るとも、いなぶ心あるべからず」 発音〈標ア〉ナ〈ア史〉平安〇〇◐ 〈京ア〉0 辞書色葉・名義・文明・伊京・黒本・言海 表記辞(色・名・伊・黒) 怯・固辞(色) 不肯・訾・禁・悋惜・辞(名) 吝惜(文) 希惜(黒)

いな-ぶき【稲葺】『名』稲わらで屋根を葺くこと。また、その屋根。わらぶき。＊大治元年八月忠通歌合(1126)「いなふきの山田の庵に旅寝してもる夜は雁の声のみぞする〈藤原国能〉」 発音〈標ア〉0

いな-ぶさ【稲房】『名』稲の穂。いなほ。＊俳諧・春泥句集(1777)「稲ぶさや誰がむすび置宮柱」 発音〈標ア〉0

いな-ぶし【伊那節】『名』長野県伊那地方の民謡。古くは御嶽山節(おんたけさんぶし)といわれたもの。大正五年(一九一六)にできた歌詞「天龍下ればしぶきに濡れる、持たせやりたや檜笠」が有名。 発音〈標ア〉0

いな-ぶね【稲舟・稲船】㊀『名』①稲を積んだ小舟で、百姓の用いる耕作船の一種。＊日葡辞書(1603-04)「Inabune(イナブネ)〈訳〉未だ穂のついている稲を積んで運ぶ船」 ＊和漢船用集(1766)五・船名数江湖川船之部「郡々のいな舟多ければ、のぼりくだり数しらず」 ②特に、最上川で使われた幅のせまい細長い船。否(いな)というように船首を振るところからいい、「稲舟」はあて字ともいう。→いなぶねの。《季・秋》 ＊歌仙本順集(10C後)「もがみ河稲船のみは通はずており上り猶さわぐ蘆鴨」 ＊義経記(室町中か)七・直江の津にて笈探されし事「月影のみ寄するはたなかい河の水上、いなぶねのわづらふは最上川の早き瀬」 ＊俳諧・奥の細道(1693-94頃)最上川「最上川は〈略〉茂みの中に船を下す。是(これ)に稲つみたるをやいな船といふならし」 ＊東遊雑記(1789)七「横僅に二尺五寸、長さ五間、ほそながき造りやふにて他国に見ず。土人稲舟と云。かむり振るごとく舟の頭をよくふるなり」 ㊁(稲舟)謡曲。四番目物。廃曲。作者不詳。嵯峨の大念仏で見失ったわが子千満丸(せんまんまる)を尋ねて、桂定世(かつらのさだよ)は羽前国最上川まで下り、そこの稲舟の老船頭の養子となっていた子にめぐりあう。 発音〈標ア〉ブ0〈ア史〉㊀は鎌倉〇〇〇● 〈京ア〉0 辞書日葡・書言 表記細舟(書)

いなぶね-の【稲舟―】『連語』①同じ音の繰返しで「否(いな)」を、また、稲舟②は軽い小舟なので「軽し」を引き出す序詞の一部として用いる。一説には枕詞とする。＊古今(905-914)東歌・一〇九二「もがみ川のぼればくだるいなふねのいなにはあらずこの月ばかり〈みちのくうた〉」 ＊後撰(951-953頃)恋四・八三九「もがみ河深きにもあへずいな舟の心軽くも帰るなるかな〈藤原定方〉」 ＊相如集(995頃)「いな舟の否(いな)みなはてそ最上川水馴(みなれ)ばこそは流れても見め」 ＊風俗歌拾遺(承徳本古謡集所収)(11C頃)出羽風俗「最上川 上れば下る や 以奈布禰乃(イナブネの) 否(いな)にはあらずや 暫しばかりぞや あの」 ＊浄瑠璃・伽羅先代萩(1785)七「千賀之助も稲舩(イナブネ)の否(いな)には非ず穂(ほ)に出(いで)て」 ②(「稲舟の否(いな)にはあらずしばしばかり」という慣用表現から)条件付きの肯定の気持を表わす。承知したがしばらく待ってほしい。＊後撰(951-953頃)恋四・八三八・詞書「せうそこつかはしける女のもとよりいな舟のといふ事を返事にいひ侍りければ頼みていひ渡りけるに」 ＊大鏡(12C前)三・兼通「かかる嘆きのよしを長哥によみて、たてまつり給へりしかば、みかどの御かへり、いなぶねのとこそ仰せられければしばしばかりを思しなげきしぞかし」 ③(②で示したのと同様の慣用表現から)「しばし」を引き出す序詞のように用いられる。＊拾遺(1005-07頃か)雑下・五七五「如何せむわが身くだれるいな舟のしばしばかりの命たえずは〈藤原兼家〉」 ＊長秋詠藻(1178)上「最上川瀬々にせかるるいなふねの暫(しば)しぞとだに思はましかば」 ④(「稲」と「否」をかけて)不承知の意を表わす。＊山家集(12C後)下「縁(ゆかり)有りける人の、新院の勘当なりけるを許したぶべき由申入れたりける御返事に、最上川つなで引くともいなぶねのしばしが程はいかりおろさん〈崇徳上皇〉」 ＊譬喩尽(1786)一「否舟(イナブネ)かぶりふること也」 語誌上代に用例がなく、①に挙げた「古今集」の例が有名。その後は、この歌を踏まえ

て詠まれるものが多く、ほとんどが最上川のものとして歌われる。

いな-ぶら【稲叢】〘名〙「いなむら(稲叢)」に同じ。＊雑俳・雲鼓評万句合‐延享二(1745)「いなぶらを家と見るらん都人」＊俳諧・清鉋(1745頃)二「八月〈略〉稲乳いなぶら也其形如レ乳」＊雑俳・柳多留‐二〇(1785)「きついふりおもてをいなぶらがあるき」

いなぶら-ぼっち【稲叢―】〘名〙 方言 稲わらを五、六把ずつ上の方を束ねて立てたもの。千葉県印旛郡274 神奈川県中郡320 ◇**いなぶらぼっちゃ** 神奈川県中郡320

いなべ【員弁】 三重県の北端の郡。鈴鹿山脈と養老山地の間、員弁川流域にある。＊二十巻本和名抄(934頃)五「伊勢国〈略〉員辨〈為奈倍〉」 辞書 和名・色葉・易林 表記 員辨(和・色・易)

いな-べ【稲贄】〘名〙(「べ」は「にへ」の略) 神に供える稲の初穂。

い-なべ【鋳鍋】〘名〙 溶鉱炉で溶かした鉄を取り出して鋳型に注ぎ込むのに用いる容器。取瓶(とりべ)。

いな-べっとう【稲別当】〘名〙 昆虫「いなご(稲子)」の異名。＊随筆・用捨箱(1841)下・一二「蝗(いねのむし)を実盛といふも、原(もと)は稲別当(イナベッタウ)などいひしを、坂東の農民長井別当の名高きより、戯(たはぶ)れに実盛と隠語のやうにいひたるが、遂に諸国へわたりしにはあらずや」

いな-べや【稲部屋】〘名〙 東日本で稲の収納小屋をいう。屋内の土間のところもあり、板敷にして炉をきり、日常の食事場にした家もある。〔分類農村語彙(1947‐48)〕 方言 ❶稲置き場。秋田県068 山形県139 ◇**いなべ** 青森県津軽075 ❷農具などを収納する物置。秋田県鹿角郡132 福島県大沼郡175 発音〈なまり〉イナービャ〔秋田鹿角〕エナベ〔津軽ことば・秋田〕

いな-ほ【稲穂】〘名〙(「いなぼ」とも) ①稲の穂。《季・秋》＊万葉(8C後)一一・六・左注「時勅多挂二稲穂一而養レ之」＊夫木(1310頃)一二「いろいろにかど田のいなほふきみだる風におどろくむらすずめかな〈藤原範光〉」＊俳諧・詞林金玉集(1679)一一「青かりし葉の秋もよき稲穂かな〈立志〉」＊人情本・英対暖語(1838)三・一四章「この稲を守りて居たる所に、忽ち烏一羽来りて、稲穂(イナボ)を喰折り」②「いねぼ(稲穂)②」に同じ。 発音〈なまり〉イナッポ〔千葉〕イネッポ〔栃木〕〈標ア〉0〈京ア〉0 辞書 書言・言海 表記 禾穂・穂・秭(書) 稲穂(言)

いな-ぼし【稲星】〘名〙 彗星(すいせい)の和名。＊随筆・半日閑話(1823頃)一一「彗星出る〈略〉世俗此形ち稲の穂に似たればとて稲星と云」＊歌舞伎・盟三五大切(1825)大詰「大星はその気か知らぬが、この頃は稲星(イナボシ)が出るはめでたいの」

いな-ぼし【稲乾】〘名〙 ①刈り取った稲をかわかすこと。②「いなぼしざお(稲乾竿)」の略。

いなぼし-ざお【稲乾竿】〘名〙 刈り取った稲、麦などをかけて干す竿。いなぼし。＊和漢三才図会(1712)三五「麦筅(イナホシサホ) 今云稲乾筅(イナホシサホ)」

いな-ほそき【稲細木】〘名〙 方言 刈り取った稲をかけて干す稲かけの横木。長野県北安曇郡469 ◇**いなうし** 栃木県那須郡198

いな-ぼっち【稲―】〘名〙 稲を積み重ねたもの。

いなぼ-はたぎ【稲穂―】〘名〙 方言 ⇨はったぎ

いな-ぼんち【伊那盆地】 長野県南部、木曽山脈と赤石山脈にはさまれた南北に細長い盆地。天龍川の浸食によりできた地形で、河岸段丘が発達している。伊那谷。 発音〈標ア〉ボ

いな-まき【稲巻】〘名〙「いなばきむしろ(稲掃莚)」に同じ。＊日葡辞書(1603‐04)「Inamaqi(イナマキ)。イナバキを見よ」＊浜荻(久留米)(1840‐52頃)「いなまき 稲巻の字なるべし。むしろ 莚也」 方言 むしろ。わらむしろ。肥前島原†020 兵庫県但馬652 佐賀県887 長崎県905 906 907 熊本県天草郡936 鹿児島県種子島979 ◇**いまなく** 長崎県南高来郡905 辞書 日葡

いな-まくら【稲枕】〘名〙 稲穂を枕にして寝ること。また、その枕。田舎の家に寝ること。＊正治二度百首(1200)暁「露ふかきかり田の庵のいな枕夢路のはてはしぎのはねがき〈鴨長明〉」＊夫木(1310頃)三二「夢とのみ伏見の里のいなまくら結びし後の情だになし〈藤原為家〉」

いな-まる【稲丸】〘名〙 紋所の名。「いねのまる」「いねのひとつどもえ」「むかいたばねいね」などの総称。 発音〈標ア〉0

いな-まんじゅう【鯔饅頭】〘名〙 イナの内臓と骨を抜き取ってから、腹の中に、八丁みそと種々の薬味とを混ぜたものを詰めて、蒸すか、焼いた料理。名古屋地方の名物。 方言 愛知県名古屋市562

いなみ【印南】 播磨国(兵庫県南部)の古郡名。加古川下流の右岸。 辞書 和名・色葉・文明・易林 表記 印南(和・色・文・易)

い-なみ【居並】〘名〙 いならぶこと。ならんですわっていること。

いなみ【稲見】 姓氏の一つ。 発音〈標ア〉イ

いなみ-いし【印南石】〘名〙 兵庫県高砂市伊保付近から産出する石英粗面岩質の凝灰岩。濃灰色。耐火性に富む。 発音〈標ア〉ミ

いなみ-つむぎ【井波紬】〘名〙 富山県井波地方を主産地とする紬。経(たていと)、緯(よこいと)とも手つむぎの太糸を用い、染料に木皮を煮出した汁を用いる。 発音 イナミツムギ〈標ア〉ツ

いなみ-の【印南野】 播磨国(兵庫県南部)にあった原野。現在の加古川、明石川の二流域にまたがる。歌枕としては加古川以東をさし、「続日本紀」では放牧場として見える。いなびの。＊続日本紀‐天平神護元年(765)五月丁酉「人上先祖吉備都彦之苗裔、上道臣息長借鎌、於二難波高津朝庭一、家二居播磨国賀古郡印南野一焉」＊高倉院厳島御幸記(1180)「播磨国まで来越えけるにや、いなみのなどきこゆるにぞ、あはれにおぼゆる」＊平家(13C前)五・都遷「さらば播磨のいなみ野(の)か、なほ摂津国の児屋野かなんどいふ公卿僉議ありしかども」 発音〈標ア〉0 辞書 文明・天正・易林・書言 表記 印南野(文・天・書) 稲見野(文・天) 市南野(易)

いなみの-の【印南野―】 枕(「印南野」は播磨国(兵庫県南部)の地名) 音が同じであるところから「いな」にかかる。＊拾遺(1005‐07頃か)別・三四八「をみなへし我にやどかせいなみののいなといふともここをすぎめや〈大中臣能宣〉」

いなみ-べついん【井波別院】 富山県東礪波(となみ)郡井波町にある真宗大谷派の別院。瑞泉寺(ずいせんじ)の別称。 発音〈標ア〉ベ

いなみ-ぼし【稲見星】 二十八宿の一つ。牛宿(ぎゅうしゅく)の和名。北方宿の玄武宮。山羊座の西部にあたる。牛(ぎゅう)。 発音〈標ア〉ミ

い-な・む【辞・否】 ㊀〘他マ上二〙(「いなぶ」の変化した語) 承知しないということを表わす。断る。いやがる。辞退する。＊島原本竹取(9C末‐10C初)「親の宣ふことを、ひたぶるにいなみ申さんことのいとほしさに」＊蜻蛉(974頃)中・天祿二年「あしともよしともあらんを、いなむまじき人は、この頃京に物し給はず」＊古今著聞集(1254)九・三四八「勅定ありければ、いなみ申すべき事なくて」＊続草庵集(1366頃)「さてはりまぢの いなみのの いなみむ事も かへりては いともかしこく ありければ」㊁〘他マ四〙㊀に同じ。＊読本・南総里見八犬伝(1814‐42)九・一八〇回「只常人の上をもて、年を論じて云々と、推辞(イナム)は要なき事にこそ」＊和英語林集成(初版)(1867)「Inami, mu, nda イナム 辞〈略〉キミノ オオセ inami(イナミ)ガタク」＊即興詩人(1901)〈森鴎外訳〉教育「読者よ、わが物語を聞くことを辞まざる読者よ」＊何処へ(1908)〈正宗白鳥〉九「『兄さんは直ぐ冷かすから厭だけど』と、否んだが、漸く納得して、自分の分だけを拾って読んだ」 語誌 上二段活用に挙げた例のうち、「続草庵集」以外の例は、四段か上二段か不明である。「いなぶ」の場合は、古くは上二段の例が圧倒的に多く、したがって、「いなぶ」から「いなむ」への交替とほぼ並行するものとして、活用形も上二段から四段へと移ってきたものと考えられる。 発音〈標ア〉ナ〈ア史〉江戸◍○○〈京ア〉0 辞書 書言・ヘボン・言海 表記 辞(へ・言) 固辞(書)

い-な・む【居並】〘自マ四〙「いならぶ(居並)」に同じ。＊宇津保(970‐999頃)俊蔭「うちに御達(ごたち)・髫髪(うなゐ)ども〈略〉かざみどもきてゐなみたり」＊枕(10C終)一二四・正月寺にこもりたるは「局(つぼね)にいるほども、ゐなみたる前をとほりいらば、いとうたてあるを」＊古本説話集(1130頃か)四〇「さぶらひにゆきたれば、ゐなみたる侍(さぶらひ)ども、見て驚き」 発音〈標ア〉ナ

いな-むぎ【稲麦】〘名〙 方言 植物。❶かわむぎ(皮麦)。島根県一部030 広島県一部030 山口県030 ❷はだかむぎ(裸麦)。愛媛県一部030 ❸こむぎ(小麦)。鹿児島県奄美大島964 ◇**いにゃむに** 鹿児島県喜界島964 ◇**いにゃむぎ** 鹿児島県与論島965

いな-むし【稲虫】〘名〙 ①稲の害虫の総称。チョウ、ガ類の幼虫、ウンカ、ヨコバイ類、バッタ類など種類が多い。《季・秋》＊易林本節用集(1597)「蝗 イナムシ」＊俳諧・増山の井(1663)七月「いなご、いなむし 田虫送る」＊読本・雨月物語(1776)蛇性の婬「いとも験なる法師にて凡そ疫病(えやみ)妖災(もののけ)蝗(イナムシ)などをもよく祈るよしにて、此郷の人は貴みあへり」②昆虫「しょうりょうばった(精霊飛蝗)」の異名。 方言 ❶稲の害虫の総称。山口県見島797 ❷虫、ずいむし(螟虫)。山形県139 ❸虫、いなご(稲子)。長門†122 大分市941 ❹虫、ばった(飛蝗)。大分県大野郡941 発音〈標ア〉ナ 辞書 易林・言海 表記 蝗(易) 稲蟲(言)

いなむし-おくり【稲虫送】〘名〙 稲の害虫駆除のまじない。定期的なものと臨時のものがある。多く、稲穂の出るころ、夜、松明(たいまつ)をともし、鉦(かね)や太鼓を打ち鳴らし、法螺貝(ほらがい)を吹くなどして、たんぼの間を回り歩くもの。いなごの化身だといわれる斎藤実盛(さねもり)の人形や馬の形などをわらで作って、これを村外に追放する場合もある。実盛送り。虫送り。田虫送り。いねむしおくり。《季・秋》 発音〈標ア〉オ

いな-むしろ【稲莚】 ㊀〘名〙 ①稲わらで編んだむしろ。＊万葉(8C後)一一・二六四三「玉桙(たまほこ)の道行き疲れ伊奈武思侶(イナムシロ)しきても君を見むよしもがも〈作者未詳〉」＊金葉(1124‐27)恋上・三六九「これにしく思ひはなきを草枕たびにかへすはいなむしろとや〈藤原公実〉」＊新古今(1205)秋上・四三〇「秋の田のかりねの床のいなむしろ月やどれ共しげる露かな〈大中臣定雅〉」②稲が田の全面に植わっている状態、または、穂の重みなどで倒れ伏した状態をむしろに見立てていう。また、転じて、柳などの枝葉の波打つさまにいう。《季・秋》＊山家集(12C後)上「夕露の玉しく小田のいなむしろかぶす穂末に月ぞすみける」＊拾遺愚草(1216‐33頃)上「春さめのしくしくふればいなむしろ庭にみだるる青やぎのいと」＊俳諧・類船集(1676)以「いなむしろと云は莚をしきたるやうに稲の面の平々とあるを云とぞ」㊁ 枕 「かわ(川)」にかかる。かかり方未詳。いなうしろ。＊書紀(720)顕宗即位前・歌謡「伊儺武斯盧(イナムシロ) 川副楊(かはそひやなぎ) 水行けば 靡(なび)き起き立ち その根は失せず」＊万葉(8C後)八・一五二〇「彦星は 織女(たなばたつめ)と〈略〉伊奈牟之呂(イナムシロ) 河に向き立ち〈山上憶良〉」 補注 (1)㊀①の万葉の例は「敷く」の序詞

の一部として用いられている。(2)㊁のかかり方については諸説ある。(イ)風に吹かれて波打つ稲田のさまを川に見立てて。(ロ)川面の青やかであるのを㊀①を敷いたのにたとえて。(ハ)「いなむしろ」は「いねむしろ(寝莚)」の変化した語で、「いなむしろ」に使う皮の意から「皮」と同音の「川」にかかる。(ニ)稲の莚は、コモ、スゲなどの莚にくらべて編み目が強(こわ)ばっているところから「こわ」と類音の「川」にかかる、など。(3)㊁の万葉例は「伊奈宇之呂」の本文により「いなうしろ」とする説もある。 発音〈標ア〉ム 〈ア史〉平安○○○◍ 鎌倉○○○◍ ○〈京ア〉ム 辞書 日葡

いなむら【稲村】 姓氏の一つ。

いなむら-さんぱく【稲村三伯】 発音〈標ア〉ナ 江戸後期の蘭学者。鳥取藩医。名は箭。字は白羽、三伯。海上随鷗(うながみずいおう)とも称した。大槻玄沢に師事し、石井庄助らとともに蘭日対訳の辞書「波留麻和解(江戸ハルマ)」を翻訳、刊行。宝暦八～文化八年(一七五八～一八一一)

いな-むら【稲頭・科頭】『名』稲の茎で編み、冬季、雪、霜除けのために庭の樹木などにかぶせるもの。*俳諧・続虚栗(1687)冬「雪深し科頭(イナムラ)匂ふその梅〈鉤雪〉」

いな-むら【稲叢・稲村】『名』①刈り取った稲を乾燥させ、脱穀するまでの間、空地などに積み上げておくもの。にお。いなづか。いなにお。《季・秋》*応和三年伊尹君達春秋歌合(963)「かりなきてうち積(つ)みわたるいなむらの秋のたねこそ春にまくらめ」*大斎院前御集(11C前)「あきちかのつかねもあへぬいなむらをいまいくらをか摘まむとすらん」*俳諧・故人五百題(1787)秋「稲むらの鶴を見てゐる雀哉〈孤屋〉」②稲の乾燥のために稲掛けに掛けた稲の束。*雑俳・柳多留-四五(1808)「稲むらのやうにからげる二人(ふたり)扶持」③稲を積んだ形に作った歌舞伎の大道具の一つ。*歌舞伎・お染久松色読販(1813)大切「本舞台三間の間、一面の浅黄幕。処々に土手板、山吹の盛り。能き所に誂の稲村」*滑稽本・八笑人(1820-49)五・中「両方の下座がいつ所によると、狸は黒幕で稲村の蔭へ入る」 発音〈なまり〉イナグラ〔南伊勢〕イナブラ〔神奈川・静岡・志摩〕〈標ア〉0〈京ア〉0 辞書 名義・和玉・ヘボン・言海 表記 稽(名・玉) 稃(名) 稲邑(へ) 稲村(言)

いなむら-が-さき【稲村ケ崎】 神奈川県鎌倉市の海岸にあり、由比ケ浜と七里ケ浜を分ける岬。かつては干潮を利用して渡り歩く交通の難所として知られた。元弘三年(一三三三)新田義貞が海神に祈り、鎌倉に攻め入った話は有名。*太平記(14C後)一〇・稲村崎成干潟事「南は稲村崎(イナムラガサキ)にて沙頭路狭きに浪打涯まで逆木を繁く引懸て」 発音 イナムラガサキ〈標ア〉ガ

いなめ-がさ【稲目瘡】『名』「はしか(麻疹)」の古名。*日本紀略-長徳四年(998)七月「今月天下衆庶煩二疱瘡一、世号二之稲目瘡一、又号二赤疱瘡一」*随筆・野乃舎随筆(1820)「麻疹〈略〉稲(イナ)目瘡(ガサ)は否(いな)みの心歟」

いなめ-・ない【辞—・否—】『連語』(「いなむ」の可能動詞「いなめる」の未然形に打消の助動詞「ない」の付いたもの)否定することができない。断れない。「いなめない事実」「唐突の感があるのはいなめない」

いな-もち【稲餅】『名』(「いなもちい」とも)米を蒸してついた餅。*七十一番職人歌合(1500頃か)七番「見渡ば秋の田面のいなもちゐおほきに出る山のはの月」*玉緒村上大森共有文書-天正一三年(1585)六月二八日・近江上大森惣分掟「いなもち・そばもちつき候者、五斗之とかたるへき事」 発音〈標ア〉メ〈京ア〉メ

いな-もと【稲本】『名』稲の、地上に見えている部分のうち、穂先とは反対の箇所。*色葉字類抄(1177-81)「稃 イナクキ イナモト」 辞書 色葉・名義 表記 稃(色・名)

いなもと【稲本】 姓氏の一つ。 発音〈標ア〉ナ

いなもり-そう【稲森草・稲盛草】『名』アカネ科の多年草。関東以西で山地の樹林下などに生える。高さ三～一〇センチメートル。葉は長さ三～六センチメートル、幅二～四センチメートルの卵形で先が少しとがり、二対または三対が茎の上部に対生する。初夏、細長い漏斗状で先が五つに裂けた淡紫色の花を茎の上部に数個つける。三重県の稲森山で初めて発見されたのでこの名がある。よつばはこべ。よつばぐさ。学名は Pseudopyxis depressa *日本植物名彙(1884)〈松村任三〉「イナモリサウ」 発音 イナモリソー〈標ア〉0

いな-や【否—】 ㊀『感動』(「や」は詠嘆)①相手のことば、動作などを拒否する気持を表わすときに発することば。いやいや。いいや。いやもう。*古今(905-914)雑体・一〇三九「思へどもおもはずとのみいふなればいなやおもはじ思ふかひなし〈よみ人しらず〉」*栄花(1028-92頃)かかやく藤壺「哀れに申させ給ふを、上『いなや、いかなればなどかくはのたまはするぞ』など、聞えさせ給へど」*平家(13C前)一一・副将被斬「『〈略〉あしたはいそぎまゐれ』とのたまへども、父の御浄衣(じゃうゑ)の袖にひしと取りついて、『いなや、かへらじ』とこそ泣き給へ」②驚いたり嘆いたりする気持を強く表わすときに発することば。いや。いやこれは。これはまた。これはこれは。*落窪(10C後)一「いなや、この落窪の君のあなたにのたまふことに従はず、あしかんなるはなぞ」*狭衣物語(1069-77頃か)三「母代(ははしろ)驚き合ひて、いなや、ここに男のけはひこそすれ」*今昔(1120頃か)二六・五「否や、云は愚也。此児(ちご)の有つること然々(しかじか)也」㊁『副』(「や」は疑問)①(「…やいなや」の形で用いる。漢文訓読語法として発生したもの)問いかける気持を表わす。どうであろうか。そうであるかないか。そうするかしないか。*書紀(720)欽明一三年一〇月(北野本訓)「西蕃(にしのとなり)の献れる仏の相貌端厳(きらきら)し。全ら未だ曾て有らず。礼ふ可きや以不(イナヤ)」*枕(10C終)一〇一・御かたがた君たち「あけて見れば、『思ふべしや、いなや。人、第一ならずはいかに』と書かせ給へり」*大慈恩寺三蔵法師伝院政期点(1080-1110頃)一〇「和上決定して彌勒の内衆に生るること得たまふや否(イナヤ)」*読本・椿説弓張月(1807-11)残・弁略「この両説は土俗の口碑に伝る所、是(しかるや)不(イナヤ)をしらず」②(「…といなや」「…やいなや」の形で)同時に、または引きつづいて、ことが行なわれるさまを表わす。…と同時に。…とすぐに。ただちに。*虎寛本狂言・惣八(室町末-近世初)「来るやいなや此様な赤い魚や黒いうをを出いて、何やらむつかしい料理を云付られたが」*浮世草子・世間胸算用(1692)二・二「大晦日の朝めし過るといなや羽織脇ざしさして」*和英語林集成(初版)(1867)「キクヤ inaya(イナヤ)カエッタ」㊂『名』(㊀の用法が転じたもの)①承諾しないこと。承知しないこと。辞退。異議。*滑稽本・八笑人(1820-49)四・下「外お出入の衆が残らずお受をいたしましたに、わたくしばかり、いなやを申しましては」*歌舞伎・三人吉三廓初買(1860)二幕「むむ、夜がつまったにべんべんと、義理立するも面倒だ、いなやを云はず此金は、志し故貰って置かう」②承諾か不承諾かという確かな返答。諾否。*和英語林集成(初版)(1867)「Inaya(イナヤ)ヲ キク」 語誌 (1)㊁①は、平安時代初期には「…かどうか」と、相手に問いかける表現として用いられ、中世以降も、定型化した文語的表現として生き続けた。「ロドリゲス日本大文典」(一六〇四～〇八)には、「書き言葉における荘重な質問」に「甚だ多く用いられる」とある。(2)口頭語で「や」が疑問を表わさなくなったため、江戸時代中期ごろの口語では疑問の意は消失し、㊁②の意味に転じて用いられるようになった。 発音〈標ア〉イ〈京ア〉イ 辞書 色葉・名義・和玉・文明・天正・饅頭・黒本・易林・書言・ヘボン・言海 表記 否(色・名・玉・文・天・饅・黒・易・書・へ・言) 不(色・名・玉・文・書) 無(色・名・玉・文) 敢(色) 靡・弗・无(玉)

いな-や【稲屋】『名』刈り取った稲を納めておく小屋。納屋。 方言 ❶収穫物などを入れておく小屋。納屋。岐阜県飛驒502 静岡県志太郡535 奈良県宇陀郡678 吉野郡683 高知県土佐郡866 福岡県872 873 879 ❷農家の仕事場。高知県幡多郡860 ❸隠居所などとして建てた別家。岐阜県飛驒497

いな-よう【異様】『形動』方言 ❶不快なさま。気持の悪いさま。山梨県461 ❷変なさま。妙なさま。群馬県吾妻郡218 ◇いなよ 山形県西部139

いな-より【稲縒】『名』稲の藁(わら)の穂先を結び合わせ、株の方を簡略によじったもの。稲の大束などをつくるときのたばねかた。 発音〈標ア〉0

い-なら・う【居慣】『自ハ四』すわりなれる。すわることが習慣になる。*源氏(1001-14頃)東屋「かかる物の外(と)には、まだ居ならはず」*和泉式部日記(11C前)「かかるところにゐならはぬを、いとはしたなき心ちするに」

い-なら・ぶ【居並】『自バ五(四)』席をつらねてすわる。並んですわる。列座する。居流れる。いなむ。*たまきはる(1219)「衣(きぬ)のつまどもあふ程にゐならびて」*宇治拾遺(1221頃)一一・一「殿上人ゐならびて待程に、堀河中将直衣すがたにて〈略〉参り給へり」 発音〈標ア〉ラ〈京ア〉0 辞書 書言・ヘボン 表記 坐列(書・へ)

い-なり【居—】『副』方言 ⇩いながら(居—)

い-なり【居成】『名』(「に」を伴って副詞的に用いられることが多い)①引き続き、もとのままでいること。(イ)動かないでそのままの位置にいること。*散木奇歌集(1128頃)神祇「けふみれば花もすぎふになりにけり風はいなりにふくとみれども」*三河物語(1626頃)三「小笠原与八郎手がはりをして、ゐなりに成ければ、信長手をうしない給ひて」*俳諧・鷹筑波(1638)四「長閑にもいなりにおがむえ方哉 みじかき物もながくこそなれ〈道二〉」(ロ)奉公人が年季が明けても、さらにそのまま続けて働くこと。重年(ちょうねん)。↔出替り。《季・春》*俳諧・猿蓑(1691)五「此春も盧同が男居なりにて〈史邦〉さし木つきたる月の朧夜〈凡兆〉」*雑俳・柳多留-二(1767)「居なりかとひなの使にきかれけり」(ハ)近世、役者は一年契約で一劇場に出演したが、次年度も引き続き同じ劇場に出演したこと。また、その役者。→いなりまち(稲荷町)。*談義本・根無草(1763-69)前・二「天鈿女命(あめのうずめのみこと)、其外居なり、新下り、惣座中残らず罷り出で」(ニ)遊女が、他の廓(くるわ)へ住み替えすることなく、そのまま続いて同じ廓に勤めること。*浮世草子・傾城禁短気(1711)五・一「同じ流を汲む女の身と生まれ、三ケ津の色里に出世し、居成(ヰナリ)に勤(つとむ)るといふは、遊女冥加に叶ひたりと」*浄瑠璃・長町女腹切(1712頃)中「がらり廿両ま一年切まし、ゐなりにゐれば、借銭も先其ぶん」*随筆・牟芸古雅志(1826)上「延宝吉原細見の序。〈略〉名のかはり出る入る、あるひは、ゐなり、またはくらひの高下、いさいにぎんみをとげ差上申候あいだ」②住居、商店、工場などで、家具、調度、設備、商品を含めてそっくりそのままの状態。また、そのような家屋。売買貸借のときにいう。居つき。居抜き。*浮世草子・本朝桜陰比事(1689)四・八「此紙屋借宅を居(ヰ)成に買求めけるに」*浄瑠璃・近頃河原達引(おしゅん伝兵衛)(1785)中・堀川「この家主が此家を居なりに買うてくれぬかと頼まれる」*雑俳・手ひきぐさ(1824)「勢ひに居なりに買ふた角屋敷」

いなり の 公文(くもん) 発音〈標ア〉0 仏語。住持(住職)の位階を与えるだけで、入寺を要求しない公帖(くじょう)。官銭を幕府の財源にあてる目的で出すものと、年忌などの仏事にその仏寺に供養されるべき霊位の縁故

者(弟子僧または俗人にして僧である者)の僧階を昇進させるために出されるものとがある。前者を官銭成(かんせんなり)の坐公文といい、後者を功徳成(くどくなり)の坐公文という。功徳成の坐公文には官銭は不要。

いなり【稲荷】 一〘名〙(「稲生(いななり)」の転という) ①五穀を司る神として信仰された宇賀御魂命(うかのみたまのみこと)のこと。おきながみ。＊秦山集(1728)「稲荷、稲成之訓、五穀の神也」 ②狐の異名。宇賀御魂命の別称の御饌津神(みけつかみ)を三狐神と書き誤ったこと、稲荷の本地、荼枳尼天(だきにてん)が狐霊の夜叉(やしゃ)であるとされたこと、また狐に対する民間信仰などが結びつき、狐が稲荷明神の使いと信じられるようになったことによる。＊雑俳・軽口頓作(1709)「こらへてゐる瓜をくらへどいなり様」 ③油揚げの異名。油揚げは狐の好物として稲荷の供物に供える風習がおこったところからいう。〔日本隠語集(1892)〕 ④「いなりずし(稲荷鮨)」の略。＊評判記・役者口三味線(1699)京・よし沢あやめ「ゐなりの二つづめでは、おなかがさびしうなって」＊滑稽本・稽古三味線(1846)上「十軒店の信田鮓(ずし)の糶売(せりうり)稲荷さんの呼声」 ⑤「いなりまち(稲荷町)」一②の略。＊雑俳・柳多留‐三二(1805)「もふせんで死のを稲荷ねがふなり」＊雑俳・柳多留‐一〇七(1829)「とっさんは今死んでると稲荷の子」 ⑥(稲荷社に立て並べた旗に似るところから) 旅芸人が町回りをするときに立てる細長い旗。 ⑦油揚げを入れたうどん。きつねうどん。うどん屋の隠語。＊商業符牒袖宝(1884)うどんや「あぶらげ入をいなり、きつね」 ⑧あずき飯、豆腐などをいう、盗人仲間の隠語。〔隠語輯覧(1915)・隠語構成様式并其語集(1935)〕 二[一]稲荷神社のこと。京都市伏見区深草にある伏見稲荷大社を総本社として全国に末社四万を数えるという。古くは単に稲荷といえば総本社をさすことが多かった。＊枕(10C終)一五八・うらやましげなるもの「いなりに思ひおこしてまうでたるに、中の御社のほど、わりなうくるしきを、念じのぼるに」＊枕(10C終)二八七・神は「みこもりの神、またをかし。賀茂、さらなり。いなり」＊永久百首(1116)春「いなりにも思ふ心のかなはずはしるしの杉のをられましやは〈源俊頼〉」＊篁物語(12C後か)「さてこの女、願ありて、如月(きさらぎ)の初午に、いなりに詣りけり」 [二]謡曲。四番目物。廃曲。作者不詳。別名「和泉式部」。稲荷山に詣でた和泉式部を見て恋に陥った男の霊が娘の小式部に憑く。 補注 (一について) ①は、もと山城(京都)の帰化豪族、秦氏がまつる神であったが、平安遷都以後真言密教と習合し、荼枳尼天(だきにてん)をもって稲荷の神体とするに至り、これを伏見の稲荷山にまつって、稲荷権現と称した。のちに巫女(みこ)、術者などによる予言、占い、祈禱などが盛んに行なわれ、江戸時代にはいろいろの稲荷信仰が流行した。 方言 動物、きつね(狐)。北海道函館067 山口県豊浦郡798 大分県941 ◇いなりさま〔―様〕 福島県東白川郡157 大分県941 ◇いなりさん 静岡県523 熊本県919 ◇おいなり〔御―〕 静岡県523 ◇いなりじょう〔―丈〕 大分県941 語源説 (1)イネナリ(稲生)の義〔茅窓漫録・和訓栞〕。(2)イナノリの略。ノリはミノリ(実登)の義〔松屋筆記〕。(3)イナニの訛。イネをになう意〔名語記〕。(4)イナナリ(稲成熟)の約〔日本古語大辞典=松岡静雄〕。 発音〈標ア〉イ〈ア史〉鎌倉○○◍〈京ア〉イ 辞書 色葉・文明・易林・書言・ヘボン・言海 表記 稲荷(色・文・易・書・ヘ・言)

いなり の お出(いで) 「いなり(稲荷)の神幸祭(じんこうさい)」に同じ。《季・春》＊俳諧・増山の井(1663)二月「稲荷(イナリ)の御出 中の午の日なり。御旅所二十日程也」＊俳諧・年浪草(1783)春・四「稲荷御出。〈略〉此の神二の午の日御出、二の卯の日還幸。故に世俗の諺に云、うまうまと御出、うかうかと御帰と云」＊増補日本年中行事大全(1832)二・二月中午「稲荷御出(イナリノオイデ) 二つあれば上午祭礼伏見街道を北、七条を油小路の南旅所に入御」

いなり の 大神(おおかみ) 稲荷神社の主神。宇賀御魂命(うかのみたまのみこと)。

いなり の 大山祭(おおやままつり) 京都の伏見稲荷大社で正月五日に行なう祭礼。社殿の背後の稲荷山の神跡七か所に注連縄(しめなわ)を張り、献饌、祝詞、神祭を行なう。御饌津台(みけつだい)という石の上に置かれる百枚の耳土器(みみかわらけ=小さい素焼きの土器)の破片が手に入ると、商売繁盛、また、勝負運が強いという。稲荷の注連張りの神事。

いなり の 御旅(おたび) 「いなり(稲荷)の還幸祭(かんこうさい)」に同じ。

いなり の お火焼(ほた)=き〔=け〕 毎年一一月八日、諸地方の稲荷神社で庭火をたき、神饌を供して行なう神事。とくに鞴(ふいご)を使う、鍛冶屋、飾り屋などが、守護神としてまつり、参拝した。ふいご祭。《季・冬》＊浮世草子・世間胸算用(1692)三・一「稲荷のお火焼(ホタキ)の頃河原の役者入替りて」＊諸国年中行事(1717)四・一一月八日「〔京〕稲荷大明神御火焼、吹革まつりといふ。鍛冶・仏具師・箔匠・其外一切の金具さいくの諸民、生産は申にをよばず、此御神を信仰の輩は、今日ことさらにまつり祝ふ也。〈略〉〔大坂〕玉造稲荷火焼、〔○〕江戸吹革祭」＊俳諧・糸切歯(1762)一一月「吹革(ふいかう)祭り 是八日稲荷のほたけ也」

いなり の 還幸祭(かんこうさい) 稲荷祭①で御旅所から本社へ還幸する祭礼。いなりの御旅。

いなり の 注連(しめ)張(は)り 「いなり(稲荷)の大山祭」に同じ。＊増補日本年中行事大全(1832)一・正月五日「洛南いなり三ツケ峰の注縄張は正月五日也、社人これを修して既に下山するに及び、諸人洗米神酒の土器をあらそひとる也、僅(わづか)に其欠たるをひろふも福(さいはひ)を得るとし悦びて家にかへる也」

いなり の 神幸祭(じんこうさい) 稲荷祭①で本社から御旅所へ神幸する祭礼。いなりのお出で。

いなり の 杉(すぎ) 京都の伏見稲荷大社の境内にある杉。二月の初午(はつうま)の日、参詣人はその枝を手折ってお守りにしたり、また、持ち帰って植え、枯れるか枯れないかによって、禍福を占ったりしたもの。験(しるし)の杉。＊大鏡(12C前)二・実頼「御もとどりはなちてはいで給ことなかりき、そのゆへは、いなりのすぎのあらはにみゆれば、明神御らむずらんに、いかでかなめげにてはいでん」＊新撰六帖(1244頃)一「きさらぎや今日はつむまのしるしとていなりの杉はもとつ葉もなし〈藤原光俊〉」

いなり の 玉垣(たまがき)朱(あか)くなければ信(しん)がさめる 稲荷の社殿をひきたてる荘厳な朱色の玉垣がないと信心も薄れるの意で、外観が整っていないとその価値が失われることのたとえ。＊浄瑠璃・仮名手本忠臣蔵(1748)九「伊勢海老と盃(さかづき)。穴の稲荷(イナリ)の玉垣は、朱(アカ)ふなければ信(シン)がさめるといふ様な物かい」

いなり の 鳥居(とりい)を越(こ)える ①(狐は稲荷の鳥居を多く越すほど格が上がるという俗説から) 狐が年功を経るの意から、年功を経る。長年経験をつむ。＊浄瑠璃・相模入道千疋犬(1714)四「かりそめながらみづからも稲荷のとりゐこへたれば、神の位そなはって」＊浄瑠璃・弓勢智勇湊(1771)二「まっと稲荷(イナリ)の鳥居を越(コヘ)ずばろくな仕事は出来まい」 ②年をとってずるくなり人をよくだますことのたとえ。＊洒落本・秘事真告(1757頃)塩町東辺「稲荷の鳥井を宙返りして越たやうな、背中のはげたかワイワイツンクもあり」

いなり の 奉射祭(ぶしゃさい) 京都の伏見稲荷大社で正月一二日の午後に行なう弓始めの祭。御弓始祭(おんゆみはじめさい)。

いなり の 前(まえ)の昼盗人(ひるぬすびと) 神や仏の前で白昼盗みをはたらく者。神罰を恐れないずうずうしい者にいう。＊浄瑠璃・曾我姿富士(1715頃)三「稲荷の前の昼盗人(ヒルヌスビト)め、あたたかに道がさうか」

いなり‐おろし【稲荷下】〘名〙 稲荷の神を招きよせて託宣をすること。また、その人。いなりさげ。＊文明開化(1873‐74)〈加藤祐一〉二・下「とんと旧習の富士講とか稲荷(イナリ)おろしとかいふものと、少しも替る事はない」 発音〈標ア〉オ

いなり‐がかり【啀懸】〘名〙 怒ってうなり声をあげて、激しく敵に攻めかかること。＊太閤記(1625)四・能登国石動山幷荒山合戦之事「堀田新右衛門尉と名乗いなりかかりに懸って、火を出し戦ひけるが」＊書言字考節用集(1717)八「啀懸 イナリガカリ」 辞書 書言 表記 啀懸(書)

いなり‐ぐい【居成食】(ゐなりぐひ)〘名〙 立つ用があっても立ち上がらないで食べつづけること。＊俳諧・犬子集(1633)二・雑春「若草やけふ初むまのいなりくひ〈安重〉」＊譬喩尽(1786)七「社人(しゃにん)の居形(ヰナリ)喰(グ)ひ 小言謂云喰事也」 発音 イナリグイ〈標ア〉0

いなり‐こう【稲荷講】〘名〙 ①京都の伏見稲荷大社参詣のために組織した信者の団体。旧暦二月の初午(はつうま)の日に参詣する。《季・春》＊鈴鹿家記‐応仁元年(1467)一二月五日「聖護院村、田中村、吉田村へ参相春の稲荷講に三ケ村衆寄合被ㇾ下候こと」 ②江戸市中に多い稲荷小社の祭に、子供が数人で、狐を描いた絵馬板をもち、「稲荷さんの御勧化御十二銅おあげ」といいながら、戸毎に銭を請い回ったならわし。また、その銭。＊歌舞伎・色一座梅椿(1812)四幕「若旦那のお使ひに出て、此やうな絵馬や、延喜の百両を持ち歩いて、なぜ稲荷講(イナリカウ)を集めて歩くのだ」 発音 イナリコー〈標ア〉0

いなり‐ざ【稲荷座】 大阪市中央区博労町にあった人形浄瑠璃劇場。明治二七年(一八九四)彦六座を改称したもの。同三一年廃座。 発音〈標ア〉0

いなり‐ざか【稲荷坂】 今熊野から稲荷社に通ずる坂。＊永久百首(1116)春「おそくとく宿をいでつついなり坂のぼればくだる都人かな〈源兼昌〉」 発音〈標ア〉0 リ

いなり‐さげ【稲荷下】〘名〙 「いなりおろし(稲荷下)」に同じ。＊裸に虱なし(1920)〈宮武外骨〉神の代理たる女「一般に巫女(みこ)、稲荷下(イナリサ)げなど云はるる者」 発音 イナリサゲ〈標ア〉0

いなり‐さん【稲荷山】 神奈川県鎌倉市にある臨済宗建長寺派の寺、浄妙寺の山号。 発音〈標ア〉リ

いなり‐し【稲荷師】〘名〙 事務所や商店に事務員、店員になりすましてはいり、詐欺、窃盗をはたらく者をいう、盗人仲間の隠語。〔隠語輯覧(1915)〕

いなり‐しんこう【稲荷信仰】〘名〙 京都の伏見稲荷大社を中心とする信仰。中世から近世にかけて、田の神の信仰や、狐を神の使いとする信仰の上に、伏見稲荷大社を中心とする全国的な信仰組織が広がった。 発音 イナリシンコー〈標ア〉シ

いなり‐じんじゃ【稲荷神社】 「いなり(稲荷)」二[一]に同じ。 発音〈標ア〉ジ〈京ア〉ジ

いなり‐しんとう【稲荷神道】〘名〙 神道の一派。京都の伏見稲荷大社の祠官で、国学者であった荷田春満(かだのあずままろ 一六六九～一七三六)が唱道したもの。神道は、単に神々に仕え、神々をまつる道ではなくて、神々が人間に示す道徳的教訓を遵奉すべきだという道徳至上主義に立ち、他の神道のように祭祀、祈禱などを重視しない。 発音 イナリシントー

〈標ア〉シ

いなり-ずし【稲荷鮨】『名』煮しめた油揚げを袋状に開き、それに酢飯を詰めた食品。近世末頃から流行した。信田鮨(しのだずし)。おいなりさん。きつねずし。いなり。《季・夏》＊随筆・守貞漫稿(1837〜53)五「天保末年江戸にて油あげ豆腐の一方をさきて袋形にし木茸干瓢等を刻み交へたる飯を納て鮨として売巡る。日夜売ㇾ之ども夜を専として行燈に華表を画き、号て稲荷鮨或は篠田鮨と云」＊最暗黒之東京(1893)〈松原岩五郎〉一一「『スイトン』を煮、稲荷鮨(イナリズシ)を作り」＊土(1910)〈長塚節〉二三「干瓢(かんぺう)を帯にした稲荷鮨(イナリズシ)」 語誌 (1)天保頃、名古屋の発祥といわれる。江戸で流行したのは天保の改革頃からで、高価な食品が規制されたことで、魚を使わない安価な鮨として屋台や振り売りで売られた。(2)「狂歌・近世商売尽狂歌合」の屋台の絵(→図)には、俎の上に庖丁があり、その前に細長い稲荷鮨が見える。詞書には「一本が十六文 ヘイヘイヘイありがたひ 半ぶんが八文 ヘイヘイヘイありがたひありがたひ 一と切が四もん サアサアあがれあがれ」とあり、注文に応じて細長い稲荷鮨を切って売ったのであろう。なお、当初は山葵醤油で食することもあった。 発音〈なまり〉イナルズシ〔長崎〕〈標ア〉リ〈京ア〉ズリ 辞書言海 表記稲荷鮨(言)

稲荷鮨〈近世商賈尽狂歌合〉

いなりだい-いせき【稲荷台遺跡】東京都板橋区にある縄文時代早期の遺跡。土器は稲荷台式と呼ぶ早期の標式。昭和一二年(一九三七)発見。底がとがった深鉢形で、より糸文様の土器が発掘された。発音〈標ア〉イ

いなり-てんそう【稲荷伝奏】『名』(「いなりでんそう」とも)京都の伏見稲荷大社のことを、天子に取り次ぐ職。＊後中内記-元禄七年(1694)一〇月二九日「稲荷社正遷宮日時定之事〈略〉然此僉議、稲荷伝奏早可ㇾ有二此沙汰一事也」

いなり-どりい【稲荷鳥居】『名』鳥居の一つ。明神鳥居に似て島木(しまぎ)と柱の間に台輪(だいわ)のある鳥居。台輪鳥居。＊匠家必要記(1756)下(古事類苑・神祇一〇)「鳥居に品々有、神明鳥居、黒木の鳥居〈略〉稲荷鳥居」発音〈標ア〉ド

稲荷鳥居〈江戸名所記〉

いなり-にんぎょう【稲荷人形】『名』京都の伏見稲荷大社の境内で売る伏見焼のおもちゃ。土細工の狐鈴(これい)、布袋(ほてい)、西行、遊治郎(ゆうやろう)、遊女、鳥獣、今様風の人形などがある。＊諸国図会年中行事大成(1806)二月「初午 稲荷参〈略〉これを稲荷人形と称し、名だたる産物なり」発音イナリニンギョー〈標ア〉ニ

いなり-ふだ【稲荷札】『名』歩合興行のさい、開場第一番に入場した客の札を、一枚か二枚、稲荷へ供えること。また、その札。発音〈標ア〉リ

いなり-まち【稲荷町】■一『名』①近世、歌舞伎で最下級の役者のいる部屋。楽屋の稲荷明神をまつってある近くにあったところからという。また、「いなり」は「居成(いなり)」から転じたものともいう。＊雑俳・柳多留-三四(1806)「茶や女ばかされに行くいなり町」＊劇場新話(1804〜09頃)上「稲荷町囃子町は楽屋の両側にあり。稲荷の宮のある方に居る役者をお下の若衆といふ。〈略〉大概稲荷町十一人囃子町十三人といふ定なれども今は増減あり」②(①から転じて)歌舞伎の端役を演ずる役者。また、芸のへたな役者。下立役(したたちやく)。お下(した)。若い衆(しゅ)。稲荷。＊黄表紙・狂言好野暮大名(1784)「只今音を抜かれましたはいなりまちと申しまして役者の下々でござります」＊雑俳・柳多留-六二(1812)「生き替り死かわり出る稲荷町」＊細君(1889)〈坪内逍遥〉三「どの様な稲荷町か『イイエ、又します』と返答をしようぞ」■二長門国(山口県)下関にあった町名。現在の赤間町の北部にあたり、古く遊女町として知られた。＊俳諧・誹枕(1680)下「文司の雁誰がかよひぢのいなり町〈随曲〉」＊浮世草子・好色一代男(1682)三・二「或日、〈略〉礒(いそ)をおさせて、下の関いなり町に行て」発音〈標ア〉リ

いなり-まつり【稲荷祭】『名』①京都の伏見稲荷大社の祭礼。古くは、四月上卯(う)の日を式日とする。旧暦三月中(なか)の午日(うまのひ)に、神璽をうつした五基の神輿(みこし)が、京都油小路西九条の御旅所に神幸する神幸祭(「稲荷のお出」)と、御旅所に約二〇日間滞留したのち、翌四月上卯日(三卯あれば中卯日)に本社に還幸する還幸祭(「稲荷のお旅」)とがある。御旅所より還幸のさい、神輿が東寺に入り寺家の神供を受けた。明治以後、改暦により、四月第二午日を神幸祭、五月第一卯日を還幸祭とし、四月九日を例祭と定め、一社限りの祭典となった。なお、近世には、神幸のさい、散銭の落ちたのを拾おうとして乞食が多く付き従ったので、俗に乞食祭といわれた。《季・夏》＊和泉式部集(11C中)上「いなりまつり見しかたはらなるくるしきさまのちまきなどとりいれて」＊師元年中行事(1175頃)四月「上卯日〈略〉稲荷祭事 有三卯時用中卯」＊俳諧・御傘(1651)一「稲荷祭(イナリマツリ) 四月上卯日也」＊歌舞伎・名歌徳三舛玉垣(1801)四立「色事知らぬ藤の森、稲荷まつりの夜宮にも」②稲荷明神の祭。㋑旧暦二月の初午(はつうま)の日に各所で行なわれた。初午。初午祭。《季・春》＊今鏡(1170)七・新枕「むらといひて、いなりまつりなどいふ祭わたる者の、吹きて渡りける笛の」＊諸国風俗問状(1813)三六「初午 稲荷祭いかやうに候哉」㋺近世、歌舞伎の下級役者などが中心となって行なった稲荷明神の祭。＊歌舞伎・忠臣蔵年中行事(1877)二月「稲荷祭りの心にて、処々へ地口行燈を立てあり」③六月二一日に行なう大阪難波の仁徳天皇宮の祭礼で、世に誤って博労稲荷と呼ぶもの。《季・夏》 発音〈標ア〉マ〈京ア〉マ 辞書言海 表記稲荷祭(言)

稲 荷 祭 ①

いなり-まんねんこう【稲荷万年講】『名』近世、江戸で、二月の初午(はつうま)の稲荷祭の日に、子供たちが供え物のためと称して、戸毎に銭を請い歩いたこと。万年勧進の稲荷講。

いなり-もうで【稲荷詣】『名』旧暦二月の初午(はつうま)の日に、稲荷神社に参詣すること。祭神の宇賀御魂命(うかのみたまのみこと)が、和銅四年(七一一)の二月の初午(はつうま)の日に稲荷山に現われたと伝える。初午詣で。＊貫之集(945頃)一「二月はつむまにいなり詣で」＊大鏡(12C前)六・道長下「きさらぎの三日、はつむまといへど、甲午最吉日、つねよりもよこぞりて稲荷詣にののしりしかば」発音イナリモーデ〈標ア〉モ 辞書言海 表記稲荷詣(言)

いなり-もよう【稲荷模様】『名』狐を描いた模様。＊浮世草子・傾城仕送大臣(1703)三・三「下に古白むく、上にいなり模様の花色のきる物」発音イナリモヨー〈標ア〉モ

いなり-やま【稲荷山】京都市伏見区にある東山三十六峰の南端の山。ふもとの西側に稲荷神社(伏見稲荷大社)がある。標高二三三九メートル。山城国の歌枕。三ケ峰。御山。いなりのやま。＊曾丹集(11C初か)「いなりやまみな見し人をすきずきに思ふ思ふと知らせてしかな」＊拾遺(1105〜07頃か)雑恋・一二二一「いなり山社の数を人問はばつれなき人をみつと答へむ〈平定文〉」＊光悦本謡曲・熊野(1505頃)「大悲擁護の薄霞み、熊野権現のうつります、み名も同じ今熊野、稲荷の山の薄紅葉の、青かりし葉の秋」発音〈標ア〉〇 辞書文明・書言 表記稲荷山(文・書)

いなりやま-こふん【稲荷山古墳】埼玉県行田市所在の埼玉(さきたま)古墳群を形成する古墳の一つ。長方形周溝をもつ前方後円墳で、礫槨から発掘された鉄剣に、金象嵌(ぞうがん)の一一五の文字が発見された。発音〈標ア〉コ

いな-りゅう【伊奈流】『名』江戸時代の貢租徴収の方法の一つ。収穫の豊凶にかかわりなく、常に一定の租額を徴収する方法で、伊奈備前守が始めたもの。豊年のときは多く、凶年のときは少なく徴収する彦坂流に対していう。＊辻六郎左衛門上書(18C前か)「御家の地方の法、伊奈流・彦坂流と申候て両家御座候。〈略〉地方にて候故、只今にて伊奈流はすたり不ㇾ申候」発音イナリュー〈標ア〉〇

いな・る【侠】『自ラ四』勇み肌ふうに意気がる。いなせなふうをする。＊湯島詣(1899)〈泉鏡花〉三六「何と気を変へたか、宗匠、今夜は大いに侠(イナ)って、印半纏(しるしばんてん)に三尺帯」

い-な・る【居成】『自ラ四』きちんとすわる。居成す。＊申楽談儀(1430)田舎の風体「松明ふりあげ、きといなりし様、南大門にもうてざりし也」発音〈標ア〉ナ

いな・る『自ラ四』①「うなる(唸)」に同じか。＊古事記(712)中「尾生ふる土雲〈訓みて 具毛 と云ふ〉八十建(やそたける)、其の室に在りて待ち伊那流(イナル)〈此の三字は音を以ゐる〉」②怒ってうなり声をあげる。＊太閤記(1625)四・石動山焼亡利家速成之功之事「早田主膳三間柄之鑓を、二三りうりうと打振て、いなって突かかりしかば」語源説(1)イは動物のうなり声の擬声語。ナルはナク(鳴)と同根か〔日本古語大辞典=松岡静雄〕。(2)ウナル(唸)と音通か〔古事記伝〕。

い-な・れる【居馴】『自ラ下一』文ゐな・る『自ラ下二』居ることに馴れる。住み馴れる。居なじむ。＊文明本節用集(室町中)「居馴 イナルル」＊滑稽本・古朽木(1780)一「近年居馴(ヰナレ)てみれば、さりとは花火ほど面白くないものはない」＊和英語林集成(初版)(1867)「Inare, ru, ta ヰナレル 居馴」＊歌舞伎・鏡山錦栬葉(加賀騒動)(1879)五幕「居慣(ヰナ)れたあの家も、借(かり)の抵当(かた)にやらねばならず」発音〈標ア〉レ 辞書文明・ヘボン 表記居馴(文) 居訓(ヘ)

いなわしろ【猪苗代】姓氏の一つ。発音〈標ア〉ワ〇

いなわしろ-けんさい【猪苗代兼載・猪苗代兼栽】室町後期の連歌師、歌人。号は耕閑斎、相園坊。会津の人。和歌を堯恵に学んで古今伝授を受け、連歌は心敬に学んだ。連歌学書「兼載雑談」「若草山」「連歌本式」、句集「園塵」、古典研究書などがある。享徳元〜永正七年(一四五二〜一五一〇)

いなわしろ-こ【猪苗代湖】福島県中央部、磐梯山の南のふもとにある湖。湖面標高五一四メートル。面積一〇四平方キロメートル(全国第四位)。最大深度九四メートル。阿賀野川の水源。

いな-わら【稲藁】『名』「いねわら(稲藁)」に同じ。発音〈標ア〉シ〈京ア〉ロ

い-なん【以南】『名』ある場所をもとにして、それよりも南の方向。また、その地域。現今では「鹿児島以

南」といえば、鹿児島を含めていう。↕以北。*米欧回覧実記(1877)〈久米邦武〉一・九「費拉特費(ヒラテルヒヤ)府より以南の雄都は、此に超るものなし」*経国美談(1883-84)〈矢野龍渓〉後・一「中央狭隘の地峡以南の地は則ち古史中に於て巴本涅斯(ペロポンネシス)と総称する者是なり」*作戦要務令(1939)第六七「或は某地及其の附近若くは某道路及其の以南等と記述して之を明瞭ならしむ」*春秋左伝-僖公二一年「自洮以南、東伝于済」 発音〈標ア〉イ〈京ア〉イ

いに-あ【姻婭】『名』「いんあ(姻婭)」に同じ。*将門記承徳三年点(1099)「良兼は彼の姻婭(イニア)の長たり」

いに-あし【往足】『名』①去って行く足どり。去って行く足つき。*浄瑠璃・山崎与次兵衛寿の門松(1718)下「迯(に)げ足もいに足も、達者に生まれついた男」②近世、米相場が、下落の方向に向かうこと。*稲の穂(大阪市史五)(1842-幕末頃)「下り足に成ったを、悪るみが附たとも、おり足共、いに足共言ふ。下へ道がついたとも言」

いに-あと【往跡】『名』人が去って行ったあと。また、特に先妻が去って行ったあと。発音〈標ア〉0

いにあと へ 行(ゆ)くとも死(し)にあとへ行(ゆ)くな 先妻と離別したあとへは後妻に行くのはよいが、死別したあとへは行くものでないの意。とかく死者は美化されて追慕されがちで、後妻は苦労するところからいう。

いにい『名』方言 ⇩いぎ(棘)

いに-がけ【往掛】『名』「いきがけ(行掛)」に同じ。発音イニガケ〈標ア〉0

いにがけ の=駄賃(だちん)[=駄賃馬(だちんうま)] 「いきがけ(行掛)の駄賃」に同じ。*浄瑠璃・丹波与作待夜の小室節(1707頃)中「一人死のより人斬れば、いにがけのだちんじゃ」*随筆・孔雀楼筆記(1768)二「予衰病して、死期既に至る。世に云いにがけの駄賃(だちん)なれば、人の悪(にくみ)を顧ずして、正直にこれを論ず」*浄瑠璃・近頃河原達引(おしゅん伝兵衛)(1785)堀川「あっちに得心せぬ時は、それそれ往にがけの駄賃馬で踏殺し、ああいやいや無理殺しにしようもしれぬ」

いに-かり【往雁】『名』春季、北方へ帰る雁。いぬるかり。*俳諧・蕪村句集(1784)春「きのふ去にけふいに雁のなき夜哉」発音〈標ア〉カ0

いに-ぎわ【往際】『名』行くとき。出て行くとき。いきがけ。いにがけ。*浄瑠璃・仮名手本忠臣蔵(1748)九「いに際わるう帰りける」発音イニギワ〈標ア〉0

いに-さき【以往】『名』それより前。以前。いおう。*評判記・もえくゐ(1677)「四とせあまりのいにさきに、にしの岡といふところよりかへるさに」発音〈標ア〉0

いに-ざま【往様】『名』出て行こうとするとき。立ち去ろうとするとき。いきがけ。いにぎわ。*俳諧・ひさご(1690)「口上果(はて)ぬいにざまの時宜〈正秀〉 たふとげに小判かぞふる革袴〈珍碩〉」発音〈標ア〉0

いに-し【往―】㊀『連体』(動詞「いぬ(往)」の連用形に、過去の助動詞「き」の連体形が付いて一語化したもの)過ぎ去ったところの。さる。いんじ。さんぬる。時を表わす語を修飾する。*東関紀行(1242頃)今の浦より前島「いにし承久三年の秋のころ」*落梅集(1901)〈島崎藤村〉千曲川旅情のうた「過(イニ)し世を静かに思へ 百年(ももとせ)もきのふのごとし」㊁『名』(㊀から転じて)過ぎ去ってしまった時。往時。むかし。*浮世草子・新吉原常々草(1689)下「さりとてはあさましき心底かなといひ侍らんとおもへど、さすがいにし、ふかくなれし事なれば〈略〉おもひかへして一首読て帰りけんとなん」発音〈標ア〉0 辞書〈ボ〉 表記往(ヘ)

いにし頃(ころ) 過ぎ去った年。以前。さきごろ。いんじころ。*咄本・醒睡笑(1628)一「いにしころ、佐渡の島銀山(かなやま)出来(でき)、人多く集まりぬ」

いにし年(とし) 過ぎ去った年。往年。いんじとし。*拾遺(1005-07頃か)雑春・一〇〇八「いにし年ねこじて植ゑしわが宿のわか木の梅は花さきにけり〈安倍広庭〉」*源氏(1001-14頃)須磨「いにしとし京をわかれし時」*和英語林集成(初版)(1867)「inishitoshi(イニシトシ)」辞書書言 表記往年(書)

イニシア『名』「イニシアチブ」の略。「イニシアを取る」発音〈標ア〉0二

イニシアチブ『名』(英 initiative)《イニシアティブ》①直接民主制の一手段。一定数以上の国民または地方自治体の住民が法令の制定、改廃を提案できる制度。スイスやアメリカ合衆国(一部の州)に行なわれている。*平民新聞(1907)一六号・余が思想の変化〈幸徳秋水〉「是に於てか公平選挙法(プロポーショナル)だの、直接投票(レフェレンダム)だの、人民発議権(イニシエチーヴ)だのと、種々の救治策が講ぜらるるのである」②物事を多くの人で行なう場合に、その先頭に立って全体の動きをリードしてゆくこと。また、その権利。主導権。主体性。*東京朝日新聞-明治三七年(1904)一二月三一日「此時日本のインシヤチイブを意外としたるは、恐らく露帝と露廷の権勢家と並びに専制暗黒の下に蔽はれたる可憐の露国人民とのみ」*ザルツブルクの小枝(1954-55)〈大岡昇平〉イギリス紀行「世界支配のイニシャチーブをアメリカに奪はれた後も」発音〈標ア〉二〈京ア〉二/ア

イニシアチブを取(と)る 物事を、同じような資格や力を持った多数の人で行なう場合、その中のある人が全体の動きをリードし左右すること。主導権を握る。*学生と読書(1938)〈河合栄治郎編〉いかに書を読むべきか〈倉田百三〉二「過度の書物依頼主義に蝕ばまれる時は創造的本能を鈍くし、判断力や批判力がラディカルでなくなり、すべての事態にイニシアチブをとって反応する主我的指導性が萎へて行く傾向がある」*広場の孤独(1951)〈堀田善衛〉四「従来は資本主義がイニシアティブをとって国際市場を帝国主義的におさえて来た」*せみと蓮の花(1952)〈坪田譲治〉「どうしてもこの人にイニシアチブをとられる」

いにし-え へ:**【古・往古】**『名』(「往(い)にし方(へ)」の意。時間の経過を観念にもつ)①久しい以前。過ぎ去った時。往時。*万葉(8C後)二〇・四四六七「劔太刀いよよ研ぐべし伊尓之敝(イニシヘ)ゆさやけく負ひて来にしその名そ〈大伴家持〉」*霊異記(810-824)下・三二「往古(イニシヘ)より今来(このかた)、未だ都(かつ)て見聞かず〈真福寺本訓釈 往古 イニシヘ〉」*古今(905-914)仮名序「いにしへをあふぎて、いまをこひざらめかも」*伊勢物語(10C前)二二「いにしへゆくさきのことどもなどいひて」*打聞集(1134頃)慶等聖弘仏法事「我持所の法は昔(イニシヘ)より術競べをして人にあかめらるる物也」*書言字考節用集(1717)二「往昔 イニシヘ」*読本・春雨物語(1808)天津処女「又女がたにも、伊勢、小町、いにしへならぬ姿をよみて、名を後にもつたへたりき」*小説神髄(1885-86)〈坪内逍遥〉上・小説の変遷「演劇にはなほ往昔(イニシヘ)の情態を十中八九は残しとどめて」②過去の事。過去の事跡。過去の経歴。*万葉(8C後)三・二六六「淡海の海夕浪千鳥汝が鳴けば情(こころ)もしのに古(いにしへ)思ほゆ〈柿本人麻呂〉」*金槐集(1213)雑「いにしへを忍ぶとなしにいそのかみふりにし里にわれは来にけり」*咄本・醒睡笑(1628)五「主人聞付け馬上より、その者のいにしへを問へば、花ならばおりても人のとふべきになりさがりたる身こそ辛けれとよみし」③亡き人。故人。*源氏(1001-14頃)宿木「いささや。いにしへの御許しもなかりし事を。かくまで漏らし聞ゆるも、いと口かるけれど」

語誌(1)「いにしえ」と「むかし(昔)」とは同じ意味にも用いられているが、しかし、基本的にはとらえ方に違いがあるとみられる。「いにしえ」は、「往にし方」の原義が示すように、「時間的」にものをとらえる場合に用いて「今」と連続的にとらえられるのに対して、「むかし」は、そのような「過ぎ去る」という時間的経過の観念が無く、「今」とは対立的に過去をとらえる場合に用いる。歴史的には「いにしえ」、物語的には「むかし」が用いられるのもこのためといえる。(2)語源的には、「過ぎ去った昔」の意で、直接に体験していないはるか以前について使われることが多く、「思ふ」「恋ふ」のような語と共に用いられて、あこがれの対象となる時という意味をも含意していたようである。これに対して「むかし」は、奈良・平安時代を通して、直接体験した懐かしく、忘れがたい、近い過去を多く意味した。(3)鎌倉時代以降になると、はるか以前を意味する「むかし」が急増し、「いにしへ」の意味領域を侵していった。そのため、「いにしへ」は、江戸時代以降、詩語的・雅語的な言葉となって、今日にいたっている。

語源説(1)イ(往)ニシヘ(方)の義〔和句解・日本釈名・東雅・和訓栞〕。(2)シは体言副詞の語尾。へは世、あるいは時の意を含む〔万葉集辞典=折口信夫〕。

発音〈なまり〉インシェ〔岩手〕〈標ア〉0〈ア史〉平安~室町●●●○ 江戸●●●○と●●●●の両様〈京ア〉0 上仮名イニシヘ 辞書色葉・名義・和玉・文明・饅頭・易林・日葡・書言・〈ボ〉・言海 表記古(色・名・玉・文・饅・易・へ・言)故(色・名・玉・文)往(色・名・玉)以往(色・名・易)既往・終古・昔(色・名)上(玉・文)曾・旧・甞(色)乃往・既・宙(名)上世・往昔(書)

同訓異字 いにしえ【古・往・故】
【古】(コ)(「今」に対して)むかし。古い時代。「古希」「古代」「古典」「最古」《古 いにしへ・むかし・ふるし》
【往】(オウ)進み行く。転じて、すでに行き過ぎた時代。過去。むかし。「往古」「往時」「以往」《古 むかし・いにしへ・いんじ》
【故】(コ)ふるくから続いているもの。もともと。ずっと昔からのこと。「故郷」「故事」「温故知新」《古 ふるし・ふりたり・いにしへ・もと》

いにしえ に 恋(こ)うる鳥(とり) 「ほととぎす(杜鵑)」の古名。*万葉(8C後)二・一一一「古爾恋流鳥(いにしへにこふるとり)かもゆづる葉の三井の上より鳴きわたりゆく〈弓削皇子〉」

いにしえ の 学者(がくしゃ)は己(おの)れの為(ため)にし今(いま)の学者(がくしゃ)は人(ひと)の為(ため)にす (「論語-憲問」の「古之学者為ㇾ己、今之学者為ㇾ人」による)昔の学者は自己の修養のために学問に励んだが、当世の学者は世間の名声を得たいために学問をしている。*文明本節用集(室町中)「古之学者為ㇾ己 今之学者為ㇾ人也 イニシエノガクシャハヲノレガタメニス、イマノガクシャハヒトノタメニス」*譬喩尽(1786)一「古への学者は己が為にし今の学者は人の為にす」辞書文明

いにしえ の 人(ひと) ①古人。昔の人。いにしへびと。ふるひと。*万葉(8C後)一・三二「古人(いにしへのひと)にわれあれやささなみの故(ふる)き京(みやこ)を見れば悲しき〈高市古人(黒人)〉」*源氏(1001-14頃)須磨「いにしへの人も、まことに犯しあるにてしも、かかる事に当らざりけり」*経信集(1097頃)「いにしへの人ならなくにたきのいとをくるものころもをきてもみるかな」②昔風の家がらの人。古風な人。*源氏(1001-14頃)桐壺「父の大納言はなくなりて、母北の方なんいにしへの人の由あるにて」

いにしえ の 都(みやこ) 奈良の都。「詞花集」所載の歌「古の奈良の都の八重桜けふここのへに匂ひぬるかな」にちなんでいう。*随筆・独寝(1724頃)上・二九「古の都の物あはれ成に、まして三筋の音もかすかなるは」*雑俳・柳多留-五二(1811)「いにしへの都の風を丸く売」

いにしえ-いま いにしへ:**【古今】**㊀『名』昔と今。ここ

ん。*源氏(1001–14頃)若菜上「いにしへいまの御物がたり、いとよわげにきこえさせ給て」*釈日本紀(1274–1301)一八「今則考ニ竅古今ニ、帰ニ其真正ニ(いますなはちイニシヘイマをかむがへあなぐりて、そのまことにかへす)」*光悦本謡曲・志賀(1519頃)「その御時にいたって、和歌の道さかむにして、いにしへ今の詠歌を撰ひ」 ㊁「古今和歌集」のこと。 発音〈標ア〉イ2 辞書 日葡・書言 表記 古今(書)

イニシエーション『名』(英 initiation) 青年男女が氏族や宗教団体などに成員として加入するための通過儀式。きびしい試練を課する場合がある。日本の武士階級の男子の元服や現代の成人式もこの一つである。*真実はかくいつわる(1950)〈長谷川如是閑〉野蛮人のイニシエーション「野蛮人の部落では、『部落民たること』の承認を得るための、いわゆるイニシエーションの儀礼を持っていないものはない」 発音〈標ア〉エ

イニシエーター『名』(英 initiator) ①DNA(デオキシリボ核酸)複製の、複製開始タンパク質。 ②発癌起始因子。正常細胞を潜在癌細胞にする物質。DNAに短時間に不可逆的変化を起こさせる。 発音〈標ア〉エ

いにしえ‐おとこ【古男】『名』 昔の世の男。*万葉(8C後)九・一八〇三「語りつぐからにもここだ恋しきをただ目に見けむ古丁子(いにしへをとこ)〈福麻呂歌集〉」 発音〈標ア〉オ

いにしえ‐がたり【古語】『名』 昔話。また、古い物語。*源氏(1001–14頃)横笛「そこはかとなきいにしへがたりにのみ、まぎらはさせ給ひて」 発音 イニシエガタリ〈標ア〉ガ

いにしえ‐ごろ【古頃】『名』 昔。ずっと以前。いにしえ。*山家集(12C後)中「いにしへ頃、東山に阿彌陀房と申ける上人の庵室にまかりて見けるに」

いにしえ‐ざま【古様】『名』 昔のありさま。昔のこと。*源氏(1001–14頃)行幸「今宵(こよひ)は、いにしへざまのことはかけ侍らねば」*源氏(1001–14頃)宿木「心のうちには、なを忘れがたきいにしへざまのみおぼえて」 発音〈標ア〉0

いにしえ‐びと【古人】『名』 ①昔の世の人。古人。また、特に上代の人。いにしえのひと。*日葡辞書(1603–04)「Inixiyebito (イニシエビト)〈訳〉すでに死んで随分になる昔の人」*歌意考(1764)「いにしへ人の心なほく、詞みやびかに」 ②古くから親しくしていた人。昔なじみや昔のつれあい。*万葉(8C後)一一・二六一四「眉(まよ)ねかき下いふかしみ思へるに去家人(いにしへびと)をあひ見つるかも〈作者未詳〉」*謡曲・蘆刈(1430頃)「只今の蘆売りつる人は、わらはがいにしへ人(びと)にて候ふ」*御伽草子・高野物語(室町末)「もとゆひも、うたがふところなきいにしへ人のもとゆひなり」 ③古風な人。いにしえのひと。 発音〈標ア〉エ 辞書 日葡

いにしえ‐ぶみ【古文・古典】『名』 むかしの書籍。古典。*随筆・玉勝間(1795–1812)二「おのれ古典(イニシヘブミ)をとくに、師の説とたがへること多く」 発音〈標ア〉エ

いにしえ‐ぶり【古振・古風】『名』 古い時代の様式や流儀、風習。*滑稽本・戯場粋言幕の外(1806)下「あたまへゆげをたてて、いにしへぶりを論じ、鈴をふりながらはなしをするやうな人物」*滑稽本・浮世風呂(1809–13)三・下「本居信仰にていにしへぶりの物まなびなどすると見えて」*人情本・春色梅美婦禰(1841–42頃)初・六回「臥龍梅の草廬を問ふ古風振(イニシヘブリ)」 発音〈標ア〉0

いにしえ‐まなび【古学】『名』 古代の事跡や古道を研究する学問。こがく。*志都の岩屋講本(1811)上「其の陰陽を陰陽たらしむる神の事実を、古学(イニシヘマナビ)をして知るが宜いでござる」*随筆・玉勝間(1795–1812)六「大人は〈略〉わかかりしほどより、古学(いにしへまなび)にふかく心をよせて」 発音〈標ア〉マ

いにしき‐じんじゃ【伊邇色神社】 鹿児島市下伊敷町にある神社。旧県社。垂仁天皇の皇子、伊邇色入彦命(いにしきいりひこのみこと)をまつる。年之宮。年宮明神。 発音〈標ア〉ジ

いに‐しな【往―】『名』(「しな」はその時、の意の接尾語) ①行くとき。帰るとき。いきしな。↔来(き)しな。*浄瑠璃・摂津国長柄人柱(1727)四「幾度来ても抱留められ、来しなの腹立ちより去しなに立つが迷惑」*浄瑠璃・蘆屋道満大内鑑(1734)三「いつものおさとがへりとはちがふて、つきづきもない裸乗物つっともちかけそして又、いにしなのひっしょなさ」*滑稽本・東海道中膝栗毛(1802–09)八・上「爰の内かたですぎられますさかい、いにしなには、いつもあないに勝手を手つだふていんでじゃわいな」 ②死にぎわや、散りぎわなど、ものごとの最後の時期。*俳諧・俳諧古選(1763)附録「去(イ)にしなの愛想成りけり遅桜〈閑々〉」 発音〈標ア〉0

イニシャル『名』(英 initial)《イニシアル》 ローマ字で書いたもの、または欧文のことばの、最初の文字。特に人名の姓や名の最初の文字をさしていうことが多く、これらはふつう大文字で書く。頭文字。*新らしい言葉の字引(1918)〈服部嘉香・植原路郎〉「イニシャル Initial (英) 姓名の頭文字(George Washington の G. W. の如き)をいふ」*桐畑(1920)〈里見弴〉恋愛戦・一「『H・T』だ。手島ひで子、―その娘の頭字(イニシャル)だ」*おとうと(1956–57)〈幸田文〉「肩から吊った鞄には実にたんねんなイニシアルが書いてある。Aという字だった」 発音〈標ア〉ニ〈京ア〉ニ／イ

いに‐すし【―鮨】『名』 語義未詳。ウニの鮨(嬉遊笑覧(1830))とも、貽鮨(いずし)(枕草子春曙抄(1674))ともいう。*能因本枕(10C終)一五七・名おそろしき物「いにすし。それも名こそは、見るおそろし」

いに‐そそく・れる【往―】『自ラ下一』(「そそくれる」は、その動作を遂行するのに最も自然な、または適切な機会を失うの意) 帰りそびれる。*浄瑠璃・替唱歌糸の時雨(1782)上・奥「彦三は軒まで帰れども、いにそそくれし我家の内、悄(しょ)んぼりと立留り」

いに‐ぢょうし【往調子】『名』 三味線などの調子が合っていないこと。転じて、ことが思うようにならないこと。*洒落本・虚実柳巷方言(1794)上「いにでうしのあてなしに茶屋(ちゃや)ずきのわる口いふを粋とこころへたる」 発音 イニジョーシ〈標ア〉ジョ

いに‐のお【往―】『名』 方言 帰りがけ。帰る途中。岡山県苫田郡748 広島県比婆郡774

いに‐むに【非二無二】『副』 ただひたすら。しゃにむに。*青春(1905–06)〈小栗風葉〉春・六「折角大学校まで入いてから、非二無二(イニムニ)性に合はんちふて、お前が京都の方をやめて」 方言 長野県諏訪481 愛知県宝飯郡062 知多郡570 滋賀県愛知郡606

いに‐もどり【往戻】『名』 離縁された女が、またもとの夫のところへ戻ること。逢い戻り。*雑俳・壁に耳(1716–36)「二三日下女の気に入る去(いニ)もどり」 発音〈標ア〉0

い‐にゅう【移入】『名』 ①移し入れること。*内地雑居未来之夢(1886)〈坪内逍遙〉一〇「大に外商の不信用を醸し、随って資本の移入(イニフ)を妨げ」*無名作家の日記(1918)〈菊池寛〉「自惚(うぬぼれ)に近い自信が、俺にも幾何(いくら)か移入されて居た故(せい)かも知れない」*万葉集における自然主義(1933)〈長谷川如是閑〉一「当時の仏教の移入は、近代におけるキリシタンのそれと同じく、国際的交通を強制する経済的侵略と道連れの宗教的侵略であった」 ②貨物を一国内の他所から送り込むこと。外国との間の「輸入」と区別していう。↕移出。*律令第十五号‐明治四一年(1908)一〇月二〇日「百円を超過する〈略〉外国銀貨幣、三円を超過する外国補助貨幣並粗銀の移入及輸入は之を禁止す」 ③税法上、課税物件である酒、砂糖などを製造場所に搬入すること。 発音 イニュー〈標ア〉0〈京ア〉0

い‐にょう【囲繞】『名』 ①仏語。右回りに回りを巡って敬礼すること。転じて、法会において、衆僧が尊像の周囲を回って行道すること。右遶三匝(うにょうさんそう)。行道。*栄花(1028–92頃)鳥の舞「仏の前後左右には、諸僧威儀具足して、ゐねうじ奉れり」*法華文句‐一・下「囲繞者仏初出ㇾ世、人未ㇾ知ㇾ法、浄居天下化為ニ人像ニ、到已右旋、旋已敬礼、却坐聴ㇾ法、因ニ於天敬ニ、人以為ㇾ楷也。〈略〉囲繞者行旋威儀也」 ②回りをとり囲むこと。古くは、囲まれるものに対する敬意を伴って用いられることが多い。いじょう。*枕(10C終)一二〇・正月に寺にこもりたるは「さぶらひなどやうの者、あまたかしこまりゐねうしたるもをかし」*江都督納言願文集(平安後)二・一品宮仁和寺御堂供養願文「卅口高僧連ニ蘿襟ニ而囲繞」*康頼宝物集(1179頃)上「我は常に国王として大臣公卿に囲遶せられ、百姓万民に仰がれてぞあらまほしき」*曾我物語(南北朝頃)二・泰山府君の事「人民こぞりていねうす。仏菩薩の影向も、これにはしかじとぞ見えし」*日葡辞書(1603–04)「Inhô (イニョウ)。カコム〈訳〉随って、またはあがめて、とりかこむ」*呉志‐孫堅伝「卓騎望見囲繞数重、定近覚ニ是柱ニ乃去」 補注「枕草子」の「ゐねうし」は「居念じ」の意とする説もある。 発音 イニョー〈標ア〉0〈京ア〉0 辞書 色葉・文明・伊京・明応・天正・黒本・易林・日葡・言海 表記 囲繞(色・伊・易・言) 囲遶(文・明・天・黒)

い‐にょう【遺尿】『名』 眠っている間に、また、他のことに夢中になって、無意識に小便をもらすこと。寝小便をすること。いびたれ。よつばり。*日葡辞書(1603–04)「Inhô (イニョウ)〈訳〉人の小便」*医語類聚(1872)〈奥山虎章〉「Enuresis 遺尿」*西京繁昌記(1877)〈増山守正〉滑稽「阿嬢の遺尿、老婆の春情に至る迄挙ざる無く、説かざる無し」 発音 イニョー〈標ア〉0〈京ア〉0 辞書 日葡・書言・言海 表記 遺尿(書・言)

いに‐よう【往様】『名』 立ち去る様子。*浄瑠璃・桂川連理柵(おはん長右衛門)(1776)下「どうやらをかしい今のいにやう」

いにょう‐かつごう【囲繞渇仰】『名』 周囲をめぐって深く信仰礼拝すること。*御伽草子・御曹子島渡(室町末)「是ほどの君はあらじとて、いねうかつがう申しけり」*日葡辞書(1603–04)「Inhô catgŏ (イニョウ カツガウ) スル」*説経節・まつら長者(1661)初「あまたの人々あひそへて、いにょうかつかう中々に、申ばかりはなかりけり」*書言字考節用集(1717)八「囲繞渇仰 ヰネウカツガウ〔義楚六帖〕周回曰ㇾ囲、坐遍曰ㇾ繞」 辞書 饅頭・日葡・書言 表記 囲繞渇仰(饅・書)

いにょう‐しょう【遺尿症】『名』 睡眠中などに、無意識に尿を漏らす病気。*女工哀史(1925)〈細井和喜蔵〉四・一一「肺病、肋膜炎、喘息、瓣膜症、腎臓病、遺尿症、病患其の他精神に異状あるもの」 発音 イニョーショー〈標ア〉0 ニョ

いにょう‐ち【囲繞地】『名』 民法で、他の土地に囲まれていて公路に通じていない土地(袋地)を囲んでいる周囲の土地。袋地の所有者は公路に出るためにこの土地の通行権を持つ。いじょうち。*民法(明治二九年)(1896)二一〇条「或土地が他の土地に囲繞せられて公路に通ぜざるときは其土地の所有者は公路に至る為め囲繞地を通行することを得」 発音 イニョーチ〈標ア〉ニョ

いに‐わ【往際】『名』「いにぎわ(往際)」の略。*浄瑠璃・近江源氏先陣館(1769)三「言訳しても返らぬこと、いにはがなうて得立たずは、立たしてくれんと立ちかかるを、腕首摑んで真逆様」

い‐にわ【射庭】『名』 弓を射る場所。いば。転じ

て、垜(あずち)をいう。*古今著聞集(1254)一九・六四七「此柚於射庭可献」*胸明集(17C)(古事類苑・武技三)「射庭と云は、的を射る総様の庭を云也。当時は垜を射庭と云也」

い-にん【委任】『名』①信頼する人に仕事などをまかせること。委託すること。*神皇正統記(1339-43)中・称徳「見給へばゐましきとて藤原恵美の姓を給ひき。天下の政しかしながら委任せられにけり」*太平記(14C後)三七・可立大将事「此人々を召(めし)て龍顔(れうがん)に咫尺(しせき)せしめ、武将に委任(イニン)せられば」*随筆・文会雑記(1782)附録・二「其執拗は王荊公にこへ委任す。又神宗の王荊公に任じ玉ふより甚し」*近世紀聞(1875-81)〈条野有人〉初・二「本国より日本に滞在なし交際の事を議(はか)るべき旨委任(ヰニン)せられて来りしなれば」*史記-馮唐伝「賞賜決於外、不従中擾也、委任而責成功」②たよること。たのみとすること。*日本読本(1887)〈新保磐次〉初歩・一・例言「教師は務めて図を黒板上に画くべし、たとへ其画は粗なるも猶書籍に委任するに勝れり」③法律用語。㋑民法に規定する契約の一つ。当事者の一方(委任者)が法律行為をすることを相手方(受任者)に委託し、相手方がこれを承諾することによって成立する契約。委任契約。*民法(明治二九年)(1896)六四三条「委任は当事者の一方が法律行為を為すことを相手方に委託し相手方が之を承諾するに因りて其効力を生ず」㋺公法上、国または地方公共団体がその事務を他の公共団体またはその他の者に委託すること。また、行政庁がその事務を他の行政庁(主として下級の行政庁)に行なわせること。*内務省達甲第十六号-明治一八年(1885)五月二〇日「右件々委任候条府県限り致処分其都度可届出此旨相達候事」 発音〈標ア〉⓪〈京ア〉⓪ 辞書文明・言海 表記委任(文・言)

い-にん【為人】『名』人を教え諭すこと。教化。接化。*正法眼蔵(1231-53)古鏡「大聖もし磨塼の法なくば、いかでか為人の方便あらん。為人のちからは仏祖の骨髄なり」*狂雲集(15C後)岩頭船居図「舞棹未懐為人手、杜鵑叫月夜三更」

い-にん【倚任】『名』信頼して委任すること。*信長記(1622)一上・義昭公ひそかに南都を落ち給ふ事「是能く二に倚任(イニン)し、労せずしておさまるは、知を以て下にのぞむ者也」

い-にん【異人】『名』①「いじん(異人)①」に同じ。*地蔵菩薩霊験記(16C後)二・八「彼の上人は尋常(よのつね)の人にあらず、別行異人(イニン)の作法なり」②「いじん(異人)②」に同じ。*地蔵菩薩霊験記(16C後)一・五「彼の地蔵の曰く。吾れ明日の暁(あかつ)き六角東洞院に於て必ず亦た行合(ゆきあ)ふべきなり。豈異人(イニン)ならん乎(や)」*法華経-序品「妙光菩薩豈異人乎、我身是也」

いにん-うらがき【委任裏書】『名』手形、小切手などの所持人が、その金額の取り立てを他人に委任する裏書。取立委任裏書。発音イニンウラガキ〈標ア〉ウ

いにん-きてい【委任規定】『名』ある法令が、自ら規定すべき事項を他の法令による規定にまかせると定めていること。また、その条文。発音イニンキテイ〈標ア〉キ

いにん-ぎょうせい【委任行政】『名』国や地方公共団体が、他の公共団体や民間団体、個人などに行政の仕事を委任して行なわせること。国庫金の取扱い、所得税・住民税の源泉徴収などがその例。発音イニンギョーセイ〈標ア〉ギョ

イニング『名』⇨インニング

いにん-けいやく【委任契約】『名』「いにん(委任)③㋑」に同じ。発音イニンケイヤク〈標ア〉ケ

いにん-けいり【委任経理】『名』国庫金を一定の国の機関に交付して、その経理を一任する制度。国立学校に対する奨学金、学士院に対する学術研究奨励金など。発音イニンケイリ〈標ア〉ケ

いにん-じむ【委任事務】『名』国の法令により地方公共団体に処理をゆだねられた国または他の地方公共団体の事務。失業対策事務、保健所の設置・管理、市町村立学校職員の給与負担事務などがその例。*民法(明治二九年)(1896)六四四条「受任者は委任の本旨に従ひ〈略〉委任事務を処理する義務を負ふ」発音〈標ア〉ジ

いにん-しゃ【委任者】『名』物事を委任した人。特に、民法上の委任ないし委任契約をした者。↔受任者。*仏和法律字彙(1886)〈藤林忠良・加太邦憲〉「Commettant Ininsha, Saitori-ininsha 委任者、際取委任者」*民法(明治二九年)(1896)六四七条「受任者が委任者に引渡すべき金額」発音〈標ア〉ニ

いにん-じょう【委任状】『名』①ある人が特定の事務処理を他の人に委託することを記載した文書。法的関係では主として、受任者に委任事項に関する代理権を与えたことを他人に証明するために用いられる。*西洋事情(1866-70)〈福沢諭吉〉初・二「法令を施すに必ず信実あらんことを注意し合衆国の諸有司に委任状を附与するの権あり」*競売法(明治三一年)(1898)一四条「競売調書には〈略〉通知を発したることを証する書面及び委任状を添附することを要す」*良人の自白(1904-06)〈木下尚江〉後・一六・二「では是も一応の形式ですから高子の委任状を見せて戴きませう」②国際法で、領事派遣国が特定の人を領事として任命する文書。③「ぜんけんいにんじょう(全権委任状)」の略。*東京朝日新聞-明治三八年(1905)一一月一九日「十七日午後三時、両国全権は東花門外練兵場なる会議所にて会見し先づ委任状を示し」発音イニンジョー〈標ア〉⓪二〈京ア〉⓪

いにん-とうち【委任統治】『名』(「いにんとうぢ」とも)第一次大戦後国際連盟の委任をうけ、イギリス、フランス、ベルギー、日本などの戦勝国が、ドイツ、トルコの旧植民地などを統治したこと。また、その形態。*モダン語漫画辞典(1931)〈中山由五郎〉「委任統治(イニントウヂ) 世界大戦後、聯合国側で占領した各地の統治を、一定の制限の下に各国に委任した。これが即ち『委任統治』である」*世界の裏街道を行く(1955)〈大宅壮一〉中近東諸国・近東の小国・レバノン「前にはずっとフランスの委任統治領だったので、今もフランス色が強い」発音イニントーチ〈標ア〉ト〈京ア〉ト

いにん-めいれい【委任命令】『名』法律の委任に基づいて発せられる命令。政令、省令など。*袖珍新聞語辞典(1919)〈竹内猷郎〉「委任命令 Entrusted Ordinances 法律の委任によりて発する命令を云ふ」発音イニンメイレイ〈標ア〉メ

いにん-りっぽう【委任立法】『名』法律の委任によって命令、規則などを制定すること。*袖珍新聞語辞典(1919)〈竹内猷郎〉「委任立法 Intrusted Legislation」発音イニンリッポー〈標ア〉リ

いぬ【犬・狗】㊀『名』①イヌ科の家畜。原種はオオカミと考えられている。家畜となった最初の動物とされ、家畜のうち最も賢く、人に忠実である。嗅覚と聴覚はきわめて鋭く、狩猟用、警察用、労役用、愛玩用などにする。形態は品種によって非常に異なり、小はチワワから、大はマスチフ、セントバーナードまで、全世界に約一六〇品種ある。日本産では秋田犬、甲斐(かい)犬、紀州犬、柴犬、土佐犬、チン、アイヌ犬などが知られる。日本語においては、「ワンワン」というふうに鳴き声が写される。学名はCanis familiaris *古事記(712)下「布を白き犬に繋(か)け、鈴を著けて」*万葉(8C後)七・一二八九「垣越しに犬(いぬ)呼び越して鳥狩(とがり)する君青山の繁き山へに馬休め君〈人麻呂歌集〉」*霊異記(810-824)上・三〇「五月五日赤き狗(イヌ)に成りて〈興福寺本訓釈 狗 伊奴爾〉」*蜻蛉(974頃)下・天延二年「御禊(みそぎ)の日、いぬの死にたるをみつけて、いふかひなくとまりぬ」*枕(10C終)九・うへにさぶらふ御猫は「ひるつかたいぬいみじうなく声のすれば」*菟玖波集(1356)雑体「とまるべき里はさすがに知られけり 犬の声する道の末かな〈藤原為氏〉」*虎明本狂言・犬山伏(室町末-近世初)「いぬわんわんといふてかみつかふとする」②飼い主になついて離れず付き従うことから、煩悩の比喩としてもいう。*発心集(1216頃か)序「踈(そとも)のかせぎ繋(つなぎ)がたく、家の犬(イヌ)常になれたり」*謡曲・通小町(1384頃)「さらば煩悩の犬となって、打たるると離れじ」③主人に忠実に仕える者。*太平記(14C後)三九・神功皇后攻新羅給事「神功皇后御弓の末弭(うらはず)にて、高麗の王は我が日本の犬也と石壁に書付て帰らせ給ふ」*三河物語(1626頃)三「御普代之衆は、よくてもあしくても御家之犬にて罷出ざるに、せざる高名を立させられ」④こっそりと人の秘密をかぎつけて告げ知らせる者をおとしめていう。まわし者。間者。探偵。スパイ。*浄瑠璃・冥途の飛脚(1711頃)下「こなたのことで此の在所(ざいしょ)は、大坂からいぬが入」*浄瑠璃・平仮名盛衰記(1739)一「一両年以前より梶原殿を頼み頼朝公へ心を寄せ、義仲の身の上、嚔(くっさみ)一つしられた迄、犬に戌(なっ)てつげ[illegible]うせし某(それがし)」*滑稽本・浮世風呂(1809-13)二・下「一カへ犬(イヌ)になって入込(いりこむ)か」*火の柱(1904)〈木下尚江〉一八・二「政府の狗(イヌ)となって〈略〉一一政府へ密告して居る」*あめりか物語(1908)〈永井荷風〉夜の女・三「探偵(イヌ)が這入ったんで縁起でもないから」⑤岡っ引きのこと。*随筆・守貞漫稿(1837-53)六「江戸にて此徒を岡引と云、おかっぴきと訓ず〈略〉鄙にては此徒を称して犬と云」⑥警官をいう隠語。〔日本隠語集(1892)〕*人間失格(1948)〈太宰治〉第二の手記「へんにぎくしゃくして、犬(同志は、ポリスをさう呼んでゐました)にあやしまれ不審訊問などを受けてしくじるやうな事も無かったし」⑦御殿女中に召し使われる少女。お犬。*雑俳・柳多留-二五(1794)「ひとり娘だとかへって犬が言い」*雑俳・柳多留-一〇四(1828)「だに程な銀をお犬に包みかね」⑧人を卑しめ、ののしっていう語。こいつめ。*浄瑠璃・大覚大僧正御伝記(1691頃)二「我我が出家はいぬめが仕合、とうとう帰れとののしれば」*歌舞伎・韓人漢文手管始(唐人殺し)(1789)一「おいらに無い名を付けさらして、其尻もゐふ捌(さば)かず、迯(にげ)吠へにする爰な犬め」⑨犬追物(いぬおうもの)のこと。*狂歌・金言和歌集(1492-1501頃)「都には たかきいやしき もろもろの 家の人々 おりおりは うたひさかもり つらねうた〈略〉犬かさがけに 日をくらし」⑩①は、人の守りとも魔よけともなり、物の怪(け)を追い払うというところから、幼児の額に「犬」の字を書いたり、そばに犬張子などを置いたりする、その文字や玩具のこと。*為房卿記-康和五年(1103)八月二七日「右衛門督宗通卿御額奉書犬字」*菟玖波集(1356)雑体「犬こそ人の守なりけれ みどり子のひたひにかける文字を見よ〈良阿〉」㊁雅楽「狛犬(こまいぬ)」のこと。*中右記-寛治二年(1088)七月二七日「犬 儺二人、猿楽 中有雑芸、吉干、事了還御本殿之後」㊂『接頭』名詞の上に付ける。①卑しめ軽んじる気持、軽蔑の気持を表わす。*宇津保(970-999頃)蔵開下「大臣(おとど)つまはじきをして、『女ごもりたらん人は、よきいぬ乞食(かたゐ)なりけり』」*虎明本狂言・伯養(室町末-近世初)「さかもりの、ざしきに人のよせざれば、いぬこうとうはかどにたたずむ」*浄瑠璃・烏帽子折(1690頃)一「にげぼえの犬侍、臆病(をくびゃう)臆病とぞわらひける」②(「いな(否)」からか)よく似てはいるが、実は違っているものを表わす。「犬桜」「いぬつげ」「いぬたで」など。③

役にたたないこと、むだであることを表わす。「犬死に」など。＊人情本・春色梅児誉美(1832-33)後・七齣「犬(イヌ)骨折って鷹の餌(ゑ)となりもやせんと廻り気は」 [語誌](1)平安時代では、「源氏-浮舟」に「里びたる声したるいぬどもの出できてののしるもいと恐ろしく」などと描かれて以降、里の犬の鳴き声が新古今歌人らに淋しいところの臨場感を出すものとして用いられた。また、仏教説話では犬が人に生まれ変わり人が犬に生まれ変わる転生譚を因果応報と説いたり、犬を煩悩の比喩としたりする。(2)犬の鳴き声を「ワンワン」と記した文献は、現在のところ、①に挙げた「虎明本狂言・犬山伏」の例が最も古く、以後、江戸時代の噺本・滑稽本等に見える。また、遠吠えの声として「べうべう(びょうびょう)」というものもあり、江戸時代初期の「狂言記」以降、俳諧・浄瑠璃等に見える。さらに、「けいけい」という鳴き声が「古今著聞集」に見える。 [方言]告げ口をすること。奈良県678 島根県邇摩郡725 [語源説](1)鳴声か。ワンワンのワがイに転じたか〔大言海〕。鳴声ウエヌの転〔松屋叢考〕。(2)外来語か。あるいはイナル(ウナル)の語幹イナの転か〔日本古語大辞典=松岡静雄〕。(3)遠くからでも飼主のもとへイヌル意〔和句解・日本釈名・紫門和語類集〕。(4)イは、イヘ(家)の約音ヱの転、ヌは助詞〔東雅〕。イヘ(家)のヌヒ(婢)か〔和句解〕。(5)イヌル、即ち家に寝る義〔日本声母伝・和訓栞・言葉の根しらべ=鈴江潔子〕。ヲリヌル(居寝)の約〔和訓集説〕。(6)イネヌ(寝)の意〔和語私臆鈔・日本語原学=林甕臣〕。(7)イヌは犬、ヱヌは犬の子で区別するのが正しいが混同している〔箋注和名抄〕。(8)古語のヱヌから転じ、エヌは「犬」の別音Yenである〔日本語原考=与謝野寛〕。 [発音]❶〈なまり〉イニ〔岩手・福井・飛騨〕イヌン〔和歌山県〕イノ〔津軽語彙・岩手・山形・福島・茨城・栃木・石川・信州上田・飛騨・志摩・伊賀・南伊勢・大和・鳥取・島根〕イッ〔長崎・鹿児島〕イン〔岩手・千葉・新潟頸城・富山県・石川・福井・福井大飯・志摩・鳥取・島根・広島県・佐賀・対馬・島原方言・熊本分布相・大分・大隅・鹿児島方言〕インヌ〔広島県〕エニ・エノッコ〔岩手〕エヌ〔埼玉・埼玉方言・富山県・鳥取・広島県〕エノ〔岩手・埼玉方言・新潟頸城・飛騨・鳥取・島根〕エン〔岩手・千葉・新潟頸城・富山県・石川・鳥取〕エンナ〔新潟頸城・富山礪波〕ユェッコ〔福島〕〈標ア〉[ヌ]〈ア史〉平安・鎌倉○○ 江戸◎○ 〈京ア〉[イ] [辞書]色葉・名義・下学・和玉・文明・天正・饅頭・黒本・易林・日葡・書言・ヘボン・言海 [表記]犬(色・名・玉・文・天・饅・黒・易・書・ヘ・言) 狗(玉・文・天・易・書・言) 獹(色・名・下・玉) 猗(色・名・玉) 獚(名・玉) 尨(名・易) 猧・犴・獒(色) 猟・獫・猘・猩・猏・獘(玉)

[同訓異字] **いぬ【犬・狗・戌】**

【犬】(ケン) イヌ科の動物。「犬猿」「犬歯」「番犬」《古 いぬ》

【狗】(ク・コウ) こいぬ。また、いぬ。用法は狭く、一部熟字などに用いる。「羊頭狗肉」「走狗」「良狗」《古 いぬ・ゑぬ》

【戌】(ジュツ) 一二支第一一番目のいぬ。「戌亥(いぬい)」「戊戌(つちのといぬ)」《古 いぬ》

いぬ一代(いちだい)に狸(たぬき)一匹(いっぴき) 犬が一生の間に、狸のような大きな獲物をとるのは容易なことではないということ。遭遇しにくいこと、珍しいことなどのたとえ。

いぬ犬(いぬ)三年(さんねん)人(ひと)＝一代(いちだい)[＝一生(いっしょう)] 初めは、犬畜生と軽蔑されても、がまんして過ごし、残りの一生を不自由なく送る者もあれば、初め、ぜいたくに暮らして、残りの一生を犬畜生のようにみじめに過ごす者もいるということ。節約をすすめることのたとえにいう。＊滑稽本・当世阿多福仮面(1780)「お前も謡でおならひ遊したぞえ。犬犬(イヌイヌ)三年人(ヒト)一生と、たとへのふし」＊随筆・玉勝間(1795-1812)一四「昔よりのたとへに、犬々三年人一代、人々三年犬一代と申候。犬也ときたなくいはれ、三年始末致し候へば、奉公もなり、傍輩にも無心を不レ謂、一代人倫のまじはりにて通り申候。酒宴好み振舞ずき致し、むさと使ひ崩し候へば、三年はさてさて、無欲心、きれいなる人やとほめ候へども、やがてすり切、人馬も不二持得一、人の物をかりて不レ返、出陣の供も成兼、一代世間に犬畜生といやしめ被レ笑候、是を人々三年犬一代と申候」

いぬ打(う)つ＝童(わらべ・わらわべ)[＝児(やや)] 犬を追いかけて遊ぶような幼い子供。＊玉塵抄(1563)一「人の国をとってうでこきを本にしたほどに、心ある者は、犬打つわらうへのやうな者も、ひけうなことと云てはぢたぞ」＊随筆・戴恩記(1644頃)上「幽斎公の御俗名は、犬うつ童までも存たる、細川兵部太輔藤孝公と申き」＊評判記・役者評判蚰蜒(1674)金子六右衛門「都のかたはらにてはのりするばばの年忌やむかはりにも、六右衛門なきといふなきやうをまねおかしい事にも六右衛門わらひと云笑ひをせねば、わらふたうちでないとて犬うつややもまなぶとかや」＊談義本・根無草(1763-69)前・二「三才の小児も団十郎といへば、にらむことと心得、犬打つ童もぐにゃつく事は、富十郎なりと覚ゆ」＊狂歌・徳和歌後万載集(1785)序「犬うつわらべも此鄙(ひな)ぶりをもとめ」

いぬが西(にし)向(む)きゃ尾(お)は東(ひがし) あたりまえであることのたとえ。

いぬが星(ほし)を＝まもる[＝見(み)る] 高望みをする。物欲しそうなことのたとえ。犬に星。＊愚管抄(1220)七「すべて末代には、犬の星をまもるなんどいふ様なることにて、え心得ぬなり」＊譬喩尽(1786)一「犬が星見たると同じこと」

いぬ草(くさ)を咬(は)めば晴(はれ)の示(しめ)し 犬が草の葉をかむのは、天気になる前ぶれであるということ。＊譬喩尽(1786)一「狗(いぬ)艸(くさ)咬めば晴の示し」

いぬと猿(さる) 仲が悪いことのたとえ。犬猿(けんえん)の仲。犬と猫。＊虎寛本狂言・竹生島参(室町末-近世初)「むかしより犬と猿とは、中のわるいものじゃと申まするが」＊仮名草子・曾呂利狂歌咄(1672)五「名に立てる狗(イヌ)と猿(サル)との争(いさかひ)も米みせられて嚙付きもせず」＊雑俳・柳多留拾遺(1801)巻一「仲人も是迄なりや犬とさる」

いぬと鷹(たか) 上と下の意。＊譬喩尽(1786)一「犬と鷹とじゃ。上と下との事」

いぬと猫(ねこ) 「いぬ(犬)と猿」に同じ。＊雑俳・大花笠(1716-36)「犬とねこ・井戸ほりか気に見るやねや」

いぬに懸(か)け鯛(だい) (「懸け鯛」は、正月の飾り物や、祝儀の時の飾り物として置く鯛)「いぬ(犬)に小判(こばん)」に同じ。＊浄瑠璃・源氏大草紙(1770)三「通りの多い此海道、往来の人を釣り寄せて、犬に掛鯛(カケダイ)、目の正月、かふいふ格が世間にはやる」

いぬに伽羅(きゃら)聞(き)かす (犬に香木の伽羅をかがせるの意) 少しも効果のないことのたとえ。犬に論語。馬の耳に念仏。＊浮世草子・好色一代女(1686)五・二「犬に伽羅聞すごとくひとつも埒(らち)はあかず、あひもせぬ」

いぬに小判(こばん) (犬には小判の価値がわからない意から) 価値のわからないこと、また、意味の通じないことのたとえ。猫に小判。豚に真珠。犬に懸け鯛。犬に論語。＊俳諧・両吟一日千句(1679)第九・時雨「惜しい事童に秋を見せられて〈西鶴〉 犬には小判月には群雲〈友雪〉」＊随筆・独寝(1724頃)上・四六「江戸・京共に、よみぐせは、只犬に小判といふにしてから、廿一代集・湖月抄〈略〉蜻蛉日記まで床におかねば大夫と見へぬ様になりて」

いぬになるとも大所(おおどこ)の犬(いぬ)になれ (たとえ犬になっても、どうせ仕えるなら、大きな家の犬になれ、の意) 物事をするには、どんなつまらないことでも、相手、主人などを選ばなくてはならないの意にいう。＊諺苑(1797)「狗になるとも大所の狗になれ」＊歌舞伎・身光於竹功(1864)序幕「あ、いやいや犬(イヌ)になるとも大所(オホドコ)の犬(イヌ)になれと譬の通り」＊落語・出世の鼻(1892)〈禽語楼小さん〉「比喩(たとへ)にも心ほどの世を経る、立寄らば大樹(おほき)の陰、犬になっても大家(オホドコ)の犬になれといふから、ヨシ此の天秤を是から投り込んで何か考へを付けやう」

いぬに念仏(ねんぶつ)猫(ねこ)に経(きょう) 「いぬ(犬)に論語」に同じ。

いぬに星(ほし) 「いぬ(犬)が星をまもる」に同じ。

いぬに論語(ろんご) どんな道理を説き聞かせても効果がなく、むだであることのたとえ。馬の耳に念仏。＊浄瑠璃・本領曾我(1706頃)五「犬に論語といふたとへ、とかふの返答にも及ばず」

いぬの伯母(おば) (雪が降ると犬が喜ぶところから) 雪の異称。いぬおば。＊雑俳・削かけ(1713)「きそうなぞ、此さむさでは犬のおば」＊雑俳・黛山評万句合(1757-59)「犬の伯母わせるしらせが腰へ来る」＊黄表紙・即席耳学問(1790)「『早く伯母様でも降ればいい』犬の口からかう言へば、雪は犬の伯母なること明(あきら)けし」

いぬの尾(お)を食(く)うて＝回(まわ)る[＝巡(めぐ)る] (犬が自分のしっぽをくわえようとして、ぐるぐる回るが、思うようにできないところから) いくらあせっても思うようにできない。労が多くて、報いることの少ないたとえ。骨折れ損のくたびれもうけ。＊草根集(1473頃)八「犬のをくいのやちたび廻る共めぐりあはずはみやつかれまし」＊俳諧・毛吹草(1638)二「いぬのおをくふてまはる」＊譬喩尽(1786)一「犬の尾喰ふて廻る」

いぬのかけ尿(ばり) 犬が走りながら、所々で小便を少しずつして行くこと。また、その小便。転じて、所きらわずすること。手当りしだいに物事に手をつけて働くことのたとえ。＊俳諧・六百番誹諧発句合(1677)四七四番「行雲や犬の欠尿むらしぐれ〈芭蕉〉」

いぬの川端歩(かわばたある)き ①食べ物などあまり落ちていない川端を、犬がえさをあさって歩くように、定まった目的もなく、何かにありつこうとしてうろつくこと。また、外出して、途中で何か食べたいと思いながら食べずにすましてしまうことにもいう。犬川。＊洒落本・寸南破良意(1775)きおい「犬の川ばたをあるくやうだ、とろうかをあるきながら」＊俚言集覧(1797頃)「犬の川端ありき」＊歌舞伎・富士額男女繁山(女書生)(1877)三幕「いつでも犬(イヌ)の川端(カハバタ)だが、恩を知らねえ畜生に、如何に酒が呑みてえとって、尻尾を振って行くものか」②えさが流れ去った後で、犬が川端をうろついても、何のかいもないように、いくら奔走してもかいのないことのたとえ。

いぬの糞(くそ) きたないもの、軽蔑すべきもの、多くあって、手に負えないものなどのたとえ。また、一般的に「伊勢屋稲荷に犬の糞」などと、単に多くある意にもいう。＊評判記・嶋原集(1655)「かしらにわく虱のはひひろごり、ちまたにしげき犬のくそのごとくおほかれば」＊雑俳・笠付類題集(1834)「へんくつに・むしゃうにかたい犬の屎」＊浮雲(1887-89)〈二葉亭四迷〉一・六「尾籠ながら、犬の糞で横面(そっぽう)を打曲(はりま)げる」 [方言]❶なんの役にも立たないこと。◇いんのくそとも。島根県石見725 ❷人を卑しめ、ののしっていう語。青森県津軽075 ◇いんのくそ 岩手県気仙郡100 ◇いんぬふしゅ 沖縄県石垣島996 ❸内弁慶。◇いんのくそ 群馬県勢多郡236 ❹長子と末子との間の子。奈良県南大和683 ❺背の高い者。岡山県745 ❻頭についた垢(あか)。◇いんのくそ 埼玉県秩父郡251 ❼平凡な手相。青森県三戸郡083 ❽目にできるはれ物。ものもらい。◇いんのくそ 岡山県児島郡763 長崎県913 914 917 熊本県926 930 933 大分県938 宮崎県延岡947 ◇いんぬやあ〔━家〕 沖縄県石垣島996 ◇いんもの〔犬物〕 鹿児島県鹿児島郡968 ◇いんもれ〔犬貫〕 鹿児島県肝属郡040 ❾ただれ目。◇いんのくそ 岩手県九戸郡088 ❿植物、ごんずい(権萃)。愛媛県宇摩郡808 ◇いぬたん 高知県長岡郡808 ⓫植物、はまくさぎ(浜臭木)。大分県036 宮崎県036 ⓬植物、かんぼく(肝木)。岩手県下閉伊郡036 ⓭植物、つりばな(吊花)。◇いのくそ 高知県長岡郡808 発音〈なまり〉エンノクソ〔岩手〕〈標ア〉ソ

いぬの糞(くそ)で敵(かたき)を＝討(う)つ[＝取(と)る] 卑劣な手段で復讐(ふくしゅう)することのたとえ。＊歌舞伎・敵討噂古市(正直清兵衛)(1857)六幕「犬(イヌ)の糞(クソ)で敵(カタキ)を取(ト)るやうだが、此間幸八に打ちのめされた意趣返し、思入食ってやらうぢゃあねえか」

いぬの糞(くそ)と侍(さむらい)がこわくては江戸(えど)へ来(こ)られぬ 江戸には犬と武士が多いことをいうたとえ。

いぬの糞(くそ)に手裏剣(しゅりけん) つまらないことに貴い物を費やすことのたとえ。

いぬの糞(くそ)も所(ところ)びいき どんなつまらないものでも、自分の所にある物は好ましく思い、人に自慢したがることのたとえ。

いぬの子(こ) ①「いんのこ(犬子)①」に同じ。＊書言字考節用集(1717)五「狽 猧 イヌノコ」 ②「いんのこ(犬子)③」に同じ。＊仮名草子・尤双紙(1632)上・三一「あかき物のしなじな〈略〉祇園殿の犬子(イヌノコ)」＊俳諧・物種集(1678)「いぬの子をする袖の春風 霞引ならの都の比丘尼寺〈鶴随〉」 発音〈なまり〉インノコ〔福井大飯・大阪〕エンノコ〔千葉・山梨・奈良田・静岡・鳥取〕〈標ア〉0 〈京ア〉0 辞書 名義・易林・書言 表記 猥(名) 獀(易) 狽・猧(書)

いぬの子(こ)の徒(いたずら)歩(ある)き (子犬がやたらにじゃれて走り回るところから) いたずらに奔走して効果のないことのたとえ。

いぬの＝小判(こばん)見(み)たよう[＝銭(ぜに)見(み)たるが如(ごと)し] 何の反応もないたとえ。益のないむだなこと。どうしようもないこと。猫に小判。＊和漢古諺(1706)上「いぬのぜに見たるが如し」

いぬの面(つら) 施すべき方法、手段のない状態のたとえ。ままよ、どうともなれの意でいう。＊評判記・吉原用文章(1661-73)四六「なぜにそれほどならば、御こしこそ犬のつら、お町ふざけに戸をたてて、たたくもむにて候」

いぬの手(て)も人(ひと)の手(て) (犬の手までも人の手にして手伝わせたい意から) 忙しい時には、どんな少しの手助けでも欲しいということ。猫の手も借りたい。＊浮世草子・鬼一法眼虎の巻(1733)三・二「犬(イヌ)の手(テ)も人(ヒト)の手(テ)にしたい程取り込んで居るをりなれば」＊浮世草子・諸道聴耳世間猿(1766)二・二「犬の手も人の手といふ時分に、注連(しめ)飾り松立つる世話を助かり」＊譬喩尽(1786)一「犬の手も人の手に借度は師走の日なりと」

いぬの遠吠(とおぼ)え (弱い犬は遠くから人に吠えかかるところから) 臆病者がかげでから威張りしたり、他人の陰口をたたいたりすることのたとえ。また、犬の遠吠えは不幸の知らせであるとする俗信もある。犬の長吠え。発音イヌノトーボエ〈標ア〉0

いぬの年(とし)の寄(よ)ったよう 進歩もなく、何もしないで、むだに年をとっているたとえ。＊仮名草子・可笑記(1642)五「いかなる因果のつたなきゆゑにや、犬(イヌ)の年(トシ)のよりたるやうにして、善事には夢うつつ、思ひよりが御ざない」＊狂歌・後撰夷曲集(1672)四「いぬのとしのよるやうにただうかりうかり暮らいた極月のけふ」＊譬喩尽(1786)一「犬の年の寄ったやうに」

いぬの長啼(ながな)き 犬が声を長く引いて鳴くこと。不吉の前兆という。犬の遠吠(とおぼ)え。＊浄瑠璃・百合若大臣野守鏡(1711頃)四「天狗殿より授りし正直の占、〈略〉犬のながなき、お爺の長あくび、釜の鳴る声、薪のさっしょ」

いぬの逃(に)げ吠(ぼ)え 臆病な犬が逃げながら吠えること。言い合いに負けて、口返答しながら逃げて行くこと。＊俳諧・江戸新道(1678)冬「行雲や犬の逃ほえむらしぐれ〈芭蕉〉」＊俳諧・誹諧三十棒(1771)「ここの返答は犬(イヌ)の逃吼(ニゲボエ)じゃ」＊譬喩尽(1786)一「狗(イヌ)の迯吠(ニゲボエ)」＊人情本・軒並娘八丈(1824)二・四套「ヤレヤレ嬉しや、関取さんの勢(いきほひ)が強いに由って、アノ侍衆も犬(イヌ)の逃(ニ)げ吠(ボエ)」

いぬの蚤(のみ)の＝嚙(か)みあて[＝食(く)いあて] (犬が蚤をかみあてることはきわめてまれであるところから) ごくまれなこと、まぐれあたりのたとえにいう。犬の歯にかまるる蚤。犬の歯に蚤。猫の歯に蚤。＊浮世草子・世間化物気質(1770)五・二「寄合町の女郎療治しけるに、犬(イヌ)の蚤(ノミ)のかみあて次第に病気平癒するに付」＊譬喩尽(1786)一「狗(イヌ)の蚤(ノミ)の嚙当(カミアテ)」＊歌舞伎・色一座梅椿(1812)大切「去年お虫干(むしぼ)しにも出ませぬゆゑ、もし紛失も致したかと、こりゃほんの、犬の蚤も食ひあて」

いぬの歯(は)に嚙(か)まるる蚤(のみ) 「いぬ(犬)の蚤の嚙みあて」に同じ。＊俳諧・鶉衣(1727-79)前・下・四八・百虫譜「狗の歯に嚙まるる蚤はたまたまにして、猿の手にさぐらるる虱はのがるる事かたかるべし」＊洒落本・奴通(1780か)「犬の歯(ハ)に蚤(ノミ)一の富だから、ほれられやうと思ふが不通」＊諺苑(1797)「狗の歯に蚤〈略〉猫の歯に蚤とも云」

いぬの馬場(ばば) 犬追物(いぬおうもの)を行なう馬場。弓杖七〇杖四方を定式として垣を作り、その中央に大縄、大縄の中央に小縄という縄囲いを設ける。犬馬場。＊家中竹馬記(1511)「馬場をあつると云は、笠懸の馬場の事也。犬の馬場をば、あつるとはいはず、犬の馬場をこしらふると云」

いぬの穂掛(ほが)け 麦の初穂祭。徳島県の山間部にこの名があり、刈初めの麦の穂三本を、畑か家の軒下につるす。同類の行事は各地にあり、手伝った人に振舞う所もある。稲の穂掛けより一段低く見ための名称であるが、弘法大師が唐から麦の種子を盗み帰るとき、それをとがめた犬が主人に殺され、その霊をまつるのだという由来談が結びついている場合が多い。〔分類農村語彙(1947-48)〕

いぬの前(まえ)の炊米(かしごめ) (犬の前に飯を置く意から) 好物を前に置いては、番にならず、危険きわまりないことにいう。猫に鰹節(かつおぶし)。＊俳諧・毛吹草(1638)二「いぬのまへのかしこめ」＊和漢古諺(1706)上「いぬのまへのかしごめ、盗人に鍵(かぎ)あづくる」

いぬの前(まえ)の説経(せっきょう) 「いぬ(犬)に論語」に同じ。＊大乗院寺社雑事記-文明一二年(1480)八月晦日「政道様自将軍禅閣に被尋申之間、一巻被書進之。〈略〉犬前説経不立用事也」

いぬの呪(まじない) 犬に追われ、また囲まれた時などに唱える呪文。「いぬ、い、ね、うし、とら」と唱えながら五本の指を折る。十二支の中の戌亥子丑寅に、「犬往ね」を掛けたまじない。また、手の平に虎の字を書いて握っているとか、宙へ虎の字を書くとかいう。→「いぬ(戌)」の子見出し「戌亥子丑寅(いぬいねうしとら)」

いぬの身(み)は寒(かん)に三日(みっか)寒(さむ)し猫(ねこ)は暑(しょ)に三日熱(みっかあつ)し 犬は一年中寒がらないが、猫は年中寒がりであるということ。＊譬喩尽(1786)一「狗(イヌ)の身(ミ)は寒(カン)に三日(ミッカ)寒(サム)し、猫(ネコ)は暑(ショ)に三日熱(アツ)し」

いぬの病(やまい)も回(まわ)り年(どし)藪(やぶ)の煩(わずら)いも六十年目(ろくじゅうねんめ) 犬も何年目ごとかに病気になり、竹やぶも六〇年目には実が成って枯れる。この世に生存している以上、凶年は免かれないということにいう。＊譬喩尽(1786)一「犬の病(ヤマヒ)も回(マハ)り年(ドシ)藪(ヤブ)の煩(ワヅラヒ)も六十年目(ロクジフネンメ)といへり。竹の病はじねんこと云凶年の示也」

いぬは三日(みっか)＝飼(か)えば[＝養(やしな)えば]三年(さんねん)恩(おん)を忘(わす)れぬ 犬でさえ三日飼えば、飼主になついて恩を忘れない。まして、人間は恩を忘れないのが当然である。恩知らずをいさめる言葉。＊譬喩尽(1786)一「犬(イヌ)は三日狼(ヤシナ)へば恩(オン)を知(シ)り、猫は三年狼へど恩を知らず」＊歌舞伎・四千両小判梅葉(1885)五幕「犬でも三日飼はれりゃあ三年恩は忘(わす)れぬと、よく世間でもいふ」

いぬ骨(ほね)折(お)って鷹(たか)＝にとられる[＝の餌(え)になる] (鷹狩りで犬がせっかく骨折って追い出した獲物も鷹にとられるというところから) 苦労してようやく得たものを、他に奪われてしまうことのたとえ。犬骨(いぬぼね)折って鷹の餌食(えじき)。犬骨折る。＊仮名草子・尤双紙(1632)下・二八「とらるる物の品々〈略〉犬ほねおって鷹にとらるる」＊俳諧・世話尽(1656)曳言之話「犬(イヌ)骨(ホネ)折(オッ)て鷹(タカ)の餌(エサ)に成る」＊浄瑠璃・藍染川(1684)一「いぬほねをってたかにとらるる、思へば思へば無念」＊浄瑠璃・源氏長久移徙悦(1685)四「犬骨折って鷹にとらるる、是見てくれよ弁慶」

いぬも歩(ある)けば棒(ぼう)にあたる ①物事をしようとする者は、それだけに災難に会うことも多いものだの意にいう。＊浄瑠璃・蛭小島武勇問答(1758)三「じたい名が気にいらぬ、犬様の、イヤ犬房様のと、犬も歩けば棒にあふ」＊諺苑(1797)「狗もあるけは棒にあたる かせいて事をする者は禍に遭ことありとの喩なり」 ②なにかやっているうちに、思いがけない幸運に会うこともあるものだ、また、才能のない者でも、数やるうちにはうまいことに行きあたることがあるの意にいう。＊浄瑠璃・賀古教信七墓廻(1714頃)三「犬もあるけば防風の刺身のけんによもない仕合せ」＊雑俳・三番続(1705)「ありけば犬も棒にあたりし・夜参の宮にて拾ふ櫃(ひつ)の底」＊春雨文庫(1876-82)〈和田定節〉八回「吾儕(わっち)なぞの出かけるのは犬(イヌ)も歩行(アルケ)ば棒に当(アタラ)うと思ふからだが」

いぬ＝も[＝さえ]食(く)わぬ (なんでも食べるはずの犬でさえ食べないというところから) 非常にいやがられること、人から全く相手にされないことのたとえ。＊評判記・難波の㒵は伊勢の白粉(1683頃)二「此躰の牢人すら今時は犬(イヌ)もくはぬに、忝きは」＊雑俳・軽口頓作(1709)「よいはいの・犬さへくはぬ六兵衛どの」＊歌舞伎・恋闇鵜飼燎(1886)三幕「犬も喰はない夫婦喧嘩で、長屋中の厄介になるのが世間の当然(あたりまへ)」＊漢書-元后伝「蒙漢家力、富貴累世、既無以報。受人孤寄、乗便利時奪取其国、不復顧恩義。人如此者、狗猪不食其余、天下豈有而兄弟邪」 発音〈標ア〉ヌ

いぬも朋輩(ほうばい)鷹(たか)も朋輩(ほうば

い）（狩猟用の犬と鷹とは、その受ける待遇は違っていても、同じ主人を持つ仲間であるというところから）役目や地位に違いがあっても、同じ主人を持てば同僚であることに変わりはないの意にいう。＊浄瑠璃・賀古教信七墓廻（1714頃）一「かふいふ我も御扶持人、犬もはうばいたかもはうばい。此有様は何ごとぞ」＊随筆・年々随筆（1801–05）六「侍従も諸大夫も、同じおほやけ人にて、俗にいふ犬も傍輩、鷹も傍輩ながら」

いぬをつける 人の行為を探るためにあとを追わせる。密偵をつける。間者をはなつ。＊評判記・吉原すずめ（1667）上・くせつの事「町のうちへゆきたる時は、かぶろなどを以て、いぬをつけ」＊新内・不断桜下総土産（佐倉宗吾）（1851頃）子別れの段「もし戻ってゐやうかと、代官所より諜者（イヌ）を付け、日毎日毎に厳しい御吟味」

いぬを釣（つ）る 罠（わな）をかけたり、えさを与えたりして、野犬をつかまえる。＊浮世草子・本朝二十不孝（1686）一・三「一日暮しに男は犬を釣（ツリ）をれば、おのれは髪の油を売ど」＊浮世草子・武道伝来記（1687）八・三「終夜野に出、里の境垣（さいかき）に輪穴（わな）かけて犬（イヌ）を釣（ツリ）て是を売り」

いぬを回（まわ）す 回し者を送る。スパイさせる。＊人情本・閑情末摘花（1839–41）三・一三回「是にゃア仔細もあらうかと、実は内々犬（イヌ）を廻（マハ）して、近所で様子を聞た所が」

いぬを悦（よろこ）ばす 飲食物を吐き戻す。反吐（へど）をつく。犬悦（けんえつ）する。＊雑俳・口三味線（1702）「うつぶいて犬悦ばす二日酔」

いぬ【戌】〘名〙①十二支の一つで、その第一一番目。＊拾遺（1005–07頃か）物名・四三〇「むま ひつじ さる・とり・いぬ・ゐ うまれよりひつじ作れば山にさる独（ひとり）いぬるに人ゐて在せ〈よみ人しらず〉」②①を年月日、方角、時刻に配して、その呼び名とするもの。㋑①にあたる年や日。＊浄瑠璃・鑓の権三重帷子（1717）上「わしは戌（いぬ）で長六十、うろたへあるいて、棒にあはぬ先に」㋺西から北へ三〇度寄った方角。西北西。㋩奈良・平安時代の定時法では、ほぼ現在の午後七時から九時まで。鎌倉時代以降の不定時法では、春は午後七時半頃から九時頃まで、夏は八時すぎから九時半頃まで、秋は七時頃から九時頃まで、冬は六時すぎから八時半頃まで。なお江戸時代後半には半刻（約一時間）遅れて行なわれた。夜五つ。→戌の時・戌の刻。＊続日本紀‐天平一五年（743）六月癸巳「自酉至戌、宇治河水涸竭」＊随筆・折たく柴の記（1716頃）上「日すでに暮れども帰来らず。『いかにや、いかにや』とおもふに、戌の半にかのつかはせしもの帰り来（きたり）て」㊁九月の異称。③数の百をいう、古本屋仲間の隠語。〔東京語辞典（1917）〕 発音〈標ア〉ヌ〈京ア〉イ 辞書色葉・下学・和玉・文明・伊京・明応・易林・ヘボン・言海 表記戌（色・下・玉・文・伊・明・易・へ・言）

いぬ亥（い）子（ね）丑（うし）寅（とら） 呪文の一つ。十二支の戌と亥と子と丑と寅との名称で、犬に追われ、また、囲まれた時、唱えると退散させることができるとする。「戌亥子」を「犬往（い）ね」にかける。＊洒落本・酔姿夢中（1779）「あたりに人は犬斗（はかり）〈略〉風（ふ）と幼少（ちいさき）ときおぼへたる犬（イヌ）のまじない心にうかみし故、やって見んと、戌亥子丑寅と五本の指を折れは、不思議や犬はいづくへか逃たり」

いぬの刻（こく） 「いぬ（戌）②㋩」に同じ。＊平家（13C前）三・法印問答「同十一月七日の夜戌剋ばかり、大地おびたたしう動ひてやや久し」＊大観本謡曲・江島（室町末）「卯月（うづき）十二日戌の刻より」＊日葡辞書（1603–04）「Inunococu（イヌノコク）〈訳〉夜の八時から十時まで」＊雑俳・柳多留‐一二一（1833）「安（ヤス）涼み川ばたあるく戌の刻」 発音〈標ア〉ノ 辞書日葡

いぬの台替（だいがわり） 大阪の相場師の俗信で、戌の日には相場が大きく変動するということ。

いぬの時（とき） 「いぬ（戌）②㋩」に同じ。＊書紀（720）天武一一年八月（北野本訓）「是の夕の昏時（イヌノトキ）に、星東より西に度る」＊続日本紀‐天平一一年（739）二月戊子「自天平十一年二月廿六日戌時以前」＊土左（935頃）発端「しはすのはつかあまりひとひの日のいぬのときに、門出す」＊源氏（1001–14頃）梅枝「かくて西のおとどに、いぬの時にわたり給ふ」＊米沢本沙石集（1283）一〇末・一三「彼寺の門徒の僧の語しは、戌の時のをはりに臨終」 発音〈標ア〉ノ キ

いぬの日（ひ） 十二支の戌に当たる日。犬は多産、または安産と信じられて、妊婦がこれにあやかろうと、五か月目のこの日に腹帯をする慣習がある。＊雑俳・柳多留‐五二（1811）「戌の日にばばア尻尾（しっぽ）を振て来る」＊雑俳・柳多留‐六八（1815）「戌の日に嫁恥しひ帯をする」 発音〈標ア〉ノ〈京ア〉⓪／ヒ

いぬの町（まち） （十二支で「戌（いぬ）」は「酉（とり）」の次であるところから）酉（とり）の町が立った翌日をしゃれていう語。＊雑俳・柳多留‐七二（1820）「熊手見て女房かみつく戌の町」

い‐ぬ【威怒】〘名〙「いど（威怒）」に同じ。＊雑談集（1305）一・同法呵責事「内に慈悲に住し、外に威怒（ヰヌ）を現ず」

い・ぬ【往・去】 ㊀〘自ナ変〙①ある場所から立ち去って、他の場所へ行く。また、もと居た所へ帰る。＊古事記（712）上・歌謡「むら鳥の 我がむれ伊那（イナ）ば」＊万葉（8C後）五・八二七「春さればこぬれがくりてうぐひすそ鳴きて伊奴（イヌ）なる梅がしづえに〈山口若麻呂〉」＊万葉（8C後）一七・三九二九「旅に伊仁（イニ）し君しも継ぎて夢（いめ）に見ゆ吾（あ）が片恋のしげければかも〈大伴坂上郎女〉」＊落窪（10C後）二「まれまれ来ては、ねたましかけていぬればいみじうねたみ嘆けど」＊枕（10C終）八二・頭の中将の、すずろなるそら言を「いかなる文ならんと思へど、ただ今いそぎ見るべきにもあらねば、『いね。いまきこえん』とて、ふところにひき入れて入りぬ」＊日葡辞書（1603–04）「Ini, uru, inda（イヌル）〈訳〉去る、または元に帰る」＊浮世草子・武家義理物語（1688）五・二「七つばかりの子が、母（はは）の袖（そで）にすがりて、ととさまの所へいにたひといふにぞ」＊読本・雨月物語（1776）青頭巾「これは美濃の国を出て、みちの奥（く）へいぬる旅なるが」②（時が）過ぎ去る。経過する。また、ある時期がやってくる。＊仏足石歌（753頃）「大御足跡（おほみあと）を見に来る人の伊爾（イニ）し方千世の罪さへ滅ぶとそいふ除くとぞ聞く」＊万葉（8C後）一四・三四七〇「あひ見ては千年（ちとせ）や伊奴流（イヌル）否をかも吾（あれ）やしか思（も）ふ君待ちがてに〈東歌（人麻呂歌集出）〉」＊大鏡（12C前）六・道長下「俄（にはか）に霧たち、世間もかいくらがりて侍りしに、東西もおぼえず、くれのいぬるにやとおぼえて」③死ぬ。また、消えてなくなる。＊字鏡集（1245）「死 タマシイツキヌ シヌ イヌ キユ」＊蓬莱曲（1891）〈北村透谷〉三・一「逝（イ）ねよ逝（イ）ねよむかしの記臆」④（食べ物などが）悪くなる。腐る。＊咄本・新選臍の宿替（1812）一・藍ばたけ「くわんと箸をとれば、又うどんもだしもいんである、是はどふじゃ、くいものは皆此よふにくさってある」＊洒落本・箱まくら（1822）下「『鉄（てつ）はゐんでいやせぬか』『わたしも其（その）だめをしたら、新（あた）らしいもあたらしい此（この）うへなし。それでもこはけりゃ、どく味にさんじませうかと笑ふてゐよった』」⑤元気がなくなる。しょげる。＊歌舞伎・桑名屋徳蔵入船物語（1770）口明「亀は亀ぢゃが、どん亀ぢゃ。心は往（イ）んだ顔ですっこんでゐる」⑥（動詞の連用形に助詞「て」の付いた形の下に付いて、補助動詞のように用いる）ついに…てしまう。＊咄本・昨日は今日の物語（1614–24頃）上「御内義（ないぎ）さまの、へへのくさいで、はながもげていぬる」㊁〘自ナ四〙（ナ変から転じて、近世中期頃から使われた）㊀に同じ。＊歌舞伎・三十石艠始（1759）序幕「私（わし）ゃ往ぬ事は否（いや）ぢゃ否ぢゃ、やっぱりをる」＊浄瑠璃・難波丸金鶏（1759）北浜淀屋の段「何（なに）が大騒（おほさわぎ）の最中（さいちゅう）、往（イ）ぬ事（こと）はいやいやとおっしゃったれど」＊鱧の皮（1914）〈上司小剣〉七「上らうと思うて来たんやもん、上らずに去（イ）ぬ気遣ひおまへん」 語誌(1)「いぬ」は「いく（行）」に比べて、もとの場所へ帰る、あるいは、消え去るの意味が強く、そのことが、「（時が）過ぎ去る」や「死ぬ」などの意味を派生するもととなっている。(2)完了の助動詞「ぬ」が「いぬ」と同様のナ変型の活用をすることや、㊀の用例に見られるように、完了の助動詞を下接させることがなく、それ自体に完了の意味があったと考えられるところから、助動詞「ぬ」の語源は「いぬ」であるとされる。(3)現代では、中央語ではあまり用いられなくなり、おもに「帰る」の意味で関西を中心とした西日本に分布している。 方言❶帰る。帰って行く。福井県428 滋賀県甲賀郡062 京都府621 大阪府637 643 645 兵庫県神戸市054 赤穂郡660 淡路島671 奈良県679 和歌山県038 691 鳥取県岩美郡716 気高郡717 徳島県810 香川県829 愛媛県840 高知県高岡郡868 熊本県922 和歌山市062 ❷行く。三重県志摩001 兵庫県佐用郡047 赤穂郡660 ❸水がなくなる。岡山県児島郡763 語源説(1)イキヌル（行畢）の義か〔大言海〕。(2)ユク（往）の転〔名言通・言葉の根しらべ＝鈴江潔子〕。(3)中国語で「行」の音 Yin, Ying が変化した。イク、ユク（行）とは同源〔語源類解＝松村任三・外来語辞典＝荒川惣兵衛〕。 発音〈標ア〉イ〈ア史〉平安●◐ 鎌倉『いぬる』●●●〈京ア〉⓪ 辞書色葉・名義・和玉・文明・伊京・天正・饅頭・黒本・易林・日葡・書言・ヘボン・言海 表記去（色・玉・文・伊・天・饅・黒・易）往（色・名・玉・文・易・書）徂（色・名）行（文・へ）逝（名・文・易・書・言）

いのう峠（とうげ）の孫杓子（まごじゃくし） 近世、福井県湯の尾峠の名物で、疱瘡のまじないとした杓子。それに言いかけて、「往のう（行こう・帰ろう）」の意味で使う地口（じぐち）。＊浄瑠璃・夏祭浪花鑑（1745）一「爰は一番さっぱりと、いのふ峠（トウゲ）の孫ぢゃくしと来たはいな」＊談義本・世間万病回春（1771）三・疱瘡神評「いのう峠（トウゲ）の孫杓子（マゴチャクシ）不はんじゃうにて店を仕廻はれし以後のはやり事」

い‐ぬ【寝―】〘自ナ下二〙（名詞「い（寝）」と動詞「ぬ（寝）」との複合語）寝る。眠る。＊万葉（8C後）八・一五一一「夕されば小倉の山に鳴く鹿はこよひは鳴かず寐宿（いね）にけらしも〈舒明天皇〉」＊源氏（1001–14頃）夕顔「はなれたる所に心とけていぬるものか」＊更級日記（1059頃）「ここはけしきある所なめり。ゆめいぬな」＊徒然草（1331頃）六〇「目さめぬれば幾夜もいねず」＊読方入門（1884）〈文部省〉「あさは、はやくおきてまなび、よるは、しづかにいねてやすむべし」 語誌(1)平安時代、訓読特有語であり、和文では主に「ぬ」が用いられた。(2)「ぬ」が男女の同衾の意もあるのに対して、「いぬ」は単に寝床について眠る意である場合が多い。平安和文での「いぬ」の用例は限られてはいるが、挙例のように「源氏物語」と「更級日記」には男性の会話の中に用いられた例が見られる。 語源説(1)イは発語。イネルと同じ〔名言通〕。(2)寝入るとイキ（息）ヌルムことから、イヌルという〔日本声母伝〕。(3)「寝」の別音 Yen が In に転じさらに Inu となった〔日本語原考＝与謝野寛〕。 発音〈標ア〉イ〈京ア〉⓪ 辞書字鏡・色葉・名義・和玉・文明・明応・天正・饅頭・黒本・易林・日葡・書言・言海 表記寐（色・名・玉・文・明・天・黒・易・書・言）寝（色・玉・文・天・饅・書・言）眠（色・名・玉）瞑（字・名）寢・睡・宿（色）寤・謙（名）寱・寣・瞎（玉）寢・寱・寝（天）

いねみ いねずみ （「み」は、動詞が交互に繰り返される意を表わす接尾語） 寝たり、寝なかったり。眠るともなく、さめるともなく。＊俳諧・父の終焉日記（1801）五月一九日「人々は皆寝しづまり、我も日頃のつかれに、しばしいねみいねずみ枕して物しづかなるおりからなるに」

い-・ぬ ゐ:【率寝】〘他ナ下二〙 連れて行っていっしょに寝る。共寝する。＊古事記（712）上・歌謡「沖つ鳥鴨著（ど）く島に我が韋泥（ヰネ）し妹は忘れじ世の尽（こと）ごとに」 ＊万葉（8C後）一四・三三八八「筑波嶺の嶺（ね）ろに霞居（かすみゐ）過ぎかてに息づく君を為禰（イネ）てやらさね〈東歌・常陸〉」 ＊万葉（8C後）一六・三八二二「橘の寺の長屋にわが率宿（ゐね）し童女（うなゐ）放髪（はなり）は髪上げつらむか〈作者未詳〉」

いぬ-アカシア【犬―】〘名〙（アカシアは 英 acacia）《いぬアカシヤ》 植物「はりえんじゅ（針槐）」の異名。

いぬ-あららぎ【犬―】〘名〙 植物「なぎなたこうじゅ（薙刀香薷）」の古名。＊本草和名（918頃）「香薷 和名以奴阿良良岐」 ＊延喜式（927）三七・典薬寮「香薷（いぬあららき）七斤」 ＊伊呂波字類抄（鎌倉）「鼠麹 イヌエ 一名イヌアララキ 見于本草」 発音〈標ア〉ア[1] 辞書 言海

いぬ-あわ は:あ【犬粟・莠草】〘名〙 イネ科の多年草。関東以西の各地の草原に生える。高さ約一メートル。茎は細い円柱形で直立し、ほとんど分枝しない。葉は長さ約三〇センチメートル、幅約一・二センチメートルの線形で、先はしだいにとがり、縁に細かい鋸歯（きょし）があり、下部に長いさやをもつ。秋に、緑色をした長さ二〇センチメートルほどの細い円錐花穂をつける。とらのお。学名は Setaria chondrachne

いぬ-あわせ はせ:あ【犬合】〘名〙 犬をかみ合わせて勝負させること。鎌倉末期から南北朝時代にかけて最も流行し、現在でも高知、秋田の両県下で行なわれている。闘犬。犬くい。＊太平記（14C後）五・相模入道弄田楽并闘犬事「月に十二度、犬合せの日とて定められしかば」 発音〈標ア〉ヌ

いぬい ゐいぬ【乾】 姓氏の一つ。 発音〈標ア〉ア

いぬい-たいすけ【乾退助】 ⇩いたがきたいすけ（板垣退助） 発音〈標ア〉イ[1]

いぬ-い ゐ:【犬居】〘名〙（多く「に」を伴って副詞的に用いられる。犬が前足を立ててすわる姿勢から） しりもちをついた姿、また、はいつくばった姿の形容。＊平家（13C前）一一・嗣信最期「童が腹巻のひきあはせをあなたへつっと射ぬかれて犬居にたふれぬ」 ＊曾我物語（南北朝頃）九・十郎が打死の事「左の膝をきられて、いぬいになりて」 ＊浄瑠璃・堀川波鼓（1706頃か）下「ざんぶと切て打おとせばいぬゐにどうど臥したりける」 発音〈標ア〉ヌ 〈ア史〉江戸◎○○ 〈京ア〉イ 0 辞書 書言 表記 犬居（書）

いぬ-い ゐ:【戌亥・乾】〘名〙 十二支による方角の名の一つで、戌（いぬ＝西北西）と亥（い＝北北西）との間。北西。また、北西から吹く風。＊書紀（720）神功摂政前（北野本訓）「還（かへ）る日西北（イヌイのかた）に山有り」 ＊蜻蛉（974頃）下・天祿三年「このいぬゐのかたに火なんみゆる」 ＊源氏（1001-14頃）乙女「いぬゐの町は明石の御方とおぼしおきてさせ給へる」 ＊寂蓮集（1182-1202頃）「我庵は都のいぬゐすみ侘ぬうき世のさがとおもひなせども」 ＊古今著聞集（1254）一七・五八六「乾の方より巽へぞ吹ける」 ＊筑紫道記（1480）「御社の正方は戌亥にて、志賀の嶋にむかへり」 ＊書言字考節用集（1717）一「北西 イヌヰ」 発音〈標ア〉ヌ 0 〈ア史〉江戸◎○○ 〈京ア〉イ 辞書 色葉・和玉・文明・明応・天正・饅頭・黒本・易林・日葡・書言・ヘボン・言海 表記 乾（玉・文・天・饅・黒・易・書・へ） 乹（色・明） 戌亥（饅・言） 北西（書）

いぬい の 隅（すみ） 家屋敷の西北のすみ。この方角は、陰陽道では東北の鬼門に対して神門と呼んで尊ばれ、大黒天など福神をまつったり、宝物を置いたりした。＊宇津保（970-999頃）俊蔭「この屋のいぬゐのすみの方に、深く一丈ほれる穴あり」 ＊歌謡・田植草紙（16C中-後）昼歌四番「とれどへらぬわいぬいのすみのたわらよ」 ＊浮世草子・日本永代蔵（1688）一・三「渋団扇（しぶうちわ）は貧乏をまねくといへ共此の家の宝物とて乾（イヌヰ）の隅（スミ）にをさめおかれし」

いぬ-いき【犬行】〘名〙「いぬばしり（犬走）①」に同じ。＊延喜式（927）四二・左右京職「羅城外二丈 垣基半三尺、犬行七尺、溝広一丈」 ＊書陵部本名義抄（1081頃）「埒 イヌイキ〔延喜式〕」

いぬい-ぐら ゐ:いぬ【乾蔵】〘名〙 家の西北（乾）に蔵を建てること。また、その蔵。家相によいとされる。↓たつみいど（辰巳井戸）に乾蔵

いぬい-こうじん いぬゐクワウジン【乾荒神】〘名〙 島根県の一部で、各戸の屋敷の西北隅の大木をいう。これを屋敷神としてまつる。

いぬい-ごて【犬射小手】〘名〙 犬追物（いぬおうもの）に用いる弓籠手（ゆごて）。弓手（ゆんで）の衣類に弓弦が触れないように手首から肩先まで覆った筒形の手蓋（ておおい）。多くは絹布でつくる。綿を入れたものは「こみ小手」という。射籠手（いごて）。＊随筆・貞丈雑記（1784頃）一一「小手（こて）は犬追物の時ばかりさす也、されば犬射小手（イヌイコテ）と云也」 ＊武家名目抄（19C中か）弓箭部・犬射小手「今川大双紙云〈犬追物の条〉犬射小手は、京織と云絹を用也」

いぬ-いし【犬石】〘名〙 犬が死んで化したという伝承をもつ石。また、その伝説。各地にあるが、千葉県銚子のものは、義経主従が奥州落ちの時、銚子から船に乗ったが、愛犬がとり残され、主人を慕って一晩じゅう啼いていた。浦人が翌朝見ると犬は見えず、犬に似た大岩が海中に現われていたという。 発音〈標ア〉ヌ

いぬ-いし【犬医師】〘名〙 ①犬の治療に当たる医者。＊随筆・江戸真砂六十帖広本（1751-64頃）三「犬医師とて江戸中に両人有て呼に遣すと羽織袴を着して来りぬ。ねり薬のやう成物をあたへつる也」 ＊随筆・半日閑話（1823頃）二「犬毛付書上帳、元祿八亥年、〈略〉病犬等御座候節は、犬医師五郎兵衛に見せ、養生為ｖ仕候」 ②（「犬」は卑しめ軽んじていう接頭語） やぶ医者。えせ医師。医者をあざけっていう語。 発音〈標ア〉ヌ

いぬい-すおう アヲ:ス【犬射素襖】〘名〙 犬追物（いぬおうもの）の時着る素襖。↓射手素襖。＊随筆・貞丈雑記（1784頃）五「真鏡犬追物記に云、犬射素襖（イヌイスアフ）にとり染とて、五色に細筋を押よせにしぼり染にする事なり」

いぬ-いたどり【犬虎杖】〘名〙 ①イタドリの一種か。山地に生える小形のもの。＊重訂本草綱目啓蒙（1847）一二・隰草「蛇繭草 いぬいたどり いぬさど 豊後、陳蔵器の説はいぬいたどりなり近山路旁に多し苗高さ二三尺即虎杖の小なるものなり奥州南部にてこの草蛇を避ることを云伝ふ」 ②植物「おおいたどり（大虎杖）」の異名。＊日本植物名彙（1884）〈松村任三〉「オホイタドリ イヌイタドリ」 発音〈標ア〉タ 辞書 言海 表記 犬虎杖（言）

いぬ-いたや【犬板屋】〘名〙 植物「えんこうかえで（猿猴楓）」の異名。

いぬ-いちご【犬苺】〘名〙 方言 植物、へびいちご（蛇苺）。熊野 †106 愛媛県周桑郡 845

いぬ-いちじく【犬無花果】〘名〙 方言 植物。❶いぬびわ（犬枇杷）。岡山県 036 愛媛県 036 ❷やまいちじく（山無花果）。島根県簸川郡・出雲市 725

イヌイット〘名〙（英 Inuit エスキモー語で「人間」の意） アラスカ北部からカナダ北部、グリーンランドに及ぶ地域に居住する民族。エスキモーの自称で、カナダでは公称。↓エスキモー

いぬ-いばら【犬薔薇】〘名〙 植物「のいばら（野薔薇）」の異名。＊俳諧・俳諧四季部類（1780）四月「植物類〈略〉ばらの花 牛棘（イヌイバラ） 薔薇（さうび） 花柚」 ＊俳諧・改正月令博物筌（1808）四月・茨花「薔薇、牛棘（イヌイバラ）、山棘、牛勒」

いぬい-ばり ゐ:いぬ【戌亥張】〘名〙 家屋敷の西北方が張り出していること。家相の面から見てよいといわれる。＊雑俳・住吉御田植（1700）「にぎはひて・富貴する家の乾ばり」 発音〈標ア〉イ[2]

いぬい-ひきめ【犬射蟇目】〘名〙 犬追物（いぬおうもの）の射芸に用いる矢。↕笠懸蟇目（かさがけひきめ）。＊就弓馬儀大概聞書（1464）「犬射蟇目のたけ、四寸二分にするなり」 ＊随筆・貞丈雑記（1784頃）一〇「犬射蟇目笠懸蟇目之図」

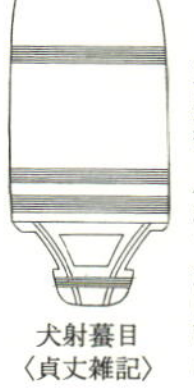
犬射蟇目〈貞丈雑記〉

いぬい-むち【犬射鞭】〘名〙 犬追物（いぬおうもの）の時に用いる鞭。＊武家名目抄（19C中か）輿馬部・犬射鞭「犬追物手組云犬射鞭の緒をば、いかにも腕につまりたる程に狭くする也。くつろげば鞭打にくきと申事あり。侘てぬき入よと云名目ある也」 発音〈標ア〉イ[2] ヌ

いぬい-もん ゐいぬ:【乾門】〘名〙 皇居の門の一つ。坂下門の反対側に位置する。

いぬ-うど【犬独活】〘名〙 植物「ししうど（猪独活）」の異名。＊物類称呼（1775）三「京嵐山にも有、ししうど又いぬうどといふ」 ＊重訂本草綱目啓蒙（1847）九・山草「独活羌活 ししうど いぬうど うまうど 城州貴船」 方言 京都 †016 発音〈標ア〉ウ 辞書 言海

いぬ-え〘名〙 ①植物「なぎなたこうじゅ（薙刀香薷）」の古名。＊十巻本和名抄（934頃）九「香菜 楊氏漢語抄云菜〈音柔 以奴江〉一云水蘇」 ②植物「しそ（紫蘇）」の古名。＊本草和名（918頃）「蘇 以奴衣」 ③植物「けいがい（荊芥）」の古名。＊本草和名（918頃）「仮蘇 和名乃乃衣、一名以奴衣」 発音〈ア史〉平安○○○ 〈京ア〉0 辞書 和名・色葉・名義・和玉・文明・饅頭・易林・書言・言海 表記 香菜（和・色・名） 水蘇（色・名） 蘓（名・玉） 香薷（饅・書） 犬荏（易・言） 菜（名） 雞蘇（文）

いぬ-えのこ のこゑ:【犬狗】〘名〙 犬と子犬。＊御伽草子・物くさ太郎（室町末）「いぬゑのこ食ふな、盗人取るなとて、縁の下へ投げ入れて」

いぬえのこ にも 馴染（なじ）**めば思**（おも）**う** 動物でも馴れれば愛情が生じる。犬猫にもなじめば思う。＊俳諧・毛吹草（1638）二「いぬゑのこにもなじめばおもふ」

いぬ-えび〘名〙 植物「えびづる（蘡薁）」の異名。＊大和本草（1709）八「蘡薁（イヌヱビ） 京にて、いぬゑびと云、西土にて、がらみと云。葡萄の和名を、ゑびと云。此草蔓も葉も、よく葡萄に似たる故、いぬゑびと云」 ＊八丈実記（1848-55）土産「草類〈略〉蘡薁（イヌエビ） 八丈方言えびづ、紫葛（かねぶ） 八丈方言うしゑびづ」 方言 植物。❶のぶどう（野葡萄）。 ◇いぬえびこ 愛媛県周桑郡 845 高知県幡多郡 808 ❷いぬぶどう（犬葡萄）。 ◇いぬえぶこ 高知県幡多郡 808 ❸さんかくづる（三角蔓）。 ◇いぬえぴこ 愛媛県 840 ❹つた（蔦）。 ◇いぬえびかずら 京都 †122 ❺やぶがらし（藪枯）。 ◇いぬえびかずら【―葛】 京都 †112

いぬ-えんじゅ じゅゑん:【犬槐】〘名〙 マメ科の落葉高木。各地の山地に自生するほか庭木や街路樹とされる。高さ一〇メートル、直径〇・五メートルほどに達する。葉は、長さ三〜六センチメートルぐらいの長円形、または、卵形の小葉三〜五対からなる奇数羽状複葉。夏、黄白色の小さい蝶形の花が小枝の先に多数総状につく。実は長さ六〜九センチメートル、幅一センチメートルほどのさやとなり、中に褐色の扁平な種子が三〜六個生じる。材は挽物（ひきもの）細工や器具の材料、樹皮は染料となる。おおえんじゅ。えにすのき。くろえんじゅ。学名は Maackia amurensis var.

buergeri ＊重訂本草綱目啓蒙(1847)三一・喬木「櫰槐はいぬゑんじゅ おほゑんじゅ 山野に自生多し」＊日本植物名彙(1884)〈松村任三〉「イヌヱンジュ 櫰槐」 発音〈標ア〉エ 辞書言海 表記犬槐(言)

いぬ‐えんどう【犬豌豆】〘名〙植物「すずめのえんどう(雀野豌豆)」の異名。＊和漢三才図会(1712)一〇二「薇(イヌヱントウ)」＊重訂本草綱目啓蒙(1847)二三・菜「すずめのえんどう一名かにのめ 能州、いぬゑんどう 泉州」 方言岡山県吉備郡744 発音イヌエンドー〈標ア〉エ 辞書言海

いぬおい‐ぼう【犬追棒】〘名〙近世、奈良の春日大社の神鹿(しんろく)の分娩期に、生まれてくる子鹿を害する犬を追い払うのに用いる棒。＊俳諧・新季寄(1802)四月「犬狩 犬待 犬番 犬追棒 南都の神鹿子をうむ時 山家より犬来りて子をとる これを制する也」

いぬ‐おうもの【犬追物】〘名〙武士の騎射(うまゆみ)の練習のために行なわれた馬上の三物(みつもの)の一種。犬を追物射(おものい)にすること。馬場の小縄の内に頸縄をつけて犬を引きすえ、射手が削際(けずりぎわ)に馬を乗り入れ、犬射蟇目(いぬいひきめ)の矢をつがえて待つ。縄を切り放たれ、走り出して内牓示(うちほうじ)を越えようとする犬を、その縄際で射る。また、犬が削際に走り出れば、馬場中を追い回し、犬の傍に乗り寄せて射る。鎌倉・室町期に盛んに行なわれ、明治一四年五月九日島津家別邸に天皇を迎えて催されたのを最後に絶えた。図中(イ)は小縄。この内側を犬塚といい、内には、縄の太さ分だけの砂あるいは土を敷く。(ロ)は大縄あるいは単に縄、また内牓示という。(ハ)は削際といい、内牓示の外にさらに一円を画し、内に山砂(色砂)を敷く。(ニ)は外牓示、あるいは牓示際・埒外(らちがい)の縄・外の馬場といい、竹垣で囲われている。いぬおもの。《季・夏》＊吾妻鏡‐承久四年(1222)二月六日「於二南庭一有二犬追物一」＊八幡愚童訓(甲)(1308‐18頃)「犬追物と云事は、異国の人を犬に象(かたどり)て敵軍を射る表示なるが故に」＊異制庭訓往来(14C中)「弓箭之芸者、馬上、徒立、矢流鏑馬、笠懸、犬追物、草鹿、円物」＊文明本節用集(室町中)「犬追物 イヌヲウモノ」＊虎寛本狂言・釣狐(室町末‐近世初)「犬は狐の相なれば、犬にて稽古あるべしとて、百日犬をぞ射たりける。それより犬追ふ物といふこと始まりたり」＊俳諧・奥の細道(1693‐94頃)黒羽「日とひ郊外に逍遙して、犬追物の跡を一見し」 補注射手三六騎(内訳、上手・中手・下手各一二騎あて)、犬一五〇匹(一度に一〇匹あて一五度)、検見(けみ)二騎(内検見・外検見)、喚次(よびつぎ)二騎(内喚次・外喚次)、幣振(ぬさふり)一人、籤振(くじふり)一人、鉦打(かねうち)一人、日記付一人、犬放一人、馬場奉行三人、矢取、介添、その他によって実施される。特に検見は、射手の作法を監視したり、矢の判定を行なったりと、最も重要な役であり、故実に精通した武士でなければならなかった。 発音イヌオーモノ〈標ア〉オ〈京ア〉ー 辞書文明・伊京・天正・饅頭・日葡・書言・言海 表記犬追者(文・伊・天・饅) 犬追物(書・言)

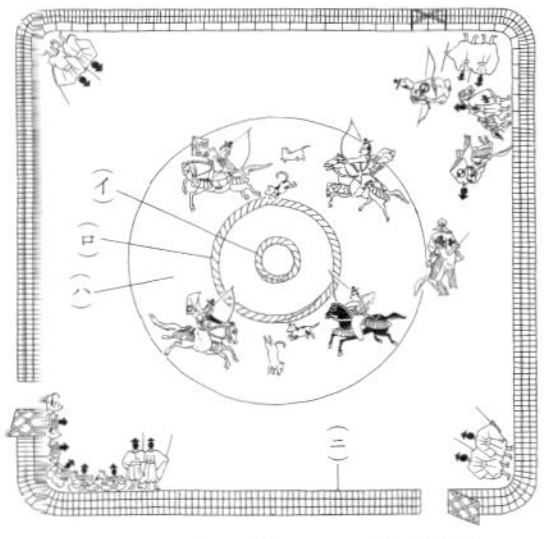

犬追物〈犬追物図　国会図書館〉

いぬ‐おどし【犬威】〘名〙①犬をおどして追い払うための切れない刀。＊虎明本狂言・楽阿彌(室町末‐近世初)「是はいぬおどしまでにて候へ共、さらばとぶらひ申さう」＊俳諧・飛梅千句(1679)賦何秤俳諧「はし利先には犬おどしあり〈一鶴〉 柄鮫やたといさひたる身成共〈友雪〉」＊歌舞伎・嫐雑石尊贐(1823)序幕返し「『刃物を隠して持ったるお前』『イイヤ、こりゃコレ犬おどし、夜の道ゆゑ』」②「どうちゅうざし(道中差)」の異称。＊人情本・英対暖語(1838)五・二八回「犬おどしの脇差を抜いて、たたき散らして逃げて来たのだ」③見せかけだけのものをさげすんでいう語。こけおどし。＊雑俳・柳多留‐七(1772)「けいせいのたんすはほんの犬おどし」＊随筆・一話一言(1779‐1820頃)四五「頃日(このごろ)江戸の流行もの、〈略〉蔵板著述犬おどし 詩会会読むだ咄し」 方言戸を開けても犬などが入らないように作った低い格子。◇いぬおとし・いのどし 山形県東置賜郡139 発音〈標ア〉オ

いぬおどしの意見(いけん)で行(ゆ)かず 大声でしかったくらいではききめがないという意。＊譬喩尽(1786)一「狗威(イヌヲド)しの異見(イケン)では行(ユ)かず」

いぬ‐おば【犬伯母】〘名〙「いぬ(犬)の伯母」に同じ。〔隠語構成様式并其語集(1935)〕

いぬ‐おもちゃ【犬玩具】〘名〙「いぬはりこ(犬張子)」に同じ。＊雑俳・歌羅衣(1834‐44)七「参る氏神買ひ初る犬おもちゃ」 発音〈標ア〉モ

いぬ‐おもの【犬追物】〘名〙「いぬおうもの(犬追物)」に同じ。＊名語記(1275)一〇「いぬおもの、如何。いぬは犬也。おものは追物也。をひて射るあそびなれば也」＊易林本節用集(1597)「犬追物 イヌヲモノ 近衛院御宇始」 辞書下学・明応・黒本・易林 表記犬追物(下・易) 犬追者(明・黒)

いぬ‐およぎ【犬泳】〘名〙水泳法の一種。犬のように、両手で体の下部に水をかきこみ、足をばたばたさせて泳ぐ方法。いぬかき。＊源平盛衰記(14C前)四三・二位禅尼入海「二人ながら沈まず、竪ざま、横ざま、立游(たちをよぎ)・犬游(イヌヲヨギ)して沈み給はざりけるを」 発音イヌオヨギ〈標ア〉オ〈京ア〉オ

いぬ‐か【犬科】〘名〙哺乳類・食肉目の一科名。イヌ、オオカミ、タヌキ、キツネなどが含まれる。学名はCanidae 発音〈標ア〉0

いぬ‐かい【犬飼】〘名〙鷹狩に使う猟犬を飼育する人。犬飼人(いぬかいびと)。＊三代格‐二〇・承和元年(834)一二月二二日・太政官符「応丙勘下移補二左右近衛左右兵衛一市廛百姓上及決乙罰主殿主鷹織部等寮司雑色駈使并犬飼餌取等甲事」＊中右記‐嘉承二年(1107)正月一九日「鷹飼右近府生下毛野行高相二具犬飼一」＊大鏡(12C前)六・道長下「なにがしといひしいぬかひの、犬の前足をふたつながら肩にひきこして」＊古今著聞集(1254)六・二三三「犬飼一人をぐしたりけり」＊亜槐集(1492‐1523頃)三「犬かひの柴の下道かる声に鷹も不居(こゐ)をや移り行らん」 発音〈標ア〉ヌ 辞書言海 表記犬飼(言)

いぬかい【犬飼・犬養】姓氏の一つ。 発音〈標ア〉ヌ

いぬかい‐たかし【犬養孝】国文学者。東京都生まれ。東京大学文学部国文学科卒。大阪大名誉教授、甲南女子大名誉教授。風土を重視した犬養万葉学と称される独特の万葉観を打ち立てた。著書に「万葉の風土」「万葉の旅」「万葉の人びと」など。明治四〇～平成一〇年(一九〇七～九八)

いぬかい‐つよし【犬養毅】政治家。号は木堂。備中(岡山県)の人。初め、新聞記者。明治二三年(一八九〇)第一回選挙から衆議院議員連続当選一七回。国民党、さらに革新倶楽部を結成。のち、政友会総裁。その間、文相、逓相を歴任。昭和六年(一九三一)首相となったが、翌七年五・一五事件で暗殺された。安政二～昭和七年(一八五五～一九三二)

いぬかい‐づえ【犬飼杖】〘名〙①鷹狩用の犬を飼育する人の持つ杖。狩り杖。②犬追物(いぬおうもの)に使う犬を飼育する人の用いる杖。＊小笠原入道宗賢記(1609頃)「犬かひ杖。五尺二寸、さか木也」

いぬかい‐の‐みゆ【犬飼御湯・犬甘御湯】長野県松本市にある浅間温泉の古名。犬飼温泉。浅間の御湯。＊拾遺(1005‐07頃か)物名・三八三「いぬかひのみゆ 鳥のこはまだひなながら立ちてゐぬかひの見ゆるはすもりなりけり〈よみ人しらず〉」＊俳諧・誹枕(1680)下「野火留や別火のかげの暮ふかし〈幽山〉 疱瘡かるく犬飼の御湯〈泰清〉 箱肴花を折そへ一重山〈幸順〉」 辞書文明・天正 表記犬養御湯(文・天)

いぬかい‐びと【犬飼人】〘名〙「いぬかい(犬飼)」に同じ。＊山家集(12C後)上「あはせつる木居(こゐ)のはし鷹すばえかしいぬかひ人の声しきりなり」 発音〈標ア〉カ

いぬかい‐べ【犬飼部・犬養部】〘名〙上代、猟犬または屯倉(みやけ)の番犬を飼育するのを職とした部。＊書紀(720)安閑二年八月「詔して国々に犬養部を置く」

いぬかい‐ぼし【犬飼星】牽牛星(けんぎゅうせい)の和名。九州の天草および福岡地方では織女星をいう。《季・秋》＊十巻本和名抄(934頃)一「牽牛 爾雅云牽牛一名河鼓〈和名比古保之 一云以奴加比保之〉」＊歌謡・閑吟集(1518)「犬かひ星は、なん時候ぞ、ああおしやおしや、おしの夜やなふ」＊俳諧・増山の井(1663)七月「七夕〈略〉牽牛 定家卿のかなつかひにいぬかひぼしとよめり」 方言❶牽牛星(けんぎゅうせい)。◇いんかいぼし 福岡市031 ◇いんかいさま〔犬飼様〕福岡市026 ◇いぬひきぼしさん〔犬引星─〕・いぬひきどん〔犬引─〕熊本県031 ◇いんこどんぼし〔犬子─星〕鹿児島県川辺郡026 ❷織女星。福岡県八幡031 ❸牽牛星(けんぎゅうせい)と織女星。◇いんかいたなばた〔犬飼七夕〕長崎市906 ❹七夕。◇いんかい 熊本県玉名郡926 語源説ウはイヌの反で、牛、すなわち牽牛につながる〔和訓栞〕。 発音〈標ア〉カ 辞書和名・色葉・名義・日葡・書言・言海 表記牽牛(和・色) 河鼓(色・名) 月暈・月院(色) 牽牛星・河鼓星(書) 犬飼星(言)

いぬかい‐むら【犬飼村】〘名〙犬飼という集落の由来を説明する伝説。兵庫県篠山市および神崎郡には、人身御供の娘を助けた猛犬がいたという伝説があり、京都府南桑田郡には、三代将軍家光の愛犬をあずかったという伝説がある。 発音〈標ア〉0

いぬ‐がえし【犬返】〘名〙断崖絶壁などになっている海岸や河岸で、犬も通行できないようなけわしい場所。犬もどり。 方言❶狸(たぬき)の穴。山口県豊浦郡798 ❷海岸や河岸で、犬も通行できないような難所。◇いんずえ 鹿児島県肝属郡970 発音イヌガエシ〈標ア〉カ

いぬ‐かき【犬掻】〘名〙犬のように、手で水をかきこみ、足をばたばたさせて泳ぐ方法。いぬおよぎ。＊笹まくら(1966)〈丸谷才一〉五「陽子の泳ぎ方は、犬かきよりはいくらかましという程度のものである」 発音〈標ア〉カ キ〈京ア〉カ/カ

いぬかけ‐うえすぎ【犬懸上杉】勧修寺(かんじゅじ)流藤原氏の流れをくむ上杉氏の分家。憲房の次子憲藤からはじまる上杉四家の一つ。関東管領を出した。 発音イヌカケウエスギ〈標ア〉エ

いぬかけ‐づつ【犬掛筒】〘名〙犬の首に引っ掛けて、つかまえたり、思うように扱うために用いる筒状の道具。＊虎明本狂言・餌差(室町末‐近世初)「ゑさしは是をよろこびて、犬かけづつを、ゐんまのくびに、うちかけて」

いぬ‐かご【犬─】〘名〙植物「こがんぴ(小雁皮)」の異名。＊重訂本草綱目啓蒙(1847)一三・毒草「一種白花の蕘花ありこがんぴと云 一名やまかご 播州、いぬかご 同上、いぬかんぴ 同上」

いぬ‐かさがけ【犬笠懸】〘名〙犬追物(いぬおう

もの）と笠懸（かさがけ）。＊太平記（14C後）八・四月三日合戦事「多年稽古の犬笠懸（イヌカサカケ）、今の用に立てずんば、いつをか期すべき」＊中原高忠軍陣聞書（1464）「馬上にて弓を持やうのこと。犬笠懸射ときのごとく可㆑持」＊狂歌・金言和歌集（1492-1501頃）八「高き賤しき、もろもろの家の人々〈略〉犬かさがけに日をくらし」＊御伽草子・猿の草子（室町末）「犬かさがけの御さた候あいだ、此馬にてつづを仕候べく候」

いぬ-がし【犬樫】〘名〙①クスノキ科の常緑小高木。本州中部以西の山地に生える。高さ五㍍に達する。葉は長さ四〜八センチ㍍の先端と基部がとがった長楕円形で、光沢があり、裏面には白い微毛が密生する。三月頃、多数の紅色の花が葉腋（ようえき）と若い枝の基部に咲く。まつらにくけい。学名は Neolitsea aciculata ＊大和本草（1709）一二「犬樫 清水寺奥の院の南方に、冬より春まで、赤き花さく木あり。其葉桂の如く、だもに似たり。或曰、名を犬がしと云」②植物「あらかし（粗樫）」の異名。③植物「いちいがし」の異名。発音 イヌガシ〈標ア〉ヌ 辞書 言海 表記 犬樫（言）

いぬがしら-の-いと【犬頭糸】〘名〙平安時代、三河国（愛知県）から調（ちょう）として納めた生糸。糸質がよく、純白であるところから、蔵人所（くろうどころ）に納めて天皇の御服の御料に供したという。犬頭白糸（いぬがしらのしらいと）。＊延喜式（927）二四・主計「凡貢㆓夏調糸㆒者、伊賀三百絇〈略〉参河二千絇 犬頭糸」＊今昔（1120頃か）二六・一一「参河国始犬頭糸語第十一」

いぬがしら-の-しらいと【犬頭白糸】〘名〙「いぬがしらのいと（犬頭糸）」に同じ。＊延喜式（927）二四・主計「参河国〈略〉犬頭白糸二千絇 夏調」

いぬ-がま【犬鎌】〘名〙犬追物（いぬおうもの）の時、犬の首縄を切って放すのに用いる鎌。＊犬追物図説‐下（1747）（古事類苑・武技一一）「犬鎌之事 一犬の首縄を切りてはなつ鎌の事、真鏡犬追物記にみえたり」

いぬかみ【犬上】 滋賀県の中東部の郡。琵琶湖の東岸、犬上川・芹川の流域にある。古代の犬上は現在の犬上郡と彦根市の地にあたる。近江国の歌枕。＊万葉（8C後）一一・二七一〇「犬上の鳥籠（とこ）の山なる不知哉（いさや）川いさとを聞こせ我が名告（の）らすな〈作者未詳〉」＊夫木（1310頃）一四「はし鷹の狩場の末のいぬかみや立つるうづらのとこの山風〈藤原為顕〉」辞書 和名・色葉・文明・易林 表記 犬上（和・色・文・易）

いぬかみ【犬上】 姓氏の一つ。発音〈標ア〉0

いぬかみ-の-これなり【犬上是成】 平安前期の雅楽家、舞人。遣唐生として唐に渡る。九世紀初めにわが国でつくられた新楽の舞の多くはこの人の手に成る。仁明天皇作曲の「西王楽」「夏引楽」などが舞の代表作。生没年未詳。

いぬかみ-の-みたすき【犬上御田鍬・犬上三田耜】 飛鳥時代の官人。推古天皇二二年（六一四）遣隋使として中国に渡り、翌年帰国。舒明天皇二年（六三〇）には遣唐使となり渡航、唐の使者高表仁、僧旻らとともに帰朝した。生没年未詳。

いぬ-がみ【犬神】㊀〘名〙憑物（つきもの）の現象の一つ。また、その憑物の動物霊の名称。ネズミなどの姿をしているともいい、この目に見えない小動物が他人に害をなすという。これをもつ者は女系を伝わって継承するもののようにいい、その家筋は犬神持ちと呼ばれて恐れられ、縁組などを忌避されてきた。中国、四国、九州地方で多くいわれる。＊雑俳・西国船（1702）「とりついて・犬神様のしたいまま」＊浄瑠璃・東海道七里艇梁（1775）四「唐土（もろこし）斉の王死して餓鬼の道に落、人に付いて食事を乞ふ。四国の犬神に同じ」＊諸国風俗問状答（19C前）備後国福山領風俗問状答・一三一「犬神・蛇神と申候て、其家にひそかに祭、神と仕候者は御座候よし聞え候へ共」＊東京日日新聞‐明治二六年（1893）三月二五日「人の犬神の祟りなりと云ふを聞きて忽ち大に覚悟し」㊁歌舞伎所作事。長唄。二世桜田治助作詞、二世杵屋正次郎作曲。本名題「恋罠奇掛合（こいのわなてくだのかけあい）」。文化九年（一八一二）江戸森田座初演。犬神使い長崎勘解由左衛門に奪われた宝珠を、栗生頼賢の妾に化けた千枝狐（ちえだぎつね）が頼賢の助力を得て取り返すという筋。方言〘名〙❶憑物の現象の一つ。また、その憑物の動物霊の名称。四国†007 島根県石見725 徳島県美馬郡810 熊本県上益城郡054 下益城郡930 ◇いにがみ 熊本県下益城郡930 ◇いのがみ 島根県石見725 ◇いんがめ 宮崎県東諸県郡954 ❷（人間に憑（つ）いて福をもたらすものとされているところから）動物、じねずみ（地鼠）。高知県土佐郡866 ❸植物、ぬすびとはぎ（盗人萩）。山口県794 799 ❹植物、せんだんぐさ（棟草）。◇いぬがみぐさ〔一草〕周防†122 〔方言の補注〕❸❹はいずれも実が衣服などに付くところからいう。発音 イヌガミ〈標ア〉0 辞書 言海 表記 犬神（言）

いぬがみ-じん【犬神人】〘名〙「いぬじにん（犬神人）」に同じ。＊随筆・斎諧俗談（1758）三「京都建仁寺の門前に弦女曾（つるめそ）と云ものあり。常に沓を作りて商ふ。相伝へて云、伝教大師入唐して帰朝の時、人におしへて沓を造らしむ。また弓の弦を作りて営とす。其子孫、相続して建仁寺町にあり。毎年六月、祇園会に恒例にて、此人神輿（みこし）を舁く。是を世に犬神人（イヌガミジン）と云」補注「じにん（神人）」の一種である「いぬじにん」を「犬神」の連想により誤読したもの。

いぬがみ-すじ【犬神筋】〘名〙犬神につかれた家筋。女系を伝わるといい、縁組を忌み嫌う俗信がある。犬神持ち。＊諸国風俗問状答（19C前）阿波国風俗問状答・一三一「稀に犬神すじとや申者ありて、恨募れば生霊人を悩し申なり」発音 イヌガミスジ〈標ア〉ミ

いぬがみ-づかい【犬神使】〘名〙犬神を使う人。＊随筆・閑田耕筆（1799）二「九州には犬神つかひといふもの有。犬の霊を祭りて使令すと伝ふれども」＊面白半分（1917）〈宮武外骨〉土佐の犬神遣ひ「だから犬神遣（イヌガミヅカ）ひとは決して結婚其他縁組はせぬといふ事が四国辺では戸々の家憲になって居る」発音 イヌガミズカイ〈標ア〉ズ

いぬがみ-つき【犬神憑】〘名〙犬神につかれたとする一種の精神異常。また、その人。＊海辺の光景（1959）〈安岡章太郎〉「今月はどこそこの方角へ出掛けてはならない、そちらにはイヌガミツキがゐる、といふやうなことが必ず書きそへられてあるのだ」発音 イヌガミツキ〈標ア〉ミ

いぬがみ-もち【犬神持】〘名〙「いぬがみすじ（犬神筋）」に同じ。＊仮名草子・百物語評判（1686）一・七「此の犬神を家に受領したる人を犬神持と云ひて、今の世にもままある事なり」＊滑稽本・古朽木（1780）二「四国に犬神持（イヌカミもち）あり」発音 イヌガミモチ〈標ア〉0 チ

いぬ-がや【犬榧】〘名〙イヌガヤ科の常緑低木または小高木。本州以西の山地に生える。大きいものは高さ一〇㍍、直径〇・三㍍ほどに達する。樹皮は灰褐色で縦の裂け目をもつ。葉は濃緑色の線形で互生し、横向きの枝では左右に平開して羽状を呈する。雌雄異株で、春、黄色い雄花が球状に集まって下向きに咲き、緑色の雌花は球形または楕円形に集まって咲く。実は倒卵形か楕円形で赤紫色に熟す。胚乳（はいにゅう）から油を採り、塗料などに用いる。材は細工物、枕木、土木用材に用いる。へぼがや。あぶらがや。べべがや。ひょうび。学名は Cephalotaxus harringtonia ＊大和本草（1709）一二「ひび（和品）へべとも云。かやの木に似て、葉長き事寸余、両々相対す、榧樅（かやもみ）より葉長し。葉柔かに刺（はり）なし。山中にあり。犬がやとも云」＊日本植物名彙（1884）〈松村任三〉「イヌガヤ ヘボガヤ 粗榧」発音 イヌガヤ〈標ア〉ヌ 辞書 言海 表記 犬榧（言）

いぬがや-か【犬榧科】〘名〙裸子植物の科名。世界に二属七種あり、ヒマラヤから日本にかけて分布する高木または低木。雌雄異株。線形の葉が二列に並ぶ。雄花は前年の枝の先に毬花花序をなしてつき、雄ずいは七〜一二で、三個の葯（やく）室がある。雌花は小枝の基部に二〜四個つき、数対の心皮からなり、二個の卵子がある。子葉は二個。学名は Cephalotaxaceae 発音 イヌガヤカ〈標ア〉0

いぬ-がらし【犬芥子】〘名〙アブラナ科の多年草。各地の原野、路傍などに生える。高さ三〇〜五〇センチ㍍。根は白く長い。根生の葉は長楕円形で羽状に切れ込み、縁に不規則な鋸歯（きょし）がある。茎につく葉は小さい狭長楕円形。春から夏に、黄色の四弁花が総状に咲く。実は長さ約二センチ㍍のさやとなる。あぜだいこん。のがらし。学名は Rorippa indica ＊重訂本草綱目啓蒙（1847）二二・菜「蔊菜 いぬがらし たがらし 和州、のがらし 予州、きつねのからし 予州、あぜだいこん」＊日本植物名彙（1884）〈松村任三〉「イヌガラシ 水芥菜」＊土（1910）〈長塚節〉一四「百姓の庭の土にも蔊菜（イヌガラシ）や石龍芮（たがらし）の黄色い小粒な花を持たせて」発音 イヌガラシ〈標ア〉ガ 辞書 言海 表記 犬芥（言）

いぬ-がらみ【犬―】〘名〙方言 植物、のぶどう（野葡萄）。山口県794 799 宮崎県児湯郡947 ◇いんがらみ 長崎県壱岐島914 宮崎県児湯郡947 ◇いんがらめ・いんがらべ 鹿児島県出水郡964 965 ◇いんがれぶ 鹿児島県薩摩郡964 ◇いんがねぶ 長崎県南高来郡964 鹿児島県肝属郡964 ◇いんがねび 鹿児島県鹿屋市・種子島965 ◇いんがねつ 鹿児島県963 肝属郡・種子島965

いぬ-がり【犬狩】〘名〙①平安時代、蔵人（くろうど）が滝口（たきぐち）、所衆（ところしゅう）などを従えて宮中に住む野犬を追い払う行事。＊侍中群要（1071）一〇「犬狩事。無㆓仏神事㆒之時并休日御物忌等之間、随㆑仰召㆓仰左右近陣官㆒行㆑之。滝口等相㆓従之㆒。蔵人等追㆓御所犬㆒、所㆓狩獲㆒併召㆓左右衛門官人㆒令㆑放㆓流之㆒」＊中右記‐承徳二年（1098）一二月五日「今日頭弁以㆓新作文指㆒被㆑奏㆓吉書㆒、是昨日犬狩之間、蔵人家時以㆓文指㆒打㆑犬已折了」＊禁秘鈔（1221）下「一、犬狩。蔵人承㆑仰下知、所衆滝口参、滝口帯㆓弓箭㆒儲㆓所所㆒射㆑犬、所衆居㆓縁下㆒狩出、而此役太見苦」②近世、奈良において毎年初夏、神鹿（しんろく）の分娩期に、生まれてくる子鹿が犬に害されるのを防ぐために、奉行所から布令を出して野犬を追い払わせたこと。＊多聞院日記‐天正七年（1579）五月三日「犬かり在㆑之」＊俳諧・新季寄（1802）四月「生類 犬狩 犬待 犬番 犬追棒 南都の神鹿子をうむ時 山家より犬来りて子をとる これを制する也」③狂犬や野犬を組織的に捕殺すること。＊制服（1970）〈加賀乙彦〉二「特警隊を中心に大掛りな犬狩りが行われた」発音 イヌガリ〈標ア〉0

いぬ-かわ【犬川】〘名〙「いぬ（犬）の川端歩き①」の略。＊浮雲（1887-89）〈二葉亭四迷〉一・六「菊見、菊見にも依りけりサ、犬川（イヌカハ）ぢゃア、マア願ひ下げだネ」＊一国の首都（1899）〈幸田露伴〉「単に逍遙散歩するをば『犬川（イヌカワ）』などといひて卑む傾きあるは」

いぬ-かわいがり【犬可愛】〘名〙（「いぬかわゆがり」とも）むやみに子をかわいがること。溺愛（できあい）。馬鹿かわいがり。猫かわいがり。＊風俗画報‐一五八号（1898）動植門「徒らなる死様をいぬじに。徒らなる愛をいぬかはゆがり〈略〉すべていぬといふ詞のそへるものには碌なものは御座りませぬ」発音 イヌカワイガリ〈標ア〉カ

いぬ-がんそく【犬雁足】〘名〙シダ類ウラボシ科の落葉多年草。各地の山地の樹林下などに生える。長さ一㍍を超える大形のシダで、胞子葉と栄養葉の区別があり、根茎は太くて横に倒れ葉を放射状に束生する。栄

養葉の葉身は長卵形または長楕円形の一回羽状複葉で羽片は羽状に中裂する。葉柄は太く丈夫で、基部には胞子葉と共に褐色で光沢のある大きな膜質の鱗片が密生する。胞子葉は栄養葉の集まりの中心から秋に生じ、栄養葉よりやや短く、葉柄は葉身より長く、羽状複葉で、羽片は一側に偏し、長さ五～一〇センチメートルの太い棒状で、へりが内側に巻き込んで中に胞子嚢群を包む。胞子葉は枯れたまま残って冬を越す。いつまでぐさ。おおくさそてつ。学名は Matteuccia orientalis〔語彙(1871–84)〕 発音〈標ア〉ガ

いぬ-がんぴ【犬雁皮】〘名〙植物「こがんぴ(小雁皮)」の異名。＊重訂本草綱目啓蒙(1847)一三・毒草「こがんぴと云 一名やまかご 播州、いぬかご 同上、いぬかんぴ 同上」 方言植物。❶こがんぴ(小雁皮)。和歌山県西牟婁郡690 兵庫県播磨002 ❷のぶどう(野葡萄)。◇いぬがんび 広島県比婆郡773

いぬき【砌】〘名〙階下のいしだたみ。＊新撰字鏡(898–901頃)「砌 伊志波志 又伊奴支」 辞書字鏡 表記砌(字)

い-ぬき【居抜】〘名〙①「いなり(居成)②」に同じ。＊洒落本・船頭深話(1802)一「爰(ここ)の部屋をみや、いい居抜(ヰヌキ)だぜ。戸障子から屏風唐紙、寝道具まであらア」＊俳諧・一茶遺篇‐文化三年(1806)一〇月二七日「茶の水も近き居抜に引移り〈一茶〉 胡座かいても見ゆる淀川〈成美〉」＊歌舞伎・人間万事金世中(1879)大切「丁度そっくり居抜(ヰヌ)きがあって、地面ぐるみ買ったさうだが、まことに運のいい男だ」②日中、家人の在宅中に、忍び込んで盗むこと、また、その盗人をいう、盗人仲間の隠語。〔秘密辞典(1920)〕 方言現在のまま。山形県置賜139 発音〈標ア〉0

い-ぬき【居貫】〘名〙①和船の船底材かわらの両側上縁のこと。＊和漢船用集(1766)一〇・船処名之部「居貫 惣航の縁を云、釘を持処也」②三階造りの和船の下船梁の別称。＊早船之規矩(1654)「櫓床、雁、中貫、居貫の大さ、船長一丈に付一寸掛り」

いぬき-がさ【―笠】〘名〙中世後期から近世初期にかけて流行した編笠の一種。女のかぶるものは、垂れが浅く、男のかぶるものは垂れが深い。＊浄瑠璃・博多露左衛門色伝授(1708)六「さもすさましき大男、三所閉のいぬき笠、大脇指の一つざし、くはんくはつ成る出立にて」＊随筆・我衣(1825)「古来より是を冠る、女の編笠、もみ絹或は浅黄の紐引通してかむる、一文字と云、延宝の頃までいぬき笠也。男はいぬきの深き笠、折形にして冠る、男伊達風なり。平人は折形なし。そのまま冠る」

いぬき-きょうしゃ【射抜競射】〘名〙弓術競射の一種。各自が一本ずつの矢で同じ的を射て、射はずれた者を除いてゆき、しだいに小さい的に替えて、最後まで残って射続けた者を勝ちとするもの。

いぬ-きはだ【犬黄蘗】〘名〙植物「めぎ(目木)」の異名。＊薬品手引草(1778)「小蘗(せうへき) いぬきはだ」

いぬき-もん【鋳抜門】〘名〙扉を青銅で鋳抜いた門。発音〈標ア〉キ

いぬ-ぎり【犬桐】〘名〙①植物「あぶらぎり(油桐)」の異名。②植物「いいぎり(飯桐)」の異名。③植物「はりぎり(針桐)」の異名。④植物「やまならし(山鳴)」の異名。＊大和本草(1709)一二「白楊(はこやなぎ イヌギリ)〈略〉筑紫にては犬桐と云。葉桐に似たればなり」 方言植物。❶あぶらぎり(油桐)。紀伊008 広島県008 ◇いんぎい 鹿児島県肝属郡970 ❷いいぎり(飯桐)。宮城県008 静岡県008 高知県高知市・須崎市003 熊本県008 大分県008 宮崎県947 鹿児島市003 ◇いんぎり 福岡県003 長崎県003 宮崎県008 鹿児島県肝属郡964 ◇いぬぎい 鹿児島県薩摩郡003 ❸はりぎり(針桐)。兵庫県神戸市003 島根県石見003 ◇いんぎり 鹿児島県肝属郡964 ❹やまならし(山鳴)。福岡県003 発音イヌギリ〈標ア〉ヌ 辞書日葡・言海 表記犬桐(言)

い-ぬ・く【居抜】〘他カ五(四)〙(「いぬき(居抜)」の動詞化)住居、商店、工場などを、家具、調度、設備、商品を含め、そっくりそのままの状態で売買貸借する。＊普賢(1936)〈石川淳〉四「庵文蔵とわたしとは知らぬうちに造作同様居抜かれた形となり」 発音〈標ア〉ヌ

い-ぬ・く【射貫】〘他カ五(四)〙①矢や弾丸を放って、的や人間などの対象物を貫き通す。いとおす。いつらぬく。＊平家(13C前)一一・嗣信最期「弓手の肩を馬手の脇へつっとゐぬかれて」＊太平記(14C後)七・船上合戦事「何方より射る共しらぬ流矢に、右の眼を射ぬかれて」＊門(1910)〈夏目漱石〉一三「御米は此一言に心臓を射抜かれる思があった」②(比喩的に)要点を的確にとらえる。＊街の物語(1934)〈榊山潤〉「『青い鳥』の作者も〈略〉子供の目に映った動物性格を、彼は射抜いてゐるのである」 発音〈標ア〉0ヌ〈京ア〉0 辞書日葡・ヘボン・言海 表記射貫(へ・言)

い-ぬ・く【鋳抜】〘他カ五(四)〙金属を鋳型に溶かし込んで、鋳物の形を作る。＊野分(1907)〈夏目漱石〉三「丸く鉄を鋳抜いた、かな燈籠がぶら下がってゐる」 発音〈標ア〉0ヌ

いぬ-くい【犬食】〘名〙(「いぬぐい」とも)①「いぬあわせ(犬合)」に同じ。＊増鏡(1368–76頃)一五・むら時雨「相模の守高時といふは〈略〉朝夕好む事とては、いぬくい、田楽などをぞ愛しける」②黙ってうつむいて、犬のようにがつがつと物を食べること。＊俚言集覧(1797頃)「犬喰〔諸礼筆記〕犬喰の事 うつむき入てとかくの挨拶もなく喰ほれて居るをいふ」③食卓に置いた茶碗に顔をつけるようにして、飯などを食べること。 方言手のひじをひざの上に置きながら食事すること。◇いぬぐい 奈良県吉野郡684 辞書色葉・和玉・言海 表記犺(色・玉) 犬食(言)

いぬ-くぎ【犬釘】〘名〙鉄道のレールを枕木に固定させるために打つ大型の釘。一部ではねじくぎのものもある。古い型の釘の頭が犬の頭に似ていたところからいう。＊シベリヤ物語(1950–54)〈長谷川四郎〉人さまざま・三「彼女はハンマーを大振りに振って、見事に犬釘を打ち込んだ」＊青い月曜日(1965–67)〈開高健〉一・死体について「枕木がまるまる一本、犬釘とレールをはじいてフォームの床にあいた大穴にひっかかっていた」 発音イヌクギ〈標ア〉ヌ〈京ア〉ヌ

いぬ-くぐ【犬磚苗】〘名〙カヤツリグサ科の多年草。日当たりのよい草地に自生する。高さ三〇～五〇センチメートル。夏から秋に苞の上に穂を数個つける。穂は緑色から褐色に変わる。

いぬ-くぐり【犬潜】〘名〙①かきね、へいなどにあけてある、犬の出入りする穴。＊雑俳・柳多留‐一三(1768)「鳥さしの追ひ込んでゆく犬くぐり」＊寒山落木〈正岡子規〉明治二六年(1893)秋「菊の垣犬くぐりだけ折れにけり」＊やみ夜(1895)〈樋口一葉〉一一「人気のなきに、出這入るものとては、犬くぐりに犬の子のかげもなく」②床の間の横の壁の下があいているところ。狆潜(ちんくぐり)。 発音イヌクグリ〈標ア〉ク 辞書言海 表記犬潜(言)

いぬ-くげ【犬公卿】〘名〙(「犬」は卑しめ軽んじていう接頭語)地下(じげ)の上位で、堂上方などとも縁組のできる押小路大外記と、壬生官務の両家の称。公卿に準ずる両家を卑しめていう語。＊随筆・思ひの儘の記(1860–90頃)三「押小路大外記、壬生官務の両家を両局といふ。地下官人の上首に位して、堂上などと縁組し、堂上のまねをなせり。古人両局を評して、犬公卿といへり」

いぬ-くこ【犬枸杞】〘名〙①植物「くこ(枸杞)」の異名。〔語彙(1871–84)〕②植物「まるばのほろし(円葉白英)」の異名。③植物「ひよどりじょうご(鵯上戸)」の異名。 辞書言海

いぬ-ぐさ【犬草】〘名〙植物「えのころぐさ(狗児草)」の異名。＊重訂本草綱目啓蒙(1847)一二・隰草「狗尾草 えぬのこぐさ〔和名鈔〕〈略〉えのころぐさ 今名〈略〉いぬぐさ 泉州」

いぬ-くさそてつ【犬草蘇鉄】〘名〙植物「いぬがんそく(犬雁足)」の異名。

いぬ-くず【犬―】〘名〙植物「つたうるし(蔦漆)」の異名。＊書言字考節用集(1717)六「鉤吻 イヌクズ 一名大陰草、有二大毒一」 辞書書言 表記鉤吻・治葛(書)

いぬ-ぐす【犬樟】〘名〙植物「たぶのき(椨)」の異名。＊大和本草(1709)一一「国俗くすの木と云物二品あり。一品は香つよく、木心黒赤。樟脳を煎ず。是樟なり。一品はいぬぐすと云。木心色赤黒ならず。是楠なり」＊日本植物名彙(1884)〈松村任三〉「イヌグス」 辞書言海

いぬ-くぼう【犬公方】(「公方」は、将軍の意)江戸幕府、第五代将軍徳川綱吉に世人がつけたあだ名。「生類憐みの令」を出し、極端に犬を愛護したところからいう。 発音イヌクボー〈標ア〉ク〈京ア〉ク

いぬ-くやせ【犬食合】〘名〙 方言犬をかみあわせること。犬あわせ。闘犬。青森県南部084 ◇いぬくらい 秋田県鹿角郡・平鹿郡130

いぬ-くよう【犬供養】〘名〙死産した犬にする供養。近在の婦人が集まりY字形の塔婆(とうば)を辻に立てて供養し、人間の安産を祈る行事。 発音イヌクヨー〈標ア〉ク

いぬ-ぐるま【犬車】〘名〙張り子で作った犬の玩具の車。犬を四輪車に乗せたもの、犬の胴を両輪で貫いたもの、犬の四足を一個ずつの車にすえたものなど、さまざまの種類がある。 発音イヌグルマ〈標ア〉グ

いぬ-ぐわ【犬桑】〘名〙植物「やまぼうし(山法師)」の異名。＊重訂本草綱目啓蒙(1847)三二・灌木「柘 づみ〔和名鈔〕、やまぐは のぐは〔大和本草〕、いぬぐは同名あり」

いぬ-げ【犬毛】〘名〙 方言❶黴(かび)。茨城県稲敷郡193 ❷植物、いといぬのひげ(糸犬髭)。◇いぬのけ・いののけ 長野県北佐久郡485

いぬ-げい【犬芸】〘名〙犬の演じる芸。犬を教えならしてさせるいろいろの芸。 発音イヌゲ(ゲ)イ〈標ア〉ヌ

いぬ-けいせい【犬傾城】〘名〙(「犬」は卑しめ軽んじていう接頭語)女郎をののしっていう語。＊浮世草子・傾城武道桜(1705)二・三「己を誠有るやつと思ひの外、めがねのはづれし犬傾城」

いぬ-げいとう【犬鶏頭】〘名〙植物「のげいとう(野鶏頭)」の異名。＊重訂本草綱目啓蒙(1847)一一・隰草「青葙 あまさく〔和名鈔〕、のげいとう いぬげいとう 予州」 方言長門†122 周防†122

いぬ-げや【犬―】〘名〙 方言植物。❶くましで(熊四手)。いぬしで(犬四手)。広島県008 ❷にれ(楡)。埼玉県(はるにれ)036 広島県008

いぬ-けやき【犬欅】〘名〙①植物「あきにれ(秋楡)」の異名。＊重訂本草綱目啓蒙(1847)三一・喬木「榔楡 あきにれ いたちはぜこ 和州、いぬけやき 阿州同名あり」②植物「あおはだ(青膚)」の異名。 方言植物。❶はるにれ(春楡)。岩手県東磐井郡036 ◇いぬげやき 埼玉県008 ❷あおはだ(青膚)。◇いぬげやき 高知県036 ❸つき(槻)。周防†122

いぬ-こ【犬子】〘名〙「いんのこ(犬子)」に同じ。 発音〈なまり〉イゴ〔越後〕イッコ・ヱッコ〔茨城〕イヌッコ〔千葉〕インコ〔秋田・山形〕エンコ〔秋田〕

い-ぬ-こ【亥子】〘名〙「いのこ(亥子)」に同じ。

いぬご〘名〙股のつけね、または脇の下などが、堅くなって痛むこと。鼠径(そけい)リンパ腺のはれもの。よこね。いのご。えのご。＊俳諧・中庸姿(1679)「ぐりぐりの手の灰よせて後〈高政〉 夕にはいぬごとなって野にさはぐ〈春澄〉」＊書言字考節用集(1717)五「痓 イヌゴ」

＊和英語林集成(初版)(1867)「Inugo イヌゴ 路岐痛」 方言 山形県139 145 長野県諏訪481 静岡県榛原郡541 三重県志摩郡585 大阪府639 兵庫県淡路島671 奈良県678 和歌山県690 岡山市762 徳島県811 美馬郡810 香川県仲多度郡829 ◇**いご** 富山県高岡市395 ◇**いにご** 新潟県西蒲原郡385 ◇**いぬぐ** 山梨県南巨摩郡465 ◇**いぬぐい** 愛知県名古屋市562 ◇**いぬごだま**〔—玉〕 和歌山県日高郡054 ◇**いねご** 山形県139 群馬県佐波郡242 埼玉県秩父郡251 新潟県東蒲原郡368 ◇**いねごお** 新潟県佐渡356 ◇**いねごね** 山形県北村山郡139 ◇**いの** 岐阜県飛驒502 ◇**いのお** 長野県下伊那郡492 ◇**いのぐ** 山梨県456 ◇**いのごえ** 長野県上伊那郡488 ◇**いのね** 伊予†035 島根県石見725 広島県比婆郡774 山口県豊浦郡798 愛媛県840 宇和島市853 熊本県玉名郡058 ◇**いるご** 新潟県佐渡352 ◇**いんご** 千葉県261 長生郡286 ◇**えご** 富山県砺波398 ◇**えごね** 新潟県岩船郡366 ◇**えにご** 新潟県361 ◇**えぬご** 山形県西置賜郡・南置賜郡139 ◇**えんご** 群馬県勢多郡236 三重県志摩郡585 ◇**えんごねえ** 新潟県岩船郡366 語源説 (1)シイネコ(瘤固)の転〔言元梯〕。(2)犬の臥したような形であるから〔風土と言葉=宮良当壮〕。 辞書 書言・ヘボン・言海 表記 痤(書) 路岐痛(へ)

いぬ-こうじゅ【犬香薷】『名』 シソ科の一年草。各地の山野に生える。高さ三〇～六〇センチメートル。葉は長さ二～四センチメートル、幅一～二・五センチメートルほどの長楕円形で、縁に浅く細かい鋸歯(きょし)がある。秋、淡紫色の小さな唇形の花が枝先に集まり咲き、細長い総状となる。漢名、石薺薴。学名は Mosla punctulata ＊日本植物名彙(1884)〈松村任三〉「イヌカウジュ 爵牀」 発音 イヌコージュ 〈標ア〉コ 辞書 言海 表記 犬香薷(言)

いぬ-こうぞ【犬楮】『名』 植物「ひめこうぞ(姫楮)」の異名。＊重訂本草綱目啓蒙(1847)三二・灌木「楮 かうぞ〈略〉一種ひめかうぞあり 一名やこそ 予州〈略〉いぬかうぞ 城州」

いぬこ-がんぴ【犬子雁皮】『名』 植物「さくらがんぴ(桜雁皮)」の異名。

いぬこ-ぐさ【犬児草】『名』 植物「えのころぐさ(狗児草)」の異名。 発音 イヌコグサ 〈標ア〉コ

いぬ-ごころ【犬心】『名』 犬のようにいやしい心。＊人情本・軒並娘八丈(1824)二・六套「我が犬心(イヌゴコロ)を棚へ上げ」

いぬ-ごしょう【犬—】『名』 植物「いぬほおずき(犬酸漿)」の異名。＊重訂本草綱目啓蒙(1847)一二・隰草「龍葵 いぬほうずき〈略〉いぬごせう 豊前」

いぬご-どころ【—所】『名』 股のつけね。鼠径(そけい)。＊伊達日記(1600頃か)上「上矢に打ち候間、鞍の後輪を打ち欠き、犬子所へ打ち出で候」

いぬご-ぶるい『名』 方言 リンパ腺がはれて発熱すること。和歌山県日高郡054 徳島県美馬郡810 ◇**いにごぶるい** 徳島県美馬郡054 ◇**えんごぶりい** 千葉県君津郡301

いぬ-ごぼう【犬牛蒡】『名』 植物「やまごぼう(山牛蒡)」の異名。＊重訂本草綱目啓蒙(1847)一三・毒草「商陸 いほすき〔延喜式〕、いをつき〔和名鈔〕、やまごぼう とうごぼう 南部、いぬごぼう 土州」

いぬ-ごま【犬胡麻】『名』 ①シソ科の多年草。各地の山野、路傍などの湿った場所に生える。高さ三〇～七〇センチメートル。茎は角柱形で稜(りょう)の上に下向きのとげがある。葉は対生し、長さ四～八センチメートル、幅一～二・五センチメートルの狭長楕円形で、縁に鋸歯(きょし)がある。夏、淡紅色の唇形の花が茎の頂に密に輪生し、実の形はゴマに似る。ちょろぎだまし。学名は Stachys riederi var. intermedia ＊日本植物名彙(1884)〈松村任三〉「イヌゴマ チョロギダマシ」 ②植物「ごまぎ(胡麻木)」の異名。 発音 〈標ア〉ヌ 辞書 言海 表記 犬胡麻(言)

いぬ-ごや【犬小屋】『名』 ①犬を入れておく小屋。＊野の花(1901)〈田山花袋〉六「犬小屋のような農家」＊がらくた博物館(1975)〈大庭みな子〉犬屋敷の女「マリヤは四頭の狼のようなシベリヤ犬と一緒に人間の家というよりは犬小屋といった方がよい家に住んでいて」 ②(転じて)犬の住まいのように、小さくて粗末な家。＊にごりえ(1895)〈樋口一葉〉七「子には襤褸(ぼろ)を下げさせ、家とては二畳一間の此様(こん)な犬小屋(イヌゴヤ)」 ③ことに、元禄年間(一六八八～一七〇四)、戌(いぬ)年生まれの五代将軍綱吉が動物、特に犬を保護し、各町、また、江戸府外中野に一六万坪、大久保に二万五千坪を選び、奉行医師等を置いて、野犬五万余頭を飼い養った小屋の称。＊財政経済史料‐一・財政・雑税・地税・元禄九年(1696)七月日「元禄癸亥の冬より中野に犬小屋作事初て十万石、五万石の諸将御手伝へとして被レ参、一役の費三万金に及り」＊随筆・翁草(1791)七七「殊に犬を御愛憐有り、町毎に犬小屋を建て、町役人より食物を人並に与へ」 発音 イヌゴヤ 〈標ア〉0 〈京ア〉0

いぬごや-ぶぎょう【犬小屋奉行】『名』 江戸幕府の奉行の一つ。元禄年間(一六八八～一七〇四)、「犬小屋③」の事務取扱いのために置いた。定員四名、役料三百俵。

いぬ-こりやなぎ【犬行李柳】『名』 ヤナギ科の落葉低木。北海道、本州、九州の原野や湿地に生える。コリヤナギに似ているが葉は対生し、柄はなく長さ三～五センチメートルの長楕円形。雌雄異株。早春、葉に先だって長さ約三センチメートルの尾状の花穂を付ける。おおばこりやなぎ。ひろはこりやなぎ。学名は Salix integra 発音 イヌコリヤナギ 〈標ア〉ヤ

いぬ-ころ【犬児・狗子】『名』 犬の子。子犬。いぬっころ。えのころ。＊雑俳・柳多留‐五八(1811)「犬ころをちょっと蹴て行八つ下り」＊随筆・嬉遊笑覧(1830)一二「狗を犬ころといふ犬子等(イヌコロ)なり、また子等が犬を呼にころころといふ子等来なり」＊土(1910)〈長塚節〉一四「朝鮮牛が大分輸入されたが、狗(イヌ)ころの様な身体で割合に不廉(たか)いから」 語誌 (1)共通語ではイヌッコロと、促音化して発音されることが多い。(2)語構成は「犬＋子(児)＋接尾語ラの変化したもの」と思われ、子犬のことをコロという地方(茨城・千葉・神奈川・長野・三重・奈良など)では、「猪のころ」や「鹿のころ」のように動物の子を言い表わすのにコロを語末に付けている。このコロは挙例の「随筆・嬉遊笑覧」に見られるように、犬を呼び寄せる際の掛け声としても使われた。→ころころ㊁。 方言 ❶告げ口をすること。◇**いんころ** 富山県394 395 397 ◇**えの** 島根県725 ◇**えん** 富山県390 ◇**えんころ** 富山県射水郡394 砺波398 ❷植物、ねこやなぎ(猫柳)。三重県名張市・名賀郡585 和歌山県新宮702 ◇**いぬこやなぎ**〔犬子柳〕 宮城県仙台市121 ◇**いぬころやなぎ** 愛媛県松山846 ◇**いねころ** 岐阜県飛驒502 ◇**いのころやなぎ** 奈良県678 ◇**いんごびゅうたん** 熊本県玉名郡929 ◇**いんごぼお** 熊本県天草郡936 ◇**いんころ** 石川県鹿島郡411 ◇**いんにょこにゅう・いんにょこにょこ・いんねこ・いんねこじょおじょお・いんねこにょおにょお・いんねこねこ・いんねこねこのこ・いんねこばな**〔—花〕 新潟県佐渡350 ◇**いんのこじゅ** 鹿児島市965 ◇**いんのこじゅうじゅう・いんのこじょおじょお** 新潟県佐渡350 ◇**いんのこっこ** 熊本県葦北郡・八代郡933 ◇**いんのこにょおにょお・いんのこぼおぼお** 新潟県佐渡350 ◇**いんのこやなぎ** 新潟県佐渡350 鹿児島県肝属郡970 ◇**いんのじょお** 鹿児島市965 ◇**えっこご** 福島県磐城郡054 相馬郡156 ◇**えぬこご** 福島県磐城郡054 ◇**えぬこやなぎ** 宮城県石巻120 ◇**えんここ** 新潟県佐渡350 ◇**えんここしこし** 青森県九戸郡088 ◇**えんころ** 新潟県佐渡350 富山県氷見市056 ❸植物、かわやなぎ(川柳)。◇**えっこご** 福島県相馬郡161 ❹柳の花。猫柳の花。◇**いねころぼ** 長野県東筑摩郡480 ◇**いんごびゅうたん・いんごひょうたん**〔犬子瓢箪〕 熊本県玉名郡926 929 ◇**いんころさま**〔—様〕 富山県下新川郡391 ◇**いんのころ** 静岡県磐田郡546 ◇**えんころさま・えんころわな** 富山県下新川郡392 ◇**えんの** 静岡県磐田郡546 ❺柳の新芽。◇**いんのこにょおにょお** 新潟県佐渡352 ❻植物、えのころぐさ(狗児草)。奈良県南大和683 ◇**いぬこぼ** 香川県三豊郡829 ◇**いねころ** 奈良県南葛城郡683 ◇**いのこ** 岡山県苫田郡748 ◇**いのこかね** 備後†025 ◇**いのじ** 茨城県062 ◇**いのじあわ** 水戸†039 ◇**いのっこ** 静岡県523 ◇**いんぐさ** 鹿児島県川内市965 ◇**いんころばな** 富山県高岡市395 ◇**えのぼくさ** 長野県下水内郡470 発音 〈なまり〉イナッコロ〔茨城〕イヌッコロ〔千葉・東京〕イノコロ〔茨城・福井・大飯・信州上田〕インコロ・エンコロ〔千葉・富山県〕エノコロ〔鳥取〕ヨノコロ〔岐阜〕〈標ア〉コ ロ 〈京ア〉0 辞書 ヘボン・言海 表記 狗子(へ)

いぬころ から どろん 床下や下水溝から忍び込むことをいう、盗人仲間の隠語。〔隠語輯覧(1915)〕

いぬころ を 御座敷(おざしき)へ上(あ)げたよう 子犬が座敷に上げられ、どうしてよいかわからないように、うろうろして、落着かない様子をいう。＊人情本・春色淀の曙(19C中)二・三回「不断野へ出て菜を束ねたり、大根を洗ったりして居る奴が、急にお通ひと来てゐるから。さァ狗子(イヌコロ)をお座敷へ、上げた様で治らねェ。ハハハハ」

いぬころ を 屋根(やね)に上(あ)げたよう 子犬が屋根に上げられ、こわがってふるえているように、手も足も出ない様子。まごまごしている様子。

いぬ-ころころ【犬—】『名』 植物「えのころぐさ(狗児草)」の異名。＊重訂本草綱目啓蒙(1847)一二・隰草「狗尾草 えぬのこぐさ〔和名鈔〕〈略〉えのころぐさ 今名〈略〉いぬころころ 肥前」 方言 佐賀県002 長崎県002

いぬ-ころし【犬殺】『名』 ①狂犬病を予防したり、犬の危害を防止したりするために、野犬を捕らえること。＊仮名草子・片仮名本因果物語(1661)中・一四「菅沼何某内(うち)に、犬殺(イヌコロシ)の役に出(い)でたる、庄助と云者、有時(あるとき)犬を殺(ころし)に行に」＊吾輩は猫である(1905-06)〈夏目漱石〉一一「其時分になると、巡査が犬殺しの様な棍棒を以て天下の公民を撲殺(ぼくさつ)してあるく」 ②江戸時代、播磨国飾磨(しかま)より大坂へ薪炭などを輸送した小型荷船の俗称。飾磨船または播磨上荷という。また、九州西海岸地方で使われる小型快速の荷船や漁船をもいうが、この場合はインコロシまたはインコロと呼ぶことが多い。＊和漢船用集(1766)四・海船之部「餝磨船 播州名所を呼、毎に浪花に炭薪を積て来る小船也。俗にイヌコロシと云」 ③秋田、津軽地方に産するという梨。果実が大きく、特に秋田産のものは周囲五〇センチメートルもあるという。木の下にいる犬の上に落ちると犬がたちまち死ぬところから名付けられたといわれる。《季・秋》＊和漢三才図会(1712)八七「梨〈略〉奥州津軽羽州秋田之産倍二於他国者一而大其大者周一尺四五寸俗呼名二犬殺一〈狗子有二樹下一梨落所レ撲死故名〉」＊随筆・燕石雑志(1811)一・一〇「ある書に犬ころしといふ梨子は、その大なるもの周(めぐ)り一尺四寸、北国に多し。奥羽秋田の産他州に倍す。狗(いぬ)樹下にありて梨子落ち、これにあたるときは忽ち死すが故に名づくといへり」 方言 ❶植物、なし(梨)。山形県東田川郡139 ❷握り飯。愛知県碧海郡566 発音 〈なまり〉インコロシ・エンコロシ〔富山県〕〈標ア〉コ 〈京ア〉コ

いぬころ-なげ【犬児投】『名』 犬の子をほうり投げるように、たやすく投げ飛ばすこと。＊歌舞伎・月欠皿恋路宵闇(1865)大詰「両人が、一度にかかるを欠皿(かけざら)が、右と左りに犬(イヌ)ころ投げ」 発音 イヌコロナゲ 〈標ア〉0

いぬ-ころばし【犬転】『名』 張り子の犬の玩具。

犬の胴を両輪の軸に貫き、車輪の回転につれて犬が進退するように装置したもの。遠江国(静岡県)浜松の名物。発音〈標ア〉コ

いぬころ-やなぎ【犬児柳】〘名〙方言 ⇩いぬころ(犬児)

いぬ-さいき〘名〙植物「あしたば(明日葉)」の異名。〔語彙(1871-84)〕方言東国002

いぬ-さかき〘名〙方言植物。❶ひさかき(柃)。静岡県伊豆036 高知県香美郡036 鹿児島県出水郡036 ❷そよご(冬青)。静岡県524

いぬ-ざくら【犬桜】〘名〙バラ科の落葉高木。本州中部以西の山野に生える。高さ約八メートルに達し、樹皮は暗灰色、小枝は灰白色。葉は長さ六～一〇センチメートル、幅二～四センチメートルの長楕円形状で縁に向かい鋸歯(きょし)があり、基部はくさび形。春、白い花が二年生の枝に総状に集まり咲く。花弁は五枚で雄しべより短い。実は球形で黄赤色、のち紫黒色に熟す。サクラの一種だが、花が見劣りするのでこの名がある。しろざくら。学名は Prunus buergeriana《季・春》＊散木奇歌集(1128頃)春「山かげにやせさらぼへるいぬ桜おひはなたれてひく人もなし」＊風姿花伝(1400-02頃)三「犬桜の一重なりとも、初花のいろいろと咲けるをや見ん」＊俳諧・犬筑波集(1532頃)春「おる人のすねにかみつけ犬ざくら」＊俳諧・御傘(1651)八「いぬ桜 春也。植物也。是は桜に似たる木にて花もさかず、又、さけ共ちいさき花にていやしき木也と云々」＊日本植物名彙(1884)〈松村任三〉「イヌザクラ」方言植物。❶やまざくら(山桜)。◇いぬさくら 周防†122 ❷いそのき(磯木)。◇いんざくら 熊本県964 発音〈標ア〉ザ 辞書言海 表記犬桜(言)

いぬ-ざくり【犬決】〘名〙犬追物(いぬおうもの)で、犬が走って地面を踏みつけた足跡。この足跡をたどって、馬を走らせて犬を射る。＊随筆・松屋筆記(1818-45頃)七四・三二「『さくり』は、『さくる』又『さくをきる』などいひて鍬もて畠を条条(をちをち)に決(さく)り分る事也。〈略〉馬ざくり駒ざくりなどもおなじ詞也。〈略〉『犬ざくり』といふ詞も見ゆ」

いぬ-さど〘名〙植物「いぬいたどり(犬虎杖)①」の異名。＊重訂本草綱目啓蒙(1847)一二・隰草「蛇藨草 いぬいたどり いぬさど 豊後」

いぬ-サフラン【犬―】〘名〙(サフランは オランダ saffraan) ユリ科の多年草。ヨーロッパ、北アフリカで湿気の多い原野に群生する。日本へは明治初期に渡来し、薬用、観賞用として栽培される。地下に黒褐色の膜に包まれた直径五センチメートルほどの卵形の鱗茎(りんけい)がある。一〇月頃、先が六片の花被となって半開する直径約五センチメートルの白または淡紫色の花を一ないし数個出す。花茎は非常に短く、鱗茎の中に子房がある。葉は根生し、長さ一五～三〇センチメートルの広披針形で夏に枯れる。子房は花後に花柄の伸長によって地上に出て、開花の翌年に熟果となり、三裂して黒色の種子を放出する。種子と鱗茎にはアルカロイドの一種コルヒチンを含む。学名は Colchicum autumnale 発音〈標ア〉フ

いぬ-ざむらい【犬侍】〘名〙武士道をわきまえない、臆病な武士を軽蔑し、ののしっていう語。＊浄瑠璃・烏帽子折(1690頃)一「にげぼえの犬侍臆病(をくびゃう)臆病とぞ笑ひける」＊歌舞伎・小袖曾我薊色縫(十六夜清心)(1859)五立「言ふ様無き犬侍。臆病未練な所存と知らず、一大事を明(あか)せしは、思へ思へば口惜しい」発音〈標ア〉ザ〈京ア〉ザ

いぬ-さわら【犬鰆】〘名〙魚「うしさわら(牛鰆)①」の異名。《季・春》方言長崎県016

いぬ-ざんしょう【犬山椒】〘名〙ミカン科の落葉低木。本州、四国、九州の原野などに生える。高さ一・五～三メートルに達し、茎に単生するとげをもつ。外形はサンショウに似ているが、香りはよくない。葉は長さ一・五～三センチメートルの長楕円形の小葉七～九対からなる奇数羽状複葉。雌雄異株で夏、淡緑色の小さな花が多数かさ状に集まって咲く。実は秋から冬に縦裂して、球形の種子を露出する。葉は打撲症の外用薬、実は咳止め、湿布剤となる。学名は Zanthoxylum schinifolium《季・秋》＊文明本節用集(室町中)「秦椒 イヌサンセウ」＊日葡辞書(1603-04)「Inuzanxô (イヌザンショウ)」＊評判記・野郎虫(1660)松本小蔵人「此ころは犬(いぬ)蔵人とぞいひならはしたる。犬たで犬山せうの類(るい)なり」＊和漢三才図会(1712)八九「崖椒(サンシャウ イヌサンシャウ)俗此亦名二犬山椒一」＊日本植物名彙(1884)〈松村任三〉「イヌザンセウ 崖椒」方言植物。❶ふゆざんしょう(冬山椒)。和歌山県002 ❷からすざんしょう(烏山椒)。◇いのさんしょう 兵庫県但馬652 発音イヌザンショー〈なまり〉イヌザンシュ・インサンシュ・インザンシュ・インザンショ〔鹿児島方言〕インザンショー〔壱岐〕〈標ア〉ザ 辞書文明・日葡・言海 表記秦椒(文)犬山椒(言)

いぬ-じおうぎく【犬地黄菊】〘名〙植物「あれちのぎく(荒地野菊)」の異名。方言和歌山県西牟婁郡690

いぬ-じしゃ【犬侍者】〘名〙にせの信仰者。いいかげんな仏道修行者。＊貞享版沙石集(1283)八・一三「故明恵上人の、我等は犬時者なりとて、非時に菓子など召しけると申し候を何とも思ひよらず侍りし程に、信濃国の山里を、事の縁ありて越え侍りし時、犬辛夷(いぬこぶし)の花を見て、此事心得て侍りき。〈略〉我是犬時者宗、形似非実故因、猶如二犬辛夷一喩」

いぬ-しだ【犬羊歯】〘名〙シダ類ウラボシ科の多年草。各地の山野の乾いた崖などに生える。高さ一五～三五センチメートル。根茎は細く、地中を横にはう。葉は長さ一〇～二五センチメートル、幅三～八センチメートルで白い軟毛が密生し、一～二回羽状に分かれる。学名は Dennstaedtia hirsuta ＊日本植物名彙(1884)〈松村任三〉「イヌシダ」発音〈標ア〉シ

いぬ-しで【犬四手】〘名〙カバノキ科の落葉高木。本州中部以西の山野に生える。高さ一五メートル、直径〇・五メートルに達する。樹皮は暗灰色で新枝には毛が密生する。葉は互生し、長さ七センチメートル内外の卵形または楕円形で先がとがり、縁には不規則な鋸歯(きょし)がある。葉面には長い軟毛があり、葉脈は斜めに平行に、はっきりした側脈がある。初夏、黄褐色の雄花が尾状の穂となって前年の枝に垂れ下がり、淡緑色の雌花は新枝の先につく。材は建築、器具の材料とするほか炭、薪となる。そろ。そね。しろそね。あぶらしで。くぎしで。しろしで。そろしで。学名は Carpinus tschonoskii ＊日本植物名彙(1884)〈松村任三〉「イヌシデ ソロ」方言植物。❶くましで(熊四手)。広島県比婆郡773 ❷しでざくら(四手桜)。岡山県苫田郡748 発音〈標ア〉シ ヌ

いぬ-じに【犬死】〘名〙何か意味のあるつもりであっても、結局は何の役にも立たず、名誉にもならない死に方。現代では社会的意味に重点をおいていう場合が多い。徒死。むだじに。＊半井本保元(1220頃か)下・為義最後の事「自害をしたらばよかるべきに、犬死せんずるござんなれ」＊平家(13C前)九・河原合戦「御敵すでに河原までせめ入て候ふに、犬死(いぬじ)にせさせ給ひなんず」＊虎明本狂言・文山賊(室町末-近世初)「てに手をとりてわがやどに、いぬじにせでぞ、かへりける」＊集義和書(1676頃)一一「此後無礼をとがむる人あらば、兵刃に及(およぶ)ことあらん。勝ても負ても犬死なり」＊読本・椿説弓張月(1807-11)後・三回「ここにて自殺(じさつ)し給はんは、潔(いさぎよ)きに似て犬死(イヌジニ)なり」発音〈標ア〉0 ニ ジ〈京ア〉0 辞書日葡・書言・言海 表記犬死(書・言)

いぬ-じにん【犬神人】〘名〙中世以降、京都祇園の八坂神社に隷属した下級の神人。建仁寺の門前に住み、平常は沓(くつ)や弓弦の製造を業とするとともに、八坂神社境内の清掃や京都市内の死屍の始末などにたずさわった。祇園会には神幸の警護や前路の清掃に当たった。また、室町時代には、必要に応じて武力の提供もした。いぬじんにん。つるめそ。→神人(じにん)。＊日蓮遺文-立正安国論(1260)「於二法然墓所一仰二付感神院犬神人一令二破却一」＊鶴岡事書日記-応永二年(1395)七月「若於二違犯倫一者、申二付犬神人一可レ取二其馬一候之由」＊仮名草子・東海道名所記(1659-61頃)六「その法然房の戸(しかばね)をほりおこし、賀茂川に流すべしとて、祇園(ぎおん)の犬神人(イヌジニン)をかたらひ」＊書言字考節用集(1717)四「犬神人 イヌジニン」＊随筆・立路随筆(18C後か)「犬神人 是を弦めそと云。〈略〉牛頭天王下界へ天下り給ふ時、白き牝牡の犬を二つ連給ふが、子を産て漸々と人の形に変じ、身のたつきのために、弓を作り矢をはぎ弦をよりて世を渡る」辞書書言 表記犬神人(書)

いぬ-しばい【犬芝居】〘名〙犬に芸を演じさせる見世物。＊東京風俗志(1899-1902)〈平出鏗二郎〉下・一〇・観世物「その種類に球乗・軽業〈略〉犬芝居・猿芝居・山雀の芸を始めとして」＊苦の世界(1918-21)〈宇野浩二〉六・一「まるで犬芝居の犬のやうなめつきをして毎日をぬりつぶして生きてゐたのである」発音〈標ア〉シ

いぬ-じま【犬島】〘名〙平安時代、宮中の犬を追放した場所。→語誌。＊枕(10C終)九・うへにさぶらふ御猫は「この翁丸うちてうじて、いぬしまへつかはせ、ただいまとおほせらるれば」＊如願集(13C前)「いぬしまや中なる淀の渡し守いかなる時に逢ふ瀬ありけん」語誌北村季吟が「枕草子春曙抄」で「備前にある嶋の名也、犬を遠嶋せしむる心なるべし」と説いて以来、岡山県犬島を指すという説が有力であったが、近年の説によると、九条家本「延喜式」紙背の寛弘七年(一〇一〇)一〇月三〇日附文書に「一升依二宣旨一穢二供御一犬遣レ淀衛士一人料」とあり、また挙例の「如願集」などから、京都府南部の淀の中洲のひとつに犬を放逐する島があって、中世初めには地名として定着していたという。ただ「枕草子」の段階では固有の地名であるかどうかは分明でなく、淀の地を念頭に置いた普通名詞であったものと思われる。発音〈標ア〉0

いぬしま-みかげ【犬島御影】〘名〙岡山市犬島から産する黒雲母花崗岩(かこうがん)。堅くて風化に耐えるので、建築材に使用される。発音イヌシマミカゲ〈標ア〉ミ

いぬ-じもの【犬自物】〘名〙(「じもの」は「のようなもの」の意の接尾語) ①(副詞的に用いる) 犬のように。犬のごとく。一説に、「道に伏す」にかかる枕詞とする。＊万葉(8C後)五・八八六「世の中は かくのみならし 伊奴時母能(イヌジモノ) 道に伏してや 命すぎなむ〈山上憶良〉」②犬のようなもの。犬の類。転じて、とるに足りない軽蔑すべきもの。犬畜生。＊談義本・根無草(1763-69)後・跋「あら金の地を走る犬じもの、久方の天をかける鳥の類ひは」＊浮雲(1887-89)〈二葉亭四迷〉二・九「昇如き犬自物(イヌジモノ)の為に恥辱を取った」発音〈標ア〉0 辞書言海 表記犬自物(言)

いぬ-しゅろちく【犬棕櫚竹】〘名〙植物「しゅろちく(棕櫚竹)」の異名。＊大和本草(1709)九「椶竹に大小あり。大に二種あり。一種は葉短くつよし。小にして不レ高。一種は色淡黒。葉大に茎高く、長じやすし。是犬椶櫚竹と云」＊重訂本草綱目啓蒙(1847)三三・苞木「椶竹は和名いぬしゅろちく高さ四五尺に至る下品なり扇骨に用ゆるはこの椶竹なり」＊日本植物名彙(1884)〈松村任三〉「イヌシュロチク 椶竹」発音〈標ア〉シュ

いぬ-しょうま【犬升麻】〘名〙キンポウゲ科の多年草。関東から近畿地方の山野の日陰地などに生える。高さ約七〇センチメートルに達する。葉は三出複葉で、各小葉は五～七に浅裂し、縁には鋸歯(きょし)がある。七、八

月頃、五個の早落性のがく片と多数の雄しべと一〜二個の雌しべからなる白い小花を穂状につける。学名は Cimicifuga japonica ＊日本植物名彙(1884)〈松村任三〉「イヌショウマ」 発音 イヌショーマ〈標ア〉ショ

いぬ-しょん【犬―】〘名〙(犬が小便をかけるほど低い場所に掲げたところから) 近世、江戸の劇場で、木戸前の土間に飾った下回りの役者の紋看板。

いぬ-じらみ【犬虱】〘名〙ケモノホソジラミ科の昆虫。体長一・六〜二・四ミリメートル。頭部は小さく長さと幅が同じ、腹部は広卵形で、放射状の毛があり、気門は大きい。犬に寄生する。学名は Linognathus setosus ＊書言字考節用集(1717)五「狗蠅 イヌシラミ 時珍云生狗身上状如蠅黄色者」 ＊銀の匙(1913-15)〈中勘助〉四三「一生懸命犬じらみをとってゐる」 方言 植物、ぬすびとはぎ(盗人萩)。島根県益田市725 ◇いぬのしらみ 大阪府南河内郡644 発音〈標ア〉ジ 辞書 書言 表記 狗蠅(書)

いぬ-しらみばえ【犬虱蠅】〘名〙シラミバエ科の昆虫。体長六〜八ミリメートル。体は黄褐色で胸背部に逆Y字形の黒い斑紋がある。犬、狐、ライオンなどに群がって血を吸う。学名は Hippobosca longipennis 発音〈標ア〉ミ

いぬ-しろね【犬白根】〘名〙植物「こしろね(小白根)」の異名。＊日本植物名彙(1884)〈松村任三〉「イヌシロネ」 発音〈標ア〉シ

いぬ-じんにん【犬神人】〘名〙「いぬじにん(犬神人)」に同じ。＊太平記(14C後)二四・依山門嗷訴公卿僉議事「遠流疎石法師、於天龍寺以犬神人(イヌジンニン)可令破却」 ＊随筆・近世奇跡考(1804)一「懸想文売。〈略〉是は祇園の犬神人(イヌジンニン つるめそ)なりや。又は、桂(かつら)の里より出る男にや」

いぬ-すいば〘名〙植物「ぎしぎし(羊蹄)」の異名。＊重訂本草綱目啓蒙(1847)一五・水草「羊蹄〔古歌〕〈略〉ぎしぎし 京〈略〉いぬすいば 伯州」 方言 植物。❶ぎしぎし(羊蹄)。山口県794 ◇いぬずいば 山口県都濃郡794 ◇いぬしんば 広島県比婆郡774 ◇いぬしんざい 備後†039 ◇いぬししんど 山口県厚狭郡799 ◇いぬしいしいどお 山口県吉敷郡794 ◇いぬはさっぺえ 山口県阿武郡794 ❷いたどり(虎杖)。山口県794

いぬ-すがき【犬清掻】〘名〙張見世などで、犬の皮を張った安物の三味線でひく清掻。＊雑俳・川柳評万句合-明和四(1767)礼八「かるい沢犬すががきをひくところ」 発音 イヌスガガキ〈標ア〉ガ1

いぬ-ずき【犬好】〘名〙犬をかわいがる人。愛犬家。＊社会百面相(1902)〈内田魯庵〉犬物語「歴史で一番評判(なだい)の愛犬家(イヌズキ)は北条高時どのだネ」 発音〈標ア〉0

いぬ-すぎな【犬杉菜】〘名〙シダ類トクサ科の多年草。本州中部以北の沼地、川原、原野などに生える。高さ三〇〜六〇センチメートル。茎は黒褐色の地下茎の先端や節々から生じ、径三ミリメートル内外の濃緑色の円柱形で縦の隆起線がある。葉は輪生し、黒褐色のさや状となり、縁は白い膜状。ぬまどくさ。学名はEquisetum palustre《季・春》＊日本植物名彙(1884)〈松村任三〉「イヌスギナ」 発音 イヌスギナ〈標ア〉ス

いぬ-ぜきしょう【犬石菖】〘名〙植物「こうがいぜきしょう(笄石菖)」の異名。〔語彙(1871-84)〕 発音 イヌゼキショー〈標ア〉ゼ 辞書 言海 表記 犬石菖(言)

いぬ-ぜり【犬芹】〘名〙植物「どくぜり(毒芹)」の異名。方言 植物。❶どくぜり(毒芹)。◇いんぜい 鹿児島県出水郡965 ❷きつねのぼたん(狐牡丹)。山口県大津郡964

いぬ-そとば【犬卒都婆・犬卒塔婆】〘名〙犬供養の時に立てるY字形の塔婆(とうば)。生木の枝を五〇センチメートルほどの長さに切り、Y字形の下の部分を削って白くし、僧侶が経文の文字などを書いたもの。道ばた、辻、馬頭観音の前などに立てる。発音〈標ア〉ソ

いぬ-そば【犬蕎麦】〘名〙植物「みぞそば(溝蕎麦)」の異名。＊重訂本草綱目啓蒙(1847)一八・穀「苦蕎麦 みぞそば〈略〉いぬそば 予州」 方言 愛媛県002

いぬ-そらまめ【犬空豆】〘名〙植物「からすのえんどう(烏野豌豆)」の異名。＊書言字考節用集(1717)六「翹揺 イヌソラマメ 一名揺草」 辞書 書言・言海 表記 翹揺・野蚕豆(書)

いぬ-そり【犬橇】〘名〙(「いぬぞり」とも) 犬に引かせて雪上を走るそり。《季・冬》＊コシャマイン記(1936)〈鶴田知也〉四「太い革紐を取り出して、十二頭の犬を犬橇につけた」 発音〈標ア〉ソ 0

いぬた〘名〙海藻「あらめ(荒布)」の異名。

いぬ-だいおう【犬大黄】〘名〙植物「すいば(酸葉)」の異名。＊重訂本草綱目啓蒙(1847)一五・水草「酸模 すいば〈略〉すかんぽ 江戸〈略〉いぬだいわう 予州」 方言 予州†034

いぬ-だいまい【犬代米】〘名〙鷹狩のタカのえさにするために供出させる子犬の代わりの米。江戸初期には実際に子犬を村々から供出させる藩が多かったが、のちにそれが米に代わり、年貢の付加税として固定したもの。御鷹餌犬代米。＊寛文村々覚書(尾張国)(1671-72頃)「(中島郡)高御堂村 一夫銀、堤銀并御鷹餌犬代米御定之通、弐百三拾弐石五斗四升七合出す」

いぬ-たず【犬―】〘名〙方言 植物。❶にわとこ(接骨木)。高知県長岡郡808 ❷はりぎり(針桐)。香川県綾歌郡829

いぬ-たで【犬蓼】〘名〙①タデ科の一年草。各地の原野、路傍に生える。高さ二〇〜四〇センチメートル。茎は紅紫色を帯びる。葉は狭長楕円形で両端がとがり、縁や裏面の脈上に毛がある。夏から秋に、紅紫色の細かい花が集まって、長さ一〜五センチメートルほどの穂となる。花には花弁はなく、五枚の赤い萼片(がくへん)があり、結果時まで残る。茎葉は煎(せん)じて解毒、駆虫薬とするが、胃潰瘍にも効くという。はなたで。あかのまんま。あかまんま。学名は Persicaria longiseta《季・秋》＊本草色葉抄(1284)「馬蓼 イヌタテ」 ＊夫木(1310頃)二八「からきかな刈もはやさぬいぬたでのほになる程にひく人のなき〈藤原為家〉」 ＊元興寺極楽坊文書-康暦三年(1381)二月二三日・夫婦離別祭文「金剛木女宍皮男作背合、又犬多天山鳥尾等可入」 ＊大和本草(1709)九「馬蓼(イヌタデ) 本草凡物大者。以馬名くと云。日本にては物の相似て賤き物を犬と云」 ＊日本植物名彙(1884)〈松村任三〉「イヌタデ 馬蓼」 ＊紫(1901)〈与謝野鉄幹〉清狂「犬蓼の花さく見ればしのばるる君と韓野に駒なめし秋」 ②辛味がなく、食用とならないタデの総称。＊重訂本草綱目啓蒙(1847)一二・隰草「馬蓼 野生して辛味なく食用に堪ざる者を皆いぬたで或は河原たでと呼みな馬蓼なり」 ③植物「おおけたで(大毛蓼)」の古名。＊本草和名(918頃)「葒草 和名以奴多天」 ＊色葉字類抄(1177-81)「葒草 イヌタテ 水草也」 発音〈標ア〉ヌ〈ア史〉平安○○○●と○○○○の両様〈京ア〉ヌ 辞書 和名・色葉・名義・和玉・文明・伊京・明応・天正・饅頭・易林・日葡・書言・言海 表記 遊龍(色・名・文・明・天・饅) 葒草(和・色・名・伊・易) 葒(色・名・玉・書) 蘢(色) 蓼・蘠(玉) 水蓼(書) 犬蓼(言)

犬　蓼①

いぬたで の 灰(はい) 食用にならないタデ類を焼いて灰としたもの。懐炉の灰として用いられた。＊浮世草子・西鶴織留(1694)一・二「焼草に気を付て見しに茄子(なすび)の木犬蓼(イヌタデ)の灰(ハイ)ゆへに火の消ん事をためして」 ＊本朝食鑑(1697)三「用狗蓼灰煉米泔塗其剪痕晒乾点火則亦不滅」

いぬ-たぶ〘名〙植物「いたびかずら(崖石榴)①」の異名。＊重訂本草綱目啓蒙(1847)一四下・蔓草「木蓮 いたみ〔日本紀〕 いたび いたびかづら いぬたぶ きまんぢう」 方言 植物、いぬびわ(犬枇杷)。鹿児島県出水郡964

いぬ-たぼ〘名〙植物「おおいたび(大崖爬)」の異名。

いぬ-だまし【犬―】〘名〙(「だまし」は「たまし」の変化した語で、分割の単位、分け前の意) 共同狩猟のとき、犬を連れて行った人が、犬の分として受け取る分配。鹿児島県大隅半島山間部の語。

いぬ-だら【犬楤】〘名〙植物「はりぎり(針桐)」の異名。＊バレト写本(1591)「コノ キワ ynũdara (イヌダラ)トテ ホカニワ アラケナキ ウバラ ミチ ミチタルコト」 ＊重訂本草綱目啓蒙(1847)三一・喬木「はりぎりは救荒本草の刺楸なり一名いぬだら 和州、ぼうだら 紀州」 方言 植物。❶からすざんしょう(烏山椒)。三重県085 和歌山県085 高知県土佐郡808 長崎県085 大分県085 宮崎県085 ◇いんだら 鹿児島県964 ❷たらのき(楤木)。木曾†091 筑前†040 山口県厚狭郡799 高知県844 ❸はりぎり(針桐)。木曾†091 長野県081 奈良県081 香川県綾歌郡808 福岡県081 熊本市964 宮崎県082 鹿児島県081 ◇いんだら 茨城県082 長野県005 宮崎県964 鹿児島県082 ❹とべら(海桐花)。長門†122 辞書 言海 表記 犬楤(言)

いぬ-たらよう【犬多羅葉】〘名〙植物「さんごじゅ(珊瑚樹)②」の古名。＊大和本草批正(1810頃)一二「きさんご ゆづりはに似て小なり〈略〉しまたらえふ、いぬたらえふ、さんごじゅとも云」

いぬ-たわけ【犬婚】〘名〙獣姦の一種で、犬と交合すること。国つ罪の一つ。＊古事記(712)中「生剝(いけはぎ)、逆剝(さかはぎ)、阿離(あはなち)、溝埋(みぞうめ)、屎戸、上通下通婚(おやこたはけ)、馬婚(うまたはけ)、牛婚(うしたはけ)、鶏婚(とりたはけ)、犬婚(いぬたはけ)の罪の類を種々求めて」

いぬ-たんば【犬―】〘名〙植物「やまこうばし(山香)」の異名。

いぬ-ちくしょう【犬畜生】〘名〙犬などのけだもの。転じて、道徳にはずれた行ないをする者をののしっていう語。人非人(にんぴにん)。＊古今著聞集(1254)二〇・七一一「人倫のなかにもありがたき事にて侍るに、いふかひなき犬畜生のかくしけん事、ありがたきことなり」 ＊浄瑠璃・丹波与作待夜の小室節(1707頃)夢路のこま「後ろ指をさされふが、いぬちく生といはれふが、我身の恥を振り捨て、厚恩の主君に忠節をはげむ」 ＊浮雲(1887-89)〈二葉亭四迷〉二・八「彼様(あんな)卑屈な軽薄な犬畜生にも劣った奴に」 発音 イヌチクショー〈標ア〉ショ〈京ア〉チ

いぬ-ちょろぎ〘名〙植物「にがくさ(苦草)」の異名。＊日本植物名彙(1884)〈松村任三〉「ニガクサ イヌチョロギ」 発音 イヌチョロギ〈標ア〉チョ

いぬ-づか【犬塚】〘名〙①いわれのある犬を埋めたという伝承をもつ塚。また、その伝説。②犬追物(いぬおうもの)の名所(などころ)。馬場の中央で小縄の中。犬を放つ所で色砂が敷いてある。＊射鏡(15C中か)四(古事類苑・武技一〇)「一、犬つかと云は、左右の矢とりの下に、犬をひっ立ておくを云也、此在所へ入犬をば射間舗也」 ＊犬追物検見記(室町)「検見鞭おるる事有。其時は馬よりおり、犬塚のうしろにて沓(くつ)をぬぎて、替への鞭を請」 発音〈標ア〉ヌ 0

いぬづか【犬塚】 姓氏の一つ。発音〈標ア〉0

いぬ-つき【犬付】〘名〙方言 ❶猪(いのしし)狩りの時、犬を率いる勢子(せこ)。◇いんつき 宮崎県東諸県郡954 ◇いんつ 鹿児島県肝属郡054 ❷猟師。かりゅうど。◇いぬつぃき 沖縄県小浜島996

いぬ-つくばい【犬蹲】〘名〙犬のように両手両足をついてひれ伏すこと。転じて、相手にへつらって機嫌をとるさまにいう。犬居(いぬい)。＊虎明本狂言・

釣狐(室町末-近世初)「又わなのそばへよる時は、ねてはいよる也、いろいろきてんかんよう也、犬つくばひにして、やすむ事もあり」 *浄瑠璃・菅原伝授手習鑑(1746)三「年は寄ってもこはいは親。上へも上らず犬踞(イヌツクバ)ひ」 *浄瑠璃・神霊矢口渡(1770)二「汝が様なる億病者(おくびゃうもの)は、牛蒡(ごぼう)程な尾を振って、鎌倉武士に犬(イヌ)つくばい」 *歌舞伎・隅田川続俤(法界坊)(1784)口明「犬つく這になって、わんと云うて此一軸を頂け」 方言❶人がうずくまること。◇いんつくばい 富山県砺波397 ◇えんつくばい 富山県下新川郡391 ❷腹ばい。◇いんつくばい 新潟県中頸城郡383 ❸二月卯(う)の日の祝い。仙台†058 発音〈標ア〉ツ

いぬつくばしゅう【犬筑波集】(いぬつくばシフ) 室町後期の俳諧集。一巻。山崎宗鑑編。天文元年(一五三二)頃成る。宗鑑、宗祇、宗長などの句三七〇を収める。卑俗でこっけいな表現を打ち出し、俳諧が連歌から独立する機運を作った。わが国初の俳諧撰集。俳諧連歌抄。新撰犬筑波集。発音イヌツクバシュ 〈標ア〉バ

いぬ-つげ【犬黄楊・柞木】〘名〙モチノキ科の常緑低木または小高木。各地の山地や湿地に生え、庭木ともされる。高さ一・五～三メートル。葉は互生して枝に密につき、長さ一・五～三センチメートルの長楕円形または楕円形で、縁に細かい鋸歯(きょし)がある。雌雄異株で、夏、白い花が咲き、秋、黒い球形の実がつく。材は版木やツゲの代用品として小器具などを作る。学名はIlex Crenata *御伽草子・草木太平記(有朋堂文庫所収)(江戸初)「同じ草木の中にも、犬槇(いぬまき)、犬黄楊(イヌツゲ)、或は猿すべりなどと言はれし、只今皆畜生道にかはる事なし」 *大和本草(1709)一一「柞(さく)はいぬつげなり」 *書言字考節用集(1717)六「奴柘 イヌツゲ」 *日本植物名彙(1884)〈松村任三〉「イヌツゲ」 方言植物。❶つげ(黄楊)。豆州†072 ◇いんつけ 福岡県872 ❷やまつげ(山黄楊)。木曾†091 ❸はまくさぎ(浜臭木)。高知県高岡郡964 発音イヌツゲ 〈なまり〉インッケ〔福岡〕インッゲ〔鹿児島方言〕 〈標ア〉ヌ 辞書書言・言海 表記奴柘(書) 犬黄楊(言)

犬 黄 楊

いぬっ-ころ【犬児】〘名〙「いぬころ(犬児)」の変化した語。*雑俳・川傍柳(1780-83)四「そこへ捨まいぞと叱る犬っころ」 *滑稽本・東海道中膝栗毛(1802-09)初・発語「『そんならおいらふたりが国所ナアニ』『神田の八丁ぼり、家主与次郎兵へ店ととくか』『ヱヱおぶしやれなんな。これを豕(ぶた)が二足犬子(イヌッコロ)が拾疋ととく』『そのこころは』『ぶた二(に)ながらきゃん十(とを)もの』」 発音〈標ア〉コ

いぬ-つつじ【犬躑躅】〘名〙植物「れんげつつじ(蓮華躑躅)」の異名。*重訂本草綱目啓蒙(1847)一三・毒草「羊躑躅 いぬつつじ 仙台」 方言◇いぬつつぎとも。山形県139 ◇えんつつじ 新潟県361 ◇えんつつぎ 秋田県平鹿郡130 発音〈なまり〉エヌッツギ〔青森〕エンチジキ〔山形小国〕エンツツギ・エンツッツギ〔秋田〕

いぬ-つづら〘名〙植物「はすのはかずら(蓮葉葛)」の異名。*重訂本草綱目啓蒙(1847)一四下・蔓草「一種はすのはかづらと呼ものあり一名いぬつづら 熊野」 方言紀州†034 ◇いんつづら 鹿児島県中之島965

いぬ-つなぎ【犬繋】〘名〙鷹狩りの鷹を留めておく木の下の方にある横木。*伊勢備後守貞明覚悟記(1504-21頃か)「犬つなきと云也」

いぬ-つばき【犬椿・女貞】〘名〙植物「ねずみもち(鼠黐)」の異名。*和漢三才図会(1712)八四「女貞 イヌツバキ 和名太豆乃木、又云比女豆波木」 *重訂本草綱目啓蒙(1847)三二・灌木「女貞 ねずみもちのき〔和名鈔〕〈略〉いぬつばき 泉州」

いぬ-つばな【犬茅花】〘名〙植物「ちからしば(力芝)」の異名。*重訂本草綱目啓蒙(1847)一九・穀「狼尾草 ちからぐさ ちからしば〈略〉いぬつばな 若州」 方言若州034

いぬ-づら【犬面】〘名〙何かを嗅ぎまわるような顔。回し者らしい顔。*雑俳・折句袋(1779)「犬づらに逢ふ花の水茶屋」 発音〈標ア〉0

いぬ-つり【犬釣】〘名〙①餌やわなを仕掛けて犬を捕えること。また、それを職業とした人をいう。*俳諧・ぬれがらす(1679)「天にあらば比翼の雀さいてとる〈一礼〉さて地をはしる犬つりにゆく〈益友〉」 *浮世草子・日本永代蔵(1688)四・四「山売り、人参のつき付け、筒持たせ、犬釣、乳呑子(ちのみご)を養てほし殺し」 ②淫売婦の異称。〔秘密辞典(1920)〕

いぬ-づる〘名〙植物「ひめゆずりは(姫譲葉)」の異名。*日本植物名彙(1884)〈松村任三〉「ヒメユヅリハ イヌヅル」

いぬ-でら【犬寺】 兵庫県神崎郡神崎町にある高野山真言宗の寺、法楽寺の別名。古代、蘇我入鹿の臣下の枚夫という者が、従者に殺害されようとしたさい、その危機を救った二匹の黒い飼い犬をまつって建てたという故事が「元亨釈書」に見える。*俳諧・くろねぎ(1797)「犬寺の鐘だになれば昼となり〈長翠〉うつらうつらと恋をわづらふ〈羅城〉」 *俳諧・わかほとけ(1813)「あからめもせすにところの花をみて〈乙二〉かぜの吹やむ犬寺の軒〈布席〉」

いぬ-とうがき【犬唐柿】(:タウがき)〘名〙植物「いぬびわ(犬枇杷)」の異名。*重訂本草綱目啓蒙(1847)二七・夷果「天仙果〈略〉いぬとうがき 芸州」 方言広島県安芸郡036 語源説トウガキはイチジク(無花果)のこと。イヌビワの果実が無花果に似ているから。〔古今要覧稿〕 発音〈標ア〉0

いぬ-どくさ【犬木賊・接骨草】〘名〙シダ類トクサ科の多年草。本州以南に分布し、川原や海岸の砂礫(されき)地に生える。高さ三〇～一〇〇センチメートル。地下茎は暗褐色で長く横にはい、多く分枝して地上茎を直立する。夏から秋に茎頂にツクシに似た黄色い胞子嚢(ほうしのう)穂が生じる。かわらどくさ。はまどくさ。学名はEquisetum ramosissimum *書言字考節用集(1717)六「麻黄 イヌトクサ 龍沙草 イヌトクサ」 *物類品隲(1763)三「麻黄 和名いぬとくさ 又かはらとくさと云。所在水湿の地に産す。形木賊に似て稍小なり」 *日本植物名彙(1884)〈松村任三〉「イヌドクサ 節節草」 方言植物、いのもとそう(井之許草)。近江坂田郡†037 発音〈標ア〉ド 辞書書言・言海 表記麻黄・龍沙草(書) 犬木賊(言)

いぬ-どし【戌年】〘名〙十二支で、第一一番目にあたる戌の年。また、その年に生まれた者。*落語・春の新築(1898)〈三代目三遊亭円遊〉「御夫婦中(なか)は追々に親密(よく)なると云ふのは、何故(なぜ)と云ふに、戌年(イヌドシ)で御坐いまして」 発音〈標ア〉0

いぬ-とり【犬捕】〘名〙野犬を捕獲すること。また、それを業としている人。*階級(1967)〈井上光晴〉三「犬捕りが見たら飛び上がって喜ぶやろうという話だったんだから」 発音〈標ア〉リ ト

いぬ-なし【犬梨】〘名〙①植物「やまなし(山梨)」の異名。*重訂本草綱目啓蒙(1847)二六・山果「鹿梨 やまなし〔和名鈔〕 ありのみ 京、いぬなし 濃州、ゆでなし 雲州」 ②植物「さるなし(猿梨)」の異名。〔語彙(1871-84)〕 方言植物、やまなし(山梨)。岐阜県美濃002 和歌山県690

いぬ-なずな【犬薺】(:なづな)〘名〙アブラナ科の二年草。各地の原野などに生える。高さ一〇～二〇センチメートル。根ぎわの葉は広いへら状で長さ二～四センチメートル、幅八～一五ミリメートル。茎に生える葉は長さ一～三センチメートル、幅五～一五ミリメートルの狭卵形または狭長楕円形。春、小さな黄色の四弁花を茎の上部に総状につける。実は平たい長楕円形のさやとなる。学名はDraba nemorosa *和爾雅(1688)七「葶藶(イヌナヅナ)〈葶蒿、狗薺、並同〉」 *東雅(1717)一三「薺なづな 義不詳。葶藶をも亦あしなづなといふ也。此草は一名狗薺といひて、平沢田野之間に生ずと見えたれば、あしとは、萑葦之属なるをいふに似たり。今俗にいぬなづなといふは即狗薺也」 *日本植物名彙(1884)〈松村任三〉「イヌナヅナ 葶藶」 発音〈標ア〉ナ1 辞書書言 表記狗薺(書)

いぬ-ねこ【犬猫】〘名〙犬と猫。とるにたりないもののたとえにも用いられる。*洒落本・風俗七遊談(1756)二・遊女の譚「人の情(じゃう)をしらぬ犬猫(イヌネコ)も同じ事さ」 *当世書生気質(1885-86)〈坪内逍遥〉一四「こは犬猫の特例から、帰納推理したけふの屁理窟」 *浮雲(1887-89)〈二葉亭四迷〉二・一二「奴隷と云はれても恥とも思はんやうな、犬…犬…犬猫同前な奴に手を杖(つ)いて頼めと仰しゃるのですか」 発音〈標ア〉ネ ヌ 〈京ア〉0 / イ=ネ

いぬねこにも馴染(なじ)めば思(おも)う かわいがれば、犬猫でも主人のことを思う。犬や猫でも馴染めば愛情がわく。恩知らずを戒めることば。*和漢古諺(1706)上「いぬねこにもなじめば思ふ」

いぬねこも三日(みっか)=飼(か)えば[=扶持(ふち)すれば]恩(おん)を忘(わす)れず 犬猫でも三日飼えば、主人の恩を忘れない。まして人間は、恩を知るのは当然である。恩知らずを戒めることば。*歌舞伎・有松染相撲浴衣(有馬猫騒動)(1880)四幕「犬猫(イヌネコ)でさへ三日(カ)飼(カ)へば其(ソノ)飼主(カヒヌシ)の恩(オン)を忘(ワス)れず、ましてや人の身の上では」

いぬねこ-びょういん【犬猫病院】(:ビャウヰン)〘名〙犬猫などペット類の診察や治療をする施設。動物病院。*赤い自転車(1952)〈阿川弘之〉「シェパードの太郎を曳いて、犬猫病院から帰って行くのに逢った」 発音イヌネコビョーイン 〈標ア〉ビョ

いぬ-のえんどう【犬野豌豆】(:のヱンドウ)〘名〙植物「すずめのえんどう(雀野豌豆)」の異名。発音イヌノエンドー 〈標ア〉エ

いぬ-の-お【犬尾】(を:)〘名〙植物「のげいとう(野鶏頭)」の異名。*重訂本草綱目啓蒙(1847)一一・隰草「青葙 あまさく〔和名鈔〕、のげいとう〈略〉いぬのを 防州」 方言植物。❶しょうま(升麻)。あわぼ(粟穂)。佐渡†082 ❷えのころぐさ(狗児草)。◇いんのお 新潟県佐渡352

いぬ-の-きば【犬牙】〘名〙方言植物、あさつき(浅葱)。岩手県上閉伊郡097 秋田県一部030

いぬのくそ-せっきょう【犬糞説経】(:セッキャウ)〘名〙人の説をそのまま自分の説のように使うこと。*宇治拾遺(1221頃)五・一一「大方は此頃の説教をば、犬糞説経といふぞ。犬は人の糞を食て糞をまるなり。仲胤が説法を取りて此の頃の説教師はすれば、犬の糞説経といふなりといひける」

いぬのこ-ついたち【犬子朔日】〘名〙新潟県の中部で、旧暦二月一日の異名。この日に犬をはじめ十二支の動物の形をつくり、戸や障子の桟(さん)に並べたり、二月一五日の涅槃(ねはん)の日までとっておき、ばらまいて子供に与える行事がある。

いぬ-の-しり【犬尻・地菘】〘名〙植物「やぶタバコ(藪煙草)」の古名。*色葉字類抄(1177-81)「地菘 イヌノシリ」 *名語記(1275)一〇「草の名に、いぬのしり、如何。地菘とかける歟。くさければさやうに、いへる歟」 方言◇いぬのしりさし 周防†122 辞書色葉・伊京 表記地菘(色・伊)

いぬ-の-しりつき【犬尻突】〘名〙植物「へびのぼらず(蛇不登)」の古名。*重訂本草綱目啓蒙(1847)三二・灌木「伏牛花 へびのぼらず ばらいず 淡州、さはいばら 江州、ほねすいいばら いぬのしりつき 共同上」

いぬ-の-はなひげ【犬鼻髭】〘名〙カヤツリグサ

科の多年草。本州中部以西の日当たりのよい湿地などに生える。高さ五〇～一〇〇センチメートル。葉は茎より短く、幅三・五ミリメートルほどの線形。夏から秋、茎の上部でまばらに枝を出し、頂端に赤褐色の小花穂を数個束生する。学名は Rhynchospora chinensis ＊日本植物名彙(1884)〈松村任三〉「イヌノハナヒゲ」 発音イヌノハナヒゲ〈標ア〉ナ

いぬ-の-ひげ【犬髭】〘名〙ホシクサ科の一年草。本州以西の水田や湿地に生える。高さ一五～二〇センチメートル。葉は根ぎわに束生し長さ一〇～一五センチメートル、幅三～六ミリメートルの線形で七～九本の脈があり、先は次第にとがる。秋、白い花が茎の頂に半球形に集まり、先がとがった包葉が多数放射状につく。学名は Eriocaulon miquelianum ＊日本植物名彙(1884)〈松村任三〉「イヌノヒゲ」 方言植物、すずめのてっぽう(雀鉄砲)。愛媛県周桑郡845 発音イヌノヒゲ〈標ア〉0

いぬ-の-ふぐり【犬陰嚢】〘名〙ゴマノハグサ科の一、二年草。本州以南の路傍や畑のわきなどに生える。茎は長さ五～二〇センチメートルでやや地をはい、葉は卵円形で、縁に粗い鋸歯(きょし)がある。春、淡紅紫色の小さな花が咲く。実は先がへこんだ偏球形。いぬふぐり。ひょうたんぐさ。てんにんからくさ。はたけくわがた。学名は Veronica lilacina《季・春》＊日本植物名彙(1884)〈松村任三〉「イヌノフグリ 婆婆納」 発音イヌノフグリ〈標ア〉フ 辞書言海

いぬ-の-へ【犬屁】〘名〙方言❶役に立たない者を軽蔑していう語。青森県南部073 ❷植物、どくだみ(蕺)。青森県073 075 秋田県北秋田郡131 熊本県阿蘇郡964 ◇いぬへ 秋田県北秋田郡131 ❸植物、とべら(海桐花)。宮崎県南那珂郡003 ❹植物、ぬすびとはぎ(盗人萩)。青森県津軽076 ❺植物、はまくさぎ(浜臭木)。大分県036 宮崎県036

いぬのへどぐさ【犬草】〘名〙植物「どくだみ(蕺)」の異名。＊重訂本草綱目啓蒙(1847)一三・菜「蕺しぶき〔和名鈔〕じうやく どくだみ〈略〉いぬのへどぐさ 備後」

いぬ-のみ【犬蚤】〘名〙ヒトノミ科の昆虫。体長約二ミリメートル。主に犬に寄生する。最近は飼い犬によって室内に持ち込まれ、人の吸血被害も多くなっている。全世界に広く分布する。学名は Ctenocephalides canis 発音〈標ア〉0 ヌ

いぬ-ばい【犬蠅】〘名〙「いぬばえ(犬蠅)」に同じ。＊日葡辞書(1603-04)「Inubai (イヌバイ)〈訳〉犬の蠅」 発音〈標ア〉ヌ 辞書日葡

いぬ-ばい〘名〙麦飯をいう、盗人仲間の隠語。〔日本隠語集(1892)〕

いぬ-ばいり【犬這入】〘名〙犬の出入りする口。＊滑稽本・浮世床(1813-23)初・上「或は四角の犬這入(イヌバヒリ)、或は三角の鳴子板、ひく三弦(さみせん)の稽古所あれば、鳴る尺八の指南所、士農工商混雑(こきまぜ)て」

いぬ-ばえ【犬蠅】〘名〙犬に群がりたかる一種の蠅。いぬばい。《季・夏》＊色葉字類抄(1177-81)「猘 イヌハエ 著犬蠅也」＊俳諧・新季寄(1802)六月「生類〈略〉狗蠅」 発音〈標ア〉ヌ 0 辞書色葉・言海 表記猘猘(色) 犬蠅(言)

いぬ-はぎ【犬萩・山豆花】〘名〙マメ科の多年草。本州以南の原野や近海の砂地に生える。高さ六〇～一五〇センチメートルで茎の基部は木質。葉は楕円形の三枚の小葉からなり、表には褐色の微毛が密生し、裏は白色を帯びる。夏、白い蝶形の花が総状に集まって咲く。学名は Lespedeza tomentosa ＊日本植物名彙(1884)〈松村任三〉「イヌハギ シラハギ」 発音イヌハギ〈標ア〉ヌ

いぬ-ばこ【犬箱】〘名〙「いぬはりこ(犬張子)」に同じ。＊産所之記(1521頃)「御とぎの犬箱有べし」＊日葡辞書(1603-04)「Inubaco (イヌバコ)〈訳〉犬の格好と形に紙で作られた、子供達が遊ぶ小箱」＊俳諧・玉海集追加(1667)「つよさうな張ぬき細工身にしめてよめり時までもてるいぬ箱」 発音〈標ア〉ヌ 辞書日葡・言海 表記犬箱(言)

いぬ-はじき【犬弾】〘名〙「いぬよけ(犬除)②」に同じ。

いぬはじめ-の-いぬおうもの【犬始犬追物】〘名〙正月初めて催す犬追物(いぬおうもの)。

いぬ-はじらみ【犬羽虱】〘名〙ミナミケモノハジラミ科の昆虫。体長一・三～一・八ミリメートル。体色は頭部が褐色で、腹部は淡い灰褐色。犬に寄生する。全世界に広く分布する。学名は Heterodoxus spiniger 発音〈標ア〉ジ

いぬ-ばしり【犬走】〘名〙①築地(ついじ)の外壁や堤などと、その外側の溝または敷石の間の小路。犬の通い得るほどの空間の意という。犬ゆき。＊半井本保元(1220頃か)中・白河殿攻落す事「築地の犬走にぞ打て出、長刀脇に夾て立たりけり」＊新撰六帖(1244頃)二「崩れそふやぶれついぢの犬ばしりふまへ所もなき我身哉〈藤原信実〉」＊俳諧・本朝文選(1706)三・賦類・旅賦〈許六〉「かねて何国(いづく)の土とならん、終をしらず。犬走の土中にこめて、年の齢、衣類の摸様を小札にしるされて」＊家屋雑考(1842)三「犬走、古代の定、築地の外には必溝あり、溝と築地との間に、犬走あり、又犬行ともいふ、広さ五尺を定制とす」②城の垣(かき)と堀との間にある狭い空地。＊築城記(1565)「土居の堀より内は武者ばしりと云也。外は犬ばしりと云」＊甲陽軍鑑(17C初)品四二「武者走(はしり)三段はがんき・あふさか・かさなり坂。おもてに一つ二つは犬(イヌ)走と云」③建築物の外壁に沿った周囲の部分をコンクリートや砂利(じゃり)敷きにしたもの。＊雁(1911-13)〈森鷗外〉一八「竪に鐵の棒を打ち附けた窓で、その外には犬走(イヌバシ)りに植ゑた側柏(ひのき)が二三本埃を浴びて立ってゐるのである」④犬のように小走りに走ること。＊俳諧・うたたね(1694)下「犬走り三里隔る斎(とき)だんな〈拙打〉」＊浄瑠璃・応神天皇八白旗(1734)四「かしこまったと舁(か)いて行く、足に三里は犬走り」＊浄瑠璃・新版歌祭文(お染久松)(1780)野崎村「一時(ひととき)三里犬走(イヌバシ)り日暮までには戻ってくる」＊俚言集覧(1797頃)「犬走、〈略〉又小ばしりに疾走するを犬走りと云」 方言❶防波堤の下の段。岡山県邑久郡761 ❷河岸に構築された石がけに、川に沿って続いている約一メートル幅の平地。大阪市637 発音〈標ア〉バ 辞書日葡・言海 表記犬走(言)

いぬ-はちじょう【犬八丈】〘名〙八丈縞に似ているが、京で染めた絹織物。＊浮世草子・好色万金丹(1694)一・三「京染の犬八丈(イヌハチジャウ)此比の流行物也」

いぬ-はっか【犬薄荷】〘名〙シソ科の多年草。ヨーロッパ、西アジア、中国、朝鮮の原産で、長野県北部の山野に帰化している。高さ五〇～一〇〇センチメートル。茎は角柱形で、全体に細かい白毛が密生。葉は長さ三～六センチメートル、幅二～三・五センチメートルの卵状心臓形で、縁にとがった鋸歯(きょし)がある。夏、茎の先に短い穂を出し、白紫色の唇形の花を密集する。ちくまはっか。学名は Nepeta cataria 発音〈標ア〉ハ

いぬ-ばな【犬鼻】〘名〙犬の鼻のように物をよくかぎつけること。また、その鼻。発音〈標ア〉ヌ

いぬ-はなし【犬放】〘名〙犬追物(いぬおうもの)の時、犬鎌で犬の首縄を切って放すことをつかさどる役人。＊射鏡(15C中か)三(古事類苑・武技一二)「一御手組の犬放事、直垂に大帷を重、袴にくくりを可ₗ入、河原者手より犬を執て、検見を後になし、右方へ見返て御犬にげ候と申也」＊犬追物之式(1747)(古事類苑・武技一二)「一犬放も一人也、犬の首縄を切て放す役也」

いぬ-ばば【犬馬場】〘名〙「いぬ(犬)の馬場」に同じ。＊大乗院寺社雑事記-寛正七年(1466)二月二三日「去十九日大閤・前殿両御所山名申ニ入于犬馬場ニ以ニ若衆犬ₗ射ₗ之」＊実隆公記-文明六年(1474)八月一四日「後聞今夕昭慶法印於ニ犬馬場ニ与ニ右馬頭政国ニ有ニ誼譁之事ニ云々」＊親元日記-政所賦銘引付-文明一四年(1482)八月七日「鳥羽庄内犬馬場開田地弐段事、塔森之山本方より永享三年買得相伝以来無ニ相違ニ候也」

いぬ-はまず【犬不食】〘名〙料理で、キジの胸の平骨をいう。＊随筆・貞丈雑記(1784頃)六「一、雉の名所の事。当流献方口伝書に云〈略〉犬はまずとは胸の平骨也」

いぬ-ばら【犬茨】〘名〙①バラ科のつる性低木。ヨーロッパ、西アジア、北アフリカに分布する。葉は五～七個の小葉に分かれる。花は五弁でピンクまたは白色。果実は楕円形で赤熟し、第二次世界大戦中はイギリスでビタミンCの供給源として利用された。学名は Rosa canina ②植物「さるとりいばら(菝葜)」の異名。＊重訂本草綱目啓蒙(1847)一四下・蔓草「菝葜 うぐひすのさる 古哥〈略〉さるとりいばら 京〈略〉いぬばら 予州」

いぬ-はりこ【犬張子】〘名〙犬の形状を模した紙製の置き物。邪霊や魔を祓う効能を信じて寝所に置いたので、御伽犬(おとぎいぬ)、宿直犬(とのいいぬ)ともいった。御帳台(みちょうだい)の獅子、狛犬(こまいぬ)にならって一対とし、婚礼や小児の誕生・宮参りの祝儀の贈り物とされた。古くは箱形で「犬箱」とも呼ばれ、上部は蓋になっており、花嫁は、この中に化粧の道具や守り札などを入れた。古くは伏した姿で立ち姿のものは、江戸中期以降つくられ、顔は、はじめ小児に似せたが、近世は顔も体も犬に似せるようになった。＊御湯殿上日記-文明九年(1477)二月一四日「あすの御ほうもつ〈略〉女はうたちよりも、いぬはりこふせいまいる」＊俳諧・鴉鷺誹諧(1646)「みやげには何よりまさん犬張子〈満直〉 物まうでする道くさの時〈立圃〉」＊浄瑠璃・妹背山婦女庭訓(1771)三「嫁入道具行器(ほかい)。長持犬張子(イヌハリコ)。小袖簞笥(こそでだんす)の幾棹も」＊談義本・風流睟談義(1774)五「傾城の年のよったのと狗(イヌ)はりこのはげたのとは、役に立たぬといひ」 発音〈標ア〉ハ〈京ア〉ハ 辞書言海 表記犬張子(言)

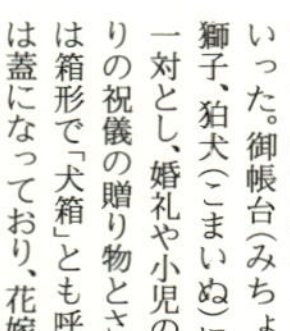
犬張子〈風俗画報〉

いぬはりこ【狗張子】江戸前期の仮名草子。七巻。浅井了意作。作者没後の元祿五年(一六九二)刊。中国唐代の短篇怪異小説を翻案したもの、本朝の先行作品を素材にしたものなど四五編の怪奇説話から成る。「御伽婢子(おとぎぼうこ)」の続編として書かれたという。

いぬ-ばん【犬番】〘名〙①江戸時代、元祿年間(一六八八～一七〇四)、「生類憐みの令」に基づいて設置された犬を保護する役目の人。＊随筆・半日閑話(1823頃)二「友犬喰合候節は、犬番近所之者早々出合、水をかけ草ほうきにてわけ」②古く、奈良で、春日神社の神鹿(しんろく)の分娩期に、犬の害を防ぐために置かれた役目の人。《季・夏》＊俳諧・新季寄(1802)四月「犬狩犬待 犬番 犬追棒 南都の神鹿子をうむ時山家より犬来りて子をとる。これを制する也」 発音〈標ア〉0

いぬ-ばんしょ【犬番所】〘名〙江戸時代、徳川五代将軍綱吉の時に、「生類憐みの令」に基づいて、犬の保護のために町中に設けられた番屋。＊随筆・半日閑話(1823頃)二「町内に若主無き犬参り候節は、犬番所相改、近所之家持共え早速主付養育仕」

いぬひ〘名〙鳥「たひばり(田雲雀)」の異名。辞書言海

いぬ-び【犬―】〘名〙植物「くろべ(黒檜)」の異名。方言植物。❶くろべ(黒檜)。栃木県西部003 群馬県東部003 ❷いぬびわ(犬枇杷)。和歌山市692

いぬ-びえ【犬稗】〘名〙イネ科の一年草。各地の山

野や路傍に普通に生える。高さ六〇～一〇〇センチメートル。茎は束生し、基部でしか分枝しない。葉は長さ約二五センチメートルほどの剣形で、縁には細かい鋸歯(きょし)があり、先はしだいに細くとがる。夏、茎の頂に円錐花穂を出し、緑色の小花を密に付ける。さるびえ。のびえ。学名は Echinochloa crus-galli ＊書言字考節用集(1717)六「狼尾草 イヌヒエ」＊重訂本草綱目啓蒙(1847)一九・穀「稗 のびえ 野生のひえなり数種あり旱稗は いぬびえと呼陸地路旁庭院に自生す」＊生物学語彙(1884)〈岩川友太郎〉「Euxolus 細莧(ノビヱ又ハイヌビヱ)属」 発音〈標ア〉ヌ 辞書書言・言海 表記狼尾草・稂・宿田翁・狼芽(書) 犬稗(言)

いぬ-ひき【犬牽・犬引】〘名〙「犬飼(いぬかい)」に同じ。＊室町殿日記(1602頃)七「犬引見付て大きに驚」＊浄瑠璃・曾我虎が磨(1711頃)中「犬引二人に御犬ひかせ」＊阿部一族(1913)〈森鷗外〉「五助は二人扶持六石の切米取(きりまいとり)で、忠利の犬牽(イヌヒキ)であった」

いぬひき-かしら【犬牽頭】〘名〙江戸幕府の職名。犬牽の長。初め若年寄の支配であったが、のち鷹匠頭の支配に属し、さらにまた鉄砲方所属の佐々木氏の配下に属することとなった。＊吏徴(1845)附録・廃職「御犬牽頭 御役扶持七人扶持」

いぬひきざとう【犬引座頭】 狂言。「猿座頭」の原形。 発音イヌヒキザトー〈標ア〉ザ

いぬひき-づな【犬引綱】〘名〙犬の首につけて、引いて歩く綱。 発音〈標ア〉キ

いぬひき-ぼうし【犬牽帽子】〘名〙犬牽のかぶった帽子。松波帽子。＊随筆・安斎随筆(1783頃)一四「犬牽帽子は定家卿鷹三百首に『狩人のおそろしげにも見えつるはふるき松波 つるはばきに』註にいふ六飼のぼうしを松波ぼうしと云ふなり。但しこしらへは不定物也とあり。不ㇾ知可ㇾ尋とあり、鷹飼犬牽帽子の体は栄花物語の絵に見えたり」

いぬ-ひと【狗人】〘名〙上代、犬のほえるように声を発して宮門を守護した隼人(はやと)。行幸や朝儀に列して犬吠(いぬぼえ)をするならいであった。↓犬吠。＊書紀(720)神代下(鴨脚本訓)「恒に当に汝の俳人(わざひと)と為らむ。一に云はく、狗人(イヌひと)といふ」＊八雲御抄(1242頃)三「隼人 いぬ人といふ」 辞書言海

いぬ-ひばり【犬雲雀】〘名〙鳥「たひばり(田雲雀)」の異名。 辞書言海

いぬ-びゆ【犬莧】〘名〙ヒユ科の一年草。各地の路傍や畑のそばに生える。高さ約三〇センチメートル。葉は長さ一～五センチメートルの菱状卵形で先がへこんでいる。夏、黄緑色の細かい花が茎先と葉腋(ようえき)に穂状に集まって咲く。学名は Amaranthus lividus ＊重訂本草綱目啓蒙(1847)二三・菜「細莧は いぬびゆ 一名野びゆ」＊日本植物名彙(1884)〈松村任三〉「イヌビユ 野莧」 発音〈標ア〉ヌビ

いぬ-びょう〘名〙植物「すべりひゆ(滑莧)」の異名。＊物類称呼(1775)三「馬歯莧(むまびゆ) 相模にていぬひゃうと云」

いぬ-ひらい【犬拾】〘名〙「いぬひろい(犬拾)」の変化した語。＊雑俳・楊梅(1702)「そさうかな・ほでをかまれた犬ひらひ」

いぬ-ひろい【犬拾】〘名〙近世、かごを背負い市中を回って、死んだ犬を拾って歩いた人。＊随筆・守貞漫稿(1837～53)六「犬拾ひ。京坂にあり江戸に無ㇾ之。困屠児職ㇾ之とす。其扮弊衣を着し、古編笠の下に頰かむりし、蜜柑の空籠を負ひ、市中を巡て斃犬を拾ふ。必らず竹杖を携へて追犬を払ふ」

いぬ-びわ【犬枇杷・天仙果】〘名〙クワ科の落葉低木。本州中部以西の暖地で池や海岸付近の林中に生える。高さ二～四メートル。樹皮はなめらかで灰白色、傷つけると乳白色の液汁が出る。葉は倒卵形ないし倒卵状長楕円形で先がとがる。雌雄異株で、春、小さな白い斑点が散らばったイチジクに似た花嚢を付ける。花嚢は径一五ミリメートルほどで、夏から秋にかけ紫黒色に熟し、食べられる。いたぶ。いたび。こいちじく。ちちのみ。やまびわ。学名は Ficus erecta《季・夏》

犬枇杷

＊和漢三才図会(1712)八八「天仙果(いぬひわ)〈略〉六七月無ㇾ花結ㇾ実一栁二三顆状似ㇾ枇杷ㇾ而小初青熟赤紫色内満ㇾ白細子ㇾ小児喜食俗名ㇾ犬枇杷ㇾ」＊日本植物名彙(1884)〈松村任三〉「イヌビハ コイチジク 天仙果」 発音〈標ア〉ヌビ 辞書言海 表記犬枇杷(言)

いぬ-ふぐり【犬陰嚢】〘名〙植物「いぬのふぐり(犬陰嚢)」の異名。近年は、外来種のるり色の花を付けるオオイヌノフグリをさすことが多い。《季・春》＊六百句(1947)〈高浜虚子〉昭和一九年「犬ふぐり星のまたたく如くなり」 発音イヌフグリ〈標ア〉フ

いぬ-ふじ【犬藤】〘名〙方言植物。❶にわふじ(庭藤)。和歌山県新宮市692 ❷こふじ(小藤)。◇いぬふじかつら 長門†122

いぬ-ぶせ【犬伏】〘名〙「いぬふせぎ(犬防)②」に同じ。＊醍醐寺新要録(1620)「遍智院御拝堂記。建仁三年六月廿八日〈略〉犬伏を取のけて、正面の間より令ㇾ入て」

いぬ-ふせぎ【犬防】〘名〙①殿舎、町家などの出入口や、道路に面した壁面の前に立てる低い格子。駒寄せ。犬よけ。＊侍中群要(1071か)二「戌一剋、蔵人下ㇾ格子ㇾ事〈夏立ㇾ犬防ㇾ〉」＊文明本節用集(室町中)「檻 イヌフセギ 犬防也」＊実隆公記‐大永四年(1524)一一月五日「番匠四人・をか引一人、庭者令ㇾ掘ㇾ土、犬防事等申ㇾ付之ㇾ」②寺院の内陣と外陣との境界などに立てる、低くてすかしの粗い柵。いぬぶせ。いぬよけ。＊枕(10C終)一二〇・正月に寺にこもりたるは「いぬふせぎのうち見いれたる心ちぞ、いみじうたふとく」＊醍醐寺新要録(1620)「報恩院御拝堂記、建長三年六月七日〈略〉立ㇾ正面東之壇上正面ㇾ〈礼堂并内陣〉犬禦兼取ㇾ之」 方言❶雨戸。板戸。愛媛県弓削島840 大三島848 ❷丈の低い柵(さく)を木や竹で作り、表通りの格子に取り付けたもの。◇いぬよけ〔犬除〕とも。愛知県名古屋市562 ❸土葬した墓の周りに木の枝や竹を刺したもの。岩手県気仙郡100 ◇いぬっぱじき〔犬弾〕 長野県佐久493 発音イヌフセギ〈標ア〉フ 辞書文明・天正・易林・書言・言海 表記檻(文・天) 狗防(易・書) 犬防(文・言) 猪欄(書)

いぬ-ぶち【犬扶持】〘名〙江戸幕府の市中課税の一つ。徳川五代将軍綱吉が、元禄九年(一六九六)五月から宝永六年(一七〇九)正月まで、野犬を収容した犬小屋の飼育料として、江戸市内の各町から、一町につき玄米五斗六升あて上納させたもの。＊財政経済史料‐巻一・財政・雑税・地税・元禄一六年(1703)一二月二四日「一、江戸町中より犬扶持持出し来り候処、此度火事地震にて困窮仕候に付、犬扶持御免被ㇾ遊候、其上当春より出し候犬扶持御返し被ㇾ遊候由」

いぬ-ぶどう【犬葡萄】〘名〙植物「えびづる(蘡薁)」の異名。＊随筆・独寝(1724頃)下・一三〇「一種蘡薁(イヌブドウ)といふ物有。ゑびすいばらと云ものなり。是にても酒を造る也」＊重訂本草綱目啓蒙(1847)二九・蓏「蘡薁 イヌヱビ ヱビヅル イヌブドウ」 方言植物。❶のぶどう(野葡萄)。兵庫県神戸市670 和歌山県西牟婁郡・東牟婁郡692 ❷えびづる(蘡薁)。山口県阿武郡794 豊浦郡798

いぬ-ぶな【犬橅・仙毛欅】〘名〙ブナ科の落葉高木。本州、四国、九州の山地に生える。高さ二〇～二五メートル。樹皮は黒褐色で、いぼ状の突起が多い。葉の長さ五～一〇センチメートルの卵形または楕円状卵形で先がとがり、縁はやや波状で裏には白毛が密生し、側脈は九～一四対。初夏、黄色の花が長い柄の先に球形に集まって咲くが、雄花はたれ下がり、雌花は上に向く。実は堅い三稜(りょう)形の殻の中に二個ずつ生じる。材はブナに劣るが農具、建築、炭、薪(まき)などに用いる。くろぶな。いぼぶな。学名は Fagus japonica ＊日本植物名彙(1884)〈松村任三〉「イヌブナ シロブナ 山毛欅」 発音〈標ア〉ブヌ 辞書言海

いぬ-ぶんどう〘名〙植物「つるまめ(蔓豆)」の異名。＊書言字考節用集(1717)六「鹿藿 イヌヤヘナリ イヌブンドウ」 辞書書言 表記鹿藿(書)

いぬ-へちま【犬糸瓜】〘名〙方言天蚕蛾(てぐすが)の繭。透かし俵。大分県005 ◇いぬへちゃ 豊後†029

いぬ-べや【犬部屋】〘名〙「いぬごや(犬小屋)③」に同じ。＊随筆・半日閑話(1823頃)二「家之内にて子を産候節は、其所を囲ひ、又は風雨に当り不ㇾ申候様に犬部屋へ入養育仕候」

いぬぼう-カルタ【犬棒―】〘名〙(カルタは carta)いろはガルタの一種。近世末期以来、家庭などで最も一般的に行なわれたもの。最初の札の「い」が、「犬も歩けば棒にあたる」であるところからいう。「いぬぼうガルタ」とも。 発音イヌボーカルタ〈標ア〉カ

犬棒カルタ
〈江戸文政年間〉

いぬぼう-ざき【犬吠埼】㊀千葉県、利根川河口の一角で太平洋に突き出た岬(みさき)。航海上の要地で、突端の崖の上に日本最初の回転式灯台である、犬吠埼灯台がある。犬吠岬。㊁〘名〙調子はずれ。銚子のはずれにかけていう語。 発音イヌボーザキ〈標ア〉ボ〈京ア〉ボ〈一〉

いぬ-ぼうず【犬坊主】〘名〙(「犬」は、卑しめていう接頭語)坊主を卑しめ、ののしっていう語。くそ坊主。＊浄瑠璃・松風村雨束帯鑑(1707頃)うばぞろへ「人でなしの犬ばうず犬と猿とのうでくらべ」

いぬ-ぼえ【犬吠・狗吠】〘名〙①犬の遠吠え。また、それをまねること。②上代において元日、即位、大嘗会(だいじょうえ)および外国使節入朝の時に、隼人(はやと)が宮門を守るため、犬の遠吠えをまねたこと。狗人(いぬひと)が声を発すること。＊古活字二巻本日本書紀抄(16C前)二「吠狗と云は、公卿の参内の時御即位の時も、隼人がいぬほへと云事をするぞ。今はたへて候わぬぞ」＊随筆・比古婆衣(1847～61)三「隼人の狗吠の故実は、隼人司式に、凡今来隼人令ㇾ大衣習ㇾ吠左発ㇾ本声ㇾ右発ㇾ末声ㇾ惣大声十遍、小声一遍、訖一人更発ㇾ細声ㇾ二遍と見えて其供奉事は同式に、凡元日即位及蕃客入朝等儀に云々今来隼人発ㇾ吠声ㇾ三節 蕃客入朝不ㇾ在ㇾ吠限ㇾ」

いぬぼえ-ぬすびと【犬吠盗人】〘名〙犬の鳴きまねをして忍び込むどろぼう。また、小ぬすびとをいう。狗盗(くとう)。 辞書言海 表記狗吠(言)

いぬ-ぼお〘名〙方言植物。❶たかのつめ(鷹爪)。島根県出雲008 広島県003 高知県003 ◇いぬほお・いぬぼか 広島県008 ❷こしあぶら(漉油)。京都府山城005 広島市008 徳島県003 香川県003 愛媛県003 高知県003 ◇いぬぼぼ 広島県003 ❸みつで(三手)。◇いぬほお 伊勢†033

いぬ-ほおずき【犬酸漿・龍葵】〘名〙ナス科の一年草。各地の原野、路傍などに生える。高さ二〇～九〇センチメートル。葉は長さ六～一〇センチメートル、幅四～六センチメートルの卵形。夏から秋に白い花が節と節との間に数個ずつ集まって咲く。実は液質で黒く熟し、径六～七ミリメートルの球形。有毒植物で、麻痺(まひ)性をもち、催眠・鎮痛薬とする。くろほおずき。やまほおずき。やぶほお

ずき。うしほおずき。いのほおずき。ひたいほおずき。学名は Solanum nigrum《季・秋》＊大和本草(1709)九「龍葵 こなすび。一名いぬほうずき。又ひたいほうずき。葉は茄に似て、子小にしてまるし。熟すれば黒し。茄子には似ず。且大小甚異。其実を汗瘡に付れば愈ゆ」＊書言字考節用集(1717)六「龍葵 イヌホオズキ コナスヒ」＊日本植物名彙(1884)〈松村任三〉「イヌホホヅキ 龍葵」方言植物。❶せんなりほおずき(千成酸漿)。山口県大島801 ◇いのぼおずき・いなぼおずき 東京都三宅島・御蔵島333 ◇いぬふずき 鹿児島県062 ◇いんふづっ 鹿児島県肝属郡965 ❷はだかほおずき(裸酸漿)。周防†122 高知県幡多郡870 ❸みずおおばこ(水車前草)。山口県厚狭郡799 ❹こなすび(小茄子)。◇いのほおずき 香川県002 ❺いぬびわ(犬枇杷)。予州†039 発音イヌホーズキ〈標ア〉ホ 辞書書言・言海 表記龍葵(書) 犬酸漿(言)

いぬ-ぼね【犬骨】『名』(「いぬ(犬)骨折って鷹にとられる」から) むだな骨折り。徒労。犬骨折り。＊浄瑠璃・軍法富士見西行(1745)一「夫程(それほど)に働いて、那様事では拙者が犬骨(イヌボネ)」＊歌舞伎・群清滝鼎眞勢力(1867)序幕「なに分前は三両だえ、そいつァあんまり犬骨(イヌボネ)だ」発音〈標ア〉0

いぬぼね 折(お)って＝鷹(たか)にとられる・鷹(たか)の餌食(えじき)［＝**鷹(たか)の功名(こうみょう)**］「いぬ(犬)骨折って鷹にとられる」に同じ。＊浄瑠璃・源氏大草紙(1770)三「又先達(さきだ)って義経が小悴(こせがれ)、犬骨(イヌボネ)折て鷹の餌食と、貴殿の方へ奪取(うばひとり)ながら、我館(やかた)に隠(かくま)ひ置く条」＊滑稽本・浮世床(1813-23)二・上「犬骨(ボネ)折(オッ)て鷹にとられたは娑婆での事よ」＊合巻・ぬしや誰問白藤(1828)前「犬骨(イヌボネ)折(ヲ)って鷹(タカ)の功名(コウミャウ)、此身の後悔」＊人情本・春色梅児誉美(1832-33)後・七齣「心には犬骨(イヌボネ)折て鷹の餌(ヱ)となりもやせんと廻り気はほれた女の常にして」

いぬぼね 折(お)る (「いぬ(犬)骨折って鷹にとられる」から) むだな骨折りをすること。徒労に終わること。＊浄瑠璃・源頼家源実朝鎌倉三代記(1781)二「最前からの事共は、犬骨(ボネ)折(おッ)て高綱殿、いかゐ御苦労(くらう)お草臥(くたびれ)」＊歌舞伎・名歌徳三升玉垣(1801)三立「犬ぼねおって、高見で是が見物しておらりゃうか」

いぬ-ぼねおり【犬骨折】(ぼね をり)『名』「いぬぼね(犬骨)」に同じ。＊開化のはなし(1879)〈辻弘想〉二「君の尽力説得も、皆これ無用の犬骨折(イヌボネヲリ)、鷹も嫌ひて捉らざるべし」発音〈標ア〉ボ

いぬ-まき【犬槇】『名』マキ科の常緑高木。関東地方南部から与論島までの山野に生える。高さ二五メートル、径〇・八メートルにも達する。樹皮は灰白色で縦に浅く裂け、薄くはげ落ちる。葉は互生し、長さ一〇～一五センチメートル、幅八～一二ミリメートルの扁平な線形または披針形で先がとがる。雌雄異株。種子は球形で緑色に熟す。果托は大きく倒卵形で紫赤色に熟し食用となる。材は、建築、器具などに用い、また庭園や生垣に植栽される。まき。くさまき。学名は Podocarpus macrophyllus ＊御伽草子・草木太平記(有朋堂文庫所収)(江戸初)「同じ草木の中にも犬槇(イヌマキ)、犬黄楊(いぬつげ)、或は猿すべりなどと言はれし、只今皆畜生道にかはる事なし」＊大和本草(1709)一一「羅漢松(いぬまき)〈略〉杉をまきと云に対して、羅漢松は犬まきと云。今は只まきと称す。〈略〉犬まきの木、其実大にして小指の如く、長くして人の形に似て、僧の袈裟かけたるが如し。故に羅漢の名あり。実の色黄赤也」＊書言字考節用集(1717)六「羅漢松 ラカンショウ イヌマキ」発音〈標ア〉ヌ マ 辞書書言・言海 表記羅漢松(書) 犬槇(言)

いぬ-まくら【犬枕】㊀『名』(「犬」はにせものの意) にせものの「枕草子」。㊁の体裁にならって書かれたものもこう呼ばれた。＊評判記・吉原讃嘲記時之大鞁(1667か)いなば「ある人、長短広峡の品、善悪好嫌のたぐひを、一つ書にあげて、犬まくらとなづけて、をかれし書を」㊁仮名草子。一冊。近衛信尹(のぶただ)側近の合作か。慶長一一年(一六〇六)頃成立。「枕草子」の「物は尽し」の形式により、「うれしき物」「かなしき物」等、七十余項目を箇条書きにし、末尾に狂歌を付す本もある。卑俗な記事が多い。発音〈標ア〉マ

いぬ-まち【犬待】『名』「いぬばん(犬番)②」に同じ。＊俳諧・新季寄(1802)四月「犬狩 犬待 犬番 犬追棒 南都の神鹿子をうむ時山家より犬来りて子をとる。これを制する也」発音〈標ア〉0

いぬ-まねき【犬招】『名』①鞘巻(さやまき)の刀のこじりの上のところに穴をつくり、革紐を通して結んで環(わ)をつくり、結び余りを一〇センチメートルほど垂らしておくもの(貞丈雑記)。＊日葡辞書(1603-04)「Inumaneqi(イヌマネキ)〈訳〉鞘をまもるためにおかれる上の鞘の先のことで、それは余って少し外に出ている」＊剣法略記(1839)一「さやがらみのしざま、犬まねき付けたるは、夫へかけてのとめざま」②物の末端に付けてひらひらさせるものの称。語源説ヰノメヌキ(猪目貫)の訛〔好古小録・卯花園漫録・大言海〕。辞書日葡

いぬ-まもり【犬守】『名』子犬の形をした安産、夜泣きよけなどのお守り。奈良の法華寺で作った。発音〈標ア〉マ

いぬ-まゆみ【犬檀】『名』植物「まゆみ(檀)」の異名。方言つりばな(吊花)。埼玉県秩父郡251

いぬ-みずき【犬水木】(づき み)『名』植物「ひゅうがみずき(日向水木)」の異名。発音〈標ア〉ミ

いぬ-みち【犬道】『名』方言❶山の傾斜面を遠回りする道。長野県上水内郡012 ❷小路。愛知県北設楽郡553

いぬ-むぎ【犬麦】『名』①イネ科の一年草。南アメリカ原産で明治初年に渡来し、各地の路傍に雑草として生える帰化植物。茎は三～四本簇生し、高さ五〇～一二〇センチメートル。葉は長さ二〇～三〇センチメートルの広線形。六～七月頃、密集する一〇個内外の花からなる、長さ約二・五センチメートルの緑色の小穂を円錐花序に付ける。学名は Bronus catharticus ②植物「こうぼうむぎ(弘法麦)」の異名。＊雑俳・雪の笠(1704)「犬麦も君が爪根に乗るじしゃく」方言植物、がかんそう(鵝観草)。奥州会津†106 発音イヌムギ〈標ア〉ヌ ム 辞書言海 表記犬麦(言)

いぬ-むらさき【犬紫・麦家公】『名』ムラサキ科の二年草。本州、四国、九州の乾いた草地に生える。高さ二〇～六〇センチメートル。葉は狭長楕円形で、横に寝た剛毛が密生。春から夏に茎の先に直径三～四ミリメートルの車形で先が五裂した白い花を一～数個付ける。学名は Lithospermum arvense ＊日本植物名彙(1884)〈松村任三〉「イヌムラサキ」方言植物、おかとらのお(岡虎尾)。◇いんむらさけ 長崎県福江島964 鹿児島県国分市965 発音〈標ア〉ラ

いぬ-め【犬目】『名』涙の出ない目。泣くことを知らない非情の人にいう。＊十訓抄(1252)一〇・経信等遊五節命婦庵室事「万秋楽の序より、五帖まで有りけるに、涙落さぬ人なし。此うち俊明、何事にもすべて泣かざりければ、犬目(イヌメ)の少将といはれけるぞ」＊風俗画報‐一五八号(1898)動植門「涙の出でぬ目をいぬ目」

いぬめ【犬目】 山梨県北都留郡上野原町の地名。甲州街道の野田尻と下鳥沢の間にあった旧宿駅。

いぬ-もどり【犬戻】『名』「いぬがえし(犬返)」に同じ。

いぬ-や【犬屋】『名』犬を売っている店。また、その店の人。＊浅草(1931)〈サトウハチロー〉フクサン・二「フクさんは犬屋(イヌヤ)である。一文も、まうけた事のない犬屋である」＊禽獣(1933)〈川端康成〉「子供のゐる犬を、犬屋が黙って売るはずがない」

いぬ-やなぎ【犬柳】『名』植物「やまならし(山鳴)」の異名。＊重訂本草綱目啓蒙(1847)三一・喬木「白楊 はこやなぎ〈略〉いぬぎり 筑紫、いぬやなぎ 同上」方言はこやなぎ。やまならし。筑紫†020 青森県弘前市・中津軽郡008

いぬ-やま【犬山】『名』犬を使って山野に狩猟すること。または、それを業としている人。＊今昔(1120頃か)二六・七「此(この)人犬山と云事をして、数(あまた)の犬を飼(かひ)て、山に入て猪・鹿を犬に令噉殺(くひころさしめ)て取事を業としける人也」＊上井覚兼日記‐天正三年(1575)二月二〇日「犬山申候、御犬猪一くひ候」＊読本・本朝酔菩提全伝(1809)一・一「春夏はねらひ射、秋冬は笛待落しくくり押上がり犬山などいひて、昼夜の山稼に」

いぬやま【犬山】 愛知県北西部、木曾川南岸の地名。尾張藩家老成瀬氏三万五千石の旧城下町。国宝犬山城のほか、明治村、京大霊長類研究所、日本ラインなどがある。昭和二九年(一九五四)市制。＊李花集(14C後)雑「犬山といひし所よりなるみの浦ちかくいで侍しに」発音〈標ア〉0

いぬやま-じょう【犬山城】(ャ ウジ) 愛知県犬山市、木曾川南岸の丘にある平山城。文明元年(一四六九)織田広近が木の下村に築城。天文六年(一五三七)織田信康が三狐尾寺山に移し、慶長六年(一六〇一)小笠原氏が現在地に移築。元和三年(一六一七)以降、成瀬氏が城主。現存の天守閣は国宝。白帝城。発音イヌヤマジョー〈標ア〉マ

いぬやま-つむぎ【犬山紬】『名』愛知県犬山市付近から産する紬。黒茶の無地を主とし、男子用の着物、コート地などに用いられる。発音イヌヤマツムギ〈標ア〉ツ

いぬやま-にんぎょう【犬山人形】(ニン ギャウ)『名』愛知県犬山市から産する土製の五月人形。発音イヌヤマニンギョー〈標ア〉ニ

いぬやま-ぶし【犬山伏】 狂言。各流。茶屋で僧と山伏が争い、犬の祈り比べをするが、山伏が負けて逃げる。発音〈標ア〉マ

いぬやま-やき【犬山焼】『名』尾張国犬山付近の今井村、後に丸山村(愛知県犬山市今井)で焼いた陶器。奥村伝三郎が初代。初めは土器であったが、天保六年(一八三五)から赤絵付陶を作った。桜花と楓の絵、あるいは中国産の、いわゆる呉須赤絵のものが多い。＊尾張名所図会(1844)後・六・犬山焼陶器「犬山焼(ヤキ)陶器 妙感寺の北の方、丸山といへるに竈ありて製造す。赤画青絵等なり。皿鉢盃茶碗壺類、そのほか種々あり。近年の新製なり」＊成瀬家取調書(古事類苑・産業一三)「犬山焼の濫觴は、宝暦年中、丹羽郡今井村に於て、飴色及黒色の陶器を焼出し、犬山焼と称し」発音〈標ア〉0

いぬ-やらい【犬矢来】『名』京都の町屋などで、塀や建物の裾に、割り竹を並べて袴のように打ちつけた、土台まわり保護のための垣根のようなもの。駒防ぎともいう。

いぬ-やり【犬遣】『名』狩り場で犬を使って獲物を捕えさせること。犬を使った狩猟。またその人。犬使い。＊養鷹秘抄(15C前か)「犬の事。鷹匠よりしていぬやりにつがりをたてよといへば、さばきを放してやる物也」＊虎明本狂言・政頼(室町末‐近世初)「ゑんまわうのいぬやりにて、おにども草をはらひけり」

いぬ-やり【犬槍】『名』(「犬」は卑しめていう語) 敵が不意に出て、槍で突くこと。また、柵またはみぞを越えようとする相手を突くこと、槍を投げつけることなどをいうこともあり、いずれも不名誉な行為とされ

た。*武門要鑑抄(1640)二一「犬鎗は柵越し溝越しの鎗是なり」*兵法雄鑑(1645)一八・手がらひはん「狗鑓の事、かきべい或はつひぢ溝などを隔て鑓を合せ、又は馬上の鑓、或は敵をおひ崩してより後、二人三人かたまりて退く所へ、追つめうたんとするは、敵も鑓をなをすと鑓合せたるも、あしくはあらざれども、本の鑓とはいはず、しかるを一番鑓などの様におもひ過言するを、犬鑓となづけ、不覚と定るなり」*書言字考節用集(1717)八「犬鎗 イヌヤリ」 発音〈標ア〉ヌ 辞書書言 表記犬鎗(書)

いぬ-ゆき【犬行】『名』「いぬばしり(犬走)①」に同じ。*観智院本名義抄(1241)「埒 イヌユキ」 辞書名義 表記埒(名)

いぬ-ゆずりは【犬譲葉】『名』ユズリハの一型か。葉柄が緑色のもの。*大和本草(1709)一二「葉の茎青きあり。犬ゆづりはと云」 方言植物、ひめゆずりは〔姫譲葉〕。高知県幡多郡・高岡郡808 ◇いぬわかば〔犬若葉〕高知県幡多郡808 発音〈標ア〉リ

いぬ-ゆり【犬百合】『名』植物「おにゆり(鬼百合)」の異名。辞書言海

いぬ-よけ【犬除・犬避】『名』①「いぬふせぎ(犬防)①」に同じ。②墓所の設備の一つ。土饅頭(どまんじゅう)の上に、竹を弓なりに曲げて、その両端を土に差し込み、縦横十文字に張り渡したもの。犬はじき。狼はじき。はじき竹。方言丈の低い柵(さく)を木や竹で作り、表通りの格子に取り付けたもの。愛知県名古屋市562 発音〈標ア〉0ケ

いぬ-よもぎ【犬蓬・菴蕳】『名』①キク科の多年草。各地の山野に生える。高さ三〇～八〇センチメートル。花をつける茎とつけない茎がある。花をつけない茎は下部が倒れてロゼット状に葉をつける。花をつける茎は直立し、下部につく葉は幅広くキクの葉に似ているが縁の切れ込みは浅く上部の葉は小形で細長い。ともに裏面には褐色毛を密につける。夏から秋にかけ葉腋(ようえき)から分枝して直径約三ミリメートルの黄褐色の卵形の花を下向きにつける。きくよもぎ。ふさよもぎ。きつねよもぎ。ふじよもぎ。学名は Artemisia keiskeana *書言字考節用集(1717)六「午年艾 イヌヨモギ」*重訂本草綱目啓蒙(1847)一一・隰草「菴蕳 いぬよもぎ きくよもぎ 江戸、ふさよもぎ〈略〉播州・江州山中に自生多し移栽て繁茂しやすし宿根より叢生す苗高さ二三尺葉互生す形菊葉の如し」*日本植物名彙(1884)〈松村任三〉「イヌヨモギ キクヨモギ 菴蕳」②植物「いぬなずな(犬薺)」の異名。方言植物、かわらよもぎ(河原蓬)。和州†039 発音イヌヨモギ〈標ア〉ヨ 辞書書言 表記午年艾(書)

イヌリン『名』(ドイツ Inulin) 多糖類の一種。キクイモ、ダリア、ゴボウなどキク科植物の根に多く含まれる。

いぬる【往・去】『連体』(動詞「いぬ(往)」の連体形から)①過ぎ去った。さる。↔いぬる方・いぬる年。*源氏(1001-14頃)若紫「いぬる十よ日のほどより、わらはやみにわづらひ侍るを」*大慈恩寺三蔵法師伝承徳三年点(1099)九「去(イヌル)月日に、勅を奉りて翻せる所の経論」②帰っていく。去っていく。↔いぬる雁・いぬる燕。方言❶帰る。帰っていく。大阪†116 長州†123 福井県038 432 三重県585 596 滋賀県038 062 京都府620 大阪府大阪市637 東成郡642 兵庫県652 660 奈良県678 681 683 和歌山県690 鳥取県711 712 718 島根県725 岡山県748 751 762 広島県771 774 779 山口県791 徳島県美馬郡816 香川県829 愛媛県840 高知県864 868 福岡県872 874 875 熊本県阿蘇郡923 下益城郡930 大分県938 宮崎県038 947 ◇いのる 福井県大飯郡447 鳥取県西伯郡719 島根県723 隠岐島741 香川県佐柳島829 愛媛県周桑郡845 熊本県阿蘇郡922 ◇いねる 兵庫県但馬654 島根県石見724 愛媛県温泉郡038 ◇いんずる 奈良県675 吉野郡683 ◇いのする 滋賀県彦根609 ❷行く。大阪†116 愛知県571 京都府053 054 兵庫県赤穂郡660 ❸水がなくなる。高知県吾川郡864 ❹性質などが悪くなる。大阪†117 ❺離縁して実家に帰る。愛媛県松山846 高知市867 発音〈標ア〉ヌ

いぬる 方(かた) 過ぎ去った時。過去。いにし方。↔来る方。*書紀(720)大化元年七月(北野本訓)「既往(イヌルカタ)短くして、将来(くるかた)長からむ」

いぬる 雁(かり) 春になって北方に帰って行くガン(雁)。ゆく雁。帰雁(きがん)。《季・春》*俳諧・俳諧四季部類(1780)二月「いぬる雁 雁の別」

いぬる 燕(つばめ) 秋になって南方へ去って行く燕。*俳諧・俳諧四季部類(1780)八月「燕帰る いぬるつばめ」

いぬる 年(とし) ①過ぎ去った年。先年。*宇津保(970-999頃)蔵開中「いぬる年の十五夜こ」*当世書生気質(1885-86)〈坪内逍遙〉四「このお常といふは、〈略〉先年(イヌルトシ)小町田浩爾が買なじみて、竟に根引して、其妾とはなしたりけり」②まさに暮れようとする年。暮れゆく年。《季・冬》*俳諧・誹諧通俗志(1716)時令・一二月「行く年 暮るる年 流るる年 いぬる年 年の終」

いぬ-わし【犬鷲】『名』ワシタカ科の鳥。大形で全長八〇～九〇センチメートル、翼開長は二メートルを超える。全身暗褐色で、首の背面の羽毛は黄赤色を帯び、尾羽は白地に黒の横斑がある。北半球に広く分布。日本では九州以外の深山にすみ、主に本州の山岳域で繁殖する。ウサギ、ライチョウなどを捕食する。黒鷲。鷲鷹。学名は Aquila chrysaetos 《季・冬》*日葡辞書(1603-04)「Inuvaxi(イヌワシ)」*本朝食鑑(1697)六「狗鷲(イヌハシ)似ㇾ鷲而小其力亦稍減尾羽白端黒以造ㇾ箭羽亦劣矣惟好奇耳」 発音〈標ア〉ヌ 辞書日葡・言海

いぬ-わらび【犬蕨】『名』①シダ類ウラボシ科の多年草。各地の山野に生える。根茎は地中を横にはい、葉柄・基部とともに赤褐色の鱗片(りんぺん)におおわれている。葉柄は長さ二〇～四〇センチメートル、先端がとがった卵状楕円形で、二回羽状に分裂。各小葉の縁には鋸歯(きょし)がある。胞子嚢(ほうしのう)群は、小葉の中脈に沿って着生し、成熟すると褐色を帯びる。学名は Athyrium niponicum *日本植物名彙(1884)〈松村任三〉「イヌワラビ 倒掛草」②植物「おおかぐま(狗脊)」の異名。*新撰字鏡(898-901頃)「狗脊 二八月採根曝干 犬和良比 又云山和良比」*本草和名(918頃)「狗脊 一名百枝〈略〉和名於爾和良比 一名以奴和良比」*俳諧・新季寄(1802)三月「犬わらひ 狗脊をいふ」 発音〈標ア〉ワ 辞書字鏡・書言・言海 表記狗脊(字・書) 扶筋(書) 犬蕨(言)

犬蕨①

いね【姉】『名』①「姉」の女房詞。②下女。女中。方言❶母親。新潟県佐渡348 石川県石川郡038 福井県431 ❷中年の女。おかみさん。石川県能美郡419 福井県大野郡439 ❸姉。ねえさん。三重県南牟婁郡603 ❹下女。ねえや。三重県南牟婁郡586 和歌山県新宮702

い-ね【寝】『名』(動詞「いぬ(寝)」の連用形の名詞化)①寝ること。また、寝つき。*日葡辞書(1603-04)「Ineno(イネノ) ワルイ ヒト、または、ヨイ ヒト」*浄瑠璃・信田小太郎(1702頃)二「年月の過行ままにねやの内、ひとりさびしくそろそろと、いねの悪(わる)さに身もだえし」*歌謡・若みどり(1706)五・五・はつせ河「かの分里(わけざと)にかよひきていねもやられぬ肱枕(ひぢまくら)」②眠っている時のかっこう。寝相(ねぞう)。*雑俳・たかうの市(1705)「乗合の居寝つわるさに抱付て」*咄本・諺臍の宿替(19C中)八「居寐(ヰネ)がわるいよって」方言❶寝相。寝姿。愛知県名古屋市562 知多郡570 大阪府泉北郡646 兵庫県神戸市054 加古郡664 和歌山市691 ❷安眠。長崎県対馬913 ❸眠け。島根県隠岐島725 ◇えねむう 島根県出雲725 辞書和玉・日葡 表記寝(玉)

いね に まどう 前後を知らずに眠る。熟睡する。*中務集(989頃)「まもりくる山田のいねにまどふ夜は夢とぞ鹿のなくも聞こゆる」

いね【稲】『名』①イネ科の一年草。中国西南部からインド東北部の原産と考えられるが、アフリカ説もある。世界各地の水田や畑で栽培される。高さ〇・五～一メートル。茎は根ぎわで多く分枝して株立ちとなり、円柱形で節をもち中空。葉は長さ三〇～六〇センチメートル、幅三～五ミリメートルの線形で、基部は長いさやとなって茎を包む。夏、茎の頂に円錐花序を直立して多数の小花をつける。花は花被がなく六本の雄しべと一本の雌しべから成り、二枚の苞片(ほうへん=もみがら)で覆われる。開花は好天日の午前に限られ、昼前のもみがらが少し開く頃に自家受粉し、受粉が終わると雄しべを外に出してまもなく再びもみがらが閉じる。実はもみがらに包まれて熟し、長楕円形となり、皮が種子(=こめ)に密着している。米は飯か粥(かゆ)にたき主食とするほか、酒、みそ、しょうゆの原料や菓子、糊(のり)などに用いる。精米の途中でとれる糠(ぬか)は肥料、飼料やぬかみそ漬けに用い、また、良質の油がとれる。籾(もみ)は詰め物などに、藁(わら=茎)は俵、かます、むしろ、なわ、畳の床などを作るのに用いられる。品種、改良種が多く、主として中国の揚子江以南で栽培される長粒で粘り気の少ないインド型と北緯五〇度付近までで栽培される日本型との二大群があり、成熟時期によって早稲(わせ)・中稲(なかて)・晩稲(おくて)に、作付地によって水稲・陸稲に、デンプンの質によって粳(うるち)・糯(もち)に分けられる。元来、水生植物で高温多湿を好み、日本には縄文時代晩期までに中国を経て渡来し、初めは北九州で栽培され、徐々に近畿・東海・関東から東北地方にまで広がったと考えられている。さらに鎌倉時代には本州北端の津軽地方にまで及び、明治以降は北海道でも栽培されるようになった。とみくさ。たなつもの。みとし。おしね。みしね。しね。いな。学名は Oryza sativa 《季・秋》*万葉(8C後)一四・三四五九「伊禰(イネ)春(つ)けばかかる我(あ)が手を今夜(こよひ)もか殿の若子(わくご)が取りて歎かむ〈東歌〉」*十巻本和名抄(934頃)九「稲 唐韻云稲〈徒皓反、以豆〉」*源氏(1001-14頃)[illegible]空のけしきもあはれなり。門田のいね刈るとて、所につけたる物まねびしつつ、若き女どもは歌うたひ興じあへり」*栄花(1028-92頃)御裳着「植うるより数も知られず大空を倉にぞつまん御まくさのいね」*俳諧・猿蓑(1691)五「放やるうづらの跡に見えもせず〈素男〉稲の葉延の力なき風〈珍碩〉」*日本植物名彙(1884)〈松村任三〉「イネ 稲」②①を図案化した紋所。「抱き稲」「対(むか)い稲菱」など。語源説(1)イヒネ(飯寝)の約〔言元梯・和訓栞・大言海〕。(2)イヒネ(飯米)の意〔名言通〕。(3)イノチノネ(命根)の略か〔和句解・三省録・本朝辞源=宇田甘冥〕。(4)イキネ(生根)から〔本朝辞源=宇田甘冥〕。(5)イキネ(息根)の約〔日本声母伝・古言類韻=堀秀成〕。(6)イツクシナへ(美苗)の約〔日本釈名・滑稽雑談所引和訓義解〕。(7)イは発語。イヅル(出)の意。ネはタネ(種)のネ〔東雅・

稲①

抱き稲

対い稲菱

言葉の根しらべ＝鈴江潔子〕。(8)イヒノメ（飯芽）の義〔日本語原学＝林甕臣〕。(9)「秧」の別音Inが変化したもの〔日本語原考＝与謝野寛〕。発音〈なまり〉イニ〔石川〕 エヌ〔富山県〕 エネ〔栃木・埼玉方言・石川・福井・鳥取〕〈標ア〉イ 〈ア史〉平安・鎌倉〇◎ 〈京ア〉⓪ 辞書和名・色葉・名義・和玉・文明・伊京・明応・天正・饅頭・黒本・易林・日葡・書言・〈ヘボン〉・言海 表記稲（和・色・名・玉・文・伊・明・天・饅・黒・易・書・ヘ・言）禾（文・伊・明・天・黒）稌（名・玉・書）稡（玉・文）秵（名）粱・租・稼・秈・秫・稫（玉）秔（伊）

いね挙（あ）ぐる 正月の忌みことばで、起きる。「寝（い）ね」を同音の「稲」にいいかけ、その縁語で「挙ぐる」としたもの。↔稲積む。《季・新年》＊俳諧・増山の井（1663）春「いねあくる 正月の寝起をいふなり」＊俳諧・類船集（1676）以「正月にぬるをいねつむと云、おくるをいねあぐると云」＊俳諧・俳諧新式（1698）正月「いねつむ いねあくる 三ケ日の間人の寐起をいふ也。寐の字を書て和訓いぬる、いねる、いねてなどとよめば、いねを稲にとりなしたる也。つむ、あぐるは稲の詞也」＊俳諧・七車（1728）春「いねあげよ明て秋の田かかる代に」

いね納（おさ）む 「いね（稲）積（つ）む②」に同じ。

いね掛（か）く 刈り取った稲を干すために稲木（いなぎ）などに掛ける。《季・秋》＊俳諧・蕪村句集（1784）秋「稲かけて風もひかさじ老の松」＊俳諧・蓼太句集（1769–93）一・秋「稲懸て里しつかなり後の月」

いね扱（こ）く 稲の穂を稲扱（いねこき）に引っかけて、実を取る。《季・秋》＊新撰字鏡（898–901頃）「揃稲 伊禰古久」＊俳諧・続猿蓑（1698）秋「更る夜や稲こく家の笑ひ声〈万乎〉」 辞書字鏡 表記揃稲（字）

いね積（つ）む ①刈り取った稲を重ねて置く。また、舟や車に載せる。《季・秋》＊袖中抄（1185–87頃）一二「顕昭云、いなふねとはいねつみたる舟を云也」＊俳諧・新類題発句集（1793）秋「鶸（ひわ）啼くや稲つむ岡の夕つく日〈重吉〉」＊俳諧・斧の柄（1811）「三日月や稲つむふねの片あかり〈不流〉」 ②（「積む」は稲の縁語）正月に用いられた忌みことばで、寝るの意。稲納む。↔稲挙ぐる。《季・新年》＊俳諧・山の井（1648）春「都而（すべて）正月は、世のつねにかはる事のみぞおほき〈略〉朝夕のねつおきつをもいねつむ、いねおさむなどいひ」＊俳諧・類船集（1676）以「聖徳太子守屋が難に稲の中にかくれ給とぞ。正月にぬるをいねつむと云」＊浄瑠璃・妹背山女庭訓（1771）二「アアおりゃもう今夜は、てうど元日を待つ心地。果報は寝て待つ、ちっとの間いねつまう」 補注（②について）大晦日の晩は寝ずに忌みこもっていることを原則とする習俗に基づき、「寝る」ということばを使うことまで忌んだ。一説に「寝（い）ね伏す」が病気を連想させるので避けた〔類聚名物考・大言海〕ともいう。方言❶寝る。正月の忌み言葉。 備前†025 備後†025 兵庫県淡路島671 ◇いなづむ 備前†025 備後†025 ❷大みそかの夜寝る。忌み言葉。 大阪市637 和歌山市691 愛媛県840 ◇いねをつむ 大阪市064 高知県長岡郡869 ◇いねむ 長崎県壱岐島914 ❸正月の朝、雑煮を食べた後、また寝る。 ◇いねをつむ 岐阜県吉城郡502 岡山県苫田郡749 川上郡765 ❹正月一日の行事。後夜（ごや）の宴が済んだ後寝る。 ◇いねをつむ 大阪府南河内郡644 ❺不快になる。煩う。祝日の忌み言葉。 伊豆八丈島†075

いねの秋（あき） 稲が実り熟する秋の中頃の季節。＊俳諧・猿蓑（1691）三「この頃のおもはるる哉稲の秋〈土芳〉」 辞書和玉 表記積・補（玉）

いねの稃（かい） 穀米のもみがら。から。 辞書和名・色葉・名義 表記稃（和・色・名）䄮（和・色）粰（名） 発音〈標ア〉イ

いねの神（かみ） 「いなり（稲荷）㊀①②」に同じ。＊俳諧・其袋（1690）春「斎宮絵馬。絵馬かけて明日の年みん稲の神〈かしこ〉」＊雑俳・柳多留‐一〇三（1828）「正の字の付くは武の神稲の神」

いねの髄虫（ずいむし） 昆虫「にかめいちゅう（二化螟虫）」の異名。 発音〈標ア〉ズ‐ム

いねの台（だい） 婚礼の飾りものの一つ。三方などに稲を挿し、さかなを盛ったもの。

いねの月見（つきみ） 長野県の一部で一〇月一〇日の夜をいう。この夜が晴天ならば豊作という。八月十五夜の芋名月、九月十三夜の豆名月に対していう。

いねの露（つゆ） 稲の葉に宿る露。稲葉の露。＊俳諧・洗濯物（1666）「十分の秋やこぼるる稲の露〈栄重〉」＊俳諧・文政句帖‐五年（1822）六月「半分は汗の玉かよ稲の露」

いねの年（とし） 稲のよくみのった年。豊年。＊俳諧・鞆随筆（1759）二「造物の嚔やすらん稲のとし〈芻狗〉」

いねの殿（との） （稲の夫、愛人の意）いなびかり。稲妻。《季・秋》＊俳諧・玉海集追加（1667）秋「早稲晩稲本妻いづれ稲の殿〈重正〉」＊俳諧・本朝文選（1706）八・伝類・霊中伝〈去来〉「浮世に米といふ虫あり。〈略〉父はゆく衛もしらぬ稲のとのの、夜な夜なかよひ来りて、かくはいなほの孕（はら）み初（そめ）けるとなむ」＊浄瑠璃・卯月の潤色（1707頃）中「沢辺の蛍、いねのとの、かげかあらぬか、すだれのひまに」

いねの波（なみ） 「いなば（稲葉）の波」に同じ。 発音〈標ア〉イ

いねの花（はな） ①稲の、円錐花序に配列して咲く花。七～八月頃の午前中に開く。《季・秋》＊俳諧・卯辰集（1691）秋「蜻蛉の立居にちりぬ稲の花〈遙里〉」＊俳諧・猿蓑（1691）六「稲の花これを仏の土産哉〈智月〉」 ②長野県で小正月の餅花をいう。藁の茎に小さな餅を多くつけ、秋の豊作を予祝する行事。また、青森県八戸付近で正月一六日の晩に、女が顔に白粉をぬること。新潟県六日町で正月二〇日につくるきなこ餅、広島県の一部で正月四日につくる削り掛けなどにもいう。 方言❶正月の飾り物、繭玉。 長野県469 ◇いねばな 長野県468 480 488 ❷稲の穂の芯（しん）を水でぬらし米の粉をつけたもの。正月二十日、繭玉を取った後の神棚や松飾りの跡に挿す。 千葉県東葛飾郡064 ❸小豆がゆのなべをかき回す箸（はし）。 富山県砺波398 ❹稲の病気、稲麹病（いねこうじびょう）。 ◇いねばな 宮城県登米郡115 ❺魚、どじょう（泥鰌）。やなぎどじょう（柳泥鰌）。 上州高崎†038 発音〈標ア〉イ

いねの一巴（ひとつともえ） 紋所の名。稲紋の一種で、束ねられた稲穂が巴形に配置されたもの。

いねの穂波（ほなみ） 稲の穂がひろびろと続くのを波に見立てていう語。稲穂の波。＊俳諧・類題発句集（1774）秋「麗しき稲の穂波の朝日かな〈路通〉」

いねの丸（まる） 紋所の名。稲紋の一種で、束ねた稲穂を円形にかたどったもの。稲穂（いねぼ）の丸。 発音〈標ア〉⓪

いねの虫（むし） 昆虫「うんか（浮塵子）」の異名。＊俳諧・萍窓集（1813）秋「道野辺や小萩にうつる稲の虫」 発音〈標ア〉イ

いねの米（よね） 稲の実。＊観智院本名義抄（1241）「稲米 イネノヨネ」 辞書名義 表記稲米（名）

いねは刈旬百日（かりしゅんひゃくにち）植旬一日（うえしゅんいちにち）、麦（むぎ）は刈旬一日（かりしゅんいちにち）蒔旬百日（まきしゅんひゃくにち） 稲を刈る時期は百日遅れても差しつかえないが、植える時期は一日も遅れてはならない。麦はその反対で、種子をまく時期は遅れてもかまわないが、刈る時期は一日も猶予してはならない。

いねは実（みの）るにつけて俯（うつむ）き、侍（さむらい）は出世（しゅっせ）につけて仰向（あおむ）く 稲は実るに従って穂を垂れるが、侍は地位が上がるにつれて、いい気になって威張る。人間は実が入れば仰ぐ、菩薩は実が入れば俯く。

いねは柳（やなぎ）に生（しょう）ず 柳がよく茂る年は、稲も豊作であるということ。＊農業全書（1697）二・一「稲は柳に生ずとて、楊柳のさかゆる歳が稲のよきものなり」

いね孕（はら）む （稲妻によって稲に子（実）ができるという伝説から）稲の穂がふくらむ。＊俳諧・毛吹草（1638）六「稲妻のかよひてはらむいなば哉〈繁勝〉」

いね干（ほ）す 刈った稲を干す。《季・秋》＊俳諧・句兄弟（1694）下・随縁記行「草まくら稲干縄のしづくかな〈横几〉」＊俳諧・五元集（1747）亨「敷台に稲ほす窓は手織哉」

い‐ね ゐ【亥子】〘名〙①十二支の、最初（子）と最後（亥）に位するもの。②昔の時刻の名。奈良・平安時代の定時法では、現在のおよそ午後九時から翌日の午前一時までの間。鎌倉時代以降の不定時法では、現在のおよそ午後六時すぎから九時半頃まで。＊源氏（1001–14頃）浮舟「ゆふつかたいでさせおはしましてゐねのときにはおはしつきなん」＊平家（13C前）一二・大地震「『よさりの亥子の刻にはかならず大地うち返すべし』と申せば」③方向の名。亥（い）と子（ね）の間で、真北から少し西へ寄ったところ。＊俳諧・犬子集（1633）一・元日「歳徳亥子の方なりければ 米俵をえ方はいねの間かな〈一定〉」

い‐ね【伊根】 京都府北部、奥丹後半島与謝郡の地名、また、港の名。伊根町には浦島伝説の宇良神社がある。丹後国の歌枕。＊月詣（1182–83）九「橋立の松吹く風におどろきていねのあま人衣打つなり〈覚綱〉」＊夫木（1310頃）一三「波の上にいねのあま人明けぬとておどろくばかりすめる月かげ〈藤原為忠〉」

いね〘名〙方言❶田。 京都府葛野郡631 ❷なにとぞ。 石川県江沼郡062 ❸⇨いで（井手）

いね‐あげ【稲揚】〘名〙稲刈りのあと干し上がった稲束を家に運ぶこと。また、そのときの祝い。方言❶稲の刈り入れ。 栃木県安蘇郡208 ❷刈って干してある稲を束ねること。 群馬県勢多郡236 ❸刈り取った稲を田から家に運ぶこと。 新潟県佐渡351 中頸城郡382 ❹刈り上げ祝い。 長野県諏訪481 発音イネアゲ〈標ア〉ゲ ア

いね‐あわ はあ【稲粟・稲粱】〘名〙稲と粟。穀物。＊韻字集（1104–10）「稲粱 イネアハ」

いね‐いね【往往】〘名〙方言❶収支がゼロになること。損得なし。 徳島県811 愛媛県840 ❷物々交換をする時、価格に差があっても差額を勘定せずに取り替えること。または、相互の貸借を相殺すること。 大阪市637

いね‐うす【稲臼】〘名〙もみをする臼。稲摺臼。＊浮世草子・好色一代男（1682）跋「転合書のあるを取集て荒猿（あらまし）にうつして、稲臼を挽藁口鼻（わらがか）に読てきかせ侍るに」 発音〈標ア〉ウ

いね‐うちば【稲打場】〘名〙稲を打つ所。刈り取った稲をこいて、実の芒（のぎ）などを落とす作業をする場所。 発音〈標ア〉バ⓪

いねうら‐ぶり【伊根浦鰤】〘名〙「いねぶり（伊根鰤）」に同じ。＊国花万葉記（1697）一三「丹後国中名物〈略〉伊禰浦鰤」

いね‐か ワ・ク【稲科】〘名〙単子葉植物の科名。世界に約六二〇属一万種あり、顕花植物群の中で一番大きい科で、世界のどこでも見られる。一年生草本。まれに木質多年生の中空で節のある稈（かん）をもつ。葉には平行脈があり、二列対生。鞘（さや）はときに筒状になり、葉舌がある。小穂は一ないし多数の小花よりなり、円錐花序か穂状花序をなす。苞（ほう）の一形である両性、ときに単性外花えいと内花えいとにおおわれて、退化した鱗片（りんぺん）状の花被が二、三個ある。雄ずいは一ないし六、まれに多数。普通三個で二室の葯（やく）をもつ。雌花は一個。子房上位で一室。一個の卵子をもつ。種子には粉質の胚乳（はいにゅう）がある。この科から夕

ケ科を独立させることがある。この仲間には、イネ、コムギ、オオムギ等人類の主食になっている、いわゆる穀類が多いが、受粉が風媒なので、開花、葯の裂開に伴う送粉等、農耕地の条件が気候的に制約されている。かほん科。ほもの科。学名は Gramineae または Poaceae 発音〈標ア〉0

いね‐かか『名』北陸地方で母親のこと。

いね‐がかり『名』方言 川のせき止めた所から用水路にはいってくる水を利用できる水田区域。京都府竹野郡網野622 ◇**いでがかり** 岡山県苫田郡749

いね‐かけ【稲掛】『名』刈り取った稲を干すために、稲木(いなぎ)などにかけておくこと。また、刈った稲を束ねて、穂を下向けにしてかけて干す具。いなかけ。稲架(いなか・はさ)。稲木(いなぎ)。《季・秋》*多識編(1631)五「喬扦 伊禰加介(ケ)」発音〈標ア〉ケ ネ

いねかけ‐の‐き【稲掛木】『名』植物「とねりこ(梣)」の異名。発音〈標ア〉キ ネ

いね‐がし【往―】『形動』(「がし」は助詞「かし」の変化したもの) 出て行けといわんばかりのさま。*暁月夜(1893)〈樋口一葉〉三「早く去(イ)ねがしにはたはたと障子を立てて」

いね‐か・つ【寝―】『自タ下二』(動詞「いぬ(寝)」の連用形に「できる・耐える」意の補助動詞「かつ」の付いたもの。必ず打消の助動詞を伴う) 寝ることができる。*万葉(8C後)四・四九七「古にありけむ人も吾がごとか妹に恋ひつつ宿不勝(いねかてずけむ)〈柿本人麻呂〉」*万葉(8C後)四・六〇七「皆人を寝よとの鐘は打つなれど君をし思へば寐不勝(いねかてぬ)かも〈笠女郎〉」

いね‐がて【寝―】(動詞「いねかつ」の連用形「いねかて」の濁音化。「がて」が「難(がた)し」の意に誤って使われた語) 寝ることができない。→がてに。*古今(905‐914)秋上・二二〇「秋萩のしたば色づく今よりやひとりある人のいねがてにする〈よみ人しらず〉」*名語記(1275)九「いねがて如何。がたをがてといへり。いねがたき也」*続後拾遺(1326)秋上・二四三「今よりやいねかてにせむ白露も袖におきゐる秋は来にけり〈贈従三位為子〉」*文明本節用集(室町中)「難ㇾ寝 イネガテ 見于史記」*運歩色葉(1548)「寝難 イネカテ」*浮世草子・小夜衣(1683)一・寄息女初恋「つらき中におもひ慰心ちしけれど、いねかてなる夜半の中空に」*読本・雨月物語(1776)蛇性の婬「その夜も寝(イネ)がてに明けゆく」発音イネガテ〈音史〉上代は『いねかて(に)』から『いねがて(に)』に移行しつつあったか。平安以後は『いねがて(に)』と濁音。〈標ア〉0 辞書文明・書言 表記難ㇾ寝(文) 難ㇾ寐・宿且(書)

いねかぶ‐あねこ【稲株姉】『名』稲を刈ったあと、稲株を掘ってよく洗い、その根で髪を結うまねをする遊び。また、その人形。東北地方などに広く行なわれる。〔分類農村語彙(1947‐48)〕

いね‐かめむし【稲椿象・稲亀虫】『名』カメムシ科の昆虫。体長一二〜一三ミリメートル。体は淡黄褐色で、全形は長方形に近く、丸みや出っ張りが少ない。稲の出穂期に穂に集まって食害する。口器をさし込まれた籾(もみ)は黒褐色の点を生じ、品質が落ちる。本州から沖縄に分布する。稲褐色羽虫。学名は Lagynotomus elongatus 発音〈標ア〉メ

いね‐かり【稲刈】『名』秋に実った稲を刈り取ること。刈入れ。《季・秋》*親長卿記‐文明三年(1471)閏八月二日「土民等不ㇾ及二稲苅一安然云々。仍万民愁傷云々」*俳諧・韻塞(1697)八月「稲刈の其田の端やこき所〈許六〉」*雪片(1952)〈高野素十〉「稲刈はあさってよりと雨の炉に」発音〈なまり〉イネカー・エネカー〔鳥取〕イネカイ〔鹿児島方言〕〈標ア〉ネ〈京ア〉カ カ 辞書言海 表記稲刈(言)

いねかり‐うた【稲刈唄】『名』民謡の一種。稲を刈る時に調子をとりながらうたう唄。発音〈標ア〉リ

いねかり‐ごろ【稲刈頃】『名』「いねかりどき(稲刈時)」に同じ。《季・秋》発音イネカリゴロ〈標ア〉ゴ

いねかり‐どき【稲刈時】『名』秋の稲刈りの時分。稲刈り頃。田刈り時。《季・秋》発音〈標ア〉リ

いね‐きび【稲黍・稲稷】『名』植物「うるきび(粳黍)」の異名。*重訂本草綱目啓蒙(1847)一九・穀「稷 きび こきび〔大和本草〕、いねきび うるしきび」方言植物、きび(黍)。山形県030 熊本県一部030 辞書言海

いね‐ぐさ【稲草】『名』方言⇩いなくさ(稲草)

いねくびぼそ‐はむし【稲首細葉虫】『名』ハムシ科の甲虫。体長四〜四・五ミリメートル。体は細く黒色で、前胸と脚は橙色。上ばねはやや青藍色を帯びる。年一回発生し、イネの葉を食べ、枯らす害虫。幼虫は自分の排泄物を背負い、捕食者の目から逃れている。いねごろはむし。学名は Oulema oryzae 発音〈標ア〉ハ

いね‐くろかめむし【稲黒椿象・稲黒亀虫】『名』カメムシ科の昆虫。体長一〇ミリメートル内外。光沢のない黒色で小楯板(しょうじゅんばん)が大きく発達している。年一回発生、初夏に水田に飛来し、イネに産卵する。彌生時代の遺跡からも発見されており、古くからイネの害虫として知られる。本州、四国、九州、中国、東南アジアなどに分布。いねのくろかめむし。くろかめむし。くろちんぞう。学名は Scotinophara lurida

いねご『名』方言⇩いぬご

いねこうじ‐びょう【稲麴病】『名』担子菌類に属する病原菌、稲麴による稲の病気。稲穂に黄色ないし黄緑色の麴状の粒が生じる。夏季、晴天が続いた年に発生することが多い。発音イネコージビョー〈標ア〉0

いね‐こき【稲扱】『名』刈り取った稲の穂から、籾(もみ)をこきとること。また、その道具。原始的なものは、二本の竹の管の間に稲穂をはさみ、竹を引いて籾を落とすこき箸で、のちに刈り取った稲束を櫛形の竹または鉄製の歯にひっかけて脱穀する千歯(せんば)があらわれ、さらに回転式の脱穀機が考案された。いなこき。《季・秋》*鹿苑日録‐慶長四年(1599)九月二四日「自ㇾ朝晴天。稲こき五人来。合力にやや一人申尾よりをませ来。稲卅残也」*俳諧・笈日記(1695)中・彦根「稲こきの姥(うば)もめでたし菊の花〈芭蕉〉」*農具便利論(1822)中「稲扱(イネコキ)の図。歯かず拾七枚、拾九枚、弐拾一枚、右三通有。はがね入有、鉄斗あり」*千曲川のスケッチ(1912)〈島崎藤村〉七・小春の岡辺「女二人が錯錯(せっせ)と籾(もみ)を振(ふる)ったり、稲こきしたりして居るに引替へ」発音〈なまり〉イネコッ〔鹿児島方言〕エネコギ〔鳥取〕〈標ア〉ネ〈京ア〉コ コ 辞書言海

稲扱き〈大和耕作絵抄〉

いねこき‐うた【稲扱唄】『名』民謡の一種。稲こきの作業の時にうたわれる。発音〈標ア〉キ

いねこき‐き【稲扱機】『名』刈り取った稲の穂から、籾(もみ)をこきとるのに用いる農具。足踏式、電動式などがある。いねこき。*生活の探求(1937‐38)〈島木健作〉一・三「まだ暗いうちから稲扱機で扱きはじめたが」*闘牛(1949)〈井上靖〉「電気モーターをつけた新式の稲こき器が尼ヶ崎の曙工業で新たに造り出されてゐるのを知ると」発音〈標ア〉キ

いね‐こづみ【稲積】『名』方言刈った稲を積み重ねたもの。佐賀県藤津郡895 大分県大分郡・大分市941 ◇**いなこづみ** 大分県大分郡・大分市941 ◇**いのご** 千葉県印旛郡274

いねこ‐ばし【稲扱箸】『名』稲の穂をこき落とす道具。丸竹二本、または割竹の一端をくくって、その合わせ目に穂をはさんでこく仕掛けのもの。こき箸。方言飛州1094

いね‐ごや【稲小屋】『名』稲の見張番をする小屋。また、刈り取った稲を収納する小屋。《季・秋》*俳諧・滑稽雑談(1713)八月「稲小屋 これ和歌をいへるかりほの廬など申侍らん、俗に稲小屋とて、田間に建て鹿などを追ふ所也」

いね‐さがなし【寝―】⇩いねさわぐ(寝騒)

いね‐さし【―差】『名』方言⇩にない(担)

いね‐ざま【寝様】『名』(「ざま」は、ちょうどその時の意) 寝ようとする時。床にはいる前。ねしな。*咄本・醒睡笑(1628)三「いねざまには焼味噌と号して鶏の玉子をととのへ、肴(さかな)に用ひて酒をのむことを」

いね‐さわがし【寝騒】⇩いねさわぐ(寝騒)

いね‐さわ・ぐ【寝騒】『自ガ四』寝ながら騒ぐ。寝ぼけて騒ぐ。*枕(10C終)七二・夜鳥どものゐて「夜鳥どものゐて、夜中ばかりにいねさわぐ」補注「能因本枕」には「鳥の寝て夜中ばかりにいねさはがしく」、「吉田幸一蔵抜書本枕」には「からすどものゐて夜中ばかりなどもいねさがなくて」とある。

いね‐し『名』詐欺賭博の共犯者をいう、博徒仲間の隠語。〔隠語輯覧(1915)〕

いね‐ずいむし【稲髄虫】『名』昆虫「にかめいちゅう(二化螟虫)」の異名。発音〈標ア〉ズ

いねすり‐うす【稲摺臼】『名』籾(もみ)をすってその皮を取り去るのに用いる臼。籾摺り臼。稲臼。

いねすり‐うた【稲摺歌】『名』籾(もみ)をすってその皮を取り去る作業をする時にうたう歌。もみすりうた。*俳諧・曠野(1689)七・旅「とまりとまり稲すり歌も替(かはり)けり〈ちね〉」発音〈標ア〉リ

いね‐ぞうむし【稲象鼻虫】『名』ゾウムシ科の甲虫。口先を除き体長約五ミリメートル。黒褐色に黄色を帯びる。口先が長く突き出て、その先端に一対の触角がある。幼虫は腐植質や稲の根を食べ、成虫は稲の葉を食べ、茎を折る。本州から沖縄に分布する。学名は Echinocnemus squameus 発音イネゾームシ〈標ア〉ゾ

いね‐たね【稲種】『名』「いなだね(稲種)」に同じ。*書紀(720)神代上(寛文版訓)「即ち其の稲種(イネタネ)を以て、始めて天狭田及び長田に植ふ」

いね‐たば【稲束】『名』刈りとった稲を扱いやすいように束ねたもの。いなたば。発音〈標ア〉ネ

いね‐づか【稲塚】『名』「いなづか(稲塚)」に同じ。

いね‐つき【稲舂】『名』①稲の実を臼(うす)の中に入れ、杵(きね)でついて白米にすること。こめつき。②大嘗会(だいじょうえ)に神前に供える稲をつくこと。いなつき。*玉葉‐仁安三年(1168)一一月一三日「有二稲舂事一其儀如二悠紀方次第一」③「いねつきむし(稲舂虫)」の略。*塵添壒嚢抄(1532)八「蟓蝝は童部のいねつきと云ふ虫也」補注「塵袋‐四」では「いねつち(き也)」とある。発音〈標ア〉ネ

稲舂き①〈大和耕作絵抄〉

いねつき‐うた【稲舂歌】『名』大嘗会(だいじょうえ)に神前に供える稲をつく時にうたう歌。多く悠紀(ゆき)、主基(すき)の地名をよみ入れた。いなつきうた。*北山抄(1012‐21頃)五・大嘗会事「詠二風俗及舂稲歌等一事」*栄花(1028‐92頃)日蔭のかづら「悠紀の方のいねつきうた」*新古今(1205)賀・七五三・詞書「仁安元年、大嘗会悠紀歌奉りけるに、稲舂歌 近江のや坂田の稲をかけつみて道あるみよの初めにぞつく〈藤原俊成〉」発音〈標ア〉キ

いねつき‐がに【稲舂蟹・蟛蜞】『名』「こめつきがに(米搗蟹)」に同じ。*十巻本和名抄(934頃)八「蟛蜞 楊氏漢語抄云蟛蜞〈彭其二音 海浜稲舂蟹之類也〉」*観智院本名義抄(1241)「蟛蜞 イネツキカニ」辞書

名義 〔表記〕蟛蜞(名)

いねつき-こまろ【稲舂子麿】〘名〙昆虫「しょうりょうばった(精霊飛蝗)」の古名。いねつちおまろ。＊十巻本和名抄(934頃)八「螽蟴 兼名苑云螽蟴 一名蚣蝑 一名蟿螽 舂黍也〈漢語抄云 舂黍読伊禰都岐古万侶〉」 〔語源説〕(1)イネツキコマロ(稲附子麿)の義。稲子を擬人名化した〔東雅〕。(2)イネツキコマル(稲着固)の意〔言元梯〕。 〔辞書〕和名・色葉・名義・書言・言海 〔表記〕舂黍(和・色・名) 螽蟴(和・色) 蚣蝑(名・書) 蚣蜎・蟿螽(色) 蜡蟒・蜇螽(書)

いねつき-むし【稲舂虫】〘名〙昆虫「しょうりょうばった(精霊飛蝗)」の異名。《季・秋》＊俳諧・新季寄(1802)七月「蜡蟒(イネツキムシ)」 〔発音〕〈標ア〉キ

いねつき-め【稲舂女】〘名〙「いなつきめ(稲舂女)」に同じ。

いねつち-おまろ〘名〙「いねつきこまろ(稲舂子麿)」に同じ。＊塵袋(1264-88頃)四「蟓の字は蟻の子か又何虫ぞ哉 つねにはいねつちをまろと云ふを、いねつきこまろとふるくは云へり。いなごにもかよへり」

いね-つみ【稲積】〘名〙①刈り取った稲を重ねて置くこと。《季・秋》＊俳諧・丈草発句集(1774)秋「稲積に出るあるじや秋の雨」 ②寝ること、特に病気をわずらうことをいう正月の忌み詞。＊随筆・一話一言(1779-1820頃)二六「八丈島方言 八丈島方言俗通志〈略〉正月祝ことば〈略〉イネツミ 煩ふ事」 〔発音〕〈標ア〉ネ

いねつみ-ぐるま【稲積車】〘名〙刈り取った稲を積んで運ぶ車。＊亜槐集(1492-1523頃)「かへす田に見えつる牛の此比は稲つみ車かけぬ日ぞなき」

いねつみ-ぶね【稲積舟】〘名〙刈り取った稲を積んで運ぶ小舟。稲舟(いなぶね)。

いね-つるみ【稲―】〘名〙「いなつるび」に同じ。

いね-とらぼ【稲―】〘名〙〔方言〕⇨とらぼ

いね-とり【稲取】〘名〙長野県南安曇郡などで苗取りのこと。〔分類農村語彙(1947-48)〕

いねどろ-はむし【稲泥葉虫】〘名〙「いねくびぼそはむし(稲首細葉虫)」の異名。 〔発音〕〈標ア〉ハ

いね-ぬし【稲主】〘名〙稲田の所有主。＊俳諧・韻塞(1697)九月「稲主に啄(はみ)をかくすや小田の雁〈毛紈〉」

いねねくい-はむし【稲根食葉虫】〘名〙ハムシ科の甲虫。体長六ミリメートル内外。全体に細長く、長い触角をもつ。体は黒褐色の金属光沢があり、上ばねには多くの縦すじがある。幼虫は、白いうじ状で、稲の根を食害する。北海道から九州に分布。ねくいはむし。学名は Donacia provosti 〔発音〕〈標ア〉ハ

いね-ばたけ【稲畑】〘名〙稲をつくる畑。 〔発音〕〈標ア〉バ

いね-ばった【稲飛蝗】〘名〙〔方言〕⇨いなたご(稲田子)

いね-ばやし【井根林】〘名〙江戸時代の保護林の一種。水源保持の目的で立木の伐採を禁じられた山林。井根山。井林。井水林(いみずばやし)。水野目林(みずのめばやし)。＊地方凡例録(1794)二「井根はやしは御用に付、諸役人郷廻り等の時、枝葉は薪に用ひ、真木は堰川除の普請入用に伐渡す事也、此井根はやしと云も、所に寄りては有ども、稀成儀也」

いね-ばん【稲番】〘名〙稲田の番人。稲守(いねもり)。《季・秋》＊俳諧・新類題発句集(1793)秋・八月「稲番の太鼓よはりぬ山かつら〈散庵〉」

い-ねぶた・し【居眠】〘形ク〙ねむたい。ねぶたし。＊枕(10C終)五三・雑色、随身は「いたく肥えたるは、いねぶたからんとみゆ」

い-ねぶり【居眠】〘名〙「いねむり(居眠)」に同じ。＊宇津保(970-999頃)蔵開上「御帳の外(と)の土居(つちゐ)におしかかりて、ゐねぶりし給へり」＊風情集(1178頃)「つれづれとひとり宿守るゐねぶりのなほめざましき身にもあるかな」＊高山寺本名義抄(鎌倉初)「睡 ネブル ヰネブリ」＊古今著聞集(1254)一六・五三九「定継が下人、黒戸のかたの御厩(うまや)の辺に、いねぶりして候ひけるが」 〔発音〕〈標ア〉リ ブ 〈ア史〉平安●●●○ 〈京ア〉〇 〔辞書〕名義 〔表記〕睡(名)

いねぶり は 呉服屋(ごふくや)の荷持(にもち)ほどする 居眠りだけは、重労働の人と同じくらい多くするの意。仕事をしないでよく眠ることをいう。＊譬喩尽(1786)四「居眠(ヰネブ)りは呉服屋(ゴフクヤ)の荷持男(ニモチ)ほどする」

いねぶり も 奉公(ほうこう) 居眠りも眠いのをがまんしているからするので、主人に対する奉公の一つである。＊狂歌・吾吟我集(1649)七「ゐねぶりも奉公がほにあづさ弓いびきの音のする夜番かな」

いね-ぶり【伊根鰤】〘名〙丹後国(京都府)伊根の海でとれるブリ。＊随筆・嘉良喜随筆(1750頃)三「丹後の伊根ぶり迚、伊根と云海上にてとる鰤(ぶり)名物也」

い-ねぶ・る【居眠】〘自ラ四〙「いねむる(居眠)」に同じ。＊和玉篇(15C後)「睡 ネブル ヰネブル」＊評判記・色道大鏡(1678)四「ふくる夜もいねぶらずしてしゃくとりてきゃくにつかふるかぶろやさしき」＊浄瑠璃・百合若大臣野守鏡(1711頃)一「是れはゐねぶった、なんとゐびきはかかなんだか」＊滑稽本・東海道中膝栗毛(1802-09)三・下「いねぶれる人々のひざのしたをさぐり、又はうすべりをもちあげ、しきりにものをさがしもとむるよふすにて」 〔発音〕〈標ア〉ブ 〔辞書〕和玉 〔表記〕睡(玉)

いね-ぼ【稲穂】〘名〙①「いなほ(稲穂)」に同じ。②紋所の名。稲の葉と茎と穂でかたちづくったもの。数本の稲穂によるものと、束ねた稲穂によるものに大別され、その中で三本立稲穂、稲巴、抱稲、違稲など図柄にいくつかの種別がある。稲紋(いねのもん)。稲。〔方言〕正月の飾り物、繭玉。秋田県鹿角郡022 〔発音〕〈標ア〉〇

いねぼ の 丸(まる) ⇨いね(稲)の丸

いね-ぼうず【稲坊主】〘名〙イネの穂。稲穂。＊ロマネスク(1934)〈太宰治〉仙術太郎「刈りとったばかりの一万にあまる稲坊主を浮かせてだぶりだぶりと浪打った」 〔発音〕イネボーズ〈標ア〉ボ

いね-ぼし【稲干】〘名〙刈った稲を干すこと。

いね-ほ・れる【寝惚】〘自ラ下一〙(「ほれる」はぼける意)ねぼける。＊咄本・日待ばなしこまざらひ(16[illegible])二「[illegible]きけるが」

いね-むし【稲虫】〘名〙「いなむし(稲虫)」に同じ。〔方言〕虫、いなご(稲子)。周防†122 香川県826 三豊郡829 〔発音〕〈標ア〉ネ 〔辞書〕言海

いねむし-おくり【稲虫送】〘名〙「いなむしおくり(稲虫送)」に同じ。 〔発音〕〈標ア〉オ

いね-むしろ【稲筵】〘名〙「いなむしろ(稲筵)」に同じ。

い-ねむり【居眠】〘名〙すわったり、腰かけたりしたまま眠ること。何かをしながら、うっかり眠ってしまうこと。いねぶり。かたねぶり。＊中華若木詩抄(1520頃)上「坐睡は、いねむりなり」＊玉塵抄(1563)一〇「坡はごわしらずしてそばにいねむりしていたぞ」＊雑俳・柳多留-三五(1806)「いねむりの下女は畳へむくるよふ」＊滑稽本・浮世床(1813-23)初・下「焼穴を拵(こせへ)たな。火鉢へあたって居(ヰ)ねむりをするからだ」 〔発音〕〈なまり〉イネブリ〔大阪・神戸・NHK(奈良)・和歌山県・紀州〕イネブル〔長崎〕エネブリ〔岩手・志摩・伊賀〕〈標ア〉リ ム 〈京ア〉ム 〔辞書〕書言・ヘボン・言海 〔表記〕睡・坐寝(書) 坐睡(へ) 居眠(言)

いねむり-うんてん【居眠運転】〘名〙自動車などを居眠りしながら運転すること。＊白い髪の童女(1969)〈倉橋由美子〉「娘の運転する車が、居眠り運転で海に転落して死んだことになっていますけれど」 〔発音〕〈標ア〉ウ

い-ねむ・る【居眠】〘自ラ五(四)〙すわるか、腰かけるかしたままでねむる。いねぶる。＊日葡辞書(1603-04)「Inemuri, u, utta (イネムル)〈訳〉うとうとする」＊尋常小学読本(1887)〈文部省〉七「卜伝は、わざと聞かざるふりして、ゐねむり居たるに」 〔発音〕〈標ア〉ム 〈京ア〉〇 〔辞書〕日葡

いね-もっとい【稲元結】〘名〙(「いねもとゆい(稲元結)」の変化した語)稲わらで代用した元結。＊滑稽本・八笑人(1820-49)三・上「あっさりと稲元結(イネモットヒ)になさりましと、稲元結(いねもとひ)を出す」

いね-もとゆい【稲元結】〘名〙「いねもっとい(稲元結)」に同じ。

いね-もみ【稲籾】〘名〙稲のもみ。＊書紀(720)宣化元年五月(寛文版訓)「胎中之帝(ほむたのすめらみこと)より朕が身に洎(いた)るまでに、穀稼(イネモミ)を収蔵(おさ)めて、儲粮を蓄へ積みたり」＊続日本紀-天平一二年二月庚午(740)「給二摂津国百姓稲籾一各有レ差」

いね-もり【稲守】〘名〙「いねばん(稲番)」に同じ。＊俳諧・新類題発句集(1793)秋「稲守や袖もかはらぬ露の世に〈里秋〉」

いね-やま【井根山】〘名〙「いねばやし(井根林)」に同じ。

いね-らち【稲埒】〘名〙稲扱(いねこき)道具がゆれ動[illegible]る踏み板。

いね-わけ【稲分】〘名〙収穫した稲を刈り取ったうえで、地主と小作とが折半すること。

いね-わら【稲藁】〘名〙稲の籾(もみ)を取り去った残りの茎葉。各種の藁製品および製紙の原料にする。稲幹(いながら)。いなわら。＊洒落本・華里通商考(異本)(1770頃)「稲藁(イネワラ)を以て履(おほ)ひをし冬はよく火をおこす」 〔発音〕〈標ア〉〇 ワ

い-ねん【意念】〘名〙気持や考え。思い。＊易林本節用集(1597)「意念 イネム」＊鑑草(1647)五・二「奴なり他人なりとあなどりへだつる意念なくば」＊浄瑠璃・蝉丸(1693頃)懐胎十月由来「いねんある故、法界の悪魔・悪霊〈略〉をのれが魔道に引いれんと、すき間をねらひうかがふなり」＊近世紀聞(1875-81)〈染崎延房〉七・一「兼て公辺へ対し後闇き意念(イネン)を懐き」＊枚乗-諫呉王濞上書「惟大王少加二意念惻怛之心於臣乗言一」 〔辞書〕易林・書言 〔表記〕意念(易・書)

い-ねん【遺念】〘名〙①未練に思う心。思いをあとに残すこと。また、その思い。残念。遺憾。＊駿台雑話(1732)三・朝がほの花一時「朝に道を聞いて其夕に死しても、絲毫(がう)の遺(ヰ)念なし」②かたみ。遺物。③沖縄で、亡霊をいう。 〔辞書〕書言 〔表記〕遺念(書)

い-ねんごう【異年号】〘名〙「いつねんごう(逸年号)」に同じ。＊随筆・茅窓漫録(1829)上「和漢の異年号、諸書に見えたるもの大率かくのごとし」 〔発音〕イネンゴー〈標ア〉ネ

いねん-び【遺念火】〘名〙沖縄で、遺念(亡霊)の発するという怪火。一定の場所をうろつき、また男女二つの霊の火が、しばしば連れ立って出るのが特色。＊妖怪名彙(1938-39)〈柳田国男〉「ヰネンビ 沖縄では亡霊を遺念と呼び従って遺念火の話が多い」

い-ねんぶつ【藺念仏】〘名〙伊勢松坂で、陰暦四月八日から七月一七日までの夕方に、子供が鉦(かね)をたたきながら念仏を唱えてまわった行事。＊俳諧・新季寄(1802)四月「藺念仏 八日ヨリ 七月十七日マテ いせ松坂近郷の童、夕ぐれより鉦をたたきて念仏を唱へまはるをいふ」

いの【猪野・井野】 姓氏の一つ。 〔発音〕〈標ア〉〇

い-の【維那】〘名〙「いな(維那)」に同じ。＊文明本節用集(室町中)「維那 イノ」＊玉塵抄(1563)四九「ここらの寺のいののことやら」 〔辞書〕文明・伊京・天正・易林・書言 〔表記〕維那(文・伊・天・易・書)

い‐の（終助詞「い」に終助詞「の」が付いたもの）文末に用いて、感動や呼びかけ、強調を表わす。「いのう」の形でも使われる。＊狂言記・伯母が酒（1660）「さればいの」＊歌舞伎・傾城浅間嶽（1698）中「いやいの、それで真実なら証拠が見度い」＊歌舞伎・傾城江戸桜（1698）中「かか様いのかか様いのと夜中時分に泣いて」＊浄瑠璃・曾根崎心中（1703）「ありゃ徳様ではないかいの」＊浄瑠璃・淀鯉出世滝徳（1709頃）下「先度の文にもいふ通り、龍田の藤が事いの」＊浄瑠璃・大経師昔暦（1715）上「まあ一貫目が、打ってもみしゃいでも無いといの」

い‐の‐あし【猪足・織複】〘名〙機（はた）の道具。織った布を巻き付けるもの。いのつめ。きぬまき。＊十巻本和名抄（934頃）六「織複 孫愐云織複〈音服 漢語抄云井乃阿之〉機之巻繒者也」［語源説］両端の形がイノシシの足に似ているところから〔東雅・箋注和名抄・大言海〕。［発音］〈ア史〉平安●●○○〈京ア〉［0］［辞書］和名・色葉・名義・言海［表記］織複（色・名）織複（和・言）

いの‐いい〘名〙植物「いのこずち（牛膝）」の異名。＊新撰字鏡（898〜901頃）「牛膝 為乃久豆知 又云為乃伊比 二八月採根陰干 又云百億草」［辞書］字鏡［表記］牛膝（字）

い‐の‐いちごう【いの一号】〘名〙「いのいちばん（いの一番）」に同じ。＊坊っちゃん（1906）〈夏目漱石〉七「赤シャツはいの一号に上等へ飛び込んだ」［発音］イノ＝イチゴー〈標ア〉［イ］＝［チ］

い‐の‐いちばん【いの一番】〘名〙（「いろは」で順番をつけたもののうちの第一番目の意から）まっさき。一番最初。＊団団珍聞‐五五七号（1886）「喃（なん）だっていの一番（バン）に標致（きりゃう）が剛気で年若で」＊坊っちゃん（1906）〈夏目漱石〉二「陸（をか）へ着いた時も、いの一番に飛び上がって」＊婦系図（1907）〈泉鏡花〉後・八「貴下が此の静岡で、独逸語の塾を開くと云ふから、早いでせう、最（も）う買って来たの。いの一番のお弟子入よ」［発音］〈標ア〉［イ］＝［チ］〈京ア〉［イ］2

いのう【伊能】姓氏の一つ。［発音］〈標ア〉［イ］

いのう‐ただたか【伊能忠敬】江戸中期の地理学者。暦学者。上総国（千葉県）の人。五〇歳の時江戸に出て、高橋至時（よしとき）の門にはいり西洋暦学、測量術を学ぶ。幕府の命で蝦夷や日本全国を測量し、わが国最初の実地測量による地図を作成。著「大日本沿海輿地（よち）全図」「大日本沿海実測録」など。延享二〜文政元年（一七四五〜一八一八）

い‐のう【衣嚢】〘名〙食糧や衣類を入れて背負ったり肩から掛けたりする袋。また、かくし。ポケット。＊猿（1916）〈芥川龍之介〉「兵員の衣嚢やら手箱やらを検査して歩きました」＊草のつるぎ（1973）〈野呂邦暢〉一「衣嚢を右肩から左肩に移した」＊後漢書‐呉祐伝「昔馬援以二薏苡一興レ謗、王陽以二衣嚢一徼レ名」［発音］イノー〈標ア〉［0］

い‐のう【異能】〘名〙人より際立ってすぐれた才能。また、一風変わった独特な能力。異才。＊延喜式（927）二八・兵部省「凡出身之徒。勘籍不レ合者。除二諸衛異能一外。不レ得二更申一」＊色葉字類抄（1177〜81）「異能 イノウ 伎芸部」＊近世畸人伝（1790）四「味（あじはひ）を知るの異能におきては、他に比すべきなし」＊広益熟字典（1874）〈湯浅忠良〉「異能 イノウ ナミスグレタゲイノウ」＊信仰之理由（1889）〈小崎弘道〉五「奇跡異能及び預言の如きは天啓黙示の最も正確なる証拠たるべきに相違なかるべしと雖も」＊史記‐仲尼弟子伝「受レ業身通者七十有七人、皆異能之士也」［発音］イノー〈標ア〉［0］［辞書］色葉・文明［表記］異能（色・文）

いのう【稲生】姓氏の一つ。［発音］イノー〈標ア〉［0］［イ］

いのう‐こうけん【稲生恒軒】江戸初期の医家。名は正治。字は見茂。若水の父。医学を古林見誼に学び、淀藩主永井尚征に仕えた。慶長一五〜延宝八年（一六一〇〜八〇）

いのう‐じゃくすい【稲生若水】江戸中期の本草学者。通称正助。名は義。字は宣義・彰信。若水は号。恒軒の子。江戸の人。福山徳順に本草学、伊藤仁斎に儒学を学び、加賀藩主前田綱紀に仕える。著「庶物類纂（るいさん）」「本草図彙」など。明暦元〜正徳五年（一六五五〜一七一五）

い‐のう【遺納】〘名〙「いぞう（遺贈）」に同じ。＊米欧回覧実記（1877）〈久米邦武〉二・二三「今年に至るまで、列品物を取入たる価は、二十八万磅に及べり、其他寄納、及び死後の遺納等夥多（おびただ）し」［発音］イノー〈標ア〉［0］

い‐のう（終助詞「い」に終助詞「のう」が付いたもの。「い」と「のう」とを区切ったり、「いなう」と表記したりすることもある）「いの」に同じ。＊歌舞伎・幼稚子敵討（1753）二「居眠らずと精出して拭かっしゃれいのふ」＊歌舞伎・三十石艠始（1759）序幕「エエ、弄（なぶ）らしやるないなう」＊浄瑠璃・難波丸金鶏（1759）深草砂川「コレとと様いのふ、とと様と、ゆすれど甲斐も亡骸を」

いのうえ【井上】姓氏の一つ。［発音］〈標ア〉［0］

いのうえ‐いんせき【井上因碩】囲碁棋士。囲碁の家元四家の一つ。江戸初期の中村道碩を祖とし、第二世から因碩を名のり第一六世にいたる。

いのうえ‐えんりょう【井上円了】哲学者、教育家。号甫水。別号非僧非俗道人・不知歌斎・無芸拙筆居士。また四聖堂、不思議庵、妖怪窟の異号がある。「護国愛理」「王法為本」を説いた。哲学館（のちの東洋大学）を設立、のち東京、和田山（現在の中野区松が丘）に哲学堂を建て退隠。著「仏教活論」「妖怪学講義」など。安政五〜大正八年（一八五八〜一九一九）

いのうえ‐かおる【井上馨】政治家。長州藩出身。幼名勇吉。通称聞多。号世外。第一次伊藤内閣の外相となり、条約改正交渉のため欧化政策をすすめる。天保六〜大正四年（一八三五〜一九一五）

いのうえ‐きよなお【井上清直】江戸末期の幕臣。川路聖謨（としあきら）の弟。下田奉行、外国奉行、勘定奉行、関東郡代などを歴任。文化六〜慶応三年（一八〇九〜六七）

いのうえ‐きんが【井上金峨】江戸中期の折衷学派の儒者。初め常陸笠間藩医。通称文平。名は立元。字は純卿。金峨は号。著「経義折衷」「学庸古義」「匡正録」など。門下に亀田鵬斎などがいる。享保一七〜天明四年（一七三二〜八四）

いのうえ‐けんかぼう【井上剣花坊】川柳家。阪井久良伎の江戸趣味に対し、革新川柳を主張。著「江戸時代の川柳」「剣花坊句集」。明治三〜昭和九年（一八七〇〜一九三四）

いのうえ‐こわし【井上毅】政治家。熊本藩出身。号は梧陰。明治憲法の制定に参与。教育勅語をはじめ、多くの勅令、法令を起草した。枢密顧問官。第二次伊藤内閣の文部大臣。天保一四〜明治二八年（一八四三〜九五）

いのうえ‐じゅんのすけ【井上準之助】銀行家。政治家。大分県に生まれる。東京帝国大学卒。日本銀行総裁、蔵相、貴族院議員などを歴任。昭和五年（一九三〇）、金輸出解禁を行なう。昭和七年（一九三二）、血盟団の凶弾にたおれた。明治二〜昭和七年（一八六九〜一九三二）

いのうえ‐しろう【井上士朗】江戸中期の俳人。医者。通称専庵。名は正春。号は松翁、緑䕌、朱樹叟。別号枇杷園。名古屋の人。国学、絵などもよくした。著「士朗（枇杷園）七部集」など。寛保二〜文化九年（一七四二〜一八一二）

いのうえ‐つう【井上通】江戸中期の女性歌人。振、玉、感通と称す。讃岐の人。著「帰家日記」。万治二〜元文三年（一六五九〜一七三八）

いのうえ‐つとむ【井上勤】翻訳家。翻訳「良政府談（ユートピア）」「人肉質入裁判（ベニスの商人）」「絶世奇談魯敏孫漂流記（ロビンソン＝クルーソー）」など。嘉永三〜昭和三年（一八五〇〜一九二八）

いのうえ‐てつじろう【井上哲次郎】哲学者。文学博士。号は巽軒（そんけん）。福岡県に生まれる。東京帝国大学教授。東洋哲学、西洋哲学を紹介。日本主義を提唱。また矢田部良吉らと「新体詩抄」を刊行。著「哲学字彙」「日本陽明学派之哲学」「日本朱子学派之哲学」「日本古学派之哲学」など。安政二〜昭和一九年（一八五五〜一九四四）

いのうえ‐でん【井上伝】久留米絣（くるめがすり）の創始者。筑後久留米の女性。絣織りを創案し、製品は「御伝加寿利」と呼ばれた。天明八〜明治二年（一七八八〜一八六九）

いのうえ‐にっしょう【井上日召】国家主義者。群馬県出身。本名は昭。日蓮宗に帰依し日召と号し、茨城県に立正護国堂を建て国家革新運動を提唱。井上準之助、団琢磨を暗殺した血盟団事件を指揮した。明治一九〜昭和四二年（一八八六〜一九六七）

いのうえ‐はりまのじょう【井上播磨掾】古浄瑠璃の太夫。京都の人。天下一播磨少掾藤原貞則のち要栄（あきひさ）。通称市郎兵衛。播磨節を開いた。のち大坂に下り操り芝居を興行。寛永九〜貞享二年（一六三二〜八五）

いのうえ‐ふみお【井上文雄】江戸後期の国学者、歌人。江戸の人。著「調鶴集」「伊勢の家苞（いえづと）」など。寛政一二〜明治四年（一八〇〇〜七一）

いのうえ‐まさお【井上正夫】新派俳優。愛媛県生まれ。新派と新劇の中間演劇をめざし、活躍した。芸術院会員。明治一四〜昭和二五年（一八八一〜一九五〇）

いのうえ‐まさる【井上勝】明治初期の鉄道技術者。鉄道庁長官などを歴任。汽車製造株式会社を設置。天保一四〜明治四三年（一八四三〜一九一〇）

いのうえ‐みちやす【井上通泰】国文学者。桂園派の歌人。号は南天荘。眼科医。姫路藩の儒者松岡操の子で、柳田国男、松岡映丘、松岡静雄らの兄。「万葉集」や「風土記」を研究した。著「万葉集新考」「南天荘歌集」など。芸術院会員。宮中顧問官。慶応二〜昭和一六年（一八六六〜一九四一）

いのうえ‐みつはる【井上光晴】小説家、詩人。中国旅順生まれ。日本共産党九州地方常任委員として活動したが、処女小説「書かれざる一章」が反党的作品と批判された。作品「ガダルカナル戦詩集」「地の群れ」「虚構のクレーン」など。大正一五〜平成四年（一九二六〜九二）

いのうえ‐やすし【井上靖】小説家。北海道旭川生まれ。新聞記者から作家となり、新聞小説・歴史小説に新境地を開いた。昭和二四年（一九四九）「闘牛」で芥川賞受賞。作品「氷壁」「天平の甍」「敦煌」など。明治四〇〜平成三年（一九〇七〜九一）

いのうえ‐よりくに【井上頼圀】国学者。文学博士。通称は肥後・鉄直。号は伯随・厚載。平田篤胤（あつたね）の門下。国学院・学習院大学の教授。皇典講究所を創立。「古事類苑」の編纂に参加。ほか編著「越州考」「皇統略記」など。天保一〇〜大正三年（一八三九〜一九一四）

いのうえ‐らんだい【井上蘭台】江戸中期の儒学者。名は道熙（みちひろ）。字は叔、子叔。通称嘉膳。戯号玩世教主。甲府徳川家侍医井上通翁の三男。昌平黌にはいり、林鳳岡（ほうこう）門下として林家員長をつとめ、のち岡山藩儒となった。折衷学を唱えて、古注疏の校刊に出精し、門人教導に多大の成果を挙げた。著に「蘭台先生遺稿」「小説白藤伝」など。宝永二〜宝暦一一年（一七〇五〜六一）

いのうえ‐ぶし【井上節】〘名〙浄瑠璃節の一

派。寛文年間（一六六一～七三）、大坂の人、井上播磨掾要栄（はりまのじょうあきひさ）が語り出したもの。播磨節。＊随筆・本朝世事談綺（1733）三「大坂井上節　井上市郎兵衛といふもの也。道に達し、京、大坂にて鳴（なり）たるもの也。受領して井上播磨少掾藤原要栄と名乗り、後に京にて死」

いのうえ-りゅう【井上流】『名』①古砲術の一流派。慶長・元和（一五九六～一六二四）の頃、播磨国の人、井上外記正継が始めたもの。外記流（げきりゅう）。＊国朝砲熕権輿録（1855）「古今火術の諸流〈略〉井上外記正継より出し流派は、井上流と称し」②日本舞踊の京舞の一流派。江戸末期、初世井上八千代が創始。二世・三世ともに能楽・文楽の影響をうけ、三世は都踊りをはじめた。女性だけの舞。京都祇園に勢力を持つ。座敷舞。風流舞。発音イノウエリュー〈標ア〉0〈京ア〉0

いのうち【井内】 姓氏の一つ。発音〈標ア〉ノ

いのおかじ【―風】『名』方言❶龍巻。沖縄県石垣島・竹富島・鳩間島996 ◇いのおはじ・いないはじ・いない 沖縄県黒島996 ◇いなうかじ 沖縄県石垣島996 ◇いのお 沖縄県八重山996 ◇んぬう 沖縄県与那国島996 ◇いいぬう・いいるう 鹿児島県喜界島983 ◇ええのお 島根県益田市725 山口県見島797 ◇えのら 香川県伊吹島829 ❷旋風。◇ええのお 大分県東国東郡・大分郡941

い-の-かい【貽貝】『名』（「いのがい」とも）「いがい（貽貝）」に同じ。＊本朝食鑑（1697）一〇「貽貝〈訓二伊乃加比一〉」＊重訂本草綱目啓蒙（1847）四二・蚌蛤「淡菜　黒貝〈旧事紀〉、貽貝〈延喜式〉、イノガヒ　勢州」方言三重県591 ◇いのけ 三重県志摩郡586

いのかしら-こうえん【井之頭公園】 東京都の武蔵野市、三鷹市にまたがる公園。大正二年（一九一三）皇室御料地を下賜され、同六年に井之頭恩賜公園として開園。園内の井之頭池は江戸時代、神田上水として江戸に飲料水を供給した。発音イノカシラコーエン〈標ア〉コ

いのかみ-さま【亥神様】『名』旧暦一〇月の亥の子の日にまつる農神。兵庫県の各地では、枡（ます）に餅を一二個入れて箕（み）にのせ、臼の上に新藁を敷いて供える風習がある。

いのかみ-まつり【亥神祭】『名』旧暦一〇月の亥の子の日に田の神をまつる行事。

い-の-かるも【猪枯草】『名』猪が寝る時かき集めて床にするという枯草。転じて、寝床。＊散木奇歌集（1128頃）恋下「君こふとゐのかる藻よりねざめしてあみけるぬたにやつれてぞみる」

い-の-き【猪牙】『名』①イノシシのきば。＊日葡辞書（1603-04）「Inoqi（イノキ）〈訳〉猪のきば、歯」＊評判記・役者口三味線（1699）京・袖嶋げんじ「先こじたたるいおめもとじゃ。おかほはいのきておすりなさるるか。めったにひかります」②「いのき（猪牙）の船（ふね）」の略。＊滑稽本・指面草（1786）小「馬に騎（のら）ずして猪（ヰ）の牙（キ）に乗り、のっきりの身の捻りに妙を得給ひ」辞書日葡・書言 表記猪牙（書）

いのき の 船（ふね） 江戸市中の河川で、通船、猟船、遊船に広く使われた一、二丁櫓（ろ）の軽快な船。猪牙舟（ちょきぶね）。＊滑稽本・指面草（1786）大「向より猪（ヰ）の牙（キ）の舟のいち早くいそがせ来るは」＊人情本・英対暖語（1838）四・序「猪（ヰ）の牙（キ）の船は其むかし、明暦万治の年間に、押送りの長吉といふ者が、舟を薬研のかたちに作り、魚荷を積で押来るに、矢よりも早き風情を見て、三谷舟の船長（おやかた）が倩（つくづく）と考へ付」

いのきば-がけ【猪牙掛】『名』イノシシのきばにひっかけてはね飛ばすように、横なぐりに切りつけること。＊浄瑠璃・井筒業平河内通（1720）三「横になぐる切先、金吾が膝節猪（イ）の牙（キバ）がけ、これも尻居にどうど居て」

い-の-く【動】『自カ四』（「いごく（動）」の変化した語）うごく。＊洒落本・太平楽記文（1784）「あのやろふが格子へくっついていのきゐゐねへはな」＊浪花聞書（1819頃）「いのく　江戸で云いごく也」＊落語・いもりの間違ひ（1896）〈三代目柳家小さん〉「此畜生、動（イノ）き出しやがって馬鹿だな」方言❶静かに少し動く。石川県羽咋郡412 兵庫県淡路島671 ❷働く。徳島県811

い-の-く【居退】『自カ四』いた所からしりぞく。その場から離れる。立ちのく。＊宇治拾遺（1221頃）二・一一「忍びやかにいふけはひ、わが妻にあらざりければ、さればよと思ひて、ゐのきける程に」発音〈標ア〉ノ

い-の-く【射退】『他カ下二』矢などを放って撃退する。＊日葡辞書（1603-04）「Inoqe, uru（イノクル）〈訳〉矢を放って退ける」辞書日葡

いのくずち【牛膝】『名』植物「いのこずち（牛膝）」の古形。＊新撰字鏡（898-901頃）「牛膝　為乃久豆知　又云為乃伊比」＊名語記（1275）一〇「ゐのくづち如何。答、牛膝ともかけり。かの草の節は、牛のひざふしに似たれば、牛膝草とはかけり」＊夫木（1310頃）二七「ましこゐるゐのくつちはらうち払ひみきはかたてし昔こひしも〈源仲正〉」語源説(1)イノコツヒ（豕追）の義か〔大言海〕。(2)猪ノ鼓槌から〔古今要覧稿〕。(3)ウシノコヅチの転〔名語記〕。辞書字鏡・和名・色葉・名義 表記牛膝（字・和・色・名）

いのくそ-こくそ『連語』他人を卑しんでののしる時にいうことば。くそ。くそたれ。＊和訓栞後編（1887）「俗に人をゐのくそこくそといへり　王介甫詩に人間栄願付二莕通一　瀛奎律髄注に猪矢（クソ）為レ莕馬矢為レ通と見えたり　こくそはこまくその略なるべし」

いのくま【猪熊】 京都市内を南北に通じる道路の一つ。平安京の西洞院（にしのとういん）大路に沿う猪熊小路に由来する。堀川通りと大宮通りの間にあり、北は元誓願寺通から南は十条通まで。途中、二条城・西本願寺で中断されている。猪隈小路。＊文明本節用集（室町中）「洛中堅小路〈略〉猪（イノ）熊　堀川　油小路　西洞院」＊浄瑠璃・念仏往生記（1687頃）町尽し「からすがなけば、もいのの、ゐのくまや、いつかはやめぐりあふ」＊浮世草子・西鶴織留（1694）四・二「此袴のまちのひだ折たる上に心もなく舞鶴の紋がら書たる所、猪熊（ヰノクマ）の染物屋の二女が見出して」発音〈標ア〉0〈京ア〉0 辞書下学・文明・伊京・天正・饅頭・易林 表記猪熊（下・文・伊・天・饅・易）

いのくま【猪熊】「いのくまにゅうどう（猪熊入道）」の略。＊雑俳・柳筥（1783-86）二「猪の熊は大かばやきにくらひつき」＊滑稽本・東海道中膝栗毛（1802-09）三・上「大江山の親分が鉄棒ひいてわたりにこよふが、石尊さまが猪（ヰ）の熊（クマ）の似づらをかかせたてうちんで」

いのくま-じけん【猪熊事件】 慶長一二年（一六〇七）侍従猪熊教利が宮女と密通した事件。同一四年（一六〇九）にも同様の事件が明るみに出て、朝廷は徳川家康に処分を依頼。猪熊は斬罪、他は島流しとなった。これが幕府の朝廷介入の一契機となった。発音〈標ア〉ジ

いのくま-だこ【猪熊凧】『名』猪熊入道の顔を描いた凧。歌舞伎等に登場する人物で、鯰髭（なまずひげ）に坊主鬘。＊歌舞伎・伊勢平氏梅英幣（1820）大詰「アレアレ、坊主が態（ざま）を見ろ、猪（ヰ）の熊（クマ）凧（ダコ）を見るやうだ」

いのくま-にゅうどう【猪熊入道】㊀江戸時代の小説、演劇、音曲などに登場する豪勇な人物。＊清元・月花茲友鳥（山姥）（1823）「折柄向ふに聞ゆる陣鐘、親王の下知をうけ猪（ヰ）の熊入道（クマニフダウ）はせ来り、怪童やらぬとつめかくれば」＊常磐津・薪荷雪間の市川（新山姥）（1848）「かかる所へ猪の熊入道、手勢引連れはせ来り」㊁『名』㊀を描いた図。鎧（よろい）の袖をくわえた悪僧の図などが凧絵などに用いられる。発音イノクマニュードー〈標ア〉ニュ

い-の-げげ【藺下下】『名』⇩い（藺）の子見出し

イノケラムス『名』（ラテン Inoceramus）《イノセラムス》ジュラ紀・白亜紀に栄えた海生の二枚貝。重要な示準化石。日本では白亜系から多産。

い-の-こ【豕・猪子】『名』①「いのしし（猪）」に同じ。＊書紀（720）武烈即位前・歌謡「あをによし　乃楽（なら）の谷（はざま）に　鹿（しし）じもの　水漬く辺隠り　水灌く　鮪（しび）の若子を　漁り出な偉能古（ヰノコ）」＊本草和名（918頃）「猳猪肉　和名為乃古」＊大唐西域記長寛元年点（1163）四「師子王、豕（ヰノコ）を避（さ）りて遠く遊（ゆ）かむが如し」②「ぶた（豚）」に同じ。＊宇津保（970-999頃）蔵開上「人はひとりなれどかやうにこそ子は養なひたて給へ。このわたりこそゐのこの侍らんやうに、もののやうにすべきもなく」＊白氏文集天永四年点（1113）四「家家、豚（ヰノコ）を養ふて清酒を漉む」③イノシシの子。うりぼう。＊蜻蛉（974頃）付載家集「当代の御五十日に、ゐのこのかたをつくりけるに」＊異制庭訓往来（14C中）「鹿猪狢狸兎熊猪子鹿子等車五両」＊日葡辞書（1603-04）「Ino co（イノコ）〈訳〉猪の、小さい一年仔」方言動物、いのしし（猪）。岡山県上房郡752 吉備郡766 広島県芦品郡776 ◇いの 紀伊110 発音〈ア史〉平安●●●〈京ア〉イ／0 上仮名ヰノコ 辞書字鏡・色葉・名義・下学・和玉・文明・明応・饅頭・黒本・易林・日葡・書言・〈ボン〉・言海 表記豚（色・名・玉・文・饅・易・書）猪（玉・文・明・黒）豕（玉・下・書・言）豨（玉・易・書）豘（色・文）豨（色・玉）豬・豭（玉・易）豯（字）江豚（名）賭・豝・猵・豽・豱・豵・豲（玉）豘（文）豕子（へ）

いのこ の 焼（や）**き皮**（がわ） はらわたを抜き取った豚に酒の糟（かす）を入れて縫いあわせ、泥土を上から塗って蒸焼にし、のちに、土を落として、酒塩（さかじお）で味をつけたもの。＊浄瑠璃・天神記（1714）一「朝夕の膳部（ぜんぶ）にも、長崎より唐人流の料理人をよびよせ、鶏飯、羊粥（ひつじがゆ）、豕（イノコ）の焼皮（ヤキカハ）」

いのこ を 抱（だ）**いて臭**（くさ）**きを**＝**知**（し）**らず**［＝**忘**（わす）**れる**］ 自分の身に付いてしまった臭いは、自分ではなかなか気がつかない。自分の欠点には気づきにくいことのたとえ。いき（息）の香の臭きは主（ぬし）知らず。＊読本・常夏草子（1810）三「曲れるに似ていと直き、春澄を揚めんとて、もものしく閲（ひし）めくは、豕（ヰノコ）を抱（イダ）いて臭（クサ）きを忘（ワス）れし、時主が惑ひなり」＊浮雲（1887-89）〈二葉亭四迷〉三・一九「豕（ヰノコ）を抱（イダ）いて臭きを知らずとかで、境界の臭みに居ても、おそらくは、その臭味がわかるまい」

い-の-こ【亥子・猪子】『名』①陰暦一〇月の亥の日。この日の亥の刻に新穀でついた餅を食べて祝う。宮廷行事として平安初期から行なわれ、内蔵寮より餅を奉る。《季・冬》＊太平記（14C後）二四・朝儀年中行事事「十月〈略〉亥日三度の猪子（ヰノコ）」＊二中歴（1444-48頃か）五・歳時「節日由緒〈略〉十月亥子　群忌隆集云、十月亥日作レ餅食レ之、其人無病也」＊臥雲日件録－応仁二年（1468）一〇月二六日「太平御覧曰、十月上亥喫二餅一、髄字何義、此方亥子、亦有レ故也、今年今月有二三亥日一、昨日下亥也、此方不三必限二上亥一耳云々」＊俳諧・曠野（1689）員外「冬の日のてかてかとしてかき曇〈越人〉亥子に行と羽織うち着て〈野水〉」＊浄瑠璃・心中天の網島（1720）「一昨年の十月中のゐの子にこたつ明た祝儀とて」②「いのこもち（亥子餅）」の略。＊建武年中

亥の子〈和漢三才図会〉

行事(1334-38頃)「十月一日〈略〉ゐのこはくられうよりまいる。朝がれゐにてまいらす」 ＊蔭凉軒日録-延徳二年(1490)一〇月二六日「及二暮夜一自二満福方一贈二猪子之雲門一。善哉吉無上。於二松泉一喫レ之。諸童諸老皆於二本房一喫レ之」 ＊言経卿記-慶長一〇年(1605)一〇月一〇日「四条冷等より亥の子給了」 語誌 (1)中世以後特に盛んになる。また、後世、民間では収穫祭の日として、新穀の餅をついて食べあい、子供たちがわら束や石で地面を打ちまわる。「元和本下学集」に「豕子 イノコ〈略〉十月豕日食レ餅令二人無一レ病又一説云豕能生二多子一故女人羨レ之至二十月豕日一献二餅一祝レ之也」とあるように万病をはらうためとも、イノシシの多産にあやかった子孫繁栄のまじないともいう。(2)近世、この日から炉、こたつを開き、火ばちも出す習慣があり、宮中では上中下の亥の日、民間では平安時代には上の亥の日、中世以後には中の亥の日に主として行なった。 方言 (亥(い)の子の餅(もち)をつくころ飛んでくるところから) 綿のような白いものをつけて夕方の空に浮くように飛ぶ虫。高知県土佐郡866 発音 〈標ア〉[0][ノ][イ] 〈京ア〉[イ][0] 辞書 下学・文明・伊京・明応・天正・饅頭・黒本・易林・書言・言海 表記 豕子(下・文・伊・明・天・饅・黒・易) 玄猪・豕(書) 亥子(言)

いのこ の 荒(あれ) 「いのこあれ(亥子荒)」に同じ。 ＊浮世草子・好色二代男(1684)三・三「今夜は豕(イノコ)の荒(アレ)がして寒ひといふ」

いのこ の 祝(いわい) 「亥の子①」の亥の刻に、新穀でついた餅を食べて祝うこと。また、その祝い。玄猪(げんちょ)。 ＊鎌倉殿中以下年中行事(1454か)「十月朔日、御祝如レ例。亥子之御祝三度ある時は、三度ながら御祝有レ之」 ＊久守記-延徳元年(1489)一〇月一五日「いのこ御いわゐ在之、御まいりきり本所、御方御両所候也」 ＊殿中申次記(15C末-16C中か)「御亥子の御祝之様躰之事、〈略〉御げんてうの事は御手づからみなみなに下され候」

いのこ の 雲(うん) (雲は雲門の略)「いのこもち(亥子餅)」に同じ。 ＊蔭凉軒日録-明応元年(1492)一〇月一三日「今日中之亥也、福力調二猪子雲一恵レ之、寮衆亦皆喫レ之、年々嘉例也」

いのこ の かちん 亥子餅(いのこもち)をいう女性語。 ＊宝鏡寺日記-承応二年(1653)一〇月一三日「ほうし院殿よりいのこのかちんの御はつを進上」 ＊浮世草子・西鶴置土産(1693)一・三「いのこのおかちんの米と申すも、さもしき事ながらと申せば」

いのこ の 厳重(げんちょう) 「いのこもち(亥子餅)」に同じ。 ＊宣胤卿記-文亀元年(1501)一〇月七日「去夜内裏豚之厳重、兼日申二甘黄門一、今日一裹〈此内両人分小餅二〉到来、令二頂戴一了」

いのこ の 寿(ことぶき) 「いのこ(亥子)の祝い」に同じ。 ＊浄瑠璃・傾城八花形(1703)五「時しもゐのこのことぶきは御奥方とののめきて、かぶき子共を召寄られ、風流姿を尽せしは」

いのこ の 餅(もち) 「いのこもち(亥子餅)」に同じ。 ＊蔭凉軒日録-延徳三年(1491)一〇月二〇日「夜来満福贈二猪子之餅一。諸徒亦皆喫レ之」 ＊俳諧・誹諧初学抄(1641)初冬「亥の子の餅 同上(十月)の亥日也。永安四年に始る」 ＊俳諧・増山の井(1663)一〇月「亥子(イノコ)の餅 御厳重、或御玄猪、十月亥日餅を食すれば万病を除くよし群忌隙集に見えたるに禁中にも内蔵寮より此餅を奉れば朝餉にてきこしめすと公事根源に侍り」 ＊俳諧・鶉衣(1727-79)前・上・八・餅辞「十月はもとより亥の子の餅に荒初て、時雨こがらしの寒きまどゐに」

いのこ 〘名〙 方言 ⇨いがわ(井川)

いのご 〘名〙「いぬご」に同じ。 ＊洒落本・娼妃地理記(1777)「鉾のしただりいのごとなり股(もも)の付根へこりかたまって一つの島となる」 方言 くび、わきの下などのリンパ腺のはれること。青森県上北郡082 岩手県気仙郡100 埼玉県秩父郡251 東京都八王子311 神奈川県津久井郡317 新潟県西頸城郡385 長野県上伊那郡488 佐久493 静岡県磐田郡546 大阪府639 島根県出雲725 ◇いのこ 宮城県仙台市121

いのこ-あれ ゐのこ:【亥子荒】〘名〙 亥の子の日前後に多い荒れ模様の天気。寒くもなる。いのこの荒れ。 方言 亥の子の日の前後の荒天。 ◇えのこさんあれとも。島根県725

いのご・う いのごふ【期剋】〘自ハ四〙 敵意に満ちた憎しみの気持を表わす態度をとる。また、そのような声を発する。 ＊古事記(712)中・歌謡「ええーしやごしや、此は伊能碁布(イノゴフ)ぞ。ああーしやごしや、此は嘲咲(あざわら)ふぞ」 ＊霊異記(810-824)上・二「彼(そ)の犬の子、つねに家室(いへのとじ)に向かひて期剋(イノゴ)ひ睚(にら)み眥(はにか)み嘷吠(ほ)ゆ。〈興福寺本訓釈 期剋 二合伊乃古不〉」 補注 「古事記」の延佳本には「伊基能布」とあり、「法華経単字」にも「偈 イコノフ」とあるが、「いのごふ」の誤りか。 上仮名 イ|ノゴフ

いのこ-うた ゐのこ:【亥子唄】〘名〙 亥の子の日に、子供たちが地づきをしながらうたう唄。「亥の子餅をつかん者は、鬼生め蛇(じゃ)生め、角の生えた子生め」などのほか、家ほめの唄などを用いることが多い。

いのこ-ぐさ 【―草】〘名〙 植物「えのころぐさ(狗児草)」の古名。 ＊俳諧・番匠童(1689)七月「犬子草(イノコクサ)」 ＊重訂本草綱目啓蒙(1847)一二・隰草「狗尾草〈略〉えのころぐさ 今名〈略〉いのこぐさ 長崎」 方言 久留米†127

いのこ-ぐも ゐのこ:【豕雲】〘名〙 イノシシの形をした黒雲。 ＊夫木(1310頃)一九「雲払ふ月の光におひにけりはしりちりぬるゐのこ雲かな〈源仲正〉」 ＊俳諧・毛吹草(1638)六「もち月を出せる空やゐのこ雲〈重方〉」 辞書 日葡

いのこ-さす ゐのこ:【豕扠首】〘名〙 切妻(きりづま)や入母屋(いりもや)の造りで、梁(はり)の上に合掌形に材を組んだもの。また、その二本の材。妻飾りに用いられる。扠首竿(さすざお)。 ＊書陵部所蔵壬生文書-治承三年(1179)六月・東寺損色検注帳(平安遺文八・三八七九)「猪子差二子 長六尺 四五寸」 ＊壒嚢鈔(1445-46)三「屋宅具 甍(いらか) 棟 桴〈略〉檐(のき) 飛簷(ひゑん) 亥枌首(イノコサス)」

い-のこし 【射遺】〘名〙 中古、正月一七日の射礼(じゃらい)に参加しなかった四衛府(えふ)の者たちが翌日建礼門に集まって、射を行なうこと。嵯峨天皇の弘仁二年(八一一)正月に始まるといわれ、初めは豊楽院で行なわれた。《季・新年》 ＊九暦-逸文・承平七年(937)正月一八日「遺建礼門令射昨射遺者」 ＊江家次第(1111頃)三・射遺「外記着二蔵人所一、令レ奏下有二射遺一由上」 ＊師光年中行事(1259-70頃)「賭弓日、二度下之後、遺宰相一人於弓場、令行射残事、外記奏事由」 ＊俳諧・年浪草(1783)春・二「賭弓(のりゆみ)〈略〉又射遺(ヰノコシ)と云事は射礼の翌日也。昨日射礼に参ぜさる四府に今日射さしめ玉ふと也」

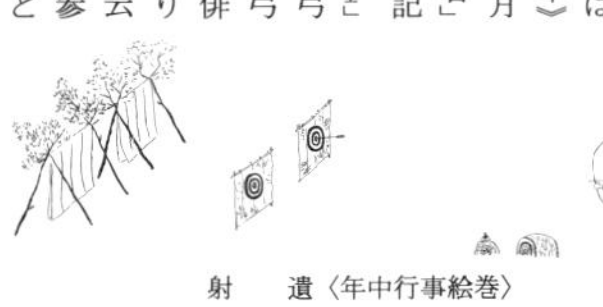
射　遺〈年中行事絵巻〉

いのこし-いて 【射遺射手】〘名〙 射遺(いのこし)の行事で弓を射る人。

いのこ-しば 【家柴】〘名〙 方言 植物。❶はいのき(灰木)。福岡県003 熊本県八代郡003 大分県003 宮崎県003 鹿児島県003 ❷いぼたのき(水蠟樹)。福岡県小倉市003 [方言の補注]〔❶について〕猪(いのしし)狩りの際、この柴(しば)を敷いて休憩するところから〔鹿児島民俗植物記〕。また、射止めた猪の肉をその葉で包むところから〔大隅肝属郡方言集〕。

い-のこ・す 【射残】〘他サ五(四)〙 手持ちの矢を全部射ないで残す。 ＊半井本保元(1220頃か)中・新院左大臣殿落ち給ふ事「射残たる鏑矢を白河殿の惣門の方立に射立て」 ＊平家(13C前)八・妹尾最期「妹尾太郎矢七つ八つ射のこしたるを、さしつめひきつめさんざんに射る」 ＊日葡辞書(1603-04)「Inocoxi, su, ita (イノコス)」 辞書 日葡

いのこずち ゐのこづち【牛膝】〘名〙 (「いのくずち」の変化した語) ヒユ科の多年草。各地の山野、道ばたにふつうに見られる。高さ九〇センチメートルに達する。茎は四角柱で節の部分が太い。葉は長さ五～一五センチメートルの楕円形で先がとがる。夏から秋に、茎頂および葉腋(ようえき)に細長い穂を出し、淡緑色の小さい花をつける。実を包む苞(ほう)と外側のがく片は先がとがった針状で、このため実は衣類等につきやすい。乾燥した根は牛膝(ごしつ)と呼ばれ、利尿・強精剤とし、また、挿入して堕胎用に使った。近縁種にヒナタイノコズチ、ヤナギイノコズチなどがある。ふしだか。こまのひざ。えのこずち。つなぎぐさ。いなきぐさ。学名は Achyranthes bidentata var. japonica 《季・秋》 ＊円融院御集(11C初)「万代といはふみやまのゐのこずち君につかふるけふにぞあるらし」 ＊書言字考節用集(1717)六「牛膝 ヰノコヅチ 対節菜 同」 ＊雑俳・青木賊(1784)「突込で・妙をあらはす牛膝(イノコヅチ)」 ＊日本植物名彙(1884)〈松村任三〉「イノコヅチ 牛膝」 ＊激浪(1944)〈山口誓子〉昭和一九年「やさしうて刺(とげ)剛直のいのこづち」 方言 植物。❶はこべ(繁縷)。山口県美祢郡794 ❷ぬすびとはぎ(盗人萩)。山口県豊浦郡・玖珂郡794 発音 〈標ア〉[コ] 〈京ア〉[コ] 辞書 文明・伊京・明応・天正・饅頭・黒本・易林・日葡・書言・言海 表記 牛膝(文・伊・明・天・饅・黒・易・書・言) 對節菜(書)

いのこ-すぼ ゐのこ:【亥子―】〘名〙 (「すぼ」は「すぼき」ともいい、藁苞(わらづと)のこと) 旧暦一〇月の亥の子のとき、子供たちが地面を打ち回るわら鉄砲を、大分県でいう。

いのこ-ぜっく ゐのこ:【亥子節供】〘名〙 旧暦一〇月亥の日を、長崎県の壱岐などでいう。

いのこ-づかい ゐのこづかひ【亥子使】〘名〙 亥の子餅を届ける使い。 ＊続春夏秋冬(1906-07)〈河東碧梧桐選〉冬「山里へ亥の子使ひや散る紅葉〈八重桜〉」

いのこ-づき ゐのこ:【亥子突】〘名〙 ①陰暦一〇月の亥の日に、子供たちが石やわら束で地面を打ってまわる行事。②山口県豊浦郡でイノシシを捕えたとき、四足を持って胴揚げをすること。

いのこ-なわ ゐのこなは【亥子縄】〘名〙 亥の子突きの時、子供たちが唱えごとをしながら地面を打つのに用いる丸い石の回りに何本も付けた縄。縄を引っ張り石を引き上げては落として地面を打つ。 ＊雑俳・蟬の下(1751)「病無き兒は廿(はたち)の亥の子縄」

いのこ-の-かね 〘名〙 植物「くず(葛)」の異名。 ＊重訂本草綱目啓蒙(1847)一四上・蔓草「葛 くず〈略〉いのこのかね 備後」 方言 ❶植物、くず(葛)。◇いのこ 広島県比婆郡773 ❷葛(くず)の根。◇いのこ 島根県邑智郡725 ❸葛(くず)の根から採った粉。広島県比婆郡773 ◇いのこ 島根県725 ◇いのこのせん 広島県山県郡054

いのこ-ひきめ ゐのこ:【亥子蟇目】〘名〙 鏃(やじり)の一種。小笠懸(こかさがけ)に用いる蟇目の小さいもの。半蟇目。 ＊了俊大草紙(1395頃)「小笠懸引目はめを向にする也、猪子引目のごとし」

いのこ-ぶし ゐのこ:【亥子臥】〘名〙 猪の子のように寝ること。 ＊夫木(1310頃)二七「春ののにいざ思ふどちをがやふくあますのしたにゐのこぶしせん〈源仲正〉」

いのこ-へん ゐのこ:【豕偏】〘名〙 漢字の偏の一つ。「豬(チョ)」「豨(キ)」などの「豕」の部分をいう。本来はブタの象形。この偏をもつ字は、字典で豕部(いのこぶ)に属する。 発音 〈標ア〉[0]

いのこ-もち【亥子餅】『名』陰暦一〇月の亥の日に食べる餅。宮中では、大豆、小豆、豇豆(ささげ)、胡麻、栗、柿、糖(あめ)の七種の粉を用いて作り、猪の子形に切ったものを食べた。げんちょう。おなりきり。おまいりきり。玄猪(げんちょ)。いのこもちい。能勢餅。《季・冬》*小右記-正暦元年(990)一〇月二一日「癸亥、依㆓対御方消息㆒、調火桶二口、箸等送㆑之、鉢盛物〈松実餅等也〉、尚侍聊有㆓亥餅経営㆒、依㆓其事㆒歟」*古今著聞集(1254)一八・六三七「なによりも心にぞつくゐのこ餅ひんくうすなる物と思へば」*二中歴(1444-48頃か)八・供膳「亥子餅七種粉 大豆 小豆 大角豆(ささげ) 胡麻 栗 柿 糖」*俳諧・犬子集(1633)六・雑冬「食にせばしにやならん亥子餅」 発音〈標ア〉コ〈京ア〉コ

いのこ-もちい【亥子餅】『名』「いのこもち(亥子餅)」に同じ。*源氏(1001-14頃)葵「その夜さり、ゐのこもちゐまゐらせたり」

い-のこり【居残】『名』①他の人がいなくなった後まで、そこにとどまること。また、その人。*高野山文書-応永一四年(1407)一〇月二三日・大集会并衆分評定日次(大日本古文書六・一三四三)「衆分居残御評定云」*歌舞伎・花街模様薊色縫(十六夜清心)(1859)序幕「『それだから広小路に晒(さら)し者の小屋ができてゐらあ』『べらぼうめ、こりゃあ飾り小屋の居残(ヰノコ)りだ』」*当世書生気質(1885-86)〈坪内逍遥〉一「此一仲間は、さる私塾の、大運動会の、居残(ヰノコリ)と見えて」②残業すること。また、その人。*われから(1896)〈樋口一葉〉七「与四郎は居残(イノコ)りの調べ物ありて、家に帰りしは日ぐれの八時」*朝寐(1906)〈森鷗外〉「居残の用事あるときは、遅出の罸に引き受けなどして」*故旧忘れ得べき(1935-36)〈高見順〉七「特に校正の沢山出た今日は、一時間位の居残りでは片附きさうもなかった」③遊里で、遊興代金が不足した際に、仲間が金策に奔走している間、人質として遊女屋に軟禁状態にされること。*江戸繁昌記(1832-36)初・吉原「金少して人多し。顧ふに、安んか急に辨ぜん。妨げず、明暁、吾宜く遺遊(〈注〉イノコリ)すべし」 発音〈標ア〉0〈京ア〉0

いのこりさへいじ【居残佐平次】落語。遊郭で居残りになるのを商売にしている男を主人公とした郭(くるわ)話。下げは見立ておち。 発音イノコリサヘイジ〈標ア〉ヘ

いのこり-つめばん【居残詰番】『名』他の人の帰った後、とどまって宿直をする役。*泊御番心得(古事類苑・政治五九)「明和二酉年五月二五日・浅野隼人於宅寄合之節申合 一 泊御番病気に而引込之節、居残詰番より直に泊御番相勤候はば、右病気之者出勤之節、泊之桁え割入、居残詰番共、前前申合之通相勤可㆑申候」

い-のこ・る【居残】『自ラ五(四)』他のものが去った後まで、そこにとどまる。*足利本論語抄(16C)先進第一一「点三子は去れどもあとに居残て子路を笑たるを不審に思て其れを問はんとて不㆑去ぞ」*四河入海(17C前)八・二「しかも頼州に居(ヰ)のこりて、坡がしかけたる西湖を治め」*内地雑居未来之夢(1886)〈坪内逍遥〉一一「今がたまで東の方に、ぼんやり居残(ヰノコ)った断雲(ちぎれぐも)が、たちまち活たやうに動きだして」*おとづれ(1897)〈国木田独歩〉上「皆な散じゆき、事務室に居残りしは幹事後藤のみとなりぬ」 発音〈標ア〉コ〈京ア〉0

いの-ころ【犬児】『名』(「いぬころ(犬児)」の変化した語)犬の子。えのころ。*雑俳・折句大全(1803)「馬のひづめをなめるいのころ」 方言❶柳の花穂。滋賀県609 奈良県宇陀郡678 ❷植物、ねこやなぎ(猫柳)。岐阜県飛驒502 ❸植物、えのころぐさ(狗児草)。奈良県南葛城郡683 和歌山県西牟婁郡690

いのころ屋根(やね)へ上(あ)げたよう 「いぬころ(犬児)を屋根に上げたよう」に同じ。*譬喩尽(1786)一「狗子(イノコロ)屋根(ヤネ)へ上(アゲ)たやうな」

いのころ-もち【亥子餅】『名』「いのこもち(亥子餅)」に同じ。*父の婚礼(1915)〈上司小剣〉五「村の家々ではお萩餅を拵へ、子供たちは亥の子藁といって、細い棒をシンに藁を束(つか)ねて縄でキリキリと堅く巻いたもので、ポンポンと音させつつ地べたを打って、『亥の子ろ餅や、祝ひまへうかい』と叫んでゐた」 発音〈標ア〉ロ

いのこ-わら【亥子藁】『名』亥の子突きのとき、子供たちが唱えごとをしながら地面を打つのに用いるもの。棒のまわりに藁束を結び付けて作る。*父の婚礼(1915)〈上司小剣〉五「子供たちは亥の子藁といって、細い棒をシンに藁を束(つか)ねて縄でキリキリと堅く巻いたもので、ポンポンと音させつつ地べたを打って、『亥の子ろ餅や、祝ひまへうかい』と叫んでゐた」

い-の-さかつら【猪逆頰】『名』太刀や箙(えびら)などで、イノシシの毛皮を毛並みが上に向くように張ったもの。*今昔(1120頃か)二三・一五「猪の逆頰の尻鞘(しりさや)したる太刀帯して」*随筆・貞丈雑記(1784頃)一一「さかつらは色々の箙の元祖也、古熊の逆頰猪(イ)の逆頰とて二品あり」

い-の-じ【いの字】『名』①いろは四十七文字の第一番目の文字。*雑俳・小倉山(1723)「どうなりと・いの字からまず書いてみよ」②紋所の名。輪の中にひらがなの「い」を書いたもの。沢村長十郎家の紋として有名。*評判記・役者芸品定(1722)京・沢村長十郎「都につづいていなり大明神のまもりめつよく、いの字のやぐらまく」③「いざよい(十六夜)」のこと。*俳諧・玄峰集(1750)秋「霊棚の粟にさきだついの字哉」④(「い」の字を牛の角に見立てて、牛の角文字ともいうところから)「うし(牛)」の異名。*雑俳・柳多留-一三(1778)「たそがれにいのちのつづく芝の町」 発音〈標ア〉ノ

い-の-じ【猪字】『名』(「いのしし」の第一音節をとって「の-字」を付けて隠語化したもの)イノシシ。*浄瑠璃・傾城島原蛙合戦(1719)五「千くさのすり衣、肩にかかるもの花折りかけて、裾にいのじが寝たところゐ、ゐいゐいふうけいの筆立に」

いのじ-かすり【井字絣】『名』井の字の模様に染めた絣の着物。*滑稽本・東海道中膝栗毛(1802-09)初・発語「いづれも井の字がすりの紺の前垂(まへだれ)をメたるは」*当世書生気質(1885-86)〈坪内逍遥〉六「井(ヰ)の字(ジ)飛白(ガスリ)の単衣(ひとへもの)はゆきたけきはめて短く」 発音イノジガスリ〈標ア〉ガ

いのじ-がた【井字形】『名』「井」の字の形。また、木材などをその形に組み合わせたもの。井桁(いげた)。*雪中梅(1886)〈末広鉄腸〉上・六「前面に小き井字形(ヰノジガタ)の開き戸ありて、大なる鉄鑰(てつやく)を卸し、後面高サ五尺許りの処に硝子窓を設け、麻索(あさなは)を以て之を開閉し」 発音イノジガタ〈標ア〉0

いの-しか-ちょう【猪鹿蝶】『名』①花合わせ②の出来役の一つ。萩の一〇点札(猪)、紅葉の一〇点札(鹿)、牡丹の一〇点札(蝶)の三枚。また、それを揃えた出来役。②花札賭博の一種。親が花札全部を四つに分けて場に伏せて相手に賭けさせ、一番下の札の種類によって勝負を決めるもの。素物(一点札)または、萩の猪、紅葉の鹿、牡丹の蝶の時には、親が全部の賭金を没収するところからいう。 発音イノシカチョー〈標ア〉カ

い-の-しし【猪】『名』①(「猪(い)の獣(しし)」の意)イノシシ科の哺乳類。体長一~一・五メートル。ブタの原種で口先が長く、犬歯は強大で口の外へ突き出てきばとなる。体毛は黒褐色。怒ると背すじの長毛を逆立てる。ヨーロッパ、アジア、北アフリカに広く分布し、日本では北海道を除く各地に生息する。山地の森林にすみ、夜出て植物の根やミミズを掘り出して食べるほか、ヘビ、カエルなどを捕食する。子は体に縦すじがあり「うりぼう」と呼ばれる。肉は古くから山鯨(やまくじら)と呼ばれて賞味され、一般に猪鍋(ししなべ)にして食べる。しし。い。いのこ。やちょ。学名はSus scrofa《季・秋》*書紀(720)崇峻五年一〇月(図書寮本訓)「山猪(ヰノシシ)を献ること有り」*散木奇歌集(1128頃)雑上「むかひの山ぎはに、大きなるゐのししの見えけるを」*半井本保元(1220頃か)中・白河殿へ義朝夜討に寄せらるる事「なまして猪の肉を肴にて酒を進む」*名語記(1275)九「ゐのしし、如何。猪也。ゐはをぢの反。人にをぢらるれば也。おそろしき獣也」*法華経音訓(1386)「猪 イノシシ ヰ」*雑俳・柳多留-四六(1808)「猪のししのねがえりにちる萩の露」②(①の、走ると容易に曲がれないほど突っ走る性質から)あまり熟慮しないで、あるいはやたらにものごとに突進して後退しない行動をとる者のたとえ。③明治三二年(一八九九)から大正六年(一九一七)にかけて発行された一〇円紙幣の異称。裏面にイノシシの図があるところから[illegible]〔訂正増補新らしい言葉の字引(1919)〕*江戸から東京へ(1921)〈矢田挿雲〉三・一「江戸時代大判小判の別名を光次と云ったのは山吹色の貨幣面に墨黒々と光次の二字が書いてあったからで『光次』と云へば今日の気障なのが『猪(ヰノシシ)を一枚』抔云ふのよりも重みのある隠語であった」④女陰をいう俗語。〔隠語輯覧(1915)〕⑤山林で、きのこ、果実、筍(たけのこ)などを盗むことをいう、盗人仲間の隠語。〔隠語輯覧(1915)〕

猪 ①

語誌 古くは単独のイで猪を指した。シシは肉のことを指し、また、肉を食用とすることができる獣一般を指す語であったので、狩りの主要対象であった鹿とともに猪を指すことが多かった。後に、猪をイノシシ、鹿をカノシシと言って呼び分けるようになる。シシで獣を指すことは近代以降まれになるが、「ししふせぎ(猪防)」「ししおどし(鹿威)」などの語の中にその意味が残っている。 方言 虫、のみ(蚤)。大分県大分市・北海部郡941

語源説 (1)形は豕に、性質はシシ(獅子)に似ることからか〔古今沿革考〕。(2)イカリシシの義。シシは肉〔日本釈名〕。(3)ヰはヲヂの反。恐ろしい獣の意〔名語記〕。(4)ヰは「豨」Wi。シシは「豕」Siを重ねた語〔日本語原考=与謝野寛〕。

発音〈なまり〉イヌシシ〔栃木・東京〕イヌスス・ウイノシシ・ウエシシ〔岩手〕イノシ゚・イノシイ・イノシッ〔鹿児島方言〕エヌシシ〔仙台音韻・埼玉方言〕エノシシ〔伊賀・鳥取〕〈標ア〉シ1〈ア史〉江戸◎○○○か〈京ア〉イ 辞書 色葉・和玉・文明・伊京・天正・饅頭・黒本・日葡・書言・ヘボン・言海 表記 猪(色・玉・文・伊・天・饅・黒・書・ヘ・言) 豕(色・文) 玉減・猳・豵・獖・豣(色) 貗・豨・豬・獞・豶・豨・豝・豭・豜・貒・豖(玉) 野豬(書)

いのしし の 牙(きば) (イノシシのきばのように)白いもの、または鋭いものの形容。*滑稽本・東海道中膝栗毛(1802-09)七・下「わっちらァ猪(イノシシ)の牙(キバ)のよふな、めしでなくちゃァくひやせん」 方言 上質の白米の粒。宮城県仙台市125

いのしし の 横(よこ)っ飛(と)び 「いのしし(猪)③」に同じ。〔訂正増補新らしい言葉の字引(1919)〕〔通人語辞典(1922)〕

いのしし-くび【猪首・猪頸】『名』人の首の太くて短いものをいう。いくび。*南小泉村(1907-09)〈真山青果〉七「竹屋ダンボは〈略〉背のズッコリ低い、甚(ひど)い猪頸(ヰノシシクビ)の、脚の短い小男である」 発音〈標ア〉シ2

いのしし-じょうご【猪上戸】『名』(自分

ばかり飲むという意でイノシシにたとえたか）他人には酒をつがないで自分ばかり飲むこと。また、その人。＊仮名草子・水鳥記(1667)八「さやうに一ぱうのみするをば、ゐのしし上戸とてよきにはせずと申」

いのしし-だけ ゐのしし：【猪茸】〘名〙 きのこ「こうたけ（革茸）」の異名。

いのしし-むしゃ ゐのしし：【猪武者】〘名〙 前後の事情も考えないで、がむしゃらに突進するだけの武士。向こう見ずの武士。また、転じて、そのような無鉄砲な人。＊保元(1220頃か)中・白河殿へ義朝夜討ちに寄せらる事「又なき剛の者、片皮破りの猪武者なるが」＊平家(13C前)一一・逆櫓「かたおもむきなるをば猪のしし武者とてよきにはせず」＊洒落本・猪の文章(1753)自序「今も繁花の限々に、貧乏神の栖（すみか）をさがすむかふ見ずの猪武者（イノシシムシャ）が便（たより）にならむかと」 発音〈標ア〉ム〈京ア〉シ2 辞書書言・言海 表記猪武者（書）猪武者（言）

いのしし-やり ゐのしし：【猪槍】〘名〙 猪狩りに用いた長さ一メートルぐらいの手槍。柄は竹、身は笹穂（ささほ）製で、直径一五センチメートルほどの鍔（つば）をつけたもの。＊明治六年暴動一件諸報告(1873)管下大野郡士民騒擾御届「豈料ん既已に無数の鐘打を期とし、村民各猪鎗・竹鎗等を携へ、三千余集合し、邏卒を取囲み暴挙に及び候故」 発音〈標ア〉シ2

いのじ-せん【イ字銭】〘名〙 慶応二年（一八六六）頃、江戸深川富川町で鋳造された寛永通宝の鉄四文銭。裏面に「イ」の字が表示されている。 発音〈標ア〉0

い-の-した ゐ：【猪舌】〘名〙 植物「かたくり（片栗）」の異名。＊随筆・茅窓漫録(1829)上「カタクリ〈略〉此草昔は堅香子（かたかご）といふ。一名猪の舌ともいふ」 方言植物、きからすうり（黄烏瓜）。伊豆御蔵島071

いのじ-びし【イ字菱】〘名〙 紋所の名。かたかなの「イ」の字を四つ使って菱形に組み合わせたもの。 発音〈標ア〉ジ

い-の-しり ゐ：【猪尻】〘名〙（臭気が強いところから。「いのじり」とも）植物「やぶタバコ（藪煙草）」の異名。＊易林本節用集(1597)「猪尻 ヰノシリ」＊重訂本草綱目啓蒙(1847)一一・隰草「天名精〈略〉いのじり 勢州」 辞書饅頭・易林 表記鶴虱（饅）猪尻（易）

い-の-しりきれ ゐ：【藺尻切】〘名〙 藺草で作った尻切れ草履。

いのしり-ぐさ ゐのしり：【猪尻草・天名精】〘名〙（臭気が強いところから）植物「やぶタバコ（藪煙草）」の異名。いのしり。＊仮名草子・悔草(1647)中「まむしにくはれては雄黄のこ唾にて付よ。又いのしり草付べし」＊子孫鑑(1667か)下「いのしり草（グサ）、なもみ同草也。まむしにさされたる時、もみて付べし」＊大和本草(1709)六「天名精 実を鶴虱と云。和名はまだかな、又いのしりぐさと云。葉は烟草に似て皺あり」＊日本植物名彙(1884)〈松村任三〉「ヤブタバコ イノシリグサ 天名精」 辞書書言・言海 表記天名精（書・言）活鹿草・地菘（書）

イノシン-さん【━酸】〘名〙（ドイ Inosinsäure の訳語）酸性の高分子物質イノシンリン酸の総称。分子式 $C_{10}H_{13}N_4O_8P$ ヌクレオチドとして死んだ動物中に多数見出される。かつお節に似た強いうま味を示し、これから作られるイノシン酸ソーダは化学調味料として用いられる。 発音〈標ア〉0

いのす〘名〙 方言 ⇩ゆのす

いのすけ【伊之助】〘名〙 柿の実、また樽柿をいう、盗人仲間の隠語。〔新時代用語辞典(1930)〕〔特殊語百科辞典(1931)〕

いのせ ゐのせ【猪瀬】 姓氏の一つ。 発音〈標ア〉イ

イノセンシア〘名〙（ポルトガル innocencia, inocencia）キリシタン用語。原罪以前の無垢（むく）の状態。人間が罪を犯す前のけがれのない状態。＊こんてむつすむん地(1610)一・二二「其ゆへはさいしょのくゎほうなるいのせんしやのくらゐをうしなひたれば也」 発音〈標ア〉セ

イノセンス〘名〙（英 innocence）①無実。潔白。②純粋なこと。無邪気なこと。天真爛漫。＊みずすましの街(1979)〈小林信彦〉F「人間がいつまでも〈無邪気（イノセンス）〉ではいられないにせよ」 発音〈標ア〉イ

イノセント [一]〘形動〙（英 innocent）〘イノセント〙純粋なさま。また、無邪気なさま。＊外来語辞典(1914)〈勝屋英造〉「イノセント Innocent（英）罪なき。頑是なき」 [二]（英 Innocent）「インノケンティウス」の英語形。 発音〈標ア〉イ

いのち【命】〘名〙①人間や生物が生まれてから死ぬまでの、生存の持続。㋑継続されるべき、ただし限りのある生の力。生命。また、寿命。＊古事記(712)中・歌謡「伊能知（イノチ）の、全けむ人は」＊万葉(8C後)一七・三九三三「ありさりて後もあはむと思へこそ露の伊乃知（イノチ）も継ぎつつわたれ〈平群氏女郎〉」＊源氏(1001-14頃)明石「かく悲しきめをさへ見、命つきなんとするは、前の世の報いか」＊色葉字類抄(1177-81)「寿 イノチ」＊説経節・説経苅萱(1631)下「かひなきいのちながらへて、せんなき事とおぼしめし、ともにはてんとおぼしめすか」＊談義本・根無草(1763-69)前・五「とてものがれぬ命なれば、是非是非我と連行て、御命全ふし給ふべしと」㋺生まれてから死ぬまでの期間。生涯。一生。＊読本・雨月物語(1776)貧福論「天蒼氏（てんそうし）の賜（たまもの）すくなくうまれ出たるなれば、精神を労しても、いのちのうちに富貴を得る事なし」＊蓬莱曲(1891)〈北村透谷〉三・二「死すればこそ、復た他の生涯（イノチ）にも入るらめ、来れ死！ 来れ死！」②さまざまの角度からとらえた生存の意義。㋑天から与えられた定め。運命。天命。＊観智院本名義抄(1241)「運 イノチ サイハヒ」＊風雅(1346-49頃)雑上・一五六二「年ごとにあひ見ることは命にて老のかず添ふ秋の夜の月〈源全〉」＊蓬莱曲(1891)〈北村透谷〉一・一「抑も何物にてか、定まれる人の運命（イノチ）をおのれを外に識るらん」㋺生存をつづけるための、物的または心的なよりどころ。唯一のたのみ。生き甲斐。↓命にて。＊後撰(951-953頃)夏・一九三「常もなき夏の草葉に置く露をいのちとたのむ蟬のはかなさ〈よみ人しらず〉」＊重之集(1004頃)下「ささがにのくものはたての動くかな風をいのちに思ふなるべし」＊千載(1187)恋二・七三二「今はさはあひ見んまでは難くともいのちとならん言の葉もがな〈藤原顕輔〉」㋩物事をそのものたらしめる本質的な価値。そのもの独特のよさ。真髄。また、一番大切なところ。＊風姿花伝(1400-02頃)三「能をせん程の者の、和才あらば申楽を作らん事易かるべし。これ此道のいのち也」＊黄表紙・江戸生艶気樺焼(1785)上「刺青は浮気の始りなりと、両方の腕へ指の股まで二三十程あてもなき青刺をし、痛いのを堪へて、ここがいのちだと喜びけり」＊行人(1912-13)〈夏目漱石〉友達・二四「色香を命（イノチ）とする綺麗な人許（ばかり）なので」㋥人の世の中に生きつづける、物事、作品などの価値。＊虞美人草(1907)〈夏目漱石〉六「詩の命（イノチ）は事実より確かです」③（生きるよりどころの意味から特殊化して）一生をそれに捧げてもよい誠意を示す証拠立ての文字、また、転じてその語。多く遊里に行なわれた習慣で、相愛の男女が互いに二の腕へ「命」の一字、または「誰々命」と入れ墨して、二世も三世もと誓った。＊評判記・色道大鏡(1678)六「命（イノチ）の字を名の下にしるす事、古代よりありて、今に絶ず。其心ざす人を命にかへておもふといひ、又命かぎりにおもふなどいふ下略の心なるべし、いと初心にはおぼゆる。是だにあるに誰サマ命と、サマの字をくはふるあり」＊浮世草子・傾城禁短気(1711)一・二「日比に十倍かはゆさまして、命命と悦びの大酒盛」＊雑俳・柳多留-五六(1811)「誓てし人の命へ灸をすへ」 語誌(1)万葉集では「命生く」「命死ぬ」といった誇張的な表現が注目されるが、これらを含めて「命」が詠まれるのは相聞歌に集中しており、東歌には見られないなど、高度に文学的な表現であったと思われる。平安時代以降の歌集でも、「命」は相聞の歌に集中しているようである。(2)中古末期から中世にかけて、運命の意味も生じ、さらに近世に入ると、生涯や一生の意味も生まれた。 語源説(1)イノウチ（息内）・イノチ（気内）の義〔和訓栞・大言海・音幻論=幸田露伴〕。また、イキノウチ（息内）の約〔名言通〕。(2)イキノウチ（生内）の約〔和句解・日本釈名・古言類韻=堀秀成〕。(3)イノチ（息路）の義か〔俚言集覧〕。(4)イノチ（息続）の意〔日本語源=賀茂百樹〕。(5)イキネウチ（生性内）の約〔日本語原学=林甕臣〕。(6)イノキ（胃気）の転声〔和語私臆鈔〕。(7)イノチ（息力）の義か〔和字正濫鈔〕。(8)イノチ（生霊）の義〔国語の語根とその分類=大島正健〕。イノチ（息霊）の意〔日本古語大辞典=松岡静雄〕。 発音〈なまり〉イニチ・イヌチ〔岩手〕イノッ・エノッ〔鳥取〕イノッ〔鹿児島方言〕エノチ〔富山県・鳥取〕〈標ア〉イ〈ア史〉平安・鎌倉○○● 室町来●○○〈京ア〉イ 上仮名イノチ 辞書色葉・名義・下学・和玉・文明・明応・天正・饅頭・黒本・易林・日葡・書言・ヘボン・言海 表記命（色・名・玉・文・明・天・饅・黒・易・書・へ・言）寿（色・名・下・文・明・天・黒・易・書）運（色・名）籌・識・考（色）胡・竿（名）性（玉）

いのち あっての物種（ものだね） 命があって初めて何事もなし得る、命がなくなればおしまいだの意。命は物種。＊咄本・座笑産(1773)中の町「親父つくづくしあんし、とかく命有ての物だね。壱時の栄花に千とせを延るためし有り」＊滑稽本・指面草(1786)小「命あっての物種（モノダネ）だ、吉備大臣さま、衣通姫さん、どふぞ救てたびたまへ」＊諺苑(1797)「命あってのものたね」＊歌舞伎・網模様燈籠菊桐（小猿七之助）(1857)五幕「命（イノチ）あっての物種（モノダネ）と逃げる所を」＊別れ霜(1892)〈樋口一葉〉一四「決死の素振に油断ならず何はしかれ命（イノチ）ありての物（モノ）だねなり」

いのち ありてこそ 「いのち（命）あっての物種」に同じ。＊謡曲・烏帽子折(1480頃)「げにも盗みも命のありてこそ、いざ退（ひ）いて帰らう」

いのち あれば海月（くらげ）**も骨**（ほね）**に逢**（あ）**う** 命さえあれば、クラゲが骨に出会うような得難い幸運に巡り合うこともあり得るという意。＊慶長見聞集(1614)八「老人女人おさなき者は、みなやけ死たり。〈略〉居所もなく立わづらひ、袖さむくして余の物のうさに、命さへあれば海月も骨にあふとかや」＊仮名草子・竹斎(1621-23)上「下臈の譬へに申なる。いのちのあればくらげさへほねにもあふと申也。命長らへ候はば、又逢ひ見む事もありぬべし」

いのち＝生（い）**く［＝生**（い）**ける］**（間に助詞「を」がはいることもある）生き長らえる。生き延びる。生存する。＊万葉(8C後)一一・二五九二「恋ひ死なむ後は何せむわが命生（いける）日にこそ見まくほりすれ〈作者未詳〉」＊今昔(1120頃か)二五・一一「汝は、其の童を質に取たるは、我が命を生かむと思ふ故か、亦、只童を殺さむと思ふか」＊宇治拾遺(1221頃)二・一二「この里の人々、とく逃げのきて命いきよ」＊平家(13C前)二・西光被斬「返り忠して命いかうど思ふ心ぞつきにける」＊平家(13C前)灌頂・女院死去「池の大納言の外は一人も命をいけられず、都に置かれず」＊徒然草(1331頃)八七「からき命生たれど、腰斬り損ぜられて、かたはに成りにけり」＊日葡辞書(1603-04)「Inochiuo iquru（イノチヲ イクル）、または、ナガラユル〈訳〉生存する」

いのち 終（お）**わる** 生命が尽きる。死ぬ。＊書紀(720)天智七年七月（北野本訓）「天皇、天命将及乎（みイノチヲハリなむとするか）」＊源氏(1001-14頃)若菜上「いのちをはらむ月日も、更になしろしめしそ」＊閑居友(1222頃)上・真如親王天竺にわたり給ふ事「むなしくいのちおはりぬとなん」

いのちが饐(す)える 生命が腐る意。死にぞこない、または、おまえは死ぬにきまったとののしるときのことば。命が根腐る。＊浄瑠璃・諸葛孔明鼎軍談(1724)美人絵合「切り付け給ふを引っはづし、取て伏せ、『ヤァ命のすゑったほだてんがう』」＊浄瑠璃・大内裏大友真鳥(1725)一「『ヤア命のすゑった粕禰宜(かすねぎ)め』と又振上る剣の下、姫は分入り」

いのちが専(せん) 命が何よりも第一。命が専一。＊御伽草子・唐糸草子(室町末)「有歌に、命あらばいくよの秋の月や見ん消えてはいかに露の玉の緒と聞く時は、ただいのちがせんにて候ぞや」

いのちが宝(たから) 命はすべてに優先して大切だということ。命あっての物種。命は宝の宝。＊浄瑠璃・淀鯉出世滝徳(1709頃)上「不慮な難儀ができました。去ながら大じない。命が宝、袖乞非人の身と成ても、ふたり一所にゐる上はたんなふでは有まいか」

いのちが＝縮(ちぢ)む[＝縮(ちぢ)まる] (肉体や精神の過労で)寿命が短くなる。また、ショックを受けて、命が短くなったように感じる。＊黄表紙・御誂染長寿小紋(1802)「命が縮む。命の縮むにもいろいろあり。女故に命の縮むを業平縮(なりひらちぢみ)といひ」

いのちが辛(つら)き老後(ろうご)の恥(はじ) 長生きしたばかりに、情けないことには老いて恥をさらすということ。＊浄瑠璃・大経師昔暦(1715)中「血筋がむすぶ親子の契り。おさんの親道順夫婦、娘のうき名かくれなく、命がつらき老後の恥、人に面もあはされず」

いのちが手足(てあし)にからむ 命が惜しくて自由にふるまえない。また、なまじっか生きているためにかえって苦労する。＊俚言集覧(1797頃)「命が手足にからむ」＊黄表紙・御誂染長寿小紋(1802)「命が手足にからむ。命は長いほどがよけれども、年寄りて子なく、かからうしまも無き身にて、べんべんと長生するも亦惨(みじ)めなものなり。これは畢竟、命に手足を搦(から)められる道理なり」

いのちが長(なが)い ①長生きである。長く生き続ける。＊書紀(720)皇極三年三月(図書寮本訓)「押坂直と、童子と、菌(たけ)の羹を喫(くら)へるに由りて、病無くして寿(イノチナカし)」＊大唐西域記巻十二平安中期点(950頃)「既に乳を飲まずして、其の寿(いのちナカカラ)ざらむことを恐る」＊宇津保(970-999頃)国譲上「みぐるしういみじき物をみるこそ、いといのちながくなりなまほしけれ」＊観智院本名義抄(1241)「寿 イノチナガシ」②価値のあるものとして長く存在する。その分野で活躍できる期間が長い。辞書色葉・名義・文明・書言 表記寿(名・文)寿天(色) 寿考(書)

いのちが根腐(ねぐさ)る 命が根もとから腐る。死ぬ。くたばる。また、死にぞこない、大ばか者などとののしる気持でいう語。命が饐(す)える。＊浄瑠璃・浦島年代記(1722)四「女御のゆかりを思召助けられたる命、ねぐさって死にに来たかと」＊黄表紙・御誂染長寿小紋(1802)「命といふ奴が、時々洗濯せぬと、よく垢煩悩に汚れて〈略〉遂には命がねぐさるものなり」

いのちが延(の)びる 寿命が長くなる。生き長らえる。身も心もゆったりする。＊源氏(1001-14頃)東屋「さもいのちのぶる心ちのし侍りしかな」＊有明の別(12C後)一「さやうにて見奉らましかば、いかに、いのちのぶる心ちせまし」＊黄表紙・御誂染長寿小紋(1802)「成程この本は命の延びる本だ。をかしい」

いのちが短(みじか)い ①短命である。若死にする。＊書紀(720)神代下(水戸本訓)「此れ世人(ひと)の短折(イノチミジカキ)縁なり」＊源氏(1001-14頃)宿木「いみじく命みじかき族(ぞう)なれば」＊大鏡(12C前)二・時平「われはいのちみじかきぞうなり。かならず死なんず」②生命というものは、はかないものである。＊ゴンドラの唄(1916)〈吉井勇〉「いのち短し 恋せよ乙女」③価値あるものとして存在できるのはわずかの間である。その分野で活躍できる期間が短い。辞書和玉・書言 表記殤・殀(玉)短折・短命(書)

いのち＝が[＝は]物種(ものだね) 「いのち(命)あっての物種」に同じ。＊狂言記・武悪(1660)「いのちが物だねぢゃ。いそいで、おちさしませ」＊雑兵物語(1683頃)「命こそ物たねだ。これをおもへば、おれは来年から頑馬をすきなされぬ所へ奉仕申べいとおもひ申す」＊浮世草子・好色五人女(1686)一・二「命は物種、此の恋草のいつぞはなびきあへる事もと」＊浄瑠璃・平家女護島(1719)四「命が物種、都へ帰らん、船いそげ」

いのち＝から[＝より]＝二番目(にばんめ)[＝二代目(にだいめ)] 命の次に大事なものの意。非常に大切にしているものにいう。＊諺苑(1797)「命(イノチ)から二番目。至て珍重するものを云」＊今弁慶(1891)〈江見水蔭〉一〇「命(イノチ)より二番目なる大事な大事な髻(もとどり)を切られて」＊虞美人草(1907)〈夏目漱石〉一四「書物は学者に取って命(イノチ)から二代目(ニダイメ)である」

いのち死(し)ぬ 生命が絶える。死ぬ。絶命する。＊書紀(720)雄略一三年九月・歌謡「ぬば玉の 甲斐の黒駒 鞍著せば 伊能致志儺(イノチシナ)まし 甲斐の黒駒」＊万葉(8C後)九・一七四〇「息さへ絶えて後遂に 寿死(いのちしに)ける 水江の 浦島の子が家どころ見ゆ〈高橋虫麻呂〉」＊竹取(9C末-10C初)「命しなばいかがはせん、生きてあらん限かくありきて」

いのち知(し)らず ①命がいつまで続くかわからない。＊万葉(8C後)六・一〇四三「たまきはる寿者不知(いのちはしらず)松が枝を結ぶ心は長くとそ思ふ〈大伴家持〉」＊万葉(8C後)二〇・四四〇八「たまきはる 伊能知母之良受(イノチモシラズ) 海原のかしこき道を 島づたひ い漕ぎ渡りて〈大伴家持〉」＊長秋詠藻(1178)上「こひわぶるいのちぞしらぬ命あらばとふことのはのいつか絶ゆべき」②⇩いのちしらず(命不知)

いのち過(す)ぐ (「過ぐ」は消えてなくなる意で、人間に関して用いられる時は死ぬ意を表わす)命が尽きる。死ぬ。＊万葉(8C後)五・八八六「犬じもの道に伏してや伊能知周疑(イノチスギ)なむ〈山上憶良〉」

いのち素直(すなお) 命が健在である。健康である。＊謡曲・金札(1384頃)「そもかかる身の望みとは、そら恐ろしやこの年まで、命すなほに憂へもなく」

いのち堪(た)う 生命が保たれる。死なないで生き長らえる。＊源氏(1001-14頃)夕顔「いのちさへたへ給はずなりに」後」＊源氏(1001-14頃)若菜下「いのちもたふまじく身をくだきておぼしまどふを」＊栄花(1028-92頃)初花「いのちたえずなりぬれば、如何し給はんとする」

いのちつれなし 死にたいと思っても容易に死ねない。死ぬに死ねない。＊謡曲・柏崎(1430頃)「命つれなく候はば、三年(みとせ)のうちに参るべし」＊浮世草子・俗つれづれ(1695)三・四「命(イノチ)つれなくながらへける社(こそ)うたてけれ」＊俳諧・鶉衣(1727-79)後・上・五二・隠居弁「さもなくて命つれなき人は、朝ね昼寝のしづかづくしにも飽けば」

いのち遠(とお)し 寿命がまだ長くある。長生きする。＊今昔(1120頃か)一五・四二「此は未だ命遠かりけり、速に可免(ゆるすべ)し」

いのち長(なが)ければ恥(はじ)多(おお)し (「荘子-天地」の「多男子則多懼、富則多事、寿則多辱、是三者非所以養徳也」から)長生きすれば何かにつけて恥をかくことが多い。長生きすれば恥多し。＊徒然草(1331頃)七「いのちながければ辱おほし。長くとも四十(よそぢ)にたらぬほどにて死なんこそ、めやすかるべけれ」＊浄瑠璃・曾我会稽山(1718)四「ながらへて幾何(いくばく)の憂目(うきめ)をかさね見ん、命ながきは恥多し、嫁御さらばと守り刀をさか手にぬき持」

いのち長(なが)ければ蓬萊(ほうらい)に逢(あ)う (蓬萊は古く中国で想像された神山)長生きすれば得難い幸運にもめぐりあう。命を全(まと)う持つ亀は蓬萊に逢う。＊浮世草子・沖津白波(1702)五・三「命ながければ蓬萊(ホウライ)にあふといふ古言(ふること)もあれば、一旦耻をすてて食を乞(こひ)」＊譬喩尽(1786)一「命(イノチ)長(ナガ)らへば宝来山(ホウライサン)に逢(ア)ふ」

いのちなりけり 命があったればこそだの意。寿命を長らえたことに対しての詠嘆のことば。＊新古今(1205)羇旅・九八七「年たけて又こゆべしと思ひきやいのちなりけり小夜の中山〈西行〉」＊雑俳・柳多留-一三六(1834)「命なりけりさよ更けて水の味」

いのちに閏無(うるうな)し 陰暦では閏年・閏月があるが、人間の生命にはそのような余りの時間や繰り返しはない。命は短く無駄に時を過ごすなという戒めのことば。

いのちに替(か)える 自分の命と引き替えにする。あるもの、あることを大切に、また、非常に重要に思う。＊源氏(1001-14頃)東屋「『いとらうたし』と思ふ女の童はあまたの中に『これをなんいのちにもかへむ』と思ひ侍る」＊金刀比羅本平治(1220頃か)中・待賢門の軍の事「命(イノチ)にかへて思つる景泰をうたせつるこそ口惜けれ。重盛死なむ」＊黄表紙・御誂染長寿小紋(1802)「たとへ命に代へても、ただ欲しいものはかねだの大からくりだ」＊二人比丘尼色懺悔(1889)〈尾崎紅葉〉自害「お二方が命(イノチ)に替(カエ)て御秘蔵のあなたゆへ」

いのちに＝替(か)える[＝過(す)ぎたる]宝(たから)はなし 命とひきかえられるような宝はないの意。生命ほど大切なものはこの世にない。＊幸若・築島(室町末-近世初)「人間にかぎらず、生を請ぬるたぐゐの命に過たるたからはなし」＊歌舞伎・敵討噂古市(正直清兵衛)(1857)序幕「さればこそ、命は万宝の随一、命(イノチ)に替(カ)ゆる宝(タカラ)はなし」

いのちにて 生きる力として。生きる頼みとして。＊後撰(951-953頃)雑四・一二五九「今来むといひしばかりをいのちにて待つに消(け)ぬべしさくさめのとじ〈女のはは〉」＊千載(1187)雑上・一〇二六「ちぎりおきしさせもが露を命にてあはれことしの秋もいぬめり〈藤原基俊〉」＊俳諧・談林十百韻(1675)下「小性の帰るあとのおもかげ〈一朝〉 下帯の伽羅の烟を命にて〈志計〉」

いのちに向(む)かう 命に匹敵する。命に等しい。命がけである。＊万葉(8C後)一二・二九七九「まそ鏡ただめに君を見てばこそ命対(いのちにむかふ)吾が恋止まめ〈作者未詳〉」＊拾遺愚草(1216-33頃)上「終夜(よもすがら)月にうれへてねをぞなくいのちにむかふ物思ふとて」＊良寛歌(1835頃)「何をもて応(こた)へてよけむたまきはる命にむかふこれの贈物(たまもの)」

いのちの入日(いりひ)傾(かたぶ)く 死期が近づく。人の晩年を入日のかたむくのにたとえた表現。＊浮世草子・世間胸算用(1692)二・一「命の入日かたぶく老体ども、後(ごせ)の事はわすれて、只利銀のかさなり、高貴になる事を楽しみける」

いのちの内(うち) 命のあるうち。生きている間。

＊金刀比羅本平治(1220頃か)下・頼朝青墓に下著の事「若(もし)ふしぎにも世にあらむときはたづねよ。頼朝も命(イノチ)の中(ウチ)にわするまじきぞ」＊続後撰(1251)羇旅・一二八三「つひにゆく道よりもげに悲しきはいのちのうちの別れなりけり〈雅成親王〉」＊仮名草子・竹斎(1621-23)上「あすの命もぞんぢ候はねば、せめていのちのうちに、此事をゆめほど知らせ参らせて」

いのちの置(お)き所(どころ) 命を終わる場所。死に場所。

いのちの親(おや) ①命を助けてくれた恩人。また、命をささえてくれるもの。＊虎寛本狂言・武悪(室町末-近世初)「『太刀の打つけふ所が無い。命を助るぞ』〈略〉『偏に命の親と存る』」＊説経節・さんせう太夫(与七郎正本)(1640頃)下「いのちのをやのおひじり様は、たんごの国へおもどりあるか、けなりやな」＊浮世草子・日本永代蔵(1688)一・一「始末大明神の御託宣にまかせ金銀を溜(たむ)べし。是二親(ふたおや)の外に命(イノチ)の親(ヲヤ)なり」＊夜行巡査(1895)〈泉鏡花〉四「譬(たとひ)お前が何かの折に、我(われ)の生命(いのち)を助けてくれてさ、生命(イノチ)の親(オヤ)と思へばとて」②(美女を「命取り」というのに対して)醜い女のこと。↓いのちとり(命取)とは美女、命の親とは悪女の異名。発音〈標ア〉イ＝ヤ

いのちの恩(おん) 命を助けてくれた恩。＊車屋本謡曲・摂待(1483頃)「次信ただのぶが、子孫を尋ね出だして、いのちの恩を報ぜむと」＊幸若・屋嶋軍(室町末-近世初)「いでいで義経も太夫黒ひいて、命の恩をほうぜんとて」

いのちの甲斐(かい) 命にかかわるような大事。＊浄瑠璃・松風村雨束帯鑑(1707頃)三「松風はせんかたなくいへば夫(おっと)の命のかい、いはねば夫(おっと)を妹にとらるるが浅ましやと」＊浄瑠璃・博多小女郎波枕(1718)下「長くもそはぬ物ゆへに、命のかい迄なしたよな、許してたもれ小女郎と、いふ声もはや息ぎれし」

いのちの限(かぎ)り ①寿命の果て。死期。＊源氏(1001-14頃)薄雲「いのちのかぎりしり顔に侍らむも『人やうたてことごとしう思はむ』と、はばかりてなむ」＊日葡辞書(1603-04)「Inochino caguiri(イノチノ カギリ)〈訳〉命の終り・果て」＊水戸本丙日本紀私記(1678)景行「天命〈以乃知乃以(加イ)支利〉」②命の続く限り。生きている間。＊続後拾遺(1326)恋三・八五二「いかりおろす舟の縄手は細くとも命のかぎりたえじとぞ思ふ〈素性〉」発音イノチノカギリ〈標ア〉イ

いのちの敵(かたき) 自分の命にとっての敵。＊浮世草子・好色一代男(1682)四・四「此形(かた)さまをつかふ時には、死入(しにいる)ばかりおもふにより、命(イノチ)の敵(カタキ)にあらずや」＊浄瑠璃・曾根崎心中(1703)「命の敵(カタキ)金の仇、憎いとも無念とも」

いのちの冠(かんむり) 試練を経てなお、イエスを愛する者に与えられる、永遠の命のしるし。「聖書」のことば。＊引照新約全書(1880)雅各書・一「こころみを経て善とせらるる時は生命(イノチ)の冕(カンムリ)を受べければ也。この冕は主己を愛する者に約束し給ひし所のもの也」

いのちの樹(き) 「旧約聖書」で、神がエデンの園の中央に植えた二本の木のうちの一本。もう一本は善悪を知る樹。＊旧約全書(1888)創世記・二「園の中に命(イノチ)の樹および善悪を知の樹を生ぜしめ給へり」

いのちの際(きわ) 命の終わる瀬戸ぎわ。死にぎわ。死ぬか生きるかの境目。＊太平記(14C後)四・笠置囚人死罪流刑事「命の際(キワ)の事は、万乗の君既に外土遠島に御遷幸の由聞え候上は、其以下の事どもは、中々力及ばず」＊車屋本謡曲・満仲(1552頃)「かなしやなたがひにあらそふ命のきは、幸寿もすすみ、美女もたちよる」

いのちの境(さかい) 「いのち(命)の瀬戸」に同じ。＊浄瑠璃・鑓の権三重帷子(1717)上「二人手を組む生死の巷(ちまた)、命のさかい四斗樽に」

いのちの盛(さか)り 一生の中の盛時。運命の盛んなとき。＊宇津保(970-999頃)春日詣「いのちのさかりは、人のずそなども出で侍らぬものなり」

いのちの＝瀬戸(せと)［＝瀬戸際(せとぎわ)］ 死ぬか生きるかの分かれ目。命のきわ。命の境。命の峠。＊談義本・根無草(1763-69)後・二「父上の死なふと覚悟し給ふを、寐たふりにて聞きたりしが、子の身としてはうかうかと、聞いていられぬ命の瀬戸」

いのちの瀬踏(せぶ)み 命をかけて運をためしてみること。運だめし。＊浄瑠璃・釈迦如来誕生会(1714)二「罪(つみ)のふかさと川水と、渡(わた)りくらべて瀬踏(せぶ)みして、命のせぶみせほろぼし」

いのちの洗濯(せんたく) (「せんたく」は、「せんだく」とも) 平生の苦労から解放されて、命がのびるほど思うぞんぶんに楽しむこと。寿命がのびるほどの保養。命の土用干し。＊評判記・たきつけ草(1677)「なにがいのちのせんだくなれば、ゆくまじきところにはあらず」＊浮世草子・好色一代男(1682)七・七「さて今日よりは色里の衣装かさね、これをみる事命(イノチ)のせんだく」＊滑稽本・浮世床(1813-23)初・上「隠居さんこそ寐倦(ねあき)なはるから、夜の明(あけ)るのを待兼なはるけれど、わっちらは寐たうちばかりが命(イノチ)の洗濯(センタク)だア」＊妻(1908-09)〈田山花袋〉二「で親しい二人は三時頃まで〈略〉面白く遊んだ。殊に、お光に取っては此三時間が命の洗濯でもあるかのやうに思はれた」

いのちの洗濯講(せんだくこう) 気ばらしのために時々寄り合って遊ぶ講。＊浮世草子・傾城色三味線(1701)江戸・三「手代共十人斗寄合、命の洗濯講(センダクカウ)といふをはじめ」

いのちの相場(そうば)が一分五厘(いちぶごりん) 生命の値段がわずか一分五厘だということで、生命を軽くみることのたとえ。＊浄瑠璃・傾城反魂香(1708頃)上「あっちへ遣(や)るかこっちへ取か、首がけのばくち、命のさうばが一分五厘」

いのちの玉(たま) ①きんたま。睾丸(こうがん)。＊浄瑠璃・女殺油地獄(1721)上「皆朱(かいしゅ)が大じの命のたま、縮(ちぢ)み込程蹴付られ」②数珠の玉のうちで一番大きな玉。いのちだま。親玉。＊浮世草子・日本永代蔵(1688)四・三「又もとの珠数(じゅず)屋を後生大事(ごしょうだいじ)として、命(イノチ)の珠(タマ)をつながれ」

いのちの綱(つな) ①人がこの世に生き長らえるのを、舟が綱でつながれているのにたとえた表現。命をつないでいくたより。生きてゆくのにもっとも頼みとなるもの。＊談義本・労四狂(1747)上「食事は人間第一、命(イノチ)の綱(ツナ)たりといへども、主用かさなり、或は時のあしく違て腹むなしく、涙のこぼるる程なる事も有けり」＊談義本・当風辻談義(1753)二・乙吉養父の家を出て本家へ帰りし事「かあいや己ゆへいかゐ苦をして、それ故命(イノチ)の綱(ツナ)を採切たと、寝ても覚ても泣暮すを」＊桐一葉(1894-95)〈坪内逍遙〉五・一「憎うもあれど、我が子の命の綱と思へば」＊其面影(1906)〈二葉亭四迷〉五八「其翌日哲也は辛いけれども命の綱と、為方(せんかた)なしに学校へ行ったが」②もっとも重要な食物の意で、米の飯をいう。発音〈標ア〉イ＝ナ

いのちの露(つゆ) 露のように、いつ消えるかからないはかない命。露命。つゆの命。＊山家集(12C後)中「はかなしやあだにいのちのつゆ消えて野辺に我身やおくりおくらん」＊光悦本謡曲・藤戸(1514頃)「杖柱共頼みつる、あまのこの世を去りぬれば、今は何にか、命の露をかけてまし」

いのちの吊(つ)り緒(お) 命を延ばすもの。＊浄瑠璃・摂州渡辺橋供養(1748)二「女(おなご)の涙は命の釣緒(ツリヲ)、今一度爰で泣かせて見たいなア」

いのちの蔓(つる) 近世、入獄する者が鼻紙の間などに隠して持ってゆく金。その多い少ないによって、囚人仲間で待遇が違ってくる。＊歌舞伎・三人吉三廓初買(1860)四幕「暗い所へも行飽きて、今度行きゃあ百年め、命(イノチ)の蔓(ツル)の算段に、風を喰(くら)って旅へ出て」

いのちの峠(とうげ) 「いのち(命)の瀬戸」に同じ。＊浄瑠璃・八百屋お七(1731頃か)江戸桜「いさよ恋故に、命のとうげ、今暫し、暫し留むる人もなく」

いのちの土用干(どようぼ)し 衣類や書物などを夏の土用に干してさっぱりとするように、思うぞんぶんに楽しんで、気分をさっぱりさせること。命のせんたく。＊評判記・もえくゐ(1677)「どくやくへんじてくすりとなるぞや。いのちの土用ぼしはこのあそびなり」

いのちの後(のち) 生涯を終わったのち。死んだあと。＊宇津保(970-999頃)俊蔭「いのちののち、女子のために、け近き宝とならむものを奉らむ」＊新葉(1381)恋三・八〇一「さきの世はしられぬ物と知りながら命の後や猶や契らむ〈藤原国夏〉」

いのちの果(は)て 晩年。また、命の終わる時。末期(まつご)。＊蜻蛉(974頃)下・天祿三年「いかで賤しからざらん人のをんな子一人とりて、うしろみもせん、一人ある人をもうち語らひて、わがいのちのはてにもあらせんと」＊増鏡(1368-76頃)一六・久米のさら山「消えかかる露の命のはては見つさてもあづまの末ぞゆかしき」

いのちの程(ほど) 命のある間。一生の間。存命中。＊伊勢物語(10C前)一一三「昔、をとこ、やもめにてゐて、ながからぬいのちのほどに忘るるはいかに短かき心なるらん」＊更級日記(1059頃)「思ふ事かなはずなぞといとひこしいのちのほども今ぞうれしき」

いのちの水(みず) ①人の寿命を、容器から流れ出ていつかは尽きる水にたとえていう語。＊夫木(1310頃)二六「いつとだに知られぬ世こそ悲しけれ命のみづの流れひるまを〈藤原行家〉」②精液。腎水(じんすい)。＊浮世草子・真実伊勢物語(1690)三・二「あたら命の水をかへほし」

いのちは義(ぎ)によりて軽(かる)し かけがえのない命も、正義のために捨てるのなら、惜しくなくなる。命(めい)は義によって軽し。＊後漢書-朱穆伝「情為₂恩死₁、命縁₂義軽₁」

いのちは槿花(きんか)の露(つゆ)の如(ごと)し (「槿花」はムクゲの花、あるいはアサガオの花。ともにはかないもののたとえ) 生命のはかないことをいう語。＊咄本・醒睡笑(1628)二「命は槿花(キンカ)の露のごとし。たとひ長寿を保つも百歳をいでず」

いのちは鴻毛(こうもう)より軽(かる)し (「文選」に見える司馬遷の「報任少卿書」に「人固有₂一死₁。或重₂於泰山₁、或軽₂於鴻毛₁。用ₗ之所ₗ趨異也」とあるところから出た語。鴻毛はオオトリの羽毛で、きわめて軽いもののたとえ) 命を捨てることは少しも惜しくないことをいう。＊太平記(14C後)一六・新田殿湊河合戦事「二万三千余騎を左右に立て、将軍の三十万騎に懸合せ、兵刃(へいじん)を交へて、命を鴻毛(ゴウモウ)よりも軽(カロク)せり」＊本朝俚諺(1715)「命(イノチ)を鴻毛(コウモウ)よりかろくす。史

記云、燕丹言死軽死生於鴻毛、景行録云、大丈夫用心剛故軽死生於鴻毛」 *春雨文庫(1876–82)〈松村春輔〉序「丹心報国の壮夫は、義を泰山の重きに較べ、命(イノチ)を鴻毛(カウモウ)の軽(カロ)きに儗(くら)べ美名を青史に残すあれば奸智を逞(たくまし)ふし」

いのちは宝(たから)の宝(たから) 「いのち(命)が宝」に同じ。*諺苑(1797)「命は宝の宝 諺艸、大智度論曰設満世間宝無有直身命」

いのちは=風前(ふうぜん)[=風中(ふうちゅう)]の灯(ともしび)の如(ごと)し (人の命は風にゆらぐ灯のように消えやすくたよりないの意から) 人生は無常であるということのたとえ。または、危険が身に迫っていることのたとえ。*本朝俚諺(1715)「いのちは風前(フウゼン)のともし火 五車韻瑞云、阮瞻元日会親友曰、人生如風中燭」 *法苑珠林-二〇「経中世尊説偈云、命如風中燈、不知滅時節、今日復明日、不覚死軽至」

いのちは法(ほう)の宝(たから) ありがたい仏法を聞くことができるのも、命があればこそであるということ。*俳諧・毛吹草(1638)二「いのちは法(ホフ)のたから」 *譬喩尽(1786)一「寿(イノチ)は法(ホフ)の宝(タカラ) 仏書」

いのちは物種(ものだね) 命あればこそ何事もできる。命は物事の根源。命あっての物種。*浮世草子・傾城色三味線(1701)鄙・一「只御身の恙なきこそうれしけれ。とかく命は物種(ダネ)」

いのち二(ふた)つ=持(も)つ[=ある]者(もの) 自分のほかに、もう一つの命をもっている者の意で、子を持つ人のことをいう。*大観本謡曲・七騎落(1483頃)「此の船中に、命二つ持ちたらんずる者を、御船よりおろされ候へ」 *俚言集覧(1797頃)「命の二つある者 子のあるものを云」

いのち待(ま)つ間(ま) 命の終わるのを待つ間。*古今(905–914)雑下・九六五「ありはてぬ命まつまの程ばかりうき事しげく思はずもがな〈平貞文〉」 *俳諧・野ざらし紀行(1685–86頃)「露計の命待まと捨置けむ」

いのちもせも (「せ」は「精」か) 命もなにもかも。ある事態を強調するときに用いる。*滑稽本・浮世風呂(1809–13)二・下「すかねへでお忝(かたじけ)だ。是ですかれてみな。命(イノチ)も背(セ)もつづかねへ」 *続鳩翁道話(1836)二・上「こちの旦那どのの様に、気が短うては、命もせも、たまるものじやない」

いのち脆(もろ)し ①若死にする。命が短い。*観智院本名義抄(1241)「夭 ワサワヒ ソコナフ イノチモロシ」 ②命を保ちがたい。命を失いやすい。はかないものである。*宇治拾遺(1221頃)二・三「その岩のすぢにむかひて住ける僧共、命もろくして多死にけり」

いのちを預(あず)かる 辞書 名義 表記 夭(名) 人の生命をひき受けて守る。*黄表紙・御誂染長寿小紋(1802)「医者は人の命を預る者なれば、少しも油断のならぬ業なり」

いのちを預(あず)ける 生死をまかせる。*黄表紙・御誂染長寿小紋(1802)「金より大事な命を医者に預けるには、ただ匙一本が目当なり。さりとは危き預け物なり」

いのちを致(いた)す 命をささげて尽くす。身命を捨てて尽くす。*太平記(14C後)一四・主上都落事「危(あやうき)を見て命を致す臣の義也」 *易経-困卦「象曰、沢无水困、君子以致命遂志」

いのちを命(いのち)と思(おも)わず 自分の大切な命を、惜しいとは思わない。*浄瑠璃・大経師昔暦(1715)中「とてもわしらは今日(けふ)あってあすない身、命を命と思はね共」

いのちを失(うしな)う ①生命をなくす。死ぬ。*平家(13C前)三・颰「ただ舎屋を破損ずるのみならず、命を失なふ人も多し」 *徒然草(1331頃)一七二「百年の身を誤り、命を失へるためし」 *黄表紙・御誂染長寿小紋(1802)「命ほど危きものはなし。悪くすると踏みはづして命を失ふ事あり」 ②人の命を奪う。殺す。*平松家本平家(13C前)一・義王「召されんに参らねばとて、命を失るる事は与麼(よも)有らじ」

いのちを打(う)ち込(こ)む 一つの事に熱中する。命をかけて仕事に全力を尽くす。*俳諧・炭俵(1694)上「滝つぼに命打こむ小あゆ哉〈芭蕉〉」

いのちを惜(お)しむ 死ぬことを心残りに思う。もっと長生きしたいと思う。*宇津保(970–999頃)内侍督「優曇華は、俄にせむる命とどめむとてなりける。いづれもいづれもいのちをおしむ薬なりけり」 *平家(13C前)一一・遠矢「度々の合戦に命をおしまず防ぎ戦ひけるが」 *徒然草(1331頃)一二八「欲おほく、身を愛し、命を惜めること」 *日葡辞書(1603–04)「Inochiuo voximu (イノチヲ ヲシム)」

いのちを落(お)とす 死ぬ。命を失う。*太平記(14C後)一一・筑紫合戦事「義の当る所を思ふ故に、命を堕(ヲトサ)ん事を悔(くひ)ず」 *読本・椿説弓張月(1807–11)続・三九回「われは血気の勇にはやりて、かるがるしく命(イノチ)を隕(オトサ)んとは思はず」 *狐の裁判(1884)〈井上勤訳〉九「汝が手に罹(かか)りて終に生命(イノチ)を隕(オト)したり」

いのちを限(かぎ)る 命のある限り、生きている限りと定める。*源氏(1001–14頃)夕霧「深き誓ひにて、今は命をかぎりける山籠りを、かくまでおぼろげならず出で立ちて」

いのちを懸(か)ける 物事に全生命を打ち込む。命がけで物事をする。また、命をあずけてたよる。生死を任せる。命を張る。*宇津保(970–999頃)国譲下「この御仲どもおろかなるにあらず。いかが、いのちをかけ給へるやうなり」 *源氏(1001–14頃)夕顔「いのちをかけて、何の契りにかかるめを見るらん」 *浜松中納言(11C中)五「中納言の添ひゐ給へりしけはひに命をかくる心ちして、たのもしくおぼえつるを」 *新古今(1205)恋三・一一九五「夕暮にいのちかけたるかげろふのありやあらずやとふもはかなし〈よみ人しらず〉」

いのちを軽(かろ)んず 生命を軽く見る。生命に執着しない。*平家(13C前)七・木曾山門牒状「大将三位入道頼政父子、命をかろんじ、義をおもんじて、一戦の功をはげますといへ共」 *太平記(14C後)八・主上自令修金輪法給事「官軍も武士も諸共に、義に依(よっ)て命(いのチ)を軽(カロン)じ、名を惜て死を争ひしかば」 *日葡辞書(1603–04)「Inochiuo caronzuru (イノチヲ カロンズル)」

いのちを際(きわ) 生死の境目、また生死の境目に身をおくさま。生命の続く限り全力を尽くすさま。死力を出してするさま。*新撰六帖(1244頃)五「頼むめる命をきはのかねごともあまりになればうたがはれつつ〈藤原為家〉」 *太平記(14C後)八・四月三日合戦事「共に破れず囲まれず、只命(いのチ)を際(キハ)の戦にて更に勝負も無りけり」 *太平記(14C後)一九・青野原軍事「後の嘲(あざけり)をや恥たりけん、互に一足も引かず命を涯(キハ)に相戦ふ」

いのちを極(きわ)む 生の極限まで至る。死に直面する。また、生命を失う。死ぬ。*源氏(1001–14頃)明石「御心をしづめてなにばかりのあやまちにてか、このなぎさに命をきはめんとつようおぼしなせどいと物さはがしければ」

いのちを鯨鯢(けいげい・げいげい)の顎(あぎと)に懸(か)く (「鯨鯢」は雄・雌のクジラ) 海上に一命をかける。船板一枚の危険な生活のたとえ。*浄瑠璃・吉野忠信(1697頃)二「又あるときはまんまんたるかい上に、風波のあやうきことをしのぎ、うゐつごゐつ雨露にぬれ、命をけいげいのあぎとにかけ、つゐに平家を攻めほろぼし」

いのちを削(けず)る 寿命を縮める。寿命を縮めるほど苦労する。*黄表紙・御誂染長寿小紋(1802)「酒といふ奴は人の命を削る小刀なり」 *人情本・仮名文章娘節用(1831–34)三・七回「余計なくろうで命を削るやうなもの」

いのちを捧(ささ)げる 恩を受けた相手などに自分の身命を差し出す。相手のために生命をかけて働く。命を参らす。*阿部一族(1913)〈森鷗外〉「此(この)時から小姓は権右衛門に命(イノチ)を捧(ササ)げて奉公してゐるのである」

いのちを過(す)ぐ 一生を送る。生涯を過ごす。*日葡辞書(1603–04)「Inochiuo suguru (イノチヲ スグル)〈訳〉生活をする」

いのちを捨(す)てる ①自分の命が危険になるのも顧みないで努力する。*竹取(9C末–10C初)「命をすてて、かの玉の枝持ちて来るとて、かぐや姫に見せ奉り給へといへば」 *平家(13C前)一一・腰越「木曾義仲を追討せしよりこのかた、一の谷・壇の浦にいたるまで、命をすてて平家をせめおとし」 ②死ぬ。また、生きることを放棄して死を選ぶ。惜しまず命を断つ。*平松家本平家(13C前)九・一谷合戦事「通盛如何にも成らむと云ふとも爾は命を不可捨」 *日葡辞書(1603–04)「Inochiuo sutçuru (イノチヲ スツル)〈訳〉生命を軽んずる、または、惜し気もなく生命を捧げる」 *楚囚之詩(1889)〈北村透谷〉二「吾が父も国の為めに生命(イノチ)を捨たり」

いのちを絶(た)つ ①命をなくさせる。殺す。*天草版伊曾保物語(1593)ネテナボ帝王イソポに御不審の条々「ワレヲタバカリ、inochiuo (イノチヲ) tatçumonocana (タツモノカナ)」 *日葡辞書(1603–04)「Inochiuo tatçu (イノチヲ タツ)」 *常磐津・忍夜恋曲者(将門)(1836)「習覚へし妖術にて、光国そちが命を断つ」 ②自ら死を選ぶ。

いのちを楯(たて)に身(み)を枷(かせ) 身命をなげうってことに当たること。命がけでやること。いのちを的(まと)にかける。

いのちを庇(たば)う 命を惜しむ。*八幡愚童訓(甲)(1308–18頃)下「船もなき異国人共は逃不及、今は角とて命を不資(タバワ)ず散々に戦ひ」 *日葡辞書(1603–04)「Inochiuo tabǒ (イノチヲ タバウ)〈訳〉命を保つ、あるいは大切に守る」

いのちを縮(ちぢ)める (肉体や精神の過労で)寿命を短くする。また、ショックによって命が短くなったような感じを与える。*黄表紙・御誂染長寿小紋(1802)「怒り、腹立ち、憎い、可愛い、喜び、悲しみ、惜しい、欲しいの類、皆命を縮める役者なり」

いのちを=継(つ)ぐ[=繋(つな)ぐ] 命を保つ。生き続ける。どうにか生きながらえていく。*万葉(8C後)一五・三七三三「吾妹子が形見の衣なかりせば何物もてか伊能知都我(イノチツガ)まし〈中臣宅守〉」 *竹取(9C末–10C初)「ある時にはうみの貝をとりて命をつぐ」 *発心集(1216頃か)四・永心法橋乞児事「又物を乞ひて寿(イノチ)をつがんと仕りつる」 *琵琶伝(1896)〈泉鏡花〉二「一年越外出(そとで)も出来ず折があったらお前に逢ひたい一心で、細々命(イノチ)を繋(ツナ)いで居るもの」

いのちを取(と)る ①生命を奪う。殺す。*延宝版宇津保(970–999頃)忠こそ「つみある時、いのちをもとらるる物なればなん」 *黄表紙・御誂染長寿小紋(1802)「されば無益の殺生をし、ものの命をとるべからず」 *杏の落ちる音(1913)〈高浜虚子〉一六「お紫津の為めに命を取られた」 ②人の心を奪う。夢中にさせる。*浮世草子・好色一代男(1682)六・二「床上手にして、〈略〉命(イノチ)をとる所あって」 *浮世草子・色里三所世帯(1688)中・三「仏様の国へ御むかひ船かと是に命をとられける」 ＊黄表紙・御誂染長寿小紋(1802)「女は〈略〉解き捨てた丸絎(まるぐけ)のやうにのたって男の命をとらんとする」

いのちを投(な)げ出(だ)す 命を捨てる。死ぬ決心をする。また、死んだつもりで一所懸命やる。＊俳諧・訂正蒼虬翁句集(1847)上・春「ひる過や命投出す雉子の声」

いのちを＝延(の)ぶ[＝延(の)ばす] 寿命を延ばす。長生きできる気分になる。身心をくつろがせる。＊源氏(1001-14頃)藤裏葉「年頃よろづになげき沈み、さまざま憂き身と思ひくしつる、いのちものべまほしう、はればれしきにつけて」 ＊日葡辞書(1603-04)「Inochiuo noburu (イノチヲ ノブル)〈訳〉寿命を延ばす」 ＊黄表紙・御誂染長寿小紋(1802)「命を延ばさんとて金銀をふんだんにつかひ、上無き楽しみをしても」

いのちを張(は)る 「いのち(命)を懸ける」に同じ。＊青べか物語(1960)〈山本周五郎〉浦粕の宗五郎「命を張るってえだからな、ああいう人間がもう五六人もいれば、会社なんぞひねり潰しちまうだがな」 ＊手鎖心中(1972)〈井上ひさし〉向島「命を張るだけの値打ちがあるかい?」

いのちを拾(ひろ)う 一度はあきらめた生命が幸いに助かる。やっと死を免れる。命拾いをする。↓天(あま)の命(いのち)。＊虎明本狂言・痩松(室町末-近世初)「なふなふあぶなひ目にあふた。〈略〉あまの命をひろふた」 ＊俳諧・太祇句選(1772-77)秋「椋鳥百羽命拾ひし羽をと哉」 ＊黄表紙・御誂染長寿小紋(1802)「命危く見えたるところに、折よくとんとん唐辛子売通りかかり、危き命を拾ひあげる」

いのちを棒(ぼう)に振(ふ)る 無意味に生命をすてる。無益に死ぬ。犬死にする。＊浄瑠璃・双生隅田川(1720)一「ヤイいの熊、くまの芸には棒をふる、おのれは命を棒にふりたいな、すきならふってくれべいと、片手にひっさげ、くるりくるり、くるくるくるくると引廻す」 ＊黄表紙・御誂染長寿小紋(1802)「こりゃ奴、うかうかして命を棒に振るな」

いのちを参(まい)らす 「いのち(命)を捧(ささ)げる」に同じ。＊狂言記・七騎落(1660)「みなきみにいのちをまいらせんと思ふばかりの勢(せい)なれば」

いのちを全(まっと)う持(も)つ亀(かめ)は蓬莱(ほうらい)に逢(あ)う 長生きすれば幸運に恵まれることのたとえにいう。＊御伽草子・唐糸草子(室町末)「うばさまの、御命をよくよく惜しませ給ふべし。いのちをまたふもつかめは、ほうらいにあふとかや」 ＊幸若・信太(室町末-近世初)「自害をとどめ玉へとよ。命をまたふもつ亀は蓬莱に、あふと伝へたり」 ＊俳諧・毛吹草(1638)二「命(イノチ)をまたう持(モツ)亀(カメ)はほうらいにあふ」

いのちを的(まと)に＝かける[＝たてる・＝する] 生命をかけて働く。命がけで物事をする。＊羅葡日辞書(1595)「Ostento〈略〉ヒトニ タイシテ inochiuo (イノチヲ) matoni (マトニ) caquru (カクル)」 ＊談義本・風流志道軒伝(1763)一「一の谷・屋島の軍に、命を的にして奉公したる譜代の家来も」 ＊諺苑(1797)「命を的にかくる」 ＊黄表紙・御誂染長寿小紋(1802)「事ある時は命を的にかけて働かねば、忠義の人とはいはれざるなり」 ＊江戸から東京へ(1921)〈矢田挿雲〉二・四「受持区域を戦場として命(イノチ)を的(マト)に目覚しく活動した」

いのちを毟(むし)る 生命を縮めさせる。また、夢中にさせる。＊浮世草子・風流曲三味線(1706)一・一「昼は顋(あご)の下に首を入て艶顔をながめ、夜はまたいふに及ばず、命(イノチ)をむしるほど面白い事あって、朝夕飽といふ事なく」

いのちを空(むな)しくする 命をなくす。死ぬ。＊曾我物語(南北朝頃)一・杵臼・程嬰が事「われ自害の後、雑兵の手にかかりて、命をむなしくせん事、くちをしければ」

いのちを召(め)す 神、主君などが、人の生命をお取り上げになる。命をお取りになる。＊平松家本平家(13C前)一・義王「縦(たとひ)命を召るるとも、惜しかるべからず」 ＊平家(13C前)一〇・熊野参詣「『命をめして後世をたすけ給へ』と申されける事までも、おぼしめしいでて哀也」

いのちを養(やしな)う者(もの)は病(やまい)の先(さき)に薬(くすり)を求(もと)め世(よ)を治(おさ)むる者(もの)は乱(みだ)れの先(さき)に賢(けん)をならう 体を養生する者は病気にかからないうちに薬を探して、手遅れにならないように注意する。国政にたずさわる人も同じで、世が乱れないうちに、平生から賢人の教えに従って心を配っていなくてはいけない。＊曾我物語(南北朝頃)八・富士野の狩場への事「重忠おほせけるは、『いのちをやしなふ物は、やまひのさきにくすりをもとめ、代をおさむる物は、みだれのさきにけんをならふ』と、さんふろんに見えたり」 ＊潜夫論-思賢第八「養レ寿之士先レ病服レ薬、養レ世之君先レ乱任レ賢、是以身常安、而国永永也」

いのちを譲(ゆず)る 一身を犠牲にする。生死を忘れて熱心にする。＊源氏(1001-14頃)東屋「かみこそおろかに思なすとも、我はいのちをゆづりて、かしづきて」 ＊源氏(1001-14頃)東屋「此君のゆかりと思はむ人のためには、いのちをもゆづりつべくこそ思へ」

いのち-がえ ‥がへ【命代】〔名〕 生命と引き代えられるほど大切なもの。いのちがわり。＊浄瑠璃・博多小女郎波枕(1718)中「いふより九右衛門色をかへ、三千里を股にかける此の仲間、命がへの割符を親父に預たとは、どこへうまいことといふないふな」 発音イノチガエ〈標ア〉0〈京ア〉0

いのち-かぎり【命限】〔名〕①生き長らえる間。寿命がある間。＊易林本節用集(1597)「天命 イノチカギリ」 ②(副詞のように用いて)生命の続くだけ。全力をふりしぼって。いのちぎり。いのちのかぎり。＊浄瑠璃・国性爺合戦(1715)一「敵何万騎寄せたりとも、いのちかぎり腕限り」 ＊歌舞伎・彩入御伽草(おつま八郎兵衛)(1808)序幕「ああ、これ、何をいっても附いてうせる奴らは侍ひ、此方は丸腰、命かぎりにこの出刃で、どうぞあのおつまめを」 発音イノチカギリ〈標ア〉イ カ 辞書易林・書言 表記天命(易・書)

いのちかぎり根限(こんかぎ)り 命や根気の続く限り全力をあげて事にあたるさま。命限り。命比べ根比べ。＊雨の日ぐらし(1891)〈山田美妙〉雛が三疋「命(イノチ)かぎりに根(コン)かぎり、終にはそれも堪へがたく、三疋ともに目くるくる」

いのち-がけ【命懸】〔名〕〔形動〕生死を顧みないで、思い切って事に当たること。死ぬ覚悟ですること。また、そのさま。懸命。決死。＊浄瑠璃・博多小女郎波枕(1718)中「互ひに命がけの身すぎ、魂をみがく仲間の法」 ＊人情本・英対暖語(1838)初・一回「お前さん方のこそ、実に命がけで御夫婦におなりなさったのだものヲ」 ＊福翁自伝(1899)〈福沢諭吉〉始めて亜米利加に渡る「外国航海など云へば、開闢(かいびゃく)以来の珍事と云はうか、寧ろ恐ろしい命掛(イノチガ)けの事で」 発音イノチガケ〈標ア〉0 ケ〈京ア〉0 辞書ヘボン・言海 表記懸命(ヘ) 命掛(言)

いのち-かずら ‥かづら【命葛】〔名〕 方言生命。宮崎県東諸県郡954 ◇ぬちずぃる〔命蔓〕 沖縄県首里993

いのち-がね【命金】〔名〕命をつなぐための金。最後の時に使うための金。また、命ほどにも大切な金。＊浮世草子・子孫大黒柱(1709)一・一「其身はやうやう金子二両、命金とて懐中し」 ＊浄瑠璃・夏祭浪花鑑(1745)四「今取て来た此金と、分け口の金と二包、そなたに渡す。是でよい様にどやの支覚してたも。命金じゃ落すまいぞ」 ＊黄表紙・御誂染長寿小紋(1802)「親船に命綱あり、旅人に命金あり、いづれ命は大切なるものなり」 発音イノチガネ〈標ア〉チ 0

いのち-かほう ‥クヮホウ【命果報】〔名〕命の運の強いこと。運よく生命の助かること。＊浄瑠璃・持統天皇歌軍法(1713)五「水籠へ入こと十三度、命果報の此の女」

いのち-がみ【命神】〔名〕長寿をもたらしてくれる神。寿命の神。＊浮世草子・世間胸算用(1692)一・三「多賀は命神(イノチガミ)、住よしの船玉、出雲は仲人の神」

いのち-からがら【命辛辛】〔副〕(あわてて逃げるさまなどにいう)生命だけを守るのが精いっぱいで。やっとのことで。＊俳諧・桜川(1674)冬二「飛鳥やいのちからから鷹の鈴〈守常〉」 ＊浮世草子・好色五人女(1686)二・五「命からがらにて、にげのびける」 ＊浄瑠璃・津国女夫池(1721)五「命からがら長けい入道〈略〉逃げ出でて」 ＊西洋道中膝栗毛(1870-76)〈仮名垣魯文〉八・上「命(イノチ)からがらなめにあはしたぜ」 発音イノチカラガラ〈標ア〉イ〈京ア〉イ＝0

いのち-がらり【命―】〔名〕一命をささげること。命をすべて投げ出すこと。＊浄瑠璃・淀鯉出世滝徳(1709頃)下「山しろ屋といふくつわへ、中年四年二百両、命がらりに身をうりて、大坂の埒(らち)は明たれど」

いのち-がわり ‥がはり【命代】〔名〕①生命にも代えうるほどの大切なもの。いのちがえ。＊浄瑠璃・曾根崎心中(1703)「此銀がなければ我れらも死なねばならぬ。命がはりの銀なれ共」 ②命を取ることのかわり。＊歌舞伎・韓人漢文手管始(唐人殺し)(1789)一「『殿の御遊興妨げ召るれば斯の通り』『命替りのお仕置じゃ』」 ＊歌舞伎・桜姫東文章(1817)二幕「今日一日、この稲瀬川の河原に晒し、跡は命代(イノチガハ)りにおいらが仲間へ下さるといふ」 発音イノチガワリ〈標ア〉ガ

いのち-ぎり【命限】〔名〕「いのちかぎり(命限)②」に同じ。＊浮世草子・好色一代男(1682)六・一「みかさにあひそめ、何事も命(イノチ)ぎりと申あはせて」 ＊浮世草子・傾城色三味線(1701)京・二「半六といふ大臣、久しく逢馴て、互に命ぎりといひかはし」 方言岐阜県土岐郡498

いのち-くらべ【命比】〔名〕どちらが長生きするか比べ合うこと。また、命の長さと比べること。＊安法集(983-985頃)「松もおい岩をも苔のむすぶまで命くらべに問はぬ君かな」 ＊夫木(1310頃)三六「鶴亀のいのちくらべの勝ち負けを、君こそ知らめ万代を経て〈源仲正〉」 発音〈標ア〉ク

いのちくらべ根比(こんくら)べ 命や根気を互いに出し尽くして、争うさま。全力を出し尽くして激しく争うこと。命限り根限り。＊浄瑠璃・国性爺合戦(1715)千里が竹「もぢってかくれば身をかはし、たゆめばひらりと乗うつり、上に成下に成命くらべこんくらべ、声を力にゑいゑいゑい」

いのち-げ【命毛】〔名〕筆の穂先の長い毛。書くために最も大切な部分であるところからいう。＊俳諧・崑山集(1651)九・秋「霜のつるぎ命毛きるな筆つ虫〈珍重〉」 ＊浮世草子・本朝桜陰比事(1689)五・五「雲落(あぶない)物は筆の命毛」 ＊浮世草子・世間娘容気(1717)一「次第にたのむ人なくて今は筆の命毛もきれる折ふし」 ＊雑俳・柳多留-七二(1820)「命毛は妻こふ鹿のなれのはて」 発音イノチゲ〈標ア〉チ〈京ア〉チ

いのち-ごい ‥ごひ【命乞】〔名〕①長生きができるように神仏に祈ること。＊栄花(1028-92頃)楚王の夢「世のかためにておはしましませば、いづれの民もただ殿の御いのちごひをのみ申思へり」 ②殺されるはずの、自分または他人の命を、助けてほしいと頼むこと。ま

た、神仏にその祈願をすること。＊浮世草子・新可笑記(1688)一・五「先例の命乞(ゴヒ)」＊浄瑠璃・丹波与作待夜の小室節(1707頃)夢路のこま「お乳(ち)の人の御立願、明日四つ迄に命ごひの太々神楽御ぐはんかなへば御祝義の」＊雑俳・柳多留‐一四七(1838‐40)「命乞極尤な無理を言い」＊幼学読本(1887)〈西邨貞〉五「鼠は足の下にて、悲しき声を出だし、頻に命乞ひして言ひけるは」＊最後の一句(1915)〈森鷗外〉「こいつ等は木津川口で曝(さら)し物になってゐる桂屋太郎兵衛の子供でございます。親の命乞(イノチゴヒ)をするのだと云ってゐます」 発音 イノチゴイ〈標ア〉0 ゴ〈京ア〉0 辞書 ヘボン・言海 表記 乞命(ヘ) 命乞(言)

いのち‐ざた【命沙汰】〔名〕生命にかかわるような問題や事件。＊浄瑠璃・生玉心中(1715か)中「それがぞもとに嘉平次がうろたへ始、命沙汰に及んだ」 発音〈標ア〉0

いのち‐さだめ【命定】〔名〕生きるか死ぬかを決定すること。また、その要因。特に近世、幼児にとっての疱瘡(ほうそう)、麻疹(はしか)などをいう。＊浮世草子・傾城歌三味線(1732)一・一「適々男子をまうけ〈略〉命定(イノチサダ)めといふ疱瘡を気遣ひがり」＊譬喩尽(1786)一「疱瘡は命定め、痘疹(へないも)は眉目(みめ)定め」＊滑稽本・麻疹戯言(1803)送麻疹神表「麻疹は命定(イノチサダメ)にあらず、痘瘡命定(イノチサダメ)なるべし」 発音〈標ア〉サ

いのち‐さま【命様】〔名〕男の心を奪うような美女への呼びかけ。また、その女。男色の相手をいう場合もある。命とり。＊俳諧・談林十百韻(1675)上「俤やきり狂言におしむらん〈一鉄〉」＊雑俳・軽口頓作(1709)「ちっくりと・みすのあいからいのち様」＊雑俳・軽口頓作(1709)「たまらぬは・あれや法印のいのち様」

いのち‐さわぎ【命騒】〔名〕物事を、命にでもかかわることのように深刻に騒ぎ立てること。＊ありのすさび(1895)〈後藤宙外〉五「彼是云はば、母が命騒ぎをするであらうと、何にも云はず親類に任せて、お信を元の鞘に納めぬ」 発音 イノチサワギ〈標ア〉サ

いのち‐しだい【命次第】〔名〕生命の有る無しによるということ。＊浄瑠璃・雪女五枚羽子板(1708)厄払ひ「傍輩(はうばい)の縁つきず、またあふことはいのち次第と、なくなく左右へわかれしが」 発音〈標ア〉シ

いのち‐じまい ぢまひ【命終】〔名〕生命が尽きること。おしまい。最期。＊西洋道中膝栗毛(1870‐76)〈仮名垣魯文〉五・上「牙にでもかけられちゃア命(イノチ)じまひだ」

いのち‐しょうがい シャウガイ【命生害】〔名〕命を絶つこと。自害。自殺。＊歌舞伎・お染久松色読販(1813)序幕「あの与四郎が娘のお光が、うつ惚れて居申は、捨て置と命生害(セウガイ)に及びまする故」

いのち‐しょうぶ【命勝負】〔名〕命がけの勝負、また、仕事。真剣勝負。＊曾我物語(南北朝頃)四・平六兵衛が喧嘩の事「まことに大剛のをこの物也、いのちせうぶしては、損なり」＊虎明本狂言・首引(室町末‐近世初)「物のたとへにも、いのちせうぶと申程に、きつうござらふ」＊浮世草子・好色盛衰記(1688)一・二「これは命勝負(イノチシャウブ)なれども、いとしさのまま身を捨(すつ)るなり」＊浮世草子・傾城色三味線(1701)大坂・二「其あげくに刃物ざんまひ、命勝負(セウブ)をこらへて」 発音 イノチショーブ〈標ア〉ショ

いのち‐しらず【命不知】〔名〕(形動)①生命の危険を顧みないで、事を行なうこと。無鉄砲なふるまいをすること。また、その人や、そのようなさま。＊天理本狂言・附子(室町末‐近世初)「二郎くわじゃ命しらずじゃと云」＊俳諧・犬筑波集(1532頃)恋「いのちしらずとよしいはばいへ　君ゆへに腎虚せんこそ望みなれ」＊太閤記(1625)一四・うる山之事「命知ずの人哉とつぶやき、ふてぷらして」＊浄瑠璃・津国女夫池(1721)一「命しらずの狼藉(らうぜき)者」＊社会百面相(1902)〈内田魯庵〉猟官・下「這般(こん)なぐらつき内閣に任官する命知らずがあるものか」②物がじょうぶで長持ちすること。また、そのもの。＊俳諧・大坂独吟集(1675)下「無疵ものあけて一尺五六寸　命しらずの麻の手ぬぐひ〈由平〉」＊浮世草子・日本永代蔵(1688)一・二「此の手紬(てつむぎ)の碁盤島(ごばんじま)は命しらずとて親仁の着られしが」 発音〈標ア〉シ〈京ア〉シ 辞書 言海 表記 命不知(言)

いのち‐ずく づく【命尽】〔名〕(「ずく」は接尾語)①命を取るか、取られるかというぎりぎりのこと。一命にかかわること。＊浮世草子・風流曲三味線(1706)三・四「数ならぬわしゆゑに大事の御身に悪名をつくるのみか、御命(イノチ)づくに及ぶこと」＊浄瑠璃・雪女五枚羽子板(1708)厄払ひ「軍(いくさ)といふは酒宴、遊興に事かはり、命づくの物なれば」②(「に」を伴って用いることが多い)命を捨ててかかる覚悟であること。いのちがけ。＊歌舞伎・五大力恋緘(1793)三幕「すべて命を惜むは人間の習ひ、それに科人(とがにん)と名乗って出る拙者、命(イノチ)づくに偽りを申さうか」 発音〈標ア〉0 ク

いのち‐だい【命代】〔名〕殺されるべき命と引き替えに支払う代金。命乞いの代金。＊浄瑠璃・丹波与作待夜の小室節(1707頃)中「おごけよりかね取り出だし、とっ様の命代」 発音〈標ア〉チ

いのち‐だま【命玉】〔名〕①狩人が身に危険を感じたとき、自分を守るために持っている弾丸。②「いのち(命)の玉②」に同じ。＊雑俳・丹舟評万句合(1704‐11)「けふもまたじゅずやがつなぐいのち玉」 発音〈標ア〉0

いのち‐づ・ける【命付】〔他カ下一〕命を与える。いきいきとさせる。＊人形愛(1976)〈高橋たか子〉一「さらに強い幻が土地全体を命づけている」 発音〈標ア〉ケ

いのち‐づな【命綱】〔名〕①危険な所で仕事をする時など、生命の安全をはかるために体に縛り付けておく綱。＊剝製(1969)〈三浦哲郎〉二「その代り、腰に命綱をつけていけ」②廻船の綱具のうち、最上の加賀苧綱(かがおづな)の俗称。おもに碇綱(いかりづな)として用い、「かがす」とも呼ばれる。＊宝暦漂流物語(1754)「かがすとは、船中に命綱とて、太綱の七八十尋もあるを、船中第一の具にして、用をなすの重きもの也」＊歌舞伎・青砥稿花紅彩画(白浪五人男)(1862)四幕「『かなはぬ時は命綱』『錠(いかり)を切って五人とも、帆綱の縄に』『かからうかい』」③救命ブイ、救命いかだ、救助艇などの周囲についている綱、船の甲板に張ったつかまり綱、難破船に渡して連絡を取る綱など。＊海に生くる人々(1926)〈葉山嘉樹〉二「ハッチの上を通るやうに、ライフライン(命綱)が張られた」＊潮騒(1954)〈三島由紀夫〉一四「さうか。いよいよ命綱を使ふか。颱風は午前一時ごろが峠だっちふから、今命綱を使っておけば万全や、誰か泳いでって命綱を浮標につないで来い」④(比喩的に)命、あるいは生活をささえるたよりになるもの。生存あるいは存続のための基盤。命の綱。＊今年竹(1919‐27)〈里見弴〉伸び行く・一「その人さへ僕を信じ愛してゐてくれるなら、と、それを最後の命綱(イノチヅナ)にしてゐたんですが」＊助左衛門四代記(1963)〈有吉佐和子〉二・一「このうち太台池と大池が〈略〉木ノ本の田畑の命綱を握っていた」 発音〈標ア〉チ〈京ア〉チ

いのち‐づよ・い【命強】〔形口〕文 いのちづよ・し〔形ク〕運が強い。危険に際してよく難をのがれることをいう。＊歌舞伎・曾我梅菊念力弦(1818)二幕「六浦川で死ぬところを、助かるといふは、よくよく命強(イノチヅヨ)い生れだ」＊真景累ケ淵(1869頃)〈三遊亭円朝〉五三「ああ僥倖(さいはひ)命強かった。危ない処を遁れた」 発音〈標ア〉ヨ

いのち‐どころ【命所】〔名〕(生命にかかわる所の意から)重要な点。肝心な事柄。＊歌舞伎・霊験曾我籬(1809)七幕「『そこで何(ど)うするのぢゃな』『そこが云ふに云はれぬ命(イノチ)どころ』」 発音〈標ア〉ド

いのち‐とり【命取】〔名〕生命、地位、財産、名誉などを失う原因となるものや事柄。美女をいうのにも用いた。＊浮世草子・風流曲三味線(1706)四・四「あの御器量で金銀に事欠き給はぬ御暮しは、太夫様方の命取(イノチト)りといふもの」＊俚言集覧(1797頃)「命取　美を誉めて命取と云」＊人情本・仮名文章娘節用(1831‐34)前・三回「おもき顔にもにっこりと、わらひをふくむあいきゃうは、俗に所謂いのち取、男ころしといふべけれ」＊赤西蠣太(1917)〈志賀直哉〉「然し菓子もいい加減にしないと命取りだよ」 発音〈標ア〉チ リ〈京ア〉ト

いのちとりとは美女(びじょ)命(いのち)の親(おや)とは悪女(あくじょ)の異名(いみょう) 美女はその色香によって男の命を縮め、醜女は反対に男への献身によってその寿命を延ばすということ。美女は命を断つ斧(おの)。＊譬喩尽(1786)一「命取(イノチトリ)とは美女(ビヂョ)命親(イノチノオヤ)とは悪女(アクヂョ)の異名(イミャウ)」

いのちとり‐め【命取─】〔名〕(「め」は接尾語)魂を奪われ、身を滅ぼすような、また、そのようになっても惜しくないと思われるほどの美しい者への呼びかけ。おもに女性にいう。命め。＊浮世草子・椀久二世(1691)下・紫は両頭のみだれ髪「是堺町の名物命とりめ、何の産れ替りあのうつくしさ」＊浄瑠璃・志賀の敵討(1776)五「弱腰はふど伝八が。コリャコリャ命取め様命取め様」＊雑俳・柳多留‐一二(1777)「是命とりめと下女はなぐさまれ」

いのち‐なが【命長】〔名〕(「なが」は形容詞「ながい」の語幹)命の長いこと。また、その人。＊大鏡(12C前)六・道長下「かかるいのちながのいきあはず侍らましかば、いとあしく侍らまし」 方言 陰暦六月一日のこと。そうめんを食べる風習がある。対馬913

いのちなが‐お を【命長緒】〔名〕長崎県で、親類の赤子がはじめて来訪したとき、麻緒に銭を結びつけてその首にかけてやるもの。あるいは包み銭に添えて与える苧(お)。

いのち‐ながさ【命長】〔名〕いつまでも生き長らえていること。死なずに長生きすること。＊源氏(1001‐14頃)朝顔「定めなき世を、同じさまにて見給へ過ぐすいのちながさの、恨めしきことと多く侍れど」＊成尋母集(1073頃)「身のいのちながさを罪なれば、人の御とがとも覚え侍らず」 発音 イノチナガサ〈標ア〉ナ

いのち‐なり【天命】〔名〕運命。天命。＊書言字考節用集(1717)二「天命 イノチナリ」 辞書 書言 表記 天命(書)

いのち‐ぬすびと【命盗人】〔名〕①いたずらに長生きする人。長命をむさぼる人。死ぬべき時に死なない人。＊浮世草子・好色一代男(1682)二・七「兼好が見たらば、命盗人(イノチヌスヒト)と申べき婆々あり」②相手の命を縮めるような美女や、美男をいう。命とり。＊浮世草子・男色十寸鏡(1687)下「かやうの若衆は、人の命盗人(ヌスビト)也」＊雑俳・大和のかまど(1716‐36)「しっかりと・命盗人抱て寝る」 発音〈標ア〉ヌ

いのち‐ひも【命紐】〔名〕文箱の紐。＊雑俳・柳多留‐一六五(1838‐40)「和らかに結ぶ文箱の寿命紐」 発音〈標ア〉チ

いのち‐びろい びろひ【命拾】〔名〕死ぬはずの命が幸運にも助かること。九死に一生を得ること。＊咄本・はつ鰹(1781)湯上り「さてさて貴様は仕合な人だ。今の御士が、定てゆるしはせまいとおもったに、命ひろひをさしやった」＊福翁自伝(1899)〈福沢諭吉〉欧羅巴各国に行く「其船の火薬庫に導火(みちび)を点けるときは随分気味の悪い話だった。だが命拾(イノチビロ)ひをし

た其時、懐中に金が二十五両あったから」＊鷲(1940)〈川田順〉黒部へ「いのち拾ひしたと喜ぶ弱虫は同行のなかにわれのみならむ」 発音〈標ア〉ビ〈京ア〉ビ 辞書 言海 表記 命拾(言)

いのち-ふし【命節】『名』謡曲の謡い方の一つ。一句の終わりをたいせつにきちんと謡い終わること。＊五音三曲集(1460)「命節は、小歌にても、曲舞にても、言ひおさむる節也。そこをきと性根を入て、信に云止むべし」 発音〈標ア〉チ

いのち-みょうが【命冥加】『名』神や仏の守りによって命拾いすること。思いがけない幸運で災難を免れること。命冥利。＊浮世草子・本朝二十不孝(1686)二・一「爰(ここ)の学校とさだめ、命冥加(イノチミャウガ)の有(ある)盗人に此一通り指南をさせ」＊浄瑠璃・鑓の権三重帷子(1717)下「やれやれあぶなや。命めうがな孫共や」＊俳諧・文政句帖-八年(1825)七月「大水に命冥加のいなご哉」 発音 イノチミョーガ〈標ア〉ミョ〈京ア〉ミョ

いのち-みょうり【命冥利】『名』「いのちみょうが(命冥加)」に同じ。 発音 イノチミョーリ〈標ア〉ミョ

いのち-め【命―】『名』(「め」は接尾語)「いのちとりめ(命取―)」の略。＊雑俳・軽口頓作(1709)「にくうはない・しげうはこなと命め様」＊歌舞伎・毛抜(1742)「こりゃどうもならぬのりあんばい、てんと命め命め」

いのち-もらい【命貰】『名』殺される人の助命を頼むこと、または祈ること。命乞い。＊浄瑠璃・娥歌かるた(1714頃)二「やあすて坊主、いはれぬ命もらひだてかならぬならぬ」 発音〈標ア〉モ

イノック-アーデン（原題 英 Enoch Arden）物語詩。テニソン作。一八六四年発表。主人公イノックは遭難して十余年ぶりに故国へ帰ったが、妻子が友人と暮らしているのを見て黙って身をひくという悲話。 発音〈標ア〉ア

い-の-つめ【猪爪】『名』織りあげた布を巻き付ける織機の道具。両端がイノシシの爪に似ていることからいう。＊俚言集覧(1797頃)「井のあし〔和名鈔〕〈略〉愚案、井乃阿之は備後福山あたり井のつめと云」＊松翁道話(1814-46)五・下「女中がたの機織道具も、忙しうはたらく杼(ひ)の筬(をさ)といふ役人もあり、ゆるゆるくらす千切の中つづの、亥の爪のといふ衆もあり」 辞書 言海 表記 猪爪(言)

い-の-で【猪手】『名』シダ類ウラボシ科の常緑多年草。関東地方以西の平地から山地に生える。根茎は塊状で直立し、四方に広がり、大形の葉を束生する。葉身は長さ四〇～八〇センチメートルの長楕円形の二回羽状複葉で、裏には長い褐色の鱗毛(りんもう)がある。葉柄は長さ五～二五センチメートルで淡褐色か赤褐色の鱗片を密生。胞子嚢(ほうしのう)群は小さな円形で、小羽片の上半部に着く。学名は Polystichum polyblepharum ＊農業全書(1697)五・一三「蕨、紫蕨、薇(イノテ)、是皆山中に生じ、田圃に作る物にあらず」＊大和本草(1709)五「薇(イノテ)〈略〉いのては深山幽谷の内にあり。わらびに似て大也。毛あり。生なるは味苦し。ほして食すべし。其初生野猪の手に似たり。故にいのてと云」＊日本植物名彙(1884)〈松村任三〉「イノデ 毛蕨」 辞書 書言 表記 薇(書)

いのと『名』足の親指で踏んで機(はた)の経(たていと)をまとめる綜(あぜ)を上下させる道具。まねき。＊物類称呼(1775)四「機躡 まねき、京・江戸ともにまねき。遠江にていのとと云」

いのとき【赭魁】『名』植物「にがかしゅう(苦何首烏)」の古名。＊本草和名(918頃)「赭魁 一名土卵 一名黄独〈略〉和名為乃止止岐」＊色葉字類抄(1177-81)「赭魁 ヰノトトキ 草名」 辞書 和名・色葉・名義・言海 表記 赭魁(和・色・名・言) 赭魁(名)

いのね『名』方言 ⇩いぬご

い-の-はな【猪鼻】『名』(形がイノシシの鼻に似ているところから)きのこ「こうたけ(革茸)」の異名。 方言 食用きのこ、くろかわたけ。甲州甲府121

いのはな-こ【猪鼻湖】 静岡県、浜名湖の支湖の一つ。奇岩と松による景色で知られる。大崎湖。 発音〈標ア〉ナ

いのはな-さか【猪鼻坂】 静岡県、浜名湖の南西岸、東海道の白須賀から新居(あらい)あたりのこと。 補注「更級日記」に、「それよりかみは、ゐのはなといふ坂の、えもいはずわびしきを上りぬれば」とある。

いのひ『名』(「いぬひ」の変化した語)鳥「たひばり(田雲雀)」の異名。 発音〈標ア〉ナ

い-のび【居伸】『名』すわったまま手足などを伸ばすこと。すわったままで伸びをすること。＊仮名草子・可笑記(1642)一「食物をたくさんにして、ねのびゐのびをせば、かならず気血をみだらし病を生じ」

い-の-ふ【胃腑】『名』(「の」は同格を表わし、「腑」は「はらわた」の意) ①胃。胃ぶくろ。＊名語記(1275)二「胃の腑にあればゐを名とせるか」＊日葡辞書(1603-04)「イ〈訳〉胃。もっと普通には Ino fu（イノフ）と言う」＊洒落本・猪の文章(1753)「酒は百薬の長といふは公道也。〈略〉しかれども過る時は胃腑(ヰノフ)をくさらし、胆(きも)をふとくし、忽に病を発(おこ)す」＊滑稽本・浮世床(1813-23)初・中「イヤイヤ爰ぢゃと十気を丹田(たんでん)に練(ねっ)て、金壱分を胃の腑にとっと落付てナ」 ②腹部。＊浄瑠璃・奥州安達原(1762)二「可愛男にゃ泣きよがちがふ、足を屈(かが)めてゐのふで締めて」 発音〈標ア〉0〈京ア〉0 辞書 下学・文明・易林・日葡・言海 表記 胃腑(下・文・言) 膽腑(易)

いのふ に 入(い)る 「いのふに落(お)ちる」に同じ。＊浄瑠璃・猿丸太夫鹿巻毫(1736)三「阿曽氏が胆膚(ヰノフ)に入た神託を聞ねば、いッかないッかな都の方へは一寸も脚(すね)ぶみさせぬ」

いのふ に 納(おさ)める 十分に理解する。よくよく了承する。＊浄瑠璃・河内国姥火(1720頃か)一「気を揉まずとも座に着いて、申す事胃(ヰ)の腑(フ)に納(ヲサ)め篤くりと御聞下さるべし」

いのふ に=落(お)ちる［=落(お)ち着(つ)く］ 十分に納得がいく。よくわかる。腑に落ちる。いのふに入る。＊浄瑠璃・今宮心中(1711頃)上「きさめが申たぶんでは、さらさらゐのふにおちませぬ」＊浄瑠璃・仮名手本忠臣蔵(1748)二「先(まづ)思召の一通おせきなされずと、本蔵めが胃の腑に落付く様にとっくりと承はらんと」

いのふし-だけ『名』時刻の長短をいうのに用いる語。＊和訓栞後編(1887)「俗に日の長短をいふに、ゐのふしだけといふは、亥の節だけの義也。亥の足跡を刻といふ事、字書に見えたるより時刻に転用せり、藺の節の義とし、犬の節といふは、ともに非なるべし」

いの-ぶた【猪豚】『名』イノシシと家畜ブタとの交配によりつくられた雑種。食肉用として飼育される。＊にんげん動物園(1981)〈中島梓〉七七「イノシシとブタの子だからイノブタ」 発音〈標ア〉0ノ

イノベーション『名』(英 innovation)これまでとは異なった新しい発展。刷新。技術革新。新機軸。 発音〈標ア〉ベ

いのまた【猪股・猪俣】 姓氏の一つ。 発音〈標ア〉ノ

いのまた-つなお【猪俣津南雄】 経済学者、評論家。新潟県出身。労農派の代表的論客で、日本資本主義の現状分析に多くの労作を残した。また昭和初期の合法左翼運動を指導し、昭和一二年(一九三七)人民戦線事件で検挙、投獄された。(一八八九～一九四二)

いのみ『名』植物「い(藺)」の異名。＊重訂本草綱目啓蒙(1847)一一・隰草「燈心草 ゐ 古名、ゐぐさ 仙台〈略〉ゐのみ 佐州〈略〉此草中の白穣を出して燈火に供するを燈心と云」

い-の-むかし【いの昔】『名』(「い」は一番の意、「むかし」は昔)抹茶の銘の一つ。八十八夜から二一日目に芽を摘んでつくった茶。はつむかし。

い-の-め【猪目】『名』①「いのめすかし(猪目透)」の略称。＊太平記(14C後)一七・山門攻事「猪(イ)の目透したる鉞(まさかり)の歯の亘(わたり)一尺許あるを、右の肩に振かたげて」＊義経記(室町中か)四・土佐坊義経の討手に上る事「大鉞(まさかり)をもって開いてむずと打つ。馬の三頭にいのめの隠るる程打貫き、ゑいと言ふてぞ引きたりける」＊随筆・鈎庭雑録(1832頃)中・紋様「いの目は♡♡是二様の形、いづれもいふべし。眼象といへるもおなじ、ただ竅(あな)の名也。〈略〉旧説に猪の目として猪は猛獣なる故、武具に是を用といへり。〈略〉又或人は形いろはのい文字に似たりといへるは事もなく覚ゆ」 ②琵琶の胴の上にある覆手(ふくしゅ)にあけられている穴。これに緒(弦)を通して結びつける。形がイノシシの目に似ているところからいう。＊楽家録(1690)九・琵琶之名所「猪目 是通紘孔之周以玳瑁為飾者也」 ③(腰目)灸穴の一つ。脊椎骨を上から数えて一五個目の左右、約一〇センチメートル程離れた所。＊書言字考節用集(1717)五「腰眼 ヰノメ 灸穴」＊雑俳・柳多留-四八(1809)「善光のいのめ蓮花でひっこすり」 方言 臀部(でんぶ)のやや上で背骨の両側のくぼみ。灸(きゅう)点。鳥取県西伯郡712 語源説 (1)イノシシの目の形に似るところから〔大言海〕。(2)印の目の意〔白石先生紳書〕。(3)いろはの「い」に似ることからイのメ(穴)の意〔松屋筆記〕。 辞書 書言 表記 伊目・腰眼(書)

いのめ-がた【猪目形】『名』「いのめすかし(猪目透)」に同じ。

いのめ-げぎょ【猪目懸魚】『名』建築で、猪目①を彫った懸魚。その刳形(くりがた)が、イノシシの目に似ているところからともいう。〔日本建築辞彙(1906)〕

猪目懸魚〈奈良県　東大寺鐘楼〉

いのめ-すかし【猪目透】『名』透かし彫りの装飾。心臓形で時に周囲に覆輪を加える。帽額鐔(もこうつば)や葵(あおい)鐔の四隅の切り込みの内側、八双金物の切り込みの内側などに施す。猪目形。＊読本・椿説弓張月(1807-11)残・弁略「当社の神宝に、鎮西八郎為朝の箭(や)の根あり。蟇股(ひきまた)なり〈略〉こみ際に猪目透(ヰノメスカシ)無銘云々」 発音〈標ア〉カ

いのめ-どうくついせき【猪目洞窟遺跡】 島根県平田市猪目町にある彌生から古墳時代にかけての海食洞窟遺跡。「出雲国風土記」にある「宇賀の郷の北の海辺に黄泉(よみ)の穴がある」がこれと推定される。 発音 イノメドークツイセキ〈標ア〉イ2

いのめ-やいと【猪目灸】『名』猪の目③にすえる灸。＊長唄・供奴(1828)「はった痃癖(けんぺき)ちりちり身柱(ちりけ)、亥(ヰ)の目灸(ヤイト)がくっきりと」

いのも『名』「いぬご」に同じ。

いのもと-がえ【井底替】『名』井戸の水をくみ出して、掃除をすること。井戸がえ。＊咄本・軽口片頬笑(1770)五「折よく表を井(ヰ)のもとがへ井のもとがへと大声で呼歩く」

いのもと-そう【井之許草】『名』シダ類ウラボシ科の常緑多年草。関東地方以西の平地から山野の日陰に生える。根茎は短く横にはい、黒褐色の鱗片(りんぺん)を密生し、葉を束生する。葉は黄褐色で細長い線形の羽片に分かれ、先がとがる。葉身は栄養葉では長さ二〇～四〇センチメートル、胞子葉では四〇～六〇セン

チメートル。葉柄は葉身とほぼ同長で三稜(りょう)をもつ。胞子嚢(のう)群は葉の縁に沿って着生する。とりのあし。けいそくしだ。漢名、鳳尾草。学名は Pteris multifida ＊日本植物名彙(1884)〈松村任三〉「ヰノモトサウ 井口辺草 鳳尾草」 発音 イノモトソー〈標ア〉0

いのもとそう-か ゐのもとサウクヮ【井之許草科】『名』シダ植物の科名。広義のウラボシ科の一部で、葉柄と茎との間に関節がなく、胞子嚢(ほうしのう)群は多くは葉縁につくなどの性質がある。熱帯を中心に一五〇〇種類以上が知られ、日本には、オウレンシダ、ホングウシダ、ハチジョウシダ、イノモトソウ、ワラビ、リシリシノブ、クジャクシダ、ハコネシダなど約五〇種類ある。学名は Pteridaceae 発音 イノモトソーカ〈標ア〉0

いのもと-ほり ゐのもと【井底掘】『名』井戸を掘ること。また、それを職業とする人。井戸屋。＊咄本・私可多咄(1671)一・四七「ちとなふるへしと思ひ、井のもとほりをまねきいふやう」＊浮世草子・好色訓蒙図彙(1686)上・人倫「相借(あいしゃく)やは、はちひらき、井のもとほり、紙くずかひ、臼のめきりなんど、朝さなゆふなのけぶりもたえまあれ共」＊歌舞伎・大名なぐさみ曾我(1697)下「これ、井底掘(ヰノモトホリ)、よいのがあらば、一つ二つあてがや食はう」

い-のり【祈・禱】『名』①神仏に請い願うこと。また、そのことば。＊竹取(9C末-10C初)「かかれば此人々家にかへりて物をおもひ、いのりをし、願をたつ。思ひやむべくもあらず」＊源氏(1001-14頃)若菜下「の給ふやうに、物はかなき身には過ぎにたるよそのおぼえはあらめど、心に堪へぬ物歎かしさのみうち添ふや、さはみづからのいのりなりける」＊古本説話集(1130頃か)五二「人のいのりは、尊きも濁(きたな)きも、ただよく心に入りたるが、験あるなり」＊謡曲・丹後物狂(1430頃)「子のなきことを嘆き、かのご本尊に祈りを掛け、ひとりの男子(なんし)を設くる」＊日葡辞書(1603-04)「Inori(イノリ)〈訳〉異教徒の祈願」＊収穫(1910)〈前田夕暮〉下「夜の祈禱(イノリ)をはりし後に二人みてさびしくゐみぬ秋雨のふる」②怨霊(おんりょう)、悪魔の降伏(ごうぶく)、延命息災などを山伏や僧侶によって神仏に祈ってもらうこと。加持祈禱。修法。＊源氏(1001-14頃)桐壺「『今日はじむべきいのりども、さるべき人々うけ給はれる、今宵より』とききこえいそがせば」＊御湯殿上日記-文明一〇年(1478)四月二八日「二そん院八千まいのこまたくよし御いのり申さるる」③能で、山伏、僧侶などが怨霊、悪魔を降伏するさまの特殊な所作。また、その場合、謡い方の節をもいう。「道成寺」「葵の上」「安達原」などにみられる。④歌舞伎で、祈禱の場面に用いる囃子(はやし)の称。楽器は太鼓、大鼓(おおつづみ)、小鼓、笛の四種(演劇鳴物合方名称集稿本)。 発音〈標ア〉リ 〈ア史〉江戸●●○と●○○の両様〈京ア〉イ/0 辞書 名義・日葡・ヘボン・言海 表記 祈(名・ヘ・言)

いのり の 合方(あいかた) 歌舞伎の囃子(はやし)や長唄で、祈りに合わせて入れる、三味線の合方。調子はおもに本調子。

いのり の 師(し) 延命、息災などのために祈禱する僧侶。＊宇津保(970-999頃)国譲上「山々寺々にいのりのしをするゑて申させ給ふやう」＊源氏(1001-14頃)夕霧「早うより御いのりのしに物のけなど払ひ捨てける律師」＊読本・雨月物語(1776)四・蛇性の婬「道成寺に法海和尚とて貴とき祈(イノリ)の師おはす」

いのり の 使(つか)い 祈禱のために神社、仏寺にさしむける使者。いのりづかい。＊源氏(1001-14頃)総角「所々のいのりのつかひ出したてさせ給」

いのり-あ・げる【祈上】『他ガ下一』文 いのりあ・ぐ『他ガ下二』祈ることを敬っていう。㋑その人に関する事を祈る。＊思出の記(1900-01)〈徳富蘆花〉四・一六「母が世の中の望と申ては唯唯其許の立身出世これ一つに候へば乍此上勉励祈上参らせ候」㋺神仏などに祈りをささげる。＊普賢(1936)〈石川淳〉一〇「冥加(みゃうが)を祈り上げるにはあまりにも悪臭芬(ふん)たる我身かな」 発音 イノリアゲル〈標ア〉0 ゲ

いのり-い・ず づ【祈出】『他ダ下二』「いのりいだす(祈出)」に同じ。＊愚管抄(1220)五・高倉「われが祈るしるしなし。今見給へ、祈出でん」

いのり-いだ・す【祈出】『他サ四』祈って、その願いがかなうようにする。祈って実現させる。祈って出現させる。いのりだす。＊太平記(14C後)一五・園城寺戒壇事「頼豪が祈(イノリ)出し奉りし皇子、末母后の御膝の上を離させ給はで、忽に御隠れ有りけり」＊俳諧・芭蕉真蹟(1691)「みかはの国鳳来寺に詣〈略〉夜着ひとつ祈出して旅寝かな」 発音〈標ア〉0 ダ

いのり-い・る【祈入】『他ラ四』心をこめて祈る。一所懸命祈る。＊そめちがへ(1897)〈森鷗外〉「つひ何事もなかった様に御附合(おんつきあひ)の程祈り入り参らせ候かしく」＊思出の記(1900-01)〈徳富蘆花〉四・一六「万事に心をつけ身体を大切にし志をふり立てて出精の程祈入参らせ候」 発音〈標ア〉0 イ2

いのり-か・う ふ か【祈替】『他ハ下二』病気平癒(へいゆ)などの祈禱のさい、身代りの人に病気などを引き受けさせるように祈る。身代りをたてて祈る。＊仮名草子・あだ物語(1640)上「『法師のやまひ治(ぢ)しがたし。もし命にかかはるものあらば、祈(イノ)りかへん』といひけれど、代らんといふ弟子なかりしに」

いのり-か・く【祈掛】『他カ下二』祈りをしかける。＊元輔集(990頃)「ちとせとは我ならねどもゆふだすきむすびの神もいのりかく覧」＊後拾遺(1086)別・四六八「行く春とともに立ちぬるふな道をいのりかけたる藤なみの花〈選子内親王〉」

いのり-・く【祈来】『自カ変』今までずっと祈り続ける。＊土左(935頃)承平五年二月五日「いのりくるかざ間と思(も)ふをあやなくもかもめさへだに波と見ゆらん」＊拾遺(1005-07頃か)神楽・六一一「いのりくる三上の山のかひしあれば千年の影に斯て仕へん〈大中臣能宣〉」

いのり-くぎ【祈釘】『名』丑(うし)の刻参りに用いる五寸釘。方言 山形県139 発音 イノリクギ〈標ア〉リ

いのり-くび【祈首】『名』憎い相手に似せた藁人形をつくり、明神様の立木に釘づけにして呪(のろ)うこと。これが相手に知れると、反対に自分が死ぬという。丑(うし)の刻参り。

いのり-こ・う ふ こ【祈乞】『他ハ四』神仏に祈って願い求める。祈願する。＊百座法談(1110)六月五日「雨をいのりこはるといへども、更に雨ふらず」＊今鏡(1170)九・祈る験「泰山府君の祭といふ事を、法の如くに祭の供へども整へて、いのりこひたりければ」

いのり-ごと【祈言】『名』神仏に祈ることば。また、神仏に願うこと。 発音 イノリゴト〈標ア〉0

いのり-ころ・す【祈殺】『他サ五(四)』神仏に祈願して、その力で人を殺す。＊愚管抄(1220)六・後鳥羽「京へいれりければ、祈ころしてかへりたるにてをかしかりけり」＊日葡辞書(1603-04)「Inoricoroxi, su, oita(イノリコロス)〈訳〉祈禱や呪術によって殺す」＊人情本・英対暖語(1838)五・三〇回「お前が嫉妬(やきもち)で祈り殺そふといふ悪心から」 発音〈標ア〉0 ロ 辞書 日葡・ヘボン・言海 表記 呪殺(へ) 祈殺(言)

いのり-じ ヂ【祈地】『名』能楽の太鼓の打ち方の名。祈りなどの場に用いるもの。 発音〈標ア〉リ

いのり-す・つ【祈捨】『他タ下二』消えてなくなるように祈る。呪(のろ)う。＊今鏡(1170)七・藻塩の煙「且は、御覚えの事など、いのりすて給へる方も聞えけるとかや」

いのり-せ・む【祈責】『他マ下二』強く祈りをこめる。必死に祈りを続ける。＊仮名草子・片仮名本因果物語(1661)下・一「七日七夜(や)祈責(イノリセメ)ければ、鼻直り口愈(いえ)て」

いのり-だ・す【祈出】『他サ四』「いのりいだす(祈出)」に同じ。＊咄本・一休咄(1668)二・七「此舟のへさきにふどうをいのり出して御目にかけむ」 発音〈標ア〉0 ダ

いのり-づかい かひ づ【祈使】『名』「いのり(祈)の使い」に同じ。＊栄花(1028-92頃)花山たづぬる中納言「所々に御いのりづかひども立ち騒ぐを」

いのり-つ・く【祈付】『他カ下二』祈禱によって、物怪(もののけ)などを乗り移らす。＊夜の寝覚(1045-68頃)二「いのりつけ給へりしひとびとに、いみじき祈どもそへ」＊看聞御記-永享一〇年(1438)一二月四日「御邪気同前也。〈略〉至夜よりまし下女両三人祈付」＊日葡辞書(1603-04)「Inoritçuqe, uru, eta(イノリツクル)〈訳〉魔法や祈禱である人の中に悪魔や狐などを入らせる」 辞書 日葡

いのり-ねん・ず【祈念】『他サ変』心中に祈る。祈念する。＊夜の寝覚(1045-68頃)一「朝夕の念誦のついでには、まづいのり念じたてまつるに」＊たまきはる(1219)「ただ朝日ばかりにいのりねんぜしに」

いのり-の・ける【祈退】『他カ下一』文 いのりの・く『他カ下二』神仏に祈って悪霊や邪魔なものを追い払う。＊御伽草子・さごろも(室町時代物語大成所収)(室町末)「経の功力(くりき)には、ふしぎの物のけなどをもいのりのけ」＊日葡辞書(1603-04)「テングヲ inorinoquru(イノリノクル)〈訳〉祈禱によって悪鬼を外へ出す」＊浄瑠璃・夕霧阿波鳴渡(1712頃)中「いのりものけたい恋のかたき」 辞書 日葡

いのり-ばたらき【祈働】『名』(激しい動作を伴うところから)「いのり(祈)③」に同じ。 発音〈標ア〉バ

いのり-はらい らひ は【祈祓】『名』神に祈ってけがれを清めること。祈って災いを取り除くこと。＊史記抄(1477)九・孝武本紀「第二の解ならばいのりはらいしてよく鬼を祭落するぞ」

いのり-ふ・せる【祈伏】『他サ下一』文 いのりふ・す『他サ下二』神仏に請い願い、人を自分の意志に従わせる。＊プラクリチ(1932)〈幸田露伴〉「母は仕方無く折れて、摩鄧伽種に伝はってゐる呪術の力を頼んで阿難を祈り伏せようとした」 発音〈標ア〉セ

いのり-まど・う ふ ど ま【祈惑】『他ハ四』一心に祈る。夢中になって祈る。＊夜の寝覚(1045-68頃)一「かの御方の辨の乳母、宰相などが、いのりまどひ、心もとながるに、あやにくに、いみじのわざや」＊有明の別(12C後)二「宮は、みのほど知らぬずほうみど経をはじめて、いのりまどひ給ふもあはれなり」

いのり-もの【祈物】『名』幣(ぬさ)など、祈禱の用具。＊枕(10C終)二五九・さかしきもの「さかしきもの、〈略〉ちごの祈りし、腹などとる女。ものの具ども請ひ出でて、いのり物作る、紙をあまたおしかさねて、いとにぶき刀して切るさまは」

い-の・る【祈・禱】『他ラ五(四)』(「い」は神聖、斎の意。「のる」は宣るの意)①神仏に請い願う。㋑ことばを口に出して神に福を求める。＊万葉(8C後)二〇・四三九二「天地(あめつし)のいづれの神を以乃良(イノラ)ばか愛(うつく)し母にまた言問はむ〈大伴部麻与佐〉」＊古今(905-914)仮名序「あふさか山にいたりてたむけをいのり」＊後撰(951-953頃)恋一・五八六「みな神にいのるかひなく涙河うきても人をよそに見る哉」＊更級日記(1059頃)「この源氏の物語、一の巻よりして皆見せ給へと心のうちにいのる」＊大鏡(12C前)二・頼忠「ひめぎみの御息災をいのり給ふ」＊史記抄(1477)一七・佞幸列伝「辛労して、田を作らうよりは、年を祈らうぢゃけるぞ」＊日葡辞書(1603-04)「Inori, u, otta(イノル)〈訳〉祈禱する。ホトケニ、または、ホトケヲ inoru(イノル)」㋺ある人に危害が及ぶようにと神仏に祈願する。のろう。＊落葉集(1598)色葉字集「呪

いのる」 ②山伏や僧侶が怨霊(おんりょう)、悪魔を降伏(ごうぶく)するために定まった儀式を行なう。＊太平記(14C後)一・中宮御産御祈之事「玉体に近き奉て、肝胆を砕てぞ祈(イノ)られける」＊中楽談儀(1430)序「山伏にいのられて」＊謡曲・道成寺(1516頃)「すはすは動くぞ、祈れただ、すはすは動くぞ、祈れただ」 ③心から希望する。願う。＊友情(1919)〈武者小路実篤〉三四「僕は君の幸福を祈ってゐるよ」 語誌 (1)元来、言霊(ことだま)信仰に連なる一種の畏怖感、呪性に基づいて、その神の名や呪言をとなえて幸福を求める意であったから、古くは「神をいのる」の形であったが、現在は「神にいのる」という。(2)「のる」との派生関係についての確証はないが、①の挙例「万葉集」の「神を祈る」といった表現から、「神の名を口にする」ことが本来の意義であったと考えられる。その後、平安時代には、「神に」「対して」という形で用いられ、願い事の成就を神に要求する意味を表わすようになる。 方言 のろう。呪詛(じゅそ)する。 熊本県玉名郡058 語源説 (1)イノル(斎宣)の義〔言元梯・大言海〕。イノル(忌宣)の義〔名言通・和訓栞〕。(2)イは接頭語。ノリは宣〔日本古語大辞典=松岡静雄〕。(3)イヒノル(言宣)の約〔本朝辞源=宇田甘冥〕。イヒノリゴツの約〔両京俚言考〕。(4)イノル(息宣)の義〔日本語源=賀茂百樹〕。(5)イノル(気則)、また、イノル(息法)から〔紫門和語類集〕。(6)ミノル(御法)の転。またはヒノル(日法)の転〔和語私臆鈔〕。(7)イナフルの約。イナは否〔日本釈名〕。 発音〈標ア〉ノ〈ア史〉平安○○◐ 鎌倉○○◍ 江戸◍○○〈京ア〉0 上仮名 イ|ノル 辞書 字鏡・色葉・名義・和玉・文明・明応・天正・饅頭・黒本・易林・日葡・書言・ヘボン・言海 表記 祈(字・色・玉・文・明・天・饅・黒・易・書・へ・言) 禱(色・名・玉・文・明・天・黒・易・書・言) 祝・祠(色・名) 訨・託(字) 願・呪・視・峙・贖・闟(色) 誓・祟・祏・祀・禋・礼・宗(名) 祐(玉) 神申(黒)

同訓異字 いのる【祈・禱・祝】

【祈】(キ) 神仏に幸いをいのる。「祈願」「祈禱」「祈念」《古 こふ・いのる・もとむ・ねかはくは》

【禱】(トウ) 神仏にことを告げて幸いをいのる。「祈禱」「黙禱」《古 いのる・こふ》

【祝】(シュク) いわいの気持を込めていのる。「祝福」「祝禱」《古 いはふ・ねがふ・いのる》

いのれば福(ふく)をたもる天(てん) (「たもる」に「賜(たもる)」と「多聞(たもん)」とをかけていう) 七福神の一つである多聞天に祈れば、福がさずかるの意。＊譬喩尽(1786)一「祈(イノ)れば福(フク)を多聞(タモ)る天(デン)」

イノンド 『名』(スペ eneldo から) セリ科の多年草。ふつう一年草として栽培する。地中海周辺地域原産の薬用および調味用植物。高さ六〇～九〇センチメートル。葉は線状に細長く裂けている。夏、黄色の小さな花が傘形に集まって咲く。実は扁平な長円体で、縁に翼をもつ。葉、茎、実は香味料とするほか、鎮痛・去痰薬とする。ひめういきょう。ジラ。ディル。学名は Anethum graveolens ＊菜譜(1704)上「蛮語にいのんどと云物あり、茴香と同類にして別なり」＊和漢三才図会(1712)九九「伊乃牟止(イノンド) 按以乃牟止即小茴香之属其苗葉花実皆似二茴香一而小〈略〉外科搾レ油用入レ薬消レ腫止レ痛和二黄丹一塗二小児脊骨一免二痘疹一」＊薬品手引草(1778)「いのんど 時羅(じら)也」 発音〈標ア〉ノ 辞書 言海 表記 蒔蘿(言)

いは【伊波】 姓氏の一つ。 発音〈標ア〉0

いは-ふゆう【伊波普猷】 言語学者、民俗学者。沖縄の人。琉球古謡集「おもろそうし」を中心に琉球の言語、歴史、民俗に関する多くの業績を残した。著「おもろ選釈」「古琉球」「琉球古今記」など。明治九～昭和二二年(一八七六～一九四七)

い-は【異派】『名』ある流派からみて別の流派。また、新たに立てた一つの流派。別派。＊一国の首都(1899)〈幸田露伴〉「異派の政治上の有志者は相互にその制裁を利用して、相互に百方その異派の横暴の者を駆逐せんと欲すべきを以て」 発音〈標ア〉イ

い-は (上代の副助詞「い」に係助詞「は」が連なったもの) 体言または活用語の連体形をうけ、主格に立つものを強調する。＊万葉(8C後)三・二三七「否と言へど語れ語れと詔(のら)せこそ志斐(しひ)伊波(イハ)奏(まを)せ強語(しひかたり)と言ふ〈志斐嫗〉」＊続日本紀-神護景雲三年(769)一〇月一日・宣命「此(こ)を持(たも)つ伊波(イハ)称(ほまれ)を致し捨つる伊波(イハ)謗を招きつ」＊東大寺諷誦文平安初期点(830頃)「法を聞くイハ是れ人を造り、天身を造り、菩薩を造り、仏を造るぞ」＊彌勒上生経賛平安初期点(850頃)「一切有情の見るいは歓喜して皆殊勝利益安楽を獲ること是(かく)の如し」

いば【伊庭】 姓氏の一つ。 発音〈標ア〉0

いば-たかし【伊庭孝】 音楽評論家、演出家。新劇運動、浅草オペラなどに参加、日本歌劇運動の先駆者。その功績により伊庭歌劇賞が制定された。明治二〇～昭和一二年(一八八七～一九三七)

い-ば【居場】『名』方言 ❶居場所。席。 岩手県気仙郡100 宮城県登米郡115 玉造郡116 山形県139 茨城県稲敷郡193 ◇いばん 山形県東置賜郡・東村山郡139 ❷机。 千葉県山武郡270 匝瑳郡285 ◇いばん 山形県東置賜郡・西村山郡139 ❸造り酒屋の若い衆のたむろする所。 新潟県東蒲原郡368

い-ば【射場】『名』①弓を射る練習をする場所。弓場(ゆば)。矢場。＊延喜式(927)四五・左右近衛府「凡大射人。預前於二本府射場一教習」＊九暦-九条殿記・荷前・天慶二年(940)一二月一八日「向二左衛門府射場一」＊伊京集(室町)「射場 イバ」＊読本・昔話稲妻表紙(1806)四・一三「小弓の射場(ヰバ)まうけて、いとなみとする者あり」＊米欧回覧実記(1877)〈久米邦武〉一・一六「池上に的射を試む梁(イバ)を設け、池岸に小銃の身金を試験する屋を設く」 ②①で射手の立つ位置。 発音〈標ア〉バ 辞書 伊京・易林・日葡・書言・ヘボン・言海 表記 射場(伊・易・書) 射場(へ・言)

い-ば【意馬】『名』意、すなわち心の動きの移り変わることを奔馬の動きの激しさにたとえた語。→意馬心猿。＊玉造小町子壮衰書(10C後)「智海心魚漁、法城意馬馳」＊類聚句題抄(11C中)隔水望花色〈菅原宣義〉「意馬趁レ霞経二浪錦一、眼童遮レ雪過二渓郷一」＊海道記(1223頃)序「心船伴(いつはり)の為に漕ぐ、いまだ海道万里の波に棹ささず。意馬荒猿(あらまし)に馳す」＊翁問答(1650)下・末「その心の位、意馬(イバ)の奔走は、初学の間はおなじけれ共、その修行の道は真妄各別なり」＊大慈恩寺三蔵法師伝-九「願託二慮禅門一、澄二心定水一、制二情猿之逸躁一、繋二意馬之奔馳一」＊許渾-贈杜居士詩「機尽心猿伏、神間意馬行」

イバーニェス ⇨ブラスコ-イバーニェス

い-はい【位牌】『名』①中世以後の仏教信仰で、死者をまつるために法号、戒名を記して、依代(よりしろ)とする板。死者の冥福を祈る霊牌(れいはい)や生前にその寿福を願う逆修牌(ぎゃくしゅはい)などがある。形状や戒名の書き方にも宗旨・身分などによって異同がある。＊園太暦-延文三年(1358)六月四日「円忠送レ状。位牌書様幷羽林著服等条々談レ之事」＊太平記(14C後)三五・北野通夜物語事「卓(しょく)の上に立たりける位牌(イハイ)の裏に、一首の歌をぞ書かれける」＊壒嚢鈔(1445-46)一一「過去の人名を書く。いはゐと云は何の字ぞ。位牌(イハイ)と書也。〈略〉但し位牌と云事、禅家に好用る儀歟正道の古所に无事也と云り」＊俳諧・三千風笈さがし(1701)上「せめてわれらははやく位牌に成て、高野宿坊の鼠をなりともよろこばせん」＊諸国風俗問状答(19C前)紀伊国和歌山風俗問状答・七月・六九「十四日・十五日、俗家持仏前へ、蓮葉に霊供をもり、苧からを箸にして位牌へ備ふ」 ②顔をいう、盗人仲間の隠語。〔日本隠語集(1892)〕 方言 ❶顔。 長崎県五島054 ◇いへ・いへっつら〔一面〕 埼玉県秩父郡251 ❷老人をののしっていう語。 ◇いはいづら 宮城県石巻120 発音〈なまり〉イハー・イヒャ・イヘ・イヤー・エハエ・ユヒャ・ユヘ・ユャー〔鳥取〕 イハェ・イハェー〔千葉〕 イハヰ・イヘ〔鹿児島方言〕 イヘー〔埼玉方言〕 イワイ〔新潟頸城・熊本分布相〕 エハイ〔福井大飯・鳥取〕 エヘー〔栃木〕 ユハイ〔八丈島・岐阜・飛騨・伊賀・大阪・淡路・大和・和歌山県・和歌山・鳥取・島根・広島県・周防大島〕 ユヒャー〔八丈島〕 ユワイ〔志摩・伊賀・紀州〕 ヨハエ〔島根〕 リヒァ〔青森〕〈標ア〉0〈京ア〉イ 辞書 下学・文明・伊京・明応・天正・饅頭・黒本・易林・日葡・書言・ヘボン・言海 表記 位牌(下・文・伊・明・天・饅・黒・易・書・へ・言)

いはいに泥(どろ)を塗(ぬ)る 「いはい(位牌)を汚(けが)す」に同じ。

いはいを汚(けが)す 祖先の名誉に傷をつける。位牌に泥を塗る。＊浄瑠璃・曾我扇八景(1711頃)紋尽し「御身の恥ぢはもとより〈略〉ゐはいをけがし給ふかや」

い-はい【委珮】『名』(「礼記-曲礼下」の「主佩倚、則臣佩垂、主佩垂則臣佩委〈注〉君臣俛仰之節也。倚謂レ附二於身一、小俛則垂、大俛則委二於地一」による語。「委」は地につく意) 身に着けた珮(佩)玉が地面につくほど、腰をかがめてうやうやしく礼をすること。また、地面についた珮玉。＊杜甫-宣政殿退朝晩出左掖「宮艸霏霏承二委珮一、炉煙細細駐二遊糸一」

い-はい【移配】『名』流罪にすること。配流。＊三代格-一二・斉衡二年(855)六月二五日・太政官符「若有レ犯者、不レ論二蔭贖一、科二違勅罪一、移二配遠処一」

い-はい【萎廃】『名』弱ってだめになること。衰えすたれること。＊西国立志編(1870-71)〈中村正直訳〉一一・四〇「少年夙成は、往々才智発達の徴候にあらずして、長大萎廃(イはい〈注〉シボミスタル)の前表となることなり」

い-はい【違背】『名』ある事柄に反すること。特に、命令、規則などにそむくこと。違反。＊三代格-一二・貞観七年(865)三月二五日・太政官符「頃年之間非三唯忘二却旧例一、兼復違二背仏教一」＊保元(1220頃か)中・為義最後の事「若猶違背せしめば、清盛已下の武士に仰付らるべき由、勅定重かりしかば」＊米沢本沙石集(1283)五本・三「治生産業実相に違背(イハイ)せずとイへども」＊二階堂文書-元徳三年(1331)八月二〇日・鎮西御教書(鎌倉遺文四〇・三一四九六)「不レ応二度々御下知一之条、難レ遁二違背咎一」＊信心録(ヒイデスの導師)(1592)三・三「Deus ヨリ サダメ タマウ ヲン イマシメ ヲ yfai (イハイ) サスル タメニ」＊浄瑠璃・平家女護島(1719)三「御諚違背申にてはあらね共」＊花間鶯(1887-88)〈末広鉄腸〉下・八「人心の激昂するときは公平の意見は却て多数の感情に違背(ヰハイ)するものにて」＊後漢書-申屠剛伝「僻経妄説、違二背大義一」 発音〈標ア〉0〈京ア〉0 辞書 色葉・文明・伊京・明応・天正・饅頭・黒本・易林・日葡・書言・ヘボン・言海 表記 違背(色・文・伊・天・饅・黒・易・書・へ・言) 逺背(明)

い-はい【遺灰】『名』死者を火葬にした時、あとに残った灰。

いばい【嘶】『名』馬のいななく声。いななき。→いばえる。＊弓張記(1450-1500頃か)「出陣の時、馬のいはゐにきつけうの事。我が家を出て一町之内なればけうなり」＊雑俳・花畠(1711)「心うれしや心うれしや・世の聖に桐原立も麒の斯ひ」

いはい-おろが・む【這拝】『他マ四』這い伏して拝む。ひれ伏して拝む。＊万葉(8C後)三・二三九「猪鹿(しし)こそば 伊波比拝目(イハヒをろがめ)〈略〉猪鹿じもの 伊波比拝(イハヒをろがみ)〈柿本人麻呂〉」

いはい-ご【位牌子】『名』方言 父親が死んだ後に生まれた子。 愛媛県840 大分県北海部郡・南海部郡938

いはい-じょ【位牌所】『名』位牌を安置する

所。＊玉塵抄(1563)一一「生祠はいきた時にいはい所などと云て寺など作たを云ぞ仁祠とも云ぞ位牌所の寺をば墳寺墳院などと云ぞ」＊総見院殿追善記(1582)「御位牌所として一宇の精舎を建立し、総見院と号し」＊日葡辞書(1603-04)「Ifaijo（イハイジョ）〈訳〉この板（位牌）を置く所。それは通常堂や山寺で、そこには死者が埋められているか、あるいは少なくとも名前などが書かれている」方言❶自分の生まれた家。千葉県001 君津郡301 ❷本家。長野県諏訪481 ❸位牌（いはい）。長崎県五島054 熊本県天草郡919 ◇いはじょ 熊本県天草郡937 発音〈標ア〉0 ジョ 辞書日葡

いはいじょ を=立(た)てる[=継(つ)ぐ] 位牌を安置できる場所をつくる。また、代々続いてきた家や親のあとを受け継ぐ。あとをつぐ。＊歌舞伎・幼稚子敵討(1753)二「さふいふ心じゃによって、今迄父様や母様の位牌所もよふ立ず、奉公人同前の身分で居やしゃるわいの」＊歌舞伎・龍三升高根雲霧（因果小僧）(1861)大切「おれが此の通り身性が悪く、お帳に附いてる体(からだ)だから、三人居ても位牌所は手前(てめへ)が継がにゃならねえに」＊歌舞伎・島衛月白浪(1881)二幕「此妹へ聟を取り、位牌所を立てさす積り」

いはいじょ を 潰(つぶ)す 先祖代々続いてきた家を絶やす。また、身代をつぶしてしまう。＊浄瑠璃・恋娘昔八丈(1775)「此家督を譲る程に、随分商(あきない)精出して、位牌所(ヰハイショ)を潰(ツブ)さぬ様に」

いはい-じろ ヰハイ:【位牌白】〖名〗額から鼻にかけて白斑のある牛。位牌額(びたい)。

いはい-ちぎょう ヰハイチギャウ【位牌知行】〖名〗先祖が功によって得た俸禄をそのまま世襲すること。また、その俸禄。軽蔑の意で用いられる。＊浮世草子・日本永代蔵(1688)四・一「末々の侍、親の位牌知行(ヰハイチギャウ)を取、楽々と其通りに世を送る事、本意にあらず」＊浄瑠璃・雪女五枚羽子板(1708)下「ゐはい知行にひざをかがむるおく病者、入道一家を討んとはわしのすを鼠がねらふにことならず」発音イハイチギョー〈標ア〉チ

いはい-でん ヰハイ:【位牌田】〖名〗中世、位牌の供養料として寺院に寄進された田地。＊立政寺文書-応安六年(1373)一一月二六日・源頼継寄進状「右件畠は、頼継ちうたいのしよりやうたるとゆへとも、心さしあるに仍、にしんのいはいてんにたんき所帳、ゐいたいをかきりてきしん申処しつ正也」＊真珠庵文書-三・一七八・劉仙庵信者寄進状・延徳四年(1492)二月四日「紫野塔頭真珠庵ェ為ニ位牌田一所レ奉ニ寄進一明白実正也」

いはい-どう ヰハイダウ【位牌堂】〖名〗位牌を安置しておく堂。＊滑稽本・大千世界楽屋探(1817)中「位牌堂(ヰハイダウ)の板頭丈あって、五歩も透間はござへません」＊新編相模国風土記稿(1841)一〇三・鎌倉郡「清浄光寺〈略〉位牌堂 日供堂とも唱ふ」＊夜明け前(1932-35)〈島崎藤村〉第一部・上・二・一「彼には心に掛るかずかずのことがあった。〈略〉位牌堂(ヰハイダウ)の整理もどうなってゐるか」発音イハイドー〈標ア〉0

いはい-びたい ヰハイびたひ【位牌額】〖名〗「いはいじろ（位牌白）」に同じ。

いはい-ふ・す いは:ひ【這伏】〖自サ四〗腹ばいになって伏す。＊万葉(8C後)二・一九九「はにやすの 御門の原に あかねさす 日のことごと 鹿(しし)じもの い波比伏(イハヒふし)つつ〈柿本人麻呂〉」

いはい-まおとこ ヰハイまをとこ【位牌間男】〖名〗夫に死別した女が他の男と密通すること。また、その男。＊歌舞伎・鼠小紋東君新形（鼠小僧）(1857)五幕「仮令(たとへ)死去いたさうとも、七郎右衛門といふ亭主のある身、世に位牌間男(ヰハイマヲトコ)と申す、まこと密通に相違なければ、その分には許さぬぞ」

いはい-もち ヰハイ:【位牌持】〖名〗葬列で位牌を持つ人。多くは相続人がなる。＊諸国風俗問状答(19C前)阿波国風俗問状答・一一七「位牌持、家督相続の者是を持、但元結を切、額に宝冠を当、いろを着」＊雑俳・三国力こぶ(1819)「けなりそふに・位はい持見るとなりの子」＊東京風俗志(1899-1902)〈平出鏗二郎〉下・九・葬儀「位牌持(ヰハイモチ)は多く喪主これを勤む」＊野の哄笑(1919)〈相馬泰三〉「着飾った坊さん、跣(はだし)の位牌(ヰハイ)持ち」方言長男。宮城県仙台市125 ◇ゆわえもち 山口県見島797 発音〈標ア〉八

いはい-もとお・る いはひもとほる【這回】〖自ラ四〗（「もとおる」は、回るの意）はいまわる。＊古事記(712)中・歌謡「神風(かむかぜ)の 伊勢の海の 大石(おひし)に 這(は)ひ廻(もと)ほろふ 細螺(しただみ)の 伊波比母登富理(イハヒモトホリ) 撃ちてし止まむ」＊万葉(8C後)二・一九九「大殿を ふり放(さ)け見つつ うづらなす 伊波比廻(イハヒもとほり) 侍(さもら)へど〈柿本人麻呂〉」

いはい-や ヰハイ:【位牌屋】〖名〗位牌を作って売る人。また、その店。＊仮名草子・むさしあぶみ(1661)上「ゐはいやの某が、我一跡は是なりとて」＊俳諧・広原海(1703)五「愁顔とて位牌屋が好く養子」＊咄本・軽口豊年遊(1754)五・たぬきの同類「わたくしはうらの町(ちょ)のいはいやでござります」＊滑稽本・古朽木(1780)五「神田の位牌屋(イハイヤ)の息子と生れ」

いはい-やま ヰハイ:【位牌山】〖名〗山の地境の形が位牌に似ているといって、持つことをきらう山。九州にも関東にも類例が多く、所有したり伐木すると死人が出るなどという俗信がある。発音〈標ア〉0

い-は・う ‥はふ【―這・―匍】〖自ハ四〗（「い」は接頭語）腹ばいになる。はう。上代、「いはいおろがむ（這拝）」「いはいふす（這伏）」「いはいもとおる（這回）」など、他の動詞とともに用いられた。

いば・う いばふ【嘶】㊀〖自ハ下二〗「いばえる（嘶）」に同じ。＊伊呂波字類抄(鎌倉)「嘶 イハフ 馬鳴也」＊曾我物語(南北朝頃)一〇・鬼王・道三郎が曾我へ帰りし事「馬も、生ある者なれば、人々のわかれをやをしみけん、富士野の空をかへりみて、二三度までぞいばへける」＊文明本節用集(室町中)「嘶 イバウ」＊日光山縁起(室町後)上「馬、大将殿の御坪へ入ていばへけり」＊虎明本狂言・牛馬(室町末-近世初)「駒ほくふうにいばふれば」㊁〖自ハ四〗「いばえる（嘶）」に同じ。＊天草本伊曾保(1593)ネテナボ帝王イソポに御不審の条々「Babilonia ノ コマノ ibŏuo（イバウヲ） キイテ」＊幸若・夜討曾我(室町末-近世初)「馬も心があればこそ、北風にいはひけめ」＊三体詩素隠抄(1622)一・一「馬もいさみて、いばい、まわるぞ」＊洒落本・風俗八色談(1756)二・野水問答の事「妓夫は是がために其角を折り、遣手婆は其花に嘶(イバ)ふ」語誌(1)古辞書の例は活用がはっきりしないが、下二段「いばゆ」が古い形なので、それから転じたと見られる「いばう」も初めは下二段と推定した。(2)「いばふ」とハ行に表記する形はハ行音の転呼による動詞活用行の混乱の結果、鎌倉時代になって生じたものである。(3)中古では下二段活用（ヤ行・ハ行）の他に四段活用（ハ行）との両形が併用される。発音〈標ア〉バ〈京ア〉バ 辞書下学・和玉・文明・天正・易林・日葡・ヘボン 表記嘶（下・玉・文・天・易・ヘ）喝（文）

いばえ-ごえ ゐ:ごゑ【嘶声】〖名〗いななく声。馬の鳴き声。＊御伽草子・精進魚類物語（類従所収）(室町末)「ことひの牛のそらだけり、荒たる駒のいばえ声」＊虎明本狂言・人馬(室町末-近世初)「かほより馬にぞなりたりける 馬のいばへごゑいふ」補注「万葉-一三・三三二八」の「衣手あしげの馬の嘶音(いなくこゑ)心有れかも常ゆ異(け)に鳴く〈作者未詳〉」に見える「嘶音」を「いばえごゑ」と訓む説もある。

いばえ-た・つ【嘶立】〖自タ下二〗馬が声を高くはりあげて鳴く。大声でしきりにいななく。→いなきたつ。補注「万葉-一三・三三二七」の「あしげの馬の嘶立(いなきたて)つる〈作者未詳〉」の「嘶立」を「いばえたて」と訓んだもの。また「いばえたち」と訓む説もある。

いばえ-な・く【嘶鳴】〖自カ四〗馬が声高く鳴く。いななく。＊今昔(1120頃か)一・四「車匿、此を聞て云ふ事无(なし)、又、揵陟嘶え鳴く事无し」

いば・える【嘶】〖自ア下一〗(ヤ下一)〖図〗いば・ゆ〖自ヤ下二〗馬が鳴く。いななく。いばう。→「いななく（嘶）」「いばう（嘶）」の語誌。＊十巻本和名抄(934頃)七「嘶 鶩附 玉篇云嘶〈音西 訓以波由 俗云伊奈々久〉馬鳴也」＊源氏(1001-14頃)総角「御供の人々、起きてこわづくり、馬どものいばゆる音も〈略〉をかしくおぼさる」＊後拾遺(1086)春上・四五「あはづののすぐろの薄つのぐめば冬たちなづむ駒ぞいばゆる〈静円〉」＊色葉字類抄(1177-81)「鳴 イハユ 又イナナク 馬鳴也」＊洒落本・蕩子筌枉解(1770)聲路感懐「馬嘶白日暮 一日のりまはされ馬もひもじくなってむしゃうにいばへる」方言❶馬がいななく。◇いべやあいる 茨城県猿島郡188 ◇いべえる 長野県下伊那郡054 南部062 ❷馬が発情期に鳴く。岩手県気仙郡100 語源説(1)イはウマの鳴声の擬声。バユはホユ（吼）の転〔名言通・大言海〕。(2)イバアフの転〔国語本義〕。発音〈標ア〉エ〈京ア〉0 文『いばゆ』〈標ア〉バ〈ア史〉平安●●○〈京ア〉0 辞書和名・色葉・名義 表記嘶（和・色・名）鳴・驚（色・名）嗎・喃（色）騣・喝・嘶喝（名）

いは-かいづか ‥かひづか【伊波貝塚】沖縄本島東海岸石川市伊波の珊瑚礁上に堆積した貝塚。出土の土器は、縄文時代後期土器と関連すると考えられる。発音〈標ア〉カ1

い-はかせ【医博士】〖名〗①令制で、宮内省の典薬寮に所属した官。医術、調剤術を施し、また、医生(いしょう)に教授する。正七位下相当の官。定員一人。くすしのはかせ。＊令義解(718)職員・典薬寮条「医博士一人。〈掌ニ諸薬方脈経。教ニ授医生等一〉」＊官職秘鈔(1200頃か)下・典薬寮「医博士 権。殊選ニ其人器一任レ之。如ニ門生一者不レ任レ之。但惟宗俊通拝ニ除之一」＊栂尾明恵上人伝記(1232-50頃)下「上人久しく冷病に侵されて不食(ふじき)し給ひける比、医博士和気の某訪ね申さん為に参りたりけるが申しけるは」②医学の博士号をもっている者。医学博士。＊外科室(1895)〈泉鏡花〉上「立会の医博士(イハカセ)一人と、別に赤十字の看護婦五名あり」発音〈標ア〉八 辞書色葉・言海 表記医博士（色・言）

い-ばからい ゐばからひ【居計】〖名〗①その場から動かず、頭の中だけで計画を立てること。＊仮名草子・伊曾保物語(1639頃)下・一七「しからずはなんぞすみやかに敵国をほろぼさざる、腰ぬけのゐばからひ、たたみ太鼓に手拍子とも、これらの事をや申侍べき」＊浄瑠璃・諸葛孔明鼎軍談(1724)五「ハアア腰抜けの居計(ヰバカラ)ひ、三年案じても無い智恵が何の出よ」②すわったままで人に指図をすること。＊浄瑠璃・本田善光日本鑑(1740)二「宮の裏門迄車をやれとゐばからひ」

い-はく【夷舶・異舶】〖名〗異民族の船。外国の船。外国船。夷船。＊養生訓(1713)「はるかなるもろこし、諸蕃国の異船(イハク)に載せ来るを買て価貴とし」＊弘道館記述義(1852)下「北虜擾ニ蝦夷一、至ニ於文政年間一、夷船出ニ没東海一者、無ニ歳無一レ之」＊近世紀聞(1875-81)〈染崎延房〉四・三「故なきに夷舶(イハク)を砲撃し幕府の使を暗殺し私に実美等を本国に誘引す」発音〈標ア〉イ

い-はく【衣帛】〖名〗絹の衣服。また、絹を着ること。贅沢(ぜいたく)なことをもいう。＊易林本節用集(1597)「衣帛 イハク」＊春秋左伝-襄公五年「無ニ衣レ帛之妾一、無ニ食レ粟之馬一」辞書易林 表記衣帛（易）

い-はく【医伯】〖名〗（「伯」は芸に長じているの意）医師を敬っていう語。すぐれた医師。＊航海新説(18

70)〈中井弘〉上「一船毎に医伯一名あり。旅客疾病ある時は之に就て薬を求むべし」＊良人の自白(1904–06)〈木下尚江〉続・二七・六「此の老熟な革命党の医伯の精神に触れて、私の心も始めて急に強くなりました」発音〈標ア〉イ

い-はく【医博】〘名〙「いがくはくし(医学博士)」の略。発音〈標ア〉イ0

い-はく【威迫】〘名〙①威力をもって相手をおどすこと。脅迫。＊愛弟通信(1894–95)〈国木田独歩〉威海衛大攻撃「只だ港内敵艦の遁逃を威迫するの戦略と見受申し候」＊日本の下層社会(1899)〈横山源之助〉四・二・六「恩を以て待つことをせずして徒に職工を威迫し、唯だ叱りてさへ居れば監督の能了れりとして」②他人に対して、言葉や、動作で気勢を示し、不安を感じさせること。＊暴力行為等処罰に関する法律(1965)二条「強談威迫の行為を為したる者は」発音〈標ア〉0 辞書言海 表記威迫(言)

い-はく【畏怕】〘名〙おそれること。＊代議政体(1875–79)〈永峰秀樹訳〉三「凡そ人慾に関かる諸物を有てる者は、務めて之を深蔵し、只管(ひたすら)他人の耳目に触れんことを畏怕すること、一般の風となれり」

い-はく【帷薄】〘名〙室内の仕切りとする、たれぎぬと、すだれと。転じて、ねや、閨房。また、男女の関係。＊本朝文粋(1060頃)二・意見十二箇条〈三善清行〉「聖朝修㆓其帷薄㆒、立㆓其防閑㆒」＊礼記‐曲礼上「帷薄之外不㆑趨、堂上不㆑趨」

いはく 修(おさ)まらず 男女の関係、風紀が乱れていること。＊漢書‐賈誼伝「坐㆓汙穢淫乱、男女亡㆑別者、不㆑曰㆓汙穢㆒、曰㆓帷薄不㆑修㆒」

い-ばく【帷幕】〘名〙①引き幕と垂れ幕と。帷幄(いあく)。＊本朝無題詩(1162–64頃)三・翫月〈藤原有信〉「帷幕高褰雲歛後、琴歌不㆑断夢残程」＊色葉字類抄(1177–81)「帷幕 ヰハク 器物名」＊太平記(14C後)一六・兵庫海陸寄手事「其の勢二万五千余騎、和田御崎に帷幕(イバク)を引かせて盤(ひか)へらる」＊読本・椿説弓張月(1807–11)続・三九回「待設たる影(あまた)の筑登之(ちくとし)、帷幕(イバク)を撥(かか)げて跳り出で」＊春秋左伝‐哀公三年「済㆓濡帷幕㆒、鬱攸従㆑之」②(①を張りめぐらした本陣の意から)作戦や機密のことを計画、相談する場所。転じて、機密の計画、相談。帷帳。＊五国対照兵語字書(1881)〈西周〉「Prétoire〈略〉帷幕」＊破垣(1901)〈内田魯庵〉二「元老諸公の帷幕(ヰバク)に参画した功労とで」＊傅亮‐求加贈劉前軍表「忠規密謨、潜㆓慮帷幕㆒」③(―する)①を張りめぐらしたように、一面に囲むこと。＊日本風景論(1894)〈志賀重昂〉四「夫の樺樹(カバ)トド松鬱葱として帷幕する間に」発音〈標ア〉イ0 辞書色葉・書言・ヘボン 表記帷幕(色・書・ヘ)

いばく 修(おさ)まらず 「いはく(帷薄)修まらず」に同じ。＊孔子家語‐五刑解「有㆘坐㆓淫乱㆒男女無㆑別者㆖、不㆑謂㆓之淫乱男女無㆑別、則曰㆓帷幕不㆑修也㆒」

いばく の 内(うち) 陣営。本陣。また、機密のことを計画、相談する場所。＊太平記(14C後)三・赤坂城軍事「馬の鞍を下し、物の具を脱(ぬい)で、皆帷幕(イハク)の中にぞ休み居たりける」＊浄瑠璃・神霊矢口渡(1770)一「謀を帷幕(イバク)の内に廻らし、勝事を千里の外に決するは」＊読本・南総里見八犬伝(1814–42)一・三回「壮夫(ますらを)等は弓を伏、槍を引提て東西なる帷幕(イバク)の内に入りにけり」

いばく の 士(し) 作戦本部にいて、計画に参与する人。参謀の任に当たる人。

いはく-せき【異剝石】〘名〙カルシウムに富む普通輝石・透輝石の一種で、ある面に裂開の発達した真珠光沢を有する。＊鉱物字彙(1890)〈小藤・神保・松島〉「Ihakuseki Diallage 異剝石」発音〈標ア〉ク

い-はじめ【鋳始】〘名〙新年に、鋳物師がはじめて仕事をすること。鋳物始め。《季・新年》

い-ばしょ【居場所】〘名〙①人などが住んでいる所。居どころ。＊竹沢先生と云ふ人(1924–25)〈長与善郎〉竹沢先生と虚空・九「例の『見知らぬ妹』の居場所が分った事を持ちだして」②人が、世間、社会の中で落ちつくべき場所。安心していられる場所。＊やみ夜(1895)〈樋口一葉〉九「御身分がら世の攻撃に居場所(ヰバショ)のなき其(その)やうの恥はお互ひの事」発音〈標ア〉0バ〈京ア〉バ

いば-しんえん【意馬心猿】〘名〙(馬が走り回り、猿が騒ぎ立てるのを制しがたいところから)仏語。煩悩、情欲のために、心の乱れをおさえがたいこと。＊両足院本山谷抄(1500頃)四「人胸中は意馬心猿と云て、物忩な者ぞ」＊歌舞伎・和国五翠殿(1700)一「是其儘の意馬心猿(イバシンエン)。されば此松の木は是法性の柱、貪慾の猿」＊読本・椿説弓張月(1807–11)後・二一回「又ふりあぐる刀尖(きっさき)に、まはる為頼嶋君も綱手に狂ふ意馬心猿(イバシンヱン)」＊雑俳・柳多留‐一〇一(1828)「浅草に意馬心猿の道と町」＊チャンス(1946)〈太宰治〉「或ひは、実は意馬心猿なりと雖も如何せんもてず、振られどほしの男のやうに思ふひともあるかも知れぬが」

い-はず・す【射外】〘他サ四〙①的や目標を射そこなう。＊古今著聞集(1254)九・三四七「もしいはづしぬるものならば、汝がほしく思はむ物を、所望に従ひて与ふべし」＊応永本論語抄(1420)八佾「出るほどの者なれば、射そこなふまじけれども、只今いはつせるは、俄に病する故なるべし」＊四河入海(17C前)一八・二「其を、ものに譬へば、如、注、金ぞ。内心に懼(おそ)れ重んずるほどに、必ず射はづすぞ」②(比喩的に)目的や要点からそれたことを言ったりしたりする。＊五家正宗賛抄(1600頃)二「師曰、向㆓林際㆒解将死雀就地弾と云たは、臨済の上射はづさぬぞ」発音〈標ア〉ズ0 辞書易林・日葡・書言・ヘボン・言海 表記射外(易・書・ヘ・言)

いばそく【伊婆塞】〘名〙「うばそく(優婆塞)」に同じ。

いば-だけ【射場丈】〘名〙射手から目標または標的を射ることのできる水平距離(日葡辞書(1603–04))。

い-はち【一八】〘名〙植物「いちはつ(一八)」の異名。辞書日葡

い-はち【衣鉢】〘名〙「いはつ(衣鉢)」に同じ。

い-はち【遺鉢】〘名〙遺(のこ)し伝えられた法脈。

い-はつ【已発】〘名〙①すでに外にあらわれていること。＊童子問(1707)上・五六「若以㆓宋儒之説㆒論㆑之、則性為㆓未発㆒、情為㆓已発㆒」＊敬説筆記(18C前)「未発の中がまづ偏倚ある故に、已発の時過不及あって不㆑中㆑節に」②すでに告発され、法律によって三審されること。また、その人。＊唐律疏議‐名例・犯罪已発「已発謂㆘已被㆓告言㆒、其依㆑令応㆓三審㆒者㆖」

い-はつ【衣鉢】〘名〙三衣と一鉢。また、法を継ぐ証拠として師僧から伝える袈裟(けさ)と鉢。転じて、師から弟子に伝える学問や技芸などの奥義。現在では多く「いはつを継(つ)ぐ」の形で用いる。えはつ。いはち。＊江戸から東京へ(1921)〈矢田挿雲〉七・九二「後ち三代豊国の門に入り国周の雅名を貰ひ師の衣鉢(イハツ)を伝へ世間から明治の豊国と謳はれた」＊読書放浪(1933)〈内田魯庵〉銀座繁昌記・七「弟の円喬が円朝の衣鉢を伝へた素咄の名人であったに反対(ひきか)へて兄貴の円太郎は破鐘声で鼻に掛った都々逸を唄ふ外には能の無い」発音〈標ア〉イ0〈京ア〉イ0

いはつ を 継(つ)ぐ (仏教で法を伝える証(あかし)として衣鉢を与えたところから)師からその道の奥義を受け継ぐ。また、前人の事業、行跡などを受け継ぐ。＊最暗黒之東京(1893)〈松原岩五郎〉九「真に越後伝吉の衣鉢(イハツ)を襲(ツギ)て呉服屋へ三年酒屋へ七年江戸的の奉公風を以て給金を溜め込み」＊夜明け前(1932–35)〈島崎藤村〉第一部・上・一・一「伏見屋の金兵衛は、この惣右衛門の衣鉢(イハツ)を継いだのである」＊黄金部落(1947–48)〈火野葦平〉結章「市史の人物編に登載されて、後世に名をつたえられる資格があれば、その衣鉢(イハツ)をついだ私とて、どれほど劣るところがあろう」

い-はつ【遺髪】〘名〙死者の形見としての髪。＊音訓新聞字引(1876)〈萩原乙彦〉「遺髪 イハツ ノコスカミノケ」＊思出の記(1900–01)〈徳富蘆花〉八・五「先生の遺髪と共に先生の病気及臨終の模様を報ずる」＊刑法(明治四〇年)(1907)一九〇条「死体、遺骨、遺髪又は棺内に蔵置したる物を損壊、遺棄又は領得したる者は三年以下の懲役に処す」発音〈標ア〉0〈京ア〉0

い-は・つ【―泊】〘自タ下二〙(「い」は接頭語)泊(は)てる。舟が停泊する。＊万葉(8C後)一八・四一二二「馬の爪 い尽くす極(きは)み 舟の舳(へ)の 伊波都流(イハツル)までに〈大伴家持〉」

い-はっかく【已発覚】〘名〙罪などがすでにあらわれたもの。＊続日本紀‐慶雲四年(707)七月一七日・宣命「罪軽重と無く、已発覚(いはっかく)、未発覚、咸(ことごと)く赦除す」＊随筆・折たく柴の記(1716頃)中「後世の事のごとくに、已発覚、未発覚、已結正、未結正、罪大小となく、ことごとくこれを赦除するにはあらず」

いば-どの【射場殿】〘名〙中古、宮中に設けられた天皇が射芸を観覧するための御殿。弓場殿(ゆばどの)。＊春記‐長暦三年(1039)一二月二七日「今日弓場始也、件射場殿兼日被仰修理職、所新造也」＊江家次第(1111頃)一〇・射場始「射場殿欄内並西門、敷㆓満筵㆒其上寄㆑西立㆓平文御倚子㆒」辞書言海 表記射場殿(言)

いばない-こ【伊庭内湖】 滋賀県琵琶湖東岸の中部にあった大中之湖(だいなかのこ)の別称。琵琶湖畔の内湖では最大であったが、現在は干拓地。いばのうちこ。発音〈標ア〉ナ

い-ばなし【鋳放】〘名〙鋳たままで、仕上げをしないこと。また、その鋳物。発音〈標ア〉0

い-はな・つ【射放】〘他タ四〙射る。矢を射てはなす。＊延喜式(927)祝詞・遷却崇神(出雲板訓)「見明(みあか)す物と鏡、翫ぶ物と玉、射放(イハナツ)物と弓矢」発音〈標ア〉ナ0

いば-はじめ【射場始】〘名〙中古、一〇月五日に、宮中の弓場殿(ゆばどの)で行なわれた弓術始めの儀式。天皇がお出ましになって、公卿以下殿上人の賭弓(のりゆみ)を御覧になるもの。弓場始め。《季・冬》＊江家次第(1111頃)九・射場始「射場始」＊年中行事歌合(1366)「射場始 十月五日。名のみ聞けふのまとゐの射席も今はむかしとしき忍ふ哉〈四辻善成〉」＊俳諧・誹諧初学抄(1641)初冬「射場始 十月五日也」辞書言海 表記射場始(言)

い-ばやし【井林】〘名〙「いみずばやし(井水林)」に同じ。

い-ばやし【居林】〘名〙「いぐね(居久根)」に同じ。＊山方‐自寛延三年至明和六年(1750–69)(日本林制史資料宇和島藩)「居林に而、松雑木抜伐、他所売願五分一浜運上共上納を以て承届候事」

い-ばやし【居囃子】〘名〙能の演奏形式の一つ。主として一曲中の後半部分を、舞なしで囃子を入れて謡うもの。謡い手は舞台の右手に斜めに坐し、囃子方は正式の能のときと同じ位置であるが、大鼓(おおつづみ)、小鼓ともに正坐して打つ。＊風俗画報‐五〇号(1893)人事門「奉納の居囃子(ヰハヤシ)女業とは思われぬ」発音〈標ア〉0バ

いばやし-やま【井林山】〘名〙「いみずばやし(井水林)」に同じ。

いば・ゆ【嘶】〘自ヤ下二〙⇨いばえる(嘶)

いはら【井原・伊原】 姓氏の一つ。発音〈標ア〉イ0

いはら-さいかく【井原西鶴】 江戸前期の浮世草子作者、俳人。本名平山藤五。別号鶴永、西鵬、二万翁。家号松寿軒。大坂の人。西山宗因に談林風俳諧を学び、矢数俳諧を得意とした。浮世草子の名作を数多く残した近世文学の代表者の一人。著「好色一代男」「好色五人女」「好色一代女」「武道伝来記」「武家義理物語」「本朝二十不孝」「日本永代蔵」「世間胸算用」「西鶴織留」「西鶴置土産」、俳諧に「大句数」「大矢数」など。寛永一九～元禄六年（一六四二～九三）

いはら-せいせいえん【伊原青々園】 劇評家、劇作家、小説家。本名、敏郎。松江市の人。特に演劇史の研究にすぐれる。著「日本演劇史」「近世日本演劇史」「明治演劇史」「歌舞伎年表」など。明治三～昭和一六年（一八七〇～一九四一）

いはら【庵原・廬原】 静岡県の東部の郡。富士川・由比川の下流域にあり、駿河湾に面する。補注「二十巻本和名抄-五」には「駿河国〈略〉廬原〈伊保波良〉」とある。

いばら【茨・荊・棘】『名』①とげのある低木類の総称。カラタチ、バラなど、多くやぶのように茂るものについていう。いばらぐさ。＊文明本節用集（室末中）「棘 イバラ 茨 同」＊玉塵抄（1563）四「むさむさとした、いばらからたちを、かまで、かりのけた心ぞ」＊大観本謡曲・忠信（室町末）「かねて用意の小太刀おっ取り、密（ひそ）かに忍び出で、茨からたち分けつくぐりつ慕ひ行くを」＊書言字考節用集（1717）六「棘 イバラ〔字彙〕凡有⌐刺者皆曰⌐棘。荊棘 同、茨 同」＊俳諧・我春集（1811）「魚屋の息子の茨刈行〈鶴老〉 松柏妾御殿のありさまや〈一茶〉」＊引照新約全書（1880）馬太伝福音書・七「誰か荊棘（イバラ）より葡萄をとり蒺藜（あざみ）より無花果を採（とる）ことをせん」②植物のとげ。はり。＊日葡辞書（1603-04）「Ibara（イバラ）〈訳〉とげ」＊俳諧・東日記（1681）乾・夏「愚にくらく棘をつかむ蛍哉〈芭蕉〉」＊長塚節歌集（1917）〈長塚節〉明治三六年「からたちの荊棘（イバラ）がもとにぬぎ掛くる蛇の衣にありといはなくに」③（薔薇とも）バラ科バラ属の総称。一般に、茎には鋭いとげがあり、葉は奇数羽状複葉である。花は五弁または八重で美しく、芳香がある。観賞用として栽培されるものも多いが、特にノイバラをさすこともある。ばら。うばら。うまら。のいばら。《季・夏》▼いばらの実《季・秋》＊俳諧・炭俵（1694）上「子は裸父はててれで早苗舟〈利牛〉 岸のいばらの真っ白に咲〈野坡〉」＊俳諧・奥の細道（1693-94頃）白川の関「卯の花の白妙に、茨の花の咲そひて、雪にもこゆる心地ぞする」④苦難、苦痛などのたとえにいう。→いばらみち。＊珊瑚集（1913）〈永井荷風訳〉奢侈「覚醒に憤る不眠症の荊棘（イバラ）。睡眠の高き壁に蠢く悪魔が夜宴の大壁書」⑤建築で、唐破風（からはふ）などで、弧線が集まって生じた角点。⑥「はしじょろう（端女郎）」の異称。＊評判記・難波鉦（1680）三「まづつぼね女郎といふははし女郎をいひます。太夫、天神、かこひ、つぼねと申まして、四つの内での下でござんす。つぼねとは女のおる所をおつぼねといひまして、へやとおなじことでござんす。〈略〉是も松、梅、桐になぞらへ、いばらといひますげな」方言㊀植物。❶ばら（薔薇）。長州†122 山形県米沢市149 新潟県三島郡375 刈羽郡380 石川県能美郡419 ❷のいばら（野茨）。島根県能義郡964 ❸さるとりいばら（菝葜）。和歌山県692 ❹てりはのいばら（照葉野茨）。和歌山県日高郡・東牟婁郡692 ❺からたち（枳殻）。和歌山県692 ㊁酔っぱらい。酒癖の悪い人。富山県389 395 397 石川県408 414 419 語源説 (1)ウバラの転。ウバラはムレハリ（群刺）の略転か〔大言海〕。(2)イは接頭語。ハラはハリ（刺）の転〔日本古語大辞典＝松岡静雄〕。(3)イはイタ（痛）の下略。ハラはハリ（針）〔和句解〕。(4)イバラ（薔薇）のイはイガ。ハラはハリ〔日本釈名〕。(5)イラハリ（苛刺）の約転〔言元梯・日本語源＝賀茂百樹〕。(6)イライラとしたものでバラバラとかくものだからイバラという〔本朝辞源＝宇田甘冥〕。発音〈音史〉古くは『うばら』『むばら』『うまら』。〈なまり〉エバラ〔岐阜〕〈標ア〉0〈京ア〉バ 辞書 文明・饅頭・黒本・易林・日葡・書言・ヘボン・言海 表記 棘（文・饅・黒・書）茨（文・書・言）荊棘（易・書・ヘ）薔薇（言）

いばら に 刺（とげ） （美しいイバラの花には痛い刺がある意から）表面が美しいものには、かえって恐ろしいもの、害のあるものがかくれていることのたとえ。＊雑俳・あづまからげ（1755）「美しい荊棘にとげの当こすり」

いばら の 冠（かんむり・かむり） イバラの枝で編んだ冠。特にキリストが受難のおりに頭につけた冠。荊冠（けいかん）。＊ロザリオの経（一六二二年版）（1622）八・五つのおん悲しみのミステリオスの事・三「イカニ ヲン ハワ S. Maria Iudeora ヲソロシキ ibarano camuriuo（イバラノ カムリヲ）トトノエ、アラケナク IESVS ノ ヲン カウベニ ヲシコミタテマツリテ」＊聖教初学要理（1872）〈ベルナルド・プチジァン〉信道問答「石柱に被揚付（からめつけら）れ、呵責（かしゃく）を受給ひ、御頭（おんこうべ）に茨（イバラ）の冠（カム）りを押込れ給ひ」

いばら の 衣（きぬ）［＝床（とこ）］ とげのあるイバラの衣を着たように、または、イバラの床に寝たりしたように、安んじてそこにいられない苦しい境遇をいう。針の莚（むしろ）。＊浄瑠璃・妹背山婦女庭訓（1771）三「思ふお人に引き離され、なに楽しみの女御后（きさき）、茨の絹の十二一重」＊二人女房（1891）〈尾崎紅葉〉中・二「厭怠（いやみ）を忍び、苦患（くげん）を怺（こら）へて荊棘（イバラ）の床（トコ）に起臥の、世に在る思出もなくて暮さむには」

いばら の 中（なか）にも三年（さんねん） 目的を達するには、どんなつらいことも苦しいこともじっと辛抱しなくてはならない、がまんしているうちに目的を達する日が来ることのたとえ。石の上にも三年。

いばら の 道（みち） 「いばらみち（茨道）」に同じ。＊綿（1931）〈須井一〉三「彼女達は偏へに父兄の甲斐性無さを憾み、次第に自分自身でこの荊（イバラ）の道を打開する手段をとるに至った」

いばら も 花（はな）持（も）つ （とげのあるイバラも美しい花を咲かせる意から）世間からきらわれるものや逆境の中にでも、よいこと、美しいことがあることのたとえ。＊思出の記（1900-01）〈徳富蘆花〉一・八「併し世はそれぞれに荊棘（イバラ）も花もつと云ったやうなもので、零落の今の身の上にも満更嬉しい事の無いではなかった」

いばら を 負（お）う （キリストが受難のおり、イバラの冠をかぶせられたことから）罪を一身に受けて、その苦難に耐えることのたとえ。＊ヰタ・セクスアリス（1909）〈森鷗外〉「僕は荊を負ふことを辞せない。平蜘蛛（ひらぐも）になってあやまる」

いばら を 逆茂木（さかもぎ）にしたよう （とげのある木で逆茂木を作って敵や獣の侵入を防いだところから）辛（から）いこと。転じて、辛くて舌にしみることのたとえ。古く酒の味にいうことが多い。＊虎寛本狂言・庖丁聟（室町末-近世初）「扠（さて）も辛い酒かな。茨を逆茂木（サカモギ）にした様な」＊俳諧・玉海集（1656）一・春「茨をやさかも木にせん花いくさ〈宗興〉」

ゐばら いばら【井原】 岡山県南西部の地名。江戸時代、山陽道の宿場町、錦織物の中心地として栄えた。備中小倉織の発祥地。井原鉄道が通じる。昭和二八年（一九五三）市制。発音〈標ア〉イ

いばら『名』古い鯨網を使って作った船用の網。網綱（あみづな）。＊和漢船用集（1766）一一・綱類之部「網綱（あみつな）。是は猟師の古網を以てうつ、鯨網の古を用て作る者也。是をいはらと云」方言 鯨組の網船の錨綱（いかりづな）。長崎県壱岐島915

いばら-あわせ【荊合】『名』物合わせの一つ。イバラを持ち寄って、その優劣を闘わせること。＊中右記-寛治六年（1092）四月二二日「此間供奉所司、被⌐相⌐催公卿、於⌐御車前、或有⌐荊合興⌐」

い-ばらい【居払】『名』一定の場所にある商品を、そのままの状態で売買すること。発音〈標ア〉バ

いばら-いちご【茨苺】『名』方言 ⇩ばらいちご（薔薇苺）

い-はら・う【射払】『他ハ四』矢を射て敵を追い払う。＊保元（1220頃か）上・新院御所各門々固めの事「たとひ千騎もあれ、万騎もあれ、一方は射はらはんずる也」＊宇治拾遺（1221頃）一二・二一「ここにてかく射はらひてとり参らせ候ひつるなり」発音〈文〉イハローとも〈標ア〉0 ラ〈口〉 辞書 言海 表記 射払（言）

いばら-がい【茨貝】『名』貝「あくきがい（悪鬼貝）」の異名。

いばら-がき【茨垣】『名』カラタチ、バラなどのようなとげのある木を植え並べて作った生け垣。＊浄瑠璃・鑓の権三重帷子（1717）上「三方は高塀（たかへい）北は茨（イバラ）がき、犬猫もくぐらぬに人の来る筈がない」＊和英語林集成（初版）（1867）「Ibaragaki イバラガキ 荊棘垣」発音 イバラガキ〈標ア〉ラ 辞書 ヘボン 表記 荊棘垣（ヘ）

いばらがき を 裸身（はだかみ）で潜（くぐ）る （茨の垣根を裸でくぐると、体中傷だらけになるところから）きわめて苦痛なことのたとえ。裸で茨を背負う。＊譬喩尽（1786）一「荊垣（イバラガキ）を裸身（ハダカミ）で踞（クグ）る」

いばら-がき【茨掻】『名』イバラなどとげのある木で引っ掻かれること。また、そのきず。＊日葡辞書（1603-04）「Ibaragaqi（イバラガキ）〈訳〉とげでひっかかれること。Ibaragaqiuo（イバラガキヲ）スル。Ibaragaqini（イバラガキニ）セラルル」＊浄瑠璃・鬼一法眼三略巻（1731）一「棘掻（イバラガ）き程なりとも、血を見いで死なうかと」辞書 日葡

いばら-がに【荊蟹】『名』①タラバガニ科の大形のカニ。相模湾から東シナ海にかけて分布し、三〇〇～八〇〇メートルの海底にすむ。タラバガニに似るが、脚が細長く、とげが少ない。甲は長さ約二〇センチメートルの丸みをもった洋梨形で、額部に一本の長い突起があるほか、二十数本の大きなとげが甲のまわりにある。はさみ脚は右が大きく、脚を伸ばすと一メートルにもなる。肉は食用。学名は Lithodes trritus ②「たらばがに（鱈場蟹）」の異名。＊重訂本草綱目啓蒙（1847）四一・亀鼈「北国に甚大なる者あり二種あり、いばらがにと呼者は形大にして刺多く味美也其刺尖れり」発音 イバラガニ〈標ア〉ラ

いばらき【茨木】 ㊀「いばらきどうじ（茨木童子）」の略。＊雑俳・川柳評万句合-宝暦一二（1762）義四「いはらきは知恵をふるって元直にし」㊁歌舞伎所作事。松羽目物。長唄。河竹默阿彌作詞。三世杵屋正次郎作曲。明治一六年（一八八三）東京新富座初演。茨木童子が、渡辺綱の伯母に化けて、切られた片腕を取り返すという筋。新古演劇十種の一つ。発音〈標ア〉バ

いばらき【茨木】 大阪府北部の地名。片桐且元の城下町だったが、大坂の陣後は廃城。江戸時代は農産物の集散地として発展した。昭和二三年（一九四八）市制。発音〈標ア〉バ〈京ア〉0

いばらき【茨木】 姓氏の一つ。発音〈標ア〉バ

いばらき【茨城】 ㊀（崇神天皇のとき、茨（うばら）で城（き）を造り、土賊を攻め滅ぼしたという伝説から）常陸国の古郡名。常陸国府が置かれていた。現在の茨城県東茨城郡、西茨城郡南部、新治郡の大部分にあたる。うばらき。むばらき。㊁「いばらきけん（茨城県）」の略。語源説 古くはウバラキ、ムバラキといった。ウバラキはウバラを以てキ（柵・城）をつくった

ことからという〔日本古語大辞典=松岡静雄〕。

いばらき-うどん【茨城饂飩】〔名〕きわめて細く切った、茨城名産のうどん。発音〈標ア〉ウ

いばらき-キリストきょうだいがく【茨城キリスト教大学】（:キリストケウダイガク）茨城県日立市にある私立の大学。昭和二三年（一九四八）創立の茨城キリスト教学園を母体とし、短大を経て、同四二年に大学として発足。

いばらき-けん【茨城県】関東地方北東部の県。常陸国に下総国の一部を合わせて、明治八年（一八七五）成立。県庁所在地は水戸市。発音〈標ア〉キラ〈京ア〉キ

いばらき-だいがく【茨城大学】茨城県水戸市にある国立の大学。旧制水戸高校、多賀工業専門学校、茨城師範、茨城青年師範が合併して昭和二四年（一九四九）発足。発音イバラキダイガク〈標ア〉ダ

いばらき-どうじ【茨木童子】羅生門に住んだという伝説上の鬼神。渡辺綱に切り取られた片腕を綱の伯母に化けて取り返したという。発音イバラキドージ〈標ア〉ド

いばら-ぐさ【茨草】〔名〕「いばら（茨）①」に同じ。＊浄瑠璃・卯月の紅葉（1706頃）上「親の手かけのいばらぐさ、目を突く様に、屋の内を立てふと伏せふとままにして」方言植物、さるとりいばら（菝葜）。三重県宇治山田市591 発音イバラグサ〈標ア〉ラ

いばら-ぐろ【茨叢】〔名〕（「ぐろ」は茂みの意）茨の生えているくさむら。うばらぐろ。むばらぐろ。いばらむろ。＊虎明本狂言・文山立（室町末-近世初）「いや、こちはいばらぐろじゃ、いたひほどに、じんじゃうに、まん中ではたさう」＊日葡辞書（1603-04）「Ibaraguro（イバラグロ）〈訳〉やぶ、または、茨の茂み」方言大阪府南河内郡644 鳥取県気高郡717 辞書日葡

いばらぐろ 辿（たど）る心地（ここち） 茨の生えた土地を歩くような気持。つらくて、ひじょうに心細いさまのたとえ。＊譬喩尽（1786）一「荊棘畔（イバラグロ）徐歩（タドル）心地（ココチ）」

いばら-さし【茨差】〔名〕鷹狩りに用いる狩杖の先端の二またに分かれている部分。＊養鷹秘抄（15C前か）「かりつえの寸尺の事。四尺六寸。同とりかけ四寸。いばらさし二寸。鳥かけといばらさしのあい、一そく三のせふ物なり」＊日葡辞書（1603-04）「Ibarasaxi（イバラサシ）〈訳〉鷹狩に用いる杖」辞書日葡

いばら-じょうご【茨上戸】〔名〕方言⇩ばら（荊棘）

いばら-しょうび【茨薔薇】（:シャウビ）〔名〕植物「ばら（荊棘）」「のいばら（野薔薇）」の異名。＊歌謡・禁中千秋萬歳歌（鎌倉-室町）「池の中なる島々に植ゑたる木の名は何々、茨薔薇、唐菖蒲、南天木にはちんちゃう花」＊日葡辞書（1603-04）「Ibaraxŏbi（イバラシャウビ）〈訳〉野ばらの一種」＊重訂本草綱目啓蒙（1847）一四上・蔓草「和名いばら又いばらしゃうび俗誤ていばらしゃうべんと云品類多し」辞書日葡・言海

いばら-しょうべん【茨薔薇】〔名〕方言植物、ばら（薔薇）。のいばら（野茨）。京都†112 丹波†115 ◇いばらしょうべ 滋賀県東浅井郡・坂田郡606

いばら-しょおぎ【茨━】〔名〕方言茨（いばら）の若芽。新潟県佐渡348 ◇いばらこき 関東†015

いばら-だるき【茨垂木】〔名〕輪垂木（わだるき）の一種。下端に茨のあるもの。

いばら-の-き【茨木】〔名〕方言⇩ばら（荊棘）

いばら-ばす【茨蓮】〔名〕植物「おにばす（鬼蓮）」の異名。《季・夏》＊重訂本草綱目啓蒙（1847）二九・蓏「みづぶき おにばす げどう 仙台、いばらばす 丹波」

いばら-ひげ【茨髭】〔名〕茨のように、とげとげした、かたいひげ。＊浄瑠璃・日本振袖始（1718）一「いがぐりほう髭いばらひげ、どさ打おろしのあら莚（むしろ）、がんぎやすり鮫肌、つく様で、さす様で」

いばら-びれ【茨鰭】〔名〕建築で、唐破風（からはふ）の棰（たるき）の下面にある茨。いがびれ。

いばら-ぶき【茨蕗】〔名〕植物「おにばす（鬼蓮）」の異名。

いばら-ぼたん【茨牡丹】〔名〕植物「こうしんばら（庚申薔薇）」の異名。＊重訂本草綱目啓蒙（1847）一四上・蔓草「月季花 長春 通名〈略〉四季さきのいばら かうしんばな 京、いばらぼたん 播州」方言植物、ばら（荊棘）。富山県砺波398 石川県418 岐阜県養老郡498 愛知県知多郡570 三重県松阪584 京都府竹野郡622 大阪市638 兵庫県但馬652 奈良県678 和歌山県691 愛媛県松山846

いばら-みち【茨道】〔名〕茨の生えている道。転じて、直面する困難な状況、苦難に満ちた人生などにたとえていう。いばらの道。＊浄瑠璃・妹背山婦女庭訓（1771）三「二つ一つの勅命、狼狽（うろたへ）た捌きめさるなど、眴（まじり）くしゃつく茨（イバラ）道、脇へかはして」発音〈標ア〉ラ

いばら-むろ【茨叢】〔名〕「いばらぐろ（茨叢）」に同じ。＊狂言記・文山賊（1660）「あまりおすないやい、うしろはいばらむろぢゃわい」

いばら-も【茨藻】〔名〕イバラモ科の一年草。各地の池沼、小川などに生え、全体が水面下にある。茎は長さ三〇～六〇センチメートルでまばらに分枝し、若干のとげがある。葉は線形か長楕円状線形で、縁にとがった鋸歯（きょし）をもつ。雌雄異株。夏、細かい花が葉腋（ようえき）に付く。学名は Najas minor ＊日本植物名彙（1884）〈松村任三〉「イバラモ」発音〈標ア〉ラ

いばらも-か【茨藻科】（:クワ）〔名〕単子葉植物の科名。世界に一属五〇種あり、温帯および暖帯に広く分布する。小形の沈水性水草で海水または淡水中に生育する。葉はほぼ互生し、葉柄がなく、まれにとげがある。花は単性、雌雄同株または雌雄異株で小さい。学名は Najadaceae 発音〈標ア〉ラ

い-ばり【尿】〔名〕（「ゆばり」の変化した語）小便。ゆばり。ゆまり。＊石山寺本法華経玄賛平安中期点（950頃）六「名づけて食糞穢といふ。或有る一分は糞を食ひ溺（イバリ）を飲み」＊金刀比羅本平治（1220頃か）下・頼朝遠流に宥めらるる事「『いかにしてか病人の死生をしるべき』といひければ、〈略〉『尿（イバリ）をのんでしる』といへば」＊文明本節用集（室町中）「尿 バリ イバリ」＊日葡辞書（1603-04）「Ibariuo（イバリヲ）スル〈略〉Ibariuo（イバリヲ）タルル」方言❶小便。尿。島根県益田市725 広島県佐伯郡771 高田郡779 徳島県809 香川県829 ❷馬の尿。仙台†057 茨城県062 ❸猫の小便。◇いばい 鹿児島県963 ❹寝小便。福島県会津若松155 大沼郡175 島根県邇摩郡725 徳島県811 愛媛県840 ❺（臭気のあるところから）魚、あいご（藍子）。福岡県016 発音〈音史〉古くは『ゆまり』。『ゆまり』から『ゆばり』をへて『いばり』に音転。〈標ア〉0〈京ア〉0 辞書下学・文明・伊京・易林・日葡・ヘボン・言海 表記尿（下・文・易・へ・言）溺（易）

い-ばり【威張】（:ヰ）〔名〕（動詞「いばる（威張）」の連用形の名詞化）①威張ること。偉そうに振舞うこと。＊今弁慶（1891）〈江見水蔭〉三「我も陸にてこそ威張（ヰバリ）もなせ、船中にては意久地なく」②威勢がよいこと。＊落語・姫かたり（1890）〈三代目三遊亭円遊〉「一陽来復の春の物を売ります暮の市と来ますと、威張りが宜しう御座います」方言空いばりする人。青森県上北郡082 発音〈標ア〉リ〈京ア〉0

いばり を 付（つ）ける 威勢を張る。いばりつける。＊歌舞伎・敵討噂古市（正直清兵衛）（1857）七幕「郷兵衛さん、豪気（がうぎ）に威張（ヰバ）りを附（ツ）けるね」＊西洋道中膝栗毛（1870-76）〈仮名垣魯文〉四・上「意張（イバリ）をつけるなア跡にしててんぢく生（なり）の風味をみようじゃアねへか」

い-ばり〔名〕鋳型から取り出した鋳物についている薄いひれ状の突起。鋳型の合わせ目などに溶けた金属が流れ込み、そのまま凝固してできたもの。

いばり-かえ・る【威張返】（ヰばりかへる）〔自ラ五（四）〕非常に威張った態度をとる。いかにも偉そうに振舞う。＊いさなとり（1891）〈幸田露伴〉四「威張りかへる脊中を親父一つ打って」＊社会百面相（1902）〈内田魯庵〉矮人巨人・一「大得意で威張返る」

いばり-くさ・る【威張━】（ヰばり:）〔自ラ五（四）〕妙に威勢を張る。理由もないのに、むやみに威張るのを軽蔑していう。＊はやり唄（1902）〈小杉天外〉一二「私ア旦那様の威張臭って居らっしゃる処を見ると」＊社会百面相（1902）〈内田魯庵〉猟官・中「自由党の壮士上りが勅任官だと威張臭（イバリクサ）る中だから」発音〈標ア〉バ0サ

いばり-た・てる【威張立】（ヰばり:）〔自タ下一〕しきりに威張る。＊にごりえ（1895）〈樋口一葉〉六「顔を見れば承知せぬぞと威張（イバリ）たてる」発音〈標ア〉0テ

いばり-ちら・す【威張散】（ヰばり:）〔他サ五（四）〕むやみにえらそうな振舞いをする。＊曠野（1964）〈庄野潤三〉四「この東京城で内地から来た者が威張り散らすということはまずあるまい」発音〈標ア〉バ0

いばり-つ・ける【威張━】（ヰばり:）〔自カ下一〕相手に向かって、たかぶった態度で行動する。威勢をはる。威張りをつける。＊人情本・閑情末摘花（1839-41）三・一四回「芋掘を捕（つら）めへて、威張（イバリ）つけて居るもんだから」

いばり-ぶくろ【尿袋】〔名〕（「ゆばりぶくろ」の変化した語）膀胱（ぼうこう）。＊信心録（ヒイデスの導師）（1592）一・一「バウクヮウ ノ カス ナラバ ibaribucuro（イバリブクロ）ニ ヤル ナリ」＊日葡辞書（1603-04）「Ibaribucuro（イバリブクロ）」辞書日葡・言海 表記尿袋（言）

いばり-や【威張屋】（ヰばり:）〔名〕威張った態度をとる人。＊大阪の宿（1925-26）〈水上滝太郎〉一三・一「大法螺を吹く威張やで、女と見れば相手の人格を無視して直ぐに手に入れようとする態度を憎んでゐたので」＊餓鬼の晩餐（1974）〈富岡多恵子〉「あの、いばり屋で、他人の前で弱音を吐いたりすることのないお父さんが」発音〈標ア〉0

い-ば・る【威張】（:ヰ）〔自ラ五（四）〕威勢をはる。強さを見せつける。偉そうにする。りきむ。えばる。＊雑俳・芥子かのこ（1716-36）「馬士が乗りゃ馬もいばると合点して」＊歌舞伎・神有月色世話事（縁結び）（1862）「羅生門河岸で茨木といっちゃあ威張った女郎だ」＊この子（1896）〈樋口一葉〉「子供なんぞ少（ちっ）とも可愛くは有りませんと威張（イバ）った事は言はれませんかった」＊吾輩は猫である（1905-06）〈夏目漱石〉一〇「いえ決して死なない。誓って死なないって威張るの」方言❶力を入れる。力む。長野県佐久493 徳島県811 ❷気ばる。東京都八丈島038 兵庫県但馬062 ❸めかす。しなを作る。山口県大島801 大分県大分郡941 ❹しかる。栃木県198 埼玉県秩父郡047 ❺はれ物が膿（うみ）を持ったまま口があかないで痛む。新潟県佐渡352 岡山県岡山市762 御津郡764 ❻膨れる。張る。島根県美濃郡・益田市725 ❼木や板などがゆがむ。曲がる。たわむ。反り返る。奈良県宇智郡683 和歌山県和歌山市691 新宮702 徳島県811 香川県大川郡829 語源説イハル（息張）の義〔大言海〕。発音〈なまり〉イカバル〔和歌山県〕イザル〔岐阜〕イバッ〔鹿児島方言〕イボル・イボール〔埼玉方言〕エバル〔埼玉・埼玉方言・東京・静岡・山梨・愛知・鳥取・広島県・徳島・讃岐〕ヤバル〔茨城〕〈標ア〉バ〈京ア〉0 辞書ヘボン・言海 表記張威（へ）

い-はん【位班】（:ヰ）〔名〕人の位階と所属する組織。＊政談（1727頃）四「大礼の時は警衛の役人其位班に列坐すること古法にて」

い-はん【囲範】（:ヰ）〔名〕限られた領域。区切られた一定の場所。範囲。＊江戸繁昌記（1832-36）初・上野「顧（おも）ふに、二流の奥義、全く其の囲範中に在り」＊将

来之日本(1886)〈徳富蘇峰〉一五「即ち我民間の境遇は天下有為の人士を追ふて悉く之を政府の囲範内に入らしめたり」＊後漢書‐張衡伝「推二其囲一範両儀、天地無レ所レ蘊二其霊一」 発音〈標ア〉[0]

い-はん【異版・異板】〘名〙本文は同じだが、刊行時期や版元の違いにより版の様式が異なる出版物。部分的には本文にも字句の違いがある場合が多い。＊当世書生気質(明治文学名著全集)‐解題(1926)〈神代種亮〉「初版本を以て底本となし、旁ら別製本及び別製本異版を参照して校訂せり」 発音〈標ア〉[0]

い-はん【違反】〘名〙他の意志、命令、または法律、協定などにそむくこと。違背。「スピード違反」＊大乗院寺社雑事記‐長祿二年(1458)閏正月一四日「兼雅得業異反申候条更被レ失二面目一候」＊花柳春話(1878–79)〈織田純一郎訳〉四七「上帝の意に違反する者と謂ふべし」＊国会論(1888)〈中江兆民〉「其議論を印刷公布して出版条例に違反(イハン)するときは」＊民法(明治二九年)(1896)五三条「但定款の規定又は寄附行為の趣旨に違反することを得ず」＊論衡‐問孔「与二前言富貴在レ天、相違反也」 発音〈標ア〉[0]

い-はん【違犯】〘名〙法律や規則、命令などを守らないで、これを犯すこと。いぼん。＊随筆・折たく柴の記(1716頃)下「またその所にて違犯のものなど多く出来て、その罪に行はれ」＊家族会議(1935)〈横光利一〉「さう云ふことをするのは、精神違犯だぜ」＊説苑‐君道「先王道缺、刑法違犯」 発音〈標ア〉[0]〈京ア〉⓪

い-はん【遺範】〘名〙前人ののこした手本。＊済北集(1346頃か)一四・宗門十勝論「如来正法過二二千年一有二遺範一者、其唯禅宗乎」＊西国立志編(1870–71)〈中村正直訳〉第一板序「我この精神を以て屢(しばしば)自ら成就したりし諸人の遺範を講説し」＊広益熟字典(1874)〈湯浅忠良〉「遺範 イハン 人ノシヲキシノリ」＊停戦の詔書‐昭和二〇年(1945)八月一四日「抑々帝国臣民の康寧を図り万邦共栄の楽を偕にするは、皇祖皇宗の遺範にして」＊晋書‐楽志上「武皇帝採二漢魏之遺範、覧二景文之垂則一」

い-はん【彝範】〘名〙変わらない手本。規範。彝則(いそく)。＊本朝文粋(1060頃)二・答六条右大臣辞職表勅〈巨勢為時〉「恵レ労必酬者。聖哲之彝範」＊玉葉‐仁安三年(1168)二月二九日「礼有二恒法、国存二旧規、列代彝範、何不二率由一」＊吾妻鏡‐建保四年(1216)閏六月一四日「依レ有二子細一令レ改二氏姓一者漢家之彝範本朝之恒規也」

い-はん【饐飯】〘名〙饐(す)えた飯。腐ったごはん。すえめし。＊最暗黒之東京(1893)〈松原岩五郎〉一〇「饐飯(イハン)敗魚の汚穢を極めたる物散点して路傍に祀らるるの有様より」

い-はん【懿範】〘名〙(「懿」は、よい、立派なの意)立派な模範。＊古文真宝「宇文新州之懿範。〈宇文鈞新叙二澧州牧。道経二于此一〉襜帷暫駐」＊陸雲‐贈顧驃騎有皇「思二我懿範、万民来服」 発音〈標ア〉[0]

い-ばん【夷蛮】〘名〙未開なこと。野蛮。また、その国やその人。蛮夷。＊蘭学階梯(1783)上「精切験レ己而推レ人、其有下不レ得二其道一者上哉、故夷蛮之人、目未レ嘗知二中国之書一」＊布令字弁(1868–72)〈知足蹄原子〉六「夷蛮 イバン イコクノコト」

い-ばん【倚板・倚版】〘名〙仏語。坐禅の時に身を寄せ掛けるもの。長さ一尺七、八寸、広さ二寸、厚さ三、四分、上に円い小さな穴をうがち、糸を通して縄床の背後にしばり、板の面を斜めにして身を寄せ掛ける。禅板(ぜんばん)。＊釈氏要覧‐下「倚版 今呼二禅版一。毗奈耶摂頌曰、倚版為レ除レ労僧皆許レ畜」

いはん-しゃ【違反者】〘名〙違反する人、また違反した人。＊休憩時間(1930)〈井伏鱒二〉「けれど私達は屢々この規則を犯したので、学生監が巡回して違反者を教室から連れ出す慣はしになってゐた」 発音〈標ア〉[ハ]〈京ア〉(ン)

い-ひ【井樋】〘名〙水を引く樋(とい)。＊拾遺(1005–07頃か)物名・三九五「おはりこめ 池をはりこめたる水の多かればいひの口よりあまるなるべし〈藤原輔相〉」＊地方官会議日誌‐一〇・明治八年(1875)七月二日「井堰井樋溝台潮堤波戸場船曳場用水溜の類あり」 方言 灌漑(かんがい)用の樋(とい)。◇いび 熊本県玉名郡058

い-ひ【衣被】〘名〙あまねくゆきわたらせること。広くおおい助けること。＊米欧回覧実記(1877)〈久米邦武〉一・二「米国南方の棉花は、米国に用ひ尽さず、之を英に輸す、英国之を仰ぎて世界に衣被し、両国之に因て富をなす、盛なりと謂べし」＊老子‐三四「衣二被万物一而不レ為レ主」 発音〈標ア〉[イ]

い-ひ【痿痺】〘名〙手足などが、しびれること。＊山鹿語類(1665)二一・先生子弟の警戒「久しく危坐するときは、足痿痺して急に奔走し難し」 発音〈標ア〉[イ]

い-ひ【骫骳】〘名〙(「骫」は骨がまがる、「骳」は脛がまがる意)曲がること。屈曲すること。＊漢語字類(1869)〈庄原謙吉〉「骫骳 イヒ マガリクネリ」＊漢書‐枚乗伝「其文骫骳、曲隋二其事、皆得二其意一〈注〉師古曰、骫骳、猶レ言二屈曲一也」

い-ひ【蝟皮】〘名〙ハリネズミの皮。これをはいで、乾燥したものを、あぶって黒い粉末にして、痔瘻(じろう)の薬として飲む。＊正倉院文書‐天平勝宝八年(756)六月二一日・東大寺献薬帳(寧楽遺文)「猬皮三枚」＊日葡辞書(1603–04)「Ifi(イヒ)〈訳〉ハリネズミのようなとげをもったその動物の皮」 補注「易林本節用集」には、「蝟皮」は二か所(ただし一か所は「イヒ」)に出るが、ともに「魚也」と注記がある。 辞書日葡

いび【指】〘名〙「ゆび(指)」の変化した語。＊ささめごと(1463–64頃)下「同(おなじ)事を中作者は、月をさすにいひをのみ見るなどいひ」＊かた言(1650)四「指(ゆび)を、いび」＊滑稽本・浮世風呂(1809–13)四・下「手巾(てのごひ)を指(イビ)に巻て、口中を洗て遣る塩梅なんぞはうめへもんだ」＊坑夫(1908)〈夏目漱石〉「もっと指(イビ)の股を寛(ゆる)めろい」

い-び【堰―】〘名〙方言❶川の水をせき止めた所。井堰(いせき)。長崎県南高来郡905 大分県宇佐郡939 ❷水口。大分市941 ◇いぶ 大分県北海部郡941 ◇いびぐち〔―口〕大分市941 ❸埋立て地の堤防に取り付けてある水門。長崎県壱岐島914

い-び【依微】〘形動〙(「依」はかくれるさま)かすかに見えるさま。ぼんやりしたさま。依稀。＊黄葉夕陽邨舎詩‐後編(1823)二・淀水舟中「橋影依微薄暮天、満江新漲緑范然」＊星巌先生遺稿‐前編(1863–65)鴨沂小隠集・雑吟絶句「残月依微虫咽レ莎、新秋風露正交加」＊韋応物‐自鞏洛舟行入黄河詩「寒樹依微遠天外、夕陽明滅乱流中」

い-び【猗靡】〘形動〙しなやかで美しいさま。また、従いなびくさま。＊司馬相如‐子虚賦「飛レ纖垂レ髾、扶レ輿猗靡」

い-び【萎靡】〘名〙(形動タリ)しおれて、ぐったりすること。おとろえること。退廃的になること。また、そのさま。＊作詩志彀(1783)詩変総論「詩賦に於ても、六朝委靡の風を好まず」＊音訓新聞字引(1876)〈萩原乙彦〉「萎靡 イビ ナヤム」＊経国美談(1883–84)〈矢野龍渓〉前・一一「本国の民心は彌よ萎靡し」＊小説神髄(1885–86)〈坪内逍遙〉上・小説の変遷「世の人心を奨誡して萎靡(イビ)たる徳義を正さんには」＊韓愈‐送高閑上人序「泊与レ淡相遭、頽堕委靡、潰敗不レ可二収拾一」 発音〈標ア〉[イ]〈京ア〉[イ] 辞書言海 表記萎靡(言)

いび【揖斐】岐阜県の南西部の郡。揖斐川の上流にある。明治三〇年(一八九七)池田郡と大野郡の大部分が合併して成立。

い-び【遺美】〘名〙前人ののこした美しく立派なもの。＊文徳実録‐仁寿二年(852)正月己丑「此復二弘仁遺美一。所謂内宴者也」＊本朝文粋(1060頃)一二・禁制撰和歌所闌入文〈源順〉「振二万葉之曩篇、知二百代之遺美一」＊詩序集(1133頃)秋景満辺塞詩序〈藤原永範〉「緑醑盈レ樽、便是雲陽之遺(ヰ)美也」＊班固‐両都賦・序「先臣之旧式、国家之遺美、不レ可レ闕也」

いび【鵁鶄】〘名〙鳥「ごいさぎ(五位鷺)」の異名。＊十巻本和名抄(934頃)七「鵁鶄〈略〉弁色立成云鵁鶄〈伊微〉住海辺其鳴極喧者也」＊随筆・鋸屑譚(1748)「鵁鶄 和名伊微 今のいはゆる五位鷺なり」 辞書和名・名義・伊京 表記鵁鶄(和・名) 鵁(伊)

い-び【懿美】〘名〙麗わしいこと。＊異制庭訓往来(14C中)「抑福祿之懿美、家門之繁昌、猶以不レ可レ有二尽期一候」

いび-いび〘副〙①絶えずこごとを言うさま。ねちねち。＊滑稽本・浮世風呂(1809–13)二・下「おらが所(とこ)の悪婆(あくば)は、ホンニホンニいびいびこごとの本家だらうぞ」②(子供などが)絶えず泣くさま。びいびい。＊滑稽本・浮世風呂(1809–13)三・上「あの児(がき)めが、いびいび啼(ほえ)て」

いび-おり【指折】〘名〙(「ゆびおり」の変化した語)指を一本ずつ折りまげて数えること。転じて、多くの中で指を折って数えられるほどすぐれたもの。＊浮世草子・子孫大黒柱(1709)五・一「大ぶんの金銀を仕出来し、堺長者のいび折にも、三ばんとはさがらず」

いひ-か【異被花】〘名〙異花被(いかひ)の花。→異花被。 発音〈標ア〉[ヒ]

いび-がなし〘名〙沖縄や奄美群島で「いべ」の尊称。

いび-がわ【揖斐川】岐阜県南西部を流れる川。岐阜、福井県境付近に源を発し、下流で長良川と合流して伊勢湾に注ぐ。全長一〇七キロメートル。東西方言の境界がこの川によることが多い。 発音イビガワ〈標ア〉[0][ビ]

い-びき【鼾】〘名〙睡眠中、呼吸に伴って軟口蓋(なんこうがい)が振動し、鼻や口から音を発すること。また、その音。睡眠によって軟口蓋の筋肉の緊張がゆるむことによって起こる。＊新撰字鏡(898–901頃)「鼾 伊比支」＊枕(10C終)二八・にくきもの「あながちなる所に隠しふせたる人のいびきしたる」＊名語記(1275)二「いびきといへるは、いきひき也。息引也。ねいりぬれば、正念はうせて、いきばかりかよへる也」＊天正本節用集(1590)「鼾 イビキ 臥息也」＊俳諧・曠野(1689)七・無常「その人の鼾さへなし秋のくれ〈其角〉」 語誌 (1)方言にネイキ、ゴロタ、ハナグラ、ハナオトなどがあるが、イビキは、「新撰字鏡」や「枕草子」にその例が見えるところから、九世紀以前にはすでに近畿中央部で用いられていたと考えられる。また、東北南部から九州南部まで広く分布しているので、千年以上にわたり最も一般的な語として用いられてきたということになる。(2)動作の表現としては、当初、挙例の「枕草子」に見えるイビキスルなどの形があったが、現在一般的なイビキカクは中世以降に見られるようになる。→「いびきをかく」の語誌。 語源説 (1)イビキ(息引)の義〔和句解・和字正濫鈔・和訓栞〕。(2)イヒビキ(息響)の約〔大言海・日本語源＝賀茂百樹〕。イビキ(気響)の約〔音幻論＝幸田露伴〕。イキヒビキの約〔名言通〕。イビキ(息響)の義〔和語私臆鈔〕。イキビキ(息響)の約〔勇魚鳥〕。(3)イヒビキ(睡響)の義〔日本語原学＝林甕臣〕。(4)ネイキヒビキ(寝息響)の略か〔両京俚言考〕。(5)イブキ(息吹)の義〔俚言集覧〕。 発音〈なまり〉イブキ〔島原方言〕 イビイ・イビッキ〔鹿児島方言〕 エブキ〔埼玉方言〕 エベキ〔島根〕 ユビキ〔瀬戸内・島原方言〕〈標ア〉[キ]〈ア史〉江戸●●○〈京ア〉[イ] 辞書字鏡・名義・和玉・天正・饅頭・黒本・易林・日葡・書言・〈ボン〉・言海 表記鼾(字・名・玉・天・饅・黒・易・言) 嘷(字) 齁(玉) 劓(饅) 鼾睡・鼻息(書) 睡息(へ)

いびき かく者(もの)は夜聴(よさと)し いびきをかいて眠る者は、案外、敏感に目をさます。＊譬喩尽(1786)一「鼾搔(イビキカク)ものは夜聴(ヨザト)しといへり」

いびきをかく ①いびきを発する。いびきを立てる。＊太平記(14C後)一・頼員回忠事「物具太刀刀枕に取散し高(たか)鼾(イビキ)かきて寝入たり」＊俳諧・炭俵(1694)上「漸と雨降やみてあきの風〈利牛〉 鶏頭みては又鼾かく〈野坡〉」＊門(1910)〈夏目漱石〉七「彼は十時半頃床に入って、万象に疲れた人の様に鼾(イビキ)をかいた」②駕籠舁(かごかき)が酒代をねだるのを、客が鼾をかいて知らない振りをする。転じて、心付けを出さない意にいう。＊歌舞伎・勧善懲悪覗機関(村井長庵)(1862)三幕「『其替り旦那は御如在ねえ』『其様事をいふと、鼾(イビキ)をかくぜ』」＊歌舞伎・船打込橋間白浪(鋳掛松)(1866)三幕「『駕籠屋にあぶれをやらねえ積りだ』『こなたもいびきをかくはうだな』」語誌 関東以北および九州南部から沖縄にかけて、ハナナラスやハナイキスル、ハナゴラフク、ハナオトタテル、ハナグルマカクなどのハナ…類の表現が見られる。中央をはさんで離れた地域に分布しているので、周圏論の考えによれば、このハナ…類のほうがイビキカクよりも古い形と考えられる。辞書 日葡

いびき を 立(た)てる 「いびき(鼾)をかく①」に同じ。＊多情多恨(1896)〈尾崎紅葉〉前・九「添寝の保は余念も無い顔をして小い鼾を立ててゐる」

い-びき 【居引】『名』西瓜(すいか)、南瓜(かぼちゃ)などの重さを言いあてること。＊俳諧・季寄新題集(1848)秋「目引瓜 居引 西瓜南瓜のるいの目かたをいひあてる也」

いびき-あわ・す 【鼾合】『自サ下二』二人が同時にいびきをかく。＊源氏(1001-14頃)手習「尼ども二人臥して、劣らじといびきあはせたり」

いびき-ごえ 【鼾声】『名』いびきの音。＊断橋(1911)〈岩野泡鳴〉一三「客間からは、北剣の雷の如きいびきが聴える。そのいびき声を聴いて、義雄は、四十づらの朴訥漢北剣が、〈略〉今の細君に可愛がられたことを思ひ起し」＊猫又先生(1919)〈南部修太郎〉「誰かの幽かな鼾声(イビキゴエ)が擽(くすぐ)るやうな音を立ててゐる」発音 イビキゴエ〈標ア〉[ゴ]

い-び・く 【鼾】『自カ四』いびきをかく。＊玉塵抄(1563)一七「他人のここのそばにねていひくことはさすまいといわれたぞ」辞書 言海 表記 鼾(言)

い-び・く 【湯引】『他カ四』(「ゆびく」の変化した語) 湯で煮る。ゆでる。＊史記抄(1477)一九・貨殖列伝「湯をくらくらとかへらかいて、其なかえ、羊胃を入て、潯(イヒイ)て」＊類聚名物考(1780頃)飲食四・総類・雑品「臑 ゆびく いびく 俗云ゆでる」

いびくらい-やき 【—焼】『名』方言 食事以外に、簡単な煮炊きや芋を焼くなどして間食すること。小鍋(こなべ)焼き。仙台†057 ◇いびくくいやき 仙台†059 ◇いびきりやき 岩手県気仙郡100

いび-さき 【指先】『名』(「ゆびさき」の変化した語) 指の先の方。＊滑稽本・浮世風呂(1809-13)三・上「浪花さんも奇麗な拳ぢゃアねへ。〈略〉指先(イビサキ)をおつにごまかすはな」

い-びし 【イ菱】『名』紋所の名。片仮名のイの字を四つ菱にしたもの。

いびし・い 『形口』(「いぶせい」の変化した語) 気味が悪い。＊筑紫方言(1830頃)「気味(きみ)のわるいと云事を いびしい」方言 ❶気味が悪い。筑紫†130 島根県邇摩郡・大田市725 山口県玖珂郡800 大島801 大分県938 ❷恐ろしい。怖い。広島県054 782 愛知県大三島848 大分県日田郡・玖珠郡939 ❸汚い。むさ苦しい。不潔だ。高知県864 福岡県京都郡・築上郡872 大分県939 ❹かわいそうだ。惨めだ。山口県玖珂郡800 大島801 ❺水にぬれたりして気持が悪い。じめじめして気持が悪い。愛媛県840 高知県864

いびしない 『形』方言 ⇩いぶせし

い-びしゃ 【居飛車】『名』将棋で、飛車を最初の位置から動かさないで勝負すること。＊歌舞伎・稽古筆七いろは(鳩の平右衛門)(1867)「突掛くる槍は鋭き香車道(かうしゃみち)、どこに居飛車(ヰビシャ)の師直(もろなほ)を追詰め追詰め王詰めて、勝負は勝と鬨(とき)の声」発音〈標ア〉[0]

いびしゃ の 金付(きんつき) 将棋で、飛車の左前に金将を置くこと。固い守備の構えとなる。＊浄瑠璃・義仲勲功記(1756)二「石田を崩(くつ)すはこっちの得物、居飛車(イヒシャ)の金付き是見よと、討てかかれば」

いびしょい 『形』方言 ⇩いぶせし

いびせ・い 『形口』文 いびせ・し『形ク』(「いぶせい」の変化した語か) 恐ろしい。＊秋長夜話(1781-1801頃)「此国に、畏(おそるる)ことを、いびせしといふ。威武(いぶ)せしなるべし。威武(いぶ)なるものは、人望てこれを畏(おそ)るゆへなり」＊和訓栞後編(1887)「いびせし 石見にて可ㇾ畏事を方言にかくいへり」方言 ❶恐ろしい。怖い。島根県723 広島県772 775 785 山口県792 ❷気味が悪い。島根県石見725 ❸汚い。むさ苦しい。不潔だ。山口県玖珂郡800 ❹かわいそうだ。惨めだ。山口県玖珂郡800 ❺娘などの口が悪い。長野県佐久493 福岡市877 879 ❻大変だ。甚だしい。長野県佐久493 広島県世羅郡777

いびせきがはらようろう-こくていこうえん 【揖斐関ヶ原養老国定公園】 岐阜県の西部にある国定公園。揖斐谷から滋賀県境の関ヶ原、養老山地にかけての森林・渓谷地帯を中心とする。養老神社、華厳寺、横倉寺などがある。東海自然歩道が通る。昭和四五年(一九七〇)指定。発音 イビセキガハラ＝ヨーロー＝コクテイコーエン〈標ア〉[イ]＝[コ]2

い-びたり 【寝浸・居浸】『名』「いびたれ(寝浸)」に同じ。方言 病人、老人、子供などが居ながら大小便を垂れ流すこと。山形県米沢市・東田川郡139 山梨県南巨摩郡465 長野県諏訪468 辞書 言海

いびたり-もち 【居浸餅】『名』語義未詳。農家で休日などに作る餅をいうか。＊滑稽本・浮世風呂(1809-13)前・上「其廿両さ村内(ねへ)へ割付て、濁酒(にごりざけ)だアの、居びたり餅だアの、あんでもハア三日正月で祝ッけヱ」

い-びたれ 【居浸】『名』すわりこんで、そこを離れないこと。＊浄瑠璃・伊豆院宣源氏鏡(1741)三「妹が色に絆(ほだ)しを打たれ、居びたれの助べい殿、何を云ふても聾同然」発音〈標ア〉[0]

い-びたれ 【寝浸・居浸】『名』眠っていて小便などをもらすこと。寝小便。また、下着類をつけたまま排便してしまうこと。いびったれ。＊京大本湯山聯句抄(1504)「耐辱居士と云人は、溲溺と云て、いひたれを、したぞ」＊俳諧・鶉衣(1727-79)続・上・一一七・一徳弁「幼子の居びたれは乳母の油断と叱られて」＊黄表紙・年寄之冷水曾我(1793)「びらうながらししばばいびたれをせぬばかりがめつけ物なれ共」方言 ❶病人、老人、子供などが居ながら大小便を垂れ流すこと。岩手県気仙郡102 宮城県115 120 123 山形県139 東京都大島326 山梨県南巨摩郡465 長野県東筑摩郡480 ◇いびった 長野県諏訪468 ◇いべた 東京都八王子311 ◇えくたれ 島根県隠岐島740 ❷寝小便。山梨県456 福岡市877 ◇えっひったれ 茨城県新治郡188 ❸おうちゃくなこと。無精なこと。山形県139 福島県東白川郡157 ❹怠け者。◇いべたれ 島根県簸川郡725 ◇いびた 和歌山県西牟婁郡690 ❺始終。いつも。福井県大飯郡447 ◇いべたり 京都府竹野郡622 辞書 言海

いびたれ-あそび 【居浸遊】『名』遊里などに長く居つづけて、遊ぶこと。＊浮世草子・諸道聴耳世間猿(1766)五・三「親の異見手代の忠言いふほど募る居びたれ遊ひ」

いびたれ-あま 【寝浸女】『名』(寝小便をする女の意) 女をののしっていう語。＊玄武朱雀(1898)〈泉鏡花〉三「状(ざま)あ、いびたれ女(アマ)めい、汝(うぬ)も若え癖に料簡の悪い奴だ」

いびたれ-ぎゃく 【居浸客】『名』長く腰を落ち着けている客。また、滞在し続けている客。＊浄瑠璃・夏祭浪花鑑(1745)一「居びたれ客(ギャク)に往(いに)神の付いてはそこに堪(たま)られず」

いびたれ-ざけ 【居浸酒】『名』いつまでも居すわって酒を飲み続けること。また、その酒。＊浮世草子・当世芝居気質(1777)四・二「昼夜なしのいびたれ酒」＊歌舞伎・伊達競阿国戯場(1778)大序「傾城遊女に性根を奪はれ、昼夜を分かぬ遊里のいびたれ酒」

いびたれ-ししゃ 【居浸使者】『名』すわり込んだまま帰ろうとしない使者。＊歌舞伎・伊賀越乗掛合羽(1776)一一「イヤ足利のいびだれ使者には身どもが逢うて分(わけ)立てうわい」

いびたれ-じょうご 【居浸上戸】『名』いつまでも飲み続けている癖の悪い酒飲み。

いびたれ-ずき 【居浸好】『名』好んである場所に居つづけること。また、その人。＊浮世草子・当世芝居気質(1777)二・二「あっぱれきれものになりそくれ、此道にゐびたれ好(ズキ)の茶碗酒」

い-びた・れる 【居浸】『自ラ下一』すわり込んだままで、そこを動かない。帰らないで、そこに居続ける。入り浸る。＊滑稽本・浮世床(1813-23)初・下「這入込(はひりこ)みの直(すぐ)に居びたれて又居候(ゐそうろう)」発音〈標ア〉[0][レ]

い-びた・れる 【寝浸・居浸】『自ラ下一』寝小便をする。また、着衣のまま小便を洩らす。方言 ❶寝小便をする。山形県139 ❷ぬれる。◇いいたれる 岐阜県497

イヒチオール 『名』(ドイツ Ichthyol) 防腐、消炎、鎮痛剤。オーストリアのチロル地方産の、太古の魚類などの残骸を含む瀝青質岩を乾留し、濃硫酸で中和したもの。黄褐色の油状の液体で、焦性の特異な臭気がある。イクタモール。＊舶来語便覧(1912)〈棚橋一郎・鈴木誠一〉「イヒチオール 薬品名 Ichthyol (独) 褐赤色濃稠の液薬」＊海に生くる人々(1926)〈葉山嘉樹〉五「ボーイ長の左半身全体に、イヒチオールを塗りまくった」＊茶話(1915-30)〈薄田泣菫〉博士と小学生徒「そこらの柱などは僂麻質斯(リウマチス)でも患ってゐるらしく、イヒチオウルのやうな茶色の薬で塗りくってあった」発音〈標ア〉[オ]〈京ア〉[オ]

い-ひつ 【意必】『名』(「意」は私意、「必」は無理おしの意) 自分の意のままにしようとする欲望。↓意必固我。＊翁問答(1650)下・末「患難に素しては患難をおこなひ、境遇に意必(イヒツ)の累(わずらい)なきこと水のながるるがごとく」＊帰有光‐与呉刑部梁書「朝廷大公、本無㆓意必㆒、而独于㆓僕一人㆒未ㇾ見㆓曠然㆒者、知㆓子蘭之譖深㆒也」発音〈標ア〉[0]

い-ひつ 【遺筆】『名』死者が生前に書き残しておいた書画、また、文章。＊米欧回覧実記(1877)〈久米邦武〉二・二五「各国の古書、古来名賢達士の遺筆〈略〉収拾して玻璃の箱中にあり」＊家(1910)〈島崎藤村〉上・九「唯、奥の方の壁に、父の遺筆が紙表具の軸に成って掛って居る」補注「小説奇言‐三」に「大尹已将㆓行楽図㆒取㆓去遺筆㆒〈注〉カキヲキ、重新裱過、給㆓還梅氏㆒収領」とある。発音〈標ア〉[0]

い-びつ 【歪・飯櫃】『名』(「いいびつ(飯櫃)」の変化した語) ①「いいびつ(飯櫃)」に同じ。＊松屋会記‐久政茶会記・永禄四年(1561)二月二四日「三の膳 いひつの桶」＊日葡辞書(1603-04)「Ibitçu (イビツ)」、または、イイビツ〈訳〉飯を入れる楕円形の一種の箱、または小箱」②(形動)(飯櫃が長円形であったところから) 長円形。小判形。いびつなり。いびつがた。＊俳諧・続猿蓑(1698)上「飯櫃なる面桶(めんつ)にはさむ火打鎌〈惟然〉」＊雑俳・替狂言(1702)「横町はいびつにならぶ踊かな」③(①の形に似ているところから) 小判などの金貨、銀貨。いびつなり。いびつがた。＊雑俳・と

はず口(1739)「紋日にも相違あらざる小判(イビツ)の状」＊洒落本・傾情知恵鑑(1783)「としが寄っても色男で居る法。〈略〉其薬法は、五三桐九つと飯櫃(イビツ)六十目」＊雑俳・柳多留‐一二二(1833)「いびつながあれば晦日に月も出る」 ④(形動) 一般に物の形や状態が整っていないで、ゆがんだりくずれたりしているさま。㋑物の形がゆがんでいるさま。また、その部分。＊落語・化物娘(1893)〈禽語楼小さん〉「戸が毀(こわ)れて居るから酷(ひど)く引くと楕円(イビツ)に成るヨ」＊吾輩は猫である(1905-06)〈夏目漱石〉六「全体の形がいびつになるんです。やっとの思ひで此いびつを取ると又直径に狂ひが出来ます」＊俳諧師(1908)〈高浜虚子〉一〇「いびつな頭に汚れたる白衣」＊或る女(1919)〈有島武郎〉前・八「ひどく伸び縮みがして模様が歪形(イビツ)にならないやうに」㋺動作や状態、性格などがきちんとしていないで、くずれたりひねくれたりしているさま。＊滑稽本・浮世風呂(1809-13)三・上「顔をいびつにそむけて、下目をつかひ」＊洒落本・青楼籬の花(1817)「内は養子の事なれば何かにつけて異質(ヰビツ)だらげ」＊浮雲(1887-89)〈二葉亭四迷〉一・四「微酔(ほろゑひ)機嫌の啣楊枝(くはへやうじ)でいびつに坐ってゐたのはお政で」＊春の鳥(1904)〈国木田独歩〉二「不完全ながらも心の調子が整ふて居ればまだしもですが、更に歪(イビツ)になって出来て居るのですから、様子が余程変です」＊放浪記(1928-29)〈林芙美子〉「イビツな男とニンシキフソクの女では、一生たったとて白い御飯が食へさうにもありません」 方言❶飯を入れる木製の容器。京都†114 青森県南部085 山梨県456 長崎県壱岐島914 五島917 大分県北海部郡941 ◇いんびつ 青森県三戸郡083 ❷ひねくれ者。偏屈者。強情者。岩手県胆沢郡105 山形県139 愛知県名古屋市562 ◇いびと 山梨県453 ❸器量の悪い人。高知県862 ❹器物のひび。愛媛県840 ❺ひし形。千葉県261 ❻楕円形(だえんけい)。岩手県胆沢郡105 山形県米沢市149 栃木県河内郡204 新潟県佐渡359 刈羽郡381 山梨県南巨摩郡463 和歌山県日高郡698 長崎県壱岐島914 ◇ゆびつなり 京都†113 ❼(葉が楕円形であるところから)「さるとりいばら(菝葜)」。和歌山県692 ◇いびつしば〔─柴〕 奈良県吉野郡688 ❽(菝葜(さるとりいばら)の葉で包んだところから) 端午の節句に作る餅(もち)。和歌山県日高郡054 西牟婁郡699 ◇いびつもち〔─餅〕 和歌山県日高郡054 語源説(1)飯櫃の形から出たもので、イビツ(飯櫃)ナリの略語〔俚言集覧・名言通・松屋筆記・和訓栞・語簏・大言海〕。(2)物の異なるのをさしていう、エビスの転〔亰雑の記・国語の語根とその分類＝大島正健〕。 発音〈なまり〉イビッツ〔神奈川〕 イビンッ〔信州読本・信州風物〕 イベッ〔茨城・埼玉方言〕 エビッ〔栃木〕 エピッ〔新潟頸城〕 エベッ〔埼玉方言・東京・神奈川〕 ビッツ・ビッツー〔神奈川〕 ヒビンッ〔信州上田〕 〈標ア〉0 〈京ア〉0 辞書日葡・ヘボン・言海

いびつな物(もの) 「いびつ(歪)③」に同じ。＊談義本・当風辻談義(1753)四・弁財天宮古路を讃給ひし事「余り所々へ往て、飯櫃(イビツ)な物を、ほしいと祈るが不便なに」

いびつ‐いばら【歪葜】〘名〙植物「さるとりいばら(菝葜)」の異名。＊重訂本草綱目啓蒙(1847)一四下・蔓草「さるとりいばら 京、わさんきらい かきいばら いびついばら」 方言奈良県吉野郡688 和歌山県西牟婁郡・田辺市692 ◇いびつぱら 奈良県吉野郡688

いびつ‐がた【歪形】〘名〙「いびつ(歪)②③」に同じ。 発音イビツガタ 〈標ア〉0

いびっ‐きり【指切】〘名〙(「ゆびきり」の変化した語) 互いに小指または人さし指をからませて約束をすること。ゆびきりげんまん。＊滑稽本・浮世風呂(1809-13)前・下「喧嘩(けんかあ)するもんじゃあねへよ。指切(イビッキリ)をして中直(なかあなほ)んな」

いびつけない〘形〙 方言⇩いぶせし

い‐ひつ‐こ‐が【意必固我】〘名〙(「意」は主観的な恣意、「必」は無理おし、「固」は固執、「我」は自己中心の考えの意。「論語」の「子絶ㇾ四、毋ㇾ意、毋ㇾ必、毋ㇾ固、毋ㇾ我」よりでた語) 聖人として、あるべきでない四種の心の状態。＊翁問答(1650)下・末「聖人の心は艮背敵応(ごんはいてきよう)にして意必固我(イヒツコガ)の私なきによって」

いびつ‐しば【歪柴】〘名〙 方言⇩いびつ(歪)

い‐びっ‐たり【居浸】〘名〙(「いびたり」の変化した語) すわり込んだまま動かないこと。いびたれ。いびったれ。＊落語・鼻無し(1895)〈四代目橘家円喬〉「酷い談判椀白子(だだっこ)が強請(イビッタリ)したやうなこと。細君だって馬鹿にお仕でないよと普通の者なら言ひ兼ねないが」 発音〈標ア〉ビ

い‐びっ‐たれ【居浸】〘名〙(「いびたれ」の変化した語) すわり込んで動かないこと。＊歌舞伎・三国三朝良薬噺(忘れ薬)(1869)「お前の内で今日一日どんくの居びったれを仕ようと思ふが」 発音〈標ア〉0

い‐びっ‐たれ【寝浸】〘名〙(「いびたれ」の変化した語) 小便などをもらすこと。＊人情本・明烏後正夢(1821-24)初・五回「此お店(たな)でいびったれをしながら、おめへさんも若旦那も供達のやふに思って育やしたもの」＊滑稽本・八笑人(1820-49)二・上「尻っくせのわりい、又いびったれをしゃアがる」＊滑稽本・七偏人(1857-63)四・上「居小便(ヰビッ)たれをしたといふ尻っ付で、何故地平(ぢびた)に居(すわ)りこんで居るのだ」 方言❶立ったまま小便すること。立ち小便。神奈川県三浦郡054 ❷寝小便。栃木県198 神奈川県横浜市054 ❸小便をすること。静岡県榛原郡541

いびつ‐なり【歪形・飯櫃形】〘名〙(「いいびつなり(飯櫃形)」の変化した語) ①(形動)「いびつ(歪)②」に同じ。＊御飾記(1523)「つねのいびつなりの花瓶、古銅の物に華立てられて、只一をおかるる」＊日葡辞書(1603-04)「Ibitçu nari(イビツ ナリ)〈訳〉この(飯櫃)箱の形」＊洒落本・禁現大福帳(1755)五「飯櫃形(イビツナリ)の取やりになり」＊滑稽本・風来六部集(1780)放屁論跋「ブウと鳴もの中品にして、其形飯櫃形(イビツナリ)なり」 ②「いびつ(歪)③」に同じ。＊浄瑠璃・新版歌祭文(お染久松)(1780)座摩社「ハテ此望みが叶(かな)ふたら、礼はきっと、飯櫃形(イビツなり)でするはい」＊洒落本・色講釈(1801)「敷初の蕎麦にゃアいびつなりの切手を配り」 方言長円形。卵形。新潟県刈羽郡380 発音〈なまり〉エビスナリ〔岩手〕 〈標ア〉0 辞書日葡・書言 表記飯櫃像(書)

いびつなり な物(もの) 「いびつ(歪)③」に同じ。＊浮世草子・傾城色三味線(1701)江戸・四「私共は蛇の助さまより、いびつなり物もらいましたと、よい事斗申てはいる」＊浮世草子・風流曲三味線(1706)三・四「お悦びに先づいびつなりな物(モノ)は申請(うけ)た物と、面々心に笑みを含み」

いびつ‐もち【歪餅】〘名〙 方言⇩いびつ(歪)

いひひ〘感動〙ごまかし、気まずさ、恥じらい、いやらしさなどを含んで笑う声。＊滑稽本・浮世風呂(1809-13)前・上「な、な、何、大丈夫だ大丈夫だ。イヒヒイヒヒイヒヒヒヒヒ」

い‐ひょう【依憑】〘名〙たのみとすること。頼りにすること。＊漢語字類(1869)〈庄原謙吉〉「依憑 イヒャウ タヨリニスル」＊布令必用新撰字引(1869)〈松田成己〉「依憑 イヒャウ タヨリニスル」＊後漢書‐陽球伝「斗筲小人、依二憑世戚一」 発音イヒョー 〈標ア〉0

い‐ひょう【異表・異標】〘名〙(形動) 普通とちがっていること。変わっているさま。また、ふしぎなしるし。＊霊異記(810-824)上・四「聖徳皇太子、異表を示す縁」＊漢書列伝綿景抄(1467頃)「傾しとは人に異表な人ぢゃと云はるる物があるぞ。すぐにも無いものぞ」＊寛永刊本蒙求抄(1529頃)二「激詭(げきき)はいへうなことを好だぞ」＊和漢通用集(1596-1644)「異標 いへう 形儀の不ㇾ常也」＊日葡辞書(1603-04)「Ifeô または、ifiô(イヒョウ)。すなわち、ヨニ チガウタコト。〈訳〉とっぴで世間と異なっていること。例、アノヒトワ ifeôuo(イヒョウヲ)タツル〈訳〉あの人には珍談がある。〈略〉Ifeôna(イヒョウナ)モノ」＊後漢書‐胡広伝「夫岐嶷形二於自然一、俔ㇾ天必有二異表一」 発音イヒョー 〈標ア〉0 辞書文明・伊京・明応・天正・饅頭・黒本・易林・日葡 表記異標(文・伊・明・天・饅・黒) 異表(易)

い‐ひょう【意表】〘名〙(形動) ①(「表」は外の意) 考えに入れていないさま。意外なこと。思いの外。案外。また、そのおどろき。意表外。意想外。＊文明本節用集(室町中)「意表 イヘウ」＊文明開化(1873-74)〈加藤祐一〉初・上「只なり形ちばかりを西洋人に似せたり、又は意表(イヒョウ)な事するのを、文明とは申されぬ」＊それから(1909)〈夏目漱石〉一六「平岡の問は実に意表(イヘウ)に、無邪気に、代助の胸に応(こた)へた」＊尉繚子‐十二陵「攻在二於意表一、守在二於外飾一」 ②心の中の思い。考え。意中。意向。＊小早川家文書‐(永禄一二年)(1569)三月一八日・木下秀吉書状(大日本古文書一・三九四)「自今以後、別而可ㇾ得二御意表一事候」 発音イヒョー 〈標ア〉0 〈京ア〉0／0 辞書文明・日葡 表記意表(文)

いひょうに出(で)る 相手が考えていないこと、予想外のことをする。＊天柱集(1348頃)東明和尚塔銘「聞二公之節義一。兼以二才徳一。往往出二人意表一」＊小説神髄(1885-86)〈坪内逍遥〉下・小説法則総論「時に巧妙の庖丁(ほうちゃう)を下して意表(イヘウ)にいづる塩梅をなすことあり」＊高瀬舟(1916)〈森鷗外〉「聞く事毎に余り意表に出たので、これも暫く何も云うことが出来ずに」＊南史‐袁憲伝「憲常招二引諸生一、与ㇾ之談論、新義出二人意表一」

いひょうを突(つ)く 予想外のこと、考えてもいなかったことをしかけて驚かせる。＊他人の顔(1964)〈安部公房〉灰色のノート「予想外の出来事は完全にぼくの意表をつき」＊ヨーロッパで考えたこと(1968)〈平田清明〉二「ポモ氏の『旅行と啓蒙』は、私の意表を突くものだった」

い‐ひょう【遺表】〘名〙大臣などが死に臨んでしたためておく上表(じょうひょう)。＊宋史‐超普伝「劉詞辟為二従事一、詞卒遺表薦二普於朝一」

い‐ひょう【遺票】〘名〙選挙で、ある人の死後、候補者が、故人の票田を受けつぐようにして得た票。 発音イヒョー 〈標ア〉0

い‐びょう【胃病】〘名〙胃に関する病気の総称。胃下垂、胃潰瘍、胃拡張、胃酸過多症など。＊医語類聚(1872)〈奥山虎章〉「Gastrisism 胃病ノ総名又腸胃汚物」＊日本読本(1887)〈新保磐次〉六「食物を嚙むこと疎漏なれば、甚しく胃を労するが故に、遂に胃病を起すに至るべし」＊露団々(1889)〈幸田露伴〉一二「胃病(ヰビャウ)の小児の手から、氷砂糖をとりあげる圧制は」 発音イビョー 〈標ア〉0 〈京ア〉0

い‐びょう【異病】〘名〙普通でない病気。正体のわからない病気。奇病。＊浮世草子・世間娘容気(1717)二「医書にもなひさまざまの異病(ヰビャウ)を煩ひ」＊近世紀聞(1875-81)〈条野有人〉初・三「本邦に例(ためし)尠き一種の異病(イビャウ)なるが故に」 発音イビョー 〈標ア〉0

い‐びょう【遺廟】〘名〙(「廟」は、死者をまつった建物) のこされた廟。＊蕉堅藁(1403)後醍醐廟看梅「乗輿南狩不ㇾ時回、遺廟西山雲一限」＊皇甫冉‐送韓司直「季子留二遺廟一。停ㇾ舟試一過」 発音イビョー 〈標ア〉0

いひょう‐がい【意表外】〘名〙(形動)「いひょう(意表)①」に同じ。＊断橋(1911)〈岩野泡鳴〉一六「鹿爪らしく返礼の盃を献ずるものもあれば、意表外に道化て一座を笑はせるものもある」＊善心悪心(1916)

〈里見弴〉「相手の意表外（イヘウガイ）なことを云ふのがお京の慣用手段だった」＊機械（1930）〈横光利一〉「二人にとっては意表外の行為ばかりをし続けてゐたにちがひない」発音イヒョーガイ〈標ア〉ヒョ

い‐ひょうじょうヒャウヂャウ【医評定】〘名〙ある病気についての医者たちの評議。＊日葡辞書（1603‐04）「Ifeôgiô（イヒャウヂャウ）〈訳〉ある病気についての医者たちの診察」辞書日葡

いひょう‐だおれイヘウだふれ【意表倒】〘名〙芸術作品などで、意表をついたものでありながら内容が伴わないこと。＊往還の記（1963‐64）〈竹西寛子〉一三「意表倒れにならぬ新しい作品とは、さまざまの古典を素直にながめることを通じ、無意識にかかわる伝統を、静かにながめようとする態度の上に、はじめて充実する」発音イヒョーダオレ〈標ア〉ダ

い‐びら〘名〙方言❶そのまま。ほったらかし。山梨県456 ❷いぼ。愛媛県南宇和郡840 高知県864 ❸植物、つるぼ（蔓穂）。大分県941

いひら‐いひら〘副〙方言にやにや締まりなく笑うさま。長野県東筑摩郡480 島根県鹿足郡725

いびらか・す〘動〙方言❶いらいらさせる。からかう。愛媛県840 高知県幡多郡870 ❷いじめる。無理を言って責める。虐待する。山口県豊浦郡798 愛媛県松山846 ◇いぶらかす 岐阜県飛騨497 ❸いじる。愛媛県840

い‐びらきゐ【井開】〘名〙前年から封じておいた井戸を開いて、元旦に若水（わかみず）をくむこと。包井開（つつみいびら）き。《季・新年》＊俳諧・誹諧通俗志（1716）時令・正月「包み井 井開キ 若水」

いびり〘名〙（動詞「いびる」の連用形から）いびること。「嫁いびり」「親いびり」「いびりて」などと、複合した形で用いることが多い。

い‐ひり・うひりふ【─拾】〘他ハ四〙（「い」は接頭語）拾（ひろ）う。＊万葉（8C後）一六・三八八〇「かしまねの 机の島の しただみを 伊拾（イひりひ）持ち来て 石もち つつき破り〈作者未詳〉」

いびり‐ころ・す【─殺】〘他サ五（四）〙むごく扱って殺す。いじめ殺す。＊ガトフ・フセグダア（1928）〈岩藤雪夫〉四「小犬やけものをいびり殺した。首に大石を結びつけて川に沈めた」発音〈標ア〉0ビ

いびり‐こんにゃく〘名〙方言ひどくいじめること。いびること。◇いびりこっちょおとも。仙台†056 †057

いびり‐だ・す【─出】〘他サ五（四）〙いじめてそこにいたたまれないようにして出て行かせる。いじめて追い出す。＊雑俳・柳多留拾遺（1801）巻六「いきがけのだちんに娵（よめ）をいびり出し」＊滑稽本・浮世床（1813‐23）初・下「女を連て来て、先妻をば二人でいびり出（ダ）したぜ」発音〈標ア〉0ビダ〈京ア〉0

いびり‐て【─手】〘名〙いじめ苦しめる人。いびる人。＊雑俳・柳多留‐二二（1788）「いひりてを沢山寄せるだんぎそう」

いびり‐やき【─焼】〘名〙魚類をとろ火で焼くこと。肉類をじりじりと焼くこと。＊雑俳・川傍柳（1780‐83）二「いびり焼火を真黒にしてしまひ」方言いろりで、芋、栗、餅、柿などを焼くこと。新潟県佐渡352 発音〈標ア〉0

い・びる〘他ラ五（四）〙①弱い立場にある相手に、精神的または肉体的な苦痛を与える。いじめる。さいなむ。＊洒落本・遊子方言（1770）更の体「『何にもせ、ちょッと、おきなさい』『よく、いびりなんす』」＊雑俳・川傍柳（1780‐83）一「いびられに行くが女の盛り也」＊或る女（1919）〈有島武郎〉後・四〇「さうした時期もあるんだらう。まあたんといびらないで置くがいいよ」②無理をいって困らせる。ねだる。＊黄表紙・長生見度記（1783）「娘の子はねね様のべべを五つ縫って下されといびれば、息子はかか様長い話をして聞かせなどせがむ」＊人情本・仮名文章娘節用（1831‐34）後・五回「ほんにアノ坊が、帰ってわたしが居なかったら、又おとっさんをいびるだらうから」＊人情本・英対暖語（1838）二・七回「幾日（いつ）までも岑さんをいびらないで、〈略〉早くお寝ヨ」③あぶる。焼く。また、ゆでる。＊文明本節用集（室町中）「灸 ヤイト イヒル」＊浜荻（久留米）（1840‐52頃）「いびる 火にてあぶる也」＊和英語林集成（初版）（1867）「ハイニ ibiru（イビル）〈略〉ユデ ibiru（イビル）」方言❶焼く。あぶる。青森県073 岩手県097 105 107 宮城県115 116 121 秋田県131 山形県置賜・庄内139 福島県北会津郡167 神奈川県中郡320 新潟県岩船郡366 静岡県520 島根県西部725 広島県比婆郡774 山口県798 801 福岡県京都郡872 企救郡875 大分県西国東郡939 ❷熱灰の中に埋めて焼く。青森県津軽075 岩手県気仙郡100 群馬県多野郡246 新潟県佐渡352 島根県西部725 長崎県対馬91 鹿児島県肝属郡97 ◇いびい 鹿児島県鹿児島郡968 ❸焦がす。仙台†056 ❹火にくべる。燃やす。たく。◇いびん・いびるん 沖縄県石垣島996 ❺油でいためる。茨城県猿島郡188 栃木県198 埼玉県北葛飾郡258 神奈川県藤沢市319 静岡県小笠郡537 ❻ゆでる。静岡県520 ❼火をつつく。火ばしなどでかき回す。青森県津軽071 岐阜県武儀郡498 ❽棒を火にあぶって曲げる。島根県美濃郡・邑智郡725 ❾手で触れる。いじる。もてあそぶ。東国†020 栃木県198 群馬県050 新潟県上越市382 山梨県甲府454 南巨摩郡465 長野県468 470 484 岐阜県飛騨502 島根県那賀郡725 大分県941 宮崎県947 ◇いびくる 長野県佐久493 大分県939 ❿じらす。からかう。埼玉県北葛飾郡258 新潟県上越382 高知県幡多郡870 ⓫せびる。ねだる。催促する。庄内†060 山形県鶴岡145 岐阜県大垣市498 ◇いみゆん 沖縄県首里993 ◇いみるん 沖縄県石垣島996 ◇いびくる 高知県幡多郡870 ⓬むさぼる。福岡県小倉050 ⓭修理する。山梨県北巨摩郡454 ⓮田の植え付け直前に地ならしする。青森県津軽075 ⓯動かす。群馬県吾妻郡221 ⓰熟す。兵庫県多紀郡668 語源説イブル（火鬱）を他動詞に用いた語〔大言海・国語の語根とその分類＝大島正健〕。発音〈標ア〉ビ〈京ア〉0 辞書文明・ヘボン・言海 表記灸（文）

い‐ひろ・ぐゐ【居広】〘自ガ下二〙ある所で勢力を広げる。＊宇治拾遺（1221頃）一・一四「この小藤太は、殿の沙汰をしければ、〈略〉ゐひろげてぞありける」

い‐ひろご・るゐ【居広】〘自ラ四〙ある所に定着して、勢力などが広まる。＊今昔（1120頃か）二六・九「其後、其七人の者共、其嶋に居て、田畠を作り居弘ごりて、員（かず）不知（しらず）人多く成て、今（いまに）有也」

い‐ひん【異品】〘名〙普通の品と異なる物。珍品。＊新聞雑誌‐三三号・明治四年（1871）六月「東京招魂社内にて展覧せし物産会奇物異品（イヒン）等は第四号に記すべし」＊小学読本（1874）〈榊原・那珂・稲垣〉三「材に用ゐるは、常の雄松雌松なれども異品に至りては、五葉、三葉、一葉の者あり」＊江淹‐山中楚辞「薦二四海之異品一、傾二東岳之庶羞一」

い‐ひんゐ【渭浜】〘名〙中国の渭水の岸。周の太公望が世を避けて釣り糸を垂れていた所。転じて、釣りをいう。＊世俗諺文（1007）「文王斎戒三日、田二于渭浜一、卒見二呂聖坐一茅以漁一、遂載而帰」＊太平記（14C後）三〇・高倉殿京都退去事「其後西伯渭浜（イヒン）の陽（きた）に田（かり）せんとし給ひけるに」＊ささめごと（1463‐64頃）下「太公望は渭浜に釣りしかども、文王の車の右にのれり」＊雑俳・柳多留‐一七（1782）「銭がなくなっていひんへこころざし」発音〈標ア〉イ

いひん の 器（き）（渭水のほとりで釣りをしていた太公望が、周の文王に見出されて、将相となったという故事から）将相となるべき大人物をいう。＊儲光義‐哥舒大夫頌徳詩「超超渭浜器、落落山西名」

い‐ひんゐ【遺品】〘名〙①死んだ人があとにのこした品物。多く、身につけていた物をいう。かたみ。＊東京年中行事（1911）〈若月紫蘭〉五月暦「殉難戦死者の遺品（ヰヒン）」＊蠢く者（1924）〈葛西善蔵〉「金には代へられない親父の遺品だってあるんだし」②落とし物。忘れ物。遺失物。発音〈標ア〉0〈京ア〉0

い‐びんゐ【居瓶】〘名〙沖縄地方で、火酒をたくわえるのに用いる口の大きな瓶（かめ）。

いひん‐わけヰヒン【遺品分】〘名〙故人の遺品を親族、友人などに記念として分け与えること。形見分け。＊殉死（1967）〈司馬遼太郎〉腹を切ること「遺品わけはかっての副官である塚田大佐にまかせること」発音〈標ア〉0

い‐ふ【夷俘】〘名〙①とりこ。＊春秋左伝‐襄公一〇年「以二偪陽子一帰、献二于武宮一、謂二之夷俘一」②奈良時代から平安初期にかけて、律令国家に対する順化の程度によって、蝦夷を区別した呼称の一つ。俘囚（ふしゅう）よりも未順化のものをさす。ただし、平安後期には両者の区別は不分明となった。＊続日本紀‐天平宝字二年（758）六月辛亥「陸奥国言、去年八月以来、帰降夷俘。男女惣一千六百九十余人」＊類聚国史‐一九〇・風俗・俘囚・延暦一一年（792）一一月甲寅「饗二陸奥夷俘爾散南公阿波蘇〈略〉俘囚吉弥侯部荒嶋等於朝堂院一」＊日本後紀‐弘仁五年（814）一二月癸卯「帰降夷俘。〈略〉官司百姓。不レ称二彼姓名一。而常号二夷俘一。既馴二皇化一。深以為レ恥。宜下早告知莫上レ号二夷俘一」

い‐ふ【衣布】〘名〙麻または、葛（くず）のような繊維で織った織物。ぬのごろも。＊落葉集（1598）「衣布 いふ」＊日葡辞書（1603‐04）「Ifu（イフ）。ヌノゴロモ〈訳〉大麻でつくられた衣服」辞書日葡

い‐ふヰ【位封】〘名〙令制で、親王以下三位（さんみ）以上の諸臣の位階に応じて賜わった食封（じきふ）。一品（ぽん）の八〇〇戸から四品の三〇〇戸まで、正一位の三〇〇戸から従（じゅ）三位の一〇〇戸までの等級があった。慶雲三年（七〇六）には、四位までに改めたが、大同三年（八〇八）には令制に復した。＊続日本紀‐慶雲三年（706）二月庚寅「案レ令、諸王諸臣位封、自二正一位三百戸一、差降、止二従三位一百戸一」＊三代格‐八・大同三年（808）一〇月一九日・太政官謹奏「応下賜二位封一依中令条上事 右謹案二祿令一、王臣食封各有二等次一、但五位已上不レ在二此例一」

い‐ふ【医巫】〘名〙医者と神おろしをする人。転じて、医薬と祈祷。＊洒落本・鄽意気地（1802）一「母親俄に病症変じ、四五日の絶食に神気おとろへ、つゐに医巫（イフ）の験なく、秋の野もせの露と消へ」＊漢書‐鼂錯伝「為置二医巫一、以救二疾病一」

い‐ふ【依付】〘名〙よりつくこと。よりすがること。＊布令字弁（1868‐72）〈知足蹄原子〉六「依附 イフ ヨリカカル」＊改正増補和英語林集成（1886）「Ifu イフ 依附」＊一年有半（1901）〈中江兆民〉三「工商に在ては貪縁依附結托して奇利を覬ひ」＊蜀志‐呂凱伝「将二何所依附一」

い‐ふヰ【委付】〘名〙①ゆだね頼むこと。ゆだね渡すこと。委託。＊今昔（1120頃か）五・七「太子亦、本国に還て国位を委付して、国を治る事、父の王の如し也」＊色葉字類抄（1177‐81）「委付 ヰフ」＊名語記（1275）五「委附もおなじ。諸事をくはしく、いひさづくる心なるべし」＊神皇正統記（1339‐43）下・後醍醐「後二条世をはやくしましまして、父の上皇歎かせ給ひし中にも、よろづこの君にぞ委付し申させ給ひける」＊五国対照兵語字書（1881）〈西周〉「Livrer〈略〉委付スル（城邑ヲ）」＊蜀志‐楊洪伝「及二其来還一、委二付大任一」②海商法上、特定の物または権利を他人に移転することにより、一定の責任を免れたり、他の権利を取得したりする行為。免責委付と保険委付とがある。＊商法（明治三二年）（1899）五五三条「船舶の譲渡、委付若くは賃貸を為し」辞書色葉・文明 表記委付（色・文）

い‐ふヰ【委府】〘名〙貨物をくらに貯蔵すること。また、そのくら。＊布令字弁（1868‐72）〈知足蹄原子〉五「委府 イフ クラニツミヲク」＊桓寛‐塩鉄論・本議「開二委府於京一、以籠二貨物一」

いーふ ヰ【委補】〘名〙任命すること。補任(ぶにん)。*太平記(14C後)二七・左兵衛督欲誅師直事「自今後は越後守を以て、管領に居(すゑ)せしむる者也。政所以下の沙汰、毎事懇懃に沙汰せらるべしとぞ委補(イフ)せられける」

いーふ ヰ【威怖】〘名〙おそれおじけること。*不在地主(1929)〈小林多喜二〉一二「来場の聴衆を一々誰何し、身体検査をもって威怖せしめるのだ」発音〈標ア〉イ

いーふ ヰ【姨夫】〘名〙母の姉妹の夫。姨丈。姨父。*親族正名(1725)「母の姉妹の夫を姨夫といふ。〈略〉此方には姑夫姨夫を、倶に遠波牟古(をばむこ)といふ」*慮思道‐北斉興亡論「胡長粲以従舅之親、馮子琮以姨夫之戚、倶受寄託」補注「唐話纂要」に「姨夫 母方ノヲバムコ」とある。

いーふ ヰ【畏付】〘名〙おそれ従うこと。*新唐書‐盧簡方伝「大開屯田、練兵修闘、沙陀畏附」

いーふ ヰ【畏怖】〘名〙おそれおののくこと。また、その気持。*童子問(1707)下・一一「其畏之者、以実可畏怖而有不可慢之理也」*鄰艸(1861)〈加藤弘之〉「下民愈朝廷の威権に畏怖して已むを得ず、其命を奉ずるなり」*国会論(1888)〈中江兆民〉「少しも人をして畏怖(ヰフ)せしむ可きもの有ること無し」*ヰタ・セクスアリス(1909)〈森鷗外〉「僕は厭悪と多少の畏怖とを以て此子を見て通るのであった」*蔡邕‐太尉橋公廟碑「畏怖明憲、検于静息」発音〈標ア〉イ〈京ア〉イ

いーふ ヰ【韋布】〘名〙(「なめしがわの帯と布の衣」の意から)まずしい服装。また、出仕しない平民の服装をいう。*日本詩史(1771)凡例「是編初巻所論列、並是朝紳。絶無韋布士」*司馬相如‐報卓文君書「五色有燦、而不掩韋布」

いーふ【異父】〘名〙母親が同じで父親がちがうこと。多く、異父兄弟、異父姉妹などの形で用いられる。*色葉字類抄(1177‐81)「異父 イフ」*礼記‐檀弓上「公叔木有同母異父之昆弟死」発音〈標ア〉イ〈京ア〉0イ 辞書色葉・言海 表記異父(色・言)

いーふ【意府】〘名〙こころ。気持。*垂髪往来(1253)五月日「臨其場。争不動意府」

いーふ ヰ【違負】〘名〙負債を返済する義務を怠ったり、違約したりすること。*律(718)職制・貸所監臨財物条「即断契有数、違負不還、過五十日」

いーぶ【用夫・要夫】〘名〙薩摩藩の夫役(ぶやく)のこと。また、その義務を有するもの。一五歳から六〇歳までの男子に課せられた。*薩隅日田賦雑徴‐元禄一一年(1698)九月一九日「百姓拾五才より六拾才迄之用夫壱名宛、銘々に相分堅固に相改急度差出」*列朝制度(1819‐24頃)五九「用夫、三万四千七百人」

いーぶ ヰ【威武】〘名〙権威と武力。勢いの強く勇ましいこと。武威。*文明本節用集(室町中)「相賢以威武(イブ)此強徴也〔六韜〕」*古活字本毛詩抄(17C前)一九「其威武以て文王の功をついてせられたぞ」*文明論之概略(1875)〈福沢諭吉〉三・六「徳義とは〈略〉威武も屈すること能はず、貧賤も奪ふこと能はず、確乎不抜、内に存するものを云ふなり」*将来之日本(1886)〈徳富蘇峰〉一〇「如何なる威武と雖ども、如何なる尊厳と雖ども、如何なる富貴と雖ども〈略〉焉ぞ其鋒に敵することを得んや」*社会百面相(1902)〈内田魯庵〉矮人巨人・四「かの将軍は大熊氏の柱石にして威武中外を圧倒すれば」*孟子‐滕文公・下「富貴不能淫、貧賤不能移、威武不能屈、此之謂大丈夫」発音〈標ア〉イ〈京ア〉イ 辞書文明 表記威武(文)

いーぶ ヰ【胃部】〘名〙胃の部分。胃のあたり。*故旧忘れ得べき(1935‐36)〈高見順〉五「素晴らしいと叫んで躍り上りその激動は胃部に悪寒をよんだ」*マヤと一緒に(1962)〈島尾敏雄〉「バリュームを飲み、医師のしなやかな手で、胃部がもまれ」発音〈標ア〉イ

いーぶ ヰ【慰撫】〘名〙人の心を慰めいたわること。*東帰集(1364頃)問蘭無香並序「分芳遠寄一窩中。憐我幽独来慰撫」*西国立志編(1870‐71)〈中村正直訳〉八・二二「蓋しこの輩の愁痛を慰撫して、これを真理に導びかんと欲せり」*近世紀聞(1875‐81)〈染崎延房〉二・一「人心御慰撫の御手段もなくば」*漢書‐匡衡伝「連乞骸骨、譲位、上輒以詔書慰撫不許」発音〈標ア〉イ〈京ア〉0

いーぶ ヰ【遺武】〘名〙その人の死後にのこる武威。*滝口入道(1894)〈高山樗牛〉二五「余五将軍の遺武(ヰブ)を負ひながら、横田河原の一戦に脆(もろ)くも敗れしに驚きて」

イブ〘名〙(英 eve)《イヴ・イーヴ》祭事、催しなどの前夜。特に、キリスト降誕祭の前夜。クリスマスイブ。*ジュルダン病院(1956)〈遠藤周作〉四「イーヴの夜のミサのため」発音〈標ア〉イ〈京ア〉イ

イブ(英 Eve 元来ヘブライ語で「女」の意)《イヴ》「旧約聖書‐創世記」に見えるヘブライ神話における人類最初の女性。アダムの妻。蛇にそそのかされ、夫とともに禁断の実を食べエデンの園から追放された。エバ。*妻(1908‐09)〈田山花袋〉一六「かれ等はアダムとイブのやうにして子を育てなければならなかった」発音〈標ア〉イ〈京ア〉イ

いぶ・い【燻】〘形口〙煙のために息苦しい。けむたい。けむい。*雑俳・柳多留‐五二(1811)「安い茶屋いぶい火箸を付けて出し」*滑稽本・八笑人(1820‐49)二・下「それにしても大相いぶる事だぞ、もう飯を入れてもよからう、ををいぶい、いぶい」方言青森県三戸郡083 南部085 福島県東白川郡157 栃木県198 群馬県217 224 230 埼玉県251 255 257 千葉県269 274 288 東京都江戸川区054 八王子311 神奈川県足柄下郡・小田原054 山梨県453 郡内452 長野県佐久493 静岡県志太郡062 磐田郡546 ◇ゆぶい 青森県南部085 千葉県海上郡268 東葛飾郡280 ◇いぶたい 青森県073 岩手県上閉伊郡098 宮城県石巻120 秋田県130 山形県139 茨城県稲敷郡193 ◇いぷたい 青森県069 秋田県鹿角郡132 ◇ゆぶたい 岩手県上閉伊郡098 気仙郡100 秋田県鹿角郡500 ◇ゆぷたい 青森県上北郡082 三戸郡083 岩手県上閉伊郡097 宮城県石巻120 ◇いぶったい 江戸†057 岩手県磐井050 茨城県188 千葉県東葛飾郡276 神奈川県足柄下郡・小田原054 ◇ゆぶったい 千葉県東葛飾郡276 ◇いんぷたい 秋田県北秋田郡130 発音〈なまり〉イビ・ユビー〔千葉〕イビィ〔栃木・埼玉方言〕イビー〔岩手・栃木・千葉・神奈川〕エブィ・エビー〔栃木〕エブニ・ニベー〔埼玉方言〕ユビー〔埼玉方言〕ユブリ〔岩手〕

いーふう【夷風】〘名〙外国の風俗。*明六雑誌‐四三号(1875)尊王攘夷説〈阪谷素〉「王を尊ばんとせば必先づ諂諛(てんゆ)の夷風を攘ひ、自主独立して正道を確守すべし」発音イフー〈標ア〉0イ

いーふう ヰ【位風】〘名〙猿楽の芸の位。*九位(1428頃)「無心の感、無位の位風の離見こそ、妙花にや有べき」*歌舞髄脳記(1456)「古様新曲の位風、道の灌頂なるべき歟」発音イフー〈標ア〉0

いーふう ヰ【威風】〘名〙威勢があること。威光が他におよぶこと。*曾我物語(南北朝頃)一・惟喬、惟仁の位あらそひの事「これ、ひとへに羽林のいふう、先代にもこえて、うんてうの故なり」*日葡辞書(1603‐04)「Ifû(イフウ)〈訳〉権力と栄華」*雑俳・柳多留‐四一(1807)「威風りんりんと童女を二人りつれ」*読本・椿説弓張月(1807‐11)続・四五回「身の丈七尺、財(さい)の目猿の臂(ひぢ)、威風(イフウ)凜然(りんぜん)たる壮士(ますらを)」*幼学読本(1887)〈西邨貞〉五「獅子は『獣の王』と呼ばるる者なり。うまれつき暴くして猛し。又威風有りて力頗る強し」*後漢書‐馮衍伝「威風遠暢、人安其業矣」発音イフー〈標ア〉イ〈京ア〉0 辞書易林・日葡・言海 表記威風(易・言)

いーふう ヰ【為風】〘名〙技としてなすべき風。*至花道(1420)体・用の事「しらざる人は、用を為風と心えて似する程に」

いーふう ヰ【胃風】〘名〙漢方で、慢性的な胃病をいう。*随筆・秉燭譚(1729)二「風も天地の気なり。故に気の字に易て風と云。癩瘡を大風と云。腸風胃風と云疾あり」*黄帝内経素問‐風論「胃風之状、頸多汗悪風、食欲不下、鬲塞不通、腹善満、失衣則䐜脹、食寒則泄、診形痩而腹大」

いーふう【異風】〘名〙①普通とは違った、また、都のとは異なる風体、姿、やり方、風習、風俗。異俗。異体。また「異風の体(てい)」といい、連歌の付句の形の一つでもある。*近来風体(1387)「頓阿慶運は異風なるやうに申侍りしかども、よき歌をば又ほめ申しき」*至花道(1420)闌位の事「闌(たけ)たる心位にて、時々異風(イフウ)を見する事のあるを」*日葡辞書(1603‐04)「Ifû(イフウ)〈訳〉野蛮な、または粗野な風習」*俳諧・貝おほひ(1672)二二番「かしを好まるるは、異風(イフウ)なる物ずきにて、色に、ふけらぬ人なるべし」②茶の湯で、茶室の趣向などが作為をこらして目立つ様子。*烏帚集四巻書‐元亀三年(1572)第一「座敷之様子、異風になく、結構になく、さすか手涯よくめにたたぬやうよし」*石州三万ケ条‐寛文五年(1665)九九「すき者めかぬかよきなり、すかた弁せうそくよく、めだち異風ハあしきなり」*杉木普斎伝書‐元禄三年(1690)「自在くさりなどのいろりのうちは、異風にてもくるしからず」方言❶風変わりなさま。異様なさま。愛媛県840 沖縄県首里993 ◇いふ 兵庫県淡路島671 ◇いひゅう 久留米†127 福岡県久留米市883 佐賀県887 熊本県923 926 930 大分県939 ◇いひょお 熊本県玉名郡930 ◇いふなあ 沖縄県石垣島996 ❷意地悪いさま。◇いひゅう 佐賀県神埼郡891 ❸偉そうなさま。愛媛県840 ❹偏屈なこと。強情なこと。愛媛県西宇和郡849 ◇いふ 愛媛県840 ❺みだりがましいさま。不良っぽいさま。高知県長岡郡862 ❻変人。偏屈者。◇いひゅう 熊本県玉名郡058 下益城郡930 ◇いひゅうもん〔一者〕熊本県下益城郡930 ◇いひゅもん 熊本県玉名郡058 ◇いひゅうぼう〔一坊〕佐賀県890 ◇いふうじん〔一人〕・いふじん・ふうじん 長崎県南高来郡905 ❼かんしゃく持ち。◇いひゅうもん 熊本県天草郡936 ❽植物、ひょうたん(瓢箪)。◇いひゅ 鹿児島県肝属郡970 発音イフー〈標ア〉0イ〈京ア〉0 辞書日葡・書言・ヘボン・言海 表記異風(書・へ・言)

いーふう ヰ【遺風】〘名〙①後世にのこる昔の風習。*本朝麗藻(1010か)下・冬日陪於飛香舎聴第一皇子始読御注孝経〈藤原公任〉「聖明治跡何相改。貞観遺風触眼看」*俳諧・奥の細道(1693‐94頃)末の松山「枕ちかうかしましけれど、さすがに辺土の遺風忘れざるものから、殊勝に覚らる」*集義外書(1709)一「我国神代よりの遺風、けだし国の有無をはかるもの成べし」*随筆・秉燭譚(1729)三「倭堕髻」に云堕馬之余形也と、本国のさげかみは、後漢の堕馬髻の遺風と云ことにや」*随筆・胆大小心録(1808)一三〇「伊勢には門に松をたてずして、しきみの木をたてて、是さか木也。上古の遺風とぞ」*史記‐呉太伯世家「思深哉、有陶唐氏之遺風乎、不然何憂之遠也」②後世にのこっている先人の教えや芸風。*玉葉‐仁安二年(1167)八月四日「琵琶貞敏十代之遺風、箏又醍醐天皇十代之末葉也」*日葡辞書(1603‐04)「Ifû(イフウ)〈訳〉ある人が、良きにつけ悪しきにつけ、死後にのこした風俗」*俳諧・去来抄(1702‐04)修業「蕉翁の遺風天下に満て」*福翁自伝(1899)〈福沢諭吉〉幼少の時「自然に爾(さ)うなったのは、矢張り父の遺風(ヰフウ)と母の感化力でせう」③他からうける恵み。余慶。*将門記(940頃か)「幸に理運の遺風に遇て」④足の速い馬。*田氏家集(892頃)下・感喜勅賜白馬因上呈諸侍中「遺風簇雪四蹄開、曳到騰驤賜不才」*明衡往来(11C中か)上本「或策浮雲不執轡。或御遺風不顧身」発音イフー〈標ア〉0イ〈京ア〉0 辞書文明・日葡・書言 表記遺風(文・書)

いーふうてい【異風体】〘名〙普通とは異なる風

体。風趣。＊太閤記(1625)一二・相州小田原御進発之事「頓の事なれば、何もかるがるしき異風体に取つくろひ出向ひつつ」＊わらんべ草(1660)四「ことやうとは、いふうていを云」

いふう-どうどう【威風堂堂】(ヰフウダウダウ)『形動タリ』威厳のある様子が立派なさま。気勢が大いに盛んなさま。＊東京風俗志(1899–1902)〈平出鏗二郎〉中・五・陸軍始。観兵式「諸聯隊威風堂々整列して」＊火の柱(1904)〈木下尚江〉二三・一「年歯(ねんし)疾(と)くに六十を越へたれども、威風堂々として」＊虞美人草(1907)〈夏目漱石〉一八「血が退いて肉が落ちた孤堂先生の顔に比べると威風堂々たるものである」 発音 イフードードー 〈標ア〉イ

いふう-もの【異風物】『名』風変わりな物。＊咄本・昨日は今日の物語(1614–24頃)上「この壺を見て『扨々いふう物かな』」

いふう-もの【異風者】『名』世間普通の様子とは異なった人。性質、態度などが人並みでない者。＊仮名草子・可笑記(1642)二「礼をおこなふ人をけいはく者と云ひ、儀をたつる人を異風者(イフウモノ)と云ふ。〈略〉真実の異風(イフウ)ものといふは、当世人々のいへる、くゎんかつもののたぐひなるべし」＊仮名草子・浮世物語(1665頃)三・五「世に流行(はやる)寛滑者(くゎんくゎつもの)といふは、侍の中にも町人の中にも、異風者(イフウモノ)と言はるる輩也」＊俳諧・桃青三百韻附両吟二百韻(1678)「谷水たたへて蓼酢(たでず)のごとし〈信章〉 異風者金柑淵(ふち)になげ捨る〈信徳〉」

いぶか【井深】 姓氏の一つ。発音 〈標ア〉イ

いぶか-かじのすけ【井深梶之助】(ゐぶか) プロテスタントの教育家。会津の人。明治学院設立と同時に、その副総理となり、のち、第二代総理となる。キリスト教会運動に尽力した。著「新訳聖書神学」「基督言行録」など。安政元〜昭和一五年(一八五四〜一九四〇)

いふ-かく【衣鉢閣】『名』「いほかく(衣鉢閣)」に同じ。＊書言字考節用集(1717)一「衣鉢閣 ヰフカク 禅家寮舎」 辞書 書言 表記 衣鉢閣(書)

いぶかし・い【訝】『形口』文いぶか・し『形シク』(古くは「いふかし」) ① 物事の不明で、はっきりしない状態を、明らかにしたいという気持を表わす。物事が不明で気がかりである。不明な点について知りたい、見たい、聞きたい。＊書紀(720)欽明二年七月(北野本訓)「未審(イフカシ)何に縁りて軽(かろがろ)しく浮ける辞(こと)を用ゐて数歳(しばしばのとし)の間に慨然(うれ)へて志を失ふ」＊万葉(8C後)四・六四八「相見ずて日(け)長くなりぬこのころはいかに幸くや言借(いふかし)吾妹〈大伴駿河麻呂〉」＊伊勢物語(10C前)六九「つとめて、いぶかしけれど、わが人をやるべきにしあらねば、いと心もとなくて待ち居れば」＊源氏(1001–14頃)若紫「かのまだみぬ人々に、ことごとしういひ聞かせつるを、つつましうおぼせど、あはれなりつる有様も、いぶかしくて、おはしぬ」② 疑わしい。よくわからない。不審に思われる。また、そういう状態が気にかかる。＊観智院本名義抄(1241)「訝 イブカシ」＊徒然草(1331頃)二一九「きはめて荒涼の事なれども、横笛の五の穴は、聊かいぶかしき所の侍るかとひそかにこれを存ず」＊御伽草子・福富長者物語(室町末)「嫁はさにこそと喜べど、猶、いぶかしうて、首さしのべて侍るを」＊談義本・地獄楽日記(1755)二・一「はやいぶかしき顔にて目もはなさず見つめていたりしが」＊談義本・風流志道軒伝(1763)四「都(すべ)て魑魅鬼神(ちみきしん)の類ならば、足跡はなきはづなるに、御庭のところどころ人の足跡残れるはいぶかしし」＊暴夜物語(1875)〈永峰秀樹訳〉漁夫の伝「大君実に此瓶中に在りしや甚だ不審(イブカシ)く覚え候ふ」＊尋常小学読本(1887)〈文部省〉「地頭は、かねてのしはき農夫が、かかる献上物をなすは、甚だいぶかしと思ひしが」 語誌 (1)見たい、聞きたい、知りたい、という「ゆかし」に近い意味もあるが、不審な状態があって気がふさぐので晴らしたい、という意味が元になっている。(2)上代では第二音節が清音であったが、「観智院本名義抄」では濁音になっていることから、中古末には「いぶかし」の形があったことがわかる。動詞形は「いぶかる」。 語源説 (1)イブカシキ(息吹如)の義で、イブキは、口から吹かれる息の意とも、霧の意ともいう〔国語溯源=大矢透・日本語源=賀茂百樹〕。(2)イフセキ(気吹怒)の義と通じる。また、イブはイキ(気)吹の義、カシは希う辞〔和訓栞〕。(3)イブリフカシ(熘深)の義〔言元梯・国語の語根とその分類=大島正健〕。(4)イリフカシ(没深)の義〔紫門和語類集〕。(5)イは不定代名詞。フカはハカ(計)の音便か。シは活用語尾〔日本古語大辞典=松岡静雄〕。 発音 イブカシイ 〈音史〉上代は『いふかし』『いぶかし』の清濁両様か。以後『いぶかし』に安定。〈標ア〉シ 〈京ア〉カ 文『いぶかし』〈標ア〉カ 〈ア史〉平安○○○◐か。室町『いぶかしき』●●●○○か。〈京ア〉カ 辞書 色葉・名義・下学・文明・伊京・饅頭・黒本・易林・日葡・書言・ヘボン・言海 表記 未審(色・名・饅・黒・書・へ) 欝・呀(名) 訝(易・言) 未詳(書)

いぶかし-が・る【訝―】『他ラ五(四)』(形容詞「いぶかしい」の語幹に接尾語「がる」の付いたもの) 気がかりに思う。また、不審に思う気持を外に表わす。＊土左(935頃)承平五年一月七日「『そもそもいかがよんだる』と、いぶかしがりて問ふ」＊源氏(1001–14頃)常夏「かやうに心にくくもてなして如何にしなさむなど、安からずいぶかしがらせましものをと、ねたければ」＊今昔(1120頃か)二九・三九「女をば不審(いぶかし)がりて、従(ともの)者を付(つけ)てぞ、慥(たしか)に送りける」 発音 イブカシガル 〈標ア〉ガ 〈京ア〉0

いぶかし-げ【訝―】『形動』(形容詞「いぶかしい」の語幹に接尾語「げ」の付いたもの) 疑わしく思うさま。不審そう。＊西洋道中膝栗毛(1870–76)〈仮名垣魯文〉二・下「おふらいのひとびと、北八のすがたをいぶかしげに見かへるにぞ」＊別れ霜(1892)〈樋口一葉〉一二「不審(イブカシ)げに誰君(どなた)さまぞと問はるるもつらし」＊長塚節歌集(1917)〈長塚節〉明治三六年「訝かしげなる面貌にて否といふ」 発音 イブカシゲ 〈標ア〉シ 〈京ア〉シ

いぶかし-さ【訝―】『名』(形容詞「いぶかしい」の語幹に接尾語「さ」の付いたもの) 不明な点を知りたく思うこと。不審に思うこと。また、その度合。＊宇津保(970–999頃)蔵開下「いぶかしさに、さいつころ、おとどのうちにものし給しころ、見に物したりしかど」＊日葡辞書(1603–04)「Ibucaxisa (イブカシサ)」＊夜明け前(1932–35)〈島崎藤村〉第二部・上・三・三「そのいぶかしさを半蔵にたづねた」 発音 〈標ア〉カ 〈京ア〉0 辞書 日葡・ヘボン

いぶかし-み【訝―】『名』(形容詞「いぶかしい」の語幹に接尾語「み」の付いたもの) いぶかしいこと。気がかりに思う気持。上代、「いふかしみす」「いふかしみ思ふ」などの形で用いる。＊万葉(8C後)一一・二六一四「眉根掻き下(した)言借見(いふかしみ)思へりし妹が姿を今日見つるかも〈作者未詳〉」＊万葉(8C後)一二・三一〇六「相見まく欲しきがためは君よりも吾そ益(まさ)りて伊布可思美(イフカシミ)する〈作者未詳〉」 上仮名 イフカシミ

いぶかし・む【訝】『他マ五(四)』いぶかしく思う。不審に思う。＊読本・本朝酔菩提全伝(1809)一・一「老眼を擦摩て打まもり、いぶかしむさまにてものいはざれば」＊狐の裁判(1884)〈井上勤訳〉六「件の嚢子(ふくろ)を捧げければ、獣王は打見て不審(イブカシ)み、近く近くと招き寄せ、汝が今まで俺(われ)に捧げたる此嚢子は」 発音 〈標ア〉シ 〈京ア〉0

いぶかり【訝】『名』(動詞「いぶかる(訝)」の連用形の名詞化) 不審に思うこと。＊杯(1910)〈森鷗外〉「『お前さんも飲むの』声は訝(イブカリ)に少しの嗔(いかり)を帯びてゐた」＊体源抄由来(1965)〈唐木順三〉二「法蓮華経の文字をいぶかり、そのいぶかりを縁にして仏法、正宗に足をふみいれる者がないとも限らぬ」

いぶか・る【訝】『他ラ五(四)』(古くは「いふかる」。「いぶかし」の動詞形) ① はっきりしないので気がかりに思う。おぼつかなく思う。＊万葉(8C後)九・一七五三「筑波嶺を さやに照して 言借(いふかり)し 国のまほらを つばらかに 示し賜へば〈虫麻呂歌集〉」＊俳諧・本朝文選(1706)一・辞類・鉢扣辞〈去来〉「とみにも来らねば、いかに待佗び給ひなむといぶかりおもひて」② いきどおる。怒り狂う。＊倭姫命世記(1270–85頃)「神倭日本磐余彦天皇御宇、悪神伊不迦理(イフカリ)て人民亡、火気発起而、天下不レ安」③ あやしく思う。不審に思う。疑う。＊古今(905–914)仮名序「王仁といふ人のいぶかり思ひて、よみてたてまつりける哥也」＊宇津保(970–999頃)吹上上「ひごろうちにも参り給はず、このわたりにも〈略〉ものしたまはざりつれば、いぶかり申しつるになむ」＊色葉字類抄(1177–81)「訝 イフカル 心之進動也」＊当世書生気質(1885–86)〈坪内逍遥〉四「お常はいよいよ不審(イブカ)り『それじゃアおまへは、連(つれ)の人達にはぐれたのかへ』」 発音 〈音史〉上代は『いふかる』と『ふ』は清音。平安は『いふかる』『いぶかる』の清濁両様か。以後『いぶかる』に安定。〈標ア〉カ 〈ア史〉平安『いふかる』○●●○ 鎌倉○○○● 〈京ア〉0 辞書 色葉・名義・和玉・文明・黒本・書言・ヘボン・言海 表記 訝(色・名・文・黒・書・へ・言) 訪(玉) 不審(文)

いぶき【伊吹】 ㊀『名』① ヒノキ科の常緑高木。本州・四国・九州から中国大陸に広く分布。日本では海岸に多く、庭園樹や盆栽などとして栽培され、園芸品種が多い。高さ一〇〜二〇メートル。樹皮は赤褐色で縦に裂ける。葉は鱗片(りんぺん)状で密に重なって対生し紐のようになるものと、針状で対生または三個ずつ輪生するものがある。四月頃、雌雄異株に単性花を付ける。雄花は円筒状、雌花は数個の鱗片からなり黒く熟す。材は床柱、器具、彫刻用。いぶきびゃくしん。かまくらいぶき。ひのきかしわ。びゃくしん。学名はJuniperus chinensis ＊文明本節用集(室町中)「伊吹木 イブキ 柏槇類也」＊俳諧・いつを昔(1690)交題百句「船輪にみえて鰹くひたつ〈李下〉 浦風にくろむ柏檀(イブキ)の夏木立〈普船〉」＊日本植物名彙(1884)〈松村任三〉「ビャクシン イブキ 檜 檜柏」② 植物「やまよもぎ(山艾)」の異名。㊁「いぶきやま(伊吹山)」の略。＊古今六帖(976–987頃)六・草「あちきなやいふきのやまのさしもくさおのがおもひに身をこがしつつ」＊後拾遺(1086)恋一・六一二「かくとだにえやはいぶきのさしもぐさしも知らじな燃ゆる思ひを〈藤原実方〉」 発音 〈標ア〉イ 辞書 文明・伊京・明応・天正・饅頭・黒本・ヘボン・言海 表記 伊吹木(文・伊・明・天・饅・黒・へ)

いぶき の 赤団子(あかだんご) (「赤団子」はもぐさの異称) 滋賀・岐阜県境の伊吹山でとれる質の良いもぐさ。伊吹もぐさ。＊雑俳・柳多留–五三(1811)「草餅が過ぎて伊吹の赤団子」

いぶき【伊吹】 姓氏の一つ。発音 〈標ア〉イ

い-ぶき【息吹・気吹】『名』(古くは「いふき」か) ① 息を吹くこと。呼吸。＊書紀(720)神代上「吹き棄(う)つる気噴の狭霧〈此をば浮枳于都屢伊浮岐能佐擬理(ふきうつるイフキのさぎり)と云ふ〉に生まるる神を号(なつけ)て田心姫と曰ふ」＊改正増補和英語林集成(1886)「Ibuki イブキ 気」② (神が息を吹く意で) 風。③ (比喩的に用いて) 活動をもよおす気分。生気。活気。＊天地有情(1899)〈土井晩翠〉造化妙工「春の呼吸(イブキ)のゆくところ 空に蝶舞ひ鳥歌ふ」＊神神の微笑(1921)〈芥川龍之介〉「我々が勝ったのは、文字ばかりではありません。我々の息吹(イブキ)は潮風のやうに、老儒の道さへも和げました」 語源説 (1)イキフキ

(息吹)の略〔和訓栞・言葉の根しらべ＝鈴江潔子〕。(2)イは助字。フキ(吹)の意〔歌林樸樕〕。発音〈音史〉上代は「いふき」と「ふ」は清音か。〈標ア〉イ〈ア史〉平安・鎌倉〇〇〇〈京ア〉イ 上仮名 イフキ

いぶき-おろし【伊吹颪】『名』滋賀・岐阜県境の伊吹山から吹きおろす寒風。＊山家集(12C後)中「おぼつかないふきおろしの風さきにあさづま舟はあひやしぬらん」＊謡曲・舟橋(1430頃)「伊吹颪の音にのみ、月のかすむや美濃尾張」発音〈標ア〉オ

いぶきおろし【気吹颪】江戸後期の神道書。二巻。平田篤胤著。文化一〇年(一八一三)成立。神道の本質について平易に述べたもの。発音〈標ア〉オ

いぶき-か【伊吹科】『名』「びゃくしんか(柏槇科)」の異名。発音〈標ア〉0

いぶき-がらし【伊吹芥子】『名』植物「やまがらし(山芥子)」の異名。発音 イブキガラシ〈標ア〉ガ

いぶき-ぎす【伊吹螽蟖】『名』「いぶきひめぎす(伊吹螽蟖)」の異名。発音 イブキギス〈標ア〉キ

いぶき-じゃこうそう【伊吹麝香草】『名』シソ科の小低木。北海道・本州・九州で、山野の日当たりのよい岩地に生える。高さ三〜一五センチメートルの草本状。葉は対生し長さ五〜一〇ミリメートル、幅三〜六ミリメートルの長円形。夏、淡紅色で唇形の小さい花が茎の上部に集まって咲く。葉・茎・花穂は香料・薬用とし、揮発油をとる。ひゃくりこう。せんりこう。はいばら。かやりぐさ。学名は Thymus quinquecostatus ＊日本植物名彙(1884)〈松村任三〉「イブキジャカウサウ ヒャクリカウ」発音 イブキジャコーソー〈標ア〉0

いぶき-すみれ【伊吹菫】『名』スミレ科の多年草。山の湿った所に生える。ユーラシアの温帯に広く分布し、日本では本州に点在する。高さ約一五センチメートル。葉は長い柄があり、葉身は長さ二〜四センチメートルの円状心臓形で葉脈は少しくぼんで、しわがあり、縁には浅い波形の鋸歯(きょし)をもつ。春、淡紫色の花が咲く。学名は Viola mirabilis 発音〈標ア〉ス

いぶき-ぜり【伊吹芹】『名』セリ科の多年草。本州中部以北の亜高山に生える。高さ三〇〜八〇センチメートル。茎はふつう紫色。葉には長い柄があり、ほぼ三角形で二回三全裂し、裂片はさらに中裂か深裂する。縁には鋸歯(きょし)があり、先はとがる。夏から秋、白くこまかい花がかさ状に集まって咲く。実は長さ四ミリメートルほどの卵状広楕円体で、五本の稜(りょう)を持つ。セリと同様の香味があり、食用とする。学名は Tilingia holopetela 発音〈標ア〉キ

いぶき-そば【伊吹蕎麦】『名』滋賀・岐阜県境にある伊吹山から産出する質のよいソバの実を用いた蕎麦。＊俳諧・本朝文選(1706)一〇・頌類・蕎麦切頌〈雲鈴〉「伊吹蕎麦(ソバ)天下にかくれなければ、からみ大根又此山を極上とさだむ」発音〈標ア〉ソ

いぶき-たいげき【伊吹大戟】『名』植物「たかとうだい(高灯台)」の異名。

いぶき-だいこん【伊吹大根】『名』「ねずみだいこん(鼠大根)」の異名。＊重訂本草綱目啓蒙(1847)二二・菜「沙羅蔔は ねずみだいこん 一名いぶきだいこん からみだいこん むくろだいこん 雲州、江州伊吹山の自生なり」

いぶき-たからこう【伊吹宝香】『名』植物「めたからこう(雌宝香)」の異名。

いぶき-ど【気吹所】『名』神が罪やけがれを吹きはらうという場所。＊延喜式(927)祝詞・六月晦大祓(出雲板訓)「かくかか呑みては気吹戸(イフキト)に坐(ま)す気吹戸主と云ふ神、根の国底の国に気吹き放ちてむ」

いぶきどうじ【伊吹童子】お伽草子。三巻。作者未詳。酒呑(しゅてん)童子の前半生を描く物語。酒飲みで乱暴者のため山中に棄てられた童子が、獣や鬼神と共に成長して通力を得、のち大江山に定住する。発音 イブキドージ〈標ア〉ド

いぶきど-ぬし【気吹戸主】『名』息を吹いて罪やけがれ、凶事や災難などを除き去るという神。

いぶき-とらのお【伊吹虎尾】『名』タデ科の多年草。各地の山野に生える。高さは約五〇〜八〇センチメートル。葉は下部のものほど長い柄があり、長さ約一〇〜三〇センチメートルの楕円形で、先が鋭くとがる。夏、白色か淡紅色の小さな花を密につけた円柱形の穂が茎の先に直立する。学名は Bistorta vulgaris ＊薬品手引草(1778)「拳参(ケンシン) いぶき虎のお又山カウブシ」＊重訂本草綱目啓蒙(1847)九・山草「拳参 やなぎさう ゐびぐさ いぶきとらのを やまだいわう 江州伊吹山に多し」＊薬品名彙(1873)〈伊藤謙〉「Bistort 拳参(イブキトラノオ)」＊日本植物名彙(1884)〈松村任三〉「イブキトラノヲ 拳参」発音〈標ア〉ノ

いぶき-ぬかぼ【伊吹糠穂】『名』イネ科の多年草。各地のやや湿った草原に生える。高さ約一メートル。葉は長さ一五〜三〇センチメートル、幅一センチメートルぐらいの広線形で、先がとがる。花は夏、細い柄で平開またはやや下垂する小花序を輪生状につけた、長さ二〇センチメートル前後の円錐状のまばらな穂となって咲く。学名は Milium effusum ＊日本植物名彙(1884)〈松村任三〉「イブキヌカボ」発音〈標ア〉ヌ

いぶき-のえんどう【伊吹野豌豆】『名』マメ科の多年草。ヨーロッパ原産で、日本には古くから渡来した。地下茎が伸長して繁殖する。葉は羽状複葉で互生し、先は巻きひげとなり三裂する。花は淡紫色。莢果は先がくちばし状で、六〜一〇個の種子がある。学名は Vicia sepium 発音 イブキノエンドー〈標ア〉エ

いぶき-ひば【伊吹檜葉】『名』植物「びゃくしん(柏槇)」の異名。発音〈標ア〉キ ヒ

いぶきひめ-ぎす【伊吹姫螽蟖】『名』キリギリス科の昆虫。体長約二二〜二五ミリメートル。体は太く短く、はねも短い。体色は褐色ないし黒褐色で、頭と前胸の背面が淡色。北海道・本州・四国の山地に産する。いぶきぎす。学名は Metrioptera japonica 発音 イブキヒメギス〈標ア〉メ

いぶき-びゃくしん【伊吹柏槇】『名』「いぶき(伊吹)●一①」に同じ。＊重訂本草綱目啓蒙(1847)三〇・香木「一名鳳尾松〔通雅〕又松檜相半者檜柏也と云 いぶきびゃくしんなり略していぶきと云」発音〈標ア〉ビャ

いぶき-ぼうふう【伊吹防風】『名』セリ科の多年草。各地の山野の草地に生える。山地では高さ一メートルぐらいに達し、海浜では一五センチメートル内外。茎は直立して分枝し角(かど)がある。葉は羽状にこまかく裂ける。夏、白い小さな五弁花が、かさ状に集まって咲く。学名は Seseli libanotis subsp. japonica ＊重訂本草綱目啓蒙(1847)九・山草「今薬舗にて真の筆防風と云あり 一名伊吹防風 山人参 青蒿葉の防風 江州伊吹山の自然生也」＊日本植物名彙(1884)〈松村任三〉「イブキバウフウ 邪蒿」発音 イブキボーフー〈標ア〉ボ

いぶき-もぐさ【伊吹艾】『名』滋賀・岐阜県境にある伊吹山でとれるヨモギでつくった質の良いもぐさ。伊吹の赤団子。＊随筆・提醒紀談(1850)五「伊吹艾。〈略〉南蛮人、織田信長に謁し、貧人の病者を救はんために薬園の地を願ひけるに、近江国伊吹山五十町四方の地を賜ふ。南蛮人、その地を平らぎて、薬草三十余種を栽たりといふ。今伊吹山の艾は、その遺種なるべしと云は、さもあるべし」発音 イブキモグサ〈標ア〉モ

いぶき-やま【伊吹山】(「古事記」から見える山の名。山頂にかかる雲を青気を含む山神の息に見たてたともいわれる) 滋賀・岐阜県境にある伊吹山地の主峰。日本武尊が東征の帰途、あらぶる神のたたりを受けたという伝説がある。高山植物、薬草が豊富。山頂には伊吹山測候所があり、スキー場として知られる。標高一三七七メートル。語源説 (1)山神がイブキ(息吹)を起こしたというわれから〔松屋棟梁集・言葉の根しらべ＝鈴江潔子〕。(2)イフ(臬布)に製する麻を植えた畑およびその村を古語でイフキ、ユフキ、約めてユキといった。近江の胆吹山は麻畑の上にある山の称〔日本語原考＝与謝野寛〕。発音〈標ア〉0 辞書 色葉・文明・天正・易林・書言 表記 伊吹山(文・天・書) 膽吹山(色・易・書)

い-ふきゅう【伊孚九】中国、清代の画家。名は海、号は匯川(かいせん)、也堂。享保五年(一七二〇)貿易商人として長崎に来航して以来、数度にわたり来朝する。南宋画法を伝え、池大雅、桑山玉洲ら日本の南画家に大きな影響を与えた。生没年不詳。発音 イフキュー〈標ア〉フ

い-ぶぎょう【井奉行】『名』在地の灌漑(かんがい)用水に関することを取り扱う役人。＊長宗我部氏掟書(1596)五一条「井普請之事、在所井奉行並為二庄屋一、無二退転一様、堅可二申付一」

い-ふきょうだい【異父兄弟】『名』母親が同じで父親の違う兄弟。種違いの兄弟。いふけいてい。＊書言字考節用集(1717)四「異父兄弟 ヰフケウダイ」発音 イフキョーダイ〈標ア〉キョ 辞書 書言 表記 異父兄弟(書)

いぶき-よもぎ【伊吹艾】『名』植物「やまよもぎ(山艾)」の異名。＊重訂本草綱目啓蒙(1847)一一・隰草「伊吹艾は一名ぬまよもぎ」発音 イブキヨモギ〈標ア〉ヨ 辞書 言海 表記 伊吹艾(言)

い-ふく【夷服】『名』「周礼」にいう九服の一つ。その七番目のものをいう。服従して朝貢する未開・野蛮な国。→九服。＊童子問(1707)下・五〇「上自二大学一、下至二州県学一、延及二夷服之地一、各修二釈奠礼一惟謹」＊周礼-夏官・職方氏「又其外方五百里曰二夷服一」

い-ふく【衣服】『名』きもの。ころも。きぬ。衣装。＊続日本紀-和銅四年(711)一一月壬庚「賜下畿内百姓年八十以上及孤独不レ能二自存一者衣服食物上」＊太平記(14C後)二四・朝儀年中行事事「女御の夏の衣服(イフク)の文(もん)を申す」＊日葡辞書(1603-04)「Ifucu(イフク)〈訳〉着物」＊読本・雨月物語(1776)浅茅が宿「山賊(やまだち)あまたに取りこめられ、衣服(イフク)金銀残りなく掠(かす)められ」＊詩経-小雅・大東「西人之子、粲粲衣服」発音〈標ア〉イ〈京ア〉イ 辞書 文明・饅頭・易林・日葡・書言・ヘボン・言海 表記 衣服(文・饅・易・書・ヘ・言)

い-ふく【位服】『名』位に応じて着用する礼服(らいふく)。

い-ふく【威服・威伏】『名』権力や威力をもって服従させること。＊読本・椿説弓張月(1807-11)拾遺・五五回「洗氏(せんし)といふ女子は、三軍に将として、百越を威服(イフク)せり」＊文明論之概略(1875)〈福沢諭吉〉四・八「よく祖先の遺業を承て国内を威服したるのみならず」＊経国美談(1883-84)〈矢野龍渓〉後・一「域内なる諸邦を連ねて之を威伏し」＊戦国策-宋君偃「威二服天下鬼神一」発音〈標ア〉0 辞書 言海 表記 威服(言)

い-ふく【威福】『名』(「書経-洪範」に「惟辟作レ福、惟辟作レ威」とあるところから) ときに、威圧を加え、ときに、福徳を施すこと。人を思いのままに従わせることにいう。＊泰西国法論(1868)〈津田真道訳〉二・六「然るに国家威福を張り住民と結びたる例枚挙に勝ず」＊雁(1911-13)〈森鷗外〉一「それに乗じて威福(ヰフク)を擅(ほしいまま)にすると云ふのが常である」＊後漢書-閻皇后紀「兄弟権要、威福自由」

い-ふく【畏服・畏伏】『名』おそれ従うこと。＊読史余論(1712)三・信長治政の事「是まづ声を以て人を畏服せむとの謀にてありし也」＊日本外史(1827)四・源氏後記「為三諸将士所二畏服一」＊布令字弁(1868-72)〈知足蹄原子〉五「畏服 イフク ヲソレイル」＊文明論之概略(1875)〈福沢諭吉〉二・四「天下の人皆関東の兵力に畏服し」＊近世紀聞(1875-81)〈染崎延房〉一〇・一

「小田原の藩兵は官軍の為に畏伏(イフク)して変心倣(な)せしと覚えたり」＊漢書‐魏相伝「禁止姦邪、豪彊畏服」＊南史‐程霊洗伝「素為郷里畏伏」 発音〈標ア〉0

いーふく【倚伏】〘名〙（「老子‐五八」の「禍兮福之所倚、福兮禍之所伏」による）福と禍とが、互いにその原因となり、互いに相手のうちにひそみ合っていること。幸福と不幸はかわるがわる生ずること。＊本朝文粋(1060頃)一・兎裘賦〈兼明親王〉「喪馬之老、委倚伏於秋草」＊伊呂波字類抄(鎌倉)「倚伏 イフク」＊徂徠集(1735‐40)一三・会津大夫西郷君徜徉亭記「観霜露以思倚伏之機」＊駱賓王‐帝京篇「古来名利若浮雲、人生倚伏信難分」 発音〈標ア〉0

いーふく【異服】〘名〙普通のものと違う衣服。＊三国伝記(1407‐46頃か)二・一「其の夜婆羅門が夢に異服赤冠の冥道青馬に乗り」＊礼記‐王制「作淫声異服奇技奇器以疑衆殺」

いーふく【異腹】〘名〙父親が同じで母親の違うこと。異母。腹違い。ことはら。＊黒潮(1902‐05)〈徳富蘆花〉一・八・七「此(こ)は道子が異腹の妹房子芳子である」 発音〈標ア〉0 〈京ア〉0

いーふく【違覆】〘名〙まちがっていること。＊蘭学逕(1810)「旧訳往々違覆し、且謄訛に係る者あるを覚ふ」

いーふく【遺腹】〘名〙父の死後に生まれた子供。わすれがたみ。＊広益熟字典(1874)〈湯浅忠良〉「遺腹 イフク オトシダネ」＊淮南子‐説林訓「遺腹子、不思其父」 発音〈標ア〉0 辞書言海 表記遺腹(言)

いーふ・く【一吹】〘自カ四〙（「い」は接頭語）吹く。＊万葉(8C後)二・一九九「渡会(わたらひ)の 斎宮(いつきのみや)ゆ 神風に 伊吹(イふき)惑はし 天雲を 日の目も見せず〈柿本人麻呂〉」 補注「いふく」の「い」を接頭語ではなく「息」と見なし「いぶく(息吹)」と同義とする説もある。

いーぶ・く【息吹・気吹】〘自カ四〙（古くは「いふく」。「い」は息の意）いきを吹く。呼吸する。また、強い息を吐く。＊書紀(720)雄略即位前(前田本訓)「猪(ゐ)鹿、多(さは)に有り、其の戴(ささ)げたる角(つの)、枯樹の末(えだ)に類(に)たり。〈略〉呼吸(イフク)気息(いき)朝霧に似たり」 発音〈音史〉上代は『いふく』と『ふ』は清音か。〈標ア〉フ

いぶ-くさ・い【燻臭】〘形口〙文いぶくさ・し〘形ク〙「いぶりくさい(燻臭)」に同じ。＊明治大正見聞史(1926)〈生方敏郎〉明治時代の学生生活・四「山桜などいぶくさくって迚も喫めなかった」 方言❶焦げ臭い。山形県139 新潟県東蒲原郡368 長野県諏訪481 佐久493 ◇いぶっくさい 長野県佐久493 ❷苦々しい。不機嫌である。山形県139 長野県佐久493 ◇いぶっくさい・いぶしい 長野県佐久493 ❸怪しい。新潟県東蒲原郡368 発音〈標ア〉サ

いふく-じ【衣服地】〘名〙衣服に仕立てるための生地(きじ)。服地。＊或る女(1919)〈有島武郎〉前・七「衣服地や、外国人向きの土産品や」 発音〈標ア〉0

いーぶくろ【胃袋】〘名〙胃の俗称。胃の腑(ふ)。比喩的に、消化機能、食生活などにいう。「都民の胃袋をみたす」＊志都の岩屋講本(1811)下「此が俗に謂ゆる百尋(ひろ)で胃府(ヰブクロ)の下の口から、肛門まで続いて居て」＊侏儒の言葉(1923‐27)〈芥川龍之介〉天国の民「天国の民は何よりも先に胃袋や生殖器を持ってゐない筈である」 発音〈なまり〉イボクロ〔島根〕エブクロ〔埼玉方言・富山県・山梨・岐阜・静岡・和歌山県・紀州・鳥取〕〈標ア〉ブ 0 〈京ア〉イ 0 辞書〈ボン・言海〉 表記胃腑(へ) 胃袋(言)

いーふけい【異父兄】〘名〙母が同じで父の違う兄。種違いの兄。＊いつか汽笛を鳴らして(1972)〈畑山博〉一「一度も写真を見せてもらったことのない異父兄」 発音イフケイ 〈標ア〉ケ

いーふけいてい【異父兄弟】〘名〙「いふきょうだい(異父兄弟)」に同じ。 発音イフケイテイ 〈標ア〉ケ

いぶーけいぶん【緯武経文】〘名〙（武を緯(よこいと)とし、文を経(たていと)として織るという意から）文武両道を重んじて国家を治めること。経文緯武。＊晉書‐宣五王文六王伝賛「自家刑国、緯武経文」

いーふさ・ぐ【居塞】〘他ガ四〙人がその場を占める。＊寛永刊本蒙求抄(1529頃)二「され共皆居(イ)ふさいで我が居るべき座がないと申たれば」

いーふさ・ぐ【鋳塞】〘他ガ四〙金属製のものに生じた穴やひびに、溶かした金属をつめて修理する。＊寛永刊本蒙求抄(1529頃)一「禁錮(きんこ)の錮は、鐺(なべ)などの穴のあいたを墨金を以ていふさくを云ぞ」

いふーし【異父姉】〘名〙母が同じで、父の違う姉。種違いの姉。 発音〈標ア〉フ シ

いぶし【燻】〘名〙（動詞「いぶす(燻)」の連用形の名詞化）①いぶすこと。物を焼いて煙を出すこと。また、いぶすのに用いるもの。＊経覚私要鈔‐康正三年(1457)七月一一日「古市・豊田たいまつに井ふしを用意、欲懸火之間、令承伏」②硫黄を燃やして、金属器具に煤色(すすいろ)をつけること。＊電車の窓(1910)〈森鷗外〉「象牙に何か仮名文字の蒔絵をした櫛と、翡翠の玉の附いた燻(イブ)しの釵とが目に附く」＊桐の花(1913)〈北原白秋〉昼の思「その銀の燻(イブ)しをかけた蒼白い哀傷の光」③（「かいぶし(蚊燻)」の略）蚊遣火(かやりび)。＊合巻・茶番狂言初子待(1815)中・蚊「『ごうせいに蚊がいるな』『それだからいぶしをもって来た』」＊清元・田舎源氏露東雲(1891)「秋になっても藪蚊が多く、いぶしがなうては片時居られず」 方言❶蚊やり火。島根県飯石郡・八束郡725 ❷焼きぬか作りの作業。長野県佐久493 発音〈標ア〉シ 0 〈京ア〉0 辞書〈ボン・言海〉 表記燻(言)

いぶしーあ・げる【燻上】〘他ガ下一〙すっかりいぶす。いぶし尽くす。＊先生への通信(1910‐11)〈寺田寅彦〉巴里から・一「何処でも名高いお寺といへば皆一遍煤で燻していぶし上げてそれからざっとささらで洗い流した様な感じがしますが」 発音イブシアゲル 〈標ア〉0 ゲ

いぶしーがき【燻柿】〘名〙渋柿の皮をむいて干したもの。ほしがき。あまぼし。 発音イブシガキ 〈標ア〉シ

いぶしーがわら【燻瓦】〘名〙粘土瓦を焼成するときの仕上げ法の一つ。松などの炭素を表面に付着させ、銀黒色に発色させて防水性をもたせたもの。また、その瓦。 発音イブシガワラ 〈標ア〉ガ

いぶしーぎん【燻銀】〘名〙①いぶしをかけた銀。表面が濃い灰色になる。＊煤煙(1909)〈森田草平〉三二「襟に刺した燻銀の衿留を弄って見せて」＊ガトフ・フセグダア(1928)〈岩藤雪夫〉三「分子の微小な雪に埋もれた大泊の街は燻(イブ)し銀のやうに輝いてマドロスのセンチメンタリズムをそそった」②くすんで渋みのある銀色。＊暗夜行路(1921‐37)〈志賀直哉〉二・三「烟が風に押しつけられて、荒れた燻銀(イブシギン)の海の上を、千切れ千切れになって飛んで行く」＊野火(1951)〈大岡昇平〉二〇「水は月光を映して、燻銀(イブシギン)に光り、橋の下で、小さな渦をいくつも作ってゐた」③一見地味であるが、実際は力があったり、魅力があったりするもの。「いぶし銀の演技」 発音イブシギ(ギ)ン 〈標ア〉シ 0 〈京ア〉0

いぶしぎんーいろ【燻銀色】〘名〙「いぶしぎん(燻銀)②」に同じ。＊異形の者(1950)〈武田泰淳〉「いぶし銀色に光る大殿の瓦屋根に向って、数珠を手にして列をつくり、その坂路を登りすすむときには、仲間うちでは粗野のふるまひをする男たちも、できるだけひそやかにしてゐた」 発音イブシギンイロ 〈標ア〉0

いぶしーぐすり【燻薬】〘名〙①患部をいぶして治療する薬。②害虫をいぶして退治する薬。 発音イブシグスリ 〈標ア〉グ 辞書〈ボン〉 表記燻薬(へ)

いぶしーこぶし〘名〙〘形動〙 方言❶至る所に節ができること。また、そのさま。島根県西部「この縄はいぶしこぶしがあってみとーもなー(醜い)」725 ❷凸凹のあること。また、そのさま。島根県西部「蚊にくわれて身体中いぶしこぶしになった」725 山口県玖珂郡800 大島801 愛媛県840 福岡市879 長崎県対馬913 壱岐島914 大分県938 ◇いぼしこぼし 福岡市877 ❸筋肉隆々たるさま。熊本県918

いふーじしゃ【衣鉢侍者】〘名〙①僧侶におくる書状の宛名の下に添える儀礼的なことば。えはつじしゃ。えふじしゃ。＊東慶寺文書‐永禄一三年(1570)四月一七日「東慶寺いふ侍しゃ」②住持や宗師家の侍者として、衣服や銭財などのことを執り扱う役。えはつじしゃ。えふじしゃ。＊空華日用工夫略集‐応安三年(1370)八月二日「請英副寺充衣鉢侍者」＊玉塵抄(1563)二九「子産が鄭の君の衣鉢(イフ)侍者をしてたすけていたぞ」＊易林本節用集(1597)「衣鉢侍者 イフジシャ 維那 イノ 二者 禅家」 辞書文明・伊京・易林・日葡 表記衣鉢侍者(文・伊・易)

いぶしーにく【燻肉】〘名〙肉を塩漬けにし、煙でいぶして乾燥させた食品。燻製肉。＊茶話(1915‐30)〈薄田泣菫〉大食俳優「燻肉(イブシニク)を一片づつ列べたら、ざっと四哩の長さになる」 発音〈標ア〉シ

いぶしゅう（形容詞「いぶせし」の連用形「いぶせく」の音便形「いぶせう」の変化した語）気持が晴れなく。不快に。＊御伽草子・酒呑童子(室町末)「われらが見る目は違ふまじ、いぶしう候、お立ちあれ」＊幸若・ほり川(室町末‐近世初)「いかさまにも吉盛は正存にかたらわされたとぞんずるなり。いぶしうさう。おたちあれ。向後対面申すまじいと」

イプシロン【Ε, ε】〘名〙(ギリシア e psilon) ギリシア語のアルファベットの第五番目。数学では、非常に小さい数を表わす場合が多い。 発音〈標ア〉イ

いふーしん【畏怖心】〘名〙恐れおののく気持。＊経国美談(1883‐84)〈矢野龍渓〉後・二一「一方には斉武の列国を呑併せんと欲するの意あるを指摘して阿人の畏怖心を増さしめたり」 発音〈標ア〉フ

いーぶしん【堰普請】〘名〙 方言用水路の普請・修理。長野県上伊那郡488 下伊那郡492 岐阜県郡上郡504 ◇ゆぶしん 岐阜県郡上郡504 ◇えぶしん〔江普請〕 新潟県佐渡352

いーふ・す【射伏】〘他サ下二〙射あててたおす。射たおす。＊蜻蛉(974頃)中・天禄元年「おほなおほないふせられぬとて、ささとの心に、うれしうかなしきこと、ものに似ず」＊今昔(1120頃か)二九・五「射伏せたる奴を奥様へ引入れつ」＊太平記(14C後)一〇・鎌倉兵火事「度方(とほう)を失へる敵共を、此彼(ここかしこ)に射伏(イフセ)切り臥せ、或は引組んで差し違へ、生捕り分捕り様々也」 辞書言海 表記射伏(言)

いぶす〘名〙植物「とりかぶと(鳥兜)」の異名。＊書言字考節用集(1717)六「草烏頭 イブス 鴛鴦菊 同」 辞書書言 表記草烏頭・鴛鴦菊(書)

いぶ・す【燻】〘他サ五(四)〙①物を燃やして煙を出す。煙が多く出るように燃やす。また、そのような煙にむせるようにする。けむたくさせる。＊虎寛本狂言・狐塚(室町末‐近世初)「狐はけぶりをいやがる物じゃといふに依て、両人していぶいて正体をあらはし、生捕(いけどり)にして」＊書言字考節用集(1717)八「熾 イブス 燻火」＊和英語林集成(初版)(1867)「カヲ ibusu (イブス)」＊二人女房(1891)〈尾崎紅葉〉上・五「奥には今戸焼の蚊遣猪(かやりしし)に、炭俵の刻むだのと陳皮とを燻(イブ)して」＊即興詩人(1901)〈森鷗外訳〉神曲・吾友なる貴公子「善くも狂言して人を欺くことよ。床は呪水に濡らされ、身は護摩の煙に薫(イブ)さるるは、これがために非ずや」②あぶって焼く。③銀、銅などの金属に硫黄のすすで曇りをつける。いぶしを

かける。 ④(比喩的に) いじめて困らせる。いびる。 ＊雑俳・柳多留-二三(1789)「いぶすより焚き付けるのがにくいなり」 ＊黄表紙・曲亭一風京伝張(1801)「今も人にいけんをいはるることをいぶされるといふも、このいわれなるべし」 ＊読本・夢想兵衛胡蝶物語(1810)前・強飲国「をっぺしょるやうな理窟をならべて、さういぶされてたまるものか」 ＊浮雲(1887-89)〈二葉亭四迷〉一・二「其間始終母にいぶされる辛らさ苦しさ」 方言❶放屁(ほうひ)する。 長野県佐久493 ◇ゆぶす 岩手県九戸郡088 長野県佐久493 ❷盗む。また、ごまかす。 長野県佐久484 ❸いやみを言う。 山梨県456 北巨摩郡454 発音〈なまり〉ウブス〔愛知〕エブス〔岐阜〕ユブシ〔岩手〕ユブス〔岩手・埼玉方言〕ユブス〔岩手〕 〈標ア〉フ 〈京ア〉◎ 辞書 書言・ヘボン・言海 表記 熘(書) 燻(ヘ・言)

いぶすき【指宿・揖宿】 (湯の豊かな宿の意の「ゆぶすき」が転じたもの) 一(指宿) 鹿児島県、薩摩半島東南部の地名。摺ケ浜の砂湯で有名な指宿温泉がある。温泉熱を利用した園芸農業が盛ん。昭和二九年(一九五四)市制。 二(揖宿) 鹿児島県、薩摩半島の南東部の郡。鹿児島湾口に面する。江戸期以前には、指宿とも書いた。 ＊二十巻本和名抄(934頃)五「薩摩国〈略〉揖宿〈以夫須岐〉」 発音〈標ア〉フ 辞書 和名・文明 表記 揖宿(和) 指宿・指宥(文)

いぶすき-いせき【指宿遺跡】 鹿児島県指宿市にある遺跡。大正五年(一九一六)発見。縄文時代後期と彌生時代後期に属する二層の遺物包含層があり、前者から出土した二線平行の箆描(へらびょう)文の土器は指宿式土器と呼ばれる。 発音〈標ア〉イ2

いぶすき-ば【指宿葉】『名』 鹿児島県指宿市付近で作られるタバコの在来品種。葉肉が厚く、香りが強い。 発音〈標ア〉キ

いぶせ【井伏】 姓氏の一つ。

いぶせ-ますじ【井伏鱒二】 小説家。広島県出身。早大仏文科中退。新興芸術派の一人として出発し、ユーモアとペーソスの中に鋭い風刺精神をこめた市井小説により認められる。文化勲章受章。著「山椒魚」「多甚古村」「漂民宇三郎」「黒い雨」など。明治三一〜平成五年(一八九八〜一九九三)

いぶせ (形容詞「いぶせし」の語幹) 気分のはればれとしないこと。いとわしいこと。また、きたならしいこと。 ＊狭衣物語(1069-77頃か)三「いとど御顔を隠して、背き給へり。『あな、いぶせのわざや。時々は対面許させ給へ』とて」 ＊発心集(1216頃か)一・高野辺上人偽儲妻女事「さしも契りし事なれば、いぶせながらすぐる程に」 ＊史記抄(1477)一二・刺客「あら、いふせやと云てあれにさかわしとみるぞ」 ＊浄瑠璃・国性爺後日合戦(1717)三「いぶせや情なや、生獄門とはあのことか」

いぶせ・い『形口』⇨いぶせし

いぶせ-が・る『自ラ五(四)』(形容詞「いぶせし」の語幹に接尾語「がる」の付いたもの) いとわしいと思う。気がかりに思う気持を外に表わす。 ＊増鏡(1368-76頃)八・あすか川「『今のほどいかにいかに』ときこえさせ給御使ひの、引返(ひきかへす)まを、猶いぶせがらせ給に、正月もたちぬ」

いぶせ-げ『形動』(形容詞「いぶせし」の語幹に、接尾語「げ」の付いたもの) うっとうしいさま。不快なさま。また、きたならしいさま。 ＊金刀比羅本保元(1220頃か)中・白河殿へ義朝夜討ちに寄せらるる事「『すさましき者の固めたる門へ寄せあたりぬるものかな』とて、以外(もってのほか)、いぶせげにて、すすみもやらず」 ＊徒然草(1331頃)一三八「裏は塵つもり、虫の巣にていぶせげなるを、よくはきのごひて」

いぶせ-さ『名』(形容詞「いぶせし」の語幹に、接尾語「さ」の付いたもの) ①心のはればれとしないこと。うっとうしいこと。また、その度合。 ＊源氏(1001-14頃)桐壺「なほいぶせさを、限りなく、のたまはせつるを」 ＊苔の衣(1271頃)三「御いみのあきてさへいぶせさを、いと心もとなげにのたまふも、ことはりに哀におぼされて」 ＊米沢本沙石集(1283)七・六「此人上りなば、近づく事不ㇾ可ㇾ有。さあらむに付ては、互のいぶせさいかがせん」 ②いとわしく不快なこと。きたならしいこと。むさくるしいこと。また、その度合。 ＊平家(13C前)八・猫間「猫間殿は、合子(がふし)のいぶせさに、召さざりければ」 ＊平家(13C前)一〇・海道下「旅の空埴生(はにふ)の小屋のいぶせさに故郷(ふるさと)いかに恋ひしかるらん」 ③気味のわるさ。恐ろしさ。また、その度合。 ＊平家(13C前)九・坂落「余りのいぶせさに、目をふさいでぞ落としける」 辞書 日葡

いぶせ・し『形ク』①心がはればれとしないで、うっとうしい。気がふさぐ。気づまりだ。 ＊万葉(8C後)一二・二九九一「たらちねの母がかふ蚕(こ)の眉(まよ)ごもり馬声蜂音石花蜘蟵(いぶせくも)あるか妹にあはずして〈作者未詳〉」 ＊土左(935頃)承平五年二月六日「いつしかといぶせかりつる難波潟あしこぎそけて御舟きにけり」 ＊源氏(1001-14頃)賢木「さまざま乱るる心の中をだに、え聞えあらはし給はず、いぶせし」 ＊増鏡(1368-76頃)九・草枕「慎ましき御思ひもうすくやありけん、なほひたぶるにいぶせくてやみなんは、あかず口惜しと思す」 ＊文明本節用集(室町中)「賤臥床 イブセシ 或作妨嫌、木貫 見于文選」 ＊即興詩人(1901)〈森鷗外訳〉末路「観棚は内壁の布張汚れ裂けて、天井は鬱悒(イブセ)きまで低し」 ②気がかりでおぼつかない。心にかかる。気にかかる。 ＊源氏(1001-14頃)蜻蛉「なほ、いかで、いとにはかなりける事にかはとのみ、いぶせければ」 ＊義経記(室町中か)四・義経平家の討手に上り給ふ事「こころをかけ奉りて候。それに左右なく鎌倉中へ入れ参らせ給ひて御座候はん事、いぶせく候」 ＊浄瑠璃・平家女護島(1719)四「二位殿あわて出で給ひ、見ればあへなき俤のいぶせくも悲しくも、空をあふぎてわっとばかり歎き沈ませ給ひける」 ③(対象となる人や事物が) いとわしくていやだ。不愉快だ。 ＊源氏(1001-14頃)宿木「ひたぶるに、いぶせくなどはあらで、いとらうらうじく恥づかしげなる気色も添ひて」 ＊徒然草(1331頃)一五四「やがてその興つきて、見にくく、いぶせく覚えければ」 ＊御伽草子・福富長者物語(室町末)「身に生れつきたる芸ひとつさふらひけるが、〈略〉その芸あさましくいぶせければ」 ＊浮世草子・好色一代男(1682)一・五「唐紙(からかみ)の龍田川も紅葉ちりぢりにやぶれて、煙もいぶせき、すいからの捨所もなく」 ④きたならしい。むさくるしい。貧しく、みすぼらしい。 ＊平家(13C前)一・願立「子を思ふ道に迷ひぬれば、いぶせき事も忘られて、あさましげなるかたはうどにまじはって」 ＊米沢本沙石集(1283)一・四「母にて候者、わろき病をして死にて侍るが〈略〉人はいぶせき事に思て、見て訪者もなし」 ＊御伽草子・物くさ太郎(室町末)「かくていぶせき賤が伏屋に、ただひとり、おはせんより」 ＊浮世草子・世間妾形気(1767)四・二「是蘭内儀の帯が垢付いていぶせい」 ＊椰子の葉蔭(1904)〈島崎藤村〉「椰子の葉蔭にいぶせき茅屋の生活」 ⑤気味がわるい。恐ろしい。恐ろしく、危険にみえる。 ＊虚堂録臆断(1534)七「今日此潮を見てあれば、怒濤がいぶせいほどに不ㇾ堪ㇾ看也」 ＊天草本平家・伊曾保言葉の和げ(1593)「Ibuxei(イブセイ)コト。エズイ コト。〈訳〉恐ろしいこと」 ＊日葡辞書(1603-04)「Ibuxei(イブセイ)〈訳〉恐ろしいこと」 ＊浄瑠璃・十六夜物語(1681頃)三「いっかに親の敵なればとて、あのいぶせい帯刀を討んといふは」 ＊浄瑠璃・太平記忠臣講釈(1766)九「次第に精力(せいりき)労(つか)れ果、見る目いぶせき呵責のせめ、目も当てられぬ次第なり」 語誌 (1)中世、近世には口語形「いぶせい」も見られる。 (2)「何らかの障害があって、対象の様子が不分明なところから来る不安感・不快感」を示すのが原義と見られる。上代においては「おほほし」と類義的に用いられる。 (3)中世以降「きたならしい、むさくるしい」あるいは「気味がわるい、恐ろしい」の意に用いられるが、現在では方言として残存するのみである。 方言❶気分が晴れ晴れしない。 ◇いぶせい 長野県佐久493 ❷危ない。危うい。 ◇いぶせい 群馬県215 218 226 ❸汚い。むさ苦しい。不潔だ。 ◇えぶせい・えびせい 長野県佐久484 ◇いびしょい 岐阜県揖斐郡498 ◇いびしない 高知県幡多郡862 ❹気味が悪い。 ◇いぶせい 島根県美濃郡・邑智郡725 ❺恐ろしい。怖い。 ◇いぶせい 越後1087 島根県美濃郡・邑智郡725 広島県江田島057 ◇えぶせい 島根県邑智郡725 ◇えびせい 広島県高田郡779 ◇えべせい 島根県石見725 広島県771 779 ◇ちびせい 広島県比婆郡709 ❻かわいそうだ。惨めだ。 ◇いびしない 山口県浮島054 ◇いびつけない 兵庫県淡路島671 島根県邑智郡735 山口県796 798 801 ❼水にぬれたりして気持が悪い。じめじめして気持が悪い。 ◇いびしない 高知県幡多郡860 ◇いびつけない 愛媛県津島840 ❽嫌だ。好まない。 ◇いぶせい 長野県上田475 佐久493 ◇いぶしない 高知県幡多郡050 ❾油断がならない。 ◇いぶせない・いびせない 長野市・上水内郡054 ❿けちくさい。 ◇いびしない・いみしない 新潟県佐渡359 ⓫娘などの口が悪い。 ◇いぶせい 長野県佐久493 ◇いびしょ 福岡市877 879 ⓬大変だ。甚だしい。 ◇いぶせい 長野県佐久493 広島県山県郡771 高田郡779 語源説 (1)イブセシ(鬱悒狭)の義。オボホシ(不明)と通じる〔大言海〕。(2)イキフセの約転。息伏の義〔万葉考・和訓集説〕。(3)イブキセマシ(気噴狭)の意〔名言通・音幻論＝幸田露伴〕。(4)イフセシ(云迫)の合言。またはイブセシ(息吹迫)か〔古言類韻＝堀秀成〕。(5)イフセシ(熘迫)から〔言元梯〕。(6)イフセキ(射捍)から〔和語私臆鈔〕。 発音〈なまり〉イビシー〔大分〕イビセー〔NHK(広島)〕ヤブセッタイ〔山梨奈良田・静岡〕ヤブセッポイ・ヤブセポッタイ〔静岡〕 〈標ア〉セ 〈ア史〉鎌倉『いぶせき』○○○◐ 江戸『いぶせき』●●○○ 〈京ア〉セ 辞書 色葉・和玉・文明・天正・黒本・書言・ヘボン・言海 表記 霧(色・玉・天) 妨嫌(文・黒・書) 覆(色) 木貫・賤臥床(文) 悒憤(書) 鬱悒(へ)

いぶせっ-たい『形』 方言❶煙い。 静岡県527 535 536 ❷うっとうしい。気が詰まるようだ。 東京都南多摩郡310 ❸むさ苦しい。 静岡県520

いぶせ-み (形容詞「いぶせし」の語幹に「み」の付いたもの) 気持が晴れないので。気持が晴れずに。 ＊万葉(8C後)八・一四七九「こもりのみ居れば鬱悒(いぶせみ)なぐさむと出で立ち聞けば来鳴くひぐらし〈大伴家持〉」 ＊万葉(8C後)一八・四一一三「紐解かず まろ寝をすれば 移夫勢美(イブセミ)と 心慰(なぐさ)に なでしこを やどにまきおほし〈大伴家持〉」 上仮名 イブセミ

いぶせ・む『自マ四』(形容詞「いぶせし」を動詞に活用させたもの) 心がはればれとしないで、すっきりしない気持をいだく。うっとうしく思う。 ＊万葉(8C後)九・一八〇九「虚木綿(うつゆふ)の こもりてをれば 見てしかと 悒憤(いぶせむ)時の かきほなす 人の問ふ時〈高橋虫麻呂〉」

イプセン (Henrik Ibsen ヘンリック—)《イブセン》 ノルウェーの劇作家。自我の解放と確立を追求した自由思想家で、近代劇の創始者といわれる。戯曲「人形の家」「幽霊」「民衆の敵」「野鴨」「ヘッダ-ガブラー」など。(一八二八〜一九〇六) 発音〈標ア〉イ

いぶそ・い『形口』(「いぶせい」の変化した語) ①いやである。憎らしい。 ＊一茶方言雑集(1819-27頃)「いぶそい 岩藤づらが」 ②はなはだしい。憎いほどである。 ＊俳諧・温泉之記(1823か)「いぶそい いぶそい上手などとつづきて妙々極上也」

いぶそく【伊蒲塞】『名』(梵 upāsaka の音訳)「うばそく(優婆塞)」に同じ。 ＊大唐西域記-九「鄔波索迦唐言二近事男一旧曰二伊蒲塞一又曰二優婆塞一皆訛也」

い-ふたぎ【韻塞】『名』(「いんふたぎ」の撥音

「ん」の無表記）「いんふたぎ（韻塞）」に同じ。＊能因本枕（10C終）一八三・しりがほなる物「ゐふたきの明、疾うしたる」

いーぶつ【異物】〘名〙①そのものと関係のない別個のもの。＊竹園抄（13C後）「六義事〈略〉風とは諷なり。諷といふはたとへなり。体はみえねどもよそのものにあたりて風を知るごとくに、かぜの歌は思ふ事を異物にあたりてよりあらはす歌也」＊公議所日誌‐一五下・明治二年（1869）五月「政教一にして天を奉じ祖に報ずるの義に出れば民心一に定て、異物に移らざるべし」＊管子‐小匡「少而習焉、其心安焉、不ㇾ見二異物一而遷焉」②非日常的なもの。違和感を与えるような奇異なもの。連歌論に多く見られる。＊連理秘抄（1349）「異物、常に用ゐざる所の鬼風情の物也」＊撃蒙抄（1358）「異物、奇言を好事、更にあるべからずといへども」＊筑波問答（1357‐72頃）「連歌の面に各所、めづらしき言葉、また常なき異物、浮かれたるやうなるてにはゆめゆめし給ふべからず」③死体。屍（しかばね）。または、あの世のもの。幽鬼。＊南郭先生文集‐二編（1737）九・答富春叟「東壁已異物、先生亦此下世」＊志都の岩屋講本（1811）下「変じて異物と為ると云ふはとんと死骸と成ったることを云ふでござる」＊魏文帝与呉質書「元瑜長逝、化為二異物一」④その本来の組織と性格を異にするもの。㋑体外からはいる食物以外のもの。針、魚骨など。また、体内に発生する異常な組織。癌（がん）、結石など。＊医語類聚（1872）〈奥山虎章〉「Allotriuria 尿中異物」＊話の屑籠〈菊池寛〉昭和六年（1931）一一月「総義歯を入れて貰った。最初は、口中に異物を挿入するのが、馬鹿々々しいので、入れてゐる気がしなかった」㋺ごみ、ほこりなど。＊歩兵操典（1928）第二三三「機能上故障の起因たるべき要部を検し〈略〉若は異物の介在し易き部分の手入を行ひ」 発音〈標ア〉⓪イ〈京ア〉⓪

いーぶつ【遺物】〘名〙①死者・先人などがのこしたもの。遺品。かたみ。ゆいもつ。＊親元日記‐文明一三年（1481）一〇月二五日「父若狭守為二遺物一刀一腰〈国重〉進上」＊玉露叢（1674）二九・延宝六年「十月二日に、東福門院の御遺物として、御手鑑、御掛物〈略〉御卓、御屏風一双〈略〉十炷香具を進らせらる」＊経国美談（1883‐84）〈矢野龍渓〉前・一一「再会も期し難ければ此書を以て訣別の遺物と思い呉れよ」＊後世への最大遺物（1894）〈内村鑑三〉一「それで後世への最大遺物の中で、先づ第一に大切のものは何であるかと云ふに、私は金だと云ふて、其の金の必要を述べた」②忘れ物。落とし物。遺失物。＊宋史‐李穆伝「行路得二遺物一、必訪レ主帰レ之」③昔のもので現在まで残っているもの。遺跡から出た大昔の品物など。また、比喩的に、時代おくれの物事をもいう。＊大森介墟古物編（1879）〈矢田部良吉訳〉総論「此僅々の遺物と雖も既に就て一旦巧拙の度を審にせば」＊百物語（1911）〈森鷗外〉「その百物語は過ぎ去った世の遺物（ヰブツ）である。遺物だと云っても、物はもう亡くなって、只空（むなし）き名が残ってゐるに過ぎない」 発音〈標ア〉⓪〈京ア〉⓪ 辞書言海 表記遺物（言）

いぶつ‐かん【異物感】〘名〙普通とは異なったものに触れたときに受ける奇異な感じ。＊他人の顔（1964）〈安部公房〉白いノート「唇の異物感と、神経の鈍さが、わずかに味覚をそぎ」＊エオンタ（1968）〈金井美恵子〉一一「荒れた唇の、表皮の固い異物感に敏感に震える」 発音〈標ア〉ツ

いぶつ‐すうはい【遺物崇拝】〘名〙祖先・死者・聖人の霊との交わりを求めて、その遺体や所持品を崇拝すること。ミイラ、骨、歯、毛髪、着衣、食器、武器、装身具などが対象となる。＊現代文化百科事典（1937）「いぶつすーはい 遺（ヰ）物崇（スウ）拝 逝ける聖賢、英雄、殉教者などの遺物を崇拝すること」 発音イブッスーハイ〈標ア〉ス

いぶつぶんぱい‐じょう【遺物分配状】〘名〙江戸時代、武家がその所持する財産を子供たちに分配するために作成した遺言状。

いぶつほうがん‐そう【遺物包含層】〘名〙古代の遺物を含む地層。文化層。 発音イブツホーガンソー〈標ア〉ガ

いぶつ‐ろん【唯物論】〘名〙「ゆいぶつろん（唯物論）」に同じ。＊改正増補和英語林集成（1886）「Ibutsuron ヰブツロン 唯物論」 発音〈標ア〉ツ

いふ‐てい【異父弟】〘名〙母が同じで父の違う弟。＊階級（1967）〈井上光晴〉七「東京であらわれた異父弟のことについてききただしたい気持さえ」 発音イフテイ〈標ア〉フテ

イブニング〘イヴニング・イーブニング〙□一〘語素〙（英 evening）名詞などの上につけて、「夕方の」「晩の」の意を表わす。「イブニングコート」＊音引正解近代新用語辞典（1928）〈竹野長次・田中信澄〉「イーブニング Evening 英 夕、晩、日暮」□二〘名〙「イブニングドレス」の略。＊朝の草（1937）〈武田麟太郎〉「彼女は手早く、水色のイヴニングを纏った」＊負け犬（1953）〈井上友一郎〉「自分がイヴニングより浴衣のほうが似合はない、というふことから端を発している」

イブニング‐ガウン〘名〙（英 evening gown）「イブニングドレス」に同じ。＊追われる女（1953‐54）〈平林たい子〉黒衣の女「白いイヴニング・ガウンに着かえるとき」 発音〈標ア〉イ〈京ア〉イ

イブニング‐コート〘名〙（英 evening coat）男子用の夜会服・燕尾（えんび）服、または、イブニングドレスの上に着る婦人用のコート。＊新粧之佳人（1886）〈須藤南翠〉六「今宵を曠（はれ）と粧ひを凝しイヴニング・コートを着飾りつつ」 発音〈標ア〉コ

イブニング‐ドレス〘名〙（英 evening dress）女性が晩さん会などに着る礼装用の洋服の一つ。スカートの丈は長く、袖なし衿なしで、胸や肩の部分を広くあけてある。夜会服。イブニング。＊黒潮（1902‐05）〈徳富蘆花〉一・一・一「車、馬車と引き切りなしに呦々（いういう）館の門内に流れ込むで、イヴニングドレスが下りる、白襟紋付が下りる」＊冬の宿（1936）〈阿部知二〉九「新しくつくった白いイヴニング・ドレスにきかへた従妹がきて」 発音〈標ア〉ド

いふ‐ぼ【衣鉢簿】〘名〙寺院資財や住持の私財を記録した帳簿。えはつぼ。えほぼ。＊空華日用工夫略集‐貞治五年（1366）五月二二日「津侍者時在二室中一、掌二吾衣鉢簿一」＊禅林象器箋（1741）簿券「衣鉢（イフ）簿」

いふ‐まい【異父妹】〘名〙母が同じで父の違う妹。たねちがいの妹。 発音〈標ア〉フ

いぶり【燻】〘名〙（動詞「いぶる（燻）」の連用形の名詞化）①いぶること。物を焼いて煙を出すこと。②（煙がぶすぶす出て燃えないのにたとえて）不満なようす。不平を言うこと。 方言煙。山形県庄内052 東京都八丈島343 ◇ゆぶり 岩手県紫波郡068 気仙郡102 ◇いぶ 東京都八王子311 三宅島322 発音〈標ア〉リ 辞書言海 表記燻（言）

いぶり【胆振】□一胆振国。旧北海道一一か国の一つ。北海道の南西部を占め、現在の後志（しりべし）、渡島（おしま）、胆振、石狩、上川の五支庁を含む。□二胆振支庁。北海道一四支庁の一つ。支庁所在地の室蘭市と苫小牧市を中心とする地域。西部は支笏洞爺国立公園の一部を含む。大正一一年（一九二二）室蘭支庁を改称成立。 語源説明治時代にユウフツ、イブツのアイヌ語の地名を斉明紀所出の地名イフリサへ（胆振鉏）に擬したもの〔大日本地名辞書＝吉田東伍〕。

いぶり〘名〙（形動）①平気で残忍なことをすること。心が荒っぽいこと。また、そのさま。＊神皇正統記（1339‐43）上・神代「いさみたけく不忍（イブリ）にして父母の御心にかなはず」＊御巫本日本紀私記（1428）神代上「有勇悍以安忍〈以左美太介久志弖以不利奈留古止安利（いさみたけくしてイブリなることあり）〉」＊運歩色葉（1548）「異振 いフリ」＊日葡辞書（1603‐04）「Iburina（イブリナ）ヒト〈訳〉悪い性質の人」②他人のことばに素直に従わず反抗すること。また、そのさま。すねたり、ぐずったり、ふてくされたりするさま。＊児教訓（15C後‐16C初か）「人にはすねて、いぶりにて 人せせりして 口ききて」＊俳諧・毛吹草（1638）六「天気さへゐぶりなりけり村時雨〈重頼〉」＊浄瑠璃・卯月の紅葉（1706頃）中「いけんをすれば、いぶりを出し、あきなひはそでにして」＊浮世草子・小児養育気質（1773）五・一「少し世間並の小児よりは愛のすくない生れ付にて、いぶりなる顔付」 補注②について、「近世上方語辞典」は「ゆぶり（揺）」の訛とする。 語源説(1)イブキ（息吹）の転。フリ（振）はフキ（揮）に通じる〔大言海〕。(2)イは接頭語。フリは振で、フルヒ（奮）と同義〔日本古語大辞典＝松岡静雄〕。 辞書名義・伊京・日葡・書言・ヘボン 表記逸（名・伊）不忍・佷（書）安忍（ヘ）

いぶり‐がお【━顔】〘名〙不満そうな顔つき。＊浮世草子・新色五巻書（1698）一・四「『そんならそうといへば、帳よごさぬ』と、いぶり顔（ガホ）して」

いぶり‐くさ・い【燻臭】〘形口〙物がいぶるようなにおいがする。いぶくさい。＊今年竹（1919‐27）〈里見弴〉焼土・四「焼跡に独特な、あの、湿っぽいやうな燻り臭い匂ひは、けれども、秋晴の午後の微風に駕って、遠くまで流れ漂って来てゐた」 発音〈標ア〉サ

いぶり‐さ〘名〙（「さ」は接尾語）不平不満の加減。つれなくするさま。＊浄瑠璃・出世景清（1685）道行「花にまがひのさくら海苔（のり）、天をひたせば雲のりに、月をつみてかるとはすれど、手にはとられぬ桂男（かつらをとこ）の、ああいぶりさは、いつ青海苔もかだのりと身のさがらめをなのりそや」

いぶり‐ずみ【燻炭】〘名〙炭化が不十分で、火をつけるといぶる炭。《季・冬》＊俳諧・発句題叢（1820‐23）冬・下「我宿の松は老いたりいぶり炭〈士朗〉」 発音〈標ア〉リ

いぶり‐だ・す【燻出】〘他サ五（四）〙①物を焼いて煙を出し、けむたがらせて中にいるものを外へ追い出す。②人をいじめ苦しめて追い出す。いびりだす。 発音〈標ア〉⓪ダ

いぶり‐つ・ける【揺付】〘他カ下一〙赤子などを、揺すって寝かしつける。＊歌舞伎・彩入御伽草（1808）堺川辻堂の場「そのうちに抱き子泣く。多々平いぶり附（ツ）ける」＊歌舞伎・吹雪花小町於静（お静礼三）（1867）二幕「何ぞ魘（うな）されたのであらう。風引かぬやうに、いぶり付けてやるがいい」

いぶり‐ばら【━腹】〘名〙すねて腹を立てること。＊歌謡・色里迦陵頻（1711‐16頃か）九・色里大こく舞「茶わん酒をへさゑて、いぶりはらをたてくさる」 方言わずかなことにもすぐ腹を立てること。山口県豊浦郡769

いぶり‐もの【━者】〘名〙すねる人。すねもの。ひねくれもの。＊評判記・満散利久佐（1656）対馬「気だてしゃんとして、おとこにもたれず、又ちといぶりもの、人にあひて、愛のなきものなり」＊浮世草子・諸道聴耳世間猿（1766）五・一「芝居を仰付けられいと声かけられて、それは御用捨といはば、またおこりかねぬいぶり者」

い‐ふ・る【━触】〘自ラ下二〙（「い」は接頭語）さわる。ふれる。＊万葉（8C後）三・四三五「みつみつしくめのわくごが伊触（イふれ）けむ礒の草根の枯れまく惜しも〈河辺宮人〉」

いぶ・る【揺】〘他ラ四〙（「ゆぶる（揺）」の変化した語）揺り動かす。特に、赤子を泣きやませるために揺ってあやす。＊御伽草子・福富長者物語（室町末）「衣裄（いかう）に取り附きて、腰の骨を踏み居たるを、孫（おまご）はいぶられて、何心なく笑ふ」＊浄瑠璃・祇園女御九重錦（1760）四「折しもむづかる産子（うぶご）の夜泣、娰（こしもと）達が取々に、いぶりすかせど彌増（い

やま)すおびえ」 方言 富山県390 石川県404 福井県427 長野県上伊那郡488 下伊那郡492 島根県725

いぶ・る【燻】〘自ラ五(四)〙よく燃えないで煙が出る。けむる。くすぶる。＊雑俳・柳多留‐一(1765)「松原の茶屋はいぶるが景になり」＊滑稽本・八笑人(1820‐49)二・下「大家様と違て、吹竹の尻の穴は、なりたけちひさいが、いいもんだ。ヲヲウいぶるぞいぶるぞ」＊草枕(1906)〈夏目漱石〉二「中にはとぐろを捲いた線香が日の移るのを知らぬ顔で頗る悠長に燻って居る」 語源説 (1)イボル(熕)と通じる〔大言海〕。(2)ヒキフレ(火気触)から〔言元梯〕。(3)イビイル(寝火入)の転略〔両京俚言考〕。(4)ブは弱い火力に伴って起こるブスブスという音などから取ったものか。イはそれを滑らかにするために添えた接頭語〔国語の語根とその分類＝大島正健〕。 発音 〈なまり〉イバル〔岐阜・飛騨〕イワル〔飛騨〕エブル〔東京・岐阜・愛知・南知多〕ユブル〔岩手・千葉〕〈標ア〉ブ 〈京ア〉0 辞書 ポン・言海 表記 燻(へ・言)

い‐ふるさと【居古里】〘名〙自分の住んでいる家が荒れ果てていることをいう(俳諧・誹諧名目抄(1759))。

い‐ふん【蝟紛】〘名〙(「蝟」は、はりねずみの意)はりねずみの毛のように、物が沢山に乱れ集まること。＊篁園全集(1844)七・鶯啼序「留容頓変、壮志全銷、厭二蝟紛世界一」

い‐ふん【遺芬】〘名〙あとまで残っているかおり。また、転じて、亡くなった人の遺徳。＊江吏部集(1010‐11頃)下・早夏同賦芳樹垂緑葉応製「韓寿遺芬留二翠箔一、荀君余気染二羅帷一」＊江都督納言願文集(平安後)二・円徳院供養願文「漢武帝之傷二李夫人一也。遺芬之夢空覚」＊沈佺期‐神龍初廃逐南荒途出郴口北望蘇耽山詩「不才予竄レ迹、羽化子遺レ芬」

い‐ぶん【以聞】〘名〙奏上すること。申し上げること。＊壒嚢鈔(1445‐46)一四「赦(ゆるし)を蒙て帝都に皈て、神託を以聞(イフン)して、令二草創一所也、初は神願寺とす」＊史記抄(1477)五・秦本紀「使者奉しありのまま以聞したぞ」＊礼記‐曾子問「有司以聞曰、古之礼、慈母無レ服」 辞書 書言 表記 以聞(書)

い‐ぶん【異文】〘名〙①普通とは違った文面・文書。＊春秋左伝注‐隠公二年「(夏、莒人入レ向、以二姜氏一還)凡得失小故、経無二異文一、而伝備二其事一」②異本で、他の本と違いのある本文。③異なった文字。字形を異にすること。＊文芸類纂(1878)〈榊原芳野編〉一「吏道は薛聰が作れる所なるを以て〈略〉其古体に異文あるも料るべからず」＊漢学師承記‐朱笥河先生「篆文異文而今同一首者、奉奏春秦泰、是也」 発音 〈標ア〉0イ 〈京ア〉0 辞書 文明 表記 異文(文)

い‐ぶん【異聞】〘名〙めずらしい話。かわった風聞。珍聞。奇聞。いもん。また、普通にいわれているのと異なった伝聞。別な情報。＊史記抄(1477)三・史記索隠序「異聞を探求て、書伝にある事を取て、心得にくい処を心得様にするぞ」＊文明本節用集(室町中)「異聞 イブン」＊西洋紀聞(1725頃)上「彼地方の事をとふに、事明らかにして、異聞ども多かりき」＊新聞雑誌‐一号緒言・明治四年(1871)五月「太政を始め諸府県の変革又は里巷の瑣事、外国の異聞まで見聞に随ひ刊行するは」＊論語‐季氏「陳亢問二於伯魚一曰、子亦有二異聞一乎」 発音 〈標ア〉0イ 〈京ア〉0イ 辞書 文明 表記 異聞(文)

い‐ぶん【移文】〘名〙①管轄関係のない官司間でとりかわされる公文書。移牒(いちょう)。＊東南院文書‐承和九年(842)七月一九日・因幡国高庭荘別当解(平安遺文一・七一)「伝聞、但馬国二方郡部内、有二彼身一、望請、移文進二於其国部内一、捜二求彼身一」＊兵範記‐久寿三年(1156)二月五日「又兵部省持二参移文一〈略〉宛文書様兵部省移 左衛門府」②①に準ずる性質の文書。外交文書の場合など。また、その文書を送ること。＊太平記(14C後)三九・高麗人来朝事「徐(やうやく)已移二文(イフンシテ)日本国一照験」＊三角亭集(1756)渓辺梅「将聘二君於小国裡一、移文且欲レ問二山灵一」③布告文。触れ書き。＊扶桑集(995‐999頃)七・橘才子以予為失時贈答之中屢有此句余乃不然故述来由復次本韻・復賦聞字〈源英明〉「南嶺梳レ霜煩二角綺一。北山擺レ月見二移文一」＊蕉堅藁(1403)山居十五首次禅月韻「此地由来無二俗駕一、移文何必託二山霊一」＊孔稚珪‐北山移文「鐘山之英、草堂之霊、馳二煙駅路一、勒二移山庭一」

い‐ぶん【遺文】〘名〙①死んだ人が書きのこしておいた文章類。また、生前には発表されなかった文章類。＊和漢朗詠(1018頃)下・文詞「王朗が八葉の孫、徐詹事(じょせんじ)が旧草を摭(ひろ)ふ 江淹(かうえん)は一時の友、范別駕(はんべつか)の遺文を集む〈源順〉」＊文明本節用集(室町中)「遺文 イブン」＊紹述先生詩集(1761)秋日懐旧「当年事業託二遺文一」＊風俗通‐正失「後人見二遺文一、則以為レ然」②現存する過去の文章・文献。＊足利本論語抄(16C)述而第七「文は六籍、古の遺文なり」＊史記‐太史公自序「百年之間、天下遺文古事、靡レ不三畢集二太史公一」 発音 〈標ア〉0 〈京ア〉イ 0 辞書 文明・書言 表記 遺文(文・書)

い‐ぶん【遺聞】〘名〙世間に知られていないうわさ。伝え残された風聞。 発音 〈標ア〉0イ

イフンケ〘名〙アイヌ民族に伝わる民謡の一つ。女性の歌で、多くは子守り歌にあたる。 発音 〈標ア〉フ

イブン‐サウド(Ibn Sa'ūd) サウジアラビアの初代国王(在位一九三二～五三年)。中央アラビアの元支配者の出身で、一九一九年のアラビア戦争後、イギリスの支持を得て、アラビア全土を合併し支配した。(一八八〇頃～一九五三)

い‐ぶんし【異分子】〘名〙一団の人の中で他の多くのものと性質、思想、意見などが違っているもの。＊妾の半生涯(1904)〈福田英子〉一三・一〇「されど妾の如き異分子(イブンシ)の、争(いか)でか長く斯る家庭に留り得べき」＊雲は天才である(1906)〈石川啄木〉一「自分は常に此職員室の異分子である」＊姉弟と新聞配達(1923)〈犬養健〉三「彼は、二人きりで話し合ってゐる恋人同志の邪魔をしたかのやうに躊躇した。自分の異分子な事を感じた」 発音 〈標ア〉ブ 〈京ア〉ブ

イブン‐シーナー(Ibn Sīnā) イスラムの哲学者・医者。中央アジアのブハーラー近郊出身。「医学典範」「治癒の書」などを著わし、中世ヨーロッパの哲学・医学に影響を与えた。ラテン名はアビセンナ。(九八〇～一〇三八)

いぶん‐しじん【位分資人】〘名〙令制における下級官人。五位以上の諸王・諸臣の位階に応じて、一位に一〇〇人、二位に八〇人などの定数があり、主人の警護や雑務に使われた。外八位以下の子および庶人から選ばれる。官職に応じて賜わる職分資人(しきぶんしじん)に対する。＊続日本紀‐養老三年(719)一二月庚寅「始以二外六位内外初位及勲七等子年廿以上一、為二位分資人一、八年一替」＊三代格‐五・神亀五年(728)三月二八日・太政官謹奏「位分資人、右外正五位五人、外従五位四人 女亦同」＊蜂須賀侯爵所蔵文書‐延喜二年(902)月日未詳・阿波国板野郡田上郷戸籍(平安遺文一・一八八)「男粟凡直貞安、年参拾陸歳位分資人」

イブン‐バットゥータ(Ibn Baṭṭūṭah)《イブン＝バットゥータ》 アラビアの旅行家。北モロッコに生まれる。アフリカ、アラビア、インドを経て元の順帝治下の中国に入り、大都(北京)まで訪れたという。口述によるこの三十余年間の旅行記「都会の珍奇さと旅路の異聞に興味をもつ人々への贈り物」がある。(一三〇四～七七)

イブン‐ハルドゥーン(Ibn Khaldūn) チュニジア生まれのアラブ系の歴史家。主著「歴史序説」。(一三三二～一四〇六)

イブン‐フルダードベ(Ibn Khurdādhbeh) イランの地理学者。著「道里記・郡国誌」は、中国・朝鮮・日本に至るまで記載され、九世紀のアラビア地理書中最も重要。(八二〇頃～九一二頃)

い‐ぶんぼ【異分母】〘名〙二項以上の分数、またはそれを含む分数式で、それぞれの分母が異なること。また、その分数。 発音 〈標ア〉ブ

イブン‐ルシュド(Ibn Rushd) 西方イスラム世界有数の哲学者・医学者。スペインのコルドバ生まれ。アリストテレスの註釈的研究をはじめ、著作の多くが一三世紀にラテン語訳され、西欧中世思想に絶大な影響を与えた。主著に「宗教と哲学の調和」「矛盾の矛盾」など。ラテン名アベロエス。(一一二六～九八)

いべ【伊部】 姓氏の一つ。 発音 〈標ア〉0

いべ〘名〙奄美群島から沖縄諸島にかけて、霊地のこと。奄美大島でいびがなし(「かなし」は尊称)というのは地神のことで、屋敷の中にある石。沖縄では神名のあとにつけて「…様」の意。宮古八重山では、神は神名とイベ名とを持っており、神名を忌んでイベ名を用いる。八重山では御岳(おたけ)と称する霊地、またはその中にある樹木や石をいう。

い‐へい【夷平】〘名〙滅ぼすこと。絶滅させること。＊南国記(1910)〈竹越与三郎〉三・マカヲの衰退「葡萄牙人即ち支那のため此海賊を夷平し功によりて『マカヲ』を得」＊漢書‐郊祀志「人有二上書告一、平所レ言皆詐也、下レ吏治誅夷平。〈注〉師古曰、夷者、平也、謂三尽平二除家室宗族一」 発音 イヘイ 〈標ア〉0

い‐へい【威柄】〘名〙威光と権力。＊東京日日新聞‐明治二九年(1896)一一月一三日「往昔一門の威柄を天下に封殖したる藤原氏の如きを以て」＊南国記(1910)〈竹越与三郎〉五・政府と土司との関係は兄弟たり「輔摂官は〈略〉配下の人民に威柄を示すの機会あるを喜ぶ」＊鶡冠子‐学問「処レ兵者、威柄所レ持、立二不敗之地一也」

い‐へい【遺秉】〘名〙落とし忘れた稲のたば。＊詩聖堂詩集‐三編(1838)九・有年行「与与翼翼黍稷蕃、積レ之墉崇又櫛比、甌窶汗邪何足レ云、彼有二遺秉一此滞穂」＊詩経‐小雅・大田「彼有二遺秉一、此有二滞穂一。〈伝〉秉、把也。〈集伝〉彼有二遺秉之禾把一」

い‐へい【遺弊】〘名〙前の時代から続いている悪い事柄。なくならないで残っている弊害。＊夜航余話(1836)上「足利文盲の世に当り、一時黒衣宰相となりて、文筆の柄を掌ける遺弊なり」＊内地雑居未来之夢(1886)〈坪内逍遥〉一〇「財産を陰蔽するは封建度の遺弊也」＊拾遺記‐五「漢興維二六国之遺弊一、天下思二於聖徳一」

い‐べい【衣袂】〘名〙着物のたもと。そで。＊三角亭集(1756)席上奉次東厓尊師韻「露気凄二衣袂一、桂香泛二酒盃一」＊金色夜叉(1897‐98)〈尾崎紅葉〉続・八「蹈居る土も今にや崩れなんと疑ふ処、衣袂(イベイ)の雨濃(こまやか)に灑ぎ、鬢髪の風転た急なり」＊周礼‐春官・司服「士之服、自二皮弁一而下、如二大夫之服一。〈注〉士之衣袂皆二尺二寸而属レ幅是広袤等也」

イベール(Jacques Ibert ジャック―) フランスの作曲家。二〇世紀中頃に活躍。印象主義と新古典主義の諸要素を結合した作品をのこす。代表作に管弦楽曲「寄港地」など。(一八九〇～一九六二) 発音 〈標ア〉ベ

い‐へき【囲壁】〘名〙囲いの壁。周りの塀。＊作戦要務令(1939)二・三五六「樹木の疎密、家屋の構造、囲壁の状態等に依り」 発音 〈標ア〉0

い‐へき【胃壁】〘名〙胃の壁。内側は粘膜、粘膜下組織、筋層からなり、外面は漿膜(しょうまく)でおおわれている。＊故旧忘れ得べき(1935‐36)〈高見順〉五「年若い学生の柔い胃壁がかかる強烈なロシア酒に抵抗できる訳のものでは無いから」＊とむらい師たち(1966)〈野坂昭如〉「吐くたんびに胃壁がはがれてペロペロ出てくんねんで」 発音 〈標ア〉0 〈京ア〉イ

い‐へき【痿躄】〘名〙足の不自由なこと。足なえ。＊日葡辞書(1603‐04)「Ifeqi(イヘキ)〈訳〉足の不自由なこと」＊日本外史(1827)一一・足利氏後記「勘助三河人、眇目痿躄」 辞書 日葡

い-べつ【異別】『名』違い。差異。＊落葉集（1598）「異別 いべつ」＊日葡辞書（1603–04）「Ibet（イベツ）〈訳〉他のこと、また、ちがうこと」＊乾坤弁説（1656）元「其性の浅深に随て、時により処によりて、出来する物異別ある物也」＊文明論之概略（1875）〈福沢諭吉〉緒言「彼我の文明の有様を比較して大に異別あるを知り」 辞書 日葡

い-べつ【彙別】『名』取り集めて分類区別すること。＊修辞及華文（1879）〈菊池大麓訳〉通知「其細条を彙別するの巧も亦後世大家の書に譲るなしとす」

イベリア-ご【──語】『名』（イベリアはスペイン Iberia）ローマ帝政期までイベリア半島の地中海側内陸部とフランス南東部で使用された言語。現在は死語。かつてバスク語の祖先という説もあったが、実際は系統不明。碑文を中心に紀元前四世紀までさかのぼる資料があり、イベリア文字・ギリシア文字で記されているが、内容は解読されていない。 発音 イベリアゴ〈標ア〉0

イベリア-しょご【──諸語】『名』（イベリアはスペイン Iberia）おそらく祖語を共通とする同系の言語であると考えられているカフカス諸語の中の南カフカス諸語の別称。グルジア語（グルジアおよびその隣接地帯）、ザン語（西部グルジア、トルコ領黒海沿岸）、スバン語（カフカス山脈の南斜面）がこれに属する。ザン語を話者の分布地域と民族意識の違いからメグレル語とラズ語に分けることもある。カルトベリ諸語とも。 発音 イベリアゴグン〈標ア〉ゴ

イベリア-はんとう【──半島】（イベリアはスペイン Iberia）ヨーロッパ大陸の西南端に突き出し、地中海と大西洋を分ける半島。大半がスペイン領で、ポルトガル、アンドラ、イギリス領ジブラルタルがある。 発音 イベリアハントー〈標ア〉八

イペリット『名』（フランス ypérite）糜爛（びらん）性の毒ガスの一種。分子式（$(C_2H_4Cl)_2S$）第一次大戦においてドイツ軍がベルギーのイープル（Ypres）付近で用いたところから名づけられた。純粋なものは無色無臭であるが、普通は不純物の混在によって褐色を呈し、からし（マスタード）臭を放つので「マスタード-ガス」とも呼ばれる。微量でもこれにふれると、皮膚・粘膜・内臓にただれをおこす。 発音〈標ア〉リ〈京ア〉リ

い-へん【韋編】『名』（「韋」は、なめしがわの意）竹の札をなめしがわの紐でとじた、古代中国の書物。また、その紐。転じて、広く書物をいう。＊菅家文草（900頃）一・八月十五夜厳閤尚書授後漢書畢「肩昇二汗簡一手執二韋編一」＊篁園全集（1844）三・歳暮書懐「寧嫌木榻穿、屢値韋編絶」＊晉書-王湛等伝論「叶二宣尼之遠契一、翫二道韋編一」

いへん三度（みたび）絶（た）つ（孔子が晩年易を好んで熟読し、そのために綴じ紐が三度も切れたという「史記-孔子世家」に見える故事から）書物を熟読することのたとえ。韋編三絶（さんぜつ）。＊文明本節用集（室町中）「韋編三絶 イヘンミタビタツ」＊ダンテについて（1927）〈正宗白鳥〉一「ケリー英訳の『神曲』を座右に置いてゐる。葦篇（ヰヘン）三たび絶つと言ふほどでなくっても、方々が手垢に汚れてゐる」 辞書 文明 表記 韋編三絶（文）

い-へん【異変】『名』①（形動）普通と異なり変わっていること。異状であるさま。また、それぞれ異なっていること。＊浄土三経往生文類（1257）「百千万色種種異変、无量光炎照耀无レ極」＊滑稽本・和合人（1823–44）三・中「どうも異変（イヘン）な声がらだ。人間の音（おん）でねへやうだ」＊傅玄-贈扶風馬鈞序「其奇文異変、因レ感而作者、猶二自然之成一レ形、陰陽之無レ窮」②普通と異なった事情。非常の事件。変事。＊文明論之概略（1875）〈福沢諭吉〉二・四「其国の事情に異変あるに非ざれば罪人の数は毎年異なることなし」＊不如帰（1898–99）〈徳富蘆花〉中・八「川島の主人に異変でもございますと、まあ川島家も断絶と申す訳で」③「いへん（違変）①」に同じ。＊太平記（14C後）三〇・吉野殿与相公羽林御和睦事「君臣已に和睦の上は更に異変（イヘン）の義有るべからず」＊歌舞伎・筑紫巷談浪白縫（黒田騒動）（1875）大詰「『奥方の自筆なりと、きっと申すであらうな』『仰せの通り、きっとお答へ申上げまする』『スリャ、異変はないか』」 発音〈標ア〉0 イ 辞書〈ボン〉・言海 表記 異変（へ・言）

い-へん【移変】『名』移り変わること。移しかえること。変動。転変。＊後漢書-楊終伝「愁困之民、足下以感二動天地一、移中変陰陽上矣」 発音〈標ア〉0〈京ア〉0

い-へん【違変・違反】『名』①（─する）約束・契約を破ること。心変わりすること。変改。＊太平記（14C後）一七・瓜生判官心替事「忽（たちまち）に違反（イヘン）の志を挿（さしはさ）み候」＊大観本謡曲・錦戸（室町末）「堅く金打（きんちゃう）せさせて候。尤もその儀違変なく候処に」＊日葡辞書（1603–04）「ヤクソクヲ ifen（イヘン）スル」＊白石先生手簡（1725頃）四「代官などへ断り手形仕候一事、五三日も間可レ有レ之と申候。此上違変も大かたは有まじく候」＊西洋道中膝栗毛（1870–76）〈仮名垣魯文〉一一・下「立替をした奴が破家（ばか）を見ることがままあるから、その格で、後日に違変のねへやうにするが、定理だ」②（─する）たがい、そむくこと。そむいて拒むこと。＊浄瑠璃・四天王女大力手捕軍（1678）初「かかる大事をかたらせ申、いなといへんせば事の大事出きなん」＊続歌舞妓年代記（1907）二三・嘉永二年「親どうぜんのしうとのいひつけよもいへんは有まいがナア」③「いへん（異変）①」に同じ。＊花間鶯（1887–88）〈末広鉄腸〉下・六「秋野君に何か違変（ヰヘン）があったかネ」 方言 ❶中止。茨城県062 ❷違約。宮崎県東諸県郡954 辞書 文明・饅頭・黒本・易林・日葡・書言・〈ボン〉・言海 表記 違変（文・饅・黒・易・書・へ・言）

い-へん【遺編】『名』①あちこちに残っている昔の文章・文献。また、それを集めた物。＊読書放浪（1933）〈内田魯庵〉東西愛書趣味の比較・四「且此の第四世紀経は今から八十年前にシナイの廃寺の遺祉から偶然発見されたもので、二つながら一千年来埋蔵された石窟の遺篇であった事も亦相類似してをる」＊盧照鄰-楽府雑詩序「通儒作レ相徴二博士於諸侯一、中使駆レ車訪二遺編于四海一」②故人の残した文章・作品。遺稿。＊山陽遺稿（1841）詩集・二・問菅翁病不及而終賦此志痛「傷二心臨没語、待レ我託二遺編一」＊哲学階梯（1887）〈今井恒郎訳〉二・二七「殊に『ラヲコーン』（古代トロヤノ僧）の遺篇に於て解説せらる」 発音〈標ア〉0

い-べん【胃弁】『名』胃の幽門前庭部と十二指腸の間にある幽門括約筋。ふだんは閉鎖されており、胃の蠕動（ぜんどう）運動によって送られてくる食物がここで反転逆行し、攪拌（かくはん）される。＊解体新書（1774）三「胃弁。懸二腸之上一。使二胃之下口閉一」 発音〈標ア〉0

いへん-さんぜつ【韋編三絶】『名』「いへん（韋編）三度絶つ」に同じ。＊空華日用工夫略集-永徳元年（1381）一二月二七日「昔以二竹板一為レ書、以レ韋編二上下一。故以二書巻一為レ冊。其韋絶則誤編者多矣。孔子読レ易韋編三絶者是也」＊翁問答（1650）上・末「この易学は、孔子さへ韋編三絶（イヘンさんゼツ）と申つたへ候へば」

イベント『名』（英 event）《イヴェント・エベント》①出来事。行事。展覧会、コンサート、見本市などの各種の催し物、また、大きな事件などを広く含めていう。「イベントの企画立案」＊鉛筆ぐらし（1951）〈扇谷正造〉ゲンマン記者「武漢周辺に殺伐な空気の漂っているのが感じられる現状では、万一のエヴェントに備える必要があるとも考えられた」②運動・競技の種目。一試合。（勝負の）一回、一番。「本日のメイン-イベント」＊鉛筆ぐらし（1951）〈扇谷正造〉見だしのモザイク「そのころの早慶戦といえば、スポーツ界最大のイヴェントである」 発音〈標ア〉イ

いぼ【疣・肬】『名』①皮膚にできる小さな突起物。角質層の肥厚から生ずるもの。＊正倉院文書-神亀三年（726）山背国愛宕郡雲下里計帳（寧楽遺文）「出雲部志祁良売 年陸拾壱歳、老女、左目下疣」＊和玉篇（15C後）「疣 コブ イボ フスベ」＊日葡辞書（1603–04）「Ibo（イボ）〈訳〉身体に生ずるあざ」＊浄瑠璃・新版歌祭文（お染久松）（1780）座摩社「惣躰、背中に有る疣（イボ）は背疣といふて」②イカやタコの吸盤。＊虎明本狂言・張蛸（室町末-近世初）「はりだこといふは、両に皮をひっぱって、まはりにいぼが有程に」③物の表面に小さく突起している物。＊幸若・ほり川（室町末-近世初）「武蔵がばうと申は〈略〉八尺五寸の其内に、八十三のいほをすへ、くぎのかしらをみがきたて」＊俳諧・炭俵（1694）上「五百のかけを二度に取けり〈野坡〉 綱ぬきのいぼの跡ある雪のうへ〈嵐雪〉」＊浄瑠璃・大塔宮曦鎧（1723）一「振廻す樫丸太に、鉄（くろがね）の疣（イボ）仕込杖」＊家庭袋物細工全書（1915）〈中村興湖・村井秋翠〉「ホックは壺と疣（イボ）との二つの部分から成立ち」 方言 ❶柳の枝や竹で編んだちり取り。新潟県岩船郡347 東蒲原郡368 ❷糸、縄などの結び方、こま結び。群馬県勢多郡236 千葉県香取郡267 ◇いぼざる〔─笊〕新潟県東蒲原郡368 ◇いぼえ 埼玉県北足立郡062 ◇いぼこ 宮城県仙台市054 ◇いぼつき〔─付〕・いぼむすび〔─結〕群馬県勢多郡236 ◇いぼこむすび 岩手県気仙郡100 宮城県仙台市121 山形県139 ❸男結び。山形県139 ❹糸、ひもなどの途中にできる結ばれた塊。◇いぼこむすび 結び方が元糸と十字になる結び方。◇いぼこ 宮城県仙台市121 山形県西置賜郡152 ❺呼び鈴などの押しボタン。岡山県苫田郡749 ❻魚、いぼだい（疣鯛）。宮城県002 ❼昆虫、かまきり（蟷螂）。神奈川県054 ❽昆虫、ありじごく（蟻地獄）。岐阜県郡上郡504 静岡県静岡市・榛原郡521 ❾植物、とうもろこし（玉蜀黍）。鹿児島県一部030 ❿五番目の女の子。五女。三重県南牟婁郡603 語源説 (1)米粒に似ているところから、イヒボ（粒）の約〔和字正濫鈔・類聚名物考・箋注和名抄・俚言集覧・俗語考・名言通・古言類韻＝堀秀成・大言海〕。(2)イはイヅル（出）の下略。ホはクボムの義〔和句解〕。(3)イはイヅル（出）の下略。ホはホクロの意〔日本釈名〕。 発音〈なまり〉イーボ〔鳥取〕インボ〔伊豆大島・志摩〕エブ〔岩手〕エボ〔埼玉方言・東京・神奈川・石川・富山県・志摩・伊賀・鳥取〕〈標ア〉イ〈京ア〉ボ 辞書 色葉・和玉・文明・伊京・明応・天正・饅頭・易林・日葡・書言・〈ボン〉・言海 表記 疣（玉・伊・易・書・言）肬（易・書・へ）肬目（色・文）眈目（明・天）瞖（饅）贅肉（書）

いぼで鯛（たい）釣（つ）る思（おも）い「えび（海老）で鯛（たい）を釣（つ）る」に同じ。＊譬喩尽（1786）一「疣で鯛（タイ）釣（ツ）る思（オモ）ひ」

いぼの願（がん） いぼが取れるよう祈ること。江戸目黒不動前の成就院の蛸薬師（たこやくし）は効験あらたかという。＊雑俳・柳多留-二一（1786）「いぼのぐゎんなを出来そうな所へかけ」

い-ぼ【依慕】『名』したいたよること。＊法性寺関白御集（1145か）待花催勝遊「樹根移レ座営二何事一、依二慕桃顔一勧二酒杯一」

い-ぼ【異母】『名』父が同じで母が違うこと。異腹。腹違い。＊神皇正統記（1339–43）下・後醍醐「異母の御兄もあまたましまし き」＊冬の宿（1936）〈阿部知二〉八「私はバイロンの異母の姉オーガスタの、美しくて豊麗ではあるが、精神の閃めきなど一つもみえぬ肖像をあけてみせた」＊史記-呂太后本紀「高祖八子。長男肥、孝恵兄也。異母」 発音〈標ア〉イ〈京ア〉0

いぼ【揖保】 兵庫県の南西部の郡。揖保川の中・下流域にあり、播磨灘に面する。 補注「二十巻本和名抄-五」に「播磨国〈略〉揖保〈伊比保〉」とあるように古くは「いいほ（ぼ）」。→いいほ。 辞書 易林 表記 揖保（易）

いぼ【硫黄】『名』方言 ⇩いおう（硫黄）

いぼ-あいもち【疣相持】『名』（「いぼ」は「鷸蚌（いつぼう）」の変化した語という〈増補俚言集覧〉）互いに負担し合ったり、助け合ったりすること。持ちつ持たれつの関係。＊俳諧・毛吹草（1638）二「君は舟臣は水 いぼあひもち」＊譬喩尽（1786）一「疣相持（イボアヒモチ）」＊黄表紙・金々先生造化夢（1794）「千万人のしんくをついやして、ぶらついてゐたるは大きなるあやまりなり。うきよはいぼあいもち、なんとこれで〈略〉さとりがひらけたであろふ」

いぼ-あし【疣足】『名』環形動物、多毛類の各環節の両側に生じている肉質突起。移動に役立つほか、毛細血管によるガス交換や卵の保存場所になる。発音〈標ア〉ボ

いぼ-い【疣結】『名』「いぼゆい（疣結）」に同じ。

いぼい【名】（動詞「いぼう」の連用形の名詞化）灸（きゅう）をすえたあとが膿（う）みただれること。また、そのあと。いぼり。えぼい。＊読本・近世説美少年録（1829-32）三・三〇回「灸灼（やいと）の潰痂（イボヒ）這頭（ここら）敷」辞書ヘボン・言海

いぼ-いし【疣石】『名』外部が黒褐色で、砂石が混じり内部がうつろな石。多くはとがった突起があり、疣を落とすまじないに使ったりする。岩壺。袋石。発音〈標ア〉ボ

いぼ-いのしし【疣猪】『名』イノシシ科の哺乳類。アフリカのサバンナにすむ。体長一・二メートル内外、体重七五〜一〇〇キログラム。頭が大きく、顔に特徴のあるいぼを持つ。体は樽形で足が細く、尾は長い。全体は暗褐色か黒色。長大な牙（きば）がある。昼行性で、一対または小群で生活し、樹の根や果実、ミミズ、獣の腐肉などを食べる。いぼしし。学名は Phacochoerus aethiopicus 発音〈標ア〉イ2

いぼ-いぼ【疣疣】□一『名』①風邪の熱などにより、皮膚に細かくできる発疹。②物にいぼのような突起物が多くついたさま。また、その多くの突起物。＊俳諧・望一千句（1649）五「匂ひ来る磯辺の花は鼻の先 いぼいぼ柳みだす松風」＊書言字考節用集（1717）五「痱瘟 イボイボ」＊滑稽本・七偏人（1857-63）四・中「胡瓜のなるたけ疣々（イボイボ）のある所を刪（そ）いで取」＊西洋道中膝栗毛（1870-76）〈仮名垣魯文〉八・上「日本のたこともおぼしきものにして〈略〉いぼいぼにてすいつくにぞ」□二『副』いぼのような突起のでているさまを表わす語。＊イボタの虫（1919）〈中戸川吉二〉「それは、背中の部分がイボイボして、毳々（けばけば）しい緑色で彩られた一寸五分位な、芋虫を剝製にしたやうなものだった」方言□一『名』❶無気力な子。三重県度会郡599 ❷昆虫、ありじごく（蟻地獄）。岐阜県飛驒502 静岡県榛原郡541 ❸昆虫、かまきり（蟷螂）。長野県更級郡054 ◇いぼいぼむし 福島県北会津郡155 □二『副』❶意地の強そうなさま、強情なさまを表わす語。栃木県日光市・那須郡198 ❷ざらざらしたさま、粒々のあるさまを表わす語。米沢市・南置賜郡139 ❸餅（もち）などの表面がざらざらするさまを表わす語。◇えぼえぼ 青森県津軽075 山形県米沢市・南置賜郡139 ◇えぼかぼ 山形県米沢市・南置賜郡139 ◇えぼきぼ 山形県139 発音□一は〈標ア〉0〈京ア〉0 □二は〈標ア〉イ1〈京ア〉イ1 辞書書言 表記痱瘟（書）

いぼいぼし-い【疣疣】『形口』女性語。小さい。少ない。＊言継卿記‐大永七年（1527）四月二〇日紙背「又この二色あまりにいほいほしけにておかしく候へとも、いなかとて、人のたひ候ほとに」＊譬喩尽（1786）一「疣々（イボいぼ）しひ 女詞也小きことをいう少分也」

い-ほう【夷邦】『名』野蛮な国。また、外国。＊近世紀聞（1875-81）〈条野有人〉初・二「国体を失ひ軽侮を受けた左衽（さじん）蟹文（かいぶん）の風を学び夷邦（イホウ）の管轄となるに至らば」発音イホー〈標ア〉0

い-ほう【位袍】『名』①官位相当の位色による朝服の袍（ほう）。うえのきぬ。令の規定によれば一位は深紫、二位三位は浅紫、四位は深緋、五位は浅緋、六位は深緑、七位は浅緑、八位は深縹（はなだ）、初位は浅縹。後世、四位以上はひとしく黒色となった。＊小右記‐正暦元年（990）八月三〇日「便於摂政直廬清書、左府給位袍、取遣里第」＊左経記‐長元九年（1036）六月六日「今日素服公卿、有議不脱位袍、其上着素服矣」＊名目鈔（1457頃）衣服「位袍（ヰハウ）又号表衣（ウヘノキヌ）。深紫。浅紫。深緋。浅緋。緑。黄衣」②天皇が朝儀の際に用いる束帯の、黄櫨染（こうろぜん）の袍。麴塵（きくじん）。＊江家次第（1111頃）一・小朝拝事「宸儀出御 位袍御靴」語誌(1)朝服の袍の色は位階によって異なっていた。「日本書紀」の推古天皇一一年八月一二日、孝徳天皇大化三年一二月晦日、持統天皇四年四月一四日などの条に、その時々の規定が見えるが、大宝令の規定が以後の規準となった。(2)平安朝もこの規準が踏襲されたが、上位の濃い色が好まれて規定を冒す傾向が見られ、「大和物語」によれば、一〇世紀半ばには四位の緋は三位の紫となっていたことが知られる。その後も紫はますます濃くなり、一一世紀初め頃には四位以上は総て黒となったらしい。また五位は蘇芳、六位は縹となり、七位以下の制は廃れた。辞書文明 表記位袍（文）

い-ほう【医方】『名』病気を治療する方法。医術。＊万葉（8C後）五・沈痾自哀文「夫医方諸家之広説、飲食禁忌之厚訓」〈山上憶良〉＊色葉字類抄（1177-81）「医方 イハウ」＊正法眼蔵（1231-53）弁道話「それ医方をみる人の合薬をわすれん、なにの益かあらん」＊曾我物語（南北朝頃）一二・少将法門の事「耆婆（ぎば）が医術も扁鵲（へんじゃく）がいほうも、益あるべからず」＊大智度論‐三五「女工、技術、経書、医方、皆悉了達」発音イホー〈標ア〉0 辞書色葉・文明・書言・ヘボン 表記医方（色・文・書・ヘ）

い-ほう【依法】『名』合法。適法。＊改訂増補哲学字彙（1884）「Legal 適法、依法」

い-ほう【異方】『名』①風俗・習慣の違う遠い地方。また、外国。＊本朝文粋（1060頃）一四・清慎公奉為村上天皇修諷誦文〈菅原文時〉「且夫管可遁吹。故異方之声無厭」＊蘭東事始（1815）上「事の新奇にして異方妙術もある事の様に世人の覚え居る事故」＊江戸繁昌記（1832-36）四・学校「歴史家。汝が歴代を論ずる、歴々見るが如く正統を論ずる。靡々聴くべし。然も異方の統論、我何の関係かある」＊改正増補和英語林集成（1886）「Ihō イハウ 異方」＊李陵‐答蘇武書「異方之楽秖令人悲」②熱や電気の伝導、光の屈折、膨張など、物体の物理的性質が方向によって異なること。結晶体の特質としてみられるほか、ゆがんだ物体、電場や磁場に置かれた物体などにもみられる。異方性。発音イホー〈標ア〉0

い-ほう【異邦】『名』よその国。外国。異国。＊聖徳太子伝暦（917頃か）下・推古天皇二六年「大臣啓曰。彼異邦之俗、帝系非一」＊文明本節用集（室町中）「異邦 イハウ」＊洒落本・異素六帖（1757）序「本邦の色を通暁したるものはおほく異邦（ヰホウ）の色を転翻したる書は鮮（すくな）し」＊読本・椿説弓張月（1807-11）拾遺・一四七回「為朝異邦（ヰホウ）に漂流して」＊論語‐季氏「称諸異邦曰寡小君」発音イホー〈標ア〉0〈京ア〉0 辞書文明・日葡 表記異邦（文）

い-ほう【異宝】『名』世に珍しい宝。特に宝石をいう。＊令義解（718）雑・知山沢条「異宝。異木。〈謂。異宝者。馬脳。虎魄之類也〉」＊広益熟字典（1874）〈湯浅忠良〉「異寳 イハウ メヅラシキタカラ」＊宋史‐外国伝・于闐「取一異宝以奉皇帝」

い-ほう【異法】『名』異なったきまり。また、法則や規則と違っていること。＊個人主義の盛衰（1908）〈金子筑水〉「若し夫れ一般の風俗、習慣、道徳、言語、礼法等所謂社交的秩序に至っても、社会又は団体の力は無制限にして、個人の特殊的動作は、忽ち異法として排斥される」＊五燈会元「三祖曰、法無異法、妄自愛著」発音イホー〈標ア〉0

い-ほう【移封】『名』諸侯の領地を他へ移すこと。転封（てんぽう）。国替（くにがえ）。＊授業編（1783）序「君侯が今の郡上へ移封（イホウ）の後」＊日本政記（1838）一六・後陽成天皇「以会津移封上杉景勝」発音〈標ア〉0

い-ほう【彙報】『名』種類別にまとめた報告、または、報告書。雑報。発音イホー〈標ア〉0〈京ア〉イ／0

い-ほう【違法】『名』法律や定めにはずれていること。また、その行為。＊仏和法律字彙（1886）〈藤林忠良・加太邦憲〉「Illégalité Ihō 違法」＊ブウランジェ将軍の悲劇（1935-36）〈大仏次郎〉シュネブレ事件・一「『違法だ』と叫ぶ者を、ずるずる曳摺って」＊瓦礫の中（1970）〈吉田健一〉一「方々に闇市と同様に本当は違法の飲み屋が出来ていて」発音イホー〈標ア〉0〈京ア〉0 辞書言海 表記違法（言）

い-ほう【遺芳】『名』①あとまでのこるかおり。遺薫。②後世にのこる名誉。業績。↔遺臭（ゆいしゅう）。＊詩序集（1133頃）南北月光明詩序〈藤原惟俊〉「以槐棘之遺（ヰ）芳、賞蕭条之美景」＊文明本節用集（室町中）「遺芳 イハウ 人迹残好事義」＊読本・雨月物語（1776）仏法僧「遺芳（ヰハウ）歴踪多きが中に、此山なん第一の道場なり」＊厳忌‐哀時命「廓落寂而無友兮、誰可与玩此遺芳」③後世にのこる筆跡。遺墨。発音イホー〈標ア〉0 辞書文明 表記遺芳（文）

い-ほう【遺宝】『名』取り残されている宝。まだ人に知られていない恵み。＊米欧回覧実記（1877）〈久米邦武〉一・七「野に遺利あり、山に遺宝あり」＊梁書‐顧協伝「可謂東南之遺宝矣」発音イホー〈標ア〉0

い-ほう【遺法】『名』古人がのこした教え・定め・法則。また、それを残し伝えること。＊政談（1727頃）二「此七八十年以前迄は日傭を雇て普請する事はなき也。小普請金と云こと其遺法也」＊文明論之概略（1875）〈福沢諭吉〉二・五「かの古風なる頑物が祖先の遺法を守て爪に火を燈す者に比すれば」＊漢書‐芸文志「楽尤微眇、以音律為節、又為鄭衛所乱、故無遺法」発音イホー〈標ア〉0

い-ほう【遺風】『名』「いふう（遺風）」の変化した語。＊運歩色葉（1548）「遺風 イホウ」

い-ぼう【衣帽】『名』衣服と帽子。また、それをつけていること。転じて、服装。みなり。＊虞美人草（1907）〈夏目漱石〉一四「相当の尊敬を衣帽（イバウ）の末に払はねばならぬ今の境遇」＊北史‐宋繇伝「游道出見之、乃獮猴而衣帽也」

い-ぼう【位望】『名』地位と人望。＊晉書‐劉寔伝「及位望通顕、毎崇倹素、不尚華麗」

い-ぼう【位貌】『名』地位や容貌。＊報恩録（1474）上・三〇「此の即今本有天然之位貌を卒度も改ぬ也」＊任昉‐為蕭揚州作薦士表「勢門上品、猶当格以清譚、英俊下僚、不可限以位貌」

い-ぼう【依傍】『名』（「いほう」とも）よりそい頼りにすること。頼ること。依拠。＊語孟字義（1705）論堯舜既没邪説暴行又作「多揣量摸写、依傍名理、而未有明拠事実、足以取信於後世者」＊病間録（1904-05）〈綱島梁川〉驚異と宗教「不思議なるかな、現実は『超絶』となりぬ。すべてこの刹那の意識、筆にも言葉にも竭（つ）くされず。この自覚、〈略〉釈迦の意識を摹倣し、基督の信仰に依傍（イハウ）したるにもあらず」＊梅堯臣‐汝墳貧女「勤勤囑四鄰、幸願相依傍」発音イボー〈標ア〉0

い-ぼう【威望】『名』威光と人望。＊神皇正統記（1339-43）下・安徳天皇「天性父にも兄にも及ばざりけるにや、威望もいつしかおとろへ」＊日本外史（1827）四・源氏後記「威望日盛」＊日本開化小史（1877-82）〈田口卯吉〉五・九「是時に当りて徳川家康威望最も高く兵

力最も強くして」＊秦観‐賀中書蘇舎人啓「張使君之威望、草木猶知」

い-ぼう【威貌】〔名〕威厳ある外見。立派な風貌。＊内地雑居未来之夢(1886)〈坪内逍遥〉一〇「愛嬌には乏しけれども、威貌(ヰバウ)はなかなかに備はりて見えたり」＊渋江抽斎(1916)〈森鷗外〉四一「貞固は好丈夫で威貌(ヰバウ)があった」発音イボー〈標ア〉0

い-ぼう【威暴】〔名〕たけだけしく荒々しいこと。威光と暴力。＊明六雑誌‐八号(1874)服章論〈津田真道〉「夫の武治の威暴を以て其下を束縛する馬牛を羈勒する者に異なり」

い-ぼう【異望】〔名〕あるものを基準として、それと異なった願いや望み。①その人よりも他の人をよいと考えて、代わりに望むこと。＊春秋左伝‐昭公一三年「献無異親、民無異望、天方相晉、将何以代文」②謀反(むほん)の望みなど、野心をいだくこと。＊王倹‐太宰文簡褚彦回碑文「邇無異言、遠無異望」

い-ぼう【異謀】〔名〕謀反などのはかりごと。反逆の企て。＊経国美談(1883‐84)〈矢野龍渓〉後・二〇「彼は久く異謀を貯へ動もすれば南のかた法斯の地を略奪して斉武の属邦を蚕食せんと欲するの大志益々著はれければ」＊晉書‐五行志中「大将軍本以腹心受伊呂之任、〈略〉明帝諒闇、又有異謀、是以下逆上、腹心内爛也」発音イボー〈標ア〉0

い-ぼう【貽謀・詒謀】〔名〕(「詩経‐大雅・文王有声」の「詒厥孫謀、以燕翼子」からきた語)子孫のためにのこすはかりごと。子孫のための計画。貽厥(いけつ)。＊匏菴十種(1869)〈栗本鋤雲〉鉛筆紀聞「貽謀の不善なる其咎誰にか帰するや」

い-ぼう【意望】〔名〕そうしたいと思い願うこと。＊経国美談(1883‐84)〈矢野龍渓〉前・一五「国人と意望を同する者独り之を行ひ得るのみならず」＊政党評判記(1890)〈利光鶴松〉四・一「勿論代議士は法律上の所云代理人に非ず。〈略〉人民の意望を代表するに及ばざる可し」＊後漢書‐彭寵伝「寵上謁、自負其功、意望甚高」発音イボー〈標ア〉0

い-ぼう【遺忘】〔名〕物事を忘れること。忘却。＊寸鉄録(1606)「過失・遺忘(イバウ)・不知、この三あり。〈略〉遺忘とは、はたと時にあたり、失念してすることなり」＊俳諧・写経社集(1776)洛東芭蕉菴再興記「草堂を芭蕉菴と号(なづ)け、なを翁の風韻をしたひ、遺忘にそなへたまひけるなるべし」＊近世畸人伝(1790)一「二三句を教ること二百遍計、食頃忽遺忘す」＊即興詩人(1901)〈森鷗外訳〉古祠瞽女「闇黒の裡より出でて、人の遺忘を喚び醒したるものは、此祠と穀神祠(デメエテル)となり」＊周礼‐秋官・司刺「壱宥曰不識、再宥曰過失、三宥曰遺忘」辞書〈ヘボン・言海〉表記遺忘(へ・言)

いぼ・う【自ハ四】灸(きゅう)をすえたあとがただれる。いぼる。いぼえる。＊日葡辞書(1603‐04)「Iboi, ô, ôta(イボウ)、または、ウム〈訳〉灸のあとがただれる」＊俳諧・望一後千句(1652)八「さんざんに吹くたびるる風呂上り いほひさかりし灸の数々」＊談義本・養漢裸百貫(1796)五「三里の灸(やいと)の紫色にいぼうてあるぞ、いとうるさき」方言❶灸(きゅう)を据えた跡がただれる。仙台†058 ❷傷やはれ物などが化膿(かのう)する。富山県390 山梨県南巨摩郡463 長野県諏訪054 岐阜県飛騨502 郡上郡504 静岡県榛原郡541 愛知県北設楽郡063 ❸結果がたたる。後腹が病める。岐阜県飛騨502 辞書日葡・ヘボン・言海 表記火傷(へ)

いぼう-あいもち【疣相持】〔名〕「いぼあいもち(疣相持)」に同じ。＊俳諧・口真似草(1656)一「花の露はいぼうあひもちつつじ哉〈一雪〉」

いほう-こうい【違法行為】〔名〕法秩序に反する行ない。損害賠償など、法的な制裁が課せられる行為。＊松川裁判について(1958)〈広津和郎〉「裁判官がかかる証拠の捏造をするということは、憲法の精神を無視した違法行為であります」発音イホーコーイ〈標ア〉コ

いほう-しょぶん【違法処分】〔名〕法規に違反する行政処分。これによって権利・利益を侵された者は、行政庁に対する審査請求または裁判所に対する抗告訴訟によってその効力を争うことができる。発音イホーショブン〈標ア〉ショ

いぼ-うじり【疣毟】〔名〕(「いぼむしり」の変化した語)昆虫「かまきり(蟷螂)」の異名。いぼじり。＊散木奇歌集(1128頃)雑下「引きかへの牛の、ことの外にちいさくて痩せて、え引かざりしかば、いほうしりとつけて笑ふほどに」＊梁塵秘抄(1179頃)二・四句神歌「をかしく舞ふものは〈略〉囃せば舞ひ出づるいぼうじり、かたつぶり」＊伊呂波字類抄(鎌倉)「蟷蜋 イホウシリ」方言高知県安芸郡861 辞書伊京・言海 表記桑螵蛸(伊)

いほう-じん【異邦人】一〔名〕①外国人。異国人。また、別の地域・社会からやって来た人。見知らぬ人。＊慶応再版英和対訳辞書(1867)「Sojourner 賓客。異邦人。旅人」＊真善美日本人(1891)〈三宅雪嶺〉伯林東洋学校の景況并に日本学を我邦に振興すべき事〈井上哲次郎〉「日本の学、益々我邦に衰頽し、遂に唯々異邦人の研究する所となるの畏(おそれ)なしとせず」＊帰郷(1948)〈大仏次郎〉過去「異邦人となって了った恭吾には、古い茶室の面白味がわからなかった」＊論語‐季氏「異邦人称之、亦曰君夫人」②ユダヤ人が神の選民であるという誇りから、非ユダヤ教徒、特にキリスト教徒をさして呼んだことば。二(原題 L'Étranger)小説。カミュ作。一九四二年発表。母の死に涙せず、葬儀の翌日情婦をつくり、「太陽のせい」で殺人を犯す主人公ムルソーを通して、不条理の思想を展開した。発音イホージン〈標ア〉ホ〈京ア〉ジ/①

いほう-すいどう【囲包水道】〔名〕周囲を囲んで外部から見えなくした水道。暗渠(あんきょ)にした水道。＊玉石志林(1861‐64)四「其囲包水道と、所謂ラ・ヒルレッテとは舌を附する隧道を以て連接す」発音イホースイドー〈標ア〉ス

いほう-せい【異方性】〔名〕熱や、電気の伝導、光の屈折、膨張など、物体の物理的性質が方向によって異なること。たとえば、方解石は光の進行方向によって屈折率が異なり、岩塩の結晶面は傷つける方向によって硬さが違う。異方。⇔等方性。発音イホーセイ〈標ア〉0

いほう-せい【違法性】〔名〕ある行為が法令の規定に違背し、法律上許されないとされる性質。発音イホーセイ〈標ア〉0

いほうせい-そきゃく【違法性阻却】〔名〕ある行為が、外形的には犯罪や不法行為になるように見えても、法律上その行為を正当とする理由があるため、違法性がなくなり、犯罪や不法行為とならないこと。正当防衛や医師の手術行為などに適用。発音イホーセイソキャク〈標ア〉0

いほう-たい【異方体】〔名〕異方性の物質からできている物体。⇔等方体。発音イホータイ〈標ア〉0

いほう-みょう【医方明】〔名〕五明(ごみょう)の一つ。古代インドの医学。禁呪、薬石、針灸、診断、治療などに関する学問。＊十善法語(1775)九「天竺の医方明に、この四大を以て病を察し、四大を以て病を療治すといふ」＊大唐西域記‐二「七歳之後、漸授五明大論、一日声明〈略〉三日医方明、禁呪閑邪、薬石針艾」

いぼ・える〔自ア下一〕文いぼ・ゆ〔自ヤ下二〕「いぼう(自ハ四)」に同じ。＊俚言集覧(1797頃)「いぼゆ 灸瘡をいふ。燧の字を用う」方言東京都八王子311 山口県豊浦郡798 ◇いぼれる 茨城県久慈郡・新治郡188

いぼ-おとし【疣落】〔名〕植物「えびづる(蘡薁)」の異名。＊重訂本草綱目啓蒙(1847)二九・蓏「蘡薁〈略〉京師にて薬もぐさと云これを用て疣に灸すれば必落故にいぼおとしと呼」

いぼ-がえる【疣蛙】〔名〕体にいぼ状の突起があるツチガエル、ヒキガエルなどの蛙の俗称。＊小学読本(1874)〈榊原・那珂・稲垣〉三「形大にして、腹大なるを、蟾蜍(ひき)といひ、色黒くして疣(いぼ)多く、臭気あるを、蝦蟆(イボカヘル)といふ」発音イボガエル〈なまり〉イボゲーロ・エボガエル・エボゲァーロ・エボゲーロ〔埼玉方言〕エボガイル〔鳥取〕〈標ア〉ガ〈京ア〉ガ 辞書言海 表記疣蛙(言)

いぼ-がき【疣柿】〔名〕方言植物、まめがき(豆柿)。新潟県一部030 三重県宇治山田市591 広島県一部030 福岡県一部030 大分県一部030

いほ-かく【衣鉢閣】〔名〕禅宗で、住持の衣鉢を納めておく所。えはつかく。いふかく。＊空華日用工夫略集‐応安三年(1370)二月二五日「今夜五更秉燭照衣鉢閣」＊禅林象器箋(1741)殿堂「衣鉢閣(イホカク) 忠曰、蔵住持衣財之処。此方所謂眠蔵也」

いぼ-かじり【疣齧】〔名〕方言⇩いぼむし(疣虫)

いぼ-かなもの【疣金物】〔名〕建築で、円頭の鋲(びょう)を並べて打ちつけた金属板。建築材の継ぎめを固定したり、装飾的効果をもたせる場合などに用いる。発音〈標ア〉カ

いぼ-がに【疣蟹】〔名〕タラバガニ科の小形のカニ。北日本の海岸に多いが、九州にも生息する。甲長約三センチメートルで、全面にいぼ状突起が密生する。カニの形をしているがヤドカリ類に入る。学名は Oedignathus inermis 発音イボガニ〈標ア〉0

いぼ-きさご【疣細螺】〔名〕ニシキウズガイ科の巻貝。北海道以南の内湾の潮間帯に分布。殻径約二センチメートルの低円錐形。殻の形や色斑はキサゴに似ているが、臍盤(さいばん)の大きいことで区別される。肉は食用。殻は、古くからおはじきに利用。学名は Umbonium moniliferum《季・春》発音イボキサゴ〈標ア〉キ

いぼ-きょうだい【異母兄弟】〔名〕父は同一で、生母が違う兄弟。腹違いの兄弟。いぼけいてい。異母姉妹。発音イボキョーダイ〈標ア〉キョ

いぼ-きり【疣切】〔名〕方言⇩いぼむし(疣虫)

い-ほく【以北】〔名〕それより北。ある地点から北の方。また、その地域。現在では基準となる地点を含んだ地域をいう。⇔以南。＊米欧回覧実記(1877)〈久米邦武〉一・八「仏蘭西に於ては、南と西との州州にて耕作す、『ロリール』〈地名〉以北は熟せず」＊経国美談(1883‐84)〈矢野龍渓〉後・一「又地峡以北の地を中部北部に分つ」＊天鵞絨(1908)〈石川啄木〉一「東京以北の諸有(あらゆる)国々の訛を語る人々を」＊水経注‐河水「長安以北、朔北以南也」発音〈標ア〉イ〈京ア〉イ

いほく【渭北】江戸中期の俳人。右江氏。淡々の門。江戸に出て二世青峨につく。はじめ大坂で麦天と号し、のち、淡々の前号を継いで時々庵渭北と号した。編著「若俵」など。元禄一六～宝暦五年(一七〇三～五五)

い-ぼく【医卜】〔名〕医学と卜筮(ぼくぜい)。医師とうらない師。＊続日本紀‐養老五年(721)正月甲戌「文人武士、国家所重、医卜方術、古今斯崇」＊読本・椿説弓張月(1807‐11)後篇「球陽福禄寿〈略〉粉黛の中に在りと雖も少しも心を動かさず。医卜(イボク)百家の書通ぜざること無し」＊篁園全集(1844)三・歳暮書懐「儒冠世所賤、殆与医卜埒」

い-ぼく【異木】〔名〕普通とは違う珍しい木。＊令義解(718)雑・知山沢条「異宝、異木。〈謂。異宝者。馬脳。虎魄之類也〉」＊経国集(827)一四・奉和清涼殿画壁山水歌〈菅原清公〉「異木千名起筆端、飛流落前看鵠桂」＊江淹‐雑詞・構象台「栽異木而同秀、種雑草而一香」発音〈標ア〉イ 辞書言海 表記異木(言)

い-ぼく【移牧】〔名〕牧場を移すこと。定住している農民が家畜を季節ごとに移動させて飼育する牧畜のこと。アルプス山地では冬は山麓、谷間の村で飼い、夏は高地の牧場で放牧する。＊番例条款‐一九「移牧遺留踪跡」発音〈標ア〉0

い-ぼく【遺墨】『名』故人の書画。先人の残した筆跡。遺芳。＊五山堂詩話(1807-16)二「知音隔レ世人琴失、遺墨留レ神姓字伝」＊西洋聞見録(1869-71)〈村田文夫〉中「写本局には往古名哲の手筆遺墨或は彫刻未だ世に行はれざる以前の書冊多し」＊真善美日本人(1891)〈三宅雪嶺〉狩野芳崖〈岡倉天心〉「千金を擲て唐宋の遺墨を購ふは天下其人に乏しからず」＊梅尭臣-観宗中道書画詩「鍾王真蹟尚可レ覩、欧褚遺墨非レ因レ模」 発音〈標ア〉⓪〈京ア〉⓪

いぼ-くい【疣食】『名』昆虫「かまきり(蟷螂)」の異名。＊物類称呼(1775)二「相模にて、いぼしり又いぼくひ」 方言❶昆虫、かまきり(蟷螂)。青森県073 岩手県九戸郡088 千葉県海上郡268 広島県佐木島057 山口県端島・黒島057 愛媛県怒和島・弓削島057 大分県大分郡941 ◇いぼくいむし 青森県073 岩手県九戸郡088 茨城県062 千葉県安房郡054 香取郡265 長野県岡谷481 ◇いぼっくい 神奈川県鎌倉郡・三浦郡314 ◇いぼくらい 青森県三戸郡073 神奈川県三浦郡314 ◇いぼくらいむし 青森県三戸郡073 千葉県安房郡054 神奈川県三浦郡054 ❷動物、とかげ(蜥蜴)。千葉県海上郡285 辞書言海

いぼ-くさ【疣草・水竹葉】『名』ツユクサ科の一年草。本州・四国・九州の水湿地に生える。高さ約三〇センチメートル。茎は淡紅紫色を帯び、下部は枝分かれして横にはい、節から根を出す。葉は長さ三〜四・五センチメートルの先がとがった狭楕円形で、基部はさやとなって茎を包む。夏、茎の上部に淡紅紫色の花を一ないし数個つける。花弁は三枚で長さ五ミリメートルほどの倒卵形。疣につけると取れるというのでこの名がある。いぼとりぐさ。学名は Murdannia keisak ＊重訂本草綱目啓蒙(1847)一三・毒草「水竹葉 いぼぐさ めいぼぐさ いぼとりぐさ 水草なり」＊日本植物名彙(1884)〈松村任三〉「イボクサ 水竹葉」 方言植物。❶たかさぶろう。鹿児島市965 ❷すべりひゆ(滑莧)。岡山県児島郡744 ❸ひるがお(昼顔)。徳島県三好郡054 美馬郡810 発音〈標ア〉⓪ 辞書言海 表記疣草(言)

いぼく-の-しん【移木信】『連語』(中国の秦の商鞅(しょうおう)が、新法を施行する前にまず国民に自分を信じさせる手段として、都の南門の前に立てた木を北門に移した者に五〇金を与えるという布告をし、その約束を守って、金を与えて信を示した「史記-商君伝」に見える故事による) 約束を実行すること。人に信(まこと)を示すこと。＊太平記(14C後)五・大塔宮熊野落事「夫(それ)、移木(イボク)の信は約を堅うせんがため、献芹(けんきん)の路(まひなひ)は志を奪はんがためなれば」

いぼ-さし【疣刺】『名』昆虫「かまきり(蟷螂)」の異名。＊物類称呼(1775)二「蟷螂〈略〉奥州にて、いぼ虫津軽にて、いぼさし」 方言奥州†039 青森県069

いぼ-サボテン【疣仙人掌】『名』(サボテンは〈スペ〉Sapoten) サボテン科植物のうち、全体が球形で、規則正しく配列する乳頭状の突起を多数持つものの総称。 発音〈標ア〉サ

いぼ-し【異母姉】『名』腹違いの姉。＊続日本紀-宝亀九年(778)五月癸酉「坂合部内親王薨〈略〉、内親王天宗高紹天皇異母姉也」 発音〈標ア〉ボ

いぼし『名』魚「かがみだい(鏡鯛)」の異名。＊河羨録(1743頃か)上「鏡魚、鏡鯛共漁人の呼、異名品品有、イボシ、カイワリ、ニラキキ、チニヨコハラ」

いぼし『名』方言植物、あおき(青木)。熊本県下益城郡930 大分県036 宮崎県西臼杵郡947 ◇いぼしだま 宮崎県西臼杵郡965

いぼ-じ【疣痔】『名』痔病の一種。肛門の周囲に疣状のはれ物を生ずる痔疾。痔核。＊咄本・露休置土産(1707)五・一二「痔にはよい灸有。いぼぢか、はしり痔かといへば」＊雑俳・唐子おどり(1704-16頃)「御寮治の瘤痔(イボじ)に寐飽く馬廻り」 発音〈標ア〉ボ〈京ア〉イ 辞書言海 表記疣痔(言)

いぼ-じぞう【疣地蔵】『名』祈願をこめると、疣を取ってくれると信じられている地蔵。各地に多い。疣取り地蔵。 発音イボジゾー〈標ア〉ジ

いぼ-しめじ【疣占地】『名』きのこ「しめじ(占地)」の異名。 辞書言海

いぼ-じり【疣毟】『名』①(「いぼうじり」の「う」の無表記) 昆虫「かまきり(蟷螂)」の異名。いもじり。＊堤中納言(11C中-13C頃)虫めづる姫君「いぼじり、かたつぶりなどを取り集りて」＊俳諧・毛吹草(1638)二「初秋〈略〉はたをり くつわ虫 いぼじり」＊重訂本草綱目啓蒙(1847)三五・卵生「螳螂桑螵蛸 いぼむしり〔和名鈔〕、いぼむし 奥州、いぼさし 同上、いぼじり 相州〈略〉かまきり 京」 ②「いぼじりまき(疣毟巻)」の略。＊洒落本・船頭深話(1802)四「おとまさんにはいぼじりは似合(にやい)ませんよ」＊歌舞伎・時桔梗出世請状(1808)二幕「いぼじりの文がらたっぷりだから、そのつもりに呑みこんでおくれよ」 語誌(1)蟷螂(かまきり)を指す語として、もっとも古いのは「イヒボムシリ」、次いで「イボムシリ」で、イボジリはこれらの変化したもの。(2)蟷螂・蟷螂の卵にまつわる俗信・まじないには、病気や気候に関するものなどさまざまあるが、蟷螂に疣を噛ませたり食わせたりして取り除くというまじないも、各地に見出され、中国には、蟷螂を「食疣」とする表現もある。(3)蟷螂は方言の数が多いが、その全国的な分布からもイボジリがいちばん古い形式と認められる。 方言❶昆虫、かまきり(蟷螂)。神奈川県001 山梨県456 大分県大分郡941 ◇いぼじい 神奈川県津久井郡316 藤沢市319 ◇いぼんじり 長野県西筑摩郡491 ◇えんぼうじり 徳島県美馬郡054 高知県長岡郡861 ◇えんぼじり 徳島県美馬郡811 ◇ぼうじり・ぼうじろ・ぼんじり 島根県隠岐島741 ◇よぼじり 徳島県那賀郡054 ❷昆虫、ありじごく(蟻地獄)。静岡県520 語源説(1)イヒボ(疣)ヲノゾク(除)意のイヒボムシリから〔大言海・蟷螂考=柳田国男〕。(2)疣を知って食う虫の意〔和句解・日本釈名・滑稽雑談所引和訓義解〕。 発音〈標ア〉ボ 辞書和玉・明応・天正・日葡・書言・言海 表記蟷螂(明・天・書) 蟷・螳(玉)

いぼじり-まき【疣毟巻】『名』(もと疣毟に似ていたところからいう) 女性の髪形の一つ。髪をぐるぐる巻きにしてピンなどでとめたもの。昭和初期まで地方の婦人の間に行なわれた。ぐるぐる髪。いぼじり。＊俚言集覧(1797頃)「いぼじり巻 髪にても糸にてもくるくるとひたまきにまきたるを云、いほじりは蟷螂の事なり」＊洒落本・玉之帳(1789-1801頃)二「そういってもいぼじりまきにした所は、ごうせいなもんだぜ」＊浮雲(1887-89)〈二葉亭四迷〉一・一「お髪(ぐし)は何時ものイボジリ捲きでしたがネ」 発音〈標ア〉⓪

いぼじり-むすび【疣毟結】『名』「いぼじりまき(疣毟巻)」に同じ。＊読売新聞-明治一八年(1885)一〇月一日「娼妓羽衣、一ト本、小君、八重咲、梅ケ枝、小糸その外ともすべて髪は当時流行のイボジリ結びに仕立て」 発音〈標ア〉ム

いぼ-ぜ【疣背】『名』魚「いぼだい(疣鯛)」の異名。＊滑稽本・魂胆夢輔譚(1844-47)初・下「鯉と水魚(イボゼ)と、湯出蛸(ゆでだこ)が」 辞書言海 表記疣背(言)

いぼ-そで【疣袖】『名』「いぼそでがい(疣袖貝)」の略。

いぼそで-がい【疣袖貝】『名』スイショウガイ科の巻貝。奄美大島、沖縄などのサンゴ礁の潮間帯下から一〇メートルぐらいまでにすむ。殻高約七センチメートルの方形。殻は堅く、螺層(らそう)にいぼ状の突起があり、表面は灰白色の地に褐色の雲形模様がある。殻口は淡赤色で、縦に細長く開く。肉は食用、殻は観賞用になる。いぼそで。学名は Strombus lentiginosus 発音イボソデガイ〈標ア〉デ

いぼた【水蠟・疣取】『名』①「いぼたろう(水蠟蠟)」の異名。＊重訂本草綱目啓蒙(1847)三五・卵生「虫白蠟 いぼたろう 水蠟樹に生ずる虫の巣の蠟なり〈略〉能疣を治す故にいぼたと名く」 ②「いぼたろうむし(水蠟虫)」に同じ。《季・夏》 ③「いぼたのき(水蠟樹)」に同じ。《季・夏》＊万葉集目安(室町末)一一「山万苣白露(やまちさのしらつゆ) 山ちさはいほたに似たる木也」＊重訂本草綱目啓蒙(1847)三五・卵生「虫白蠟 いぼたろう 会津ろう〈略〉水蠟樹は俗名いぼた」 方言植物。❶ねずみもち(鼠黐)。伊豆三宅島†072 周防†122 愛媛県北宇和郡964 高知県幡多郡808 宮崎県東諸県郡954 鹿児島県965 ❷いぬつげ(犬黄楊)。◇いぼたん 岩手県盛岡市003 発音〈標ア〉⓪〈京ア〉⓪/ボ 辞書言海

いぼ-だい【疣鯛】『名』イボダイ科の海魚。体長約二〇センチメートル。体は側扁して頭部は円みを帯びる。全体に銀白色で、鰓孔(さいこう)の上方に一個の黒褐色斑がある。体側の中央部から上下に浅い溝が十数条走り、全身が小さないぼ状となる。幼魚は表層にすみ、クラゲの下にいる。成魚は大陸棚上の底層にいる。東北地方以南、東シナ海までの暖海に分布。夏に美味。えぼだい。いぼぜ。学名は Psenopsis anomala《季・夏》 発音〈標ア〉ボ 辞書言海 表記疣鯛(言)

いぼ-だいこ【疣太鼓】『名』胴のまわりに疣金物の付いている玩具の太鼓。＊浄瑠璃・彦山権現誓助剣(1786)九「昨日買うてやった疣太鼓(イボダイコ)、それを叩いて遊ばしゃれ」 発音〈標ア〉ダ

いぼた-が【水蠟蛾】『名』イボタガ科の蛾。はねに黒と灰黄色との波状模様があり、前ばねの中央に環状の大紋がある。大形で、開張約一二センチメートルにもなる。日本各地に分布。幼虫はイボタノキ、モクセイなどの葉を食べ、イボタノムシと呼ばれる。いぼたちょう。学名は Brahmaea wallichii 発音イボタガ〈標ア〉タ

いぼた-かいがらむし【水蠟貝殻虫】『名』「いぼたろうむし(水蠟虫)」に同じ。 発音イボタカイガラムシ〈標ア〉ラ

いぼ-たけ【疣茸】『名』きのこ「しめじ(占地)」の異名。＊新撰類聚往来(1492-1521頃)上「又茶菓子類、集二山海之珍産一度存候。尋出分有レ之。〈略〉鋲茸、疣(イボ)茸」 発音〈標ア〉ボ 辞書言海 表記疣茸(言)

いぼた-ちょう【水蠟蝶】『名』「いぼたが(水蠟蛾)」に同じ。 発音イボタチョー〈標ア〉タ

いぼた-の-き【水蠟樹・疣取木】『名』モクセイ科の半落葉低木。各地の山野に生える。高さ二〜五メートル。枝は灰白色で新枝には細毛がある。葉は対生し、長さ二〜五センチメートルの楕円形。初夏、筒状で先の四裂した白い小さな花が総状に小枝の先に密集して咲く。実は直径六ミリメートルほどの楕円形で紫黒色に熟す。枝に寄生するイボタロウムシの分泌する蠟(ろう)は蠟燭の原料、つや出し剤、医薬品などに用いられる。また、材はきめが細かく楊枝(ようじ)などを作る。いぼとり。学名は Ligustrum obtusifolium ＊地方落穂集(1763)七「畑の境は卯木いぼたの木の類よし、牛房根深く土へ入ものなり」＊日本植物名彙(1884)〈松村任三〉「イボタノキ 水蠟樹」＊長塚節歌集(1917)〈長塚節〉明治三七年「鬼怒川の堤におふる水蠟樹(イボタノキ)はなにさきけりやまべとる頃」 方言植物、ねずみもち(鼠黐)。長崎県南高来郡964 鹿児島県965 ◇いぼたんき 鹿児島県鹿児島市・日置郡965 ◇いぼたんのき 鹿児島県曽於郡965 ◇いんぼたのき 鹿児島県甑島965 語源説(1)イボトリ(疣取)の略転〔名言通・大言海〕。(2)実が疣につけば、疣が落ちるという意の〔疣堕〕か〔類聚名物考〕。

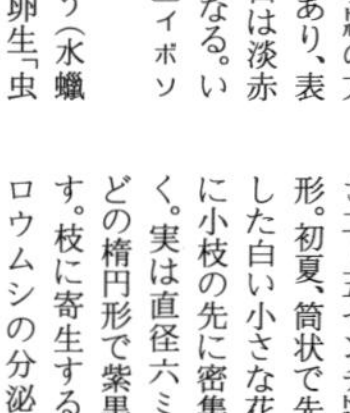
水　蠟　樹

いぼた-の-むし【水蠟虫】『名』イボタガの幼 発音〈標ア〉キ

虫。体長約六センチメートル。薄緑色の芋虫状で、四、五月頃現われ、イボタノキ、モクセイ、ヤナギなどの葉を食害する。古くから肺病と疳(かん)の薬として民間に知られる。《季・夏》＊最暗黒之東京(1893)〈松原岩五郎〉一七「マムシの干物、イボタの虫(ムシ)、籠り蟹、天狗の梅(珍稀なる植物の名)〈略〉等山海の遺珍を駢べて珍客を待つ小香具師の一類より」 発音〈標ア〉[0]

いぼた-むし【水蠟虫】〖名〗「いぼたろうむし(水蠟虫)」の略。 発音〈標ア〉[タ]

いぼた-ろう【水蠟蠟・虫白蠟】〖名〗イボタノキに寄生するイボタロウムシの分泌する蠟(ろう)、およびそれを加熱融解し、冷水中で凝固させたもの。無味無臭・黄白色で、光沢のある結晶性物質。脂肪族一塩基酸のエステルが主成分。蠟燭の原料、つや出し剤、医薬品などに用いられる。これを塗ると、疣(いぼ)が取れるという俗信があった。しなろう。とすべり。とばしり。やまおしろい。いぼた。虫蠟。白蠟。＊重訂本草綱目啓蒙(1847)三五・卵生「虫白蠟　いぼたろう　会津ろう水蠟樹に生ずる虫の巣の蠟なり」 発音イボタロー〈標ア〉[タ] 辞書言海

いぼたろう-むし【水蠟虫】〖名〗カタカイガラムシ科の昆虫。体長二、三ミリメートルで、イボタノキ、ネズミモチなどの樹皮に寄生。幼虫の雄は群生して綿状の蠟質物(いぼた蠟)を分泌する。この蠟質物は、昔から障子や襖(ふすま)の敷居に塗って滑りをよくするのに使われた。日本、中国、ヨーロッパに分布。いぼたむし。いぼたかいがらむし。いぼたろうかたかいがらむし。学名は Ericerus pela《季・夏》 発音イボタロームシ〈標ア〉[0]〈京ア〉[一]/(一)

いぼ-つき【疣付】〖名〗①蛸(たこ)の足を疣の付いたままで皮を剝いて調理すること。＊古今料理集(1670‐74頃)五「いほつきとは、いぼ計つけてまはりのかわをよくさりていかやうにも作る事也。生も煮ても同前」②疣をつけた張形(はりかた)。＊雑俳・末摘花(1776‐1801)二「いぼ付はきらしましたと小間物や」

いぼっ-こ〖名〗方言❶実を結んだばかりの未熟な果実。また、未熟な人。新潟県中頸城郡383 ❷私生児。静岡県周智郡544

いぼつ・る〖自ラ四〗不平顔をする。すねる。怒る。ふくれる。＊俳諧・浅黄空(1822頃)「いぼ釣てあちら向たる蛙哉」 方言❶怒る。不平を言う。すねる。新潟県347 長野県469 470 484 ◇**いぼっつる** 新潟県中頸城郡384 ◇**いぼをつる** 信濃†090 新潟県中頸城郡384 西頸城郡385 長野県054 475 487 ◇**いぽをつる** 長野県長野市・上水内郡054 ◇**いぼくる** 群馬県佐波郡242 多野郡246 新潟県347 長野県480 484 ◇**いぼきる** 長野県北安曇郡476 東筑摩郡480 ❷しかる。◇**いぼくる** 新潟県刈羽郡380

い-ほてい【居布袋】堆朱(ついしゅ)の香合の名。明の楊茂作。東山御物の一つで、立布袋に対して、すわった布袋を表わしたもので、足利義政が作らせたといわれる。

いぼ-てい【異母弟】〖名〗腹違いの弟。＊火の柱(1904)〈木下尚江〉一一・一「彼方此方と歩を移すは、山木の梅子と異母弟の剛一なり」 発音イボテイ〈標ア〉[ボ]

い-ぼとけ【居仏】〖名〗坐像の仏。＊虎明本狂言・魚説経(室町末‐近世初)「たちぼとけもいぼとけも、だんなばからひといふ事が有程に」＊咄本・昨日は今日の物語(1614‐24頃)上「とかく立仏をゐぼとけにも、檀那ばからひにして」＊俳諧・六日飛脚(1679)「その不性さて小倉の山は〈友雪〉 立つくし居仏かねふ麓寺〈遠舟〉」 発音〈標ア〉[ボ]

い-ぼとけ【鋳仏】〖名〗金属で鋳造した仏像。＊日葡辞書(1603‐04)「Ibotoqe(イボトケ)」 辞書日葡

いぼ-とり【疣取】〖名〗植物「いぼたのき(水蠟樹)」の異名。方言植物、くさのおう(草黄)。広島県比婆郡773

いぼとり-ぐさ【疣取草】〖名〗植物「いぼくさ(疣草)」の異名。＊重訂本草綱目啓蒙(1847)一三・毒草「水竹葉 いぼぐさ めいぼぐさ 越前、いぼとりぐさ 同上、水草なり」 方言植物。❶いぼくさ(疣草)。高知県860 ❷からすびしゃく(烏柄杓)。山形県飽海郡139 辞書言海 表記疣取草(言)

いぼとり-じぞう【疣取地蔵】〖名〗「いぼじぞう(疣地蔵)」に同じ。 発音イボトリジゾー〈標ア〉[ジ]

いぼとり-むし【疣取虫】〖名〗方言⇩いぼむし(疣虫)

いぼな-の-き【疣菜木】〖名〗植物「はないかだ(花筏)」の異名。方言佐渡†083 ◇**いぼな** 新潟県佐渡352 滋賀県005

いぼ-にし【疣螺】〖名〗アクキガイ科の巻貝。北海道南部から九州沿岸の潮間帯の岩礁に分布。高さ約四センチメートル。殻は厚く、表面は青灰色の地に黒色の大きないぼが並ぶ。肉食性で養殖貝に被害を与えることもある。肉は食用になるが少し辛味がある。いわにし。ほうほうにし。学名は Thais clavigera 発音〈標ア〉[ボ] 辞書言海 表記疣螺(言)

いぼ-の-き【疣木】〖名〗①植物「いぼたのき(水蠟樹)」の異名。②植物「やまごぼう(山牛蒡)」の異名。

いぼ-まい【異母妹】〖名〗腹違いの妹。＊黒い眼と茶色の目(1914)〈徳富蘆花〉一・二「お稲さんに異母妹(イボマイ)が一人ある」 発音〈標ア〉[ボ]

いぼみ-い・ず【疣出】〖自ダ下二〗いぼのようにふくらんでくる。＊俳諧・ゆめみ草(1656)春「下草もいぼみ出るや花の庭〈成安〉」

いぼ・む〖動〗方言❶木の芽や花のつぼみが膨らむ。新潟県佐渡351 ◇**えぼむ** 埼玉県北葛飾郡258 ❷灸(きゅう)を据えた跡がただれる。また、はれ物などが痛くはれ上がる。新潟県佐渡348 ◇**えばむ** 新潟県中頸城郡384 ◇**えぼむ** 埼玉県北葛飾郡258 ❸ちりめんなどの質がよくて粒だって見える。また、厳寒のころ、水の流れの表面などに水が粒々と凍って見える。◇**えぼみあがる**〔―上〕山形県139

いぼ-むし【疣虫】〖名〗昆虫「かまきり(蟷螂)」の異名。＊日葡辞書(1603‐04)「Ibomuxi(イボムシ)〈訳〉ある種の小さな虫」＊仙台言葉以呂波寄(1720)「いぼむし かまきりの事」＊物類称呼(1775)二「蟷螂 かまきり 奥州にていぼ虫」 方言❶昆虫、かまきり(蟷螂)。青森県上北郡073 宮城県114 115 121 秋田県鹿角郡132 山形県139 福島県155 千葉県安房郡054 新潟県367 374 387 長野県佐久484 ◇**いいぶうじらあ** 沖縄県首里993 ◇**いいぼんじょ** 木曾†091 ◇**いばえぼっつ** 沖縄(幼児語)†139 沖縄県最上郡139 ◇**いばえむし・いばむし・いべ・いべむし** 山形県村山139 ◇**いぼうじ** 高知県861 ◇**いぼかき**〔疣掻〕 茨城県188 栃木県日光市・河内郡204 ◇**いぼかじり**〔疣齧〕 青森県上北郡・三戸郡073 岩手県九戸郡088 ◇**いぼかっきり** 茨城県062 ◇**いぼかり** 茨城県多賀郡・行方郡188 ◇**いぼきり**〔疣切〕 青森県073 082 083 栃木県那須郡198 神奈川県都筑郡・鎌倉郡314 新潟県東蒲原郡368 長野県東筑摩郡054 北安曇郡476 愛媛県岩城島840 ◇**いぼきりむし** 青森県上北郡073 三戸郡083 岩手県九戸郡088 上閉伊郡097 宮城県栗原郡114 新潟県371 静岡県520 ◇**いぼだし** 青森県東津軽073 ◇**いぼたらむし** 山形県西村山郡139 ◇**いぼちぎり**〔疣千切〕 岩手県九戸郡088 ◇**いぼっかき** 神奈川県横浜市054 足柄下郡314 ◇**いぼっくれ** 神奈川県三浦郡314 ◇**いぼった・いぼったむし** 神奈川県三浦郡054 314 ◇**いぼっちょ** 神奈川県足柄上郡054 ◇**いぼっつりむし** 新潟県中頸城郡382 長野県470 473 493 ◇**いぼつりむし** 長野県054 471 475 ◇**いぼとりむし**〔疣取虫〕 青森県上北郡073 千葉県安房郡001 神奈川県三浦郡054 ◇**いぼはち** 青森県上北郡073 ◇**いぼぶつ** 山形県最上郡139 ◇**いぼぼち** 秋田県054 山形県139 ◇**いぼぼつ** 山形県139 ◇**いぼぼっち** 秋田県由利郡130 山形県139 ◇**いぼもち** 山形県東田川郡139 ◇**いぼりむし** 新潟県岩船郡366 新潟県中越(大形のもの)373 ◇**いもずる** 富山県砺波398 ◇**いもぼし** 山形県飽海郡139 ◇**いもぼち** 山形県139 ◇**いもぼつ** 山形県東田川郡・飽海郡139 ◇**いもぼっち** 山形県139 ◇**いもむし** 山形県東置賜郡139 ◇**いんばむし** 山形県西村山郡・南村山郡139 ◇**いんぼむし** 長野県上水内郡469 ◇**いんぼんぼお** 東京都利島331 ◇**えぼし** 高知県高岡郡861 ◇**えんぼ** 徳島県美馬郡811 愛媛県840 ◇**えんぼう** 高知県安芸郡861 ◇**えんぼうじ** 高知県861 ❷昆虫、ありじごく(蟻地獄)。◇**いぼちょこ・いもり** 静岡県榛原郡521 ◇**いもんじり** 静岡県志太郡521 ◇**いんぼ** 岐阜県郡上郡504 ◇**いんぼんむし** 静岡県安倍郡521 ❸怒りっぽい人。よく膨れる人。不平を言う人。◇**いぼっつり** 新潟県上越382 長野県473 477 493 ◇**いぽっつり** 新潟県南魚沼郡347 長野県054 493 ◇**いぼっつりむし** 長野県佐久493 ◇**いぼりむし** 新潟県中越373 発音〈なまり〉エベムス〔山形〕 辞書和玉・日葡・言海 表記蟷・蜋(玉)

いぼ-むしり【疣毟】〖名〗昆虫「かまきり(蟷螂)」の異名。いぼうじり。いぼじり。《季・秋》＊十巻本和名抄(934頃)八「蟷螂 兼名苑云蟷蜋〈略〉一名蟷蠰〈当餉二音 以保无之利〉」＊色葉字類抄(1177‐81)「蟷蜋 イホムシリ」＊俳諧・俳諧新式(1698)秋の詞よせ・七月「蟷蜋(イホムシリ) いほしり かまきり」＊凍港(1932)〈山口誓子〉「蜂舐ぶる舌やすめずに蟷螂(イボムシリ)」 方言秋田県北秋田郡054 語源説イボをむしり食う虫の義〔和字正濫鈔・言元梯〕。 発音〈標ア〉[ム]〈ア史〉平安○○○○ ●○〈京ア〉(ム) 辞書和名・色葉・名義・書言・言海 表記蟷蜋(和・色・書) 蟷蠰(色・名) 蝕肬(書)

いぼ-め【疣目】〖名〗皮膚の表面に生じる、極度に硬くなった表皮の組織。刺激の繰り返しや局部の圧迫などによって、多く手のひらや足の裏などにできるもの。うおのめ。たこ。たこずれ。 発音〈標ア〉[ボ]

いぼ-やぎ【疣海楊】〖名〗キサンゴ科の刺胞動物の一種。相模湾以南の浅い海の岩上などに群生。直径六～八ミリメートル、高さ四～五ミリメートルの円筒形で、橙色のポリプがある。学名は Tubastraea faulkneri 発音イボヤギ〈標ア〉[0]

いぼ-ゆい【疣結】〖名〗縄や紐などの結び方。端を疣のようにつき出して結ぶもの。いぼい。いぼむすび。いぼゆわい。いいぼゆい。＊俳諧・雑談集(1692)下「初華にふまれて氷る道の雪〈其角〉 柳にしまる疣(イボ)ゆひの垣〈普船〉」＊洒落本・辰巳婦言(1798)昼遊の部「さらしの手拭を腰にはさみ、紅革いぼ結のたばこ入角つなぎのかなものを打ったるをさげ」 発音〈標ア〉[ボ] 辞書言海 表記疣結(言)

いぼ-ゆわい【疣結】〖名〗「いぼゆい(疣結)」に同じ。

いぼ-ようばい〖名〗オリイレヨウバイ科の巻貝。奄美諸島以南の潮間帯下部の海草帯の砂底にすむ。長卵形で、殻高約三センチメートル。殻にいぼ状の突起がある。学名は Nassarius coronatus 発音イボヨーバイ〈標ア〉[ヨ]

いぼら〖名〗方言⇩いどろ

いぼ-らん【疣蘭】〖名〗植物「むぎらん(麦蘭)」の異名。＊重訂本草綱目啓蒙(1847)一六・石草「石斛〈略〉麦斛はむぎらんと呼者なり一名いぼらん 土州」

い-ほり【井掘】〖名〗「いどほり(井戸掘)」に同じ。＊日本の下層社会(1899)〈横山源之助〉一・一「就て其の稼業を見れば人足日傭取最も多く次いで車夫、車力、土方、続いて屑拾、〈略〉水撒き、蛙取、井掘」 発音〈標ア〉[0]

いほり【伊穂理】⇩いえり(伊恵理)

い-ぼり【井堀】〖名〗方言❶小川から引かれた小用水路。小溝。茨城県多賀郡190 ◇**いぼれ** 静岡県520 ❷田の中に直接水がかからないように、畔(あぜ)に沿って作られた小さい堰(せき)。新潟県東蒲原郡368

いぼり〖名〗方言❶天然痘の跡。千葉県香取郡267 海

上郡268 ❷鶏が寄生虫を駆除するため砂を浴びること。宮崎県東諸県郡954 ◇いぼい 鹿児島県肝属郡970

いぼ・る〘自ラ四〙「いぼう〘自ハ四〙」に同じ。＊俚言集覧(1797頃)「いぼゆ 灸瘡をいふ。〈略〉又いぼるとも云」＊滑稽本・浮世風呂(1809–13)三・下「ヲヤ、おめへ灸(きう)がいぼったの。痛かアねへか」方言❶灸(きゅう)を据えた跡がただれる。江戸†058 茨城県北相馬郡195 埼玉県北足立郡062 神奈川県高座郡314 中郡320 静岡県志太郡535 ❷傷やはれ物などが化膿(かのう)する。山梨県465 長野県諏訪481 上伊那郡488 ◇いぼくる 長野県佐久493 ❸怒る。憤る。また、ふてくされて当たり散らす。ふすぶる。越後†025 栃木県198 群馬県吾妻郡221 勢多郡236 埼玉県秩父郡251 新潟県373 375 379 長崎県壱岐島915 ◇いぶる 栃木県198 埼玉県秩父郡251 ❹不平を鳴らす。また、すねたり、ものをねだったりする。群馬県223 242 新潟県長岡市376 兵庫県加古郡664 ◇いぶる 栃木県198 ❺もてあそぶ。いじる。奈良県吉野郡683 ❻飽きる。三重県度会郡599 ❼盗む。香川県827 ❽料理する。高知県幡多郡870 ❾咳(せき)をする。埼玉県大里郡252 ❿泉などに水がわき出る。また、水が流れて小穴をうがち、その穴がだんだん大きくなる。熊本県玉名郡058 ⓫馬がいななく。高知県861 長崎県壱岐島915 ⓬馬が発情する。愛媛県大三島848 辞書言海

いぼれる〘動〙方言 ⇩いぼえる

いぼわ・す(いぼはす)〘他サ四〙灸(きゅう)をして、あとをただれさせる。＊改正増補和英語林集成(1886)「ヤイトヲ ibowasu (イボワス)」

いぼ-を-つる〘連語〙方言 ⇩いぼつる

い-ほん【異本】〘名〙①一風変わったところのある書籍。また、珍しい本。珍本。＊島崎金次郎宛大田南畝書簡-享和元年(1801)四月二八日「とかく異本有之候はよろしく、塙検校の古語候も存出し申候」＊南史-王僧孺伝「僧孺好二墳籍一、聚レ書至二万余巻一、率多二異本一」②元来同一の書物ではあるが、伝来が異なるために、流布本(るふぼん)との間に文字や文句に違った部分のある本。一本。別本。＊応永本論語抄(1420)学而「如此伝々するほどに、章の落たる事もあり。文の前後する事もあり。是に依て異本多くでくる也」＊玉塵抄(1563)一五「今ここらにある日本板の爾雅に珠玉のことはないぞ。爾雅にも異本あるやら」＊日葡辞書(1603–04)「Ifon (イホン)〈訳〉別の書物、または、文書」＊志都の岩屋講本(1811)下「傷寒論の異本、金匱玉凾経と云ふ物に」＊るしへる(1918)〈芥川龍之介〉一「破提宇子(はでうす)の流布本は華頂山文庫の蔵本を〈略〉出版したものである。が、その外にも異本がない訳ではない」補注①について「名物六帖-器財箋」に「異本 メツラシキホン」とある。発音〈標ア〉⓪〈京ア〉⓪ 辞書文明・日葡・言海 表記異本(文・言)

い-ほん【慰本】〘名〙読者になぐさみを与えるだけの書物。特に、江戸時代の作者などが、みずからの作品を卑下した言い方。なぐさみぼん。＊滑稽本・続膝栗毛(1810–22)五・下「近頃此膝栗毛の慰本(ヰホン)行れて茲年全冊十三編にいたる」

い-ぼん【違犯】〘名〙(「いほん」とも)「いはん(違犯)」に同じ。＊米沢本沙石集(1283)二・八「少しも違犯(イボン)あれば、或いは擯し罰し」＊東寺百合文書-を・至徳三年(1386)二月日・蓮池重継奉禁制案(大日本古文書六・三八)「右、此条にいほんの輩あらば、可レ被レ処二罪科一之状、依レ仰執達如レ件」＊川端道喜文書-元亀三年(1572)八月三日・室町幕府奉行奉下知状「向後不レ可レ有二相違一、若違犯之族在レ之者、可レ被レ処二厳科一之条、宜二存知一之由」＊ロドリゲス日本大文典(1604–08)「サウイニ ヲイテワ、または、ibon (イボン) セシメバ」辞書文明・天正・黒本・易林・日葡・言海 表記違犯(文・天・黒・易・言)

いま【今】㊀〘名〙①過去と未来との境になる時。現在。㋑ただいま。現在の瞬間。＊古事記(712)上・歌謡「伊麻(イマ)こそは 我鳥(わどり)にあらめ 後(のち)は 汝鳥(などり)にあらむを」＊万葉(8C後)二〇・四三三七「水鳥の発(た)ちの急ぎに父母に物言(は)ず来(け)にて已麻(イマ)ぞ悔しき〈有度部牛麻呂〉」＊伊勢物語(10C前)三二「いにしへのしづのをだまき繰りかへし昔を今になすよしも哉(がな)」＊土左(935頃)承平五年二月五日「いま見てぞ身をば知りぬる住の江の松よりさきに我は経にけり」㋺現在の時点に少し幅をもたせた時間。「今はむりだが、半年後ならひきうけよう」㋩(「昔」に対して、㋑を含んだある期間を表わす)現代。今の時代。現今。今日(こんにち)。＊古事記(712)中・歌謡「蕁(ぬなは)繰り 延へけく知らに 我が心しぞ いや愚(をこ)にして 伊麻(イマ)ぞ悔しき」＊仏足石歌(753頃)「薬師(くすりし)は常のもあれど賓客(まらひと)の伊麻(イマ)の薬師たふとかりけり賞(め)だしかりけり」＊万葉(8C後)三・三二八「青丹よし寧楽(なら)の都は咲く花の薫(にほ)ふが如く今盛りなり〈小野老〉」＊古今(905–914)仮名序「いまの世の中、色につき、人の心花になりにけるより」＊浮世草子・好色一代男(1682)六・二「万(よろづ)隠しづくなし、贔屓(ひいき)なしに今での太夫の品定め、けふの暮までのなぐさみ」＊小説神髄(1885–86)〈坪内逍遙〉上・小説の種類「当時(そのかみ)の世界の景情(ありさま)をしり時勢を知り〈略〉現世(イマ)とことなる所以をしる」②(「古いもの」に対して)新しいこと。また、そのもの。＊万葉(8C後)一四・三三九九「信濃道は伊麻(イマ)の墾道(はりみち)刈株(かりばね)に足踏ましむな履(くつ)はけわが背〈東歌・信濃〉」＊土左(935頃)承平六年二月一六日「ほとりに松もありき。〈略〉かたへはなくなりにけり。いま生ひたるぞまじれる」＊枕(10C終)七〇・おぼつかなきもの「いま出で来たる者の心も知らぬに、やむごとなき物持たせて人のもとにやりたるに、おそく帰る」＊源氏(1001–14頃)浮舟「女は、いまの方に少し心寄せまさりてぞ侍りける」③(ごく近い過去に関して用い、互いに経験や知識で知っているものをさしていう)㋑(副詞的に用い)ちょっと前。いましがた。たったいま。＊平家(13C前)六・紅葉「今さけぶものは何ものぞ。きっと見て参れ」＊浄瑠璃・大経師昔暦(1715)下「今よって申たれば、追付持ていかふと申」㋺(多く「いまの」の形で用い)いましがた。ただいま。さきほど。＊浮世草子・好色五人女(1686)四・二「新発意(しんぼち)は宵の事をわすれず、『今(イマ)の三色の物をたまはらずは、今夜のありさまつげん』といふ」＊歌舞伎・幼稚子敵討(1753)三「コレ、今の娘じゃわいのふ娘じゃわいのふ。常々わしが大事にかけて育てて居るのに」＊浄瑠璃・伊賀越乗掛合羽(1777)「お頭、今の者を連れて来ましてござんす」④「いま(今)の上(うえ)」の略。＊源氏(1001–14頃)賢木「春宮をば、いまのみこになしてなど、宣はせおきしかば」㊁〘副〙①(ごく近い未来に関して)すぐに。今すぐに。直ちに。＊古事記(712)中・歌謡「島つ鳥 鵜飼(うかひ)が伴 伊麻(イマ)助(す)けに来(こ)ね」＊万葉(8C後)一七・四〇三〇「鶯は伊麻(イマ)は鳴かむと片待てば霞たなびき月は経につつ〈大伴家持〉」＊古今(905–914)恋四・六九一「今来んといひし許(ばかり)に長月のありあけの月を待ちいでつる哉〈素性〉」＊源氏(1001–14頃)若紫「いま、この花のをり過ぐさず、参り来む」②さらに。その上に。あと。もう。＊万葉(8C後)八・一六二一「わが宿の萩花咲けり見に来ませ今二日許(だみ)あらば散りなむ〈巫部麻蘇娘子〉」＊古今(905–914)春上・一九「春日野のとぶひの野守いでてみよ今いくかありて若菜つみてん〈よみ人しらず〉」＊土左(935頃)承平六年二月一日「貝のいろは蘇芳(すはう)に、五色にいまひといろぞたらぬ」＊中華若木詩抄(1520頃)下「いまちっと待つべし」㊂〘接頭〙(名詞の上につけて用いる)①「新しい」「こんどの」の意を表わす。「今参り」「今内裏」「今姫君」＊小右記-万寿四年(1027)九月六日「明日暁〈寅〉、渡二給今南一。〈母儀新造処、号二今南一〉」＊栄花(1028–92頃)玉の飾「九月七日の暁にぞ、いまみなみ殿に渡らせ給ふ」＊増鏡(1368–76頃)一六・久米のさら山「西園寺の故内大臣殿の姫君、広義門院の御かたはらに、いま御かたとかやきこえて、かしづかれ給を」②(現代の人を、昔の著名人になぞらえていう)「現代の」「今の世の」の意を表わす。「今牛若」＊太閤記(1625)四・能登国石動山并荒山合戦之事「般若院は事外なる剛の者、此前所々にをひて無二比類一働き有し故、今弁慶と戯しも宜ならずや」＊俳諧・ほまち畑(1825)田家秋「我宿は今西行とはやされん〈文虎〉 月は名月ござれきん達〈一茶〉」語誌(1)㊀①は、現在の瞬間を中心とするが、さらに、意識の上で現在の瞬間と同質であるととらえた前後の時間(ごく近い過去あるいは未来)を含んだ、ある幅を持った時間を表わし、その時間的幅を、その前後の(異質の)時間と区別して把握したものである。(2)この時間は、何らかの相違によって過去・未来の時間と対比された時間帯であり、その時間帯は、意識の上で何らかの共通性均質性をもって把握されたものでもある。従って「いま」と、「いま」でない時間との境界は、その相違を生み出した出来事や、何らかの状況の変化・意識の変化が生じた時点に置かれる。(3)㊁①の用法は、もともとは、現在と次の行為との間に、別の出来事や行動、状況の変化をさし挟まない時間帯(「いま」)を指すもので、「その時間帯のうちに」の意で副詞の働きをする。(4)㊁②の用法も①に連続するもので、古くは、挙例「万葉」「古今」の「今二日」「今いくか(幾日)」も、この現在の瞬間に連続する同質時間としての二日・幾日といった意味であったと考えられ、挙例「土左日記」の「いまひといろ(一色)ぞたらぬ」も、現在のこの状況(「いま」)においては、五色には一色足りないという意味で使われていたものととらえられる。方言❶さっき。先刻。岡山市762 ◇いんま 島根県那賀郡736 岡山市762 山口県大島801 愛媛県周桑郡・喜多郡845 高知県幡多郡870 ❷そのうちに。後ほど。今に。◇いんま 久留米†127 香川県小豆島836 愛媛県周桑郡・喜多郡845 福岡県872 佐賀県887 長崎県905 906 907 熊本県918 宮崎県955 東諸県郡954 鹿児島県961 ◇いいんま 長崎市906 ◇いんめ 山形県139 ◇にゃんま 鹿児島県喜界島983 語源説(1)イは発語、マは間〔語簏・古言類韻=堀秀成〕。(2)イは発語、マは目の義。目前の意〔東雅・名言通・和訓栞〕。(3)生きて在る間の意のイマ(生間)から〔和句解・日本語原学=林甕臣・国語の語根とその分類=大島正健〕。(4)イは、ヨリの約、マは間〔和訓集説〕。(5)「現」の別音Wimが Imaと転じた〔日本語原考=与謝野寛〕。発音〈なまり〉インマ〔鹿児島〕インマ〔伊賀・播磨・徳島・伊予・愛媛周桑・福岡・壱岐・島原方言・大分〕エマ〔埼玉方言・鳥取〕エンマ・ンーマ〔島根〕マ〔仙台方言・大阪〕マア〔大阪・紀州〕ムマ〔愛知〕〈標ア〉㋑〈ア史〉平安来〇◎〈京ア〉⓪ 辞書和名・色葉・名義・和玉・文明・伊京・天正・饅頭・易林・日葡・書言・ヘボン・言海 表記今(色・名・玉・文・伊・天・饅・易・ヘ・言)時・肆(色・名)如今(名・書)此・末(色)伱・往・見・今者・今日・新(名)

いま 一重(いちじゅう) さらに。いっそう。一段と。＊御伽草子・あしびき(室町中)「同く修し給はむずる顕密の行業を、今一重、思ひ入たる由にみえば、よみぢもやすかりなむ」

いま 一層(いっそう) これまでの状態より、さらに程度が強まるさまを表わす語。なお一層。もっと。＊青年(1910–11)〈森鷗外〉一〇「併し奇妙な事には、己の記憶は決して空虚ではない。談話を忘れる癖に或る単語を覚えてゐる。今一層(イマイッソウ)適切に言へば、言語を忘れて音響を忘れないでゐる」発音イマ=イッソー〈標ア〉㋑=⓪ ㋑1

いまか 今か今か。＊万葉(8C後)八・一五三五「わが背子を何時そ且今(いまか)と待つなへに面(おも)

やは見えむ秋の風吹く〈藤原宇合〉」

いまが今(いま)　ちょうど今。たった今。今の今。＊志都の岩屋講本(1811)上「心の底にしみ著いたる世の人なれば推しなべては、今が今になある程と諸ふ人は」＊こゝろ(1914)〈夏目漱石〉二〇「今が今といふ心配もあるまいが、年が年だから」 発音 イマガ＝イマ

いまか今(いま)**か**　(「今か」を繰り返し強めた語。「と」を伴って用いることが多い) ある物事・状態が、早く現われることを待ち望む気持を表わす。もう…するか。＊万葉(8C後)二〇・四三一一「秋風に伊麻香伊麻可(イマカイマカ)と紐ときてうら待ち居るに月かたぶきぬ〈大伴家持〉」＊読本・南総里見八犬伝(1814-42)九・一一〇回「寛(つひ)に睡(ねむ)らで明る天(よ)を、今か今かと復寝(またね)の床に」 発音 〈標ア〉イ＝イ イ² 〈京ア〉ガ

いまかよらか　方言 (「今か」を繰り返すように強めた語) ありそうなことを今か今かと待つ気持を表わす。東京都002 ◇**いまかはよか** 富山県390　〈標ア〉イ¹ 辞書 書言 表記 且今且今(書)

いまからか　話相手の行為や気の早さに驚いた時の語。江戸中期に流行した。今すぐにか。＊随筆・胆大小心録(1808)一〇一「『いまからか』と云うて笑ひし也」

いまこそあれ　今でこそこんなになっているが。＊古今(905-914)雑上・八八九「今こそあれ我もむかしはをとこ山さかゆく時もありこしものを〈よみ人しらず〉」＊新葉(1381)雑下・一二六五「今こそあれすむべき代々の都鳥我が行末の事や問はまし〈長慶院〉」

いま此(こ)**の時**(とき)　(「今」と「此の時」とを重ねて強めた言い方) こんにちただいま。＊御伽草子・あきみち(室町末)「その魂が無念さに、いまこの時に思ひて、告げ知らするとのみ」 発音 〈標ア〉コ

いまし　⇩親見出し

いま暫(しば)**し**　もうしばらく。もう少しの間。もうちょっと。＊宇津保(970-999頃)祭の使「いましばしありては、さ聞こゆる折もありなん」＊右京大夫集(13C前)「もし命たとひいましばしなどありとも」 発音 〈標ア〉シ¹ イ

いましも　⇩親見出し

いま少(すこ)**し**　もう少し。もうちょっと。＊宇津保(970-999頃)国譲中「いと暑く侍つれば、ほど遠くてはものせず。いますこし涼しくなりなん時」＊源氏(1001-14頃)朝顔「昔よりも、いますこしなまめかしきけさへ添ひ給ひにけり」＊謡曲・吉野静(1423頃)「いますこし舞をおん早め候へ」 発音 〈なまり〉イモスコシ〔岩手・信州上田〕マシコシ〔秋田〕 〈標ア〉コ 〈京ア〉マ 辞書 言海 表記 今少(言)

いま只今(ただいま)　(「今」を強めていう語) 今すぐ。じき。即刻。間もなく。＊宇津保(970-999頃)春日詣「『いまただいま』とて、うちに参りぬ」＊源氏(1001-14頃)空蟬「いまただ今、立ちならび給ひなん」

いまだに　⇩親見出し

いまでこそ　(過去はいざ知らず) 現在では。今では。＊東京年中行事(1911)〈若月紫蘭〉九月暦「今(イマ)でこそ藤の花ばかりではなく、更に松に日の出を配し、若しくは矢鱈に金泥を塗りつけたのや、巾の広い大きな位牌のやうな恰好をしたものもあれど」

いまという今(いま)　今を強めた語。たった今。ただ今。＊浄瑠璃・日本武尊吾妻鑑(1720)三「今といふ今疑ひ晴れ御心底も恥しし」＊秋立つまで(1930)〈嘉村礒多〉「今といふ今、思ひ知らしてやらうと思って」

いまという今(いま)**の昔**(むかし)**が今**(いま)**になる**　今あったことがもう昔あったことのようになる。＊浮世草子・御前義経記(1700)三・二「うれしさ身にあまり、たびのなんぎも今といふいまのむかしが今になる、御おんは申にあきたらず」

いま共(とも)**に**　今に至るまで。今もって。今もまだ。＊狂言記・吟聟(1660)「きけばむこ入には、色々のじぎが御ざるげな。それがしいまともに、はじめで御ざる」

いま泣(な)**いた鳥**(からす)　「いま泣(な)いた鳥(からす)がもう笑(わら)う」に同じ。＊恋慕ながし(1898)〈小栗風葉〉二六「続様(つづけさま)に叫びながら、今(イマ)啼(ナ)いた鳥(カラス)がと云ふ様(さま)で嬉しさうに駈け出て来たのは」

いま泣(な)**いた鳥**(からす)**がもう笑**(わら)**う**　今まで泣いていた者が、すぐあと、きげんを直して笑っていること。おもに、子供の喜怒哀楽の感情の変わりやすいのをたとえていう。＊門三味線(1895)〈斎藤緑雨〉一「あかぬ交りも子供のこととて、つひした事に馴れすぎて偶(たま)にはいさかひすれど、物の一時経たぬ間に今(イマ)啼(ナ)いた鳥(カラス)がもう笑(ワラ)ひ顔、これ上げうと紙の名も千代の折鶴」＊吾輩は猫である(1905-06)〈夏目漱石〉一〇「今泣いた鳥がもう笑ったと拍子を取って歌ったさうだ」＊銀の匙(1913-15)〈中勘助〉前・三五「『今ないた鳥がもう笑ったい』といひひ私のまはりを踊りまはった」

いまなり　程度がもう一段加わるさまである。＊浮世草子・好色一代男(1682)一・三「すぎし年二月(きさらぎ)の二日に天柱(ちりけ)すえさせたまふおりふし、黒ぶたに塩をそそぎまいらせけるが、其御時とは御尤愛(いとを)しさも今なり」

いまに　⇩親見出し

いまに今(いま)　「いま(今)の今(いま)」に同じ。＊疑惑(1913)〈近松秋江〉「ああ、さう思ふと、また急に今に今お前の肉体(からだ)が愛(を)しくて堪らない」

いまに於(お)**いて**　今にいたっても。今も。＊虎明本狂言・吃(室町末-近世初)「今において此おとこ、すこしも忘れ申さぬぞ」＊虎明本狂言・夷大黒(室町末-近世初)「たちまち三面六臂と現し、今におひて仏法はんじゃうに守るなり」

いまに＝始(はじ)**めぬ**[＝**始**(はじ)**まった**]**ではない**　従来からあったことで、少しも変わらない。今、急に始まったことではない。＊曾我物語(南北朝頃)九・十郎が打死の事「弓矢取る身のならひ、今にはじめぬ事なれども、親のために命をかろくし」＊仮名草子・薄雪物語(1632)上「さてもさても心づよき御返し、今にはじめず覚え申候」＊浄瑠璃・国性爺合戦(1715)一「今にはじめぬ韃靼(たったん)の難題」＊多情多恨(1896)〈尾崎紅葉〉前・一〇「今に始ったではないが、変な人だと思ひながら」

いまに見(み)**おれ**　今に見ていろ。＊虎寛本狂言・釣狐(室町末-近世初)「今に見おれ。此わなにかけて其儘打殺いて呉れう」

いまにも　⇩親見出し

いまの甘葛(あまずら)**後**(のち)**の鼻面**(はなづら)　今、楽をしていても、後にはまた苦しいことが来る。苦楽は伴うものであるの意にいう。＊咄本・醒睡笑(1628)五「僧云、『人無₂遠慮₁必有₂近憂₁。歓楽極兮哀情多。諺今甘蔗後鼻蔗也』」

いまの今(いま)　今を強めた語。ちょうど今。たった今。今が今。＊他所の恋(1939-40)〈正宗白鳥〉七「わたし、今の今不思議でなりませんでしたの」＊畜生塚(1970)〈秦恒平〉二「まるで今の今思い立ったように腰を浮かして」

いまの今(いま)**まで**　今までの意を強めていう語。たった今まで。＊人情本・娘太平記操早引(1837-39)四・二一回「左様(さう)とは知らず今(イマ)の今(イマ)まで、私はじめお前さんが悪いとばかり思って居ました」＊椀久物語(1899)〈幸田露伴〉六「今の今まで幾度か悲しいことに会ふた時、世間の親の優しさを見るにつけても我親を、嘸(さぞ)や非道な愛情(なさけ)無い親と恨んで居たであらう」＊猟銃(1949)〈井上靖〉彩子の手紙「門田が結婚したと言ふただそれだけの事が、是程大きい打撃にならうとは、今の今まで想像した事もありませんでした」

いまの因果(いんが)**は針**(はり)**の先**(さき)**回**(まわ)**る**　昔のことよりも今のことの因果のほうが早くめぐってくる。因果はきわめて早くめぐってくるものだの意にいう。＊俳諧・毛吹草(1638)二「いまのゐんくゎははりのさきまはる」

いまの上(うえ)　今の天皇。今上(きんじょう)。いまのうち。いま。＊源氏(1001-14頃)乙女「いまのうへに御かはらけ参り給ふ」＊栄花(1028-92頃)月の宴「かくていまのうへの御心ばへあらまほしく、あるべき限おはしましけり」 辞書 言海

いまの内(うち)　①「いま(今)の上(うえ)」に同じ。＊源氏(1001-14頃)若菜上「この院の御事、いまのうちの御事なん、とりわきて宣ひおきしを」 ②⇩親見出し

いまの夫(おうと)　後添(のちぞ)いの夫。いまの夫(おっと)。いまの夫(おとこ)。＊二十巻本和名抄(934頃)二「後夫 顔氏家訓云後夫多寵前夫之子 和名宇波乎 一云 伊万乃乎宇止」 辞書 和名 表記 後夫(和)

いまのおつつ　(「おつつ」は「うつつ」また「つづく」などと関連ある語かといわれ、現在の意) 今のこの世。ただ今現在。＊万葉(8C後)五・八一三「神さび坐す 奇魂(くしみたま) 伊麻能遠都豆(イマノヲツツ)に 尊きろかむ〈山上憶良〉」＊万葉(8C後)一七・三九八五「古ゆ 伊麻乃乎都豆(イマノヲツツ)に かくしこそ 見る人ごとに 懸けてしのはめ〈大伴家持〉」

いまの夫(おっと)　「いま(今)の夫(おうと)」に同じ。＊書言字考節用集(1717)四「後夫 ウハヲ イマノヲット」 辞書 書言 表記 後夫(書)

いまの夫(おとこ)　「いま(今)の夫(おうと)」に同じ。＊観智院本名義抄(1241)「後夫 ウハウ 一云 イマノヲトコ」 辞書 名義 表記 後夫(名)

いまの事(こと)　①目の前に迫ったこと。今すぐにも起こりそうなこと。＊仮名草子・竹斎(1621-23)上「今朝まで紅顔なりしその形〈略〉露と消えつつ鳥辺野の煙となりて跡も無し。驚くべし驚くべし。御用心候べし。構ひて今の事ぞかし」＊浮世草子・日本永代蔵(1688)二・三「三人に三百の置銭悦事限りなく、御仕合みへて富士山程の金持に今の事ぞと申ける」 ②はっきりと言うのをはばかる時にいう語。例のこと。あれ。＊歌舞伎・韓人漢文手管始(唐人殺し)(1789)二「何を遊ばさう、今の事を遊ばすのぢゃ」＊浄瑠璃・三拾石艠始(1792)二「『が、今の事はどふでござるな』『ハア今の義とは何でござりまするな』」

いまの先(さき)　今少し前。つい今しがた。たった今。＊浮世草子・好色五人女(1686)二・五「そなたの髪は今のさきまでうつくしく有しが」＊浮世草子・世間胸算用(1692)五・三「今のさきに掛こひと云分いたされまして」＊浄瑠璃・生写朝顔話(1832)宿屋の段「お断申したれば、今の先お立ちなされた」

いまの時(とき)　さっき。今しがた。＊歌舞伎・韓人漢文手管始(唐人殺し)(1789)二「こりゃ独りでは飲ぬ。エエ、今の時どちら成とも留て置かふ物」

いまの所(ところ)　⇩親見出し

いまの年頃(としごろ)　この数年。今年。＊源氏(1001-14頃)若菜上「いまのとしごろとなりては、ましてかたみに隔て聞え給ふことなく、あはれなる御中なれば」

いまの程(ほど)　①今、こうしている間。現在。時

をおかないで、今のうち。今のま。＊宇津保(970-999頃)祭の使「ただいまも死ぬる身なれど、もしやとたのみ聞えさせてなん、いまのほどめぐらひ侍る」＊源氏(1001-14頃)乙女「いまのほどに内に参り侍りて、夕つかたむかへに参り侍らん」＊讃岐典侍(1108頃)上「今のほど宮のぼらせ参らせん。物さわがしからぬさきにと思ふに」②今しがた。ついさっき。＊虎明本狂言・井礑(室町末-近世初)「ししゃう何とて酒をくれぬぞと云。今のほどもったり。のふでおいてのみがくしをあそばすと云」③今こうした程度。今くらい。あれほど。＊虎寛本狂言・悪太郎(室町末-近世初)「是はいかな事。今の程返事をするに聞付ぬ。但しきゃつは聾か知らぬ」＊虎寛本狂言・伯母が酒(室町末-近世初)「扨々悋い人で御ざる。今の程に申たに振廻れぬ。何と致う」

いまの間(ま) ①今こうしているあいだ。現在のところ。また、この瞬間。＊続日本紀-天平宝字八年(764)一〇月一四日・宣命「今乃間(いまノま)此の太子を定め賜はず在る故は」＊後撰(951-953頃)恋一・五六三「逢はざりし時いかなりしものとてかただいまのまも見ねば恋しき〈よみ人しらず〉」＊源氏(1001-14頃)夕霧「いとほしさに、いまのまいかにと聞えたりつるなり」＊和泉式部集(11C中)上「いまのまに君やきませやこひしとて名もあるものをわれ行かめやは」②(「に」を伴うことが多い) たちまち。またたく間に。見ているうちに。＊狂歌・新撰狂歌集(17C前)下「いまの間にほとけは二躰出来たりばうずはやくし我はくゎんをん」＊仮名草子・浮世物語(1665頃)三・七「常喰(ひたぐら)ひに喰ふ程に、一畝(ひとほ)二畝は今の間(マ)に藁ばかりになす」＊浮世草子・好色一代男(1682)七・二「なを立噪(さはい)で、やむ事なし、これを今のまに、しづめる程の事もあるべきか」＊洒落本・無頼通説法(1779)「きのふまでは息子かぶとよばれし身も、けふはいつしかおとっ様と言れて、しょたいの世話は今の間でござる」 辞書言海 表記今間(言)

いまのまさか(「まさか」はまのあたり、現在の意) さしあたって今この時。今の今。＊万葉(8C後)一八・四〇八八「さ百合花後(ゆり)も逢はむと思へこそ伊末能麻左可(イマノマサカ)もうるはしみすれ〈大伴家持〉」

いまの都(みやこ) (「古(いにしえ)の奈良の都」に対し) 京都をさしていう。＊浮世草子・日本永代蔵(1688)五・三「奈良木辻狂ひも、程なくいやになりて、今の都の、和国、もろこし迄も、引舟まかせに買つめ」＊読本・雨月物語(1776)仏法僧「此歌の調今の京(ミヤコ)の初日の口風にもあらず」

いま飲(の)**む＝酒**(さけ)**[＝煙草**(たばこ)**]が毒**(どく)**となれ** 言うことが偽りなら、飲む酒が毒となろうという誓いの諺(ことわざ)。弓矢八幡。天地神明に誓って。＊滑稽本・一盃綺言(1813)「ははかりながらおめへの前(めへ)だけれど、今のむ酒が毒(ドク)となれ、わたしは親方の事だからぞっこんほねをりやした」＊人情本・貞操園の朝顔(19C中)三・二回「今(イマ)喫(ノ)む煙草(タバコ)が毒(ドク)となれ、〈略〉大事に勤めますから」

いまの世(よ) ①今の時代。現代。当世。＊万葉(8C後)二〇・四三六〇「あめのした しらしめしきと 伊麻能与(イマノヨ)に たえずいひつつ〈大伴家持〉」＊竹取(9C末-10C初)「今の世にも昔の世にも、此の皮はたやすく無き物なりけり」＊栄花(1028-92頃)初花「古への后は童使はせ給はざりけれど、いまのよは御好みにてさまざま使はせ給」＊わらんべ草(1660)一「今の世の名人と、もてはやされし人の、せう人にたたれしは」②この世。現世。＊万葉(8C後)五・八九四「今世(いまのよ)の 人もことごと 目の前に 見たり知りたり〈山上憶良〉」＊今昔(1120頃か)二・一三「我等、前の世に施を不行ざる故に、今の世に貧窮の身と生れたり」＊俳諧・おらが春(1819)「今の世も鳥はほけ経鳴にけり」③今の天皇の治世。今上(きんじょう)の御代。＊徒然草(1331頃)二七「今の世のこと繁きにまぎれて、院には参る人もなきぞさびしげなる」④当代第一。今の世に知れわたっている、全盛をきわめている、などの意にいう。＊浄瑠璃・千載集(1686頃か)五「頼朝公より急用の仰にて、今の世の稲毛の入道殿より寂蓮法師へ行く者なり」＊浮世草子・色里三所世帯(1688)下・一「先は浅草その町に、今の世の太鞁もち堀貫井土の源次かたに借宿(かりやど)」＊読本・椿説弓張月(1807-11)前・一回「今の世の弓とりを、清盛頼政也と宣ふが傍いたくて」 辞書文明 表記今世(文)

いまは ㊀(「今」に係助詞「は」の付いたもの) ①現在は。今頃は。＊書紀(720)神武即位前・歌謡「伊莽波(イマハ)よ 伊莽波(イマハ)よ ああしやを 今だにも吾子よ 今だにも吾子よ」＊宇津保(970-999頃)俊蔭「日本に、年八十歳なる父母侍しを、見捨ててまかり渡りにき。今は塵灰(ちりはひ)にもなり侍にけん」＊源氏(1001-14頃)真木柱「式部卿の宮きこしめして、『いまは、しか、いまめかしき人をわたしてもてかしづかん片隅に』」②こんな状態になった現在では、もはや。＊宇津保(970-999頃)俊蔭「今は、なぼし隔てそ。さるべきにてこそ、かく見奉り初めぬらめ」＊金刀比羅本平治(1220頃か)頼朝青墓に下著の事「今は何をかかくすべき、我は義朝の子也」③もう、そろそろ。おっつけ。＊大和(947-957頃)六五「かくて来たりけるを『いまは帰りね』と言ひやらひければ」＊今昔(1120頃か)三〇・一「障子の懸金(かきがね)懸る音は聞えつるに、今は来むと思ふに」④これからは。今後は。＊宇津保(970-999頃)国譲中「かくてのみを、いまは物し給へ。さておはせば、かう近きほどなるを、さしあゆみつつ参り来ん」＊今昔(1120頃か)三〇・一四「汝を今は不可見(みるべから)ず。但し我が形見をば留置かむ」＊篁物語(12C後か)「女のするざえのかぎりしつくして、いまはふみよませんとて」＊新古今(1205)春下・一六八「木のもとの栖(すみか)もいまはあれぬべし春し暮れなば誰かとひこん〈行尊〉」㊁(「今は限り」「今はよし」などの下の部分を省略した表現として) ①今は限りということ。もうこれが最後ということ。→いまわ(今際)。＊古今(905-914)恋三・六三八「あけぬとて今はの心つくからになどいひしらぬおもひそふらむ〈藤原国経〉」＊竹取(9C末-10C初)「今はとて天の羽衣きる折ぞ君を哀れと思ひ出ける」＊伊勢物語(10C前)一六「男、まことにむつましきことこそなかりけれ、いまはと行くを、いとあはれと思ひけれど」＊源氏(1001-14頃)須磨「うきものと思ひすてつる世もいまはとすみはなれなん事をおぼすには」②もうこれでよかろうということ。＊古事記(712)下「故(かれ)、人民富めりと為(おも)ほして、今(いま)は課(みつぎ)役(えだち)を科(おほ)せたまひき」＊大鏡(12C前)三・伊尹「あまり久しくなれば、いまは許させ給ふ折ぞ、つけつる僧どものがり踊りいぬるを」 発音〈標ア〉イ 辞書文明・言海 表記今(文)

いまは限(かぎ)**り** ①ものごとの最後。もうこれまで。今を限り。＊伊勢物語(10C前)五九「住みわびぬ今はかぎりと山里に身をかくすべき宿求めてん」＊古今(905-914)秋下・二六四「散らねどもかねてぞ惜しきもみぢ葉は今は限りの色と見つれば〈よみ人しらず〉」＊大和(947-957頃)七「あふことはいまはかぎりとおもへども涙はたえぬものにぞありける」②生涯の最後。臨終。死。今を限り。＊元真集(966頃か)「わびはてぬいまはかきりのみなりけりいきてかへらむことぞゆゆしき」＊源氏(1001-14頃)蜻蛉「いまはかぎりの道にしも、我をおくらかし、気色をだに見せたまはざりけるがつらき事」＊今昔(1120頃か)二・一「今は限りと思して、御子の釈迦仏、難陁〈略〉等を不見ずして死なむ事を歎き給へり」＊梁塵秘抄口伝集(12C後)一〇「頸(くび)に疽出でて、いまはかぎりにて、医師(くすし)も棄てたる者」

いまは＝斯(か)**く[＝斯**(こ)**う]** ①今はこのようになった。＊和泉式部集(11C中)上「今はかくはなれじまなるわれなればほりあつめたるかはほりぞこは」＊太平記(14C後)一四・官軍引退箱根事「落隠居たる官軍共、彼方此方より馳付て、七千余騎に成にけり。今はかうと勇て、今井、見付を過る処に」②もはやこれまでだ。最期をむかえた。＊今鏡(1170)六・梅の木の下「つとめてより御霍乱などきこえて、〈略〉いまはかくとみえさせ給ひける時」＊宇治拾遺(1221頃)一一・八「頭を又打破(うちわり)てけり。いまはかくと思ふほどに」＊太平記(14C後)一七・義貞軍事「敵を一的場(ひとまとば)の内に攻寄せたれば、今はかうと大に悦で」＊仮名草子・伊曾保物語(1639頃)中・三二「軍に負けて今はかうよと見えける時」 辞書黒本 表記今楖(黒)

いまはこれまで もはやこれまでで終わりだ。もうこれが最後だ。生涯の最後だ。＊太平記(14C後)一・頼員回忠事「多治見今は是までとや思けん」＊日本読本(1887)〈新保磐次〉四「昔名高き勇士ありしが、戦ひに打ち負けて、百姓の小屋に隠れ忍び、今はこれまでと覚悟せし折りしも」

いま始(はじ)**めたる** 最近に始まった。こと新しい。＊源氏(1001-14頃)総角「いまはじめたる事めきてやはおぼさるべき」＊夜の寝覚(1045-68頃)四「げにいまはじめたらぬ事ならねど、かの『いひしばかりの有明』のままに」

いま将(はた) 今はまた。今また。＊後撰(951-953頃)恋五・九六〇「わびぬれば今はた同じなにはなるみをつくしても逢はんとぞ思ふ〈元良親王〉」＊宇津保(970-999頃)内侍督「心ざし、昔よりさらにたとふる物なくおほかれば、なほさて思ひてあれど、いまはた、なほさてのみはえあるまじきを」＊源氏(1001-14頃)桐壺「いまはた、かく世の中の事をもおぼし捨てたるやうになりゆくは」 辞書書言 表記今将(書)

いまはの雁(かり) 春になって、今はもう帰ろうとする雁。帰雁。＊俳諧・年浪草(1783)春・三「今はの鴈、今はとは今はかくせんなどいふ心、今はかへらんとおもひたつありさまをいふなめり」

いまは早(はや) 今やすでに。もはや。もう。＊古今(905-914)恋二・六一三「今ははやこひしなましをあひみんとたのめし事ぞ命なりける〈清原深養父〉」＊後撰(951-953頃)恋五・九五〇「今ははやみ山を出でて郭公けぢかきこゑを我にきかせよ〈藤原実頼〉」＊太平記(14C後)一八・金崎城落事「今ははや精力尽きて」 辞書文明 表記今早(文)

いまは昔(むかし) 今ではもう昔のこと。むかしむかし。説話や物語文学の冒頭に使われる慣用句。＊竹取(9C末-10C初)「いまはむかし、竹取の翁といふもの有けり」＊平中(965頃)一「いまはむかし、男二人して、女ひとりをよばひけり」＊今昔(1120頃か)一・一「今昔釈迦如来、未だ仏に不成給ざりける時は」＊宇治拾遺(1221頃)一・一「今はむかし、道命阿闍利とて、傅殿(ふどの)の子に、色にふけりたる僧ありけり」＊黄表紙・金々先生栄花夢(1775)「今はむかし、かたいなかに金むらや金兵衛といふ者ありけり」 語誌物語の冒頭表現としては、「今」を話者の立つ時点と考え、「今からみるともう昔のことであるが」と解する説と、話者がその話の時点、つまり過去に我が身を置いて、「この話の今は、昔の事なのであるが」と語り出す、つまり過去の時点を「今」という、歴史的現在をいうと解する説とがある。後者の説は、語りの表現や物語の本性を考えるうえで、重要な手がかりと考えられている。

いま早（はや） 今はもはや。すでに。もう。＊日葡辞書（1603-04）「Imafaya（イマ ハヤ）アンド イタイタ」＊コリャード日本文典（1632）「ima faia（イマハヤ）テガ ジュウ ニ ゴザル ホドニ」 辞書 日葡

いま一息（ひといき） もう少し。あとちょっと。＊あらくれ（1915）〈徳田秋声〉一九「ここまで漕ぎつけて、今一と息と云ふところで」 発音〈標ア〉ト

いま一返（ひとかえ）**り** ひとしお。一層。更に。＊狭衣物語（1069-77頃か）四「例のやうに明らかにもてなさるるにつけては、いまひとかへり、悲しさの数添ふ心地し給て」 発音〈なまり〉イマフドケァリ〔秋田〕

いま一際（ひときわ） 更に一層。ひとしお。＊源氏（1001-14頃）若菜上「『おなじ筋にはおはすれど、いまひときは、心苦しく』と、しりうごち聞え給につけても」＊太平記（14C後）一四・箱根竹下合戦事「死たる人の蘇生したる様に悦て、今一涯（ヒトキハ）の勇みを成し」 発音〈標ア〉ト

いま一越（ひとこし） もう一段越えること。今この上に。＊松翁道話（1814-46）四・上「あの人も見かけは随分能うござりますけれど、今一越、物を打ちまかして頼まれませぬ」

いま一度（ひとたび） もういちど。もういっぺん。今いちど。＊大和（947-957頃）一六八「生きて世にある物ならば、いまひとたびあひみせたまへ」＊拾遺（1005-07頃か）雑秋・一一二八「小倉山峯のもみぢば心あらば今ひとたびの御幸またなむ〈藤原忠平〉」 発音〈標ア〉ト イ

いま一（ひと）**つ** ①もうひとつ。＊宇津保（970-999頃）俊蔭「いま一、仕うまつるに六月中の十日のほどに雪ふすまのごとくこりて降る」＊虎明本狂言・岡太夫（室町末-近世初）「まことに一段よひ物でござる、さらは今一つたべたひ」＊日葡辞書（1603-04）「Ima fitotçu（イマ ヒトツ） キコシメセ」 ②更にもう少し。 発音〈なまり〉イモヒトズ〔岩手〕イモヒトッ〔茨城〕〈標ア〉ト〈京ア〉0=ト

いま迄（まで） ①今の時まで。現在まで。＊書紀（720）舒明即位前（図書寮本訓）「然るに遵（い）ふべき時有ら未（ざ）れば、於今（イママテ）言（い）は非（ざ）らくのみ」＊伊勢物語（10C前）八六「今までに忘れぬ人は世にもあらじおのがさまざま年のへぬれば」＊多情多恨（1896）〈尾崎紅葉〉前・九「既往（イママデ）の事を考へて見ると類さんには非常に世話になったのに」 ②従来通り。これまでのまま。＊波形本狂言・川上（室町末-近世初）「つぶれたら大事か。今迄じゃとおもふたがよい」 発音〈標ア〉マ2〈京ア〉マ1 辞書 名義・文明 表記 方今（名） 今迄（文）

いま巳（み）**の時**（とき） （午前十時ごろの、太陽が高く昇る時間の意から）今まっ盛りの上り坂の状態にあること。現在絶頂かと思われるほど勢いの盛んなありさま。＊浄瑠璃・鬼一法眼三略巻（1731）三「肩を双ぶる人もなく、威権一天に出づる日の、今巳（ミ）の時と輝けり」

いまも今（いま） 今を強めた表現。ちょうどいま。

いまも今（いま）**も** 今を強めた表現。さらにさらに。＊文徳実録-嘉祥三年（850）七月丙戌・宣命「今毛今毛（いまモいまモ）風雨時に随ひ五穀豊登しめ」

いまもかも 今頃はまあ。想像していうのに用いる。＊万葉（8C後）一五・三七五八「さすたけの大宮人は伊麻毛可母（イマモカモ）人なぶりのみ好みたるらむ〈中臣宅守〉」＊古今（905-914）春下・一二一「いまもかも咲き匂ふらむたち花の小島のさきの山吹の花〈よみ人しらず〉」

いま=も［=をも］知（し）**らぬ** 今、どうなってしまうかもわからない。今、死んでしまうかもしれない。人の命・運命の定めないことをいう。明日知らぬ。＊浮世草子・本朝桜陰比事（1689）三・三「老て世をわたり兼たる夫婦。子も持ざればゆく末物かなしく。今もしらぬ年になって」＊人情本・仮名文章娘節用（1831-34）後・六回「わしも老人（としより）、今をもしれぬ身のうへゆゑ」

いま以（もっ）**て** ⇩親見出し

いまや ①（「や」は疑問の係助詞） 今…か。今…するか。＊古今（905-914）春上・四「雪のうちに春はきにけり鶯（うぐひす）のこほれる涙いまやとくらん〈二条后〉」＊今昔（1120頃か）一・一二「今や穴に落入て火に焼け、釼（つるぎ）に貫かれ給と」 ②（「や」は詠嘆・強意の間投助詞） ㋑「いま（今）」を強めていう語。今まさに。今こそ。＊万葉（8C後）四・六二五「沖辺行き辺（へ）に行き伊麻夜（イマヤ）妹がためわが漁（すなど）れる藻臥束鮒（もふしつかふな）〈大原高安〉」＊俳諧・猿蓑（1691）五「うき人を枳殻垣（きこくがき）よりくぐらせん〈芭蕉〉 いまや別の刀さし出す〈去来〉」＊浮世草子・万の文反古（1696）五・三「今やなどかかるしょかんしんじ申べき事」 ㋺もう少しのことで。今にも。まさに。 補注 ①は古語にのみ現われる。②は現代語では一語に副詞化して用いられている。 発音〈標ア〉イ〈京ア〉マ

いまや今（いま）**や** （「いま（今）や①」を重ねて用いた語。「と」を伴って用いることが多い） ①ある物事、状態がすぐにでも起こらないか、また、やってこないかと待ち望む気持を表わす。今か今か。今に…（する）か。＊宇津保（970-999頃）忠こそ「かの一条の北の方、おもほしなげくこと劣らず、いまやいまやと待ちわたり給ふに」＊家持集（11C前か）冬「わがせこをいまやいまやといでて見ればあはゆきふれりにはもほどろに」＊今昔（1120頃か）七・四六「弟子、今や今や驚くと、待つ程に七日不動（はたらか）ず」 ②おこってほしくない事態や状況になりそうで、それを恐れるさま。＊ぎやどぺかどる（1599）上・二・八「喩へば峻き道を行く人は、蹶くべき危さを今や今やとおもふ思也」 発音〈標ア〉イ1

いまや遅（おそ）**し** 今か今かと待ちかねる気持や状態をいう。＊幸若・烏帽子折（室町末-近世初）「よするぬす人を今やおそしと待給ふ」＊咄本・鹿の巻筆（1686）四・六「きれたりしきる物のゑもんひきつくろひ、春のくるをいまやをそしとまちいたり」＊洒落本・伊賀越増補合羽之龍（1779）向島之段「鳥居のかげに、今やおそしと待つとは夢にもしらず」

いまやった 方言 ⇩いまじゃった（今―）

いまよ 方言 ⇩いまに（今―）

いまを限（かぎ）**り** 「いま（今）は限（かぎ）り」に同じ。＊林葉集（1178）恋「我恋は今をかきりと夕ま暮荻吹風の音づれて行」＊平家（13C前）灌頂・女院死去「いまをかぎりのかなしさに、声もをしまずなきさけぶ」＊御伽草子・鉢かづき（室町末）「母上例ならずかぜの心地との給ひて、一日二日と申せし程に、今をかぎりに見えければ」＊浮世草子・好色盛衰記（1688）五・五「折ふし今をかぎり程にわづらひ出し」

いまを盛（さか）**り** 今が一番の盛りであるさま。＊光悦本謡曲・熊野（1505頃）「あら面白の花や候、いまを盛と見えて候に」＊咄本・豆談語（1772-81）血気「今を盛（サカリ）の若者、一寸咄を聞ても、つっぱりかへり、もて扱ふ折から、二階にて一本かきかけるが」

いまを時（とき）**めく** 現在、世にもてはやされている。今を盛りとおごりさかえている。時めいている。

いま【馬】『名』ウマ。＊滑稽本・東海道中膝栗毛（1802-09）二・凡例「筥根（はこね）より伊勢路までは馬をまといひ又いまといふ。日本記に馬をいまとよませり。仍（よっ）て相通じておまともいふ」

い-ま【―間】『名』（「い」は接頭語か） あいだ。とき。＊万葉（8C後）七・一三五九「向つ丘（を）の若楓（わかかつら）の木下枝（しづえ）取り花待つ伊間（イま）に嘆きつるかも〈作者未詳〉」＊万葉（8C後）一〇・一八五一「青柳の糸の細（くは）しさ春風に乱れぬ伊間（イま）に見せむ子もがも〈作者未詳〉」

いま【夢】『名』「いめ（夢）」の古形か。＊万葉（8C後）一七・四〇一一「来なむわが背子 懇ろに な恋ひそよと そ 伊麻（イマ）に告げつる〈大伴家持〉」 補注 「いめ（夢）」の古形かとする説や、もと「伊米（イメ）」と書かれていたのが「伊末（イマ）」と誤写され、更に「伊麻」と誤写されたものかとする説がある。

い-ま ゐま**【居間】**『名』家の中でふだん家族がいる部屋。居室（きょしつ）。＊虎寛本狂言・惣八（室町末-近世初）「居間に居て聞ほどに、いかにも高らかに誦うでおくりやれ」＊俳諧・毛吹草（1638）五「居間（イマ）広間庭には木間雪間哉〈重頼〉」＊浮世草子・世間胸算用（1692）三・二「外のはなしをせず、居間（イマ）あがり口にゆるりと腰かけて」 発音〈なまり〉オマ〔静岡〕ヨマ〔愛媛周桑・島原方言〕〈標ア〉マ イ〈京ア〉イ 辞書〈ポン・言海〉 表記 居間（へ・言）

イマージュ『名』（フランス image）《イマージ》「イメージ」に同じ。＊美しい村（1933-34）〈堀辰雄〉美しい村「彼女の容貌そのものがそんなにも変ったのか、それとも私の中のその幻像（イマアジュ）が変ったのか」＊ダイヴィング（1934）〈舟橋聖一〉三「遠い思ひ出の夕暮だ。そんなイマージュをのせて〈略〉濡れた京浜国道を、車は魚のやうに滑ってゐた」 発音〈標ア〉マ

いま-あす【今明日】『名』「こんみょうにち（今明日）」に同じ。＊今昔（1120頃か）二七・二四「今は此（かく）て棲む。国より持上たる物共も今明日取り寄せむ」

イマーム『名』（アラビア imām「指導者」の意） ①イスラム教寺院の司式僧、または宣教師。②イスラム教国の宗教的元首の称号。スンニー派ではカリフと同義、シーア派ではその最高指導者。③スンニー派、シーア派を問わず、特に学識のすぐれた者。

いまい ゐま**【今井】** 姓氏の一つ。 発音〈標ア〉0

いまい-いっちゅう【今井一中】 楊弓の名手。貞享・元禄（一六八四～一七〇四）の頃の人。道二と号し、著に「楊弓射礼蓬矢抄」「同追考」などがある。生没年未詳。

いまい-かねひら【今井兼平】 平安後期の武将。木曾義仲の乳母の子で、木曾四天王の一人。通称四郎。義仲に従って入京後、源範頼・義経の軍に敗れ、義仲の死後、あとをおい自害。謡曲にその名を借りた「兼平」がある。寿永三年（一一八四）没。

いまい-くにこ【今井邦子】 女性歌人。本名邦枝。徳島県出身。アララギ派の島木赤彦に学び、歌誌「明日香（あすか）」を創刊。歌集「片々」「紫草」など。明治二三～昭和二三年（一八九〇～一九四八）

いまい-けいしょう【今井慶松】 山田流箏曲家。東京音楽学校教授。芸術院会員。作曲作品は、「四季の調べ」ほか。明治四～昭和二二年（一八七一～一九四七）

いまい-じかん【今井似閑】 江戸前期の国学者。京都の人。通称小四郎。号は自閑。また大字屋市兵衛とも称す。別号見牛、偃鼠亭。国学を下河辺長流（しもこうべちょうりゅう）、契沖に学び、「万葉集」の研究に長じた。著「万葉緯」「逸風土記」など。明暦三～享保八年（一六五七～一七二三）

いまい-そうきゅう【今井宗久】 安土桃山時代の茶人。堺の人。名は久秀。通称彦八郎、彦右衛門。髪をおろしたのち、宗久と号す。武野紹鷗に茶を学び、その女婿となる。一五代将軍足利義昭、織田信長、豊臣秀吉に仕え、千利休、津田宗及とともに三宗匠と称された。永正一七～文禄二年（一五二〇～九三）

いまい-としき【今井登志喜】西洋史学者。長野県出身。東京帝国大学教授。軍部の圧迫に対し学問の自由、大学の自治を守る。著「英国社会史」「歴史学研究法」など。明治一九〜昭和二五年（一八八六〜一九五〇）

い-まい【居舞】〘名〙座って舞うこと。また、その舞い。＊九冊本宝物集（1179頃）一「あさましき餓鬼の、心ちよげにて居舞楽しみければ」発音〈標ア〉0イ1

い-まい【射前】〘名〙「いまえ（射前）」に同じ。＊和英語林集成（再版）（1872）「Imai イマヒ 射前。Imai（イマヒ）ガ アシイ」辞書〈ボン〉 表記 射前（ヘ）

いま-いいしに【今言】〘連語〙方言（話のとぎれた次に言うつなぎの言葉）今言ったように。つまり。◇いまいしにとも。香川県三豊郡・仲多度郡829 ◇いまゆうしに 徳島県054 香川県三豊郡・仲多度郡829 ◇いまゆう 長崎県壱岐島915

いまい-ごと【忌言】〘名〙「いみことば（忌詞）」に同じ。

いまい-ずし【今井鮨】〘名〙元祿頃、上方（かみがた）で作られた鮨。蓼（たで）を加味したものといわれる。＊俳諧・西鶴大矢数（1681）第三四「刺てのけたる天の香久山 此秋より喰とまったる今井鮨」＊浄瑠璃・吉野都女楠（1710頃か）四「兼平とは木曾殿の御内に今井ずし、酒もりにかくれなき一騎当千の御肴」＊雑俳・新撰ちへ袋（1795）「さくらの句誉め今井鮓喰ふ」発音〈標ア〉イ2

いまいずみ【今泉】姓氏の一つ。発音〈標ア〉イ2

いまいずみ-かいちろう【今泉嘉一郎】冶金技術者。群馬の人。官営八幡製鉄所の技師として製鉄技術の基礎を確立。のち、日本鋼管株式会社を設立。慶応三〜昭和一六年（一八六七〜一九四一）

いまい-せん【今井船】〘名〙「いまいぶね（今井船）」に同じ。＊日葡辞書（1603-04）「Imaixen（イマイセン）」

いまい-せん【今鋳銭】〘名〙新しく鋳造した銭。＊ロドリゲス日本大文典（1604-08）「Imaixen（イマイセン）」辞書 日葡

いま-いち【今一】〘名〙（形動）（「今一つ」から。副詞的にも用いる）ちょっと不足していて、もの足りないこと。また、そのようなさまをいう俗語。もう一歩。「出来はいまいちだ」＊にんげん動物園（1981）〈中島梓〉一四「このとっつぁんは、私の小説には、それまで、今イチ感心してくれないのであるが、このシリーズにはよろこんだ」発音〈標ア〉マ

いまいち【今市】栃木県中央部の地名。近世になって、宿場町・市場町として栄えた。日光や鬼怒川への玄関口として交通の要地。日光街道の杉並木や二宮尊徳をまつった報徳二宮神社などが有名。昭和二九年（一九五四）市制。発音〈標ア〉マ

いまいち-かぶら【今市蕪】〘名〙カブの一品種。奈良地方で栽培される。根の形はやや扁球形で白色。早生のものはワセイマイチカブという。煮物や漬物にする。いまち。

いま-いちど【今一度】〘副〙もういっぺん。もう一度。いまひとたび。＊讃岐典侍（1108頃）上「今一度見参らせんとて、したしき上達部、殿上人も我もと参れど」＊古事談（1212-15頃）六・有国為伴善男後身事「又善男臨終云、当生必今一度可二奉公一云々」＊虎寛本狂言・武悪（室町末-近世初）「何卒（なにとぞ）今一度御目に掛り度い、掛り度いと申して御ざる」発音〈なまり〉マイッド〔島原方言〕マエズド〔青森〕マエチド・マエチンド〔秋田〕〈標ア〉0イ1〈京ア〉0=0 辞書 文明 表記 今一度（文）

いまい-ぶね【今井船】〘名〙江戸時代、大坂・伏見間を往復した早船。創始者は今井宗久（尼崎志-三）とも今井道伴（和漢船用集-五）ともいう。諸荷物や禁裏への鮮魚を早く運ぶため、三十石船とほぼ同じ大きさだが船首を鋭くした快速型なのが特徴。禁裏御用の魚を扱うので、特権を与えられていた。手繰船（てぐりぶね）。＊俳諧・西鶴大矢数（1681）第一五「二十五人は寝たり起たり 借きりて波路はるかに今井船 鵜」＊和漢船用集（1766）五・江湖川船之部「今井船、本名手繰舟なり。是又浪花より伏見に往来す。禁裏へたてまつる生魚を積。此故に早働の船なり。今井道伴と云もの取立はじめし故、今井船といふ」＊歌舞伎・忠臣蔵後日建前（女定九郎）（1865）上「泊って明日今井船（イマヰブネ）に飛乗ってござればよいに」発音〈標ア〉ブ

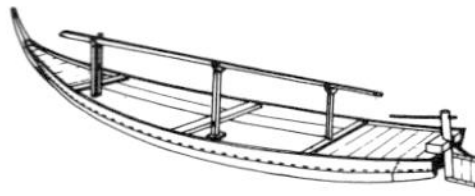
今井船〈渚船丈尺覚より〉

いま-いま【今今】〘名〙（「今」を重ねて強めた語）①現在。今どき。＊大鏡（12C前）五・道長上「栄えそめさせ給ひにしままに、又ほかざまへもわかれずなりにしぞかし。いまいまも、さこそは侍るべかんめれ」＊今昔（1120頃か）五・二二「弟の明尤は今今の持国天、此也」②たった今。ついさっき。＊破戒（1906）〈島崎藤村〉八・二「今々其処へ出て行きなすったーちょっくら、田圃の方へ行って見て来るって」③（「いまもいまも」の意）今のまま。このままの状態。＊滑稽本・浮世床（1813-23）初・中「『最うちっとお咄なせへ』『イマイマ居た迚（とて）あかんはいの』ト出て行」④（「と」を伴って用いることが多い）ある点に時間が近づきつつある状態をいう。㋑待ち望む気持を表わす。今か今か。＊枕（10C終）一六〇・心もとなきもの「人のもとにとみの物縫ひにやりて、いまいまとくるしうゐ入りて、あなたをまもらへたる心地」＊古今六帖（976-987頃）五・雑思「いまいまとわが待つ妹は鈴鹿山吹きこす風のはやもきななん」＊今昔（1120頃か）一四・七「然か思ひきと云へども、今々と思ひし程に、其の事を不遂ずして死にき」㋺恐れあやぶむ気持を表わす。これが最期。特に、臨終を表わすことが多い。＊古今（905-914）哀傷・八六二・詞書「道中（みちなか）にてにはかに病（やまひ）をして、いまいまとなりにければ」＊宇津保（970-999頃）忠こそ「夜昼思ひ侍る人の、いまいまとするまで〈略〉といひしかば」＊今鏡（1170）一・序「嫗（おうな）もその齢（よはひ）を伝へ侍るにや。いまいまと待ち侍りしかど、今はおもなれて〈略〉念仏などもおこたりのみなるも」⑤新参。＊信長公記（1598）六「忠節疎略なき輩には、似合の御恩賞宛行はれず、今々の指たる者にもあらざるには御扶持を加へられ候」辞書 言海

いま-いま【忌忌】（形容詞「いまいまし」の語幹を意識して用いたもの）いまいましいこと。＊浄瑠璃・菅原親王（1661）四「ああいまいま、よしなき此若やと、おもふもつまのあくぎゃくゆへ」

いまいま-し・い【忌忌】〘形口〙文いまいま・し〘形シク〙①けがれに触れたり、または出家などの身分がらのため、斎（い）み慎まなければならない。遠慮すべきである。はばかるべきである。（不吉なので）避けなければいけない。＊源氏（1001-14頃）松風「ゆゆしきまで、かく、人に違（たが）へる身をいまいましく思ひながら」＊夜の寝覚（1045-68頃）五「かかる御事にこもりて、いまいましき事をのみあつかふに、この御事を口入れんもいまいまし」＊狭衣物語（1069-77頃か）一「雨風の荒きにも、月の光のさやかなるにも、あたり給ふをば、いまいましくゆゆしうぞ、思ひ聞えさせ給へる」②不幸を連想させるようなさまである。不吉である。縁起が悪い。忌まわしい。＊源氏（1001-14頃）柏木「お前近き桜の、いとおもしろきを『ことしばかりは』とうちおぼゆるも、いまいましき筋なりければ、『あひ見む事は』と口ずさびて」＊狭衣物語（1069-77頃か）二「式部の大夫道成が妻（め）、にはかになくなりて、備前の国になんとまりて侍る。ものの始めに、かくいまいましき事を嘆き侍る」＊康頼宝物集（1179頃）下「祇園精舎に参りたりければ、五百の羅漢いまいましき罪人也とて」＊史記抄（1477）一六・酷吏「天子即レ位作レ陵らるるに陵と云へばいまいましいほどに」③陰気である。暗くうち沈んでいて活気がない。＊平家（13C前）六・小督「御介錯（かいしゃく）の女房達をも参らせず、参内し給ふ臣下をもそねみ給へば、入道の権威にはばかって、かよふ人もなし。禁中いまいましうぞ見えける」④満足できず、心残りである。後悔される。＊今昔（1120頃か）二九・二七「年の始めの走り者を生（いけ）て、不食（くは）ざらむは忌々しき事也」⑤いやな感じである。感心しない。どうかと思われる。＊古本説話集（1130頃か）三八「あな、おほけな。かかる事ないひそ。さまにも合はず、いまいまし」＊梁塵秘抄口伝集（12C後）一〇「夜明くれど、蔀（しとみ）も上げでうたひければ、乙前（おとまへ）『世の常ならぬ事かな。夜明くれば蔀は上げ、暮るれば下ろすこそ、常の事にてはあれ。いまいましく、またかしがましさよ』」⑥（感動表現として）まあいやだ。まああきれた。＊平家（13C前）五・五節之沙汰「あないまいまし。打手（うって）の大将軍の矢ひとつだにも射ずして、逃げのぼり給ふうたてしさよ」＊御伽草子・物くさ太郎（室町末）「『それに行きあひたらば、命もあらじ』など語り給へば、『いまいまし。何の故にか是までは来り候べき』」⑦しゃくにさわる。こしゃくだ。してやられたり、思うようにならなかったりして、非常に腹立たしい。＊談義本・風流志道軒伝（1763）二「風流の若い者は魂のおり所を知らず、コリャマタ組がはり込（こみ）も、いまいましい程美しい」＊大坂江戸風流ことば合せ（1830-44）「大坂にて、いまいましい、江戸にて、ごうはらだ」＊たけくらべ（1895-96）〈樋口一葉〉一二「いまいましい奴めと腹立たしげにいひて」＊夜明け前（1932-35）〈島崎藤村〉第一部・下・九・四「後になって硝子（ガラス）だと知れた時は、いまいましくなって大王の眼を捨ててしまったといふ」語誌(1)動詞「忌む」の派生語と考えられるが、未然形の畳語は少ないところから成立には疑問が残る。(2)同じ不吉さを表わすのでも、「いまいまし」は具体的な事例に対して「忌み払いのけたい」感情であるが、類義語「ゆゆし」は観念的・抽象的に「封じ込めておきたい」感情を表わす。「ゆゆし」は用例数も多く、派生的に良い意味にも用いられるが、「いまいまし」は用例数は少なく、悪い意味にしか用いられない。「いまいまし」が「してやられたくやしさ」を表わすのは中世以後で、平安時代にはその気持は「ねたし」で表現された。方言❶もったいない。飛驒†094 ❷残念だ。口惜しい。甲府†088 ❸みっともない。◇いめいましい 栃木県河内郡204 ◇いめゃあましい 群馬県吾妻郡218 ◇いみゃめしい 熊本県下益城郡930 ◇いまめしい 熊本県南部933 ❹子供につきまとわれてうるさい。語源説(1)イミイミシキ（忌々如）の転〔名言通・両京俚言考〕。(2)イママシの転〔名語記〕。発音イマイマシイ〈なまり〉イマェーマス・イマェマシ・エマェマスー・マェマシー〔千葉〕イママシー〔福島〕イメイメシー〔栃木・埼玉〕イメエマシー〔栃木〕イメーマシー・イメーメシー〔埼玉方言〕ウマイマシー・マイマシー〔静岡〕エマエマシー〔愛知〕エメエメシ〔山形〕エメーマシイ〔埼玉方言〕メーマシイ・メーメーシイ〔神奈川〕メーマシー〔埼玉方言〕〈標ア〉シ〈京ア〉マ2 文『いまいまし』〈標ア〉マ2〈ア史〉江戸『いまいましき』●●●●○○〈京ア〉マ2 辞書 文明・伊京・明応・天正・饅頭・日葡・書言・〈ボン〉・言海 表記 忌忌敷（文・伊・明・天・饅・書・へ）禁忌（書）忌忌（言）

いまいまし-が・る【忌忌―】〘他ラ五（四）〙（形容詞「いまいましい」の語幹に、接尾語「がる」の付いたもの）気に入らないことがあっていやだ、また、してやられたり、思うようにならなかったりして腹立たしい、という気持を外に表わす。＊いさなとり（1891）〈幸田露伴〉七五「了見の持ち方面白からぬを憤ることあり、気性の違（たが）へるを忌々（イマイマ）しがることあ

り」 ＊思出の記(1900-01)〈徳富蘆花〉三・一九「喜多川近眼先生頻りに忌忌しがって」 [発音]イマイマシガル 〈標ア〉[カ]

いまいまし-げ【忌忌―】〘形動〙（形容詞「いまいましい」の語幹に接尾語「げ」の付いたもの）①慎みはばかるべきさま。不吉なさま。いかにもいやな感じであるさま。＊古今著聞集(1254)一六・五一七「いと面目なき事なれば、鬢（びん）をもかきあげず、いまいましげなるかちぎにてまゐりたりけり」②してやられたり、思うようにならなかったりして、いかにも腹立たしく思っているさま。＊青春(1905-06)〈小栗風葉〉春・二「『それだ！』速男は忌々しげに叫出した」＊天鵞絨(1908)〈石川啄木〉一一「お八重は顔を蹙めて厭々（イマイマ）し気に忠太を横目で見てゐた」 [発音]イマイマシゲ 〈標ア〉[シ] 〈京ア〉[シ]

いまいまし-さ【忌忌―】〘名〙（形容詞「いまいましい」の語幹に接尾語「さ」の付いたもの）①慎みはばかるべきこと。不吉なこと。いかにもいやな感じであること。また、その度合。＊狭衣物語(1069-77頃か)四「新しき年のいまいましさにや、いと黒きなどはなうて、浅葱（あさぎ）の濃き薄きなど、珍しきさまに、あまたうち重ねて」＊太平記(14C後)一二・広有射怪鳥事「此鳥、御殿の上に当って鳴き候ひつる間、仕って候はんずる矢の落ち候はん時、宮殿の上に立ち候はんずるが禁忌（イマイマ）しさに」＊日葡辞書(1603-04)「Imaimaxisa（イマイマシサ）」②してやられたり、思うようにならなかったりして、いかにも腹立たしいこと。また、その度合。＊いさなとり(1891)〈幸田露伴〉二八「男として女房に軽く見らるる忌々（イマイマ）しさの無いではあるまじ」＊彼岸過迄(1912)〈夏目漱石〉須永の話・二五「其実何方（どっち）が正しいのか分らない徒づらな忌（イマイマ）しさを感じた例も少なくはなかった」 [発音]〈標ア〉[マ]² 〈京ア〉[0] [辞書]日葡

いま-いり【今入】〘名〙①新しくはいってくること。新しく仲間に加わること。また、その人。新入り。新参（しんざん）。＊浮世草子・好色一代男(1682)四・一「今入の小男、籠屋の作法にまかせ胴をうたす」＊雑俳・柳多留-二一(1786)「今入の女中をびくにたちなぶり」＊滑稽本・人心覗機関(1814)序「迎新（イマイリ）送古（せんさま）の幸不幸、機車（しかけ）の狂ふと不狂（くるはざる）とにあり」②会合などに遅れて来ること。また、その人。＊俳諧・類船集(1676)伊「今入〈略〉杣山などやうの事に遅参のものを皆今入と申べきか」 [方言]後妻。山口県見島797 [発音]〈標ア〉[0]

いまいり-さんばい【今入三杯】〘名〙遅れて酒席に来た者に、まず三杯の酒を続けて飲ませること。かけつけ三杯。＊歌謡・粋の懐(1862)初・一・大つゑぶし「今入り三ばゐ、おつぎめお仕合（しあはせ）」 [方言]兵庫県加古郡664

いま-う【忌ふ】〘他ハ四〙（動詞「いむ（忌）」の未然形に、接尾語「ふ」の付いたもの）嫌って避ける。＊平家(13C前)一一・鏡「三位をこそし給ふべかりしかども、平家のし給ひたりしをいまうてなり」＊叢書本謡曲・あはでの森(1460頃)「忌（イマ）ふに忌（イマ）はれぬ世のならひ、有るまじき事にもあらず」 [方言]縁起を担いだり、迷信からつまらぬことを忌み嫌ったりする。徳島県809

いま-うしわか【今牛若】〘名〙今の世の牛若丸という意。身が軽く剣術の強い若衆のたとえ。＊浄瑠璃・国性爺合戦(1715)四「古木（こぼく）の松の片枝を、ずっぱと切ておとせしは今牛わか共云ひつべし」 [発音]〈標ア〉[シ]

いま-うち【今中】〘名〙たった今。今の今。＊良人の自白(1904-06)〈木下尚江〉後・五・二「墓の前へ頭なぞ下げなくも、今中（イマウチ）心の中で念じて居たのだから」

い-まえ【居前】〘名〙茶の湯で、点前（てまえ）をする正しい位置。 [発音]〈標ア〉[0]

い-まえ【射前】〘名〙矢を射るときの姿勢。

いまえだ-りゅう【今枝流】〘名〙剣道の一流派。江戸時代、丹後宮津の今枝弥右衛門良重、四郎左衛門良正父子が創始。諸芸を合わせたもので、二刀を用い、また、棒や秘薬も使う。良重の二子良堅の子、良台が元禄頃江戸で広めた。「理方一流」ともいう。 [発音]イマエダリュー 〈標ア〉[0]

いま-おうみ【今近江】〘名〙名器といわれた「古近江（こおうみ）」に対し、今製の三味線。＊雑俳・柳多留-二二(1788)「今近江ぐらひを妾やたらひき」 [発音]イマオーミ 〈標ア〉[オ]

いま-おり【今織】〘名〙（当世風の織り方の意）京都の西陣で織り出し、帯地などに用いる金襴（きんらん）、七糸緞（しちんたん＝しゅちん）などの織物。＊隔蓂記-寛永一七年(1640)六月二六日「今織金襴之切買之者也」＊浮世草子・好色一代男(1682)三・五「帯は今織（イマオリ）の短きを無理にうしろにむすび」＊万金産業袋(1732)四「京織物類〈略〉金襴、金紗（きんいり）、今織などいふ。上品を古手といふ」＊談義本・根無草(1763-69)前・四「奥方の附々は今織（いまオリ）のきせる筒をさげ」 [発音]〈標ア〉[0]

いま-かが【今嚊】〘名〙 [方言]❶血のつながりのない母親。まま母。秋田県130 ◇**いまあふぁ** 秋田県仙北郡130 ❷後妻。秋田県130 ◇**いまとらえかか**〔今捕嚊〕 山形県東置賜郡139

いまかがみ【今鏡】平安時代の歴史物語。一〇巻。嘉応二年（一一七〇）成立。作者については藤原為経（寂超）説が有力。「大鏡」の後を受け、万寿二年（一〇二五）から嘉応二年にわたる記述。「大鏡」「水鏡」「増鏡」とともに四鏡の一つ。小鏡。続世継（しょくよつぎ）。 [発音]イマカガミ 〈標ア〉[カ] 〈京ア〉[カ]

いま-か-ごろ【今頃】〘名〙 [方言] ⇩いましごろ（今頃）

い-まかせ【意任】〘名〙心の自由に任せること。任意。随意。＊天馬異聞(1637)「但当月廿三日〈日本の正月十日〉此日迄に長崎より何の左右もなくば、意任せ出帆を遂るべき旨申来る」 [発音]〈標ア〉[マ]

いま-がた【今方】〘名〙少し前。ついさっき。いましがた。＊浮世草子・傾城色三味線(1701)江戸・四「かの女郎の事を聞けば、今方御出にて座敷にござりますとの事」＊人情本・春色恋白波(1839-41)二・一四回「大方最う七時（ななつ）でござゐませう。今方（イマカタ）豆腐屋の声が仕ましたから」＊当世書生気質(1885-86)〈坪内逍遥〉一七「僕は色々の大事件があって、今（イマ）がた学校へいった処が」＊今弁慶(1891)〈江見水蔭〉二「如何（いか）に御坊、御身様（おみさま）が手なみは今方（イマガタ）拝見せし働きにて」 [方言]❶つい先ほど。先刻。今し方。岩手県東磐井郡040 山形県139 大分県別府市941 ◇**いまんた** 岐阜県飛驒502 郡上郡504 ◇**いまがたし** 富山県砺波398 ◇**いんまがたし** 島根県石見725 ◇**いまんだし** 岐阜県飛驒502 ◇**いまもと** 静岡県520 ❷今。ただ今。山形県東置賜郡139 ❸今に至るも。いまだに。また、今まで。 ◇**いまがたいし** 島根県石見725 [発音]イマガタ 〈なまり〉イマガタシ・イマンタ（シ）〔飛驒〕イムマガタ〔岡山〕インマガタ〔伊予〕イマガテャー〔佐賀〕 〈標ア〉[マ] [辞書]言海 [表記]今方（言）

いまがた-いし【今方―】〘連語〙 [方言] ⇩いまがた（今方）

いまがた-し【今方―】〘連語〙 [方言] ⇩いまがた（今方）

いまがわ【今川】■一〔一〕「いまがわじょう（今川状）」の略。＊雑俳・西国船(1702)「一つ宛今川の義理いやがない」＊雑俳・柳多留-七(1772)「今川をよんだ庄屋のやかましさ」＊滑稽本・浮世床(1813-23)初・上「『山高きが故に貴らずか』〈略〉『ありゃア大学ぢゃあねへ今川（イマガハ）だア』」＊日本開化小史(1877-82)〈田口卯吉〉六・一二「僅に商売往来、都路、今川の類を以て其教育に充てたり」〔二〕「おんないまがわ（女今川）」の略。＊歌舞伎・けいせい花絵合(1773)三の口「すべて武家に育つ娘には、おさない時より女ていきん、今川などよみならわせ」＊滑稽本・浮世風呂(1809-13)二・序「世に女教の書許多あれど、女大学今川（イマガハ）のたぐひ」＊雑俳・柳多留-六六(1814)「今川でさらした娵は灰汁が抜」■二〘名〙「いまがわやき（今川焼）」の略。 [発音]イマガワ 〈標ア〉[0]

いまがわ【今川】姓氏の一つ。源姓足利氏の支流。鎌倉期、足利義氏の子長氏の二男国氏が、三河国今川荘を得、それを冠して、今川氏を称したとされる。鎌倉幕府倒幕に際しては、国氏の孫範国は足利尊氏に従い、その後、駿河・遠江二か国の守護となり、また室町幕府の引付頭人として幕政を担った。範国の二男貞世（了俊）は、九州探題となって辣腕をふるった人物として知られる。関東の動向を監視し、幕府の関東対策の一翼を担った。斯波氏に遠江の守護を奪われた時期もあるが、一六世紀初頭の氏親の代に遠州を勢力下におさめ、分国法「今川仮名目録」を制定し、戦国大名への脱皮を果たした。義元の代にいたり、三河を支配下に入れ、駿河・遠江・三河の東海三か国を支配する大名へと成長したが、織田信長に破れ、後を継いだ氏真は、武田・徳川・北条氏らの侵攻をうけて敗走し、戦国大名としての今川氏は滅んだ。

いまがわ-さだよ【今川貞世】 ⇩いまがわりょうしゅん（今川了俊） [発音]イマガワ 〈標ア〉[0]

いまがわ-のりまさ【今川範政】室町中期の武将。歌人。駿河守護。足利持氏を助けて上杉禅秀の乱を鎮定。関東対策の担い手として室町幕府から重んじられた。貞治三～永享五年（一三六四～一四三三）

いまがわ-よしもと【今川義元】戦国大名。氏親の子。軍役を整備し、政治・経済に意を用いて、駿河、遠江、三河に勢力を広げる。京都進出（一説には西三河平定）をはかって軍事行動を起こしたが、織田信長に奇襲され桶狭間（おけはざま）で敗死。永正一六～永禄三年（一五一九～六〇）

いまがわ-りょうしゅん【今川了俊】南北朝時代の武将。歌学者。範国（のりくに）の子。名は貞世。北朝に仕え、遠江守護、室町幕府の引付頭人、九州探題となり、九州を制圧。のち駿河守護。歌を冷泉為秀（れいぜいためひで）に学び、「二言抄」「言塵集」「難太平記」「了俊弁要抄」などを著わす。「今川状」の著者ともいわれる。嘉暦元～応永二七年（一三二六～一四二〇）

いまがわ-かなもくろく【今川仮名目録】戦国時代、今川家に行なわれた家法。大永六年（一五二六）、今川氏親が、子孫への戒めとして制定した「仮名目録」三三か条と、天文二二年（一五五三）にその子義元が制定した「仮名目録追加」二一か条を合わせていう。 [発音]イマガワカナモクロク 〈標ア〉[モ]

いまがわ-じょう【今川状】今川了俊が応永一九年（一四一二）二月、弟の仲秋に与えたという教訓書。江戸時代、子弟の教科書として用いられた。今川壁書。＊随筆・安斎随筆(1783頃)一七「今川状 此の書は了俊応永十九年に書きたる書の終に右の年号あり」＊雑俳・柳多留-一四三(1836)「親父の小言今川状の通り」＊歌舞伎・吹雪花小町於静（お静礼三）(1867)二幕「七歳の年から子飼となり、手習ひ算盤、又夜々は実語教、今川状（イマガハジャウ）迄習はせて」 [語誌](1)奥書の日付は応永一九年（一四一二）二月とするものと、永享元年（一四二九）九月一六日と記すものとがあるが、いずれも信憑性が薄い。また、教訓の条文は漢文調であるが、末尾の解説文は漢文調のものと和文調のものとがあり、いずれが原初態であるか明らかでない。(2)「今川壁書」「今川手習状」などさまざまな呼び方が行なわ

れ、また「百姓今川准状」「庄屋今川」「女今川」などの類書が作られた。一方、もじり戯文を生んだり、文芸作品の趣向源となって、川柳などに多く詠み込まれたりした。 発音 イマガワジョー〈標ア〉0

いまがわ-へきしょ（いまがはヘキショ）【今川壁書】「いまがわじょう（今川状）」に同じ。

いまがわ-やき（いまがは：）【今川焼】〘名〙（江戸今川橋辺で始まったのでいう）小麦粉の皮であんを包み、銅板で焼いた菓子。たいこやき。＊評判記・富貴地座位(1777)中「今川やき 那須や彌平 本所」＊洒落本・浮世の四時(1784)「禿があどなき噺合手も其喜の字屋を引かへて今川焼の児僕（こぞう）とはなんなりぬ」＊大つごもり(1894)〈樋口一葉〉上「好物の今川焼（イマガハヤキ）」 発音 イマガワヤキ〈標ア〉0〈京ア〉0 辞書 言海 表記 今川焼（言）

いまがわ-りゅう（いまがはリウ）【今川流】〘名〙 ①近世、武家故実の一派とされ、世に広く知られた流派。「三儀一統」は今川家の関与はないと伊勢貞丈が説いたのを始め、故実書に「今川」と冠された多くの書物は、「今川家」仮託の書とされ、定説化されている。故実家として名声を極めた今川了俊にあやかったものか。＊雑俳・十八公(1729)「入部から今川流の御献立」＊風流仏(1889)〈幸田露伴〉五・中「さあ御出、と取る手。振り払はば今川流、握り占(しめ)なば西洋流か」 ②剣道の一流派。今川越前守義真を祖とするもの（撃剣叢談）。 発音 イマガワリュー〈標ア〉0

いまき【今木・今来】 大和国（奈良県）の古地名。現在の御所市、五條市、高市郡および吉野郡大淀町の一帯と考えられる。＊書紀(720)斉明四年五月・歌謡「伊磨紀（イマキ）なる 小山(をむれ)が上に 雲だにも 著くし立たば 何か嘆かむ」＊延喜式(927)祝詞・平野祭「天皇が御命に坐せ、今木（いまき）より仕へまつり来れる、皇大御神の広前に」

いま-き【今来】〘名〙 ①新しく来ること。また、その人。今参り。新参。 ②古代、新たに渡来した人。＊書紀(720)雄略七年是歳（前田本訓）「百済の貢（たてまつ）れる、今来（イマキ）の才伎（てひと）を大嶋の中に集聚（つど）へ」 辞書 言海 表記 今来（言）

いまき【今城】 家名（姓氏）の一つ。藤原北家師実流、花山院家一流の中山家よりでる。中山親綱の二男為親を祖として、戦国末期から近世初頭に創設された公家。為親は中山冷泉と号し、その孫定淳が今城を称して以後、家名として定着した。家格は羽林家、家禄は一八一石。 発音〈標ア〉イ

い-まき【湯巻】〘名〙 ①（「ゆまき」の変化した語）御湯殿に奉仕した女官が、衣装の上から腰にまとった布。白い生絹（すずし）を用いた。＊侍中群要(1071か)五「定詞〈略〉今支 奉仕御湯殿之人所着衣也生白絹也」＊栄花(1028-92頃)初花「御湯殿酉時とぞある〈略〉女房皆白き装束どもなり。御湯どののいまきなど皆同じ事なり」＊色葉字類抄(1177-81)「今木 イマキ 御湯殿之時着衣名也」 ②（転じて）和服の女性が腰に巻く布。腰巻。 方言 ❶女の腰巻き。新潟県佐渡358 福井県敦賀郡443 愛知県尾張567 三重県松阪市584 北牟婁郡588 滋賀県蒲生郡062 京都府竹野郡622 大阪市040 兵庫県654 奈良県679 和歌山県690 鳥取県気高郡717 西伯郡719 岡山県054 764 767 広島県771 山口県791 香川県827 愛媛県弓削島054 長崎県樺島054 大分県938 ◇えまき 千葉県062 269 287 石川県鹿島郡411 長野県054 481 島根県隠岐島740 ❷ふんどし。静岡県520 辞書 色葉・言海 表記 今木（色）

いまき の 人（ひと） 御湯殿に奉仕する人。＊延喜式(927)三六・主殿寮「三年一請〈略〉今木人衣裳料 曝布卅一端一丈二尺」

いま-ぎ（ゐま：）【居間着】〘名〙 居間にいるときに着る、くつろいだ衣服。＊コサビネ艦隊の抜錨(1930)〈龍胆寺雄〉「うっかり居間著（ヰマギ）に換へて這入って来た付きの者の一人は」 発音 イマギ〈標ア〉0 ギ マ

いま-きさき【今后】〘名〙（以前に入内（じゅだい）した后に対して）新しく位についた后。今の后。＊源氏(1001-14頃)葵「いまきさきは心やましうおぼすにや、内にのみさぶらひ給へば」＊栄花(1028-92頃)根合「二月に后にたたせ給ふ。いま后を皇后宮と聞えさす」

いま-きたのかた【今北方】〘名〙（もとの北の方に対して）現夫人。＊夜の寝覚(1045-68頃)一「いと心よからぬものに思ひて『いま北のかた』とつけて、きしろひおとしめられて」＊栄花(1028-92頃)もとのしづく「御とぶらひに小野の宮のいまきたのかた参り給へり」

いまき-はやと【今来隼人】〘名〙 古代、九州の隼人で、新たに律令国家に帰属して、畿内に居住し、律令国家の儀式、行幸などに奉仕したもの。令制では兵部省隼人司に属し、番上隼人の下位。定員二〇名。＊儀式(872)六・元正受朝賀儀「隼人司官人二人史生二人率二大衣二人番上隼人卅人 今来隼人廿人 白丁隼人一百卅二人一分陣二応天門外之左右一」＊延喜式(927)二八・隼人司「凡今来隼人、令二大衣習一レ吠。左発二本声一、右発二末声一。惣大声十遍。小声一遍。訖一人更発二細声一二遍」

いま-ぎり【今切】〘名〙（今切ったばかりの意）生木の丸太。生丸太（なままるた）。

いまぎれ【今切】（「いまきれ」とも） 静岡県浜名湖の湖口部をいう。明応七年（一四九八）の大地震で湖口が決壊して海と通じたところからの称。いまぎり。＊丙辰紀行(1616)今切「むかしは山につづきたる陸地なりしが、中比山よりほらの貝おびただしくぬけ出て海へ入ける。其跡かくのごとく海となりて、今切と名づくるよし、古老いひつたへたり」 発音 イマギレ〈標ア〉0

い-まきわた・る【―巻渡】〘自ラ四〙（「い」は接頭語）風などが巻いて吹き渡る。＊万葉(8C後)二・一九九「み雪ふる 冬の林に 飄（つむじ）かも い巻渡（イまきわたる）と 思ふまで 聞きの恐（かしこ）く〈柿本人麻呂〉」

いま-きわめ（はめ：き）【今極】〘名〙（「いまぎわめ」とも）（小判などを）新たに鋳造して、極印（ごくいん）を押したばかりのもの。＊浮世草子・好色五人女(1686)五・五「牛とらの角に七つの壺あり蓋ふきあがる程今極（いまキワ）め一歩銭などは砂のごとくにしてむさし」＊歌謡・今様くどき(1710頃)引替の弐朱「二朱数多のその子供、年年引き換へいま極め、小判小粒へ縁組みし」

い-まく（：キ）【帷幕】〘名〙「いばく（帷幕）」に同じ。＊日葡辞書(1603-04)「Imacu（イマク）〈訳〉船べりや野営などのまわりにとりつけられる、ある種の幕」 辞書 日葡

いまくまの【今熊野】（「いまぐまの」とも） ㊀京都市東山区の地名。永暦元年（一一六〇）後白河法皇が新たに熊野神社を勧請して建立したため呼ばれた。今熊。＊梁塵秘抄口伝集(12C後)一〇「今熊野にて、広言、康頼、我が足柄謡ひしに付けしを」＊太平記(14C後)一七・義貞軍事「泉涌寺の前、今熊野（イマクマノ）辺までおり下て、相図の煙を上げたれば」 ㊁〘名〙 熊野神社の分霊をまつる社。＊平家(13C前)一一・鶏合壇浦合戦「熊野別当湛増は〈略〉田なべの新熊野（いまぐまの）にて御神楽奏して、権現に祈誓したてまつる」 発音〈標ア〉ク

いま-こまち【今小町】〘名〙（小野小町は美女の典型とされたところから）今の世の小野小町ともいうべき美しい女性。＊浮世草子・好色五人女(1686)三・二「詫ぬれば身を浮草のゆかり尋ねて、今小町（イマコマチ）といへる娘ゆかしく見にまかりけるに」＊雑俳・紀玉川(1819-25)一「母の手に余る娘の今小町」 発音〈標ア〉コ

いま-ごろ【今頃】〘名〙 ①大体今の時期や時刻。今時分。＊日葡辞書(1603-04)「Imagoro（イマゴロ）。イマホドと同じ」＊雑俳・柳多留-四(1769)「今頃は灰になったと燈籠を見」＊浄瑠璃・艶容女舞衣(三勝半七)(1772)下「今比は半七様が何処にどふしてござらふぞ」 ②時期遅れの時や、思いがけない時などに「いまのような時間、または時期・時代に（まあ、どうした）」の気持で用いる。今時分。「いまごろ、どこをうろついていた」 発音 イマゴロ〈なまり〉イマスゴロ〔秋田〕イマッゴロ〔千葉〕イマンゴー・エマゴロ・エマンゴー・エマンゴロ〔鳥取〕イマンゴロ〔千葉・鳥取〕〈標ア〉0〈京ア〉0 辞書 文明・日葡・言海 表記 今比（文） 今頃（言）

いま-さいちゅう【今最中】〘名〙 現在、物事が行なわれている最中であること。今の今。＊歌舞伎・勝相撲浮名花触(1810)序幕「オオ、この短刀は、今最中（イマサイチウ）、尋ねて居るおれが短刀だ」

いまさ・う（いまさふ）【坐】〘自ハ四〙（四段活用動詞「います（坐）」に、補助動詞「あう（あふ）」の付いた「いましあう」の変化した語。「合う」は、皆が…する、互いに…するの意。したがって、動作の主は複数である。なお、一説に、「います」に、継続の意を表わす助動詞「ふ」の付いたものともいう）複数者の、存在の意の「あり」を敬っていう尊敬語。補助動詞としても用いる。（人々が）いらっしゃる。皆…の状態でいらっしゃる。いまそうず。おわさう。おわしまそう。＊続日本紀-天平神護二年(766)一〇月二〇日・宣命「道を志して、世間（よのなか）の位冠をば楽（ねが）はず伊末佐倍（イマサヘ）どもなも」＊続日本紀-神護景雲元年(767)八月一六日・宣命「諸（もろもろ）の大法師等が理（ことわり）の如く勤めて坐佐比（いまサヒ）」＊延喜式(927)一六・儺祭詞「天地の諸の御神たちは、平らけくおだひに伊麻佐布（イマサフ）べしと申す」 語誌 宣命にわずかに見えるだけで、平安時代の文学作品にはほとんど例がない。「おはす」「おはさふ」の進出で、早くに勢力を失ってしまったのであろう。

いま-さか【今盛・今坂】〘名〙「いまさかもち（今盛餅）」の略。→美作（みまさか）餅。＊雑俳・柳多留-一一(1776)「代みゃくが来たでいまさか引こませ」＊滑稽本・浮世床(1813-23)初・上「いまさか、渦巻、かのこもち」 方言 岩手県上閉伊郡097 神奈川県津久井郡317

いまさか-もち【今盛餅・今坂餅】〘名〙（「みまさかもち（美作餅）」が、「今が盛りの評判の餅」の意から「いまさか」と変化したもの）「みまさかもち（美作餅）」に同じ。＊物類称呼(1775)四「団子 だんご〈略〉筑紫にて、けいらんと云有、江戸にて云、米まんぢうの丸き物にて 今江戸にては いまさか餅といふに似たり」＊随筆・守貞漫稿(1837-53)一六「今坂餅 餡餅也」 方言 江戸†060 山形県西置賜郡（豊作を祈って畔に供える）139 発音〈標ア〉カ 辞書 言海 表記 今坂餅（言）

いま-さき【今先】〘名〙 ほんの少し前。つい先刻。いまさっき。＊虞美人草(1907)〈夏目漱石〉一四「黒い色が著しく目についたのは今先（イマサキ）の事であったに」 発音〈標ア〉0

いまさき-がた【今先方】〘名〙 今少し前。ちょっと前。今しがた。＊虞美人草(1907)〈夏目漱石〉一七「今先方（イマサキガタ）謎の女が坐ってゐた椅子」 発音 イマサキガタ〈標ア〉キ

いまさ-ごろ【今頃】〘名〙 方言 ⇨いましごろ（今頃）

いま-さっき【今先】〘名〙「いまさき（今先）」の変化した語。＊医師高間房一氏(1941)〈田畑修一郎〉四「彼は今さっき、突然の房一の来訪でよび起こされたのである」＊雪国(1935-47)〈川端康成〉「今さっき手に触れて、こんな冷たい髪の毛は」 発音〈標ア〉サ

いまざと【今里】（「いまさと」とも） 姓氏の一つ。 発音〈標ア〉マ

いま-さら【今更】 ㊀〘形動〙 ①（多く、下に否定、疑問、反語などを伴って、前の時点ではともかく、今となっては遅すぎるという気持を含む）今になって。今また更に。＊万葉(8C後)一五・三七三四「遠き山関も

越え来ぬ伊麻左良爾（イマサラニ）逢ふべきよしのなきがさぶしさ〈中臣宅守〉」＊源氏（1001-14頃）浮舟「人の物言ひ安からぬに、『いまさらなり。心安きさまにてこそ』などおぼしなして」＊当世書生気質（1885-86）〈坪内逍遙〉二「さればといって今更（イマサラ）に改まって怒る訳にもいかず」②今になって、こと新しい感じがするさま。また、ふたたび新しい気がするさま。＊曾我物語（南北朝頃）四・箱王、祐経にあひし事「箱王は父が昔をつくづくと聞きて、いまさらなる心地して、忍びの涙にむせびけり」＊枯菊の影（1907）〈寺田寅彦〉「親の顔が今更になつかしい」③今初めてのさま。急なさま。今新たに。＊徒然草（1331頃）七八「いまさらの人などのある時」＊仮名草子・恨の介（1609-17頃）下「心の中推（を）し遣（や）られて今さらに、消え入り給ふと思ひしに」 ■二〘副〙（多く、下に否定、疑問、反語を伴う）①（前の時点ではともかく）今となっては遅すぎるという意を表わす。今となってはもう。＊源氏（1001-14頃）蜻蛉「あなかたじけな。いまさら人のしりきこえさせむも、なき御ためは、中々めでたき御すくせみゆべき事なれど」＊和泉式部日記（11C前）「げにいまさらさやうに慣らひなき有様はいかがせんなど思ひて」＊平松家本平家（13C前）一・義王「義王さ有らばとて、今更人に参し遊戯すべきにもあらずとて」＊東寺百合文書-ほ・長祿三年（1459）六月二四日・後花園天皇女房奉書案（大日本古文書二・八五）「いまさらとかく申候べき事にては候はず候」＊虎明本狂言・瓜盗人（室町末-近世初）「いまさらわたくしのでなひとも申されず、何と任てよう御ざあらふずるぞ」＊波形本狂言・武悪（室町末-近世初）「一度打たせ申上た物が、今さらぶあくが首でござるといふてなんと出さるる物じゃ」②今初めて。今改めて。今急に。突然。＊宇治拾遺（1221頃）六・五「いまさら申すべきことならねど、観音をたのみ奉らんに、そのしるしなしといふ事あるまじき事なり」＊平家（13C前）灌頂・六道之沙汰「人間のあだなるならひは、今更驚くべきにはあらねども」＊中華若木詩抄（1520頃）下「宮中には、草の生じたるためしもなきに、今更生しごとはあるまいぞ」＊浮世草子・好色一代男（1682）一・二「今更（イマサラ）、馴々しく御入候へ共、たへかねて申まいらせ候」＊たけくらべ（1895-96）〈樋口一葉〉一〇「今更（イマサラ）ながら長吉の乱暴に驚けども済みたる事なれば」＊多情多恨（1896）〈尾崎紅葉〉前・七「その無愛相は性分で、変人なのも今更始った理（わけ）ではないから」 方言〘副〙まさか。よもや。三重県北牟婁郡038 発音〈標ア〉イ 0 〈ア史〉室町・江戸○● 〈京ア〉マ 辞書文明・易林・日葡・ヘボン・言海 表記今更（文・易・へ・言）

いまさら の 様（よう）に こと新しいように。いまはじめて気付いたかのように。＊銀の匙（1913-15）〈中勘助〉前・四二「お恵ちゃんがお祖母様につれられ学校へはひってくるのを見て今さらのやうに胸をときめかせた」＊末枯（1917）〈久保田万太郎〉「鈴むらさんは今更のやうにいった」

いまさら-がま。し【今更—】〘形シク〙今更らしい。改まっている。＊詞葉新雅（1792）「イマサラガマシウ さらに」

いまさらさら-に【今更更—】〘副〙今となって更に。補注「万葉-一〇・二二七〇」の「道の辺の尾花が下の思ひ草今更爾（いまさら二）何（なに）物か思はむ〈作者未詳〉」の「今更爾」を「今更々爾」の誤りとしたことによる語。

いまさら-めか・す【今更—】〘他サ五（四）〙（「めかす」は接尾語）また新しいことのように感じさせる。＊一家内の珍聞（1904）〈国木田独歩〉「思ひもかけぬ人が思ひもかけぬ罪悪を犯すのは実に其心の弱きが故である。これは今更（イマサ）らめかして言ふほどの真理ではないが」 発音〈標ア〉カ

いまさら-め・く【今更—】〘自カ四〙（「めく」は接尾語）また新しいことのように感じられる。＊増鏡（1368-76頃）一二・新島守「はるばると見やらるる海の眺望、『二千里の外』も残りなき心地する、いまさらめきたり」

いまさら-らし・い【今更—】〘形口〙実際はそうでないのに、今になって初めて知った、気づいたという様子だ。＊多情多恨（1896）〈尾崎紅葉〉後・九・二「余り遽（すみやか）に今更らしく言立てるのをお種は可笑しかった」＊青春（1905-06）〈小栗風葉〉夏・六「繁は透（すか）し編の手袋の手で今更らしく自分の頬を挲（さす）って見る」 発音イマサララシイ〈標ア〉シ

いま-し【今—・乃—】〘連語〙（「し」は強めを表わす副助詞）①今という今。たった今。ちょうど今。＊万葉（8C後）二〇・四三〇五「木の暗（くれ）の繁き尾の上（へ）をほととぎす鳴きて越ゆなり伊麻之（イマシ）来らしも〈大伴家持〉」＊土左（935頃）承平五年一月一日「いまし、はねといふところにきぬ」＊和訓栞（1777-1862）「いまし〈略〉乃の字すなはちとよむべき所をいましとよむは取ちがへたるにやといへども古語にや土佐日記にいまし羽根といふ所に来ぬ〈略〉或は今先の義さき反しやといへり」②今となって。今になって。＊万葉（8C後）一四・三五七七「愛（かな）し妹をいづち行かめと山菅（やますげ）の背向（そがひ）に寝しくしいまし悔しも〈東歌〉」＊法華義疏長保四年点（1002）一「前の法を変転して方（イマシ）寂滅と称すと謂はむとには非ず」③更にもう。もっと。＊万葉（8C後）一〇・二〇五七「月かさね吾が思ふ妹に逢へる夜は今之（いまシ）七夜を継ぎこせぬかも〈作者未詳〉」 語誌(1)和文系の文章にも例を見ないわけではないが、漢文訓読の文章に顕著に見られる。多く「方」「乃」「仍」を訓むもので、「イマシ」の完全付訓の古例は、挙例の「法華義疏長保四年点」に見えるもので、「成唯識論寛仁点」には助詞「に」を付して、「イマシニ」としたらしい例もある。(2)助詞「し」の自由な用法の衰え始める中古以降の「いまし」は、副詞とみることもできる。「いましは」「いましも（あれ）」の形で用いられることもある。 方言❶今。今どき。現在。また、たった今。ちょうど今。三重県038 585 奈良県宇陀郡680 ◇いまさあ 山梨県南巨摩郡454 滋賀県神崎郡038 ❷つい先ほど。ちょっと前。今し方。福島県東白川郡157 栃木県198 ◇いまあし 栃木県塩谷郡201 ❸後ほど。後刻。茨城県真壁郡188 ◇いまじ 青森県069 075 岩手県和賀郡095 気仙郡102 宮城県062 秋田県北部130 山形県村山・最上郡139 ◇いまあち 岩手県東磐井郡106 発音〈標ア〉イ 辞書色葉・名義・和玉・文明・易林・言海 表記乃（色・名・文・易）垂・向来・向・属（名）如・始・粛（玉）

いまし は （「は」は係助詞）今は。今こそは。＊万葉（8C後）四・五九〇「あらたまの年の経（へ）ぬれば今師者（いまシは）とゆめよわが背子わが名告（の）らすな〈笠女郎〉」＊古今（905-914）恋五・七七三「いましはとわびにし物をささがにの衣にかかりわれを頼むる〈よみ人しらず〉」＊浮世草子・小夜衣（1683）四・恋詞の抄「いましばとはいまはといふ心也」 辞書日葡・ヘボン 表記今（へ）

いましはし （「いましは」にさらに副助詞「し」の付いたもの）今こそは。＊万葉（8C後）四・七三二「今時者四（いましはシ）名の惜しけくも吾は無し妹によりては千たび立つとも〈大伴家持〉」 補注副助詞「し」が二つ重なることになるが、「いまし」が一語のように意識されたためと考えられる。

いまし【汝】〘代名〙対称。なんじ。おまえ。＊万葉（8C後）一一・二五一七「たらちねの母に障（さは）らばいたづらに伊麻思（イマシ）も吾も事の成るべき〈作者未詳〉」＊新撰字鏡（898-901頃）「爾 汝也 伊万志 又支三也」＊大唐西域記長寛元年点（1163）三「母の曰く、汝（イマシ）出でて後に如来此に至（いまし）き」＊御巫本日本紀私記（1428）神代下「聞汝所言〈以万志我万宇須止古呂乎支久爾〉」＊蓬莱曲（1891）〈北村透谷〉三・二「死よ、汝（イマシ）より易き者はあらじ」 語誌(1)「万葉集」に数例存在するが、平安時代の仮名文献には例が見られない。訓点資料でも、特異な訓をもつと言われる「日本書紀」の古訓に「いまし」がかなり多く見られるほかは、一般に非常に稀である。(2)この語が相手をどのように待遇したものかは明らかではない。サ行四段動詞の「います」と同根の語とも言われるが、用例からは尊敬の意味は認められず、親—疎の関係で言えば親、上—下の関係で言えば同等以下の待遇的意味を伴っていたかと思われる。 語源説(1)イマシ（座）の義〔名言通・和訓栞・紫門和語類集・大言海・日本語源=賀茂百樹〕。(2)ウマシ（美）の転声〔和語私臆鈔〕。オマシ（在）の転〔言元梯〕。(3)指定代名詞イに、第二人称代名詞マシの付いたもの〔日本古語大辞典=松岡静雄〕。(4)マシは「朕子」の別音Ma-shiで、正系の子の意。これに美称のイを冠した〔日本語原考=与謝野寛〕。 発音〈標ア〉イ 〈ア史〉鎌倉・室町○●○か 〈京ア〉マ イ 辞書字鏡・ヘボン・言海 表記爾・祢（字）汝（へ・言）

いまじ〘連語〙方言 ⇒いまし（今—）

いまし・い【忌】〘形口〙文いま。し〘形シク〙いまいましい。忌み嫌うべきことである。腹立たしい。残念である。＊仮名草子・見ぬ京物語（1659）下「いましひ所業をすてて、浄土専念の宗旨をひろめ給へり」＊滑稽本・七偏人（1857-63）初・上「亀の尾よ腫（はれ）ながはれね流しにて打しこの湯ぞ今は忌（イマ）しき」＊歌舞伎・忠臣蔵年中行事（1877）正月「エエいましい。とうとう逃げて行きをったわい」

いまし-がた【今方】〘名〙（「し」はもと強めの助詞）ほんの少し前。ついちょっと前。たった今。今がた。＊滑稽本・浮世風呂（1809-13）二・上「今（イマ）しがたまでおめへの来るのを待（まっ）て居たはな」＊不如帰（1898-99）〈徳富蘆花〉上・一「あの先刻（イマシガタ）若い者を御迎へに差上げて厶（ござ）います」＊草枕（1906）〈夏目漱石〉二「敷居の外に土竈（どべっつひ）が、今しがたの雨に濡れて」 発音イマシガタ〈標ア〉シ〈京ア〉シ 辞書ヘボン・言海 表記今方（へ・言）

いまし-が・り【坐—】〘自ラ変〙（「いましかり」とも）「いますがり（坐—）」に同じ。＊貫之集（945頃）一〇「これはここにいましがる神のし給ふなり。社もなく、しるしもなけれど、いとうたていましがる神なり」＊大鏡（12C前）二・時平「大学の衆共のなま不合にいましかりしをとひたづねかたらひとりて」

いま-しき【今—】 「いま（今）」を強めていったものか。＊続日本紀-天平宝字八年（764）一〇月一四日・宣命「今之紀（いましき）の間は念ひ見定めむに」 補注一説に、「いま」を形容詞に活用させた語の連体形ともいうが、原文「今之紀」の「紀」字は乙類で、形容詞連体形の語尾の甲類とは合わないから疑問。また、一説に誤写かともいう。 上仮名イマシキ

いま-しき【今式】〘名〙今の世のはやり・流儀。今様。今風。当世風。＊ロッパ食談（1955）〈古川緑波〉洋食衰へずV「だが、他にソースも見つからない、すべていま式で行かう」 発音〈標ア〉0

いま-しく【今—】 （「いま（今）」を形容詞に活用させたものの連用形か）いま。＊万葉（8C後）七・一一〇三「今敷（いましく）は見めやと思ひしみ吉野の大川淀を今日見つるかも〈作者未詳〉」 語誌(1)時や程度を表わす「常（とこ）」「幾許（ここだ）」など名詞や副詞を形容詞化することが上代にあり、これはその一つとみられる。ただし、連体形「いましき」の例は確例といえず、他の活用形は現われていない。(2)一方、語尾が「しく」となる副詞の例に、「すこしく」「しましく」「けだしく」等があり、副詞としてのこの唯一の例（万葉-七・一一〇三）も、これらと比較すべきであろう。

いまし-ごろ【今頃】〘名〙今頃。今どき。＊菅江真

澄遊覧記（1784-1809）来目路乃橋「去年のいましころは、あなる山やけて、いただきに雷や落るかとひひき」 方言 今ごろ。今時分。岩手県気仙郡100 宮城県115 116 121 秋田県平鹿郡130 山形県南部139 福島県155 新潟県佐渡038 ◇いまさごろ 福島県東白川郡157 茨城県062 新潟県368 374 387 岐阜県郡上郡504 ◇いまかごろ 山梨県甲府454 ◇いまねごろ 青森県上北郡082

イマジズム〘名〙（英 imagism）文学における写実主義。一九一〇年代、イギリス、アメリカに起こった自由詩の運動。イギリスの詩人ヒュームの影響を受けて、アメリカの詩人エズラ＝パウンドが主唱した。韻律にこだわらず、輪郭や形象を明確にすることに力点をおき、反ロマン主義を主張。形象主義。写象主義。表象主義。＊氷島（1934）〈萩原朔太郎〉自序「近代の抒情詩、概ね皆感覚に偏重し、イマヂズムに走り、或は理智の意匠的構成に耽って」 発音 〈標ア〉ジ

イマジネーション〘名〙（英 imagination）想像。想像力。特に、科学、文学、美術などで、新しいものをつくり出す創造的な構成力・創作力。＊生（1908）〈田山花袋〉五「自分にもし文学的の想像（イマジネーション）の血が流れて居るならば、それは母親から承け継いだ尊い賜である」＊私の美術遍歴（1956）〈亀井勝一郎〉北斎漫画「歴史伝説は彼のイマジネーションを自由に働かせる絶好の場であったらしい」 発音 〈標ア〉ネ

イマジネーティブ〘形動〙（英 imaginative）《イマジネーチブ・イマジネティブ》想像力に富むさま。想像を働かせるさま。＊戦後の文学（1895）〈内田魯庵〉「曰く日本人は到底『メタフヰジカル』或は『イマジネーチーヴ』にあらずして『シバルリック』の人種なりと」＊外来語辞典（1914）〈勝屋英造〉「イマジネティヴ Imaginative（英）想像の。想像に富める」 発音 〈標ア〉ネ

いま-じぶん【今時分】〘名〙①今頃。今。＊足利本人天眼目抄（1471-73）中「霜重く風厳影寂々今時分霜もあり風もはげしうてはらりと落尽してあなたへ赴く姿だぞ」＊狂言記・禰宜山伏（1730）「毎年今時分は、くにぐに旦那廻りをいたす」＊洒落本・曾我糠袋（1788）「アイ今いきやせう。今じぶんにもう八つだろう」＊滑稽本・浮世床（1813-23）初・下「あのあまは湯へ這入（へゐっ）て今時分（イマジブン）はどぶさっ居（て）る最中（せへちう）だらう」＊当世書生気質（1885-86）〈坪内逍遙〉三「モウ今時分（イマジブン）は来る頃だが」②時期に遅れた今。今どき。＊洒落本・五大力（1802）二「何だな、さっきから人が帰って来ても物もいわねゑで、今時分になって」＊青年（1910-11）〈森鷗外〉一「あなた今時分（イマジブン）入らっしったって駄目よ」 発音 〈なまり〉イマジブ〔島根〕イマジムン〔NHK（佐賀）〕イマジュブン〔伊予大三島〕〈標ア〉0〈京ア〉0 辞書 文明 表記 今時分（文）

いまし・む【戒】〘他マ下二〙⇨いましめる（戒）

いましめ【戒・誡・警】〘名〙（動詞「いましめる（戒）」の連用形の名詞化）①あやまちのないように、前もってする注意。訓戒。警告。＊観智院本三宝絵（984）下「いましめを大集経の偈（げ）にのこせり」＊源氏（1001-14頃）明石「夢を信じて国を助くるたぐひ、多う侍りけるを、もちゐさせ給はぬまでも、このいましめの日を過ぐさず、このよしを告げ申し侍らんとて」＊徒然草（1331頃）一〇九「あやしき下臈なれども、聖人のいましめにかなへり」＊俳諧・俳諧世説（1785）一・蕉翁義仲寺雑魚寝の説「是等は風雅に第一の誡辞（イマシメ）といふべく、たふとみ恐るべき金言ならんかし」＊引照新約全書（1880）馬太伝福音書・二二「師よ律法のうち何の誡（イマシメ）か大なる」②行動を禁止したり抑制したりすること。㋑してはいけないと止めること。禁止。制止。禁制。＊書紀（720）天智六年二月（北野本訓）「冀ふ所は、永代に以て鏡（あきらか）なる誡（イマシメ）と為よ」＊源氏（1001-14頃）桐壺「宮のうちに召さんことは、宇多のみかどの御いましめあれば」＊孔雀船（1906）〈伊良子清白〉不開の間「何しらん 禁制（イマシメ）姫の裾 なほ見えぬ 扉とづ」㋺よくない行為を二度としないようにしかること。懲らしめ。懲戒。＊今鏡（1170）九・賢き道々「帰り参りてかくなん侍るとうれへ申しければ、いましめはなくて、仰せられけるは」＊高野本平家（13C前）二・阿古屋の松「大納言一人にもかぎらず、警（イマシメ）を蒙（かうぶ）る輩多かりけり」＊狂言記・禁野（1700）「とらへていましめに、せいばいいたさふと存（ぞんず）れ共」③自由がきかないように、縛ったり閉じ込めたりすること。捕縛。禁固。また、処罰。＊今昔（1120頃か）六・一「獄に被禁れぬ。〈略〉我れ重き誡を蒙れり」＊平家（13C前）五・咸陽宮「燕（えん）の太子丹といふもの、秦始皇にとらはれて、いましめをかうぶる事十二年」＊十訓抄（1252）七・徽宗皇帝事「勾践は呉王のいましめをゆりて」＊仮名草子・伊曾保物語（1639頃）上・一「我罪なうしていましめをかうぶり、五穀にわざもなさず、人に障りする事なし」④からだを縛っている縄。また、比喩的に、人の自由を束縛するもの。＊浄瑠璃・国性爺合戦（1715）一「李海方（りかいはう）が真向（まっかう）、二つにさっと切わって后のいましめ切ほどき」＊歌舞伎・幼稚子敵討（1753）口明「云分がなくば、大橋がいましめを解かっしゃれ」＊青年（1910-11）〈森鷗外〉七「次第にあらゆる習慣の縛（イマシメ）を脱して、個人を個人として生活させようとする思想」⑤用心して備えること。警戒。＊枕（10C終）八七・職の御曹司におはします頃、西の廂にて「その程も、これがうしろめたければ、おほやけ人、すまし、長女（をさめ）などして、たえずいましめにやる」 発音 〈標ア〉0メ〈ア史〉平安○○○○ 室町●●●● 〈京ア〉0 辞書 下学・文明・日葡・書言・〈ヘボン〉・言海 表記 戒（文・書・へ・言）誡（下・文・書）警（文・書・言）禁（文・書）勅（文）制・箴（書） 同訓異字 →「いましめる（戒）」の同訓異字。

いましめ-うしな・う【戒失】〘他ワ五（ハ四）〙縛り殺す。＊梵舜本沙石集（1283）七・二「いかり腹立て、推し疑て、人を戒（イマシメ）うしなひ」

いましめ-がお【戒顔】〘名〙いましめるような顔付き。＊指輪の罰（1902）〈国木田独歩〉「『不可（いけ）ませんよ、卿のやうに左う無理ばかり言っては、考へて御覧んなさい最早（もう）十三ですよ。』と母の戒（イマシ）め顔（ガホ）なるを」 発音 イマシメガオ〈標ア〉0

いましめ-ぐさ【戒種】〘名〙戒めのもとになるもの。戒めるたね。＊人情本・閑情末摘花（1839-41）三・序「色香に溺るる弱冠の、誡艸（イマシメグサ）ともなれかしと、色々の根なしごとをつづるも猿が人真似にて、名人の声色なりかし」

いましめ-ごと【戒言】〘名〙戒めとする短いことば。格言。箴言（しんげん）。＊西国立志編（1870-71）〈中村正直訳〉九・一七「古の箴言（〈注〉イマシメゴト）に、もし事の成就せんことを望ば、自ら往てこれを為すべし」 発音 イマシメゴト〈標ア〉0メ

いましめ-さた【戒沙汰】〘名〙懲らしめの裁断、処置をとること。＊明徳記（1392-93頃か）上「今度奥州の振舞中々是非に及ばず、是を誡（いましめ）沙汰せずんば向後たれか上意をもおもくしたてまつるべき」

いましめ-と・る【戒取】〘他ラ四〙捕縛する。つかまえる。＊政基公旅引付-文亀三年（1503）七月一九日「去十二日称国方成敗、当庄之黎民繁多戒取候」

いましめ-なわ【戒縄】〘名〙人を縛る縄。縛り縄。＊浄瑠璃・近江源氏先陣館（1769）八「むざんやな小四郎は高手にしむる誡縄（イマシメナハ）」 発音 〈標ア〉メ

いましめ-もの【戒者】〘名〙番人。＊枕（10C終）二七八・関白殿、二月廿一日に「『さてもねたく見つけられにけるかな。さばかりいましめつるものを。人の御かたには、かかるいましめもののあるこそ』などのたまはす」

いまし・める【戒・誡・警】〘他マ下一〙 文 いまし・む〘他マ下二〙（「忌ましむ」で「忌み遠ざける」が原義）①不都合なことを起こさないように、前もって注意したりする。㋑あやまちのないように訓戒したり注意したりする。教えを守るようにさとす。訓戒する。＊書紀（720）雄略九年三月（前田本訓）「天皇、親（みづか）ら新羅を伐たむと欲す。神、天皇に戒（イマし）めて曰く、な往（いま）しそ、とのたまふ」＊宇津保（970-999頃）俊蔭「『もしかかる事世に聞こえば、きんぢらをさへ罪にあてむ』といましめ給て」＊枕（10C終）八二・頭の中将の、すずろなるそら言を「『ただ袖をとらへて、東西（とうざい）せさせず乞ひとりて持て来。さらずは、文を返しとれ』といましめて」＊源氏（1001-14頃）帚木「『すきたわめらむ女に心おかせ給へ。あやまちして、見む人の、かたくななる名をも立てつべきものなり』といましめむ」＊色葉字類抄（1177-81）「戒 イマシム 諫 イサム 又イマシム」＊当世書生気質（1885-86）〈坪内逍遙〉一「ひそかに小町田に意見を語りて、其将来を警誡（イマシメ）たり」㋺（自分自身で）あやまちのないように努める。＊徒然草（1331頃）九「みづからいましめて、恐るべくつつしむべきは、このまどひなり」②行動を禁止したり、抑制したりする。㋑してはいけないと制止する。行なうことを禁じる。＊狭衣物語（1069-77頃か）二「法師などだにも、かかる事は難きにや。若無比丘（にゃくむびく）と仏のせちにいましめ給へるをこそ、思ひ至らぬくまもありがたからめ」＊栄花（1028-92頃）花山たづぬる中納言「かかる人は世にありてはおほやけの御ために大事いでき侍りなん。かやうの事はいましめたるこそよけれ」＊光悦本謡曲・阿漕（1532頃）「あま人、此浦にすなどりをのぞむといへども、神前のおそれあるによってかたくいましめて是をゆるさぬ所に」＊日葡辞書（1603-04）「Imaxime, uru, eta（イマシムル）〈訳〉禁じる」㋺よくない行為を再びしないように、しかる。＊枕（10C終）一六一・故殿の御服のころ「『ありしあかつきの事いましめらるるは。知らぬか』とのたまふにぞ」＊今鏡（1170）九・真の道「あるじの使にて、石の帯を人に借りてもてまかる道に、落して侍れば、あるじに重くいましめられんずらん」＊宇治拾遺（1221頃）八・四「『遅く率（ゐ）て参る』といましめ云へば」③いやだと思う。嫌う。忌む。＊宇津保（970-999頃）藤原の君「かく人のいましむる五月（さつき）はいぬ」④自由がきかないように、縛ったり閉じ込めたりする。罰する。また、比喩的に、人の自由を束縛する。＊古本説話集（1130頃か）四四「罪にまかせて重くかろくいましむることあり」＊書陵部本名義抄（1081頃）「縄 イマシム」＊色葉字類抄（1177-81）「刑罰 イマシム 警策 同 禁固 同」＊平家（13C前）二・西光被斬「根元（こんげん）与力（よりき）の者なりければ、殊につよういましめて、坪の内にぞひっすゑたる」＊日葡辞書（1603-04）「ヨクヨク imaximete（イマシメテ）ヲケ」＊竹沢先生と云ふ人（1924-25）〈長与善郎〉竹沢先生の人生観・三「あらゆる制約にいましめられてゐる人間」⑤守りをきびしくする。厳重に警戒する。＊書紀（720）皇極四年六月（岩崎本訓）「是に、中大兄、衛門府（ゆげひのつかさ）に戒め、一時（もろとも）に俱に十二の通門を鎖（さしかた）めて、往来（かよ）はしめず」＊色葉字類抄（1177-81）「警固 イマシム ケイコ」＊太平記（14C後）一二・公家一統政道事「猶も御用心の最中なれば、御心安き兵を以て非常を誡（イマシメ）らるべしとて」 語誌 (1)本来あるべき状態から外れた行動や思いをしないように、他に対して精神面の抑制あるいは禁止を求めていた「いましむ」がそれにとどまらず、平安時代末あたりから、具体的行為について、罰したり縛ったりするという意味をも表わすようになった。一方、あるべき状態から外れた行動などを、他から与えられないように自らが警戒・警固する意をも加え、さらに

鎌倉時代には、自分が自分自身に対して用心する意も有するようになった。(2)「いましめる」と「いさめる」とは本来異なる語源を持ったものであるが、「観智院本名義抄」では「諫」「諷」にそれぞれイマシムとイサムの両方の訓が施されている。両者に相通じるところがあったためであろう。語源説(1)イマシム（忌）の義〔日本釈名・和訓栞・大言海〕。(2)結界シメカタムル義から来たイマシメ（斎〆）より〔和語私臆鈔〕。(3)イミモラシム（忌守）の約転〔和訓集説〕。発音〈標ア〉[0][メ]〈京ア〉[0] 文『いましむ』〈標ア〉[シ]〈ア史〉平安○○●○ 鎌倉『いましむる』○○○● 室町・江戸『いましむる』●●●●● 〈京ア〉[0] 辞書色葉・名義・和玉・文明・伊京・明応・天正・饅頭・黒本・易林・日葡・ヘボン・言海 表記警（色・名・玉・文・明・天・黒・言）戒（色・文・黒・易・ヘ・言）誡（色・名・文・饅・易）諷・兢（色・名・玉・文）懲・儆・諶・箴（色・名・玉）諫・蔵・肆・謀・謹（色・名）勅（色・文）禁（名・玉）角（名・伊）刑罰・警策・警固・禁固・勘・庂・惻・粛・感（色）倹・徵・匿・詵・證・訓・戌・恖・㓸・制・釦（名）圉・投・敕・齏（玉）刑罸（黒）

同訓異字 いましめる【戒・誡・警・禁・箴・勅】

【戒】（カイ）さとしたり、規則を設けたり、身を慎んだりしていましめる。いましめることに関して広く用いる。「戒厳」「戒律」「戒告」「懲戒」《古 いましむ・つつしむ・いむ》

【誡】（カイ）いましめの言葉。また、言葉でいましめる。音も意味も「戒」に通じるが、用法は狭い。「誡告」「遺誡」「教誡」（現在は普通「戒」を用いる）《古 いましむ》

【警】（ケイ）いましめのために言う。注意を呼び起こしてきびしくいましめる。「警戒」「警察」「警報」「夜警」《古 つつしむ・いましむ》

【禁】（キン）やめさせる。さしとめる。「禁戒」「禁止」「禁欲」「解禁」《古 いましむ・をさむ》

【箴】（シン）竹の針。転じて、針で治療するように、人をいましめて正しい道に進ませる。「箴言」「箴諫」《古 ただす・いましむ》

【勅】（チョク）悪いところをとがめていましめる。「勅戒」「教勅」「訓勅」《古 つつしむ・したかふ・いましむ》

いま-しも【今─】〔連語〕（「し」は副助詞。「も」は係助詞）ちょうど今。たった今。*落窪（10C後）三「衛門いましも見つくるやうにて『あやしう、見奉りし心地するかな』といふに」*源氏（1001-14頃）賢木「いとのどやかに、いましもあらまほしき御ありさまなり」*田舎教師（1909）〈田山花袋〉一五「庫裡の入口に車をつけて、今しも下りようとする処であった」発音〈標ア〉[イ]

いましも あれ（「あれ」は動詞「あり（有）」の命令形の特殊な用法）今という今。ちょうど今。発音〈標ア〉[イ]

いま-じゃった【今─】〔連語〕方言 外出から帰った時の挨拶の言葉。ただいま。鹿児島県鹿児島市・屋久島038 ◇いまやった 鹿児島県038 硫黄島054 ◇いまやったい 鹿児島県枕崎市038 ◇いま来（き）たばの 長崎県西彼杵郡908 ◇いまつごあした 鹿児島県姶良郡967 ◇いまたんでやま 静岡県520

いま-じゅく【今宿】〔名〕「いますく（今宿）」に同じ。辞書書言 表記新宿（書）

い-まじ・る :ゐ**【居交】**〔自ラ四〕入りまじってすわる。さまざまな者が雑居する。*宇治拾遺（1221頃）三・一八「人ゐまじり苦しかるまじき所にては、物いひなどはしながら」*玉葉（1312）恋三・一五四〇・詞書「せちに覚えける女の、人に居まじりて侍りけるを」

いましんめい【今神明】狂言。今神明の参詣人をあてこんで、ある夫婦が茶屋を出すが、茶はまずく道具はきたなく、女が醜いので失敗してしまう。発音イマシンメイ〈標ア〉[シ]

います【今須・今洲・居益】関ケ原と柏原の間にあった中山道の宿駅の一つ。現在の岐阜県不破郡関ケ原町今須。*仮名草子・古活字版竹斎（1621-23頃）上「しばしはここにいますの宿、たれかはとめし関ケ原」*俳諧・野ざらし紀行（1685-86頃）「います、山中を過て、いにしへ常盤の塚有」発音〈標ア〉[0]

い-ます :ゐ**【居戽】**〔名〕和船のあか水を出すため、排水具すっぽんの排水口から舷側にかけて渡す樋（とい）。*和漢船用集（1766）一一・用具之部「戽〈略〉戽斗を架して淦（あか）を船かわの外へとる樋を居戽と云」

い-ま・す【坐】■一〔自サ四〕(一)[1]（尊敬語動詞「ます」に、接頭語「い」の付いたもの）存在を表わす「あり（有）」「お（を）り（居）」の、存在主を敬っていう尊敬語。いらっしゃる。おいでになる。おわす。おわします。ます。*古事記（712）下・歌謡「やすみしし 我が大君の 獣（しし）待つと 呉床（あぐら）に伊麻志（イマシ）」*万葉（8C後）五・八七八「言ひつつも後こそ知らめとのしくも淋（さぶ）しけめやも君伊麻佐（イマサ）ずして〈山上憶良〉」*万葉（8C後）二〇・四三四二「真木柱（まけばしら）ほめて作れる殿のごと已麻勢（イマセ）母刀自（ははとじ）面（おめ）変りせず〈坂田部首麻呂〉」*西大寺本金光明最勝王経平安初期点（830頃）五「若現（うつつ）に世に在（イマサ）むときには、無上の法宝悉く皆滅せじ」*観智院本三宝絵（984）下「仏もましまさず聖もいまさざる間に」*拾遺（1005-07頃か）雑賀・一一七三「千年（ちとせ）へん君しいまさばすべろ木の天の下こそうしろやすけれ〈清原元輔〉」*色葉字類抄（1177-81）「在 イマス 坐 同」*観智院本名義抄（1241）「有 マス イマス マシマス」*福音道志流部（1885）〈植村正久〉二「何となればわが探り遺せるところに神の存在（イマス）を必然とする事実あるも測られざるにあらずや」[2]所有を表わす「あり（有）」の、所有主を敬っていう尊敬語。おありである。おありになる。*岩淵本願経四分律平安初期点（810頃）「如来は慈悲いマす」*観智院本三宝絵（984）上「又慈悲の心伊坐して能く衆生の苦びを救ひ給ふ」[3]「いく（行）」「く（来）」の、動作主を敬っていう尊敬語。いらっしゃる。おいでになる。*古事記（712）中・歌謡「階（しな）だゆふ 楽浪道（ささなみぢ）を すくすくと 我が伊麻勢（イマセ）ば や 木幡（こはた）の 道に 逢はしし嬢子（をとめ）」*万葉（8C後）一五・三五八二「大船を荒海（あるみ）に出だし伊麻須（イマス）君恙（つつ）むことなく早帰りませ〈作者未詳〉」*万葉（8C後）一九・四二八〇「立ち別れ君が伊麻左（イマサ）ばしきしまの人はわれじく斎（いは）ひて待たむ〈大伴黒麻呂〉」*落窪（10C後）二「『ここちいませ』と呼び給へば、ふとよりたる」*観智院本名義抄（1241）「去 イマシヌ」(二)補助動詞として用いる。[1]（形容詞・形容動詞の連用形、断定の助動詞「なり」の連用形「に」（または、それらに助詞「て」の付いたもの）につく）叙述の意を添える「あり」の尊敬語。（…て）いらっしゃる。（…で）いらっしゃる。*古事記（712）上・歌謡「汝（な）こそは 男（を）に伊麻世（イマセ）ば〈略〉若草の 妻持たせらめ」*続日本紀-天平神護元年（765）一一月二三日・宣命「経を見まつれば、仏の御法（みのり）を護りまつり尊みまつるは、諸（もろもろ）の神たちに伊麻志（イマシ）けり」*西大寺本金光明最勝王経平安初期点（830頃）一「金の光明ありて最勝なること王のごとくいます経」*観智院本三宝絵（984）序「解深（さとりふかく）慈び広く伊坐（イマ）す仏」[2]（動詞の連用形に付く）動作の継続の意を添える「あり」、経過・移動の意を添える「いく（行）」「く（来）」の尊敬語。（…て）いらっしゃる。（…て）おいでになる。*古事記（712）下・歌謡「其（し）が花の 照り伊麻斯（イマシ） 其が葉の 広（ひろ）り伊麻須（イマス）は 大君ろかも」*万葉（8C後）二・二一〇「鳥じもの 朝立ち伊麻之（イマシ）て 入日なす 隠りにしかば〈柿本人麻呂〉」*万葉（8C後）五・七九四「にほどりの 二人並び居 語らひし 心そむきて 家ざかり伊摩須（イマス）〈山上憶良〉」■二〔自サ変〕（「います〔自サ四〕」が、中古になって活用を変化させたもの。中古になって下二段活用の「います」が発生し、四段活用の「います」と併用されたものともいう）(一)[1]■一(一)[1]に同じ。*宇津保（970-999頃）俊蔭「我子のいませんかたには、いづちもいづちもいかざらむ」*落窪（10C後）一「かくてのみいますがいとほしや」*枕（10C終）四〇・花の木ならぬは「柏木いとをかし。葉守の神のいますらんもかしこし」*大観本謡曲・巴（室町末）「不思議やさては義仲の、神と現はれこの所に、いまし給ふは有難さよ」[2]■一(一)[2]に同じ。*観智院本三宝絵（984）上「又、神通の力伊坐して、妙へに衆生の心を随へ給ふ」[3]■一(一)[3]に同じ。*竹取（9C末-10C初）「此の人々の、年月をへて、かうのみいましつつ宣ふ事を思ひ定めて」*伊勢物語（10C前）九「かかる道はいかでかいまする」*大和（947-957頃）一三五「男も宮仕へしたまうければ、え常にもいませざりけるころ」*平中（965頃）一「もろこしへもいませよとのたまふに」*宇津保（970-999頃）嵯峨院「仲忠の侍従の、時々いますなるを、若きをのこどもつきづきしくもてなしてあらせよや」*大鏡（12C前）六・道長下「馬をいづこにぞやたて給うて、こと果つるままにこそ、中山へはいませしか」(二)補助動詞として用いる。[1]■一(二)[1]に同じ。*大和（947-957頃）三八「壱岐（ゆき）の守（かみ）のめにていますとて」*観智院本三宝絵（984）上「我が釈迦大師、凡夫に伊坐せし時に」*源氏（1001-14頃）東屋「かく心くちをしくいましける君なれば、あたら御さまをも見知らざらまし」*大鏡（12C前）一・序「みづからが小童（こわらは）にてありし時、ぬしは廿五六ばかりのをのこにてこそはいませしか」*宇治拾遺（1221頃）三・一「あなうたてや、藤六にこそいましけれ」[2]■一(二)[2]に同じ。*竹取（9C末-10C初）「されば帰りいましにけり」*枕（10C終）二七八・関白殿、二月廿一日に「をこなりと見て、かく笑ひいまするがはづかし」*源氏（1001-14頃）松風「入道、例の後夜（ごや）より深う起きて、鼻すすりうちして、行ひいましたり」■三〔他サ下二〕（「います〔自サ四〕」を下二段に活用させて、使役性の他動詞としたもの）(一)「あらしむ」「行かしむ」などの、使役する対象を敬っていう。いらっしゃるようにさせる。おいでにならせる。*書紀（720）敏達一三年是歳（前田本訓）「仏の殿を宅の東の方に経営（つく）りて彌勒の石像を安置（ませまつ）る。三の尼を屈請（イマセ）て大会の設斎（をかみ）す」*万葉（8C後）一五・三七四九「他国（ひとくに）に君を伊麻勢（イマセ）ていつまでか吾（あ）が恋ひ居らむ時の知らなく〈狭野弟上娘子〉」*平中（965頃）二七「『あやしくもいませぬるかな』と言へば男帰りぬ」(二)動詞の連用形について、補助動詞として用いる。（…て）いらっしゃるようにさせる。*万葉（8C後）二・一九九「言（こと）さへく 百済（くだら）の原ゆ 神葬（かむはぶり）葬（はぶ）り伊座（イませ）て〈柿本人麻呂〉」*万葉（8C後）四・七五九「いかならむ時にか妹をむぐら生（ふ）のきたなきやどに入れ座（いませ）てむ〈大伴田村大嬢〉」語誌(1)奈良時代は一般に用いられたが、平安時代には和文にあまり見られず、漢文訓読文に用いられている。類義語の「おはす」は逆に訓読文にあまり見られず和文に用いられている。奈良時代は四段活用で、平安以降はサ変に活用するが、訓読文では四段活用なので前代の用法が訓読に残ったものか。(2)訓読文では、「有り・居り」の尊敬語としてだけ用いられていて、意味が縮小されている。まれに和文に見えるときは、軽い非難や揶揄が込められていたり、田舎びて、古風で形式的な語として扱われていて、敬度は「おはす」より低い。語源説(1)マス（坐）に接頭語イの付いた語〔大言海・日本古語大辞典=松岡静雄〕。(2)今の活用語〔和訓栞〕。また、イマミアラシメス（今御在令為）の義〔日本語原学=林甕臣〕。(3)アリシ（有）の転〔名言通〕。(4)ウマスの転か〔名語記〕。発音〈標ア〉[マ]〈ア史〉平安○○◐ 鎌倉●●● 〈京ア〉[0] 辞書色葉・名義・和玉・文明・伊京・日葡・書言・ヘボン・言海 表記在（色・

玉・文・書・へ・言) 坐(色・玉) 去・有(名) 居(伊) 生存(書)

いまず【今津】(いまづ) ⇨いまづ(今津)

いますがら・う【坐】(いますがらふ)《自ハ四》(「いますかろう」とも。「いますがり(坐―)」に補助動詞「あふ」の付いた「いますがりあふ」の変化したものか) いらっしゃる。(…して)いらっしゃる。*源氏(1001‐14頃)竹河「見ぐるしの君だちの〈略〉官位をば、何とも思はずすぐしいますからうや」

いますが・り【坐―】《自ラ変》(「いますかり」とも。「いますがあり」の変化したものといわれるが、一説に、形容詞カリ活用語尾の「かり」が独立して接尾語化し、四段活用の「います」に付いたものともいい、「いましげあり」の意ともいう) 一 存在の意を表わす「あり(有)」「お(を)り(居)」の尊敬語。いらっしゃる。おいでになる。また、おありになる。いまそがり。いましがり。みまそがり。*竹取(9C末‐10C初)「いますかりつる心ざしどもを思ひも知らで、まかりなんずる事の口惜しう侍りけり」*観智院本三宝絵(984)中「まことは御子(おんこ)はいままでいますかりつるとやおぼす。去年(こぞ)のその月には隠れ給ひにき」*宇津保(970‐999頃)忠こそ「おほかたは父おとどのいますかればぞ、かくあなづり給ふ。いますからずは、なにかつつまむ」 二 補助動詞として用いる。①(形容詞・形容動詞の連用形、断定の助動詞「なり」の連用形「に」(または、それらに助詞「て」の付いたもの)に付く) 叙述の意を添える「あり(有)」の尊敬語。(…て)いらっしゃる。(…で)いらっしゃる。(…で)おありである。*阿波国文庫旧蔵本伊勢物語(10C前)七七「右大将にいますかりけるふぢはらのつねゆきとまうすいますかりて」*大和(947‐957頃)一四二「いとよしづきてをかしくいますかりければ、よばふ人もいと多かりけれど」*大鏡(12C前)六・道長下「なにがしぬしの、蔵人にていますかりし時」*宇治拾遺(1221頃)一四・九「かの大将は、才(ざえ)もかしこくいますかり。年も若し」②(動詞の連用形に付く) 動作の継続の意を添える「あり(有)」の尊敬語。(…て)いらっしゃる。(…て)おいでになる。*落窪(10C後)四「尼にいとめでたくてなし給へりけるを、よろこび宣ひいますかりける」*源氏(1001‐14頃)梅枝「けしきばみいますかりとも、え書きならべじや」 語誌 (1)尊敬語「います」を中核として成立した語で、語形としては「いますがり」「いまそがり」「いましがり」がある。平安和文の会話に見え、男性が多く用いているが、漢文訓読文には見えず、一三世紀には文語となってしまう。(2)平安時代は「有る」「居る」の敬語であるが、一三世紀半ばにはわずかではあるが「行く」「来る」の意味にも用いられる。「います」に連想されて、「行く」「来る」の意味が出てきたのかもしれない。敬度は「おわします」よりやや低い。(3)「貫之集‐九」の「ただ手をかき洗ひて、ひざまづきて、神いますがりげもなき山に向ひて、『そもそもなにの神とかいふ』といへば」のように、接尾語「げ」が付いて名詞になった「いますがりげ」という形もある。 発音 イマスガリ〈標ア〉ガ 辞書 言海 表記 在(言)

いま‐すく【今宿】《名》 新しくできた宿駅。地名として残存するものもある。いまじゅく。*東関紀行(1242頃)前島より興津「前島の宿をたちて、岡部の今宿(いますく)をうちすぐるほど」

いま‐すべらぎ【今皇】《名》 今の天皇。今上(きんじょう)天皇。*古今(905‐914)仮名序「かかるに、いますべらぎの、あめのしたしろしめすこと」 補注 「古今集」の例は、「いま、すべらぎ」の二語とも考えられる。

いま‐ずり【今摺】《名》 ① 版画などの、近時の複製にかかる摺本。② 必要なときごとに、籾(もみ)摺りをして米を製すること。 方言 ❶籾のまま保存されていたものを、必要に応じて精白した米。 山形県東置賜郡
139 京都府竹野郡622 ❷七月下旬から八月中旬にかけて精白する米。 新潟県中頸城郡382

いまずり‐まい【今摺米】《名》(「いますりまい」とも) 時期を定めず、必要に応じて籾(もみ)摺りをして製する米。今挽米(いまびきまい)。 発音〈標ア〉0

いま‐せいめい【今晴明】《名》 当代の安倍晴明ともいうべき占いの名人。→安倍晴明。*談義本・教訓雑長持(1752)五・鉢坊主身の上を懺悔せし事「貴様などが、此中間へ這入ふとは、今清明(セイメイ)が占ひでも、しられまい」

いませき【今関】(「いまぜき」とも) 姓氏の一つ。 発音〈標ア〉マ

いま‐せん【今銭】《名》 輸入または鋳造されたばかりの貨幣。*玉葉‐文治三年(1187)六月一三日「於㆓銭事㆒者、猶仰㆓外記㆒、召㆓勘文㆒、経㆓沙汰㆒、可㆑有㆓停否之左右㆒、於㆓今銭㆒者、不㆑可㆑及㆓議定㆒、早可㆓停止㆒」*政基公旅引付‐永正元年(1504)五月一日「破銭今銭者洪武銭は可㆑撰㆑之事」*日葡辞書(1603‐04)「Imaxen(イマセン)〈訳〉新しく鋳造した銭」 辞書 日葡

いまそ・う【坐】(いまさふ)《自ハ四》 ⇨いまさう(坐)

いまそう‐・ず【坐】(いまさう‐ず)《自サ変》(動詞「いまさう(坐)」の連用形に、サ変動詞「す」の付いた「いまさうす」の変化したもの。「いまさう」と同じく、動作の主は複数) 「いまさう(坐)」に同じ。*大鏡(12C前)五・道長上「『さばれと思し召しつるにこそと思ひなすも、心おごりなんする』とのたうびいまさうじける」*大鏡(12C前)六・道長下「いとよく参りたる御坊たちもいまさうじけり」

いまそ‐が・り【坐―】《自ラ変》(「いまそかり」とも) 「いますがり(坐―)」に同じ。*伊勢物語(10C前)三九「その帝のみこ、たかい子と申すいまそがりけり」*閑居友(1222頃)上・真如親王天竺にわたりたまふ事「昔、真如親王といふ人、いまそかりけり」*撰集抄(1250頃)九・四「さても孝養のこころ深くいまそかりけるこそ、愚かなる心にもいみじく覚えて侍れ」*京童跡追(1667)六・有馬「そのかみ湯山権現女躰を現(げん)じ、此山にいまそかりけるに、軍士おそひ来りし事ありけるとて」*仮名草子・都風俗鑑(1681)四「比丘尼の住所は〈略〉五条の上下にいまそかり」*俳諧・千鳥掛(1712)歳暮「猶父母のいまそかりせばと、慈愛のむかしも悲しくおもふ事のみあまたありて」*譬喩尽(1786)一「在(イマゾカリ)」*俳諧・父の終焉日記(1801)五月二八日「初七日なれば、父のいまそかりける時」 補注 「ロドリゲス日本大文典」では「道信者(だうしんじゃ)のものには、Imaso cariqueri(イマソ カリケリ)の語が見られる」と説明して「ムカシ サウガシャウニント ユウヒト imaso cariqueri(イマソ カリケリ)」と西行の「撰集抄」をあげている。 発音 イマソガリ〈標ア〉ガ 辞書 日葡・言海

いま‐ぞり【今剃】《名》 髪をおろしたばかりの僧。今道心。青道心。*雑俳・一夜泊(1743)「今剃や衣の下に残る俗」

いま‐だ【未】《副》(名詞「今」に、助詞「だに」の語根と同じ「だ」が付いたもの) ①(あとに否定の語を伴って、現在でもなお事柄が実現していない意を表わす) まだ。*古事記(712)上・歌謡「婚(よば)ひに 在通(ありかよ)はせ 太刀が緒も 伊麻陀(イマダ)解かずて 襲(おすひ)をも 伊麻陀(イマダ)解かねば」*古今(905‐914)秋下・二五三「神な月時雨もいまだふらなくにかねてうつろふ神なびのもり〈よみ人しらず〉」*伊勢物語(10C前)七八「年ごろよそにはつかうまつれど、近くはいまだつかうまつらず。今宵はここにさぶらはむ」*紫式部日記(1010頃か)寛弘五年秋「『女官はいまださぶらはじ』『蔵人まゐれ』などいひしろふ程に」*諸仏菩薩本誓願要文集嘉承三年点(1108)「未(イマタ)見ること能はず」*尋常小学読本(1887)〈文部省〉四「此蛙は、都にてのきけものなれど、未だ大坂を見たることなければ」②(否定の語を伴わないで、「事柄や状態が今になっても変わらずそのままでいる」の意を表わす) 今でも。まだ。*万葉(8C後)二〇・四四九二「月よめば伊麻太(イマダ)冬なりしかすがに霞たなびく春たちぬとか〈大伴家持〉」*竹取(9C末‐10C初)「その煙いまだ雲のなかへ立ちのぼるとぞ言ひ伝へたる」*堤中納言(11C中‐13C頃)花桜をる少将「ここに住み給し人は、いまだおはすや」*御伽草子・唐糸草子(室町末)「うばさまの、御命はいまだめでたうましますか、なつかしさよ」 語誌 (1)ある事態が実現していないという否定的ニュアンスでの現在の動作継続・状態の記述を表わす。外見上は肯定文で「ある時点まで…である(=その逆の事態の未実現)」という場合②と、否定文の「ある時点まで…でない」①という場合の二つのケースがあるが、後者は漢文の「未」の字の意義に極めて近似しているために、その訓読にも用いられるようになった。(2)肯定の場合の「いまだ」は現在における継続性を表わすために、副次的に過去からの継続性をむしろ強調するようなニュアンスのある場合もある(「古今‐春上・五」の「梅が枝にきゐるうぐひす春かけてなけどもいまだ雪は降りつつ〈よみ人しらず〉」など)。(3)平安時代には「いまだ」から変化した「まだ」という語が発生し、「いまだ」と同義で和文専用語として用いられるようになった。それに対して「いまだ」は漢文訓読にもっぱら用いられたため、否定との呼応が強く意識されるようになった。(4)「未」字は、平安初期の訓読では「ず」「じ」とだけ訓読されたり(「成実論天長点‐一二」の「大利益有りとは見未(ず)」)、「いまだ」と訓読され、述語に「ず」等を読み添えることもあった(「大唐三蔵玄奘法師表啓平安初期点」の「未た詮序すること有(アラ)ず」など)。その後「未」字を「いまだ」と読み、返ってまた「ず(じ)」と読むといういわゆる再読字としての訓読が生じ、平安後期に定着した。(5)語源については、接頭語「い」と、名詞「間(ま)」と「だに」の同根の「だ」とが複合したもので、ほんのわずかの間でさえも、という意を表わしたとする説もある。 語源説 (1)今マダの約か。或いはマダに接頭語イの付いたものか〔日本古語大辞典=松岡静雄〕。(2)イは発語。マツ(待)から出た語〔日本釈名〕。(3)イマト(今間所)の転〔言元梯〕。(4)イマナ(今無)の転〔和語私臆鈔〕。イマタ(今無)の義か〔日本語源=賀茂百樹〕。(5)今ナラヌから〔名言通〕。 発音〈標ア〉イ〈ア史〉平安○●●と○○●の両様か 鎌倉○○● 室町・江戸●○○〈京ア〉イ 0 辞書 色葉・名義・下学・和玉・文明・饅頭・黒本・易林・日葡・ヘボン・言海 表記 未(色・名・下・玉・文・饅・黒・易・へ・言) 岐(玉)

いまだ 曾(かつ)て (副詞「いまだ」に副詞「かつて」の付いたもの。否定の語を伴って一語の副詞のように用いる) 今までに一度も。*大慈恩寺三蔵法師伝承徳三年点(1099)九「所以(ゆゑ)に未だ嘗て食に臨みて飡を輟(や)め、寝ぬるに当たりて驚かずはあらざるものなり」*花柳春話(1878‐79)〈織田純一郎訳〉一「余たとへ不幸にして貧窶(ひんる)の中に苦しめども未だ曾て廉恥を破らず」 語誌 「かつて…ず」と訓読していた漢文の「未嘗」「未曾」を再読するようになったために生じた語である。 発音〈標ア〉カ

いまだ 曾(かつ)てあらず これまでに一度もない。今までに全くない。未曾有(みぞう)である。*台記‐保延二年(1136)一二月一六日「小忌一人不㆑参して、有㆓節会㆒之例未㆓曾有㆒、又無㆓節会㆒例、又無㆑之由を申す」*童子問(1707)上・五「而孔子之聖、所㆘以為㆓生民以来未㆓嘗有㆒而賢㆓於堯舜㆒遠者㆖」

いまだ【今田】 姓氏の一つ。 発音〈標ア〉0

いま‐だいり【今内裏】《名》 皇居の焼亡、破損などのため、臨時に天皇の御座所(ござしょ)とされた仮皇居。里内裏。*枕(10C終)一二・今内裏のひむがしをば「いまだいりのひむがしをば、北の陣といふ」*栄花(1028‐92頃)初花「内も焼けにしかば、帝はいま内裏におはします」

いま‐だか【今高】《名》(現在の石高の意) 江戸時代、大名領で、課税基準を決めるため、再検地をして出

した実際に近い石高。幕府公認の標準生産高である元高(御朱印高)に対していう。内高。＊御検地由来覚(松本領)(江戸中-後)「慶安御検地已後村々御朱印高改り今高となり申候」

いまだ-し【未】〔形シク〕(副詞「いまだ」を形容詞化したもの) まだその時でない。時期尚早である。まだ早い。未熟である。まだし。現在では「いまだしの感がある」のように、終止形を体言的に用いることがある。＊天理本金剛般若経集験記平安初期点(850頃)「尚未(イマタシク)あるべらなり」＊源氏(1001-14頃)夢浮橋「母にいまだしきに言ふな。中々驚き騒がんほどに」＊海道記(1223頃)木瀬川より竹の下「没せし時はいまだしき時なり」＊観智院本名義抄(1241)「未 イマタシ」＊史記抄(1477)一五・循吏「黄覇以下は皆昭宣の間の者ぢゃほどに、此時は未しいぞ」＊改正増補和英語林集成(1886)「Imadashiki イマダシキ」＊ブラリひょうたん(1950)〈高田保〉拍手「だから拍手をさせるのに未だしの芸で、拍手をさせぬのが名人だとなる」 語誌「いまだ」と同じく、あることが実現しない状態を意味する。「まだ」の形容詞化した「まだし」も基本的にほぼ同じ意味である。方言〔副〕今に至るも。いまだに。また、当分の間。しばらく。島根県石見725 発音〈標ア〉ダ〈ア史〉平安○○○◐〈京ア〉ダ 辞書名義・文明・言海 表記未(名・文・言)

いまだて【今立】 福井県の中央部の郡。武生(たけふ)盆地北東部、足羽(あすわ)川の上流域にある。補注「二十巻本和名抄-五」には「越前国〈略〉今立〈伊萬太千〉」とある。

いま-だに【今―・未―】 ㊀(今)〔連語〕(名詞「いま」に助詞「だに」の付いたもの) ①せめて今なりと。＊宇津保(970-999頃)内侍督「いまだにまうのぼりたまへ」＊源氏(1001-14頃)夕顔「つきせず隔て給へるつらさに、あらはさじと思ひつるものを、今だに名のりし給へ。いとむくつけし」 ②今でさえ。今でも。今もなお。＊宇津保(970-999頃)祭の使「いまだにかかる御ことども、いかにあらむとすらむ」＊後拾遺(1086)雑四・一〇五八「あせにけるいまだにかかる滝つせの早くぞ人は見るべかりける〈赤染衛門〉」＊新千載(1359)恋三・一三八四「恋衣へだてしなかをかこつ間に今だに解けぬ夜半の下紐〈源頼之〉」 ㊁(未)〔副〕(副詞「いまだ」)に同じ。否定の語を伴っても用い、肯定文でも用いる)今でも。今もなお。まだ。＊拾遺(1005-07頃か)雑下・五七一「ゆきかよひ ゆもとりあへず なりにける舟のわれをし きみしらば あはれいまだに しづめじと〈源順〉」＊滑稽本・浮世風呂(1809-13)二・上「それでも生まれ立ちの悪(わり)い野郎なら、おぽっぽで遊び歩いて、いまだに役にも立めへが」＊金色夜叉(1897-98)〈尾崎紅葉〉続・八「今夜の事を忘れるなとお言ひの声も、今だに耳に付いて居るわ」 補注㊀については、現在では名詞「いま」に助詞「だに」が付いたものというより、副詞「いまだ」に助詞「に」が付いたものという意識が強い。発音〈標ア〉㊀はイ ㊁は0〈京ア〉0 辞書言海

い-まち【居待】〔名〕 ①すわって待つこと。《季・秋》＊実隆公記-永正六年(1509)六月一三日「立待居待のわたり、両夜のうち、月下御下姿にて御参内事」＊仮名草子・尤双紙(1632)上・三五「まつものの品々〈略〉十七夜は立待、十八夜はゐ待」＊女中言葉(1712)「一、いまち 十七日の月の事、一、たち待 十八日の月の事」＊俳諧・新類題発句集(1793)秋「二夜三夜たち草臥れて居待哉〈梅序〉」 ③(居待月が一八日(一七日)の月であるところから) 一七、八歳のこと。＊談義本・艶道通鑑(1715)一・八「その隣に居待(イマチ)の年の娘」＊合巻・修紫田舎源氏(1829-42)一〇「はや稲舟の年の程は、立待(たちまち)居待(ゐまち)も過ぎたれども、猶若やかに見ゆるを幸ひ」 発音〈標ア〉0〈京ア〉0

いまち の 月(つき) ①「いまちづき(居待月)㊀」に同じ。《季・秋》＊平家(13C前)七・竹生島詣「卯月中の八日〈略〉やうやう日暮、ゐ待の月さし出て」＊新撰六帖(1244頃)一「我のみぞ寝られざりけるかるもかくゐまちの月の程はへぬれど〈藤原家良〉」＊俳諧・増山の井(1663)八月「名月〈略〉居待の月 十八夜」 ②楊弓、大弓等で金銭を賭物にする時の一八銭をいう隠語。括りの谷(類聚名物考(1780頃))。発音〈標ア〉キ 辞書伊京・書言・〈ポン〉・言海 表記居待月(伊・書・へ・言)

いまち-づき【居待月】 ㊀〔名〕(少し遅れて出るので、すわって待つところから) 陰暦一八日の月。一説に、一七日の月とする。季語として特に八月一八日の月をいう。居待ちの月。居待ち。→立待ち月・寝待ち月。《季・秋》＊八雲御抄(1242頃)三「ゐまち。(万にゐまち月といふ。又ゐまちのとも)」＊桂明抄(1448)「居待月、十八日にて候」＊俳諧・新類題発句集(1793)秋「半読む明石の巻や居待月〈幸日〉」 ㊁枕 月が明るいというところから同音の明石(あかし)にかかる。＊万葉(8C後)三・三八八「座待月(ゐまちづき) 明石の門ゆは 夕されば 潮を満たしめ 明けされば 潮をかれしむ〈作者未詳〉」発音〈標ア〉チ〈京ア〉チ

い-まつ【餵秣】〔名〕 牛馬の飼料にする草。まぐさ。飼い葉。＊米欧回覧実記(1877)〈久米邦武〉一・五「土已に広く、生草肥美なれば、幾百頭を放つと雖も、餵秣に窮することなし」 発音〈標ア〉0

いまづ【今津】 ㊀滋賀県琵琶湖北西岸の地名。旧越前街道・若狭街道の分岐点、湖港として発展。果樹栽培・林業の中心地。＊太平記(14C後)二七・上杉畠山流罪死刑事「目にもたまらぬ我が泪、今津(イマツ)甲斐津を過ぎ行けば」＊義経記(室町中か)七・大津次郎の事「いまづの浦を漕ぎすぎて、海津の浦にぞ著きにける」 ㊂福岡市西区の地名。糸島半島の南東部、博多湾の支湾の今津湾に臨む。文永一一年(一二七四)元寇(げんこう)の役で蒙古軍が上陸、当時の防塁跡が残っている。＊五代帝王物語(1302-27頃)亀山「同八年九月十九日筑前国今津に異国人趙良弼を始として百余人来朝の間」 発音〈標ア〉イ

いまづ【今津】(「いまつ」とも) 姓氏の一つ。発音〈標ア〉イ

いまづ-いし【今津石】〔名〕 兵庫県城崎郡城崎町今津南戸で産出する流紋岩質凝灰岩。淡緑白色で緻密、耐火性にすぐれる。土木・建築用石材。発音〈標ア〉ズ

いまっ-ころ【今頃】〔名〕「いまごろ(今頃)」の変化した語。＊良人の自白(1904-06)〈木下尚江〉後・五・四「今ッ頃迄一体何処にフザけて居たんだ」 発音〈標ア〉0 コ

いまっと〔副〕 もっと。もう少し。＊土(1910)〈長塚節〉二「『いまっとたべろな』勘次はいった」 方言北海道南部065 岩手県東磐井郡050 気仙郡100 宮城県仙台市121 山形県138 149 福島県155 茨城県真壁郡191 稲敷郡193 栃木県198 群馬県桐生市241 埼玉県秩父郡251 新潟県東蒲原郡368 山梨県461 長野県470 480 488 静岡県520 ◇いまと 山形県139 長野県468 470 488 ◇いまえと 山形県139

いま-で【今出】〔名〕 ①新しくその仲間に加わること。また、その人。新参。いままいり。＊玉塵抄(1563)二三「今ての新掛搭はうそうくわたしてきつき次第にいれば古老の年よりの上になをるぞ」＊浮世草子・浮世栄花一代男(1693)三・四「今での太夫殿を枕によびて袖から手を入て」＊浮世草子・傾城禁短気(1711)五・二「今出(いまデ)の初心な女郎衆を初め、此新艘子の後学に聞かせ置き度とて」 ②最近にわかに成り上がったこと。また、その人。＊浮世草子・好色産毛(1695頃)一・一「その日のつれたる人は今出(いまデ)の大尽」

いまで-がわ【今出川】 ㊀㊀室町時代頃まで京都市上京区一条東の洞院通りのあたりを北から南へ流れていた川。＊徒然草(1331頃)五〇「今出川の辺より見やれば、院の御桟敷のあたり、更に通り得べうもあらず立ちこみたり」＊狂歌・玉吟抄(1608)「なに事もむかしにはあらぬ今出川内裏のあたりむさと流れて」 ㊂京都市内を東西に通じる通りの名。左京区銀閣寺町から、上京区京都御所の北側を通り、北区等持院西町まで。中世の北小路にほぼ相当する。＊浮世草子・武家義理物語(1688)一・三「今出川(イマデガハ)の藪垣のほとりに、わづか成隠家、組戸さし籠(こめ)て」 ㊁〔名〕「いまでがわどうふ(今出川豆腐)」の略。＊随筆・俗耳鼓吹(1788)「望陀欄へ布施氏夫婦子息予招請料理付。〈略〉御坪 今出川 みそかけ」

いまでがわ【今出川】 家名(姓氏)の一つ。藤原北家閑院(公季)流、西園寺家庶流。西園寺実兼の子兼季が、鎌倉末期～南北朝期に一家を創立。兼季の兄公顕が先に今出川を称しており、その後嗣に兼季が入ったとする説もある。兼季は太政大臣にまでのぼっており、家格は清華家で、つねに政治の中枢にあった。菊亭家ともいわれる。一六世紀半ばにでた晴季は武家伝奏となり、秀次に娘を嫁すなど、豊臣秀吉と密接な関係をもち、勢を張った。琵琶の家。発音イマデガワ〈標ア〉デ0

いまでがわいん-の-このえ【今出河院近衛】 鎌倉時代の女流歌人。権大納言藤原伊平の子。今出河院(亀山院皇后西園寺嬉子)に女房として仕えた。「徒然草」六七段に和漢兼作の人と記される。「続古今集」以下の勅撰集に二六首入集。生没年未詳。発音イマデガワ

いまでがわ-どうふ【今出川豆腐】〔名〕 豆腐料理の一つ。角切りの豆腐をコンブとともに酒、しょうゆで味をつけて煮、おろしショウガ、ワサビ、花かつお、ときにはクルミを砕いたものをあしらって食べる。京都今出川産の豆腐を使用したことに由来する。発音イマデガワドーフ〈標ア〉ド

いま-でき【今出来】〔名〕 できあがったばかりのもの。また、最近つくられたもの。未熟なもの、粗悪なものの意にいうことが多い。＊浮世草子・好色訓蒙図彙(1686)中「今出来の道三、ヒ(さじ)かげんさまざました まへ共、石臼に鋸なり」＊暗夜行路(1921-37)〈志賀直哉〉四・二「これも今出来(イマデキ)でなく、いい味があった」 発音〈標ア〉0〈京ア〉0

いま-で-の【今―】〔連語〕 現在での。今盛んにもてはやされているもの、流行しているものなどにいう。＊洒落本・家暮長命四季物語(1779)「お秋さんといふ子は通り者で今での芸しゃさ」＊咄本・室の梅(1789)宗論「今での出家は何宗であらう」＊咄本・一雅話三笑(1804-18)役者「『おとっさんは芸はお上手かねえ』『今での日の出さ』」 方言今どきの。近頃の。静岡県磐田郡546

い-まと【射的】〔名〕 的を射ること。また、その遊戯。しゃてき。＊百練抄-久寿元年(1154)三月「近日京中児童射的不可勝計」＊高野山文書-文永八年(1271)七月日・金剛峯寺年預置文案(大日本古文書一・四三九)「於院院側、有射的蹴鞠之放遊」

いまど【今戸】 ㊀東京都台東区の北東部、隅田川に面する地名。かつては隅田川の船着場で、江戸名所の一つ。かわらけ、今戸人形など今戸焼を産した。＊狂歌・江戸名所百人一首(18C中)「世の人もみちこそしらね五百崎(いほさき)を今戸はしばでしかときかねば」＊雑俳・柳多留-一二(1777)「門松のなぐれ今戸で鬼をやき」＊俳諧・鶉衣(1727-79)前・上・一二・隅田川涼賦「岸の茶屋茶屋火影をあらそふほど、今戸あたりのかけ船もともづなを解」 ㊁〔名〕「いまどやき(今戸焼)」の略。＊雑俳・柳多留-二〇(1785)「村の娵今戸のでくでひなまつり」＊洒落本・商内神(1802)「今戸(イマド)の烟には胸の火をくらべ、中田圃の蛙に腸を断の思ひをなす」 発音〈標ア〉0

いま-どうしん【今道心】〔名〕 仏道にはいったばかりの人。出家して間もない人。青道心。今剃り。新

発意（しんぼち）。＊浄瑠璃・娥歌かるた（1714頃）四「なふ、そもじも見れば今道心、さぞつむりがひえそふな」＊浄瑠璃・義経千本桜（1747）三「今道心（ダウシン）の御出家（しゅっけ）と尋てお逢い遊ばせ」＊歌舞伎・曾我中村穐取込（1826）中幕「サ、その鬼王も今道心、御兄弟方の菩提の為の鬼坊主」 発音イマドーシン〈標ア〉ド

いまどうしん 三年（さんねん） 出家しても三年以上の修行を積まなければ、一人前の僧とはいえないの意。＊譬喩尽（1786）一「今道心三年（イマダウシンサンネン）」

いま-とうせい【今当世】〘名〙 今のはやりのさま。現代風。今様（いまよう）。＊歌舞伎・善悪両面児手柏（妲妃のお百）（1867）三幕「左様さ、なんでも年の頃は十七八だが、今当世（イマタウセイ）といふ顔で、よっぽどいい娘でござりました」＊歌舞伎・早苗鳥伊達聞書（実録先代萩）（1876）三幕「あのお鶴が、今当世の娘だと、こなたも楽が出来るけれど」 発音イマトーセイ〈標ア〉ト

いま-とうだい【今当代】〘名〙 いまの世。現代。＊謡曲・夜討曾我（1480頃）「今当代の弓取りの、母衣（ほろ）とはこれを名付けたり」＊説経節・をくり（御物絵巻）（17C中）八「なふいかに、をくりどの、いまたうたいの、よのなかは、おやがこを、たばかれば、こはまたおやに、たてをつく」

いま-どき【今時】〘名〙 ①この頃。現代。当世。＊太平記（14C後）二一・任遺勅被成綸旨事「恐くは今時の御方（みかた）に、誰か是と牛角（ごかく）の合戦をし候べき」＊史記抄（1477）一四・扁鵲倉公列伝「さるほどに比丘尼なんどの殊勝で夫をせぬには此脉があるほどに、やがて夫をするせぬをば知ぞ。今時の比丘尼に此脈のあるはまれならうぞ」＊寸鉄録（1606）「かやうのものを、あやまりて賢とこころへたらば、をろかなるものよりも、ことをそこなうべし。いまどき人のほむる者は、みなこれなり」＊浮世草子・日本永代蔵（1688）一・五「用心し給へ国に賊（ぬすびと）、家に鼠、後家に入聟いそぐまじき事なり。今時（トキ）の仲人頼もしづくにはあらず」＊洒落本・禁現大福帳（1755）四「まして今時（イマドキ）の凡俗女ども裸でも百貫づつの各々を大切がらぬ事有べきや」＊交易問答（1869）〈加藤弘之〉下「迚（とて）も火縄銃や日本船で、今時の合戦が出来るものではござらん」 ②（副詞的に用いて）現在行なわれることとしてはふさわしくない今という時期・時代。今時分。今頃。＊雑俳・柳多留-四（1769）「今時は無いと出て来るせんがく寺」＊歌舞伎・与話情浮名横櫛（切られ与三）（1853）四幕「そんな奇特な篦棒（べらぼう）が今時何であるものか」＊吾輩は猫である（1905-06）〈夏目漱石〉三「第一今時泉岳寺抔（など）へ参るのはさも東京を知らない、田舎者の様」 発音〈なまり〉イマンドキ〔島根〕〈標ア〉0〈京ア〉0 辞書文明 表記今時（文）

いまどき の 色事（いろごと）**は襟**（えり）**に付**（つ）**く** 当世は、色事さえも権勢にこびるようになっているの意。当世の人は、気持よりも利害に左右されることのたとえ。＊譬喩尽（1786）一「今時（イマドキ）の色事（イロゴト）は襟（ヱリ）に付（ツ）く」

いまど-ざいく【今戸細工】〘名〙 今戸焼。＊雑俳・柳多留-三四（1806）「けちな庭今戸細工をあいしらい」 発音〈標ア〉ザ

いまどしんじゅう【今戸心中（いまどしンヂュウ）】 短編小説。広津柳浪作。明治二九年（一八九六）発表。情人に捨てられた江戸吉原の娼妓吉里が、日ごろ嫌い抜いた男と今戸の河岸で心中するまでの、女心の微妙な動きを描いた作品。 発音イマドシンジュー〈標ア〉シ

いまど-にんぎょう【今戸人形（：ニンギャウ）】〘名〙 今戸焼①の人形。富士見西行、おいらん、すもう、五重塔、猟師、狸の腹鼓、狐、猫、福助など、素朴な味があった。 発音イマドニンギョー〈標ア〉ニ

いまど-ばし【今戸橋】 東京都台東区山谷堀にかかっていた橋。今戸一丁目と浅草七丁目を結ぶ。江戸時代、橋下を遊里吉原通いの猪牙船（ちょきぶね）が往来した。＊歌謡・松の葉（1703）三・永代橋「まだ見ゆるいまどばし、しし向島崎なごりあり」＊談義本・根無草（1763-69）後・三「今戸橋小（ちひさ）しといへども、通る人よりくぐる人多く」 発音〈標ア〉0ド

いまど-ばり【今戸張】〘名〙 キセルの張り方の一つ。江戸池之端、住吉屋清兵衛発売。＊人情本・軒並娘八丈（1824）二・五套「今戸張（イマドバリ）、叩き立つればー」

いまど-やき【今戸焼】〘名〙 ①東京都台東区今戸産の素焼きの土器。天正年間（一五七三～九二）創始と伝えられ、貞享年間（一六八四～八八）白井半七が土風炉（どぶろ）、灯心皿、火鉢などをつくり、子孫が業を継いで、人形（今戸人形）など玩具も産した。＊談義本・風流志道軒伝（1763）一「一枚絵、今戸焼を始として、祭のあんど、髪結床の障子にも、此親父が形を画」＊雑俳・柳多留-八五（1825）「西行に筑波を見せる今戸焼」＊二人女房（1891）〈尾崎紅葉〉上・五「今戸焼（イマドヤキ）の蚊遣猪（かやりしし）」＊吾輩は猫である（1905-06）〈夏目漱石〉三「自分の面あ今戸焼の狸見た様な癖に」 ②一般に、釉（うわぐすり）をかけない、素焼きの土器。 ③（今戸人形の顔から）不美人のたとえ。＊洒落本・風俗通（1800）四「てめへがつらはな、ちゃうど今戸焼（イマトヤキ）のあねさまといふつらだは」＊当世書生気質（1885-86）〈坪内逍遙〉一一「今戸焼（イマドヤキ）のおいらんと膝相摩し」 発音〈標ア〉0〈京ア〉0 辞書言海 表記今戸焼（言）

今戸焼①〈江戸名所図会〉

いまなか【今中】 姓氏の一つ。

いま-ならわし【当風俗（：ならはし）】〘名〙 当世の慣習。現代の風俗。＊浮世草子・小夜衣（1683）序「題によりて文の当風俗（イマナラハシ）をあらはし且題（かつだい）の註こと葉の抄を代々の集にもとづきて物し」 発音〈標ア〉マ0

いま-なりひら【今業平】〘名〙（在原業平は美男子の典型とされたところから）現代の世の業平ともいうべき美男。＊浮世草子・好色三代男（1686）二・一「今なり平（ヒラ）と呼れて、是ぞ都女の恋草のたね」＊談義本・教訓雑長持（1752）五・鉢坊主身の上を懺悔せし事「往来（ゆきき）の男女が、己（おれ）がつらを見るゆへ、扨こそ今業平（ナリヒラ）じゃとおもひをるはと、心嬉（うれ）しく」＊人情本・貞操婦女八賢誌（1834-48頃）四・三七回「年の頃十七八の今業平（イマナリヒラ）とも言はるべき、最（い）と艶（やさ）しげなるお若衆と」

いま-に【今―】〘副〙 ①（下に打消の表現を伴うことが多い）過去から続いて今に至るまで。今になってもなお。いまだに。＊宇津保（970-999頃）藤原の君「父大将に請ひ、正身（さうじみ）に請ふに、女も大将も、いまに承け引かず」＊源氏（1001-14頃）真木柱「『いかなりけることならむ』とはいまに心得がたく思ける」＊太平記（14C後）四・備後三郎高徳事「已（すで）に罰せらるべかりしを、今に命助け置かれて天下の赦を待つ事」＊虎清本狂言・文荷（室町末-近世初）「のさものを一人使にやれば、おそいとぞんじて二人やったれば、いまにかへらぬ」＊浮世草子・世間胸算用（1692）一・三「今に歳暮ものもてこぬが爰の仕合」＊夢酔独言（1843）「庭下駄であたまをぶちやぶられた。いまにそのきづがはげて、くぼんでいるが」 ②近い未来に関して、決意や推量を述べる。近いうちにきっと。そのうちに。やがて。＊狂言記・狐塚（1700）「をのれ、今にかはをはいでくれふぞ」＊人情本・春色梅児誉美（1832-33）三・一六齣「なになにわたしはもうおかまひなさんな。それより今にひらいわが何か持て来るはづだ」＊草枕（1906）〈夏目漱石〉四「後程と云ったから、今に飯の時にでも出て来るかも知れない」 方言❶別れの時の挨拶の言葉。さようなら。いずれまた。山形県139 米沢市（幼児語）149 ◇いまあに 山形県南部139 ◇えまええ 山形県東置賜郡・最上郡139 ◇えんまい・えんまにい 山形県南部（幼児語）139 ◇えめよ・えんめよ・えんめえ 山形県飽海郡139 ◇いまよ 高知県香美郡864 ◇いまんよお 山形県東田川郡139 ◇いんまよ 愛媛県840 鹿児島県揖宿郡057 ◇いんまな 愛媛県840 ◇いんまごあんそ・いんまじゃいもそお 鹿児島県揖宿郡057 ❷どうも。いかにも。または、いまだにの意か。沖縄県首里993 発音〈なまり〉イマン〔千葉〕インマニ〔島根〕イマーニ〔栃木〕エマーニ〔栃木〕〈標ア〉イ〈京ア〉0 辞書名義・文明・伊京・易林・日葡・書言・言海 表記于今（文・伊・易・書）垂・方今（名）

いまに して 今になって。こうなった今で。「今にして思えば、あのことが悔まれる」 発音〈標ア〉イ〈京ア〉シ

いまにし【今西】 姓氏の一つ。 発音〈標ア〉マ

いまにし-きんじ【今西錦司】 人類学者。京都府生まれ。京大教授・岐阜大学長。生物種の棲み分けの理論を提唱。日本の霊長類学の基礎を築く。また、独自の進化論を唱えた。文化勲章受章。著「生物の世界」など。明治三五～平成四年（一九〇二～九二）

いまにし-りゅう【今西龍】 東洋史学者。文学博士。岐阜県に生まれる。東京帝国大学卒。朝鮮古代史の研究に業績をあげる。著「朝鮮古史の研究」「新羅史研究」など。明治八～昭和七年（一八七五～一九三二）

いまに-も【今―】〘副〙（「も」は強調の意の助詞）物事をすぐに起こそうとしているさま、物事がすぐにそうなりそうなさまを表わす語。今すぐにも。間も無く。＊読本・雨月物語（1776）蛇性の婬「今にもかの女召（めし）て、おのれが罪なき事を覚（さと）らせ給へ」＊妾の半生涯（1904）〈福田英子〉四・一「生来心臓の力弱き妾は忽ち心悸の昂進を支へ得ず、鼓動乱れて、今にも窒息せんず思ひなるを」 補注「いまに（今―）②」が決意と推量を表わすのに対して、「いまにも」は推量を表わす場合が多く、また、時間がより切迫している状態について用いられる。 発音〈標ア〉イ〈京ア〉二

いまにも あれ 「いまにも（今―）」を強めた語。＊思ひ出す事など（1910-11）〈夏目漱石〉七「今（イマ）にもあれ此空気の成分に多少の変化が起るならば」

いま-の【今―】〘名〙 方言❶今ごろ。今時分。この時刻。熊本県飽託郡921 ❷例の。富山県砺波398 石川県404 鳥取県711 長崎県南高来郡905

いまの【今野】 姓氏の一つ。 発音〈標ア〉イ

いま-のう【今―】〘名〙 今頃。今時分。この時刻。＊浜荻（久留米）（1840-52頃）「いまのう いまごろ（今頃）也、昨日の今のうなど云。旅行跡は今のうは何れの辺にか行らんなど云也。一日の刻の事なり」 方言佐賀県887 長崎県壱岐島915

いま-の-うち【今内】〘名〙 ①ごく近い将来きっとあること。＊洒落本・伊賀越増補合羽之龍（1779）通菴内之段「志津麻に廻り逢ふ時は、返り討は今の中（ウチ）」＊歌舞伎・藤川船軸話（1826）三立「この程は病気との事、寂滅するは今のうち」 ②今のあいだ。現在。目下（もっか）。 発音〈標ア〉0〈京ア〉0

いま-の-き【今―】〘連語〙 方言❶今に至るまで。今になっても。新潟県373 377 383 島根県725 ◇いまねき 島根県725 ❷今どき。今時分。 島根県725 ◇いまねき 島根県出雲725

いま-の-ところ【今所】〘名〙 いま。現在。＊多情多恨（1896）〈尾崎紅葉〉後・九・二「未だ考得る今の所は発狂したのではないが」＊田舎教師（1909）〈田山花袋〉五五「さういふ兆候は今のところでは見えませんと言

った」 発音〈標ア〉0 〈京ア〉マ

いま-のぼり【今上】〘名〙 新たに上洛して来ること。＊太平記(14C後)一五・三井寺合戦「今上(イマノボ)りの千葉勢是を聞て、まだ宵より千余騎にて志賀の里に陣を取る」

いまはし【今橋】 東海道の宿駅吉田の旧称。現在の愛知県豊橋市今橋町。

いま-ばし【今橋】 大阪市中区、東横堀川にかかる橋。転じて橋の西側の東西の通り。 発音〈標ア〉マ ＊俳諧・毛吹草(1638)四「摂津〈略〉今橋(イマバシノ)戸障子」＊仮名草子・浮世物語(1665頃)二・三「浮世房は舟より上り、今橋(いまバシ)を打渡り、高麗橋を西の方へ行く」＊浄瑠璃・心中天の網島(1720)中「せんどより後、今ばしのといやへ二ど、天神様へ一どならではしきゐより外出ぬ私」

いま-はせ【今馳】〘名〙 今、新たに駆けつけて軍勢に加わったもの。 発音〈標ア〉マ

いまばり【今治・今張】 愛媛県北東部、来島(くるしま)海峡に面する地名。慶長九年(一六〇四)藤堂高虎が城を築き、江戸時代は松平氏の城下町として発展。四国最初の開港場。平成一一年(一九九九)本四連絡橋の一つ、尾道・今治ルートの開通によって、本州と直接結ばれるようになった。タオルを中心とする綿紡織が盛ん。大正九年(一九二〇)市制。いまばる。＊浮世草子・武道伝来記(1687)三・二「又あるとき同国今治(いまハリ)に居るよし、つけしらすもの有て」＊俳諧・俳懺悔(1790)「伊予の国朝くらの庄官かたに、今治の太守の名を玉ひし青三位といへる松に」 発音〈標ア〉マ

いまばり-じょう【今治城】 愛媛県今治市にあった城。慶長七～九年(一六〇二～〇四)藤堂高虎が築城。寛永一二年(一六三五)松山藩主松平定勝の子久松定房が移る。海水をひく堀と石垣が残り、さらに昭和五五年(一九八〇)天守閣を復興。吹揚城。 発音イマバリジョー〈標ア〉リ

いま-ひえ【今比叡・今日吉】 京都市東山区にある新日吉神社のあたりをいう。永暦元年(一一六〇)後白河法皇が比叡山の日吉神社を勧請して法住寺離宮の鎮守神とした。いまひえい。＊平家(13C前)六・祇園女御「新比叡(いまびゑ)、新熊野(いまぐまの)なんどもまぢかう勧請し奉り」＊太平記(14C後)二九・将軍上洛事「手勢七百余騎を引分て、東寺の前を東へ打通りて、今比叡(イマヒエイ)の辺に扣(ひか)へ」 発音〈標ア〉ヒ

いまびき-まい【今挽米】〘名〙 籾(もみ)のまま貯えていた米を、必要な時ごとに籾摺りをして製した玄米。今摺米(いまずりまい)。 発音〈標ア〉0

いま-びじん【今美人】〘名〙 当世風の美人。＊浄瑠璃・傾城無間鐘(1723)一「伊勢や小町を脇(わき)立にならぶ方なき今美人(イマビジン)。今川殿の御内方」 発音〈標ア〉ビ

いま-ひと【今人】〘名〙 今の人。現在生きている人。当世の人。＊落窪(10C後)三「今人の物めかし給ふに、我がせし事を人のせんやうにの給ふはなんぞ」＊金葉(1124-27)恋下・四五三「いま人の心をみわの山にてぞすぎにしかたは思ひしらるる〈前斎宮甲斐〉」 発音〈標ア〉イ

いま-ひめぎみ【今姫君】〘名〙 (もとからいる姫君に対し)新しく引き取った姫君。新参の姫君。＊源氏(1001-14頃)常夏「そのいまひめぎみは、ようせずは実(じち)の御子にもあらじかし」＊狭衣物語(1069-77頃か)三「太政大臣の方にかしづかれ給ふいまひめ君は、廿にも余り給ふ程に」

いま-ふう【今風】〘名〙 現代的風俗。現代の流行。当世風。今様。＊浮世草子・好色五人女(1686)三・三「大かたは今風(イマフウ)の女出立(でたち)」＊滑稽本・浮世風呂(1809-13)三・上「山の恰好から何から今風(イマフウ)で、最(も)うもうふるひつく様(やう)だった」 発音イマフー〈標ア〉0 〈京ア〉0

いま-ぶき【今吹】〘名〙 新しく鋳造して、時間を経てないこと。また、その貨幣。＊咄本・軽口あられ酒(1705)四・一〇「こばんにばけたはふるゐといへば、化(ばけ)もの、今吹(イマフキ)もふるいかとゆうた」＊浮世草子・商人職人懐日記(1713)三・二「姉が小路の銭屋の見世へ、今ぶきのさらさらする丸銀にて、銭三貫文買ける」＊洒落本・郭中奇譚(1769)序「今ぶきの小判を見ては」

いまふく【今福】 大阪市城東区の地名。元禄以前は大和川が流れ、鴫野と相対した。今福堤は大坂冬の陣で東軍の佐竹義宣が奮戦した地。鯰江(なまずえ)。 発音〈標ア〉マ

いま-ふるな【今富楼那】〘名〙 今の世の富楼那(釈迦十大弟子の一人、弁舌巧みで説法に妙を得た尊者)ともいうべき雄弁家・口達者。＊浄瑠璃・相模入道千疋犬(1714)三「軍法智略の根元根本では有まいかと、頭を振舌振今ふるな、鈴ふる様にいひければ」

いま-ぶん【今分】〘名〙 今のままの状態。＊浄瑠璃・双蝶蝶曲輪日記(1749)六「そんなら連れて往(い)にましょかい。イヤ先づ今分(イマブン)では遣られませぬ」

いまべつ【今別】 青森県津軽半島の三厩(みんまや)湾に面する地名。旧松前街道の一駅。 発音〈標ア〉マ

いま-ほど【今程】〘名〙 ①この頃。近頃。今どき。現在。＊寛永版曾我物語(南北朝頃)一二・母と二の宮の姉大磯へ尋ね行きし事「善光寺に一両年籠りて、其後諸国を修行して、今程は大磯に帰り、高麗寺の山の奥に行ひ澄まして候由聞き及びしに」＊中楽談儀(1430)能書く様・その二「今ほどの書手、有まじきことを書き入る也」＊義経記(室町中か)七・直江の津にて笈探されし事「これには今ほど守護こそ留守にて候へども」＊咄本・昨日は今日の物語(1614-24頃)下「今程世間に手鑑(てかがみ)はやる」＊洒落本・二筋道三篇霄の程(1800)二「とかく気むづかしくおわづらひなんすと聞きいしたが、今程はどふでおすへ」 ②つい先ほど。 ③近いうち。間もなくまた。これからすぐに。別れの挨拶のことばとしてもいう。＊門三味線(1895)〈斎藤緑雨〉一四「そんなら今程(イマホド)お稽古の行がけ返します」＊落語・宗漢(1895)〈四代目橘家円喬〉「御飯(ごぜん)を進(あ)げたか…さうか…今程お薬を頂戴に差出します」 辞書日葡

いま-まいり【今参】 一〘名〙 ①新しく出仕した者。新参者。今来(いまき)。＊落窪(10C後)二「今参り共十余人ばかり参りて、いと今めかしうをかし」＊枕(10C終)二八・にくきもの「いままゐりのさしこえて、物しり顔にをしへやうなる事いひうしろみたる、いとにくし」＊虎明本狂言・今参(室町末-近世初)「はじめた人じゃほどに、名をは今参りと付られまらせう」＊説経節・さんせう太夫(与七郎正本)(1640頃)上「これなるわっぱは、さんせう大夫のみ内成、いままいりのわっぱにてあるが」＊浄瑠璃・用明天皇職人鑑(1705)道行「今参りの山路と云草かりはいづくに有」 ②(―する)新しく出仕すること。＊平家(13C前)九・河原合戦「いままいりしたりける越後中太家光といふものあり」＊たまきはる(1219)「右衛門佐たかまつの院の女房〈略〉したしきとて、あまがいままいりせし車よせなどしき」＊十訓抄(1252)一・紫式部以琴名所命名女房事「上東門院の御方に琴ひく人の今まいりしたりけり」 二狂言。各流。新しく大名にかかえられる者が、大名はしゃれが好きだというので、その気に入るように言おうとするが、失敗を重ねるという筋。 発音〈標ア〉マ[2] 辞書文明・言海 表記新参(文) 今参(言)

いままいり=二十日(はつか)[=百日(ひゃくにち)・=三日(みっか)] 奉公人の常として、来た当座は忠実に働くが、間もなく怠け出すのが多いということ。＊史記抄(1477)一八・日者列伝「初試官時は倍力為一「今まいり三日と云様にぞ」＊俳諧・犬子集(1633)三・牡丹「御意に入は今まいりかや廿日草〈正直〉」＊俳諧・毛吹草(1638)二「いままいり廿日」＊狂歌・吾吟我集(1649)七「家なれぬほどはあひらし今まいり廿日鼠ものちはなれぬる」＊談義本・当世下手談義(1752)二・八王子の臍翁、座敷談義の事「いやしき譬諭(たとへ)に、今参り廿日といふがごとく」＊諺苑(1797)「今参(イママイリ)二十日(ハツカ)、婦と姑も七十五日と同意なり。初はあれども終の遂かたき喩なり」

いままいり-わらわ【今参童】〘名〙 新参の召使である少年、または少女。＊源氏(1001-14頃)浮舟「いままいりわらはなどの目やすきを呼びとりつつ」

いま-ます【今枡】〘名〙 現在使用されている枡。古枡に対する新枡。＊勝山記-天文一二年(1543)「米は百文に今升四升売買申候」

いままち【今町】 一新潟県直江津(上越市)の江戸時代の称。高田藩の外港として栄えた。＊俳諧・北国曲(1722)六「猶今町におもむく。ひだりの方に海上三十里ばかり、佐渡が島かすかにみゆ」＊俳諧・寂砂子(1824)上「今町にやどる。ふるくは直江津とかいふめる」 二新潟県見附市の地名。戊辰(ぼしん)戦争の激戦地として知られる。 発音〈標ア〉マ[1]

いま-まわり【居間回】〘名〙 住宅で、居間、客間、食堂、寝室など、主として南側の日当たりの良い方をさす。勝手回りに対していう。 発音〈標ア〉マ[2]

いま-みち【今道】〘名〙 ①最近造った道。新道。＊東関紀行(1242頃)赤坂より橋本「近頃より俄かに渡津の今道といふかたに、旅人おほくかかる間」 ②新しい里程。昔使われた、六町を一里としたのに対し、後世の、三六町を一里とする里程の称。 発音〈標ア〉マ 辞書書言・言海

いまみち【今道】 京都市左京区修学院から比叡山延暦寺を経て滋賀県大津市坂本に至る道。今路越。志賀越。＊太平記(14C後)八・山徒寄京都事「物具をもせず、兵粮をも未だつかはで、或は今路(イマミチ)より向ひ、或は西坂よりぞをり下る」 表記新道(書) 今道(言)

いま-みや【今宮】〘名〙 ①本宮に対して、その分社の称。また、本宮がなくて、新たにまつった神社をもいう。＊日本紀略-長保三年(1001)五月九日「於二紫野一祭二疫神一。号二御霊会一。依二天下疾疫一也。〈略〉京中上下多以集二会此社一。号二之今宮一」 ②新たに生まれた皇子。＊源氏(1001-14頃)竹河「みかどはまして限りなくめづらしと、このいま宮をば思ひきこえ給へり」＊栄花(1028-92頃)月の宴「さてやはとて、今宮は、侍従の命婦かねてもしかおぼしし事なれば、やがて仕うまつる」 発音〈標ア〉マ 辞書言海 表記今宮(言)

いまみや【今宮】 一一大阪市浪速区にある地名。俗に今宮戎(えびす)といわれる今宮神社があるので有名。＊俳諧・毛吹草(1638)四「摂津〈略〉今宮(イマミヤノ)千生瓢箪」 二京都市北区紫野にある地名。 三「いまみやじんじゃ(今宮神社)一」の略。＊浮世草子・好色一代女(1686)五・四「徳利のこまんが床、今宮(イマミヤ)の松の鳥」＊浮世草子・西鶴置土産(1693)五・一「まづ今宮(イマミヤ)の十日ゑびす。日待山ぶしのお礼」 四「いまみやじんじゃ(今宮神社)二」の略。＊仮名草子・浮世物語(1665頃)一・一〇「今宮の社は一条院の御時に斎ひぞ祀る。紫の野にと鎮めまつりし御神なり」＊咄本・軽口露がはなし(1691)一・一八「五月十五日は今宮の神事にて、親里へまつりに行けり」 二〘名〙(にせ金を「えびす金」というところから、今宮えびすの縁で)にせ金をいう。＊洒落本・色深狭睡夢(1826)下「残りのかねをあらため見てびっくり『ヤァこりゃみな今宮(イマミヤ)じゃ』」 発音〈標ア〉0マ

いまみやえびす-じんじゃ【今宮戎神社】「いまみやじんじゃ(今宮神社)一」に同じ。 発音〈標ア〉ジ

いまみや-じんじゃ【今宮神社】 ㊀大阪市浪速区恵美須町にある神社。旧郷社。祭神は天照大神、事代主命(ことしろぬしのみこと)など。今宮戎(えびす)神社。㊁京都市北区紫野今宮町にある神社。旧府社。祭神は大己貴命(おおなむちのみこと)、事代主命、稲田姫命(いなだひめのみこと)。㊂栃木県鹿沼市今宮町にある神社。旧県社。祭神は大己貴命、田心姫命(たごりひめのみこと)、味耜高彦根神(あじすきたかひこねのかみ)ほか一柱。延暦元年(七八二)の創建と伝えられる。発音〈標ア〉ジ

いまみやのしんじゅう【今宮心中】(いまみやのシンヂュウ) 浄瑠璃。世話物。三巻。近松門左衛門作。正徳元年(一七一一)頃、大坂竹本座初演。前年の秋、大坂本町菱屋四郎右衛門の手代二郎兵衛と下女きさが、今宮の戎(えびす)の森で心中した事件を脚色したもの。発音イマミヤノシンジュー〈標ア〉0

いまみや-まつり【今宮祭】〘名〙今宮神社の祭。特に、京都市紫野にある今宮神社の祭礼は、五月七日から一五日にかけて行なわれ、近世以降、神輿とともに立てる各町内の「十二鉾(ほこ)」が有名。《季・夏》*康富記-応永八年(1401)五月九日「今日紫野今宮祭也」*公事根源(1422頃)七・五月・紫野今宮祭「紫野今宮祭。九日。これは疫癘の神也。正暦五年、長保二年天下しづかならざりし時、この神社をまつらる」*俳諧・増山の井(1663)五月「今宮祭 九日今は十五日、紫野に有、さがり松といふ所おたび也」発音〈標ア〉マ2

いまむら【今村】 姓氏の一つ。発音〈標ア〉0マ

いまむら-しこう【今村紫紅】 日本画家。本名寿三郎。横浜生まれ。松本楓湖(ふうこ)に師事し、紅児会、日本美術院に参加。代表作「伊達政宗」「近江八景」「熱国之巻」。明治一三～大正五年(一八八〇～一九一六)

いまむら-ともあき【今村知商】 江戸初期の数学者。通称仁兵衛。河内の人。毛利重能に師事。算術の法則を述べた「竪亥録(じゅがいろく)」(一六三九刊)や「因帰算歌」(一六四〇刊)や暦学書「日月会合算法」を著わす。生没年不詳。

いま-むらさき【今紫】〘名〙染色の名。青の強いあざやかな紫。*歌舞伎・吹雪花小町於静(お静礼三)(1867)序幕「大役を勤むるもの更紗染、色さへ鈍き今紫(イマムラサキ)」*風俗画報-四〇号(1892)服飾門「檜皮、今紫等にて柄は以前の大坂向の如きコテコテ模様の」発音〈標ア〉ラ

いまめ〘名〙植物「うばめがし(姥目樫)」の異名。*風俗画報-二四三号(1902)人事門「此時竈に焚柴(イマメ)の枝を生葉の儘焚也」方言三重県591 和歌山県日高郡692

いま-めか・し【今―】〘形シク〙⇨いまめかしい

いまめ-がし【今芽樫】〘名〙植物「うばめがし(姥目樫)」の異名。*日本植物名彙(1884)〈松村任三〉「イマメガシ ウバメガシ チリメンガシ」方言和歌山県西牟婁郡690 ◇いばめがし 和歌山県692 発音イマメガシ〈標ア〉メ

いま-めかし・い【今―】〘形口〙文いまめか・し〘形シク〙(動詞「いまめく」の形容詞化したもの)①当世風でりっぱだ。目新しくてすぐれている。気がきいてしゃれている。現代風で若々しい。*宇津保(970-999頃)楼上下「御いらへ、いまめかしからず心はづかしき程にきこえ給ふ」*源氏(1001-14頃)若紫「髪のうつくしげにそがれたる末もなかなか長きよりもこよなういまめかしきものかなと、あはれに見給ふ」*栄花(1028-92頃)月の宴「これはいとめづらかに様かはりいまめかしうて、御元服の夜やがて参り給ふ」②現代風で、はなやかである。にぎわわし。陽気である。*蜻蛉(974頃)上・安和元年「儀式の車にて、ひき続きたり。下仕(しもづかへ)、手振(てふり)などが具しいけば、いろふしにいでたらむ心ちして、いまめかし」*源氏(1001-14頃)真木柱「霜月になりぬ。神わざなどしげく、内侍所にもこと多かるころにて、女官ども内侍ども参りつつ、いまめかしう人さわがしきに」*栄花(1028-92頃)もとのしづく「はかなく年もかへりぬ。世の中もいまめかしきに、『今年はもがさといふもの起こるべし』とて」③現代風で軽薄である。はなやか過ぎて感心しない。きざっぽい。*源氏(1001-14頃)花宴「衣のおとなひとはなやかにふるまひなして、心にくく奥まりたるけはひ立ちおくれ、いまめかしき事を好みたるわたりにて」*夜の寝覚(1045-68頃)五「御覧じ捨てて、ひき入らせ給ひしつらさを、おどろおどろしく書き給ひて『かきくらし昔を恋ひし月影にわれ中空になくなくぞ来し』とあるを、『いまめかしのさまや』と見給ひて」④いまさらめいている。わざとらしい。改まっていて変である。*平家(13C前)三・法印問答「いまめかしき申事にて候へ共、七代までは此一門をば、いかでか捨させ給ふべき」*謡曲・夜討曾我(1480頃)「これは今めかしきご諚にて候。なにごとにても候へ、御意(ぎょい)を背くことはあるまじく候」*御伽草子・あきみち(室町末)「いまめかしき殿の仰せかな。〈略〉何の子細なりともいなみ申すべきにあらず」*浄瑠璃・心中宵庚申(1722)下「涙にくれてゐたりしが顔振上げ、『申し母じゃ人、いまめかしい申し事ながら〈略〉』」語誌(1)「古代なり」「古めかし」などと対義的であり、「当世風である」「目新しい」などの時間的側面と、「はなやかである」「にぎやかである」などの価値評価の強い側面との両面を語義として持っている。(2)①②のように、現代的ではなやかだ、というプラスの価値の意味があるとともに、③のように、軽佻・浅薄、というマイナスの価値の意味もある。「源氏物語」ではこの両義性を生かして、場面・状況によって巧みに使い分け、人物の造形や家風などを象徴させ、主題を効果的に表現しているが、中世になると浅薄な面が強調されるようになる。発音イマメカシイ〈標ア〉シ〈京ア〉カ 文『いまめかし』〈標ア〉カ〈京ア〉カ 辞書日葡・書言・ヘボン・言海 表記新好(書) 今様(へ)

いまめかし-げ【今―】〘形動〙(形容詞「いまめかしい」の語幹に接尾語「げ」の付いたもの)いかにも今めかしいさま。当世風であるさま。*源氏(1001-14頃)幻「五節などいひて、世中そこはかとなくいまめかしげなるころ」*栄花(1028-92頃)初花「寛弘五年になりぬれば、夜の程に峯の霞も立ち変り、よろづ行末遙にのどけき空のけしきなるに〈略〉その御方の女房、小姫君の御方など、いと様々にいまめかしげなる有様にて候ふ」発音イマメカシゲ〈標ア〉シ

いまめかし-さ【今―】〘名〙(形容詞「いまめかしい」の語幹に接尾語「さ」の付いたもの)今めかしい様子。当世風であること。また、その度合。*源氏(1001-14頃)夕霧「もののはえばえしさ、つくり出で給ふほど、ふりぬる人、苦しや。いと、いまめかしさもみならはずなりにける事なれば、いとなむくるしき」*狭衣物語(1069-77頃か)二「候ふ人々も、内わたりのいまめかしさを、いつしかと心もとながり思ふべし」*栄花(1028-92頃)見はてぬ夢「まさざまに今少しいまめかしさ添ひて弾かせ給ふ」発音〈標ア〉カ

いま-めか・す【今―】〘他サ四〙今めくようにする。当世風にする。現代風にする。発音〈標ア〉カ 辞書言海

いま-め・く【今―】〘自カ四〙(「めく」は接尾語)当世風で、はなやかなさまになる。目新しくてにぎやかである。気がきいてしゃれている。*土左(935頃)承平五年二月五日「『この住吉の明神は、れいの神ぞかし。ほしきものぞおはすらん』とは、いまめくものか」*源氏(1001-14頃)絵合「ありしよりけに御思ひまさるを、権中納言聞き給ひて、あくまでかどかどしく、いまめき給へる御心にて」*栄花(1028-92頃)つぼみ花「月頃久しくなりにける御里居、若き人々、猶心ことにいまめくめり」発音〈標ア〉メ 辞書言海

いま-もって【今以】〘副〙今になるまで。今でも。いまだに。*謡曲・舟弁慶(1516頃)「君おん舟を出だし平家を滅ぼし給ふこと、今もって同じことぞかし、急ぎお舟を出だすべし」*人情本・春色梅児誉美(1832-33)後・一二齣「そういふ金もちが世話をしてやらうといはッしゃるのを、今(イマ)もって返事もせず」発音〈標ア〉モ〈京ア〉マ

いま-ものがたり【今物語】㊀〘名〙現世の様子を素材として書かれた物語。*小説神髄(1885-86)〈坪内逍遙〉上・小説の種類「現世物語(イマモノガタリ)は現世(いまのよ)の情態を材料としてもて其趣向を設くるものなり」㊁鎌倉時代の説話集。一巻。「本朝書籍目録」によると藤原信実の著とされているが、未詳。延応元年(一二三九)以後の成立。擬古的な和文体で、宮廷にかかわる説話を収める。発音イマモノガタリ〈標ア〉カ

いま-やき【今焼】〘名〙①近世、現在の焼物をいう。新焼。*咄本・山岸文庫本昨日は今日の物語(1614-24頃)「上京に、にわかに分限になりたる者あり。今やきの壺を店へ出す」②楽焼の別称。発音〈標ア〉0

い-まゆ【射眉】〘名〙矢を射ようと狙いをつけるときに、眉を寄せること。また、その眉。*歌舞伎・昔噺額面戯(額抜け)(1879)「射眉つくれば南無三と、柱の蔭へ身を隠す」

いま-ゆくさき【今行先】〘名〙「いまゆくすえ(今行末)」に同じ。*続日本紀-天平神護元年(765)正月七日・宣命「故、是を以て、今由久前(いまユクさき)にも緩(ゆる)び怠(おこた)る事無くして」*春のことぶれ(1930)〈釈迢空〉門中瑣事「いやはてに 我が言ふ語ぞ。あはれよ と 自古以後(イマユクサキ)も、汝(なれ)を思はむ」

いま-ゆくすえ【今行末】(ゆくすゑ)〘名〙これから先。将来。今後。今行先。*拾遺(1005-07頃か)賀・二六三「万代(よろづよ)の始とけふを祈りおきて今行く末は神ぞ知るらむ〈藤原朝忠〉」*源氏(1001-14頃)椎本「今行するもさだめなき世にて」*今昔(1120頃か)一九・二九「今行く末も此継母に打解給ふ事无(な)かれ」

いま-よ【今世】〘名〙現在の世の中。現世。*仮名草子・心友記(1643)上「つらつら世間をあんずるに、まづ今世(イマヨ)、夢まぼろしのすみかは眼前なり」

いま-よう【今様】(ヤウ)〘名〙①今の世。当世。また、今の世のはやり。当世風。今風。*蜻蛉(974頃)中・天禄二年「あはれ、いまやうは、女も数珠ひきさげ、経ひきさげぬなしと聞きしとき」*源氏(1001-14頃)手習「いまやうの若き人は、かやうなることをぞ好まれざりける」*徒然草(1331頃)二二「何事も古き世のみぞしたはしき。今やうは無下(むげ)にいやしくこそ成ゆくめれ」*読本・昔話稲妻表紙(1806)四・一三「髪のゆひざまも今様(イマヤウ)にとりあげて」②現在の様子。現状。*師郷記-永享二年(1430)八月紙背(中原師孝書状)「如レ今者、明日可二御事闕一候之条勿論候。此上者被二延引一、今様可レ有二中御沙汰一候哉」③「いまようた(今様歌)」の略。*中右記-寛治八年(1094)正月三日「今夜及二深更一、両貫首以下、着二殿上一、有二淵酔事一、朗詠今様之後已及二散楽一」*梁塵秘抄(1179頃)一「今様二百六十五首」*平松家本平家(13C前)一・義王「見参する程では、争(いか)でか声をもきかであるべき。今様一歌へかし」*浮世草子・武道伝来記(1687)五・三「ひとりの息女十一にして琴の曲すぐれて好(すき)給へば母は是に和(あは)せて時勢(イマヤウ)をうたひてよねんなく見え給ひぬ」④当世風のはやり歌。流行歌。*読本・昔話稲妻表紙(1806)四・一三「長剣を撫して薬をうり、今様(イマヤウ)をうたひて銭を乞」発音イマヨー〈標ア〉0〈京ア〉0 辞書文明・易林・日葡・書言・ヘボン・言海 表記今様(文・易・書・ヘ・言) 時勢・新曲(書)

いまよう-あわせ【今様合】(いまヤウあはせ)〘名〙古代の遊

戯の名。歌合わせと同じ形式で、今様歌の優劣を判じて勝負をするもの。承安年間(一一七一～七五)に行なわれた。＊百練抄‐承安四年(1174)九月一日「於太上法皇御所〈法住寺殿〉、有今様合事。撰定堪能輩卅人、十五ケ夜間、毎夜一番、被決雌雄」＊梁塵秘抄口伝集(12C後)一〇「この兼雅卿、今様合の時に足柄の中に駿河の国謡はれしを」

いまよう‐いろ【今様色】〘名〙①染色の名。当世流行の、ベニバナで染めた色。一説に、紅梅の濃い色。あるいは、「ゆるし色」に同じという(源氏男女装束抄(1517頃))。＊宇津保(970‐999頃)蔵開上「いまやういろの御ぞ、桜がさね奉りて」＊源氏(1001‐14頃)末摘花「いまやういろの、えゆるすまじく艶(つや)なう古めきたる直衣の、裏表(うらうへ)ひとしうこまやかなる」＊花鳥余情(1472)四「いまやう色とは紅梅のこきを云なり〈略〉大略ゆるし色とおなじきなり」②襲(かさね)の色目の名。表は紅梅、裏は濃い紅梅(胡曹抄(1480頃))。発音イマヨーイロ〈標ア〉[0]

いまよう‐うた【今様歌】〘名〙中古歌謡の一つ。催馬楽(さいばら)、風俗歌、神楽歌などの古い歌謡に対して、平安中期に起こった新様式の流行歌謡。また、それらの歌謡のうち、仏教歌謡の和讃や声明(しょうみょう)、雅楽の影響を受けた七五調の四句からなる形式を持つ歌謡。＊枕(10C終)二八〇・歌は「歌は風俗、中にも、杉立てる門、神楽歌もをかし、いまやううたは長うてくせづいたり」＊紫式部日記(1010頃か)寛弘六年某月一一日「若やかなる君達、いまやう哥うたふも」＊栄花(1028‐92頃)初花「そこはかとなき若君達などは、読経争ひ、いまやううたども声を合せなどしつつ」発音イマヨーウタ〈標ア〉[ヨ]〈京ア〉① 辞書言海 表記今様歌(言)

いまよう‐おどり【今様踊】〘名〙当世流行の新しい踊り。＊武徳編年集成(1740)一六「参州岡崎辺、今様踊はやりて夥しく諸人これにふける」発音イマヨーオドリ〈標ア〉[オ]

いまよう‐おはつ【今様御髪】〘名〙①今はやりの髪型。②明治時代に流行した丸まげの異称。＊浮雲(1887‐89)〈二葉亭四迷〉二・七「紳士の随伴(つれ)と見える両人の婦人は、一人は今様(イマヤウ)おはつとか称へる突兀たる大丸髷、今一人は落雪とした妙齢の束髪頭」発音イマヨーオハツ〈標ア〉[ハ]

いまよう‐し【今様師】〘名〙明治初期に一中節、常磐津、清元、長唄などを地にして作り出した新傾向の能楽や狂言を演じた狂言師。＊歌舞伎・釣狐(1882)「この後黒塀で見切り、下の方同じく黒塀、総て今様師(イマヤウシ)小倉邸門外の体」発音イマヨーシ〈標ア〉[ヨ]

いまよう‐すがた【今様姿】[一]〘名〙①当世はやりの姿。現代的な風趣。＊白氏文集天永四年点(1113)三「天宝年中の時勢粧(イマヤウスカタ)なれば、上陽の人苦しび最も多し」＊無名抄(1211頃)「いまやうすがたの哥の中にも、よく読みつるをば誹家とても譏る事なし」②当世流行の歌謡。＊浮世草子・小夜衣(1683)序「其大概(むね)のみをしるしてしかも時勢粧(イマヤウスガタ)ならぬ事を思ひたどりそこはかとなく書つづくるとて」＊浮世草子・男色大鑑(1687)四・一「玉琴常住のもてあそび、時勢粧(イマヤウスガタ)をうたはれしは地下人の唇動かし、投節伊勢かはりとは格別にして」＊浮世草子・新可笑記(1688)一・一「時勢粧(イマヤウスガタ)をよくうたふに」[二](「時勢粧」とも書く)俳書。六巻、七冊。松江維舟の編。寛文一二年(一六七二)刊。維舟の俳論を巻頭に、詩、歌、謡、狂言等を本歌とする四季発句その他を集めて、当時の風潮を示したもの。発音イマヨースガタ〈標ア〉[ス] 辞書色葉・名義・書言 表記時勢粧(色・名・書)

いまよう‐ぞめ【今様染】〘名〙当世流行の染め方。また、そのもの。当風染め。＊浮世草子・好色三代男(1686)二・二「今やう染のはでを尽して、顔かたち風俗ここにさへかかる姿はと目を驚かす」発音イマヨーゾメ〈標ア〉[0]

いまよう‐だ・つ【今様立】〘自タ四〙当世風になる。今めく。＊源氏(1001‐14頃)手習「山ごもりの御うらやみは、中中いまやうだちたる御物まねびになむ」

いまようつじだんぎ【当風辻談義】江戸中期の談義本。五巻五冊。嫌阿弥陀仏作。別名「下手談義前後評判」。宝暦三年(一七五三)刊。六話からなる。「当世(いまよう)下手談義」「教訓続下手談義」の内容を全編にわたって批判したもの。発音イマヨーツジダンギ〈標ア〉[ダ]

いまよう‐てい【今様体】〘名〙現代風。＊歌謡・松の葉(1703)四・茶の湯「棚の飾りは何々ぞいまやうていの香道具」

いまよう‐のう【今様能】〘名〙明治時代に泉祐三郎が妻、娘とともに通俗化して演じた能楽の一形式。面を廃し、囃子(はやし)三味線を加え、女を交えるなどした。寛政年間(一七八九～一八〇一)の堀井仙助の辻能、安政年間(一八五四～六〇)の大坂の照葉狂言などの影響を受けたという。大正時代に解散。泉(千)助能(せんすけのう)。＊時事新報‐明治二四年(1891)四月八日「此程浅草鳥越なる中村座にて初興行をなしたる大阪上りの今様能は」発音イマヨーノー〈標ア〉[ヨ]

いまようへただんぎ【当世下手談義】江戸中期の談義本。五巻五冊。静観房好阿作。宝暦二年(一七五二)刊。「工藤祐経が霊芝居へ伝言せし事」「八王子の臍翁座敷談義の事」など七話からなる。江戸の町人風俗を扱った最初の小説で、全編教訓臭が著しいものの、江戸小説の先駆的作品として特筆される。「教訓続下手談義」はこの続編。発音イマヨーヘタダンギ〈標ア〉[ダ]

いまよう‐め・く【今様―】〘自カ四〙(「めく」は接尾語)当世風である。＊談義本・風流志道軒伝(1763)三「白人芸子の今様めけるは、南北に風情をたたかはす」発音イマヨーメク〈標ア〉[メ]

いま‐よし【今良】〘名〙古代、賤民から解放されて良民となったもの。宮中の清掃に従事した。ごんりょう。＊随筆・松屋筆記(1818‐45頃)八四・五三「与清按に今良の事禁秘抄階梯下巻(九十八丁右)に縫殿式の押紙を引て謂放賤従良也官奴司隷此寮了仍如此と見えて奴婢卑賤の身を離て新に良に従へる者をいふめれば『イマヨシ』と訓べし。古(もと)は賤も今は良といふ義也。又『ゴンリャウ』ともよめり。いづれにても通(きこ)ゆ」

いま‐ら【今―】〘連語〙方言❶今ごろ。今では。現在は。香川県829 ◇いまりゃあ 岡山県児島郡763 ◇いまりゃ 奈良県吉野郡038 ❷今更。今になって。◇いまらあ 鳥取県711

いまり【伊万里】[一]佐賀県西部の地名。松浦半島の付け根、伊万里湾奥にある港町。江戸時代、有田焼(伊万里焼)の唯一の売買市場、積み出し港に指定されて繁栄。明治以降は唐津・佐世保炭田の石炭の積み出し港としても栄えた。昭和二九年(一九五四)市制。＊俳諧・毛吹草(1638)四「肥前〈略〉唐津今利(イマリ)の焼物」＊俳諧・誹枕(1680)下「錦手や伊万里の山の薄紅葉〈梅翁〉」[二]〘名〙「いまりやき(伊万里焼)」の略。＊町人嚢(1692)三「紀の国の雑椀、伊万利の茶碗ならば、神代の風俗ともいひつべし」＊雑俳・千枚分銅(1704)「此鉢をいまりと申人はない」発音〈標ア〉[イ]

いまり‐づち【伊万里土】〘名〙佐賀県伊万里付近に産する上等な白土。伊万里焼の原料となる。発音〈京ア〉[J] 辞書言海 表記伊萬里土(言)

いまり‐ふじん【今李夫人】〘名〙(「李夫人」は漢の武帝の寵姫)今の世の李夫人と評判されるほどの美人。＊浮世草子・好色敗毒散(1703)三・二「内儀は今李夫人とて、美容の誉れ高く」発音〈標ア〉[フ]

いまり‐もん〘名〙人の多く集まる所・雑踏する所をいう、てきや仲間の隠語。〔隠語構成様式幷其語集(1935)〕

いまり‐やき【伊万里焼】〘名〙佐賀県有田町とその付近一帯に産する磁器の総称。有田焼、大川内焼、平戸焼、波佐見焼など。製品を伊万里港から出荷したことから呼ばれる。元禄以前の作は「古伊万里」と呼ばれる。＊書言字考節用集(1717)七「伊万里陶 イマリヤキ 肥前松浦郡所出瓦器」＊随筆・独寝(1724頃)上・六九「女郎様などのはなの穴より吹出し給はんは、いまり焼の香炉のごとく、見苦しなんどはおろかの事也」発音〈標ア〉[0]〈京ア〉[0] 辞書書言・言海 表記伊万里陶(書) 伊万里焼(言)

いま‐りゅう【今流】〘名〙いかにも現代風のやり方であること。当世流。＊士魂商才(1957)〈武田泰淳〉「そのあとが土匪(どひ)の横行。今流にいえば、レジスタンスとか、ゲリラとか言う奴らだ」発音イマリュー〈標ア〉[0]

いまる〘名〙魚「かじか(鰍)」の異名。＊物類称呼(1775)二「杜父魚 かじか。京大坂にて、いしもち 加茂川にて、ごり 嵯峨(さが)にて、いまる」

いまれる【忌】〘動〙方言忌中の身となる。喪に服する。新潟県佐渡352 島根県隠岐島740 香川県佐柳島829

いま‐ろう【今良】〘名〙⇨いまよし(今良)

いま‐わ【今際】〘名〙(「いま(今)は」は[二]①の用法から「今はのきわ」「今はのとき」の意に用いられたもの)今はこの世の限りだという時。死にぎわ。臨終。最期。＊源氏(1001‐14頃)桐壺「故大納言いまはとなるまで」＊増鏡(1368‐76頃)九・草枕「故院のいまはのころの御事など、あはれに懐かしくきこえ給へば」＊浄瑠璃・源頼家源実朝鎌倉三代記(1781)七「儕(おのれ)やれ早ふ死で未来の夫に、我子の自慢せんものと、今はの楽しみ心の嬉しさ」＊読本・椿説弓張月(1807‐11)続・三四回「われ愁(なまじひ)に病饒(やみさらば)ひて跡にのこらば、御身が今般(イマハ)の心かかりともなりなん」＊当世書生気質(1885‐86)〈坪内逍遥〉一六「証拠となるは母親が、最後(イマハ)に残せし短刀のみ」＊珊瑚集(1913)〈永井荷風訳〉奢侈「最終(イマハ)の遊宴…最終(イマハ)の呼吸…絲の如き臨終(イマハ)の喘咽(あへぎ)」発音〈標ア〉[0]〈京ア〉⓪ 辞書〈ボン〉・言海 表記末期(へ) 今際(言)

いまわ の 折(おり)「いまわ(今際)の際(きわ)」に同じ。＊苔の衣(1271頃)二「はは宮いまはのおりまで、うしろめたげにいひおき給ひしを」発音〈標ア〉[リ]

いまわ の 刻(きざみ)「いまわ(今際)の際(きわ)」に同じ。＊源氏(1001‐14頃)若菜上「いまはのきざみに、あまたの御遺言ありし中に」

いまわ の 際(きわ) 臨終の時。死にぎわ。最期の時。＊夜の寝覚(1045‐68頃)四「ことわり、いまはのきはまでいみじう心置き、この宮により、うらみをとどめてしかば、さもあらん」＊増鏡(1368‐76頃)三・藤衣「いまはのきはまで持たせ給ける桐の御数珠(ずず)なども」＊太平記(14C後)二・俊基被誅事「はや斬られさせ給て候。是こそ今はのきはの御返事にて候へ」発音〈標ア〉[ワ]2

いまわ の 事(こと) 臨終の時に行なう行事。受戒などの作法。＊源氏(1001‐14頃)総角「いまはの事どもするに、御髪(みぐし)をかきやるに、さとうちにほひたるただ有りしながらのにほひに」

いまわ の 時(とき)「いまわ(今際)の際(きわ)」に同じ。＊平家(13C前)一〇・維盛入水「思きりたる道なれども、今はの時になりぬれば、心ぼそうかなしからずといふ事なし」＊謡曲・夜討曾我(1480頃)「これは祐成(すけなり)が、いまはの時に書く文の、文字消えて薄くとも形見にご覧候へ」＊日葡辞書(1603‐

04)「Imauano toqi（イマワノ トキ）〈訳〉最期、または、争いの終わり」＊浄瑠璃・曾根崎心中（1703）道行「さりながら今はのときのくげんにて、しにすがた見ぐるしといはれんもくちおしし」 発音〈標ア〉キ ト 辞書易林・日葡・書言 表記今般時（易・書）

いまわ の とじめ 「いまわ（今際）の際（きわ）」に同じ。＊源氏（1001–14頃）橋姫「いまはのとぢめになり給ひて、いささか宣ひ置くことの侍りしを」＊狭衣物語（1069–77頃か）四「いまはのとぢめにしも参りて、あはれなりし御けはひをさへ聞き侍りにしかば」

いまわ の 果（は）て 「いまわ（今際）の際（きわ）」に同じ。＊たまきはる（1219）「いまはのはてまでも、まことに思ひつきまゐらせて」

いまわ の 世（よ） 生涯の終わり。臨終。最期。＊宇津保（970–999頃）菊の宴「よろこびは、まづとおもひ給へしに、いまはのよなる心ちしてなむ」＊成尋母集（1073頃）「かく数知らず多くの年を過ぐして、いまはのよまでながらへて」

いまわ の 齢（よわい） 死期の近づいた年齢。＊長享二年正月二十二日水無瀬三吟百韻（1488）「契りはやおもひたえつつ年もへぬ〈肖柏〉 今はのよはひ山もたづねじ〈宗祇〉」

いまわ の 別（わか）れ 臨終のさいの別れ。死別。＊栄花（1028–92頃）浦々の別「夜中なりともなき御影にも今一たび参りてこそは、いまはの別にも御覧ぜられめ」

いま-わか【今若】〘名〙能面の一種。男面で年若い武将に用いるもの。同類のものに「中将」などがあって、能楽では修羅物の「経政」「俊成忠度」などに用いる。

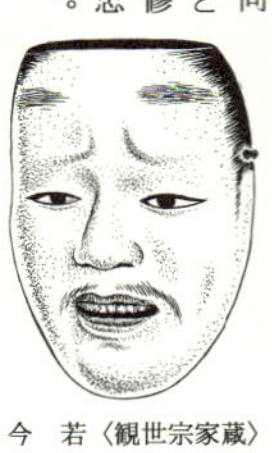

今 若〈観世宗家蔵〉

いまわ。し【忌】〘形シク〙⇨いまわしい（忌）

いまわし・い【忌】〘形口〙文いまは。し〘形シク〙（動詞「いまう（忌）」の形容詞化）①よくない事が起こる前兆のように感じられて、縁起が悪い。不吉である。＊平家（13C前）三・医師問答「何と候やらむ、あの御浄衣のよにいまはしきやうに見えさせおはしまし候」＊古今著聞集（1254）一〇・三六一「こよひは祝の夜にてあるに、若（もし）不慮の事もあらば、公私いまはしかりぬべし」＊浄瑠璃・源三位頼政（扇の芝）（1714頃）四「神前をけがしてはもったいなしいまはししと」②いやな感じである。好ましくない。不愉快である。＊浄瑠璃・都の富士（1695頃）二「時に清平御けしきかはらせ給ひ、ヤア聞たくもなきかんげんいまはしし勝重」＊多情多恨（1896）〈尾崎紅葉〉後・九「気に懸けまいとするほど気に懸かる、気に懸かるほど可忌（イマハ）しい音が怪しげに鈍い拍子を取って」＊火の柱（1904）〈木下尚江〉四「茶をすすむる妻の小皺著（いちじるし）き顔をテカテカと磨きて、忌（イマハ）しき迄艶装（わかづくり）せる姿を」 発音イマワシイ〈標ア〉シ〈京ア〉ワ 文『いまはし』イマワシ〈標ア〉ワ〈京ア〉ワ 辞書日葡・ヘボン・言海 表記忌（へ・言）

いまわし-が・る【忌——】〘他ラ四〙（形容詞「いまわしい」の語幹に接尾語「がる」の付いたもの）いまいましく思う。憎むべきこと、また、不吉のように思う気持を外に表わす。 発音イマワシガル〈標ア〉ガ

いまわし-げ【忌——】〘形動〙（形容詞「いまわしい」の語幹に接尾語「げ」の付いたもの）不吉だ、いやだと感じているさま。不愉快そうなさま。＊平家（13C前）三・無文「其時少将けしきはっとかはって、よにいまはしげに見給ければ」＊義血侠血（1894）〈泉鏡花〉一〇「『冗（くど）いなあ』渠（かれ）は此問答を忌（イマハ）しげに空嘯（そらうそぶ）きぬ」＊うつせみ（1895）〈樋口一葉〉二「あれ彼（あ）んな事を、貴君（あなた）お聞遊しましたかと良人に向ひて忌（イマ）はし気（ゲ）にいひける」 発音イマワシゲ〈標ア〉シ

いまわし-さ【忌——】〘名〙（形容詞「いまわしい」の語幹に接尾語「さ」の付いたもの）縁起が悪いこと。不吉なこと。好ましくないこと。また、それらの度合。＊龍潭譚（1896）〈泉鏡花〉渡船「コハこの君もみまかりしよとおもふいまはしさに」 発音〈標ア〉ワ

い-まわ・す【居回】〘他サ四〙周囲に並んですわらせる。車座にする。＊文明本節用集（室町中）「居廻 イマワス」 辞書文明 表記居廻（文）

いまわた〘名〙人がたずねてくることをいう、盗人仲間の隠語。〔隠語輯覧（1915）〕

いま-わたり【今渡】〘名〙江戸初期から中期にかけて、中国・南洋から輸入された工芸品の総称。主に陶磁器にいう。新渡（しんわたり）。新渡（しんと）。↓古渡（こわたり）。＊俳諧・鷹筑波（1638）二「珍敷（めづらしき）文字の并（ならび）読すまし 今渡りてふ銭ぞ請取〈良徳〉」＊浮世草子・人倫糸屑（1688）似物師「紙は時代の古きをもとめ、或は今渡（イマワタリ）の唐紙をふるべ」 発音〈標ア〉ワ

いまわたり-ぎれ【今渡切】〘名〙古来日本に渡来した名物切（めいぶつぎれ）のうち、元祿ごろから後に渡来した新しいものをいう。 発音イマワタリギレ〈標ア〉0

いまわり【斎】〘名〙（動詞「いまわる（斎）」の連用形の名詞化）ものいみすること。ゆまわり。＊改正増補和英語林集成（1886）「Imawari イマハリ」

い-まわり【居回】〘名〙居る所のまわり。住居の近所。あたり。付近。＊歌舞伎・八幡祭小望月賑（縮屋新助）（1860）序幕「この居廻（ヰマワ）りは私の売場でござります故」＊浮雲（1887–89）〈二葉亭四迷〉一・二「落着て居廻（ヰマハ）りを視回（みまは）すと」＊湯島詣（1899）〈泉鏡花〉三一「橋場今戸の居まはりは云ふに及ばず」 発音〈標ア〉0〈京ア〉0／マ

いまわ・る【斎】〘自ラ四〙ものいみする。斎戒する。ゆまわる。 辞書言海

い-まわ・る【居回】〘自ラ四〙周囲に並んですわる。輪になってすわる。車座になる。＊富家語（1151–61）「突膝てくるりと居廻て著也」＊宇治拾遺（1221頃）一・三「我居たるうつほ木の前にゐまはりぬ」

い-まん【帷幔】〘名〙（「帷」「幔」共に幕の意）たれぎぬ。幕。＊浮世草子・近代艶隠者（1686）三・二「今爰に帷幔（ヰマン）を引、器をかざる」＊広益熟字典（1874）〈湯浅忠良〉「帷幔 イマン トバリ」＊後漢書‐臧洪伝「紹盛二帷幔一、大会二諸将一見レ洪」

い-まん【慰満】〘名〙心の憂さを晴らし満足すること。＊西国立志編（1870–71）〈中村正直訳〉一一・二〇「自らその心に快足慰満すること」

いみ【忌・斎・諱】■一〘名〙（動詞「いむ（忌）」の連用形の名詞化）①神聖に対する禁忌。心身を清浄に保ち、けがれを避け慎むこと。斎戒。＊書紀（720）持統五年二月（北野本室町時代訓）「卿等（いましたち）、天皇の世（みよ）に、仏殿・経蔵を作りて、月ごとの六（むより）の斎（イミ）を行へり」＊出雲風土記（733）意宇「国造、神吉詞望（かむよごとほがひ）に、朝廷に参向ふ時、御沐（みそぎ）の忌（いみ）の里なり。故、忌部（いむべ）と云ふ」＊万葉（8C後）一三・三二八四「我が思へる 妹に寄りては 言（こと）の禁（いみ）も なくありこそと 斎瓮（いはひへ）を 忌（いは）ひ掘りすゑ〈作者未詳〉」②（①から転じて）忌み避けるべきだとされていること。遠慮があること。はばかるべきこと。＊宇津保（970–999頃）吹上上「いかで対面給はらん、いみなき身なりせば、そのわたりにこそは物せめ」＊源氏（1001–14頃）絵合「長恨歌、王昭君などやうなる絵は面白くあはれなれど、事のいみあるは、こたみは奉らじ」＊永承五年女御延子歌絵合（1050）「殿上人挑（いど）みごと定めはじむる日なるを、勝負（かちまけ）は忌あることになむ」③死のけがれに対する禁忌。人の死後、喪にこもるべき一定の期間。喪中。喪。服（ぶく）。＊大和（947–957頃）九四「故中務の宮の北の方うせ給ひてのち〈略〉御いみなどすぐしては」＊源氏（1001–14頃）御法「大将の君も、御いみにこもり給ひて、あからさまにもまかで給はず」＊中楽談儀（1430）付載・魚崎御座之事「ただし、現病（げんびゃう）は宥（ゆる）すべし。いみの人も同じかるべし」④出産のけがれ、月経のけがれ等の血のけがれに対する禁忌。＊日葡辞書（1603–04）「Imi（イミ）〈訳〉産後の異教徒の女たちが、偶像の寺院に行かない禁欲の日々」＊浮世草子・西鶴織留（1694）六・三「いまだ忌（イミ）も明ませぬと貌つきおもく素人らしく見せ掛（かけ）」⑤陰陽道などに基づく方角や日の禁忌。方たがえ。物忌。＊蜻蛉（974頃）中・天祿二年「いとつれづれなるを、いみもたがへがてら、しばしほかにとおもひて」＊能因本枕（10C終）一三二・関白殿の黒戸より出でさせ給ふとて「中納言の君の忌の日とて、くすしがり行なひ給ひしを」＊源氏（1001–14頃）帚木「内裏（うち）に日かず経給ふころ、さるべき、方のいみ待ちいで給ふ」＊日葡辞書（1603–04）「コンニチ imiga（イミガ）アイタ」⑥「いみだけ（斎竹）」の略。＊六百番歌合（1193頃）夏上・一三番「今日祭る神の恵はかねてより卯月のいみのさして知りにき〈藤原季経〉」■二〘語素〙けがれを清めた。神聖な。「忌服屋（いみはたや）」「斎殿（いみどの）」など。 語誌霊威あるものに触れないように行為や言葉を慎むことで、これには通常、一定期間の継続を要する。そのため③のようにこの期間のことも表わすようになる。「物忌み」「方忌み」などの語が平安時代から見られ、陰陽道の浸透によって、日常生活においてもさまざまな「忌み」が行なわれた。 語源説(1)清浄な人の意のイミ（斎身）から。また、イミベ（忌部）、イミコ（忌子）の意〔日本古語大辞典＝松岡静雄〕。(2)ヨキメ（除目）の転〔名言通〕。 発音〈なまり〉エミ〔鳥取〕ユミ〔千葉・鳥取・島根〕 ■一〈標ア〉ミ〈京ア〉イ 上仮名イミ 辞書日葡・ヘボン・言海 表記忌（へ・言） 同訓異字 →「いむ（忌）」の同訓異字。

いみ の 中（うち） 「きちゅう（忌中）」に同じ。＊文明本節用集（室町中）「忌中 イミノウチ」 辞書文明 表記忌中（文）

いみ の 宮（みや） 「いわいのみや（斎宮）」に同じ。＊書紀（720）神功摂政前（寛文版訓）「罪を解（はら）へ過を改めて、更（また）斎宮（イミノみや 別訓 いわみや）を小山田邑（をやまたのむら）に造りたまふ」

いみ の 餅（もち） 葬式のあと、一四日とか二一日目の忌明けに食べる餅。京都府北桑田郡では大きな丸い餡（あん）入りの餅を小さく切って塩をつけて食べると、死の忌が明けるという。

いみ を 被（かぶ）る 忌の状態になる。自分または近親者が、葬式、出産、月事などの忌まれる状態になり、謹慎しなければならない立場になること。 方言葬儀の際に、縁故の深い人が手ぬぐいの縦半分にしたものを鉢巻きにする。東京都三宅島025

い-み【異味】〘名〙普通とは違った味。また、そのような味の食べ物。珍しい食物。珍味。＊色葉字類抄（1177–81）「異味 イミ」＊語孟字義（1705）下・論堯舜既没邪説暴行又作「譬二諸珍羞異味、人多貪饕一」＊童子問（1707）上・三「若夫美味雖三姑可二於口一、然嗜レ之不レ止。則必害二於人一。前輩所レ謂嗜二異味一者必有二異疾一、是也」＊洒落本・郭中掃除雑編（1777）「女郎の喰ずにおくはいやみの最上なれども異味を嗜まず」＊春秋左伝‐宣公四年「子公之食指動、以示二子家一曰、他日我如レ此、必嘗二異味一」 発音〈標ア〉イ 辞書色葉 表記異味（色）

い-み【意味】〘名〙①（—する）物事の、深みのある趣。含蓄のある味。また、それを味わうこと。＊艸山集（1674）二一・遊向陽寮以戸庭無塵雑虚室有余閑賦詩得閑字・四「半畝荒園疎二野菜一、只無三意味敵二清閑一」＊俳諧・常磐屋の句合（1680）一七番「しょぼしょぼと降暮山

の雨にぬれて、松茸のすごすごとたてるけしき、言葉の外に意味ふかし」＊俳諧・宇陀法師(1702)巻頭弁俳諧一巻沙汰「脇の事、発句は言外の意味をふくむをよしとす。脇は発句に残したる言外の意味を請て継也」＊歌謡・松の葉(1703)五・歌音声「音声しめやかに、調子はひくきかたよし。その分際に応ぜざる調子にては、意味(ヰミ)うたひがたし」＊俳諧・去来抄(1702-04)先師評「赤人の名はつかれたりはつ霞 史邦。先師文曰『中の七字能(よく)おかれたり。ほ句長(たけ)高く、意味すくなからず』と也」＊随筆・麓の色(1768)四「所詮家暮(やぼ)なる内にはやく遊を止て、身を修め家を斉るを推とせんか、されば此里に来ぬが通者なりといひけん金言を意味すべし」＊洒落本・傾城買四十八手(1790)しっぽりとした手「右のおいらんが煙草の火でむすこの顔を見しは源氏蛍の巻の意味(ヰミ)ありて奥ゆかし」 ②(―する)言語、作品、行為など、なんらかの表現によって示される内容。また、ある表現が、ある物事の内容を表わし示すこと。＊楊載・敗裘詩「意味存二鶏肋一、寒涼視二馬毛一」＊黄表紙・鸚鵡返文武二道(1789)「人を木馬にしてのればたがいにそのいみをのみこむ事はやしとて」＊浮雲(1887-89)〈二葉亭四迷〉三・一六「移気、開豁(はで)、軽躁(かるはずみ)、それを高潔と取違へて、意味も無い外部の美、それを内部のと混同して、愧(はづ)かしいかな、文三はお勢に心を奪はれてゐた」＊雁(1911-13)〈森鷗外〉九「一体お玉の持ってゐる悔やしいと云ふ概念には、世を怨み人を恨む意味(イミ)が甚だ薄い。強ひて何物をか怨む意味(イミ)があるとするなら、それは我身の運命を怨むのだとでも云はうか」＊海に生くる人々(1926)〈葉山嘉樹〉一三「その金を受取ることに依って、辞職を意味するなんて、そんな詭弁が、よくも人事係の君の口から吐けたもんだ」 ③言語、作品、行為など、なんらかの表現によって示される意図・目的。また、表現される動機としてもつ原因、表現の背後にある理由。＊爺(1903)〈島崎藤村〉「医学生の群は互に顔を見合せて、意味もなく笑ひました」＊三四郎(1908)〈夏目漱石〉六「此懇親が単に社交上の意味(イミ)ばかりでなく、それ以外に一種重要な影響を生じ得る」＊青年(1910-11)〈森鷗外〉二四「立つ時、特別に心附けを遣らうかしら。いや、廃(よ)さう。さうしては、なんだか意味(イミ)があるやうで可笑(をか)しい」＊大阪の宿(1925-26)〈水上滝太郎〉一二・五「生駒の聖天様には、三田も山上りの意味で出かけた事がある」 ④物事が他との関係において持っている価値・重要性。「意味のある仕事」＊号外(1906)〈国木田独歩〉「『露西亜(ロシヤ)征伐』に於て初て彼は生活の意味(イミ)を得た。と言はんよりも寧ろ、国家の大難に当りて、これを挙国一致で喜憂する事に於て其生活の題目を得た」 補注 類義の「意義」は主に人が主体となる意図的な行為に対して見いだされるもので、言葉や行動や催しなどについていわれることが多い。またその場合、社会関係の中で高い価値を持つという場合に用いられる。これに対して「意味」は個々の人が感じ取る、ある表現の内容や意図をいい、価値に関しては問題にしない場合が多い。 発音〈なまり〉ユミ〔伊豆大島〕〈標ア〉イ〈京ア〉イ 辞書 書言・ヘボン・言海 表記 意味(書・ヘ・言)

いみ 〘名〙鳥「ごいさぎ(五位鷺)」の異名。

いみ-あい【意味合】 〘名〙いろいろな事柄を背景として持っている表現の内容。表現された事柄の奥にある意図・原因などのありよう。＊古道大意(1813)上「とっくりと合点のゆく程、真の意味合を悟り得ず」＊明暗(1916)〈夏目漱石〉六四「成程さういふ意味合(イミアヒ)だったの。あたし叔父さんに感謝しなくっちゃならないわね」＊実朝(1943)〈小林秀雄〉「書いた人の意図などとは、全く関係ない意味合を沢山持って生き死にしてゐる事がわかる」

いみ-あき【忌明】 〘名〙①服喪の期間が終わること。いみあけ。きあけ。きめい。＊黄表紙・見徳一炊夢(1781)上「ずいぶんかしこまりましたが、おいみあきまでおこらへなされませ。おいみあきにはきっと承知」 ②出産や月経の忌みが終わること。また、その終わった日に、氏神に参詣すること。いみあけ。＊伯家五代記-忠富王記・明応五年(1496)正月二二日「依レ召参二御産所一。御いみあき云々。柳一荷、肴両種、持参也」＊俳諧・西鶴大矢数(1681)第一九「なを行末の若宮八幡 忌明(イミアキ)にささす日笠の鶴が岡」＊浮世草子・好色盛衰記(1688)一・一「乳母に抱もりの女房あまたつきそひ、日ごとに成人して、既に忌明(イミアキ)の宮まいり」＊浄瑠璃・松風村雨束帯鑑(1707頃)一「おのこ親王やすやすと降誕ある産屋の儀式〈略〉けふ百廿日の御忌明(イミアキ)」 方言 産後三三日目。出産の忌みが終わって、宮参りや出産祝いをする 長崎県壱岐島915 発音〈なまり〉イミャーケ〔広島県〕イミヤキ〔飛騨〕イミヤケ〔鳥取・島根〕エミアケ〔鳥取〕ユミアキ〔埼玉方言・南知多・播磨〕ユミヤキ〔埼玉方言〕ユミアケ〔埼玉方言・長崎〕ユミヤケ〔静岡〕〈標ア〉0 キ

いみ-あけ【忌明】 〘名〙①「いみあき(忌明)①」に同じ。＊黄表紙・見徳一炊夢(1781)上「忌(いみ)の日かづ二十日すみ、二十一日目の朝、いみあけの月代(さかやき)を剃り」 ②「いみあき(忌明)②」に同じ。＊御湯殿上日記-文明一四年(1482)八月五日「けふは御さん所の御いみあけにて、御たるまいりて御いわゐあり」＊運歩色葉(1548)「忌明 イミアケ 産処」＊浮世草子・傾城歌三味線(1732)一・二「今日はわしが忌明(イミアケ)、娘を連れて氏神なれば山王様へお礼申がてら参りましたれば」 方言 産後三三日目。出産の忌みが終わって、宮参りや出産祝いをする。広島県向島024 山口県豊浦郡(産後三〇日目)798 香川県三豊郡054 発音〈なまり〉↓いみあき。〈標ア〉0 ケ〈京ア〉0 辞書 ヘボン・言海 表記 忌明(ヘ・言)

いみ-あたらし・い【意味新】 〘形口〙文 いみあたら・し〘形シク〙現代的な価値・重要性を持っている。＊焼跡の審問官(1948)〈竹山道雄〉一「さながら昨日書かれたかのように意味あたらしい一章である」 発音 イミアタラシイ〈標ア〉シ

いみ-ありげ【意味有】 〘形動〙(「げ」は接尾語)何か特別なことを考えていそうなさま。特別な意味がありそうに見えるさま。どういうつもりかを、わざとはっきり示さないで、それとなく何かを感じさせるような言動にいう。＊経国美談(1883-84)〈矢野龍渓〉後・一六「如何にも唯事ならず意味あり気(ゲ)なる夢かな」＊思出の記(1900-01)〈徳富蘆花〉八・一〇「『行っても宜(いい)が、お伴侶(つれ)がある様だから、先(まあ)よさう』と云って、意味あり気に笑った」＊阿部一族(1913)〈森鷗外〉「其詞が何か意味(イミ)ありげで歯痒(はがゆ)うござりました」 発音 イミアリゲ〈標ア〉リ

いみいみ・し【忌忌】 〘形シク〙「いまいましい(忌忌)」に同じ。＊黒本本節用集(室町)「忌々敷 イミイミシク」＊近世紀聞(1875-81)〈染崎延房〉二・二「大樹上洛の際に臨み最(いと)忌々(イミイミ)しき事なり」 辞書 黒本 表記 忌忌敷(黒)

いみ-おそ・る【忌恐】 〘他ラ下二〙きらいこわがる。恐れ避ける。＊太平記(14C後)一二・広有射怪鳥事「怪鳥出で来りて〈略〉其の声雲に響き眠りを驚かす、聞く人皆忌恐(イミヲソレ)ずと云ふこと無し」 発音〈標ア〉ソ

いみ-おの【斎斧】 〘名〙⇩いむおの(斎斧)

いみ-がかり【忌掛・忌懸】 〘名〙①一家親族のなかで、喪に服すべき間柄。その範囲については、奈良時代には律令の喪葬令(そうそうりょう)に、江戸時代には服忌令(ぶっきりょう)に定められていた。＊禁令考-前集・第四・巻三七・元文元年(1736)八月二三日「一向後外より新規に可被召出者養子之儀、忌掛候親類之内相応之者を相願可申」＊談義本・当世穴穿(1769-71)四・乗合ぶねの日記「時に当世の人は一向仏達をそまつにして、忌(イミ)かかりの高祖父母は名も不レ覚」 ②徳島藩でみられた特殊な身分関係。本家と血縁関係にある分家した小家のこと。年数が経てば、忌外(いみはず)れとなる。→忌外れ。＊元居書抜(徳島藩)-郡方(1711)「庄屋忌懸之者に候共、他郷又は市中に罷在候はば、夫役可申付旨、申渡之」 方言 ❶喪に服すること。忌服。忌中。島根県725 山口県見島797 ◇ゆみがかり 山口県大島801 ◇いみおい 島根県能義郡725 ❷喪に服すべき続き柄。◇いみがかい 沖縄県首里993 辞書 言海 表記 忌掛(言)

いみ-がき【斎垣】 〘名〙①「いがき(斎垣)」に同じ。 ②兜の鉢の下縁にめぐらす金銅の飾り金物。多く、総覆輪(そうふくりん)の筋鉢(すじばち)の飾りとし、筋の間を八双(はっそう)形として猪目透(いのめすかし)を入れる。

いみ-かず【忌数】 〘名〙忌んで避ける数。四(死)、九(苦)などの類。 発音〈標ア〉カ

いみ-がたき【忌敵】 〘名〙互いにきらって憎み合う間柄。仇敵(きゅうてき)。讐敵(しゅうてき)。＊人情本・仮名文章娘節用(1831-34)三・序「言はねどしるき発客(とんや)の欲情、活業原(しょうばいもと)より忌敵(イミガタキ)、速いが勝つの新板は、夕河岸の魚を競ふに斉(ひと)し」＊寄合ばなし(1874)〈榊原伊裕〉初・下「耶蘇のことなら仏法のやうなもの故、商買忌(イ)み敵(ガタ)きとか申して、耶蘇やそしくはいふて居られぬ」 辞書 言海 表記 忌敵(言)

いみ-かま【斎鎌】 〘名〙⇩いむかま(斎鎌)

いみ-かまど【斎竈】 〘名〙⇩いむかまど(斎竈)

いみ-き【忌寸】 〘名〙古代の姓(かばね)の一つ。天武一三年(六八四)制定の八色姓(やくさのかばね)の第四位。翌一四年(六八五)大倭連(おおやまとのむらじ)ら国造クラスの氏に初めて与えられ、のちに渡来系の有力氏族に多く与えられた。いむき。＊書紀(720)天武一三年一〇月(寛文版訓)「詔して曰く更に諸氏の族姓を改めて、八色(くさ)の姓を作(つく)りて〈略〉四つに曰はく、忌寸(イミキ)」＊懐風藻(751)目録「正五位下大学頭調忌寸老人」＊続日本紀-天平宝字三年(759)一〇月辛丑「天下諸姓著二君字一者。換以二公字一。伊美吉以二忌寸一」 語源説 (1)イマキ(今来)の転か〔大言海〕。(2)イムケ(帰化)からか〔玄同放言〕。(3)イミオキ(斎置)の意〔古今要覧稿〕。(4)イム-コ(裔)の転呼。韓語の敬称イムが帰化人と共に輸入され、オム(使主)とも転じ、帰化貴族の称号に用いられ、国語のイミ(忌)、オミ(臣)と紛れた。これを正すために、天武朝にイムキ(イムの裔)、オムノコ(臣の裔)の二つの姓が制定された〔日本古語大辞典=松岡静雄〕。 上仮名 イミキ 辞書 色葉・書言・言海 表記 忌寸(色・書・言)

いみ-きぬ【斎絹】 〘名〙新しい位牌(いはい)にかぶせる薄絹をいうか。＊説経節・笠寺観音之本地(1691か)四「仏前にともしひたて、あたらしきいはいにいみきぬおおい、かうけをそなへ、兄弟諸共ひれふして」

いみ-きらい【忌嫌】 〘名〙忌むべきことがら。＊洒落本・魂胆惣勘定(1754)目録「座敷に忌み嫌らひある事」 発音〈標ア〉0

いみ-きら・う【忌嫌】 〘他ワ五(ハ四)〙憎みきらう。ひどくいやがる。いやがって避ける。いみにくむ。＊寛永刊本蒙求抄(1529頃)一〇「少忌は人をいみきらうことがない者ぞ」＊歌舞伎・与話情浮名横櫛(切られ与三)(1853)四幕「蝙蝠安(こうもりやす)と世間ではいはれ、忌み嫌はれるを幸ひに、所々方々を強請(ゆす)り歩き」＊和英語林集成(初版)(1867)「Imikirai, au, atta イミキラフ 忌嫌」＊吾輩は猫である(1905-06)〈夏目漱石〉三「夜中死骸を曝(さら)されることを痛く忌み嫌った様に思はれます」 発音 文 イミキローとも〈標ア〉0 ラ 口 辞書 ヘボン 表記 忌嫌(ヘ)

いみ-ぐし【斎串】 〘名〙「いぐし(斎串)」に同じ。

いみ-くら【斎蔵】〘名〙大化前代、大和政権の神物、官物を納めた蔵。「古語拾遺」によれば、神武天皇即位時に宮中に設けて、神物・官物の区別なく納め、忌部氏が管理した。さらに履中天皇の時に内蔵をおいて官物を分納した。その後に設置された大蔵と共にいわゆる三蔵の一つ。ものいみくら。いつきのくら。＊古語拾遺（嘉禄本訓）（807）「斎蔵（イミクラ）の傍に更に内蔵（くらつかさ）を建てて」

イミグレーション〘名〙（英 immigration）①移住すること。移住。移民。＊外来語辞典（1914）〈勝屋英造〉「イミグレーション Immigration（英）移住。内国移住」②入国審査。出入国管理カウンター。発音〈標ア〉レ

いみ-こ【斎子】〘名〙⇨いむこ（斎子）

いみ-こと【忌言】〘名〙「いみことば（忌詞）②」に同じ。＊読本・春雨物語（1808）血かたびら「それは二おもてにて、心ねぢけたる人にたとへし忌こと也」 発音〈標ア〉0

いみ-ごと【忌事】〘名〙①忌み慎むべきこと。忌みきらうべきこと。＊浄瑠璃・鑓の権三重帷子（1717）上「殊に酉のお年でこなたの様な長なきがいみ事じゃ」②物忌みのために行なう行事、または儀式（日葡辞書（1603-04））。発音イミゴト〈標ア〉ミ 辞書日葡

いみ-ことば【忌詞・忌言葉】〘名〙①忌み慎んで言わないことば。宗教上の理由、または不吉な意味を連想させる発音によって、使うのをきらうことば。斎宮での「仏」「経」「僧」、婚礼の時の「去る」「帰る」、正月の三が日の「坊主」「箒（ほうき）」「ねずみ」などの類。＊咄本・軽口露がはなし（1691）二・一五「それぞれに忌（イミ）こと葉（バ）のあるぞかし」＊俳諧・水馴棹（1705）「花嫁を待つうちに早忌言葉」＊浄瑠璃・日本振袖始（1718）一「悪鬼退治の軍の門出、一寸でも返すとはおくびにも出さぬ忌詞」＊歌舞伎・小袖曾我薊色縫（十六夜清心）（1859）五立「帰へると申は祝言のいみ言葉じゃ」②①の代わりとして用いることば。たとえば斎宮での「仏」を「中子（なかご）」といい、民間での「剃（そ）る」「葦（あし）」「梨（なし）」を「あたる」「よし」「ありの実」などという類。いみこと。＊延喜式（927）五・神祇・斎宮「凡忌詞、内七言、仏称中子、経称染紙、塔称阿良良岐、寺称瓦葺、僧称髪長、尼称女髪長、斎称片膳。外七言、死称奈保留、病称夜須美、哭称塩垂、血称阿世、打称撫、宍称菌、墓称壌。又別忌詞、堂称香燃、優婆塞称角筈」 発音〈標ア〉コ〈京ア〉コ 辞書言海 表記忌詞（言）

いみ-ごめん【忌御免】〘名〙江戸時代、喪中に出仕を許すこと。除服出仕。＊御触書宝暦集成一一六・延享三年（1746）九月「若年寄父母之忌御免之儀、自今三十日にて御免可被遊候」＊類聚名物考（1780頃）凶事二・喪服「奪喪 奪情 起復 今江戸の制に忌御免といふ是なり、官人の喪有る時にその喪を勤るの志をうばひて官に就しむるなり、此事唐の時に始るなり」＊和英語林集成（初版）（1867）「Imi-gomen イミゴメン ヲオオセツケラレル」 辞書ボン 表記忌御免（ヘ）

いみ-こもり【忌籠】〘名〙喪中で忌みにこもること。＊俳諧・野犴集（1650）六「廿日あまりは人音もせず なきあとや三七日の忌こもり」 発音イミゴモリ〈標ア〉ゴ

いみ-こも・る【忌籠】〘自ラ四〙けがれを避けて慎みこもる。＊延喜式（927）祝詞・出雲国造神賀詞（九条家本訓）「天の甍（みか）わに斎許母利（イミコモリ）て」＊延宝八年合類節用集（1680）八「斎籠 イゴモル イミコモル」

いみ-ころも【忌衣】〘名〙（「いみごろも」とも）「おみごろも（小忌衣）」に同じ。＊俳諧・俳諧歳時記（1803）下・一一月「小忌（をみ）衣 斎服（イミコロモ）」

いみ-ざし【斎刺】〘名〙祭の場を示すため、外部との境に清められた木を立てること。＊醍醐寺新要録（1620）「年中行事〈延徳〉云、忌刺事、朔日先巫座集清滝宮巫屋」

いみさし-まつり【斎刺祭】〘名〙神霊を迎え、または神霊の来臨を示すため、村境に榊（さかき）を立てることを中心行事とする祭。和歌山県岩出町にある岩出神社の八月一日の祭などが著名。発音〈標ア〉マ

いみ-さ・す【斎刺】〘連語〙賀茂の祭の時、神事にたずさわる人が、身を浄め、斎竹（いみたけ）を立ててこもる。《季・夏》＊色葉字類抄（1177-81）「致斎 イミサス」＊俳諧・御傘（1651）一「いみさす 神祇也。神祭の前に松・竹・榊などをさすを云也。夏成べし」 辞書色葉 表記致斎（色）

いみ-さぶらいや【斎侍屋】（さぶらひや）〘名〙伊勢神宮にある建物の一つ。潔斎（けっさい）した人が控えている所。＊皇太神宮儀式帳（804）「斎侍屋二間、長各四丈、弘各一丈六尺、高八尺五寸」

いみ・じ〘形シク〙善悪ともに、程度のはなはだしいことを表わす。中古文および擬古文で用いる。①（用言や体言を修飾して、その被修飾語の持つ属性の程度がなみなみでないことを表わす）はなはだしい。著しい。たいそう（な）。＊竹取（9C末-10C初）「かぐや姫『もの知らぬ事なの給ひそ』とて、いみじく静かに公に御文奉り給ふ」＊伊勢物語（10C前）六「神さへいといみじう鳴り、雨もいたう降りければ」＊宇津保（970-999頃）俊蔭「いみじき色好みを、かくあからめさせ奉らぬこと」＊源氏（1001-14頃）桐壺「宇多の帝の御いましめあれば、いみじうしのびてこのみ子を鴻臚館（こうろくゎん）につかはしたり」②（望ましくないものについて、その程度がはなはだしい意を表わす）ひどく…である。㋑（話し手の情緒に好ましくない影響を与える場合）ひどくつらい、苦しい、みじめである、悲しい、情けない、恐ろしい、困ったことである、などの気持を表わす。＊大和（947-957頃）一六五「かへりごとなどもせんとする程に死にけりと聞きて、いといみじかりけり」＊落窪（10C後）一「『わがいはざらむ人の事をだにしたらば、ここにも置きたらじ、とのたまひしものを』とて、いみじと思ひ給へれば」＊宇津保（970-999頃）俊蔭「世の中にいみじき目見給ひぬべからん時に、この琴をばかきならし給へ」＊源氏（1001-14頃）若紫「あないみじや。いとあやしき様を人や見つらむ」㋺（ある事柄がはげしくひどいさまにいう場合）ひどくはげしい、大変なことである、とんでもないことである、などの意を表わす。＊大和（947-957頃）一四九「つれなき顔なれど女の思ふことといといみじきことなりけるを、かく行かぬを、いかに思ふらむ」＊落窪（10C後）一「『ありつる御返り〈略〉かうして取られ奉りぬ。いといみじうこそ』と、我にもあらぬけしきにていへば」＊大鏡（12C前）六・道長下「朱雀院むまれ給ひて三年は、おはします殿の格子も参らず、よる昼火をともして、御帳のうちにておほしたておほしたてまいらせ給ふ、北野にをぢ申させ給ひて。〈略〉いみじきをりふしにむまれおはしましたりしぞかし」＊説経節・説経しんとく丸（1648）下「おとひめにてない物が、御身がやうなるいみしき人、いだきつかうぞ、おなのり有」③（望ましいものについてその程度がはなはだしい意を表わす）ひどく…である。㋑（話し手や周囲の者の感情・情緒に好ましい影響を与えた場合）たいそううれしい、喜ばしい、などの意を表わす。＊竹取（9C末-10C初）「ここにはかく久しく遊び聞えてならひ奉れり。いみじからん心ちもせず、悲しくのみなむある」＊源氏（1001-14頃）東屋「この御有様、かたちを見れば、七夕（たなばた）ばかりにても、かやうに見奉りかよはむはいといみじかるべきわざかな」＊読本・昔話稲妻表紙（1806）五・二〇「此稗史においていみじき吉兆ならずや」㋺（ある事柄がすぐれている場合）たいそうすばらしい、りっぱである、情趣が深い、などの意を表わす。＊宇津保（970-999頃）俊蔭「いみじきものぞや。さばかり乱れてはしたなかりつるに、異人の酔ひざまには似ずかし」＊大鏡（12C前）二・基経「『いみじうもせさせ給ふかな』と、いよいよ見めで奉らせ給ひて、陽成院おりさせ給ふべき陣定に候はせ給」＊徒然草（1331頃）一「それより下つ方は、ほどにつけつつ、時にあひ、したり顔なるも、みづからはいみじと思ふらめど、いとくちをし」＊浄瑠璃・出世景清（1685）五「去年はりまのむろ山びつ中の水しま、ひよどりごへにいたる迄、一度もみかたのりなかりし事、ひとへによしつねがはかりごといみじきによって也」

語誌（1）上代の文献には見られず、中古においても訓点資料や歌集には使われず、多く物語や日記で用いられた。（2）動詞「忌む」に形容詞接尾語「し」がついたものとして、予想しない事態や悪い結果を予測して、恐れ・不安などを表わすのが原義と考える説があるが、一方、初期の用例に照らし合わせるとともに、「じ」に「…ではないがあたかもそれだ」という意味を読み取り、単に程度を示す副詞的な用法の語として理解する説もある。いずれにせよ、程度のはなはだしいさまを表わし、解釈上は前後の文脈から具体的に補って理解すべきことが多い。平安末期から良い意味に用いられることが多くなっていった。

方言❶たやすい。かりそめのことだ。◇いみじい 高知県長岡郡869 ❷りっぱだ。◇いみじい 愛媛県大三島848 発音〈ナマリ〉イミシ〔大隅〕〈標ア〉ミ〈ア史〉江戸『いみじき』●●○○〈京ア〉ミ 辞書文明・饅頭・黒本・易林・日葡・書言・ボン・言海 表記貴（饅・黒）粲敷（黒・書）有便・忌敷（文）伊美（易）

いみじく-も（形容詞「いみじ」の連用形に助詞「も」の付いたもの）まことにうまく。適切にも。巧みにも。まさに。よくも。＊歌舞伎・名歌徳三升玉垣（1801）三立「われいみじくも仁皇五十五代文徳天皇の、第一の皇子と生（うまれ）ながら」＊西国立志編（1870-71）〈中村正直訳〉九・二五「しかるときに、力を尽して彼を撃つべしと美（イミ）しくも謀りしなり」 発音〈標ア〉ジ ミ〈京ア〉ジ

いみし・い〘形〙 方言❶味がまずい。熊本県葦北郡921 宮崎県東諸県郡954 ❷勇猛だ。宮崎県東諸県郡954 鹿児島県肝属郡970 ❸意地が悪い。鹿児島県961 ❹甚だしい。ひどい。宮崎県都城956 鹿児島県肝属郡970 ❺湿っていて気持が悪い。熊本県球磨郡054 ❻悪い。できばえが悪い。新潟県上越市382 西頸城郡385 ❼けちだ。山形県米沢市（特に飲食についていう）149 鹿児島県054 ❽おうちゃくだ。熊本県球磨郡054

いみじ-がお【―顔】（ほ：が）〘名〙非常に重々しい顔つき。＊愚管抄（1220）七「中々かやうの戯言にてかきをきたらんは、いみじがほならん学生たちも心の中にはこころへやすくて」

いみじ-が・る〘他ラ四〙（形容詞「いみじ」の語幹に接尾語「がる」の付いたもの）とても…と思う、はなはだ…だ、という気持を表に表わす。＊梁塵秘抄口伝集（12C後）一〇「『いたくいふ如何に』と語りしを『さ申さば教へさせたまへかし。さやうにいみじがり申さば、さやうの料にてこそ候へ』と乙前申しかば」＊増鏡（1368-76頃）一三・秋のみ山「故殿のさばかり思されたりしかば、めしとりたるなめりとぞ、いみじがりあへり」 発音イミジガル〈標ア〉ガ

いみじ-げ〘形動〙（形容詞「いみじ」の語幹に接尾語「げ」の付いたもの。「いみじ」と同様に、善悪ともに程度以上のさまをいう）とてもひどい、または、大変すばらしいと思っているさま。また、いかにもひどい、または、すばらしいと思われるさま。＊蜻蛉（974頃）中・天禄二年「日ぐらし語ひて、夕暮のほど、れいのいみじげなる事どもいひて鐘の声どもしはつるほどにぞ、かへる」＊宇津保（970-999頃）嵯峨院「八の君、あやしきこととはおぼす物から、いといみじげにのたまへば、さすがにいとほしくおぼして」＊源氏（1001-14頃）葵「日ごろになればいかがはせんとて、鳥辺野にゐてたてまつるほどいみじげなること多かり」＊今昔（1120頃か）二四・

八「此(かく)被謀(たばかられ)て迯(にが)しつれば、手を打て妬(ねた)がり、足摺をして極気(いみじげ)なる顔に貝を作(つくり)て泣ければ、弟子の医師共は、密に極くなむ咲(わらひ)ける」 発音 イミジゲ〈標ア〉ジ

いみじげ-さ〘名〙(「さ」は接尾語) いかにもはなはだしいと思われること。とてもひどい様子。大変なこと。はなはだしさ。＊蜻蛉(974頃)中・天祿二年「くひなはそこと思ふまでたたく。いといみじげさまさる物思ひのすみかなり」

いみしごろ〘名〙方言 ❶勇猛な人。勇ましい人物。鹿児島県肝属郡970 ❷いたずらっ子。◇**いみしんぼ** 熊本県南部933 ❸優柔な人。はにかみ屋。◇**いめしごろ・いめごろ・いめじん** 鹿児島県肝属郡970 ❹けちな人。吝嗇(りんしょく)家。◇**いみつごお** 鹿児島県姶良郡967

いみじ-さ〘名〙(形容詞「いみじ」の語幹に、接尾語「さ」の付いたもの) はなはだしいこと。また、その度合。はなはだしさ。大変さ。ひどさ。すばらしさ。＊蜻蛉(974頃)中・天祿元年「『なにせんにかは世にもまじろはん』とて、いみじくよよと泣けば、我もえせきあえねど、いみじさにたはぶれにいひなさんとて」＊源氏(1001–14頃)総角「人わらへに見苦しきこと添ひて、見あつかはれたてまつらんが、いみじさをよろづに思ゐ給へり」＊梁塵秘抄口伝集(12C後)一〇「歌のいみじさに、志無くなりにけれど、猶在りけるが」 発音〈標ア〉ジ 辞書 日葡

いみしない〘形〙方言 ⇩いぶせし

いみ-しの・ぶ【忌忍】〘他バ四〙忌み隠す。＊続日本紀‐慶雲四年(707)四月一五日・宣命「たりまひてややみ賜へば忌忍(いみしのぶ)事に似る事をしなも常労(いとほ)しみ重(いか)しみ念ほし坐(ま)さくと宣ふ」 補注 諸説あるが、「天皇の不吉な死」の意味ととる。

いみ-しまだ【忌島田】〘名〙葬列に参加する近親の女性の髪型。後ろで結ぶ単純なもの。忌中島田(きちゅうしまだ)。そうれんまげ。

いみ-しょう【異味症】〘名〙好んで異常なものを食べる疾患。泥土や白墨、タバコなどを食べたがり、極端な場合には、人糞を食べることすらある。おもに回虫や十二指腸虫のいるときにみられる疾患だが、精神障害によるときもある。異食症。異嗜症(いししょう)。 発音 イミショー〈標ア〉ミ

いみ-しん【意味深】〘形動〙(「いみしんちょう(意味深長)」の略) 表面に現われた言葉や行為の裏に何かを感じさせるようなさま。もと、女学生仲間の隠語。〔かくし言葉の字引(1929)〕＊楽園の春(1936)〈獅子文六〉二「『但し、そのアトのことは、儂(わし)は知らんぞヨ』と神様はイミシンなことを仰有ったが嬉し紛れの両人の耳へは留まらなかった」 発音〈標ア〉0

いみ-しんちょう【意味深長】〘名〙〘形動〙ある表現の示している内容や趣が深く、含蓄があること。また、そのさま。表面の意味のうらに別な意味が隠されていること。また、そのさま。＊咄本・鹿の子餅(1772)序「話の稿(やたらがき)なれば、わかうの響あるをもて、鹿の子餅と題す。意味は、ひとつひとつ読で御らんなされ」＊人情本・春色辰巳園(1833–35)四・序「一編毎に意味深長(ヰミシンテウ)」＊花柳春話(1878–79)〈織田純一郎訳〉三七「其書の意味深重、論説高尚にして忽ち著者の名四方に聞へ」＊朱熹‐論語序説「程子曰、頤自二十七八一読二論語一、当時已暁二文義一。読レ之愈久、但覚二意味深長一」 発音 イミシンチョー〈標ア〉イ〈京ア〉イ=0

いみしんぼ〘名〙方言 ⇩いみしごろ

い-みず【井水】〘名〙井の水。いどみず。せいすい。＊史記抄(1477)一二・屈賈列伝「井水は我こそ清けれ、汲て飲めとは不レ勧」＊四河入海(17C前)九・一「此の院の、井水は、好ぞ。さる程に、夏は、水の、つめたいが、本ぞ」 発音〈標ア〉イ

いみず【射水】富山県西北部の地域名。射水郡。＊万葉(8C後)一八・四一三二右詞文「依レ迎二駅使一事、今月十五日、到二来部下加賀郡境一。面蔭見二射水之郷一〈大伴池主〉」＊二十巻本和名抄(934頃)五「越中国〈略〉射水〈伊三豆〉」 発音〈標ア〉イ 辞書 和名・色葉・文明・易林 表記 射水(和・色・文・易)

いみ-すき【斎鋤】〘名〙⇩いむすき(斎鋤)

いみず-じんじゃ【射水神社】富山県高岡市古城にある神社。旧国幣中社。祭神は二上神(ふたかみのかみ)。伊彌頭(いみず)国造の祖神をまつったもので、もと二上山にあり二上権現とも呼ばれた。明治八年(一八七五)現在地に遷座。式名神大社。越中総鎮守。 発音〈標ア〉ジ

いみず-ばやし【井水林】〘名〙江戸時代の保安林の一つ。山林の荒廃と水田の増加による灌漑(かんがい)用水の不足を補う目的で設けられた保護林。地方により水林、用水林(山)、水野目林、水元山、水持山などといった。現在の水源涵養林(かんようりん)にあたる。＊木曾山雑話(1759)「井水林 里近き明井根林。井林。山内、井水、鹿垣用水として構ひ置候」 発音〈標ア〉パ

い-みせ【居店】〘名〙家を構えて商う店。＊歌舞伎・島鵆月白浪(1881)五幕「したじ塩梅(あんばい)のいいことは、居見世(ヰミセ)の蕎麦屋も同じことだ」＊歌舞伎・四千両小判梅葉(1885)大切「『繁昌所か御縁日には、大層人が出ますから』『居店(ヰミセ)の衆はいふに及ばず』『三寸を張る商人が、一月毎に多くなり』『めっぽうけいに賑(にぎや)かだ』」 発音〈標ア〉0

い-みぞ【井溝】〘名〙田や畑に水を注いでいる溝。＊色葉字類抄(1177–81)「渥溝 ヰミソ エンコウ 河海部」＊日葡辞書(1603–04)「Imizo(イミゾ)〈訳〉そこを通って田野に水の流入する溝」＊俳諧・猿舞師(1698)「花守の家と見えたる土手の下〈半落〉細き井溝をのぼる若鮎〈芭蕉〉」 方言 ❶溝。また、下水溝。尾張宮†111 岐阜県武儀郡498 飛驒502 静岡県520 愛知県552 574 ◇**いみちょ** 愛知県碧海郡566 ◇**いみっちょ** 愛知県知多郡549 ◇**いみんじょ** 静岡県520 ◇**いみんぞ** 静岡県534 536 537 ◇**いめぞ** 岐阜県飛驒502 静岡県520 愛知県552 557 島根県出雲725 ◇**いめんぞ** 静岡県520 島根県大原郡724 ◇**いめんぞろ** 富山県高岡市395 ◇**いんぞ** 加賀†025 新潟県新潟市361 西蒲原郡371 富山県砺波062 石川県062 福井県427 ◇**いんぞお** 越後†081 富山県高岡市062 ◇**うめぞ** 愛知県葉栗郡557 ◇**えみぞ** 越後†081 飛驒†094 新潟県佐渡348 石川県404 島根県那賀郡・大原郡725 ◇**えめぞ** 新潟県佐渡352 富山県389 岐阜県飛驒502 愛知県549 島根県出雲725 ◇**えめんじょ** 島根県出雲市・大原郡725 ◇**えめんず** 島根県大原郡725 ◇**えめんぞ** 静岡県小笠郡537 ◇**えんじげ** 秋田県平鹿郡130 ◇**えんず** 石川県河北郡414 ◇**えんぞ** 富山県東礪波郡402 石川県411 419 422 ◇**えんぞろ** 富山県射水郡394 ◇**よみぞ** 奈良県宇陀郡675 ❷田の用水路。静岡県磐田郡546 ◇**いめぞ・えめぞ** 岐阜県郡上郡504 ❸家の前の小川。◇**えめぞ・えめぞがわ**〔—川〕 新潟県佐渡351 〔方言の補注〕「えみぞ」「えめぞ」「えんぞ」は「江溝」という〔佐渡方言集〕。 発音〈なまり〉⇩「みぞ(溝)」のなまり。 辞書 色葉・日葡 表記 渥溝(色)

いみ-そうじ【斎精進】〘名〙雑念を去り、身を清めて、行ないを慎むこと。＊白羊宮(1906)〈薄田泣菫〉夕ごゝろ「斎精進(イミサウジ)、懺悔のひと夜」

いみ-たがえ【忌違】〘名〙陰陽道でいう方違(かたたがえ)の一種。物忌みをしないですませるために、その間、他家へ泊まりにゆくこと。＊蜻蛉(974頃)中・天祿二年「今宵だにとて、いそぎつるを、いみたがへにみな人ものしつるを、出だし立てて、やがて見捨ててなん」＊和泉式部日記(11C前)「このごろは四十五日のいみたがへせさせ給ふとて、御いとこの三位の家におはします」 発音 イミタガエ〈標ア〉タ

いみ-だけ【斎竹・忌竹】〘名〙①神をまつる時、けがれを防ぐために斎場の四方に立てる竹。葉のついた青竹にしめなわを張り、四手(しで)を垂らす。＊醍醐寺新要録(1620)「年中行事〈延徳〉云、〈略〉一、御旅所忌竹事、為二竹売役一、二本〈八寸〉出レ之」＊賀茂注進雑記(1680)二「令下陰陽大夫於二祠官家々門々一立中忌竹上、禁二僧尼重軽服穢人一」＊俳諧・年浪草(1783)夏・一「神祭忌さす〈略〉萩枝折に云卯月のいみさすとは賀茂の神事にあり。いみ竹にさしこめて春のふるをとめたきといふ心によめり」＊和歌呉竹集(1795)一「いみたけ 賀茂の祭の時、竹をたてて人をいむなり」＊二十五絃(1905)〈薄田泣菫〉雷神の歌「いつきの宮の忌竹(イミダケ)に」②京都あたりで、葬送の時、幡、灯籠、天蓋の柄とする七本の竹。この竹で墓を囲い、七日ごとに一本ずつ抜き取る。方言 埋葬後の盛り土の周りに弓形に刺した七本の割り竹。七日目ごとの墓参の際に一本ずつ抜いてゆく。◇**ゆみだけ** 京都府竹野郡622

斎 竹 ①〈年中行事絵巻〉

いみ-だち【斎館】〘名〙神事潔斎のため、神官などがこもる建物。神館(かんだち)。さいかん。＊皇太神宮儀式帳(804)「禰宜斎館一院」

いみ-たな【斎棚・忌棚】〘名〙よごれ、けがれなどを洗い清めた神事用の棚。

いみ-たまつくり【斎玉作】〘名〙⇩いんたまつくり(斎玉作)

いみ-づき【斎月・忌月】〘名〙①仏教でいう三長斎月のこと。正月、五月、九月で、この月、持斎のものは昼以後食事をとらない。②(転じて) 心身を忌み慎むべき月。正月、五月、九月の称。きげつ。＊小右記‐寛和元年(985)五月二九日「明日是供忌火御膳、又斎月也」＊江家次第(1111頃)一・元日節会「元日宴会 御忌月、並不レ出御レ儀」＊玉葉‐承安二年(1172)一二月一五日「今月雖レ為二斎月一、於レ参二貴所一、更以不レ可レ憚云々、是斎主親隆所レ申也」 発音〈標ア〉ミ

いみ-づけ【意味付】〘名〙物事に意味や価値を持たせること。＊千鳥の話(1946)〈井上友一郎〉「僕は最初その点自分といふこの飛び入りの風来坊を頭において、それに接する医者といふやうな職業に意味付けして考へてゐたのだったが」＊文学とは何か(1950)〈加藤周一〉文学とは何であるか・三「文学的散文は、日常的意味づけとは異る独特の意味づけによって世界を成立させるものでなければなりません」 発音〈標ア〉0

いみ-づ・ける【意味付】〘他カ下一〙物事に意味や理由を与える。物事に価値を持たせる。＊Wee(1924)〈細田源吉〉「この話の終りは、罪のない豚どもをこんな風に意味づけた。—豚どもは広い世界を見たのだと。豚以外の生き物を知ったのだと」＊男鹿(1964)〈田村泰次郎〉「それを強いて、意味づけて考えようという意欲を、私は自分の内部に持っているわけではなかった」 発音〈標ア〉ケ〈京ア〉0

いみ-つつし・む【忌慎】〘他マ四〙不浄を避けて謹慎する。物忌みする。＊太平記(14C後)二五・持明院殿御即位事「凡(およ)そ一陽分れて後、清濁汚穢を忌慎(イミツツシ)む事、故(ことさら)是れ神道の重んずる所也」 発音〈標ア〉シ

いみ-づれ【忌連】〘名〙服忌(ぶっき)中の者同士。一般には互いに悔やみ合わないが、伊豆八丈島では、葬式があると他人でも必ず会葬し、互いに招き合って馳走する風習がある。

イミテーション〘名〙(英 imitation) 模倣。まね。また、宝石など、高価なものの模造品。にせもの。まがいも

の。＊模倣と独立(1913)〈夏目漱石〉「人間は一方でイミテーション、一方で独立自尊、と云ふやうな傾向を有って居る」＊浮雲(1949–50)〈林芙美子〉五九「どれも、スイス時計のイミテイションであったが」＊第2ブラリひょうたん(1950)〈高田保〉絹代の勇気「今の日本で新しいとみられるものは、すべて外国のものへの無条件イミテーションにすぎない」発音〈標ア〉テ〈京ア〉テ／テ

いみ-ど【斎戸】『名』けがれを去った神聖な戸。＊三代実録‐貞観二年(860)八月二七日「夜、偸児開㆓神祇官西院斎戸神殿㆒、盗㆓取三所斎戸衣、幷主上結御魂緒等㆒」

いみ-どの【斎殿】『名』斎館(いみだち)に設けられた、神事・潔斎のため、神官のこもる建物。さいでん。＊皇太神宮儀式帳(804)「宇治大内人斎舘一院。斎殿一間」＊白羊宮(1906)〈薄田泣菫〉ああ大和にしあらましかば「常花かざす芸の宮 斎殿(イミドノ)深に」

い-みどり『名』植物「うきくさ(浮草)」の異名。＊本草和名(918頃)「井中苔 和名為美止利」

いみ-な【諱・諡・謚】『名』(「忌み名」の意)①本名。死者の生前の名で、その死後人々がいう。＊万葉(8C後)二〇・四四三九・題詞「内命婦石川朝臣応㆑詔賦㆓雪歌一首 諱曰㆓邑婆㆒」＊文徳実録‐嘉祥三年(850)五月壬午「天皇誕生、有㆓乳母姓神野㆒、先朝之制、毎㆓皇子生㆒、以㆓乳母姓㆒為㆓之名㆒焉、故以㆓神野㆒為㆓天皇諱㆒、後以㆓郡名同㆓天皇諱㆒、改名㆓新居㆒」＊新撰字鏡(898–901頃)「諱 伊美奈」＊増鏡(1368–76頃)一・おどろのした「後鳥羽院と申すおはしましき。御いみな尊成」②死後に尊んで付けた称号。おくりな。のちのいみな。＊大鏡(12C前)一・大臣序「太政大臣になり給ひぬる人は、うせ給ひてのちかならずいみなと申すものあり」＊色葉字類抄(1177–81)「謚 イミナ 謚号」③(①の意を誤って)実名の敬称。貴人の一字を賜わる時などにいうことが多かった。＊太平記(14C後)一三・足利殿東国下向事「忝も天子の御諱(イミナ)の字をくだされて、高氏と名のられける高の字を改めて、尊の字にぞなされける」＊徳川実紀‐有徳院附録(1751)五「先代よりして、御名の事を御諱と称し、さりぬべき人々に御名の字賜はる時も、御諱下さるると申けるに」④(詩の表現などで)忌避すべき名称・呼称。＊三体詩素隠抄(1622)二・四「所詠之物の、いみなを、をかさざるものぞ。但し雍陶が、詩には、鷺の字を、おかしたぞ」語源説(1)イミナ(忌名)の義〔和訓栞・日本古語大辞典=松岡静雄〕。(2)ヨキナ(除名)の転〔和訓集説〕。発音〈標ア〉0ミ〈ア史〉平安○○○〈京ア〉ミ0／イ 辞書字鏡・色葉・名義・下学・和玉・饅頭・黒本・易林・書言・〈ボン〉・言海 表記諱(字・色・名・下・饅・黒・易・書・へ・言) 謚(色・名・玉)

いみ-な・い【意味無】『形口』文いみな・し『形ク』行為、発言、考えなどが何ら特別の価値を持たない。意味をなさない。無意味である。＊浅草(1931)〈サトウハチロー〉僕の浅草・三「ピアノを志ざして、こんな役者になっちまひましたよ。意味(イミ)ないです」＊舗道雑記帖(1933)〈高田保〉モダン語一時間講義「重に意味ないことが意味あるのではありますまいか? そして同時に、意味あることが意味ないのではありますまいか?」発音〈標ア〉イ1

いみ-なた【斎鉈】『名』⇩いむなた(斎鉈)

いみ-にく・む【忌憎】『他マ五(四)』「いみきらう(忌嫌)」に同じ。＊道草(1915)〈夏目漱石〉四一「彼は心のうちで彼女の斯うした態度を忌(イ)み悪(ニク)んだのである」発音〈標ア〉ク

いみのみや-じんじゃ【忌宮神社】山口県下関市長府宮の内町にある神社。旧国幣小社。祭神は仲哀天皇、神功皇后、応神天皇。二宮八幡。仲哀天皇の穴門豊浦宮(あなととようのみや)の旧跡で、神功皇后の創祀と伝えられる。いむのみやじんじゃ。発音〈標ア〉ジ

いみ-ば【斎場】『名』斎み清めた、神をまつる場所。さいじょう。ゆにわ。

いみ-ばしら【斎柱】『名』⇩いむはしら(斎柱)

いみ-はずれ【忌外】『名』徳島藩でみられた特殊な身分関係。本家と血縁関係がないか、またはそれがきわめて薄くなった小家のこと。別棟を構えているが、本家の支配を受けた。→忌掛(いみがかり)②。＊元居書抜(徳島藩)‐郡方(1711)「一郷中行之儀忌外にても夫役引に成来申候」

いみ-はたどの【斎服殿】『名』「いむはたどの(斎服殿)」に同じ。＊書紀(720)神代上(丹鶴本朱訓)「是の後、稚日女(わかひるめ)尊斎服殿(イミハタトノ)に坐して」＊御巫本日本紀私記(1428)神代上「斎服殿〈伊美波多止乃(イミハタトノ)〉」

いみ-はたや【斎服屋】『名』斎み清めた機殿(はたどの)。神聖な、機(はた)を織るための建物。＊古事記(712)上「天照大御神、忌服屋(いみはたや)に坐して、神御衣を織らしめたまひし時に」

いみはて-がた【忌果方】『名』喪の期間の明ける頃。＊古本説話集(1130頃か)四六「いみはてがたになるほどに」

いみ-はばか・る【忌憚】『他ラ五(四)』恐れ慎む。遠慮する。＊近世紀聞(1875–81)〈染崎延房〉三・二「証跡の是(これ)ある野心の徒を相顕し候に忌憚(イミハバカ)る訳これあるまじ」＊改正増補和英語林集成(1886)「Imihabakaru(イミハバカル) コト ナキ」発音〈標ア〉カ

いみ-び【斎日・忌日】『名』①神に仕えるため、けがれを避けて慎むべき日。②陰陽道などで、災いがあるとして慎む日。また、縁起の悪い日。＊日葡辞書(1603–04)「Imibi(イミビ)〈訳〉縁起の悪い日」発音〈標ア〉ミ 辞書日葡

いみ-び【斎火・忌火】『名』⇩いむび(斎火)

いみび-や【斎火屋】『名』⇩いむびや(斎火屋)

いみびや-どの【斎火屋殿】『名』⇩いむびやどの(斎火屋殿)

いみ-ぶか・い【意味深】『形口』(「いみふかい」とも)表面からは簡単にわからないような、内容や価値を奥に持っている。すぐれた価値がある。＊春潮(1903)〈田山花袋〉二「この恋より深く、熱く、意味深い恋を為し得やうとは夢にも思へぬ」＊女工哀史(1925)〈細井和喜蔵〉一四・四二「『人をつくる』何でもない言葉のやうだが、よく咬み締めてみると意味深い金言である」発音〈標ア〉カ

いみぶか-げ【意味深―】『形動』(形容詞「いみぶかい」の語幹に接尾語「げ」の付いたもの。「いみふかげ」とも)奥に何か意味がありそうに感じられるさま。＊細君(1889)〈坪内逍遙〉四「案にたがはず目に角たて〈略〉意味深げなる夫の詰問」＊大道無門(1926)〈里見弴〉隣人・一「藤井は、ただ、意味深(イミフカ)げな微笑で答へただけだった」発音イミフカゲ〈標ア〉カ

いみ-ぶく【忌服】『名』①(「きぶく(忌服)」の湯桶(ゆとう)読み)一定の期間、喪に服して家にひきこもること。＊雑俳・柳多留‐八(1773)「いみぶくをいふなとちろり二つ出し」＊和英語林集成(初版)(1867)「Imibuku(イミブク)ガ カカリ カミエ マイラレヌ」②喪中に着る着物〔和英語林集成(初版)(1867)〕。方言❶葬儀の際に、縁故の深い人が後ろ鉢巻きにする、白いさらしを四つ折りにしたもの。東京都三宅島025 ❷近親縁者が喪に服すること。◇ゆみぶく 高知県土佐郡866 辞書〈ボン〉表記忌服(へ)

いみ-べ【斎部】『名』⇩いんべ(斎部)

いみべ-どの【斎部殿】『名』宮中神祇官八神殿の東南にあった殿舎。＊大内裏図考証(1788)一九「斎戸殿。一作斎部殿、神祇官古図、作祝殿。〈略〉神祇官古図、祝殿、在㆓八神殿巽㆒。〈略〉又曰、神祇官、祝部殿事、一名斎部殿、只如㆓神殿㆒、懸㆓御簾㆒、引㆓壁代㆒、立㆓浜床㆒、安㆓青榊木㆒」

いみ-まけ【忌負】『名』忌の害。また、忌の害を受けやすい人。主として死の忌に関して、忌を強く感じる人や家系があるといい、こういう人は死者の親類でなくとも忌にかかり、忌がかりの人と同様の害を他に及ぼす。あるいは縁故者の死んだ時、はしりという病気になるなどという俗信がある。

いみ-みや【斎宮】『名』「さいぐう(斎宮)」の異称。いつきのみや。いわみや。＊藻塩草(1513頃)一五・斎宮「いはみや いつきのみや いみ宮」

いみ-もの【斎物・忌物】『名』①忌み慎んで用いないもの。＊日葡辞書(1603–04)「Imimono(イミモノ)〈訳〉不吉に感じるもの」＊歌舞伎・お染久松色読販(1813)中幕「只(ただ)朝夕にいみもの、差合(さしあひ)、我身で我身の用心を、いわば婦人の大役故(ゆゑ)」②きらい避けて用いないもの。禁物。＊日葡辞書(1603–04)「Imimono(イミモノ)〈訳〉厭気を受けるもの」発音〈標ア〉ミ 辞書日葡・〈ボン〉表記忌物(へ)

いみ-もん【忌門】『名』武家屋敷などで、死者、罪人、糞尿などを運び出すための裏門。不浄門。＊浮世草子・武道伝来記(1687)一・四「娘御を内懐(ふところ)に抱(いだき)て、奥様にはしたの着物を打かけさせ、裏の忌門(イミモン)よりつれまして出しに」発音〈標ア〉ミ

いみ-や【忌屋】『名』出産、月事の際の女性や、または葬式を出した近親者のこもる小屋。またはそういう忌みの状態にある人のいる家。方言忌中にあって四九日を経ていない家。島根県隠岐島740 発音〈なまり〉ユミヤ〔伊豆大島〕

いみ-や【斎夜】『名』神社の祭礼の前夜に行なう簡単な祭事。夜宮(よみや)。

い-みゃく【医脈】『名』医者が脈を見ること。また、一般に医者の診察をいう。＊浄瑠璃・伽羅先代萩(1785)六「医脈(ヰみゃく)を窺ひ申さんにも。男たいせし者はお嫌ひ」

い-みゃく【意脈】『名』意味のすじみち。意味と意味の続きぐあい。＊授業編(1783)七「語脉意脉(イミャク)共に貫通し起句は起句の体を失はず結句は結句の体を得て力おとろへざるやうに作るべし」＊夜航余話(1836)上「意脈の縁なき文字を、徒に語を足(たす)のうめ草とす」発音〈標ア〉0

いみや-こう【忌屋講】『名』忌中の時に、竹で弓矢を作り門にかけること。＊和訓栞(1777–1862)「いみや〈略〉上総の俗に人死すれは竹にて弓矢を造り門にかけて忌中を知らす是を忌屋講といふ」

いみや-どの【斎屋殿】『名』「いむびやどの(斎火屋殿)」に同じ。＊古今神学類編(1698)二〇「御炊殿とは則御饌を炊く所にして、諸社にも相離れて建㆑之。忌屋殿と云も、同殿の別称歟」

い-みょう【威猛】『名』(「みょう」は「猛」の呉音)威力の強いこと。たけだけしいこと。いもう。＊妙一本仮名書き法華経(鎌倉中)五・従地涌出品第一五「諸仏の、威猛(ヰミャウ)大勢の、ちからを、顕発し」辞書文明 表記威猛(文)

い-みょう【異名】『名』①本名、または、本来の呼び方以外の名称。別名。異称。また、別名で呼ぶこと。いめい。＊名語記(1275)四「たとは田堵とかけり。民の異名也」＊拾玉得花(1428)「面白と云、花と云、めづらしきと云、此三は一体異名(イミャウ)也」＊古今打聞(1438頃)上「十二月の異名はこの実名をもちて先の異名をば作る也」＊読本・椿説弓張月(1807–11)続・四四回「月を月読命(つきよみのみこと)と称(とな)へ、又さらえ男と異名(イミャウ)す」②人や事物の特徴や、ある行為などから本名とは別につけた名前。あだな。また、そういう名で呼ぶこと。いめい。＊今昔(1120頃か)二八・八「其より後、小寺の小僧と云ふ異名は付たる也けり」＊袋草紙(1157–59頃)上「金葉集の時種々異名有り。其の中臂突あるじ第一の名と云々」＊発心集

(1216頃か)七・三井寺僧夢見貧報事「人々しき身ならねば、異名侍り、只うち見る人は、貧報の冠者となむ申し侍る」＊天草本平家(1592)一・一「ゴンノ ソツ ト マウス ヒト アマリ イロガ クロウ ゴザッタ ニ ヨッテ、ミル モノ ドモ コクソツ ト ymiŏ (イミャウ) ヲ ツケテ ゴザル」＊滑稽本・風来六部集(1780)放屁論後編自序「水火激して頻(しきり)に屁(へ)を撒(ひ)りしにより、屁池(へいけ)の大将と異名(イミャウ)せられ」 発音イミョー〈標ア〉0〈京ア〉0 辞書文明・黒本・易林・日葡・書言・ヘボン・言海 表記異名(文・黒・易・書・へ・言)

いみょう-どうじつ【異名同実】〘名〙名や言い方は違っても同じものをさすこと。一つのもので異なった二面をもっていること。異名同体。＊文明論之概略(1875)〈福沢諭吉〉六・一〇「即是れ偏頗心と報国心と異名同実なる所以なり」

いみょう-どうたい【異名同体】〘名〙「いみょうどうじつ(異名同実)」に同じ。＊浮世草子・人倫糸屑(1688)虚言「人と約束した事の先のとげぬは間相大筈、異名同躰(イミャウトウダイ)の曲者也」

いみょう-な【異名名】〘名〙方言❶あだ名。異名。愛知県知多郡570 ◇いんみょうな 丹波†115 ◇いんみょう 三重県度会郡599 ❷それぞれの家の呼び名。屋号。または、家に対するあだ名。◇えめな 富山県砺波398

いみり〘名〙方言⇩えみ(鱝)

いみり-ぐさ【─草】〘名〙植物「めのまんねんぐさ(雌万年草)」、また「おのまんねんぐさ(雄万年草)」の異名。＊重訂本草綱目啓蒙(1847)一六・石草「仏甲草〈略〉いみりぐさ 雄豊後・雌豊前」方言植物。❶まつばぼたん(松葉牡丹)。福岡県築上郡964 ❷ゆきのした(雪下)。大分県中部941

い・みる【忌】〘他マ上一〙(マ行四段動詞「いむ(忌)」の誤用か)「いむ(忌)」に同じ。＊咄本・軽口露がはなし(1691)二・一五「茄子(なすび)には『まふ』といふことばを百性も忌(イミ)る也」方言嫌う。忌む。香川県三豊郡054

いみ・る〘自ラ四〙物がふえる。＊浜荻(久留米)(1840-52頃)「いみる 物の多くなる事也。ふゑる 漸々に増すなり」方言物が多くなる。だんだんに増す。福岡県872 長崎県五島054 熊本県923 930 933 大分県938 941 宮崎県947 鹿児島県961 ◇いみしゅん 沖縄県首里993

いみ-ろん【意味論】〘名〙①言語学で、言語の意味やその変化などを研究する部門。歴史的な研究、心理学的な研究のほか、新しく構造論に基づく研究がある。語義論。②論理学で、形式化された理論と、それによって表現されていることがらとの対応を論ずる部門。モデル理論。発音〈標ア〉三

いみ-わ・れる【─割】〘自ラ下一〙(「えみわれる(笑割)」の変化した語)物にひびが生じて裂ける。＊地獄の花(1902)〈永井荷風〉一六「灰色に乾いて亀裂(イミワ)れた土の上に」発音〈標ア〉レ

い-みん【夷民】〘名〙外国の民。野蛮の人々。＊匏菴十種(1869)〈栗本鋤雲〉暁窓追録補「然るに夷民猶旧に馴れ新を忌み屢次鉄路に妨を為すものあり」＊西洋事情(1866-70)〈福沢諭吉〉二・三「此夷民舟に乗して屢々仏蘭西の沿海を掠乱し仏人の窘めらるること年既に久し」＊米欧回覧実記(1877)〈久米邦武〉二・三二「蘇地の古へ、夷民に一種の教あり、天日を拝す、是は其拝日の壇なり」

い-みん【威民】〘名〙民衆をおどすこと。＊学問のすゝめ(1872-76)〈福沢諭吉〉五・明治七年一月一日の詞「今政府に常備の兵隊あり〈略〉却てこれを威民の具と視做して恐怖するのみ」

い-みん【移民】〘名〙①他郷または他国に移って住むこと。また、その人。現在では、移住あるいは移住者という。移住民。＊空知川の岸辺(1902)〈国木田独歩〉一「和歌山県の移民団体が居る処で、道庁の官吏が二人出張して居る、其処へ行くのですがね」＊周礼-秋官・士師「若邦凶荒、則以二荒辯之法一治レ之、令二移レ民通レ財一」②労働に従事する目的で海外に移住すること。また、その人。強制移民、自由移民など。＊米欧回覧実記(1877)〈久米邦武〉一・七「今より四十年の後は、哈馬哈(オマハ)にもいかなる紅塵を簇し、更に『プレーリー』の原野に、林村鬱茂して、移民の車を転走するをみるに至らん歟」＊移民保護法(明治二九年)(1896)一条「本法に於て移民と称するは労働に従事するの目的を以て清韓両国以外の外国に渡航する者及其の家族にして」＊蒼氓(1935-39)〈石川達三〉第二部「はるばるとブラジルまで移民してゆくことの容易ならざるもの」語誌(1)①の漢籍例「周礼」のように、元来は「民を移す」という意味。明治期に②の意味が生まれ、中国語に逆輸入された。(2)居住地の移動を表わす語は種々存したが、明治中期の辞書「漢語英訳辞典」には、それらの語には移動規模によって使い分けがあったことを示唆する記述がある。それによれば、㋑同一町内・区域内、㋺同一国内、㋩海外といった規模に応じて、「移転」は㋑、「移居」は㋑・㋺、「移住」は㋺・㋩、「移民」は㋩に用いるといった大まかな区別がこの頃には存していたことが分かる。

い-みん【遺民】〘名〙前の王朝または前の天子の代の時から生き残っている民。昔の遺風を伝えている人々。また、主君が滅んだ後、義を守って他の朝廷に仕えない民。＊和漢朗詠(1018頃)下・老人「再三汝を憐ぶこと他の事に非ず、天宝の遺民は見るに漸く稀らなり〈白居易〉」＊私聚百因縁集(1257)五・三「遠拉(ならび)に一百二十三人蓮社を為(つく)る、遺民をして誓辞を著(しる)さしめ」＊再昌草-天文元年(1532)九月二八日「紅栄黄落物皆新 天宝遺民独老臣」＊愛弟通信(1894-95)〈国木田独歩〉波濤「爾(なんじ)等明朝の遺民(キミン)か、将(は)た又清朝の忠臣か」＊春秋左伝-閔公二年「衛之遺民男女七百有三十人、益レ之以二共滕之民一為二五千人一」発音〈標ア〉0〈京ア〉0

いみん-がいしゃ【移民会社】〘名〙他国への移住希望者にさまざまな便宜をはかったり、受け入れ国側との交渉を行なったりする会社。＊東京朝日新聞-明治三八年(1905)一一月二九日「布哇移民を取扱う全国の移民会社は二十九社の多きに達し」発音イミンガイシャ〈標ア〉ガ

いみん-かん【移民官】〘名〙移住者の入国に際し、必要な手続きや調査などを行なう役人。＊漫才読本(1936)〈横山エンタツ〉自序伝「やっと、一人一人別室へ呼び入れられて、移民官(イミンクヮン)が邦人の通訳附添で身許調査が始りました」発音〈標ア〉ミ

いみん-しゃ【移民者】〘名〙「いじゅうしゃ(移住者)」に同じ。＊空知川の岸辺(1902)〈国木田独歩〉三「移民者(イミンシャ)の為めに区画せる一区一万五千坪の地の中から六ケ所ほど撰定して呉れた」発音〈標ア〉ミ

いみん-せいさく【移民政策】〘名〙移民に関する国家の政策。強制移民、自由移民など。発音イミンセイサク〈標ア〉セ

い-みんぞく【異民族】〘名〙異なった民族。別の民族。＊堕落(1965)〈高橋和巳〉二・二「かって満洲で異民族を結びつけようとしていた時には」

いむ【妹】〘名〙「いも(妹)」の上代東国方言。＊万葉(8C後)二〇・四三二一「かしこきや命(みこと)蒙(かが)ふり明日(あす)ゆりや草(かえ)が共(むた)寝む伊牟(イム)なしにして〈物部秋持〉」＊万葉(8C後)二〇・四三六四「防人(さきむり)に立たむ騒(さわ)きに家の伊牟(イム)が業(な)るべきことを言はず来ぬかも〈若舎人部広足〉」補注中央語のオ段甲類音がウ段音に転訛している例は、防人歌(さきもりうた)の中に多い。たとえば「くも(雲)」が「くむ」に変わるなど。発音〈標ア〉ミ

い-む【医務】〘名〙①医療に関する仕事。医師としての仕事。＊江戸から東京へ(1921)〈矢田挿雲〉五・一七「爾来三年ほど男爵は軍服をつけて各師団の医務(イム)を検閲したが」②「いむしつ(医務室)」の略。＊制服(1970)〈加賀乙彦〉二「舎房中の囚人が競って医務に押しかけてくる」発音〈標ア〉イ〈京ア〉イ

い-む【異夢】〘名〙①普通とは異なった奇妙な夢。不思議な夢。奇夢。＊医案類語(1774)五・寝睡夢寐「多レ睡少レ寤終日昏矇夜多二異夢一〈注〉アヤシキユメ)」＊後漢書-文苑上・王逸伝「曾有二異夢一、意悪レ之、乃作二夢賦一以自厲」②違う夢。別の夢。「同床異夢」発音〈標ア〉イ

い-む【意霧】〘名〙心中の霧。気持の晴れない状態を霧にたとえていう語。「いぶ」とも。多く、「意霧を散ず」の形で、心中の憂いが晴れる意を表わす。＊庭訓往来(1394-1428頃)二月「面拝之後、中絶良久、遺恨如レ山、何時散二意霧一哉」辞書文明 表記意霧(文)

い・む【忌・斎・諱】■一〘他マ四〙①(主に呪術的な信仰上のことについて)身を浄め慎んでけがれを避ける。禁忌とする。忌みきらう。＊万葉(8C後)一六・三七九一「飛ぶ鳥の 飛鳥壮士(あすかをとこ)が 長雨(ながめ)禁(い)み 縫ひし黒沓〈作者未詳〉」＊竹取(9C末-10C初)「月顔見るはいむことと制しけれども」＊蜻蛉(974頃)下・天祿三年「今宵より不浄(ふざう)なることあるべし。これ人いむといふことなるを」＊源氏(1001-14頃)紅葉賀「十に余りぬる人は、雛遊(ひひなあそび)はいみ侍るものを」＊観智院本名義抄(1241)「禁諱 忌 イム」＊浮世草子・世間娘容気(1717)二「真苧うむ事は無用とていしゅのいみしはおかしかりき」②ある物が他の物のそばにあったり、いっしょになったりすることを禁忌とする。特に漢方で、ある薬が他の物質とまざり合うことを、効能が落ちるとして避けること。＊全九集(1566頃)二「黄芩〈略〉猪の肉をいむ。葱実をにくみ、辰砂、牡丹、藜蘆をおそるるなり」＊日葡辞書(1603-04)「コノ クスリ カネヲ imu (イム)」、または、ヒヲ imu (イム)〈訳〉この薬は、鉄または火が禁物だ」＊説経節・さんせう太夫(与七郎正本)(1640頃)中「われらがくにのならひには、いみやいまるる物をこそ、べちやにをくとはきひてあれ」③はばかる。憎む。嫌悪する。「位己れの上に在るを忌む」「不正を忌む」＊史記抄(1477)五・秦始皇本紀「王翦は名将であるに、代将なんどと云へば其名も墜るほどに、諱て不レ言歟」④何らかの理由で、特定の文字や言葉を使用することを避けて、他のものに代える。＊史記抄(1477)一二・皇「始皇の父の諱が楚ぢゃほどに、忌て荊と云ぞ」＊寛永刊本江湖集鈔(1633)三「田の字を諱むほどに、佃の字に云い替へたぞ」■二〘自マ四〙①けがれを避けて身を浄め慎む。禁忌を避けてひきこもり、身を清浄に保つ。＊類従本信明集(970頃)「神代よりいむといふなる五月雨の此方に人を見る由もがな」＊宇津保(970-999頃)吹上下「長月はいむにつけても慰めつ」＊今昔(1120頃か)二六・一二「所を去て忌(いめ)とも云て」②(「いむこと」の形で用いられる例が多い)仏の戒を受ける。受戒する。＊書紀(720)崇峻即位前(図書寮本訓)「出家(いへて)の途は、戒(イム)ことを以て本と為」＊蜻蛉(974頃)上・康保元年「弱くなり給ひし時いむ事受け給ひし日」＊源氏(1001-14頃)夕顔「重くわづらひ侍りしが、かしら剃(そ)りいむこと受けなどして、その験(しるし)にや、よみがへりたりしを」語誌類義語「いはふ」とは、禁忌を守り清浄を保つという意味を共有しているが、「いはふ」が言葉や行為によって、霊威あるものにはたらきかけ、よいことを求めるという積極性をもつのに対して、「いむ」は、言葉や行為を慎んで、霊威あるものに触れないように敬い避けるという消極的な傾向をもっている。そのけがれを避けるという手段が目的化することによって、けがれ自体を嫌悪するといった意味にも用いられてゆく。語源説(1)イ(斎)を活用〔大言海・国語の語根とその分類＝大島正健〕。(2)ユ(斎)に

活用語尾を付けたものの転呼〔日本古語大辞典＝松岡静雄〕。(3)ヨキメ(除目)の転。ヨキは不浄を去る意〔名言通〕。(4)ユアム(湯浴)の約転〔言元梯〕。 発音〈標ア〉イ 〈ア史〉平安○◐ 鎌倉○● 〈京ア〉0 辞書 字鏡・色葉・名義・下学・和玉・文明・伊京・天正・黒本・易林・日葡・書言・〈ボン〉・言海 表記 忌(色・名・下・玉・文・伊・天・黒・易・書・へ・言) 禁(色・名・易・書) 諱(色・名) 斎(名・言) 諜・弭・謚・憖・恷(色) 遑・制・戎(名) 揖(玉) 凶(書)

同訓異字 いむ【忌・諱・斎】
【忌】(キ) 好ましくないとして、いやがりさける。「忌憚」「忌避」「禁忌」「物忌み」 転じて、人の死んだこと。また、喪に服する。「忌中」「忌引」「回忌」《古 いむ・おそる・にくむ・ねがふ》
【諱】(キ) 言葉に出して言うことをいむ。あらわにすることをはばかりさける。「諱忌」「諱言」「忌諱」《古 いみな・いむ・しこな》
【斎】(サイ) 神仏につかえるために心身を清める。ものいみ。「斎院」「斎場」「潔斎」《古 をののく・いむ・つつしむ・うやまふ・ものいみ》

いむ べからずの事(こと) 人の忌み避けることのできないこと。死。＊読本・雨月物語(1776)菊花の約「若諱(イム)べからずのことあらば誰をして社稷(くに)を守らしめんや」

いむ-おの【斎斧】『名』 斎(い)み清めた斧。神殿、宮殿を造営するときなどに用いる斧。いみおの。いわいおの。＊延喜式(927)祝詞・大殿祭(九条家本訓)「今(いま)奥山の大峡(おほかひ)、小峡(をかひ)に立てる木を斎部の斎斧(イムヲノ)を以て伐り採りて」

い-むか・う【―向】『自ハ四』(「い」は接頭語)向かう。向きあう。また、敵対する。はむかう。＊古事記(712)上「汝は手弱女人(たわやめ)にはあれど伊牟迦布(イムカフ)神と面勝(おもかつ)神なり」＊万葉(8C後)一〇・二〇一一「天の川已向(イむかひ)立ちて恋しらに言だに告げむ妻問ふまでは〈人麻呂歌集〉」＊尋常小学読本(1887)〈文部省〉四「皇軍にい向ひしかば、忽ちに打ちほろぼしたまひ」 辞書 言海 表記 向(言)

いむ-かじ【斎鍛冶】『名』 神事に携わる鍛冶部をいう。鍛冶司。＊皇太神宮儀式帳(804)「忌鍛冶内人、無位忌鐵師部正月麻呂」

いむ-かま【斎鎌】『名』 けがれをはらい清めた鎌。神事の時、境内の草木を刈るのに用いる。いみかま。＊皇太神宮儀式帳(804)「以忌鎌て草木苅初然以後役夫等草苅木切」

いむ-かまど【斎竈】『名』 神事に用いる清めたかまど。いみかまど。＊皇太神宮儀式帳(804)「忌竈に炊奉」

いむ-き【忌寸】『名』「いみき(忌寸)」に同じ。＊拾芥抄(13-14C)中・姓尸録部「忌寸(イムキ)」 辞書 色葉 表記 忌寸(色)

いむき-も-せず【猪向―】『連語』 イノシシが真っ直に突進するように、わき目もふらない。ただ一筋に思い込むことをいう。＊俚言集覧(1797頃)「猪向 一筋に思ひこむをゐむきもせずといふ」

いむ-くわ【斎鍬】『名』 けがれを避けて清めた鍬(くわ)。神社造営などに際し、地を掘るのに用いる。＊伊呂波字類抄(鎌倉)「斎鍬 神祇式云 イムクハ」

い-むけ【射向】『名』(弓を射るとき左を敵に向けるところから)弓手(ゆんで)の方向で、鎧(よろい)の左側をいう。＊奉公覚悟之事(15C中-後)「具足進上之事〈略〉左いむけの方はちと下でにすぢかへてかく也」＊筆の御霊(1827)後・六「此見えて威(おどし)たる処のほどを射向けといへり」 発音〈標ア〉0 辞書 書言 表記 射向(書)

いむけ の 板(いた) 射向の袖を形づくっている板状の防具。上部に櫛(くし)のみね形の冠(かむり)の板をつけ、一の板から六の板まで六段におどし、最下段を菱縫(ひしぬい)の板という。

いむけ の 草摺(くさずり) 鎧(よろい)の草摺で、敵の射かける矢に向かう部分として、特に入念に製作して、胴の左脇に蝙蝠付(こうもりづけ)で連接したもの。弓手(ゆんで)の草摺。射向の先。太刀懸(たちかけ)の草摺。＊末期の水(1949)〈田宮虎彦〉「それは大阪夏の陣に藩祖山中十兵衛重光が身につけたといふ鎧で、射向(イムケ)の草摺(クサズリ)が半ばもぎられているので」

いむけ の 先(さき) 「いむけ(射向)の草摺(くさずり)」に同じ。

いむけ の 袖(そで) 鎧(よろい)の左袖。⇔馬手(めて)の袖。＊吾妻鏡-文治五年(1189)八月一一日「義盛与国衡互相逢于弓手、義盛之所射箭中于国衡、訖、其箭孔者甲射向之袖二三枚之程定在之歟」＊保元(1220頃か)上・親治等生捕らるる事「基盛、射向けの袖に立ちたる矢どもおりかけ」＊平家(13C前)一・俊寛沙汰「露ふきむすぶ秋風はゐむけの袖を飜し」 辞書 言海 表記 射向袖(言)

いむ-こ【斎子】『名』 神の祭に奉仕する清浄な童女。特に即位や大嘗会(だいじょうえ)の時に奉仕する女子の司(つかさ)。また、賀茂別雷神社に奉仕する童女。いみこ。＊延喜式(927)六・神祇・斎院司「初使至社奉幣之後、於社前給両社禰宜、祝、忌子等祿」＊伊呂波字類抄(鎌倉)「忌子 イムコ 御即位、稲実公 イナノミノヲキナ 御即位、童女 イムコ 已上二人大嘗会供奉人名也」 辞書 色葉 表記 忌子(色)

いむ-こ【斎火】『名』(「こ」は「火」の宋音)「いむび(斎火)」に同じ。 語源説 イムビ(忌火)の火を宋音でコとよんだもの。禅僧のアコ(下火)などというのにならう〔大言海〕。

いむこ の 御飯(ごはん) 「いむび(斎火)の御飯(ごはん)」に同じ。

いむこにわび-の-まつり【斎火庭火祭】『名』「いむびにわびのまつり(斎火庭火祭)」に同じ。

いむこ-や【斎火屋】『名』「いむびや(斎火屋)」に同じ。

いむ-さき『名』⇩いんさき

い-むし【蝨】『名』「ゆむし(蝨)」に同じ。

いむ-じ【異治】『名』「いじ(異治)」の変化した語。＊名語記(1275)七「武勇をたつるを、いむちとなづく如何。答、それをば異治とかける歟。能治に対したる不調の詞也。わが心といのちをうしなふ職なれば、異治といへる也。いちを世間の人いむちといひなせる也と申せる也」

いむ-しつ【医務室】『名』 学校、会社、船などの中で、診察や医療のために設けられたへや。衛生室。保健室。＊或る女(1919)〈有島武郎〉前・一〇「暗い廊下を一寸這入ると、右の戸に『医務室』と書いた頑丈な真鍮(しんちゅう)の札がかかってゐて」＊青電車(1950)〈永井龍男〉D「廊下へ上るとすぐ、とっつきが医務室」 発音〈標ア〉ム 〈京ア〉ム

い-むしろ【射席】『名』 弓場の調度で、射手の座の敷物。皮革または畳、むしろなどを用いる。いせき。＊内裏式(833)一・七日観射式「布射席〈以牛皮為之〉於殿庭」＊年中行事歌合(1366)「名のみ聞く今日のまとゐの射席も今は昔としきしのぶかな〈四辻善成〉」

い-むしろ【藺席】『名』 藺草を編んで作ったむしろ。＊日葡辞書(1603-04)「Imuxiro(イムシロ)〈訳〉藺のむしろ」＊書言字考節用集(1717)七「藺席 ヰムシロ」＊読本・昔話稲妻表紙(1806)二・五「当国の名産なる藺莚(イムシロ)を編」＊田舎教師(1909)〈田山花袋〉五八「苧殻(をがら)や藺席(ヰムシロ)や、みそ萩や草花が並べられて」 辞書 日葡・書言 表記 藺席(書)

いむ-すき【斎鋤】『名』 斎(い)み清めた鋤。神殿、宮殿を造営する時などに用いる鋤。いみすき。いわいすき。＊皇太神宮儀式帳(804)「次以忌鋤宮地穿始奉」＊延喜式(927)祝詞・大殿祭(九条家本訓)「今(いま)奥山の大峡(おほかひ)、小峡(をかひ)に立てる木を斎部の斎斧(いむをの)を以て伐り採りて、本末をば山の神に祭りて、中間を持出で来て斎鉏(イムスキ)を以て斎柱(いむはしら)立て」

いむ-たな【斎棚】『名』 神事に用いる、清めた棚。

いむ-つき【斎月】『名』「いみづき(斎月)」に同じ。

いむ-と【斎砥】『名』 神事に用いる、清めた砥石(といし)。＊皇太神宮儀式帳(804)「忌砥一面〈略〉已上宛太神宮司、以祭祀用之」

いむ-なた【斎鉈】『名』 神事に用いる、清めた鉈。いみなた。＊皇太神宮儀式帳(804)「忌奈太一柄」

イムヌス『名』(ラテ hymnus) 賛歌。神を賛美する歌で歌詞は宗教詞。一般に歌詞の言葉の一音節に音楽の一音を当てる音節様式で有節形式(有節歌曲)。カトリック教会では聖務日課に歌われる。 発音〈標ア〉イ

いむ-はしら【斎柱】『名』 清めて立てる柱。正殿の心(しん)の柱。いみばしら。＊皇太神宮儀式帳(804)「正殿心柱 其柱名号称忌柱」＊延喜式(927)祝詞・大殿祭(出雲板訓)「中間(なから)を持ち出で来て、斎鉏(いむすき)を以て斎柱(イムハシラ)立てて」

いむ-はたどの【斎服殿】『名』 清めたはたどの。神の御衣を織る神聖な機織りの殿舎。いみはたどの。＊書紀(720)神代上(水戸本訓)「天照大神、方に神衣(かむみそ)を織(を)りつつ斎服殿(イムハタトノ)に居(ま)します」

いむ-び【斎日】『名』「いみび(斎日)」に同じ。

いむ-び【斎火・忌火】『名』 汚れをはらい清めた火。火鑽(ひき)りで起こし、神に供えるものを煮炊きするのに用いるなど、神事に用いられる火。いみび。いんび。いむこ。いんこ。＊本朝月令(789頃か)六月・朔日内膳司供忌火御飯事「高橋氏文云〈略〉火を鑽(き)らしめて此を忌火とし」＊江家次第(1111頃)一五・大嘗会「主殿寮以斎火設燈燎於両院」

いむび の 飯(いい) 「いむび(斎火)の御飯(ごはん)」に同じ。

いむび の 竈神祭(かまどのかみのまつり) 斎火で煮炊きする竈の神をまつる祭儀。＊延喜式(927)六・神祇・斎院司「忌火竈神祭料〈略〉右神祇官直移所司請取。令宮主祭」

いむび の 神(かみ) 神饌(しんせん)を調理する斎火をつかさどる神。

いむび の 御膳(ごぜん) 「いむび(斎火)の御飯(ごはん)」に同じ。＊小右記-寛和元年(985)五月二九日「明日是供忌火御膳」＊建武年中行事略解(1732)四「六月一日忌火の御膳まゐる、昨日のはいぜんつとむ」

いむび の 御飯(ごはん) 斎火の竈(かま)で調理し、天皇に奉る御飯。六月、一二月の神今食(じんこんじき)と、一一月の新嘗祭(にいなめさい)のとき、各月一日の早朝内膳司から奉り、清涼殿の御座で天皇に供した。いむびのいい。いむびのごぜん。＊西宮記(969頃)四・年中行事「六月一日内膳司供忌火御飯」＊江家次第(1111頃)七・忌火御飯「忌火御飯 六月、十一月、十二月一日早旦供之、内膳司」＊俳諧・増山の井(1663)六月「忌火(イムヒ)の御飯(ゴハン)を供す 朔日 忌火とは不浄の火を打かふる事にや。月次(なみ)神今食の御神事をけふより始らるる成へし」

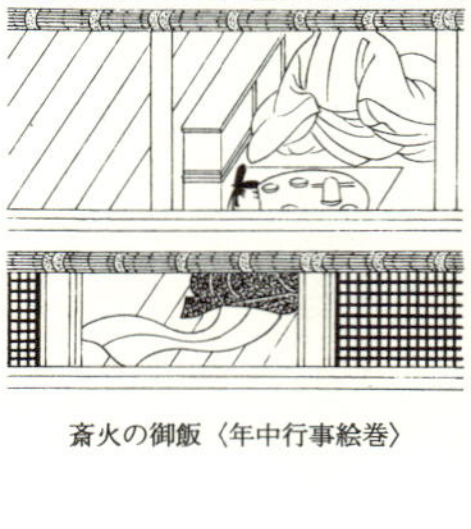
斎火の御飯〈年中行事絵巻〉

いむびかしきどの-の-まつり【斎火炊殿

祭】〘名〙 新嘗祭(にいなめさい)の時、新たに造った炊殿の斎火神を鎮め固める祭儀。＊延喜式(927)二・神祇・四時祭「忌火炊殿祭〈略〉右新嘗祭時、先新造二炊殿一。依レ件鎮祭。宮主行レ事。其旧殿者壊却給二宮主一」

いむび-かしきや【斎火炊屋】〘名〙 祭事や朝夕神に供する時などの食事を斎火で作るための殿舎。＊皇太神宮儀式帳(804)「忌火炊屋　長二丈、弘九尺、高八尺」

いむ-ひと【斎人】〘名〙 斎戒して祭事にあずかる人。＊延喜式(927)二・神祇・四時祭「住吉社四座〈略〉斎人(いむひと)潔衣(きよまはりの)絁二疋」

いむびにわび-の-かみ【斎火庭火神】〘名〙 内膳司にまつられた斎火神と庭火神。古代の宮廷で、神今食(じんこんじき)、大嘗祭(だいじょうさい)などの神事にこの両神をまつり、斎火屋女(いむびやめ)によって斎火御飯などが調理された。＊文徳実録－天安元年(857)四月癸酉「有レ勅。大炊寮大八嶋竈神。内膳司忌火庭火皇神並授二従五位下一」

いむびにわび-の-まつり【斎火庭火祭】〘名〙 斎火の神と庭火の神とをまつること。古く、陰暦一一月の中の卯(う)の日に行なわれた新嘗祭(にいなめさい)、六月と一二月との神今食(じんこんじき)の翌日、毎月一日などに行なわれていた神事。＊延喜式(927)二・神祇・四時祭「毎月朔日忌火庭火祭中宮東宮庭火准レ此。但忌火不レ祭〈略〉右宮主於二内膳司一行レ事。但東宮於二主膳監一行レ之」

いむび-や【斎火屋】〘名〙 神事に使用する斎火をきり出し、朝夕の神饌(しんせん)を調理する殿舎。いむこや。いみびや。いむびやどの。＊皇太神宮儀式帳(804)「斎火屋一間　長二丈、弘九尺、高八尺」

いむびや-どの【斎火屋殿】〘名〙「いむびや(斎火屋)」に同じ。

いむびや-め【斎火屋女】〘名〙 伊勢神宮の斎火屋で、祭典や朝夕の神饌(しんせん)を調理するために奉仕する女性。

いむ-へ【斎瓮】〘名〙 斎(い)み清めた神聖な瓮(かめ)。これに神酒を盛った。いわいべ。＊書紀(720)崇神一〇年九月(熱田本訓)「爰に忌瓮(イムヘ　別訓　いはひへ)を以て和珥の武鐰(たけすき)の坂の上に鎮坐(すう)」＊風俗画報－一一六号(1896)人事門「厳瓮(いつえ)、厳瓮之置(いつえのおきもの)、忌瓮(インベ)など皆神を祭るの土器なり」[辞書]言海

いむ-べ【斎部・忌部】〘名〙 ⇨いんべ(斎部・忌部)

いむ-みぞ【斎御衣】〘名〙 汚れをはらい清めた衣服。斎宮または斎院が着用する衣。＊延喜式(927)五・神祇・斎宮寮「絁五疋、白絹二丈五尺〈略〉右斎内親王神忌御服(いむみそ)料」

いむら【井村】 姓氏の一つ。[発音]〈標ア〉[イ]

い-むら【居村】〘名〙 ①(飛び離れた所にある村の土地を出村(でむら)というのに対して) 本村所在の地のこと。②もともと自分の住んでいる村。＊地方凡例録(1794)四「小作と云は自分所持の田畠を、居村他村たりとも他の百姓へ預け為レ作」＊鳩翁道話(1834)一・下「我が居村(ヰムラ)へ帰った時分は」＊文明田舎問答(1878)〈松田敏足〉徴兵「こりゃもう、居村(ヰムラ)の事則ちお互の老人子供の為なれば、よもや御不承知もあるまい」[発音]〈標ア〉[0] [辞書]言海 [表記]居村(言)

い-む・る【―群】〘自ラ下二〙(「い」は接頭語) 群れる。群れ集まる。＊万葉(8C後)一九・四二八四「新(あらた)しき年のはじめに思ふどち伊牟礼(イムレ)てをれば嬉しくもあるか〈道祖王〉」

いめ【夢】〘名〙「ゆめ(夢)」の古い形。＊万葉(8C後)四・四九〇「真野の浦の淀の継橋(つぎはし)心ゆも思へや妹が伊目(イメ)にし見ゆる〈吹芡刀自〉」＊万葉(8C後)五・八〇九「直(ただ)に逢はずは在らくも多く敷栲の枕さらずて伊米(イメ)にし見えむ〈作者未詳〉」[語源説](1)寝て物を見るところから、イメ(寝目)の意。古くは、目は見る事を意味した〔祝詞考〕。(2)イミエ(寝見)の約〔大言海〕。(3)イミ(寝見)の義〔和訓栞・言元梯〕。(4)イネミ(寝見)の義〔名言通〕。(5)ヨメ(夜目)の転呼〔日本古語大辞典＝松岡静雄〕。(6)ユメの転〔日本語原考＝与謝野寛〕。[発音]〈ア史〉平安○○ [上仮名]イメ [辞書]ヘボン・言海 [表記]夢(へ・言)

いめ の 逢(あ)い 夢のなかで会うこと。＊万葉(8C後)四・七四一「夢之相(いめのあひ)は苦しかりけり覚(おどろ)きてかき探れども手にも触れねば〈大伴家持〉」

い-め【射目】〘名〙 狩りで獲物を待ちぶせて射るために、身を隠しておく所。身を隠すための設備をもいう。＊播磨風土記(715頃)餝磨「是の時、射目(いめ)を立てし処は即ち射目前(いめさき)と号(なづ)け」＊万葉(8C後)六・九二六「野の上には　跡見(とみ)すゑ置きて　み山には　射目(いめ)立て渡し　朝狩に　猪(しし)踏み起こし〈山部赤人〉」＊万葉(8C後)一三・三二七八「高山の　峰のたをりに　射目(いめ)立てて　猪(しし)待つごとく〈作者未詳〉」[方言]狩りの際に、獲物を待ち伏せして射るために身を隠しておく所。また、猟師小屋。福島県南部155　神奈川県丹沢018　熊本県球磨郡054 [上仮名]イメ

いめ-あわせ【夢合】〘名〙 夢の意味を考えて解き明かすこと。＊書紀(720)仁徳三八年七月(前田本訓)「是を以て、時の人の諺(ことわざ)に曰はく、鳴(な)く牡鹿(しか)なれや、相夢(イメアハセ)の随(まま)に」＊摂津風土記逸文(釈日本紀所載)(1274－1301)「刀我野(とがの)に立てる真牡鹿も夢相のまにまに」

い-めい【医命】〘名〙 医者の命令や指図。＊福翁自伝(1899)〈福沢諭吉〉老余の半生「真実の病中には固より医命(イメイ)に服することなれども」[発音]イメイ〈標ア〉[イ]

い-めい【依命】〘名〙 命令によること。官庁で用いる語。[発音]イメイ〈標ア〉[0][イ]〈京ア〉[イ]/[0]

い-めい【委命】〘名〙 ①生命をまかせること。運命にまかせること。＊賈誼－過秦論「俛レ首係レ頸、委二命下吏一」 ②委任命令。＊明六雑誌－一三号(1874)米国政教〈加藤弘之訳〉「唯政府の委命を受けて之を行ふのみ」[発音]イメイ〈標ア〉[イ]

い-めい【威名】〘名〙 威勢があるという名声や評判。武勇のほまれ。＊文明本節用集(室町中)「威名　イメイ」＊翰林葫蘆集(1518頃)一三・玉華院殿十三年忌「威名赫々立二功勲一、入鎮二邦家一出輔レ君」＊信長記(1622)一上・平手中務大輔清秀極諫を致自害せしむる事「又威名(イメイ)の四方に普(あまねく)達せん事を欲し、言(こと)を放って諫むるもあり」＊西洋事情(1866－70)〈福沢諭吉〉初・二「ゼッフェルソン在職の間、盛大の政を施し、貿易を勉め、外交を脩め、合衆国の威名欧羅巴諸国に轟くに至れり」＊経国美談(1883－84)〈矢野龍渓〉後・二四「威名列国に轟きたる英雄の」＊漢書－雋不疑伝「窃伏二海瀕一、聞二暴公子威名一旧矣」[発音]イメイ〈標ア〉[イ][0] [辞書]文明 [表記]威名(文)

い-めい【威命】〘名〙 威力ある命令。権威のある命令。＊書経－胤征「爾衆士、同二力王室一、尚弼レ予、欽二承天子威命一」

い-めい【異名】〘名〙「いみょう(異名)」に同じ。＊新撰字解(1872)〈中村守男〉「異名　イメイ　タメウ」＊青春(1905－06)〈小栗風葉〉春・三「風見草？ 柳の異名(イメイ)だって私国文の時に教はったが」[発音]イメイ〈標ア〉[0]〈京ア〉[0]

い-めい【違命】〘名〙 言い付けにそむくこと。＊書言字考節用集(1717)八「違命　ヰメイ　又云違旨」＊布令字弁(1868－72)〈知足蹄原子〉三「違命　イメイ　ヲフセニソムクコト」＊羊祜－譲開府表「違命誠忤二天威一、曲従即復若レ此」[辞書]書言 [表記]違命(書)

い-めい【遺名】〘名〙 後世まで名をのこすこと。また、その名。＊信長記(1622)一上・義昭公ひそかに南都を落給ふ事「天下の怨敵を追討し、先亡の遺名(イメイ)をすすぎ、後栄の期をぞはかりける」＊曹植－七啓「君子不レ遯レ俗而遺レ名、智士不レ背レ世而滅レ勲」

い-めい【遺命】〘名〙 死ぬときにのこした命令。また、臨終に言い付けをのこすこと。遺令。＊権記－長保二年(1000)一二月二一日「故宮遺命、申二其旨一」＊栂尾明恵上人伝記(1232－50頃)上「我れ父母の遺命(ヰメイ)に依りて入寺する」＊近世紀聞(1875－81)〈染崎延房〉二・一「故主の遺命(ヰメイ)を忘るる事なく」＊李陵(1943)〈中島敦〉二「十年前臨終の床で自分の手をとり泣いて遺命した父の惻々たる言葉は、今尚耳底にある」＊呉志－諸葛瑾伝「赤烏四年、年六十八卒、遺命令二素棺、斂以二時服、事従二省約一」[発音]イメイ〈標ア〉[0][イ]〈京ア〉[0] [辞書]書言・言海 [表記]遺命(書・言)

いめい-つうたつ【依命通達】〘名〙 行政官庁の命により、その補助機関が発する通達。たとえば、大臣の命により次官、局長などが発する通達。[発音]イメイ ツータツ〈標ア〉[ツ]

いめいめし・い〘形口〙「いまいましい(忌忌)」の変化した語。＊白い壁(1934)〈本庄陸男〉一「いめいめしいこの餓鬼やあ、何たら学校学校だ。この雨が見えねえか」

イメージ〘名〙(英 image) ①人が心に描き出す像や情景など。芸術、哲学、心理学の用語として、肖像、画像、映像、心象、形象などと訳される。イマージュ。＊外来語辞典(1914)〈勝屋英造〉「イメージ Image (英) 偶像。影像。心象」＊道草(1915)〈夏目漱石〉四四「自分の新らしく移った住居については何の影像(イメジ)も浮かべ得なかった」＊無からの抗争(1937)〈萩原朔太郎〉平安朝文学と仏蘭西映画「現代仏蘭西映画を見て、十一世紀頃の古い日本をイメーヂするのは、聯想があまり懸絶して、少しく荒唐無稽のやうに思はれるが」＊鳴海仙吉(1946－48)〈伊藤整〉五「あの人間のイメエジを、一体作者なるチャップリンはどこから得て来たのだろう」 ②物事について、あることから、これこれであろうと心にいだく、全体的な感じ。心像。＊若い詩人の肖像(1954－56)〈伊藤整〉三・一「上田敏や堀口大学の訳詩集から得た芸術の世界のイメージは」＊にんげん動物園(1981)〈中島梓〉二〇「狐のような、と形容すると、おおむねガリガリにやせこけた女性がイメージされるようである」＊新西洋事情(1975)〈深田祐介〉泣いてパリに馬謖を斬る「世間一般の総務部長、管理課長のイメージといえば〈略〉公式的、硬直的人物ということになりそうですが」[発音]〈標ア〉[メ][イ]〈京ア〉[イ]/[メ]

イメージ-アップ〘名〙(洋語 image up) 世間の受けとり方や全体的評価が良くなるようにすること。また、良くなること。↔イメージダウン。[発音]〈標ア〉[ア]

イメージ-かん【―管】〘名〙(英 image tube の訳語) 光学像を電子像に変える装置。基本的には入力半透明光電面、電子レンズおよび出力蛍光面を備えた電子管。[発音]〈標ア〉[0]

イメージ-しょり【―処理】〘名〙 文字、図形、映像などをコンピュータで処理すること。図形処理。[発音]〈標ア〉[ショ]

イメージ-ダウン〘名〙(洋語 image down) 世間の受けとり方や、全体的評価が悪くなること。↔イメージアップ。[発音]〈標ア〉[ダ]

イメージ-チェンジ〘名〙(洋語 image change) 外見や名前、やり方、スタイルなどを変えて、世間の受け取り方や全体的評価が変わるようにすること。ふつうは良くする場合についていう。イメチェン。[発音]〈標ア〉[チェ]

イメージ-トレーニング〘名〙(英 image training) ①スポーツで実際に体を動かさず、頭の中で動作を考えて、その正しい運動動作を学習すること。②ある事柄について、起こり得る場面、場合、対処方法

などを、頭の中で考え、慣れておくこと。発音〈標ア〉レ

イメージ-メーカー〘名〙(洋語 image maker)選挙や商品販売のキャンペーンで、訴える対象に好ましい心象をもたせるように宣伝工作を受け持つ人々や企業。発音〈標ア〉メ2

イメージ-メント〘名〙(洋語 英 image + management から)製品や事業内容を消費者側のイメージに合わせようとする経営態度や方針。発音〈標ア〉メ1

いめえまし・い〘形口〙「いまいましい(忌忌)」の変化した語。*洒落本・両国栞(1771)「けふはいめゑましくねぶったくてならねえ」*咄本・喜美賀楽寿(1777)君は舟「おらがだんなのやうな、くそだはけな、いめゑましい。朝あくれゐからたたきおこして、水うくめ、めしやうたけ、庭あはけ、やれまきようわれ」*滑稽本・東海道中膝栗毛(1802–09)初「『あったかなのがよかろふとおもって、火のついていたのをやったは』『ヱヱいめへましい。ペッペッ』」発音イメーマシイ〈標ア〉シ

い-め・く【齝】〘自カ四〙歯ぎしりする。歯をかみ合わす。*新撰字鏡(898–901頃)「齝 歯不正也 波爾加牟又伊女久」*観智院本名義抄(1241)「齝 キシメク イメク」辞書字鏡・名義 表記齝・齰・祖(字) 齝(名)

いめ-くばり【射目配】〘名〙共同狩猟のときの射手の配置。その後で勢子(せこ)が獣を追う。方言熊本県球磨郡054

い-めぐ・る【―巡】〘自ラ四〙(「い」は接頭語)まわる。めぐる。*左千夫歌集(1920)〈伊藤左千夫〉明治三三年「つがの木のしみ立つ岩をいめぐりて二尾に落つる滝の白波」発音イメグル〈標ア〉グ

い-めぐ・る【居回】〘自ラ四〙「いまわる(居回)」に同じ。*読本・雨月物語(1776)夢応の鯉魚「徒弟友どち〈略〉若(もし)やと居めぐりて守りつも三日を経にけるに」発音イメグル〈標ア〉グ

いめ-じ【夢路】〘名〙夢。また、夢を見ること。ゆめじ。*俳諧・鐘筑波(1790)萬里歌「難波江の蘆の浮巣には友鳥こそわぶらめ わぶらめやいたいたし、伊丹のいめぢいたいたし〈暁台〉」

いめ-たてて【射目立】枕 射目を設けて獲物の足跡を見るの意で、「跡(と)見る」と同音を持つ地名跡見(とみ)にかかる。*万葉(8C後)八・一五四九「射目立而(いめたてて)跡見の岡辺のなでしこが花ふさ手折り吾は持ちて行く奈良人のため〈紀鹿人〉」

イメ-チェン〘名〙「イメージ-チェンジ」のくだけた言い方。発音〈標ア〉0

い-めつ【夷滅】〘名〙(「夷」はたいらげるの意)滅ぼし絶やすこと。*日本外史(1827)一・源氏前記「重レ命軽レ躬、夷二滅凶党一」*万国公法(1868)〈西周訳〉三・五「夫戦者操る所の方用ゆる所の器其破砕夷滅の力愈快烈なれば其戦決すること愈速なりと」*史記-呂后本紀「今皆已夷二滅諸呂一」発音〈標ア〉0

い-めつ【萎滅】〘名〙なえて滅びること。しぼんでなくなること。*続一年有半(1901)〈中江兆民〉二「少くとも自省の能が未だ萎滅しないのを證するもので」

いめ-ひと【射目人】〘名〙射目にいて獲物を待ち受けて射取る役の人。*播磨風土記(715頃)揖保「品太天皇(ほむだのすめらみこと)射目人(いめひと)を餝磨(しかま)の射目の前(さき)に立ててみ狩したまひき」

いめひと-の【射目人―】枕 射目にいる人が、伏して獲物の来るのを待つ意で、「伏し見る」と同音を持つ地名「伏見」にかかる。*万葉(8C後)九・一六九九「巨椋(おほくら)の入江とよむなり射目人乃(いめひとノ)伏見が田ゐに雁渡るらし〈人麻呂歌集〉」

いめまし・い〘形口〙文いめま・し〘形シク〙「いまいましい(忌忌)」の変化した語。*滑稽本・八笑人(1820–49)二・下「コレ番毎(ごと)あば公あば公とあんまり安っぽく引きだすなへ、いめまし」方言宮崎県西臼杵郡063

いめ-・みる【夢見】〘自マ上一〙夢を見る。*書紀(720)欽明即位前(寛文版訓)「天皇幼(わか)き時夢(イメミ)たまはく」*観智院本名義抄(1241)「夢 ユメ イメミシニ」辞書名義 表記夢(名)

い-めん【夷面】〘名〙都から遠く離れた未開地の人の顔。田舎の人の顔。また、そのような地の人。*鹿苑日録-明応八年(1499)六月一日「大川携二西堂夷面者一来曰。相州禅興寺前住也。以二鎌倉殿成氏御判一而領レ之。因有レ請二相国公命一者也」*韓愈-送区冊序「小吏十余家、皆鳥言夷面、始至、言語不レ通」

いも【芋・薯・藷】〘名〙①植物の根または地下器官が養分を蓄えて肥大発達したものの総称。とくに、食用となる、サトイモ、ヤマノイモ、サツマイモなどの通称。うも。*書紀(720)武烈三年一〇月(図書寮本訓)「人の指の甲(つめ)を解(ぬ)きて、暑預(イモ)を掘(ほ)らしむ」*新撰字鏡(898–901頃)「薯蕷 イモ 山、芋 家」*易林本節用集(1597)「蕷 芋 伊母」②特に、サトイモの称。《季・秋》▼いもの花《季・夏》*俳諧・犬子集(1633)九・秋「有明の月にもたらぬ子を生て〈慶友〉出ぬる芋の数もすくなき〈同〉」*俳諧・田舎の句合(1680)一七番「芋をうへて雨を聞風のやどり哉〈野人〉」*俳諧・野ざらし紀行(1685–86頃)「西行谷の麓に流あり、をんなどもの芋あらふを見るに、芋洗ふ女西行ならば哥よまむ〈芭蕉〉」*日本植物名彙(1884)〈松村任三〉「イモ サトイモ 苧」③田舎者、野暮な人をばかにしていう語。また、無器用な人、センスのない人、無知な人をののしっていう語。接頭語的にも用いる。いもすけ。*雑俳・柳多留-三(1768)「をばすてをしなのに聞けばいもで居る」*雑俳・柳多留-五(1770)「銀ぎせるひろったしなのいもで持」④無学な僧をののしっていう「芋掘り坊主」をさす浄瑠璃社会の隠語。*洒落本・芳深交話(1780)「『久しぶりでめづらしい蛸がとれたのう、長八どん』『とれるはづさ芋(イモ)のさかりだ』」*楽屋図会拾遺(1802)「坊主を、しのき又いも」⑤「いもざかや(芋酒屋)」の略。*滑稽本・八笑人(1820–49)五・中「持めへのゐて〈注・酒の事〉は〈略〉親父橋がいもで又一よ」*歌舞伎・三題噺高座新作(髪結藤次)(1863)序幕「どれ、芋で一ぺい飲みなほさうか」⑥「いもでんがく(芋田楽)②」の略。*雑俳・柳多留-三〇(1804)「芋の親娵(よめ)にはゐごくあたるなり」語誌(1)植物の種類によって、その器官は塊根(サツマイモなど)、塊茎(ジャガイモなど)、球茎(サトイモなど)、担根体(ヤマノイモなど)と呼ばれる。食用としては、ヤマノイモ、サトイモ、サツマイモ、ジャガイモなどの総称。古くは、自生のヤマノイモや南方原産のサトイモが利用され、芋といえば特にサトイモをさすことが多かった。(2)現在方言で「いも」と呼ぶものを求めると、おおむね北海道・東北・甲信越等でジャガイモ、関東・静岡・岐阜・富山・九州等でサトイモ、その他でサツマイモ、ほかにヤマイモを指すと回答する傾向がある。方言❶植物、さといも(里芋)。長門†122 周防†122 埼玉県入間郡257 東京都伊豆諸島326 333 340 山梨県北都留郡038 静岡県534 540 三重県北牟婁郡601 奈良県吉野郡688 愛媛県新居郡843 熊本県054 925 930 宮崎県947 954 鹿児島県965 ◇うむ 鹿児島県奄美大島974 喜界島983 ❷植物、さつまいも(薩摩芋)。神奈川県中郡320 香川県829 佐賀県藤津郡895 熊本県919 ◇んも 三重県志摩郡586 ◇んむ 沖縄県首里993 ◇うむ 鹿児島県沖永良部島984 ❸植物の球根。奈良県吉野郡688 ❹さっぱりだめなこと。青森県津軽075 語源説(1)ウモの転〔日本古語大辞典=松岡静雄〕。(2)子をもつから、イモ(妹)となぞらえた〔和句解・和訓栞〕。(3)オモ(母)の転呼〔言元梯〕。(4)ウヅムからでたウムの転。土に埋めて蓄えるから〔滑稽雑談所引和訓義解・大言海〕。また、ウヅマリミ(埋実)の義〔日本語原学=林甕臣〕(5)ウマシ(旨)の転〔和語私臆鈔〕。(6)イモのイはイキ(息)、イノチ(生)、イカル(怒)などのイと共通で、内在する力をいう。モはモモ(桃・腿)、モミ(籾)などのように、まるみのある身、まるい実をいう。イモはモが本体で、内容の充実したまるい物をいう意味になる〔南島叢考=宮良当壮〕。発音〈音史〉上代語『うも』の転か。〈なまり〉イム〔福島〕インモ〔飛騨〕エモ〔埼玉方言・石川・福井・鳥取〕オモ〔福井〕ンモ〔津軽語彙〕〈標ア〉モ 〈ア史〉平安○○ 〈京ア〉イ 辞書字鏡・色葉・名義・和玉・文明・伊京・明応・天正・饅頭・黒本・易林・日葡・書言・〈ヘボン〉・言海 表記芋(字・色・文・明・天・饅・黒・易・書・ヘ・言) 蕷(字・玉) 薯蕷(色・易) 蹲鴟・暑預(色) 藷・茵芋・芋莕君(名) 莕君(伊) 薯(言)

いも植(う)う 夏にサトイモの苗を畑に植える。《季・夏》*俳諧・をだまき(元禄四年本)(1691)四季之詞・四月「芋植(イモウフ)る」

いもが子(こ) ①芋の子。*俳諧・洗濯物(1666)「いもが子は皆土性の生れ哉」②田舎出の子。百姓の子。*雑俳・柳多留-一六(1781)「いもが子はやりての手にもあわぬ也」

いもの頭(かしら) 「いもがしら(芋頭)①」に同じ。*いほぬし(986–1011頃)「碁石笥(ごいしけ)の大きさなるいものかしらを取り出でて焼かす」*梵舜本沙石集(1283)六・一三「座席のびけるままに、頭より煙り立て、芋の頭をゆでたるに似たり」辞書下学 表記芋頭(下)

いもの頭(かみ) 「いもがしら(芋頭)①」に同じ。《季・新年》*俳諧・誹諧発句帳(1633)春「守れ猶としいはふいものかみ〈以重〉」*俳諧・崑山集(1651)一春「命つなげ祝ふ雑煮のいもの神〈清之〉」*案内者(1662)一「雑煮のかちんにいのちもねばらつよかれとことぶき、芋のかみといふからに、もとゆひらしくむすびこぶをかざり」*俳諧・年浪草(1783)春・一「いものかみ、芋頭を云。頭(とう)を頭(かみ)と云こと、所謂祝語なり。玄蕃頭・木工頭のかみをかりて云」方言島根県出雲725 ◇いものてて〔―父〕富山県砺波397

いもの茎(くき) 「いもがら(芋幹)」に同じ。《季・秋》*高野山文書-(天文一三年〜一四年)(1544–45)高野山検校納分下行雑記(大日本古文書六・一二三一)「同下庄納物〈略〉家の芋七升五合、芋のくき七連半」*俳諧・笈日記(1695)中・尾張「かまきりの鎌にはばむや芋の茎〈如山〉」辞書易林・書言 表記芋茎(易) 莖・芋莄(書)

いもの子(こ) ①親芋についている小さな芋。子芋。《季・秋》*俳諧・犬子集(1633)五・雑秋「芋の子もなくかずいきの露涙」*俳諧・鷹筑波(1638)四「芋(イモ)の子も月見のはれかきぬかづき〈正朝〉」②植物「さといも(里芋)」の異称。*浜荻(庄内)(1767)「さといもを いもご 酒田にていものこといふ」*御国通辞(1790)「さといも いもの子」*浜荻(仙台)(1813頃)「いものこ 里いもの子なり。はたいも共。青芋本草。江戸 さといも」③瀬戸焼の茶入れの一種。その形が①に似ているところからいう。山桜芋子、雨宿芋子などが名物として知られている。*俳諧・鷹筑波(1638)一「ほり出しは実(げに)いものこの茶入かな〈充継〉」方言❶山の芋や捏芋(つくねいも)などの肉芽。むかご。青森県津軽076 上北郡082 山形県東置賜郡139 福島県会津166 長野県上田475 佐久484 山口県玖珂郡794 ◇いもんこ 大分市941 ◇いもっこじ 神奈川県足柄上郡964 ◇えもも 山形県飽海郡139 ❷菊芋の子芋。山形県飽海郡139 ❸植物、さといも(里芋)。北海道函館050 青森県073 岩手県紫波郡093 上閉伊郡098 宮城県115 116 121 秋田県130 鹿角郡132 山形県139 酒田市145 富山県西礪波郡400 石川県404 長野県佐久484 島根県725 山口県玖珂郡・豊浦郡794 ◇いもんこ 石川県能美郡419 佐賀県藤津郡895 長崎県南高来郡905 ◇いものこっこ 青森県073 ❹植物、まめいも(豆芋)。長野県一部030 ❺子供の俗称。岡山県児島郡763 発音〈標ア〉0 辞書言海 表記芋子(言)

いもの子(こ)洗(あら)うよう 「いも(芋)を洗

う」に同じ。＊思出の記（1900–01）〈徳富蘆花〉五・四「宛（さ）ながら芋の子洗ふ様にごっちゃごちゃと賑やかで」

いもの月（つき）「いもめいげつ（芋名月）」に同じ。＊俳諧・雑巾（1681）秋「心ある下女が袂や芋の月〈宗雅〉」＊雑俳・辻談義（1703）「やすみけり・盗（す）りも芋買芋の月」 発音〈標ア〉キ

いもの露（つゆ）「いも（芋）の葉の露」の略。《季・秋》＊俳諧・誹諧通俗志（1716）時令・七月「梶のは 芋の露」＊俳諧・太祇句選（1772–77）後篇・秋「芋の露野守の鏡何ならむ」＊山廬集（1932）〈飯田蛇笏〉「芋の露連山影を正しうす」 発音〈標ア〉ツ

いもの煮（に）**えたも＝御存**（ごぞん）**じない**［＝**知**（し）**らない**］世間の事情にうといことをあざけっていう語。＊洒落本・浄瑠璃稽古風流（1777）「いもの煮（ニヘ）たもしらぬ無理な御異見に」＊譬喩尽（1786）一「芋（イモ）の煮（ニ）えたも知（シ）らぬ奴（やつ）」＊社会百面相（1902）〈内田魯庵〉老俗吏「官報に名の出る先生達が存外芋の煮へたも御存じない御前様で」

いもの花（はな） 方言 ⇩いもばな（芋花）

いもの葉（は）**の露**（つゆ） サトイモの葉に置いた露。この露を硯（すずり）の水に用いて梶（かじ）の葉に詩歌や願いごとを書いて七夕の星にたむける風習があった。芋の露。《季・秋》＊藻塩草（1513頃）八・芋「露取草 七夕の哥を書にいものはの露にてかくなりいもの露ともよめり」＊俳諧・増山の井（1663）七月「芋（イモ）の葉の露 是は此国の風俗（ならはし）に、七夕の哥を手向るに芋（イモ）の葉の露を硯に滴て、梶に書也 藻塩」＊日本歳時記（1688）五「七夕星に手同[illegible]詩歌[illegible]に書くこと」＊俳諧・続明烏（1776）秋「いもの葉の露や銀河のこぼれ水〈自笑〉」 発音〈標ア〉ツ

いもの母（はは）「いもがしら（芋頭）①」に同じ。＊いほぬし（986–1011頃）「芋の頭をとり出でて焼かす。これぞいものははといへば」 発音〈標ア〉八[1]

いもの山（やま） 連歌で、ヤマノイモを「芋の山」というように、転倒したもののいいかたを非難していう語。＊紹三問答（1579）「古人のいもの山と云句は、山のあなたに鹿や鳴らんと云を鹿のあなたに山や鳴らん。か様の句作たるをいもの山とて嫌しなり」＊俳諧・破邪顕正（1679）「清水の滝をたきの清水などいはば、作意にも成べし。祇園林（ぎおんのもり）を、林ぎおんとはいはれまじ。かれらが心には滝の清水古風也、林ぎおんこそおもしろけれと、おもへるならん。かやうのゐせものを連歌にては芋のやまとて、大きにきらふ。誹諧にてはくりはまといふ也」 語誌「紹三問答」によれば、「吹むすぶ嵐もしろき氷かな」（嵐↕氷）と「嵐も白きと当世にあそばし候」ものは、「いもの山」とは見なさないという。のちに談林俳諧では、「破邪顕正」に見られるように単純な語の転倒の手法は一般的なこととなった。また、俳諧の漢詩文調時代になると、例えば芭蕉の句「髭風を吹て暮秋嘆ずるは誰が子ぞ」〈虚栗・下〉（髭↕風）のように、漢詩の倒置法と結びつけられて多用された。

いもを洗（あら）**う** （芋をたくさん桶に入れて交差した棒でかきまぜて洗うさまから）人出が多く混みあっているさまのたとえ。＊くれの廿八日（1898）〈内田魯庵〉六「暫らく此芋を洗ふ騒動を見物してゐたが」＊小さい田舎者（1926）〈山田清三郎〉五「今川焼や、関東煮（くゎんとうだき）などといった、食ひもの屋台店なども軒を並べてゐた。芋を洗ふやうな人出であった」＊若い人（1933–37）〈石坂洋次郎〉上・二四「その前晩の宿では小さな家庭用みたいな風呂桶に芋を洗ふやうに押し込まれて」

いも【妹】『名』①男性の側から、同腹の姉妹を呼ぶ語。年齢の上下に関係なく、姉をも妹をも呼ぶ。いもこ。↕兄（せ）。＊古事記（712）上「次に成れる神の名は、宇比地邇上神（うひぢにのかみ）、次に妹（いも）須比智邇去神（すひぢにのかみ）」＊書紀（720）仁賢六年九月（寛文版訓）「古は兄（あに）弟（をとと）長（ひととなり）幼（いとけなしき）を言はず、女は男を以て兄と称（い）ひ、男は女を以て妹（イモ）と称ふ」＊万葉（8C後）六・一〇〇七「言問（こととと）はぬ木すら妹（いも）と兄（せ）とありといふをただ独子（ひとりご）にあるが苦しさ〈市原王〉」②男性から結婚の対象となる女性、または、結婚をした相手の女性をさす称。恋人。妻。↕兄（せ）。＊古事記（712）上「是に其の妹（いも）伊邪那美命を相見むと欲して、黄泉国（よみのくに）に追ひ往く」＊書紀（720）雄略即位前「吾妹（わきもこ）〈妻を称ひて妹と為る[illegible]〉」しと雖も、朕、眉輪王を畏る」＊万葉（8C後）五・七九八「伊毛（イモ）が見しあふちの花は散りぬべし我が泣く涙いまだ干（ひ）なくに〈山上憶良〉」＊古今（905–914）恋一・四八五「かりごもの思ひ乱れて我恋ふといも知るらめや人し告げずは〈よみ人しらず〉」＊河越千句（1470）二「笘かけて独ぬる夜の舟の床〈中雅〉 いもこひしらの旅のさ莚〈心敬〉」③年ごろの若い娘。お嬢さん。娘さん。＊古事記（712）中・歌謡「本辺（もとへ）は君を思ひ出 末辺（すゑへ）は 伊毛（イモ）を思ひ出」＊常陸風土記（717–724頃）茨城・歌謡「高浜の 下風さやく 伊毛（イモ）を恋ひ 妻と言はばや 醜乙女賤（しことめしつ）も」④女性が同性の友人や自分のいもうとなど親しい女性をさしていう。あなた。＊万葉（8C後）四・七八二「風高く辺には吹けども妹（いも）がため袖さへ濡れて刈れる玉藻そ〈紀女郎〉」＊万葉（8C後）八・一六二二「大伴田村大嬢与[二]妹坂上大嬢[一]歌二首、わが屋前（やど）の秋の萩咲く夕影に今も見てしか妹（いも）が姿を〈大伴田村大嬢〉」 語誌（1）同じ語で同母の姉妹も妻や恋人も指したことについて、原初的な血縁婚の名残と考える説がある。これは古代には異母姉妹との結婚も行なわれたからであるが、歴史学・民族学の立場から定説となっているわけではない。（2）「いも」という語形は、おそらく、母の「おも」、女の「め」などと関係があり、近親の女性を指したのが原義であろう。「万葉集」には、④の挙例のように女性が同性の友人や姉妹を指して「いも」と呼ぶ場合があることも、そこから説明できる。（3）古代の日本に中国の法制概念を輸入したとき、固有の和語の語義を限定的に用いて漢語の翻訳にあてることがあった。姉妹に「いも」をあてたのも、その一例と考えることができる。（4）平安時代以後、「いもと」という語の成立にともなって「いも」は歌語化した。「源氏物語」では、歌またはその引用文にしかあらわれない。「日葡辞書」でも詩歌語とされている。→いもうと・おも・せ。 方言 妹。宮崎県東諸県郡947 ◇**いもお** 神奈川県001 語源説（1）イは発語。モは向う義〔東雅・万葉集類林・和訓栞〕。（2）内に居て守るものの意の居守りの義〔本朝辞源＝宇田甘冥〕。（3）妻は夫よりも劣ったものという考えから、イロヲトリの義〔関秘録〕。（4）いきてあるうちおもうという意か〔和句解〕。（5）モはメ（女）に通う〔日本語源＝賀茂百樹〕。（6）イはイトシキ意。モはミ（身）の転〔国語の語根とその分類＝大島正健〕。（7）ヨシミヨ（好）の反〔名語記〕。（8）イは接頭語。モはセに対立する語〔日本古語大辞典＝松岡静雄〕。（9）「姻」の音 Im の語尾 M を Mo と変えたもの〔日本語原考＝与謝野寛〕。 発音〈標ア〉イ 〈ア史〉平安・鎌倉○◓か 〈京ア〉イ 上仮名 イモ 辞書 日葡・言海 表記 妹（言）

いもが家（いえ）**に** ⇩親見出し

いもが績（う）**む** ⇩親見出し

いもが家（え） いとしい女の住む家。＊万葉（8C後）[illegible]見るまでにここだもまがふ梅の花かも〈小野国堅〉」＊万葉（8C後）一四・三四四一「ま遠くの雲居に見ゆる伊毛我敝（イモガへ）にいつか到らむ歩めあが駒〈東歌〉」

いもが髪（かみ） ⇩親見出し

いもが着（き）**る** ⇩親見出し

いもが子（こ） 愛する女の子。わが子。＊俳諧・落日庵句集（1780頃か）「いもが子は鰒喰ふほどに成にけり」＊俳諧・おらが春（1819）「小児の行末を祝して〈略〉妹が子の背負ふた形りや配餅」

いもが袖（そで） ⇩親見出し

いもが手（て）**を** ⇩親見出し

いもが紐（ひも） ⇩親見出し

いもが目（め）**を** ⇩親見出し

いもに恋（こい） ⇩親見出し

いもの命（みこと） （「みこと」は神や人を尊敬していう接尾語）女姓に対する尊敬語。妹の御方。＊古事記（712）上・歌謡「いとこやの 伊毛能美許等（イモノミコト）」＊万葉（8C後）一〇・二〇〇九「汝が恋ふる妹命（いものみこと）は飽き足りに袖振る見えつ雲隠るまで〈人麻呂歌集〉」

い-も【姨母】『名』①母の姉妹。おば。いぼ。＊観智院本三宝絵（984）下「昔仏の御姨母（イも〈注〉ヲハ）の橋曇彌仏の御もとにきたりてかみをそりて御弟子にならむと」＊今昔（1120頃か）一・二「其第八の娘摩迦波闍と云ふ。其人を以て太子を養ひ給ふ、実の母に不異ず。太子の御夷母に御（おは）す」＊説文解字段注‐女部・姨「後世謂[二]母之姉妹[一]曰[二]姨母[一]」②一族の目上の女性をいう語。＊吾妻鏡‐貞応元年（1222）四月二七日「彼禅尼者。六条廷尉禅門妹。故右大将家姨母也」

いも【疱瘡・痘痕】『名』「いもがさ（疱瘡）」の略。＊運歩色葉（1548）「疱瘡 イモ」＊日葡辞書（1603–04）「Imo（イモ）〈訳〉比喩として、痘瘡」＊俳諧・西鶴大矢数（1681）第一五「いももはしかも時雨晴行 酒まぜて湯尾峠も爰なれや」＊雑俳・柳多留‐五（1770）「ちっとべいいもはあるがと村仲人」＊門三味線（1895）〈斎藤緑雨〉二「過日（こないだ）も路に八百屋の荷が顚覆（ひっくりかへ）りて、そこらがお師匠様の面（かほ）よと言ひなさるを何かと思へば、痘痕（イモ）だらけと悪い事ばっかり」 発音〈標ア〉モ 辞書 日葡・〈ポン〉・言海 表記 痘瘢（へ）

いもの神（かみ） 「いもがみ（疱瘡神）」に同じ。＊俳諧・口真似草（1656）「いもの神まいるえん日かけふの春〈平吉〉」＊俳諧・おらが春（1819）「笑ひ盛りなる縁り子を、寝耳に水のおし来るごとき、あらあらしき疱の神に見込れつつ」

いも『名』①贈り物の包み紙の上に書く平仮名文字。熨斗鮑（のしあわび）の形を略画にしたもので、「のし」と同様という。おもに女子が用いた。②手紙、[illegible]書などの末尾に書く「以上」の草体。＊雑俳・柳多留‐五二（1811）「文は梅手紙の末はいもで留め」

いも①

いも『名』 方言 ❶もはや。もう。新潟県佐渡038 兵庫県多紀郡667 美囊郡669 山口県阿武郡795 ◇**いもお** 新潟県佐渡038 山口県793 ❷さらに。もう。◇**いもおとも**。長野県佐久493

いも-あめ【芋飴】『名』いもの澱粉（でんぷん）質を糖化させて作った飴。多く、サツマイモを原料とする。＊林檎の下の顔（1971–73）〈真継伸彦〉四「芋あめや芋するめや玄米製の白い餡パンなどが」 発音〈標ア〉モ〇

いも-あらい【―洗】『名』 方言 動物。❶いもり（井守）。熊本県918 ◇**いもあれ** 熊本県葦北郡・八代郡933 ◇**いもいり** 三重県度会郡599 ◇**いもうら** 福岡県南部872 ◇**いもお** 大阪府三島郡040 ◇**いもおれえ** 島根県邇摩郡724 ◇**いもおれん** 島根県邇摩郡723 邑智郡724 ◇**いもくい** 福井県遠敷郡445 ◇**いもくり** 熊本県下益城郡930 ◇**いもじりかけ** 愛媛県宇和島855 ◇**いもぶ**

ら 高知県高岡郡864 ◇いもほり 福島県安達郡062 三重県南牟婁郡040 島根県仁多郡723 ◇いもら 福井県大飯郡447 京都府620 奈良県南大和683 山口県玖珂郡800 福岡県南部872 ◇いもりゃ 熊本県玉名郡929 天草郡936 ◇いもりゃあ 佐賀県887 熊本県玉名郡926 ◇いもれ 福岡県三池郡063 八女郡872 大分県日田郡939 宮崎県霧島北麓947 ◇いもれえ 鳥取県気高郡717 ◇いもろ 富山県砺波398 兵庫県多紀郡667 ◇もおらい 兵庫県但馬652 ◇ももらい 滋賀県滋賀郡・高島郡608 ◇よもり 新潟県中越373 ◇よもれ 新潟県347 ❷おたまじゃくし(御玉杓子)。◇ももらい 滋賀県滋賀郡・高島郡608

いもあらい【一口】 京都府南西部、久御山町の地名。干拓前の巨椋(おぐら)池の水が淀川に向かうところで、渡船場として知られ、淀川三渡しの一つだった。建武三年(一三三六)足利尊氏が天皇側と戦った。三方が沼で一方に入口があったので一口とあてられたか。＊平家(13C前)一・橋合戦「淀、いもあらい、河内路をば」 発音〈標ア〉ア〈京ア〉ア 辞書下学・文明・伊京・黒本・易林・書言 表記一口(下・文・伊・黒・易・書)

いもあらい【芋洗】 ㊀〘名〙①土の付いたサトイモを洗うこと。＊俳諧・太無発句集(1790)「待宵の影を濁な芋洗ひ」②桶やざるに芋を入れて棒でかき回して洗うこと。＊滑稽本・大千世界楽屋探(1817)口絵「くびかずがおほいから、いもあらひでやうやうと間にあふやつさ」㊁㊀狂言。都見物をした太郎冠者が京の名所として賀茂川で芋を洗っていた女の話をするもの。「天正狂言本」所収。㊂江戸神田昌平橋の古名。元禄四年(一六九一)に昌平と改めた。 発音〈標ア〉ア 表記芋洗・芋濯(文)

芋洗い〈大和名所図会〉

いもあらいかんじんちょう【芋洗勧進帳】 歌舞伎「御摂勧進帳(ごひいきかんじんちょう)」の俗称。弁慶が天水桶へ雑兵の首を入れて芋洗いの見得をするところからの称。 発音イモアライカンジンチョー〈標ア〉ジ

いも-あらし【芋嵐】〘名〙芋の葉に吹き渡る強い風をいう。強風のため白い葉裏を見せて波立っているさま。《季・秋》＊万両(1931)〈阿波野青畝〉「案山子翁あちみこち見や芋嵐」 発音〈標ア〉ア

いも-あん【芋餡】〘名〙サツマイモなどをふかしてすりつぶし、砂糖を加え練って作った餡。 発音〈標ア〉0〈京ア〉0 辞書言海 表記藷餡(言)

いもい【斎・忌】〘名〙①身心を清め慎むこと。ものいみ。斎戒。いもゆ。＊竹取(9C末-10C初)「此の人々ども帰るまで、いもゐをしてわれはをらん」＊源氏(1001-14頃)幻「御正日には、上下(かみしも)の人々皆いもゐして、かの曼陀羅など、今日ぞ供養せさせ給ふ」＊大唐西域記長寛元年点(1163)七「遵ぶに帰依する敬を以てし、斎(イモヒ)には不殺の戒を以てす」＊観智院本名義抄(1241)「斎 イモヒ イハフ イム モノイミ ツツシム」②精進料理。また、それを盛った椀。＊書紀(720)敏達一三年是歳(前田本訓)「此の時に、達等、仏の舎利を斎食(イモヒ)の上に得たり」＊源氏(1001-14頃)若菜下「さまざまの御法服のこと、いもゐの御設けのしつらひ、なにくれと、さまことに変れることどもなれば」 語源説(②について)イミイヒ(斎食)の義〔和訓栞〕。 発音〈標ア〉モ 辞書色葉・名義・書言・言海 表記斎(色・名) 齋(名) 斎忌・精進(書)

いも-い【妹居】〘名〙(妹と居る意)夫婦の共寝。＊浄瑠璃・十二段(1698頃)三「岩木ならねば若君もお心動く斗なるが、いもゐ許さぬ旅枕」

いも-い【疱瘡】〘名〙「いもがさ(疱瘡)」に同じ。＊日葡辞書(1603-04)「Imoi(イモイ)」 辞書日葡

いも-いくさ【芋軍】〘名〙(親芋と子芋とがつながっているところから)親子が協力して戦うこと。＊雑俳・柳多留拾遺(1801)巻一三・上「つよい事待賢門のいも軍」

いも-いけ【芋埋】〘名〙死体を菰(こも)づつみにして埋葬すること。仮埋葬。 方言静岡県周智郡521 磐田郡546

いもいた-せんべい【芋板煎餅】〘名〙生切り干しのサツマイモを遠火で焼き、表裏に蜜を塗ったもの。埼玉県川越市の名産。いもせんべい。 発音イモイタセンベイ〈標ア〉セ

いもい-ばし【斎箸】〘名〙精進潔斎の日に用いる箸。＊俳諧・炭俵(1694)上「やはらかものを嫁の襟もと〈孤屋〉 気にかかる朔日しまの精進箸〈野坡〉」 発音〈標ア〉パ

いも-いも【痘痕】〘名〙(「いも」を重ねて言った語)あばた。みっちゃ。＊歌舞伎・月梅薫朧夜(花井お梅)(1888)序幕「此お婆さんの顔を立って、いもいものある納豆屋を、だまって返(けえ)してやったのだが」 発音〈標ア〉0

い-もう【威猛】〘名〙威勢の強いこと。たけだけしいこと。＊色葉字類抄(1177-81)「威猛 イカメシ ヰマウ」＊太平記(14C後)一六・正成下向兵庫事「元弘の初めには、平太守の威猛(ヰマウ)を一時にくだかれ」＊説苑-威武「雖ㇾ有二広土衆民、堅甲利兵、威猛之将一、士卒不二親附一、不ㇾ可三以戦勝取ㇾ功」 辞書色葉 表記威猛(色)

い-もう【蝟毛】〘名〙①ハリネズミの毛。また、それに似たもの。＊艸山集(1674)二二・栗「葉間累累蝟毛青 陵二轢西風一未二肯零一」＊生物学語彙(1884)〈岩川友太郎〉「Echinate 蝟毛状ノ、多針ナル、栗毬状ノ」②物事が一度に起こること。また、その激しいさまのたとえ。＊重右衛門の最後(1902)〈田山花袋〉一〇「悲しい同情の涙が鎧に立つ矢の蝟毛(ヰモウ)の如く簇簇(ぞくぞく)と烈しく強く集って来た」＊漢書-賈誼伝「高皇帝瓜二分天下一、以王二功臣一、反者如二蝟毛一而起」

いも・う【忌】〘他ハ四〙⇩いまう(忌)

いも・う【斎】〘自ハ四〙神を祭るために、心身を清める。斎む。いもおる。＊江家次第(1111頃)一二・斎王群行「斎内親王依二恒例一三ケ年間令二伊毛比斎清一」＊河海抄(1362頃)一七「万葉人丸、神垣にひほろぎ立てていもへども人の心は守りあへぬものを」 辞書言海

いもうえ-ぐるま【芋植車】〘名〙江戸時代、種芋を植えるときに用いた農具。周囲に荒い銑(ずく)のある車に柄を付け押していくと、銑によって種芋を入れる穴が等間隔にできる道具。＊農具便利論(1822)中「芋植車〈略〉京都辺にては芋を種るには、此車を用て筋の通を向ふへおしゆけば、車の銑(づく)にて穴あくゆへ、種子を下す間の尺寸(すんぽう)広狭もなく、いがむこともなし」

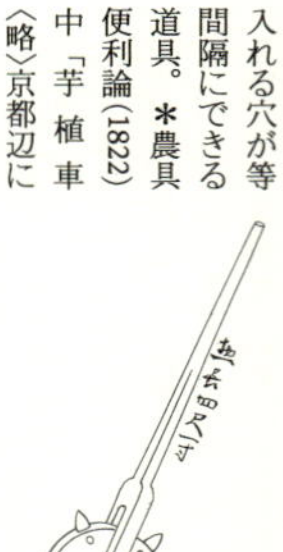
芋植車〈農具便利論〉

い-もう・く【居設】〘他カ下二〙そこにいて準備する。待ちうける。＊たまきはる(1219)「姉の京極殿もゐまうけられたりけり」

いもう-じ【鋳物師】〘名〙「いものし(鋳物師)」に同じ。＊玉塵抄(1563)四「治はかぢの物をつくりいもうじの物をふく所を云ぞ」

いもうじ-や【鋳物師屋】〘名〙「いもうじ(鋳物師)」に同じ。＊高野山文書-正和三年(1314)五月一一日・行有田地売券(大日本古文書四・四六〇)「いもうしやのおかとののうりけん」

いもうと【妹】〘名〙(「いもひと(妹)」の変化した語)①男性の側から、姉妹を呼ぶ語。古くは年齢の上下に関らず姉をも呼んだが、のち、年下の女きょうだいだけに限られるようになった。いも。いもと。⇔兄人(しょうと)。＊伊勢物語(10C前)四九「昔、男、いもうとのいとをかしげなりけるを見をりて」＊源氏(1001-14頃)夢浮橋「あこが亡(う)せにしいもうとの顔はおぼゆや」＊大鏡(12C前)三・伊尹「花山院御いもうとの女一宮は、うせ給にき」＊俳諧・曠野(1689)七・無常「いもうとの追善に 手のうへにかなしく消る蛍かな〈去来〉」＊浄瑠璃・堀川波鼓(1706頃か)中「こりゃ妹、たった今其方が恥辱を雪(すす)いで得させんず」②(兄妹になぞらえて)男の側から、親しい女性をさしていう。いも。＊枕(10C終)八二・頭中将の、すずろなるそら言を「このいもうと、せうとといふことは、上(うへ)までみな知ろしめし、殿上にも、司(つかさ)の名をば言はで、せうととぞつけられたる」③女のきょうだいのうち、年下のほう。⇔姉。＊十巻本和名抄(934頃)一「妹 爾雅云女子後生為ㇾ妹〈莫佩反 和名以毛宇土 日本紀私記云以呂土〉」＊二人女房(1891)〈尾崎紅葉〉上・一「肖(に)てはゐねど同腹にて、姉は父親肖(ておやに)、妹(イモウト)は母親肖なり」④妻や夫の妹、弟の妻など。義妹。 語誌(1)平安時代に成立した語。「せうと(しょうと)」と対をなして用いられた。妻や恋人は指さないが、異腹の姉妹(⇒「いもうとむつび」)を指すところが上代の「いも」と異なる。(2)平安時代には男性側が使う言葉であり、女性が自分の年下の女きょうだいを指して用いた例は見あたらない。③の「十巻本和名抄」の例は、漢字の原義に即した記述とみられる。(3)年下の意味領域で「おとうと」と男女別の対をなすようになるのは中世以後である。⇒いも・せうと。(4)一般的に、「妹」「弟」のような年下を表わす方の語は年上からの呼びかけとしては使わない。名前、あるいはあだ名のようなもので呼ぶのが普通である。逆に、兄弟姉妹の年下は年上に対して、名前そのもので呼びかけはせず、「兄さん」「姉さん」あるいはそれに準じた呼び方、またはあだ名のようなもので呼ぶことが多い。(5)江戸時代の浄瑠璃・歌舞伎では、年上の方から、「いもうと」「おとうと」と呼ぶ例が見られる。これは舞台台本の特性によるものであろう。 語源説(1)イモヒト(妹人)の音便〔箋注和名抄・俗語考・和訓栞〕。(2)イロトの転。ウは引音〔日本釈名〕。⇒妹(いもと)の語源説。 発音イモート〈なまり〉イモタ〔紀州〕イモッ〔鹿児島方言〕イモッ〔大隅〕イモト〔京言葉・播磨・瀬戸内〕エモト〔鳥取〕〈標ア〉ト〈ア史〉平安○○○○ 江戸●●●○〈京ア〉0 辞書和名・色葉・名義・下学・和玉・文明・伊京・天正・黒本・易林・ヘボン・言海 表記妹(和・色・名・下・玉・文・伊・天・黒・易・へ・言) 姝(文) 娣(天)

いもうと-かぶ【妹株】〘名〙「いもうとぶん(妹分)」に同じ。＊俳諧師(1908)〈高浜虚子〉二二「妹株(イモウトカブ)になってゐた梅代といふ女郎が」 発音イモートカブ〈標ア〉ト

いもうと-ぎみ【妹君】〘名〙他人のいもうとを敬っていう語。まいくん。

いもうと-げいしゃ【妹芸者】〘名〙後輩の芸者。妹分の芸者。＊二人女房(1891)〈尾崎紅葉〉上・三「玉八といふ人の悪い老妓が〈略〉妹芸者(イモウトゲイシャ)を笑はせてゐる」 発音イモートゲイシャ〈標ア〉ゲ

いもうと-ご【妹御】〘名〙他人の妹を敬っていう語。お妹さん。いもとご。＊甲陽軍鑑(17C初)品二二「北条氏康より、妹子(イモウトゴ)を、駿府へ人質に差こさるる」＊曲翠宛芭蕉書簡-元禄七年(1694)正月二九日「竹助殿御成長、其妹御、見ぬ内より御なつかしく候」＊浮世草子・世間娘容気(1717)五「仕合は真(まこと)ある女房をもたれてたのもし、しかしぶ遠慮ながらこなたの妹御(イモウトゴ)は内儀にかはって又なきふ孝者」 発音イモートゴ〈標ア〉ト〈京ア〉ト

いもうと-じょろう【妹女郎】〘名〙姉女郎の世話になって指導を受ける後輩の遊女。妹分の女郎。いもと女郎。⇔姉女郎。＊浄瑠璃・大磯虎稚物語(1694

頃)三「妹女郎、やりて、かぶろ、引舟なんど、入かはり立かはり」＊田舎教師(1909)〈田山花袋〉三六「相方は兼ねて知って居る静枝の妹女郎(イモウトヂョラウ)が来た」 発音イモートジョロー〈標ア〉ジョ

いもうとっ-こ【妹子】〘名〙「いもうと(妹)」に同じ。＊人情本・郭の花笠(1836)三・一三回「藤さんの妹嬢(イモウトッコ)で、俺が情婦(いろ)よ」

いもうと-ぶん【妹分】〘名〙やくざや芸者などの世界で、妹同様に親しい者。いもとぶん。妹株。＊歌舞伎・小袖曾我薊色縫(十六夜清心)(1859)二・序「妹分(ぶン)にしてやるから、困った時はいつでも来い」＊日本橋(1914)〈泉鏡花〉一〇「お孝の妹分と聞いただけで、其の向きの客人は一目(いちもく)を置き」 発音イモートブン〈標ア〉ト〈京ア〉ト

いもうと-むこ【妹婿】〘名〙妹の夫。いもとむこ。いもとびと。＊寛永刊本蒙求抄(1529頃)一「是が我が妹聟の蠡吾侯を立と云たぞ」＊わらんべ草(1660)五「金春脇、元祖、宮王太夫が父也。宗印、妹聟也」＊浄瑠璃・堀川波鼓(1706頃か)中「あるじの妹婿政山三五平といふ馬廻り」＊障子の落書(1908)〈寺田寅彦〉「妹婿は日曜抔にはよく家内連れで方々へ遊びに出た」 発音イモートムコ〈標ア〉ム〈京ア〉ム

いもうと-むすめ【妹娘】〘名〙娘のうち、年下のほう。また、子どもの中で、年下の女の子。いもとむすめ。↔姉娘。＊浄瑠璃・女殺油地獄(1721)中「妹むすめのおかちが十日斗(ばかり)風引て枕あがらず」＊先生への通信(1910-11)〈寺田寅彦〉ゲッチンゲンから「此間中から妹娘が贈物にする襟飾を編んで居ました」 発音イモートムスメ〈標ア〉ム

いもうと-むつび【妹睦】〘名〙自分の妹と夫婦関係を結ぶこと。＊宇津保(970-999頃)蔵開下「はらからなれど、異腹(ことはら)にて疎かりけるを、いもうとむつびして、忍びてむかへとりてかよひ給ひしなり」

いも-うり【芋売】〘名〙①芋の荷をかついで売り歩くこと。ことに仲秋の名月に供えるサトイモを売り歩くこと。また、その人。＊俳諧・蘿葉集(1767)二「芋売は銭にしてから月見かな」＊人情本・恩愛二葉草(1834)二・六章「高尾といふ立派な大夫さんでも、元は芋売(イモウリ)の子でおざりいす」②遊里で田舎客をあざけっていう語。＊雑俳・柳多留-四(1769)「いもうりといって新造(しんぞう)どくづかれ」 発音〈標ア〉リ モ

いも-え【芋餌】〘名〙釣りのえさ。煮たサツマイモを、さいの目に切ったもの。コイ、フナ、クロダイなどを釣るのに用いる。

いもお・る【斎】〘自ラ四〙「いもう(斎)」に同じ。＊神皇正統記(1339-43)上・神功皇后「仲哀神のをしへによらず、世を早くし給しかば、皇后いきどほりまして、七日あって別殿を作り、いもほりこもらせ給」

いも-がい【芋貝】〘名〙イモガイ科に属する巻貝の総称。螺塔(らとう)はきわめて低く、全体に逆円錐形の殻をもつ。生きているときの褐色の厚い殻をかぶった状態がサトイモに似ていることからこの名がある。体内に毒腺をもち、歯舌を銛(もり)のように用いて魚、貝、ゴカイなどを捕食する。主に熱帯の海に分布し、日本近海ではツボイモ、クロミナシなど約一二〇種知られている。殻は装飾や観賞用にする。 方言貝、やつしろがい(八代貝)。香川県小豆島829 発音イモガイ〈標ア〉モ 辞書言海 表記芋貝(言)

いも-がい【芋粥】〘名〙「いもがゆ(芋粥)」に同じ。＊虞美人草(1907)〈夏目漱石〉一四「鳴海絞(なるみしぼり)の兵児帯を締めて芋粥(イモガイ)に寒さを凌いだ時代と」 方言❶薩摩芋(さつまいも)を混ぜて炊いた飯。三重県志摩郡054 ❷芋と粟(あわ)または米のかゆ。長崎県壱岐島916

いも-が-いえ-に【妹家―】〘枕〙妹が家に行くという意で、「行く」と同音を含む地名「伊久里(いくり)」にかかる。＊万葉(8C後)一七・三九五二「伊毛我伊敝爾(イモガイヘニ)伊久里の森の藤の花今来む春も常かくし見む〈大原高安〉」 補注「万葉-五・八四四」の「妹が家(へ)に雪かも降ると見るまでにここだもまがふ梅の花かも〈小野国堅〉」の「妹が家に」も、「行く」と類音の「雪」にかかる枕詞とみる説もある。

いも-が-うむ【妹績】〘枕〙妹が績(う)む「麻(を)」の意味で、同音を含む地名「小津(をつ)」にかかる。＊土左(935頃)承平五年二月五日「行けどなほゆきやられぬはいもがうむ小津の浦なる岸の松原」

いも-がお【痘痕顔】〘名〙疱瘡(ほうそう)のあとのある顔。あばたづら。いもづら。＊室町殿日記(1602頃)一〇「定家卿はいも顔にてしかもそうかふくろくおはしませば」＊浮世草子・男色大鑑(1687)六・四「世間の疱瘡(イモガホ)を独(ひと)りしてあづかり」＊俳諧・曠野(1689)員外「疱瘡皃の透とをるほど歯のしろき〈越人〉」＊滑稽本・人間万事虚誕計-後(1833)「小皺はすくなし、いも顔でも愛敬あばたで」 辞書言海

いも-が-かみ【妹髪】〘枕〙髪の毛をかき上げて結ぶことを、「あぐ」「たく」ということから、「あげたく」と類音を含む地名「上竹葉野(あげたかはの)」にかかる。「妹が髪上げ」までが序詞で、地名「竹葉野」にかかるという説もある。＊万葉(8C後)一一・二六五二「妹之髪(いもがかみ)あげたか葉野の放れ駒あらびにけらし逢はなく思へば〈作者未詳〉」

いも-が-きる【妹着】〘枕〙妹がかぶる御笠という意で、「みかさ」と同音の地名「三笠山」にかかる。笠を身に付けることも「着る」といった。＊万葉(8C後)六・九八七「待ちかてにあがする月は妹之著(いもがきる)三笠の山にこもりてありけり〈藤原真楯〉」

いもかけ-どうふ【芋掛豆腐】〘名〙煮た豆腐におろしたヤマノイモの汁をかけた料理。やまかけどうふ。＊いさなとり(1891)〈幸田露伴〉三七「何は無くとも薯蕷掛(イモカ)け豆腐(ドウフ)ぐらゐの御馳走はいたしませう」 発音イモカケドーフ〈標ア〉ド 辞書言海 表記薯掛豆腐(言)

いも-かご【芋―】〘名〙植物「やまのいも(山芋)」の異名。＊重訂本草綱目啓蒙(1847)二三・菜「零余子〈略〉いもかご 三州」 方言熊本県919 大分県941 ◇いもがご 大分県大分郡941

いも-がさ【疱瘡】〘名〙天然痘の古名。また、そのあと。あばた。もがさ。いも。いもい。いもがお。＊伊呂波字類抄(鎌倉)「皰瘡 イモカサ モカサ」＊書言字考節用集(1717)五「痘瘡 イモガサ」＊随筆・玉勝間(1795-1812)四〇「今の世にも、はうさうといふ、又いもといふ、されば昔もがさといへるは、いもがさの省きか」 語源説(1)オモガサ(面瘡)の転〔大言海〕。(2)イモは忌の転語。不浄を忌むから〔菊池俗言考〕。(3)イーモガサ(喪瘡)または忌瘡か〔日本語源＝賀茂百樹〕。 発音イモガサ〈標ア〉モ 辞書色葉・書言・言海 表記皰瘡(色) 痘瘡(書)

いも-がし【芋菓子】〘名〙いもを主材料にした菓子の総称。卵を加えた小麦粉皮でサツマイモのあんを包み、サツマイモを丸焼きした形とし、ニッケイ粉をまぶした生菓子もいう。 発音イモガシ〈標ア〉ガ

いも-が-しま【妹島】和歌山県加太湾の友ケ島の古称。田辺湾内のある島の古称などともいう。＊万葉(8C後)七・一一九九「藻刈舟沖漕ぎ来らし妹之島(いもがしま)形見の浦に鶴(たづ)翔(かけ)る見ゆ〈古集〉」 辞書文明 表記妹賀島(文)

いも-がしら【芋頭・魁】〘名〙①サトイモの球茎。おやいも。いえのいも。いものかしら。いものかみ。いものはは。＊今昔(1120頃か)三一・一六「不動と云ふ物と芋頭と云ふ物とを持来て食すれば」＊色葉字類抄(1177-81)「魁 イモガシラ 芋根也」＊徒然草(1331頃)六〇「いもがしらといふ物を好みて多く食ひけり」＊仮名草子・尤双紙(1632)下・三「物のかしらの品々〈略〉いわしの頭、いもがしら」＊風俗画報-一一一号(1889)人事門「此日市に商ふもの熊手、粟餅、芋魁(イモガシラ)のゆでたるものなり」②(形が芋のあたまに似ていることから) 茶の湯用具の水指(みずさし)や茶入れの形の一つ。南蛮陶製や、唐物染付の水指、瀬戸の茶入れなどに、この形状のがある。＊宗達茶湯日記(他会記)・天文一八年(1549)四月六日「一枚板 しんの釜・いもかしら、二つ置」＊南方録(17C後)会「水指 芋がしら」 方言植物、とうのいも(唐芋)。庄内†060 山形県鶴岡145 発音イモガシラ〈標ア〉ガ〈京ア〉ガ 辞書色葉・和玉・文明・易林・書言・言海 表記蹲鴟(易・書) 魁(色) 芋(玉) 莪(文) 魁芋(易) 芋魁(書) 芋頭(言)

いもがしら 祝(いわ)う (「祝う」は「雑煮餅(ぞうにもち)を祝う」と同類の用法) 正月の雑煮を食べること。雑煮の中の餅よりもサトイモの親芋を重視する場合が多く、地方によっては、サトイモの羹(あつもの)と餅の雑煮とを区別している所もある。＊俳諧・毛吹草(1638)二「正月〈略〉野老(ところ)いはふ芋頭(イモガシラ)いはふ」

いもがしら でも頭(かしら)は頭(かしら) どんなにつまらないもののかしらでも、かしらと名がつけば、やはりそれだけの偉さがある。

いも-かす【芋粕】〘名〙サツマイモから焼酎を取った残りのかす。肥料または家畜の飼料とする。 発音〈標ア〉カ

いも-が-そで【妹袖】〘枕〙妻の袖を枕にして寝る意で、「まく」と同音の地名「巻来(まきき)の山」にかかる。なお、巻来山は、大和の纏向(まきむく)山の誤りかともいう。＊万葉(8C後)一〇・二一八七「妹之袖(いもがそで)巻来(まきき)の山の朝露ににほふもみちの散らまく惜しも〈作者未詳〉」

いも-が-て-を【妹手―】〘枕〙恋人の手を取る意で、「とる」と類音を含む地名「取石(とろし)の池」にかかる。＊万葉(8C後)一〇・二一六六「妹手呼(いもがてを)取石の池の波の間ゆ鳥が音異(け)に鳴く秋過ぎぬらし〈作者未詳〉」

いも-かのこ【芋鹿子】〘名〙小豆の代わりに、さいの目に切った、サツマイモの蜜漬けを付けた鹿の子餅。 発音〈標ア〉カ

いも-が-ひも【妹紐】〘枕〙恋人の下紐を結ぶの意で、「結(ゆ)ふ」と同音を含む地名「結八(ゆふや)川」にかかる。＊万葉(8C後)七・一一一五「妹之紐(いもがひも)結八河内(ゆふやかふち)をいにしへのみな人見きとここを誰知る〈作者未詳〉」

いも-がま【芋竃】〘名〙(「かま」は、くぼんだ土地の意) サツマイモを貯蔵するための土穴。野外に埋めて屋根をかけたり、空気抜きを作ったりする。土間の下に作ることもある。＊清作の妻(1918)〈吉田絃二郎〉「畑の施肥や、甘藷竃(イモガマ)の準備に忙しかった」 方言群馬県勢多郡236 神奈川県318 島根県隠岐島725 石見734 山口県見島797 長崎県壱岐島915 ◇いもぐら〔芋倉〕 新潟県佐渡351 島根県725 山口県大島801 ◇いもつぼ〔芋壺〕 三重県志摩郡585 岡山県児島郡014 徳島県811 香川県三豊郡(里芋にもいう)054 仲多度郡829 愛媛県宇和島市853 ◇いもつぼけ 鹿児島県屋久島981

いも-がみ【疱瘡神】〘名〙疱瘡(ほうそう)、天然痘をつかさどる神。この病いをまぬがれ、また、軽くするために祈る。ほうそうがみ。いものかみ。＊俳諧・千代見草(1692)上「鏡見つめて泪くみける 寵絶る身は疱瘡神の生殺し」＊雑俳・柳多留-三〇(1804)「いも神にほれられ娘値が下り」 発音イモガミ〈標ア〉0

いも-が-め-を【妹目―】〘枕〙恋人の目を早く見たい(早く会いたいの意)の意で、「とく見る」(早く見るの意)と類音を含む地名「とみの崎」にかかる。「目」は顔の代表であり、顔を見る、会うことを「目を見る」という。地名「跡見之崎」は所在不明。また、別に、恋人に会いたいの意で「妹が目を見まく欲(ほ)り」とことばを続け

て、同音で「堀江」を引き起こす序詞として使った例も、「万葉集」にある。＊万葉(8C後)八・一五六〇「妹目乎(いもがめを)跡見(とみ)の崎の秋萩はこの月ごろは散りこすなゆめ〈大伴坂上郎女〉」 補注 原文「跡見」を古写本によって「始見」として「みそめ」と訓み、女性を見そめる意でつづくとする説もある。

いも-がゆ【芋粥】『名』①ヤマノイモを薄く切ったものを甘葛(あまずら)の汁に混ぜて煮たかゆ。中古、宮中の大饗(たいきょう)、貴族の宴などの際に用いた。＊十巻本和名抄(934頃)四「暑預粥 崔禹食経云千歳蘽汁状如薄蜜甘美以暑預為粉和汁作粥食之補五蔵〈以毛賀遊〉」＊西宮記(969頃)一・内論義「公卿着二右近陣一両三巡後、居二湯漬、署預粥等一」＊宇治拾遺(1221頃)一・一八「大夫殿、いまだいもがゆにあかせ給はずや」②さいの目に切ったサツマイモをかゆに混ぜて煮たもの。 発音 イモガユ〈標ア〉0〈ア史〉平安○○○◎〈京ア〉モ/0 辞書 和名・色葉・名義・易林・書言 表記 署預粥(和・色) 薯蕷粥(易・書) 暑預粥(名)

いも-がら【芋幹】『名』サトイモの、ふつう茎と呼ばれている長い葉柄。また、それを干したもの。食用とする。ずいき。いもじ。いものくき。《季・秋》＊二十巻本和名抄(934頃)一七「芋 蔌附〈略〉唐韻云蔌〈音耿 和名以毛加良 一云以毛之 俗用芋柄二字〉芋茎也」＊色葉字類抄(1177-81)「蔌 イモジ 芋茎也 イモカラ、芋柄 同 俗用之、芋茎 或用之」＊俳諧・芭蕉真蹟短冊(1681-84)「根は月に枯て其芋がらや雪の飯」 方言 ❶植物、さといも(里芋)。秋田県030 ❷体軀(たいく)。 ◇へもがら 青森県上北郡082 発音 イモガラ〈標ア〉0〈京ア〉0 辞書 和名・色葉・名義・和玉・文明・易林・書言・ヘボン・言海 表記 蔌(和・色・名・玉) 芋柄(和) 菆(文) 蔽(易) 芋茰(書) 芋茎(へ) 芋幹(言)

いもがら で 足(あし)を衝(つ)く かよわいものに痛めつけられること。油断して思わぬ失策をすること。また、大げさなこと、ありえないことのたとえ。黄牛(あめうし)に腹突かる。＊諺苑(1797)「いもがらで足をつく」＊滑稽本・風来六々部集(1800)飛花落葉「終(つい)どこれまで芋がらで足ついたためしもなければ」＊滑稽本・浮世床(1813-23)二・下「今度が勝負だの。アア拳先(けんさき)が悪いなぜ斯(かう)だらう。芋殻(イモガラ)で足(アシ)を撞(ツ)くとは此事た」

いも-がら『名』方言 植物。❶かくれみの(隠蓑)。鹿児島県硫黄島998 ❷こなぎ(小菜葱)。島根県美濃郡964 大分県佐伯市964 ❸ほていあおい(布袋葵)。佐賀県西松浦郡054

いもがら-の-たいぼく【芋幹大木】『名』方言 体が大きいだけで役に立たないこと。また、その人。独活(うど)の大木。新潟県中頸城郡383 福岡市877 ◇いもがらぼくとう〔—木刀〕 長崎市906 熊本県918 ◇いもがらぼくと 熊本県玉名郡926 下益城郡931 宮崎県東諸県郡954

いもがら-ぼくとう【芋幹木刀】『名』方言 ⇨いもがらのたいぼく(芋幹大木)

いも-がり【妹許】『名』(「がり」は接尾語) 妻、恋人の住んでいる所(へ)。妹(いも)のもと(へ)。いもらがり。＊万葉(8C後)九・一七五八「筑波嶺の裾廻(すそみ)の田井に秋田刈る妹許(いもがり)遣(や)らむ黄葉(もみぢ)手折らな〈虫麻呂歌集〉」＊万葉(8C後)一四・三三五六「富士の嶺のいや遠長き山道(やまぢ)をも伊母我理(イモガリ)とへば日(け)に及(よ)ばず来ぬ〈東歌・駿河〉」＊俳諧・犬子集(1633)一七「いにたくもありいにたくもなし 妹かりと留守をもをかず宿出て〈貞徳〉」 辞書 書言・ヘボン 表記 妹許(書・へ)

いも-かるかん【芋軽羹】『名』ヤマノイモをすりおろしたものに米の粉を混ぜ、砂糖を加えて蒸したもの。かるかん。

いも-かわ【芋川】 発音〈標ア〉ル ㊀『名』「いもかわうどん(芋川饂飩)」の略。＊滑稽本・東海道中膝栗毛(1802-09)四・下「今岡村のたてばにいたる此のところは、いもかはと言、めんるゐの名物、いたって風味よし」 ㊁三河国碧海郡(現在の愛知県刈谷市)にあったと伝えられる地名。平打ちうどんで有名な宿場。＊仮名草子・東海道名所記(1659-61頃)四「伊も川、うどんそば切あり。道中第一の塩梅(ゑんばい)よき所也」＊浮世草子・好色一代男(1682)二・五「芋川(イモカハ)といふ里に若松むかしの馴染有て、人の住あらしたる笹葺をつづりて」 発音〈標ア〉0

いもかわ-うどん【芋川饂飩】『名』(東海道の芋川の名物だったところから) 平打ちのうどん。ひもかわうどん。 発音〈標ア〉ウ

いも-かん【芋羹】『名』「いもようかん(芋羊羹)」の略。＊東寺執行日記-文明六年(1474)一一月一五日「一献 いもかん〈やうの物〉」 方言 ❶唐の芋や捏芋(つくねいも)などを羊羹のように調理したもの。山口県豊浦郡798 ❷元旦に神棚に上げる里芋の煮たもの。栃木県安蘇郡208 発音〈標ア〉0

いもぎ『名』(射物儀(いものぎ)の転じた語か) 弓術試合にいう語。儀式だった競射会のことか。＊浄瑠璃・心中二つ腹帯(1722)一「五社明神の後堂百本が一本も徒矢(あだや)なしに見せつけ、又掛川の大会(たいゑ)にも二日続けてゐもぎに勝ち」

いも-ぎ『名』方言 植物。❶たかのつめ(鷹爪)。日光†063 木曾†091 青森県073 福井県036 三重県036 兵庫県宍粟郡003 和歌山県692 島根県石見003 岡山県003 山口県003 高知県808 ◇いもきり 鹿児島県肝属郡003 ❷あさがら(麻殻)。伊勢布引山†105 大和経峯山†105 神奈川県036 長野県036 三重県036 愛媛県上浮穴郡808 ◇いもぐり 宮崎県008 ◇いもくそ 熊本県008 大分県008 宮崎県008 鹿児島県川内市003 ◇いもぐす 九州南部003 ❸こしあぶら(漉油)。青森県008 岩手県036 埼玉県秩父郡251 東京都036 福井県036 山梨県036 静岡県036 三重県036 滋賀県036 兵庫県036 和歌山県036 鳥取県008 山口県厚狭郡799 ◇いもき 栃木県西部003 群馬県東部003 京都府003 大阪府003 島根県003 岡山県003 広島県佐伯郡008 四国003 ❹ひめしゃら(姫沙羅)。三重県伊勢003 ❺はりぎり(針桐)。石川県008 ❻こばんもち(小判糯)。三重県伊勢003 高知県高岡郡808 ❼ほおのき(朴木)。◇いもきりとも。山口県豊浦郡798

いも-ぎく【芋菊】『名』方言 きくいも(菊芋)。東京都一部030 島根県一部030

いも-きゃく【芋客】『名』江戸の遊里で、薩摩の武士客を呼んだ隠語。サツマイモからのしゃれ。＊洒落本・品川楊枝(1799)「かの芋客ヨ、是はさつまいもの事なるべし。すべて女郎はいやがる」 発音〈標ア〉モ

いも-きりぼし【芋切干】『名』蒸したサツマイモを薄く切って日に干したもの。乾燥芋。 発音〈標ア〉キリ

いも-きんとん【芋金団】『名』芋餡のきんとん。 発音〈標ア〉キ

い-もく【異目】『名』①あやしみ見ること。また、その目つき。＊魏武故事-魏志陳思王植伝裴注引「令三吾異目視二此児一矣」②恋のいきさつがあること。恋仲であること。＊当世花詞粋仙人(1832)「わけがあるを、いもく」③相手を困らせたり、あやしませたりするような条件、文句。けち。＊歌舞伎・与話情浮名横櫛(切られ与三)(1853)五幕「何だかおつにからんだ、いもくの付たそのかね、気障だ、よしやせう」＊歌舞伎・日本晴伊賀報讐(実録伊賀越)(1880)四幕「『親分お前が行ったって』『所詮何かいもくを附け、素直に宗治を渡すめえぜ』」

い-もく【違目】『名』まちがい。あやまり。約束違反。＊高野山文書-元徳二年(1330)一一月一五日・則松安売券(鎌倉遺文四〇・三一二八〇)「無二他妨一可レ被二進退領知一。若違目出来時者、可レ返二本直物一者也」

いも-くさ【痘痕】『名』方言 ⇨いもくし(痘痕)

いも-ぐさ【芋草】『名』方言 植物。❶(薩摩芋(さつまいも)の苗に形が似ているところから) どくだみ(蕺)。山口県玖珂郡・厚狭郡794 高知県土佐郡866 大分県大野郡941 ◇いもくさ 山口県玖珂郡794 ❷(葉の形が里芋に似ているところから) こぶなぐさ(小鮒草)。香川県西部037 ❸(葉の形が里芋に似ているところから) こなぎ(小菜葱)。香川県島嶼037 ◇いもくさ 福岡県小倉市964 鹿児島県肝属郡965 ❹うりかわ(瓜皮)。◇いもくさ 香川県東部037 ❺つゆくさ(露草)。◇いもくさ 山口県玖珂郡794

いもくさ-がゆ【芋草粥】『名』「いもがゆ(芋粥)」に同じ。＊後二条師通記-別記・寛治五年(1091)正月二三日「入日程供御膳云云、居了延(イモ)草粥居」

いも-くし【痘痕】『名』(「いも」は天然痘、また、その跡。「くし」も同意という) あばた。＊俳諧・継尾集(1692)四「小屑灰(コズばひ)に歯黒の皿を突すへて〈如行〉 いもくしの名を立るいさかひ〈支考〉」＊俳諧・東華集(1700)中「痘くしを化粧たてたる暑さ哉〈茫孚〉」＊雑俳・長ふくべ(1731)「いもくしな夫のきげんとろろ汁」 方言 新潟県371 375 富山県394 395 397 石川県404 409 421 福井県遠敷郡445 大飯郡448 岐阜県502 503 504 愛知県554 575 577 三重県585 滋賀県609 615 616 京都府620 ◇いもぐし 越後†081 新潟県刈羽郡380 富山県下新川郡391 ◇いもくじ 岐阜県不破郡498 ◇いもぐす 石川県江沼郡062 ◇いもくち 岐阜県飛驒502 ◇いもくそ 石川県石川郡404 ◇いもくさ 三重県志摩郡054 ◇いもくしゃ 福井県敦賀郡443 滋賀県高島郡614 京都府620 ◇いもくた 愛知県豊橋市572 ◇いもしゃく 岐阜県山県郡062 稲葉郡498 ◇いもしゃくれ 岐阜市498 ◇いもちゃく 福井県大野郡062 ◇いもんちゃく 福井県432 ◇いもかんば 岐阜県飛驒502 益田郡503 ◇いもめっちゃ 石川県江沼郡404 ◇いもくしめっちゃ 福井県大野郡447 ◇いもこ 秋田県鹿角郡132

いもくらべ-まつり【芋競祭】『名』滋賀県蒲生郡日野町に平安末期から行なわれているという祭り。山の神祭のとき集落を東西に二分し、神前でその年作ったヤマイモの長さを競い、勝ったほうの芋の中から良質のものを神に献上する。今は九月一〇日、もとは旧暦八月の行事。 発音〈標ア〉マ

いも-げ【芋毛】『名』サツマイモなどに付いている細い毛根。また、それに似ているところから、短くまばらに生えた毛。＊浮世草子・世間娘容気(1717)一「かつほかきの小刀にねた刃をあはせひたいをすりあげ、ぼんのくぼの芋毛(イモゲ)を刈て」＊碑文(1923)〈横光利一〉「彼らの頭髪は引けば茹だった芋毛のやうにぽくぽくと捘(むし)れて来た」 発音 イモゲ〈標ア〉モ

いも-げた【芋下駄】『名』「さつまげた(薩摩下駄)」の別称。＊明治大正見聞史(1926)〈生方敏郎〉明治時代の学生生活・二「下駄は皆一様に書生とあるからには薩摩下駄を穿いてゐた。これを薯下駄とも云って女の穿くポックリに似て余り穿きいいものではなかった」 発音 イモゲタ〈標ア〉モ0

いも-こ【妹子】『名』(「こ」は親しみを表わす接尾語)「いも(妹)」に同じ。＊万葉(8C後)二〇・四四〇五「わが伊母古(イモコ)が偲(しぬ)ひにせよとつけし紐糸になるとも我(わ)は解かじとよ〈朝倉益人〉」

いもこ『名』魚「やまめ(山女)」の異名。＊重訂本草綱目啓蒙(1847)四〇・魚「嘉魚 いはな〈略〉やまべは津軽の方言にして〈略〉あめご 伊州、いもこ 若州」

いもご『名』①「むかご(零余子)」の異名。＊重訂本草綱目啓蒙(1847)二三・菜「零余子〈略〉いもご 佐州」②植物「さといも(里芋)」の異名。＊浜荻(庄内)(1767)「さといもを いもご」 方言 ❶山の芋や捏芋(つくねいも)などの肉芽。むかご。佐州†084 秋田県平鹿郡130 群馬県多野郡246 新潟県佐渡351 下越387 ◇いもこ 山形県南部139 福島県石城郡178 ❷植物、さといも(里芋)。

◇いもこ 山形県139 新潟県361 石川県鳳至郡・珠洲郡407

いもこじ-おけ【芋抉桶】〘名〙 交差した棒で、サトイモをかき混ぜて洗う桶。＊雑俳・伊勢冠付(1772–1817)「どっこいと踏ン張って・芋こじ桶のふちに居る」

いも-ごみ【芋籠】〘名〙 米の粉にヤマノイモをすり混ぜ、昆布で包み、たれみそで煮て、小口切りにしたもの。芋巻き。＊朝倉亭御成記(1568)「十六献 からすみ。えい。いもこみ。御酌上陸」

いも-ごめ【芋米】〘名〙 米の代用とする芋。ジャガイモを細かく刻んで乾燥させたもの。 発音イモゴメ〈標ア〉⓪

いもご-めし【芋子飯】〘名〙 サトイモ、ヤマノイモなどをたき込んだ飯。

いも-ざかや【芋酒屋】〘名〙 おでん燗酒屋(かんざけや)の異称。近世、江戸のおでん燗酒屋では燗酒と芋、蒟蒻(こんにゃく)の田楽だけを売ったところからの呼び名。一説に、芋酒のような強烈な酒を飲ませる下等の居酒屋という。＊歌舞伎・青砥稿花紅彩画(白浪五人男)(1862)三幕「どれ、芋酒屋(イモザカヤ)で一ぱいやって行かうか」＊歌舞伎・大杯觴酒戦強者(1881)「お察しの通り芋酒屋(イモザカヤ)で二合やったが初まりで、それから帰りに二三軒居酒屋へ這入り込み」 発音〈標ア〉ザ

いも-ざけ【芋酒】〘名〙(「いもさけ」とも) ①ヤマノイモをすり混ぜた酒。精力増強に用いられた。＊言国卿記-明応三年(1494)一二月五月「長橋局へ可ㇾ来之由参。さむきにとて風ふせきにいも酒有ㇾ之」＊浮世草子・色里三所世帯(1688)下・一「鈴鹿(すずか)の山の薯酒(イモサケ)桑名の煎岩花(いりかき)明かたいそく鶏のたまご」＊浮世草子・風流由三味線(1701)六・二「勢田(せた)鰻に兼ねて精力をととのへ〈略〉鈴鹿山の薯蕷酒(イモサケ)、桑名の煎岩花(いりかき)〈略〉を紙に浸して懐中するも」 ②芋の澱粉(でんぷん)をアルコール化させて作った酒。芋焼酎(いもじょうちゅう)。 発音〈標ア〉モ 辞書言海 表記薯酒(言)

いも-ざし【芋刺】〘名〙 ①芋を竹串で突き刺すように、人を槍や刀で突き刺すこと。串刺し。田楽刺し。＊室町殿日記(1602頃)八「一物の鑓を以て、とをる武者を馬上よりつぎつぎおとしはねおとし、馬人をいはずいもさしにしたりけり」＊浄瑠璃・津国女夫池(1721)五「手々にながゐの鑓追取、ほさき揃てぐっぐっと、いもざしくしざしめったづき」＊浄瑠璃・仮名手本忠臣蔵(1748)五「どちらへ成りとうせおろと、刀もぬかぬいもざしゑぐり」 ②「いもでんがく(芋田楽)②」に同じ。 方言くし刺し。 奈良県南大和683 発音〈標ア〉⓪シ〈京ア〉⓪

いも-し〘名〙 方言❶水に浸した種もみを蒸して乾かし、もみ殻を取って食べるもの。 茨城県稲敷郡193 千葉県香取郡040 ❷やり。 福島県南会津郡165

いも-じ【芋―】〘名〙 方言❶薩摩芋(さつまいも)の苗床。 香川県827 ◇いもじろ〔芋代〕 島根県江津市・邑智郡725 ◇いもじり 香川県伊吹島829 ❷薩摩芋の畑。芋畑。 京都府竹野郡622 ◇いもじり 愛媛県840 高知県860

い-もじ【い文字・ゐ文字・伊文字】 一〘名〙(「い」という音を語頭に持つ語の、「い」一字をとって「文字」という語をそえた女房詞) ①烏賊(いか)。＊大上臈御名之事(16C前か)「一、いもじ いか」＊御湯殿上日記-慶長三年(1598)九月六日「しゅこうの御かたより御そへおかすとていもしまいる」＊女重宝記(元禄五年)(1692)一・五「一、いかは いもじ」 ②石。＊評判記・吉原用文章(1661–73)四「なにと御かくしにても、かもじにも耳、いもじにも口、悪事千里とやらん」 二(伊文字) 狂言。各流。「恋しくは問うても来ませ(来たれ)伊勢の国伊勢寺もとに住むぞわらはは」という歌の下半分を忘れた主従ふたりが、道行く人をとらえて、「い」の字のつく地名を尋ねる筋立て。 発音〈標ア〉イ

いも-じ【芋茎・蕨】〘名〙(「いもし」とも)「いもがら(芋幹)」に同じ。＊十巻本和名抄(934頃)九「芋 〈略〉唐韻云蕨〈音耿 和名以毛之 俗用芋柄二字〉芋茎也」＊土左(935頃)承平五年一月元日「いもじ、あらめもはがためもなし」＊色葉字類抄(1177–81)「蕨 イモジ 芋茎也 イモカラ」＊物類称呼(1775)三「芋 いも〈略〉芋の茎 京にて、いもじといふ 東国にて、ずいきと云」 方言❶里芋の、ふつう茎と呼ばれている長い葉柄。また、それを干したもの。食用にする。芋がら。芋茎(ずいき)。 東京都伊豆諸島322 326 333 富山県砺波397 岐阜県飛騨502 滋賀県滋賀郡608 高知県土佐郡866 ◇いもじっこ・いもおじ 東京都三宅島333 ◇いもだつ 新潟県佐渡349 岐阜県飛騨502 ❷里芋の葉。また、それを巻いてわらで編んで干したもの。食用にする。 富山県砺波398 岐阜県揖斐郡507 辞書和名・色葉・名義・和玉・言海 表記蕨(和・色・名・玉) 芋柄(和・色・名) 芋茎(名)

いも-じ【鋳師・鋳物師】〘名〙(「いもし」とも) 鋳物を造る職人。いものし。＊宇津保(970–999頃)国譲中「大将、しろかねのかがり四、脚つけさせて、いもしども召して作らせ給て」＊色葉字類抄(1177–81)「鋳師 イモシ」＊日葡辞書(1603–04)「Imoji (イモジ)。または、イモノセ」＊書言字考節用集(1717)四「鋳物師 ヰモノシ ヰモジ」 方言❶鋳物を造る職人。鋳物師。また、金物の類を修繕する人。鋳掛け屋。 新潟県361 山梨県南巨摩郡463 静岡県磐田郡546 愛知県名古屋市562 兵庫県淡路島671 和歌山県日高郡698 島根県725 ◇いもじや〔―屋〕 愛知県知多郡570 愛媛県大三島848 ❷鋳物。 奈良県宇陀郡678 ❸炭。木炭。 大分県宇佐郡939 辞書色葉・黒本・日葡・書言・ヘボン・言海 表記鋳物師(黒・書) 鋳師(色)

い-もじ【湯文字】〘名〙(「ゆもじ」の変化した語。もと男女とも入浴時に腰につけた布の称であったが、転じて) 女性が常時腰に着ける下着。腰巻。＊雑俳・末摘花(1776–1801)二「いもじをぐっとまくりなと女いしゃ」＊洒落本・部屋三味線(1789–1801頃)「手前(てめへ)のいもじがせんたく前だから、人の裁立(きったて)のいもじを取り違へたふりでことはりなしに〆て出る子などがあらあな」 辞書ヘボン・言海 表記裩(へ)

いもじ は 外(はず)されるが義理(ぎり)は外(はず)されん 義理のたいせつなことをいうたとえ。＊洒落本・部屋三味線(1789–1801頃)「いもじははづされるが義理ははづされんとやら」

いもし-かご〘名〙(「いもしがこ」とも)「むかご(零余子)」の異名。＊重訂本草綱目啓蒙(1847)二三・菜「零余子 ぬかご 古名・薩州 むかご〈略〉いもかご 三州、いもしかご 常州」＊物類称呼(1775)三「零余子 ぬかご〈略〉常陸にて、いもしが子といふ〈略〉常陸の国にていふいもしがこは、いもがこにて、しは助字也」

いもじ-ぐさり【い文字鎖】〘名〙 和歌で、句の終わりの文字を次の句の頭において歌を連ねてゆく「文字鎖」をいうか。あるいは、「い」の付く語を並べ連ねることか。＊咄本・醒睡笑(1628)五「少人あつまりゐて、い文字鎖(クサリ)を書きけるに、菊千代丸、いかきとよみあはする」

いもじ-さ【い文字―】〘名〙 忙しいの文字言葉「いもじ」に、名詞化する接尾語「さ」の付いたもの。女房詞。忙しさ。＊宝鏡寺日記-明暦三年(1657)正月五日・紙背「ここ御程けふは何かといもしさ、えまいり候まじく候」

いもし-の-かみ【典鋳正】〘名〙 ⇨いもの(鋳物)の正(かみ)

いも-しゅうとめ【妹姑・姨】〘名〙(「いもじゅうとめ」とも) 妻の姉妹。＊十巻本和名抄(934頃)一「姨 爾雅云妻之姉妹曰姨〈音夷 和名与女公同 一云以毛之宇斗女〉」＊色葉字類抄(1177–81)「姨 イモシウトメ 妻之姉妹也」＊玉塵抄(1563)一二「斉の君のむすめ衛の君の女房周の王の太子のいもうと邢侯の姨(イモジウトメ)なり」 発音〈ア史〉平安○○○◍○○〈京ア〉シュ 辞書和名・色葉・名義・言海 表記姨(和・色・名) 女公(色)

いも-しょうが【芋生薑】〘名〙 方言植物、きくいも(菊芋)。 奈良県一部030 和歌山県一部030 高知県一部030 宮崎県一部030

いも-しょうぎ【―将棋】〘名〙 将棋の駒を用いた勝負事の一種。四〇個の駒を三〜五人で分け、最初の者が出したのと同種の駒を出していき、早く駒をなくした者が勝ちとなる。＊風俗画報-一一〇号(1896)人事門「又いも将棋といふは駒を四十を残らず集めて三人なればこれを三つに分五人なれば五つに分但し」 発音イモショーギ〈標ア〉ショ

いも-じょうちゅう【芋焼酎】〘名〙 サツマイモを原料として造った焼酎。《季・夏》＊善財(1949)〈石川淳〉一「こいつはいけるぞ。生一本のイモ焼酎(セウチウ)だ」 発音イモジョーチュー〈標ア〉ジョ〈京ア〉ジョ

いも-じり【芋―】〘名〙 方言 ⇨いもじ(芋―)

いもじり〘名〙 昆虫「かまきり(蟷螂)」の異名。＊名語記(1275)九「ゆりみを、すちしりの反。いもしりは童部の手をたたきて、いもしりやへほう、かうかめやへほうと、はやせば、身をゆりて舞ふよしをする也」＊本草色葉抄(1284)「不過 イモシリ 蟷螂」＊易林本節用集(1597)「蟷螂 イモジリ」＊新韻集(1469–87頃)……「蟷蜋 イモジリ」 方言❶虫、かまきり(蟷螂)。 神奈川県愛甲郡054 山梨県461 高知県安芸郡054 ❷虫、ありじごく(蟻地獄)。 静岡県榛原郡521 ❸動物、とかげ(蜥蜴)。 神奈川県高座郡314 語源説(1)イボムシリの略転〔大言海〕。(2)ユリミヲスチシリの反。身を揺って舞うようだということか〔名語記〕。 辞書文明・易林 表記蟷蜋(文) 蟷蜋(易)

いも-じる【芋汁】〘名〙 ①サトイモを実として作ったみそ汁。＊蔗軒日録-文明一八年(1486)八月一五日「今旦作芋汁、賞一衆」＊風俗画報-一二一号(1900)人事門「山遊の者に限り、芋汁(芋株及茎の味噌汁)にて飯を喫することとなるが、是に奇異なるは青芋を撰び用ゐるなり」 ②とろろ汁。《季・秋》 ③「いもでんがく(芋田楽)②」に同じ。＊雑俳・柳多留-一二一(1833)「芋汁はいやかと養母膳をすへ」 方言❶とろろ汁。 長野県諏訪481 佐久493 岐阜県加茂郡052 静岡県磐田郡062 愛知県知多郡570 ◇いもじゅい 宮崎県西諸県郡947 ◇いもじろお 長野県佐久493 ❷里芋を実にして作った汁。 東京都八丈島040 発音〈標ア〉ジ⓪〈京ア〉ジ 辞書言海 表記芋汁・薯汁(言)

いも-じろ【芋代】〘名〙 方言 ⇨いもじ(芋―)

いも-しんじょ【芋糝薯】〘名〙 料理の一種。ヤマノイモ、またはツクネイモをおろし、豆腐や小麦粉と混ぜてゆでたもの。 発音〈標ア〉シ 辞書言海 表記薯糝薯(言)

いも-すいとん【芋水団】〘名〙 ヤマノイモで作った団子汁。 発音〈標ア〉ス

いも-すけ【芋助】〘名〙 ①田舎者、百姓男などをばかにしていう語。いも。＊浮世草子・御入部伽羅女(1710)五・一九「しった男はよりつかず、大かたは西の宮尼崎の海老じゃこ船頭、木津難波の芋助か」＊雑俳・玉光(1844–45)「いも助で・月夜に何がこわいぞい」＊横浜毎日新聞-明治八年(1875)五月二二日「下等の十三四でも、芋助やお豆どんをゴッタ煮にしたやうな大混雑」 ②無知な人をののしっていう語。また、無器用な人、野暮な人をののしっていう語。いも。＊黄表紙・寿御夢相妙薬(1784)「堅意地なる親仁ゆゑ一向芋助(イモスケ)でためたがれば息子は夫を夢助で遣ひたく思ふて居るうち」＊諺苑(1797)「芋助(イモスケ) 凡技芸事業に於て其一事に甚不案内なるを云」 ③花柳界で、芸がなく、売春専門の芸妓。〔かくし言葉の字引(1929)〕 ④体格の小柄で横太りな人。ずんぐりした人。〔東京語辞典(1917)〕 方言何をさせても、ろくな事をしない者。う

すのろ。大阪637

いも-せ【妹背・妹兄】〘名〙 発音〈標ア〉モ ①親しい男女の関係。特に、夫婦。夫婦の仲。互いに夫婦の仲を約束している場合にもいう。＊古今(905-914)恋五・八二八「流れてはいもせのやまのなかにおつる吉野の河のよしや世中〈よみ人しらず〉」＊延喜式(927)祝詞・鎮火祭「神いざなき・いざなみの命、妹背二柱嫁継(とつき)し給ひて」＊源氏(1001-14頃)末摘花「たはぶれ給ふさま、いとをかしきいもせと見え給へり」＊曾我物語(南北朝頃)二・兼隆聟にとる事「ちぎりくちずは、出雲路の神のちかひは、いもせの中はかはらじとこそ、まぼりたまふなれ」＊謡曲・井筒(1435頃)「その頃は紀の有常が娘と契り、妹背の心浅からざりしに」＊浄瑠璃・山崎与次兵衛寿の門松(1718)下「しあわせ拍子のさんさん九度、するゑは千秋万年もかはらぬいもせを重ねける」＊談義本・無而七癖(1754)一・下戸の耳を通す酒呑の大言「妹背(イモセ)の中の契をこめて。鶴亀のながき栄をむすぶも。誠に此酒なるべし」②兄と妹。姉と弟。また、兄弟姉妹それぞれについてもいう。＊後撰(951-953頃)雑三・一二二四「はらからの中にいかなる事かありけん、常ならぬさまに見え侍ければ むつまじきいもせの山の中にさへ隔つる雲のはれずもあるかな〈よみ人しらず〉」＊浜松中納言(11C中)四「さる奥山に一人過ぐさん事をば母のいみじう言ひおきしかば、迎へて、いもせと思ひ侍る也」＊狭衣物語(1069-77頃か)一「親達を始めてまつりて、よそ人も、御門(みかど)、春宮(とうぐう)なども、一ついもせと思し掟て給へるに、『われは我と、かかる心のつき初めて』」③ホトトギスの別称。いもせ鳥。語誌 ②の意は、もっぱら平安時代に用いられたもので、中世以降、兄弟姉妹の間柄は「いもうと」「せうと」で表わすようになり、中世の後半には「いもせ」はもっぱら夫婦の仲を表わすようになる。発音〈標ア〉0 イ〈ア史〉鎌倉～江戸○●● 〈京ア〉0 辞書 名義・文明・伊京・明応・饅頭・黒本・日葡・書言・〈ポン〉・言海 表記 肖妹(文・饅・黒) 妹妹(名・伊) 夫妻(文・明) 妹兄(書・へ) 妹背(書・言)

いもせ の 語(かたら)い 夫婦が愛情を語り合うこと。夫婦の睦言(むつごと)。夫婦の契り。＊仮名草子・都風俗鑑(1681)一「此世ならずも二世かけて、妹背(イモセ)のかたらひをなしぬ」＊浄瑠璃・田村麿鈴鹿合戦(1741)四「夫よ妻よと主従の道を忘れていもせのかたらひ」

いもせ の 神(かみ) 男女の縁を結ぶ神。妹背結びの神。＊浮世草子・御前義経記(1700)二・二「われ一生の恋のかたまり御身様にきはめとある。いもせの神の引合かと思ひぬ」＊長唄・春の色(1845)「花を見捨てて帰る雁、悟れば元の土に巣も、妹背の神の教事」

いもせ の 川(かわ) 夫婦または男女の間柄を川にたとえた言い方。いもせがわ。＊伊勢集(11C後)「いはしろの山した風ぞ寒からしいもせのかはもなみ高く見ゆ」＊御伽草子・鉢かづき(室町末)「心はたけく思へども、いもせのかはの中だちによしやあしやを知らざれば、何と申さんこともなし」

いもせ の 杯(さかずき) 夫婦が結婚したときの祝杯(しゅくはい)。

いもせ の 契(ちぎ)り 夫婦の交わり。＊私聚百因縁集(1257)四・七「妻夫契(イモセノチギリ)も有る可からずと兼日に云ひ含めたり」

いもせ の 橋(はし) 恋の仲介。仲人。恋の橋渡し。＊歌謡・歌恋慕(1710-50頃)「絶えて逢はずとな、文をば通ひ、文は妹背(イモセ)の橋(ハシ)となる」

いもせ を 結(むす)ぶ 男女の縁を結ぶ。＊仮名草子・根の介(1609-17頃)下「人こそ知らね先の世のいもせ結ぶの神仏の、御引合せと思ふなり」＊常磐津・節句遊恋の手習(三人生酔)(1833)「頃も彌生の雛祭、〈略〉妹背を結ぶ檜扇に、ならす合図の爪琴は」

いもせ-うずら【妹背鶉】〘名〙 雌雄一対の鶉。＊浄瑠璃・傾城八花形(1703)二「いもせうづらのかたつばさ、あはでこがるる身の行ゑ」 発音〈標ア〉ウ

いもせかたらい-の-まい(いもせかたらひのまひ)**【妹背語舞】**〘名〙 女の姿で、太鼓を打ちながら舞う舞。これを舞うと、かなえられなかった恋も成就するという。＊類聚名物考(1780頃)楽律部三・雑楽「榕接舞(ようせうまひ) 一名妹背かたらひの舞」

いもせ-ぐさ【妹背草】〘名〙 結納の品々。草の名に擬して、種々の意を表わす。＊常磐津・初恋千種の濡事(おみつ)(1861-64)中「こちの心は酌みもせで、余所に交はした妹背草(イモセグサ)、盛りも見せで散るならば」 発音イモセグサ〈標ア〉セ

いもせ-ごと【妹背事】〘名〙 男女の間柄に関すること。特に情事など。いろごと。＊浮世草子・当世乙女織(1706)一・二「名染むにしたがひ、たがひの妹(イモ)せ事は、勤を去ての誠、頓而(やがて)の身うけと互の言約束違ひはなけれど」＊長唄・粂太郎石橋(1754)「比翼の鳥の妹背事(いもせゴト)、実にや浮世の業ながら」

いもせこ-どり【妹背子鳥】〘名〙 ホトトギスの別称。いもせどり。＊俳諧・俳諧新式(1698)夏の詞よせ「郭公〈略〉沓代鳥 いもせこ鳥 してのたおさ」 発音〈標ア〉コ

いもせ-じま【妹兄島・妹背島】 高知県宿毛(すくも)市沖ノ島の古称。漂着した兄妹が夫婦となり、子孫が繁栄したという伝説による。妹背山がある。＊今昔(1120頃か)二六・一〇「土佐の国の南の沖に、妹兄の嶋とて有とぞ人語りし」＊宇治拾遺(1221頃)四・四「いもせじまとて、土佐の国の南の沖にあるとぞ、人かたりし」 発音〈標ア〉0

いもせ-どり【妹背鳥】〘名〙 ①(妹背は相愛の男女をいい、ホトトギスは相手を恋い慕って鳴くとされるところから)ホトトギスの女房詞。いもせ。＊俳諧・独吟一日千句(1675)追善発句「いもせ鳥子の有中のなけき哉〈長正〉」＊女中詞(元禄五年)(1692)「一 いもせ鳥 郭公」②鳥「せきれい(鶺鴒)」の異名。《季・秋》 発音〈標ア〉セ 辞書 言海 表記 妹背鳥(言)

いもせ-なか【妹背仲】〘名〙 妹背の間柄。夫婦の仲。恋仲。相思の仲。＊常磐津・両顔月姿絵(葱売)(1788)「しじうをおしづが止(とど)めても止め兼ねたる妹背中」＊清元・深山桜及兼樹振(保名)(1818)「悋気(りんき)もせねばおとなしうアラうつつなの妹背中(イモセナカ)」 発音〈標ア〉セ

いもせ-なみ【妹背波】〘名〙 男波女波をいう。大波小波。＊歌謡・新大成糸の調(1801)二・一〇・ぬれあふぎ「貫之がひとときを、ねるとかきしみづぐきの、淀のかはせのいもせなみ、月のかつらの男山」 発音〈標ア〉セ

いもせのしかぶえ【妹背鹿笛】 三味線の歌曲。東明流。榎本虎彦作詞。平岡吟舟作曲。「妹背山」のお三輪の狂乱を扱う。 発音〈標ア〉イ

いもせ-むすび【妹背結】〘名〙 ①夫婦の縁を結ぶこと。縁結び。結婚。＊浄瑠璃・曾我会稽山(1718)三「是は兄弟が爰はのはれとたしなみし、一世一どのいもせ結(ムスビ)二人の嫁御」②相思の男女が夫婦として結ばれることを願って、その姓名、年齢などを記した紙片を、自分の信仰する社寺の格子などに結びつけること。③近世、おもに遊女の間に行なわれた縁占いの遊戯の一種。多くの知人の名をそれぞれ別紙に記し、ひねり、無心に結び合わせて、偶然の縁のとり合わせを占う遊び。縁結び。 発音〈標ア〉ム

いもせ-やま【妹背山・妹兄山】 □一①和歌山県北部、かつらぎ町にある二つの山。紀ノ川をはさんで、北岸に背山(鉢伏山)、南岸に妹山(長者屋敷)があった。いもせのやま。歌枕。＊万葉(8C後)四・五四四「後れゐて恋ひつつあらずは紀伊の国の妹背乃山(いもせノやま)にあらましものを〈笠金村〉」＊狭衣物語(1069-77頃か)二「吉野川浅瀬白波たどりわび渡らぬ中となりにしものを 思しよそふる事やあらん、いもせやまのわたりは見やらるるに、御心を汲むにや、船出でえ漕ぎやらず」②奈良県吉野町、吉野川を隔てて相対する二つの山。飯貝にあるのを背山、龍門側を妹山または茂山(もやま)。歌枕。③石見国(島根県)にあるといわれる山。歌枕。□二(妹背山)「いもせやまおんなていきん(妹背山婦女庭訓)」の通称。補注 □一の①と②の別については古来種々の考証がある。 発音〈標ア〉0 〈京ア〉セ 辞書 色葉・文明・書言 表記 妹背山(文・書) 妹妹山(色)

いもせやまおんなていきん(いもせやまをんなテイキン)**【妹背山婦女庭訓】** 浄瑠璃。時代物。五段。近松半二を中心に、松田ばく、栄善平、近松東南らが合作。明和八年(一七七一)大坂竹本座初演。藤原鎌足(かまたり)が蘇我入鹿(そがのいるか)を討った事件を骨子とし、これに采女(うねめ)の絹掛柳、神鹿殺しの罰としての石子詰(いしこづめ)の十三鐘の説話、謡曲「三輪(みわ)」の苧環(おだまき)の伝説などを取り合わせて作ったもの。

いも-せんべい【芋煎餅】〘名〙 「いもいたせんべい(芋板煎餅)」に同じ。＊林檎の下の顔(1971-73)〈真継伸彦〉四「ケースに盛ってある芋せんべいをいったんポケットに入れ」 発音イモセンベイ〈標ア〉セ

いも-ぞうすい【芋雑炊】(…ザフスイ)〘名〙 サトイモまたはサツマイモをたき込んだ雑炊。 発音イモゾースイ〈標ア〉ゾ

いも-だい【芋台】〘名〙 婚礼の席に飾る台の名。芋の茎や葉を作りつけたもの。芋は子が多くできるのにちなんで、子孫の繁栄を願い祝ったもの。＊風俗画報-一一三号(1896)福岡県京都郡及近郡の婚姻「芋台(イモダイ)(薄板を芋の葉の如く作り白著にて茎をこしらゆ)吸物(鯛餅)肴(鰑数の子)出る」 発音〈標ア〉モ

いも-だいかん(…ダイクヮン)**【芋代官】** 享保一六年(一七三一)石見銀山領大森(島根県大田市)代官となった井戸正朋(平左衛門)の異称。翌一七年、餓死者七〇万人に及ぶ大凶作に際し、独断で幕府の米倉を開き、年貢を減免するなどして、管内からは一人の餓死者も出さなかった。薩摩国(鹿児島県)からサツマイモを求めて栽培を奨励し、備荒作物としてその普及につとめた徳によって呼ばれたもの。芋殿様。＊徳川幕府県治要略(1915)〈安藤博〉吏員「井戸平左衛門〈略〉芋代官の称あり、石見の代官にして大に地力を尽せしもの、明治四十三年十一月従四位を贈られたり」 発音〈標ア〉ダ

いもだこ-じる【芋蛸汁】〘名〙 芋とタコとをいっしょに煮込んだ汁。＊福翁自伝(1899)〈福沢諭吉〉緒方の塾風「不味(まづ)いけれども芋蛸汁(イモダコジル)か何かで安い酒を飲で」 発音〈標ア〉ジ

いも-だつ【芋―】〘名〙 方言 ⇩いもじ(芋茎)

いも-だね【芋種】〘名〙 種とするための芋。種芋。《季・春》＊俳諧・誹諧初学抄(1641)末春「いも種うふる」＊俳諧・淡路嶋(1698)下「芋種の所うしなふ普請かな〈紫桂〉」 方言 群馬県多野郡246

いも-だわら【芋俵】(…だはら)〘名〙 ①芋を入れる俵。芋を詰めた俵。＊俳諧・許六句集(1715頃か)秋「きりぎりす鳴や夜寒の芋俵」＊不在地主(1929)〈小林多喜二〉「障子を倒して階段を芋俵のやうに転げ落ちたことがあった」②よく太った女をののしっていう語。〔東京語辞典(1917)〕 発音〈標ア〉ダ

いもち【稲熱】〘名〙 ①「いもちびょう(稲熱病)」に同じ。＊浮世草子・沖津白波(1702)五・一「一とせの洪水に上田過半押ながされ、つづいて稲病(イモチ)二三年」＊赤い孤独者(1951)〈椎名麟三〉一・七「あのときは、稲熱病(イモチ)で稲がやられるし」②「いもちの神(かみ)」に同じ。＊俳諧・俳諧新式(1698)秋の詞よせ「田のむし送る いもちおくる」 語源説 髪の毛などの汚れ脂づいたものをいうのが原義らしい〔綜合日本民俗語彙〕。 発音〈標ア〉0 〈京ア〉0

いもち の 神(かみ) 稲熱病をもたらすといわれる

疫神。＊俳諧・桃の首途(1728)中「水の出はなの榎塚まで〈維石〉夕月にいもちの神をおくり捨〈里紅〉」

いもち-だ【稲熱田】〘名〙稲が、稲熱病にかかっている田。発音〈標ア〉チ

いもち-びょう【稲熱病】〘名〙不完全菌の寄生による稲の病害。わが国で被害が最も大きな病気で、全国いたるところに発生する。葉、穂首、節、もみなどを侵す。品種によって抵抗性が異なる。夏の気温が低く、多雨多湿の年に発生しやすく、昔は飢饉(ききん)の原因となった。稲熱(いもち)。発音イモチビョー〈標ア〉0

いもちゃけ〘名〙方言虫、かまきり(蟷螂)。石川県418 河北郡414 ◇いもちゃく 富山県西礪波郡401 ◇いもなえ・いもろ・いもる 富山県砺波398 ◇いもじげんたろう 富山県390

いも-ちゃしゃく【芋茶杓】〘名〙茶杓の一種。ぞうげ製で先端は芋の葉に似ている。中国の薬さじを応用したもので、その名残りに柄の末端には薬を砕くための小さな球が付いている。＊宗達茶湯日記(自会記)-永祿七年(1564)一二月二三日「床 丸絵懸、水指 ゑふこ 高茶椀 なつめ いも茶杓」発音〈標ア〉チャ

い-もつ【遺物】〘名〙死後にのこした物。または、忘れていった物。いぶつ。ゆいもつ。＊読本・椿説弓張月(1807-11)続・三六回「いかで剣鏡の遺物(イモツ)を奪ん為に、墓を発(あばく)奸賊と、日を同して語るべき」

いも-つぎ【芋継】〘名〙①れんがや石を積むとき、縦目地が一直線になっているもの。構造上弱いので、ふつう避けるべきこととされる。いもつなぎ。芋目地(いもめじ)。〔日本建築辞彙(1906)〕②木の継ぎ手の一種。一方の用材に枘(ほぞ)を設け、他方の用材にそれに応じた枘穴を作ってはめ込み、一見突き付けのように見えるもの。〔日本建築辞彙(1906)〕③魚釣り用継ぎざおの一種。継ぎ目に段をつけないで、継ぎ目の上部と下部の差し込み口とがぴったり合うように、堅木の棒を入れ子として造りつけたもの。印籠(いんろう)継ぎ。

方言薩摩芋(さつまいも)の苗を植えること。島根県隠岐島038 発音イモツギ〈標ア〉ギ ツ

いも-つなぎ【芋繋】〘名〙①「いもつぎ(芋継)①」に同じ。②ヤマノイモをつなぎに使った蕎麦(そば)。＊雑俳・柳多留-三三(1806)「芋つなきそばははなれぬ中のよさ」＊人情本・英対暖語(1838)二・七回「はるかに聞ゆる夜そば売り、声もかすかに風の間に『いもつなぎ、生蕎麦(きそば)でござい。そばイそばイ』」

発音イモツナギ〈標ア〉ツ

いも-つぼ【芋壺】〘名〙方言⇩いもがま(芋竈)

いも-づま【芋褄】〘名〙(「いも」は嘲笑の意を含んだ接頭語)和服の褄の縫い方がまずくて見苦しいもの。発音〈標ア〉0

いも-つみいれ【芋摘入】〘名〙ヤマノイモをすり、うどん粉と混ぜ合わせ、少しずつ摘み切ってゆでたもの。発音〈標ア〉ツ

いも-づら【痘痕面】〘名〙「いもがお(痘痕顔)」に同じ。＊雑俳・末摘花(1776-1801)三「いもづらも蛸のくゎほうに生れつき」発音〈標ア〉0

いも-づる【芋蔓】〘名〙①ヤマノイモ、またはサツマイモの蔓。＊寛和二年皇太后詮子瞿麦合(986)「洲浜(すはま)に籬(ませ)ゆひてなでしこ多く植ゑたり、その籬にはひたるいもづるの葉に」＊読本・夢想兵衛胡蝶物語(1810)後・食言郷「彼の薯蕷蔓の、風をしって、その年低く這ふが如きは」②(薩摩国はわが国のサツマイモの最初の産地であるところから)明治時代の、旧薩摩藩の藩閥の異称。③閥とか縁故とかをたよって出世すること。〔かくし言葉の字引(1929)〕＊なつかしい日本(1946)〈三好達治〉「私風情は、〈略〉一切の黒幕もからくりも芋づるも乃至はそれらの順列組合せも承知しませぬ」④薩摩新刀、新々刀に見られる刀剣の焼刃中の芋蔓状の沸(にえ)のかたまり。⑤一つの事柄から関連する事柄を見つけ出す手がかり。また、一つの事柄と他の事柄を結びつける関係。＊パルタイ(1960)〈倉橋由美子〉「《進歩的文化人》のいもづるをたぐることを仕事とした」方言植物、ひるがお(昼顔)。愛媛県上浮穴郡856 ◇いもづら 島根県隠岐島725 発音〈標ア〉0〈京ア〉ズ モ

いもづる-しき【芋蔓式】〘名〙(芋蔓をたどっていくと次々に土中の芋がみつかるように)ひとつのことから、それに関連する多くのことが次々に現われること。また、次から次へと手づるを求めること。＊週刊朝日-昭和三年(1928)九月三〇日号・日本のタマニーホール〈福馬生〉「検挙の手は延びて、その後いもづる式に検事局に拘引される市議は十六名に達し」発音〈標ア〉0〈京ア〉0

いもづる-てき【芋蔓的】〘形動〙(芋蔓をたぐると次々に芋が出てくるように)関連することが次々に現われるさま。＊漫才読本(1936)〈横山エンタツ〉俺は探偵「この写真を唯一の証拠として薯蔓的(イモヅルテキ)に、調べる」発音〈標ア〉0

いも-でんがく【芋田楽】〘名〙①料理の一種。サトイモ、ヤツガシラなどを柔らかく煮たり蒸したりして串(くし)に刺し、みそを塗って火にあぶったもの。②(親芋と子芋を一本の串で刺し通すとの意から)親子の間柄で情交すること。舅(しゅうと)が嫁と通じる場合にもいうが、婿養子が養母と通じることを風刺する場合が多い。いもでん。いもざし。いもじる。いも。＊雑俳・雲鼓評万句合-寛延二(1749)「聟の名を芋田楽と申候」＊歌舞伎・独道中五十三駅(1827)五幕「わしは京の押小路、お半が母でござんすが、婿の長右衛門と芋田楽(イモデンガク)の罪により、摺り鉢地獄へ落されました」＊人情本・春色辰巳園(1833-35)後・一〇回上「そして手めへおとっざんに惚ちゃア、いもでんがくだといはれるぜェ」発音イモデンガク〈標ア〉デ〈京ア〉デ

いも-と【妹】〘名〙「いもうと(妹)」の変化した語。＊書紀(720)履中即位前(図書寮本訓)「己が妹(イモト)日(ひ)之媛(ひめ)を献る」＊金刀比羅本平治(1220頃か)下・頼朝生捕らるる事「兵衛佐殿いもと、奥波賀(あふはか)の夜叉御前」＊史記抄(1477)一一・蘇秦列伝「嫂はあによめ、妹はいもと、妻はめ、妾は下女ぞ」＊日葡辞書(1603-04)「Imoto(イモト)〈訳〉より若い姉妹」＊俳諧・冬の日(1685)「わがいのりあけがたの星孕むべく〈荷兮〉けふはいもとのまゆかきにゆき〈野水〉」語源説(1)イモヲト(妹弟)の義〔紫門和語類集・両京俚言考〕。(2)イは助字。モトはメノヲトトの略転〔国語蟹心抄〕。(3)イラオト(良乙)の転〔言元梯〕。↓妹(いもうと)の語源説。発音〈標ア〉ト 辞書字鏡・色葉・和玉・明応・日葡・書言・言海 表記妹(字・色・玉・明・書・言) 姎(字)

辞書言海 表記芋田楽(言)

いもと【井本】姓氏の一つ。

いもと-のういち【井本農一】国文学者。東京帝国大学卒。お茶の水女子大学名誉教授、聖心女子大学教授、実践女子大学学長などを歴任。芭蕉など俳人の研究で知られる。著書「芭蕉の文学の研究」「奥の細道をたどる」「季語の研究」など。大正二~平成一〇年(一九一三~九八)発音〈標ア〉イ

いも-とこ【芋床】〘名〙方言❶薩摩芋(さつまいも)の苗床。香川県829 ❷菜園。香川県小豆島829 ❸薩摩芋を貯蔵する所。香川県829

いもと-ご【妹御】〘名〙「いもうとご(妹御)」の変化した語。＊歌舞伎・彩入御伽草(1808)小平次内の場「コレコレ、親仁どのも妹御(イモトゴ)も聞かっしゃれ」＊滑稽本・浮世風呂(1809-13)二・上「段々順送りになすって、あのお子さまの着古(めしふる)しはお妹子(イモトゴ)さまのになりますから、むだはございません」＊読本・南総里見八犬伝(1814-42)五・四七回「武蔵国大塚の人氏(ぢうにん)、犬塚信乃戍孝、こは和殿の令妹(イモトゴ)、浜路節婦が結髪の郎にして」発音イモトゴ〈標ア〉ト ◇いもどこ 京都府竹野郡622

いも-どこ【芋床】〘名〙方言⇩いもとこ(芋床)

いもと-じょお【妹―】〘名〙方言他人の妹を敬っていう語。妹御。妹さん。広島県比婆郡774 山口県大島801 ◇いもっちょお 長崎県対馬910 ◇いもっじょ 熊本県玉名郡058

いもと-じょろう【妹女郎】〘名〙「いもうとじょろう(妹女郎)」の変化した語。＊浮世草子・好色一代男(1682)六・一「或日泪(なみだ)をこぼすを、妹(イモト)女郎が見る目も情なしと申せば」＊随筆・独寝(1724頃)上・三八「大夫のかぶろをつかふに同じこと、いもと女郎をしたつるにおなじ」発音イモトジョロー〈標ア〉ジョ

いもと-せ【妹背】〘名〙「いもせ(妹背)②」に同じ。＊人情本・貞操婦女八賢誌(1834-48頃)二・一五回「其身元を探り問ひしに、豈計らんや、亡父左門の妾なりける、三輪木の腹に出生なせし娘にて、同じ種なる妹(イモトセ)なりと、聞いて大いに驚きしが」

いもと-でし【妹弟子】〘名〙妹分にあたる弟子。師匠が同じで、自分より後輩にあたる女の弟子。＊洒落本・禁現大福帳(1755)三「時折髪結てやる妹弟子(イモトデシ)を杖と頼み憂を語るも洗湯へ行道ばかり」

いもと-びと【妹人】〘名〙「いもうとむこ(妹婿)」に同じ。発音〈標ア〉ト

いもと-ぶん【妹分】〘名〙「いもうとぶん(妹分)」の変化した語。＊人情本・春色梅児誉美(1832-33)初・六齣「お由(よし)が方へ引取、娣(イモト)ぶんとして、かわいがらるるやうす」＊当世書生気質(1885-86)〈坪内逍遙〉四「お常の妹分(イモトブン)として養育(そだ)つる程に」

いもと-むこ【妹婿】〘名〙「いもうとむこ(妹婿)」の変化した語。＊太平記(14C後)三七・畠山入道々誓謀叛事「畠山は此十余年左馬頭を妹聟(イモトムコ)に取て、栄耀門戸に余るのみならず」＊日葡辞書(1603-04)「Imoto muco(イモト ムコ)〈訳〉妹の夫」発音〈標ア〉ト

いもと-むすめ【妹娘】〘名〙「いもうとむすめ(妹娘)」の変化した語。＊人情本・英対暖語(1838)初・六回「両親ならびに家内(うち)に居る妹娘(イモトムスメ)と、四人連立ての客ゆゑ」＊大つごもり(1894)〈樋口一葉〉下「家督(あと)は妹娘(イモトムスメ)の中にとの相談」発音〈標ア〉ム 辞書日葡

いも-どろぼう【芋泥棒・芋泥坊】〘名〙蛸(たこ)の異称。畑の芋を食うという俗説による。発音〈標ア〉ム

いもと-われ【妹と我】催馬楽。呂(りょ)の歌の曲名。歌は一段、拍子は一〇とする。〔「楽家録(1690)六・催馬楽歌字」所収〕発音〈標ア〉イ

いも-ながし【疱瘡流】〘名〙疱瘡(ほうそう)にかかった人が、軽くすませるために、疱瘡の病原と考えた疱瘡神を送り出す呪法。種痘が普及してからは、種痘ののち桟俵(さんだわら)に赤か五色の幣(ぬさ)を立て、赤飯を供えて川に流す。この風習は全国的であるが、この名称は北陸や秋田県にある。えも流し。

いも-なぎ〘名〙植物「あさざ(莕菜)」の異名。＊物類称呼(1775)三「莕 あさざ 一名すっぽんのかがみ〈略〉加賀にて、いもなぎ」方言◇いもなぎん 富山県砺波398

いも-なっとう【芋納豆】〘名〙サツマイモを角形に細かく切ってゆでて、甘納豆のように糖蜜に浸して、砂糖をまぶした菓子。発音イモナットー〈標ア〉ナ

いも-なね【妹―】〘名〙(「なね」は多く女性を親しんでいう語で、接尾語的に用いたもの)女性を親しんでいう語。妹(いも)。＊万葉(8C後)九・一八〇〇「小垣内(をかきつ)の 麻を引きほし 妹名根(いもなね)が 作り着せけむ 白たへの 紐をも解かず〈福麻呂歌集〉」

いも-なます【芋膾】〘名〙サトイモの蒸したもの

に、コイ、アユ、スズキ、タイなどの酢につけたものを細めに切り、かけた料理。＊武家調味故実(1535)「いもなますと云は〈略〉よきほどの人にはまいらすべし。口伝あり。鯉鮎にてあふべし〈略〉あゆる様はいもをゆでて、かはらけにむき入て、其上に此なますをかけてまいらすべし」　発音〈標ア〉ナ

いも-なろ【妹―】〖名〗(上代東国方言。「な」「ろ」は親愛の意を表わす接尾語) いとしい妻。かわいい恋人。＊万葉(8C後)一四・三四四六「伊毛奈呂(イモナロ)がつかふ河津のささら荻(をぎ)あしとひとごとかたりよらしも〈東歌〉」　補注「なろ」の「な」は、もと「汝」の意。　上仮名イモナ|ロ

いも-にい【芋兄】〖名〗　方言山家の男を卑しめていう語。神奈川県小田原市314　静岡県富士郡521

いもに-かい【芋煮会】〖名〗 主として東北地方で、里芋を中心に、野菜、魚、肉などを持ち寄って、野外で煮炊きして行なう会食。《季・秋》　発音〈標ア〉ニ

いも-に-こい【妹―恋】　枕 妹を恋しく思って吾(あ)が待つという意から、「あがまつ」と同音を含む地名「吾(あが)の松原」にかかる。＊万葉(8C後)六・一〇三〇「妹爾恋(いもにこひ)吾(あ)がの松原見わたせば潮干の潟にたづ鳴きわたる〈聖武天皇〉」　補注「まつ」に続くとする説、また、「妹に恋ひ吾が」までを序詞として枕詞としない説もある。

いも-ぬすみ【芋盗】〖名〗 陰暦八月十五夜の芋名月の日には、だれの畑からサトイモを取ってもよいという風習。　発音〈標ア〉ヌ

い-もの【鋳物】〖名〗 溶かした金属(鉄、銅、アルミニウムなど)を鋳型に流し込んで造った器物。↔打物。＊新撰字鏡(898-901頃)「鉶　伊物　又草切」＊観智院本名義抄(1241)「鋳　イモノ」＊随筆・譚海(1795)七「肥前長崎にかめといふは、鋳物に高名の婦人なり」＊明暗(1916)〈夏目漱石〉一〇「蒼黒い色をした鋳物(イモノ)の電燈笠が下がってゐた」　発音〈標ア〉0〈京ア〉0　辞書字鏡・名義・和玉・ヘボン・言海　表記鋳(名・玉)　鋳物(ヘ・言)　鉶(字)　鋃(名)　陶(玉)

いもの の 正(かみ)　令制の典鋳司(てんじゅし)の長官。金、銀、銅、鉄の造鋳、塗飾、瑠璃(るり)玉作、工人の名籍などをつかさどる。正六位上相当官。いもしのかみ。＊万葉(8C後)八・一五四九・題詞「典鋳正紀朝臣鹿人至衛門大尉大伴宿禰稲公跡見庄作歌」＊令義解(718)官位・正六位条「典鋳正」

いもの の 司(つかさ)　「てんじゅし(典鋳司)」に同じ。

いも-の-き【芋木】〖名〗 ①植物「たかのつめ(鷹爪)」の異名。＊日本植物名彙(1884)〈松村任三〉「イモノキ　タカノツメ」 ②植物「キャッサバ」の別名。方言植物。❶たかのつめ(鷹爪)。岩手県008　茨城県036　埼玉県秩父郡251　山梨県036　長野県036　岐阜県036　静岡県008　愛知県036　島根県003　岡山県036　広島県双三郡036　鹿児島県008　003　❷こしあぶら(漉油)。岩手県036　茨城県008　福井県036　山梨県036　長野県036　岐阜県飛驒008　静岡県036　愛知県036　三重県036　和歌山県008　徳島県美馬郡808　愛媛県新居郡808　高知県036

いもの-こ【鋳物粉】〖名〗 鋳物を加工するときに出る粉末状のくず。＊いつか汽笛を鳴らして(1972)〈畑山博〉一「屋根裏にある五馬力モーター三台のうなりが、たちこめている鋳物粉の間をぬって、必死に建物の外へとび出ようとしているのだが」

いものこ-ばち【―蜂】〖名〗　方言虫、すずめばち(雀蜂)。◇いもんばちとも。静岡県磐田郡546　◇いもばち　和州†039

いもの-ざし【鋳物差】〖名〗「いものじゃく(鋳物尺)」に同じ。

いもの-し【鋳物師】〖名〗(「いものじ」とも) 鋳物を造る職人。いもじ。いもうじ。＊吾妻鏡-文暦二年(1235)六月一九日「奉行人周防前司、欲ㇾ勘ㇾ発鋳物師ㇾ之処、陳申云」＊東北院職人歌合(1348頃か)「右　鋳物師　たたらふむやどの烟に月影のかすみもはてぬ有明の空」＊暴夜物語(1875)〈永峰秀樹訳〉二「漁夫之を見て大に悦び之を以て鋳冶(イモノシ)に売らば」　語誌(1)中古すでに同義の語である「いもじ」の例が見られるのに対し、「いものし」の古代の確例は見出せない。しかし「新撰字鏡」には「鋳物」の例があるので、「いものし」が古く、その俗語形として「いもじ」が発生したものか。(2)日本最古の職人歌合「東北院職人歌合」五番本(旧曼殊院本)には鋳物師の図像の傍らに、羽釜と薬缶が描かれており(右図参照)、古くから日常の生活用具、特に煮炊容器をつくっていた人をさしたらしい。また、同歌合にある鋳物師の月歌とその判詞などから、銅鏡の鋳造、さらには、撞鐘(つきがね)の鋳造などにもかかわっていたことが知られる。　発音〈標ア〉ノ　辞書下学・文明・伊京・明応・天正・饅頭・易林・書言・ヘボン・言海　表記鋳物師(下・文・伊・明・天・饅・易・書・ヘ・言)

鋳物師
〈東北院職人歌合絵巻〉

いもの-じゃく【鋳物尺】〖名〗 鋳造用の木型を造るときに用いるものさし。金属が溶けて冷却、凝固すると一般に収縮して鋳型より小さくなるので、実際の寸法より金属の収縮率だけ目盛間隔を長くとってある。鋳物差(いものざ)し。延尺(のびざし・のべじゃく)。木型尺。伸び尺。　発音〈標ア〉0ノ

いもの-ずな【鋳物砂】〖名〗 鋳型製作用の砂。強度が大で、耐火性、通気性、伸縮性などにすぐれたものを用いる。鋳型砂。　発音〈標ア〉ノ

いもの-せ【鋳物師】〖名〗「いものし(鋳物師)」の変化した語。＊日葡辞書(1603-04)「Imonoxe(イモノセ)。すなわち、イモジ」　辞書日葡

いものちから【妹の力】　民俗学論文集。一巻。柳田国男著。昭和一五年(一九四〇)刊。民俗学的にみた女性の役割、性質を、神秘的な信仰の面で究明、論述した書。

いもの-ば【鋳物場】〖名〗 鋳物をつくる工場。＊浅草紅団(1929-30)〈川端康成〉一〇「その大衆の浅草は常に一切のものの古い型を溶かしては、新しい型に変へる鋳物場(キニノバ)だ」　発音〈標ア〉0

いものは-めし【芋葉飯】〖名〗 サトイモの葉を陰干しにし、ゆでたものを、細かく刻んで塩味をつけ、たきたての飯に混ぜ合わせたもの。　発音〈標ア〉ハ

いもの-ふで【鋳物筆】〖名〗 鋳物の砂型を造るときに用いる筆。砂型から模型を抜き出す際の砂のくずれや破損の修理に用いる水筆(丸筆)と、鋳型の掃除や黒鉛マイカ粉末の塗布などに用いる板筆とがある。　発音〈標ア〉ノ

いもの-べら【鋳物篦】〖名〗 鋳物の砂型を造るとき、砂型の仕上げや、また破損部の修理などに用いる篦(へら)。　発音〈標ア〉ノ

いもの-ぼり【鋳物彫】〖名〗 鋳造した製品に彫刻して、丸彫りのようにすること。また、そのもの。　発音〈標ア〉0

いも-の-ら【妹―】〖名〗(「の」「ら」は親愛の意を表わす接尾語。「妹なろ」の変化した形かという) 妻、恋人を親しんで呼ぶ上代東国方言。＊万葉(8C後)一四・三五二八「水鳥の立たむ装(よそ)ひに伊母能良(イモノラ)に物言はず来にて思ひかねつも〈東歌〉」　上仮名イモノ|ラ

いも-のり【芋糊】〖名〗 コンニャクイモで作った糊か。＊俳諧・雑巾(1681)秋「芋糊や龍を封じてけふの月〈由々〉」＊雑俳・よりくり(1704)「紙子つくには芋のりが妙」

いも-ば【芋葉】〖名〗(葉の形が里芋に似ているところから) 植物、水葵(みずあおい)の小さいもの。＊重訂本草綱目啓蒙(1847)一五・水草「蘇草　なぎ〔和名鈔〕こなぎ〔古歌〕、いもば　伯州〈略〉即 水あふひの小なる者なり。田中に生ず」　方言植物。❶こなぎ(小菜葱)。山口県厚狭郡799　◇いものは　島根県邑智郡964　◇いもばくさ〔―草〕　長門†122　❷おもだか(沢瀉)。岡山県川上郡765　発音〈標ア〉モ

いも-はぎ【芋接】〖名〗 指物(さしもの)で平滑に仕上げた板と板との接合面を、にかわ、または、のりなどで接合すること。　発音イモハギ

いも-ばしか【芋麻疹】〖名〗「いもがさ(疱瘡)」に同じ。＊咄本・増補江戸咄(1694)五・七「ゐきれいおこり、いもはしかのはやる時は、あま酒を作りて、竹の筒に入、木の枝にかけて是を祈れば、たちまち平癒するとかや」　〈標ア〉0

いも-ばた【芋畑】〖名〗「いもばたけ(芋畑)」に同じ。＊青春(1905-06)〈小栗風葉〉春・六「宇宙や人生も薯畑(イモバタ)一枚で得心して居る村の者が、一口に言ふ関後家の貰子、其れが一歳づつ年を加(と)って二十五になった丈」　発音〈標ア〉バ

いも-ばたけ【芋畑】〖名〗 芋類を植える畑。＊俳諧・雑巾(1681)秋「たづぬべし月は日来の芋畠〈爾木〉」＊浮世草子・日本永代蔵(1688)三・三「其時の繁昌にかはり、屋形の跡は芋畠(イモバタケ)となり」　発音〈標ア〉0〈京ア〉パ　辞書ヘボン・言海　表記芋田(ヘ)　芋畠(言)

いも-ばな【芋花】〖名〗　方言❶(地下に球根を生ずることから) 植物、ダリア。秋田県北秋田郡131　愛媛県840　長崎県南高来郡904　壱岐島914　五島917　◇いもぼたん〔芋牡丹〕　高知県幡多郡870　❷ジャガ芋から採ったでんぷん。◇いものはな　青森県三戸郡083　岩手県九戸郡088

いもは-むし【芋葉虫】〖名〗　方言⇩いもむし(芋虫)

いも-ばり【芋張】〖名〗 キセルの張り方の一つ。＊洒落本・嘉和美多里(1801)「岡崎の吉が張ったいも張の白のきせる」＊滑稽本・六阿彌陀詣(1811-13)二・上「朱羅宇すげたる、芋張(イモバリ)の煙管をひねくりまはしながら」

いも-ばん【芋版】〖名〗 サツマイモ、ジャガイモを輪切りにして、切り口の面に文字や図案などを描き、浮き彫り、または凹彫りにしたものに、墨や絵の具を塗って、紙や布に押すもの。＊大増補改訂や、此は便利だ(1936)〈下中彌三郎〉「いもばん　芋判　甘薯に彫刻した雅印で、年賀状などに押す」　発音〈標ア〉0〈京ア〉モ/0

いもばん-ぞめ【芋版染】〖名〗 芋版で行なう手工業的な染色方法。芋版を用いて手でする押し染め。　発音〈標ア〉0

いも-ひと【妹】〖名〗「いもうと(妹)」に同じ。＊新撰字鏡(898-901頃)「妹　伊毛人」　辞書字鏡

いも-ひな【芋雛】〖名〗 雛人形で、顔が長くて、サトイモの皮をむいたような姿のもの。古雛として珍重される。

いも-ふき【芋吹】〖名〗 蒸して、まだ熱いうちにたれみそなどで食べるサトイモ。また、その料理。＊狂歌・古今夷曲集(1666)七「夫妻(めをと)のみ入ぬる風呂はあかなくのせなに向ひて猶もいもふき」＊俳諧・西鶴大矢数(1681)第一九「霞も共に時宜は日の暮　春の風芋吹にしてあたらうぞ」　発音〈標ア〉モ

いも-ぶせ【芋伏】〖名〗 ジャガイモやサツマイモの種芋を植えること。　発音〈標ア〉0

いも-ふり【芋―】〖名〗　方言❶芋を洗う竹ざる。愛媛県840　❷薩摩芋(さつまいも)を入れて運ぶ竹かご。◇いもふりかご〔―籠〕・いもふりいぎ　徳島県811　❸わら製のもっこ。奈良県南大和683　和歌山県那賀郡・東牟婁郡690　❹わら製のもっ目ざる。

いも-ぼう【芋棒】　京都料理の一つ。水に浸して柔

らかくした棒鱈(ぼうだら)を、エビイモまたはサトイモといっしょに煮た料理。商標名。＊夢の浮橋(1970)〈倉橋由美子〉光る風「風に吹かれながら芋ぼうを食べていると」[発音]イモボー〈標ア〉[0][モ]

いも-ほり【芋掘】『名』①芋を掘ること。また、その人。＊玉塵抄(1563)五「これからして、はたけ、さえんなど心がけて、ひっこうでいもほりしてすぎうと云に孝圃とかくぞ」＊思出の記(1900-01)〈徳富蘆花〉二・五「藷掘り、水汲み、魚捕り、遠足、夏の游泳、何れも盛に行はれた」②田舎者をみくだし、または、みずからを田舎者と卑下していう語。＊歌舞伎・霊験曾我籬(1809)七幕「小紫どのを買ひたいと、思ひ思うて来て見ても、何にも知らぬ田舎の芋掘り」＊人情本・閑情末摘花(1839-41)三・一四回「銭が些(ちっ)とばかり立まはると思って、芋掘(イモホリ)を捕(つら)めへて、威張つけて居るもんだから」③「いもほりぼうず(芋掘坊主)①」の略。＊人倫訓蒙図彙(1690)一「平僧、無学の僧なり、または芋掘(イモホリ)ともいふ」＊浄瑠璃・和田合戦女舞鶴(1736)二「寺僧は棒ちぎり木打てよ叩けとわめく声〈略〉やい芋掘り奴ら、棒の先でも動かしたら片端に蹴殺すと」＊雑俳・末摘花(1776-1801)一「芋ほりと言ったといろは大くぜつ」[発音]〈標ア〉[ホリ]〈京ア〉[ホ]

いもほり-がくしゃ【芋掘学者】『名』田舎出の学者を見くだしていう語。＊読書放浪(1933)〈内田魯庵〉銀座繁昌記・一〇「『柳橋新誌』を出版した山城屋が『新橋雑記』を上梓すると聞くと、柳北先生冠を曲げて、芸者に酌をして貰った事の無い芋掘学者に新橋の事が解るもんかと散々な不興だった」[発音]イモホリガクシャ〈標ア〉[ガ]

いもほり-そう【芋掘僧】『名』「いもほりぼうず(芋掘坊主)①」に同じ。＊咄本・醒睡笑(1628)一「芋掘僧とは、いかなる因縁ありていふことばぞや。されば子細あり。〈略〉纔(わづか)なる汚道(をだう)比丘にても計ニ縁勝劣ニ(えんのしょうれつをはかり)、師となり弟子となすべき法用なるを、末世のこの作法悉(ことごとく)背ㇾ之(これにそむき)、法器をば更にえらばず、唯わが姪、わが従子(いとこ)などいって、その類親を尋ねいだし、寺院を他人に誤りても不ㇾ譲(ゆづらざる)を法とする儘、山の芋はつるをただしてこそ掘るなれば、芋掘僧といふならん」

いもほり-ちょうじゃ【芋掘長者】(:チャウジャ)『名』長者説話の一つ。貧しく愚かな男が毎日芋を掘って暮らしているが、そこへ押しかけ嫁がきて山中の石ころ(実は金塊)の価値を教え、長者になるという話。[発音]イモホリチョージャ〈標ア〉[チョ]

いもほり-びゃくしょう【芋掘百姓】(:ビャクシャウ)『名』百姓を卑しめていう語。土百姓。＊花間鶯(1887-88)〈末広鉄腸〉下・四「穢れ果てた木賃宿に宿り、芋掘(イモホ)り百姓にまで馬鹿にせらるるのは残念なことジャ」[発音]イモホリビャクショー〈標ア〉[ビャ]

いもほり-ぼうず【芋掘坊主】(:バウズ)『名』①なんの取り柄もない坊主。学徳のないだめな僧を卑しんでいう語。芋掘り僧。芋掘り。＊咄本・私可多咄(1671)一・三九「むかし、いもほりぼうずのかたへ、さる所より文来れり」＊浄瑠璃・主馬判官盛久(1687頃)地獄絵とき「くまがへ入道といへるいもほり坊主」＊本朝俚諺(1715)一「芋ほりぼうず。中山三柳説云、僧のつたなきを、いもほりといふ。〈略〉無智無学の僧にて仏性の性の字は女偏なりなど云たぐひも、師匠のあとをつぎて、後住と成りぬれば、先住のつるをうしなはじと諸檀越のすてざるいはれなり」②女を誘惑するのが巧みな坊主。＊最新百科社会語辞典(1932)「いもほりぼうず 芋掘坊主〔俗〕女を引かけるのに巧みな僧侶のこと。破戒僧」[語源説](1)蔓を引くというしゃれの義。縁戚関係で位についたりつかせたりする僧〔醒睡笑・嘉良喜随筆〕。(2)斎食だけ好んで学徳のない僧の意。斎をいもほりとよむ〔和訓栞〕。(3)芋を掘る程度の才芸しかない馬鹿坊主の意〔俚言集覧〕。[発音]イモホリボーズ〈標ア〉[ボ]

いも-まき【芋巻】『名』①「いもごみ(芋籠)」に同じ。＊権記-長保元年(999)一二月二一日「事了蔵□勧ニ芋巻ニ」＊とはずがたり(14C前)一「いもまきといふ物を、かはらけにいれて」＊日葡辞書(1603-04)「Imomaqi(イモマキ)〈訳〉食べ物の一種。やわらかい練り粉のごときシル(汁)にされた、すりおろしたヤマノイモからつくる」②蒸し菓子の一種。米の粉に砂糖を混ぜてこね、中に芋と餡(あん)を巻いて蒸したもの。[発音]〈標ア〉[0][辞書]日葡

いも-むし【芋虫】『名』①チョウ、ガの幼虫などで、青虫、毛虫と呼ばれるもの以外のものの俗称。特にスズメガ科のガの幼虫の俗称。サトイモやサツマイモの葉を食べるところからこの名がある。体は円筒状でほとんど無毛。尾部背面に角状突起がある。体色は緑色のものが多く、斑紋のあるものもある。《季・秋》＊日葡辞書(1603-04)「Imomuxi(イモムシ)〈訳〉山芋の中に育ちこう呼ばれる虫」＊羅山先生詩集(1662)五七・芋虫「老芋側生畦畝中、何同ㇾ有ㇾ毒似ニ天雄ニ、爐辺懶瓚起ㇾ騎ㇾ虎、変ニ箇大虫ニ成ニ小虫ニ」＊俳諧・きさらぎ(1692)「芋虫や半分蝶になりかかり〈来山〉」＊浮雲(1887-89)〈二葉亭四迷〉一・五「何時しか額に芋蠋(イモムシ)ほどの青筋を張らせ」②①がむくむくしたさまをしているところから、腹をたて、ふくれっつらをしている人をたとえていう。＊俳諧・其袋(1690)冬「いもむしは何にいぶりの名にはたつ〈月下〉」＊俳諧・鶉衣(1727-79)前・下・四八・百虫譜「芋虫は腹たつものにたとへ、毛虫はむつかしき親仁の号(な)とす」＊雑俳・柳多留-五三(1811)「朝帰りいも虫が出て戸を明ける」③人をののしっていう語。＊浄瑠璃・双蝶蝶曲輪日記(1749)五「ヤア芋虫めら味をやる、それ奪はして置かうか」④「いもむし(芋虫)ころころ」に同じ。＊随筆・守貞漫稿(1837-53)二五「芋虫 女児或男児或は男女童相交へて衆童竪に列し、前する童の帯に次の童手かけ、又其童の帯を其次の童持ㇾ之如ㇾ此次第に続き大略五七童也」＊歌謡・粋の懐(1862)五・一三・桜見よとてかへうた「おさなあすびと名をつけて〈略〉けんけん、いもむし、つ花つむ」⑤玩具の名。張子製の芋虫の中に、土をまるめて入れ、割竹の上にのせて上下に動かすと、ころがり動きまわる。たわらころばし。たわらがえり。[方言]❶毛虫の類。新潟県北蒲原郡367 ❷さなぎ。鹿児島県種子島054 ❸蟬(せみ)の幼虫。奈良県南葛城郡683 ❹(ジャガ芋の葉などを食べるところから)虫、にじゅうやほしてんとう(二十八星天道)。青森県上北郡082 宮城県栗原郡114 山形県東置賜郡139 長野県469 佐久493 岐阜県飛騨502 ◇いもはむし 長野県北安曇郡469 ❺すねる人。不平を言う人。岐阜県飛騨502 ❻短気な人。熊本県下益城郡930 ❼舳(みよし)に大きな檜材を用いた大型の荷船。愛知県知多郡570 [発音]〈なまり〉エモッムス・エモンムス〔千葉〕〈標ア〉[モ]〈京ア〉[モ][辞書]日葡・書言・ヘボン・言海 [表記]芋蠋(書・へ)芋蟲(言)

いもむし ころころ 子供の遊びの一つ。しゃがんで一列を作り、おのおの前の子の後ろ帯をつかんだり腹部をかかえたりして「芋虫ころころ、ひょうたんぽっくりこ」とはやしながら、にじり歩いて進む。京阪では「晩のいもむし、尾はちんがらちんがらよ」とはやす。いもむし。＊随筆・嬉遊笑覧(1830)六・下「古のさまに、帯にとり付とり付してかがみ居てありく。其はやしごとに、芋(イモ)むしころころひゃうたんぽっくりこと云つつ、しばらくありきて、先に立たるもの、あとのあとのせん次郎と呼ぶは、最後に居たるものはなれ出て、何用でござるといふ。呼たる者、手前今迄何して居た、答、棚から落たぼた餅を食て居た、それなれば雨がふるか鎗がふるか見てこよといへば、見に行まねして、雨がふる鎗がふると問ふままにそむかず答ふ。其時前がよいか後がよいかといへば、前がよいといふ。それならば前に居よとて、それを先の第一番に居らしむ。さて、初めの如くはやし歩むなり。はやしごとは手遊の芋虫より出しなるべし」＊東京風俗志(1899-1902)〈平出鏗二郎〉下・一一・児戯「屋外の戯れには駆(か)け競(くら)、鬼ごっこ〈略〉芋虫(イモムシ)ころころ」[発音]〈標ア〉[モ]

いもむし の よごしを蒟蒻(こんにゃく)のお伝馬(てんま)に乗(の)せたよう (「よごし」はあえもの、「お伝馬」は荷物を運ぶはしけ舟をいう) 不機嫌にぶりぶりしているさまの形容。＊洒落本・契情実之巻(1789-1801)後・一「コヲおいらん、なんのこった。いもむしのよごしを、こんにゃくのお伝馬にのせたといふもんで、おれがくると、ぶりぶりとしていなさるは」

いもむし-まゆげ【芋虫眉毛】『名』芋虫①の形に似た太く濃い眉毛。＊母(1930)〈岡田三郎〉一「誠意のなさそうな、芋虫眉毛(イモムシマユゲ)の、頬の皮膚のたるんだ、顔に何等表情のない当直医師は」[発音]イモムシマユゲ〈標ア〉[マ]

いも-めいげつ【芋名月】『名』陰暦八月十五夜の月。季節のものとしてサトイモの新芋を供えたところからいう。九月十三夜は、クリまたはダイズを供えるので、栗名月、豆名月ともいう。《季・秋》＊俳諧・犬子集(1633)五・名月「雲霧や芋明月のきぬかつき〈貞徳〉」＊俳諧・玉海集(1656)三・秋「蕪よりいも名月やひがしやま〈安永〉」＊日次紀事(1685)八月一五日・秋・三「芋名月、今夜地下良賤亦賞ニ明月ニ、各煮ㇾ芋而食ㇾ之、故俗称ニ芋明月ニ也」[発音]イモメイゲツ〈標ア〉[メ]〈京ア〉[メ]

いも-めし【芋飯】『名』古くはサトイモを、のち、ジャガイモやサツマイモを混ぜてたいた飯。＊梵舜日記-慶長一七年(1612)正月五日「当院例年の芋飯、披官共に申付」＊本朝食鑑(1697)一「角豆飯・芋飯・大豆飯・豆腐滓飯等類味雖ニ殊好ニ而無ㇾ益ㇾ人也」＊料理伊呂波庖丁(1773)一「芋(イモ)食 里いもの子ばかりいかやうにもきざみて塩をくわへて湯煮をしてそれより米にまぜてたき上べし」＊思出の記(1900-01)〈徳富蘆花〉四・四「船頭の嚊が焚いた甘藷飯(イモメシ)の熱きを鵜呑にして、大分元気づいて来た」[発音]〈標ア〉[0]〈京ア〉[メ]

いも-めじ【芋目地】(:めヂ)『名』「いもつぎ(芋継)①」に同じ。[発音]〈標ア〉[0][メ]

いも-めん【芋麺】『名』もち米粉、うるち米粉、ヤマノイモのおろし汁を混ぜてよくこねて作った食品。ゆでて冷水でさらし、しょうゆなどで食べる。[発音]〈標ア〉[0]

いも-もち【芋餅】『名』①小麦粉を水でとき、さいの目に切ったサトイモを入れて蒸したものを、つきかためた餅。②さいの目に切ったジャガイモを入れてこねた飯を塩をつけて握り飯とし、焼いたもの。＊左千夫歌集(1920)〈伊藤左千夫〉明治三六年「上総なる友垣芋餅ここだ送りこせり戯れに芋餅の歌をつくる」[方言]蒸した粟(あわ)に蒸し芋を入れてついた餅。長崎県壱岐島915 [発音]〈標ア〉[モ1]

いも-もらい【疱瘡貰】(:もらひ)『名』(「いいもらい」の変化した語) まぶたにできる伝染性の小さなはれもの。麦粒腫(ばくりゅうしゅ)。ものもらい。＊仮名草子・仁勢物語(1639-40頃)上・三〇「危なきは目玉の上のいももらひ潰し損じてかくはなるらん」

いも-や【芋屋】『名』芋類を売る商売。また、その商人。＊雑俳・柳多留-一九(1784)「いそがしさ升をもたない芋や来る」＊大つごもり(1894)〈樋口一葉〉上「酒やと芋(イモ)やの奥深く、溝板(どぶいた)がたがたと薄くらき裏に入れば」[発音]〈標ア〉[モ]〈京ア〉[イ]

いもや の 秤(はかり) 「芋屋の秤で、目で殺す」と続けていうしゃれ。芋屋の芋は秤にかけて目方で売る。その秤目をごまかすのを、目で殺すといい、これに悩殺的な目だの意をかけたもの。＊譬喩尽(1786)一「芋屋(イモヤ)の秤(ハカリ)で目で殺しをる、眼で

殺すのは殺生の外と云句にひとし」

いもやき-もち【芋焼餅】〘名〙ジャガイモやサトイモなどをゆで、小麦粉またはそば粉といっしょにつきまぜて皮をつくり、中に野菜あんを入れて焼いた餅。長野県の名物。＊家(1910-11)〈島崎藤村〉上・三「焼たての芋焼餅に大根おろしを添へて」＊夜明け前(1932-35)〈島崎藤村〉第一部・上・一・二「木曾の焼米の青いにほひ、蕎麦粉(そばこ)と里芋の子で造る芋焼餅(イモヤキモチ)なぞを数へて見せるのも」

いも-やま【妹山】 〓〘名〙相対して並ぶ山のうち、女性、妻に見立てられた方の山。のちに山の名となる。↕背山(せやま)。〓〔一〕(「いものやま」とも)「いもせやま(妹背山)〔一〕①」のうち、紀ノ川南岸の山。＊万葉(8C後)七・一〇九八「紀路(きぢ)にこそ妹山ありといへ玉くしげ二上山も妹(いも)こそありけれ〈作者未詳〉」＊万葉(8C後)七・一一九三「背の山に直(ただ)に向へる妹之山(いものやま)事許せやも打橋渡す〈作者未詳〉」〔二〕「いもせやま(妹背山)〔一〕②」のうち、吉野川の龍門側の山。＊浄瑠璃・妹背山婦女庭訓(1771)三「イヤ工(たく)んだり拵へたり、定高が領分大和の妹山(イモやま)、清澄が領地紀の国背山」〔三〕「いもせやま(妹背山)〔一〕③」のうち、女性に見立てられた方の山。＊拾遺(1005-07頃か)哀傷・一三二一「いも山の岩根にをける我をかも知らずて妹が待ちつつあらん〈柿本人麻呂〉」 発音〈標ア〉⓪

いも-やみ【疱瘡病】〘名〙疱瘡(ほうそう)を病むこと。＊立川寺年代記-享徳元年(1452)「此年京洛小児いもやみして多死。同北陸道癸酉まで小児いもやみして多死」

いもゆ【斎】〘名〙「いもい(斎)」に同じ。＊蜻蛉(974頃)中・天祿二年「けふは十五日、いもゆなどしてあり」

いも-ようかん【芋羊羹】〘名〙サツマイモに砂糖や寒天を加えて作る羊羹。＊面影(1969)〈芝木好子〉一「お茶受けの芋ようかんや最中をおもい浮べた」 発音 イモヨーカン〈標ア〉③〈京ア〉③

いも-よけ【疱瘡除】〘名〙疱瘡(ほうそう)よけのまじない。また、その物。＊俳諧・二息(1693)「疱瘡除にせよと持参の黄八丈」

いも-ら【妹―】〘名〙(「ら」は親しみを添える接尾語)妻、恋人、親しい女性を呼ぶのに用いる語。＊万葉(8C後)五・八六三「松浦川(まつらがは)玉島の浦に若鮎(わかゆ)釣る伊毛良(イモラ)を見らむ人の羨(とも)しさ〈大伴旅人〉」＊万葉(8C後)一三・三二九九「見渡しに 妹等(いもら)は立たし 此の方に 吾は立ちて 思ふそら 安けくなくに〈作者未詳〉」

い-もらい【井守】〘名〙「いもり(井守)」の異名。＊浜荻(久留米)(1840-52頃)「いもらい 虫の名。いもり守宮(いもり)、蜥蜴(いもり)、蠑螈(いもり)」＊重訂本草綱目啓蒙(1847)三九・龍類「石龍子 とかげ〈略〉一種止水浅井中に生じ形守宮に似て色黒腹赤く尾扁なる者を いもりと云古名の いもりに非ず日州にていもらひと呼」 方言 若狭†035 石川県能美郡404 三重県名賀郡584 兵庫県但馬653 奈良県南大和683 和歌山県日高郡698 鳥取県711 岡山県042

いもら-がり【妹許】 〓〘名〙(「がり」は接尾語)妻、恋人の住んでいる所(へ)。妹(いも)のもと(へ)。＊万葉(8C後)七・一一二一「妹等所(いもらがり)わが行く道のしのすすき我し通はば靡けしの原〈作者未詳〉」 〓〘枕〙愛する人の所へいま来るの意で、「いまき(今来)」と同音の地名「今木」にかかる。＊万葉(8C後)九・一七九五「妹等許(いもらがり)今木の嶺にしげり立つつままつの木は古人(ふるひと)見けむ〈人麻呂歌集〉」 補注 枕詞の例で、「今木」の「き」は乙類音で、動詞「来(く)」の連用形「き」は甲類音である。したがって、特殊仮名づかいの上からは別の音であるが、枕詞が下の語句に続く時は、多少音相が違っていても続くことがある。

い-もり【井守・守宮・蠑螈】〘名〙イモリ科の両生類。体長八〜一一センチメートルで、体は細長い。縦に扁平な長い尾をもち、四肢は短い。背面は黒褐色、腹面は赤色で、黒い斑点がある。黒焼きは媚薬(びやく)として有名。日本の特産種で本州、四国、九州の池や沼などにすむ。いもら。あかはら。いもらい。《季・夏》＊享和本新撰字鏡(898-901頃)「蛸 井中出 撓也 掉也 井毛利」＊名語記(1275)八「ゐもりは守宮とかける歟、あけくれゐにすめは井守也」＊幸若・信太(室町末-近世初)「しゃすいの水にゐもりのちみ)あげし井守(イモリ)といへるものなり」＊浮世草子・好色五人女(1686)二・一「是はただ今扱(く＊博物図教授法(1876-77)〈安倍為任〉二「蠑螈(ヰモリ)は池沼小流等に多し。長さ五寸許り性至て穏なり。其腹赤色なるを以て又アカハラと名くる」 語誌 (1)家に住み「家(や)」を守るということで名付けられたヤモリに対し、水の多いところを好むイモリは「井(ゐ)」を守るということで命名されたものか。(2)その黒焼が媚薬・催淫薬ないし強精薬とされたのは、「性淫ニシテ能クツルム」〔和漢三才図会〕と見られていたからであろう。また、イモリを浸した酒は催淫薬酒と考えられていた。 語源説 (1)井の中にすむところから、ヰモリ(井守)の意〔名語記・日本釈名・海録・三養雑記・紫門和語類集・大言海・国語の語根とその分類＝大島正健〕。(2)壁などを離れないところからヰモリ(居守)か〔和字正濫鈔〕。 発音〈なまり〉イーホリ・エモホリ〔福島〕イマリ〔千葉〕イモアリ・イモイ・イモレ〔鹿児島方言〕イモーリ・イモーリン・イモーレー〔島根〕イモホリ〔福島・栃木〕イモライ〔石川・和歌山県・鳥取〕イモリャー〔鳥取・佐賀〕イモレー〔鳥取〕インモリ〔飛驒〕エモリ〔千葉・石川・鳥取〕ヰモホリ〔山形〕ヰモララ・ヰモレ〔福岡〕〈標ア〉①〈京ア〉⓪ 辞書 字鏡・色葉・名義・下学・和玉・文明・伊京・明応・天正・饅頭・黒本・易林・日葡・書言・ヘボン・言海 表記 守宮(色・下・文・伊・明・天・饅・黒・易・書・ヘ) 蛉(玉・文) 蜥蜴(黒・易) 蛸(字) 蝘・蜈蚣(名) 守・蛉・螺・蚖・蜥・蜴(玉) 蝘蜓・蝎虎・壁虎(書) 井守(言)

井守

いもり の 痕(あと) 「いもり(井守)の印(しるし)」に同じ。＊建保四年百番歌合(1216)「疑ひしゐもりの跡はそれながら人の心のあせにける哉〈讃岐〉」

いもり の 黒焼(くろやき) 媚薬(びやく)の一つ。イモリの雌雄を黒焼きにして粉末にしたもの。思いをかけた相手にそれと知らせないで振りかけたり、酒に入れて飲ませると、思いがかなうといわれる。＊浮世草子・傾城禁短気(1711)四・一「つひに初会にかふした図はない事、若(もし)はゐもりの黒焼にてもおふりかけなされたか」＊譬喩尽(1786)四「守宮(ヰモリ)の霜(クロヤキ)なんどでゆかず 俗媤薬と思ふは取違也。漢土に宮女の臂に令レ塗不レ令二姦婬一証とす」

いもり の 印(しるし) 雌雄一対のイモリの血を女の肌に塗って貞操のしるしとしたもの。女が他の男に接するとたちまち消えるともいい、あるいは消そうとしても消えないともいう。中国の秦の始皇帝の故事による。《季・夏》＊俊頼髄脳(1115頃)「ぬぐ沓の重なることの数なればゐもりのしるし今はあらじな〈略〉とほき所などにまかる時かひなにつけつれば、あらひのごひすれどおつる事なし。ただをとこのあたりによるをりにおつるなり」＊新撰六帖(1244頃)五「あはれ又つくる心のよしぞなきゐもりのしるしそれと見ながら〈藤原知家〉」＊俳諧・独吟一日千句(1675)第一「心覚えいもりのしるしあらためて 久しき留主の内方の㒵」＊俳諧・増補はなひ草(1678)「恋の詞〈略〉あだし心、いもりのしるし、付ざしの盃」

いもり を 搗(つ)**く** 「いもり(井守)の印」に用いるイモリを五月五日に搗く風習のこと。中国の古い俗習による。《季・夏》＊俳諧・滑稽雑談(1713)五月「守宮を搗 武帝紀云、午日取二雪官一、飼以二丹砂一、体尽赤、以蔵、此日搗レ之、塗二血人臂一、有レ犯則消、故曰二守宮一。是常にはいもりのしるし也」＊妻木(1904-06)〈松瀬青々〉夏「いもりつく王の秘め事窺ひけり」

いもり を 塗(ぬ)**る** 貞操のしるしとするための、イモリの血を女の肌に塗る。↓井守の印(しるし)。＊俳諧・新季寄(1802)五月「守宮(イモリ)を塗 五日」

い-もり【井守】〘名〙「いし(井司)」に同じ。＊西大寺文書-四・延文四年(1359)一一月一〇日・西大寺置文「一井守之仁躰者、於二郷民浄人之中一、差三器要二四人一、可レ令二沙汰一、此亦不レ可レ有二別相伝之儀一、於二拾分一者、毎日一分之水同前可レ与レ之、此外不レ可レ有二別給一」

い-もり【居守】〘名〙そこにいて守ること。＊夫木(1310頃)一二「谷ふかみうしろの田ゐにゐもりしてまれにそたてるひつちほの稲〈源顕仲〉」 補注 用例は、「永久百首」では第三句「いほりして」とあり、その誤伝で「ゐもりして」となったとも考えられる。

いもり-きり【井守切】〘名〙イモリを殺すような小さな殺生。転じて、ささいな罪。＊歌舞伎・袖簿播州廻(1779)大切「エエ忌忌しい。いもり切り位ゐで、つい縄懸ってのけた」

いもりざけ【守宮酒】 浄瑠璃「苅萱桑門筑紫𨏍(かるかやどうしんつくしのいえづと)」の三段目の切。 発音〈標ア〉⓪

いもる〘動〙 方言 ❶ずぶずぶと泥の中に潜る。静岡県榛原郡541 ❷鰻(うなぎ)などが泥の中に潜る。三重県南牟婁郡603

いも-るい【芋類】〘名〙いものたぐい。いもの仲間。＊小学読本(1874)〈榊原・那珂・稲垣〉三「根をのみ食ふべき菜は牛蒡、胡蘿蔔(にんじん)、及芋類、百合、蓮根に過ぎず」

いも-ろ【妹―】〘名〙(「ろ」は親愛の意を添える接尾語)「いもら(妹)」の上代東国方言。＊万葉(8C後)一四・三四八九「梓弓欲良(よら)の山辺のしげかくに伊毛呂(イモロ)を立ててさ寝所(ねど)払ふも〈東歌〉」＊万葉(8C後)二〇・四四二七「家(いは)の伊毛呂(イモロ)吾(わ)をしのふらしまゆすひに結(ゆす)ひし紐の解くらく思(も)へば〈防人〉」 上仮名 イモロ 発音〈標ア〉⓪

い-もん【倚門】〘名〙門戸に寄り掛かること。門口に立って帰りを待つこと。倚閭(いりょ)。＊蕉堅藁(1403)用艸新戒韻、送儼蔵主帰甲省親、兼東邦君幕下、以致意云「此行将レ慰二倚門親一、艸也詩成思入レ神」＊艸山集(1674)一九・対月思帰「松間一路明如レ昼、遙識倚レ門望二我帰一」＊杜甫-寄張山人彪詩「寧聞倚門夕、尽レ力潔餐晨」

いもん の 望(ぼう)〔＝情(じょう)〕(中国、戦国時代、斉の閔王(びんおう)の所在が不明になったとき、王孫賈にその母が戒めて言ったことば「女朝出而晩来、則吾倚レ門而望。女暮出而不レ還、則吾倚レ閭而望。女今事レ王、出走、女不レ知二其処一。女尚何帰」(「戦国策-斉下」)による語)家の門に寄り掛かって帰りを待ち望むこと。外出した子の帰りを待ちわびる母の情をいう。倚閭(いりょ)の望。＊遠思楼詩鈔(1837-49)初・上・桂林荘雑咏示諸生「遙思白髪倚門情、宦学三年業未レ成」＊張説-岳州別姚司馬詩「天従二扇枕願一人遂二倚門情一」＊王維-送友人南帰詩「懸知二倚門望一、遙識二老萊衣一」

い-もん【異文】〘名〙異なった模様や文様。とくに、古くは、大臣になったあと着用する袍(ほう)につけた、それまでとは異なった文様。＊名目鈔(1457頃)衣服「異文 諸家大臣已後着レ之。家々之説不レ同。西園寺丁子唐草、大炊御門亀甲、洞院藤綸絵或藤丸也」＊装束抄(1577頃)「袍文〈略〉大臣以後は異文とて、三条大亀甲、西園寺丁子唐草、大炊御門亀甲、洞院藤綸絵或藤丸也」

いもん の 袍(ほう) 大臣に任ぜられてから用い

る、それまでとは異なった文様の正装用の上着。＊装束抄(1577頃)「袍文〈略〉又異文の袍は駁地也」

い-もん【異門】〘名〙異なった宗門。とくに仏教で他の宗旨をいう。＊御伽草子・あしびき(室町中)「たとひ異門隠遁の身と成候とも、露の命の消ざらんほどは、おなじ心にあるべし」＊醍醐寺新要録(1620)「隆源僧正記云、〈略〉為山上分出仕。自元山下異門不可然之由、依有沙汰」 発音〈標ア〉0

い-もん【異聞】〘名〙「いぶん(異聞)」に同じ。＊読本・近世説美少年録(1829–32)三・二九回「是第一の異聞(イモン)なり」 発音〈標ア〉0

い-もん【慰問】ヰ：〘名〙(不幸な人や苦労している人などを)見舞って慰めること。＊続日本紀-養老元年(717)一一月癸丑「仍令長官親自慰問、加給湯薬」＊山王絵詞(1310頃)二「時に深草天皇しばしば綸旨を降て、ふかく慰問をくわふ」＊蔭涼軒日録-長享二年(1488)一一月一〇日「以古小袖一領与棠南伯、慰問窮困」＊大道無門(1926)〈里見弴〉遠雷・一「幾度となく厩舎(きゅうしゃ)の方へ馬を見に行った。〈略〉なんだか慰問(ヰモン)してやりたい気持からだった」＊後漢書-宋均伝「帝使中黄門慰問」 発音〈標ア〉0〈京ア〉0

いもん-かけ【衣紋掛】〘名〙「えもんかけ(衣紋掛)」に同じ。＊浅草紅団(1929–30)〈川端康成〉四〇「花模様のワン・ピイスが、衣紋掛(イモンカ)けで壁にぶら下ってゐる」 発音〈標ア〉モ

いもん-じょう【慰問状】ヰモンジャウ〘名〙戦地の兵士を慰めるために送る手紙。＊断腸亭日乗〈永井荷風〉昭和一六年(1941)一〇月六日「袋の中には物品のみならず各戸各人一通づつ慰問状を差入れねばならぬ事とはなれり」 発音イモンジョー〈標ア〉0モ〈京ア〉0

いもん-だん【慰問団】ヰモン：〘名〙慰問のために結成された人の集まり。特に、戦場にいる兵士を慰めるための芸人などの集団。＊夢声戦争日記〈徳川夢声〉昭和一七年(1942)一〇月一三日「司令官殿から、慰問団に対する、謝辞並びに激励の言葉があった」＊いろは交友録(1953)〈徳川夢声〉ま「昭和十七年の晩秋、放送局派遣の慰問団は、楽洋丸でシンガポール(当時の昭南港)に輸送された」 発音〈標ア〉モ

いもん-ひん【慰問品】ヰモン：〘名〙戦地の兵士を慰めるために送る物品。 発音〈標ア〉0モ

いもん-ぶくろ【慰問袋】ヰモン：〘名〙(英 comfort bag の訳語) 戦地の兵士などを慰問するために、日用品、娯楽用品などを入れて送る袋。＊時事新報-明治三七年(1904)一一月二二日「同会に五百余個の慰問袋の寄贈あり」＊多甚古村(1939)〈井伏鱒二〉休日を持つ「柱に『慰問文を出しませう』『慰問袋を送りませう』などの標語があって」＊真空地帯(1952)〈野間宏〉六・一五「この手紙つき次第、慰問袋、至急送って下さい」 〈京ア〉ン1／ン1 語誌 アメリカの婦人が戦場の兵士たちに comfort bag を送って、喜ばれたというアメリカ矯風会からの助言を受けて、日露戦争の時、日本の婦人矯風会の清水ふき、矢島楫子らが comfort bag を「慰問袋」と直訳して、明治三七年(一九〇四)三月一五日、佐世保鎮守府司令長官宛に初めて百個の慰問袋を送った。これが当時の新聞などに大々的に取り上げられ、「慰問袋」が流行語となった。

いや【礼】ゐや〘名〙 ①礼儀。敬うこと。うや。＊書紀(720)推古一二年四月(図書寮本訓)「四に曰はく、群卿(まちきみたち)百寮(つかさつかさ)礼(ヰヤ)を以て本と為よ」＊観智院本名義抄(1241)「恭 ヰヤ」＊読本・雨月物語(1776)菊花の約「賢弟の敬(イヤ)を納むる、何の望かこれに過(すぐ)べき」 ②敬意を表わして頭を下げること。＊読本・雨月物語(1776)仏法僧「威儀ある武士、頭まろげたる入道等うち交りて、礼(ヰヤ)たてまつりて堂に昇る」＊和英語林集成(再版)(1872)「Iya イヤ 礼〈略〉Iyauo (イヤヲ) ナス」＊わかれ(1898)〈国木田独歩〉「翁一人〈略〉青年(わかもの)の入り来れるを見て軽く礼(イヤ)なしつ」 ③感謝の気持を表わすことば。お礼のことば。＊滑稽本・浮世床(1813–23)初・中「早速御いやを申たく存候へども、きのふは風の心地にて」＊人情本・貞操婦女八賢誌(1834–48頃)初・一回「平癒の者は、自ら、神宮屋(かにはや)の家に来り、平左衛門に礼(イヤ)を述べ」 語源説 (1)ウヤ(敬)と通じる〔日本釈名・大言海〕。(2)居さまを正しくする意のヰヤ(居彌)から〔言元梯〕。(3)膝行の意のヰヨ(居寄)の転呼〔日本古語大辞典＝松岡静雄〕。 辞書 名義・〈ボン〉・言海 表記 礼〈へ・言〉恭〈名〉 発音〈標ア〉フ〈京ア〉フ

いやの幣(まい) 贈り物。＊書紀(720)允恭五年七月(図書寮本訓)「則ち、事有らむことを畏りて、馬一匹(ひとつ)を以て、吾襲(あそ)に授けて礼幣(ヰヤノマヒ)と為」

いや【否・嫌・厭】 ㊀〘感動〙 ①相手のことばを打ち消す気持を表わすことば。自分のいま言ったことばを打ち消して言い直すときにも用いる。いいえ。いいや。いな。＊古今著聞集(1254)一六・五二九「『〈略〉件(くだんの)田は相違あるまじ』などいへば、権守とりもあへず『いや田におきては、はやくとられぬ』といひたりけるをかしさこそ」＊虎明本狂言・入間川(室町末-近世初)「『かたがたの御名字は』『いや、名もなひ者でござる』『いや、人物と見えてござる、御名字のなひ事はござるまひ』」＊怪談牡丹燈籠(1884)〈三遊亭円朝〉一「イヤ左様に心配するには及ばぬ」＊浮雲(1887–89)〈二葉亭四迷〉一・一「イヤあれは指図ぢゃアない、注意サ」 ②(並立的な句の前または中で副詞的に用いる)あるいは。または。やれ。＊足利本論語抄(16C)堯曰第二十「是を人にとらせうかいやとらすまいかと出内(いだしいれて)」＊狂言記・柿山伏(1660)「たっとい山伏を、いや犬で候のさるで候のといふて」＊狂言記・布施無経(1730)「わかれになれば、何をいわふ物、いやものをやらふ物とおもふものじゃ」 ㊁〘形動〙不快に思うさま。好ましくないさま。きらいだ。＊史記抄(1477)八・孝景本紀「先帝の人をわづらはす事をいやにをぼしめしたほどにとてか」＊中華若木詩抄(1520頃)中「老の来るは、いやぢゃぞ」＊日葡辞書(1603–04)「Iyana (イヤナ)コトヂャ」＊狂言記・角水(1660)「身どもは、あなたにいやとおぎょいなさるるほどに」 ㊂〘接頭〙名詞の上に付いて、きらいな、好ましくない、の意を表わす。＊浮世草子・好色一代男(1682)七・五「五日はいばらきやにて御存(ぞんじ)のいや男にあひ申候」 語誌 否定の感動詞「いな」が中世に「いや」になったと見られる。肯定否定の対応としては、狂言などでは「無いか？」「いや、ござらぬ」のように、否定的な疑問に対して、後続語句に対応した使い方をすることが多かった。現代でも一部の方言でこうした用法が残っている。 方言〘形動〙❶気の毒なさま。福井県428 ❷ありがたいさま。福井県大野郡427 ❸不思議なさま。高知市867 長崎県対馬909 ❹甚だしいさま。長崎県対馬909 ❺しつこいさま。執念深いさま。山口県豊浦郡798 語源説 イナ(否)の転〔和訓栞・大言海〕。 発音〈なまり〉イイヤ〔福井大飯〕インイェ〔壱岐〕インエ・インギャ・インニ〔静岡〕インニャ〔東京・山梨奈良田・岐阜・静岡・壱岐〕インニャー・インヱ・ウンニャー・ヤ〔東京〕インネ〔岐阜・飛騨・静岡〕ウンニャ〔秋田〕ウンニャ〔青森・東京〕ウンニヤ〔岐阜〕ウンネ〔愛知〕エイエ〔紀州〕エンニャ・エンネ〔信州上田〕ヤー〔埼玉方言・千葉・東京〕ンニャ〔青森・津軽語彙・秋田鹿角〕『いやだ』アンダ・ヤッタ・ヤンタ〔岩手〕イヤーダ〔信州読本〕ヤーダ〔岩手・埼玉方言・千葉・愛知〕ヤダ〔岩手・山形・福島・静岡・愛知〕ヤダー〔静岡〕ヤッタイ〔愛知〕ヤンカ・ヤンダ〔秋田〕ヤンダ〔北海道・岩手・仙台方言・山形・福島・茨城・島根〕ンダァ〔福島〕『いやで』ヤーレ〔信州読本〕『いやな』ヤナ〔東京・南知多〕『いやだ』ヤダ〔埼玉方言・山梨〕ヤダー〔埼玉方言〕ヤーダ・ヤード〔山梨〕 ㊀は〈標ア〉イ〈京ア〉①は0 ②はイ ㊁は〈標ア〉ヤ〈京ア〉0 辞書 文明・饅頭・黒本・書言・日葡・〈ボン〉・言海 表記 辞〈文・饅・黒〉不要・不諾〈書〉否〈へ〉

いや-いな（感動詞「いや」に助詞「いな」の付いたもの）宝暦(一七五一〜六四)前後から寛政(一七八九〜一八〇一)頃までの、遊里の女のことば。いやだわ。＊浄瑠璃・一谷嫩軍記(1751)四「是からおまへは大名の奥様、訛(なま)りちらす女中の中へ、ヲヲ辛気(しんき)、わしゃいやいなと今迄のせりふでは、マア舞台つきが済みませぬ」

いやが応(おう)でも 「いや(否)でも応でも」に同じ。＊残夢(1939)〈井上友一郎〉三「幾らもしないで、厭が応でも佇んでゐる黒田の姿が眼に入るといふ時だった」 発音イヤガオーテモ〈標ア〉オ

いやでも たとえ好まなくても。たとえ不承知でも。どうしても。＊隣語大方(18C後)三「唯今の勢を論じて見ますれば、いやでも御変通被成筈で御座るに」＊思出の記(1900–01)〈徳富蘆花〉三・三「伯父の居間兼客間は直ぐ隣だから、其話声は嫌でも耳に入る」 発音〈標ア〉ヤ

いやでも応(おう)でも（「おう」は承諾を表わすときの感動詞）好むと好まないとにかかわらず。承知でも不承知でも。なんとしてでも。ぜひとも。＊虎明本狂言・胸突(室町末-近世初)「いやでもあふでもつれてゆかひではかなふまひ」＊俳諧・西鶴大矢数(1681)第三九「夫柱こころの鬼を押へては 否でもあふでもま一盃のめ」＊歌舞伎・薄雪今中将姫(1700)三「御誓言の上からは、いやでもおうでも夫婦に致さねば」＊当世書生気質(1885–86)〈坪内逍遙〉四「いやでもおうでも官員をば止める訳にはゆかぬといはれき」 発音イヤデモオーデモ〈標ア〉オ

いやというほど ①もうそれ以上はいらないというほど。いやになるほど。＊虎明本狂言・福の神(室町末-近世初)「さて中酒には古酒を、いやというほどもるならば」＊虎明本狂言・伯母が酒(室町末-近世初)「夏成らば冷しすまし、又冬ならば燗を仕すまいて、あれがいやといふ程、呑さうか、呑すまいか」 ②ひどく。はなはだしく。＊吾輩は猫である(1905–06)〈夏目漱石〉八「横腹をいやと云ふ程蹴たから」＊家(1910–11)〈島崎藤村〉下・二「イヤといふほど照りつけて来た日光は、白い干物に反射して、家の内に満ち溢れた」 発音イヤトユーホド〈標ア〉ヤ

いやとも（「に」を伴うことがある）いやでも。いやであろうとなんであろうと。どうでもこうでも。＊浄瑠璃・国性爺合戦(1715)一「只今呉三桂のいひ分にてはいや共両国権をあらそひ合戦に及ぶ所」＊浄瑠璃・仮名手本忠臣蔵(1748)六「まだ此上にも四の五のあればいや共にでんど沙汰。まあまあさらりと済でめでたい」＊人情本・春色梅美婦禰(1841–42頃)三・二四回「大勢が追欠(おっかけ)るから、否(イヤ)とも原を通るより外は道がないから」

いやとよ 他人のことばを強く打ち消す時のことば。いやそうではない。＊謡曲・清経(1430頃)「『さやうに人をも恨み給はば、われも恨みは有明の、見よとて送りし形見をば、なにしに返させ給ふらん』『いやとよ形見を返すとは、思ひ余りし言の葉の、見るたびに心づくしの髪なれば』」＊バレト写本(1591)「シュジン ノ イワク yyatoyo (イヤトヨ) イマソノクサヲ ヒキ ヌク ナラバ」＊浄瑠璃・平仮名盛衰記(1739)二「『父にも益(ますます)御勇健、先(まづ)はかはらぬ母人の御有様。拝し申て祝着』と謹で述ければ、『いやとよ源太。都はいまだ軍なかばそなた一人帰されしは心得ず』」＊小学読本(1874)〈榊原・那珂・稲垣〉五「信西答へていやとよすべて万の事を知顔にもてなすは無智の者の癖にて」 発音〈標ア〉ヤ

いやの応(おう)の（「おう」は承諾を表わすときの感動詞）いいだの悪いだの。好きだの嫌いだの。＊人情本・恋の若竹(1833–39)下・一六套「折角本店か

ら世話をしてくれる縁談を、厭(イヤ)の応(オウ)のと我儘な」が」

いやも応(おう)もない (「おう」は承諾を表わすときの感動詞) いやおうを言わせない。有無を言わせない。＊方丈記私記(1970–71)〈堀田善衛〉八「時代というものが、厭も応もなく移って行くということが」

いや【言】 ①(動詞「いやる(言)」の変化したもの) 言う。おっしゃる。＊洒落本・辰巳婦言(1798)宵立の部「ばかアいやナ。好きな酒をばやめろぢゃないが、茶碗酒をばやめさんせといふいたこがあらア」 ②(動詞「いやる(言)」の命令形「いやれ」の変化したもの) ㋑言いなさい。おっしゃい。＊浄瑠璃・心中宵庚申(1722)下「ムム其の涙は、まだ母に恨が有るさうな。有るならいや。聞きませう」＊浄瑠璃・源頼家源実朝鎌倉三代記(1781)五「心をしっかり取直してサア此姉に様子をいやといふに」 ㋺(「…といや」の形で用い、「…といやれば」の意) と言えば。＊浄瑠璃・国性爺合戦(1715)三「いやいやとても女子に生れるなら、こちゃ日本の女子に成りたい。なぜといや、日本は大きにやはらぐやまとの国といふげな」

いーや【彌・益・重・転】〘副〙(接頭語「い」が、物事のたくさん重なる意の副詞「や」に付いたもの) ①事柄や状態がだんだんはなはだしくなるさまを表わす。いよいよ。ますます。＊万葉(8C後)二・二一一「去年見てし秋の月夜は照らせれど相見し妹は彌(いや)年さかる〈柿本人麻呂〉」＊万葉(8C後)一一・二四五九「吾が背子が浜行く風のいやはやの事を早みか益(いや)逢はざらむ〈人麻呂歌集〉」＊万葉(8C後)一四・三五五七「悩ましけ人妻かもよ漕ぐ舟の忘れはせなな伊夜(イヤ)思(も)ひますに〈東歌〉」＊源賢集(1020頃)「みごもりていでむよもなき沼水のいや氷りゆく冬ぞかなしき」＊新体梅花詩集(1891)〈中西梅花〉松寿軒西鶴の画像に賛するとて「代は徳川の水、其まみづの彌(イヤ)澄(すみ)渡るがごと」 ②状態を意味する語に付いて、程度のはなはだしいさまを表わす。いちだんと。きわめて。「いやおこ」「いやさやしく」「いやたか」「いやとお」など。＊万葉(8C後)一・三六「此川の 絶ゆる事なく 此山の 彌(いや)高知らす 水激(みなそそく) 滝の宮処(みやこ)は 見れど飽かぬかも〈柿本人麻呂〉」 ③程度が最もはなはだしいさまを表わす。また、物事を強めて言い表わす。最も。いちばん。まったく。ほんとに。「いやさき」「いやはし」「いやはて」など。＊古事記(712)中・歌謡「かつがつも 伊夜(イヤ)さきだてる 兄(え)をし枕(ま)かむ」＊書紀(720)応神二二年四月・歌謡「淡路島 異椰(イヤ)二並び 小豆島 異椰(イヤ)二並び 宜しき島々」 語誌 (1)①②の意味のものは「既にそうしている(そうである)ものが、更に…する(…になる)」という面が強い。上代に盛んに用いられ、特に③の意味のものは記紀歌謡に集中して見られる。平安時代以後は「いよいよ」等に代わられた。(2)「いや…に」の形をとって、慣用句または一語の副詞のように用いることも多い。「いややせに」「いややせにやす」の類も、この用法の一種で、「いややせに」の部分が下の「やす」を修飾して、主体の変化の進展を強調的に表現していると考えられる。平安時代には「ただ…に…」という形にとってかわられ、「いやましに増す」「いやまさりにまさる」が固定的に使われる程度となった。 方言 いよいよ。長崎県壱岐島915 語源説 (1)イヨ(愈)に通じる〔大言海〕。(2)イキ(気)が重なり出るから、ヤというか。ヤは物の重なる詞〔和訓栞〕。(3)イヤ(息彌)の義〔日本語源=賀茂百樹〕。(4)中国語「彌」、アイヌ語iyo, yo、パーリ語で形容詞の比較級語尾iya, iyya、レプチャ語yanなどと関係があるか〔外来語辞典=荒川惣兵衛〕。 発音〈標ア〉イ〈京ア〉0 辞書 色葉・名義・ヘボン・言海 表記 彌(色・へ・言) 最(色) 潜(名)

いーや【本家】〘名〙本家(ほんけ)。＊洒落本・苦界船乗合咄(1867)中「本家(イヤ)の次男(おぢ)どこ聟に貰相談に成た時」 方言 ❶本家。山形県庄内139 新潟県岩船郡347 ◇いやし・いやね 山形県庄内139 ◇いやのえ〔―家〕山形県東田川郡054 飽海郡139 ❷父。男親。沖縄975

いーや【居家・居屋】〘名〙住むための家。住居。＊方丈記(1212)「ただ居屋ばかりを構へて、はかばかしく屋をつくるに及ばず」＊夜鶴庭訓抄(懐中抄)(1170頃)「但居屋などのけぢかき障子の色帋形は、上下によりて大小あるまじ」

いや【祖谷】(おや(祖)の変化した「いや」に祖谷をあてたもの) 徳島県西部、吉野川支流の祖谷川、松尾川流域一帯の呼称。大正初期に交通が開けるまでは他地域との往来が少なく、日本三大秘境の一つに数えられた。住民は平家の子孫といわれ、平家伝説が豊富。伊屋。祖谷山。 発音〈標ア〉イ

いーや【胞衣】〘名〙胎児を包む、膜と胎盤。えな。＊日葡辞書(1603–04)「Iya(イヤ)〈訳〉婦人が分娩する胎盤。ただし、正しい言い方はエナである」＊浜荻(久留米)(1840–52頃)「いや 胞衣也、ゑな とも云」＊和訓栞(1777–1862)「えな 胞衣をいへり対馬にてはいやといふとぞ」 方言 胎児を包む膜と胎盤。胞衣(えな)。長崎県五島054 長崎市906 対馬913 熊本県下益城郡930 鹿児島県961 肝属郡970 屋久島981 沖縄県首里993 ◇えや 熊本県玉名郡058 辞書 日葡

いや〘名〙品質の粗悪な品物をいう、てきや仲間の隠語。〔隠語輯覧(1915)〕

いや〘名〙 方言 ❶田の耕土の下の固い層。神奈川県北部314 ❷漁網のおもし。静岡県安倍郡521 田方郡530 ❸魚類の居場所。岡山県苫田郡749

いや〘感動〙①驚いた時や、嘆息した時に発することば。＊浜松中納言(11C中)二「行くさきをはるかに契る心あるにかけなはなれそ箱崎の松と出で給ふに『いや、ためこその人』と、怨(うら)めしげにうち誦(ずん)じつつ御ともにまゐる」＊仮名草子・恨の介(1609–17頃)下「かの人々は目前に、西の白雲と天に上らせ給ふ事、いや有難しとも中々に、申すばかりは無かりけり」 ②気がついて思い出した時などに発することば。＊今昔(1120頃か)二五・一〇「貞道、其時にぞ思ひ出て、いや、然る事有」＊謡曲・舟弁慶(1516頃)「案内とはたれにてござ候ふぞ、いや武蔵殿のおん出(に)でにてござ候」 ③人に呼びかける時に発することば。＊虎寛本狂言・宗論(室町末–近世初)「『イヤ申(まうし)申』『何事でおりゃる』」＊滑稽本・東海道中膝栗毛–発端(1814)「イヤ卒尓(そつじ)ながら、駿河の府中からおざった彌次郎兵衛殿は爰元(ここもと)でおざるかヤア」 ④はやしたてる時の掛け声。＊虎寛本狂言・靱猿(室町末–近世初)「つつと出て月を見よ。まだ見よまだ見よ。イヤ、しばし曇りて又さゆる、又さゆる」＊虎寛本狂言・文相撲(室町末–近世初)「『亦心得て行事をせい』『畏て御座る。イヤ、御手』」 ⑤恥ずかしい時、てれくさい時などに発することば。＊牛肉と馬鈴薯(1901)〈国木田独歩〉「イヤ岡本君が見えたから急に行(や)りにくくなったハハハハ」 方言 応答する語。はい。滋賀県坂田郡607 語源説 ヤという驚嘆の辞に、発声のイが加わったもの〔俚言集覧〕。 発音〈標ア〉イ 辞書 ヘボン・言海

いやのう 人に呼びかける時のことば。＊虎寛本狂言・狐塚(室町末–近世初)「イヤなう、是程に作りすまいた田を鳥などに荒さるるといふは、ちかごろ腹の立事ではないか」

いやはあ 能楽で、鼓を打つ時の掛け声。＊浄瑠璃・淀鯉出世滝徳(1709頃)上「ひけどもあがらずうてどもゆかぬもち月の、駒の頭も見えばこそ、こは何とならん身のはて。いやはあ、なんとおもしろい事かとひょろひょろ正体なかりけり」

いやはや ⇩親見出し

いやまた や、これはまた。「いや」をさらに強めて言うことば。＊虎寛本狂言・子盗人(室町末–近世初)「イヤ又有徳人の普請は違ふた物ぢゃ」

いやも 「いやもう」に同じ。＊虎明本狂言・見目吉(室町末–近世初)「いやもなりでもしれてござる」＊狂言記・粟田口(1660)「『いづれものたからにまけいでうれしいな』『いやもわたくしらていまでうれしうござりまする』」＊滑稽本・浮世風呂(1809–13)前・下「『ゆふべはゑら請(うけ)じゃげな』『イヤモ呑太夫が所を拾てくれた』」

いやもう まったく。感じ入ったときに発することば。いやも。＊咄本・鹿の子餅(1772)蜜柑「いやもふ美味ふてどふもいへぬ。これはお袋様へあげてたも」＊滑稽本・浮世風呂(1809–13)四・上「イヤモウ、それを御ぞんじでは台坐後光(だいざごっこ)しまひつけました」 発音 イヤモー〈標ア〉イ

いやもはや いやもう。まったくもって。＊狂言記・角水(1660)「『は、こりゃ、いづれもさまはこりゃどなたでござりまするぞ』『いやもはや、わたくしらもむこののぞみで参た者でござる』」

いやあ〘感動〙①掛け声として発することば。＊虎寛本狂言・文相撲(室町末–近世初)「『イヤアイヤアヤットナ。イヤアヤアヤットナ』『是は何とするぞ』」 ②驚いた時などに発することば。＊浄瑠璃・京羽二重娘気質(1764)六「サイナアお重(しげ)殿(どん)は知ずか、其お政はな、半七様と訳(わけ)が有わいな。イヤア、夫じゃによって」＊滑稽本・浮世風呂(1809–13)四・上「イヤア、噂をすれば影とやらだ」＊人情本・春色梅美婦禰(1841–42頃)三・一四回「イヤアそりゃア大変だ」 ③恥ずかしい時、てれくさい時などに発することば。「いやあ、どうもすみません」 方言 呼びかけの語。おおい。もし。ね。◇いゃあ 沖縄県八重山974 ◇いゃあいゃあ 沖縄県八重山974

いーやぁが・る【言―】〘他ラ四〙(動詞「いう(言)」に、ののしり卑しめていう助動詞「やがる」のついた「言いやがる」の変化したもの) ぬかす。＊滑稽本・七偏人(1857–63)初・上「エエこの野郎、いんぎのわりい事を言やアがる」＊当世書生気質(1885–86)〈坪内逍遥〉一「かまふものか、書生奴が何をいやァがる。僕がいって掛合ってやらう」 発音 イヤーガル〈標ア〉ヤ

イヤーブック〘名〙(英 yearbook)《イヤーブック・イーアーブック》一年間の出来事、統計などを記録した出版物。年鑑。年報。＊外来語辞典(1914)〈勝屋英造〉「イーア・ブック(Year-book)〔英〕年鑑。年報」 発音〈標ア〉ブ

いーやい【居合】〘名〙「いあい(居合)」の変化した語。 発音〈標ア〉0

いーやい (終助詞「い」に、さらに「やい」の付いたもの) 終止する語句に付いて、強く念を押し、相手に言い聞かせる。＊虎清本狂言・鏡男(室町末–近世初)「それはおのれが、はらをたててみるによって、さやうにみゆるいやい」＊虎寛本狂言・末広がり(室町末–近世初)「末ひろがりといふは、ぢたい扇の事じゃいやい」

いやいーおどり【居合踊】〘名〙「いあいおどり(居合踊)」の変化した語。＊俳諧・貝おほひ(1672)一五番「右も、又いやひ躍の拍子と見えて、やあ此さいた長がたなを、ぬきんでたる作意は、さや口のきいたる所侍るまま」 発音〈標ア〉オ

いやーいとこ【彌従兄弟】〘名〙父母のいとこの子。またいとこ。ふたいとこ。＊十巻本和名抄(934頃)一「再従兄弟 九族図云再従兄弟〈和名以夜伊斗古〉」＊色葉字類抄(1177–81)「再従兄弟 イヤイトコ」＊集義和書(1676頃)五「後世の聖人、五服を叙(ついで)て、君子・小人の沢、五世にして尽る所を見給へば、父方は再従昆弟(イヤイトコ)までに服あり」 発音〈標ア〉イ2〈ア史〉平安◎◎◎◎○〈京ア〉イ2 辞書 和名・色葉・名義・文明・伊京・明応・饅頭・黒本・日葡・書言・ヘボン・言海 表記 再従子(文・伊・明・饅・黒) 再従兄弟(和・色・名・ヘ) 再従弟・従祖兄弟

（書）彌従弟（言）

いや-いや【否否・厭厭・嫌嫌】 ㊀〘感動〙①（否否）「いや（否）」を重ねて、強い打消の意を表わすことば。＊源平盛衰記（14C前）四六・義経、行家出都「常磐（ときは）手をあがいて、いやいや、努（ゆめ）努此の事又人に語給ふな」＊太平記（14C後）三・赤坂城軍事「いやいや此城の為体（ていたらく）、一日二日には落まじかりけるぞ」＊歌行燈（1910）〈泉鏡花〉八「いやいや、其れには及ばぬ、其れには及ばぬ」②りっぱなこと、程度の激しいことなどに感じて発することば。＊日葡辞書（1603-04）「Iya iya（イヤ イヤ）ミゴトナ コト」㊁〘副〙いやだと思いながらも。しぶしぶ。＊人情本・仮名文章娘節用（1831-34）前・三回「友達にさそはれて、いやいや燈籠を見物に来た日が」＊こゝろ（1914）〈夏目漱石〉中・一三「身体が利（き）かないので、已（やむ）を得ずいやいや床の上で用を足した」㊂〘名〙①いやだという意志を表わすために首を左右に振ること。＊雑俳・柳多留拾遺（1801）巻二〇「仕立屋はいやいやをして縫ってゐる」＊卍（1928-30）〈谷崎潤一郎〉二八「私は黙っていやいやして見せるばっかりで」②いやだという意志をもつこと。＊いさなとり（1891）〈幸田露伴〉四七「夕立前の空に重い雲のあるやうな感じのせられて、其可厭可厭（イヤイヤ）さは言語に絶えたることなれど」＊暗夜行路（1921-37）〈志賀直哉〉三・四「賛成するといへばいやいやの賛成（さんせい）だな」 発音 ㊀は〈標ア〉ヤ2 ㊀は〈標ア〉イ1〈京ア〉イ1 ㊁は〈標ア〉0〈京ア〉0 ㊂は〈標ア〉0〈京ア〉0 辞書 文明・日葡・書言・言海 表記 否々（文・書）

いやいや＝三杯（さんばい）［＝十三杯（じゅうさんばい）］ 盃を受けるときなどに、口では「いやいや」と辞退するようでいながら、勧められるままに何ばいもつづけて飲むこと。口先では遠慮するようでいながら、実際は厚かましいことにたとえてもいう。いやいや三杯遁（に）げ遁げ五杯。＊譬喩尽（1786）一「否々（イヤイヤ）三杯」

いやいや ながら いやだとは思いながら。いやいやではあるが。＊思出の記（1900-01）〈徳富蘆花〉一・五「最初は厭々ながら、後は化せらるるともなく化せられて」＊芋粥（1916）〈芥川龍之介〉「芋粥を大きな土器（かはらけ）にすくって、いやいやながら飲み干した」 発音 イヤイヤナガラ〈なまり〉ヤーヤーナガラ［千葉］〈標ア〉ナ〈京ア〉0

いや-いや【彌彌】 ㊀〘副〙（副詞「いや（彌）」を重ねて意味を強めたもの）いよいよ。ますます。重ねて。＊観智院本名義抄（1241）「頻 イヤイヤ」㊁〘形動〙身分や序列の低いさま。＊玉塵抄（1563）一二「あねがいもうとに云ことは吾はいやしい平人の女房にはなるまいと云たればいもうとも吾もいやいやの者の妻にはなるまいと云たぞ」＊玉塵抄（1563）二六「奉公もせず地下むきに无官にしていたいやいやな者をば白衣と云ぞ」 辞書 名義 表記 頻（名）

いやいやの 弟（おとと） ずっと末の弟。＊金刀比羅本保元（1220頃か）中・白河殿攻め落す事「我身はいやいやの弟（おとと）也」＊義経記（室町中か）六・関東より勧修坊を召さるる事「殿の為にもいやいやの弟九郎判官には遙に劣り給ひたる人にてありけるや」

いやいや-おとと【彌彌弟】 〘名〙「いやいや（彌彌）の弟（おとと）」に同じ。＊予章記（16C中か）「然者大方一族さへ相争けるに、いやいや弟に超えられけるよ」

いやいや-し【礼礼・恭】 〘形シク〙（「いや（礼）」を重ねて強めたものを形容詞化した語）丁寧で礼儀正しい。うやうやしい。＊書紀（720）雄略四年二月（前田本訓）「言（こと）詞（ことば）恭（ヰヤヰヤ）しく恪（つつ）しみて、仙（ひじり）に逢ふ若きこと有す」＊源氏（1001-14頃）真木柱「あなかしこと、ゐやゐやしく書きなし給へり」＊観智院本名義抄（1241）「恭 ヰヤヰヤシ ウヤウヤシ ツツシム」＊読本・春雨物語（1808）樊噲・上「一両とり出て、ゐやゐやしくまいらせたれば」 辞書 色葉・名義・言海 表記 恭・龔（色・名）恭敬（色）

いやいやし-さ【礼礼—】 〘名〙（形容詞「いやいやし」の語幹に接尾語「さ」の付いたもの）うやうやしいさま。また、その度合。＊源氏（1001-14頃）藤裏葉「みかどはなほ限りあるいやいやしさを尽くしてみせたてまつり給はぬことをなんおぼしける」

いやいや-にんぎょう【否否人形】 〘名〙首の部分を糸やばねなどで胴体にとりつけ、一度動かすとしばらく首を振り続けるように作った人形。＊判任官の子（1936）〈十和田操〉一〇「顔が少し傾いていていや人形のやうに軽く気のつかないくらゐにゆれ出す」 発音 イヤイヤニンギョー〈標ア〉ニ

いや-うこ 〘形動〙（「いや」は副詞。「うこ」は、「おこ（痴）」の意）「いやおこ（彌痴）」に同じ。＊書紀（720）応神一三年九月・歌謡「菱茎（ひしがら）の 刺しけく知らに 吾（あ）が心し 伊夜于古（イヤウコ）にして」

いや-おい【彌生】 〘名〙①（形動）草木がいよいよ生え茂るさま。いちだんと生い茂るさま。＊新撰六帖（1244頃）一「梓弓末野の草のいやおひに、春さへ深くなりぞしにける〈藤原家良〉」②陰暦三月の異称。＊俳諧・俳諧新式（1698）三月の詞「彌生（イヤヲヒ）春は草木いやが上おひ出る故にいよいよおふるといふ心をいやおひといふ」 辞書 書言・言海 表記 彌生（書・言）

いやおいの 月（つき） 陰暦三月の異称。やよい。＊暮春白河尚歯会和歌（1172）序「万の民もうけやすき二年の春、野辺の草、いやおひの月、林の鶯かへりなんとするころほひ」

いや-おう【否応】 〘名〙否定することと承知すること。拒絶と承諾。＊天正本節用集（1590）「否応 イヤヲウ」＊寛永刊本蒙求抄（1529頃）一〇「我はいやわうの返事をやうやうするより外の事はないぞ」＊浄瑠璃・傾城反魂香（1708頃）中「頼む返事のいやおふは、涙にまぎらし入にけり」＊腕くらべ（1916-17）〈永井荷風〉三「駒代は早速返事につまってしまった。〈略〉今更別に否応（イヤオウ）云ふべき処ではない」 発音 イヤオー〈標ア〉ヤオ〈京ア〉0 辞書 天正 表記 否応（天）

いやおう 無（な）し いやといおうがよいといおうが、それにかかわりなく。文句を言わせないさま。＊浄瑠璃・夕霧阿波鳴渡（1712頃）上「さすがおなじみの喜左衛門、いやおふなしの御出」＊明暗（1916）〈夏目漱石〉一四七「気の毒なお延は、否応（イヤオウ）なしに津田を追ひ出す丈の武器をまだ造り上げてゐなかった」＊或る女（1919）〈有島武郎〉前・一四「顔をそむけてその場を立ち去らうとするのを、葉子は否応（イヤオウ）なしに手を握って引き留めた」 語誌 上代にこれと同等の機能を果たす表現には「いな」（否定・不承諾）「を（お）」（肯定・承諾）を重ねた表現で「いなもを（おも）」「いなを（お）かも」があった。「いや」は中世頃から現われて、その後「いな」との交代を進め、それに伴い「いやがおうでも」「いやでもおうでも」の成句表現が、やはり中世あたりから見られるようになる。 発音 イヤオーナシ〈標ア〉ナオ〈京ア〉ナ 辞書 言海

いや-おこ【彌痴】 〘形動〙（「いや」は副詞）いちだんと愚か。きわめて愚か。いやうこ。＊古事記（712）中・歌謡「わが心しぞ 伊夜袁許（イヤヲコ）にして」

いや-おち【彌復】 〘形動〙（若返る意の動詞「おつ（復）」の連用形に副詞「いや」が付いて一語化したもの）いよいよ若返るさま。幾度も初めにもどるさま。＊万葉（8C後）二〇・四四四六「わが屋戸に咲けるなでしこ幣（まひ）はせむゆめ花散るな伊也乎知爾（イヤヲチニ）咲け〈丹比国人〉」＊延喜式（927）祝詞・出雲国造神賀詞「いや若（わか）えに御若（みわか）えまし、すすぎ振るをどみの水の、彌乎知（いやヲチ）に御をちまし」

いや-おとこ【嫌男】 〘名〙いやみな男。きざっぽい男。＊浮世草子・好色一代男（1682）七・五「御存（ごぞんじ）のいや男に逢ひ申候」

いやがうえ-に【彌上—】 〘副〙（近代は「も」を伴うことが多い）あるがうえにますます。すでにそうであるうえにいよいよ。なおそのうえに。＊保元（1220頃か）中・白河殿攻め落す事「親死に子撃たるれども顧みず、いやが上に死に重なって戦ふとぞ聞く」＊仮名草子・むさしあぶみ（1661）下「町屋あまりにせきあひ、諸人いやがうへに入こみ、ややもすれば失火を出し」＊読本・椿説弓張月（1807-11）前・一二回「女ばらは、かはるがはる手をとりて、いやがうへに盛（もり）にければ、われにもあらぬまでに酔（えひ）ふして」＊草枕（1906）〈夏目漱石〉七「うつくしきものを、彌が上に、うつくしくせんと焦せるとき」＊星座（1922）〈有島武郎〉「何所とも知れない深さに沈んで行くやうなおぬいの心をいやが上にも脅かした」 発音 イヤガウエニ〈標ア〉エ〈京ア〉0 辞書 日葡・書言・〈ボン〉・言海 表記 彌上（書・へ・言）

いやがえ-に【彌上—】 〘副〙（「いやがうえに」の変化した語）そのうえにますます。＊当世書生気質（1885-86）〈坪内逍遙〉四「年々歳々借財のみ、ただいやがへに増かがみ」

いや-がかり【—掛】 〘名〙物事の滞ること。＊浜荻（久留米）（1840-52頃）「いやがかり ゑなのことをいやと云故、物の滞りたるを、いや掛りといふ」 方言 牛のあと産が長びくこと。長崎県壱岐島915

いや-がき【彌書】 〘名〙同じことを二度書くこと。先に書いてあることを、重ねて書くこと。＊応永本論語抄（1420）里仁第四「いやがきにはあらず此語の末に尚語がありつべしいぞ」＊史記抄（1477）一八・亀策列伝「其内に第六十四節第六十五節は、全同ほとに、いやかきなり」＊清原宣賢式目抄（1534）三条「武家の書状に、なに殿とかいて、御宿所とかくは、いやかきなれども、し習はしたる事なれは、是非に及はす」＊運歩色葉（1548）「亜書 イヤカキ 彌書 同」＊日葡辞書（1603-04）「Iyagaqi（イヤガキ）〈訳〉一つの事を二度書くこと。Iyagaqi（イヤガキ）スル」 辞書 文明・伊京・明応・天正・饅頭・黒本・日葡・書言 表記 彌書（文・伊・明・天・饅・黒・書）

いや-がた【悪方・悪形】 〘名〙元禄（一六八八～一七〇四）期の歌舞伎で、敵役の演じる役で、実方（じつがた）の演技や思い入れをもこめてする悪役。＊歌舞伎・傾城江戸桜（1698）上「此の度道覚となりての、いやがた、下地実方より此の門に入り給ふゆゑ、外には憤怒の相を現じ、内には実方の思入あって」＊評判記・役者口三味線（1699）京・三笠城右衛門「其内町人の悪（イヤ）がたにしてよし。第一こはつきどうもいへぬ所あり」

いや-かたぎ【嫌気質】 〘名〙いやに堅苦しい性質。また、いやらしい性質。＊浮世草子・好色一代男（1682）三・七「其中によきもの見立て、袖をひけども合点せず。なるはいやかたぎ也」＊浮世草子・男色大鑑（1687）五・二「此外四十五人舞子ありしが、いづれかいや形気（カタギ）なるはひとりもなかりき」

いや-かたま・る【彌固】 〘連語〙（「いや」は副詞）いよいよ固まる。いちだんと固まる。＊古今（905-914）雑体・一〇〇五「あられみだれて しもこほり いやかたまれる にはのおもに〈凡河内躬恒〉」＊新千載（1359）冬・七〇二「しら雪のいやかたまれる庭の面にはらひかねたるとものの宮つこ〈後嵯峨院〉」

いや-か・つ【彌勝】 〘連語〙（「いや」は副詞）いよいよ勝つ。いやが上にも勝つ。＊万葉（8C後）一四・三四八六「かなし妹を弓束（ゆづか）並べ巻き如己男（もころを）の事としいはば伊夜可多（イヤカタ）ましに〈東歌〉」

いや-かも 〘副〙もしや。ひょっと。＊霊異記（810-824）中・二七「事の咎、動（イヤカモ）有らば、我等何に作（せ）む。〈国会図書館本訓釈 動 伊ヤ可母 又云也々母 又云曾々土毛寸流去土〉」

いや-がらかす【嫌—】 〘動〙 方言 ❶いじめる。尾

張宮†111　愛知県尾張567　◇やがらかす　岐阜県不破郡498　❷嘲弄(ちょうろう)する。からかう。　愛知県名古屋市561　◇やあがらかす　鳥取県西伯郡712

いや-がらし【嫌―】〘名〙「いやがらせ(嫌)」に同じ。＊卍(1928-30)〈谷崎潤一郎〉二三「わざと空惚けてそんな嫌がらし云ふのんか」

いや-がらせ【嫌―】〘名〙相手がいやがるようなことをわざわざ言ったりしたりすること。また、その言行。＊大つごもり(1894)〈樋口一葉〉下「それ宜しくば仰せの通りになりましょうと、何うでも嫌(イ)やがらせを言ひて困らせける」＊明暗(1916)〈夏目漱石〉八四「宿なしらしい愚痴(ぐち)を零(こぼ)して、厭(イヤ)がらせに其所(そこ)いらをまご付き歩く丈であった」発音イヤガラセ〈標ア〉⓪〈京ア〉ガ

いや-が・る【弱―】〘他ラ四〙(「がる」は接尾語)柔弱だと思う。よわがる。＊雑俳・口よせ草(1736)「入ずみをせねば仲間に弱がられ」

いや-が・る【嫌―】〘他ラ五(四)〙(「がる」は接尾語)いやだと思う気持を外に表わす。嫌う。＊史記抄(1477)一五・竇田「年がよりていやがるを、強てつれていったほどに、腹を立てふてて」＊虎明本狂言・隠れ笠(室町末-近世初)「太郎くわじゃにきせてみたがるを、いやがれども、無理にきせて、みゆるに依て、はらをたてて、おい入にする」＊浮世草子・好色一代男(1682)三・四「主(しう)の女房をいやがらせ、後にはわけもなく入組」＊書言字考節用集(1717)八「悪言 イヤガル」発音イヤガル〈なまり〉ヤガル〔千葉・島根〕ヤーガル〔山梨〕〈標ア〉ガ〈京ア〉⓪ 辞書日葡・書言・ヘボン 表記悪言(書)

いや-き【嫌気・厭気】〘名〙①いやだと思う気持。気の進まないこと。いやけ。＊かくれんぼ(1891)〈斎藤緑雨〉「厭気(イヤキ)といふも実は未練窓の戸開けて今鳴るは一時かと仰ぎ視れば」＊春迺屋漫筆(1891)〈坪内逍遙〉梓神子・五「新作如来に香花を手向ついでの木魚講釈それも段々は否気(イヤキ)になってか何が無しに『西鶴は広うて浅い』とは無情ぞよ」＊蓼喰ふ虫(1928-29)〈谷崎潤一郎〉三「暗くじめじめした下町の臭ひに厭気を催したものであったが」②取引相場の動きが思うとおりにならなくて悲観的気分になること。また、悪材料が出て、これをきらうこと。発音〈標ア〉⓪〈京ア〉⓪

いやき が 差(さ)す　いやだと思う気持が起こる。いやになる。いやけがさす。いやきざす。＊青春(1905-06)〈小栗風葉〉秋・五「這麼(こんな)微(けち)な人間と知ったら、繁さんも厭気が射(サ)すか知らないが」＊道草(1915)〈夏目漱石〉一四「夫(をっと)が斯ういふ態度に出ると、急に厭気(イヤキ)がさして、それから先一歩も前へ出る気になれないのである」辞書ヘボン

いや-ぎ【彌議】〘名〙参議。＊易林本節用集(1597)「彌議 イヤキ 曰参議」辞書易林 表記彌議(易)

いやき-いれ【嫌気入・嫌気煎】〘名〙予想どおり相場が変動しないので、いやけがさして、取引関係を消滅させること。いやきなげ。〔取引所用語字彙(1917)〕発音〈標ア〉⓪

いやき-うり【嫌気売】〘名〙相場が上がりも下がりもしないので、いやけがさして、株式などを売り放すこと。〔取引所用語字彙(1917)〕発音〈標ア〉⓪

いやき-ざ・す【嫌気差】〘自サ五(四)〙「いやき(嫌気)が差す」に同じ。＊青鬼の褌を洗ふ女(1947)〈坂口安吾〉「堕落したいくらゐ厭気ざしてゐるのだが」発音〈標ア〉ザ

いやき-すじ【嫌気筋】〘名〙相場が思うように動かないので、弱気になって買い進まなくなった人々。〔取引所用語字彙(1917)〕発音〈標ア〉キ

いやき-なげ【嫌気投】〘名〙「いやきいれ(嫌気入)」に同じ。〔取引所用語字彙(1917)〕発音イヤキナゲ〈標ア〉⓪

いや-きみ【嫌気味】〘名〙いやな感じ。いや味。＊雑俳・柳多留-七(1772)「いやきみをぬかすばばあとたいこいひ」

いや-きゃ【彌花】〘名〙遊女をほめていう語。近世、吉原で用いられた語という。＊浮世草子・好色由来揃(1692)一「彌花(イヤキャ)。傾婦を見て彌花といへり。是吉原の讃語なり。〈略〉彌の花を褒美したる詞なり。近代猶女郎をあがめて御彌花といへり」

いや-きゃく【嫌客】〘名〙望ましくない遊び客。＊雑俳・卯の花かつら(1711)「いや客は御城の衆で昼の中」

い-やく【医薬】〘名〙①病気の治療に用いる薬。また、薬で病気をなおすこと。＊続日本紀-文武二年(698)三月丁卯「越後国言ㇾ疫、給ニ医薬ㇾ救ㇾ之」＊万葉(8C後)三・四五九・左注「勅ニ内礼正県犬養宿禰人上ㇾ使ㇾ検ニ護卿病ㇾ而医薬無ㇾ験逝水不ㇾ留」＊浄瑠璃・用明天皇職人鑑(1705)一「欽明の聖代に、五経の博士易のはかせ、暦道医薬(イヤク)の書籍(しょじゃく)来朝すとは申せども」＊志都の岩屋講本(1811)上「さて医薬の道は神皇産霊(かみむすび)の大神より初まり」＊文明論之概略(1875)〈福沢諭吉〉四・七「医薬を製して病を療し」②医術と薬品。治療と調剤。「医薬分業」＊史記-李斯伝「所ㇾ不ㇾ去者、医薬・卜筮・種樹之書」発音〈標ア〉イ〈京ア〉イ 辞書書言・ヘボン 表記医薬(書・ヘ)

いやく の 神(かみ)　医療をつかさどる神。わが国では大穴牟遅神(おおあなむちのかみ)、少名毘古那神(すくなひこなのかみ)、中国では神農氏、仏教では薬師如来、西洋ではアスクレピオスとその義妹のヒギエーヤなどを祖としてまつる。治癒神。＊夜明け前(1932-35)〈島崎藤村〉第一部・上・七・二「半蔵は〈略〉医薬の神として知られた御嶽の神の前に、自分を持って行かうとした」

い-やく【依約】〘形動タリ〙かすかなさま。依稀。＊夜航余話(1836)上「杳(かすか)にて依約たる義を含む」＊山陽遺稿(1841)詩集・二・問菅翁病不及而終賦此志痛四首「旧宅柳依約 空幃燈耿然」＊花柳春話(1878-79)〈織田純一郎訳〉六二「人の悪計判然として発露すれば、君は依約として潔白に其汚名を雪(すす)ぐを得たり」＊白居易-答蘇庶子詩「蓬山閒気味、依約似ニ龍楼ニ」

い-やく【威約】〘名〙外からの圧力によって威厳がそこなわれること。＊南郭先生文集-二編(1737)二・移居西窪地甚陋悪戯作棲鶻行「威約只畏鴟鴞笑、眩視低頭且憂悲」＊司馬遷-報任少卿書「揺ㇾ尾而求ㇾ食、積ニ威約ニ之漸也」

い-やく【帷幄】〘名〙「いあく(帷幄)」の変化した語。＊天草版金句集(1593)「ハカリコトヲ yyacuno (イヤクノ) ウチニ メグラシ」＊浄瑠璃・四天王高名物語(1662)一「はかりごとをいやくのうちにめぐらし、もろこしのちゃうりゃうをもさみする程の勇士たり」辞書日葡

い-やく【異訳】〘名〙通行本とは異なった訳本。古くは、仏典の漢訳について用いられた。＊蕉堅藁(1403)山居十五首次禅月韻「巻中欣対古人面、架上新添異訳経」＊プラクリチ(1932)〈幸田露伴〉「異訳(イヤク)の二経、実は本(もと)一から出た異本の訳であらうが、いづれも訳文拙悪」発音〈標ア〉⓪

い-やく【意訳】〘名〙原文の一語一語にとらわれないで、全体の意味をくみ取って訳すこと。また、訳したもの。↔直訳・逐語訳(ちくごやく)。＊三兵答古知機(1856)訳例八則「翻訳の法に二種の別あり、一を対訳とし、一を意訳とす〈略〉意訳は専ら其文意を主とし、辞義に拘泥せざるなり」＊当世書生気質(1885-86)〈坪内逍遙〉一九「読者の為に煩はしからむと思ひて、故意(わざ)となだらかに意訳(ヰヤク)なしたり」＊めぐりあひ(1888-89)〈二葉亭四迷訳〉一「是れは意訳です。総て問答は本人のやうに直訳には参りませんからそのお積りで」語誌(1)中国古典籍には見えず、和製漢語と考えられる。現代と同じ内容の「意訳」はすでに幕末の蘭学関係の書にも見られるが、当時は、「義訳」(「解体新書」凡例など)が一般的だったようである。(2)明治にも「意訳」は見られるが、なかには地名の「ニューカッソル」(ニューキャッスル)を「新城」と訳すようなことをさす場合もあった。発音〈標ア〉⓪〈京ア〉⓪

い-やく【違約】〘名〙①約束と違った行為をすること。約束にそむくこと。背約。＊今昔(1120頃か)五・二「其の賞を不被行(おこなはれ)ずは既に違約也」＊文明本節用集(室町中)「違約 イヤク」＊虞美人草(1907)〈夏目漱石〉一八「自分から進んで違約(ヰヤク)したのと、邪魔が降って来て、守る事が出来なかったのとは心持が違ふ」＊史記-項羽本紀賛「違ㇾ約王ㇾ漢、背ㇾ関懐ㇾ楚」②契約によって生じた義務を果たさない行為をすること。＊真理の春(1930)〈細田民樹〉頭の上の街・六「約束した倍額の報酬は？ 違約(ヰヤク)どころか、破産前のサラリーの半分も取れなかった」方言❶だますこと。新潟県佐渡351 ❷不要。三重県志摩郡054 発音〈標ア〉⓪〈京ア〉⓪ 辞書色葉・文明・黒本・ヘボン・言海 表記違約(色・文・黒・ヘ・言)

いやく-きん【違約金】〘名〙債務不履行の場合に、損害賠償または制裁として、債務者が債権者に支払うべきことをあらかじめ約束した金銭。＊民法(明治二九年)(1896)四二〇条「違約金は之を賠償額の予定と推定す」＊舗道雑記帖(1933)〈高田保〉新案ホテル経営「その代り、僕は違約金を二百円ばかり納めなくちゃならない」発音〈標ア〉⓪ク

いやく-しゃ【違約者】〘名〙約束に背いた者。契約によって生じた義務を果たさなかった者。＊日本の下層社会(1899)〈横山源之助〉三・一・三「足利地方には未だ取締法を規定せしや否は之を聞かずと雖も、桐生にては今日まで違約者を出せること僅に二人なりと！」発音〈標ア〉クヤ

いやく-じゅ【医薬儒】〘名〙「いはかせ(医博士)」の唐名。＊拾芥抄(13-14C)中・官位・唐名部「医博士 大医博士 医薬儒」

いやく-しょぶん【違約処分】〘名〙①違約者に制裁として加える処分。②取引所の売買取引において、期日に受け渡しをしない者に対する制裁処分のこと。発音〈標ア〉ショ

いやく-てつけ【違約手付】〘名〙売買、賃貸借などの契約に際して交付される手付けのうち、交付者が契約に違反したときに、相手方が没収してもよいもの。発音〈標ア〉テ

いやく-ばいしょう【違約賠償】〘名〙取引所が、取引員の売買取引の違約による損害を賠償すること。発音イヤクバイショー〈標ア〉バ

いやく-ひん【医薬品】〘名〙病気の治療に用いる薬品。医薬。＊薬事法(1960)二条・一「この法律で『医薬品』とは〈略〉一 日本薬局方に収められている物」＊地の群れ(1963)〈井上光晴〉六「必要な医薬品をもたせて現地に送ろう」発音〈標ア〉⓪ク

いやく-ぶがいひん【医薬部外品】〘名〙薬事法に基づいた許可薬剤が配合してあるが、人体に対する作用の緩やかなもの。育毛剤、漂白クリーム、日焼け止めクリーム、脱毛クリームなどの類。化粧品の場合は特殊化粧品という。＊薬事法(1960)二条・二「この法律で『医薬部外品』とは〈略〉一 吐きけその他の不快感又は口臭若しくは体臭の防止 二 あせも、ただれ等の防止 三 脱毛の防止、育毛又は除毛 四 人又は動物の保健のためにするねずみ、はえ、蚊、のみ等の駆除又は防止」発音イヤクブガイヒン〈標ア〉イ

いやく-ぶんぎょう【医薬分業】〘名〙医師は病気を診療して処方せんを書き、薬剤師はそれによって薬の調合をする制度。診療と投薬とを医師が兼業しないことを建前とした制度。＊東京日日新聞-明治二四年(1891)一一月一九日「医薬分業の問題に付き全

国薬剤士諸氏が熱心に奔走せることは」 発音イヤクブンギョー〈標ア〉イ〈京ア〉イ＝0

いや-け【嫌気】『名』「いやき（嫌気）①」に同じ。発音〈標ア〉0〈京ア〉0

いやけ が 差（さ）す 「いやき（嫌気）が差す」に同じ。＊自然主義脱却論（1910）〈片山孤村〉「どんなに結構なものでも慣れては嫌気（イヤケ）がさす」＊誰かが触った（1972）〈宮原昭夫〉五「あたい、はじめはお父ちゃんがかわいそうでかわいそうで、〈略〉…だけどさ、だんだん、いやけがさしてきちゃった」

いやけ-な・い『形』方言❶かわいそうだ。ふびんだ。いたわしい。島根県石見725 香川県綾歌郡829 ❷悲しい。また、うるさい。山口県792 ❸けちだ。香川県木田郡054

イヤゴー（Iago）《イアーゴ》シェークスピアの戯曲「オセロ」の登場人物。主人公の将軍オセロの部下で、オセロの妻デスデモーナが副官のキャシオと密通していると讒言し、悲劇の原因をつくる。

いや-こし・い『形口』（「いやらしい」と「ややこしい」の合成語か）いやみったらしい。上方の語。

いや-こつ【嫌―】『名』方言⇩いやこと（嫌―）

いや-こと【嫌―】『名』方言❶憎まれ口。いやみ。山口県豊浦郡798 福岡市877 ◇いやちゃら 徳島県那賀郡810 ❷同じことをうるさく繰り返し言うこと。◇いやこつ 長崎県壱岐島914 ❸忠告。また、いたずら。山口県大島801

いや-ごと（ゐや:）**【礼事】**『名』①礼儀。礼儀にあった行為。礼。いやのこと。＊書紀（720）允恭七年一二月（寛文版訓）「皇后知（し）ろしめして輙く礼事（ヰヤコト）を言したまはず」②お礼の言葉。＊読本・春雨物語（1808）樊噲・上「『かたじけなし』とて、ゐやごと申て寺をくだり」＊葛飾砂子（1900）〈泉鏡花〉六「縞の先生活返っていやごとを謂ふ」補注①の「書紀」の用例は、古訓（図書寮本等）では、「いやのこと」と読まれている。

いや-さ【嫌―・厭―】『名』（「さ」は接尾語）不快に思うこと。嫌いなこと。また、その度合。＊浮世草子・傾城禁短気（1711）五・一「物日がいやさに四の五のといふと、さげしまるるが無念な」＊多情多恨（1896）〈尾崎紅葉〉前・一〇「家に居るのが可厭（イヤサ）に此夜深に飛出して来たのである」辞書〈ボン〉

いや-さ『感動』（感動詞「いや」に助詞「さ」の付いたもの）①相手のことばを押えて、自分の意志を強く述べようとする時に発することば。＊浄瑠璃・蟬丸（1693頃）二「いやさ、てうてき（朝敵）にもせよ、とんてきにもせよ、ぶし（武士）の一言（ごん）りんげん（綸言）よりおもし」②言い直すときに発することば。＊歌舞伎・韓人漢文手管始（唐人殺し）（1789）一「今日（けふ）稲荷に於て、此贋金を玉に使ふて、イヤサ、こりゃこな様（さん）方の悪洒落（じゃれ）サ」＊歌舞伎・与話情浮名横櫛（切られ与三）（1853）四幕「モシおとみ、イヤサおとみさん、コレおとみ、久し振りだなア」＊安愚楽鍋（1871–72）〈仮名垣魯文〉初「なに又株ダ。イヤサ実にこんやで根ッきり葉ッ切りほんとうにこれぎりこれぎり」発音〈標ア〉イ〈京ア〉イ

いや-さか【彌栄】㊀『名』（形動）いよいよ栄えること。ますます栄えるさま。㊁『感動』繁栄を祈って叫ぶ声。ばんざい。発音〈標ア〉0

いや-さか・う（かふ:さ）**【彌栄】**『連語』（「いや」は副詞。「さかう」は「さかゆ」の変化したもの）いよいよ栄える。＊続後拾遺（1326）賀・六二八「君か世は千年五百年かさねてもいやさかふべき益原の里〈藤原俊光〉」

いやさか-おんど【彌栄音頭】『名』富山県の民謡。「はあいやさかさ」と囃（はや）すところからの名称。発音〈標ア〉オ

いやざかり-・く【彌離来】『自カ変』いよいよ遠く離れてくる。ますます遠ざかってくる。＊万葉（8C後）一四・三四一二「上野（かみつけ）のくろほの嶺ろのくずはがた愛（かな）しけ子らに伊夜射可里来（イヤザカリく）も〈東歌・上野〉」

いや-さかわえ（はえ:さか）**【彌栄】**『形動』（動詞「さかわゆ（栄）」の連用形に副詞「いや」が付いて一語化したもの）いよいよ栄えに栄えて。一段とさかり栄えて。＊万葉（8C後）一八・四一一一「み雪降る 冬に至れば 霜置けども その葉も枯れず 常磐なす 伊夜佐加波延（イヤサカハエ）に〈大伴家持〉」

いや-さき【最前・彌先】『名』最もさき。いちばんさき。＊改正増補和英語林集成（1886）「Iyasaki イヤサキ 最初」方言宮城県仙台市123

いや-さむ・い【彌寒】『形口』ますます寒い。いよいよ寒い。＊多情多恨（1896）〈尾崎紅葉〉前・一「襟元から粛々（ぞくりぞくり）と悪寒（イヤサム）くなるのに」

いやさや-し・く【彌清敷】『連語』（「いや」は副詞。「さや」は、さやさやと清らかな音がするさま）いかにも清らかに敷き重ねる。ますますすがすがしく敷き重ねる。＊古事記（712）中・歌謡「葦原の しけしき小屋（をや）に 菅畳（すがたたみ） 伊夜佐夜斯岐（イヤサヤシキ）て 我が二人寝（ね）し」

いやし【賤】『名』方言❶食い意地の張っていること。また、その者。食いしん坊。岩手県気仙郡102 山形県北村山郡144 新潟県東蒲原郡368 兵庫県赤穂郡661 淡路島671 和歌山市691 岡山県753 愛媛県松山846 高知県860 867 ◇やし 山形県東田川郡054 庄内139 三重県阿山郡585 ◇やしぐい〔―食〕新潟県佐渡352 ◇やしみそ〔―味噌〕新潟県佐渡（子供に言う）352 ◇いやっごろ 宮崎県947 鹿児島県054 963 967 ◇いやしごろ 鹿児島県鹿児島郡968 ◇やしごろ 香川県小豆島829 鹿児島県961 ◇やしづら〔―面〕青森県津軽075 ◇いやしゃあ 沖縄県首里993 ❷心の卑しい人。貪欲（どんよく）な人。和歌山県690 ◇いやしっこ 福島県東白川郡157 ◇いやしか・やしか 千葉県香取郡040 ◇やあしくそ〔―糞〕・やあしっくそ・やあくそ 新潟県西頸城郡385 ◇やしんぼ〔―坊〕群馬県佐波郡243 大阪府泉北郡646 兵庫県神戸市670 奈良県南大和683 和歌山県伊都郡690 高知県860 ◇やしぼう 鳥取県気高郡716 ◇やしっぽ 奈良県南大和683 和歌山県那賀郡・伊都郡690 ❸けち。けちん坊。◇やしんぼ 千葉県東葛飾郡280 安房郡302 ◇やしんぼう 茨城県稲敷郡193 千葉県東葛飾郡276 ◇やあしんぼう 山梨県456 ◇やしぽ・やしか・やしたかる 茨城県稲敷郡193 ◇いやしゃあ 沖縄県首里993

いやし【癒】『名』心の傷や苦悩などがおさまり気分が安らかになること。

いやし『名』方言❶屋外でわらや雑草などを焼くこと。茨城県188 193 千葉県東葛飾郡276 ❷いろりの灰の中に入れて酒を温める道具。高知県土佐郡866

いや。し【賤・卑・鄙】『形シク』⇩いやしい（賤）

いや-じ（ゐや:）**【礼代】**『名』⇩いやしろ（礼代）

いや-じ【彌字】『名』補い加えた文字。＊咄本・醒睡笑（1628）一「主人見付け、『最初の三字の内をさへ落されたるや』と腹立する時、かのかきていふ。『ひたもの書きゆかば如何ほども末にいや字の候はんを、たしに仕つり候はん』と」

いやし・い【賤・卑・鄙】『形口』文いや。し『形シク』①身分や地位が低い。↔貴（あて）。＊書紀（720）景行二七年一二月（北野本訓）「是を以て、賤（イヤシキ）賊（あた）の陋（いや）しき口を以て尊号（みな）を奉らむ」＊万葉（8C後）九・一八〇九「倭文手纏（しつたまき）賤（いやしき）吾がゆゑ 大夫（ますらを）の 争ふ見れば〈虫麻呂歌集〉」＊伊勢物語（10C前）八四「身はいやしながら、母なむ宮なりける」＊栄花（1028–92頃）鳥辺野「弁の君とていやしからぬ、故上などもやんごとなき物にていみじうおぼしたりしかば」＊仮名草子・仁勢物語（1639–40頃）上・四一「一人はいやしき男の貧しき、一人は貴（あて）なる男の子なりけり」＊尋常小学読本（1887）〈文部省〉七「秀吉は、いやしき人の子より起りて、かく天下を定め、遂に関白太政大臣となり」②貧しい。みすぼらしい。＊万葉（8C後）一九・四二七〇「葎はふ伊也之伎（イヤシキ）屋戸も大君の座（ま）さむと知らば玉敷かましを〈橘諸兄〉」＊発心集（1216頃か）五・乞児物語事「いやしき家にやどをかりてとまりけるに」＊観智院本名義抄（1241）「貧 イヤシ トモシ マツシ」＊浮世草子・近代艶隠者（1686）四・四「朝夕の饗（もふけ）とていやしき麦の飯などに暮す」③蔑視、卑下すべきである。とるに足りない。＊書紀（720）白雉元年二月（北野本訓）「朕は惟虚薄（イヤシ）。何を以てか斯を享けむ」＊万葉（8C後）五・八四八「雲に飛ぶ薬食（はむ）よは都見ば伊夜之吉（イヤシキ）吾が身またをちぬべし〈大伴旅人〉」＊新撰字鏡（898–901頃）「鄙 野也 羞愧也、伊也志」＊古今（905–914）仮名序「大伴のくろぬしは、そのさまいやし」＊観智院本名義抄（1241）「野 卑 賤 鄙 イヤシ」＊謡曲・卒都婆小町（1384頃）「われも卑しき埋れ木なれども、心の花のまだあれば」＊読本・春雨物語（1808）宮木が塚「遊びと云ふ者のいやしき世わたりともしらで」＊小学入門（甲号）（1874）〈民間版〉「無益の物は珍しと雖、弄ぶべからず。有用の品は賤（イヤ）しと雖、棄つべからず」④下品である。劣っている。＊枕（10C終）一九五・ふと心おとりとかするものは「ただ文字一つにあやしう、あてにもいやしうもなるは、いかなるにかあらん」＊狭衣物語（1069–77頃か）一「火影（ほかげ）の姿つき、又知らずいやしきも、うとましうて」＊徒然草（1331頃）二二「今様（いまやう）は、無下（むげ）にいやしくこそ成りゆくめれ」＊ロドリゲス日本大文典（1604–08）「ココロガ iyaxij（イヤシイ）ヒト」＊浮世草子・好色一代男（1682）三・三「夫婦となりて、貌（かたち）たちまち賤（イヤ）しく」＊某宛本居宣長書簡‐宝暦某年（1752–55頃）某月某日「所信亦鄙哉」＊尋常小学読本（1887）〈文部省〉六「主人は、又客の悉く集りたるを見て、其席を退き、しばらくして、容貌いやしからざる、一人の老婆の手を取りて連れ来り、其傍に坐らせたり」⑤吝嗇（りんしょく）である。けちである。＊枕（10C終）二七八・関白殿二月廿一日に「いかにいやしくもの惜しみせさせ給ふ宮とて」⑥特に飲食物や金銭などに対して、人前でも欲望を隠そうとせず、慎みがない。意地きたない。＊落語・真田小僧（1896）〈三代目柳家小さん〉「卑（イヤ）しい子供だ。阿母さんが何う為た」⑦無教養である。無学である。＊談義本・労四狂（1747）上「又其人人の生れにして、いやしくて事の弁（わきま）へもなきにこそ有らめ」語誌本来、身分的・経済的な低さを表わし、人格とはかかわらない。上代では「あて」と対義語の関係にあると考えられ、「あて」が「中心」の価値を示すのに対して、「いやし」は「周縁」の価値を示すものと位置づけられる。やがて貴賤とは直接かかわらない、人格や美意識面での価値をも表わすようになる。方言❶けちだ。◇やしい 青森県津軽078 ❷不潔だ。山口県802 ❸雨や泥などで足や衣服が汚れて汚い。山口県793 ❹好色だ。兵庫県加古郡664 語源説(1)イヤシモ（彌下）の義〔言元梯・名言通・和訓栞〕。(2)イヤ（否）シムの義からか〔日本語源＝賀茂百樹〕。(3)接頭語イに、ヤス（瘠）の転ヤシのついたもの〔日本古語大辞典＝松岡静雄〕。(4)イヤ（不）の和訓〔紫門和語類集〕。(5)イトアヤシ（最怪如）の義〔日本語原学＝林甕臣〕。(6)ヰナカ（田舎）シキの義〔和句解〕。(7)イは冠詞。ヤは飛び走る意。人のために生涯飛び走って暮らすことから〔国語本義〕。(8)Iya（野）に語尾を添えた語〔日本語原考＝与謝野寛〕。発音イヤシイ〈なまり〉エヤシ〔秋田〕ヤーシ（ー）〔島根〕ヤシ〔津軽語彙・秋田・山形〕ヤシイ〔青森・八丈島〕ヤシンボ〔神戸〕ユヤシ〔岩手〕〈標ア〉0 シ〈京ア〉ヤ 文『いやし』〈標ア〉ヤ〈ア史〉平安○◍◍○と◍◍◐の両様か 鎌倉『いやしき』◍◍◍◐ 室町・江戸『いやしき』◍◍◍○〈京ア〉ヤ 辞書字鏡・色葉・名義・和玉・文明・伊京・明応・天正・饅頭・黒本・易林・日葡・書言・ヘボン・言海 表記賤（色・名・玉・文・明・天・饅・黒・易・書・へ・言）鄙（字・色・名・玉・

文・明・天・黒・書）陋（色・名・玉・文・伊・易・書）卑（色・名・玉・文・易・書・言）野・偸・固・微（色・名・玉・文）俚（色・名・玉・書）佻・俾・眇・蕞・廝（色・名・玉）苟（色・名・文）恤・悝・芮（色・名）恌・屝（名・玉）隘（名・文）侮（字）暗陋・疋文（色）貧（名）狭・隷（文）疋夫（黒）孤陋（易）

同訓異字 いやしい【賤・卑・鄙・劣・俚・俗・陋】
【賤】（セン）身分・職業・品性・価値などがきわめて低い。「賤民」「賤業」「貴賤」「卑賤」また、あなどりさげすむ。いやしむ。「賤称」「賤侮」「賤斥」《古 いやし・みしかし・すくなし・ひきし》
【卑】（ヒ）身分・官位・教養・品位などの程度が低い。また、ぜんぜん洗練されていない。「卑怯」「卑語」「卑猥」「尊卑」「野卑」《古 いやし・みじかし・つたなし・ひきし・くだる》
【鄙】（ヒ）むら。いなか。転じて、いなかっぽい。俗っぽい。みやびやかさがまったくない。「鄙語」「鄙近」「野鄙」《古 いやし・あざける》
【劣】（レツ）品性がおとっていていやしい。「劣情」「下劣」「卑劣」《古 おとる・よわし・つたなし》
【俚】（リ）村人。転じて、「鄙」と同じく、高雅でない。通俗的である。ひなびている。「俚言」「俚諺」「俚謡」
【俗】（ゾク）高雅さがなくいやしい。品がない。俗っぽい。「俗悪」「低俗」「卑俗」《古 うむ・ならひ》
【陋】（ロウ）場所や心が狭く。きたならしい。「陋習」「醜陋」「固陋」《古 いやし・きたなし・つたなし・せはし》

いやしき草（くさ）「ひえ（稗）」の異名。＊米沢本沙石集（1283）五末・二「稗飯置きたりける紙に、物を書付たるを見れば、数ならずいやしき草のみなれどもこれにぞかくる露の命を」

いやしき名（な）悪い名。悪名。罪名。＊後撰（951-953頃）離別・一三三四・詞書「平高遠が、いやしき名とりて人の国へまかりけるに」

いやし-が・る【賤―】〘自ラ五（四）〙（形容詞「いやしい」の語幹に接尾語「がる」の付いたもの）卑しいものと思う気持を外に表わす。＊土井本周易抄（1477）三「わるい事して、結句我れ程の者のはないぞと譏ずるぞ。さる程に人がいやしがるぞ」＊たけくらべ（1895-96）〈樋口一葉〉四「去年は仁和賀（にわか）の台引きに出しより、友達いやしがりて万年町の呼名今に残れども」

いや-じがる【嫌―】〘動〙方言 厭（いと）う。嫌がる。山梨県453 南巨摩郡463 ◇やじがる 静岡県520

いや-しき【彌頻】〘形動〙（動詞「しく（頻）」の連用形に副詞「いや」が付いて一語化したもの）いよいよしきりに起こるさま。＊長能集（1009頃）「いやしきになみうちこすとみえつるはきしの桜の景（かげ）にぞありける」＊六帖詠草（1811）冬「いやしきに降くるに、ふみわけてとひこん人もおもほえずつもらばつもれけさの白雪」

い-やしき :ゐ【居屋敷】〘名〙町家で、主人の常に居住する邸宅。また、大名の上屋敷。＊東寺百合文書-を・元亨三年（1323）一一月二〇日・行吉名宛行状案（大日本古文書六・八）「宛行 上久世庄内行吉名〈刑部丞半分幷居屋敷〉事」＊相良氏法度（1493-1555）二八条「懸持検断之時、百性を仮屋なとと候事候。然と其在所を居屋敷ならす候者、検断ままたるへし」＊南蛮寺物語（1638頃）「此ゐやしきの内に母親をおきけるが」＊浄瑠璃・大経師昔暦（1715）上「知りやる通の御身体下立売の居屋敷を、町衆の加判で、おととし三十貫目の家質に入たげな」＊御触書天明集成-四七・安永二年（1773）八月「面面、居屋鋪中屋敷下屋敷抱屋敷、坪数幷所附相認、向寄之屋敷改迄可差出候」

いや-し・く【彌頻】〘連語〙（「いや」は副詞）いよいよたび重なる。動作がますます繰り返される。連用形は副詞のように用いられた。＊万葉（8C後）一九・四一七七「春し過ぐれば 霍公鳥（ほととぎす） 伊也之伎（イヤシキ）鳴きぬ〈大伴家持〉」＊万葉（8C後）二〇・四五一六「新（あらた）しき年の始めの初春の今日降る雪の伊夜之家（イヤシケ）よごと〈大伴家持〉」＊続拾遺（1278）冬・四五二「真柴かる道や絶なん山がつのいやしきふれる夜はの白雪〈藤原頼氏〉」

いや-しくしく【彌頻頻】〘形動〙（動作がしきりに繰り返される意味の動詞「しく（頻）」が重なり、副詞「いや」が付いて一語化したもの）いよいよしきりに起こるさま。いよいよますますひんぱんなさま。＊万葉（8C後）一三・三二四三「その潮の いやますますに その波の 伊夜敷布二（イヤしくしくに） 吾妹子（わぎも）に 恋ひつつ来れば〈作者未詳〉」＊万葉（8C後）二〇・四四一一「家づとに貝そ拾（ひり）へる浜波は伊也之久之久二（イヤシクシクニ）高く寄すれど〈大伴家持〉」＊良寛歌（1835頃）「鹿のごと音にこそ泣かねもみぢ葉のいやしくしくにものぞかなしき」

いやしく-も【苟―】〘副〙（形容詞「いやしい」の連用形に助詞「も」の付いたもの）①かりにも。かりそめにも。いやしゅうも。＊大慈恩寺三蔵法師伝承徳三年点（1099）八「豈（あに）苟（イヤシクモ）時の誉れを要すること得むや」＊曾我物語（南北朝頃）五・呉越のたたかひの事「我れは素車に乗りて越の国の爾綬（じじゅう）を首に掛け、いやしくも呉王の下臣と称し、軍門にくだり給ひけり」＊坊っちゃん（1906）〈夏目漱石〉六「苟しくも自分が一校の留守番を引き受けながら〈略〉温泉抔（など）へ入湯に行く抔と云ふのは」②表面では卑下して、ほんとうは自負心をもっている気持を表わす。不相応にも。柄でもないのに。いやしゅうも。＊金刀比羅本保元（1220頃か）上・新院為義を召さるる事「為義いやしくも弓矢の家にむまれて、父祖累葉の跡をつぎ、朝家の御固とし、めしつかはるといへども」＊平家（13C前）三・医師問答「重盛いやしくも九卿（きうけい）に列して三台（さんたい）にのぼる」＊浄瑠璃・源頼家源実朝鎌倉三代記（1781）五「我賤しくも清和の末葉として、身を西海にわだかまる」③まことに。＊大慈恩寺三蔵法師伝承徳三年点（1099）八「苟（イヤシクモ）言ふ所、理に合へしめつれば、尚を天仙の帰敬を得たり」＊浮世草子・傾城歌三味線（1732）一・二「さうしたお心を聞てから、いやしくもいやましに思ひがこふなりました」④もしも。万一。＊文明論之概略（1875）〈福沢諭吉〉一・二「苟も人の天性を妨ることなくば、其事は日に忙はしくして其需用は月に繁多ならざるを得ず」⑤（後に打消の語を伴って）いいかげんにも。おろそかにも。＊かのやうに（1912）〈森鷗外〉「卒業論文には、国史は自分が畢生の事業として研究する積りでゐるのだから、苟くも筆を著（つ）けたくないと云って、古代印度史の中から、題を選んだ」語誌「いやし」は、卑賤すなわち価値水準が低劣であるということから、地位、身分、財産、品性などの一般的条件を充足する段階に到達しない、不備があることをも表現する。相応する条件を充足しないけれども、ちょっと、かりそめにという意味で、「苟」を「いやしくも」と訓読した。ところが、漢語の「苟」には、「かりそめに」のほか、「まことに」「ただ」「もし」「あるいは」などの意味があるので、「いやしくも」の意味も多様性をもつこととなった。発音〈標ア〉ヤ〈ア史〉室町◎○○○〈京ア〉シ 辞書色葉・名義・和玉・文明・天正・書言・〈ポン〉・言海 表記苟（色・名・玉・文・天・書・へ・言）偸（名）詐・譎・偽・矯・両舌・姦（書）

いやしくも せず おろそかにしない。いい加減にしない。＊囀氷冷語（1899）〈内田魯庵〉「勿論欧羅巴人は何人も社会上の権利を重んじて苟（イヤシ）くもせざる風習があるが」＊東京の三十年（1917）〈田山花袋〉ゴンクウルの『陥穽』「形容詞が非常に多く、それが一字一字苟（イヤシ）くもせず、考へれば考へるほど意味深くつかってあるので」

いやし-げ【賤―】〘形動〙（形容詞「いやしい」の語幹に接尾語「げ」の付いたもの）品格の低いさま。下品なさま。また、身分の低いさま。＊枕（10C終）一四九・いやしげなるもの「式部の丞の笏（しゃく）。黒き髪の筋わろき」＊徒然草（1331頃）七二「賤しげなる物、居たるあたりに調度の多き、硯に筆の多き」＊洒落本・禁現大福帳（1755）「二時の奉公有て気の急（せく）となく、賤気（イヤシケ）なく百四五十匁を九十匁か百匁で仕廻ふても、どなたへも咄れて失なし」＊暴夜物語（1875）〈永峰秀樹訳〉後翁並二犬の伝「首を回して之を見るに、最陋（イヤシ）げなる賤の女なり」＊小説神髄（1885-86）〈坪内逍遙〉緒言「小説といひ稗史（はいし）とだにいへばいかなる拙劣き物語にてもいかなる鄙俚（イヤシ）げなる情史にても」方言〘名〙食い意地の張っていること。また、その者。食いしん坊。島根県石見725 発音イヤシゲ〈標ア〉0シ〈京ア〉シ

いやし-こ【賤―】〘名〙食い意地の張っている者。卑しんぼ。＊仙台方言（1817頃）通用「いやしい。飲食をむさぼるを云。小児のむせうに、くいたがるやうなるを、いやしこと云」方言岩手県気仙郡102 宮城県仙台市121

いやし-ごろ【賤―】〘名〙方言 ⇨いやし（賤）

いやし-さ【賤―】〘名〙（形容詞「いやしい」の語幹に接尾語「さ」の付いたもの）いやしいさま。いやしい度合。＊日葡辞書（1603-04）「Iyaxisa（イヤシサ）」＊竹沢先生と云ふ人（1924-25）〈長与善郎〉竹沢先生とその兄弟・六「卑怯に輪をかけた卑しさだ」＊火の点いた煙草（1927）〈横光利一〉「年の割りに人を見詰める賤しさがない」発音〈標ア〉0ヤ〈京ア〉0 辞書日葡

いやしっ-ぽ・い【賤―】〘形口〙（「ぽい」は接尾語）なんとなく品がない。＊津軽の野づら（1935）〈深田久彌〉あすならう「北海道言葉の卑しっぽい訛が聞き辛い」発音〈標ア〉ポ

いやし-び【―火】〘名〙方言 灰肥を作るため籾殻（もみがら）やごみなどを焼く火。長野県諏訪468 東筑摩郡480

いやし-びと【賤人】〘名〙身分の低い人。匹夫。＊書紀（720）雄略即位前（前田本訓）「匹夫（イヤシヒト）の志も奪ふ可きこと難し」

いやし-び・る【賤―】〘自ラ下二〙いやしく見える。＊雑俳・紀玉川（1819-25）三「花嫁の多芸どこやら賤しびれ」

いやし-・ぶ【賤・卑】〘他バ上二〙「いやしむ（賤）」に同じ。＊西大寺本金光明最勝王経平安初期点（830頃）一「悪（にく）み賤（いやシビ）被（ら）るる者は人に敬は所（れ）ぬ」＊今昔（1120頃か）三・一一「定めて佐（あやし）み思ひなむ、亦、賤しび蔑（あなづ）られなむと思て」＊観智院本名義抄（1241）「下 イヤシフ」辞書名義 表記下・賤（名）

いやし-ぼ【賤坊】〘名〙けちんぼう、食いしんぼうなどのような、意地のきたない人。いやしんぼ。＊浮世草子・枕童児抜差万遍玉茎（1751-64頃）六話「かぎにかかると知りながら、男のいやしぼ、皆々すりおろさるる事多し」＊譬喩尽（1786）一「賤坊（イヤシボ）大坂詞也つまみぐひさもしき也」＊雑俳・化粧紙（1826）「天命じゃ・いやしぼ旦那出す五両」＊和蘭字彙（1855-58）「Het is een holle darm, 't is een guldig mensch. 貪食人（イヤシボー）デアル」

いや-しまり【彌緊】〘形動〙いよいよ固いさま。ますます堅固なさま。＊続日本紀-慶雲四年（707）七月一七日・宣命「浄き明（あか）き心を以て、彌務（いやつと）めに彌結爾（いやしまりに）あななひ奉り輔佐（たすけ）奉らむ事に依りてし」

いやしみ【賤】〘名〙（動詞「いやしむ（賤）」の連用形の名詞化）卑しむこと。侮ること。さげすみ。軽蔑。＊おとづれ（1897）〈国木田独歩〉下「其時もしわが顔に卑下（イヤシミ）の色の動きたりせば恕し玉へ」発音〈標ア〉0ミ 辞書言海 表記賤（言）

いやしみ‐わらい【賤笑】〘名〙見下げたような笑い。さげすみの笑い。＊椀久物語(1899)〈幸田露伴〉二「もう文句は申し出しますまい、と云へば椀久賤(イヤシ)み笑ひを面に浮めて」発音〈標ア〉ワ

いやし‐む【賤・卑】㊀〘他マ五(四)〙いやしいものとして見下げる。軽んずる。さげすむ。いやしぶ。＊享和本新撰字鏡(898‐901頃)「傲 伊也志牟」＊大唐西域記長寛元年点(1163)三「其の賤しき種(やから)なりといふことを鄙(カタナム 別訓 イヤシム)で」＊新古今(1205)仮名序「めをいやしみ、みみをたふとぶるあまり」＊宇治拾遺(1221頃)一二・一「よって寺僧、にくみいやしみて、交会する事なし」＊寛永刊本蒙求抄(1529頃)五「凡庸は世界の十人づれぢゃと云ていやしんだぞ」㊁〘他マ下二〙⇩いやしめる(卑)。語誌 室町期にはすでに下二段形が一般的であった。ただ、この時期には二つの活用形式が併用され、四段形は心理作用に重点があるのに対して、下二段形はそれを積極的に態度にまで示す意があったとされる。後には四段形が衰退して下二段形のみとなった。発音〈なまり〉ヤシム〔山梨・岐阜・飛驒〕〈標ア〉0 シ 〈京ア〉0 辞書 字鏡・名義・言海 表記 傲(字) 傲・薄・欺(名) 賤(言)

いやしめ‐おと・す【賤貶】〘他サ四〙軽蔑する。＊古道大意(1813)下「却て御国の結構なるを卑め貶(オト)し、外国をよいと心得て居ると云ふは」

いやし‐める【賤・卑】〘他マ下一〙文 いやし・む〘他マ下二〙いやしいものとして見下げる。軽んずる。さげすむ。＊寛永刊本蒙求抄(1529頃)六「くすしをして、名をあらはすことを心にいやしめたぞ」＊こんてむつすむん地(1610)三・三「いやしめらるべきほんゐなり」＊仮名草子・伊曾保物語(1639頃)中・一「汝乞食非[illegible]」＊浮世草子・風流曲三味線(1706)三・二「我昔からこんなよい事を知らずして女を卑(イヤ)しめ」＊和英語林集成(初版)(1867)「Iyashimeru, ta イヤシメル 卑」＊団団珍聞‐二二五号(1881)「よし玉へ、いらぬ骨折煙草費へだ『否(いや)否其様に賤(イヤ)しめて呉(くれ)るな』」発音〈なまり〉ヤシメル〔津軽ことば・津軽語彙・岩手・仙台方言・秋田・秋田鹿角・山形〕ヤショメル〔山形〕ヤスメラ〔岩手〕ヤスメル〔岩手・秋田〕〈標ア〉0 メ 〈京ア〉0 辞書 日葡・ヘボン 表記 卑(ヘ)

い‐やしゃる【居―】〘連語〙(動詞「いる(居)」の未然形に尊敬の助動詞「やしゃる」の付いたもの)「いる(居)」の尊敬語。おいでなさる。いらっしゃる。女性用語で、全体を補助動詞のようにも用いる。＊歌舞伎・仏母摩耶山開帳(1693)二「アア兄様の持ってゐやしゃる」＊浄瑠璃・傾城二河白道(1705頃か)上「何用有って長櫃に隠れてはゐやしゃるぞ」

い‐やしゃんす【居―】〘連語〙(動詞「いる(居)」の未然形に、尊敬の助動詞「やしゃんす」の付いたもの)「いる(居)」の意の尊敬に丁寧の意が加わる。対称の動作に使用されるときは、かなり高い尊敬となる。いらっしゃいます。女性用語で、全体を補助動詞のようにも用いる。＊歌舞伎・傾城暁の鐘(1708)中「伯父様はそれを苦にして、気合ひが悪いといってねて居(ヰ)やしゃんすゆゑ」＊浄瑠璃・八百屋お七(1731頃か)中「しばしかがんでいやしゃんせ」発音〈標ア〉シャ

いやしゅう‐も【苟―】〘副〙(「いやしくも(苟)」の変化した語)かりそめにも。不相応にも。柄でもないのに。＊源氏(1001‐14頃)東屋「いやしくことやうならむなにがしらが女こをぞ、いやしうもたづね宣ふめれ」＊平家(13C前)三・医師問答「此の時に当って、重盛いやしうも思へり。なまじいに列して世に浮沈(ふちん)せむ事、敢て良臣孝子の法にあらず。しかじ、名を逃れ身を退きて、今生の名望(めいまう)を抛って、来世の菩提を求めむには」発音 イヤシューモ〈標ア〉シュ

いや‐じり【礼代】〘名〙⇩いやしろ(礼代)

いや‐じり〘名〙方言 ⇩いやち(厭地)

いや‐しろ【礼代】〘名〙相手への礼儀、敬意を表わすしるしとして賜わる物。＊古事記(712)下「即ち其の妹の礼物(ゐやしろ)と為て、押木の玉縵(たまかづら)を持た令めて貢献(たてまつ)りき」＊延喜式(927)祝詞・遣唐使時奉幣(出雲板訓)「礼代(イヤシロ)の幣帛を、官位姓名に捧(ささ)げ賚(も)た令めて、進奉らく」語誌「延喜式・祝詞‐出雲国造神賀詞」に「神の礼自利臣の礼自利」(出雲板)「神の礼自臣の礼自」(九条家本)などあるところから、「いやじ」「いやじり」の語があったと考えられてきたが、現在では「自」は「白」の誤字で、「礼白(いやしろ)」と見る説が有力である。辞書 言海 表記 礼代(言)

いやしん‐ず【賤・卑】〘他サ変〙(「いやしみす」の音便)「いやしむ(賤)」に同じ。＊書陵部本名義抄(1081頃)「陋 イヤシムスル〔選〕」＊寛永刊本蒙求抄(1529頃)四「皆官をいやしんずるに」＊社会百面相(1902)〈内田魯庵〉宗教家・上「神聖な教職を鄙(イヤシ)んじて」辞書 名義・下学・文明・言海 表記 賤(下・文・言) 軽(名)

いやしん‐ぼ【賤坊】〘名〙(「いやしんぼう」とも)「いやしぼ(賤坊)」に同じ。＊改正増補和英語林集成(1886)「Iyashimbo イヤシンボ」＊ワンワンものがたり(1929)〈千葉省三〉アンパンをみつけられたはなし「だって、ワンワンちゃん、そりゃあ、いやしんぼうでせう? もしか、ばうやのアンパンをみつけられたらたいへんぢゃありませんか」方言 けち。けちんぼう。千葉県東葛飾郡276 ◇いやしんぼう 薩摩†136 発音〈標ア〉0 シ 〈京ア〉0

いや・す【癒・治・医】〘他サ五(四)〙病気、傷、飢え、苦しみ、悩みなど不健全な状態をなおす。治療する。＊西大寺本金光明最勝王経平安初期点(830頃)九「沙糖と蜜と蘇と乳とも、此は能く衆の病を療(イヤ)す」＊将門記承徳三年点(1099)「先に軍(いくさ)に射られし者は、痕を治(イヤシテ)向ひ来る」＊徒然草(1331頃)六〇「よきいもがしら選びて、ことに多く食ひて、万(よろづ)の病をいやしけり」＊蔭凉軒日録‐文明一八年(1486)一一月六日「彼父竹田法印曾毉愚。彌留其恩意甚厚。故以竹田命難逭之故今伝之尊聴之由、白于鹿苑也」＊洒落本・風俗八色談(1756)一・野夫医神農の教を受る事「医者の薬を用ひて病を愈(イヤ)すは大将の軍兵を率して、敵を亡すと同し事也」＊滑稽本・浮世風呂(1809‐13)四・中「焼豆腐一つ買て、腹を愈(イヤ)してゐるぢゃ」方言 ふさぐ。山口県玖珂郡800 発音〈標ア〉ヤ〈ア史〉平安○○◐ 江戸●○○ 〈京ア〉0 辞書 色葉・名義・和玉・文明・日葡・ヘボン・言海 表記 療(玉・文) 治(色) 瘵(名) 医・瘥(玉) 愈(ヘ) 癒(言)

いや・す〘動〙方言 ❶煙を出す。いぶす。栃木県安蘇郡・上都賀郡198 群馬県伊勢崎市235 佐波郡242 ◇うやす 長野県上伊那郡488 下伊那郡492 岐阜県加茂郡052 土岐郡498 ❷タバコを吸う。くゆらす。長野県062 480 481 ❸冷笑する。長崎県898 ❹子供などを慰める。あやす。栃木県198

いやぜる‐の〘連語〙未詳。一説に「いやぜる」は「いや著(しる)く」の変化したもので、「著し」と同意の「明(あ)く」と類音の「あぜ」にかかる枕詞という。＊常陸風土記(717‐724頃)香島「伊夜是留乃(イヤゼルノ) 安是(あぜ)の小松に 木綿(ゆふ)垂(し)でて 吾(わ)を振り見ゆも 安是小島(あぜこしま)はも」

いやた・い〘形〙方言 ❶嫌だ。好ましくない。静岡県520 ◇やだい 秋田県由利郡130 仙北郡136 山形県139 福島県西白河郡183 栃木県198 千葉県長生郡286 夷隅郡290 新潟県上越382 中頸城郡383 長野県475 480 493 静岡県志太郡535 愛知県知多郡570 ◇やんだい 仙台†1057 宮城県11 11 12 山形県13 福島県15 16 ◇やない 山形県酒田市・飽海郡139 ❷いやらしい。愛媛県845 ◇いやたあ 愛媛県伊予郡054 ◇いらっしぁい 長野県東筑摩郡480 ❸醜い。愛媛県越智郡062 今治市842

いや‐たか【彌高】〘形動〙いよいよ高いさま。きわめて高いさま。＊万葉(8C後)二〇・四三九八「いや遠に 国を来離れ いや高に 山を越えすぎ〈大伴家持〉」＊延喜式(927)祝詞・平野祭「天皇が朝廷(みかど)に伊夜高爾(イヤたかニ) いや広に、茂(いか)しやくはえの如く、立ち栄えしめ仕へ奉ら令め給へと」

いや‐たか・し【彌高】〘形ク〙(「いや」は副詞。後世一語化したもの)いよいよ高い。一段と高い。＊続日本紀‐天応元年(781)四月三日・宣命「年も彌高(いやたかく)成りにて余命いくばくもあらず」＊拾遺(1005‐07頃か)雑下・五六九「この河の たゆる事なく この山の いやたかからし〈柿本人麻呂〉」＊日葡辞書(1603‐04)「Iyatacai (イヤタカイ)〈訳〉非常に高い、または、非常に良いこと。歌語」＊滑稽本・東海道中膝栗毛(1802‐09)六・下「いやたかき五重の塔にくらべ見ん三十三間堂のながさを」＊竹沢先生と云ふ人(1924‐25)〈長与善郎〉竹沢先生の花見・一「限りもなくいや高き価値を追ふ欣求の心に充ち」

いや‐たかだか【彌高高】〘形動〙いよいよますます高いさま。一段と高くそびえるさま。＊良寛歌(1835頃)「山見れば 高したふとし〈略〉その山の いやたかだかに」発音〈標ア〉タ 辞書 日葡

いやたか‐ます【彌高増】〘形動〙「いやますたか(彌増高)」に同じ。＊良寛歌(1835頃)「この山の いや高ますに その水の こころ清めて あり通ひ 仕へまつらむ よろづ代までに」

いやたか‐やま【彌高山】滋賀県と岐阜県の境にある伊吹山の別称。中腹に彌高寺があった。歌枕。＊拾遺(1005‐07頃か)神楽・六一〇「近江なるいやたか山のさか木にて君が千代をば祈りかざさん〈平兼盛〉」＊俳諧・誹枕(1680)中「梅ケ香の彌高山や青地の雲〈露章〉」発音〈標ア〉0 辞書 文明・書言 表記 彌高山(文・書)

いやたけ‐ごころ【彌猛心】〘名〙いよいよ勇ましい心。一段と勇敢な心。やたけごころ。＊日葡辞書(1603‐04)「Iyataqegocoro (イヤタケゴコロ)〈訳〉勇敢な兵の心」辞書 日葡

いや‐たけ‐て【彌闌―】〘連語〙(「いや」は副詞)いよいよ円熟して。一段と老成して。＊五音曲条々(1429‐41頃)「是は向去却来して彌闌(イヤタケ)てうたふ位曲也」＊五音曲条々(1429‐41頃)「杉木は、これ、よそをい彌闌(いやたけ)て、神木、霊社(れいしゃ)の御かげをかこみて」

いや‐ただ・し【彌正】〘形シク〙きわめて礼儀正しい。ひどくうやうやしい。＊読本・忠臣水滸伝(1799‐1801)後・九回「扨互(かたみ)に初来相見(しょたいめん)の礼をのべ 一回(ひととほり)の閑話(はなし)をはりければ、戸なせ端々正々(イヤタダシウ)していへらく」

いや‐たち【彌立】〘形動〙いよいよ立つさま。＊土左(935頃)承平五年二月五日「もはらかぜやまで、いやふきに、いやたちに、かぜなみのあやふければ」

いや‐た・つ【彌立】〘連語〙(「いや」は副詞)いよいよ心をふるい立たせる。＊万葉(8C後)一八・四〇九四「大王(おほきみ)の みかどの守り 我(われ)をおきて 人はあらじと 伊夜多氏(イヤタテ) 思ひしまさる〈大伴家持〉」

いやだに‐まいり【彌谷詣】〘名〙香川県の一部で、盆の仏迎えのときに、近親者が浜べの新墓に迎えに行く行事。

いやだ‐の‐すし【嫌鮨】〘名〙(「いなだの鮨」をもじった語)「嫌だ」と否定の意をあらわす語。＊洒落本・傾城買四十八手(1790)やすひ手「いやならこっちもいやだのすしだ」＊洒落本・三人酩酊(1799か)腹立上戸の段「おきゃアがれ、なじみが来やふが、ねづみがこやうが、やる事はマアいやだのすしだ」

いや‐ち【厭地・忌地・彌地】〘名〙(「いやじ」と

も）①同じ土地に毎年続けて同じ作物を栽培すること。＊菜譜（1704）上「去年うへたる地に、今年又同じ菜をうふるを俗にいや地と云。もろこしの書に底と云。夏の菜はいや地をきらふ。〈略〉秋冬植る菜はいや地いまず」②①のように連作することによって、生育が悪くなり、収穫が低下する現象。ウリ類、ダイズ、ナスなどに起こりやすい。＊農業自得（1856）上「土地の善悪、旧地（きうち〈注〉かえしまき）、恐地（イヤチ〈注〉アトキライ）をゑらみ、作り物の相生相剋の理をたがはぬ様に心がけ、五穀成就を願ふべし」方言❶連作を嫌う畑。香川県香川郡829 ❷作物を連作して疲れた土地。また、作物の連作。◇いやじ 三重県北牟婁郡584 兵庫県加古郡664 奈良県吉野郡686 ◇いやし 島根県能義郡725 ◇いやしり 兵庫県淡路島671 島根県725 山口県玖珂郡800 香川県仲多度郡829 ◇いやじり 広島県高田郡779 山口県豊浦郡798 愛媛県840 高知県861 867 869 長崎県壱岐島914 宮崎県東諸県郡954 熊本県玉名郡058 ◇やじり 京都府竹野郡622 ◇やしり 島根県八束郡・大原郡725 ◇やあし・やあしり 島根県出雲725 ❸連作により土地の不毛になること。◇いやじ 熊本県玉名郡058 ❹同じ植物を毎年作る土地。◇いやじり 高知県長岡郡869 ❺もと、家の建っていた所。◇いやしり 徳島県811 香川県大川郡829

いや-ちえしき【彌千重頻】『形動』（「ちえしき」は幾重にも重なるの意の動詞「ちえしく」の連用形）いよいよ頻繁なさま。幾重にも重ねるさま。＊万葉（8C後）一九・四二一三「東風（あゆ）をいたみ奈呉の浦廻（うらみ）に寄する波伊夜千重之伎爾（イヤちへシキニ）恋ひ渡るかも〈大伴家持〉」 発音〈標ア〉⓪

いや-ちこ【灼然】『形動』神仏の利益（りやく）、霊験などが著しいさま。あらたかなこと。はなはだ明らかであること。＊書紀（720）景行五一年正月「灼然、此をば以椰知挙（イヤチコ）と云ふ」＊読本・椿説弓張月（1807-11）残・五七回「かく灼然（イヤチコ）なる奇瑞侍れば、とく姑巴嶋（こはしま）へ到らせ給へかし」＊小説神髄（1885-86）〈坪内逍遙〉上・小説の裨益「このほかに灼然（イヤチコ）なる実益あるを知りたるは稀なり」語源説(1)イヤシカ（彌然）の転か〔大言海〕。(2)イヤチカ（彌近）の義〔和訓栞・日本語源＝賀茂百樹〕。(3)イヤは彌、チコは満ちる所の義〔国語本義〕。 発音〈標ア〉⓪〈京ア〉⓪ 上代仮名 イヤチコ 辞書〈ポン・言海〉 表記 灼然（へ）

いや-つぎつぎ【彌次次】『形動』いよいよ次から次に続くさま。長くあとをうけ継ぐさま。＊万葉（8C後）一・二九「生（あ）れましし 神のことごと 樛（つが）の木の 彌継嗣爾（いやつぎつぎニ）天の下 知らしめししを〈柿本人麻呂〉」＊万葉（8C後）二〇・四四六五「子孫（うみのこ）の 伊也都芸都岐爾（イヤツギツギニ）見る人の 語りつぎてて 聞く人の 鏡にせむを〈大伴家持〉」＊続後拾遺（1326）賀・六〇五「つきの木のいやつぎつぎの末までも世にあふがるる陰とならなん〈後宇多院〉」 辞書言海 表記 彌継嗣（言）

いや-づけ【彌付】『名』同じことをさらに書き加えること。同じことを重ねて書いて無駄をすること。＊和漢通用集（1596-1644）「彌書 同事を又かくを云 彌付 いやづけ 同義」 辞書伊京・天正・饅頭・黒本・文明 表記 彌付（伊・天・饅・黒・文）

いやった・い【嫌─】『形口』好色でいやらしい。＊雑俳・川柳評万句合-安永元（1772）宮三「はご板で下女いやったくおっかける」方言❶嫌だ。好ましくない。静岡県520 愛知県豊橋市054 東三河572 愛媛県840 ❷恥ずかしい。愛知県豊橋市549

いやったらし・い【嫌─】『形口』（「たらしい」は接尾語）「いやらしい（嫌）」に同じ。＊にんげん動物園（1981）〈中島梓〉七四「しかし世の中には豪傑がいるもので、このいやったらしいナメクジを、精をつくとて生きたままつるりと飲むというからおっかない」

いや-つづき【彌続】『形動』絶えることなくいよいよ続いて。子々孫々長くあとをうけ継いで。いやつぎつぎ。＊書紀（720）安閑元年閏一二月（寛文版訓）「天皇に奉献りて子孫（イヤツツキ）に絶（た）えざれ」 発音 イヤッタラシイ〈標ア〉シ

いや-つとめ【嫌勤】『名』いやな勤め。気の進まない仕事。＊浮世草子・好色盛衰記（1688）二・一「内のいや勤（ツト）めかはりに嶌原（しまばら）かよひとおもひしが」

いや-つとめ【彌務】『形動』いよいよ努力するさま。＊続日本紀-慶雲四年（707）七月一七日・宣命「浄き明き心を以て彌務爾（いやつとめニ）いやしまりにあなひ奉り」

いや-てり【彌照】『形動』いよいよ照り輝くさま。＊万葉（8C後）一八・四〇六三「常世ものこの橘の伊夜弖里爾（イヤテリニ）わご大君は今も見るごと〈大伴家持〉」＊打聞集（1134頃）静観僧正事「空いや晴（はれ）に晴ていやてりにてり倍（まさ）る」

いや-とうと・し【彌尊】『連語』（「いや」は副詞）いよいよありがたい。ますます尊い。＊狂歌・徳和歌後万載集（1785）一四「又六か門ごくらくときくからに釈迦牟尼（さかむに）仏のいやたうとけれ」

いや-とお【彌遠】『形動』①空間的に、いよいよ遠いさま。きわめて遠いさま。＊万葉（8C後）二・一三一「この道の 八十隈（やそくま）毎に 万（よろづ）たびかへりみすれど 彌遠爾（いやとほニ） 里は放（さか）りぬ〈柿本人麻呂〉」＊万葉（8C後）二〇・四三九八「伊也等保爾（イヤトホニ） 国を来離れ いや高に 山を越え過ぎ〈大伴家持〉」＊道命集（1020頃）「夏くれとかひこそなけれほととぎすいやとをにこそとほくなるなれ」②時間的にいつまでも続くさま。永久。＊万葉（8C後）一九・四二一一「奥墓（おくつき）を ここと定めて 後の代の 聞き継ぐ人も 伊也遠爾（イヤとほニ） しのひにせよと〈大伴家持〉」

いや-とおざか・る【彌遠離】『連語』（「いや」は副詞）いよいよ遠く離れる。＊万葉（8C後）一〇・二一二八「秋風に大和へ越ゆる雁がねは射矢遠放（いやとほざかる）雲隠りつつ〈作者未詳〉」＊古今（905-914）恋五・八一九「あしべより雲ゐをさして行く雁のいやとほざかる我身かなしも〈よみ人しらず〉」＊源氏（1001-14頃）玉鬘「心のうちにいそぎ思へど京の事はいやとほざかるやうにへだたりゆく」

いや-とお・し【彌遠】『連語』（「いや」は副詞）一段と遠い。きわめて遠い。＊万葉（8C後）四・六一〇「近くあれば見ねどもあるを彌遠（いやとほく）君がいまさばありかつましじ〈笠女郎〉」補注 用例の「彌遠」を「いやとほに」と訓む説もある。

いや-とおしろ・し【彌─】『連語』（「いや」は副詞）一段と白いさま。「とほしろし」の誤用。＊良寛歌（1835頃）「弟（おと）のたまひし つくり皮 いやとふ白く 栲のほに ありにし皮や」

いや-とおそ・く【彌遠退】『連語』（「いや」は副詞）いよいよ遠く離れる。＊万葉（8C後）一四・三三八九「妹が門伊夜等保曾吉（イヤトホソキ）ぬ筑波山かくれぬほどに袖は振りてな〈東歌・常陸〉」＊万葉（8C後）一九・四二五八「明日香河河戸を清みおくれゐて恋ふればみやこ彌遠曾伎（いやとほソキ）ぬ〈作者未詳〉」

いや-とおなが【彌遠長】『形動』①いよいよいつまでも続くさま。ますますながいさま。＊万葉（8C後）三・四七八「天地と 彌遠長爾（いやとほながニ） 万代に かくしもがもと〈大伴家持〉」＊万葉（8C後）一八・四〇九八「かくしこそ つかへまつらめ 伊夜等保奈我爾（イヤトホナガニ）〈大伴家持〉」②いよいよ遠くまで続いて長いさま。＊万葉（8C後）三・四二三「はふ葛の いや遠長く〈一云 葛の根の 彌遠長爾（いやとほながニ）〉 万世に 絶えじと思ひて〈山前王〉」

いや-とおなが・し【彌遠長】『連語』（「いや」は副詞）①空間的にいよいよ遠く長い。一段と遠く隔たっている。＊万葉（8C後）一四・三三五六「富士の嶺の伊夜等保奈我伎（イヤトホナガキ）山路をも妹がりとへばけによばず来ぬ〈東歌・駿河〉」②時間的にいよいよ遠く長い。永久である。＊万葉（8C後）二・一九六「天地の 彌遠長久（いやとほながク） しのひゆかむ〈柿本人麻呂〉」＊万葉（8C後）三・四四三「玉かづら 彌遠長（いやとほながく） おやの名も つぎゆくものと〈大伴三中〉」

いや-ときじく【彌時】『形動』（形容詞「ときじ」の連用形に副詞「いや」が付いて一語化したもの）いよいよ四季の別なくいつも。ますます永久に変わらないさま。＊万葉（8C後）一八・四一一二「橘は花にも実にも見つれども移夜時自久爾（イヤときジクニ）なほし見がほし〈大伴家持〉」

いや-とこしえ【彌常】『形動』いよいよ長久。ますます永久。

いや-とこしき【彌常敷】『形動』いよいよいつまでも変わらないさま。ますます永久につづくさま。＊宝治百首（1248）雑「代々かけていはふみむろの神やつこいやとこしきに祈まつらん〈藤原知家〉」補注「古今六帖-六・草」に「すべらきの神のみや人まさきつらいやとらしきに我帰りみん」とあるが、「いやとらしき」は「いやとこしき」の誤りと思われる。

いや-とこしくに【彌常敷】『副』（副詞「とこしくに」に副詞「いや」が付いて一語化したもの）いよいよいつまでも変わらないさまにいう。ますます永久につづくさまをいう。＊万葉（8C後）七・一一三三「すめろきの神の宮人ところつら彌常敷爾（いやとこしくニ）吾（われ）かへり見む〈作者未詳〉」

いや-とこは【彌常葉】『名』いよいよ常緑であること。いつまでも変わらないで栄えること。＊万葉（8C後）六・一〇〇九「橘は実さへ花さへ其の葉さへ枝に霜ふれど益常葉（いやとこは）の木〈聖武天皇〉」

いや-とこよ【彌常世】『名』いよいよ果てのないこと。いつまでも変わらないこと。＊万葉（8C後）三・二六一「雪じもの 往きかよひつつ 益常世（いやとこよ）まで〈柿本人麻呂〉」

いや-どころ【嫌所】『名』いやらしい所。感じの悪い部分。＊浮世草子・好色二代男（1684）七・二「龍門の帯も裏おもてにくけ直し、紅（もみ）の下結（したむすび）もいや所見へける」

いや-とし【彌年】『名』毎年。つぎつぎと毎年。＊万葉（8C後）一九・四二二九「新（あらた）しき年の初めは彌年（いやとし）に雪踏み平（なら）し常かくにもが〈大伴家持〉」＊再昌草-文亀三年（1503）一二月一八日「いや年のはるかにほへ難波津の風をうつせるやどの梅がえ」

いや-としのは【彌毎年】『名』（「としのは」は、毎年の意）重ねて毎年毎年。いよいよ絶えず毎年。＊万葉（8C後）一七・三九九一「布勢の海の沖つ白波あり通ひ伊夜登偲能波（イヤトシノハ）に見つつしのはむ〈大伴家持〉」＊新勅撰（1235）神祇・五六八「やへさか木しげきめぐみのかずそへていやとしのはにきみをいのらん〈荒木田延成〉」＊夫木（1310頃）一「君がため野べの白雪打はらひいやとしのはをつむわかな哉〈藤原知家〉」 辞書 易林

い-やなぎ『名』植物「やまならし（山鳴）」の異名。＊重訂本草綱目啓蒙（1847）三一・喬木「白楊 はこやなぎ〈略〉ゆやなぎ 摂州、いやなぎ 芸州」方言 植物。❶やまならし（山鳴）。周防†122 薩州†034 広島県008 ❷しだれやなぎ（垂柳）。周防†122 ❸おのえやなぎ（尾上柳）。新潟県佐渡036 ❹かわやなぎ（川柳）。新潟県佐渡350 ◇いやなん 富山県砺波398

いや-な・し【礼無】『形ク』無礼である。失礼である。うやなし。＊書紀（720）仁徳四一年三月（前田本

訓)「是の時に百済の王(こきし)の族(やから)酒君(さけきみ)の无礼(ヰヤナシ)」＊書紀(720)皇極元年一二月(岩崎本訓)「蘇我臣、専(たく)め国の政を擅(ほしまま)にして多(さは)に行無礼(ヰヤナキわざす)」 辞書 書言・言海 表記 無礼(書・言)

いや-なつか。し【彌懐】『連語』(「いや」は副詞) いよいよ懐かしい。ますます懐かしい。＊万葉(8C後)五・八四六「霞立つ永き春日をかざせれど伊野那都可子岐(イヤナツカシキ)梅の花かも〈小野淡理〉」＊万葉(8C後)一九・四一七六「我が門ゆ鳴き過ぎ渡る霍公鳥(ほととぎす)伊夜奈都可之久(イヤナツカシク)聞けど飽き足らず〈大伴家持〉」

いや-に『副』(形容動詞「いやだ」の連用形から) ①変に。妙に。＊浮雲(1887-89)〈二葉亭四迷〉二・九「『他の事でも無いんだが』と昇がいやに冷笑しながら咄出した」＊多情多恨(1896)〈尾崎紅葉〉前・三・三「又、異(イヤ)に鎮って了ったぢゃないか」②ひどく。ばかに。非常に。＊当世書生気質(1885-86)〈坪内逍遥〉三「いやに欲の深い人だ」＊流行(1911)〈森鷗外〉「廊下は厭(イヤ)に蒸暑い」 発音〈標ア〉ヤ〈京ア〉イ/0

いや-ねたみ【彌嫉妬】『名』いよいよひどくねたむこと。たいそうな嫉妬(しっと)。＊とはずがたり(14C前)二「猶名残り惜しとて、いやねたみまであそばして」

いや-の-え【本家家】『名』方言 ⇩いや(本家)

いや-の-こと【礼事】『名』「いやごと(礼事)」に同じ。

いや-は【彌歯】『名』ふつうの歯の前や後ろに、重なってはえる歯。八重歯。おそ歯。＊和漢三才図会(1712)一二「齵(イヤハ)歯重生也〈和名於曾波〉」

いや-はかな【彌果敢無】『形動』いよいよ頼みにならないさま。いよいよかいのないさま。いよいよもろいさま。＊伊勢物語(10C前)一〇三「ねぬる夜の夢をはかなみまどろめばいやはかなにもなりまさるかな」＊続千載(1320)雑下・二〇一四「さめやすき老のねぶりの夢にこそいやはかななる程はみえけれ〈藤原基氏〉」

いや-はつはな【彌初花】『名』最も早く咲き出る花。いよいよ新鮮で心ひかれるさまのたとえにもいう。＊万葉(8C後)二〇・四四四三「ひさかたの雨は降りしくなでしこがいや初花に恋しき我がせ〈大伴家持〉」＊万葉(8C後)二〇・四四五〇「わが背子が宿のなでしこ散らめやも伊夜波都波奈(イヤハツハナ)に咲きは益すとも〈大伴家持〉」＊古今六帖(976-987頃)五・雑思「まてどこぬ君をやねたく山ぶきのいやはつ花のみまほしみせん」＊千五百番歌合(1202-03頃)四七一番「かつみてもめづらしき哉常夏のいや初花の色をそへつつ〈藤原季能〉」

いや-はて【彌終・彌果】『名』最もあと。いちばんあと。最後。＊改正増補和英語林集成(1886)「Iyahate イヤハテ 最後」＊邪宗門(1909)〈北原白秋〉朱の伴奏・雨のひぐらし「泣き入りぬ罌粟(けし)ひとつら、最終(イヤハテ)に燃えてもちりぬ」＊徳田秋声(1953)〈平野謙〉「四十年ちかい作家生活のいやはてに襲来したこの大転換期を眺めて」 発音〈標ア〉0

いや-はや【彌速】『形動』いよいよ速いさま。一段と速く激しいさま。＊万葉(8C後)一一・二四五九「わがせこが浜ゆく風の彌急(いやはやの)ことを早みかいや逢はざらむ〈人麻呂歌集〉」＊壬二集(1237-45)「あれくらし浜ゆく風のいやはやにたちそふ波は千鳥なりけり」 補注 万葉の用例は、「いやはやに」と訓む説もある。

いや-はや『感動』驚きあきれたときに発することば。現在では、やや大げさに驚きを表わすことば。これはまあ。いやいや。＊咄本・戯言養気集(1615-24頃)上「中中あきれもせぬ事ぢゃ、いやはやいやいやはや」＊狂言記・酢薑(1660)「いやはや、これもよっぽどの系図でおぢゃる。さりながら、すゐこ天皇も、からく天皇も、位は同じ事」＊滑稽本・東海道中膝栗毛(1802-09)初・発語「イヤはやにがにがしいこんだ」＊夜明け前(1932-35)〈島崎藤村〉第一部・下・一一・一「いや、はや、あの時は福島の家中衆も大狼狽」 発音〈なまり〉ウンニャハヤ〔飛驒〕ヤハヤ〔島根〕ンニャハー〔津軽語彙〕〈標ア〉イ〈京ア〉イ

いや-はるばる【彌遙遙】『形動』いよいよ遠く隔たるさま。＊後撰(951-953頃)恋二・六三九「見ぬほどに年のかはれば逢ふことのいやはるばるにおもほゆる哉〈よみ人しらず〉」

いや-はれ【彌晴】『形動』いよいよ晴れるさま。＊打聞集(1134頃)四・静観僧正事「漸(やうやく)読了かたに成も空いや晴(はれ)に晴れていやてりにてり倍(まさ)る」

いや-ひけ【彌日異】『形動』(「ひ」は日、「け」は、普通でないこと、変わっていることの意) 一日一日ごとに変わるさま。いよいよ日々にまさるさま。＊万葉(8C後)三・四七五「山辺には 花咲きををり 河瀬には 年魚小(あゆこ)さ走り 彌日異(いやひけに) 栄ゆる時に」＊万葉(8C後)二〇・四五〇四「うるはしと吾(あ)が思(も)ふ君は伊也比家爾(イヤヒケニ)来ませわが背子絶ゆる日無しに〈中臣清麻呂〉」

いやひこ-じんじゃ【彌彦神社】 新潟県西蒲原郡彌彦村にある神社。旧国幣中社。祭神は天香山命(あまのかぐやまのみこと)。越後国一宮。伊夜比古神社。やひこじんじゃ。彌彦明神。 発音〈標ア〉ジ

いや-ひごと【彌日毎】『形動』一日一日とまさるさま。いよいよ一日ごとに程度の激しくなるさま。＊古今六帖(976-987頃)五・雑思「わが命あらんかぎりはわすれめやいや日ごとにはおもひますとも〈笠女郎〉」

いや-ひろ【彌広】『形動』いよいよ広いさま。一段と広いさま。＊続日本紀-神亀元年(724)二月四日・宣命「四方の食(お)す国天下の政を彌高彌広爾(いやひろに)天日嗣と高御座にまして」＊延喜式(927)祝詞・平野祭「天皇が朝廷にいや高に伊夜広爾(イヤひろニ)茂(いかし)やくはえの如く」

いや-・ぶ【礼・敬】『他バ上二』(「いや(礼)」を動詞化したもの) 相手に礼儀をつくす。敬う。いやまう。＊書紀(720)用明二年四月(図書寮本訓)「何ぞ国(くにつ)神を背きて、他(あだし)神を敬(ヰヤヒ)む」＊続日本紀-天平神護元年(765)一一月二三日・宣命「次には天社国社の神等をも為夜備(ヰヤビ)まつり、次には供へ奉る親王たち、臣たち、百官の人等」 語源説 (1)礼ブリの義〔和訓栞〕。(2)ヰヤムフリ(居止振)の義。ヰヤムは着座の時をいい、フリは振舞をいう〔名言通〕。 辞書 言海 表記 礼(言)

いや-ふう【否風・嫌風・厭風】『名』いやらしいふう。感じの悪いさま。無粋(ぶすい)なかっこう。＊俳諧・西鶴大矢数(1681)第三九「片手をしめて生でつかます 否風なあの神鳴の太鞁持」＊浮世草子・好色一代女(1686)四・三「今時の女、尻桁にかけたる端紫の鹿子帯、目にしみ渡りてさりとてはいや風(フウ)也」＊浮世草子・傾城禁短気(1711)五・一「公道なる仕出し、花色紬に茶小紋の日野の羽織、随分厭風(フウ)なる出立」 発音 イヤフー〈標ア〉0

いやふう-ぼうず【嫌風坊主】『名』いやらしい坊主。感じの悪い坊主。＊浮世草子・好色一代女(1686)二・三「いや風坊主(フウバウズ)に身をまかせて昼夜間もなく首尾して」

いや-ふき【彌吹】『形動』いよいよ吹くさま。＊土左(935頃)承平五年二月五日「もはらかぜやまで、いやふきに、いやたちに、かぜなみのあやふければ」

イヤ-プラグ『名』(英 earplug) 防音・防水用の耳栓(みみせん)。

いや-べ【嫌—】『感動』方言「嫌」を強めていう語。嫌だ。嫌いだ。高知県(児童語)860 ◇いやべえ 高知市867 ◇いやっぺ 滋賀県彦根(児童語)609 ◇いやだんべえ 茨城県稲敷郡188 ◇いやますべえ 富山県中新川郡390 ◇やだべえだ 岐阜県恵那郡498

イヤホーン『名』(英 earphone)《イアフォン・イヤホン・イヤフォ(ー)ン》耳にさし込んだり、かぶせたりして使用する、ラジオやテレビなどの音声を聞くための器具。レシーバー。＊古川ロッパ日記-昭和二八年(1953)六月二七日「『ダムボ』の録音、イヤフォンを用ゐずアフレコである」＊赤い国の旅人(1955)〈火野葦平〉四月二四日「私たちはみんな小型イヤホーンをつけた」 発音〈標ア〉ホ

イヤマーク『名』(英 earmark 元来は、家畜の耳につけた、所有者のしるし)《イヤーマーク・イアマーク》①貿易や外国からの借款によって外国で得た金(きん)をそのままその国の中央銀行に他と区分して保管しておくこと。＊モダン用語辞典(1930)〈喜多壮一郎〉「イーアーマーク Ear-mark 英 経済用語であって、羊の耳に印をつけ、これは小生のものとの印にしたーと云ふのから起ってゐる言葉で」②外国の銀行からの借入金の一部を、金(きん)で引き出しうる特別の勘定に預金しておくこと。また、銀行預金の一部を、預金者の希望によって、特別の使途のために留保しておくこと。③織物の端の部分に織りこまれた、製造メーカーのマーク。 発音〈標ア〉マ〈京ア〉イ/マ

いや-まい【礼—・敬】『名』(動詞「いやまう(礼)」の連用形の名詞化) ①敬うこと。礼儀。守るべききまり。＊書紀(720)天智九年正月(北野本訓)「朝廷(みかど)の礼儀(ヰヤマヒ)と行路(みちきひと)の相避ることとを宣ふ」②感謝の気持を表わす贈り物やことば。＊天降言(1771-81頃か)「小朝拝の絵を近衛家久公より給はりけるゐやまひによみて奉りける」

いや-ま・う【礼—・敬】『他ハ四』(「いや(礼)」に「ふるまう」などの「まう」の付いたもの。「まう」は「舞う」か) 相手に対して礼儀正しくふるまう。守るべき礼儀をつくす。うやまう。＊天理本金剛般若経集験記平安初期点(850頃)「香鑪を厳(ヰヤマヒ)持ち」＊観智院本三宝絵(984)下「雪山は鬼にしたがひて偈をおこない帝尺はきつねをゐやまひて法をうけき」＊栄花(1028-92頃)初花「清禅阿闍梨は大威徳をゐやまひて腰をかがめたり」＊近世畸人伝(1790)三「知らぬ人ともにゐやまひもてなして、このめる酒をすすむ」 発音 文 イヤモーとも〈標ア〉マ(モ) 辞書 色葉・名義・言海 表記 敬(色・言) 欽・標(色) 恭(名)

いや-まさり【彌増】『形動』いよいよ多くなるさま。激しくなるさま。一段と増大するさま。＊伊勢物語(10C前)四〇「さるあひだに思ひはいやまさりにまさる」＊拾遺(1005-07頃か)恋二・七一三「わが恋はなほあひ見ても慰まずいやまさりなるここちのみして〈よみ人しらず〉」＊栄花(1028-92頃)音楽「随喜の説法聞くままに、歓喜の涙いやまさりなり」＊評判記・名女情比(1681)五「此恋やめさせ給へと、仏神にもいのりけれど、いやまさりにのみなりければ」 発音〈標ア〉0/マ

いや-まさ・る【彌増】『自ラ四』いよいよ程度が激しくなる。ますます盛んになる。次第に募る。＊万葉(8C後)一一・二三三五「近くあれば名のみも聞きてなぐさめつこよひゆ恋の益益(いやまさり)なむ〈作者未詳〉」＊伊勢物語(10C前)一〇五「心ざしはいやまさりけり」＊日葡辞書(1603-04)「Iyamasari, ru, atta (イヤマサル)〈訳〉非常に勝る、卓越する」＊滑稽本・七偏人(1857-63)五・上「思へば恐怖(こは)さ彌(イヤ)まさり」 発音〈標ア〉サ〈京ア〉0 辞書 日葡・ヘボン 表記 彌勝(ヘ)

いや-まし【彌増】『形動』いよいよまさるさま。ますます多くなるさま。＊万葉(8C後)二〇・四二九八「霜の上に霰(あられ)たばしり伊夜麻之爾(イヤマシニ)吾(あれ)は参来(まゐこ)む年の緒長く〈大伴千室〉」

＊夫木(1310頃)二九「いやましの八峰(やみね)に茂る青椿つらつら物をおもふころかな〈藤原信実〉」＊天草本平家(1592)四・一〇「サイシワ モトヨリ ココロヲワヅラワスル モノ ナレバ、モノヲモイ モ iyamaxini(イヤマシニ) ナリ」＊仮名草子・元の木阿彌(1680)上「そのかみ千之丞が流れを汲て、いやましの君、玉川万之丞」＊洒落本・交代盤栄記(1754)序「腹つつみうつ今寛優の御代にむまれ有かたひ事いやましに」＊滑稽本・古朽木(1780)一「八百年の後までも彌増(いやまし)に尊まれて」 発音〈標ア〉0〈京ア〉0 辞書 文明・易林・日葡・書言・言海 表記 彌増(文・易・書・言)

いや‐ま。し【否】〘形シク〙(「いやむ(否)」の形容詞化)いやに思われる。面白くない。いとわしい。＊唐物語(12C中)上「呂后いやましく心うきことにぞおぼしける」＊無名抄(1211頃)「いかばかりいやましく思はるらん」＊愚管抄(1220)六・順徳「かきおとす事の多さこそ猶いやましく侍れ」

いや‐まし‐て【彌増―】〘連語〙(「いや」は副詞)いよいよますます。一段と。＊雲形本狂言・宗論〈室町末‐近世初〉「善光寺のお事は参度(まゐるたび)に、いやまして有がたう存る事ぢゃ」＊源おぢ(1897)〈国木田独歩〉中「町の者母の無情を憎み残されし子をいや増(マ)してあはれがりぬ」

いや‐ま・す【彌増】〘自サ四〙いよいよ多くなる。ますます激しくなる。一段と募る。いよます。＊大唐西域記長寛元年点(1163)五「怨異を覩(み)て祇(つつしみ)懼(おづることを)重増(イヤマス)」＊洒落本・両国栞(1771)「夏の日ざかり菅笠(すげがさ)花蓙(はなござ)の声にあつさいやまし、冷水虫売は木陰に足を止む」＊人情本・春色梅美婦禰(1841‐42頃)二・一二回「心の底も推量られて不便彌増(イヤマス)男の情」 発音〈標ア〉0マ〈京ア〉0 辞書〈ボン〉 表記 彌増(ヘ)

いやます‐たか【彌増高】〘形動〙いよいよますます高いさま。いやたかます。＊良寛歌(1835頃)「越路(こしぢ)には 水はあれども この山の いやます高に この水の 絶ゆることなく」

いや‐ますます【彌増増】〘形動〙(動詞「ます(増)」が重なり、副詞「いや」が付いて一語化したもの)いよいよまさるさま。いよいよますます多くなるさま。＊万葉(8C後)一三・三二四三「夕なぎに 寄せ来る波の その潮の 伊夜益升二(イヤますますニ) その波の いやしくしくに 吾妹子(わぎもこ)に 恋ひつつ来れば〈作者未詳〉」＊宇津保(970‐999頃)嵯峨院「高欄におしかかりて眺めおはしまして、おもほすこと更にも言はず、おきの上にゐる心ちして、いやますますにおぼさるるに」 発音〈標ア〉ス1〈京ア〉マ1／ス1

いや‐み【厭味・嫌味】〘名〙(形動)(動詞「いやむ(否)」の連用形の名詞化。「味」は当て字)①(―する)人に不快な感じを与える言い方、身なり、態度をすること。また、そのような言い方、身なり、態度。または、それから受ける不快感、嫌悪感。＊俳諧・雪おろし(1751)「又いつか変化の時ありて、加賀紋のいやみならん世あらば、忽此句は聞えず」＊洒落本・大通禅師法語(1779)「我衆にふかくきらふことは悪振(イヤミ)己惚(うぬぼれ)利口張(きいたふう)趣向過(いきすぎ)の四つ也」＊浄瑠璃・彦山権現誓助剣(1786)七「『遊んでおくれ』と袖口に、手を差込めど臆(お)めぬ体、鼻に扇の厭味(イヤミ)して」②ことさらに気どったさま。きざなさま。にやけたさま。ときに、いやらしさを感じさせるような妙に色っぽい言葉、態度をもいう。＊洒落本・禁現大福帳(1755)三「但薫(たき)物掛香(かけがう)は弱身(イヤミ)なりとて恥しむべし」＊浄瑠璃・源頼家源実朝鎌倉三代記(1781)二「万歳楽人若隠居、粋の高慢、いやみの美男」＊咄本・一雅話三笑(1804‐18)間違「あの紺屋(こうや)の娘は今年十九だが、さっぱり男に厭味(イヤミ)がねえ、あれはどうしても小野小町だらう」③相手のいやがるようなことを、わざわざ意地悪く言ったりしたりするさま。いやがらせ。あてこすり。＊浮世草子・三千世界色修行(1772)四・一「としよりは気がみじかい、へんたう次第で着るものはがふか、サアどふじゃと悪忌身(イヤミ)のことば取なりに」＊人情本・春色梅児誉美(1832‐33)後・一一齣「愚智やいやみは願がけをしたよりひどい禁物と心に誓ておりイしたが」＊改正増補和英語林集成(1886)「ソンナ iyami(イヤミ)ヲ イウナ」＊酒中日記(1902)〈国木田独歩〉五月一二日「母から厭味(イヤミ)や皮肉を言はれて」④みだらで、いやらしいこと。＊人情本・梅之春(1838‐39)初・五回「いやみなしに借りるのだから、お客の方でも侠客(をとこぎ)の人でなければ話しても言無甲斐(むだだから)」 発音〈標ア〉ミ〈京ア〉0 辞書〈ボン〉

いやみ たっぷり ①非常に気どっていること。非常にきざで、不快な感じを与えるさま。＊滑稽本・浮世風呂(1809‐13)四・上「男は凡そ中位の好男(いろをとこ)だが、頸(あたま)へ青黛(せいてへ)を泥(なす)って、ちと否身(イヤミ)たっぷりの拵(こしら)へ。そして女は、いづれあやしき者の果」＊東京風俗志(1899‐1902)〈平出鏗二郎〉下・一一・桜狩「芸自慢の若者ばら、人見よがしに手踊などして興ずる、厭味(イヤミ)たっぷりの風情」②厭味③の程度がはなはだしいさま。 発音〈標ア〉プ

いやみ‐うた【厭味唄】〘名〙田舎風で下品な俗謡。＊浪花聞書(1819頃)「いやみ唄(ウタ)。下がかりにて、いたこぶしの類也。尤(もっとも)節は違ふ也。此類に、なごやぶしと云もあり」 発音〈標ア〉ミ

いや‐みがほ。し【彌見欲】〘連語〙(「いや」は副詞)いよいよ見たい。ますます美しいさまである。＊万葉(8C後)一八・四一一一「橘の なれる其の実は ひたてりに 伊夜見我保之久(イヤみガホシク)〈大伴家持〉」

いやみ‐からみ【厭味辛味】〘名〙(「いやみがらみ」とも。「からみ」は単に「いやみ」に語呂を合わせたもの)「いやみ(厭味)」に同じ。＊洒落本・甲駅新話(1775)「今からけへろうの何のとおやしき者かなんぞのよふに、いやみからみをいふのじゃアごぜんせん」＊洒落本・当世穴知鳥(1777)土手のゆきき附見立「あんまりいやみからみをいふネイ」＊歌舞伎・猿若万代厦(1786)大詰「この兄も赦(ゆる)さぬ不義をした愛護めは嫌味(イヤミ)がらみ、その辛みから木の空(うつろ)へ引っ括られて」

いやみ‐きんざん【厭味金山】〘名〙「いやみぎんざん(厭味銀山)」に同じ。＊洒落本・松登妓話(1800)二「雛里さん、又いやみ金山か、久しいものよ」 発音〈標ア〉キ

いやみ‐ぎんざん【厭味銀山】〘名〙石見(いわみ)銀山をもじって、いやみの意をしゃれていう語。厭味金山。＊洒落本・愚人贅漢居続借金(1783)雲楽屏風の中「おっとそいつはいやみぎんざんだ。ねずにもいられぬ」 発音〈標ア〉ギ

いやみ‐け【厭味気】〘名〙いやみな感じ。他人を不快にさせる雰囲気。＊当世書生気質(1885‐86)〈坪内逍遙〉一八「衣服必らずしも高価にあらねど、ただ何処(どこ)ともなくイヤミ気(ケ)尠(すくな)く」＊浮雲(1887‐89)〈二葉亭四迷〉二・一二「以前は言事(いふこと)がさらさらとしてゐて厭味気(イヤミケ)が無かったが」＊青年(1910‐11)〈森鷗外〉一「純一は厭味気(イヤミケ)なしに折れて出た」 発音〈標ア〉ケ

いやみ‐ずくめ【厭味尽】〘名〙(形動)嫌味なことばかりであるさま。何から何まで嫌味なこと。＊滑稽本・七偏人(1857‐63)二・下「爰にまた虚呂松は、女の姿の衣裳(きもの)さへ帯さへ花美(はで)な形(なり)ふりに、抜衣紋のござれ腰〈略〉引ずり歩行(あるく)駒下駄の音さへコロコロガラガラと否味(イヤミ)づくめな身振ゆゑ」 発音〈標ア〉ズ

いやみ‐たらし・い【厭味―】〘形口〙いかにもいやみである。にやけていやらしい。きざっぽい。いやみったらしい。＊人情本・梅之春(1838‐39)初・三回「なんのいやみたらしい、そんなものを男が持ってたまるものか」＊改正増補和英語林集成(1886)「Iyamitarasii(イヤミタラシイ) コトヲ イウ」＊人間嫌ひ(1949)〈正宗白鳥〉「人間、その年頃から生意気になるので、考へ方も行動も、活発と云ふよりも、いや味たらしくなるものだ」 発音イヤミタラシイ〈標ア〉シ

いやみっ‐たらし・い【厭味―】〘形口〙「いやみたらしい(厭味―)」の変化した語。＊滑稽本・八笑人(1820‐49)三・下「色は白と青と黄を交(まぜ)て、なんだかいやみったらしいとぼけ面で」＊浮雲(1887‐89)〈二葉亭四迷〉二・七「『厭サ、彼様(あん)な本化粧は』『ヲヤ何故へ』『だって厭味ったらしいもの』」＊卍(1928‐30)〈谷崎潤一郎〉七「なんてイヤ味ッたらしい人だらうと、一言の下に軽蔑されること請け合ひである」 発音イヤミッタラシイ〈標ア〉シ

いやみ‐なし【厭味無】〘名〙いやみのないこと。また、その人。特に、色っぽい感じがないことについていう。＊人情本・春色辰巳園(1833‐35)初・五回「久しく色気白歯の生娘、いやみなしにて有けるものが、年をかぞへて今ははや、流れてよどむ婦多川(ふたがは)に、数へられたる苦労人」＊滑稽本・八笑人(1820‐49)初・一「色のしろいいやみなしの梅幸、団十郎、持物衣裳つきは御推量す」 発音〈標ア〉ナ

いやみ‐らし・い【厭味―】〘形口〙いかにもいやみと感じるほどである。＊人情本・春色梅児誉美(1832‐33)三・一七齣「まことにいやみらしい程力がなくって、やうやう歩行(あるき)ますヨ」＊婦系図(1907)〈泉鏡花〉前・二九「何処かへ連れられるのを厭味らしく考へるやうな間(なか)ではないに、ぬかったことをしたよ」＊暗夜行路(1921‐37)〈志賀直哉〉一・一二「『何だかはっきりしないのね』お栄は少し厭味(イヤミ)らしく云って笑った」 発音イヤミラシイ〈標ア〉シ

いや‐・む【否・嫌】〘他マ四〙きらう。気を悪くする。＊宇治拾遺(1221頃)三・一四「国司むつかりて、『国司も国司にこそよれ、我らにあひて、かうはいふぞ』とて、いやみ思ひて」＊滑稽本・七偏人(1857‐63)二・上「おつう否(イヤ)んだことを言けれど」 辞書 言海 表記 否(言)

いや‐め【否目】〘名〙(形動)悲しそうな目つき。涙ぐんでいること。もの悲しげなさま。泣き顔。＊源氏(1001‐14頃)蜻蛉「御病(おほむやまひ)の重きさまをのみ見せてかくすぞろなるいやめのけしき知らせじとかしこくもてかくすとおぼしけれど」＊栄花(1028‐92頃)浅緑「北の方ともすればいやめなる子供のやうにうちひそまり給ふ」 語源説 (1)イナム(否)目ざしの意〔大言海〕。(2)イヤメ(彌目)の義〔和訓栞〕。

いや‐めか。し【厭―】〘形シク〙いやらしい。いやらしくみえる。＊偽悪醜日本人(1891)〈三宅雪嶺〉醜「若し夫れ傍観者より一瞥すれば、いやめかしき事限りなく」

いやめ‐がし【―樫】〘名〙植物「うばめがし(姥目樫)」の異名。

いや‐めずら【彌珍】〘形動〙一段とすばらしい。＊色葉字類抄(1177‐81)「長今 イヤメヅラナリ」＊弁内侍(1278頃)寛元四年三月一一日「玉ゆらに錦をよそふ姿こそ千とせは今日といやめづらなれ」＊増鏡(1368‐76頃)一一・さしぐし「よろづ、人の心も昨日に今日はまさり行くめれば、いやめづらに好ましうめでたし」＊黒本本節用集(室町)「長吟 イヤメヅラナリ」 辞書 色葉・名義・黒本・易林 表記 長今(色) 驚新(名) 長吟(黒) 長命(易)

いや‐めずらか【彌珍】〘形動〙一段とすばらしい。きわめてめずらしい。＊平治(1220頃か)上・信頼、信西不快の事「信頼卿の寵愛も、猶いやめづらかに

して、かたをならぶる人もなし」

いや-めずら。し【彌珍】『連語』（「いや」は副詞）いよいよすばらしい。非常に愛すべきである。＊万葉（8C後）一八・四〇九一「卯の花のともにし鳴けばほととぎす伊夜米豆良之（イヤメヅラシ）も名のり鳴くなへ〈大伴家持〉」＊風雅（1346–49頃）春上・七九「人ごとに折かざしつつあそべどもいやめづらしき梅の花かも〈よみ人しらず〉」＊日葡辞書（1603–04）「Iyamezzuraxij（イヤメヅラシイ）。すなわち、イカニモ メヅラシイ〈略〉文書語」＊仮名草子・東海道名所記（1659–61頃）一「金銀をちりばめ細工にあかせて、たてられたり。みれどもみれどもいやめづらし」発音〈標ア〉ラ 辞書 日葡・書言 表記 表珍・不古・造鑿・長命（書）

いやめずらし-み【彌珍―】（「いやめずらし」の語幹に「み」の付いたもの。→み）いよいよ心ひかれて。＊万葉（8C後）二・一九六「鏡なす 見れども飽かず 三五月（もちづき）の 益（いや）目頰染（めづらしみ） 思ほしし 君と時々〈柿本人麻呂〉」

いや-もて【厭持】『名』（「もて」は、「もてなし」から）人を不愉快にさせる行為。＊俚言集覧（1797頃）「いやもて 人を嫌はしむる挙動をいふ」

いや-もの【厭物】『名』いやな物。嫌（きら）いな物。＊浮世草子・武家義理物語（1688）三・五「されば、いやものを見せかけ、さりとはこまりたる所、あまり恐ろしさに、〈略〉我等はあれほどすかぬ物なしと大笑ひにて此事済みぬ」

いや-やか【礼―】『形動』（「やか」は接尾語）うやうやしいさま。礼儀正しいさま。上品なさま。＊書紀（720）仁徳即位前（寛文版訓）「大王（きみ）は風姿（みやび）岐嶷（イヤヤカニ 別訓 いこよかに）まします」＊土左（935頃）承平五年二月一五日「家の人の出で入り、にくげならず、ゐややかなり」辞書 言海 表記 礼（言）

いや-やせ【彌痩】『形動』いよいよやせるさま。↓いや（彌）の語誌。＊万葉（8C後）八・一四六二「あが君に戯奴（わけ）は恋ふらし給（たば）りたる茅花（つばな）をはめど彌痩爾（いややせに）痩す〈大伴家持〉」

いやや-ゆき【彌彌雪】『名』根雪の上に重なる雪。深い雪。＊雑俳・花畠（1711）「波璃などもあらん信濃の彌々雪」

いや-よい【彌生】『名』陰暦三月の異名。いやおい。やよい。＊俳諧・清鉋（1745頃）一「三月〈略〉春惜み月 やよひ いやよひ」

いやよつぎ【彌世継】平安末期の歴史物語。二巻。藤原隆信著。現存しない。＊本朝書籍目録（1277–94頃か）「仮名〈略〉彌世継 二巻」＊増鏡（1368–76頃）序「いや世継は、隆信の朝臣の、後鳥羽院の位の御ほどまでをしるしたるとぞ見え侍し」発音 イヤヨツギ〈標ア〉ヨ

いや-ら。し【嫌―】『形シク』⇩いやらしい（嫌―）

いや-らし・い【嫌―・厭―】『形口』文 いやら。し ①様子、態度、行為、状態などが、好ましくない。いやみな感じである。いとわしい。＊仮名草子・好色袖鑑（1682）上「なれて後、いやらしくおもふなりふりの、はじめより見えぬにはあらねども」＊浮世草子・小夜衣（1683）五・寄仮契恋「おもはれぬ身の筆の跡いかにいやらしく覚しのほどもはづかしながらおくり参らせ候」＊浄瑠璃・傾城島原蛙合戦（1719）一「嫁入り前のみづからが、善し悪しの評判受けるもいやらしい」＊風流懺法（1907）〈高浜虚子〉一力「横河（よかは）の和尚（おっ）さんそないに頭大きいのン。耳もそないに大きいのン。いやらしやの」②性に関して節度がなく、嫌悪感をそそる。下品、好色な感じである。みだらである。＊浄瑠璃・主馬判官盛久（1687頃）一「鎧の脇より手をさしいれこりゃならぬ、命取りめとたはぶるるむくつけにも又いやらしし」＊浮世草子・世間娘容気（1717）三「かかさまのよい年をして、いやらしひすそへ小袖きせて」＊古今集遠鏡（1793）六「山の田のかがしを見るやうな汝（おの れ）さへ、わしをのぞんで逢ひたいといふ、さてもいやらしいこまったことや」＊歌舞伎・お染久松色読販（1813）序幕「『今日（けふ）爰でお目に懸るは、結ぶ神の引合せ。此巴屋の座敷を借りて』『ヱヱいやらしい、措（お）きやいのう』」方言 ❶好ましくない。いとわしい。嫌である。神奈川県津久井郡317 愛知県岡崎市062 名古屋市561 三重県伊勢001 滋賀県犬上郡615 神崎郡616 和歌山市062 和歌山県690 ❷憎い。憎らしい。❸恐ろしい。兵庫県多紀郡667 ❹汚い。不潔である。大阪府062 ❺下品である。卑しい。島根県隠岐島725 香川県829 ❻醜い。和歌山県690 香川県829 ❼気に障る。長野県松本062 発音 イヤラシイ〈なまり〉キャラシ〔和歌山〕キャラシ〔和歌山県〕ギャラシー〔飛騨〕ヤーラシー〔岐阜・飛騨・南知多〕ヤラシ〔信州風物・島根〕ヤラシー〔飛騨・愛知・伊賀・鳥取・島根・岡山・徳島・対馬〕ヤラッシー〔富山礪波〕〈標ア〉シ〈京ア〉ラ 文『いやらし』〈標ア〉ラ〈京ア〉ラ 辞書 ボン・言海

いやらし-が・る【嫌―】『他ラ五（四）』（形容詞「いやらしい」の語幹に接尾語「がる」の付いたもの）いやらしいと思う気持を外に表わす。発音 イヤラシガル〈標ア〉カ

いやらし-げ【嫌―】『形動』（形容詞「いやらしい」の語幹に接尾語「げ」の付いたもの）いやらしいさま。いかにもいやらしそうなこと。＊人情本・貞操婦女八賢誌（1834–48頃）四・三二回「その時愛嬉は亀太郎の、膝に片肱を擡（もた）らしつつ、咲（ゑ）めるが如く白眼（にら）むが如き、艶（イヤ）らしげなる目尻（まなじり）にて、そと見やりつつ言話（ことば）を低（ひそ）め」発音 イヤラシゲ〈標ア〉シ

いやらし-さ【嫌―】『名』（形容詞「いやらしい」の語幹に接尾語「さ」の付いたもの）いやらしいこと。また、その度合。＊雑俳・柳多留-二二（1788）「いやらしさめかけ此頃茶をはじめ」＊たけくらべ（1895–96）〈樋口一葉〉四「何と御覧じたか、田中屋の後家さまがいやらしさを」＊袈裟と盛遠（1918）〈芥川龍之介〉上「あの女の淫りがましい、凋（しを）れた容色の厭（イヤ）らしさが、絶えず己を虐（さいな）んでゐた事は」発音〈標ア〉ラ〈京ア〉０

いやらし-み【嫌―】『名』（形容詞「いやらしい」の語幹に接尾語「み」の付いたもの）いやらしい様子。いやらしさ。＊滑稽本・浮世床（1813–23）二・上「しかし美（び）だネ。いやらし身たっぷり。あすこで迷はせようという洒落だ」発音〈標ア〉シ

いやり『名』方言 ⇩いいあり（飯蟻）

イヤ-リング『名』（英 earring）《イアリング》耳朶（みみたぶ）につけるアクセサリー。耳飾り。耳輪。＊日本ロオレライ（1948）〈井上友一郎〉四「小菊の耳朶（みみたぶ）にぶらさがった白いガラスのイア・リング」＊若いセールスマンの恋（1954）〈舟橋聖一〉一・四「由香子の耳のパールのイヤリング」発音〈標ア〉イ〈京ア〉イ

い-や・る【言―】『他ラ四』（動詞「いう（言）」に親愛の意の助動詞「やる」の付いた「言いやる」が変化したもの）おっしゃる。対等または、対等に近い下位の者に使用する。親愛の関係でも用いる。＊狂言記・薩摩守（1660）「しらぬ人の、茶をくりゃうといやる」＊浄瑠璃・大経師昔暦（1715）上「ほんにいやれば、そうじゃ」＊浄瑠璃・新うすゆき物語（1741）中「『サア母様こそ其お心なれ父上が何（なん）とおっしゃろやら。気遣ひに存じます』『あのいやる事はいの。そこをぬかってよい物か』」発音〈標ア〉ヤ

いやる『動』方言 ❶燃え渋って容易に燃えない。いぶる。東京都八王子311 ❷火がおこる。秋田県130 ❸炭が灰になる。長野県南部062 静岡県志太郡535 ◇うやる

いやれる【言】『動』方言 ⇩ゆわれる（言）

いや-わ・う【敬】『他ハ四』敬う。うやわう。＊書紀（720）天武一一年八月癸未（北野本訓）「礼儀（ヰヤハヒ）言語（ものいはむ）状を詔したまふ」

いや-わかえ【彌若】『形動』いよいよ若くなること。一段と若やぐこと。＊延喜式（927）祝詞・出雲国造神賀詞（出雲板訓）「彼方（をちかた）の古川原（ふるかはら）、此方（こなた）の古川原に生（お）ひ立（た）てる若水沼間（わかみぬま）の、彌若叡（いやわかエ）に御（み）若え坐し」

いやん-しゅ【丁様手・一様手】『名』語義未詳。＊俳諧・其便（1694）序「舌頭にかけてやはらげましかば、丁様手（イヤンシュ）せんより又たのしからずや」＊書言字考節用集（1717）八「一様手 イヤンシュ 船所レ言」辞書 書言 表記 一様手（書）

い-ゆ【怡愉】『名』喜ぶこと。楽しむこと。＊経国美談（1883–84）〈矢野龍渓〉後・一四「独立数十邦の委員等は、能くも云ふたりと思ふ如き怡愉の有様を現はし、会場の中暫時静寂たりしが」＊新唐書-柳宗元伝「今天子興二教化一、定二邪正一、海内皆欣欣怡愉」

い-ゆ【違踰】『名』命令、定めなどにそむくこと。＊日本風俗備考（1833）一「又薩摩の兵士等は、帝家の勤仕に於て、必しも其法律を厳守せず、或は違踰せる事ありて」＊紅楼夢-第一八回「不レ想賈妃只命二一匾一句一、倒不レ好二違諭多作一、只胡乱作二一首五言律一応レ景罷了」

い-ゆ【慰諭】『名』慰めさとすこと。怒り、不安、驚きなどしている相手の気を安めるように言い聞かせること。＊吉田松陰宛小田村伊之助書簡-安政六年（1859）正月四日「僕服二其気節一慰諭而去」＊近世紀聞（1875–81）〈染崎延房〉八・二「百方衆を慰諭（ヰユ）しつつ命に従がはしめしかば」＊経国美談（1883–84）〈矢野龍渓〉後・二〇「『此度の危急を免るるは実に汝等の力に藉れり猶此上にも努めよや』と何気なく慰諭の辞を示し」＊漢書-東方朔伝「朔因著レ論〈略〉以自慰諭」

い-・ゆ【射―】『連語』（動詞「いる（射）」に受身の助動詞「る」の古形「ゆ」の付いたもの。あるいは「射る」の自発・受身とも）射られる。＊書紀（720）斉明四年五月・歌謡「伊喩（イユ）ししを 認（つな）ぐ川辺の 若草の 若くありきと あが思（も）はなくに」＊万葉（8C後）一六・三八七四「所射（いゆ）鹿（しし）をつなぐ河辺の和草（にこぐさ）の身の若かへにさ寝し子らはも〈作者未詳〉」補注 助動詞「ゆ」は、四段・ラ変・ナ変の各動詞の未然形に接続するのが普通であるが、古くは上一段動詞に接続したか。用例は、終止形を連体法に用いたものか。

い・ゆ【癒】『自ヤ下二』⇩いえる（癒）

い-ゆう【夷猶】『形動タリ』ぐずぐずするさま。ためらうさま。＊夜航余話（1836）下「只合二投レ機直復一譬、好レ名自苦故夷猶」＊楚辞-九歌・湘君「君不行兮夷猶」

い-ゆう【吚嚘・咿嚘】『名』嘆息すること。また、呻吟すること。＊六如庵詩鈔-二編（1797）三・寄題波響楼「夢寐如レ聞二波濤響一、時和二吟声一相咿嚘」＊韓愈-赴江陵途中寄贈翰林三学士詩「親逢道辺死、佇立久咿嚘」

い-ゆう【易融】『名』金属などがとけやすいこと。簡単にとけること。発音 イユー〈標ア〉０

い-ゆう【威雄】『名』おおしく、相手をおそれさせること。勢い強くおどしつけること。＊太閤記（1625）一五・小西於平安道振猛威事「小西摂津守は、遼東堺平安道に至て威雄を振ふ事、恰（あだかも）信長公天下初入之猛威にも似たり」＊秦併六国平話-中「始皇呑噬似二長蛇一、智力威雄実可レ誇」

い-ゆう【畏友】『名』尊敬している友人。また、友達に対する敬称。＊西国立志編（1870–71）〈中村正直訳〉一一・一三「巴甚だ喜斯可的（ヒースコート）を重んじ、これを称して、畏友となしたり」＊雲は天才である（1906）〈石川啄木〉二「簡にしてよく其要を得た我が畏友朱雲の紹介状も亦、正に千古の名文と謂（いひ）つべしである」＊河童（1927）〈芥川龍之介〉一五「モンテエニュ

の如きは予が畏友の一人なり」＊陸游-王深甫先生書簡跋「此書朝夕観之、使人若居厳師畏友之間、不敢萌一毫不善意」 発音 イュー〈標ア〉0〈京ア〉0

い-ゆう【慰誘】〘名〙心を慰めて誘い寄せること。いたわって引き寄せること。＊浄業和讃(995-1035)上・初夜讃「かくのごとき大聖衆常にきたりて慰誘せむ」＊後漢書-順帝紀「慰誘日南叛蛮、降之嶺外乎」

い-ゆう【遺友】〘名〙死者の後に残った友人。＊百鬼園随筆(1933)〈内田百閒〉無恒債者無恒心「いよいよ御百歳の上は、棺をおほうて後に、遺友達の所説が二派にわかれるに違ひないのである」 発音 イュー〈標ア〉0

いゆう-ごうきん【易融合金】〘名〙錫(すず)よりも融点の低い合金。普通、錫、ビスマス、カドミウムなどを主成分とする。可融合金。 発音 イューゴーキン〈標ア〉ゴ

いゆき-あい【行会】〘名〙(「い」は接頭語)人が行き会うこと。人の往来がかなり盛んであること。また、そのような場所。＊万葉(8C後)九・一七五二「射行相(いゆきあひ)の坂の麓(ふもと)に咲きををる桜の花を見せむ児(こ)もがも〈虫麻呂歌集〉」 補注「いゆきあいの」の形で、坂にかかる枕詞と見る説もある。

いゆき-あ・う【行会】〘自ハ四〙(「い」は接頭語)進んで行って出会う。＊万葉(8C後)一四・三五四〇「さわたりの手児(てご)に伊由伎安比(イユキアヒ)赤駒が足掻(あがき)を早み言問はず来ぬ〈東歌〉」

いゆき-いた・る【行至】〘自ラ四〙(「い」は接頭語)行き着く。＊万葉(8C後)一・七九「奈良の都の佐保川に 伊去至(イゆきいたり)て わが寝たる 衣の上ゆ〈作者未詳〉」

いゆきかえら-・う【行帰―・往還―】〘連語〙(「い」は接頭語。「ふ」は動作の継続を表わす助動詞)行ったり来たりする。何度も往復する。＊万葉(8C後)七・一一七七「若狭なる三方(みかた)の海の浜清み伊往変良比(イゆきかヘラヒ)見れど飽かぬかも〈作者未詳〉」＊良寛歌(1835頃)「あしひきの山田の老爺(をぢ)がひねもすにい往きかへらひ水運ぶ見ゆ」

いゆき-かえ・る【行帰・往還】〘自ラ四〙(「い」は接頭語)行ったり来たりする。何度も往復する。＊万葉(8C後)八・一五二八「霞立つ天の河原に君待つと伊往還(イゆきかへる)に裳の裾ぬれぬ〈山上憶良〉」

いゆき-さぐく・む【行―】〘自マ四〙(「い」は接頭語)波を押し分けて進む。波を縫って行く。＊万葉(8C後)四・五〇九「浪の上を 五十行左具久美(いゆきサグクミ) 岩の間を いゆきもとほり〈丹比笠麻呂〉」＊万葉(8C後)二〇・四三三一「漕ぎゆく君は 波の間を 伊由伎佐具久美(イユキサグクミ) 真幸(まさき)くも 早く到りて〈大伴家持〉」

いゆき-さく・む【行―】〘自マ四〙(「い」は接頭語)岩や木を踏み分け押し開いて進む。＊万葉(8C後)六・九七一「旅行く君は 五百重山(いほへやま) い去割見(イゆきさくみ) 賊(あた)守る 筑紫に至り〈高橋虫麻呂〉」

いゆき-たが・う【行違】〘自ハ四〙(「い」は接頭語)入れ違いになるように行く。行き違う。＊古事記(712)中・歌謡「己(おの)が命(を)を 盗み死せむと 後(しり)つ戸よ 伊由岐多賀比(イユキタガヒ) 前(まへ)つ戸よ 伊由岐多賀比(イユキタガヒ)」

いゆき-つど・う【行集】〘自ハ四〙(「い」は接頭語)寄り集まってくる。＊万葉(8C後)九・一八〇九「親族共(うがらどち) 射帰集(いゆきつどひ) 永き代に しるしにせむと〈虫麻呂歌集〉」

いゆき-な・く【行鳴】〘自カ四〙(「い」は接頭語)飛んで行って鳴く。＊万葉(8C後)一九・四一七八「吾(ひとり)のみ聞けばさぶしもほととぎす丹生(にふ)の山辺に伊去鳴(イゆきなか)にも〈大伴家持〉」

いゆき-のりた・つ【行乗立】〘自タ四〙(「い」は接頭語。「のる」は、路に乗る、「たつ」は、出発する意)旅路にいでたつ。＊万葉(8C後)一七・三九七八「卯の花の にほへる山を 外(よそ)のみも 振りさけ見つつ 淡海路(あふみぢ)に 伊由伎能里多知(イユキノリタチ)〈大伴家持〉」 補注「のる」は「舟に乗る」あるいは「馬に乗る」説があるが、「万葉-一一・二三六七」の「路に乗りてや」の例があるように「旅路に出る」意であろう。

いゆき-はばか・る【行憚】〘自ラ四〙(「い」は接頭語)行きかねる。行くのを遠慮する。はばまれて行きにくい。＊書紀(720)天智一〇年一二月・歌謡「赤駒の 以喩企波々箇屢(イユキハバカル) 真葛原(まくずはら) 何の伝言(つてこと) 直(ただ)にし良(え)けむ」＊万葉(8C後)三・三一七「渡る日の 陰も隠らひ 照る月の 光も見えず 白雲も 伊去波伐加利(イゆきハバカリ)〈山部赤人〉」 発音〈標ア〉カ

いゆき-ふ・る【行触】〘自ラ下二〙(「い」は接頭語)行って触れる。＊万葉(8C後)一〇・二三二〇「わが袖に降りつる雪も流れゆきて妹が袂(たもと)に伊行触(イゆきふれ)ぬか〈作者未詳〉」

いゆきまもら-・う【行守―】〘連語〙(「い」は接頭語。「まもる」は目でじっと見守る、目を離さずにいるの意。「ふ」は動作の継続を表わす助動詞)行って見守り続ける。＊古事記(712)中・歌謡「伊那佐の山の木の間よも 伊由岐麻毛良比(イユキマモラヒ) 戦へば」

いゆき-めぐ・る【行回】〘自ラ四〙(「い」は接頭語)取り囲んで進む。めぐり流れる。いゆきもとおる。＊万葉(8C後)九・一七五一「嶋山を 射往廻(いゆきめぐれ)る 河そひの 丘辺の道ゆ〈虫麻呂歌集〉」＊万葉(8C後)一七・三九八五「射水河(いみづかは) 伊由伎米具礼(イユキメグレ)る 玉くしげ 二上山は〈大伴家持〉」

いゆき-もとお・る【行廻】〘自ラ四〙(「い」は接頭語)①曲線を描きながら進む。めぐり流れる。いゆきめぐる。＊万葉(8C後)四・五〇九「浪の上を い行きさぐくみ 岩の間を 射往廻(いゆきもとほり)〈丹比笠麻呂〉」②徘徊(はいかい)する。歩きまわる。＊良寛歌(1835頃)「ちはやふる 神さび立てり あしたには いゆきもとふり ゆふべには そこにいで立ち」

いゆき-わた・る【行渡】〘自ラ四〙(「い」は接頭語)渡ってゆく。＊万葉(8C後)一八・四一〇三「沖つ島伊由伎和多里(イユキワタリ)て潜(かづ)くちふあはび玉もがつつみて遣らむ〈大伴家持〉」＊万葉(8C後)一八・四一二五「橋だにも 渡してあらば その上(へ)ゆも 伊由伎和多良(イユキワタラ)し〈大伴家持〉」

い-ゆ・く【―行】〘自カ四〙(「い」は接頭語)行く。多く、「いゆきさぐくむ」「いゆきたがう」「いゆきはばかる」など、他の動詞と複合して用いられる。＊万葉(8C後)一二・三一九〇「雲居なる海山越えて伊往(イゆ)きなばわれは恋ひむな後は逢ひぬとも〈作者未詳〉」 発音〈標ア〉ユ 辞書 言海 表記 行(言)

い-ゆ・く【率行】〘自カ四〙連れて行く。＊万葉(8C後)五・九〇六「布施置きて吾は乞ひのむ欺かずただに率去(ゐゆき)て天路知らしめ〈作者未詳〉」

いゆしし-の【射獣―】〘枕〙射られた獣が、苦しみ、死ぬという意味を込めて、「心を痛み」「行きも死なむ」にかかる。＊万葉(8C後)九・一八〇四「闇夜なす 思ひ迷(まと)はひ 所射十六乃(いゆししノ) 心を痛み 葦垣の 思ひ乱れて〈福麻呂歌集〉」＊万葉(8C後)一三・三三四四「天雲の 行きのまにまに 所射宍乃(いゆししノ) 行きも死なむと 思へども〈作者未詳〉」

いゆ-つ-いも【―芋】〘名〙植物「さといも(里芋)」の異名。

いよ【彌】〘副〙(「いや(彌)」の変化した語)いよいよ。ますます。＊珊瑚集(1913)〈永井荷風訳〉そぞろあるき「宿なき人の如く、いよ遠くわれは歩まん」 辞書 言海

いよ【伊予】 ■一(道後温泉にちなんだ「いゆ」(「い」は発語、「ゆ」は湯)から転じたといわれる)㊀南海道諸国の一つ。古くは伊余・伊与・夷与にもつくる。五国造の領域を合わせて成立。平安初期には十四郡から構成された(和名抄)。中世には、佐々木、宇都宮、細川、河野氏などが守護となり、天正一二年(一五八四)長宗我部氏が統一、翌年の豊臣秀吉の四国平定後、小早川氏の支配となった。江戸時代には、松山、宇和島、今治など八藩が分立。廃藩置県により、愛媛県となる。予州。＊万葉(8C後)三・三八八「淡路島 中に立て置きて 白波を 伊与(イヨ)にもとほし 居待ち月〈作者未詳〉」＊源氏(1001-14頃)帚木「つねはいとすくすくしく、心つきなしと思ひあなづるいよのかたの思ひやられて」＊わらんべ草(1660)五「一遍上人、遊行の元祖也、伊与の、河野の四郎弟子、の子也」㊁愛媛県松山平野の南西部の市。全国一の花がつおの生産地。昭和三〇年(一九五五)市制。㊂愛媛県の中北部の郡。松山平野の南西にあり、西は瀬戸内海の伊予灘に面する。■二〘名〙①「いよかん(伊予柑)」の略。②「いよすだれ(伊予簾)①」の略。 方言〘名〙タバコ。三重県安濃郡001 語源説 (1)イヤ(彌)の義か〔和訓栞・紫門和語類集〕。(2)イは接頭語。ヨはユ(湯)の転呼。古来、著名な温泉があったので国名となり、四国全体の総名ともなる〔日本古語大辞典=松岡静雄〕。 発音〈標ア〉イ〈京ア〉ヨ 辞書 和名・色葉・文明・伊京・明応・天正・饅頭・黒本・易林 表記 伊予(和・色・文・伊・明・天・饅・黒・易)

いよの入道(にゅうどう) ㊀源頼義の別称。㊁雲の峰(入道雲)をいう中国地方の方言。

いよの湯(ゆ) 伊予国(愛媛県)の道後温泉。＊古事記(712)下「故、其の軽の太子は、伊余湯(イヨのゆ)に流しき」＊風俗歌拾遺(体源鈔所収)(1512)伊予湯「いよのゆの湯桁は幾つ いさ知らず」

いよの湯桁(ゆげた) 伊予国(愛媛県)道後温泉の湯の周囲に渡した桁(けた)。その数が多いということから、数の多いもののたとえにいう。＊源氏(1001-14頃)空蝉「およびをかがめて、とを、はた、みそ、よそなどかぞふるさま、いよのゆげたもたどたどしかるまじうみゆ」＊狂歌・徳和歌後万載集(1785)一〇「これも又いよのゆげたの馳走とて十(とを)はたしろのみそになりけり」＊雑俳・俳諧觽-一三(1797)「軒口へ伊予の湯げたの薪積て」

い-よ【猗与】〘感動〙ああ。驚き、喜びなどを表わす声。＊一年有半(1901)〈中江兆民〉三「其胸宇の大なるに起因せずんばあらず、猗与盛なりと謂ふ可し」＊詩経-周頌・潜「猗与漆沮、潜有多魚」

い-よ【違予・違預】〘名〙貴人の病気。不例。＊布令字弁(1868-72)〈知足蹄原子〉六「違予 イヨ 貴人ノビャウキ」＊新撰字解(1872)〈中村守男〉「違予 イヨ ゴフレイ」＊宋史-理宗紀・一「十七年八月丙戌、寧宗違預、自是不視朝」 補注「名物六帖-人事箋・一」に「違預 ゴフレイ」とある。

い-よ【遺余】〘名〙残った余り。また、残し余すこと。＊権記-長保二年(1000)六月二四日「昨以伊与所進米廿石渡行、仁王会料所召之遺余也」＊後漢書-郭伋伝「伋輒散与宗親九族、無所遺余」 辞書 色葉・文明 表記 遺余(色・文)

いよ〘感動〙人をほめて、はやし立てるときに発することば。＊咄本・鹿の巻筆(1686)五・七「『いよ、しなもの め、ぼっとりもの』といふて、母の尻をたたく」＊談義本・風流志道軒伝(1763)一「イヨ市川の殿様とほめられ」 辞書 言海

いよ-いし【伊予石】〘名〙愛媛県から産出される青色の結晶片岩。日本庭園の景石として使用する。変色が少なく、庭石として最高級品。 発音〈標ア〉ヨ

いよ-いよ【彌・愈】〘副〙(副詞「いや(彌)」の変化

した「いよ」を重ねて強調したもの）①物事が加層的に進展するさまをいう。「に」を伴うこともある。そのうえに。ますます。前よりもなおいっそう。＊古今(905-914)雑上・九〇〇「おいぬればさらぬ別れもありといへばいよいよ見まくほしき君かな〈在原業平〉」＊源氏(1001-14頃)桐壺「もの心ぼそげにさとがちなるをいよいよあかずあはれなる物におもほして」＊徒然草(1331頃)八八「四条大納言撰れたる物を、道風書かん事、時代や違ひ侍らん。覚束なくこそと言ひければ、さ候へばこそ、世にありがたき物には侍りけれとて、いよいよ秘蔵しけり」＊咄本・鹿の巻筆(1686)四・四「馬子も理屈もの、さまざまに云あひ、いよいよに怒りて」＊尋常小学読本(1887)〈文部省〉三「日はくれ雨もいよいよ強くなりて、人かげも見えぬ故」＊吾輩は猫である(1905-06)〈夏目漱石〉「ここで人に来られては大変だと思って、愈(いよいよ)躍起となって台所をかけ廻る」②物事が進展してきわまり、確実であるさまをいう。確かに。ほんとうに。まさしく。きっと。まちがいなく。＊古活字本毛詩抄(17C前)三「夫に捨られて始終ない事の浅増い事ぢゃよ思へば、彌よ面目ない事ぢゃと思ふ程に何共申共悲いぞ」＊天理本狂言・泣尼(室町末-近世初)「いよいよ、おしりやった寺は、ないのと云」＊狂言記・絹粥(1660)「いよいよそれでござりました」＊浮世草子・好色五人女(1686)四・三「いよいよおはつ様は親子とも御まめか」＊歌舞伎・お染久松色読販(1813)序幕「コレコレ番頭、いよいよ是に居る刀屋が、其方が内へ吉光を百両の質に遣したか。さやうかさやうか」＊多情多恨(1896)〈尾崎紅葉〉前・七・三「断然(イヨイヨ)自分は嫌はれたに極ってゐる」③いまにも事柄が実現しようとすること。特に、悪い事態が実現しようとすること。＊浮雲(1887-89)〈二葉亭四迷〉二・一一「彌々(イヨイヨ)となりゃ御布告にでもなりますか」＊坊っちゃん(1906)〈夏目漱石〉一一「まあ、もう二三日様子を見様ぢゃないか。夫(それ)で愈(いよいよ)となったら、温泉(ゆ)の町で取って抑へるより仕方がないだらう」④そうでない状態が長く続いてから、ある物事が実現する意を表わす。とうとう。ついに。結局。＊聖教初学要理(1872)〈ベルナルド=プチジァン〉切支丹来歴之略「天主(でうす)を忘れ奉りて、彌(イヨイヨ)御作成日月星禽獣草石抔(など)に祭を捧る迄も悪虐無道に成ける」＊坊っちゃん(1906)〈夏目漱石〉一「愈(いよいよ)約束が極まって、もう立つといふ三日前に」⑤ある物事が他の物事と比べて、甚だしく程度が増しているさま。＊史記抄(1477)一四・扁鵲倉公「宛気とは、悍薬の気が中に在て、宛々として、邪気よりも愈深ぞ」 語誌 和文にも漢文訓読にも用いられるが、類語「いとど」は訓点資料には見出し難く、おもに和文で用いられるという違いがある。また「いよいよ」は、物が時間的に連続して進行するさまを示すのに対し、「いとど」は時間的な連続ではなく、前の動作・状況との対比を示すという意味の違いがある。→「いよよ」の語誌。 方言 ❶全く。本当に。広島県佐伯郡038 賀茂郡057 山口県美祢郡038 香川県826 829 愛媛県北宇和郡038 松山846 ◇いよいよの 高知県幡多郡038 ❷少しも。さっぱり。広島県比婆郡038 庄原市040 ◇よいよ 広島県庄原市040 ❸甚だ。とても。山口県都濃郡038 愛媛県840 高知県864 幡多郡038 ◇よいよ 香川県三豊郡829 愛媛県周桑郡845 高知県幡多郡038 ❹たくさん。◇よいよ 高知県864 ❺必ず。きっと。熊本市038 ❻決して。鹿児島県肝属郡970 ❼せいぜい。ようやく。長崎県北松浦郡038 ◇えぁえぁ 岩手県気仙郡102 ❽ますます。一層。◇よいよ 広島県島嶼771 高田郡779 山口県大島801 香川県三豊郡829 語源説 (1)イヤイヤ(彌々)に通じる〔名言通・大言海〕。(2)中国語の「愈愈(yü-yü)」の輸入〔外来語辞典=荒川惣兵衛〕。 発音 〈なまり〉ヨイヨ〔飛騨・周防大島〕〈標ア〉[ヨ]〈ア史〉平安〜江戸●●○○〈京ア〉[イ] 辞書 色葉・名義・和玉・文明・明応・天正・饅頭・黒本・易林・日葡・書言・ヘボン・言海 表記 彌(色・玉・文・明・天・饅・黒・易・書・言) 愈(色・名・玉・文・黒・書) 逾(色・名・玉・文) 転・驟(色・名) 森(名・玉) 烏・踰・慊・漸(色) 浸・俞・倍(名) 休・遂・踰・繚(玉) 彌彌(へ)

同訓異字 **いよいよ【彌・愈・逾】** 【彌】(ミ・ビ)だんだんと広まる。また、一杯になってさらにゆきわたる。「彌栄(いやさか)」《古 いよいよ・みつ・あまねし・ひろし》【愈】(ユ)ますます程度などが進んで行く。まさって行く。《古 いよいよ・まさる》【逾】(ユ)「愈」と同じだが、乗り越えてさらにすすむニュアンスがある。《古 いよいよ・こゆる・すすむ・のぼる》

いよいよか 方言 念を押すときに言う語。本当か。岐阜県飛騨502 香川県827

いよいよ以(もっ)て (「いよいよ」を強めた表現)①「いよいよ①」に同じ。＊浮雲(1887-89)〈二葉亭四迷〉三・一四「我他彼此(がたぴし)するのが薄々分るので、彌以(イヨイヨモッテ)堪らず」＊野分(1907)〈夏目漱石〉六「中野のおやぢに紹介された時抔(など)は愈以(イヨイヨモッテ)丁寧に頭をさげた」②「いよいよ②」に同じ。＊滑稽本・七偏人(1857-63)四・上「現れた奴等が、いよいよ以てくせ者なら」＊近世紀聞(1875-81)〈染崎延房〉一二・二「前文の次第彌以(イヨイヨモッ)て御諒恕無之候はば」 辞書 文明 表記 彌以(文)

いよ-いわし【伊予鰯】〘名〙愛媛県名産のイワシの塩漬け。 発音 〈標ア〉[イ]

いよう【用】〘名〙⇩よう(用)

い-よう【医用】〘名〙医者が医療に使用すること。また、そのもの。 発音 イヨー〈標ア〉[0]

い-よう【囲擁】〘名〙抱きかかえること。周りを囲むこと。＊西京繁昌記(1877)〈増山守正〉初・下「是れを以て聴客囲擁耳を傾け心酔ふ」＊劉克荘-明皇按楽図詩「金盆皇孫真龍種、浴罷六宮競囲擁」

い-よう【依用】〘名〙採用して、とり入れること。＊清原宣賢式目抄(1534)「関東の二字をのすへしとて、巧に義を付る人あり。是を依用すへからす」

い-よう【居様】〘名〙すわっている態度。いざま。＊和英語林集成(初版)(1867)「Iyō ヰヤウ 居様」 発音 イヨー〈標ア〉[ヨ] 辞書 〈ヘボン〉 表記 居様(へ)

い-よう【怡容】〘名〙和らいだ表情。やさしい顔つき。＊枕頭の記(1906)〈綱島梁川〉「今や崇高無限の威を、その小児の如き温顔怡容につつみつつ」

い-よう【威容・偉容】〘名〙威厳のある態度。堂々としたりっぱなありさま。＊布令字弁(1868-72)〈知足蹄原子〉六「威容 イヨウ 勇々シキヨウス」＊義血侠血(1894)〈泉鏡花〉二七「渠(かれ)は峻酷なる法官の威容(ヰヨウ)をもて」＊血を吐く(1925)〈葛西善蔵〉「男体山太郎山の偉容、沼に影を浸す紅葉」＊百鬼園随筆(1933)〈内田百閒〉髭「数十人の生徒が、一斉に起立して、林の如く静まり返ってゐる前に、私は威容を整へて起った」＊華陽国志-西州後賢志「毎升降趨翔廊閣之下、威容可視」 発音 イヨー〈標ア〉[0]〈京ア〉[0]／⓪

い-よう【威曜】〘名〙不思議で威圧するようなかがやき。＊妙一本仮名書き法華経(鎌倉中)三・化城喩品第七「われらかもろもろの宮殿、光明はなはた威曜(ヰエウ〈注〉カカヤケリ)せり」＊晋書-楽志「雷霆振威曜、進退由鉦鼓」

い-よう【胃癰】〘名〙「いかいよう(胃潰瘍)」に同じ。＊改正増補和英語林集成(1886)「Iyō ヰヤウ 胃癰」

い-よう【射様】〘名〙矢を射る方法。また矢を射る時の様子や状況。＊平家(13C前)九・坂落「せんない殿原の鹿のゐやうかな」

い-よう【異容】〘名〙普通と変わった姿。変わったみなり。＊布令字弁(1868-72)〈知足蹄原子〉六「異容 イヨウ ヘンナフウブン」＊張九齢-晩憩王少府東閣詩「窈窕生幽意、参差多異容」 発音 イヨー〈標ア〉[0]

い-よう【異様】〘名〙①普通と違った外観。＊色葉字類抄(1177-81)「異様 イヤウ」＊風姿花伝(1400-02頃)二「同じ人と申しながら、模様の変りたらんを着て、一体(いってい)異やうしたるやうに、風体を持つべし」＊花柳春話(1878-79)〈織田純一郎訳〉三「行人皆なマルツラバース及びアリスの異様に注目する」②(形動)普通と変わって様子の変なこと。異常なさま。＊御堂関白記-寛仁元年(1017)四月一一日「所申事甚以異様、無尻口」＊忘れえぬ人々(1898)〈国木田独歩〉「大津の眼は少し涙にうるんで居て、異様な光を放(はなっ)て居た」＊雪国(1935-47)〈川端康成〉「娘の片眼だけは反って異様に美しかったものの」 発音 イヨー〈標ア〉[0]〈京ア〉⓪ 辞書 色葉・文明・天正・易林・書言 表記 異様(色・文・天・易・書)

い-よう【移用】〘名〙①別の所に移して用いること。移入して用いること。＊米欧回覧実記(1877)〈久米邦武〉一・五「願ふに地下に窖室を造る風は、爽塏の地、及ひ地代騰貴の場所には、之を移用して、甚た便利を受へし」②財政法上、国の予算の執行にあたりあらかじめ国会の議決を経た場合、財務大臣の承認を得て、歳出予算に定めた各部局などの経費をある部局から他の部局などに融通すること。 発音 イヨー〈標ア〉[0]

い-よう【暐曄】〘名〙光り輝くこと。あるいは、光り輝く様子。＊玉造小町子壮衰書(10C後)「絢袂暐曄似碧浪之畳蒼浜」＊伊呂波字類抄(鎌倉)「暐曄 ヰエウ」＊謡曲・卒都婆小町(1384頃)「暐曄(ゐえふ)とのへる有様は、芙蓉の暁の浪に浮かめるに異ならず」＊左思-呉都賦「崇臨海之崔嵬、飾赤烏之暐曄」

い-よう【維揚・維楊】「ようしゅう(揚州)」に同じ。＊祖詠-泊楊子岸「纔入維楊郡、郷関北路遙」＊庾信-哀江南賦「淮海維揚、三千余里」

い-よう【遺耀】〘名〙残された余光。特に仏滅後の教え。＊日蓮遺文-守護国家論(1259)「仏日西山隠遺耀照東北」＊浄瑠璃・用明天皇職人鑑(1705)五「仏日西天にかくれていよう東北に輝く」

い-よう【頤養】〘名〙(「頤」はあご、転じて、養う意)育て養うこと。＊新編覆醬続集(1676)一四・答林考盤「姑頤読書以加頤養何不差之有」＊随筆・独寝(1724頃)上・七六「酒は天の美ろく、帝王の天下を頤養(イヤウ)し給ひ、神を祭り、鬼をいのるにも酒をもととすれば」＊連環記(1940)〈幸田露伴〉「吟咏翰墨の遊びをして性情を頤養(イヤウ)するとかいふ風に」＊漢書-食貨志・下「酒者天之美禄、帝王所以頤養天下、享祀祈福、扶衰養疾」

いよう〘感動〙(「いよ」の意味を強めたことば)①驚きの気持などを表わす。＊開化の入口(1873-74)〈横河秋濤〉上「ナニ文太郎が戻って来たとやイヨー是れは何(なん)じゃ」②人をほめそやしたり、からかったりするときのことば。＊評判記・難波の㒵は伊勢の白粉(1683頃)二「蟻のごとく集まる人々もろ声にいよういよう」＊浮世草子・男色大鑑(1687)六・二「いよふいよふ千さま千之助(せんのすけ)様。万人の中にもまたと御ざるまい。今の世の人殺しめ」＊浮雲(1887-89)〈二葉亭四迷〉二・一〇「イヨー妬(やけ)ます羨ましいぞ」 発音 イヨー〈標ア〉[ヨ]

いよ-うし【伊予牛】〘名〙愛媛県宇和島地方で生産される和牛。肉用。 発音 〈標ア〉[ヨ]

いよう-じょう【横笛】〘名〙(「やうぢょう」の異表記)よこぶえ。＊更級日記(1059頃)「箏のことかきならされたる、ゐやう定の吹きすさまれたるは」＊伊呂波字類抄(鎌倉)「横笛 ヰヤウチャウ」

いよう-でんしこうがく【医用電子工学】〘名〙医学のために用いることを目的とした電子工学。心電計、脳波計、筋電計などに用いられる。 発音 イヨーデンシコーガク〈標ア〉[コ]

いよお『名』方言 ⇩ゆう

いよおんとう-ひぶん【伊予温湯碑文】(イヨヲンタウ:) 聖徳太子が、推古天皇の四年(五九六)に、伊予(愛媛県)の道後温泉を訪れたことを書きしるした碑文。華麗な漢文体で書かれ、「釈日本紀」に引用されている。高麗(こま)の僧、恵慈によって書かれたという。発音イヨオントーヒブン〈標ア〉ヒ

いよ-かずら【伊予葛】(づら:か)『名』①ガガイモ科の多年草。関東以西の海に近いやぶや山野に生える。茎は初め直立し、高さ五〇センチメートル内外、上方はしばしばつる状になる。葉は対生し、楕円形で先がとがる。初夏、直径一センチメートルほどの帯黄白色の花を、上部の葉腋(ようえき)に多数つける。実は長さ五～六センチメートル、幅一・五センチメートルほどの細い長円形のさやで、種子は白い絹毛状の冠毛を持つ。かがみぐさ。すずめのおごけ。学名は Cynanchum japonicum ＊日本植物名彙(1884)〈松村任三〉「イヨカヅラ」 ②植物「こかもめづる(小鴎蔓)」の別名。＊古今要覧稿(1821-42)三四二「いよかづら一名からすのひるつるは漢名を藍漆一名藍藤といふ」 発音〈標ア〉カ 辞書言海

いよ-がすり【伊予絣】『名』愛媛県松山市付近から産出する絣のもめん織物。享和(一八〇一～〇四)頃に始められたという。松山絣。＊吾輩は猫である(1905-06)〈夏目漱石〉一〇「薩摩絣か、久留米がすりか又伊予絣か分らないが」 発音イヨガスリ〈標ア〉ガ〈京ア〉ガ

いよ-かん【伊予柑】『名』柑橘(かんきつ)類の一種。山口県下で古くから栽培されていたが、明治の中頃に愛媛県に移植され有名となった。果実は不正球形で約二五〇グラムあり、美しい帯赤濃橙色で光沢がある。肉質は柔らかく、甘味と酸味が適度で風味に富む。一二～一月に収穫され、三～四月まで販売される。いよみかん。あなとみかん。いよ。あなと。学名は Citrus iyo 《季・春》 発音〈標ア〉0

い-よく【意欲】『名』①そうしたいと思う心。積極的にやろうとする意志。また、自ら進んで望むこと。＊国会論(1888)〈中江兆民〉「早速国会を開らき代議士をして国民の意欲を発揚せしむることを求めて」＊生活の探求(1937-38)〈島木健作〉一・一五「何かさういふ積極的な仕事をやって見たいといふ仕事そのものへの意欲」＊帰郷(1948)〈大仏次郎〉過去「贅沢の出来ない素質の民族だから、意欲を殺して貧しい中に自ら楽しむことを工夫したのではなからうか」＊史記-蔡沢伝「今君之怨已讐、而徳已報、意欲至矣」 ②種々の動機の中からある一つの目標を選んで意志が積極的、能動的に働くこと。＊改訂増補哲学字彙(1884)「Wollen 意欲」 ③心の中の欲念。＊集義和書(1676頃)四「心上意欲の妄をはらひ候事、当然の工夫にては候へども、それはかりにて凡根の亡び候事はなく候」 発音〈標ア〉イ〈京ア〉イ

いよく-てき【意欲的】『形動』物事を積極的にやろうとする気持があふれている様子。＊俳句の世界(1954)〈山本健吉〉八「崩壊にひんした時期に、芭蕉という一個の多力者によって、意欲的に支へられたのではないか」＊アカシヤの大連(1969)〈清岡卓行〉八「そのときの日本の詩のジャーナリズムをリードするほど意欲的で目ざましかった同人詩誌が出ていたということに」 発音〈標ア〉0

いよ-げ【射良―】『形動』(動詞「いる(射)」の連用形に形容詞「よい」の付いた「いよい」の語幹に接尾語「げ」の付いたもの) 射るのに好都合なさま。射やすいさま。＊平家(13C前)一一・那須与一「風もすこし吹よわり、扇もゐよげにぞなったりける」

い-よこ『名』数字の二。宿屋などでいう、通り符丁。〔特殊語百科辞典(1931)〕

いよ-こざね【伊予小札】『名』「いよざね(伊予札)」に同じ。

いよ-この『感動』歌謡などで、調子を整える囃子詞(はやしことば)の一つ。＊俳諧・貝おほひ(1672)一五番「すだれごしの月や伊よ此おもしろい〈貞好〉」＊歌謡・松の葉(1703)三・舟橋「佐野のいよこの舟橋、さのの舟橋かけてなを、思ひいよこの渡るを、知らせたや」

いよ-ざさ【伊予笹】『名』植物「おかめざさ(阿亀笹)」の異名。＊日本植物名彙(1884)〈松村任三〉「ブンゴザサ オカメザサ〈略〉イヨザサ」 発音〈標ア〉ヨ

いよ-ざね【伊予札】『名』鎧(よろい)の小札(こざね)の一種。伊予国(愛媛県)の函工(かんこう＝鎧を作る職人)によって作られたので、この名がある。多くは鉄製で、上部にえぐり目を入れ、左右両端の重なりを少なくして、とじ合わせたもの。胴丸、腹巻き、腹当てなどに用い、室町時代頃に流行した。いよこざね。 発音〈標ア〉ヨ

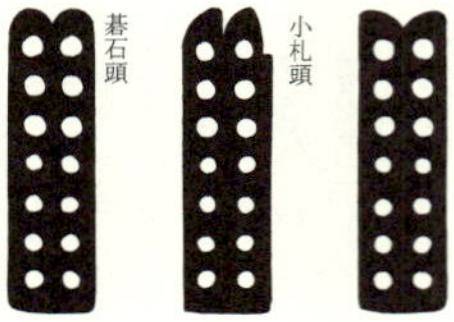

伊予札

いよ-し【彌―】(「いよ〱」の「〱」を「し」と誤ったものとも、「し」は強めの助詞ともいう。また、「いよいよし」の略とする説もあるが不明) ㊀『副』(多く「いよしも」の形で) いよいよ。ますます。「いよしも変わらで…」とか、「いよしも変わらぬ御見」とか特定の句で手紙などに用いられたらしい。＊評判記・色道大鏡(1678)九「近年見え来りたる文章に、いよしもかはらでおはしまし候や、などとあり。此いよしもとはいかなる事にや、わきまへがたし。よく見れば、いよ〱とつかふべきところに見えたり。此いよ〱とをくりたるを、しの字によみなしてかく書来りけるや」＊浮世草子・島原大和暦(1683)一「あるじ聞て、いよしもよき所ととがめ給」＊浄瑠璃・夕霧阿波鳴渡(1712頃)上「ごまめでござんせの春ながに、いよしも変らぬ御げんまで」 ㊁『名』「いよしごげん(彌御見)」に同じ。

いよし・い【彌】『形口』文いよ・し『形シク』ますます価値や程度が高まるさまである。＊玉塵抄(1563)九「宰府の位にあがってわづか三十六日して、麾蓋、麾ははたなり。はたがいをさしかけさせて、兵馬のある国郡の守護になられたぞ。いよしいことぞ」

いよし-ごげん【彌御見】『名』(「いよし」に「御見参」の下略語がついたもの。近世の遊女などが手紙に用いた語) 必ずおめにかかりたいということ。＊歌謡・松の落葉(1710)二・文ことば「まことに文はねやの友、いよし御見(ゴゲン)と書いたるは、ほだしの種か花すすき」＊浄瑠璃・長町女腹切(1712頃)道行「あかぬ別れのあしたより、日ぶみ血ぶみの付け届け、いよしごげんと書いたるは」＊長唄・花翫暦色所八景(1839)景清「眠り習ひの禿筆(かむろふで)、いよし御見(ゴゲン)やちわ文も」 発音イヨシゴゲン〈標ア〉ゴ

いよ-しょうあみ【伊予正阿彌】(:シャウアミ)『名』鐔工(たんこう＝刀のつばを作る職人)の一派。また、その製品。江戸初期に京都から伊予国(愛媛県)に分派した正阿彌派が作ったことからいう。 発音イヨショーアミ〈標ア〉ショ

いよ-じろめ【伊予白鑞】『名』伊予国(愛媛県)大野山から産出した輝安鉱。「続日本紀-文武二年」に記事がある。いよはくろう。＊愛媛面影(1867)一・新居郡「白鑞 大生院村大野山一川と云所より出す。上品なり。俗に伊予白鑞と名く」 発音〈標ア〉ジ 辞書言海 表記伊予鑞(言)

いよ-す【伊予簾】『名』「いよすだれ(伊予簾)①」に同じ。＊枕(10C終)二八・にくきもの「いよすなどかけたるにうちかづきて、さらさらと鳴らしたるも、いとにくし」＊源氏(1001-14頃)柏木「いよすかけわたして、鈍色(にびいろ)の几丁(きちゃう)の衣がへしたる透影(すきかげ)涼しげに見えて」＊浄瑠璃・根元曾我(1698頃)一「後の亭(ちん)の塀ごしに、いよす巻かせて、伽羅(きゃら)たきて」 発音〈標ア〉0 辞書言海

いよ-すぎはら【伊予杉原】『名』伊予国(愛媛県)から産出した杉原紙。慶弔用、目録用などに用いられた。＊雑俳・住吉みやげ(1708)「うつくしい・伊予杉原も藁が出る」 発音イヨスギハラ〈標ア〉ギ

いよ-すだれ【伊予簾】『名』①伊予国(愛媛県)上浮穴(かみうけな)郡露峰に産するゴキダケで編んだ簾。ゴキダケは二メートルぐらいに達するものが多く、枝はなく、細いものを上質とした。一年目の枝のない稈(かん)をさらして竹簾に編む。いよ。いよす。＊宇津保(970-999頃)藤原の君「なはしりがい、はつれたるいよすだれをかけて」＊今昔(1120頃か)二四・六「寛蓮、放出(はなちいで)に上(のぼり)て見れば、伊与簾(いよすだれ)白くて懸たり」＊中務内侍(1292頃か)弘安一一年二月一三日「いよすだれ掛け渡して涼しげなるに」＊浄瑠璃・夏祭浪花鑑(1745)六「てうさようさの伊達挑燈、門(かど)の揃へは地下町の、印を見世に伊予すだれ」 発音〈標ア〉ス〈京ア〉 ②「いよすだれがい(伊予簾貝)」の略。ス 辞書言海 表記伊予簾(言)

いよすだれ-がい【伊予簾貝】(ひ:が)『名』マルスダレガイ科の二枚貝。房総半島以南の内湾奥の水深二〇メートルまでの泥底にすむ。殻長約六センチメートルの長卵形。表面は淡灰黄色で、紫色のV形紋の網目模様がある。食用にする。いよすだれ。学名は Paphia undulata 発音イヨスダレガイ〈標ア〉レ

いよ-ぞめ【伊予染】『名』江戸後期流行の染め模様の名。縞の模様に濃淡をつけ、伊予簾(いよすだれ)二枚を重ねて透かしたときに見える木目のさまにかたどって染めること。また、その染め物。＊随筆・本朝世事談綺(1733)一・衣服門「伊予染(イヨゾメ)、備前の大守御好(おこのみ)にてはじめて染る。御近習此染を着す」＊雑俳・柳多留-五三(1811)「伊予染に日影のうつる干温飩」＊滑稽本・浮世風呂(1809-13)三・上「今着て居る伊予染(イヨゾメ)を不断着にいたすよ」＊風俗画報-四六号(1892)人事門「染物の中にて名高きは〈略〉暹羅染、伊予染、大久保小紋」 発音〈標ア〉0 辞書言海 表記伊予染(言)

いよ-ぞめ『名』植物「がまずみ(莢蒾)」の異名。

いよ-だけ【伊予竹】『名』植物「ごきだけ(御器竹)」の異名。 発音〈標ア〉ヨ

いよ-だ・つ【彌立】『自タ四』(「いよたつ」とも) 寒さ、または恐怖などのために身の毛が立つ。よだつ。＊地蔵十輪経元慶七年点(883)四「心驚き毛竪(イヨタツ)」＊永久百首(1116)雑「琴の音のことぢにむせぶ夕されば気もいよ立ぬそぞろ寒さに〈源俊頼〉」＊色葉字類抄(1177-81)「竪 イヨタツ」＊米沢本沙石集(1283)九・五「はては身の毛いよたちて心地わびしくて、やがて病狂ひて死ににけり」＊浄瑠璃・嫗山姥(1712頃)四「誠の鬼の子是なんめり。知らず我羅刹国に来たるかと身の毛いよだつばかりなり」＊一刹那(1889-90)〈幸田露伴〉一「八万四千の毛孔いよだちて息もつけず」 語誌(1)平安末期から語頭の「い」が脱落した「よだつ」に変わる徴候を見せ始め、一四世紀前後には「よだつ」になったと推測される。(2)第三音節の清濁については、「観智院本名義抄」等に声点の差されてある例がなく不明。下って「易林本節用集」に濁音表記が見られるが「よだつ」に引かれてのものか。 発音〈音史〉古く『いよたつ』か〈ア史〉鎌倉●●●●〈京ア〉0 辞書色葉・名義・易林・言海 表記竪(色・名・易) 陪・鰓(色・名) 彌立(言)

いよ-たろう【伊予太郎】『名』方言❶伊予方面に出る入道雲。広島県倉橋島771 山口県大島801 ❷入道雲。大分県941 ◇いよたろうぐも〔―雲〕大分県941 ◇いよたらぐも 大分県北海部郡941 ◇いよたれぐも 広島県高田郡771

いよ-てばこ【伊予手箱】『名』伊予国(愛媛県)特産の、手回りの品々を入れる箱。＊新猿楽記(1061-65

頃)「仍得二万民追従一、宅常担二集諸国土産一、貯甚豊也、所謂阿波絹〈略〉伊予手箱」＊堤中納言(11C中−13C頃)よしなしごと「いよてばこ、筑紫皮籠(つくしかわご)もほしく侍り」 発音〈標ア〉テ

いよ‐と【伊予砥】〘名〙伊予国(愛媛県)から産出した砥石。白く、柔らかい質で、刀剣をとぐのに適するとされた。＊延喜式(927)一七・内匠寮「四尺台盤台一脚〈略〉伊予砥青砥各小半顆。炭二斗五升、単功十三人」＊塵袋(1264−88頃)八「砥石(しせき)と云ふはいよとも、あはせとも、あをとも、とのたくひは、こもるへきにや」 発音〈標ア〉0

いよ‐どう【伊予銅】〘名〙伊予国(愛媛県)から産出した銅。＊浮世草子・子孫大黒柱(1709)三・四「長堀の和泉屋には、伊予銅の入札三千七百丸のさし銀売」 発音イヨドー〈標ア〉ヨ

いよ‐どうまる【伊予胴丸】〘名〙伊予小札(こざね)で作った胴丸。

いよ‐なだ【伊予灘】愛媛県の西部に面する瀬戸内海の水域。豊予海峡を経て豊後水道につながり、姫島、祝島を結ぶ線により周防灘(すおうなだ)と区別される。 発音〈標ア〉ヨ

イヨネスコ(Eugène Ionesco ウジェーヌ—)フランスの劇作家。「禿の女歌手」「授業」「椅子」などで、アンチテアトル(反演劇)の代表者となった。ほかに「犀」「瀕死の王」など。(一九一二〜九四)

いよ‐の〘感動〙はやすときの掛け声。＊浄瑠璃・伽羅先代萩(1785)一「ヤア目出た目出たの若松様よ。枝も栄(さかえ)る葉もしげる。お目出たいいよのお目出たい」

いよ‐はいだて【伊予佩盾・伊予脛楯】〘名〙鎧(よろい)の佩盾(はいだて)の一種。伊予札(いよざね)を菱綴(ひしとじ)にして下重ねに布帛(ふはく)の家地にとりつけた膝鎧(ひざよろい)。＊随筆・安斎随筆(1783頃)一八「伊予はいだては板金をめんどり羽にかさねとづるを云ふ」

伊予佩盾

いよ‐はくろう【伊予白鑞】(ハク ラフ)〘名〙「いよじろめ(伊予白鑞)」に同じ。 発音イヨハクロー〈標ア〉ク

いよ‐はらまき【伊予腹巻】〘名〙伊予小札(いよこざね)で作った腹巻。 発音〈標ア〉ラ

いよ‐ぶし【伊予節】〘名〙初め、伊予国(愛媛県)松山周辺で歌われた民謡。弘化(一八四四〜四八)の頃江戸で流行し、替え歌を多く生んで明治末期まで広く庶民の間で歌われた。元歌は伊予松山の名物名所など、お国自慢を並べたのが特色。 発音〈標ア〉0

いよ‐ふね【伊予船】〘名〙伊予国(愛媛県)から行商のため、伊予絣などの反物や器具類を積んで航行した船。四国各地や九州、隠岐など、広い範囲に及んだ。＊浮世草子・武道伝来記(1687)三・二「翌日豊後を立、先(まず)伊予(イヨ)舟に取乗て松山にあがりぬ」

いよ‐ぼうしょ【伊予奉書】〘名〙伊予国(愛媛県)から産出する奉書紙の一種。天保(一八三〇〜四四)の頃から同国周桑郡で盛んに生産した。主として錦絵、扇などに用いる。 発音イヨボーショ〈標ア〉ボ

いよ‐まさ【伊予柾】〘名〙「いよまさがみ(伊予柾紙)」の略。 発音〈標ア〉0 辞書言海 表記伊予正(言)

いよ‐まさがみ【伊予柾紙】〘名〙伊予国(愛媛県)から産出する柾目(まさめ)紙。奉書紙の代用として錦絵などの印刷に用いる。 発音イヨマサガミ〈標ア〉サ

いよ‐ま・す【彌増】〘自サ四〙「いやます(彌増)」に同じ。＊洒落本・辰巳之園(1770)自序「富賀岡八幡宮は鎌倉鶴ケ岡を移し奉り、貴賤老若の信々日々に彌まし」 補注再版本「彌」にイヨとルビがある。

いよ‐まんざい【伊予万歳】〘名〙伊予国(愛媛県)松山地方で、正月や、神社・仏事の祭礼・法会、婚礼その他の慶事の余興として演ずる舞踊。他の万歳のように太夫と才蔵との問答もあるが、女子の役を男子が女装してつとめ、三味線、太鼓、拍子木を用い、劇的な色彩の強い点がその特色。「伊予名所づくし」「忠臣蔵」「お染久松」「千本桜」などの曲目がある。 発音〈標ア〉マ

イヨマンテ〘名〙(「イオマンテ」とも) アイヌ語で、「くままつり(熊祭)」をいう。

いよ‐みかん【伊予蜜柑】〘名〙「いよかん(伊予柑)」に同じ。《季・冬》 発音〈標ア〉ミ

いよみしま【伊予三島】愛媛県東部の地名。瀬戸内海に面する臨海工業都市。江戸時代から製紙工業が発達。昭和二九年(一九五四)市制。 発音〈標ア〉ミ

いよ‐みずき【伊予水木】(みづき)〘名〙植物「ひゅうがみずき(日向水木)」の異名。 発音〈標ア〉ミ

いよめ〘名〙鳥「かいつぶり(鸊鷉)」の異名。《季・冬》＊書言字考節用集(1717)五「鸊鷉 イヨメ」＊物類称呼(1775)二「鸊鷉 かいつぶり〈略〉土佐国にていちつぶり又いよめといふ」＊俳諧・俳諧小筌(1794)一〇月「鳰(にをとり) かいつぶり いよめ」 語源説ニホメの転〔東雅〕。 辞書書言・言海 表記鸊鷉・鳰(書)

いよめ〘名〙植物「がまずみ(莢蒾)」の異名。

いよ‐もめん【伊予木綿】〘名〙伊予国(愛媛県)で、太目の綿糸を用いて平織りにした白木綿。 発音〈標ア〉モ

いよ‐やか〘形動〙(「いよ」は彌の意。「やか」は接尾語) ①樹木などが高くそびえ立つさま。高くおごそかなさま。いよよか。＊和玉篇(15C後)「森 イヨヤカ」＊運歩色葉(1548)「矗 イヨヤカナリ」＊太閤記(1625)一・秀吉軽一命於敵国成要害之主事「七日八日には、大形城も出来、塀櫓をもをし立、其夜にぬり立、長屋に至るまで残る所もなく、いよやかに見えしかば」＊俳諧・金川文藻(1779)「いよやかに並ぶ家居や初日影〈秀橘〉」 ②明らかなさま。はっきりしているさま。＊史記抄(1477)一三・袁鼂「上益荘とはいよやかにせられたぞ」＊日葡辞書(1603−04)「Iyoyacani (イヨヤカニ)。すなわち、キラリト マギレモナウ」 ③多いさま。＊玉塵抄(1563)二六「薾はいよやかな心かいよやかと云は多ことを云ぞ」 辞書和玉・黒本・易林・日葡・書言・ヘボン・言海 表記森(玉・黒・易・書) 矗(玉・書・へ) 森然(黒)

いよや‐ぶね【伊予屋船】〘名〙近世初期の朱印貿易船のうち、堺の商人伊予屋宗徹が派遣した船。＊通航一覧附録(1853)二一・海防部・三本檣禁制「御朱印船と号して、公儀より御朱印を申しうけて、東京、交趾および東埔寨、暹羅等の地へ往来せし商船九艘あり〈略〉堺にて伊予屋船一艘」

いよ‐よ【彌・愈】〘副〙いよいよ。ますます。そのうえに。＊万葉(8C後)五・七九三「世の中は空しきものと知る時し伊与余(イヨヨ)ますます悲しかりけり〈大伴旅人〉」＊法華義疏長保四年点(1002)一「化を受くるに彌(イヨヨ)広し」＊皇太神宮年中行事(1192)鳥名子舞歌「いよよとぞ言ふ 君が代は 千代とぞ言ふ 紫帯をぞ垂れて いざや遊ばむ」＊読本・椿説弓張月(1807−11)後・一七回「身二つになりては、飲食の事もいよよ便なかるべし」 語誌「いよ」の反復形「いよいよ」の母音が連続するのを避けて成立したと考えられる。平安時代には見られず、「万葉集」や古形の残存した一部の訓点資料に見られるに過ぎない。「読本・椿説弓張月」の例は古語を雅語として復活させたもの。 発音〈標ア〉イ 上仮名イヨヨ 辞書言海 表記彌(言)

いよ‐よか〘形動〙「いよやか①」に同じ。＊新撰字鏡(898−901頃)「森々 木長皃 伊予々加爾」＊大日経疏嘉保二年点(1095)「森然 イヨヨカナリ」＊春日権現験記絵詞(1309)一「いまに脩竹いよよかにして」 語誌「いよよ」の「いよ」と同根とされ、その「いよ」に接尾語「よか」の下接した語。のちに「いよやか」の語形も見られるが、「よか」と「やか」は母音の交替と考えられる。「すくよか」と「すくやか」、「なよよか」と「なよやか」のように「よか」「やか」の両形が見られる場合には、いずれも「よか」に古例が見出せる。 発音〈ア史〉平安○○●○ 〈京ア〉ヨ[2] 辞書字鏡・色葉・名義 表記森(色・名) 森々(字) 森然・巍(色) 摻・竦(名)

いより‐だた・す【寄立】〘連語〙(「い」は接頭語。「す」は上代の尊敬の助動詞) 寄りかかってお立ちになる。＊古事記(712)下・歌謡「やすみしし 我が大君の 朝とには 伊余理陀多須(イヨリダタス) 脇几(わきづき)が 下の板にもが あせを」＊万葉(8C後)一・三「やすみしし 我が大君の 朝には 取り撫で給ひ 夕には 伊縁立(イよりだたし)し〈中皇命〉」

いよ‐りゅう【伊予流】(ウ リ)〘名〙大坂天満(てんま)の船匠長谷川家の木割り法のこと。尋掛(ひろがかり)を主とするもので、瀬戸内方面で行なわれている。元禄(一六八八〜一七〇四)期の長谷川市兵衛は、名匠として名が高い。＊一札之覚(1743)「当所御座船幷諸国船一切伊予流之以伝様」 発音イヨリュー〈標ア〉0

い‐よ・る【―寄】〘自ラ四〙(「い」は接頭語) 寄る。→いよりだたす(寄立)

い‐よ・る【居寄】(ゐ)〘自ラ五(四)〙すわったまま近くに移動する。にじり寄る。いざり寄る。＊源氏(1001−14頃)東屋「かたらひかたげなるかほして近うゐよりて」＊富家語(1151−61)「遠く居て食せむとて居寄は見苦事也」＊梵舜本沙石集(1283)八・一五「いかばかりの事か可ㇾ有と思て、近くゐより、申けるは」＊徒然草(1331頃)二三八「便あしと思ひて、すり退きたるに、なほゐよりて、同じ様なれば、立ちぬ」＊太平記(14C後)二一・塩冶判官讒死事「武蔵守近く居寄(ヰヨッ)て」 発音〈標ア〉ヨ

いよ‐ろう【伊予蠟】(ラフ)〘名〙伊予国(愛媛県)から産出する木蠟(もくろう)。ハゼの実から作る。 発音イヨロー〈標ア〉ヨ

いら【刺・莿・苛】〘名〙①草木のとげ。＊新撰字鏡(898−901頃)「莿 茱也 卉木芒人刺也 伊良」＊十巻本和名抄(934頃)一〇「苛 玉篇云苛〈音何 以良〉小草生刺也」＊文明本節用集(室町中)「莿 イラ 草木針也」 ②魚の背びれのとげ。 ③植物「いらくさ(刺草)」の略称。＊新撰字鏡(898−901頃)「苛 小卉也 伊良」＊日葡辞書(1603−04)「Ira(イラ)、または、イラグサ サス」 ④昆虫「いらむし(刺虫)」の略称。＊弘治二年本節用集(1556)畜類「苛 イラ」 ⑤金平糖(こんぺいとう)の角(つの)。＊随筆・守貞漫稿(1837−53)二八「金平糖〈略〉近年は諸所にこれあり、団にして外面あまねく角あり角をいらといふ也」 ⑥「くらげ(水母)」の異名。＊重訂本草綱目啓蒙(1847)四〇・魚「魚蛇 くらげ〈略〉誤てこの物に触れば蕁草(イラクサ)にさされたるが如し薩州にていらと云」 補注「いら」は多くの語を派生し、動詞として「いらつ」「いらだつ」「いらつく」「いらなむ」「いらめく」「いらぐ」「いらがす」「いらる」、形容詞として「いらいらし」「いらどし」「いらなし」「いらひどし」、副詞として「いらいら」「いらくら」「いらりと」などがある。 方言❶短気な人。島根県石見725 岡山県苫田郡749 山口県周防792 ❷落ち着きのない人。せっかち。島根県石見725 岡山県苫田郡749 愛媛県大三島033 高知県863 ❸稲などの病気。奈良県吉野郡688 和歌山県日高郡698 ❹のぎ。徳島県811 ❺とげ。青森県三戸郡083 島根県隠岐島725 鹿児島県961 ❻(とげがあるところから) 植物、いらくさ(刺草)。岐阜県大野郡502 長崎県五島054 鹿児島県鹿児島市・国分市965 ◇いらそ〔ー麻〕 新潟県361 岐阜県飛驒502 ◇にら 群馬県多野郡246 ❼植物、みやまいらくさ(深山刺草)。福島県南会津032 栃木県利根川上流地方032 新潟県032 ❽植物、からむし(苧麻)。三重県一部030 ❾植物、やまちゃのき(山茶木)。長州†122 ❿植物、あざみ(薊)。山口県熊毛郡794 ⓫茎にとげのある草。長崎県対馬(毒草)909 913 壱岐島(毒草)

910 ⓬動物、くらげ(水母)。新潟県佐渡352 中越373 静岡県榛原郡521 島根県益田市725 長崎県五島054 鹿児島県963 968 983 沖縄県石垣島996 ◇いらん 沖縄県竹富島996 ◇いいら 富山県390 鹿児島県喜界島983 ◇いいらあ 沖縄県首里993 ◇いらじょ 長崎県五島917 ◇いだ 島根県石見725 鹿児島県屋久島981 ◇にら 新潟県348 373 佐渡359 ◇にいら 新潟県佐渡356 ◇にう 愛知県碧海郡564 ⓭水母(くらげ)など海にいて刺すもの。三重県志摩郡054 ⓮魚のうろこ。大分県939 ◇ゆら 大分県大分市・大分郡941 ⓯(うろこにたとえて)垢(あか)。大分県938 沖縄県西表島975 ⓰虫、いらむし(刺虫)。新潟県佐渡352 香川県829 熊本県南部933 ⓱虫、あり(蟻)。静岡県520 山口県阿武郡795 見島797 ⓲虫、けむし(毛虫)。兵庫県佐用郡658 赤穂郡660 岡山県748 754 762 山口県793 愛媛県840 高知県861 867 870 佐賀県藤津郡895 長崎県南高来郡905 熊本県天草郡936 宮崎県947 954 鹿児島県961 ◇いいら 岡山県津山市753 長崎県南高来郡905 ⓳体に付くとかゆくなる、壁蝨(だに)のような虫。鹿児島県肝属郡970 ⓴動物、ふなむし(船虫)。◇にら 宮城県亘理郡054 語源説 (1)イライラスルものだから。またイガと音通〔和訓栞〕。(2)イラメク、イラックの語根〔東雅〕。(3)イタ(痛)の転語〔言元梯〕。 発音 〈ア史〉平安○○ 〈京ア〉イ 辞書 字鏡・和名・色葉・名義・文明・伊京・黒本・日葡・書言・〈ボン〉・言海 表記 苛(字・和・色・名・黒・書) 莿(字・文) 荼・葽・茱・萩(字) 茸・荼 蔓(色) 蕀(伊) 鰖(書) 勅蟲(へ) 刺(言)

いら【苛】〘接頭〙形容詞、または、その語幹や派生語の上に付いて、角張ったさま、また、はなはだしいさまを表わす。「いらくさし」「いらひどい」「いらたか」など。

いら【鰓】〘名〙「えら(鰓)」に同じ。＊日本読本(1887)〈新保磐次〉六「諸子は魚類のあぎの中に赤き櫛形の物あるを見るべし。これいらと云ふ者にして魚類の為には肺の務めをなせり」 発音〈標ア〉0

いら【伊良】〘名〙ベラ科の海魚。体長約四〇センチメートル。体形は楕円形。体色は淡紅褐色で、胸びれ基部から背びれ中央部にかけて暗色の一本の斜走帯がある。雄の前額部は成長とともに突出する。沿岸のやや深い岩礁域にすむ。南日本、東シナ海、台湾に分布。学名 Choerodon azurio 方言 魚、かんだい(寒鯛)。和歌山県西牟婁郡690 発音〈標ア〉0

いらい【借】〘名〙(動詞「いらう(借)」の連用形の名詞化)借りること。

いらい【綺】〘名〙(動詞「いらう(綺)」の連用形の名詞化)いじること。もてあそぶこと。＊浄瑠璃・近頃河原達引(おしゅん伝兵衛)(1785)上「『又おたよどんのいらいじゃよ』『ナアニお前をいらひては、どこぞにあろぞいな』」

い-らい【以来・已来】〘名〙(多く時、年齢、事件などを表わす語に付いて)その時点を含み、それより後ずっとの意を表わす。↓「いご(以後)」の補注。(イ)過去のある時点、また、ある年齢を起点にしていう。…よりこのかた。…からずっと引き続いていること。＊古事談(1212–15頃)二・小野皇太后歓子遂往生給事「治暦四年四月十九日立后。此夕帝崩。自ㇾ爾以来偏発二道心一」＊風姿花伝(1400–02頃)一「あがるは三十四五までのころ、さがるは四十以来なり」＊日葡辞書(1603–04)「ヨウショウ ヨリ irai (イライ)」＊浄瑠璃・丹波与作待夜の小室節(1707頃)夢路のこま「大殿いらいためしなき御厚恩報じ奉ることもなく、不奉公の天罰にて」＊六如庵詩鈔–二編(1797)二・所養払菻狗一旦失之踰年復還感紀其事「失ㇾ汝已来意竜鐘、憊者亡ㇾ几跛思ㇾ筇」＊滑稽本・浮世風呂(1809–13)前・下「一別以来(イライ)まづまづお達者で」＊当世書生気質(1885–86)〈坪内逍遥〉五「一昨夜以来(イライ)大(おほい)に感ずる所あって」＊春秋左伝–昭公一三年「自ㇾ古以来、未二之或失一也。存亡之道、恒由ㇾ是興」 (ロ)現在を起点にしていう。今より後ずっと。現在を表わす語が上に付く場合と単独の場合とがある。＊虎明本狂言・引敷聟(室町末–近世初)「只今ようして参っても、以来がなりまらすまひ」＊天草本伊曾保(1593)蠅と蟻の事「タウザノ イセイニヲゴル モノワ yraino (イライノ) ナンギニ ツマヅカウズ」＊浄瑠璃・平仮名盛衰記(1739)一「ヤア梶原過て改るに憚らず、以来をきっと慎べし」＊湯島詣(1899)〈泉鏡花〉三六「以来屹度心得まするで、何卒相変りませず」＊戦国策–韓策・宣恵王「自今以来、率且正言ㇾ之而已矣」 発音〈標ア〉イ1 〈京ア〉イ1 辞書 色葉・文明・饅頭・易林・日葡・書言・〈ボン〉・言海 表記 以来(色・文・饅・易・書・へ・言) 已来(文)

い-らい【依頼・倚頼・委頼】〘名〙①あるものによりかかって、それを頼みにすること。また、頼みとするもの。＊太平記(14C後)一五・園城寺戒壇事「其後法流彌(いよいよ)盛にして、一朝の綱領(かうれい)、四海の倚頼(イライ)たりしかば」＊御伽草子・秋の夜の長物語(南北朝)「誠に真俗の倚頼、文武の達人なり」＊造化妙々奇談(1879–80)〈宮崎柳条〉一「其産物に依頼(イライ)して衣食するが故に」＊日本開化小史(1877–82)〈田口卯吉〉三・五「王室をして常に鎌倉政府に委頼せしめんが為に」＊顔氏家訓–誡兵篇「今世士大夫纔有二気幹一、便倚二頼之一」 ②物事を頼むこと。＊当世書生気質(1885–86)〈坪内逍遥〉三「金があるまま金にあかして、其筋の人にも依頼(イライ)をして、七八年来さがしたのが」＊浮雲(1887–89)〈二葉亭四迷〉二・八「委細を咄して依頼すると、『よろしい承知した』と手軽な挨拶」＊夫婦(1904)〈国木田独歩〉三「何分宜しく頼むから何とか工夫をして呉れろとの依頼(イライ)である」 発音〈標ア〉0 〈京ア〉0 辞書 易林・〈ボン〉・言海 表記 依頼(へ・言) 倚頼(易)

い-らい【移来】〘名〙移って来ること。＊西洋学校軌範(1870)〈小幡甚三郎訳〉コロンビヤ大学校の規則「若し他学より移来するものなれば、必ず其学校よりして送状を受け」 発音〈標ア〉0

いらい-こ【弄―】〘名〙方言 ❶しきりに触ること。いじくり回すこと。兵庫県佐用郡047 神戸市665 ◇いろいまいこ 鳥取県気高郡716 ❷いじくり回して、むちゃくちゃにすること。◇いろいくしゃ・いろいくちゃ 岡山市054 ❸おもちゃ。玩具(がんぐ)。◇いろっこい 静岡県賀茂郡521

いらい-ごえ【応声】〘名〙「いらえごえ(応声)」の変化した語。＊天理本狂言・入間川(室町末–近世初)「むかしからも、よびこへよければ、いらいこへよひと云は、此事じゃ」

いらい-しゃ【依頼者】〘名〙物事の処理を頼む側の人。＊良人の自白(1904–06)〈木下尚江〉前・一〇・一「斯様(こんな)所を依頼者が聴こうものなら、目を廻はして仕舞ふぜ」＊彼岸過迄(1912)〈夏目漱石〉停留所・二一「彼が田口に依頼した仕事のうちには、普通の依頼者(イライシャ)の申し出以上のもの迄含んでゐた」＊弁護士法(1949)二五条「受任している事件の依頼者が同意した場合は、この限りでない」 発音〈標ア〉ラ 〈京ア〉イ2

いらい-しょ【依頼書】〘名〙「いらいじょう(依頼状)」に同じ。＊改正増補和英語林集成(1886)「Iraisho イライショ」 発音〈標ア〉0 ショ

いらい-じょう【依頼状】〘名〙物事を人に頼むための書状。依頼書。＊灰燼(1911–12)〈森鴎外〉六「父親の依頼状を読んで、どんな荒々しい男かと思ってゐたのに」＊硝子戸の中(1915)〈夏目漱石〉一三「『失敬申し候へども…』といふ依頼状(イライジャウ)が七八日頃に届いた」 発音 イライジョー 〈標ア〉0 ラ 〈京ア〉0

いらい-しん【依頼心】〘名〙他人をたよりにする心。自分でしようとしないで、他人をあてにする気持。＊夢の女(1903)〈永井荷風〉七「老いた親の身を支配する懶惰(らんだ)な依頼心は」＊坑夫(1908)〈夏目漱石〉「どうか為て呉れるんだらうと云ふ依頼心(イライシン)が妙に潜んでゐたんだらう」 発音〈標ア〉ラ 〈京ア〉イ2

いらい-て【弄手】〘名〙からかい手。相手になる人。手出しをする人。＊浄瑠璃・神霊矢口渡(1770)四「幸とあの稲荷様は、此村の鎮守にて、預かりの此道念外からいらいてもござりませねば」＊浄瑠璃・近頃河原達引(おしゅん伝兵衛)(1785)上「お前をいらひては、どこぞにあろぞいな」

いらい-どき【苛時】〘名〙(唐がらしなどが)辛味をあらわし出すとき。＊俳諧・鶉衣(1727–79)前・下・三九・十六夜賦「いざや宮こんにゃくの寂しみこそと、例の唐がらしのいらひどきに、恋ならぬ袂をぬらして」

いらい-にん【依頼人】〘名〙物事を頼む人。依頼者。＊英和記簿法字類(1878)〈田鎖綱紀〉「Trustee 預人。委任人。依頼人。商業或ハ辨益ヲ委任サレタル人」

いら-いら【刺刺】〘名〙植物「いらくさ(刺草)」の異名。＊重訂本草綱目啓蒙(1847)一三・毒草「いらぐさ ゆなぐさ 摂州、まむしさう おにあさ ひとさしぐさ いらいら」 方言 ❶植物、いらくさ(刺草)。鹿児島県国分市965 ◇いらいらくさ〔―草〕 茨城県189 ❷虫、いらむし(刺虫)。奈良県678 南大和683 発音〈標ア〉0

いら-いら【苛苛・刺刺】㊀〘副〙(「いら」は、もと「とげ」の意。「と」や「する」を伴う場合が多い)①とげなどがたくさん出ているさま。＊名語記(1275)五「えびはいらいらとして、つののありて、手をつけば、出針ノ反也」＊入明注文要例(16C中)「龍御太刀二振事〈略〉いろこいらいらとあり」②皮膚や粘膜に、ちくちくと繰り返し突かれるような小さい刺激やひりひりとしみるような刺激を感じるさま。＊言塵集(1406)六「香はよき酒に似て味はさしてなかりし也。舌にいらいらとおぼえし計也」＊日葡辞書(1603–04)「テニ irato (イライラト) サワル〈略〉Irairato (イライラト) シム」＊草枕(1906)〈夏目漱石〉一一「刺(とげ)に手を触れて見ると、いらいらと指をさす」＊黴(1911)〈徳田秋声〉三二「舌にいらいらする手巻莨(たばこ)を喫(ふか)してゐたが」 ③光や暑気などが強く人を刺激するさま。＊俳諧・古今俳諧明題集(1763)秋「いらいらと残る暑さや蓼の花〈百川〉」＊俳諧・発句題叢(1820–23)秋・中「いらいらと尾花にあたる夕日哉」＊それから(1909)〈夏目漱石〉一七「外は猛烈な光で一面にいらいらし始めた」＊桑の実(1913)〈鈴木三重吉〉二四「いらいらと畳のはしへ射し入ってゐる日影を見つめて」 ④あせって心に余裕のないさま。また、思うようにならなくて、感情がたかぶってくるさま。じりじりするさま。＊四河入海(17C前)二一・四「酒を飲て、いらいらとは不ㇾ酔、ゆるゆるとして有ㇾ歓」＊評判記・色道大鏡(1678)四「心得といふは、さあればとて、いらいらとましとやかなるよし」＊仁説問答師説(1688–1710)宝永三年講「迫躁は理が感速で、やりやりいらいらとすること」＊詞葉新雅(1792)「キガセイテ 心いられに 心いられする キガイライラスル 同上むねはしる 心はしる」＊多情多恨(1896)〈尾崎紅葉〉後・九・二「成丈(なるたけ)気を鎮めるやうになさいまし、然う苛々(イライラ)なさるから猶可(い)けません」＊雪国(1935–47)〈川端康成〉「夜行動物が朝を恐れて、いらいら歩き廻るやうな落ちつきのなさだった」 ㊁〘名〙思うようにいかず、あせって感情が高ぶること。＊女生徒(1939)〈太宰治〉「考へてみると、このごろの、私のいらいらは、ずゐぶんお母さんと関係がある」 方言 ㊀〘副〙❶炎天で日光に当たるさま。ぎらぎら。新潟県佐渡348 ❷刃物などの鋭いさま。鹿児島県喜界島983 ◇いらさら 新潟県東蒲原郡368 ❸滑らかでないさま。ざらざら。栃木県198 ❹元気のあふれるさま。鹿児島県喜界島983 ❺むずがゆく感じるさま。兵庫県加古郡664 ❻のどの渇いたさま。からから。山形県139 ❼眼前にちらつくさま。ちらちら。うろうろ。沖縄県石垣島996 ㊁〘名〙落ち

着きのない人。せっかち。香川県豊島829 愛媛県大三島033 発音〈標ア〉イ1 〈京ア〉イ1 辞書日葡・書言・ヘボン・言海 表記苛苛（書・へ）刺刺（言）

いらいら-。し【苛苛】『形シク』⇩いらいらしい（苛苛）

いらいら-し・い【苛苛】『形口』文いらいら・。し『形シク』（「いらいら」が形容詞化したもの）気がせくさま。もどかしくじれったい。心がいらだち、じりじりしている。また、人の性格が、いらだちやすく、せっかちである。＊色葉字類抄（1177-81）「苛 イライラシ」＊十訓抄（1252）七・序「但いまだ来たらざらん報を、いらいらしくねがひ求めて聞きいでごとなどすべからず」＊古今著聞集（1254）一六・五六三「件（くだんの）憎ひえどりをかひけり。毛をおそくかへけるを、いらいらしき物にて、其鳥をとらへて、毛をつるりとむしりてけり」＊運歩色葉（1548）「早意 イライラシ」＊日葡辞書（1603-04）「Irairaxij（イライラシイ）ヒト」＊あらくれ（1915）〈徳田秋声〉三九「お島はいらいらしい目をすゑて、じっと見つめてゐたが」＊或る女（1919）〈有島武郎〉前・一七「葉子はペンも折れよといらいらしくその上を塗り消した」 発音イライラシイ〈標ア〉シ 辞書色葉・易林・日葡・ヘボン・言海 表記苛苛（へ・言）苛（色）苛々敷（易）

いらいらし-げ【苛苛―】『形動』（形容詞「いらいらしい」の語幹に接尾語「げ」の付いたもの）気がせいてじれったく思っているさま。いらだっているさま。 発音イライラシゲ〈標ア〉シ

いらいらし-さ【苛苛―】『名』（形容詞「いらいらしい」の語幹に、接尾語「さ」の付いたもの）気がせいてじれったいこと。心がいらだっていること。また、その度合。＊星座（1922）〈有島武郎〉「いらいらしさにまかせて、清逸はこれだけのことを畳みかけるやうにいって退けた」＊父―その死（1949）〈幸田文〉菅野の記「気もちはさっぱりとかたづくわけには行かなく、舌うちのしたいやうな、いらいらしさを持てあますばかりだった」 発音〈標ア〉ラ2

いら・う いらふ【弄】『他ハ四』（「いろう（綺・弄）」の変化した語か）①物をいじる。もてあそぶ。さわる。＊虎寛本狂言・仏師（室町末-近世初）「其うへいらふて見ましたればまだ人肌で御座った」＊寒川入道筆記（1613頃）愚痴文盲者口状之事「そなたの腰にあるはと云へば、てをまはして、いらふて見て」＊浮世草子・好色二代男（1684）一・二「其かたさまの帋入（かみいれ）いらい申を見付られ」＊絅斎先生仁義礼智筆記（18C初）「みぢんいらうこと無やふに、自体さふ成て有が、天理の節文ぞ」＊物類称呼（1775）五「なぶる　手にてなれふるるなり　関西にて、いらふと云」＊浪花聞書（1819頃）「いらう　いぢる也」＊あひゞき（1888）〈二葉亭四迷訳〉「『ヴヰクトル』は袂時計の鎖をいらひだした」②人をなぶる。からかう。おもちゃにする。＊浄瑠璃・極彩色娘扇（1760）六「あんまり深切が過て、人をいらふ様な言分（いいぶん）」＊新撰大阪詞大全（1841）「いらふとは、人をこなすこと」③手を加える。手入れをする。修理する。＊歌舞伎・桑名屋徳蔵入船物語（1770）四「船宿するによって、裏の離れをいらうたばかり」＊洒落本・戯言浮世瓢簞（1797）四「次の間で鼻の先をゐらふて座敷へ出る」 補注「いらふて」「いらうて」などは「イローテ」と読んだと思われるから、「いろう」と厳密には区別しにくい点がある。↓いろう（綺）。 方言❶触れる。触る。いじる。もてあそぶ。石川県江沼郡062 福井県443 445 447 岐阜県大野郡502 愛知県額田郡577 三重県584 585 588 滋賀県彦根609 蒲生郡612 京都府621 622 629 大阪府638 643 646 兵庫県664 670 671 奈良県678 南大和683 和歌山県690 島根県725 岡山県苫田郡749 阿哲郡751 広島県771 774 779 山口県豊浦郡798 徳島県809 海部郡823 香川県829 高知県幡多郡864 ◇よろう 新潟県東蒲原郡368 中越373 ◇いろわかす 島根県石見725 ◇いらむ 兵庫県赤穂郡660 ❷からかう。なぶる。いじめる。島根県725 ❸干渉する。かまう。熊本県菊池郡054 下益城郡931 ❹男が女に関係する。和歌山県海草郡・那賀郡690 ❺人の心を試す。兵庫県淡路島671 ❻狐（きつね）や狸（たぬき）などが化かす。愛媛県大三島848 発音〈京ア〉0 辞書言海

いら・う いらふ【応・答】『自ハ下二』相手の問いかけに対してことばを返す。返事をする。＊竹取（9C末-10C初）「翁いらふるやう『なし給ひそ〈略〉』といふ」＊伊勢物語（10C前）六三「二人の子は、なさけなくていらへて止みぬ」＊源氏（1001-14頃）空蟬「わづらはしくて、まろぞといらふ」＊浄瑠璃・伽羅先代萩（1785）八「『ヤアヤア象潟、取あへず銚子銚子』『アイ』といらへて象潟御前」 語誌（1）類義語「こたふ」が、上代から例が見られるのに対し、「いらふ」は、中古から用いられるようになった。返事をする意の「こたふ」が単純素朴な返事であるのに対し、「いらふ」は自らの才覚で適宜判断しながら返事をする場合に多く用いられ、「こたふ」より自由なニュアンスがあったという。（2）中古中期には、散文においては「いらふ」が「こたふ」の意味領域に入り込むことで、「こたふ」より優勢となった。しかし、和歌ではもっぱら「こたふ」が用いられ、「いらふ」は用いられない。（3）中古後期以降、散文では「こたふ」が勢力を回復し、「いらふ」よりも優勢となる。「いらふ」は衰退し、「いらへ（も・をだに）せず」というような慣用的表現での使用や、近世の擬古文での使用が中心となった。現代では、「いらふ」は方言に残るのみとなっている。（4）室町時代頃からヤ行下二段の「いらゆ（る）」も用いられた。↓いらゆ。 方言人の呼ぶのに応ずる。答える。高知県幡多郡864 ◇いらえる 東京都新島322 高知県861 ◇いれえゆん 沖縄県首里993 語源説（1）イ（唯）を語根として活用したもの〔応耳考・大言海〕。（2）アシラへの転。アシの反イ〔和訓考〕。（3）イヘルアハセ（云合）の義〔名言通〕。（4）イヒカヘ（言反）の転〔言元梯〕。（5）イロフ（綺）と同じ意〔和語私臆鈔〕。（6）「麿」の別音 In の語尾をラ行音化したもの〔日本語原考＝与謝野寛〕。 発音文イローとも〈標ア〉ラ（口）〈ア史〉平安○○◐ 〈京ア〉0 辞書色葉・名義・言海 表記声・況（色・名）代・報・益・僋（色）接・応答（名）応（言）

いら・う いらふ【苛】『自ハ四』気がいらいらする。いらだつ。いらつ。＊芽の出ぬ男（1929）〈十一谷義三郎〉「給仕をしてゐた数代が、詰らないことから又絡んで来て、独りでじれて苛（イラ）ってぷいと立って終った」 方言じれる。宇治山田†101 三重県伊勢001

いら・う いらふ【借】『他ハ下二』借りる。↕貸（いら）す。＊書紀（720）朱鳥元年七月（北野本訓）「天下の百姓の貧乏しきに由りて、稲と資財とを貸（いらへ）よ」＊新撰字鏡（898-901頃）「貣 借取於人 伊良不」＊随筆・裏見寒話（1753）附録「いらふ　物を借る事」＊物類称呼（1775）五「物を借るといふ事を　甲斐国にて、いらうと云」 方言借りる。借用する。駿河†098 山梨県456 静岡県520 ◇いろう 神奈川県久良岐郡054 山梨県062 中巨摩郡458 南巨摩郡463 ◇いらゆい・いらうい 鹿児島県喜界島983 ◇いらゆん 沖縄県与那国島996 辞書字鏡 表記貣（字）

いらえ いらへ【応・答】『名』（動詞「いらう（応）」の連用形の名詞化）こたえ。返答。＊伊勢物語（10C前）六二「いとはづかしと思ひていらへもせでゐたるを」＊源氏（1001-14頃）桐壺「よろづの事を泣く泣く契りのたまはすれど御いらへも聞え給はず」＊大鏡（12C前）六・道長下「もしきこしめさぬにやとて、また御気色たまはれど、うちねぶらせ給て、なほ御いらへなし」＊浮世草子・傾城色三味線（1701）湊・一「お名をも三四さまと申さず、御いらへあるべし」＊浮世草子・世間妾形気（1767）三・三「いくたびいふても同じいらへに、心をいりて」 方言答え。返事。◇いれえ 鹿児島県喜界島983 沖縄県首里993 発音〈標ア〉エ0 辞書日葡・書言・ヘボン・言海 表記応（書・へ・言）諾・唯（書）

いらえ『名』盗品をいう、盗人仲間の隠語。〔日本隠語集（1892）〕

いらえ-い・ず いらへいづ【応出】『他ダ下二』返答する。＊夜の寝覚（1045-68頃）一「あはつけくも、もていでぬる身のありさまかな。わが心もたち馴れゆくよ。峯にかくれしと言ひつる返事を、いかでいらへいでつるぞと、うとましく思ひつづけて」

いらえ-か・く いらへ：【応掛】『他カ下二』相手に返答を言い掛ける。＊夜の寝覚（1045-68頃）一「いますこしも面なれさせ給ひてこそ、御簾のうちはと、いとなれていらへかけて」

いらえ-がち いらへ：【応勝】『形動』口数多く返事をするさま。＊とはずがたり（14C前）二「御物かたりなどあるに、いと御いらへかちなるも、御心に合はずや、と思ひやられてをかしきに」

いらえ-ごえ いらへごゑ【応声】『名』返事の声。返答。＊玉塵抄（1563）一「よびこゑよければいらえ声よしと云やうな心ぞ」＊雲形本狂言・入間川（室町末-近世初）「昔からとひごゑよければいらへごゑよいといふが」

いらえ-や・る いらへ：【応遣】『他ラ四』返事をする。＊源氏（1001-14頃）蜻蛉「ただ涙に溺ほれたるばかりを、かごとにて、はかばかしうもいらへやらずなりぬ」＊有明の別（12C後）一「女、ただ、すべて物を思へるさまにて、ことにいらへやるかたもなし」

いらえ-わずら・う いらへわづらふ【応煩】『自ハ四』返答に思い苦しむ。＊蜻蛉（974頃）下・天延二年「いらへわづらひて、はては物もいはねば」

いら-か【甍】『名』①屋根のいちばん高い所。屋根の背。上棟。また、屋根に葺（ふ）いた棟瓦（むながわら）。＊書紀（720）神代上（水戸本訓）「天の斑駒（ぶちこま）を剝（さかはぎには）ぎて、殿（みあらか）の甍（イラカ）を穿（うが）ち、投（な）げ納（い）る」＊万葉（8C後）一六・三七九一「海神（わたつみ）の殿の盖（いらか）に飛びかける　すがるの如き　腰細に〈作者未詳〉」＊新撰字鏡（898-901頃）「屋脊　伊良加　甍　同上」＊大唐西域記長寛元年点（1163）四「重閣甍（イラカ）を連ね、層台間峙せり」②屋根に葺いた瓦。また、瓦葺きの屋根。＊平家（13C前）灌頂・大原御幸「甍破れては霧不断の香をたき」＊御伽草子・浦嶋太郎（室町末）「銀（しろがね）の築地をつきて、金（こがね）のいらかをならべ、門をたて」＊日葡辞書（1603-04）「Iraca（イラカ）〈訳〉瓦ぶきの家の屋棟、または屋根」＊俳諧・奥の細道（1693-94頃）平泉「四面新に囲て、甍を覆て風雨を凌（しの）ぐ」＊唱歌・鯉のぼり（文部省唱歌）（1913）「甍（イラカ）の波と雲の波、重なる波の中空を〈略〉高く泳ぐや、鯉のぼり」③切妻屋根の下の、三角形になった壁の部分。〔日本建築辞彙（1906）〕 語誌語源については、その形態上の類似から、古来「鱗（いろこ）」との関係で説明されることが多かった。確かにアクセントの面からも、両者はともに低起式の語であり、同源としても矛盾はしないが、上代においては「甍（いらか）」が必ずしも瓦屋根のみをさすとは限らなかったことを考慮すると、古代の屋根の材質という点で、むしろ植物性の「刺（いら）」に同源関係を求めた方がよいのではないかとも考えられる。 方言屋根の棟。頂上のかまぼこ形の所。沖縄県鳩間島966 ◇いらが 沖縄県小浜島996 ◇いりちゃ 沖縄県993 ◇いりか 鹿児島県奄美大島・加計呂麻島975 語源説（1）その葺いた様子が鱗（うろこ）に似ているから、イロコ（鱗）の転〔和語私臆鈔・俗語考・名言通・和訓栞・紫門和語類集・日本古語大辞典＝松岡静雄・国語の語根とその分類＝大島正健〕。（2）高くとがっている意をいう、イラカ（苛処）の義〔箋注和名抄・大言海〕。（3）アラカ（在所）の転〔東雅〕。（4）ヒラカハラ（平瓦）の約転〔言元梯〕。（5）物の大きなことをヰクリトシタルと言い、楽なる家の義か〔和句解〕。（6）「屋瓦」Wi-Ka の転音 I-Ka に諸音のラを挿んだもの〔日本語原考＝与謝野寛〕。 発音〈標ア〉0

〈ア史〉平安○○◎　室町・江戸◎○○　〈京ア〉[イ]　[辞書]字鏡・和名・色葉・名義・下学・和玉・文明・天正・黒本・易林・日葡・書言・〈ボン〉・言海　[表記]甍（字・和・色・名・下・玉・文・天・黒・易・書・へ・言）屋脊（字・色）

いらか 改（あらた）まる　改築される。建物を建てなおす。＊俳諧・奥の細道（1693–94頃）瑞巌寺「其後に雲居禅師の徳化に依て、七堂甍（いらか）改りて」

いらか を 争（あらそ）う　棟瓦（むながわら）の高さを競うかのように大小の家がぎっしりと並んでいるさまをいう。＊方丈記（1212）「たましきの都のうちに、棟を並べ、いらかをあらそへる」

いらか を 並（なら）ぶ　①建物が立ち並ぶ。家がたくさんたてこんでいるさまをいう。＊曾我物語（南北朝頃）八・屋形まはりの事「総じて上下の屋形の数、十万八千間、軒をならべて小路をやり、いらかをならべて打たりけり」＊日葡辞書（1603–04）「Iracauo naraburu（イラカヲ ナラブル）〈訳〉多くの家々が屋根を並べて立ち壮観を呈する」＊俳諧・枇杷園随筆（1810）高野登山端書「高野のおくにのぼれば、霊場さかんにして、法（のり）の燈（ともしび）消る時なく、坊舎地をしめて、仏閣甍をならへ」②比喩的に、多くのものがずらりと並んでいるさまをいう。＊信長公記（1598）一五「御一門歴々宗徒の家子郎等、甍を並べて討死、算を乱したる有様御覧じ」

いら-が【刺蛾】『名』イラガ科のガ。はねの開張一〜一・五センチメートル。全体に黄褐色を帯び、前ばねに二本の褐色の縞がある。幼虫はイラムシと呼ばれ、体長約二・五センチメートルの毛虫。さなぎは「すずめたご」「すずめのしょうべんたご」と呼ばれる卵形の堅い繭の中で越冬し春に羽化する。日本各地に分布。学名は Monema flavescens　＊旅‐昭和九年（1934）一一月号・十一月の釣〈魚住清適〉「タナゴ釣には玉虫と称するイラ蛾（ガ）の幼虫が最もよく」　[発音]イラガ 〈標ア〉[ラ]

いらか-おおい【甍覆】（ほひお）『名』神社建築等の棟に取り付ける甲板（こういた）の古称。〔日本建築辞彙（1906）〕

いらか-がえ【甍替】『名』[方言]屋根のふき替え。宮崎県西諸県郡947　◇いらかとり〔甍取〕熊本県葦北郡・八代郡933

いらか-ごし【甍越】『名』甍を隔てた反対側。甍の向こう。＊ある心の風景（1926）〈梶井基次郎〉三「電燈の反射をうけて仄かに姿を見せてゐる森。そんなものが甍越しに見えた」　[発音]イラカゴシ 〈標ア〉[0]

いらかじ『名』[方言]動物、うに（海胆）。東京都八丈島343　◇いらかけ　伊豆八丈島†071　◇いらかち　伊豆八丈島†071　東京都八丈島337

いらか-づくり【甍造】『名』「きりづまづくり（切妻造）」に同じ。〔日本建築辞彙（1906）〕

いらか-な・し『形ク』頭髪がないさま。＊新撰字鏡（898–901頃）「顏　老无髪也　崩也　伊良加奈志」[辞書]字鏡　[表記]顏（字）

いらぎ『名』[方言]魚、あおざめ（青鮫）。和歌山県694　福岡県016　熊本県016

い-らく【伊洛】㊀中国、洛陽近くを流れる伊水・洛水の二本の川。また、その流域。わが国では、京都の鴨川と桂川をこれになぞらえていう。＊本朝無題詩（1162–64頃）八・冬日遊長楽寺〈藤原敦基〉「林蛮葉色殷二於火一 伊洛水文翠似レ藍」＊書経‐禹貢「伊洛纏澗、既入二于河一、栄波既豬」㊁中国の伊川と洛陽。→伊洛の学。＊宋史‐芸文志「伊洛淵源十三巻、不レ知二作者一」[発音]〈標ア〉[イ]

い-らく【怡楽】『名』喜び楽しむこと。＊葬列（1906）〈石川啄木〉「悠々たる追憶の怡楽（イラク）の中から」

い-らく【為楽】（ヰ）『名』仏語。①本当の楽しみとすること。ことに、涅槃（ねはん）についていう。→寂滅為楽（じゃくめついらく）。＊御伽草子・釈迦の本地（室町時代物語集所収）（室町末）「此内にすむ人はみな、いらくにてらさせ給ひて、とくたつにうるほふ、国の土民もあんをん也」②楽しみのために望むこと。とくに浄土往生を願うこと。＊往生論註‐下「若人不レ発二无上菩提心一、但聞二彼国土受レ楽无レ間、為レ楽故願レ生亦当レ不レ得二往生一也」[発音]〈標ア〉[イ]

い-らく【萎落】（ヰ）『名』しぼみ落ちること。枯れ落ちること。＊私聚百因縁集（1257）五・一〇「手を以て花を撥（ひら）くに花随って萎落（イラク）す」＊楚辞‐九思・憫上「薍藂兮青葱、槀本兮萎落」

い-らく【意楽】『名』自分の好みどおりにして楽しむこと。＊高野山文書‐文亀二年（1502）一一月二六日・学侶評定事書（大日本古文書六・一三五五）「学頭以上、執行代已後装束等、如二職之時一、但任二人躰之意楽一、可レ為二不定一事」＊随筆・貞丈雑記（1784頃）一五「古書に意楽（イラク）すると云ふ詞あり。意楽とは我身にて我が身をほめ自満して意に楽しむ事を云ふ也」[補注]「高野山文書」の例は、「いぎょう」と読むべきか。

い-らく【慰楽】（ヰ）『名』慰みと楽しみ。＊青春（1905–06）〈小栗風葉〉秋・二「欽哉は、暖い慰楽（ヰラク）と趣味とに渇して居るのであるから、周囲の落莫が堪へ難い苦痛を感じたのであった」＊南国記（1910）〈竹越与三郎〉序「此行欧米の旅行に比して生活上の慰楽多からずと雖も」

い-らく【遺落】（ヰ）『名』どこかへなくしてしまうこと。＊万葉（8C後）六・一〇〇九・左注「其歌遺落未レ得二探求一焉」＊劉向‐上列子序「孝景皇帝時貴二黄老術一、此書頗行二於世一、及二後遺落散二在民間一、未レ有二伝者一」

いらく『名』火災をいう、盗人仲間の隠語。〔隠語輯覧（1915）〕

イラク（Iraq）アジア大陸西南部の共和国。メソポタミア文明の発祥の地。バビロニア、アッシリア、ペルシアなどの古代国家が栄えた。オスマン‐トルコの領土となり、その後イギリス委任統治領となる。一九三二年立憲君主国として独立。五八年政変により共和国となる。首都バグダード。

いらく『動』[方言]⇩いろく

いら-くさ【刺草・莿草・蕁麻】『名』（「いらぐさ」とも）①イラクサ科の多年草。関東以西の山野で陰湿の地に生える。高さ五〇センチメートル〜一メートル。茎は縦に稜（りょう）があり、直立して叢生する。葉は対生し卵形で、縁に大きな鋸歯（きょし）をもち、さらに小さな鋸歯がある。茎と葉には毒液を含む刺（とげ）がある。秋、葉腋（ようえき）から二本ずつ花穂が出て緑白色の雄花と淡緑色の雌花をつける。茎から繊維をとるほか、葉の汁は蛇にかまれたときの止痛、毒消しに、茎や葉を入れた風呂は疝気（せんき）に効果があるという。いたいたぐさ。おにあさ。ひとさしぐさ。いら。学名は Urtica thunbergiana　＊塵芥（1510–50頃）「苛　イラクサ」＊多聞院日記‐天正一一年（1583）正月二五日「瘡煩の処、いらくさと云物也。春良房薬一付にてすきと減也云々」＊日葡辞書（1603–04）「イラ、または、iragusaga（イラグサガ）サス」＊日本植物名彙（1884）〈松村任三〉「イラクサ　蕁麻」②「いららぐさ（羊桃）」に同じ。＊色葉字類抄（1177–81）「羊桃　イラクサ　イララクサ」[方言]植物。❶あざみ（薊）。山口県大島794　❷ままこのしりぬぐい（継子尻拭）。宮崎県児湯郡965　鹿児島県国分市965　❸えのころぐさ（狗児草）。岡山市744　[発音]〈標ア〉[0][ラ]　〈京ア〉[イ]　[辞書]色葉・和玉・文明・日葡・言海　[表記]蕁（玉・文）羊桃・銚芅（色）刺草（言）

刺　草①

いらくさ-おり【刺草織】『名』織物の一種。イラクサの茎の繊維から作った糸を紡いで織ったもの。漂白したものは、絹のような光沢がある。厚く織り、冬着に用いられた。いらくさぬの。[発音]〈標ア〉[0]

いらくさ-か【刺草科・苛草科】（ワク）『名』双子葉植物の科名。世界に約四五属、五五〇種あり、広く温帯から熱帯に分布し、日本には一一属、約三二種が自生する。草本、まれに低木。葉は互生、または対生、離生、または合生する托葉（たくよう）がある。花は集散花序をつくり、時に密生して頭花状となる。イラクサ、ヤブマオなど、雑草的な種が多い。学名は Urticaceae　[発音]〈標ア〉[0]

いら-ぐさ・し【苛臭】『形ク』きわだって臭い。たいへん臭い。＊酒食論（室町）「かかる上戸の口の香は、息なまぐさしいらぐさし、すべりぐさげなきたなさは、よその鼻までたへがたや」

いらく-の-がく【伊洛学】『名』中国の伊川・洛陽地方に発達した学問。北宋の程顥（ていこう）、程頤（ていい）の兄弟が、この地方出身で、新しい学風を開いたところからいう。後に、南宋の朱熹（しゅき）が、その学統を継承したので、それをも含め、いわゆる「程朱の学」全体をさしてもいう。＊童子問（1707）下・四二「好二韓欧古文一既少、志二于伊洛之学一者益少」＊宋史‐劉勉之伝「時蔡京用レ事、禁止毋レ得レ挟二元祐書一。自レ是伊洛之学不レ行」

いら-くら『副』（「と」を伴う場合もある）気がいらだつさま。あせるさま。いらいら。＊浄瑠璃・平仮名盛衰記（1739）三「道下手で気ばかりいらくら、船頭とすっぽんは陸（くが）では埒（らち）のあかぬもの」＊浄瑠璃・新うすゆき物語（1741）下「くはっとたけ早ふたけと年寄（より）の気のいらくらと、わき返る湯に手を差込み」

いらくら の だらくら　急ぐ時はむやみに急ぎながら、いったんやめるといっこうに手をつけようとしないこと。また、いらだって急ぎながら、実際には仕事がいっこうにはかどらないこと。＊譬喩尽（1786）一「錐倉（イラクラ）の垂蔵（ダラクラ）」

いらくれ【苛】『名』[方言]❶火ばし。◇いらくらとも。福島県南会津郡012　❷箸（はし）。新潟県北魚沼郡012

いら-げ【苛毛】『名』毛虫のとがった毛。いらげ。＊玉塵抄（1563）一八「蝟はこころに云ふいら虫のことかちっともさわればいら毛をたつるぞ」

いら-ける【苛—】『動』[方言]❶いらいらする。いらだつ。青森県上北郡082　島根県723　仁多郡725　◇いらくる　和歌山県東牟婁郡690　新宮703　鳥取県西伯郡718　島根県725　◇いらくらする　島根県725　◇いやくる　鳥取県西伯郡718　❷むさぼり食う。暴食する。また、幼児が手づかみでものを食べる。青森県津軽075　岩手県気仙郡100　秋田県北秋田郡130　鹿角郡132　❸四方八方に手を出す。むやみに手を広げる。青森県三戸郡083　秋田県鹿角郡132　◇いらけまる　青森県三戸郡083　❹炭火をかき広げる。火をかきたてる。滋賀県彦根609　蒲生郡612　京都市621　大阪市638　奈良県678

いらこ【伊良子】姓氏の一つ。[発音]〈標ア〉[0]

いらこ-せいはく【伊良子清白】詩人。鳥取県出身。本名暉造（てるぞう）。雑誌「少年文庫」（のち「文庫」と改題）に詩を投稿して世に出る。いわゆる文庫派詩人の一人。詩集「孔雀船」。いらこすずしろ。明治一〇〜昭和二一年（一八七七〜一九四六）

いらご【伊良湖】愛知県渥美半島西端、渥美町の地名。歌枕。＊万葉（8C後）一・二三「打ち麻（そ）を麻続王（をみのおほきみ）海人（あま）なれや射等籠（いらご）の島の玉藻刈ります〈作者未詳〉」[語源説]イラコ（苛砂）の意〔日本古語大辞典＝松岡静雄〕。[発音]イラゴ 〈標ア〉[0]

いらご の 鷹（たか）　鷹のこと。山家集に、「巣鷹」と「山がえりの鷹」が伊良湖崎を渡ろうとして、後者が気おくれしてとどまるという一節があり、多く歌によまれる。＊壬二集(1237-45)「引き据ゑよいらごのたかの山返りまだ日は高し心そらなり」＊俳諧・笈の小文(1690-91頃)「南の海のはてに、鷹のはじめて渡る所といへり。いらご鷹など歌にもよめりけりと思へば」

いらご-ざき【伊良湖崎】 愛知県渥美半島先端の岬。伊良湖水道を隔てて志摩半島に対し、太平洋から伊勢湾を分ける。三河湾国定公園の一中心。歌枕。いらごみさき。＊俳諧・笈の小文(1690-91頃)「鷹一つ見付てうれしいらご崎」 発音イラゴザキ〈標ア〉ゴ 辞書文明・天正・易林・書言 表記伊良子崎(文・天・書) 伊羅胡崎(易・書)

いらご-しろ【伊良湖白】〘名〙伊良湖付近で産出する、白い碁石に用いる貝。チョウセンハマグリと思われる。＊俳諧・笈の小文(1690-91頃)「此州崎(すさき)にて碁石を拾ふ。世にいらご白といふとかや」 発音イラゴシロ〈標ア〉ゴ

いらご-みさき【伊良湖岬】「いらござき(伊良湖崎)」に同じ。 発音イラゴミサキ〈標ア〉ミ

いらさ〘名〙方言❶笹(ささ)。宮崎県都城956 ❷瓜(うり)の棚などに使う枯れ竹。鹿児島県鹿児島郡968 ❸葉を落とした竹の枝。宮崎県東諸県郡954

いら-ざめ【―鮫】〘名〙魚「あおざめ(青鮫)」の異名。方言和歌山県東牟婁郡690

いら-ざる【不要・不入】〘連語〙(動詞「いる(要)」に、打消の助動詞「ず」の連体形「ざる」の付いたもの。連体詞のように用いられる) 不必要な。よけいな。無益な。いらぬ。＊虎寛本狂言・舟ふな(室町末-近世初)「太郎くゎじゃと入らざる古歌穿鑿を致て」＊咄本・昨日は今日の物語(1614-24頃)上「そうじて松茸(まつだけ)なども、むさと食ぶるはいらざる事ぢゃ」＊滑稽本・浮世床(1813-23)初・中「いらざるお世話だが、あれは止めさせてへ」＊坊っちゃん(1906)〈夏目漱石〉二「衛生の為めにわざわざ誂(あつ)らへるんださうだが、入らざる心配だ」 方言◇いらざらん 長野県下伊那郡492 岐阜県飛驒502 ◇いらざらねえ 新潟県岩船郡366 ◇いらざあ 島根県出雲728 ◇いっせん 鹿児島県鹿児島郡968 発音〈標ア〉ザ

いらざる 佐平次(さへいじ) (「いらざる」を人名に擬した表現) よけいなこと。差し出がましいこと。いらぬ左平次。＊滑稽本・風来六部集(1780)放屁論後編「日本の金銀を唐、阿蘭陀(おらんだ)へ引たくられぬ、一つの助けにもならんかと思ふもいらざる佐平次にて」

いらざる 僧(そう)**の腕立**(うでた)**て** (僧侶に腕力は不要であり、それはいわゆるお門違いであるところから) よけいな、また不似合いなことをするのを非難するたとえ。似合わぬ僧の腕立て。法師の軍(いくさ)ばなし。＊雑俳・柳多留-一八(1783)「いらざる僧のうでだては土弓(どきゅう)なり」＊諺苑(1797)「いらざる僧の腕立 にやはぬ僧のうでたて」

いらし【貸】〘名〙(動詞「いらす(貸)」の連用形の名詞化) 貸すこと。貸し付けること。租税として納めた官有の稲を、春季、農民に貸し付け、秋の収穫時に利息をつけて返納させること。＊伊呂波字類抄(鎌倉)「興販 イラシ 出挙 班給 已上同」

いらし の 稲(いね) 官庁や個人が、利息つきで農民に貸し付ける稲。いらしのおおちから。＊書紀(720)大化二年三月(北野本訓)「処々の貸稲(イラシノいね)を罷(や)む宜し」

いらし の 税(おおちから) 「いらし(貸)の稲」に同じ。＊書紀(720)天武四年四月(寛文版訓)「諸国の貸税(イラシノオホチカラ)」

イラジエーション〘名〙(英 irradiation) ①暗い背景で物を強く照らすと、反射光が光の当たらない部分までにじみ出て、発光体の大きさが実際よりも大きく見える現象。②写真で、強い光がフィルムに当たった場合、その光が感光膜の内部で散乱し、まわりの部分まで感光させること。その結果は光のにじみとなって現われ、映像が不鮮明になる。露出オーバーのときに起こりやすい。③物理、化学、生物学、医学などで、光や放射線、中性子線などによって、物質を照射すること。 発音〈標ア〉エ

いらし-て〘連語〙方言❶客などを送り出す時の挨拶の言葉。さようなら。富山県砺波397 石川県404 415 421 ❷友達などと別れる時の挨拶の言葉。さようなら。◇いらあい 東京都大島326 ◇いらい 東京都八丈島335 ❸来客に対する挨拶の言葉。いらっしゃいませ。◇いらして下(くだ)はれ 富山県砺波398

いら-・しむ【入―】〘連語〙(動詞「いる(入)」の未然形に、尊敬の助動詞「しむ」の付いたもの) ①「行く」「来る」の尊敬語。いらっしゃる。＊三体詩絶句鈔(1620)四「貴方ここへ帰んとき、古の漁者黄道具が太守劉韻に請したやうに世俗の様なる者をばしつれていらしむな也」 ②「居る」「ある」の尊敬語。補助動詞のようにも用いられる。いらっしゃる。＊寛永刊本蒙求抄(1529頃)七「貴方は大丈夫でいらしむに」＊四河入海(17C前)七・一「坐客でいらしむ舒堯文どの」 語誌(1)「いらしも」の形をとる場合もある。「史記抄-六・項羽本紀」の「地頭殿に大事のまらうとのいらしもと云に」など。(2)「いらしも」は「漢書抄」「百丈清規抄」など初期の抄物に現われるのに対し、「いらしむ」は「山谷詩抄」など後期の抄物に現われるが、ともに抄物にだけ見られる口語的な語法。(3)「いらしむ」が、未然/連用/終止・連体/已然/命令を「しま・しむ/しむ/しむ/しまへ/しまへ・しめ」と不規則に活用するのに対し、「いらしも」の方は、未然/連用/終止/連体の活用は同形であった。

いらし-もの【貸物・息利】〘名〙貸しつけて得る利息。＊霊異記(810-824)下・二六「息利(イラシモノ)を強ひて徴ること、太甚だし〈前田家本訓釈 息利 伊良之毛乃那里〉」

いらしゃる【入】〘動〙方言(「入らせられる」の意) 太陽が沈む。日が暮れる。山形県139 福島県北部・会津155 ◇いらはる 福島県北部・会津155

イラショナル〘形動〙(英 irrational) 不合理なさま。理性のないさま。理性で考えて納得できないさま。↔ラショナル。＊新らしい言葉の字引(1918)〈服部嘉香・植原路郎〉「イラショナル Irrational(英)不合理の。愚昧の」＊島崎藤村(1946-56)〈平野謙〉新生「この生本能が一種無目的なイラショナルな力にみち」 発音〈標ア〉ラ

いら・す【貸】〘他サ四〙①貸す。貸し付ける。↔借(いら)う。＊書紀(720)天武四年四月(北野本訓)「明かに百姓を察(み)て、先づ富貧を知りて、三等(しな)に簡(えら)び定めよ。仍りて中戸より以下に与貸(イラシ)たまふ応し」＊新撰字鏡(898-901頃)「貸 借与於人 伊良須」 ②ものを貸し付けて利益を得る。利子をかせぐ。＊霊異記(810-824)中・三二「酒を作り、利(うまはし)を息(イラシ)〈国会図書館本訓釈 息 イ良之〉」 発音〈ア史〉平安◍◍○ 〈京ア〉0 辞書字鏡・色葉・名義・言海 表記貸(字・色・言) 挙・息・遠・蔵・販・出挙・班給・興販(色) 班合(名)

イラスト〘名〙「イラストレーション」の略。＊こども(1968)〈北杜夫〉二「近ごろのイラストの仕事は、広告やPR誌、さては展覧会にまでひきだされていろいろと複雑で」 発音〈標ア〉ラ

イラスト-マップ〘名〙(洋語 イラスト＋英 map) 観光案内などのための絵地図。距離は実測に合わせずおおまかで、場所や建物をさし絵ふうに描いて位置を示す。 発音〈標ア〉マ

イラストレーション〘名〙(英 illustration) 新聞、雑誌、書籍の文章に添えて視覚的効果をねらう解説図、さし絵、写真などをいう。また、商業・宣伝美術に使われるポスターなどの絵。イラスト。＊外来語辞典(1914)〈勝屋英造〉「イラストレーション Illustration(英) 説明。図解。実例」＊蓼喰ふ虫(1928-29)〈谷崎潤一郎〉六「持って来るのが又一と苦労だったんだよ。オブシーン・ブックだと云ふ話だし、イラストレーションもあると云ふんで、税関に見付かったら厄介だと思って」 発音〈標ア〉レ

イラストレーター〘名〙(英 illustrator)《イラストレイター》おもに商業美術の分野で、さし絵、解説図、ポスターなどを描く人。＊こども(1968)〈北杜夫〉二「男の職業はイラストレーターとこのごろ呼ばれているが、むかしは挿し絵画家であった」＊にんげん動物園(1981)〈中島梓〉七九「『スタジオぬえ』というイラストレーターのプロダクション(?-)で、私の『グイン・サーガ』の表紙をかいてくれている加藤直之さんはこのぬえの住人である」 発音〈標ア〉レ

いらず-やま【不入山】〘名〙はいると災厄があるという俗信のある山。各地にある。

いらせられ-まし〘連語〙(動詞「いらせられる」の連用形に、丁寧の助動詞「ます」の命令形の付いたもの)「いらっしゃいまし」に同じ。＊春酒屋漫筆(1891)〈坪内逍遙〉壱円紙幣の履歴ばなし・五「行きかよふ衣のおとなひなまめかしく春めき『いらせられまし』と迎ふる女の声つつましやかで人馴れたり」 発音〈標ア〉マ

いらせられ-ましょう(ませう) ㊀〘連語〙(動詞「いらせられる」の連用形に、助動詞「ます」「う」の付いたもの) 歌舞伎で、貴人を案内するときにしばしば用いられる表現。おはいりください。＊歌舞伎・小袖曾我薊色縫(十六夜清心)(1859)三立「『若殿様にはまづ』『いらせられませう』」＊歌舞伎・青砥稿花紅彩画(白浪五人男)(1862)序幕「『何はしかれ、姫君には』『観世音の宝前へ』〈略〉『先づ』『いらせられませう』」 ㊁〘名〙(㊀から転じて)「いらせられましょう」というせりふぐらいしか言えない端役。また、そういう役を演じる下級の役者。 発音イラセラレマショー〈標ア〉ショ

いら-せ-・られる【入―】 ㊀〘連語〙文いらせ・らる (動詞「いる(入)」の未然形に、尊敬の助動詞「す」の未然形、同じく「られる(らる)」の付いたもの)「入る」の尊敬語。おはいりになる。＊虎寛本狂言・鈍太郎(室町末-近世初)「両人共にこなたのかくやへ入らせられたと承て、とる物も取あへず出ました程に、何卒思ひ留て被下い」＊宗鏡寺外九人宛沢庵書簡-寛永一四年(1637)一一月一七日「手燭手燭と御意にて、御内へ入せられ候」＊浮世草子・傾城禁短気(1711)六・三「大臣いらせられて、『是は思ひの外せまき住居』とて、早速作事(さくじ)の指図をして」 ㊁〘自ラ下一〙文いらせら・る〘自ラ下二〙(㊀の一語化したもの。→いらっしゃる) ①「行く」「来る」の尊敬語。いらっしゃる。おいでになる。＊天草本平家(1592)四・二七「コノヤマニ ハナツミニ yraxeraretato(イラセラレタト) マウセバ」＊歌舞伎・青砥稿花紅彩画(白浪五人男)(1862)三幕「これはこれは、よういらせられましてござります」＊社会百面相(1902)〈内田魯庵〉閨閥・上「捧腹絶倒なは夜る奥様が便房(べんじょ)へ入らせらるる、必ず渠奴(きゃつ)がお伴を仰付かって恭やしく手燭を捧げて御案内仕つるのださうだ」 ②「居る」「ある」の尊敬語。補助動詞のようにも用いられる。いらっしゃる。おありになる。＊通俗書簡文(1896)〈樋口一葉〉冬「御もと様には御ちひさき方さへいらせられ候へば一しほの御忙しさ推し上候」＊火の柱(1904)〈木下尚江〉一・二「御在宅で在(イ)らせられまするか」＊痴情(1926)〈志賀直哉〉四「そちら皆々様も御きげんよく入らせられます御事と存じ升(ます)」 発音〈標ア〉0

いら-たか【苛高】(「いらだか」とも) ㊀〘形動〙かどだっているさま。ごつごつしているさま。＊白羊宮(1906)〈薄田泣菫〉零余子「片びなた醜家(しこや)の

かくれ、莿(イラ)だかの老木にそひて、項(うな)がけり、蔓の手たゆき、零余子(ぬかご)かづら」 [二]【名】「いらたかじゅず(苛高数珠)」の略。＊謡曲・葵上(1435頃)「赤木の数珠(じゅず)の苛高(いらたか)をさらりさらりと押し揉(も)んで、ひと祈りこそ祈ったれ」＊雑俳・柳多留‐一〇(1775)「いら高でおやぶん声をはり上る」＊浄瑠璃・伽羅先代萩(1785)三「印(しるし)を見せんとて又いら高を押もめば」 方言❶動物、あかまむし(赤蝮)。熊本県下益城郡930 ❷植物、じゅずだま(数珠玉)。長州†122 発音〈標ア〉0 辞書日葡・ボン 表記平高(へ)

いらたか の 数珠(じゅず・ずず) 「いらたかじゅず(苛高数珠)」に同じ。＊義経記(室町中か)七・三の口の関通り給ふ事「首に懸けたる大いらたかのじゅず取って押し揉みて」＊虎明本狂言・犬山伏(室町末‐近世初)「じゅずといっは、いらたかのじゅずではなふて、むさとしたるじゅずだまをとりあつめて」＊読本・昔話稲妻表紙(1806)二・八「最多角(イラタカ)の念珠(ズズ)を袖くくみに持、中啓の扇を把(とり)」＊木葉衣(1832)下「伊良太加数珠 伊良太加と云ふは、珠形の稜角あるをのみ云にあらず。円形の珠にても此を揉摺る音のいららかにして高く聞ゆるより、いつしか梵名を阿唎吒迦の音を転じて、伊良太加の数珠とも呼来れるものにして」

いらたか‐あじ ぢぁ【苛高鰺】〘名〙魚「まあじ(真鰺)」の異名。＊和漢三才図会(1712)五一「棘高(イラタカ)鰺 大三四寸皮厚刺硬作〓最為下品」 辞書言海 表記刺高鰺(言)

いらたか‐ごえ ゑ..ご【苛高声】〘名〙とがった高い声。ふきげんな大声。＊琵琶・平野の最後(1900‐40頃)「放つと思へばこは如何に、平野国臣止まれと、苛高声(イラタカゴヱ)に呼(よば)はったり」

いらたか‐じゅず【苛高数珠】〘名〙(「いらたか」は、高くかどばった意ともいう)そろばんの玉のように平たく、かどが高くて、粒の大きい玉を連ねた数珠。修験者が用いるもので、もむと高い音がする。いらたかのじゅず。いらたかずず。いらたか。＊太平記(14C後)二・長崎新左衛門尉意見事「山臥大に腹を立て〈略〉澳(おき)行く船に立ち向かって、いらたか誦珠(シュス)をさらさらと押揉(おしもみ)て」＊日葡辞書(1603‐04)「Iratacajuzuuo (イラタカジュズヲ) ヲシモム」＊浄瑠璃・女殺油地獄(1721)中「いで一いのりと錫杖(しゃくじゃう)ふり立、いらたかじゅずさらりさらりと押もんだり」＊談義本・八景聞取法問(1754)一・疱瘡の寄の跡「亭主と頬摺する時は、いらたか珠数(ジュズ)をするやうで笑止千万」 発音〈標ア〉カ 辞書日葡

苛高数珠

いらたか‐ずず【苛高数珠】〘名〙「いらたかじゅず(苛高数珠)」に同じ。＊法体装束抄(1396)「念珠、まろずずなり。鈍色の時は、いらたかずすをば持たず」＊書言字考節用集(1717)七「平形金珠 イラタカズズ 又作二最多角一」＊読本・昔話稲妻表紙(1806)二・七「平形金珠(イラダカズズ)をおしもみて、呪文をとなふれば」 辞書書言・言海 表記平形金珠・最多角金珠(書) 苛高数珠(言)

いらだか‐はだ【莿高膚】〘名〙なめらかでなく、ごつごつと、割れ目のある膚。＊白羊宮(1906)〈薄田泣菫〉心げさう「莿高膚(イラダカハダ)の阿利襪樹(オリイブ)の根に散りぼひし」

いら‐たけ【小笋】〘名〙語義未詳。小さく鋭い若竹をいうか。または、竹の子か。＊文明本節用集(室町中)「小笋 イラタケ」 辞書文明 表記小笋(文)

いらだた。し【苛立】〘形シク〙⇨いらだたしい(苛立)

いらだたし・い【苛立】〘形口〙文いらだた。し〘形シク〙(動詞「いらだつ(苛立)」の形容詞化)あせって心に余裕がない感じである。思うようにいかない事や、不快な事などのため感情がたかぶっている。また、人の気持をいらいらさせるような物事のさまである。＊名語記(1275)一〇「いらたたし、如何」＊偸盗(1917)〈芥川龍之介〉一「太郎は、日にやけた顔に、いら立たしい色を浮べながら、話頭を転じた」＊実朝(1943)〈小林秀雄〉「何か苛立たしいもの、苛立たしさにじっと堪へてゐるものさへ感じられるではないか」 発音イラダタシイ〈標ア〉シ

いらだたし‐げ【苛立―】〘形動〙(形容詞「いらだたしい」の語幹に、接尾語「げ」の付いたもの)思うようにいかないことや不快なことなどのため、いかにも感情がたかぶっているように見えるさま。＊新西洋事情(1975)〈深田祐介〉フランス式「蛙思考」のふしぎ「白髪の下の顔を真赤にして椅子にすわりこみ、いらだたしげに平手で膝を叩いている」 発音イラダタシゲ〈標ア〉シ

いらだたし‐さ【苛立―】〘名〙(形容詞「いらだたしい」の語幹に、接尾語「さ」の付いたもの)思うようにいかないことや不快なことなどのため、気持がたかぶっていること。人をいらいらさせるような感じ。また、その度合。＊生れ出づる悩み(1918)〈有島武郎〉三「陥穽(おとしあな)にかかった獣のやうな焦躁(イラダタシ)さを感じて」＊家族会議(1935)〈横光利一〉「高之は清子のいら立たしさには気付かぬ風に」 発音〈標ア〉タ

いらだた・す【苛立】〘他サ五(四)〙「いらだてる(苛立)」に同じ。＊道程(1914)〈高村光太郎〉戦闘「自動車の臭い瓦斯が私を一層苛(イラダ)たした」 発音〈標ア〉タ

いら‐だち【苛立】〘名〙(動詞「いらだつ(苛立)」の連用形の名詞化)思うようにいかないことや不快なことのために、気持がたかぶること。あせってじりじりすること。＊小公子(1890‐92)〈若松賤子訳〉前編・四「老侯は憤怒と、性急(イラダチ)と、痛症(つうしゃう)とにて、苦しげに太い息をつき」＊悪魔(1903)〈国木田独歩〉八「空しき言葉なるかな。斯く書しつつ我心の焦(イラ)だちを覚ゆるなり」＊夜と霧の隅で(1960)〈北杜夫〉五「隙間風のように、かすかないらだちがつきまとっていた」 発音〈標ア〉0〈京ア〉0

いら‐だ・つ【苛立】[一]〘自タ五(四)〙①とげや毛が一面に立つ。＊玉塵抄(1563)四七「日のくれて山の端えをつる時分さむい毛いらだった馬に駄てもどるぞ」②(思うようにいかなかったり、不快なことがあったりして)気持がたかぶる。あせってじりじりする。いらいらする。じれる。いらつ。＊読本・南総里見八犬伝(1814‐42)一・四回「日数もけふを限りと思へば、こころ頻に焦躁(イラダツ)のみ」＊二人比丘尼色懺悔(1889)〈尾崎紅葉〉戦場「一言の答なければ、苛(イラダ)ちて」＊日本橋(1914)〈泉鏡花〉一九「も一度名刺入を出して中を苛立(イラダ)って掻廻したが」[二]〘他タ四〙不快な刺激などで気持をたかぶらせる。いらいらさせる。＊宝の山(1891)〈川上眉山〉五「妖魔はこの体に気を焦燥(イラ)だち、妨げされては安からじと」[三]〘他タ下二〙⇨いらだてる(苛立)。 発音〈標ア〉ダ〈京ア〉0 辞書ボン・言海 表記苛立(へ・言)

いら‐だて【苛立】〘名〙(動詞「いらだてる(苛立)」の連用形の名詞化)気持をたかぶらせて余裕のないこと。あせってじりじりすること。＊浄瑠璃・心中宵庚申(1722)中「軽(かる)はどこに来て聞かぬか、我伽(とぎ)せぬかうせぬかと、せはしく老(おゐ)の気のいらだて」＊浄瑠璃・源頼家源実朝鎌倉三代記(1781)三「昔にかへる晴小袖、嗜置(たしなみおき)しを取てこい早ふ、早ふといらだてに」

いら‐だ・てる【苛立】〘他タ下一〙文いらだ・つ〘他タ下二〙不快な刺激などで気持をたかぶらせる。いらいらさせる。いらだたす。＊路上(1919)〈芥川龍之介〉八「この香気が彼の騒ぐ心を一層苛立(イラダ)てて行くやうな気がしてならなかった」＊異郷(1973)〈加賀乙彦〉「その自信のなさが不意に彼を苛立てた」 発音〈標ア〉テ〈京ア〉0

いらち【苛】〘名〙(形動)(動詞「いらつ(苛)」の連用形の名詞化)落ち着きがなく、あわただしいこと。せっかち。性急。また、そういう人やさま。＊浮世草子・本朝二十不孝(1686)五・二「名のある八人の大上戸ここにあつまる。〈略〉早意(イラチ)の久左衛門、九日の菊兵衛」＊浄瑠璃・狭夜衣鴛鴦剣翅(1739)一「こなたは色にいらちの大将。たはいないしにきをうばはれ」＊歌舞伎・五大力恋緘(1793)一幕返し「こちの旦州(だんしう)は短気(イラチ)ぢゃ程に、早う拵へて居いえ」＊歌舞伎・櫓太鼓鳴音吉原(1866)四幕「いつもいらちな師匠ゆゑ、気を揉んで参りました」 方言福井県大飯郡447 滋賀県彦根・蒲生郡612 京都市621 大阪府大阪市637 泉北郡646 兵庫県赤穂郡661 加古郡664 和歌山県690 徳島県811

いらち‐ざけ【苛酒】〘名〙気がいらだつのをまぎらすために飲む酒。やけ酒。＊歌舞伎・傾城壬生大念仏(1702)上「酒をのむにも色々が有。〈略〉あるひはいらち酒の、しんき酒の、わざくれ酒のといふ」

いらち‐じょうご ..ジャウゴ【苛上戸】〘名〙酒に酔うといらだつ癖のあること。また、その人。怒(おこ)り上戸。いれじょうご。＊俳諧・犬居士(1690)「待人の顔見るまでは落つかず〈虚風〉 いらち上戸はいげちなきもの〈鬼貫〉 晴てのくてらてら雨の夕紅葉〈文十〉」

いら・つ【苛】[一]〘自タ四〙「いらだつ(苛立)[一]」に同じ。＊大観本謡曲・熊坂(1514頃)「互にかかるを待ちけるが、いらって熊坂早足を踏み」＊仮名草子・仁勢物語(1639‐40頃)上・一「むかし人は、かくいらちたる飲みやうをなんしける」＊仁説問答師説(1688‐1710)宝永三年講「仁者は本心自然に安じて、いらつこともせはしいこともなく」＊浄瑠璃・壇浦兜軍記(1732)四「年寄は気がいらつ、今日中にしまってくれい」＊龍潭譚(1896)〈泉鏡花〉躑躅が丘「われは足踏して心いらてり」[二]〘他タ四〙①「いらだつ(苛立)[二]」に同じ。＊浄瑠璃・平仮名盛衰記(1739)四「様子が有ふ子細を語れと気をいらてば」＊内地雑居未来之夢(1886)〈坪内逍遙〉一二「長き航海の途の程には、扨(さて)も色々に用事をこしらえ、自ら気をいらつが常なるかな」＊浮雲(1887‐89)〈二葉亭四迷〉三・一九「時には気を焦(イラ)ッて、聞えよがしに舌皷など鳴らして聞かせる事も有る」②(あせって物事を)急がせる。＊歌舞伎・千歳曾我源氏礎(1885)二幕「急ぐとすれば雪道に、足の運びをいらちつつ、御前へこそは進みける」[三]〘他タ下二〙(「いらづ」とも)物事を早くするよう急がせる。せきたてる。＊平家(13C前)一・殿下乗合「『なに者ぞ、狼藉なり。御出のなるに、のりものよりおり候へ、おり候へ』といらてけれども」＊太平記(14C後)四・笠置囚人死罪流刑事「近江の柏原にて切り奉るべき由、探使襲来(たんしゅうらい)していらでければ」＊玉塵抄(1563)四九「詞はいらづるとよむぞ」 語誌「いら」は本来的には「苛〈以良〉小草生刺也」〔二十巻本和名抄〕と見えるように草の刺(とげ)をいう。イラクサなどのとげに刺されたときの皮膚感覚を、一般に心的な解決しがたい悩み、苦しみ、焦り等に移したもの。 方言❶いらいらする。気がせく。焦る。岐阜県養老郡498 三重県松阪市584 志摩郡585 滋賀県彦根609 蒲生郡612 京都市621 兵庫県加古郡664 神戸市665 和歌山市691 岡山市054 徳島県811 美馬郡816 ◇いらちもむ〔―揉〕 和歌山県東牟婁郡704 ❷急ぐ。福井県大飯郡448 三重県松阪市584 南牟婁郡603 滋賀県607 和歌山県日高郡690 ❸慌てる。◇いらす 岩手県気仙郡103 発音〈標ア〉ラ 辞書ボン・言海 表記苛(へ・言)

いら‐つ‐きみ【郎君】〘名〙「いらつこ(郎子)」に同じ。＊釈日本紀(1274‐1301)一八「坂田耳子(さかたのみみこ)郎君 イラツキミ」

いら-つ・く【苛―】〘自カ五(四)〙(「つく」は接尾語)①(思うようにいかなかったり不快なことがあったりして)気持がたかぶる。いらいらする。いらだつ。＊浄瑠璃・新版歌祭文(お染久松)(1780)油屋「静にしても詮義はなるとぎっくり詞の角屋敷納めた後家に、いらつく佐四郎、『ヤアそりゃお勝殿贔屓(ひいき)のさばきじゃ』」＊改正増補和英語林集成(1886)「ムネガ ira-tsuku(イラツク)」＊妻(1908-09)〈田山花袋〉一六「筆を取っても気が乗らず〈略〉神経が常にイラツいて居る」＊行人(1912-13)〈夏目漱石〉友達・三〇「自分は此死んだやうな静かさのために、却て神経を焦(イ)らつかせて、『あの女』の室から三沢の出るのを待ちかねた」②(江戸時代の米市場の用語)米の相場がじりじりと上がるのをいう語。＊大坂繁花風土記(1814)米方通言「いらつく。ぢりぢり高い」 方言 ❶いらいらする。気がせく。焦る。兵庫県神戸市670 和歌山県新宮702 東牟婁郡704 ❷皮膚などに刺激を感じる。和歌山県新宮「あせもがいらつく」702 辞書 〈ボン 表記 苛着(へ)

いら-つ-こ【郎子】〘名〙上代、男子に対する親愛の情をこめた称。いらつきみ。↕郎女(いらつめ)。＊書紀(720)仁徳即位前(前田本訓)「時に太子(ひつきのみこ)、菟道(うちの)稚郎子(わかイラツコ)、位を大鷦鷯尊に譲りて、未即帝位(あまつひつきしろしめさす)」＊万葉(8C後)五・八七一右詞文「大伴佐提比古郎子、特被二朝命一奉二使藩国一」 語誌「いらつめ(郎女)」と対の語で、「いら」は「いろも」「いろせ」「かぞいろ」など特別な親愛関係を示す「いろ」と関係があり、「つ」はもと、連体修飾の助詞。「いらつめ」と同様、何らかの身分について用いられた一種の敬称と思われるが、平安時代には衰えた。 語源説 (1)イラはイロエ、イロハなど同母の血縁を表わすイロと関係があり、ツは連体修飾の助詞〔時代別国語大辞典=上代編〕。(2)イラは、首長を意味するアリの転。イラツコはアリの子の義で、敬称に用いられた〔日本古語大辞典=松岡静雄・万葉集=日本古典文学大系〕。(3)イロツコ(色子)の義。イロ(色)はわかい意、ツは助語〔和訓栞〕。イロツコ(色之子)の転〔大言海〕。 発音〈標ア〉ラ ツ 辞書 言海 表記 郎(言)

いらっしゃい ①(「いらっしゃいまし(ませ)」の略)「いらっしゃる」の命令・要求表現。おいでなさい。補助的にも用いる。＊人情本・清談若緑(19C中)三・一六回「サア御膳が出来ましたから、一膳召上って入らっしゃい」＊浮雲(1887-89)〈二葉亭四迷〉一・三「淋敷(さみしく)ってならないから些(ちっ)とお噺しに入(イラ)っしゃいな」②人が来たとき、歓迎の気持を表わすあいさつの言葉。＊洒落本・仮根草(1796か)三子草庵結夢「『ヤいらっしゃひ』とおきなをる」＊当世書生気質(1885-86)〈坪内逍遙〉二「筋違(すぢかひ)の方へあと戻りして、白梅といふ寄席(よせ)へはいる。(札番)いらっしゃい」＊行人(1912-13)〈夏目漱石〉友達・一四「其宿には玄関も何もなかった。這入っても入らっしゃいと挨拶に出る下女もなかった」 補注「いらっしゃい」「いらっしゃいまし」の②の用法、人を迎えるあいさつの言葉は、「よく来た」などにあたる敬語表現「ようこそいらっしゃいました」などの簡略形か。「いらっしゃいませ」の②は、①の命令表現との混用であろう。 発音〈標ア〉シャ〈京ア〉ツ

いらっしゃい-まし〘連語〙(動詞「いらっしゃる」の連用形のイ音便に、丁寧の助動詞「ます」の命令形の付いたもの)①「いらっしゃい①」の丁寧な表現。＊人情本・英対暖語(1838)四・二〇章「マア二階へ被為入(イラッシャイ)まし。出してお目にかけますから」＊青年(1910-11)〈森鷗外〉四「『往っても好くって』『ええええ。あちらから廻って入(イ)らっしゃいまし』」②あいさつのことば。「いらっしゃい②」の丁寧な表現。＊人情本・春色梅児誉美(1832-33)初・六齣「うなぎや『いらっしゃいまし。お二階へいらっしゃいまし』」＊当世書生気質(1885-86)〈坪内逍遙〉二「牛店夫(ぎうや)被入(イラッ)しゃいまし、の声と共に、両人二階へ上る」＊青年(1910-11)〈森鷗外〉四「おや、入(イ)らっしゃいまし」 補注 →「いらっしゃい」の補注。 発音〈標ア〉マ〈京ア〉マ

いらっしゃい-ませ〘連語〙(動詞「いらっしゃる」の連用形のイ音便に、丁寧の助動詞「ます」の命令形の付いたもの)①「いらっしゃい①」の丁寧な表現。＊洒落本・駅舎三友(1779頃)茶屋「『サアいらっしゃいませ』『行(ゆく)べし行べし』ト三人打つれ出る」②あいさつのことば。「いらっしゃい②」の丁寧な表現。＊雪中梅(1886)〈末広鉄腸〉下・八「オヤ入らっしゃいませ。〈略〉今日はお出でにならふかと思ってお待ち申して居りました」＊驟雨(1924)〈岸田国士〉「茶を運んで来る『いらっしゃいませ』」 補注 →「いらっしゃい」の補注。 発音〈標ア〉マ〈京ア〉マ

いらっしゃ・る〘自ラ五(四)〙(「いらせらる」が変化して、四段化したもの)㊀「入る」の尊敬語から転じた、「行く」「来る」「居る」の意の尊敬語。おいでになる。①「行く」の尊敬語。＊洒落本・廓通遊子(1798)発端「すぐに御二階へいらっしゃりまし」②「来る」の尊敬語。＊洒落本・廓通遊子(1798)発端「どなたもよふいらっしゃりました。きつひ御見かぎりでござります」＊滑稽本・浮世風呂(1809-13)二・上「お客様の入(イ)らっしゃる度(たび)に、此子を御吹聴遊ばすさうでござります」＊人情本・英対暖語(1838)四・二一章「被為入(イラッシャッ)て被下(くださら)なひと、私(わちき)ばかりか母人(おっかあ)がお案じ申て、夜もろくろく臥(ふせ)りませんものヲ」③「居る」の尊敬語。＊洒落本・南門鼠(1800)「今日はお宿にいらっしゃりますか」＊人情本・花筐(1841)五・二六回「此の頃はよくお前さん、お宅(うち)にばっかり入らっしゃいますネ」＊浮雲(1887-89)〈二葉亭四迷〉一・一「何時(いつう)かもお客様のいらっしゃる前で」＊桑の実(1913)〈鈴木三重吉〉五「お母さまのいらっしゃらない小さい坊ちゃんは、もうおくみにお馴れになって」㊁補助動詞として用いられる。動作、作用、状態の継続・進行の意で、その動作の主に当たる人に対する尊敬を表わす。江戸期では主として女性用語。㋑動詞の連用形に、助詞「て(で)」を添えた形に付く。「ている」の尊敬語。＊洒落本・角雞卵(1784か)後夜の手管「『粂といふが、こんやきてるだろう』『ハイきていらっしゃいます』」＊人情本・春色恵の花(1836)初・二回「どうして知っていらっしゃるへ」＊当世書生気質(1885-86)〈坪内逍遙〉二「妾(わたい)が時計を取あげたもんだから、屹度(きっと)腹をたって居(ヰ)らっしゃるんだヨ」㋺形容詞の連用形、またはそれに助詞「て」を添えた形に付く。＊人情本・花筐(1841)五・二六回「マア御機嫌よくって入らっしゃるのでございませうネ」＊小猫(1891-92)〈村井弦斎〉鮫の餌食「貴郎(あなた)は何でも海の事にお委(くわ)しく被在(イラッシャ)るが」＊多情多恨(1896)〈尾崎紅葉〉前・三・二「然(さ)ぞお寂(さみ)しくてゐらっしゃいませう」㋩動作性、状態性の名詞、または形容動詞語幹(いずれも主として敬意の接頭語の付いたもの)に、「で」または「に」を添えた形に付く。「である」の尊敬語。＊人情本・英対暖語(1838)二・一一章「アレもう貴君(あなた)は平気でいらっしゃるヨ。お憎らしい」＊人情本・花筐(1841)初・六回「貴郎(あなた)お鶴さんの手跡(おて)は、御存じで入らっしゃいませうのに」＊滑稽本・八笑人(1820-49)四・追加下「あなたさまには何角(なにかと)御多用に入(イ)らっしゃりませう」＊人情本・春色江戸紫(1864-68頃)三・一七回「男世帯で被為入(イラッシャ)っては何かに御不自由でもございませうから」＊火の柱(1904)〈木下尚江〉一七・一「阿父(おとっさん)は屈指の紳商で在(イラ)っしゃるのですから」 語誌 (1)上方からでなく、江戸で生じたとされるが、江戸期では江戸でも例は少なく「おいでなさる」「…なさる」の方が有力である。ただ「滑稽本・浮世風呂-二・上」に言語使用者の品格のよさを印象づける例があり、敬意の高いことばであったことがうかがえる。(2)明治期には二〇年代以降小説に多用されるようになり、明治末期から大正期にかけて、数量的にも用法的にも、ほぼ現在と同じような情況が出来上がっていたとみられる。(3)命令形が「いらっしゃい」となること、助動詞「ます」に続くとき「いらっしゃい」の形が現われること、「ます」の命令形「まし」「ませ」が直接付くことなどから、同様の形式をもつ「なさる」「おっしゃる」「くださる」とともに、特別ラ行四段活用とか、ラ行変格活用と呼ぶ意見もある。→いらっしゃい。(4)「た」「て」に続くとき、「いらっしっ」「いらしっ」「いらっし」「いらし」などの形をとる場合がある。「今日はどっちへいらっしったへ」〔洒落本-猫謝羅子〕、「仮名家(かなや)さまへ入(イ)らしって」〔人情本・清談若緑-三・一六回〕、「何処へいらしたか存んじません」〔花間鶯〈末広鉄腸〉中・八〕、「実家(さと)の方から絶交されて入らっしたのであった」〔桑の実〈鈴木三重吉〉二〕など。(5)誤って「居る」に類推して、「ゐらっしゃる」と表記されたものも見られる。(6)「ていらっしゃる」が「てらっしゃる」となる場合もある。「待ってらっしゃいましよ」〔桑の実〈鈴木三重吉〉〕など。 発音〈標ア〉シャ〈京ア〉0 辞書 〈ボン 表記 被為入(へ)

いら-つ-ひめ【郎姫】〘名〙「いらつめ(郎女)」に同じ。＊書紀(720)応神二年三月(北野本訓)「菟道(うぢの)稚郎姫(わかイラツヒメの)皇女(ひめみこ)」

いら-つ-め【郎女・郎姫】〘名〙上代、女子に対する親愛の情をこめた称。いらつひめ。↕郎子(いらつこ)。＊書紀(720)景行二年三月「一に云はく、稲日稚郎姫といふ。郎姫、此をば異羅菟咩(イラツメ)と云ふ」＊続日本紀-天平宝字三年(759)六月一六日・宣命「藤原の伊良豆売(イラツメ)をば母となも念ほす」 語誌「古事記」「万葉集」などでは「郎女」「女郎」「嬢」などと表記する。多く、どこの(何家の)という限定とともに用いられ、単独例は少ない。また、用法において、一般に「をとめ」より身分、才能、人格などの点ですぐれた女性に対して用いられるという。→「いらつこ(郎子)」の語誌。 発音〈標ア〉ラ ツ 辞書 言海 表記 娘(言)

いらど・し【苛】〘形ク〙無慈悲である。残酷である。むごい。＊改正増補和英語林集成(1886)「Iradoki, ku, shi イラドシ 苛」

いら-な【刺菜】〘名〙植物「ちりめんな(縮緬菜)」に同じ。＊重訂本草綱目啓蒙(1847)二二・菜「花芥は いらな葉微紫色周辺に細砕欠刻多し」 方言 植物、いらくさ(刺草)。富山県東礪波郡402 発音〈標ア〉ラ 辞書 言海 表記 刺菜(言)

いらな〘名〙鎌。＊混効験集(1711)下「すへん 鎌の事 いらなとも云」 方言 沖縄県975 993 996 ◇**いらら** 沖縄県与那国島996 ◇**いざら・いいあら** 沖縄県宮古島975 ◇**いんら・いんだ** 沖縄県島尻郡975 ◇**いなあら** 沖縄県国頭郡975

いら-ない【要―】〘連語〙(動詞「いる(要)」に打消の助動詞「ない」の付いたもの。連体詞のように用いられる)「いらぬ(不要)」に同じ。＊漂泊(1907)〈石川啄木〉一「君の御母さんの事を思へばこそ、不要(イラナイ)事も云へば、不要心配もするといふもんだ」 発音〈標ア〉0

いらなけ-く【苛―】(形容詞「いらなし」のク語法)心痛く。いたましく。＊古事記(712)中・歌謡「伊良那祁久(イラナケク) そこに思ひ出 愛(かな)しけく ここに思ひ出 い伐(き)らずそ来る 梓弓(あづさゆみ) 檀(まゆみ)」＊書紀(720)仁徳即位前・歌謡「末辺は 妹を思ひ出 伊羅那鶏区(イラナケク) そこに思ひ 愛しけく ここに思ひ」＊万葉(8C後)一七・三九六九「痛けくの 日に異(け)にませば かなしけく ここに思ひ出 伊良奈家久(イラナケク) そこに思ひ出〈大伴家持〉」 語源説 (1)イラナクの義。ナクは助語〔答問雑稿〕。または、

イラナゲク（苛嘆）〔和訓栞〕。(2)ウラナケクの転で、うらかでないことをいう〔日本古語大辞典＝松岡静雄〕。 発音〈京ア〉ケ 上仮名 イラナケク

いら-な-さ【苛―】〔名〕（形容詞「いらなし」の語幹に、接尾語「さ」の付いたもの）状態がはなはだしいこと。態度が大げさであること。心苦しいこと。また、その度合。＊享保版十訓抄（1252）一・女房美作非常時作模体事「いらなさも折りによるべき物なり」

いら-な・し【苛】〔形ク〕ことごとしい、かどだっている、の意を表わす。①強い。荒い。鋭い。物の状態についていう。＊打聞集（1134頃）鳩摩羅仏盗事「夜昼留ることなくいらなうたへがたく嶮しき道を往く」＊宇治拾遺（1221頃）一〇・六「さて明暮はいらなき太刀をみがき、刀をとぎ、つるぎをまうけつつ」②大げさである。ことごとしい。わざとらしい。態度や動作についていう。＊大鏡（12C前）二・時平「この史、文刺に文はさみて、いらなくふるまひて、このおとどにたてまつるとて」＊徒然草（1331頃）五四「数珠（ずず）おしすり、印ことごとしく結び出でなどして、いらなくふるまひて」＊浄瑠璃・つれづれ草（1681）三「いらなく数珠（じゅず）を押しもめば」③心苦しい。心が痛むさまである。精神的状態についていう。＊東大寺諷誦文平安初期点（830頃）「父公が楚（イラナキ）目は見せじとしたまひし」④ひどい、はなはだしい。程度についていう。＊大和（947-957頃）一六八「后の宮もいといたう泣きたまふ、さぶらふ人々もいらなくなむ泣きあはれがりける」＊宇治拾遺（1221頃）一〇・六「まことにえも言はず大なる猿の、たけ七八尺ばかりなる、顔と尻とは赤くして、むしり綿を着たるやうにいらなく白きが」 補注(1)「いら」は刺（とげ）の意の「いら」と同根。(2)「いらなし」の「なし」は、「…のような状態である」の意のク活用形容詞を作る形容詞語尾で、「あぢきなし」「いときなし」「かたじけなし」の「なし」と同じ。 発音〈標ア〉ラ〈ア史〉平安○○○◐ 辞書言海

いら-なみ【苛波】〔名〕せかせかといらだっているように見える波。波頭がしきりに白く泡だっている波。＊暗夜行路（1921-37）〈志賀直哉〉二・二「海水が東へ東へと、落ちつきなく苛波を立て立て流れて居る事などが、一寸不思議に思へた」

いら-ぬ【不要】〔連語〕（動詞「いる（要）」に打消の助動詞「ず」の連体形「ぬ」の付いたもの。連体詞のように用いられる）不必要な。よけいな。無益な。いらざる。いらない。＊寛永刊本蒙求抄（1529頃）九「これはここにはいらぬ事なれども、雅番の事をついでにたたすぞ」＊虎寛本狂言・花折（室町末-近世初）「『戻る成らば土産を進じませう』『夫は入らぬ物で御座る』」＊浄瑠璃・丹波与作待夜の小室節（1707頃）上「母でも子でもないならば、病まふと死なふといらぬおかまひ」＊雑俳・柳多留拾遺（1801）巻一九「いらぬ事などとしかるが主の礼」＊野菊の墓（1906）〈伊藤左千夫〉「此母が年甲斐もなく親だてらにいらぬお世話を焼いて、取返しのつかぬことをして了った」 発音〈なまり〉イラネー〔埼玉方言〕エラン〔富山県〕〈標ア〉0

いらぬ＝おせせの［＝お世話（せわ）の］蒲焼（かばやき）（「蒲焼」は「世話を焼く」に掛けて面白く表現したもの。「おせせ」は「おせわ」を幼児語のように表現したもの）不必要に出しゃばること。おせっかいをすること。＊滑稽本・風来六部集（1780）飛だ噂の評「してやんしてどふしゃうと、やっさもっさぺんぺこぺん、いらぬおせせのかばやき也」＊滑稽本・浮世床（1813-23）初・下「ワアイ笑って遣れヱ、いらぬおせせの樺焼（カバヤキ）やい」

いらぬ事（こと）とて木（き）でした茶臼（ちゃうす）（「木でした」と「気でした」とを掛け、茶臼は木製では役に立たないところから）不要なことであったとはいえ、善意でやったのだという意。いかぬ事とて木でした茶臼。＊譬喩尽（1786）一「不入事（イラヌコト）とて造木茶臼（キデシタチャウス）じゃ」

いらぬ左平次（さへいじ）「いらざる（不要）佐平次」に同じ。＊滑稽本・浮世床（1813-23）初・中「駕籠の衆掛声をせんかいといふたら跡な奴めがナ、掛声して能（よ）けりゃこちでする、いらぬ左平次（サヘイジ）ぢゃといふ様な事いふたはい」

いらぬ法界（ほうかい）（「法界」は「法界悋気（ほうかいりんき）」の略）関係のない者のいらないやきもち。よけいなおかやき。＊評判記・吉原人たばね（1680頃）ゑもん「ことに床のおもはくも、一入の御中、いらぬほうかいなれど、ゑにしむすぶ、腹立か腹立か」

いらぬ仏（ほとけ）の持重（もちおも）り 信仰心のない人が不用のものとして仏像を持ち運ぶと、持っているうちにだんだんと重さが加わってくるように感じられるの意。また、重いものをののしるときにもいう。＊浄瑠璃・善光寺御堂供養（1718）四「重畳の人質と走かかって引のくるにあがらばこそ、ヤアいらぬ仏の持おもり」

いらばか・す〔他サ四〕ひやかす。からかう。あざける。＊日葡辞書（1603-04）「Irabacaxi, su, aita（イラバカス）〈訳〉あざける、または愚弄する。卑語。カミ（上方）ではセビラカスと言う」 方言❶嘲弄（ちょうろう）する。からかってじらす。高知県幡多郡870 大分県938 939 鹿児島県963 970 ◇いらまかす 岡山県759 762 768 広島県芦品郡776 ❷見せびらかす。高知県860 ❸必要以上に赤ん坊をあやしたり、人をおだて上げたりする。愛媛県宇和島840 ❹いらいらさせる。嫌がらせる。愛媛県840 ❺たぶらかす。だます。大分県938 939 ◇いらびかす・いらぶかす 大分県939 941 ◇いらべかす 大分県北海部郡941 ◇いらうかす 大分県大分市・大分郡941 ❻小言を言ってしかる。また、せきたてて言う。島根県出雲725 ❼いじめる。香川県小豆島829 辞書日葡

いら-ひど・い【苛酷】〔形口〕文いらひど・し〔形ク〕たいへんにひどい。苛酷（かこく）である。無慈悲である。また、そのような人をもさしていう。＊玉塵抄（1563）一二「西門豹はせいがへんきうにしていらひどいぞ」＊日葡辞書（1603-04）「Irafidoi（イラヒドイ）〈訳〉熱狂的で、細心で、いらいらする人」＊書言字考節用集（1717）八「刻急 イラヒドシ」＊談義本・教訓雑長持（1752）五・福神の教を受けて金持と成りし事「あの向の、からし屋の小兵衛といふ人は、大分いらひどいわろじゃ」＊雑俳・柳多留-一〇（1775）「いらひどい玉づさの来る大三十日」＊読本・近世説美少年録（1829-32）一・七回「僦賃（やどせん）なんども常に変りて債（はた）ること苛刻（イラヒド）く」 方言 厳しい。しんらつだ。大分県宇佐郡939 ◇いらひじ 鹿児島県肝属郡970 辞書日葡・書言・言海 表記 刻急（書）

いらひど-さ【苛酷―】〔名〕（形容詞「いらひどい」の語幹に、接尾語「さ」の付いたもの）たいへんなひどさ。はなはだしく無慈悲なこと。また、その度合。＊雑俳・柳多留-一一（1776）「弁けいは書置迄のいらひどさ」

いらぼ【伊良保・伊羅保】〔名〕高麗茶碗の一つ。李朝時代に焼かれ、桃山時代に伝わる。表面がざらざらしていて小石を含み、黄色っぽい釉（うわぐすり）をかけたもの。茶人に珍重される。＊仮名草子・似我蜂物語（1661）中「河原かぶき子いらぼの茶わん」＊洒落本・文選臥坐（1790）東北の雲談「井戸、判司、棘肬（イラホ）、三嶋手、和物では藤四郎の楽で朝四郎」＊洒落本・廓通遊子（1798）「さるところに千草いらぼが出やしたといふから、それを見に此近所まで来やした」 語源説 朝鮮の地名からか。また、イライボ（苛疣）の約か〔大言海〕。 発音〈標ア〉0 辞書言海 表記 伊良保（言）

いら-ほが〔名〕（「いりほが（入穿）」の変化した語か）穿鑿（せんさく）にすぎること。＊政基公旅引付-文亀元年（1501）五月二七日「当時之儀に重々なるいらほかは訴訟無益之故成此災也」

いら-ぼし【苛星】〔名〕兜（かぶと）の星の先がとがったもの。いがぼし。稜威星（いつぼし）。＊類聚名物考（1780頃）武備部一・甲冑「稜威星 いらぼし いがぼし一名」

いらぼ-やき【伊良保焼】〔名〕朝鮮産の伊良保を模造した、肥後国（熊本県）水口に産した陶器。＊渡辺幸庵対話（1711）「いらぼ焼の茶碗は、肥後に水口と云所あり。此に大木の楠木有り。此からほこの中より水湧出る。此水にてあなたの土をこねて焼なり」 発音〈標ア〉0

いらまかす〔動〕方言 ⇩いらばかす

いらみ〔名〕方言❶子供のおもちゃにする小さな貝。細螺（きさご）。岐阜県飛騨502 愛知県尾張567 ◇えらみ 岐阜県大垣市512 ◇よらみ 愛知県名古屋市・西尾市062 ◇よらめ 岐阜県恵那郡514 愛知県西尾市062 ◇いらみき 岐阜県飛騨502 ◇ゆらめき 岐阜県養老郡498 ❷細螺（きさご）でする遊び。おはじき。岐阜県飛騨502 ◇えらみ 愛知県知多郡570 ◇よらめ 愛知県549 ◇いらみき 岐阜県飛騨502 ◇いらみこ 岐阜県郡上郡504 愛知県西春日井郡549 ◇よらみこ・よらめこ 愛知県名古屋市549 ❸植物、かや（茅）。長州†122

いらみこ〔名〕方言 ⇩いらみ

いら-むし【刺虫】〔名〕イラガの幼虫。体長二・五センチメートルぐらいの緑、青、紫、黄の模様のある美しい毛虫で、柿、梨などの葉を食べる。背面にある刺毛に刺されるとひどく痛む。《季・秋》＊享和本新撰字鏡（898-901頃）「蛓 伊良虫」＊玉塵抄（1563）一八「蜎はここらに云ふいら虫のことかちっともさわればいら毛をたつるぞ」＊俳諧・新季寄（1802）七月「生類 蛅蟖（イラムシ）」 方言 虫、けむし（毛虫）。兵庫県氷上郡052 加古郡664 愛媛県840 発音〈標ア〉ラ〈京ア〉イ 辞書字鏡・名義・日葡・書言・〈ボン〉・言海 表記 蛓（字）螌（名）蛅蟖（書・ヘ）刺蟲（言）

いら-むし【苛蒸】〔名〕いらいらするほどむし暑いこと。ひどくむし暑いこと。「八月のいらむし」

いらむし-が【刺虫蛾】〔名〕「いらが（刺蛾）」に同じ。 発音イラムシガ〈標ア〉シ

いら-め・く【苛―】〔自カ四〕（「めく」は接尾語）①物事の様子、状態がかどだつ。とがって見える。＊宇治拾遺（1221頃）一一・一〇「たけ七尺の鬼〈略〉むね骨は、ことにさし出でて、いらめき」＊塵袋（1264-88頃）六「石のかどなどのいらめきたるは、手にとるも手きれ」②身体にむずがゆさ、もしくは刺痛を感じる（日葡辞書（1603-04））。 辞書日葡・言海

いら-もみ【刺樅】〔名〕マツ科の常緑高木。本州の中部および関東地方に分布。高さ二〇～二五メートル、直径一メートル以上に達する。樹皮は黒褐色。葉は堅く、長さ一～二センチメートルのやや湾曲した線形で先は鋭い。球果（きゅうか）は長さ五～九センチメートルあり、一〇月頃熟す。材は堅く、器具、建築、製紙に用いる。まつはだ。くろとうひ。学名はPicea bicolor 発音〈標ア〉ラ

いら・ゆ【応・答】〔自ヤ下二〕（ハ行下二段動詞「いらう（ふ）」から転じて、室町時代頃から用いられたもの。多くの場合、終止形は「いらゆる」）「いらう（応）」に同じ。＊運歩色葉（1548）「応答 イラユル」＊虎明本狂言・今参（室町末-近世初）「とう事もいらゆる事も」＊日葡辞書（1603-04）「Iraye, uru, eta（イラユル）」 辞書文明・饅頭・日葡 表記 唯・応（文）諾（饅）

いら-ゆう【伊良釉・伊羅釉】〔名〕高麗茶碗の伊良保（いらぼ）に用いられた釉（うわぐすり）。色の種類により黄伊良保、千種（緑がかった褐色）などに分かれる。 発音イラユー〈標ア〉ラ

いら-ら〔名〕①（「いらいら（刺刺）」の変化した語）草木の刺（とげ）。＊新撰字鏡（898-901頃）「束 木乃伊良々」＊四河入海（17C前）二四・一「荷茎いららのあるは有節が如きぞ」②植物「いらくさ（刺草）」の異名。＊日葡辞書（1603-04）「Irara（イララ）」③植物「か

は近世に領主が地方知行者の林野の知行権を否定して蔵入地(くらいりち)とし、上層の個別利用地を村落が管理するようになったとき、成立したとされる。これには林野利用の価値が農業技術の発達とともに高まったことや、中世村落の成立などが影響している。方言❶谷。山形県139 ❷互いに申し合わせて贈答を廃止すること。徳島県811 香川県829 ◇いっりゃい 香川県829 ◇いれい 徳島市811 香川県827 ❸具合。加減。感じ。岡山県児島郡763

いり-あい【入相】『名』(間にyの音がはいって「いりやい」と読まれる場合もある) ①太陽の沈む頃。たそがれどき。暮れ方。日没。＊伊勢物語(10C前)四〇「今日の入相(いりあひ)許(ばかり)に絶えいりて、又の日の戌の時ばかりになん、からうじていき出でたりける」＊平家(13C前)九・木曾最期「正月廿一日入あひばかりの事なるに、うす氷ははったりけり」＊大乗院寺社雑事記‐文明元年(1469)一〇月二四日「早朝より入会まで召二仕之一」＊文明本節用集(室町中)「晩鐘 イリアイ 又作入逢入合日没入相」②「いりあい(入相)の鐘」の略。＊蜻蛉(974頃)下・天延二年「いりあひつくほどにぞいたりあひたる」＊源氏(1001-14頃)澪標「山寺の入あひの声々にそへても、ね泣きがちにてぞすぐし給ふ」＊太平記(14C後)二・俊基朝臣再関東下向事「沈みはてぬる身にしあれば、誰か哀と夕暮の、入逢鳴ば今はとて、池田の宿に着給ふ」＊浄瑠璃・鑓の権三重帷子(1717)下「伏見に暫し墨染の秋の桜か入相も、明日をば知らず一日の命、命と聞捨てて」方言夕暮れ。日暮れ。茨城県猿島郡188 長崎県南高来郡905 ◇いりええ 沖縄県首里993 ◇いりいぇえ 沖縄県那覇市975 発音〈標ア〉0〈京ア〉0 辞書名義・文明・伊京・明応・天正・饅頭・黒本・易林・日葡・書言・ヘボン・言海 表記日没(名・文・伊・明・天・饅・黒・書) 入逢(文・伊・明・天・饅・黒・易) 晩鐘(文・伊・明・天・饅・黒・書) 入相(文・ヘ・言) 黄草(名) 入合(文) 落照・夕照(書)

いりあい の 鐘(かね) 日没のとき、寺で勤行(ごんぎょう)の合図につき鳴らす鐘。また、その音。晩鐘。いりがね。いりあい。＊枕(10C終)二四一・清水にこもりたりしに「山近き入相の鐘の声ごとに恋ふる心の数は知るらん」＊浜松中納言(11C中)五「山風涼しう吹きたるに、いりあひのかねの響きそひたるも、吉野山に思ひよそへらる」＊新古今(1205)春下・一一六「山里の春の夕暮きてみれば入相の鐘に花ぞ散りける〈能因〉」＊四河入海(17C前)一・三「さて、さっと睡の覚時分に、蒲澗寺の入やいの鐘が鳴ぞ」辞書言海 表記入相ノ鐘(言)

いりあい-おろし【入会卸】『名』入会山の一部を他村に貸し、山手(やまて)すなわち定額の用益料を徴して薪炭材や柴草の採取を無期限に許すこと。永小作の一種。卸山。宛山(あてやま)。永請山(えいうけやま)。発音〈標ア〉オ

いりあい-かせぎ【入会稼】『名』入会権者が入会林野において植物などを採取すること。また、入会山で木や薪を切り、また炭焼きなどをして生活費の補いとする渡世人をいう。＊飛驒国大野郡山口村寛政明細帳(1789)「一木挽 四人 一入会稼 拾弐人」発音イリアイカセギ〈標ア〉カ

いりあい-がり【入会刈】『名』他村持ちの林野で入会採取すること。入会稼ぎ。＊明治一二年五月判決録(1879)第五七号・炭焚小屋取払一件「原告荒井村外二十七ケ村の人民、秣竹木〈中略〉に限り将来入会苅を致すべし」発音イリアイガリ〈標ア〉0

いりあい-ぎょぎょう【入会漁業】『名』特定漁場を契約によって共同で使用して多数の漁民が営んでいた漁業。一村の漁民が自村の漁場を共用する場合、数村の漁民が一つの漁場を共用する場合、また、他村が有する漁場に入漁させてもらう場合などがある。江戸時代、沖漁はこれに含まれず、その操業は自由であった。発音イリアイギョギョー〈標ア〉ギョ〈京ア〉ギョ

いりあい-ぎょじょう【入会漁場】『名』①一定地域の住民によって共同利用されている一定水域の漁場。②だれでも操業できる沖合漁場。発音イリアイギョジョー〈標ア〉ギョ

いりあい-けん【入会権】『名』住民が一定の入会の山野、漁場に入り、共同で木や草を刈ったり漁をしたりすることができる慣習上の権利。民法で保護されている。共有の性質を有するものと、共有の性質を有しない地役権的なものとがある。＊民法(明治二九年)(1896)二六三条「共有の性質を有する入会権に付ては」発音〈標ア〉ア〈京ア〉イ2

いりあい-そうろん【入会争論】『名』入会山の用益をめぐって発生する争議。村内の本百姓対小作人、入作百姓の紛争もあったが、地元の村と入会の村、自領と他領との間の争論が最も多かった。村と村の争いは隣村や領主側役人の調停で解決をはかったが、他領相手の争議は幕府の裁定による場合が多く、いずれも長期にわたるのを通例とする紛争であった。山問答。山論。山出入り。発音イリアイソーロン〈標ア〉ソ

いりあい-ち【入会地】『名』入会権を行使できる地域。＊朝野新聞‐明治二一年(1888)二月二二日「八ヶ村入会地(イリアヒチ)のことに付き開会せし聯合会の決議につき苦情を唱え」発音〈標ア〉ア〈京ア〉0

いりあい-ちぎょう【入相知行】『名』江戸時代、一村または一郷が旗本、給人を含めた一領主の知行所でなく、二人以上の知行者に分給されている知行形態。関東地方では相給(あいきゅう)といった。＊長州藩明和八年御書付(1771)「入相知行所は一村之内御蔵入、諸給主入交りにして、百姓軒上中下組合、石高相応に配分被仰付分、其百姓ちりちり罷居」

いりあい-どき【入相時】『名』日暮れどき。日没時。夕方時分。＊日葡辞書(1603-04)「Iriaidoqi(イリアイドキ)」＊幸若・いるか(寛永版)(室町末-近世初)「其日もすでにくれ、いりあひ時になれば」＊浄瑠璃・伽羅先代萩(1785)四「ぬっと出たる浮世渡平、片手に高尾を鷲摑み、我家の内へほふり込、其身も共に、入相時」発音〈標ア〉0 辞書日葡

いりあい-やま【入会山】『名』一定村落の住民が植物などを共同採取する山。慣行によって村中が共用する山と、二か村以上の村が共用する山、または入会権のない村が地元村に採取料を出して使用する山などがあり、近世では領主の御林や個人持ちの山林を入会とする場合もあったが、これらの山には山役、山年貢、山手米、銭などの名目による軽租を課されるのを普通とした。入山(いりやま)。入込山(いりごみやま)。野山。発音〈標ア〉0

いり-あ・う【入会・入合】『自ハ四』同時に一つ所に入る。出くわす。＊天草本平家(1592)一・二「ミチデ クヮンバクドノノ ゴサンダイ アルニ、ハナツキニ ヒタト iri auareta(イリ アワレタ) トコロデ」＊三河物語(1626頃)三「ながしのかさに、とびすと申処之御座候を、はるはると南へまわりて、取申物ならバ、即、城と入合可申候」発音〈標ア〉ア

いりあげ-まい【入上米】『名』年貢、小作米の搬入、または貯蔵中に生じがちな欠損を補充するため、小作人から余分に納めさせる米。三斗五升入り一俵につき二升程度を普通とした。欠米。込米。いれあげまい。＊地方凡例録(1794)四「証文通法は、一筆限字何田畠、何反何畝歩、何ケ所預り小さく致、御年貢諸役勤る上、小さく入上米・余米何程可二差出一、若滞候はば、何時成とも地主取上候様、其節一言之儀申間敷旨、地主へ小作人より証文を差出、年季を極め作るもあり」発音イリアゲマイ〈標ア〉0

いり-あ・げる【入揚・入上】『他ガ下一』「いれあげる(入揚)」に同じ。＊歌舞伎・彩入御伽草(おつま八郎兵衛)(1808)序幕「わしも一人の妹が、頭の道具や衣類まで、入(イ)り揚(ア)げるのも、あのこなたに」＊夢酔独言(1843)「手前が手段で勤道具、衣服も出来るなら勝手にしろ、おれはいかひこと手前にはいり上たゆへ今度は構ぬといった故」＊歌舞伎・茲江戸小腕達引(腕の喜三郎)(1863)中幕「是迄手前に入(イ)り上(ア)げた金をしめたら何百両」＊くれの廿八日(1898)〈内田魯庵〉二「旦那様は新聞や雑誌へ書いたり社の翻訳をしたりした報酬(もの)を悉皆(みんな)静江さんに入上(イリア)げっちまうんだよ」発音イリアゲル〈標ア〉ゲ〈京ア〉0

いり-あ・げる【煎上】『他ガ下一』文いりあ・ぐ『他ガ下二』煎って水気をなくしてしまう。＊巨海代抄(1586-99)下「宗師でも猛火一碟て、直にいりあけいりあげ行じた」＊日葡辞書(1603-04)「カラリト iriaguru(イリアグル)」＊和漢三才図会(1712)五八「熬(イリアゲル) 熬煎乾也、今俗謂二之炒上(いりアグル)一」＊城のある町にて(1925)〈梶井基次郎〉雨「晩には母が豆を煎ってゐた。『峻さん、あんたにこんなのはどうですな』そんなに云って煎りあげたのを彼の方へ寄せた」発音イリアゲル〈標ア〉0ゲ 辞書日葡

いり-あし【入足】『名』①必要とする費用。入目。経費。入用。＊東寺百合文書‐に・(文安二年)(1445)一一月二八日・東寺領大山庄一井谷百姓申状(大日本古文書二・一九四)「陣夫入足残分くわへ」②和船の喫水のこと。水中にはいっている船体の深さのこと。惣足(そうあし)。＊和漢船用集(1766)一〇・船処名之部「足〈略〉物を積て入あしと云。漢に吃水と云」

イリアス ⇨イーリアス

イリアッド(英 Iliad)「イーリアス」の英語名。＊外来語辞典(1914)〈勝屋英造〉「イリアッド Iliad(英) トロイ征伐を詠ぜし詩。ホーマーの作と称せらる」

いり-あや【入綾】『名』舞楽が終わって、舞人が退場するとき、いったん御前に引き返してから、改めて舞いながら楽屋にもどること。また、その舞。特定の曲に限ってこれを行なう。入舞(いりまい)。＊源氏(1001-14頃)若菜上「権中納言、衛門督おりて、いりあやをほのかに舞ひて、紅葉のかげに入りぬる」＊増鏡(1368-76頃)一五・むら時雨「宰相中将顕家、陵王のいりあやをいみじう尽くしてまかづるを」発音〈標ア〉0

いり-あられ【煎霰】『名』さいの目に切った青、赤、白の餅に砂糖をまぶして煎った菓子。ひな祭りに供える。発音〈標ア〉ア

いり-あわせ【入合】『名』償い。埋め合わせ。平均化すること。＊歌舞伎・音駒山守達源氏(大仏供養)(1873)序幕「外にはむきの悪い品でござりますから、おもはしく引取れませんでござります。其の代り今度は、何ぞお入合(イリアハ)せをいたしまする」＊歌舞伎・木間星箱根鹿笛(1880)序幕「それといふのも旧幕頃袖手座食(しうしゅざしょく)で暮してござったみんな入合(イリアハ)せといふものだ」＊末枯(1917)〈久保田万太郎〉「今年はいつまでも悪く熱かったから。—その入合(イリアハ)せかも知れません」方言愛知県中島郡567 大阪府大阪市638 泉北郡645 奈良県南大和683 発音〈標ア〉0

いり-あわ・せる【入合】『他サ下一』文いりあは・す『他サ下二』混ぜ合わせて平均にする。いれあわせる。＊文明本節用集(室町中)「入合 イリアワスル」発音〈標ア〉セ 辞書文明 表記入合(文)

イリアンジャヤ(Irian Jaya) インドネシアの東端、ニューギニア島西半部を占める地域の呼称。中心都市ジャヤプラ。一八八四年オランダ領となり、第二次世界大戦後インドネシアの独立に伴い両国の間でその領有が争われたが、一九六九年の住民投票の結果、インドネシア領となった。旧称、西イリアン。発音〈標ア〉ア

いり-いり【煎煎】『名』ひな祭りに用いる、大豆を交えたあられをいう女房詞。＊女中詞(元禄五年)(1692)「ほくほく、いりいり 煎豆」

いり‐いり〘副〙（「と」を伴って用いることもある）①物の先がとがって鋭いさま、また、反応が鋭敏で賢いさまを表わす語。＊寛永刊本蒙求抄（1529頃）二「才穎はのぎの前のやうにいりいりと利根な者ぞ」②皮膚やのどなどが、痛みや辛みなどの小さな刺激を感じるさまを表わす語。ひりひり。いらいら。＊若き日（1943）〈広津和郎〉二「杉野の父はあの病気に特有の喉に妙にいりいりする神経的な声を出して」発音〈標ア〉イ¹

いり‐・いる【入居】〘自ワ上一〙内にはいってすわる。⇔いでいる。＊万葉（8C後）九・一七四〇「海若（わたつみ）の 神の宮の 内のへの 妙なる殿に 携はり 二人入居（いりゐ）て〈虫麻呂歌集〉」＊源氏（1001‐14頃）真木柱「かの、いりゐさせ給へりしことを、いみじう怨（ゑ）じきこえさせ給ふも」

イリーン（Mihail Il'in ミハイルー）ソ連の作家。詩人マルシャークの実弟。本名はイリア＝ヤコブレビチ＝マルシャーク。児童向けの科学読物や科学啓蒙書を書いた。代表作「十万の質問」「偉大な計画の話」「人間の歴史」など。（一八九五〜一九五三）発音〈標ア〉リ

いり‐うど【入人】〘名〙（「いりびと（入人）」の変化した語）婿となり他家にはいった男。入り縁（え）。入り婿。＊農業全書（1697）一・五「わきより入人なれば」＊俳諧・高点部類（1775）「舟で着かへて上るいりうど」方言❶他家から婿として入ってくる人。入り婿。常陸†064 静岡県磐田郡543 ◇いりゅうど 千葉県山武郡270 ❷他の土地から移住して来た人。宮崎県東諸県郡954 ◇いりゅうど 熊本県玉名郡058 ❸（「いり」は海に潜る意）海女。◇いりど 三重県志摩郡585

いり‐うのはな【煎卯花】〘名〙卯花（おから）を油で煎ったもの。煎殻（いりがら）。発音〈標ア〉ウ 辞書言海

いり‐うまだし【入馬出】〘名〙馬出しの一種。城門にはいり込んだ形の馬出しか。城内の人馬の動きを敵の目からおおいかくすためのもの。＊上杉家文書‐（年月日未詳）（近世か）城取法覚（大日本古文書二・九四四）「出馬出入馬出 入馬出は人数遣わきへ見へ不ㇾ申ため、出馬出は横矢自由仕ためと申候」

いり‐うみ【入海】〘名〙陸地にはいり込んだ海、湖。湾。入り江。＊出雲風土記（733）意宇「三つの郷を経て、入海に入る」＊万治版宇治拾遺（1221頃）一一・四「入海のはるかにさし入たるむかひに、家を造りてゐたり」＊新撰六帖（1244頃）三「入うみのせとのさきなるたか岩にうは波こしてあるる塩風〈藤原為家〉」＊日本読本（1887）〈新保磐次〉四「入り海は陸地に包まるる故、風烈しき日も波穏なり」発音〈標ア〉ウ〈京ア〉リ 辞書日葡・〈ボン〉・言海 表記入海（へ・言）

いり‐うめ【入埋】〘名〙今までの損失を償うこと。埋め合わせ。＊歌舞伎・牡丹平家譚（重盛諫言）（1876）二幕「今二三十年も生き延びて栄耀栄華を尽さねば、これまで千辛万苦せしその入埋（イリウメ）が附かぬわえ」発音イリウメ〈標ア〉0

いり‐え【入江】〘名〙①海、湖、池などの陸地にはいり込んでいる所。＊古事記（712）下・歌謡「日下江（くさかえ）の 伊理延（イリエ）の蓮（はちす） 花蓮（はなばちす） 身の盛り人 羨（とも）しきろかも」＊古今（905‐914）恋一・五三三「あしがものさわぐ入えの白浪のしらずや人をかく恋ひんとは〈よみ人しらず〉」＊源氏（1001‐14頃）胡蝶「中島のいりえの岩かげにさしよせてみれば、はかなき石のたたずまひも、ただ、絵に書いたらむやうなり」②比喩的に、物のすみや端。＊浮世草子・好色産毛（1695頃）三・五「角（すみ）の入江（イリヱ）に茶の湯、茶は幾むかしも見え、こちらに湯釜たぎらせ」発音〈標ア〉0〈京ア〉0 辞書日葡・書言・〈ボン〉・言海 表記曲江（書）入江（へ・言）

いりえ の 床（とこ）水鳥がすむ入り江の水の上を床に見立てていう語。＊猪苗代兼寿本宇津保（970‐999頃）あて宮「たましひに、深き思ひの つきしより 入江のとこに としをへて つらをならべて すむ鳥の ゆくへもしらず」

いりえ【入江】姓氏の一つ。近世の公家。藤原北家御子左流の庶流で、藤谷家の分かれ。藤谷為条の二男相尚が、貞享期（一六八四〜八八）に一家を興したことにはじまる。和歌を家学とする。家格は羽林家。発音〈標ア〉0

いり‐え【入縁】〘名〙①「いりむこ（入婿）」に同じ。＊浮世草子・好色五人女（1686）五・三「一門より似合しき入縁（イリヱ）取事こころ玉にのりてなじみの事は外になし」＊浮世草子・立身大福帳（1703）三「親達、何とぞ跡へ入家を招き、娘ごの歎きをもやめ、子孫の相続するやうにと」＊浄瑠璃・卯月の紅葉（1706頃）上「総じて入ゑいりむこにこごとの有るは習ひなれど」②先方から縁談を申し込まれること。または、その縁談。補注「いりえん（入縁）」あるいは「いりいえ（入家）」の変化したものかという。

いりえ‐ごしょ【入江御所】発音〈標ア〉0 京都市上京区にある浄土宗三時知恩寺の別称。尼門跡寺院の一つ。入江殿。

いりえ‐ちょう【入江町】発音〈標ア〉ゴ 江戸、本所横川通り（墨田区緑四丁目）にあった町。岡場所の一つ。最下級の私娼、夜鷹がいた。また、時を知らせる鐘つき堂で知られていた。本所入江町。＊洒落本・婦美車紫鹿（1774）下品下生之部「本所入江町 ちょんの間半、平家、外四六あり」＊歌舞伎・四十七石忠矢計（十二時忠臣蔵）（1871）二幕「ありゃ櫨に入江町（イリエチャウ）の四つ」

いり‐えび【煎海老】〘名〙塩でゆでて干した小海老。＊俳諧・竹馬狂吟集（1499）一〇「さくら戸ならばじゃうとささばや いりゑひのあかしの浦に鯛つりて」＊俳諧・独吟一日千句（1675）第二「難波風ふく尼が崎ふね 煎海老の芦の下葉や茂るらん」＊年中番菜録（1849）生肴之部「煎（ゐり）ゑび田舎より塩いりにしてくるものにて下直（げじき）なり。そのまま向へつけてよし。又菜のるいとたき合せてもよし」

いり‐えん【入縁】〘名〙⇨いりえ（入縁）発音〈標ア〉リ0

いり‐えんどう【煎豌豆】〘名〙えんどう豆を煎って塩などで味つけした食べ物。＊新浦島（1895）〈幸田露伴〉一二「いやはや昔時（むかし）の書物が炒豌豆（イリヱンドウ）の袋となって昨日の南京豆の袋が今朝新版ものと変って来るよりまだ恐ろしい魂胆」発音イリエンドー〈標ア〉エ

いり‐おう【入王】〘名〙将棋で、一方の王将が敵方の陣地へはいっていくこと。また、その王将。転じて、せっぱ詰まった状態のたとえ。入玉（にゅうぎょく）。＊随筆・独寝（1724頃）下・一一一「きぬぎぬに小原の雪のふかい中といふ句に、好色隠居いづれ入り王将（ワウ）と付てありし也」＊雑俳・柳多留‐五（1770）「入王に成ると見物碁へたかり」発音イリオー〈標ア〉オ

いり‐おとり【入劣】〘名〙寺にはいって、かえって身を落としたように感じること。＊蜻蛉（974頃）上・安和元年「かたゐども、つき、なべなどすゑてをるも、いとかなし。げすぢかなる心ちして、いりおとりしてぞおぼゆる」

いりおもて‐こくりつこうえん【西表国立公園】沖縄県、八重山列島の西表島を中心とする国立公園。西表島の亜熱帯林とサンゴ礁のほか、竹富島・小浜島・新城（あらぐすく）島・黒島・仲ノ神島および周辺の海域を含む。わが国最大のサンゴ礁海域。西表島の原生林には、イリオモテヤマネコ（国指定特別天然記念物）などが生息する。昭和四七年（一九七二）指定。発音イリオモテ=コクリツコーエン〈標ア〉オ=コ²

いりおもて‐じま【西表島】沖縄諸島南西部、八重山諸島の島。亜熱帯原生林に覆われ、河口部にマングローブ湿地が発達。島の約三分の一が西表国立公園に指定されている。発音〈標ア〉0

いりおもて‐やまねこ【西表山猫】〘名〙ネコ科の哺乳類。体長約六〇センチメートル。耳が丸く、その背面に白斑がある。体は黒褐色で不明瞭な暗色の小斑点がある。主に夜間活動し、鳥類、クマネズミ、トカゲ、カエル、昆虫類などを捕食する。八重山諸島の西表島の特産で、ネコ科中最も原始的なものの一つとする説もあるが、ベンガルヤマネコに近縁とする説もある。昭和四〇年（一九六五）に発見され、四二年に学会に発表された新種。特別天然記念物。国際保護動物。学名は Felis（=Mayailurus）iriomotensis 発音〈標ア〉ヤ

西表山猫

いり‐お・り【入居】〘自ラ変〙内にはいってそこにいる。＊古事記（712）中・歌謡「忍坂の 大室屋に 人多（ひとさは）に 来伊理袁理（イリヲリ） 人多に 伊理袁理（イリヲリ）とも」

いり‐おんじょう【入音声】〘名〙舞楽が終わって、舞人が退場するときに奏する楽。＊歌儛品目（1818‐22頃）五・上「入音声 舞楽の時、舞はてて、舞人の将ㇾ入時に奏する楽を云ふ、総称ときこゆ」発音イリオンジョー〈標ア〉オ

いり‐おんな【入女】〘名〙江戸時代、諸国から関所を通過して江戸にはいる女。幕府は諸大名の妻子が江戸を出て帰国することを禁じた。このため関所では厳重な女改めをしたが、江戸にはいる者については緩和され、諸藩の者は城主・家老の証文、幕領の者は代官の証文か手形で、容易に通過することができた。⇔出女（でおんな）②。＊地方凡例録（1794）一〇「碓氷御関所入女、並に囚人の類手形なくては叶ひ難く、此外にも御関所により手形なくては入難き場所もありや、何れ入女並囚人等ある時はとほすべし」発音〈標ア〉オ

いり‐か【要費】〘名〙必要な金額。また、一つの物事に費やした金額。入費。費用。いりめ。＊和英語林集成（初版）（1867）「Irika（イリカ）ハ ナニホド」方言静岡県磐田郡546 辞書〈ボン〉表記入費（へ）

いり‐がい【入貝】〘名〙退却の合図の法螺貝（ほらがい）。＊上杉家文書‐（年月日未詳）（近世初か）馬場信房伝授軍法覚（大日本古文書二・九四二）「其人数をまつめ候時は、入がいを吹候者、早々人数をまつまり候様に、兼而より可申付候事」

いり‐がき【煎牡蠣】〘名〙カキを細かくたたいて塩を加え、なべで煎りつけた料理。＊多聞院日記‐文祿二年（1593）一一月二五日「つみもの〈さくろ・きんかん・かき・いりかき〉くり小折」＊浮世草子・色里三所世帯（1688）下・一「桑名の煎岩花（イリカキ）」＊俳諧・去来抄（1702‐04）同門評「行かずして見五湖いりがきの音をきく〈素堂〉」

いり‐がく【入角】〘名〙柱の切り角（ずみ）、または、撫で角（かく）の部分の中央に丸いくぼみのあるもの。また、そのくぼみ。入隅（いりずみ）。＊暮笛集（1899）〈薄田泣菫〉尼が紅「入角（イリガク）の太き柱に身をよせて」発音イリガキ〈標ア〉リ 辞書言海 表記入角（言）

いり‐かけ【入掛】〘名〙「いれかけ（入掛）」に同じ。＊改正増補和英語林集成（1886）「Irikake（イリカケ）ニナル」＊蓼喰ふ虫（1928‐29）〈谷崎潤一郎〉一一「普通は野天に丸太を組んで莚で囲ひをするのであるから、雨が降れば入り掛けになる」発音〈標ア〉0

いり‐かげん【入加減】〘名〙①はいっている人数や分量の程度。はいりぐあい。②湯などの、人がはいるのに適当な温度。はいりかげん。＊滑稽本・浮世風呂（1809‐13）前・上「げにも朝湯の入加減（イリカゲン）、嗚呼（ああ）結構とやいはん。噫嘻（ああ）ありがたいかな」発音イリカゲン〈標ア〉カ

いり‐がさ【入嵩】〘名〙手元にはいってきた数量。いりだか。取入れ高。

いり‐がし【煎菓子・炒菓子】〘名〙米、豆など

の穀類に砂糖を加えて煎った菓子。三月の桃の節句などに用いられる。方言❶いり米に砂糖を付けた菓子。富山県高岡市395 ❷いり米。石川県河北郡062 ❸欠き餅（もち）。静岡県川根534 ❹あられと大豆を煎った菓子。新潟県佐渡352 ❺大豆、砂糖を混ぜたいり米。◇いりかね 島根県石見725 発音イリガシ〈標ア〉ガ

いり-かじり【入齧】『名』冬眠に入ろうとする熊が、穴の近くの樹木を噛んで歯の痕をつける習性。秋田県の狩人などの用語。↔出齧り

いり-かす【煎滓】『名』煎ったあとにできるかす。*いさなとり(1891)〈幸田露伴〉四二「火の勢盛んに沸々と湧く油を煮取る、樋に流す、煎滓（イリカス）あげる」方言鯨の脂身をあぶって油を取ったもの。山口県豊浦郡798 長崎県壱岐島915 発音〈標ア〉カ

いり-かぜ【入風】『名』方言❶南の風。群馬県多野郡246 ◇いれかぜ 島根県隠岐島725 ❷西の風。◇いりかじ 沖縄県中頭郡975 波照間島・与那国島996 ◇いりはじ 鹿児島県沖永良部島975 沖縄県黒島996 ◇いいはじ 鹿児島県与論島975 ◇いいりかじ 沖縄県石垣島・新城島996 ◇いいりかんじ 沖縄県小浜島996 ◇いいるかじ 沖縄県石垣島・竹富島・鳩間島996 ◇いいるかち 沖縄県石垣島996 ◇いいいはじ・いじかじ 沖縄県宮古島975 ◇いりぶち 沖縄県国頭郡974

いり-かた【入方】『名』江戸時代、林野の入会権（いりあいけん）の一種。他村の林野に属している入会地の権利。その用益権は地元の村のそれより弱く、植物などの採取にも各種の制限を伴った。*喬木村外約定証書‐明治一〇年(1877)「一喬木村之内、小川、加々須、阿島三耕地、往古より入会沢山之義、宝暦度山論以来、地元小川、加々須にては刈敷二日前より刈取、入方阿島は三日目より刈取候処」

いり-がた【入方】『名』（「いりかた」とも）中にちょうどはいろうとする頃。多く日、月などが没しようとする頃の意に用いられる。*源氏(1001‐14頃)桐壺「月はいりかたの、空清う澄みわたれるに、風いと涼しくなりて、草むらの虫の声々、もよほし顔なるも」*大鏡(12C前)六・道長下「やうやう日は山の端（は）に入がたに、光のいみじうさして、山のもみぢ錦をはりたるやうに、鷹のいろはいとしろく」*浮世草子・椀久一世(1685)下・一「一年に二十五貫目入帳あるに世帯は三十貫目、入かたの日影の如く次第に足元から暗くなり」発音イリガタ〈標ア〉0〈京ア〉0

いり-がち【入勝】『名』①早くはいった順に好きなように振舞うこと。早くはいった者がち。*わらんべ草(1660)三「さらは皆札をまくり、いりがちと云はば、むさと下座の者、上る事も成まじ」②⇩いれかち（入勝）。発音イリガチ〈標ア〉0

いり-かど【入門・入廉】『名』①家や門などの出入り口。門口。入り口。*狭衣物語(1069‐77頃か)一「堀川おもてに、蔀（しとみ）長々として、いりかどの心細げに暑げなるなりけり」*随筆・耳嚢(1784‐1814)一・薬研堀不動起立の事「右の入角に九尺の店ありて」②仏門や学芸に入っていく筋道。にゅうもん。*日蓮遺文‐顕謗法鈔(1262)「門々不同なれば、いりかどをば諍へども、入理は一なり」③中世の訴訟手続きで、根本の理非に入らず、一方の申し状の要点のみを審査して決着させる手続き。*沙汰未練書(14C初)「所ㇾ申有二其謂一者、内談之時、先以二入門一有二其沙汰一、〈入門とは肝要事也〉」*九条家文書‐建武元年(1334)一一月日・摂津国和田荘雑掌重申状案「先以二入廉一被ㇾ召二決之処一」*東大寺文書‐一二四・貞和二年(1346)六月日・性印申状「所詮、対二于謀判重科之人一、可ㇾ番二訴陳一之由蒙ㇾ仰之条、難治無ㇾ極候。早以二此入門一被ㇾ軽二御沙汰一」

いり-がね【入金】『名』収入金。所得金。にゅうきん。*改正増補和英語林集成(1886)「Irigane イリガネ 入銀」発音〈標ア〉0 辞書〈ボン〉 表記入銀（へ）

いり-がね【入鐘】『名』「いりあい（入相）の鐘」に同じ。*俳諧・竹馬狂吟集(1499)一〇「じゅ六をうつとうだいのもと けふの日もはや入かねのならのてら」発音イリガネ〈標ア〉0

いり-がま【煎釜】『名』食物を煎るのに用いる底の浅い釜。発音イリガマ〈標ア〉0

いり-かや【煎榧】『名』カヤの実を煎って作った菓子。*宗湛日記‐天正一四年(1586)一二月二一日「先甘酒みどもにあたためて出、足打にいりかや入出其後昆布串柿いりかやの上に置て出」*浮世草子・西鶴諸国はなし(1685)二・一「此中に御所落鴈（ごしょらくがん）、煎榧（イリカヤ）さまざまの菓子つみて、剃刀かたし見へける」

いり-がゆ【煎粥】『名』油で煎った米で作った粥。煎米粥。油煎粥。

いり-かよ・う【入通】〘自ハ四〙物の間などからはいって行き来する。*万葉(8C後)一一・二三六四「玉垂の小簾（をす）のすけきに入通（いりかよひ）来（こ）ねたらちねの母が問はさば風と申さむ〈古歌集〉」

いり-がら【煎瓦】『名』「いりがわら（煎瓦）」に同じ。方言下総†020

いり-がら【煎殻・炒殻】『名』①細かく切った鯨の肉を煎り、油を取って干した食品。ころ。*浮世草子・当世乙女織(1706)七・一「久しぶりでの酒事、むかしに易（かは）りてわびたる命、いりがらに手作の唐がらし」*滑稽本・東海道中膝栗毛(1802‐09)六・上「鯨の、油とったあとの身じゃさかい、煎殻（イリガラ）といふわいな」*浪花聞書(1819頃)「いりがら。鯨肉の油とりたるをいふ」②豆腐のからを煎り、味を付けたもの。いりうのはな。方言鯨の脂身をあぶって油を取ったもの。大阪市638 辞書言海 表記煎売（言）

いりがら-や【煎殻屋・炒殻屋】『名』煎殻①を売る店。*雑俳・新とくさ後編(1800)「浮沈み・直の分けてある煎り殻屋」

いり-がわ【入側】『名』近世の書院造りで、濡縁と内部の部屋との間に設けられた畳敷きの廊下。縁座敷。*歌舞伎・土蜘(1881)「月も雲間へ入側（いりかは）を、侍女の胡蝶は静々と、御前間近く歩み寄り」*歌舞伎・柳生荒木誉奉書（奉書試合）(1889)「入側（いりかは）の廊下隔てし道場も、流石（さすが）天下の御指南番、檜造りの結構に目を驚かすばかりなり」*雪たゝき(1939)〈幸田露伴〉下「『無作法御免』と云ふと同時に、入側（イリガハ）様（やう）になりたる方より、がらりと障子を手ひどく引開けて」方言座敷に付随した通路。縁側。◇いりかわ 仙台†058 長野県佐久493 発音イリガワ〈標ア〉0

いり-がわら【煎瓦・炒瓦】『名』火にかけて物を煎る土鍋。焙烙（ほうろく）。炒り鍋。いりがら。いりごら。いりごうら。*色葉字類抄(1177‐81)「瓮 イリカハラ」*俳諧・鷹筑波(1638)四「山の端や大豆（まめ）名月のいりかはら〈玉沢〉」*談義本・当世下手談義(1752)四・鵜殿退卜徒然草講談之事「其髪切虫こそ、家々にある、煎瓦（イリガハラ）〈江戸にては是をほうろくと言〉の下に隠れ住よしを言伝へ」方言❶素焼きの平たい土鍋。焙烙。香川県高松市・仲多度郡829 ❷鉄製の浅い鍋。静岡県田方郡521 辞書色葉・書言・言海 表記瓮（色）砂堝・土堝（書）

いり-かわらけ【煎土器】『名』油が燃え尽きて無くなった灯火の皿。*俚言集覧(1797頃)「いりかわらけ 熬土器、油のへりてなき燈火の皿を云」

いり-かわり【入替・入代】㊀『名』①入れかわること。交替すること。また、かわってはいること。入れかわり。*滑稽本・戯場粋言幕の外(1806)上「三坐入変（イリカハリ）の役者附は茶屋配の遅速を競ふ」*二人女房(1891)〈尾崎紅葉〉中・九「正午（ひる）に周三が退けて来ると入替（イリカハ）りに出懸けて、直ぐ帰って来る心算で朝の間（うち）湯にも行き」②借金取りから逃げる一手段。仲間が冷酷な借金取りを装い、当の借金取りの同情をかって欺くもの。*浮世草子・世間胸算用(1692)四・三「此二三年入替りといふ事を分別して、これにてらちをあける」㊁〘副〙次々に物事がかわるさま。絶え間がないさま。*千鳥(1906)〈鈴木三重吉〉「自分はこの花瓶に入り替りしをらしい花を絶やした事がなかった」*写生紀行(1922)〈寺田寅彦〉「近処の子供等が入り代り何人となく覗きに来た」発音〈標ア〉0〈京ア〉0 辞書言海 表記入替（言）

いりかわり 立（た）ち代（か）わり 多くの人が次々と出入りすること。たえず入れかわること。出はいりの激しいさま。入れかわり立ちかわり。*人情本・所縁の藤浪‐初(1821)五回「いりかはり立（タチ）かはり、おいおいむかひのものかさなり」*思出の記(1900‐01)〈徳富蘆花〉一・八「町の者村の者入りかはり立かはり年始に来ては屠蘇（とそ）の酒に酔って帰った」*蟹工船(1929)〈小林多喜二〉四「『労働者』を、乃木軍神がやったと同じ方法で、入り代り、立ち代り雑作なく使ひ捨てた」発音〈標ア〉0〈京ア〉カ=カ

いり-かわ・る【入替・入代】〘自ラ五(四)〙あるものの位置を他のものが占める。他と交替する。入れかわる。*平中(965頃)三四「このもとのをとこの女家にいりかはりけるを、みける人なんかたりければ」*平家(13C前)三・御産「御命は方士東方朔が齢（よはひ）をたもち、御心には天照大神入かはらせ給へ」*天草本伊曾保(1593)イソポの生涯の事「ナンタル テンマハジュンガ ワガ ココロニ iricauatte（イリカワッテ）カノ Esopo ヲ ガイシタカ?」*尋常小学読本（明治三六年）(1903)五・一一「ここの停車場で、人が、おほぜい、おりました。入りかはって、また、おほぜい、のりこみました」発音〈標ア〉ワ〈京ア〉0 辞書文明・日葡・〈ボン〉・言海 表記入替（文・言）入代（へ）

いりかわり 立（た）ち代（か）わる 次から次へと、ひっきりなしに人が現われる。*最暗黒之東京(1893)〈松原岩五郎〉三〇「晩の十時乃至十一時過ぎまでは入替（イリカワ）り立ち替る客人の混雑を以て店前常に狼藉を致す」*鱧の皮(1914)〈上司小剣〉四「お文は銀場から、其の鋭い眼で入り代り立ち代る客を送り迎へして、男女二十八人の雇人を万遍なく立ち働かせるやうに、心を一杯に張り切ってゐた」

いり-き【入木】『名』薪（たきぎ）。→入木銭（いりきせん）発音〈標ア〉0 ワ2

いり-き【入気】『名』気の弱い性質。内気。*葉隠(1716頃)一「幼少にてつよく呵（しかり）候へば、入気に成（なる）」

い-りき【威力】『名』他を押えつけ服従させる、強い力や勢い。特に、神仏のもつ力。いりょく。*霊異記(810‐824)上・六「誠に知る、観音の威力、思議し難きことを」*文明本節用集(室町中)「威力 イリキ」*羅葡日辞書(1595)「Pro〈略〉イセイ、iriquo（イリキヲ）モッテ」*浄瑠璃・日本王代記(1674)五「かみのいりきにせめられ、五たいもぢゆうにはたらかねば」*浮世草子・新可笑記(1688)二・五「今又此両人が命をとらば、寿命を守らせ給ふ。大明神の威力（ヰリキ）うすし」発音〈標ア〉イ 辞書文明・易林・日葡・書言 表記威力（文・易・書）

いりき-あしまえ【入木足前】『名』米沢藩の税制。年間の薪（たきぎ）代と、その人夫代として徴収する役銭。*米沢藩御代官所銀方算用大概書‐明暦三年(1657)「一入木足前は、年中之薪代と人足代也、百生（姓）壱軒に付壱カ月木銭十五文、足前銭十五文づつ取合、壱カ月永楽銭三十文づつ相納候」

いりき-いん【入来院】 姓氏の一つ。中世、薩摩国薩摩郡内（現、同郡入来町）の地名に由来し、その地名を冠した豪族・在地領主。よく知られているのは、平姓の入来院氏で、相模国に本拠を構えた鎌倉御家人渋

谷氏の一門渋谷光重の五男定心が、鎌倉中期に地頭職を得て、同地に下向（西遷）し、入来院氏を称したことにはじまる。南北朝期には、守護島津氏からの侵攻に対して、九州探題今川了俊と結ぶなど、その後も保身に努めたが、一六世紀半ばの永祿一二年（一五六九）にいたり、島津氏の麾下に入り、幕末にいたった。 発音〈標ア〉キ

いり‐き‐せん【入木銭】〘名〙（「いりき」は薪（たきぎ）の意）米沢藩で、藩邸で消費する薪の代として、百姓一軒から一か月に銀一匁（銭ならば元京銭六〇文。のちに永楽銭一五文となる）の割で取り立てた役銭。＊米沢藩寄合帳‐下・寛永二〇年（1643）一〇月・伊達・信夫諸給人新古共に所納之覚「一、入木、年中百姓壱間に付て銀子拾弐匁、閏月あらば拾三匁たるべし、但銭にてとらば銀子壱匁に元京銭六拾文宛之算用たるべし」

いり‐きた・る【入来】〘自ラ四〙はいってくる。＊徒然草（1331頃）二三五「心にぬしあらましかば、胸のうちに、若干（そこばく）のことは入きたらざらまし」＊文明本節用集（室町中）「入来 イリキタル」 発音〈標ア〉タ 辞書文明 表記入来（文）

いり‐ぎわ〔ぎは〕【入際】〘名〙①ある場所にちょうどはいろうとする時。②夕日などが沈んで、地に隠れようとする時。＊更級日記（1059頃）「日のいりぎはの、いとすごくきりわたりたるに、車に乗るとて、うち見やりたれば」 発音イリギワ〈標ア〉0

いり‐きん【入金】〘名〙「いれきん（入金）」に同じ。＊洒落本・禁現大福帳（1755）五「一ッ角綿に二三ン度の逢瀬、そろりそろりと入金（イリキン）させ、夫が高（かうじ）て福嶋織の腰帯やら結城紬の仮初着」

いり‐く【入工】〘名〙方言❶日雇いでする仕事。また、日雇い職人。京都府竹野郡622 奈良県南大和683 ❷加入金。滋賀県滋賀郡608

いり‐く【入来】〘自カ変〙はいってくる。＊万葉（8C後）一四・三四六七「奥山の真木の板戸をとどとしてわが開かむに伊利伎（イリキ）て寐（な）さね〈東歌〉」＊源氏（1001‐14頃）横笛「まろ格子（かうし）あげずは、道なくて、げにえいりこざらまし」＊徒然草（1331頃）二三五「ぬしある家には、すずろなる人、心のままに入りくる事なし」 発音〈標ア〉リ

いり‐く・う〔ふ〕【煎食】〘他ハ四〙煮て食べる。＊打聞集（1134頃）三井寺事「鯉をやくと、いりくふ事より外にする事无し」

いり‐くさ【入草】〘名〙狩場の草むら。小鳥がハヤブサの目から身を隠す草むら（日葡辞書（1603‐04））。＊定家鷹三百首（1539）冬「わか鷹のとりもぬかさで入草にやがてかたむることのかなしさ」＊定家鷹三百首（1539）冬「山ちかみ木居はあれども入草に鳥を取てやあがらさらまし」 辞書日葡

いり‐くさ・い【煎臭・炒臭】〘形口〙煮つまって焦げたようなにおいがする。＊浮世草子・元祿大平記（1702）五・ながめことなる高雄のもみぢ「わかしさましの酒の間、煎息（イリクサイ）をもかまはず、塩漬の楊梅（やまもも）巻鰑（まきするめ）に南蛮（とうがらし）かけて、枕本に重ねたる砂鉢呑するを見て」 方言食物を幾度も煮て、火気のようなにおいがする。山形県米沢市149

いり‐ぐち【入口】〘名〙（「いりくち」とも）①そこからはいっていく所。はいり口。＊玉塵抄（1563）二七「神武門はみやこの入口の門なり」＊文明本節用集（室町中）「入口 イリクチ」＊虎明本狂言・地蔵舞（室町末‐近世初）「在所のいりくちに、制札があらふがお見やらなんだか」＊天草本伊曾保（1593）イソポの生涯の事「コノ フロヤノ iricuchini（イリクチニ） トガッタ イシガ アッテ デイリノ ヒトノ アタト ナッタ」＊西洋道中膝栗毛（1870‐76）〈仮名垣魯文〉一一・下「船は次第に地中海を西へ西へと進み行その入口（イリグチ）なるジブラルタルの瀬戸を目的（めがけ）て乗入りつつ」②物事のはじめ。端緒。＊玉塵抄（1563）二六「もの云こと、次第ていとうあるぞ。ひょっひょとのちにいわうず入り口に云ことはわるいぞ」＊西国立志編（1870‐71）〈中村正直訳〉一・九「この実事習験の学問に比すれば、特に入門（〈注〉イリクチ）の初歩に過ざるのみ」＊病牀六尺（1902）〈正岡子規〉九「今日から見るとそれは誠に病気の入口に過ぎないので」③はいりこむことのできる地位。勤め場所。奉公先。くち。＊仮名草子・都風俗鑑（1681）二「それ者の人をきがか、こちにまかしゃれと手に取やうに請合、諸方をかけまはりて、入くちを聞出し」＊浮世草子・風流曲三味線（1706）二・五「幸ひの入口（イリクチ）あり。〈略〉此つとめ奉公に五年切れば金子百両がらりに渡すといへば」 方言ふもと。◇いりくち 熊本県阿蘇郡919 発音イリグチ〈なまり〉イークチ〔鹿児島方言〕イルグチ〔島原方言〕〈標ア〉0〈京ア〉0 辞書文明・日葡・ヘボン・言海 表記入口（文・へ・言）

いりくち‐べん【入口弁・入口瓣】〘名〙容器内へ流体が流入するのを防いだり、調節したりする弁。インレット‐バルブ。 発音〈標ア〉チ

いりくち‐みち【入口道】〘名〙目的を達するための手がかり、方法、手段など。＊西国立志編（1870‐71）〈中村正直訳〉一二・一四「これより塵世を卑視して、真栄真貴の路に進むべき門径（イリクチミチ）を求得たりと云へり」 発音〈標ア〉チ

いりくち‐わく【入口枠】〘名〙洋風建築の出入り口で、とびらをはめ込む周囲の枠。上部の上枠（かみわく）と両側の竪枠（たてわく）からなる。 発音〈標ア〉チ

いりく‐どり【入来鳥】〘名〙はいってくる、やってくるの意を、ウグイスの異称、人来鳥（ひとくどり）に言いかけた語。＊歌舞伎・白縫譚（1853）二幕「色香も薄き未熟者、隣り町からはるばると、召されて爰へ入来鳥（イリクドリ）」

いり‐くみ【入組】〘名〙①人と人との関係が、面倒な事情などのために、すっきりしないこと。なかなか解決しないこと。いざこざ。＊日葡辞書（1603‐04）「Iricumi（イリクミ）〈訳〉解決されていないやっかい事や問題。または、デイリ〈訳〉土地や社会についてのやっかい事やあらそい」＊洒落本・廓の池好（1796）「此中な、入り組のきゃく衆が見へてな、こんどは中直りじゃによって」＊当世書生気質（1885‐86）〈坪内逍遥〉一一「兎角婦女子などに親んで居ると、思はぬ入組（イリクミ）が興る者で」②土地の境界が地勢の関係、歴史的事情などのため複雑になっていること。また、そういう所。＊浮世草子・本朝桜陰比事（1689）一・一「此両所の入組（いりクミ）の山にして年々庄屋出合山さかいのあらそひやむ事なし」＊浄瑠璃・傾城反魂香（1708頃）下「田上郡は給所給所の入組にて地割り中々むつかしし」 発音〈標ア〉0 辞書日葡

いりくみ‐もん【入組紋】〘名〙文様の一つ。二本の線の先端が互いに鉤（かぎ）のようにかみ合わされたもの。多く、縄文式土器の末期のものに見られる。 発音〈標ア〉ミ

いり‐く・む【入組】〘自マ五（四）〙物事の性質や構造などが複雑になっている。こみ入る。錯綜する。ごたごたする。いれくむ。＊四河入海（17C前）八・一「山やなんどの入くうで頽て聳たるを云ぞ」＊書言字考節用集（1717）八「繽紛 イリクム〔韻会〕雑乱皃」＊随筆・独寝（1724頃）下・一三三「此女郎の心のうちは入組たるものにて、金つかふ人にもよらぬといふ人あれど」＊浮雲（1887‐89）〈二葉亭四迷〉二・一一「昨夕（ゆうべ）本田さんと何だか入組みなすったさうだけれども」 発音〈標ア〉ク〈京ア〉0 辞書書言・ヘボン・言海 表記入組（へ・言）繽紛・紛綸（書）

いり‐ぐも【入雲】〘名〙関西地方で、雲が東北に行くのをいう。雨が降る前兆とした。叡山（えいざん）参り。＊譬喩尽（1786）四「雲行艮名入雲（イリグモ）忽雨〈俗に叡山参といふ〉雲行坤名出雲（でぐも）雨遅〈但巽の方へ行は日和なり俗に清水参といふ〉」 方言西へ流れる雲。雨降りのきざし。◇いりくも 岡山市762

いり‐くり【入繰】〘名〙方言入り組んでいる関係。複雑ないきさつ。岐阜県飛騨502

いりくり‐うた【入繰歌】〘名〙あまりに技巧を凝らしたために、かえって、ことばや余情の美しさをなくした歌。＊毎月抄（1219）「あまりに又ふかく心をいれんとてねぢすぐせば、いりほがの入くり歌とて、堅固ならぬ姿の心得られぬは、心なきよりはうたてく見ぐるしき事にて侍る」

いりくり‐えんどう〘名〙方言（「入繰遠道」か）❶土地や江水の曲がり込んだ所。◇いりくりえんごう・いりくりえんごとも。山口県豊浦郡798 ❷屈曲していること。宮城県仙台市124 ❸穴やへこみ。◇いりくりえんご 山口県豊浦郡803 ❹こんがらかること。新潟県東蒲原郡368 ❺遠い道。◇えんぐりえんどう 房総†068 ❻迂遠（うえん）なこと。◇えんくりえんどう 仙台†057 ❼なかなか決断がつかないこと。◇えんぐりえんじょ 岩手県気仙郡102 ❽わざわざ。◇えんくえんしょう 佐賀県887 ◇えんくえんじゅう 佐賀県藤津郡895 ❾根掘り葉掘り。◇えんくえんずう 佐賀県040

いり‐け【入毛】〘名〙年貢の収納。小作料となる畑作物。＊政談（1727頃）三「町方の筋は町奉行属官たるべし。御入毛筋は地方奉行相違なし」

いり‐こ【煎粉・炒粉】〘名〙大麦や米を煎って、粉にしたもの。菓子の材料とする。菓子種。＊物類称呼（1775）四「炒こがし〈略〉近江にて、いりこといふ」＊和訓栞（1777‐1862）「いりこ〈略〉北国にてこがしをいふ炒粉の義也」＊綿（1931）〈須井一〉一「薩摩薯と麦の炒粉（イリコ）が常食だった」 方言❶麦を煎って粉にしたもの。麦焦がし。飛騨†094 京都†069 新潟県西頸城郡382 富山県砺波398 石川県鳳至郡409 江沼郡424 福井県武生市430 岐阜県飛騨502 郡上郡504 兵庫県赤穂郡660 岡山県054 749 764 広島県芦品郡776 山口県防府791 愛媛県大三島848 ◇いるこ 富山市近在392 ◇いれこ 石川県江沼郡424 ◇いっこ 石川県河北郡・石川郡404 ◇えっこ 石川県石川郡・江沼郡404 ◇いこ 富山県高岡市395 砺波397 ◇ゆこがし〔―焦〕鹿児島県肝属郡970 ❷米、麦、稗（ひえ）などを煎って粉にしたもの。◇いこ 富山県東礪波郡402 発音〈標ア〉コリ〈京ア〉0 辞書言海 表記炒粉（言）

いり‐こ〘名〙①（海参・煎海鼠）ナマコのはらわたを取り去って煮て干したもの。薬用、また、中華料理の材料などに用いる。ほしこ。きんこ。＊令義解（718）賦役・調絹絁条「凡調絹絁〈略〉若輸二雑物一者。〈略〉熬海鼠（いりこ）廿六斤、雑魚楚割五十斤」＊延喜式（927）四・神祇・伊勢太神宮「九月神嘗祭〈略〉腊（きたひ）廿斤。熬海鼠（いりこ）十二斤。堅魚十四斤」＊十巻本和名抄（934頃）八「海鼠 崔禹食経云海鼠〈和名古本朝式等加熬字 云伊利古〉似蛭而大者」＊俳諧・犬子集（1633）一七「白き物こそ黒く成けれ けづりぬる木にもいりこをつらぬきて〈慶友〉」②小さいイワシなどの雑魚（ざこ）を煮て干したもの。煎り雑魚。煎り干し。煮干し。＊雑俳・唐子おどり（1704‐16頃）「よう遊ぶ子にいりこ持たする」 語誌江戸時代、①は「青あへ いりこをよく湯煮して、だしたまりにてよく煮候て、あをまめをすり、塩かげんしてあへ申事也」〔料理物語‐一〇〕のように膾などに使われた。また、「和歌食物本草」に「いりこそかんげのくすりやはらかに よくにて酒やたまりにてくへ」とあるように薬としても食された。 方言❶動物、なまこ（海鼠）。尾張†099 ◇いるく 沖縄県竹富島996 ❷煮物などのだしを取る小さな雑魚の干したもの。煮干し。大阪市638 兵庫県赤穂郡660 神戸市670 鳥取県西伯郡719 島根県724 香川県三豊郡054 愛媛県温泉郡054 高知県土佐郡866 大分県938 宮崎県東諸県郡954 ◇ええこ 島根県724 ◇いりじゃこ〔炒雑魚〕京都府竹野郡622 兵

庫県神戸市670 和歌山県693 徳島県809 高知県861 ◇いっじゃこ 兵庫県淡路島671 ◇いりぼし〔炒干〕 兵庫県赤穂郡660 鳥取県倉吉市038 岡山市762 香川県829 ◇ええぼし 鳥取県西伯郡719 ◇いんなご 奈良県南大和683 和歌山県那賀郡696 ◇いりなご 和歌山市691 ❸魚、しらうお（白魚）。愛媛県840 喜多郡845 発音〈標ア〉コリ〈ア史〉平安○○○〈京ア〉0 辞書 和名・色葉・名義・下学・文明・伊京・明応・天正・饅頭・黒本・易林・日葡・書言・〈ボン〉・言海 表記 煎海鼠（文・伊・明・天・饅・黒・易・書・言） 熬海鼠（和・色・名・易・書） 海鼠（下） 鰻（伊） 煎海参（へ）

いりご〖名〗方言 ⇨ゆりご

いりごい【煎鯉】〖名〗三枚におろした鯉を、刺身より少し厚く切り、胎子（はらこ）を半分は摘み切り、半分はくだいて酢を落とした煎り酒で煮る料理（料理物語（1643））。発音 イリゴイ〈標ア〉リ 辞書 言海 表記 煎鯉（言）

いりごう【入郷】〖名〗一村持ちの野山を入会（いりあい）として共同採取する村々をいう。山郷。＊明治一二年六月判決録（1879）第一〇六号・入会山地分割争論一件所引、天保六年七月信州埴科郡関屋村外数ケ村郡奉行所宛願書「関屋村等初入郷村々被召出、〈略〉御理解被成下候に付」方言 へんぴな所。本街道から離れた所。島根県邑智郡725

いりこうこく【入広告】〖名〗新聞・雑誌などが、これに掲載するために他者からとり入れる広告のこと。↔出し広告。発音 イリコーコク〈標ア〉コ

いりごうら【煎瓦】〖名〗「いりがわら（煎瓦）」の変化した語。＊咄本・軽口曲手鞠（1675）四「彼お方が粗相者（そさうもの）で、いりがうらを煎じて呑まれたによって、いとしや髪のはえる気（け）がない」方言 山口県防府802

いりこが・す【煎焦】〖他サ四〗水を加えず火で熱してこがす。あぶってこがす。また、それほどに熱する。＊玉塵抄（1563）三「大暑は六月のいりこかす所なに、あついはわるいわる功の入た吏官の如なぞ」＊玉塵抄（1563）一九「焦はいりこがす心ぞ」発音 イリコガス〈標ア〉ガ

いりこさく【入小作】〖名〗江戸時代、他村の百姓によって行なわれた小作。年貢、小作料は耕作地の地主へ納めた。入り作。＊地方凡例録（1794）四「入小作といふは、他村より致小作を入小作といふ、別に小作の仕法は替る事なし」＊日本の下層社会（1899）〈横山源之助〉五・本邦現時の小作制度に就て「入小作とは他村の者来りて小作するをいふ」発音〈標ア〉コ

いりごし【入輿】〖名〗内親王が臣下に嫁入りするとき、結婚の前に、夫になる者が、内親王の御所に一泊すること。御簾入（みすいり）。＊幸充日記‐享保四年（1719）二月三日（古事類苑・礼式一二）「伝聞兵部卿宮伏見貞建親王 東山院姫宮 秋子内親王 御縁組、此間先兵部卿宮、五六日許姫宮御方江被為成御逗留、朔日歟姫宮之御親宅に御同道に而御成、御移徙共、又御簾入共、御入輿共唱ると云々」発音 イリゴシ〈標ア〉0

いりこず・む【入偏】〖自マ四〗家の中に多数の人がぎっしりとはいり集まる。また、箱や容器の中にたくさんの物が詰められる。＊日葡辞書（1603‐04）「Iricozzumi, u, unda（イリコヅム）」辞書 日葡

いりごだんご【―団子】〖名〗米の粉で作った団子。

いりこなます【海参膾】〖名〗いりこ（干したナマコ）をゆでてもどし、煮出し汁とたまりみそで煮込んだものを、ゆでてすりつぶした青豆と酢で和（あ）えたもの。発音〈標ア〉ナ

いりこびし【入子菱】〖名〗「いれこびし（入子菱）②」に同じ。＊虞美人草（1907）〈夏目漱石〉一〇「入子菱（イリコビシ）に縢（かが）った指抜（ゆびぬき）を抽（ぬ）いて」発音〈標ア〉コ

いりこぶ【煎昆布】〖名〗昆布を煎ったり、油で揚げたりして、味をつけたもの。＊文明本節用集（室町中）「煎昆布 イリコブ」＊虎明本狂言・宗論（室町末‐近世初）「ごばう、はべん、いりこぶ、しゅじゅさまざまの物をとりととのへて下さるる所で」＊日葡辞書（1603‐04）「Iricobu（イリコブ）〈訳〉ある種の海藻を煎るか油で揚げるかしたもの」発音〈標ア〉0コ 辞書 文明・日葡 表記 煎昆布（文）

いりごま【煎胡麻】〖名〗胡麻を煎ったもの。発音〈標ア〉リ

いりごまめ【煎鱓】〖名〗ごまめをほうろくで煎って、しょうゆ、砂糖で煮からめたもの。発音〈標ア〉ゴ

いりこま・る〖自ラ四〗語義未詳。追いつめられる、追いつめられて途方にくれる、の意か。＊将門記承徳三年点（1099）「敵、為方を失ひて、厨に偪仄（イリコマ）ル」〈伝曰、偪仄者 倭言 伊利古万留也〉

いりごみ【入込・入籠】〖名〗（「いりこみ」とも）①はいりこむこと。雑多のものが区別なく入りまじること。また、その所。＊多聞院日記‐文禄三年（1594）六月八日「なら中男女入こみに見物の間に」＊俳諧・鷹筑波（1638）五「つよく頭痛の起る此ごろ 八専も土用にも今入こみに〈還跡〉」＊浮世草子・傾城武道桜（1705）三・四「入り込みのもの我も我もと立寄り、めんめん是をよんで」＊浄瑠璃・百合若大臣野守鏡（1711頃）二「諸国貴賤のいりごみも、皆本ぶくで帰るさは、坂迎ひ湯や送り酒」②雑多な人を収容する場所。劇場、寄席などで、区別をしないで多人数の客をいっしょに入れる安い席。大衆席。おいこみ。いれこみ。また、客の多く入場することをいう。いれこみ。＊わらんべ草（1660）三「同楽屋之次第 大夫 左脇太夫 狂言太夫 拍子衆、年まし、上手次第、余は入ごミ」＊雑俳・川柳評万句合‐宝暦一〇（1760）松三「入り込みを好む若衆の声がわり」③男女の混浴。また、その浴場。入り込み湯。いれこみ。＊俳諧・西鶴大句数（1677）五「下帯とかすにさもしやかたかた 夕月も入込の湯は是非もなし」＊俳諧・ひさご（1690）「名はさまざまに降替る雨〈珍碩〉 入込に諏訪の涌湯の夕ま暮〈曲水〉」＊談義本・世間万病回春（1771）三・疱瘡神評「何が入込の銭湯にて男の鼻先へ尻さし向て男の顔に火をたかす三平二満は」＊黄表紙・孔子縞于時藍染（1789）下「『男女雑（まじ）はり坐せず』、みづから授けを受けず』と、男桟敷、女桟敷といふができる。この時、いりごみの湯屋へは一向はいり手がなし」④他村の持ち山に、許可を受けてはいり、柴草を採取すること。入会稼（いりあいかせぎ）。⑤奉公しようとする女中が、あいさつした翌日に主家に来て過ごすこと。ふつう二泊ぐらいするが、この間に主人側がその女を観察して信用すべき者かどうかを決める。⑥嫁入り。方言 芝居などで、費用を寄付により賄い、だれでも無料で入れること。兵庫県加古郡664 発音 イリゴミ〈標ア〉0 辞書 言海 表記 入込（言）

いりごみば【入込場】〖名〗男女混浴の風呂場。大衆浴場。＊雑俳・水加減（1817）「我も我もと・声を自慢の入込場」発音 イリゴミバ〈標ア〉0

いりごみやま【入込山】〖名〗「いりあいやま（入会山）」に同じ。

いりごみゆ【入込湯】〖名〗男女混浴の銭湯。寛政三年（一七九一）以降、しばしば禁令が出た。＊禁令考‐前集・第五・巻五〇・寛政三年（1791）正月「男女入込湯停止、町中男女入込湯之場所有之、右者大方場末之町々多有之間、男湯女湯と相分焚候而は、入人少く渡世に相成不申候ゆへ、入込に仕来候儀と相聞、其段は無拠子細も有之候得共〈略〉以来場所柄は勿論、場末たり共、入込湯は一統に堅く停止せしめ候」＊風俗画報‐四七号（1892）人事門「尤先達而相触候通男女入込湯浴之致間敷候」発音 イリゴミユ〈標ア〉ミ

いりこ・む【入込】〖自マ五（四）〗㊀ある限られた場所や物の中にはいる。はいりこむ。①（はいる動作に重点がおかれる場合）はいっていく。無理に、ひそかに、などの気持がこめられることが多い。＊蜻蛉（974頃）上・安和元年「何の丞（ぞう）の君などいふ者ども、轅（ながえ）、鴟（とみ）の尾の中にいりこみて」＊浮世草子・世間胸算用（1692）四・二「南都に入こむさらしの銀、何千貫目といふ限りもなし」＊滑稽本・浮世風呂（1809‐13）二・下「旦那の身のうへを案じて一力（いちりき）へ犬になって入込（イリコム）か」＊たけくらべ（1895‐96）〈樋口一葉〉二「土手をのぼりて廓内（なか）までも入込（イリコ）まんづ勢ひ」②（はいるのが完了したことに重点がおかれる場合）㋑すっかり中にはいる。はいって中におさまる。大勢が一つ所にはいる場合は、寄り集まって混雑する状態を表わす。＊仮名草子・浮世物語（1665頃）一・八「鎌倉は諸国のつきあひ晴がましく、人の入こむ事おほければ」＊洒落本・風俗八色談（1756）五・妙音尼が物語の事「踊子売女がいり込（コン）で、晴天にも下駄をはき」＊にごりえ（1895）〈樋口一葉〉五「七月十六日の夜は何処の店にも客人入込（イリコ）みて都々一端歌の景気よく」＊福翁自伝（1899）〈福沢諭吉〉長崎遊学「奥平の世話で山本の家に食客に入込（イリコ）みました」㋺ある社会にすっかり馴れ親しむ。＊洒落本・傾城買二筋道（1798）夏の床「ぬしたちのよふに入（イリ）こんでおいでなんすものをだれでもしらぬものはおっせんのさ」＊洒落本・青楼娯言解（1802）一「かむろにまで入こんでいるふうをいう」＊雑俳・柳多留‐六八（1815）「入込んで見れば吉原野暮な所（とこ）」㊁物事の状態が複雑になる。こみいる。入り組む。＊俳諧・曠野（1689）員外「門を過行（すぎゆく）茄子よびこむ〈荷兮〉 いりこみて足軽町の藪深し〈亀洞〉」＊西国立志編（1870‐71）〈中村正直訳〉二・一三「経糸を理する機関の錯綜〈注〉イリコム）せるものを了解し」＊伊藤特派全権大使復命書附属書類（1885）談話筆記「既に判然せしに似たり。就ては復た入り込みたる談論を要せざるべし」発音〈標ア〉コ〈京ア〉0 辞書〈ボン〉・言海 表記 入込（へ・言）

いりこむし【―虫】〖名〗方言 虫。❶ひぐらし（蜩）。◇いりこ・いりむしとも。石川県河北郡404 ❷ごきぶり（蜚蠊）。岐阜県飛騨502

いりごめ【煎米・炒米】〖名〗煎った米。保存食とする。《季・春》＊日葡辞書（1603‐04）「Irigome（イリゴメ）〈訳〉煎った米」＊仁説問答師説（1688‐1710）宝永三年講「熬米はさながらはへそむなうにみへて滋味がない」＊書言字考節用集（1717）六「炒米 イリコメ」＊物類称呼（1775）四「糒米 やきごめ〈略〉越州にていりごめと云加賀にて春はいりごめ秋はとりの口といふ」＊御国通辞（1790）「やきごめ いりごめ」方言 ❶水につけた籾もみの余ったものを干し、臼（うす）でついて煎ったもの。青森県三戸郡083 秋田県鹿角郡132 富山県砺波398 ◇いりこめ 岩手県上閉伊郡098 ❷玄米や残飯を干して煎ったもの。岐阜県飛騨502 ❸米、大豆、砂糖を混ぜて煎ったもの。福井県大飯郡（固める）447 島根県725 大分県938 発音 イリゴメ〈なまり〉イーゴメ〔鹿児島方言〕エレゴメ〔岩手〕〈標ア〉リ〈京ア〉0 辞書 日葡・書言・言海 表記 炒米（書・言）

いりごめがゆ【煎米粥】〖名〗「いりがゆ（煎粥）」に同じ。

いりごもち【煎粉餅】〖名〗煎り粉を砂糖蜜（みつ）でねりかため、餅のようにした菓子。

いりこも・る【入籠】〖自ラ四〗①内部にいて外に出ない。ひきこもる。＊書紀（720）神代下（水戸本訓）「乃ち、無戸室（うつむろ）を作りて其の内（なか）に入居（イリコモリ）て、誓（うけ）ひて曰（い）はく」＊徒然草（1331頃）一六二「堂のうちまで餌をまきて、戸ひとつ開けたれば、数も知らず入こもりけるのち、己も入りて、たてこめて」②宮仕えなどをしないで家にこもる。また、隠退する。＊宇津保（970‐999頃）忠こそ「『何をたのみてか宮づかへもせん』と思ひつつ、いりこもりてお

はす」 *今鏡(1170)六・梅の木の下「いりこもり給へるわかき人たちのいかに侍ことにか」 *梁塵秘抄口伝集(12C後)一〇「この乙前は、夙(と)くいりこもりにければ、伝へたる弟子どもの無かりけり」 *古今著聞集(1254)一六・五二一「いとも出仕などもせで、いりこもりておはしける比(ころ)」 発音〈標ア〉モ

いり-ごら【煎瓦】〘名〙(「いりごうら(煎瓦)」の変化した語)「いりがわら(煎瓦)」に同じ。*物類称呼(1775)四「京にて、いりごら、大和及東国にて、ほうろく〈略〉今按に、いりなべ俗に、いりがはらと云、いりごら、又こうらなどいふは共に、いりがはらの転語なるべし」 方言ほうろく。三重県南牟婁郡603

いりごら の 手(て) 上方の遊女が行なうというまじない。遊里に来なくなったり、他の遊女と深くなったような不実な客に対し、その男の局部を紙に描いて焙烙(ほうろく)で煎り、その局部が用をなさなくなるように祈るもの。*洒落本・陽台三略(1751-64頃)「煎瓦伝といふ術〈略〉やくにたたぬ物なり、ふしぎのまじなひに候、是をいりごらの手と申候」

いり-ころし【煎殺】〘名〙罪人などを釜に入れて煮て殺すこと。釜煎りの刑に処すること。*甲陽軍鑑(17C初)品四七「早々搦捕(からめとり)、かみの城戸(きど)にて、見こらしみのため、彦助をいりころしあるべく候と仰出され」 *太閤記(1625)六・今度於柳瀬表有戦功者被賞之事「小過を大になして行ひ、或(あるひは)牛割、或煎ころし、或刀脇指を取引張伐(ひっぱりぎり)にし」

いり-ざかしお【煎酒塩】〘名〙酒を煮詰めて、焼き塩で加減したもの。刺身、なます、酢の物などの味付けに用いる。*日葡辞書(1603-04)「Irizacaxiuo(イリザカシヲ)」 辞書日葡

いり-ざかな【煎魚】〘名〙煮ざかな。*浪花聞書(1819頃)「いり肴 に肴をかくいふ」 方言香川県829 愛媛県周桑郡844

いり-さく【入作】〘名〙江戸時代、他村の者が来て耕作すること。入小作。⇔出作(でさく)②。*禁令考-前集・第五・巻四四・享保七年(1722)一一月「村中新規入作之者出来候節は、入作高に応じ、本高百姓入作之百姓無差別、高次第諸役割可相勤事」 *政談(1727頃)一「切米に物入るとて、多くは入作にして、手前にせぬことになる」 *地方凡例録(1794)四「小作の儀下作・入作・請作・掟作(おきてさく)・卸作と唱、国所の俚語にて種々云習はすと雖、何れも小作のこと也」 方言❶他村の者が自分の村の田を耕作すること。香川県829 ❷他村、また他の字(あざ)の者が自分の村や字内に持っている田畑。山形県東置賜郡・飽海郡139 新潟県佐渡352 ❸他村に田畑を持っている地主。岐阜県飛驒502 発音〈標ア〉0

いりさく-ち【入作地】〘名〙江戸時代、他村の小作人によって耕作される田畑。のちには一般の小作農地をもいう。発音〈標ア〉ク

いり-ざけ【煎酒】〘名〙酒にしょうゆ、酢、かつおぶし、焼き塩などを加えて煮つめたもの。刺身やなますなどの味つけに用いる。*庖丁聞書(室町末か)「いけ盛といふは鴻鵠鴈などの躬を細くそぎ、細作りにしていり酒にて出すなり」 *俳諧・毛吹草(1638)一「三か月やつゐいり酒によひの程」 *料理物語(1643)八「煎酒はかつほ一升に梅干十五廿入、古酒二升水ちとたまり少入。一升にせんじこしさましてよし。又酒二升水一升入。二升にせんじつかふ人もあり」 *洒落本・青楼昼之世界錦之裏(1791)「かたへには酒だるの口を立るあり、いりざけのにほひ、はなをつらぬき、湯気はきりのふかきがごとし」 発音〈標ア〉リ 辞書書言・言海 表記熬酒(書・言)

いり-ざこ【煎雑魚】〘名〙小魚を少量の水で煮て干したもの。いりこ。*咄本・日待ばなしこまざらひ(1684-88)中「よくきけば、舛(ます)ではかった煎(イリ)ざこの事であった」 *随筆・雲錦随筆(1862)二「諸国より浪花の津に積上る品類(しなじな)挙て数ふるに遑(いとま)あらず〈略〉煎雑喉(イリザコ)」 方言徳島県809

いり-さ・す【入止】〘自サ四〙(「さす」は途中でやめる意)はいりかけてやめる。*源氏(1001-14頃)宿木「心とりに、聞え給へば、しばしいりさして」 *和泉式部日記(11C前)「あさましや法(のり)の山ぢにいりさして宮このかたへたれさそひけん」

いり-さら【煎皿】〘名〙食物などをあぶって焦がすための器。*法華義疏長保四年点(1002)四「一は釜にして煮れども死せぬ。二は盤(イリサラ)に熬(い)れども焦(ただ)れぬ」

いりさわ【入沢】(「いりざわ」とも)姓氏の一つ。発音〈標ア〉0

イリジウム〘名〙(英 iridium)《イリジューム・イリジーム》白金族元素の一つ。記号 Ir 原子番号七七。原子量一九二・二。一八〇四年、英国のテナントが発見。銀白色の光沢を有し、融点、硬度ともに高いが、延性が小さくもろい。オスミウムとの合金は万年筆のペン先に、白金との合金はメートル原器、キログラム原器、理科学精密機械などに用いられる。*舎密開宗(1837-47)内・一五・二六二「意利沓毋(イリヂウム) 意利沓毋は千八百四年〈文化元年〉天南杜(テンナンド)氏、白金中にて発明せる新金にして」 *鉱物字彙(1890)〈小藤・神保・松島〉「Iridium Irijūmu Iridium イリヂーム」 発音〈標ア〉ジ《ジュ》〈京ア〉ジ《ジュ》

いり-しお【入潮】〘名〙①引き潮。干潮。⇔出潮(いでしお)。*新撰六帖(1244頃)六「いりしほのひ潟にきゐるみと鷺をいさりに出づるあまかとや見ん〈藤原知家〉」 *続古今(1265)冬・六〇八「霜枯のよこ野の堤風さえて入しほとほく千鳥鳴く也〈藤原光俊〉」 ②満ちてくる潮。満潮。みちしお。さししお。*海道記(1223頃)萱津より矢矧「此浦を遙に過れば、朝には入塩にて魚に非ずは游(およ)ぐべからず。昼は塩干潟馬を早めて急ぎ行く」 *玉葉(1312)雑二・二一〇五「浦あれて風よりのぼる入潮におろさぬ舟ぞ波に浮きぬる〈藤原範秀〉」 *謡曲・道成寺(1516頃)「月は程なく入り潮の煙満ち来る小松原」 方言満ち潮。和歌山県693 ◇いしお 鹿児島県鹿児島郡968 発音〈標ア〉0 辞書言海 表記入汐(言)

いり-しお【煎塩】〘名〙塩を煎ったもの。焼き塩。*全九集(1566頃)三「脾虚せば母の心をぎのふに炒塩(イリシホ)」 発音〈標ア〉リ0 辞書和玉・言海 表記[illegible]・[illegible](玉) 煎塩(言)

いり-しごと【入仕事】〘名〙費やした時間や手間で賃金を得る仕事。入り手間で報酬をうける仕事。手間仕事。いり。*雑俳・川柳評万句合-宝暦一一(1761)天二「元服を急にさせたる入(いり)仕事」 *雑俳・柳多留-五四(1811)「入仕事大工煙草に念が入」 *洒落本・廓宇久為寿(1818)後「茶に致すのいたさぬのと、入仕事(イリシゴト)の普請場でもござりません」 発音イリシゴト〈標ア〉シ 辞書〈ボン〉・言海 表記入事(へ) 入仕事(言)

いり-じし【煎肉】〘名〙煎った肉。*新撰字鏡(898-901頃)「熬 前魚完菜等煎也 伊利自志」 *観智院本名義抄(1241)「腩 ユチシシ イリシシ」 辞書字鏡・名義 表記熬(字) 腩(名)

いり-しな【入—】〘名〙(「しな」は接尾語)入ろうとするとき。入りぎわ。はいりしな。*女方(1957)〈三島由紀夫〉六「スタンドで一人で呑んでゐる川崎の顔は蒼く、酔へば酔ふほど蒼くなるたちである。入りしなにその蒼い顔を見た増山は」 *越前竹人形(1963)〈水上勉〉四「入りしなと帰りしなにすれちがった妓たちの顔や、身のこなしも、喜助はすべてどんな些細なことでも頭に焼きつけていた」 発音〈標ア〉0

いり-し・みる【入染】〘自マ上一〙「いりしめる(入染)」に同じ。*雑俳・柳多留-一一二(1831)「入しみて成程といふ忍冬湯」

いり-し・める【入染】〘自マ下一〙湯などにはいって熱さに馴れる。はいってなじむ。*滑稽本・東海道中膝栗毛(1802-09)初「なるほどおめへのいふとふり、入しめて見るとあつくはねへ。アアいいこころもちだ」

いり-しょうね【入性根】〘名〙他人に励まされて覚悟すること。入れ知恵でことをすること。いれしょうね。*雑俳・村雀(1703)「夜軍は雨と風との入しゃうね」 辞書文明

イリ-じょうやく【伊犂条約】 一八七一年、回教徒の反乱に乗じてロシアが占領した中国新疆(しんきょう)のイリ(伊犂)地方をめぐる国際紛争(イリ事件)を解決するため、八一年にロシアと清国との間に結ばれた条約。清国は同地方のほとんどを回復したが、ロシアもその一部と償金を得た。サンクトペテルブルグ条約。発音イリジョーヤク〈標ア〉ジョ

イリス ㊀(Iris)ギリシア神話の虹の女神。神々の使者。アイリス。㊁〘名〙⇨アイリス

イリス-こん【—根】〘名〙ニオイイリス、ムラサキイリスなど、おもにヨーロッパ産のアヤメ科植物の根茎を乾燥させたもの。粉末にして歯みがきなどの香料や健胃剤とする。〔現代術語辞典(1931)〕 発音〈標ア〉0

いり-ずみ【入隅・入角】〘名〙①壁、板など、二つの平面が交わったときの内側の角度。〔日本建築辞彙(1906)〕 ②「いりがく(入角)」に同じ。*満佐須計装束抄(1184)一「薬の箱二合をおく。この箱四合はみな同じさまにいりずみなる箱なり」 辞書言海 表記入角(言)

いり-ずみ【煎炭】〘名〙火にあぶって湿気をとり、火がつきやすいようにした炭。*延喜式(927)一七・内匠寮「熬炭(いりすみ)五斗。和炭五斗」 *枕(10C終)一六〇・心もとなきもの「また、とみにていりずみおこすも、いとひさし」 発音〈標ア〉リ 辞書言海 表記炒炭(言)

いり-ずもう【入相撲】〘名〙相撲四十八手を分類した古称の一つ。頭部を用いてするわざで、のちに反手(そりて)の名で総称されたものをさすか。*異制庭訓往来(14C中)「相撲有㆓四十八之取手㆒。所謂入相撲、懸相撲、蹋相撲、内給、外給等也」

いり-ぜに【入銭】〘名〙一座に加わるための費用。*申楽談儀(1430)附載・魚崎御座之事「一、座のいりぜに。とかく、千、とかく、千、長殿(おさどの)取らせ給ふべし。中座のいりぜに、とかく、千、長殿と、中座の一臈と、分けて取らせ給ふべし」 発音〈標ア〉0

いり-たい【要—】〘形〙方言欲しい。徳島県美馬郡816 高知市867 ◇えるだい 山形県村山138 ◇えっだい 山形県北村山郡144

いり-だい【煎鯛】〘名〙そぎ切りにした鯛と、ほぐした鯛の腹子とを、酢を落とした煎り酒でさっと煮た料理。*料理物語(1643)一二「いり鯛さしみより少あつくつくり候。鯛にても鯉にても、子を半分はつみ切り半分は砕きて、いり酒に酢を落しはしらかし、出しざまに鯛も子も入、やがて盛り候」 発音〈標ア〉リ 辞書言海 表記煎鯛(言)

いり-だいく【入大工】〘名〙手間賃で雇われている大工。*俳諧・大坂檀林桜千句(1678)三「器用はだなる袖の玉章〈益友〉 入大工ゆきてはかへりかへりては〈益翁〉」 発音〈標ア〉ダ

いり-だいず【煎大豆】〘名〙煎った大豆。煎り豆。*東京年中行事(1911)〈若月紫蘭〉二月暦「それから熬大豆(イリダイヅ)を撒いて追儺を行ふに方りて、声高らかに呼立つる『福は内鬼は外』の詞が」 発音〈標ア〉ダ

いり-だか【入高】〘名〙収入の金額。収入額。*西洋道中膝栗毛(1874-76)〈総生寛〉一二・上「金銀の取引も入(イ)り高(ダカ)ばかりにして出金のない様にいた

し」＊二人女房(1891)〈尾崎紅葉〉下・六「月の入高(イリダカ)も軽少なもので」 発音〈標ア〉リ

いり-たけり【入猛】〘名〙(「いりだけり」とも) 外ではおとなしくしていて、自分の家では威張ること。内弁慶。＊和訓栞後編(1887)「太秦(うずまさ)牛祭文に、貧苦男のいりだけりと見えたり。外にいでて家に帰り妻子にほこり叫ぶをいふ也」

いり-たけ・る【入猛】〘自ラ四〙(「いりだける」とも) 家に帰って、妻子などに対してどなりちらす。＊酒食論(室町)「そぼろ酔ひたる時は又、家の中にはいりたけり、人に逢ひてはひがみつつ」

いり-たち【入立】〘名〙①ある場所にはいりこむこと。親しく出入りすること。また、その人。＊枕(10C終)二六八・男こそ、なほいとありがたく「おほやけ所にいりたちする男、家の子などは、あるがなかによからんをこそは、選りて思ひ給はめ」＊源氏(1001–14頃)蜻蛉「大将の君はいとさしもいりたちなどし給はぬ程にて」＊今昔(1120頃か)三〇・八「其の家の入立にて近く被仕(つかはれ)ける程に」 ②(「れんちゅういりたち(簾中入立)」の略) 昔、宮中の女房の詰め所である台盤所(だいばんどころ)に参入することを許されること。また、その人。三位以上で直衣(のうし)勅許の公卿を普通とする。＊禁秘鈔(1221)上「聴二入立一之人、定聴二直衣一」＊たまきはる(1219)「近う候ふ人は東の台盤所とて向ひたる方を通る。いりたちの人々などはそれにゐる」＊十訓抄(1252)一・藤原成範改一字即座返歌事「昔は女房の入立なりし人の、今はさもあらざりければ」

いりたち-まい【入立米】〘名〙「いりつけまい(入付米)」に同じ。 発音〈標ア〉0

いり-た・つ【入立】〘自タ四〙①ある場所にはいりこむ。深くはいる。＊古事記(712)下・歌謡「大君の心を緩(ゆら)み 臣(おみ)の子の 八重の柴垣 伊理多多(イリタタ)ずあり」＊万葉(8C後)四・五四三「あさもよし 紀路(きぢ)に入立(いりたち) 真土山 越ゆらむ君は〈笠金村〉」＊土左(935頃)承平五年二月七日「河尻にふねいりたちて」＊今昔(1120頃か)二九・二〇「盗人入り立て心に任せて物を取りて」 ②親しく出入りする。親しく交わる。親しい関係にある。＊枕(10C終)一〇四・淑景舎、東宮に「山の井の大納言は、いりたたぬ御せうとにても、いとよくおはすかし」＊源氏(1001–14頃)総角「かうやうなる御仲らひのさすがに気(け)遠からずいりたちて」＊徒然草(1331頃)一一九「かやうの物も、世の末になれば、上さままでも入たつわざにこそ侍れ」 ③物事に深く関係する。精通する。通じる。＊宇津保(970–999頃)藤原の君「学問に心入れて遊びの道にもいりたち給へり」＊徒然草(1331頃)七九「何事も入たたぬさましたるぞよき」 ④物事の状態が複雑になる。入り組む。入り込む。＊御伽草子・あしびき(室町中)「猶なほ入たちたる子細あるらむとて」 語誌「入り立つ」は上代から例があるが、類義の「立ち入る」はおくれて平安後期に見え、例も少なく、用法も「入り立つ」の①に偏っている。「徒然草」では「入り立つ」二例が②③の用法、「立ち入る」が①の用法と使い分けられている。 発音〈標ア〉タ 辞書言海 表記入立(言)

いり-た・てる【煎立】〘他タ下一〙①盛んに煎る。②激しく熱しこがす。＊黒髪(1909)〈鈴木三重吉〉「烙(イ)り立てられるやうなわしが恋の目には」 発音〈標ア〉0テ

いり-たな【熬—】〘名〙語義未詳。煎った穀類をいうか。＊観智院本名義抄(1241)「熬 イリタナ ヤイタナ」 補注「字鏡集」に「擻 熬同 イリタチ アフリタナ」とある。 辞書名義 表記熬(名)

いり-だね【煎種】〘名〙糯米(もちごめ)、粳米(うるちごめ)などを煎ったもの。豆煎り、御目出糖、落雁、みじん粉菓子などの原料にする。＊東京年中行事(1911)〈若月紫蘭〉三月暦「お雛様の附物に数へられて居る煎豆を製造する家は、神田大和町浅草黒門町等に在りて其数二十余軒、そして此等で売り上る煎(イ)り種(ダネ)の量は大抵六万石位に上ると云ふことで有る」 発音〈標ア〉ダ

いり-たまご【煎卵・炒玉子】〘名〙割り落とした鶏卵にしょうゆや砂糖などの調味料を加えて煎りつけた料理。＊夢声戦争日記〈徳川夢声〉昭和一七年(1942)一月一一日「弁当、本日はイリ卵に、刻み干大根の煮〆」＊町ッ子(1964)〈獅子文六〉煙草が一番「煙草は元来、ケムリである。ケムリはイリタマゴよりも、煮魚よりも、もっと軽い食物ではないか」 発音イリタマゴ〈標ア〉マ タ〈京ア〉タ 辞書言海 表記煎玉子(言)

いり-ち【入知】〘名〙江戸時代、大名や家臣の知行の全部、またはその一部が没収され、蔵入地(くらいりち=将軍、大名の直轄領)となること。＊地方品目解(名古屋叢書一〇)(1755)「入知 上り知共 是は、御家中之輩、上り知又は減少知有之、御蔵入高に相成候を入知とも上り知とも申候」

いり-ちがい【入違】〘名〙①「いれちがい(入違)②」に同じ。＊青春(1905–06)〈小栗風葉〉夏・三「小間使の出て行くと入違(イリチガ)ひに、〈略〉園枝は美しい姿を現したのである」 ②「いれちがい(入違)③」に同じ。＊金貨(1909)〈森鷗外〉「八が開けたのは金いれに相違ない。〈略〉口は入違(イリチガヒ)になって銀の小さい玉を捩って開けるやうになってゐる」 ③紋所で、二つのものが互いに交差していること。 発音イリチガイ〈標ア〉0 辞書言海

いり-ちが・う【入違】㊀〘自ハ四〙①「いれちがう(入違)㊁①」に同じ。②「いれちがう(入違)㊁②」に同じ。＊東関紀行(1242頃)今の浦より前島「一すぢならず流れわかれたる川瀬ども、とかく入りちがひたる様にて」＊太平記(14C後)五・相模入道弄田楽「両陣の犬共を一二百疋宛(づつ)放し合せたりければ、入違(チガ)ひ追ひ合て上に成り下に成り」＊和英語林集成(初版)(1867)「サオガ irichigatte (イリチガッテ) オル」 ㊁〘他ハ下二〙⇨いりちがえる(入違)。 発音イリチガウ 文イリチゴーとも〈標ア〉ガ ゴ 辞書文明・ヘボン・言海 表記入違(文・ヘ) 入交(言)

いり-ちがえ【入違】〘名〙①「いれちがい(入違)②」に同じ。＊灰燼(1911–12)〈森鷗外〉一「入違へに最初の玄関で話をした男が外から廻って来て」 ②「いれちがい(入違)③」に同じ。＊西国立志編(1870–71)〈中村正直訳〉二・一三「そのレースの目は、襪の如く糸を交互(〈注〉イリチガヘ)して重ねたるゆゑ」 発音イリチガエ〈標ア〉0

いり-ちが・える【入違】〘他ア下一〙(ハ下一) 文いりちが・ふ〘他ハ下二〙①「いれちがえる(入違)②」に同じ。＊桐一葉(1894–95)〈坪内逍遙〉五・三「入りちがへてかなたより、笑ひさざめきどやどやと」＊湯ケ原ゆき(1907)〈国木田独歩〉八「桟道にかかってから第一の停留所に着いた所の名は忘れたが此処で熱海から来る人車と入(イ)りちがへるのである」 ②「いれちがえる(入違)③」に同じ。＊阿部一族(1913)〈森鷗外〉「裏表二手のもの共が入(イ)り違(チガ)へて、をめき叫んで衝いて来る」 発音イリチガエル〈標ア〉エ ガ

いり-ちょう【入帳】〘名〙商家で、収入に関するいっさいを記入する帳簿。大福帳などの類。収入簿。＊浮世草子・日本永代蔵(1688)二・三「惣領の新六、俄に金銀を費し、算用なしの色あそび、半年立ぬに百七拾貫目、入帳(イリチャウ)の内見へざりしに」＊浮世草子・風流曲三味線(1706)四・三「只今迄段々御遣ひ銀(かね)二百七十貫目入帳(イリチャウ)の内見へませぬを」 発音イリチョー〈標ア〉0

いり-つ【入津】〘名〙船が港にはいること。入港。にゅうしん。

い-りつ【倚立】〘名〙互いに寄り合って立つこと。＊日本風景論(1894)〈志賀重昂〉五「天界の虹と相応じて、大量、小量、上下数重、倚立互に配対す、是れ絶愛するに足るもの」＊礼記-夏立尸而卒祭疏「夏立レ尸而卒レ祭者、尸是人、人不レ可ニ久坐一神坐、故尸惟飲食暫坐、若不ニ飲食一時、則尸倚立以至ニ祭竟一也」

いり-つき【入突】〘名〙門戸を切り破って屋内に侵入することをいう、盗人仲間の隠語。〔隠語輯覧(1915)〕 発音〈標ア〉0

いり-つ・く【煎付・炒付】㊀〘自カ四〙物が煮つめられて水気がなくなる。煮つまる。また、食べ物が油などであぶられて焦げつくようになる。気持がいらだつような音声、様子などのたとえにも用いられる。＊日葡辞書(1603–04)「Iritçuqi, u, ita (イリツク)〈訳〉煎っている物が焦げつく」＊浄瑠璃・心中重井筒(1707)上「どふせふかこふしゃうが酒いりつく様に気がなって胸かきまはす玉子酒」＊歌舞伎・韓人漢文手管始(唐人殺し)(1789)四「コレコレ、玉子酒がいりつくのじゃ」＊和英語林集成(初版)(1867)「サカナガ Iritszita (イリツイタ)」＊青春(1905–06)〈小栗風葉〉夏・一〇「折から頭の上の梢へ蝉が来て啼出した。炒付(イリツ)くやうな其の声に」＊それから(1909)〈夏目漱石〉一四「代助の頭には今見た光景ばかりが煎(イ)り付(ツ)く様に踊(をど)ってゐた」 ㊁〘他カ下二〙⇨いりつける(煎付)。 方言煮詰まって焦げつく。また、非常に暑く感じる。山梨県456 発音〈標ア〉0〈京ア〉0 辞書日葡・ヘボン・言海 表記熬著(へ) 煎付(言)

いり-つけ【煎付・炒付】〘名〙煎り付けること。また、煎った食べ物。煮つめた食べ物。多く魚料理にいう。＊文明本節用集(室町中)「炒付 イリツケ」＊御伽草子・常盤の姥(類従所収)(1504–21頃)「ひきぼしいりつけうけこぶくはばやな」＊歌舞伎・霜夜鐘十字辻筮(1880)五幕「『薬は煎じ詰りはせぬか』『〈略〉是は大変、煎附(イリツケ)に成りました』」 方言❶煮つけ。京都†114 ❷煮魚。福井市427 大阪市637 広島県高田郡779 山口県大島801 ◇いっつけ 長崎県南高来郡905 ◇いりみ〔炒身〕 福井県427 発音〈標ア〉0 辞書文明・易林・言海 表記炒付(文) 熬付(易)

いりつけ-ざかな【煎付魚】〘名〙魚を水気の少なくなるまで煮た料理。＊随筆・皇都午睡(1850)三・中「食物の異名〈略〉煎付肴を煮付」 発音〈標ア〉ザ

いりつけ-まい【入付米】〘名〙江戸時代、他村の林野を共用する場合、入会地の所有村に納付する米銭、小物成の分担。入立米。 発音〈標ア〉0

いりつけ-まめ【煎付豆】〘名〙煎りつけた豆。いりつけまめ。＊色葉字類抄(1177–81)「煎付大豆 イリツケマメ」 辞書色葉 表記煎付大豆(色)

いり-つ・ける【入付】〘他カ下一〙文いりつ・く〘他カ下二〙①ある場所にはいりこむ。②戸を破ることをいう、盗人仲間の隠語。〔日本隠語集(1892)〕

いり-つ・ける【射付】〘他カ下一〙強い光などを物に当てる。＊趣味の遺伝(1906)〈夏目漱石〉一「遼東の風に吹かれ、奉天の雨に打たれ、沙河の日に射り付けられれば大抵なものは黒くなる」＊伸子(1924–26)〈宮本百合子〉四・一「いよいよ燦(かがや)き射(イ)りつける西日につれ」 発音〈標ア〉0ケ

いり-つ・ける【煎付】〘他カ下一〙文いりつ・く〘他カ下二〙水気のなくなるまで煮つめる。油などで焦げつくほどにあぶる。気持をいらだたせるような音声や様子などのたとえにも用いられる。＊日葡辞書(1603–04)「Iritçuqe, uru, eta (イリツクル)〈訳〉あるものを火で煎って焦げつかせる」＊俳諧・続猿蓑(1698)旅「煎りつけて砂路あつし原の馬〈史邦〉」＊人情本・春色梅児誉美(1832–33)四・二三齣下「白魚と玉子をいりつけて」＊和英語林集成(再版)(1872)「サカナヲ アブラデ iritsukeru (イリツケル)」＊土(1910)〈長塚節〉一「熬(イ)りつける様な油蝉の声が彼等の心を撼(ゆる)がしては」 発音〈標ア〉0ケ〈京ア〉0 辞書日葡・ヘボン 表記熬著(へ)

いり-つど・う【入集】〘自ハ四〙ある場所にはいり集まる。＊浮世草子・新色五巻書(1698)三・二「家中の娘、腰本彌右衛門屋敷に入つどい、心々のなぐさみ」＊滑稽本・浮世風呂(1809-13)二・上「浄土宗やら、法華やら八宗九宗入(イリ)つどふ女湯の障子を明(あけ)てヲヲさむいと云ひながら、肩をぶるぶるとして入来るは」

いり-つ-ひ【入日】〘名〙(「つ」はもと、「の」の意の格助詞) 入り日。落日。＊川のほとり(1925)〈古泉千樫〉牛「入りつ日の名残さびしく海に照りこの牛ひきに人いまだ来ず」

いり-つぶ【入粒】〘名〙「いれつぶ(入粒)」に同じ。＊浮世草子・風流曲三味線(1706)四・二「我等式の素牢人でも入粒(イリツブ)の柄鮫(つかさめ)をほめられ」

いり-つま・る【入詰】〘自ラ四〙一つの型をもつ。そのうちにはいってかたまる。＊遊楽習道風見(1423-28頃)「まして、小物(こもの)にてしつけたらん形木(かたぎ)に入つまりたる身体ならば、其時の分切(ぶんざい)にて、いつまでも通るべし」

いり-で【入出】〘名〙入ることと出ること。入ったり出たりすること。また、でこぼこのあること。出入り。＊玉塵抄(1563)二「先祖をたっとんで聊爾(れうじ)に人のいりでえせぬ席なり」＊玉塵抄(1563)一五「崎嶇みちの平になう入りでであって石などのあるを云ぞ」発音〈標ア〉0

いり-でっぽう【入鉄砲】〘名〙江戸時代、関所を通って江戸に持ち込まれた鉄砲。＊地方凡例録(1794)一〇「入鉄砲は、玉目十匁以上、鉄砲数十丁より御老中証文、御裏印の証文、玉目九匁筒九丁までは、其家の家老の証文にてとほる。御代官は御代官直証文、尤先達て印鑑御関所へ差出置、鉄砲相通候節は、右印かがみに引合せて通る也」発音イリデッポー〈標ア〉デ

いりでっぽう に 出女(でおんな) 江戸時代、関所を越えて、江戸に持ち込まれる鉄砲と、江戸から地方に出る江戸在住の婦女子のこと。鉄砲は謀反などに利用されるのを防ぐため、婦女子は人質として江戸居住させられている大名の妻が変装して江戸を脱出するのを防ぐために、関八州の関所、ことに上方に通じる箱根できびしく詮議した。発音イリデッポーニ=デオンナ〈標ア〉デ=オ

いり-でま【入手間】〘名〙手間仕事に対して支払う賃金。また、手間仕事。いれでま。＊雑俳・柳多留-一三四(1834)「入り手間で一坪余る大津壁」発音〈標ア〉0

いり-と【入当】〘名〙子供が宮座の仲間にはいること。当(頭)屋仲間にはいること。転じて、村入りや若者組に加入することにもいう。

いり-どうぐ【入道具】〘名〙能狂言で、その曲に作り物などの大道具が必要であることを示す語。発音イリドーグ〈標ア〉ド

いり-どうふ【煎豆腐】〘名〙豆腐料理の一つ。豆腐をゆでてから、絞って水気をとり、出し汁、しょうゆ、砂糖を加えて、かき混ぜながら汁のなくなるまで煎りつけたもの。割り落とした鶏卵、ネギ、ニンジン、シイタケなどを細かく切ってごま油でいためたものを加えることが多い。＊松屋会記-久政茶会記・弘治二年(1556)一二月一九日「汁　いりたうふ、ごぼう、いも」＊歌舞伎・四天王産湯玉川(1818)五立「けんちんが氷ったら、いり豆腐(ドウフ)にするがいい」＊真景累ケ淵(1869頃)〈三遊亭円朝〉一七「煎豆腐(イリドウフ)の中へ鶏卵(たまご)が入って黄色くなったの」発音イリドーフ〈標ア〉ド〈京ア〉ド 辞書言海 表記煎豆腐(言)

いり-どころ【入所・要所】〘名〙①鷹狩りで、鷹や犬を放す所。＊宇津保(970-999頃)吹上下「かの鷹を心みばや。いり所のをかしからん、思ひ出でよや」②必要とする点、情況、場合。＊椀久物語(1899)〈幸田露伴〉六「さ、ここが分別の要(イ)りどころでござんす、能く気を鎮めて後先を考へ」辞書文明 表記入所(文)

イリドスミン〘名〙(英 iridosmine) イリジウムとオスミウムの天然合金。少量の白金、ロジウム、ルテニウムなどを含む。きわめて硬く、耐蝕性にすぐれ、万年筆のペン先や電気接点材料に用いられる。イリドスミウム。オスミリジウム。＊英和和英地学字彙(1914)「Iridosamin　Iridosmine〈略〉イリドスミン〔鉱〕」発音〈標ア〉ド

いり-どめ【入止】〘名〙立ち入りを禁じること。また、その区域。＊蜷川文書-三集・康正元年(1455)九月一八日(中世法制史料集二・追加法二五二)「入止在所、至二翌年一令二興行一者、子細同前」発音〈標ア〉0

いり-とり【煎取】〘名〙魚類を煎って油を採ること。

いり-とり【煎鳥】〘名〙(「いりどり」とも) カモ、ニワトリ、ガンなどの肉を細かく切って酒にひたし、しょうゆ、砂糖、みりんなどで味をつけて煎りつけたもの。刻んだゴボウ、コンニャク、ゆでたギンナンなどを加える。＊料理物語(1643)一二「のっぺいとう　鴨をいり鳥のごとくつくり、だし、たまりにてにる」＊浮世草子・世間胸算用(1692)二・三「料理ごのみして喰ふた煮鳥(イリトリ)も杉焼もくはっくはっと燃(もえ)あがりて」＊風俗画報-一九〇号(1899)漫録「煎鳥(イリトリ)雁、鴨鶏の類其肉の精なる所を適度に切り、酒と醤油とを程好く合せ、汁をひたひたにして炭火にて煎りあぐべし」発音〈標ア〉0〈京ア〉リ 辞書言海 表記煎鳥(言)

いり-どり【入取】〘名〙(「いりとり」とも) 他人の家に押し入って物を奪い取ること。また、その人。＊平家(13C前)八・鼓判官「在々所々にいりどり多し」＊幸若・高たち(室町末-近世初)「なむぢらがおむごくにすむで、いりとりがうだうし」＊浄瑠璃・安宅高館(1655-58頃)五「おんごくにすんで、いりどりがうどうをし」発音〈標ア〉0

いりとり-なべ【煎鳥鍋】〘名〙煎鳥の料理をする鍋。また、その料理。＊談義本・根無草(1763-69)後・四「剉刀(はうてう)に電光(いなづま)あれば、いり鳥鍋(ナベ)に液雨(しぐれ)の声あり」＊歌舞伎・四天王産湯玉川(1818)五立「十松、箱火鉢へ煎鳥鍋(イリトリナベ)を懸け」発音〈標ア〉ナ

いり-な【煎菜】〘名〙ゆでて二、三寸くらいに切った菜を酒、しょうゆ、塩などで味をつけて煎りつけた料理。＊俳諧・俳諧一葉集(1827)「わすれ草煎菜につまん年の暮〈芭蕉〉　笊籬(いかき)味噌こし岸伝ふ雪〈千春〉」＊歌舞伎・富士三升扇曾我(1866)二幕「もうお昼飯(ひる)に間がないから早くとって下さんせ、熬菜(イリナ)にせねばならぬわいな」発音〈標ア〉リ

いり-なべ【煎鍋・炒鍋】〘名〙①肉や野菜などを煎りつけるのに用いる浅い鉄鍋。＊浮世草子・日本永代蔵(1688)五・一「まづ胡麻を砂糖にて煎じ、幾日(いくか)もほし乾(かはらげ)て後、煎鍋(イリナベ)へ蒔(まき)て」＊書言字考節用集(1717)七「鏊　イリナベ〔順和名〕煎餅盤是也」②米や豆などを煎るのに使う土製の浅い鍋。いりがわら。いりがら。焙烙(ほうろく)。＊東雅(1717)一一「鏊(イリナベ)〈略〉今俗に瓦器のほうろくといふもの」＊広益国産考(1859)五「此麦を炒鍋(イリナベ)にて炒り」＊幼学読本(1887)〈西邨貞〉七「其の種をいり鍋に入れて熬る」発音〈標ア〉ナ 辞書書言・ヘボン・言海 表記鏊(書) 熬鍋(へ) 炒鍋(言)

いり-なみ【入波】〘名〙沖から港、湾などにはいってくる波。＊新撰六帖(1244頃)三「しほむかふかけのみなとのいり浪にあはれ我が身の出でがたの世や〈藤原為家〉」発音〈標ア〉0

いり-に【入荷】〘名〙①産地などから送られてきた荷物。＊夜明け前(1932-35)〈島崎藤村〉第一部・上・二・四「入荷(イリニ)出荷とも附送りを取扱って来た中津川の問屋角十に対抗して」②倉庫などに積み入れた荷物。発音〈標ア〉0

いり-に【煎煮・炒煮】〘名〙油で炒めてから煮つけること。また、そのもの。＊児童のお弁当百種(1931)〈小林完〉五・七「油揚げを一旦熱湯に浸して直ぐ引出し、細かく切り、砂糖醤油でカラリと炒り煮とし」発音〈標ア〉0

イリニウム〘名〙(英 illinium)《イリニューム》稀土類元素の一つ。記号 Il　元素プロメチウムの旧名。発音〈標ア〉ニ《ニュ》

いり-にっき【入日記】〘名〙商家で、収支を記しておく帳簿。収入簿。大福帳。入帳(いりちょう)。いれにっき。＊浮世草子・好色二代男(1684)八・三「命がないなどの音信(おとづれ)の文に、入日記(き)付さいて懸出行」発音〈標ア〉ニ

いり-にんべつちょう【入人別帳】〘名〙江戸時代、結婚や移住などで新たに町村へ転入した人を、個別に書き上げた帳簿。転出者をしるす「出人別帳」と合わせて一年間の「人別増減帳」を作成し、その年の宗門人別改帳とともに提出するところもあった。＊禁令考-前集・第六・巻六〇・寛政八年(1796)四月「一、出人名帳、入人別帳之儀は、四月より翌年三月迄之分、一回宛に、手軽に半紙竪帳に拵、壱枚毎に名主押切割判致置、毎月廿五日より晦日迄之内、一町限月行事え申渡家主共寄合、其月増之分は、入人別帳え相記、生国宗旨請人家業も記し、家族召仕共に相記、印形取之」

いり-ぬ・く【選抜】〘他カ四〙(「えりぬく」の変化した語) よりわける。多くの中からよいもの、また適当なものをえらび出す。えりぬく。＊西洋道中膝栗毛(1874-76)〈総生寛〉一二・下「入れ髷(がみ)は東京中のかもじ屋へあたりて、いい毛ばかり択(イ)りぬいてもらったんだから」

いり-の【入野】㊀〘名〙入り込んで奥深い野。＊万葉(8C後)一〇・二二七七「さ男鹿の入野(いりの)の薄(すすき)初尾花いづれの時か妹が手枕(ま)かむ〈作者未詳〉」＊万葉(8C後)一四・三四〇三「吾(あ)が恋は現(まさか)もかなし草枕多胡(たご)の伊利野(イリの)のおくもかなしも〈東歌・上野〉」㊁高知県幡多(はた)郡大方町の南部の地名。中世、入野氏の居城の地。土佐湾に臨む入野ノ浜は、古くから月の名所として知られ、背後の入野松原は昭和三年(一九二八)国名勝に指定。県指定の土佐西南大規模公園の中心部。土佐くろしお鉄道中村線が通じる。補注㊀の万葉例は地名とする説もある。→いるの。発音〈標ア〉0〈京ア〉0

イリノイ(英 Illinois) アメリカ合衆国、ミシガン湖とミシシッピ川との間にある州。州都スプリングフィールド。中心都市シカゴ。発音〈標ア〉0

いり-のう【入能】〘名〙能楽で、予定の番組のほかに臨時に組み入れて演奏する曲。＊随筆・独寝(1724頃)上・六〇「江戸にては只今急に御入能何番何番と云様成てひどき事有によりて」発音イリノー〈標ア〉リ

いり-のこ・る【入残】〘自ラ四〙(月などが)没するはずなのにまだ空に残っている。＊唱歌・鉄道唱歌(1900)〈大和田建樹〉一「愛宕の山に入(イ)りのこる月を旅路の友として」発音〈標ア〉コ

いり-は【入端】〘名〙①能楽で、一曲の終末部分をいう。また、舞いながら退場する部分。また、退場のしおどき。＊三道(1423)「切拍子の静かならん懸りをいりはにせん事似合ふべきか」＊三道(1423)「親に逢ひ、夫婦・兄弟などに尋ね逢ふ所を結びて、いりはにして入る事あり」＊中楽談儀(1430)序「入はに、『何の何して』とかかる時、左に取り大輪に押して廻りなどせし也」＊御湯殿上日記-文明一五年(1483)正月一二日「のう十はん、そのほかいりはなどもあり」②近世初期の歌舞伎踊歌などの組歌の中で最後の部分。また、踊りながら退場すること。きり。→出端(では)。③舞いながら登場すること。④金銭などの要りどころ。使いみち。＊浄瑠璃・三浦大助紅梅靮(1730)三「金の入(いり)

はを悟(さと)られまいと」 方言 ❶その季節になって出回り始めた食べ物の最もうまい時期。香川県綾歌郡829 ❷野菜などの旬(しゅん)。出盛り。食べ時。香川県仲多度郡829 ❸入れたての茶。出花。 ◇いりはな 沖縄県首里993 ❹人が家などに入ってすぐ。 ◇いりはな 沖縄県首里993 発音〈標ア〉0 辞書文明・天正・日葡 表記入端(文) 入破(天)

いり-はっそう【入八双(サウ)】『名』兜の鉢の腰巻の板に鎹(しころ)を固着する鋲(びょう)の座金、八双金物の一種。長方形で、両端を八文字にえぐった形状。

いり-はま【入浜】『名』遠浅で波の静かな海浜に堤防を築き、その内部を区画して、満潮の時に自然にはいってくる海水を利用して製塩する塩田。また、その製塩法。近世初期から瀬戸内海で発達した。↕揚浜(あげはま)。発音〈標ア〉0

いり-はん【入判】『名』近世、奥州仙台藩で発行した入国許可証。その領内に立ち入る他国、他領人から手数料を取り、入国を認める印を押して交付した許可証。↕出判。 *随筆・譚海(1795)四「奥州仙台にあそぶ人は、大木戸を入ば、越河といふ所にて、入判といふるのをもらふ、銭三文を出してもらふ事なり」 発音〈標ア〉0

いり-ひ【入日】『名』夕方、西の方に沈もうとする太陽。夕日。落日。また、落日の光。 *万葉(8C後)一・一五「わたつみの豊旗雲に伊理比(イリヒ)さし今夜の月夜さやけかりこそ〈天智天皇〉」 *貞応本後撰(951頃)恋四・八七九「かきりなく思ひいり日のともにのみ西の山へをおもひやるかな〈小野道風〉」 *源氏(1001-14頃)花宴「やうやう入日になるほど」 *金葉(1124-27)春・八三「入日さす夕くれなゐの色見えて山下照らす岩躑躅かな〈法性寺入道前関白家三河〉」 *新古今(1205)釈教・一九六七「いまぞこれいり日をみても思ひこしみだのみくにの夕暮の空〈藤原俊成〉」 *謡曲・弱法師(1429頃)「東門に、向かふ難波の西の海、入り日の影も舞ふとかや」 発音〈標ア〉0 〈京ア〉イ 辞書日葡・書言・ヘボン・言海 表記入日(へ・言) 杳・倒景(書)

いりひ の 朝顔(あさがお) (入り日を受けて朝顔がしぼんでいるさまから) しょげていること、みすぼらしく見えることのたとえ。 *浮世草子・男色大鑑(1687)一・三「心さし人に越、おのづと御前よろしく、国中にありし少人の花は、皆入日の朝皃(アサガホ)となりぬ」

いりひ を 返(かえ)**す** (魯陽公が戦いの最中に日没となったとき、矛(ほこ)で入り日を招くと、入り日が再びのぼったという「淮南子-覧冥訓」にみえる故事から) 入り日を招き返すことができるような盛んな勢力、激しい勢いなどのたとえ。 *俳諧・父の終焉日記(1801)五月八日「入日を返す勢もあらねば、只ともしびをかかげて寝皃(ねがほ)を守るばかり也」

いり-ひ【圦樋】『名』川の水を引き入れ、または川へ水を吐き出すための、水門に設けられた樋(とい)。圦。樋口。 *御触書寛保集成-二三・正徳三年(1713)四月「御料所之堤川除堰圦樋橋等、其外在々御普請之場所年々之御入用」 *続農家貫行(1749)六(古事類苑・政治九七)「水門圦樋は小破の修理を加へずして、用水時大破に及びては、俄に修復成難し」

いりひ-かげ【入日影】『名』夕日の光。 *新撰菟玖波集(1495)秋・上「霧はるる山のふもとのいり日影たかねをみれはくもそいさよふ〈邦高親王〉」 *俳諧・宗因七百韵(1677)「山柴をおふこに残る入日影〈宗因〉」 *俳諧・曠野(1689)三・暮夏「涼しさよ白雨(ゆふだち)ながら入日影〈去来〉」 *浄瑠璃・心中宵庚申(1722)上「くれぬ間の御帰城と気も夕陽の入日影」 発音イリヒカゲ 〈標ア〉ヒ

いり-びこ【入彦】『名』男子を敬愛して呼ぶ語。 *古事記(712)下・歌謡「御真木(みまき)伊理毘古(イリビコ)はや」 *書紀(720)崇神一〇年九月・歌謡「御間城(みまき)異利寐胡(イリビコ)はや」 補注イリビコのイリの意味は未詳。イラツコ(郎子)のイラと関係があるか。ヒコは「彦」であろう。イリの名をもつのは、崇神、垂仁、景行の皇族に多く、応神朝には消える。

いり-びたり【入浸】『名』(多く「に」を伴って用いられる) 入りびたること。 *老車夫(1898)〈内田魯庵〉「熊の野郎め増長しやがって碌な銭も取らねェくせに毎日毎日入浸(イリビタ)りだ」 *新世帯(1908)〈徳田秋声〉二〇「お国は何時の間にか、此二三日入浸(イリビタリ)になってゐた」 *春泥(1928)〈久保田万太郎〉三羽烏・一〇「つねにその界隈の有名な茶屋小屋…岡田だの〈略〉深川亭だのに始終もう入浸(イリビタ)りになってゐたのである」 発音〈標ア〉0

いり-びた・る【入浸】『自ラ五(四)』①水中にずっとつかっている。②他の家、場所にずっと居続ける。 *浄瑠璃・淀鯉出世滝徳(1709頃)上「しづも昔しは恋を磨き年中くるわに入ひたり、大夫天神に引つり引っ張られ」 *湯女(1898)〈内田魯庵〉「お前は何だって、あの和郎が来ると座敷に入浸(イリヒタ)ってベタベタ凝着(へりつ)いて晩くまで三絃(しゃみ)をガチャガチャ奏ってるだ」 *煤煙(1909)〈森田草平〉二「自分の家の様に入り浸ってゐると云うことを薄々聞いてゐた」 発音〈標ア〉0 〈京ア〉0

いり-びと【入人】『名』他家から婿としてはいってくる人。入夫(にゅうぶ)。入り婿。いりうど。 *鳩翁道話(1834)三・上「聟は近頃の入人(イリビト)なり」 方言他の土地から移住してきた人。奈良県南大和683 発音〈標ア〉タ 〈京ア〉0

いりひ-なす【入日―】枕 (「なす」は接尾語) 入り日のように、の意で、入り日が隠れてゆくところから、人の死をいう「隠る」にかかる。 *万葉(8C後)二・二一三「鳥じもの 朝立ちい行きて 入日成(いりひなす) 隠りにしかば〈柿本人麻呂〉」 *万葉(8C後)三・四六六「うつせみの 借れる身なれば 露霜の 消(け)ぬるがごとく あしひきの 山道をさして 入日成(いりひなす) 隠りにしかば〈大伴家持〉」 発音〈標ア〉0

いり-ひめ【入日売】『名』(「いりびめ」とも) 女子を敬愛して呼ぶ語。入彦(いりひこ)に対する。 *古事記(712)中「豊木入日子命、次に豊鉏(とよすき)入日売(いりひメ)命」

いり-びゃくしょう【入百姓(ビャクシャウ)】『名』江戸時代、手余地(てあまりち)や荒蕪地(こうぶち)の多い村で、他から移住させて耕作にあたらせた百姓。 *財政経済史料-八・官制・地方職制雑・寛政元年(1789)閏六月「奥州之内手余地有レ之場所へ、無罪之無宿共差遣し、致二入百姓一、猥に離散不レ致ため片鬢剃、尤当時之内は夫食其外相応之御手当被レ下、右之内にも出精之者は追々高持致し片鬢立、宗門村人別へも加候様取計」

いり-びょうし【入拍子(ビャウシ)】『名』「いれびょうし(入拍子)」に同じ。 *俳諧・崑山集(1651)一三・冬「太鼓はち入拍子うつ節分大豆〈宗利妻〉」 *浮世草子・好色一代女(1686)六・一「入拍子(ビャウシ)の撥(ばち)か撞木(しゅもく)、聞く人、山をなして立かさなりしに」

いり-ふ【煎麩】『名』生の麩を酒で煎って、クルミ、いりごまなどで和(あ)えた料理。 *文明本節用集(室町中)「煎麩 イリフ」 発音イリビョーシ 〈標ア〉ビョ 辞書文明 表記煎麩(文)

イリフ ⇨イリフ-ペトロフ

いり-ぶ【入歩】『名』江戸時代の検地で、同一所有者の田畑が道などでいくつかに隔てられているとき、広い方の本田畑に併せて見積られる他の田畑の面積。検地帳で、併せた面積の脇書に記された。 *地方凡例録(1794)二「入歩と云は、元禄年中御条目に、惣て田畑廻りに堀田あるは遂二僉議一、本歩の内を入歩にいたし、水帳にしるすべきと有り」

いり-ぶし【入節】『名』丸太に節のはいっていること。また、その節。 *鳩翁道話(1834)三・上「四本柱はよしの丸太では汚ない、北山の入節(イリブシ)をつかひ」

いり-ふ・す【入臥】『自サ四』①中にはいって臥す。 *宇津保(970-999頃)蔵開中「かきいだきおろして、いてたてまつり給て、やがてみちゃうの中にいりふし給ぬ」 *源氏(1001-14頃)末摘花「乳母(めのと)だつ老人などは、曹司にいりふして、夕まどひしたるほどなり」 ②一つの状態、境地にすっかりはいりきる。特に、和歌、芸能の道などについていう。 *毎月抄(1219)「よくよく心をすまして、その一境に入ふしてこそ稀にもよまるる事は侍れ」 *花鏡(1424)妙所之事「此妙所は、能を極(きは)め、堪能その物に成りて、闌(た)けたる位の安き所に入ふして」 発音〈標ア〉フ

いり-ぶち【泖潭】『名』「うらぶち(泖潭)」に同じ。

いり-ふね【入船】㊀『名』(「いりぶね」とも) ①船が港にはいってくること。また、その船。↕出船。 *夫木(1310頃)一三「照る月にみをのしるしのあらはれてやすらひもせぬわたのいり舟〈源師光〉」 *浮世草子・日本永代蔵(1688)四・四「越前の国敦賀の湊は毎日の入舟判金壱枚ならしの上米ありといへり」 *咄本・夜明茶吞噺(1776)手くせ「このごろに、よい引わりが、入ふねいたしたら、ぬすんで上ませう」 ②郭(くるわ)などに遊興に行くこと。 *洒落本・初葉南志(1780)「此風ていは、入り舟の有そうな晩でござります」 ㊁「いりふねちょう(入船町)」の略。 *洒落本・風俗八色談(1756)二・野水問答の事「蹴ころ、山猫、舟饅頭鮫が橋鐘撞堂、吉田町同朋、入船(イリフネ)、大橋、じくじく谷等に至るまで、あまねく其地の意気地をさぐりうかがひ」 *洒落本・辰巳之園(1770)自序「壱分弐人(ひっぱり)、六寸には新地、入船、石場」 発音〈標ア〉0 〈京ア〉0 辞書言海 表記入船(言)

いりふね あれば出船(でふね)**あり** 港に船の出入りがあるように、金銭などが一方からはいってくれば一方から出ていって、一か所にとどまらないことのたとえ。 *歌舞伎・黒手組曲輪達引(1858)三幕「扨人交際(ひとづきあい)をするものは、入舟(イリフネ)あれば出舟(デフネ)ありで、手に金のあったことがねえ」 *歌舞伎・日月星享和政談(延命院)(1878)三幕「入舟(イリフネ)あれば出舟(デフネ)ありと、今目録のぴんをいったら、忽ち三分はき出した」

いり-ふね【炒船】『名』煮干しの加工設備をした船。瀬戸内海のイワシ網漁業などで多く用いられた。

いりふね-ちょう【入船町(チャウ)】江戸、深川汐見橋の東側にあった町。岡場所の一つ。深川入船町。下木場。 *洒落本・婦美車紫鹿(1774)九蓮品定・中品下生之部「深川入船町 四六、平家。〈略〉爰に昼六印、夜六。二、三間あり。人がらよっほどよし」

いりふね-ちょう【入船帳(チャウ)】『名』遊女や女郎屋が客数などを控えておく帳面。女郎屋の玉帳。客を船に見立てていった語。 発音イリフネチョー 〈標ア〉0

いりふね-つなぎ【入船繋】『名』舳先(へさき)を陸地へ向けた形で船をつなぐこと。または、その船。↕出船繋

イリフ-ペトロフ (Il'f i Pjetrov) ソ連の小説家、イリヤ=イリフ(Il'ja Il'f 一八九七〜一九三七)とエフゲニー=ペトロフ(Jevgjenij Pjetrov 一九〇三〜四二)の合作の際の筆名。ロシア革命後の一九二〇年代からすぐれた風刺文学作品を発表し人気を得た。作品「十二の椅子」「黄金の子牛」など。 発音〈標ア〉イ=ペ、ペ

いり-べ【入部】『名』⇨いるとものお(入部)

いり-ほ【入帆】『名』港にはいってくる帆掛け船。↕出帆(でほ)。 *俳諧・蓼太句集(1769-93)秋「秋風と木がらしの出帆入帆かな」 発音〈標ア〉0

いり-ほが【入穿】『名』(形動) ①和歌、連句などを作るとき、その表現、技巧に凝りすぎて、なにをいおうとしているのかわかりにくくなること。趣向がすぎて

いやみになること。＊毎月抄(1219)「あまりに又ふかく心をいれんとてねぢすぐせば、いりほがの入くり歌とて」＊八雲御抄(1242頃)六「詞のいりほがとは、たとへば霧の有明、風の夕暮、露ふけて、雲たけてなどいふ風情也」＊ささめごと(1463–64頃)上「田舎などの人は、我が句にいささかも変はりたるをば、いりほがそばみたるなど申しあへる」②うがちすぎてかえって真実から遠ざかってしまうこと。また、そのさま。いれほが。＊四河入海(17C前)一一・三「ささめいた、なりぞ。此注は、いりほかなぞ」＊浮世草子・元禄大平記(1702)五・初学の為によい事をいふ「これかれおおくは入りほがにして、どぎどぎとまぎらはしくまどひやすきものなり」＊随筆・独寝(1724頃)上・六五「皆いりほがなる説にて、後にこしらへたるものの様に覚ゆることなり」＊続々金色夜叉(1899–1902)〈尾崎紅葉〉二・二「心私(ひそか)に其の臆測の鑿(イリホガ)なりしを媿(は)ぢざるにもあらざれど」語誌(1)鎌倉初期の歌壇における、新奇な、凝った風情や表現を求める風潮に対し、そのゆきすぎを戒めるために、新しく造られた語か。この語は歌論、連歌論を中心にしばしば用いられた。(2)「八雲御抄-六」では「詞のいりほが」「風情のいりほが」の二つに分け、「ささめごと」では「心」と「姿」とに「いりほが」を指摘するなど、表現過程のさまざまな側面に対する批評に用いられている。語源説(1)イリは入、ホガは、孔をあける義のホガスという動詞の語根か〔風土と言葉=宮良当壮〕。(2)イリウゲ(入穿)がイリオゲ、イリオガと変化したのを、仮名違いに記したものか〔大言海〕。(3)熬火香の義〔和訓栞〕。辞書 書言・言海 表記 回曲(書)

いりほが-し【入穿】〔形シク〕(「いりほが」の形容詞化) 穿鑿(せんさく)がましい。深入りしすぎている。＊波形本狂言・酒講式(室町末-近世初)「比丘には酒を免(ゆる)すとありしかば、旦那の元に行き、あまりあまり入りほがし」

いり-ぼし【煎干】〔名〕方言 ⇩いりこ

いり-ほり【入堀】〔名〕①江戸時代、市中に作られた人工の堀。＊正宝事録-寛文二年(1662)「町中御堀弁方々入堀さらへ申儀、今度被仰付候間、御堀、入堀さらへ出来申候以後、河岸関板に成共、又はしからみか石垣に成共、其町々勝手次第河岸通並能可仕候」②河川から邸内に水を引き入れるための堀。大坂の蔵屋敷などにあった。発音〈標ア〉⓪

いり-まい【入米】〔名〕①江戸時代の小作料。入付米(いりつけまい)。入立米(いりたちまい)。余米(よまい)。②収入。みいり。いりまえ。＊三体詩幻雲抄(1527)「あげくのはては、あちこち、流落して、入りまいが、ようもなうて、死だと、云われた」＊浮世草子・世間娘容気(1717)三「大かたに生れついた娘の子をもてば、思はぬ老のいりまいよく」＊浄瑠璃・心中宵庚申(1722)中「大坂にれっきとしたる聟取りて、身の入まひは上田の田畠の世話を焼きやめば」③失費。ものいり。いりまえ。＊浄瑠璃・摂州渡辺橋供養(1748)一「笑はるるも此婆、又譏(そし)らるるも此乳母が身の入まひはいとはぬが」補注「いりまい(入米)」「いりまひ」「いりまえ」「いりまへ(入前)」の四つの関連は必ずしもはっきりしない。「近松語彙」に「〔入米〕訛って『いりまひ』『いりまへ』といふ。もと米の収入をいうた語なるが、転じて広く収入の意」とある。方言 入費。費用。物いり。兵庫県加古郡664 発音〈標ア〉⓪

いり-まい【入舞】(ひ…ま)〔名〕①「いりあや(入綾)」に同じ。＊幸若・しつか(室町末-近世初)「入まひになりければ、しづやしづしづがをだまきくりかへし、むかしを今に、なすよしもがなとうたひすましたりければ」②物事の終わり。また、そのさまをたとえていう語。＊源平盛衰記(14C前)二八・宗盛補大臣「東国北国も乱たり。諸寺諸山静ならず。懸らず共あらばや世既に至極せり。入舞(イリマイ)にや」＊花鏡(1424)奥段「さるほどに、一期初心を忘ずして過ぐれば、上る位を入舞にして、遂に能下(さが)らず」③能楽で、決められた番組のほかに、臨時に入れて演じる仕舞や囃子(はやし)のこと。発音〈標ア〉⓪リ

いりまい-どき【入米時】〔名〕(「老(おい)のいりまいどき」、すなわち、老後の生活費を必要とするときの意) 老後の暮らしをするとき。また、老年。＊浮世草子・商人軍配団(1712か)三・取附は細き針が積って金の山「隠居も仕そふな入(イリ)まい時に、こちらがむかしの、祝言した時分よりは不自由になって」発音〈標ア〉⓪

いりまい-どき【入舞時】(いりまひ)〔名〕物事をし終えるときのことを入舞(いりまい)にたとえていう語。＊俳諧・口真似草(1656)「蝶もはや入まひ時か春のくれ〈宣安〉」発音〈標ア〉⓪

いり-まえ【入前】(へ…ま)〔名〕(「いりまい(入米)」の変化した語かという) ①「いりまい(入米)②」に同じ。＊当世商人気質(1886)〈饗庭篁村〉四・二「やれ人は末の入前(イリマヘ)が大切若い時には働らくが薬り」②「いりまい(入米)③」に同じ。＊浮世草子・新可笑記(1688)三・一「親のなき人は入まへ案じ、是非なき堪忍是ぞ女たしなみといへり」方言 必要。入用。下に打消の語を伴って用いることが多い。島根県725 山口県豊浦郡798 発音〈標ア〉マ
◇いりまえとお 島根県美濃郡・益田市725
辞書 文明 表記 入前(文)

いり-まが・る【入曲】〔自ラ四〕ねじけている。性格などがゆがんでいて穏当ではない。＊評判記・満散利久佐(1656)野関「あまりかしこすぎて、分別いりまがり、先繰にて」

いり-まざり【入交】〔名〕入りまざること。入りまじること。入りまぜ。＊足袋の底(1913)〈徳田秋声〉二「過去の婆さんの面影と、目の前に寝てゐる現在の婆さんの後姿とが入まざりになって頭に浮出した」

いり-まざ・る【入交】〔自ラ五(四)〕「いりまじる(入交)」に同じ。発音〈標ア〉ザ

いり-まじり【入交】〔名〕①入りまじること。＊鳥影(1908)〈石川啄木〉四・五「入交りに男女の頭が両方から突合って」②入れかわり立ちかわりすること。＊湯島詣(1899)〈泉鏡花〉三二「二階に三人、店に五人入交りに泊りに来る渡者の」発音〈標ア〉⓪

いり-まじ・る【入交・入雑】〔自ラ五(四)〕いろいろの物事がまじり合う。他のものの中にはいり、いっしょになる。また、山野などに分け入る。いりまざる。いれまじる。＊宇津保(970–999頃)国譲下「ここには、みなみな〈略〉いりまじりて侍れば心一つによろづ思ひ給ふとも」＊源氏(1001–14頃)宿木「山、林にいりまじりすずろなる田中人になりなどあはれにまどひちるこそ多く侍りけれ」＊浮世草子・世間胸算用(1692)三・一「医者ごふくや儒者唐物屋連歌師など入まじり」＊土(1910)〈長塚節〉一三「男女が入り交って太鼓を中央に輪を描いて居る」発音〈標ア〉ジ〈京ア〉⓪ 辞書〈ボン〉
表記 入交(へ)

いり-ます【入枡】〔名〕小作米の付加米。領主へ上納する年貢の欠損を補うための口米(くちまい)、込米(こみまい)に相当する増し米であるが、実質は割増し小作料に等しく、増率は三パーセント内外を普通とした。＊尾張国茶屋新田捉米帳-元文三年(1738)「極月廿日 源次郎分 一入枡込四斗壱升三合入 七俵請取」

いり-まぜ【入交】〔名〕「いりまざり(入交)」に同じ。＊菊池君(1908)〈石川啄木〉二「『入交(イリマゼ)になった方が可からう』と云ふ、私の方の主筆の発議で、人々は一時ドヤドヤと立ったが」発音〈標ア〉⓪

いり-まち【入待】〔名〕閉店前に忍び込んでいて、店員がいなくなってから盗みをはたらくことをいう、警察での隠語。〔隠語全集(1952)〕

いり-まつだけ【煎松茸】〔名〕マツタケを薄くたんざく形に切り、なべで煎りつけて、生姜(しょうが)じょうゆなどで味つけをしたもの。＊松屋会記-久政茶会記・天文二一年(1552)一〇月二二日「うどん すしいり松茸」発音〈標ア〉マ

いり-まど・う【入惑】(どふ…ま)〔自ハ四〕迷い込む。入り込んでまごまごする。＊陽成院歌合(913頃)「おもひをばいかに知ればか夏虫のもゆるなかにもいりまとふらむ」

いり-まめ【煎豆・炒豆】〔名〕①煎った大豆。節分の豆まきにも用いる。＊堤中納言(11C中-13C頃)よしなしごと「これら侍らずは、やもめのわたりのいりまめなどやうのもの給はせよ」＊文明本節用集(室町中)「煎豆 イリマメ」＊浮世草子・好色五人女(1686)四・二「神鳴ひびき渡りいづれも驚て姥(うば)は年越の夜の煎大豆(イリマメ)取出すなど」＊江戸繁昌記(1832–36)四・好々「都下今日、炒豆を鬻(う)る者有」②大豆を煎って、砂糖をまぶしたもの。三月の節供の雛(ひな)などにも供える。まめいり。＊雑俳・柳多留-一九(1784)「いり豆に花がきんりへちそう也」発音〈標ア〉リ〈京ア〉マ 辞書 文明・伊京・明応・天正・饅頭・黒本・日葡・書言・〈ボン〉・言海 表記 煎豆(文・伊・明・天・饅・黒) 炒豆(書・へ・言)

いりまめ に 花(はな)〔=花(はな)が咲(さ)く〕 衰えたものが再び栄えること。また、ありそうもないことがまれに実現することのたとえ。＊俳諧・毛吹草(1638)六「煎大豆(イリマメ)に花のためしか除夜の雪〈伊伯〉」＊俳諧・類船集(1676)以「煎豆に花さくとは有まじき事の有をいふとぞ」＊浮世草子・好色一代男(1682)四・七「むかしの住家にかへれば、いづれもつもる泪にくれて、煎豆(イリマメ)に花の咲心地して」＊浄瑠璃・神霊矢口渡(1770)三「ヤア徳寿丸はながらへてか。若君様にてましますかと、抱き取ったは煎豆(イリマメ)に花の笑顔のにこにこを、見る目ぞくぞく嬉しさは、何に譬へん方もなし」＊人情本・恩愛二葉草(1834)初・一章「九死を出で一生を保ち、寔(まこと)に煎豆に花と喜びしが」

いりまめ の 選(え)り食(ぐ)い 初めのうちはいいものを選んでいるが、だんだん少なくなるにつれて、選り好みをしていられなくなることのたとえ。＊かた言(1650)一「いはずしてもこと闕(かき)侍るまじとおもふこと葉こそ、よにおほき物なれ。犬の蚤で噛当た、煎菽(イリマメ)のえりぐひ〈略〉などやうのいやしく拙きこと葉は、夢にもいふまじきにや」＊諺苑(1797)「煎菽(イリマメ)のえりくひ」

いりまめ の すましろい (「すましろい」の意は不明) 煎豆を吸い物に使うように似合わないことをいうか。＊俳諧・類船集(1676)以「煎豆のすましろひとは似合ぬ事をいふとか」

いりまめ-や【煎豆屋】〔名〕煎った豆類を売る店。＊東京風俗志(1899–1902)〈平出鏗二郎〉中・七・菓子「これに類して、炒豆屋(イリマメヤ)甚だ多く、豌豆、蚕豆(そらまめ)、落花生などを熬(い)りて売る、都俗に炒豆を呼んで、書生の金米糖と云ふ」発音〈標ア〉⓪メ

いり-まわ・る【入回】(はる…ま)〔自ラ四〕諸方にまで及び至る。よくはたらく。＊葉隠(1716頃)一「取紛の時分は、大形無沙汰をする物なるが、ケ様に心の入まはりたる分が人より上の所也」

いり-み【入身】〔名〕①相撲の手の一つ。相手の手もとにぴったり自分の体を密着させて相手を倒すわざ。＊随筆・相撲伝書(1716–36頃)「上(うは)手之入身(いりみ)」②斬り合いで、相手の手もとに自分の身を入れて構えること。＊舞正語磨(1658)上・頼政「修羅のはたらきは、みな兵法にて、勝身、つよみ、入身(イリミ)をかんがへ、能にはまぬる事、習也」＊浄瑠璃・文武五人男(1694)名所づくし「つつと入身の太刀ちゃうちゃうどあはすれば」＊浄瑠璃・国性爺合戦(1715)四「踏み込んで打入身の木刀、こぼくの松の片枝を、ずっぱと切ておとせしは、今牛若ともいひつべし」③柔術などの武術で、武器を持つ相手に素手で立ち向かうこと。発音〈標ア〉ワマ

④武術の試合などで、相手として立ち向かうこと。＊浮世草子・武道伝来記(1687)六・三「まづ弓をはじめて〈略〉次に竹刀其入身(ミ)には小石与四郎とて家中若手の内の達者なるが出たるに」 発音〈標ア〉⓪

いり‐みだ・れる【入乱】〘自ラ下一〙文いりみだ・る〘自ラ下二〙①秩序もなく入りまじる。ごちゃごちゃとはいり込む。錯雑する。混乱する。いれみだる。＊万葉(8C後)一・五七「引馬野(ひくまの)ににほふ榛原(はりはら)入乱(いりみだれ)衣にほはせ旅のしるしに〈長奥麻呂〉」＊宇津保(970-999頃)吹上上「宮家の使どものいりみだれてののしり、おほやけごとはなぐさむかたもなきに」＊日葡辞書(1603-04)「Irimidare, uru(イリミダルル)〈訳〉一時にどっと入る、あるいは先を争って入る」＊狐の裁判(1884)〈井上勤訳〉四「精神非常に錯乱(イリミダ)れて」②互いに入りまじってもみ合う。いれみだる。＊保元(1220頃か)中・白河殿攻め落す事「其の外自余の陣々にも、互に入みだれ、追(おう)つ返(かへ)いてたたかひけれども、未だ勝負ぞなかりける」＊謡曲・頼政(1430頃)「さるほどに入り乱れ、われもわれもと戦へば」 語誌(1)①の「万葉‐一・五七」の例は「イリミダリ」と四段活用に読む説もある。(2)②の「保元物語」のような戦闘場面で用いられる「入り乱る」の例は、「平家物語」には見えず、「乱れあふ」がこの用法を担っているようである。同じく「平家物語」には「乱れ入る」の例があり、これは先を争って一方的に侵攻する意であって、「入り乱る」「乱れあふ」のような互いにもみ合う混戦状態を表わしてはいない。 発音〈標ア〉レ 〈京ア〉⓪ 文『いりみだる』〈標ア〉ダ 〈京ア〉⓪ 辞書文明・日葡 表記入乱(文)

いり‐みち【要道】〘名〙金銭、物などの使い方。使途。＊歌舞伎・盟三五大切(1825)大詰「『そればっかりは大屋さん、妹聟のわしに下さい』『何にする』『その要(イ)り道(ミチ)は、わしが親仁(おやぢ)の勤めた旦那は、塩冶(えんや)の浪人、そのお方へ進ぜたら、万一役に立たうかと』」 発音〈標ア〉⓪リ

いり‐みなと【入港・入湊】〘名〙船の停泊する港。＊浮世草子・日本永代蔵(1688)一・三「北国の海を自在に乗て、難波の入湊(イリミナト)に八木(はうぼく)の商売をして」 発音〈標ア〉ミ

いり‐むぎ【煎麦・麨】〘名〙オオムギを煎り、粉にしたもの。砂糖を混ぜて食べたり、また、菓子だねなどにしたりする。むぎこがし。＊色葉字類抄(1177-81)「麨 イリムキ」 発音イリムギ 〈標ア〉ム 〈京ア〉ム リ 辞書色葉・和玉・文明・言海 表記麨(色・玉・文) 炒麦(言)

いり‐むこ【入婿】〘名〙①婚姻により、妻の家族の一員にはいること。家つきの娘、または寡婦(かふ)と結婚して、その家にはいること。また、その夫。婿養子。贅子(ぜいし)。入縁(いりえ)。＊史記抄(1477)一二・張陳「女家─入り婿のやうなぞ」＊北条五代記(1641)五・八丈島へ渡海の事「むかしより家主は女にて、男は入むこなり」＊集義和書(1676頃)一一「養子入聟等は、今、日本の風俗と成て、人情の安ずる所也」＊浮世草子・好色一代男(1682)二・七「昔しは、かくは、あらざらぬ者のはて成べしと、いな所に気を付て、世之介是非に入聟(イリムコ)」＊談義本・艶道通鑑(1715)一・三「今時入聟にゆくものは恩のためにつかわるる者のごとく、肩身をすぼめ声高には物も得いはず」＊随筆・折たく柴の記(1716頃)下「見付新町の百姓の家に〈略〉贅壻(イリムコ)となりて一人の男子をうむ」②(─する)明治民法下で、戸主である女子と結婚してその家族の一員になること。また、その夫。戸主はその家を去ることができなかったから、女戸主の婚姻の場合には、夫が妻たる女戸主の家にはいらなければならなかった。＊犬喧嘩(1923)〈金子洋文〉一「母親の反対はあったが、忠さんはたうとうお清さんの家に入婿(イリムコ)した」 方言先夫との間に子のある女性のところへ婿入りする男。徳島県811 発音〈なまり〉イリモコ〔信州上田〕〈標ア〉ム 〈京ア〉リ ム 辞書日葡・書言・ヘボン・言海 表記入聟(書・言) 贅壻・接脚夫(書) 入壻(へ)

いり‐め【入目】〘名〙①目が引っ込んでいること。＊名語記(1275)六「人のいりめなるをめりたりといふ」＊評判記・吉原呼子鳥(1668)にしほ「顔のうちも、さのみよからず。めもとさかつりたれ共、ちといり目にてわるし」②賽(さい)の目で、有利な目が出ること。また、その目。＊咄本・鹿の巻筆(1686)五・八「宵からみるに、親も入目はござらぬ」③(形動)気が弱く内気なこと。控えめなこと。気の沈みがちであること。また、そのさま。＊吾妻問答(1467頃)「此の道は〈略〉吉き程に、入めにもなく又さし出でても見えぬ様に」＊寛永刊本蒙求抄(1529頃)四「欲がすくなければ、さし出た事もない也。天性入目(いリメ)なる者也」＊日葡辞書(1603-04)「Irimena(イリメナ)〈訳〉気の弱い、内気な、臆病な人。Irimeni(イリメニ)」＊俳諧・毛吹草(1638)六「雲にあひて入目になるや月の皃〈宗頼〉」＊浮世草子・傾城禁短気(1711)一・一「夕飯過ぎて、日も西に座敷も入めな時分」＊葉隠(1716頃)一一「若殿は随分引取、善悪の沙汰なきやうに、入め成が順熟にて、家長久の基にて候事」④必要とする費用。入費。＊東寺百合文書‐ち・正長元年(1428)八月七日・廿一口方評定引付(大日本古文書三・七)「金堂前砂代之事〈略〉此沙汰用途等入目ある之間、去年〈応永卅四年より三ケ年〉半分可レ有二御免一」＊日葡辞書(1603-04)「コノ サクジノ irimeua(イリメワ) ジックヮンメデ ゴザル」＊浮世草子・好色一代女(1686)三・三「さる女を久しくだました替りに、いやといはれぬ首尾になりて子を産(うます)うちの入目、是非に頼みたてまつる」＊浮世草子・けいせい伝受紙子(1710)四・五「此つとめをするかざり道具とて、衣類等の入目(イリメ)」 方言❶収入。熊本県玉名郡058 ◇いりめえ 沖縄県首里993 ❷入費。費用。物いり。◇いりみ 沖縄県首里993 発音〈標ア〉⓪ 〈京ア〉⓪ 辞書文明・易林・日葡・ヘボン・言海 表記入目(文・易・ヘ・言)

いり‐め【炙和布】〘名〙煎(い)って焦がしたワカメ。＊尺素往来(1439-64)「当日早晨之粥汁者干蕨、大菽(まめ)、同菜者炙和布(いりめ)、炙昆布、醤瓢(うりつけ)、烏梅并唐納豆之内両三種」

いり‐め・く【煎─・焦─】〘自カ四〙(「めく」はそのような状態になることを表わす接尾語)(器の中で物が煎られるときのように)動き騒ぐ。いら立つ。ひしめく。もみ合う。＊今昔(1120頃か)二八・三八「口々にゐりめく程に」＊宇治拾遺(1221頃)一五・四「従者ども『〈略〉かなはぬまでもたてづきなどし給へかし』と、いりめきあひたり」

いり‐めし【煎飯・炒飯】〘名〙煎った飯。やきめし。いためごはん。チャーハン。 発音〈標ア〉⓪ 〈京ア〉メ

いりめ‐ちょう【入目帳】〘名〙村々の手間支出を書きとめた帳面。村入用夫銭帳(ぶせんちょう)。＊財政経済史料‐二・経済・農政・総規・元禄七年(1694)正月「一、諸役入目之儀、毎年一村へ入目帳二冊づつ御支配人より相印被レ成御渡候間、諸役入目品々其当座銘々付置、名主、年寄、百姓判形いたし」

いり‐もち【煎餅】〘名〙なべなどで煎った餅。＊松屋会記‐久政茶会記・天文二二年(1553)一〇月二三日「菓子かき・いり餅・ありのみ」＊日葡辞書(1603-04)「Irimochi(イリモチ)」 辞書日葡

いり‐もつ・る【入縺】〘自ラ下二〙物事がもつれてごたごたする。紛糾する。＊近世紀聞(1875-81)〈染崎延房〉八・二「同時に二事を議するに及び甚だ事の紛紜(イリモツル)れば先づ兵庫港の事を決し」

いり‐もの【入物】〘名〙①中にはいっているもの。＊宇津保(970-999頃)蔵開上「桧破子(ひわりご)五十荷(か)〈略〉いり物は皆参りもの」＊栄花(1028-92頃)初花「御櫛の笥(はこ)の内(うち)のしつらひ、小筥どものいり物どもは更なり」②(要物)必要とするもの。入用品。＊浮世草子・好色盛衰記(1688)三・三「今の世の女、むかしなかった事どもを仕出して、さりとは身をたしなみ道具数々なり。是に気をつけて見しに、首筋より上ばかりに、入物十六品(しな)あり」 方言❶陰暦の八専(はっせん)・天上・十方暮(じっぽうぐれ)などの天気の入り終わり。山口県豊浦郡798 ❷陰暦で、八専に入ると照り続け、つちに入ってずっと雨といわれる、その期間。新潟県佐渡352 発音〈標ア〉⓪

いり‐もの【煎物】〘名〙①肉類、野菜類などを水分の少なくなるまで煎った料理。いりやき。また、油でいためたもの。＊十巻本和名抄(934頃)四「膗 玉篇云膗〈音雖 音浅 以利毛乃〉少汁臛也」＊今昔(1120頃か)二八・一八「微妙(めでた)き平茸(ひらたけ)を煎物(いりもの)にして食せむ」＊虎明本狂言・鱸庖丁(室町末‐近世初)「いざこれをいり物にしておまらせう」②米、麦、豆などを煎ったもの。煎りまめ、煎りごめなどの類。＊仮名草子・尤双紙(1632)下・二〇「おもしろき物の品々〈略〉冬はたくひのまにて、いり物などして、手づから、みづからしゃくしをとり」 方言❶嫁入りや婿入りの際に持参する米をいったもの。香川県西部829 ❷餅(もち)を小さく切ったもの。霰餅(あられもち)。大分県938 ❸鯨の腸をゆでたもの。◇いれもの 福岡市879 発音〈標ア〉リ 〈ア史〉平安○○○○ 〈京ア〉リ 辞書和名・色葉・和玉・文明・書言・言海 表記膗(和・書) 炒物(文・言) 熼燂・煎物(色) 膗(玉) 熬物(書)

いり‐もの・す【入物】〘自サ変〙はいっている。＊源氏(1001-14頃)賢木「つつむ所なく、さて、いりものせらるらむは、殊更に、かろめ弄(ろう)ぜらるるにこそは」

いり‐もみ【入揉】〘名〙いりもむこと。激しくもみ合うこと。＊源氏(1001-14頃)野分「御消息(せうそこ)きこえ給ふ道すがら、いりもみする風なれどうるはしくものし給ふ君にて」

いり‐もみじ【入紅葉】〘名〙ひときわ色の濃いもみじ。《季・秋》＊所々返答(1466-70)「ゆるくふけいりもみぢばの秋の風、いり紅葉(モミヂ)、おそろし」＊和歌呉竹集(1795)一「いりもみぢ、いりたる様に色濃き紅葉なり」 発音〈標ア〉モ

いり‐も・む【入揉・焦揉】㊀〘自マ四〙激しくもみ合う。押し合いへし合いする。風などが吹き荒れる。＊源氏(1001-14頃)明石「ひねもすに、いりもみつる神の騒ぎに、さこそいへ、いたうこうじ給ひにければ」＊増鏡(1368-76頃)一七・月草の花「死を受くる者数を知らず。一日一夜いりもみとよみ明かすに」㊁〘他マ四〙①激しくもむ。もみにもむ。ひどくいじめる。＊狭衣物語(1069-77頃か)四「『西国の受領(ずりゃう)ぞ』とて、母代(ははしろ)にいりもまれ給ひしかど」②思いこがれて気をいら立たせる。思い詰めて気をもむ。さまざまに心を砕く。また、技巧を使いすぎる。＊古本説話集(1130頃か)二〇「この人を妻(め)にせばやと、いりもみ思ひければ」＊ささめごと(1463-64頃)上「夏草や春のおもかげ秋の花、此の句、姿のいりほがなり。いささかいりもみて見え侍り」③是非にと一心に祈る。心を砕いて嘆願する。＊栄花(1028-92頃)鶴の林「御堂童子に至るまで、ただ物に当りて水を浴(あ)み、人知れぬ額(ぬか)をつき、仏をいりもみ奉る」＊宇治拾遺(1221頃)一一・七「観音を恨み申して、『いかなる先世のむくひなりとも、ただすこしのたより給はり候はん』と、いりもみ申して」 発音〈標ア〉モ 辞書言海

いり‐もや【入母屋】〘名〙日本建築における屋根の形式の一つ。上は切妻造(きりづまづくり)にし、下部は四注造(しちゅうづくり)のように勾配(こうばい)をもたせた屋根の形。〔日本建築辞彙(1906)〕＊旅‐昭和一八年(1943)終刊号・伊勢水郷の民家〈山口正〉「稀には、入母屋(イリモヤ)形のはふやねもある」 発音〈標ア〉⓪ 〈京ア〉⓪

いりも や‐づくり【入母屋造】『名』屋根が入母屋様式に造ってあること。また、そのような屋根をもつ建物。社寺、宮殿に見られ、唐招提寺講堂、円覚寺舎利殿などはその例。いりもや。〔日本建築辞彙(1906)〕 発音〈標ア〉ズ〈京ア〉ズ

入母屋造〈京都府　慈照寺東求堂〉

いりもや‐はふ【入母屋破風】『名』入母屋造のつまにある破風。〔日本建築辞彙(1906)〕 発音〈標ア〉八

いりもや‐やね【入母屋屋根】『名』上の部分は切妻(きりづま)屋根のように二方に勾配を設け、その下に、寄棟(よせむね)屋根のように四方に勾配のある屋根の形式。発音〈標ア〉ヤ2

いりや【入谷】 東京都台東区北部の地名。朝顔市の立つ鬼子母神(真源寺)で知られる。発音〈標ア〉0

いり‐やい【入相】『名』⇩いりあい(入相)

いり‐やき【煎焼】『名』鳥、獣、魚などの肉にたれをつけ、なべの中で煎って焼いた料理。いりもの。＊今昔(1120頃か)一九・二「鴙(きじ)〈略〉奇異(あさまし)く難堪気(たへがたげ)なる音(こゑ)を出して死に畢(はて)にければ、下(おろ)し畢(は)てて、煎り焼などして試せければ」＊宇治拾遺(1221頃)四・七「鳥の〈略〉死はてければ、おろしはてて、『いりやきなどして心みよ』とて」＊料理物語(1643)一三「いりやき かもを大きにつくり、たまりかけをきてかわをいり身をはさみ入、なべにて一まいならびにやく事也」方言❶煮ながら食べる魚のなべ料理。長崎県対馬913 ❷肉や野菜などを煮ながら食べるなべ料理。すき焼き。長崎県北松浦郡899 壱岐島915 ❸煮つけ。◇いっりやき 徳島県810

い‐りゃく【意略】『名』はかりごと。計略。＊玉葉‐承安三年(1173)七月三日「実者廻二種種之意略一」＊宋書‐王鎮悪伝「頗読二諸子兵書一、論二軍国大事一、騎乗非レ所レ長、関弓亦甚弱、而意略縦横、果沢能断」辞書色葉・文明 表記意略(色・文)

いりや・く【煎焼】『他カ四』鳥、獣などの肉をなべで煎って焼く。＊今昔(1120頃か)一九・二「死たるを下(おろ)して煎り焼たるには、事の外に増(まさ)りたり」

いりや‐けんざん【入谷乾山】『名』尾形乾山作の陶器の中で江戸入谷村(東京都台東区)で作成されたものの称。発音〈標ア〉ケ

いり‐やま【入山】『名』①「いりあいやま(入会山)」に同じ。＊松本領波田村差出帳「入山二ケ処 往古より村中入会にて家作木、薪伐り、苅敷刈り申候」②熊本県で、植林などの伐採を開始することをいう。③「いりやまがた(入山形)①」の略。方言❶奥山。深山。福島県相馬郡161 栃木県198 長野県481 488 492 ❷共有の山。入会山。長野県上伊那郡488 下伊那郡492 ❸山地にある平地。長野県飯田市付近012 発音〈標ア〉0

いりやま に 星印(ほしじるし) 「いりやまがた(入山形)に星印」に同じ。＊雑俳・柳多留‐二九(1800)「入山に星印代金三歩」

いりやま【入山】 姓氏の一つ。発音〈標ア〉0

いり‐やまがた【入山形】『名』①紋所の名。「入」の字を図案化し山形にしたものを、二つ横に並べて打ち違えたもの。いりやま。②江戸新吉原で、遊女の階級を表わす符号の一つ。「二つ星」「一つ星」などがある。＊歌舞伎・夜討曾我狩場曙(1874)二幕「漸うと入山形の肩書へ呼出しといふ名目を付けて貰うた新造が」③大入りの「入」の字形の山形をかたどった、招き看板。近世、芝居小屋などで用いた。＊巷談本牧亭(1964)〈安藤鶴夫〉女あるじ「本牧亭の入り口には、入山形(イリヤマガタ)の庵看板に『今晩 第三十一回 浪曲研修会』と紙が貼ってある」方言二つの峰の間の低くなった所。鞍部(あんぶ)。奈良県吉野郡683 発音イリヤマガタ〈標ア〉マ〈京ア〉マ

いりやまがた に 一(ひと)つ星(ぼし) 江戸新吉原の細見(さいけん)に用いた符号の一つ。「入山形に二つ星」の次位で、これに二種あって ∧ を ∧ より上位とした。また、その遊女。

いりやまがた に 二(ふた)つ星(ぼし) 江戸新吉原の細見(さいけん)に用いた符号の一つ。最上の遊女を示すもので、入山形の内に二つ星をつけたもの。これに二種あって ∧ は ∧ より上位とした。また、その遊女。＊人情本・風俗粋好伝(1825)後・上「姿よし野の太夫職、松の寿き竹むらの、蒸籠高く積み上げて、入(イ)り山形(ヤマガタ)の二つ星(ボシ)、位定まる細見に、又評判も高かりき」＊随筆・閑窓瑣談(1841)「於松が艶色といひ、万の芸も備はれば、松の位の中にしも、入山形に二つの星の光り輝く全盛になるべき身を」

いりやまがた に 星印(ほしじるし) 江戸新吉原の細見(さいけん)で上位の遊女を示す符号。また、その遊女。「一つ星」と「二つ星」とがある。いりやまに星印。

いり‐やまず【不入斗・不入計】『名』一村として貢租を納めるまでに至らない小さな集落をいう。その多くは免租地で、のち、村名または地名となった所も多い。＊随筆・柳亭記(1826頃か)上「武州荏原郡不入計村〈他国にも此村名ありて或は計を斗に作ると云々〉いりやまず村とよめり。按に恵空編節用大全、以行姓氏の部に入不読と記て、いりやまずとかなをつけたり。算ふるを読といふは古語なり、計も又筭(かぞ)ふる意なり。さればいりやまずは、いれよまずの音便、かぞへいるる程にもなき小村といふ義なり」発音〈標ア〉ヤ 辞書書言 表記不入計(書)

いりやま‐ばつぼく【入山伐木】『名』入会地にはいって、立木を切ること。＊夜明け前(1932‐35)〈島崎藤村〉第二部・下・八・四「今は殆んど自由に入山伐木の許さるる場処もない」

いりゃ・る『自ラ四』(「入りある」の変化した語か)室町時代における「いる」「来る」「行く」の尊敬語。いらっしゃる。＊虎寛本狂言・比丘貞(室町末‐近世初)「鎌倉の女郎は〈略〉宇都の宮笠をきりりと召れておりゃらします。いりゃらしまして、あさいわ井さしませ」補注 助動詞「します」の付いた「いりゃらします」の形で使われているところから、同時期に多く見られる「おりゃらします」「おぢゃらします」などの影響でできた表現とも見られる。

いり‐ゆ【入湯】『名』桶(おけ)の中にすわってはいる湯。おり湯。＊仮名草子・犬枕(1606頃)「くたびるる物 いりゆの挙句」＊俳諧・花月千句(1649)八「川はたへ残る暑にまかり出〈仲昔〉月を入湯の桶に見るなり〈幸和〉」＊評判記・秘伝書(1655頃)下ほんの事「入ゆを、てひきがんにわかして。ゆてには。へちまたふ。又きびすは。かるいしにてすり」＊咄本・軽口大わらひ(1680)二・一「五木湯(ごもくゆ)といふは、五色(いついろ)の木薬(きぐすり)を加へいれて入湯(イリユ)にすれば、気血(きけつ)めぐるとかや」

いり‐ゆ【煎湯】『名』煎った米を湯に入れて、その香を移したもの。吸物などに用いる。辞書言海 表記炒湯(言)

い‐りゅう【夷隆】『名』低いことと高いこと。また、衰えることと盛んなこと。＊朝野群載(1116)一・視雲知隠賦〈大江以言〉「道有二夷隆一。運有二通塞一」＊班固‐両都賦「道有二夷隆一、学有二麤密一」

い‐りゅう【医流】『名』医者。医家。＊江戸繁昌記(1832‐36)初・上野「則識る所の医流は、並に是れ隻眼先生。豈に独兄を写すと為んや」＊丁謂‐丁晉公談録「武粛王左右算術・医流、無レ非二名士一」発音イリュー〈標ア〉0

い‐りゅう【囲流】『名』木材の水上輸送法の一つ。木材をくさり状につないで他の浮遊する木材を囲み、船などで曳行(えいこう)するもの。流れのゆるやかな河川、湖上、波の静かな湾内などで近距離の輸送に行なわれる。発音イリュー〈標ア〉0

い‐りゅう【委流】『名』川の流れの末。下流。＊帰省(1890)〈宮崎湖処子〉七「洄りて且流れ、別れては亦委流に合ひ、急ぎたる後には暫らく緩めり」発音イリュー〈標ア〉0

い‐りゅう【異流】『名』学問などの別の流派。異端・邪説をなす一派。＊蘐録(1706)「自ら異流の陸王が徒の様になるもの出候へば、尚一派の様に思候」＊文心雕龍‐諸子「聖賢並レ世、而経子異レ流矣」発音イリュー〈標ア〉0

い‐りゅう【移立】『名』別の場所へ移して建立すること。移築。＊江談抄(1111頃)四「延長末移二立清涼殿於醍醐寺一」発音イリュー〈標ア〉0

い‐りゅう【移流】『名』広範囲の空気の層がほぼ水平に移動すること。地表近くの低い所でも、また上層部でも生じる。発音イリュー〈標ア〉0〈京ア〉0

い‐りゅう【移留】『名』他の場所へ移り留まること。他地区へ移転して住むこと。＊大原重徳意見書‐明治四年(1871)九月(岩倉具視関係文書八)「移留の者亦此に準ず。名符なき者は婚嫁幷移留を許さず」発音イリュー〈標ア〉0

い‐りゅう【慰留】『名』慰めなだめて、辞職などを思いとどまらせること。発音イリュー〈標ア〉0〈京ア〉0

い‐りゅう【遺流】『名』子孫。後裔(こうえい)。ゆいりゅう。＊運歩色葉(1548)「遺流 イリウ」

い‐りゅう【遺留】『名』①死後に遺しとどめること。また、死後に遺りとどまること。＊日本詩史(1771)三「有二詩仙堂曁其遺留琴硯等依然尚存一」＊春秋左伝疏‐序「(旧史遺文)、旧記已没、策書遺留、故曰二遺文一」②あとまで影響が残ること。＊女工哀史(1925)〈細井和喜蔵〉一〇・三二「負傷又は疾病の治癒後に於て遺留せる身体障害の程度により左の区別により救済金を支給するものとす」③持主が自分の所持品などを置き忘れること。＊刑事訴訟法(1948)一〇一条「被告人その他の者が遺留した物又は所有者、所持者若しくは保管者が任意に提出した物は、これを領置することができる」発音イリュー〈標ア〉0〈京ア〉0

い‐りゅうき【頤隆起】『名』近代人類の特徴の一つである、おとがいの発達をいう。発音イリューキ〈標ア〉リュ

いりゅう‐ぎり【移流霧】『名』暖かく湿った空気が地面や海面上を移動するとき、下の層が冷却されて生じる霧。

イリュージョン『名』(英 illusion)《イリウジョン》①実際にはないのにあるように見えるもの。幻影。＊それから(1909)〈夏目漱石〉七「日本現代の社会状況のために、幻像(イリュージョン)打破の方面に向って」＊或る女(1919)〈有島武郎〉後・四六「イリウジョンやハルシネーションを絶えず見たり聞いたりするやうになってしまった」②芸術作品の鑑賞における意識的な錯覚。たとえば絵画の平面に深さ、空間、重量などを知覚すること。発音〈標ア〉リュ

いりゅう‐ひん【遺留品】『名』死後に遺していった品物。また、持主が忘れ遺した品物。＊夢遊病者の死(1925)〈江戸川乱歩〉「死体の周囲からは加害者の遺留品(ヰリウヒン)らしいものは何も発見されなかった」＊黯い潮(1950)〈井上靖〉二「遺留品として小さい風呂敷包みが一個」発音イリューヒン〈標ア〉0 リュ〈京ア〉1

いりゅう‐ぶん【遺留分】『名』相続について、

一定の相続人のために法律上必ず確保しておかなければならない相続財産の割合。＊民法（明治三一年）(1898)一一三〇条「法定家督相続人たる直系卑属は遺留分として被相続人の財産の半額を受く」 発音イリューブン〈標ア〉リュ

いり-ゆおけ【入湯桶】『名』風呂桶。＊評判記・色道大鏡(1678)一「桶伏（おけぶせ）挙銭（あげせん）を負たる者をとらへて、入湯桶（イリユオケ）を打かぶせ、銀（かね）をうけおはする事也」

イリュリア-ご【―語】『名』ローマ時代の行政区域名イリュリクム（Illyricum）を中心にバルカン半島などで広範囲に使用されていたとされる言語の名。この名でインド－ヨーロッパ語族の一語派を想定する説が唱えられたことがあるが、系統を含めその内実は明らかになっていない。発音イリュリアゴ〈標ア〉0

い-りょ【夷虜】『名』えびす。野蛮人。＊続日本紀－延暦二年(783)六月辛亥「勅曰、夷虜乱レ常、為レ梗未レ已」

い-りょ【倚閭】『名』（「倚」はよりかかる、「閭」は村里の入口の門の意）村の入口の門によりかかって母がわが子の帰りを待ち望むこと。＊戦国策－斉策「其母曰、女朝出晩来、則吾倚レ門而望、女暮出而不レ還、則吾倚レ閭而望」

いりょ の 望(ぼう) 「いもん（倚門）の望（ぼう）」に同じ。

い-りょ【意慮】『名』いろいろと考え合わせること。考え。思慮。＊明衡往来(11C中か)下末「御巡已近。意慮何国哉」 ＊玉葉－文治二年(1186)一一月一八日「各廻二意慮一、委可レ定二申之一」 ＊列子－楊朱「恣二耳目之所一レ娯、窮二意慮之所一レ為」

い-りょ【遺慮】『名』考え残すこと。また、あとに残った心配事。心のこり。＊米欧回覧実記(1877)〈久米邦武〉二・二七「凡そ一の工事を打点（もくろみ）するには、先づ其図を画き、之に就て其工事を吟味し、已に遺慮なきに至りて、猶慎みを致し雛形を製す」 ＊謝霊運－擬魏太子鄴中集詩・応瑒「傾レ軀無二遺慮一、在レ心良已敍」 発音〈標ア〉イ

い-りょう【井料】『名』①中世の灌漑（かんがい）制で、灌漑施設を利用する農民などが、用水の支配権を持つ荘園領主や地頭などに対して納入した使用料。灌漑のために領外の用地を利用した時や、分水の便を受けた時は、相当分の田地、米銭をもって代償とした。戦国大名や近世の大名も多くこの方法を踏襲した。＊東大寺続要録(1281－1300頃)「井料二段」 ＊東寺百合文書－へ・応仁元年(1394)一二月日・鎮守常燈田年貢算用状（大日本古文書三・一五一）「重除 二百文 此外五十文者当年より依二侘事一減レ之 井析 二百文 取納酒」 ＊今川仮名目録(1526－60頃)一五条「新井溝近年相論する事〈略〉所詮他人之知行を通す上は、或替地、或は井料勿論也〈略〉但自二往古一、井料の沙汰なき所にをいては、沙汰の限にあらざる也」 ②中世の灌漑制で、領主が領内の灌漑施設の修理などのために農民を使役するとき、食料費用として領主側が支給するもの。＊高野山文書－応永二七年(1420)・近木庄領家方散用状案（大日本古文書七・一四九五）「一 米下行分〈略〉井析四石五斗 神事米二石」 ＊東寺百合文書－ね・鎮守八幡宮供僧評定引付・延徳元年(1489)一一月二三日「凡井料之事者、毎年大方有二引懸事一候間、早々被二仰付一候者、井料打宛仕候者、御年貢可レ参之由」

いりょう【夷陵】 中国、湖北省にあった古地名。春秋時代楚に属した要地で、のち王の墓所がつくられた。

い-りょう【衣料】『名』①着るもの。衣服。衣類。また、布や糸など着物の材料となるもの。＊運歩色葉(1548)「衣料 いレフ」 ②衣服を仕立てるのに要する費用。＊日葡辞書(1603－04)「コノ キルモノヲ シタツルニ iriô（イリョウ）、または、エリョウ ナンボ ホドイラウズ」 発音イリョー〈標ア〉イ〈京ア〉イ 辞書日葡

い-りょう【衣糧】『名』衣服と食糧。＊続日本紀－天平勝宝八年(756)一二月乙未「先レ是、有二恩勅一、収二集京中孤児一、而給二衣糧一養レ之」 ＊私聚百因縁集(1257)八・二「遠く山谷の閑室を避りて、衣粮（イリャウ）の縁を尋ね、寂莫の禅房を捨てて、聚落に交はて」 ＊漢書－厳助伝「今発レ兵行二数千里一、資二衣糧一入二越地一」 発音イリョー〈標ア〉イ〈京ア〉イ

い-りょう【医料】『名』医師の治療に対し支払われる金銭。医療に対する報酬。＊慶長見聞集(1614)八「上代には天子より医料とて別に知行を下されて薬代なしに、彼無力者に薬をあたへらるる所を以て、施薬院とは申なり」 発音イリョー〈標ア〉イ

い-りょう【医療】『名』医術を用いて病気を治すこと。療治。治療。＊続日本紀－宝亀五年(774)四月己卯「勅曰、如聞（きくならく）、天下諸国疾疫者衆、雖レ加二医療一、猶未二平復一」 ＊平家(13C前)三・医師問答「兼（かねて）又宋朝より勝たる名医わたれり。折節悦とす。是をめし請じて医療をくわへしめ給へ」 ＊養生訓(1713)六「医療に妙を得る事は、医生にあらざれば、道に専一ならずして成がたし」 ＊談義本・根無草(1763－69)後・三「我久々の病気にて医療（イリャウ）手を尽すといへども」 ＊小学読本(1874)〈榊原・那珂・稲垣〉四「或年父痢病を患ひたるに種々医療を尽せども更に験なし」 ＊後漢書－韋彪伝「服竟羸瘠、骨立異レ形、医療数年、乃起、好レ学洽聞」 発音イリョー〈標ア〉0イ〈京ア〉0 辞書文明・書言・言海 表記医療（文・書・言）

い-りょう【威稜】『名』（「稜」は鋭い勢いの意）天子の御威光。みいつ。稜威。＊近世紀聞(1875－81)〈染崎延房〉四・三「皇統御一姓にして〈略〉四海に君臨在（まし）ませる威稜（ヰリョウ）の盛んなる事は」 ＊佳人之奇遇(1885－97)〈東海散士〉一一「祖宗の聖霊を辱（はづかし）め国神の威稜（ヰリョウ）を汚し」 ＊漢書－李広伝「名声暴二於夷貉一、威稜憺二乎隣国一」

い-りょう【威霊】『名』「いれい（威霊）」に同じ。＊読本・椿説弓張月(1807－11)残・六二回「この城山は、天孫氏の威霊（イレウ）を表して、一名を霊岳と唱るを思ひあはすればいともかしこし」

い-りょう【意料】『名』思いはかること。想像すること。また、その内容。＊日本風俗備考(1833)一一「且つ神道者流の意料せる」 ＊伊藤特派全権大使復命書附属書類(1885)天津談判・上・二「今次の事貴我両国政府の意料の外に出て、僅かに両国兵の間に起りたる一場の紛争に過ぎざるのみと」 ＊滝口入道(1894)〈高山樗牛〉七「『嗚呼過てり』とは何より先に口を衝いて覚えず出でし意料無限の一語」 ＊渋江抽斎(1916)〈森鷗外〉七五「陣幕久五郎の負は当時人の意料の外に出た出来事である」

い-りょう【違令】『名』律令制において令（りょう）の定めるところに違反すること。違令罪に問われる。違令罪は令に制規があって律に罪名を規定していないものをいい、笞罪（ちざい）に当たる。＊令義解(833)戸・嫁女棄妻条「謂。〈略〉満二三月一不レ理者。不レ可二更追論一。縦三月内理者。科二違令罪一」 ＊貴嶺問答(1185－90頃)「其僧尼不レ得二輒受一。是令条文也。施者受者共当二違令之罪一」 ＊法曹至要抄(1210頃)上・罪科「一 違令、違式事。雑律云、違令者笞五十。別式者減二一等一。案レ之、令有二禁制一、律無二罪名一之者、謂二之違令一」

い-りょう【遺令】『名』皇后、中宮、女院、東宮などの遺言。特に、自分の厚葬を戒め薄葬を命じたものをいう。崩後、奏上される。遺命。＊文徳実録－嘉祥三年(850)五月壬午「葬二太皇大后于深谷山一。遺令薄葬、不レ営二山陵一」 ＊類聚符宣抄－四・延喜七年(907)一二月一三日・宣旨「先中宮 皇太夫人藤原氏今年六月八日崩 左大臣宣、奉レ勅、件宮宜下依二遺令一、勿上レ奉入二国忌荷前一者」 ＊権記－長保二年(1000)一二月二一日「於二仗下一令レ奏二前皇后宮職権大進惟通申去十六日崩後遺令一云、素服挙哀事可レ止之。又葬官不レ可レ任者」

いりょう の 奏(そう) 遺令を奏すること。＊園太暦－文和元年(1352)一二月二二日「抑今日陽祿門院遺令奏也。使右少将藤原隆右、松殿中納言参陣奉之」 ＊禁中方名目鈔校註(1741－60頃)上「遺令（イリャウノ）奏 皇后、東宮親王の仰を令と云也。其御遺言を奏する也」

い-りょう【遺領】『名』人の死後に遺された領地。遺跡。＊吾妻鏡－仁治元年(1240)四月一二日「故匠作遺領事、未レ分死去之間、任二去々年十二月廿三日惣目録一、被レ支二配子息等一」 ＊東寺百合文書－を・暦応四年(1341)三月二一日・僧正俊雅譲状案（大日本古文書六・一）「右当庄者、七条院御遺領内本所進止十七ケ所之随一也」 ＊随筆・折たく柴の記(1716頃)上「蘆沢といひしものはおさなき時に父にをくれしを、その父が遺領給ふて、近くめしつかはれしに」

いり-よう【入用】『名』①（形動）必要とすること。要ること。また、そのさま。にゅうよう。＊文明本節用集(室町中)「入用 イリヨウ」 ＊黄表紙・大悲千禄本(1785)「千手（せんじゅ）の御手を損料貸にするときくより、まづ薩摩守忠度をさきとして、〈略〉そのほか手のいりやうのもの、貴賤群衆（ぐんじゅ）してかりにくる」 ＊滑稽本・八笑人(1820－49)二・上「向島の趣向に小娘や歳増（としま）だの後家だのと入用（イリヨウ）か」 ＊幼学読本(1887)〈西邨貞〉二「百姓は時時この家をうりて金に易へ、それで入用の物をかひます」 ②必要な費用。かかり。いりめ。＊舜旧記－天正一三年(1585)一二月六日「同葬礼之入用として米五斗」 ＊評判記・色道大鏡(1678)三「新艘の出世より翌年の其月まで一ケ年の間は、万事の入用（イリヤウ）家主（かしゅ）より調へてわたす法なり」 ＊人情本・英対暖語(1838)初・五回「マア二タ月か三月の入用（イリヨウ）を持て来て渡して置ふ」 ＊開化のはなし(1879)〈辻弘想〉初・二回「厚い御恤（めぐ）みをも知らず入費（イリヤウ）に困るの課銭（とりたて）が多いの寡（すくな）いのと上を怨むやふな人は」 ③重要なこと。たいせつなこと。＊鳩翁道話(1834)三・上「サアここが入用（イリヨウ）の所でござります」 発音イリヨー〈標ア〉0〈京ア〉0 辞書文明・ヘボン・言海 表記入用（文・ヘ・言）

いりょう-かご【医療過誤】『名』医療関係者の不注意によって、通常予期されない損害を患者に与えること。民法・刑法・行政法上の責任が問われる。発音イリョーカゴ〈標ア〉カ

いりょう-きかい【医療器械】『名』病人を治療するため、検査、診察、手術などに用いる器械。＊日本の下層社会(1899)〈横山源之助〉二・一「尚ほ五十戸以下にして前に洩れたる分を挙ぐれば、即ち 龍吐水、石盤、歯磨、釦、測量器械、医療器械」 ＊江戸から東京へ(1921)〈矢田挿雲〉五・二四「勿論昔は医療器械（イレウキカイ）などの商法は無く」 発音イリョーキカイ〈標ア〉カキ〈京ア〉キ

いりょう-きぐ【医療器具】『名』病気の治療に用いる簡単な器械や道具。＊マヤと一緒に(1962)〈島尾敏雄〉「小さなところにベッドや机や医療器具がつめこまれ」 発音イリョーキグ〈標ア〉キ

いりょう-きっぷ【衣料切符】『名』配給制度のもとで、衣料品が公平に分配されるように官庁から発行され国民に割り当てられた切符。昭和一七年（一九四二）の繊維製品配給消費統制規則、同二二年の衣料切符規則により発行され、同二六年まで続いた。衣料品購入の際、これを必要とした。＊厭がらせの年齢(1947)〈丹羽文雄〉「繊維類は統制であって、近頃は衣料切符は配布になってゐても」 発音イリョーキップ〈標ア〉キ〈京ア〉キ

いりょう-くみあい【医療組合】『名』「医療利用組合」の略。大正末期から昭和初期（一九二〇年代頃）にかけて、おもに全国の農村地帯に組織された。組合員が出資して診療所を設け、安い料金で診療を

受けた。

いりょう‐し（ヰリャウ‥）【遺令使】〘名〙遺令を奏し、また固関（こげん）、廃朝などのことを伝える使。＊百練抄‐天福元年(1233)九月二四日「右中弁光俊朝臣為二遺令使一参陣、固関警固事被二宣下一。又諒闇儀也」

いりょう‐しせつ（イレウ‥）【医療施設】〘名〙医療のための施設。＊国家行政組織法(1948)八条・一「試験所、研究所、文教施設、医療施設その他の機関を置くことができる」発音イリョーシセツ〈標ア〉セ シ〈京ア〉シ

いりょう‐しょうねんいん（イレウセウネンヰン）【医療少年院】〘名〙少年院の一つ。家庭裁判所から保護処分として送致された者のうち、心身に著しい故障のある、一四歳以上、二六歳未満の者を収容する。発音イリョーショーネンイン〈標ア〉ネ

いりょう‐せん（ヰレウ‥）【井料銭】〘名〙井料②として支給する銭貨。＊東寺百合文書‐へ・文正元年(1466)一二月日・鎮守常燈田年貢算用状（大日本古文書三・一四五）「除 二百五十文 当年より初レ之新井料銭」

いりょう‐せんい（イレウセンヰ）【衣料繊維】〘名〙衣料を製するのに使われる繊維の総称。天然繊維と化学繊維とがある。発音イリョーセンイ〈標ア〉セ

いりょう‐そうろん（ヰリャウサウロン）【遺領相論】〘名〙「いせきそうろん（遺跡相論）」に同じ。＊伊達家文書‐永仁五年(1297)九月一三日・関東下知状（大日本古文書一・二二）「遺領相論事、尤可レ令二告知一之処、無二其儀一之間 彼相論時 氏女無二訴訟企一之条、勿論也」

いりょう‐ソーシャルワーカー（イレウ‥）【医療―】〘名〙（英 medical social worker の訳）医療を必要とする人がかかえる経済的、心理的、社会的問題や、社会復帰などについて援助・協力する専門家。医療社会事業家。発音イリョーソーシャルワーカー〈標ア〉ワ

いりょう‐たいそう（イレウタイサウ）【医療体操】〘名〙疾患の治療や筋骨、姿勢の矯正などを目的とする体操。広義には、競技としての体操に対し、生理的、医学的効果を目的とするものをいう。発音イリョータイソー〈標ア〉タ

いりよう‐ちょう（‥チャウ）【入用帳】〘名〙経理の帳簿。会計簿。＊西国立志編(1870-71)〈中村正直訳〉九・二五「夜深に及ぶまで、経費冊〈注〉イリヨウチョウを検査し、文書を口授し」発音イリョーチョー〈標ア〉0

いりょう‐でん（ヰレウ‥）【井料田】〘名〙中世の荘園内に設定された、灌漑のための一定領域の田地。これから収穫された米を灌漑施設の整備時などに百姓、行事人などの食費、工事費にあてた。＊肥前武雄神社文書‐貞和七年(1351)五月六日・浄西去状（南北朝遺文九州編三・三〇八一）「右、井料田者、せんねんさり申て候へとも、不足のよし被レ仰候あいた」＊高野山文書‐（年月日未詳）（室町）官省符庄仏聖人供田数注文案（大日本古文書七・一六三八）「一 山下分 自宗家御得分 至 井料田已上五十四丁七反大」

いりょう‐ばこ（イレウ‥）【医療箱】〘名〙一通りの薬品やピンセット、鋏（はさみ）など簡単な医療器具を入れた箱。救急箱。＊黒猫(1930)〈龍胆寺雄〉三「新聞の広告で見た家庭医療箱（イレウバコ）を一組買って」発音イリョーバコ〈標ア〉リョ

いりょう‐ひ（イレウ‥）【医療費】〘名〙治療のために必要とする経費。＊所得税法(1947)一一条の五・一「保険金、損害賠償金等に因り補てんされた金額を除く。以下医療費という」発音イリョーヒ〈標ア〉リョ

いりょうひよう‐ほけん（イレウヒヨウ‥）【医療費用保険】〘名〙損害保険の一つ。病気やけがで入院した場合に、健康保険などの自己負担分の治療費や差額ベッド代・付き添い看護料・高度先進医療費などの費用を補償するもの。発音イリョーヒヨーホケン〈標ア〉ホ

いりょう‐ひん（イレウ‥）【衣料品】〘名〙着るもの。衣服。衣類。＊菜の花ざかり(1956)〈井上友一郎〉「一儲けして、何ぞヤミの衣料品か靴でも買へたら、兄ちゃんにも少し送ったるわ」発音イリョーヒン〈標ア〉0 リョ

いりょう‐ぶくろ（イリャウ‥）【衣糧袋】〘名〙衣類や食糧などを入れる袋。ナップザック。＊西国立志編(1870-71)〈中村正直訳〉一・一九「衣糧袋（〈注〉ナップサック）に帯ぶべき望みを以て、戦闘に勇志を奮ふことなり」発音イリョーブクロ〈標ア〉フ

いりょう‐ほう（イレウハフ）【医療法】〘名〙医療機関についての基礎法。病院・診療所・助産所の開設、管理、施設などの基準および監督、公的医療機関の設置、補助、医療法人の規制、医業の広告などについての規定。昭和二三年（一九四八）公布。発音イリョーホー〈標ア〉0 リョ

いりょう‐ほうじん（イレウハフジン）【医療法人】〘名〙医療法に規定する法人の一つ。病院または三人以上の医師、歯科医師が勤務する診療所を開設しようとする社団、財団は法人になることができる。発音イリョーホージン〈標ア〉ホ

いりょう‐ほけん（イレウ‥）【医療保険】〘名〙社会保険の一つ。病気やけがを対象とした保険。収入に応じて掛け金（保険料）を払い、病気やけがが治るまで必要な治療を受けられる制度。発音イリョーホケン〈標ア〉ホ

いりょう‐ほご（イレウ‥）【医療保護】〘名〙経済的な困窮者に対して最低限度の医療が受けられるように保障した公的な救済制度。＊海辺の光景(1959)〈安岡章太郎〉「ほとんどが医療保護をうけてゐます」＊地を潤すもの(1976)〈曽野綾子〉二・一「当時は医療保護も生活保護もないのだから」発音イリョーホゴ〈標ア〉ホ

いりょうほしょう‐ほけん（イレウホシャウ‥）【医療保障保険】〘名〙生命保険の一つ。病気やけがで入院した場合に、入院給付金・看護給付金・治療給付金を支払い、また、保険期間中に死亡したときには、死亡保険金を支払うもの。発音イリョーホショーホケン〈標ア〉ホ^{2}

いりょう‐まい（ヰレウ‥）【井料米】〘名〙①中世、領主が領内の灌漑施設の開削や修理などで農民を使役するとき、食料費用として支給した米。＊西大寺文書‐四・延文四年(1359)一一月一〇日・西大寺置文「一井料米者、段別二升宛之所役也、然而為二地主一人一令二沙汰一之条、甚以不レ可レ然」＊東寺百合文書‐へ・文正元年(1466)一二月日・鎮守常燈田年貢算用状（大日本古文書三・一四五）「一 上久世庄五段同庄本斗定〈略〉除〈略〉五斗五升 井析米 五段分 反別一斗一升宛」②共同して農業用水を掘ったために、利益を得る村が米または金銭で支払うこと。＊地方凡例録(1794)六「井料米水代米之事 是は他村の田地を、此方用水の為相対を以掘割、井筋堰溝等を立、潰地に成たる節、潰地相応程、地代として年々米にても金銀にても相たい次第先き村へ渡遣す、これを井料米とも水代米とも云」

い‐りょく（ヰ‥）【位力】〘名〙役職や地位の持っている権力。＊南蛮寺物語(1638頃)「まっせにおよび王位うすく、法力位力うすく、之によりてぶっとくもよわし」＊さるばとるむんぢ（校正再刻とがのぞき規則）(1869)第一「御糺手（ただして）の役として科（とが）を赦さる位力（ヰリョク）を与へ給ふ也」

い‐りょく（ヰ‥）【威力】〘名〙①他を押えつけ服従させる、強い力や勢い。いりき。＊西洋事情(1866-70)〈福沢諭吉〉初・二「政府の法令を拒むものは威力を以て之を圧伏すべし」＊内地雑居未来之夢(1886)〈坪内逍遥〉一〇「特（ひと）り少数の『なにがし』をして、久しく其威力（ヰリョク）を保たしむるは、そもそもまた故あるかな」＊青年(1910-11)〈森鷗外〉二二「或る意地の悪い魔女の威力（ヰリョク）が自分の上に加はってゐるやうに」＊新語‐至徳「皆軽レ用レ師、而尚二威力一、以至二於斯一」②他人の意思を制圧する有形、無形の勢力。＊刑法（明治四〇年）(1907)二三四条「威力を用い人の業務を妨害したる者」発音〈標ア〉イ〈京ア〉イ 辞書言海 表記威力（言）

い‐りょく（ヰ‥）【偉力】〘名〙非常に強く、すぐれて強い力、勢い。また、そのような働き。威力。＊小説神髄(1885-86)〈坪内逍遥〉下・時代小説の脚色「正史家の筆鋒もてよく小説家の筆鋒を折（くぢ）き文壇以外に走らすべき偉力（ヰリョク）ありとは信じがたかり」＊海に生くる人々(1926)〈葉山嘉樹〉三四「この昂奮剤は、恐ろしい偉力を現した」発音〈標ア〉イ

い‐りょく【意力】〘名〙なにかを成し遂げようとする意志の力。精神力。＊真理一斑(1884)〈植村正久〉六「吾人の識性、意力、愛情及び良心は即はち上帝の全知全能全仁至聖の影なるのみ」＊思出の記(1900-01)〈徳富蘆花〉一・七「其性格の一大特質とも云ふ可き冷静に然も頑然たる意力を以て、其経綸を遂行（おひゆ）けり」＊夫婦(1904)〈国木田独歩〉六「僕は常に希（こひねが）ふ、人は何事にまれ常に積極的に意力（イリョク）、智力、及び情熱を用ゐて一生を送りたいと」＊雪国(1935-47)〈川端康成〉「その孤独は哀愁を踏み破って、野性の意力を宿してゐた」

い‐りょく（ヰ‥）【遺力】〘名〙残された力。余力。＊明六雑誌‐二九号(1875)自由交易論〈西村茂樹〉「英国は土地開け尽して地に遺利なく、人民勉強にして人に遺力なし」発音〈標ア〉イ〈京ア〉イ

いりょく‐ていさつ（ヰリョク‥）【威力偵察】〘名〙ひそかな行動をとらないで、交戦する態勢を仮に示して敵の戦力をうかがいみること。攻襲偵察。＊風俗画報‐九二号(1895)第一軍第三師団の戦況「攻襲偵察一に威力偵察（イリョクテイサツ）といふ。敵軍を攻襲するの状を粧（よそほ）ひ敵の兵力を試るなり」発音イリョクテイサツ〈標ア〉テ

いり‐よね【入米】〘名〙春に農民が官から借りた米を、秋の収穫時に利を加えて返納すること。また、その米。＊俳諧・新季寄(1802)九月「糴（イリヨネ） 春百姓へかしたる米をとり入給也」

いり‐わけ【入訳】〘名〙こみいった事情。いりくんだわけ。いきさつ。事情。いりわり。＊中華若木詩抄(1520頃)上「心には思へども、さやうの入わけを、え申さぬ也」＊浄瑠璃・曾根崎心中(1703)「内方の入訳も話で聞いてゐますれば」＊談義本・教訓雑長持(1752)五・福神の教を受けて金持と成りし事「おみは武士じゃに依って、〈略〉町人の風俗、万事の細（こまか）な入訳（イリワケ）は、しらぬが道理じゃ」＊洒落本・傾城買二筋道(1798)冬の床「おめへがたも共々よく苦界のいりわけをいって気のなおるよふに異見をしてやってくんなせへ」＊付焼刃(1905)〈幸田露伴〉一「何処の家庭にだって家政の委曲（イリワケ）を申せば皆有る事でございますもの」方言物事の事情。しさい。いきさつ。大阪市637 兵庫県神戸市054 兵庫県淡路島671 奈良県南大和683 香川県仲多度郡829 愛媛県840 大三島848 ◇いりわく 三重県志摩郡584 発音〈標ア〉0

いり‐わだ【入海】〘名〙方言陸地に入り込んだ海。入り江。岡山県邑久郡761 ◇いりわんど 香川県高見島829

いり‐わたり【入渡】〘名〙言語の連続する音韻を単音で区切った場合に、先の単音から後の単音へ移行するときの調音態勢あるいはその音の部分（わたり）を、後の単音の側からいう。↔出渡り。→渡（わたり）⑫。「入り渡り鼻音」発音〈標ア〉0

いり‐わた・る【入渉・入渡】〘自ラ四〙多くの人や物などが一面に広がる。あらゆる所に入りこむ。また、普及する。＊室町殿日記(1602頃)三「諸国の人民古郷をさって、なにのたよりもあらざれども京都に入わたり」＊改正増補和英語林集成(1886)「Iri-wataru イリワタル 入渉」

いり‐わり【入割】〘名〙①物事の細かい理由やこみいった事情。いきさつ。いりわけ。＊大学垂加先生講義(1679)「其段のいりわりは詳に朱子の『文集』『語類』に論辯し尽せり」＊俳諧・広原海(1703)二「靡ざる入わ

り口説く墓の前」 ＊筍録(1706)「其間のせせなこせなの入割は何程有ても、詰る処眼にすえたる目付違ことなし」 ＊浄瑠璃・心中万年草(1710)中「こりゃどふぞいのといりわりもいはず、しらずになきゐたり」 ＊黄表紙・三幅対紫曾我(1778)「いりわりをつけて、そのばをすましける」 ＊俚言集覧(増補)(1899)「いりわり 入割の意にて事物の細き理をいふ。イリワリヲイヒキカセルなどいふなり。入りわけも同じ」 ②ある地域、ある社会などにおける作法や約束事。 ＊洒落本・魂胆惣勘定(1754)「花のみやこのはなばなしきいりわり。難波(なには)の梅のすいなる物すきところにより品もかはり」 方言 ❶こみいった事情。入り組んだわけ。事の顛末(てんまつ)。事の子細。 山形県東置賜郡139 米沢市149 新潟県佐渡358 兵庫県淡路島671 徳島県811 香川県大川郡829 長崎県対馬913 壱岐島915 ❷物事の道理。また、善悪。 山形県東置賜郡139 新潟県佐渡358 愛媛県周桑郡845 ❸損得に関する不平不満。苦情。 岩手県気仙郡102 ❹仲人。 江戸1064 茨城県多賀郡188 ❺ことさら。わざわざ。 新潟県佐渡359

い-りん【異恪】『名』 異見と恪気。 ＊雑俳・柳多留-三九(1807)「朝帰り左右異恪(イリン)の二面なり」

い-りん【意臨】『名』 習字で手本の字の形や筆法にこだわらないで、筆意を理解して運筆すること。

い-りん【彝倫】『名』(「彝」は常、「倫」は道の意) 人の常に守るべきみち。一定不変の倫理。 ＊本朝文粋(1060頃)二・陸奥勅符「狼戻之胆。宣二彝倫之所一ㇾ施」 ＊温故知新書(1484)「彝倫 イリン」 ＊山鹿語類(1665)二一・総じて日用の事を論ず「聖人上代に在りて其の彝倫の制を定め、不ㇾ得ㇾ止の則を立てぬ」 ＊童子問(1707)序「放二四海一而有ㇾ準、行二乎日用彝倫之間一」 ＊古道大意(1813)由縁「君臣の等(のり)。彝倫の叙(ついで)。すべて天下を経論するの道」 ＊開化本論(1879)〈吉岡徳明〉上・一「歴世の諸神〈略〉この道体を修治して以て彝倫を経営し給ふ」 ＊書経-洪範「惟天陰二隲下民一、相二協厥居一、我不ㇾ知二彝倫攸一ㇾ叙」 辞書〈ポン〉 表記 彝倫(へ)

い・る【入・要】 ㊀『自ラ五(四)』 〔一〕 ①外部から、ある場所、環境などに移る。はいる。 ㋑外から、ある物の中、ある場所の内へ移動する。また、移動して、その中にある。 ＊万葉(8C後)一四・三五五四「妹が寝(ぬ)る床のあたりに岩ぐくる水にもがもよ伊里(イリ)て寝まくも〈東歌〉」 ＊竹取(9C末-10C初)「天人の中に持たせる箱あり。あまの羽衣いれり。又あるは不死の薬入(いれ)り」 ＊古今(905-914)恋四・六九三「君来ずはねやへもいらじこ紫我もとゆひに霜はおくとも〈よみ人しらず〉」 ＊枕(10C終)二八・にくきもの「すずりに髪のいりてすられたる」 ＊更級日記(1059頃)「師走の二日京にいる」 ＊説経節・説経苅萱(1631)上「おひじりこのよしきこしめし、こなたへ御いり候へとて、さいもんに御とも申す」 ＊日本の下層社会(1899)〈横山源之助〉四・二・一一「寄宿所には入浴室があってこれも無料で朝夕勝手に入浴(イル)ことができる」 ㋺見える所から、物陰に移動する。その場から退く。奥へ引っ込む。特に、日、月が沈む。また、水中に没する。 ＊古今(905-914)雑体・一〇五九「よひのまにいでて入(いり)ぬるみか月のわれて物思ふころにもあるかな〈よみ人しらず〉」 ＊枕(10C終)一〇四・淑景舎、東宮に「日の入る程におきさせ給ひて」 ＊平家(13C前)一・鹿谷「西光法師、頸をとるにはしかずとて、瓶子のくびをとってぞ入(いり)にける」 ＊新後拾遺(1383-84)雑春・六五〇「心なき花こそねにもかへるとも鳥さへなどか雲に入けん〈日野資名〉」 ＊三道(1423)「出物(でもの)の舞楽の人体によりて、切拍子(きりびゃうし)などにて入(いる)事あるべし」 ㋩特定の環境の中に移る。宮中、仏門、学校などにはいる。 ＊源氏(1001-14頃)葵「斎宮は、去年(こぞ)内裏にいり給ふべかりしを、さまざまさはる事ありて、この秋入(いり)給ふ」 ＊海人刈藻物語(1271頃)四「七日、いらせ給ふありさま、御輿(こし)よりはじめ、なべてならず」 ＊徒然草(1331頃)五八「さすがに一度道に入(いり)て世をいとはん人、たとひ望ありとも、勢ある人の貪欲多きに似るべからず」 ＊西国立志編(1870-71)〈中村正直訳〉一一・四一「亜爾費立(アルフェーリ)〈意太利の詩人〉は、学校を出る時、その入りし始めより、毫も進境あらず」 ②ある限られた範囲内に取り込まれる。はいる。 ㋑仲間になる。含まれる。また、書物に載る。 ＊古今(905-914)仮名序「万葉集にいらぬ古き歌」 ＊枕(10C終)三五・小白河といふ所は「五千人のうちにはいらせ給はぬやうあらじ」 ＊徒然草(1331頃)一七三「この文、清行が書けりといふ説あれど、高野大師の御作の目録にいれり」 ＊天草本平家(1592)四・五「ユミトリノ ヒロイ エンニ iru(イル) コトワ コノヤウナ トキノ タメヂャ」 ㋺心、目、耳などの知覚に取り入れられる。また、知覚できる範囲にはいる。 ＊万葉(8C後)一二・二九七七「何故か思はずあらむ紐の緒の心に入(いり)て恋しきものを〈作者未詳〉」 ＊平家(13C前)四・厳島御幸「法皇の見参に入(いら)ばや」 ＊滑稽本・浮世風呂(1809-13)三・下「先生などのお耳に入(イッ)たらお叱り遊すでござりませうよ」 ＊浮雲(1887-89)〈二葉亭四迷〉三・一九「その中にふと天井の木目が眼に入って」 ㋩物と物、人と人などの間にはいり込む。はさまる。はまる。また、仲介する。 ＊虎明本狂言・犬山伏(室町末-近世初)「茶屋あつかいにいりて、もっはずならばもたせう程に、先おまちやれ」 ③ある時期、時間になる。はいる。 ＊蜻蛉(974頃)中・天祿二年「つれづれとあるほどに、彼岸にいりぬれば」 ＊源氏(1001-14頃)末摘花「夜にいりてまかで給ふに」 ＊源氏(1001-14頃)若菜上「年まかりいり侍りて」 ④ある特定の状態、段階、境地などに達する。「技、神にいる」 ＊大鏡(12C前)六・道長下「いみじう興にいらせ給へるほどに」 ＊徒然草(1331頃)一八八「二つのわざ、やうやうさかひに入(いり)ければ、いよいよしたく覚えて嗜みけるほどに」 ⑤(気持、力などが)みちる。こもる。はいる。 ＊源氏(1001-14頃)宿木「そなたざまには心もいらで、この御事のみいとほしくなげかる」 ＊虎寛本狂言・抜殻(室町末-近世初)「頼うだ御方はつっと念の入った御方じゃに依て」 ＊俳諧・猿蓑(1691)序「その句に魂の入(いら)ざれば、ゆめにゆめみるに似たるべし」 ＊永日小品(1909)〈夏目漱石〉声「股の根は、瘤(こぶ)で埋まって、見悪(みにく)い程窮屈に力が入(イ)ってゐる」 ⑥内に向かってくぼむ。くい込む。くぼみや裂け目ができる。はいる。 ＊源氏(1001-14頃)須磨「海づらはややいりて、あはれにすごげなる山中なり」 ＊虎明本狂言・枕物狂(室町末-近世初)「てんもくほどなるくぼが両のほに、七八十百ばかりいって」 ＊二人女房(1891)〈尾崎紅葉〉中・四「右の硝子に裂(ひび)の入(イ)った眼鏡」 ＊門三味線(1895)〈斎藤緑雨〉二二「仕立卸し〈略〉最(も)う綻びが入(イ)って居た」 ⑦付けられる。施される。はいる。 ＊西洋道中膝栗毛(1870-76)〈仮名垣魯文〉六・上「金のほそ筋入(イッ)たる、羅紗仕立の股引(ずぼん)」 ＊浮雲(1887-89)〈二葉亭四迷〉二・七「黒縮緬に金糸でパラリと縫の入(イ)った奴」 ⑧(要)ある物、事などが要求される。 ㋑(費用、時間、品物などが)必要になる。入用である。 ＊宇津保(970-999頃)藤原の君「はらへすとも、うちまきによねいるべし」 ＊源氏(1001-14頃)若菜上「かなぶみ見給ふるは、目のいとまいりて」 ＊仮名草子・仁勢物語(1639-40頃)下・一二五「ついにゆく道には金もいらじかと昨日(きのふ)経読む僧にくれしを」 ＊黄表紙・御存商売物(1782)下「青本も世にときめくにまかせ、くるわがよひもたびたびはいらぬものなり」 ㋺(否定の表現を伴って) 特に問題にしなくてもよい。 ＊古文真宝笑雲抄(1525)二「物を知事、吾に勝れたらば歳の老少は入まいぞ。師にせよぞ」 ⑨(「いらせ給ふ」の形で)「ある」「居る」「来る」「行く」などの尊敬語。 →いらしむ・いらせられる。 ＊今鏡(1170)四・宇治の川瀬「宇治の御幸ありて皇后宮ひきつづきていらせ給ひし、うるはしき行啓のやうには侍らで、みな狩ごろもに風流(ふりう)などして」 ＊太平記(14C後)五・大塔宮熊野落事「大般若の櫃の中を能々(よくよく)捜したれば、大塔宮はいらせ給はで、大唐の玄奘三蔵こそ坐(おは)しけれ」 ＊太平記(14C後)七・先帝船上臨幸事「屋形の中に御座あるこそ日本国の主、忝(かたじけなく)も十善の君にていらせ給へ」 〔二〕補助動詞として用いられる。動詞の連用形に付く。 ①すっかりそうなる、ほとんどそうなる意を表わす。「死に入る」「消え入る」「絶え入る」「寝入る」「冷え入る」など。 ②せつに、深くそうする意を表わす。「思い入る」「念じ入る」「泣き入る」「恐れ入る」「痛み入る」など。 ㊁『他ラ下二』 ⇨いれる(入)。 語誌 (1)外部にある事物がある特定の場所の内部に移動するというのが基本的意味。その場所が環境であったり、知覚範囲であったり、また事物、時間、気持などの抽象的な存在であったりして意味が派生する。 (2)移動する場所は格助詞「に」で示すのが一般であるが、方向を示すとされる格助詞「へ」で示される場合もある。特に「へ」が「に」の意味領域にはいり込む中世以降、「へ」で示される例が多く見られるようになる。 (3)「入る」の基本的な移動の意味から種々の意味が派生するが、㊀〔一〕⑧の「要る」については派生の道筋が想定しにくく、特に現代語において、この意以外はほとんど「はいる(這入)」という語形に交替していることからすると、別語である可能性が考えられる。また、「要る」は訓読系の文献には見られず、この点でも「入る」とは異質である。 (4)「気に入る」「堂に入る」「実が入る」などの慣用表現には「はいる(這入)」を用いず、現代語でも「いる」が残っている。 方言 ❶海に潜る。 三重県志摩郡585 ❷体に切に感じる。知覚される。 大阪1116 島根県邑智郡725 ❸風邪を引く。 島根県邑智郡725 広島県大崎上島054 高田郡779 語源説 (1)イはイク、イヌのイと同じ。ルはアルの義〔日本語源=賀茂百樹〕。 (2)ヨリアル(自有)の約転。ヨリは門戸による意〔名言通〕。 (3)イは至り止る、ルは自然に収まる意。日月が西山に至り止まり収まるところから出た〔国語本義〕。 (4)「出でしが終わる」こと〔和句解〕。 発音〈標ア〉⓪ 〈ア史〉㊀は平安◍◍○ 鎌倉来◍◍ 〈京ア〉⓪ 辞書 色葉・名義・和玉・文明・天正・饅頭・黒本・易林・日葡・〈ポン〉・言海 表記 入(色・名・文・天・饅・黒・易・へ・言) 没(色・名・玉) 内・滅(色・名) 宍・汭(玉) 淪(易)

いりぬる磯(いそ) 潮の中にはいってしまって、見えなくなる磯。 ＊万葉(8C後)七・一三九四「潮満てば入流礒(いりぬルいそ)の草なれや見らく少なく恋ふらくの多き〈作者未詳〉」 ＊謡曲・雨月(1470頃)「難波の御津の浦づたひ、入りぬる磯を過ぎ行けば、はや住吉(すみのえ)に着きにけり」 補注 「万葉集」の歌から出て、中世では慣用句として用いられた。

いる日(ひ)を返(かえ)す 日を暮れさせないため、沈む日をもとへ返す。 ＊源氏(1001-14頃)橋姫「いる日をかへすばちこそありけれ」 語誌 「源氏物語釈」に「還城楽(げんじょうらく)陵王をあやぶめんとするに、日の暮るれば、撥(ばち)して日を手かき給ふに、引き返されたる事也。又云ふ、魯陽軍(いくさ)を起す矛(ほこ)して日を返す。日搔き返されて山に入ず。其間に仇(かたき)を討つ」とあり、その他の「源氏物語」の註釈書も種々の説を提示しているが、的確な出典故事は見出されない。

いるを量(はか)りて出(い)ずるを為(な)す (「礼記-王制」の「以二三十年之通一制二国用一、量ㇾ入以為ㇾ出」による) 収入の額を計算し、それによって支出の計画を立てる。 ＊随筆・折たく柴の記(1716頃)中「先王の制に『量ㇾ入為ㇾ出(いるヲはかりいだスコトヲなス)』ともいふ事あれば」 ＊政談(1727頃)二「公儀の御使用、入るを量て出るを校れば、早出る方多く成て」

いる【沃】〔他ヤ上一〕液体を注ぐ。浴びせる。↓沃入(いい)る。＊蜻蛉(974頃)中・天祿二年「これを治(ぢ)せむやうは、面(おもて)に水なむいるべきとみる」＊書陵部本名義抄(1081頃)「注 イル〔詩〕」＊大鏡(12C前)一・三条院「大小寒の水を御ぐしにいさせ給へ」＊平家(13C前)六・入道死去「せめての事に板に水をゐて、それにふしまろび給へ共、たすかる心ちもし給はず」 発音〈ア史〉平安●○ 鎌倉・江戸●● 〈京ア〉0 辞書色葉・名義・和玉・文明・言海 表記沃(色・名・玉・文・言) 灌・注(色・名) 渳(色) 浂(名)

いる【居】(ゐる)〔自ア上一(ワ上一)〕動く物がある場所にとどまって存在する。また、低い状態になる。㊀人や動物の場合。①ある場所に存在する。＊書紀(720)武烈即位前・歌謡「琴がみに 来(き)謂屢(ヰル)影媛(かげひめ) 玉ならば 吾(あ)が欲(ほ)る玉の 鰒白珠(あはびしらたま)」＊万葉(8C後)四・七五六「よそに居て恋ふれば苦し吾妹子をつぎて相見む事はかりせよ〈大伴田村大嬢〉」＊更級日記(1059頃)「それよりのち、火たき屋に女はゐる也と語る」＊史記抄(1477)一二・范蔡「官者が王の御出あったになぜにここにいたぞと怒たぞ」＊天草本平家(1592)二・一「コノ ブン デ ミヤコ ニ y(イ) マラスル ナラバ、マタ ウキメ ヲモ ミョウズレバ」＊浄瑠璃・心中宵庚申(1722)中「わすれても島田平右衛門が娘の風下にゐるな」②低い姿勢をとる。腰をおろす。すわる。↕立つ。＊万葉(8C後)一七・四〇〇三「立ちて為(ヰ)て 見れどもあやし〈大伴池主〉」＊竹取(9C末-10C初)「立つもはしたゐるもはしたにてゐ給へり」＊枕(10C終)二八・にくきもの「この頃もののけにあづかりて困(こう)じけるにや、ゐるままにすなはちねぶり声なる、いとにくし」③(鳥、虫など飛ぶものが)ある物にじっととつかまる。とまる。＊古事記(712)中・歌謡「かぐはし 花橘は 上枝(ほつえ)は 鳥韋(ヰ)枯らし 下枝(しづえ)は 人取り枯らし」＊万葉(8C後)一四・三五二三「坂越えて阿倍の田のもに為流(ヰル)たづのともしき君はあすさへもがも〈東歌〉」＊枕(10C終)四三・虫は「蠅(はへ)〈略〉秋など、ただよろづの物にゐ、顔などに、ぬれ足してゐるなどよ」＊徒然草(1331頃)一〇「後徳大寺大臣の寝殿に、鳶(とび)ゐさせじとて縄をはられたりけるを」④ある地位につく。＊落窪(10C後)四「御女(むすめ)の女御、后にゐ給ひぬ」＊源氏(1001-14頃)桐壺「坊にも、ようせずは、この御子のゐ給ふべきなめり」＊大鏡(12C前)三・師輔「式部卿の宮みかどにゐさせ給ひなば」⑤ある場所に居を定める。住む。また、外出しないで家にとどまる。在宅する。＊源氏(1001-14頃)蜻蛉「いみじくものおそろしくおぼえて、京になんあやしき所にこのころ来てゐたりける」＊今昔(1120頃か)三一・一「同くは我が居たる辺(ほとり)に大菩薩を遷し奉て、常に思の如く崇(あが)め敬ひ奉らむ」＊徒然草(1331頃)一二三「第一に食物、第二に着る物、第三に居る所なり」⑥ある種類の人間が、抽象的な意味で存在する。ある。＊寒山拾得(1916)〈森鷗外〉「自分をば道に疎遠な人だと諦念(あきら)め、別に道に親密な人がゐるやうに思って、それを尊敬する人がある」⑦ある人にとって、親族・上司・部下などの社会的関係のもとで、ある人が存在する。＊茶話(1915-30)〈薄田泣菫〉十三年目「自分には子供が居(ヰ)無いので狗(いぬ)ころや小猫を可愛がって」㊁植物や無生物の場合。①(かすみ、雲、ちりなど動くことのあるものが)動かないである。ある物の上にとどまって存在する。↕立つ。＊万葉(8C後)一二・三一二六「纒向(まきむく)の病足(あなし)の山に雲居(ゐ)つつ雨は降れどもぬれつつそ来し〈作者未詳〉」＊万葉(8C後)一四・三三五七「霞(かすみ)為流(ヰル)富士の山辺(び)にわが来なばいづち向きてか妹が嘆かむ〈東歌・駿河〉」＊蜻蛉(974頃)上・康保三年「いでし日つかひしゆするつきの水は、さながらありけり。上に塵(ちり)ゐてあり」②(舟などが)砂について動かないである。停泊する。泊まる。＊万葉(8C後)一一・三二〇三「みさご居る渚(す)に居(ゐる)舟の漕ぎ出なばうら恋しけむ後は会ひぬとも〈作者未詳〉」＊十巻本和名抄(934頃)三「艓 説文云艓〈子紅反 俗云為流〉船着沙不行也」＊散木奇歌集(1128頃)羇旅「船にのりてくだりけるに、とりかひといへる所にて舟のゐてくだらざりけるに」③(水草、氷などが)平らに生じる。＊枕(10C終)一七八・女のひとりすむ所は「池などある所も水草(みくさ)ゐ」＊詞花(1151頃)春・一「氷りゐし志賀の唐崎うちとけてさざなみよする春風ぞ吹く〈大江匡房〉」＊千載(1187)冬・四四二「つららゐてみがける影の見ゆる哉まことにいまや玉川の水〈崇徳院〉」④(ふくらみのあったものが)平らになる。＊土左(935頃)承平五年一月一五日「たてばたつゐればまたゐる吹く風と波とは思ふどちにやあるらん」＊篁物語(12C後か)「つるばみのやれ困(こう)じたる着て、しりゐたる沓(くつ)はきて」⑤(「腹が居る」の形で)怒りがおさまる。しずまる。↓癒(い)る。＊平家(13C前)九・生ずきの沙汰「梶原この詞に腹がゐて」＊虎明本狂言・文山立(室町末-近世初)「此うへはいきてもしんでもはらがいぬ」＊浄瑠璃・淀鯉出世滝徳(1709頃)上「手むかひすな。おはらのいる程踏ませませ」＊浄瑠璃・菅原伝授手習鑑(1746)二「イヤ成敗は常の科人けさに切っては只一思ひ、苦痛させねば腹がゐぬ」⑥(「腹を居る」の形で他動詞のように用い)怒りをしずめる。＊咄本・醒睡笑(1628)一「兵庫で足を黒犬にくらはれたる、無念の腹を居んとて蹴た」＊浄瑠璃・長町女腹切(1712頃)上「目の前へつれていて、たたきころしてはらをゐる」㊂補助動詞として用いられる。㋑(動詞の連用形、または、それに助詞「て」を添えた形に付いて)動作、作用、状態の継続、進行を表わす。＊平家(13C前)一二・泊瀬六代「足をやみければ、和泉国八木郷といふ所に逗留してこそゐたりけれ」＊徒然草(1331頃)三二「物のかくれよりしばし見ゐたるに」＊歌舞伎・夕霧七年忌(1684)「ヤイ久古、何を浮々(うかうか)聞いてゐる」＊咄本・譚嚢(1777)貧乏神「回向院でびんぼう神の開帳が有との事、方々へ札が出て居(イ)る」＊歌舞伎・当穐八幡祭(1810)五幕「なんだ、質入れが、落ちて居たワ」㋺(「…ずにいる」「…んでいる」「…ないでいる」の形で)ある動作、作用が行なわれない状態の継続を表わす。＊洒落本・中洲の花美(1789)小通の登楼「丹次ばかり馬道に残って何ンにもせずにいるのさ」＊洒落本・滑稽吉原談語(1802)一「壱ねん二ねんあはずにゐても、こころがかはるときかねへぜへ」＊出定笑語講本(1811)上「それをば何とも思はんでゐるでござる」

語誌(1)上代には、「ゐる」に当たる終止形に「う」があったと考えられる。↓「う(坐)」の語誌。(2)近世には、次のように「をり(をる)」と同じような活用をさせた例がある。「もししったきゃくがゐらば、をしうりせんと」〔洒落本・傾城買四十八手-見ぬかれた手〕(3)中古以前にも、㊂㋑と形式的には同じ用法があるが、まだはっきり補助動詞化していないと考えられる。(4)古くは「ゐる(いる)」自体は動作・運動を表わしたが、次第に奈良時代以前の「をり」に代わり、「り」「たり」を伴って「ゐたり」「ゐ給へり」などの形で、持続的な状態を表わした。「いる」だけで状態を表わせるようになったのは室町時代以後のことと考えられる。また、㊀⑥⑦のような抽象的な存在を表わせるようになったのは近代に入ってからで、これらの用法では現代語でも「ある」が用いられることがある。(5)補助動詞の場合、近世上方語では主語が有情物の場合は「ている」、非情物の場合は「てある」が付く傾向が強い。一方、近世後期以降の江戸語では主語の有情・非情にかかわらず「ている」が付き、「てある」はもっぱら他動詞に付けられるようになり、現在に至っている。(6)「おる(をる)」との差異については、「おる」の項の語誌欄参照。

方言❶捜しているものなどが、その場所にある。ある。下北†051 北海道小樽062 青森県076 082 083 岩手県気仙郡102 宮城県栗原郡114 仙台市121 秋田県鹿角郡132 山形県庄内050 福島県155 和歌山県690 ❷できる。生ずる。兵庫県多紀郡667 ❸腰を下ろす。座る。東京都八丈島325 335 ◇いりゅん 鹿児島県徳之島975 ◇いゆり 鹿児島県奄美大島975 ◇いゆい 鹿児島県喜界島983 ◇いゆん 鹿児島県喜界島・奄美大島975 沖縄県首里993 ◇いいん 沖縄県島尻郡975 ◇びゅうん 鹿児島県与論島975 ◇びるん 沖縄県石垣島・鳩間島996 ◇びいるん 沖縄県竹富島996 ❹一つの所に落ち着く。また、沈殿する。◇いゆん 沖縄県首里993

語源説(1)もとは、動かぬ意のヰルが、転じて住む、止まる、集(ゐ)る、坐る等の義に広がったもの〔国語の語根とその分類=大島正健・豆の葉と太陽=柳田国男〕。(2)ヲル(坐)の転〔言元梯〕。(3)「生きて居る」こと〔本朝辞源=宇田甘冥〕。(4)「有」の別音Wiの動詞化。ただし、坐っている場合のヰルは、坐することの義の「踞」Wiの動詞化〔日本語原考=与謝野寛〕。(5)ウチラクの反〔名語記〕。

発音〈標ア〉0 〈ア史〉平安●○ 鎌倉・江戸●● 〈京ア〉0 辞書和名・色葉・名義・和玉・文明・天正・饅頭・書言・〈ボン〉・言海 表記居(色・名・玉・文・天・書・へ・言) 集(色・名・文・饅・書) 坐(色・名・玉・文) 艓(和・色・名) 虜(色・名) 座(色・玉) 宋(名・玉) 踞(色) 休・保・丘・里・定(名) 妥・安(玉) 処(文)

いずば出会(であ)え (相手がいないことを確かめたうえで、出て来て相手になれと叫ぶ意から)ひきょう者の空威張りをあざけっていう。＊俳諧・毛吹草(1638)六「郭公居すは出あへか鵙(もず)の声〈宗房〉」

いた所(ところ)べったり いる所々で、べったりすわり込んでしまうこと。ものぐさな態度をいう。＊俚言集覧(1797頃)「居た所べったり 懶惰なる者を云」

いて食(くら)えば山(やま)も空(むな)し 山ほどある財産も、なにもしないで怠惰に生活していればすぐになくなる。徒食を戒めたことば。坐して食えば山も空し。＊浮世草子・世間学者気質(1768)一・二「居食(ヰテクラヘ)ば山も空(ムナ)しじゃ、ちと商内(あきなひ)でもせねばなるまい」

いても立(た)っても=居(い)られない〔**=居(い)られぬ・=居(い)られん**〕 心配、同情、喜びなどの気持が強くなって、じっと落ち着いていられない。＊多情多恨(1896)〈尾崎紅葉〉前・一二・二「大罪でも犯したように、居ても起っても在(ヰ)られぬ様子で」＊春の鳥(1904)〈国木田独歩〉四「田口の家では非常に心配し、殊に母親は居(ヰ)ても起(タッ)ても居(ヰ)られん様子です」＊野菊の墓(1906)〈伊藤左千夫〉「あの児が可哀相で可哀相で居ても起っても居られない」＊腕くらべ(1916-17)〈永井荷風〉一六「もう居ても立っても居られない程嬉しくもあり」

いる空(そら)がない (「空」は落ち着かない気持の意)落ち着いていることができない。気が気でない。＊滑稽本・浮世風呂(1809-13)三・下「第一居(ヰ)る空(ソラ)がねへはな。ハテ、おめへ女房で候と打居(ぶっつゑ)て置れて、売薬屋の銅人形見たやうに看板にされたばかりもつまらねへぢゃアねへか」

いる所(ところ)窪(くぼ)む (長くいると、そのいた場所は、へこむところから)人に長くいられると、どうしてもその家には費用などの損がかかることをたとえたことば。＊滑稽本・浮世床(1813-23)初・下「あれは必ず置ものではねへ。居(ヰ)る所(トコ)くぼむの道理で是非損をかけるによ」

いるに居所(いどころ)あり 動作、進退にはそれぞれ決まりがあるという意。＊能楽蘊奥集(1913)〈木下敬賢〉一「居(ヰル)に居(ヰ)所ありとは橋掛舞台共に序破急の能により各定れる所の三け所に居ると云義なり」

いる【射】『他ア上一（ヤ上二）』①弓につがえた矢を放つ。鉄砲の弾丸をうつ場合にもいう。＊万葉（8C後）一・六一「ますらをのさつ矢手挟み立ち向ひ射流（いル）的形は見るにさやけし〈舎人娘子〉」＊竹取（9C末-10C初）「中に心さかしき者、念じていんとすれども外ざまへ行きければ」＊平家（13C前）一一・遠矢「奥よりこの矢をゐて候が、ゐかへせとまねき候」＊日葡辞書（1603-04）「ユミ、テッポウヲ iru（イル）」＊羅山先生文集（1662）三九・源頼政「先是射雲間之怪鳥而近衛帝之不予乍止」②矢や弾丸を目的物に当てる。＊西大寺本金光明最勝王経平安初期点（830頃）一〇「愛悩に纏懐せられて箭に中（イ）被（ら）れたるらむが如くして」＊金刀比羅本保元（1220頃か）中・白河殿へ義朝夜討ちに寄せらるる事「弓を引きまうけて、声に付けて内甲をぞねらうらむ。あひ引きしめてすきまを射られて鳴呼（をこ）がまし」＊平家（13C前）七・篠原合戦「矢だね皆いつくして、馬をもいさせ、かちだちになり」③光が強く照らす。＊続浦島子伝記（920）「芙蓉帳開而素月射幌」＊舞姫（1890）〈森鷗外〉「忽ちこの欧羅巴の新大都の中央に立てり。何等の光彩ぞ、我目を射むとするは」④鋭い視線を当てる。また、物事を強く印象づける。＊うたかたの記（1890）〈森鷗外〉上「この二人のさまの殊なるは、早くわが目を射き」＊神の子（1902）〈国木田独歩〉下「其時その感は恰も電（いなづま）のやうに小子（わたくし）の心を射るので御座います」⑤ねらって取る。＊小説神髄（1885-86）〈坪内逍遙〉上・小説の変遷「世の流行に投合して、一時の虚名を射むとするのみ」語源説(1)矢を放つ意のヤル（遣）と通じる〔和訓集説・大言海・国語の語根とその分類=大島正健〕。(2)イル（入）の義〔言元梯〕。発音〈なまり〉イッ〔鹿児島方言〕ユル〔津軽ことば・千葉・神奈川・志摩・和歌山県・紀州〕〈標ア〉イ〈ア史〉平安●○か 鎌倉・江戸●● 〈京ア〉0 辞書色葉・名義・和玉・文明・伊京・黒本・日葡・書言・ヘボン・言海 表記射（色・名・玉・文・伊・黒・へ・言）弋（色・名・玉・書）矢（色・名）帿（色）戈（名）墒・弾・彈・戳・皷（玉）

い・る【射】『他ラ五（四）』（ヤ行上一段から転じて近世後期頃から使われた）「いる（射）〔他ア上一〕」に同じ。＊人情本・英対暖語（1838）五・二九回「生田川とやらの水の中に居る鳥を、箭（や）で射（イッ）た者の情人（いろ）にならふといったら」＊経国美談（1883-84）〈矢野龍渓〉後・一四「双瞳烱々として光彩人を射り」＊内地雑居未来之夢（1886）〈坪内逍遙〉一一「パット家のうちは明るうなりて菱野の並はづれし大きな眼を射（イ）りぬ」＊雪中梅（1886）〈末広鉄腸〉下・一「一睡して眼を開けば、旭日窓檽（きょくじつさうれい）を射（ヰッ）て」

いる ゐる【率・将】『他ワ上一』①他の物、人を連れて行く。ひきつれる。ともなう。ひきいる。＊書紀（720）大化五年三月・歌謡「山川に 鴛鴦（をし）二つ居て 偶（たぐひ）よく 偶へる妹を 誰か威（ヰ）にけむ」＊常陸風土記（717-724頃）新治・歌謡「言痛（こちた）けば をばつせ山の 石城（いはき）にも 為（ヰ）て籠らなむ な恋ひそ我妹（わぎも）」＊天理本金剛般若経集験記平安初期点（850頃）「顧（ヰ）て廻（かへり）王に見ゆ」＊竹取（9C末-10C初）「類なくめでたくおぼえさせ給ひて〈略〉ゐておはしまさむとするに」＊源氏（1001-14頃）夕霧「この君達をさへや、知らぬ所にゐて渡し給はむと、危し」＊徒然草（1331頃）五三「手をひき杖をつかせて、京なるくすしのがり、ゐて行きける」②物を自分の身に添えて持つ。身につけて行く。携帯する。＊大慈恩寺三蔵法師伝永久四年点（1116）六「歴たる所の国より摠へて将（ヰ）たるところの三蔵の要文、凡へて六百五十七部」＊増鏡（1368-76頃）一五・むら時雨「内侍所、神璽（じ）、宝剣ばかりをぞ、忍びていて渡させ給ふ」語誌(1)人や物を引き連れる、伴うの意を表わすが、平安時代以降は、単独で用いられず、常に接続助詞「て」を伴った「ゐて」の形で、連用修飾語となったり、「奉る」を下接して用いられる。(2)類義である、現在の「連れる」も、「て・ないで・ずに」に上接したり、受動文になる場合などに用法が限られる。(3)類義の「ひきゐる」は、多数の人や軍を引率する場合に用いられることが多い。語源説(1)行く意の、マヰル（参）のヰルで、おもに連れ伴う義として用いられた〔国語の語根とその分類=大島正健〕。(2)ヰはワキ（脇）の反〔名言通〕。発音〈標ア〉イ 辞書色葉・名義・ヘボン・言海 表記率（色・名・へ・言）将（色・名・言）誘・史（色）自・由（名）以・帥（言）

い・る【煎・炒・焦】一『他ラ五（四）』①鍋などで、水気のなくなるまで煮つめる。また、あぶりこがす。＊大智度論天安二年点（858）一〇〇「石密を煮（イル）ときに」＊宇津保（970-999頃）国譲中「藤壺には、鮎ならぬいをいりて参り給ふ」＊東大寺本大般涅槃経平安後期点（1050頃）九「焦（イレ）る種の、甘雨に遇ふと雖も、百千万に終に牙を生せず」＊福翁自伝（1899）〈福沢諭吉〉緒方の塾風「ヨジュムを作って見やうではないかと〈略〉海草類を買て来て、夫れを炮烙（はうろく）で煎（イッ）て」②特に、罪人を大釜にいれて熱し、殺す。＊信長記（1622）一五上・信長公東国御進発「重罪をば釜にて煎（イル）事、毎日五人六人に及べり」③心をこがす。思い悩む。いらだたせる。＊将門記承徳三年点（1099）「眉下の涙は面上の粉を洗ひ、胸上の炎は心中の肝を焦（イル）」＊浄瑠璃・摂州合邦辻（1773）下「コレこの鳩尾（きうび）を切裂いて、肝の臓の生血を取り、此鮑（あはび）で早う早うと気をいる娘」二『自ラ下二』①水気のなくなるまで煮つまる。また、こげる。＊臨済録沢庵抄（1627）秘「破たる石は再合し、焦（イレ）たる種は再生るとも、二乗孤調の者の成仏する事あるべからずなんど云」②いらだつ。＊日葡辞書（1603-04）「キ ireta（イレタ）ヒト〈訳〉熱狂してもどかしく感じている人」方言❶魚などを煮る。また、あぶり焦がす。岡山市762 徳島県809 ❷野菜などを油でいためる。宮城県栗原郡114 語源説(1)イキレル（熱）の転〔名言通〕。(2)ニヒル（煮乾）の約転〔言元梯〕。(3)ヒイル（火入）から〔国語本義・日本語原学=林甕臣〕。（二について）イラ（苛）と同言で、その状のいらだつさまから〔本朝辞源・日本語源=賀茂百樹〕。発音〈標ア〉イ〈ア史〉平安○◐ 鎌倉・江戸○● 〈京ア〉0 辞書字鏡・色葉・名義・和玉・文明・饅頭・日葡・書言・ヘボン・言海 表記熬（字・色・名・玉・文・書・言）煎（色・名・玉・文・饅・へ・言）炒（名・文・言）燋（色・文）臬（名・玉）焦（色）暴（名）鏊・鬻・鬻・煮（玉）

同訓異字 いる【煎・炒・焦】
【煎】（セン）火の上であぶりやく。「煎餅」「香煎」「焙煎」《古 いる・にる・あぶる》
【炒】（ショウ・チャー）いためる。あぶってこがす。「炒（い）り米」「炒飯（チャーハン）」《古 いる》
【焦】（ショウ）こげる。焼きこがす。「焦土」「焦熱」《古 こがるる・こがす・こぐる・やく》

い・る【熟】『自ラ四（五）』果実などが熟す。＊古文真宝笑雲抄（1525）二「さて秕なし一もなく、実が能入ぞ」＊生（1908）〈田山花袋〉二七「この通りに立派に実が熟（イ）って居る」＊銀の匙（1913-15）〈中勘助〉前・二〇「葉をのけて思ひよらぬ実のいったのを見つけたときの嬉しさはない」辞書字鏡 表記熟（字）

いる【鋳】『他ア上一（ヤ上二）』①溶かした金属を鋳型に注ぎ入れて器物を製造する。鋳造する。＊霊異記（810-824）中・一七「銭を鋳（イル）盗人、取り用ゐむとして便无（な）く、思ひ煩ひて棄てたるならむ。〈国会図書館本訓釈 鋳 伊ル〉」＊更級日記（1059頃）「母一尺の鏡をいさせて、えゐて参らぬかはりにとて、僧を出だし立てて」＊大唐西域記長寛元年点（1163）五「或は金銀を鋳たり。或は鍮石を鎔（イ）たり」②（刀剣などを）鍛える。＊職原鈔（1340）上「神祇官〈略〉第十代崇神天皇漸畏神威、鋳改鏡剣」＊史記抄（1477）一九・貨殖列伝「剣なんどを鋳る事をも習てすると云ぞ」語源説(1)イル（入）の義〔大言海〕。(2)ユル（湯）の転〔言元梯〕。(3)型に入るから、イル（沃）の義〔名言通〕。発音〈なまり〉ユル〔瀬戸内〕〈標ア〉イ〈ア史〉平安●○ 江戸●● 〈京ア〉0 辞書色葉・名義・下学・和玉・文明・黒本・易林・日葡・書言・ヘボン・言海 表記鋳（色・名・下・玉・文・黒・易・書・へ・言）鎔（色・名・易）活・泥（色）鑠（名）冶（玉）

いる【瘉】『自ア上一』異常な状態などが収まる。落ち着く。多く「腹がいる」などの形で、怒りが解けるの意にいう。＊浮世草子・風流曲三味線（1706）四・五「藤七めが鼻の先で、さいなまねば腹が瘉（イ）ぬ」＊歌舞伎・青砥稿花紅彩画（白浪五人男）（1862）三幕「どうかお心瘉るやうに〈略〉それにて御了簡下さりませ」語誌「腹が立つ」に対する「腹がゐ（居）る」であったものが、「イ」と「ヰ」の混同によって「ゐ（居）る」が「い（瘉）る」と意識されるようになって生じた語。→居（い）る

いる ゐる【齘】『自ワ上一』すっぱいものを食べて歯が浮く。＊日葡辞書（1603-04）「ハガ iru（イル）、または、ita（イタ）」発音〈ア史〉平安●○ 〈京ア〉0 辞書和名・色葉・名義・日葡・書言 表記楚（色・名）齘・齝（書）

いーるい【衣類】『名』身に着るものの総称。着物。衣服。＊文明本節用集（室町中）「衣類 イルイ」＊俳諧・類船集（1676）加「芸州広嶋にも名物とて紙小（かみこ）を出せり。老たる人は衣類（イルイ）よりもかるしとてきる事有」＊狂言記・子盗人（1700）「さんざん仕合がわるふて、金銀は申に及ばず、女共が衣類迄、ことごとく打こふでござる」発音〈標ア〉イ1 〈京ア〉イ1 辞書文明・易林・日葡・書言・ヘボン・言海 表記衣類（文・易・書・へ・言）

いーるい【異類】『名』①種類の異なったもの。また、普通と違う異様なもの。＊和漢朗詠（1018頃）下・鶴「李陵が胡に入（い）っしに同じ ただ異類をのみ見る〈皇甫曾〉」＊今昔（1120頃か）三・二九「其の時に一切の菩薩・天人・諸の異類の衆会、同音に唱へて云く」＊文明論之概略（1875）〈福沢諭吉〉一・二「甲は唯外国の人を異類のものと認め」＊列子-黄帝「異類雑居、不相搏噬也」②人間以外の動物。鳥、獣など。＊真如観（鎌倉初）「凡やうやうの異類（イルイ）の虫共無量無辺にして」＊六如庵詩鈔-二編（1797）二・所養払菻狗一旦失之踰年復還感紀其事「異類感恩理本一、況復夙縁誰究詰」＊開化本論（1879）〈吉岡徳明〉上「公然として云ふ、異類は天より人に賜ふ食物なりと」＊玉篋両浦嶼（1902）〈森鷗外〉上「げにわらはは つみふかくも異類（イルヰ）のおんみを などしたひし」発音〈標ア〉イ1 辞書文明・日葡・書言・言海 表記異類（文・書・言）

いるい の 法（ほう） 衆生を教化するために、人間以外の物に身を変ずる法。＊虎明本狂言・牛馬（室町末-近世初）「ゑさん和尚といっし人、我身を牛になしてこそ、いるいのほうを見せしむれ」

いーるい【彙類】『名』分類すること。また、同じたぐい。仲間。品類。＊明六雑誌-二二号（1874）知説・四〈西周〉「唯如此く大綱を分つと雖ども間亦普通の中に特別を附せざることを得ざる者あり、是彙類の便に依る」＊真善美日本人（1891）〈三宅雪嶺〉日本人の本質「異なる標準、異なる目的異なる関鍵によりて、異なる彙類を為すこと」＊文芸上の自然主義（1908）〈島村抱月〉二「シムボリズム、クラシシズム、ロマンチシズムの三名目が哲学者ヘーゲルの美術論に於いて、始めて最も明瞭に文芸彙類の対照語として用ひられた」＊馬祖常-送簡管勾序「彙類而観之、古之君子入道之域者、亦由於是矣」

いーるい【遺類】『名』①生き残った者ども。余類。残党。＊文徳実録-嘉祥四年（851）二月丁卯「遂為先皇、誓入大乗道、戒行薫脩、無有遺類」＊明六雑誌-一号（1874）洋字を以て国語を書するの論〈西周〉「殲滅遺類なきを得て、我文明の凱歌を奏するに至らん」＊日本開化小史（1877-82）〈田口卯吉〉五・九「各地に向ひ将（まさ）に従来割拠の大名をして遺類なからしめ」＊史記-高祖本紀「項羽嘗攻襄城、襄城無遺類、皆阬之」②古人が残したものと同じたぐい。亜流。＊古

今著聞集(1254)序「夫著聞集者、宇県亜相巧語之遺類、江家都督清談之余波也」

いるい-いぎょう【異類異形】〘名〙 種類、形状が異なったもの。世間普通と異なったもの。また、人間でない異様な姿をしたもの。＊明月記-承元元年(1207)八月二七日「出御之時、異類異形座列、定不ㇾ叶二御意一歟」 ＊春日社記録-中臣祐賢記・弘安元年(1278)六月一日「白人幷神人以下、於二社頭一酒宴乱舞。懸直垂・折烏帽子等異類異形、白衣・腰刀・博奕等事、上古都以無二其儀一」 ＊米沢本沙石集(1283)六・六「不可思議の異類異形(イルヒイギャウ)の法師」 ＊太平記(14C後)五・相撲入道弄田楽「異類異形の媚者(ばけもの)共が姿を人に変じたるにてぞ有ける」 ＊仮名草子・東海道名所記(1659-61頃)一「喜太夫が浄瑠璃、其外実(まこと)か、うそか、異類異形のものを見する」 発音 イルィイギョー〈標ア〉イ[1] 辞書 日葡

いるい-こん【異類婚】〘名〙 人間と、鳥獣や精霊などの人間以外のものとの婚姻。 発音〈標ア〉0ル

いるいこんいん-たん【異類婚姻譚】〘名〙 人と異類(動物や想像上の生物)との婚姻を説く昔話。蛇婿入り、河童婿入りなどのように異類が男性の場合と、鶴女房や蛤(はまぐり)女房などのように異類が女性の場合とがある。

いるい-ほう【彙類法】〘名〙 事物の類似点と差異点とを、科学的な原則に従って詳察し、類似するもの、あるいは同一のものを一類として区分、整頓すること。＊哲学字彙(1881)「Classification 彙類法」 ＊哲学階梯(1887)〈今井恒郎訳〉二・一二「此彙類法によりて吾人は広大なる知識の範囲を通観し。而して之を統括することを得」 発音〈標ア〉イ[3]

いるい-もの【異類物】〘名〙 御伽草子の分類の一つ。人間以外の生物、無生物を擬人化して主人公とした中世、近世初頭の短編小説。「鶴の草子」「調度歌合」「魚鳥平家」など。 発音 イルイホー〈標ア〉0

いるか【海豚】〘名〙 ①哺乳類クジラ目に属し、体長約五㍍以下のハクジラの総称。シロイルカ、イッカクのほかは、あごに多数の歯がある。鼻孔は一個しかなく半月形で、多くは背びれをもつ。マイルカのほか、カマイルカ、バンドウイルカ、スジイルカなど種類は多く、ふつう海に群生するが、アマゾン川など淡水にすむカワイルカもいる。知能が高く、芸を仕込むことができる。かつては脂肪は機械油に、肉は食用にしていた。《季・冬》 ＊新撰字鏡(898-901頃)「鮪 伊留加」 ＊平家(13C前)一一・遠矢「又源氏の方よりいるかといふ魚一二千はうて、平家の方へむかひける」 ＊博物図教授法(1876-77)〈安倍為任〉二「海豚(イルカ)は諸国の海に産す。此類種数あり。人之を捕へる時は悲鳴す。是魚類ならざるの証なり」 ②イルカ科のマイルカの呼称。全長約二㍍に達する。背は黒か暗褐色で、腹面は白い。生時は体の両側に灰色、黄色などの波状模様がある。太平洋、大西洋、インド洋などの暖海にすむ。 語源説 (1)チノカ(血臭)の転〔東雅〕。(2)カは食用獣をいう語。イルは不明だが、魚の義があったか、或いはイヲの転訛か〔日本古語大辞典=松岡静雄〕。(3)行く意のユルキの転呼〔名言通〕。(4)一浮一没の魚を意味し、イリウク(入浮)の転呼〔言元梯〕。 発音〈なまり〉ウルカ〔島根〕ユイカ〔鹿児島方言〕ユリカ〔岩手〕ユルカ〔岩手・静岡・和歌山県・紀州・佐賀〕ユルガ〔岩手・秋田〕〈標ア〉0〈ア史〉平安●●●〈京ア〉ル/0イ 辞書 字鏡・和名・色葉・名義・下学・和玉・文明・伊京・明応・天正・饅頭・黒本・易林・日葡・書言・〈ボン〉・言海 表記 江豚(色・名・文・伊・明・饅・黒・易・書・へ) 鰑(下・玉・明・書) 鰭(文・明・天・黒) 鮮鯆(和・色・書) 鮬(文・伊・天) 鯆鱓(色・書) 鱇(名・伊) 鮪(字) 鯆鮮(色) 鱗・鯆・鮫(名) 鯆・鰻・鱄(玉) 鮮(伊) 海豚魚(書) 海豚(言)

いるか-ごし【入鹿越】〘名〙 歌舞伎の立ち回りで用いる筋斗(とんぼ)の一つ。

いるか-ざ【海豚座】 銀河のそばにある小さい星座。ギリシア神話でポセイドンとアンピトリーテの仲をとりもったイルカに見立てる。ペガサス座とわし座の中間に位置する四星。九月下旬の夕暮に正中。菱星。デルフィヌス。 発音〈標ア〉0

いるかし【忽】〘形動〙「いるかせ(忽)」に同じ。＊塵袋(1264-88頃)五「上古には、土蜘と云て朝威をいるかしにするものありと見ゆ」 辞書 色葉 表記 忽(色)

いるかせ【忽】〘形動〙 いい加減であるさま。なおざり、おろそかであるさま。軽々しい。ゆるがせ。いるかし。ゆるがし。＊護摩密記長元八年点(1035)「清浄声美にして、疎忽(イルカセニ)を得じ」 ＊大慈恩寺三蔵法師伝承徳三年点(1099)七「三蔵の梵本零落して忽諸(イルカセニ)なりなむとす」 ＊平家(13C前)一・禿髪「此禅門世ざかりのほどは、聊(いささか)いるかせにも申者なし」 ＊日蓮遺文-持妙法華問答鈔(1263)「十方諸仏の証誠としているがせならず」 ＊文明本節用集(室町中)「忽緒 イルカセ 又忽 イルカセ 胐 イルカセ」 ＊和俗童子訓(1710)二「父母いるかせにして、子のあしきをゆるせば、悪を長ぜしめ、不義にをちいる」 語誌 (1)古くは漢文訓読語として用いられ、それに対応する和文語としては、「なほざり」が用いられた。(2)「色葉字類抄」「観智院本名義抄」では、「いるかせ」の形だけであるが、時代の下る「文明本節用集」では「いるかせ」「ゆるかせ」の両形が見られ、「天草本平家物語」「天草本伊曾保物語」や「日葡辞書」などになると、「ゆるかせ」の形のみになる。近世、「いるかせ」が古語であるという意識は、「忽緒(イルカセ)といふべきをゆるかせは如何」〔かた言-一二〕のような把握に見られる。 語源説 (1)ゆるめる意のユルス(縦)から〔大言海〕。(2)ユルカセ(緩枉)の義か〔俚言集覧〕。 発音〈ア史〉平安●●●●〈京ア〉0 辞書 色葉・名義・文明・饅頭・黒本・易林・書言・〈ボン〉・言海 表記 忽諸(色・名・文・饅・黒・易・書) 忽(色・名・文・黒・書・へ・言) 忌(色・名) 蔑尓・恕・蔑(色) 軽(名) 胐(文)

いる-かた【入方】〘名〙 はいる方向。＊源氏(1001-14頃)末摘花「もろともに大内山は出でつれどいるかた見せぬいさよひの月」 ＊弁内侍(1278頃)宝治三年一二月一八日「やといひて引きやとめまし梓弓いるかたしらぬとうの中将」

いるか-とび【海豚飛】〘名〙 (イルカが、海面を跳躍して泳ぐところから) イルカのように、高く幅広く跳躍すること。＊春泥(1928)〈久保田万太郎〉三羽烏・五「最後のイルカ飛(トビ)。—立ってゐる人間を一しょに三人飛越すくだりについては」 発音〈標ア〉カ

いるか-もの【入鹿物】〘名〙 紀伊国(和歌山県)牟妻(むろ)郡入鹿村の刀工が鍛えた刀剣。入鹿仲真を中心とした刀工の鍛えたもの。 発音〈標ア〉0

いる-かわ【入側】〘名〙 座敷と縁側との間にある一間(約一・八㍍)幅の通路。〔日本建築辞彙(1906)〕 ＊風俗画報-二五五号(1902)人事門「座敷に二間床高麗縁承塵造り入側(イルカハ)付の広間にて二の間三の間の小座敷も亦之れに列びて物し」

イル-カンこく【伊児汗国】 一三～一五世紀、イランを中心に、メソポタミアからトルコ一帯を支配したモンゴル族の王朝。チンギス=ハンの孫フラグが始祖。四ハン国の一つ。イルハン国。

いる・ぐ【揺】〘自ガ四〙 ゆらぐ。＊雑俳・削かけ(1713)「いっつもじゃ・わしゃあへられてゐるぐ杭」 発音〈標ア〉カ

イルクーツク(ロシア Irkutsk) ロシア連邦東南部、バイカル湖の西方にある商工業都市。かつては帝政ロシアのシベリア総督府がおかれ、行政・経済の中心地であった。 発音〈標ア〉ク[1]

いる-さ【入―】〘名〙 (「さ」は方角や時を示す接尾語) はいる方角。はいる時刻。催馬楽以来、和歌などでは但馬(兵庫県)の歌枕、入佐山に掛けて用いることが多い。＊宴曲・宴曲集(1296頃)四・海道下「鳥総立足柄山に舟木伐てふ山人の入るさの道をや廻らん」 ＊浄瑠璃・冥途の飛脚(1711頃)中「せめての所縁にこなさんの顔が見たさにかしに来たと、いるさの門(かど)のしゃうじ戸も」 発音〈標ア〉0 辞書 言海

いるさ-の-やま【入佐山】 (「いるさやま」とも) 兵庫県北部、出石(いずし)町宮内にある此隅山東方の山とも、同町東条の宗鏡寺の裏山ともいわれるが不詳。歌枕。＊催馬楽(7C後-8C)婦と我「婦(いも)と我(あれ)と 伊留左乃也末(イルサノヤマ)の 山蘭(やまあらぎ) 手な取り触れそや 貌(かほ)優るがにや 速く優るがにや」 ＊源氏(1001-14頃)末摘花「里わかぬ影をば見れど行く月のいるさの山をたれかたづぬる」 ＊浮世草子・好色一代男(1682)一・一「桜もちるに歎き、月はかぎりありて、入佐山(イルサヤマ)」 発音〈標ア〉マ 辞書 書言 表記 入佐山(書)

いる-しお【入潮】〘名〙 差し寄せて来る潮。満潮。＊万葉(8C後)一四・三五五三「あぢかまのかけの水門に伊流思保(イルシホ)のこてたずくもが入りて寝まくも〈東歌〉」 ＊御伽草子・唐糸草子(室町末)「浜名の橋のいるしほに、ささねど上るあま小舟」 発音〈標ア〉オ0

い-るす【居留守】〘名〙 ほんとうは家にいるのに、何らかの理由から不在をよそおうこと。＊多情多恨(1896)〈尾崎紅葉〉前・一二「会っては大変と、用捨も無く居留守を遣ったことは遣ったがさあ後になって胸の安からぬこと太甚(はなはだ)しい」 ＊妻(1908-09)〈田山花袋〉二二「幼年学校の生徒などが来ると、大抵居留守(ヰルス)を遣ふ」 発音〈標ア〉ル0〈京ア〉ル

いるせえ〘形〙 方言 ⇨ゆるい(緩)

いる-とものお【入部】〘名〙 大化前代、特定のものにあてられた部。「子代(みこしろ)入部」は子代に入れられた部、「御名(みな)入部」は名代に入れられた部のこと。いりべ。いるべ。 補注「書紀(720)大化二年三月(北野本訓)」には「昔在(むかし)の天皇の日に置ける子代(こしろ)の入部(ヒルトモノヲ)」とある。

いる-の【入野】 京都市西京区の西部、大原野の平野の入り込んだ地。上羽付近にあり、古くは入野の里といわれ、ススキの名所で歌枕。→いりの。＊新古今(1205)秋上・三四六「さをしかのいる野のすすき初尾花いつしかいもが手枕にせむ〈柿本人麻呂〉」 ＊謡曲・紅葉狩(1516頃)「ますら男が、彌猛心(やたけごころ)の梓弓(あずさゆみ)、入る野の薄(すすき)露分けて」 補注「万葉-一〇・二二七七」の「入野(いりの)」を「いるの」と訓んだことによるか。

イル-ハンこく【伊児汗国】 ⇨イルカンこく(伊児汗国)

いる-ふち【泐潭】〘名〙「うらぶち(泐潭)」に同じ。

いるま【入間】〘名〙「いるまことば(入間詞)」の略。＊浮世草子・傾城色三味線(1701)江戸・三「拙者初心者でござれば、さんちゃとはふらぬといふ心なりと、いへる名によりて、ふられぬがてんで参ったが、散茶のふるるは、扨はいるまと御出なさるるか」 発音〈標ア〉イ

いるま【入間】 □一 埼玉県最南部の地名。日光への脇往還の宿場町・市場町として発展。狭山(さやま)茶の産地。昭和四一年(一九六六)武蔵町を改称市制。＊俳諧・夜半亭発句帖(1755)「京なりける人の許にまねかれて風薫る家に入間の里の馬鹿」 □二 埼玉県の南西部の郡。かつては荒川の支流入間川の流域を中心に荒川中流右岸を広く占めた。＊二十巻本和名抄(934頃)五「武蔵国〈略〉入間〈伊留末〉」 発音〈標ア〉イ 辞書 和名・易林 表記 入間(和・易)

いるま〘名〙 (「丸い」を逆にいった語か) 坊主。僧。文政・天保(一八一八～四三)の上方流行語。＊当世花詞粋仙人(1832)「ぼうずを、いるま」

いる-まい【入舞】〘名〙 ⇨いりまい(入舞)

いるま-がわ【入間川】 □一 (一)埼玉県南西部の川。秩父山地の妻坂峠を源とし、川越市の東部で荒川に合流する。飯能市より上流は名栗川とも呼ばれる。全長約六五キロ㍍。＊太平記(14C後)一〇・新田義貞謀叛

事「武蔵上野両国の勢六万余騎を相副(そ)へて、上路より入間河(イルマカハ)へ向けらる」 *虎明本狂言・入間川(室町末-近世初)「『此川は何と申川にて御ざるぞ』『此川はいるま川と申』」 (二)狂言。入間川にさしかかった大名が、物事を反対にいう入間詞を聞いておもしろがり、衣服や太刀などを与えるが、最後に、その入間詞で欺き、持物を取り返す。三大名物(だいみょうもの)の一つ。 (三)『名』「いるまことば(入間詞)」に同じ。 *狂歌・卜養狂歌集(1681頃)冬「此とりはもとより水にいるま川あしかもといはばあじやよからん」 *雑俳・折句袋(1779)「最(もう)それで置きやはお家の入間川」 発音 イルマガワ〈標ア〉マ 辞書 易林 表記 入間河(易)

いるまがわ-よう【入間川様】(いるまがはヤウ)『名』「いるまよう(入間様)」に同じ。 *天理本狂言・入間川(室町末-近世初)「世間に、物のさかさまな事は、いるま川やうじゃと云」

いるま-ことば【入間詞・入間言葉】『名』さかさことば。ことばの上下をとりかえ、または意味を反対にしていうもの。「花の雲」というべきを、「雲の花」といったり、「花散るな」というときに「花散れ」という類。入間。入間川。入間様(よう)。入間川様。 *虎明本狂言・入間川(室町末-近世初)「そのいるま言葉をのけて、まんぞくなか、満足になひかおしやれ」 *俳諧・慕綮集(1660)「若やぐや入間言葉か今朝の春」 *浄瑠璃・歌枕棣棠花合戦(1746)一「サア仕すましたり、気遣いなし、幕の内にて一休(ひとやすみ)と、入間詞の引違へ脇道とは思ひ寄らず」 *随筆・柳亭筆記(1842頃か)三「入間様又入間詞といふも同じ逆詞なり、是に二種あり。一は意を逆に言なり、一は詞を逆にしたるなり。意を逆にいふとは花散れ月くもれなどの類なり、詞を逆にするとは花の雲といふべきを雲の花といひ月の鏡を鏡の月といふ類なり」 語誌 『廻国雑記(1487)』に、〈入間川について〉「此河につきて様々の説あり。水逆に流れ侍るといふ一義も侍り。又里人の家の門、裏にて侍るとなん。水の流る方角案内なきことなれば、何方を上下と定め難し。家々の口は誠に表には侍らず。惣じて申し通はす言葉なども、かへさまなる事どもなり」とあり、逆さ言葉は当時かなり知られていたらしく、狂言の「入間川」でも取り上げられている。 語源説 (1)昔、武蔵の入間川の水が逆さに流れていたという伝説に基づく。あるいは武蔵国入間地方で多く用いられていたから〔大辞典〕。(2)和歌に、言語の通じないことをウルマの島人という。これをイルマと附会して作り出した語〔大言海〕。 発音〈標ア〉コ

いるま-もの【入間者】『名』武蔵国入間郡の人。また、入間詞(ことば)を使う人。 *雑俳・水加減(1817)「軽ひ軽ひ・重荷を持った入間者」 発音〈標ア〉0

いるま-よう【入間様】(ウヤ)『名』(入間式の意)入間詞(ことば)風の言い方。また、入間詞。入間川様。 *虎明本狂言・入間川(室町末-近世初)「成敗あらふずると仰せらるるは、いるまやうで、御成敗有るまひとの事じゃ程に」 *俳諧・鷹筑波(1638)三「昼出て夜は三ケ月やいるまやう〈直房〉」 *かた言(1650)五「むかし山崎の宗鑑法しと云しえせものの、かしましや此さとすきよ郭公(ほととぎす)みやこのうつけさこそ待らんと読侍しは、いとことさめてにくきやうなれど、是はいるまやうとて、狂歌狂句の本躰とこそ承はれ」 発音 イルマヨー〈標ア〉0

イルマン『名』(ポルトガル irmão 一般には「兄弟」、宗教的には「法兄弟」の意)一六〜一七世紀の頃日本に渡来したキリスト教の宣教師の一階級。パードレ(バテレン)の下にある助修士。平修士。 *貴理師端往来(1568頃)「十七日可レ有二御説法一之由入万(いるマン)類子(ルイス)より被二仰付一候」 *乾坤弁説(1656)序「耶蘇之法、此謂二鬼利支端、其僧云二破天礼一云二意留魔牟一」 *西洋紀聞(1725頃)下「パアテレ、〈略〉イルマンなどいふは、其位号にはあらず。ヱウロパのことばに、〈略〉兄弟をイルマンといふ」 発音〈標ア〉イ 辞書 言海

イルミネーション『名』(英 illumination)《イリュミネーション》数多くの色とりどりの電灯による装飾。電飾。 *青春(1905-06)〈小栗風葉〉秋・一三「国賓の歓迎で、東京市の夜は、花火と提燈(ちょうちん)とイルミネエションとで輝き光った」 *風俗画報-三六〇号(1907)台湾館「半ばを陸上へ半ばを地中に築き夜に入りては、電燈装飾(イルミネーション)を点ずる筈と云へば」 *あめりか物語(1908)〈永井荷風〉酔美人「望む限りの真白い建物は一様に青く赤く取り取りのイルミネーションに飾られる」 発音〈標ア〉ネ〈京ア〉ネ

イルミネート『名』(英 illuminate)照らすこと。照明すること。 *星を造る人(1922)〈稲垣足穂〉「汽船の甲板から見るその都会の夜景が、全体きらきらとまばたく燈火にイルミネートされて、それがどんなにきれいであったか」 *森谷延雄遺稿(1928)〈森谷延雄〉家具の試作を了へて「流行なるが故に身につけて容姿をそろへた人の家庭は又一山いくらの低級さに依ってイルミネートされておるので御座います」 発音〈標ア〉ネ

いるり【囲炉裏】(ゐるり)『名』「いろり(囲炉裏)」に同じ。 *太平記(14C後)三六・大地震「酒を飲て身を暖め、火を焼(たき)炉(イルリ)を囲む人は、自寒を防ぐ便りもあり」 *運歩色葉(1548)「囲炉裏 イルリ」 *甲陽軍鑑(17C初)品三四「長いるりにて、うしろあぶりして、ゐたるを」 *かた言(1650)五「囲炉裏を ゆるりはわろし。又いるりとはいふべし。仮名遣ひの書にいるりとあり」 *新編常陸国誌(1818-30頃か)方言「いるり いろりともいふ」 辞書 和玉・文明・伊京・天正・日葡 表記 爐(玉・文) 囲炉裡(伊・天) 囲爐裡(文)

いるり-いるり『副』(多く「と」を伴って用いる)ゆっくりと動くさまを表わす語。 *寛永刊本蒙求抄(1529頃)一〇「鶏卵はまるきほどに筋にてはさめば、いるりいるりとしてはさまれず」

イルリガートル『名』(ドイツ Irrigator)点滴、浣腸(かんちょう)、洗腸、膣洗浄などに使う医療器具。薬液を入れる円筒形の容器、薬液を導くゴム管、ゴム管の先端をはさむ嘴管(しかん)とからできている。 *舶来語便覧(1912)〈棚橋一郎・鈴木誠一〉「イルリガートル 灌注器又は洗滌器 Irrigator (羅)」 *波(1928)〈山本有三〉子・二一・六「『疫痢かもしれない。兎に角洗腸しませう』といって、イルリガートルを取寄せて、腸を洗ってくれた」 *赤と黒(1953)〈外村繁〉二「イルリガートルには透明な液体が光ってゐた」

いるわ・し【愛・麗】(いるはし)『形シク』端麗である。うるわしい。 *書紀(720)神代上(丹鶴本訓)「伊弉冊尊云はく『愛也(イルハシキ)吾が夫(せなのみこと)〈略〉』〈略〉伊弉諾尊乃ち報へて曰はく『愛也(イルハシキ)吾が妹(なとのみこと)』」

いれ【入】(動詞「いれる(入)」の連用形の名詞化) (一)『名』入れるもの。なにかの中に入れるべきもの。 *日葡辞書(1603-04)「Ire(イレ)〈訳〉絹や、その他悪い反物を補うために過度に入れられる足し切れ」 (二)『語素』①名詞の上に付いて、その物がなにかの中に入れてあることを表わす。「入れ髪」「入れ墨」「入れ歯」など。②名詞の上に付いて、その物が、なにか他の物を入れるべき物であることを示す。「入れ子」「入れ物」など。③名詞の下に付いて、その物を入れる容器であることを示す。「おかず入れ」「花入れ」「水入れ」など。 発音〈標ア〉0 辞書 日葡

いれ【苛】『名』いらだつこと。焦慮。 *洒落本・夢之盗汗(1801)三「八郎兵衛はあまりまちあかしてもこぬゆへ、大きにいれがきて、深夜もかまはず若者(わかいもの)若者と手をたたくゆへ」

いれ【煎】『名』相場の下落を予想して空売りしたのに、相場が高くなった時、損を承知で買い戻すこと。踏み。 *大坂繁花風土記(1814)米方通言「いれ。損して買うて仕舞ふ売方」 *新しき用語の泉(1921)〈小林花眠〉「入(イ)れ 取引所用語。売った物件の損失が已にあきらかで、回復の見込みたたぬとき、損失を見切って買ひ戻しをすること。『投げ』の対」

いれ【慰礼】(レヰ)百済(くだら)の別名。百済の最初の都が慰礼城(京畿道広州の地)にあったところからいう。 *書紀(720)雄略二〇年「百済記に云はく、蓋鹵王の乙卯年の冬に、狛の大軍来りて、大城を攻むること七日七夜。王城降陥れて、遂に慰礼を失ふ」

いれ-あ・う【入合】(いれあふ) (一)『他ワ五(ハ四)』互いに入れる。 (二)『自ハ四』埋め合わせになる。 *咄本・軽口御前男(1703)五・わが身の料簡「わたくしはいつもかたつらの眼がねていますゆへ、これでいれあひますといふた」 発音 (文)イレオーとも〈標ア〉ア(オ)

いれ-あげ【煎上】『名』煎れ上げること。〔取引所用語字彙(1917)〕 発音 イレアゲ〈標ア〉0

いれあげ-まい【入上米】『名』「いりあげまい(入上米)」に同じ。

いれ-あ・げる【入揚・入上】『他ガ下一』愛人や好きなことのために、多くの金銭を消費する。つぎこむ。いりあげる。 *浄瑠璃・夕霧阿波鳴渡(1712頃)中「給分(きうぶん)一文身につけず皆こなたに入あげる」 *雑俳・表若葉(1732)「入上げてから女房をかわゆがり」 *滑稽本・浮世風呂(1809-13)四・上「あれもあの女に入(イ)れ上(アゲ)て、漸々内へ引込の」 *南小泉村(1907-09)〈真山青果〉七「大抵の身上(しんしょ)は修業ばかりに入れ揚げて了ひます」 発音 イレアゲル〈標ア〉ゲ〈京ア〉0

いれ-あ・げる【煎上】『他ガ下一』空売りをした者が、損を承知で売玉を買い戻して、騰貴した相場をいっそう騰貴させる。ふみあげる。 発音 イレアゲル〈標ア〉ゲ

いれ-あわ・す【入合】(いれあはす) (一)『他サ下二』「いれあわせる(入合)」。 (二)『他サ四』「いれあわせる(入合)」に同じ。 *歌舞伎・韓人漢文手管始(唐人殺し)(1789)四「いっそ死骸を売て、初手の損を入合した方がよからふぞや」 発音〈標ア〉ワ

いれ-あわせ【入合】(いれあはせ)『名』平均化すること。埋め合わせ。いり合わせ。 *滑稽本・浮世風呂(1809-13)四・中「おまへに損かけちゃ、つらい場ぢゃナ。入合(イレアハ)せをせうかい」 *歌舞伎・好色芝紀島物語(1869)五幕「何にしろ兄イ、昨夜の入れ合ぞ奢んねえ」 *青年(1910-11)〈森鷗外〉二〇「そんな物は、現在の幸福が無くなった先きの入(イ)れ合(アハ)せに過ぎないぢゃありませんか」 発音〈標ア〉0

いれ-あわ・せる【入合】(いれあはせる)『他サ下一』(文)いれあは・す『他サ下二』まぜ合わせて平均化する。埋め合わせをする。償いをつける。 *浄瑠璃・五十年忌歌念仏(1707)中「をのれが損はいれ合せ今は金もいふ」 *談義本・根無草(1763-69)後・五「牙(きば)ある者には角なく、重弁(やへ)の花に実少きは、造花の伴当(ばんとう)の、入(れ)合せたる算用なり」 方言 愛知県名古屋市562 発音〈標ア〉セ〈京ア〉0 辞書 文明 表記 入合(文)

い-れい【威令】(ヰ)『名』威力と命令。また、威力のある命令。 *経国美談(1883-84)〈矢野龍渓〉前・八「彼の盟主たる斯波多の威令を仮て之を刑するには如かず」 *二人女房(1891)〈尾崎紅葉〉中・三「婢(をんな)も書生も車夫も奥様奥様と奉り、威令(ヰレイ)自ら行はれて」 *管子-牧民「不レ祗二山川一則威令不レ聞、不レ敬二宗廟一則民乃上校」 発音 イレイ〈標ア〉0〈京ア〉0

い-れい【威霊】(ヰ)『名』威力のある神霊。また、天子の御威光。神威。いりょう。 *済北集(1346頃か)一五・寺像燬敗論「神之威霊繋二于人一也。人歆レ之神為レ応焉」 *浮世草子・近代艶隠者(1686)五・三「徙倚(たたずまふ)に威霊(イレイ)影のごとく響のごとく、不測の神徳眼前に分明たり」 *読本・椿説弓張月(1807-11)拾遺・四六回「天孫氏(てんそんし)の威霊(イレイ)によって、

彼(かの)悪獣は、赤瀬の碑石(ひせき)に打仆(たふ)され」＊楚辞‐九歌・国殤「天時墜兮威霊怒、厳殺尽兮棄二原壄一」 発音イレイ〈標ア〉0

い-れい【偉麗】〘形動〙すぐれてうるわしいさま。＊十年前の夏(1898)〈正岡子規〉「つぐの日は東照宮に詣づ〈略〉金碧相映ずるの宏壮偉麗も家康のためにしたるを思へばそぞろに厭ふべく嫉むべく感じぬ」＊後漢書‐楊璇伝「容儀偉麗 数上二言政事一、桓帝愛二其才貌一」

い-れい【違令】〘名〙法令、命令に違反すること。また、その罪。＊魏志‐武帝紀「公謂曰、聴レ汝則違レ令、殺レ汝則誅レ首」 発音イレイ〈標ア〉0

い-れい【違礼】〘名〙礼儀にたがうこと。失礼。＊玉葉‐寿永元年(1182)一一月一八日「狼藉無レ極、導師早出、尤違礼也」 発音イレイ〈標ア〉0

い-れい【違戻】〘名〙道理にあわないで、間違っていること。規則などに反すること。＊米欧回覧実記(1877)〈久米邦武〉一・一一「論理を尽し、日月を経て、商定せる憲法なれば、其良善を尽し、人心に入ること、猶天教を奉戴するが如く、〈略〉敢て違戻することなし」＊経国美談(1883‐84)〈矢野龍渓〉後・八「若し阿善人民同国の公会に於て此の同盟規約に違戻するの発議を為す者あらば」＊偽悪醜日本人(1891)〈三宅雪嶺〉濁〈林辨次郎〉「実に宗教の本旨に違戻する行ある者甚多きが如し」＊新語‐懐慮「違戻相錯、撥刺難レ匡」

い-れい【違例・異例】〘名〙①(形動)普通の例と異なること。前例のないこと。珍しいこと。また、そのさま。＊九暦‐逸文・承平七年(937)三月二八日「天皇早還御、〈略〉今日違例五」＊台記‐久寿二年(1155)九月二八日「依二神事違例一、氏神成レ祟」＊神皇正統記(1339‐43)下・後鳥羽「先帝三種の神器をあひぐせさせ給ひし故に践祚(せんそ)の初の違例に侍りしかど」＊日本開化小史(1877‐82)〈田口卯吉〉三・六「之を終古に徴し之を万国に質すに絶て異例を見ず」＊行人(1912‐13)〈夏目漱石〉塵労・六「父が向ふから来るといふ違例(ヰレイ)な事が、此間の嫂(あによめ)の訪問に何か関係がある様な気がして」②(体の状態がいつもと違う意)貴人などの病気。不例。＊後二条師通記‐寛治六年(1092)一〇月二五日「寅剋許心神違例、持間不例也」＊愚管抄(1220)四・近衛「ひきかうぶりて、殿隠(とのごもり)殿隠して、ひとへに違例になりてけり」＊平家(13C前)六・入道死去「入道相国違例の御心ちとてとどまり給ひぬ」＊史記抄(1477)一六・儒林列伝「久く御いれいめされたが、ついに御なをりあってと云心そ」＊俳諧・類船集(1676)久「家持は内裏にて万葉集をえらへる隙に妻の異例(イレイ)のため、住吉玉津島に願をかけしとなり」 発音イレイ〈標ア〉0〈京ア〉0 辞書文明・伊京・明応・天正・黒本・日葡・書言・ヘボン・言海 表記違例(文・伊・明・天・黒・書・へ・言)

い-れい【慰霊】〘名〙死んだ人や動物の霊魂を慰めること。 発音イレイ〈標ア〉0〈京ア〉0

い-れい【遺令】〘名〙⇒いりょう(遺令)

い-れい【遺例】〘名〙前例。遺風。＊日本教育史略(1877)教育志略〈大槻修二〉「官府の故事を採り、諸曹の遺例を拾ひ」

い-れい【遺霊】〘名〙死後に遺る魂。死者の霊魂。＊あたらよ(1899)〈内田魯庵〉「海内第一の自由の唱祖たる不遇の豪傑石倉鉄平君の遺霊(ヰレイ)万歳を祝す」＊欧陽脩‐樊侯廟災記「宜三其聡明正直有二遺霊一矣」

いれい-がち【違例勝】〘形動〙(「がち」は接尾語)とかく病気のことが多いさま。＊史記抄(1477)一五・汲鄭列伝「多病―いつも違例がちて内にふせりをれどもよく治たぞ」

いれい-さい【慰霊祭】〘名〙死者の霊を慰めるために行なう祭典。＊人生劇場(1933)〈尾崎士郎〉青春篇・序章「そこで、改めて丁寧な慰霊祭が行はれ、興行がやりなほしになったが」＊裸女のいる隊列(1954)〈田村泰次郎〉「あるとき、県城内の広場で、大隊の戦死者の慰霊祭が行われた」 発音イレイサイ〈標ア〉レ〈京ア〉イ

いれい-じゃ【違例者】〘名〙(「いれいしゃ」とも)病気の人。特に、ハンセン病の患者をいった。＊説経節・あいごの若(山本九兵衛板)(1661)五「うたんとすれどつゐもなし、いれいじゃのつゐにて打にける」＊説経節・しんとく丸(1681‐88頃)四「にはかに色かはりて、はやいれいしゃになり給ふ」＊浄瑠璃・弱法師(1694)道行「露のまへにてなき者が此ゐれいしゃに抱き付、それとなのりてあふべきか」

いれい-せん【威霊仙】〘名〙植物、「くがいそう(九蓋草)」の漢名に用いるが誤用。＊和漢三才図会(1712)九六「威霊仙 イレイセン くかいさう」 方言蝦根(えびね)の花。伊吹1037 辞書書言 表記威霊仙(書)

いれい-ひ【慰霊碑】〘名〙死者の霊魂を慰めるために建てる碑。＊地を潤すもの(1976)〈曾野綾子〉二・三「斜面の途中に、慰霊碑が作ってあるんだそうです」 発音イレイヒ〈標ア〉レ

いれい-りん【異齢林】〘名〙樹齢の異なる樹木が入りまじって生えている林。 発音イレイリン〈標ア〉レ

いれ-おかい【入粥】〘名〙方言生米から直接にではなく、冷や飯をかゆにこしらえたもの。京都市621 大阪市638 奈良県北葛城郡679 和歌山市691 島根県美濃郡・益田市725 ◇いれぎゃあ・いれぞうすい〔入雑炊〕京都府竹野郡622

いれ-お・く【入置】〘他カ四〙中に入れる。また、物を入れたままにしておく。＊成尋母集(1073頃)「もろともにたづね見よかしいれをきし仏の道は変らじものを」＊日葡辞書(1603‐04)「Ireuoqi, u, oita(イレヲク)〈訳〉中に物を入れっぱなしにする」＊尋常小学読本(1887)〈文部省〉五「其柿は、まだ少し不熟故、盆のまま、母にあづけて、戸棚に入れ置け」 発音〈標ア〉オ 辞書日葡・ヘボン 表記入置(へ)

いれ-か【入箇】〘名〙はいった個数。＊俚言集覧(1797頃)「入箇(いれカ) 箇数也」

いれ-かえ【入替・入代・入換】〘名〙①(「いれがえ」とも)今まで中にあったものを出して、他のものを入れること。入れ場所をかえること。交替させること。＊羅葡日辞書(1595)「Ascriptivus〈訳〉予備の兵。Iregayeno(イレガエノ) ムシャ。スケゼイ、ドウゼイ」＊女工哀史(1925)〈細井和喜蔵〉三・一〇「丁から甲へといった調子に妥協して女工の入れ替へをやり、募集人でございと済ましてゐるのだった」②(「いれがえ」とも)損失や不足などを補うこと。埋め合わせ。入れ合わせ。＊御伽草子・鶴亀物語(室町時代物語集所収)(室町末)「このかめといふものは、さけをことの外、このむものにて候へば、いかほども、かれがのまんほど、のまし給へ。そのいりめ三ざうばいづつ、たちまち、入かへあるべしとぞ」＊浮世草子・西鶴置土産(1693)五・一「施主は越後町まんとしるせり。いかなる女良が立られける、心ざしの程やさし。此入替(イレカエ)に思ひがけなき銀もらひ給ふべし」＊浄瑠璃・大職冠(1711頃)三「ぬすまれた入がへに、御ほうびに預かる」③質に入れた品物を、他の品物と取りかえること。また、その新しく入れる品物。＊雑俳・柳多留‐九(1774)「入かへにて行ながら聞くほととぎす」＊洒落本・一騎夜行(1780)文の手に葉を飾る幽霊「入替への壱つも引く時は見せの鼻へも来たれども」＊歌舞伎・東海道四谷怪談(1825)二幕「これからは入れ替への代物、蚊帳と蒲団を持って行きます」④「いれかえりょうがえ(入替両替)」の略。＊稲の穂(大阪市史五)(1842‐幕末頃)「入替。切手質物にいれるを言ふ」⑤鉄道で、車両を別の線路に移すこと。「入れかえ作業」「入れかえ機関車」 発音〈標ア〉0〈京ア〉0 0 辞書文明 表記入換(文)

いれかえ-きかんしゃ【入替機関車】〘名〙操車場などで、列車を編成または分離するための入れ替え作業に用いる機関車。 発音〈標ア〉カ2

いれかえ-ご【入替子】〘名〙いれかわった子。とりかえた子ども。＊雑俳・蝶番(1731)「品玉を取上婆の入替子」＊浄瑠璃・伽羅先代萩(1785)六「鶴喜代君と千松を、入替子と云うたも小巻」＊歌舞伎・戻橋脊御摂(1813)四立「小さい時より入れ替へ子と、知らず暮らせしこの月日」 発音イレカエゴ〈標ア〉エ カ

いれかえ-もの【入替物】〘名〙入れかえる物。特に現在質入れしてある品物のかわりに、質草にする品物。＊洒落本・富岡八幡鐘(1802)「ウウなにか、堀の内へ朝参りにいくから、入かへものをかしてくれろと言ふのか」＊歌舞伎・東海道四谷怪談(1825)二幕「おれも今夜は身のまはりがいるから、入替(イレカ)へ物(モノ)でも工面せねばならぬ」 発音〈標ア〉0

いれかえ-もよう【入替模様】〘名〙白と黒が交互になっている模様。市松模様、亀甲(きっこう)模様などに見られる。 発音イレカエモヨー〈標ア〉モ

いれかえ-や【入替屋】〘名〙「いれかえりょうがえや(入替両替屋)」の略。

いれかえ-りょうがえ【入替両替】〘名〙江戸時代、商品あるいは米切手、砂糖切手、干鰯(ほしか)切手など商品の蔵預証券を担保に取って、思惑買(おもわくがい)する商人に対して資金を貸すこと。また、その両替屋。入替。＊随筆・八木の話(19C中か)「入替両替といふは小手前の者には中々出来ぬことにて、鴻池屋善右衛門辰巳屋久右衛門などの類ひ、格別富豪のすることなり」

いれかえりょうがえ-や【入替両替屋】〘名〙入替両替をする店。入替屋。

いれ-か・える【入替・入代】〘他ア下一〙文いれか・ふ〘他ハ下二〙(室町時代頃からヤ行にも活用した)①あるもののかわりに他のものを入れる。中身をかえる。また、入れ場所をかえる。いれかわらせる。＊忠岑集(10C前)「わがたまを君が心にいれかへて思ふとだにも言はせてしがな」＊古本説話集(1130頃か)一九「ねずみの物をとり集めて、丁子(ちゃうじ)にいれかへつ」＊羅葡日辞書(1595)「Elutrio〈略〉Irecayuru(イレカユル)、ウツシカユル」＊雁(1911‐13)〈森鴎外〉一一「早くお膳を下げて、お茶を入れ替へて来るのだ」②鉄道で、車両を別の線路に移す。＊春の城(1952)〈阿川弘之〉一・四「貨車を入れ替えている小型機関車の蒸気の音がする」 発音〈標ア〉エ カ〈京ア〉0 文『いれかふ』イレカウ、イレコーとも〈標ア〉カ コ〈京ア〉0 辞書文明・日葡・ヘボン 表記入換(文) 入返(へ)

いれ-がかり【入掛】〘名〙釣りで、糸を垂らすとすぐにかかる状態。いれびき。いれぐい。 発音イレガカリ〈標ア〉0

いれ-かけ【入掛】〘名〙相撲、芝居などで、降雨などの故障のためにその日の興行を中止すること。いりかけ。＊新しき用語の泉(1921)〈小林花眠〉「入掛(イレカ)け 相撲・芝居などで、何かの故障のために、其の日の興業を中途で止めること」 方言中途でやめること。徳島県810 発音〈標ア〉0

いれ-がしら【入頭】〘名〙通り釘など和船の外回りに打ち込んだ釘の腐食を防止するため、頭の上にはめ込む銅板。＊和漢船用集(1766)一〇・銅鉄金具之部「入頭 釘の頭を隠す金物なり。上棚(うわだな)、知利(ちり)。川舟には箱廻り戸立にあり」

いれ-かた【入方】〘名〙(「方」は、その係の人、または専職者の意)①出入りの駕籠(かご)屋。雇いつけの駕籠舁(かごかき)。京都の遊里語。＊浄瑠璃・太平記忠臣講釈(1766)六「祇園の茶屋入方、挑灯てん手(で)にする人」②芸人や女給などを需要先の料亭へ斡旋(あっせん)する人。＊風俗画報‐一五四号(1897)人事門「配膳とは、東山真葛ケ原辺に四五十人も住居て、給仕を専門として生計を立てり、これには入方(イレカタ)といふ元締の指図を経て、翌は誰々は何許と客の人数に拠りて、円山始め、諸方の料亭へ給仕に往きぬ」 発音〈標ア〉0

いれ‐かたびら【入帷子】〘名〙装束を保管する用具。長方形の布帛（ふはく）で、畳んだものを包むのに用いる。＊宇津保（970〜999頃）内侍督「これをなん御篋（はこ）どもにいれ給ひて、いれかたびら、包などいと清らなり。らうをいれかたびらにして、〈略〉海賦の紋をまたつつみにしたり」＊紫式部日記（1010頃か）寛弘五年九月一三日「御衣、御襁褓、衣筥の折立、いれかたひら、包覆、下机など」＊満佐須計装束抄（1184）一「いれかたびらの体は、平づつみの表差無きなり。冬のは織物、綾にても赤裏あり。夏は生（すずし）にて、ひねり重ねたり」 発音〈標ア〉カ 辞書言海

いれ‐かち【入勝】〘名〙中世、係争地に早くおもむいたものがその地の権利を取得すること。＊大乗院寺社雑事記‐康正三年（1457）一二月一五日「元興寺郷細々の撿断は、衆中と門跡と使の入かちなり。先に入たる使撿二断之一」＊大乗院寺社雑事記‐文明二年（1470）三月一七日「別当職は興福寺・東大寺両寺内、可レ然良家之輩蒙二宣下一者也。両寺通用在所也。此故に自然撿断は衆中・別当・禅定院三个所入勝に致二其沙汰一者也」＊大乗院寺社雑事記‐文明一二年（1480）六月二三日「元興寺郷之内南室郷喧嘩事出来。仍遣二力者一如レ例令二撿断一了。衆中・別当・当門跡使早速に入勝在所也」

いれ‐がね【入金】〘名〙①「いれきん（入金）」に同じ。②双六（すごろく）に似た遊戯。具体的な遊び方は不明。＊異制庭訓往来（14C中）「入金」＊文明本節用集（室町中）「入金 イレガネ 似双六也」 発音イレガネ〈標ア〉0 辞書文明 表記入金（文）

いれ‐がみ【入髪】〘名〙①髪の毛の少ない人や短い人が、髪を結うとき、補って入れる毛。添え髪。入れ毛。かもじ。入れかもじ。＊浄瑠璃・唐船噺今国性爺（1722）中「先、自も入髪（イレガミ）して、夫始め娘にもしらせぬ事」＊雑俳・柳多留‐六（1771）「はやまった後家入れかみで盃し」②特に遊里で、僧体をごまかそうとする僧や、私刑で鬢（びん）の毛を切られた者がつけたかもじ。付け髪。＊雑俳・柳多留‐初（1765）「入髪でいけしゃあしゃあと中の丁」＊雑俳・柳多留‐五（1770）「入れかみをして品川をやたらほめ」 発音イレガミ〈標ア〉0〈京ア〉ガ 辞書ボン・言海 表記髢（ヘ） 入髪（言）

いれ‐かもじ【入髢】〘名〙「いれがみ（入髪）」に同じ。＊洒落本・禁現大福帳（1755）一「髪も爪も跡から延るとはいへども入髢（イレカモジ）の間は能小言を云もので御座れば」

いれ‐かわり【入替・入代】〘名〙①入れかわること。交替すること。いりかわり。＊祝盃（1909）〈永井荷風〉四「入れ代りに新しく奉公にきた小間使は」＊明暗（1916）〈夏目漱石〉一四四「吉川夫人と入れ代りに、細君の姿を病室に見るべく暗に心の調子を整へてゐた所が」②近世、毎年一一月に俳優が劇場を交替したこと。また、その月に興行する芝居。顔見世。＊談義本・根無草（1763〜69）後・四「顔見世、入替り定てより、役者附四方に散じ、世界定め、はなし初、読初（よみぞめ）稽古、惣ざらへ、下りの乗込一座のさはぎ」＊洒落本・当世気どり草（1773）「入替り定れば、妓男（やくしゃ）つけ四方に広まり、下り役者の乗込は廿七日を極とす」③下男や女中が雇いの期限が切れて、他の者といれかわること。出替り。④⇩いりかわり（入替）㊀②。 発音〈標ア〉0〈京ア〉0／⓪

いれかわり立（た）ち代（か）わり 次から次へと、ひっきりなしに人が現われるさま。多くのものが次々に来るさま。＊末枯（1917）〈久保田万太郎〉「上野の師匠のところの弟子たちが入れかはり立ちかはり稽古に来た」＊桃（1972）〈阿部昭〉「月光に染まった夜道に入れかわり立ちかわり現われるさまざまな物体の影に」

いれ‐かわ・る【入替・入代】〘自ラ五（四）〙他のものと交替する。いりかわる。＊太平記（14C後）二〇・義貞自害事「追つ追つ入れ替る戦ひに時刻押移て、日已に西山に沈まんとす」＊安愚楽鍋（1871〜72）〈仮名垣魯文〉三・上「エモシ旦那さっき尾の丸をお出かけなさると入れ替って這入（へゑり）込んだのを」＊坊っちゃん（1906）〈夏目漱石〉七「おれを追ひ出すかと思ふとすぐ野だ公が入れ替ったり」 発音〈標ア〉0〈京ア〉カ＝カ／カ＝カ

いれ‐き【入木】〘名〙彫刻、特に木版彫刻で、改める箇所に別の木を埋めて、彫り直すこと。埋め木。＊浮世草子・元禄大平記（1702）一・京を大坂に本替の沙汰「きのふまで文台と刻たる板も、今日は秋田といふ入れ木になり、松やのたんすは伊丹屋の蔵に納る」＊授業編（1783）三「文字の誤謬は幾度も校正し悪きところを改めて入木（イレキ）をもする仕方もあれど」 方言❶集落の長や寺などに薪（まき）を贈ること。京都府竹野郡622 山口県豊浦郡798 ❷山から切り出した原木をおろす修羅の装置の部分品の名。和歌山県日高郡054 辞書言海 表記入木（言）

いれ‐ぎ【焦気】〘名〙じれること。いらだつこと。＊椀久物語（1899）〈幸田露伴〉六「呉々も逸った気を出さずに仮令久様が少しは焦（イ）れ気（ギ）になり玉ふとも、とっくりと心をおちつけて」 発音イレギ〈標ア〉0

イレギュラー〘名〙（形動）（英 irregular）↔レギュラー。①不規則。変則。また、そのようなさま。＊外来語辞典（1914）〈勝屋英造〉「イレギュラー Irregular（英）不規則なる。不揃の」②「イレギュラーバウンド」に同じ。 発音〈標ア〉レ

イレギュラー‐バウンド〘名〙（洋語 irregular bound）《エレギュラーバウンド》球技で、急激に球が不規則なはね返り方をすること。また、そのはね返り方。イレギュラー。＊音引正解近代新用語辞典（1928）〈竹野長次・田中信澄〉「イレギュラーバウンド Irregular bound 英 野球用語。打者の打った球が地上を転げて、捕球せんとした野手の思ひがけなき方向に急激に跳ねかへる事を云ふ」＊熱球三十年（1934）〈飛田穂洲〉富士夫の文才「ベンケイさん、エレギュラアーバウンドはどうして捕ればいいんだ。何にか秘訣があるのかね」 発音〈標ア〉パ

いれ‐き・る【苛切】〘自ラ四〙いらだちが頂点に達する。すっかりいらだつ。＊浮世草子・風俗遊仙窟（1744）三「俗人にうちまくる事の口惜（くちをし）やと、いれきって、『今一番』とのぞめども」

いれ‐きん【入金】〘名〙契約や履行の保証として前もって金（かね）を渡すこと。また、その金。手付け金。いりきん。いれがね。いれぎん。＊浮世草子・手代袖算盤（1713）二・二「此度は入金（イレキン）千両相渡すべしとありしに、門兵衛おうけあひ申則千両の入金をさし上川普請をうけとりぬ」 発音〈標ア〉0

いれ‐ぎん【入銀】〘名〙「いれきん（入金）」に同じ。＊浮世草子・好色貝合（1687）下「人もてけうじ、あきなひようするをば、出替（でかはり）に聞耳たてて、方々より入銀（イレギン）をするなり」 発音〈標ア〉0

いれ‐く【入句】〘名〙江戸時代後期に流行した千句合わせで、謎の題に対し答える句。＊洒落本・美地の蛎殻（1779）「鯉江さんの入句で、江の島も跡を出す気の汐干潟といふ句が、ぬけたのサ」＊洒落本・舌講油通汚（1781）「評ものならば入れ句で置くが随分上々」＊歌舞伎・四天王楓江戸粧（1804）二番目「総別、家主の入（イ）れ句（ク）は出さねえな」 発音〈標ア〉0

いれ‐ぐい【入食】〘名〙釣りで、鉤（はり）を水中に入れるとすぐ魚がかかること。いれびき。いれがかり。＊剣ケ崎（1965）〈立原正秋〉三「十二日は一日中よく釣れた。入食（イレグイ）で鯵がバケツ二杯釣れた」 発音イレグイ〈標ア〉0

いれ‐くち【入口】〘名〙（「くちいれ」の「くち」と「いれ」を逆にした語）江戸時代、奉公人、主として日雇、月雇奉公人の周旋をすること。また、その人。口入屋。桂庵（けいあん）。＊仮名草子・都風俗鑑（1681）二「諸方をかけまはりて入くちを聞出し」＊政談（1727頃）一「下々欠落をすれば間が欠るより、入れ口と云者に奉公人を入さする故、出入自由になる也」＊禁令考‐後集・第一・巻七・天保一三年（1842）一二月「人宿共取締方の儀触書〈略〉日雇月雇入口之者、又は道中通日雇受負候者共、欠落奉公人引込置候類有之由」 発音〈標ア〉0

いれくち‐がしら【入口頭】〘名〙江戸時代、奉公人周旋業者の元締。＊禁令考‐前集・第五・巻四九・享保三年（1718）一二月一五日「鳶頭共入口頭弁町中江御触書〈略〉鳶頭共入口頭共未熟に中付、無礼之者多有之故に候」

いれ‐くび【入首】〘名〙（鴨（かも）が水中に首をさしいれている姿か。→鴨の入首）相手の首をかかえこみ、機を見てそり返す相撲のわざ。鴨の入首。＊仮名草子・竹斎（1621〜23）上「さて相撲の取る手には、さ股返しに横倒し、いれくび、差首、跳返し」＊俳諧・崑山集（1651）一三・冬「いれくびの鴨や波間のすまひとり〈正賀〉」 発音〈標ア〉0

いれ‐くみ【入組】〘名〙（「いれぐみ」とも）他座の人々が入りまじって一座を組むこと。＊中楽談儀（1430）拍子の事「鵜飼の能に、『真如の月や出ぬらん』〈略〉『月や』から、きつきつと拍子にて持って、『出でぬらん』と云て、行く足を宙に持ってどうど踏む所也。かやうの所、下の拍子也。其能、いれくみの座並（ざなみ）にてせしゆへ也」 発音〈標ア〉0

いれ‐く・む【入組】〘自マ四〙「いりくむ（入組）」に同じ。＊史記抄（1477）八・孝文本紀「国々の所領かあちこちへ入れくみたほとに」 発音〈標ア〉ク

いれくる〘動〙 方言だます。ごまかす。福岡市877 大分県941

いれ‐げ【入毛】〘名〙「いれがみ（入髪）」に同じ。＊落語・あばた会（1891）〈三代目三遊亭円遊〉「お隣りの奥さまは那んなに束髪に結んで在しっても大変に入毛がありますが、貴女は入毛がなくって其の位ゐにフッサリとして居るんですもの」＊あめりか物語（1908）〈永井荷風〉夜半の酒場「鬘（かつら）を冠ったやうに入毛した髪の間や」 発音イレゲ〈標ア〉0〈京ア〉レ 辞書言海 表記入毛（言）

いれ‐こ【入―】〘名〙 方言❶櫓臍（ろべそ）。茨城県188 山口県803 ❷買い物などの時に値段相当のもののほかに余分に添える分。おまけ。宮城県栗原郡114 石巻120 ◇いれっこ 岩手県気仙郡100 ❸鬼ごっこなどで仲間には入れても一人前としては扱わない者。みそっかす。山口県玖珂郡800 ❹合いの手。相づち。長野県佐久493 宮崎県東諸県郡954 ❺作物の中へ次期の作物の種をまくこと。愛知県北設楽郡553 ❻農作物の畝の間の土地を利用して他の作物を作ること。間作。長野県諏訪468 佐久493 ❼入れ髪。かもじ。仙台†057 ❽入れ替わり。交代。また、交互になること。◇いれかいとも。徳島県809 811

いれ‐こ【入子・入籠】〘名〙①同形で大きさの異なるもの数個を組み合わせ、大小の順に中へ入れるように作った器物。特に箱。また、そのような仕組み。盃、鍋、重箱などにある。＊蔭涼軒日録‐延徳二年（1490）正月五日「塗師持二七入子曲鉢一来」＊再昌草‐永正九年（1512）四月二四日「はちといひて十ひらくだに過ぎつるに何を入子のかさねかさねぞ」＊俳諧・毛吹草（1638）五「涼しさや海を入この箱根山〈美濃衆〉」＊南方録（17C後）台子「茶碗の中には、なつめ、茶入などを入子にし、茶巾、茶せんはみだれにして」＊暗夜行路（1921〜37）〈志賀直哉〉三・一〇「大い金火鉢を入れこにして来た盥の底が抜けかけて居ると云ふので」②転じて、外にあらわれない事情が内部にかくされていること。「いれこのある話」③櫓杭（ろぐい）の頭を差しこむために、櫓にほられた孔。＊日葡辞書（1603〜04）「Ireco（イレコ）〈訳〉日本の櫓にある、櫓杭のはいる孔」＊和漢船用集（1766）一一・用具之部「入子（イレコ）」

〈略〉。櫓に有て櫓杭に合ふ所」④「いれこくび（入子首）」の略。＊太閤記(1625)一二・松山之城降参之事「甲を拾ひ得ては、首に甲をきせ、甲付の首と記されしも有て、いれこの某と、うしろ指をさされ侍りしも有しとなり」⑤「いれこぶね（入子船）」の略。⑥（入子）死んだ子のかわりに、他人の子をもらって育てること。また、その子。＊合巻・娘狂言三勝話(1821)「藁の上よりいれ子（コ）とか下々に申す御養子」＊歌舞伎・𩸽雑石尊贐(1823)序幕返し「わしが産んだは女の子、産れ落ちると直ぐに失ひ、寿命がないそれゆゑに、お袖が産みやった男の子、わしが産所へ直ぐに入れ子に」⑦（入子）魚が卵を持っていること。また、その卵。＊改正増補和英語林集成(1886)「Ireko イレコ」 方言 物を入れて背負う、つづらで編んだかご。熊本県球磨郡054 発音〈標ア〉⓪〈京ア〉⓪ 辞書 易林・日葡・ヘボン・言海 表記 入子（易・ヘ） 入籠（言）

いれこ-いた【入子板】〘名〙戸や扉などのかまちや桟の間に差し込んだ板。綿板（わたいた）。〔日本建築辞彙(1906)〕 発音〈標ア〉イ²

いれこ-いん【入子印】〘名〙入れ子に作った印。

いれこ-くび【入子首】〘名〙下級兵士の死体の首に、立派な兜をかぶせて、大将の首のように見せかけること。また、その首。つくりくび。いれこ。＊随筆・夏山雑談(1741)三「入子首（イレコクビ）とは、素首（すくび）を取りて拾ひ冑を着せたるを云ふなり。士たるもののなすべきことにあらず」 発音〈標ア〉コ

いれこ-ことば【入子詞】〘名〙「いれことば（入詞）」に同じ。 発音〈標ア〉コ²

いれこ-ざお【入子竿】〘名〙入れ子の構造をした継ぎ竿。＊浮世草子・好色産毛(1695頃)一・五「三つ継（つぎ）五つつぎの入子竿（いれこザホ）」 発音〈標ア〉コ

いれこ-さかずき【入子杯・入子盃】〘名〙大小順序よく組み合わされた数個の杯。入れ子に作られた杯。組み杯。 発音〈標ア〉サ

いれこ-ざけ【入子鮭・内子鮭】〘名〙はらこを持った鮭。子籠（こごもり）鮭。 辞書 言海 表記 内子鮭（言）

いれこ-さしこ【入指】〘名〙子供の遊びの一つ。数人の子の掌中に親が小石を入れるまねをし、だれの手に入れたかを鬼が当てるもの。＊風俗画報-二六八号(1903)遊芸門「入（イ）れこ指（サ）しこ 此れ又五六人を要する遊びにして」 発音〈標ア〉サ

いれこ-ざや【入子鞘】〘名〙刀剣の鞘の一種。二重の入れ子式に作られ、刀身に生じる錆（さび）を削り取る。内鞘は朴木（ほおのき）の白木製。

いれこ-ざん【入子算】〘名〙和算の一法。等差級数の項数、公差および総和を知って、その項を求める方法。＊塵劫記(1627)中・二〇「入子算（イレコザン）の事 八つの入子、或は一升鍋、二升鍋、三升鍋、四升鍋、五升鍋、六升鍋、七升鍋、八升鍋、此八つを銀四拾三匁二分に買ひ申す時、一升鍋は何程に当ると云ふ時、八口合四拾三匁二分あり。法に一二三四五六七八、是れを合卅六と成る。是れにて右の四拾三匁二分を割れば一升鍋の代銀一匁二分と知るべし」＊俳諧・広原海(1703)八「入子算十月腹には閏なし」 発音〈標ア〉コ

いれこ-じゅう【入子重】〘名〙大小が組み合わせになった重箱。入れ子に作った重箱。 発音イレコジュー〈標ア〉コ

いれ-こず・む【入偏】〘他マ四〙容器の中にたくさん押し込む。＊日葡辞書(1603-04)「Irecozzumi, u, unda（イレコヅム）〈訳〉容器の中にたくさん押し込む。イリコヅムをより多く用いる」 辞書 日葡

いれこ-だて【入子点】〘名〙茶の作法の一つ。茶碗を新しい曲物（まげもの）の建水（けんすい）に入れて運び出すこと。官休庵流では、茶碗の中に四つ折りの袱紗（ふくさ）を敷き、茶入れを置く。亭主が老年で立ち居不自由の場合、手数を省く作法として考案された。裏千家流では仕組点（しくみだて）という。表千家流では、茶筅飾（ちゃせんかざり）と合わせて行ない、組合点（くみあわせだて）と称する。 発音〈標ア〉⓪

いれ-ごちょう【入―】〘名〙 方言 ⇨ごちょう

いれこ-づつ【入子筒】〘名〙南蛮伝来の古式の大砲の名。仏狼機（ぶつろうき）。

いれ-ごと【入事・入言】〘名〙台本にない文句や所作などをはさむこと。のち、宣伝や広告のことばをせりふの中に入れることもいった。 方言 人の話に、口をさしはさむこと。香川県大川郡829 発音イレゴト〈標ア〉⓪

いれ-ことば【入詞・入言葉】〘名〙①ある一語を構成する音の、その一音ごとに他の一音をはさみこんで、特定の人だけに意味が通じるようにするいい方。一種の隠語。遊里で流行した。いれこことば。はさみことば。いちじばさみ。＊洒落本・娼妃地理記(1777)「逆鉾（さかほこ）は元来竿のこと也。神秘にてさかほこと云ならはせしは、今深川などにて専いふ入れ詞（コトハ）にしてさほこと云たる也。ほこれけたかなどいふがごとし」②ことばの調子を整えるために挿入する語。＊咄本・正直咄大鑑(1687)黄・四「芋なども声高くよばんとおもへば、いもういもうと申ます。二字につまりたるはよびにくさに、わざと入言葉（イレコトハ）をいたすといふ」 語誌 ①は種々の方法が行なわれた。㋑「し」の挿入。明和（一七六四～七二）頃流行。「関取千両幟」に見える「やしきしもしちしぢゃあろ（焼餅ぢゃあろ）」の類。㋺上にくる音と同段の「か」行音の挿入。明和頃流行。「辰巳之園」に見える「をこひきの、かかねけをとこりきに、きった（帯の金を取りにきた）」の類。㋩上にくる音と同段の「ら」行音を加える。寛政（一七八九～一八〇一）から文政（一八一八～三〇）頃流行。「身体山吹色」に見える「首」をいうのに「びり」という類（「び」は「くび」の略）。 発音〈標ア〉コ

いれこ-なべ【入子鍋】〘名〙大小が順にはいるように組み合わされた鍋の一組。入れ子に作った鍋。＊浮世草子・男色大鑑(1687)三・目録「おもきがうへの入子鍋（イレコナベ）の事」＊俳諧・瀬とり舟(1704)「筑摩でも密夫は隠す入子鍋」＊浮世草子・風流曲三味線(1706)四・二「二間四方の乗物に屋根は金入の錦にて覆ひ、四方の角に四季の作り花を飾らせ、前には風炉釜中棚に入子鍋（イレコナベ）」 発音〈標ア〉ナ

いれこ-ばち【入子鉢】〘名〙大小が順にはいるように組み合わせになった鉢の一組。普通七個から成る。七つ鉢。＊俳諧・六百番誹諧発句合(1677)五一番「八重霞よし野のそこや入子鉢〈如流〉」＊浮世草子・好色五人女(1686)二・五「棚より入子鉢（ハチ）をおろすとておせんがかしらに取おとし」＊浄瑠璃・女殺油地獄(1721)上「入れ子鉢（イレコバチ）の様なめんめんの子供のせはばかりやきをらず」 発音〈標ア〉コ 辞書 書言 表記 鍵鎝・鎖子（書）

いれこ-びし【入子菱】〘名〙①紋所の名。＊浄瑠璃・津戸三郎(1689)役所尽し「さて一重菱、いれこびし、花菱」②菱襷（ひしだすき）の中に菱を入れた織文様の一種。多く羅や紗（しゃ）の模様として用いられる。いりこびし。 発音〈標ア〉コ

いれこ-ぶた【入子蓋】〘名〙蓋の厚みだけわくの内側をへこませて、わくの上面と蓋が同平面になるように作った蓋。〔日本建築辞彙(1906)〕 発音〈標ア〉コ

いれこ-ぶち【入子縁】〘名〙唐戸（からど）の鏡板、入れ子板の周囲にとりつけた刳形（くりかた）。〔日本建築辞彙(1906)〕 発音〈標ア〉コ

いれこ-ぶね【入子船】〘名〙近世の軍船の一種で、解体して運べるようにした小船。たやすく組立、分解ができる箱形の船を四つないし五つ入れ子にして小さくたたみ、携行しやすくしたもの。畳船（たたみぶね）。いれこ。＊全流乗組之巻(17C中)「畳みて取置く時は〈略〉一荷挟箱の如き物となり甚調法也。故に此を入子舟とも又は畳舟とも唱る也」 発音〈標ア〉フ

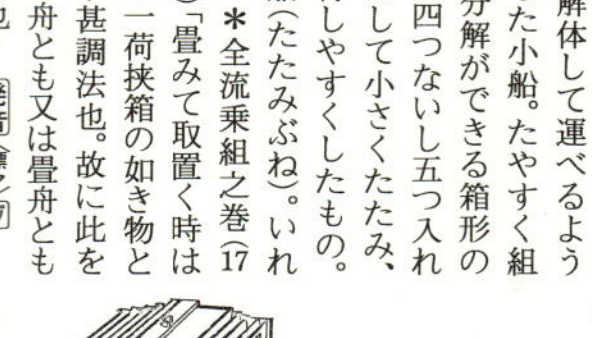

入　子　船〈日本海運図史〉

いれこ-ほてい【入子布袋】〘名〙恵比須講（えびすこう）で売られる縁起物の一つ。土を焼いて作った、大小二つの入れ子になる布袋（ほてい）和尚の立像。はじめ、正月一〇日、大坂今宮の戎（えびす）神社の祭礼の当日、福がはいり込むようにという縁起をかついで売られていたが、のち全国的に広がった。ふつう、かまどの上の棚に安置して、一家の繁栄を願う。＊随筆・守貞漫稿(1837-53)二三「正月十日 大坂南今宮村戎社詣〈略〉土偶の布袋和尚の立像を売る。大なるは長二三尺、小なるは三五寸、然も大小とも其像相似たり。裡を虚にす。故に入子布袋と云。又大中小七像とする歟、七つ布袋とも云」

いれこ-まくら【入子枕】〘名〙大小が順にはいるように組み合わされた箱枕の一組。夢想枕。＊洒落本・一騎夜行(1780)一・大通俗を誇りて樽を枕とす「やや盃盤狼藉して二人ともに入子枕の組合せも弐人り漕き出す白川夜船」＊俳諧・七柏集(1781)中二亭興行「入子枕のまづ五人まへ〈可候〉持寄にまんまと草の菴一つ〈夫水〉」＊随筆・用捨箱(1841)下・六「夢想枕、又入子枕（イレコマクラ）ともいふ。是は、五つ或は七つ入子にしたる箱枕なり」 発音〈標ア〉マ

いれこ-ます【入子枡】〘名〙①一合枡、三合枡、五合枡、一升枡の四個を組み合わせて一組としたもの。＊俳諧・物種集(1678)「思ひの煙炭俵らから 入子升はかりかたきは人心〈正信〉」②紋所の名。入れ子にした枡を上から見たかたちを図案化したもの。 発音〈標ア〉コ

いれ-こみ【入込・入籠】〘名〙（「いれごみ」とも）①入れこめること。多くの人を性別、身分などの区別なくひと所に入れること。また、その場所。いれこめ。いりごみ。＊団団珍聞-五五七号(1886)「下等室は湯屋の衣服を脱ぐ戸棚に等しくあかの他人を入（イ）れ込（ゴ）みにて春ながら臭気と呼吸（いき）に蒸るるが如し」＊善心悪心(1916)〈里見弴〉「けちな鰻屋の入（イ）れ込（コ）みの二階で」＊大阪の宿(1925-26)〈水上滝太郎〉九・三「鳥屋だの蕎麦屋だの、いれごみのうちは避けて」②男女の混浴。いりごみ。＊歌舞伎・黄門記童幼講釈(1877)四幕「『互ひに白い肌と肌』『お見せ申すも恥しい』『はて入込（イレゴ）みは、斯うしたものぢゃ』」③上方の遊里で、金を出して素人の女を抱え、芸娼妓としての準備教育を施すことをいう。また、その期間中の女。しこみ。＊洒落本・短華蘂葉(1786)「ひげそりへ、二（ふ）た入れ込みした事が有わいな」④開場から開幕までの時間。転じて、寄席で、最初に高座に出る芸人。前座。 発音〈標ア〉⓪〈京ア〉⓪ 辞書 ヘボン・言海 表記 入込（へ・言）

いれこみ の 新造（しんぞう） 入れ込み③の期間を終えて、客をとるようになった新造。上方遊里の語。＊洒落本・浪花色八卦(1757)檜扇卦「入（いレ）こみの新造どやつき、此間逢ふたまかない出を呼にやれば、けふはもう去（い）んだといふ」＊洒落本・短華蘂葉(1786)「けふはちっとおもわくが有によって、いれこみの新造をよんでくれ」

いれこみ-ゆ【入込湯】〘名〙⇨いりごみゆ（入込湯）

いれ-こ・む【入込・入籠】㊀〘他マ五（四）〙①他のものの中に入れて、位置させる。＊良人の自白(1904-06)〈木下尚江〉続・五・一「厄介物の親戚宗七を白井

の相続人に入れ込まうと云ふのだ」＊或る女(1919)〈有島武郎〉後・二七「余計な石や植木などを入れ込んだらしい庭の造り方を見たりすると」②上方の遊里で、見習期間である入れ込み③が終わって新造にする。＊洒落本・短華蘂葉(1786)「おまへ夕べいれこんだ子ぢゃによって、そこらはいさゐかまわずさ」③物を拾う、または、物を盗む意にいう芝居社会の隠語。＊南水漫遊拾遺(1820頃)四「入れ込む、物を拾ふ事、又ぬすむ」④飲む。食う。＊歌舞伎・与話情浮名横櫛(切られ与三)(1853)序幕「ゆっくりいれ込んでいってもいいさ」⑤夢中になる。熱中する。＊新西洋事情(1975)〈深田祐介〉フランス式「蛙思考」のふしぎ「元来私は第一語学がフランス語、学生時代は密航してもフランスへ渡りたいとおもったほどのいれこみようで」 ━〘他マ下二〙⇩いれこめる(入込)。 発音〈標ア〉コ 辞書〈ボン〉 表記 入籠(へ)

いれ-こめ【入込】〘名〙「いれこみ(入込)①」に同じ。＊金毘羅(1909)〈森鷗外〉「病院の入籠(イレコメ)の室で、見限った病人を屏風で囲ふやうに、赤ん坊は隣の間へ遷されたのであった」 発音〈標ア〉0

いれ-こ・める【入込・入籠】〘他マ下一〙文いれこ・む〘他マ下二〙他のものの中に入れる。＊源氏(1001-14頃)東屋「屏風の袋にいれこめたる、所々に寄せかけ」＊船尾山縁起(1582-90頃か)六「則そま取ばんじゃう入込て、もみにもんでぞ急ぎける」 発音〈標ア〉メ

いれ-さく【入作】〘名〙①江戸時代、他人の土地を借り、地代を払って耕作したり牧畜をしたりすること。また、その人。小作。「いりさく」は別語。＊地方凡例録(1794)四「出作入作持添之事〈略〉同じ文字にても入作(イレサク)と云は又違ふ、小作のことを入作とも、請作・下作・卸作・掟作抔とも唱ふ、何れも小作の儀なれども、国所に寄唱様違迄也」②(①および、田畑を他人に任せて作る意から転じて)人妻と密通すること。また、その結果できた子供。＊歌舞伎・お染久松色読販(1813)大切「そのねんねこが古里の、御亭がこれ迄年々に、踏み広げたる上田へ、われらも一寸入作に、種物おろして見たいのが」＊仙台方言(1817頃)態芸「いれさく。密夫の子を云。百姓の我田畑を、人にまかせて作るを、入作と云より起れり」 発音〈標ア〉0

いれ-ざし【入尺】〘名〙織物を裁ち売りする際、おまけとして、客の注文の寸法より幾分長めに裁断して売り渡すこと。 発音〈標ア〉0

いれざね-はり【入実張】〘名〙板の継ぎ合わせ方の一種。継ぎ合わせる二枚板の合わせ目にみぞを掘り、それに細い棒をはめ込んだもの。雇実矧(やといざねはぎ)。〔日本建築辞彙(1906)〕

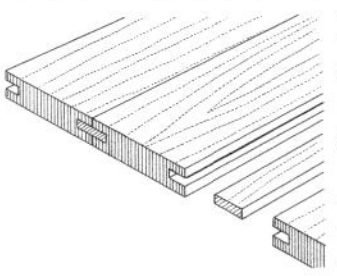
入実張

いれ-ざま【入様】〘名〙入れ方。入れよう。＊浄瑠璃・山崎与次兵衛寿の門松(1718)中「エエ此剃刀の入(イレ)ざまは」 発音〈標ア〉0

いれ-ざめ【入鮫】〘名〙刀の鞘(さや)に鮫の皮を着せること。また、その鞘。＊雑俳・苔翁評万句合(1751-64)明和六「入れさめは山から海の間を合ひ」

いれ-し【入衆】〘名〙方言 女戸主の家にはいってその婿となった者。入夫。また、後夫。茨城県南部062 栃木県那須郡198 千葉県印旛郡274 ◇いれしゅう 常陸†064 茨城県水戸市062 ◇いれしゅ 茨城県188 ◇いりしゅう 常陸†064

いれ-じ【入字】〘名〙加筆した文字。＊筑前宗像神社文書‐建長三年(1251)二月一四日・宗像氏業所職譲状案(鎌倉遺文一〇・七二七五)「此奉行人者斎藤四郎左衛門入道也。入字者同子息筆也。入字裏判者、観意其後封レ裏、令レ書二奉行名一之間、雖レ為二同筆一、墨色与判筆色、有二厚薄之色一」 発音〈標ア〉0

いれ-しお【入潮】〘名〙「いりしお(入潮)」に同じ。＊俳諧・春鴻句集(1803頃)夏「いれ汐や月に猶啼行々子」

いれ-しごと【入仕事】〘名〙⇩いりしごと(入仕事)

いれ-したた・む【入認】〘他マ下二〙入れ整える。おさめ処置する。＊今昔(1120頃か)三一・一一「取合せて五十人許、一つ船に乗て、暫く可食き白米・酒・菓子・魚・鳥など多く入れ拈て、船を出して渡ければ」＊古本説話集(1130頃か)一九「この女は、つつみなどに、ものいれしたためて、くるまとりにやりて、まつほど也」

いれ-じち【入質】〘名〙①中世における質権の設定方法の一つ。担保物件を債権者に引き渡す質。動産の場合は帰属質で、不動産の場合は土地からの収益は債権者のものとなり、これが利息とされて債務者は利息の支払いを必要としなかった。↔見質(げんじち)・見質(みじち)。＊新編追加‐永仁五年(1297)六月一日(中世法制史料集一・追加法六七五)「於二見質一者、不レ及二沙汰一、至二入質一者、可レ依二券契一矣」＊東寺百合文書‐は・暦応四年(1341)八月日・若狭太良荘領家方百姓正吉陳状幷具書案(大日本古文書一・一三二)「此条於二差質一者、尤然也、至二入質一者、全不レ可レ有二放券一」②質に入れること。また、その品物。補注 ②の意としては、「歌舞伎・天衣紛上野初花(河内山)‐序幕」に、「丁稚長松入質(イレビチ)を片脇へ積み上げ質札を読上げて居る」がある。 発音〈標ア〉0

いれ-し・む【入染】〘他マ下二〙着物などに匂いをしみ込ませる。＊宇津保(970-999頃)蔵開上「れうのうへのはかまなど〈略〉ありがたきうつしにいれしめて、さうぞきていで給ふままに」＊源氏(1001-14頃)玉鬘「唐の色紙、かうばしき香にいれしめつつ」＊夜の寝覚(1045-68頃)三「うちにほふ風も、世のつねのたきもの、香にいれしめ」

いれ-し・める【入締】〘他マ下一〙十分いれる。たっぷり酒を飲む。＊歌舞伎・思花街容性(1784)三幕「酒屋へちょっと入った間に〈略〉強(したたか)入(イ)れしめて居た所が」

いれ-じょうご【煎上戸】〘名〙「いらちじょうご(苛上戸)」に同じ。＊狂歌・徳和歌後万載集(1785)一三「いれ上戸燗をもまたずひやでのむくせの悪さよ」

いれ-じょうね【入性根】〘名〙「いれぢえ(入知恵)」に同じ。＊俳諧・毛吹草(1638)五「しなかはるつぎ木の花や入じゃうね〈重久〉」＊浄瑠璃・長町女腹切(1712頃)中「半七といふ虫がさいて、なんのかんのと入じゃうね」＊浮世草子・竹斎狂歌物語(1713)中・五「いれじゃうねせるこそ冷じけれ」 発音イレジョーネ〈標ア〉ジョ

いれ-しろ【入代】〘名〙方言⇩いれぶち(入扶持)

いれ-す・う【入据】〘他ワ下二〙迎え入れて、ある位置に置く。＊宇津保(970-999頃)国譲上「きたのかたは、この御かたにいれすへたてまつり給て」

いれ-すて【入捨】〘名〙入札などで、むだを承知で入れること。＊俳諧・天満千句(1676)二「高札書て入捨にして〈利方〉穴一の一文勝負なりとても〈直成〉」

いれ-すな【入砂】〘名〙近世の歌舞伎舞台の一部に設けた砂。舞台に入れた砂。＊歌舞伎・幼稚子敵討(1753)三「伊予之介かかる。泥へ打込。香炉を入砂へ埋る」 発音〈標ア〉0

いれ-ずみ【入墨・黥・刺青】〘名〙①皮膚に傷をつけ、墨汁や絵の具で文字や模様などを彫りつけること。また、そのもの。ほりもの。文身。刺青(しせい)。がまん。いれぼくろ。＊応永本論語抄(1420)泰伯「文身とは、身に龍蛇の形を入墨(スミ)にすれば、蛟龍恐れて不害と云」＊易林本節用集(1597)「黥 イレスミ」＊浮世草子・懐硯(1687)四・五「三年以前背中をほらせ入炭(イレズミ)いたさせたり」＊随筆・守貞漫稿(1837-53)九「入墨痣 いれほくろ 京坂にて謂レ之黥也。黥 いれずみと云。今世墨刑と云故に忌レ之京坂いれほくろと云、江戸にては『ほりもの』と云」②刑罰の一つ。腕、足、額などに墨汁をさし入れて犯罪人の目じるしとするもの。江戸時代には、追放、叩きなどの刑に付加して行なわれた。墨刑。黥。＊玉塵抄(1563)一「墨刑はとがをした者のかるいにはひたいに入(いレ)墨をするぞ」＊禁令考‐後集・第四・巻三五・享保五年(1720)「一入墨 於牢屋敷腕に廻し、幅三分宛二筋。但、入墨之跡愈候而出牢」＊歌舞伎・霜夜鐘十字辻筮(1880)序幕「まだ其頃は旧幕の時分に痛え棒を背負ひ、しなびた腕に此入墨」③遊里で、女郎と馴染み客が互いの名を「〇〇命」などと二の腕に彫り込むこと。また、その文字。起誓彫りともいう。いれぼくろ。＊評判記・色道大鏡(1678)六「抑(そもそも)いれずみをする心ざし、断髪より高上のさたともいはれず、又、断髪の下の品にもをかれざる所作なり」＊雑俳・蘆辺の鶴(1810)「入墨の女房の名迄皺と成る」④あとから書き加えること。入れ筆。加筆。＊浄瑠璃・双生隅田川(1720)二「すずり引きよせ筆そめて、爰が眼と入れずみの」

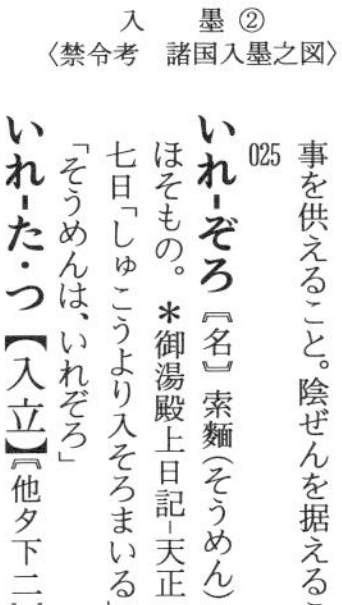

入墨②
〈禁令考　諸国入墨之図〉

語誌 (1)「魏志倭人伝」には、倭人が顔に入れ墨をする旨の記述があり、「日本書紀」にも刑罰として入れ墨を施す旨の記述があって、古くから行なわれていたことが分かるが、「いれずみ」の語はなく、中世になって現われる。(2)江戸時代には刑罰に対して「入れ墨」という語がもっぱら用いられた。自主的に行なう入れ墨を、江戸では「彫り物」、上方では「いれぼくろ」といって区別していたが、武士には禁じられ、おもに、遊侠の徒の間で行なわれた。

方言 墓碑などの碑面の文字に墨を差すこと。山口県豊浦郡798 発音〈標ア〉0〈京ア〉0 辞書 和玉・易林・書言・ヘボン・言海 表記 黥(玉・易・書・へ) 剠(易) 入墨(言)

いれずみ-たたき【入墨敲】〘名〙江戸時代の刑罰の一つ。入れ墨の刑に付加して罪人の肩、背などを鞭打つもの。＊随筆・耳嚢(1784-1814)二・明君其情悪を咎給ふ事「両国橋にて人の巾着など切りしを被召捕、御先手にて吟味の上、小盗いたし候者迚、入墨敲とやらんに申上けるに」

いれずみ-もの【入墨者】〘名〙江戸時代、入れ墨の刑を受けた者。 発音〈標ア〉0

いれ-そうば【煎相場】〘名〙取引で、空売り筋が買い戻したために高騰した相場。踏み相場。〔取引所用語字彙(1917)〕 発音イレソーバ〈標ア〉ソ

いれ-そめ【入初】〘名〙方言 ❶ものを贈られたとき、その容器に入れて返す品物。おうつり。京都府竹野郡622 兵庫県加古郡664 島根県鹿足郡725 長崎県南高来郡904 ◇いれぞめ 島根県鹿足郡739 山口県向島054 豊浦郡798 ❷旅にある家人などのために、留守宅で食事を供えること。陰ぜんを据えること。京都府竹野郡025

いれ-ぞろ〘名〙索麺(そうめん)をいう女房詞。ぞろ。ほそもの。＊御湯殿上日記‐天正一八年(1580)正月一七日「しゅこうより入ぞろまいる」＊婦人養草(1689)「そうめんは、いれぞろ」

いれ-た・つ【入立】〘他タ下二〙①立ち入らせる。親しく出入りさせる。＊枕(10C終)三一五・男は女親亡くなりて「心わづらはしき北の方いで来て後は、内にもいれたてず」＊今昔(1120頃か)二五・四「入れ立(たて)て仕ふ小侍男(ちひさきさぶらひをとこ)を以て、腰を叩かせて臥たる程に」＊太平記(14C後)二八・慧源禅巷南方合体事「項羽を咸陽へ入立じと関の戸を堅く閉ぢたりける」＊中華若木詩抄(1520頃)上「越王勾践、

入れたてて、なるまいと云て、出て迎へて伐也」②自分で費用を負担する。自弁する。また、立て替える。弁償する。＊高野山文書‐元応元年（1319）閏七月一〇日・太田庄桑原方雑掌定淵起請文（大日本古文書一・一四七）「年貢正米弐拾石入二立之一、可レ令二運送一」＊東寺百合文書‐る・応永一八年（1411）一二月一六日・最勝光院方評定引付（大日本古文書五・二五）「不二還住一者明年耕作不レ可二事行一、〈略〉其余者、以二安富代官得分一入二立之一、百姓可二帰入一之由」＊日葡辞書（1603‐04）「Iretate, tçuru, eta（イレタツル）〈訳〉他人が消費してしまった金銭や家財などを補う」 辞書日葡

いれ-たて【入立】『名』①自分で費用を負担すること。自前であること。自分持ち。自弁。＊浄瑠璃・百日曾我（1700頃）傾城請状「あしだ、せきだに至るまで、しきせの外は身のいれたてとの定めなり」＊訶録（1706）「其に付互の数奇屋振舞にて大分の入れ立てを致れ候」②立て替えること。弁償をすること。＊東寺百合文書‐る・応永一八年（1411）一二月二日・最勝光院方評定引付（大日本古文書五・二五）「彼敷地土貢以外減少、代官得分無レ之、結句為二入立之式一之間、可二上表申一之由」＊日葡辞書（1603‐04）「Iretate（イレタテ）〈訳〉銀や費用などの失われたものを補ったりもと通りにしたりすること。Iretateuo（イレタテヲ）スル」 発音〈標ア〉⓪ 辞書日葡

いれ-だましい【入魂】『名』「いれぢえ（入知恵）」に同じ。＊甲陽軍鑑（17C初）品四七「入魂（イレタマシヰ）を、持てなり共、親兄弟の、敵うつは、手柄ならん」＊開化評林（1875）〈岡部啓五郎編〉明治七年・里人左大臣島津公のことを話す「然るに近日の御政事は、元毛唐人の入れ魂より出る故に替り易し」

いれ-ぢえ【入知恵】『名』他から教えられた考え。また、他人に自分の考えを吹き込むこと。多く、悪いことを教える場合に用いられる。いれじょうね。いれだましい。つけぢえ。さしぢえ。＊雑俳・柳多留‐初（1765）「入（いレ）智恵ていしゅはやぼなはらを立」＊雑俳・玉柳（1787）正月八日「入れ知恵で殿様舌が二三枚」＊洒落本・傾城買二筋道（1798）夏の床「大道で薬を売よふに、のみこみすがたをいっても、せうが入れ智恵（ヂヘ）といふものだから」＊銀の匙（1913‐15）〈中勘助〉三六「先生は私がちょっぺいに入智慧されてるとは知らずすぐに許してくれた」 発音〈標ア〉⓪〈京ア〉⓪⓪ 辞書言海 表記入智恵（言）

いれ-ちがい【入違】『名』①間違って入れること。②一方が出たすぐ後に、他方がはいること。また、一方がはいったすぐ後に、他方が出ること。いりちがい。いりちがえ。いれちがえ。＊門三味線（1895）〈斎藤緑雨〉一一「糊買の嬶衆（かかしゅ）と入れちがひに敷居跨げば」＊吾輩は猫である（1905‐06）〈夏目漱石〉六「細君と入れ違ひに座敷へ這入って来たものは」③前と後ろ、右と左などのように、物の配列や動きが食い違うこと。たがいちがい。いりちがい。いりちがえ。＊青春（1905‐06）〈小栗風葉〉秋・九「紅緒の上草履を穿いたズボンの両脚を入違（イレチガヒ）に組みながら」＊日本橋（1914）〈泉鏡花〉二〇「入交（イレチガ）ひに成った向を直して、巡査は半身を反（そ）るが如く、肩を聳やかして衝（つ）と又角燈を突附けた」 発音イレチガイ〈標ア〉⓪〈京ア〉⓪

いれ-ちが・う【入違】㊀『他ワ五（ハ四）』まちがって別の所へ入れる。＊和英語林集成（初版）（1867）「Irechigai, ō, ōta イレチガフ 入違」㊁『自ワ五（ハ四）』①一方が出たすぐ後で他方が出る。いりちがう。また、一方がはいったすぐ後で、他方がはいる。いりちがう。＊当世少年気質（1892）〈巌谷小波〉八「入れ違（チガ）って這入て来たは此近所を廻る肴屋の金太」＊団栗（1905）〈寺田寅彦〉「田舎の婆さん達が四五人〈略〉出て来る。余等は之と入れちがってはひる」＊湯ケ原ゆき（1907）〈国木田独歩〉一〇「熱海からの人車が威勢能く喇叭（らっぱ）を吹きたてて下って来たので直ぐ入（イ）れちがって我々は出立した」②前と後ろ、右と左などのように、物の配列や動きが食い違う。互い違いに入り込む。交錯する。いりちがう。 発音イレチガウ 辞書ボン 表記入違（ヘ）

いれ-ちがえ【入違】『名』「いれちがい（入違）」に同じ。 発音〈標ア〉ガ（ゴ）〈京ア〉⓪ 辞書言海

いれ-ちが・える【入違】『他ア下一（ハ下二）』㊁『他ハ下二』⇨いれちがえる（入違）（室町時代頃からヤ行にも活用した）①間違って入れる。入れそこなう。②一方が出たすぐ後に、他方がはいるようにする。また、一方がはいったすぐ後で、他方が出るようにする。いりちがえる。③前と後ろ、右と左などのように、物の配列や動きを食い違うようにする。互い違いになるようにする。交錯させる。いりちがえる。＊義経記（室町中か）五・忠信吉野山の合戦の事「忠信もいれちがへてぞ斬合ひける」＊足利本人天眼目抄（1471‐73）中「全体即用枯木花開前は偏正互に去つ来つ入れちがへたぞ」＊日葡辞書（1603‐04）「キヲ irechigayete（イレチガエテ）ツグ〈訳〉二本の木のそれぞれの先端を組み合わせて継ぐ」 発音イレチガエル〈標ア〉エ（ガ）〈京ア〉⓪ 辞書日葡 文イレチガフ

い-れつ【い列】『名』「いだん（い段）」に同じ。 発音〈標ア〉イ

い-れつ【位列】『名』位、身分の上下などによる座席の序列。席次。座次。＊随筆・北越雪譜（1836‐42）初・中「されど居るにも位列（ヰレツ）をなして漫（みだり）ならず」

い-れつ【威烈】『名』激しく、盛んな勢い。また、勢いの激しいこと。威光。＊新令字解（1868）〈荻田嘯〉「威烈 イレツ イノツヨキコト」＊陸海軍軍人に下し賜りたる勅論‐明治一五年（1882）一月四日「我国の威烈は大に世界の光華ともなりぬべし」＊後漢書‐度尚伝「桂陽宿賊渠帥卜陽潘鴻等、畏二尚威烈一、徙入二山谷一」 辞書文明 表記威烈（文）

い-れつ【偉烈】『名』すぐれた功績。＊布令字弁（1868‐72）〈知足蹄原子〉初「偉烈 イレツ スグレタルシカタノコト」

い-れつ【遺烈】『名』先人の残した功績。後世に遺るりっぱな業績、功績。＊懐風藻（751）石上乙麻呂伝「自レ登二台位一、風采日新、芳猷雖レ遠、遺列蕩然」＊国会開設の勅論‐明治一四年（1881）一〇月一二日「遺烈を揚げ、洪謨を弘め、古今を変通し断じて之を行ふ」＊先祖の話（1946）〈柳田国男〉七六「社会が前賢の遺烈を無言の間に承け継いで居るのが」＊史記‐越王勾践世家賛「勾践可レ不レ謂レ賢哉、蓋有二禹之遺烈一焉」

いれつ-おう【威烈王】中国、周の第三二代の王。姓は姫、名は午。孝王の子。紀元前四二六年に即位。

いれ-づき【入突】『名』剣道の突き技の一つ。相手が突いてくる竹刀（しない）を押えつけ、引こうとする瞬間に突くこと。送り突き。 発音イレツォー〈標ア〉オ

いれ-つと【入髱】『名』（「いれづと」とも）婦人の丸髷（まるまげ）などの後ろに張り出た部分を高く見せるために、つといれを入れて結うこと。また、その髪。＊浄瑠璃・源頼家源実朝鎌倉三代記（1781）三「組敷た故、首かく仕かたに摑（つかん）だのじゃ。入髱（いレヅト）かして鎹（しころ）はこなたにとどまった」 発音〈標ア〉⓪

入　髱〈当世かもじ雛形〉

いれ-つぶ【入粒】『名』刀の柄に巻く鮫（さめ）の皮に人工的に粒をつけること。また、その物。いりつぶ。＊俳諧・若狐（1652）第一・懐旧「にらみつけてもそふ後の親 柄鮫の入つぶをよく取そろへ」＊浮世草子・椀久一世（1685）上・二「偽語れどもそれをあらためず、入粒（イレツブ）の柄鮫をほめ」

いれ-てがた【入手形】『名』江戸時代に行なわれた約束手形。天領の代官などが年貢や返納金を期日までに完納できないような場合、その皆済期限を明記して上司へ差し出す証文をいう。＊牧民金鑑‐八・御金蔵納・寛政二年（1790）七月「是迄御代官所当分御預所共、御年貢並諸返納金期月に差掛、石代伺中、或者返納物入手形等不二相済一分、仮納に相成来候得共」

いれ-でま【入手間】『名』方言手伝いや人夫を雇うこと。奈良県宇陀郡680 和歌山県日高郡690 ◇いれてま 大阪市638 奈良県宇陀郡678

いれ-どころ【入所】『名』入れるべき所。＊当世書生気質（1885‐86）〈坪内逍遙〉一四「もしや入所（イレドコロ）が違ひはいたしませんか」＊坑夫（1908）〈夏目漱石〉「袖のないどてらだから、入（イ）れ所（ドコロ）に窮して」

いれ-ながし【入流】『名』中世、質物を流すこと。いれながれ。＊近衛家本追加‐文永四年（1267）一二月二六日（中世法制史料集一・追加法四三三）「自今以後、不レ論二御恩私領一、一向停二止沽却幷入流之儀一、可レ令レ弁二償本物一也」

いれ-なが・す【入流】『他サ四』中世、土地などを担保にして金銭、米などを借り、期限がきても返却できない時、その担保を貸主に渡す。

いれ-ながれ【入流】『名』「いれながし（入流）」に同じ。

いれ-なわ【入縄】『名』（もと、宝引きより出た語という）無尽などで、掛け金を出さないで仲間にはいり、当たれば金銭を受け取ること。〔譬喩尽（1786）〕

いれ-にっき【入日記】『名』①荷送りする商品に添えて入れる内容明細書。商品の在中目録。入帳（にゅうちょう）。＊親元日記‐寛正六年（1465）五月五日「仍長唐櫃一請取之随入日記如此一通同整之」＊虎明本狂言・茶壺（室町末‐近世初）「汝が壺ならばさだめてあの入日記を知らぬ事はあるまひ」②金銭の収支、物品の出入りなどを日ごとに記しておく帳簿。いりにっき。＊俳諧・玉海集（1656）四・冬「年の内の梅の暦やいれ日記〈頼永〉」 発音〈標ア〉二

いれ-ねん【入年】『名』遊女などが自分の年季を延長すること。年（ねん）を入れること。＊洒落本・深彌満於路志（1782）傾城之両字略話「入れ年つぎ判、親方の身上（しんしゃう）の立ちがたきにてくらがえするあり」＊雑俳・柳多留‐一三八（1835）「入れ年は人参剤（ざい）のもりこぼし」

いれ-の・く【煎退】『自カ四』相場の下落を予想して空売りしたのに、相場が高くなった時、損を承知で買い戻して決着をつけ、終わりにする。〔取引所用語字彙（1917）〕

いれ-のこし【入残】㊀『名』入れるべきものが、まだ残っていること。また、その残されたもの。＊俳諧・西鶴大句数（1677）二「なく鶯は大坂のまなこ 夕詠め春日は西へ入残し」＊浄瑠璃・夏祭浪花鑑（1745）一「まだ奇特にもお真向様は入残（いれのこし）の取売で女夫（めをと）暮す中」㊁近世、元祿（一六八八～一七〇四）頃流行した目薬の名。大坂北渡辺町北御堂の裏西門前にあった目薬屋、入残妙珍で発売した貝殻に入れた赤色の膏薬。この膏薬を用いると、まだ残っているうちに全快するというところからいう。＊俳諧・両吟一日千句（1679）五「入残し西に傾く朧月〈西鶴〉渡辺筋に降参の旗〈友雪〉」＊浮世草子・西鶴織留（1694）四・二「むかし入残（イレノコシ）の目薬屋の根元わづか成事なりしに」 補注「摂陽奇観‐三五」に見られる「喜夜来大根」（安永年間）には「薬は 泉明の薬酒 東口 入残（イレノコシ）の 目薬 同」とある。 発音〈標ア〉⓪ノ

いれ-ば【入場】『名』入れる場所。置く場所。組み

方。配置。＊風姿花伝(1400-02頃)六「されば、能は、ただ、時分、入れ場なり。悪き能とて、捨つべからず」＊虫(1970)〈黒井千次〉「何十年か先に必要になる自分達の骨の入れ場について」 方言 衣服のポケット。島根県出雲725 ◇いればこ 島根県出雲市・大原郡725 ◇いれぽこ 山形県村山・最上郡139 発音〈標ア〉0

いれ-ば【入歯】〘名〙①抜けたり欠けたりした歯の代わりに入れる人工歯。広義には、金属冠や、さし歯、つぎ歯、ブリッジなども含むが、狭義には、取外しのできる部分義歯や総義歯を指す。義歯。＊明良洪範(1688-1704頃か)四「向歯一枚欠て、銀歯せしと仰せ有しに〈略〉後に見しに、仰の如く、銀の入歯有しとなり」＊咄本・都鄙談語(1773)入歯「どれ、入歯(イレバ)をやらふとさしこみたれば、丁度よく」＊雑俳・柳多留-二九(1800)「くらへども其あじわひは入歯也」＊随筆・中陵漫録(1826)六「入歯。歯も更になきを総入歯とて黄楊にて作るべし。其法、歯様に臙脂を筆にて染て、其上に真粉を推付る。臙脂の附き通りに削て、幾遍も如此して剜(えぐ)り、上下共に作りて蠟石にて歯を作りて植るなり」②下駄の歯を入れかえること。 語誌 (1)日本では、慶長五年(一六〇〇)に江戸の小野玄人が総義歯を作ったと伝えられる。現存する最古の総義歯は、延宝元年(一六七三)に六〇歳で没した羽間彌次兵衛や、同三年に六一歳で没した柳生宗冬らの墓地より掘り出されている。これらは挙例の「中陵漫録」のようにツゲを材料に使ったものであるが、きわめて現代のものに近い。外国では一七二八年にフランスのフォーシャールが現代の総義歯に近いものを作ったとされるが、それより数十年早いことになる。(2)幕末から明治にかけては、居合抜きや曲独楽で客寄せをして歯磨き粉を売ったり口中療治を行なったりする「入歯師(歯抜きともいう)」が評判となった。 発音〈標ア〉0〈京ア〉イ 辞書〈ボン・言海 表記 入歯(へ・言)

いれ-ばき【入穿】〘名〙(裾を入れてはく意から)ふだん着の長着物のままではけるもんぺ。だんぶくろ。ふんごみ。

いれば-し【入歯師】〘名〙義歯を入れることを職業とする人。＊松翁道話(1814-46)三・上「此間も歯のぬけた人が、上手な入れば師に、壱両弐分だして」 発音〈標ア〉バ 辞書〈ボン 表記 入歯師(へ)

いれ-ばしょ【入場所】〘名〙入れる所。いれば。＊われから(1896)〈樋口一葉〉「いつも小遣ひの入(イ)れ場処(バショ)なる鏡台の引出しを明けて見るに」 発音〈標ア〉0

いれ-ばち【入撥】〘名〙①三味線で、撥を胴皮に打ちつけるように弾くこと。多く、初心者の弾き方。＊洒落本・戯言浮世瓢箪(1797)四「今時の三弦(しゃみせん)はめっ多に、入撥(イレバチ)斗ひいて、皮叩くのでやかましい抔と言て」②指定されている音以外の音を演奏者が入れ、奏することをいう。 発音〈標ア〉0

いれ-ばな【入端・入花】〘名〙①湯をさしたばかりの煎茶(せんちゃ)。いれたての茶。でばな。にばな。＊浄瑠璃・今宮心中(1711頃)上「入ればなの茶びんご橋はこちこちと」＊浄瑠璃・鬼一法眼三略巻(1731)四「由緒有る茶の入端(イレバナ)、先づ一服と差出す」②発句、狂歌などの指導料。点料。またはそれを入選作として印刷する料金。入花(にゅうか)。 発音〈標ア〉0〈京ア〉0

いれ-ばな【入鼻】〘名〙病気などでかたちが崩れた鼻を、他部の肉やゴムなどで埋めて補い、もとの形のようにすること。また、そのもの。＊雑俳・両面鏡(1756)「入鼻は我身の外のやうに思ひ」＊随筆・譚海(1795)九「今時は、すべて技能の事も精密になりて、入眼、入鼻などいふ事を考へ出し」

いれ-はん【入判】〘名〙保証人としての判。保証人として判を押すこと。＊歌舞伎・韓人漢文手管始(唐人殺し)(1789)四「ハテ、いやならいっそ博多の柳町、長崎の仕替へ、親判入判我等壱人儲けの一ト間」 発音〈標ア〉0

いれ-びき【入引】〘名〙釣り針をおろせばすぐに釣れてくること。いれぐい。いれがかり。＊落語・佃島(1900)〈初代三遊亭金馬〉「何うも其の日に限って釣れるの釣れないのではない…入れ引といふので、何うも面白い」

いれ-ひぼ【入紐】〘名〙「いれひも(入紐)」の変化した語。＊観智院本名義抄(1241)「襻 イレヒホ」 辞書 名義 表記 襻(名)

いれ-ひも【入紐】〘名〙①狩衣(かりぎぬ)、直衣(のうし)、袍(ほう)など、装束の盤領(まるえり)の頸紙(くびかみ)の開閉に用いる紐。結び玉にした雄紐を輪形の雌紐に差し入れて、留める。＊古今(905-914)恋一・五四一「よそにして恋ふれば苦しいれひもの同じ心にいざ結びてん〈よみ人しらず〉」＊古今六帖(976-987頃)五・服餝「草枕結ぶとしけん宵々は解けざりきやは下のいれひも」②土地などの境界を決めること。＊大乗院寺社雑事記-明応元年(1492)八月二八日「領知入紐支証には、奈良を南里、北里と号は、春日大鳥居のすくを北南に分也、〈略〉神事方に入紐事不ㇾ及二是非一」 補注 ①の「古今集」の例は「いれひもの」を「結ぶ」または、「同じ」にかかる枕詞とする説もある。 発音〈標ア〉0 辞書 言海 表記 入紐(言)

いれ-びょうし【入拍子(ビャウシ)】〘名〙念仏やうた、はやしなどの間(あい)の手に入れる太鼓や鉦(かね)の拍子の音。いりびょうし。＊俳諧・山の井(1648)秋「猶うつといふによりて、初雁の渡り拍子、礁の入(イレ)びゃうしなどいひて」＊俳諧・玉海集(1656)三・秋「山彦の音や砧のいれびゃうし〈貞室〉」 発音 イレビョーシ〈標ア〉ビョ

いれ-ぶくろ【入黒子】〘名〙「いれぼくろ(入黒子)①」の変化した語。＊浮世草子・好色二代男(1684)二・五「申かはせし入瘊子(イレブクロ)も、今の勤の邪魔になると」＊落語・佃祭(1895)〈四代目橘家円喬〉「何にか身体の内に証拠になる所はありゃアしねェか。文身(イレブクロ)とかほくろとかが」

いれ-ぶし【入節】〘名〙浄瑠璃などを語るとき、部分的に挿入された他流の歌の節。 発音〈標ア〉0

いれ-ふだ【入札】〘名〙①多数の買い手、工事請負人がある場合、それぞれの見積り価額を書いた紙を提出させ、その結果を見て買い手、請負人を決めること。また、その見積り価額を書いた用紙。にゅうさつ。競売。せりうり。＊慶長見聞集(1614)三「ひんなるものか、有徳なる者をかたらひ金を持寄座中へ出し、百両も二百両も積置皆入札を入、是を買とる」＊俳諧・物種集(1678)「三条殿へ大工は来たか 入札の落る所を井のはやた〈賀子〉」＊浮世草子・日本永代蔵(1688)一・四「今時は諸方の入札(いれフダ)すこしの利潤を見掛て喰ひ詰になりて、内証かなしく」＊禁令考-後集・第三・巻二一・享保一四年(1729)「寺社門前に隠遊女差置候儀に付伺書〈略〉通例町方之通り家屋敷不ㇾ残取上、屋敷は入札を以相払、代金公儀え相納可ㇾ申候」②江戸時代、村役人や住職などを選ぶ際、名前を記して投票した用紙。また、一般に投票すること。＊書言字考節用集(1717)七「入札 イレフダ 僧家所謂行籌(かうちう)也」＊随筆・翁草(1791)二九「清正母衣の者二十人を撰定めんとて、諸士に命じて入札をさせらる」＊地方凡例録(1794)七「関東名主病死か又は退役して、跡やく極の儀前々其村々の郷例に任せ、惣百姓入札にて高札の者に申付るも有」＊平民の目さまし(1887)〈中江兆民〉五「下院は入札(イレフダ)にて撰ぶこと故大抵勤役の年限が有りそうに考へますが」③頼母子(たのもし＝無尽)で、二回目以後の取り人を決めるとき、各自の希望取り金額を書かせ、一番安い金額を書いたものに決定すること。主として関西で行なわれた方法。また、その取り金額を書いた用紙。＊徳川時代警察沿革誌(1884-91)三・賭博「又者終り迄掛続兼候もの者相対次第入札いたし掛金高を請取相退」 発音〈標ア〉0〈京ア〉0 辞書 書言・〈ボン・言海 表記 入札(書・へ・言)

いれ-ふたぎ【入塞】〘名〙文字を隠して当てさせる遊び。特に、詩歌などの一部を隠して、それを当てさせる遊戯。偏継(へんつ)ぎ、韻塞(いんふた)ぎなどの類。＊随筆・嘉良喜随筆(1750頃)四「いれふたぎと云事、字を隠して何の字であらんと云。又或は詩文は歌を一句隠しをき、此次の句は何にて有んと一句を入さする事也」

いれ-ぶち【入扶持】〘名〙 方言 ❶役に立たない者に与えるむだな援助。捨てぶち。◇いれぷちとも。岩手県気仙郡100 ❷余分に入れること。また、定額以上に支払うこと。島根県出雲725 ◇いれしろ〔入代〕 静岡県榛原郡541 ❸規定以上の地主への上納米。島根県725

いれ-ぶつ【入仏】〘名〙「いれぶつじ(入仏事)」の略。

いれ-ぶつじ【入仏事】〘名〙①(—する)年忌、法会などを営むにあたって、万事寺方に任せて行なうこと。＊言継卿記-天文一九年(1550)八月一〇日「故理慶之一周忌也。盧山寺へ入仏事云々」＊咄本・醒睡笑(1628)六「いや、ただあがいふごとくあつらへたまへ、自然(じねん)、粥と入れ仏事(ブツジ)の時があるはよの」＊浮世草子・新色五巻書(1698)一・三「すぐに菩提寺に詣(もふ)で入仏事(イレブツジ)の供養」＊浮世草子・役者色仕組(1720)二・上「けふ卅五日の弔(とむらひ)、旦那寺へ入仏事して、〈略〉一家(け)残らず方丈に参り」②出費が多くて利益の少ないこと。骨折り損。いれぶつ。＊随筆・独寝(1724頃)下・一一一「宇治橋にけふふは本の入れぶつじ」＊雑俳・柳多留-一二(1777)「品川で遣も三文入仏事」＊洒落本・野路の多和言(1778)「庭をりっぱにこしらへても、見た斗で坐しきを借りねば、金入れて拵らへただけの入れ仏事でござれど」＊滑稽本・人間万事虚誕計-前(1813)「孫を飼ふより狗児(いぬころ)を飼へとやらで、今私が丹精しても、ほんの入仏事(イレブツジ)さ」 辞書 言海 表記 入仏事(言)

いれ-ふで【入筆】〘名〙文書などに後から一部分書き入れること。書き足すこと。また、そのもの。＊謡曲・草子洗小町(1570頃)「いかさま小町ひとり詠ぜしを黒主立ち聞きし、この万葉に入れ筆したりと覚えたり」＊浮世草子・新色五巻書(1698)四・三「長門方へ入筆(フデ)にして」＊歌舞伎・黒手組曲輪達引(1858)二幕「五十両の此の証文、よくよく見りゃあ、十の字の墨色がどうか違って見えるのは、こりゃ入筆」 発音〈標ア〉0 辞書 文明 表記 入筆(文)

イレブン〘名〙(英 eleven 数の一一の意から)《イレヴン》サッカー、クリケットなどチームを一一人で構成する球技で、プレーヤーまたはそのチームをいう。＊アルス新語辞典(1930)〈桃井鶴夫〉「イレヴン 英 eleven 〔蹴球〕蹴球のチームをいふ。〈略〉野球のナインといふが如し」 発音〈標ア〉レ

イレブン-ナイン〘名〙(英 eleven nine 〇・九九九九九九九九九九九や、九九・九九九九九九九九九パーセントのように、九が一一続く意) きわめて純度の高いこと、誤差の少ないことをいう。 発音〈標ア〉ナ

いれほ【肬目】〘名〙手足などにできる、うおのめ。＊増補下学集(1669)「肬目 イレホ」＊評判記・新野郎花垣(1674)「年たけて又出来嶋はよもあらじいのちこさらしいれほならねど」

いれ-ほうくろ【入黒子】〘名〙「いれぼくろ(入黒子)①」に同じ。＊史記抄(1477)三・周本紀「文身断髪は荊蛮の俗、一生水につかりてをるほどに身に画をかいたり、いればうくろをしたり」

いれ-ぼうそう【入疱瘡】〘名〙「しゅとう(種痘)」をいう俗語。植え疱瘡。＊人情本・春色玉襷(1856-57頃)二・七回「あまり寒さに向はぬうち、入痘種(イレボウソウ)をおさせ被下度御ねがひ申上候」＊落語・王子の幇間(1889)〈三代目三遊亭円遊〉「種痘(イレバウサウ)のお達が有ったから早くさせやうと思ってたが、彼(あれ)をすると熱が出るてェから匿しても種痘(うゑばうさう)はさせまいと思って居る内に」 方言◇いれぼそとも。岐阜県497 498 504 発音イレボーソー〈なまり〉イレボウソ〔岐阜〕〈標ア〉ボ

いれ-ほが【入穿】〘名〙(形動)「いりほが(入穿)②」に同じ。＊談義本・蛙の物真似(1729)序「されど入れ虚に顧は唯龍になるべき」＊譬喩尽(1786)一「入暮蚊(イレホガ)な思案」

いれ-ぼくろ【入黒子】〘名〙(「いれほくろ」とも)①入れ墨をすること。また、その入れ墨。いれほうくろ。㋑腕に情人の名を「〇〇命」などと彫り込んで互いの真情を示すためにするもの。＊俳諧・犬子集(1633)一七「白き物こそ黒くなりけれ 若衆のはだへにいらぬいれほくろ〈慶友〉」＊浮世草子・好色一代男(1682)五・四「かため証文まだ疑ひ、左の腕(かひな)の下に慶(けい)一大事と入れ墨(ボクロ)有しは」＊洒落本・吉原楊枝(1788)「心中にも色々有り。日文、時文、血さけ、血きしゃう、牛王(ごわう)きしゃう、入ほくろ、ほりもの」㋺肌に絵や文字を彫りつけたもの。おもに遊び人などの間で行なわれた。＊浮世草子・世間子息気質(1715)二・三「両の腕(かひな)は反故染を見るごとくいろいろの入ぼくろして」＊談義本・当世下手談義(1752)三・足屋の道千、売トに妙を得し事「肩さきより手首迄、此所小便無用と、籠字に入黒子(イレボクロ)」＊洒落本・虚実柳巷方言(1794)中「若(わか)ひ男はうでまくりに巻物(まきもの)くわへた入痣(イレホクロ)で」②現代の化粧法の一つで、書いたり、はりつけたりするほくろ。西洋では一七世紀後半に流行した。つけぼくろ。ビューティースポット。＊和英語林集成(初版)(1867)「Ire-bokuro イレボクロ」 語誌→「いれずみ(入墨)」の語誌。 方言入れ墨。京都†114 発音〈標ア〉ボ〈京ア〉ボ 辞書ボン・言海 表記入黒子(言)

いれ-まい【入米】〘名〙妻の親が死んだときに香典のほかに持っていく金品。

いれ-まじり【入交】〘名〙交じり合うこと。いりまじり。＊今年竹(1919-27)〈里見弴〉渡風流水・一〇「笑ひを含んだおあきの声と入れ混りに、ふた言み言なにやら言ひ交したと思ふと」 発音〈標ア〉0

いれ-まじ・る【入交】〘自ラ五(四)〙交じり合う。いりまじる。＊ひかりごけ(1954)〈武田泰淳〉「このアイヌ出身の最高知識人の、軽蔑と孤独と悲痛の入れまじった、息苦しい表情だけが胸に灼きつけられたのです」＊島崎藤村(1946-56)〈平野謙〉新生「いままでどおり一般社会と入れまじりたいと希わずにはいられなかった」 発音〈標ア〉ジ

いれ-ます【入桝】〘名〙年貢または小作料に付随して納める付加米。込米(こみまい)。 発音〈標ア〉0

いれ-まぜ【入交】〘名〙交じり合っていること。ごちゃまぜ。＊ひかりごけ(1954)〈武田泰淳〉「なあもかんも入れまぜでせつねえだべ。何がせつねえのか、わかんねえくれえせつねえだべ」 発音〈標ア〉0

いれ-ま・ぜる【入交・入雑】〘他ザ下一〙文いれま・ず〘他ザ下二〙入れて、まぜあわせる。交じり合わせる。＊宇津保(970-999頃)国譲下「かかるなからひに離れたる人をば、いれまぜんがにくさに」＊浮世草子・日本永代蔵(1688)四・四「茶の煮辛(にがら)を買集め〈略〉呑茶(のみちゃ)に是を入まぜて」＊安愚楽鍋(1871-72)〈仮名垣魯文〉二・下「元来近年までは金銀銅鉄の精密な比例(わりあひ)も知らずに鉄銭、銅銭入(イ)れ交(マゼ)て」 発音〈標ア〉ゼ 辞書文明 表記入交(文)

いれ-また【入股】〘名〙相手の両足の間に片足を入れること。＊浄瑠璃・忠義墳盟約大石(1797)八「支る手利(てきき)のいれ股(マタ)に、丁ど蹴飛す五りん飛び」

いれ-み【入身】〘名〙方言贈り物を受けたとき、その容器に入れて返す物品。おうつり。徳島県海部郡811 ◇いれもののみ〔入物身〕静岡県駿東郡521

いれ-みだ・る【入乱】〘自ラ下二〙「いりみだれる(入乱)」に同じ。＊日葡辞書(1603-04)「Iremidare, uru, eta(イレミダルル)」＊仮名草子・智恵鑑(1660)八・一〇「あなたこなたより一度にかけ出、金のいくさといれみだれたたかひけるに」 辞書日葡

いれ-み・つ【入満】〘他タ下二〙いっぱいに入れる。＊御伽草子・あしびき(室町中)「只かたきをうちへ入みてて、思ふさまにみだれあひつつ」

いれ-むぎ【入麺】〘名〙そうめんをゆでてさらし、水気を切って、しょうゆ味の煮出し汁で煮たもの。にゅうめん。＊文明本節用集(室町中)「入麺 イレムギ」＊日葡辞書(1603-04)「Iremugui(イレムギ)」＊四河入海(17C前)一・二「白云、湯餅は、いれむき、うどむ等を云也」 辞書文明・日葡 表記入麺(文)

いれ-め【入目】〘名〙①江戸時代、大坂の蔵屋敷で貢納米が入札によって売り払われる時、落札者が代銀を蔵元または掛屋に納入する際に支払う手数料。＊稲の穂(大阪市史五)(1842-幕末頃)「落札の米穀拾石に付弐分づつ懸屋へ遣す、是を入目といふ」②江戸時代、銀座において上納銀や献上銀枚包みなど、幕府の御金蔵または御納戸に収納される包み銀に、本目の外に若干の銀を掛け足して入れること。入れ目銀。銀包み入れ目定法。＊財政経済史料-六・経済・鉱山・銀座二「佐州灰吹銀入目定之事一、佐州灰吹銀本包五百目に付 外入目弐匁づつ之定」③江戸時代、綿買次問屋仲間の取引方法で、繰り綿の荷造りに際して本貫の外に若干の掛け足しをすること。＊綿商旧記-文化八年(1811)六月「一繰綿大入目方之儀相定有」之候入目之外に近比は銘々存寄を以て込目抔と相唱格外之詰方在之候」④江戸時代の雑税の一種。蜂須賀藩で、貢租米取り立てに際して行なった、正租の外の付加税。⑤眼球を失った人の眼窩(がんか)に入れる、ガラスやプラスチックなどで作った眼球。義眼。＊随筆・譚海(1795)九「番町の御家人何がしの息女、片目あしかりしを、入眼せしかば、よき目よりはよくみなさるるやうに成たり」＊雑俳・梅柳(1836)一「まだ寝ぬとおもや新造入目なり」＊生(1908)〈田山花袋〉二九「見開いた眼は義眼(イレメ)のやうにぱっちりして」 発音〈標ア〉0〈京ア〉0 ⑤は0 辞書ボン・言海 表記仮瞳(へ) 入目(言)

いれ-めし【入飯】〘名〙野菜などを混ぜて味をつけたかゆ。ぞうすい。＊尾張方言(1749)「いれめし 京にいれものといふ 諸州ざふすいと云」＊物類称呼(1775)四「雑炊 ざふすい〈略〉東国にて、ざふすい、いれめしといふ」 方言長野県下水内郡470 愛知県名古屋市562 三重県度会郡599 宇治山田市600 島根県出雲725 ◇いりめし 愛知県知多郡(しょうゆがゆ)570 ◇いれみそ 新潟県佐渡352

いれ-もじ【入文字】〘名〙和歌における遊戯的技巧の一つ。和歌の中に、歌の意味とは無関係な語や文字をかくし詠み込むこと。また、その語や文字、物の名。たとえば、「来べき程(ほど)時(とき)過ぎぬれや(古今)」に「ほととぎす」が入れてあるなど。＊桂宮本中務集(989頃)「村上御時に、いれもじの哥仰せにて、かみにはたき、しもにはあはをいれさせ給ふに 世々をへて落くる滝の白絲にぬける玉とはあはやなるらん」 発音〈標ア〉モ〈京ア〉モ

いれ-もとい【入元結】〘名〙「いれもとゆい(入元結)」に同じ。＊大上臈御名之事(16C前か)「一いれもとひ、ともに五ところゆふなり、いれもとひの次一そくほどおきて水ひきにてゆふなり」

いれ-もとゆい【入元結】〘名〙幅広の元結。加冠前の童形の垂髪を束ねた上に用いる。近世は、胡粉(ごふん)で塗った上に、金銀箔で松竹梅、鶴亀などを描き、両端に芯を入れた。いれもとい。化粧元結。大元結。絵元結。＊装束集成(1754頃か)一・冠具品「入元結 布袋記云、童装束条下云、髪もさげ入元結をするなり」＊随筆・貞丈雑記(1784頃)八「いれもとゆひ又大もとゆひとも云今は絵もとゆひと云。ふとくたたみ両端にしんを入て金箔にてだみて色々の色にて松竹鶴亀などを絵く也」 発音〈標ア〉モ 辞書言海 表記入元結(言)

入元結〈狭衣物語絵巻〉

いれ-もの【入物・容物】〘名〙①物を入れる器。容器。＊宇津保(970-999頃)蔵開下「わりごども、しろがね、こがねてうじて、いれ物いとをかしくて」＊東大国文研究室本十訓抄(1252)五・序「人のこころは水のいれ物にしたがふがごとし。いれ物ほそければ則ほそく、いれもの丸ければ則丸くなる」＊徒然草(1331頃)二〇五「法令(はふりゃう)には、水火に穢(けがれ)を立てず、入物には穢(けがれ)あるべし」②中に入れてあるもの。なかみ。＊太平記(14C後)一五・三井寺合戦「俵は中なる納物(イレモノ)を取れども取れども尽きざりける間、財宝倉に満ちて衣裳身に余れり」③棺の忌み詞。④野菜などを混ぜた粥(かゆ)。 方言野菜などを混ぜて、味を付けたかゆ。雑炊。京都†099 発音〈なまり〉イエモン〔紀州〕イルモノ・エレモノ〔静岡〕イレムン〔鳥取・NHK(鹿児島)・鹿児島方言〕イレモヌ〔NHK(大分)〕イレモン〔岐阜・飛驒・神戸・紀州・鳥取・鹿児島方言〕イレンノ・イレンモン・エーモン〔鳥取〕エレモン〔岩手・静岡・愛知・南知多・志摩・鳥取〕〈標ア〉0〈京ア〉0 辞書日葡・ボン・言海 表記入物(へ・言)

いれもの-がえし【入物返】〘名〙他家からの贈り物に対して、その容器に入れて返す返礼の品。福井県などでいう。 方言群馬県多野郡246

いれもの-やど【入物宿】〘名〙(「いれもの」は棺の忌み詞)葬式のときに集落内の家を借りて棺を作るその家。鳥取県の一部でいう。

いれ-もん【入紋】〘名〙衣類に紋を書き入れること。また、その紋。＊随筆・飛鳥川(1810)「入紋は江戸にては出来ざりしに、今は京都まさりに出来、奇妙」 発音〈標ア〉0

いれ-よう【入様】〘名〙入れ方。入れた様子。＊御湯殿上日記-文明一八年(1486)五月一四日「さいさいありありと御しきろうのいれやうみえてよし」＊人情本・閑情末摘花(1839-41)一・三回「遠世さんはお茶の入れやうがお上手かへ」 発音イレヨー〈標ア〉0

い・れる【入・容・納】〘他ラ下一〙文い・る〘他ラ下二〙①外部から、ある場所、環境などに移す。はいらせる。㋑外から、ある物の中、場所の内などへ移す。また、移して中に置く。＊万葉(8C後)一五・三六二七「わたつみの 手纏(たまき)の玉を 家づとに 妹にやらむと 拾(ひり)ひ取り 袖には伊礼(イレ)て 帰しやる 使無ければ〈遣新羅使人〉」＊竹取(9C末-10C初)「此かはぎぬいれたる箱を見れば」＊蜻蛉(974頃)中・安和二年「れいの所よりかへるとて、蓮のみひとともとを、人していれたり」＊源氏(1001-14頃)若紫「いりて消息(せうそこ)せよとのたまへば、人いれて案内(あない)せさす」㋺見える所から、物陰に引っ込ませる。＊古今(905-914)雑上・八八四「あかなくにまだきも月のかくるるか山のはにげていれずもあらなん〈在原業平〉」㋩特定の環境の中に移す。＊風流仏(1889)〈幸田露伴〉八・上「行末は似つかはしい御縁を求めて何れかの貴族の若君(わかぎみ)を納れらるる御積り」＊魚玄機(1915)〈森鷗外〉「李は温の所を辞して、径(ただ)ちに魚家に往って、玄機を納(イ)れて側室にしようと言った」㊁ある場所を通り過ぎさせる。＊茶話(1915-30)〈薄田

泣菫〉それ猫が「風を納(イ)れようと思って、団扇(うちわ)を片手に」 ②ある限られた範囲内に取り込む。㋑仲間に加える。含める。また、書物などに載せる。＊古今(905‐914)仮名序「いま、この事をいふに、つかさくらゐ、高き人をば、たやすきやうなればいれず」 ＊枕(10C終)一〇二・中納言まゐり給ひて「かやうの事こそは、かたはらいたきことのうちにいれつべけれど、『一つな落しそ』といへば、いかがはせん」 ＊源氏(1001‐14頃)賢木「心とけたる御むこのうちにもいれ給はず」 ＊平家(13C前)一・鱸「此歌は金葉集にぞ入(いれ)られける」 ㋺心、目、耳などの知覚に取り入れる。また、知覚できる範囲内に置く。＊枕(10C終)八七・職の御曹司におはします頃、西の廂にて「かう心にいれて思ひたることをたがへたれば罪得(う)らん」 ＊平家(13C前)二・大納言死去「心ざしの程を感じてやがて見参にいれたりけり」 ＊歌舞伎・青砥稿花紅彩画(白浪五人男)(1862)三幕「御誂文の品を御覧に入れませう」 ＊椀久物語(1899)〈幸田露伴〉五「伺ひたいことも万とござる、御聞きに入れたいことも万とござるが、ここでは何ともなり兼ねまする」 ③(心や力などを)その方へ注ぎ込む。集中する。こめる。＊古今(905‐914)仮名序「力をもいれずして、あめつちを動かし」 ＊源氏(1001‐14頃)絵合「いはけなきほどより学問に心をいれて侍りしに」 ＊日葡辞書(1603‐04)「ココロヲ iruru (イルル)」。または、ネン、または、セイヲ iruru (イルル)」 ＊俳諧・猿蓑(1691)序「我翁行脚のころ、伊賀越しける山中にて、猿に小蓑を着せて、誹諧の神を入(いれ)たまひければ、たちまち断腸のおもひを叫びけむ、あだに懼るべき幻術なり」 ④外部からある作用を加える。㋑あるものに、別のものを加えてなおしたり変えたりする。＊落窪(10C後)四「こまかにと口入(いれ)給へ。爰にて事はじめたる事なれば、おろかならん、いとほし」 ＊浮世草子・傾城禁短気(1711)一・三「どふぞ手を入(いれ)て首尾さしたがるは商上手といふもの」 ＊門(1910)〈夏目漱石〉一四「宅(うち)へ帰って来て、それを読み直したり、手を入れたりした事は滅多になかった」 ＊疑惑(1913)〈近松秋江〉「どうしても疑ひを容れない事実である」 ㋺(ある作用を加えて)筋、線、裂けめ、くぼみなどをつける。＊大鏡(12C前)三・伊尹「骨にまきゑをし、あるは金、銀、沈(ぢん)、紫檀の骨になん筋をいれ、ほり物をし」 ＊浮世草子・好色一代男(1682)二・二「十五才にして、其三月六日より、角(かど)をも入(いれ)て」 ㋩(ある作用を加えて)そのものが活動を開始するようにする。＊鳥影(1908)〈石川啄木〉六・二「駅夫が鋏を入れる」 ＊青草(1914)〈近松秋江〉六「ついこの間まで炬燵を入れて寝てゐたのに、二人は蒸々して堪へられぬやうな夜を明かした」 ＊第2ブラリひょうたん(1950)〈高田保〉秋の夜「日が暮れる。スヰッチを入れる。聴取者は人間ではない。蚊族どもはプロの内容がどうのこうのとうるさい批評はせぬだろう」 ＊風(1951)〈永井龍男〉下「対(むか)ひ合った店の若者は、片手で書類をめくり乍ら算盤を入れ始めた」 ⑤ある時間の経過の中にさしはさむ。時間をとる。「一服入れる」 ＊咄本・軽口露がはなし(1691)三・三「よも山の物語にとりまぎれ、しばらく隙(ひま)を入(いれ)ける所へ客来(きたり)」 ＊浄瑠璃・近江源氏先陣館(1769)五「まだこれからが酒なれどいかにしても不作法千万。マアこの辺で入れませう」 ＊湯葉(1960)〈芝木好子〉「路にも一息入れるようにといった」 ⑥(腹に入れる意から)食べる。また、人形浄瑠璃社会で、酒を飲む意にいう。＊浄瑠璃・蘆屋道満大内鑑(1734)一「けふはびっくりの仕つづけ、それゆへか腹もがっくり、年寄と紙袋は入れにゃたてらぬ。内へいんで入れませふ」 ＊浮世草子・当世芝居気質(1777)一・一「我(ぜめ)も飲(イレ)るか」 ＊歌舞伎・金看板侠客本店(1883)三幕「手前行くならおれはまだ飯を食べなんだ。一緒に行って入れて参りますから、少しのお暇をお願ひ申します」 ⑦(物や金銭、情報などを)受取り手に渡す。納める。また、(資金などを)つぎ込む。＊人情本・英対暖語(1838)五・二六回「不及ながら私の持て居たものを、宗さんに入(イレ)てくらして居るのに」 ＊浮雲(1887‐89)〈二葉亭四迷〉三・一八「借家人が更らに家賃を納(イ)れぬ苦情」 ＊社会百面相(1902)〈内田魯庵〉投機・六「自己(うち)の会社へ資本(もと)を入れて下されば廉蔵さんを重役にして」 ＊良人の自白(1904‐06)〈木下尚江〉前・九・二「斯ういふ時の用心にと証書を納(イ)れさせて置いたのだが」 ＊俳諧師(1908)〈高浜虚子〉五七「和服ではもう入質(イレ)る物が無いのですって」 ＊死者の遺したもの(1970)〈李恢成〉「電話の一本でも入れて然るべきだろう」 ⑧(広い空間があったり、設備を整えたりして)人や物がその中に納まるようにする。収容する。＊徒然草(1331頃)二三五「虚空よく物をいる」 ＊異人恐怖伝(1850)上「唯一個の佳港ありて、稍著大なる舶をも容るに宜し、これを長崎港といふ」 ⑨(相手の言い分や行動を)よいと認める。容認する。聞き入れる。＊近世紀聞(1875‐81)〈条野有人〉初・三「凡(およそ)斯(この)五罪神人共に容(イ)れず臣等一死天に代りて之を誅せり」 ＊野分(1907)〈夏目漱石〉一「至る所に容(イ)れられぬ上に、至る所に起居を共にする細君さへ自分を解してくれないのだと悟ったら」 ＊阿部一族(1913)〈森鷗外〉「自分が外記(げき)の策を納(イ)れて、しなくても好い事をしたのが不快である」 ⑩選挙、採決、売買、請負などで、定めに従って紙に書いて差し出す。投票、入札する。＊太政官(1915)〈上司小剣〉五「不作が眼に見えたっても、百五十両下では落札(おち)んで、官も商売上手やが、損知ってて高う入れる忠義もんが何んであないに多いやろ」 ⑪謡曲や義太夫節で、高い音階へ突くように、声を張り上げる。＊中楽談儀(1430)音曲の心根「高野の古き謡に『春秋を、待つにかひなき別れかな』此『はる』の『る』を入(いる)べし」 ＊わらんべ草(1660)二「謡やうの事〈略〉一ほる(入るる共云)〔正をいるる 諷に月宮の〕」 ⑫(「淹」とも書く)(茶などに湯を注いで)飲めるように整える。＊人情本・閑情末摘花(1839‐41)一・三回「誰ぞに羹花(にばな)を一つ入(イレ)させて呉(くん)なな」 ＊多情多恨(1896)〈尾崎紅葉〉前・三「茶を一つ淹(イ)れてくれ」 ＊社会百面相(1902)〈内田魯庵〉破調・下「珈琲(カヒイ)を煎(イ)れて参じませうか」 ＊青春(1905‐06)〈小栗風葉〉春・一「園枝、お前の方は紅茶を淹(イ)れると可い」 ⑬(自動詞的に用いて)光が差し込む。＊雁(1911‐13)〈森鷗外〉七「『どうも暮れてしまひますまでは夕日が入れますので』と、案内をした女中が説明をして置いて下がった」 方言 ❶ものごとに熱中する。山梨県456 長野県諏訪481 ❷酒を飲む。大阪†117 ❸餅(もち)をつく時、手で臼(うす)の中の餅をひっくり返す。島根県出雲725 ❹注文する。あつらえる。青森県津軽075 発音〈なまり〉インル〔信州読本〕エエル〔播磨〕エレル〔栃木・埼玉方言・福井・岐阜・静岡・愛知・播磨・愛媛周桑〕シェル〔岩手・秋田〕シェレル・スール〔岩手〕セイル〔岩手・仙台方言〕セエル〔福島・茨城〕セル〔岩手・秋田・秋田鹿角〕ヘル〔津軽語彙・秋田〕ヘレル〔青森・岩手・山形・福島〕『いれろ』セロ〔福島〕ヘレロ〔岩手〕ヘロ〔山形〕〈標ア〉0〈京ア〉0 文『いる』〈標ア〉0〈ア史〉平安●○ 鎌倉・江戸『いるる』●●●〈京ア〉0 辞書 色葉・名義・和玉・文明・天正・易林・日葡・書言・〈ボン〉・言海 表記 容(色・名・玉・文・天・書) 納(色・名・玉・文・書) 入(玉・文・書・ヘ・言) 盛(易・書) 内(玉)

同訓異字 いれる【入・容・納・内・函】

【入】(ニュウ・ジュ・ジュウ) 外から内側や中側にいれる。中に移って行かせる。「入金」「入校」「入内」「出入」《古 いる・しむ・すすむ》

【容】(ヨウ) 入れ物にいれる。また、いれたもの。中身。「容器」「容積」「容認」「内容」《古 いる・ゆるす》

【納】(ノウ・トウ・ナン・ナッ・ナ) しかるべき所にいれておさめる。「納税」「納棺」「納屋」「出納」《古 いる・をさむ・うち》

【内】(ナイ・ダイ) 一定の範囲内、なか。また、そこにいれる。「内服」《古 うち・いる・をさむ》

【函】(カン) はこ。また、つつみいれる。「函数」《古 はこ・こもる・ふくむ・いる》

い・れる【煎・炒・焦】〘自ラ下一〙①いられる。いられた状態となる。②いらだつ。じれる。＊日葡辞書(1603‐04)「キノ ireta (イレタ) ヒト〈訳〉神経質でいらだつ人」 ＊俚言集覧(1797頃)「いれる、苛るの義なるべし〈略〉又気がイレル心歟」 ＊滑稽本・浮世風呂(1809‐13)二・上「人(ひと)が一言(ひとこと)いへば十言(とこと)程づつ口答をするか、ホンニホンニ肝(きも)の煎(イレ)た事よ」 ＊夜の雪(1898)〈幸田露伴〉上「眠りつきたるが如く挨拶も無し。少し心焦(い)れてか、また雨戸をごとごとと云はせて」 ③(熱を加えると、物が急にふくれるところから)安値で売った米や株を、売り渡し期間切迫などで、売り方が高値で買い戻すために相場が急に騰貴する。また売り方が、相場が騰貴してから買い付けたり買い戻しをする。↔投げる。＊稲の穂(大阪市史五)(1842‐幕末頃)「売置て、相場高直に成て買埋るを煎れると言」 方言 ❶いらいらする。気をもむ。じれる。また、焦る。仙台†057 東京都418 兵庫県但馬652 愛媛県840 高知県清水市864 ◇いれこむ〔―込〕和歌山県日高郡698 ❷疲れる。◇いれこむ 和歌山県中部690 ❸しっとを感じる。山口県豊浦郡798 ❹牛馬が発情して跳ね回る。岩手県気仙郡100 山口県豊浦郡798 ❺旱魃(かんばつ)によって、種物が発芽しない。高知県土佐郡866 発音〈標ア〉レ〈京ア〉0 辞書 日葡・〈ボン〉・言海 表記 熬(へ)

いれ‐わく【入枠】〘名〙坑道などのくずれるのを防ぐために、木材を組み合わせてその回りを囲うこと。また、そのもの。止め木。支柱。発音〈標ア〉0

いれ‐わ・ける【入分】〘他カ下一〙分類して、その所属している部に入れる。発音〈標ア〉ケ〈京ア〉0

いれ‐わた【入綿】〘名〙ふとんなどに綿を入れること。また、その綿。発音〈標ア〉0

いれん‐な〘連体〙「いろんな」の変化した語。＊滑稽本・八笑人(1820‐49)三・追加下「いれんな馬鹿もして歩行(あるい)て、人のせわやっけへにもなったり」

いろ【色】■一〘名〙(一)物に当たって反射した光線が、その波長の違いで、視覚によって区別されて感じとられるもの。波長の違い(色相)以外に、明るさ(明度)や色付きの強弱(彩度)によっても異なって感じられる。形などと共に、その物の特色を示す視覚的属性の一つ。色彩。①その物の持っている色彩。＊書紀(720)雄略七年是歳(前田本訓)「鉛花弗御(イロもつくろはず)蘭沢(か)も加(そ)ふること無し」 ＊万葉(8C後)五・八五〇「雪の伊呂(イロ)を奪ひて咲ける梅の花今盛りなり見む人もがも〈大伴旅人〉」 ＊古今(905‐914)春上・四一「春の夜のやみはあやなし梅の花色こそ見えね香やはかくるる〈凡河内躬恒〉」 ＊枕(10C終)三六・七月ばかりいみじうあつければ「二藍(ふたあゐ)の指貫に、あるかなきかの色したる香染の狩衣」 ＊平家(13C前)八・太宰府落「御足よりいづる血は沙(いさご)をそめ、紅の袴は色をまし、白袴はすそ紅にぞなりにける」 ＊徒然草(1331頃)一〇「よき人ののどやかに住なしたる所は、さし入たる月の色も、一きはしみじみと見ゆるぞかし」 ②ある定められた、衣服の色彩。㋑中古、階級によって定められた、衣服の色。特に、殿上人以上が着用を許された禁色(きんじき)をいう。→いろ(色)許さる。㋺(天子が諒闇(りょうあん)の喪にこもる「いろ(倚廬)」からかともいう)喪服のにび色。＊源氏(1001‐14頃)乙女「宮の御はてても過ぎぬれば、世中いろ改まりてころもかへの程などもいまめかしきを」 ＊平家(13C前)一二・紺播之沙汰「それより色のすがたになりてなくなく鎌倉へ入給ふ」 ＊弁内侍(1278頃)寛元五年五月「花山院の宰相中将〈もろつぐ〉いろにてこもりゐられたりしに」＊文明本節用集(室町中)「喪衣 イロ サウイ 或作二倚廬一緦中陰時衣也」㈧近世、婚礼や葬儀の際、近親者が衣服の上に着用した白衣をいう忌み詞。今も全国に広く点在する。＊日葡辞書(1603-04)「irouo (イロヲ) キル〈訳〉喪服を着る」＊咄本・福禄寿(1708)三「死んだ時葬礼にいろを着るが」＊浄瑠璃・当流小栗判官(1714頃)五「いろを着して十四五人、棺を寺内へ舁ぎ入れ」＊浄瑠璃・博多小女郎波枕(1718)中「惣左衛門が葬礼にいろを着て供をしてみせ」㊂物事の表面に現われて、人に何かを感じさせるもの。①気持によって変化する顔色や表情。また、そぶり。＊続日本紀(797)文武即位前「天皇天縦寛仁、慍不レ形レ色」＊源氏(1001-14頃)玉鬘「ゆくりかに寄りきたるけはひにおびえて、おどいろもなくなりぬ」＊大鏡(12C前)四・道兼「あはた殿御いろ真青(まあを)にならせ給ひて、あれかにもあらぬ御けしきなり」＊蔭凉軒日録‐寛正三年(1462)五月六日「為二秋時一即為二芙蓉一乎之由申レ之。聊有二御領会之色一也」＊虎寛本狂言・清水(室町末‐近世初)「イヤ、こなたは殊之外御色が悪う御座るが、何ぞに逢(あひ)は被成ぬか」＊仮名草子・浮世物語(1665頃)三・九「その人の名を申さんとしける色を秀吉公御覧じて、小声になりて『名を言ふな言ふな』と仰せられし」＊浄瑠璃・曾根崎心中(1703)「足を取てをしいただき、膝にだき付こがれなき、女もいろに包みかね」＊婦系図(1907)〈泉鏡花〉前・五二「(おいでなさいな)を色で云って、藹たく生垣から、二階を振仰ぐ」②顔だちや姿。特に美しい容姿。＊今昔(1120頃か)五・四「止事无(やむごとなき)聖人也と云ふとも、色にめでず声に不耽(ふけら)ぬ者は不有じ」＊徒然草(1331頃)九「すべて女の、うちとけたる寝(い)も寝ず〈略〉堪ふべくもあらぬわざにもよく堪へしのぶは、ただ色を思ふがゆゑなり」＊太平記(14C後)一八・春宮還御事「限り無き御物思に成りければ、傍(かた)への色異なる人を御らんじても、御目をだにも回(めぐら)されず」＊浮世草子・好色五人女(1686)二・二「九右衛門妹におなつといへる有ける。其年十六迄男の色好ていまに定る縁もなし」＊人情本・春色辰巳園(1833-35)後・七回上「近来(ちかごろ)は人情甚だいやしくなり、ただ美服をかざりて色(イロ)をつくろい、婦女子の心ますます賤しく」③はなやかな風情。面白い趣。また、それを添えるもの。＊古今(905-914)仮名序「いまの世中、色につき、人の心、花になりにけるより、あだなる歌、はかなきことのみいでくれば」＊徒然草(1331頃)一三八「『祭過ぎぬれば後の葵不用なり』とて、或人の、御簾(みす)なるをみな取らせられ侍りしが、色もなく覚え侍りしを」＊三道(1423)「曲のかかりを巧み寄せて、事を尽くし、色をそへて作書すべし」＊雑俳・西国船(1702)「はいらする・をどりのいろにちいさい子」＊浮世草子・風流曲三味線(1706)四・五「眉目(みめ)のよい女郎衆に遣らしゃるより、わしらがやうな色のない者に下さるるが慈悲じゃといへば」＊浄瑠璃・聖徳太子絵伝記(1717)一「正真の鶏頭に少し色を持たせてしゃれ木の取合」④人情の厚いさま。外に現われる思いやりの気持。情愛。＊平家(13C前)五・福原院宣「かう申せば、御辺の心をみんとて申すなどおもひ給ふか。御辺に心ざし深い色を見給へかし」＊貞享版沙石集(1283)七・六「人の心はやさしくいろあるべし」＊徒然草(1331頃)一四一「あづま人は、我がかたなれど、げには心の色なく、情おくれ、ひとへにすぐよかなるものなれば」＊御伽草子・文正草子(室町末)「これほどやさしきものを、御返し候へば、いろをも知らぬやうに覚え候」＊随筆・独寝(1724頃)上・二七「妾を持に女房有て持は其はづなれども色の気うすし」⑤それらしく感じられる気配、様子。＊古今(905-914)春下・九三「春の色のいたりいたらぬ里はあらじ咲ける咲かざる花の見ゆらん〈よみ人しらず〉」＊浄瑠璃・本朝三国志(1719)一「汝ら大かた色にも見つらん。三年此かた天下を望む思ひ立」⑥(声、音などの)響き。調子。＊ロドリゲス日本大文典(1604-08)「ナマルト ユウワ スバル ヒロガルノ ホカ、コトバノ irouo (イロヲ) イイチガユル コトナリ」＊若菜集(1897)〈島崎藤村〉鶏「力あるらし声たけき 敵(かたき)のさまを懼れてか 声色(イロ)あるさまに羞ぢてかや 妻鳥(めどり)は花に隠れけり」＊星座(1922)〈有島武郎〉「声の色は丸で違ってゐた」⑦能楽で、気持をこめて、節(ふし)と詞の中間のように謡う部分。また、修飾的な節まわし。⑧浄瑠璃で、詞と地の中間の、詞の要素の多い部分。はなやかな感じを与えたりする。＊浮世草子・元禄大平記(1702)二・西鶴が幽霊地獄物がたり「ヲロシ、三重、イロ、ウツリ、ハッハ、ソヲヲとばかりにて」⑨箏で、左手の指で弦を押し、またはゆるがす弾き方。⑩蹴鞠で、鞠の回転や速さの具合。＊咄本・私可多咄(1671)三・七「かたゐなかの人、まりけるをみて、あのありありといふは、いか成事ぞととふ。あれは色をみて、わか方へくる時に、人にばいそくせられましきためと」＊浮世草子・日本永代蔵(1688)二・三「ゆふべに飛鳥井殿の御鞠の色(イロ)を見」㊂男女の情愛に関する物事。①中古では多く、「いろ好む」の形で、主として異性にひかれる感情、恋愛の情趣。近世は、もっぱら肉体関係を伴う恋愛。情事。＊伊勢物語(10C前)六一「これは色このむといふすきもの」＊大和(947-957頃)一〇三「平中がいろこのみけるさかりに市(いち)にいきけり。なかごろは、よき人々市にいきてなむいろこのむわざはしける」＊平家(13C前)一・二代后「天下第一の美人のきこえましましければ、主上色にのみ染(そ)める御心にて」＊徒然草(1331頃)一三七「男女の情も、ひとへに逢見るをばいふものかは。逢はで止みにし憂さを思ひ、〈略〉浅茅が宿に昔をしのぶこそ、色このむとはいはめ」＊日葡辞書(1603-04)「Ironi (イロニ) フケル〈略〉Irouo (イロヲ) コノム」＊雑俳・柳多留‐七(1772)「色をするつらかと遣り手なわをかけ」＊人情本・春色梅児誉美(1832-33)後・一一齣「みな親か兄弟のために、苦界の年のうち色を商ひ色(イロ)をつつしみ用心しても」②正式の婚姻でなく通じている男女の関係。また、情事の相手。情人。情夫または情婦。＊論語‐子罕「吾未レ見二好レ徳如レ好レ色者一也」＊俳諧・西鶴大矢数(1681)第二九「伊勢参人の面はしろしろと 事欠の色明星が茶屋」＊浄瑠璃・冥途の飛脚(1711頃)下「いろで逢ひしはは昔、けふはしんみの女夫(めをと)合ひ」＊黄表紙・金々先生栄花夢(1775)下「内しょにては源四郎といろにて、金々先生の目をしのびてたのしみける」＊滑稽本・浮世床(1813-23)一・上「跡月(あとげつ)参らねえから色(イロ)が待て居るだらう」＊浮雲(1887-89)〈二葉亭四迷〉一・一「是れからは朝から晩まで情婦(イロ)の側にへばり付てゐる事が出来らアネ」③遊女。＊仮名草子・都風俗鑑(1681)四「是をごくゐなりと思ふ男は、山州といひ、色などといふてうれしがるなり」＊俳諧・本朝文選(1706)三・譜類・百花譜〈許六〉「是を色にたとへていはば、吉野高尾などいふべき遊君の」＊浄瑠璃・心中刃は氷の朔日(1709)中「一座の色、わしらも行水してこふと皆々表に出にける」＊浮世草子・傾城禁短気(1711)六・三「男つきをかざり、色たる身に思ひつかるる仕出し」④遊里。色里。＊浮世草子・世間胸算用(1692)二・一「寄合座敷も色ちかき所をさって、生玉下寺町の客庵を借りて」＊長唄・千代万寿丹前(1833-39)「揚屋のわけもしこなしも、色の諸分もちっととやっとと飲込んだ」㊃種類。→㊂③。＊宇津保(970-999頃)俊蔭「目に見ゆる鳥けだ物、いろをもきらはず殺し食へば」＊さるばとるむんぢ(1598)「何なりとも物を盗みたる事あらば其色を申べし」＊仮名草子・恨の介(1609-17頃)上「みづからが祈りしも、色こそかはれ其胸のやるかたなきは一つなり」㊄(特定の人々の間で用いられるもの)①紅(べに)をいう女性語。＊滑稽本・早変胸機関(1810)「目のふちへお紅(イロ)をつけたり」＊随筆・嬉遊笑覧(1830)一・下「今も田舎に喪の衣をいろとのみいふといへり さらば今の女詞に紅をいろとのみいふこと浅ましくいまはしきなりと云り」②醤油(しょうゆ)をいう。③絵の具、染料をいう。④土蔵をいう、盗人仲間の隠語。「土蔵」は回りを白く塗るところから「むすめ」といい、その「むすめ」から連想していったもの。〔隠語輯覧(1915)〕㊁〘形動〙①容貌や姿がはなやかで美しいさま。また、髪の毛がつややかで美しいさま。＊宇津保(970-999頃)藤原の君「いろなる娘どもゐなみて」＊枕(10C終)二〇〇・野分のまたの日こそ「髪、いろにこまごまとうるはしう末も尾花のやうにて丈ばかりなりければ」＊源氏(1001-14頃)椎本「末少し細りて、いろなりとかいふめる、翡翠(ひすゐ)だちて、いとをかしげに糸をよりかけたるやうなり」＊栄花(1028-92頃)著るはわびしと嘆く女房「御ぐしは御衣よりはいろにて」②恋愛の情趣を解するさま。色好みであるさま。＊落窪(10C後)三「越前守色なる人にて、いと興あり、嬉しと思ひて目をくばりて見渡す」＊源氏(1001-14頃)浮舟「この宮のいとさわがしきまでいろにおはしますなれば」＊大鏡(12C前)三・師輔「いといろなる御心ぐせにて、宮にかくなむ思ふと、あながちにせめ申させ給へば」③風流であるさま。＊源氏(1001-14頃)総角「目なれずもあるすまひのさまかなといろなる御心にはをかしくおぼしなさる」㊂〘語素〙①情事、遊里などに関するという意を添える。「色駕籠」「色敵(いろがたき)」「色客」「色狂い」「色事」「色好み」「色酒」「色里」「色三味線」「色仕掛け」「色茶屋」など。②調子、様子などの意を添える。「音色(ねいろ)」「声色(こわいろ)」「勝ち色」「負け色」など。③種類の意を添える。「一色(ひといろ)」「色分け」など。＊浮世草子・世間胸算用(1692)一・二「一軒からは、古き傘(からかさ)一本に綿繰(わたくり)ひとつ茶釜ひとつ、かれこれ三色にて銀壱匁借て事ましける」＊人情本・春色梅美婦禰(1841-42頃)三・一五回「肴を三色(ミイロ)ばかり持来りて」

[語誌](1)その時々に色彩や顔色、様子、恋愛や情事など、さまざまな意味や用法を派生するが、色彩を中核的な原義とすることは、現代まで変わらない。(2)「万葉集」の「いろ」は赤色系統が多く、中古の韻文では黄色や緑色、紫色系統が加わる。明度や彩度の高い赤を基調としながら、相対性が生じている。散文では赤色系統がさらに減少し、色彩が不明で、不特定な「いろ」が多くなる。もともと花などの自然や事物、また人の容色などの視覚的で華やかな美しさが、しだいに精神的な「心の色」や音声などへと転用されてくる。(3)漢語の「色」は「色彩」のほか「容色」「情欲」の意味でも用いられるところから、平安朝になって「いろ」が性的情趣の意味を持つようになるのは、漢語の影響と考えられる。恋愛の情趣としての「いろ」は、近世では肉体的な情事やその相手、遊女や遊里の意へと傾いていく。

[方言]❶魚群で、海面が暗く光って目に映ること。また、その魚群。岩手県下閉伊郡025 和歌山市695 岡山県児島郡763 香川県瀬戸内海島嶼829 長崎県五島917 ❷死者に着せる白衣。青森県三戸郡083 岩手県気仙郡100 島根県725 広島県倉橋島054 熊本県玉名郡058 ❸葬儀の際に、喪主や近親者などが衣服の上に羽織ったり、肩などに掛ける被衣(かずき)や白布。青森県津軽075 上北郡082 山形県飽海郡139 埼玉県秩父郡251 新潟県356 361 362 香川県829 ◇いろお 山形県飛島140 ❹葬儀の際の白衣など、喪服。伊豆八丈島†075 岩手県気仙郡100 宮城県仙台市125 東京都八丈島335 兵庫県淡路島052 広島県054 771 779 長崎県対馬913 ◇いろぎもの〔―着物〕神奈川県津久井郡010 ❺婚礼のときに女性がかぶる被衣(かずき)。青森県上北郡082

[語源説](❶㊀について)(1)ウルハシ(麗)のウルの転〔大言海〕。(2)目に入る意から、イル(入)の転〔名言通〕。(3)キラ(佳麗)の転〔言元梯〕。(4)イキウルホヒ(生気潤)の義〔日本語

原学=林甕臣〕。(5)イッツニの下略。色は五色に限るということから〔和句解〕。(6)イは妙発の霊気をいい、ロは含み集まる。その変化の気に随って染まった地気をイロ（気品）という〔紫門和語類集〕。(7)湿気は草木その他の自然物に潤沢の色を与えるところから、イロは、湿を含む義のウルフから生じたもの〔国語の語根とその分類=大島正健〕。(8)美しい色彩をいう「豔」Yen の別音 In の語尾をラ行音に転じたもの〔日本語原考=与謝野寛〕。（㊀㊂について）(1)漢語で女を色ということから〔和訓栞〕。(2)シロキモノ（白粉）の色の義〔大言海〕。(3)古代、貴族の家庭内において女の順序を示したイロネ・イロモに関連して出た語か〔国文学=折口信夫〕。(4)ウロと通う。ウルハシの語根〔日本語源=賀茂百樹〕。(5)男女の放縦な情交をいう「淫」In の語尾が省略されてラ行音が添ったもの〔日本語原考=与謝野寛〕。

発音 〈なまり〉エロ〔埼玉方言・富山県・福井・鳥取・鹿児島方言〕〈標ア〉◎〈ア史〉㊀は平安・鎌倉〇〇 室町来◉〇〈京ア〉イ 上仮名 イロ 辞書 色葉・名義・和玉・文明・饅頭・日葡・書言・〈ボン〉・言海 表記 色（色・名・玉・文・書・へ・言）彩・頩（色・名・玉）喪衣（文・饅・書）倚盧（文・へ）綵・采（色）譪（名）緦（文）素韠・縗衣（書）

いろ上(あ)がる 染物がよく染め上がって、色が鮮やかになる。色が美しく染まる。＊東北院職人歌合（1348頃か）「うとくなる人の心の花浅黄（はなあさぎ）いくしほ染めて色あがるらん」

いろ揚(あ)ぐ 色のさめた布などを染めなおして美しくする。最後の仕上げをして染色を美しくする。＊東北院職人歌合（1348頃か）「月すめば夜はの嵐の色あげてむらごにみゆる森の下蔭」＊浮世草子・日本永代蔵（1688）五・二「浅黄の上を千種に色（イロ）あげて袖下につぎのあたりし布子に御三寸進じて悦び」

いろ改(あらた)まる 喪の期間が明けて、薄墨色の喪服から平常の衣服に着かえる。＊源氏（1001-14頃）乙女「としかはりて宮の御はても過ぎぬれば、世中いろあらたまりて」＊栄花（1028-92頃）布引の滝「かくて世中のいろあらたまりなどして」

いろ有(あ)る ①色のついた。＊大鏡（12C前）三・伊尹「なにいろにか、いろある御ぞどもの、ゆたちよりおほくこぼれいでて侍りし御やうたいなどよ」②美しい。おもむきがある。＊東関紀行（1242頃）前島より興津「我もまたここをせにせん宇津の山わけて色あるつたのしたつゆ」＊曾我物語（南北朝頃）七・勘当ゆるす事「いろある小鳥の、東より西の木末につたひしを」③容色が美しい。異性をひきつける魅力がある。＊仮名草子・好色袖鑑（1682）上「実の恋といふは、たとへば色あるよそほひを見初て心をうつし、又ははなしをききてもなつかしくなり」＊浮世草子・好色五人女（1686）一・三「色ある娘は、母の親ひけらかして、花は見ずに、見られに行は、今の世の人心なり」＊随筆・胆大小心録（1808）一三三「若き色ある人々はちかく召されて」④芸妓などの美人が多く集まって、はなやかである。＊浮世草子・男色大鑑（1687）八・一「気を付て見しに花咲左吉なり。色ある床（とこ）を見に廻る為にやといへば大笑ひして」⑤愛情を通じ合う。情を交わす。＊随筆・独寝（1724頃）上・一一「是は女郎の三百六十日の事々。『よふいとおしさふにつづき給ふことぞ』といふに、『其のうち色有る男あればこそ』といふ」

いろが褪(さ)める ①あせて、色が薄くなる。＊風雅（1346-49頃）夏・三五六「風わたる田面の早苗色さめていり日残れる岡のまつばら〈光厳院〉」②心変わりがする。愛情が薄れる。＊黄表紙・御存商売物（1782）中「たとへこの身は、たばこ庖丁でこぐちを截（た）たれても、色のさめるきづかいはないのさ」

いろが深(ふか)い 恋の道によく通じている。＊謡曲・卒都婆小町（1384頃）「いや小町といふ人は、あまりに色が深うて、あなたの玉章（たまずさ）こなたの文」

いろ変(か)わる ①色が変化する。色があせる。様子が変わる。＊古今（905-914）秋下・二七八「いろかはる秋のきくをばひととせにふたたびにほふ花とこそみれ〈よみ人しらず〉」＊源氏（1001-14頃）幻「御覧じなれたる御導師の頭はやうやう色かはりてさぶらふも、あはれにおぼさる」②喪のために衣の色が薄墨色に変わる。＊源氏（1001-14頃）椎本「色かはる袖をば露のやどりにてわが身ぞ更におき所なき」③昇進して衣の色が変わる。＊曾丹集（11C初か）「松の葉の緑の袖は年ふともいろかはるべきわれならなくに」④驚き、恐れ、怒りなどで顔色が変わる。特に、青ざめる。＊書言字考節用集（1717）八「愀然 イロカハル」＊浄瑠璃・神霊矢口渡（1770）四「娘も倶（とも）に色変り、はっと身震ひ」辞書 書言 表記 愀然（書）

いろ濃(こ)い ①色が濃い。衣服の紫や紅などの色が濃い意にいうことが多い。＊伊勢物語（10C前）四一「紫の色こき時はめもはるに野なる草木ぞわかれざりける」＊更級日記（1059頃）「雪の消ゆる世もなく積りたれば、いろこき衣（きぬ）に、白きあこめ着たらむやうに見えて」＊栄花（1028-92頃）月の宴「船岡の松の緑もいろこく、行末はるかにめでたかりしことぞや」②あくどい。しつこい。濃厚だ。＊徒然草（1331頃）一三七「片田舎の人こそ、色こく万（よろづ）はもて興ずれ」③恋愛の経験が豊かである。恋愛の修業を積んでいる。＊仮名草子・ねごと草（1662）下「岩つつじのいろこきわが身にもあらねば、もし人たがへもやと、御文手にも取りあへねば」④情勢がある方向に強く傾いている。ある傾向が強い。＊兄の立場（1926）〈川崎長太郎〉五「晴れた日には色濃い春が地上に漲（みなぎ）り渡った」＊近代文学と生活の問題（1934）〈唐木順三〉一「新しい時代の空気が、紅葉の死を一区画として、愈色濃く文壇へ流れこんで来たことは事実だ」＊若い人（1933-37）〈石坂洋次郎〉上・一七「だから、婚約の人が戦死したときいた時も、その一般的な気分がいくらか色濃くなった位のもので」

いろ添(そ)う ①色がひときわ濃くなる。＊春のみやまぢ（1280）一月二九日「松のみどりも、いま一しほの色そふけしきみえて、いとおもしろし」＊新続古今（1439）賀・七五一「君がため色そふ松にことへば来むと言ふなる万代の春〈藤原雅縁〉」②物事の味わいや度合が深くなる。＊玉葉（1312）雑四・二三四四・詞書「物申しける女のもとより、前右近中将維盛はかなくなりにける事を聞き伝へて、哀れもいとど色そふさまに言ひおこせて侍りける」辞書 言海 表記 色添（言）

いろ違(ちが)う 驚きや恐れで顔色が変わる。＊文明本節用集（室町中）「色違 イロチガウ」＊浄瑠璃・嫗山姥（1712頃）一「すっくと立ったる其いきほひ、正盛主従色ちがひ、膝わなわなとぞ成りにける」＊浄瑠璃・神霊矢口渡（1770）四「空に雷電霹靂（はたたがみ）〈略〉数多（あまた）の家来を始として、水主楫取（かんどり）色違（チガイ）」辞書 文明 表記 色違（文）

いろ蕾(つぼ)む 花のつぼみが色づいてふくらむ。＊式子内親王集（12C末-13C初）「色つぼむ梅の木の間の夕月夜春の光を見えそむるかな」

いろ辛(つら)し 色が変わりやすいことがつらい。また、恋人の心が変わりやすいことがつらい。＊新撰菟玖波集（1495）恋・上「おきてみづからむすぶあかつき 色つらきはなだの帯のきぬぎぬに〈宗砌〉」

いろと欲(よく)との二筋道(ふたすじみち) 女の容色と財産の両方を手に入れようと、二またかけて、女を誘惑すること。

いろ無(な)き風(かぜ) 秋風。「古今六帖-天・秋の風」の「吹き来れば身にもしみける秋風を色なきものと思ひけるかな〈紀友則〉」の歌から出た語。中国の五行思想で白を秋に配し秋風を素風といったのを、日本の歌語に直し、はなやかな情感をもたない風の意に用いたもの。馬琴の「俳諧歳時記」に、特に「九月の風也」と注しているのは誤り。《季・秋》＊曾丹集（11C初か）「あきぎりのたちつるすがら心あてにいろなきかせぞきごろもにしむ」＊千載（1187）秋下・三七四「吹き乱る柞（ははそ）が原を見わたせば色なき風ももみぢしにけり〈賀茂成保〉」＊新古今（1205）哀傷・七九七「物おもへば色なき風もなかりけり身にしむ秋の心ならひに〈源雅実〉」

いろに=出(い)ず[=出(ず)] ①心の中に思っていることや感情が、顔色やそぶりに現われる。とくに、恋心が、おもてに現われる。＊万葉（8C後）一四・三三七六「恋しけば袖も振らむを武蔵野のうけらが花の伊呂爾豆（イロニヅ）なゆめ〈東歌・武蔵〉」＊拾遺（1005-07頃か）恋一・六二二「忍ぶれど色にいでにけりわが恋は物や思ふと人のとふまで〈平兼盛〉」＊源氏（1001-14頃）柏木「いろにいでてうらみ聞こえ給ふべきにもあらねば」②色づく。色彩に現われる。＊新古今（1205）秋下・五三二「時わかぬ浪さへ色にいづみ川柞（ははそ）の森に嵐吹くらし〈藤原定家〉」＊金槐集（1213）恋「わが袖の涙にもあらぬ露にだに萩の下葉はいろにいでにけり」

いろに出(い)だす 心の中に思っていることを顔色やそぶりに表わす。＊源氏（1001-14頃）総角「さまざまにおぼしかまへけるを、いろにもいだし給はざりけるよ」＊謡曲・山姥（1430頃）「年頃色には出ださせ給ふ、言の葉草の露ほども、おん心には掛け給はぬ」＊浮世草子・人倫糸屑（1688）木戸番「けっく、はづかしさに色にも出さず、木戸より出さまに、さてもあれを見いでは、などといふて出る」

いろに溺(おぼ)れる 色情に心を奪われる。遊女などとの情欲にふける。＊仮名草子・好色袖鑑（1682）下「ひたふる色におぼれて、あしきやまひをうけ」＊当世書生気質（1885-86）〈坪内逍遙〉一一「是等は決して色（イロ）に溺（オボ）れて、それで醸した害ぢゃアないが」

いろに上下(じょうげ)の隔(へだ)てなし 色事には身分の上下などは問題にならない。恋に上下の隔てなし。

いろに染(そ)む 容色におぼれる。また、色の道に深くなじむ。恋におぼれる。＊世阿彌筆本謡曲・江口（1384頃）「ある時はいろにそみ貪著の思ひ浅からず」＊俳諧・犬子集（1633）五・紅葉「色にそむ紅葉や露にぬれ心〈一正〉」＊仮名草子・東海道名所記（1659-61頃）一「忽に色に染て、身をくづをらし財（たから）をうしなふ」＊浮世草子・男色十寸鏡（1687）上「人心色にそみ、香にめでてぬるよりおこって、心ことばの品深く」

いろに染(そ)める 容色で引きつける。美貌で魅了する。＊談義本・根無草（1763-69）前・一「堺町の若女形、瀬川菊之丞といへる若衆の色に染られて、師匠の身代からくれない」

いろに近(ちか)し 色ごとにかかわりがある。また、色っぽい。＊浮世草子・好色一代女（1686）一・一「公家（くげ）がたの御暮しは歌のさま鞠（まり）も色にちかく」

いろになる ①草木などが色づく。＊俳諧・江戸十歌仙（1678）九「糸かせてしめ木わがぬる秋の風〈春澄〉天下一竹田稲色になる〈芭蕉〉」②恋におちる。＊伊勢物語（10C前）六一「そめ河を渡らむ人のいかでかは色になるてふことのなからん」＊蜻蛉

(974頃)上・天徳二年「なげきのしたの 木の葉にはいとどいひおく はつしもに ふかきいろにや なりにけん おもふおもひの たえもせず」 ③情人になる。＊歌舞伎・五大力恋緘(1793)一幕「表向の色になって、わたしが難儀を救うておくれなされませ」 ④うちとける。親しくする。＊歌舞伎・小袖曾我薊色縫(十六夜清心)(1859)二幕「一舛買から一杯づつ呑やって、色になって咄しをしねへな」

いろに耽(ふけ)**る** 肉体的な楽しみに夢中になる。女色などにおぼれる。＊平家(13C前)五・勧進帳「悲哉、仏日早く没(もっ)して、生死流転の衢(ちまた)冥々(みゃうみゃう)たり。只色に耽り、酒にふける」＊徒然草(1331頃)一七二「色にふけり情にめで、行をいさぎよくして百年の身を誤り」＊ささめごと(1463-64頃)上「色にふけり名にめでて、千世、万世、鶴、亀、宿の楽しびなど言ひあへらんこそうたて侍れ」 辞書日葡

いろの合(あわい) 色の具合。色合(いろあい)。＊能宣集(984-991)「秋の花さまざまそむるたつたひめいろのあはひをいかでしりけむ」＊紫式部日記(1010頃か)消息文「いとものきよげにそびそびしく、なか高き顔して、色のあはひ白さなど、人にすぐれたり」＊源氏(1001-14頃)宿木「折り給へる花を、扇にうち置きて、見ゐ給へるに、やうやう赤みもて行くも、なかなか、色のあはひをかしく見ゆれば」

いろの楽屋(がくや) 遊女屋。＊人情本・春色梅児誉美(1832-33)初・二齣「丹次郎と米八は、色の楽屋(ガクヤ)に住ながらいつしか契りしかね言をたがへぬみさほの頼母(たのも)しく」

いろの粉(こ) 「豆の粉」をいう女房詞。きなこ。＊女中詞(元禄五年)(1692)「色のこ、きなこ 豆の粉」

いろの白(しろ)**いは=七難**(しちなん)**[=十難**(じゅうなん)**]隠**(かく)**す** 色白の女性は、少しぐらい醜い点があっても、目立たない。＊浮世草子・世間娘容気(1717)一「色(イロ)の白きは十難(ナン)かくすとて、生地(きぢ)にてかんにんのなる顔にも白粉をぬりくり」＊譬喩尽(1786)一「色(イロ)の白(シロ)ひは七難(シチナン)隠(カク)す」＊滑稽本・浮世風呂(1809-13)三・下「まだしも色白(イロジロ)だから七難(シチナン)も隠(カク)すけれど」

いろの世界(せかい) ①色恋の盛んな社会。遊里・花柳界など。＊人情本・春色辰巳園(1833-35)初・二回「色(イロ)の世界(セカイ)のならひとて、はじめて逢し増吉が、男をこなす取まはし、垢抜けしたるそれしゃの風情」 ②色恋が行なわれる場面、分野。

いろの巷(ちまた) 色里。遊里。色町。＊仮名草子・好色袖鑑(1682)序「さらに実(まこと)のいろのちまたをばしらず」＊人情本・春色梅児誉美(1832-33)二・三齣「賑ふ時も巳の剋(こく)を、過てまったく起揃ふ、軒に呼こむ朝日紅(あさひべに)、色(イロ)の街(チマタ)ぞゆかしけれ」

いろの出入(でいり) 色恋が原因のもめごと。色事出入り。＊常磐津・紅葉傘糸錦色木(善知鳥)(1778)下「あそこに居る旦那めと、こちらに居るぼっとり者、少しの色(イロ)の出入(デイリ)が出来、飛んだ口舌の真最中」

いろの手取(てどり) 色恋のわざに巧みなこと。また、その人。＊人情本・春色梅児誉美(1832-33)八・一六齣「はづす心とはづさせる心の中は当り合、色(イロ)の手(テ)とりと知られけり」

いろのとと 「さしさば」をいう女房詞。＊女房躾書(室町末)「さしさばをば、おし共いろのとと共云」＊女中詞(元禄五年)(1692)「さもじ・色のとと 刺鯖」

いろの無(な)**い酒**(さけ) 酌をする女のいない時・場所での酒。＊浄瑠璃・長町女腹切(1712頃)上「どうでも色のない酒はのまれぬと、にがいかほしながら」

いろの筆(ふで) 「まゆはらい(まゆ毛を抜いたりそったりする、少女から成年になるときの習俗)」をいう女房詞。＊女房躾書(室町末)「まゆはらひをば、いろの筆と云」

いろの丸(まる) 「小豆」をいう女房詞。＊女房躾書(室町末)「あづきをば、おあか共、あまもの共、いろのまる共云」＊女中詞(元禄五年)(1692)「色のまる、あは 小豆」

いろの水(みず) 「みそ汁」をいう女房詞。おつけ。＊女房躾書(室町末)「みそをば むしとも、いろのみづ共云」＊女中詞(元禄五年)(1692)「色の水、おつけ共 味そ汁の事」

いろの道(みち) 色恋に関した方面。色道(しきどう)。＊俳諧・西鶴大句数(1677)一「恋草の色の道とて十年は 情も知らぬ轡むしなく」＊仮名草子・好色袖鑑(1682)下「我心にさだめがたきは、此色の道なれば」＊黄表紙・無益委記(1779)「子曰く、じゅがくのみでもまよひやすきはいろの道」

いろの湊(みなと) 「いろみなと(色湊)」に同じ。＊歌謡・松の葉(1703)二・花見「そっちの客衆(きゃくしゅ)とこっちの客衆がくるとやしし、艪(ろ)かいを早めて、〈略〉いろのみなとへやんれ押せやれと」＊人情本・春色梅児誉美(1832-33)初・五齣「何(いづ)れもあだなる婦多川の色の湊に情の川岸蔵(かしぐら)」

いろの物(もの) ①にび色のもの。喪服。＊宇津保(970-999頃)国譲上「いろのものなどして、たたむ月のほどには、よのまはしのびてまゐり侍らん」 ②醤油(しょうゆ)の異称。＊金沢文庫古文書-(年月未詳)(室町)氏名未詳書状(六・四八三四)「むらさき物悦候て給はりて候〈略〉これも又いろの物のお□□し候べく候時に、返々悦申候はんと」

いろの世(よ) 色にふける人の多い世の中。色事ばかりが流行する世間。＊雑俳・柳多留-八(1773)「色の世ととなりの茶屋のばばあいひ」

いろの訳(わけ)**知**(し)**る** 色の道に通じる。恋の手管に熟達している。＊浄瑠璃・冥途の飛脚(1711頃)上「無地の丸鍔象嵌の国細工には稀男。色のわけしり里知りて暮(くれ)るを待たず飛ぶ足の」

いろは=思案(しあん)**[=心**(こころ)**・=思**(おも)**い]の外**(ほか) 恋愛は常識で判断できない。情事はとかく分別を越えやすい。恋は思案の外。＊浄瑠璃・壇浦兜軍記(1732)三「景清程の勇士なれども実に、色は思案の外」＊浮世草子・三千世界色修行(1772)四・一「又色は心の外などと、得手勝手なりくつをつけて」＊歌舞伎・四十七石忠矢計(十二時忠臣蔵)(1871)四幕「うはついた娘ぢゃあねえが、是を思ふと色(イロ)は思案(シアン)の外(ホカ)だなあ」＊はやり唄(1902)〈小杉天外〉一「色は思の外って事は有るが、此様(こん)な奴は何処が好いだらう」

いろは染(そ)**めざれば穢**(けが)**れず財**(たから)**は貪**(むさぼ)**らざれば害**(がい)**なし** 染色を自分でしなければよごれることはないし、財宝を欲ばって求めようとしなければ害になることはない、の意。貪欲を戒め、ほどほどで満足すべきであることを教えたもの。＊仮名草子・浮世物語(1665頃)四・三「足(たる)ことを知る者は貧しといへども富めるが如し。色は染(ソメ)ざればけがれず。たからはむさぼらざれば害(ガイ)なしと言へり」＊明心宝鑑-上「賢士伝曰、色不㆑染無㆑所㆑穢、財不㆑貪無㆑所㆑害」

いろ深(ふか)**し** (「いろぶかし」とも) ①色が濃い。色が濃く美しい。＊万葉(8C後)二〇・四四二四「伊呂夫可久(イロブカク)背なが衣は染めましを御坂(みさか)たばらばまさやかに見む〈物部刀自売〉」＊宇津保(970-999頃)菊の宴「色ふかくすれる衣をきる時はみぬ人さへもおもほゆるかな」＊源氏(1001-14頃)紅葉賀「赤き紙のうつるばかり色ふかきに、こだかきもりのかたをぬりかくしたり」＊謡曲・紅葉狩(1516頃)「朝(あした)の原はきのふより、色深き紅を、分け行くかたの山深み」 ②容色、容貌が美しい。＊新撰字鏡(898-901頃)「艶 以呂布加志 又美也」＊古今著聞集(1254)八・三三〇「とし比(ごろ)のおとこにも、すこしもうちとけたるかたちをみせず、事におきて色ふかく情ありければ、心を動かす人多かりけり」＊御伽草子・物くさ太郎(室町末)「都の人は情ありていかなる人をもきらはず、色(イロ)ふかき御人も互に夫妻とたのみたのまるるならひなり」 ③愛情が深い。思いこむ心が深い。志が深い。＊古今(905-914)恋四・七二三「紅(くれなゐ)のはつ花ぞめの色ふかく思ひし心われ忘れめや〈よみ人しらず〉」＊西宮左大臣集(982頃)「常夏にわびしき物は色ふかく思ひそめたる心なりけり」＊千載(1187)雑下・一一六三「そのかみに 色ふかからで 忘れにし 紅葉(もみぢ)の下葉 のこるやと〈待賢門院堀河〉」＊浄瑠璃・八百屋お七(1731頃か)下「恋に果して武蔵野の草の緑と色深(イロフカ)き、浮名諸国に弘(ひろ)ごりて」 ④色けが多い。また、色欲が強い。＊仮名草子・恨の介(1609-17頃)上「その比(ころ)都に隠れもなく、色深(フカ)き男どもあり」＊俳諧・冬の日(1685)「いろふかき男猫ひとつを捨かねて〈杜国〉 春のしらすの雪はきをよぶ〈重五〉」＊咄本・軽口浮瓢箪(1751)三・後生の物ずき「酒好きな者と色(イロ)ぶかい男と肴好きなものと三人より合」 辞書字鏡・和玉 表記[illegible](字・玉) 艶(字) 染(玉)

いろ外(ほか・そと)**に現**(あら)**わる** (「思い内にあれば色外に現わる」の略) 喜怒哀楽の心情が無意識のうちに顔色や態度に現われる。＊ロザリオの経(一六二二年版)(1622)ビルゼン・サンタ・マリア、ロザリオに現し給ふ御奇特の事・一「ヲモイ ウチニ アレバ、iro focani araururuni (イロ ホカニ アラワルルニ) ヨッテ」＊浄瑠璃・心中天の網島(1720)上「ほんに色外にあらはるでござんする。いかにもいかにも紙治様と死ぬる約束」

いろも香(か)**も** ①花などの色もかおりも。＊古今(905-914)哀傷・八五一「色もかも昔の濃さに匂へども植ゑけむ人の影ぞ恋しき〈紀貫之〉」＊江帥集(1111頃)「いろもかもにほひやするとたびびとのこころもにににほへしらぎくのはな」 ②姿も心も。美しい容色も情愛も。また、情理ともに。花も実も。＊浄瑠璃・義経千本桜(1747)三「明き桶荷(にな)ひ戻る男の取なりも利口で伊達で色も香(カ)もしる人ぞしる優男(やさおのこ)」＊人情本・春色辰巳園(1833-35)三・二条「色(イロ)も香(カ)もあるおふたりが自身(てんで)に花(はな)をちらすやうな、しうちはいやなことじゃアないかへ」 ③風情。おもむき。＊あさぢが露(13C後)「あながちにかくしもはとおぼしかへせどもいろもかもしらぬ人はなのめに思ふまじきことなり」＊浮世草子・御前義経記(1700)四・四「精進(しゃうじん)なれば、色も香(カ)もなき床(とこ)のさびしさ、人こそしらねかはくまもなき物思ひ」

いろ=許(ゆる)**さる[=許**(ゆ)**る]** ①功績のあった臣下などが、束帯の袍(ほう)以下の装束で、公卿所用の色目(いろめ)、地質、文様の使用を許される。＊枕(10C終)二七八・関白殿二月廿一日に「葡萄染(えびぞめ)の織物の指貫(さしぬき)を着たれば、『重雅はいろゆるされにけり』など、山の井大納言笑ひ給ふ」＊源氏(1001-14頃)乙女「五節にことつけて、直衣などさまかはれる色ゆるされて参り給」＊増鏡(1368-76頃)一五・むら時雨「幼き子の宗房といふも少将になさる。色ゆりなどして」 ②天皇の寵愛を受けた女性が、女房装束の唐衣(からきぬ)以下の地質の色目に、赤色、青色の使用を許される。＊伊勢物

語(10C前)六五「昔、おほやけおぼして使ふ給ふ女の、色ゆるされたるありけり」＊栄花(1028-92頃)初花「御簾のうちを見わたせば例のいろゆるされたるは、赤色、青色の唐衣に地摺の裳、うはぎは、おしわたして蘇芳の織物なり」

いろを上(あ)げる ①遊芸、遊興などで、器量を上げる。面目を施す。＊浮世草子・商人軍配団(1712か)五「酒宴に長じて三味線おっ取、一ふしの浄瑠璃小哥聞事にて、御子息一人で色を上、町中の評判」②潤色する。技巧をこらして表現する。＊足利本論語抄(16C)憲問第一四「卑諶が作書を子産見て色をあぐる也」 辞書 文明 表記 揚㆑色(文)

いろを露(あら)わす 反乱のきざしを見せる。暴動の様子を示す。＊上杉家文書-永正一〇年(1513)七月二四日・島津貞忠書状(大日本古文書一・二一三)「去廿二 寅剋、彼窂人衆被官中野に相残候者共、露㆑色候処、依㆑無㆓南口通路㆒失㆑利、散散罷成候間、中野へ旁追懸、或者生取」

いろを動(うご)かす 顔色を変える。＊義血俠血(1894)〈泉鏡花〉二四「威儀ある紳士と其老母とは、顔を見合せて迭(たがひ)に色を動(ウゴカ)せり」＊多情多恨(1896)〈尾崎紅葉〉後・六「平生は余り色を動さぬお種も今日は楽みさうに嬉々(いそいそ)して」＊後漢書-班固伝「君臣動㆑色、左右相趨、済済翼翼、峨峨如也」

いろを失(うしな)う ①ものの色がなくなる。色が見えなくなる。②驚き恐れて顔色が青くなる。意外な事態にどうしてよいかわからなくなる。顔色無し。＊平家(13C前)六・横田河原合戦「山上洛中の騒動なのめならず。供奉の公卿殿上人色をうしなひ」＊妻鏡(1300頃か)「千邪女が恥と成て、色(イロ)を失(ウシナ)ひけり」＊曾我物語(南北朝頃)二・泰山府君の事「天下暗闇になりて、夜昼の境もなくして、いろをうしなふ」＊増鏡(1368-76頃)二・新島守「かねては猛く見えし人人も〈略〉色をうしなひたるさまども、頼もしげなし」＊連歌比況集(1509頃)「仕手(して)たらん人は或は難句、或は古事など仕出(しいだ)して、初心は及びがたく上手も色を失ふ事あらん時」＊日葡辞書(1603-04)「Irouo vxinŏ (イロヲ ウシナウ)〈訳〉顔色を失う」③蹴鞠(けまり)で、蹴上げたまりが風に流される。＊浮世草子・好色一代女(1686)三・二「鞠(まり)は〈略〉其日も暮深く諸木の嵐はげしく、心ならず横切(よこぎれ)して色(イロ)をうしなひけるに」

いろを売(う)る 身体を売る。売春をする。色をひさぐ。＊玉塵抄(1563)一四「みめのわるい女が、かをけわうて、市の人のくんじゅする家の門にでて、立てかをさらいて、色をうって物をまうくるぞ」＊浮世草子・好色訓蒙図彙(1686)中「役者ともならず、色をうる一しゅなるを、陰郎陰間なんどいへり」＊浮世草子・傾城色三味線(1701)大坂・五「姿を恥て誰人にもあはぬといふ。それは其筈なり。色を売(ウ)る身は其心掛尤ぞかし」

いろを収(おさ)める 怒りや不安などで変わった顔色や表情を、普通の状態に戻す。＊のんきな患者(1932)〈梶井基次郎〉三「女は急にあっけにとられた顔をしてゐたが、吉田が慌ててまた色を収めるのを見ると、それでは是非近々教会へ来てくれと云って」

いろを＝重(おも)くす［＝重(おも)んず］ 色事に強い関心をもつ。＊曾我物語(南北朝頃)五・呉越のたたかひの事「我君、婬を好み色をもくして、美人を尋ぬる事天下にあまねし」＊太平記(14C後)三七・畠山入道道誓謀叛事「天子色を重(ヲモン)して政を乱り、小人高位に登って国の弊を不㆑知を見て」＊白居易-長恨歌「漢皇重㆑色思㆓傾国㆒、御宇多年求不㆑得」

いろを易(か)え＝品(しな)［＝様(さま)・＝篇(へん)］を易(か)う さまざまに手を尽くす。さまざまに手段を講じる。手をかえ品をかえる。＊高野山文書-観応二年(1351)二月一三日・鞆淵庄下司百姓和談起請置文(大日本古文書二・三一三)「百姓等、若令㆑違㆓背諸衆事書之旨㆒、或易㆑色易㆑篇而構㆓公事㆒難渋」＊黒本本節用集(室町)「易㆑色易㆑様 イロヲカヘサマヲかふ」＊浄瑠璃・曾我会稽山(1718)三「此異見はいく度か色をかへ品をかへていひつくし」＊談義本・銭湯新話(1754)二・摂津国有馬妬湯の話「一日の中には色(イロ)をかへ品をかえ、無分別のひょっひょと気ざすにこまり果るが」 辞書 文明・天正・饅頭・黒本 表記 易㆑色易㆑様(文・天・饅・黒)

いろを変(か)える ①怒り、不安、喜びなどのために顔色を変える。色を違える。＊滑稽本・浮世風呂(1809-13)三・上「いろをかへてしょげりゐる」＊義血俠血(1894)〈泉鏡花〉一一「渠(かれ)は色を変へて、此美しき魔性の物を睨めたりけり」＊行人(1912-13)〈夏目漱石〉兄・四三「自分が斯う云った時、兄は急に色を変へた」＊論語-郷党「有㆓盛饌㆒、必変㆑色而作」②「いろ(色)を易え品を易う」に同じ。＊日葡辞書(1603-04)「Irouo cayete (イロヲ カエテ) イサムル〈訳〉さまざまな方法で、ある人をとがめたり忠告を与えたりする」

いろを稼(かせ)ぐ ①「いろ(色)を売る」に同じ。②色事に精を出す。せっせと浮気する。女色をあさる。＊歌舞伎・幼稚子敵討(1753)三「コリャやい、身を野暮(やぼ)助だと思ったら当が違はふぞよ。〈略〉色を稼(カセ)ぐ身を何んだ、野暮(やぼ)助だ」＊談義本・教訓不弁舌(1754)一・儒者艶男色道の表裏「なんと仰せらるる、先生様には、色をお稼(カセギ)なされたきとの御事にて」＊人情本・春色辰巳園(1833-35)初・六回「ヲヤそれで好色(イロ)をかせぐのかへ。おつな気(き)のもみやうだねへ」

いろを利(き)かす 色事で活躍する。＊随筆・癇癖談(1791か)上「うちのむすこは、いとよいをとこなり。さだめて、いろをきかすらむ」

いろを損(そん)ず 不機嫌な顔色になる。機嫌を損じて顔色を変える。怒る。＊米沢本沙石集(1283)九・一「人を誡(いまし)め失なひ、色を損(ソン)じ、顔を赤め、目を忿(いから)かし、詞をはげしくす」＊太平記(14C後)一〇・安東入道自害事「是(これ)を見て安東大きに色を損(ソン)じて申けるは」＊浄瑠璃・鑓の権三重帷子(1717)下「只ちからに成迄の事と、こは高に成ければ、市の進色を損じ」

いろを＝正(ただ)しゅうす［＝正(ただ)す］ ようすをきちんと正しくする。顔つきを真剣にする。＊鹿苑日録-長享三年(1489)七月二八日「蔭凉色正曰、諸老被㆑応㆓上意㆒候」＊随筆・蘐園雑話(1751-72頃)「此文章の天狗の姿を云のべたること、いかなる人や及ぶべきとて、色を正ふして云はれしに、二人慙入て大に驚たると云」＊花柳春話(1878-79)〈織田純一郎訳〉五「マルツラバース色を正ふして問ふて曰く」＊舞姫(1890)〈森鷗外〉「彼は色を正して諫むるやう」

いろを立(た)てる 動揺する。色めきたつ。＊毛利家文書(永禄一〇年)(1567)毛利元就書状(大日本古文書二・五四八)「彼者かたより色をたて用心仕候上者」＊多聞院日記-天正一二年(1584)五月一四日「箸尾・古市も色を立。此国は不㆑可㆑有㆓殊儀㆒」

いろを違(ちが)える 「いろ(色)を変える①」に同じ。＊浮世草子・人倫糸屑(1688)臆病者「もし雷がならふかと色をちがへ」＊浄瑠璃・堀川波鼓(1706頃か)中「是にもなんとうたがひがと色をちがへて申ける」＊浄瑠璃・蘆屋道満大内鑑(1734)四「つぶやきながら立ちよってそっとのぞいてびっくりし、色をちがへ立ちかへり」

いろを尽(つ)くす ①種類のあるだけを出す。あらゆる種類に及ぶ。＊宇津保(970-999頃)内侍督「色々の香(かう)は色をつくして麝香(ざこう)、沈、丁子(ちゃうじ)」＊大観本謡曲・土蜘蛛(室町末)「療治によりて癒る事の例は多き世の中に、思ひも捨てず様々に色を尽して夜昼の境も知らぬ有様の」②美しく飾る。華美をきわめる。＊曾我物語(南北朝頃)四・鎌倉殿箱根御参詣の事「凡そ中間(ちゅうげん)雑色に至るまで、けしきにいろをつくす」

いろを作(つく)る ①化粧をする。顔作りをする。＊浮世草子・好色一代男(1682)三・三「色つくりたる女、はだには紅うこんの絹物」＊浮世草子・世間胸算用(1692)二・三「それぞれに身躰(しんたい)ほどの色を作りておかし」＊浮世草子・風流曲三味線(1706)四・一「胸に応(こた)えて厭乍(いやなが)ら、色粧(イロック)る身の顔にしかみも付られず」②髪や服装にこり、おしゃれをする。なまめかしい、人の気を引くような様子をする。＊浮世草子・好色五人女(1686)二・三「色(イロ)つくりたる男の人まち顔にて」＊浮世草子・好色一代女(1686)六・一「裏口より雪踏(せった)の音の聞へしが、かか目弾(めはじき)して立向ひ揚り口にて色つくるもせはし」③情人を持つ。

いろを付(つ)ける 物事の扱いで相手に温情を示す。祝儀を出す、値を引く、景品を付けるなどにいう。＊東寺百合文書-り・大永七年(1527)六月二七日・三条西公条書状(大日本古文書四・二三六)「定而両方非㆓本意㆒之由可㆓相存㆒候、雖㆑然狂而致㆓堪忍㆒和睦候者、可㆑為㆓神妙㆒候〈略〉両方色をつけ、又堪忍の心中無㆑之候者、難㆓成立㆒候」＊彼岸過迄(1912)〈夏目漱石〉停留所・二〇「打っ切ら棒で愛嬌が足りない気がするので、少し色を着(ツ)ける為に」＊春泥(1928)〈久保田万太郎〉むほん・六「どのみち何とか色は付けてくれるんだらうから」

いろを調(ととの)う 容姿を整える。服装などをそろえさせる。＊とりかへばや(12C後)上「しぢなどまであたらしうきよらに、ずいしんなどまでいろをととのへ、さうぞくどもをたまはせたり」

いろを取(と)る ①いろどる。彩色する。＊夫木(1310頃)四「もしほくさかきあつめたる絵島には花咲春ぞ色は取ける〈藤原定頼〉」②色を失わせる。顔色を青ざめさせる。＊浄瑠璃・つれづれ草(1681)一「にっことゑしゃくしいひければさすがなまめくかんだちめ、色をとられてたうわなく」

いろを直(なお)す ①元気をとりもどして顔色がなおる。元気を回復する。＊平治(1220頃か)上・六波羅より紀州へ早馬を立てらるる事「うてや、者どもとて、みな人色をなをして、我れさきにとすすむほどに」＊太平記(14C後)一五・大樹摂津国豊島河原合戦事「将軍湊河に著き給ければ、機を失ひつる軍勢共、又色を直して方々より馳せ参りける間」②顔色をやわらげる。怒りや興奮がおさまる。＊太平記(14C後)一・資朝俊基関東下向事「此由奏し申れけるにこそ、宸襟始て解けて、群臣色をは直(ナヲ)されけれ」＊日葡辞書(1603-04)「Irouo nauosu (イロヲ ナヲス)〈訳〉それまで厳しかった顔色、または顔付を改める」＊浮世草子・けいせい伝受紙子(1710)二・五「始終の首尾を語りければ、船右衛門色をなをし」＊浄瑠璃・心中天の網島(1720)中「此たびじせつとうらいと請出すに極った、我ら存もよらぬことといへばおさんも色をなをし」

いろを作(な)す 顔色を変えて怒る。＊台記-天養二年(1145)正月五日「予作㆑色曰、彼卿求㆓媚於皇后㆒、故有㆓此言㆒」＊江戸繁昌記(1832-36)四・仮宅「客、艴然色を作して道ふ」＊吾輩は猫である(1905-06)〈夏目漱石〉九「只他(ひと)の吾を吾と思はぬ時に於て怫然(ふつぜん)として色を作す」＊戦国策-斉策「王忿然作レ色曰、王者貴乎、士貴乎」

いろを鬻(ひさ)ぐ 「いろ(色)を売る」に同じ。＊大阪の宿(1925-26)〈水上滝太郎〉九・一「無神経な娘は、自分が色をひさぐ事さへ、何の反省もなく」

いろを含(ふく)む 色めいた様子を内に持つ。＊洒落本・交代盤栄記(1754)「此御かた器量美しき事たとへんかたなし色をふくみ愛敬ありて情深く気しつしっほりとして」

いろを変(へん)ず 「いろ(色)を変える」に同じ。＊平家(13C前)二・西光被斬「西光元より勝れたる大剛の者なりければ、ちとも色も変ぜず、悪びれたる景気もなし」＊俳諧・曠野(1689)員外「むかしあまた有ける人の中に、虎の物語せしに、とらに追はれたる人ありて、独色を変じたるよし」

いろをまく [方言]❶驚きや恐ろしさのあまり顔色を変える。色を失う。岡山県児島郡763 徳島県811 香川県827 ◇いろまく 香川県829 ◇いろをまくる 広島県高田郡779 ❷意地になる。むきになる。◇いろをまくる 島根県美濃郡725

いろを増(ま)す ①色が一段と濃くなる。②状況、様子が一層はっきりする。＊園太暦-文和元年(1352)閏二月一五日「丹波国守護荻野被二追落一、事事増レ色、毎事不レ可レ従二綸旨一、起レ軍之旨風聞」

いろを見(み)て灰汁(あく)をさす (染色で、灰汁を加えるには、色の具合を見てその加減をするところから)むやみに事を行なわないで、時と場合に応じて適当な手段をとることのたとえ。＊仮名草子・根の介(1609-17頃)上「いろをみてこそあくをばさせ、枝を見てこそ花をも折れ」＊俳諧・犬子集(1633)五・紅葉「色を見てあくさせべにの村紅葉〈親重〉」

いろを見(み)る 人の顔色を見て、その心情を推察する。顔色から心中を見抜く。＊文明本節用集(室町中)「見レ色 イロヲミル」＊浮世草子・好色五人女(1686)一・一「とやかく物思ふうちに、みな川色を見すまし」＊論語-顔淵「質直而好レ義、察レ言而観レ色」
[辞書]文明 [表記]見レ色(文)

いろを結(むす)ぶ 怒りの表情をあらわす。気色ばむ。＊浮世草子・男色十寸鏡(1687)上「少の事にもはらたて、色をむすびて、いかりうらむるは」＊浮世草子・御前義経記(1700)二・三「置いていきやらねばはなさぬと、互に色をむすぶ所へ」

い-ろ :ゐ【井路】『名』(「井」は水の集まる意) 用水を導く溝。井水(いみず)を導く路。水路。＊地方凡例録(1794)九「関枠〈略〉用水井路分水等の処に懸け、二枚開戸にして水を量り引分処に用る」

い-ろ【伊呂】『名』法論味噌(ほろみそ)を製するときの黒豆からしぼり取った汁。煮物の調味に用いる。＊雍州府志(1684)六「法論味噌〈略〉凡製二法論味噌一法、黒豆煮レ之、砕而作二豆鼓一、南都所レ製布巾搾レ之取レ汁、為二煮レ物之料一、是謂二伊呂一」

い-ろ :ゐ【囲炉】『名』「いろり(囲炉裏)」の略。＊太閤記(1625)一・藤吉郎殿薪奉行之事「翌日より自火を焼、多くの囲爐を穿鑿し」＊談義本・成仙玉一口玄談(1785)一・箒良到伯西児国之談「台所には囲炉(ヰロ)あって茶釜を掛たり」

い-ろ【倚廬】『名』天皇が、父母の喪に服する期間にこもる臨時の仮屋。板敷を常の御殿よりもさげ、蘆の簾(すだれ)に布の帽額(もこう)をかけ、御薦(みす)を敷く。調度品はすべて粗末な物を用いる。倚閭(いりょ)。＊西宮記(969頃)一七・喪服「(天暦八年正月)十日亥刻、坐二倚廬一、〈或曰、発喪日可移件廊、四日四夜坐不可然云々〉即着二素服一、〈略〉廿二日、除二素服一出二倚廬一」＊御堂関白記-寛弘八年(1011)一一月一六日「戌四点御葬、同時御倚廬」＊浜松中納言(11C中)四「かかるいろの程は、これより深くもとこそ思ふを、いかでか浅くはなるべきにか」＊徒然草(1331頃)二八「諒闇の年ばかりあはれなる事はあらじ。倚廬の御所のさまなど、板敷をさげ、あしの御簾(みす)をかけて、布の帽額(もかう)あらあらしく」＊儀礼-喪服・一一「居二倚廬一、寝レ苫枕レ塊、哭昼夜無レ時」
[発音]〈標ア〉[イ] [辞書]書言・言海 [表記]倚廬(書) 倚盧(言)

い-ろ【異路】『名』違ったみち。別のみち。＊天柱集(1348頃)「為レ聖為レ賢無二異路一、汗衫脱去清風生」＊広益熟字典(1874)〈湯浅忠良〉「異路 イロ ヘツノミチ」＊史記-太史公自序「直所二従言一之異路、有二省不省一耳」
[発音]〈標ア〉[イ]

いろ『助』[方言]疑問または推量の意を表わす。やら。だろうか。だろう。山口県都濃郡038 佐賀県東松浦郡038 長崎県899 905 906 熊本県921 鹿児島県阿久根市038 ◇いろお 山口県都濃郡038 ◇いら 尾張宮†111

いろ『語素』血族関係を表わす名詞の上に付いて、母親を同じくすること、母方の血のつながりがあることを表わす。同母の。のち、親愛の情を表わすのに用いられるようになった。「いろせ」「いろと」「いろも」「いろね」など。
[語誌]異腹の関係を表わす「まま」の対語で、「古事記」の用例をみる限り、同母の関係を表わすのに用いられているが、もとは「いりひこ」のイリ、「いらつめ」のイラとグループをなして近縁を表わしたものか。それを、中国の法制的な家族概念に翻訳語としてあてたと考えられる。
[語源説](1)イは、イツクシ、イトシなどのイ。ロは助辞か〔古事記伝・皇国辞解・国語の語根とその分類=大島正健〕。(2)イロハと同語〔東雅・日本民族の起源=岡正雄〕。(3)イヘラ(家等・舎等)の転〔万葉考〕。(4)イヘ(家)の転〔類聚名物考〕。(5)魚の精水を意味する朝鮮語 iri、母方の親戚の意の蒙古語 el などと関係している〔日本語の黎明=大野晋〕。(6)「姻」の字音 Im の語尾の省略されたものに、ラ行音を添えた語〔日本語原考=与謝野寛〕。
[辞書]言海

いろ-あい :ひあ【色合】『名』①色のぐあい。色の調子。色気。＊枕(10C終)六七・草の花は「龍胆(りんだう)は、枝ざしなどもむつかしけれど、こと花どものみな霜枯れたるに、いとはなやかなる色あひにてさし出でたる、いとをかし」＊滑稽本・東海道中膝栗毛(1802-09)四・上「ヲット此玉子はどふもいろあいが気にくはねへ」＊草枕(1906)〈夏目漱石〉八「いい色合ぢゃなう。端渓かい」②顔の色つや。顔色。＊宇津保(970-999頃)蔵開下「御年五、ほど大きに、御色あひ、御髪(ぐし)のすぢ、母君に似給へれど」＊源氏(1001-14頃)宿木「色あひ、あまりなるまで匂ひて、ものものしくけ高き顔の」＊浮世草子・近代艶隠者(1686)五・四「父母の色あい見にくきさへ、もしや身のうへにてかなんど、胸うもれ息くるしく」③物事の感じやぐあい。大体の傾向。＊改正増補和英語林集成(1886)「テキノ iroai (イロアイ)ヲ ミル」＊それから(1909)〈夏目漱石〉七「三千代は其方面の婦人ではなかった。色合から云ふと、もっと地味で、気持から云ふと、もう少し沈んでゐた」＊帰郷(1948)〈大仏次郎〉林泉図「調子は複雑な色合を帯びてゐて」④歌舞伎台本の用語で、恋愛の情をうつしたしぐさ。＊歌舞伎・与話情浮名横櫛(切られ与三)(1853)二幕「お富と与三郎見合ひ、お富、扇を翳(かざ)す。色合ひの摺れ違ひありて」[方言]愛想。味。感じ。岡山県児島郡763 [発音]〈なまり〉イロヤイ〔岐阜〕〈標ア〉[ア][0]〈京ア〉[0] [辞書]ヘボン・言海 [表記]色相(へ) 色合(言)

いろ-あがり【色上・色揚】『名』染色などで、色の仕上がり、または、仕上がり具合。[発音]イロアガリ〈標ア〉[ア]

いろ-あきない :あきなひ【色商】『名』「いろしょうばい(色商売)」に同じ。＊浄瑠璃・傾城八花形(1703)三「色商の口入有、常々かしこに出入しが」[発音]〈標ア〉[キ]

いろ-あく【色悪】『名』①歌舞伎の役柄の一つ。外見は色男で、実際は悪人の役。「四谷怪談」の伊右衛門など。色敵(いろがたき)。悪色事師(あくいろごとし)。＊雑俳・柳多留-二五(1794)「色悪の跡のやつしは鍛冶屋也」＊歌舞伎年代記(1811-15)一・享保六年「此(この)春より山中(やまなか)の名字(みゃうじ)に改(あらため)、色悪(イロアク)といふは是(これ)を始(はじめ)とす」②女を迷わせてもてあそぶ男。色魔。＊社会百面相(1902)〈内田魯庵〉ハイカラ紳士・下「渠奴(きゃつ)中々の色悪(イロアク)で〈略〉咖啡店の女を誑(だら)して」＊続末枯(1918)〈久保田万太郎〉「古笠庵はみかけによらない色悪(イロアク)で」[発音]〈標ア〉[0]〈京ア〉[0]

いろ-あげ【色揚】『名』①色のさめた古い布などを染め直して鮮やかにすること。また、その染め上がり。＊俳諧・犬子集(1633)一・梅「紅梅の色上するや夕日影〈休音〉」＊浮世草子・風流夢浮橋(1703)三・一「禿にもおなじ模様もきせられず、色(イロ)あけのそめちん、糊の銭、何からなにまでの物入」＊歌舞伎・狭間軍記鳴海録(桶狭間合戦)(1870)四幕「その方それなる幸内(かうない)より、剣花菱(けんはなびし)の紋附きし衣類の表を二枚まで色揚(イロア)げしたと申したな」②染物、入れ墨などで最後の仕上げをして、染め色を美しくすること。また、その染め上がり。＊狂歌・狂歌活玉集(1740)上「今までは千しほに染し紅葉を又の時雨が色上(いろあケ)をする」＊西洋道中膝栗毛(1870-76)〈仮名垣魯文〉一一・下「珊瑚珠に似た貝を琢磨(みが)きあげて潤色(イロアゲ)をしたのだから」＊刺青(1910)〈谷崎潤一郎〉「これから湯殿へ行って色上げをするのだ。苦しからうがちっと我慢をしな」③古びた物事を新しくすること。また、みがきあげて美しくすること。＊洒落本・妓情返夢解(1802)一「夢の手ごとじゃアねへかね。久しいものさ。モウ色あげも聞きかねるね」④大学教授などが海外へ留学することをいう、学生間の俗語。⑤刑務所の看守長をいう、警察関係の隠語。〔モダン新用語辞典(1931)〕[発音]イロアゲ〈標ア〉[ゲ][ア]〈京ア〉[ア] [辞書]ヘボン・言海 [表記]色揚(へ) 色上(言)

いろあげ-にじる【色揚煮汁】『名』金工用の着色液。緑青(ろくしょう)、胆礬(たんばん)、酢、水を調合して作る。

いろ-あざやか【色鮮】『形動』色がきわだって見事であるさま。また、心象などのきわだって鮮明なさまにもいう。＊つゆのあとさき(1931)〈永井荷風〉一「日比谷公園から堀端一帯の青葉が一層色あざやかに輝き」＊斜陽(1947)〈太宰治〉一「六年前の私の離婚の時の事が色あざやかに思ひ浮んで来て」[発音]〈標ア〉[ザ]

いろ-あしらい :あしらひ【色—】『名』「いろじたて(色仕立)①」に同じ。＊談義本・つれづれ睟か川(1783)五「妓(おやま)は一謁(いちげん)から、どうせい、かうせいのいろあしらい」

いろ-あ・せる【色褪】『自サ下一』①色が薄くなる。色つやがなくなる。色が古くなる。＊あらたま(1921)〈斎藤茂吉〉折にふれ「君が愛でし牛の写真のいろ褪(ア)せて久しくなりぬこのはだら牛」②以前のような若さ、美しさ、新鮮さなどのおもかげがなくなる。精彩をなくす。＊或る死、或る生(1939)〈保高徳蔵〉一「僅に残ってゐた色褪せた愛情も、無残に消滅して」＊われ深きふちより(1955)〈島尾敏雄〉「それまでの見馴れた患者たちが急に色あせて見えて来た」[発音]〈標ア〉[セ]〈京ア〉[イ]=[0]

いろ-あそび【色遊】『名』遊女などを相手として遊興すること。＊評判記・役者口三味線(1699)京・都は花の下しぐみ「あるはどて町の色(イロ)遊び。又は遠けのしゅかうなど。りゃうじにはうけあはず」＊浮世草子・傾城禁短気(1711)四・一「銀(かね)さへあらば思ひ切った色遊(イロアソ)びは、若い中にして見給へ」＊浄瑠璃・生玉心中(1715か)上「子共(こども)が少しの色あそび、五百目壱貫目つかふた迚(とて)くやむ人ではなけれ共」[発音]〈標ア〉[ア]

いろあで『名』刑務所の看守長をいう、盗人仲間の隠語。

語。〔隠語輯覧(1915)〕

いろ-あぶら【色油】『名』種油、白油、魚油以外の油の総称。すなわち胡麻油、荏油(えのあぶら)、榧油(かやあぶら)の類。＊財政経済史料-三・経済・商業・油商・文化六年(1809)月日「色油とは製法油之事に候哉。又は胡麻、荏、椿油等之類も一同に色油と唱候哉。一、此儀惣而油之惣名を水油と相唱申候。菜種は水油、綿実は白油、魚油此三品を相除、其外之品数惣名色油と申伝候」

いろ-あらそい【色争】『名』①色の美しさを競うこと。容色を比べ争うこと。＊浄瑠璃・十二段(1698頃)一「おもかげは、さくらなのみや、いろくらべ、いろあらそひのはるの山」②痴情の争い。痴話喧嘩。＊浄瑠璃・吉野忠信(1697頃)道行「あけをうばひしむらさきのいろあらそひもうたがひも又はねたみもあらしふく」 発音〈標ア〉ア

いろ-あわい【色合】『名』「いろあい(色合)」に同じ。＊夜の寝覚(1045-68頃)三「人々の装束(さうぞく)の色あはひ」＊狭衣物語(1069-77頃か)四「心よりほかなる髪のかかり、色あはひなど、まことしうをかしげなるを」＊栄花(1028-92頃)初花「いろあはひ何となく匂ひ給へるに」

いろ-あわせ【色合】『名』①見本と照らし合わせて、それと同じ色にすること。②染色または染料を適宜に加減して、ある色と同じ色にすること。 発音〈標ア〉ア〈京ア〉ア

いろい【綺・辞・弄】『名』(動詞「いろう(綺)」の連用形の名詞化)①口出しすること。干渉すること。＊吾妻鏡-文治二年(1186)一一月二四日「現在謀反人跡之外者、可ㇾ令ㇾ停二止地頭綺一之旨。面々加二下知一候者也」＊米沢本沙石集(1283)七・一三「世間の様(やう)は、一人は悦べども、一人は歎事也。御綺(イロヒ)いな候ぞ」＊太平記(14C後)三〇・吉野殿与相公羽林御和睦事「年来(としごろ)進止の地に於ては、武家一向(いっかう)其の綺(イロヒ)を止めるべきにて候」＊浮世草子・諸国心中女(1686)三・一「二世かけて語(かたら)ひ侍れども、おや兄弟(はらから)のいろひをいかがすべき」②あげつらうこと。争い口論すること。＊兼載雑談(1510頃)「新菟玖波集の時、句数多少贔負あるとて、相論のさたしげかりし時、兼載云、わが句を、一句もこの集に入れずして、集のいろいをやむべしと有しに」 方言おもちゃ。玩具(がんぐ)。東京都大島326 辞書文明・伊京・明応・天正・黒本 表記綺(文・伊・明・天・黒)

いろい-ごと【綺事・弄事】『名』争いごと。もめごと。いざこざ。いろい。＊高野山文書-(年未詳)五月二日・盛久書状(大日本古文書四・三七四)「在所之事者、子息十郎方に申付候上者、御公事付候て、いろい事はあるまじく候」

いろ-いし【色石】『名』色のついた石。青、赤、紫などの色のついた小さい庭石をいう。 発音〈標ア〉ロ

いろ-いしゃ【色医者】『名』遊興の好きな医者。

いろ-いた【色板】『名』①色刷り用の版木。必要な色の部分だけを残して彫りならしてある。＊小津桂窓宛馬琴書簡-天保六年(1835)一月一一日「とびらは、板木師に故障有之よしにて、あとへ残り、この節やうやく墨板のほり出来、わくの色板いまだ出来不申候」②種々の形にし、色を塗った板。幼児、低学年児童などの教材・玩具用。 発音〈標ア〉0

いろいた-ならべ【色板列】『名』色板または色紙を貼りつけた厚紙を組み合わせて、幾何学的模様または器具、機械等の形を作って遊ぶこと。また、そのもの。 発音〈標ア〉ナ

いろ-いと【色糸】『名』①各種の色に染めた糸。＊観智院本名義抄(1241)「綵 イロイト イロトル」＊俳諧・新類題発句集(1793)冬「色糸のみだるる鴛鴦(をし)の立端哉〈紫暁〉」＊人情本・春色恵の花(1836)二・七回「帯は花色勝山に色糸をもって、おらんだ模様を立島のごとく縫せたらば」②三味線。また、その糸。＊浮世草子・懐硯(1687)五・五「撥音(ばちをと)の色糸あるは一節切(ひとよきり)に吹たてられ」＊浮世草子・好色盛衰記(1688)四・二「京に親のなひ身の一楽、色(イロ)いとひかせて、うたふて」＊浮世草子・傾城色三味線(1701)湊・二「此君達は酒ぶりもよく歌もうたひて、色糸も見事ひかるる」＊狂歌・狂歌ますかがみ(1736)「ぴんしゃんとひけとなひかにや色糸のいとしけれ共ばちか当たい」 発音〈標ア〉0〈京ア〉0 辞書名義 表記綵(名)

いろ-いり【色入】『名』①能楽に用いる装束、持ち物、大道具などで、その色彩に多少とも赤色のはいっているもの。若い女性などを演ずる時に用いることが多い。↔色無し。②転じて、彩色が施されていること。また、そのもの。特に赤色についていう。＊浄瑠璃・夏祭浪花鑑(1745)七「舅が欲を止兼(とめかね)た紅粉紋の色入帷子(かたびら)」＊洒落本・通言総籬(1787)一「『大かなやの正月の仕着(しきせ)はなんだっけの』『たしか地が黒で色入の花たてわき』」 発音〈標ア〉0

いろいりおとぎぞうし【彩入御伽草】歌舞伎。時代世話物。九幕一三場。勝俵蔵(四世鶴屋南北)作。文化五年(一八〇八)江戸市村座初演。山東京伝作の読本「復讐奇談安積沼(あさかぬま)」を種本に、「播州皿屋敷」と小幡小平次の怪談をないまぜにしたもの。通称は「小幡小平次」「お妻八郎兵衛」。「いろえいりおとぎぞうし」ともいう。 発音イロイリオトギゾーシ〈標ア〉ゾ

いろ-いろ【色色】㊀『名』①(形動)さまざまの色。各種の色。＊万葉(8C後)一九・四二五四「秋の花しが色々爾(いろいろに)見(め)し賜ひ〈大伴家持〉」＊古今(905-914)秋上・二四五「みどりなるひとつ草とぞ春は見し秋は色々の花にぞありける〈よみ人しらず〉」＊源氏(1001-14頃)須磨「つれづれなるままに、いろいろの紙をつぎつつ、手習をし給ひ」＊平家(13C前)九・生ずきの沙汰「おほくの馬共を見ければ、おもひおもひの鞍置いて、色々の鞦(しりがい)かけ」②中古、女房の襲(かさね)の色目。各種の色(薄色、萌葱、紅梅、蘇芳、山吹)を重ねること。＊栄花(1028-92頃)根合「殿の宮には、女房色々を三つづつ匂はして十五に、紅の打ちたる、萌黄(もえぎ)の織物の表著(うはぎ)也」＊苔の衣(1271頃)一「女ばう廿人わらは四人づつみな色々をいどみつくしたり」＊女官飾鈔(1481頃)「梅紅梅は十一月の五節より二月まで。桜山吹は三月まで。藤は三四月ばかり。其外の色々は時をさだめず候」③(形動)さまざま。種々。＊竹取(9C末-10C初)「旅の空に、助け給ふべき人もなき所に、色々の病(やまひ)をして、行く方空も覚えず」＊源氏(1001-14頃)澪標「君は、夢にも知り給はず、夜一夜(ひとよ)、色々の事をせさせ給ふ」＊東寺百合文書-は・建武元年(1334)一一月日・若狭太良荘地頭代国直申状幷悪党人交名等注文案(大日本古文書一・一一七)「無是非捜取御年貢以下色々資財物等重科難遁間事」＊謡曲・生田敦盛(1520頃)「上人不便(ふびん)に思しめし抱かせて帰り、いろいろに育て給ひ候ふほどに」＊説経節・説経苅萱(1631)下「れんけほうへ御さありて、とうしんのいろいろしたひをおかきあり、いしとうまるにまいらする」＊人情本・春色梅児誉美(1832-33)初・二齣「よくいろいろなことをいふヨ」④会合して飲み食いすることをいう、盗人仲間の隠語。〔隠語輯覧(1915)〕㊁『副』さまざまに。種々に。＊源氏(1001-14頃)御法「いつのほどに、いとかく色々おぼしまうけけん」＊天草本伊曾保(1593)百姓と子どもの事「コレラガ ナカヲ イチミ サセタイト iroiro (イロイロ) タクメドモ」＊人情本・春色梅美婦禰(1841-42頃)五・二八回「実(まこと)に最う種々(イロイロ)お世話になりますは」＊多情多恨(1896)〈尾崎紅葉〉前・二「今日は君種々(イロイロ)御馳走が出来るよ」＊魔術(1920)〈芥川龍之介〉「『では教へて上げませう。〈略〉習ふのには暇もかかりますから、今夜は私の所へ御泊りなさい』『どうもいろいろ恐れ入ります』」 語誌名詞「色」の畳語形。そのため、その原義は、㊀①のような文字通りの意味であった。平安時代には、「色々」の指し示す対象は、「花」「木の葉」「錦・織物」「糸」「紙」「玉」などに集中していて、それぞれの色とりどりのさまを、多く表わし、鎌倉時代でも、やはり、主流の意味は「さまざまの色」であった。それが、室町時代後半になると、現代語のような「さまざま」へと意味の主流が変化して、ついに江戸時代には、「いろんな」という連体詞までが派生してくる。 方言農作物や植物などの緑が生き生きしているさま。京都府竹野郡622 発音〈なまり〉エロエロ〔埼玉方言・NHK(長野)・讃岐〕㊀は〈標ア〉ロ1〈京ア〉ロ1/0 ㊁は〈標ア〉0〈京ア〉0/ロ2 辞書文明・易林・日葡・書言・ヘボン・言海 表記色々(文・易・書・言) 色(へ)

いろいろ-いつつ【色色五】『名』五衣(いつつぎぬ)で色がそれぞれ異なったもの。＊女官飾鈔(1481頃)「色々五。うすいろ。こうばい。もえぎ。すはう。やまぶき」

いろいろ-おどし【色色威】『名』鎧の威の一種。適宜な配色の組み合わせによる糸、または革、綾などで威したもの。威し交ぜ。段段威(だんだんおどし)。＊太平記(14C後)八・山徒寄京都事「結城九郎左衛門尉親光は、細筋の直垂に色々緘(イロイロヲドシ)の鎧著て」＊軍用記(1761)三「色々威は五色幷に間色を幾色も集めて威したる也。色の数も定りなし。色の順も定りなし。只色を奪はざるやうにくばるなり」

いろいろ-ごろも【色色衣】『名』つぎはぎをした衣服。また、ぼろ着を着た人。＊夫木(1310頃)三三「しづのめがつま木とりにとあさおきていろいろ衣袖まくりしつ〈よみ人しらず〉」＊日葡辞書(1603-04)「Iroirogoromo (イロイロゴロモ)〈訳〉つぎはぎだらけのぼろぼろの衣服」 辞書日葡

いろいろ-ざった【色色雑多】『形動』いろいろ入り交じっているさま。種々取りまぜるさま。種々雑多。

いろいろ-さまざま【色色様様】『形動』①色彩が多様であるさま。＊栄花(1028-92頃)御裳着「これは古(いにしへ)の色紙のやうに見えて、いろいろさまざまにえもいはずをかし」②いろいろ違っているさま。＊連理秘抄(1349)「上古・中古・当世、鎌倉・京、本式・新式、色々さまざまにしかへたり」＊松翁道話(1814-46)一・上「気に入らぬ事ははね除けうとするゆゑ、算用が、間違うて、色々様々の事が出来る」 発音〈標ア〉マ1

いろいろ-し【色色】『形シク』①きらびやかである。美々しい。けばけばしい。＊栄花(1028-92頃)若水「皆いろいろしくあだにおはしますしも、めでたげなり」＊有明の別(12C後)二「いまにいといたくすてさせ給ひて、わざといろいろしき御ぞなどは、たてまつらず」＊義経記(室町中か)六・静若宮八幡宮へ参詣の事「別していろいろしくも出で立たず、白き大口に、白き直垂に紫革の紐付けて」②色好みである。好色めいている。＊押小路家本今昔(1120頃か)二八・一「重方は本より色々しき心有りける者なれば、妻も常に言ひ妬(ねた)みけるを」＊古今著聞集(1254)一六・五五四「色々敷(しき)物にて、よきあしきをきらはず、女といへば心をうごかしけり」

いろ-いんきょ【色隠居】『名』色気のある隠居。好色な隠居。＊雑俳・続真砂(1730)「初雪に詩歌分限の色隠居」 発音〈標ア〉イ2

いろ-インク【色―】『名』(インクは英ink)有機染料を原料とする、透明な色彩をもつインク。赤、黄、緑、青、紫など各種の色のものがある。染料インク。アニリンインク。 発音〈標ア〉イ2

いろ-いんべ【色伊部】『名』彩色されている伊部焼。絵伊部。

いーろう【衣粮】〘名〙衣服と食物。＊続日本紀‐慶雲三年(706)三月丙辰「日置須太売。一産三男。賜衣粮并乳母」

いーろう【胃瘻】〘名〙胃と体外とを腹壁を通じて直接連絡する開口部。咽喉、食道などに通過障害がある患者の食物摂取のために、手術によって作られる。

いーろう【異老】〘名〙普通と変わった老人。珍しい老人。＊洒落本・残座訓(1784)「我ひとりすめりと、閑居に日を送る異老(ヰロウ)あり」 発音イロー〈標ア〉0

いーろう【慰労】〘名〙他人の労苦や骨折りを慰めねぎらったり、感謝の意を表すること。＊延喜式(927)一二・中務省「慰労詔書式 天皇敬問云々」＊日誌字解(1869)〈岩崎茂実〉「慰労 イロウ ツカレヲナグサメル」＊花柳春話(1878‐79)〈織田純一郎訳〉四七「砕心勉励すれども、之を慰労する者に乏しく」＊或る女(1919)〈有島武郎〉前・二「従軍記者を自宅に招いて慰労の会食を催した」＊風俗通‐十反「詡坐上謝、悵蒙慰労」 発音イロー〈標ア〉0〈京ア〉0 辞書言海 表記慰労(言)

いーろう【遺老】〘名〙①生き残っている老人。＊本朝麗藻(1010か)下・冬日陪於飛香舎聴第一皇子始読御注孝経応教詩〈菅原輔正〉「頽齢八十有余霜、未見神聡似我王、遺老愚言君記取、一経造次不応忘」＊実隆公記‐文明一八年(1486)二月一日「徳大寺入道右府〈去廿六日夜薨去。一門之遺老也。尤可愁嘆々々〉、明暁於仁和寺有葬礼云々」＊史記‐樊酈滕灌伝賛「吾適豊沛、問其遺老、観故蕭曹樊噲滕公之家」②先帝に仕えた旧臣。亡国の旧臣。＊呂氏春秋‐慎大覧「命周公旦、進殷之遺老、而問殷之亡故」

いーろう【遺漏】〘名〙行為や仕事に、もれや落ちがあること。また、そのもの。脱漏。手落ち。＊連理秘抄(1349)「任筆註緝。遺漏幾許个中、若加切瑳之功者、向後蓋資准的之要耶」＊童子問(1707)中・一一「聖人微意之所在、註脚之所不能悉、了了分明、自無遺漏」＊読本・椿説弓張月(1807‐11)拾遺・附言「或は伝聞によるが故に、遺漏(イロウ)も多く、且つ訛謬(あやまり)も多かるべし」＊航米日録(1860)一「什器の顛倒は能く始末し、一として遺漏せず、如此きの風波、何とも思はざるなり」＊歩兵操典(1928)第七七一「連繋を密にし遺漏なきを期するを要す」＊後漢書‐楊秉伝「三府廉察有遺漏」 発音イロー〈標ア〉0〈京ア〉0 辞書色葉・文明・言海 表記遺漏(色・文・言)

いろ・う【色・艶】㊀〘自ハ四〙①美しい色合になる。色彩が映える。＊和泉式部集(11C中)下「いかばかり思ひおくとも見えざりし露に色へる撫子の花」＊色葉字類抄(1177‐81)「光彩 イロフ」＊観智院本名義抄(1241)「艶 イロフ ウルハシ」②色が美しく入り交じる。色彩が交錯する。＊源氏(1001‐14頃)若菜下「山藍に摺れる竹の節は松の緑に見えまがひ、かざしの色々は秋の草に異なるけぢめ分かれで、何事にも目のみまがひいろふ」＊観智院本名義抄(1241)「雑 マシハル マシフ メツラシ カサヌ イロフ」③よく見えるようにする。つくろう。＊一遍上人語録(1763)上・百利口語「身の振舞にいろはねば、人目をかざる事もなし」㊁〘他ハ下二〙①色どる。彩色する。配色する。＊彌勒上生経賛平安初期点(850頃)「文(あや)、綺(イロヘ)画けるに同じ」＊栄花(1028‐92頃)玉のうてな「南の方には、唐撫子をさながら植ゑさせ給て、籬(ませ)結(ゆ)はせ給へり。濃く薄くいろへたる程めでたし」＊平家(13C前)一一・那須与一「褐(かち)に赤地の錦をもって大領(おほくび)、端袖(はたそで)いろえたる直垂に」②金属や宝石などを鏤(ちりば)め飾る。＊竹取(9C末‐10C初)「この皮ぎぬ入れたる箱を見れば、くさぐさのうるはしき瑠璃を色えて作れり」＊書陵部本名義抄(1081頃)「塡朱 云倭言伊呂倍」＊浄瑠璃・聖徳太子絵伝記(1717)梵宮伽藍「金銀(こんごん)すいしゃういろえたて、いろえたてたる大がらん見る共」③(①から転じて)文章や演技など技巧にくふうを凝らす。潤色する。＊今鏡(1170)一〇・作り物語のゆくへ「もろこしに白楽天と申しける人は、七そぢの巻物作りて、ことばをいろへ、たとひをとりて、人の心をすすめ給へりなど聞こえ給も」＊無名抄(1211頃)「詞の飾りを求めて対を好み書くべからず〈略〉え避らぬ所ばかりを自らいろへたるがめでたきなり」＊風姿花伝(1400‐02頃)一「物数をば、はや初心に譲りて、安き所を少なと色えてせしかども、花は彌増しに見えしなり」＊四河入海(17C前)一九・三「詞をいろへて云程に綺語と云ぞ」 発音文イローとも〈標ア〉0〈ア史〉平安●●○〈京ア〉0 辞書色葉・名義・和玉・文明・饅頭・易林・日葡・書言・言海 表記綺(色・名・玉・易・書) 綵(色・文・饅・書) 隊(色・名) 艶(名・言) 偈・交・繡・飾・光彩・形(色) 掲・雑・塡・歴(名) 彩・色交(文) 粛(書) 彩色(言)

いろ・う【借】〘他ハ下二〙⇩いらう(借)

いろ・う【綺・辞・弄】㊀〘自ハ四〙①かかわり合う。関与する。世話をやく。＊前田本枕(10C終)二六六・道心あるはいとよき事なれど「くら人五位とていそがしくおひつかふめれば、いづくにもいろひて見ゆめる」＊源氏(1001‐14頃)松風「例の忍ぶる道はいつとなくいろひ仕うまつる人なれば」＊高野山文書‐永仁二年(1294)四月二二日・僧頼聖証文案(大日本古文書五・八七〇)「この三貫文四月中にさたし候はでは、この事にはゐいろい候まじく候なり」＊増鏡(1368‐76頃)一五・むら時雨「一年入道して、今は世の大事どもいろはねど、鎌倉の主にてはあめり」＊日葡辞書(1603‐04)「Iroi, ô, ôta (イロウ)〈訳〉かかわり合う。モノニ irô (イロウ)」②口出しする。干渉する。＊平家(13C前)一二・六代被斬「ここに文覚もとよりおそろしき聖にて、いろうまじき事にいろいけり」＊徒然草(1331頃)七七「人のもてあつかひぐさに言ひあへる事、いろふべきにはあらぬ人の、よく案内知りて」＊太平記(14C後)一・資朝俊基関東下向事「御治世の御事は、朝議に任せ奉る上は、武家綺(イロ)ひ申すべきに非ずと」③争う。さからう。断わる。辞退する。＊尺素往来(1439‐64)「国衙所務者任先規不可相綺」＊読本・椿説弓張月(1807‐11)前・一二回「武藤太も酒なくては、いかで情を引くことあらんとおもひて、ふかくもいろはず」＊即興詩人(1901)〈森鷗外訳〉猶太をとめ「想へ汝、我が翁に引かれて、辞(イロ)はずその家に入りしことの無理ならぬを」㊁〘他ハ四〙(弄)手を触れる。いじる。もてあそぶ。＊寛永刊本蒙求抄(1529頃)二「後人が王衍が料足をいろうを見て指銭阿堵物を挙るやと云たを、さては料足の事ぢゃと心得たぞ」＊集義和書(1676頃)一一「大国を治るは小魚を煮るがごとし。いろはざるがよきなり」＊浮世草子・好色二代男(1684)三・三「彼(かの)一粒(りう)の銀(かね)をいろふて見る事幾度か」＊浄瑠璃・鑓の権三重帷子(1717)上「すきや廻りの掃のごひ下女中間にもいろはせず、ははきはなさぬきれいずき」 語誌語源については、「いろう(色)」と同源で「彩色する」意から「かかわり合う」意へ転じたと見る考え方と、「口を出す。干渉する」の意味をもつ「いろう」は別語とする考え方がある。後者の説の一つに、「いろう」を「入り追ヒの約か」〔岩波古語辞典〕と考え、そこから「かかわる。関係する」意に拡がり、江戸時代には「いじる」の語義も生じたとするものがある。 方言❶触れる。触る。いじる。もてあそぶ。伊豆八丈島1077 東京都八丈島335 富山県砺波398 石川県062 404 408 岐阜県502 510 512 三重県志摩郡585 渡会郡599 京都府竹野郡622 兵庫県但馬654 奈良県南大和683 鳥取県711 716 島根県石見725 岡山県054 764 767 広島県備後771 山口県793 阿武郡795 徳島県810 香川県829 愛媛県840 高知県862 高知市867 長崎県対馬913 ❷からかう。なぶる。いじめる。伊豆八丈島1077 石川県河北郡414 香川県829 ❸ものに触れて香などが移る。山形県139 ❹干渉する。かまう。宮崎県西臼杵郡948 語源説イリハムの反〔名語記〕。 発音文イローとも〈標ア〉ロ 辞書文明・日葡・ヘボン・言海 表記綺(文・言)

いろう-かい【慰労会】〘名〙慰労の目的で催す会。＊金色夜叉(1897‐98)〈尾崎紅葉〉後・二「近日当選祝があって、其が済次第別に慰労会と云ふやうな名で、格別尽力した連中を招待するんだ」＊大寺学校(1927)〈久保田万太郎〉二「みんなで慰労会の代りにどっかへ遠足しようか?」 発音イローカイ〈標ア〉ロ〈京ア〉1

いろう-きゅうか【慰労休暇】〘名〙慰労のための休暇。＊秋立つまで(1930)〈嘉村礒多〉「歳尾(くれ)の二十七日に新年号を校了して、私は主人に十日間の慰労休暇を与へられた」 発音イローキューカ〈標ア〉キュ〈京ア〉キュ

いろう-きん【慰労金】〘名〙慰労のために支給される金銭。＊当世商人気質(1886)〈饗庭篁村〉五・二「会社より貰ひし慰労金十円ほどを炭問屋へ身元金に入れ」＊酒中日記(1902)〈国木田独歩〉五月一七日「自分は直ぐ辞表を出した。〈略〉強(しひ)て止めるのは却って気の毒と、三百円の慰労金(イラウキン)で放免して呉れた」 発音イローキン〈標ア〉0ロ〈京ア〉1

いろう-ざき【石廊崎】 静岡県伊豆半島南端の岬。灯台や、石廊権現(石室神社)がある。高さ約一〇〇メートルの海食崖や変化に富む海岸線は伊豆三絶景の一つ。富士箱根伊豆国立公園の一部。石室崎。石室岬。 発音イローザキ〈標ア〉ロ

いろ-うた【色歌】〘名〙色っぽい歌。色事を内容とした歌。＊歌謡・新曲糸の節(1757)端歌・どうらく天「成程私等が色歌(イロウタ)もその心に通じやす」 発音〈標ア〉ロ

いろ-うるし【色漆・彩漆】〘名〙朱漆、黒漆、青漆など、顔料を加えて調合した漆。＊天理本狂言・塗師(室町末‐近世初)「又いろうるしの事に、といたい事共が、御ざったに」 発音〈標ア〉ウ

いろうるし-え【色漆絵】〘名〙色漆を用いて描いた絵。 発音〈標ア〉シ

いろ-うわさ【色噂】〘名〙色事についてのうわさ。色恋についての話。色話。艶聞(えんぶん)。＊浮世草子・浮世親仁形気(1720)二・二「ちとくつろいで色噂(イロウハサ)の中間に入てくれてもくるしうない」

いろえ【色】〘名〙(動詞「いろう(色)㊁」の連用形の名詞化)いろどり。美しい飾り。あや。＊日葡辞書(1603‐04)「Iroye (イロエ)〈訳〉さまざまな色で彩色された、または描かれたものの比喩。コトバノ iroye (イロエ)〈訳〉文飾、または優しく慎み深く話すための装飾。コトバノ iroyemo (イロエモ) ナウ ユウ〈訳〉粗野に、また無愛想に話す」＊古活字本毛詩抄(17C前)一〇「はたの文には、はやぶさを文にかいた、それをいろえをもってかいたほどにぞ」＊俳諧・篇突(1698)「俊頼の哥は正木ちると云処いろえにて、俗のこのむ所、是新古今時代の費也とて」 辞書日葡

いろ-え【色絵・彩絵】〘名〙①彩色した絵。着色画。彩色画。＊信長公記(1598)一五「御座敷、幾間もこれあり。爰には御張付、惣金の上に色絵様々かかせられ」＊俳諧・崑山集(1651)九・秋「さはやかに鳴のはねかく色絵哉〈梅盛〉」＊浄瑠璃・傾城八花形(1703)一「見れば仏前に似げなき色ゑをかけさせられ」＊即興詩人(1901)〈森鷗外訳〉苦言「かかる色彩の配合は羅馬の無きところなり。われ、めでたき彩絵(イロヱ)には候はずやと云へば」②彫金の技法の一つ。焼付鑞を使って金銀などの薄板を他の金属にやきつける法。また、金、銀、赤銅などを象眼した色彩豊かなものもいう。＊合巻・教草女房形気(1846‐68)一五・上「筒提の烟草入は金更紗、金具は銀の彩絵(イロヱ)の都鳥」＊腕くらべ(1916‐17)〈永井荷風〉二一「赤銅色絵細工の糸車の金具をつけた自分の帯留」③陶磁器の上絵(うわえ)。赤絵。④濡れ場、色ごとをいう、芝居者仲間の隠語。＊随筆・皇都午睡(1850)二・上「色絵、通言にて立役女形色情の

事を云」 発音〈標ア〉[0][ロ] 〈京ア〉[0] 辞書日葡・書言・言海 表記 彩絵(書) 色絵(言)

いろ-え『名』(「いろ」は同母であることを表わす語) 同母である兄。兄に対する親称。＊書紀(720)履中六年二月(寛文版訓)「悲しきかな、吾が兄(イロエ)の王(おほきみ)何処(いっち)か去(ま)しけるや」＊書紀(720)允恭即位前(寛文版訓)「亦、我(やつかれ)が兄(イロエ)の二はしらの天皇」

いろえ『名』(「イロエ」と書く) 能楽で、普通、クセの前に、シテが放心とか、たずね求める雰囲気とかを表わすために静かに舞台を一回りする短い舞。「楊貴妃」「船弁慶」など、優雅な女性の役に多い。また、その時の囃子(はやし)。大鼓(おおつづみ)、小鼓(こつづみ)、まれに太鼓がはやし、笛があしらう演奏法(手附=てつけ)の名称。

いろえいりおとぎぞうし【彩入御伽草】「いろいりおとぎぞうし(彩入御伽草)」に同じ。

いろ-えず【色絵図】『名』彩色をほどこした地図。＊葉隠(1716頃)三「於二伏見御城一高麗陣御詮議の時分、太閤の御前にて、隆景色絵図をひろげ」 発音〈標ア〉[エ]

いろえ-とうじき【色絵陶磁器】『名』上絵付(うわえつけ)をして色模様を出した陶磁器。 発音イロエトージキ 〈標ア〉[ジ]

いろえ-なべしま【色絵鍋島】『名』江戸時代、佐賀鍋島藩御用窯で焼いた鍋島焼の精巧な色絵物。その技術は現在も続いている。色鍋島。大川内焼(おおかわちやき)。 発音〈標ア〉[ナ]

いろえ-びぜん【色絵備前】『名』備前焼の一つ。宝永年間(一七〇四〜一一)、備前藩主池田綱正が後楽園で焼かせた。素焼に胡粉(ごふん)を地塗りし、彩色したもの。色備前。後楽園焼。 発音〈標ア〉[ビ]

いろえ-むすび【綺結】『名』句の最後を美しくなめらかに言いとめること。＊俳諧・篇突(1698)「下の水の上は、いろえむすびにて連続也」 発音〈標ア〉[ム]

いろえ-もの【色絵物】『名』上絵付(うわえつけ)をした陶磁器。色絵陶磁器。＊椀久物語(1899)〈幸田露伴〉六「宮様からも時時(をりをり)は、清兵衛久兵衛が彩色画陶器(イロヱモノ)は未だ出来ぬやらと御言葉を金森様まで下さるとやら」 発音〈標ア〉[0]

いろえ-ろう【色絵鑞】『名』色絵彫金用の鑞。銀、唐白味、銅などを溶解したもの。早鑞。 発音イロエロー 〈標ア〉[エ]

いろ-えんぴつ【色鉛筆】『名』赤や青など、種々の色の鉛筆。白色粘土にタルク、トラガントゴム、蠟(ろう)、着色顔料などを加えたものを芯とする。＊浮雲(1887-89)〈二葉亭四迷〉三・一四「肝癪紛れにお勢は色鉛筆を執(と)って」＊坊っちゃん(1906)〈夏目漱石〉一「兄に隠して清から菓子や色鉛筆を貰(もら)ひたくはない」 発音〈標ア〉[エ] 〈京ア〉[エ]

いろ-おおよせ【色大寄】『名』遊郭で遊女を大勢招き寄せて遊興すること。大勢の美女が座敷に寄り合うこと。＊浄瑠璃・京四条おくに歌舞伎(1708)五「わけよきかたの御出に、色大よせの候よし、数ならぬ身もまじらはん」＊浄瑠璃・三世二河白道(1708)三「小さつま八橋それぞれに色大よせのゆふきゃうは、をもしろふこそ見へにけれ」

いろ-おくり『名』浄瑠璃の曲節の一つ。一段の途中で用いる「ヲクリ」の一種で、女性の退場時に用いることが多い。太夫、三味線ともに低い音をたどるが、三味線はつややかな旋律になっている。 発音〈標ア〉[オ]

いろ-おしろい【色白粉】『名』白色の白粉に対して、肌色、淡紅色、牡丹色など、色のある白粉のこと。＊真理の春(1930)〈細田民樹〉手形の手品師・一〇「ぽちぽちと、疎いソバカスを、色白粉(イロオシロイ)で塗りつぶした女は」 発音〈標ア〉[オ]

いろ-おち【色落】『名』洗ったときに、染色してある布や糸から色が落ちること。

いろ-おとこ【色男】『名』①好色な男。放蕩者。遊冶郎(ゆうやろう)。＊雑俳・高天鸞(1696)「異見する男も同じ色おとこ」＊雑俳・柳多留-九(1774)「色男うしみつ頃になやみ出し」②顔かたちの美しい男。女にもてる男。美男子。好男子。＊咄本・さとすずめ(1777)色男「やしきの女中衆、四五人づれで堺町へゆければ、むかふから、いきな色男が、小ぞうひとり供につれてくる」＊咄本・鯛の味噌津(1779)色男「なんでも此内での色男(イロオトコ)が買ったがいい」＊黄表紙・江戸生艶気樺焼(1785)上「『中にちと消へたのもなくてはわるいから、あとでまた灸をすへやせう』『色男になるも、とんだつらいものだ』」＊滑稽本・浮世床(1813-23)初・上「源之(げんのう)、松助まっぴら御免と誤らせる色男だ」③情夫。密夫。いろ。＊洒落本・契情買虎之巻(1778)やぼに示す伝授事「いろ男をせくと、女郎の心あじになりて、ついに変化したがるもの也」＊滑稽本・浮世床(1813-23)初・下「江戸で色男を拵居(こせへて)るから、亭主をよせたらばさぞしかるだんべい」＊怪談牡丹燈籠(1884)〈三遊亭円朝〉二一「善事(いいこと)は覚へねへで、密夫(イロヲトコ)をこしらへて御屋敷を遁げ出すのみならず」 方言❶好色な男。好色漢。奈良県吉野郡687 ❷情夫。香川県高見島829 発音〈標ア〉[オ] 〈京ア〉[オ] 辞書〈ボン〉 表記 色男(へ)

いろおとこ 金(かね)と力(ちから)は無(な)かりけり 女に好かれるような美男子には、とかく金と腕力がない意。色男をからかっていう。＊合巻・情競傾城嵩(1826)後「誠や彼の川柳点に云ふ如く、色男(イロヲトコ)金子(カネ)と力(チカラ)は無かりけり」

いろおとこ には 何(なに)が なる 色男になぜ生まれついたのであろう、色男であるためにする苦労があるの意。＊洒落本・にゃんの事だ(1781)「今に明きやしゃうから、しんぼうしなんしょ。色男にはマア何がなる」＊滑稽本・浮世床(1813-23)初・上「『あんまり女がうるさくてならねへから女人禁制の札を出すつもりだがどうだ』〈略〉『ア。色男(イロヲトコ)には何(ナニ)がなるッ』」＊人情本・春色梅児誉美(1832-33)後・一〇齣「『朝っぱらから千話(ちわ)ぐるひは、あんまり押がおもたからう』『へへ色男(イロヲトコ)には何(ナニ)がなるッ』」

いろおとこ は 茶漬飯(ちゃづけめし) 多くの客に接している遊女は、美男子であっても、茶漬飯を食べるように気軽に接しているの意。＊談義本・遊婦多数寄(1771)一「不断当世風のいろ男を茶漬のごとく思ふゆへ」＊洒落本・噺之画有多(1780)「三百六十日つとめの身、色男は茶づけ食(メシ)、恥をおもって一日も女郎の奉公はならず」＊洒落本・青楼小鍋立(1802)成三草庵酒盛「いづれあいゐんきえんさ。色男は茶漬めしだから、美しいおとこにどれでも惚れるといふ理屈はねへ」

いろおとこ より 稼(かせ)ぎ男(おとこ) 夫に持つには、容姿の美しいだけの男より、よく稼ぐ男のほうがよいの意。＊滑稽本・浮世風呂(1809-13)二・下「当時はモウ、色男(イロヲトコ)より拵男(カセギヲトコ)、それが大丈夫でよいにヨ」

いろおとこ を 言(い)う 自分がいかに女性にもてているかのような口ぶりで言う。＊洒落本・色講釈(1801)「山の神が〈略〉せんぎするにゃアあやまるとまだいろおとこをいふ」

いろおとこ-みそ【色男味噌】『名』(「味噌」は自慢の意) みずから色男と信じて自慢すること。＊洒落本・御膳手打翁曽我(1796か)「梶原がくるたびに色男みそで、このごろ内うっとしひゆへ」

いろ-おやじ【色親仁】『名』好色なおやじ。＊雑俳・柳多留拾遺(1801)巻一四下「ふり袖の前帯をすくいろおやぢ」 発音〈標ア〉[オ]

いろ-おんど【色温度】『名』発光体の温度を表わす方法の一つ。または、その数値。直接測定することのできない高温度の物体や星などの温度を推定する時に用いられる。 発音〈標ア〉[オ]

いろ-おんな【色女】『名』①美しい女。色気のある女。＊滑稽本・浮世風呂(1809-13)三・上「『どうだ色女(イロヲンナ)め』とおべかのせなかをぴっしゃりたたく」＊母を恋ふる記(1919)〈谷崎潤一郎〉「芝居に出て来る色女や色男の着てゐるやうなぞろりとした裾が」②情婦。愛人。いろ。＊当世書生気質(1885-86)〈坪内逍遥〉一三「むかしは随分情郎(いろをとこ)が、其情婦(イロヲンナ)と約束して、五年十年とたった後に、夫婦になったといふ例もあるが」＊苦の世界(1918-21)〈宇野浩二〉六・二「ちかごろ変なところに色女(イロヲンナ)をこしらへやがってね」③色を売る女。遊女。＊浮世草子・好色貝合(1687)下「かかえの色女に、やさしうあたる家賀(かか)はすくなき也」＊浮世草子・好色盛衰記(1688)三・一「世は次第をくりなり。随分愚なる親より、其子は又鈍なり。此ごとく色女も、すへにはなりぬ」 発音〈標ア〉[オ] 〈京ア〉[オ] 辞書〈ボン〉 表記 色女(へ)

いろ-おんながた【色女形】『名』歌舞伎劇で、色事や濡れ事を専門、または、得意とする女形。＊戯財録(1801)役者役場之事「色事仕、〈略〉何の場にても色女形をとらへ、和らかき事をするが役なり」 発音イロオンナガタ 〈標ア〉[0]

いろ-か【色香】『名』①色と香。＊古今(905-914)春上・三七「よそにのみあはれとぞみし梅花あかぬ色かは折りてなりけり〈素性〉」＊宇津保(970-999頃)蔵開中「かいねり襲(がさね)の下がさねいれてつつみにつつみたり。色か、打目世になくめでたし」＊源氏(1001-14頃)若菜下「花の色かももてはやされて、げにいと心にくきほど也」＊光悦本謡曲・羽衣(1548頃)「是なる松にうつくしき衣掛かれり。立より見れば色香妙にして常の衣にあらず」＊俳諧・毛吹草(1638)五「鼻と目とあらそふ梅の色香(カ)哉〈作者不知〉」②女性の美しくあでやかな容色。また、色っぽい趣。＊光悦本謡曲・仏原(1452頃)「はじめは妓王を召し置かれて、遊舞(ゆふぶ)の寵愛はなはだしくて、色香をかざる玉衣(たまぎぬ)の」＊評判記・野郎虫(1660)高木市三郎「をちかたのながめことなる色香(イロカ)哉高木にかかる庭のふぢなみ」＊仮名草子・好色袖鑑(1682)下「たくはへし金銀をも、おもはすの色かにそみて、つかひすて」＊談義本・根無草(1763-69)後・跋「由縁(ゆかり)ある江戸紫の治郎帽子(やらうぼうし)は、ことにその色香も深からずや」＊当世書生気質(1885-86)〈坪内逍遥〉七「客もし汝(いまし)の情を求めず、ただ花香(イロカ)のみを買ふにいたれば、貸座敷の害も大に減じて」③精神の気高い香気。＊俳諧・三冊子(1702)赤双紙「只、師の心を常にさとりて心を高くなし、その足下に戻りて俳諧すべし。師の心をわりなく探れば、其色香わが心の匂ひとなりてうつる也」④ものごとの様子や気配。また、態度や顔色。＊浄瑠璃・五十年忌歌念仏(1707)中「気に染まぬ、心の内の綟(もじ)の蚊屋、いろかを外にもらさじと」＊浄瑠璃・新版歌祭文(お染久松)(1780)油屋「わしも色香(イロカ)を知りながら、心に好かぬ山家へ、嫁入さすも家太切(たいせつ)」＊俚言集覧(1797頃)「色香にも出さぬ」 方言顔色。表情。長崎県対馬913 発音〈標ア〉[ロ] 〈京ア〉[イ] 辞書文明・易林・日葡・書言・〈ボン〉・言海 表記 色香(文・易・書・へ・言)

いろか に 迷(まよ)う 女性の色っぽい趣に心を奪われる。＊歌舞伎・玉藻前御園公服(1821)五立「われもお柳が色香に迷ひ、べんべんだらりも大臣へ不忠」

いろか を 偲(しの)ぶ 容色の美を恋しく思う。

いろか『名』 方言手などに刺さる小さなとげ。長野県下伊那郡054 静岡県磐田郡546

いろ-がい【色貝】『名』①さまざまな色の貝。＊夫木(1310頃)二七「しほみてばいそまになびく色貝のうきみしづみこひわたるかな〈藤原基房〉」＊藻塩草(1513頃)一三・貝「いろ貝」②「さくらがい(桜貝)」の異名。方言貝、さくらがい(桜貝)。滋賀県002 辞書言海 表記色貝(言)

いろ-かえで【色楓】『名』葉の色が、緑から赤にしだいに変わっていくカエデ。＊成尋母集(1073頃)「名にし負へばいろかえてこそ頼まるれ胡蝶(こてふ)に似たる花も咲きけり」

いろ-かお【色顔】『名』顔に現われた人の心情。顔の様子から察せられる心のうち。顔色。＊仮名草子・悔草(1647)中「かりそめの事も短慮にて、人のいろかほ、気もつかず、あどにのっては過言のみ」＊浮世草子・傾城色三味線(1701)湊・三「男の所作を女郎のいたさるるゆへに、色顔(いろカホ)むすんで取あひのせりふにも、にっくいやつでござんすなどと、やさしき所あって」＊浄瑠璃・狭夜衣鴛鴦剣翅(1739)三「ただしそれでもふそくなかへんとうしだいこっちにも、しあんが有るがといろかほそんじ」

いろ-がか・る【色掛】『自ラ四』色事に関する。恋愛に関係がある。＊諷誡京わらんべ(1886)〈坪内逍遥〉一「苟(かり)にも色(イロ)がかった談話はせず」＊いさなとり(1891)〈幸田露伴〉一「色がかりたる話など召使ひのすれば憎み鄙(いや)しみ」

いろ-かき『名』雪の異称。＊能因歌枕(11C中)「ゆきをば、いみきらずといふ、いろかき、いろきらふとも」

いろ-がき【色書】『名』品物の明細書をいう。＊正宝事録-元祿一一年(1698)質屋惣代会所より質屋共え申触候書付「置主住所不ㇾ存、主をも見しらざる質物一切取申間敷候、置主、請人共に住所見届、直判取之、尤其品々模様色書、置主、請人町所大屋迄、帳面に留置可ㇾ被ㇾ申事」

いろ-かげ『名』日(ひ)の異称。＊喜撰式(10C中-後)「若詠日時 いろかけと云」

いろ-かご【色駕籠】『名』遊女を送り迎えする駕籠。＊浄瑠璃・心中重井筒(1707)血汐朧染「送り迎ひの色かごも、しばしとだへはいづくにも、なじみなじみの寝入ばな」＊南水漫遊初編(1820頃)三「色駕籠 女郎の乗れるを色駕籠といへばいと艶に聞ゆ」発音イロカゴ〈標ア〉ロ

いろ-がさ【色傘】『名』色のついた傘。＊日本橋(1914)〈泉鏡花〉五「片手も細(ほっそ)り、色傘を重さうに支(つ)いて」発音イロカ゚サ〈標ア〉カ゚

いろ-がさね【色襲】『名』いろいろの美しい色の衣を重ねて着ること。また、その衣。＊謡曲・通小町(1384頃)「花摺衣の色襲ね、裏紫の藤袴」発音イロカ゚サネ〈標ア〉カ゚

いろか・す『他サ四』火で乾かす。乾燥させる。水気を除く。＊日葡辞書(1603-04)「Irocaxi, su, aita(イロカス)〈訳〉火で乾かす。チャヲ irocasu(イロカス)。すなわち、チャヲ ハシヤガス〈訳〉湿ったチャを乾燥させる。カミ(上方)ではハシヤガスと言う」方言熊本県葦北郡・八代郡933 大分県中部941 ◇いらかす 島根県石見725 辞書日葡

いろ-かず【色数】『名』①色の数。色の種類。＊拾遺愚草(1216-33頃)下「露しぐれした草かけてもる山のいろかすならぬ袖を見せばや」②品物の種類。また、その数。品数。＊浄瑠璃・源頼家源実朝鎌倉三代記(1781)五「ドレ帳付けふ。色数(イロかず)は何(なん)でござんすぞ」＊黄表紙・金々先生造化夢(1794)「帳面につけて一々種数(イロカズ)を揃へる」発音〈標ア〉カ

いろ-かぜ【色風】『名』なまめかしい風。色っぽい風。＊浄瑠璃・傾城反魂香(1708頃)三熊野「昔の朝の身じまひに、髪にたいたり裾にとめ、そよとふくさの色かぜも、今焼香(せうかう)に立けふり、反魂香とくゆるかや」発音〈標ア〉ロ

いろ-かせぎ【色稼】『名』遊女など色を売る仕事をすること。＊談義本・つれづれ睟か川(1783)三「中詰(ちうづめ)のせりふ、若づめのぼっこり、本詰の落涙まで、思ひ思ひの色かせぎ」発音イロカセギ〈標ア〉カ

いろ-かた【色肩】『名』鎧の威(おどし)の俗称の一種。白および浅葱(あさぎ)を除く色糸で肩取(かたどり)に威したもの。＊類聚名物考(1780頃)武備部二一・甲冑「彩肩 いろかた いろわた〔或記〕彩肩は白糸浅黄の二色を除き別の色糸を以て肩二段を威す。〔一書〕綴(しころ)袖胴下散鳩尾各上の板は二段白糸浅黄糸両色を除き何色の糸にても取合て綴たるを彩肩(イロカタ)といふなり」

いろ-がた【色方】『名』色事のやり方、手段。＊浮世草子・傾城禁短気(1711)三・二「本寺さへかくの行作あれば、末寺の色方(イロガタ)にあるは断と見ゆるし給へ。是は互為(たがいだめ)といふもの」発音イロカ゚タ〈標ア〉0

いろ-がたき【色敵】『名』①同じ情人を張り合う競争相手。恋敵。＊腕くらべ(1916-17)〈永井荷風〉二一「東の鶉の中程に色敵(イロガタキ)の君龍が赤い手柄の大丸髷」②歌舞伎の敵役の一つ。色事師の敵役。発音イロカ゚タキ〈標ア〉カ゚

いろ-かたち【色形】『名』①顔色。顔の血色。＊続日本紀-神護景雲三年(769)九月二五日・宣命(蓬左文庫本)「面の色形、口に云ふ言」＊浜松中納言(11C中)一「すずろにふししづみなやみて、色かたちもかはりゆくを」＊今昔(1120頃か)三一・一〇「色形(いろかたチ)失せ、肝・心(むね)も迷(まど)はして妬(ねた)み狂けり」＊観智院本名義抄(1241)「色 イロカタチ」②容貌。容色。＊水鏡(12C後)上・二〇代「いろかたちなん世に又ならぶたぐひ侍らず」辞書名義 表記色(名)

いろ-かたびら【色帷子】『名』色染めのかたびら。＊俳諧・天満千句(1676)一〇「紫蘇の葉の色帷子で風呂上り〈宗因〉汗気をさって跡の草臥〈西似〉」発音〈標ア〉カ

いろ-かつぎ【色被衣】『名』(「いろ」は忌み詞で白のこと)葬送のとき、女性が白い衣服を頭からかぶり、その袖から顔を出して歩くこと。また、その衣服。現在でも、各地にこのような風習が残っている。色かぶり。袖かぶり。かぶりかたびら。つむりかけ。

いろ-かぶき【色歌舞伎】『名』情事をとりあげた歌舞伎。色芝居。＊浮世草子・好色文伝受(1688)一・二「娘の上をいはば、幼稚ころより色歌舞伎にて恋の道を覚へ」＊浮世草子・けいせい伝受紙子(1710)序「かたき心をなぐさむる、当世の色歌舞妓(イロカブキ)」発音〈標ア〉カ

いろ-かぶれ【色気触】『名』色好みの毒がうつること。浮気が伝染すること。＊滑稽本・戯場粋言幕の外(1806)上「豊国を連て行くと、早い処(とこ)が豊国に落(おち)がくるから、こっちが涼(すずま)せられるし、又かぶれてあやまるぢゃアねへが、色(イロ)かぶれもうるせへうるせへ」＊滑稽本・浮世風呂(1809-13)三・上「おめへの傍へ倚(よ)ると色(イロ)かぶれがしてこまらア」

いろ-がま【色鎌】『名』女の持つ鎌の意で、色仕掛けで誘うことのたとえにいう。＊浄瑠璃・摂津国長柄人柱(1727)四「我等もちっくり色がま刃がま。ふするゐの床の油断を見付け、ふってかかるはお首の無心」

いろ-がまし・い【色—】『形口』(「がましい」は接尾語)好色めいている。みだらなさまである。＊歌舞伎・五大力恋緘(1793)三幕「身共が頼みたいといふは、全く色がましい儀ではない」

いろ-がみ【色神】『名』①男女の恋を取りもつ神。縁をとり結ぶ神。＊浮世草子・傾城色三味線(1701)大坂・四「是こそ色神(イロガミ)の引合せとよろこび、則養子と定」＊滑稽本・浮世床(1813-23)二・下「九には熊野の権現さアまよ。十で所の色神(イロガミ)さアまよ。掛けた御立願かなはぬけヱれば、前の小川へ身を投捨て」②人を色の道へさそいこむ神。→色神送り。③色道にすぐれること神のような女郎。色道の神ともいうべき女郎。＊浮世草子・好色由来揃(1692)五「仮のちぎりに衆生の心をなぐさめ給ふ茶屋数三十二軒なり。中にもすぐれて色神といはれ給ふいづみやのくめ」

いろ-がみ【色紙】『名』①色染めの紙。そめがみ。折り紙などにして幼児の遊びにも用いる。＊雑俳・柳多留-二(1767)「おしい船いろ紙のはたひるがえし」＊故旧忘れ得べき(1935-36)〈高見順〉二「麗人が白魚のやうな指で色紙(イロガミ)を折ってゐる姿」②種々の色に染めた色違いの紙。畳紙(たとうがみ)として用いるものや、交互に配して装飾用とするものなどがある。＊御堂関白記-寛仁元年(1017)六月一三日「白銀御仏六体、御経新書色紙法華経也」＊中右記-嘉承二年(1107)八月一七日「依ㇾ例阿彌陀三尊絵像、并色紙御経一部供養」＊今昔(1120頃か)一七・二一「色紙の法花経一部を書写して」＊蔭凉軒日録-長祿四年(1460)一二月二六日「御泉殿御座御障子、賛詩被ㇾ題之色帋之色不ㇾ分明ㇾ也」発音イロカ゚ミ〈標ア〉ロ〈京ア〉カ゚ イ 辞書言海 表記色紙(言)

いろ-がみ【色髪】『名』飾りたてた頭髪をいう。＊洒落本・通俗子(1800)「壱人の全盛、〈略〉色髪(イロガミ)左右に下り頭(かしら)に数の銀簪(ぎんしん)をいただき」

いろがみ-おくり【色神送】『名』江戸時代、大坂あたりで行なわれた風習の一つ。傾城買い等の悪風に染まらないためのまじないとして、傾城買いに身を持ち崩した者の着物を笹に結びつけ、大勢で「移した移した、色神移した、移して流して、しゃんしゃん」とはやしたてて、淀川に流した。＊常磐津・椀久色神送(新曲椀久)(1927)「花の木蔭にしょんぼりとイ(たたず)む折から色神送(イロガミオク)り、笹につけたる墨染の、衣の色や短冊に、恋をふくめて来りける」

いろがみ-ざいく【色紙細工】『名』色紙を折ったり切ったりして、さまざまなものを作る細工。＊故旧忘れ得べき(1935-36)〈高見順〉二「窓に沢山つるした色紙細工の鶴から推して彼は、いづれ金持ちの小娘が大きな部屋にひとり寝てゐるのだらうと思ってゐた」発音イロカ゚ミザイク〈標ア〉ザ

いろ-かみしも【色裃】『名』(「いろ」は忌み詞で白のこと)新潟県の一部で、葬儀のとき、男が着る白い麻の裃。

いろ-がよい【色通】『名』遊里に通うこと。＊浮世草子・魂胆色遊懐男(1712)一「色(イロ)がよひのしゅび自由にならぬ事、是ひとつをいづれのむすこもなげきぬ」

いろ-がら【色柄】『名』①布地などの色と模様。＊自転車(1973)〈阿部昭〉「その獣の色柄やムードがマンションのインテリアにマッチしないという率直明快な理由からも」＊新西洋事情(1975)〈深田祐介〉鎮魂・モスクワ郊外六十キロ「同僚とはサイズ、色柄の違う家具をふりあてられる問題にしても」②類似のがらで、地色がさまざまであること。発音イロカ゚ラ〈標ア〉0

いろ-ガラス【色硝子】『名』(ガラスは オランダ glas)着色したガラス。有色金属イオンによる着色と、金属または化合物のコロイドによる着色とがある。着色ガラス。＊倫敦塔(1905)〈夏目漱石〉「古代の色硝子に微(かす)かなる日影がさし込んで」＊死体紹介人(1929-30)〈川端康成〉一七「歓楽場の色ガラスの天井のやうに」発音〈標ア〉ガ〈京ア〉ガ

いろ-がり【色狩】『名』色里で、遊女をあさり求めて遊興すること。派手な色遊び。＊浮世草子・風流曲三味線(1706)一・四「京の名題末社に案内させて西島(さいたう)の色狩(イロガリ)に立出」

いろかわ【色川】 姓氏の一つ。 発音〈標ア〉ロ

いろかわ-みなか【色川三中】 江戸末期の国学者。名は英明、三郎兵衛ともいう。号は東海。家号を瑞霞園と称した。常陸国、土浦の人。有職故実や典故に通じた。著「田令図解抄」「皇国田制考」「度量考」など。享和二〜安政二年(一八〇二〜五五)

いろ-がわ【色革】『名』(「いろかわ」とも) 全体に、また、模様に色染めを施したなめし革。着色した革。染革。＊伊勢物語(10C前)一四一「筑紫のつと、人の乞(こ)ひたりけるに、いろかはやるとて」＊今昔(1120頃か)二九・九「我が夫の着て行(ゆき)にし布衣(ほい)の、袖に色革を縫合(ぬひあはせ)たりけるに似たり」＊浮世草子・好色一代男(1682)七・二「平印籠(ひらゐんろう)に、色革(イロカハ)の巾着(きんちゃく)」 発音イロガワ〈標ア〉0 辞書言海 表記色革(言)

いろ-がわら【色河原】 近世の京都四条河原をいう。同地には芝居小屋があり、男色を売る歌舞伎若衆、野郎がいたところからいう。＊浮世草子・好色一代男(1682)八・四「京にて色川原(イロガハラ)、色里にて一座せし人々」＊浮世草子・男色大鑑(1687)五・一「諸国諸山の福僧京着して、御法事の後、色河原(イロカハラ)を見物しけるに」＊浮世草子・傾城色三味線(1701)京・一「もはや此里もおもしろからずと、色(イロ)川原の野郎遊びに、もやうかゆるしあんせし時」

いろ-がわり【色変】『名』①色が変わること。退色したり、他の色に変わること。また、そのようになった物。＊坑夫(1908)〈夏目漱石〉「模様は白である。其の上に垢が一面に塗り付けてあるから、六分方色変りがして」＊髑髏の皮(1914)〈上司小剣〉三「色変りの広告電燈が眩しく映るだけで」②細工物、布地などで、形や模様などは同じだが、色が違っているもの。また、基準となるものと色が異なっていること。色ちがい。＊歌舞伎・神有月色世話事(縁結び)(1862)「本舞台一面の雲幕、爰に○△□◎何れも色替りの装束」＊東京風俗志(1899-1902)〈平出鏗二郎〉中・七・服装「表地の黒み勝となるに従うて、配合の上より自ら色変(イロガハ)リなるを選び、花色絹、若しくは濃納戸(こひなんど)など最も流行するに至れり」＊石ころ路(1936)〈田畑修一郎〉「二日後の朝、僕は急に打って変った背広服に色変りのズボン姿の『タイメイ』さん〈略〉といっしょに島めぐりに出かけた」③風変わりであること。異色であること。また、その人。＊福翁自伝(1899)〈福沢諭吉〉一身一家経済の由来「政府の身になって見れば此諸藩三百の大名が各々色変(イロガハ)りの兵を備へて置く其始末に堪まるものぢゃない」④「いろなおし(色直)」に同じ。⑤(「いろがわりだけ(色変茸)」の略) キノコ「あいたけ(藍茸)」に同じ。 方言男の子の次に女の子、または、女の子の次に男の子が生まれること。島根県益田市725 発音イロガワリ〈標ア〉ガ〈京ア〉ガ

いろがわり-ごま【色変独楽】『名』回転するにつれて、種々の色が現われる独楽。

いろがわり-だけ【色変茸】『名』キノコ「あいたけ(藍茸)」の異名。

いろ-かんしつ【色乾漆】『名』蒔絵(まきえ)の材料。干し固めた色漆(いろうるし)を水に入れて生じる膜をすくい上げ、乾燥して粉末にしたもの。色蒔絵に用いる。 発音〈標ア〉カ

いろ-き【色着】『名』葬送の時、喪主の着る白衣。また、それを着る人。→色(いろ)。＊随筆・皇都午睡(1850)三・中「色着(イロキ)を施主」 方言❶喪主や近親者など、喪服を着る人。新潟県佐渡352 ❷葬儀の際の白衣など、喪服。◇いろぎ 広島県048 771 779

いろ-きえず『名』雪の異称。＊古今打聞(1438頃)中「色きえず庭もはだれに降りにけり柴のあみ戸をあけてみたれば、いろきえずとは雪を云也、はたれとは斑なり」

いろ-きちがい【色気違】『名』①色情のために常軌を逸した挙動をすること。また、その人。色情狂。＊人情本・梅之春(1838-39)三・一四回「恋煩ひをする男だの色狂気(イロキチガヒ)になる男だの」②人並み以上に好色であること。やたらに、好色らしい態度や身なりなどをすること。また、その人。＊滑稽本・東海道中膝栗毛(1802-09)四・下「其くせあのつらで色気違(イロキチゲへ)さ」＊滑稽本・八笑人(1820-49)二・下「左様でござります。面(つら)にも似合はぬ色気違(いろキチガヒ)で」＊蓼喰ふ虫(1928-29)〈谷崎潤一郎〉七「こんな派手な帯をしようなんて、色気違ひだな」 発音イロキチガイ〈標ア〉チ キ〈京ア〉チ 辞書ヘボン・言海 表記色気違(へ) 色狂(言)

いろ-ぎぬ【色衣】『名』種々の色に染めた衣。美しい衣。「つま」の序としても用いられる。いろごろも。＊謡曲・班女(1435頃)「取る袖も三重襲(みえがさ)ね、その色衣の、夫(つま)の予言(かねこと)」＊読本・椿説弓張月(1807-11)残・六八回「毎舟(ふねごと)に鼓を設け、綵衣(イロギヌ)したる童子、これを撃ちて節をなせば」 方言葬儀の際に、喪主や近親者などが衣服の上に羽織ったり、肩などに掛ける被衣(かずき)や白布。埼玉県秩父郡251 発音イロギヌ〈標ア〉0 ギ

いろ-ぎぬ【色絹】『名』色染めにした絹布。＊即興詩人(1901)〈森鷗外訳〉精進日、寺楽「色絹、天鵝絨(びろうど)もて飾れる観棚(さじき)の彫欄の背後には、外国の王者並び」＊桑の実(1913)〈鈴木三重吉〉一四「画には、大理石の表にその色絹やハイヤシンスや青磁色の壺が斜(はすか)ひにつやつやして潤んで写ってゐた」 発音イロギヌ〈標ア〉ギ〈京ア〉0

いろ-ぎもの【色着物】『名』 方言⇩いろ(色)

いろ-きゃく【色客】『名』遊女、芸者の情人である客。間夫(まぶ)。＊歌舞伎・傾城倭荘子(1784)大序「こちらに大尽の身請(みう)けの口があれど、何を云うても韍負之介(ゆきへのすけ)さまと云ふ色客(イロキャク)があるゆゑ」＊洒落本・通言総籬(1787)「ねんあけののち、かねて久しいいろきゃくにて、喜之介が女ぼうになりし也」 発音〈標ア〉ロ

いろ-ぎれ【色布】『名』美しい色のきれ。多くの色を取り合わせた布きれ。美しいかざりのついた布きれ。＊浮城物語(1890)〈矢野龍渓〉五〇「侍従の類なるべし彩布(イロキレ)を身に纏ひ剣を帯びたる人物、両名出来り、国王御対面の旨を通知す」

いろ-きわ【色際】『名』(「いろぎわ」とも) 色のぐあい。色の加減。いろあい。＊宇津保(970-999頃)国譲上「これもいとはなやかに、びんつきいろきはなど、いとめでたし」

い-ろく【位祿】『名』令制で、四位、五位の官人に対して支給された祿物。位階に応じて、絁(あしぎぬ)、布、綿などの現物を給される。女官は男官の半分。三位以上は別扱いとなり食封(じきふ)を与えられ位祿はない。＊続日本紀-慶雲二年(705)一一月庚辰「先是五位有食封、至是代以位祿也」＊続日本紀-慶雲三年(706)二月庚寅「准令三位以上、已在食封之例、四位以下寔有位祿之物」＊延喜式(927)一一・太政官「凡給位祿者、中務式部兵部三省録応給人物数、十一月十日申太政官。即造惣目。十五日少納言奏之。廿日官符下大蔵。廿二日出給」＊宇津保(970-999頃)沖つ白浪「今年のいろく、近江なむ給はり侍る」 発音〈標ア〉イ 0 辞書文明 表記位録(文)

いろ・く『動』 方言❶湿りけがなくなる。乾く。筑紫†130 熊本県923 933 大分県941 ◇いろくる 久留米†127 熊本県玉名郡058 ◇いらく 島根県石見725 山口県793 ◇いららく 京都府竹野郡622 ◇いらぎる 島根県美濃郡725 ◇いららく 京都府竹野郡622 ❷子供が喜び騒ぐ。はしゃぐ。

いろ-くさ【色種・色草】『名』(「いろぐさ」とも) さまざまの種類。いろいろな色のもの。一説に、種々の草花。特に、秋の色とりどりの草。《季・秋》＊源氏(1001-14頃)野分「中宮の御前に、秋の花を植ゑさせ給へること、つねの年よりも、見どころ多く、いろくさをつくして」＊岷江入楚(1598)二八「色くさをつくし 弄色々の草をなり、箋同。箋曰濁音不審」＊俳諧・俳諧歳時記(1803)秋・七月「色草 秋の千くさ也」＊冬霞(1943)〈富安風生〉「淋しきがゆゑにまた色草といふ」 発音〈標ア〉ロ

いろく-さだめ【位祿定】『名』平安時代の宮中年中行事の一種。毎年二月中旬、公卿が陣座(じんのざ)において位祿を与えるべき人と、その位祿を出す国を審査協議した儀式。＊中右記-嘉承元年(1106)一二月二九日「今日必依可有和奏、先可着陣也〈略〉次有位祿定」＊江家次第(1111頃)五・位祿定「位祿定二月中旬可行之、上卿有障者、依譲次人行之」＊俳諧・季引席用集(1818)「い之部 時令〈略〉位祿定(ヰロクサダメ)」

いろくず【鱗】『名』①魚類、爬(は)虫類などの体の表面をおおう堅い小片。うろこ。いろこ。うろくず。こけら。こけ。＊十巻本和名抄(934頃)八「鱗 唐韻云鱗〈音隣 伊路久都 俗云伊侶古〉魚甲也」＊法華義疏長保四年点(1002)「龍は是れ鱗(イロクツ)有る虫の中の長なり」＊名語記(1275)九「魚の皮に、ふけるを、いろくづといへり」②うろこをもった生きもの。魚や龍などをいう。いろこ。うろくず。＊公任集(1044頃)「みな底に沈める底のいろくずをあみにあらでもすくひつる哉」＊百座法談(1110)三月二六日「おほよそ、海のそこのいろくつ、山野にひづめあるもの、いづれか仏性のそなはらざる」＊滑稽本・旅眼石(1802)「のぼれる舟にはいろくずの籠、所せきまでつみかさねて」＊山椒大夫(1915)〈森鷗外〉「水の底の鱗介(イロクヅ)には聞えても」 語誌(1)イロはざらざらした細かいものの意で、クヅは屑かという。もともと鱗(うろこ)を意味する語で、同義のイロコと併用される一方、より正式の語と意識されていたらしい。のちに魚類を表わすようになる。(2)一四世紀ころからウロクヅが見えはじめ、一六世紀には優勢となり、イロクヅは文章語・歌語などに用いられる雅語となった。 方言種々雑多の物。長崎県壱岐島914 語源説(1)イロコのイロに、モクヅ(藻屑)のクヅを付した語〔大言海〕。(2)イロはイヲの転か。クヅは類の意か〔古言類韻＝堀秀成〕。(3)魚はうろこに色があるから、色屑の義〔和訓栞〕。(4)イヲコケツヅリ(魚苔綴)の転〔名言通〕。(5)イチリ(一里)ノカズタルの反〔名語記〕。 発音〈音史〉古くは『いろくづ』、室町頃より『うろくづ』か。〈なまり〉オロクズ〔飛騨〕〈標ア〉ク〈ア史〉平安○○○● 室町●●○○ 〈京ア〉ロ 辞書和名・色葉・名義・和玉・文明・書言・言海 表記鱗(和・色・名・文・書・言) 鮏(玉) 鱗魚(書)

いろ-ぐすり【色釉・色薬】『名』陶磁器の上絵を描くのに用いる着色剤を混合した釉(うわぐすり)。鉄、金、マンガンなどの金属化合物を使う。＊松屋会記-久政茶会記・弘治三年(1557)五月朔日「薬あめか、こいかきか、かけあはせ、色薬か」 発音イログスリ〈標ア〉グ

いろ-くどき【色口説】『名』遊女などをくどくこと。また、そのやり方。＊浮世草子・傾城色三味線(1701)江戸・三「都の末社の名鳥、はじめて下り、此里にて十三替りをさへづりしを聞て、ちか比おもしろき色くどき、是珍鳥と悦(よろこび)いさみ」 発音〈標ア〉ク

いろ-くらべ【色競】『名』互いに容色の美を争うこと。色香を競うこと。＊人情本・祝井風呂時雨傘(1836)一七回「噂ばかりか花菖蒲、引手も多き色競(イロクラベ)」 発音〈標ア〉ク

いろ-ぐるい【色狂】『名』女色におぼれて遊蕩すること。女狂い。遊女狂い。＊仮名草子・好色袖鑑(1682)下「心ばかりは人がましく、身におふぜぬ色くるひ」

＊浄瑠璃・夕霧阿波鳴渡(1712頃)中「女房にはくらうをさせ、ゐようが余って色狂ひ」 ＊洒落本・本草妓要(1754)「四十までは色(イロ)ぐるひなり、四十より後は色あそびなり、女郎よんであそぶと思ふべし」 発音イログルイ〈標ア〉グ 辞書〈ボン・言海 表記色狂(ヘ・言)

いろ‐ぐろ【色黒】『名』(形動) 肌の色が黒いこと。また、その人。＊三体詩素隠抄(1622)一・二「我が玉顔は、いかなれば、あの色ぐろ鴉にさへ、をとりぢゃよ」 ＊思出の記(1900–01)〈徳富蘆花〉四・六「障子明くると、眉を剃った色黒の邪慳な女の顔が此方を見かへった」 ＊草枕(1906)〈夏目漱石〉一二「背のずんぐりした、色黒の、髯づら」 発音イログロ〈標ア〉⓪〈京ア〉⓪

いろぐろ‐むすめ【色黒娘】『名』 黒壁の土蔵をいう、盗人仲間の隠語。〔隠語輯覧(1915)〕

いろ‐ぐわ。し【色妙】『形シク』 色美しい。＊良寛歌(1835頃)「霞立つながき春日はいろくはし桜の花の空に散りつつ」 補注「万葉‐一〇・一九九九」の「あからひく色妙子をしば見れば人妻故に吾恋ひぬべし」の「色妙」を「いろぐはし」と訓む説もあるが、多く「しきたへ(の)」とよまれている。

いろ‐け【色気】『名』 ①色のぐあい。色加減。色合い。また、色がついていること。色み。＊落語・素人茶番(1896)〈四代目橘家円喬〉「御召の御色気にも流行り廃りのありまするもので」 ＊趣味の遺伝(1906)〈夏目漱石〉二「友染とか、繻珍(しゅちん)とか、ぱっとした色気のものに包まって居るから」 ＊新世帯(1908)〈徳田秋声〉一八「お召の小袖に、桔梗がかった色気の羽織」 ②性的な雰囲気や感情。また、異性を意識する感情。㋑人をひきつける性的魅力。＊狂歌・狂歌続ますかがみ(1740)「しげらする色気がおむすにつくば山はやまどはして人をのぼらす」 ＊人情本・英対暖語(1838)二・七回「『姉上さんは岑さんの御内室(おかみ)さんででも在のかねへ。おかしひねへ』といふもにわかのいろけからやきもちをやくとみへたり」 ＊塩原多助一代記(1885)〈三遊亭円朝〉六「夫(をっと)角右衛門が亡りまして未だ三十七といふ年で、〈略〉色気(イロケ)沢山(たっぷり)でございます」 ＊黴(1911)〈徳田秋声〉一五「十六や其処いらで、色気のある気遣はないんですからね」 ㋺特に、女性の存在。女っ気。＊浄瑠璃・用明天皇職人鑑(1705)二「色けにかつゑし此嶋なればお若衆でも女郎でも」 ③おもしろみ。趣。風情。愛想。＊滑稽本・浮世風呂(1809–13)四・下「最う直(ぢき)に小さ大屋をいふから色気がねへぜ」 ＊人情本・春色梅児誉美(1832–33)四・二〇齣「何ぼ傾城水滸伝や、女八賢伝が流行(はやっ)ても、女の喧嘩(けんくゎ)は色気がねへぜ」 ＊草枕(1906)〈夏目漱石〉三「赤い帯を色気なく結んで、古風な紙燭(しそく)をつけて」 ④あるものに対して持つ欲求、興味。＊二人女房(1891)〈尾崎紅葉〉上・七「色気(イロケ)も大有(おほあり)で、未練も大有で」 ＊吾輩は猫である(1905–06)〈夏目漱石〉四「博士論文なんて無趣味な労力はやるまいと思ったら、あれでも矢っ張り色気があるから可笑(をか)しいぢゃないか」 発音〈標ア〉ケ〈京ア〉イ 辞書〈ボン・言海 表記色気(ヘ・言)

いろけ が 付(つ)く ①「いろけづく(色気付)①」に同じ。②「いろけづく(色気付)②」に同じ。＊落語・お節徳三郎恋の仮名文(1889)〈禽語楼小さん〉「総べて男女に拘らず春情(イロケ)の発(ツ)く時分は、漸漸(だんだん)身体に膩(あぶら)が乗って参りますから」 ＊重右衛門の最後(1902)〈田山花袋〉八「やれ総助の処の末の娘が段々色気が付いて来たのと」 ＊こゝろ(1914)〈夏目漱石〉七「十六七と云へば、男でも女でも、俗にいふ色気(イロケ)の付(ツ)く頃です」

いろけ より 食(く)い気(け) 色欲より食欲の方が先であるの意。転じて、見栄より実利を取ることのたとえ。＊歌舞伎・助六廓夜桜(1779)「おいらは色気より食気(くひけ)、どうやら口ざみしくなったぢゃアねえか」 ＊雑俳・歌羅衣(1834–44)二「色気より喰けとはぢく豆芸者」

いろけ を 出(だ)す ①性的な感情を表わす。＊赤西蠣太(1917)〈志賀直哉〉「そんな色気を出しちゃいかん」 ②ある物事に欲求をもったり、関心を示したりする。＊二人女房(1891)〈尾崎紅葉〉下・六「少々家内に風波があっても、不自由の無い方が先づ、と色気を出すが常情(あたりまへ)で」

いろけ を 作(つく)る 異性の気をひくような態度をとる。＊随筆・松屋筆記(1818–45頃)九二・六一「砂石集三によしばみて物もくはずとあり、俗言に見えばうとも、又はいろけを作るなどいふに同じ」

いろけ‐がか・る【色気掛】『自ラ五(四)』(「がかる」は接尾語) 性的な雰囲気や感情を帯びる。また、性的なことにかかわる。＊他所の恋(1939–40)〈正宗白鳥〉二「甲野は、ひえ子と、些少でも色気がかった話をするのは、たまらなく苦痛を覚えるやうになってゐて」 発音イロケガカル〈標ア〉カ

いろ‐げさ【色袈裟】『名』 能楽において、僧侶の扮装をするための袈裟のこと。＊甲陽軍鑑(17C初)品一六「色袈裟(ケサ)と申て、出家出世の人のけさを出す事あれば、扇にすへて、扇共に渡す者なり」

いろけ‐ざかり【色気盛】『名』 性的関心の高まる年ごろ。＊竹沢先生と云ふ人(1924–25)〈長与善郎〉竹沢先生の花見・五「妾見たいなお婆さんよりゃ貴方のやうな色気ざかりの青年の方がずっとお感じになるでせうに」 発音〈標ア〉ザ

いろけ‐ざまし【色気冷】『名』(形動) 色っぽい雰囲気を損ねること。また、興をそぐさま。＊冷笑(1909–10)〈永井荷風〉三「あら、どうしやうと云ふ間もなく廊下の方に色気ざましな剣(サーベル)の音が聞えるので、仕方がないから其のまま部屋の戸棚の中へ隠してしまった」 発音〈標ア〉ザ

いろ‐けし【色消】『名』 ①物の色つやを消すこと。②興趣をそぐこと。おもしろみをなくすこと。また、そのような言動。つやけし。＊人情本・春色雪の梅(1834–42頃か)三・一五回「夫ぢゃア綱吉さんも、とんだ色消(イロケ)しだぜ」 ＊落語・燃切り(1891)〈四代目桂文楽〉「幾ら上等の会席へ往らしって美味(おいし)い品を召喰(めしあが)っても、男子ばかりでは誠に色消しでゲス」 ＊腕くらべ(1916–17)〈永井荷風〉二二「芸者家に年寄のゐるのは色消しでいけねえから」 ③染色で、一度染めた色合いが、勝ちすぎたり、または少し暗く感じたような場合に、その色の補色の染料で染めなおすこと。④レンズ、プリズムなどの色収差を補正すること。＊物理学術語和英仏独対訳字書(1888)〈山口鋭之助〉「Irokeshi Achromatism 〈略〉色消シ」 発音〈標ア〉シケ⓪〈京ア〉ケ⓪

いろ‐げしき【色景色】『名』 艶(つや)っぽい情景。＊人情本・恩愛二葉草(1834)初・三章「捌(さば)けて出たる気作者、小岩も鯉太郎も安堵して、酒に花咲く色光景(イロゲシキ)」 発音イロゲシキ〈標ア〉ゲ

いろけ‐しらは【色気白歯】『名』(「知らぬ」を「白歯」にかけていう語。「白歯」は未婚処女の意) 色気をまだ知らない処女。生娘(きむすめ)。＊長唄・閨茲姿八景(1813)晒女の落雁(近江のおかね)「色気白歯の団十郎娘、強い強いと名に振れし」 ＊人情本・春色辰巳園(1833–35)初・五回「久しく色気白歯(イロケシラハ)の生娘(きむすめ)、いやみなしにて有(あり)けるものが」

いろけし‐レンズ【色消―】『名』(レンズは英 lens) 色収差を補正したレンズ。屈折率の違う凸レンズと凹レンズを組み合わせると色収差をだいたい除くことができる。〔現代術語辞典(1931)〕 発音〈標ア〉レ〈京ア〉レ

いろ‐げせる『連語』 語義未詳。＊万葉(8C後)一六・三八七五「伊呂雅世流(イロゲセル) 菅笠小笠 わが頸(うな)げる 珠の七条(ななつを)〈作者未詳〉」 補注「万葉集」に一例だけ現われる語で、語義に諸説ある。(1)「いろ」を相手に対する愛称とし、「げせる」を「着(げ)せる」と解して、あなたが着ておいでの、の意とする説。(2)「いろ」は色で、「げせる」は「着(げ)せる」とし、色を着け彩色した、の意とする説。(3)「いろげ」を、「いろ(色)」を動詞化した「いろぐ」と解し、美しく色の栄えている、の意とする説など。 上仮名イロゲセル

いろけ‐づ・く【色気付】『自カ五(四)』 ①花や果物などが色づいてくる。また、趣が生ずる。色気がつく。＊当世書生気質(1885–86)〈坪内逍遥〉一四「社会とかたくるしくいふときには、どうやら政治くさくきこゆれども、浮世とやはらげていひかふればおのづと色気(イロケ)づきて聞ゆるぞかし」 ②性的感情にめざめる。色情を感じ始める。色気がつく。色づく。＊咄本・万の宝(1780)男の産「十四五にもなって色気付て、女の顔を見る事もならぬから、ねん者ぐるいをしているうち、つい身持になったが」 ＊雑俳・柳多留‐六五(1814)「色気付きうちわほしがる女護の子」 ＊何処へ(1908)〈正宗白鳥〉一「歳頃の女が色気づくのは当然ぢゃないか」 発音〈標ア〉ズ〈京ア〉⓪ 辞書〈ボン 表記色気附(ヘ)

いろけっ‐ぽ・い【色気―】『形口』(「ぽい」は接尾語) 性的魅力がある。情欲をそそるような魅力がある。多く、女性の姿態、声などについていう。＊隣の女(1893)〈尾崎紅葉〉三「一寸仇な、色気(イロケッ)ぽい、何処か思付のある、江戸子らしい張のある相貌(かほだち)で」 発音〈標ア〉ポ

いろけ‐なし【色気無】『名』 気の利かない者をいう、盗人仲間の隠語。まぬけ。〔日本隠語集(1892)〕

いろけ‐ぬき【色気抜】『名』 性的な雰囲気や感情なしで事に当たること。また、女気がないこと。色抜き。＊湯女(1898)〈内田魯庵〉「何でも御保養に入らしったなら色気抜(イロケヌキ)にお金子をパッパと遣って妾どもに楽をさせて下すった上に」 ＊他所の恋(1939–40)〈正宗白鳥〉二「色気抜きで女の世話をしてゐると自分で云ってゐる大番頭某は」 発音〈標ア〉ヌ

いろけ‐ばなし【色気話】『名』 色ごとに関する話。＊西洋道中膝栗毛(1874–76)〈総生寛〉一三・上「来ると還るが否(いや)になる色情話(イロケバナ)しに打紛れ」

いろこ【鱗】『名』(後世は「うろこ」) ①「いろくず(鱗)①」に同じ。＊十巻本和名抄(934頃)八「鱗 唐韻云鱗〈音隣 伊路久都 俗云伊侶古〉魚甲也」 ＊宇津保(970–999頃)藤原の君「御門(みかど)をたてて、いろこの如くに、つくりかさねたる大殿(おとど)」 ＊四河入海(17C前)一・二「其時分に小風そろそろと吹て水上もちらちらとして、魚のいろこのやうな細浪が生ずるぞ」 ②「いろくず(鱗)②」に同じ。③(魚のうろこに似ているところから) 頭のふけ。いろこくず。＊十巻本和名抄(934頃)二「雲脂 墨子五行記云 頭垢謂之雲脂〈和名加之良乃安加 一云以呂古〉」 語誌古くは、鱗(うろこ)・雲脂(ふけ)、また皮膚病の際掻くとでる粉をもイロコと呼ぶことから、イロはざらざらした小粒のものの意で、コは小の意味か。また、語形や意味の上からイラカ(甍)ともかかわる語かと考えられる。→「いろくず(鱗)」の語誌。 方言❶うろこ。秋田県仙北郡130 岐阜県飛驒502 長崎県南高来郡905 宮崎県東諸県郡954 ◇いらこ 静岡県川根534 鹿児島県963 ◇いるこ 薩摩†137 長崎県南高来郡905 ◇いりこ 長崎県南高来郡905 熊本県葦北郡934 鹿児島県種子島979 ◇いいこ 佐賀県887 ◇いこ 鹿児島県961 ◇いりち 沖縄県990 首里993 ◇いりき 鹿児島県奄美大島・加計呂麻島975 沖縄県島尻郡・新城島975 ◇いらぎ 沖縄県石垣島・小浜島996 ◇いらき 沖縄県鳩間島・黒島996 ◇いりぎ 沖縄県波照間島996 ◇いっき・いっち 鹿児島県喜界島983 ◇いりゃ 沖縄県西表島996 ◇いる 沖縄県竹富島996 ◇うろけ 上方†100 ◇おろけ 山形県西田川郡139 岐阜県北部497 503 516 島根県出雲725 ◇おろくず 岐阜県益田郡

503 ❷ふけ。岩手県気仙郡100 秋田県雄勝郡130 福島県会津155 ◇いらこ 山形県村山062 鹿児島県肝属郡970 ◇いりこ 鹿児島県種子島979 ◇いこ 鹿児島県963 968 ◇いりき 鹿児島県奄美大島・加計呂麻島975 沖縄県島尻郡975 ◇いりち 沖縄県首里993 ◇いっち・いっき 鹿児島県喜界島983 語源説 (1)イロクヅの約言〔名語記・和訓栞〕。(2)イロはイヲ（魚）ロの約。コはカハラ（甲）の略転か〔大言海〕。(3)イヲコ（魚甲）の転〔言元梯〕。(4)イロコク（色鮮）の義〔紫門和語類集〕。(5)イヲキルツヅレ（魚着襤褸）の義〔日本語原学＝林甕臣〕。(6)イライラ（苛々）している義〔日本語源＝賀茂百樹〕。(7)イはイヲ（魚）の下略。ロは付字。コはこまかなるの下略〔和句解〕。 発音 〈音史〉古くは『いろこ』。室町頃『いろこ』『うろこ』の両様。以後『うろこ』か。〈なまり〉イラコ〔大隅〕イリコ・イルコ〔島原方言〕イロゴ〔福島〕エロコ〔秋田〕〈ア史〉平安○○◉と○○○の両様 〈京ア〉[イ] 辞書 字鏡・和名・色葉・名義・文明・明応・天正・饅頭・黒本・易林・日葡・書言・ヘボン・言海 表記 鱗（和・色・文・明・天・饅・黒・易・書・ヘ・言）雲胎（明・天・黒・易・書）鰭（字）頭垢（色）鯤（名）雲脂（和・色・名）

いろこ を ふく 魚のうろこをそぎ落とす。＊伊京集（室町）「衡レ鱗 イロコヲフク」＊日葡辞書（1603-04）「Irocouo fucu（イロコヲ フク）〈訳〉魚のうろこを落とす」 辞書 伊京・日葡 表記 衡レ鱗（伊）

いろ-こ【色子】『名』陰間の一種。歌舞伎若衆で男色を売る者。歌舞伎子。舞台子。＊浮世草子・世間胸算用（1692）三・一「酒の相手に色子ども、〈略〉銀成（かねなる）客とおもふべし」＊談義本・根無草（1763-69）後・二「色子の内も評判つよく、元服して海老蔵が弟子と成」＊随筆・塵塚談（1814）上「三四十年已前は芳町に百人余も有りけるよし。此内より芝居へ出て歌舞するを舞台子といひ、又色子とも称して四五十人もあり」 発音 〈標ア〉[C] 辞書 言海 表記 色子（言）

いろ-こい ひ…こ **【色恋】**『名』色情と恋愛。男女間の情愛。恋愛。いろごと。＊滑稽本・浮世床（1813-23）二・下「色恋（イロコヒ）と一緒（ひとくち）に云ふけれど、色と恋とは菖蒲（あやめ）と杜若（かきつばた）ス」＊人情本・英対暖語（1838）四・二四章「惚れたの慈愛（かあいひ）のといふは〈略〉ほんの表上（うはべ）の色恋で、娘子どもの当座の花」＊当世書生気質（1885-86）〈坪内逍遙〉一四「彼の色恋（イロコヒ）の道なんども此世の中には必要なる」 発音 〈標ア〉[ロ] 〈京ア〉[ロ]

いろ-こい【色濃】 ⇒「いろ（色）」の子見出し

いろ-ごい ひ…ご **【色鯉】**『名』赤、黄、白、青、黒およびこれらの斑紋の組み合わさった美しい色をした鯉の総称。観賞用として飼育される。高級品は特に錦鯉（にしきごい）と呼ばれる。新潟県小千谷市および長岡市の周辺が主産地。 方言 錦鯉。 ◇いろこい 新潟県古志郡019 発音 イロゴイ 〈標ア〉[ロ]

いろこい-ざた ひ…いろこ **【色恋沙汰】**『名』男女間の恋愛にかかわる行為、事件。＊他所の恋（1939-40）〈正宗白鳥〉二「私はI氏の色恋沙汰についてはその作品を通して知ってゐるばかりでなく」 発音 〈標ア〉[0][コ]

イロコイ-ぞく【—族】『名』（英 Iroquois）アメリカインディアンの一種族。北アメリカ東部森林地帯に居住し、一六世紀以後、五部族を統合して政治的連合のイロコイ同盟を形成した。イロコワ族。 発音 〈標ア〉[コ]

いろ-こうしゃく シャク…カウ **【色講釈】**『名』「いろだんぎ（色談義）」に同じ。＊洒落本・色講釈（1801）「口車にふわとのったる猪牙（ちょき）舟の色講釈（イロカウシャク）は、堀までの座料鳥目百銅」 発音 イロコーシャク 〈標ア〉[コ]

いろ-こえ ゑ…こ **【色声】**『名』（「いろごえ」とも）①色っぽい声。客を呼びこむ嬌声。＊浮世草子・好色一代女（1686）五・一「祇薗町八坂はせはしく、簾越（すだれごし）に色声（イロコヱ）掛て」②平家琵琶の旋律の一つ。中音に変化曲節の多いもの。

いろこ-おもて【鱗面】『名』そばかすのある顔。瘁面（かすも）。

いろ-ごかし【色倒】『名』（「ごかし」は、倒す意）「いろじかけ（色仕掛）」に同じ。＊浄瑠璃・太平記菊水之巻（1759）四「色に事寄せ渡せし刀、とぼけた顔で色ごかし、酒を盛てもりつぶし、寝入った所を只一討」

いろこ-がた【鱗形】『名』三角形を排列した模様の名。うろこがた。＊温故知新書（1484）「鱗形 イロコカタ」＊随筆・貞丈雑記（1784頃）三「いろこ形（ガタ）と云はうろこ形の事也」 辞書 文明・日葡・書言・言海 表記 鱗形（文・書・言）

いろこ-くず づ…く **【鱗屑】**『名』「いろこ（鱗）③」に同じ。＊名語記（1275）七「人の髪にもいろここくづなどいへる事あり」

いろ-ごころ【色心】『名』男女の情を通わす心。色情。色気。＊仮名草子・伊勢物語ひら言葉（1678）下・一「なりひら、斎宮とたがひの色心はとけ給へども、新ゐまくらをもかわし給はず」＊浮世草子・男色十寸鏡（1687）上「ひとりとさかなる色心、男子（なんし）を思ふに遺背（やるせ）なし」 発音 イロゴコロ 〈標ア〉[ゴ]

いろこ-そで【色小袖】『名』色染めの小袖。＊歌謡・松の葉（1703）一・忍組「我が恋は綟子（もじ）の袋に色小袖、何とつつめど色にいでさふろ」＊浄瑠璃・当流小栗判官（1714頃）五「前垂（まへだれ）だすきぬぎすて、情模様の色小袖」

いろこ-だ・つ【鱗—】『自タ四』（「だつ」は接尾語）形や模様などが、うろこのようである。＊堤中納言（11C中-13C頃）虫めづる姫君「蛇（くちなは）の形（かた）をいみじく似せて、動くべきさまなどしつけて、いろこだちたる懸袋（かけぶくろ）にいれて」 発音 〈標ア〉[コ]

いろ-ごと【色事】『名』①男女が情を通わすこと。恋愛に関する行為。情事。ぬれごと。＊浄瑠璃・最明寺殿百人上臈（1699）道行「木のはしかといふ様な此坊主、色ごとの用心ならば気遣（づか）ひあるな」＊歌舞伎・助六廓夜桜（1779）「おれはまた、あの婆アに親分が色事だと思った」＊婦系図（1907）〈泉鏡花〉後・五五「婿を持たした娘たちと、情事（イロゴト）をするくらゐ下女を演劇（しばゐ）に連出すより、もっと容易（たやす）いのは通相場よ」②色事の相手。情人。愛人。＊歌舞伎・傾情吾嬬鑑（1788）序幕「あの花紫は幡随長兵衛が色事だとの事」＊洒落本・南門鼠（1800）「松坂のおれが色事はたっしゃかの」＊滑稽本・浮世床（1813-23）二・上「亭主が色事（イロゴト）の所（とこ）へ、夜な夜な通ふ事を思って」③芝居での男女の情事のしぐさ。ぬれごと。またはその俳優。色事師。＊役者論語（1776）あやめぐさ「ぶたいへ出て、色事をする時」＊歌舞伎・名歌徳三舛玉垣（1801）四立「次郎又がどふやらこふやら色事の数に入ったのも、皆あなた方のお取立故」 発音 イロゴト 〈標ア〉[ロ] 〈京ア〉[0] 辞書 ヘボン 表記 色事（へ）

いろごと に 銭（ぜに）**の いらぬ 事**（こと）**なし** 色事には常に費用がかかるの意。〔譬喩尽（1786）〕

いろごと は 思案（しあん）**の 外**（ほか） 「いろ（色）は思案の外」に同じ。〔譬喩尽（1786）〕

いろごと-ごしょうらく ゴシャ…ウラク **【色事後生楽】**『名』他の事は気にもかけないで、色事にふけり、いい気になっていること。＊人情本・仮名文章娘節用（1831-34）三・七回「この子のできねえ時分が、ほんの色事後生楽、むりなくぜつにすねたり妬（や）いたり」

いろごと-し【色事師】『名』①歌舞伎で、色事の役を得意とする役者。濡れ事師。＊談義本・根無草（1763-69）後・二「後の薪水は初より色事師の名代にて」＊役者論語（1776）あやめぐさ「色事師の立役とならびてむさむさと物をくひ」＊歌舞伎・黒手組曲輪達引（1858）序幕「トこの中花道にて、権九郎真面目に色事師の振あって」②情事にたくみな男。女たらし。恋知り。色師。＊浄瑠璃・新版歌祭文（お染久松）（1780）座摩社「成程此旦那大色事仕でござります」＊滑稽本・浮世床（1813-23）二・下「『用もなくて通ふ奴かの』『色事師（イロゴトシ）も骨の折れたものだ』」 発音 イロゴトシ 〈標ア〉[ト] 〈京ア〉[ト]

いろごと-でいり【色事出入】『名』色恋が原因のもめごと。色の出入り。＊洒落本・道中粋語録（1779-80頃）「『ちっとした事で今こんな所（とこい）来てをります』『色事出入（イロゴトデヘリ）だの』」＊滑稽本・魂胆夢輔譚（1844-47）二・下「面の皮も厚さうだ、とても色（イロ）ごと出入（デイリ）といふ顔色ではねえぜ」

いろ-ことば【色言葉・色詞】『名』ことばに少し節をつけたもの。旋律がかったことば。一中節に多い。＊滑稽本・八笑人（1820-49）四・上「一中節の信田妻を、左次さん一（ひと）口おたのみだ。〈略〉そこで色言葉（イロコトバ）の切れるまで、少しづつ思入の振があって」 発音 〈標ア〉[コ]

いろ-ごのみ【色好】『名』（「いろこのみ」とも）①好んで異性との交情にふけること。恋愛、情事にまつわる情趣をよく解すること。また、その人。＊竹取（9C末-10C初）「色好みといはるるかぎり五人」＊伊勢物語（10C前）三七「昔、をとこ、色好みなりける女に逢へりけり」＊源氏（1001-14頃）若菜下「あだなる男、色ごのみ、二心ある人にかかづらひたる女」＊さるばとるむんぢ（1598）「男子女子ともに色ごのみの科に落ざるやうに」＊日葡辞書（1603-04）「Irogonomiuo（イロゴノミヲ）スル」②実際的なことよりも風流、風雅な方面に関心や理解があること。また、その人。＊古今（905-914）仮名序「あだなる歌、はかなき事のみいでくれば、いろごのみの家に、埋れ木の、人知れぬ事となりて」＊無名抄（1211頃）「いみじき事なり。昔いろごのみのわざどもこのみてしけるわざなり」＊ひとり言（1468）「和歌の心ざしの人、色ごのみなども残り侍りて、自ら忍び忍びに歌連歌などの事をもたがひにかたらひ侍る事よりより也」③（①から転じて）遊女などを買うこと。また、その遊女。＊大観本謡曲・祇王（室町末）「われら賤しくも、遊女の道を踏みそめし、心はかなき色好みの、家桜花しぼみ」＊御伽草子・物くさ太郎（室町末）「『夫妻と云ふ事は、大事の物ぞ、色好み尋ねてよべかし』〈略〉『主なき女をよびて、料足を取らせて逢ふ事を、色好みといふ也』」 語誌 (1)語源については、一説に、「いろ」は配偶者の意、「このみ」は選択する、の意があり、これが後に漢語「好色」と響き合いながら定着したものという。(2)平安時代には、和歌や音楽に堪能で、異性への恋に一途に生きる人を意味し、男女ともに用いられた。(3)ほぼ同義の「すきもの」が、平安時代においては風流一般に関して概して肯定的に用いられるのに対して、「いろごのみ」は次第に本来の意味が失われ、否定的なニュアンスを強めていく。 発音 イロゴノミ 〈標ア〉[ゴ] 〈京ア〉[ゴ] 辞書 色葉・易林・日葡・書言・言海 表記 好色（色・易・書）色好（言）

いろごのみ-かか・る【色好懸】『自ラ四』好色の心がおこる。＊大和（947-957頃）一〇三「故后の宮の御達市にいでたる日になむありける。平中いろこのみかかりてになう懸想しけり」＊今昔（1120頃か）三〇・二「平中此を見て、色好み懸りて仮借（けさう）しけるに」

いろこ-ぼうし【色子帽子】『名』色子の剃った額をおおうための紫色の布帛（ふはく）。紫帽子。

いろ-ごろも【色衣】『名』色彩の美しい衣。美しい着物。いろぎぬ。＊類従本賀茂女集（10C後）「紅のはつはな染の色ごころもきつつみれどもあかぬいろかな」＊源氏（1001-14頃）葵「あまた年今日あらためし色ごろもきては涙ぞふる心地する」＊歌舞伎・韓人漢文手管始（唐人殺し）（1789）四「和尚にて色衣、七条の袈裟（けさ）を掛け」 発音 イロゴロモ 〈標ア〉[ゴ] 辞書 言海 表記 色衣（言）

イロコワ-ぞく【—族】『名』⇒イロコイぞく（—族）

日本国語大辞典 第二版 第一巻

一九七二年一二月一日 日本国語大辞典第一版第一巻（全二〇巻）発行
一九七九年一〇月二〇日 同 縮刷版第一巻（全一〇巻）発行
二〇〇〇年一二月二〇日 同 第二版第一巻第一刷発行
二〇一九年三月二五日 同 第二版第一巻第一三刷発行

編集 日本国語大辞典第二版編集委員会
小学館国語辞典編集部
発行者 金川浩
印刷 図書印刷株式会社
発行所 株式会社 小学館
東京都千代田区一ツ橋二丁目三―一
電話 編集（〇三）三二三〇―五一七〇
販売（〇三）五二八一―三五五五
郵便番号 一〇一―八〇〇一

ISBN4-09-521001-X

印刷　図書印刷株式会社
特漉本文用紙　三菱製紙株式会社
表紙クロス　東洋クロス株式会社
表紙色箔　株式会社ミクロ商会
製本　株式会社若林製本工場
製函　株式会社サンメイト倉持

主要出典一覧

1 「日本国語大辞典 第二版」に用例として採録した文献を抄出する。本辞典で示す書名を見出しとするが、ジャンルまたは叢書名を示すものは、それらを見出しとし、そこに一括して掲げる。

2 書名には、必要に応じ読みを付し、以下の注記を施す。

①…作者または編者名
・編者が複数の場合は、一、二名にしぼって示す。
・作者が不明のもの、あるいは不確実なもの等は省略する。

②…成立年・刊行年
・成立年あるいは刊行年のはっきりしているものは西暦年で示す。ただし、およそのことしかわからないものは、世紀（前・中・後・終）、時代等で示す。
・私家集などで作者の没年を当てたものもある。
・近代の作品の成立年は、初出の年を、また連載形式で発表されたものは、その連載の年を示す。ただし、初出または発表の年の不明なものは単行本の刊行年を示す場合もある。
・序・跋の記された年などで示す場合もある。

③…底本名
・本辞典において底本として採用したテキストを示す。
・叢書などの類は、その叢書名のみを示し、単行本については、書名、または編者名、あるいは発行者名などいずれかを示す。
・影印本・版本などについては、所蔵者名・書写年・刊記などを必要に応じて示す。

④…補助注記
・略称で示した場合の正式の名称、あるいは特に著名な別称、分野、資料の性格、翻訳書における原作者等を必要に応じて示す。

【あ】

愛弟通信　①国木田独歩 ②一八九四～九五 ③国木田独歩全集（学習研究社） ④従軍記
愛と認識との出発　①倉田百三 ②一九二一刊 ③現代日本文学全集（筑摩書房） ④評論
壒嚢鈔 あいのうしょう　①行誉 ②（素問）一四四五、（緇問）一四四六 ③日本古典全集 ④辞書
あひゞき　①二葉亭四迷（訳） ②一八八八 ③二葉亭四迷全集（岩波書店） ④翻訳小説（原作はツルゲーネフ）
青い月曜日　①開高健 ②一九六五～六七 ③筑摩現代文学大系 ④小説
蒼ざめた馬を見よ あおざめたうまをみよ　①五木寛之 ②一九六六 ③筑摩現代文学大系 ④小説
青べか物語　①山本周五郎 ②一九六〇 ③筑摩現代文学大系 ④小説
アカシヤの大連　①清岡卓行 ②一九六九 ③筑摩現代文学大系 ④小説
赤染衛門集 あかぞめえもんしゅう　①赤染衛門 ②一〇四一～五三頃 ③桂宮本叢書 ④私家集
赤人集　①山部赤人 ②一一世紀初か ③西本願寺本三十六人集精成 ④私家集
安芸集 あきしゅう　①郁芳門院安芸 ②一一〇六～〇七頃 ③桂宮本叢書 ④「郁芳門院安芸集」。私家集
顕輔集 あきすけしゅう　①藤原顕輔 ②一一五五頃 ③群書類従 ④私家集
秋のめざめ　①円地文子 ②一九五七～五八 ③新選現代日本文学全集（筑摩書房） ④小説
あきらめ　①田村俊子 ②一九一一 ③明治文学全集 ④小説
安愚楽鍋 あぐらなべ　①仮名垣魯文 ②一八七一～七二刊 ③明治文学全集 ④滑稽小説
浅草　①サトウハチロー ②一九三一刊 ③素人社 ④随筆
浅草紅団　①川端康成 ②一九二九～三〇 ③先進社（覆刻版） ④小説
朝倉孝景条々 あさくらたかかげじょうじょう　①朝倉敏景 ②一四七一～八一 ③中世法制史料集 ④「朝倉孝景十七か条」。家訓
あさぢが露　②一三世紀後 ③古典文庫 ④物語
朝忠集 あさただしゅう　①藤原朝忠 ②一〇世紀中 ③西本願寺本三十六人集精成 ④私家集
足摺岬 あしずりみさき　①田宮虎彦 ②一九四九 ③現代日本文学全集（筑摩書房） ④小説
明日香井集　①藤原雅経 ②一二九四 ③群書類従 ④私家集
安土往還記 あずちおうかんき　①辻邦生 ②一九六八 ③筑摩現代文学大系 ④小説
東遊 あずまあそび　②一〇世紀後 ③日本古典文学大系 ④歌謡
吾妻鏡 あずまかがみ　①鎌倉幕府 ②一一八〇～一二六六 ③新訂増補国史大系 ④「東鑑」。編年体公的記録。引用にあたっては当該記事の年月日を付した。
吾妻問答 あずまもんどう　①飯尾宗祇 ②一四六七頃 ③日本古典文学大系 ④連歌論
新らしい言葉の字引　①服部嘉香・植原路郎（編） ②一九一八刊 ③実業之日本社 ④辞典
新しき用語の泉　①小林花眠 ②一九二一刊 ③博進館 ④辞典
敦忠集 あつただしゅう　①藤原敦忠 ②一〇世紀後 ③西本願寺本三十六人集精成 ④私家集
アパアトの女たちと僕と　①龍胆寺雄 ②一九二八 ③現代日本文学全集（筑摩書房） ④小説
阿部一族　①森鴎外 ②一九一三 ③鴎外全集（岩波書店） ④小説
油地獄　①斎藤緑雨 ②一八九一 ③明治文学全集 ④小説
天城越え あまぎごえ　①松本清張 ②一九五九 ③筑摩現代文学大系 ④小説
天草版金句集　②一五九三刊 ③天草版金句集の研究（吉田澄夫） ④日本イエズス会刊。ローマ字書き
天草本伊曾保 あまくさぼんいそほ　②一五九三刊 ③文禄二年耶蘇会板伊曾保物語（京都大学国文学会） ④日本イエズス会刊。ローマ字書き
天草本平家　①ハビアン（編） ②一五九二刊 ③東北大学本 ④日本イエズス会刊。ローマ字書き
天草本平家・伊曾保言葉の和げ あまくさぼんへいけ・いそほことばのやわらげ　②一五九三刊 ③文禄二年耶蘇会板伊曾保物語（京都大学国文学会） ④両書の難語解
海人刈藻物語 あまのかるもものがたり　②一二七一頃 ③桂宮本叢書 ④「海人刈藻」。物語
海人藻芥 あまのもくず　①恵命院宣守 ②一四二〇 ③群書類従 ④有職
あめりか物語　①永井荷風 ②一九〇八刊 ③荷風全集（岩波書店） ④小説集
天降言 あもりごと　①田安宗武 ②一七七一～八一頃か ③日本名著全集 ④歌集
あらくれ　①徳田秋声 ②一九一五 ③岩波文庫 ④小説
新世帯 あらじょたい　①徳田秋声 ②一九〇八 ③明治文学全集 ④小説
あらたま　①斎藤茂吉 ②一九二一刊 ③現代日本文学全集（筑摩書房） ④歌集
暴夜物語 アラビヤものがたり　①永峰秀樹（訳） ②一八七五 ③明治文化全集 ④翻訳小説（「アラビアンナイト」の翻訳）
有明集　①蒲原有明 ②一九〇八刊 ③日本現代詩大系 ④詩集
有明の別　②一二世紀後 ③古典文庫 ④物語
在りし日の歌　①中原中也 ②一九三八刊 ③日本現代詩大系 ④詩集
或る女 あるおんな　①有島武郎 ②一九一九刊 ③岩波文庫 ④小説
アルス新語辞典　①桃井鶴夫 ②一九三〇刊 ③アルス ④辞典
安吾巷談 あんごこうだん　①坂口安吾 ②一九五〇刊 ③文芸春秋新社 ④随筆
暗室　①吉行淳之介 ②一九七〇（改稿年） ③筑摩現代文学大系 ④小説
安心決定鈔 あんじんけつじょうしょう　②一四世紀前 ③真宗聖教全書 ④仏教
暗夜行路　①志賀直哉 ②一九二一～三七 ③岩波文庫 ④小説

【い】

家　①島崎藤村 ②一九一〇～一一 ③藤村全集（筑摩書房） ④小説
家忠日記　①松平家忠 ②一五七七～九四 ③続史料大成 ④「参州日記」「秘本深溝日記」。日記。引用にあたっては当該記事の年月日を付した。
いほぬし　①増基 ②九八六～一〇一一頃 ③いほぬし本文及索引（増淵勝一） ④紀行
伊京集 いきょうしゅう　②室町時代 ③古本節用集六種研究並びに総合索引・影印篇（中田祝夫） ④辞書
医語類聚 いごるいじゅう　①奥山虎章 ②一八七二刊 ③明治期専門術語集 ④医学辞典
いさなとり　①幸田露伴 ②一八九一 ③露伴全集（岩波書店） ④小説
十六夜日記 いざよいにっき　①阿仏尼 ②一二七九～八二頃 ③群書類従 ④紀行
伊沢蘭軒 いざわらんけん　①森鴎外 ②一九一六～一七 ③鴎外全集（岩波書店） ④小説

医師高間房一氏　①田畑修一郎　②一九四一刊　③現代日本文学全集(筑摩書房)　④小説
石山寺本金剛般若経集験記平安初期点　いしやまでらぼんこんごうはんにゃきょうしゅげんきへいあんしょきてん　②八五〇頃　③古典保存会複製書　④訓点資料
石山本願寺日記　③石山本願寺日記(上松寅三編纂校訂)　④一六世紀中後期の「宇野主水日記」「顕如上人文案」「私心記」「証如上人日記」「証如上人書札案」を収める。引用にあたっては当該記事の年月日を付した。
医心方　いしんぼう　①丹波康頼　②九八四　③日本古典全集　④医書。天養二年点で採用した場合には「医心方天養二年点」と示す。
伊豆の踊子　いずのおどりこ　①川端康成　②一九二六　③角川文庫　④小説
和泉式部集　いずみしきぶしゅう　①和泉式部　②一一世紀中　③和泉式部全集　④私家集
和泉式部日記　いずみしきぶにっき　①和泉式部　②一一世紀前　③日本古典文学大系　④日記文学
異制庭訓往来　いせいていきんおうらい　②一四世紀中　③群書類従　④往来物
伊勢集　いせしゅう　①伊勢　②一一世紀後　③西本願寺本三十六人集精成　④私家集
伊勢大輔集　いせのおおすけしゅう　①伊勢大輔　②一一世紀中　③桂宮本叢書　④私家集
伊勢物語　いせものがたり　②一〇世紀前　③日本古典文学大系　④歌物語
いたづら小僧日記　①佐々木邦(訳)　②一九〇九刊　③内外出版協会　④小説。翻訳の形をとった佐々木の創作。「続いたづら小僧日記」(一九〇九年刊)も内外出版協会版によった。
ヰタ・セクスアリス　①森鷗外　②一九〇九　③鷗外全集(岩波書店)　④小説
異端者の悲しみ　①谷崎潤一郎　②一九一七　③新潮文庫　④小説
一握の砂　①石川啄木　②一九一〇刊　③啄木全集(筑摩書房)　④歌集
一言芳談　②一二九七～一三五〇頃　③日本古典文学大系　④仏教
一念多念文意　①親鸞　②一二五七　③真宗聖教全書　④仏教
一年有半　①中江兆民　②一九〇一刊　③明治文学全集　④随想、評論。「続一年有半」(一九〇一年刊)も明治文学全集によった。
一枚起請文　いちまいきしょうもん　①法然　②一二一二頃　③法然上人全集　④仏教
一路　①木下利玄　②一九二四刊　③現代日本文学全集(筑摩書房)　④歌集
いつか汽笛を鳴らして　①畑山博　②一九七二　③はにわの子たち(文芸春秋)所収　④小説
斎宮女御集　いつきのみやのにょうごしゅう　①徽子内親王　②九八五頃か　③西本願寺本三十六人集精成　④私家集。書名の読みは「さいぐうのにょうごしゅう」とも。
一休仮名法語　①一休宗純　②一四八一頃　③校補点註禅門法語集　④仏教
一中節　いっちゅうぶし　「日本歌謡集成」所収「都羽二重拍子扇」(元文・寛保頃刊)などによった。
一兵卒の銃殺　①田山花袋　②一九一七刊　③岩波文庫　④小説
田舎教師　①田山花袋　②一九〇九刊　③岩波文庫　④小説
今鏡　①藤原為経か　②一一七〇　③新訂増補国史大系　④歴史物語
今川大双紙　②一五世紀前　③群書類従　④武家故実
今川仮名目録　①今川氏親・今川義元　②一五二六、〈追加〉一五五三　③中世法制史料集　④法制
今戸心中　いまどしんじゅう　①広津柳浪　②一八九六　③岩波文庫　④小説
今弁慶　①江見水蔭　②一八九一刊　③少年文学(博文館)　④児童文学
今物語　①藤原信実(編か)　②一二三九頃　③群書類従　④説話
厭がらせの年齢　いやがらせのねんれい　①丹羽文雄　②一九四七　③改造(昭和二二年二月号)　④小説
いやな感じ　①高見順　②一九六〇～六三刊　③文春文庫　④小説
いろは交友録　①徳川夢声　②一九五三刊　③鱒書房　④随筆
いろは字　①日我　②一五五九　③妙本寺蔵永祿二年いろは字(鈴木博)　④辞書
色葉字類抄　①橘忠兼　②一一七七～八一　③色葉字類抄研究並びに索引(中田祝夫・峯岸明)　④辞書。前田本を優先し、その欠は黒川本で補う。
伊呂波字類抄　いろはじるいしょう　②鎌倉時代　③日本古典全集　④辞書
不言不語　いわずかたらず　①尾崎紅葉　②一八九五　③岩波文庫　④小説
隠語構成様式并其語集　いんごこうせいようしきならびにそのごしゅう　①樋口栄　②一九三五　③警察協会大阪支部　④隠語辞典
隠語輯覧　いんごしゅうらん　①富田愛次郎　②一九一五　③京都府警察部　④隠語辞典
隠語全集　①最高検察庁刑事部　②一九五二　③刑務協会　④隠語辞典
引照新約全書　②一八八〇刊　③米国聖書会社　④聖書
蔭凉軒日録　いんりょうけんにちろく　①季瓊真蘂・亀泉集証(ら)　②一四三五～九三　③増補続史料大成　④日記。書名の読みは古くは「おんりょうけんにちろく」とも。引用にあたっては当該記事の年月日を付した。

【う】

浮雲　①二葉亭四迷　②一八八七～八九　③二葉亭四迷全集(岩波書店)　④小説
浮城物語　①矢野龍渓　②一八九〇　③明治文学全集　④小説
右京大夫集　うきょうのだいぶしゅう　①建礼門院右京大夫　②一三世紀前　③校本建礼門院右京大夫集(井狩正司)　④「建礼門院右京大夫集」。私家集
▼浮世草子　うきよぞうし
色里三所世帯　①井原西鶴　②一六八八刊　③定本西鶴全集
浮世栄花一代男　①井原西鶴(か)　②一六九三刊　③定本西鶴全集
沖津白波　①都の錦　②一七〇二刊　③日本名著全集
金玉ねぢぶくさ　①章花堂　②一七〇四刊　③近代日本文学大系　④「金銀ねぢぶくさ」
近代艶隠者　きんだいやさいんじゃ　①西鷺軒橋泉　②一六八六刊　③定本西鶴全集
傾城色三味線　けいせいいろじゃみせん　①江島其磧　②一七〇一刊　③新日本古典文学大系
傾城歌三味線　けいせいうたじゃみせん　①江島其磧　②一七三二刊　③昭和版帝国文庫
傾城禁短気　けいせいきんたんき　①江島其磧　②一七一一刊　③日本古典文学大系
けいせい伝受紙子　①八文字屋自笑、江島其磧(代作)　②一七一〇刊　③新日本古典文学大系
傾性野群談　けいせいやぐんだん　①八文字屋自笑　②一七一七刊　③八文字屋本全集
元禄大平記　げんろくたいへいき　①都の錦　②一七〇二刊　③叢書江戸文庫
好色一代男　①井原西鶴　②一六八二刊　③定本西鶴全集
好色一代女　①井原西鶴　②一六八六刊　③定本西鶴全集
好色訓蒙図彙　こうしょくきんもうずい　①吉田半兵衛　②一六八六刊　③近世文芸資料
好色五人女　①井原西鶴　②一六八六刊　③定本西鶴全集
好色三代男　①未達(か)　②一六八六刊　③古典文庫
好色盛衰記　①井原西鶴　②一六八八刊　③定本西鶴全集
好色床談義　②一六八九刊　③元禄文学資料
好色二代男　①井原西鶴　②一六八四刊　③定本西鶴全集　④「諸艶大鑑」
好色敗毒散　①夜食時分　②一七〇三刊　③評釈江戸文学叢書
好色万金丹　①夜食時分　②一六九四刊　③日本古典文学大系
御前義経記　①西沢一風　②一七〇〇刊　③日本名著全集
西鶴置土産　さいかくおきみやげ　①井原西鶴　②一六九三刊　③定本西鶴全集
西鶴織留　さいかくおりどめ　①井原西鶴　②一六九四刊　③定本西鶴全集
西鶴諸国はなし　さいかくしょこくばなし　①井原西鶴　②一六八五刊　③定本西鶴全集
諸道聴耳世間猿　①上田秋成　②一七六六刊　③上田秋成全集
新御伽婢子　しんおとぎぼうこ　①未達　②一六八三刊　③西村本小説全集
新可笑記　①井原西鶴　②一六八八刊　③定本西鶴全集
新色五巻書　①西沢一風　②一六九八刊　③日本古典文学大系
世間子息気質　せけんむすこかたぎ　①江島其磧　②一七一五刊　③八文字屋本全集
世間娘容気　せけんむすめかたぎ　①江島其磧　②一七一七刊　③新日本古典文学大系
世間胸算用　①井原西鶴　②一六九二刊　③定本西鶴全集
俗つれづれ　①井原西鶴　②一六九五刊　③定本西鶴全集　④「西鶴俗つれづれ」
千尋日本織　ちひろやまとおり　①神秀法師　②一七〇七刊　③近世文芸叢書
当世乙女織　とうせいおとめおり　①錦文流　②一七〇六刊　③古典文庫
男色大鑑　なんしょくおおかがみ　①井原西鶴　②一六八七刊　③定本西鶴全集
日本永代蔵　①井原西鶴　②一六八八刊　③定本西鶴全集
日本新永代蔵　①北条団水　②一七一三刊　③日本名著全集
風流曲三味線　①江島其磧　②一七〇六刊　③昭和版帝国文庫
武家義理物語　①井原西鶴　②一六八八刊　③定本西鶴全集
武道伝来記　①井原西鶴　②一六八七刊　③定本西鶴全集
懐硯　ふところすずり　①井原西鶴　②一六八七序　③定本西鶴全集
本朝桜陰比事　①井原西鶴　②一六八九刊　③定本西鶴全集
本朝二十不孝　①井原西鶴　②一六八六刊　③定本西鶴全集
本朝浜千鳥　①永井正流　②一七〇七刊　③江戸時代文芸資料
万の文反古　よろずのふみほうぐ　①井原西鶴　②一六九六刊　③定本西鶴全集

宇治拾遺　②一二二一頃　③日本古典文学大系　④「宇治拾遺物語」。説話
牛山ホテル　①岸田国士　②一九二九刊　③新潮文庫　④戯曲
打聞集　②一一三四頃　③古典保存会　④説話
美しい村　①堀辰雄　②一九三三〜三四　③岩波文庫　④小説
宇津保　②九七〇〜九九九頃　③宇津保物語本文と索引(宇津保物語研究会編)　④「宇津保物語」。物語
腕くらべ　①永井荷風　②一九一六〜一七　③荷風全集(岩波書店)　④小説
馬内侍集　うまのないしのしゅう　①馬内侍　②一一世紀前　③群書類従　④私家集
生れ出づる悩み　うまれいずるなやみ　①有島武郎　②一九一八　③岩波文庫　④小説
海と毒薬　①遠藤周作　②一九五七　③筑摩現代文学大系　④小説
海に生くる人々　①葉山嘉樹　②一九二六刊　③岩波文庫　④小説
梅津政景日記　うめづまさかげにっき　①梅津政景　②一六一二〜三三　③大日本古記録　④日記。引用にあたっては当該記事の年月日を付した。
うもれ木　①樋口一葉　②一八九二　③一葉全集(筑摩書房)　④小説
末枯　うらがれ　①久保田万太郎　②一九一七　③岩波文庫　④小説
上井覚兼日記　①上井覚兼　②一五七四〜八六　③大日本古記録　④日記。引用にあたっては当該記事の年月日を付した。
運歩色葉　②一五四八　③中世古辞書四種研究並びに総合索引・影印篇(中田祝夫・根上剛士)　④「運歩色葉集」。辞書

【え】

永遠なる序章　①椎名麟三　②一九四八刊　③新潮文庫　④小説
栄花　②一〇二八〜九二頃　③日本古典文学大系　④「栄花物語」。歴史物語
映画雑感　①寺田寅彦　②一九三〇〜三五　③岩波文庫・寺田寅彦全集　④随筆
詠歌大概　①藤原定家　②一三世紀前　③日本古典文学大系　④歌学
永久百首　①源顕仲・藤原仲実・源俊頼(ら)　②一一一六　③群書類従　④「堀河院次郎百首」「堀河院後度百首」。和歌
永日小品　①夏目漱石　②一九〇九　③漱石全集(岩波書店)　④随筆
永平道元禅師清規　えいへいどうげんぜんじしんぎ　①道元　②一三世紀中　③道元禅師全集　④「永平清規」。仏教
英和外交商業字彙　①篠野乙次郎　②一九〇〇刊　③三省堂
英和商業新辞彙　①田中信吉・中川精吉・伊丹重太郎　②一九〇四刊　③近代日本学術用語集成
英和対訳辞書　①堀達之助・堀越亀之助(編)　②一八六七　③慶応三年版　④辞書。「慶応再版英和対訳辞書」と示し、明治二年版は「改正増補和訳英辞書」と示す。
英和和英地学字彙　①東京地学協会(著・刊)　②一九一四刊
エオンタ　①金井美恵子　②一九六八　③筑摩現代文学大系　④小説
易林本節用集　②一五九七刊　③改訂新版古本節用集六種研究並びに総合索引・影印篇(中田祝夫)　④辞書
越前竹人形　えちぜんたけにんぎょう　①水上勉　②一九六三　③筑摩現代文学大系　④小説
江戸から東京へ　①矢田挿雲　②一九二一刊　③金桜堂書店　④随想
江戸繁昌記　えどはんじょうき　①寺門静軒　②一八三二〜三六刊　③天保三〜七年板本　④地誌
江戸名所図会　①斎藤幸雄(編)、長谷川雪旦(画)　②一八三四〜三六刊　③有朋堂文庫　④地誌
演歌　えんか　添田知道「演歌の明治大正史」(岩波新書)によった。
延喜式　①藤原時平・藤原忠平(ら編)　②九二七　③新訂増補国史大系　④法制。祝詞は、九条家本・出雲板等の訓によった。
▼宴曲　えんきょく
宴曲集　①明空(撰)　②一二九六頃　③日本古典文学大系
拾菓集　①明空(撰)　②一三〇六　③日本歌謡集成
撰要目録　せんようもくろく　①明空(撰)　②一三〇一〜一九　③日本古典文学大系
塩山和泥合水集　①抜隊得勝　②一三八六　③校補点註禅門法語集　④仏教
遠西観象図説　①吉雄南皐(講述)、草野養準(記)　②一八二三刊　③日本思想大系　④天文学
園太暦　えんたいりゃく　①洞院公賢　②一三一一〜六〇　③太洋社・続群書類従完成会　④「中園太相国暦記」。日記。引用にあたっては当該記事の年月日を付した。
婉という女　えんというおんな　①大原富枝　②一九六〇　③筑摩現代文学大系　④小説
鉛筆ぐらし　①扇谷正造　②一九五一刊　③暮しの手帖社　④随筆

【お】

おあむ物語　①山田去暦女(談)　②一六六一〜七三頃　③岩波文庫　④軍記
往還の記　①竹西寛子　②一九六三〜六四　③筑摩現代文学大系　④評論
往生大要抄　①法然　②一二一二頃　③法然上人全集　④仏教
往生要集　①源信　②九八四〜九八五　③原本校註漢和対照往生要集(花山信勝校註)　④仏教
応仁記　おうにんき　②一五世紀後　③群書類従　④軍記
欧米印象記　①中村春雨　②一九一〇刊　③春秋社書店　④随筆
大内氏掟書　おおうちしおきてがき　②一四九五頃　③中世法制史料集　④「大内家壁書」「大内家法」。家法。
大鏡　②一二世紀前　③日本古典文学大系　④歴史物語
大川端　①小山内薫　②一九一一〜一二　③現代日本文学全集(筑摩書房)　④小説
大草殿より相伝之聞書　おおくさどのよりそうでんのききがき　②一六世紀中か　③群書類従　④料理
大阪の宿　①水上滝太郎　②一九二五〜二六　③新潮文庫　④小説
大塩平八郎　①森鷗外　②一九一四　③鷗外全集(岩波書店)　④小説
大上臈御名之事　おおじょうろうおんなのこと　②一六世紀前か　③群書類従　④有職
大津順吉　①志賀直哉　②一九一二　③現代日本文学全集(筑摩書房)　④小説
大寺学校　①久保田万太郎　②一九二七　③岩波文庫　④戯曲
岡本記　①岡本縁侍　②一五四四奥書　③続群書類従　④武家故実
小川本願経四分律平安初期点　②八一〇頃　③訓点語と訓点資料別刊　④訓点資料
荻江節　おぎえぶし　「日本歌謡集成」所収「荻江節正本」(一七六五年刊)などによった。
興風集　おきかぜしゅう　①藤原興風　②一一世紀頃　③西本願寺本三十六人集精成　④私家集
翁問答　おきなもんどう　①中江藤樹　②一六五〇　③日本思想大系　④随筆的教訓書
落窪　おちくぼ　②一〇世紀後　③日本古典文学大系　④「落窪物語」。物語
▼御伽草子　おとぎそうし
秋の夜の長物語(南北朝時代)・あきみち(室町時代末)・和泉式部(いずみしきぶ　室町時代末)・一寸法師(室町時代末)・浦嶋太郎(うらしまたろう　室町時代末)・唐糸草子(室町時代末)・御曹子島渡(おんぞうししまわたり　室町時代末)・熊野の本地(くまののほんじ　室町時代末)・小敦盛(こあつもり　室町時代末)・小町草紙(こまちのそうし　室町時代末)・木幡狐(こわたぎつね　室町時代末)・猿源氏草紙(室町時代末)・三人法師(室町時代末)・酒呑童子(しゅてんどうじ　室町時代末)・二十四孝(室町時代末)・猫の草紙(江戸時代初)・のせ猿草紙(室町時代末)・鉢かづき(室町時代末)・浜出草紙(はまいでぞうし　室町時代末)・福富長者物語(室町時代末)・蛤の草紙(はまぐりのそうし　室町時代末)・文正草子(室町時代末)・梵天国(ぼんでんこく　室町時代末)・横笛の草紙(室町時代末)・物くさ太郎(室町時代末)など。
以上は、日本古典文学大系によった。
鴉鷺合戦物語(あろかっせんものがたり　一条兼良作か、室町時代中)・高野物語(室町時代末)・猿の草子(室町時代末)など。
以上は、新日本古典文学大系によった。
そのほか、室町時代物語集・古典文庫(室町時代物語・未刊中世小説・中世神仏説話)・岩波文庫・有朋堂文庫・未刊国文資料・室町時代小説集・室町時代物語大成・群書類従などによった。
男の遠吠え　おとこのとおぼえ　①藤本義一　②一九七四〜七五　③サンケイ新聞社　④随筆
御触書寛保集成　おふれがきかんぽうしゅうせい　①江戸幕府評定所(撰)　②一六一五〜一七四三　③御触書寛保集成(高柳真三・石井良助編)　④法制。引用にあたっては当該記事の年月日を付した。
御触書天保集成　おふれがきてんぽうしゅうせい　①江戸幕府評定所(撰)　②一七八八〜一八三七　③御触書天保集成(高柳真三・石井良助編)　④法制。引用にあたっては当該記事の年月日を付した。
御触書天明集成　おふれがきてんめいしゅうせい　①江戸幕府評定所(撰)　②一七六一〜八七　③御触書天明集成(高柳真三・石井良助編)　④法制。引用にあたっては当該記事の年月日を付した。
御触書宝暦集成　おふれがきほうれきしゅうせい　①江戸幕府評定所(撰)　②一七四四〜六〇　③御触書宝暦集成(高柳真三・石井良助編)　④法制。引用にあたっては当該記事の年月日を付した。
お目出たき人　①武者小路実篤　②一九一一刊　③岩波文庫　④小説
おもひ草　①佐佐木信綱　②一九〇三刊　③現代短歌大系　④歌集
思ひ出す事など　①夏目漱石　②一九一〇〜一一　③漱石全集(岩波書店)　④随筆
思出の記　①徳富蘆花　②一九〇〇〜〇一　③岩波文庫　④小説
於母影　おもかげ　①森鷗外(訳)　②一八八九　③鷗外全集(岩波書店)　④訳詩集
面影　①芝木好子　②一九六九　③筑摩現代文学大系　④小説
面白半分　①宮武外骨　②一九一七刊　③文武堂書店　④随筆
御湯殿上日記　おゆどののうえのにっき　②一四七七〜一八二六　③続群書類従補遺　④日記。引用にあたっては当該記事の年月日を付した。

和蘭天説 オランダてんせつ ①司馬江漢 ②一七九五 ③日本思想大系 ④天文学
オリンポスの果実 ①田中英光 ②一九四〇 ③新潮文庫 ④小説
音訓新聞字引 ①萩原乙彦(編) ②一八七六刊 ③明治九年板本 ④字典
温故知新書 ①大伴広公(撰) ②一四八四序 ③中世古辞書四種研究並びに総合索引・影印篇(中田祝夫・根上剛士) ④辞書
恩讐の彼方に おんしゅうのかなたに ①菊池寛 ②一九一九 ③岩波文庫 ④小説
婦系図 おんなけいず ①泉鏡花 ②一九〇七 ③岩波文庫 ④小説
女重宝記(元祿五年) おんなちょうほうき ①苗村丈伯 ②一六九二刊 ③元祿五年版絵入女重宝記 ④女子作法
女ひと ①室生犀星 ②一九五五刊 ③新潮社 ④随筆。「続女ひと」(一九五六年刊)も新潮社版によった。
音引正解近代新用語辞典 ①竹野長次・田中信澄 ②一九二八刊 ③修教社書院 ④辞典

【か】

開化の入口 ①横河秋濤 ②一八七三～七四刊 ③明治六・七年板本 ④開化物
開化のはなし ①辻弘想 ②一八七九刊 ③博文堂 ④開化物
開化評林 ①岡部啓五郎(編) ②一八七五刊 ③明治文化全集 ④開化物
開化本論 ①吉岡徳明 ②一八七九刊 ③明治文化全集 ④開化物
開化問答 ①小川為治 ②一八七四～七五刊 ③明治七・八年板本 ④開化物
階級 ①井上光晴 ②一九六七 ③筑摩現代文学大系 ④小説
廻国雑記 かいこくざっき ①道興 ②一四八七 ③有朋堂文庫 ④紀行
会社弁 ①福地桜痴 ②一八七一 ③明治文化全集 ④評論
灰燼 かいじん ①森鷗外 ②一九一一～一二 ③鷗外全集(岩波書店) ④小説
廻船安乗録 かいせんあんじょうろく ①服部義高 ②一八一〇 ③文化七年板本 ④航海
解体新書 ①前野良沢・杉田玄白・中川淳庵(ら訳) ②一七七四刊 ③日本思想大系 ④西洋医学翻訳書
怪談牡丹燈籠 かいだんぼたんどうろう ①三遊亭円朝 ②一八八四 ③明治文学全集 ④円朝の口演を若林玵蔵が筆記。
海潮音 ①上田敏(訳) ②一九〇五刊 ③日本現代詩大系 ④訳詩集
海底軍艦 ①押川春浪 ②一九〇〇刊 ③博文館(覆刻版) ④小説
海道記 ②一二二三頃 ③尊経閣蔵前田家本(享徳三年写) ④紀行
街道記 ①井伏鱒二 ②一九五二～五六 ③新選現代日本文学全集(筑摩書房) ④随筆。原題は「七つの街道」。引用にあたっては各作品の発表年を付した。
懐風藻 ②七五一序 ③日本古典文学大系 ④漢詩
外来語辞典 ①勝屋英造 ②一九一四 ③二松堂書店 ④辞典
改暦弁 ①福沢諭吉 ②一八七三 ③明治六年板本 ④評論
臥雲日件録 がうんにっけんろく ①瑞渓周鳳 ②一四四六～七三 ③大日本古記録 ④日記。引用にあたっては当該記事の年月日を付した。
蛙のこえ ①大宅壮一 ②一九五二刊 ③鱒書房 ④随筆
家屋雑考 ①沢田名垂 ②一八四二序 ③新訂増補故実叢書 ④家屋史
河海抄 ①四辻善成 ②一三六二頃 ③国文註釈全書 ④「源氏物語」の注釈
下学集 ①東麓破衲 ②一四四四 ④辞書。「古辞書叢刊」所収の元和三年版を「元和本下学集」(一六一七年)と示す。また、「古本下学集七種研究並びに総合索引」所収の「春林本下学集」(室町時代末)など。早稲田大学図書館蔵寛文九年版「増補下学集」(一六六九年)からも採録した。
花間鶯 かかんおう ①末広鉄腸 ②一八八七～八八刊 ③明治文学全集 ④政治小説
花鏡 ①世阿彌 ②一四二四 ③日本古典文学大系 ④能楽論
歌経標式 ①藤原浜成 ②七七二 ③日本歌学大系 ④歌学
かくし言葉の字引 ①宮本光玄 ②一九二九刊 ③誠文堂 ④隠語辞典
学生時代 ①久米正雄 ②一九一八刊 ③新潮文庫 ④小説
学生と教養 ①鈴木利貞(編) ②一九三六刊 ③日本評論社 ④評論
迦具土 かぐつち ①服部躬治 ②一九〇一刊 ③現代短歌大系 ④歌集
カクテル・パーティー ①大城立裕 ②一九六七 ③文芸春秋 ④小説
学問のすゝめ ①福沢諭吉 ②一八七二～七六刊 ③岩波文庫 ④評論
神楽歌 ②九世紀後 ③日本古典文学大系 ④歌謡
かくれんぼ ①斎藤緑雨 ②一八九一 ③明治文学全集 ④小説
蜻蛉 かげろう ①藤原道綱母 ②九七四頃 ③日本古典文学大系 ④「蜻蛉日記」。日記文学
雅言考 ①橘守部 ②一八四九頃 ③橘守部全集 ④語学
雅言集覧 ①石川雅望 ②一八二六～四九 ③増補雅言集覧 ④辞書。中島広足の加筆部分については「増補雅言集覧」(一八八七年刊)と示す。
餝抄 かざりしょう ②一二三八頃 ③群書類従 ④有職
牙氏初学須知 ガししょがくしゅち ①田中耕造(訳) ②一八七五刊 ③日本教科書大系 ④教科書(原作はガリグェー)
菓子話船橋 ①船橋屋織江 ②一八四一刊 ③雑芸叢書 ④飲食
佳人之奇遇 かじんのきぐう ①東海散士 ②一八八五～九七刊 ③明治大正文学全集 ④政治小説
風立ちぬ ①堀辰雄 ②一九三六～三八 ③岩波文庫 ④小説
家族会議 ①横光利一 ②一九三五 ③新潮文庫 ④小説
かた言 ①安原貞室 ②一六五〇刊 ③日本古典全集 ④方言
片われ月 ①金子薫園 ②一九〇一刊 ③現代短歌大系 ④歌集
楽家録 ①安倍季尚 ②一六九〇 ③日本古典全集 ④雅楽
月山 ①森敦 ②一九七四刊 ③河出書房新社 ④小説
葛飾 かつしか ①水原秋桜子 ②一九三〇刊 ③角川文庫 ④句集
河童 ①芥川龍之介 ②一九二七 ③芥川龍之介全集(岩波書店) ④小説
家伝 ①〈上巻〉藤原仲麻呂、〈下巻〉延慶 ②七六〇頃 ③寧楽遺文 ④「藤氏家伝」。記録
河東節 かとうぶし 「日本歌謡集成」所収「十寸見声曲集」(享保以降の諸本集成)などによった。
門三味線 ①斎藤緑雨 ②一八九五 ③明治文学全集 ④小説
ガトフ・フセグダア ①岩藤雪夫 ②一九二八 ③現代日本文学全集(筑摩書房) ④小説
金沢文庫古文書 ③金沢文庫古文書(金沢文庫古典保存会) ④金沢文庫蔵の中近世文書など。引用にあたっては当該記事の年月日を付した。
▼仮名草子 かなぞうし
あだ物語 ①三浦為春 ②一六四〇刊 ③近代日本文学大系
伊曾保物語 いそほものがたり ②一六三九頃 ③日本古典文学大系
犬枕 いぬまくら ①近衛信尹(らか) ②一六〇六頃 ③日本古典文学大系
浮世物語 ①浅井了意 ②一六六五頃刊 ③日本古典文学大系
薄雪物語 ②一六一五頃刊 ③日本古典全書
恨の介 うらみのすけ ②一六〇九～一七頃 ③日本古典文学大系
御伽婢子 おとぎぼうこ ①浅井了意 ②一六六六刊 ③日本名著全集
可笑記 かしょうき ①如儡子 ②一六四二刊 ③近代日本文学大系
片仮名本因果物語 ①鈴木正三、義雲・雲歩(編) ②一六六一刊 ③古典文庫
悔草 ①(伝)井上小左衛門 ②一六四七刊 ③近世文学未刊本叢書
水鳥記 ①茨木春朔 ②一六六七刊 ③近世文芸叢書
智恵鑑 ちえかがみ ①辻原元甫 ②一六六〇自跋 ③近世文学未刊本叢書
竹斎 ①富山道冶 ②一六二一～二三 ③日本古典文学大系
東海道名所記 ①浅井了意 ②一六五九～六一頃刊 ③古典全集
仁勢物語 にせものがたり ②一六三九～四〇頃 ③日本古典文学大系
ぬれぼとけ ①平金 ②一六七一刊 ③日本思想大系
身の鏡 ①江島為信 ②一六五九刊 ③新日本古典文学大系
都風俗鑑 みやこふうぞくかがみ ②一六八一刊 ③新日本古典文学大系
尤双紙 もっとものそうし ①斎藤徳元 ②一六三二刊 ③新日本古典文学大系
元の木阿彌 もとのもくあみ ②一六八〇刊 ③日本古典全書
蟹工船 かにこうせん ①小林多喜二 ②一九二九 ③岩波文庫 ④小説
金 ①宮嶋資夫 ②一九二六刊 ③万生閣 ④小説
兼輔集 かねすけしゅう ①藤原兼輔 ②九三三頃 ③西本願寺本三十六人集精成 ④私家集
兼盛集 かねもりしゅう ①平兼盛 ②九九〇頃 ③西本願寺本三十六人集精成 ④私家集
彼女とゴミ箱 ①一瀬直行 ②一九三一刊 ③交蘭社 ④随筆
黴 かび ①徳田秋声 ②一九一一 ③新潮文庫 ④小説
▼歌舞伎 かぶき
青砥稿 あおとぞうし ①桜田治助・松島専助 ②一八四六初演 ③日本戯曲全集
青砥稿花紅彩画(白浪五人男) あおとぞうしはなのにしきえ(しらなみごにんおとこ) ①河竹默阿彌 ②一八六二初演 ③默阿彌全集
伊賀越乗掛合羽 いがごえのりかけがっぱ ①奈河亀輔 ②一七七六初演 ③有朋堂文庫
浮世柄比翼稲妻(鞘当) うきよがらひよくのいなずま(さやあて) ①鶴屋南北 ②一八二三初演 ③大南北全集
宇都宮紅葉釣衾(宇都宮釣天井) うつのみやにしきのつりよぎ(うつのみやつりてんじょう) ①河竹默阿彌 ②一八七四初演 ③默阿彌全集
絵本合法衢 えほんがっぽうがつじ ①鶴屋南北・福森久助・桜田治助 ②一八一〇初演 ③大南北全集
幼稚子敵討 おさなごのかたきうち ①並木正三 ②一七五三初演 ③日本古典文学大系
お染久松色読販 おそめひさまつうきなのよみうり ①鶴屋南北 ②一八一三初演 ③日本古典文学大系
盟三五大切 かみかけてさんごたいせつ ①鶴屋南北 ②一八二五初演 ③大南北全集
韓人漢文手管始(唐人殺し) かんじんかんもんてくだのはじまり(とうじんごろし) ①並木五瓶 ②一七八九初演 ③日本古典文学大系
勧善懲悪覗機関(村井長庵) かんぜんちょうあくのぞきからくり(むらいちょうあん) ①河竹默阿彌 ②一八六二初演 ③默阿彌全集
極附幡随長兵衛 きわめつきばんずいちょうべえ ①河竹默阿彌 ②一八

八一初演 ③黙阿彌全集
天衣紛上野初花（河内山） くもにまごううえののはつはな（こうちやま） ①河竹黙阿彌 ②一八八一初演 ③黙阿彌全集
傾情一張弓 けいせいいっちょうのゆみ ①津打治兵衛 ②一七〇八初演 ③新群書類従
傾城壬生大念仏 けいせいみぶだいねんぶつ ①近松門左衛門 ②一七〇二初演 ③日本古典文学大系
心謎解色糸 こころのなぞとけたいろいと ①鶴屋南北 ②一八一〇初演 ③大南北全集
小袖曽我薊色縫（十六夜清心） こそでそがあざみのいろぬい（いざよいせいしん） ①河竹黙阿彌 ②一八五九初演 ③日本古典文学大系
御摂勧進帳 ごひいきかんじんちょう ①桜田治助 ②一七七三初演 ③岩波文庫
桜姫東文章 さくらひめあずまぶんしょう ①鶴屋南北 ②一八一七初演 ③大南北全集
参会名護屋 ①中村明石清三郎・市川団十郎 ②一六九七初演 ③元禄歌舞伎傑作集
三人吉三廓初買 さんにんきちさくるわのはつかい ①河竹黙阿彌 ②一八六〇初演 ③黙阿彌全集
四天王産湯玉川 してんのううぶゆのたまがわ ①鶴屋南北 ②一八一八初演 ③大南北全集
四天王楓江戸粧 してんのうもみじのえどぐま ①鶴屋南北・曽根正吉・本屋宗七（ら） ②一八〇四初演 ③大南北全集
助六廓夜桜 すけろくくるわのよざくら ①桜田治助・笠縫専助 ②一七七九初演 ③日本古典全書
隅田川花御所染 すみだがわはなのごしょぞめ ①鶴屋南北 ②一八一四初演 ③大南北全集
蔦紅葉宇都谷峠（文彌殺し） つたもみじうつのやとうげ（ぶんやごろし） ①河竹黙阿彌 ②一八五六初演 ③黙阿彌全集
梅雨小袖昔八丈（髪結新三） つゆこそでむかしはちじょう（かみゆいしんざ） ①河竹黙阿彌 ②一八七三初演 ③黙阿彌全集
東海道四谷怪談 ①鶴屋南北 ②一八二五初演 ③大南北全集
鳥辺山心中（宝永三年） とりべやましんじゅう ②一七〇六初演 ③元禄歌舞伎傑作集
鼠小紋東君新形（鼠小僧） ねずみこもんはるのしんがた（ねずみこぞう） ①河竹黙阿彌 ②一八五七初演 ③黙阿彌全集
八幡祭小望月賑（縮屋新助） はちまんまつりよみやのにぎわい（ちぢみやしんすけ） ①河竹黙阿彌 ②一八六〇初演 ③黙阿彌全集
独道中五十三駅 ひとりたびごじゅうさんつぎ ①鶴屋南北 ②一八二七初演 ③大南北全集
処女翫浮名横櫛（切られお富） むすめごのみうきなのよこぐし（きられおとみ） ①河竹黙阿彌 ②一八六四初演 ③黙阿彌全集
陬蓬莱曽我 むつまじづきほうらいそが ①鶴屋南北 ②一八一一初演 ③大南北全集
名歌徳三舛玉垣 めいかのとくみますのたまがき ①桜田治助（ら） ②一八〇一初演 ③日本古典文学大系
与話情浮名横櫛（切られ与三） よわなさけうきなのよこぐし（きられよさ） ①瀬川如皐 ②一八五三初演 ③岩波文庫
霊験曽我籬 れいげんそがのかみがき ①鶴屋南北 ②一八〇九初演 ③大南北全集

椀久浮世十界 わんきゅううきよじっかい ②一六八六初演 ③元禄歌舞伎傑作集
歌舞妓事始 かぶきじし ①為永一蝶 ②一七六二刊 ③宝暦十二年板本 ④歌舞伎劇書
歌舞妓年代記 かぶきねんだいき ①立川焉馬、松高斎春亭（画） ②一八一一～一五刊 ③歌舞妓年代記（吉田暎二） ④「花江都歌舞妓年代記」。歌舞伎興行年表。石塚豊芥子の続編は「続歌舞妓年代記」（一九〇七年刊、新群書類従）と示す。
歌舞髄脳記 ①金春禅竹 ②一四五六 ③金春古伝書集成 ④能楽論書
鎌倉遺文 かまくらいぶん ①竹内理三（編） ③東京堂出版 ④鎌倉時代の古文書、記録
鎌倉大草紙 かまくらおおぞうし ②一六世紀中か ③群書類従 ④軍記
仮面の告白 ①三島由紀夫 ②一九四九刊 ③新潮文庫 ④小説
賀茂女集 かもじょしゅう ①賀茂保憲女 ②九九三～九九八頃 ③桂宮本叢書 ④「保憲女集」。私家集
▼歌謡 かよう
落葉集 ①大木扇徳（編） ②一七〇四刊 ③日本歌謡集成
閑吟集 ②一五一八序 ③日本古典文学大系
淋敷座之慰 さびしきざのなぐさみ ②一六七六 ③日本古典全書
山家鳥虫歌 ①天中原長常南山（編） ②一七七二刊 ③日本古典全書
新編歌祭文集 ②一六八八～一七三六頃刊 ③日本歌謡集成
はやり歌古今集 ①古今新左衛門（編） ②一六九九刊 ③日本歌謡集成
松の葉 ①秀松軒（編） ②一七〇三刊 ③日本古典文学大系
隆達節歌謡 ①高三隆達 ②一五九三～一六一一 ③「隆達節歌謡」の基礎的研究（小野恭靖）
がらくた博物館 ①大庭みな子 ②一九七五刊 ③筑摩現代文学大系 ④小説
硝子戸の中 ガラスどのなか ①夏目漱石 ②一九一五 ③漱石全集（岩波書店） ④随筆
唐物語 ①藤原成範（か） ②一二世紀中 ③続群書類従 ④中国説話の和訳
花柳春話 ①織田純一郎（訳） ②一八七八～七九刊 ③明治文学全集 ④「欧洲奇事花柳春話」。翻訳小説（原作はリットン）
彼の歩んだ道 ①末川博 ②一九六五刊 ③岩波新書 ④自伝
河明り ①岡本かの子 ②一九三九 ③岩波文庫 ④小説
川端茅舎句集 かわばたぼうしゃくしゅう ①川端茅舎 ②一九三四刊 ③角川文庫 ④句集
雁 がん ①森鷗外 ②一九一一～一三 ③鷗外全集（岩波書店） ④小説
玩鷗先生詠物雑体百首 がんおうせんせいえいぶつざったいひゃくしゅ ①太田玩鷗 ②一七八四刊 ③太平文庫 ④漢詩
玩鷗先生詠物百首 がんおうせんせいえいぶつひゃくしゅ ①太田玩鷗 ②一七八三刊 ③太平文庫 ④漢詩
閑居友 かんきょのとも ①慶政（か） ②一二二二頃 ③古典文庫 ④説話
菅家後集 かんけこうしゅう ①菅原道真 ②九〇三頃 ③日本古典文学大系 ④漢詩
菅家文草 かんけぶんそう ①菅原道真 ②九〇〇頃 ③日本古典文学大系 ④漢詩文
漢語字類 ①庄原謙吉 ②一八六九 ③明治二年板本 ④字典
寛斎先生遺稿 ①市河寛斎、市河米庵（編） ②一八二一刊 ③詩集日本漢詩 ④漢詩

閑散無双 ①徳川夢声 ②一九三四刊 ③アオイ書房
寒山落木 ①正岡子規 ②一八八五～九六 ③子規全集（改造社） ④句集。引用にあたっては年月を付した。
冠辞考 ①賀茂真淵 ②一七五七 ③賀茂真淵全集（弘文館） ④「万葉集」の枕詞考
閑耳目 ①渋川玄耳 ②一九〇八刊 ③春陽堂刊 ④随筆
漢書抄 かんじょしょう ③続抄物資料集成 ④抄物。「漢書列伝竺桃抄」（竺雲等連講・桃源瑞仙聞書か、一四五八～六〇年成立）、「漢書列伝綿景抄」（綿谷周瓞講・景徐周麟聞書、一四六七年頃成立）、「漢書列伝景徐抄」（景徐周麟著、一四七七～一五一五年成立）、「漢書帝紀抄」（景徐周麟著、一四七七～一五一五年成立）などと示す。
漢書楊雄伝天暦二年点 かんじょようゆうでんてんりゃくにねんてん ①藤原良佐（加点） ②九四八 ③国語説鈴（吉沢義則） ④訓点資料
勘仲記 ①勘解由小路兼仲 ②一二七四～一三〇〇 ③増補史料大成 ④「兼仲卿記」。日記。引用にあたっては当該記事の年月日を付した。
看聞御記 ①後崇光院 ②一四一六～四八 ③続群書類従補遺 ④「看聞日記」。日記。引用にあたっては当該記事の年月日を付した。
寒雷 ①加藤楸邨 ②一九三九刊 ③現代日本文学全集（筑摩書房） ④句集
翰林葫蘆集 かんりんころしゅう ①景徐周麟 ②一五一八頃 ③五山文学全集 ④漢詩文

【き】

偽悪醜日本人 ①三宅雪嶺 ②一八九一刊 ③明治文学全集 ④文明評論。なお、三宅雪嶺が引いた論文については明治文化全集によった。
機械 ①横光利一 ②一九三〇 ③岩波文庫 ④小説
帰郷 ①大仏次郎 ②一九四八 ③角川文庫 ④小説
菊池君 ①石川啄木 ②一九〇八 ③啄木全集（筑摩書房） ④小説
義経記 ②室町時代中か ③日本古典文学大系 ④軍記
義血侠血 ぎけつきょうけつ ①泉鏡花 ②一八九四 ③明治文学全集 ④小説
儀式 ②八七二 ③新訂増補故実叢書 ④「貞観儀式」
寄笑新聞 ①梅亭金鵞 ②一八七五 ③明治文学全集 ④小説
傷ついた葦 きずついたあし ①曽野綾子 ②一九七〇 ③筑摩現代文学大系 ④小説
帰省 ①宮崎湖処子 ②一八九〇刊 ③現代日本文学全集（筑摩書房） ④小説
奇想凡想 ①宮武外骨 ②一九二〇刊 ③文武堂書店 ④随筆
吉川氏法度 ①吉川広家 ②一六一七 ③中世法制史料集 ④家法
狐の裁判 きつねのさいばん ①井上勤（訳） ②一八八四刊 ③明治文化全集 ④翻訳小説（原作はゲーテ）
記念碑 ①堀田善衛 ②一九五五 ③筑摩現代文学大系 ④小説
▼黄表紙 きびょうし
啌多雁取帳 うそしっかりがんとりちょう ①奈蒔野馬乎人 ②一七八三刊 ③日本名著全集
江戸生艶気樺焼 えどうまれうわきのかばやき ①山東京伝 ②一七八五刊 ③日本古典文学大系
敵討義女英 かたきうちぎじょのはなぶさ ①南仙笑楚満人 ②一七九五刊 ③日本古典文学大系
莫切自根金生木 きるなのねからかねのなるき ①唐来参和 ②一七八五刊 ③日本古典文学大系

金々先生栄花夢　きんきんせんせいえいがのゆめ　①恋川春町　②一七七五刊　③日本古典文学大系

稗史億説年代記　くさぞうしこじつけねんだいき　①式亭三馬　②一八〇二刊　③評釈江戸文学叢書

孔子縞于時藍染　こうしじまときにあいぞめ　①山東京伝　②一七八九刊　③日本古典文学大系

高漫斉行脚日記　こうまんさいあんぎゃにっき　①恋川春町　②一七七六刊　③日本古典文学大系

御存商売物　ごぞんじのしょうばいもの　①山東京伝　②一七八二刊　③日本古典文学大系

心学早染艸　しんがくはやぞめぐさ　①山東京伝　②一七九〇刊　③日本古典文学大系

即席耳学問　①市場通笑　②一七九〇刊　③評釈江戸文学叢書

大悲千禄本　だいひのせんろっぽん　①芝全交　②一七八五刊　③日本古典文学大系

文武二道万石通　①朋誠堂喜三二　②一七八八刊　③日本古典文学大系

見徳一炊夢　みるがとくいっすいのゆめ　①朋誠堂喜三二　②一七八一刊　③日本古典文学大系

無益委記　むだいき　①恋川春町　②一七七九刊　③日本古典文学全集（小学館）　④「無題記」

世上洒落見絵図　よのなかしゃれけんのえず　①山東京伝　②一七九一刊　③山東京伝全集

君の名は　①菊田一夫　②一九五二～五四　③宝文館　④小説

ぎやどぺかどる　①ルイス＝デ＝グラナダ　②一五九九刊　③日本古典全集　④日本イエズス会刊。キリシタン文学

久安百首　①崇徳上皇・藤原公能・藤原俊成（ら詠）　②一一五三　③俊成部類久安百首和歌集（谷山茂翻刻）　④「久安六年御百首」「崇徳院御百首」。和歌

鳩翁道話　①柴田鳩翁（述）　②一八三四序　③有朋堂文庫　④心学

九州問答　①二条良基　②一三七六　③岩波文庫　④連歌論

牛肉と馬鈴薯　ぎゅうにくとじゃがいも　①国木田独歩　②一九〇一　③国木田独歩全集（学習研究社）　④小説

旧約全書　②一八八八刊　③米国聖書会社　④聖書

九暦　①藤原師輔　②九三〇～九六〇　③大日本古記録　④「九記」「九条記」。日記。引用にあたっては当該記事の年月日を付した。

狂雲集　①一休宗純　②一五世紀後　③日本思想大系　④漢詩

▼狂歌　きょうか

大団　おおうちわ　①黒田月洞軒　②一七〇三　③狂歌大観

雅筵酔狂集　がえんすいきょうしゅう　①正親町公通　②一七三一刊　③狂歌大観

狂歌活玉集　きょうかいくたましゅう　①紀海音（編）　②一七四〇刊　③狂歌大観

古今夷曲集　ここんいきょくしゅう　①生白堂行風（編）　②一六六六刊　③日本名著全集

後撰夷曲集　ごせんいきょくしゅう　①生白堂行風（編）　②一六七二刊　③日本名著全集

徳和歌後万載集　①大田南畝（編）　②一七八五刊　③日本古典文学大系

卜養狂歌集　ぼくようきょうかしゅう　①半井卜養　②一六八一頃刊　③日本名著全集

万載狂歌集　①大田南畝・朱楽菅江（編）　②一七八三刊　③日本名著全集

仰臥漫録　ぎょうがまんろく　①正岡子規　②一九〇一～〇二　③子規全集（改造社）　④随筆

教行信証　①親鸞　②一二二四　③真宗聖教全書　④「顕浄土真実教行証文類」。仏教

教訓抄　①狛近真　②一二三三　③日本古典全集　④雅楽

▼狂言　きょうげん

朝比奈（あさひな）・粟田口（あわたぐち）・居杭（いぐい）・入間川・靫猿（うつぼざる）・磁石・宗論・末広がり・鱸庖丁（すずきぼうちょう）・茶壺（ちゃつぼ）・鍋八撥（なべやつばち）・萩大名（はぎだいみょう）・武悪・枕物狂（まくらものぐるい）・餅酒（もちさけ）など。

②室町時代末～近世初　④次の諸本を区別して示す。虎明本（寛永一九年写、古本能狂言集）、虎清本（正保三年写、狂言八番（国語国文学研究史大成））、虎寛本（寛政四年写、岩波文庫）、天理本（寛永頃写）、波形本（天明頃写）、雲形本（文政末期写）、天正本（天正六年写、日本古典全書）、集成本（狂言集成（春陽堂））

狂言記　④絵入狂言記（一六六〇年）・絵入続狂言記（一七〇〇年）・絵入狂言記拾遺（一七三〇年）は嘉永元年の版本を、絵入狂言記外五十番（一七〇〇年）は有朋堂文庫を底本に用いた。以上を一括して狂言記とした。

▼狂詩　きょうし

狂詩諺解　きょうしげんかい　①大田南畝　②一七八七刊　③新百家説林

二大家風雅　①畠中観斎・大田南畝　②一七九〇刊　③大田南畝全集

寝惚先生文集　ねぼけせんせいぶんしゅう　①大田南畝　②一七六七刊　③大田南畝全集

▼狂文　きょうぶん

四方のあか　よものあか　①大田南畝・石川雅望（編）　②一七八七刊か　③新百家説林

四方の留粕　よものとめかす　①大田南畝・鹿都部真顔（編）　②一八一九刊　③新百家説林

京童　きょうわらべ　①中川喜雲　②一六五八刊　③新修京都叢書　④地誌

玉塵抄　ぎょくじんしょう　①惟高妙安　②一五六三　③抄物大系　④「玉塵」。抄物

玉石志林　①箕作阮甫（訳）　②一八六一～六四刊　③明治文化全集　④外国書抄訳

玉葉　①九条兼実　②一一六四～一二〇〇　③国書刊行会　④日記。引用にあたっては当該記事の年月日を付した。

玉葉　①藤原為兼（撰）　②一三一二　③岩波文庫　④「玉葉和歌集」。勅撰集

虚子句集　①高浜虚子　②一九一五刊　③明治文学全集　④句集。虚子の句は「五百句」（一九三七年刊、改造社）、「虚子俳句集」（一九三五年刊、高浜虚子全集（改造社））などからも採録した。

清輔集　きよすけしゅう　①藤原清輔　②一一七七頃　③群書類従　④「清輔詠草」。私家集

清正集　①藤原清正　②一〇世紀中　③西本願寺本三十六人集精成　④私家集

挙白集　①木下長嘯子　②一六四九刊　③慶安三年板本　④歌文集

清正記　①古橋又玄　②一六六三　③続群書類従　④軍記

清元　きよもと　「日本歌謡集成」所収「柏葉集」などによった。

貴理師端往来　②一五六八頃　③吉利支丹文献考（土井忠生）　④往来物

桐の花　きりのはな　①北原白秋　②一九一三刊　③現代短歌大系　④歌集

桐畑　きりばたけ　①里見弴　②一九二〇　③新潮社　④小説

桐一葉　きりひとは　①坪内逍遙　②一八九四～九五　③岩波文庫　④戯曲

貴嶺問答　きれいもんどう　①中山忠親　②一一八五～九〇頃　③群書類従　④往来物

金槐集　きんかいしゅう　①源実朝　②一二一三　③建暦三年定家所伝本複製　④「金槐和歌集」。私家集

銀河鉄道の夜　①宮沢賢治　②一九二七頃か　③岩波文庫　④小説

琴歌譜　②九世紀前　③日本古典文学大系　④歌謡

銀座細見　①安藤更生　②一九三一刊　③春陽堂　④随筆

銀座八丁　①武田麟太郎　②一九三四　③新潮文庫　④小説

禽獣　きんじゅう　①川端康成　②一九三三　③角川文庫　④小説

錦繡段抄　きんしゅうだんしょう　①天隠龍沢（編）、月舟寿桂（注）　②一五三〇頃　③抄物小系　④抄物

近世畸人伝　きんせいきじんでん　①伴蒿蹊　②一七九〇刊　③岩波文庫　④伝記

近世紀聞　①〈初編〉条野有人、〈二～一二編〉染崎延房　②一八七五～八一　③春陽堂　④通俗戦記

近代絵画　①小林秀雄　②一九五四～五八　③新選現代日本文学全集（筑摩書房）　④評論

近代秀歌　①藤原定家　②一二〇九　③酒井家旧蔵自筆本複製　④歌学

公忠集　きんただしゅう　①源公忠　②九八六～九九九　③西本願寺本三十六人集精成　④私家集

公任集　きんとうしゅう　①藤原公任　②一〇四四頃　③群書類従　④私家集

銀の匙　ぎんのさじ　①中勘助　②一九一三～一五　③岩波文庫　④小説

禁秘鈔　きんぴしょう　①順徳天皇　②一二二一　③群書類従　④「禁中抄」「建暦御記」。有職

訓蒙図彙　きんもうずい　①中村惕斎（編）　②一六六六刊　③近世文学資料類従　④事典

金葉　①源俊頼（撰）　②一一二四～二七　③八代集全註　④「金葉和歌集」。勅撰集

近来風体　①二条良基　②一三八七　③日本歌学大系　④「近来風体抄」。歌学

禁令考　①司法省（編）　②一八九五　③徳川禁令考（石井良助校訂）　④法令。前集は幕府法令の分類編纂。後集は科条類典をもとにして、各条に関係法令、裁許例、仕置例などを加える。引用にあたっては当該記事の年月日を付した。

【く】

空気頭　①藤枝静男　②一九六七　③筑摩現代文学大系　④小説

空華集　くうげしゅう　①義堂周信　②一三五九～六八頃　③五山文学全集　④漢詩文

空華日用工夫略集　くうげにちようくふうりゃくしゅう　①義堂周信　②一三二五～八八　③空華日用工夫略集（辻善之助編）　④日記。引用にあたっては当該記事の年月を付した。

愚管抄　①慈円　②一二二〇　③日本古典文学大系　④通史

草のつるぎ　①野呂邦暢　②一九七三　③文芸春秋　④小説

くさびら譚　くさびらたん　①加賀乙彦　②一九六八　③筑摩現代文学大系

④小説
草枕 くさまくら ①夏目漱石 ②一九〇六 ③漱石全集（岩波書店） ④小説
公事根源 くじこんげん ①一条兼良 ②一四二二頃 ③慶安二年板本 ④有職
具氏博物学 ①須川賢久（訳） ②一八七六～七七刊 ③日本教科書大系 ④教科書（原作はグードリッチ）
苦笑風呂 くしょうぶろ ①古川緑波 ②一九四八刊 ③雄鶏社 ④随筆
苦心の学友 ①佐々木邦 ②一九三〇刊 ③講談社（覆刻本） ④小説
口伝鈔 くでんしょう ①覚如 ②一三三一 ③真宗聖教全書 ④仏教
愚禿鈔 ぐとくしょう ①親鸞 ②一二五五 ③真宗聖教全書 ④仏教
国基集 ①津守国基 ②一一〇二頃 ③群書類従 ④私家集
苦の世界 ①宇野浩二 ②一九一八～二一 ③岩波文庫 ④小説
虞美人草 ぐびじんそう ①夏目漱石 ②一九〇七 ③漱石全集（岩波書店） ④小説
愚迷発心集 ①貞慶 ②一二一三頃 ③岩波文庫 ④仏教
雲のゆき来 ①中村真一郎 ②一九六五刊 ③筑摩現代文学大系 ④小説
雲は天才である ①石川啄木 ②一九〇六 ③啄木全集（筑摩書房） ④小説
くれの廿八日 くれのにじゅうはちにち ①内田魯庵 ②一八九八 ③岩波文庫 ④小説
黒い眼と茶色の目 くろいめとちゃいろのめ ①徳富蘆花 ②一九一四刊 ③新橋堂 ④小説
黒船前後 ①服部之総 ②一九三三刊 ③清和書店（一九三五年刊） ④史論。初版は大畑書店刊。用例は清和書店刊の第二版から採取した。
黒本本節用集 ②室町時代 ③古本節用集六種研究並びに総合索引・影印篇（中田祝夫） ④辞書
桑の実 ①鈴木三重吉 ②一九一三 ③岩波文庫 ④小説

【け】

経国集 ①良岑安世・滋野貞主（ら編） ②八二七序 ③群書類従 ④勅撰漢詩集
経国美談 ①矢野龍渓 ②一八八三～八四刊 ③明治大正文学全集 ④政治小説
経済小学家政要旨 ①永峰秀樹（訳） ②一八七六刊 ③明治九年板本 ④教科書（原作はハスケル）。「経済小学家政要旨（仮名付）」（一八七七年刊）は明治一〇年板本によった。
閨秀 けいしゅう ①秦恒平 ②一九七二 ③筑摩現代文学大系 ④小説
芸術・歴史・人間 ①本多秋五 ②一九四六 ③現代日本文学全集（筑摩書房） ④評論
慶長見聞集 ①三浦浄心 ②一六一四 ③慶長見聞集（中丸和伯） ④「見聞集」。仮名草子
月清集 ①藤原良経 ②一二〇四頃 ③定家珠芳（呉文炳） ④「秋篠月清集」。私家集
諺苑 げんえん ①太田全斎 ②一七九七序 ③古辞書叢刊 ④辞書
顕戒論 ①最澄 ②八二〇 ③伝教大師全集 ④仏教
言元梯 げんげんてい ①大石千引 ②一八三四刊 ③国学院大学本 ④語学
元亨釈書 げんこうしゃくしょ ①虎関師錬 ②一三二二 ③新訂増補国史大系 ④伝記
乾坤弁説 けんこんべんぜつ ①向井元升 ②一六五六 ③文明源流叢書 ④天文学

源氏 ①紫式部 ②一〇〇一～一四頃 ③源氏物語大成 ④「源氏物語」。物語
現存六帖 げんそんろくじょう ①藤原光俊（撰） ②一二四九～五〇頃 ③国書遺芳（呉文炳） ④「現存和歌六帖」。私撰集。藤原家良との共撰ともいう。
現代経済を考える ①伊藤光晴 ②一九七三刊 ③岩波新書 ④評論
現代語辞典 ①生田長江 ②一九二三刊 ③素人社 ④辞典
現代術語辞典 ②一九三一刊 ③大阪毎日新聞社・東京日日新聞社 ④辞典
現代大辞典 ①木川又吉郎・堀田相爾・小堀龍二・阪部重寿 ②一九二二刊 ③大日本教育通信社 ④辞典
現代日用新語辞典 ①小林鶯里 ②一九二〇刊 ③文芸通信社 ④辞典
現代風俗帖 げんだいふうぞくちょう ①木村荘八 ②一九五〇刊 ③東峰書店 ④随筆
現代文化百科事典 ②一九三七刊 ③日本辞書出版社 ④辞典
原中最秘鈔 げんちゅうさいひしょう ①行阿 ②一三六四奥書 ③源氏物語大成 ④「源氏物語」の注釈
建内記 ①万里小路時房 ②一四一四～五五 ③大日本古記録 ④「建聖院内府記」。日記。引用にあたっては当該記事の年月日を付した。
源平盛衰記 ②一四世紀前 ③寛永板本 ④軍記
憲法講話 ①宮沢俊義 ②一九六七刊 ③岩波新書 ④評論
建武式目 ①中原道昭（ら） ②一三三六 ③中世法制史料集 ④法制
建武年中行事 けんむねんじゅうぎょうじ ①後醍醐天皇 ②一三三四～三八頃 ③群書類従 ④「後醍醐院年中行事」。有職

【こ】

五位 ①世阿弥 ②一四二三頃か ③世阿弥自筆伝書集（川瀬一馬） ④能楽書
語彙 ごい ①文部省編輯寮（編） ②一八七一～八四刊 ③文部省刊 ④辞書
恋衣 ①与謝野晶子・山川登美子・増田雅子 ②一九〇五刊 ③現代短歌大系 ④歌集
恋人たちの森 ①森茉莉 ②一九六一 ③筑摩現代文学大系 ④小説
弘安礼節 ①二条資秀（らか） ②一二八五 ③群書類従 ④故実
後裔の街 こうえいのまち ①金達寿 ②一九四六～四七刊 ③筑摩現代文学大系 ④小説
広益国産考 ①大蔵永常 ②一八五九刊 ③岩波文庫 ④農書
広益熟字典 ①湯浅忠良（編） ②一八七四刊 ③明治七年板本 ④字典
交易問答 ①加藤弘之 ②一八六九刊 ③明治文化全集 ④評論
篁園全集 こうえんぜんしゅう ①野村篁園 ②一八四四序 ③江戸詩人選集 ④漢詩文
工学字彙 ①野村龍太郎 ②一八八六刊 ③丸善 ④英和工学辞典
▼合巻 ごうかん
教草女房形気 ①〈初～二〇編〉山東京山、〈二一～二五編〉鶴亭秀賀 ②一八四六～六八刊 ③有朋堂文庫
正本製 しょうほんじたて ①柳亭種彦 ②一八一五～三一刊 ③昭和版帝国文庫
修紫田舎源氏 にせむらさきいなかげんじ ①柳亭種彦 ②一八二九～四二刊 ③岩波文庫
公議所日誌 ②一八六九刊 ③明治文化全集 ④議事録。引用にあたっては当該記事の年月を付した。

江家次第 ごうけしだい ①大江匡房 ②一一一一頃 ③新訂増補故実叢書 ④有職
甲州法度 ①武田信玄 ②一五四七 ③中世法制史料集 ④家法
行人 ①夏目漱石 ②一九一二～一三 ③漱石全集（岩波書店） ④小説
航西日乗 ①成島柳北 ②一八八一～八四 ③明治文学全集 ④洋行日記
皇太神宮儀式帳 こうたいじんぐうぎしきちょう ①大中臣真継・荒木田公成（ら） ②八〇四 ③群書類従 ④神道、法制。歌謡は日本古典文学大系（古代歌謡集）によった。
皇太神宮年中行事 こうたいじんぐうねんじゅうぎょうじ ①荒木田忠仲 ②一一九二 ③群書類従 ④神道。歌謡は日本古典文学大系（古代歌謡集）によった。
江談抄 こうだんしょう ①大江匡房（談）、藤原実兼（ら記） ②一一一一頃 ③群書類従 ④説話
巷談本牧亭 こうだんほんもくてい ①安藤鶴夫 ②一九六四刊 ③桃源社 ④随筆
弘道館記述義 ①藤田東湖 ②一八五二 ③日本思想大系 ④儒学
江都督納言願文集 ごうとくなごんがんもんしゅう ①大江匡房 ②平安時代後期 ③江都督納言願文集（平泉澄） ④漢文
坑夫 ①夏目漱石 ②一九〇八 ③漱石全集（岩波書店） ④小説
鉱物字彙 ①小藤文次郎・神保小虎・松島鉦四郎 ②一八九〇刊 ③明治期専門術語集 ④英独和鉱学辞典
航米日録 ①玉虫誼茂（撰） ②一八六〇 ③文明源流叢書 ④洋行日記
稿本化学語彙 こうほんかがくごい ①桜井錠二・高松豊吉 ②一九〇〇刊 ③近代日本学術用語集成 ④英独和化学辞典
甲陽軍鑑 ①高坂昌信（著）、春日惣次郎（ら書継） ②一七世紀初 ③甲陽軍鑑（酒井憲二） ④「武田全書」。軍記
黄葉夕陽邨舎詩 こうようせきようそんしゃし ①菅茶山 ②〈前編〉一八一二刊、〈後編〉一八二三刊、〈遺稿〉一八三三刊 ③詩集日本漢詩 ④漢詩
江吏部集 ごうりほうしゅう ①大江匡衡 ②一〇一〇～一一頃 ③群書類従 ④漢詩文
交隣須知 こうりんしゅうち ①雨森芳州（か） ②一八世紀中か ③交隣須知（京都大学国文学会） ④朝鮮語学習書
▼幸若 こうわか
敦盛（あつもり）・いるか・烏帽子折（えぼしおり）・景清（かげきよ）・鎌田（かまた）・信太（しだ）・大織冠（たいしょかん）・大臣・高たち・伏見常磐（ふしみときわ）・ほり川・満仲（まんじゅう）・屋嶋軍（やしまいくさ）・夜討曾我（ようちそが）・和田宴（わださかもり）など。②室町時代末～近世初 ③幸若舞曲集（笹野堅） ④新群書類従による場合もある。
五音 ①世阿弥 ②一四三四頃 ③世阿弥十六部集評釈（能勢朝次） ④能楽論
五音三曲集 ①金春禅竹 ②一四六〇奥書 ③金春古伝書集成（表章・伊藤正義） ④能楽論
こがね丸 ①巌谷小波 ②一八九一刊 ③少年文学（博文館） ④児童文学
故旧忘れ得べき ①高見順 ②一九三五～三六 ③新潮文庫 ④小説
古今 ①紀友則・紀貫之・凡河内躬恒・壬生忠岑（撰） ②九〇五～九一四 ③日本古典文学大系 ④「古今和歌集」。勅撰集
古今打聞 ①（伝）凡河内躬恒 ②一四三八頃 ③和歌古語深秘抄 ④「秘蔵抄」。歌学
古今集遠鏡 ①本居宣長 ②一七九四 ③増補本居宣長全集 ④「古今和歌

集遠鏡」。「古今集」の注釈。
古今六帖 こきんろくじょう ②九七六～九八七頃 ③図書寮叢刊 ④「古今和歌六帖」。私撰集
国語のため ①上田万年 ②一八九五刊 ③明治文学全集 ④評論
国語のため第二 ①上田万年 ②一九〇三刊 ③明治文学全集 ④評論
国語本義 ①高橋正澄 ②一八三〇頃 ③静嘉堂本（高橋残夢遺書） ④語学
黒潮 ①徳富蘆花 ②一九〇二～〇五 ③明治文学全集 ④小説
国文学読本緒論 ①芳賀矢一 ②一八九〇刊 ③明治文学全集 ④評論
国民性十論 ①芳賀矢一 ②一九〇七刊 ③明治文学全集 ④評論
国民百科新語辞典 ①新井格・木村毅 ②一九三四刊 ③非凡閣 ④辞典
極楽寺殿御消息 ①北条重時 ②一二五六～六一 ③中世武家家訓の研究（寛泰彦） ④家訓
苔の衣 こけのころも ②一二七一頃 ③古典文庫 ④物語
五国対照兵語字書 ①参謀本部（編）、西周（序） ②一八八一刊 ③参謀本部 ④軍事用語集
古今著聞集 ①橘成季 ②一二五四跋 ③日本古典文学大系 ④説話
試みの岸 ①小川国夫 ②一九六九～七二 ③筑摩現代文学大系 ④小説
こころ ①夏目漱石 ②一九一四 ③漱石全集（岩波書店） ④小説
古今要覧稿 ①屋代弘賢（編） ②一八二一～四二 ③古今要覧稿（国書刊行会） ④叢書、考証
古今連談集 ①高山宗砌 ②一四四四～四八頃 ③古典文庫 ④連歌論
五山堂詩話 ①菊地五山 ②一八〇七～一六刊 ③新日本古典文学大系 ④詩話
古事記 ①太安万侶（撰録） ②七一二 ③日本古典文学大系 ④「古事記伝」などを参照、読み下し文で掲げる。歌謡は日本古典文学大系（古代歌謡集）によった。
古事記伝 ①本居宣長 ②一七九八 ③校訂古事記伝（本居豊穎） ④「古事記」の注釈
古事談 ①源顕兼 ②一二一二～一五頃 ③新訂増補国史大系 ④説話
後拾遺 ①藤原通俊（撰） ②一〇八六 ③岩波文庫 ④「後拾遺和歌集」。勅撰集
五重塔 ごじゅうのとう ①幸田露伴 ②一八九一～九二 ③岩波文庫 ④小説
古事類苑 こじるいえん ①神宮司庁（など編） ②一八七九～一九〇七 ④百科辞彙。六国史以降江戸時代末までの文献を分類、集録。
御成敗式目 ①北条泰時（ら編） ②一二三二 ③中世法制史料集 ④「貞永式目」。法制
後撰 ごせん ①大中臣能宣・清原元輔・源順・紀時文・坂上望城（撰） ②九五一～九五三頃 ③後撰和歌集総索引（大阪女子大学国文学研究室） ④「後撰和歌集」。勅撰集
小僧の神様 ①志賀直哉 ②一九二〇 ③岩波文庫 ④小説
小大君集 こだいのきみしゅう ①小大君 ②一〇〇五頃 ③西本願寺本三十六人集精成 ④私家集。書名の読みは「こおおぎみしゅう」とも。
壺中庵異聞 こちゅうあんいぶん ①富岡多恵子 ②一九七四 ③筑摩現代文学大系 ④小説
国会論 ①中江兆民 ②一八八八刊 ③明治文学全集 ④評論
国歌八論 ①荷田在満 ②一七四二 ③日本歌学大系 ④歌学
▼滑稽本 こっけいぼん
浮世床 ①〈初・二編〉式亭三馬、〈三編〉滝亭鯉丈 ②一八一三～二三刊 ③〈初・二編〉日本古典全書、〈三編〉近代日本文学大系
浮世風呂 ①式亭三馬 ②一八〇九～一三刊 ③日本古典文学大系
小野篁謔字尽 おののばかむらうそじづくし ①式亭三馬 ②一八〇六刊 ③太平文庫
戯場粋言幕の外 けじょうすいげんまくのそと ②一八〇六刊 ③新日本古典文学大系
七偏人 ①梅亭金鵞 ②一八五七～六三刊 ③日本名著全集
続膝栗毛 ぞくひざくりげ ①十返舎一九 ②一八一〇～二二刊 ③日本名著全集
大千世界楽屋探 ①式亭三馬 ②一八一七刊 ③新日本古典文学大系
街能噂 ちまたのうわさ ①平亭銀鶏 ②一八三五刊 ③浪速叢書
東海道中膝栗毛 とうかいどうちゅうひざくりげ ①十返舎一九 ②発端一八一四刊、〈初～八編〉一八〇二～〇九刊 ③日本古典文学大系
八笑人 ①〈初～四編〉滝亭鯉丈、〈五編上〉池田英泉、〈五編中・下〉与鳳亭枝成 ②一八二〇～四九刊 ③日本名著全集 ④「花暦八笑人」
風来六部集 ①平賀源内 ②一七八〇序 ③日本古典文学大系
古朽木 ①朋誠堂喜三二 ②一七八〇刊 ③日本名著全集
和合人 ①〈初～三編〉滝亭鯉丈、〈四編〉為永春水 ②一八二三～四四刊 ③有朋堂文庫
古典と現代文学 ①山本健吉 ②一九五五 ③新選現代日本文学全集（筑摩書房） ④評論
御当家令条 ①藤原親長（か） ②一五九七～一六九六 ③近世法制史料叢書 ④法制。江戸幕府の法令約六〇〇を集録。引用にあたっては当該記事の年月日を付した。
古道大意 ①平田篤胤 ②一八一三 ③平田篤胤全集 ④国学
今年竹 ①里見弴 ②一九一九～二七 ③岩波文庫 ④小説
後鳥羽院御口伝 ごとばいんごくでん ①後鳥羽院 ②一二一二～二七頃 ③日本古典文学大系 ④歌学
小鳥の巣 ①鈴木三重吉 ②一九一〇 ③岩波文庫 ④小説
諺草 ことわざぐさ ①貝原好古 ②一六九九 ③益軒全集 ④俚諺
後二条師通記 ごにじょうもろみちき ①藤原師通 ②一〇八三～九九 ③大日本古記録 ④日記。引用にあたっては当該記事の年月日を付した。
古文真宝抄 ④抄物。「古文真宝桂林抄」（桂林徳昌講・一元光演聞書、一四八五年頃成立、続抄物資料集成）、「古文真宝彦龍抄」（彦龍周興著、一四九〇年頃成立、続抄物資料集成）、「古文真宝後集抄」（一五二五年成立、無刊記刊本）などと示す。
後法興院記 ①近衛政家 ②一四六六～一五〇五 ③続史料大成 ④日記。引用にあたっては当該記事の年月日を付した。
古本説話集 ②一一三〇頃か ③岩波文庫 ④説話
小町集 ①小野小町 ②九世紀後か ③西本願寺本三十六人集精成 ④私家集
語孟字義 ごもうじぎ ①伊藤仁斎 ②一七〇五 ③日本思想大系 ④儒学
古来風体抄 ①藤原俊成 ②一一九七 ③日本歌学大系 ④歌学
是貞親王歌合 これさだしんのうたあわせ ①是貞親王（主催） ②八九三 ③平安朝歌合大成 ④「仁和二宮歌合」。和歌
是則集 これのりしゅう ①坂上是則 ②一〇世紀前 ③西本願寺本三十六人集精成 ④私家集
子をつれて ①葛西善蔵 ②一九一八 ③岩波文庫 ④小説
権記 ①藤原行成 ②九九一～一〇一一 ③増補史料大成 ④日記。引用にあたっては当該記事の年月日を付した。
金光明最勝王経音義 ②一〇七九 ③大東急記念文庫複製本 ④訓点資料
金色夜叉 こんじきやしゃ ①尾崎紅葉 ②一八九七～九八 ③岩波文庫 ④小説
今昔 ②一一二〇頃か ③日本古典文学大系 ④「今昔物語集」。説話
コンテムツスムンヂ（捨世録） ①トマス＝ア＝ケンピス（か） ②一五九六刊 ③キリシタン資料集成 ④日本イエズス会刊。キリシタン文学。ローマ字書き。一六一〇年刊の国字本は「こんてむつすむん地」と示し、日本古典全書によった。

【さ】

最暗黒之東京 ①松原岩五郎 ②一八九三刊 ③民友社（覆刻版） ④随筆
西宮記 ①源高明 ②九六九頃 ③新訂増補故実叢書 ④有職
西京繁昌記 さいきょうはんじょうき ①増山守正 ②一八七七刊 ③明治文化全集 ④開化物
西国立志編 ①中村正直（訳） ②一八七〇～七一 ③冨山房百科文庫 ④評論 原作はスマイルズ
再昌草 さいしょうそう ①三条西実隆 ②一五〇一～三六 ③桂宮本叢書 ④私家集。引用にあたっては当該記事の年月日を付した。
最新百科社会語辞典 ①改造社（編・刊） ②一九三二刊 ④辞典
財政経済史料 ①大蔵省（編） ②一九二二～二三 ③日本財政経済史料 ④江戸幕府の財政経済制度調査のため、旧記、古文書類を、事項別に編集。引用にあたっては当該記事の年月日を付した。
西大寺本金光明最勝王経平安初期点 ②八三〇頃 ③西大寺本金光明最勝王経古点の国語学的研究（春日政治） ④訓点資料
細流抄 ①三条西公条 ②一五二五～三四 ③国文註釈全書 ④「源氏物語」の注釈
催馬楽 さいばら ②七世紀後～八世紀 ③日本古典文学大系 ④歌謡
済北集 さいほくしゅう ①虎関師錬 ②一三四六頃か ③五山文学全集 ④漢詩文
酒ほがひ ①吉井勇 ②一九一〇刊 ③現代短歌大系 ④歌集
相模集 さがみしゅう ①相模 ②一〇六一頃か ③古典保存会複製書 ④私家集
作戦要務令 ①帝国在郷軍人会本部 ②一九三九 ③作戦要務令第二部註解（軍人会館出版部） ④軍事
左経記 ①源経頼 ②一〇一六～三六 ③増補史料大成 ④日記。引用にあたっては当該記事の年月日を付した。
狭衣物語 さごろもものがたり ①六条斎院禖子内親王（宣旨）、源頼国女（作か） ②一〇六九～七七頃か ③日本古典文学大系 ④物語
笹まくら ささまくら ①丸谷才一 ②一九六六刊 ③筑摩現代文学大系 ④小説
ささめごと ①心敬 ②一四六三～六四頃 ③日本古典文学大系 ④連歌論
細雪 ささめゆき ①谷崎潤一郎 ②一九四三～四八 ③新潮文庫 ④小説
沙汰未練書 さたみれんしょ ②一四世紀初 ③中世法制史料集 ④法制
左千夫歌集 ①伊藤左千夫 ②一九二〇刊 ③現代短歌大系 ④歌集
薩長土肥 さっちょうどひ ①小林雄七郎 ②一八八九刊 ③明治文化全集 ④評論
▼雑俳 ざっぱい
青木賊 あおとくさ ①園田荻風（編） ②一七八四刊 ③徳川文芸類聚

あづまからげ ①湖月（編）②一七五五刊 ③徳川文芸類聚

歌羅衣 ①丹頂斎一声（編）②一八三四〜四四刊 ③徳川文芸類聚

軽口頓作 かるくちとんさく ①雲鼓（編）②一七〇九刊 ③雑俳集成

川傍柳 かわぞいやなぎ ①牛込蓬莱連、柄井川柳（選評）②一七八〇〜八三刊 ③岩波文庫

桜の実 ①薩秀堂桜木連、柄井川柳（撰）②一七六七刊 ③岩波文庫

末摘花 ①似実軒（ら編）②一七七六〜一八〇一刊 ③定本誹風末摘花（岡田甫）

川柳評万句合 ①柄井川柳（評）②一七五七〜八九刊 ③川柳評万句合勝句刷（中西賢治）④引用にあたっては各編の刊年を付した。

玉柳 ①牛込築土連、柄井川柳（撰）、五扇（編）②一七八七刊 ③岩波文庫

藐姑柳 はこやなぎ ①糀町梅連、柄井川柳（評）②一七八五刊 ③岩波文庫

柳筥 やないばこ ①麻布柳水連 ②一七八三〜八六刊 ③岩波文庫

柳籠裏 やなぎごり ①糀町高砂連、柄井川柳（評）②一七八三〜八六刊 ③岩波文庫

柳多留 ①柄井川柳（ら評）、呉陵軒可有（ら編）②一七六五〜一八四〇 ③〈初〜二五編〉岩波文庫、〈二六〜一六七編〉誹風柳多留全集 ④引用にあたっては各編の刊年を付した。

柳多留拾遺 ②一八〇一刊 ③岩波文庫

箚録 さつろく ①浅見絅斎 ②一七〇六 ③日本思想大系 ④漢学

讃岐集 さぬきしゅう ①二条院讃岐 ②一三世紀前 ③古典文庫 ④私家集

讃岐典侍 さぬきのすけ ①藤原長子 ②一一〇八頃 ③松蔭国文資料叢刊 ④「讃岐典侍日記」。日記文学

信明集 さねあきらしゅう ①源信明 ②九七〇頃 ③西本願寺本三十六人集精成 ④私家集

実方集 さねかたしゅう ①藤原実方 ②九九八頃 ③桂宮本叢書 ④私家集

実隆公記 さねたかこうき ①三条西実隆 ②一四七四〜一五三六 ③続群書類従完成会 ④日記。引用にあたっては当該記事の年月日を付した。

実朝 さねとも ①小林秀雄 ②一九四三 ③角川文庫 ④評論

鮫 さめ ①金子光晴 ②一九三七刊 ③日本現代詩大系 ④詩集

鮫 さめ ①真継伸彦 ②一九六三 ③筑摩現代文学大系 ④小説

更級日記 さらしなにっき ①菅原孝標女 ②一〇五九頃 ③日本古典文学大系 ④日記文学

さらばモスクワ愚連隊 ①五木寛之 ②一九六六 ③筑摩現代文学大系 ④小説

申楽談儀 さるがくだんぎ ①世阿彌 ②一四三〇奥書 ③日本古典文学大系 ④能楽

されどわれらが日々 ①柴田翔 ②一九六三 ③文芸春秋新社 ④小説

山槐記 さんかいき ①中山忠親 ②一一五一〜九四 ③増補史料大成 ④日記。引用にあたっては当該記事の年月日を付した。

山家集 ①西行 ②一二世紀後 ③日本古典文学大系 ④私家集

三議一統大双紙 ①小笠原長秀（らか）②一五世紀前 ③続群書類従 ④武家故実

三教指帰 さんごうしいき ①空海 ②七九七頃 ③日本古典文学大系 ④仏教

山谷詩抄 ④抄物。「両足院本山谷抄」（一五〇〇年頃成立、続抄物資料集成）、「山谷詩集抄」（一六四七年成立、抄物小系）などと示す。

三国伝記 ①玄棟（編）②一四〇七〜四六頃か ③古典資料（すみや書房）④説話

珊瑚集 さんごしゅう ①永井荷風（訳）②一九一三刊 ③日本現代詩大系 ④訳詩集

三帖和讃 さんじょうわさん ①親鸞 ②一二四八〜六〇頃 ③日本古典文学大系 ④歌謡。正像末・浄土・高僧の三部からなる。

三四郎 ①夏目漱石 ②一九〇八 ③漱石全集（岩波書店）④小説

三代格 さんだいきゃく ②一一世紀後か ③新訂増補国史大系 ④「類聚三代格」。法制。引用にあたっては当該記事の年月日を付した。

三体詩抄 ④抄物。「三体詩素隠抄」（説心素隠著、一六二二年成立、抄物大系）、「三体詩幻雲抄」（月舟寿桂・月谷養雲著、一五二七年成立、抄物大系）、「三体詩絶句抄」（一六二〇年成立、抄物小系）などと示す。

三代実録 ①藤原時平・源能有（ら編）②九〇一 ③新訂増補国史大系 ④「日本三代実録」。勅撰史書。六国史の一つ。引用にあたっては当該記事の年月日を付した。

三太郎の日記 ①阿部次郎 ②一九一四〜一八刊 ③角川文庫 ④評論

参天台五台山記 ①成尋 ②一〇七二〜七三 ③成尋阿闍梨母集・参天台五台山記の研究（島津草子）④日記

三道 ①世阿彌 ②一四二三奥書 ③日本古典文学大系 ④能楽書

サントスの御作業 ①イルマン＝ビセンテ（ら訳）②一五九一刊 ③キリシタン資料集成 ④「サントスの御作業の内抜書」。キリシタン文学。ローマ字書き

三宝絵詞 さんぼうえことば ①源為憲 ②九八四 ③古典保存会複製書 ④説話。「観智院本三宝絵」と示す。

散木奇歌集 ①源俊頼 ②一一二八頃 ③散木奇歌集の研究と校本（関根慶子）④私家集

山陽詩鈔 さんようししょう ①頼山陽 ②一八三三刊 ③詩集日本漢詩 ④漢詩

山廬集 さんろしゅう ①飯田蛇笏 ②一九三二刊 ③飯田蛇笏全句集 ④句集

【し】

シェイクスピア ①吉田健一 ②一九五二 ③新選現代日本文学全集（筑摩書房）④評論

潮騒 しおさい ①三島由紀夫 ②一九五四刊 ③現代日本文学全集（筑摩書房）④小説

塩原多助一代記 ①三遊亭円朝 ②一八八五刊 ③明治文学全集 ④円朝の口演を若林玵蔵が筆記。

詞花 ①藤原顕輔（撰）②一一五一頃 ③岩波文庫 ④「詞花和歌集」。勅撰集

詩学大成抄 ②一五五八〜七〇頃 ③詩学大成抄の国語学的研究（柳田征司）④抄物

四河入海 しがにっかい ①笑雲清三（編）②一七世紀前 ③抄物大系 ④抄物

地方落穂集 ①武陽隠士泰路 ②一七六三 ③日本経済大典 ④農政解説

地方凡例録 ①大石久敬 ②一七九四跋 ③日本経済大典 ④農政解説

至花道 ①世阿彌 ②一四二〇奥書 ③日本古典文学大系 ④能楽書

時間 ①黒井千次 ②一九六九 ③筑摩現代文学大系 ④小説

史記抄 ①桃源瑞仙 ②一四七七 ③京都大学本 ④抄物

字鏡集 ①菅原為長（撰か）②一二四五 ③希覯典籍蒐集会 ④辞書

重之集 しげゆきしゅう ①源重之 ②一〇〇四頃 ③西本願寺本三十六人集精成 ④私家集

私聚百因縁集 しじゅひゃくいんねんしゅう ①住信 ②一二五七跋 ③東洋大学哲学堂蔵承応二年版本 ④説話

詩序集 ①藤原敦光（編か）②一一三三頃 ③和漢比較文学叢書 ④漢文

志都の岩屋講本 しずのいわやこうほん ①平田篤胤 ②一八一一刊 ③平田篤胤全集 ④「医道大意」

自然真営道 ①安藤昌益 ②一七五一〜六四 ③日本古典文学大系 ④思想、哲学

自然と人生 ①徳富蘆花 ②一九〇〇刊 ③岩波文庫 ④随想

地蔵十輪経元慶七年点 じぞうじゅうりんきょうがんぎょうしちねんてん ②八八三 ③古点本の国語学的研究・訳文篇（中田祝夫）④訓点資料

地蔵菩薩霊験記 じぞうぼさつれいげんき ①実睿・良観 ②一六世紀後 ③古典文庫 ④説話

順集 したごうしゅう ①源順 ②九八三頃 ③西本願寺本三十六人集精成 ④私家集

七十一番職人歌合 ②一五〇〇頃か ③群書類従 ④歌合、職人尽くし絵（土佐光信画）

侍中群要 ②一〇七一か ③続々群書類従 ④有職、制度

十訓抄 じっきんしょう ②一二五二序 ③新訂増補国史大系 ④説話

死の棘 しのとげ ①島尾敏雄 ②一九六〇 ③筑摩現代文学大系 ④小説

渋江抽斎 ①森鷗外 ②一九一六 ③鷗外全集（岩波書店）④小説

志不可起 ①箕田喜貞 ②一七二七 ③国語学大系 ④語学

シベリヤ物語 ①長谷川四郎 ②一九五〇〜五四 ③筑摩現代文学大系 ④小説

至宝抄 ①里村紹巴 ②一五八五 ③岩波文庫 ④連歌論

島崎藤村 ①平野謙 ②一九四六〜五六 ③新選現代日本文学全集（筑摩書房）④評論

守銭奴の肚 しまりみせのはら ①嵯峨之屋御室 ②一八八七刊 ③大倉孫兵衛版 ④小説

社会百面相 ①内田魯庵 ②一九〇二刊 ③岩波文庫 ④小説

釈氏往来 ②一二世紀後 ③日本教科書大系 ④往来物

釈日本紀 ①卜部懐賢 ②一二七四〜一三〇一 ③新訂増補国史大系 ④「釈紀」。「日本書紀」の注釈

嚼氷冷語 しゃくひょうれいご ①内田魯庵 ②一八九九 ③文芸小品（博文館）所収 ④随筆

蔗軒日録 しゃけんにちろく ①季弘大叔 ②一四八四〜八六 ③大日本古記録 ④日記。引用にあたっては当該記事の年月日を付した。

邪宗門 ①北原白秋 ②一九〇九刊 ③日本現代詩大系 ④詩集

沙石集 しゃせきしゅう ①無住 ②一二八三 ③広本沙石集 ④説話。「米沢本沙石集」と示す。また、日本古典文学大系による場合は「梵舜本沙石集」、岩波文庫による場合は「貞享版沙石集」と示す。

赤光 ①斎藤茂吉 ②一九一三刊 ③現代短歌大系 ④歌集

斜陽 ①太宰治 ②一九四七 ③新潮文庫 ④小説

▼洒落本 しゃれぼん

異素六帖 いそろくじょう ①沢田東江 ②一七五七刊 ③洒落本大系

卯地臭意 うじしゅうい ①鐘木庵主人 ②一七八三刊 ③日本古典文学大系

禁現大福帳 ①牙琴 ②一七五五刊 ③洒落本大成

妓者呼子鳥 げいしゃよぶこどり ①田にし金魚 ②一七七七刊 ③洒落本大系

傾城買四十八手 けいせいかいしじゅうはって ①山東京伝 ②一七九〇刊 ③洒落本大系

契情買虎之巻 けいせいかいとらのまき ①田にし金魚 ②一七七八刊 ③洒落本大系

傾城買二筋道 けいせいかいふたすじみち ①梅暮里谷峨 ②一七九八刊 ③洒落本大系

月花余情 ①献笑閣戯笑 ②一七四六 ③洒落本大系

甲駅新話 ①大田南畝 ②一七七五刊 ③洒落本大系

古契三娼 こけいのさんしょう ①山東京伝 ②一七八七刊 ③洒落本大系

仕懸文庫 ①山東京伝 ②一七九一刊 ③洒落本大系

繁千話 しげしげちわ ①山東京伝 ②一七九〇刊 ③洒落本大系

青楼昼之世界錦之裏 せいろうひるのせかいにしきのうら ①山東京伝 ②一七九一刊 ③洒落本大系

跖婦人伝 せきふじんでん ①山岡浚明 ②一七五三刊 ③洒落本大成

世説新語茶 ①大田南畝 ②一七七六～七七頃刊か ③洒落本大系

船頭深話 ①式亭三馬 ②一八〇二刊 ③洒落本大系

辰巳之園 たつみのその ①夢中散人寝言先生 ②一七七〇刊 ③洒落本大系

辰巳婦言 たつみふげん ①式亭三馬 ②一七九八序 ③洒落本大系

通言総籬 つうげんそうまがき ①山東京伝 ②一七八七序 ③洒落本大系

道中粋語録 どうちゅうすごろく ①大田南畝 ②一七七九～八〇頃刊 ③洒落本大系 ④「変通軽井茶話」

売花新駅 ①朱楽菅江 ②一七七七序 ③洒落本大系

箱まくら ①大極堂有長 ②一八二二刊 ③日本名著全集

聖遊廓 ひじりのゆうかく ②一七五七序 ③洒落本大成

百花評林 ①探花亭主人 ②一七四七刊 ③洒落本大系

風俗八色談 ①卜々斎 ②一七五六刊 ③国会図書館本

遊子方言 ①田舎老人多田爺 ②一七七〇刊 ③洒落本大系

両巴巵言 りょうはしげん ①撃鉦先生 ②一七二八刊 ③洒落本大系

上海 シャンハイ ①横光利一 ②一九二八～三二 ③岩波文庫 ④小説

拾遺 ①花山天皇(撰か) ②一〇〇五～〇七頃か ③古典文庫 ④「拾遺和歌集」。勅撰集

拾遺愚草 ①藤原定家 ②一二一六～三三頃 ③藤原定家全歌集(冷泉為臣) ④私家集

周易抄 ④抄物。底本により「土井本周易抄」(柏舟宗講、一四七七年成立、周易抄の国語学的研究(鈴木博))などと示す。

拾芥抄 しゅうがいしょう ①洞院公賢(編)、洞院実熙(補) ②一三～一四世紀 ③新訂増補故実叢書 ④「略要抄」。事典

自由学校 ①獅子文六 ②一九五〇 ③角川文庫 ④小説

拾玉集 ①慈円(詠)、尊円法親王(撰) ②一三四六 ③書陵部本(高松宮本)複製 ④私家集。「広本拾玉集」と示す。

拾玉得花 ①世阿弥 ②一四二八 ③日本古典文学大系 ④能楽書

集義和書 ①熊沢蕃山 ②一六七六頃刊 ③日本思想大系 ④随想録

銃後 ①桜井忠温 ②一九一三刊 ③日本小説文庫(春陽堂) ④戦記

十善法語 ①慈雲 ②一七七五 ③慈雲尊者全集 ④仏教

袖中抄 しゅうちゅうしょう ①顕昭 ②一一八五～八七頃 ③日本歌学大系 ④歌学

重訂本草綱目啓蒙 じゅうていほんぞうこうもくけいもう ①小野蘭山(述)、井口望之(重訂) ②一八四七刊 ③日本古典全集 ④本草

自由と規律 ①池田潔 ②一九四九刊 ③岩波新書 ④随筆

自由之理 ①中村正直(訳) ②一八七二刊 ③明治文化全集 ④翻訳評論(原作はミル)

守覚法親王集 しゅかくほうしんのうしゅう ①守覚法親王 ②一一八二～一二〇二頃 ③古典文庫 ④「北院御室御集」。私家集

授業編 ①江村北海 ②一七八三刊 ③日本文庫 ④漢学

縮図 ①徳田秋声 ②一九四一 ③岩波文庫 ④小説

侏儒の言葉 しゅじゅのことば ①芥川龍之介 ②一九二三～二七 ③芥川龍之介全集(岩波書店) ④随筆

修禅寺物語 ①岡本綺堂 ②一九一一 ③岩波文庫 ④戯曲

習道書 しゅどうしょ ①世阿弥 ②一四三〇 ③世阿弥十六部集(吉田東伍) ④能楽書

趣味の遺伝 ①夏目漱石 ②一九〇六 ③漱石全集(岩波書店) ④小説

春夏秋冬 ①〈春〉正岡子規(編)、〈夏・秋・冬〉河東碧梧桐・高浜虚子(編) ②〈春〉一九〇一刊、〈夏・秋〉一九〇二刊、〈冬〉一九〇三刊 ③俳諧叢書 ④句集

殉死 ①司馬遼太郎 ②一九六七 ③筑摩現代文学大系 ④小説

俊成卿女集 しゅんぜいきょうじょしゅう ①藤原俊成女 ②一二三三頃か ③俊成卿女全歌集(森本元子) ④私家集

春潮 ①田山花袋 ②一九〇三刊 ③田山花袋全集 ④小説

春泥 ①久保田万太郎 ②一九二八 ③岩波文庫 ④小説

松翁道話 ①布施松翁(述)、八宮斎(編) ②一八一四～四六刊 ③岩波文庫 ④心学

唱歌 しょうか 「日本唱歌集」(岩波文庫)などによった。

捷解新語 しょうかいしんご ①康遇聖 ②一六七六刊 ③京都大学国文学会 ④朝鮮でつくられた日本語学習書。雀鶴齢らによる一七八一年版は「重刊改修捷解新語」と示す。

小学読本 ①田中義廉 ②一八七三刊 ③小学読本便覧 ④教科書

小学読本 ①榊原芳野 ②一八七三刊 ③小学読本便覧 ④教科書

小学読本 ①榊原芳野・那珂通高・稲垣千穎 ②一八七四刊 ③小学読本便覧 ④教科書

承久記 じょうきゅうき ②一二四〇頃か ③日本古典全集 ④軍記

蕉堅藁 しょうけんこう ①絶海中津 ②一四〇三 ③五山文学全集 ④漢詩文

小公子 ①若松賤子(訳) ②一八九〇～九二刊 ③女学雑誌社(覆刻本) ④児童文学(原作はバーネット)

浄業和讃 ①一道(編) ②九九五～一三三五 ③日本歌謡集成 ④歌謡

私用抄 ①心敬 ②一四七一 ③古典文庫 ④連歌論

詞葉新雅 ①富士谷御杖 ②一七九二刊 ③寛政四年版 ④辞書

成尋母集 じょうじんのははのしゅう ①成尋阿闍梨母 ②一〇七三頃 ③成尋阿闍梨母集・参天台五台山記の研究(島津草子) ④「成尋阿闍梨母集」。私家集。書名の読みは「じょうじんぼしゅう」とも。

小説神髄 ①坪内逍遙 ②一八八五～八六刊 ③明治文学全集 ④文学論

小説粋言 ①沢田一斎(訳) ②一七五七序 ③宝暦八年版 ④中国白話小説の注釈

小説精言 ①岡白駒(訳) ②一七四三序 ③寛保三年版 ④中国白話小説の注釈

小説平家 ①花田清輝 ②一九六五～六七 ③筑摩現代文学大系 ④小説

正倉院文書 ④正倉院伝来の文書。寧楽遺文・大日本古文書などにより、引用にあたっては当該記事の年月日を付した。

装束抄 ①三条西実隆 ②一五七七頃 ③群書類従 ④「逍遙院殿装束抄」「三条西家装束抄」。有職

正徹物語 ①正徹 ②一四四八～五〇頃 ③日本古典文学大系 ④上巻「徹書記物語」、下巻「清厳茶話」。歌学

聖徳太子伝暦 しょうとくたいしでんりゃく ②九一七頃か ③聖徳太子全集 ④伝記

少年行 ①中村星湖 ②一九〇七 ③現代日本文学全集(筑摩書房) ④小説

正法眼蔵 しょうぼうげんぞう ①道元 ②一二三一～五三 ③岩波文庫 ④仏教

正法眼蔵随聞記 しょうぼうげんぞうずいもんき ①道元(述)、懐奘(編) ②一二三五～三八 ③日本古典文学大系 ④仏教

正宝事録 ①岡崎十左衛門(編か) ②一六四八～一七五五 ③正宝事録(近世史料研究会編) ④町触を編年体に集録。引用にあたっては当該記事の年月日を付した。

勝鬘経義疏 しょうまんぎょうぎしょ ①聖徳太子(撰か) ②六一一 ③昭和会本勝鬘経義疏(法隆寺版) ④仏教

将門記 ②天慶三年(九四〇)頃か ③古典保存会複製書 ④軍記。書名の読みは「まさかどき」とも。読み下し文で示す。承徳三年点で採用した場合には「将門記承徳三年点」と示す。

条約改正論 ①小野梓 ②一八八七刊 ③明治文化全集 ④政治評論

小右記 ①藤原実資 ②九八二～一〇三二 ③大日本古記録 ④日記。引用にあたっては当該記事の年月日を付した。

将来之日本 ①徳富蘇峰 ②一八八六刊 ③明治文学全集 ④評論

性霊集 しょうりょうしゅう ①〈巻一～七〉空海、真済(編)、〈巻八～一〇〉済暹(補) ②〈巻一～七〉八三五頃、〈巻八～一〇〉一〇七九 ③日本古典文学大系 ④「遍照発揮性霊集」。書名の読みは「せいれいしゅう」とも。漢詩文

▼浄瑠璃 じょうるり

生玉心中(いくたましんじゅう　一七一五年初演か)・井筒業平河内通(いづつなりひらかわちがよい　一七二〇年初演)・浦島年代記(一七二二年初演)・女殺油地獄(おんなごろしあぶらのじごく　一七二一年初演)・賀古教信七墓廻(かこのきょうしんななはかめぐり　一七一四年頃初演)・傾城島原蛙合戦(けいせいしまばらかえるがっせん　一七一九年初演)・傾城酒顛童子(けいせいしゅてんどうじ　一七一八年初演)・傾城反魂香(けいせいはんごんこう　一七〇八年頃初演)・国性爺合戦(こくせんやかっせん　一七一五年初演)・国性爺後日合戦(こくせんやごにちかっせん　一七一七年初演)・五十年忌歌念仏(ごじゅうねんきうたねぶつ　一七〇七年初演)・嫗山姥(こもちやまんば　一七一二年頃初演)・薩摩歌(さつまうた　一七一一年頃初演)・持統天皇歌軍法(一七一三年初演)・釈迦如来誕生会(しゃかにょらいたんじょうえ　一六八五年初演)・聖徳太子絵伝記(しょうとくたいしえでんき　一七一七年初演)・心中重井筒(しんじゅうかさねいづつ　一七〇七年初演)・信州川中島合戦(一七二一年初演)・心中天の網島(しんじゅうてんのあみじま　一七二〇年初演)・心中刃は氷の朔日(しんじゅうやいばはこおりのついたち　一七〇九年初演)・心中宵庚申(しんじゅうよいごうしん　一七二二年初演)・曾我扇八景(そがおうぎはっけい　一七一一年頃初演)・曾我会稽山(そがかいけいさん　一七一八年初演)・曾根崎心中(そねざきしんじゅう　一七〇三年初演)・大職冠(たいしょか

ん　一七一一年頃初演)・丹波与作待夜の小室節(一七〇七年頃初演)・津国女夫池(つのくにめおといけ　一七二一年初演)・天神記(一七一四年初演)・唐船噺今国性爺(とうせんばなしいまこくせんや　一七二二年頃初演)・長町女腹切(一七一二年頃初演)・日本振袖始(にほんふりそではじめ　一七一八年初演)・博多小女郎波枕(はかたこじょろうなみまくら　一七一八年初演)・孕常盤(はらみときわ　一七一〇年頃初演)・平家女護島(へいけにょごのしま　一七一九年初演)・堀川波鼓(ほりかわなみのつづみ　一七〇六年頃初演か)・松風村雨束帯鑑(まつかぜむらさめそくたいかがみ　一七〇七年頃初演)・冥途の飛脚(めいどのひきゃく　一七一一年頃初演)・艶狩剣本地(もみじがりつるぎのほんじ　一七一四年初演)・山崎与次兵衛寿の門松(やまざきよじべえねびきのかどまつ　一七一八年初演)・日本武尊吾妻鑑(やまとたけるのみことあずまかがみ　一七二〇年初演)・鑓の権三重帷子(やりのごんざかさねかたびら　一七一七年初演)・夕霧阿波鳴渡(ゆうぎりあわのなると　一七一二年初演)・雪女五枚羽子板(一七〇八年初演)・用明天皇職人鑑(ようめいてんのうしょくにんかがみ　一七〇五年初演)・吉野都女楠(よしののみやこおんなくすのき　一七一〇年頃初演か)・淀鯉出世滝徳(よどごいしゅっせのたきのぼり　一七〇九年頃初演)など。

以上は①近松門左衛門　③近松全集(朝日新聞社)によった。

蘆屋道満大内鑑　あしやどうまんおおうちかがみ　①竹田出雲　②一七三四初演　③新日本古典文学大系

安宅高館　あたかたかだち　②一六五五～五八頃　③古浄瑠璃正本集

伊賀越道中双六　いがごえどうちゅうすごろく　①近松半二(ら)　②一七八三初演　③日本名著全集

一谷嫩軍記　いちのたにふたばぐんき　①並木宗輔・浅田一鳥(ら)　②一七五一初演　③日本名著全集

妹背山婦女庭訓　いもせやまおんなていきん　①近松半二(ら)　②一七七一初演　③日本古典全書

宇治の姫切　②一六五八　③金平浄瑠璃正本集

絵本太功記　①近松柳(ら)　②一七九九初演　③日本名著全集

近江源氏先陣館　おうみげんじせんじんやかた　①近松半二(ら)　②一七六九初演　③日本古典全書

仮名手本忠臣蔵　①竹田出雲(ら)　②一七四八初演　③日本古典全書

苅萱桑門筑紫𨏍　かるかやどうしんつくしのいえづと　①並木宗輔(ら)　②一七三五初演　③日本名著全集

源平布引滝　げんぺいぬのびきのたき　①並木宗輔(ら)　②一七四九初演　③日本古典文学大系

新うすゆき物語　①文耕堂・竹田小出雲(ら)　②一七四一初演　③新日本古典文学大系

新版歌祭文(お染久松)　①近松半二　②一七八〇初演　③日本古典文学大系

神霊矢口渡　しんれいやぐちのわたし　①平賀源内(ら)　②一七七〇初演　③日本古典文学大系

菅原伝授手習鑑　すがわらでんじゅてならいかがみ　①竹田出雲(ら)　②一七四六初演　③日本古典全書

摂州合邦辻　せっしゅうがっぽうがつじ　①菅専助(ら)　②一七七三初演　③日本名著全集

袂の白しぼり　たもとのしらしぼり　①紀海音　②一七一〇頃初演　③日本名著全集

夏祭浪花鑑　なつまつりなにわかがみ　①並木宗輔　②一七四五初演　③日本古典文学大系

平仮名盛衰記　①文耕堂(ら)　②一七三九初演　③日本古典文学大系

本朝二十四孝　①近松半二(ら)　②一七六六初演　③日本古典全書

源頼家源実朝鎌倉三代記　みなもとのよりいえみなもとのさねともかまくらさんだいき　①近松半二(ら)　②一七八一　③日本古典文学大系

伽羅先代萩　めいぼくせんだいはぎ　①松貫四　②一七八五初演　③日本古典文学大系

八百屋お七　①紀海音　②一七三一　③日本古典文学大系

義経千本桜　よしつねせんぼんざくら　①竹田出雲(ら)　②一七四七初演　③新日本古典文学大系

椀久末松山　わんきゅうすえのまつやま　①紀海音　②一七一〇頃初演　③紀海音全集

頼光跡目論　②一六六一～七三頃　③日本古典文学大系

書簡　「芭蕉書簡」(校本芭蕉全集)、「本居宣長書簡」(本居宣長全集(筑摩書房))、「大田南畝書簡」(大田南畝全集)、「馬琴書簡」(天理図書館善本叢書)、「吉田松陰書簡」(岩波文庫)、「夏目漱石書簡」(漱石全集(岩波書店))など。「〇〇宛芭蕉書簡」などと示し、年月を付した。

書紀　①舎人親王(ら)　②七二〇　③新訂増補国史大系　④「日本書紀」。勅撰史書。六国史の一つ。岩崎本・前田本・水戸本・図書寮本・熱田本・北野本・寛文版などにより、それぞれの訓に従って読み下す。歌謡は日本古典文学大系(古代歌謡集)に従って読み下す。

職原鈔　しょくげんしょう　①北畠親房　②一三四〇　③群書類従　④有職故実

続古今　しょくこきん　①藤原為家・藤原基家・藤原行家・藤原光俊(ら撰)　②一二六五　③二十一代集　④「続古今和歌集」。勅撰集

続後拾遺　しょくごしゅうい　①藤原為藤・藤原為定(撰)　②一三二六　③二十一代集　④「続後拾遺和歌集」。勅撰集

続後撰　しょくごせん　①藤原為家(撰)　②一二五一　③書陵部蔵写本　④「続後撰和歌集」。勅撰集

食後の唄　しょくごのうた　①木下杢太郎　②一九一九刊　③日本現代詩大系　④詩集

続詞花　しょくしか　①藤原清輔(撰)　②一一六五頃　③群書類従　④「続詞花和歌集」。私撰集

式子内親王集　しょくしないしんのうしゅう　①式子内親王　②一二世紀末～一三世紀初　③日本古典文学大系　④私家集。書名の読みは「しきしないしんのうしゅう」とも。

続拾遺　しょくしゅうい　①藤原為氏(撰)　②一二七八　③二十一代集　④「続拾遺和歌集」。勅撰集

続千載　しょくせんざい　①藤原為世(撰)　②一三二〇　③二十一代集　④「続千載和歌集」。勅撰集

続日本紀　しょくにほんぎ　①藤原継縄・菅野真道(ら撰)　②七九七　③新訂増補国史大系　④勅撰史書。六国史の一つ。宣命は「続日本紀宣命」とし、読み下し文で示す。引用にあたっては当該記事の年月日を付した。ただし、用例の配列は編纂年を基準とした。

続日本後紀　しょくにほんこうき　①藤原良房・春澄善縄(ら撰)　②八六九　③新訂増補国史大系　④勅撰史書。六国史の一つ。引用にあたっては当該記事の年月日を付した。

書言字考節用集　①槙島昭武　②一七一七刊　③書言字考節用集研究並びに索引・影印篇(中田祝夫・小林祥次郎)　④外題は「増補合類大節用集」、内題は「和漢音釈書言字考節用集」。辞書

女工哀史　①細井和喜蔵　②一九二五刊　③岩波文庫　④調査記録

諸国風俗問状答　しょこくふうぞくといじょうこたえ　②一九世紀前　③日本庶民生活史料集成　④風俗。問状にかぎり年代を一八一三年とした。

抒情小曲集　じょじょうしょうきょくしゅう　①室生犀星　②一九一八刊　③日本現代詩大系　④詩集

女中詞(元禄五年)　じょちゅうことば　①伊藤幸氏・伊藤幸元　②一六九二　③国会図書館本(元禄五年版)　④辞書

女中言葉　②一七一二　③女房詞の研究(国田百合子)所収東北大学狩野文庫本　④辞書

女中言葉づかひ　①宝集堂主人　②江戸時代末期　③女房詞の研究(国田百合子)所収静嘉堂本　④辞書

書物　①(甲)森銑三、(乙)柴田宵曲　②一九四四刊　③白揚社　④随筆

死霊　①埴谷雄高　②一九四六～四八　③筑摩現代文学大系　④小説

司令の休暇　①阿部昭　②一九七〇　③筑摩現代文学大系　④小説

白く塗りたる墓　①高橋和巳　②一九七〇刊　③筑摩現代文学大系　④小説

城のある町にて　①梶井基次郎　②一九二五　③現代日本文学全集(筑摩書房)　④小説

新浦島　①幸田露伴　②一八九五　③岩波文庫　④小説

塵芥　じんかい　①清原宣賢　②一五一〇～五〇頃　③清原宣賢自筆塵芥(京都大学文学部国語学国文学研究室編)　④辞書

塵芥集　じんかいしゅう　①伊達稙宗　②一五三六　③中世法制史料集　④家法。引用にあたっては当該記事の年月日を付した。

真空地帯　①野間宏　②一九五二刊　③岩波文庫　④小説

真景累ケ淵　しんけいかさねがふち　①三遊亭円朝　②一八六九頃　③明治文学全集　④噺

新古今　①源通具・藤原有家・藤原定家・藤原家隆・藤原雅経(ら撰)　②一二〇五　③日本古典文学大系　④「新古今和歌集」。勅撰集

新後拾遺　①藤原為遠・藤原為重(撰)　②一三八三～八四　③二十一代集　④「新後拾遺和歌集」。勅撰集

新後撰　しんごせん　①藤原為世(撰)　②一三〇三　③二十一代集　④「新後撰和歌集」。勅撰集

新札往来　①素眼　②一三六七　③語彙集型往来について(石川謙)　④往来物

新猿楽記　①藤原明衡　②一〇六一～六五頃　③群書類従　④芸能、往来物

新式ベースボール術　①高橋雄次郎　②一八九八刊　③四海堂

新時代用語辞典　①長岡規矩雄　②一九三〇刊　③磯部甲陽堂　④辞典

新拾遺　①藤原為明・頓阿(撰)　②一三六四　③二十一代集　④「新拾遺和歌集」。勅撰集

新種族ノラ　①吉行エイスケ　②一九三〇　③新潮社　④小説

尋常小学読本　①文部省　②一八八七刊　③小学読本便覧　④教科書

新続古今　しんしょくこきん　①飛鳥井雅世(撰)　②一四三九　③二十一代集　④「新続古今和歌集」。勅撰集

信心録(ヒイデスの導師)　①ルイス＝デ＝グラナダ(編)、パアデレ＝ペロ＝ラモン(訳)　②一五九二　③ヒイデスの導師(鈴木博)　④キリシタン文学。ローマ字書き

人生劇場　①尾崎士郎　②一九三三　③現代日本文学全集(筑摩書房)　④小説

新西洋事情　①深田祐介　②一九七五刊　③北洋社　④随筆

新撰大阪詞大全 しんせんおおさかことばたいぜん ②一八四一刊 ③国語学大系 ④語学
新千載 ①藤原為定(撰) ②一三五九 ③二十一代集 ④「新千載和歌集」。勅撰集
新撰字解 しんせんじかい ①中村守男(編) ②一八七二刊 ③明治五年板本 ④字典
新撰字鏡 しんせんじきょう ①昌住 ②八九八～九〇一頃 ③書陵部蔵法隆寺旧蔵本(天治本)・享和三年版(享和本)複製(京都大学国語学国文学研究室編) ④辞書
新撰姓氏録 しんせんしょうじろく ①万多親王(ら撰) ②八一五 ③新撰姓氏録の研究・本文篇(佐伯有清) ④系譜
新撰髄脳 しんせんずいのう ①藤原公任 ②一一世紀初 ③日本古典文学大系 ④歌学
新撰菟玖波集 しんせんつくばしゅう ①一条冬良・飯尾宗祇・猪苗代兼載(ら編) ②一四九五 ③新撰菟玖波集(横山重・野口英一) ④連歌
真善美日本人 ①三宅雪嶺 ②一八九一刊 ③明治文学全集 ④文明評論。なお、三宅雪嶺が引いた論文については明治文化全集によった。
新撰万葉 しんせんまんよう ②八九三～九一三 ③未刊国文資料 ④私撰集。漢詩・和歌
新撰朗詠 しんせんろうえい ①藤原基俊(撰) ②一二世紀前 ③古典文庫 ④「新撰朗詠集」。歌謡
新撰六帖 しんせんろくじょう ①藤原家良・藤原信実・藤原光俊(ら) ②一二四四頃 ③万治三年板本 ④「六帖題和歌」。歌集
新体詩抄 ①外山正一・矢田部良吉・井上哲次郎(訳など) ②一八八二刊 ③日本現代詩大系 ④詩集
信長記 ①小瀬甫庵 ②一六二二刊 ③寛永二一年板本 ④軍記
信長公記 ①太田牛一 ②一五九八 ③角川文庫 ④軍記
新勅撰 しんちょくせん ①藤原定家(撰) ②一二三五 ③岩波文庫 ④「新勅撰和歌集」。勅撰集
塵添壒嚢抄 じんてんあいのうしょう ②一五三二 ③国会図書館本 ④辞書。「塵袋」と「壒嚢鈔」とを合わせたもの。
神道集 ①安居院(編) ②一三五八頃 ③東洋文庫本神道集(近藤喜博) ④説話
神道名目類聚抄 しんとうみょうもくるいじゅしょう ①四田以正(か) ②一六九九序 ③神道名目類聚抄(佐伯有義) ④神道用語。書名の読みは「しんとうみょうもくるいじゅうしょう」とも。
新内 しんない 「日本歌謡集成」所収「新内節正本集」などによった。
真如観 ①源信 ②鎌倉時代初 ③日本思想大系 ④仏教
神皇正統記 じんのうしょうとうき ①北畠親房 ②一三三九～四三 ③日本古典文学大系 ④史論
新聞雑誌 ①木戸孝允・杉山孝敏・山県篤蔵・長三洲(ら) ②一八七一～七二 ③幕末明治新聞全集 ④雑誌。引用にあたっては当該記事の号数および年月を付した。
新編覆醤集 しんぺんふしょうしゅう ①石川丈山 ②一六七六刊 ③詩集日本漢詩 ④漢詩。「新編覆醤集続集」(一六七六年刊)も詩集日本漢詩によった。
人民は弱し官吏は強し ①星新一 ②一九六七刊 ③文芸春秋 ④小説
新訳華厳経音義私記 しんやくけごんきょうおんぎしき ②七九四 ③新訳華厳経音義私記・倭訓攷(岡田希雄) ④訓点資料
新葉 ①宗良親王(編) ②一三八一 ③岩波文庫 ④「新葉和歌集」。准勅撰集

親鸞聖人消息 しんらんしょうにんしょうそく ①親鸞 ②一三世紀中 ③日本古典文学大系 ④仏教
真理一斑 しんりいっぱん ①植村正久 ②一八八四刊 ③明治文学全集 ④神学評論
真理の春 ①細田民樹 ②一九三〇刊 ③中央公論社 ④小説
人倫訓蒙図彙 じんりんきんもうずい ①蒔絵師源三郎(画) ②一六九〇刊 ③稀書複製会叢書 ④風俗
新令字解 ①荻田嘯 ②一八六八刊 ③慶応四年板本 ④字典

【す】

垂髪往来 ①愚宝 ②一二五三 ③日本教科書大系 ④往来物
▼随筆 ずいひつ
安斎随筆 ①伊勢貞丈 ②一七八三頃 ③新訂増補故実叢書
一時随筆 ①岡西惟中 ②一六八三刊 ③日本随筆大成
一話一言 ①大田南畝 ②一七七九～一八二〇頃 ③新百家説林
燕石雑志 えんせきざっし ①滝沢馬琴 ②一八一一刊 ③日本随筆大成
折たく柴の記 おりたくしばのき ①新井白石 ②一七一六頃 ③日本古典文学大系
槐記 かいき ①近衛家熙(述)、山科道安(編) ②一七二四～三五 ③日本古典文学大系
海録 ①山崎美成 ②一八二〇～三七 ③国書刊行会
花月草紙 ①松平定信 ②一八一八 ③岩波文庫
甲子夜話 かっしやわ ①松浦静山 ②一八二一～四一 ③国書刊行会
閑窓筆記 ①西村遠里 ②一八二四刊 ③日本随筆大成
北辺随筆 きたのべずいひつ ①富士谷御杖 ②一八一六 ③日本随筆大成
嬉遊笑覧 きゆうしょうらん ①喜多村信節 ②一八三〇序 ③日本随筆大成
錦所談 きんしょだん ①山田以文(撰)、山田有年(編) ②一八三四序 ③百家説林続編
孔雀楼筆記 くじゃくろうひっき ①清田儋叟 ②一七六八刊 ③日本古典文学大系
皇都午睡 ①西沢一鳳 ②一八五〇 ③新群書類従
骨董集 こっとうしゅう ①山東京伝 ②一八一三序 ③日本随筆大成
山中人饒舌 さんちゅうじんじょうぜつ ①田能村竹田 ②一八一三序 ③日本古典文学大系
塩尻 しおじり ①天野信景 ②一六九八～一七三三頃 ③日本随筆大成
足薪翁記 そくしんおうき ①柳亭種彦 ②一八四二頃 ③日本随筆大成
戴恩記 たいおんき ①松永貞徳 ②一六四四頃 ③日本古典文学大系
玉勝間 ①本居宣長 ②一七九五～一八一二刊 ③増補本居宣長全集
胆大小心録 ①上田秋成 ②一八〇八 ③日本古典文学大系
貞丈雑記 ①伊勢貞丈 ②一七八四頃 ③新訂増補故実叢書
洞房語園 ①庄司勝富 ②一七二〇 ③随筆文学選集
兎園小説 とえんしょうせつ ①滝沢馬琴(ら編) ②一八二五 ③日本随筆大成
南留別志 なるべし ①荻生徂徠 ②一七三六 ③日本随筆大成
独寝 ①柳沢淇園 ②一七二四頃 ③日本古典文学大系
文会雑記 ①湯浅常山 ②一七八二序 ③日本随筆大成(新版)
秉燭譚 へいしょくだん ①伊藤東涯 ②一七二九刊 ③日本随筆大成(新版)
北越雪譜 ①鈴木牧之 ②一八三六～四二刊 ③岩波文庫
北窓瑣談 ほくそうさだん ①橘南谿 ②一八二九刊 ③日本随筆大成
本朝世事談綺 ほんちょうせじだんき ①菊岡沾涼 ②一七三三序 ③日本随筆大成
松屋筆記 まつのやひっき ①小山田与清 ②一八一八～四五頃 ③国書刊行会
耳嚢 みみぶくろ ①根岸鎮衛 ②一七八四～一八一四 ③岩波文庫(新版)
守貞漫稿 もりさだまんこう ①喜田川守貞 ②一八三七～五三 ③類聚近世風俗志
用捨箱 ①柳亭種彦 ②一八四一刊 ③日本随筆大成
随筆寄席 ①辰野隆・林髞・徳川夢声(ら) ②一九五四刊 ③日本出版協同社 ④座談会記録
数学ニ用ヰル辞ノ英和対訳字書 ①藤沢利喜太郎 ②一八八九刊 ③明治期専門術語集
菅江真澄遊覧記 すがえますみゆうらんき ①菅江真澄 ②一七八四～一八〇九 ③日本庶民生活史料集成 ④紀行
助左衛門四代記 ①有吉佐和子 ②一九六三刊 ③筑摩現代文学大系 ④小説
住吉 すみよし ②鎌倉時代 ③中世物語研究―住吉物語論考(桑原博史) ④「住吉物語」。物語。「千種本住吉」などと示す。
駿台雑話 すんだいざつわ ①室鳩巣 ②一七三二序 ③岩波文庫 ④随筆、教訓

【せ】

生 ①田山花袋 ②一九〇八 ③岩波文庫 ④小説
生活の探求 ①島木健作 ②一九三七～三八刊 ③新潮文庫 ④小説
星座 ①有島武郎 ②一九二二 ③岩波文庫 ④小説
青春 ①小栗風葉 ②一九〇五～〇六 ③岩波文庫 ④小説
政事要略 ①惟宗允亮 ②一〇〇二頃 ③新訂増補国史大系 ④法制
砌塵抄 せいじんしょう ①高山宗砌(述)、日下部忠説(記) ②一四五五頃 ③岩波文庫 ④連歌論
政談 ①荻生徂徠 ②一七二七頃 ③日本思想大系 ④政治論
政党評判記 ①中江兆民 ②一八九〇刊 ③明治文化全集 ④評論
制度通 ①伊藤東涯 ②一七二四序 ③日本経済大典 ④日中の制度の比較
青年 ①森鷗外 ②一九一〇～一一 ③鷗外全集(岩波書店) ④小説
生物学語彙 せいぶつがくごい ①岩川友太郎 ②一八八四刊 ③集英堂 ④英語、ラテン語、日本語対照生物学辞典
舎密開宗 セイミかいそう ①ウィリアム＝ヘンリー(著)、宇田川榕庵(重訳) ②一八三七～四七刊 ③青藜閣 ④化学書
西洋紀聞 ①新井白石 ②一七二五頃 ③岩波文庫 ④外国地誌
西洋事情 ①福沢諭吉 ②一八六六～七〇刊 ③慶応義塾出版局 ④評論
西洋道中膝栗毛 せいようどうちゅうひざくりげ ①〈一～一一編〉仮名垣魯文、〈一二～一五編〉総生寛 ②一八七〇～七六刊 ③明治文学全集 ④滑稽小説
西洋聞見録 ①村田文夫 ②一八六九～七一刊 ③明治文化全集 ④評論
尺素往来 せきそおうらい ①(伝)一条兼良 ②一四三九～六四 ③群書類従 ④往来物
世諺問答 せげんもんどう ①一条兼良(著)、一条兼冬(補) ②一五四四跋 ③群書類従 ④年中行事

世俗諺文鎌倉期点 せぞくげんもんかまくらきてん ②一二五〇頃 ③古典保存会複製書 ④訓点資料

▼説経節 せっきょうぶし

あいごの若（山本九兵衛板） あいごのわか（やまもとくへえばん） ②一六六一 ③説経節正本集

をぐり（御物絵巻） ②一七世紀中 ③説経正本集

をくりの判官 ②一七一八頃刊か ③説経節正本集

おぐり判官 ②一六七五刊 ③説経節正本集

さんせう太夫（与七郎正本） さんしょうだゆう（よしちろうしょうほん） ②一六四〇頃刊 ③説経節正本集

しんとく丸 ②一六八一〜八八頃刊 ③説経節正本集

説経苅萱 せっきょうかるかや ②一六三一刊 ③説経節正本集

説経さんせう太夫（佐渡七太夫正本） せっきょうさんしょうだゆう（さどしちだゆうしょうほん） ②一六五六刊 ③説経節正本集

説経しんとく丸 ②一六四八刊 ③説経節正本集

ゆり若大臣 ②一六六二刊 ③説経節正本集

雪中梅 ①末広鉄腸 ②一八八六刊 ③明治文学全集 ④政治小説

セルロイドの塔 ①三浦朱門 ②一九五九 ③筑摩現代文学大系 ④小説

仙覚抄 ①仙覚 ②一二六九奥書 ③国文註釈全書 ④「万葉集註釈」

前期自然主義文学 ①瀬沼茂樹 ②一九四九 ③現代日本文学全集（筑摩書房） ④評論

千五百番歌合 ①後鳥羽院（主催）、藤原良経・藤原俊成・藤原定家（ら詠・判） ②一二〇二〜〇三頃 ③千五百番歌合の校本とその研究（有吉保） ④「仙洞百首歌合」。和歌

千載 ①藤原俊成（撰） ②一一八七序 ③八代集全註（山岸徳平） ④「千載和歌集」。勅撰集

撰集抄 せんじゅうしょう ②一二五〇頃 ③岩波文庫 ④説話

先祖の話 ①柳田国男 ②一九四六 ③定本柳田国男集 ④民俗

選択本願念仏集 せんちゃくほんがんねんぶつしゅう ①法然 ②一一九八頃 ③法然上人全集 ④仏教

箋注和名抄 せんちゅうわみょうしょう ①狩谷棭斎 ②一八二七 ③諸本集成倭名類聚抄 ④「箋注倭名類聚鈔」。辞書

先哲叢談 せんてつそうだん ①原念斎 ②一八一六刊 ③有朋堂文庫 ④伝記

善の研究 ①西田幾多郎 ②一九一一刊 ③岩波文庫 ④評論

禅鳳雑談 ぜんぽうぞうだん ①金春禅鳳 ②一五一三頃 ③金春古伝書集成 ④能楽書

禅林象器箋 ぜんりんしょうきせん ①無著道忠（編） ②一七四一序 ③禅林象器箋（高峰東晙） ④仏教

【そ】

草庵集 そうあんしゅう ①頓阿 ②一三五九頃 ③校註国歌大系 ④私家集

造化妙々奇談 ①宮崎柳条 ②一八七九〜八〇刊 ③清風閣 ④生物学

蔵玉集 ②室町時代 ③群書類従 ④「蔵玉和歌集」。歌学

宗五大草紙 ①伊勢貞頼 ②一五二八 ③群書類従 ④武家故実

草根集 ①正徹（詠）、正広（編） ②一四七三頃 ③丹鶴叢書 ④私家集

艸山集 そうざんしゅう ①元政 ②一六七四刊 ③詩集日本漢詩 ④漢詩文

荘子抄 ④抄物。底本により「清原国賢書写本荘子抄」（清原宣賢講、一五三〇年成立、続抄物資料集成）などと示す。

想実論 ①石橋忍月 ②一八九〇 ③現代日本文学全集（筑摩書房） ④評論

雑談集 ぞうたんしゅう ①無住 ②一三〇五 ③古典文庫 ④説話

宗長手記 ①柴屋軒宗長 ②一五二二〜二七 ③群書類従 ④日記

雑兵物語 ①松平信興（か） ②一六八三頃 ③岩波文庫

蒼茫 そうぼう ①石川達三 ②一九三五〜三九 ③日本文学全集（新潮社） ④小説

増補華夷通商考 ①西川如見 ②一七〇八刊 ③岩波文庫 ④地誌

曾我物語 そがものがたり ②南北朝時代頃 ③日本古典文学大系 ④軍記

続教訓鈔 ぞくきょうくんしょう ①狛朝葛 ②一四世紀前か ③日本古典全集 ④雅楽

俗語考 ①橘守部 ②一八四一 ③橘守部全集 ④語学

続古事談 ②一二一九 ③群書類従 ④説話

続春夏秋冬 ①河東碧梧桐（選） ②一九〇六〜〇七刊 ③俳諧叢書 ④句集

即身成仏義 ①空海 ②八二三〜八二四頃 ③弘法大師全集 ④仏教

続俳諧師 ぞくはいかいし ①高浜虚子 ②一九〇九 ③民友社 ④小説

測量船 ①三好達治 ②一九三〇刊 ③日本現代詩大系 ④詩集

楚囚之詩 そしゅうのし ①北村透谷 ②一八八九刊 ③明治文学全集 ④詩

素性集 ①素性 ②一〇世紀前 ③西本願寺本三十六人集精成 ④私家集

曾丹集 そたんしゅう ①曾禰好忠 ②一一世紀初 ③古典文庫 ④「好忠集」。私家集

即興詩人 ①森鷗外（訳） ②一九〇一 ③鷗外全集（岩波書店） ④翻訳小説（原作はアンデルセン）。連載は一八九二〜一九〇一年。刊行は一九〇二年。

俗曲 ぞっきょく 「日本音曲全集」などによった。

其面影 そのおもかげ ①二葉亭四迷 ②一九〇六 ③二葉亭四迷全集（岩波書店） ④小説

徂徠集 そらいしゅう ①荻生徂徠 ②一七三五〜四〇刊 ③近世儒家文集成 ④漢詩文

橇 そり ①黒島伝治 ②一九二七 ③岩波文庫 ④小説

それから ①夏目漱石 ②一九〇九 ③漱石全集（岩波書店） ④小説

存覚法語 ①存覚 ②一三五六 ③真宗聖教全書 ④仏教

【た】

大英游記 だいえいゆうき ①杉村楚人冠 ②一九〇八刊 ③有楽社 ④随筆

大学垂加先生講義 ①山崎闇斎（講） ②一六七九 ③日本思想大系 ④「大学」の講釈聞書

台記 ①藤原頼長 ②一一三六〜五五 ③増補史料大成 ④「槐記」「宇槐記」「宇治左府記」。日記。引用にあたっては当該記事の年月日を付した。

太虚集 たいきょしゅう ①島木赤彦 ②一九二四刊 ③現代短歌大系 ④歌集

待賢門院堀川集 ①待賢門院堀川 ②一一四五〜四六頃 ③群書類従 ④私家集

太閤記 たいこうき ①小瀬甫庵 ②一六二五序 ③岩波文庫 ④伝記

醍醐寺新要録 だいごじしんようろく ①義演（編） ②一六二〇序 ③醍醐寺新要録（赤松俊秀） ④記録

大斎院前御集 だいさいいんさきのぎょしゅう ①選子内親王 ②一一世紀前 ③大斎院前御集（日本大学創立七十年記念論文集所収） ④「馬内侍歌日記」。私家集

大慈恩寺三蔵法師伝承徳三年点 ②一〇九九 ③興福寺本大慈恩寺三蔵法師伝古点の国語学的研究・訳文篇（築島裕） ④訓点資料。院政期点（一〇八〇〜一一一〇年頃）、永久四年点（一一一六年）も③によった。

大乗院寺社雑事記 ①尋尊・政覚・経尋 ②一四五〇〜一五〇八 ③大乗院寺社雑事記（辻善之助編） ④日記。引用にあたっては当該記事の年月日を付した。

泰西国法論 ①フィセリング（講述）、津田真道（訳） ②一八六八刊 ③明治文化全集 ④法学通論

大唐西域記長寛元年点 ②一一六三 ③古点本の国語学的研究（中田祝夫） ④訓点資料

大唐西域記巻十二平安中期点 ②九五〇頃 ③訓点語と訓点資料 ④訓点資料

大唐三蔵玄奘法師表啓平安初期点 だいとうさんぞうげんじょうほうしひょうけいへいあんしょきてん ②八五〇頃 ③訓点語と訓点資料 ④訓点資料

大道無門 ①里見弴 ②一九二六 ③改造社 ④小説

大日本古文書 ①東京大学史料編纂所（編） ④上杉家文書・島津家文書・相良家文書・醍醐寺文書・東大寺文書・大徳寺文書・東福寺文書・石清水文書・高野山文書・東寺百合文書などの古文書集。

大日本史料 ①東京大学史料編纂所（編） ④平安時代から江戸時代までの編年史料集。

大弐三位集 だいにのさんみしゅう ①大弐三位 ②一一世紀中 ③桂宮本叢書 ④「藤三位集」。私家集

太平記 ②一四世紀後 ③寛永八年板 ④軍記

太陽の季節 ①石原慎太郎 ②一九五五 ③日本文学全集（新潮社） ④小説

太陽のない街 ①徳永直 ②一九二九 ③岩波文庫 ④小説

篁物語 たかむらものがたり ②一二世紀後か ③日本古典文学大系 ④物語

薪能 たきぎのう ①立原正秋 ②一九六四 ③筑摩現代文学大系 ④小説

滝口入道 ①高山樗牛 ②一八九四 ③岩波文庫 ④小説

たけくらべ ①樋口一葉 ②一八九五〜九六 ③一葉全集（筑摩書房） ④小説

竹沢先生と云ふ人 たけざわせんせいというひと ①長与善郎 ②一九二四〜二五 ③岩波文庫 ④小説

竹取 ②九世紀末〜一〇世紀初 ③竹取物語の研究校異篇・解説篇（中田剛直） ④「竹取物語」。物語

竹むきが記 ①日野名子 ②一三四九 ③新日本古典文学大系 ④紀行

多識編 ①林羅山 ②一六三一刊 ③多識編自筆稿本刊本三種研究並びに総合索引・影印篇（中田祝夫・小林祥次郎） ④辞書

太政官 だじょうかん ①上司小剣 ②一九一五 ③岩波文庫 ④小説

多情多恨 ①尾崎紅葉 ②一八九六 ③岩波文庫 ④小説

多情仏心 ①里見弴 ②一九二二〜二三 ③岩波文庫 ④小説

多甚古村 ①井伏鱒二 ②一九三九 ③新潮文庫 ④小説

黄昏に たそがれに ①土岐哀果 ②一九一二刊 ③現代名歌全集（東京創元社） ④歌集

ダダイスト新吉の詩 ①高橋新吉 ②一九二三刊 ③日本現代詩大系 ④詩集

忠見集 ただみしゅう ①壬生忠見 ②九六〇頃 ③西本願寺本三十六人集精成 ④私家集

忠岑集 ただみねしゅう ①壬生忠岑 ②一〇世紀前 ③西本願寺本三十六人集精成 ④私家集

蓼喰ふ虫 たでくうむし ①谷崎潤一郎 ②一九二八〜二九 ③岩波文庫 ④

小説

譬喩尽 たとえづくし ①松葉軒東井(編) ②一七八六序 ③国語学資料 ④諺集

他人の顔 ①安部公房 ②一九六四 ③筑摩現代文学大系 ④小説

旅 ①日本旅行倶楽部 ②一九二四～五七 ③日本交通公社覆刻版 ④雑誌。引用にあたっては当該記事の号数および発行年を付した。

旅日記から ①寺田寅彦 ②一九二〇～二一 ③岩波文庫 ④随筆

たまきはる ①建春門院中納言 ②一二一九奥書 ③乾元二年貞顕奥書金沢文庫蔵本複製 ④「建春門院中納言日記」「健寿御前日記」。日記

玉造小町子壮衰書 ②一〇世紀後 ③岩波文庫 ④漢詩

為兼和歌抄 ためかねわかしょう ①藤原為兼 ②一二八五～八七頃 ③宮内庁書陵部蔵本複製 ④歌論書

堕落 ①高橋和巳 ②一九六五 ③筑摩現代文学大系 ④小説

▼談義本 だんぎぼん

当風辻談義 いまようつじだんぎ ①嫌阿彌陀仏 ②一七五三刊 ③国会図書館本

当世下手談義 いまようへただんぎ ①静観房好阿 ②一七五二刊 ③新日本古典文学大系

艶道通鑑 えんどうつがん ①増穂残口 ②一七一五刊 ③正徳五年板本

教訓雑長持 ①伊藤単朴 ②一七五二刊 ③国会図書館本

地獄楽日記 じごくのたのしみにっき ①増谷自楽 ②一七五五刊 ③滑稽文学全集

世間万病回春 ①世北山人 ②一七七一刊 ③明和八年板本

銭湯新話 ①伊藤単朴 ②一七五四刊 ③国会図書館本

当世穴穿 とうせいあなさがし ①穎斎主人 ②一七六九～七一刊 ③国会図書館本

根無草 ①平賀源内 ②一七六三～六九刊 ③日本古典文学大系

風流志道軒伝 ①平賀源内 ②一七六三刊 ③日本古典文学大系

断橋 ①岩野泡鳴 ②一九一一 ③岩波文庫 ④小説

丹後守為忠百首 たんごのかみためただひゃくしゅ ①藤原為忠・藤原俊成・源仲正・藤原為業(ら詠) ②一一三四頃か ③群書類従 ④和歌

男女交際論 ①福沢諭吉 ②一八八六刊 ③福沢諭吉全集(岩波書店) ④評論

断腸亭日乗 ①永井荷風 ②一九一七～五九 ③荷風全集(岩波書店) ④日記。引用にあたっては当該記事の年月日を付した。

耽溺 たんでき ①岩野泡鳴 ②一九〇九 ③新潮文庫 ④小説

歎異抄 たんにしょう ①親鸞(述)、唯円(記) ②一三世紀後 ③日本古典文学大系 ④仏教

【ち】

親長卿記 ちかながきょうき ①甘露寺親長 ②一四七〇～九八 ③増補史料大成 ④日記。引用にあたっては当該記事の年月日を付した。

親元日記 ちかもとにっき ①蜷川親元 ②一四六五～八五 ③続史料大成 ④日記。引用にあたっては当該記事の年月日を付した。

千曲川のスケッチ ちくまがわのスケッチ ①島崎藤村 ②一九一二刊 ③藤村全集(筑摩書房) ④随筆

千里集 ①大江千里 ②八九四 ③平安時代文学と白氏文集(金子彦二郎) ④「句題和歌」。私家集

父—その死 ①幸田文 ②一九四九刊 ③中央公論社 ④随筆

父の詫び状 ちちのわびじょう ①向田邦子 ②一九七八刊 ③文芸春秋 ④随筆

地の群れ ①井上光晴 ②一九六三 ③筑摩現代文学大系 ④小説

茶道筌蹄 ちゃどうせんてい ①稲垣休叟 ②一八一六跋 ③大正二年板本 ④茶書

茶話 ①薄田泣菫 ②一九一五～三〇 ③大阪毎日新聞社 ④随筆

茶屋諸分調方記 ①色本屋九郎介・木香屋らん(編) ②一六九三刊 ③未刊文芸資料 ④風俗

中外抄 ①藤原忠実(談)、中原師元(記) ②一一三七～五四 ③続群書類従 ④故実、説話

中華若木詩抄 ①如月寿印(注) ②一五二〇頃 ③抄物大系 ④抄物

中右記 ①藤原宗忠 ②一〇八七～一一三八 ③増補史料大成 ④日記。引用にあたっては当該記事の年月日を付した。

鳥影 ①石川啄木 ②一九〇八 ③啄木全集(筑摩書房) ④小説

長子 ①中村草田男 ②一九三六刊 ③角川文庫 ④句集

長秋詠藻 ①藤原俊成 ②一一七八 ③日本古典文学大系 ④私家集

長春五馬路 ①木山捷平 ②一九六八刊 ③筑摩現代文学大系 ④小説

朝野群載 ①三善為康(編) ②一一一六序 ③新訂増補国史大系 ④漢詩文、法制。引用にあたっては原則として当該記事の年月日を付した。

地理初歩 ①文部省 ②一八七三 ③明治六年版 ④教科書

塵袋 ちりぶくろ ①良胤(か) ②一二六四～八八頃 ③日本古典全集 ④辞書

知連抄 ①二条良基 ②一三七四頃 ③岩波文庫 ④連歌論

地を潤すもの ①曾野綾子 ②一九七六刊 ③筑摩現代文学大系 ④小説

珍太郎日記 ①佐々木邦 ②一九二一刊 ③弘学館書店 ④小説。「続珍太郎日記」(一九二二年刊)も弘学館書店版によった。

【つ】

通学物語 ①渋沢秀雄 ②一九四一刊 ③東宝書店 ④随筆

通人語辞典 ①勝屋英造 ②一九二二 ③二松堂書店 ④辞典

津軽の野づら ①深田久彌 ②一九三五 ③新潮文庫 ④小説

月に吠える つきにほえる ①萩原朔太郎 ②一九一七刊 ③日本現代詩大系 ④詩集

月は東に ①安岡章太郎 ②一九七〇～七一 ③筑摩現代文学大系 ④小説

菟玖波集 つくばしゅう ①二条良基(編) ②一三五六 ③校本菟玖波集新釈(福井久蔵) ④准勅撰連歌集

筑波問答 つくばもんどう ①二条良基 ②一三五七～七二頃 ③日本古典文学大系 ④連歌論

土 ①長塚節 ②一九一〇 ③新潮文庫 ④小説

堤中納言 ②一一世紀後～一三世紀頃 ③日本古典文学大系 ④「堤中納言物語」。短編物語集

経信集 つねのぶしゅう ①源経信 ②一〇九七頃 ③古典文庫 ④私家集

妻 ①田山花袋 ②一九〇八～〇九 ③岩波文庫 ④小説

妻木 ①松瀬青々 ②一九〇四～〇六刊 ③倦鳥社 ④句集

妻隠 つまごみ ①古井由吉 ②一九七〇 ③筑摩現代文学大系 ④小説

露団々 ①幸田露伴 ②一八八九 ③都の花 ④小説

貫之集 つらゆきしゅう ①紀貫之 ②九四五頃 ③西本願寺本三十六人集精成 ④私家集

徒然草 つれづれぐさ ①吉田兼好 ②一三三一頃 ③日本古典文学大系 ④随筆

【て】

庭訓往来 ていきんおうらい ②一三九四～一四二八頃 ③続群書類従 ④往来物

手鎖心中 てぐさりしんじゅう ①井上ひさし ②一九七二 ③筑摩現代文学大系 ④小説

哲学字彙 ①井上哲次郎(ら編) ②一八八一 ③明治一四年版東京大学本 ④英和哲学辞書。再版は「改訂増補哲学字彙」(一八八四年刊)と示す。

鉄眼禅師仮名法語 ①鉄眼道光 ②一六九一刊 ③校補点註禅門法語集 ④仏教

田園の憂鬱 でんえんのゆううつ ①佐藤春夫 ②一九一九刊 ③佐藤春夫全集(講談社) ④小説

電気訳語集 ①伊藤潔 ②一八九三刊 ③近代日本学術用語集成 電気用語辞典 ④英和

伝光録 ①瑩山紹瑾(述) ②一二九九～一三〇二頃 ③岩波文庫 ④仏教

田氏家集 ①島田忠臣 ②八九二頃 ③田氏家集注(小島憲文) ④漢詩

天正本節用集 ②一五九〇刊 ③東洋文庫本 ④辞書

天地有情 ①土井晩翠 ②一八九九刊 ③日本現代詩大系 ④詩集

天徳四年内裏歌合 ①村上天皇(主催)、藤原実頼(判)、藤原朝忠・平兼盛(ら詠) ②九六〇 ③平安朝歌合大成 ④和歌

天理本金剛般若経集験記平安初期点 てんりぼんこんごうはんにゃきょうしゅうげんきへいあんしょきてん ②八五〇頃 ③古典保存会複製書 ④訓点資料

殿暦 でんりゃく ①藤原忠実 ②一〇九八～一一一八 ③大日本古記録 ④「知足院関白記」。日記。引用にあたっては当該記事の年月日を付した。

【と】

洞院百首 とういんひゃくしゅ ①藤原道家・藤原教実・藤原光俊・藤原定家(ら詠) ②一二三二 ③校本洞院摂政家百首とその研究(片野達郎・安井久善) ④「洞院摂政家百首」。和歌

東雅 ①新井白石 ②一七一七 ③新井白石全集 ④語学書

東海一漚集 とうかいいちおうしゅう ①中巌円月 ②一三七五頃 ③五山文学全集 ④漢詩

東海夜話 ①沢庵宗彭 ②一六四五頃 ③沢庵和尚全集 ④漢詩文、仏教

東関紀行 ②一二四二頃 ③日本古典全書 ④紀行

東帰集 ①別源円旨 ②一三六四頃 ③五山文学全集 ④漢詩集

闘牛 ①井上靖 ②一九四九 ③現代日本文学全集(筑摩書房) ④小説

東京灰燼記 とうきょうかいじんき ①大曲駒村 ②一九二三刊 ③東北印刷株式会社出版部 ④ルポルタージュ

東京学 ①石川天崖 ②一九〇九刊 ③育成会 ④随筆

東京語辞典 ①小峰大羽 ②一九一七刊 ③新潮社 ④辞典

東京新繁昌記 とうきょうしんはんじょうき ①服部誠一 ②一八七四～七六刊 ③明治一四年板本 ④開化物

東京年中行事 ①若月紫蘭 ②一九一一刊 ③春陽堂

東京の三十年 ①田山花袋 ②一九一七刊 ③角川文庫 ④回想集

東京風俗志 ①平出鏗二郎 ②一八九九～一九〇二刊 ③明治百年史叢書

凍港 ①山口誓子 ②一九三二刊 ③角川文庫 ④句集

東西南北 ①与謝野鉄幹 ②一八九六刊 ③日本現代詩大系 ④詩歌集

童子問 ①伊藤仁斎 ②一七〇七刊 ③日本古典文学大系 ④儒学

唐人お吉 ①十一谷義三郎 ②一九二八 ③現代日本文学全集(筑摩書房)

④小説
当世商人気質 とうせいあきゅうどかたぎ ①饗庭篁村 ②一八八六 ③現代日本文学全集(筑摩書房) ④小説
当世書生気質 とうせいしょせいかたぎ ①坪内逍遙 ②一八八五〜八六刊 ③明治文学全集 ④「一読三歎当世書生気質」。小説
東大寺続要録 ②一二八一〜一三〇〇頃 ③続々群書類従 ④記録
東大寺諷誦文平安初期点 とうだいじふじゅもんへいあんしょきてん ②八三〇頃 ③東大寺諷誦文稿の国語学的研究(中田祝夫) ④訓点資料
東大寺要録 ①観厳(ら編) ②一一三四 ③続々群書類従 ④記録
唐大和上東征伝院政期点 ②一一五〇頃 ③古典保存会複製書 ④訓点資料
道程 ①高村光太郎 ②一九一四刊 ③日本現代詩大系 ④詩集
多武峰少将物語 とうのみねしょうしょうものがたり ②一〇世紀中 ③多武峰少将物語(玉井幸助) ④「高光日記」。物語
東北院職人歌合 ②一二四八頃か ③群書類従 ④「建保職人歌合」。歌合
東野州聞書 ①東常縁 ②一四五五頃 ③日本歌学大系 ④歌学
童謡 どうよう 「日本童謡集」(岩波文庫)などによった。
都会の憂鬱 とかいのゆううつ ①佐藤春夫 ②一九二三刊 ③佐藤春夫全集(講談社) ④小説
栂尾明恵上人遺訓 とがのおみょうえしょうにんいくん ①明恵(述)、高信(編) ②一二三八奥書 ③日本古典文学大系 ④仏教
栂尾明恵上人伝記 とがのおみょうえしょうにんでんき ①喜海 ②一二三二〜五〇頃 ③明恵上人要集 ④「明恵上人伝記」。仏教
言継卿記 ときつぐきょうき ①山科言継 ②一五二七〜七六 ③言継卿記(国書刊行会)、新訂増補言継卿記(続群書類従完成会) ④日記。引用にあたっては当該記事の年月日を付した。
言経卿記 ときつねきょうき ①山科言経 ②一五七六〜一六〇八 ③大日本古記録 ④日記。引用にあたっては当該記事の年月日を付した。
常磐津 ときわず 「日本歌謡集成」所収「常磐種」(正本集)、日本名著全集、日本音曲全集などによった。
徳川実紀 ①林述斎(監修) ②一八四三 ③新訂増補国史大系 ④江戸幕府撰の徳川将軍の記録。引用にあたっては当該記事の年月日を付した。
特殊語百科辞典 ①高久景一 ②一九三一 ③司法警務学会 ④隠語辞典
読書放浪 ①内田魯庵 ②一九三三刊 ③書物展望社 ④随筆
読史余論 ①新井白石 ②一七一二 ③新井白石全集 ④史論
徳山道助の帰郷 ①柏原兵三 ②一九六七 ③筑摩現代文学大系 ④小説
何処へ どこへ ①正宗白鳥 ②一九〇八 ③岩波文庫 ④小説
土左 ①紀貫之 ②九三五頃 ③日本古典文学大系 ④「土左日記」「土佐日記」。紀行
杜詩続翠抄 としぞくすいしょう ①江西龍派(講) ②一四三九頃 ③続抄物資料集成 ④抄物
俊忠集 としただしゅう ①藤原俊忠 ②一一二三頃 ③桂宮本叢書 ④私家集
敏行集 としゆきしゅう ①藤原敏行 ②一〇世紀末 ③西本願寺本三十六人集精成 ④私家集
途上 ①嘉村礒多 ②一九三二 ③岩波文庫 ④小説
俊頼髄脳 としよりずいのう ①源俊頼 ②一一一五頃 ③日本歌学大系 ④「俊頼口伝」「無名抄」。歌学
どちりなきりしたん(一六〇〇年版) ②一六〇〇刊 ③日本古典全書 ④キリシタン文学。「どちりいなきりしたん(一五九二年版)」は「キリシタン教義の研究(橋本進吉)」によった。
都鄙問答 とひもんどう ①石田梅岩 ②一七三九刊 ③日本古典文学大系 ④心学
富本 とみもと 「日本歌謡集成」所収「桜草集」(正本集)などによった。
とむらい師たち ①野坂昭如 ②一九六六 ③筑摩現代文学大系 ④小説
友則集 とものりしゅう ①紀友則 ②平安時代中 ③西本願寺本三十六人集精成 ④私家集
囚はれたる文芸 とらわれたるぶんげい ①島村抱月 ②一九〇六 ③明治文学全集 ④評論
とりかへばや ②一二世紀後 ③古典文庫 ④「とりかへばや物語」。物語
取引所用語字彙 ①大蔵省主税局(編・刊) ②一九一七 ④商業用語辞典
とはずがたり ①後深草院二条 ②一四世紀前 ③桂宮本叢書 ④日記文学

【な】

内地雑居未来之夢 ①坪内逍遙 ②一八八六刊 ③晩青堂 ④小説
長唄 ながうた 「日本歌謡集成」所収「女里彌寿豊年蔵」(一七五七年刊)、「哥撰集」(一七五九年刊)、「江戸長唄集」(一七六六年刊)、日本音曲全集などによった。
中務集 なかつかさしゅう ①中務 ②九八九頃 ③西本願寺本三十六人集精成 ④私家集
梨の花 なしのはな ①中野重治 ②一九五七〜五八 ③日本文学全集(新潮社) ④小説
夏の流れ ①丸山健二 ②一九六六 ③筑摩現代文学大系 ④小説
難波鑑 なにわかがみ ①一無軒道治 ②一六八〇序跋 ③近世文芸叢書 ④地誌
浪花聞書 なにわききがき ②一八一九頃 ③日本古典全集 ④方言
難波土産 なにわみやげ ①三木平右衛門貞成 ②一七三八刊 ③新群書類従 ④浄瑠璃注釈
波 ①山本有三 ②一九二八 ③岩波文庫 ④小説
寧楽遺文 ならいぶん ①竹内理三(編) ③東京堂出版 ④奈良時代の古文書・記録
鳴海仙吉 なるみせんきち ①伊藤整 ②一九五〇 ③現代日本文学全集(筑摩書房) ④小説
南海寄帰内法伝平安後期点 ②一〇五〇頃 ③訓点資料の研究(大坪併治) ④訓点資料
南海先生文集 ①祇園南海 ②一七八四刊 ③詩集日本漢詩 ④「南海先生集」。漢詩文
南京新唱 ①会津八一 ②一九二四 ③現代短歌大系 ④歌集
南国記 ①竹越与三郎 ②一九一〇刊 ③二西社 ④紀行
南水漫遊拾遺 ①颯々亭南水 ②一八二〇頃 ③新群書類従 ④随筆
男重宝記(元禄六年) なんちょうほうき ①苗村丈伯 ②一六九三刊 ③近世文学資料類従 ④教訓
南蛮寺興廃記 ②一六三八頃 ③吉利支丹文庫 ④キリシタン・雑史
南方録 ①南坊宗啓 ②一七世紀後 ③日本思想大系 ④茶道書

【に】

肉体の門 ①田村泰次郎 ②一九四七 ③現代日本文学全集(筑摩書房) ④小説
にごりえ ①樋口一葉 ②一八九五 ③一葉全集(筑摩書房) ④小説
▼日蓮遺文 にちれんいぶん
開目抄(一二七二年)・諫暁八幡抄(かんぎょうはちまんしょう 一二八〇年)・観心本尊抄(一二七三年)・顕謗法抄(けんぼうほうしょう 一二六二年)・佐渡御書(さどごしょ 一二七二年)・三大秘法稟承事(さんだいひほうりんしょうじ 一二八一年)・四恩鈔(しおんしょう 一二六二年)・四条金吾殿御返事(一二七二〜八二年、数書あり)・四信五品抄(ししんごほんしょう 一二七七年)・守護国家論(一二五九年)・撰時鈔(せんじしょう 一二七五年)・富木殿御返事(一二七〇〜八〇年、数書あり)・富木尼御前御書(一二七六年)・土籠御書(つちろうごしょ 一二七一年)・報恩抄(一二七六年)・如説修行鈔(にょせつしゅぎょうしょう 一二七三年)・忘持経事(一二七六年)・法華題目鈔(ほっけだいもくしょう 一二六六年)・本尊問答抄(一二七八年)・身延山御書(一二八二年)・立正安国論(一二六〇年)など。
以上は、①日蓮 ③昭和定本日蓮聖人遺文によった。
日誌字解 ①岩崎茂実 ②一八六九刊 ③明治二年板本 ④字典
日葡辞書 にっぽじしょ ①イエズス会宣教師(編) ②一六〇三〜〇四 ③日葡辞書(岩波書店) ④日本語をポルトガル語で説明した辞書。日本語はローマ字書き。
日本山海名物図会 ①平瀬徹斎(編)、長谷川光信(画) ②一七五四刊 ③日本図会全集 ④物産
日本読本 ①新保磐次 ②一八八七刊 ③小学読本便覧 ④教科書
二人女房 ①尾崎紅葉 ②一八九一〜九二 ③岩波文庫 ④小説
日本隠語集 ①稲山小長男 ②一八九二 ③後藤待賓館 ④隠語辞典
日本往生極楽記 ①慶滋保胤 ②九八三〜九八七頃 ③群書類従 ④仏教、伝記
日本開化小史 ①田口卯吉 ②一八七七〜八二刊 ③岩波文庫 ④文明史
日本外史 ①頼山陽 ②一八二七序 ③有朋堂文庫 ④史論
日本紀竟宴和歌 にほんぎきょうえんわか ①藤原国経(ら) ②八八二〜九四三 ③古典保存会複製書 ④和歌。引用にあたっては当該記事の年月日を付した。
日本紀私記 ③新訂増補国史大系 ④「日本書紀」の注釈。「水戸本乙日本紀私記」(一六七八年)、「御巫本日本紀私記」(一四二八年)などのように区別して示す。
日本建築辞彙 ①中村達太郎 ②一九〇六刊 ③丸善 ④建築学辞典
日本後紀 ①藤原冬嗣・藤原緒嗣・藤原良房(ら) ②八四〇序 ③新訂増補国史大系 ④勅撰史書。六国史の一つ。引用にあたっては当該記事の年月日を付した。
日本詩史 ①江村北海 ②一七七一 ③新日本古典文学大系 ④詩話
日本釈名 ①貝原益軒 ②一六九九序 ③益軒全集 ④辞書
日本植物名彙 にほんしょくぶつめいい ①松村任三 ②一八八四刊 ③丸善 ④植物辞典
日本人のへそ ①井上ひさし ②一九六九 ③筑摩現代文学大系 ④戯曲
日本の下層社会 ①横山源之助 ②一八九九刊 ③岩波文庫 ④調査記録
日本の思想 ①丸山真男 ②一九六一刊 ③岩波新書 ④評論
日本の庭 ①加藤周一 ②一九四七 ③新選現代日本文学全集(筑摩書房) ④評論
日本の橋 ①保田与重郎 ②一九三六 ③現代日本文学全集(筑摩書房) ④評論

日本橋 ①泉鏡花 ②一九一四刊 ③岩波文庫 ④小説
日本風景論 ①志賀重昂 ②一八九四刊 ③政教社(覆刻版) ④地理
日本風俗備考 ①(蘭)ハン=オラルメエル=フィッセル、杉田成卿(ら訳) ②一八三三 ③文明源流叢書 ④見聞記
日本文法論 ①山田孝雄 ②一九〇二～〇八刊 ③宝文館
日本野球史 ①国民新聞社運動部 ②一九二九刊 ③厚生閣書店
紐育 ニューヨーク ①原田棟一郎 ②一九一四刊 ③政教社 ④随筆
人間嫌ひ ①正宗白鳥 ②一九四九 ③現代日本文学全集(筑摩書房) ④小説
にんげん動物園 ①中島梓 ②一九八一 ③角川書店 ④随筆
人情馬鹿物語 にんじょうばかものがたり ①川口松太郎 ②一九五五刊 ③新潮社 ④随筆
▼人情本 にんじょうぼん
明烏後正夢 あけがらすのちのまさゆめ ①為永春水・滝亭鯉丈 ②一八二一～二四刊 ③早稲田大学本
英対暖語 ①為永春水 ②一八三八刊 ③岩波文庫 ④「春色英対暖語」
恩愛二葉草 ①鼻山人 ②一八三四刊 ③人情本刊行会叢書
仮名文章娘節用 かなまじりむすめせつよう ①曲山人 ②一八三一～三四刊 ③日本名著全集
閑情末摘花 ①松亭金水 ②一八三九～四一刊 ③日本名著全集
春色梅美婦禰 しゅんしょくうめみぶね ①為永春水 ②一八四一～四二頃刊 ③岩波文庫
春色梅児誉美 しゅんしょくうめごよみ ①為永春水 ②一八三二～三三刊 ③日本古典文学大系
春色辰巳園 しゅんしょくたつみのその ①為永春水 ②一八三三～三五刊 ③日本古典文学大系
春色恵の花 ①為永春水 ②一八三六刊 ③岩波文庫
清談若緑 ①曲山人(か) ②一九世紀中刊 ③昭和版帝国文庫
貞操婦女八賢誌 ていそうおんなはっけんし ①(初～三編)為永春水、(四～九編)為永春笑 ②一八三四～四八頃刊 ③人情本刊行会叢書
花筐 はながたみ ①松亭金水 ②一八四一刊 ③江戸時代人情本傑作集
人天眼目抄 ④抄物。「足利本人天眼目抄」(川僧慧済講、一四七一～七三年成立、抄物大系)、「史料編纂所本人天眼目抄」(川僧慧済講、一四七一～七三年成立、抄物大系)などと示す。

【ね】

ネオヒューマニズムの問題と文学 ①三木清 ②一九三三 ③現代日本文学全集(筑摩書房) ④評論
熱球三十年 ①飛田穂洲 ②一九三四刊 ③中央公論社 ④野球、随筆
年中行事秘抄 ねんじゅうぎょうじひしょう ②一二世紀末 ③群書類従 ④有職。歌謡は日本古典文学大系(古代歌謡集)によった。

【の】

農業全書 ①宮崎安貞(著)、貝原楽軒(付録)、貝原益軒(序) ②一六九七刊 ③益軒全集 ④農書
農具便利論 ①大蔵永常、横川陶山(画) ②一八二二刊 ③日本科学古典全書 ④農書
能序破急事 のうじょはきゅうのこと ①世阿弥 ②一四一八 ③世阿弥二十三部集(川瀬一馬) ④能楽書
野菊の墓 ①伊藤左千夫 ②一九〇六 ③岩波文庫 ④小説
野火 ①大岡昇平 ②一九五一(改稿年) ③現代日本文学全集(筑摩書房) ④小説
伸子 ①宮本百合子 ②一九二四～二六 ③岩波文庫 ④小説
宣胤卿記 のぶたねきょうき ①中御門宣胤 ②一四八〇～一五二二 ③増補史料大成 ④「愚記」。日記。引用にあたっては当該記事の年月日を付した。
ノリソダ騒動記 ①杉浦明平 ②一九五二～五三刊 ③筑摩現代文学大系 ④小説
祝詞考 のりとことのかんがえ ①賀茂真淵 ②一七六八 ③賀茂真淵全集(弘文館) ④「延喜式」祝詞の注釈。書名の読みは「のりとこう」とも。
野分 のわき ①夏目漱石 ②一九〇七 ③漱石全集(岩波書店) ④小説
暢気眼鏡 のんきめがね ①尾崎一雄 ②一九三三 ③現代日本文学全集(筑摩書房) ④小説

【は】

廃園 ①三木露風 ②一九〇九刊 ③日本現代詩大系 ④詩集
煤煙 ばいえん ①森田草平 ②一九〇九 ③岩波文庫 ④小説
▼俳諧 はいかい
あけ烏 あけがらす ①高井几董(編) ②一七七三刊 ③古典俳文学大系
曠野 あらの ①山本荷兮(編) ②一六八九序 ③芭蕉七部集総索引
犬筑波集 いぬつくばしゅう ①山崎宗鑑(編) ②一五三二頃 ③校本犬筑波集(潁原退蔵)
鶉衣 うずらごろも ①横井也有 ②一七二七～七九 ③完本うづら衣新講(岩田九郎)
犬子集 えのこしゅう ①松江重頼(編) ②一六三三刊 ③古典文庫
笈日記 おいにっき ①各務支考(撰) ②一六九五刊 ③日本俳書大系
笈の小文 おいのこぶみ ①松尾芭蕉 ②一六九〇～九一頃 ③校本芭蕉全集
大坂独吟集 ①西山宗因(判) ②一六七五刊 ③日本俳書大系
奥の細道 ①松尾芭蕉 ②一六九三～九四頃 ③校本芭蕉全集
おらが春 ①小林一茶 ②一八一九 ③一茶叢書
貝おほひ ①松尾芭蕉(選) ②一六七二 ③校本芭蕉全集
改正月令博物筌 かいせいげつれいはくぶつせん ①鳥飼洞斎 ②一八〇八 ③無刊記板本
鹿島紀行 かしまきこう ①松尾芭蕉 ②一六八七 ③校本芭蕉全集
寛政句帖 かんせいくちょう ①小林一茶 ②一七九二～九四 ③一茶叢書 ④引用にあたっては当該記事の年月を付した。
暁台句集 きょうたいくしゅう ①桜田臥央(編) ②一八〇九跋 ③松宇文庫本
季寄新題集 ①千艸園 ②一八四八刊 ③近世後期歳時記
玉海集 ①松永貞徳(撰)、安原貞室(編) ②一六五六刊 ③日本俳書大系
去来抄 ①向井去来 ②一七〇二～〇四 ③校本芭蕉全集
毛吹草 ①松江重頼(編) ②一六三八序 ③岩波文庫
幻住菴記 げんじゅうあんのき ①松尾芭蕉 ②一六九〇頃 ③芭蕉七部集総索引(猿蓑)
紅梅千句 ①松永貞徳(ら編) ②一六五五刊 ③古典俳文学大系
五元集 ①榎本其角、小栗旨原(編) ②一七四七刊 ③其角全集
古今俳諧明題集 ここんはいかいめいだいしゅう ①吸露庵涼袋(編) ②一七六三刊 ③洒竹文庫本
御傘 ごさん ①松永貞徳 ②一六五一刊 ③校注俳諧御傘(赤羽学)
五色墨 ①佐久間長水(ら編) ②一七三一刊 ③日本俳書大系
五車反古 ごしゃほうぐ ①維駒(編) ②一七八三刊 ③古典俳文学大系
滑稽雑談 こっけいぞうだん ①四時堂其諺 ②一七一三序 ③国書刊行会
崑山集 こんざんしゅう ①鶏冠井令徳(編) ②一六五一刊 ③早稲田大学本
西鶴大句数 さいかくおおくかず ①井原西鶴 ②一六七七刊 ③定本西鶴全集
西鶴大矢数 さいかくおやかず ①井原西鶴 ②一六八一刊 ③定本西鶴全集
桜川 ①内藤風虎(編) ②一六七四跋 ③大東急記念文庫本
更科紀行 さらしなきこう ①松尾芭蕉 ②一六八八～八九 ③校本芭蕉全集
猿蓑 さるみの ①向井去来・野沢凡兆(編) ②一六九一刊 ③芭蕉七部集総索引
三冊子 さんぞうし ①服部土芳 ②一七〇二 ③校本芭蕉全集
七番日記 ①小林一茶 ②一八一〇～一八 ③一茶叢書 ④引用にあたっては当該記事の年月日を付した。
新季寄 ①奇淵 ②一八〇二刊 ③享和二年板本
新増犬筑波集 しんぞういぬつくばしゅう ①松永貞徳 ②一六四三刊 ③古典俳文学大系 ④上巻「油糟」、下巻「淀川」
新花摘 ①与謝蕪村 ②一七八四 ③日本俳書大系
炭俵 ①志田野坡・小泉孤屋・池田利牛(編) ②一六九四奥書 ③芭蕉七部集総索引
井華集 ①高井几董 ②一七八九刊 ③古典俳文学大系
青蘿発句集 せいらほっくしゅう ①栗本玉屑(編) ②一七九七刊 ③古典俳文学大系
世話尽 ①鬼藤皆虚(編) ②一六五六刊 ③せわ焼草(米谷巌)
増山の井 ①北村季吟 ②一六六三奥書 ③近世前期歳時記総索引
続猿蓑 ぞくさるみの ①服部沾圃(ら編) ②一六九八刊 ③芭蕉七部集総索引
太祇句選 たいぎくせん ①三宅嘯山・与謝蕪村・雅因(ら撰)、呑獅(編) ②一七七二～七七 ③古典俳文学大系
鷹筑波 たかつくば ①山本西武(編) ②一六三八 ③京都大学本
談林十百韻 だんりんとっぴゃくいん ①田代松意(編) ②一六七五跋 ③日本俳書大系
独吟一日千句 ①井原西鶴 ②一六七五序 ③定本西鶴全集
年浪草 としなみぐさ ①鵜川亀文(編) ②一七八三刊 ③天明三年板本 ④「華実年浪草」
七柏集 ななかしわしゅう ①大島蓼太(編) ②一七八一刊 ③古典俳文学大系
野ざらし紀行 ①松尾芭蕉 ②一六八五～八六頃 ③校本芭蕉全集
俳諧歳時記 はいかいさいじき ①滝沢馬琴(編) ②一八〇三刊 ③近世後期歳時記
俳諧四季部類 はいかいしきぶるい ①二柳 ②一七八〇刊 ③近世後期歳時記
俳諧初学抄 はいかいしょがくしょう ①斎藤徳元 ②一六四一刊 ③古典俳文学大系
誹諧新選 はいかいしんせん ①三宅嘯山・炭太祇(編) ②一七七三刊

③古典俳文学大系
俳諧世説 はいかいせせつ ①高桑蘭更(編) ②一七八五刊 ③日本俳書大系
誹諧通俗志 はいかいつうぞくし ②一七一六刊 ③近世前期歳時記
誹諧之連歌(飛梅千句) はいかいのれんが(とびうめせんく) ①荒木田守武 ②一五四〇 ③荒木田守武集 ④「守武千句」
八番日記 ①小林一茶 ②一八一九～二一 ③一茶八番日記(大久保逸堂・栗生純夫) ④引用にあたっては当該記事の年月を付した。
春の日 ①山本荷兮(編) ②一六八六刊 ③芭蕉七部集総索引 ④「波留濃日」
ひさご ①浜田珍碩(編) ②一六九〇刊 ③芭蕉七部集総索引
独ごと ①上島鬼貫 ②一七一八跋 ③伊丹風俳諧全集
蕪村句集 ぶそんくしゅう ①高井几董(編) ②一七八四刊 ③蕪村全集(創元社)
冬の日 ①山本荷兮(編) ②一六八五刊 ③芭蕉七部集総索引
文化句帖 ぶんかくちょう ①小林一茶 ②一八〇四～〇八 ③一茶叢書 ④引用にあたっては当該記事の年月を付した。
文政句帖 ぶんせいくちょう ①小林一茶 ②一八二二～二五 ③一茶叢書 ④引用にあたっては当該記事の年月を付した。
篇突 へんつき ①森川許六・河野李由(編) ②一六九八刊 ③日本俳書大系
本朝文選 ①森川許六(編) ②一七〇六刊 ③日本俳書大系
虚栗 みなしぐり ①榎本其角(編) ②一六八三刊 ③(本文)古典俳文学大系・(跋)校本芭蕉全集
武玉川 ①(初～一五編)慶紀逸(編)、(一六～一八編)二世紀逸(編) ②一七五〇～七六刊 ③徳川文芸類聚
物種集 ①井原西鶴(編) ②一六七八刊 ③定本西鶴全集
夜半楽 ①与謝蕪村(編) ②一七七七刊 ③蕪村全集(創元社)
山の井 ①北村季吟 ②一六四八刊 ③近世前期歳時記
蓼太句集 りょうたくしゅう ①大島蓼太、吐月(ら編) ②一七六九～九三 ③俳諧文庫
類船集 ①高瀬梅盛 ②一六七六 ③京都大学研究室本
広原海 わたつうみ ①松月堂不角(編) ②一七〇三刊 ③雑俳集成
俳諧師 はいかいし ①高浜虚子 ②一九〇八 ③民友社 ④小説
梅松論 ②一三四九頃 ③京都大学史学研究室本 ④史論
敗北の文学 ①宮本顕治 ②一九二九 ③現代日本文学全集(筑摩書房) ④評論
破戒 ①島崎藤村 ②一九〇六刊 ③藤村全集(筑摩書房) ④小説
葉隠 ①山本常朝 ②一七一六頃 ③日本思想大系 ④「葉隠聞書」「葉隠論語」「鍋島論語」。武士道論
白氏文集天永四年点 ①藤原茂明(加点) ②一一一三 ③古典保存会複製書 ④訓点資料
白石先生手簡 ①新井白石、立原翠軒録(編) ②一七九〇 ③日本思想大系 ④室鳩巣宛の新井白石書簡
博物学階梯 はくぶつがくかいてい ①中川重麗(訳) ②一八七七 ③日本教科書大系 ④教科書
博物図教授法 ①安倍為任(編) ②一八七六～七七刊 ③日本教科書大系 ④教科書
白羊宮 ①薄田泣菫 ②一九〇六刊 ③日本現代詩大系 ④詩集
舶来語便覧 ①棚橋一郎・鈴木誠一 ②一九一二刊 ③光玉館 ④辞典

歯車 ①芥川龍之介 ②一九二七 ③芥川龍之介全集(岩波書店) ④小説
裸に虱なし はだかにしらみなし ①宮武外骨 ②一九二〇刊 ③文武堂書店 ④随筆
八丈実記 ①近藤守真 ②一八四八～五五 ③八丈実記刊行会 ④地誌
八宗綱要 ①凝然 ②一二六八 ③大日本仏教全書 ④仏教
初すがた ①小杉天外 ②一九〇〇刊 ③明治文学全集 ④小説
話の屑籠 はなしのくずかご ①菊池寛 ②一九三一～三四 ③不二屋書房 ④随筆
▼咄本 はなしぼん
一休咄 いっきゅうばなし ②一六六八刊 ③噺本大系
枝珊瑚珠 えださんごじゅ ①石川流宣 ②一六九〇刊 ③噺本大系
鹿の子餅 かのこもち ①木室卯雲 ②一七七二刊 ③噺本大系
軽口御前男 ①米沢彦八 ②一七〇三刊 ③日本古典文学大系
軽口露がはなし ①露の五郎兵衛 ②一六九一刊 ③日本古典文学大系
聞上手 ①小松屋百亀 ②一七七三刊 ③日本古典文学大系
昨日は今日の物語 ②一六一四～二四頃 ③日本古典文学大系
私可多咄 しかたばなし ①中川喜雲 ②一六七一序 ③噺本大系
鹿の巻筆 しかのまきふで ①鹿野武左衛門 ②一六八六刊 ③日本古典文学大系
醒睡笑 せいすいしょう ①安楽庵策伝 ②一六二八 ③角川文庫
鯛の味噌津 たいのみそず ①大田南畝 ②一七七九刊 ③日本古典文学大系
日待ばなしこまざらひ ②一六八四～八八刊 ③近世文芸資料
無事志有意 ぶじしゅうい ①烏亭焉馬(撰) ②一七九八刊 ③日本古典文学大系
花物語 ①吉屋信子 ②一九一九 ③洛陽堂(覆刻版) ④小説
羽なければ ①小田実 ②一九七五 ③筑摩現代文学大系 ④小説
パノラマ島綺譚 パノラマとうきたん ①江戸川乱歩 ②一九二六～二七 ③江戸川乱歩全集(平凡社) ④小説
浜松中納言 ①(伝)菅原孝標女 ②一一世紀中 ③日本古典文学大系 ④「浜松中納言物語」。物語
鱧の皮 はものかわ ①上司小剣 ②一九一四 ③岩波文庫 ④小説
はやり唄 はやりうた ①小杉天外 ②一九〇二刊 ③明治文学全集 ④小説
春雨文庫 はるさめぶんこ ①和田定節 ②一八七六～八二刊 ③明治文学全集 ④小説
春と修羅 ①宮沢賢治 ②一九二四 ③現代日本文学全集(筑摩書房) ④詩集
春のことぶれ ①釈迢空 ②一九三〇刊 ③現代短歌大系 ④歌集
春の城 ①阿川弘之 ②一九五二刊 ③筑摩現代文学大系 ④小説
春酒屋漫筆 はるのやまんぴつ ①坪内逍遙 ②一八九一刊 ③春陽堂 ④随筆
馬鈴薯の花 ばれいしょのはな ①中村憲吉・島木赤彦 ②一九一三刊 ③現代短歌大系 ④歌集
バレト写本 ①マヌエル=バレト ②一五九一刊 ③キリシタン研究 ④キリシタン文学。ローマ字書き
藩翰譜 はんかんふ ①新井白石 ②一七〇二 ③新井白石全集 ④史書
万金産業袋 ばんきんすぎわいぶくろ ①三宅也来 ②一七三二序 ③享保一七年板本 ④工業

盤珪禅師法語 ばんけいぜんじほうご ①盤珪永琢(著)、逸山祖仁(編) ②一七三〇跋 ③岩波文庫 ④仏教
万国公法 ①フィセリング(講述)、西周(訳) ②一八六八刊 ③明治文化全集 ④法学
班子女王歌合 ①紀友則・藤原興風・紀貫之(ら詠) ②八九三頃 ③平安朝歌合大成 ④「寛平御時后宮歌合」。和歌
半七捕物帳 はんしちとりものちょう ①岡本綺堂 ②一九二三刊 ③新作社 ④小説
万民徳用 ①鈴木正三 ②一六六一刊 ③鈴木正三道人全集 ④仏教

【ひ】

冷え物 ①小田実 ②一九七五 ③筑摩現代文学大系 ④小説
東山往来 ②一〇九二～一一〇七頃 ③日本教科書大系 ④往来物
光と風と夢 ①中島敦 ②一九四二刊 ③現代日本文学全集(筑摩書房) ④小説
彼岸過迄 ひがんすぎまで ①夏目漱石 ②一九一二 ③漱石全集(岩波書店) ④小説
美術真説 ①フェノロサ(講演)、大森惟中(筆記) ②一八八二刊 ③明治文化全集 ④美術論
秘蔵宝鑰 ひぞうほうやく ①空海 ②八三〇頃 ③弘法大師全集 ④仏教
引越やつれ ①井伏鱒二 ②一九四七 ③新選現代日本文学全集(筑摩書房) ④小説
人麿集 ひとまろしゅう ①柿本人麻呂 ②一一世紀前か ③西本願寺本三十六人集精成 ④私家集
日次紀事 ひなみきじ ①黒川道祐 ②一六八五序 ③新修京都叢書 ④年中行事
火の鳥 ①伊藤整 ②一九四九～五三 ③新潮文庫 ④小説
火の柱 ①木下尚江 ②一九〇四 ③岩波文庫 ④小説
日々の収拾 ①坂上弘 ②一九七〇 ③筑摩現代文学大系 ④小説
秘密辞典 ①自笑軒主人 ②一九二〇 ③千代田出版部 ④辞典
百学連環 ①西周 ②一八七〇～七一頃 ③西周全集 ④西洋諸学講義
百座法談 ②一一一〇 ③百座法談聞書抄(佐藤亮雄) ④「百座法談聞書抄」「法華修法一百座聞書抄」。仏教
百丈清規抄 ひゃくじょうしんぎしょう ①雲章一慶(述)、桃源瑞仙(聞書) ②一四六二 ③続抄物資料集成 ④抄物
百鬼園随筆 ①内田百閒 ②一九三三刊 ③三笠書房 ④随筆。「続百鬼園随筆」(一九三四年刊)も三笠書房版によった。
病牀六尺 びょうしょうろくしゃく ①正岡子規 ②一九〇二 ③子規全集(改造社) ④随筆
兵範記 ①平信範 ②一一三二～七一 ③増補史料大成 ④日記。引用にあたっては当該記事の年月日を付した。
▼評判記 ひょうばんき
赤烏帽子 あかえぼし ②一六六三跋 ③徳川文芸類聚
鳴久者評判記 あくしゃひょうばんき ①悪文舎他笑、善哉亭夢窓(校) ②一八六五刊 ③徳川文芸類聚
古今役者物語 ①菱川師宣(画) ②一六七八刊 ③江戸時代文芸資料
色道大鏡 ①藤本箕山 ②一六七八 ③完本色道大鏡(野間光辰)
そぞろ物語 ①三浦浄心 ②一六四一刊 ③近世文芸資料
難波鉦 なにわどら ①酉水庵無底居士 ②一六八〇刊 ③近世文芸資料
難波の㒵は伊勢の白粉 なにわのかおはいせのおしろい ①井原西鶴

②一六八三頃刊 ③定本西鶴全集
難波物語 なにわものがたり ②一六五五刊 ③近世文芸資料
満散利久佐 まさりぐさ ①藤本箕山 ②一六五六刊 ③近世文芸資料
役者評判蚰蜒 やくしゃひょうばんげじげじ ①今登之部羅坊 ②一六七四刊 ③歌舞伎評判記集成
野郎虫 ②一六六〇刊 ③歌舞伎評判記集成
吉原すずめ ①奥平市六 ②一六六七刊 ③近世文芸資料
病名彙解 びょうめいいかい ①蘆川桂洲 ②一六八六刊 ③病論病名集 ④医学
貧乏物語 ①河上肇 ②一九一七刊 ③岩波文庫 ④評論

【ふ】

不意の声 ①河野多恵子 ②一九六八 ③筑摩現代文学大系 ④小説
風雅 ①光厳院(撰) ②一三四六〜四九頃 ③二十一代集 ④「風雅和歌集」。勅撰集
諷誡京わらんべ ふうかいきょうわらんべ ①坪内逍遙 ②一八八六刊 ③明治文学全集 ④小説
風曲集 ①世阿彌 ②一四二三頃 ③世阿彌十六部集(吉田東伍) ④能楽書
風姿花伝 ①世阿彌 ②一四〇〇〜〇二頃 ③日本古典文学大系 ④能楽書
風俗画報 ①東陽堂 ②一八八九〜一九一六 ③覆刻版 ④雑誌。引用にあたっては号数および発行年を付した。
風俗小説論 ①中村光夫 ②一九五〇 ③市民文庫(河出書房) ④評論
風土 ①和辻哲郎 ②一九三五刊 ③岩波書店 ④評論
風流仏 ①幸田露伴 ②一八八九刊 ③岩波文庫 ④小説
プールサイド小景 ①庄野潤三 ②一九五四 ③筑摩現代文学大系 ④小説
深養父集 ふかやぶしゅう ①清原深養父 ②一〇世紀前 ③桂宮本叢書 ④私家集
袋草紙 ①藤原清輔 ②一一五七〜五九頃 ③日本歌学大系 ④歌学
福翁自伝 ①福沢諭吉 ②一八九九 ③時事新報社 ④自伝
福翁百話 ①福沢諭吉 ②一八九七 ③時事新報社 ④随筆
福沢先生浮世談 ①福沢諭吉(述)、矢野由次郎(記) ②一八九八刊 ③時事新報社 ④随想
富家語 ①藤原忠実(述)、高階仲行・中原師元(記) ②一一五一〜六一 ③中世文学の世界 ④説話
武家名目抄 ①塙保己一・中山信名(ら編) ②一九世紀中か ③新訂増補故実叢書 ④武家故実
普賢 ①石川淳 ②一九三六 ③現代日本文学全集(筑摩書房) ④小説
舞正語磨 ①秋扇翁 ②一六五八序 ③能楽史料 ④能楽書
武政軌範 ①松田貞頼 ②一四四一〜九〇 ③中世法制史料集 ④制度
不在地主 ①小林多喜二 ②一九二九 ③岩波文庫 ④小説
曲附次第 ふしづけしだい ①世阿彌 ②一四二三頃 ③世阿彌十六部集(吉田東伍) ④能楽書
風俗歌 ②九世紀前〜一一世紀中か ③日本古典文学大系 ④歌謡
二日物語 ①幸田露伴 ②一八九二〜一九〇一 ③岩波文庫 ④小説
仏国風俗問答 ①池辺義象 ②一九〇一刊 ③明治書院 ④風俗
仏乗禅師東帰集 ①天岸恵広 ②一三三五頃 ③五山文学全集 ④漢詩文
仏足石歌 ①智努王(か) ②七五三頃 ③日本古典文学大系 ④「仏足石の歌」。金石文・和歌

物品識名 ①岡林清達(稿)、水谷豊文(補・編) ②一八〇九跋 ③文化六年版複製 ④博物
物品識名拾遺 ①水谷豊文 ②一八二五跋 ③文化六年版複製 ④博物
物理学術語和英仏独対訳字書 ①山口鋭之助 ②一八八八刊 ③明治期専門術語集
物類称呼 ①越谷吾山(編) ②一七七五刊 ③岩波文庫 ④方言
物類品隲 ぶつるいひんしつ ①平賀源内(編)、田村善之(ら校) ②一七六三刊 ③日本古典全集 ④博物
仏和法律字彙 ふつわほうりつじい ①藤林忠良・加太邦憲 ②一八八六刊 ③近代日本学術用語集成
筆の御霊 ふでのみたま ①田沼善一(編) ②一八二七序 ③新訂増補故実叢書 ④有職
筆まかせ ①正岡子規 ②一八八四〜九二 ③子規全集(講談社) ④随筆
風土記 ①元明天皇(詔) ②七一三詔命 ③日本古典文学大系 ④地誌。「常陸風土記」(七一七〜七二四年頃)、「出雲風土記」(七三三年)、「播磨風土記」(七一五年頃)、「豊後風土記」(七三二〜七三九年頃)、「肥前風土記」(七三二〜七三九年頃)と示し、日本古典文学大系に従い読み下した。
風土記逸文 ②鎌倉時代中 ③新訂増補国史大系 ④「釈日本紀」卜部懐賢(編)所載のものを主として採用、その旨を明示した。書名に国名を冠し、読み下し文で示す。
無難禅師仮名法語 ①至道無難 ②一六七〇〜七六頃 ③校補点註禅門法語集 ④「至道無難禅師仮名法語」「無難禅師法語」。仏教
夫木 ①藤原長清(撰) ②一三一〇頃 ③作者分類夫木和歌抄(山田清市・小鹿野茂次) ④「夫木和歌抄」。私撰集
ふゆくさ ①土屋文明 ②一九二五刊 ③現代短歌大系 ④歌集
冬の宿 ①阿部知二 ②一九三六 ③岩波文庫 ④小説
武用弁略(安政再板) ①木下義俊(編) ②一八五六刊 ③安政三年板本 ④兵法
ブラリひょうたん ①高田保 ②一九五〇刊 ③創元社 ④随筆。「第2ブラリひょうたん」(一九五〇年刊)、「第3ブラリひょうたん」(一九五一年刊)、「第4ブラリひょうたん」(一九五四年刊)も創元社版によった。
フランス文壇史 ①河盛好蔵 ②一九五四〜五六 ③新選現代日本文学全集(筑摩書房) ④評論
ふらんす物語 ①永井荷風 ②一九〇九刊 ③荷風全集(岩波書店) ④小説集
俘虜記 ふりょき ①大岡昇平 ②一九四八 ③新潮文庫 ④小説
古川ロッパ日記 ①古川緑波 ②一九三四〜六〇 ③古川ロッパ昭和日記 ④日記。引用にあたっては当該記事の年月日を付した。
ブルジョア ①芹沢光治良 ②一九三〇 ③現代日本文学全集(筑摩書房) ④小説
布令字弁 ①知足蹄原子(編) ②一八六八〜七二刊 ③明治五年板本 ④字典
布令必用新撰字引 ふれいひつようしんせんじびき ①松田成己 ②一八六九刊 ③明治二年板本 ④字典
プレオー8の夜明け ①古山高麗雄 ②一九七〇 ③筑摩現代文学大系 ④小説
文華秀麗集 ①藤原冬嗣(ら編) ②八一八 ③日本古典文学大系 ④勅撰漢詩集

文机談 ①隆円 ②一二八三頃 ③校注文机談(岩佐美代子) ④楽書
文芸上の自然主義 ①島村抱月 ②一九〇八 ③明治文学全集 ④評論
文芸類纂 ぶんげいるいさん ①榊原芳野(編) ②一八七八刊 ③文部省版 ④教科書
文明開化 ①加藤祐一 ②一八七三〜七四刊 ③(初編)明治六年板本、(二編)明治七年板本 ④開化物
文明本節用集 ②室町時代中 ③文明本節用集研究並びに索引・影印篇(中田祝夫) ④「雑字類書」。辞書
文明論之概略 ①福沢諭吉 ②一八七五刊 ③岩波文庫 ④評論

【へ】

平安遺文 ①竹内理三(編) ③東京堂出版 ④平安時代の古文書・記録
米欧回覧実記 ①久米邦武 ②一八七七 ③岩波文庫 ④米欧使節団報告
平家 ②一三世紀前 ③日本古典文学大系 ④「平家物語」。軍記。日本古典文学大系以外による時は、「屋代本平家」(角川書店)、「平松家本平家」(古典刊行会)、「高野本平家」(笠間書院)、「延慶本平家」(古典研究会、但し年代は一三〇九〜一〇)などと示す。
平治 ②一二二〇頃か ③日本古典文学大系(古活字版による) ④「平治物語」。軍記。古活字版以外による時は「金刀比羅本平治」(日本古典文学大系)などと示す。
平中 ②九六五頃 ③日本古典文学大系 ④「平中物語」「平中日記」
平凡 ①二葉亭四迷 ②一九〇七 ③二葉亭四迷全集(岩波書店) ④小説
別離 ①若山牧水 ②一九一〇 ③現代日本文学全集(筑摩書房) ④詩集
遍昭集 ①遍昭 ②一〇世紀後か ③西本願寺本三十六人集精成 ④私家集
変痴気論 ①山本夏彦 ②一九七一刊 ③中公文庫 ④随筆
弁内侍 べんのないし ①弁内侍 ②一二七八頃 ③群書類従 ④「弁内侍日記」。日記

【ほ】

匏菴十種 ほうあんじっしゅ ①栗本鋤雲 ②一八六九刊 ③明治文学全集 ④随筆
宝覚真空禅師録 ①雪村友梅 ②一三四六 ③五山文学新集 ④「雪村和尚語録」。仏教
忘却の河 ①福永武彦 ②一九六三刊 ③筑摩現代文学大系 ④小説
保元 ほうげん ②一二二〇頃か ③日本古典文学大系(古活字版による) ④「保元物語」。軍記。古活字版以外による時は「金刀比羅本保元」(日本古典文学大系)などと示す。
方丈記 ①鴨長明 ②一二一二 ③日本古典文学大系 ④随筆
北条五代記 ほうじょうごだいき ①三浦浄心 ②一六四一刊 ③改定史籍集覧 ④雑史
防雪林 ①小林多喜二 ②一九二八 ③岩波文庫 ④小説
法窓夜話 ①穂積陳重 ②一九一六刊 ③市民文庫(河出書房) ④評論
報徳記 ①富田高慶 ②一八五六 ③岩波文庫 ④伝記
法然消息文 ①法然 ②一二一二頃 ③法然上人全集 ④仏教
宝物集 ①平康頼 ②一一七九頃 ③古典保存会複製書 ④説話。古典保存会複製書以外による時は「九冊本宝物集」(古典文庫)、「康頼本宝物集」(続群書類従)などと示す。
抱擁 ①瀬戸内晴美 ②一九七三 ③筑摩現代文学大系 ④小説
抱擁家族 ①小島信夫 ②一九六五 ③筑摩現代文学大系 ④小説
放浪記 ①林芙美子 ②一九二八〜二九 ③新潮文庫 ④小説

放浪時代　①龍胆寺雄 ②一九二八 ③新鋭文芸叢書 ④小説
北山抄　①藤原公任 ②一〇一二～二二頃 ③新訂増補故実叢書 ④有職
濹東綺譚　ぼくとうきたん　①永井荷風 ②一九三七 ③荷風全集(岩波書店) ④小説
法華義疏　ほっけぎしょ　①聖徳太子 ②七世紀前 ③大正新脩大蔵経 ④仏教
牧民金鑑　①荒井顕道(編) ②一八五三 ③牧民金鑑(滝川政次郎) ④法制。引用にあたっては当該記事の年月日を付した。
法華義疏長保四年点　ほっけぎしょちょうほうよねんてん　①注算(加点) ②一〇〇二 ③古点本の国語学的研究・訳文篇(中田祝夫) ④訓点資料
発心集　①鴨長明 ②一二一六頃か ③慶安四年板本 ④説話
坊っちゃん　①夏目漱石 ②一九〇六 ③漱石全集(岩波書店) ④小説
舗道雑記帖　ほどうざっきちょう　①高田保 ②一九三三刊 ③時潮社 ④随筆
不如帰　ほととぎす　①徳富蘆花 ②一八九八～九九 ③岩波文庫 ④小説
歩兵操典　②一九二八 ③兵用図書出版株式会社 ④軍事
堀河百首　①藤原公実・大江匡房・源俊頼(ら詠) ②一一〇五～〇六頃 ③慶安三年板本 ④「堀河院御時百首和歌」。和歌
ボロ家の春秋　①梅崎春生 ②一九五四 ③現代日本文学全集(筑摩書房) ④小説
本草和名　①深根輔仁(著)、多紀元簡(校) ②九一八頃 ③日本古典全集 ④本草
本朝食鑑　①人見必大 ②一六九七刊 ③日本古典全集 ④本草
本朝続文粋　①藤原季綱(編か) ②一一四二～五五頃 ③新訂増補国史大系 ④漢詩文
本朝無題詩　①藤原忠通(ら) ②一一六二～六四頃 ③群書類従 ④漢詩
本朝文粋　①藤原明衡(編) ②一〇六〇頃 ③新訂増補国史大系 ④漢詩文
本朝麗藻　①高階積善(編) ②一〇一〇か ③群書類従 ④漢詩
梵燈庵主袖下集　ぼんとうあんしゅしゅうかしゅう　①梵燈庵 ②一三八四か ③続群書類従 ④連歌論
本福寺跡書　①明誓 ②一五六〇頃 ③日本思想大系 ④記録

【ま】

毎月抄　①藤原定家 ②一二一九 ③日本古典文学大系 ④歌学
舞姫　①森鷗外 ②一八九〇 ③鷗外全集(岩波書店) ④小説
魔風恋風　①小杉天外 ②一九〇三 ③岩波文庫 ④小説
枕　まくら　①清少納言 ②一〇世紀終 ③日本古典文学大系 ④「枕草子」。随筆。「能因本枕」「前田本枕」は「校本枕冊子」(田中重太郎)によった。
満佐須計装束抄　まさすけしょうぞくしょう　①源雅亮 ②一一八四 ③群書類従 ④有職
政基公旅引付　①九条政基 ②一五〇一～〇四 ③図書寮叢刊 ④日記。引用にあたっては当該記事の年月日を付した。
増鏡　②一三六八～七六頃 ③日本古典文学大系 ④歴史物語
末燈鈔　まっとうしょう　①親鸞、従覚(編) ②一三三三 ③日本古典文学大系 ④仏教
松屋会記　①松屋久重(編) ②一五三三～一六二六 ③茶道古典全集 ④松屋久政・久好・久重の茶会記。引用にあたっては当該記事の年月日を付した。
団団珍聞　まるまるちんぶん　①団団社・珍聞館 ②一八七七～一九〇七 ③覆刻版 ④雑誌。引用にあたっては号数および発行年を付した。
満韓ところどころ　①夏目漱石 ②一九〇九 ③漱石全集(岩波書店) ④随筆
満済准后日記　まんざいじゅごうにっき　①三宝院満済 ②一四一一～三五 ③続群書類従補遺 ④日記。引用にあたっては当該記事の年月日を付した。
漫才読本　①横山エンタツ ②一九三六 ③柳香書院 ④随筆
卍　まんじ　①谷崎潤一郎 ②一九二八～三〇 ③新潮文庫 ④小説
饅頭屋本節用集　まんじゅうやぼんせつようしゅう　②室町時代末 ③古本節用集六種研究並びに総合索引・影印篇(中田祝夫) ④辞書
万代　①真観(藤原家良とも) ②一二四八～四九 ③丹鶴叢書 ④「万代和歌集」。私撰集
漫談集　①徳川夢声・大辻司郎 ②一九二九刊 ③ゆうもあ叢書 ④随筆
まんだん読本　①徳川夢声・大辻司郎・古川緑波(ら) ②一九三二刊 ③立興社 ④漫談
万徳幽霊奇譚　マンドギゆうれいきたん　①金石範 ②一九七〇 ③筑摩現代文学大系 ④小説
万葉　②八世紀後 ③万葉集・本文篇(塙書房) ④「万葉集」。歌集。テキストの訓に従って読み下しで示す。

【み】

三河物語　①大久保忠教 ②一六二六頃 ③原本三河物語・影印篇(中田祝夫) ④雑史
岬　①中上健次 ②一九七五 ③文芸春秋 ④小説
水鏡　①中山忠親(か) ②一二世紀後 ③新訂増補国史大系 ④歴史物語
水の葬列　①吉村昭 ②一九六七 ③筑摩現代文学大系 ④小説
みだれ髪　①与謝野晶子 ②一九〇一刊 ③現代短歌大系 ④歌集
道草　①夏目漱石 ②一九一五 ③漱石全集(岩波書店) ④小説
道綱母集　みちつなのははのしゅう　①藤原道綱母 ②一〇〇八頃か ③桂宮本叢書 ④私家集
躬恒集　みつねしゅう　①凡河内躬恒 ②九二四頃 ③西本願寺本三十六人集精成 ④私家集
御堂関白記　みどうかんぱくき　①藤原道長 ②九九八～一〇二一 ③大日本古記録 ④日記。引用にあたっては当該記事の年月日を付した。
水無瀬三吟百韻　みなせさんぎんひゃくいん　①飯尾宗祇・牡丹花肖柏・柴屋軒宗長 ②一四八八 ③日本古典文学大系 ④連歌。「長享二年正月二十二日水無瀬三吟百韻」と示す。
南小泉村　①真山青果 ②一九〇七～〇九 ③岩波文庫 ④小説
壬二集　みにしゅう　①藤原家隆 ②一二三七～四五 ③藤原家隆とその研究(久保田淳) ④私家集
耳を掻きつつ　①長谷川伸 ②一九三四刊 ③新小説社 ④随筆
宮薗節　みやそのぶし　「日本歌謡集成」所収「宮薗鸚鵡石」(一七七三年刊)、「宮薗新曲集」(一七七四年刊)などによった。
妙一本仮名書き法華経　みょういちぼんかながきほけきょう　②鎌倉時代中 ③妙一記念館本仮名書き法華経・影印篇(中田祝夫)
名義抄　④「類聚名義抄」。辞書。「観智院本名義抄」(一二四一年奥書、古典全集)と示す。そのほか原撰本系の零本「書陵部本名義抄」(一〇八一年成立、図書寮本類聚名義抄)や、改編本系の「高山寺本名義抄」(鎌倉初期成立、国語国文別刊)などからも採録した。
妙好人伝　①仰誓(ら編) ②一八四二～五八刊 ③安政五年板本 ④仏教、伝記
名語記　①経尊 ②一二七五 ③名語記(勉誠社) ④辞書
名目鈔　みょうもくしょう　①洞院実熙 ②一四五七頃 ③群書類従 ④有職
彌勒上生経賛平安初期点　みろくじょうしょうきょうさんへいあんしょきてん　②八五〇頃 ③(高山寺本)旧山田嘉造氏蔵本 ④訓点資料
民部卿家歌合　みんぶきょうけうたあわせ　①藤原経房(ら詠)、藤原俊成(判) ②一一九五 ③群書類従 ④和歌

【む】

麦と兵隊　①火野葦平 ②一九三八 ③新潮文庫 ④小説
無限抱擁　①滝井孝作 ②一九二一～二四 ③現代日本文学全集(筑摩書房) ④小説
武蔵野　むさしの　①山田美妙 ②一八八七 ③岩波文庫 ④小説
武蔵野　むさしの　①国木田独歩 ②一八九八 ③国木田独歩全集(学習研究社) ④小説
夢酔独言　①勝小吉 ②一八四三 ③勝海舟全集(講談社) ④自伝
夢声半代記　①徳川夢声 ②一九二九刊 ③現代ユーモア叢書 ④自伝
夢窓国師法語　①夢窓疎石 ②一三五一頃 ③校補点註禅門法語集 ④仏教
無名抄　①鴨長明 ②一二一一頃 ③国書遺芳(呉文炳) ④歌学
無名草子　②一一九八～一二〇二頃 ③無名草子評解(冨倉徳次郎) ④物語評論
紫式部集　①紫式部 ②一〇一二～一七頃 ③西日本国語国文学会翻刻双書 ④私家集
紫式部日記　①紫式部 ②一〇一〇頃か ③書陵部蔵黒川本複製 ④日記文学

【め】

明暗　①夏目漱石 ②一九一六 ③漱石全集(岩波書店) ④小説
明応本節用集　②一四九六奥書 ③古本節用集六種研究並びに総合索引・影印篇(中田祝夫) ④辞書
明月記　①藤原定家 ②一一八〇～一二三五 ③国書刊行会 ④日記。引用にあたっては当該記事の年月日を付した。
明衡往来　①藤原明衡 ②一一世紀中か ③群書類従 ④「雲州往来」。往来物
明治月刊　①大阪府(編) ②一八六八 ③明治文化全集 ④新聞
明治世相百話　①山本笑月 ②一九三六刊 ③第一書房 ④随筆
明治大正見聞史　①生方敏郎 ②一九二六刊 ③春秋社刊 ④回想集
明徳記　②一三九二～九三頃か ③岩波文庫 ④軍記
名物六帖　めいぶつろくじょう　①伊藤東涯 ②一七二七～七七 ③朋友書店 ④辞書
明六雑誌　①明六社 ②一八七四～七五刊 ③明治文化全集・明治文学全集 ④明六社機関誌。引用にあたっては当該記事の号数および発行年を示した。
夫婦善哉　めおとぜんざい　①織田作之助 ②一九四〇 ③新潮文庫 ④小説
めぐりあひ　①二葉亭四迷(訳) ②一八八八～八九 ③二葉亭四迷全集(岩波書店) ④小説(原作はツルゲーネフ)
めのとのさうし　②一四世紀中か ③群書類従 ④教訓書
芽むしり仔撃ち　めむしりこうち　①大江健三郎 ②一九五八 ③筑摩現代文学大系 ④小説

【も】

盲安杖 もうあんじょう ①鈴木正三 ②一六一九 ③鈴木正三道人全集 ④法語
蒙求抄 もうぎゅうしょう ④抄物。「古活字本蒙求抄」(清原宣賢講・林宗二聞書、一五二九～三四年成立、書陵部蔵本)、「寛永刊本蒙求抄」(清原宣賢講・林宗二聞書、一五二九～三四年成立、抄物大系)などと示す。
蒙求和歌 もうぎゅうわか ①源光行 ②一二〇四 ③続群書類従 ④和歌
蒙古襲来絵詞 もうこしゅうらいえことば ①土佐長隆・土佐長章(か) ②一二九三頃 ③日本絵巻物全集 ④「竹崎季長絵詞」。絵巻
毛詩抄 ①清原宣賢講・林宗二聞書 ④抄物。「両足院本毛詩抄」(一五三五年頃成立)、「京大二十冊本毛詩抄」(一五三五年頃成立)、「古活字本毛詩抄」(一七世紀前成立、抄物大系)などと示す。
藻塩草 ①月村斎宗碩 ②一五一三頃 ③静嘉堂無刊記本 ④辞書
モダン辞典 ②一九三〇 ③弘津道書房 ④辞典
モダン用語辞典 ①喜多壮一郎・麹町幸二 ②一九三〇刊 ③実業之日本社 ④辞典
元輔集 もとすけしゅう ①清原元輔 ②九九〇頃 ③西本願寺本三十六人集精成 ④私家集
基俊集 もととししゅう ①藤原基俊 ②一一四二頃 ③桂宮本叢書 ④私家集
ものいわぬ農民 ①大牟羅良 ②一九五八刊 ③岩波新書 ④ルポルタージュ
物具装束鈔 もののぐしょうぞくしょう ①花山院忠定 ②一四一二頃か ③群書類従 ④有職
ものの見方について ①笠信太郎 ②一九五〇刊 ③現代教養全集 ④評論
森鷗外 もりおうがい ①唐木順三 ②一九三三 ③現代日本文学全集(筑摩書房) ④評論
門 ①夏目漱石 ②一九一〇 ③漱石全集(岩波書店) ④小説
文徳実録 ①藤原基経・菅原是善(ら撰) ②八七九 ③新訂増補国史大系 ④「日本文徳天皇実録」。勅撰史書。六国史の一つ。引用にあたっては当該記事の年月日を付した。

【や】

家持集 やかもちしゅう ①大伴家持 ②一一世紀前か ③西本願寺本三十六人集精成 ④私家集
役者論語 やくしゃばなし ①八文字屋自笑(編) ②一七七六刊 ③日本古典文学大系 ④歌舞伎芸論
薬品手引草 ①加地井高茂(編) ②一七七八刊 ③安永七年板本 ④本草
八雲御抄 やくもみしょう ①順徳天皇 ②一二四二頃 ③日本歌学大系 ④歌学
夜航余話 ①津阪東陽 ②一八三六 ③新日本古典文学大系 ④詩話
やしなひぐさ ①脇坂義堂 ②一七八四～八九刊 ③心学叢書 ④心学
康富記 やすとみき ①中原康富 ②一四〇一～五五 ③増補史料大成 ④日記。引用にあたっては当該記事の年月日を付した。
山鹿語類 やまがごるい ①山鹿素行(談) ②一六六五 ③山鹿素行全集 ④倫理
大和 ②九四七～九五七頃 ③日本古典文学大系 ④「大和物語」。歌物語
大和本草 ①貝原益軒 ②一七〇九刊 ③益軒全集(岩波書店) ④本草
大和本草批正 ①小野蘭山(述)、井岡冽道貞(記) ②一八一〇頃 ③益軒全集 ④本草
山彦冊子 やまびこぞうし ①橘守部 ②一八三一序 ③新訂増補橘守部全集 ④「難語考」。語学

【ゆ】

唯信鈔文意 ゆいしんしょうもんい ①親鸞 ②一二五七 ③真宗聖教全書 ④仏教
遊楽習道風見 ゆうがくしゅどうふうけん ①世阿弥 ②一四二三～二八頃 ③日本古典文学大系 ④能楽書
結城氏新法度 ゆうきしんはっと ①結城政勝(制定) ②一五五六 ③中世法制史料集 ④家法
雪国 ①川端康成 ②一九三五～四七 ③岩波文庫 ④小説
雪の涯の風葬 ゆきのはてのふうそう ①高井有一 ②一九六九 ③筑摩現代文学大系 ④小説
湯島詣 ゆしまもうで ①泉鏡花 ②一八九九刊 ③岩波文庫 ④小説
湯葉 ①芝木好子 ②一九六〇 ③筑摩現代文学大系 ④小説
夢の浮橋 ①倉橋由美子 ②一九七〇 ③筑摩現代文学大系 ④小説
夢の女 ①永井荷風 ②一九〇三刊 ③荷風全集(岩波書店) ④小説
夢の街その他の街 ①小林信彦 ②一九七九刊 ③文芸春秋 ④小説

【よ】

夜明け前 ①島崎藤村 ②一九三二～三五刊 ③藤村全集(筑摩書房) ④小説
幼学読本 ①西邨貞 ②一八八七 ③小学読本便覧 ④教科書
▼謡曲 ようきょく
安宅(あたか 一五一六年頃)・烏帽子折(えぼしおり 一四八〇年頃)・鞍馬天狗(くらまてんぐ 一四八〇年頃)・隅田川(一四三二年頃)・卒都婆小町(そとばこまち 一三八四年頃)・道成寺(一五一六年頃)・舟弁慶(ふなべんけい 一五一六年頃)・八島(一四三〇年頃)・夜討曽我(ようちそが 一四八〇年頃)など。
日本古典文学大系を底本とし、他に以下の諸本などを区別して示す。世阿弥自筆本(世阿弥自筆伝書集(川瀬一馬)など)、光悦本(日本古典全集)、車屋本(日本古典全書)、寛永卯月本(日本古典文学全集(小学館))、大観本(謡曲大観)、叢書本(謡曲叢書)。年代については各曲の推定される初演などを付した。
雍州府志 ようしゅうふし ①黒川道祐 ②一六八四序 ③新修京都叢書 ④地誌
養生訓 ①貝原益軒、(付録)杉本義篤 ②一七一三刊 ③益軒全集 ④教訓
遙拝隊長 ようはいたいちょう ①井伏鱒二 ②一九五〇 ③現代日本文学全集(筑摩書房) ④小説
四座役者目録 ①観世元信 ②一六四六～五三 ③能楽史料 ④能楽書
吉野拾遺 よしのしゅうい ①隠士松翁(か) ②一四世紀後刊 ③群書類従 ④説話
寄席風俗 ①正岡容 ②一九四三刊 ③三杏書院 ④一九二四～四三年発表の随筆を収める。引用にあたってはそれぞれの発表年を付した。
輿地誌略 よちしりゃく ①青地林宗(訳) ②一八二六 ③文明源流叢書 ④原書は蘭書
▼読本 よみほん
雨月物語 ①上田秋成 ②一七七六刊 ③日本古典文学大系
近江県物語 おうみあがたものがたり ①石川雅望 ②一八〇八刊 ③叢書江戸文庫
唐錦 からにしき ①伊丹椿園 ②一七八〇刊 ③安永九年板本
近世説美少年録 ①滝沢馬琴 ②一八二九～三二刊 ③有朋堂文庫
桜姫全伝曙草紙 さくらひめぜんでんあけぼのぞうし ①山東京伝 ②一八〇五刊 ③日本名著全集
繁野話 しげしげやわ ①都賀庭鐘 ②一七六六刊 ③新日本古典文学大系 ④「古今奇談繁野話」
双蝶記 そうちょうき ①山東京伝 ②一八一三刊 ③近代日本文学大系
忠臣水滸伝 ちゅうしんすいこでん ①山東京伝 ②一七九九～一八〇一刊 ③山東京伝全集
椿説弓張月 ちんせつゆみはりづき ①滝沢馬琴 ②一八〇七～一一刊 ③日本古典文学大系
南総里見八犬伝 ①滝沢馬琴 ②一八一四～四二刊 ③日本名著全集
英草紙 はなぶさぞうし ①都賀庭鐘 ②一七四九刊 ③日本名著全集
春雨物語 はるさめものがたり ①上田秋成 ②一八〇八 ③日本古典文学大系
本朝酔菩提全伝 ほんちょうすいぼだいぜんでん ①山東京伝 ②一八〇九 ③日本名著全集
昔話稲妻表紙 むかしがたりいなずまびょうし ①山東京伝 ②一八〇六刊 ③新日本古典文学大系
夢想兵衛胡蝶物語 むそうびょうえこちょうものがたり ①滝沢馬琴 ②一八一〇刊 ③近代日本文学大系
占夢南柯後記 ゆめあわせなんかこうき ①滝沢馬琴 ②一八一二刊 ③日本名著全集 ④「三七全伝第二編」
頼政集 よりまさしゅう ①源頼政 ②一一七八～八〇頃 ③阪本龍門文庫覆製叢刊 ④「源三位頼政集」。私家集
夜と霧の隅で ①北杜夫 ②一九六〇 ③筑摩現代文学大系 ④小説
夜の寝覚 ①(伝)菅原孝標女 ②一〇四五～六八頃 ③日本古典文学大系 ④「夜半の寝覚」。物語

【ら】

落語 らくご 「百花園」掲載の落語速記録などに基づく「明治大正落語集成」によった。
落梅集 ①島崎藤村 ②一九〇一刊 ③筑摩選書 ④詩集
落葉集 ②一五九八刊 ③慶長三年耶蘇会板落葉集(京都大学国文学会) ④イエズス会士による辞書
羅生門 ①芥川龍之介 ②一九一五 ③芥川龍之介全集(岩波書店) ④小説
羅葡日辞書 らぽにちじしょ ②一五九五刊 ③拉葡日対訳辞典(東洋文庫) ④イエズス会士による辞書。日本語はローマ字書き。
蘭学逕 らんがくけい ①藤林淳道 ②一八一〇跋 ③文明源流叢書 ④外国語
蘭東事始 らんとうことはじめ ①杉田玄白 ②一八一五 ③日本古典文学大系 ④「蘭学事始」。洋学

【り】

六義 りくぎ ①世阿弥 ②一四二八奥書 ③世阿弥自筆伝書集(川瀬一馬) ④能楽書
六如庵詩鈔 りくにょあんししょう ①六如 ②〈初編〉一七八三刊、〈二編〉一七九七刊、〈遺稿〉一八二三刊 ③詩集日本漢詩 ④漢詩

俚言集覧　りげんしゅうらん　①太田全斎 ②一七九七頃、〈増補〉一八九九 ③増補俚言集覧 ④辞書。増補部分は「俚言集覧(増補)」などと示す。
吏徴　①向山誠斎 ②一八四五 ③続々群書類従 ④江戸幕府職制
律　①藤原不比等(ら) ②七一八 ③新訂増補国史大系 ④法制
柳橋新誌　①成島柳北 ②一八七四 ③名著復刻全集 ④随筆
霊異記　①景戒 ②八一〇～八二四 ③日本古典文学大系 ④「日本国現報善悪霊異記」「日本霊異記」。説話。訓釈部分は〈〇〇本訓釈〉として示す。
凌雲集　りょううんしゅう　①小野岑守・菅原清公(ら) ②八一四 ③群書類従 ④勅撰漢詩集
良寛歌　①良寛 ②一八三五頃 ③良寛全集 ④和歌
両京俚言考　りょうきょうりげんこう　②一八六八～七〇頃刊 ③静嘉堂文庫本 ④方言
了幻集　①古剣妙快 ②一三九二頃 ③五山文学全集 ④漢詩文
龍光院本妙法蓮華経平安後期点　りょうこういんぼんみょうほうれんげきょうへいあんこうきてん　②一〇五〇頃 ③訓点資料の研究(大坪併治) ④訓点資料
良人の自白　①木下尚江 ②一九〇四～〇六 ③岩波文庫 ④小説
梁塵秘抄　りょうじんひしょう　①後白河法皇(編) ②一一七九頃 ③日本古典文学大系 ④歌謡
梁塵秘抄口伝集　りょうじんひしょうくでんしゅう　①後白河法皇 ②一二世紀後 ③日本古典文学大系 ④歌謡
令義解　りょうのぎげ　①清原夏野(ら編) ②〈本文・本注〉七一八、〈義解〉八三三 ③新訂増補国史大系 ④「養老令」の注釈
令集解　りょうのしゅうげ　①惟宗直本 ②〈大宝令本文〉七〇一、〈古記〉七三八、〈注〉八六八 ③新訂増補国史大系 ④「養老令」の注釈
料理通　①八百善主人 ②〈初編〉一八二二刊、〈二編〉一八二五刊、〈三編〉一八二九刊、〈四編〉一八三五刊 ③江戸時代料理本集成 ④料理
料理早指南　①醍醐山人 ②一八〇一～〇四刊 ③江戸時代料理本集成 ④「料理早指南大全」。料理
料理物語　②一六四三奥書 ③続群書類従 ④料理
李陵　りりょう　①中島敦 ②一九四三 ③新潮文庫 ④小説
隣語大方　②一八世紀後 ③隣語大方(京都大学国文学会) ④朝鮮でつくられた日本語学習書。
林檎の下の顔　りんごのしたのかお　①真継伸彦 ②一九七一～七三刊 ③筑摩現代文学大系 ④小説
林泉集　①中村憲吉 ②一九一六刊 ③現代短歌大系 ④歌集
林葉集　①俊恵 ②一一七八 ③群書類従 ④「林葉和歌集」。私家集

【る】

類聚国史　るいじゅこくし　①菅原道真(撰) ②八九二 ③新訂増補国史大系 ④史書。書名の読みは「るいじゅうこくし」とも。引用にあたっては当該記事の年月日を付した。
類聚雑要抄　るいじゅざつようしょう　②室町時代 ③群書類従 ④有職。書名の読みは「るいじゅうざつようしょう」とも。
類聚名物考　るいじゅめいぶつこう　①山岡浚明編 ②一七八〇頃 ③類聚名物考(明治三六～三八年版) ④類書。書名の読みは「るいじゅうめいぶつこう」とも。
ルクレチウスと科学　①寺田寅彦 ②一九二九 ③岩波文庫 ④随筆
流人島にて　①武田泰淳 ②一九五三 ③現代日本文学全集(筑摩書房) ④小説

【れ】

冷笑　①永井荷風 ②一九〇九～一〇 ③荷風全集(岩波書店) ④小説
暦象新書　①(英)ジョン=ケール(著)、ヨアン=リュフロス(蘭訳)、志筑忠雄(重訳) ②一七九八～一八〇二 ③文明源流叢書 ④天文学
檸檬　レモン　①梶井基次郎 ②一九二五 ③岩波文庫 ④小説
連歌新式追加並新式今案等　①二条良基・一条兼良・牡丹花肖柏 ②一五〇一 ③群書類従 ④「連歌新式」。連歌式目
連歌比況集　①柴屋軒宗長 ②一五〇九頃 ③岩波文庫 ④連歌論
連環記　①幸田露伴 ②一九四〇 ③現代日本文学全集(筑摩書房) ④小説
連珠合璧集　れんじゅがっぺきしゅう　①一条兼良 ②一四七六頃 ③続群書類従 ④連歌論
蓮如御文章　れんにょごぶんしょう　①蓮如(著)、円如(編) ②一四六一～九八 ③真宗聖教全書・日本思想大系 ④「御文」「御文章」。仏教。当該文書の年月日を示す場合もある。
蓮如上人御一代記聞書　れんにょしょうにんごいちだいききがき　①蓮如(述)、空善・蓮悟(編) ②一六世紀後 ③真宗聖教全書 ④仏教
恋慕ながし　①小栗風葉 ②一八九八 ③新潮文庫 ④小説
連理秘抄　①二条良基 ②一三四九奥書 ③日本古典文学大系 ④連歌論

【ろ】

鹿苑日録　ろくおんにちろく　①景徐周麟・梅叔法霖・有節瑞保(ら) ②一四八七～一八〇三 ③続群書類従完成会 ④日記。引用にあたっては当該記事の年月日を付した。
六帖詠草　ろくじょうえいそう　①小沢蘆庵 ②一八一一刊 ③日本名著全集 ④歌集
六条修理大夫集　ろくじょうしゅりのだいぶしゅう　①藤原顕季 ②一一二三頃 ③群書類従 ④私家集
六波羅殿御家訓　①北条重時 ②一三世紀中 ③中世武家家訓の研究(筧泰彦) ④家訓
ロザリオの経　①ファン=デ=ルエダ ②一六二三刊 ③国語学資料 ④キリシタン文学。ローマ字書き。「ロザリオの経(一六二二年版)」は「ロザリオ記録(三橋健)」によった。
ロシアに入る　①荒畑寒村 ②一九二四刊 ③希望閣 ④随筆
六角氏式目　①六角義賢・六角義治(制定) ②一五六七 ③中世法制史料集 ④「義治式目」。法制
ロッパ食談　①古川緑波 ②一九五五刊 ③創元社 ④随筆
六百番歌合　①藤原良経(ら詠)、藤原俊成(判) ②一一九三頃 ③岩波文庫 ④和歌
ロドリゲス日本大文典　①ジョアン=ロドリゲス ②一六〇四～〇八刊 ③ロドリゲス日本大文典(土井忠生訳註) ④日本語の文法を、ポルトガル語で説いたもの。日本語はローマ字書き。
論語抄　④抄物。「応永本論語抄」(清原良賢講、一四二〇年成立、抄物大系)、「足利本論語抄」(清原枝賢・清原国賢著、一六世紀成立、抄物大系)などと示す。
倫敦塔　ロンドンとう　①夏目漱石 ②一九〇五 ③漱石全集(岩波書店) ④小説
論理学　①速水滉 ②一九一六刊 ③哲学叢書

【わ】

和英語林集成(初版)　①ヘボン ②一八六七刊 ③北辰覆刻本 ④辞書。一八七二年版は「和英語林集成(再版)」、一八八六年版は「改正増補和英語林集成」と示す。
若い人　①石坂洋次郎 ②一九三三～三七 ③新潮文庫 ④小説
和歌色葉　①上覚 ②一一九八 ③日本歌学大系 ④歌学
若き日　①広津和郎 ②一九四三 ③岩波文庫 ④小説
和歌九品　わかくほん　①藤原公任 ②一〇〇九頃か ③日本古典文学大系 ④「九品和歌」。歌学
和歌童蒙抄　わかどうもうしょう　①藤原範兼 ②一二世紀前 ③〈巻一〇〉日本歌学大系、〈巻一～九〉日本歌学大系別巻 ④歌学
若菜集　①島崎藤村 ②一八九七刊 ③日本現代詩大系 ④詩集
吾輩は猫である　わがはいはねこである　①夏目漱石 ②一九〇五～〇六 ③漱石全集(岩波書店) ④小説
別れ霜　①樋口一葉 ②一八九二 ③一葉全集(筑摩書房) ④小説
別れた妻に送る手紙　①近松秋江 ②一九一〇 ③現代日本文学全集(筑摩書房) ④小説
和漢三才図会　①寺島良安 ②一七一二序 ③日本随筆大成刊行会 ④百科事典
和漢船用集　①金沢兼光 ②一七六六刊 ③日本科学古典全書 ④造船
和漢朗詠　①藤原公任(撰) ②一〇一八頃 ③日本古典文学大系 ④「和漢朗詠集」。歌謡。読み下しは、永享本の訓によった。
老葉　わくらば　①飯尾宗祇 ②一四八五頃 ③古典文庫 ④連歌
和訓考　①如是観 ②一八二六序 ③静嘉堂蔵本 ④語彙集
和訓栞　わくんのしおり　①谷川士清(編) ②一七七七～一八六二刊、〈増補〉一八九八刊 ③増補語林倭訓栞 ④辞書
和訓栞後編　わくんのしおりこうへん　①谷川士清(編) ②一八八七刊 ③すみや書房 ④辞書
和玉篇　わごくへん　②一五世紀後 ③倭玉篇の研究並に索引・影印篇(中田祝夫・北恭昭) ④辞書
倭語類解　わごるいかい　①洪舜明(編) ②一七世紀後～一八世紀初 ③倭語類解(京都大学国文学会) ④朝鮮でつくられた日本語語彙集。
和爾雅　わじが　①貝原好古(編) ②一六八八 ③益軒全集 ④辞書
和字正濫鈔　わじしょうらんしょう　①契沖 ②一六九三序 ③契沖全集 ④語学
私の浅草　①沢村貞子 ②一九七六刊 ③暮しの手帖社 ④随筆
私のサハリン　①李恢成 ②一九七二 ③筑摩現代文学大系 ④小説
私の詩と真実　①河上徹太郎 ②一九五三 ③新選現代日本文学全集(筑摩書房) ④評論
私の美術遍歴　①亀井勝一郎 ②一九五六 ③新選現代日本文学全集(筑摩書房) ④評論
和名抄　①源順 ②九三四頃 ③静嘉堂文庫所蔵松井簡治旧蔵本(十巻本系)、元和三年那波道円刊古活字版(二十巻本系) ④「和名類聚抄」「倭名類聚抄」。辞書。十巻本と二十巻本を区別して示す。
妾の半生涯　わらわのはんせいがい　①福田英子 ②一九〇四刊 ③岩波文庫 ④自伝
わらんべ草　①大蔵虎明 ②一六六〇 ③岩波文庫 ④狂言論
われから　①樋口一葉 ②一八九六 ③一葉全集(筑摩書房) ④小説
われら戦友たち　①柴田翔 ②一九七三刊 ③筑摩現代文学大系 ④小説

方言資料および方言出典番号一覧

1　「日本国語大辞典 第二版」の方言欄に用いた方言集・地誌の類を、その出典番号から検索できるように示した。
2　方言欄で用いた番号の下に、該当する方言集・地誌の類を、編著者名・成立年とともに示した。
3　成立年は、原則としてその発行年を当て、西暦で示した。
4　編著者が同じであったり、同種の雑誌であったりした場合は同一番号を当てたものもある。
5　雑誌・叢書等に所収のものは、＝の下にその雑誌名・叢書名等を示した。また、稿本のものも、＝の下に示した。
6　042〜064の雑誌のうち、主要なものについて、刊行年、所収の論文名・編著者名・巻数・号数等を示した。

近世の資料　その一
（広い地域にわたって語彙のとられている資料）

†001 日葡辞書(イエズス会宣教師編)　一六〇三　補遺一六〇四
†002 男重宝記(苗村丈伯)　一六九三刊
†003 本朝食鑑(平野必大)　一六九七
†004 志不可起(箕田熹貞)　一七二七
†005 大和本草(貝原益軒)　一七〇九
†006 続諸州めぐり(貝原益軒)　一七一三
†007 扶桑記勝(貝原益軒)　一七一四以前
†008 巻懐食鏡(香月牛山)　一七一六
†009 東雅(新井白石)　一七一七
†010 日東魚譜(神田玄泉)　一七一九・三一・四一
†011 諸国里人談(菊岡沾涼)　一七四三
†012 本草綱目記聞(松岡玄達＝恕菴)　一七四六頃
†013 物品目録(後藤光生)　一七五三
†014 諸州採薬記・抄録・採草風土記(植村政勝)　一七五三・一七五五・一七三〇
†015 広大和本草(直海龍)　一七五九
†016 採薬使記(阿部照任・松井重康)　一七五八
†017 本草綱目記聞(野呂元丈)　一七六一
†018 物類品隲(平賀源内)　一七六三
†019 食療正要(松岡玄達)　一七六九
†020 物類称呼(越谷吾山)　一七七五
†021 翌檜(会田秀真)　一七七九
†022 欽定世界言語比較辞典(パラス)
†023 採薬録(佐藤成裕)　一七九四
†024 紙漉重宝記(国東治兵衛)　一七九八
†025 俚言集覧(太田全斎)　一七九七頃　増補部分一八九九
†026 古事記伝(本居宣長)　一七九八
†027 禽譜(木村兼葭堂)　一八〇二以前
†028 本草綱目啓蒙(小野蘭山)　一八〇三
†029 物品識名(水谷豊文・岡林清達)　一八〇九　拾遺一八二五
†030 水族志(畔田伴存)　一八二七
†031 物品目録記聞(小野蘭山)
†032 巻懐食鏡会議(小野蘭山)
†033 大和本草批正・大和本草附録批正(小野蘭山)　一八一〇頃
†034 本草図譜(岩崎常正)　一八二八
†035 和訓栞(谷川士清)　一七七七〜一八六二
†036 魚鑑(武井周作)　一八三一
†037 諸国採薬記(大窪昌章・相原駒吉)　一八三二・三六
†038 皇和魚譜(栗本丹洲)　一八三八
†039 重訂本草綱目啓蒙(小野蘭山)　一八四七
†040 本草啓蒙補遺(黒田斉清)　一八四八以後
†041 魚名類標(高木以孝)　一八五二
†042 奇貝図譜(木村兼葭堂)　一八五七
†043 魚譜(吉田平九郎)　一八五九
†044 西州木状　一八五九
†045 皇方物産誌(稲生若水か)

近世の資料　その二
（各地方別に語彙のとられている資料）

†050 松前方言考(淡斎如水)　一八四八
†051 レクシコン(タターリノフ)　一七八二
†052 一七七二年露国旅行記(ゲオルギ)　一七七五
†053 奥の枝折(船遊亭扇橋)　一八四一〜四三
†054 御国通辞(服部武喬)　一七九〇
†055 日本語辞典(レザーノフ)　一八〇〇頃
†056 仙台言葉以呂波寄(猪苗代兼郁)　一七二〇
†057 仙台方言(桜田欽斎)　一八一七頃
†058 浜荻＝仙台(匡子)　一八一三頃
†059 方言達用抄(賛庵)　一八二七
†060 浜荻＝庄内(堀季雄)　一七六七
†061 温海土産(粟まき)　一八五七
†062 新編会津風土記(松平容衆)　一八〇九
†063 常野採薬記(小野蘭山)　一八〇一
†064 新編常陸国誌(中山信名)　一八一八〜三〇頃か
†065 妙義山並三峯山採薬記(小野蘭山)　一八〇五
†066 日光名勝記(貝原益軒)　一七一三
†067 房総雑記(嶺田雋)
†068 房総三州漫録(深河元儁)
†069 両京俚言考　一八六八〜七〇頃
†070 甲駿豆相採薬記(小野蘭山)　一八〇一
†071 伊豆海島風土記＝豆嶼記聞(佐藤行信・吉川秀道)　一七八一
†072 豆州諸島物産図説(田村元長)　一七九三頃
†073 伊豆国産物帳　一七三六
†075 八丈島語　一八〇三
†076 八丈誌(大原正矩)　一八三六
†077 八丈実記(近藤富蔵)　一八四八〜五五
†078 八丈方言俗通志(一話一言所収)
†079 八丈物産誌(大村某)　一七五二頃
†080 八たけの寝さめ草(鶴窓主人)　一八四八
†081 越後土産初編(紀興之)　一八六四
†082 佐渡志(田中葵園)　一八〇四〜一八
†083 佐渡物産志(灌園)　一七三〇
†084 佐州産物志(灌園)　一七三一
†085 言葉つかひ　一八三七以前
†086 越信土産
†087 秋山記行(鈴木牧之)　一八三一
†088 裏見寒話(巣飲叟鶉鼠)　一七五三
†089 甲州方言俳諧(輿石静子)＝方言三・一〇　一九三三
†090 方言雑集及付録(小林一茶)　一八一九〜二七頃
†091 木曾採薬記(水谷豊文)　一八一〇
†092 木曾路之記(貝原益軒)　一七〇九
†093 信州木曾山産草之類以呂波寄(大窪昌章)　一八三五
†094 飛州志(長谷川忠崇)　一七四四〜四八
†095 飛州志拾遺(桐山力所)　一八三〇
†096 白山草木志(畔田伴存)
†097 埴生郡聞見漫録(深河元儁)　一八四四〜四八
†098 駿国雑志(阿部正信)　一八四三
†099 尾張方言(山本格安)　一七四九
†100 水かはり(石井垂穂)　一八一九
†101 古記録(宇治山田市史所載)
†102 伊勢採薬記(小野蘭山)　一八〇四
†103 光太夫伊勢白子資料　一七九一
†104 伊阪山採薬目録(群芳廬主人)　一八六三
†105 経峯並布引山採薬卉木記(山本篤慶)　一八三〇
†106 熊野採薬記(水谷豊文)　一八二六
†107 熊野物産初志(畔田伴存)　一八五六
†108 高野山草木志(丹波修司)
†109 紀州産物考(小原桃洞)　一八一〇
†110 紀伊続風土記(仁井田好古)　一八三九
†111 宮詭言葉の掃溜(柴田虎吉)　一八三二
†112 かた言(安原貞室)　一六五〇
†113 浮世鏡(箕田喜貞)　一六八八
†114 皇都午睡(西沢一鳳)　一八五〇
†115 丹波通辞　一八〇四〜一一
†116 浪花聞書　一八一九頃
†117 新撰大阪詞大全　一八四一
†118 和州吉野郡中物産志(畔田伴存)　一八四四〜四八
†119 桃洞遺筆(小原桃洞・小原良直)　一八三三〜五〇
†120 負笈日歴(桃西河)
†121 秋長夜話(香川南浜)　一七八一〜一八〇一頃
†122 両国本草(田智庵貫通)　一七三七
†123 他所問答(布施御牆)　一八五六以前
†124 俚諺漫録(坂本孟春)　一八三三
†125 寺川郷談(宝永堂)　一七五三
†126 幡多方言(鹿持雅澄)　一八二八
†127 浜荻＝久留米(野崎教景)　一八四〇〜五三頃
†128 望春随筆(平田望春)　一八三五
†129 柳川方言亘河沙一撮(錦悦山訳)＝方言三・二
†130 筑紫方言　一八三〇頃
†131 菊池俗言考(永田直行)　一八五四
†132 日向纂記(平部嶠南)　一八六七
†134 鹿児島ふり(伊藤凌舎)　一八三六
†135 薩州採薬録
†136 日本語会話入門「漂流民の言語」(ゴンザ＝ボグダーノフ)　一七三六
†137 露日辞典「漂流民の言語」(ゴンザ＝ボグダーノフ)　一七三六
†138 簡略文法(ゴンザ＝ボグダーノフ)　一七三八
†139 混効験集(越来王子朝奇ほか)　一七一一

近代の資料　その一
（広い地域にわたって語彙のとられている資料）

001 大日本国誌(内務省地理局)　一八八六
002 日本大辞書(山田美妙)　一八九二〜九三
003 日本樹木名方言集(農商務省山林局)　一九一六
004 狩猟鳥類ノ方言(農商務省農務局)　一九二二
005 日本産物志(伊藤圭介)　一九三〇〜三四

006 本草図譜名疏(白井光太郎)　一九三三
007 鳥類ノ方言(農林省農務局)　一九二五
008 樹種名方言集(農林省山林局)　一九三三
009 民間服飾誌履物篇(宮本勢助)　一九三三
010 山村生活の研究(柳田国男)　一九三七
011 民具問答集(アチック・ミューゼアム)　一九三七
012 山岳語彙蒐集報告(高橋文太郎)　一九三八
013 国語の将来(柳田国男)　一九三九
014 瀬戸内海島嶼巡訪日記(アチック・ミューゼアム)　一九四〇
015 日本産魚類方言集(兵庫県水産試験場)　一九四一
016 実用魚介方言図説(田中茂穂)　一九四一
017 国語と民俗学(倉田一郎)　一九四二
018 山岳語彙(岩科小一郎)　一九四二
019 日本魚名集覧(渋沢敬三)　一九五八
020 民俗採訪(橋浦泰雄)　一九四三
021 麝香の臍(宮本勢助)　一九四四
022 雪国の民俗(柳田国男・三木茂)　一九四四
023 毎日の言葉(柳田国男)　一九四六
024 家閑談(柳田国男)　一九四六
025 海村生活の研究(柳田国男)　一九四九
026 日本星座方言資料(内田武志)　一九四九
027 方言語彙学的研究(小林好日)　一九五〇
028 西はどっち(柳田国男)　一九五〇
029 全国民俗誌叢書　一九五一
030 農作物の地方名(農林省統計調査部)　一九五一
031 日本の星(野尻抱影)　一九五七
032 民俗と植物(武田久吉)　一九四八
033 方言学(藤原与一)　一九六二
034 樹木と方言(倉田悟)　一九六二
035 言語変化の類型(馬瀬良雄)=信濃一五・四三　一九六三
036 日本主要樹木名方言集(倉田悟)　一九六三
037 雑草の地域別生態調査(千葉大学)　一九六五
038 全国方言資料(日本放送協会)　一九六六～六七
040 現地採録、または報告によるもの
042 言語学雑誌　一九〇〇
— 八丈島方言(保科孝一)=一・二
043 大八洲学会雑誌
— 八丈八村方言の文例(吉町義雄)=八〇
044 音声学会会報　一九五三
045 郷土研究　一九三三
— 方言覚帳から(二)(山本靖民)=五・三
046 国語学
047 国語教育　一九二六～一九三三
稿本「宮崎方言に就て」(上)(東條操)=一三・二
新潟県語彙(上)(吉田澄夫)=一六・一
新潟県語彙(下)(吉田澄夫)=一六・二
出雲方言に就て(高橋龍雄)=一六・九
石見地方に於ける方言訛語について(千代延尚寿)=一六・九

阿波の方言について(金沢治)=一六・九
豊前方言の歴史的考察と特殊な語句語法の研究(岡村利一)=一六・九
壱岐島方言の接辞(山口麻太郎)=一六・九
全国メダカ方言語彙(佐藤清明)=一六・九
方言と児童綴方(池田和夫)=一六・九
048 国語研究　一九三三
三重県名賀郡名張町字松崎町方言集(大岡夏子)=三・六
大和方言集(奈良県学務課)=三・六
049 心の花
方言訛語伊予国宇摩郡(森田義男)
越佐方言に就て(万葉草盧主人)
薩摩言葉(重永榮雲)
方言訛語山形県飽海郡(梅津曾太郎)
050 東京人類学会雑誌　一八八六～一九〇七
淡路方言(岡田信利)=二
土佐国方言(N・Y生)=三
但馬方言(羽柴雄輔誌・河本庚之助)=六
伊予大洲方言(堀悌三郎)=六
西海道方言表　人倫之部(岡村増太郎)=二・九
函館方言(佐藤重記)=一二
甲斐方言(吉田時)=一六
佐渡方言(大川通久)=一七
伊豆御蔵島方言及び盆歌(栗本俊吉)=一八
伊豆諸島に於ける人類学上の取調、大島の部(坪井正五郎)=二三
羽前国西田川郡山五十川村ニ長寿ノ者多キ事及方言(羽柴雄輔)=二五
志摩国英虞郡和具邸ニツキテ(古坂生)=三四
壱岐国風俗及方言(菊池吉祥)=三四
飛騨国大野郡高山町方言略表(田中正太郎)=三五
各地方言表(羽柴雄輔)=三五
方言研究の材料(坪井正五郎)=三六
荘内稚児言葉(羽柴雄輔)=三六
米沢稚児言葉(佐藤周助)=三六
因幡国鳥取方言表(加茂元善)=三七
陸中国鹿角郡方言表(泉沢恒蔵)=三七
滋賀県下高嶋郡今津方言(加茂元善)=三八
伊豆国加茂郡方言表(鳥居邦太郎)=三八
福島県下岩代国安積郡多田野方言表(鳥居邦太郎)=三八
福井県越前国今立郡嚢脇方言集(鳥居邦太郎)=三八
和歌山県下紀伊国日高郡印南方言表(鳥居邦太郎)=三八
岩代国安積郡中央部方言(石井民司)=三八
越中国礪波郡方言集(三村釵吉)=三九
下総国猿島郡方言表(東宮鉄真呂)=三九
陸中国磐井郡山ノ目方言表(大久保初男)=三九
岩手県下陸中国北岩手郡沼宮内方言表(鳥居邦太郎)=三九
壱岐国方言(菊池吉祥)=三九
上総国長柄郡一ノ宮方言表(大久保初男)=四〇
加賀国金沢方言表(大久保初男)=四〇
陸中国膽沢郡南部方言表(鳥居邦太郎)=四〇
備後国沼隈郡草戸方言表(鳥居邦太郎)=四〇
周防国都濃郡徳山方言表(長坂達郎)=四一
越後国中蒲原郡五泉町方言表(大久保初男)=四一
下野国芳賀郡方言表(東宮鉄真呂)=四一
備後福山方言表(保多守太郎)=四一
加賀国金沢地方方言表(梅村迷子)=四一
豊前小倉方言表(某氏)=四二
駿河国富士郡下等人民方言表(角田虎男)=四二
山城国京都方言表(大久保初男)=四二
土佐国長岡郡国比左村方言表(大高坂守衛)=四二
土佐国高知市方言表(鳥居邦太郎)=四二
越中国富山方言表(鳥居邦太郎)=四二
雑記・第一土佐高知ノ正誤(寺石政路)=四四
雑記・樵夫猟夫ノ禁止語及掟(藤井秀任)=四四
雑報・南部方言(佐藤重紀)=七五
鹿児島県下大島群島雑辞(田代安定)=八五
伊豆新島婦人ノ現況(水越正義)=九八
伊豆利島ノ土俗(水越正義)=一一六
伊豆大島土俗観察の記(山崎直方)=一一八
阿波国祖谷土俗調査(中井伊与太・曾木嘉五郎)=一三三
雑報・甲斐の贈答風習(中山笑)=一三五
雑報・越中国五箇山の方言(米沢)=二五三
051 雪氷
氷の方言覚書(畠山久尚)=九・一
052 土の香　一九二四～一九三五
山形県荘内住居家居の方言(斎藤秀一)=六八
愛知県に於ける農地方言の研究(耕地・林地の部)(山田有一)=六八
「富山市近在方言集」補遺(太田栄太郎)=六八
紙漉重宝記(石田春昭)=一五・二
長崎方面の方言(辻山生)
全国竈馬方言集(佐藤清明)=一〇
岐阜県加茂郡黒川村方言(鈴木規夫)=一〇
淡路島由良町方言集(玉岡松一郎)=一一
淡路方言資料補遺岩屋町方言集(玉岡松一郎)=一二
氷上郡黒井町の方言(河本正義)
愛知県に於ける農地方言の研究(山田有一)=七
南大隅の方言雑志(野村伝四)=一
熊本方言(宮本勢助)
053 日本アジア学会会報　一八七五～一九二二
The Yonezawa dialect. (Charles H. Dallas)
Notes of a visit to Hachijô in 1878 (F.V. Dickins & Ernest Satow)
Notes on the dialect spoken in Ahidzu. (Basil Hall Chamberlain)
Notes on dialectical usage in the Nagasaki district. (G.B. Sansom)
054 方言　一九三一～一九三八
広島県安芸郡倉橋島方言(西林源次郎)=一・一
新潟方言二三(吉田澄夫)=一・二
長崎版日葡辞書にあらはれた方言資料(一)(近藤国臣)=一・二
肥前五島方言集(橋浦泰雄)=一・二
琉球語彙(一)(伊波普猷)=一・三
南佐久郡方言集(信濃教育会南佐久郡会)=一・三
南佐久郡方言集(二)(信濃教育会南佐久郡会)=一・四
広島県安芸郡倉橋島方言集(二)(西林源次郎)=一・四
宝島方言集(敷根利治)=二・一
奈良県吉野郡の方言調査(岸田定雄)=二・二
愛媛県の蝸牛方言(杉山正世)=二・二
琉球語彙(二)(伊波普猷)=二・二
長崎版日葡辞書にあらはれた方言資料(二)(近藤国臣)=二・二
兵庫県揖保郡河内村方言(高瀬軍治)=二・二
人倫に関する宮古方言(国仲寛徒)=二・四
幡多方言川柳抄(中平悦麿)=二・四
豊橋方言の音声と語法(谷亮平)=二・四
長崎版日葡辞書にあらはれた方言資料(三)(近藤国臣)=二・五
石見方言集(千代延尚寿)=二・五
広島愛媛両方言の境界線(藤原与一)=二・六
瀬戸内海島嶼方言資料(山田正紀)=二・六
伊豆宇佐美方言(山本靖民)=二・七
郷土方言小識(島根県那賀郡下府村)(西谷登七郎)=二・八
鹿児島ことば(翠香漁夫)=二・九
磐城相馬の植物方言(松本繁)=二・一〇
宮崎県蟷螂方言集(日野巌)=二・一〇
佐賀県馬渡島の方言(山口麻太郎)=二・一〇
更級郡方言集(柳田国男)=二・一〇
越中高岡地方の謎と方言(磯部忠雄)=二・一二
内地に於ける蛙の方言(佐藤清明)=二・一二
愛媛県周桑郡庄内村実報寺方言(四之宮サカヱ)=三・一
豊橋方言余録(谷亮平)=三・二
静岡市近傍漁業語彙(内田武志)=三・二
高野口町方言集(高瀬軍治)=三・二
種子島方言集(鮫島松下)=三・三
神奈川県方言資料(山本靖民)=三・四
長崎版日葡辞書にあらはれた方言資料補遺(近藤

国臣)＝三・五
長崎県下、西彼・東彼両郡に於ける方言分布の若干に就て(本山桂川)＝三・六
瑞江・葛西言葉(福里栄三)＝三・六
京都方言襍記(高萩精玄)＝三・九
鳥取県西伯郡逢坂村方言(遠藤茂)＝三・九
南隅高山方言考(野村伝四)＝三・一〇
器物の名称に就いて(早川孝太郎)＝三・一〇
出雲方言語原考(錦織柳蔵)＝三・一一
鹿児島地方の動物方言に就て(宇都野新太郎)＝三・一一
備中小田郡方言集(佐伯隆治)＝三・一一
南隅高山方言考(二)(野村伝四)＝四・一
蛇に関する方言(内田武志)＝三・一二
首里・那覇方言に於ける親族関係の語に就いて(金城朝永)＝四・一
ヒキガヘルの方言(佐藤清明)＝四・一
諏訪語特徴語一班(笹岡末吉)＝四・一
伊予方言の分布対立(杉山正世)＝四・二
讃岐特殊方言(陸田稔)＝四・二
広島県のツララ方言(磯貝勇)＝四・三
京都方言襍記以後(高萩精玄)＝四・四
和歌山の方言中の否定詞(杉村楚人冠)＝四・五
大隅方言概観(福里栄三)＝四・五
肥後方言集(宗要吉)＝四・六
南隅高山方言考(三)(野村伝四)＝四・六
野辺地方に於ける音韻変化(奥角杏作)＝四・七
山形県荘内人倫の方言(斎藤秀一)＝四・八
天草島の方言に就て(原田芳起)＝四・九
接尾辞「げ」「さう」及び助詞「に」に就いて(上野勇)＝四・九
磐城地方方言考(高木稲水)＝四・九
硫黄島方言集(井上一男)＝四・九
国頭方言の音韻(仲宗根政善)＝四・一〇
宮古島方言研究(与儀達敏)＝四・一〇
南島方言に於ける「場所」の代名詞(宮良当壮)＝四・一〇
南島八重垣—明治初年の琉球語彙—(山内盛熹遺稿伊波普猷補註)＝四・一〇
南隅高山方言考(四)(野村伝四)＝四・一一
長野市及び上水内郡方言集(佐伯隆治)＝四・一一
広島県山県郡大朝町山村語彙(研井知陽)＝四・一二
播磨国赤穂郡・佐用郡方言資料(玉岡松一郎)＝四・一二
全国菫方言集(佐藤清明)＝五・一
磐城方言考(二)(高木稲水)＝五・三
熊本県動物方言分布(田中正行)＝五・三
壱岐島方言ニ於ケル畳語ノ副詞(目良亀久)＝五・四
大隅百引事物名集(桜田勝徳)＝五・四
仙南地方の家族称呼(菅野蔵治)＝五・五
紀州上山路村の語彙(倉田一郎)＝五・五
宮城県方言考(猪狩幸之助)＝五・六
千葉県印旛郡方言訛語(一)(印旛郡国語教育研究部)＝五・六
津軽方言語釈(副詞の部)(北山長雄)＝五・七
備後国三次町の方言(千代延尚寿)＝五・七
土井八枝著「土佐の方言」を読む(田中茂穂)＝五・七
球磨山村語彙—熊本県球磨郡五木村方言—(能田太郎)＝五・八
千葉県印旛郡方言訛語(二)(印旛郡国語教育研究部)＝五・八
志摩崎島方言集(玉岡松一郎)＝五・九
静岡県周智郡気多村語彙(橋浦泰雄)＝五・一〇
中央出雲の挨拶(加藤義成)＝五・一〇
岡山市方言集稿本(二)(内田百閒)＝五・一〇
兵庫神戸の方言小欟(壁谷真蔭)＝五・一一
相州江の島語彙(清野久雄)＝五・一一
岡山市方言集稿(三)(内田百閒)＝五・一一
長崎県南松浦郡五島語彙(瀬川清子)＝五・一二
安芸中野村語彙(大間知篤三)＝六・三
津軽方言語釈(名詞の部)(北山長雄)＝六・三
紀州方言の代名詞(上山景一)＝六・三
上総漁村語彙(倉田一郎)＝六・四
磐城方言考(三)(高木稲水)＝六・四
西多摩郡檜原村語彙(大藤時彦)＝六・五
新潟県東蒲原郡東川村語彙(最上孝敬)＝六・六
村人の生活の一面(水野葉舟)＝六・七
徳島県祖谷方言(井上一男)＝六・七
房州平館方言資料(宮本馨太郎)＝六・七
愛知県北設楽郡振草村語彙(瀬川清子)＝六・八
岡山市方言集稿本(四)(内田百閒)＝六・八
九州漁語抄(倉田一郎)＝六・一〇
壱岐島ニ於ケルいれもの呼称(目良亀久)＝六・一一
遠山方言の一資料(井上福実)＝六・一一
香川県三豊郡五郷村語彙(瀬川清子)＝六・一一
信州東筑摩郡方言集(佐伯隆治)＝六・一一
土佐方言語法(上)(土居重俊)＝六・一二
熊本県山村語彙(最上孝敬)＝六・一二
愛知県農民衣食住語彙(井之口有一)＝六・一二
埼玉県の方言区画(東條操)＝七・二
秩父地方の方言調査票より(東條操)＝七・二
幸手方言その他(上野勇)＝七・二
埼玉県入間郡方言集稿(池ノ内好次郎)＝七・二
白川村カミンチョの方言(浅田茂)＝七・四
南伊予の産育習俗語彙稿(杉山正世)＝七・五
上五島方言考(一)(頴原謙三稿・頴原退蔵補)＝七・七
対馬民俗語彙稿(鈴木棠三)＝七・七
下伊那郡方言調査書(井上福実)＝七・八
上五島方言考(二)(頴原謙三稿・頴原退蔵補)＝七・九
陸前荒浜漁村語彙(倉田一郎)＝七・九
山形県東田川郡新堀村方言(浅田茂)＝七・九
徳島県方言分布(井上一男)＝七・一〇
土佐の山村を歩く(橘詰延寿)＝七・一〇
三重県北牟婁郡須賀利村語彙(牧田茂)＝八・一
愛媛県温泉郡神和村語彙抄(武田明)＝八・一
佐賀県植物方言(栗田正秀)＝八・一
甑島語法の考察(北條忠雄)＝八・二
秩父大椚村語彙(小西ゆき子)＝八・二
野辺地方言集補遺(中市謙三)＝八・二

055 方言研究　一九四三
国語の真相を覚めて(北條忠雄)＝八

056 方言の研究(新潟大学方言研究会)

057 方言研究年報(広島大学方言研究会)

058 方言と土俗　一九三四
山梨県河内方言(石川緑泥)＝四・九

059 民間伝承　一九三七～一九四三
宇鉄漁村語彙(山口彌一郎)＝三・三
葬送語彙(白井永二)＝三・三
遠山村採集(水野葉舟)＝三・六
遠山村耕作語彙(二)(水野葉舟)＝三・六
相州北足柄村狩猟語彙(野口長義)＝三・七
北足柄狩猟語彙(二)(野口長義)＝三・一〇
家屋語彙(貝森格正)＝三・一一
ヲニオケ(満岡忠成)＝三・一一
山村語彙(武田明)＝三・一二
津軽漁村語彙(貝森格正)＝四・六
感情を表はす形容詞(細谷則理)＝四・六
感情を表はす形容詞(小川景)＝四・六
城南語彙(佐久間昇)＝四・七
津軽漁村語彙(貝森格正)＝四・七
中豊島民俗(佐久間昇)＝四・九
屋根葺替の種類(小川景)＝四・九
木挽の挽歩の勘定(篠田定吉)＝四・九
葉山附近風の呼名(伊藤最子)＝四・九
綱のこと(伊藤最子)＝四・一〇
方言二、三(鈴木棠一)＝四・一〇
農村語彙補足(三宅周一)＝四・一〇
分類漁村語彙補足(目良亀久)＝四・一〇
綱のこと補足(伊藤最子)＝四・一一
船の種類(伊藤最子)＝四・一二
農村語彙補遺(三宅周一)＝四・一二
城南語彙(佐久間昇)＝四・一二
夷隅郡大原町辺の漁村語彙(安藤菊二)＝五・四
食物語彙(和気周一)＝五・五
方言(甲斐卓雄)＝五・五
茨城県稲敷郡金江津村(佐久間昇)＝五・八
漁村語彙(森脇太一)＝五・八
葬送習俗と語彙(和気周一)＝五・八
葬送習俗語彙(三宅周一)＝五・一一
代り言葉(伊藤作一)＝六・四
夷隅郡興津町語彙(一)(相場国郎)＝六・四
夷隅郡興津町語彙(二)(相場国郎)＝六・五
代り言葉(今野円輔)＝六・六
夷隅郡興津町語彙(三)(相場国郎)＝六・六
児童語彙(北林徳治)＝六・六
南高来郡有家町方言(城野智)＝九
遠州地頭方採訪録(鈴木正彦)＝九
戸鹿野の民俗(星野義正・佐久間昇)＝九
厄年その他—簸川郡伊波野村—(岡義重)＝九
農村の言葉一二(蒲生明)＝九
甲州清里村覚書(笹村)＝九
語彙食習其他(瀬川清子)＝九
陸中大川村の食物など(丸山久子)＝九
遠州地頭方採訪録(二)(鈴木正彦)＝九

060 民俗学

061 民族と歴史　一九一九～一九二三
備後三次言葉(後藤美心君)＝一・三
名古屋言葉＝一・六
神戸言葉—神戸と兵庫—(神戸独尊生)＝二・五
西播住宅の一例(高田十郎)＝二・六
播州山田方言(矢倉甫田)＝三・七
三浦半島の方言(赤星直忠)＝七・三
三浦半島方言(赤星直忠)＝九・三

062 風俗画報　一八九二～一九一六
米沢方言(馬場由雄)＝四六
米沢方言(馬場由雄)＝四七
静岡市方言(鈴酒屋報)＝一〇六
信濃松本地方の方言(珍事堂半狂)＝一〇六
薩摩国鹿児島市の方言(渓酒家涼華)＝一〇八
盛岡方言考(小本村司)＝一〇八
甲斐国方言(加納英次郎)＝一一〇
甲斐国方言(続)(加納英次郎)＝一一二
盛岡方言考(続)(小本村司)＝一一二
遠州国引佐郡地方の方言(鈴木和四郎)＝一一四
盛岡方言考(続)(小本村司)＝一一四
伊勢国富田地方の方言(別所乙也)＝一一六
盛岡方言考(続)(小本村司)＝一一六
沖縄の言語(白龍居士)＝一一七
宮古島言語(白龍居士)＝一一七
播磨加古池方の方言(玉木亀三郎)＝一二一
出雲国松江地方の方言(住山永年)＝一二一
飛騨国高山地方の方言(住山永年)＝一二一
駿河国庵原郡方言(香雲生)＝一二一
盛岡方言考(続)(小本村司)＝一二一

上野国館林の方言(鷗夢生)＝一二二
金沢の方言(大屋愷敆)＝一二二
盛岡方言考(続)(小本村司)＝一二二
陸奥国折爪山麓地方々言(零々生)＝一二五
越中方言(杜歩化小史)＝一二五
盛岡方言考(続)(小本村司)＝一二五
但馬国方言(小出舟山)＝一二七
長崎方言(瓊南散史)＝一二七
盛岡方言考(続)(小本村司)＝一二七
因幡国鳥取市の方言(久松山樵)＝一三〇
佐渡国方言佐渡相川(鶴迺舎主人)＝一三〇
盛岡方言考(続)(小本村司)＝一三〇
周防山口の方言(瓢亭)＝一三二
加賀国河北郡根布村女商人の風俗(耕納雨柳子)＝
一三四
信州松本地方の方言(英を)＝一三四
赤間ケ関の方言(梅の家友雅)＝一三四
大坂の方言(梅の家友雅)＝一三四
盛岡方言考(小本村司)＝一三四
三河北設楽郡之方言(七原生)＝一三七
熊本方言(種玉堂主人)＝一三七
盛岡方言考(続)(小本村司)＝一三七
信州小県郡方言(飯島嬉笑)＝一三八
秋田地方の方言(升屋旭水)＝一三八
盛岡方言考(続)(小本村司)＝一三八
伊豆韮山方言(好古生)＝一四〇
常陸地方方言(川角寅吉)＝一四〇
盛岡方言考(続)(小本村司)＝一四〇
越後国新発田地方の方言(近藤貞三)＝一四二
三河国額田郡山中村方言(好古生)＝一四二
盛岡方言考(続)(小本村司)＝一四二
土佐国方言考(今井貞吉)＝一四四
駿州藤枝地方方言(佐藤哲朗)＝一四四
盛岡方言考(続)(小本村司)＝一四四
越後小出町地方の方言(銀山人)＝一四六
近江国蒲生郡八幡町近傍の方言(芳章生)＝一四六
加賀金沢の方言補遺(池田かげろふ)＝一四六
常陸地方方言第二(川角寅吉)＝一四六
北海道方言(松村松韻)＝一四八
加賀国河北郡方言(池田かげろふ)＝一四八
加賀国大聖寺の方言(杉村樗蔭)＝一四八
庄内方言考(続)(黒川友恭)＝一四八
京都売物屋の風俗(其二)(宮島春斎)＝一五〇
備中地方の方言(浮萍生)＝一五〇
越中国礪波郡地方方言(双環子)＝一五〇
豊前国企救郡の方言(境子)＝一五〇
庄内方言考(続)(黒川友恭)＝一五〇
伊勢国神都方言(陋風生)＝一五二
遠江浜松地方々言(曳馬野人)＝一五二
越中国東礪波郡福野町地方の方言(其一)(杉本芳
章)＝一五二
庄内方言考(続)(黒川友恭)＝一五二
伊勢国神都方言(承前)(陋風生)＝一五四
加賀国河北郡方言(第二)(池田かげろふ)＝一五四
伊豆方言(好古生)＝一五四
近江国蒲生郡八幡町近傍の方言(其二)(芳章生)＝
一五四
駿河国藤枝地方々言(新井立析生)＝一五四
庄内方言考(続)(黒川友恭)＝一五四
大阪の方言(流水亭洗心)＝一五六
紀伊国和歌山市方言(摩尼庵主人)＝一五八
紀伊和歌山市の方言(れ、て、生)＝一五八
北海道方言拾遺(池田かげろふ)＝一五八
庄内方言考(続)(黒川友恭)＝一五八
越中高岡市及び近郷の方言(丸の舎花菱)＝一六〇
滋賀県甲賀郡方言(一滴居士)＝一六〇
備後国三原方言(佐藤菊三)＝一六〇
淡路由良の方言(汀蘆生)＝一六〇
庄内方言考(続)(黒川友恭)＝一六〇
佐渡国の方言(池田かげろふ)＝一六五
伊豆韮山方言附南地方(第三回)(好古生)＝一六五
対馬方言(竹敷漁史)＝一六五
伊勢国神都方言(承前)(陋風生)＝一六五
浜松近在の方言(神村直三郎)＝一六五
庄内方言考(続)(黒川友恭)＝一六五
伊勢国富田地方の方言(第一一六号の続き)(別所
乙也)＝一六六
秋田地方々言(舛田旭水)＝一六六
庄内方言考(続)(黒川友恭)＝一六六
庄内方言考(続)(黒川友恭)＝一六八
伊勢国桑名、富田、四日市地方の方言(別所乙也)
＝一七〇
庄内方言考(続)(黒川友恭)＝一七〇
志摩国和具村地方方言(小川稠吉)＝一七二
庄内方言考(続)(黒川友恭)＝一七二
庄内方言考(続)(黒川友恭)＝一七四
能登国鳳至郡穴水村の風俗(続)(池田かげろふ)＝
一七六
庄内方言考(続)(黒川友恭)＝一七六
庄内方言考(続)(黒川友恭)＝一七八
志摩国和具村地方方言(続)(小川稠吉)＝一七八
庄内方言考(続)(黒川友恭)＝一八〇
庄内方言考(続)(黒川友恭)＝一八二
紀伊のスツトコ(麗亭生)＝一八二
庄内方言考(続)(黒川友恭)＝一八五
庄内方言考(続)(黒川友恭)＝一八七
岩代国安達郡杉田近傍方言集(杉英)＝一八七
名古屋の方言(千種堂梧尺)＝一八八
遠州浜松近在方言(文狂生)＝一八八
加賀国金沢の挨拶語(池田かげろふ)＝一九〇
東京仙台方言くらべ(馬場生)＝一九四
東京仙台方言くらべ拾遺(研亭主人)＝一九六
三河国宝飯郡の方言(承前)(此君亭主人)＝一九八
三河国宝飯郡方言集(承前)(此君亭主人)＝二〇二
三河国宝飯郡方言集(承前)(此君亭主人)＝二〇二
三河国宝飯郡方言集(承前)(此君亭主人)＝二〇六
三河国宝飯郡方言集(承前)(此君亭主人)＝二〇八
小樽港方言(木強生)＝二一〇
三河国宝飯郡方言集(承前)(此君亭主人)＝二一二
肥前長崎市方言(安閑生)＝二一二
三河国宝飯郡方言集(承前)(此君亭主人)＝二一四
三河国宝飯郡方言集附録(此君亭主人)＝二一六
越後国北蒲原郡方言(池田かげろふ)＝二一六
美濃国山県郡厳美村附近の方言(仁科美哉)＝二一
九
藤枝近郷近在の方言(新井柳陰)＝二二一
伊勢国度会郡宇治山田町の内宇治地方の秘言(荒
木田晃重)＝二二五
北海道江刺の言葉(寒川庵白羊子)＝二四五
山県方言(河名文助)＝二四九
加賀能美郡小松地方方言一斑(楽斎主人)＝二四九
羽前村山郡地方々言彙集(柄井川柳)＝二五五
最上方言(河名雅斎)＝二六一
遠江浜松の方言(河合信太郎)＝二六一
常陸国潮来町の方言(雲霞庵花山)＝二六二
参河碧海郡安城近傍の方言(安祥山人)＝二六四
掛川町並近在の方言(中山元治)＝二六五
上総地方の方言(第一回)(ジ・ハヤシ生)＝二六七
大和高田方言(岡田竹雲)＝二六七
上総地方の方言(第二回)(ジ・ハヤシ生)＝二六八
大和高田方言(二)(岡田竹雲)＝二六八
薩摩の草木殊称(醯雞舎主人)＝二六八
東京と京都(蒼山生)＝二七〇
大和高田方言(三)(岡田竹雲)＝二七〇
信州上田地方の方言(堀内思焉)＝二七〇
高松地方の方言(木内桂華)＝二七三
甲斐国鰍沢の方言(香雲)＝二七三
小供の悪口(菅原一柳生)＝二七三
高松地方の方言(承前)(木内桂華)＝二七六
上総地方の方言(第三回)(ジ・ハヤシ生)＝二七六
大和高田方言(四)(岡田竹雲)＝二七六
讃岐国高松地方々言集(承前)(木内桂華)＝二七八
大和高田方言(五)(岡田竹雲)＝二七八
上総地方の方言(第四回)(ジ・ハヤシ生)＝二七九
能登輪島方言(室岡峰月)＝二七九
土佐の方言(野島虎猪)＝二七九
下総国香取郡東部地方の方言(木内桂華)＝二八一
上総地方の動物方名(林天然)＝二八一
薩摩の草木殊称補遺(醯雞舎主人)＝二八一
越後新発田方言(痴郎生)＝二八三
大和高田の方言(六)(岡田竹雲)＝二八三
近江長浜地方幼童稚女の言葉(中山嘉三郎)＝二八
三
甲斐方言考(上)(三田村玄龍)＝三〇七
紀伊那賀郡地方方言(重田栄泉)＝三〇七
上総地方の方言(第五回)(ジ・ハヤシ生)＝三〇七
大和高田方言(七)(岡田竹雲)＝三一〇
甲斐方言考(中の一)(三田村玄龍)＝三一〇
志摩国船越村の方言(小坂孤堂)＝三一〇
甲斐方言考(中の二)(三田村玄龍)＝三一二
大和高田方言(八)(岡田竹雲)＝三一二
甲斐方言考(中の三)(三田村玄龍)＝三一四
大和高田方言(九)(岡田竹雲)＝三一四
掛川町並に近在の方言(中山元治)＝三一五
甲斐方言考(中の四)(三田村玄龍)＝三一六
上総地方の方言(第六回)(ジ・ハヤシ生)＝三一六
愛媛県越智郡の方言(矢野定彦)＝三一六
薩摩鱗介の殊称(醯雞舎主人)＝三一八
甲斐方言考(中の五)(三田村玄龍)＝三二〇
大和高田方言(十)(岡田竹雲)＝三二〇
甲斐方言考(中の六)(三田村玄龍)＝三二二
大和高田方言(十一)(岡田竹雲)＝三二二
越中婦負山村の方言(瓦山人)＝三二二
甲斐方言考(中の七)(三田村玄龍)＝三二四
甲斐方言考(中の八)(三田村玄龍)＝三二六
信濃南部の方言(小林義暁)＝三二六
甲斐方言考(中の九)(三田村玄龍)＝三三〇
土佐方言(河口月華堂)＝三三〇
甲斐方言考(中の十)(三田村玄龍)＝三三二
越後中魚沼郡方言(不如学楼主人輯)＝三三二
結城地方の方言(安楽居善子)＝三三二
駿河駿東郡北部の方言(香雲)＝三三二
甲斐方言考(下の一)(三田村玄龍)＝三三四
美濃国羽島郡笠松地方の方言(久納與三)＝三三四
土佐方言第二(河口月華堂)＝三三六
甲斐方言考(下の二)(三田村玄龍)＝三三八
越後中魚沼郡方言(二)(不如学楼主人輯)＝三三八
甲斐方言考(下の三)(三田村玄龍)＝三三九
甲斐方言考(下の四)(三田村玄龍)＝三四一
甲斐方言考(下の五)(三田村玄龍)＝三四三
遠江磐田郡内の方言(香雲)＝三四三
越中富山方言(清秀女史)＝三四三
甲斐方言考(下の六)(三田村玄龍)＝三四六
駿河富士郡内の方言(香雲)＝三四六
甲斐方言考(下の七)(三田村玄龍)＝三四九
信濃南部の方言(続き)(小林義暁)＝三四九
山口地方の方言(すの字)＝三四九
甲斐方言考(下の八)(三田村玄龍)＝三五〇
秋田市の方言(一酔子)＝三五〇

甲斐方言考(下の九)(三田村玄龍)＝三五二
信州南部方言(小林義暁)＝三五二
秋田市の方言(承前)(一酔子)＝三五二
甲斐方言考(下の十)(三田村玄龍)＝三五五
東北方言とアイヌ語(画報生)＝三五五
信州南部方言(続)(小林義暁)＝三五五
甲斐方言考(下の十一)(三田村玄龍)＝三五七
信濃南部方言(続)(小林義暁)＝三五七
八尾山方々言(瓦山人)＝三五九
上総地方の方言(第六回)(ジ・ハヤシ生)＝三六二
水戸市の方言(横田暁峰)＝三六四
常陸の方言東南地方(蘆のまろ家のあるじ)＝三六六
信濃南部方言(続)(小林義暁)＝三六八
常陸の方言東南地方(承前)(蘆の円家の主人)＝三六九
尾三方言籤(一)(三田村玄龍)＝三七一
下総国香取郡東部地方の方言(木内桂華)＝三七二
尾三方言籤(二)(三田村玄龍)＝三七四
下総国香取郡東部地方の方言(承前)(木内桂華)＝三七四
尾三方言箋(三)(三田村玄龍)＝三七六
上総地方の方言(補遺)(ハヤシ生)＝三七六
尾三方言箋(四)(三田村玄龍)＝三七七
越後中魚沼中部方言(其一)(宮沢浩)＝三七七
尾三方言箋(五)(三田村玄龍)＝三七九
尾三方言(六)(三田村玄龍)＝三八一
福島地方々言(横山暁峰)＝三八三
下野東部の方言(新田撫堂)＝三八三
金沢方言(丸谷生)＝三八四
尾三方言(七)(三田村玄龍)＝三八四
広島方言(三好右京)＝三八五
尾三方言(八)(三田村玄龍)＝三八五
尾三方言箋(九)(三田村玄龍)＝三八六
越後方言(宮沢浩)＝三八六
尾三方言箋(十)(三田村玄龍)＝三八八
尾三方言箋(十一)(三田村玄龍)＝三八九
茨城方言補遺(蘆円家主人)＝三九二
茨城方言補遺(二)(蘆円家主人)＝三九三
茨城方言補遺(三)(蘆円家主人)＝三九四
尾三方言箋(三田村玄龍)＝三九五
茨城方言補遺(四)(蘆円家主人)＝三九六
尾三方言箋(承前)(三田村玄龍)＝三九九
尾三方言箋(承前)(三田村玄龍)＝四〇一
尾三方言箋(十二)(三田村玄龍)＝四〇二
上総ヒヤリ(千葉窈窕)＝四〇四
信濃国小県郡地方言(小山真夫)＝四〇七
薩摩方言摭解(加藤尾花)＝四〇八
尾三方言箋(十三)(三田村玄龍)＝四〇八
信濃南部方言(小林義暁)＝四一〇

出雲の方言(敷島道成)＝四一一
宮城方言抄(あしのまろや)＝四一九
豊前宇佐地方の俚諺(吉川実)＝四一九
茨城方言補遺(五)(飯田蓋山)＝四二三
茨城方言補遺(六)(飯田蓋山)＝四二四
茨城方言補遺(八)(飯田蓋山)＝四二五
茨城方言補遺(九)(飯田蓋山)＝四二六
茨城方言補遺(十)(飯田蓋山)＝四三〇
茨城方言補遺(十一)(飯田蓋山)＝四三一
茨城方言補遺(十二)(飯田蓋山)＝四三九
茨城方言補遺(飯田蓋山)＝四四〇
茨城方言(飯田蓋山)＝四四四
茨城方言補遺(蓋山処士)＝四四九
茨城方言補遺(承前)(蓋山処士)＝四五〇
山口言葉(今井石壺)＝四五二
盛岡附近の方言(蓋山処士)＝四五二
越前の国大野の方言(南山人)＝四五二
盛岡紫波郡地方の方言(関場武彦)＝四五三
茨城方言拾遺(蓋山処士)＝四五三
和歌山市方言(摩尼庵)－四五四
新潟地方の方言(亀倉生)＝四五四
松本方言(珍事堂)＝四五四
越中五ケ山地方々言(杜歩化)＝四五四
金沢方言＝四五五
壱岐方言＝四五五
薩摩なまり(芋之助)＝四五五
茨城方言補遺(承前)(蓋山処士)＝四五五
茨城方言拾遺(蓋山処士)＝四五六
伊勢北部地方の方言＝四五八
埼玉地方の方言(蓋山処士)＝四五八
埼玉地方の方言北足立郡(第二)(蓋山処士)＝四六〇
茨城方言拾遺(蓋山処士)＝四六四
遠江国榛原郡南部地方の方言(香雲生)＝四六五
埼玉地方の方言(第三)(北足立郡)(蓋山処士)＝四六五
埼玉方言北足立郡(第四)(蓋山処士)＝四六六
茨城方言(蓋山処士)＝四六九
金沢地方方言(竹亭白山)＝四七〇
九十九里浜方言考(上総之部)(蓋山処士)＝四七一
仙台方言＝四七一
茨城方言(蓋山処士)＝四七二
九十九里浜方言考(上総之部)(蓋山処士)＝四七七

063 旅と伝説
064 民族

近代の資料　その二

(各地方別に語彙のとられている資料)

北海道・東北

065 北海道方言集(渡辺茂)　一九三五
066 南方北海道方言の概観(小笠原文次郎)　一九三七
067 箱舘方言(桜園叢書)　一八七〇頃
068 東北方言集(仙台税務監督局)　一九三〇

青森

069 青森県地誌(青森県教育会)　一九三〇
070 青森県総覧(東奥日報社)
071 青森県方言訛語(青森県庁)　一九〇八
072 東奥日用語辞典及青森県方言集(東奥日報社)　一九三二
073 青森県方言集(菅沼貴一)　一九三五
074 方言俚諺集(有畑尋常高等小学校)　一九三三頃
075 津軽のことば(鳴海助一)　一九五八～六一
076 津軽方言考(松平円次郎)　一九〇一
077 津軽方言集(斎藤大衛)　一九〇三
078 津軽のしるべ(佐藤彌六)　一八九九
079 勝地浅瀬石川(佐藤雨山・工藤親作)　一九二八
080 鳥城志―黒岩案内(安西如鳩)　一九一三
081 七和村誌
082 野辺地方言集(中市謙三)　一九三六
083 青森県五戸語彙(能田多代子)　一九六三
084 南部方言訛語序説(佐藤政五郎)　一九三六
085 教育適用南部方言集(簗瀬栄)　一九〇五
086 三戸郡誌(青森県八戸町同郡教育会)　一九二七

岩手

087 岩手方言の語彙(小松代融一)＝岩手方言研究第三集　一九五九
088 九戸郡志(岩手県教育会九戸郡部会)　一九三六
089 方言集(岩手郡巻堀尋常高等小学校)　一九三二
090 盛岡案内記(盛岡銀行)　一九三三
091 船越村ヲ中心トセル発音ノ誤リト方言訛語(下閉伊郡船越尋常高等小学校)　一九三二
092 杜陵方言考(小本村司)　一八八九
093 岩手県紫波郡長岡村方言集(堀合健一)＝方言誌九　一九三四
094 湯本村誌　一九二〇
095 西和賀方言之研究(高橋藤作)　一九三四
096 江刺郡誌(岩手県教育会江刺郡部会)　一九二五
097 岩手県釜石町方言誌(八重樫真)　一九三三
098 遠野方言誌(伊能嘉矩)　一九二六
099 遠野案内(松山繁二)　一九一二
100 気仙方言誌(菊地武人)　一九六四
101 岩手気仙の方言(菊地武人)　一九七二
102 気仙ことば(佐藤文治)　一九六五
103 広田村郷土教育資料三(広田尋常高等小学校)　一九三三
104 気仙郡誌(岩手県教育会)　一九一〇
105 胆沢郡誌(岩手県教育会胆沢郡部会)　一九二七
106 東磐井郡誌(岩手県教育会東磐井郡部会)　一九二五
107 東磐井郡東山(畠山芳造)＝岩手叢書　一九〇三
108 平泉方言の研究(小松代融一)　一九五四

宮城

112 宮城県地方に行はるる魚の方言(佐々木喜一郎)　一九三二
113 栗原郡誌(宮城県栗原郡教育会)　一九一八
114 細倉の言葉(世古正昭)　一九五五
115 登米郡史(登米郡役所)　一九二三
116 玉造郡誌(玉造郡教員会)　一九二九
117 加美郡誌(加美郡教育会)　一九二五
118 遠田郡誌(遠田郡教育会)　一九二六
119 牡鹿郡誌(牡鹿郡役所)　一九二三
120 石の巻弁(弁天丸孝)　一九三二
121 仙台方言集(土井八枝)　一九一九
121 仙台の方言(土井八枝)　一九三八
122 仙台方言考(伊勢斎助)　一九一六
123 仙台方言考(真山彬)　一九三六
124 仙台方言(藤原勉)＝仙台市史　一九五三
125 仙台民俗誌(三原良吉)＝仙台市史　一九五二
126 名取郡誌(名取教育会)　一九二五
127 宮城県亘理郡史(渡辺義顕)　一九一七
128 宮城県伊具郡史(渡辺義顕)　一九一六

秋田

130 秋田方言(秋田県学務部学務課)　一九二九
131 秋田の植物方言(水口清)　一九三〇
132 鹿角方言考・同補遺(大里武八郎)　一九五三・五九
133 鹿角方言集(内田武志)　一九三六
134 河辺郡誌(河辺郡役所)　一九一七
135 秋田市方言資料(国立国語研究所)　一九六四
136 西明寺村郷土志(同編纂会)　一九三三

山形

138 山形県方言集(山形師範学校)　一九三三
139 山形県方言辞典(山形県方言研究会)　一九七〇
140 羽後飛島図誌(早川孝太郎)　一九二五
141 飽海郡誌(飽海郡役所)　一九二三
142 荘内語及語釈(三矢重松)　一九三〇
143 荘内方言考(黒川友恭)　一八九一
144 羽前村山方言(斎藤義七郎)　一九三四
145 地域社会の言語生活(国立国語研究所)　一九五三
146 山形市史　一九二六
147 米沢・六十一茎集(五十嵐力)　一九三五
148 置賜方言集(米沢高等学校郷土研究クラブ)　一九五二
149 米沢言音考(内田慶三)　一九〇三
150 米沢地方に於ける方言(山形県立米沢高等女学校)　一九三三
151 米沢方言辞典(上村良作)　一九六九
152 白鷹方言ぽんがら(奥村幸雄)　一九六一

福島

155 福島県方言辞典(児玉卯一郎)　一九三五
156 福島県中村町方言集(武藤要)　一九三二
157 福島県棚倉町方言集(武藤要)　一九三三
158 福島県福島市方言集(武藤要)　一九三三
159 信夫郡方言集(半沢保・小田イツ・高ヤス・善方常治)　一九一〇

160 信夫郡鎌田村誌（香内思水） 一九三六
161 相馬方言考・続相馬方言考（新妻三男） 一九三〇・三二
162 伊達郡誌（伊達郡役所） 一九二三
163 福島県耶麻郡誌（耶麻郡役所） 一九一九
164 磐梯と猪苗代湖（田子健吉） 一九二四
165 東北民俗誌会津編（山口彌一郎） 一九五五
166 福島県会津方言集（安達善吉） 一九三三
167 北会津郡郷土誌（北会津郡役所） 一九一七
169 会津方言雑考（安達善吉）
170 会津若松市方言集稿（五十嵐正巳） 一九三六
171 若松市史（若松市役所） 一九四一
172 若松市郷土誌（若松市役所） 一九一四
173 会津両沼方言訛語考（佐藤忠彦） 一九六三
174 会津繁昌記
175 大沼郡誌（大沼郡役所） 一九二三
176 岩瀬郡誌（岩瀬郡役所） 一九二三
177 石城郡誌（石城郡役所） 一九二三
178 磐城北神谷の話（高木誠一） 一九五五
179 石川郡誌（石川郡役所） 一九二三
180 須賀川方言集（大久保利治） 一九五四
181 西白河郡誌（西白河郡役所） 一九一五
182 泉崎ことば集（遠藤輝之助） 一九六七
183 福島県西白河郡白河町方言（白河高等女学校国語科） 一九三七
184 南会津郡田島町方言訛語集（樋口弘次郎） 一九六〇
185 尾瀬と檜枝岐（川崎隆章） 一九四三
186 檜枝岐民俗誌（今野円輔） 一九五一

茨城

188 茨城方言集覧（茨城教育協会） 一九〇四
189 新編常陸国誌補遺（栗田寛） 一九六九
190 多賀郡高岡村民俗誌（大間知篤三） 一九五一
191 方言の研究・真壁郡方言集（小島保） 一九三五
192 石岡誌（松倉鶴雄） 一九一二
193 茨城県稲敷郡方言集（稲敷郡教員集会） 一九〇二
194 茨城県稲敷郡根本村方言調査表（中野和子）＝稿 一九五三
195 北相馬郡川原代村方言集（三谷栄一）＝方言誌三 一九三三

栃木

197 本県に於ける方言訛語の調査（栃木県師範学校） 一九二八
198 栃木県方言辞典（森下喜一） 一九八三
199 大田原小誌（橋本一郎） 一九三五
200 栃木県塩谷郡泉村方言集＝芳賀郡土俗研究会報 一九三一
201 栃木県塩谷郡喜連川方言集（手塚邦一郎） 一九五二
202 烏山
203 方言訛語調査綴（芳賀郡第四部小学校組合会） 一九一〇
204 河内郡方言集（栃木県河内郡小学校聯合組合会） 一九〇三
205 芳賀郡逆川村方言方物考（高橋勝利） 一九二八
205 逆川村方言考（高橋勝利） 一九三〇
205 栃木県芳賀郡逆川村方言（高橋勝利）＝芳賀郡土俗研究会報 一九三〇
208 栃木県安蘇郡野上村語彙＝方言誌一七
209 足利市史（足利市役所） 一九二八～二九
210 植野村郷土誌
211 豊郷村郷土誌 一九一三

群馬

214 藤原風土記・藤原地方の風俗（中島ツネ子） 一九六三
215 利根郡片品村言語調査報告（中沢政雄）＝季刊国語六 一九四九
216 ことばのスケッチ—利根のことば（上野勇） 一九五九
217 沼田町史（町役場） 一九五二
218 群馬県吾妻郡誌（吾妻郡教育会） 一九二九
219 六合村の民俗（群馬県教育委員会） 一九六三
220 秋山紀行補注（山口一衛氏よりの聞書）
221 群馬県吾妻郡中之条町郷土誌（町役場） 一九一九
222 勢多郡語彙（原田龍雄） 一九五八
223 群馬県群馬郡誌（群馬郡教育会） 一九二五
224 滝川村郷土誌 一九一〇
225 白郷井村郷土誌（上白井尋常高等小学校） 一九一〇
226 群馬郡塚沢村郷土誌 一九一〇
227 碓氷郡誌 一九二三
228 碓氷郡松井田村方言（近藤喜博）＝方言誌三 一九三三
229 群馬県北甘楽郡誌（本多亀三） 一九二八
230 多野郡上野村郷土誌 一九一六
231 方言と文化（山田修） 一九五七
232 群馬県多野郡誌（多野郡教育会） 一九二七
233 安中の方言（阪本英一） 一九七〇
234 倉賀野町郷土誌 一九一〇
235 伊勢崎方言（図書館カード）
236 村のことば（星野次子・渡辺昭子） 一九五二
237 勢多郡方言資料＝稿
238 勢多郡町村郷土誌類＝稿 一九四三
239 前橋市方言（群馬県師範学校）＝稿
240 山田郡町村誌山田郡相生村（上野勇）＝方言の研究 一九三九
241 桐生地方に於ける方言訛語調査（桐生市乙種学事会） 一九三六
242 佐波方言之研究（中沢政雄） 一九四二
243 郷土調査（佐波郡東尋常高等小学校） 一九三四
244 群馬県邑楽郡誌（邑楽郡教育会） 一九一七
245 上州館林町方言集（宮本勢助） 一九三二
246 万場の方言（上野勇） 一九五二

埼玉

249 埼玉県郷土研究資料
250 埼玉県秩父郡誌（秩父郡教育会） 一九二五
251 秩父の伝説と方言（秩父市教育委員会） 一九六二
252 妻沼町誌（高木幹雄） 一九二八
253 奥秩父大滝村方言採集帖（大滝尋常高等小学校） 一九三四
254 八基村郷土誌（鈴木徳三郎） 一九一三
255 埼玉県川越市近傍言語集（杉山正世） 一九三〇
256 入間郡誌（安部立郎） 一九一三
257 埼玉県入間郡宗岡村言語集（池ノ内好次郎） 一九三〇
258 埼玉県幸手方言集（上野勇） 一九三三

千葉

261 房総方言集（林天然）＝千葉文化一巻四号 一九三九
262 房総之半島（栗岩水滸・藤浪紫園） 一九〇七
263 千葉県の植物方言・千葉県の動物方言一～三（川名興） 一九六九～七一
264 下総方言一斑（村岡良弼） 一九三五
265 香取郡誌（山田角次郎） 一九〇〇
266 佐原町誌（千葉県香取郡佐原町役場） 一九三一
267 古城村誌（高木卯之助） 一九五三
268 千葉県海上郡誌（海上郡教育会） 一九一七
269 山武郡郷土誌（山武郡教育会） 一九一六
270 千葉方言—山武郡篇（冢田芳太郎） 一九三四
271 印旛郡誌（印旛郡役所） 一九一三
272 千葉県印旛郡本埜村誌（村役場） 一九一六
273 印旛郡宗像村誌（村役場） 一九一五
274 印旛郡六合村誌 一九一二
275 千葉郡誌（千葉郡教育会） 一九二六
276 東葛飾郡誌（東葛飾郡教育会） 一九四〇
277 東葛富勢村誌
278 関宿
279 湖北村誌（菅井梅之助） 一九一二
280 北総方言採集帖（伊藤晃） 一九六四
281 船橋の方言＝船橋町誌 一九三七
282 市原郡誌 一九一六
283 市原郡の方言（葉山修平）
284 市原郡内田村誌
285 東総地方方言集（斎藤達夫）＝方言誌三 一九三三
286 長生郡一宮町方言（浅野栄一郎）＝方言誌一六 一九三六
287 長生郡郷土誌 一九一三
288 千葉県夷隅郡誌 一九二四
289 夷隅郡興津方言（武井君子）＝稿
290 夷隅郡瑞沢村方言（佐藤芳子）＝稿
291 夷隅郡古沢村方言（江沢暭・鵜沢貞子・安藤かく）＝稿
292 夷隅郡長者町方言（吉野静子）＝稿
293 安房郡富浦町方言（鈴木ちゑ子）＝稿
294 安房郡豊房・館山方言（鈴木氏）＝稿
295 安房郡七浦村方言（栗原通）＝稿
296 安房郡主基村方言（高梨幸雄）＝稿
297 安房郡曾呂村方言（石井昭）＝稿
298 安房郡吉尾村方言（畠山明）＝稿
299 房州方言（鈴木茂）＝稿
300 布佐地方方言（工藤悟）＝稿
301 君津郡誌（君津郡教育会） 一九二七
302 安房郡誌（安房郡教育会） 一九二六
303 安房郡豊田村誌抄
304 南総の俚俗（内田邦彦） 一九一五
305 旧葛西村ニ於ケル話言葉

東京

308 東京方言集・江戸川区の方言（福里栄三） 一九三五
309 東京方言集・旧市域の訛語（斎藤秀一） 一九三五
310 東京方言集・多摩方言（村田鈴城） 一九三五
311 八王子の方言（塩田真八） 一九六五
312 東京京阪言語違 一八八六
313 武州小河内採薬目録（伊藤篤太郎）

神奈川

314 神奈川県方言辞典（斎藤義七郎・日野資純） 一九六五
315 横浜市史稿（横浜市役所） 一九三一～三二
316 津久井郡勢誌・民俗語彙（尾崎恒雄） 一九五四
317 相州内郷村近傍方言（鈴木重光）＝方言誌二 一九三二
318 方言整理の一例（山本宗一）＝国語と民族思想二 一九三四
319 遠藤民俗聞書（丸山久子） 一九六一
320 大野誌（神奈川県平塚市教育委員会） 一九五八
321 高座郡南部（山本宗一） 一九三四

東京伊豆諸島

322 伊豆諸島文化財総合調査報告（東京都教育委員会） 一九五八～五九
323 伊豆諸島方言の研究（平山輝男） 一九六五
324 音韻調査＝八丈島教育会報二 一九一二
325 口語法調査＝八丈島教育会報二 一九一二
326 伊豆大島方言集（柳田国男）＝全国方言集三 一九四二
327 大島要覧（月出くの） 一九一四
328 伊豆大島岡田村語彙（白井潮路） 一九二七
329 三原山今昔史（杉原北洋） 一九五〇
330 波浮港村誌（松木国次郎） 一九一四
331 利島語彙（大間知篤三） 一九四九
332 新島採訪録（藤木喜久麿） 一九三六
333 三宅島・御蔵島方言全集（浅沼悦・栗原寿） 一九二七
334 八丈島方言（丸尾芳男）＝方言誌一 一九三〇
335 八丈島の言語調査（国立国語研究所） 一九五〇
336 八丈島方言の語法（飯豊毅一）＝ことばの研究 一九五九
337 八丈島（大間知篤三） 一九六〇
338 伊豆七島八丈島の動物方言（籾山徳太郎） 一九三四
339 黒潮圏の八丈島（小川武） 一九五八
340 八丈島三ッ根村方言集（宮本馨太郎）＝趣味叢書一二 一九三六
341 八丈島仙郷誌（大脇繁吉） 一九二八
343 八丈島中之郷（丸井芳男）＝方言誌一 一九三二

新潟

345 越後方言考（小林存） 一九三七
346 新潟県天産誌（中村正雄） 一九二五
347 越佐方言集（田中勇吉） 一八九二

348 佐渡方言集(矢田求) 一九〇九
349 佐渡方言集(萩野由之) 一九〇四頃
350 佐渡の方言＝佐渡一 一九五四
351 新潟県方言辞典・佐渡編(渡辺富美雄) 一九七四
352 佐渡方言辞典(広田貞吉) 一九七四
353 佐渡羽茂方言(羽茂尋高小学校) 一九二八
354 佐渡植物方言(渡辺吾郎) 一九三二
355 佐渡・河原田・二宮・沢根・八幡・地方方言訛言(佐渡民俗研究会) 一九三三
356 佐渡海府方言集(倉田一郎)＝全国方言集六 一九四四
357 新潟県佐渡郡加茂村方言(川島主税)＝方言誌一八 一九三七
358 方言訛言取調書(本間・柴野他) 一九〇〇
359 相川町誌(岩木拡) 一九二七
360 北小浦佐渡民俗誌(柳田国男)＝全国民俗誌叢書 一九五
361 越後方言七十五年(小林存) 一九五一
362 岩船郡下川郷民俗語彙稿(渡辺行一) 一九三九
364 蒲原の民具(巻史学会) 一九六三
365 粟島採取録(丸茂武重)＝方言誌三 一九三三
366 八幡村方言採集(大滝勝人)＝高志路二二一 一九七〇
367 新潟県北蒲原郡西山・長浦・水原村方言＝方言誌一八(佐藤謙吉) 一九三七
368 東蒲原郡方言調査報告書(東蒲原郡ＰＴＡ連合会) 一九五五
369 越後津川附近方言集(丸山寛) 一九三七
370 西蒲原郡案内(井口越南) 一九一四
371 さとことば(幸田文時) 一九三五
372 越後三条南郷談(外山暦郎) 一九二五
373 中越方言集(長岡中学校国漢科) 一九三六
374 三島郡誌(三島郡教育会) 一九三七
375 北越史料出雲崎(西沢新次) 一九〇六
376 長岡市史(長岡市役所) 一九三一
377 長岡の方言(高嶋定雄) 一九二七
378 南魚沼郡誌(南魚沼郡教育会) 一九二〇
379 中魚沼郡中部方言集(中魚沼郡中部協議会)
380 刈羽郡案内(関甲子次郎) 一九〇五
381 柏崎(中村葉月・西巻三四郎) 一九一五
382 新潟県方言辞典・上越編(渡辺富美雄) 一九七三
383 頸城方言集(渡辺慶一) 一九二八
384 妙高高原を中心とした方言並びに発音語法の一考察(池田一男) 一九五八
385 西頸城郡誌(西頸城郡教育会) 一九三〇
387 下越方言集(村上高等女学校) 一九三五頃

富山

389 越中方言集(伊藤風年) 一八九七
390 富山県方言(富山県教育会) 一九一九
391 入善区域方言集(入善区域教育研究会) 一九一七
392 富山市近在方言集(田村栄次郎) 一九二九
393 富山市方言集(中塩清之助)＝方言誌一三 一九三五
394 富山県射水郡櫛田村方言集(柴山幸)＝方言誌一三 一九三五
395 伏木地方の方言集(田口倭太郎・克敏) 一九五四
396 八尾史談(松本駒次郎) 一九二七
397 越中礪波方言集(林政二) 一九四三
398 砺波民俗語彙(佐伯安一) 一九六一
399 城端町史(町史編纂委員会) 一九五九
400 五位山の民俗(伊藤曙覧) 一九五七～五八
401 方言茶話(松居巌夫) 一九五七
402 越中五箇山方言語彙(1)～(6)(真田ふみ) 一九七三～七八

石川

404 石川県方言彙集(石川県教育会) 一九〇一
405 国語方言(石川国語方言学会) 一九五一～五三
406 石川県民俗資料緊急調査報告書(能登文化財保護連絡協議会) 一九六五
407 能登半島先端部の方言分布(馬場宏) 一九六八
408 石川県珠洲郡誌(珠洲郡役所) 一九二三
409 石川県鳳至郡誌(鳳至郡役所) 一九二三
410 町野村誌(江尻寅次郎) 一九二六
411 石川県鹿島郡誌(鹿島郡自治会) 一九二八
412 石川県羽咋郡誌(羽咋郡役所) 一九一七
413 能登の「たとへ言葉」(長岡博男)＝方言誌一八 一九三七
414 石川県河北郡誌(河北郡役所) 一九二〇
415 普通語対照金沢方言集(木村尚) 一九〇九
416 金沢市方言(並木喜子)＝稿
417 松任地方の方言(中山随学) 一九二九
418 加賀なまり(竹中邦香) 一八八〇前後
419 石川県能美郡誌(能美郡役所) 一九二三
420 郷土調査資料(石川県能美郡浜尋常高等小学校) 一九三
421 石川県石川郡誌(石川郡自治協会) 一九二七
422 石川県江沼郡誌(江沼郡役所) 一九二五
423 江沼郡河南村方言考(野田清) 一九三六
424 江沼郡三木村方言考(野田清) 一九五一

福井

427 福井県方言集(福井県福井師範学校) 一九三一
428 福井の方言(徳山国三郎) 一九三三
429 福井県民俗資料緊急調査報告書(県教育委員会) 一九六五
430 若越民俗語彙(斎藤槻堂) 一九六〇
431 若越方言集(福田太郎) 一九〇二
432 若越の方言(石橋重吉) 一九四七
433 越前坂井郡方言集(島崎圭一) 一九三三
434 坂井郡誌 一九一二
435 国語教材の地方的研究(敦賀郡教員会) 一九三〇
436 大野郡五箇坂谷村誌 一九一二
437 今立郡誌 一九〇九
438 石徹白民俗誌(宮本常一)＝全国民俗誌叢書Ｉ 一九五一
439 読方地方教材の研究(大野郡勝山部会) 一九三〇
440 国語研究(足羽郡教員会) 一九三〇頃
441 読方科ノ郷土化事項教授要目(今立郡新横江校) 一九三〇
442 国語教材の地方化(南条郡教育会) 一九三〇
443 敦賀町方言集(山本計一) 一九三六
444 三方郡耳村小学校プリント 一九三〇頃
445 遠敷郡小学校教員会第一回研究報告集 一九一四以後
446 知三村誌(遠敷郡知三村役場) 一九一五
447 福井県大飯郡方言の研究(松崎強造) 一九三三
448 大飯郡地方方言訛語の調査(大飯郡教員会)
449 今富村誌

山梨

452 山梨鑑(小幡宗海・安藤誠治) 一八九四
453 山梨県方言辞典(羽田一成) 一九三四
454 甲斐の落葉(山中共古) 一九二六
455 甲斐国方言集(西山梨郡役所)
457 北都留郡誌(北都留郡誌編纂会) 一九二五
458 中巨摩郡誌(中巨摩郡聯合教育会) 一九二八
459 河口湖畔船津今昔物語(伊藤堅吉) 一九五三
460 東八代郡誌(山梨教育会東八代支会) 一九一四
461 松のしらべ(山梨県立甲府高等女学校校友会)＝方言伝説号 一九二五
462 北巨摩郡誌(山梨教育会) 一九一五
463 奈良田の方言(深沢正志) 一九五七
464 西山村総合調査報告書(西山村総合学術調査団) 一九五八
465 山梨県河内方言(石川緑泥) 一九三四

長野

468 洲羽言葉(岩本節次) 一九三四
469 信州方言風物誌(福沢武一) 一九五六～五八
470 下水内郡方言調査書(下水内郡校長会) 一九〇二
471 上高井郡誌(上高井郡教育会) 一九一四
472 長野市及上水内郡内の方言集(佐伯隆治) 一九三五
473 長野市(長野市役所) 一九二五
474 小谷口碑集(小池直太郎) 一九二三
475 信州上田附近方言集(上田中学校国語漢文科) 一九三三
476 北安曇郡方言取調(北安曇郡役所) 一八九七
477 松代町誌(埴科郡松代町役場) 一九二九
478 更級郡方言集 一八九一
479 南安曇郡誌 一九二三
480 東筑摩郡方言 一八九八
481 諏訪方言集(長野県諏訪実業高等学校地歴部) 一九六一
482 北佐久郡志(北佐久郡役所) 一九一五
483 佐久郡俚言鈔(武田喜伝治) 一八七五
484 信州佐久地方方言集(大沢心一) 一九四一
485 佐久の植物方言(佐藤邦雄) 一九七〇
486 南佐久郡志(南佐久郡役所) 一九一九
487 信州南佐久郡方言集(佐伯隆治)＝方言誌二三 一九三九
488 上伊那方言集(畑美義) 一九五二
489 黒河内民俗誌(最上孝敬)＝全国民俗誌叢書 一九五一
490 西筑摩郡誌(西筑摩郡役所) 一九一五
491 方言調査(西筑校長会) 一九〇三
492 信州下伊那郡方言集(井上福美) 一九三六
493 東信濃方言集(上原邦一) 一九七六

岐阜

497 岐阜県方言(松平静) 一九〇三
498 岐阜県方言集成(瀬戸重次郎) 一九三四
499 北飛騨の方言(荒垣秀雄) 一九三三
500 郷土の自然と文化(古川町教育会) 一九三二
501 袖川村誌(吉城郡袖川村教育会) 一九一七
502 飛騨のことば(土田吉左衛門) 一九五九
503 岐阜県益田郡誌(益田郡役所) 一九一六
504 郡上方言(岐阜県立郡上高等学校方言研究会) 一九五二
505 飛騨白川郷の風物(白木紫峯) 一九五一頃
506 山県郡誌(山県郡教育会) 一九一八
507 美濃徳山村民俗誌(桜田勝徳)＝全国民俗誌叢書 一九五一
508 美濃梅原村附近の方言(信田葛葉) 一九三二
509 東白川村誌(苅田乙三郎) 一九一四
510 本巣郡誌(本巣郡教育会) 一九三七
511 岐阜市史(岐阜市役所) 一九二八
512 大垣市史(大垣市役所) 一九三〇
513 岐阜県不破郡垂井町岩手方言(奥村三雄)＝方言録音資料シリーズ 一九六八
514 東濃方言集(恵那郡教育会) 一九〇三
515 城山村を中心としたる方言集(城山尋常高等小学校) 一九三四
516 洞戸村誌(古田広一) 一九二六

静岡

520 静岡県方言辞典(静岡県師範学校・同女子師範学校) 一九一〇
521 静岡県方言集(内田武志) 一九三四
522 静岡県方言誌(内田武志) 一九三六～四一
523 静岡県博物方言集(徳田)＝方言誌一九 一九三七
524 静岡県の植物(杉本順一) 一九四八
525 三島町附近
526 三島町を中心とした方言訛語(大岩一郎) 一九三三
527 静岡県駿東郡誌(駿東郡役所) 一九一七
528 修善寺村誌(修善寺村役場) 一九一四
529 北豆方言集(田方郡第二区小学校長会) 一九〇六
530 静岡県田方郡誌(田方郡役所) 一九一八
531 静岡県庵原郡誌(庵原郡教育会) 一九一六
532 静岡県志太郡誌(志太郡役所) 一九一六
533 藤枝町誌(町役場) 一九二四
534 静岡県庵原郡飯田村及び志太郡榛原郡川根地方方言集(鈴木脩一)－方言誌一〇 一九三四
535 駿河岡部の方言と風物(佐藤義人) 一九六七
536 静岡県島田方言誌(坂野徳治) 一九六二
537 小笠郡下の方言を中心とした言葉の栞(戸塚一郎) 一九五二

538 静岡県小笠郡誌（小笠郡役所） 一九二五
539 浜松郷土志料（飯島千里） 一九三三
540 静岡県安倍郡誌（安倍郡時報社） 一九一四
541 本川根方言考（井沢隆俊） 一九六〇
542 静岡県本川根方言の文（山口幸洋） 一九六五
543 静岡県磐田郡誌（磐田郡教育会） 一九二一
544 周智郡誌
545 新居の浜のことば（山口幸洋・吉原けい子） 一九七〇
546 水窪方言の基礎調査（山口幸洋） 一九六〇

愛知

549 愛知県方言集（黒田鉱一） 一九三四
550 西加茂郡誌（西加茂郡教育会） 一九二六
551 愛知県丹羽郡誌（丹羽郡教育会） 一九一七
552 小牧町史（津田象山） 一九二六
553 三河北設楽郡方言集（原田清・永江土枝次・岡田松三郎） 一九三四
554 南設楽郡誌（南設楽郡教育会） 一九二六
555 八名郡誌 一九二六
556 東三河方言の調査（愛知県豊橋第二中学校校友会） 一九三三
557 葉栗村志稿（岩田儀蔵） 一九一七
558 西春日井郡誌 一九二三
559 東春日井郡誌（東春日井郡役所） 一九二三
560 名古屋市史 一九一五～三四
561 名古屋ことば（名古屋教育会・今枝清胤） 一九三三
562 随筆名古屋言葉辞典（山田秋衛） 一九六一
563 愛知郡誌（愛知郡役所） 一九二三
564 参河国碧海郡誌（碧海郡教育会） 一九一六
565 矢作ダム水没地域民俗資料調査報告（愛知県教育委員会） 一九六七
566 六ツ美村誌（村是調査会） 一九二六
567 尾張之方言・続篇（加賀治雄） 一九三一～三三
568 尾張百姓ことは稿本（柳人生） 一九三七
569 大野町史（町役場） 一九二九
570 南知多方言集（鈴木規夫） 一九三三
571 郷土研究（知多郡河和第一尋常高等小学校） 一九三〇頃
572 なほしてほしい東参方言（宇井英） 一九二六
573 方言やっとかめ（竹内向村） 一九三二
574 刈谷町誌（町役場） 一九三三
575 岡崎市史（柴田顕正） 一九三〇
576 額田郡地誌 一八八四
577 三河国額田郡誌（額田郡役所） 一九二四
578 三州奥郡風俗図絵（松下石人） 一九三六
579 日間賀島民俗誌（瀬川清子）＝全国民俗誌叢書 一九五一

近畿・三重

582 上方語源辞典（前田勇） 一九六五
583 近畿方言の総合的研究（楳垣実） 一九六二
584 三重県方言（三重県方言学会） 一九五五～六八
585 三重県方言資料集（北岡四良） 一九五七～五九
586 三重県方言資料（鈴鹿郡誠化高小ほか）＝稿
587 三重県山村語彙（最上孝敬）＝方言誌一五 一九三五
588 三重県北牟婁郡尾鷲町方言（高田昇三）＝方言誌一五 一九三五
589 三重県一志郡境村方言（最上孝敬）＝方言誌一五 一九三五
590 三重県飯南郡森村方言（最上孝敬）＝方言誌一五 一九三五
591 郷土の生物方言調査（孫福正） 一九三三
592 員弁郡郷土資料・員弁郡誌（員弁郡役所） 一九一五
593 北勢三重全郡採薬之記（鎌井松石） 一八八七
594 三重郡誌 一九二〇
595 鈴鹿郡郷土誌
596 阿山郡方言訛語集（阿山郡教育会） 一九〇四
597 松坂の方言（太田一平） 一九六一
598 三重県多気郡五箇谷村波多瀬方言（林大）
599 地方方言集（度会郡教育会） 一九一四
600 宇治山田市史（宇治山田市役所） 一九二九
601 尾鷲地方方言集（三重県立尾鷲中学校校友会） 一九三三
602 尾鷲のことば（太田寿） 一九五八
603 紀伊南牟婁郡誌（南牟婁郡教員会） 一九二五

滋賀

606 滋賀県方言集（大田栄太郎） 一九三三
607 滋賀県言語の調査と対策（井之口有一） 一九五二
608 滋賀県方言取調書 一八九八
609 彦根ことば（藤谷一海） 一九五二
610 蒲生郡誌 一九二三
611 甲賀郡誌（甲賀郡教育会） 一九二六
612 近江八幡地方方言集（山本小太郎） 一九三三
613 油日郷土誌
614 滋賀県高島郡役所稿 一九〇七頃
615 滋賀県犬上郡役所稿 一九〇七頃
616 滋賀県神崎郡役所稿 一九〇七頃
617 滋賀県栗太郡山田小学校稿 一九〇七頃

京都

620 京都府下方言一覧（京都府師範学校） 一九〇六
621 京言葉（楳垣実） 一九四六
622 丹後網野の方言（井上正一） 一九六四
623 三重郷土誌（永浜宇平） 一九二三
624 与謝郡誌（与謝郡役所） 一九二三
625 与謝郡加悦谷方言調査書（加悦谷教育研究会） 一九〇三
626 四辻郷土史（山添） 一九五六
627 石川村誌 一九二六
628 丹後宮津志（町役場） 一九二六
629 京都府天田・何鹿・加佐三郡方言調査書（京都府立第三中学校） 一九一〇
630 丹波の話（磯貝勇） 一九五六
631 中川北山町方言（京都市観光局・楳垣実） 一九四九
632 深草誌（宗形金風） 一九三三
633 宇治郡方言調査（京都府教育会） 一九〇四
634 方言訛語調査録（京都府教育会久世郡部会） 一九〇六
635 方言調査報告書（京都市教育会） 一九〇三

大阪

637 方言と大阪（猪飼九兵衛） 一九四八
638 大阪方言事典（牧村史陽） 一九五五
639 言葉のよしあし（東区教育協会） 一九〇六
640 大阪府方言稿本
641 東成郡誌（東成郡役所） 一九二三
642 田辺町誌（町役場） 一九二五
643 布施町誌（町役場） 一九二九
644 河内国滝畑左近熊太翁旧事談（宮本常一） 一九三七
645 郷土和泉・方言集（小谷方明） 一九三二
646 和泉郷荘村方言（南要） 一九三五

兵庫

648 播磨（播磨郷土研究同攷会） 一九三三
649 兵庫県方言集成（河本正義） 一九三四
650 国語教育と方言研究（岡田荘之輔） 一九三六
651 兵庫方言集（中谷保二） 一九五二
652 但馬方言（中島貞一郎） 一九三二
653 但馬方言雑俎（亀井素月） 一九二三
654 校補但馬考附録（桜井勉） 一九二三
655 兵庫方言（神戸市明親尋常高等小学校） 一九〇七
656 養父郡誌
657 兵庫県宍粟郡誌 一九二三
658 兵庫県佐用郡方言之調査（本間斉） 一九三六
659 佐用郡誌（佐用郡役所） 一九二六
660 播州赤穂方言集（佐伯隆治） 一九五一
661 播州小河の方言（高田十郎） 一九三二
662 飾磨郡風俗調査書（飾磨郡教育会） 一九一三
663 加西郡誌（加西郡教育会） 一九二九
664 播磨加古郡北部方言記録（中島信太郎） 一九七二
665 伊川谷方言集（森俊秀） 一九五一
666 多可郡誌（多可郡教育会） 一九二三
667 多紀郡誌（私立郡教育会） 一九一一
668 多紀郡風俗調査（私立郡教育会） 一九一六
669 兵庫県美嚢郡誌（美嚢郡教育会） 一九二六
670 神戸方言集（鹿谷典史） 一九三九
671 淡路方言研究（田中万兵衛） 一九三四
672 淡路方言資料（玉岡松一郎） 一九三三

奈良

675 大和方言集（奈良県学務課） 一九〇〇頃
676 奈良の方言（新藤正雄） 一九三二
677 奈良百話・ことばの奈良（高田十郎・野村伝四）＝奈良叢記 一九四二
678 大和方言集（新藤正雄） 一九五一
679 ふるさと（沢田四郎作） 一九三一
680 菟田の方言（辻村佐平） 一九三九
681 輝く郷土誌方言篇（奈良県高市郡真菅小学校） 一九三二
682 奈良県南葛城郡誌（南葛城郡役所） 一九二六
683 南大和方言語彙（野村伝四） 一九三六
684 奈良県吉野郡大淀村風俗誌（竹山清文） 一九一八
685 吉野西奥民俗採訪録（宮本常一） 一九四二
686 吉野山林語彙（中野荘次）＝大和志第十一巻三・四号 一九四一頃
687 十津川・熊野川・北山川流域方言実地踏査概報（近畿国語方言学会） 一九五三
688 十津川の民俗（平山敏治郎・林宏・岩井宏実・高取正男） 一九六一

和歌山

690 和歌山県方言（和歌山県女子師範学校・同日方高等女学校） 一九三三
691 和歌山方言集（杉村広太郎） 一九三六
692 和歌山県植物方言集（水口清） 一九五四
693 紀州漁夫の言葉（木下虎一郎） 一九三二
694 紀州魚譜（宇井縫蔵） 一九二四
695 雑賀崎漁業語彙（和歌山大学紀要） 一九六四
696 和歌山県那賀郡安楽川村方言訛語集（藪重孝） 一九三二
697 和歌山県有田郡誌（有田郡役所） 一九一五
698 南紀土俗資料（森彦太郎） 一九二四
699 田辺方言（名屋梅園） 一八八七
700 訛音及方言の調査（東牟婁郡教育会第一部会） 一九三〇
701 東牟婁郡誌 一九一七
702 新宮地方方言集（和歌山県立新宮高等女学校） 一九三五
703 新宮地方における訛音及方言の調査（郡教育会） 一九三〇
704 下里町を中心とせる訛言方言迷信調査（下里尋常高等小学校） 一九三二
705 下里町誌 一九三八
706 和歌山県串本町誌（和歌山県西牟婁郡串本町役場） 一九二四
707 田並郷土誌（田並尋常高等小学校） 一九三四

中国・鳥取

709 中国地方語彙（川崎甫） 一九三二
711 因幡伯耆方言輯録（岩田勝一） 一九三二
712 因伯方言考（生田彌範） 一九三七
713 因幡志
714 鳥取県方言分布の実態（石黒武顕） 一九五七
715 鳥取県郷土誌（鳥取女子師範） 一九三六
716 鳥取県岩美郡岩井町方言集（岸本彌三郎）＝方言誌四 一九三三
716 鳥取県（気高郡）豊実村宮谷（岸本彌三郎）＝方言誌四 一九三三
717 鳥取県気高郡大和村方言調査稿（近藤喜博）＝方言誌四 一九三三
718 西伯に於ける方言分布の状況（就将尋常小学校国語研究部） 一九三三
719 西伯方言集（生田彌範） 一九五三
720 日野郡誌（郡自治協会） 一九二六

島根

723 島根県下訛音方言一覧（郷語改善会） 一九三二
724 島根県に於ける方言の分布（島根県女子師範学校）

725 島根県方言辞典(広戸惇・矢富熊一郎) 一九六三
726 出雲言葉のかきよせ(島根県私立教育会) 一八八八
727 出雲方言考(後藤蔵四郎) 一九二七
728 出雲の方言(漢東種一郎) 一九六一
729 出雲八束郡片句浦民俗聞書(宮本常一) 一九四二
730 島根県八束郡古江村方言(小笹功)＝方言誌三 一九三三
731 島根県邑智郡市山村方言(牛尾三千夫)＝方言誌三 一九三三
732 大根島—生態と課題(中国地域社会研究会) 一九五六
733 島根県仁多郡誌(上野富太郎) 一九一九
734 粒々辛苦・流汗一滴(田中梅治) 一九四一
735 邑智郡誌(森脇太一) 一九三七
736 石見山間部方言(石田春昭) 一九三三
737 石見日原村聞書(大庭良美) 一九五五
739 島根県鹿足郡方言の調査研究(篠原実) 一九三六
740 隠岐島の昔話と方言(横地満治・浅田芳朗) 一九三六
741 隠岐島方言の研究(島根県女子師範学校) 一九三六

岡山

744 岡山動植物方言図譜巻三草類之部(桂又三郎) 一九三三
745 備中北部方言集(桂又三郎) 一九三三
746 真庭郡誌(真庭郡役所) 一九二三
747 二川の民俗(岡山県立落合高校歴史研究クラブ) 一九六〇
748 西美作方言集(岡崎忠志) 一九三四
749 かもだにことば(加茂郷土史研究会) 一九六九
750 英田郡誌
751 阿哲郡誌(阿哲郡教育会) 一九二九〜三一
752 上房郡誌(私立上房郡教育会) 一九一三
753 方言調査(津山高等女学校) 一九二九
754 久米郡誌(久米郡教育会) 一九二三
755 中津井村誌 一九一六
756 和気郡誌(私立郡教育会) 一九〇九
757 川上郡誌
758 小田郡誌(小田郡教育会) 一九二四
759 上道郡誌(上道郡教育会) 一九二三
760 邑久郡誌(小林久磨雄) 一九一三
761 岡山県邑久郡方言(時実黙水) 一九二四
762 岡山方言(島村知章・桂又三郎) 一九三五
763 児島地方の方言集(十河直樹) 一九六六
764 児島湾方言集(岡秀俊) 一九三四
765 新成羽川ダム水没地区の民俗(岡山県教育委員会) 一九六六
766 方言訛語調査書(私立吉備郡教育会) 一九〇四
767 岡山県小田郡方言集(佐伯隆治) 一九三五
768 方言訛語調査案(浅口郡教育会) 一九〇四

広島

771 広島県方言の研究(広島県師範学校郷土研究室) 一九三三
772 比婆郡の方言(北和町立科学博物館) 一九五三
773 北備後動植物語彙集稿(山田次三) 一九三六
774 郷土調査(比婆郡峯田村青年団) 一九三五
775 市職(備後庄原市役所)
776 備後府中方言集(清水範一) 一九三二
777 世羅郡誌(世羅郡教育会) 一九二七
778 広島県隻三郡誌(双三郡役所) 一九二三
779 たかたことば(小都勇二) 一九五九
780 高田郡誌(熊見定次郎) 一九一三
781 広島県沼隈郡誌(沼隈郡役所) 一九二三
782 賀茂郡志(郡私立教育会) 一九一六
783 広島県安芸郡坂村方言集(藤河喜美江)＝方言誌一一 一九三四
784 福山植物志(森立之・森約之) 一八六九
785 広島市方言集(永井博)＝方言誌一一 一九三四
786 安芸三津漁民手記(進藤松司) 一九三七

山口

790 山口県方言調査(山口県立山口高等女学校国語研究部) 一九三二
791 防長方言調査表(防長史談会) 一九三三
792 防長の方言(岡崎忠祐) 一九四二
793 防長方言考(新井無二郎) 一九五二
794 山口県植物方言集(山口高等学校) 一九四三
795 阿武郡内方言
796 阿武郡志(阿武郡教育会) 一九二七
797 見島聞書(瀬川清子) 一九三八
798 長門方言集(重本多喜津) 一九三七
799 山口県厚狭郡植物俗名目録(永富三治) 一九三〇
800 山口県柳井町方言集・補「方言と土俗」(森田道雄) 一九三二
801 周防大島方言集(原安雄) 一九四三
802 防府方言(御薗生翁甫) 一九二七
803 山口県方言辞典(山中六彦) 一九六七
804 森の下蔭(山口県立山口高等女学校) 一九三二

四国・徳島

807 四国の方言(奥里将建) 一九四三
808 四国樹木名方言集(高知営林局) 一九三六
809 阿波の言葉(橋本亀一) 一九三〇
810 阿波方言集(森本安市) 一九五〇
811 阿波言葉の辞典(金沢治) 一九六〇
812 阿波木頭民俗誌(近畿民俗学会) 一九五八
813 木頭村の方言(川島信夫・森重幸)＝阿波学会紀要第16号 一九七〇
814 祖谷山民俗誌(武田明) 一九五五
815 西祖谷山村史(喜多源内) 一九二三
816 阿波美馬郡方言語彙(金沢治) 一九三四
817 美馬郡郷土誌(美馬郡教育会) 一九一五
818 徳島県美馬郡一宇村誌 一九三〇
819 市場町史(町役場) 一九一六
820 麻植郡(麻植郡教育会) 一九三三
821 徳島県鴨島方言調査(鴨島小学校) 一九三〇
822 名西郡誌(名西郡役所) 一九一六
823 牟岐の言葉(川島信夫) 一九六四

香川

826 讃岐方言の研究(脇田順一) 一九二八
827 讃岐の方言(草薙金四郎) 一九五三
828 香川県の方言(村上唯雄) 一九三五
829 香川県方言辞典(近石泰秋) 一九七六
830 香川県農山漁村の生活(香川県師範学校郷土研究部) 一九三六
831 木田郡誌(木田郡教育部会) 一九四〇
832 讃州高松叢誌(宮武省三) 一九二五
833 讃岐高松ことば(陸田稔) 一九三三
834 讃岐丸亀方言(陸田稔)
835 郷土俚語方言集(加藤増夫) 一九三二
836 小豆島方言(桂又三郎) 一九三三
837 小豆島誌

愛媛

840 愛媛の方言(武智正人) 一九五七
841 いよのことば(杉山正世) 一九三二
842 わが郷土の読方参考資料(今治第三尋常高等小学校) 一九二七
843 愛媛県新居郡誌(新居郡役所) 一九二三
844 周桑郡郷土研究彙報(杉山正世) 一九三〇〜三三
845 愛媛県周桑郡丹原地方言語集(杉山正世) 一九三〇
846 伊予松山方言集(岡野久胤) 一九三八
847 余土村誌(鶴本房五郎) 一九二五
848 伊予大三島北部方言集(藤原与一) 一九四三
849 西宇和郡双岩村誌(曾我鍛) 一九一九
850 うわじま方言民謡集 一九六五頃
851 改訂宇和島語法大略(国村三郎) 一九五六
852 宇和島方言語彙(森田虎雄) 一九七二
853 宇和島方言語彙拾遺(森田虎雄) 一九七五
854 津島(愛媛県北宇和郡津島町役場) 一九六五頃
855 南伊予の方言(江湖山恒明) 一九三二
856 愛媛高知両県紀行(藤野寄命) 一八八四
857 愛媛高知両県下採集植物写生(藤野寄命) 一八八四

高知

860 土佐方言集＝高知教育六〇一〜六二八号(橋詰延寿) 一九三三
861 土佐方言の研究(高知県女子師範学校郷土室) 一九三六
862 土佐方言集(宮地美彦) 一九二七
863 土佐方言記(桂井和雄) 一九五三
864 土佐言葉(土居重俊) 一九五八
865 土佐及び紀州の魚類(蒲原稔治) 一九五〇
866 土佐山民俗誌(桂井和雄) 一九五五
867 土佐の方言(土井八枝) 一九三五
868 佐川町誌(町自治会) 一九一九
869 明治大正時代国府村民俗語彙(高村晴義) 一九六一
870 幡西方言抄(上岡望洋・沖本白水) 一九三二

福岡

872 福岡県内方言集(福岡県教育会本部) 一八九九
873 福岡県築上郡東吉富方言集(梅林新市) 一九三二
874 小倉(小倉市役所) 一九五〇
875 企救郡誌(伊藤尾四郎) 一九三二
876 香椎町誌(町役場) 一九五三
877 博多仁和加集(竹田秋樓) 一九一四
878 博多方言集(竹田秋樓)＝新選博多仁和加 一九三二
879 博多方言(原田種夫) 一九五六
880 福岡市方言調査書(福岡教育支会) 一九〇三
881 福岡地方方言集(梅林新市) 一九三二
882 三輪村地方に於ける地方言(田辺敏夫) 一九三三
883 久留米市方言＝写本 一九一四
884 はまおき補足(黒岩万次郎) 一九三五

佐賀

887 佐賀県方言辞典(佐賀県教育会) 一九〇二
888 佐賀県(佐賀県師範学校) 一九三三
889 佐賀県方言語典一斑(清水平一郎) 一九〇三
890 最新佐賀案内(久原秋紅) 一九一五
891 神崎郡郷土誌(栗山賓四郎) 一九一五
892 佐賀県唐津地方方言(戸川健太郎)＝方言誌三 一九三三
893 佐賀県東松浦郡唐津市方言集(吉村一男)＝方言誌一四 一九三五
894 佐賀県三養基郡上峰村方言集(原義武)＝方言誌一四 一九三五
895 佐賀県藤津郡久間村方言集(小田寛次郎)＝方言誌一四 一九三五
896 佐賀県西松浦郡誌(西松浦郡役所) 一九二二

長崎

898 長崎県郷土誌(長崎県史談会) 一九三三
899 平戸郷土誌(平戸尋常高等小学校) 一九一七
900 平戸しるべ(加藤三吾) 一九一六
901 佐々町郷土誌(佐々町教育委員会) 一九五六
902 佐世保郷土誌(佐世保市役所) 一九一九
903 長崎県東彼杵郡誌(東彼杵郡教育会) 一九一七
904 肥前千々石町方言誌(山本靖民) 一九二九
905 島原半島方言の研究(島原第一尋常高等小学校) 一九三一
906 長崎方言集覧(古賀十二郎)＝長崎市史 一九二五
907 伊王島村郷土史(松尾兼治) 一九五〇
908 長崎県西彼杵郡樺島方言(小川信一) 一九三四
909 対馬方言集(鳥居伝) 一九三〇
910 対馬島誌(対馬教育会) 一九二八
911 新対馬島誌(賀島由己) 一九六四
912 対馬北端方言集(大浦政臣) 一九三三
913 対馬南部方言集(滝山政太郎) 一九四四
914 壱岐島方言集(山口麻太郎) 一九三〇
915 続壱岐島方言集(山口麻太郎) 一九三七
916 壱岐島民俗誌(山口麻太郎) 一九三四
917 五島民俗図誌(久保清・橋浦泰雄) 一九三四

熊本

918 笑訳熊本方言字典(福田秀蔵)　一九三八
919 方言の性格と分布相(田中正行)　一九四二
920 熊本県方言資料篇(田中正行)　一九六二
921 熊本県方言音韻語法(池辺用太郎)　一九三三
922 九州阿蘇地方の方言訛語(甲斐積)　一九三二
923 熊本県阿蘇郡小国郷土誌(橋本浩)　一九三三
924 阿蘇郡誌(阿蘇郡教育会)　一九二六
925 鹿本郡誌鹿本(鹿本郡役所)　一九二三
926 肥後方言と普通語言葉改良の栞(私立玉名郡教育会)　一九〇七
927 熊本県玉名郡腹赤村郷土誌(岡村喜之)　一九一四
929 肥後南ノ関動植物方言及民俗誌(能田太郎)　一九三二
930 肥後方言集(倉岡幸吉)　一九三八
931 下益城郡誌(下益城郡教育支会)　一九二一
932 宇土郡誌　一九二一
933 熊本県南部方言考(斎藤俊三)　一九六八
934 葦北郡誌(熊本県教育会郡支部)　一九二六
935 津奈木郷土誌(六車茂一郎)　一九三六
936 天草の方言(天草国語研究会)　一九五七
937 天草島牛深町方言集(江上たつゑ)　一九三三

大分

938 大分県方言の研究(三ケ尻浩)　一九三七
939 大分県方言類集(土肥健之助)　一九〇二
940 方言生活の実態(松田正義)　一九六〇
941 豊後方言集(大分県立第一高等女学校国文会)　一九三三
942 大分県方言の旅(松田正義・糸井寛一)　一九五四～五八～六四
943 大分県方言考(堀江与一・原田兵太郎)　一九三三
944 大分県速見郡誌＝稿　一九三三頃

宮崎

947 日向(雑誌)　一九三三
948 北日向方言圏紀行(加藤諄)　一九五二
950 延岡大観(山口徳之助)　一九二六
951 高千穂阿蘇(吉町義雄)　一九六〇
953 東郷村誌資料(村役場)　一九五二頃
954 国語資料(穆佐尋常高等小学校)　一九三二
955 日向の言葉(若山甲蔵)　一九三〇～三一
956 都城地方方言集輯(山元都星雄)＝宮崎県教育二月号　一九三二
957 都城誌(宗村満夫)　一九二二

鹿児島

960 鹿児島ことば(戸田翠香)　一八八九
961 鹿児島方言集(県私立教育会)　一九〇六
962 鹿児島語法(村林孫四郎)　一九〇八
963 鹿児島方言辞典(嶋戸貞良)　一九三五
964 鹿児島民俗植物記(内藤喬)　一九六四
965 鹿児島県植物方名集(内藤喬)　一九五五～五六
966 鹿児島県博物調査第一輯(鹿児島県教育調査会)　一九二七
967 姶良地方の研究(鹿児島県女師二高女校友会)＝桜なでしこ三五三号　一九三五
968 鹿児島県鹿児島郡谷山町方言集(山下光秋)＝方言誌六　一九三三
969 南方薩摩方言(福里栄三)＝方言誌五　一九三三
970 大隅肝属郡方言集(野村伝四)　一九四二
971 大隅地方の諺(小大塚平男)＝大隅一〇　一九六四
972 古代村落の研究　黒嶋(早川孝太郎)　一九四一
973 東南方村郷土誌　一九一〇
974 南島方言資料(東条操)　一九二三　第二版一九三〇
975 採訪南島語彙稿(宮良当壮)　一九二七
976 甑島(熊本商科大学民俗学会)　一九六四
977 甑島方言集(上村孝二)＝九大国文学会会報第三号　一九三三
978 種子島方言集(鮫島・松下)　一九三三
979 種子島方言考(井上一男)＝鹿児島教育第四九一号　一九三四
980 宝島方言集(敷根利治)　一九三三
981 屋久島民俗誌(宮本常一)　一九四三
982 口之永良部方言集(井上一男)＝日本文学三巻八号　一九三三
983 喜界島方言集(岩倉市郎)　一九四一
984 南島方言えらぶ語の研究(安藤佳翠)　一九三四
985 シマの生活誌(野間吉夫)　一九四二
986 奄美大島語概観(鹿児島県立大島中学校)　一九三三
987 奄美大島民俗誌(茂野幽考)　一九二七

沖縄

990 沖縄対話(沖縄県学務課)　一八八〇
991 琉球語文典及語彙(チェンバレン)　一八九五
992 琉球語彙稿(島袋盛敏)
993 沖縄語辞典(国立国語研究所)　一九六三
994 沖縄案内
995 改版古琉球(伊波普猷)　一九四二
996 八重山語彙(宮良当壮)　一九三〇

なまりの注記に用いる資料および略号一覧

1 「日本国語大辞典 第二版」の 発音 欄に《なまり》として注記するために用いた方言集の類を示す。
2 《なまり》欄で用いた略号を示し、それぞれ該当する方言集を編著者名・成立年とともに示す。
3 成立年は、原則として発行年を当て、西暦で示す。

〔北海道〕 北海道方言集(渡辺茂)　一九五五
〔青森〕 青森県方言集(菅沼貴一)　一九三五
〔津軽語彙〕 津軽語彙(北山長雄)　一九三三
〔津軽ことば〕 津軽のことば(鳴海助一)　一九五七～六三
〔岩手〕 岩手方言の語彙(小松代融一)　一九五九
〔仙台音韻〕 仙台方言音韻考(小倉進平)　一九三三
〔仙台方言〕 仙台方言〈市史第六巻〉(藤原勉)　一九五二
〔秋田〕 秋田方言(秋田県学務部)　一九二九
〔秋田鹿角〕 鹿角方言考(大里武八郎)　一九五三
〔秋田鹿角補〕 鹿角方言考補遺(大里武八郎)　一九五九
〔山形〕 山形県方言集(山形県師範学校)　一九三三
〔山形小国〕 置賜下越方言対照小国方言集(金儀右衛門)　一九五〇
〔福島〕 福島県方言辞典(児玉卯一郎)　一九三五
〔茨城〕 茨城方言集覧(茨城教育協会)　一九〇四
〔栃木〕 栃木県方言辞典(森下喜一)　一九八三
〔埼玉〕 埼玉県幸手方言集(上野勇)　一九三三
〔埼玉方言〕 埼玉県方言辞典(手島良)　一九八九
〔千葉〕 千葉方言-山武郡篇(塚田芳太郎)　一九三四
〔東京〕 東京方言集(斎藤秀一)　一九三五
〔伊豆大島〕 伊豆大島方言集(柳田国男)　一九四二
〔八丈島〕 八丈島の言語調査(国立国語研究所)　一九五〇
〔神奈川〕 神奈川県方言辞典(斎藤義七郎・日野資純)　一九六五
〔佐渡〕 佐渡海府方言集(倉田一郎)　一九四四
〔越後〕 越後方言考(小林存)　一九三七
〔新潟頸城〕 頸城方言集(渡辺慶一)　一九三八
〔富山県〕 富山県方言集成稿(富山市教育委員会)　一九五九
〔富山市〕 富山市近在方言集(田村栄太郎)　一九二九
〔富山礪波〕 礪波民俗語彙(佐伯安一)　一九六一
〔石川〕 石川県方言彙集(石川県教育会)　一九〇一
〔福井〕 福井県方言集(福井師範学校)　一九三一
〔福井大飯〕 福井県大飯郡方言の研究(松崎強造)　一九三三
〔山梨〕 山梨県方言辞典(羽田一成)　一九三四
〔山梨奈良田〕 奈良田の方言(深沢正志)　一九五七
〔信州読本〕 信州方言読本-発音編(青木千代吉)　一九五一
〔信州風物〕 信州方言風物誌(福沢武一)　一九五六～五八
〔信州上田〕 信州上田附近方言集(上田中学国漢科)　一九三三
〔岐阜〕 岐阜県方言集成(瀬戸重次郎)　一九三四
〔飛騨〕 飛騨のことば(土田吉左衛門)　一九五九
〔静岡〕 静岡県方言辞典(静岡県師範学校・同女子師範学校)　一九一〇
〔愛知〕 愛知県方言集(黒田鉱一)　一九三四
〔南知多〕 南知多方言集(鈴木規夫)　一九三三
〔志摩〕 三重県方言資料集-志摩編(北岡四良)　一九五七
〔伊賀〕 三重県方言資料集-伊賀編(北岡四良)　一九五八
〔南伊勢〕 三重県方言資料集-南勢編(北岡四良)　一九五九
〔滋賀〕 滋賀県方言集(大田栄太郎)　一九三二
〔京言葉〕 京言葉(楳垣実)　一九四六
〔大阪〕 大阪方言事典(牧村史陽)　一九五五
〔淡路〕 淡路方言研究(田中万兵衛)　一九三四
〔神戸〕 神戸方言集(鹿谷典史)　一九二九
〔播磨〕 播磨加古郡北部方言記録(中島信太郎)　一九七二
〔大和〕 大和方言集(新藤正雄)　一九五一
〔大和補〕 大和方言集追補(新藤正雄)
〔紀州〕 紀州方言音韻篇(上山景一)　一九三四
〔和歌山県〕 和歌山県方言(和歌山県女子師範・同日方高等女学校)　一九三三
〔和歌山〕 和歌山方言集(杉村広太郎)　一九三六
〔鳥取〕 鳥取県方言辞典(石黒武顕)　一九五二
〔島根〕 島根県方言辞典(広戸惇・矢富熊一郎)　一九六三
〔岡山〕 岡山方言(島村知章・桂又三郎)　一九三五
〔広島県〕 広島県方言の研究(広島県師範学校郷土研究室)　一九三三
〔広島〕 広島方言の性格(原田英雄)　一九五一
〔長門〕 長門方言集(重本多喜津)　一九三七
〔周防大島〕 周防大島方言集(原安雄)　一九四三

〔徳島〕　大正末期徳島市の方言・同補遺(仁木堯)　一九八九・九〇
〔讃岐〕　讃岐方言の研究(脇田順一)　一九三八
〔愛媛周桑〕　愛媛県周桑郡丹原地方言語集(杉山正世)　一九三〇
〔松山〕　伊予松山方言集(岡野久胤)　一九三八
〔伊予〕　伊予東部方言集(杉山正世)　一九三〇
〔伊予大三島〕　伊予大三島北部方言集(藤原与一)　一九四三
〔瀬戸内〕　瀬戸内海方言辞典(藤原与一)　一九八八
〔土佐〕　土佐の方言(土井八枝)　一九三五
　土佐方言の研究(高知県女子師範学校郷土室)　一九三六
〔福岡〕　福岡県内方言集(福岡県教育会本部)　一八九九
〔佐賀〕　佐賀県方言辞典(佐賀県教育会)　一九〇二
〔長崎〕　長崎方言集(本山桂川)　一九三二
〔対馬〕　対馬南部方言集(滝山政太郎)　一九四四
〔壱岐〕　壱岐島方言集(山口麻太郎)　一九三〇
〔壱岐続〕　続壱岐島方言集(山口麻太郎)　一九三七
〔島原研究〕　島原半島方言の研究(島原第一尋常高等小学校)　一九三三
〔島原方言〕　島原半島方言集(山本靖民)　一九五三
〔熊本分布相〕　方言の性格と分布相(田中正行)　一九四二
〔熊本南部〕　熊本県南部方言考(斎藤俊三)　一九五八
〔豊後〕　豊後方言集(市場直次郎他)　一九三六
〔大分〕　大分県方言の研究(三ケ尻浩)　一九三七
〔大分実態〕　方言生活の実態(松田正義)　一九六〇
〔鹿児島〕　鹿児島語法(村林孫四郎)　一九〇八
〔鹿児島方言〕　鹿児島県方言辞典(橋口満)　一九八七
〔大隅〕　大隅肝属郡方言集(野村伝四)　一九四二
〔ＮＨＫ(県名)〕　ＮＨＫ全国方言資料一〜六　一九五九〜六四

アクセント史の資料

ここに、過去の時代のアクセントを表記する上に用いた資料を、時代別に掲げる。ここに「時代」というのは、その資料の成立年代ではなく、私どもがその資料がうつし伝えると推定した時代である。また、ここに名を掲げるものは主要な資料で、ここに掲げなかったもので、一・二例ずつとったものもある。さらに、ここに掲げた資料も、全語彙を利用したものではなく、また、これらの資料に表記されているとおりを採録したとは限らない。これらを互いに彼此参照したり、時には現代諸方言のアクセントをも考慮に入れたりして決定した例もある。要は私どものアクセント史研究の成果を発表したもので、その詳細は他日機会を見て公開する所存である。

(金田一春彦記＝初版より)

このたびの改訂に際して、新たな資料を加えて内容を補訂したが、記述の方針は初版のそれに従った。

(アクセント史資料研究会記)

平安時代の資料

和名類聚抄　東京大学本・伊勢本・高山寺本・前田本・高松宮本・林羅山書入本の和訓、および一部字音語に施された声点。

類聚名義抄　書陵部本・観智院本・高山寺本・蓮成院本の字音語や和訓の声点。

世尊寺本字鏡　東洋文庫蔵。和訓の声点。

金光明最勝王経音義　大東急記念文庫蔵。和訓の万葉仮名とそこに施された声点。

法華経単字　源実俊写。矢野氏蔵。和訓の声点。

色葉字類抄　前田本の和訓・字音語の声点と仮名遣の一部。

日本書紀の古写本　神代巻は弘安本・乾元本・書陵部本・嘉暦本などの、人皇巻は岩崎本・前田本・書陵部本・北野本などの、それぞれ歌謡・訓注の万葉仮名、片仮名傍訓に施された声点。

乾元本日本書紀所引日本紀私記　卜部兼夏写「乾元本日本書紀」(天理図書館蔵)に引用された「日本紀私記」の万葉仮名和訓に施された声点。

讃嘆古譜　金沢文庫蔵。日本古典全集「歌謡集(上)」に所載の墨譜。

朗詠要抄　延慶二年因空写。呉文炳氏蔵のものの墨譜。

医心方　半井本(東京国立博物館蔵)・仁和寺本の万葉仮名・片仮名の声点。

〈付〉右のほか、漢籍資料のうち「史記」や「白氏文集」などの訓点本に施された声点も参照した。

鎌倉時代の資料（一部平安時代のものも含む）

古今和歌集の古写本　顕昭奥書の伏見宮本、定家写の伊達本・嘉禄本・貞応本などの声点。

古今和歌集の注釈書・聞書類　顕昭著「古今集注」・寂恵写の「古今集加注」・度会延明著「古今訓点抄」などの声点。

僻案抄　定家著。天理図書館本・東山御文庫本などの声点。

袖中抄　顕昭著。高松宮本・天理図書館本などの記述と声点。

浄弁本拾遺和歌集　尊経閣文庫蔵。その声点。

拾遺抄注　顕昭著。お茶の水図書館・陽明文庫蔵。その声点。

後拾遺抄注　顕昭著。京都大学附属図書館蔵。その声点。

散木集注　顕昭著。下河辺長流写。天理図書館蔵。その声点。

西本願寺本万葉集　お茶の水図書館蔵。その声点。

伊勢物語　定家写の天福二年奥書本系統の京都大学附属図書館本・天理図書館本など。その声点。

伊勢本系古事記　道果本・道祥本・春瑜本の本文や訓注の万葉仮名や傍訓の片仮名に施された声点。

古語拾遺　嘉禄本・暦仁本・亮順本の万葉仮名および傍訓片仮名に施された声点。

御巫本日本書紀私記　神宮文庫蔵。和訓の万葉仮名および片仮名に施された声点。

彰考館本日本紀私記(甲本・丙本)　佐々宗淳写。甲本は和訓の万葉仮名および片仮名に施された声点。丙本は和訓の万葉仮名の声点。

吉田本延喜式神名帳　天理図書館蔵。本文の漢字・万葉仮名および傍訓の片仮名に施された声点。

倶舎論音義　京都大学国文学研究室蔵。その和訓の声点。

大般若経音義　無窮会本・天理図書館本の和訓に施された声点。

解脱門義聴集記　高信編。金沢文庫蔵。その声点。

講式類　明恵作「四座講式」その他の墨譜。

祭文類　守覚法親王作「御影供祭文」その他の墨譜。

多久春編御神楽譜　多家蔵。その声点。

〈付〉右のほか、漢籍の「古文孝経」・「史記」・「論語」などに施された声点を参照した。また南北朝時代の資料として行阿仮名遣・仏遺教経も参照した。

室町時代の資料

仙源抄　長慶天皇著。その記述ならびに書陵部本の声点。

名目抄　内閣文庫本・陽明文庫本「名目鈔」などの声点。

能本・謡本　世阿彌自筆能本(観世文庫・生駒宝山寺蔵)、観世元頼謡本(東京大学史料編纂所蔵)の記述と声点と墨譜。

毛端私珍抄　金春禅鳳著。その記述。

開合名目抄　根来寺版。その墨譜。

補忘記　観応著。貞享版・元禄版の記述と墨譜。

大疏百條　その記述と墨譜。

日本大文典　ロドリゲス著。土井忠生訳「ロドリゲス日本大文典」の記述。

〈付〉平曲のうちの「折声」「指声」と呼ばれる部分の墨譜をも考慮に入れた。

江戸時代の資料

仮名文字使蜆縮涼鼓集　鴨東蔌父著。元禄八年刊。その記述と墨譜。

和字正濫鈔　契沖著。元禄八年刊本、およびその稿本(国学院大学図書館蔵)、また刊本への著者自筆の書き入れ(三手文庫蔵)の記述と声点。

和字正濫通妨抄　契沖著。元禄十年頃なる。北野天満宮蔵。その記述と声点。

和字正濫要略　契沖著。元禄十一年なる。三手文庫本・圓珠庵本などの記述と声点。

和字大観抄　釈文雄著。宝暦四年刊。その記述。

漢字三音考　本居宣長著。天明五年刊。その発音に関する記述。

あゆひ抄　富士谷成章著。とくに「稿本あゆひ抄」の記述。

平曲古譜　筑波大学蔵「平家物語」の「口説」の条の墨譜など。

平家正節　荻野検校編。安永の序と跋あり。東京大学本・尾崎本などの「素声」と「口説」の部分の墨譜。

言語国訛　旧竹柏園蔵、国立国語研究所蔵。その記述と墨譜。

近松浄瑠璃譜本　近松門左衛門作、竹本義太夫節付けによる世話物浄瑠璃の墨譜。

音曲玉淵集　三浦庚妥著。享保十二年版・宝暦十二年版など。その記述と墨譜。

謳曲英華抄　二松軒著。明和八年序。その記述と声点・墨譜。

山家鳥虫歌　明和の序あり。下野国部の記述と墨譜。